Die Lexikon-Bibel

Die Lexikon-Bibel

Gute Nachricht Übersetzung
mit Erklärungen und Bildern

Ohne die Spätschriften
des Alten Testaments

Deutsche Bibelgesellschaft

Gute Nachricht Bibel
Revidierte Fassung 1997 der »Bibel in heutigem Deutsch«

Gemeinsame Bibelübersetzung im Auftrag und in Verantwortung von:
Deutsche Bibelgesellschaft (Evangelisches Bibelwerk)
Katholisches Bibelwerk e.V. Stuttgart
Österreichische Bibelgesellschaft
Österreichisches Katholisches Bibelwerk
Schweizerische Bibelgesellschaft
Schweizerisches Katholisches Bibelwerk

ISBN 3-438-01653-2

Schrift: Biblica
Satz: Steffen Hahn GmbH, Medienservice, Kornwestheim
Einband: dell'arte Werbeagentur, Rutesheim
Gesamtherstellung: Medienzentrum Aichelberg

Printed in Germany

1.2003

Gebrauchsanweisung für diese Bibel

Der Bibeltext

Die »Gute Nachricht Bibel« ist eine Übersetzung der Heiligen Schrift aus den Ursprachen in ein modernes, einfaches Deutsch. Über den besonderen Charakter der Übersetzung und ihr Entstehen informiert das Nachwort im Anhang (Seite 496).

Die Abschnittsüberschriften sind von den Übersetzern hinzugefügt worden. Wörter in Klammern sind erläuternde Zusätze. Die Schreibung der Personen- und Ortsnamen folgt den Loccumer Richtlinien für die einheitliche Schreibung biblischer Namen, die in evangelisch-katholischer Zusammenarbeit aufgestellt worden sind.

Der Gottesname im Bibeltext (Herr)

Der hebräische Gottesname JHWH (früher als »Jehova« gedeutet) wird nach altem Brauch durch das Ersatzwort »Herr« wiedergegeben. Dieses wird in einer besonderen Schriftart gedruckt (Herr), zur Unterscheidung von den Fällen, in denen im hebräischen Text selbst das Wort »Herr« (im Sinn von Gebieter, Herrscher oder als Höflichkeitsanrede) steht. Näheres siehe in der Sacherklärung »Herr«.

Einführungen und Erklärungen

Außer dem Bibeltext enthält diese Bibelausgabe zu jedem biblischen Buch eine Einführung und eine Inhaltsübersicht. Auf den gelben Seiten finden sich zusätzliche Informationen über die Ereignisse und Lebensverhältnisse der biblischen Zeit; an einigen Stellen gibt es umfassende geschichtliche Übersichten in graphischer Form (beides wird aufgeführt im Inhaltsverzeichnis auf Seite 3).

Auf dem Rand neben dem Bibeltext sind Erklärungen zu einzelnen Stellen abgedruckt; sie sind dem Bibeltext durch kleine hochgestellte Buchstaben ([a], [b], [c], ...) zugeordnet.

Ein hochgestellter Kreis (°) verweist auf die Anmerkungen zur Textüberlieferung im Anhang (ab Seite 463).

Wörter mit Stern (*) im Bibeltext

Begriffe und Namen, die am Ende einen Stern tragen, sind in den Sacherklärungen des Anhangs (ab Seite 395) erklärt. Grundsätzlich tragen alle erklärten Wörter beim ersten Vorkommen nach einer Zwischenüberschrift dieses Hinweiszeichen (ebenso die erklärten Wörter in den Anmerkungen zum Bibeltext).

Vergleichsstellen zum Bibeltext

Ganz unten auf den Seiten finden sich zu einzelnen Versen oder Versgruppen Querverweise auf andere Stellen der Bibel. Sie sind ein Angebot für das Bibelstudium und dienen der Verdeutlichung des Sinnes oder der Vertiefung des Verständnisses. Die verwendeten Abkürzungen sind auf Seite 8* erklärt.

Ein s hinter einer Stellenangabe bedeutet *Sammelstelle*: An dem genannten Ort findet man weitere Vergleichsstellen. In diesem Fall ist nicht nur der betreffende Bibeltext selbst zu beachten, sondern auch die Texte, auf die von ihm aus verwiesen wird. Zitate aus dem Alten Testament im Neuen werden durch *zit* (zitiert wird) gekennzeichnet; wo das Zitat – aufgrund abweichender Überlieferung oder Übersetzung – mit dem Wortlaut der angeführten Stelle nicht genau übereinstimmt, steht statt dessen *nach*.

Wenn ganze Abschnitte in anderen biblischen Büchern gleich oder ähnlich überliefert sind, wird darauf unter der Abschnittsüberschrift hingewiesen (vor allem bei Matthäus, Markus, Lukas). Die Abkürzung *par* hinter einer Vergleichsstelle verweist auf solche Parallelüberlieferungen.

Wo finde ich was?

Das Inhaltsverzeichnis auf den gelben Seiten 2–3 folgt der Anordnung der biblischen Bücher. Wer rasch ein bestimmtes Buch finden will, kann das Abkürzungsverzeichnis auf Seite 8* benutzen, das jeweils in der 2. Spalte die einzelnen Bücher in alphabetischer Reihenfolge aufführt.

Zentrale Themen der Bibel sind im Stichwortverzeichnis des Anhangs (ab Seite 479) erfasst, ebenso die wichtigsten Personen.

Eine rasche Orientierung über den Inhalt der einzelnen biblischen Bücher gibt die Inhaltsübersicht jeweils vor Beginn des Buches.

Die Bilder, Karten und Übersichten in dieser Bibelausgabe sind durch ein Themen- und Ortsregister auf den Seiten 6*–7* erschlossen.

Übersichten, Karten, Bilder

Übersichten

Karten

Bilder

Alltagsleben

Archäologie

Handwerk und Handel

Kriegführung

Landwirtschaft

Orte

Pflanzen

Religion und Gottesdienst

Tiere

Völker

Ägypter

Assyrer

Babylonier

Griechen

Kanaaniter und Philister

Perser

Römer

Sumerer (Ur)

NT = Seitenzahlen im neutestamentlichen Teil

Inhalt und Abkürzungen

Abkürzungen in den Anmerkungen und Vergleichsstellen

A, B, C (usw.)	bei Verweisen auf die Spätschriften anstelle von Kapitelziffern
E	Einheitsübersetzung der Bibel
G	Griechischer Text des Alten Testaments (Septuaginta)
H	Hebräischer Text des Alten Testaments, offizielle Fassung der jüdischen Schriftgelehrten (Masoretischer Text)
Kap	Kapitel
L	Lutherbibel, revidierte Fassung 1984
nach	Zitat aus dem Alten Testament mit teilweise abweichendem Wortlaut
NT	Neues Testament (zur Kennzeichnung von Seitenzahlen aus dem neutestamentlichen Teil, der nochmals mit Seite 1 beginnt)
par	Hinweis auf parallele Aussage(n) bei Mehrfachüberlieferung; siehe dazu Seite 5*
s	Hinweis auf »Sammelstellen«; siehe dazu Seite 5*
s.	siehe
zit	zitiert wird (im Neuen Testament aus dem Alten)

Einführung in die Bibel

Inhaltsverzeichnis
Die Bibel – eine Bibliothek
Wie die Bibel zu uns kam
Bibelübersetzung und Bibeldruck
Die Bibel verstehen
Weltkulturen und biblische Geschichte
Die Welt der Bibel
Das Land der Bibel
Die Vergangenheit wird ausgegraben

Anhang

hinter dem Neuen Testament

Die Bibel – eine Bibliothek

Unsere Bibel vereint in sich zwei Buchsammlungen: die Schriften des Alten Testaments (die Christen haben sie mit den Juden gemeinsam) und die Schriften des Neuen Testaments, die von Jesus Christus und den Anfängen der Kirche Zeugnis ablegen.

So ist die Bibel niedergeschrieben von Menschen, die zu unterschiedlichen Zeiten und an verschiedenen Orten über einen Zeitraum von etwa 1500 Jahren hin gelebt haben. Die Schriften des Alten Testaments sind fast ausschließlich in hebräischer Sprache abgefasst. Nur Teile der Bücher Esra und Daniel sind in dem »moderneren« Aramäisch geschrieben. Ebenso könnten am Anfang der Entstehungsgeschichte unserer Evangelien schriftliche Aufzeichnungen in aramäischer Sprache gestanden haben (davon ist nichts erhalten geblieben). Im Übrigen sind jedoch die Evangelien wie alle anderen neutestamentlichen Schriften in Griechisch, der zur Zeit der Apostel führenden und weltweit verstandenen Sprache, geschrieben worden.

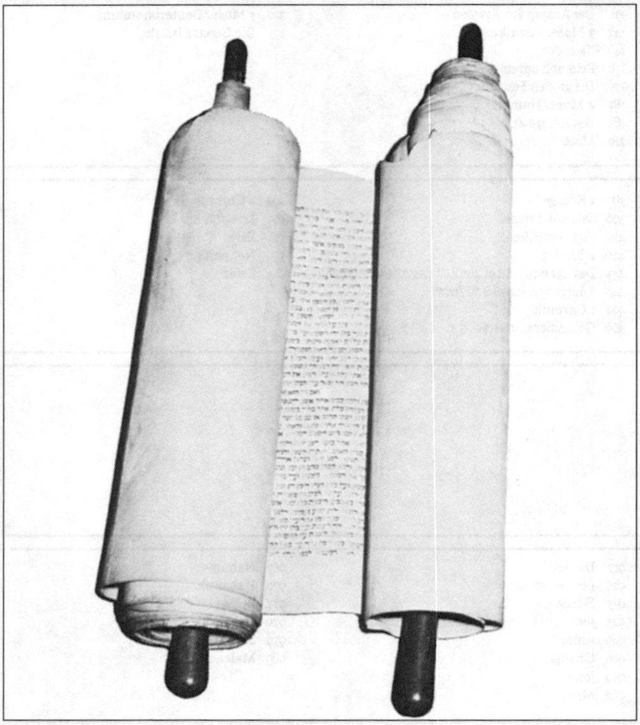

Die älteste Form des ›Buches‹ ist die Rolle; im Bild eine Tora-Rolle (Tora = Mosegesetz).

Die Buchrolle

Die Bibel – eine ganze Bibliothek von »Büchern«: Das kann missverstanden werden. Man muss wissen, dass alle in der Bibel gesammelten Schriften aus einer Zeit stammen, in der die uns geläufige Buchform noch gar nicht bekannt war. Man schrieb auf Papyrusbogen, die aus dem Mark im Stängel einer bestimmten Sumpfpflanze hergestellt wurden, oder auf besonders behandeltem Leder. Die Bogen oder Stücke wurden zu langen Streifen aneinander geklebt oder genäht und in eingerolltem Zustand aufbewahrt.

Geschrieben wurde mit einem Schilfrohr und mit Tinte, die aus Ruß, Öl und Harz oder aus Galläpfeln und Vitriol hergestellt war. Man schrieb in Spalten auf der Innenseite der Rolle; wenn es nötig und möglich war, schrieb man auf der Rückseite, der Außenseite weiter. Hebräisch und Aramäisch wurde von rechts nach links, Griechisch von links nach rechts geschrieben. Es gab Rollen unterschiedlicher Länge – so wie es bei uns Bücher unterschiedlicher Dicke gibt.

Der Kodex

Im 2. Jahrhundert n. Chr., also kurz nach der Entstehung der neutestamentlichen Schriften, wurde die Buchrolle vom »Kodex«, dem Vorläufer unserer heutigen Buchform, abgelöst. Die Bogen oder Stücke wurden jetzt nicht mehr zu Streifen aneinander gefügt, sondern gefaltet, aufeinander gelegt und an der rechten oder linken Seite zusammengeheftet – manchmal auch schon mit einem Einband versehen. Der Kodex brachte der Buchrolle gegenüber wichtige Vorteile: Man konnte ihn viel bequemer mit sich führen und konnte in ihm schnell und ohne Umstände jeden gerade gewünschten Textabschnitt »nachschlagen«. Im Kodex ließ sich auch weit mehr Text zusammenfassen als in einer Buchrolle. Die Christen haben den Kodex für ihre Heiligen Schriften von Anfang an bevorzugt und dieser Buchform damit zum Durchbruch verholfen.

Die berühmtesten Kodizes der griechischen Bibel sind der ›Codex Sinaiticus‹ und der ›Codex Vaticanus‹. Sie stammen aus dem 4. Jh. n. Chr. und umfassen das Alte und Neue Testament. – Rechts der Anfang des 1. Johannesbriefs.

Der Kodex: direkter Vorläufer der heutigen Form des Buches.

Das Alte Testament

Wie kam es, dass die 66 Schriften, die die Bibel ausmachen, zu einem einzigen Buch zusammengefügt wurden, und wann ist das geschehen? Viele Einzelheiten liegen für uns im Dunkeln. Deutlich ist nur, dass sich dies in einem Zeitraum von vielen hundert Jahren abgespielt hat.

Manche der alttestamentlichen Schriften sind selbst wieder Sammelwerke. Z.B. das Buch der Psalmen: Es ist eine Sammlung von Liedern, von denen einige vielleicht noch auf König David zurückgehen. Ein anderes Buch, das Buch der Sprichwörter, enthält Teile, die König Salomo, dem Sohn von König David, zugeschrieben werden.

Aber die eigentliche Sammlung der alttestamentlichen Schriften und ihre Hochschätzung als Heilige Schrift setzt erst in der Verbannung in Babylonien und in den Jahrhunderten danach ein. So haben die fünf Mosebücher (Genesis bis Deuteronomium) im 4. Jahrhundert v. Chr. ihre endgültige Gestalt gefunden. Die prophetischen Bücher, zu denen nach jüdischer Einteilung auch der Hauptteil der Geschichtsbücher gehört, lagen im 2. Jahrhundert v. Chr. gesammelt vor. Das ganze Alte Testament schließlich, in dem Umfang, in dem es diese Ausgabe bietet, ist gegen Ende des 1. Jahrhundert n. Chr. im Judentum als Heilige Schrift anerkannt. Im Neuen Testament finden wir Zitate aus 31 der 39 alttestamentlichen Schriften.

Die Anordnung der einzelnen Schriften ist in jüdischen Bibelausgaben eine andere als in unseren christlichen. Die Juden unterscheiden drei Hauptteile: das Gesetz, die Propheten und die Schriften. Das Gesetz besteht aus den fünf Mosebüchern; zu den Propheten gehören die sog. »frühen« (Josua, Richter, Samuel- und Königsbücher, als deren Verfasser Propheten galten), die sog. »späten« (Jesaja bis Ezechiël) sowie das »Zwölfprophetenbuch« (Hosea bis Maleachi). Zu den »Schriften« zählen: die Psalmen, Ijob, Sprichwörter, Rut, Hoheslied, Kohelet, Klagelieder, Ester, Daniel, Esra, Nehemia und die Chronikbücher.

Die sog. »Apokryphen« oder »Deuterokanonischen Schriften« sind nur in der altgriechischen Übersetzung des Alten Testaments, der sog. Septuaginta, überliefert. Sie werden von den Juden nicht als Heilige Schrift anerkannt und auch unter den christlichen Konfessionen unterschiedlich bewertet. Deshalb gibt es Bibelausgaben mit diesen Schriften und solche ohne sie.

Das Neue Testament

Die ersten Christen blieben der jüdischen Gewohnheit treu und lasen bei ihren Zusammenkünften die Schriften des Alten Testaments. Das Alte Testament war und blieb auch ihre Heilige Schrift – die sie freilich mit neuen Augen lasen. Erst allmählich bildete sich das Neue Testament. Anfangs konnten die, die Jesus noch gekannt hatten, von ihm berichten und seine Lehre weitergeben. Als dann die Generation der Augenzeugen starb, bekamen schriftliche Aufzeichnungen maßgebliche Bedeutung. So gewannen die Evangelienschriften, die Apostelgeschichte und die Briefe der Apostel hohes Ansehen und wurden sorgfältig aufbewahrt. Sie genossen schließlich nicht weniger Ansehen als die Schriften des Alten Testaments.

Gegen Ende des 2. Jahrhunderts waren die vier Evangelien bei den Christen als »Heilige Schrift« im Gebrauch. Die Apostelgeschichte und die 13 Paulusbriefe waren allgemein anerkannt, ebenso der 1. Petrusbrief und der 1. Johannesbrief. Auch die Offenbarung an Johannes und der Hebräerbrief waren bekannt und wurden gelesen. Bei den kleineren Briefen – 2. Petrusbrief, 2. und 3. Johannesbrief, Jakobus- und Judasbrief – dauerte es länger, vielleicht deshalb, weil sie für die öffentliche Verlesung im Gottesdienst nicht so geeignet erschienen. Jedenfalls stand der Umfang des Neuen Testaments, so wie wir ihn heute kennen, durch den kirchlichen Gebrauch schon lange im Großen und Ganzen fest, als die Konzilien des 4. Jahrhundert die Zahl der Schriften endgültig festlegten.

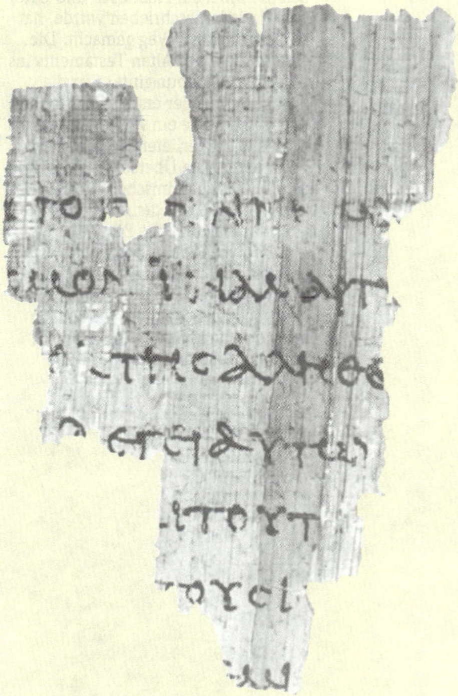

Wenn wir Bibelhandschriften aus weit auseinanderliegenden Jahrhunderten vergleichen, finden wir bemerkenswert wenige Textabweichungen. Die Schreiber arbeiten äußerst sorgfältig.

Wir haben heute Tausende von griechischen Handschriften des Neuen Testaments. Das abgebildete Fragment aus dem Johannes-Evangelium ist die älteste, die uns erhalten ist (etwa 130 n. Chr.).

Seit die Bibel auf Hebräisch und Griechisch niedergeschrieben wurde, hat sie einen weiten Weg gemacht. Die Übersetzung des Alten Testaments ins Griechische (Septuaginta) war die Heilige Schrift der ersten Christenheit und ist bis heute ein wichtiges Zeugnis für die Textüberlieferung des Alten Testaments. Die Übersetzung der ganzen Bibel ins Lateinische (Vulgata) war im Abendland seit dem frühen Mittelalter der maßgebliche Bibeltext.

Schon vor Martin Luther gab es eine ganze Reihe deutscher Bibelübersetzungen. Die erste vollständige hochdeutsche Bibel wurde 1466 bei Mentelin in Straßburg gedruckt. Für den niederdeutschen und niederländischen Sprachraum war die Kölner Bibel von 1478 von besonderer Bedeutung. Alle diese Bibeln waren aus der lateinischen Vulgata übersetzt, an der sich katholische Bibelausgaben (oberer Pfeil) bis zum 2. Vatikanischen Konzil (1960) orientierten. Dagegen gründet die katholische »Einheitsübersetzung«, die für alle Katholiken des deutschsprachigen Raums zum ersten Mal einen gemeinsamen deutschen Bibeltext bietet, ausschließlich auf dem hebräischen und griechischen Grundtext.

Von Luther wurde die Bibel zum ersten Mal aus ihren Originalsprachen (Hebräisch, Aramäisch und Griechisch) ins Deutsche übersetzt. Er hat darin zahlreiche Nachfolger gefunden. Das Schaubild verzeichnet aus der Fülle evangelischer Bibelübersetzungen nur die wichtigsten. Der durchschlagenden Sprachkraft von Luthers deutscher Bibel konnten sich auch seine Gegner nicht entziehen: Die katholische Bibel von Dietenberger korrigierte lediglich Luthers Übersetzung nach dem Latein der Vulgata (senkrechte Verbindungslinie). Sie konnte fast gleichzeitig mit Luthers erster vollständiger Bibelausgabe erscheinen, weil Luther seine Übersetzung zuvor schon stückweise veröffentlicht hatte.

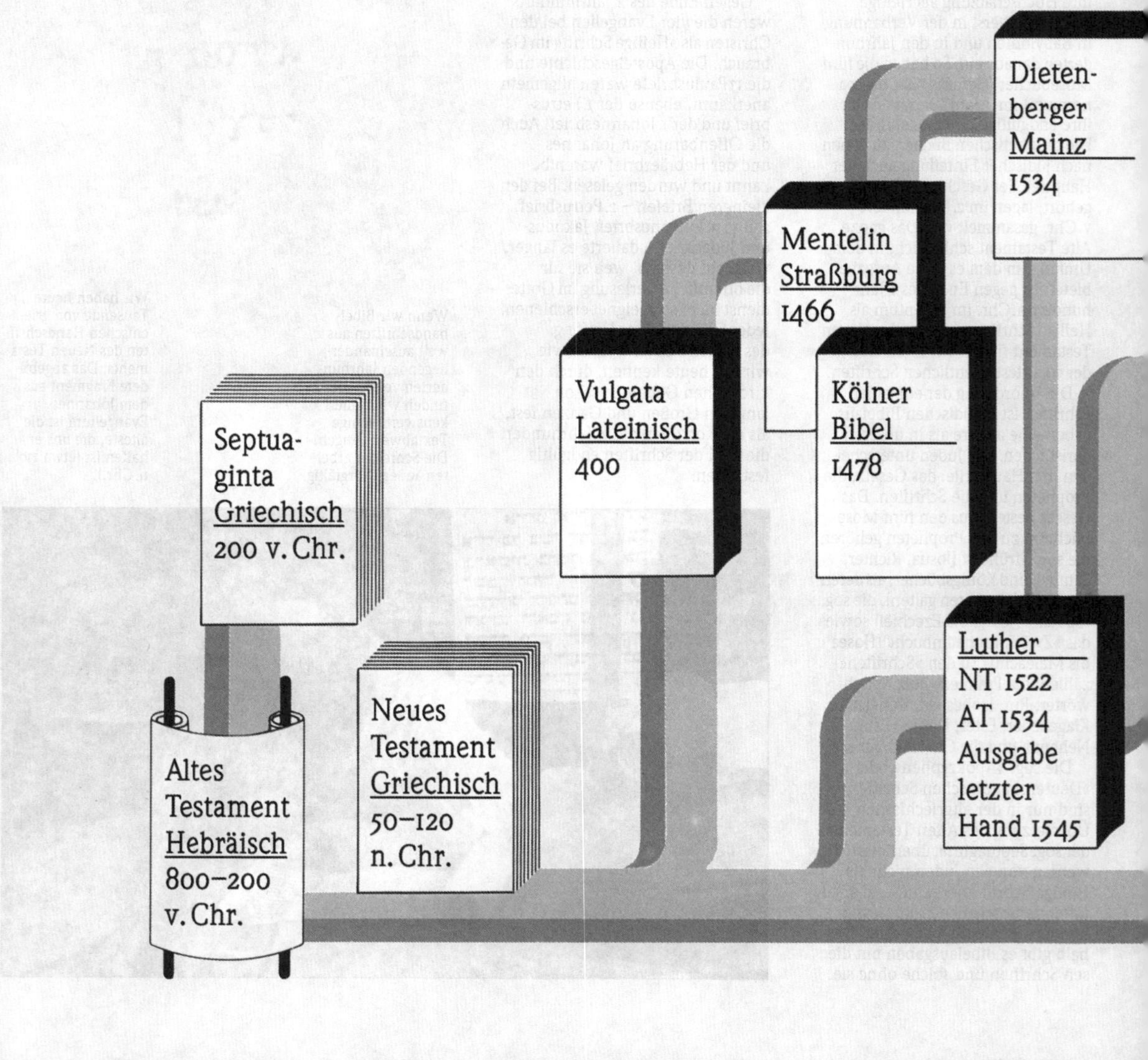

Während sich in früherer Zeit, nur die Angehörigen der wohlhabenden Schichten eine Bibel leisten konnten, brachte die von Canstein'sche Bibelanstalt seit dem Beginn des 18. Jahrhunderts Bibeln auf den Markt, die auch die Ärmeren bezahlen konnten. Auf diese Weise wurde die Lutherbibel erst vollends zum deutschen Hausbuch.

Weil die deutsche Sprache sich weiterentwickelte, musste der Luthertext im Lauf der Zeit dem veränderten Sprachgebrauch angepasst werden, um verständlich zu bleiben. Anfangs genügte der Austausch einiger weniger Wörter und Wortformen. Seit 1883 haben die evangelischen Kirchen in Deutschland die Verantwortung für die weitergehende »Revision« des Luthertextes übernommen.

Die Zürcher Bibel ist aus der Reformation Zwinglis hervorgegangen; sie hat 1931 eine völlige Neubearbeitung erfahren und wird seit 1983 wiederum grundlegend überarbeitet.

Die Elberfelder Bibel stammt aus dem Kreis der Brüderbewegung (freie Brüdergemeinden, Darbysten). Sie bemüht sich um eine möglichst wörtliche Wiedergabe und ist streng »begriffskonkordant«, d. h. Begriffe des hebräischen und griechischen Textes werden an allen Stellen durch ein und dasselbe deutsche Wort wiedergegeben, ohne Rücksicht auf den jeweiligen Zusammenhang (Neubearbeitung 1974 NT / 1985 AT).

Die »Gute Nachricht Bibel« und »Hoffnung für alle« vertreten den entgegengesetzten Übersetzungstyp: Hier wird mit wechselnden deutschen Begriffen möglichst klar und genau zum Ausdruck gebracht, was ein hebräisches oder griechisches Wort im jeweiligen Zusammenhang bedeutet (vgl. dazu das Nachwort Seite 496 NT).

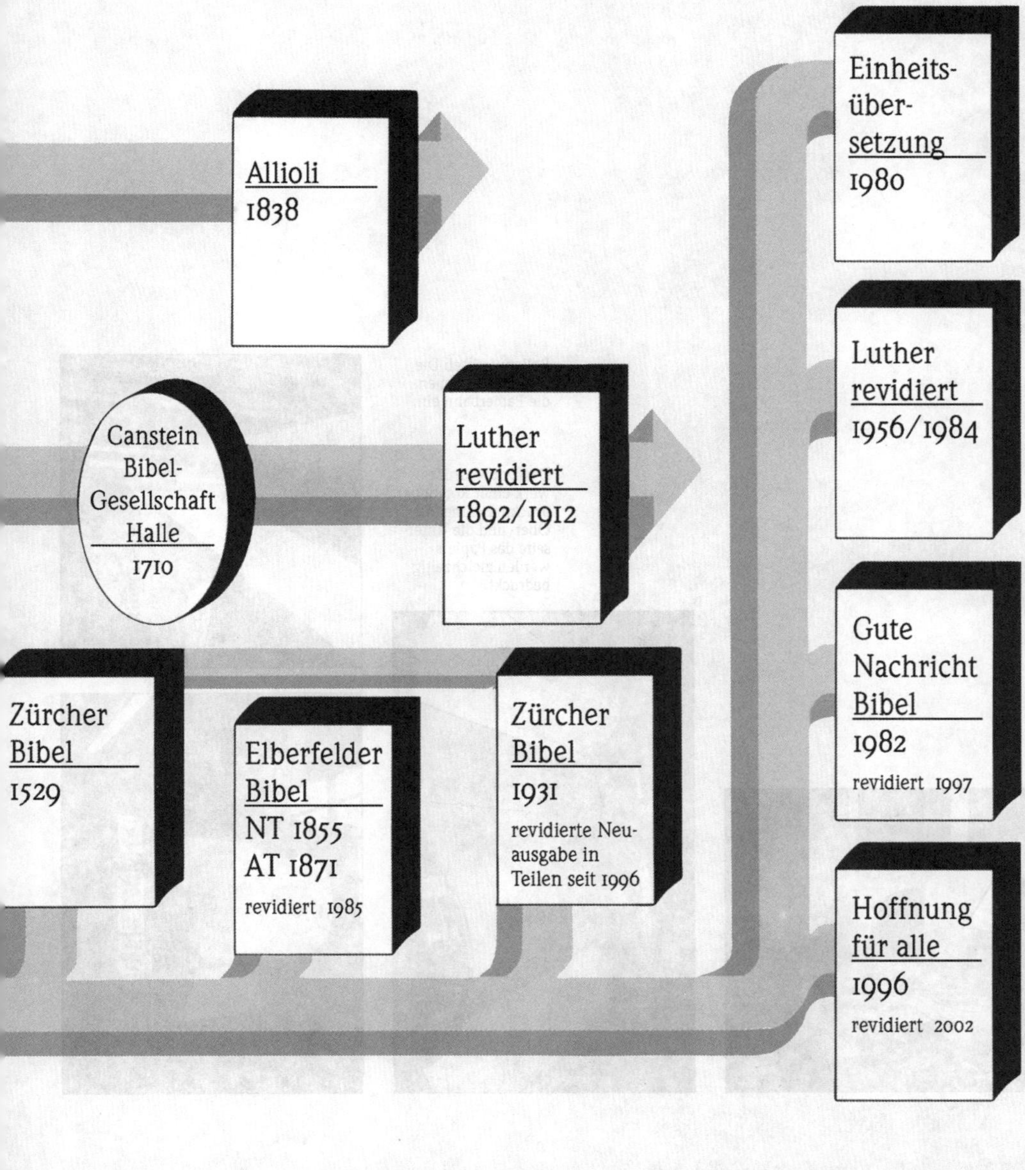

Das meistübersetzte Buch

Die Bibel enthält eine Botschaft, die für alle Menschen lebenswichtig ist. Deshalb muss sie in die Sprachen aller Menschen übersetzt werden. Bis Ende 2000 gab es die ganze Bibel in 383 Sprachen, das Neue Testament in 987 Sprachen und wenigstens einen Teil der Bibel in 2261 Sprachen. Vor allem kleine und kleinste Volksgruppen warten immer noch auf die Bibel in ihrer Muttersprache.

Aber auch in Sprachen wie der deutschen, die seit langem »ihre« Bibel besitzen, muss von Zeit zu Zeit neu übersetzt werden. Die Sprache wandelt sich, besonders rasch in unserer Gegenwart, und zugleich macht unsere Kenntnis der biblischen Ursprachen Fortschritte, sodass wir manche Texte heute genauer übersetzen können als früher.

Arten der Übersetzung

Es hat sich aber auch gezeigt, dass man in ein und derselben Sprache Bibelübersetzungen verschiedener Art braucht, damit jeder den Zugang zur Bibel finden kann, der ihm gemäß ist. Eine wörtliche Übersetzung der Bibel übermittelt das Gefühl der Nähe zum Grundtext; sie erscheint deshalb vielen als die zuverlässigste. Andererseits ist sie die am schwersten verständliche; sie spricht immer noch eine »Fremd-

Rollenwechsel: Die Mitarbeiter ziehen die Papierbahn ein.

Das Doppeldruckwerk einer Rotationsdruckmaschine: die Ober- und die Unterseite des Papiers werden gleichzeitig bedruckt.

Von Gutenberg bis ins 19. Jahrhundert musste man jeden Buchstaben einzeln mit der Hand »setzen«. Heute werden Texte und Bilder zunächst am Computer erfasst und gestaltet. Anschließend erfolgt die Belichtung der Druckplatten direkt von den im Computer gespeicherten Daten.

sprache«, und ohne Spezialkenntnisse kann sie sogar zu schwerwiegenden Missverständnissen Anlass geben. Darum gibt es daneben Übersetzungen wie die »Gute Nachricht Bibel«, die mit den Mitteln der Gegenwartssprache auf ebenso zuverlässige Art zum Ausdruck zu bringen suchen, was der Grundtext mit den Mitteln seiner Sprache sagt. Besonders für Menschen, die mit der biblisch-kirchlichen Sprache nicht vertraut sind, können solche Übersetzungen eine große Hilfe sein.

Moderne Technik im Dienst der Bibelverbreitung

Eine Bibel war im 15. Jahrhundert das erste gedruckte Buch aller Zeiten. Schon damals kam die zu ihrer Zeit modernste Technik der Bibelverbreitung zugute. Der Freiherr von Canstein nutzte die Erfindung des »stehenden Satzes« (vom selben Bleisatz werden hunderttausende von Bibeln gedruckt), um die Herstellungskosten zu senken. Heute wird der Bibeltext durch computergesteuerte Systeme gesetzt (»erfasst«), auf den modernsten Offsetmaschinen von der Rolle gedruckt, und auch die buchbinderische Verarbeitung ist weitgehend automatisiert.

Obwohl die Farbführung der Druckmaschinen mittlerweile elektronisch gesteuert wird, prüft der Drucker während der Produktion regelmäßig das Aussehen und die Qualität der Druckbogen und ändert gegebenenfalls die Einstellungen.

Wie die Zeitungen schon lange, so werden heute auch Bibeln »von der Rolle« gedruckt. Das geht schneller als wenn man einzelne Papierbogen bedruckt; außerdem kann die Papierbahn bereits in der Druckmaschine gefalzt werden.

Wenn wir einen Bibelabschnitt richtig verstehen wollen und herausfinden möchten, was er uns heute zu sagen hat, können folgende Fragen hilfreich sein:

Vorbereitung

Was steht in dem Abschnitt eigentlich?

Situation
Wann und wo wurden diese Worte gesprochen oder geschrieben?

Absicht
Warum wurden sie gesprochen oder geschrieben?

Form
In welcher Form wurden sie gesprochen oder geschrieben? (siehe unten!)

Zusammenhang
Was geht voraus? Was folgt? Was will das betreffende Buch als Ganzes?

Wörter
Was ist die Bedeutung bestimmter wichtiger Wörter (tragender Begriffe)?

Die verschiedenartigen Aussagen der Bibel sind in unterschiedlichen Formen wiedergegeben. Wenn wir festgestellt haben: »Dies ist ein poetischer Text«, oder: »Dieses Buch bietet einen Geschichtsbericht«, oder: »Dies ist ein Gleichnis« usw., gibt es jeweils weitere Fragen:

Geschichtsberichte

- Welches ist der geschichtliche Zusammenhang, in dem das Berichtete sich ereignet hat (vgl. die historischen Übersichten und Landkarten).
Z. B. Esra 1,1; Lukas 2,1-2; 3,1-2
- Was ist da eigentlich geschehen? Wer sind die beteiligten Personen? Z. B. Nehemia 1
- Oft wird aus dem Material eine Auswahl getroffen, weil der Erzähler etwas hervorheben will. Was wird berichtet, was weggelassen? In welcher Absicht? Z. B. Richter 6,1.7.8
- In Berichten werden manchmal Bilder und Symbole gebraucht, die auf einen tieferen Sinn deuten. Was sagen sie aus? Gibt es Paralleltexte, die andere Bilder und Symbole verwenden oder ganz auf die bildliche Sprache verzichten? Vgl. z. B. Exodus 14,21 mit 14,22.29 oder Matthäus 27,50-54 mit Markus 15,37-39 und Johannes 19,30

Poetische Texte

- Worauf bezieht sich der Text? Auf welche geschichtlichen Ereignisse? Z. B. Psalm 105; 132
Auf welche persönlichen Situationen? Z. B. Psalm 94; 120
Auf welche Erfahrungen und Einsichten? Z. B. Psalm 37; 49
- Welche Bilder und Symbole werden aufgeboten, um die Größe eines Ereignisses zu feiern oder die Tiefe einer Erfahrung auszuloten? Woher stammen diese Bilder und Symbole, was drücken sie aus? Z. B. Psalm 18,1-20; 46; 68; 114
- Welcher formalen Mittel bedient sich der Dichter?
Aufreihung paralleler Aussagen über denselben Gegenstand? Z. B. Psalm 44,11-17; 119,1-2
Kehrverse? Z. B. Psalm 42,6.12; 43,5; 136
Rede und Antwort? Rede und Gegenrede? Z. B. Psalm 2; Ijob 3–42
Sprichwort und Spruchsammlung? Z. B. Sprichwörter 14

Prophetische Texte

- Was sagt der Prophet im eigenen Namen und was im Namen Gottes? Wie ist eins vom anderen zu unterscheiden? Wie ist eins dem anderen zugeordnet? Z. B. Jesaja 1,21-31; 3,14–4,1
- Welcher besonderen Mittel bedient sich prophetische Rede?
Parabel-Erzählungen (dazu siehe unten); z. B. 2. Samuel 12,1-9
Treffende Wortspiele; z. B. Jesaja 7,9
Totenklagelieder auf noch lebende Menschen; z. B. Jeremia 9,19
Spottlieder; z. B. Jesaja 14,4-21
- In Visionen spielen Bilder und Symbole eine große Rolle. Woher stammen sie? Worauf beziehen sie sich? Was wollen sie sagen? Z. B. Jesaja 6,1-4; Daniel 7,1-14; Offb 5,1-7

Gleichnisse

Handelt es sich um
- ein eigentliches Gleichnis? – Ein regelmäßig wiederkehrender Vorgang wird erzählt. Dabei kommt es einzig auf den Vergleichspunkt an. Z. B. Markus 4,26-29; Lukas 14,28-33
- eine Parabel-Erzählung? – Ein einmalig-unerhörtes Geschehen wird erzählt. Es ist darauf zu achten, worin das Einmalig-Unerhörte liegt; denn dies allein dient der Illustration dessen, was der Erzähler sagen will. Z. B. Lukas 14,16-24; 16,1-8
- eine Allegorie? – Nur hier will die Erzählung Punkt für Punkt in die Realität übertragen werden. Z. B. Matthäus 22,2-14
- eine Beispielerzählung? – Z. B. Lukas 10,30-37; 16,19-31

Erklärung
Was wollte der Abschnitt damals sagen?

Was bedeutete er für die ursprünglichen Hörer oder Leser?

Worum geht es in ihm? Was ist der entscheidende Punkt?

Wie verhält er sich zu anderen Bibelabschnitten, die ihn ergänzen oder verdeutlichen können?

Der Abschnitt wurde im Blick auf Verhältnisse einer vergangenen Zeit verfaßt. Enthält er eine Botschaft, die für jede Zeit aktuell ist?

Anwendung
Was kann der Abschnitt uns heute sagen?

Gibt es heute eine Situation, die der Situation der ursprünglichen Leser entspricht?

Macht der Abschnitt eine Aussage über Gott, Jesus, den Menschen, die Welt, die Kirche, auf die heute ganz besonders zu achten wäre?

Wird uns ein Beispiel vor Augen gestellt, dem wir folgen sollten? Enthält der Text für uns eine spezielle Warnung oder Verheißung?

Sind wir durch diesen Abschnitt aufgefordert, etwas Bestimmtes zu tun?

Werden wir veranlaßt, uns in einem Bitt-, Lob- oder Dankgebet Gott zuzuwenden?

Weltkulturen und biblische Geschichte

Kulturen, die mit der biblischen Welt in engerer Beziehung stehen, sind in kräftigeren Farben eingezeichnet.

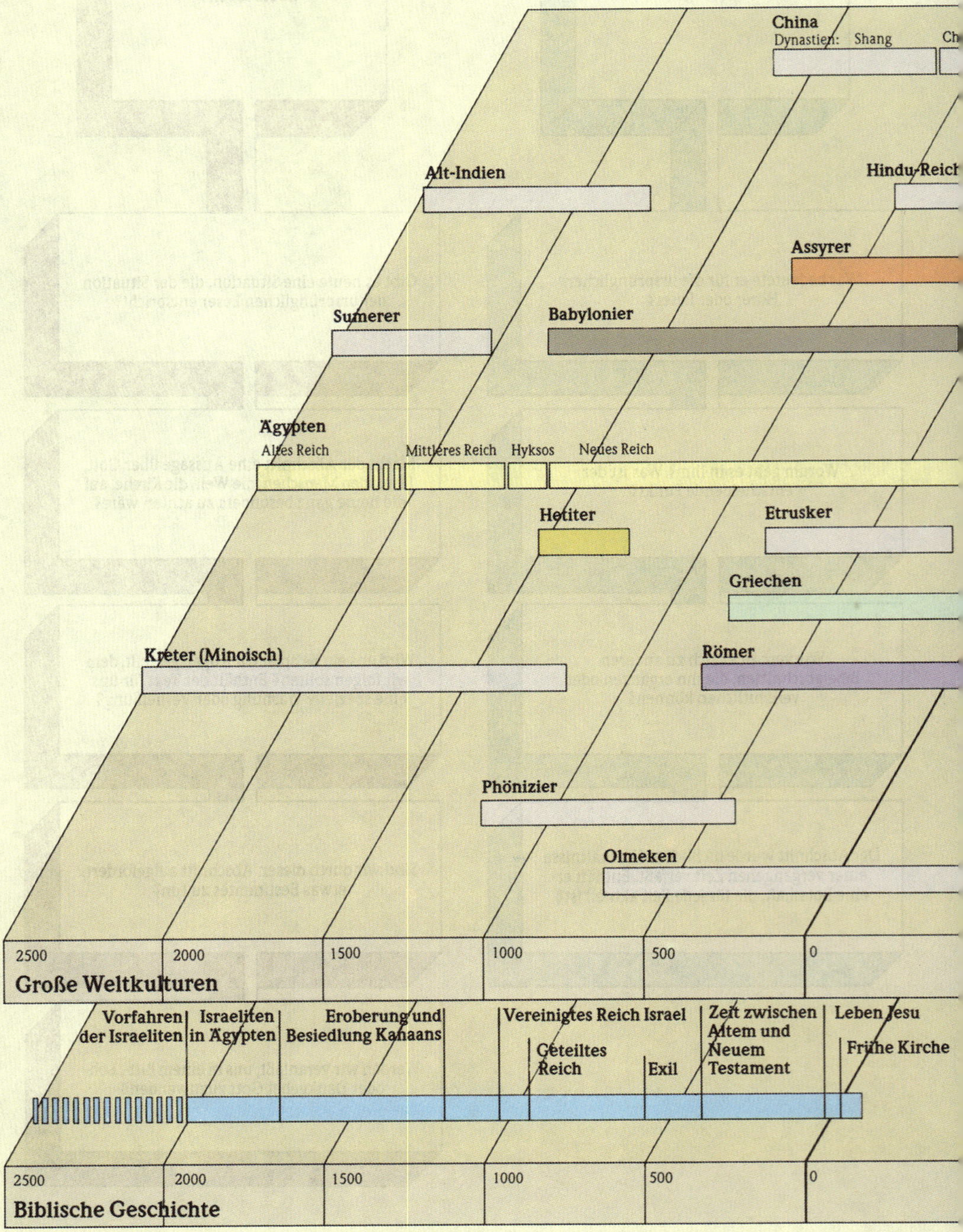

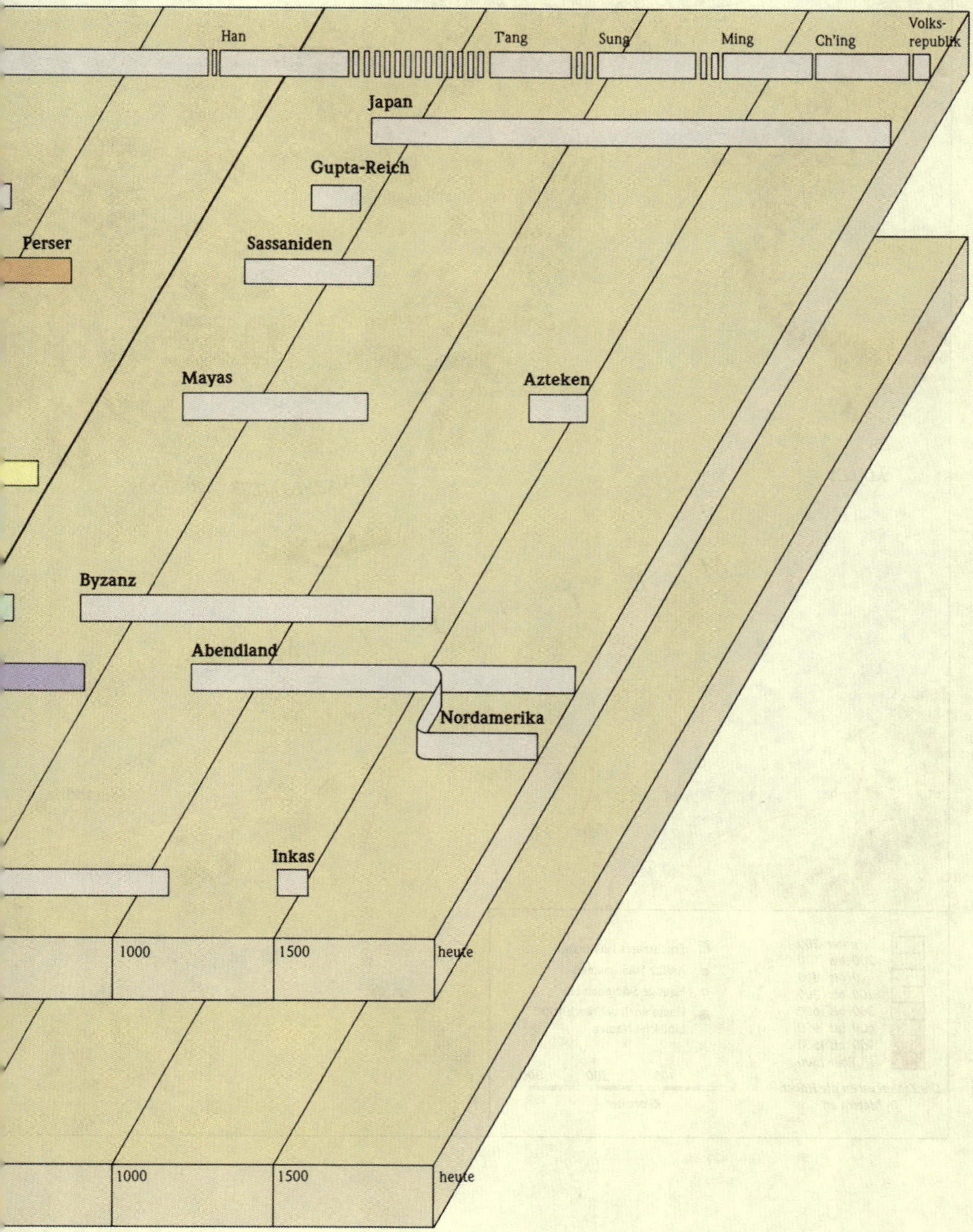
Han
Tang
Sung
Ming
Ch'ing
Volks-
republik
Japan
Gupta-Reich
Perser
Sassaniden
Mayas
Azteken
Byzanz
Abendland
Nordamerika
Inkas
1000
1500
heute
1000
1500
heute

ITALIEN
Rom
Vesuv
Via Appia
Via Egnatia
Philippi
Istanbul
Thessalonich
Olymp
TÜRKEI
GRIECHENLAND
Izmir
SIZILIEN
Korinth
Athen
Ephesus
Kolossä
MALTA
ÄGÄISCHES MEER
RHODOS
KRETA
MITTELMEER
Alexandria
unter -200
-200 bis 0
0 bis 100
100 bis 300
300 bis 600
600 bis 900
900 bis 1500
über 1500
Die Zahlen geben die Höhen in Metern an
Fruchtbarer Halbmond
Antike Städtenamen
Heutige Städtenamen
Heute noch gebräuchliche biblische Namen
0 100 200 300
Kilometer

SCHWARZES MEER
KASPISCHES MEER
Ankara
Tarsus
Haran
Ninive
Mosul
IRAN
Aleppo
Mesopotamien
Assur
Antiochia
Ugarit
Tigris
Hamat
IRAK
Elam
ZYPERN
Bagdad
Eufrat
SYRIEN
Susa
Babylonien
Beirut
Babylon
Damaskus
Tyrus
Haifa
ISRAEL
Ur
Basra
Amman
Tel Aviv
Chaldäa
KUWAIT
JORDANIEN
Gaza
Jerusalem
Edom
iro
Memphis
PTEN
Elat
Gold- und Weihrauchstraße
SAUDI-ARABIEN
Sinai
Dedan
ROTES MEER

Tyrus
Hermon
2814
Dan
Baschan
Hule-See
MITTELMEER
Galiläa
See Kinneret
-209
Karmel-Gebirge
546
Kischon
Tabor
588
Megiddo
Gilead
Gilboa-Gebirge
Jordan
Scharon-Ebene
Samaria
Ebal
940
Garizim
881
Jabbok
Bergland Efraim
Jafo
Ammon
Jordan
Rabba
Jericho
Jerusalem
Nebo
802
Hügelland
Bergland Juda
Philister-Ebene
Wüste Juda
Totes Meer
Hebron
Arnon
Moab
Beërscheba
-392
Negeb-Wüste
Araba
Edom
unter -200
-200 bis 0
0 bis 100
100 bis 300
300 bis 600
600 bis 900
900 bis 1500
über 1500
Die Zahlen geben die Höhen in Metern an
0 10 20 30
Kilometer

Israel ist nie ein großes oder besonders mächtiges Land gewesen. Die Entfernung von Dan im Norden bis Beërscheba im Süden beträgt keine 230 km. Doch wegen seiner Lage an der Ostküste des Mittelmeers, auf dem schmalen bewohnbaren Landstrich zwischen dem Meer im Westen und der Wüste im Osten, war es doch immer von großer Bedeutung. Seit den ältesten Zeiten und bis auf den heutigen Tag lagen das Land und seine Bewohner im Interessen- und Kampfgebiet mächtiger Nachbarstaaten. Während des größten Teils der Zeit, von der die Bibel berichtet, waren dies die großen Staaten des Zweistromlandes im Nordosten und Ägypten im Süden.

Geographische Einteilung

Man kann Israel in Streifen einteilen, die parallel zur Mittelmeerküste ungefähr von Norden nach Süden verlaufen. Auf einen Streifen Küstenebene folgt landeinwärts ein Streifen Hügelland. Ihm folgt das zentrale Hochland, das sozusagen das Rückgrat von allem bildet. Danach fällt das Land steil ab zum Jordantal. Jenseits des Flusses erheben sich die Bergketten des Ostjordanlandes.

Der südlichste Teil des Küstenstreifens war einst das Land der Philister. Bei der heutigen Stadt Haifa wird die Küstenebene durch den Karmel unterbrochen, einen Gebirgszug, der vom zentralen Hochland in nordwestlicher Richtung bis zum Meer vorstößt. Die Haupt-Passstraße, die über den Karmel führt, war durch die Stadt Megiddo geschützt, die immer wieder heiß umkämpft wurde.

Auf der Nordseite des Karmels dehnt sich die weite und fruchtbare Jesreël-Ebene. Weiter nordwärts folgt Galiläa mit seinen Bergen und Tälern und dem »See von Galiläa«, dem See Gennesaret. Die Stadt Dan und der schneebedeckte Gipfel des Hermons markieren die Nordgrenze Israels. Der Hermon ist 2814 m hoch und bildet den südlichsten Teil des Antilibanos-Gebirges.

Der nördliche Teil des zentralen Hochlandes ist bekannt als Bergland von Samaria, der südliche als Bergland von Juda. Über den Kamm des zentralen Hochlandes führte ein wichtiger Karawanenweg, von Syrien herkommend, über Jerusalem, Betlehem und Hebron nach Beërscheba im Süden.

Südlich von Beërscheba erstreckt sich die Negeb-Wüste, die schon Teil der dreiecksförmigen Sinaihalbinsel ist. Hier regnet es selten. Im Sommer sieht man nichts als kahle, braune Hügel und hier und da einen winzigen grünen Fleck oder einen Akazienbaum. Gegen Süden zu werden die Berge immer höher und schroffer.

Das Jordantal ist etwas geologisch Einmaliges. Der Jordan entsteht aus drei Quellflüssen, die zu Füßen des Hermons entspringen, fließt durch den morastigen Hule-See in den weit größeren See Gennesaret, bewegt sich dann in unzähligen Windungen weiter und mündet ins Tote Meer. Das Wasser dieses Binnensees, der keinen Ausfluss zum offenen Meer hat, ist so salzig, dass kein Tier und keine Pflanze darin leben können.

Das Jordantal zieht sich als tiefer Graben zwischen zwei Gebirgszügen hin. Es hat sein ganz eigenes heißes und feuchtes Klima, das völlig verschieden ist von dem auf den Höhen im Osten und Westen. Auf seinem Weg vom Fuß des Hermons bis zum Toten Meer hat der Jordan ein Gefälle von rund 1000 Metern. Das Tote Meer ist der tiefste Punkt der Erdoberfläche; sein Spiegel liegt rund 390 Meter unter dem des Mittelmeeres. Das Tal südlich des Toten Meeres, das heute Araba genannt wird, zieht sich hinunter bis zum Golf von Akaba, einem der zwei Arme des Roten Meeres.

Klima

Das Klima in Israel wird bestimmt durch seine Lage zwischen Meer und Wüste und durch seine geographische Gestalt: hohe Berge einerseits und

Beduinenzelte und Schafe im Hügelland Samariens.

Am See Gennesaret.

Im Jordantal wachsen Palmen und tropische Sträucher.

Ehemalige Kupferminen in der Negeb-Wüste nordwestlich von Ezjon-Geber.

Weinanbau im judäischen Hügelland.

andererseits Gebiete, die noch unter dem Meeresspiegel liegen. Israel hat zwei Jahreszeiten: eine nasse und kalte, den Winter, und eine heiße, trockene, den Sommer. Aber die Temperaturen weisen von einer Zone des Landes zur anderen, vom Winter zum Sommer, vom Tag zur Nacht erhebliche Unterschiede auf. Im Winter kann es in Jerusalem schneien und in Galiläa kann Eisregen fallen. Jericho hat im Winter eine mittlere Temperatur von +15°; tagsüber ist es heiß und nachts kalt. Im Sommer liegt die mittlere Temperatur an der Küste und auf den Bergen bei 22–25°; am Toten Meer herrscht zur selben Zeit eine gleich bleibende Temperatur von 40°. Die Hitze des Sommers wird fast unerträglich, wenn der heiße, trockene Wüstenwind aus dem Osten weht, ein Wind, der jeweils für zwei oder drei Tage anhält.

Die Regenfälle beginnen im Oktober, erreichen ihren Höhepunkt im Dezember oder Januar und enden ungefähr im April. Der Norden des Landes ist die niederschlagsreichste Zone. Galiläa hat etwa 60–70 Regentage im Jahr, Jerusalem 50–60, die Negeb-Wüste 10–20. Der Tau, der vor allem in der Küstenebene fällt, ist im Sommer für die Bauern ein Segen.

Bodenprodukte

Aufgrund seiner unterschiedlichen Klimazonen können in Israel die verschiedensten Getreide- und Fruchtsorten angebaut werden. Spelt, Weizen und Gerste, Hülsenfrüchte und Gemüse jeder Art, Weintrauben, Feigen, Granatäpfel, Oliven und Datteln gibt es seit biblischen Zeiten. In dem heißen und feuchten Klima des Jordantals wachsen heute tropische Früchte wie Mango, Avokado, Persimonen und Guajaven, ebenso Bananen.

Im Mittelalter begann in Palästina der Anbau von Zitrusfrüchten. Heute gibt es in der Küstenebene Apfelsinen-, Zitronen- und Pampelmusenplantagen. Neben anderen Gemüsearten wie Kohl, Blumenkohl, Zwiebeln und Kartoffeln gedeihen dort Melonen und Wassermelonen, Tomaten, Gurken, Paprikaschoten und Auberginen.

Viehhaltung

Seit der Zeit Abrahams und schon lange vorher haben auf den steinigen Bergen und Hügeln Israels Schafe und Ziegen ihre Nahrung gefunden und für Milch und Fleisch gesorgt. Die Schafwolle diente zum Weben der Kleidung. Berühmt wegen der ergiebigen Weideflächen und der stattlichen Herden war das Bergland von Baschan und Gilead östlich des Jordans.

Der See Gennesaret war immer reich an Fischen. In neutestamentlicher Zeit blühte hier eine regelrechte Fisch-Industrie (Pökelfisch). Heute werden am See verschiedene Fischarten gezüchtet, vor allem Karpfen.

Pflanzen- und Tierwelt

Eigentlicher Wald ist in Israel wahrscheinlich immer schon so selten gewesen wie heute. Doch hat es in biblischer Zeit sicher noch mehr Bäume gegeben. Auf den Bergen wuchsen Eichen, Fichten und Pinien. Ein Dickicht von Pappeln, Weiden, Tamarisken und Oleander säumte den Flusslauf des Jordans. Heute gibt es Eukalyptusbäume, die für Schatten sorgen und die Erosion des Bodens verhindern sollen.

Das kontrastreiche Klima sorgt für eine außerordentliche Vielfalt von wild wachsenden Pflanzen und Blumen. Gewürze und Arzneikräuter waren zu jeder Zeit begehrt.
Zu den Gewürzen gehören: Kümmel, Dill, Knoblauch, Anis, Ysop, Raute, Minze und Senf. Viele Arten wilder Blumen bedecken im Frühling und Frühsommer die Berghän-

Die Ebene Jesrël, von Nazaret aus gesehen.

Der Berg Tabor in Galiläa.

Wucherblume

Anemone

Kugeldistel

Alpenveilchen

Flachs

Alraune

Lupine

Klatschmohn und Ringelblume (gelb)

Mariendistel

ge, besonders in Galiläa. Man findet Anemonen, Narzissen, Alpenveilchen, Krokusse, Mohnblumen, gelbe Chrysanthemen und viele andere. Darüber hinaus gibt es in Israel mehr als 120 Arten von Disteln und Dornsträuchern.

Zu biblischer Zeit gab es mehr wilde Tiere im Land als heute: Wölfe, Löwen und Bären ebenso wie Füchse und Schakale.

In dieser Bibelausgabe finden sich u.a. Fotos von folgenden Pflanzen und Tieren: Akazie (S. 142), Mandelbaum (S. 198), Kamele (S. 87, 767 u.a.), Taube (S. 152), Adler (S. 881), Schafe (S. 260, 615 u.a.), Wein (S. 194, 878), Ysop (S. 161), Heuschrecken (S. 108, 946), Ölbaum (S. 82 NT), Wachteln (S. 115), Geier (S. 158).

Naturschätze

Das Tote Meer birgt große Mengen wertvoller Mineralien. An seinen Ufern wird Steinsalz gewonnen. Im Jordantal und südlich des Toten Meeres gibt es Kupferminen, im Negeb Eisenerz. Der Negeb hat zugleich den größten Reichtum an Mineralien in der ganzen Region. Es gibt hier Mangan, Phosphat, Schwefel und Erdöl. Ein Reichtum des Landes liegt auch im Naturstein, wie er etwa für den Hausbau gebraucht wird.

Mit der Wüste vor der Tür und Regenfällen nur im Winter gehört Wasser für Israel zum kostbarsten Besitz. Das Wasser des Jordans, des einzigen Flusses in Israel, der wirklich das ganze Jahr über Wasser führt, fließt ins Tote Meer und verdunstet dort. Seit den ältesten Zeiten sind die Bewohner des Landes abhängig gewesen von Brunnen, Quellen und Bewässerungsanlagen. Die Römer bauten Aquädukte, um den Städten Wasser zuzuführen. Im heutigen Israel wird Wasser von Galiläa auf das zentrale Hochland gepumpt. Von dort wird es zur Versorgung der Städte in die Küstenebene weitergeleitet oder den trockenen Gebieten im Süden zugeführt. Hier im Süden wird die Wüste immer mehr zurückgedrängt und der Anbau von Pflanzen ermöglicht, die ohne künstliche Bewässerung im Sommer in diesen Zonen gar nicht wachsen könnten.

Schon seit mehr als hundert Jahren sind Menschen damit beschäftigt, in den Ländern der Bibel die Vergangenheit auszugraben. Vor hundert Jahren war es nur das Hobby einiger begeisterter Forschungsreisender und Politiker oder das Tätigkeitsfeld von Schatzgräbern. Heute ist die Archäologie eine Wissenschaft, die viele Spezialwissenschaften und -techniken umfasst.

Die Wahrheit der Bibel beweisen?

Früher wurden gelegentlich übertriebene Behauptungen aufgestellt: die Archäologie habe die Sintflut »bewiesen« oder die Einnahme Jerichos durch Josua. In Wirklichkeit ist der Beitrag der Archäologie wesentlich bescheidener. Nur in sehr wenigen Fällen kann sie »beweisen«, dass dies oder jenes von der Bibel berichtete Ereignis wirklich geschehen ist. Überhaupt nicht kann sie »beweisen«, dass dies oder jenes Geschehen – worauf es in der Bibel doch gerade ankommt –, letztlich von Gott verursacht oder so gelenkt worden ist.

Was die Archäologie beweisen kann, ist, dass dies oder jenes für die Zeit, in der es geschehen sein soll, durchaus denkbar und möglich ist oder dass diese oder jene Angabe der Bibel zu den Aussagen bestimmter Bodenfunde passt. Die Archäologie hilft den Hintergrund füllen, vor dem sich die biblischen Ereignisse abspielten und das biblische Zeugnis sich ausprägte. So kann sie diese Ereignisse und Zeugnisse in ein neues Licht rücken und sie besser verstehen lehren.

Neues Licht auf die Bibel

Es lassen sich viele Beispiele dafür nennen, wie archäologische Funde biblische Angaben erhellen können: Im Irak und in Syrien, d.h. im Gebiet des alten Sumer und Babylonien, wurden auf Tontafeln geschriebene Urkunden gefunden, die zusammengenommen eine lebendige Anschauung von den Lebensgewohnheiten der Zeit zwischen 1900 und 1600 v.Chr. vermitteln, von der Periode also, in die uns die Abrahams-, Isaaks- und Jakobsgeschichten der Bibel führen.

Das Heilige Zelt, das die Israeliten für Gott bauen sollten, hat Ähnlichkeit mit tragbaren Heiligtümern, die wir aus Ägypten kennen.

Alte Vertragstexte werfen Licht auf die Form, in der Gott mit seinem Volk am Sinai den Bund schloss, wie das z.B. im Buch Deuteronomium erzählt wird. Die alten Texte helfen uns, die Form der Gebote mit den nachfolgenden Segens- und Fluchsprüchen besser zu verstehen.

In einem Lied, das den Sieg des Pharaos Merneptah über die Libyer feiert, wird am Schluss die Wirkung dieses Sieges auf die Bewohner Palästinas herausgestellt. Dabei heißt es u.a.:

»Israel liegt brach und hat kein Saatkorn« – ein Hinweis auf die Anwesenheit von »Israeliten« in Palästina aus der Zeit um 1219 v.Chr. König Schischak von Ägypten (um 925 v.Chr.) führt 150 Städte an, die er in Palästina erobert hat. Viele dieser Ortsnamen sind uns aus der Bibel bekannt.

Das 1. Königsbuch sagt, König Salomo habe drei starke Festungen ausgebaut: Geser, Megiddo und Hazor. Alle drei Städte sind jetzt ausgegraben, und in allen dreien finden sich Mauern und Toranlagen, die nach dem gleichen Muster angelegt sind. Bei dem Tor von Geser wurde Töpferware gefunden, die ins 10. Jahrhundert v.Chr. zu datieren ist.

In Nordsyrien wurde ein kleiner Tempel aus dem 9. Jahrhundert v.Chr. ausgegraben, der einen ähnlichen Grundriss wie der Tempel Salomos in Jerusalem zeigt, so wie er

Ausgrabung einer assyrischen Stadt: Tell er-Rima. Am Fuß des Hügels haben die Archäologen den Grabungsschutt aufgehäuft.

in der Bibel beschrieben wird. Auch die Verzierungen im Tempel, von denen die Bibel spricht, sind typisch für den Stil jener Zeit.

In den Berichten der assyrischen Könige werden oft Namen ausländischer Fürsten genannt, darunter auch Namen der Könige von Israel und Juda. König Sanherib von Assyrien beschreibt seinen Feldzug nach Palästina zur Zeit des Königs Hiskija, der uns aus den Büchern 2. Könige und Jesaja bekannt ist.

Die Könige von Babylonien und ebenso die von Israel und Juda hatten an ihren Höfen Geschichtsschreiber, die wichtige Ereignisse schriftlich festhielten. Eine Tontafel aus Babylon nennt das Datum, an dem König Nebukadnezzar Jerusalem eroberte und den König Jojachin gefangen nach Babylon mitnahm. Es gibt sogar eine Notiz darüber, was dem König und der königlichen Familie in der Gefangenschaft an Lebensmitteln zugeteilt wurde.

Aus neutestamentlicher Zeit kennen wir eine Steintafel mit griechischer Inschrift, die allen Nicht-Juden unter Androhung der Todesstrafe verbietet, die inneren Vorhöfe des Tempels zu betreten. Dieses Verbot erklärt den Tumult, der ausbrach, als Paulus in den Verdacht geriet, dagegen verstoßen zu haben.

Inschriften, die in verschiedenen Städten gefunden wurden, zeigen uns, mit welcher Genauigkeit in der Apostelgeschichte die Titel bestimmter Beamter wiedergegeben werden.

Städte und Ortschaften

Von den meisten Städten, die in der Bibel genannt werden, wissen wir heute, wo sie gelegen haben. Die Geographie hilft uns, sie zu identifizieren. Auch haben sich manche der alten Städtenamen bis heute in erkennbarer Form durchgehalten.

Viele der wichtigsten Städte (z. B. Jerusalem, Damaskus) werden noch bewohnt; sie sind daher ungeeignet für größere Ausgrabungen. Aber überall im Nahen Osten stoßen wir auf künstliche Hügel – manche sind bis zu 40 Meter hoch und 500 Meter lang – die anzeigen, dass es hier früher eine Stadt oder eine kleinere Ortschaft oder ein Dorf gegeben hat. Diese so genannten »Tells« sind im Laufe von Jahrhunderten Schicht um Schicht emporgewachsen, indem die alten Häuser – in der Regel wurde mit sonnengetrockneten Lehmziegeln gebaut – zerbröckelten und zerfielen und auf dem zerfallenen Lehm der alten immer wieder neue errichtet wurden.

Das Ausgraben

In der Regel ist es unmöglich, eine ganze Stadt auszugraben. Der Archäologe muss einen besonders viel versprechenden Teil auswählen. Meist beginnt man damit, dass man den Tell von oben her aufgräbt, oder man gräbt von der Seite her eine Schneise durch den Hügel. Bei der weiteren Grabung werden dann Schicht um Schicht die verschiedenen Bebauungsebenen freigelegt. Die Überbleibsel der jüngsten Besiedlung liegen oben, dicht unter der Erdoberfläche, die der ältesten liegen tief unten. Allerdings ist es gar nicht so leicht, die einzelnen Schichten zu identifizieren und die richtige zeitliche Zuordnung vorzunehmen. Die Schichten sind von ungleichmäßiger Dicke und oft auch unterbrochen. Jemand kann z. B. durch mehrere Schichten hindurch eine Grube ausgehoben haben, um Schutt und Abfall hineinzuwerfen. So können Gegenstände aus den unterschiedlichsten Zeiten miteinander vermischt sein.

Ein Team von Fachleuten

Jede Ausgrabung erfordert ein Team von Experten. Bevor die Arbeit beginnt, muss das Ausgrabungsgelände sorgfältig untersucht werden. Ein

Grabungen (von links nach rechts)

In Tell-Brak wurde die Küche eines Hauses freigelegt.

Träger mit Körben voll Erde im Grabungsfeld des Nabu-Tempels von Nimrud (= Kalach), der assyrischen Hauptstadt im 9. und 8. Jh. v. Chr.

Im Stadthügel von Tell er-Rima: Der Suchgraben der Archäologen zeigt Siedlungsschichten aus mehr als 600 Jahren.

Funde

In Nimrud werden beschriftete Steintafeln geborgen.

Das Fundament vom Thron des Assyrerkönigs Salmanassar III. wird in Nimrud aus dem Boden des Thronsaals gehoben.

Krüge für die Aufbewahrung von Getreide.

Am häufigsten findet man Töpferware. Der Tonkrug in der Mitte (14. Jh. v. Chr.) stammt aus Hazor.

Unschätzbare Kenntnisse der Vergangenheit vermitteln schriftliche Dokumente. Oben Mitte: Kaufvertrag auf Keilschrift-Tontafeln (um 1750 v. Chr.). Mitte rechts: Ägyptische Hieroglyphen in der Grabkammer der Königin Nofretiri.

Mitte links: Die eisernen Pfeilspitzen aus Lachisch verweisen auf den Feldzug der Assyrer zur Zeit des Königs Hiskija von Juda (um 700 v. Chr.).

Ungewöhnlich kostbare Funde: Eine goldene Schale (unten) und ein Armring (oben links) aus Ur. Oben rechts eine goldene Scheibe mit Sphinx-Figur aus dem persischen Oxus-Schatz.

Fotograph muss zur Hand sein, der jedes Stadium der Arbeit im Bild festhält. Einer ist dafür verantwortlich, dass jedes Fundstück gekennzeichnet und registriert wird. Brüchige Gegenstände bedürfen spezieller Behandlung, zerbrochene müssen an Ort und Stelle oder in einem Labor fachkundig zusammengefügt werden. Ein wichtiger Mann im Team ist auch der Epigraphiker, der das Inschriftenmaterial zu entziffern hat.

Die meisten Funde bestehen aus Scherben der verschiedenartigsten Töpferwaren, die bei den Bewohnern der Stadt oder der Ortschaft in Gebrauch waren. Diese Scherben liefern oft die eindeutigsten Beweise für die richtige Datierung der verschiedenen Schichten. In den letzten hundert Jahren hat sich eine sehr große Fülle an Erkenntnissen angesammelt über die Formen und Stile der damaligen Töpferwaren und über die Veränderungen, denen sie in verschiedenen Regionen und Zeiten unterlagen. Es gibt heute Tabellen, mit deren Hilfe man Tonfunde aller Art identifizieren und zeitlich einordnen kann.

Einige berühmte Funde

Gelegentlich machen die Archäologen einen Fund, der allgemeines Aufsehen erregt. Das kann die Entdeckung eines »Schatzes« sein – z.B. bei Auffindung des Grabes von Tutanchamun, der Königsgräber in Ur oder der persischen Schätze am Ufer des Oxus. Funde dieser Art versetzen uns in Staunen über die Fähigkeiten der Handwerker und Künstler, die Werke von solch atemberaubender Schönheit schufen.

Oder es ist ein Fund, der ein ganz neues Wissensgebiet erschließt. Das war z.B. beim Stein von Rosette der Fall. Auf ihm steht ein und derselbe Text auf Griechisch, auf Ägyptisch in demotischer Schrift und auf Ägyptisch in Hieroglyphenschrift. Dieser Stein war der Schlüssel zur Entzifferung der Hieroglyphenschrift.

Seit der Auffindung der Schriftrollen vom Toten Meer, einer ganzen Bibliothek, die von Mitgliedern der Qumran-Gemeinschaft dort in Höhlen versteckt worden war, besitzen wir Handschriften alttestamentlicher Bücher, die viele hundert Jahre älter sind als die ältesten, die wir bisher kannten.

Die Ausgrabungen auf der Festung Masada richteten die Aufmerksamkeit der Welt auf das Drama des letzten Widerstandes, den die Juden dort gegen die Römer leisteten, nachdem Jerusalem im Jahr 70 n. Chr. gefallen und der Tempel zerstört worden war.

Aber weit bedeutsamer als die Aufsehen erregenden Ausgrabungen ist der Reichtum an Informationen, die wir aus Tausenden schriftlicher Dokumente und ganz normalen, »alltäglichen« Fundstücken gewinnen. Sie haben vor allem die Vergangenheit für uns wieder lebendig werden lassen. Sie haben uns Einblick verschafft in das Leben von Menschen, die zwar weit weg von uns vor Hunderten und Tausenden von Jahren lebten, die in vieler Hinsicht anders waren als wir, die aber letztlich doch dieselben Sorgen und täglichen Nöte hatten wie wir.

Diese Tatsache ist auch der Grund dafür, dass die Bibel heute noch aktuell ist. Dieses Buch zeigt uns, wie Gott damals in das Fragen der Menschen hinein sein Wort gesagt hat. So kann Gott auch heute zu uns und unseren Problemen etwas sagen. Und er kann es und will es tun durch die Blätter dieses alten und doch immer noch aktuellen Buchs.

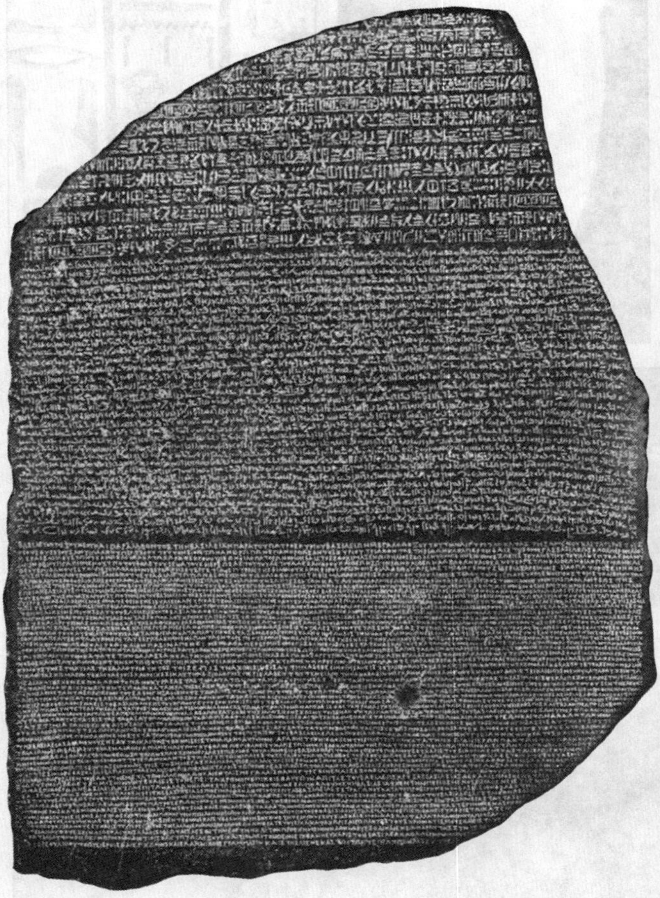

Der Stein von Rosette

Der Anfang der Welt die Anfänge Israels und Gottes Gesetz

Genesis
Exodus
Levitikus
Numeri
Deuteronomium

»Am Anfang schuf Gott Himmel und Erde.« (Genesis 1,1)

Der Anfang der Welt, die Anfänge Israels und Gottes Gesetz

Die Juden nennen die ersten fünf Bücher der Bibel (Genesis bis Deuteronomium) *Das Gesetz* (= Die Tora). Man nennt diesen Teil auch ›Pentateuch‹, d.h. ›Fünf-Rollen-Buch‹.

Lebensordnung

Der Pentateuch enthält die Vorschriften, nach denen Gottes Volk sein Leben gestalten soll: die Zehn Gebote sowie genaue Anweisungen für das tägliche Leben und für den Gottesdienst. Diese Vorschriften sind eingebettet in eine vielschichtige Erzählung über die Anfänge Israels, der wiederum eine Darstellung der ältesten Menschheitsgeschichte und der Erschaffung der Welt durch Gott vorangestellt ist.

Genesis

Genesis 1–11 blickt zurück auf den Ursprung der Welt und die Anfänge der Menschheit. Die Welt, die Gott geschaffen hat, war gut, aber schon bald wurde sie durch die Selbstsucht und den Ungehorsam der Menschen verdorben. Genesis 12–50 erzählt von dem neuen Anfang, den Gott mit Abraham, Isaak und Jakob gemacht hat. Diese sind die Stammväter des Volkes, das Gott sich aus Ägypten beruft.

Exodus bis Deuteronomium

In diesen vier Büchern spielt Mose die entscheidende Rolle. Die Bücher erzählen vom Auszug aus Ägypten (lateinisch ›Exodus‹), der Gottesbegegnung am Sinai, dem Bund, den Gott dort mit seinem Volk schloss, der Verkündung der Zehn Gebote und anderer Vorschriften, von der Anfertigung des Heiligen Zeltes und von den 40 Jahren, die Israel in der Wüste zubringen musste, bevor es in das von Gott versprochene Land einziehen konnte.

Fünf Teile – eine Geschichte

Die fünf ersten Bücher der Bibel erzählen uns eigentlich nur eine einzige Geschichte. Sie zeigen uns, wie Gott am Werk ist: Er schafft nicht nur unsere Welt, sondern er ruft bestimmte Menschen und ein ganzes Volk, damit sie ihm gehorchen und der Welt Segen bringen.
Alle Völker des mittleren Ostens hatten damals ihre Gesetzessammlungen, die von verschiedenen Königen zusammengestellt worden waren. Israels Gesetz ist umfassender als sie alle. Es zeigt, wie die Menschen in Gottes Volk nach Gottes Willen leben sollen, als einzelne und als Glieder der Gemeinschaft. Gott selbst wollte Israels König sein, der, der das Volk regiert. Sein Gesetz bezieht sich daher auf alle Lebensbereiche. Wo wir heute gewohnt sind zu unterscheiden – zwischen sozialer und religiöser Gesetzgebung, zwischen Gesundheitsvorschriften und sittlichen Forderungen und Fragen des alltäglichen Verhaltens –, da wird hier nicht unterschieden. Auch die Zehn Gebote zielen auf alle unsere Lebensbeziehungen: unser Verhältnis zu Gott, das Zusammensein in der Familie und den Umgang mit anderen Menschen. Sie gehen das Leben in jeder Hinsicht an: Frömmigkeit, Haus und Familie, Sexualität, Eigentum und Eigentumserwerb, Wahrhaftigkeit.
Als Jesus später aufgefordert wurde, das Gesetz kurz zusammenzufassen, zitiert er zwei Schlüsselsätze aus ihm (Deuteronomium 6,5 und Levitikus 19,18): »›Liebe den Herrn, deinen Gott, von ganzem Herzen, mit ganzem Willen und mit deinem ganzen Verstand.‹ Dies ist das größte und wichtigste Gebot. Aber gleich wichtig ist ein zweites: ›Liebe deinen Mitmenschen wie dich selbst!‹« (Matthäus 22,37-39)

Unten links: Im Gesetz zeigt Gott, wie ein Leben nach seinem Willen aussieht. Das betrifft nicht zuletzt die Beziehungen zu den Mitmenschen.

Mitte: Eine der berühmtesten Gesetzessammlungen des Alten Orients ist die des Königs Hammurapi von Babylonien (um 1700 v.Chr.).

Rechts: Hebräische Tora-Rolle, geöffnet beim Lied Moses (Dtn Kap 32).

GENESIS

Der Name Genesis bedeutet »Anfang«. Das Buch, das diesen Namen trägt, handelt von einem doppelten Anfang: dem Ursprung der ganzen Welt und dem Ursprung des Volkes Israel. Beide, Welt und Volk, verdanken ihr Dasein dem Handeln Gottes, sind ein Werk des göttlichen Schöpfers.
Zwischen den beiden Anfängen liegt ein Geschichtsverlauf, der erklärt, warum Gott noch ein zweites Mal als Schöpfer handelt und mitten unter den Völkern ein besonderes Volk heranwachsen lässt: Schon unmittelbar nach seiner Erschaffung hat sich der Mensch von Gott abgewandt, ihm den Gehorsam aufgesagt. Die Geschichte der Menschheit ist nach biblischer Sicht in wachsendem Maß geprägt von Gewalt, Unrecht und Selbstüberhebung.

Mit der Berufung Abrahams macht Gott einen neuen Anfang. Dieser eine Mann soll der Vater eines Volkes werden, an dem sichtbar wird, wozu der Mensch bestimmt ist: Gott als seinen Schöpfer zu ehren und seine Mitmenschen zu lieben wie sich selbst. Zum Zeichen, dass die Entstehung dieses Volkes ein göttlicher Schöpfungsakt ist, bekommen Abraham und Sara gegen alle natürliche Erwartung noch im höchsten Alter den einzigen Sohn.
Die späteren Bücher der Bibel zeigen, dass auch das Volk Israel diesem hohen Anspruch nicht genügen kann. Doch aus diesem Volk wird einst der Eine hervorgehen, in dem Gottes Schöpferhandeln sein Ziel erreicht – er, der den Menschen nach dem Bild Gottes in Reinheit verkörpert: Jesus von Nazaret, Gottes Sohn.

Inhaltsübersicht

DIE URGESCHICHTE VON WELT UND MENSCH (Kapitel 1–11)

Die Erschaffung der Welt

1 Am Anfang schuf Gott Himmel und Erde[a]
2 Die Erde war noch leer und öde,
Dunkel bedeckte sie und wogendes Wasser,
und über den Fluten schwebte Gottes Geist*.

3 Da sprach Gott: »Licht entstehe!«,
und das Licht strahlte auf.
4 Und Gott sah das Licht an: Es war gut.
Dann trennte Gott das Licht von der Dunkelheit
5 und nannte das Licht Tag,
die Dunkelheit Nacht.
Es wurde Abend und wieder Morgen:
der erste Tag.

6 Dann sprach Gott:
»Im Wasser soll ein Gewölbe[b] entstehen,
eine Scheidewand zwischen den Wassermassen!«
7 So geschah es:
Gott machte ein Gewölbe
und trennte so das Wasser unter dem Gewölbe
von dem Wasser, das darüber war.
8 Und Gott nannte das Gewölbe Himmel.
Es wurde Abend und wieder Morgen:
der zweite Tag.

a Das Begriffspaar *Himmel und Erde* bezeichnet die Welt in ihrer Gesamtheit. Vers 1 ist als Überschrift zur folgenden Schöpfungsgeschichte zu verstehen.
b Vgl. Sacherklärung »Himmelsgewölbe« im Anhang.

1,1–2,4a Ps 8; 104; Ijob 38,1–39,30; Joh 1,1-4; Sir 16,26–17,10; 42,15–43,33

9 Dann sprach Gott:
»Das Wasser unter dem Himmelsgewölbe
soll sich alles an *einer* Stelle sammeln,
damit das Land hervortritt.«
So geschah es.
10 Und Gott nannte das Land Erde,
die Sammlung des Wassers nannte er Meer.
Und Gott sah das alles an: Es war gut.

11 Dann sprach Gott:
»Die Erde lasse frisches Grün aufsprießen,
Pflanzen und Bäume von jeder Art,
die Samen und samenhaltige Früchte tragen!«
So geschah es:
12 Die Erde brachte frisches Grün hervor,
Pflanzen jeder Art mit ihren Samen
und alle Arten von Bäumen
mit samenhaltigen Früchten.
Und Gott sah das alles an: Es war gut.
13 Es wurde Abend und wieder Morgen:
der dritte Tag.

14 Dann sprach Gott:
»Am Himmel sollen Lichter entstehen,
die Tag und Nacht voneinander scheiden,
leuchtende Zeichen, um die Zeiten zu bestimmen:
Tage und Feste und Jahre.
15 Sie sollen am Himmelsgewölbe leuchten,
damit sie der Erde Licht geben.«
So geschah es:
16 Gott machte zwei große Lichter,
ein größeres, das den Tag beherrscht,
und ein kleineres für die Nacht,[a]
dazu auch das ganze Heer der Sterne.
17 Gott setzte sie an das Himmelsgewölbe,
damit sie der Erde Licht geben,
18 den Tag und die Nacht regieren
und Licht und Dunkelheit voneinander scheiden.
Und Gott sah das alles an: Es war gut.
19 Es wurde Abend und wieder Morgen:
der vierte Tag.

20 Dann sprach Gott:
»Das Wasser soll von Leben wimmeln,
und in der Luft[b] sollen Vögel fliegen!«
21 So schuf Gott die Seeungeheuer
und alle Arten von Wassertieren,
ebenso jede Art von Vögeln
und geflügelten Tieren.
Und Gott sah das alles an: Es war gut.
22 Und Gott segnete seine Geschöpfe und sagte:
»Seid fruchtbar, vermehrt euch
und füllt die Meere,
und ihr Vögel, vermehrt euch auf der Erde!«
23 Es wurde Abend und wieder Morgen:
der fünfte Tag.

24 Dann sprach Gott:
»Die Erde soll Leben hervorbringen:
alle Arten von Vieh und wilden Tieren
und alles, was auf der Erde kriecht.«
So geschah es.
25 Gott machte die wilden Tiere und das Vieh
und alles, was auf dem Boden kriecht,
alle die verschiedenen Arten.
Und Gott sah das alles an: Es war gut.

26 Dann sprach Gott:
»Nun wollen wir Menschen machen,
ein Abbild von uns, das uns ähnlich ist!
Sie sollen Macht haben über die Fische im Meer,
über die Vögel in der Luft,
über das Vieh und alle Tiere auf der Erde°
und über alles, was auf dem Boden kriecht.«
27 So schuf Gott die Menschen nach seinem Bild,
als Gottes Ebenbild schuf er sie
und schuf sie als Mann und als Frau.°
28 Und Gott segnete die Menschen
und sagte zu ihnen:
»Seid fruchtbar und vermehrt euch!
Füllt die ganze Erde und nehmt sie in Besitz![c]
Ich setze euch über die Fische im Meer,
die Vögel in der Luft
und alle Tiere, die auf der Erde leben,
und vertraue sie eurer Fürsorge an.«

29 Weiter sagte Gott zu den Menschen:
»Als Nahrung gebe ich euch die Samen der Pflanzen
und die Früchte, die an den Bäumen wachsen,
überall auf der ganzen Erde.
30 Den Landtieren aber und den Vögeln
und allem, was auf dem Boden kriecht,
allen Geschöpfen, die den Lebenshauch in sich tragen,
weise ich Gräser und Blätter zur Nahrung zu.«
So geschah es.

31 Und Gott sah alles an, was er geschaffen hatte,
und sah: Es war alles sehr gut.
Es wurde Abend und wieder Morgen:
der sechste Tag.

2 So entstanden Himmel und Erde
mit allem, was lebt.
2 Am siebten Tag hatte Gott sein Werk vollendet
und ruhte von aller seiner Arbeit aus.
3 Und Gott segnete den siebten Tag
und erklärte ihn zu einem heiligen* Tag,
der ihm gehört,
denn an diesem Tag ruhte Gott,
nachdem er sein Schöpfungswerk vollbracht hatte.

4a Dies ist die Geschichte der Entstehung von Himmel und Erde; so hat Gott sie geschaffen.

a Die Namen »Sonne« und »Mond« werden vermieden, weil sie bei manchen Nachbarn Israels als Namen für Götter verwendet wurden. Sie werden als *Lichter* (Lampen) bezeichnet, um klarzustellen, dass sie keine schicksalsbestimmende Macht haben – und natürlich erst recht nicht die anschließend genannten Sterne; vgl. Jes 40,25-26.
b *in der Luft:* wörtlich *über die Erde, am Himmelsgewölbe;* entsprechend in den Versen 26 und 28 *am Himmelsgewölbe.*
c *nehmt sie in Besitz:* Die herkömmliche Übersetzung *macht sie euch untertan* hat oft Anlass gegeben zu dem Missverständnis, die Schöpfung sei der Willkür des Menschen ausgeliefert. Nach hebräischem Verständnis gehören Herrschaft und Fürsorge zusammen; die Könige und Fürsten im Alten Orient galten als »Hirten« des Volkes. Deshalb wird die Fortsetzung, die wörtlich lautet *Herrscht über (die Fische usw.),* wiedergegeben durch *Ich setze euch über ... und vertraue sie eurer Fürsorge an.*

1,27 Mk 10,6 par; Kol 3,10; Weish 2,23 **1,28** Weish 9,2 **1,29** 9,3 **1,31** 1 Tim 4,4 **2,2-3** Ex 20,8-10 S; Hebr 4,9-10

Der Mensch im Garten Eden (Das Paradies)

4b Als Gott, der HERR,[a] Erde und Himmel machte,
5 gab es zunächst noch kein Gras und keinen Busch
in der Steppe; denn Gott hatte es noch nicht regnen
lassen. Es war auch noch niemand da, der das Land
bearbeiten konnte. 6 Nur aus der Erde stieg Wasser
auf und tränkte den Boden.
7 Da nahm Gott, der HERR, Staub von der Erde,
formte daraus den Menschen[b] und blies ihm den
Lebensatem in die Nase. So wurde der Mensch ein
lebendes Wesen.[c]
8–9 Dann legte Gott im Osten, in der Landschaft
Eden*, einen Garten an. Er ließ aus der Erde alle
Arten von Bäumen wachsen. Es waren prächtige
Bäume und ihre Früchte schmeckten gut. Dorthin
brachte Gott den Menschen, den er gemacht hatte.
In der Mitte des Gartens wuchsen zwei besondere
Bäume: der Baum des Lebens, dessen Früchte
Unsterblichkeit schenken, und der Baum der
Erkenntnis, dessen Früchte das Wissen verleihen,
was für den Menschen gut und was für ihn schlecht
ist.[d]

10 In Eden entspringt ein Strom. Er bewässert den
Garten und teilt sich dann in vier Ströme. 11 Der erste
heißt Pischon; er fließt rund um das Land Hawila, wo
es Gold gibt.[e] 12 Das Gold dieses Landes ist ganz rein,
außerdem gibt es dort kostbares Harz und den Edel-
stein Karneol. 13 Der zweite Strom heißt Gihon; er
fließt rund um das Land Kusch*. 14 Der dritte Strom,
der Tigris, fließt östlich von Assur.[f] Der vierte Strom
ist der Eufrat.
15 Gott, der HERR, brachte also den Menschen in
den Garten Eden. Er übertrug ihm die Aufgabe,
den Garten zu pflegen und zu schützen. 16 Weiter
sagte er zu ihm: »Du darfst von allen Bäumen des
Gartens essen, 17 nur nicht vom Baum der Erkennt-
nis.[g] Sonst musst du sterben.«

Die Erschaffung der Frau

18 Gott, der HERR, dachte: »Es ist nicht gut, dass der
Mensch so allein ist. Ich will ein Wesen schaffen,
das ihm hilft und das zu ihm passt.«
19 So formte Gott aus Erde die Tiere des Feldes und
die Vögel. Dann brachte er sie zu dem Menschen,
um zu sehen, wie er jedes Einzelne nennen würde;
denn so sollten sie heißen.

Als der biblische Schöpfungsbericht niedergeschrieben wurde, hatten die Menschen weder eine Vorstellung von der Kugelform der Erde noch wussten sie etwas von den ungeheuren Weiten des Alls, die sich uns durch die modernen Radioteleskope erschlossen haben. Sie betrachteten die Erde als eine Art feste Platte, über der sich die Himmelskuppel wölbte. Aber mag uns ihr Weltbild noch so begrenzt erscheinen – die Botschaft, die sie vernahmen und mit den Mitteln dieses Weltbildes zum Ausdruck brachten, wird durch keinen Fortschritt der Wissenschaft je überholt werden: *Gott schuf!* Alles Bestehende, das wir kennen und jemals kennen lernen werden, ist das Werk des allmächtigen Schöpfers – auch wir selbst.

2,7 Ijob 33,4; Ps 104,29-30; Koh 12,7; 1 Kor 15,45-49 **2,8-9** Offb 22,14

a Eigentlich *der HERR Gott;* ebenso in der Fortsetzung bis 3,24. »Der HERR« in dieser Schreibweise steht in der Übersetzung stets für den Gottesnamen; s. dazu die Sacherklärung »HERR«.
b Im Hebräischen gehören *Mensch* (adam) und *Erde* (adama) auch sprachlich zusammen. Später wird Adam zum Eigennamen des ersten Menschen (siehe Anmerkung zu 3,17). *Staub* ist ein Hinweis auf die Hinfälligkeit des Menschen; vgl. 3,19.
c Wörtlich *eine lebende nefesch.* Das hebräische Wort *nefesch* wird herkömmlich mit »Seele« übersetzt. Gemeint ist damit ein Lebewesen wie Mensch oder Tier im Unterschied zu den Pflanzen (vgl. auch Sacherklärung »Seele«).
d Wörtlich *der Baum des Lebens und der Baum der Erkenntnis des Guten und Schlechten* (s. Anmerkung zu Vers 17).
e *Hawila* dürfte in Ostafrika oder an der Südwestspitze der arabischen Halbinsel zu suchen sein. Der Strom *Pischon* lässt sich nicht identifizieren, ebenso wenig der Strom *Gihon* in Vers 13.
f Gemeint ist die Stadt dieses Namens; siehe Sacherklärung.
g *Erkenntnis:* wörtlich *Erkenntnis des Guten und Schlechten.* Gemeint ist nicht die Fähigkeit, zu unterscheiden, was sittlich gut oder böse ist, sondern ein umfassendes Wissen von allem, was für das menschliche Leben nützlich oder schädlich ist. Ein solches Wissen kann den Menschen zu der Meinung verführen, sein Leben in eigener Regie führen zu können. Das würde ihn überfordern und die ihm anvertraute Schöpfung

20 Der Mensch gab dem Vieh, den wilden Tieren und den Vögeln ihre Namen, doch unter allen Tieren fand sich keins, das ihm helfen konnte und zu ihm passte.

21 Da versetzte Gott, der HERR, den Menschen in einen tiefen Schlaf, nahm eine seiner Rippen heraus und füllte die Stelle mit Fleisch. 22 Aus der Rippe machte er eine Frau und brachte sie zu dem Menschen. 23 Der freute sich und rief:

»Endlich! Sie ist's!
Eine wie ich![a]
Sie gehört zu mir,
denn von mir ist sie genommen.«[b]

24 Deshalb verlässt ein Mann Vater und Mutter, um mit seiner Frau zu leben. Die zwei sind dann eins, mit Leib und Seele.[c]

25 Die beiden waren nackt, aber sie schämten sich nicht voreinander.

Die Menschen müssen den Garten Eden verlassen

3 Die Schlange* war das klügste von allen Tieren des Feldes, die Gott, der HERR, gemacht hatte. Sie fragte die Frau: »Hat Gott wirklich gesagt: ›Ihr dürft die Früchte von den Bäumen im Garten nicht essen‹?«

2 »Natürlich dürfen wir sie essen«, erwiderte die Frau, 3 »nur nicht die Früchte von dem Baum in der Mitte des Gartens. Gott hat gesagt: ›Esst nicht davon, berührt sie nicht, sonst müsst ihr sterben!‹«

4 »Nein, nein«, sagte die Schlange, »ihr werdet bestimmt nicht sterben! 5 Aber Gott weiß: Sobald ihr davon esst, werden euch die Augen aufgehen; ihr werdet wie Gott sein und wissen, was gut und was schlecht ist. Dann werdet ihr euer Leben selbst in die Hand nehmen können.«[d]

6 Die Frau sah den Baum an: Seine Früchte mussten köstlich schmecken, sie anzusehen war eine Augenweide und es war verlockend, dass man davon klug werden sollte! Sie nahm von den Früchten und aß. Dann gab sie auch ihrem Mann davon und er aß ebenso.

7 Da gingen den beiden die Augen auf und sie merkten, dass sie nackt waren. Deshalb flochten sie Feigenblätter zusammen und machten sich Lendenschurze.

8 Am Abend, als es kühler wurde, hörten sie, wie Gott, der HERR, durch den Garten ging. Da versteckten sich der Mensch und seine Frau vor Gott zwischen den Bäumen. 9 Aber Gott rief nach dem Menschen: »Wo bist du?«

10 Der antwortete: »Ich hörte dich kommen und bekam Angst, weil ich nackt bin. Da habe ich mich versteckt!«

11 »Wer hat dir gesagt, dass du nackt bist?«, fragte Gott. »Hast du etwa von den verbotenen Früchten gegessen?«

12 Der Mensch erwiderte: »Die Frau, die du mir an die Seite gestellt hast, gab mir davon; da habe ich gegessen.«

13 Gott, der HERR, sagte zur Frau: »Was hast du da getan?«

Sie antwortete: »Die Schlange ist schuld, sie hat mich zum Essen verführt!«

14 Da sagte Gott, der HERR, zu der Schlange:

»Verflucht sollst du sein wegen dieser Tat!
Auf dem Bauch wirst du kriechen
und Staub fressen dein Leben lang –
du allein von allen Tieren.
15 Und Feindschaft soll herrschen
zwischen dir und der Frau,
zwischen deinen Nachkommen und den ihren.[e]
Sie werden euch den Kopf zertreten,
und ihr werdet sie in die Ferse beißen.«

16 Zur Frau aber sagte Gott:

»Ich verhänge über dich,
dass du Mühsal und Beschwerden hast,
jedes Mal wenn du schwanger bist;
und unter Schmerzen bringst du Kinder zur Welt.
Es wird dich zu deinem Mann hinziehen,
aber er wird über dich herrschen.«

zerstören, weil er der Versuchung zum Missbrauch der damit gegebenen Möglichkeiten nicht gewachsen ist (vgl. 4,1-8.23; 6,5; 11,1-9 sowie Ez 28,1-19).

a *Endlich ...:* wörtlich *Gebein von meinem Gebein, Fleisch von meinem Fleisch.*
b *Sie gehört ...:* Die Zugehörigkeit ist im Hebräischen in der Namengebung ausgedrückt. Diese enthält ein Wortspiel, das sich im Deutschen nicht nachahmen lässt: »Sie wird *ischa* (= Frau) genannt werden, denn vom *isch* (= Mann) ist sie genommen.«
c *sind dann eins ...:* wörtlich *sind dann ein Fleisch,* womit die volle leiblich-seelische Einheit bezeichnet wird.
d *Dann werdet ihr ...:* verdeutlichender Zusatz; vgl. Anmerkung zu 2,17.
e Das hebräische Wort für *Nachkommen* ist der grammatischen Form nach Einzahl: *Same,* d.h. Nachkommenschaft. In der Alten Kirche wurde die Einzahl auf eine Einzelperson bezogen und auf Christus oder Maria gedeutet, die Schlange entsprechend auf den Teufel.

Auch außerhalb Israels wurden Schöpfungsgeschichten erzählt. Aus Mesopotamien sind uns mehrere bekannt, darunter die berühmte aus Babylon auf sieben Tontäfelchen von 9 × 6cm (*Enuma Elisch*; siehe Bild). Von ihnen allen hebt sich die biblische Darstellung dadurch ab, dass der Schöpfer hier nicht einer unter vielen Göttern ist und dass er die Welt ohne irgendetwas Vorgegebenes allein durch sein Wort erschafft.

2,24 Mk 10,7 par; Eph 5,31 **3,1-5** Weish 2,24 **3,4** Joh 8,44; Offb 20,2 **3,5** Jes 14,14; Ez 28,2; 2 Thess 2,4

17 Und zum Mann[a] sagte Gott: »Weil du auf deine
Frau gehört und mein Verbot übertreten hast, gilt
von nun an:

Deinetwegen ist der Acker verflucht.
Mit Mühsal wirst du dich davon ernähren,
dein Leben lang.
18 Dornen und Disteln werden dort wachsen,
und du wirst die Pflanzen des Feldes essen.
19 Viel Schweiß musst du vergießen,
um dein tägliches Brot zu bekommen,
bis du zurückkehrst zur Erde,
von der du genommen bist.
Ja, Staub bist du,
und zu Staub musst du wieder werden!«

20 Der Mensch nannte seine Frau Eva,[b] denn sie
sollte die Mutter aller Menschen werden.
21 Und Gott, der HERR, machte für den Menschen
und seine Frau Kleider aus Fellen.
22 Dann sagte Gott: »Nun ist der Mensch wie einer
von uns[c] geworden und weiß, was gut und was
schlecht ist.[d] Es darf nicht sein, dass er auch noch
vom Baum des Lebens isst. Sonst wird er ewig
leben!«
23 Und er schickte den Menschen aus dem Garten
Eden* weg, damit er den Ackerboden bearbeite, aus
dem er gemacht war.
24 So trieb Gott, der HERR, die Menschen hinaus
und stellte östlich von Eden die Keruben* und das
flammende Schwert als Wächter auf. Niemand sollte
zum Baum des Lebens gelangen können.

Der Bruder erhebt sich gegen den Bruder

4 Adam schlief mit seiner Frau Eva,[e] und sie wur-
de schwanger. Sie brachte einen Sohn zur Welt
und sagte: »Mit Hilfe des HERRN° habe ich einen
Mann hervorgebracht.«[f] Darum nannte sie ihn Kain.
2 Später bekam sie einen zweiten Sohn, den nannte
sie Abel. Abel wurde ein Hirt, Kain ein Bauer.
3 Einmal brachte Kain von seinem Ernteertrag
dem HERRN ein Opfer. 4 Auch Abel brachte ihm ein
Opfer; er nahm dafür die besten von den erstgebo-
renen Lämmern seiner Herde.° Der HERR blickte
freundlich auf Abel und sein Opfer, 5 aber Kain
und sein Opfer schaute er nicht an.[g]

Da stieg der Zorn in Kain hoch und er blickte fins-
ter zu Boden. 6 Der HERR fragte ihn: »Warum bist du
so zornig? Warum starrst du auf den Boden? 7 Wenn
du Gutes im Sinn hast, kannst du den Kopf frei erhe-
ben; aber wenn du Böses planst, lauert die Sünde vor
der Tür deines Herzens und will dich verschlingen.
Du musst Herr über sie sein!«

8 Kain aber sagte zu seinem Bruder Abel: »Komm
und sieh dir einmal meine Felder an!«° Und als sie
draußen waren, fiel er über seinen Bruder her und
schlug ihn tot.

a Wörtlich *zum Menschen.* In H wird das Wort durch die zugesetzten Vokale schon hier (nicht erst ab 4,1) als Eigenname gedeutet. Ursprünglich ist Adam kein Name, sondern das hebräische Wort für »Mensch« (vgl. Anmerkung zu 2,7).
b Der Name *Eva* klingt im Hebräischen wie das Wort für »Leben«.
c *uns* ist wahrscheinlich ein Hinweis auf den himmlischen Hofstaat; vgl. Sacherklärung »Gottessöhne«.
d Vgl. Anmerkung zu 2,17.
e *schlief mit …:* wörtlich *erkannte Eva, seine Frau;* ebenso in den Versen 17 und 25. Das hebräische Wort bedeutet »erkennen/kennen lernen« in der persönlichen Begegnung. Zu *Adam* siehe Anmerkung zu 3,17.
f *hervorgebracht:* oder *erworben.* Im Hebräischen ein Wortspiel mit dem Namen Kain. *Abel* (Vers 2) bedeutet »Windhauch, Flüchtigkeit«.
g Ein Grund für die ungleiche Behandlung wird nicht angegeben (Hebr 11,4 folgt der jüdischen Auslegung). Kain wird erst dadurch böse, dass er sich gegen Gottes unbegreifliche Entscheidung auflehnt.

Kain und Abel wählen die beiden Grundberufe der Frühzeit: den Beruf des sesshaften Ackerbauern und den des umherziehenden Hirten. Darin liegt eine Ungleichheit, die durch Gottes unerforschliches Handeln (4,3-5) noch verschärft wird. Weder Kain noch sein Beruf oder sein Opfer sind schlecht; aber wo Ungleichheit nicht bejaht und angenommen wird, kommt es zum Brudermord.

3,19 2,7; Ps 90,3; Koh 3,20-21S **4,4** Hebr 11,4

9 Der HERR fragte Kain: »Wo ist dein Bruder Abel?«
»Was weiß ich?«, antwortete Kain. »Bin ich viel-
leicht der Hüter meines Bruders?«[a]
10 »Weh, was hast du getan?«, sagte der HERR.
»Hörst du nicht, wie das Blut deines Bruders von
der Erde zu mir schreit? 11 Du hast den Acker mit
dem Blut deines Bruders getränkt, deshalb stehst
du unter einem Fluch und musst das fruchtbare
Ackerland verlassen. 12 Wenn du künftig den Acker
bearbeitest, wird er dir den Ertrag verweigern. Als
heimatloser Flüchtling musst du auf der Erde umher-
irren.«
13 Kain sagte zum HERRN: »Die Strafe ist zu hart,
das überlebe ich nicht! 14 Du vertreibst mich vom
fruchtbaren Land und aus deiner schützenden Nähe.
Als heimatloser Flüchtling muss ich umherirren. Ich
bin vogelfrei, jeder kann mich ungestraft töten.«
15 Der HERR antwortete: »Nein, sondern ich
bestimme: Wenn dich einer tötet, müssen dafür sie-
ben Menschen aus seiner Familie sterben.« Und er
machte an Kain ein Zeichen, damit jeder wusste:
Kain steht unter dem Schutz des HERRN.
16 Dann musste Kain aus der Nähe des HERRN weg-
gehen. Er wohnte östlich von Eden* im Land Nod.[b]

Kulturentwicklung und menschliche Überheblichkeit

17 Kain schlief mit seiner Frau, da wurde sie schwan-
ger und gebar einen Sohn: Henoch. Danach gründe-
te Kain eine Stadt und nannte sie Henoch nach dem
Namen seines Sohnes.
18 Henochs Frau gebar ihm einen Sohn: Irad. Die-
ser Irad zeugte Mehujaël, Mehujaël zeugte Metu-
schaël, und Metuschaël zeugte Lamech.
19 Lamech nahm sich zwei Frauen: Ada und Zilla.
20 Ada gebar ihm Jabal; von dem stammen alle ab,
die mit Herden umherziehen und in Zelten wohnen.
21 Sein jüngerer Bruder war Jubal, von dem kommen
die Zither- und Flötenspieler her.
22 Auch Zilla gebar einen Sohn: Tubal-Kain. Er wur-
de Schmied und machte alle Arten von Waffen und
Werkzeugen aus Bronze und Eisen. Seine Schwester
war Naama.
23 Lamech sagte zu seinen Frauen:
»Ihr meine Frauen, Ada, Zilla, hört!
Passt auf, wie Lamech sich sein Recht verschafft:°
Ich töte einen Mann für meine Wunde
und einen Jungen, wenn mich jemand schlägt!
24 Ein Mord an Kain – so hat es Gott bestimmt –
verlangt als Rache sieben Menschenleben;
für Lamech müssen siebenundsiebzig sterben!«

Ersatz für Abel

25 Adam schlief wieder mit Eva, und sie gebar noch
einmal einen Sohn. Sie nannte ihn Set, denn sie
sagte: »Gott hat mir wieder einen Sohn geschenkt![c]
Der wird mir Abel ersetzen, den Kain erschlagen
hat.«
26 Auch Set wurde ein Sohn geboren, den nannte
er Enosch.
Damals fingen die Menschen an, im Gebet den
Namen* des HERRN anzurufen.

Die Nachkommen Adams durch Set

(1 Chr 1,1-4)

5 Hier ist die Liste der Nachkommen von Adam.[d]
Als Gott die Menschen erschuf, machte er sie
nach seinem Bild; 2 und er erschuf sie als Mann
und als Frau. Er segnete sie und gab ihnen den
Namen »Mensch«.
3 Als Adam 130 Jahre alt war, zeugte er einen
Sohn nach seinem Bild, als sein Ebenbild, und gab
ihm den Namen Set. 4-5 Danach zeugte er noch wei-
tere Söhne und Töchter und starb im Alter von 930
Jahren.
6-8 Als Set 105 Jahre alt war, zeugte er Enosch.
Danach zeugte er noch weitere Söhne und Töchter
und starb im Alter von 912 Jahren.
9-11 Als Enosch 90 Jahre alt war, zeugte er Kenan.
Danach zeugte er noch weitere Söhne und Töchter
und starb im Alter von 905 Jahren.
12-14 Als Kenan 70 Jahre alt war, zeugte er Mahalal-
el. Danach zeugte er noch weitere Söhne und Töch-
ter und starb im Alter von 910 Jahren.
15-17 Als Mahalalel 65 Jahre alt war, zeugte er Jered.
Danach zeugte er noch weitere Söhne und Töchter
und starb im Alter von 895 Jahren.
18-20 Als Jered 162 Jahre alt war, zeugte er Henoch.
Danach zeugte er noch weitere Söhne und Töchter
und starb im Alter von 962 Jahren.
21 Als Henoch 65 Jahre alt war, zeugte er Metu-
schelach. 22 Danach lebte er noch 300 Jahre und
zeugte weitere Söhne und Töchter. 23 Er wurde
365 Jahre alt. 24 Henoch hatte in enger Verbin-
dung mit Gott gelebt. Dann war er plötzlich nicht
mehr da; denn Gott hatte ihn von der Erde wegge-
nommen.
25 Als Metuschelach 187 Jahre alt war, zeugte er
Lamech. 26 Danach lebte er noch 782 Jahre und
zeugte weitere Söhne und Töchter. 27 Er starb im
Alter von 969 Jahren.
28 Als Lamech 182 Jahre alt war, zeugte er einen
Sohn. 29 Er sagte: »Der wird uns Trost verschaffen
bei der harten Arbeit, die uns auferlegt ist, weil der
HERR den Acker verflucht hat.« Deshalb gab er ihm
den Namen Noach.[e] 30 Danach lebte er noch 595 Jah-
re und zeugte weitere Söhne und Töchter. 31 Er starb
im Alter von 777 Jahren.
32 Als Noach 500 Jahre alt war, zeugte er Sem, Ham
und Jafet.

a *Hüter:* Freche Anspielung auf den Hirtenberuf des Bruders.
b *Nod* klingt wie das hebräische Wort für »ruhelos«.
c *geschenkt:* wörtlich *gesetzt.* Im Hebräischen ein Wortspiel mit dem Namen Set.
d Wörtlich *Dies ist das Buch der Geschichte Adams.* Das hebräische Wort, das hier mit *Geschichte* wiedergegeben ist, steht auch in 2,4a; 6,9; 10,1; 11,10.27; 25,12; 36,1.9; 37,2.
e *Noach* erinnert an das hebräische Wort für »ausruhen«.

4,10 Ijob 16,18S; Hebr 12,24 **4,23** Ex 21,23-25 **4,24** Mt 18,22 **5,22-24** Hebr 11,5

Gott entschließt sich zum Eingreifen

6 Die Menschen begannen sich zu vermehren und
sich über die Erde auszubreiten. Es wurden
ihnen auch viele Töchter geboren. 2 Da sahen die
Gottessöhne*, dass die Töchter der Menschen sehr
schön waren. Sie nahmen die von ihnen als Frauen,
die ihnen am besten gefielen, und zeugten mit ihnen
Kinder.
3 Der HERR aber sagte: »Ich lasse meinen Lebens-
geist nicht für unbegrenzte Zeit im Menschen woh-
nen, denn der Mensch ist schwach und anfällig
für das Böse.[a] Ich begrenze seine Lebenszeit auf
120 Jahre.«
4 Damals und auch noch später lebte auf der Erde
das Geschlecht der Riesen. Sie waren aus der Verbin-
dung der Gottessöhne mit den Menschentöchtern
hervorgegangen und sind als die großen Helden
der Vorzeit bekannt.
5 Der HERR sah, dass die Menschen auf der Erde
völlig verdorben waren. Alles, was aus ihrem Herzen
kam, ihr ganzes Denken und Planen, war durch und
durch böse. 6 Das tat ihm weh, und er bereute, dass
er sie erschaffen hatte. 7 Er sagte: »Ich will die Men-
schen wieder von der Erde ausrotten – und nicht nur
die Menschen, sondern auch die Tiere auf der Erde,
von den größten bis zu den kleinsten, und auch die
Vögel in der Luft. Es wäre besser gewesen, wenn
ich sie gar nicht erst erschaffen hätte.«
8 Noach war der Einzige, der vor den Augen des
HERRN bestehen konnte.

Gott gibt Noach den Befehl zum Bau der Arche

9 Dies ist die Geschichte Noachs und seiner Nach-
kommen: Im Gegensatz zu seinen Zeitgenossen
war Noach ein rechtschaffener, durch und durch
redlicher Mann; er lebte in enger Verbindung mit
Gott. 10 Er hatte drei Söhne: Sem, Ham und Jafet.
11 Alle anderen Menschen konnten vor Gott nicht
bestehen; die Erde war voll von Unrecht und
Gewalt. 12 Wohin Gott auch sah: überall nichts als
Verdorbenheit. Denn die Menschen waren alle
vom rechten Weg abgekommen.
13 Da sagte Gott zu Noach: »Mit den Menschen[b]
mache ich ein Ende. Ich will sie vernichten samt
der Erde; denn die Erde ist voll von dem Unrecht,
das sie tun.
14 Bau dir ein Schiff, eine Arche*. Mach sie aus fes-
tem Holz und dichte sie innen und außen mit Pech
ab. Im Innern soll sie viele Räume haben. 15 Sie muss
150 Meter lang sein, 25 Meter breit und 15 Meter
hoch.° 16 Mach oben ein Dach darüber,° zieh zwei
Zwischendecken ein, sodass es dreistöckig wird,
und bring an der Seite eine Tür an.
17 Ich werde eine Flut über die Erde hereinbrechen
lassen, in der alles Lebendige umkommen soll.
Weder Mensch noch Tier wird mit dem Leben
davonkommen. 18 Mit dir aber schließe ich meinen
Bund*. Ich verspreche dir: Du sollst gerettet
werden.°
Geh mit deiner Frau, deinen Söhnen und deinen
Schwiegertöchtern in die Arche! 19 Nimm von allen
Tieren ein Männchen und ein Weibchen mit, damit
sie mit dir gerettet werden. 20 Von jeder Tierart sollst
du ein Paar in die Arche bringen, damit sie am Leben
bleiben, alle Arten von Landtieren und Vögeln.
21 Nimm jedem Tier sein Futter mit, und auch genug
zu essen für dich und deine Familie.«
22 Noach tat alles genau so, wie Gott es ihm befoh-
len hatte.

Noach, seine Familie und die Tiere gehen in die Arche

7 Dann sagte der HERR zu Noach: »Geh mit deiner
Familie in die Arche*! Du bist der Einzige unter
den Menschen, der vor mir als gerecht* bestehen
kann. 2 Nimm von allen reinen* Tieren je sieben Paa-
re mit, aber von den unreinen Tieren nur jeweils ein
Männchen und ein Weibchen.[c] 3 Auch von den ver-
schiedenen Vögeln nimm je sieben Paare mit. Ich
möchte, dass jede Art erhalten bleibt und sich wieder
auf der Erde fortpflanzen kann. 4 Noch sieben Tage,
dann werde ich es vierzig Tage und Nächte lang
ununterbrochen regnen lassen. Alles Leben auf der
Erde, das ich geschaffen habe, wird dann ausge-
löscht.«
5 Noach machte alles genau so, wie der HERR es
befohlen hatte. 6 Er war damals 600 Jahre alt, als
die große Flut über die Erde hereinbrach.

Die Sintflut* kommt auf die Erde

7 Noach ging also mit seiner Frau, seinen Söhnen und
seinen Schwiegertöchtern in die Arche*. 8 Von allen
reinen* und unreinen Landtieren sowie von allen
Vögeln und den am Boden kriechenden Tieren 9 ließ
er je ein Paar mit sich in die Arche gehen, ein Männ-
chen und ein Weibchen, wie Gott es befohlen hatte.
10 Sieben Tage später kam die große Flut über die
Erde.
11 Im 600. Lebensjahr Noachs, am 17. Tag des 2.
Monats, öffneten sich die Schleusen des Himmels
und die Quellen der Tiefe brachen von unten aus
der Erde hervor. 12 Vierzig Tage und vierzig Nächte
lang regnete es von da an in Strömen auf die Erde.
13 An jenem Tag ging Noach mit seiner Frau, mit
seinen Söhnen Sem, Ham und Jafet und mit den
Frauen seiner Söhne in die Arche, 14 dazu je ein Paar
von allen Tierarten: den wilden und den zahmen
Tieren, den Tieren, die am Boden kriechen, und
allen geflügelten Tieren. 15 Von allen Tierarten,

a *schwach und ...:* wörtlich *Fleisch**.
b Wörtlich *Mit allem Fleisch**.
c Die reinen Tiere (vgl. Sacherklärung »rein«) werden nicht nur zur Arterhaltung, sondern auch als Opfertiere mitgenommen. Der Erzähler kommt in 8,20 auf sie zurück, wo sie tatsächlich für das Dankopfer gebraucht werden.

6,4 Bar 3,26-28 **6,5-14** Weish 10,4; Mt 24,37-39; Hebr 11,7; 1 Petr 3,20-21 **7,2-3** Lev 11,1-47 **7,11** Ez 31,4

allem, was auf der Erde lebt, gingen je zwei zu Noach
in die Arche, 16 immer ein Männchen und ein Weib-
chen, so wie Gott es befohlen hatte.
Und der HERR schloss hinter Noach die Tür zu.
17 Vierzig Tage lang regnete es ununterbrochen.
Das Wasser stieg an und hob die Arche vom Boden
ab. 18 Es stieg immer weiter, und die Arche schwamm
jetzt frei auf dem Wasser. 19 Es stieg höher und höher,
und schließlich waren auf der Erde sogar die Berge
bedeckt; 20 das Wasser stand sieben Meter° über
den höchsten Gipfeln.
21 Da starb alles, was auf der Erde lebte und sich
regte: Vögel, zahme und wilde Tiere, all die kleinen
Tiere, von denen es auf der Erde wimmelte, und alle
Menschen. 22 Alles, was Lebensgeist in sich trug° und
auf dem Land lebte, fand den Tod.
23 So vernichtete der HERR alles Leben auf der
Erde, vom Menschen bis zum kriechenden Getier,
vom Vieh bis zu den Vögeln. Nur Noach und alle,
die bei ihm in der Arche waren, blieben übrig.

Gott denkt an die Überlebenden in der Arche

24 Hundertfünfzig Tage lang war das Wasser auf
8 der Erde gestiegen. 1 Da dachte Gott an Noach
und an all die Tiere, die bei ihm in der Arche*
waren. Er ließ einen Wind über die Erde wehen,
sodass das Wasser fiel. 2 Er ließ die Quellen der Tiefe
versiegen und schloss die Schleusen des Himmels,
sodass es zu regnen aufhörte.
3 So fiel das Wasser nach hundertfünfzig Tagen.
4 Am 17. Tag des 7. Monats setzte die Arche auf einem
Gipfel des Araratgebirges auf. 5 Das Wasser fiel stän-
dig weiter, bis am 1. Tag des 10. Monats die Berggipfel
sichtbar wurden.
6 Nach vierzig Tagen öffnete Noach die Dachluke,
die er gemacht hatte, 7 und ließ einen Raben hinaus.
Der flog so lange hin und her, bis die Erde trocken
war. 8 Noach ließ auch eine Taube fliegen, um zu
erfahren, ob das Wasser von der Erde abgeflossen

Wasser ist lebensnotwendig. Wasser ist lebensbedrohend. Jedes Hochwasser, jede Flut erinnert den Menschen an die immer neue Gefährdung durch die entfesselten Elemente. Die Bibel sieht in der großen Flut, der Sintflut, nicht bloß eine Naturkatastrophe, sondern Gottes Strafgericht über die sündige Menschheit. Sie weiß aber zugleich, dass Gott als Herr der Elemente keine Freude daran hat, zu strafen: »Ich will das Leben nicht ein zweites Mal vernichten.« (9,11)

Die Sintflut

In allen Erdteilen und in den verschiedensten alten Kulturen hat sich die Erinnerung an eine verheerende Flut erhalten, die in den Urtagen der Menschheit einmal nahezu alles Leben vernichtete. Bei den Sumerern, Babyloniern und Assyrern fand diese Erinnerung in umfangreichen Gedichten ihren Niederschlag.

In Babylonien

Die Darstellung, die der Erzählung der Bibel am nächsten kommt, findet sich im babylonischen Gilgamesch-Epos (7. Jh. v. Chr.). Doch wird hier zugleich auch deutlich, was Israel von den alten Kulturen an Eufrat und Tigris unterscheidet. Im Gilgamesch-Epos beschließen die Götter unter der Führung von Enlil die vernichtende Flut. Als die Flut dann hereinbricht, sind die Götter selber über das Ausmaß des Unheils erschrocken und fliehen. Ea, einer der Götter, hatte sich gleich zu Anfang dem Beschluss widersetzt und dafür gesorgt, dass sein Günstling Ut-Napischtim sich aus dem Untergang retten konnte. Als dann Ut-Napischtim nach seiner Rettung ein Opfer darbringt, lassen die Götter nicht zu, dass auch Enlil etwas davon bekommt, denn seine Absicht war es gewesen, die Menschen ganz zu vernichten. Doch erhält auch er schließlich seinen Anteil am Opfer, nachdem er zugestimmt hat, dass Ut-Napischtim in die Reihe der Götter aufgenommen wird.

In der Bibel

Welten trennen den babylonischen Bericht von dem der Bibel. In Israel weiß man: Gott – der *eine* Gott – ist gerecht. Wenn er die Flut hereinbrechen ließ, war es die Strafe, die der Verdorbenheit der Menschen entsprach. Doch den einen Gerechten, den er noch fand, ließ er nicht mit untergehen. Er machte ihn zum Vater einer neuen Menschheit.

Auch das babylonische Atrachasis-Epos (um 1735 v. Chr.) erzählt von der großen Flut.

Gott schließt Frieden mit den Menschen. Seinen Kriegsbogen setzt er als Regenbogen in die Wolken (Gen 9,12-13).

Der Berg Ararat, höchster Gipfel des gleichnamigen Gebirges in der östlichen Türkei (Gen 8,4).

war. 9 Sie fand aber keine Stelle, wo sie sich nieder-
lassen konnte; denn die ganze Erde war noch von
Wasser bedeckt. Deshalb kehrte sie zur Arche
zurück. Noach streckte die Hand aus und holte sie
wieder herein.
10 Er wartete noch einmal sieben Tage, dann ließ er
die Taube zum zweiten Mal fliegen. 11 Sie kam gegen
Abend zurück und hielt einen frischen Ölbaum-
zweig im Schnabel. Da wusste Noach, dass das Was-
ser abgeflossen war.
12 Er wartete noch einmal sieben Tage, dann ließ er
die Taube zum dritten Mal fliegen. Diesmal kehrte
sie nicht mehr zurück.

Noachs Opfer und Gottes Zusage

13 Am ersten Tag des Jahres, in dem Noach sechshun-
dertundein Jahr alt wurde, hatte sich das Wasser ver-
laufen. Noach öffnete das Dach und hielt Ausschau.
Da sah er, dass auf der Erde kein Wasser mehr stand.
14 Am 27. Tag des 2. Monats war die Erde schließlich
ganz trocken.
15 Da sagte Gott zu Noach: 16 »Verlass die Arche*
mit deiner Frau, deinen Söhnen und deinen Schwie-
gertöchtern! 17 Lass auch alle Tiere hinaus, die in der
Arche sind, die Vögel, die großen Landtiere und
alles, was am Boden kriecht. Es soll wieder von
ihnen wimmeln auf der Erde; sie sollen fruchtbar
sein und sich vermehren auf der Erde.«[a]
18 Da ging Noach mit seiner Familie aus der Arche,
19 und auch die Tiere kamen heraus, alle die verschie-
denen Arten.
20 Noach baute einen Opferaltar für den HERRN.
Dann nahm er welche von allen reinen* Tieren
und allen reinen Vögeln und opferte sie darauf als
Brandopfer* für den HERRN.[b]
21 Der HERR roch den besänftigenden Duft des
Opfers und sagte zu sich selbst: »Ich will die Erde
nicht noch einmal bestrafen, nur weil die Menschen
so schlecht sind! Alles, was aus ihrem Herzen
kommt, ihr ganzes Denken und Planen, ist nun ein-
mal böse von Jugend auf. Ich will nicht mehr alles
Leben auf der Erde vernichten, wie ich es getan habe.

22 Von jetzt an gilt,
solange die Erde besteht:
Nie werden aufhören
Saat und Ernte,
Frost und Hitze,
Sommer und Winter,
Tag und Nacht.«

Gottes Friedensbund mit den Menschen und Tieren

9 Gott segnete Noach und seine Söhne und sagte
zu ihnen: »Seid fruchtbar, vermehrt euch und
füllt die ganze Erde! 2 Alle Tiere werden sich vor euch
fürchten müssen: die großen Landtiere, die Vögel,
die Tiere, die am Boden kriechen, und die Fische
im Meer. Ich gebe sie in eure Gewalt.
3 Ihr dürft von jetzt an Fleisch essen, nicht nur
Pflanzenkost; alle Tiere gebe ich euch als Nah-
rung.[c] 4 Nur Fleisch, in dem noch Blut* ist, sollt
ihr nicht essen; denn im Blut ist das Leben.
5 Euer eigenes Blut darf auf keinen Fall vergossen
werden. Ich wache darüber und fordere Leben für
Leben, vom Tier und erst recht vom Menschen.
6 Wer einen Menschen tötet, muss von Menschen-
hand sterben;° denn der Mensch ist nach dem Bild
Gottes geschaffen. 7 Also seid fruchtbar, vermehrt
euch, sodass es von euch wimmelt auf der Erde!«
8 Weiter sagte Gott zu Noach und zu seinen Söh-
nen: 9 »Ich schließe meinen Bund[d] mit euch und
mit euren Nachkommen 10 und auch mit allen Tie-
ren, die bei euch in der Arche* waren und künftig
mit euch auf der Erde leben, den Vögeln, den Land-
tieren und allen kriechenden Tieren. 11 Ich gebe euch
die feste Zusage: Ich will das Leben nicht ein zweites
Mal vernichten. Die Flut soll nicht noch einmal über
die Erde hereinbrechen.
12-13 Das ist der Bund, den ich für alle Zeiten mit
euch und mit allen lebenden Wesen bei euch schlie-
ße. Als Zeichen dafür setze ich meinen Bogen[e] in die
Wolken. Er ist der sichtbare Garant für die Zusage,
die ich der Erde mache. 14 Jedes Mal, wenn ich Regen-
wolken über der Erde zusammenziehe, soll der
Bogen in den Wolken erscheinen, 15 und dann will
ich an das Versprechen denken, das ich euch und
allen lebenden Wesen gegeben habe: Nie wieder soll
das Wasser zu einer Flut werden, die alles Leben ver-
nichtet. 16 Der Bogen wird in den Wolken stehen,
und wenn ich ihn sehe, wird er mich an den ewigen
Bund erinnern, den ich mit allen lebenden Wesen
auf der Erde geschlossen habe. 17 Dieser Bogen«,
sagte Gott zu Noach, »ist das Zeichen für den Bund,
den ich jetzt mit allen lebenden Wesen auf der Erde
schließe.«

Scheidung unter Noachs Söhnen

18 Zusammen mit Noach waren seine Söhne Sem,
Ham und Jafet aus der Arche* gegangen. Ham war
übrigens der Vater Kanaans. 19 Die Nachkommen
der drei Söhne Noachs haben sich dann über die gan-
ze Erde ausgebreitet.
20 Noach trieb Ackerbau. Er war der Erste, der
einen Weinberg anlegte. 21 Als er von dem Wein
trank, wurde er betrunken, und in seinem Rausch
lag er unbedeckt in seinem Zelt.
22 Ham, der Vater Kanaans, sah es und ließ seinen
Vater nackt daliegen, er ging sogar zu seinen Brü-
dern und erzählte es ihnen. 23 Da nahmen Sem und

a Bewusster Anklang an 1,28; ebenso später in 9,1.7; 17,6.20; 28,3; 35,11; 48,4.
b So wie das Opfer bei Kain und Abel Zeichen des Dankes für Ernte- und Viehsegen ist (4,3-4), bringt es hier den Dank für die Rettung aus Todesgefahr zum Ausdruck. Indem der Mensch Gott etwas vom Besten und Kostbarsten opfert, erkennt er an, dass er Gott *alles* verdankt.
c Der Fleischgenuss ist, wie ein Vergleich mit 1,29-30 zeigt, ein Zugeständnis Gottes an die gefallene Menschheit. Nach der ursprünglichen »paradiesischen« Lebensordnung sollte überhaupt kein Blut vergossen werden.
d Das hebräische Wort für *Bund* (siehe Sacherklärung) kommt in den Versen 8-17 siebenmal vor. Es hat oft die Bedeutung »Zusage« oder »Versprechen«; das wird durch die variierende Übersetzung verdeutlicht.
e Gemeint ist der Bogen als Kriegswaffe, mit der (bildhaft gesehen) Gott im Unwetter die Blitze wie Pfeile auf die Erde schießt.

9,1-3 1,28-29 **9,4** Lev 17,10-14S; Apg 15,20 **9,5** Ex 21,28-29 **9,6** 1,27

Jafet eine Decke, legten sie über ihre Schultern, gingen rückwärts ins Zelt und deckten ihren Vater damit zu. Sie hielten dabei das Gesicht von ihm abgewandt, um ihn nicht nackt zu sehen.

24 Als Noach aus seinem Rausch erwachte und erfuhr, was sein Sohn Ham ihm angetan hatte, 25 sagte er:

»Fluch über Kanaan*!
Er wird seinen Brüdern dienen
als der letzte ihrer Knechte.
26 Gepriesen sei der HERR, der Gott Sems!
Er mache Kanaan zu Sems Knecht!
27 Gott schaffe Jafets Leuten weiten Wohnraum,[a]
bis mitten unter die Leute Sems.
Er mache Kanaan zu Jafets Knecht!«

28 Nach der großen Flut lebte Noach noch 350 Jahre; 29 er starb im Alter von 950 Jahren.

Völker, die von Noach abstammen

(1 Chr 1,5-23)

10 Hier ist die Liste der Nachkommen Noachs: Noach hatte drei Söhne: Sem, Ham und Jafet. Deren Kinder wurden nach der großen Flut geboren.

2 *Jafets* Söhne sind: Gomer, Magog, Madai, Jawan, Tubal,[b] Meschech und Tiras. 3 Von Gomer stammen Aschkenas, Rifat und Togarma, 4 von Jawan Elischa, Tarschisch, die Kittäer und die Rodaniter.° 5 Die Nachkommen Jawans besiedelten die Küstenländer bis zum Rand der Erde.

Diese alle wurden zu Völkern, von denen jedes nach Sippen geordnet in seinem Gebiet lebt und seine eigene Sprache hat.[c]

6 *Hams* Söhne sind: Kusch, Mizrajim, Put und Kanaan.[d] 7 Von Kusch stammen Seba, Hawila, Sabta, Ragma und Sabtecha; von Ragma stammen Saba* und Dedan*.

8 Kusch zeugte einen Sohn namens Nimrod, der war der Erste, der fremde Völker seiner Herrschaft unterwarf. 9 Er war auch ein kühner Jäger; deshalb sagt man noch heute von jemand: »Er ist ein gewaltiger Jäger vor dem HERRN wie Nimrod.« 10 Zuerst herrschte er über die Städte Babel, Erech und Akkad, die alle° im Land Schinar* liegen. 11 Von da aus zog er ins Land Assur. Dort baute er die Städte Ninive*, Rehobot-Ir und Kelach 12 sowie Resen, das zwischen Ninive und Kelach liegt. Ninive ist die bekannte große Stadt.

13 Von Mizrajim stammen die Luditer, Anamiter, Lehabiter, Naftuhiter, 14 Patrositer und Kasluhiter sowie die Kaftoriter, von denen die Philister* herkommen.°

15 Kanaans Söhne sind: Sidon, sein Erstgeborener, und Het*, 16 außerdem stammen von ihm die Jebusiter, Amoriter*, Girgaschiter, 17 Hiwiter, Arkiter, Siniter, 18 Arwaditer, Zemariter und Hamatiter. Die Sippen der Kanaaniter breiteten sich so stark aus, 19 dass ihr Gebiet von Sidon südwärts bis nach Gerar und Gaza reichte und ostwärts bis nach Sodom* und Gomorra, Adma, Zebojim und Lescha.

20 Diese alle sind Nachkommen Hams. Sie wurden zu Völkern, von denen jedes nach Sippen geordnet in seinem Gebiet lebt und seine eigene Sprache hat.

21 Auch *Sem*, dem ältesten Bruder Jafets, wurden Kinder geboren. Von ihm stammen alle Nachkommen Ebers ab.[e] 22 Sems Söhne sind: Elam*, Assur*, Arpachschad, Lud* und Aram*. 23 Von Aram stammen Uz, Hul, Geter und Masch. 24 Arpachschad zeugte Schelach, Schelach zeugte Eber.

25 Eber wurden zwei Söhne geboren. Der eine hieß Peleg (Teilung), denn zu seiner Zeit verteilte sich die Menschheit über die Erde; der andere hieß Joktan. 26 Die Söhne Joktans sind Almodad, Schelef, Hazarmawet, Jerach, 27 Hadoram, Usal, Dikla, 28 Obal, Abimaël, Saba, 29 Ofir*, Hawila und Jobab. Sie alle sind Nachkommen Joktans. 30 Ihr Gebiet reicht von Mescha über Sefar bis an das Gebirge im Osten.

31 Diese alle sind Nachkommen Sems. Sie wurden zu Völkern, von denen jedes nach Sippen geordnet in seinem Gebiet lebt und seine eigene Sprache hat.

32 Alle diese Stämme und Völker sind Nachkommen der Söhne Noachs. Von den Söhnen Noachs stammen sie ab und haben sich nach der großen Flut über die ganze Erde ausgebreitet.

Die Menschheit will es mit Gott aufnehmen (Der babylonische Turm)

11 Die Menschen hatten damals noch alle dieselbe Sprache und gebrauchten dieselben Wörter. 2 Als sie nun von Osten aufbrachen, kamen sie in eine Ebene im Land Schinar* und siedelten sich dort an.

3 Sie sagten zueinander: »Ans Werk! Wir machen Ziegel aus Lehm und brennen sie!« Sie wollten die Ziegel als Bausteine verwenden und Asphalt* als Mörtel.

4 Sie sagten: »Ans Werk! Wir bauen uns eine Stadt mit einem Turm, der bis an den Himmel reicht! Dann wird unser Name in aller Welt berühmt. Dieses Bauwerk wird uns zusammenhalten, sodass wir nicht über die ganze Erde zerstreut werden.«

5 Da kam der HERR vom Himmel herab, um die Stadt und den Turm anzusehen, die sie bauten. 6 Als er alles gesehen hatte, sagte er: »Wohin wird das noch führen? Sie sind ein einziges Volk und sprechen alle dieselbe Sprache. Wenn sie diesen Bau vollenden, wird ihnen nichts mehr unmöglich sein. Sie werden alles ausführen, was ihnen in den Sinn kommt.«

7 Und dann sagte er: »Ans Werk! Wir steigen hinab und verwirren ihre Sprache, damit niemand mehr den anderen versteht!«

a Im Hebräischen ein Wortspiel zwischen *weiten Raum schaffen* und dem Namen *Jafet*. Die Söhne Noachs sind hier als Stammväter von Völkern gesehen, wie es Kap 10 ausführt. In Vers 26 kündigt sich der Gegensatz von Kanaan und Israel (das als Nachkomme Sems gilt) an, während Vers 27 möglicherweise auf die Philister *Jafet* vorausweist, die von David befriedet wurden und z.T. in seiner Leibgarde* dienten.

b *Madai* = Meder, *Jawan* = Jonier; *Tubal* siehe Sacherklärung.

c Die 70 Völkernamen in diesem Kapitel umfassen die gesamte damals im Umkreis Israels bekannte Menschheit. Alle stehen unter dem Segen von 9,1-2 (vgl. 1,28) und bilden trotz gegenseitiger Feindschaften eine große Familie.

d *Mizrajim* = Ägypten, *Put* = Libyen. *Kusch* und *Kanaan* siehe Sacherklärungen.

e Von *Eber* lassen sich sprachlich die »Hebräer« ableiten, doch steht dieser Name hier für eine umfassendere Völkergruppe. Am bekanntesten sind von den Sem-Nachkommen die Elamiter, Assyrer und Aramäer.

9,26 Ri 1,28.30.33.35

a *Babel* wird hier durch einen Anklang an das hebräische Wort für »verwirren« gedeutet; im Akkadischen bedeutet der Name »Tor Gottes«.
b Zu den Namensformen siehe Anmerkung zu 17,5.
c Wörtlich *Ur der Chaldäer;* ebenso in Vers 31 (siehe Sacherklärung »Chaldäa«).

8 So zerstreute der HERR sie über die ganze Erde
und sie konnten die Stadt nicht weiterbauen. 9 Darum heißt diese Stadt Babel,[a] denn dort hat der HERR die Sprache der Menschen verwirrt und von dort aus die Menschheit über die ganze Erde zerstreut.

Die Nachkommen Sems bis zu Abraham (Abram)[b]

(1 Chr 1,24-27)

10 Hier ist die Liste der Nachkommen Sems:
Als Sem 100 Jahre alt war, zeugte er Arpachschad. Das war zwei Jahre nach der großen Flut. 11 Danach lebte er noch 500 Jahre und zeugte weitere Söhne und Töchter.
12–25 Als Arpachschad 35 Jahre alt war, zeugte er Schelach und lebte danach noch 403 Jahre.

Als Schelach 30 Jahre alt war, zeugte er Eber und lebte danach noch 403 Jahre.

Als Eber 34 Jahre alt war, zeugte er Peleg und lebte danach noch 430 Jahre.

Als Peleg 30 Jahre alt war, zeugte er Regu und lebte danach noch 209 Jahre.

Als Regu 32 Jahre alt war, zeugte er Serug und lebte danach noch 207 Jahre.

Als Serug 30 Jahre alt war, zeugte er Nahor und lebte danach noch 200 Jahre.

Als Nahor 29 Jahre alt war, zeugte er Terach und lebte danach noch 119 Jahre.

Sie alle zeugten nach ihrem Erstgeborenen noch weitere Söhne und Töchter.

26 Als Terach 70 Jahre alt war, zeugte er Abram,
Nahor und Haran.

27 Hier ist die Liste der Nachkommen Terachs:
Seine Söhne waren Abram, Nahor und Haran. Haran
zeugte Lot; 28 er starb noch vor seinem Vater Terach
in seiner Heimatstadt Ur in Chaldäa.[c] 29 Abram heiratete Sarai und Nahor heiratete Milka, die Tochter Harans und Schwester Jiskas. 30 Sarai aber bekam
keine Kinder.

31 Terach brach aus Ur in Chaldäa auf, um ins Land Kanaan* zu ziehen. Er nahm seinen Sohn Abram, seinen Enkel Lot und seine Schwiegertochter Sarai mit. Sie kamen bis nach Haran und siedelten sich
dort an. 32 Terach wurde 205 Jahre alt; er starb in Haran.

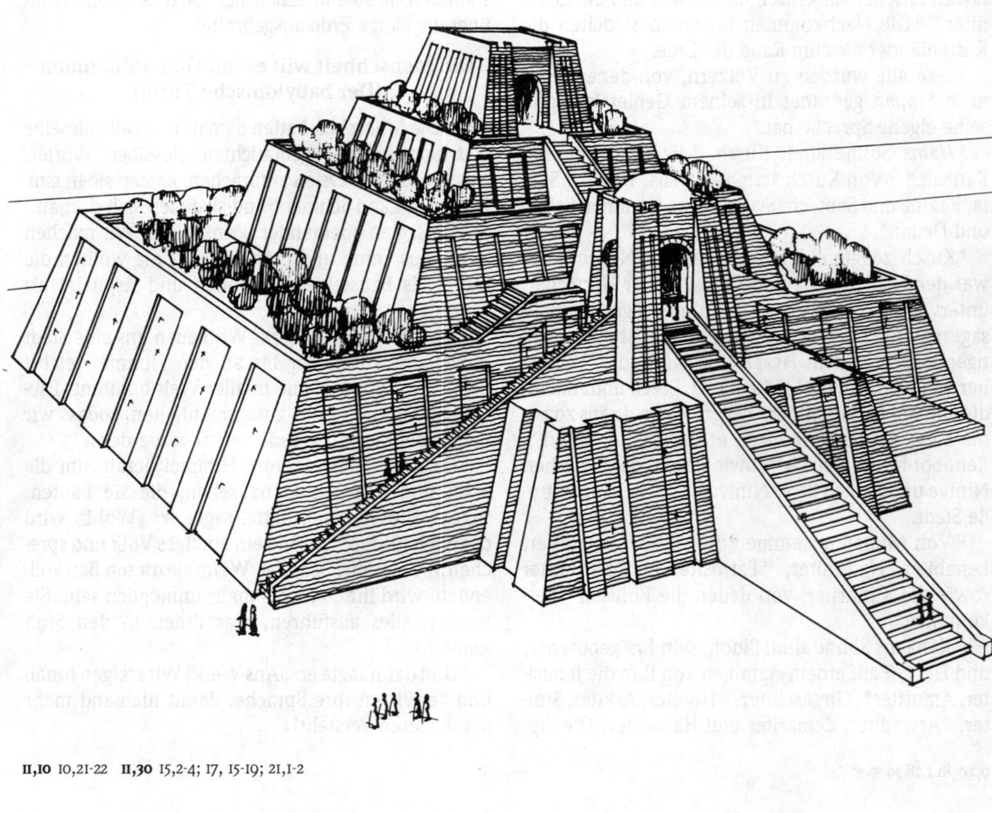

»Wir bauen uns eine Stadt mit einem Turm, der bis an den Himmel reicht!« (11,4) Der Turm von Babel war möglicherweise ähnlich angelegt wie die hier nachgezeichnete, in Überresten ausgegrabene turmartige Tempelanlage von Ur (2100 v. Chr.). Der terrassenförmig ansteigende Bau aus Ziegelsteinen war 60 m lang, 45 m breit und etwa 21 m hoch. Der Tempel an der Spitze war dem Mondgott Nannar geweiht.

11,10 10,21-22 **11,30** 15,2-4; 17,15-19; 21,1-2

DIE VÄTER UND MÜTTER ISRAELS VON ABRAHAM BIS JAKOB (Kapitel 12–36)

Gott beruft Abraham (Abram)[a]

12 Da sagte der HERR zu Abram: »Verlass deine
Heimat, deine Sippe und die Familie deines
Vaters und zieh in das Land, das ich dir zeigen
werde!
2 Ich will dich segnen und dich zum Stammvater
eines mächtigen Volkes machen. Dein Name soll
in aller Welt berühmt sein. An dir soll sichtbar
werden, was es bedeutet, wenn ich jemand segne.
3 Alle, die dir und deinen Nachkommen Gutes
wünschen, haben auch von mir Gutes zu erwarten.
Aber wenn jemand euch Böses wünscht, bringe ich
Unglück über ihn. Alle Völker der Erde werden
Glück und Segen erlangen, wenn sie dir und deinen
Nachkommen wohlgesonnen sind.«[b]
4 Abram folgte dem Befehl des HERRN und brach
auf, und Lot ging mit ihm. Abram war 75 Jahre alt,
als er seine Heimatstadt Haran verließ. 5 Seine Frau
Sarai und Lot, der Sohn seines Bruders, begleiteten
ihn. Sie nahmen ihren ganzen Besitz mit, auch die
Menschen, die sie in Haran in Dienst genommen
hatten.° So zogen sie in das Land Kanaan*, 6 in
dem damals noch das Volk der Kanaaniter wohnte.
Sie durchquerten das Land bis zu dem heiligen
Baum[c] bei Sichem.
7 Dort erschien dem Abram der HERR und sagte zu
ihm: »Deinen Nachkommen will ich dieses Land
geben!« Da baute Abram dem HERRN einen Altar*
an der Stelle, wo er ihm erschienen war.
8 Von dort aus zog er in das Bergland östlich von
Bet-El. Seine Zelte standen zwischen Bet-El im Wes-
ten und Ai im Osten. Auch dort baute er einen Altar
und rief im Gebet den Namen* des HERRN an.
9 Dann zog er von Lagerplatz zu Lagerplatz immer
weiter nach Süden.

Abraham (Abram) und Sara (Sarai)[d] in Ägypten bewahrt

10 Damals brach im Land Kanaan* eine schwere Hun-
gersnot aus. Darum suchte Abram Zuflucht in Ägyp-
ten. 11 Als er an die ägyptische Grenze kam, sagte er
zu Sarai: »Ich weiß, dass du eine schöne Frau bist.
12 Wenn die Ägypter dich sehen, werden sie sagen:
›Das ist seine Frau‹, und sie werden mich totschla-
gen, um dich zu bekommen. 13 Sag deshalb, du seist
meine Schwester, dann werden sie mich deinetwe-
gen gut behandeln und am Leben lassen.«
14 In Ägypten traf ein, was Abram vorausgesehen
hatte. Überall fiel Sarai durch ihre Schönheit auf.
15 Die Hofleute priesen sie dem Pharao in den höchs-
ten Tönen, und er ließ sie in seinen Palast holen.
16 Ihr zuliebe war er freundlich zu Abram und
schenkte ihm Schafe und Ziegen, Rinder, Esel und
Kamele, Sklaven und Sklavinnen.
17 Doch weil der Pharao sich die Frau Abrams
genommen hatte, bestrafte der HERR ihn mit einer
schweren Krankheit, ihn und alle andern in seinem
Palast. 18 Da ließ der Pharao Abram rufen und sagte
zu ihm: »Warum hast du mir das angetan? Du hättest
mir doch sagen können, dass sie deine Frau ist!
19 Aber du hast sie für deine Schwester ausgegeben,
nur deshalb habe ich sie mir zur Frau genommen.
Nun, sie gehört dir; nimm sie und geh!«
20 Der Pharao bestellte eine Abteilung Soldaten
und ließ Abram mit seiner Frau und seinem ganzen
Besitz über die Grenze bringen.[e]

Abraham (Abram)[f] und Lot trennen sich

13 Abram kehrte mit seiner Frau und seinem gan-
zen Besitz an Tieren und Menschen in den
südlichsten Teil des Landes Kanaan* zurück. Auch
sein Neffe Lot begleitete ihn.
3[g] Von dort zog er von Lagerplatz zu Lagerplatz
bis zu der Stelle zwischen Bet-El und Ai, wo er zuerst
seine Zelte aufgeschlagen hatte. 4 Das war auch der
Ort, an dem er den Altar gebaut hatte. Dort rief er
im Gebet den Namen* des HERRN an.
2 Abram war sehr reich. Er besaß große Viehher-
den und viel Silber und Gold. 5 Auch Lot, der mit
ihm zog, hatte viele Schafe, Ziegen und Rinder und
viele Zelte, in denen seine Hirten mit ihren Familien
lebten.° 6 Das Weideland reichte nicht aus für die
Viehherden der beiden; sie konnten auf die Dauer
nicht zusammenbleiben. 7 Es gab immer Streit zwi-
schen den Hirten Abrams und den Hirten Lots.
Außerdem wohnten damals noch die Kanaaniter
und die Perisiter im Land.
8 Da sagte Abram zu seinem Neffen: »Es soll doch
kein Streit zwischen uns sein, auch nicht zwischen
unseren Hirten. Wir sind doch Brüder! 9 Das Beste
ist, wir trennen uns. Das ganze Land steht dir offen:
Du kannst nach Norden gehen, dann gehe ich nach
Süden; du kannst auch nach Süden gehen, dann gehe
ich nach Norden.«
10 Lot schaute sich nach allen Seiten um. Er sah,
dass es in der Jordanebene reichlich Wasser gab.
Bevor der HERR Sodom* und Gomorra zerstörte,
war es dort wie im Garten Gottes oder wie am Nil
in Ägypten – bis hinab nach Zoar. 11 Deshalb ent-
schied sich Lot für die Jordangegend und zog nach
Osten.
So trennten sich die beiden: 12 Abram blieb im
Land Kanaan, Lot ging ins Gebiet der Jordanstädte
und kam im Lauf der Zeit mit seinen Zelten bis nach

a Zu den Namensformen siehe Anmerkung zu 17,5
b *Alle Völker ...:* Andere Übersetzungsmöglichkeit *Alle Völker der Erde werden sich wünschen, so gesegnet zu werden, wie ich dich gesegnet habe;* vgl. 22,18; 26,4. Eine Kette von Auflehnungen durchzieht die biblische Urgeschichte: Sündenfall, Brudermord, Lamechs Überheblichkeit, die tiefe Verderbtheit der Menschen vor der großen Flut, Hams Vergehen gegen seinen Vater und schließlich der ›Turmbau‹ als direkte Herausforderung Gottes. Jetzt macht Gott einen neuen Anfang: Er schafft sich ein Volk, das ihn ehrt und nach seinem Willen lebt. Aber das Heil für *alle* Völker bleibt sein Ziel. Das kommt besonders in der griechischen Übersetzung (G) des letzten Satzes zum Ausdruck, die der jüdischen Auslegung entspricht, der auch Paulus (Gal 3,8) folgt: *Durch dich wird Gott alle Völker auf der Erde segnen.*
c Wörtlich *dem Wahrsagebaum* (Baum = Terebinthe oder Eiche*).
d Zu den Namensformen siehe 17,5 und 17,15.
e Abraham hatte in einer echten Notlage gehandelt: Nur in Ägypten konnte er dem Hungertod entgehen, und selbst dort sah er sein Leben in Gefahr (12,12-13). Aber anstatt auf Gottes Zusage zu vertrauen, verließ er sich auf seine eigene Klugheit – und steht nun am Ende beschämt da (12,18).
f Zu den Namensformen siehe Anmerkung zu 17,5.
g Die Verse 3 und 4 sind des besseren Zusammenhangs wegen vor Vers 2 gestellt.

12,1 Hebr 11,8; Weish 10,5; Sir 44,19-21 **12,2** 13,16; 15,5; 17,4-6; 22,17; Hebr 11,12 **12,3** 18,18; 28,14 **12,7** (Land) 13,15; 15,18-20; 17,8; 28,13; Dtn 34,4; Ps 105,11; (Altar) Gen 35,7; Ex 17,15; Ri 6,24 **12,10-20** 20,1-18; 26,1-11

Biblische Geschichte auf einen Blick

Die folgenden Seiten geben eine Übersicht über die gesamte biblische Geschichte. Die obere Reihe zeigt, in welchen Zeitraum die in bestimmten biblischen Schriften erwähnten Ereignisse fallen (sie gibt also nicht die Entstehungszeit der betreffenden Schriften an).

Auf der zweiten bis vierten Reihe können die wichtigsten Daten zur Geschichte Israels und der angrenzenden Mächte im Norden und Süden ersehen und zeitlich eingeordnet werden. Genauere Angaben enthalten die Übersichten ›Die Könige von Israel und Juda‹ (Seiten 448/449 und ›Die Propheten‹ (Seiten 782/783). Die neutestamentliche Zeit ist eingehender in dem Überblick Seiten 18/19 des Neuen Testaments dargestellt.

Die besonderen Einführungen zur Geschichte Israels sind den einzelnen Perioden wie folgt zugeordnet:

Vorfahren der Israeliten: Noach S. 37; Abraham (Abram) S. 49; Jakob S. 66; Josef S. 78

Israeliten in Ägypten: Das alte Ägypten S. 98; Mose S. 210

Eroberung Kanaans: Der Auszug aus Ägypten S. 131; Eroberung Kanaans S. 270; Kanaaniter und Philister S. 304

Königreich Israel: David S. 342; Der Tempel Salomos S. 396

Das geteilte Reich: Elija und Elischa S. 420; Die Assyrer S. 746; Die Babylonier S. 841

Verbannung und Rückkehr: Verbannung und Rückkehr S. 863; Die Perser S. 926

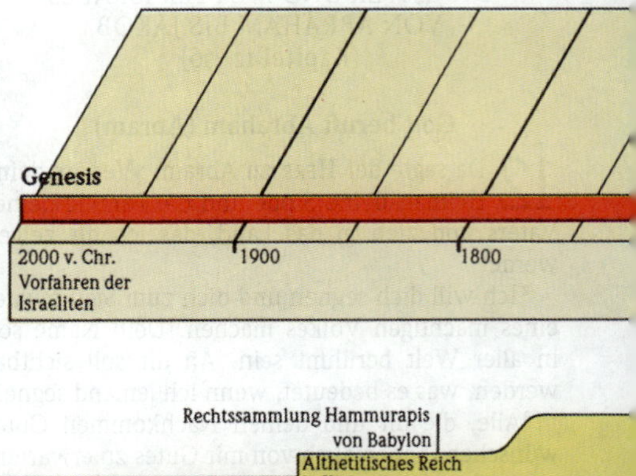

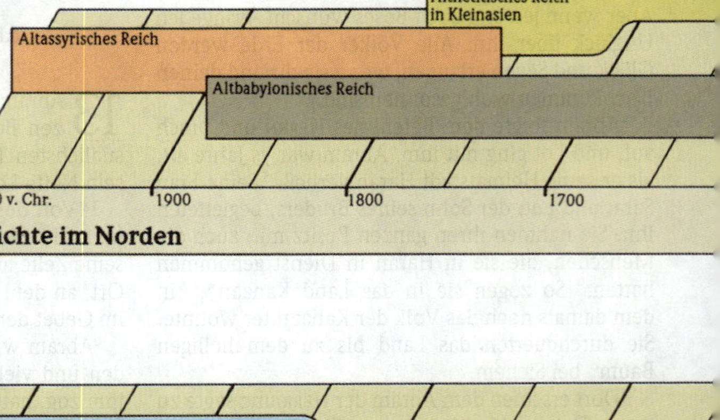

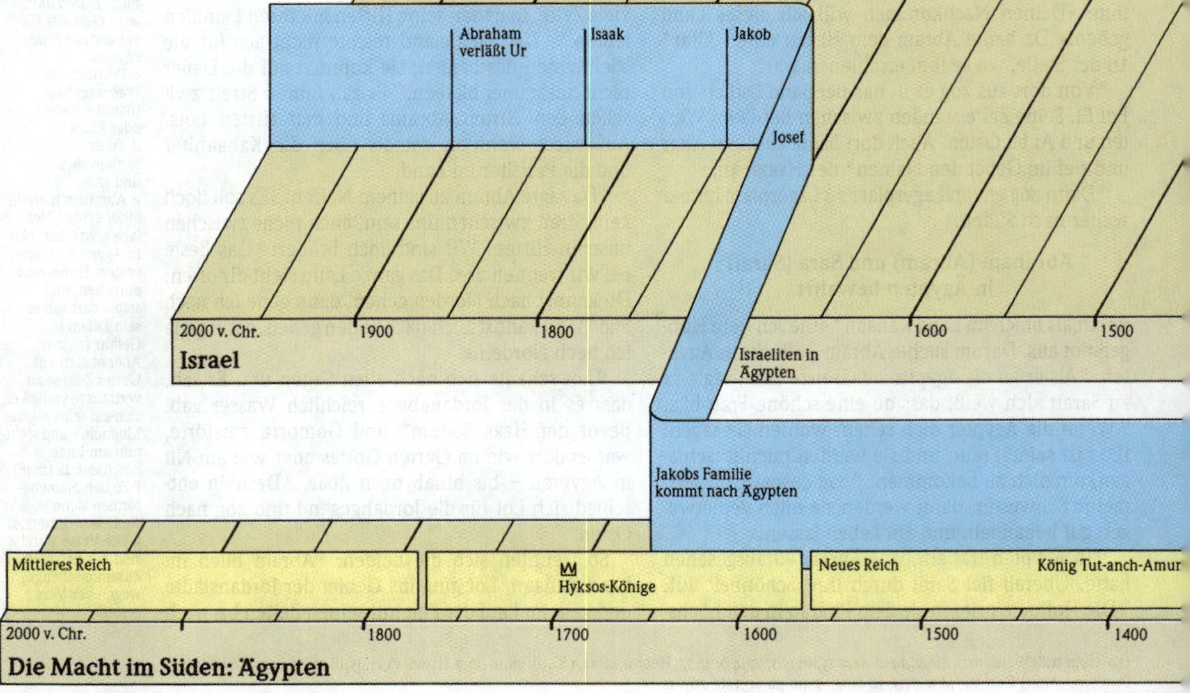

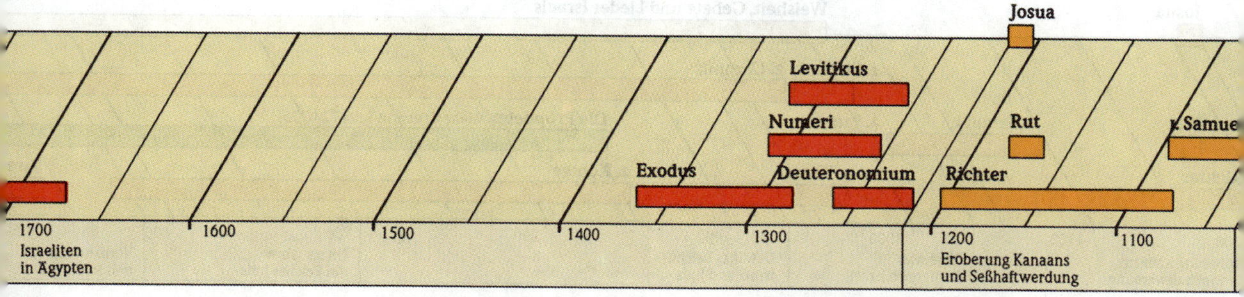
Josua
Levitikus
Numeri
Rut
Samue
Exodus
Deuteronomium
Richter
1700
Israeliten
in Ägypten
1600
1500
1400
1300
1200
Eroberung Kanaans
und Seßhaftwerdung
1100

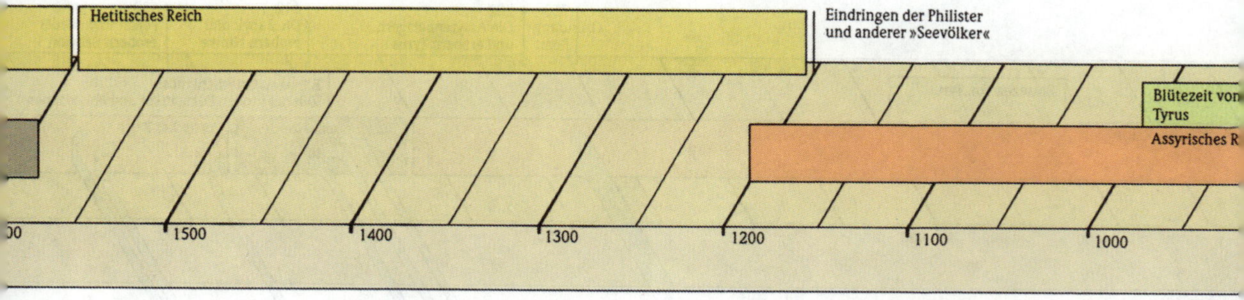
Hetitisches Reich
Eindringen der Philister
und anderer »Seevölker«
Blütezeit von
Tyrus
Assyrisches R
00
1500
1400
1300
1200
1100
1000

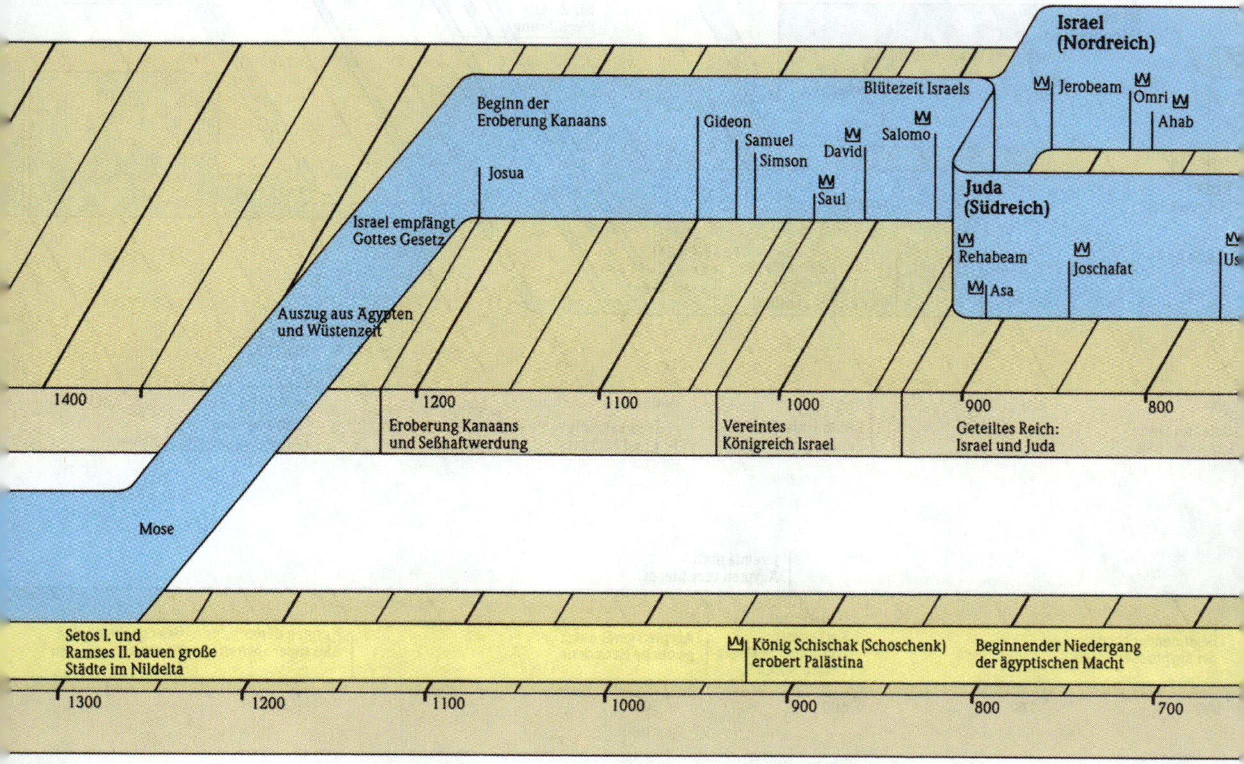
Israel
(Nordreich)
Jerobeam
Omri
Ahab
Blütezeit Israels
Beginn der
Eroberung Kanaans
Gideon
Samuel
Simson
David
Salomo
Saul
Josua
Juda
(Südreich)
Rehabeam
Asa
Joschafat
Us
Israel empfängt
Gottes Gesetz
Auszug aus Ägypten
und Wüstenzeit
1400
1200
Eroberung Kanaans
und Seßhaftwerdung
1100
1000
Vereintes
Königreich Israel
900
Geteiltes Reich:
Israel und Juda
800
Mose
Setos I. und
Ramses II. bauen große
Städte im Nildelta
König Schischak (Schoschenk)
erobert Palästina
Beginnender Niedergang
der ägyptischen Macht
1300
1200
1100
1000
900
800
700

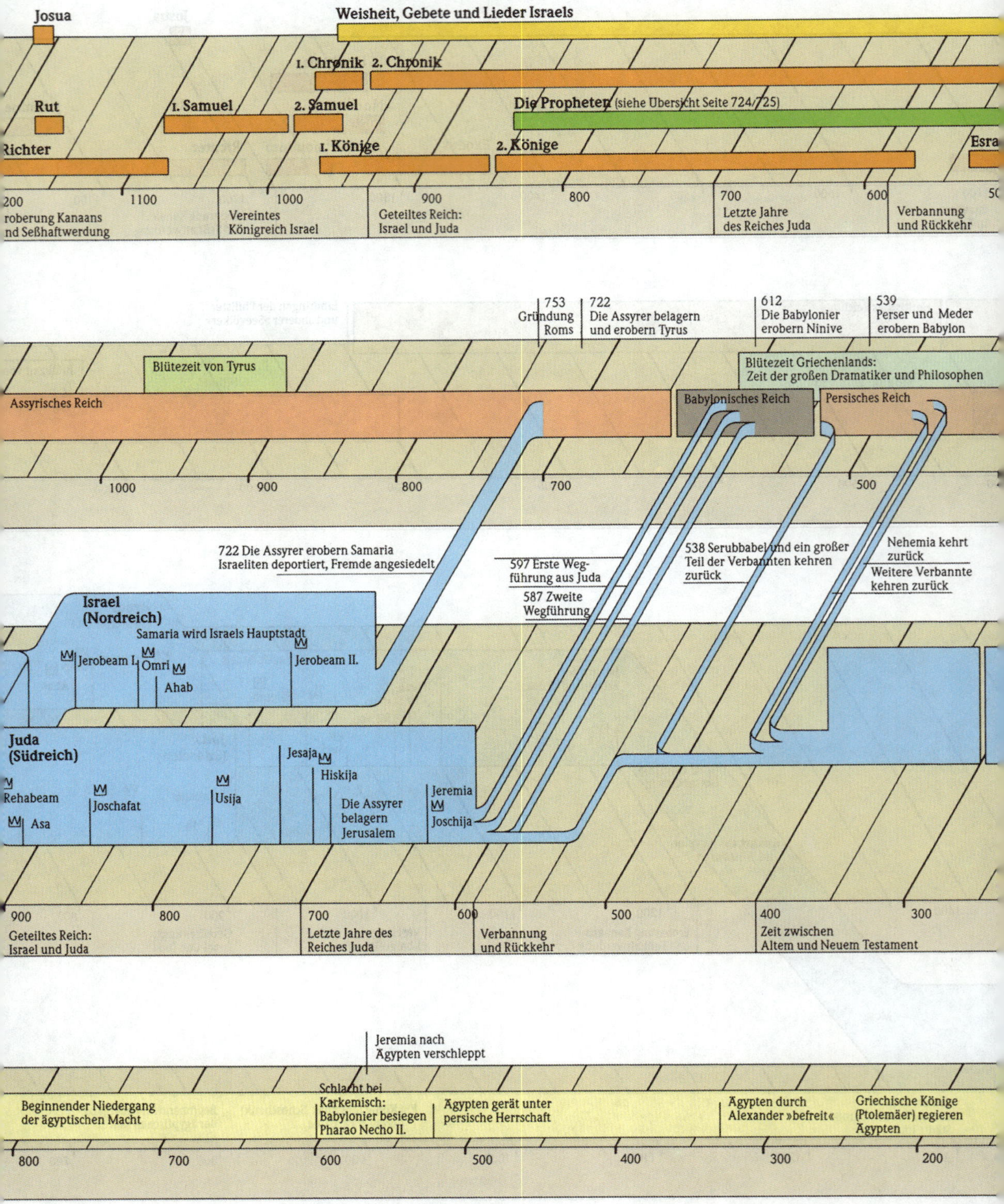
Josua
Weisheit, Gebete und Lieder Israels
1. Chronik
2. Chronik
Rut
1. Samuel
2. Samuel
Die Propheten (siehe Übersicht Seite 724/725)
Richter
1. Könige
2. Könige
Esra
200
1100
1000
900
800
700
600
50
roberung Kanaans
nd Seßhaftwerdung
Vereintes
Königreich Israel
Geteiltes Reich:
Israel und Juda
Letzte Jahre
des Reiches Juda
Verbannung
und Rückkehr
753
Gründung
Roms
722
Die Assyrer belagern
und erobern Tyrus
612
Die Babylonier
erobern Ninive
539
Perser und Meder
erobern Babylon
Blütezeit von Tyrus
Blütezeit Griechenlands:
Zeit der großen Dramatiker und Philosophen
Assyrisches Reich
Babylonisches Reich
Persisches Reich
1000
900
800
700
500
722 Die Assyrer erobern Samaria
Israeliten deportiert, Fremde angesiedelt
597 Erste Wegführung aus Juda
587 Zweite Wegführung
538 Serubbabel und ein großer Teil der Verbannten kehren zurück
Nehemia kehrt zurück
Weitere Verbannte kehren zurück
Israel
(Nordreich)
Samaria wird Israels Hauptstadt
Jerobeam I.
Omri
Ahab
Jerobeam II.
Juda
(Südreich)
Rehabeam
Asa
Joschafat
Usija
Jesaja
Hiskija
Die Assyrer belagern Jerusalem
Jeremia
Joschija
900
800
700
600
500
400
300
Geteiltes Reich:
Israel und Juda
Letzte Jahre des
Reiches Juda
Verbannung
und Rückkehr
Zeit zwischen
Altem und Neuem Testament
Jeremia nach
Ägypten verschleppt
Beginnender Niedergang
der ägyptischen Macht
Schlacht bei
Karkemisch:
Babylonier besiegen
Pharao Necho II.
Ägypten gerät unter
persische Herrschaft
Ägypten durch
Alexander »befreit«
Griechische Könige
(Ptolemäer) regieren
Ägypten
800
700
600
500
400
300
200

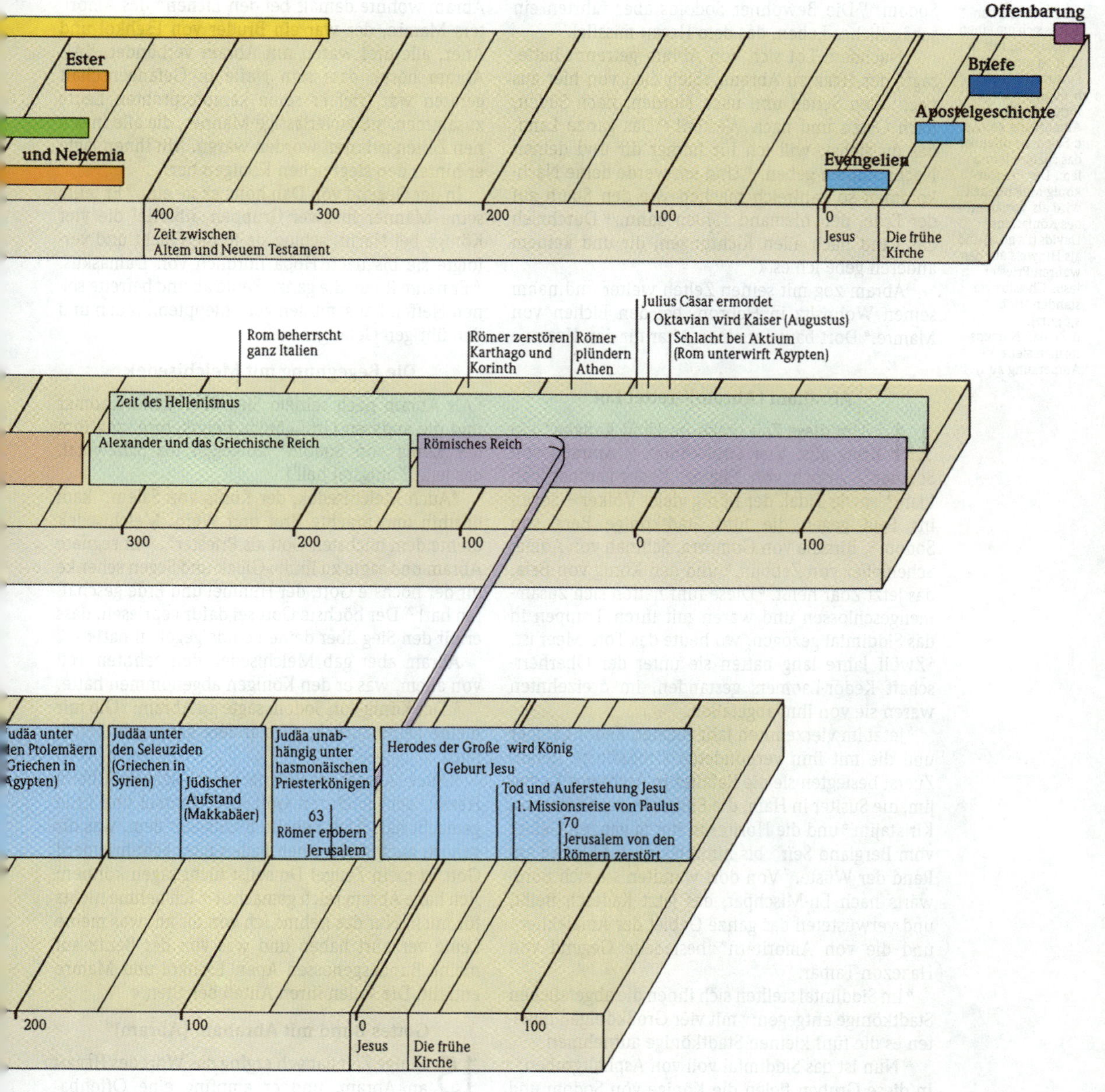
Offenbarung
Briefe
Apostelgeschichte
Evangelien
Ester
und Nehemia
400
300
200
100
0
Zeit zwischen
Altem und Neuem Testament
Jesus
Die frühe
Kirche
Julius Cäsar ermordet
Oktavian wird Kaiser (Augustus)
Schlacht bei Aktium
(Rom unterwirft Ägypten)
Rom beherrscht
ganz Italien
Römer zerstören
Karthago und
Korinth
Römer
plündern
Athen
Zeit des Hellenismus
Alexander und das Griechische Reich
Römisches Reich
300
200
100
0
100
Judäa unter
den Ptolemäern
(Griechen in
Ägypten)
Judäa unter
den Seleuziden
(Griechen in
Syrien)
Jüdischer
Aufstand
(Makkabäer)
Judäa unab-
hängig unter
hasmonäischen
Priesterkönigen
63
Römer erobern
Jerusalem
Herodes der Große wird König
Geburt Jesu
Tod und Auferstehung Jesu
1. Missionsreise von Paulus
70
Jerusalem von den
Römern zerstört
200
100
0
Jesus
Die frühe
Kirche
100
Ägypten kommt unter
römische Herrschaft
100
0
100

Sodom. 13 Die Bewohner Sodoms aber führten ein schändliches Leben, das dem HERRN missfiel.

14 Nachdem Lot sich von Abram getrennt hatte, sagte der HERR zu Abram: »Sieh dich von hier aus nach allen Seiten um, nach Norden, nach Süden, nach Osten und nach Westen! 15 Das ganze Land, das du siehst, will ich für immer dir und deinen Nachkommen geben. 16 Und ich werde deine Nachkommen so zahlreich machen wie den Staub auf der Erde, den niemand zählen kann. 17 Durchzieh das Land nach allen Richtungen; dir und keinem anderen gebe ich es.«

18 Abram zog mit seinen Zelten weiter und nahm seinen Wohnsitz in Hebron, bei den Eichen* von Mamre.[a] Dort baute er einen Altar für den HERRN.

Abraham (Abram)[b] rettet Lot

14 1-2 Um diese Zeit brach im Land Kanaan* ein Krieg aus. Vier Großkönige – Amrafel von Schinar*, Arjoch von Ellasar, Kedor-Laomer von Elam* sowie Tidal, der König vieler Völker – zogen ins Feld gegen die fünf Stadtkönige Bera von Sodom*, Birscha von Gomorra, Schinab von Adma, Schemeber von Zebojim* und den König von Bela, das jetzt Zoar heißt. 3 Diese fünf hatten sich zusammengeschlossen und waren mit ihren Truppen in das Siddimtal gezogen, wo heute das Tote Meer ist. 4 Zwölf Jahre lang hatten sie unter der Oberherrschaft Kedor-Laomers gestanden, im dreizehnten waren sie von ihm abgefallen.

5 Jetzt im vierzehnten Jahr rückten Kedor-Laomer und die mit ihm verbündeten Großkönige heran. Zuerst besiegten sie die Rafaïter in Aschterot-Karnajim, die Susiter in Ham, die Emiter in der Ebene von Kirjatajim 6 und die Horiter in ihrem ganzen Gebiet vom Bergland Seïr* bis hinunter nach El-Paran am Rand der Wüste. 7 Von dort wandten sie sich nordwärts nach En-Mischpat, das jetzt Kadesch heißt, und verwüsteten das ganze Gebiet der Amalekiter* und die von Amoritern* besiedelte Gegend von Hazezon-Tamar.

8 Im Siddimtal stellten sich ihnen die abgefallenen Stadtkönige entgegen; 9 mit vier Großkönigen mussten es die fünf kleinen Stadtkönige aufnehmen.

10 Nun ist das Siddimtal voll von Asphaltgruben*. In diese Gruben fielen die Könige von Sodom und Gomorra, als sie sich zur Flucht wandten; die anderen Stadtkönige flohen auf das Gebirge. 11 Die Großkönige plünderten Sodom und Gomorra und nahmen alle Lebensmittelvorräte mit und alles, was wertvoll war. 12 Auch Abrams Neffen Lot, der damals in Sodom wohnte, schleppten sie mit, dazu seinen ganzen Besitz.

13 Einer von denen, die sich retten konnten, kam zu dem Hebräer* Abram und berichtete ihm alles. Abram wohnte damals bei den Eichen* des Amoriters Mamre, der war ein Bruder von Eschkol und Aner; alle drei waren mit Abram verbündet. 14 Als Abram hörte, dass sein Neffe in Gefangenschaft geraten war, rief er seine kampferprobten Leute zusammen, 318 zuverlässige Männer, die alle in seinen Zelten geboren worden waren. Mit ihnen jagte er hinter den siegreichen Königen her.

In der Gegend von Dan holte er sie ein. 15 Er teilte seine Männer in zwei Gruppen, überfiel die vier Könige bei Nacht, schlug sie in die Flucht und verfolgte sie bis nach Hoba nördlich von Damaskus. 16 Er nahm ihnen die ganze Beute ab und befreite seinen Neffen Lot samt den verschleppten Frauen und den übrigen Gefangenen.

Die Begegnung mit Melchisedek

17 Als Abram nach seinem Sieg über Kedor-Laomer und die anderen Großkönige heimkehrte, zog ihm der König von Sodom* entgegen ins Schawetal, das jetzt Königstal heißt.

18 Auch Melchisedek, der König von Salem,[c] kam dorthin und brachte Brot und Wein. Melchisedek diente dem höchsten Gott als Priester*. 19 Er segnete Abram und sagte zu ihm: »Glück und Segen schenke dir der höchste Gott, der Himmel und Erde geschaffen hat! 20 Der höchste Gott sei dafür gepriesen, dass er dir den Sieg über deine Feinde gegeben hat!«

Abram aber gab Melchisedek den zehnten Teil von allem, was er den Königen abgenommen hatte.

21 Der König von Sodom sagte zu Abram: »Gib mir meine Leute zurück, alles andere kannst du behalten!«

22 Aber Abram erwiderte: »Ich schwöre beim HERRN, dem höchsten Gott, der Himmel und Erde gemacht hat: 23 Ich behalte nichts von dem, was dir gehört, auch nicht einen Faden oder Schuhriemen! Gott ist mein Zeuge! Du sollst nicht sagen können: ›Ich habe Abram reich gemacht.‹ 24 Ich nehme nichts für mich. Nur das nehme ich von dir an, was meine Leute verzehrt haben und was von der Beute auf meine Bundesgenossen Aner, Eschkol und Mamre entfällt. Die sollen ihren Anteil behalten.«

Gottes Bund mit Abraham (Abram)[d]

15 Einige Zeit danach erging das Wort des HERRN an Abram, und er empfing eine Offenbarung*. Der HERR sagte zu ihm: »Hab keine Angst, Abram, ich bin dein Schutz! Du sollst reich belohnt werden.«

2 »Herr, mein Gott«, erwiderte Abram, »womit willst du mich denn belohnen? Ich sterbe ohne Kinder, und meinen Besitz erbt Eliëser aus Damaskus.«° 3 Weiter sagte Abram: »Sieh doch, du hast mir keine Kinder gegeben, und mein eigener Sklave* wird mich beerben!«

a Bei *Mamre* handelt es sich um einen Ortsnamen, nur in 14,13.24 um einen Personennamen.
b Zu den Namensformen siehe Anmerkung zu 17,5.
c Salem ist offenbar das spätere Jerusalem. Der Priesterkönig Melchisedek wird als Vorläufer des Königtums Davids (Ps 110,4) und als Hinweis auf den wahren Priester Jesus Christus verstanden (Hebr 5,6;7,17).
d Zu den Namensformen siehe Anmerkung zu 17,5.

13,13 18,20S **13,15** 12,7S **13,16** 12,2S **14,18-20** Ps 110,4; Hebr 7,1-10

4 Da erging an Abram das Wort des HERRN: »Nein,
nicht Eliëser wird dich beerben! Du wirst einen Sohn
bekommen; der soll dein Erbe sein.«
5 Und der HERR führte Abram aus dem Zelt und
sagte: »Sieh hinauf zu den Sternen am Himmel!
Kannst du sie zählen? So unzählbar werden deine
Nachkommen sein.«
6 Abram glaubte der Zusage des HERRN, und der
HERR rechnete ihm dies als Beweis der Treue an.[a]
7 Weiter sagte der HERR zu Abram: »Ich bin es, der
dich aus Ur in Chaldäa[b] geführt hat, um dir dieses
Land zu geben, ich, der HERR!«
8 »Herr, mein Gott«, erwiderte Abram, »kann ich
denn sicher sein, dass ich es je besitzen werde?
Gib mir doch eine Bestätigung dafür!«
9 Der HERR sagte: »Bring mir eine dreijährige Kuh,
eine dreijährige Ziege, einen dreijährigen Schafbock,
eine Turteltaube und eine junge Taube!«
10 Abram holte die Tiere, zerteilte jedes der Länge
nach in zwei Hälften und legte die Teile einander
gegenüber; nur die Vögel zerteilte er nicht.[c] 11 Raub-
vögel fielen über die Stücke her, aber Abram ver-
scheuchte sie.
12 Als die Sonne unterging, fiel Abram in einen tie-
fen Schlaf, und eine unheimliche, erdrückende
Angst legte sich auf ihn. 13 Der HERR sagte zu ihm:
»Du sollst jetzt erfahren, wie es deinen Nachkom-
men ergehen wird. Sie werden als Fremde in einem
Land leben, das ihnen nicht gehört. Man wird sie
unterdrücken und zu Sklavendiensten zwingen.
Das dauert vierhundert Jahre. 14 Dann werde ich über
das Volk, dem sie dienen müssen, ein Strafgericht
halten, und sie werden von dort mit reichem Besitz
wegziehen. 15 Du selbst wirst ein hohes Alter errei-
chen und dann in Frieden sterben und begraben
werden. 16 Erst die vierte Generation wird hierher
zurückkehren; denn die Schuld der Amoriter*, die
jetzt dieses Land bewohnen, hat ihr volles Maß noch
nicht erreicht.«
17 Als die Sonne untergegangen und es ganz dunkel
geworden war, sah Abram auf einmal einen rau-
chenden Schmelzofen* und eine brennende Fackel,
die fuhren zwischen den zerteilten Tieren hindurch.
18 Auf diese Weise schloss der HERR damals mit Abram
einen Bund* und gab ihm die Zusage: »Deinen Nach-
kommen gebe ich dieses Land, von der Grenze*
Ägyptens bis an den Eufrat, 19 das ganze Gebiet, in
dem jetzt noch andere Völker wohnen: die Keniter*,
die Kenasiter und Kadmoniter, 20 die Hetiter*, Perisi-
ter und Rafaïter, 21 die Amoriter, Kanaaniter*, Gir-
gaschiter und Jebusiter.«

Sara (Sarai)[d] will Gott nachhelfen: Hagar und Ismaël

16 Abrams Frau Sarai blieb kinderlos. Sie hatte
aber eine ägyptische Sklavin* namens Hagar.
2 So sagte sie zu ihrem Mann: »Du siehst, der HERR
hat mir keine Kinder geschenkt. Aber vielleicht kann
ich durch meine Sklavin zu einem Sohn kommen.[e]
Ich überlasse sie dir.«
Abram war einverstanden, 3 und Sarai gab ihm die
ägyptische Sklavin zur Frau. Er lebte damals schon
zehn Jahre im Land Kanaan*.
4 Abram schlief mit Hagar und sie wurde schwan-
ger. Als sie merkte, dass sie ein Kind bekommen wür-
de, begann sie auf ihre Herrin herabzusehen. 5 Da
sagte Sarai zu ihrem Mann: »Mir geschieht Unrecht,
und du trägst dafür die Verantwortung! Ich habe dir
meine Sklavin überlassen. Seit sie weiß, dass sie ein
Kind bekommt, verachtet sie mich. Ich rufe den
HERRN als Richter an!«
6 Abram erwiderte: »Sie ist deine Sklavin. Mach
mit ihr, was du für richtig hältst!«
Sarai ließ daraufhin Hagar die niedrigsten Arbei-
ten verrichten; da lief sie davon.

Ein einzelner Mann, kinderlos, auf der Schwelle des Alters: So steht Abraham vor Gott und hört die Zusage: »Sieh hinauf zu den Sternen am Himmel! Kannst du sie zählen? So unzählbar werden deine Nachkommen sein.« (15,5) Abraham zweifelt nicht an Gottes Zusage und wird dadurch zum Vorbild und »Vater« des Glaubens (vgl. Röm 4).

a Wörtlich *und er rechnete es ihm als Gerechtigkeit* an* (so verstanden und zitiert von Paulus; siehe Vergleichsstellen). Wird *er* auf Abram bezogen, so ergibt sich der Sinn: *und Abram sah darin* (in der Zusage) *einen Beweis der Treue des HERRN.*
b Siehe Anmerkung zu 11,28.
c Dies ist die Vorbereitung einer Schwurhandlung (vgl. Jer 34,18-20): Der Schwörende – nach Vers 17 Gott – schreitet zwischen den Teilen hindurch und will im Fall eines Meineids das gleiche Schicksal erleiden wie die Tiere.
d Zu den Namensformen siehe Anmerkung zu 17,15.
e Das Mittel, zu dem Sarai (Sara) greift, war im Alten Orient weit verbreitet. Kinderlosigkeit bedeutete den Tod der Familie; nur in ihren Kindern glaubten die Eltern weiterzuleben. Rechtlich galt das Kind der persönlichen Sklavin als legitimes Kind der Ehefrau selbst.

15,5 12,2S; Röm 4,18 **15,6** Röm 4,3S **15,13** Ex 1,11-14 **15,14** Ex 3,21-22; 12,29-30.35-36 **15,18** 12,7S **16,1-3** 30,3-5 **16,4-6** Spr 30,23

7 In der Wüste rastete Hagar bei dem Brunnen, der
am Weg nach Schur liegt. Da kam der Engel* des
HERRN zu ihr 8 und fragte sie: »Hagar, Sklavin Sarais!
Woher kommst du? Wohin gehst du?«
»Ich bin meiner Herrin davongelaufen«, antwor-
tete sie.
9 Da sagte der Engel: »Geh zu deiner Herrin
zurück und ordne dich ihr unter! 10 Der HERR wird
dir so viele Nachkommen geben, dass sie nicht zu
zählen sind. 11 Du wirst einen Sohn gebären und
ihn Ismaël (Gott hat gehört) nennen; denn der HERR
hat deinen Hilferuf gehört. 12 Ein Mensch wie ein
Wildesel wird er sein, im Streit mit allen und von
allen bekämpft; seinen Brüdern setzt er sich vors
Gesicht.«[a]
13 Hagar rief: »Habe ich wirklich den gesehen, der
mich anschaut?« Und sie gab dem HERRN, der mit ihr
gesprochen hatte, den Namen »Du bist der Gott, der
mich anschaut«.[b] 14 Darum nennt man jenen Brun-
nen Beer-Lahai-Roi (Brunnen des Lebendigen, der
mich anschaut). Er liegt zwischen Kadesch und
Bered.
15 Hagar gebar Abram einen Sohn, und Abram
nannte ihn Ismaël. 16 Abram war damals 86 Jahre alt.

Gottes Bund mit Abraham (Abram) und das Bundeszeichen der Beschneidung

17 Als Abram 99 Jahre alt war, erschien ihm der
HERR und sagte zu ihm: »Ich bin Gott, der
Gewaltige*. Führe dein Leben in enger Verbindung
mit mir und halte dich ganz an mich! 2 Ich schließe
mit dir einen Bund* und mache dir die feste Zusage:
Ich will dir unermesslich viele Nachkommen ge-
ben.«
3 Abram warf sich vor Gott nieder, und Gott sagte
weiter zu ihm: 4 »Ich verbürge mich dafür: Du wirst
zum Vater vieler Völker werden. 5 Deshalb sollst du
nicht mehr Abram heißen, sondern Abraham;[c] denn
ich habe dich zum ›Vater vieler Völker‹ bestimmt.
6 Ich werde dich überaus fruchtbar machen.[d] Du
wirst so viele Nachkommen haben, dass sie zu
ganzen Völkern werden, und sogar Könige sollen
von dir abstammen. 7 Meine Zusage gilt dir und
deinen Nachkommen in jeder Generation; sie ist
unumstößlich für alle Zeiten: Ich bin euer Gott
8 und werde euch das ganze Land Kanaan* geben,
in dem du jetzt als Fremder lebst. Für immer soll es
deinen Nachkommen gehören, und ich werde ihr
Gott sein.«
9-10 Weiter sagte Gott: »Mein Bund mit dir und dei-
nen Nachkommen legt euch eine Verpflichtung auf,
die ihr erfüllen müsst, in jeder kommenden Genera-
tion: Jeder von euch, der männlichen Geschlechts
ist, muss beschnitten werden. 11 Ihr müsst bei allen
die Vorhaut am Geschlechtsteil entfernen. Dies soll
das Zeichen dafür sein, dass ich meinen Bund mit
euch geschlossen habe. 12 An jedem männlichen Neu-
geborenen muss am achten Tag diese Beschnei-
dung* vollzogen werden. Das gilt auch für die Skla-
ven*, die bei euch geboren werden oder die ihr
von Fremden kauft; 13 auch sie müssen unbedingt
beschnitten werden. Ihr alle sollt das Zeichen mei-
nes Bundes an eurem Körper tragen. Das ist eine
Bestimmung für alle Zeiten, so gewiss mein Bund
für alle Zeiten gilt.[e] 14 Wer von euch nicht beschnit-
ten ist, hat sein Leben verwirkt und muss aus dem
Volk ausgestoßen werden, denn er hat meinen
Bund gebrochen.«[f]
15 Dann sagte Gott zu Abraham: »Deine Frau Sarai
sollst du von jetzt an Sara[g] nennen. 16 Ich will sie seg-
nen und dir auch durch sie einen Sohn schenken. Ich
segne sie so, dass sie die Mutter ganzer Völker wird,
sogar Könige werden von ihr abstammen.«
17 Abraham warf sich vor Gott nieder, aber er
lachte in sich hinein und dachte bei sich: »Ich bin
hundert Jahre alt, da soll mir noch ein Sohn geboren
werden? Und Sara ist neunzig, da soll sie noch ein
Kind zur Welt bringen?« 18 Er sagte zu Gott: »Wenn
nur Ismaël am Leben bleibt! Lass doch deine Zusage
für *ihn* gelten!«
19 Aber Gott sagte: »Nein! Deine Frau Sara wird dir
einen Sohn gebären, den sollst du Isaak nennen. Ihm
und seinen Nachkommen gilt meine Zusage für alle
Zeiten. 20 Doch auch deine Bitte für Ismaël will ich
erfüllen: Ich werde ihn segnen und fruchtbar
machen und ihm sehr viele Nachkommen geben.
Zwölf Fürsten wird er zeugen, und ich lasse ihn
zum Vater eines großen Volkes werden.[h] 21 Aber
meinen Bund mache ich mit Isaak, den dir Sara ge-
bären wird. Nächstes Jahr, genau um diese Zeit, wird
es so weit sein.«
22 Als Gott ausgeredet hatte, fuhr er von Abraham
in den Himmel empor.
23 Noch am gleichen Tag beschnitt Abraham sei-
nen Sohn Ismaël und alle seine Sklaven, die bei
ihm geboren oder bei Fremden gekauft worden
waren, genau wie Gott es angeordnet hatte. 24 Auch
Abraham selbst ließ sich beschneiden. Er war damals
99 Jahre alt, 25 und sein Sohn Ismaël war 13, als er
beschnitten wurde. 26 Vater und Sohn wurden am
gleichen Tag beschnitten, 27 zusammen mit allen
anderen Männern, die zu Abrahams Haushalt gehör-
ten.

Gott kündigt Abraham und Sara einen Sohn an

18 Abraham wohnte bei den Eichen* von Mam-
re. Dort erschien ihm der HERR.
Abraham saß gerade in der Mittagshitze am Ein-
gang seines Zeltes. 2 Als er aufblickte, sah er wenige
Schritte vor sich drei Männer stehen. Sofort sprang

a Gemeint ist, dass diese Wüstenstämme durch ihre strategisch äußerst günstige Position für ihre Nachbarn eine ständige Provokation sind. Sie können ihnen »auf der Nase herumtanzen«.
b Der Name ist nicht sicher zu deuten. In der Bezeichnung *der mich anschaut* ist die helfende Zuwendung mit eingeschlossen.
c Die beiden Namensformen können gedeutet werden als »Der Vater (d.h. Gott) ist groß« und »Vater einer großen Menge«.
d Siehe Anmerkung zu 8,17.
e *Ihr alle sollt …* : wörtlich *Mein Bund soll an eurem Körper sein als ein immer währender Bund.*
f Die Beschneidung, auch bei anderen Völkern bekannt, wurde in Israel zu einem Zeichen der Zugehörigkeit zu Gottes erwähltem Volk. Erst für die Gemeinde des Neuen Testaments verliert sie – nicht ohne Konflikte – ihre Bedeutung (Apg 15; Gal 5,2). Vgl. Sacherklärung.
g Die erste Namensform bedeutet »meine Fürstin«, die zweite einfach »Fürstin« (als Mutter der »Könige« in Vers 16).
h Von Ismaël werden die Araberstämme hergeleitet; vgl. 25,12-18. Die Araber verstehen sich deshalb bis heute genau wie Israel als Nachkommen Abrahams.

17,1 Ex 6,2-3S **17,4** 12,2S **17,5** Röm 4,17 **17,8** 12,7S **17,9-14** Ex 4,24-26; Dtn 10,16; Jer 4,4; Röm 4,11S **17,20** 25,12-18 **18,2** Hebr 13,2

Abraham (Abram)

Freund Gottes, Stammvater Israels

Die wichtigsten Ereignisse im Leben Abrahams

Geboren wahrscheinlich zu Ur in Babylonien – als Sohn Terachs.	Genesis 11,26
Verheiratet mit Sarai.	Genesis 11,29
Mit Terach, Sarai und Lot (seinem Neffen) verlässt er Ur, um nach Kanaan zu ziehen. Doch lässt sich die Familie in Haran nieder. Dort stirbt Terach.	Genesis 11,31-32
Gott ruft Abram und befiehlt ihm, nach Kanaan zu ziehen. Er verspricht, ihn zum Vater eines mächtigen Volkes zu machen.	Genesis 12,1-5
Eine Hungersnot treibt Abram weiterzuziehen nach Ägypten.	Genesis 12,10-20
Abram kehrt nach Kanaan zurück. Er trennt sich von Lot. Gott verspricht, ihm das ganze Land ringsum zum Eigentum zu geben. Abram lässt sich in Hebron nieder.	Genesis 13
Abram befreit Lot aus der Gewalt fremder Könige.	Genesis 14
Gott schließt mit Abram einen Bund und erneuert die früheren Versprechen.	Genesis 15
Abram bekommt von seiner Sklavin Hagar einen Sohn: Ismaël.	Genesis 16
Gott gibt Abram den Namen Abraham und Sarai den Namen Sara. Die Beschneidung der Männer wird zum Zeichen des Bundes Gottes mit Abraham und seinen Nachkommen.	Genesis 17
Gott verspricht Abraham einen Sohn.	Genesis 18,1-15
Sara gebiert in hohem Alter Isaak. Hagar und Ismaël werden weggeschickt.	Genesis 21
Gott prüft Abrahams Gehorsam und befiehlt, Isaak als Opfer darzubringen. Abraham ist dazu bereit, doch der Engel Gottes hindert ihn an der Ausführung.	Genesis 22
Sara stirbt. Abraham schickt seinen Knecht nach Mesopotamien, um für Isaak eine Frau aus der eigenen Verwandtschaft zu finden.	Genesis 23-24
Abraham heiratet Ketura, die ihm weitere Kinder gebiert. Er stirbt in hohem Alter und wird neben Sara beigesetzt in dem Familiengrab, das er bei Saras Tod gekauft hatte.	Genesis 25,1-10

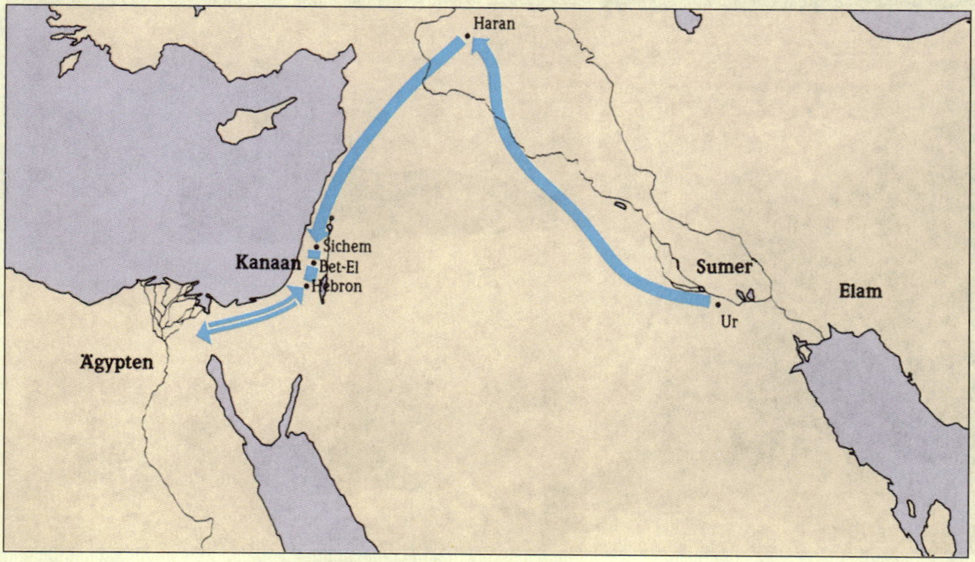

Reisen Abrahams

Rechts: Diese ägyptische Wandzeichnung vermittelt einen Eindruck von der Kleidung halbnomadisch lebender Menschen um 1900 v. Chr.

Unten: Nomadenzelte in der Wüste erinnern an den Lebensstil, der den Alltag Abrahams bestimmte.

Abrahams neuer Name

In vielen alten Völkern, auch bei den Hebräern, wird den Namen von Menschen oder Orten große Bedeutung beigemessen. Oft sagt der Name eines Menschen etwas aus über besondere Umstände seiner Geburt. Der Name Isaak z. B. bedeutet: »Er lacht«. Man bringt ihn in Verbindung mit dem Umstand, dass Sara lachte, als sie hörte, sie solle in ihrem Alter noch einen Sohn bekommen. Namensänderung konnte auch einen Neubeginn im Leben kennzeichnen. In diesem Sinne wird der Name Abram (»Der Vater – d. h. Gott – ist groß«) abgeändert in Abraham, was an »Vater einer großen Menge« anklingt.
Aus Sarai (»meine Fürstin«) wird Sara (einfach »Fürstin« – als Mutter der »Könige« in Gen 17,16).

Nomaden

Die Erzählungen über Abraham, Isaak und Jakob vermitteln uns ein Bild vom Leben der Halbnomaden im alten Palästina. Die Stammväter Israels, auch »Patriarchen« genannt, verbrachten einen Teil ihres Lebens als Hirten und zogen mit ihren Herden von Weideplatz zu Weideplatz. Zeitweilig ließen sie sich aber auch nieder und trieben Ackerbau. Solche Menschengruppen konnten frei von einem Land ins andere wechseln. Ernstliche Sprachschwierigkeiten gab es dabei nicht.

Stammbaum

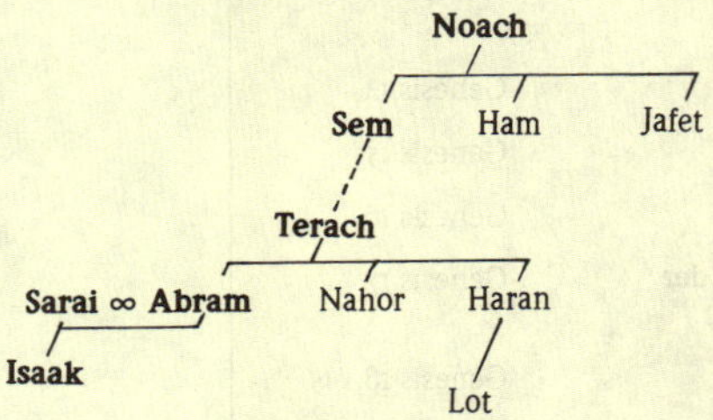

Haran

Wenn Abraham von Ur über Haran nach Kanaan wanderte, dürfte er dem Weg gefolgt sein, der damals der übliche war. Haran war eine bedeutende Stadt, Knotenpunkt der Karawanenwege von Babylonien nach Syrien, Ägypten und Kleinasien.

Kleidung

Eine Wandzeichnung in Beni-Hasan (Ägypten, etwa 1900 v.Chr.) zeigt eine Gruppe von Halbnomaden aus dem südlichen Palästina. Einige der Männer tragen einen kräftig gefärbten wollenen Mantel über der linken Schulter; die rechte Schulter ist unbedeckt. Andere sind nur mit einem kurzen Rock bekleidet; der Oberkörper ist frei. Sowohl die Mäntel als auch die Röcke reichen nur bis zum Knie. Die Frauen tragen Mäntel wie die Männer, doch sind die der Männer kürzer. Die Männer tragen Sandalen und haben Pfeil und Bogen, Wurfhölzer und Speere bei sich. Einer von ihnen, offenbar ein Musikant, spielt auf einer Leier. Die Frauen tragen eine Art hohe lederne Schuhe.

Die Stadt Ur

Als Abraham geboren wurde, hatte die Stadt Ur schon eine lange Geschichte hinter sich. Ausgrabungen im Bereich der Königsgräber, die in die Zeit um 2500 v.Chr. gehören, haben allerlei Schätze ans Licht gefördert: verzierte Becher, goldene Geräte und auch die »königliche Standarte« von Ur mit eingelegten Bildern, die Szenen aus Krieg und Frieden darstellen. Auf dem Höhepunkt seiner Geschichte, etwa 2100 v.Chr., war Ur eine mächtige Stadt. Die Herrschaft seiner Könige erstreckte sich bis westwärts bis ans Mittelmeer. Zu dieser Zeit entstand auch in Ur ein großer Tempelturm (Zikkurat; vgl. die Zeichnung Seite 40).
Die Stadt war ein Zentrum des internationalen Handels; sie hatte zwei Häfen, die durch Kanäle mit dem Eufrat verbunden waren. Die meisten Einwohner lebten in einstöckigen Häusern aus gebrannten Ziegeln; es gab aber auch zweistöckige Häuser. Viele Wohnungen waren sehr groß; sie bestanden aus verschiedenen Räumen, die sich um einen zentralen Innenhof gruppierten.
Die Macht Urs wurde gebrochen durch die Elamiter, die von Osten her einfielen und die Stadt zerstörten.

Unten links: Aus der »Standarte von Ur«. Die aus Perlmutt geschnitzten Figuren sind in ein Mosaik aus Lasurstein, rotem Kalk und Muscheln eingelegt.

Rechts: Goldene Halsketten (unten) und eine kostbar verzierte Harfe (oben) geben einen Begriff von der Meisterschaft der Kunsthandwerker in Ur.

er auf, warf sich vor ihnen nieder 3 und sagte: »Mein Herr, wenn ich Gnade vor dir gefunden habe, dann geh nicht hier vorüber. Ich stehe dir zu Diensten! 4 Man wird euch sogleich Wasser bringen. Ihr könnt euch die Füße waschen und es euch unter dem Baum bequem machen. 5 Ich will inzwischen eine kleine Erfrischung holen, damit ihr euch stärken und dann euren Weg fortsetzen könnt. Wozu sonst seid ihr bei eurem Diener vorbeigekommen?«

»Es ist gut«, sagten die Männer.[a] »Tu, was du vorhast!«

6 Abraham lief sogleich ins Zelt und sagte zu Sara: »Schnell, nimm drei Backschüsseln° von deinem feinsten Mehl, mach einen Teig und backe Fladenbrot*!« 7 Dann lief er zum Vieh, suchte ein schönes, gesundes Kalb aus und befahl dem Knecht, es zuzubereiten. 8 Er holte süße und saure Milch, nahm das gekochte Fleisch und trug alles hinaus unter den Baum. Mit eigener Hand bediente er seine Gäste und stand dabei, während sie aßen.

9 Nach dem Mahl fragten die Männer Abraham: »Wo ist deine Frau Sara?«

»Drinnen im Zelt«, antwortete er.

10 Da sagte der HERR: »Nächstes Jahr um diese Zeit komme ich wieder zu dir, dann wird deine Frau einen Sohn haben.«

Sara stand im Rücken Abrahams am Zelteingang und horchte. 11 Die beiden waren damals schon alt, und Sara war schon lange über die Wechseljahre hinaus. 12 Sie lachte in sich hinein und dachte: »Jetzt, wo ich alt und verwelkt bin, soll ich noch ein Kind empfangen? Und mein Mann ist auch viel zu alt!«

13 Da sagte der HERR zu Abraham: »Warum hat Sara gelacht? Warum zweifelt sie daran, dass sie noch ein Kind gebären wird? 14 Ist für den HERRN irgendetwas unmöglich? Nächstes Jahr um die verabredete Zeit komme ich wieder, dann hat Sara einen Sohn.«

15 »Ich habe doch nicht gelacht«, leugnete Sara. Sie hatte Angst bekommen. Aber der HERR sagte: »Doch, du hast gelacht!«

Abraham bittet für Sodom

16 Die Männer machten sich auf den Weg und Abraham begleitete sie ein Stück weit. Als sie an eine Stelle kamen, von der aus die Stadt Sodom* zu sehen war, 17 dachte der HERR: »Soll ich wirklich vor Abraham verheimlichen, was ich mit Sodom vorhabe? 18 Ich habe ihm doch zugesagt, er soll der Vater eines großen und mächtigen Volkes werden; und am Verhalten zu ihm und seinen Nachkommen wird sich

a Der Erzähler dieser Geschichte lässt es in der Schwebe, ob Gott mit zwei Begleitern auftritt oder sich in einer Dreiheit von Boten verkörpert. Auch die beiden Begleiter, die sich in 18,22 allein nach Sodom aufmachen, handeln noch als »der HERR« (19,17). Die Kirchenväter haben darin das Geheimnis der göttlichen Dreieinigkeit angedeutet gefunden.

In Zelten lebten Abraham und Sara im Land Kanaan. (Der Felsenhintergrund gehört allerdings zu einer anderen Landschaft als der in 18,1 genannten.) Gastfreundschaft war im Altertum eine wichtige und selbstverständliche Tugend. Aber die Wanderer, die Abraham zu sich einlädt, sind keine alltäglichen Gäste. »Einige haben, ohne es zu wissen, Engel bei sich aufgenommen«, sagt Hebr 13,2 mit einem Nebenblick auch auf Gen 18,2 und 19,1. Als Gastgeschenk bekommt Abraham die Zusage, dass sein Warten ein Ende haben soll (18,10).

18,10 21,1-2; Röm 9,9 **18,11-13** 25,21S; Röm 4,19-21 **18,14** (nichts unmöglich) Ijob 42,2S **18,15** 21,6 **18,18** 12,2S; 12,3S

für alle Völker der Erde Glück und Segen entschei-
den.[a] 19 Ich habe ihn ausgewählt, damit er seine
Söhne und seine weiteren Nachkommen dazu
anhält, meinen Geboten zu folgen; er soll sie lehren,
zu tun, was recht ist, sodass ich meine Zusage an ihn
einlösen kann.«
20 Darum sagte der HERR zu Abraham: »Über die
Leute von Sodom und Gomorra sind schwere Klagen
zu mir gedrungen. Ihre Schuld schreit zum Himmel.
21 Deshalb will ich jetzt hingehen und mit eigenen
Augen sehen, ob das wahr ist, was ich gehört habe.
Ich will wissen, ob sie es wirklich so schlimm trei-
ben.«
22 Zwei der Männer gingen in Richtung Sodom,
während der HERR bei Abraham zurückblieb.°
23 Abraham trat an ihn heran und sagte: »Willst du
wirklich Schuldige und Schuldlose ohne Unterschied
vernichten? 24 Vielleicht gibt es in Sodom fünfzig
Leute, die kein Unrecht getan haben. Willst du sie
auch umkommen lassen und nicht lieber die ganze
Stadt verschonen wegen der fünfzig? 25 Du kannst
doch nicht die Unschuldigen zusammen mit den
Schuldigen töten und die einen genauso behandeln
wie die andern? Du bist der oberste Richter der gan-
zen Erde, darum darfst du nicht selbst gegen das
Recht verstoßen!«
26 Der HERR sagte: »Wenn ich in Sodom fünfzig
Unschuldige finde, will ich ihretwegen die ganze
Stadt verschonen.«
27 Abraham wandte sich noch einmal an den
HERRN: »Ich habe es gewagt, dir dreinzureden, Herr,
obwohl ich Staub und Asche bin. 28 Vielleicht gibt es
wenigstens fünfundvierzig, die nicht schuldig
geworden sind. Willst du dann wegen der fehlenden
fünf die ganze Stadt vernichten?«
Der HERR antwortete: »Ich verschone sie, wenn
ich fünfundvierzig finde.«
29 Abraham gab sich noch nicht zufrieden. »Und
wenn es nur vierzig sind?«, fragte er.
Der HERR erwiderte: »Dann verschone ich sie
wegen der vierzig.«
30 »Bitte, Herr«, sagte Abraham, »werde nicht zor-
nig über mich, wenn ich noch weitergehe. Vielleicht
sind es nur dreißig.«
»Dann verschone ich sie wegen der dreißig.«
31 Noch einmal fing Abraham an: »Ich habe es nun
einmal gewagt, dir dreinzureden, Herr! Vielleicht
sind es nur zwanzig.«
»Ich verschone sie auch wegen zwanzig.«
32 »Nur noch ein einziges Mal lass mich reden,
Herr«, sagte Abraham; »werde nicht zornig! Viel-
leicht sind es auch nur zehn.«
Und der HERR sagte: »Ich verschone sie auch
wegen zehn.«
33 Damit brach der HERR das Gespräch ab. Er ging
weiter und Abraham kehrte heim.

Die Verdorbenheit der Männer von Sodom

19 Es war schon gegen Abend, als die beiden
Engel* nach Sodom* kamen. Lot saß gerade
beim Tor der Stadt.
Als er sie kommen sah, ging er ihnen entgegen,
warf sich vor ihnen nieder, das Gesicht zur Erde,
2 und sagte: »Ich bin euer Diener, mein Haus steht
euch offen! Ihr könnt eure Füße waschen und bei
mir übernachten. Und morgen früh könnt ihr wei-
terziehen.«
»Nein, nein«, sagten die beiden, »wir wollen hier
auf dem Platz übernachten.« 3 Aber Lot redete ihnen
so lange zu, bis sie mit ihm ins Haus kamen. Er ließ
ein Mahl für sie bereiten und ungesäuertes Brot*
backen, und sie aßen.
4 Die beiden wollten sich eben schlafen legen, da
kamen die Männer von Sodom, alle miteinander,
alte und junge, und umstellten das Haus. 5 »Lot,
Lot«, riefen sie, »wo sind die Männer, die heute
Abend zu dir gekommen sind? Gib sie heraus, wir
wollen mit ihnen Verkehr haben!«
6 Lot trat zu ihnen vor das Haus, die Tür schloss er
hinter sich zu. 7 »Meine Brüder«, rief er, »begeht
doch nicht ein solches Verbrechen! 8 Ich habe zwei
Töchter, die noch kein Mann berührt hat. Ich will
sie zu euch herausbringen; macht mit ihnen, was
ihr wollt. Aber diese beiden Männer behelligt mir
nicht; sie sind meine Gäste und stehen unter mei-
nem Schutz.«
9 Sie aber schrien: »Mach, dass du wegkommst!
Du bist ein Fremder und willst uns Vorschriften
machen? Wir werden dir noch ganz anders mitspie-
len als denen!«
Sie fielen über Lot her und versuchten, die Tür
aufzubrechen. 10 Da zogen die beiden Männer Lot
ins Haus und verschlossen die Tür. 11 Sie schlugen
die Leute draußen allesamt mit Blindheit, sodass
sie die Tür nicht mehr finden konnten.

Lot und seine Töchter werden gerettet

12 Darauf sagten die beiden zu Lot: »Hast du vielleicht
noch andere Verwandte hier, einen Schwiegersohn,
Söhne und Töchter oder sonst wen? Nimm deine
ganze Familie und führe sie von hier weg! 13 Wir müs-
sen diese Stadt vernichten, dazu hat der HERR uns
hergeschickt. Denn es sind schwere Klagen über ihre
Bewohner vor ihn gekommen.«
14 Da ging Lot zu den Verlobten seiner Töchter und
sagte zu ihnen: »Rettet euch, verlasst diese Stadt;
denn der HERR wird sie vernichten.« Aber sie dach-
ten, er wolle sie zum Besten halten.
15 Als die Morgenröte kam, drängten die Engel*
Lot zur Eile: »Schnell, nimm deine Frau und deine

a Vgl. 12,3 und die Anmerkung dazu.

18,20 19,5-9; Dtn 32,32; Jes 1,10; 3,9; Jer 23,14; Klgl 4,6; Ez 16,48-50; Sir 16,8; Jud 7; Offb 11,8 **18,32** Jer 5,1S **19,5** Lev 18,22S **19,11** 2 Kön 6,18

beiden Töchter, sonst trifft die Strafe für diese Stadt
euch mit!« 16 Während Lot noch überlegte, ergriffen
sie ihn, seine Frau und seine Töchter bei der Hand,
führten sie aus der Stadt hinaus und ließen sie erst
draußen vor dem Tor wieder los. Denn der *HERR*
wollte Lot und die Seinen retten.
17 Als alle auf dem freien Feld waren, sagte der
HERR:[a] »Lauft jetzt, so schnell ihr könnt! Es geht
um euer Leben! Bleibt nicht stehen und schaut nicht
zurück! Rettet euch auf die Berge, sonst seid ihr ver-
loren!«
18 »Ach, Herr«, sagte Lot, 19 »erlaube mir eine Bitte!
Du bist so freundlich zu mir gewesen und hast mir
die große Gnade erwiesen, mein Leben zu retten.
Aber auf die Berge ist es zu weit, wir kommen nicht
dorthin, bevor das Unheil hereinbricht; und dann
sind wir verloren. 20 Sieh doch, hier in der Nähe ist
eine kleine Stadt, dorthin könnten wir uns retten.
Verschone sie doch, sie ist ja so klein! Dann bleiben
wir am Leben.«
21 »Gut«, sagte der HERR, »ich will dir auch das
gewähren und die Stadt nicht vernichten. 22 Flieh
schnell dorthin! Ich kann nichts tun, bevor du dort
bist.«
Weil Lot die Stadt »klein« nannte, erhielt sie den
Namen Zoar.[b]

Der Untergang von Sodom und Gomorra. Lots Frau schaut zurück

23 Die Sonne ging gerade auf, als Lot in Zoar ankam.
24 Da ließ der HERR Schwefel und Feuer vom Himmel
auf Sodom* und Gomorra herabfallen.[c] 25 Er ver-
nichtete die beiden Städte und die ganze Gegend,
ihre Bewohner und alles, was dort wuchs.
26 Lots Frau aber schaute zurück; da erstarrte sie
zu einer Salzsäule.
27 Früh am Morgen ging Abraham an die Stelle, wo
er mit dem HERRN gesprochen hatte. 28 Als er auf
Sodom und Gomorra und das ganze Gebiet am Jor-
dan hinunterschaute, sah er von dort eine Rauchwol-
ke aufsteigen wie von einem Schmelzofen*.
29 Aber Gott hatte an Abraham gedacht: Als er die
Städte in der Jordangegend vernichtete, sorgte er
dafür, dass Lot, der dort wohnte, der Katastrophe
entging.

Lot und seine Töchter: Über die Herkunft der Moabiter und Ammoniter

30 Lot hatte Angst, in Zoar zu bleiben. Deshalb ging er
mit seinen beiden Töchtern ins Bergland hinauf und
lebte dort mit ihnen in einer Höhle.
31 Eines Tages sagte die ältere Tochter zur jünge-
ren: »Unser Vater wird alt, und weit und breit gibt
es keinen Mann, der uns heiraten könnte. 32 Komm,
wir geben unserem Vater Wein zu trinken und legen
uns zu ihm, damit wir von ihm Kinder bekommen!«
33 Noch am selben Abend machten sie ihren Vater
betrunken. Die Ältere ging in sein Zelt und legte sich
zu ihm, und er merkte nichts, weder wie sie zu ihm
kam noch wie sie von ihm aufstand.
34 Am anderen Tag sagte sie zu ihrer Schwester:
»Ich habe heute Nacht mit unserem Vater geschla-
fen. Wir wollen ihm auch diesen Abend Wein zu
trinken geben; dann legst *du* dich zu ihm, damit
wir alle beide von ihm Kinder bekommen.«
35 Am Abend machten sie ihren Vater wieder
betrunken. Die Jüngere ging in sein Zelt und legte
sich zu ihm, und er merkte nichts, weder wie sie
zu ihm kam noch wie sie von ihm aufstand.
36 So wurden die beiden Töchter Lots von ihrem
eigenen Vater schwanger. 37 Die Ältere gebar einen
Sohn und gab ihm den Namen Moab.[d] Er wurde
der Stammvater der Moabiter*. 38 Auch die Jüngere
bekam einen Sohn und nannte ihn Ben-Ammi. Er
wurde der Stammvater der Ammoniter*.

Abraham und Sara bei Abimelech

20 Abraham zog von dort[e] in den Süden des
Landes. Eine Zeit lang blieb er in der Gegend
zwischen Kadesch und der Wüste Schur, dann fand
er Aufnahme in der Stadt Gerar. 2 Seine Frau Sara
gab er als seine Schwester aus.
Da ließ Abimelech, der König von Gerar, sie in
sein Haus holen.[f] 3 In der Nacht aber kam Gott im
Traum zu Abimelech und sagte: »Du musst sterben,
weil du diese Frau genommen hast. Sie ist verheira-
tet und gehört einem anderen.«
4 Abimelech hatte Sara jedoch nicht berührt, und
er erwiderte: »Herr, willst du wirklich unschuldige
Menschen töten? 5 Er hat gesagt: ›Sie ist meine
Schwester‹, und sie hat bestätigt: ›Er ist mein Bru-
der.‹ Ich habe in gutem Glauben gehandelt, mein
Gewissen ist rein.«
6 Gott antwortete Abimelech: »Ich weiß, du hast
in gutem Glauben gehandelt. Deshalb habe ich dich
davor bewahrt, vor mir schuldig zu werden, und
habe dir nicht erlaubt, sie zu berühren. 7 Gib sie jetzt
zurück! Ihr Mann ist ein Prophet*; er wird für dich
beten, dann bleibst du am Leben. Wenn du sie aber
behältst, musst du sterben, und alle in deinem Haus
mit dir.«
8 Am nächsten Morgen rief Abimelech seine Leute
zusammen und berichtete ihnen, was geschehen
war. Alle bekamen große Angst. 9 Dann rief er Abra-
ham und hielt ihm vor: »Wie konntest du uns das
antun? Womit habe ich mich an dir versündigt, dass
du mich und mein Volk in diese schwere Schuld
gestürzt hast? Es ist unerhört, was du mir angetan
hast! 10 Was hast du dir dabei gedacht?«
11 Abraham erwiderte: »Ich dachte: In dieser Stadt
nehmen sie Gott bestimmt nicht ernst und werden

a *der HERR:* wörtlich *er;* ebenso in Vers 21; vgl. Anmerkung zu 18,5.
b *Zoar* erinnert im Hebräischen an das Wort »klein«.
c Gott hatte versprochen, nicht noch einmal die ganze Menscheit zu vernichten (8,21). Aber es gibt Fälle menschlicher Verdorbenheit, die ihn zum strafenden Einschreiten nötigen. Immer wieder sieht die Bibel in Natur- und Geschichtskatastrophen Zeichen des göttlichen Gerichts – so später vor allem in der nationalen Katastrophe der beiden Königreiche Israels (2 Kön 17 und 21; vgl. 23,26). Ein ergänzender Hinweis auf die Untaten Sodoms findet sich in Ez 16,48-50.
d *Moab* klingt im Hebräischen ähnlich wie »von meinem Vater«. Für uns ist der hier berichtete Vorgang anstößig; für Menschen des Altertums erschien er gerechtfertigt durch eine extreme Zwangslage: Die Rettung Lots wäre umsonst, wenn seine Familie danach aussterben müsste (vgl. Anmerkung zu 16,2). Nichts deutet darauf hin, dass der Erzähler sich über den zweifelhaften Ursprung von Israels Nachbarvölkern lustig machen will. *Ben-Ammi* (Vers 38) heißt »Sohn meines Verwandten«.
e *von dort* : d.h. nach 13,18; 18,1 von den Eichen in Mamre bei Hebron.
f Dieselbe beschämende Geschichte wie in 12,10-20: Abraham handelt auf reinen Verdacht hin, er traut dem fremden Volk alles Böse zu (20,11) und gefährdet zugleich Gottes Pläne aufs Schwerste; vgl. 18,10.14.

19,24-25 Dtn 29,21-22; Lk 17,29; 2 Petr 2,6-9 **19,26** Weish 10,7; Lk 17,32 **19,33** Lev 18,6 **20,1-18** 12,10-20S

mich wegen meiner Frau töten. 12 Übrigens ist sie
wirklich meine Schwester: Sie ist die Tochter meines
Vaters, stammt aber von einer anderen Mutter; dar-
um konnte sie meine Frau werden. 13 Als Gott mich
aus meiner Heimat in die Fremde schickte, sagte
ich zu ihr: ›Tu mir den Gefallen und gib mich überall,
wohin wir kommen, als deinen Bruder aus.‹«
14 Abimelech schenkte Abraham viele Schafe, Zie-
gen, Rinder, Sklaven und Sklavinnen und gab ihm
seine Frau Sara zurück. 15 Er sagte zu ihm: »Mein gan-
zes Land steht dir offen; du kannst dich ansiedeln,
wo es dir gefällt.« 16 Und zu Sara sagte er: »Ich gebe
deinem Bruder 1000 Silberstücke*. Damit wird vor
allen euren Leuten erwiesen, dass deine Ehre nicht
angetastet worden ist, und niemand darf dir etwas
nachsagen.«
17 Nun betete Abraham zu Gott, und er nahm die
Strafe von Abimelech und von seiner Frau und sei-
nen Sklavinnen, sodass in seinem Haus wieder Kin-
der geboren wurden. 18 Der HERR hatte nämlich in
Abimelechs Haus jeden Mutterleib verschlossen,
weil der König die Frau Abrahams zu sich genom-
men hatte.

Sara bekommt einen Sohn

21 Der HERR dachte an Sara und tat an ihr, was er
angekündigt hatte. 2 Sie wurde schwanger
und gebar Abraham noch in seinem Alter einen
Sohn. Es war genau zu der Zeit, die Gott angegeben
hatte. 3 Abraham nannte den Sohn, den Sara ihm
geboren hatte, Isaak. 4 Als Isaak acht Tage alt war,
beschnitt* er ihn, genau wie Gott es angeordnet
hatte.
5 Abraham war bei Isaaks Geburt 100 Jahre alt.
6 Sara aber sagte: »Gott hat dafür gesorgt, dass ich
lachen kann. Alle, die davon hören, werden mit
mir lachen.«[a] 7 Noch nie hat Abraham es erlebt, dass
ihm einer die Nachricht brachte: ›Deine Frau Sara
stillt ein Kind.‹ Aber jetzt in seinem Alter habe ich
ihm noch einen Sohn geboren!«
8 Isaak wuchs und gedieh. Als er von der Mutter-
brust entwöhnt wurde, feierte Abraham mit seinen
Leuten ein großes Fest.

Hagar und Ismaël werden verstoßen und gerettet

9 Eines Tages sah Sara den Sohn der Ägypterin Hagar
spielen, das Kind, das diese Abraham geboren hatte.
10 Da sagte sie zu ihrem Mann: »Jag diese Sklavin und
ihren Sohn fort! Der Sohn der Sklavin darf nicht mit
meinem Sohn Isaak zusammen erben!«
11 Abraham missfiel das sehr, denn auch Ismaël
war ja sein Sohn. 12 Aber Gott sagte zu Abraham:
»Gräme dich nicht wegen des Jungen und deiner
Sklavin! Tu, was Sara von dir verlangt; denn die
Nachkommen Isaaks sollen als deine rechtmäßigen
Nachkommen gelten. 13 Aber auch den Sohn der Skla-
vin werde ich zu einem Volk machen, weil er von dir
abstammt.«
14 Am nächsten Morgen nahm Abraham Brot und
einen Schlauch mit Wasser, legte beides Hagar auf
die Schulter, übergab ihr das Kind und schickte sie
fort. Hagar ging weg und irrte ziellos in der Wüste
bei Beerscheba umher. 15 Als das Wasser im Schlauch
aufgebraucht war, warf sie das Kind unter einen
Strauch 16 und setzte sich etwa einen Bogenschuss
davon entfernt auf die Erde. Denn sie sagte: »Ich
kann nicht mit ansehen, wie der Junge stirbt!« So
saß sie in einiger Entfernung und weinte laut.
17 Aber Gott hörte das Kind schreien. Da rief der
Engel* Gottes vom Himmel aus Hagar zu: »Warum
bist du verzweifelt, Hagar? Hab keine Angst, Gott
hat das Schreien des Kindes gehört! 18 Steh auf und
nimm den Jungen bei der Hand; denn ich werde
seine Nachkommen zu einem großen Volk
machen.«
19 Gott öffnete Hagar die Augen, da sah sie einen
Brunnen. Sie ging hin, füllte den Schlauch mit Was-
ser und gab dem Kind zu trinken.
20 Auch weiterhin half Gott dem Jungen. Er wuchs
heran und wurde ein Bogenschütze. 21 Er lebte in der
Wüste Paran und seine Mutter gab ihm eine Ägypte-
rin zur Frau.

Ein Vertrag zwischen Abraham und Abimelech

22 Damals kam Abimelech mit seinem Heerführer
Pichol zu Abraham und sagte zu ihm: »Ich sehe: Gott
steht dir bei und lässt dir alles gelingen, was du tust.
23 Darum schwöre mir jetzt bei Gott, dass du an mir
und meinem Sohn und allen meinen Nachkommen
nicht treulos handeln wirst. Ich habe dir nur Gutes
erwiesen; handle du nun ebenso an mir und an
dem Land, in dem du als Fremder lebst!«
24 »Das schwöre ich dir«, sagte Abraham. 25 Er
beklagte sich aber bei Abimelech darüber, dass des-
sen Knechte ihm einen Brunnen weggenommen hat-
ten. 26 »Ich weiß nicht, wer das war«, sagte Abime-
lech. »Du hast mir bisher nichts davon gesagt. Ich
höre heute zum ersten Mal davon!«
27 Abraham gab Abimelech Schafe, Ziegen und
Rinder, und sie schlossen einen Vertrag. 28 Dann son-
derte Abraham noch sieben Lämmer aus seiner Her-
de aus. 29 »Was sollen diese Lämmer?«, fragte Abime-
lech. 30 Abraham erwiderte: »Die musst du von mir
annehmen! Damit bezeugst du, dass ich den Brun-
nen gegraben habe und er mir gehört.«
31 Der Ort erhielt den Namen Beerscheba,[b] weil
Abraham und Abimelech hier ihren Vertrag mit
einem Schwur bekräftigt hatten.

a Anspielung auf den Namen *Isaak* (= er/sie lacht); vgl. 17,17; 18,12-15. Vermutlich bedeutet der Name: »Gott möge (freundlich) lächeln«.
b *Beerscheba* kann als »Schwurbrunnen« oder als »Siebenbrunnen« (Vers 28; 26,33) gedeutet werden. Zur Lage im Süden Judas siehe Karte Seite 443.

21,2 Hebr 11,11 **21,4** 17,9-14S **21,8** (entwöhnt) 1 Sam 1,24; 1 Kön 11,20; 2 Makk 7,28 **21,10** Gal 4,29-30 **21,12** Röm 9,7; Hebr 11,18 **21,13** 25,12-18 **21,22** 26,26

a Nach jahrzehntelangem Warten hat Abraham in seinem Alter den versprochenen Sohn erhalten. An ihm hängt die Erfüllung der göttlichen Zusage: »Ich will dich zum Stammvater eines mächtigen Volkes machen« (12,2). Und nun soll er diesen Sohn Gott zurückgeben. Das ist die härteste Probe, auf die sein Glaube gestellt wird.

32 Nachdem sie in Beerscheba den Vertrag geschlossen hatten, kehrten Abimelech und sein Heerführer Pichol in das Land der Philister* zurück.
33 Abraham aber pflanzte in Beerscheba einen Tamariskenbaum und rief im Gebet den Namen* des HERRN, des ewigen Gottes, an. 34 Lange Zeit lebte
Abraham als Fremder im Land der Philister.

Gott stellt Abraham auf die Probe

22 Einige Zeit danach geschah es: Gott stellte Abraham auf die Probe.[a]

»Abraham!«, rief er.

»Ja?«, erwiderte Abraham.

2 »Nimm deinen Sohn«, sagte Gott, »deinen einzigen, der dir ans Herz gewachsen ist, den Isaak! Geh mit ihm ins Land Morija auf einen Berg, den ich dir nennen werde, und opfere ihn mir dort als Brandopfer*.«

3 Am nächsten Morgen stand Abraham früh auf. Er spaltete Holz für das Opferfeuer, belud seinen Esel und machte sich mit seinem Sohn auf den Weg zu dem Ort, von dem Gott gesprochen hatte. Auch zwei Knechte nahm er mit.

4 Am dritten Tag erblickte er den Berg in der Ferne.
5 Da sagte er zu den Knechten: »Bleibt hier mit dem Esel! Ich gehe mit dem Jungen dort hinauf, um mich vor Gott niederzuwerfen; dann kommen wir wieder zurück.«

6 Abraham packte seinem Sohn die Holzscheite auf den Rücken; er selbst nahm das Becken mit glühenden Kohlen und das Messer. So gingen die beiden miteinander.

7 Nach einer Weile sagte Isaak: »Vater!«

»Ja, mein Sohn?«

»Feuer und Holz haben wir, aber wo ist das Lamm für das Opfer?«

8 »Gott wird schon für ein Opferlamm sorgen!«

So gingen die beiden miteinander. 9 Sie kamen zu
dem Ort, von dem Gott zu Abraham gesprochen hatte. Auf dem Berg baute Abraham einen Altar und schichtete die Holzscheite auf. Er fesselte Isaak und legte ihn auf den Altar, oben auf den Holzstoß.
10 Schon fasste er nach dem Messer, um seinen
Sohn zu schlachten, 11 da rief der Engel* des HERRN vom Himmel her: »Abraham! Abraham!«

»Ja?«, erwiderte er, 12 und der Engel rief: »Halt ein! Tu dem Jungen nichts zuleide! Jetzt weiß ich, dass du Gott gehorchst. Du warst bereit, mir sogar deinen einzigen Sohn zu opfern.«

Der Berg, auf dem Abraham seinen einzigen Sohn Gott opfern soll, wird nur mit einem sinnbildlichen Namen bezeichnet (22,14). Das »Land Morija«, in dem er liegt, ist uns unbekannt. Schon früh wurde eine Beziehung hergestellt zu dem »Berg Morija«, auf dem nach 2 Chr 3,1 König Salomo den Jerusalemer Tempel baute. An dessen Stelle erhebt sich heute der islamische »Felsendom«, der im 7. Jahrhundert n. Chr. auf dem ehemals jüdischen Tempelplatz errichtet wurde. Im Bild der heilige Fels im Zentrum des Kuppelbaus.

22,1-18 1 Makk 2,52; Weish 10,5; Sir 44,20; Hebr 11,17-19; Jak 2,21-22

13 Als Abraham aufblickte, sah er einen einzelnen°
Schafbock, der sich mit seinen Hörnern im Ge-
strüpp verfangen hatte. Er ging hinüber, nahm das
Tier und opferte es anstelle seines Sohnes auf dem
Altar. 14 Er nannte den Ort »Der HERR sorgt vor«.
Noch heute sagt man: »Auf dem Berg des HERRN
ist vorgesorgt.«
15 Noch einmal rief der Engel des HERRN vom Him-
mel her 16 und sagte zu Abraham: »Ich schwöre bei
mir selbst, sagt der HERR: Weil du mir gehorcht hast
und sogar bereit warst, mir deinen einzigen Sohn zu
geben, 17 werde ich dich segnen! Deine Nachkom-
men mache ich so zahlreich wie die Sterne am Him-
mel und die Sandkörner am Meeresstrand. Sie
werden ihre Feinde besiegen und ihre Städte
erobern. 18 Bei allen Völkern der Erde werden die
Leute zueinander sagen: ›Gott segne dich wie die
Nachkommen Abrahams!‹[a] Das ist die Belohnung
dafür, dass du meinem Befehl gehorcht hast.«
19 Abraham kehrte wieder zu seinen Knechten
zurück und sie gingen miteinander nach Beersche-
ba. Dort blieb Abraham wohnen.

Die Nachkommen Nahors

20 Bald danach erhielt Abraham die Nachricht: »Auch
Milka hat deinem Bruder Nahor Söhne geboren.«
21–23 Es waren acht, die sie dem Bruder Abrahams
geboren hatte: Uz, der Erstgeborene, Bus, Kemuël,
von dem die Aramäer* abstammen, Kesed, Haso, Pil-
dasch, Jidlaf und Betuël, der Vater von Rebekka.
24 Außerdem hatte Nahors Nebenfrau Rëuma ihm
die Söhne Tebach, Gaham, Tahasch und Maacha
geboren.

Sara stirbt und Abraham erwirbt ein Familiengrab im Land Kanaan

23 Sara wurde 127 Jahre alt, 2 dann starb sie in
Hebron, das damals Kirjat-Arba hieß, im
Land Kanaan*. Abraham trauerte um sie und hielt
die Totenklage. 3 Dann ging er von der Toten weg,
setzte sich zu den Hetitern* im Tor[b] und sagte zu
ihnen: 4 »Ich bin ein Fremder* und habe nur Gast-
recht bei euch. Verkauft mir ein Stück Land als Grab-
stätte für meine Familie, damit ich dort meine Frau
zur letzten Ruhe betten kann!«[c]
5 Die Hetiter antworteten Abraham: 6 »Höre, was
wir dir vorschlagen, Herr! Wir ehren dich als einen
Mann, dem Gott Macht und Reichtum gegeben
hat. Bestatte doch deine Frau im vornehmsten unse-
rer Gräber! Jeder von uns wird dir gerne sein Grab
zur Verfügung stellen.«
7 Abraham stand auf, verneigte sich vor ihnen
8 und sagte: »Wenn ihr also damit einverstanden
seid, dass ich meine Frau hier bei euch bestatte, dann
legt bei Efron, dem Sohn Zohars, ein Wort für mich
ein! 9 Ich bitte ihn um die Höhle Machpela am Ende
seines Feldes. Er soll sie mir um den vollen Preis ver-
kaufen, damit ich hier bei euch ein Familiengrab
besitze.«
10 Efron saß selbst mitten unter den Hetitern, die
sich im Tor der Stadt versammelt hatten, und in
Gegenwart aller sagte er zu Abraham: 11 »Nein, mein
Herr, hör mich an: Ich schenke dir die Höhle und das
Feld dazu! Hier vor allen meinen Landsleuten schen-
ke ich sie dir, damit du deine Frau bestatten kannst!«
12 Abraham verneigte sich wieder vor den Hetitern
13 und sagte zu Efron in Gegenwart aller: »Bitte,
hör mich an: Ich zahle den Kaufpreis für das Feld.
Nimm ihn von mir an und lass mich dort meine Frau
bestatten.«
14 Efron erwiderte: 15 »Ach, mein Herr, hör mich
an: Ein Stück Land im Wert von 400 Silber-
stücken* – was bedeutet eine solche Kleinigkeit
schon zwischen uns beiden? Du kannst dort deine
Frau bestatten.«
16 Abraham ging darauf ein und wog Efron die
Summe ab, die dieser vor den versammelten Heti-
tern genannt hatte, 400 Silberstücke nach dem
Gewicht, das die reisenden Händler benutzen.
17–18 So ging das Feld Efrons bei Machpela östlich
von Mamre in den Besitz Abrahams über. Vor den
Augen aller Männer, die im Tor versammelt waren,
wurde das Feld samt der Höhle und allen Bäumen
darauf als Abrahams Eigentum bestätigt.
19 Dort in der Höhle bei Mamre, in Hebron im
Land Kanaan, legte Abraham seine Frau Sara zur
letzten Ruhe. 20 Das Feld mit der Höhle war nun also
von den Hetitern in den Besitz Abrahams übergegan-
gen, als Grabstätte für seine Familie.

Abrahams Knecht sucht eine Frau für Isaak

24 Abraham war sehr alt geworden. Der HERR
hatte ihn gesegnet und ihm alles gelingen las-
sen. 2 Eines Tages sagte er zu seinem ältesten Knecht,
der seinen ganzen Besitz verwaltete: »Leg deine
Hand zwischen meine Beine[d] 3 und schwöre mir!
Versprich mir beim HERRN, dem Gott des Himmels
und der Erde, dass du für meinen Sohn Isaak keine
Frau auswählst, die hier aus dem Land Kanaan*
stammt. 4 Gib mir dein Wort, dass du in meine Hei-
mat gehst und ihm eine Frau aus meiner Verwandt-
schaft suchst.«
5 Der Besitzverwalter sagte: »Was soll ich aber
tun, wenn die Frau mir nicht hierher folgen will? Soll
ich dann deinen Sohn wieder in deine Heimat
zurückbringen?«
6 »Auf keinen Fall!«, sagte Abraham. »Das darfst
du niemals tun! 7 Der HERR, der Gott des Himmels,
wird seinen Engel* vor dir herschicken, sodass dein

a *Bei allen Völkern …:* oder *Durch deine Nachkommen werde ich alle Völker der Erde segnen* (siehe Anmerkung zu 12,3).
b *setzte sich …:* wörtlich *sagte zu den Hetitern* (vgl. die Verse 7 und 10).
c Die Erwähnung einer Höhle (Vers 19) spricht für die Annahme, dass die Tote nicht in der Erde »begraben«, sondern in einer offenen Grablege in der Höhle beigesetzt werden sollte.
d Die Berührung des Zeugungsgliedes als »Quelle des Lebens« gibt dem Eid eine besondere Verbindlichkeit, und zwar besonders im Blick auf das nahe Ende Abrahams (entsprechend in 47,29 bei Jakob).

22,16 Hebr 6,13 **22,17** 12,2S **22,18** 26,4; 48,20 **22,20** 11,29 **23,4** Hebr 11,9.13 **23,20** 25,9-10; 47,30; 49,29-30; 50,13 **24,1** 12,2 **24,3** (keine fremdstämmige Frau) 26,34-35; 27,46; 28,6-9; 36,2-3; Dtn 7,1-4S **24,4** 28,1-2

Auftrag gelingt und die Frau dir folgen wird. Er hat
mich aus meiner Sippe und Heimat weggeholt und
mir mit einem Schwur zugesagt, dass er meinen
Nachkommen dieses Land geben wird. [8] Wenn die
Frau dir nicht folgen will, bist du nicht mehr an dei-
nen Schwur gebunden. Aber auf keinen Fall darfst
du meinen Sohn dorthin zurückbringen!«
[9] Da legte der Verwalter seine Hand zwischen die
Beine Abrahams und schwor ihm, alles so auszufüh-
ren, wie er es verlangt hatte. [10] Dann machte er zehn
von den Kamelen seines Herrn reisefertig, nahm
wertvolle Geschenke mit und reiste nach Mesopota-
mien, in die Stadt, in der die Familie von Abrahams
Bruder Nahor lebte.
[11] Als er dort ankam, hielt er an der Quelle vor der
Stadt an und ließ die Kamele niederknien. Es war
gegen Abend, um die Zeit, wenn die Frauen zum
Wasserholen herauskommen.
[12] »Herr, du Gott meines Herrn Abraham«, betete
er, »gib mir Glück zu meinem Vorhaben! Sei gut zu
meinem Herrn und erfülle seinen Wunsch! [13] Gleich

Rebekka war ihrem künftigen Mann noch nie begegnet. Im alten Palästina war es üblich, dass das Oberhaupt einer Familie oder eines Stammes die Braut aussuchte – oft aus der eigenen Großfamilie, damit der Landbesitz und die Herden nicht zerstückelt wurden. So kam es häufig vor, dass sich Geschwisterkinder heirateten – wie Isaak und Rebekka. Ebenso normal war es, dass ein Mann mehrere Frauen hatte; dies war Ausdruck des Wohlstandes und einer geachteten gesellschaftlichen Stellung.

werden die jungen Mädchen aus der Stadt hierher
kommen und Wasser schöpfen. [14] Dann will ich eins
von ihnen bitten: ›Reiche mir deinen Krug, damit ich
trinken kann!‹ Wenn das Mädchen sagt: ›Trink nur;
ich will auch deinen Kamelen zu trinken geben‹,
dann weiß ich: Sie ist es, die du für deinen Diener
Isaak bestimmt hast. Daran werde ich erkennen,
dass du zu meinem Herrn gut bist und seinen
Wunsch erfüllt hast.«
[15] Kaum hatte er zu Ende gebetet, da kam aus der
Stadt ein Mädchen mit einem Wasserkrug auf der
Schulter. Es war Rebekka, die Tochter von Betuël
und Enkelin von Milka, der Frau von Abrahams Bru-
der Nahor. [16] Sie war sehr schön und noch nicht ver-
heiratet; kein Mann hatte sie berührt. Sie ging die
Stufen zum Wasser hinab, füllte ihren Krug, hob
ihn auf die Schulter und kam wieder herauf.
[17] Schnell trat der Verwalter Abrahams auf sie zu
und bat sie: »Gib mir doch einen Schluck Wasser
aus deinem Krug!«
[18] »Trink nur, Herr!«, sagte das Mädchen, ließ
sogleich den Krug auf ihre Hand herunter und hielt
ihn so, dass er trinken konnte. [19] Als er genug getrun-
ken hatte, sagte sie: »Ich will noch mehr Wasser
holen, damit auch deine Kamele trinken können!«
[20] Sie leerte den Krug in die Tränkrinne, stieg rasch
wieder zur Quelle hinab und schöpfte so lange, bis
alle Kamele genug hatten.
[21] Abrahams Verwalter stand schweigend dabei
und schaute ihr zu. Er wartete gespannt, ob der
Herr seine Reise gelingen lassen würde. [22] Als die
Kamele getrunken hatten, holte er für Rebekka
einen kostbaren goldenen Nasenring und zwei
schwere goldene Armreifen hervor [23] und sagte zu
ihr: »Wessen Tochter bist du? Hat dein Vater in sei-
nem Haus vielleicht Platz für uns, damit wir über-
nachten können?«
[24] »Ich bin die Tochter von Betuël«, antwortete
sie; »es ist der Betuël, den die Milka dem Nahor
geboren hat. [25] Wir haben Platz genug und auch
Stroh und Futter für die Tiere.«
[26] Da warf sich der Verwalter Abrahams vor dem
Herrn nieder und betete: [27] »Dank sei dir, Herr, du
Gott meines Herrn Abraham! Du hast ihm deine
Güte und Treue bewahrt und hast mich geradewegs
zu den Verwandten meines Herrn geführt.«

Die Werbung um Rebekka

[28] Das Mädchen lief inzwischen nach Hause zu ihrer
Mutter und erzählte, was sie erlebt hatte. [29–30] Sie
hatte einen Bruder, der hieß Laban. Als der den gol-
denen Schmuck sah und hörte, was der Mann zu
ihr gesagt hatte, lief er hinaus an die Quelle. Dort
wartete Abrahams Besitzverwalter noch mit den
Kamelen.

24,7 12,1.7S **24,15** 22,21-23

31 »Komm herein zu uns!«, rief Laban. »Du bringst
den Segen des HERRN mit. Warum bleibst du hier
draußen? Ich habe schon alles herrichten lassen,
auch für deine Kamele ist genug Platz.«
32 Da ging der Verwalter mit ins Haus. Laban ließ
die Kamele abzäumen und Streu und Futter für sie
holen. Dem Gast und seinen Leuten brachte man
Wasser, damit sie sich die Füße waschen konnten.
33 Als sie ihm aber etwas zu essen brachten, sagte
er: »Ich esse erst, wenn ich meinen Auftrag ausge-
richtet habe.«

Laban forderte ihn auf zu reden, 34 und er begann:
»Ich bin Abrahams Besitzverwalter. 35 Der HERR
hat meinen Herrn reich gesegnet und zu hohem
Ansehen gebracht. Er hat ihm viele Schafe, Ziegen
und Rinder gegeben, dazu Silber und Gold, Sklaven
und Sklavinnen, Kamele und Esel. 36 Auch hat Sara,
die Frau meines Herrn, ihm in ihrem Alter noch
einen Sohn geboren, dem er seinen ganzen Besitz
vermacht hat.

37 Nun hat mein Herr mich einen Eid schwören las-
sen und hat mir aufgetragen: ›Du darfst für meinen
Sohn Isaak keine Frau aus dem Land Kanaan* wäh-
len. 38 Geh zu meinen Verwandten, zur Familie mei-
nes Vaters, und hole ihm von dort eine Frau.‹
39 Als ich einwandte, dass die Frau mir vielleicht
nicht in das fremde Land folgen werde, 40 da sagte
er: ›Der HERR, nach dessen Willen ich mich immer
gerichtet habe, wird seinen Engel* mit dir schicken
und deine Reise gelingen lassen, sodass du für mei-
nen Sohn eine Frau aus meiner Verwandtschaft,
aus der Familie meines Vaters, findest. 41 Wenn
meine Verwandten dir aber keine Frau für meinen
Sohn geben wollen, bist du nicht mehr an deinen
Schwur gebunden.‹

42 Als ich nun heute an die Quelle kam, betete ich
zum HERRN und sagte: ›Gott Abrahams, meines
Herrn, wenn du doch meine Reise gelingen lassen
wolltest! 43 Ich stehe hier an der Quelle und bitte dich
um ein Zeichen: Zu dem ersten heiratsfähigen Mäd-
chen, das herauskommt, will ich sagen: Gib mir doch
einen Schluck aus deinem Krug! 44 Wenn sie darauf
sagt: Trink nur, und auch deinen Kamelen will ich
zu trinken geben – dann weiß ich: Sie ist es, die
du, HERR, für den Sohn meines Herrn bestimmt
hast.‹

45 Kaum hatte ich diese Worte in meinem Herzen
gesprochen, da kam Rebekka mit dem Krug auf der
Schulter, stieg die Stufen zur Quelle hinab und
schöpfte Wasser. Ich sagte zu ihr: ›Gib mir doch
etwas zu trinken!‹ 46 Da ließ sie sogleich ihren Krug
von der Schulter herunter und sagte: ›Trink nur,
und auch deinen Kamelen will ich zu trinken
geben!‹

Als alle Tiere getrunken hatten, 47 fragte ich sie
nach ihrem Vater, und sie sagte mir, dass es Betuël
sei, der Sohn Nahors von seiner Frau Milka. Da legte
ich ihr den goldenen Ring an die Nase und die Gold-
reifen um ihre Arme. 48 Und dann warf ich mich nie-
der und dankte dem HERRN, dem Gott meines Herrn
Abraham, dass er mich geradewegs zum Bruder mei-
nes Herrn geführt hat und ich jetzt dessen Tochter[a]
als Frau für den Sohn meines Herrn erbitten kann.
49 Sagt mir nun also, ob ihr meinem Herrn gut seid
und seinen Wunsch erfüllen wollt! Wenn nicht,
dann muss ich anderswo suchen.«
50 Laban und seine Familie[b] erwiderten: »Das hat
der HERR gefügt! Wir können seine Entscheidung
nur annehmen. 51 Hier ist Rebekka, nimm sie mit!
Sie soll den Sohn deines Herrn heiraten, wie der
HERR es bestimmt hat.«
52 Als Abrahams Verwalter das hörte, warf er sich
auf die Erde und dankte dem HERRN. 53 Darauf packte
er Silber- und Goldschmuck und festliche Kleider aus
und gab sie Rebekka. Auch ihrem Bruder und ihrer
Mutter gab er kostbare Geschenke.

Rebekka kommt zu Isaak

54 Dann aßen und tranken die Gäste und legten sich
schlafen. Am anderen Morgen sagte Abrahams Ver-
walter zum Bruder des Mädchens und zu seiner
Mutter: »Lasst mich jetzt zu meinem Herrn zurück-
kehren!«
55 Die beiden baten ihn: »Lass sie doch noch eine
Weile bei uns bleiben, nur zehn Tage; dann kann
sie mit dir gehen!«
56 Er aber sagte: »Haltet mich nicht auf! Gott in sei-
ner Güte hat meine Reise gelingen lassen. Ich
möchte jetzt zu meinem Herrn zurückkehren.«
57 »Wir rufen das Mädchen«, sagten die beiden,
»sie soll selbst entscheiden.«
58 Sie riefen Rebekka und fragten sie: »Willst du
mit diesem Mann mitgehen?«
Rebekka sagte: »Ja, das will ich.«
59 Da verabschiedeten sie Rebekka und ihre Amme
und auch den Verwalter Abrahams mit seinen Leu-
ten. 60 Sie segneten Rebekka und sagten: »Schwester,
du sollst die Mutter von vielen Tausenden werden!
Mögen deine Nachkommen ihre Feinde besiegen
und ihre Städte erobern!«
61 Rebekka und ihre Dienerinnen machten sich rei-
sefertig, setzten sich auf die Kamele und zogen mit
dem Besitzverwalter Abrahams. So brach er mit
Rebekka in seinem Gefolge auf.
62 Isaak wohnte zu der Zeit im südlichsten Teil des
Landes in der Nähe des Brunnens Lahai-Roi.° 63 Ei-
nes Abends, als er gerade auf dem Feld war,° sah
er auf einmal Kamele daherkommen.
64 Auch Rebekka hatte Isaak erblickt. Schnell stieg
sie vom Kamel und fragte den Verwalter Abrahams:
65 »Wer ist der Mann, der uns dort entgegenkommt?«

24,60 22,17 **24,62** 16,14

a *Tochter* wird hier für die Enkeltochter gebraucht.
b Wörtlich *Laban und Betuël.* Betuël tritt sonst nirgends in dieser Geschichte auf. Die Rolle, die Rebekkas Bruder Laban spielt (Verse 29-33 und 54-55), lässt darauf schließen, dass er zu diesem Zeitpunkt nicht mehr lebt.

»Es ist mein Herr«, erwiderte er; und Rebekka bedeckte ihr Gesicht mit dem Schleier.

66 Der Besitzverwalter erzählte Isaak, wie alles gegangen war, 67 und Isaak führte Rebekka in das Zelt seiner Mutter Sara. Er nahm sie zur Frau und gewann sie lieb. So wurde er über den Verlust seiner Mutter getröstet.

Abrahams weitere Nachkommen und sein Tod

(1 Chr 1,32-33)

25 Abraham heiratete noch einmal, die Frau hieß Ketura.[a] 2 Sie gebar ihm die Söhne Simran, Jokschan, Medan, Midian*, Jischbak und Schuach. 3 Jokschan zeugte Saba* und Dedan*, und von Dedan stammen die Aschuriter, die Letuschiter und Lëummiter ab. 4 Midians Söhne waren Efa, Efer, Henoch, Abida und Eldaga. Sie alle stammen von Abrahams Frau Ketura.

5 Abraham übergab Isaak seinen gesamten Besitz. 6 Den Söhnen seiner Nebenfrauen gab er eine Abfindung und schickte sie noch zu seinen Lebzeiten in das Land im Osten. Sie sollten nicht mit seinem Sohn Isaak zusammenbleiben.

7 Abraham wurde 175 Jahre alt; 8 dann starb er, gesättigt von einem langen und erfüllten Leben, und wurde im Tod mit seinen Vorfahren vereint. 9 Seine Söhne Isaak und Ismaël bestatteten ihn in der Höhle Machpela. Sie liegt auf dem Feld östlich von Mamre, das dem Hetiter* Efron gehört hatte 10 und das Abraham von den Hetitern erwarb. Dort waren nun also Abraham und seine Frau Sara zur letzten Ruhe gebettet.[b]

11 Nach Abrahams Tod segnete Gott dessen Sohn Isaak. Isaak wohnte beim Brunnen Lahai-Roi.

Die Nachkommen Ismaëls

(1 Chr 1,28-31)

12 Dies ist die Geschichte Ismaëls, des Sohnes Abrahams, den Hagar, die ägyptische Sklavin Saras, ihm geboren hatte:

13 Von den Söhnen Ismaëls kommen die Ismaëliter mit ihren Stämmen. Ismaëls Söhne waren: Nebajot, der Erstgeborene, Kedar, Adbeel, Mibsam, 14 Mischma, Duma, Massa, 15 Hadad, Tema, Jetur, Nafisch und Kedma. 16 Nach ihnen werden die Stämme der Ismaëliter benannt, die in Dörfern und Zeltlagern wohnen; zwölf Stämme mit je einem Oberhaupt an der Spitze.

17 Ismaël wurde 137 Jahre alt; dann starb er und wurde im Tod mit seinen Vorfahren vereint. 18 Seine Nachkommen wohnten im Gebiet zwischen Hawila und Schur, das östlich von Ägypten am Karawanenweg nach Assur* liegt. Von ihnen gilt, was über Ismaël gesagt wurde: »Seinen Brüdern setzt er sich vors Gesicht.«[c]

Rebekka bekommt Zwillinge

19 Dies ist die Geschichte Isaaks, des Sohnes Abrahams:

Abraham zeugte Isaak. 20 Als Isaak 40 Jahre alt war, heiratete er Rebekka, die Tochter von Betuël aus dem oberen Mesopotamien, die Schwester Labans. 21 Rebekka aber bekam keine Kinder. Deshalb betete Isaak zum HERRN, und der HERR erhörte seine Bitte. Rebekka empfing Zwillinge.°

22 Als die Kinder im Mutterleib heftig gegeneinander stießen, sagte sie: »Wenn es so steht, warum bin ich dann schwanger geworden?«° Sie ging, um den HERRN zu befragen, 23 und der HERR gab ihr die Antwort:

»Zwei Völker trägst du jetzt in deinem Leib,
in deinem Schoß beginnen sie zu streiten.
Das eine wird das andere unterwerfen:
der Erstgeborene wird dem Zweiten dienen.«

24 Als die Zeit der Entbindung kam, brachte Rebekka tatsächlich Zwillingsbrüder zur Welt. 25 Der erste, der herauskam, war am ganzen Körper mit rötlichen Haaren bedeckt; sie nannten ihn Esau.[d] 26 Danach kam sein Bruder heraus, der hielt Esau an der Ferse fest; darum nannten sie ihn Jakob.[e]

Ihr Vater Isaak war 60 Jahre alt, als die beiden geboren wurden.

Esau verkauft sein Erstgeburtsrecht

27 Die Kinder wuchsen heran. Esau wurde ein Jäger, der am liebsten in der Steppe umherstreifte. Jakob wurde ein häuslicher, ruhiger Mensch, der bei den Zelten blieb. 28 Ihr Vater, der gerne Wild aß, hatte eine Vorliebe für Esau; Jakob aber war der Liebling der Mutter.

29 Als Esau einmal erschöpft nach Hause kam, hatte Jakob gerade Linsen gekocht. 30 »Gib mir schnell etwas von dem roten Zeug da, dem roten«, rief Esau, »ich bin ganz erschöpft!« Daher bekam Esau den Beinamen Edom.[f]

31 Jakob sagte: »Nur wenn du mir vorher dein Erstgeburtsrecht abtrittst!«

32 »Ich sterbe vor Hunger«, erwiderte Esau, »was nützt mir da mein Erstgeburtsrecht!«

33 »Das musst du mir zuvor schwören!«, sagte Jakob.

Esau schwor es ihm und verkaufte so sein Erstgeburtsrecht an seinen Bruder. 34 Dann gab ihm Jakob eine Schüssel gekochte Linsen und ein Stück Brot. Als Esau gegessen und getrunken hatte, stand er

a Gemäß der Zusage von 17,4-5 wird Abraham zum »Vater vieler Völker«. Über Ketura und Hagar (25,12-16) werden arabische Wüstenstämme in Verbindung mit dem Stammvater Israels gebracht; vgl. Anmerkung zu 17,20.
b Siehe Anmerkung zu 23,4.
c *Von ihnen gilt ...:* wörtlich *Er setzte sich seinen Brüdern vors Gesicht;* siehe 16,12 und Anmerkung dort.
d Der Name wird nicht erklärt; das Wort für *rötlich* erinnert an den Namen Edom (das Volk, als dessen Stammvater Esau gilt; vgl. 36,1), das Wort für *mit Haaren bedeckt* an den Namen Seïr (Bergland, Wohnsitz der Edomiter*).
e *Jakob* wird hier als »Fersenhalter«, an anderer Stelle als »Betrüger« gedeutet (27,36). Der ursprüngliche Sinn ist vermutlich »Gott möge (dich) schützen«. Die Bevorzugung Jakobs ist unabhängig von der persönlichen Würdigkeit oder Unwürdigkeit; sie gründet – wie schon bei Kain und Abel, Gen 4 – in der freien Entscheidung Gottes, die menschliches Begreifen übersteigt (Röm 9,11-12).
f *Edom* klingt ähnlich wie das hebräische Wort für *rot.* Schon die Beschreibung des Neugeborenen in 25,25 weist im Hebräischen auf die Namen Edom und Seïr; vgl. 32,4.

25,9-10 23,20 S **25,11** 24,1; 26,3.12 **25,12** 16,11; 21,13 **25,18** 16,12 **25,21** (keine Kinder) 11,30; 18,11-14; 29,31; Ri 13,2-3; 1 Sam 1,2; Lk 1,7 **25,23** 27,29.37; Mal 1,2-3; Röm 9,10-12 **25,26a** Hos 12,4 **25,33b** Hebr 12,16

auf und ging weg. Sein Erstgeburtsrecht war ihm
ganz gleichgültig.

Isaak und Rebekka in Gerar

26 Wieder einmal, wie schon zur Zeit Abrahams,
brach über das Land eine Hungersnot herein.
Isaak suchte bei dem Philisterkönig* Abimelech in
Gerar Zuflucht.
2 Der HERR war ihm erschienen und hatte gesagt:
»Geh nicht nach Ägypten! Ich will dir sagen, wo
du bleiben kannst. 3 Lebe hier im Land Kanaan*
als Fremder, dann werde ich dir beistehen und dich
segnen. Dir und deinen Nachkommen will ich alle
diese Landstriche geben. Ich halte den Eid, den ich
deinem Vater Abraham geschworen habe. 4 Ich
mache deine Nachkommen so zahlreich wie die
Sterne am Himmel und gebe ihnen dieses ganze
Land. Bei allen Völkern der Erde wird man dann zu-
einander sagen: ›Gott segne dich wie die Nachkom-
men Isaaks!‹[a] 5 Das ist der Lohn dafür, dass Abraham
meinem Befehl gehorcht und alle meine Gebote und
Weisungen befolgt hat.« 6 So blieb Isaak in Gerar.
7 Als die Männer dort seine Frau Rebekka sahen, frag-
ten sie ihn nach ihr. Da fürchtete er, sie könnten ihn
ihretwegen umbringen, weil sie so schön war. Des-
halb sagte er: »Sie ist meine Schwester.«
8 Isaak lebte mit seiner Frau schon längere Zeit in
Gerar, da schaute König Abimelech eines Tages zum
Fenster hinaus und sah, wie Isaak und Rebekka sich
umarmten. 9 Er rief ihn zu sich und hielt ihm vor:
»Sie ist ja deine Frau! Warum hast du sie für deine
Schwester ausgegeben?«
»Ich hatte Angst, es würde mich sonst das Leben
kosten«, erwiderte Isaak.
10 Doch Abimelech sagte: »In welche Gefahr hast
du uns da gebracht! Wie leicht hätte es geschehen
können, dass einer meiner Männer mit ihr geschla-
fen hätte! Dann hättest du uns in schwere Schuld
gestürzt.«
11 Allen seinen Leuten ließ Abimelech bekannt
geben: »Wer diesen Mann oder seine Frau antastet,
muss sterben.«

Streit mit den Philistern um die Brunnen

12 Isaak säte in Gerar Getreide aus und erntete in die-
sem Jahr hundertmal so viel, wie er gesät hatte.
Denn der HERR segnete ihn. 13 Auch weiterhin ver-
mehrte sich Isaaks Besitz, und er wurde ein sehr rei-
cher Mann. 14 Er hatte so viele Schafe, Ziegen, Rinder
und Knechte, dass die Philister* neidisch wurden.
15 Deshalb schütteten sie alle Brunnen zu, die von
den Knechten seines Vaters Abraham gegraben wor-
den waren.
16 Abimelech sagte zu Isaak: »Zieh von uns weg!
Du bist uns zu mächtig geworden.« 17 So verließ Isaak

a Siehe Anmerkung zu 22,18. Zur Lage von Gerar vgl. die Karte Seite 443 (links unten).

In Isaaks Familie geht es menschlich, allzu menschlich zu: Jakob, der jüngere Sohn, sucht das Vorrecht seines älteren Bruders Esau an sich zu reißen, und die Mutter Rebekka unterstützt ihn dabei gegen den Vater, der in seiner Blindheit einem geschickt eingefädelten Betrug zum Opfer fällt (Kap 27). Und durch all diese menschlichen Unzulänglichkeiten hindurch verfolgt Gott seinen Plan (25,23). Jakob aber hat für seinen Betrug zu büßen: Er muss in die Fremde fliehen. Bei Sonnenuntergang sucht er sich einen Platz für das erste Nachtlager – auf der nackten Erde, einen Stein unter dem Kopf. Dort schickt ihm Gott einen bedeutsamen Traum (28,10-17).

26,1-11 12,10-20 S **26,3-4** 12,2 S; 12,7 S; 22,18 S

das Stadtgebiet und schlug sein Lager im Tal von
Gerar auf. 18 Er legte die Brunnen wieder frei, die
von den Leuten Abrahams gegraben und nach des-
sen Tod von den Philistern zugeschüttet worden
waren, und er gab ihnen wieder die alten Namen,
die sein Vater ihnen gegeben hatte.
19 Als die Knechte Isaaks im Tal gruben, stießen sie
auf eine Quelle. 20 Die Hirten von Gerar machten den
Hirten Isaaks die Quelle streitig und erklärten: »Das
Wasser gehört uns!« Deshalb nannte Isaak den Brun-
nen Esek (Streit). 21 Seine Leute gruben einen weite-
ren Brunnen, und auch um den gab es Streit; deshalb
nannte er ihn Sitna (Zank).
22 Dann zog er von dort weg und grub an anderer
Stelle einen Brunnen. Diesmal gab es keinen Streit.
Da sagte Isaak: »Jetzt hat der HERR uns freien Raum
gegeben; hier werden wir uns ausbreiten können.«
Deshalb nannte er den Brunnen Rehobot (Weite).

Die Philister erkennen, dass Gott Isaak segnet

23 Von da aus zog Isaak weiter nach Beerscheba. 24 In
der ersten Nacht erschien ihm dort der HERR und
sagte zu ihm: »Ich bin der Gott deines Vaters Abra-
ham. Hab keine Angst; ich stehe dir bei! Ich will dich
segnen und dir viele Nachkommen geben, wie ich es
meinem Diener Abraham versprochen habe.«
25 Isaak baute an der Stelle einen Altar* und rief im
Gebet den Namen* des HERRN an. Er schlug sein
Lager dort auf, und seine Knechte begannen einen
Brunnen zu graben.
26 Da besuchte ihn König Abimelech aus Gerar mit
seinem Ratgeber Ahusat und seinem Heerführer Pi-
chol. 27 »Warum kommt ihr zu mir?«, fragte Isaak.
»Ihr habt mich doch wie einen Feind behandelt
und von euch fortgejagt!«
28 Sie antworteten: »Wir haben erkannt, dass der
HERR auf deiner Seite steht. Deshalb haben wir
gedacht, wir sollten einen Friedensvertrag schließen
und ihn durch einen feierlichen Eid bekräftigen.
29 Versprich uns, dass du uns keinen Schaden zufü-
gen willst! Wir haben dir ja auch nichts zuleide
getan; wir haben dir nur Gutes erwiesen und dich
in Frieden ziehen lassen. Es ist offenkundig, dass
der HERR dich segnet.«
30 Isaak ließ ein Festmahl zubereiten und sie aßen
und tranken miteinander. 31 Am anderen Morgen
schworen sie einen feierlichen Eid, sich gegenseitig
keinen Schaden zu tun. Isaak verabschiedete die drei
und ließ sie in Frieden[a] ziehen.
32 Am selben Tag kamen die Knechte, die den Brun-
nen gruben, zu Isaak und berichteten: »Wir sind auf
Wasser gestoßen!« 33 Da nannte Isaak den Brunnen
Schiba (Schwur). Deshalb heißt der Ort bis zum heu-
tigen Tag Beerscheba.[b]

Esaus Frauen

34 Als Esau 40 Jahre alt war, heiratete er zwei Hetite-
rinnen*, Judit, die Tochter von Beeri, und Basemat,
die Tochter von Elon. 35 Darüber waren Isaak und
Rebekka sehr bekümmert.[c]

Isaak will seinen Erstgeborenen segnen. Rebekkas List

27 Isaak war alt geworden und konnte nicht
mehr sehen. Da rief er eines Tages seinen älte-
ren Sohn Esau zu sich und sagte: »Mein Sohn!«
»Ja, Vater?«, erwiderte Esau.
2 Isaak sagte: »Ich bin alt und weiß nicht, wie lan-
ge ich noch lebe. 3 Deshalb nimm Pfeil und Bogen,
jage ein Stück Wild 4 und bereite mir ein leckeres
Gericht, wie ich es gern habe. Ich will mich stärken,
damit ich dich segnen kann, bevor ich sterbe.«
5 Rebekka hatte das Gespräch mit angehört. Als
Esau gegangen war, um für seinen Vater das Wild
zu jagen, 6 sagte sie zu Jakob: »Ich habe gehört,
wie dein Vater zu deinem Bruder Esau sagte: 7 ›Jage
mir ein Stück Wild und bereite mir ein leckeres
Gericht! Ich will mich stärken und dich segnen,
bevor ich sterbe.‹ 8 Darum hör auf mich, mein Sohn,
und tu, was ich dir sage: 9 Hol mir von der Herde
zwei schöne Ziegenböckchen! Ich werde daraus
ein leckeres Gericht bereiten, wie es dein Vater gern
hat. 10 Das bringst du ihm dann, damit er dich vor sei-
nem Tod segnet.«
11 »Aber Esaus Haut ist behaart und meine ist
glatt«, erwiderte Jakob. 12 »Wenn mich nun mein
Vater betastet, merkt er den Betrug, und statt mich
zu segnen, verflucht er mich.«
13 Doch seine Mutter beruhigte ihn: »Der Fluch
soll auf mich fallen, mein Sohn! Tu, was ich dir
gesagt habe, und bring mir die Böckchen!«
14 Jakob holte sie, und seine Mutter bereitete ein
Gericht zu, wie sein Vater es gern hatte. 15 Darauf
holte Rebekka das Festgewand Esaus, ihres Älteren,
das sie bei sich aufbewahrte, und zog es ihrem jünge-
ren Sohn Jakob an. 16 Die Felle der Böckchen legte sie
ihm um die Handgelenke und um den glatten Hals.
17 Dann gab sie ihm das leckere Fleischgericht und
dazu Brot, das sie frisch gebacken hatte.

Jakob wird anstelle seines Bruders gesegnet

18 Jakob ging zu Isaak ins Zelt und sagte: »Mein
Vater!«
»Ja«, sagte Isaak; »welcher von meinen Söhnen
bist du?«
19 »Esau, dein Erstgeborener«, antwortete Jakob.
»Ich habe deinen Wunsch erfüllt. Setz dich auf und
iss von meinem Wild, damit du mich segnen
kannst.«

a Aus Zank und Streit (26,20-21) wird Frieden. Ermöglicht ist er durch den göttlichen Segen, der so sichtbar auf Isaak, dem Vertriebenen, ruht. Der Gesegnete aber tut das Seine dazu: Er nutzt seine Überlegenheit nicht aus. Ein kleines Lehrstück vom Frieden!
b Siehe Anmerkung zu 21,31.
c Die Sorge um die Reinerhaltung des ›Blutes‹ ist hier darin begründet, dass Volkstum und Glaube noch untrennbar verbunden sind (vgl. Rut 1,16 und die Warnungen Dtn 7,1-4).

26,24 12,2S **26,26** 21,22 **26,33** 21,31 **26,34-35** 24,3S **27,3** 25,28

20 »Wie hast du so schnell etwas gefunden, mein Sohn?«, fragte Isaak.

Jakob erwiderte: »Der HERR, dein Gott, hat es mir über den Weg laufen lassen.«

21 »Tritt näher«, sagte Isaak, »ich will fühlen, ob du wirklich mein Sohn Esau bist.«

22 Jakob trat zu seinem Vater. Der betastete ihn und sagte: »Die Stimme ist Jakobs Stimme, aber die Hände sind Esaus Hände.« 23 Er erkannte Jakob nicht, weil seine Hände behaart waren wie die seines Bruders. Darum wollte er ihn segnen.

24 Aber noch einmal fragte Isaak: »Bist du wirklich mein Sohn Esau?«

Jakob antwortete: »Ja, der bin ich.«

25 »Dann bring mir das Gericht!«, sagte Isaak. »Ich will von dem Wild meines Sohnes essen und ihn dann segnen.«

Jakob gab ihm das Gericht und sein Vater aß, dann reichte er ihm Wein und er trank.

26 Darauf sagte Isaak: »Komm her, mein Sohn, und küsse mich!«

27 Jakob trat heran und küsste ihn. Isaak roch den Duft seiner Kleider, da sprach er das Segenswort:

»Mein Sohn, du duftest kräftig wie die Flur,
wenn sie der HERR mit seinem Regen tränkt.
28 Gott gebe dir den Tau vom Himmel
und mache deine Felder fruchtbar,
damit sie Korn und Wein in Fülle tragen!
29 Nationen sollen sich vor dir verneigen,
und Völker sollen deine Diener werden.
Du wirst der Herrscher deiner Brüder sein,
sie müssen sich in Ehrfurcht vor dir beugen.
Wer dich verflucht, den soll das Unglück treffen;
doch wer dir wohl will, soll gesegnet sein!«

Isaak kann den Segen nicht rückgängig machen

30 So segnete Isaak seinen Sohn Jakob. Kaum aber war er damit fertig und kaum war Jakob aus dem Zelt gegangen, da kam auch schon sein Bruder Esau von der Jagd zurück. 31 Auch er bereitete ein leckeres Gericht, brachte es zu seinem Vater und sagte: »Mein Vater, setz dich auf und iss von meinem Wild, damit du mich segnen kannst!«

32 »Wer bist denn *du*?«, fragte Isaak.

»Dein Sohn Esau, dein Erstgeborener«, war die Antwort.

33 Da begann Isaak vor Schreck heftig zu zittern. »Wer?«, rief er. »Wer war dann der, der soeben von mir ging? Er hat ein Wild gejagt und es mir gebracht, und ich habe davon gegessen, bevor du kamst. Ich habe ihn gesegnet und kann es nicht mehr ändern – er wird gesegnet bleiben!«

34 Esau schrie laut auf, als er das hörte, voll Schmerz und Bitterkeit. »Vater«, rief er, »segne mich auch!«

35 Aber Isaak erwiderte: »Dein Bruder ist gekommen und hat dich mit List um deinen Segen gebracht.«

36 »Zu Recht trägt er den Namen Jakob«, sagte Esau. »Schon zum zweiten Mal hat er mich betrogen:[a] Erst nahm er mir das Erstgeburtsrecht und jetzt auch noch den Segen. Hast du denn keinen Segen mehr für mich übrig?«

37 Isaak antwortete: »Ich habe ihn zum Herrscher über dich gemacht; alle seine Brüder müssen ihm dienen. Mit Korn und Wein habe ich ihn reichlich versehen. Was bleibt mir da noch für dich, mein Sohn?«

38 Esau sagte: »Hast du nur den *einen* Segen, Vater? Segne mich auch!« Und er begann laut zu weinen.

39 Da sagte Isaak:[b]

»Weit weg von guten Feldern wirst du wohnen,
kein Tau vom Himmel wird dein Land befeuchten,
40 ernähren musst du dich mit deinem Schwert!
Du wirst der Sklave deines Bruders sein;
doch eines Tages stehst du auf und wehrst dich
und wirfst sein Joch* von deinen Schultern ab!«

Rebekka rät Jakob zur Flucht

41 Esau konnte es Jakob nicht vergessen, dass er ihn um den väterlichen Segen gebracht hatte. Er dachte: »Mein Vater lebt nicht mehr lange. Wenn die Trauerzeit vorüber ist, werde ich meinen Bruder Jakob umbringen.«

42 Rebekka wurde zugetragen, dass ihr älterer Sohn Esau solche Reden führte. Da ließ sie Jakob, den jüngeren Sohn, rufen und sagte zu ihm: »Dein Bruder Esau will sich an dir rächen und dich umbringen. 43 Darum hör auf mich, mein Sohn! Flieh nach Haran zu meinem Bruder Laban! 44 Bleib einige Zeit dort, bis sich der Zorn deines Bruders gelegt hat – 45 bis er dir nicht mehr so böse ist und nicht mehr daran denkt, was du ihm angetan hast. Ich werde dir Nachricht schicken, wenn du wieder zurückkehren kannst. Ich will euch doch nicht beide an *einem* Tag verlieren!«[c]

Jakob soll eine Frau aus der alten Heimat heiraten

46 Rebekka sagte zu Isaak: »Das Leben ist mir verleidet, weil Esau diese Hetiterinnen* geheiratet hat. Wenn auch noch Jakob eine Frau aus dem Land hier nimmt, möchte ich lieber gleich sterben.«

a Siehe Anmerkung zu 25,26.
b Auch Esau erhält einen Segen und keinen Fluch; aber so wenig wie denselben Besitz kann der Vater denselben Segen zweimal vergeben. In der Frühzeit ist beides, Zuspruch des Segens und des Erbes, ein untrennbarer Akt. Zum Segen als wirkendem Wort siehe die Sacherklärungen »Segen« und »Fluch«.
c *beide,* weil der Mörder selbst dem Tod verfallen ist. Rebekka hat nicht bedacht, was sie mit ihrem Betrug heraufbeschwören würde. Aus der erwarteten kurzen Zeit (27,44) werden 20 Jahre, und Rebekka wird ihren Sohn nicht wiedersehen.

27,27-29 Hebr 11,20; Sir 44,22-23 **27,29** 25,23; 12,3S **27,35-36** 25,26.29-34 **27,38** Hebr 12,17 **27,40** 2 Kön 8,20 **27,42** Weish 10,10 **27,43** 24,29 **27,46** 24,3S

a Siehe Anmerkung zu 8,17.

28 Da rief Isaak seinen Sohn Jakob zu sich. Er segnete ihn und sagte: »Du darfst auf keinen Fall eine Frau aus dem Land Kanaan* heiraten! [2] Geh nach Mesopotamien zur Familie Betuëls, des Vaters deiner Mutter, und nimm dir eine von den Töchtern Labans, des Bruders deiner Mutter, zur Frau. [3] Gott, der Gewaltige*, wird dich segnen. Er wird dich fruchtbar machen[a] und dir viele Nachkommen schenken, sodass aus dir eine ganze Schar von Völkern wird. [4] Auf dich und deine Nachkommen wird der Segen übergehen, den Abraham empfangen hat: Sie werden das Land in Besitz nehmen, in dem du noch als Fremder lebst und das Gott einst Abraham zugesprochen hat.«

[5] Nachdem Isaak ihn verabschiedet hatte, ging Jakob ins obere Mesopotamien zu Laban, dem Sohn des Aramäers* Betuël, dem Bruder von Rebekka, seiner und Esaus Mutter.

[6] Das alles erfuhr Esau: Sein Vater Isaak hatte seinen Bruder Jakob gesegnet und nach Mesopotamien geschickt, damit er sich dort eine Frau suche. Als er ihn segnete, hatte er ihm befohlen: »Du darfst auf keinen Fall eine Frau aus dem Land Kanaan heiraten!« [7] Und Jakob hatte seinem Vater und seiner Mutter gehorcht und war nach Mesopotamien gegangen.

[8] Da begriff Esau, dass die Frauen Kanaans seinem Vater zuwider waren. [9] Er ging zu Ismaël und nahm zu seinen anderen Frauen hinzu noch dessen Tochter Mahalat, die Schwester Nebajots und Enkelin Abrahams, zur Frau.

Jakobs Traum von der »Himmelsleiter«

[10] Jakob machte sich auf den Weg von Beerscheba nach Haran. [11] Er kam an einen Platz und übernachtete dort, weil die Sonne gerade untergegangen war.

Nur noch ein paar Ruinen aus der Kreuzfahrerzeit erinnern an Bet-El, den Ort, an dem Jakob im Traum den Himmel offen sah und wo sich später viele Jahrhunderte lang ein wichtiges Heiligtum befand.

28,2 24,4 **28,3** 12,2S **28,4** 12,7S **28,6-9** 24,3S

Hinter seinen Kopf legte er einen der großen Steine,
die dort umherlagen.
Während er schlief, 12 sah er im Traum eine breite
Treppe, die von der Erde bis zum Himmel reichte.
Engel* stiegen auf ihr zum Himmel hinauf, andere
kamen zur Erde herunter.
13 Der HERR selbst stand ganz dicht bei Jakob[a] und
sagte zu ihm: »Ich bin der HERR, der Gott deiner Vor-
fahren Abraham und Isaak. Das Land, auf dem du
liegst, will ich dir und deinen Nachkommen geben.
14 Sie werden so unzählbar sein wie der Staub auf der
Erde und sich nach allen Seiten ausbreiten, nach
West und Ost, nach Nord und Süd. Am Verhalten
zu dir und deinen Nachkommen wird sich für alle
Menschen Glück und Segen entscheiden.[b] 15 Ich wer-
de dir beistehen. Ich beschütze dich, wo du auch hin-
gehst, und bringe dich wieder in dieses Land zurück.
Ich lasse dich nicht im Stich und tue alles, was ich dir
versprochen habe.«
16 Jakob erwachte aus dem Schlaf und rief: »Wahr-
haftig, der HERR ist an diesem Ort, und ich wusste es
nicht!« 17 Er war ganz erschrocken und sagte: »Man
muss sich dieser Stätte in Ehrfurcht nähern. Hier
ist wirklich das Haus Gottes, das Tor des Himmels!«[c]
18 Früh am Morgen stand Jakob auf. Den Stein, den
er hinter seinen Kopf gelegt hatte, stellte er als Stein-
mal auf und goss Öl darüber, um ihn zu weihen. 19 Er
nannte die Stätte Bet-El (Haus Gottes); vorher hieß
der Ort Lus.
20 Dann legte Jakob ein Gelübde* ab: »Wenn der
HERR mir beisteht«, sagte er, »wenn er mich bewahrt
auf der Reise, die ich jetzt antrete, wenn er mir Nah-
rung und Kleidung gibt 21 und wenn ich wohlbehal-
ten wieder nach Hause zurückkomme, dann soll er
allein mein Gott sein. 22 Hier an dieser Stelle, wo
ich den Stein aufgestellt habe, soll dann ein Heilig-
tum für ihn errichtet werden. Von allem Besitz,
den er mir schenken wird, werde ich ihm den zehn-
ten Teil geben.«

Jakob kommt zu Laban

29 Jakob machte sich auf den Weg und wanderte
weiter, dem Steppenland im Osten zu.
2 Eines Tages kam er am Rand der Steppe zu einem
Brunnen, aus dem die Hirten der Gegend ihr Vieh
tränkten. Drei Herden Schafe und Ziegen lagerten
dort; aber der große Stein lag noch auf dem Brunnen-
loch. 3 Die Hirten warteten für gewöhnlich, bis alle
Herden beisammen waren; dann schoben sie den
Stein weg, tränkten die Tiere und schoben den Stein
wieder an seinen Platz.
4 »Meine Brüder, wo seid ihr zu Hause?«, fragte
Jakob die Hirten.
»In Haran«, antworteten sie.
5 Er fragte weiter: »Kennt ihr dort Laban, den
Sohn[d] Nahors?«
»Gewiss«, sagten sie.
6 »Geht es ihm gut?«, wollte Jakob wissen.
»O ja«, war die Antwort; »da drüben kommt
gerade seine Tochter Rahel mit ihrer Herde!«
7 »Warum wartet ihr eigentlich hier?«, sagte
Jakob. »Die Sonne steht noch hoch und es ist zu früh,
um die Herden zusammenzutreiben. Tränkt sie und
lasst sie wieder weiden!«
8 Die Hirten erwiderten: »Das geht nicht! Erst
müssen die anderen Herden hier sein. Dann schie-
ben wir miteinander den Stein weg und geben
dem Vieh zu trinken.«
9 Während er noch mit ihnen redete, war auch
schon Rahel mit der Herde herangekommen. Sie
war Hirtin und hütete die Schafe und Ziegen ihres
Vaters.
10 Jakob sah Rahel und ihre Herde, und er sagte
sich: »Sie ist die Tochter Labans, des Bruders meiner
Mutter, und das hier sind die Schafe und Ziegen
Labans, des Bruders meiner Mutter!« Und er ging
zum Brunnen, schob den Stein zur Seite und tränkte
die Tiere Labans, des Bruders seiner Mutter.
11 Dann küsste er Rahel und weinte laut. 12 Er sagte
ihr, dass er der Neffe ihres Vaters und ein Sohn von
Rebekka sei; und sie lief zu ihrem Vater und erzählte
es ihm.
13 Als Laban hörte, dass der Sohn seiner Schwester
gekommen war, lief er Jakob entgegen. Er umarmte
und küsste ihn und nahm ihn mit sich in sein Haus.
Jakob erzählte ihm, was ihn hergeführt hatte.
14a Als Laban alles gehört hatte, sagte er zu ihm:
»Ja, du bist wahrhaftig mein eigen Fleisch und Blut!«

Jakobs Heirat mit Lea und Rahel

14b Jakob war nun schon einen Monat lang im Haus
seines Onkels. 15 Eines Tages sagte Laban zu ihm:
»Du sollst nicht umsonst für mich arbeiten, nur weil
du mein Verwandter bist. Was willst du als Lohn
haben?«
16 Nun hatte Laban zwei Töchter, die ältere hieß
Lea, die jüngere Rahel. 17 Lea hatte glanzlose Augen,
Rahel aber war ausnehmend schön. 18 Jakob liebte
Rahel und so sagte er: »Gib mir Rahel, deine jüngere
Tochter, zur Frau! Ich will dafür sieben Jahre bei dir
arbeiten.«
19 Laban sagte: »Ich gebe sie lieber dir als einem
Fremden. Bleib also die Zeit bei mir!«
20 Jakob arbeitete bei Laban sieben Jahre für
Rahel, und weil er sie so sehr liebte, kamen ihm
die Jahre wie Tage vor. 21 Danach sagte er zu Laban:
»Die Zeit ist um. Gib mir jetzt die Frau, um die ich
gearbeitet habe! Ich will mit ihr Hochzeit halten.«
22 Laban lud alle Leute im Ort zur Hochzeitsfeier
ein. 23 Aber am Abend führte er nicht Rahel, sondern
Lea ins Brautgemach und Jakob schlief mit ihr.[e] 24 Als
Dienerin gab Laban ihr seine Sklavin Silpa.

a Wörtlich *stand über ihm* (dem Liegenden); die Deutung *über ihr* (der Treppe) ist weniger wahrscheinlich.
b Siehe Anmerkung zu 12,3.
c So deutet Jakob seinen Traum von der Himmelstreppe (28,12). Was er geschaut hat, ist an diesen ganz bestimmten Ort gebunden: Hier ist Gott in besonderer Weise nahe. Darum Jakobs Erschrecken und die Absicht, ein Heiligtum zu stiften (28,22; 35,1-7). Lange Zeit hat Bet-El in Israel eine große Bedeutung gehabt (Ri 20,18; 1 Sam 10,3; Am 5,5). Zur Lage siehe Karte Seite 67.
d *Sohn* wird hier für Enkel gebraucht; vgl. 25,20 und 28,5.
e Die Täuschung war möglich, weil die Braut dem Bräutigam verschleiert zugeführt wurde.

28,12 Joh 1,51; Weish 10,10 **28,13** 12,7S **28,14** 12,2S; 12,3S

Jakob

Die wichtigsten Ereignisse im Leben Jakobs

Isaak und Rebekka bekommen Zwillinge. Esau wird zuerst geboren, danach Jakob.	Genesis 25,26
Jakob überredet Esau, ihm gegen ein Linsengericht das Erstgeburtsrecht abzutreten.	Genesis 25,27-34
Er bringt seinen Vater durch Betrug dazu, ihm den Segen zu erteilen, der eigentlich Esau zusteht. Danach muss er fliehen, um der Rache Esaus zu entgehen.	Genesis 27,1-45
In Bet-El zeigt Gott sich Jakob in einem Traum.	Genesis 28,10-22
Jakob zieht nach Haran, trifft seine Kusine Rahel und findet Aufnahme im Haus seines Onkels Laban.	Genesis 29,1-14
Er arbeitet sieben Jahre, um Rahel als Frau zu bekommen. Laban betrügt ihn und gibt ihm deren ältere Schwester Lea. Um auch Rahel zu bekommen, arbeitet Jakob weitere sieben Jahre.	Genesis 29,15-30
Lea schenkt Jakob sechs Söhne. Je zwei Söhne bekommt er von Bilha und Silpa, den Mägden Rahels und Leas. Danach gebiert Rahel ihren ersten Sohn: Josef.	Genesis 29,31–30,24
Durch List verschafft sich Jakob eine große Herde und bricht mit seiner Familie und seiner Herde nach Kanaan auf.	Genesis 30,25–31,21
Laban verfolgt Jakob. Sie schließen einen Vertrag und trennen sich gütlich.	Genesis 31,22–32,1
Jakob ringt mit Gott und erhält den Namen »Israel«.	Genesis 32
Er trifft Esau und schließt Frieden mit ihm. Esau bleibt östlich des Jordans.	Genesis 33
Gott segnet Jakob in Bet-El und wiederholt sein Versprechen von Land und großer Nachkommenschaft. Rahel stirbt bei der Geburt von Benjamin.	Genesis 35
Jakob lässt sich bei Hebron nieder. Josef ist sein Lieblingssohn. Die anderen Söhne werden eifersüchtig und verkaufen Josef als Sklaven.	Genesis 37
Wegen einer Hungersnot kommen Josefs Brüder nach Ägypten, wo Josef ein hohes Amt bekleidet. Jakob und seine Familie siedeln sich in Ägypten an.	Genesis 42–46
Jakob lebt in Ägypten noch siebzehn Jahre. Auf dem Sterbebett segnet er seine Söhne und nimmt ihnen das Versprechen ab, ihn in dem Familiengrab in Kanaan beizusetzen.	Genesis 47,27–49,33

Bet-El

Die Stadt Bet-El, 16 km nördlich von Jerusalem, spielte im Leben Jakobs eine wichtige Rolle. Nachdem Gott ihm dort in einem Traum erschienen war, nahm Jakob den Stein, der ihm als Kopfkissen gedient hatte, und richtete ihn als Steinmal auf. Er sollte an das Gelübde erinnern, das Jakob Gott gegenüber gemacht hatte. Schon Abraham hatte, als er nach Kanaan gekommen war, hier in der Nähe einen Altar errichtet. Archäologische Reste zeigen, dass Bet-El bereits um 2050 v. Chr. besiedelt war.

Links: Ein steiniger Hang bei Bet-El; im Hintergrund die heutige Ortschaft.

Rechts: Etwa zwanzig Jahre lang arbeitete Jakob als Hirt bei Laban, ehe er mit Rahel und Lea und einer eigenen Herde nach Süden ziehen konnte.

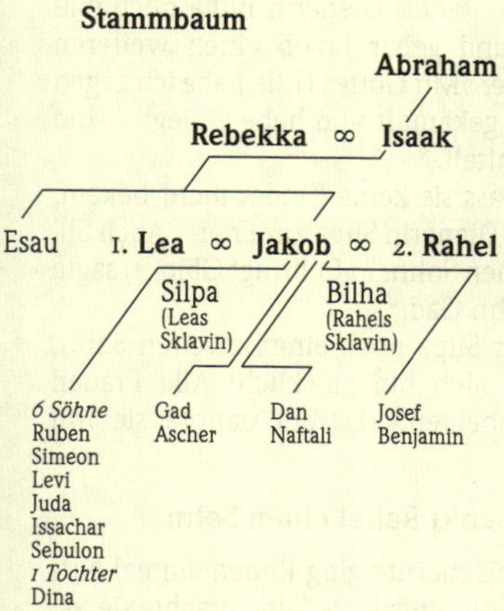

Jakobs Reise

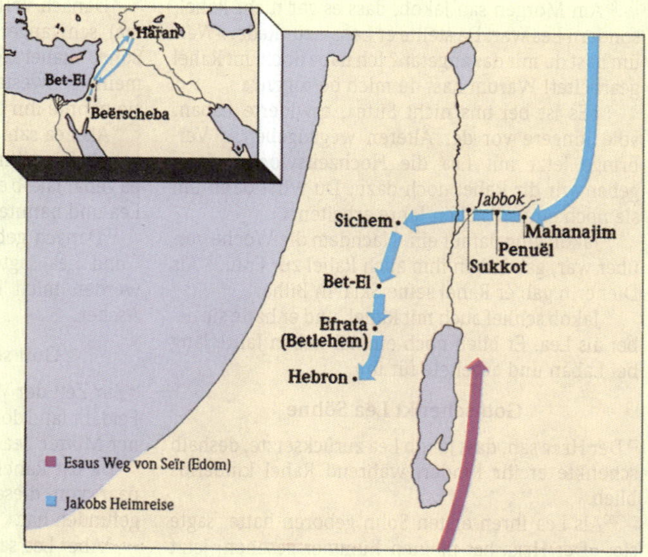

Unten: Nach den langen Jahren in der Fremde fand Jakob in Kanaan vorerst keine feste Bleibe. Er lebte mit seiner Familie in Zelten wie vor ihm Abraham und Isaak. Doch Gott hatte zugesagt, dieses Land den Nachkommen Jakobs zu geben.

25 Am Morgen sah Jakob, dass es gar nicht Rahel,
sondern Lea war. Da stellte er Laban zur Rede: »War-
um hast du mir das angetan? Ich habe doch um Rahel
gearbeitet! Warum hast du mich betrogen?«
26 »Es ist bei uns nicht Sitte«, erwiderte Laban,
»die Jüngere vor der Älteren wegzugeben. 27 Ver-
bringe jetzt mit Lea die Hochzeitswoche, dann
geben wir dir Rahel noch dazu. Du wirst dann um
sie noch einmal sieben Jahre arbeiten.«
28 Jakob ging darauf ein. Nachdem die Woche vor-
über war, gab Laban ihm auch Rahel zur Frau. 29 Als
Dienerin gab er Rahel seine Sklavin Bilha.
30 Jakob schlief auch mit Rahel, und er hatte sie lie-
ber als Lea. Er blieb noch einmal sieben Jahre lang
bei Laban und arbeitete für ihn.

Gott schenkt Lea Söhne

31 Der Herr sah, dass Jakob Lea zurücksetzte, deshalb
schenkte er ihr Kinder, während Rahel kinderlos
blieb.
32 Als Lea ihren ersten Sohn geboren hatte, sagte
sie: »Der Herr hat meinen Kummer gesehen; jetzt
wird mein Mann mich lieben.« Deshalb nannte sie
das Kind Ruben.[a]
33 Danach wurde sie wieder schwanger und gebar
einen zweiten Sohn. Sie sagte: »Der Herr hat mir
auch noch diesen gegeben, weil er gehört hat, dass
mein Mann mich zurückgesetzt hat.« So nannte sie
ihn Simeon.
34 Wieder wurde sie schwanger und gebar einen
Sohn. »Jetzt habe ich meinem Mann drei Söhne
geboren«, sagte sie; »nun wird er vielleicht doch
an mir hängen.« Deshalb nannte sie° ihn Levi.
35 Als sie schließlich ihren vierten Sohn zur Welt
brachte, sagte sie: »Jetzt will ich dem Herrn dan-
ken«, und nannte ihn Juda. Dann bekam sie lange
Zeit keine Kinder mehr.

Die Söhne der beiden Nebenfrauen

30 Als Rahel sah, dass Lea Kinder bekam und sie
nicht, wurde sie eifersüchtig auf ihre Schwes-
ter und sagte zu Jakob: »Sorge dafür, dass ich Kinder
bekomme, sonst will ich nicht länger leben!«
2 Jakob wurde zornig und sagte: »Kann denn ich
etwas dafür? Ich bin doch nicht Gott, der dir Kinder
versagt!«
3 Da sagte Rahel: »Hier hast du meine Dienerin Bil-
ha. Schlafe mit ihr, damit sie an meiner Stelle ein
Kind bekommt. Wenn sie es auf meinem Schoß zur
Welt bringt, ist es wie mein eigenes.«[b]
4 So gab Rahel ihm ihre Dienerin Bilha zur Frau
und er schlief mit ihr. 5 Bilha wurde schwanger
und gebar Jakob einen Sohn. 6 Rahel sagte: »Gott
hat mir zu meinem Recht verholfen, er hat meine Bit-
ten gehört und mir einen Sohn geschenkt.« Darum
nannte sie ihn Dan.[c]
7 Danach wurde Rahels Dienerin Bilha noch ein-
mal schwanger und gebar Jakob einen weiteren
Sohn. 8 Rahel sagte: »Mit Gottes Hilfe habe ich gegen
meine Schwester gekämpft und habe gesiegt.« Und
sie nannte ihn Naftali.
9 Als Lea sah, dass sie keine Kinder mehr bekam,
gab sie Jakob ihre Dienerin Silpa zur Frau. 10 Auch Sil-
pa gebar Jakob einen Sohn. 11 »Er bringt Glück«, sagte
Lea und nannte ihn Gad.[d]
12 Danach gebar Silpa noch einen zweiten Sohn,
13 und Lea sagte: »Ich bin glücklich! Alle Frauen
werden mich beneiden.« Darum nannte sie ihn
Ascher.

Gott schenkt Rahel einen Sohn

14 Zur Zeit der Weizenernte ging Ruben einmal aufs
Feld. Er fand dort Alraunfrüchte* und brachte sie sei-
ner Mutter Lea.
Da bat Rahel ihre Schwester: »Gib mir doch ein
paar von diesen Zauberfrüchten, die dein Sohn
gefunden hat.«
15 Aber Lea sagte: »Reicht es dir nicht, dass du mir
meinen Mann weggenommen hast? Musst du mir
auch noch die Liebesäpfel meines Sohnes nehmen?«
Rahel erwiderte: »Wenn du sie mir gibst, soll
Jakob meinetwegen heute Nacht bei dir schlafen.«
16 Als Jakob am Abend vom Feld nach Hause kam,
ging ihm Lea entgegen und sagte: »Heute musst du
bei *mir* schlafen; ich habe dafür mit den Liebesäp-
feln meines Sohnes bezahlt.«
Jakob schlief bei ihr, 17 und Gott erhörte Leas Bitte.
Sie wurde schwanger und gebar Jakob einen fünften
Sohn. 18 Sie sagte: »Gott hat mich dafür belohnt, dass
ich meinem Mann meine Dienerin gegeben habe.«
Darum nannte sie ihn Issachar.[e]
19 Sie wurde noch einmal schwanger und gebar
Jakob einen sechsten Sohn. 20 Und sie sagte: »Gott
hat mir ein kostbares Geschenk gemacht. Jetzt end-
lich wird mein Mann mich annehmen, nachdem ich
ihm sechs Söhne geboren habe.« Darum nannte sie
ihn Sebulon.
21 Danach gebar sie noch eine Tochter und nannte
sie Dina.
22 Da endlich dachte Gott an Rahel: Er erhörte ihr
Gebet und öffnete ihren Mutterschoß. 23 Sie wurde
schwanger und brachte einen Sohn zur Welt. Da
sagte sie: »Gott hat meine Schande von mir genom-
men.« 24 Sie nannte ihn Josef und sagte: »Möge der
Herr mir noch einen Sohn dazugeben!«[f]

Jakob kommt zu seinem verdienten Lohn

25 Nachdem Rahel Josef geboren hatte, sagte Jakob zu
Laban: »Lass mich nun frei! Ich möchte in meine
Heimat zurückkehren. 26 Gib mir meine Frauen
und Kinder, die ich mit meiner Arbeit verdient habe,

a *Ruben* (eigentlich »Seht, ein Sohn!«) wird hier durch ein hebräisches Wortspiel mit »Kummer sehen« gedeutet. Die drei folgenden Namen enthalten Anklänge an die hebräischen Wörter für Hören, Anhängen und Danken.
b Zu diesem Brauch vgl. Anmerkung zu 16,2.
c Die Namen in Vers 6 und 8 werden durch Anklänge an »Recht verschaffen« und »kämpfen« gedeutet.
d Die Namen in Vers 11 und 13 werden durch Anklänge an »Glück« und »glücklich« gedeutet.
e Die Namen in Vers 18 und 20 werden durch Anklänge an »belohnen« und »annehmen« gedeutet.
f *Josef* wird doppelt gedeutet: durch Anklang an »wegnehmen« (Vers 23) und an »hinzufügen« (Vers 24).

29,31 25,21S **30,3** 16,2

und lass mich ziehen! Du weißt, wie ich mich mit aller Kraft für dich eingesetzt habe.«
27 Aber Laban erwiderte: »Erweise mir die Gunst, noch zu bleiben! Ich habe genau gemerkt, dass der HERR mich deinetwegen gesegnet und mir Wohlstand geschenkt hat. 28 Was willst du künftig als Lohn? Ich gebe dir, was du verlangst.«
29 Jakob sagte: »Du weißt ja, was ich für dich getan habe und wie dein Vieh sich vermehrt hat. 30 Bevor ich kam, hattest du nur ein paar Tiere, und nun sind daraus so riesige Herden geworden. Für jeden meiner Schritte hat der HERR dich gesegnet.[a] Jetzt muss ich endlich einmal an mich selbst denken und für meine Familie sorgen!«
31 »Sag doch, was verlangst du als Lohn?«, fragte Laban.

»Gar nichts«, sagte Jakob; »du musst nur eine einzige Bedingung erfüllen, dann werde ich auch weiterhin für deine Herden sorgen: 32-33 Ich werde heute aus deiner Herde alle schwarzen, schwarz gefleckten und schwarz gesprenkelten Schafe und alle weiß gescheckten und weiß gesprenkelten Ziegen entfernen. Wenn danach trotzdem noch ein gesprenkeltes oder geflecktes Ziegenlamm oder ein schwarzes Schaflamm geworfen wird, soll es mir als Lohn gehören. Du wirst künftig auf *einen* Blick sehen können, ob ich ehrlich gegen dich bin oder ob ich dich bestohlen habe: Die Farbe meiner Tiere wird für mich zeugen.«
34 »Einverstanden!«, antwortete Laban. »Wir machen es, wie du vorgeschlagen hast.« 35 Er suchte noch am gleichen Tag aus seiner Herde alle Ziegen

a Auf Jakob ruht der Segen (Gen 27), aber er kommt jetzt einem anderen zugute.

Jakob sah Rahel zum ersten Mal, als sie zum Brunnen kam, um die Herde ihres Vaters zu tränken. Bald gewann er sie so lieb, dass es ihm nichts ausmachte, für sie sieben Jahre ohne Lohn zu arbeiten. Aber bei der Hochzeit bekam er zu spüren, was es heißt, allein, arm und abhängig in der Fremde zu sein ... Das Bild zeigt ein junges Beduinenmädchen in Beërscheba (Israel).

a Der Brautpreis* bestand zwar in diesem Fall nicht in Geld, sondern in Arbeit (29,18.27), aber deren Ertrag ist Laban allein zugute gekommen.

und Ziegenböcke heraus, an denen etwas Weißes war, und alle Schafe, an denen etwas Schwarzes war. Er gab sie seinen Söhnen, 36 und die mussten damit drei Tagereisen weit wegziehen. Die restliche Herde blieb unter der Aufsicht Jakobs.

37 Nun schnitt sich Jakob Zweige von Pappeln, Mandelbäumen und Platanen und schälte Streifen von der Rinde ab. Diese weiß gestreiften Stecken 38 legte er in die Tränkrinnen, wenn die Tiere zum Trinken kamen; denn er wusste, dass sie sich dort paarten. 39 Und weil die Tiere beim Anblick der Stäbe begattet wurden, warfen sie lauter gestreifte, gesprenkelte und gescheckte Junge. 40 Außerdem ließ Jakob die Tiere bei der Paarung in Richtung auf die gestreiften und dunkelfarbigen Tiere der Herde Labans blicken. Die jungen Tiere nahm Jakob beiseite und bildete eine eigene Herde daraus.

41 Er legte die Stecken aber nur dann in die Tränkrinnen, wenn die kräftigen Tiere sich begatteten; 42 bei den schwächlichen Tieren tat er es nicht. So bekam Jakob die kräftigen Jungtiere und Laban die schwachen.

43 Auf diese Weise wurde Jakob sehr reich und besaß schließlich viele Herden, dazu Esel, Kamele, Sklaven und Sklavinnen.

Jakob, Rahel und Lea beschließen, Laban heimlich zu verlassen

31 Jakob kam zu Ohren, wie die Söhne Labans über ihn redeten. »Sein ganzer Reichtum gehört eigentlich unserem Vater«, sagten sie. »Alles, was er hat, hat er uns weggenommen.«

2 Auch Laban war ihm nicht mehr so wohlgesinnt wie früher. Wenn Jakob ihn sah, konnte er es deutlich an seinem Gesicht ablesen.

3 Da sagte der HERR zu Jakob: »Kehre in das Land deiner Vorfahren und zu deinen Verwandten zurück! Ich werde dir beistehen.«

4 Jakob ließ Rahel und Lea zu sich auf die Weide rufen. 5 Er sagte zu ihnen: »Ich merke genau, dass euer Vater mir nicht mehr so freundlich begegnet wie früher. Aber ich bin nur deshalb so reich geworden, weil° der Gott meines Vaters mir zur Seite stand.

6 Ihr wisst selbst, wie ich mit meiner ganzen Kraft für euren Vater gearbeitet habe. 7 Er hat mich betrogen und meinen Lohn zehnmal verändert; aber Gott hat nicht zugelassen, dass er mir schaden konnte. 8 Wenn euer Vater sagte: ›Du bekommst die Gesprenkelten als Lohn‹, wurden lauter gesprenkelte Tiere geboren; und wenn er sagte: ›Nein, die Gestreiften‹, gab es lauter gestreifte.

9 Gott selbst hat die Herden eurem Vater genommen und mir gegeben. 10 Während der Brunstzeit der Tiere sah ich im Traum, dass alle Böcke, die die Schafe und Ziegen besprangen, gestreift, gesprenkelt und gescheckt waren. 11 Der Engel* Gottes rief mich im Traum beim Namen, und als ich antwortete, 12 sagte er: ›Sieh genau hin: Alle Böcke sind gestreift, gesprenkelt und gescheckt; denn ich habe gesehen, was Laban dir antut. 13 Ich bin der Gott, der dir in Bet-El begegnet ist; dort hast du mir einen Stein geweiht und ein Gelübde* getan. Zieh jetzt aus diesem Land fort und geh in deine Heimat zurück.‹«

14 Rahel und Lea antworteten Jakob: »Was haben wir noch von unserem Vater zu erwarten? 15 Er hat uns wie Fremde behandelt, verkauft hat er uns und das Geld hat er für sich verbraucht.[a] 16 Uns und unseren Kindern steht zu, was Gott unserem Vater weggenommen hat. Tu, was Gott dir gesagt hat!«

17 Da setzte Jakob seine Frauen und Kinder auf die Kamele, 18 nahm sein ganzes Vieh und alles, was er in Mesopotamien erworben hatte, und machte sich auf den Weg ins Land Kanaan* zu seinem Vater Isaak.

19 Laban war gerade zur Schafschur gegangen. Rahel benutzte die Gelegenheit und entwendete ihm seinen Hausgott*.

20 Jakob hielt seinen Aufbruch vor dem Aramäer Laban geheim. 21 Fluchtartig machte er sich auf und davon, überquerte den Eufrat und zog in Richtung auf das Bergland Gilead*.

Gott schützt Jakob vor Laban. Rahels List

22 Zwei Tage später erfuhr Laban, dass Jakob geflohen war. 23 Mit allen Männern aus seiner Familie jagte er hinter ihm her, und nach sieben Tagen holte er ihn im Bergland Gilead* ein.

24 Gott aber erschien dem Aramäer* Laban in der Nacht im Traum und sagte zu ihm: »Hüte dich, mit Jakob anders als freundlich zu reden!«

25 Als Laban Jakob einholte, hatte Jakob gerade seine Zelte im Bergland aufgeschlagen. Auch Laban und seine Verwandten schlugen dort ihre Zelte auf.

26 Laban sagte zu Jakob: »Warum hast du mich hintergangen und meine Töchter wie Kriegsgefangene weggeschleppt? 27 Warum hast du dich heimlich davongemacht und mir nichts gesagt? Ich hätte dir gerne mit Gesang und Zithern und Handpauken das Geleit gegeben. 28 Warum hast du mir nicht erlaubt, meine Töchter und Enkel zum Abschied zu küssen? Das war nicht klug von dir! 29 Ich hätte ja die Macht, mich an euch zu rächen; aber der Gott eures Vaters hat mich heute Nacht gewarnt: ›Hüte dich, mit Jakob anders als freundlich zu reden!‹ 30 Nun gut, du hast mich verlassen, weil es dich nach Hause zog; aber warum hast du mir auch noch meinen Hausgott* gestohlen?«

31 Jakob erwiderte: »Ich hatte Angst, du würdest nicht zulassen, dass deine Töchter mitkommen. 32 Aber deinen Hausgott? Wenn du ihn hier bei irgendjemand findest – die Person muss sterben! Durchsuche alles in Gegenwart der Männer, die du

31,3 28,15 **31,13** 28,18-22

mitgebracht hast, unserer Verwandten, und nimm dir, was dir gehört.« Jakob wusste nämlich nicht, dass Rahel den Hausgott mitgenommen hatte.[a]

33 Laban durchsuchte das Zelt Jakobs, das Zelt Leas und das Zelt der beiden Nebenfrauen – vergeblich. Dann ging er zu Rahel. 34 Sie hatte den Hausgott in den korbförmigen Sattel ihres Kamels gelegt und sich darauf gesetzt.

Ihr Vater durchsuchte das ganze Zelt; 35 sie aber sagte zu ihm: »Sei nicht böse, wenn ich nicht vor dir aufstehe! Ich habe gerade meine Tage.« Laban durchsuchte alles, konnte aber nichts finden.

36 Da wurde Jakob zornig und begann mit Laban abzurechnen. »Was für ein Verbrechen habe ich begangen«, sagte er, »dass du mir so wild nachgejagt bist? 37 Meinen ganzen Hausrat hast du durchwühlt; hast du etwas gefunden, was dir gehört? Lege es hier vor meinen und deinen Leuten auf die Erde, damit sie entscheiden, wer von uns beiden im Recht ist!

38 Zwanzig Jahre lang bin ich nun bei dir gewesen, und während der ganzen Zeit haben deine Schafe und Ziegen keine Fehlgeburt gehabt. Nicht einen einzigen Bock von deiner Herde habe ich für mich geschlachtet. 39 Wenn ein Schaf von Raubtieren gerissen wurde, durfte ich es nicht zu dir bringen, um meine Unschuld zu beweisen; ich musste es selbst ersetzen, ganz gleich, ob es bei Tag oder bei Nacht geraubt worden war. 40 Tagsüber litt ich unter der Hitze und nachts unter der Kälte, und oft fand ich keinen Schlaf.

41 Zwanzig Jahre habe ich das nun auf mich genommen; vierzehn habe ich um deine Töchter gearbeitet und sechs um die Herde, und du hast meinen Lohn zehnmal verändert. 42 Wenn der Gott meines Großvaters Abraham und der Gott, vor dem mein Vater Isaak zitterte,° mir nicht geholfen hätte, dann hättest du mir alles genommen und mich mit leeren Händen ziehen lassen.

Aber Gott hat gesehen, wie ich mich für dich abgearbeitet habe und wie schlecht du mich behandelt hast; deshalb hat er sich in der vergangenen Nacht auf meine Seite gestellt.«

Ein Vertrag zwischen Jakob und Laban

43 Laban sagte zu Jakob: »Meine Töchter gehören mir, ihre Söhne gehören mir und diese Herde gehört mir; alles, was du hier siehst, ist mein Eigentum. Aber was kann ich jetzt noch für meine Töchter tun und für die Söhne, die sie geboren haben? 44 Wir wollen einen Vertrag miteinander schließen und ein Zeichen errichten, das uns beide daran erinnert.«

45 Dann nahm Jakob einen großen Stein und stellte ihn als Erinnerungszeichen auf. 46 Er forderte seine Verwandten auf, Steine zu sammeln und sie zu einem Hügel zusammenzutragen. Auf diesem Steinhügel hielten sie ein gemeinsames Mahl. 47 Laban nannte ihn Jegar-Sahaduta und Jakob Gal-Ed.

48 Laban sagte: »Dieser Hügel ist Zeuge für unsere Abmachung.« Daher bekam er den Namen Gal-Ed (Zeugenhügel).[b] 49 Er wird aber auch Mizpa (Wachtturm) genannt, weil Laban fortfuhr: »Möge der HERR ein wachsames Auge auf jeden von uns haben, nachdem wir auseinander gegangen sind! 50 Nimm dich davor in Acht, meine Töchter schlecht zu behandeln oder noch weitere Frauen zu nehmen. Kein Mensch ist hier als Zeuge für unsere Abmachung, Gott ist unser Zeuge!«

51 Weiter sagte Laban zu Jakob: »Dieser Steinhügel und dieses Steinmal, das ich zwischen uns errichtet habe, 52 sie sollen uns warnen, dass keiner von uns die Grenze zum andern in böser Absicht überschreitet. 53 Der Gott Abrahams und der Gott Nahors° sollen den bestrafen, der sich nicht daran hält!«

Jakob schwor bei dem Gott° seines Vaters Isaak, sich an diese Abmachung zu halten. 54 Dann schlachtete er dort im Bergland ein Opfertier und lud seine Verwandten zum Opfermahl* ein. Sie aßen mit ihm und blieben dort über Nacht.

32 Am anderen Morgen küsste Laban seine Töchter und Enkel zum Abschied und segnete sie. Dann kehrte er in seine Heimat zurück.

Jakob bereitet sich auf die Begegnung mit Esau vor

2 Als Jakob weiterzog, begegneten ihm Engel* Gottes. 3 Erstaunt rief er: »Hier ist das Lager Gottes!« Deshalb nannte er den Ort Mahanajim (Doppellager).

4 Dann sandte er Boten voraus zu seinem Bruder Esau, der sich im Gebirge Seïr* im Land Edom aufhielt. 5 Sie sollten Esau, seinem Herrn, ausrichten: »Dein ergebener Diener Jakob lässt dir sagen: ›Ich bin die ganze Zeit über bei Laban gewesen und komme jetzt zurück. 6 Ich habe reichen Besitz erworben: Rinder, Esel, Schafe und Ziegen, Sklaven und Sklavinnen. Ich lasse es dir, meinem Herrn, melden und bitte, dass du mich freundlich aufnimmst.‹«

7 Die Boten kamen zurück und berichteten Jakob: »Wir haben deinem Bruder Esau die Botschaft ausgerichtet. Er ist schon auf dem Weg zu dir; vierhundert Mann hat er bei sich.«

8 Als Jakob das hörte, erschrak er. Er verteilte seine Leute und das Vieh und die Kamele auf zwei Karawanen; 9 denn er dachte: Wenn Esau auf die eine trifft und alles niedermetzelt, wird wenigstens die andere gerettet.

10 Dann betete Jakob: »HERR, du Gott meines Großvaters Abraham und meines Vaters Isaak! Du hast zu mir gesagt: ›Kehr in deine Heimat und zu deiner Familie zurück; ich beschütze dich und lasse es dir

a Vgl. die Sacherklärung zu »Hausgott«. Rahel handelt aus Anhänglichkeit an den Schutzgott ihres Vaterhauses. Mit ihrer List rettet sie nicht nur ihr Leben, sondern offenbart auch ungewollt die Ohnmacht der Götzenbilder, die man wegtragen (Jes 46,1-2) und um die man sich wie um irgendeinen Hausrat streiten kann.

b *Jegar-Sahaduta* (Vers 47) ist die aramäische Form desselben Namens. *Gal-Ed* erinnert zugleich an den Landschaftsnamen Gilead (vgl. Vers 23).

31,34-35 Lev 15,19-20 **31,39** Ex 22,11-12 **32,10** 31,3

gut gehen.‹ 11 Ich bin es nicht wert, dass du mir, dei-
nem Diener, so viel Gutes getan und deine Zusage
wahr gemacht hast. Ich besaß nur einen Wander-
stock, als ich den Jordan überschritt, und nun
komme ich zurück mit zwei großen Karawanen.
12 Rette mich doch jetzt vor meinem Bruder Esau!
Ich habe solche Angst vor ihm. Er wird uns alle um-
bringen, auch die Frauen und Kinder. 13 Du hast mir
doch versprochen: ›Ich beschütze dich; ich lasse es
dir gut gehen. Deine Nachkommen sollen wie der
Sand am Meer werden, den niemand zählen kann.‹«

14 Jakob blieb die Nacht über an diesem Ort. Dann
stellte er aus seinem Besitz ein Geschenk für seinen
Bruder Esau zusammen.[a] 15 Er nahm 200 Ziegen und
200 Schafe, dazu 20 Ziegenböcke und 20 Schafböcke,
16 30 Kamelstuten mit ihren Jungen, 40 Kühe, 10 Stie-
re, 20 Eselinnen und 10 Esel. 17 Die gab er seinen Hir-
ten, jedem eine Herde, und befahl ihnen: »Zieht vor-
aus und lasst einen Abstand zwischen den Herden!«

18 Zum ersten sagte er: »Wenn mein Bruder Esau
dir entgegenkommt, wird er dich fragen: ›Wer ist
dein Herr? Wohin ziehst du? Wem gehört das Vieh,
das du vor dir hertreibst?‹ 19 Antworte ihm: ›Es gehört
Jakob, deinem ergebenen Diener. Er möchte es dir,
meinem Herrn, schenken; er selbst kommt gleich
hinterher.‹«

20 Dasselbe befahl er auch dem zweiten und drit-
ten und allen übrigen, und er schärfte ihnen ein:
»Ihr müsst zu Esau sagen: 21 ›Dein ergebener Diener
Jakob kommt gleich hinter uns her.‹« Er dachte näm-
lich: Ich will zurückbleiben und ihn erst mit meinen
Geschenken günstig stimmen; vielleicht nimmt er
mich dann freundlich auf.

22 Jakob blieb also die Nacht über am Lagerplatz,
während die Herden, die er als Geschenk für seinen
Bruder bestimmt hatte, vorauszogen.

Jakob ringt mit Gott

23 Mitten in der Nacht stand Jakob auf und nahm
seine beiden Frauen und die beiden Nebenfrauen
und seine elf Söhne und brachte sie an einer seichten
Stelle über den Jabbok; 24 auch alle seine Herden
brachte er über den Fluss. 25 Nur er allein blieb
zurück.

Da trat ihm ein Mann entgegen und rang mit ihm
bis zum Morgengrauen. 26 Als der andere sah, dass
sich Jakob nicht niederringen ließ, gab er ihm einen
Schlag auf das Hüftgelenk, sodass es sich ausrenkte.
27 Dann sagte er zu Jakob: »Lass mich los; es wird
schon Tag!«

Aber Jakob erwiderte: »Ich lasse dich nicht los,
bevor du mich segnest!«

28 »Wie heißt du?«, fragte der andere, und als
Jakob seinen Namen nannte, 29 sagte er: »Du sollst
von nun an nicht mehr Jakob heißen, du sollst
Israel[b] heißen! Denn du hast mit Gott und mit Men-
schen gekämpft und hast gesiegt.«

30 Jakob bat ihn: »Sag mir doch deinen Namen!«

Aber er sagte nur: »Warum fragst du?«, und seg-
nete ihn.

31 »Ich habe Gott von Angesicht gesehen«, rief
Jakob, »und ich lebe noch!« Darum nannte er den
Ort Penuël.[c]

32 Als Jakob den Schauplatz verließ, ging die Sonne
über ihm auf. Er hinkte wegen seiner Hüfte. 33 Bis
zum heutigen Tag essen die Leute von Israel, wenn
sie Tiere schlachten, den Muskel über dem Hüftge-
lenk nicht, weil Jakob auf diese Stelle geschlagen
wurde.

Das Wiedersehen mit Esau

33 Als Jakob aufblickte, sah er Esau kommen und
hinter ihm seine vierhundert Mann. Da
stellte er die Kinder zu ihren Müttern, zu Lea und
zu Rahel und zu den beiden Nebenfrauen. 2 Dann
ließ er die Nebenfrauen mit ihren Kindern vorange-
hen, dahinter ging Lea mit ihren Kindern, und zum
Schluss kam Rahel mit Josef.

3 Jakob selbst ging an der Spitze des Zuges und
warf sich siebenmal auf die Erde, bis er zu seinem
Bruder kam.

4 Esau aber lief ihm entgegen, umarmte und küsste
ihn. Beide weinten vor Freude. 5 Als Esau die Frauen
mit ihren Kindern sah, fragte er seinen Bruder: »Wen
hast du da bei dir?«

»Das sind die Kinder, die Gott mir geschenkt hat«,
sagte Jakob. 6 Die Nebenfrauen mit ihren Kindern
traten herzu und warfen sich vor Esau nieder,
7 ebenso Lea mit ihren Kindern, und zuletzt Rahel
mit Josef.

8 »Was wolltest du denn mit den Herden, die du
mir entgegenschicktest?«, fragte Esau seinen Bruder.

»Ich wollte dir, meinem Herrn, ein Geschenk
machen, damit du mich freundlich aufnimmst«,
erwiderte Jakob.

9 »Lieber Bruder«, sagte Esau, »ich habe selbst
genug. Behalte es nur!«

10 »Nein, nein!«, sagte Jakob. »Wenn du mir wie-
der gut bist, musst du mein Geschenk annehmen.
Wie man vor Gott tritt, um Gnade zu finden, so
bin ich vor dich getreten, und du hast mich freund-
lich angesehen.[d] 11 Darum nimm mein Geschenk
an! Gott hat mir Glück gegeben, ich bin sehr reich
geworden.«

Jakob drängte seinen Bruder so lange, bis er alles
annahm. 12 Dann schlug Esau vor: »Wir wollen wei-
terziehen! Ich werde dich begleiten.«

13 Aber Jakob sagte: »Hör deinen Diener! Du siehst
ja, dass die Kinder nicht so schnell gehen können.
Außerdem muss ich die säugenden Schafe und Rin-
der schonen. Wenn ich sie nur einen Tag lang zu

a Das hebräische Wort für *Geschenk* bedeutet zugleich Segen. Jakob handelt nicht nur berechnend, sondern macht etwas wieder gut, indem er den Bruder an dem entwendeten Segen (Kap 27) teilhaben lässt.
b *Israel* (»Gott möge herrschen«) wird hier als »Gotteskämpfer« gedeutet. Zur Bedeutung von *Jakob* vgl. Anmerkung zu 25,26.
c *Penuël* wird aufgrund eines Anklangs als »Angesicht Gottes« gedeutet. Mit wem hat Jakob gekämpft? Mit Gott, mit einem Engel (vgl. Hos 12,4-5)? Die geheimnisvolle Begegnung lässt viele Fragen offen. Sie zeigt aber, dass Jakob nicht nur mit Esau zu rechnen hat, wenn er eine Bilanz seines bisherigen Lebens zieht.
d Ein gewandelter Jakob kehrt zurück, der weiß, dass er alles der Gnade Gottes verdankt (vgl. Verse 5 und 11) – vor allem auch die Rettung vor der Rache des verletzten Bruders, in dessen Freundlichkeit sich ihm die Güte Gottes spiegelt.

32,13 12,2S; 28,13-15 **32,23-33** Hos 12,4-5 **32,29** 35,10 **32,30** Ex 3,13-14; Ri 13,17-18 **32,31** Ex 33,20S

schnell treibe, wird mir die ganze Herde vor
Erschöpfung sterben. 14 Zieh darum ruhig voraus;
ich werde dir nach Seïr* folgen, so schnell es mit
den Kindern und Tieren möglich ist.«
15 Esau wollte wenigstens ein paar von seinen Leu-
ten als Begleitung zurücklassen, aber Jakob sagte:
»Ich brauche sie wirklich nicht. Es genügt mir, wenn
du, mein Herr, mir auch künftig gut bist.«
16 Esau machte sich auf den Rückweg nach Seïr,
17 und Jakob zog weiter nach Sukkot (Hütten). Dort
baute er sich ein Haus; für das Vieh machte er
Schutzdächer aus geflochtenen Zweigen. Davon
hat der Ort seinen Namen.
18 Schließlich kam Jakob wohlbehalten nach
Sichem. Hier war er am Ziel seiner Reise, die er in
Mesopotamien begonnen hatte. Vor der Stadt schlug
er auf freiem Feld seine Zelte auf 19 und kaufte das
Grundstück für den Lagerplatz für 100 große Silber-
stücke* von den Söhnen Hamors, des Gründers
der Stadt. 20 Er errichtete dort einen Altar und gab
ihm den Namen ›Gott ist der Gott Israels‹.

Vergewaltigung Dinas und Konflikt mit den kanaanitischen Bewohnern des Landes

34 Dina, die Tochter Leas und Jakobs, ging ein-
mal aus dem Zeltlager, um Frauen der Lan-
desbewohner zu besuchen. 2 Sichem, der Sohn des
Hiwiters Hamor, des führenden Mannes der Ge-
gend, sah sie, fiel über sie her und vergewaltigte sie.
3 Er hatte aber eine echte Zuneigung zu Dina
gefasst; deshalb suchte er ihr Herz zu gewinnen.
4 Zu seinem Vater Hamor sagte er: »Sieh zu, dass
ich dieses Mädchen zur Frau bekomme!«
5 Jakob hörte, dass seine Tochter Dina geschändet
worden war; aber weil seine Söhne gerade draußen
bei den Herden waren, unternahm er nichts und
wartete ihre Rückkehr ab. 6 Sichems Vater kam zu
Jakob, um mit ihm über die Sache zu reden.
7 Als die Söhne Jakobs heimkamen und davon
erfuhren, waren sie tief verletzt und es packte sie
der Zorn, weil Sichem die Tochter Jakobs vergewal-
tigt hatte. Das galt in Israel als Schandtat; so etwas
durfte nicht geschehen!
8 Hamor aber redete ihnen zu und sagte:
»Mein Sohn Sichem liebt das Mädchen; gebt sie ihm
doch zur Frau! 9 Warum sollen wir uns nicht mitein-
ander verschwägern? Gebt uns eure Töchter, und
heiratet ihr unsere Töchter! 10 Unser Gebiet steht
euch zur Verfügung. Werdet hier bei uns ansässig
und tauscht eure Erzeugnisse gegen die unseren.
Wenn ihr wollt, könnt ihr auch Grund und Boden
erwerben.«
11 Sichem sagte zu Dinas Vater und zu ihren Brü-
dern: »Schlagt meine Bitte nicht ab! Ich will euch
alles geben, was ihr verlangt. 12 Ihr könnt den Braut-

Alter kanaanitischer Kultur begegneten die Israeliten in der Stadt Sichem am Fuß des Berges Garizim. Im Bild ausgegrabene Mauerreste aus vorisraelitischer Zeit.

33,19 Jos 24,32; Joh 4,5 **34,1** 30,21

preis* und die Hochzeitsgabe für die Braut so hoch ansetzen, wie ihr wollt; ich zahle alles, wenn ich nur das Mädchen zur Frau bekomme.«

13 Die Söhne Jakobs gaben Sichem und seinem Vater Hamor eine hinterlistige Antwort, weil Sichem ihre Schwester Dina geschändet hatte. 14 Sie sagten: »Wir können unsere Schwester nicht einem unbeschnittenen Mann geben; das geht gegen unsere Ehre. 15 Wir werden auf eure Bitte nur eingehen, wenn ihr uns gleich werdet und alle männlichen Bewohner eurer Stadt sich beschneiden* lassen. 16 Dann geben wir euch unsere Töchter, und wir können eure Töchter heiraten; dann wollen wir bei euch bleiben und mit euch zusammen ein einziges Volk bilden. 17 Wenn ihr darauf nicht eingeht, nehmen wir das Mädchen und ziehen weg.«

18 Hamor und sein Sohn Sichem fanden den Vorschlag gut. 19 Der junge Mann nahm die Angelegenheit sogleich in die Hand, denn er liebte das Mädchen, und alle in seiner Familie hörten auf ihn. 20 Hamor und Sichem gingen zum Versammlungsplatz am Tor und trugen die Sache den Männern ihrer Stadt vor.

Sie sagten: 21 »Diese Leute kommen in friedlicher Absicht zu uns; lassen wir sie doch bei uns wohnen und ihren Geschäften nachgehen. Es ist Platz genug für sie im Land. Wir wollen uns durch gegenseitige Heirat mit ihnen verbinden. 22 Sie sind bereit, bei uns zu bleiben und sich mit uns zu einem einzigen Volk zu vereinen. Nur eine Bedingung stellen sie: dass alle männlichen Bewohner unserer Stadt beschnitten werden, so wie es bei ihnen Brauch ist. 23 Wir wollen ihnen diese Bedingung erfüllen, dann werden sie unter uns wohnen und ihre Herden und ihr ganzer Besitz werden uns gehören!«

24 Die Männer der Stadt hörten auf die beiden, und alles, was männlich war, wurde beschnitten. 25 Am dritten Tag aber, als sie im Wundfieber lagen, nahmen Dinas Brüder Simeon und Levi ihre Schwerter, drangen in die unbewachte Stadt ein und töteten alle männlichen Bewohner.[a] 26 Sie erschlugen auch Hamor und Sichem, holten ihre Schwester aus Sichems Haus und nahmen sie mit.

27 Dann raubten die Söhne Jakobs die Erschlagenen aus und plünderten die Stadt. So rächten sie sich dafür, dass Sichem ihre Schwester geschändet hatte. 28 Sie nahmen alle Schafe und Ziegen, Rinder, Esel und was sonst noch an Tieren in der Stadt und auf dem freien Feld war 29 und raubten alles, was sie in den Häusern fanden. Auch die Frauen und Kinder schleppten sie als Beute weg.

30 Jakob aber sagte zu Simeon und Levi: »Ihr habt mich ins Unglück gebracht! Die Bewohner des Landes, die Kanaaniter* und die Perisiter, werden mich jetzt hassen wie einen Todfeind. Ich habe nur eine Hand voll Leute. Wenn sich alle gegen uns zusammentun, ist es um uns geschehen; sie bringen mich um mit meiner ganzen Familie!«

31 Aber die beiden erwiderten: »Wir konnten doch nicht hinnehmen, dass er unsere Schwester wie eine Hure behandelt hat!«

Jakob kommt nach Bet-El

35 Gott sagte zu Jakob: »Zieh von hier weg und geh nach Bet-El! Bleib dort und baue mir einen Altar; denn dort bin ich dir erschienen, als du vor deinem Bruder Esau fliehen musstest.«

2 Da befahl Jakob seiner ganzen Familie samt den Sklaven und Sklavinnen: »Schafft alles fort, was mit fremden Göttern zu tun hat! Reinigt euch und zieht frische Kleider an! 3 Wir gehen miteinander nach Bet-El. Dort will ich einen Altar bauen für den Gott, der mich in der Not gehört hat und mir auf dem ganzen Weg zur Seite gestanden ist.«

4 Alle gaben Jakob ihre Götterfiguren* und die Ohrringe, die sie als Amulette trugen, und er vergrub sie unter der großen Eiche bei Sichem. 5 Dann machten sie sich auf den Weg. Gott aber ließ über die Bewohner der umliegenden Städte einen solchen Schrecken kommen, dass sie es nicht wagten, sie zu verfolgen.

6 So kam Jakob mit allen seinen Leuten nach Lus im Land Kanaan*, das auch Bet-El heißt. 7 Er baute dort einen Altar und nannte die Opferstätte El-Bet-El (Gott von Bet-El); denn hier war ihm Gott erschienen, als er vor seinem Bruder fliehen musste.[b]

8 Damals starb Debora, die Amme Rebekkas. Sie begruben sie unter der Eiche bei Bet-El, die davon den Namen Klageeiche erhielt.

Gott wiederholt sein Versprechen

9 Als Jakob aus Mesopotamien zurückkehrte, erschien ihm Gott ein zweites Mal. Er segnete ihn 10 und sagte: »Du sollst von jetzt an nicht mehr Jakob heißen, sondern Israel.« So gab er ihm den Namen Israel.[c]

11 Weiter sagte Gott: »Ich bin der Gewaltige*. Sei fruchtbar und vermehre dich![d] Deine Nachkommen sollen zu einem ganzen Volk, ja zu einem Verband von Völkern werden, und sogar Könige werden von dir abstammen. 12 Dir und deinen Nachkommen will ich das Land geben, das ich Abraham und Isaak zugesprochen habe.«

13 Als Gott zu Ende gesprochen hatte, fuhr er von dem Ort, an dem er mit Jakob geredet hatte, in den Himmel empor. 14 Jakob errichtete an dieser Stelle ein Steinmal, goss darüber Wein als Trankopfer* aus und besprengte es mit Öl. 15 Er nannte den Ort, an dem Gott mit ihm gesprochen hatte, Bet-El (Haus Gottes).

a Die familiäre Verbindung von Israeliten und ursprünglichen Landesbewohnern ist nach Dtn 7,2-4 untersagt, weil sie die ständige Versuchung zur Verehrung fremder Götter mit sich führt. Die Rache der Brüder lässt von einer Einsicht in solche Zusammenhänge nichts spüren. Ihre Wesensart wird deutlich charakterisiert und zugleich verurteilt in 49,5-6.
b Jakob ist an den Ausgangspunkt seiner Flucht zurückgekehrt und löst das Versprechen ein, das er Gott für den Fall seiner glücklichen Rückkehr gegeben hat (28,20-22; über Bet-El siehe Anmerkung zu 28,17).
c Siehe die Anmerkungen zu 25,26 und 32,29.
d Siehe Anmerkung zu 8,17.

34,15 17,9-14S **34,25-29** 49,5-7 **35,1** 28,11-17 **35,2** Ex 19,10 **35,4** Jos 24,26 **35,8** 24,59 **35,10** 32,29 **35,11** 12,2S **35,12** 12,7S; 26,3 **35,14-15** 28,18-19

Rahel stirbt bei Benjamins Geburt

16 Dann zog Jakob mit seiner Familie von Bet-El wei-
ter. Als sie nur noch ein kleines Stück von Efrata ent-
fernt waren, setzten bei Rahel die Wehen ein. Sie
hatte eine sehr schwere Geburt.
17 Während sie sich unter großen Schmerzen
abmühte, rief ihr die Hebamme zu: »Hab keine
Angst! Du hast wieder einen Sohn!« 18 Aber Rahel
spürte, dass es mit ihr zu Ende ging. Deshalb nannte
sie das Kind Ben-Oni; aber sein Vater nannte es
Benjamin.[a]
19 Rahel starb, und Jakob begrub sie dort an der
Straße nach Efrata, das jetzt Betlehem heißt. 20 Er
stellte auf ihrem Grab einen Denkstein auf; der steht
dort noch heute als Grabmal Rahels.
21 Dann zog er weiter und schlug seine Zelte hinter
Migdal-Eder auf. 22a Dort geschah es, dass Ruben ein-
mal zu Bilha, der Nebenfrau seines Vaters, ging und
mit ihr schlief. Als Jakob davon erfuhr, empfand er es
als eine schwere Kränkung.°

Liste der Söhne und Frauen Jakobs. Isaaks Tod

(1 Chr 2,1-2)

22b Jakob hatte zwölf Söhne. 23 Die Söhne, die Lea
geboren hatte, waren: Ruben, der Erstgeborene,
Simeon, Levi, Juda, Issachar und Sebulon. 24 Die
Söhne, die Rahel geboren hatte, waren: Josef und
Benjamin. 25 Die Söhne von Bilha, der Dienerin
Rahels, waren Dan und Naftali, 26 die von Silpa,
der Dienerin Leas, waren Gad und Ascher.
Das sind die Söhne Jakobs, die ihm in Mesopota-
mien geboren wurden.
27 Zuletzt kam Jakob zu seinem Vater Isaak nach
Mamre bei Kirjat-Arba, das jetzt Hebron heißt. Dort
hatten Abraham und Isaak als Fremde in diesem
Land gelebt.
28 Isaak wurde 180 Jahre alt. 29 Dann starb er, gesät-
tigt von einem langen und erfüllten Leben, und wur-
de im Tod mit seinen Vorfahren vereint. Seine bei-
den Söhne Esau und Jakob begruben ihn.

Esau und seine Frauen. Ihre Nachkommen: die Edomiter

(1 Chr 1,34-37)

36 Hier ist die Liste der Nachkommen[b] Esaus,
der auch Edom heißt:
2 Esau hatte drei Frauen aus dem Land Kanaan*
geheiratet: die Hetiterin Ada, eine Tochter Elons,
die Hiwiterin Oholibama, eine Tochter Anas und
Enkelin Zibons, 3 sowie Basemat, eine Tochter
Ismaëls und Schwester Nebajots. 4 Ada gebar Elifas,
Basemat gebar Reguël, 5 und Oholibama gebar
Jëusch, Jalam und Korach. Alle diese Söhne wurden
Esau im Land Kanaan geboren.
6 Später zog Esau von seinem Bruder Jakob weg in
ein anderes Land. Seine Frauen, seine Söhne und
Töchter und alle seine Leute nahm er mit, ebenso
seine Herden und seinen ganzen Besitz, den er im
Land Kanaan erworben hatte. 7 Die beiden Brüder
waren zu reich, um auf die Dauer zusammenbleiben
zu können; es gab im Land nicht genügend Weide
für ihre großen Viehherden. 8 Deshalb nahm
Esau – das ist Edom – seinen Wohnsitz im Bergland
Seïr*.
9 Dies ist die Liste der Nachkommen Esaus, des
Stammvaters der Edomiter*, die auf dem Bergland
Seïr leben: 10 Von seinen Frauen Ada und Basemat
hatte Esau je einen Sohn: Elifas und Reguël. 11 Elifas
wurde der Vater von Teman, Omar, Zefo, Gatam
und Kenas. 12 Seine Nebenfrau Timna gebar ihm
außerdem noch Amalek. Diese alle stammen von
Esaus Frau Ada ab. 13 Reguël wurde der Vater von
Nahat, Serach, Schamma und Misa. Sie alle stammen
von Esaus Frau Basemat ab. 14 Oholibama aber, die
Tochter Anas und Enkelin Zibons, gebar Esau die
Söhne Jëusch, Jalam und Korach.
15 Von Esau leiten sich die Stämme der Edomiter
mit ihren Oberhäuptern her. Von Elifas, dem Erstge-
borenen Esaus, stammen: Teman, Omar, Zefo, Ke-
nas, 16 Gatam und Amalek.° Sie alle gehen auf Esaus
Frau Ada zurück. 17 Von Esaus zweitem Sohn Reguël
stammen: Nahat, Serach, Schamma und Misa. Sie
gehen auf Esaus Frau Basemat zurück. 18 Von Esaus
Frau Oholibama, der Tochter Anas, stammen:
Jëusch, Jalam und Korach. 19 Alle diese Stämme und
ihre Oberhäupter sind Nachkommen Esaus. Sie bil-
den zusammen das Volk der Edomiter.8

Die Nachkommen Seïrs

(1 Chr 1,38-42)

20–21 Die ursprünglichen Bewohner des Landes
Edom* sind Nachkommen des Horiters Seïr. Dessen
Söhne waren: Lotan, Schobal, Zibon, Ana, Dischon,
Ezer und Dischan. Von ihnen leiten sich die Stämme
der Horiter ab.[c]
22 Der Stamm Lotan verzweigt sich in die Sippen
Hori und Hemam; auch die Stadt Timna gehört zu
diesem Stamm.°
23 Der Stamm Schobal verzweigt sich in die Sippen
Alwan, Manahat, Ebal, Schefi und Onam.
24 Der Stamm Zibon verzweigt sich in die Sippen
Aja und Ana. Ana war es, der in der Wüste eine Quel-
le° fand, als er die Esel seines Vaters Zibon hütete.
25 Der Stamm Ana verzweigt sich in die Sippen
Dischon und Oholibama. Oholibama war eine Toch-
ter von Ana.
26 Der Stamm Dischon verzweigt sich in die Sip-
pen Hemdan, Eschban, Jitran und Keran.
27 Der Stamm Ezer verzweigt sich in die Sippen Bil-
han, Saawan und Akan.

a Die Namen bedeuten »Schmerzenskind« und »Glückskind«.
b Wörtlich *Dies ist die Geschichte.* Im Hebräischen steht dasselbe Wort wie in 5,1; vgl. die Anmerkung dort.
c Der Name kennzeichnet die Horiter möglicherweise als Höhlenbewohner (Hor = Höhle). Zu ihrer Verdrängung durch die Edomiter vgl. Dtn 2,12.22.

35,22a 49,4; Lev 18,8 **35,27** 13,18 **36,2-3** 24,3S **36,7** 13,6 **36,20-21** Dtn 2,12

a Wörtlich *Israel**.
b Zumindest der erste Traum geht wörtlich in Erfüllung (vgl. 42,6.9; 50,18). Aber vorher muss Josef einen Läuterungsweg gehen, der ihn an den Rand des Todes führt. So wird er reif, am Ende Gott die Ehre zu geben (50,20).
c Wörtlich *Israel**.

[28] Der Stamm Dischan verzweigt sich in die Sippen Uz und Aran.
[29–30] Dies also sind die Stämme der Horiter im Land Seïr nach der Reihenfolge ihrer Stammväter: Lotan, Schobal, Zibon, Ana, Dischon, Ezer, Dischan.

Die Könige der Edomiter

(1 Chr 1,43-50)

[31] In der Zeit, bevor es in Israel einen König gab, herrschten über das Land Edom* nacheinander° die folgenden Könige:

[32] Bela, der Sohn Beors, in der Stadt Dinhaba;
[33] Jobab, der Sohn Serachs, aus der Stadt Bozra;
[34] Huscham aus dem Gebiet des Stammes Teman;
[35] Hadad, der Sohn Bedads, in der Stadt Awit; er besiegte die Midianiter* in einer Schlacht auf dem Gebiet von Moab*;
[36] Samla aus der Stadt Masreka;
[37] Schaul aus der Stadt Rehobot am Fluss;
[38] Baal-Hanan, der Sohn Achbors;
[39] Hadad in der Stadt Pagu; seine Frau Mehetabel war eine Tochter Matreds und Enkelin Me-Sahabs.

Noch eine Stammesliste der Edomiter

(1 Chr 1,51-54)

[40] Dies sind die Oberhäupter der Nachkommen Esaus, die auch ihren Stämmen und Städten den Namen gegeben haben: Timna, Alwa, Jetet, [41] Oholibama, Ela, Pinon, [42] Kenas, Teman, Mibzar, [43] Magdiël und Iram. Dies sind die Stämme Edoms und ihre Wohnsitze in dem Land, das sie in Besitz genommen haben.

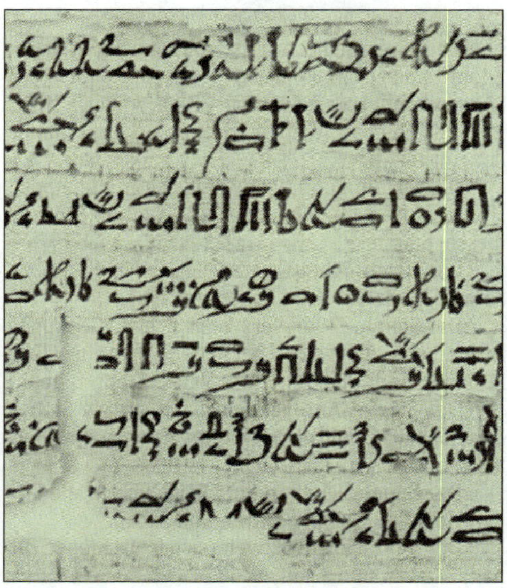

Träume spielen in der Josefsgeschichte eine wichtige Rolle. Sie galten im Altertum als verschlüsselte Voraussagen zukünftiger Ereignisse (vgl. 41,25; Dan 2,28-29). Die in 41,8 erwähnten »Gelehrten Ägyptens« waren auch Fachleute der Traumdeutung. Sie schreiben ganze Bücher darüber. Das Bild zeigt einen Ausschnitt aus einem solchen Buch, das etwa aus der Zeit Josefs stammt.

Dies ist die Nachkommenschaft Esaus, von dem die Edomiter* abstammen.

JOSEF UND SEINE BRÜDER

(Kapitel 37–50)

Josef hat prophetische Träume

37 Jakob nahm seinen Wohnsitz im Land Kanaan*, dem Land, in dem schon sein Vater als Fremder gelebt hatte. [2] Dies ist die Familiengeschichte Jakobs:

Jakobs Sohn Josef war noch ein junger Bursche von siebzehn Jahren. Er half seinen Brüdern, den Söhnen von Bilha und Silpa, beim Hüten der Schafe und Ziegen. Er hinterbrachte seinem Vater immer, was die Leute sich von dem Treiben seiner Brüder erzählten.

[3] Jakob[a] hatte Josef von allen seinen Söhnen am liebsten, weil er ihm erst im Alter geboren worden war. Deshalb ließ er ihm ein prächtiges Gewand machen. [4] Als seine Brüder sahen, dass der Vater ihn mehr liebte als sie alle, begannen sie ihn zu hassen und konnten kein freundliches Wort mehr mit ihm reden.

[5] Einmal hatte Josef einen Traum. Als er ihn seinen Brüdern erzählte, wurde ihr Hass noch größer. [6] »Ich will euch sagen, was ich geträumt habe«, fing Josef an. [7] »Wir waren miteinander auf dem Feld, schnitten Getreide und banden es in Garben. Auf einmal stellt sich meine Garbe auf und bleibt stehen. Und eure Garben, die stellen sich im Kreis um sie herum und verneigen sich vor meiner.«

[8] Seine Brüder sagten zu ihm: »Du willst wohl noch König werden und über uns herrschen?« Wegen seiner Träume und weil er sie so offen erzählte, hassten ihn seine Brüder noch mehr.

[9] Er hatte nämlich noch einen anderen Traum, und auch den erzählte er ihnen. »Ich habe noch einmal geträumt«, sagte er. »Ich sah die Sonne, den Mond und elf Sterne. Stellt euch vor: Die alle verneigten sich vor mir.«

[10] Als er das seinem Vater und seinen Brüdern erzählte, fuhr sein Vater ihn an und sagte: »Was ist das für ein dummer Traum, den du da geträumt hast? Ich und deine Mutter und deine Brüder, wir alle sollen uns vor dir niederwerfen?«

[11] Die Brüder waren eifersüchtig auf Josef; aber sein Vater behielt die Sache im Gedächtnis.[b]

Die Brüder verkaufen Josef nach Ägypten

[12] Einmal waren Josefs Brüder unterwegs; sie weideten die Schafe und Ziegen ihres Vaters in der Nähe von Sichem. [13] Da sagte Jakob[c] zu Josef: »Du weißt,

37,2b (Josef) 30,22-24; (Bilha, Silpa) 30,4-13

deine Brüder sind mit den Herden bei Sichem. Ich
will dich zu ihnen schicken.«
»Ich bin bereit«, antwortete Josef.
14 Sein Vater gab ihm den Auftrag: »Geh hin und
sieh, ob es deinen Brüdern gut geht und ob auch
bei den Herden alles in Ordnung ist. Dann komm
wieder und bring mir Nachricht!«
So schickte Jakob ihn aus dem Tal von Hebron
nach Sichem.
15 Dort traf ihn ein Mann, wie er auf dem Feld
umherirrte, und fragte ihn: »Was suchst du?«
16 »Ich suche meine Brüder«, sagte Josef, »kannst
du mir sagen, wo sie ihre Herden weiden?«
17 Der Mann antwortete: »Sie sind nicht mehr hier.
Ich hörte, wie sie sagten: ›Wir wollen nach Dotan
gehen!‹«
Da ging Josef ihnen nach und fand sie in Dotan.[a]
18 Die Brüder sahen Josef schon von weitem. Noch
bevor er herangekommen war, stand ihr Entschluss
fest, ihn umzubringen. 19 Sie sagten zueinander: »Da
kommt der Kerl, dem seine Träume zu Kopf gestie-
gen sind! 20 Schlagen wir ihn doch tot und werfen
ihn in die nächste Zisterne! Wir sagen einfach: Ein
Raubtier hat ihn gefressen. Dann wird man schon
sehen, was aus seinen Träumen wird!«
21 Als Ruben das hörte, wollte er Josef retten.
»Lasst ihn am Leben!«, sagte er. 22 »Vergießt kein
Blut! Werft ihn in die Zisterne da drüben in der Step-
pe, aber vergreift euch nicht an ihm!« Er hatte die
Absicht, Josef heimlich herauszuziehen und zu sei-
nem Vater zurückzubringen.
23 Als Josef bei ihnen ankam, zogen sie ihm sein
Obergewand aus, das Prachtgewand, das er anhatte.
24 Dann packten sie ihn und warfen ihn in die Zis-
terne. Die Zisterne war leer; es war kein Wasser dar-
in. 25 Dann setzten sie sich zum Essen.
Auf einmal sahen sie eine Karawane von ismaëli-
tischen Kaufleuten aus der Richtung von Gilead*
herankommen. Die Ismaëliter waren auf dem Weg
nach Ägypten; ihre Kamele waren mit den kostbaren
Harzen Tragakant, Mastix und Ladanum* beladen.[b]
26 Da sagte Juda zu seinen Brüdern: »Was nützt es
uns, wenn wir unseren Bruder umbringen? Wir
werden nur schwere Blutschuld auf uns laden.
27 Lassen wir ihn leben und verkaufen ihn den Ismaë-
litern; er ist doch unser Bruder, unser eigen Fleisch
und Blut!«
Die anderen waren einverstanden. 28 Als die rei-
senden Kaufleute herankamen, zogen sie Josef aus
der Zisterne. Sie verkauften ihn[c] für 20 Silberstücke*
an die Ismaëliter, die ihn nach Ägypten mitnahmen.
29 Als nun Ruben wieder zur Zisterne kam, war
Josef verschwunden. Entsetzt zerriss er seine Klei-
der, 30 ging zu seinen Brüdern und rief: »Der Junge
ist nicht mehr da! Was mache ich nur? Wo bleibe
ich jetzt?«
31 Die Brüder schlachteten einen Ziegenbock und
tauchten Josefs Prachtgewand in das Blut. 32 Sie
brachten das blutbefleckte Gewand zu ihrem Vater
und sagten: »Das haben wir gefunden! Ist es viel-
leicht das Gewand deines Sohnes?«
33 Jakob erkannte es sogleich und schrie auf:
»Mein Sohn! Es ist von meinem Sohn! Ein Raubtier
hat ihn gefressen! Zerfleischt ist Josef, zerfleischt!«
34 Er zerriss seine Kleider, band den Sack* um
seine Hüften und betrauerte Josef lange Zeit. 35 Alle
seine Söhne und Töchter kamen zu ihm, um ihn
zu trösten, aber er wollte sich nicht trösten lassen.
»Nein«, beharrte er, »voll Kummer und Gram gehe
ich zu meinem Sohn in die Totenwelt* hinunter!«
So sehr hatte ihn der Verlust getroffen.
36 Die Kaufleute[d] aber brachten Josef nach Ägyp-
ten und verkauften ihn dort an Potifar, einen Hof-
beamten des Pharaos, den Befehlshaber der könig-
lichen Leibwache.

Die mutige Tamar holt sich ihr Recht

38 Um diese Zeit trennte sich Juda von seinen
Brüdern und zog hinunter ins Hügelland. Er
wohnte in Adullam bei einem Mann namens Hira.
2 Dort sah er die Tochter des Kanaaniters* Schua
und heiratete sie. 3 Sie wurde schwanger und gebar
einen Sohn, dem er den Namen Er gab. 4 Dann wur-
de sie wieder schwanger und gebar einen zweiten
Sohn; den nannte sie Onan. 5 Und den dritten Sohn
nannte sie Schela. Als dieser geboren wurde, war
Juda gerade in Kesib.
6 Juda verheiratete Er, seinen erstgeborenen Sohn,
mit einer Frau namens Tamar. 7 Aber sein Erstgebore-
ner tat, was dem HERRN missfällt, und der HERR ließ
ihn sterben. 8 Da sagte Juda zu Onan: »Dein Bruder
hat deine Schwägerin kinderlos hinterlassen. Du bist
verpflichtet, für deinen Bruder einen Sohn zu zeu-
gen, damit sein Geschlecht nicht ausstirbt.«[e]
9 Onan war es klar, dass das Kind nicht ihm gehö-
ren würde. Deshalb ließ er jedes Mal, wenn er mit
Tamar schlief, seinen Samen auf die Erde fallen,
um seinem Bruder keine Nachkommen zu verschaf-
fen. 10 Das missfiel dem HERRN und er ließ auch Onan
sterben.
11 Da sagte Juda zu seiner Schwiegertochter Tamar:
»Bleib jetzt als Witwe im Haus deines Vaters, bis
mein Sohn Schela alt genug ist.« In Wahrheit aber
dachte er: »Ich will nicht auch noch den letzten Sohn
verlieren.« So kehrte Tamar ins Haus ihres Vaters
zurück und blieb dort.
12 Nach einiger Zeit starb Judas Frau, die Tochter
Schuas. Als die Trauerzeit vorüber war, ging Juda
mit seinem Freund Hira auf die Berge nach Timna,
um nach den Männern zu sehen, die gerade seine
Schafe schoren.

37,28 Ps 105,17 **38,8** Dtn 25,5-10

a Nördlich des späteren Samaria (siehe Karte Seite 443; zu Sichem und Hebron vgl. auch Seite 67).
b Die genannten Harze wurden als Räucherstoffe und als Grundstoffe für die Salbenbereitung hoch geschätzt.
c *Als die reisenden Kaufleute ...:* wörtlich *Da kamen midianitische Kaufleute vorbei, zogen Josef aus der Zisterne und verkauften ihn ...*
d Wörtlich *Die Medaniter;* vgl. Anmerkung zu Vers 28 (Medan und Midian sind nach 25,2 arabische Bruderstämme).
e Der Mensch des Altertums sieht sich in seinen Nachkommen fortleben; vgl. Anmerkung zu 16,2. Deshalb ist kinderlos zu sterben zweifacher Tod. Die gesetzliche Einrichtung der Schwagerehe* soll dem kinderlos Verstorbenen noch nachträglich einen Erben verschaffen.

Josef

Die wichtigsten Ereignisse im Leben Josefs

Josef wird geboren als Sohn Jakobs und seiner Lieblingsfrau Rahel.	Genesis 30,22-24
Jakob kehrt nach Kanaan zurück und lässt sich bei Hebron nieder. Josef ist sein Lieblingskind; Rahel stirbt bei der Geburt Benjamins. Josef erfährt durch Träume von seiner künftigen Machtstellung und weckt die Eifersucht seiner Brüder.	Genesis 37,1-11
Die Brüder verkaufen Josef an Händler, die ihn nach Ägypten mitnehmen. Dort kauft ihn Potifar, ein Beamter am Hof des Pharaos, als Sklaven.	Genesis 37,12-36
Potifars Frau beschuldigt Josef, er habe sie vergewaltigen wollen. Josef muss ins Gefängnis.	Genesis 39
Josef deutet die Träume seiner Mitgefangenen – des Mundschenks und des obersten Bäckers am Hof des Pharaos –, und seine Deutung erfüllt sich.	Genesis 40
Auch der Pharao hat einen Traum. Josef wird aus dem Gefängnis geholt, um den Traum zu deuten. Er sagt sieben Jahre voll Überfluss und sieben Hungerjahre voraus. Der Pharao gibt Josef Vollmacht, die notwendigen Maßnahmen zu treffen.	Genesis 41,1-44
Josef heiratet eine ägyptische Frau und bekommt zwei Söhne: Manasse und Efraïm.	Genesis 41,45-52
Zur Zeit der Hungersnot kommen Josefs Brüder nach Ägypten, um Korn zu kaufen. Josef erkennt sie. Er hält Simeon als Geisel fest und verlangt von den anderen, auch ihren jüngsten Bruder Benjamin herzubringen.	Genesis 42
Die Brüder kommen mit Benjamin nach Ägypten. Josef stellt sie auf die Probe und gibt sich ihnen schließlich zu erkennen.	Genesis 43–45
Jakob kommt nach Ägypten, und Josef sieht seinen Vater wieder. Die Familie Jakobs lässt sich in der Nähe Josefs in der Landschaft Goschen nieder.	Genesis 46,1–47,12
Josefs Söhne empfangen den Segen ihres Großvaters.	Genesis 48
Josef bringt Jakobs Leichnam nach Kanaan, um ihn dort beizusetzen. Den Rest seines Lebens bleibt er in Ägypten. Bevor er stirbt, lässt er seine Brüder schwören, seinen Leichnam mitzunehmen, wenn sie einmal nach Kanaan zurückkehren.	Genesis 50

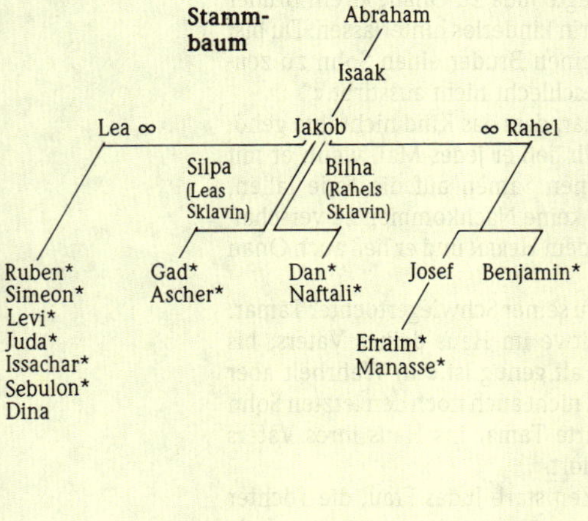

*Stammväter der Stämme Israels

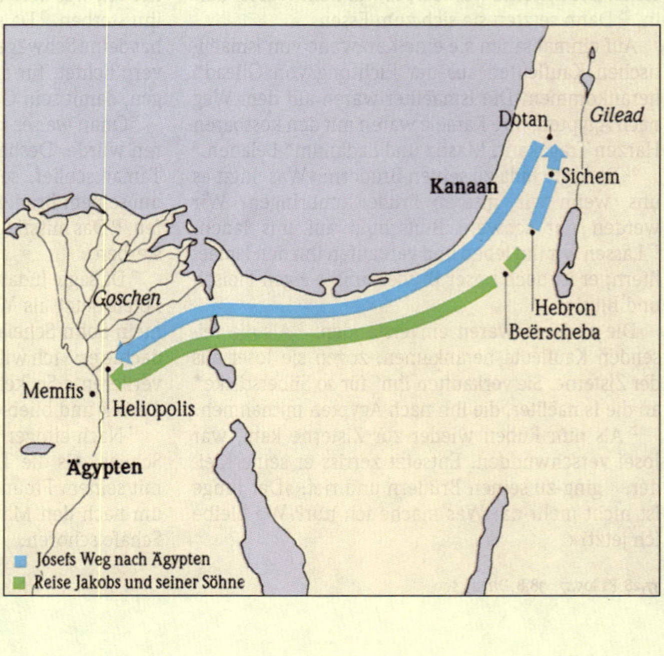

Josef und seine Familie kommen nach Ägypten

Die Wandzeichnungen im Grabmal des Menna (Luxor, um 1400 v. Chr.) zeigen Ägypter bei der Getreideernte. Während der sieben fruchtbaren Jahre ließ Josef die Ernteüberschüsse in zentral gelegene Getreidespeicher bringen.

Potifar und der Königsstellvertreter Josef mögen ähnlich gekleidet gewesen sein wie dieser hohe ägyptische Beamte der damaligen Zeit.

Der Pharao gab Josef seinen eigenen Siegelring mit dem königlichen Zeichen. Der abgebildete Ring trägt den Namen von Tutanchamun.

Kamele beim Pflügen und (oben links) beim Bewässern des Ackerbodens. Künstliche Bewässerung ist für die ägyptische Landwirtschaft immer lebensnotwendig gewesen.

13 Als Tamar hörte, dass ihr Schwiegervater auf dem Weg nach Timna war, 14 legte sie ihre Witwenkleider ab, verhüllte ihr Gesicht mit einem Schleier und setzte sich an die Straße nach Timna, dort, wo der Weg nach Enajim abzweigt. Sie hatte genau gemerkt, dass Schela inzwischen erwachsen war und Juda nicht von ferne daran dachte, sie nun seinem Sohn zur Frau zu geben.

15 Als Juda sie verschleiert am Wegrand sitzen sah, hielt er sie für eine Prostituierte. 16 Er ging zu ihr hin und sagte: »Lass mich mit dir schlafen.« Er wusste ja nicht, dass es seine Schwiegertochter war.

»Was gibst du mir dafür?«, fragte sie.

17 Er sagte: »Ich schicke dir ein Ziegenböckchen von meiner Herde.«

»Gut, aber du musst mir ein Pfand dalassen.«

18 »Was soll es sein?«

»Das Band mit deinem Siegelring und der geschnitzte Stock in deiner Hand.«

Juda gab ihr, was sie wollte. Dann schlief er mit ihr und sie wurde schwanger. 19 Sie ging wieder weg, legte den Schleier ab und zog ihre Witwenkleider an.

20 Juda schickte seinen Freund aus Adullam mit dem Ziegenböckchen, um die Pfänder einzulösen. Aber die Frau war nicht mehr zu finden.

21 Der Freund fragte die Leute aus Enajim: »Wo ist denn die geweihte* Frau, die hier an der Straße saß?«

Sie sagten: »Hier gibt es keine geweihte Frau.«

22 Er kehrte zu Juda zurück und berichtete ihm: »Ich habe sie nicht gefunden, und auch die Leute dort erinnern sich nicht an eine solche Frau.«

23 »Soll sie die Sachen behalten«, sagte Juda. »Wenn wir weiter nachforschen, komme ich noch ins Gerede. Ich habe mein Versprechen gehalten, aber du hast sie nicht gefunden.«

24 Nach etwa drei Monaten bekam Juda die Nachricht: »Deine Schwiegertochter Tamar hat Hurerei getrieben und ist davon schwanger geworden!«

»Führt sie vor das Dorf!«, befahl Juda. »Sie muss verbrannt werden.«

25 Als man sie hinausführen wollte, schickte Tamar ihrem Schwiegervater die Pfänder und ließ ihm sagen: »Sieh dir einmal den Siegelring und den Stock da an! Von dem Mann, dem das gehört, bin ich schwanger.«

26 Juda sah sich die Sachen genau an und sagte dann: »Sie ist im Recht, die Schuld liegt bei mir.[a] Ich hätte sie meinem Sohn Schela zur Frau geben müssen.«

Er nahm sie in sein Haus, schlief aber nicht wieder mit ihr.

27 Als für Tamar die Zeit der Entbindung kam, zeigte es sich, dass sie Zwillinge hatte. 28 Während der Geburt streckte der eine seine Hand heraus. Die Hebamme band einen roten Faden um das Handgelenk und sagte: »Der ist der Erstgeborene.«

29 Er zog seine Hand aber wieder zurück und sein Bruder kam zuerst heraus. Die Hebamme sagte: »Mit was für einem Riss hast du dir den Vortritt erzwungen!« Deshalb nannte man ihn Perez.

30 Erst dann kam der mit dem roten Faden heraus; ihn nannte man Serach.[b]

Josef bei Potifar. Konflikt mit dessen Frau

39 Josef war von den ismaëlitischen Kaufleuten nach Ägypten gebracht worden. Ein Mann namens Potifar, ein Hofbeamter des Pharaos, der Befehlshaber der königlichen Leibwache, kaufte ihn den Ismaëlitern ab. 2 Josef wurde in seinem Haus beschäftigt. Gott° aber half ihm, sodass ihm alles glückte, was er tat.

3 Weil der Ägypter sah, dass Gott Josef beistand und ihm alles gelingen ließ, 4 fand Josef seine Gunst. Er machte ihn zu seinem persönlichen Diener, übergab ihm sogar die Aufsicht über sein Hauswesen und vertraute ihm die Verwaltung seines ganzen Besitzes an.

5 Von diesem Zeitpunkt an lag der Segen Gottes auf Potifar; Josef zuliebe ließ Gott im Haus und auf den Feldern alles gedeihen. 6 Sein Herr überließ Josef alles und kümmerte sich zu Hause um nichts mehr außer um sein eigenes Essen.

Josef war ein ausnehmend schöner Mann. 7 So kam es, dass Potifars Frau ein Auge auf ihn warf. Eines Tages forderte sie ihn auf: »Komm mit mir ins Bett!«

8 Josef wies sie ab: »Mein Herr hat mir seinen ganzen Besitz anvertraut und kümmert sich selbst um nichts mehr in seinem Haus. 9 Er gilt hier nicht mehr als ich. Nichts hat er mir vorenthalten außer dich, seine Frau! Wie könnte ich da ein so großes Unrecht begehen und mich gegen Gott versündigen?«

10 Tag für Tag redete sie auf Josef ein, aber er gab ihr nicht nach. 11 Einmal hatte Josef im Haus zu tun; niemand von der Dienerschaft war gerade in der Nähe. 12 Da hielt sie ihn an seinem Gewand fest und sagte: »Komm jetzt mit ins Bett!« Er riss sich los und lief hinaus; das Gewand blieb in ihrer Hand zurück.

13 Als sie merkte, dass Josef fort war und sie sein Gewand in der Hand hielt, 14 rief sie die Dienerschaft herbei und sagte: »Seht euch das an! Mein Mann hat uns diesen Hebräer* ins Haus gebracht, der nun seinen Mutwillen mit uns treibt. Er drang bei mir ein und wollte mit mir ins Bett. Da habe ich laut geschrien. 15 Und als er mich schreien hörte, ließ er sein Gewand neben mir liegen und rannte davon.«

16 Sie legte Josefs Gewand neben sich und wartete, bis ihr Mann nach Hause kam. 17 Auch zu ihm sagte

a Tamar hat etwas Gewagtes und für unsere Begriffe Anstößiges getan; aber Juda stellt klar: Sie hat sich nur ihr verweigertes Recht geholt. Ob aus Wunsch nach einem Kind oder um das Geschlecht ihres verstorbenen Mannes zu erhalten (Vers 8), bleibt offen. Aber ähnlich wie die Moabiterin Rut ist sie durch ihre Tat zu einem Glied in der Generationenkette geworden, die zu Jesus Christus hinführt (Mt 1,3-5).

b *Perez* bedeutet »Riss«; *Serach* wird durch Anklang an »dieser« (= *Der;* Vers 28) gedeutet.

38,24b Jos 7,15S **39,1** Weish 10,13-14

sie: »Dein hebräischer Knecht, den du ins Haus
gebracht hast, drang bei mir ein und wollte sein Spiel
mit mir treiben; 18 und als ich laut zu schreien anfing,
ließ er sein Gewand neben mir liegen und rannte
davon.«

19 Als Potifar das hörte, packte ihn der Zorn. 20a Er
ließ Josef festnehmen und in das königliche Gefäng-
nis bringen.

Im Gefängnis deutet Josef Träume

20b Josef war nun also im Gefängnis. 21 Aber der HERR
in seiner Treue stand ihm bei. Er verschaffte ihm die
Gunst des Gefängnisverwalters.

22 Der Verwalter übertrug Josef die Aufsicht über
alle anderen Gefangenen, und alle Arbeiten im
Gefängnis geschahen unter Josefs Leitung. 23 Der
Verwalter vertraute ihm völlig und gab ihm freie
Hand; denn er sah, dass der HERR ihm beistand
und alles gelingen ließ, was er tat.

40 1-2 Bald danach ließen sich zwei höhere
Beamte des Pharaos etwas gegen den Pharao
zuschulden kommen, der oberste Mundschenk und
der oberste Bäcker. Ihr Herr, der Pharao, wurde zor-
nig auf sie 3 und ließ sie im Haus des Befehlshabers
seiner Leibwache in Haft halten, in dem Gefängnis,
in dem auch Josef war. 4 Der Befehlshaber der Leib-
wache teilte ihnen Josef als Diener zu.

Nach einiger Zeit 5 hatte jeder der beiden in der
Nacht einen Traum, der für ihn von Bedeutung
war. 6 Als Josef am Morgen bei ihnen eintrat, sah er
gleich, dass sie in schlechter Stimmung waren.
7 »Warum lasst ihr heute den Kopf hängen?«, fragte
er sie.

8 »Wir haben geträumt«, antworteten sie, »und
hier im Gefängnis haben wir keinen Traumdeuter,
der uns sagen kann, was es bedeutet.«

Josef sagte: »Träume zu deuten ist Gottes Sache.
Erzählt mir doch einmal, was ihr geträumt habt!«

9 Zuerst erzählte der oberste Mundschenk seinen
Traum: »Ich sah vor mir einen Weinstock, 10 und an
dem Weinstock waren drei Ranken. Der Saft stieg in
die Knospen, sie blühten auf, und schon reiften die
Trauben. 11 Ich hatte den Becher des Pharaos in der
Hand. Ich nahm die Trauben, presste sie über dem
Becher aus und reichte den Becher dem Pharao.«

12 Josef sagte: »Hier ist die Deutung: Die drei Ran-
ken sind drei Tage. 13 Heute in drei Tagen wird der
Pharao dich erhöhen[a] und dich wieder in dein Amt
einsetzen. Dann wirst du wieder wie früher sein
Mundschenk sein und ihm den Becher reichen.
14 Aber vergiss mich nicht, wenn es dir gut geht! Tu
mir den Gefallen und empfiehl mich dem Pharao!
Bring mich aus diesem Kerker heraus! 15 Man hat
mich aus dem Land der Hebräer* entführt, und auch
hier in Ägypten habe ich nichts Unrechtes getan. Ich
bin ohne jede Schuld in diesem Loch.«

16 Als der oberste Bäcker sah, dass Josef dem Traum
eine günstige Deutung gegeben hatte, sagte er:
»Auch ich hatte einen Traum, in dem ich selber vor-
kam! Auf dem Kopf trug ich drei Körbe mit Gebäck,
einen über dem andern. 17 Im obersten lagen Back-
waren für die Tafel des Pharaos. Da kamen Vögel
und fraßen den Korb leer.«

18 Josef sagte: »Hier ist die Deutung: Die drei Körbe
sind drei Tage. 19 Heute in drei Tagen wird der Pharao
dich erhöhen[b] und an einen Baum hängen. Dann
werden die Vögel dein Fleisch fressen.«

20 Drei Tage später feierte der Pharao seinen
Geburtstag. Er lud alle seine Hofbeamten zu einem
Festmahl ein. Da erhöhte er den obersten Mund-
schenk und den obersten Bäcker vor ihnen allen:
21 Den einen setzte er wieder in sein Amt ein und
er durfte ihm den Becher reichen, 22 den andern ließ
er hängen, genau wie Josef es vorausgesagt hatte.

23 Aber der oberste Mundschenk dachte nicht an
Josef; er hatte ihn schon vergessen.

Der Pharao träumt

41 Zwei volle Jahre waren vergangen, da hatte
der Pharao einen Traum. In dem Traum stand
er am Ufer des Nils, 2 und er sah: Aus dem Nil stiegen
sieben schöne, wohlgenährte Kühe und weideten
in dem Gras, das am Ufer wuchs. 3 Danach sah er
sieben andere Kühe aus dem Nil steigen, hässlich
und mager, die stellten sich neben sie. 4 Und die
mageren Kühe fielen über die fetten her und fraßen
sie auf.

Der Pharao wachte auf 5 und schlief noch einmal
ein. Wieder hatte er einen Traum, und er sah: Auf
einem einzigen Halm wuchsen sieben dicke, volle
Ähren. 6 Nach ihnen wuchsen sieben andere Ähren
auf, die blieben kümmerlich und waren vom Ost-
wind ausgedörrt. 7 Und die kümmerlichen Ähren
verschlangen die sieben dicken, vollen Ähren.

Da erwachte der Pharao und merkte, dass es ein
Traum gewesen war.

8 Am Morgen war er sehr beunruhigt und ließ alle
Gelehrten und Wahrsager Ägyptens rufen. Er er-
zählte ihnen, was er geträumt hatte, aber keiner
von ihnen konnte ihm sagen, was es bedeuten sollte.

9 Da wandte sich der oberste Mundschenk an den
Pharao und sagte: »Ich muss den Pharao heute an
meine früheren Verfehlungen erinnern. 10 Mein
Herr, der Pharao, war unzufrieden mit seinen Die-
nern, mit mir und mit dem obersten Bäcker, und ließ
uns im Haus des Befehlshabers der Leibwache gefan-
gen halten. 11 Dort hatte einmal jeder von uns beiden
einen Traum, der für ihn wichtig war, in derselben
Nacht.

12 Nun hatten wir im Gefängnis als Diener einen
jungen Hebräer*, einen Sklaven des Befehlshabers
der Leibwache; dem erzählten wir unsere Träume,

a *dich erhöhen:* wörtlich *dein Haupt erheben.*
b *dich erhöhen:* wörtlich *dein Haupt erheben von dir weg;* ein Wortspiel mit der entsprechenden Formulierung in Vers 13.

41,8 Dan 2,1-2

Riesige Standbilder in den Tempelbezirken zeugen von der gottähnlichen Stellung der ägyptischen Könige. Josef bekommt Teil an der Machtfülle Pharaos: »Ich bin und bleibe der Pharao; aber ohne deine Erlaubnis darf niemand im ganzen Land auch nur die Hand oder den Fuß bewegen.« (41,44)

und er erklärte jedem, was sein Traum bedeutete. 13 Und es ist alles genauso eingetroffen, wie er es vorausgesagt hatte: Ich wurde wieder in mein Amt eingesetzt und der andere wurde gehängt.«

Josef deutet die Träume des Pharaos

14 Sofort sandte der Pharao nach Josef und sie holten ihn aus dem Kerker. Er ließ sich die Haare schneiden, zog seine guten Kleider an und trat vor den Pharao. 15 Der sagte zu ihm: »Ich habe etwas geträumt, und niemand kann mir sagen, was es bedeutet. Man hat mir gesagt, dass du jeden Traum auf der Stelle deuten kannst.«

16 »Nicht ich!«, erwiderte Josef. »Die Antwort kommt von Gott, und er wird dem Pharao bestimmt etwas Gutes ankündigen.«

17 Da erzählte der Pharao: »In meinem Traum stand ich am Nil 18 und sah sieben schöne, wohlgenährte Kühe aus dem Wasser steigen und im Ufergras weiden. 19 Und dann stiegen sieben andere Kühe heraus, ganz elend und bis auf die Knochen abgemagert; ich habe in ganz Ägypten noch nie so hässliche gesehen. 20 Die mageren Kühe fraßen die fetten; 21 aber es half ihnen nichts, sie blieben so dürr und hässlich wie zuvor. Da wachte ich auf.

22 Dann hatte ich einen zweiten Traum: Ich sah, wie auf einem einzigen Halm sieben prächtige, volle Ähren wuchsen. 23 Danach sah ich sieben schwache, kümmerliche Ähren aufwachsen, ganz vom Ostwind ausgedörrt. 24 Und die kümmerlichen Ähren verschlangen die sieben vollen.

Ich habe es schon den Wahrsagern erzählt«, schloss der Pharao, »aber keiner konnte mir sagen, was es bedeutet.«

25 Da antwortete Josef: »Gott hat dem Pharao im Traum gezeigt, was er vorhat. Beide Träume bedeuten dasselbe; 26 es ist eigentlich ein einziger Traum. Die sieben fetten Kühe und die sieben prächtigen Ähren bedeuten sieben fruchtbare Jahre. 27 Die sieben mageren, hässlichen Kühe und die sieben kümmerlichen, vertrockneten Ähren bedeuten ebenso viele Hungerjahre.

28 Ich habe es schon gesagt: Damit will Gott dem Pharao ankündigen, was er in Kürze geschehen lässt. 29 In den nächsten sieben Jahren wird in ganz Ägypten Überfluss herrschen. 30–31 Aber dann kommen sieben Hungerjahre, da wird es mit dem Überfluss vorbei sein; man wird nichts mehr davon merken, und drückende Hungersnot wird im Land herrschen.

32 Dass der Pharao zweimal das Gleiche geträumt hat, bedeutet: Gott ist fest entschlossen, seinen Plan unverzüglich auszuführen.

33 Darum rate ich dem Pharao, einen klugen, einsichtigen Mann zu suchen und ihm Vollmacht über ganz Ägypten zu geben. 34 Der Pharao sollte in den kommenden guten Jahren den fünften Teil der Ernte als Abgabe erheben. Er sollte dafür Beamte einsetzen, 35 die unter der Aufsicht des Pharaos das Getreide in den Städten sammeln und speichern. 36 Dann ist ein Vorrat da für die sieben schlechten Jahre, und das Volk im ganzen Land Ägypten wird nicht vor Hunger zugrunde gehen.«

Josef wird der Stellvertreter des Pharaos

37 Der Pharao fand den Vorschlag gut, und alle seine Berater ebenso. 38 Er sagte zu den Beratern: »In diesem Mann ist der Geist* Gottes. So einen finden wir nicht noch einmal.«

39 Zu Josef sagte er: »Gott hat dir dies alles enthüllt. Daran erkenne ich, dass keiner so klug und einsichtig ist wie du. 40 Du sollst mein Stellvertreter sein und mein ganzes Volk soll deinen Anordnungen gehorchen.[a] Nur die Königswürde will ich dir voraushaben. 41 Ich gebe dir die Vollmacht über ganz Ägypten.«

42 Mit diesen Worten zog er seinen Siegelring vom Finger und steckte ihn Josef an. Dann ließ er ihn in feinstes Leinen kleiden und legte ihm eine goldene Halskette um. 43 Er ließ ihn den Wagen besteigen, der für den Stellvertreter des Königs bestimmt war, und die Läufer, die vor ihm her den Weg bahnten, riefen den Leuten zu: »Abrek! Aus dem Weg!«

So machte der Pharao Josef zum Herrn über ganz Ägypten. 44 »Ich bin und bleibe der Pharao«, sagte er zu ihm, »aber ohne deine Erlaubnis darf niemand im ganzen Land auch nur die Hand oder den Fuß bewegen.« 45 Er verlieh Josef den Namen Zafenat-Paneach[b] und gab ihm Asenat, die Tochter des Priesters Potifera von On,[c] zur Frau. So wurde Josef Herr über ganz Ägypten. 46 Er war 30 Jahre alt, als er vor dem Pharao, dem König von Ägypten, stand.

Josef bereiste sofort das ganze Land. 47 Es begannen jetzt die sieben fruchtbaren Jahre und die Felder brachten einen überreichen Ertrag. 48 Josef ließ während dieser Jahre alles Getreide, das geerntet wurde, in die Städte bringen, in jede Stadt den Ertrag der Felder, die in ihrer Umgebung lagen. 49 In den Speichern häufte sich das Getreide wie der Sand am Meer. Josef musste schließlich darauf verzichten, es abmessen zu lassen, weil es jedes Maß überstieg.

50 Noch ehe die Hungerjahre begannen, gebar Asenat dem Josef zwei Söhne. 51 »Gott hat mich alle Not und den Verlust meiner Familie vergessen lassen«, sagte er und nannte den Erstgeborenen Manasse. 52 Den zweiten nannte er Efraïm, denn er sagte: »Gott hat mir im Land meines Unglücks Kinder geschenkt.«[d]

a *deinen Anordnungen gehorchen*: Dies ist die wahrscheinliche Bedeutung der hebräischen Redewendung *auf deinen Mund soll all mein Volk dich küssen*.
b Die wahrscheinliche Bedeutung dieses Namens ist »Gott spricht – er lebt«.
c *On:* griechisch Heliopolis. Umbenennung und Heirat gliedern Josef in die ägyptische Gesellschaft ein (vgl. Dan 1,7 und Anmerkungen dazu).
d Die beiden Namen werden durch Anklänge an »vergessen« und »fruchtbar machen« (= Kinder schenken) gedeutet.

41,14 Ps 105,20-21 **41,42** Est 3,10; 8,2; Dan 5,7.29

Josefs Brüder reisen nach Ägypten

[53] Als die sieben reichen Jahre vorüber waren, [54] bra-
chen die Hungerjahre an, genau wie Josef es voraus-
gesagt hatte.
In allen Ländern rings um Ägypten herrschte Hun-
gersnot, nur in Ägypten gab es Vorräte. [55] Aber auch
dort hungerten die Menschen und verlangten vom
Pharao Brot. Da ließ der Pharao im ganzen Land ver-
künden: »Wenn ihr Brot wollt, dann wendet euch an
Josef und tut, was er euch sagt.«
[56] Die Not wurde immer drückender. Josef ließ alle
Kornspeicher öffnen und verkaufte den Ägyptern
Getreide. Denn die Hungersnot war drückend im
ganzen Land und ebenso in allen anderen Ländern.
[57] Deshalb kamen Leute aus aller Welt nach Ägypten
zu Josef, um Getreide zu kaufen; denn überall
herrschte Hungersnot.

42 Als Jakob erfuhr, dass es in Ägypten Getreide
zu kaufen gab, sagte er zu seinen Söhnen:
»Was steht ihr da und schaut einander an? [2] Ich habe
gehört, dass es in Ägypten Getreide gibt. Reist hin
und kauft uns welches, sonst werden wir noch ver-
hungern!«
[3] Da reisten die zehn Brüder Josefs nach Ägypten,
[4] nur Benjamin, den zweiten Sohn Rahels, behielt
sein Vater zu Hause. Denn er dachte: »Es könnte
ihm unterwegs etwas zustoßen!«
[5] Weil im Land Kanaan* Hungersnot herrschte,
zogen viele den gleichen Weg. Mit ihnen kamen
die Söhne Jakobs nach Ägypten.

Die Brüder erkennen Josef nicht

[6] Josef war der Machthaber im Land; wer Getreide
kaufen wollte, musste zu ihm gehen. Als nun seine
Brüder hereinkamen und sich vor ihm zu Boden war-
fen, [7] erkannte er sie sofort. Er ließ sich aber nichts
anmerken und behandelte sie wie Fremde.
»Woher kommt ihr?«, fragte er sie streng.
»Wir kommen aus dem Land Kanaan*«, antwor-
teten sie, »wir möchten Getreide kaufen.«
[8] Die Brüder erkannten Josef nicht, aber er wusste
genau Bescheid. [9] Er musste daran denken, was er
einst in seiner Jugend von ihnen geträumt hatte,
und er fuhr sie an: »Spione seid ihr! Ihr wollt erkun-
den, wo das Land ungeschützt ist.«
[10] »Nein, nein, Herr!«, riefen sie. »Wir sind nur
hierher gekommen, um Getreide zu kaufen. [11] Wir
alle sind Söhne *eines* Vaters, ehrliche Leute! Wir
sind keine Spione!«
[12] Aber Josef blieb hart: »Das ist nicht wahr«, sagte
er, »ihr wollt erkunden, wo das Land ungeschützt ist.«
[13] Sie verteidigten sich: »Wir sind zwölf Brüder,
deine ergebenen Diener, Söhne *eines* Mannes im
Land Kanaan. Der Jüngste blieb bei unserem Vater,
und einer ist tot.«
[14] Doch Josef sagte: »Ich bleibe dabei: Ihr seid
Spione! [15] Ich werde eure Behauptung prüfen: Euer
jüngster Bruder muss her; sonst kommt ihr nie mehr
nach Hause. Das schwöre ich beim Pharao! [16] Einer
von euch soll euren Bruder holen; ihr anderen bleibt
solange gefangen. Dann wird man sehen, ob ihr die
Wahrheit gesagt habt. Aber beim Pharao: Ihr seid ja
doch Spione!«
[17] Josef ließ sie für drei Tage ins Gefängnis bringen.
[18] Am dritten Tag sagte er zu ihnen: »Tut, was ich
euch sage, dann bleibt ihr am Leben. Auch ich ehre
Gott. [19] Wenn ihr wirklich ehrliche Leute seid, dann
lasst mir einen von euch als Geisel im Gefängnis
zurück. Ihr anderen zieht nach Hause und bringt
euren hungernden Familien Getreide. [20] Aber schafft
mir euren jüngsten Bruder her! Dann will ich euch
glauben und ihr müsst nicht sterben.«
Die Brüder waren einverstanden. [21] Sie sagten zu-
einander: »Das ist die Strafe für das, was wir unse-
rem Bruder angetan haben. Seine Todesangst ließ
uns ungerührt. Er flehte uns um Erbarmen an, aber
wir hörten nicht darauf. Dafür müssen wir nun
selbst solche Angst ausstehen.«
[22] Ruben erinnerte die anderen: »Ihr wolltet ja
nicht hören, als ich zu euch sagte: ›Vergreift euch
nicht an dem Jungen!‹ Jetzt werden wir für seinen
Tod zur Rechenschaft gezogen!«
[23] Weil Josef sich mit ihnen durch einen Dolmet-
scher verständigte, ahnten sie nicht, dass er alles ver-
stand. [24] Die Tränen kamen ihm und er musste sich
abwenden. Als er wieder sprechen konnte, ließ er
Simeon festnehmen und vor ihren Augen fesseln.
[25] Dann befahl er seinen Leuten, die Säcke der Brü-
der mit Getreide zu füllen und jedem das Geld, mit
dem er bezahlt hatte, wieder oben in den Sack zu
legen. Er ließ ihnen auch noch Verpflegung für die
Reise mitgeben.
Als das geschehen war, [26] luden die Brüder ihre Sä-
cke auf die Esel und machten sich auf den Heimweg.

Heimkehr und Sorgen

[27] Am Abend öffnete einer von ihnen in der Herberge
seinen Sack, um seinen Esel zu füttern. Da sah er
obenauf sein Geld liegen. [28] »Mein Geld ist zurückge-
kommen!«, berichtete er seinen Brüdern. »Hier ist
es, in meinem Sack!« Sie erschraken. Ganz niederge-
schlagen sahen sie einander an und sagten: »Warum
hat Gott uns das angetan?«
[29] Als sie zu ihrem Vater Jakob nach Kanaan*
kamen, berichteten sie ihm alles, was sie erlebt
hatten.
[30] »Der Mann, der in Ägypten die Macht hat, emp-
fing uns sehr ungnädig«, erzählten sie. »Wir seien
Spione, sagte er. [31] Wir wehrten uns und sagten:

42,4 35,16-18 **42,9** 37,5-10 **42,22** 37,21-22

›Wir sind ehrliche Leute und keine Spione, 32 zwölf Brüder sind wir; einer von uns ist tot, und der Jüngste ist bei unserem Vater im Land Kanaan geblieben.‹

33 Da sagte er: ›Ich werde sehen, ob ihr ehrliche Leute seid. Einer von euch bleibt hier bei mir; ihr anderen nehmt Getreide, damit eure Familien nicht hungern müssen, und zieht nach Hause. 34 Aber schafft mir euren jüngsten Bruder her! Daran werde ich erkennen, dass ihr keine Spione seid, sondern ehrliche Leute. Dann gebe ich auch euren anderen Bruder wieder frei und ihr dürft euch ungehindert im Land bewegen.‹«

35 Als sie die Säcke leeren wollten, fand jeder seinen Geldbeutel oben im Sack. Jakob stand dabei, und alle erschraken. 36 Ihr Vater Jakob sagte: »Ihr raubt mir meine Kinder! Josef ist weg, Simeon ist weg, und jetzt wollt ihr mir auch noch Benjamin nehmen. Nichts bleibt mir erspart!«

37 Da sagte Ruben zu seinem Vater: »Wenn ich Benjamin nicht gesund zurückbringe, darfst du dafür meine beiden Söhne töten. Vertraue ihn mir an! Ich bringe ihn dir bestimmt wieder zurück.«

38 Aber Jakob sagte: »Mein Sohn Benjamin wird nicht mit euch gehen! Sein Bruder Josef ist tot, er ist der Letzte von den Söhnen Rahels. Ich bin ein alter Mann; wenn ihm unterwegs etwas zustößt – der Kummer würde mich ins Grab bringen!«

Jakob lässt Benjamin mitziehen

43 Die Hungersnot lag weiter schwer auf dem Land. 2 Als das Getreide, das die Brüder aus Ägypten mitgebracht hatten, aufgezehrt war, sagte ihr Vater zu ihnen: »Geht wieder nach Ägypten und kauft uns zu essen!«

3 Aber Juda gab zu bedenken: »Der Ägypter hat ausdrücklich erklärt: ›Kommt mir nicht unter die Augen ohne euren Bruder!‹ 4 Deshalb gehen wir nur, wenn du uns Benjamin mitgibst, 5 sonst bleiben wir hier. Ohne ihn dürfen wir uns nicht vor dem Mann blicken lassen.«

6 »Warum habt ihr ihm auch verraten, dass ihr noch einen Bruder habt?«, klagte Jakob.[a]

7 Sie verteidigten sich: »Er hat sich so genau nach uns und nach unserer Familie erkundigt. ›Lebt euer Vater noch?‹, wollte er wissen. ›Habt ihr noch einen Bruder?‹ Da haben wir ihm wahrheitsgemäß Auskunft gegeben. Wir konnten doch nicht ahnen, dass er verlangen würde: ›Bringt euren Bruder her!‹«

8 Juda schlug seinem Vater vor: »Vertrau den Jungen *mir* an, damit wir gehen können und nicht alle vor Hunger umkommen, wir Brüder, du selbst und unsere Familien! 9 Ich will Bürge für ihn sein, von mir sollst du ihn fordern. Mein Leben lang soll die Schuld auf mir lasten, wenn ich ihn dir nicht hierher zurückbringe. 10 Wir wären schon zweimal wieder da, wenn wir nicht so lange gezögert hätten!«

11 Ihr Vater° erwiderte: »Wenn es unbedingt sein muss, dann nehmt ihn mit. Aber bringt dem Ägypter als Geschenk etwas von den Schätzen unseres Landes: Honig, Pistaziennüsse, Mandeln und dazu die kostbaren Harze Mastix, Tragakant und Ladanum.[b] 12 Nehmt auch doppelt Geld mit, damit ihr das, was ihr in euren Säcken wiedergebracht habt, zurückgeben könnt; vielleicht war es ein Versehen.

13 Und dann nehmt euren Bruder Benjamin und macht euch auf den Weg. 14 Ich bete zu Gott, dem Gewaltigen*, dass der Ägypter Erbarmen mit euch hat und Benjamin und euren anderen Bruder wieder

»Überall herrschte Hungersnot« (41,57). Kanaan mit seinen langen, heißen und trockenen Sommern war auf den Winter- und Frühjahrsregen angewiesen. Wenn zu wenig Regen fiel, gab es keine Ernte. Ägypten war abhängig vom jährlichen Hochwasser des Nils. Je weniger der Fluss über seine Ufer trat, desto schmaler war der Streifen fruchtbaren Landes, den die Ägypter zum Anbau ihrer Nahrungsmittel nutzen konnten.

a Wörtlich *Israel**.
b Siehe Anmerkung zu 37,25.

mit euch heimkehren lässt. Muss ich denn alle meine
Kinder verlieren?«

Josef empfängt die Brüder fürstlich

15 Die Brüder nahmen das doppelte Geld und die
Geschenke und reisten mit Benjamin zu Josef nach
Ägypten. 16 Als Josef sah, dass sie Benjamin mitge-
bracht hatten, sagte er zu seinem Hausverwalter:
»Führe diese Männer in meinen Palast! Schlachte
ein Rind und bereite es zu! Sie werden heute Mittag
mit mir essen.«
17 Als der Verwalter die Brüder in den Palast führen
wollte, 18 bekamen sie Angst und sagten zueinander:
»Das ist wegen des Geldes, das wieder in unsere Sä-
cke geraten ist! Die Ägypter werden über uns herfal-
len, uns unsere Esel wegnehmen und uns zu Sklaven
machen.«
19 Noch vor dem Tor sprachen sie den Hausverwal-
ter an: 20 »Auf ein Wort, Herr! Wir waren früher
schon einmal hier, um Getreide zu kaufen. 21 Als
wir auf der Heimreise in der Herberge unsere Säcke
aufmachten, fanden wir obenauf das ganze Geld lie-
gen, das wir bezahlt hatten. Wir haben alles wieder
mitgebracht 22 und dazu neues Geld für das Getreide,
das wir jetzt kaufen wollen. Wir wissen nicht, wer
unser Geld in die Säcke gelegt hat.«
23 »Es ist alles gut«,[a] erwiderte der Verwalter,
»macht euch deshalb keine Sorgen! Euer Gott, der
Gott eures Vaters, hat euch einen Schatz in eure Sä-
cke gelegt. Ich habe euer Geld erhalten.« Dann
brachte er Simeon zu ihnen heraus.
24 Nachdem sie in den Palast eingetreten waren,
ließ der Verwalter ihnen Wasser bringen, damit sie
ihre Füße waschen konnten, und ihren Eseln ließ
er Futter geben. 25 Während die Brüder auf Josef
warteten, legten sie ihre Geschenke zurecht. Sie hat-
ten nämlich erfahren, dass sie zu Mittag dort essen
sollten.
26 Als nun Josef nach Hause kam, brachten sie ihm
die Geschenke und warfen sich vor ihm nieder.
27 Josef erkundigte sich nach ihrem Ergehen und
fragte dann: »Wie geht es eurem alten Vater, von
dem ihr mir erzählt habt? Lebt er noch?«
28 Sie antworteten: »Unserem Vater, deinem erge-
benen Diener, geht es gut; er ist noch am Leben.«
Noch einmal erwiesen sie ihm Ehre und warfen sich
vor ihm nieder.
29 Da erblickte Josef seinen Bruder Benjamin, den
Sohn seiner eigenen Mutter. »Das ist also euer jüngs-
ter Bruder, von dem ihr mir erzählt habt!«, sagte er,
und zu Benjamin: »Gott segne dich, mein Sohn!«
30 Dann lief er schnell hinaus. Er war den Tränen
nahe, so sehr bewegte ihn das Wiedersehen mit sei-
nem Bruder. Er eilte in sein Privatzimmer, um sich
dort auszuweinen. 31 Dann wusch er sich das Gesicht
und kam zurück. Er nahm sich zusammen und
befahl seinen Dienern: »Tragt das Essen auf!«
32 Josef aß allein an einem Tisch, die Brüder an
einem anderen, und an einem dritten die Ägypter,
die zum Haushalt Josefs gehörten. Ägypter essen
nämlich nicht an einem Tisch mit Hebräern*, weil
sie meinen, dadurch unrein* zu werden.[b]
33 Die Brüder saßen Josef gegenüber. Die Plätze
hatte man ihnen genau nach ihrem Alter angewie-
sen. Als sie es bemerkten, sahen sie einander ver-
wundert an. 34 Josef ließ ihnen von den Gerichten
servieren, die auf seinem eigenen Tisch aufgetragen
wurden. Benjamin erhielt fünfmal so viel wie die
anderen Brüder. Sie tranken mit Josef Wein, bis sie
in ausgelassener Stimmung waren.

Josef stellt seine Brüder auf die Probe

44 Später befahl Josef seinem Hausverwalter:
»Fülle ihre Säcke mit Getreide. Gib ihnen
so viel, wie sie gerade noch tragen können. Das Geld
kommt wieder obenauf. 2 Und in den Sack des Jüngs-
ten legst du dazu meinen Becher, du weißt, den sil-
bernen!«
Der Verwalter tat genau, was Josef befohlen hatte.
3 Früh am Morgen durften die Brüder mit ihren
Eseln heimreisen. 4 Sie waren noch nicht weit von
der Stadt entfernt, da befahl Josef seinem Hausver-
walter: »Los, jag ihnen nach, und wenn du sie
erreicht hast, sag zu ihnen: ›Warum habt ihr Gutes
mit Bösem vergolten? 5 Ihr habt den Becher mitge-
nommen, aus dem mein Herr trinkt und aus dem
er die Zukunft voraussagt! Da habt ihr ein schweres
Unrecht begangen!‹«
6 Als der Verwalter sie eingeholt hatte, stellte er sie
mit diesen Worten zur Rede.
7 »Wie kannst du uns das zutrauen?«, antworteten
sie, »so etwas würde uns nie einfallen! 8 Das Geld,
das wir in unseren Säcken fanden, haben wir aus
dem Land Kanaan* wieder mitgebracht – wie
kämen wir darauf, aus dem Haus deines Herrn Silber
oder Gold zu stehlen? 9 Wenn sich der Becher bei
einem von uns findet, soll der Betreffende sterben,
und wir anderen wollen deine Sklaven sein.«
10 »Gut«, sagte der Verwalter, »wir wollen sehen.
Der, bei dem der Becher gefunden wird, soll mein
Sklave sein; die andern können unbehelligt weiter-
reisen.«
11 So schnell sie konnten, luden sie ihre Säcke ab
und öffneten sie. 12 Der Verwalter ging der Reihe
nach vom Ältesten bis zum Jüngsten, und der Becher
fand sich im Sack Benjamins.
13 Die Brüder zerrissen entsetzt ihre Kleider, belu-
den ihre Esel und kehrten allesamt in die Stadt
zurück.[c] 14 So kamen sie zu Josef, der in seinem Palast
wartete, und warfen sich, Juda voran, vor ihm zu
Boden.
15 »Was habt ihr euch eigentlich gedacht?«,
herrschte Josef sie an. »Ihr musstet doch wissen, dass

a Wörtlich *Frieden* für euch.* Dieses Stichwort fällt auch in den Versen 27 und 28.
b Auch in Israel selbst galt später – besonders zur Zeit Jesu – die enge Berührung mit Volks- und Glaubensfremden als verunreinigend (Joh 18,28; Lk 15,2). Die Ägypter saßen zu jener Zeit beim Essen auf Stühlen an kleineren Tischen. Zur Extraportion für Benjamin vgl. 1 Sam 1,5;9.23.
c Hier und im Folgenden zeigt sich der Sinneswandel der Brüder: Josef, den Lieblingssohn Jakobs, haben sie einst verkauft; für dessen nächsten Liebling Benjamin setzen sie sogar die eigene Freiheit aufs Spiel.

ein Mann wie ich so etwas mit Leichtigkeit herausfindet!«°

16 »Was sollen wir sagen, Herr?«, ergriff Juda das Wort. »Womit könnten wir uns rechtfertigen? Gott hat unsere Schuld ans Licht gebracht. Wir alle sind jetzt deine Sklaven, genau wie der, bei dem sich der Becher gefunden hat.«

17 Aber Josef sagte: »So ungerecht werde ich nicht handeln! Der, bei dem der Becher gefunden wurde, soll mein Sklave sein; ihr anderen könnt in Frieden zu eurem Vater heimkehren.«

Juda tritt für seinen Bruder ein

18 Da trat Juda vor und sagte: »Herr, du bist so mächtig wie der Pharao! Erlaube mir, dass ich trotzdem das Wort an dich richte, und zürne mir nicht!

19 Das letzte Mal hast du uns gefragt: ›Habt ihr noch einen Vater oder Bruder?‹ 20 Und wir haben ehrlich geantwortet: ›Wir haben zu Hause noch einen alten Vater und einen Bruder, der ihm im Alter geboren wurde. Der Junge ist der Letzte von den beiden Söhnen seiner Mutter; der ältere ist tot, darum hängt der Vater so an seinem Jüngsten.‹

21 Da befahlst du uns, ihn herzubringen; 22 aber wir gaben zu bedenken: ›Es wäre der Tod für unseren Vater, wenn er den Jungen hergeben müsste. Er muss bei seinem Vater bleiben.‹ 23 Doch du bestandest darauf: ›Ohne ihn dürft ihr mir nicht wieder unter die Augen kommen!‹

24 Als wir nach Hause kamen, berichteten wir das alles unserem Vater. 25 Und als er uns dann wieder zum Getreidekauf hierher schicken wollte, 26 wandten wir ein: ›So können wir unmöglich reisen. Ben-

Angehörige eines Wüstenstammes durchqueren die Wüste noch heute so wie einst Jakob und seine Familie, als sie südwärts nach Ägypten zogen, um nicht verhungern zu müssen. (Nach 32,16 besaß Jakob auch Kamele, während im hiesigen Zusammenhang nur von Eseln und Wagen die Rede ist: 44,13; 45,19.)

jamin muss mit. Sonst dürfen wir uns vor dem Ägyp-
ter nicht mehr sehen lassen.‹
27 Da sagte mein Vater, dein ergebener Diener:
›Ihr wisst doch, dass meine Lieblingsfrau mir nur
zwei Söhne geboren hat. 28 Der eine ist fort, ein
Raubtier muss ihn zerrissen haben; bis heute habe
ich ihn nicht wiedergesehen. 29 Nun wollt ihr mir
auch noch den zweiten nehmen. Ich bin ein alter
Mann. Wenn ihm unterwegs etwas zustößt – der
Kummer würde mich ins Grab bringen!‹
30 So sprach mein Vater, dein ergebener Diener.
Wenn wir nun zu ihm zurückkommen und er sieht,
dass der Junge, an dem er so hängt, nicht bei uns ist,
31 wird er auf der Stelle tot umfallen. Dann haben wir
es auf dem Gewissen, wenn unser alter Vater stirbt
und mit Kummer beladen zu den Toten hinunter
muss.
32 Außerdem habe ich mich dafür verbürgt, dass ich
den Jungen wieder zurückbringe; ich habe die ganze
Schuld auf mich genommen. 33 Erlaube mir also,
Herr, dass ich anstelle des Jungen hier bleibe und
dein Sklave werde. Ihn aber lass mit den anderen
heimkehren! 34 Ich darf nicht ohne ihn zurückkom-
men. Ich könnte das Unglück nicht mit ansehen,
das meinen Vater treffen würde.«

Josef gibt sich seinen Brüdern zu erkennen

45 Da konnte Josef nicht länger an sich halten.
Er schickte alle Ägypter aus dem Raum. Kein
Fremder sollte dabei sein, wenn er sich seinen Brü-
dern zu erkennen gab.
2 Als er mit ihnen allein war, brach er in Tränen
aus. Er weinte so laut, dass die Ägypter es hörten,
und bald wusste der ganze Hof des Pharaos davon.
3 »Ich bin Josef!«, sagte er zu seinen Brüdern.
»Lebt mein Vater noch?«
Aber sie brachten kein Wort heraus, so fassungs-
los waren sie.
4 Er rief sie näher zu sich und wiederholte: »Ich
bin Josef, euer Bruder, den ihr nach Ägypten ver-
kauft habt! 5 Erschreckt nicht und macht euch keine
Vorwürfe deswegen. Gott hat mich vor euch her
nach Ägypten gesandt, um viele Menschen am
Leben zu erhalten.
6 Zwei Jahre herrscht nun schon Hungersnot, und
es kommen noch fünf Jahre, in denen man die Felder
nicht bestellen und keine Ernte einbringen kann.
7 Deshalb hat Gott mich vorausgeschickt. Es ist sein
Plan, euch und eure Nachkommen überleben zu las-
sen, damit er eine noch größere Rettungstat an euch
vollbringen kann.
8 Nicht ihr habt mich hierher gebracht, sondern
Gott. Er hat es so gefügt, dass ich die rechte Hand
des Pharaos geworden bin° und sein ganzer Hof
und ganz Ägypten mir unterstellt ist.
9 Macht euch schnell auf den Weg und bringt mei-
nem Vater die Botschaft: ›Dein Sohn Josef lässt dir
sagen: Gott hat mich zum Herrn über ganz Ägypten
gemacht. Komm hierher zu mir, besinn dich nicht
lange! 10 Du sollst in der Provinz Goschen wohnen,
ganz in meiner Nähe. Bring deine Kinder und Enkel
mit, deinen Besitz und all dein Vieh, Schafe, Ziegen
und Rinder. 11 Die Hungersnot dauert noch fünf Jah-
re. Ich werde für euch sorgen, damit ihr keine Not
leidet.‹
12 Ihr seht doch mit eigenen Augen«, fuhr Josef
fort, »dass ich es bin, der mit euch redet, auch du,
mein Bruder Benjamin! 13 Ihr müsst meinem Vater
alles erzählen, was ihr hier gesehen habt. Sagt
ihm, was für eine Stellung ich hier in Ägypten habe.
Bringt ihn hierher, so schnell es geht!«
14 Dann umarmte Josef seinen Bruder Benjamin,
und beide weinten dabei vor Freude. 15 Danach küss-
te er unter Tränen auch die anderen. Erst jetzt fan-
den die Brüder die Sprache wieder und sie redeten
mit Josef.

Der Pharao lässt Jakob nach Ägypten holen

16 Als am Hof des Pharaos bekannt wurde, dass Josefs
Brüder gekommen waren, nahmen der Pharao und
seine Minister die Nachricht wohlwollend auf.
17 Der Pharao gab Josef die Anweisung: »Sag deinen
Brüdern, sie sollen ihre Tiere beladen, ins Land
Kanaan* reisen 18 und ihren Vater und ihre Familien
herbringen. Sie dürfen im fruchtbarsten Gebiet
Ägyptens wohnen und bekommen das Beste zu
essen, was in Ägypten wächst. 19 Mache Gebrauch
von deiner Vollmacht und gib ihnen auch Wagen
mit für die kleinen Kinder und die Frauen und beson-
ders für euren Vater, damit sie bequem hierher rei-
sen können. 20 Sie sollen ihren Hausrat ruhig zurück-
lassen. Sie werden dafür hier das Beste bekommen,
was Ägypten zu bieten hat.«
21 Die Brüder waren damit einverstanden. Nach
der Weisung des Pharaos gab Josef ihnen die Wagen
und auch Verpflegung für die Reise mit. 22 Er
schenkte jedem ein Festgewand. Benjamin aber
bekam fünf Festgewänder und noch 300 Silberstü-
cke* dazu. 23 Seinem Vater schickte Josef zehn Last-
esel mit den kostbarsten Erzeugnissen Ägyptens und
zehn Eselinnen mit Getreide, Brot und anderen
Lebensmitteln für die Reise.
24 Dann verabschiedete er seine Brüder und sie
machten sich auf den Weg. »Streitet euch nicht
unterwegs«, rief er ihnen nach.
25 Die Brüder kamen ins Land Kanaan zu ihrem
Vater Jakob 26 und berichteten ihm: »Josef lebt! Denk
doch, er ist Herr über ganz Ägypten!«
Aber ihr Vater rührte sich nicht; er glaubte ihnen
nicht. 27 Sie erzählten ausführlich, wie es ihnen

44,27 30,22-24; 35,16-20 **45,5** 50,20; Ps 105,16-17 **45,7** Ex 13,17–14,31

ergangen war und was Josef ihnen aufgetragen hatte. Sie zeigten ihm auch die Wagen, die er für ihn mitgeschickt hatte.

Da endlich kam Leben in Jakob. 28 »Kein Wort mehr!«, rief er.[a] »Josef lebt noch! Ich muss hin und ihn sehen, ehe ich sterbe!«

Gott macht Jakob Mut für die Reise

46 Jakob[b] machte sich auf den Weg; seinen ganzen Besitz nahm er mit. Als er nach Beerscheba kam, opferte er dort dem Gott seines Vaters Isaak Tiere von seinen Herden und hielt ein Opfermahl*.

2 In der Nacht erschien ihm Gott und sagte: »Jakob! Jakob!«

»Ja?«, antwortete er.

3 Gott sagte zu ihm: »Ich bin Gott, der Gott deines Vaters. Hab keine Angst, nach Ägypten zu ziehen! Ich will deine Nachkommen dort zu einem großen Volk machen. 4 Ich selbst werde mit dir gehen, ich werde dich auch wieder zurückbringen; und wenn du stirbst, wird dir Josef die Augen zudrücken.«

5 Von Beerscheba aus ging die Reise weiter. Die Söhne Jakobs[c] setzten ihren Vater, ihre Frauen und ihre kleinen Kinder in die Wagen, die der Pharao mitgeschickt hatte. 6 Mit ihren Herden und ihrem ganzen Besitz, den sie im Land Kanaan* erworben hatten, kamen sie nach Ägypten, Jakob und seine ganze Familie, 7 die Söhne und Töchter, die Enkel und Enkelinnen. Seine ganze Nachkommenschaft brachte Jakob mit sich nach Ägypten.

Eine Liste der Jakobsfamilie

8–15 Dies sind die Namen der Söhne Jakobs, die mit ihrem Vater, der auch Israel heißt, nach Ägypten kamen. An der Spitze stehen die Söhne, die ihm Lea in Mesopotamien geboren hatte:

Ruben, der Erstgeborene, und seine Söhne Henoch, Pallu, Hezron und Karmi;
Simeon und seine Söhne Jemuël, Jamin, Ohad, Jachin, Zohar und Schaul, der Sohn einer Kanaaniterin*;
Levi und seine Söhne Gerschon, Kehat und Merari;
Juda und seine Söhne Er, Onan, Schela, Perez und Serach; die ersten beiden waren schon in Kanaan gestorben; Perez hatte zwei Söhne: Hezron und Hamul;
Issachar und seine Söhne Tola, Puwa, Jaschub und Schimron;
Sebulon und seine Söhne Sered, Elon und Jachleel; dazu eine Tochter: Dina

Nachkommen Jakobs von Lea: 33 Personen

16–18 Von der Sklavin Silpa, die Laban seiner Tochter Lea mitgegeben hatte, stammten:

Gad und seine Söhne Zifjon, Haggi, Schuni, Ezbon, Eri, Arod und Areli;
Ascher und seine Söhne Jimna, Jischwa, Jischwi und Beria, dazu seine Tochter Serach; Beria hatte zwei Söhne: Heber und Malkiël

Nachkommen Jakobs von Silpa: 16 Personen

19–22 Von Jakobs Lieblingsfrau Rahel stammten:

Josef mit seinen Söhnen Manasse und Efraïm, die ihm Asenat, die Tochter des Priesters Potifera aus On in Ägypten geboren hatte.

Benjamin und seine Söhne Bela, Becher, Aschbel, Gera, Naaman, Ehi, Rosch, Muppim, Huppim und Ard

Nachkommen Jakobs von Rahel: 14 Personen

23–25 Von der Sklavin Bilha, die Laban seiner Tochter Rahel mitgegeben hatte, stammten:

Dan und sein Sohn Huschim;
Naftali und seine Söhne Jachzeel, Guni, Jezer und Schillem

Nachkommen Jakobs von Bilha: 7 Personen

26 Mit Jakob siedelten 66 Kinder und Enkel nach Ägypten über, dazu noch die Frauen seiner Söhne. 27 Zählt man Josef und seine Söhne hinzu, so kamen – Jakob selbst eingeschlossen – insgesamt 70 Angehörige der Jakobsfamilie nach Ägypten.°

Jakobs Familie kommt nach Ägypten

28 Jakob kam also mit seiner ganzen Familie nach Ägypten. Er hatte Juda vorausgeschickt, um Josef seine Ankunft anzukündigen und ihn zu sich nach Goschen zu rufen. 29 Josef ließ seinen Wagen anspannen und fuhr seinem Vater[d] entgegen.

Als Jakob ihn sah, schloss er ihn in die Arme und weinte lange. 30 »Jetzt sterbe ich gern«, sagte Jakob. »Ich habe dich wiedergesehen und weiß, dass du noch am Leben bist.«

31 Dann sagte Josef zu seinen Brüdern und ihren Angehörigen: »Ich gehe jetzt zum Pharao und melde ihm, dass ihr aus Kanaan* zu mir gekommen seid. 32 Ich sage ihm, dass ihr Viehhirten seid und eure Schafe, Ziegen, Rinder und euren übrigen Besitz mitgebracht habt.

33 Wenn der Pharao euch zu sich rufen lässt und euch nach eurem Beruf fragt, 34 dann antwortet

a *er:* wörtlich *Israel**.
b Wörtlich *Israel**.
c Wörtlich *Israels**.
d Wörtlich *Israel**.

46,3 12,2S **46,6-7** Ps 105,23 **46,8-27** Ex 1,1-5 **46,28** 45,10 **46,30** 45,28

a Die räumliche Trennung von den Ägyptern und die Ansiedlung in der Grenzprovinz ist für den späteren »Auszug aus Ägypten« von Bedeutung.

ihm: ›Wir sind von Jugend an Viehhirten gewesen wie unsere Vorfahren.‹ Dann wird er euch erlauben, hier in der Provinz Goschen zu bleiben.«

Die Ägypter haben nämlich einen Abscheu vor Schaf- und Ziegenhirten; sie gelten bei ihnen als unrein*.[a]

47 Josef ging zum Pharao und berichtete ihm: »Mein Vater und meine Brüder sind aus dem Land Kanaan hierher gekommen. Ihre Herden und ihren ganzen Besitz haben sie mitgebracht. Sie sind in der Provinz Goschen.«

2 Josef hatte fünf von seinen Brüdern mitgebracht und stellte sie dem Pharao vor.

3 »Was ist euer Beruf?«, fragte der Pharao, und sie antworteten: »Wir sind Schafhirten, großer König, wie es schon unsere Vorfahren waren.«

4 Weiter sagten sie: »Wir möchten gern eine Zeit lang als Gäste in Ägypten leben. Im Land Kanaan finden unsere Herden wegen der Dürre keine Weide mehr. Erlaube uns, mächtiger Herr, dass wir in der Provinz Goschen bleiben.«

5 Der Pharao sagte zu Josef: »Dein Vater und deine Brüder sind also zu dir gekommen! 6 Ganz Ägypten steht dir zur Verfügung. Lass sie im besten Teil des Landes wohnen; sie können in Goschen bleiben. Und wenn unter ihnen tüchtige Leute sind, dann vertraue ihnen die Verantwortung für meine eigenen Herden an.«

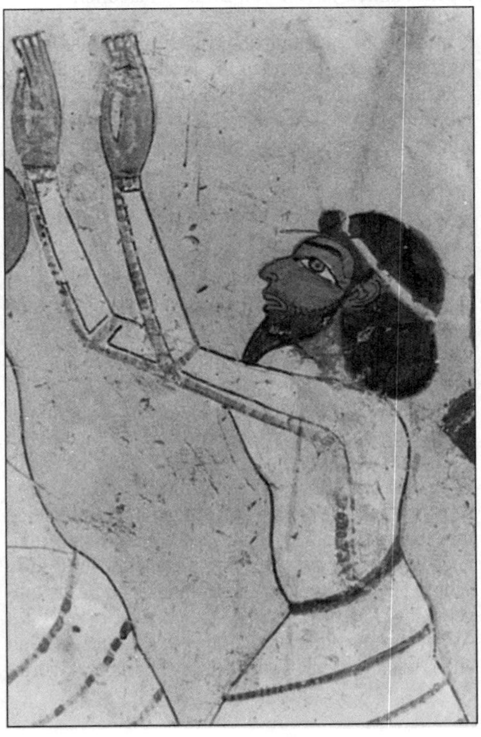

Wie diese Tribut bringenden Syrer auf einem Fresko aus einem Grab in Theben (15. Jahrhundert v. Chr.) kamen auch die Brüder Josefs (42,6; 43,26) und schließlich die ganze Jakobsfamilie nach Ägypten.

Jakob steht vor dem Pharao

7 Josef brachte auch seinen Vater Jakob zum Pharao. Jakob begrüßte den Herrscher mit einem Segenswunsch.

8 Der Pharao fragte ihn nach seinem Alter 9 und Jakob erwiderte: »Hundertunddreißig Jahre lebe ich jetzt als Fremder auf dieser Erde. Mein Leben ist kurz und leidvoll im Vergleich zu dem meiner Vorfahren, die heimatlos wie ich auf dieser Erde lebten.«

10 Jakob verabschiedete sich vom Pharao mit einem Segenswunsch.

11 Wie der Pharao befohlen hatte, ließ Josef seinen Vater und seine Brüder in der Gegend von Ramses, im besten Teil des Landes, wohnen und gab ihnen dort Grundbesitz. 12 Er sorgte auch dafür, dass seine Angehörigen Brot zugeteilt bekamen, jede Familie nach ihrer Kopfzahl.

Die Ägypter verkaufen sich an den Pharao

13 Die Hungersnot war sehr drückend, weil im ganzen Land kein Getreide mehr wuchs. Nicht nur in Kanaan*, sondern auch in Ägypten waren die Menschen ausgezehrt vom Hunger. 14 Sie konnten zwar bei Josef Getreide bekommen, aber sie mussten dafür bezahlen; und so kam es, dass schließlich alles Geld aus Kanaan und Ägypten in der Hand Josefs war. Josef brachte es in den Palast des Pharaos.

15 Als sie ihr ganzes Geld ausgegeben hatten, kamen die Ägypter alle miteinander zu Josef und sagten zu ihm: »Gib uns Korn! Oder sollen wir hier vor deinen Augen verhungern? Wir haben kein Geld mehr.«

16 »Bringt mir statt Geld euer Vieh«, antwortete ihnen Josef, »dann will ich euch dafür Getreide geben.« 17 Sie brachten ihm all ihr Vieh: Pferde, Esel, Rinder, Schafe und Ziegen, und Josef versorgte sie dafür das ganze Jahr über mit Nahrung.

18 Im folgenden Jahr kamen sie wieder zu Josef und sagten zu ihm: »Wir müssen dir, unserem Herrn, unsere ganze Not sagen. Unser Geld ist zu Ende, unser Vieh ist in deinem Besitz; wir haben nur noch uns selbst und unsere Felder. 19 Sollen wir hier vor deinen Augen sterben und sollen unsere Felder veröden? Kaufe uns und unsere Felder für den Pharao! Das Land soll ihm gehören und wir wollen seine Sklaven sein. Gib uns dafür Getreide, von dem wir leben können, und Saatgut, damit die Felder nicht zur Wüste werden!«

20 Weil die Hungersnot so groß war, musste jeder Ägypter seinen Grundbesitz verkaufen. Josef kaufte alles auf und machte das ganze Land zum Eigentum des Pharaos. 21 Die Bewohner Ägyptens machte er zu dessen Sklaven.° 22 Nur die Priester mussten ihre Felder nicht verkaufen, weil sie von dem Einkommen

leben konnten, das der Pharao für sie festgesetzt
hatte.
23 Josef sagte zu den Ägyptern: »Ich habe heute
euch und euer Land für den Pharao erworben. Lasst
euch nun dafür Saatgut geben und sät es aus. 24 Von
der Ernte gehört der fünfte Teil dem Pharao; das
Übrige ist für euch und eure Familien. Ihr könnt
davon leben und neues Saatgut zurücklegen.«
25 Sie sagten: »Du rettest uns das Leben! Wenn du
damit einverstanden bist, wollen wir gerne Sklaven
des Pharaos sein.«
26 Josef legte gesetzlich fest, dass in ganz Ägypten
der fünfte Teil jeder Ernte an den Pharao abzuliefern
war. Dieses Gesetz gilt dort bis zum heutigen Tag.
Nur der Grundbesitz der Priester wurde nicht Eigen-
tum des Pharaos.[a]

Jakobs letzter Wille

27 Nun war also das Israel-Volk nach Ägypten gekom-
men und lebte in der Provinz Goschen. Sie waren
fruchtbar, vermehrten sich und wurden sehr zahl-
reich.[b]
28 Jakob lebte noch siebzehn Jahre in Ägypten und
erreichte ein Alter von 147 Jahren. 29 Als er sein Ende
nahen fühlte, ließ er seinen Sohn Josef rufen und
sagte zu ihm: »Wenn du gut zu mir sein willst, dann
leg deine Hand zum Schwur zwischen meine Beine.[c]
Erweise mir Güte und Treue und begrabe mich nicht
in Ägypten! 30 Lass mich im Tod mit meinen Vorfah-
ren vereint sein: Bring mich von hier weg und begra-
be mich dort, wo sie begraben sind.«
Josef versprach ihm: »Ich werde deinen Wunsch
erfüllen.«
31 »Schwöre es mir!«, sagte Jakob, und Josef
schwor es ihm. Darauf verneigte sich Jakob[d] anbe-
tend auf seinem Bett.

Jakob segnet vor seinem Ende die Söhne Josefs

48 Nach einiger Zeit erhielt Josef die Nachricht,
dass sein Vater krank sei. Da nahm er seine
beiden Söhne Manasse und Efraïm und machte sich
auf den Weg. 2 Als Jakob gesagt wurde: »Dein Sohn
Josef ist da«, nahm er[e] alle seine Kräfte zusammen
und setzte sich im Bett auf.
3 Er sagte zu Josef: »Gott, der Gewaltige*, erschien
mir in Lus im Land Kanaan*. Er segnete mich 4 und
sagte: ›Ich will dich fruchtbar machen und vermeh-
ren[f] und dich zu einer ganzen Schar von Völkern
machen. Und dieses Land will ich deinen Nachkom-
men für alle Zeiten zum Besitz geben.‹ Das hat er mir
zugesagt.
5 Deine beiden Söhne Efraïm und Manasse aber,
die dir hier in Ägypten geboren wurden, bevor ich
ins Land kam, die nehme ich als meine eigenen
Söhne an; sie sollen mir genauso viel gelten wie
Ruben und Simeon.[g] 6 Deine späteren Söhne und
ihre Nachkommen sollen als deine Nachkommen-
schaft gelten, doch bekommen sie ihren Anteil am
Landbesitz im Gebiet ihrer älteren Brüder.
7 Ich tue das deiner Mutter Rahel zuliebe. Sie
starb, als ich aus Mesopotamien ins Land Kanaan
zurückkam, kurz vor der Stadt Efrata, und ich
begrub sie dort am Wegrand.« – Efrata heißt jetzt
Betlehem.
8 Jakobs Blick fiel auf Manasse und Efraïm, die
Söhne Josefs. »Wen bringst du da mit?«, fragte er
Josef. 9-10 Seine Augen waren altersschwach gewor-
den und er konnte nicht mehr deutlich sehen.
»Es sind die Söhne, die Gott mir hier in Ägypten
geschenkt hat«, erwiderte Josef.
»Bring sie her«, sagte Jakob, »ich will sie segnen!«
Jakob zog sie an sich, umarmte und küsste sie. 11 Er
sagte zu Josef: »Ich hätte nie geglaubt, dich wieder-
zusehen, und jetzt lässt Gott mich sogar noch deine
Kinder sehen.«
12 Josef nahm die beiden von Jakobs Knien und
beugte sich vor seinem Vater bis zur Erde.
13 Dann nahm er Efraïm an die rechte Hand, sodass
er von Jakob aus gesehen links stand, und an seine
linke Hand nahm er Manasse. So brachte er sie zu
seinem Vater. 14 Jakob aber kreuzte seine Hände
und legte die rechte auf den Kopf des jüngeren Bru-
ders Efraïm und die linke auf den Kopf Manasses,
obwohl Manasse der Erstgeborene war.
15 Dann segnete er die Söhne Josefs° und sagte:
»Ich bete zu dem Gott, nach dessen Willen meine
Väter, Abraham und Isaak, sich stets gerichtet
haben. Ich bete zu dem Gott, der mich wie ein Hirt
mein Leben lang geführt und beschützt hat. 16 Ich
bete zu dem Gott,° der in aller Not zur Stelle war
und mich gerettet hat. Er segne diese Kinder, damit
mein Name und der meiner Väter Abraham und
Isaak in ihnen und ihren Nachkommen fortlebe.
Er lasse ihre Nachkommen zahlreich werden, damit
sie das Land füllen.«
17 Josef gefiel es nicht, dass sein Vater die rechte
Hand auf Efraïm gelegt hatte. Deshalb nahm er sie
und wollte sie auf Manasse legen. 18 »Du irrst, Vater«,
sagte er, »dieser ist der Erstgeborene, auf ihn musst
du die rechte Hand legen!«
19 Aber Jakob wehrte ab: »Das weiß ich«, sagte er.[h]
»Sei unbesorgt, auch die Nachkommen Manasses
sollen zu einem großen Volk werden. Aber sein jün-
gerer Bruder soll noch größer werden als er; seine
Nachkommen sollen zu einer Menge von Völkern
werden.«
20 So segnete Jakob die Söhne Josefs und sagte zu
ihm: »Du und deine Kinder, ihr werdet in Israel
ein Beispiel besonderen Segens sein. Wenn die Leute

a Der biblische Erzähler möchte hier noch einmal Josefs praktische Weisheit ins Licht stellen. Erst der moderne Leser empfindet dessen Maßnahmen als zweischneidig oder bedenklich. Ein Abgabensatz von 20 % war im Altertum nicht ungewöhnlich und wurde oft weit überschritten.
b Siehe Anmerkung zu 8,17.
c Siehe Anmerkung zu 24,2.
d Wörtlich *Israel**.
e *er:* wörtlich *Israel*;* entsprechend für *Jakob* in den Versen 8, 12, 13 und 14.
f Siehe Anmerkung zu 8,17.
g Die Adoption der beiden Josefssöhne bedeutet, dass Efraïm und Manasse als selbstständige Stämme in das Zwölf-Stämme-Volk Israel eingegliedert werden. Zum Ausgleich erhält später der Priesterstamm Levi eine Sonderstellung (Num 1–4; Ez 48).
h Im Gegensatz zu Isaak, der unwissend den jüngeren Sohn anstelle des älteren segnet (Kap 27), tut Jakob es mit vollem Bewusstsein. Wo es um Gottes Segen geht, haben Rechtsansprüche nicht das letzte Wort.

47,27 12,2S **47,29-31** 49,29-32; 50,5-6 **47,29** 24,2 **47,30** 23,20 **47,31** 1 Kön 1,47 **48,4** 12,2S; 12,7S **48,7** 35,16-19 **48,8-22** Hebr 11,21 **48,20** 22,18S

in Israel einander Glück wünschen, werden sie sagen: ›Gott segne dich wie Efraïm und Manasse!‹« Ganz bewusst nannte er dabei Efraïm an erster Stelle.

21 Dann sagte er: »Ich sterbe jetzt. Gott wird euch beistehen und euch in das Land zurückbringen, das er euren Vorfahren versprochen hat. 22 Dir aber gebe ich einen Bergrücken[a] hoch über den Wohnsitzen deiner Brüder. Ich habe ihn den Amoritern* mit Schwert und Bogen weggenommen.«

Jakob schaut die Zukunft der zwölf Stämme Israels

49 Jakob rief alle seine Söhne zu sich und sagte zu ihnen: »Kommt her, ich will euch wissen lassen, wie es euren Nachkommen ergehen wird.
2 Kommt und hört, meine Söhne, was euer Vater Israel euch zu sagen hat:

3 Du, *Ruben*, bist mein Erstgeborener,
das Zeugnis meiner besten Kraft,
weil ich dich als den Ersten zeugte;
du bist der Erste auch an Macht und Hoheit!
4 Und doch kannst du nicht Erster bleiben;
denn zügellos wie wilde Fluten
bist du einst auf mein Bett gestiegen
und hast dich dadurch selbst geschändet.

5–6 Ihr beiden Brüder, *Simeon* und *Levi*,
ihr könnt mich nie dafür gewinnen,
mich euren Plänen anzuschließen;
denn ihr kennt nichts als Wut und Willkür!
Ganz sinnlos habt ihr Männer abgeschlachtet
und starke Stiere ohne Grund verstümmelt.
7 Verflucht sei euer wildes Wüten,
weil es so roh und grausam ist.
Das Urteil über euch hat Gott gesprochen:
›Ihr dürft nicht mehr zusammenbleiben;
ich werde euch in Israel zerstreuen!‹

8 Dich, *Juda*, preisen deine Brüder!
Voll Freude jubeln sie dir zu,
weil du den Feind im Nacken packst,
und in den Staub hinunterzwingst.
9 Mein Sohn, du gleichst dem jungen Löwen,
der niemals leer vom Raubzug heimkehrt:
Er legt sich neben seine Beute,
und keiner wagt ihn aufzustören.
10 Nur dir gehören Thron und Zepter,
dein Stamm wird stets den König stellen,
bis Schilo kommt, der große Herrscher,
dem alle Völker dienen sollen.[b]
11 Ja, Juda lebt im Überfluss:
Ganz achtlos bindet er sein Reittier
am allerbesten Weinstock fest
und wäscht im Traubenblut den Mantel.
12 Der Wein macht seine Augen funkeln
und Milch die Zähne blendend weiß.

13 Du, *Sebulon*, wohnst nah beim Meer,
dort, wo die Schiffe einen Hafen finden;
bis hin nach Sidon reicht dein Land!

14–15 Du, *Issachar*, beugst deinen Rücken
und schleppst als Sklave schwere Lasten.
Genauso wie ein dürrer Esel
brichst du darunter in die Knie.
Du zahlst den Preis für deine Sehnsucht

a In dem hebräischen Wort für *Bergrücken* (wörtlich: Schulter, Schulterstück) klingt der Ortsname Sichem an (vgl. 33,18; 35,4; 37,12-14).
b Aus Juda kommen David und sein Königshaus und ebenso der »Sohn Davids« Jesus Christus (Mt 1,1). Zu den verschiedenen Anspielungen in Gen 49 siehe die Vergleichsstellen. Der Name *Schilo* ist nicht sicher zu deuten; vielleicht *Der, dem es* (das Zepter) *zusteht,* oder *sein* (Judas) *Erbetener,* oder *sein Herrscher.*

Nachdem sein Vater gestorben war, »befahl Josef den Ärzten, Jakob einzubalsamieren« (50,2), wie es später auch bei ihm selbst geschah. In Ägypten war es Brauch, vornehme Leute nach ihrem Tod zu ›mumifizieren‹ und in einen kunstvollen Sarkophag zu legen. Auf dem Bild sieht man, wie vor der Bestattung heilige Handlungen an eingesargten Mumien vollzogen werden.

49,1-27 Dtn 33,6-25 **49,3** 29,32 **49,4** 35,22 **49,5-6** 34,25-31 **49,7** Jos 19,1-9; 21,1-42 **49,8** Num 10,14-16; Ri 1,1-2 **49,9** Offb 5,5 **49,10** 1 Chr 5,2; 28,4; Hebr 7,14 **49,11-12** Joël 4,18

nach einem schönen, ebnen Land
und einem Leben ohne Mühe!

16 Du, *Dan*, bewahrst das Recht des Volkes!
Deswegen wird dein Stamm geachtet
von allen Stämmen Israels.
17 Gefährlich bist du wie die Schlange,
die auf der Lauer liegt am Wegrand:
Sie beißt das Pferd in seine Fesseln,
dann stürzt der Reiter rücklings ab.
So siegst du über deine Feinde!

18 Ich warte, HERR, auf deine Hilfe!

19 Du, *Gad*, von Räubern oft bedrängt,[a]
lässt dich von ihnen nie berauben;
du wehrst sie ab und jagst sie fort!

20 Die Felder *Aschers* tragen reiche Frucht;
in seinem Land wächst nur das Beste,
die Speise für des Königs Tisch.

21 Du, *Naftali*, gleichst einer Hirschkuh,
die auf den Bergen frei umherläuft
und schöne, starke Junge hat.°

22 Du, *Josef*, bist dem Weinstock gleich,
der an der Quelle üppig treibt
und seine Mauer überwuchert.
23 Die Feinde fordern dich zum Kampf,
beschießen dich mit ihren Pfeilen;
24 doch du bleibst unerschüttert stehen
und schießt mit rascher Hand zurück.
Bei dir ist Jakobs starker Gott;
deswegen führst du Israel
und bist des Volkes Schutz und Stärke.
25 Gott, der Gewaltige*, ist es, der dir hilft;
dich segnet deines Vaters Gott.
Er gibt dir Regen aus dem Himmel,
gibt Quellen aus der Erdentiefe.
Das Leben mehrt und segnet er
mit Fruchtbarkeit des Mutterleibes,
mit Überfluss aus Mutterbrüsten.
26 Du siehst die Berge, fest und ewig,
die hoch bis in die Wolken ragen;
dein Reichtum überragt sie alle.°
Dies alles ist dir vorbehalten,
weil du den Segen erben sollst,
den ich, dein Vater, einst empfing.
Du, Josef, bist der Auserwählte
inmitten aller deiner Brüder!

27 Du, *Benjamin*, bist wie der Wolf,
der morgens seinen Raub verschlingt
und abends seine Beute teilt.«

28 Mit diesen Worten segnete Jakob seine Söhne. Er
gab jedem zum Abschied ein besonderes Segens-
wort. In die Zukunft blickend, sprach er von den
zwölf Stämmen Israels.
29–30 Danach ordnete er an: »Wenn ich tot bin,
dann bringt mich ins Land Kanaan* und bettet mich
zur letzten Ruhe neben meinen Vorfahren, in der
Höhle auf dem Feld Machpela östlich von Mamre.
Dieses Grundstück hat Abraham von dem Hetiter*
Efron als Grabstätte für seine Familie erworben.
31 Dort wurden Abraham und Sara zur letzten Ruhe
gebettet, dort liegen Isaak und Rebekka, und auch
Lea habe ich dort beigesetzt. 32 Das Feld und die Höh-
le darauf sind unser rechtmäßiges Eigentum; wir
haben es von den Hetitern gekauft.«
33 Während Jakob seinen Söhnen diese letzten
Anweisungen gab, saß er auf dem Rand seines Bet-
tes. Nun hob er seine Füße aufs Bett und legte sich
zurück. Bald darauf starb er und wurde im Tod mit
seinen Vorfahren vereint.

Die Totenfeier für Jakob

50 Josef warf sich über seinen Vater, weinte um
ihn und küsste ihn. 2 Dann befahl er den Ärz-
ten, die in seinem Dienst standen, Jakob[b] einzubal-
samieren. 3 Wie üblich brauchten sie dazu vierzig
Tage. Ganz Ägypten trauerte um Josefs Vater siebzig
Tage lang.
4 Danach wandte sich Josef an die Hofleute des
Pharaos und sagte zu ihnen: »Wenn ihr mir eine
Gunst erweisen wollt, dann richtet dem Pharao
aus: 5 ›Ich musste meinem Vater schwören, ihn im
Land Kanaan* beizusetzen, in dem Grab, das er
selbst für sich vorbereitet hat. Deshalb möchte ich
nun hinreisen und ihn zur letzten Ruhe betten, dann
werde ich wieder zurückkommen.‹«
6 Der Pharao ließ ihm antworten: »Mach es so, wie
du es deinem Vater geschworen hast.«
7 Josef machte sich auf den Weg, und die hohen
Beamten des Pharaos und alle führenden Männer
Ägyptens begleiteten ihn. 8 Auch seine Brüder kamen
mit, dazu alle aus dem Haus Josefs und aus der Groß-
familie seines Vaters, nur die Kinder und die
Gebrechlichen und das Vieh blieben in der Provinz
Goschen zurück. 9 Sogar eine Abteilung Elitetruppen
mit Streitwagen* gab dem Toten das Geleit; es war
ein gewaltiger Trauerzug.
10 Unterwegs hielten sie in Goren-Atad östlich des
Jordans eine große Trauerfeier ab; sieben Tage lang
ließ Josef seinen Vater beweinen. 11 Die Kanaaniter,
die dort wohnten, wunderten sich und sagten zuein-
ander: »Die Ägypter halten aber eine große Trauer-
feier ab!« Deshalb heißt der Ort auch Abel-Mizrajim
(Trauer der Ägypter).[c]
12 Dann erfüllten die Söhne Jakobs den letzten
Wunsch ihres Vaters: 13 Sie brachten ihn in das Land

a *Gad* erinnert im Hebräischen an das Wort für »bedrängen«.
b Wörtlich *Israel**.
c *Trauer der Ägypter:* eigentlich *Bach Ägyptens* (vgl. Num 34,5). Wortspiel mit *abel* = Fluss und *ebel* = Trauer.

49,25 Gen 7,11; 8,2 **49,27** Ri 20,21.25 **49,29-30** 23,3-20 **49,31** 25,9-10; 35,29 **50,5** 47,29-31

a Die Aufnahme in die Sippe wird im Hebräischen ausgedrückt durch die Wendung *sie wurden auf den Knien Josefs geboren.*
b Wörtlich *Die Söhne Israels* (= Jakobs).

Kanaan und bestatteten ihn östlich von Mamre in
der Höhle auf dem Feld Machpela, die Abraham
von dem Hetiter Efron als Grabstätte für seine Fami-
lie erworben hatte.
14 Nachdem Josef seinen Vater beigesetzt hatte,
kehrte er mit seinen Brüdern und allen, die ihn
begleitet hatten, nach Ägypten zurück.

Der Mensch denkt, Gott lenkt

15 Weil nun ihr Vater tot war, gerieten die Brüder
Josefs in Sorge. »Wenn Josef uns nur nichts mehr
nachträgt!«, sagten sie zueinander. »Sonst wird er
uns jetzt heimzahlen, was wir ihm einst angetan
haben.«
16 Sie ließen Josef ausrichten: »Dein Vater hat uns
vor seinem Tod die Anweisung gegeben: 17 ›Bittet
Josef, dass er euch verzeiht und euch nicht nach-
trägt, was ihr ihm angetan habt.‹ Deshalb bitten
wir dich: Verzeih uns unser Unrecht! Wir bitten dich
bei dem Gott deines Vaters, dem auch wir dienen!«
Als Josef das hörte, musste er weinen.
18 Danach gingen die Brüder selbst zu Josef, war-
fen sich vor ihm zu Boden und sagten: »Wir sind
deine Sklaven!«
19 Aber Josef erwiderte: »Habt keine Angst! Ich
werde doch nicht umstoßen, was Gott selbst ent-
schieden hat! 20 Ihr hattet Böses mit mir vor, aber
Gott hat es zum Guten gewendet; denn er wollte
auf diese Weise vielen Menschen das Leben retten.
Das war sein Plan, und so ist es geschehen. 21 Habt
also keine Angst! Ihr könnt euch auf mich verlassen,
ich werde für euch und eure Familien sorgen.«
So beruhigte Josef seine Brüder und gab ihnen
wieder Mut.

Josefs Ende

22 Josef blieb mit allen Nachkommen seines Vaters in
Ägypten. Er wurde 110 Jahre alt 23 und sah noch die
Enkel seines Sohnes Efraïm; er erlebte es auch noch,
wie seinem Enkel Machir, dem Sohn Manasses,
Söhne geboren wurden, und nahm sie feierlich in
seine Sippe auf.[a]
24 Als Josef sein Ende kommen fühlte, sagte er zu
seinen Brüdern: »Gott wird euch nicht vergessen.
Er wird euch aus diesem Land wieder in das Land
zurückbringen, das er Abraham, Isaak und Jakob
mit einem Eid versprochen hat. 25 Wenn das ge-
schieht, dann nehmt auch meine Gebeine von hier
mit.«
Die Brüder[b] mussten es Josef schwören. 26 Dann
starb er im Alter von 110 Jahren. Sein Leichnam wur-
de einbalsamiert und in Ägypten in einen Sarg
gelegt.

50,13 23,1-20 **50,20** 45,5 **50,24** 12,7S **50,25** Ex 13,19; Jos 24,32; Hebr 11,22 **50,26** Sir 49,18

EXODUS

Das Buch trägt den Namen »Exodus« (Auszug), weil es in seinem ersten Teil vom »Auszug« der Israeliten aus Ägypten, dem Land ihrer Unterdrückung und Ausbeutung, berichtet. Ebenso wie die anschließende Rettung vor den nachjagenden Ägyptern am Schilfmeer wird dieser Auszug von den Israeliten als Folge von Gottes helfendem Eingreifen erfahren. Gott hat sein Volk aus der Sklaverei befreit: So lautet künftig das Grundbekenntnis Israels.

Was Gott mit diesem Volk vorhat, davon sprechen die zentralen Kapitel des Buches Exodus. Sie berichten von dem »Bund«, den Gott am Berg Sinai mit Israel schließt. Bund Gottes mit seinem Volk, das bedeutet: Gott hat sich mit diesem Volk »verbunden«; er hat es aus allen Völkern als sein besonderes Eigentum erwählt und unter seinen Schutz gestellt. Dafür erwartet er von diesem Volk, dass es ihm, seinem Gott, durch ein entsprechendes Verhalten Ehre macht. Wie dieses Verhalten aussieht, sagt das »Bundesgesetz«, das Israel durch Vermittlung seines Führers Mose am Berg Sinai von Gott empfängt. Sein zentrales und bekanntestes Stück sind die Zehn Gebote.

In einem letzten Teil berichtet das Buch Exodus von der Errichtung eines Zeltheiligtums und gibt Anweisungen für den dort einzurichtenden regelmäßigen Opfergottesdienst.

Inhaltsübersicht

DIE BEFREIUNG ISRAELS AUS ÄGYPTEN (1,1–15,21)

Der Pharao bekommt Angst vor den Israeliten

1 Zusammen mit Jakob, der auch Israel heißt,
waren elf seiner zwölf Söhne mit ihren Familien
nach Ägypten ausgewandert, nämlich:
2 Ruben, Simeon, Levi und Juda,
3 Issachar, Sebulon und Benjamin,
4 Dan und Naftali,
Gad und Ascher.
5 Josef war schon vorher nach Ägypten gekommen.
Insgesamt waren es mit Kindern und Enkeln siebzig
direkte Nachkommen Jakobs.
6 Dann waren Josef und seine Brüder gestorben.
Von ihrer ganzen Generation lebte niemand mehr.
7 Aber ihre Nachkommen, die Israeliten, waren
fruchtbar und vermehrten sich;[a] sie nahmen überhand und wurden so zahlreich, dass sie das Land füllten.
8 Da kam in Ägypten ein neuer König an die
Macht, der von Josef nichts mehr wusste. 9 Er sagte
zu seinen Leuten: »Die Israeliten sind so zahlreich und stark, dass sie uns gefährlich werden.
10 Wir müssen etwas unternehmen, damit sie nicht
noch stärker werden. Sie könnten sich sonst im Kriegsfall auf die Seite unserer Feinde schlagen, gegen uns kämpfen und dann aus dem Land fortziehen.«
11 Die Ägypter setzten deshalb Aufseher ein, um
die Israeliten mit Fronarbeit* unter Druck zu halten.
Die Männer mussten für den Pharao die Vorratsstädte Pitom und Ramses bauen. 12 Aber je mehr
man die Israeliten unterdrückte, desto zahlreicher

a Siehe Anmerkung zu Gen 8,17; zu *dass sie das Land füllten* vgl. Gen 1,28; 9,1.

1,1-5 Gen 46,8-27 **1,7** Gen 1,28S **1,11** 1Kön 5,27-30; 9,15; 12,4

wurden sie und desto mehr breiteten sie sich aus.
Den Ägyptern wurde das unheimlich.
13–14 Darum ließen sie die Männer Israels als Skla-
ven für sich arbeiten, misshandelten sie und mach-
ten ihnen das Leben zur Hölle. Sie zwangen sie,
aus Lehm Ziegel herzustellen und harte Feldarbeit
zu verrichten.

Die Hebammen durchkreuzen den Plan des Pharaos

15 Doch nicht genug damit: Der König von Ägypten
ließ die beiden hebräischen Hebammen Schifra
und Pua rufen und befahl ihnen: 16 »Wenn ihr den
hebräischen Frauen bei der Geburt beisteht, dann
achtet darauf, ob sie einen Sohn oder eine Tochter
zur Welt bringen. Die männlichen Nachkommen
müsst ihr sofort umbringen, nur die Mädchen dürft
ihr am Leben lassen.«
17 Die Hebammen aber gehorchten Gott und
befolgten den Befehl des Königs nicht. Sie ließen
auch die Söhne am Leben.
18 Da ließ der König die Hebammen kommen und
fragte sie: »Warum widersetzt ihr euch meinem
Befehl und lasst die Jungen am Leben?«
19 Sie antworteten dem Pharao: »Die hebräischen
Frauen sind kräftiger als die ägyptischen. Bis die
Hebamme zu ihnen kommt, haben sie ihr Kind
schon längst zur Welt gebracht.«
20 So vermehrte sich das Volk Israel auch weiter-
hin und wurde immer mächtiger. Gott aber ließ es
den Hebammen gut gehen. 21 Weil sie ihm gehorcht
hatten, schenkte er ihnen zahlreiche Nachkommen.
22 Nun gab der Pharao seinem ganzen Volk den
Befehl: »Werft jeden Jungen, der den Hebräern*
geboren wird, in den Nil! Nur die Mädchen dürfen
am Leben bleiben.«

Israels künftiger Retter wird aus dem Wasser gerettet

2 Ein Mann aus der Nachkommenschaft von Levi
heiratete eine Frau, die ebenfalls zu den Nach-
kommen Levis gehörte. 2 Sie wurde schwanger und
brachte einen Sohn zur Welt. Als sie sah, dass es
ein gesundes, schönes Kind war, hielt sie es drei
Monate lang versteckt.
3 Länger konnte sie es nicht verbergen. Deshalb
besorgte sie sich ein Kästchen aus Binsen, dichtete
es mit Pech ab, sodass es kein Wasser durchließ,
und legte das Kind hinein. Dann setzte sie das Käst-
chen ins Schilf am Ufer des Nils. 4 Die Schwester des
Kindes versteckte sich in der Nähe, um zu sehen,
was mit ihm geschehen würde.
5 Da kam die Tochter des Pharaos an den Nil, um
zu baden. Ihre Dienerinnen ließ sie am Ufer zurück.
Auf einmal sah sie das Kästchen im Schilf. Sie
schickte eine Dienerin hin, um es zu holen. 6 Als
sie es öffnete, fand sie darin einen weinenden Säug-
ling, einen kleinen Jungen. Voller Mitleid rief sie:
»Das ist einer von den Hebräerjungen!«
7 Die Schwester des Kindes kam aus ihrem Ver-
steck und fragte: »Soll ich eine hebräische Frau
rufen, die das Kind stillen kann?«
8 »Ja, tu das!«, sagte die Tochter des Pharaos.
Da holte das junge Mädchen die Mutter des Kin-
des, 9 und die Tochter des Pharaos sagte zu ihr:
»Nimm dieses Kind und stille es für mich! Ich werde
dich dafür bezahlen.«
So kam es, dass die Frau ihr eigenes Kind mit nach
Hause nehmen und stillen konnte. 10 Als der Junge
groß genug war, brachte sie ihn wieder zurück.
Die Tochter des Pharaos nahm ihn als ihren Sohn
an. Sie sagte: »Ich habe ihn aus dem Wasser gezo-
gen.« Darum gab sie ihm den Namen Mose.[a]

Der Sohn der Königstochter entdeckt seine Brüder

11 Als Mose erwachsen war, ging er einmal zu seinen
Brüdern, den Israeliten, hinaus und sah, wie sie
Fronarbeiten* verrichten mussten. Er wurde Zeuge,
wie ein Ägypter einen Hebräer*, einen von seinen
Brüdern, totschlug.[b] 12 Da schaute er sich nach allen

Es wird vermutet, dass zur Zeit des Auszugs der Israeliten aus Ägypten dort der Pharao Ramses II. regierte (1290–1224 v. Chr.). Er machte sich u. a. einen Namen durch seine umfangreiche Bautätigkeit. Im Bild seine Statue im großen Tempel von Luxor.

a *Mose* ägyptisch = Kind/Sohn erinnert im Hebräischen an »herausziehen«.
b *totschlug:* Das Wort kann auch nur »schlagen« bedeuten, doch wäre dann Moses Reaktion übermäßig; er handelt nicht im Affekt (Vers 12).

2,1-2 6,20 **2,2** Hebr 11,23 **2,11** Hebr 11,24-26

Seiten um, und als er sah, dass niemand in der Nähe
war, erschlug er den Ägypter und verscharrte ihn im
Sand.
13 Am nächsten Tag ging er wieder hinaus. Da sah
er zwei Hebräer, die miteinander stritten. Er sagte zu
dem, der im Unrecht war: »Warum schlägst du einen
Mann aus deinem eigenen Volk?«
14 Der antwortete: »Wer hat dich zum Aufseher
und Richter über uns eingesetzt? Willst du mich auch
umbringen wie den Ägypter?«
Da bekam Mose Angst, denn er dachte: »Es ist also
doch bekannt geworden!«

Der Flüchtling findet ein Zuhause

15 Als der Pharao von dem Vorfall erfuhr, wollte er
Mose töten lassen. Mose aber floh vor ihm in das
Land Midian*. Dort setzte er sich an einen Brunnen,
um auszuruhen.
16 Der Priester* des Landes hatte sieben Töchter;
die kamen zu dem Brunnen, um die Schafe und Zie-
gen ihres Vaters zu tränken. Als sie gerade die Tränk-
rinnen voll Wasser geschöpft hatten,
17 kamen Hirten
und drängten sie weg. Mose stand auf und nahm die
Mädchen in Schutz. Er legte selbst Hand an beim
Tränken der Tiere.
18 Als die Mädchen nach Hause zu ihrem Vater
Reguël[a] kamen, fragte er: »Warum seid ihr heute
schon so früh wieder da?«
19 Sie antworteten: »Ein Ägypter hat uns vor den
Hirten in Schutz genommen. Er hat uns beim Trän-
ken geholfen und sogar selbst Wasser geschöpft.«
20 »Wo ist er?«, fragte Reguël seine Töchter. »War-
um habt ihr ihn nicht mitgebracht? Holt ihn! Er soll
mit uns essen.«
21 Reguël lud Mose ein, bei ihm zu bleiben, und
Mose war damit einverstanden. Der Priester gab
ihm seine Tochter Zippora zur Frau.
22 Als sie einen
Sohn zur Welt brachte, sagte Mose: »Er soll Ger-
schom (Gast-dort) heißen, denn ich bin Gast in
einem fremden Land geworden.«

Gott hört den Hilferuf der Israeliten

23 So verging eine lange Zeit. Inzwischen war der
König von Ägypten gestorben. Aber die Lage der
Israeliten hatte sich nicht gebessert. Sie stöhnten
unter der Zwangsarbeit und schrien um Hilfe.
Ihr Schreien drang zu Gott,
24 und er erinnerte sich
an den Bund*, den er mit Abraham, Isaak und Jakob
geschlossen hatte.
25 Er wandte sich den Israeliten zu
und kümmerte sich um sie.°

Gott braucht Mose für seinen Plan

3 Mose hütete die Schafe und Ziegen seines
Schwiegervaters Jitro, des Priesters von
Midian*. Als er die Herde tief in die Wüste hinein-
trieb, kam er eines Tages an den Gottesberg*, den
Horeb.
2 Dort erschien ihm der Engel des HERRN[b] in einer
lodernden Flamme, die aus einem Dornbusch
schlug. Mose sah nur den brennenden Dornbusch,
aber es fiel ihm auf, dass der Busch von der Flamme
nicht verzehrt wurde.
3 »Das ist doch seltsam«, dachte er. »Warum ver-
brennt der Busch nicht? Das muss ich mir aus der
Nähe ansehen!«
4 Als der HERR sah, dass Mose näher kam, rief er
ihn aus dem Busch heraus an: »Mose! Mose!«
»Ja«, antwortete Mose, »ich höre!«
5 »Komm nicht näher!«, sagte der HERR. »Zieh
deine Schuhe aus, denn du stehst auf heiligem
Boden.«
6 Dann sagte er: »Ich bin der Gott, den dein Vater
verehrt hat, der Gott Abrahams, Isaaks und Jakobs.«
Da verhüllte Mose sein Gesicht, denn er fürchtete
sich, Gott anzusehen.
7 Weiter sagte der HERR: »Ich habe genau gesehen,
wie mein Volk in Ägypten unterdrückt wird. Ich
habe gehört, wie es um Hilfe schreit gegen seine
Antreiber. Ich weiß, wie sehr es leiden muss,
8 und
bin herabgekommen, um es von seinen Unterdrük-
kern zu befreien. Ich will es aus Ägypten führen
und in ein fruchtbares und großes Land bringen,
ein Land, das von Milch und Honig überfließt. Ich
bringe es in das Land der Kanaaniter*, Hetiter*,
Amoriter*, Perisiter, Hiwiter und Jebusiter.
9 Ich habe den Hilfeschrei der Leute von Israel
gehört, ich habe gesehen, wie grausam die Ägypter
sie unterdrücken.
10 Deshalb geh jetzt, ich schicke

»Die Ägypter setzten Aufseher ein, um die Israeliten mit Fronarbeit unter Druck zu halten.« (1,11) Auf diesem Grabrelief aus Memphis führt ein Ägypter einen syrischen Gefangenen ab.

a Von Kapitel 3 ab trägt der Priester den Namen Jitro.
b Die Fortsetzung zeigt, dass es Gott selbst ist, der Mose erscheint (siehe Sacherklärung »Engel«).

2,15 Hebr 11,27 **2,24** Gen 17,1-14; 26,3-4; 28,13-22 **3,1** (Gottesberg) 4,27; 18,5; 24,13; 1 Kön 19,3 **3,5** Jos 5,15 **3,6** 6,2-3S; Mt 22,32 **3,8** (Milch und Honig) Num 14,8; Dtn 26,9.15; Jos 5,6; Sir 46,8

Das Alte Ägypten

Unten: Wie die Luftaufnahme zeigt, wäre Ägypten ohne den Nil eine unfruchtbare Wüste.

Unten rechts: Am Stil des einfachen Dorfhauses, gebaut aus luftgetrockneten Ziegeln, hat sich seit biblischer Zeit nur wenig geändert.

Der Nil

Ägypten nennt man »ein Geschenk des Nils«. Ohne ihn wäre das Land eine kahle Wüste. Der Nil tritt jedes Jahr über die Ufer und hinterlässt in den überschwemmten Gebieten eine Schicht von schwarzem Schlamm, der das Land fruchtbar macht. Jenseits dieses Streifens dehnt sich die Wüste.

Geschichte

Die Geschichte Ägyptens im engeren Sinn – die Geschichte seiner Könige, der Pharaonen – geht zurück bis ins 4. Jahrtausend v. Chr. Schon vor der Zeit Abrahams hatte es seine Herrschaft nach Süden bis in den Sudan ausgebreitet.

Zwischen 1700 und 1650 v. Chr. drang eine Gruppe fremder Völker in Ägypten ein. Viele von ihnen waren Semiten, Leute von derselben Art und Sprache wie die Stammväter Israels. Von ihrem Machtzentrum im Nordosten des Nildeltas aus beherrschten diese »Hyksos« ein Reich, das den größten Teil von Ägypten und dazu Palästina umfasste. Manche Wissenschaftler nehmen heute an, dass es ein Hyksos-König war, der Josef in Ägypten an seinen Hof holte.

Etwa 1550 v. Chr. wurden die Hyksos wieder vertrieben. Mit Pharao Ahmose I. beginnt eine neue Dynastie ägyptischer Könige. Deren Herrschaftsgebiet erreichte seine größte Ausdehnung unter Tutmosis III. und Ramses II. Manche Wissenschaftler meinen, Ramses II. sei der König, in dessen Regierungszeit Israel aus Ägypten wegzog.

Ziegelherstellung

Der ägyptische König brauchte Ziegelsteine für den Bau seiner neuen Residenzstadt. Lehm wurde mit klein gehäckseltem Stroh vermengt, in

Die Chephren-Pyramide bei Giseh, von der Spitze der Großen Pyramide aus gesehen.

Der Nil war stets Ägyptens wichtigste Verkehrsstraße.

hölzerne Formen gefüllt und der Glut der Sonne ausgesetzt. So werden heute noch in vielen südlichen Ländern Ziegel hergestellt.

Schrift

Die ägyptischen Schreiber entwickelten ein System von Bildern, die für bestimmte Wörter oder Silben stehen (»Hieroglyphen«). Vieles von dem, was wir über das Alte Ägypten wissen, verdanken wir Hieroglyphen-Inschriften an Gebäuden und Denkmälern, oder wir erfahren es aus Büchern, Briefen und Rechnungen, die in vereinfachten Hieroglyphen, der sog. Hieratischen Schrift, abgefasst sind.

Kleidung

Die Kleidung wurde aus Leinen angefertigt. Die Männer trugen einen kurzen Rock, die Frauen ein Kleid mit breiten Bändern über den Schultern. Reiche Leute trugen fein gefältetes Leinen, das weiß, aber auch farbig sein konnte. Zu besonderen Gelegenheiten setzte man schwarze Perücken auf und schmückte sich mit edelsteinbesetzten Ringen, Armreifen, Ketten und Stirnbändern. Man pflegte seine Haut mit Öl, verwendete schwarzes Augen-Make-up und sowie verschiedene Parfüme.

Kunst und Handwerk

Der König und seine Umgebung beschäftigten äußerst tüchtige Kunsthandwerker: Maler, Bildhauer, Gold- und Silberschmiede. Die Ägypter glaubten an ein Leben nach dem Tod und stellten sich dies ähnlich dem irdischen Leben vor. Darum malten sie Szenen aus dem Alltagsleben an die Wände ihrer Grabkammern und gaben ihren Toten neben kostbaren Dingen auch alltägliche Gebrauchsgegenstände mit. Auf diese Weise erfahren wir viel über das Leben und Aussehen der Menschen damals.

Die Götter Ägyptens

Die alten Ägypter verehrten viele Götter – Naturgottheiten, aber auch solche, die der Wahrheit, Gerechtigkeit und Weisheit zugeordnet waren. Der Gott Osiris war der König der Unterwelt; er besaß den Schlüssel, der die Tür zu einem Leben jenseits des Todes aufschloss. Der ägyptische König war der Vermittler zwischen den Göttern und den Menschen. In den großen Tempeln dienten die Priester den Göttern, als wären diese irdische Könige. Das gewöhnliche Volk sah die Bilder der Götter nur an Festtagen, wenn sie in feierlicher Prozession umhergetragen wurden.

Mitte: Königin Nofretiri, die Lieblingsfrau Ramses' II. Sie trägt feines Linnen und kunstvollen goldenen Haarschmuck. Links von ihr ägyptische Hieroglyphenschrift. Das Halsband (rechtes Bild) gehört zum Thronschatz des Königs Tutanchamun.

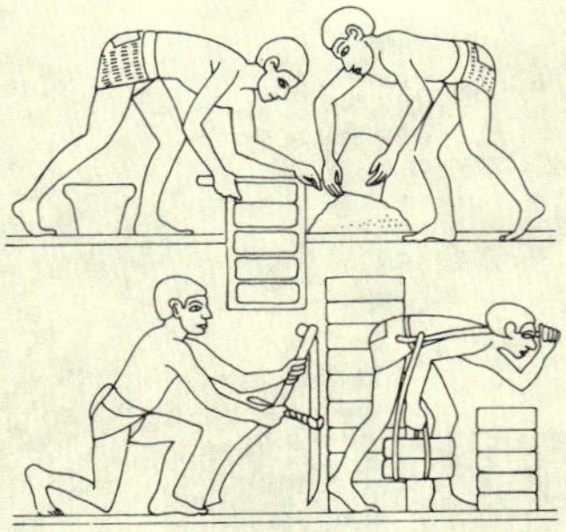

Ziegelherstellung nach der Malerei in einem alten Grab (oben) – und wie man es heute macht.

Rechts: Ein Bild aus dem ›Totenbuch‹. Das Herz eines Menschen wird gegen die Wahrheit (als Feder dargestellt) aufgewogen. Hat der Tote diese Prüfung bestanden, so erhält er Zugang zu einem neuen Leben in dem Reich, das der Totengott Osiris regiert.

Die Säulenhalle des Amun-Tempels von Karnak demonstriert die Macht des Alten Ägypten.

dich zum Pharao! Du sollst mein Volk, die Israeliten,
aus Ägypten herausführen.«
11 Aber Mose wandte ein: »Ich? Wer bin ich denn!
Wie kann ich zum Pharao gehen und das Volk Israel
aus Ägypten herausführen?«
12 Gott antwortete: »Ich werde dir beistehen. Und
das ist das Zeichen, an dem du erkennst, dass ich
dich beauftragt habe: Wenn du das Volk aus Ägypten
herausgeführt hast, werdet ihr mir an diesem Berg
Opfer* darbringen und mich anbeten.«

Gott gibt sich Mose zu erkennen

13 Mose sagte zu Gott: »Wenn ich nun zu den Leuten
von Israel komme und zu ihnen sage: ›Der Gott eurer
Vorfahren hat mich zu euch geschickt‹, und sie mich
dann fragen: ›Wie ist sein Name?‹ – was soll ich
ihnen sagen?«
14 Gott antwortete: »Ich bin da«,[a] und er fügte hin-
zu: »Sag zum Volk Israel: ›Der Ich-bin-da hat mich zu
euch geschickt: 15 der HERR! Er ist der Gott eurer Vor-
fahren, der Gott Abrahams, Isaaks und Jakobs.‹
Denn ›HERR‹ (Er-ist-da) ist mein Name für alle Zeiten.
Mit diesem Namen sollen mich auch die kommen-
den Generationen ansprechen, wenn sie zu mir
beten.
16 Geh nun und rufe die Ältesten* des Volkes Israel
zusammen! Sag zu ihnen: ›Der HERR, der Gott eurer
Vorfahren, ist mir erschienen, der Gott Abrahams,
Isaaks und Jakobs. Er hat zu mir gesagt: Ich habe
genau gesehen, was man euch in Ägypten antut.
17 Darum bin ich entschlossen, euch aus diesem Land
herauszuführen, in dem ihr so unterdrückt werdet.
Ich bringe euch in das Land der Kanaaniter*, Heti-
ter*, Amoriter*, Perisiter, Hiwiter und Jebusiter,
ein Land, das von Milch und Honig überfließt.‹
18 Wenn du so zu ihnen sprichst, werden die Ältes-
ten des Volkes auf dich hören. Dann musst du mit
ihnen zum König von Ägypten gehen, und ihr sollt
zu ihm sagen: ›Der HERR, der Gott der Hebräer*,
ist uns erschienen. Deshalb wollen wir drei Tagerei-
sen weit in die Wüste gehen und dort dem HERRN,
unserem Gott, Opfer* darbringen.‹
19 Ich weiß, dass der König von Ägypten euch nicht
gehen lässt; er wird sich durch keine Macht der Welt
dazu zwingen lassen. 20 Aber dann werde ich meine
Hand ausstrecken und die Ägypter schlagen, ich wer-
de Schrecken erregende Wunder in ihrer Mitte voll-
bringen. Und dann wird er euch ziehen lassen.
21 Ich werde sogar dafür sorgen, dass die Ägypter
euch wohlgesinnt sein werden und ihr nicht mit lee-
ren Händen wegziehen müsst. 22 Alle Frauen aus
Israel sollen sich vor dem Aufbruch von ihren ägyp-
tischen Nachbarinnen Silber- und Goldschmuck
erbitten und festliche Kleider. Das können dann
eure Söhne und Töchter tragen. Auf diese Weise sollt
ihr die Ägypter berauben.«

Mose macht Einwendungen

4 Mose erwiderte: »Und was ist, wenn die Leute
von Israel mir nicht glauben und nicht auf mich
hören, sondern behaupten: ›Der HERR ist dir nicht
erschienen!‹ Was soll ich dann tun?«
2 »Was hast du da in deiner Hand?«, fragte der
HERR.
»Einen Stock«, sagte Mose.
3 »Wirf ihn auf die Erde!«, befahl der HERR.
Mose tat es. Da wurde der Stock zu einer Schlan-
ge, und Mose lief vor ihr davon.
4 Der HERR befahl ihm: »Pack sie beim Schwanz!«
Mose fasste zu, und sie wurde in seiner Hand wie-
der zum Stock.[b]
5 Da sagte der HERR: »Tu das vor ihren Augen,
damit sie glauben, dass ich dir erschienen bin –
ich, der Gott ihrer Vorfahren Abraham, Isaak und
Jakob.«
6 Dann befahl er Mose: »Steck die Hand in dein
Gewand!«
Mose gehorchte, und als er seine Hand wieder
hervorzog, war sie voll Aussatz*, weiß wie Schnee.
7 »Steck deine Hand noch einmal in dein
Gewand«, befahl der HERR.
Mose tat es, und als er sie wieder hervorzog, war
sie so gesund wie der übrige Körper.
8 Der HERR sagte: »Wenn sie sich durch das Wun-
der mit dem Stock nicht überzeugen lassen, dann
wird dieses zweite Wunder sie überzeugen. 9 Wenn
sie aber immer noch nicht glauben und nicht auf
dich hören wollen, dann nimm Wasser aus dem
Nil und schütte es auf den Boden, und es wird zu Blut
werden.«
10 Doch Mose erwiderte: »Ach Herr, ich habe doch
noch nie gut reden können, und auch seit du mit mir,
deinem Diener, sprichst, ist das nicht besser gewor-
den. Ich bin im Reden viel zu schwerfällig und unbe-
holfen.«[c]
11 Der HERR antwortete: »Wer hat den Menschen
die Sprache gegeben? Wer macht die Menschen
stumm oder taub? Wer macht sie sehend oder blind?
Ich bin es, der HERR! 12 Also, geh jetzt! Ich werde dir
helfen und dir sagen, was du reden sollst.«
13 Doch Mose erwiderte: »Nimm es mir nicht übel,
Herr, aber schicke einen andern!«
14 Da wurde der HERR zornig auf Mose und sagte:
»Du hast doch noch einen Bruder, den Leviten
Aaron![d] Ich weiß, dass er gut reden kann. Er ist auf
dem Weg zu dir und wird sich freuen, wenn er dich
wiedersieht.
15 Du sagst ihm alles, was er reden soll. Ich helfe dir
dabei, und ihm helfe ich auch. Ich sage euch, was ihr
tun und reden sollt. 16 Wenn Aaron für dich zum Volk
spricht, wird das so sein, wie wenn ein Prophet* die
Botschaften seines Gottes weitergibt.

a Der hebräische Wortlaut enthält einen Anklang an den Gottesnamen *Jahwe,* der in dieser Übersetzung nach alter Tradition durch HERR (siehe Sacherklärung) wiedergegeben wird. Da die Menschen des Altertums mit einer Vielzahl von Göttern rechneten, war es notwendig, dass Gott sich mit seinem Namen bekannt machte. Der Name, unter dem sich Gott jetzt offenbart, spricht sein Wesen aus: »Ich bin (für euch) da!«
b Das Schlangenwunder enthält für Mose und die Israeliten eine Botschaft: Die Schlange ist Sinnbild für den »Chaosdrachen« und zugleich für Ägypten (vgl. Jes 30,7 und Anmerkung dazu). So wie Gott bei der Weltschöpfung das Chaos besiegt hat, so wird auch die Macht Ägyptens sich ihm beugen müssen. Das wird Mose erfahren, wenn er sich nicht ängsten lässt, sondern »die Schlange am Schwanz packt«.
c Zum zweiten Mal (vgl. 3,11) wendet Mose ein, dass er sich der Aufgabe nicht gewachsen fühlt. Die Antwort Gottes stellt klar: Nicht auf den Boten kommt es an, sondern auf den, der ihn sendet!
d Aaron wird hier *Levit** genannt, um auf seine künftige Rolle als Priester hinzuweisen; vgl. 28,1.

3,11 4,10 **3,21-22** 11,2-3; 12,35-36; Gen 15,14; Weish 10,17.20 **4,10** 3,11; 6,12.30; Jer 1,6-10 **4,12** Mt 10,19-20 **4,15-16** 7,1-2

17 Und den Stock hier nimm in die Hand! Mit ihm
wirst du die Wunder tun, die dich ausweisen.«

Mose macht sich auf den Weg nach Ägypten

18 Mose kehrte zurück zu seinem Schwiegervater
Jitro und sagte: »Ich möchte wieder zu meinen
Brüdern, den Israeliten, nach Ägypten gehen und
sehen, ob sie noch am Leben sind.«
Jitro sagte: »Glückliche Reise! Zieh in Frieden*!«
19 Noch im Land Midian* sagte der HERR zu Mose:
»Du kannst jetzt nach Ägypten zurückkehren, denn
alle, die dich umbringen wollten, sind gestorben.«
20 So ließ Mose seine Frau mit den kleinen Kindern
auf den Esel steigen und machte sich mit ihnen auf
den Weg nach Ägypten. Den Stock nahm er mit.
21 Noch einmal sprach der HERR zu Mose; er sagte:
»Wenn du nach Ägypten kommst, dann vollbringe
vor dem Pharao die Wunder, zu denen ich dich
bevollmächtigt habe. Ich werde ihn so starrsinnig
machen, dass er das Volk nicht gehen lässt. 22 Dann
sollst du dem Pharao verkünden: ›So spricht der
HERR: Israel ist mein erstgeborener Sohn,[a] 23 und
ich befehle dir, ihn ziehen zu lassen, damit er mir
Opfer* darbringen kann. Wenn du dich weigerst,
bekommst du es mit mir zu tun: Dann werde ich *dei-
nen* erstgeborenen Sohn töten.‹«

Moses Erstgeborener wird beschnitten

24 Als sie einmal unterwegs übernachteten, fiel der
HERR über Mose her und wollte ihn töten. 25 Da
nahm Zippora einen scharfen Stein, schnitt die Vor-
haut am Glied ihres Sohnes ab und berührte damit
Moses Beine. Dabei sagte sie: »Du bist für mich ein
Blutbräutigam*.«
26 So nannte sie ihn wegen der geschehenen
Beschneidung*. Da ließ der HERR von Mose ab.

Mose und Aaron als Führer der Israeliten

27 Der HERR sagte zu Aaron: »Geh Mose entgegen in
die Wüste!«
Aaron machte sich auf den Weg. Beim Gottes-
berg* traf er Mose und küsste ihn. 28 Mose erzählte
ihm, welchen Auftrag er vom HERRN erhalten hatte
und was für Wunder er tun sollte.
29 Dann gingen die beiden nach Ägypten und ver-
sammelten alle Ältesten* des Volkes Israel. 30 Aaron
berichtete ihnen alles, was der HERR zu Mose gesagt
hatte, und Mose vollbrachte vor den Augen des gan-
zen Volkes die Wunder, zu denen Gott ihn bevoll-
mächtigt hatte.
31 Da glaubten ihm die Israeliten. Sie begriffen,
dass der HERR ihre Unterdrückung gesehen hatte
und ihnen helfen wollte. Und sie warfen sich anbe-
tend vor dem HERRN nieder.

Mose und Aaron gehen zum Pharao

5 Nun gingen Mose und Aaron zum Pharao und
sagten: »So spricht der HERR, der Gott Israels:
›Lass mein Volk ziehen, damit es in der Wüste ein
Fest für mich feiern kann!‹«
2 »Der HERR? Wer ist das?«, erwiderte der Pharao.
»Was hat er mir zu befehlen? Ich kenne keinen
›HERRN‹ und denke gar nicht daran, das Volk Israel
gehen zu lassen.«
3 Mose und Aaron sagten: »Er ist der Gott der
Hebräer*, und er ist uns erschienen. Deshalb wollen
wir jetzt drei Tagereisen weit in die Wüste gehen
und ihm dort[b] Opfer* darbringen. Sonst wird er
uns mit Krankheit oder Krieg strafen.«
4 Der Ägypterkönig fuhr sie an: »Was denkt ihr
euch eigentlich, dass ihr das Volk von der Arbeit
abhalten wollt? Macht, dass ihr fortkommt! An eure
Fronarbeit*!«
5 Und er sagte noch: »Sie sind schon so zahlreich,
und da wollt ihr ihnen auch noch eine Arbeitspause
verschaffen!«

Die Not wird größer

6 Am selben Tag befahl der Pharao den ägyptischen
Antreibern und den Listenführern aus dem Volk
Israel: 7 »Ihr dürft den Leuten jetzt nicht mehr das
Stroh liefern, das sie zur Herstellung der Ziegelsteine
brauchen.[c] Sie sollen es sich selbst zusammensu-
chen! 8 Aber sie müssen genau so viele Ziegel ablie-
fern wie bisher. Ihr dürft ihnen nichts erlassen. Faul
sind sie, deshalb schreien sie: ›Wir wollen in die
Wüste und unserem Gott Opfer* darbringen.‹ 9 Sie
stehen nicht genug unter Druck. Verlangt von ihnen
noch mehr, dann werden sie sich von diesen Verfüh-
rern nichts vormachen lassen.«
10 Die Antreiber und die Listenführer gingen hin
und sagten zu den Israeliten: »So spricht der Pharao:
›Ich lasse euch von jetzt ab kein Stroh mehr liefern.
11 Geht selbst und sucht euch welches! Ihr müsst aber
genau so viele Ziegel abliefern wie bisher.‹«
12 So verteilten sich die Männer Israels über das
ganze Land und sammelten Stroh auf den Feldern.
13 Die Ägypter aber trieben sie an und sagten: »Ihr
müsst jeden Tag genau so viele Ziegel abliefern wie
früher, als euch noch Stroh gestellt wurde!« 14 Die
Antreiber schlugen die Listenführer der Israeliten,
die sie eingesetzt hatten, und schrien sie an: »Ihr
habt heute schon wieder zu wenig Ziegel abgelie-
fert!«
15 Da beschwerten sich die Listenführer beim Pha-
rao: »Warum tust du uns das an? Wir sind doch
immer deine treuen Diener gewesen! 16 Man hat
unseren Leuten kein Stroh geliefert und doch sollen
sie Ziegel herstellen. Sogar geschlagen hat man uns.
Die Schuld liegt bei deinen eigenen Leuten!«

a Dieser Ausdruck macht die Sonderstellung Israels unter den Völkern deutlich (19,5-6). Im Unterschied dazu spricht das Neue Testament von Jesus Christus als von Gottes »einzigem Sohn« (Joh 1,14; 3,16.18).
b Der Pharao kann nicht entgegnen: Warum haltet ihr das Fest nicht hier? In Ägypten können die Israeliten ihrem Gott keine Opfer darbringen, weil das ganze Land dem ägyptischen Staatsgott geweiht ist.
c Zur Ziegelherstellung im alten Ägypten siehe Seite 98, 100.

4,20 18,3-4 **4,22** Dtn 1,31; 14,1; 32,6; Jer 31,9; Hos 11,1 **4,23** 12,29S **4,24** Gen 32,25-33 **4,25** Gen 17,9-14S; Jos 5,2-3 **4,27b** 3,1S **5,3** 3,12

a *Gott, der Gewaltige*:* wörtlich *El-Schaddai.* Unter diesem Namen offenbarte sich Gott nach Gen 17,1; 28,3; 35,11; 48,3. Zum Gottesnamen *Herr* siehe die Sacherklärung und Ex 3,13-15. Was hier in Kap 6 berichtet wird, hat so viel Ähnlichkeit mit Kap 3 und 4, dass man vermuten kann, es habe sich ursprünglich um denselben Vorgang gehandelt, von dem zwei verschiedene Berichte vorliegen.
b Wörtlich *Israels*;* vgl. Gen 32,29.

17 Der Pharao antwortete: »Faul seid ihr, ganz einfach faul! Deswegen schreit ihr: ›Wir wollen in die Wüste und unserem Gott Opfer darbringen.‹ 18 Macht, dass ihr wieder an eure Arbeit kommt! Stroh bekommt ihr nicht; aber die vorgeschriebene Anzahl Ziegel wird abgeliefert!«

19 Da sahen die Listenführer aus dem Volk, dass alles nichts half: Die Israeliten mussten pro Tag die gleiche Menge Ziegel herstellen wie bisher.

Gott kündigt sein Eingreifen an

20 Als die Listenführer der Israeliten vom Pharao kamen, trafen sie auf Mose und Aaron, die auf sie warteten. 21 Sie überhäuften die beiden mit Vorwürfen: »Ihr habt uns beim Pharao und seinen Leuten nur verhasst gemacht! Ihr habt ihnen eine Waffe in die Hand gegeben, mit der sie uns töten werden. Der Herr soll euch dafür strafen!«

22 Mose wandte sich an den Herrn und sagte: »Herr, warum handelst du so schlecht an deinem Volk? Wozu hast du mich überhaupt hierher geschickt? 23 Seit ich zum Pharao gegangen bin und ihm deinen Befehl überbracht habe, hat er das Volk nur noch mehr misshandelt. Und du hast nichts getan, um dein Volk zu retten!«

6 Darauf sagte der Herr zu Mose: »Jetzt wirst du erleben, was ich mit dem Pharao machen werde. Ich werde ihn zwingen, die Israeliten gehen zu lassen, ja, er wird sie sogar mit Gewalt aus seinem Land forttreiben.«

Mose wird noch einmal beauftragt

2 Da sprach Gott zu Mose und sagte: »Ich bin der Herr. 3 Als Gott, der Gewaltige,[a] bin ich Abraham, Isaak und Jakob erschienen; aber unter meinem Namen ›der Herr‹ habe ich mich ihnen noch nicht zu erkennen gegeben. 4 Doch ich habe meinen Bund* mit ihnen geschlossen und ihnen das Land Kanaan* zugesagt, in dem sie als Fremde lebten.

5 Ich habe das Schreien der Leute von Israel gehört, die von den Ägyptern zur Arbeit gezwungen werden. Deshalb will ich jetzt meine Zusage einlösen. 6 Richte deinem Volk aus:

›Ich bin der Herr! Ich werde euch aus dem Frondienst* für die Ägypter wegholen und aus der Zwangsarbeit befreien, die sie euch auferlegt haben. Mit meinem ausgestreckten Arm werde ich euch retten und eure Unterdrücker hart bestrafen. 7 Ich will euch als mein Volk annehmen und will euer Gott sein. Dann werdet ihr erkennen, dass ich der Herr bin, euer Gott, der euch aus dem Frondienst für die Ägypter befreit. 8 Ich bringe euch in das Land, das ich Abraham, Isaak und Jakob mit einem Eid versprochen habe; ich gebe es euch, ihren Nachkommen, als bleibenden Besitz. Ich bin der Herr!‹«

9 Mose sagte dies alles den Israeliten, aber sie glaubten ihm nicht, so erschöpft waren sie von der harten Arbeit; sie waren völlig entmutigt.

10 Da sagte der Herr zu Mose: 11 »Geh jetzt zum Pharao, dem König von Ägypten, und verlange, dass er das Volk Israel aus seinem Land ziehen lässt!«

12 Aber Mose erwiderte: »Nicht einmal die Leute von Israel haben mir geglaubt, wie sollte da der Pharao auf mich hören? Ich bin ja auch so ungeschickt im Reden.«

13 Der Herr aber schickte Mose und Aaron von neuem zu den Israeliten und zum Pharao, weil er sein Volk aus Ägypten herausführen wollte.

Mose und Aaron als Nachkommen von Levi

14 Hier ist die Liste der Sippenhäupter des Volkes Israel:

Die Nachkommen *Rubens,* des erstgeborenen Sohnes Jakobs,[b] gliederten sich in die Sippen seiner Söhne Henoch, Pallu, Hezron und Karmi, 15 die Nachkommen *Simeons* in die Sippen seiner Söhne Jemuël, Jamin, Ohad, Jachin, Zohar und Schaul – Schaul war der Sohn einer Kanaaniterin* –, 16 und die Nachkommen *Levis* in die Sippen seiner Söhne Gerschon, Kehat und Merari.

Levi selbst war 137 Jahre alt geworden. 17 Die Sippe seines Sohnes *Gerschon* gliederte sich in die Familien von dessen Söhnen Libni und Schimi, 18 die Sippe seines Sohnes *Kehat* in die Familien von dessen Söhnen Amram, Jizhar, Hebron und Usiël – Kehat wurde 133 Jahre alt –, 19 und die Sippe seines Sohnes *Merari* in die Familien von dessen Söhnen Machli und Muschi.

20 Kehats Sohn *Amram* heiratete Jochebed, die Schwester seines Vaters. Sie gebar ihm die beiden Söhne Aaron und Mose. Amram wurde 137 Jahre alt. 21 Kehats Sohn *Jizhar* hatte drei Söhne: Korach, Nefeg und Sichri, 22 und sein Sohn *Usiël* hatte ebenfalls drei Söhne: Mischaël, Elizafan und Sitri.

23 *Aaron* heiratete Elischeba, eine Tochter Amminadabs und Schwester Nachschons. Sie gebar ihm die vier Söhne Nadab und Abihu, Eleasar und Itamar. 24 *Korach* hatte drei Söhne, nach denen sich die Familien der Korachiten benennen: Assir, Elkana und Abiasaf. 25 Aarons Sohn *Eleasar* heiratete eine Tochter Putiëls, die ihm einen Sohn namens Pinhas gebar.

Damit sind alle Familienhäupter der Leviten* aufgezählt. 26 Aaron und Mose, die dabei genannt wurden, sind eben die, denen der Herr befohlen hatte: »Führt das Volk Israel in geordneten Scharen aus Ägypten!« 27 Sie sind es, die mit dem Pharao, dem Ägypterkönig, verhandeln und die Israeliten aus Ägypten herausführen sollten.

6,1 11,1; 12,33 **6,4** 2,24S; Gen 12,7S **6,12** 4,10S **6,14-16a** Gen 46,8-15 **6,16-19** Num 3,17-20; 1Chr 5,27-30; 6,1-4 **6,20** 2,1-2

Fortsetzung des Berichts über die Beauftragung Moses

28 Gott hatte also zu Mose in Ägypten gesagt: 29 »Ich
bin der HERR! Sag dem Pharao, dem König von Ägyp-
ten, alles, was ich dir auftrage!« 30 Mose aber hatte
eingewandt: »Ich bin doch so ungeschickt im Reden,
wie sollte da der Pharao auf mich hören?«

7 Darauf sagte der HERR zu Mose: »Ich bevoll-
mächtige dich, vor den Pharao hinzutreten,
als wärst du Gott, und dein Bruder Aaron wird dein
Prophet* sein. 2 Du sagst Aaron alles, was ich dir auf-
trage, und er fordert dann vom Pharao, dass er die
Israeliten aus seinem Land ziehen lässt.

3 Ich werde jedoch den Pharao starrsinnig
machen, damit ich umso mehr meine Macht durch
Staunen erregende Wundertaten erweisen kann.
4 Der Pharao wird eure Forderung ablehnen, und
dann werden die Ägypter meine Hand zu spüren
bekommen. Durch schwere Strafgerichte werde
ich es so weit bringen,dass ich mein Volk, die Israe-
liten, aus Ägypten führen kann.

5 Wenn ich so meine Hand gegen die Ägypter erhe-
be und das Volk Israel mitten aus ihrem Land weg-
führe, dann werden die Ägypter erkennen, dass ich
der HERR bin.«

6 Mose und Aaron folgten genau den Anweisun-
gen des HERRN. 7 Mose war damals 80 und Aaron
83 Jahre alt.

Die ägyptischen Plagen (7,8–11,10 und 12,29-30)

8 Der HERR sagte zu Mose und Aaron: 9 »Wenn euch
der Pharao auffordert, euch durch ein Wunder aus-
zuweisen, dann sagst du, Mose, zu Aaron: ›Nimm
deinen Stock und wirf ihn vor dem Pharao auf den
Boden!‹ Dann wird er zu einer Schlange werden.«

10 Mose und Aaron gingen zum Pharao und taten,
was ihnen der HERR aufgetragen hatte. Aaron warf
seinen Stock vor dem Pharao und seinen Ministern
auf den Boden und er wurde zur Schlange.

11 Aber der Pharao rief seine Magier und Beschwö-
rer, und sie vollbrachten mit ihren Zauberkünsten
dasselbe. 12 Jeder von ihnen warf seinen Stock auf
den Boden und er wurde zu einer Schlange.

Doch Aarons Stock verschlang die Stöcke der
Ägypter. 13 Trotzdem blieb der Pharao starrsinnig
und schlug ihre Forderung ab, genau wie der HERR
es vorausgesagt hatte.

Erste Plage: Wasser wird Blut

14 Darauf sagte der HERR zu Mose: »Der Pharao ist
trotzig; er weigert sich, das Volk ziehen zu lassen.
15 Geh morgen früh zu ihm, wenn er gerade zum
Nil hinuntergeht, und tritt ihm am Ufer des Flusses
entgegen. Nimm den Stock mit, der sich in eine
Schlange verwandelt hat.

16 Dann sag zum Pharao: ›Der HERR, der Gott der
Hebräer*, hat mich zu dir geschickt und fordert dich
auf: Lass mein Volk in die Wüste ziehen, damit es
mir dort Opfer* darbringen kann! Bis jetzt hast du
nicht darauf gehört. 17 Aber jetzt sollst du erkennen,
dass du es mit dem HERRN zu tun hast. In seinem Auf-
trag werde ich mit dem Stock in meiner Hand in das
Wasser des Nils schlagen und es wird zu Blut
werden. 18 Alle Fische werden sterben und der Fluss
wird so sehr stinken, dass die Ägypter nicht mehr
von seinem Wasser trinken können.‹«

19 Weiter sagte der HERR zu Mose: »Aaron soll sei-
nen Stock ausstrecken über alle Gewässer Ägyptens,
über die Flüsse und Kanäle, die Teiche und alle Was-
serstellen. Alles Wasser in Ägypten wird dann zu
Blut werden, sogar in den Gefäßen aus Holz und
Stein.«

20 Mose und Aaron taten, was der HERR ihnen
befohlen hatte. Vor den Augen des Pharaos und sei-
ner Minister erhob Mose° seinen Stock und schlug in
das Wasser des Nils. Da wurde alles Wasser im Strom
in Blut verwandelt. 21 Die Fische starben und das
Wasser begann so sehr zu stinken, dass die Ägypter
es nicht mehr trinken konnten. Im ganzen Land war
das Wasser zu Blut geworden.

22 Aber die ägyptischen Magier brachten mit ihren
Zauberkünsten dasselbe fertig. Deshalb blieb der
Pharao starrsinnig und ließ das Volk nicht ziehen,
genau wie der HERR es vorausgesagt hatte.

23 Der Pharao ging in seinen Palast zurück und
nahm auch diesen Machterweis des HERRN nicht
ernst. 24 Die Ägypter aber gruben an den Ufern des
Nils nach Trinkwasser, denn das Nilwasser war
ungenießbar geworden.

Zweite Plage: Frösche

25 Sieben Tage waren vergangen, seit der HERR den
Nil verseucht hatte. 26 Da sagte der HERR zu Mose:
»Geh zum Pharao und sage zu ihm: ›So spricht der
HERR: Lass mein Volk ziehen, damit es mir Opfer*
darbringen kann! 27 Wenn du dich weigerst, werde
ich über dein ganzes Land eine Froschplage herein-
brechen lassen. 28 Im Nil wird es von Fröschen wim-
meln und sie werden das Wasser verlassen und in
deinen Palast kommen, sogar in dein Schlafzimmer
und auf dein Bett. Auch in die Häuser deiner Minis-
ter und deines ganzen Volkes werden sie eindringen
und werden sich in die Backtröge und Backöfen set-
zen. 29 Dich und alle deine Untertanen wird diese
Froschplage treffen.‹«

8 Weiter sagte der HERR zu Mose: »Aaron soll die
Hand mit dem Stock über die Flüsse, Kanäle und

6,30 4,10 S **7,1-2** 4,15-16 **7,9** 4,3 **7,13** 4,21 **7,14-24** Ps 78,44; 105,29; Weish 11,6-8 **7,20-21** Offb 8,8; 16,3-6 **7,22** 4,21 **7,27-29** Ps 78,45; 105,30; Weish 16,3; 19,10

Teiche ausstrecken, damit Frösche herauskommen und das Land heimsuchen.«

2 Aaron streckte seine Hand über die Gewässer Ägyptens aus, da kamen so viele Frösche heraus, dass sie das ganze Land bedeckten.

3 Aber die ägyptischen Magier vollbrachten mit ihren Zauberkünsten dasselbe und ließen ebenfalls in ganz Ägypten Frösche aus dem Wasser kommen.

Froschplage abgewendet – der Pharao bleibt hart

4 Da ließ der Pharao Mose und Aaron rufen und sagte zu ihnen: »Bittet doch den HERRN für mich, dass er mich und mein Volk von den Fröschen befreit! Dann will ich die Israeliten ziehen lassen, damit sie dem HERRN ihre Opfer* darbringen.«

5 Mose antwortete dem Pharao: »Ich bin bereit! Du brauchst mir nur zu sagen, wann ich für dich, deine Minister und dein Volk zum HERRN beten soll. Ich werde ihn bitten, dass die Frösche aus euren Häusern verschwinden und nur noch im Nil welche zu finden sind.«

6 »Morgen«, sagte der Pharao, und Mose antwortete: »Gut, es wird geschehen, wie du wünschst; und daran sollst du erkennen, dass niemand es mit dem HERRN, unserem Gott, aufnehmen kann. 7 Ihr alle werdet von den Fröschen befreit werden, nur im Nil werden noch welche übrig bleiben.«

8 Mose und Aaron verließen den Pharao, und Mose betete zum HERRN, dass er der Froschplage ein Ende mache. 9 Der HERR erhörte sein Gebet, und in allen Häusern, auf den Höfen und Feldern starben die Frösche. 10 Haufenweise kehrte man sie zusammen und das ganze Land war voll von dem Gestank.

11 Als der Pharao sah, dass die Froschplage vorbei war, wurde er wieder trotzig wie zuvor und ließ das Volk nicht ziehen. Aber so hatte der HERR es vorausgesagt.

Dritte Plage: Stechmücken

12 Nun sagte der HERR zu Mose: »Aaron soll seinen Stock ausstrecken und damit auf die Erde schlagen. Dann wird der Staub in ganz Ägypten zu Stechmücken.«

13 Aaron tat es, da wurde aller Staub in Ägypten zu Stechmücken, die den Menschen und Tieren zusetzten. 14 Die ägyptischen Magier versuchten, mit ihren Zauberkünsten ebenfalls Stechmücken hervorzubringen; aber sie konnten es nicht. 15 Da sagten sie zum Pharao: »Dieser Stock ist Gottes Finger!«

Aber der Pharao blieb starrsinnig und ließ auch jetzt das Volk nicht ziehen, genau wie der HERR es vorausgesagt hatte.

Vierte Plage: Ungeziefer

16 Da sagte der HERR zu Mose: »Geh morgen früh zum Pharao, wenn er gerade zum Nil hinabgeht, und sag zu ihm: ›So spricht der HERR: Lass mein Volk ziehen, damit es mir Opfer* darbringen kann! 17 Sonst werde ich dich, deine Minister und dein ganzes Volk mit Ungeziefer plagen. Im ganzen Land und in allen Häusern wird es davon wimmeln.

18 Nur die Provinz Goschen, in der mein Volk wohnt, werde ich verschonen. Daran sollst du erkennen, dass ich, der HERR, in deinem Land meine Macht zeige. 19 Ich werde mein Volk von dem Ungeziefer freihalten, von dem dein Volk geplagt wird. Gleich morgen soll das geschehen.‹«

20 Am nächsten Tag ließ der HERR große Schwärme von Ungeziefer in den Palast des Pharaos und in die Häuser seiner Minister eindringen. Im ganzen Land richteten sie schweren Schaden an.

Der Pharao macht vorübergehend Zugeständnisse

21 Da ließ der Pharao Mose und Aaron rufen und sagte zu ihnen: »Ihr könnt eurem Gott eure Opfer* darbringen, aber es muss in diesem Land geschehen!«

22 Mose entgegnete: »Das geht nicht; denn unsere Art zu opfern würde bei den Ägyptern Anstoß erregen. Wenn sie das zu sehen bekämen, würden sie uns bestimmt steinigen*. 23 Nein, wir müssen drei Tagereisen weit in die Wüste ziehen und dort dem HERRN, unserem Gott, die Opfer darbringen, die er haben will.«

24 Der Pharao sagte: »Gut, ich will euch gehen lassen, aber entfernt euch nicht zu weit! Und betet für mich, dass die Plage aufhört.«

25 Mose antwortete: »Wenn ich jetzt von dir weggehe, werde ich zum HERRN beten, und morgen werdet ihr alle von dem Ungeziefer befreit sein, du, deine Minister und dein ganzes Volk. Aber täusche uns nicht wieder! Nicht dass du uns hinterher doch nicht ziehen und dem HERRN unsere Opfer darbringen lässt!«

26 Mose verließ den Pharao und betete zum HERRN. 27 Der HERR erhörte sein Gebet und befreite den Pharao, seine Minister und sein Volk von dem Ungeziefer. Nicht der kleinste Rest blieb davon übrig.

28 Aber der Pharao wurde wieder trotzig und ließ das Volk auch diesmal nicht ziehen.

Fünfte Plage: Viehpest

9 Der HERR befahl Mose: »Geh zum Pharao und sage zu ihm: ›So spricht der HERR, der Gott der Hebräer*: Lass mein Volk ziehen, damit es mir

8,2 Offb 16,13-14 **8,11** 4,21 **8,12-13** Ps 105,31; Weish 19,10 **8,15a** Lk 11,20 **8,15b** 4,21 **8,17-20** Ps 78,45; 105,31

Opfer* darbringen kann! 2 Wenn du dich weigerst
und es daran hinderst, 3 wird der HERR eine schwere
Seuche über dein Vieh kommen lassen, über Pferde,
Esel, Kamele, Rinder, Schafe und Ziegen. 4 Er wird
genau unterscheiden zwischen dem Vieh der Israeli-
ten und dem Vieh der Ägypter: Von dem Vieh, das
den Israeliten gehört, wird kein einziges Tier ster-
ben. 5 Der HERR hat auch die Zeit dafür festgelegt
und gesagt: Morgen lasse ich das geschehen.‹«
6 Am nächsten Tag führte der HERR aus, was er
angekündigt hatte. Alles Vieh der Ägypter verende-
te; aber von dem Vieh der Israeliten kam kein einzi-
ges Tier um. 7 Als der Pharao hinschickte und es nach-
prüfen ließ, ergab sich, dass bei den Israeliten tat-
sächlich nicht ein Tier verendet war.
Dennoch blieb er trotzig und ließ das Volk nicht
ziehen.

Sechste Plage: Geschwüre

8 Der HERR sagte zu Mose und Aaron: »Nehmt beide
Hände voll Ofenruß! Mose soll ihn vor den Augen
des Pharaos in die Luft werfen. 9 Dann wird er sich
wie feiner Staub über ganz Ägypten ausbreiten und
an Menschen und Tieren Geschwüre hervorrufen,
die zu offenen Wunden werden.«
10 Mose und Aaron nahmen Ruß aus einem Ofen
und traten vor den Pharao, und Mose warf den
Ruß in die Luft. Da entstanden an Menschen und
Tieren Geschwüre, die zu offenen Wunden wurden.
11 Auch die ägyptischen Magier wurden von den
Geschwüren nicht verschont und konnten Mose
nicht gegenübertreten.
12 Aber der HERR machte den Pharao so starrsinnig,
dass er auch diesmal das Volk nicht ziehen ließ –
genau wie der HERR es Mose im Voraus angekündigt
hatte.

Siebte Plage: Hagel

13 Der HERR befahl Mose: »Geh morgen früh zum
Pharao und sage zu ihm: ›So spricht der HERR, der
Gott der Hebräer*: Lass mein Volk ziehen, damit
es mir Opfer* darbringen kann!
14 Wenn du auch diesmal nicht hörst, lasse ich eine
so schwere Plage über dich, deine Minister und dein
Volk hereinbrechen, dass du endlich erkennen
musst: Niemand in der ganzen Welt kann es mit
mir aufnehmen!
15 Ich hätte schon lange meine Hand ausstrecken
und dich und dein Volk mit Seuchen vernichten kön-
nen. 16 Aber ich habe dich noch am Leben gelassen,
um dir meine Macht zu zeigen und meinen Namen
in der ganzen Welt bekannt zu machen.
17 Noch glaubst du, mit meinem Volk nach deiner
Willkür verfahren zu können. 18 Aber morgen um
diese Zeit werde ich einen so schweren Hagel schi-
cken, wie man ihn seit Bestehen Ägyptens noch nie
erlebt hat. 19 Darum lass dein Vieh in Sicherheit brin-
gen und sorge dafür, dass keiner von deinen Leuten
auf freiem Feld bleibt. Denn alle Menschen und Tie-
re, die nicht unter ein festes Dach flüchten, wird der
Hagel erschlagen.‹«
20 Einige Minister des Pharaos nahmen die Ankün-
digung des HERRN ernst und brachten ihre Hirten
und ihr Vieh in Sicherheit. 21 Andere aber kümmer-
ten sich nicht darum und ließen ihre Herden drau-
ßen auf dem Feld.
22 Nun sagte der HERR zu Mose: »Streck deine
Hand zum Himmel aus, damit in ganz Ägypten Hagel
fällt, auf die Menschen, die Tiere und alle Pflanzen
auf dem Feld.«
23 Mose erhob seinen Stock, da ließ der HERR ein
Gewitter mit schwerem Hagel über Ägypten nieder-
gehen. Es donnerte, 24 der Hagel prasselte auf die
Erde und dazwischen zuckten die Blitze. Ein so hef-
tiges Unwetter hatten die Ägypter in ihrer ganzen
Geschichte noch nie erlebt. 25 Überall tötete der
Hagel die Menschen und Tiere, die auf freiem Feld
waren. Er zerschlug alle Pflanzen und riss die Äste
von den Bäumen.
26 Nur die Provinz Goschen, wo das Volk Israel
wohnte, wurde verschont.

Der Pharao gibt vorübergehend nach

27 Da ließ der Pharao Mose und Aaron rufen und
sagte zu ihnen: »Diesmal bekenne ich mich schuldig!
Der HERR ist im Recht, ich und mein Volk sind im
Unrecht. 28 Betet für uns zum HERRN! Wir können
seinen schrecklichen Donner und den Hagel nicht
mehr ertragen. Ich will euch ja ziehen lassen und
nicht länger hier festhalten!«
29 Mose antwortete: »Sobald ich die Stadt verlas-
sen habe, werde ich meine Arme zum HERRN ausbrei-
ten und zu ihm beten. Dann wird der Donner aufhö-
ren und kein Hagel mehr fallen. Daran sollst du
erkennen, dass unser Gott der Herr der ganzen Erde
ist. 30 Aber ich weiß, dass du dich immer noch nicht
vor ihm fürchtest und deine Minister genauso
wenig.«
31 Der Flachs und die Gerste waren schon vernich-
tet; denn die Gerste hatte gerade Ähren angesetzt
und der Flachs stand in Blüte. 32 Aber Weizen und
Dinkel blieben verschont, weil sie später wachsen.
33 Mose verließ den Pharao und ging zur Stadt hin-
aus. Er breitete die Arme zum Gebet aus, da hörte es
auf zu donnern und zu hageln und es regnete auch
nicht mehr.
34 Aber als der Pharao sah, dass das Unwetter auf-
gehört hatte, wurde er wieder so trotzig wie zuvor.
Er widersetzte sich dem HERRN und ebenso seine

9,3-7a Ps 78,48 **9,4** 8,18 **9,7b** 4,21 **9,9-10** Offb 16,2.11 **9,12** 4,21 **9,16** Röm 9,17 **9,18-26** Ps 78,47; 105,32; Weish 16,15-23; Offb 16,21 **9,26** 8,18

Minister. 35 Er blieb starrsinnig und ließ die Israeliten
nicht ziehen – genau wie der HERR es durch Mose
angekündigt hatte.

Der Pharao bleibt hart

10 Nun sagte der HERR zu Mose: »Geh zum Pha-
rao! Ich selbst habe ihn und seine Minister so
trotzig gemacht, damit ich alle diese Wunder unter
ihnen vollbringen konnte 2 und damit du deinen Kin-
dern und Enkeln erzählen kannst, wie ich den Ägyp-
tern meine Macht gezeigt habe. Denn daran sollt ihr
erkennen, dass ich der HERR bin.«
3 Mose und Aaron gingen wieder zum Pharao und
sagten zu ihm: »So spricht der HERR, der Gott der
Hebräer*: ›Wie lange sträubst du dich noch, meine
Macht anzuerkennen? Lass mein Volk ziehen, damit
es mir Opfer* darbringen kann!
4 Sonst lasse ich morgen Heuschrecken in dein
Land einfallen. 5 Sie werden das ganze Land bede-
cken, sodass der Boden nicht mehr zu sehen ist. Alles
Grün, das der Hagel übrig gelassen hat, werden sie
auffressen, auf den Feldern und an den Bäumen.
6 Auch in deinen Palästen und in den Häusern deiner
Minister und aller Ägypter wird es von Heuschre-
cken wimmeln. Solange deine Vorfahren auch schon
in diesem Land wohnen – solch eine Katastrophe
haben sie nicht erlebt.‹«

Nachdem Mose das gesagt hatte, verließ er den
Pharao.
7 Da sagten die Minister zum Pharao: »Wie lange
wollen wir uns noch solchen Gefahren aussetzen?
Lass die Leute ziehen und dem HERRN, ihrem Gott,
ihre Opfer darbringen! Siehst du denn nicht, dass
Ägypten zugrunde geht?«
8 Darauf wurden Mose und Aaron zum Pharao
zurückgeholt. »Geht und bringt dem HERRN, eurem
Gott, eure Opfer!«, sagte der Pharao zu ihnen. Aber
dann fragte er: »Wer soll denn mitgehen?«
9 Mose antwortete: »Alle, die Jungen und die
Alten, unsere Söhne und Töchter, unsere Schafe, Zie-
gen und Rinder. So gehört es sich, wenn wir ein Fest
für den HERRN feiern.«
10 Der Pharao spottete: »Der HERR gebe seinen
Segen dazu! Ich denke nicht daran, eure Frauen, Kin-
der und Alten mitgehen zu lassen! Es ist doch klar,
was ihr im Schilde führt! 11 Wenn ihr wirklich dem
HERRN Opfer darbringen wollt und sonst nichts,
dann genügt es, wenn die Männer gehen.«
Und der Pharao ließ Mose und Aaron hinaus-
werfen.

Achte Plage: Heuschrecken

12 Da sagte der HERR zu Mose: »Streck deine Hand aus
über Ägypten, um die Heuschrecken herbeizurufen.

Die von Mose und Aaron herbeigerufenen »Plagen« gefährdeten die elementaren Lebensgrundlagen der Ägypter. Noch heute ist der Einfall von Heuschrecken (10,12-15) einer der härtesten Schläge, die ein Land treffen können. Wo diese geflügelten Schädlinge sich niederlassen, fressen sie alles Grün bis auf das letzte Blatt ab. Im Bild Bekämpfung eines Heuschreckenschwarms in Marokko.

9,35 4,21 **10,2** Dtn 4,9; Ps 22,31-32; 71,18; Jos 4,6-7S

Sie sollen das Grün, das der Hagel übrig gelassen hat,
bis auf den letzten Rest auffressen.«
13 Mose streckte seinen Stock über Ägypten aus,
und der HERR ließ den ganzen Tag und die ganze
Nacht einen Ostwind wehen. Als der Morgen kam,
waren die Heuschrecken da. 14 Sie fielen in ganz
Ägypten ein und ließen sich in riesigen Schwärmen
nieder. Eine so große Menge Heuschrecken wurde
noch nie gesehen, und man wird sie auch nie wieder
zu sehen bekommen.
15 Der ganze Boden war bedeckt, das Land war
schwarz von Heuschrecken. Sie fraßen alle Pflan-
zen, auch die Früchte an den Bäumen, alles, was
der Hagel verschont hatte. Weder auf den Bäumen
noch am Boden ließen sie irgendetwas Grünes übrig.
16 Der Pharao ließ in aller Eile Mose und Aaron
rufen. Er bekannte: »Ich bin vor dem HERRN, eurem
Gott, schuldig geworden und auch vor euch. 17 Ver-
gebt mir nur noch dies eine Mal meine Schuld! Bittet
den HERRN, euren Gott, dass er dieses tödliche Ver-
derben abwendet!«
18 Als Mose vom Pharao weggegangen war, betete
er zum HERRN. 19 Da ließ der HERR den Wind drehen
und in einen starken Westwind umschlagen. Der
nahm die Heuschrecken mit und wehte sie ins Rote
Meer; in ganz Ägypten blieb nicht eine Heuschrecke
übrig.
20 Aber der HERR machte den Pharao auch jetzt
wieder starrsinnig, sodass er das Volk nicht ziehen
ließ.

Neunte Plage: Finsternis

21 Darauf sagte der HERR zu Mose: »Streck deine
Hand zum Himmel aus, und es wird eine Finsternis
über Ägypten kommen, so dicht, dass sie mit den
Händen zu greifen ist.«
22 Da erhob Mose seine Hand, und drei Tage lang
wurde es in Ägypten stockfinster. 23 Die Ägypter
konnten einander nicht sehen, und drei Tage lang
verließ niemand sein Haus. Nur wo die Israeliten
wohnten, blieb es hell.
24 Der Pharao ließ Mose rufen und sagte: »Geht
und bringt dem HERRN eure Opfer*! Auch eure Fami-
lien könnt ihr mitnehmen; nur die Schafe, Ziegen
und Rinder müsst ihr hier lassen.«
25 Mose erwiderte: »Wirst vielleicht *du* uns Tiere
zur Verfügung stellen, die wir dem HERRN, unserem
Gott, als Brandopfer* und Mahlopfer* darbringen
können? 26 Nein, auch unser Vieh muss mit uns
gehen! Kein einziges Tier bleibt zurück. Erst wenn
wir an Ort und Stelle sind, können wir wissen, wel-
che Tiere wir zum Opfer für den HERRN, unseren
Gott, brauchen.«
27 Da machte der HERR den Pharao von neuem
starrsinnig, sodass er das Volk Israel nicht ziehen
ließ. 28 Der Pharao sagte zu Mose: »Verschwinde!
Wenn du mir noch *einmal* unter die Augen kommst,
bist du ein toter Mann.«
29 »Wie du sagst!«, erwiderte Mose. »Ich werde dir
nie wieder unter die Augen kommen.«

Gott kündigt dem Pharao den schwersten Schlag an

11 Da sagte der HERR zu Mose: »Noch einen einzi-
gen Schlag werde ich gegen den Pharao und
gegen ganz Ägypten führen. Danach wird er euch
ziehen lassen. Ja, er wird euch nicht nur ziehen las-
sen, er wird euch von hier fortjagen!
2 Deshalb sag deinem Volk, dass Männer und
Frauen sich von ihren ägyptischen Nachbarn und
Nachbarinnen Schmuckstücke aus Silber und Gold
erbitten sollen.«
3 Der HERR sorgte dafür, dass die Ägypter den
Israeliten wohlgesinnt waren. Mose genoss sogar
hohes Ansehen bei den Ministern des Pharaos und
beim ganzen ägyptischen Volk.
4 Bevor Mose ging, sagte er zum Pharao: »So
spricht der HERR: ›Um Mitternacht werde ich durch
Ägypten gehen. 5 Dann werden alle Erstgeborenen
in Ägypten sterben, von deinem eigenen Sohn, der
dein Nachfolger auf dem Thron werden soll, bis
zum Sohn der Sklavin, die an der Handmühle* kniet.
Auch beim Vieh werden alle Erstgeburten sterben.
6 In ganz Ägypten wird es ein Wehklagen geben,
wie man es noch nie gehört hat und auch nie wieder
hören wird.‹
7 Aber den Leuten von Israel wird kein Haar
gekrümmt werden, auch ihren Tieren wird nichts
geschehen. Daran sollt ihr Ägypter erkennen, dass
der HERR zwischen euch und den Israeliten genau
unterscheidet.
8 Dann werden alle deine Minister zu mir kom-
men und mich auf den Knien anflehen: ›Geh endlich
fort, du und dein ganzes Volk!‹ Und dann werde ich
das Land verlassen.«
So ging Mose voll Zorn vom Pharao weg.
9 Der HERR hatte zu Mose gesagt: »Der Pharao wird
nicht auf eure Forderung hören, damit ich in Ägyp-
ten durch viele Wunder meine ganze Macht zeigen
kann.« 10 Alle diese Wunder hatten Mose und Aaron
vor den Augen des Pharaos getan; aber der HERR
hatte den Pharao starrsinnig gemacht, sodass er das
Volk Israel nicht aus dem Land gehen ließ.

Vor dem Aufbruch feiern die Israeliten das Passafest

12 Der HERR sagte zu Mose und Aaron, als sie
noch in Ägypten waren: 2 »Dieser Monat soll
für euch der Beginn des Jahres sein.[a] 3 Sagt der gan-

a Gemeint ist der Frühlingsmonat Abib bzw. Nisan (Mitte März bis Mitte April); siehe Sacherklärung »Kalender«. Das Passafest ist in Israel zu einem der großen Feste des Jahres geworden. Wahrscheinlich haben sich alte nomadische Bräuche mit der Situation des Auszugs aus Ägypten verbunden.

10,12-20 Ps 78,46; 105,34-35; Weish 16,9; Offb 9,1-11 **10,16** 9,27 **10,20** 4,21 **10,21-23** Ps 105,28; Weish 17,1–18,4; Offb 16,10 **10,27** 4,21 **11,1** 6,1S **11,2** 3,21-22S **11,5** 12,29S **11,10** 4,21 **12,1-14** (Passafest) 12,43-49; Lev 23,5; Num 9,1-14; 28,16; Dtn 16,1-2; Jos 5,10; 2 Kön 23,21-23; 2 Chr 30,1-27; 35,1-18; Esra 6,9-21; Mt 26,17-29

zen Gemeinde Israel, dass jeder Familienvater am
10.Tag des Monats für seine Familie ein Lamm aus-
wählt.
4 Ist die Familie zu klein, um ein ganzes Tier zu
verzehren, so soll sie sich mit der Nachbarfamilie
zusammentun. Sie sollen sich vorher überlegen,
wie viel jeder essen kann, damit nichts übrig bleibt.
5 Das Tier muss einjährig und männlich sein und darf
keine Fehler haben. Ihr könnt ein Schaf- oder ein
Ziegenböckchen nehmen.
6 Das Tier wird bis zum 14.Tag des Monats von der
übrigen Herde gesondert gehalten. Gegen Abend
schlachten dann alle Familien in der ganzen
Gemeinde ihr Lamm. 7 Von dem Blut nehmen sie
etwas und streichen es an die beiden Türpfosten
und den oberen Türbalken der Häuser, in denen
sie das Mahl halten. 8 Sie braten das Lamm am Feuer
und essen es in derselben Nacht, zusammen mit
ungesäuertem Brot* und bitteren Kräutern.
9 Ihr dürft nichts von dem Lamm roh oder gekocht
essen. Es muss am Feuer gebraten sein, und zwar
ganz, mit Kopf, Beinen und Innereien. 10 Ihr dürft
auch nichts davon bis zum andern Morgen übrig las-
sen. Die Reste müsst ihr verbrennen.
11 Beim Essen sollt ihr reisefertig gekleidet[a] sein,
die Sandalen an den Füßen und den Wanderstab in
der Hand. In Hast und Eile sollt ihr essen. Dies ist
das Passafest* für mich, den HERRN.
12 In dieser Nacht werde ich durch Ägypten gehen
und alle Erstgeborenen töten, bei Mensch und Vieh.
An allen Göttern Ägyptens werde ich mein Gericht
vollstrecken, ich, der HERR. 13 Eure Türen aber sollen
durch das Blut bezeichnet sein. Überall, wo ich die-
ses Blut sehe, werde ich vorübergehen, und so wer-
det ihr verschont bleiben, wenn ich strafend durch
ganz Ägypten gehe.
14 Dieser Tag soll für euch ein Gedenktag sein, der
in allen kommenden Generationen als Festtag für
mich gefeiert wird. Das ist eine Anweisung für alle
Zeiten.
15 Vom Passa-Abend an sollt ihr sieben Tage lang
ungesäuertes Brot essen.[b] Vor Beginn des Festes
müsst ihr den Sauerteig* aus euren Häusern entfer-
nen. Wer während dieser sieben Tage Brot isst, das
mit Sauerteig zubereitet wurde, hat sein Leben ver-
wirkt und muss aus dem Volk Israel ausgestoßen
werden.
16 Der erste und der siebte Tag sind heilige* Tage,
an denen jede Arbeit ruhen muss. Nur das Essen darf
zubereitet werden.
17 Jahr für Jahr sollt ihr das Fest der Ungesäuerten
Brote* feiern, weil ich euch am ersten Tag dieses Fes-
tes in geordneten Scharen aus Ägypten herausge-
führt habe. Alle kommenden Generationen sollen
diesen Festtag begehen. 18 Vom Abend des 14.Tages
bis zum Abend des 21.Tages im 1.Monat dürft ihr
nur ungesäuertes Brot essen. 19 Sieben Tage lang darf
kein Sauerteig in euren Häusern sein. Wer in dieser
Zeit gesäuertes Brot isst, hat sein Leben verwirkt und
muss aus der Gemeinde Israel ausgestoßen werden,

a *reisefertig gekleidet:* wörtlich *mit gegürteten Lenden,* d. h. das fußlange Obergewand* mit einem Gurt um die Hüften hochgerafft (vgl. Lk 12,35).
b Mit den Anweisungen für die Nacht vor dem Auszug verbinden sich hier Vorschriften für die spätere regelmäßige Feier des Festes der Ungesäuerten Brote, dessen Beginn mit dem Passafest zusammenfiel. Ausschluss von Sauerteig als Treibmittel (vgl. Anmerkung zu Lev 2,4) soll nicht nur an das Geschehen des Auszugs erinnern (12,34.39), sondern hat auch eine selbstständige Bedeutung: Bei diesem Fest werden später Proben der neuen (Gersten-)Ernte Gott dargebracht und gleichzeitig die ersten aus dem Korn der neuen Ernte gebackenen Brote verzehrt – und bei diesem feierlichen Erstlingsopfer soll kein »alter Sauerteig« die Reinheit der Gabe trüben; vgl. 1 Kor 5,6-8.

Bis heute wird in den jüdischen Familien das Passafest zur Erinnerung an die Nacht des Auszuges aus Ägypten gefeiert. Auf die Frage des Kindes: »Wodurch unterscheidet sich diese Nacht von allen anderen Nächten?«, antwortet der Hausvater gemäß Ex 13,8-10.

12,13 Hebr 11,28 **12,15-20** (Fest der Ungesäuerten Brote) 23,15; 34,18; Lev 23,6-8; Num 28,17-25; Dtn 16,3-4; Jos 5,11; Mt 26,17

der Israelit genauso wie der Fremde, der bei euch
lebt. 20 Ihr dürft in dieser Zeit nichts essen, das mit
Sauerteig zubereitet ist. Das gilt für alle eure Wohn-
sitze.«

Das Blut des Passalammes

21 Mose rief die Ältesten* Israels zusammen und
befahl ihnen: »Jeder Familienvater soll sich ein
Schaf- oder Ziegenböckchen aussuchen und es für
das Passamahl* schlachten. 22 Er soll das Blut in einer
Schüssel auffangen, ein Büschel Ysop* hineintau-
chen und die beiden Türpfosten und den oberen Tür-
balken mit dem Blut bestreichen. Danach darf nie-
mand mehr das Haus verlassen bis zum Morgen.
23 Wenn der HERR in der Nacht vorbeikommt, um
den Schlag gegen Ägypten zu führen, wird er das
Blut an den Türpfosten und Türbalken sehen und
vorübergehen. Er wird nicht zulassen, dass der
Todesengel eure Häuser betritt.

24 Diese Anweisungen sollt ihr auch künftig be-
folgen; sie gelten für eure Nachkommen zu allen
Zeiten.

25 Auch wenn ihr in das Land kommt, das der HERR
euch zugesagt hat, sollt ihr an diesem Brauch festhal-
ten. 26 Und wenn euch eure Kinder fragen, was das
bedeutet, 27 dann antwortet ihnen: ›Wir schlachten
am Passafest ein Tier für den HERRN, weil er in Ägyp-
ten an den Häusern der Israeliten vorüberging[a] und
uns verschonte, als er den Schlag gegen die Ägypter
führte.‹«

Die Leute von Israel warfen sich anbetend vor
dem HERRN nieder. 28 Dann gingen sie und taten alles
genau so, wie der HERR es Mose und Aaron befohlen
hatte.

Zehnte Plage: Tötung der Erstgeburt

29 Um Mitternacht tötete der HERR alle Erstgebore-
nen in Ägypten, angefangen vom erstgeborenen
Sohn des Pharaos, der sein Nachfolger auf dem
Thron werden sollte, bis zum Erstgeborenen des
Gefangenen im Kerker, auch jede Erstgeburt beim
Vieh.

30 In jener Nacht wurden der Pharao, seine Minis-
ter und alle Ägypter aus dem Schlaf aufgeschreckt.
Lautes Wehgeschrei erhob sich, denn es gab kein
Haus bei den Ägyptern, in dem nicht ein Toter war.

Der Auszug des Volkes Israel aus Ägypten

31 Noch in derselben Nacht ließ der Pharao Mose und
Aaron rufen und drängte sie: »Schnell, verlasst das
Land! Geht fort von meinem Volk, ihr und die ande-
ren Israeliten! Bringt dem HERRN eure Opfer*, wie
ihr es verlangt habt. 32 Nehmt eure Schafe, Ziegen
und Rinder mit, aber geht! Bittet euren Gott, dass
er auch mich segnet!«

33 Die Ägypter drängten das Volk, schleunigst das
Land zu verlassen. »Sonst kommen wir noch alle
um!«, sagten sie.

34 Die Israeliten nahmen ihren Brotteig ungesäu-
ert* in den Backtrögen mit; die Männer trugen die
Tröge in ihr Obergewand* gewickelt auf ihren
Schultern.

35 Nach der Anweisung Moses hatten die Leute
von den Ägyptern Schmuckstücke aus Silber und
Gold und festliche Kleider erbeten. 36 Der HERR hatte
dafür gesorgt, dass die Ägypter ihnen wohlgesinnt
waren und ihnen alles gaben, was sie verlangten.
Auf diese Weise beraubten sie die Ägypter.

37 Die Israeliten brachen von Ramses auf und
zogen nach Sukkot. Es waren etwa sechshunderttau-
send, die Frauen, Kinder und Alten nicht mitgezählt.
38 Auch eine erhebliche Zahl von Fremden schloss
sich ihnen an. Große Herden von Schafen, Ziegen
und Rindern führten sie mit.

39 Aus dem Teig, den sie ungesäuert aus Ägypten
mitgenommen hatten, backten sie Fladenbrote*.
Sie hatten aus Ägypten aufbrechen müssen, noch
ehe der Sauerteig dem Brotteig zugesetzt war, und
hatten auch keine Verpflegung für unterwegs vorbe-
reitet.

40 Vierhundertunddreißig Jahre lang hatten die
Israeliten in Ägypten gelebt. 41 Nach Ablauf dieser
Zeit, an dem genannten Tag, zog das Volk des HERRN
in geordneten Scharen aus Ägypten aus.

42 Während der Nacht, in der sie der HERR aus
Ägypten herausführte, wachte er über sie. Seitdem
ist diese Nacht für alle in Israel eine Nacht, in der
sie zur Ehre des HERRN wach bleiben.

Vorschriften für das Passafest

43 Der HERR sagte zu Mose und Aaron: »Beim Passa-
mahl* müsst ihr folgende Vorschriften beachten:
Kein Ausländer darf daran teilnehmen. 44 Ein auslän-
discher Sklave*, den ein Israelit gekauft hat, darf
mitessen, wenn er vorher beschnitten* worden ist.
45 Aber die Fremdarbeiter* und die Lohnarbeiter*
dürfen nicht teilnehmen.

46 Das Lamm muss in demselben Haus gegessen
werden, in dem es zubereitet worden ist; kein Stück
davon darf aus dem Haus gebracht werden.

Dem Tier darf kein Knochen gebrochen werden.
47 Die ganze Gemeinde Israel soll dieses Mahl fei-
ern. 48 Wenn ein Fremder für immer bei euch lebt
und das Passafest für den HERRN mitfeiern will, müs-
sen alle männlichen Angehörigen seiner Familie
beschnitten werden. Dann rechnet er zu den Einhei-
mischen und darf das Passa feiern; aber ein Unbe-
schnittener darf auf keinen Fall teilnehmen. 49 Für

a *Passa* (päsach) erinnert im Hebräischen an das Wort für »vorübergehen«.

12,23 Hebr 11,28 **12,26** Dtn 6,20 S **12,29** 4,23; 11,5; 12,12; Ps 78,51; 105,36; 135,8; Weish 18,5-19 **12,35-36** 3,21-22 S **12,39** Dtn 16,3 **12,40** Gen 15,13 **12,44** Gen 17,12-13 **12,46b** Joh 19,36

den Fremden, der sich beschneiden lässt, gilt dassel-
be Gesetz wie für die Israeliten.«
50 Die Leute von Israel befolgten alles, was der
HERR ihnen durch Mose befohlen hatte.
51 An jenem Tag führte der HERR das Volk Israel in
geordneten Scharen aus Ägypten heraus.

Die Erstgeburten gehören Gott

13 Der HERR sagte zu Mose: 2 »Weihe mir alle
Erstgeburten*! Jedes männliche Kind, das als
erstes von einer Frau geboren wird, und jedes männ-
liche Tier, das als erstes von einem Muttertier zur
Welt gebracht wird, gehört mir.«[a]

Das Fest der Ungesäuerten Brote*

3 Mose sagte zum Volk: »Feiert jedes Jahr den Tag, an
dem ihr aus Ägypten gezogen seid, und erinnert euch
daran, wie der HERR euch mit starker Hand aus dem
Land herausgeführt hat, in dem ihr Sklaven gewesen
seid. Esst an diesem Tag kein Brot, das mit Sauerteig*
gebacken ist!
4 Ihr zieht jetzt im Frühlingsmonat[b] aus Ägypten
fort. 5 Wenn der HERR euch in das Land bringt, das
er euren Vorfahren mit einem Eid zugesagt hat –
das Land der Kanaaniter*, Hetiter*, Amoriter*,
Hiwiter und Jebusiter, ein Land, das von Milch
und Honig überfließt –, dann sollt ihr jedes Jahr in
diesem Monat dieses Fest begehen. 6 Sieben Tage
lang dürft ihr nur solches Brot essen, das ohne Sauer-
teig zubereitet ist, 7 und am siebten Tag feiert ihr als
abschließenden Höhepunkt ein Fest für den HERRN.
Im ganzen Land darf es in dieser Zeit keinerlei Sauer-
teig geben.
8 Bei dieser Gelegenheit sollt ihr euren Söhnen
erklären: ›Wir halten diesen Brauch zur Erinnerung
an das, was der HERR für uns getan hat, als er uns aus
Ägypten herausführte.‹ 9 Dieser Brauch hat für euch
dieselbe Bedeutung wie die Zeichen am Arm und auf
der Stirn. So wie diese Zeichen erinnert er euch da-
ran, das Gesetz* des HERRN immer wieder zu lesen
und zu lernen.[c] Der HERR hat euch mit starker Hand
aus Ägypten herausgeführt. 10 Darum sollt ihr jähr-
lich zu dieser Zeit diese Vorschrift befolgen.«

Bestimmungen für die Erstgeburten

11 Weiter sagte Mose: »Wenn der HERR euch nun in
das Land der Kanaaniter* bringt und es euch gibt,
wie er das euren Vorfahren und euch selbst mit
einem Eid versprochen hat, 12 dann sollt ihr jede Erst-
geburt* dem HERRN als Eigentum übergeben.
Jedes männliche Tier, das als erstes von einem
Muttertier geboren wird, gehört dem HERRN und
muss ihm als Opfer* dargebracht werden. 13 Nur
bei Eseln sollt ihr dem HERRN als Ersatz ein Schaf
oder eine Ziege opfern. Wenn ihr das nicht tun wollt,
müsst ihr dem Eselsfohlen das Genick brechen. Auch
für die menschliche Erstgeburt, für den Jungen, den
eine Frau als erstes Kind zur Welt bringt, sollt ihr
dem HERRN einen Ersatz geben.
14 Wenn eure Söhne euch künftig fragen werden,
warum ihr diesen Brauch befolgt, dann sagt ihnen:
›Dieser Brauch geht zurück auf die Zeit, als der HERR
uns mit starker Hand aus Ägypten, wo wir Sklaven
waren, herausgeführt hat. 15 Damals weigerte sich
der Pharao hartnäckig, uns ziehen zu lassen, und
deshalb tötete der HERR alle Erstgeborenen in Ägyp-
ten, unter den Menschen wie unter dem Vieh. Des-
halb opfern wir dem HERRN jede männliche Erstge-
burt; unsere erstgeborenen Söhne aber kaufen wir
durch ein Ersatzopfer frei.‹
16 Dieser Brauch hat für euch dieselbe Bedeutung
wie die Zeichen am Arm und auf der Stirn; denn
mit starker Hand hat der HERR uns aus Ägypten her-
ausgeführt.«

Gott begleitet sein Volk

17 Als der Pharao das Volk endlich ziehen ließ, führte
Gott sie nicht am Mittelmeer entlang und durch das
Land der Philister*, obwohl das der kürzeste Weg
gewesen wäre. Gott dachte: »Wenn das Volk dort
auf Widerstand stößt und kämpfen muss, ändert es
seine Meinung und kehrt wieder nach Ägypten
zurück.« 18 Darum ließ er das Volk einen Umweg
machen und führte es durch die Wüste den Weg
zum Schilfmeer*.
Geordnet wie eine Armee zogen die Israeliten aus
Ägypten. 19 Mose nahm die Gebeine Josefs mit, wie
dieser es vor seinem Tod ausdrücklich erbeten hatte.
Damals hatte Josef zu seinen Brüdern gesagt: »Gott
wird euch nicht vergessen. Dann müsst ihr meine
Gebeine von hier mitnehmen.«
20 Von Sukkot zogen die Israeliten weiter nach
Etam, wo die Wüste beginnt. Dort schlugen sie ihr
Lager auf. 21 Während der Wanderung ging der HERR
tagsüber in einer Wolkensäule vor ihnen her, um
ihnen den Weg zu zeigen, und nachts in einer Feuer-
säule, um ihnen zu leuchten. So konnten sie Tag und
Nacht unterwegs sein. 22 Jeden Tag war die Wolken-
säule an der Spitze des Zuges und jede Nacht die Feu-
ersäule.

Die Ägypter jagen den Israeliten nach

14 Der HERR sagte zu Mose: 2 »Befiehl den Israe-
liten, dass sie vom direkten Weg abgehen und
vor Pi-Hahirot ihr Lager aufschlagen, zwischen
Migdol und dem Meer, gegenüber von Baal-
Zefon.[d] 3 Der Pharao wird denken: ›Sie haben sich
verlaufen und sitzen in der Wüste fest.‹ 4 Ich werde

a *männliche* ist beide Male verdeutlichender Zusatz entsprechend den Versen 12 und 15. Die Ausführungsbestimmungen und die Begründung für diese Anordnung finden sich in 13,11-13.
b Der hebräische Name ist *Abib**; siehe Anmerkung zu 12,2.
c *hat für euch dieselbe Bedeutung …:* wörtlich *sei euch ein Zeichen an der Hand und zwischen den Augen, damit das Gesetz des HERRN (immer) in deinem Mund sei* – eine Anspielung auf die in Dtn 6,6-9 erwähnten »Zeichen«.
d Zur befohlenen Marschroute siehe die Skizze Seite 132. Die Israeliten zogen nicht, wie man später angenommen hat, durch das Rote Meer, sondern durch das »Schilfmeer«, d.h. eine Bucht des Mittelmeers oder einen der Salzseen auf der Landenge von Suez. Die unverhoffte Rettung, die sie hier erlebten, wurde zur grundlegenden Glaubenserfahrung Israels.

12,49 Lev 24,22 **13,2** 13,11-16S **13,3-7** 12,15-20S **13,4** 12,2 **13,9** Dtn 6,6-9S **13,11-16** 13,2; 22,28-29; 34,19-20; Num 3,13; 8,16-18; 18,15-18; Dtn 15,19-20; Lk 2,23 **13,14** Dtn 6,20S **13,19** Gen 50,25S **13,21** 40,36-38; Num 9,15-23; Dtn 1,33; Jes 4,5-6; Ps 78,14; 105,39; Weish 18,3

ihn so starrsinnig machen, dass er euch verfolgen
wird. Dann will ich an ihm und seinem Heer durch
einen vernichtenden Schlag meine ganze Macht
erweisen. Die Ägypter sollen endlich erkennen, dass
ich der HERR bin.«
Die Israeliten taten, was der HERR gesagt hatte,
und änderten ihre Marschrichtung.
5 Als dem König von Ägypten gemeldet wurde,
dass die Israeliten geflohen waren, bereuten er und
seine Minister ihre Nachgiebigkeit. Sie sagten:
»Was für eine Dummheit haben wir gemacht! Wir
haben die Israeliten laufen lassen, unsere Arbeits-
kräfte!«
6 Der Pharao ließ seinen Wagen anspannen und
bot seine ganze Kriegsmacht auf. 7 Alle verfügbaren
Streitwagen* Ägyptens nahm er mit, auch die sechs-
hundert, die seine Elitetruppe bildeten. Jeder Wagen
war nicht nur mit dem Wagenlenker und dem
Bogenschützen, sondern auch noch mit einem
Schildträger besetzt.
8 Der HERR machte den Pharao, den König von
Ägypten, so starrsinnig, dass er den Israeliten nach-
jagte, die unter dem Schutz ihres Gottes weiter-
zogen.
9 Die ganze ägyptische Streitwagenmacht ver-
folgte die Israeliten und holte sie ein, während

»Der Pharao ließ seinen Wagen anspannen und bot seine ganze Kriegsmacht auf.« (14,6) Die zweirädrigen Streitwagen der Ägypter, gezogen von kräftigen Pferden, waren schnell, leicht und manövrierfähig. Bemannt waren sie mit einem Wagenlenker und einem Bogenschützen; doch wird der König – wie hier – fast immer ohne Fahrer dargestellt. Die Fußsoldaten trugen Speere und Holzschilde, die mit Leder bezogen waren. Dolche, Streitäxte und gekrümmte Schwerter waren aus Bronze. Auf dem Bild: Ramses II. verfolgt die Nubier.

14,4 4,21

sie bei Pi-Hahirot gegenüber Baal-Zefon am Meer
lagerten.

Das Vertrauen der Israeliten reicht nicht weit

10 Als die Leute von Israel sahen, wie der Pharao mit
seinem Heer heranrückte, packte sie die Angst und
sie schrien zum HERRN um Hilfe.

11 Zu Mose aber sagten sie: »Hast du uns aus Ägyp-
ten geführt, damit wir hier in der Wüste sterben?
Gab es in Ägypten keine Gräber? Wozu hast du
uns von dort weggeführt? 12 Haben wir nicht gleich
gesagt, du sollst uns in Ruhe lassen, wir wollen lieber
den Ägyptern dienen? Wir wären besser Sklaven der
Ägypter, als dass wir hier in der Wüste umkommen!«

13 Mose antwortete ihnen: »Habt keine Angst!
Wartet ab und seht zu, wie der HERR euch heute ret-
ten wird. Ihr werdet Zeugen sein, wie die Ägypter
ihre größte Niederlage erleben. 14 Der HERR wird
für euch kämpfen, ihr selbst braucht gar nichts zu
tun.«

15 Der HERR sagte zu Mose: »Warum schreist du zu
mir um Hilfe? Befiehl den Israeliten, dass sie weiter-
ziehen! 16 Du aber streck deine Hand aus und erhebe
deinen Stock über das Meer und spalte es, damit die
Leute von Israel trockenen Fußes ins Meer hineinge-
hen können! 17 Ich werde die Ägypter so starrsinnig
machen, dass sie hinter ihnen her ins Meer gehen.
Dann will ich am Pharao und seinem Heer, an allen
seinen Streitwagen* und Wagenkämpfern, meine
ganze Macht erweisen. 18 Die Ägypter sollen erken-
nen, dass ich der HERR bin, wenn ich am Pharao
und seinem ganzen Heer meine Macht zeige!«

19 Der Engel* Gottes, der sonst ständig vor dem
Volk Israel herging, trat nun an das Ende des Zuges.
Auch die Wolkensäule, die sonst immer vor ihnen
war, stellte sich hinter sie, 20 sodass sie zwischen
den Ägyptern und den Israeliten stand. Auf der Seite
der Ägypter war sie dunkel, aber auf der Seite der
Israeliten erhellte sie die Nacht. So konnten die
Ägypter den Leuten von Israel die Nacht über nicht
näher kommen.

Gott rettet die Israeliten vor ihren Verfolgern

21 Nun streckte Mose seine Hand über das Meer aus,
und der HERR ließ die ganze Nacht über einen star-
ken Ostwind wehen, der das Wasser zurücktrieb.
So verwandelte sich das Meer in trockenes Land.

Das Wasser teilte sich, 22 es stand auf beiden Seiten
wie eine Mauer, und die Israeliten gingen trockenen
Fußes mitten durchs Meer.[a] 23 Die Ägypter verfolgten
sie; und alle Streitwagen* des Pharaos mit den Pfer-
den und Wagenkämpfern jagten hinter ihnen her ins
Meer hinein.

24 Kurz vor Morgengrauen sah der HERR aus der
Feuer- und Wolkensäule auf das Heer der Ägypter
und stürzte es in Verwirrung. 25 Er hemmte° die
Räder ihrer Wagen, sodass sie nur mit Mühe vor-
wärts kamen. Die Ägypter sagten: »Der HERR steht
auf der Seite Israels! Er kämpft gegen uns. Nur fort
von hier!«

26 Nun sagte der HERR zu Mose: »Streck deine
Hand über das Meer aus! Dann wird das Wasser
zurückfluten und die ägyptischen Streitwagen und
Wagenkämpfer unter sich begraben.«

27 Mose streckte seine Hand aus, und so strömte
das Wasser bei Tagesanbruch zurück. Die fliehenden
Ägypter rannten geradewegs hinein; der HERR trieb
sie mitten ins Meer. 28 Das Wasser bedeckte die
Streitwagen und Wagenkämpfer, die gesamte Armee
des Pharaos, die den Israeliten ins Meer gefolgt war.
Kein einziger von den Ägyptern kam mit dem Leben
davon.

29 Die Israeliten aber waren auf trockenem Grund
mitten durchs Meer gegangen, während links und
rechts das Wasser wie eine Mauer stand.

30 So rettete der HERR an diesem Tag das Volk Israel
vor seinen Verfolgern. Als die Leute von Israel die
Leichen am Strand liegen sahen, 31 erkannten sie,
dass der HERR die Ägypter durch seine große Macht
vernichtet hatte. Das erfüllte sie mit Furcht und Stau-
nen, und sie fassten festes Vertrauen zu ihm und zu
Mose, seinem Diener und Bevollmächtigten*.

Das Danklied der Befreiten

15 Damals sangen Mose und die Israeliten dem
HERRN dieses Lied:

Dem HERRN zu Ehren will ich singen,
denn er hat siegreich seine Macht gezeigt:
Ins Meer geworfen hat er Ross und Mann!
2 Mit meinem Lobgesang will ich ihn preisen,
den HERRN, der mir in Not zu Hilfe kam!
Mein Gott ist er, ich rühme seine Macht;
ich preise ihn, den schon mein Vater ehrte.
3 Welch großer Kämpfer ist er, dieser Gott!
Das kündet uns sein Name: »Ich bin da!«[b]
4 Die Streitmacht Pharaos warf er ins Meer,
die schnellsten Wagen und die besten Krieger –
im Schilfmeer* sind sie allesamt versunken.
5 Die Wasserfluten überrollten sie,
sie sanken in die Tiefe wie ein Stein.

6 HERR, deine Hand erringt den Sieg,
sie ist voll ungeheurer Macht,
und sie zerschmettert jeden Feind.
7 In großer Hoheit zeigst du dich,
und wer sich gegen dich erhebt,

a Man braucht sich nicht daran zu stoßen, dass nacheinander zwei Darstellungen gegeben werden, die sich auszuschließen scheinen: Der Wind treibt das Wasser zurück – das Meer teilt sich. Beide Aussagen haben ihr Recht: Die erste blickt darauf, dass Gott sich eines natürlichen Mittels bedient (Ostwind), die zweite zeigt unmittelbar seine Macht über die Meeresflut, wie sie etwa in Psalm 77,17-20 und 114,3 gefeiert wird (vgl. Sacherklärung »Schilfmeer«).

b Zum *Namen* Gottes vgl. 3,13-15.

14,11-12 15,24; 16,3; 17,2-3; Num 11,1.4-6; 14,1-4; 20,2-5; 21,5; Ps 78,40; 106,7 **14,14** Sach 14,3 S **14,19** 13,21 S **14,21-29** Ps 66,6; 77,14-21; 78,13; 106,9-11; 114,1-5; Jes 43,16; Weish 19,6-8; 1 Kor 10,1-2; Hebr 11,29 **14,22** Jos 4,23; 2 Kön 2,8 **15,1a** Ps 106,12; Offb 15,3

den wirfst du nieder in den Staub.
Dein Zorn ist eine Feuersglut,
die jeden Feind wie Stroh verbrennt.
8 Mit deinem Atem bliesest du aufs Meer
und türmtest seine Wassermassen auf.
Die Fluten standen aufrecht wie ein Damm,
erstarrt wie Mauern mitten in dem Meer.
9 Die Feinde prahlten: ›Auf und ihnen nach!
Los, holt sie ein, wir teilen uns die Beute!
Für jeden gibt's genug! Auf, zieht das Schwert,
und löscht sie aus bis auf den letzten Mann!‹
10 Jedoch, HERR, nur ein Atemstoß von dir,
und schon bedeckte sie der Wasserwirbel;
sie sanken auf den Meeresgrund wie Blei.

11 Wer von den Göttern kann sich dir vergleichen?
Wer ist so heilig, HERR, und so gewaltig?
Wer sonst weckt Furcht und Staunen
durch sein Tun?
12 Du brauchtest nur die rechte Hand zu heben,
und schon verschlang die Erde deine Feinde.
13 Mit starker Hand hast du dein Volk befreit,
in deiner Güte hast du es geführt,
du bringst es hin zu deiner heiligen Wohnung.[a]
14 Die Nachbarvölker haben das gehört,
sie haben keine Ruhe mehr und zittern.
Ein kalter Schauder schüttelt die Philister,
15 die Edomiterfürsten sind bestürzt,
den Führern Moabs* ist der Mut entfallen,
die Völker Kanaans* sind voller Angst.
16 Sie sind von Furcht und Schrecken wie gelähmt,
dein starker Arm lässt sie wie Stein erstarren,
damit dein Volk vorüberziehen kann,
das Volk, das du zum Eigentum erwähltest.
17 Du selber bringst es hin zu deinem Berg
und pflanzt es ein am Ort, an dem du wohnst,
beim Heiligtum, das du geschaffen hast.
18 HERR, du bist König, jetzt und allezeit!

Der Siegesreigen der Frauen

19 Die Pferde und Streitwagen* des Pharaos samt
allen Wagenkämpfern waren also hinter dem Volk
Israel ins Meer hineingezogen, und der HERR hatte
das Wasser über sie zurückfluten lassen. Aber die
Leute von Israel waren trockenen Fußes ans andere
Ufer gelangt. Darum sangen sie dieses Lied.
20 Die Prophetin* Mirjam, die Schwester Aarons,
nahm ihre Handpauke, und alle Frauen schlossen
sich ihr an. Sie schlugen ihre Handpauken und tanz-
ten im Reigen. 21 Mirjam sang ihnen vor und sie ant-
worteten im Chor:

»Singt, alle, singt, dem HERRN zu Ehren,
denn er hat siegreich seine Macht gezeigt:
Ins Meer geworfen hat er Ross und Mann!«

DER WEG DURCH DIE WÜSTE ZUM BERG SINAI (15,22–18,27)

Gott macht das Bitterwasser genießbar

22 Mose führte das Volk vom Schilfmeer* aus in die
Wüste Schur. Drei Tage lang wanderten die Israeli-
ten durch die Wüste, ohne Wasser zu finden.
23 Dann kamen sie nach Mara, wo es Wasser gab.
Aber sie konnten es nicht trinken, weil es bitter
war. Deshalb hatte der Ort auch den Namen Mara
(Bitterwasser) erhalten.
24 Die Leute von Israel rotteten sich gegen Mose
zusammen und murrten: »Was sollen wir trinken?«
25a Mose schrie zum HERRN um Hilfe, und der HERR
zeigte ihm ein Stück Holz. Das warf Mose in das
Wasser, da konnten sie es trinken.

»Ich bin euer Arzt!«

25b An diesem Ort gab Gott dem Volk Gesetze und
stellte seinen Gehorsam auf die Probe. 26 Er sagte
zu den Leuten von Israel: »Achtet genau auf das,
was ich, euer Gott, euch sage, und handelt danach!
Befolgt alle meine Anordnungen und Gebote und
tut, was ich für recht erklärt habe! Dann werde ich
euch keine von den Krankheiten schicken, mit
denen ich die Ägypter geplagt habe. Ich, der HERR,
bin euer Arzt!«
27 Das Volk zog weiter in die Oase Elim und schlug
dort sein Lager auf. Es gab in Elim zwölf Quellen und
siebzig Palmen.

Gott sorgt für sein Volk

16 Von Elim zogen die Israeliten weiter in die
Wüste Sin, die zwischen Elim und dem Berg
Sinai liegt. Sie kamen dorthin am 15. Tag im 2. Monat
nach dem Aufbruch aus Ägypten.
2 Hier in der Wüste rottete sich die ganze Gemein-
de Israel gegen Mose und Aaron zusammen. Sie
murrten: 3 »Hätte der HERR uns doch getötet, als
wir noch in Ägypten waren! Dort saßen wir vor vol-

Wachteln wurden zur Nahrung der Israeliten in der Wüste. Zwei Mal im Jahr ziehen riesige Schwärme davon über die Wüstenzone, nordwärts im Sommer, südwärts im Winter. Erschöpft vom langen Flug lassen sich die Tiere zu Boden fallen und sind leicht zu fangen.

a Vielleicht ist hier noch (anders als dann in Vers 17) das ganze »Heilige Land« als Wohnsitz Gottes verstanden.

15,17 Ps 76,3 S; 1 Kön 8,13 **15,20-21** 1 Sam 18,6-7 S **15,24** 14,11-12 S **15,25a** Sir 38,5 **15,26** Dtn 7,15 **16,3** 14,11-12 S

len Fleischtöpfen und konnten uns an Brot satt essen. Aber ihr habt uns herausgeführt und in diese Wüste gebracht, damit die ganze Gemeinde verhungert!«

4 Der HERR sagte zu Mose: »Ich werde euch Brot vom Himmel regnen lassen. Die Leute sollen vors Lager hinausgehen und so viel sammeln, wie sie für den Tag brauchen – aber nicht mehr, damit ich sehe, ob sie mir gehorchen. 5 Am sechsten Tag sollen sie so viel sammeln, wie sie finden. Wenn sie es zubereiten, werden sie entdecken, dass es doppelt so viel ist, wie sie sonst gesammelt haben.«

6 Mose und Aaron sagten nun zu allen Israeliten: »Heute Abend werdet ihr erkennen, dass der HERR es war, der euch aus Ägypten herausgeführt hat. 7 Und morgen früh werdet ihr die Herrlichkeit* des HERRN sehen. Er hat euer Murren gehört. Denn ihn habt ihr angeklagt, nicht uns. Wer sind wir schon, dass ihr euch über uns beschwert? 8 Er wird euch am Abend Fleisch geben und am Morgen Brot, dass ihr euch satt essen könnt. Gegen ihn habt ihr Klage geführt, nicht gegen uns. Wer sind denn schon wir?«

9 Dann sagte Mose zu Aaron: »Befiehl der ganzen Gemeinde Israel: ›Kommt her und stellt euch vor dem HERRN auf, denn er hat euer Murren gehört!‹«

10 Kaum hatte sich das Volk mit dem Blick zur Wüste aufgestellt, da erschien auch schon von dort her die Herrlichkeit des HERRN in der Wolke. 11 Der HERR sagte zu Mose: 12 »Ich habe das Murren der Israeliten gehört und lasse ihnen sagen: ›Gegen Abend werdet ihr Fleisch zu essen bekommen und am Morgen so viel Brot, dass ihr satt werdet. Daran sollt ihr erkennen, dass ich der HERR, euer Gott, bin.‹«

13 Am Abend kamen Wachteln und ließen sich überall im Lager nieder, und am Morgen lag rings um das Lager Tau. 14 Als der Tau verdunstet war, blieben auf dem Wüstenboden feine Körner zurück, die aussahen wie Reif.

15 Als die Leute von Israel es sahen, sagten sie zueinander: »Was ist denn das?«[a] Denn sie wussten nichts damit anzufangen.

Mose aber erklärte ihnen: »Dies ist das Brot, mit dem der HERR euch am Leben erhalten wird. 16 Und er befiehlt euch: ›Sammelt davon, so viel ihr braucht, pro Person einen Krug voll.° Jeder soll so viel sammeln, dass es für seine Familie ausreicht.‹«

17 Die Leute gingen und sammelten, die einen mehr, die andern weniger. 18 Als sie es aber abmaßen, hatten die, die viel gesammelt hatten, nicht zu viel, und die, die wenig gesammelt hatten, nicht zu wenig. Jeder hatte gerade so viel gesammelt, wie er brauchte.

19 Mose sagte zu ihnen: »Niemand soll etwas davon bis zum anderen Morgen aufheben!« 20 Einige hörten nicht auf ihn und legten etwas für den anderen Tag zurück, aber am Morgen war es voller Maden und stank. Da wurde Mose zornig, weil sie nicht auf ihn gehört hatten.

21 Morgen für Morgen sammelte nun jeder, so viel er brauchte. Sobald die Sonne höher stieg, zerschmolz der Rest, der nicht aufgesammelt worden war.

Gott sorgt für den Sabbat vor

22 Am sechsten Tag stellten sie fest: Sie hatten doppelt so viel gesammelt wie an den anderen Tagen, zwei Krüge pro Person. Die führenden Männer der Gemeinde kamen zu Mose und berichteten es ihm. 23 Er sagte zu ihnen: »Damit ist genau das eingetroffen, was der HERR angekündigt hatte. Denn morgen ist Ruhetag, der heilige Tag, der dem HERRN gehört, der Sabbat*. Backt und kocht von dem so viel ihr heute essen wollt; den Rest bewahrt für morgen auf.«

24 Nach der Weisung Moses legten die Leute beiseite, was überschüssig war, und siehe da: Am anderen Morgen stank es nicht und es fand sich keine Made darin.

25 Mose sagte: »Esst das heute! An diesem Tag ist Sabbat, der Tag, der dem HERRN gehört; da werdet ihr draußen nichts finden. 26 Jeweils sechs Tage lang sollt ihr sammeln, aber am siebten Tag, dem Sabbat, ist nichts da.«

27 Trotzdem gingen ein paar von ihnen am siebten Tag hinaus und wollten sammeln; aber sie fanden nichts. 28 Da sagte der HERR zu Mose: »Wie lange weigert ihr euch noch, mir zu gehorchen und meine Gebote und Anordnungen zu befolgen? 29 Weil ich euch den Sabbat als Ruhetag gegeben habe, darum gebe ich euch am sechsten Tag Nahrung für zwei Tage. Am siebten Tag sollt ihr alle im Lager bleiben, niemand darf hinausgehen.«

30 So beging das ganze Volk den siebten Tag als Ruhetag.

Eine Probe Manna zur Erinnerung

31 Die Leute von Israel nannten diese Speise das Manna*. Es war weiß wie Koriandersamen und schmeckte wie Honigkuchen.

32 Mose sagte zum Volk: »Der HERR hat befohlen, eine Tagesration Manna für eure Nachkommen aufzubewahren. Sie sollen sehen, womit er euch in der Wüste am Leben erhielt, nachdem er euch aus Ägypten herausgeführt hatte.«

33 Dann sagte er zu Aaron: »Nimm einen Krug und fülle ihn mit einer Tagesration Manna! Stelle ihn im Heiligtum des HERRN auf, als Erinnerung für die künftigen Generationen.«

16,4 16,31 S; Joh 6,22-59 **16,7** 24,16-17; 33,18-23; 40,34-35; Lev 9,6.23; Num 14,10; 16,19; 17,7; 20,6 **16,13** (Wachteln) Num 11,21-23.31-34; Ps 78,26-31; 105,40; Weish 16,2-4; 19,11-12 **16,15b** 1 Kor 10,3 **16,18** 2 Kor 8,15 **16,23** 20,8-10 S **16,31** (Manna) Num 11,6-9; Dtn 8,3.16; Ps 78,18-25; 105,40; Weish 16,20-29 **16,33** Hebr 9,4

a *Was ist denn das:* hebräisch *Man hu,* ein Wortspiel mit dem Begriff *Manna** (vgl. Vers 31).

34 Aaron tat es und stellte den Krug vor die Lade mit
dem Bundesgesetz*.
35 Vierzig Jahre lang aßen die Israeliten Manna,
die ganze Zeit, während der sie in der Wüste umher-
zogen, bis sie in das Land Kanaan* kamen.°

In Massa und Meriba gibt Gott dem Volk zu trinken

(Num 20,1-13)

17 Auf Befehl des HERRN zog die ganze Gemeinde
Israel von der Wüste Sin aus weiter, von einem
Lagerplatz zum andern. Einmal schlugen sie ihr
Lager bei Refidim auf. Dort gab es kein Trinkwasser.
2 Da machten die Israeliten Mose schwere
Vorwürfe und forderten: »Gib uns Wasser zum
Trinken!«
Mose erwiderte: »Warum macht ihr mir Vorwür-
fe? Warum stellt ihr den HERRN auf die Probe?«
3 Aber die Leute von Israel hatten großen Durst,
deshalb murrten sie gegen Mose und sagten: »Wozu
hast du uns eigentlich aus Ägypten herausgeführt?
Nur damit wir hier verdursten, samt unseren Kin-
dern und dem Vieh?«
4 Da schrie Mose zum HERRN: »Was soll ich mit
diesem Volk machen? Es fehlt nicht viel und sie stei-
nigen* mich!«
5 Der HERR antwortete ihm: »Rufe ein paar von
den Ältesten* Israels zu dir und geh mit ihnen dem
Volk voran. Nimm den Stock in die Hand, mit dem
du ins Nilwasser geschlagen hast. 6 Dort drüben auf
dem Felsen, am Berg Horeb*, werde ich dich erwar-
ten. Schlag an den Felsen, dann wird Wasser heraus-
kommen und das Volk kann trinken.«
Vor den Augen der Ältesten Israels tat Mose, was
der HERR ihm gesagt hatte.
7 Der Ort wurde Massa und Meriba (Ort der Probe
und Anklage) genannt, weil dort die Israeliten Mose
angeklagt und den HERRN auf die Probe gestellt hat-
ten. Denn sie hatten gefragt: »Ist der HERR mitten
unter uns oder nicht?«

Erhobene Hände bringen den Sieg

8 Bei Refidim geschah es auch, dass die Amalekiter*
anrückten, um gegen die Israeliten zu kämpfen.
9 Mose sagte zu Josua: »Biete die kampffähigen Män-
ner auf! Morgen sollt ihr gegen die Amalekiter kämp-
fen. Ich selbst werde oben auf dem Hügel stehen und
den Stock in der Hand halten, durch den Gott bisher
so große Wunder getan hat.«
10 Josua tat, was ihm Mose befohlen hatte. Er
rückte zum Kampf gegen die Amalekiter aus, wäh-
rend Mose, Aaron und Hur auf den höchsten Punkt
des Hügels stiegen. 11 Solange Mose die Hand mit
dem Stock emporhob, waren die Männer Israels
überlegen. Ließ er sie aber sinken, so waren die
Amalekiter überlegen.
12 Als Mose die Hände immer schwerer wurden,
brachten Aaron und Hur einen Stein herbei, auf
dem Mose sitzen konnte. Sie selbst standen rechts
und links von ihm und stützten seine Hände, bis
die Sonne unterging. 13 So konnte Josua das Heer
der Amalekiter völlig vernichten.
14 Darauf sagte der HERR zu Mose: »Ich werde die
Amalekiter so vollständig von der Erde ausrotten,
dass niemand mehr an sie denken wird. Schreib
das auf, damit es niemals in Vergessenheit gerät,
und präge es Josua ein!«
15 Mose baute dort einen Altar und nannte ihn:
»Unser Feldzeichen ist der HERR!« 16 Er sagte:
»Schwört dem HERRN treue Gefolgschaft!° Zwischen
ihm und den Amalekitern ist Krieg für alle Zeiten.«

Der Besuch des midianitischen Priesters

18 Jitro, der Priester* von Midian*,[a] der Schwie-
gervater von Mose, erfuhr, was Gott alles für
Mose und für sein Volk Israel getan und dass er die
Israeliten aus Ägypten herausgeführt hatte.
2 Da machte er sich mit seiner Tochter Zippora auf
den Weg. Mose hatte nämlich seine Frau Zippora
vorsichtshalber zu ihrem Vater zurückgeschickt.
3 Jitro nahm auch die beiden Söhne Zipporas mit.
Der ältere hieß Gerschom (Gast-dort), weil Mose
bei seiner Geburt gesagt hatte: »Ich bin Gast in
einem fremden Land geworden«; 4 der jüngere hieß
Eliëser (Gott hilft), denn Mose hatte gesagt: »Der
Gott meines Vaters hilft mir, er hat mich vor dem
Schwert des Pharaos gerettet.«
5 Moses Schwiegervater kam also mit den Fami-
lienangehörigen Moses zu ihm an den Lagerplatz
in der Wüste, zum Gottesberg*. 6 Er ließ Mose aus-
richten: »Dein Schwiegervater Jitro ist gekommen!
Auch deine Frau ist da und bringt deine beiden
Söhne mit!«
7 Da ging Mose seinem Schwiegervater entgegen,
beugte sich nieder und küsste ihn. Nachdem sie ei-
nander begrüßt hatten, gingen sie in Moses Zelt.
8 Mose berichtete seinem Schwiegervater, was der
HERR alles gegen den Pharao und die Ägypter getan
hatte, um das Volk Israel zu befreien, und wie er
sie unterwegs in allen Nöten und Gefahren
beschützt hatte.
9-10 Jitro freute sich, dass der HERR den Israeliten
so viel Gutes erwiesen hatte, und sagte: »Gepriesen
sei der HERR, der euch aus der Gewalt des Pharaos
und der Ägypter gerettet und das Volk von der
Unterdrückung befreit hat! 11 Jetzt weiß ich: Der
HERR ist größer als alle anderen Götter; denn er hat

a Vgl. 2,15-22 (der Priester wird dort Reguël genannt). Die Midianiter wurden erst später, als die Israeliten in Kanaan wohnten, zu deren gefürchteten Feinden.

16,35 Jos 5,12 **17,2-3** 14,11-12 S **17,5** 7,20 **17,6** Jes 43,20; Ps 78,15-16; 105,41; Weish 11,4-14; 1 Kor 10,4 **17,7** Ps 81,8; 95,8; 106,32 **17,14** (Amalekiter) Num 24,20; Dtn 25,17-19; Ri 6,3; 1 Sam 15,2-9; 30,1-20; 1 Chr 4,43 **18,2-3** 2,21-22; 4,20

sich als stärker erwiesen als die Ägypter in ihrer Ver-
messenheit.«
12 Dann opferte er Gott Tiere als Brand- und Mahl-
opfer*, und Aaron und alle Ältesten* Israels kamen
dazu und hielten mit ihm das Opfermahl vor Gott.

Einsetzung von Schiedsleuten als Helfer Moses

(Dtn 1,9-18)

13 Am nächsten Tag setzte sich Mose hin, um in Streit-
fällen Recht zu sprechen. Die Leute drängten sich
vor ihm vom Morgen bis zum Abend.
14 Als sein Schwiegervater sah, wie viel Arbeit
Mose damit hatte, fragte er ihn: »Was machst du
dir da für eine Mühe? Die Leute drängen sich vor
dir vom Morgen bis zum Abend. Musst du das alles
alleine tun?«
15 Mose sagte: »Was soll ich machen? Sie wollen
eine Entscheidung von Gott haben.
16 Wenn zwei
von ihnen Streit haben, kommen sie zu mir. Ich ent-
scheide ihren Fall und sage ihnen die Gesetze und
Weisungen Gottes.«
17 Sein Schwiegervater erwiderte: »Du musst das
anders anfassen.
18 Es ist einfach zu viel für dich;
du kannst nicht alles alleine tun. Du reibst dich sonst

Die Lage des Berges, an dem Gott den Bund mit seinem Volk schloss, ist nicht mehr sicher zu ermitteln. Jüdische und christliche Tradition hat ihn schon früh im Sinai-Massiv gesucht. Der erhabene Ernst dieser Landschaft stimmt gut zum Ernst des von der Bibel berichteten Geschehens: Durch die begleitenden Naturerscheinungen – dichte Wolken, Donner und Blitz – gibt Gott sich dem Volk in seiner Ehrfurcht gebietenden Majestät zu erkennen und bekräftigt seinen im Bundesgesetz, den Zehn Geboten (20,1-17), verkündeten Willen.

18,13-27 Num 11,11-29

noch auf, und auch für die Leute ist es viel zu anstrengend. [19] Pass auf, was ich dir rate – Gott möge seinen Segen dazu geben!

Deine Aufgabe soll es sein, in schwierigen Rechtsfällen die Entscheidung Gottes einzuholen. [20] Du sollst ihnen auch die Gebote und Anordnungen Gottes erklären und ihnen sagen, welche Regeln für das Zusammenleben des Volkes gelten sollen.[a]

[21] Für die leichteren Streitfälle aber wählst du angesehene Männer aus, die nach Gottes Geboten leben, zuverlässig und unbestechlich sind. Setze sie ein als Verantwortliche für jeweils tausend, hundert, fünfzig und zehn. [22] Sie sollen dem Volk jederzeit als Schiedsleute zur Verfügung stehen und die gewöhnlichen Rechtsfälle entscheiden; nur mit den schwierigeren Fällen kommen sie zu dir. Mach dir die Last leichter, lass sie daran mittragen!

[23] Wenn Gott damit einverstanden ist und du so verfährst, wirst du unter der Last deines Amtes nicht zusammenbrechen, und die Leute werden immer zufrieden nach Hause gehen.«

[24] Mose nahm den Rat seines Schwiegervaters an und handelte danach. [25] Er wählte aus allen Stämmen Israels angesehene Männer aus und setzte sie als Verantwortliche über je tausend, hundert, fünfzig und zehn. [26] Sie entschieden von nun an die ein-

a Dies wird später in Israel die Aufgabe der Priester sein. Die »bürgerliche« Rechtsprechung wird nach den folgenden Versen Männern anvertraut, die wahrscheinlich zugleich die Verantwortung für die Aufstellung des Volksheeres hatten (in Dtn 1,15 und 20,5 steht im Hebräischen dasselbe Wort).

facheren Streitfälle und legten Mose nur die schwie-
rigen Fälle zur Entscheidung vor.
27 Darauf verabschiedete Mose seinen Schwieger-
vater, und Jitro kehrte wieder in sein Land zurück.

DER BUNDESSCHLUSS AM BERG SINAI (19,1–24,11)

Vorbereitung auf die Begegnung mit Gott

19 Am dritten Neumondstag[a] nach dem Auszug
der Israeliten aus Ägypten kamen sie in die
Wüste Sinai. 2 Sie waren von ihrem Lagerplatz bei
Refidim dorthin aufgebrochen und schlugen nun
ihr Lager vor dem Berg Sinai* auf. 3 Mose stieg zu
Gott auf den Berg.
Der HERR rief ihm vom Berg aus zu: »Sag dem Volk
Israel, den Nachkommen Jakobs: 4 ›Ihr habt gese-
hen, wie ich an den Ägyptern meine Macht erwiesen
habe. Und ihr habt erlebt, dass ich euch getragen
habe wie ein Adler seine Jungen; ich habe euch
wohlbehalten hierher zu mir gebracht.
5 Wenn ihr mir nun treu bleibt und auf mich hört,
sollt ihr mein ganz persönliches Eigentum sein unter
allen Völkern. Die ganze Erde gehört mir; 6 aber ihr
sollt ein Volk von Priestern sein, das mir ganz zur
Verfügung steht und mir ungeteilt dient.‹[b] Das sollst
du den Leuten von Israel sagen.«
7 Als Mose zurückkam, rief er die Ältesten* des
Volkes zusammen und richtete ihnen aus, was der
HERR ihm aufgetragen hatte. 8 Das ganze Volk
stimmte zu: »Wir wollen alles tun, was der HERR
gesagt hat!«
Mose überbrachte dem HERRN die Antwort des
Volkes, 9 und der HERR sagte zu ihm: »Ich werde in
einer dunklen Wolke zu dir kommen, damit das Volk
hören kann, wie ich mit dir rede, und damit es nie
mehr daran zweifelt, dass ich dich beauftragt habe.«°
10 Weiter sagte der HERR: »Geh zum Volk und sorge
dafür, dass sie sich heute und morgen auf die Begeg-
nung mit mir vorbereiten. Sie sollen alles meiden,
was unrein* macht,[c] und sollen ihre Kleider
waschen. 11 Übermorgen sollen sie bereit sein. Denn
an diesem Tag werde ich vor den Augen des ganzen
Volkes auf den Berg Sinai herabkommen.
12 Du musst rings um den Berg eine Grenze ziehen
und zu ihnen sagen: ›Nehmt euch in Acht! Steigt
nicht auf den Berg, berührt auch nicht seinen Fuß!
Wer es tut, ist dem Tod verfallen. 13 Er muss gesteinigt
oder mit Speeren und Pfeilen umgebracht werden.
Das gilt für Mensch und Tier in gleicher Weise. Erst
wenn die Posaune[d] ertönt, dürfen die, die ich dafür
bestimmen werde, auf den Berg steigen.‹«
14 Mose stieg wieder hinab zum Volk. Er befahl
den Israeliten, sich auf die Begegnung mit dem
HERRN vorzubereiten und ihre Kleider zu waschen.
15 Er sagte zu ihnen: »Macht euch für übermorgen
bereit. Kein Mann darf in der Zwischenzeit mit einer
Frau Verkehr haben.«

Gott kommt auf den Berg Sinai

16 Am Morgen des dritten Tages, als es gerade hell
wurde, begann es zu donnern und zu blitzen, eine
dichte Wolke bedeckte den Berg und mächtiger
Posaunenschall war zu hören. Das Volk im Lager zit-
terte vor Angst. 17 Da führte Mose das Volk aus dem
Lager heraus, Gott entgegen. Am Fuß des Berges
stellten sie sich auf.
18 Der ganze Berg Sinai war in Rauch gehüllt, weil
der HERR im Feuer auf ihn herabgekommen war. Der
Rauch stieg auf wie der Rauch eines Schmelzofens*
und der ganze Berg bebte. 19 Der Posaunenschall
wurde immer lauter. Mose rief und Gott antwortete
ihm mit einer Stimme, die wie Donner klang.
20 Nachdem der HERR auf den Gipfel des Berges
herabgekommen war, rief er Mose zu sich und der
stieg hinauf. 21 Doch der HERR sagte zu ihm: »Geh
noch einmal zurück und warne das Volk! Schärfe
ihnen ein, dass sie auf keinen Fall die Grenze über-
schreiten, um mich zu sehen. Sonst werden viele
von ihnen den Tod finden. 22 Auch die Priester*,
die beim Opferdienst in meine Nähe kommen, müs-
sen sich durch besondere Handlungen darauf vorbe-
reiten, sonst ist es um ihr Leben geschehen.«
23 Mose erwiderte: »Das Volk kann gar nicht her-
aufkommen, denn du selbst hast uns befohlen, eine
Grenze um den Berg zu ziehen und ihn damit für hei-
lig* und unbetretbar zu erklären.«
24 Doch der HERR sagte zu ihm: »Geh hinunter!
Und dann komm mit Aaron wieder herauf. Die Pries-
ter aber und das Volk dürfen die Grenze nicht über-
schreiten, um zu mir heraufzusteigen. Sonst richte
ich ein Blutbad unter ihnen an.« 25 So ging Mose
noch einmal hinunter und warnte das Volk.

Die Zehn Gebote Gottes für sein Volk

(Dtn 5,1-21)

20 Dann gab Gott dem Volk seine Gebote. Er
sagte:[e]
[1] 2 »Ich bin der HERR, dein Gott! Ich habe dich aus
Ägypten herausgeführt, ich habe dich aus der Sklave-
rei befreit. 3 Du sollst keine anderen Götter neben
mir haben.
[-/2] 4 Du sollst dir kein Gottesbild anfertigen.
Mach dir überhaupt kein Abbild von irgendetwas
im Himmel, auf der Erde oder im Meer.

a Vgl. 12,2-3. Der Neumond* bezeichnete den Monatsanfang.
b *ein Volk von …:* wörtlich *ein Königreich von Priestern* und ein heiliges* Volk.* In den Versen 5-6 schlägt das Herz der Botschaft des Alten Testaments. Erst seit Jesus Christus werden Menschen aus allen Völkern zu Gottes erwähltem Volk berufen (1 Petr 2,9-10).
c *dass sie sich auf die Begegnung …:* wörtlich *dass sie sich heiligen;* vgl. Sacherklärung »heilig«.
d Wörtlich *das Widderhorn*,* das einen dumpfen, durchdringenden Ton gibt; ebenso in den Versen 16 und 19.
e *Dann gab …:* wörtlich *Gott sagte alle die folgenden Worte.* Zur Zählung der Gebote siehe Sacherklärung »Zehn Gebote«.

19,4 Dtn 32,11 **19,5-6** Dtn 4,20; 7,6; 14,2; 26,18-19; Ps 135,4; Tit 2,14; 1 Petr 2,9; Offb 1,6 **19,9** (Wolke) 13,21 S; 24,15-18; 33,9; 34,5; 40,34-35; 1 Kön 8,10; Jes 4,5-6 **19,12** 34,3; Hebr 12,20 **19,15** 1 Sam 21,4-5 **19,16-18** Dtn 4,10-12; Hebr 12,18-19 **20,2-3** Ri 6,8; Jer 25,6 S; Hos 13,4; Ps 81,11.10 **20,4** 34,17; Lev 19,4; 26,1; Dtn 4,15-20; 27,15

5 Wirf dich nicht vor fremden Göttern nieder und diene ihnen nicht. Denn ich, der HERR, dein Gott, bin ein leidenschaftlich liebender Gott und erwarte auch von dir ungeteilte Liebe.[a] Wenn sich jemand von mir abwendet, dann ziehe ich dafür noch seine Nachkommen zur Rechenschaft bis in die dritte und vierte Generation. 6 Wenn mich aber jemand liebt und meine Gebote befolgt, dann erweise ich auch noch seinen Nachkommen Liebe und Treue, und das über Tausende von Generationen hin.

[2/3] 7 Du sollst den Namen des HERRN, deines Gottes, nicht missbrauchen; denn der HERR wird jeden bestrafen, der das tut.

[3/4] 8 Halte den Ruhetag in Ehren, den siebten Tag der Woche! Er ist ein heiliger* Tag, der dem HERRN gehört. 9 Sechs Tage sollst du arbeiten und alle deine Tätigkeiten verrichten; 10 aber der siebte Tag ist der Ruhetag[b] des HERRN, deines Gottes. An diesem Tag sollst du nicht arbeiten, auch nicht dein Sohn oder deine Tochter, dein Sklave* oder deine Sklavin, dein Vieh oder der Fremde, der bei dir lebt. 11 Denn in sechs Tagen hat der HERR Himmel, Erde und Meer mit allem, was lebt, geschaffen. Am siebten Tag aber ruhte er. Deshalb hat er den siebten Tag der Woche gesegnet und zu einem heiligen Tag erklärt, der ihm gehört.

[4/5] 12 Du sollst deinen Vater und deine Mutter ehren. Dann wirst du lange in dem Land leben, das dir der HERR, dein Gott, gibt.

[5/6] 13 Du sollst nicht morden.

[6/7] 14 Du sollst nicht die Ehe brechen.

[7/8] 15 Du sollst nicht stehlen.[c]

[8/9] 16 Du sollst nichts Unwahres über deinen Mitmenschen sagen.[d]

[9-10/10] 17 Du sollst nicht versuchen, etwas an dich zu bringen, das deinem Mitmenschen gehört,[e] weder seine Frau noch seinen Sklaven oder seine Sklavin, sein Rind oder seinen Esel noch irgendetwas anderes, das ihm gehört.«

Mose als Mittler zwischen Gott und Volk

(Dtn 5,22-33)

18 Als das ganze Volk erlebte, wie es blitzte und donnerte, Posaunenschall[f] ertönte und der Berg rauchte, bekam es große Angst und blieb zitternd in weiter Ferne stehen. 19 Die Leute sagten zu Mose: »Wir haben Angst, wenn Gott so mit uns redet. Wir werden noch alle umkommen! Sprich du an seiner Stelle zu uns, wir wollen auf dich hören.«

20 Da sagte Mose zum Volk: »Ihr müsst keine Angst haben. Gott ist nur gekommen, um euch auf die Probe zu stellen. Er will, dass ihr ihn ehrt und euch davor hütet, ihm ungehorsam zu sein.«

21 Das Volk blieb also in der Ferne stehen. Mose aber näherte sich der dunklen Wolke, in der Gott war.

Anweisung für den Altarbau

22 Der HERR sagte zu Mose: »Richte den Israeliten aus: ›Ihr habt erlebt, wie ich vom Himmel her mit euch gesprochen habe. 23 Darum sollt ihr keine anderen Götter neben mir haben. Macht euch keine silbernen und goldenen Götzenbilder!

24 Macht mir einen Altar aus aufgeschütteter Erde! Darauf sollt ihr mir eure Opfer* darbringen, die Brand- und Mahlopfer von euren Schafen, Ziegen und Rindern. Ihr könnt das an jedem Ort tun, den ich zum Heiligtum für mich bestimmen werde.° Überall dort werde ich euch nahe sein und werde euch Glück und Segen schenken.

25 Wenn ihr aber einen Altar aus Steinen für mich bauen wollt, dürft ihr nur unbehauene Steine verwenden. Wenn der Stein mit dem Meißel in Berührung gekommen ist, ist er entweiht.

26 Baut mir keine hohen Altäre mit Stufen, damit der Priester nicht hinaufsteigen muss und dabei seine Scham entblößt.‹«

GESETZE FÜR DAS LEBEN DES VOLKES
(Kapitel 21–23)

21 Der HERR gab Mose für das Zusammenleben der Israeliten die folgenden Gesetze:[g]

Schutzbestimmungen für Sklaven

(Dtn 15,12-18)

2 Wenn ein Israelit einen hebräischen Sklaven* kauft, darf er ihn höchstens sechs Jahre lang für sich arbeiten lassen. Im siebten Jahr muss er ihn freilassen und darf kein Lösegeld verlangen.[h]

3 War er verheiratet, als er Sklave wurde, so wird seine Frau mit ihm freigelassen. War er unverheiratet, so wird er allein freigelassen. 4 Wenn sein Herr ihm eine Frau gegeben hat, bleiben die Frau und ihre Kinder Eigentum des Herrn; nur er selbst wird frei.

5 Wenn aber der Sklave ausdrücklich erklärt: »Ich liebe meinen Herrn, meine Frau und meine Kinder; ich will nicht freigelassen werden«, 6 dann soll in der Gegenwart Gottes ein neues Rechtsverhältnis begründet werden. Sein Herr stellt ihn an die Tür oder an den Türpfosten und bohrt eine Ahle durch sein Ohrläppchen ins Holz. Der Mann ist dann für immer ein Glied der Hausgemeinschaft und Sklave seines Herrn.

a *ein leidenschaftlich …:* wörtlich *ein »eifersüchtiger« Gott.*
b Wörtlich *Sabbat*.*
c Von Übergriffen gegen fremdes Eigentum handelt auch Vers 17. Möglicherweise richtet sich Vers 15 ursprünglich gegen Menschenraub; vgl. 21,16; Dtn 24,7.
d Wörtlich *du sollst (vor Gericht) keine falsche Zeugenaussage gegen deinen Mitmenschen machen.*
e *etwas, das deinem Mitmenschen gehört:* wörtlich *das Haus deines Mitmenschen.* Mit »Haus« ist nicht das Gebäude, sondern der gesamte Besitz gemeint.
f Siehe Anmerkung zu 19,13.
g Auch Rechtsfragen des täglichen Lebens werden in den Gesetzen, die Mose erhält, geregelt. Es gibt hier genaue Bestimmungen für viele Einzelfälle. Aber den Schwachen und Schutzlosen gegenüber fordert Gott nicht nur gesetzliche Korrektheit, sondern Menschlichkeit (22,20-26; vgl. 21,2-11).
h Ein Hebräer konnte zum Sklaven werden, wenn er eine unbezahlbare Schuldenlast hatte (siehe Sacherklärung »Sklave«). Aber er verkaufte dann eigentlich nicht sich selbst, sondern nur seine Arbeitskraft, um die Schulden zu tilgen, und das für eine beschränkte Zeit.

20,5-6 34,7; Num 14,18; Dtn 5,9-10; 7,9-10 **20,5** 34,14; Dtn 4,24; 6,15; Jos 24,19 **20,7** Lev 19,12 **20,8-10** 23,12; 31,12-17; 34,21; 35,2-3; Lev 19,3; 23,3; Mk 2,27-28S **20,11** Gen 2,2-3S **20,12** 21,17; Lev 19,3; 20,9; Dtn 27,16; Sir 3,1-16; Mt 15,4-6; Eph 6,2-3 **20,13** 21,12-14; Gen 9,5-6; Lev 24,17; Mt 5,21-22 **20,14** Lev 20,10; Dtn 22,22; Mt 5,27-28 **20,15** 21,16; Lev 19,11; Dtn 24,7 **20,16** 23,1-3; Lev 19,15-16; Dtn 19,16-20 **20,17** Mi 2,2 **20,19** Hebr 12,19 **20,23** 20,4S **20,25** Dtn 27,5-6; Jos 8,31 **21,2-4** Lev 25,39-43

Schutzbestimmungen für Sklavinnen

7 Verkauft ein Israelit seine Tochter als Sklavin, so
darf sie nicht wie ein Sklave* im siebten Jahr einfach
freigelassen werden.
8 Hatte der Käufer sie als Frau für sich selbst
bestimmt, aber sie gefiel ihm nicht, so muss er ihrer
Familie Gelegenheit geben, sie zurückzukaufen. Er
darf sie nicht an Ausländer weiterverkaufen, weil
er seine Zusage ihr gegenüber nicht gehalten hat.
9 Hat er sie als Frau für seinen Sohn bestimmt, so
muss er ihr die gleichen Rechte gewähren wie einer
eigenen Tochter.
10 Heiratet er selbst sie und nimmt später noch eine
zweite Frau, so darf er ihr die Versorgung mit Nahrung und Kleidung und den ehelichen Umgang nicht
verkürzen.
11 Vernachlässigt er eine dieser drei Pflichten, so
muss er sie ohne Lösegeld freilassen.

Gesetze über todeswürdige Vergehen

12 Wer einen anderen so schwer schlägt, dass er
stirbt, wird mit dem Tod bestraft.
13 Hat er ihn nicht vorsätzlich getötet, sondern die
Hand ist ihm ausgeglitten, weil Gott es so zugelassen
hat, so kann er an einen Ort fliehen, den der HERR
dafür bestimmen wird.[a]
14 Wenn er aber seinen Mitmenschen vorsätzlich
und hinterhältig getötet hat, kann er auch am Altar*
des HERRN keinen Schutz finden; ihr müsst ihn von
dort wegholen und hinrichten.
15 Wer seinen Vater oder seine Mutter schlägt,
wird mit dem Tod bestraft.
16 Wer einen Menschen geraubt hat, wird mit dem
Tod bestraft, gleichgültig, ob er ihn schon verkauft
oder noch in seiner Gewalt hat.
17 Wer seinen Vater oder seine Mutter verflucht,
wird mit dem Tod bestraft.

Gesetze über Körperverletzung

18 Wenn Männer sich streiten und einer verletzt
dabei den andern mit einem Stein oder einer Hacke,
sodass er bettlägerig wird, 19 aber später wieder auf-
stehen und draußen am Stock umherlaufen kann,
dann wird der Täter nur zu einer Ersatzleistung verurteilt. Er muss dem Verletzten ein Entgelt für die
Arbeitsunfähigkeit geben und ihm die Heilungskosten erstatten.
20–21 Wenn jemand seinen Sklaven* mit einem
Stock schlägt und er auf der Stelle stirbt, verfällt er
der Blutrache*. Wenn jedoch der Geschlagene noch
ein oder zwei Tage am Leben bleibt, geht der Besitzer straffrei aus; es handelt sich ja um sein Eigentum.
Diese Regelung gilt genauso bei einer Sklavin.
22 Wenn Männer sich streiten und sie stoßen dabei
eine schwangere Frau und sie hat eine Fehlgeburt, es
ist aber kein weiterer Schaden entstanden, dann soll
der Schuldige eine Geldstrafe zahlen, die der Mann
der betreffenden Frau festlegen kann. Die Zahlung
der Ersatzsumme muss gerichtlich bestätigt werden.
23 Trägt jedoch die Frau einen Schaden davon, so
gilt für das Strafmaß der Grundsatz: Leben für
Leben, 24 Auge für Auge, Zahn für Zahn,[b] Hand für
Hand, Fuß für Fuß, 25 Brandwunde für Brandwunde,
Verletzung für Verletzung, Strieme für Strieme.
26–27 Wenn jemand seinem Sklaven ein Auge ausschlägt, soll er ihn zur Entschädigung freilassen.
Auch wenn er ihm einen Zahn ausschlägt, soll er
ihn dafür freilassen. Diese Regelung gilt genauso
bei einer Sklavin.
28 Wenn ein Rind einen Mann oder eine Frau
stößt, sodass sie sterben, muss das Rind gesteinigt
werden, sein Besitzer aber bleibt straffrei. Das
Fleisch des Tieres darf nicht gegessen werden.
29 War jedoch das Rind schon längere Zeit stößig
und sein Besitzer hat es nicht eingesperrt, obwohl
man ihn darauf aufmerksam gemacht hat, so muss
nicht nur das Rind gesteinigt, sondern auch sein
Besitzer getötet werden. 30 Wenn ihm die Zahlung
eines Sühnegeldes erlaubt wird, kann er sich damit
freikaufen, aber er muss den vollen Betrag zahlen,
der ihm auferlegt wird.
31 Stößt das Rind einen Jungen oder ein Mädchen
zu Tode, muss genauso verfahren werden. 32 Bei
einem Sklaven oder einer Sklavin soll der Besitzer
des Rindes dem Besitzer des Sklaven dreißig Silberstücke* zahlen. Das Rind muss auch in diesem Fall
gesteinigt werden.

Schaden an fremdem Vieh

33 Wenn jemand eine Zisterne oder Vorratsgrube
offen lässt oder eine gräbt und nicht abdeckt, und
ein Rind oder ein Esel fällt hinein und verendet,
34 dann muss er das Tier seinem Eigentümer in Geld
ersetzen; den Kadaver kann er behalten.
35 Wenn jemandes Rind das Rind eines anderen
stößt, sodass es eingeht, sollen die Besitzer der beiden Tiere das lebende verkaufen und den Erlös teilen. Auch das tote Tier sollen sie teilen.
36 War es jedoch bekannt, dass das Rind schon län-
gere Zeit stößig war, und sein Besitzer hat es trotzdem nicht eingesperrt, so soll er vollen Ersatz leisten,
und zwar ein lebendes Rind für das tote. Das tote
darf er behalten.

Gesetze über Eigentumsvergehen

37 Wenn jemand ein Rind, ein Schaf oder eine Ziege
stiehlt und das Tier schlachtet oder verkauft, muss

a Nähere Bestimmungen über das Asylrecht siehe Num 35,9-34; Dtn 19,1-13; Jos 20,1-9. Zum Schutz am Altar vgl. 1 Kön 1,50-51; 2,28.
b Dieser Grundsatz, über den Jesus später hinausführt (Mt 5,38) bedeutet in der geschichtlichen Entwicklung der Rechtspraxis einen beachtlichen Fortschritt: Er schließt die persönliche Rache mit ihrer Unberechenbarkeit und Maßlosigkeit aus (vgl. das Beispiel Lamechs in Gen 4,23-24).

21,12 20,13 S **21,13-14** Num 35,9-28 S **21,15** 20,12 S; Spr 19,26 **21,16** 20,15; Dtn 24,7 **21,17** 20,12 S **21,23-25** Lev 24,19-20; Dtn 19,21; Mt 5,38

er für das Rind fünffachen Ersatz geben und vierfa-
chen für das Schaf oder die Ziege.

22 Wenn ein Dieb bei einem nächtlichen Ein-
bruch ertappt und so geschlagen wird, dass
er stirbt, dann gilt der, der ihn geschlagen hat, nicht
als Mörder. 2 War jedoch die Sonne schon aufgegan-
gen, zählt es als Mord.
Ein Dieb muss für das Gestohlene vollen Ersatz
leisten. Falls er dazu nicht imstande ist, muss er
selbst als Sklave* verkauft werden. 3 Hat er ein Stück
Vieh – Rind, Esel, Schaf oder Ziege – gestohlen und
es wird noch lebend bei ihm gefunden, muss er dop-
pelten Ersatz leisten.
4 Wenn ein Mann sein Vieh auf seine Felder oder
in seinen Weinberg treibt und es nicht beaufsichtigt,
sodass es auch das Feld eines anderen abweidet,
muss er Ersatz leisten. Er muss dem Geschädigten
das Beste vom Ertrag seines eigenen Feldes oder
Weinbergs geben.°
5 Wenn jemand Feuer macht und es erfasst eine
Dornenhecke und greift auf ein Getreidefeld oder
aufgestellte Garben über oder vernichtet irgendet-
was anderes auf dem Feld, dann muss er für den
Schaden vollen Ersatz leisten.

Haftung für fremdes Eigentum

6 Wenn ein Mann einem anderen Geld oder Wert-
sachen zur Aufbewahrung anvertraut und etwas
davon wird aus dem Haus dieses anderen gestohlen,
dann muss der Dieb, wenn er gefasst wird, den dop-
pelten Betrag erstatten. 7 Kann er nicht ermittelt
werden, muss der Besitzer des Hauses einen Eid
vor Gott schwören, dass er nicht selbst das Eigentum
des anderen an sich genommen hat.
8 Immer wenn zwei Männer sich um etwas strei-
ten, um ein Rind, einen Esel, ein Schaf oder eine Zie-
ge, ein Kleidungsstück oder irgendetwas sonst, und
jeder behauptet, es sei sein Eigentum, dann sollen
sie sich einem Gottesurteil[a] unterwerfen. Wer als
schuldig daraus hervorgeht, muss dem anderen das
Doppelte erstatten.
9 Wenn ein Mann einem anderen einen Esel, ein
Rind, ein Schaf oder ein anderes Tier zur Aufsicht
übergibt und es stirbt, bricht sich ein Bein oder wird
von Feinden weggetrieben, ohne dass er einen Zeu-
gen dafür hat, 10 dann muss der, dem das Tier anver-
traut wurde, dem anderen einen Eid beim HERRN
schwören, dass er sich nicht am fremden Eigentum
vergriffen hat. Der andere muss das gelten lassen
und darf keinen Ersatz fordern.
11 Ist es dagegen nachweislich gestohlen worden,
so muss der, dem es anvertraut war, dafür Ersatz leis-
ten. 12 Ist es von wilden Tieren gerissen worden und
er kann es beweisen, muss er keinen Ersatz leisten.
13 Leiht sich ein Mann von einem anderen ein Tier
und es bricht sich ein Bein oder stirbt, während der
Eigentümer nicht zugegen ist, so muss er vollen
Ersatz leisten. 14 War jedoch der Eigentümer zuge-
gen, muss er keinen Ersatz leisten. War das Tier
gemietet, so ist der Verlust durch den Mietpreis abge-
golten.

Folgen bei Verführung eines Mädchens

15 Wenn ein Mann ein unberührtes Mädchen ver-
führt, das noch nicht verlobt ist, muss er den Braut-
preis* bezahlen und sie heiraten.
16 Weigert sich ihr Vater, sie ihm zu geben, so muss
er trotzdem den üblichen Brautpreis für eine Jung-
frau bezahlen.

Weitere todeswürdige Vergehen

17 Eine Zauberin darf nicht am Leben bleiben.
18 Wer mit einem Tier Verkehr hat, wird mit dem
Tod bestraft.
19 Wer anderen Göttern opfert außer dem HERRN,
muss aus Israel ausgerottet werden.

Rücksicht gegenüber den Schwachen

20 Weiter ließ der HERR dem Volk Israel durch Mose
sagen:°
»Ihr dürft die Fremden*, die bei euch leben, nicht
ausbeuten oder unterdrücken. Vergesst nicht, dass
ihr selbst in Ägypten Fremde gewesen seid.
21 Nutzt die Schutzlosigkeit der Witwen und Wai-
sen nicht aus! 22 Wenn ihr es dennoch tut und sie zu
mir um Hilfe schreien, werde ich, der HERR,
bestimmt darauf hören. 23 Ich werde in furchtbaren
Zorn geraten und euch durch das Schwert eurer Fein-
de töten. Eure Frauen werde ich zu Witwen machen
und eure Kinder zu Waisen.
24 Wenn du einem Armen aus meinem Volk Geld
leihst, verhalte dich ihm gegenüber nicht wie ein
Wucherer. Verlange keine Zinsen von ihm![b]
25 Falls du von einem anderen Israeliten das Ober-
gewand* zum Pfand nimmst, so gib es vor Sonnen-
untergang wieder zurück. 26 Denn sein Obergewand
ist das Einzige, womit er sich warm halten kann.
Worin soll er sonst schlafen? Wenn er sich bei mir
über dich beklagt, werde ich ihn hören; denn ich
bin barmherzig.«

Achtung vor Gott

27 »Ihr sollt Gott nicht lästern und ein Oberhaupt
eures Volkes nicht verfluchen.
28 Von euren Ernteerträgen an Getreide und Wein
dürft ihr mir meinen Anteil nicht vorenthalten.

a Die Entscheidung Gottes wurde eingeholt durch den Priester, der dazu die Losstäbe warf oder auf andere Zeichen achtete. Ein Beispiel für ein Gottesurteil findet sich in Num 5,11-31.
b Im Altertum wurden in der Regel extrem hohe Zinssätze gefordert (vgl. die Anmerkung zu Gen 47,26).

21,37–22,14 Lev 5,21-26; Num 5,5-10 **22,12** Gen 31,39 **22,15** Dtn 22,28-29 **22,17** Lev 19,26S **22,18** Lev 18,23S **22,19** Dtn 17,2-7 **22,20** 23,9; Lev 19,33-34; Dtn 10,18-19; 24,17-20 **22,21** Dtn 10,18; 24,17.19-21; 27,19; Jes 1,17S **22,24** Lev 25,35-37; Dtn 23,20-21; Ps 15,5; Ez 22,12 **22,25-26** Dtn 24,12-13.17; Ijob 22,6; 24,9-10; Am 2,8 **22,27** Lev 24,10-16; 1 Kön 21,10.13; Joh 18,22; Apg 23,2-5

Eure erstgeborenen Söhne müsst ihr mir übereignen[a] 29 und ebenso die Erstgeburten eurer Rinder, Schafe und Ziegen. Sieben Tage lang soll das erstgeborene Jungtier bei seiner Mutter bleiben; am achten Tag sollt ihr es mir übereignen.

30 Weil ihr mir als ein heiliges* Volk gehört, sollt ihr kein Fleisch von einem Tier essen, das von einem Raubtier gerissen und auf freiem Feld tot aufgefunden worden ist. Ihr sollt es den Hunden hinwerfen.«

Gerechtigkeit und Mitmenschlichkeit

23 »Bring bei einem Gerichtsverfahren keine Gerüchte vor. Lass dich von jemand, der Unrecht getan hat, nicht für eine falsche Zeugenaussage gewinnen. 2 Schließ dich nicht der Mehrheit an, wenn sie auf der Seite des Unrechts steht. Musst du in einer Gerichtsverhandlung als Zeuge aussagen, so beuge dich nicht einer Mehrheit, die das Recht verdreht. 3 Du darfst aber auch nicht den Armen und Schwachen widerrechtlich begünstigen.

4 Wenn du siehst, dass ein Tier deines Feindes sich verlaufen hat, ein Rind oder ein Esel, dann bring es ihm ohne Zögern zurück! 5 Ist der Esel deines Feindes unter seiner Last zusammengebrochen und du kommst gerade dazu, so geh nicht weiter, sondern hilf ihm, das Tier wieder auf die Beine zu bringen.

6 Bei einem Gerichtsverfahren darfst du niemand sein Recht vorenthalten, nur weil er arm ist. 7 Verweigere deine Mitwirkung bei einem betrügerischen Prozess. Verurteile keinen Unschuldigen zum Tod; ein solches Unrecht lasse ich nicht durchgehen. 8 Nimm von den Prozessierenden keine Geschenke an; denn das trübt das Urteilsvermögen und verführt die ehrenwertesten Männer dazu, das Recht zu verdrehen.

9 Beutet die Fremden* nicht aus, die bei euch leben. Ihr wisst doch, wie es einem Fremden zumute ist, weil ihr selbst in Ägypten als Fremde gelebt habt.«

Anweisungen für Sabbatruhe und Feiertage

10 »Sechs Jahre lang sollst du dein Land bearbeiten und den Ertrag ernten, den es dir bringt. 11 Aber im siebten Jahr lass es brachliegen. Was dann von selbst wächst, sollen die Armen essen, den Rest überlass dem Wild. Ebenso sollst du es mit deinen Weingärten und Ölbäumen halten.[b]

12 Sechs Tage lang sollst du deine Arbeit verrichten, aber am siebten Tag sollst du alles ruhen lassen. Auch dein Rind und dein Esel sollen sich ausruhen; dein Sklave[c] und der Fremde, der bei dir lebt, sollen sich erholen können.

13 Richtet euch nach allem, was ich, der HERR, euch gesagt habe! Betet nicht zu anderen Göttern, erwähnt nicht einmal ihre Namen!

14 Dreimal im Jahr sollt ihr mir zu Ehren ein großes Fest feiern. 15 Haltet als erstes das Fest der Ungesäuerten Brote*. Zur festgesetzten Zeit im Frühlingsmonat,[d] dem Monat eures Auszugs aus Ägypten, sollt ihr sieben Tage lang nur solches Brot essen, das ohne Sauerteig* zubereitet ist, so wie ich es euch befohlen habe. Niemand soll mit leeren Händen zu meinem Heiligtum kommen. 16 Wenn die ganze Getreideernte eingebracht ist, sollt ihr das Pfingstfest* feiern und im Herbst, wenn ihr die Früchte von euren Weinstöcken und Bäumen abgelesen habt, das Fest der Lese.

17 Dreimal im Jahr, zu diesen drei Festen, sollen alle Männer Israels zu mir, dem HERRN, an mein Heiligtum kommen.

18 Zum Blut eines Mahlopfers* dürft ihr mir nicht Brot darbringen, das mit Sauerteig zubereitet ist.

Das Fett des Opfertieres muss am selben Tag verbrannt werden; es darf nicht bis zum nächsten Morgen aufbewahrt werden.

19 Die erstgeernteten Früchte* eurer Felder sollt ihr zum Haus des HERRN, eures Gottes, bringen.

Ihr dürft ein Böcklein nicht in der Milch seiner Mutter kochen.«[e]

Heilszusage und Warnung

20 Der HERR sagte: »Ich verspreche euch, ich werde einen Engel* vor euch hersenden, der euch unterwegs beschützt und euch sicher in das Land bringt, das ich für euch bestimmt habe.

21 Haltet euch genau an seine Weisungen! Wenn ihr euch gegen ihn auflehnt, wird er euch das nicht vergeben, denn in seiner Person bin ich selbst mitten unter euch. 22 Wenn ihr ihm aufs Wort gehorcht und alles tut, was ich euch durch ihn sage, werde ich eure Feinde niederwerfen und jeden in die Enge treiben, der euch bedrängt.

23 Mein Engel geht vor euch her und bringt euch in das Land der Amoriter*, Hetiter*, Perisiter, Kanaaniter*, Hiwiter und Jebusiter. Ich werde alle diese Völker vernichten. 24 Folgt nicht ihrem schlimmen Beispiel! Werft euch nicht vor ihren Göttern nieder, dient ihnen nicht! Stürzt ihre Götzenbilder um und zerschlagt ihre Steinmale*.

25 Ehrt mich allein, den HERRN, euren Gott, dann werde ich dafür sorgen, dass es in eurem Land genug zu essen gibt und ihr reichlich Wasser habt. Ich wer-

a Was das bedeutet, geht aus 13,11-13 hervor.
b Mit der Befolgung dieser Anweisung erkennt der Mensch an, dass das ganze Land eigentlich Gott gehört.
c Wörtlich *der Sohn deiner Sklavin**.
d Hebräischer Monatsname *Abib**.
e Eine Begründung für diese Anweisung wird nirgends gegeben. Im Judentum führte sie zu der Trennung von Fleisch- und Milchprodukten beim Kochen.

22,28-29 13,11-16S; 23,19S **22,29** Lev 22,27 **22,30** Lev 17,15S; 19,2bS **23,1-3** 20,16S; Dtn 1,16-17; 16,18-20 **23,4-5** Dtn 22,1-4 **23,6** Ps 82,3-4; Dtn 1,17S **23,8** Dtn 16,19; 27,25; Ps 15,5; Jes 1,23; 5,23; Mi 3,11; Sir 20,29 **23,9** 22,20S **23,10-11** Lev 25,1-7S **23,12** 20,8-10S **23,13** Jos 23,7 **23,15** 12,15-20 **23,16** (Pfingstfest) 34,22; Lev 23,15-21; Num 28,26-31; Dtn 16,9-11; Apg 2,1; (Lese = Laubhüttenfest) 34,22; Lev 23,33-36.39-43; Num 29,12-38; Dtn 16,13-15 **23,18** 34,25 **23,19a** (Früchte) 34,26; Lev 23,9-11; Dtn 18,4; 26,1-11 **23,19b** (Böcklein) 34,26; Lev 22,28; Dtn 14,21 **23,20** 14,19 **23,24** 20,5S

de auch alle Krankheiten von euch fern halten. 26 Es wird dann in eurem Land keine Frau geben, die eine Fehlgeburt hat oder kinderlos bleibt. Niemand wird vor der Zeit aus dem Leben gerissen werden.

27 Angst und Schrecken werde ich vor euch hersenden. Ich werde die Völker, zu denen ihr kommt, in Verwirrung stürzen; alle eure Feinde werden vor euch die Flucht ergreifen. 28 Panik werde ich vor euch her verbreiten° und so die Hiwiter, Kanaaniter und Hetiter vertreiben.

29 Allerdings werde ich sie nicht schon im ersten Jahr vollständig vertreiben, sonst bleiben weite Landstriche unbestellt und verwildern, und das Wild vermehrt sich so stark, dass ihr nicht mehr Herr darüber werdet. 30 Deshalb werde ich sie nur nach und nach vor euch vertreiben, in dem Maß, in dem ihr euch vermehrt und das Land in Besitz nehmen könnt.

31 Zuletzt aber werdet ihr ein Gebiet besitzen, das vom Roten Meer bis zum Mittelmeer und von der Wüste im Süden bis an den Eufrat reicht. Alle Bewohner dieses Landes gebe ich in eure Hand, sodass ihr sie vertreiben könnt.

32 Schließt keinen Bund mit ihnen und lasst euch nicht mit ihren Göttern ein. 33 Sie dürfen nicht mit euch zusammen in eurem Land leben, sonst werden sie euch dazu verleiten, mir untreu zu werden und ihre Götter zu verehren. Und das würde euch den Untergang bringen.«

Gott schließt seinen Bund mit Israel

24 Der HERR sagte zu Mose: »Komm zu mir herauf auf den Berg! Nimm Aaron, Nadab und Abihu mit und siebzig von den Ältesten* Israels. Werft euch in gebührender Entfernung vor mir nieder. 2 Nur du allein darfst in meine Nähe kommen. Das Volk darf überhaupt nicht auf den Berg steigen.«

3 Mose trat vor das versammelte Volk und sagte ihm die Gebote und Gesetze des HERRN. Das ganze Volk antwortete einmütig: »Wir wollen alles tun, was der HERR uns befiehlt!« 4 Darauf schrieb Mose die Gebote und Gesetze in ein Buch.

Am nächsten Morgen errichtete er am Fuß des Berges einen Altar und stellte zwölf Steinmale auf, für jeden Stamm Israels eines. 5 Er beauftragte einige junge Männer, dem HERRN Brandopfer* darzubringen und für das Opfermahl* Stiere zu schlachten. 6 Die Hälfte des Blutes tat Mose in Schalen, die andere Hälfte goss er an den Altar*.

7 Dann nahm er das Buch, in dem er das Bundesgesetz* aufgeschrieben hatte, und las es den versammelten Israeliten laut vor. Sie versprachen: »Wir wollen alles gehorsam tun, was der HERR uns befiehlt.«

8 Darauf sprengte Mose aus den Schalen Blut über das Volk und sagte dazu: »Durch dieses Blut wird der Bund* in Kraft gesetzt, den der HERR jetzt mit euch auf der Grundlage dieser Gebote und Gesetze schließt.«[a]

9 Danach stieg Mose den Berg hinauf, und die anderen begleiteten ihn: Aaron, Nadab und Abihu und siebzig von den Ältesten Israels.

10 Droben sahen sie den Gott Israels. Der Boden zu seinen Füßen war wie mit blauem Edelstein ausgelegt, klar und leuchtend wie der Himmel.[b]

11 Gott erlaubte den ausgewählten Vertretern des Volkes, in seine Nähe zu kommen; er streckte nicht die Hand gegen sie aus, um sie zu töten.° Sie durften Gott sehen und aßen und tranken in seiner Gegenwart.

ANWEISUNGEN FÜR DEN BAU DES HEILIGEN ZELTES UND DEN PRIESTERDIENST

(24,12–31,11)

Mose wird auf den Berg gerufen

12 Nun sagte der HERR zu Mose: »Steig zu mir auf den Berg herauf und bleib eine Zeit lang hier! Ich werde dir die Steintafeln geben, auf die ich meine Gebote geschrieben habe. Das Volk soll genau wissen, was ich von ihm verlange.«

13 Mose und sein Diener Josua machten sich bereit, um auf den Gottesberg* zu steigen. 14 Zu den Ältesten* des Volkes sagte Mose: »Wartet hier auf uns, bis wir zurückkommen! Aaron und Hur bleiben bei euch. Wer einen Streitfall hat, soll sich an sie wenden.«

15 Dann stieg Mose den Berg hinauf. Die Wolke verhüllte den Gipfel 16–17 und die Herrlichkeit* des HERRN kam auf den Berg Sinai* herab. Für die Israeliten sah sie aus wie ein loderndes Feuer auf dem Berggipfel.

Sechs Tage lang blieb der Berg so von der Wolke verhüllt. Dann rief der HERR am siebten Tag aus der Wolke heraus Mose zu sich. 18 Jetzt ging Mose mitten in die Wolke hinein und stieg auf den Gipfel des Berges hinauf. Dort oben blieb er vierzig Tage und vierzig Nächte.

Aufruf zu einem Opfer für das Heilige Zelt

(35,4-9)

25 Der HERR befahl Mose: 2 »Sag den Leuten von Israel, sie sollen mir eine freiwillige Abgabe leisten. Jeder, der etwas geben möchte, soll es herbringen.

a Was in Kap 19 vorbereitet wurde, findet hier seinen Abschluss. Das Blut bindet die beiden Bundespartner unlöslich aneinander.

b Die Begegnung auf dem Berg besiegelt den Bund: Gott lässt die Vertreter des Volkes in seine nächste Nähe (vgl. dagegen 33,18-23!). Der blaue Grund deutet an, dass diese visionäre Begegnung oberhalb des Himmelsgewölbes stattfindend gedacht ist. Essen und Trinken vor Gott (24,11) bedeuten den Vollzug der engsten Gemeinschaft (vgl. das Bundesmahl Gen 31,54).

23,28 Dtn 7,20; 11,25; Jos 24,12; 1Sam 7,10; 14,15 **23,32-33** 34,12 **24,4b** Jos 4,3.9.20; 1Kön 18,31 **24,7** 2Kön 23,2.21; 2Chr 25,4; 34,30; 35,12 **24,8** Mk 14,24par; Hebr 9,19-20; 10,29 **24,10** Ez 1,26; Offb 4,2-3 **24,12** (Steintafeln) 25,16.21; 31,18; 32,15-16.19; 34,1.28-29; Dtn 4,13; 1Kön 8,8-9 **24,15-18** 19,9S **24,18** (vierzig) 34,28; Dtn 9,9.18

3 Es kann Gold, Silber und Bronze sein, 4 blaue,
rote und karmesinrote Wolle, Leinen und Ziegen-
haar, 5 rot gefärbte Widderfelle, Delphinenhäute,
Akazienholz, 6 Öl für die Lampen, wohlriechende
Zutaten für das Salböl und für die Weihrauchmi-
schung 7 oder Karneolsteine und andere Edelsteine
zum Schmuck für Amtsschurz* und Brusttasche
des Obersten Priesters*.
8 Mithilfe dieser Gaben sollen die Israeliten mir
ein Heiligtum errichten, denn ich will unter ihnen
wohnen. 9 Ich zeige dir jetzt das Modell meiner
Wohnung und der dazugehörigen Geräte, damit
ihr es genau nach diesem Muster herstellen könnt.«

Die Bundeslade*

(37,1-9)

10 »Die Israeliten sollen eine Lade aus Akazienholz
anfertigen: eineinviertel Meter lang, drei viertel
Meter breit und ebenso hoch.° 11 Außen und innen
soll sie mit reinem Gold überzogen sein und ringsum
mit einer Goldleiste verziert.
12 Lass vier Ringe aus Gold gießen und sie an den
vier Ecken anbringen, sodass an jeder Längsseite
zwei Ringe sind. 13 Weiter lass Stangen aus Akazien-
holz machen und sie mit reinem Gold überziehen.
14 Die Stangen sollen durch die Ringe an den Seiten
der Lade gesteckt werden, damit man die Lade tra-
gen kann. 15 Die Stangen müssen in den Ringen blei-
ben und dürfen nicht entfernt werden. 16 In die Lade
legst du die zwei Tafeln mit dem Bundesgesetz*, die
ich dir geben werde.
17 Lass eine Deckplatte aus reinem Gold herstellen,
die in den Maßen genau auf die Lade passt. 18–19 An
den beiden seitlichen Enden der Deckplatte werden
zwei geflügelte Kerubenfiguren* aus getriebenem
Gold angebracht. 20 Sie stehen einander zugewandt,
den Blick auf die Deckplatte gerichtet; ihre Flügel
halten sie schirmend über der Platte ausgebreitet.
21 In der Lade verwahrst du die zwei Tafeln mit
dem Bundesgesetz und legst die Deckplatte darauf.
22 Dort will ich dir begegnen. Von der Deckplatte
aus, von der Stelle zwischen den beiden Keruben,
werde ich mit dir reden und dir alle Anweisungen
für das Volk Israel geben.«

Der Tisch für die geweihten Brote

(37,10-16)

23 »Lass einen Tisch aus Akazienholz machen, einen
Meter lang, einen halben Meter breit und drei viertel
Meter hoch. 24 Er soll mit reinem Gold überzogen
und die Tischplatte soll ringsum mit einer goldenen
Schmuckleiste eingefasst sein. 25 Außerdem soll
auf die Tischplatte ringsum noch eine Randleiste
von zehn Zentimeter Höhe aufgesetzt werden, die
ebenfalls mit einer goldenen Schmuckleiste einzu-
fassen ist.
26 Lass vier goldene Ringe machen und sie oben an
den Kanten der vier Beine anbringen, 27–28 dicht
unter der umlaufenden Randleiste. Dann lass zwei
Stangen aus Akazienholz machen und sie mit Gold
überziehen. Sie werden durch die Ringe gesteckt,
sodass man den Tisch tragen kann.
29 Schließlich lass aus reinem Gold die Geräte für
das Trankopfer* machen, die zu dem Tisch gehören:
die Schalen, Schüsseln, Becher und Kannen.
30 Auf diesem Tisch sollen ständig die geweihten
Brote* vor mir ausgelegt sein.«

Der goldene Leuchter

(37,17-24)

31 »Lass einen Leuchter aus reinem Gold machen. Er
soll mit allen seinen Teilen aus einem Stück gearbei-
tet sein. 32 Von seinem Schaft sollen nach beiden
Seiten je drei Arme ausgehen, 33 jeder mit drei Blüten-
kelchen verziert. 34 Auf dem Schaft selber befinden
sich vier Blütenkelche, 35 drei davon an den Ansatz-
stellen der Arme, jeweils unterhalb der Stelle, von
der ein Armpaar abzweigt. 36 Der ganze Leuchter soll
aus reinem Gold bestehen und aus einem Stück
gearbeitet sein.
37 Lass für den Leuchter sieben Lichtschalen*
machen, die mit Öl gefüllt und so aufgesetzt werden,
dass der Einschnitt für den Docht bei allen nach vorn
zeigt. 38 Aus reinem Gold sollen auch die Docht-
scheren und Reinigungsnäpfe angefertigt werden.
39 Für den Leuchter mit allem Zubehör sollt ihr einen
Zentner* reines Gold verarbeiten.

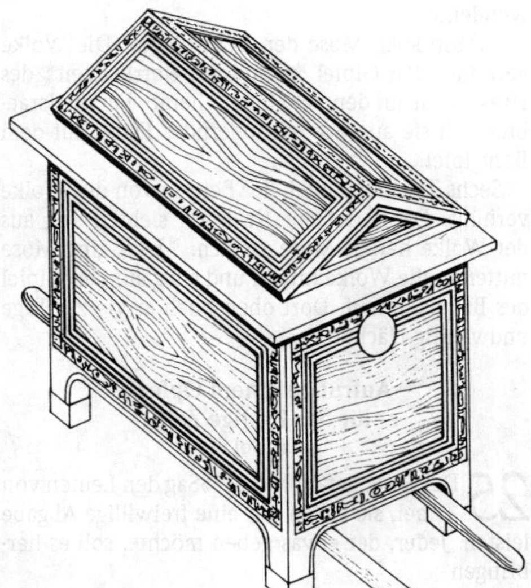

Eine versuchsweise Darstellung des »Heiligen Zeltes« mit seinen Geräten findet sich auf Seite 185. Die Bundeslade, in der die Gesetzestafeln aufbewahrt wurden (25,10-22), war eine mit Gold überzogene transportable Holztruhe. Im Grab des ägyptischen Königs Tutanchamun fand man die hier abgebildete Holztruhe, ausgestattet mit vier Tragstangen, die sich die Träger auf die Schultern legen konnten. Jede Stange ist durch zwei Bronzeringe gesteckt, die am Boden der Truhe angebracht sind.

25,9 25,40; 26,30; 27,8; Ez 40,4 **25,16** 24,12S **25,22** Lev 16,1-2; Num 7,89; 1 Sam 4,4; Ps 99,1 **25,23** 1 Kön 7,48-50 **25,30** Lev 24,5-8 **25,31-39** 1 Kön 7,48-50

40 Gib Acht, dass alles genau nach dem Modell angefertigt wird, das ich dir hier auf dem Berg gezeigt habe.«

Die Zeltdecken für das Heiligtum
(36,8-19)

26 »Für meine Wohnung sollst du zehn kostbare Zeltbahnen anfertigen lassen. Sie sollen aus gezwirnten Leinenfäden gewebt sein und mit Bildern von Keruben* geziert, die mit blauer, roter und karmesinroter Wolle darauf gestickt sind.[a]

2 Jede Bahn soll 14 Meter lang und 2 Meter breit sein. 3 Je fünf Bahnen werden auf der Langseite miteinander zu einem größeren Stück vernäht.

4–5 Auch diese beiden Stücke sollen miteinander verbunden werden können. Zu diesem Zweck werden bei jedem an einer Langseite fünfzig Schlaufen aus blauer Wolle angebracht, die sich genau gegenüberstehen, wenn man die Stücke nebeneinander legt. 6 Dann lässt du fünfzig goldene Klammern machen, die die Schlaufen zusammenhalten und so die beiden Teile zu einem Ganzen verbinden.

7 Weiter lässt du für die Überdachung elf Zeltbahnen herstellen, die aus Ziegenhaar gewebt sind. 8 Jede Bahn soll 15 Meter lang und 2 Meter breit sein. 9 Die Bahnen werden wieder zu zwei größeren Stücken zusammengenäht, von denen das eine aus fünf, das andere aus sechs Bahnen besteht. Die sechste Bahn des größeren Stücks, die beim Aufstellen des Zeltes über dem Eingang ausgespannt wird, soll doppelt gelegt werden.

10 An dem Ende, wo die beiden Stücke zusammengefügt werden sollen, lässt du bei jedem fünfzig Schlaufen anbringen, genau einander gegenüber, 11 und dann fünfzig bronzene Klammern anfertigen, die die Schlaufen zusammenhalten und so die beiden Teile zu einem Ganzen verbinden.

12–13 Das Zeltdach aus Ziegenhaar wird so über die wollenen Zeltbahnen gelegt, dass an der Rückseite eine halbe Bahnbreite übersteht und an den Seiten rechts und links je ein Stück von einem halben Meter, an der Rückseite das Doppelte. 14 Darüber werden noch zwei Schutzdecken gelegt. Die untere soll aus rot gefärbten Widderfellen, die obere aus Delphinenhäuten bestehen.«

Die Holzwände des Heiligtums
(36,20-34)

15 »Weiter lass Bretter aus Akazienholz zurechtsägen, die unter dem Zeltdach als die Wände meiner Wohnung aufgestellt werden. 16 Jedes Brett soll fünf Meter lang und 75 Zentimeter breit sein 17 und an der unteren Schmalseite zwei Zapfen tragen.

18–21 Die nördliche und die südliche Seitenwand sollen jeweils aus zwanzig aufgestellten Brettern bestehen. Jedes Brett steht auf zwei silbernen Bodenplatten, in die es mit den hölzernen Zapfen gesteckt wird.

22 Für die Rückwand nach Westen sollen sechs Bretter geschnitten werden, 23–24 dazu rechts und links für die Ecken noch je ein Winkelbrett.[b] 25 Die Rückwand wird also aus insgesamt acht Brettern gebildet und auch hier steht jedes Brett auf zwei silbernen Bodenplatten.

26–27 Weiter lass Querstangen aus Akazienholz machen, die die Bretter zusammenhalten, und zwar jeweils fünf Stangen für jede Wand. 28 Die mittlere Stange soll genau auf halber Höhe angebracht werden und für jede Wand aus einem einzigen Stück gefertigt sein. 29 Die Stangen werden durch goldene Ringe gesteckt, die an den Brettern angebracht sind. Bretter und Stangen sollen ganz mit Gold überzogen sein.

30 Aus diesen Teilen sollst du meine Wohnung errichten lassen, genau nach dem Modell, das ich dir hier auf dem Berg gezeigt habe.«

Die Vorhänge für das Heiligtum
(36,35-38)

31 »Lass einen Vorhang aus gezwirntem Leinen machen, auf den mit blauer, roter und karmesinroter Wolle Bilder von Keruben* gestickt sind. 32–33 Er soll eine Scheidewand bilden zwischen dem Allerheiligsten* und dem übrigen Heiligtum. Aufgehängt wird er an vier Säulen aus Akazienholz, die mit Gold überzogen sind und auf silbernen Sockeln stehen. Auch die Haken, an denen der Vorhang oben an den Säulen befestigt wird, sollen von Gold sein.

Hinter den Vorhang stellst du die Lade* mit dem Bundesgesetz 34 und legst die Deckplatte darauf.

Nach der Zerstörung des Tempels durch die Römer im Jahr 70 n. Chr. wurde der siebenarmige Leuchter (25,31-39) von Titus in seinem Triumphzug mitgeführt. (Im Bild ein Ausschnitt aus dem Triumphbogen des späteren Kaisers Titus in Rom.)

a Deutung von Material und Herstellungstechnik unsicher, ebenso in den Versen 31 und 36 und weiterhin an den entsprechenden Stellen der Kapitel 26–28 und 35–39. Bei *blau* und *rot* handelt es sich um die damals äußerst wertvollen Farbstoffe der Purpurschnecke.

b Die genauere Beschreibung der beiden Winkelbretter in Vers 24 ist wegen unbekannter Fachausdrücke nicht zu deuten.

25,40 25,9S; Hebr 8,5 **26,30** 25,9S **26,31–33** Mk 15,38par; Hebr 6,19; 9,3

[35] Vor den Vorhang stellst du links den Tisch für die geweihten Brote* und rechts den goldenen Leuchter.

[36] Für den Eingang des Zeltes lass einen Vorhang aus gezwirntem Leinen machen, in das blaue, rote und karmesinrote Wollfäden eingewebt sind. [37] Er wird mit goldenen Haken an fünf Säulen aus Akazienholz aufgehängt, die mit Gold überzogen sind und auf bronzenen Sockeln stehen.«

Der tragbare Brandopferaltar*

(38,1-7)

27 »Weiter lass aus Akazienholz einen Altar[a] machen, zweieinhalb Meter lang und ebenso breit und eineinhalb Meter hoch. [2] An seinen oberen Ecken sollen vier Hörner* aufragen, die mit dem übrigen Altar aus einem Stück gefertigt sind. Der ganze Altar soll mit Bronzeblech beschlagen werden.

[3] Lass auch alle Geräte herstellen, die beim Opferdienst gebraucht werden, die Schalen zum Auffangen des Blutes, die Fleischgabeln und Kohlenbecken, die Schaufeln und Kübel zum Beseitigen der Asche. Alle diese Geräte sollen aus Bronze sein.

[4–5] Mache für den Altar einen gitterförmigen Bronzerahmen, der auf seinen vier Seiten vom Boden bis zur halben Höhe reicht und dort auf die Einfassung trifft, die außen rings um den Altar läuft. An den vier Ecken dieses Rahmens wird je ein bronzener Ring angebracht. [6] Weiter lässt du zwei Stangen aus Akazienholz machen und mit Bronze beschlagen. [7] Für den Transport des Altars werden sie durch die Ringe gesteckt.

[8] Der Altar soll nicht aus massivem Holz bestehen, sondern aus Brettern zusammengefügt werden, sodass er innen hohl ist. Lass ihn genauso machen, wie ich es dir gezeigt habe.«

a Diesem tragbaren Altar entsprach im späteren Tempel der Brandopferaltar, der rechts vor dem Eingang des Tempelhauses im Freien aufgebaut war. Auf ihm wurden die regelmäßigen Brandopfer (siehe Sacherklärung) dargebracht.

Die Abgrenzung des heiligen Bereichs

(38,9-20)

[9–10] »Weiter sollst du den Vorhof* rings um meine Wohnung mit einer Abgrenzung umgeben. Auf der Südseite werden auf einer Länge von 50 Metern leinene Planen angebracht; sie werden von zwanzig Holzsäulen gehalten, die auf Sockeln aus Bronze stehen; die Haken und Stangen zum Aufhängen der Planen sind aus Silber. [11] Genauso wird auf der Nordseite verfahren, ebenfalls auf einer Länge von 50 Metern.

[12] Auf der Westseite ist der Vorhof 25 Meter breit; die leinenen Planen werden von zehn Säulen auf bronzenen Sockeln gehalten.

[13] Auf der Eingangsseite im Osten ist der Vorhof ebenfalls 25 Meter breit. [14–15] Rechts und links vom Eingang sind zwischen je drei Säulen jeweils siebeneinhalb Meter Planen angebracht.

[16] Der Eingang in der Mitte ist 10 Meter breit. Der Vorhang am Eingang soll aus gezwirntem Leinen sein, in das blaue, rote und karmesinrote Wollfäden eingewebt sind; er wird an vier Säulen aufgehängt.

[17] Alle Säulen rings um den Vorhof sollen auf bronzenen Sockeln stehen; die Tücher werden an Haken und Stangen aus Silber aufgehängt.

[18] Der ganze Vorhof ist also 50 Meter lang und 25 Meter breit. Die Höhe der Abgrenzung soll zweieinhalb Meter betragen.

[19] Wie die Geräte, die für den Dienst am Heiligtum gebraucht werden, sollen auch die Pflöcke, die das Zelt und die Abgrenzung des Vorhofs halten, aus Bronze sein.«

Öl für die Lampe im Heiligtum

(Lev 24,1-4)

[20] Der HERR sagte zu Mose: »Die Israeliten sollen dir reines Öl aus gepressten Oliven geben, damit es stets für die Lampe im Heiligtum zur Verfügung steht. [21] Aaron und seine Söhne sollen dafür sorgen, dass die Lampe im Heiligen Zelt* vom Abend bis zum Morgen leuchtet. Sie hat ihren Platz vor dem Vorhang, der die Lade* mit dem Bundesgesetz verdeckt. Auch in allen kommenden Generationen sind die Israeliten zu dieser Abgabe verpflichtet.«

Die Amtskleidung des Obersten Priesters

(39,1-7)

28 Weiter sagte der HERR zu Mose: »Rufe Aaron und seine Söhne Nadab und Abihu, Eleasar und Itamar zu dir. Ich sondere sie aus den übrigen Israeliten aus, damit sie mir als Priester* dienen.

[2] Lass für deinen Bruder Aaron kostbare Priesterkleider machen, die der Würde seines Amtes angemessen sind [3] und mit denen er den Priesterdienst ausüben kann. Übertrage ihre Anfertigung fähigen Leuten, denen ich die Weisheit* dafür gegeben habe.

[4] Folgende Kleidungsstücke sollen sie für Aaron und seine Nachfolger herstellen: die Brusttasche, den Amtsschurz*, das Obergewand, das Hemd mit eingewebten Mustern, den Gürtel und den Turban. [5] Als Material sollen sie Gold, blaue, rote und karmesinrote Wolle und gezwirntes Leinen nehmen.

[6] Den Amtsschurz sollen sie aus gezwirntem Leinen weben und kunstvoll mit Goldfäden und den farbigen Wollfäden besticken. [7–8] Der Gürtel, mit dem er um den Leib befestigt wird, soll aus demselben Material bestehen und an den Schurz angewebt sein. Außerdem sollen zwei breite Bänder über die Schultern gelegt und vorn und hinten am Schurz befestigt werden.

[9–12] Auf jedem der Bänder lässt du oben in goldener Fassung einen kostbaren Karneolstein anbringen. In

27,1 1 Kön 8,64; 2 Chr 4,1; Ez 43,13-17 **27,8** 25,9S **28,4-43** Lev 8,7-9.13; Sir 45,6-13

diese Steine werden die Namen der zwölf Stämme
Israels eingraviert, in jeden Stein sechs Namen.
Auf diese Weise soll Aaron die Namen der Stämme
Israels an sich tragen, wenn er ins Heiligtum geht.
Er soll die Israeliten bei mir in Erinnerung bringen,
damit ich mich ihnen freundlich zuwende.
13-14 Weiter lässt du zwei goldene Ösen an den
Schulterbändern anbringen und zwei goldene Kett-
chen daran befestigen.«

Die Brusttasche des Obersten Priesters

(39,8-21)

15 »Aus demselben Material wie den Amtsschurz*
sollst du die Brusttasche machen lassen, in der die
heiligen Lose* aufbewahrt werden. 16 Sie hat eine
Größe von 25 auf 25 Zentimeter° und besteht aus
einem zusammengefalteten Stück Gewebe.
17-20 Auf der Vorderseite soll sie mit zwölf gold-
gefassten Edelsteinen besetzt werden, die in vier
Reihen angeordnet sind: in der ersten Reihe ein
Rubin, ein Topas, ein Smaragd; in der zweiten
Reihe ein Karfunkel, ein Saphir, ein Jaspis; in der
dritten Reihe ein Achat, ein Hyazinth, ein Amethyst;
in der vierten Reihe ein Chrysolith, ein Karneol und
ein Onyx.[a]
21 In die Steine werden die Namen der zwölf
Stämme Israels eingraviert, in jeden Stein ein Name.
22-25 An den oberen Ecken der Tasche werden zwei
Goldringe angebracht und mit den goldenen Kett-
chen verbunden, die an den Ösen auf den Schulter-
bändern befestigt sind. 26 Zwei weitere Goldringe
werden an den unteren Ecken der Tasche ange-
bracht, und zwar auf der Rückseite, 27 und noch ein-
mal zwei Goldringe unten auf den Schulterbändern,
dicht über dem Gürtel, der den Schurz hält. 28 Wenn
dann die beiden unteren Ringe auf jeder Seite, die an
der Tasche und die auf dem Schulterband, jeweils
mit einer blauen Schnur verbunden werden, sitzt
die Tasche fest über dem Gürtel des Schurzes und
kann sich nicht verschieben.
29 Auf diese Weise soll Aaron jedes Mal, wenn er
ins Heiligtum geht, die Namen der Stämme Israels
auf seinem Herzen tragen. Dann werde ich mich
den Israeliten freundlich zuwenden. 30 Du sollst in
die Brusttasche die heiligen Lose legen, damit Aaron
auch diese immer, wenn er vor mich tritt, auf seinem
Herzen trägt. Die Lose als das Mittel, mit dem ich
gerechte Entscheidungen herbeiführe, soll er immer
vor mir auf dem Herzen tragen.«

Weitere Kleidungsstücke für den Obersten Priester

(39,22-26.30-31)

31 »Das Obergewand, das unter dem Amtsschurz*
getragen wird, soll ganz aus blau gefärbtem Leinen

28,30 Lev 8,8; Num 27,20-21; Dtn 33,8; Esra 2,63 par

Der Oberste Priester Israels trug beim Gottesdienst im Tempel eine besondere Kleidung und eine Brusttasche. Im Bild der Versuch, die Priesterkleidung Aarons, des ersten Obersten Priesters, nach den in der Bibel überlieferten Angaben nachzubilden. Zu dem »Aaronstab« in der Hand vgl. Num 17,16-26.

a Die Namen der Edelsteine können nur vermutungsweise wiedergegeben werden.

a Die Schwelle galt wahrscheinlich als Sitz gefährlicher Dämonen, die durch den Klang der Glöckchen gebannt werden sollten.
b Man trug im Altertum normalerweise keine Hosen, sondern als Untergewand ein langes Hemd. Die Scham muss nicht vor den Augen der Menschen bedeckt werden, sondern wegen der Gegenwart des heiligen Gottes.
c Das Auflegen der Hände deutet an, dass das Opfer zugunsten der betreffenden Person, vielleicht sogar stellvertretend für sie, dargebracht wird.
d Beim Sühneopfer (siehe Lev 4) werden nur die besten Teile (dafür galten die Fettstücke) auf dem Altar für Gott verbrannt. Das Wichtigste ist das Blut, das als Sitz des Lebens gilt und darum Schuld tilgende Kraft hat (Lev 17,11).

sein. 32 Es hat in der Mitte eine Öffnung für den Kopf,
die mit einer gewebten Borte eingefasst ist, damit sie
nicht einreißt – ähnlich wie die Halseinfassung bei
einem Panzerhemd. 33 Am Saum des Gewandes
werden Granatäpfel aus blauer, roter und karmesin-
roter Wolle befestigt und zwischen den Granatäp-
feln goldene Glöckchen aufgehängt, 34 sodass immer
auf einen Granatapfel ein Glöckchen folgt, und das
ringsherum.

35 Aaron soll dieses Gewand bei seinem Dienst im
Heiligtum tragen. Wenn er hineingeht und wenn er
herauskommt, werden die Glöckchen erklingen und
so kann er ungefährdet die Schwelle des Heiligtums
überschreiten.[a]

36 Lass ein kleines Schild aus reinem Gold machen
und darauf eingravieren: ›Dem HERRN geweiht!‹ 37 Es
soll mit einer blauen Schnur vorn an Aarons Turban
befestigt werden, 38 sodass es über seiner Stirn hängt.
Wenn er damit vor mich tritt, werde ich die Verstö-
ße, die die Israeliten bei der Darbringung ihrer
Opfer* begangen haben, vergeben und mich ihnen
freundlich zuwenden.

39 Weiter lass für Aaron noch das leinene Hemd
mit eingewebten Mustern anfertigen und den Tur-
ban, ebenfalls aus Leinen, und schließlich den
prachtvoll gewebten Gürtel.«

Kleidungsstücke für die übrigen Priester

(39,27-29)

40 »Für die Söhne Aarons lass Hemden, Gürtel und
kleinere Turbane anfertigen, die der Würde ihres
Amtes angemessen sind. 41 Dann sollst du Aaron
und seinen Söhnen die Priesterkleider anlegen und
sollst sie mit Salböl besprengen und in den Priester-
dienst* einsetzen.

42 Lass noch leinene Kniehosen für sie anfertigen,
damit ihre Scham bedeckt ist. 43 Aaron und seine
Söhne sollen sie tragen, wenn sie in das Heilige Zelt*
gehen oder am Brandopferaltar* Dienst tun, damit
sie nicht schuldig werden und sterben müssen.[b]
Diese Vorschrift gilt auch für alle ihre Nachkommen,
die künftig den Priesterdienst versehen werden.«

Anweisungen für die Einsetzung der Priester

(Lev 8,1-36)

29 »Auf die folgende Weise sollst du Aaron und
seine Söhne in den Priesterdienst* einset-
zen:

Wähle einen Stier und zwei Schafböcke aus, lau-
ter fehlerfreie Tiere, 2-3 und lege in einen Korb Rund-
brote, mit Öl zubereitete Ringbrote* und mit Öl
bestrichene Fladenbrote*, alles aus Weizenmehl
und ohne Sauerteig* gebacken.

4 Dann führe Aaron und seine Söhne zum Eingang
des Heiligen Zeltes* und wasche sie mit Wasser.
5 Nimm die Priesterkleider und bekleide Aaron mit
dem Priesterhemd, dem Obergewand und dem
Amtsschurz* mit der Brusttasche. Befestige den
Schurz mit dem daran angewebten Gürtel. 6 Setze
Aaron den Turban auf und befestige daran vorne
das goldene Schild. 7 Dann nimm Salböl, gieße es
auf Aarons Kopf und weihe ihn so zum Priester-
dienst.

8 Darauf lässt du die Söhne Aarons herantreten.
Du bekleidest sie mit dem Priesterhemd, 9 legst
ihnen den Gürtel an° und windest ihnen den Turban
um den Kopf. So setzt du sie in das Priesteramt ein
und überträgst ihnen das Priestertum für alle Zeiten.

10 Nun holst du den Stier herbei, und Aaron und
seine Söhne legen ihre Hände auf seinen Kopf.[c]
11 Dann schlachtest du den Stier bei meinem Altar*
vor dem Eingang des Heiligen Zeltes. 12 Nimm von
dem Blut und streiche es mit dem Finger an die
Hörner* des Altars; das übrige Blut schütte unten
an den Altar. 13 Verbrenne für mich auf dem Altar
die besten Stücke des Stieres: das Fett an den Einge-
weiden, den Fettlappen an der Leber und die beiden
Nieren mit dem Nierenfett. 14 Das Fleisch, die Haut
und die Eingeweide samt Inhalt musst du außer-
halb des Lagers verbrennen. Es handelt sich um
ein Sühneopfer.[d]

15 Dann holst du den einen Schafbock, und Aaron
und seine Söhne legen ihre Hände auf seinen Kopf.
16 Du schlachtest das Tier und sprengst sein Blut
ringsum an den Altar. 17 Darauf zerlegst du das Tier
und legst die Stücke samt dem Kopf auf den Altar.
Die Eingeweide und Unterschenkel säuberst du vor-
her mit Wasser. 18 Dann wird das ganze Tier auf dem
Altar verbrannt. Es ist ein Brandopfer* für mich, den
HERRN, ein Opfer, das mich gnädig stimmt.

19 Hol dann den zweiten Schafbock und lass Aaron
und seine Söhne die Hände auf seinen Kopf legen.
20 Schlachte den Schafbock, nimm etwas von seinem
Blut und betupfe damit das rechte Ohrläppchen, den
rechten Daumen und die rechte große Zehe Aarons
und seiner Söhne; das übrige Blut sprengst du rings-
um an den Altar. 21 Nimm dann etwas von diesem
Blut und etwas Salböl und besprenge damit Aaron
und seine Kleider und auch seine Söhne und deren
Kleider, damit sie samt ihren Kleidern dem HERRN
geweiht sind.

22 Dieser zweite Schafbock ist für das Einsetzungs-
opfer bestimmt. Du nimmst nun von ihm den Fett-
schwanz und das Fett an den Eingeweiden, den Fett-
lappen an der Leber und die beiden Nieren mit dem
Nierenfett, ebenso die rechte Hinterkeule, 23 und
dazu aus dem Korb mit den ungesäuerten Broten,
der vor dem Altar steht, ein Rundbrot, ein mit Öl
zubereitetes Ringbrot und ein Fladenbrot.

28,36 Sach 14,20 **28,42** 20,26

Der Auszug

Die Israeliten verlassen Ägypten

Endlich erhielten die Israeliten vom ägyptischen König die Erlaubnis, in die Wüste zu ziehen, um dort für ihren Gott ein Fest zu feiern.
Sie brachen vom östlichen Nildelta auf – Männer, Frauen und Kinder – und nahmen alles mit, was sie hatten: Rinder, Schafe, Ziegen; dazu noch viele Kostbarkeiten der Ägypter: Geräte und Schmuckstücke aus Silber und Gold sowie festliche Gewänder. Nie wieder sollten die Israeliten nach Ägypten zurückkehren.

Ramses II.

König von Ägypten war zu der Zeit vermutlich Ramses II., dessen Gestalt in riesigen Steinbildnissen die Tempelanlagen von Abu Simbel beherrscht, die er gebaut hat. Der König hatte den Israeliten in Ägypten das Leben schwer gemacht; jetzt, kurz nach ihrem Auszug, setzte er zu ihrer Verfolgung an.

Durch das Schilfmeer zum Sinai

Aber Gott führte sein Volk sicher durch das Seen- und Sumpfgebiet des nördlichen »Schilfmeers« und rettete es vor dem Zugriff des Pharaos.
Die Bibel beschreibt den Weg, auf dem die Israeliten dann, parallel zur Küste des Roten Meeres, nach Süden zogen und zum Sinai-Gebirge gelangten; doch können wir viele der namentlich genannten Rastplätze heute nicht mehr identifizieren. Die Karte Seite 132 gibt nur in groben Zügen den Weg der Israeliten wieder.

Nahrungs- und Wassermangel

Mit ihrem Auszug aus Ägypten hatten die Israeliten ein fruchtbares Land verlassen. Dort hatte es genügend Fleisch und Fisch gegeben und Getreide und Gemüse aller Art. Später dachten sie mit Sehnsucht zurück an die Gurken und Wassermelonen, den Lauch und die Weintrauben in Ägypten. Jetzt kamen sie in ein ausgedörrtes braunes Land, in Wüsten und Gebirge, wo man nur gelegentlich etwas dürres Gesträuch findet. In Ägypten hatten sie feste Wohnsitze gehabt, jetzt mussten sie von einer Oase zur anderen ziehen. Sie hatten Mangel an Nahrung, Mangel an Wasser, Mangel an Weidemöglichkeiten für das Vieh.

Ramses II. in seinem Streitwagen.

Von Ägypten nach Kanaan

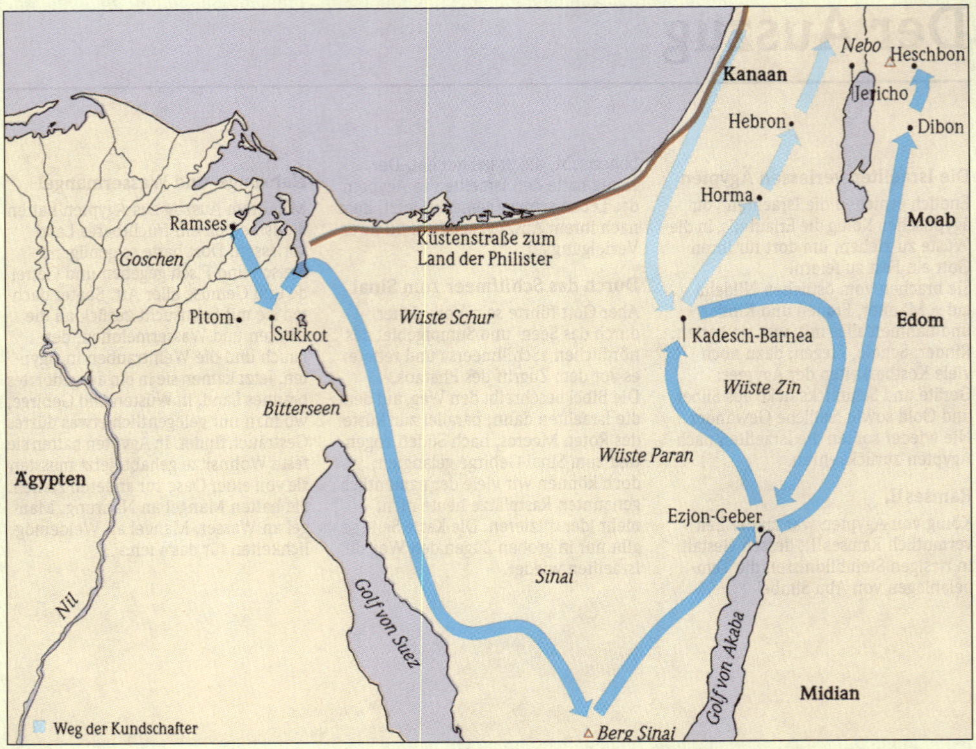

Unten: Kolossalstatuen von Ramses II. an der Fassade seines Felsentempels in Abu Simbel.

Rechts daneben: Das Wandgemälde aus einem Grab in Deïr el-Medina bei Luxor (13. Jahrhundert v. Chr.) zeigt, wie reich und fruchtbar das Land war, das die Israeliten verließen.

Rechts unten und Seite gegenüber: Es war eine karge Welt, in der die Israeliten auf ihrem Weg nach Kanaan zu leben hatten.

24 Das alles legst du Aaron und seinen Söhnen in
die geöffneten Hände, damit sie es mir, dem Herrn,
darbieten. 25 Dann nimmst du es ihnen wieder aus
den Händen und verbrennst es für
mich auf dem Altar, wo du schon das Brandopfer
dargebracht hast, als ein Opfer, das mich gnädig
stimmt.
26 Das Bruststück des zweiten Schafbocks nimmst
du selbst in die Hand, um es mir symbolisch zu
übereignen*; es fällt dir als dein Anteil an dem
Opfer zu.
27–28 Von allen Mahlopfern* der Israeliten sollen
das Bruststück und die Keule für alle Zeiten den
Nachkommen Aarons als Anteil zustehen, weil beim
Schafbock des Einsetzungsopfers für Aaron und
seine Söhne das Bruststück mir, dem Herrn, übereig-
net und die Keule vor dem Altar emporgehoben wor-
den ist. Du sollst deshalb diese Stücke für heilig*
erklären und den Priestern zusprechen.
29 Die Priesterkleider Aarons gehen später an seine
Nachfolger über. In ihnen sollen sie mit Salböl
geweiht und in den Priesterdienst eingesetzt
werden. 30 Jeweils der von Aarons Nachkommen,
dem die Nachfolge Aarons zufällt und der den Dienst
im Innern des Heiligen Zeltes zu versehen hat, soll
sie bei der Feier seiner Einsetzung sieben Tage lang
tragen.
31 Das Fleisch des zweiten Schafbocks kochst du
im Bereich des Heiligtums. 32 Aaron und seine Söhne
sollen es am Eingang des Heiligen Zeltes essen,
zusammen mit dem Opferbrot aus dem Korb. 33 Es
ist als Opfer bei ihrer Einsetzung dargebracht wor-
den, deshalb dürfen sie es essen; aber niemand sonst
darf davon essen, denn es ist heilig*. 34 Was von dem
Fleisch und dem Brot am anderen Morgen noch
übrig ist, darf nicht gegessen werden; es muss ver-
brannt werden.
35 An sieben Tagen nacheinander sollst du dieses
Einsetzungsopfer wiederholen. 36 Jeden Tag schlach-
test du einen Stier als Sühneopfer und reinigst mit
seinem Blut den Altar von der Befleckung durch
menschliche Verfehlungen. Außerdem bestreichst
du den Altar mit Salböl und machst ihn dadurch hei-
lig. 37 An sieben Tagen sollst du das wiederholen,
dann wird der Altar in besonderem Maße heilig sein;
jeder Unbefugte, der ihn berührt, muss sterben.«[a]

Die täglichen Opfer

(Num 28,1-8)

38 »Tag für Tag sollst du auf dem großen Altar zwei
einjährige Schafe als Brandopfer* darbringen lassen,
39 das eine am Morgen, das andere in der Abenddäm-
merung.[b] 40–41 Dazu kommen jeweils als Speiseopfer*
1/10 Efa* (gut 1 Kilo) Weizenmehl, das mit 1/4 Hin*
(knapp 1 Liter) feinstem Olivenöl vermengt wird,
und als Trankopfer* 1/4 Hin Wein. So ist es ein
Opfer, das mich gnädig stimmt. 42a Als regelmäßiges
tägliches Opfer sollt ihr und eure Nachkommen es
mir in alle Zukunft am Eingang des Heiligen Zeltes
darbringen.

Die Bedeutung des Heiligtums

42b Hier in diesem Heiligtum komme ich euch nahe,
hier rede ich mit dir. 43 Hier soll es zur Begegnung
zwischen mir und den Israeliten kommen.
Das Heilige Zelt wird durch die Gegenwart meiner
Herrlichkeit* zu einer heiligen Stätte werden 44 und
genauso wird der Altar durch meine Gegenwart hei-
lig*. Auch Aaron und seine Söhne mache ich heilig,
damit sie mir als Priester dienen können.
45 Ich werde mitten unter dem Volk Israel wohnen
und als ihr Gott bei ihnen sein. 46 Dann werden sie
erkennen, dass ich der Herr, ihr Gott, bin, der sie
aus Ägypten herausgeführt hat, um in ihrer Mitte
zu wohnen. Ich bin der Herr, ihr Gott.«

Der Altar für das Räucheropfer

(37,25-28)

30 Weiter sagte der Herr: »Lass einen Altar aus
Akazienholz machen, auf dem Weihrauch*
als Opfer für mich verbrannt wird. 2 Er soll einen hal-
ben Meter lang und genauso breit und einen Meter
hoch sein. Er muss samt seinen Hörnern* aus einem
Stück gefertigt werden. 3 Lass ihn außen mit reinem
Gold überziehen und bringe ringsum eine goldene
Leiste an. 4 Unter der Leiste sollen auf zwei einander
gegenüberliegenden Seiten je zwei goldene Ringe
befestigt werden, durch die die Tragstangen gesteckt
werden können. 5 Die Tragstangen sollen aus Akazi-
enholz sein und ebenfalls mit Gold überzogen
werden.
6 Stell diesen Altar vor dem Vorhang auf, hinter
dem sich die Lade* mit dem Bundesgesetz befindet,°
wo ich dir begegnen will.
7 Jeden Morgen, wenn Aaron die Lampen* neu
herrichtet, soll er wohlriechenden Weihrauch* auf
diesem Altar verbrennen 8 und genauso jeden
Abend, wenn er die Lampen anzündet. Für alle
Zukunft erwarte ich von euch dieses regelmäßige
Räucheropfer.
9 Ihr dürft auf diesem Altar keine anderen Duft-
stoffe verbrennen, als ich euch vorgeschrieben habe,
und auch kein Brand-, Speise- oder Trankopfer dar-
bringen. 10 Einmal im Jahr soll Aaron die Hörner
des Altars mit dem Blut des Sühneopfers* bestrei-
chen und ihn so von aller Entweihung reinigen. Er
gehört zu den Dingen, die in besonderem Maße hei-
lig* sind.«

a Die Nähe Gottes ist für den sterblichen und schuldigen Menschen tödlich. So heißt es in 33,20: Kein Mensch kann Gott sehen und am Leben bleiben. Die verzehrende göttliche Majestät überträgt sich auch auf die Gegenstände, die zu seiner »Wohnung« gehören, und besonders auf den Altar (vgl. 29,43-44 und die Sacherklärung »heilig«).

b Wörtlich *zwischen den beiden Abenden;* vgl. jedoch Sacherklärung »Abendopfer«.

29,26 Lev 7,30; 8,27.29; 9,21; 10,15; 23,11.20 **29,29-30** Num 20,28 **29,37** (sterben) 30,29; Lev 6,11.20; Num 4,18-20; 8,19; Jer 30,21; Ez 44,19 **29,45** 25,8 **30,1** 1 Kön 6,20; 7,48-50; Ez 41,22; Offb 8,3-5 **30,6** 25,21-22 **30,10** Lev 16,18-19

Die Kopfsteuer für das Heiligtum

11 Der HERR sagte zu Mose: 12 »Wenn du die Zahl der wehrfähigen Männer in Israel feststellst, muss jeder der Gezählten mir ein Sühnegeld für sein Leben zahlen. Sonst könnte zur Strafe eine schwere Seuche unter ihnen ausbrechen.[a]

13–14 Jeder männliche Israelit ab 20 Jahren muss mir als Opfergabe ein halbes Silberstück* zahlen, gewogen nach dem Gewicht des Heiligtums, das Silberstück zu zwölf Gramm.° 15 Ein Reicher soll nicht mehr zahlen und ein Armer nicht weniger.

Mit dieser Abgabe leistet ihr Sühne, damit ihr am Leben bleibt. 16 Du nimmst das Geld von den Männern Israels in Empfang und gibst es den Priestern* für den Dienst am Heiligen Zelt*. Es soll die Israeliten bei mir in Erinnerung bringen, damit ich mich ihnen freundlich zuwende und sie verschone.«

Das Wasserbecken

17 Weiter sagte der HERR zu Mose: 18 »Lass ein Wasserbecken aus Bronze anfertigen und auf einem bronzenen Untersatz zwischen dem Heiligen Zelt und dem Brandopferaltar* aufstellen. Fülle es mit Wasser, 19–20 damit Aaron und seine Söhne sich die Hände und Füße waschen können, wenn sie ins Heilige Zelt gehen oder an den Altar treten, um ein Opfer darauf zu verbrennen. 21 Wenn sie das unterlassen, müssen sie sterben. Diese Anweisung gilt auch für ihre Nachkommen in aller Zukunft.«

Das heilige Salböl

22 Weiter erhielt Mose vom HERRN die Anweisung: 23–24 »Besorge dir kostbare Duftstoffe, sechs Kilo Myrrhe*, drei Kilo Zimt, drei Kilo Kalmus*, sechs Kilo Kassia*, gewogen nach dem Gewicht des Heiligtums, und dazu dreieinhalb Liter Olivenöl.° 25 Lass daraus das wohlriechende Salböl bereiten, das für die Weihe von Personen und Gegenständen gebraucht wird.

26–28 Salbe mit dem Öl das Heilige Zelt, die Lade* mit dem Bundesgesetz, den Tisch für die geweihten Brote* mit allen Geräten und den Leuchter mit allem Zubehör, weiter den Räucher- und den Brandopferaltar* mit allen zugehörigen Geräten und das Wasserbecken samt Untersatz. 29 Dadurch wird dies alles mir geweiht und in besonderem Maße heilig*. Wer als Unbefugter eines dieser geweihten Dinge berührt, muss sterben.

30 Auch Aaron und seine Söhne sollst du mit dem Öl salben, wenn du sie in den Priesterdienst* einsetzt. 31 Den Israeliten aber musst du sagen: ›Das Öl, das nach dieser Anweisung bereitet wird, ist dem HERRN allein vorbehalten. Dies gilt für alle Zukunft. 32 Es darf nicht auf die Haut gewöhnlicher Menschen kommen und ihr dürft es überhaupt nicht für den Gebrauch außerhalb des Heiligtums herstellen. Es ist heilig und ihr sollt es gebührend achten. 33 Wer unbefugt solches Öl herstellt oder einen gewöhnlichen Menschen damit salbt, hat sein Leben verwirkt und muss aus dem Volk ausgestoßen werden.‹«

Das Räucheropfer

34 Weiter sagte der HERR zu Mose: »Besorge dir wohlriechende Stoffe: Stakte*, Räucherklaue*, Galbanum*, Gewürzkräuter und reines Weihrauchharz. Nimm von jedem die gleiche Menge 35 und lass daraus die Mischung für das Räucheropfer* bereiten. Füge auch etwas Salz hinzu und verwende nur reine Stoffe. 36 Zerstoße jeweils einen Teil davon zu Pulver und verbrenne ihn im Heiligen Zelt vor der Lade* mit dem Bundesgesetz, wo ich dir begegnen werde.

Diese Weihrauchmischung soll euch als etwas besonders Heiliges* gelten. 37 Deshalb ist sie mir allein vorbehalten; ihr dürft sie nicht für euren eigenen Gebrauch herstellen. 38 Wer es tut, um selbst diesen Duft zu genießen, hat sein Leben verwirkt und muss aus dem Volk ausgestoßen werden.«

Die ausführenden Künstler und Handwerker

(35,30–36,1)

31 Dann sagte der HERR zu Mose: 2 »Ich habe Bezalel, den Sohn von Uri und Enkel von Hur vom Stamm Juda, dazu berufen, alle diese Arbeiten auszuführen. 3 Ich habe ihn mit meinem Geist* erfüllt, ihm Weisheit* und Einsicht gegeben und ihn zu jeder künstlerischen Tätigkeit befähigt.

4 Er kann Bilder und Gegenstände entwerfen und sie in Gold, Silber oder Bronze ausführen; 5 er kann Edelsteine schneiden und fassen und Holz kunstvoll bearbeiten; in jeder künstlerischen Technik ist er erfahren.

6 Ihm zur Seite stelle ich Oholiab, den Sohn Ahisamachs vom Stamm Dan, und zu ihren Helfern bestimme ich alle kunstfertigen Handwerker in Israel.

Ich habe sie dazu befähigt, alles herzustellen, was ich angeordnet habe: 7–11 das Heilige Zelt, die Lade für das Bundesgesetz mit ihrer Deckplatte, den Tisch für die geweihten Brote mit seinen Geräten, den Leuchter mit allem Zubehör, den Räucher- und den Brandopferaltar mit allen Geräten, das Wasserbecken mit seinem Untersatz, die Priesterkleidung für Aaron und seine Söhne, das Salböl und die Weihrauchmischung für den Gebrauch im Heiligtum. Sie sollen alles genau so ausführen, wie ich es dir befohlen habe.«

a Vgl. 2 Sam 24 und dort die Anmerkung zu Vers 10.

30,12 2 Sam 24,10-15 **30,13-14** 38,25-26; Mt 17,27 **30,18** 38,8; 1 Kön 7,23-26 **30,29** 29,37 S

a Es wird also nicht ein fremder Götze verehrt, sondern der Gott Israels in fremder, ihm nicht angemessener Form. An sich ist schon die bildliche Darstellung Gottes untersagt (20,4); indem Gott aber ausgerechnet im Bild des Stieres verehrt wird, dringen zugleich fremde Elemente in den Gottesdienst ein: Er entartet zu einer Orgie (32,6).

BUNDESBRUCH UND ERNEUERUNG DES BUNDES (31,12–34,35)

Letzte Weisung und Übergabe der Gesetzestafeln

12–13 Abschließend ließ der HERR dem Volk Israel
durch Mose sagen: »Beachtet bei all diesen Arbeiten
stets meinen Ruhetag! Ich habe den Sabbat* eingesetzt
als Zeichen für den Bund* zwischen mir und
euch in allen kommenden Generationen. Daran sollen
alle anderen erkennen, dass ich der HERR bin, der
euch als sein heiliges* Volk ausgesondert hat.
14–15 Beachtet also den Sabbat*! Er soll euch ein heiliger
Tag sein. Sechs Tage in der Woche sollt ihr eure
Arbeit tun. Der siebte Tag aber ist der Ruhetag, der
mir gehört. Wer an diesem Tag irgendeine Arbeit
tut und ihn dadurch entweiht, muss mit dem Tod
bestraft werden. Ein solcher Mensch hat sein Leben
verwirkt und soll aus seinem Volk ausgerottet
werden.
16–17 Dies soll für euch in alle Zukunft ein unverbrüchliches
Gesetz sein. Für alle Zeiten ist der Sabbat
ein Zeichen des Bundes* zwischen mir und dem
Volk Israel. Denn in sechs Tagen habe ich Himmel
und Erde geschaffen, aber am siebten Tag habe ich
geruht und mich von meiner Arbeit erholt.«
18 Nachdem der HERR zu Ende gesprochen hatte,
übergab er Mose auf dem Berg Sinai* die beiden
Steintafeln, auf die er selbst das Bundesgesetz*
geschrieben hatte.

Die Israeliten überredeten Aaron, ihnen ein goldenes Stierbild anzufertigen. »Hier ist dein Gott, Israel«, riefen sie, »der dich aus Ägypten hierher geführt hat!« (32,4) Stierkulte waren weit verbreitet in Ägypten. Der Stier galt als ein Symbol der Fruchtbarkeit und Kraft. Dieses ägyptische Stierbild aus Bronze wurde in Aschkelon im heutigen Israel gefunden.

Der selbst gemachte Gott: das Goldene Kalb

(Dtn 9,9-12)

32 Das Volk Israel unten im Lager hatte lange auf
die Rückkehr von Mose gewartet. Als er
immer noch nicht kam, liefen alle Männer bei Aaron
zusammen und forderten: »Mach uns einen Gott,
der uns schützt und führt! Denn was aus diesem
Mose geworden ist, der uns aus Ägypten hierher
geführt hat – niemand weiß es.«
2 Aaron sagte zu ihnen: »Nehmt euren Frauen,
Söhnen und Töchtern die goldenen Ringe ab, die
sie an den Ohren tragen, und bringt sie her!«
3 Alle nahmen ihre goldenen Ohrringe ab und
brachten sie zu Aaron. 4 Er schmolz sie ein, goss
das Gold in eine Form und machte daraus das Standbild
eines Jungstiers.
Da riefen alle: »Hier ist dein Gott, Israel, der dich
aus Ägypten hierher geführt hat!«
5 Aaron errichtete vor dem goldenen Stierbild*
einen Altar* und ließ im Lager bekannt machen:
»Morgen feiern wir ein Fest für den HERRN!«[a] 6 Früh
am nächsten Morgen brachten die Leute Tiere, die
als Brandopfer* dargebracht oder für das Opfermahl*
geschlachtet wurden. Sie setzten sich zum
Essen und Trinken nieder und danach begannen
sie einen wilden Tanz.
7 Da sagte der HERR zu Mose: »Steig schnell hinunter!
Dein Volk, das du aus Ägypten hierher geführt
hast, läuft ins Verderben. 8 Sie sind sehr schnell
von dem Weg abgewichen, den ich ihnen mit meinen
Geboten gewiesen habe: Ein gegossenes Kalb
haben sie sich gemacht, sie haben es angebetet
und ihm Opfer dargebracht und gerufen: ›Hier ist
dein Gott, Israel, der dich aus Ägypten hierher
geführt hat!‹«

Mose tritt bei Gott für sein Volk ein

(Dtn 9,13-14.26-29)

9 Weiter sagte der HERR zu Mose: »Ich habe erkannt,
dass dies ein widerspenstiges Volk ist. 10 Deshalb will
ich meinen Zorn über sie ausschütten und sie vernichten.
Versuche nicht, mich davon abzubringen!
Mit dir will ich neu beginnen und deine Nachkommen
zu einem großen Volk machen.«
11 Mose aber suchte den HERRN, seinen Gott,
umzustimmen und sagte: »Ach HERR, warum willst
du deinen Zorn über dein Volk ausschütten, das du
eben erst mit starker Hand aus Ägypten herausgeführt
hast? 12 Du willst doch nicht, dass die Ägypter
von dir sagen: ›Er hat sie nur herausgeführt, um sie
dort am Berg zu töten und völlig vom Erdboden auszurotten!‹
Lass ab von deinem Zorn, lass dir das

31,12-17 20,8-10 S; Gen 2,2-3 **31,18** 24,12 S **32,1-8** 1 Kön 12,26-32; Ps 106,19-22; Apg 7,39-41 **32,6** 1 Kor 10,7 **32,9** Jes 48,4 **32,10** Num 14,12; Gen 12,2 S **32,11-14** Num 14,13-20; Ps 106,23

Unheil Leid tun, das du über dein Volk bringen
willst! 13 Denk doch an Abraham, Isaak und Jakob,[a]
die dir treu gedient haben und denen du mit einem
feierlichen Eid versprochen hast: ›Ich will eure
Nachkommen so zahlreich machen wie die Sterne
am Himmel; ich will ihnen das ganze Land, von
dem ich zu euch gesprochen habe, für immer zum
Besitz geben.‹«
14 Da sah der HERR davon ab, seine Drohung wahr
zu machen, und vernichtete sein Volk nicht.

Mose zerbricht die Bundestafeln
(Dtn 9,15-17.21)

15-16 Mose stieg den Berg hinunter. In der Hand hatte
er die zwei Steintafeln, die auf beiden Seiten
beschrieben waren. Gott selbst hatte die Tafeln
gemacht und mit eigener Hand das Bundesgesetz*
darauf geschrieben.
17 Als Josua das Lärmen und Schreien im Lager hör-
te, sagte er zu Mose: »Es ist Krieg ausgebrochen!«
18 »Nein«, widersprach Mose, »das hört sich nicht
an wie Siegesjubel und auch nicht wie das Klagege-
schrei nach einer Niederlage. Ich höre Festgesang!«
19 Als Mose näher kam, sah er das Stierbild und das
wild tanzende Volk. Da packte ihn der Zorn und er
zerschmetterte die Tafeln auf dem Felsboden am
Fuß des Berges. 20 Das Götterbild, das sie gemacht
hatten, schmolz er ein und zerstampfte es dann zu
Pulver. Das Pulver vermischte er mit Wasser und
gab es den Leuten von Israel zu trinken.
21 Zu Aaron aber sagte er: »Was hat dir das Volk
getan, dass du es in so schwere Schuld gestürzt
hast?«
22 Aaron erwiderte: »Sei nur nicht zornig! Du weißt
doch, wie sehr das Volk zum Bösen neigt. 23 Sie
drängten mich: ›Mach uns einen Gott, der uns
schützt und führt! Denn was aus diesem Mose
geworden ist, der uns aus Ägypten hierher geführt
hat – niemand weiß es.‹ 24 Da sagte ich zu ihnen:
›Wer goldenen Schmuck hat, soll ihn herbringen!‹
Sie gaben mir das Gold, ich warf es ins Feuer und her-
ausgekommen ist dieser Stier!«

Bestrafung der Israeliten und Fürbitte Moses

25 Mose sah, dass das Volk zügellos geworden war;
denn Aaron hatte die Zügel schleifen lassen, zur
Schadenfreude ihrer Feinde. 26 Darum stellte Mose
sich ans Lagertor und rief: »Her zu mir, wer zum
HERRN hält!«
Alle Leviten* sammelten sich um ihn 27 und er
sagte zu ihnen: »So spricht der HERR, der Gott Israels:
›Nehmt euer Schwert und geht durch das ganze
Lager, von einem Tor zum andern! Tötet alle, die
schuldig geworden sind, selbst eure Brüder, Ver-
wandten und Freunde!‹«
28 Die Leviten führten den Befehl aus und töteten
an jenem Tag dreitausend Mann. 29 Darauf sagte
Mose zu den Leviten: »Weiht euch heute zum Pries-
terdienst* für den HERRN! Weder Sohn noch Bruder
habt ihr geschont, darum wird der HERR seinen
Segen auf euch legen.«
30 Am folgenden Tag sagte Mose zum Volk: »Ihr
habt schwere Schuld auf euch geladen. Darum will
ich jetzt zum HERRN hinaufsteigen. Vielleicht kann
ich erreichen, dass er euch die Schuld vergibt.«
31 Mose kehrte zum HERRN zurück und sagte: »Ach
Herr, das Volk hat sich schwer gegen dich vergan-
gen! Einen Gott aus Gold haben sie gemacht. 32 Ver-
gib doch ihre Schuld! Wenn nicht, dann streiche
meinen Namen aus dem Buch, in dem die Namen
der Deinen eingetragen sind.«
33 Der HERR aber sagte: »Ich streiche nur den
Namen dessen aus meinem Buch, der sich gegen
mich vergangen hat. 34 Geh jetzt und führe das Volk
an den Ort, den ich dir gesagt habe. Mein Engel*
wird vor dir hergehen. Wenn die Zeit gekommen
ist, werde ich dieses Volk für seine Verfehlung
bestrafen.«
35 Der HERR aber ließ eine Seuche unter den Israe-
liten wüten, weil sie Aaron dazu verleitet hatten, für
sie das Götzenbild zu machen.

Die Israeliten suchen Gott gnädig zu stimmen

33 Der HERR sagte zu Mose: »Ihr brecht jetzt auf!
Bring das Volk, das du aus Ägypten hierher
geführt hast, in das Land, das ich Abraham, Isaak
und Jakob mit einem Eid als Besitz für ihre Nach-
kommen versprochen habe, 2-3 dieses Land, das
von Milch und Honig überfließt!
Ich werde einen Engel* mitsenden, der vor euch
hergeht, und werde die Völker im Land vor euch ver-
treiben, die Kanaaniter*, Amoriter*, Hetiter*, Peri-
siter, Hiwiter und Jebusiter. Aber ich selbst werde
nicht mit euch ziehen. Ihr seid ein widerspenstiges
Volk und ich müsste euch deshalb bestimmt unter-
wegs vernichten.«
4 Als die Leute das hörten, wurden sie traurig,
und zum Zeichen ihrer Trauer legten alle ihren
Schmuck ab.
5 Da sagte der HERR zu Mose: »Sag den Leuten von
Israel: ›Ihr seid zwar ein widerspenstiges Volk, und
wenn ich auf dem Weg ins Land auch nur einen
Augenblick in eurer Mitte weilen würde, müsste
ich euch vernichten. Aber wenn ihr jetzt euren
Schmuck für immer ablegt,[b] will ich sehen, was ich
für euch tun kann.‹«
6 Da trennten sich die Leute von Israel noch am
Berg Horeb* von ihrem Schmuck.

a *Jakob:* wörtlich *Israel**.
b Das Entfernen des Schmucks bestätigt den Ernst des Sinneswandels. Es wird nichts davon gesagt, dass der Schmuck eine abergläubische Bedeutung (als Talisman, Amulett) gehabt hätte.

32,13 Gen 12,2S; 12,7S **32,15-16** 24,12S **32,26-29** Dtn 33,9-11 **32,32** (Buch) Ps 69,29; Mal 3,16S; Lk 10,20; Röm 9,3; Offb 3,5S **33,1** Gen 12,7S

Gott gewährt den Israeliten seine Nähe

7 Von da an schlug Mose jedes Mal, wenn das Volk Rast machte, außerhalb des Lagers ein Zelt auf. Er nannte es das Zelt der Begegnung mit Gott.[a] Wer von den Leuten im Volk eine Weisung oder Entscheidung des HERRN suchte, musste dorthin gehen.

8 Immer wenn Mose zu diesem Zelt ging, standen alle auf und traten an den Eingang ihrer Zelte. Sie blickten ihm nach, bis er in dem Zelt verschwunden war. 9 Wenn Mose in das Zelt ging, kam die Wolkensäule herab und blieb am Eingang des Zeltes stehen. Dann redete der HERR mit Mose. 10 Wenn die Leute von Israel die Wolkensäule über dem Zelt stehen sahen, warfen sich alle anbetend am Eingang ihrer Zelte nieder.

11 Der HERR sprach mit Mose Auge in Auge wie ein Mensch mit einem andern. Darauf kehrte Mose ins Lager zurück. Sein Diener Josua aber, der Sohn Nuns, damals noch ein junger Mann, blieb stets als Hüter im Zelt.

Mose bittet um Gottes Mitkommen

12 Mose sagte zum HERRN: »Du befiehlst mir: ›Führe das Volk in sein Land!‹, aber du hast mir nicht gesagt, wen du mitschicken wirst. Dabei hast du mir doch versichert, dass ich in deiner Gunst stehe und dass du mich als deinen Vertrauten betrachtest. 13 Wenn das stimmt, dann bestätige es mir jetzt und sag mir, was du vorhast. Und vergiss nicht, dass diese Leute dein Volk sind!«

14 Der HERR erwiderte: »Ich werde mitgehen,[b] du kannst ruhig sein.«

15 Mose sagte: »Wenn du nicht mitgehst, wäre es besser, du ließest uns hier bleiben. 16 Woran sollen wir denn erkennen, dass wir in deiner Gunst stehen, ich und dein Volk? Doch nur daran, dass du mit uns ziehst und uns dadurch vor allen anderen Bewohnern der Erde auszeichnest, nicht nur mich, sondern auch dein ganzes Volk!«

17 Der HERR antwortete: »Ich werde auch diese Bitte erfüllen, weil du in meiner Gunst stehst und mein Vertrauter bist.«

Mose möchte Gottes Herrlichkeit schauen

18 Nun bat Mose den HERRN: »Lass mich doch den Glanz deiner Herrlichkeit* sehen!«

19 Der HERR erwiderte: »Ich werde in meiner ganzen Pracht und Hoheit an dir vorüberziehen und meinen Namen ›der HERR‹ vor dir ausrufen.[c] Es liegt in meiner freien Entscheidung, wem ich meine Gnade erweise; es ist allein meine Sache, wem ich mein Erbarmen schenke. 20 Trotzdem darfst du mein Gesicht nicht sehen; denn niemand, der mich sieht, bleibt am Leben.«

21 Weiter sagte der HERR: »Hier auf dem Felsen neben mir kannst du stehen. 22 Wenn meine Herrlichkeit vorüberzieht, werde ich dich in einen Felsspalt stellen und dich mit meiner Hand bedecken, bis ich vorüber bin. 23 Dann werde ich meine Hand wegnehmen und du kannst mir nachschauen. Aber von vorn darf mich niemand sehen.«

Mose in Gottes Nähe

(Dtn 10,1-5)

34 Dann sagte der HERR zu Mose: »Hau dir zwei Steintafeln zurecht wie die ersten, die du zerbrochen hast. Ich werde die Worte darauf schreiben, die schon auf den ersten Tafeln standen.

2 Mach dich für morgen bereit und steig in der Frühe auf den Berg Sinai*. Stell dich auf den Gipfel und erwarte mich dort. 3 Du sollst niemand mit hinaufnehmen, überhaupt darf kein Mensch den Berg betreten. Auch das Vieh darf nicht an seinem Fuß weiden.«

4 Mose machte die beiden Steintafeln zurecht und nahm sie am nächsten Morgen mit auf den Berg, wie der HERR es befohlen hatte.

5 In einer Wolke kam der HERR auf den Berg herab, stellte sich neben Mose und rief seinen Namen aus. 6 Er ging an Mose vorüber und rief: »Ich bin der HERR! ›Ich bin da‹ ist mein Name![d] Ich bin ein Gott voll Liebe und Erbarmen. Ich habe Geduld, meine Güte und Treue sind grenzenlos.[e] 7 Ich erweise Güte über Tausende von Generationen hin, ich vergebe Schuld, Verfehlung und Auflehnung; aber ich lasse auch nicht alles ungestraft hingehen. Wenn sich jemand gegen mich wendet, dann bestrafe ich dafür noch seine Kinder und Enkel bis in die dritte und vierte Generation.«

8 Da warf sich Mose anbetend vor dem HERRN nieder.

Bitte um Vergebung der Schuld und erneuter Bundesschluss

9 Mose sagte: »Herr, wenn ich in deiner Gunst stehe, dann sei doch in unserer Mitte und zieh mit uns in das Land! Es ist ein widerspenstiges Volk, aber vergib uns unsere Schuld und unseren Ungehorsam und nimm uns als dein Volk an!«

10 Darauf sagte der HERR: »Ich schließe einen Bund* mit euch und werde vor euren Augen Wunder tun, wie sie noch niemand vollbracht hat unter allen Völkern der Erde. Das ganze Volk, in dessen Mitte du stehst, soll meine Taten sehen. Furcht und Staunen erregend werden die Wunder sein, die ich für euch tun will.

a *Zelt der Begegnung …:* Der hebräische Ausdruck wird sonst durch *Heiliges Zelt* wiedergegeben (28,43; 29,4 usw.), doch handelt es sich hier offenbar um ein andersartiges Zelt, in dem kein Opferdienst verrichtet wird. Es ist nicht zu verwechseln mit dem »Heiligen Zelt« das später (Kap 40) nach den Anweisungen von Kap 26 errichtet wird.
b Wörtlich *Mein Angesicht wird mitgehen* (ebenso im folgenden Vers), d. h. die den Menschen zugewandte Seite Gottes.
c *›der HERR‹* ist die Wiedergabe des hebräischen Gottesnamens (vgl. 3,14-15 und die Sacherklärung »HERR«.) Die anschließend geschilderte Gottesbegegnung hat manche Züge gemeinsam mit der des Propheten Elija am selben Ort (1 Kön 19,11-13).
d Siehe 3,13-15.
e Das Wort, mit dem Gott hier sein innerstes Wesen beschreibt, findet im Alten Testament ein vielfältiges Echo (siehe die Vergleichsstellen zu diesem Vers). Zum Gottesnamen HERR vgl. die Anmerkung zu 33,19.

33,9 19,9 S **33,11** Num 12,6-8; Dtn 34,10 **33,18-23** 16,7 S **33,19** Röm 9,15 **33,20** Gen 32,31; Lev 16,1-2; Dtn 5,24; Ri 6,22; 13,22; Jes 6,5 **33,22** 1 Kön 19,13 **34,1** 24,12 S **34,3** 19,12-13 **34,6** Num 14,18; Joël 2,13; Jona 4,2; Ps 86,15; 103,8; 145,8; Neh 9,17.31 **34,7** 20,5-6 S

11 Befolgt genau die Gebote, die ich euch heute gebe. Ich werde die Bewohner des Landes, in das ich euch führe, vor euch vertreiben, die Amoriter*, Kanaaniter*, Hetiter*, Perisiter, Hiwiter und Jebusiter. 12 Ihr dürft mit ihnen keinen Bund schließen, wenn ihr in ihr Land kommt, sonst könnten sie euch zum Verderben werden. 13 Ihr müsst ihre Altäre* zerstören, die heiligen Steinmale* zerschlagen und die geweihten Pfähle* umhauen.

14 Ihr dürft euch vor keinem anderen Gott niederwerfen, denn ich, der HERR, bin ein leidenschaftlich liebender Gott und erwarte auch von euch ungeteilte Liebe.[a]

15 Schließt keinen Bund mit den Bewohnern des Landes, damit ihr nicht mit ihrem Götzendienst in Berührung kommt. Lasst euch nicht zu ihren Opfermählern* einladen 16 und verheiratet eure Söhne nicht mit ihren Töchtern, sonst verleiten sie eure Söhne dazu, hinter ihren Götzen herzulaufen.

17 Ihr dürft keine gegossenen Götterbilder machen.

18 Ihr sollt das Fest der Ungesäuerten Brote* halten, wie ich es euch befohlen habe. Sieben Tage lang dürft ihr nur solches Brot essen, das ohne Sauerteig zubereitet ist. Feiert dieses Fest zur festgesetzten Zeit im Frühlingsmonat;[b] denn in diesem Monat seid ihr aus Ägypten weggezogen.

19 Jede Erstgeburt* gehört mir. Wenn eure Rinder, Schafe und Ziegen als erstes Junges ein männliches Tier werfen, müsst ihr es für mich aussondern. 20 Für ein erstgeborenes Eselsfohlen sollt ihr mir als Ersatz ein einjähriges Schaf oder eine einjährige Ziege geben oder ihr müsst ihm das Genick brechen. Für eure erstgeborenen Söhne sollt ihr mir ein Lösegeld geben.

Niemand soll mit leeren Händen zu meinem Heiligtum kommen.

21 Sechs Tage in der Woche sollt ihr arbeiten; aber am siebten Tag dürft ihr keine Arbeit tun. Das gilt auch für die Zeit des Pflügens und Erntens.

22 Ihr sollt das Pfingstfest* feiern, wenn die Weizenernte vorüber ist, und im Herbst das Fest der Lese.

23 Dreimal im Jahr sollen alle Männer zum Heiligtum des HERRN, des Gottes Israels, kommen. 24 Ihr braucht keine Angst zu haben, dass in dieser Zeit jemand in euer Land einfällt; denn ich werde alle fremden Völker vor euch vertreiben.

25 Zum Blut eines Mahlopfers* dürft ihr mir nicht Brot darbringen, das mit Sauerteig zubereitet ist. Das Fleisch des Passalamms* darf nicht bis zum anderen Morgen aufbewahrt werden.

26 Die erstgeernteten Früchte* eurer Felder sollt ihr in das Heiligtum des HERRN, eures Gottes, bringen.

Ihr dürft ein Böcklein nicht in der Milch seiner Mutter kochen.«

27 Der HERR sagte zu Mose: »Schreib alle diese Anordnungen auf! Auf ihrer Grundlage schließe ich meinen Bund mit dir und dem Volk Israel.«

28 Vierzig Tage und vierzig Nächte blieb Mose auf dem Berg beim HERRN, ohne zu essen und zu trinken. Er schrieb auf die Steintafeln die Grundregeln des Bundes zwischen Gott und seinem Volk, die Zehn Gebote.

Mose muss sein Gesicht verhüllen

29 Als Mose mit den beiden Tafeln den Berg Sinai* hinabstieg, wusste er nicht, dass sein Gesicht einen strahlenden Glanz bekommen hatte, während der HERR mit ihm sprach.[c]

30 Aaron und das ganze Volk sahen das Leuchten auf Moses Gesicht und fürchteten sich, ihm nahe zu kommen. 31 Erst als Mose sie zu sich rief, kamen Aaron und die führenden Männer der Gemeinde herbei und er redete mit ihnen. 32 Dann kamen auch die anderen Israeliten, und Mose gab ihnen alle Anordnungen weiter, die der HERR ihm auf dem Berg Sinai gegeben hatte.

33 Als Mose ihnen alles gesagt hatte, verhüllte er sein Gesicht. 34-35 Sooft er ins Zelt ging, um mit dem HERRN zu reden, nahm er die Verhüllung ab. Wenn er dann herauskam, um den Leuten von Israel zu sagen, was der HERR ihm aufgetragen hatte, musste er sein Gesicht wieder bedecken; denn die Leute konnten das Leuchten auf seinem Gesicht nicht ertragen. So hielt Mose sein Gesicht verhüllt, bis er wieder zum HERRN hineinging, um mit ihm zu reden.

HERSTELLUNG, AUSSTATTUNG UND ERRICHTUNG DES HEILIGEN ZELTES
(Kapitel 35–40)

Mose erinnert an das Sabbatgebot

35 Mose rief die ganze Gemeinde Israel zusammen und sagte zu ihnen: »Der HERR hat euch befohlen: 2 ›Sechs Tage in der Woche sollt ihr arbeiten; aber der siebte Tag, der Sabbat*, ist der Ruhetag, der mir gehört. Wer an diesem Tag irgendeine Arbeit tut, muss mit dem Tod bestraft werden. 3 Ihr dürft auch kein Herdfeuer anzünden. Das gilt für alle eure Wohnsitze.‹«

Aufforderung zu Spenden und Auftrag an die Handwerker
(25,1-9; 39,32-43)

4 Mose sagte zur ganzen Gemeinde Israel: »Der HERR hat befohlen: 5 ›Ihr sollt mir eine freiwillige Abgabe

a Siehe Anmerkung zu 20,5. Die Anweisungen in den Versen 14-26 enthalten in knapper Form die Gesetze für den Gottesdienst aus Kap 20–23 (siehe die Vergleichsstellen). Man hat sie wegen der 10-Zahl auch den »kultischen Dekalog« (10 Gebote für den Gottesdienst) genannt.
b Hebräischer Monatsname *Abib**.
c Das hebräische Wort für »strahlend werden« hat denselben Stamm wie das Wort für Horn. Deshalb spricht die lateinische Übersetzung davon, dass Mose »gehörnt« war. So wird er in vielen Kunstwerken dargestellt. Paulus gibt in 2 Kor 3 eine tiefsinnige Deutung dieses Abschnitts.

34,11-16 Num 33,50-52 S **34,14** 20,5 S **34,17** 20,4 S **34,18** 12,15-20 S **34,19-20** 13,11-16 S **34,21** 20,8-10 S **34,22** 23,16 S **34,26a** 23,19a S **34,26b** 23,19b S **34,28** 24,18 S; 24,12 S **34,29-35** 2 Kor 3,7-18 **35,2-3** 20,8-10 S

leisten; alle, die etwas geben möchten, sollen es herbringen. Gebraucht werden Gold, Silber und Bronze, [6] blaue, rote und karmesinrote Wolle, Leinen und Ziegenhaar, [7] rot gefärbte Widderfelle, Delphinenhäute, Akazienholz, [8] Öl für die Lampen, wohlriechende Zutaten für das Salböl und für die Weihrauchmischung [9] sowie Karneolsteine und andere Edelsteine zum Schmuck für Amtsschurz* und Brusttasche des Obersten Priesters*.‹

[10] Alle, die sich auf ein Handwerk verstehen, sollen nun kommen und alles herstellen, was der HERR angeordnet hat: [11] das Zelt und die Schutzdecken darüber, die Haken, die Bretter und die Querstangen, die Säulen und Sockel; [12] weiter die Bundeslade* mit Tragstangen und Deckplatte, den Vorhang, der das Allerheiligste* verdeckt, [13] den Tisch für die geweihten Brote mit den Tragstangen und allen zugehörigen Geräten sowie die Brote selbst, [14] den Leuchter mit seinen Lampen und mit den zur Wartung nötigen Geräten sowie das Öl für die Lampen, [15] den Altar für das Räucheropfer* mit seinen Tragstangen, das Salböl und die Weihrauchmischung; weiter den Vorhang am Eingang des Zeltes, [16] den Brandopferaltar* mit dem kupfernen Traggestell, den Tragstangen und allen zugehörigen Opfergeräten, das Wasserbecken mit seinem Untersatz, [17] die Abgrenzung rings um den Vorhof* mit ihren Säulen und deren Sockeln, den Vorhang am Eingang des Vorhofs, [18] die Pflöcke und Stricke zur Befestigung des Zeltes und der Abgrenzung [19] und schließlich die heiligen Gewänder, die Aaron und seine Söhne beim Priesterdienst tragen sollen.«

Freiwillige Spenden für das Heiligtum

[20] Die versammelte Gemeinde ging auseinander, [21] und alle, die es dazu trieb, brachten ein freiwilliges Opfer für das Heilige Zelt*, seine Ausstattung und die Priesterkleider.

[22] Männer und Frauen opferten dem HERRN aus freiem Antrieb goldene Schmucksachen: Spangen, Ohrringe, Fingerringe und Halsketten. [23] Sie brachten auch blaue, rote und karmesinrote Wolle, Flachs, Ziegenhaar, rot gefärbte Widderfelle und Delphinenhäute, [24] außerdem Silber, Bronze und Akazienholz.

[25–26] Die Frauen, die die Fertigkeit besaßen und sie gerne ausübten, verspannen die Wolle zu Wollfäden und den Flachs zu gezwirnten Leinenfäden und spannen Fäden aus dem Ziegenhaar.

[27] Die Stammesoberhäupter brachten Karneolsteine und andere Edelsteine, die die Schulterbänder am priesterlichen Amtsschurz* Aarons und seine Brusttasche schmücken sollten, [28] außerdem Olivenöl für den Leuchter und für das Salböl und Duftstoffe für das Salböl und die Weihrauchmischung.

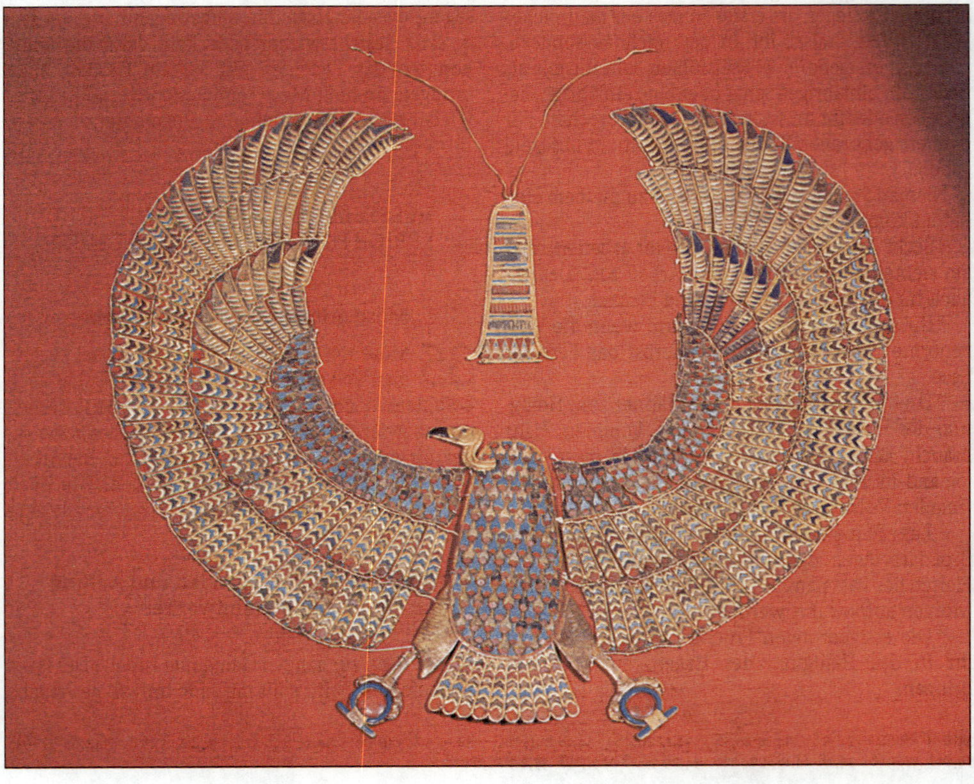

Die kostbaren Schmuckgegenstände, die die Israeliten aus Ägypten mitgenommen hatten (12,35-36), wurden in der Wüste dazu verwendet, das Heilige Zelt prächtig auszustatten (35,22). Die Ägypter hatten eine Vorliebe für wertvollen Schmuck. Das abgebildete Gehänge gehörte dem König Tutanchamun. Es bedeckte Brust und Schulter und war gefertigt aus Ketten von Halbedelsteinen und farbigem Glas in strahlend blauen und roten Tönen, gefasst in Gold und Silber.

29 Viele aus dem Volk trieb es, etwas zu dem Werk beizutragen, das der HERR durch Mose angeordnet hatte. Sie alle, Männer wie Frauen, brachten dem HERRN ein freiwilliges Opfer.

Mose beauftragt die Künstler und Handwerker

(31,1-11)

30 Nun sagte Mose zum Volk: »Der HERR hat Bezalel, den Sohn von Uri und Enkel von Hur vom Stamm Juda, dazu bestimmt, die Arbeiten für sein Heiligtum in eigener Verantwortung durchzuführen.

31 Er hat ihn mit seinem Geist* erfüllt, ihm Weisheit* und Einsicht gegeben und ihn zu jeder handwerklichen und künstlerischen Tätigkeit befähigt. 32 So kann er Bilder und Gegenstände entwerfen und sie in Gold, Silber oder Bronze ausführen; 33 er kann Edelsteine schneiden und fassen und Holz kunstvoll bearbeiten; in jeder künstlerischen Technik ist er erfahren. 34 Der HERR hat ihn auch dazu befähigt, andere zu solchen Arbeiten anzuleiten.

Dasselbe gilt von Oholiab, dem Sohn Ahisamachs vom Stamm Dan.

35 Der HERR hat ihnen beiden auch die Fähigkeit gegeben, blaue, rote und karmesinrote Wolle und gezwirnte Leinenfäden zu verarbeiten, und das in allen Arten von kunstvoller Weberei und Stickerei; sie können für alles Entwürfe machen und sie ausführen.

36 Bezalel, Oholiab und alle, die Fertigkeiten besitzen, weil der HERR ihnen Weisheit und Einsicht gegeben hat, sollen nun ausführen, was er angeordnet hat.«

2 Mose rief Bezalel, Oholiab und alle, die der HERR fähig und bereit gemacht hatte, ans Werk. 3 Er übergab ihnen alles, was die Israeliten für die Herstellung des Heiligtums gespendet hatten.

Auch weiterhin brachten die Leute zu Mose jeden Morgen freiwillige Gaben. 4 Da kamen alle kunstfertigen Männer, die an dem Werk beteiligt waren, zu Mose, jeder von seiner Arbeit, 5 und sagten: »Das Volk bringt mehr, als wir für die aufgetragene Arbeit brauchen!«

6 Darauf ließ Mose im Lager ausrufen: »Niemand, weder Mann noch Frau, soll von jetzt an noch eine Spende für das Heiligtum abliefern!« So hörte der Spendenfluss auf.

7 Was bisher abgeliefert worden war, reichte als Material für alle Arbeiten aus und es blieb sogar noch davon übrig.

Die Bestandteile für das Heilige Zelt

(26,1-37)

8 Zusammen mit den Männern, die sich auf diese Arbeiten verstanden, stellte Bezalel die Einzelteile her, aus denen die Wohnung des HERRN aufgebaut werden sollte.

Sie webten zehn kostbare Zeltbahnen aus gezwirnten Leinenfäden und stickten darauf mit blauer, roter und karmesinroter Wolle Bilder von Keruben*. 9 Jede Bahn war 14 Meter lang und 2 Meter breit.° 10-13 Je fünf Bahnen wurden auf der Langseite miteinander vernäht und die beiden so entstandenen größeren Teile durch je fünfzig einander gegenüberstehende Schlaufen aus blauer Wolle und fünfzig goldene Klammern verbunden.

14 Weiter webten die Männer elf Zeltbahnen aus Ziegenhaar, 15 jede 15 Meter lang und 2 Meter breit. 16 Sie wurden zu zwei größeren Stücken aus fünf und sechs Teilen zusammengenäht 17-18 und diese wieder durch je fünfzig Schlaufen und fünfzig bronzene Klammern zu einem Stück verbunden. 19 Dann machten sie noch zwei Schutzdecken, die untere aus rot gefärbten Widderfellen, die obere aus Delphinenhäuten.

20 Weiter sägten sie Bretter aus Akazienholz, die unter dem Zeltdach als Wände für die Wohnung des HERRN aufgestellt werden sollten, 21 jedes Brett fünf Meter lang und 75 Zentimeter breit, 22 mit zwei Zapfen an der unteren Schmalseite.

23-26 Je zwanzig Bretter machten sie für die nördliche und südliche Seitenwand und zu jedem Brett zwei silberne Bodenplatten, in die es mit seinen Zapfen eingesteckt werden konnte.

27-30 Für die Rückwand nach Westen machten sie sechs Bretter und dazu für die Ecken zwei Winkelbretter, insgesamt also acht Bretter und sechzehn Bodenplatten.

31-32 Weiter machten sie Querstangen aus Akazienholz, je fünf für eine Wand. 33 Die mittlere Stange, die in halber Höhe anzubringen war, bestand durchlaufend aus einem einzigen Stück. 34 Als Halter für die Stangen brachten sie an den Brettern goldene Ringe an und überzogen die Bretter und Stangen mit Gold.

35 Sie webten den Vorhang vor dem Allerheiligsten* aus gezwirnten Leinenfäden und stickten darauf mit blauer, roter und karmesinroter Wolle Bilder von Keruben*, 36 weiter machten sie aus Akazienholz die vier Trägersäulen des Vorhangs, die mit Gold überzogen wurden, dazu die goldenen Haken und die silbernen Sockel.

37 Aus demselben Material webten sie einen Vorhang für den Eingang des Zeltes, 38 machten seine fünf Trägersäulen mit ihren bronzenen Sockeln und überzogen die Kapitelle und die Stangen, an denen der Vorhang aufgehängt werden sollte, mit Gold.

Die Bundeslade*

(25,10-22)

37 Dann machte Bezalel die Lade aus Akazienholz, eineinviertel Meter lang, drei viertel Meter breit und ebenso hoch. 2 Er überzog sie außen

Die Akazie gehört zu den wenigen Bäumen, die im trockenheißen Wüstenklima der Sinaihalbinsel wachsen. So lag es nahe, zum Bau der Bundeslade, des Opfertisches und des Räucheraltars Akazienholz zu verwenden.

und innen mit reinem Gold und verzierte sie ringsum mit einer Goldleiste.
3 Er goss vier Ringe aus Gold und brachte sie an den vier Ecken der Lade an, zwei Ringe auf jeder Längsseite, 4 machte zwei Stangen aus Akazienholz, überzog sie mit Gold 5 und steckte sie durch die Ringe, sodass man die Lade tragen konnte.
6 Er machte eine Deckplatte aus reinem Gold, die in den Maßen genau auf die Lade passte, 7-8 sowie zwei geflügelte Kerubenfiguren* aus getriebenem Gold, die an den seitlichen Enden der Deckplatte angebracht wurden. 9 Sie standen einander zugewandt, den Blick auf die Deckplatte gerichtet; ihre Flügel hielten sie schirmend über der Platte ausgebreitet.

Der Tisch für die geweihten Brote*

(25,23-30)

10 Dann machte Bezalel den Tisch aus Akazienholz, einen Meter lang, einen halben Meter breit und drei viertel Meter hoch. 11 Er überzog ihn mit reinem Gold und fasste die Tischplatte ringsum mit einer goldenen Schmuckleiste ein. 12 Außerdem setzte er auf die Tischplatte ringsum eine Randleiste von zehn Zentimeter Höhe auf und fasste auch sie mit einer goldenen Schmuckleiste ein.
13 Er goss vier goldene Ringe und befestigte sie oben an den Kanten der vier Beine, 14-15 dicht unter der umlaufenden Randleiste. Er machte zwei Stangen aus Akazienholz, überzog sie mit Gold und steckte sie durch die Ringe, sodass man den Tisch tragen konnte.
16 Außerdem machte er aus reinem Gold die Geräte für das Trankopfer*, die auf dem Tisch stehen sollten: die Schalen, Schüsseln, Becher und Kannen.

Der goldene Leuchter

(25,31-40)

17 Weiter machte Bezalel den Leuchter aus reinem Gold, und zwar mit allen seinen Teilen aus einem Stück. 18 Von seinem Schaft gingen nach beiden Seiten je drei Arme aus, 19 jeder mit drei Blütenkelchen verziert. 20 Auf dem Schaft selber befanden sich vier Blütenkelche, 21 drei davon an den Ansatzstellen der Arme, jeweils unterhalb der Stelle, von der ein Armpaar abzweigte. 22 Der ganze Leuchter bestand aus reinem Gold und war aus einem Stück gearbeitet.
23 Bezalel machte für den Leuchter auch die sieben Lichtschalen* sowie die Dochtscheren und die Reinigungsnäpfe, alles aus reinem Gold. 24 Für den Leuchter und sein Zubehör verarbeitete er einen Zentner* reines Gold.

Der Altar für das Räucheropfer. Salböl und Weihrauch

(30,1-5.22-38)

25 Bezalel machte aus Akazienholz den Altar für das Räucheropfer*, einen halben Meter lang und ebenso breit und einen Meter hoch, samt seinen Hörnern* aus einem Stück gefertigt. 26 Er überzog ihn außen mit reinem Gold und brachte ringsum eine goldene Leiste an. 27 Unter der Leiste befestigte er die goldenen Ringe für die Tragstangen, 28 machte aus Akazienholz die Stangen und überzog auch sie mit Gold.
29 Durch kundige Männer ließ er das heilige Salböl und den wohlriechenden Weihrauch* bereiten.

Der Brandopferaltar

(27,1-8)

38 Weiter machte Bezalel aus Akazienholz den Altar für die Brandopfer*, zweieinhalb Meter lang und ebenso breit und eineinhalb Meter hoch.
2 An seinen oberen Ecken hatte er vier Hörner*, die mit ihm aus einem Stück gefertigt waren. Der ganze Altar wurde außen mit Bronze überzogen.
3 Bezalel ließ auch die zugehörigen Geräte herstellen, alle aus Bronze: die Schalen zum Auffangen des Blutes, die Fleischgabeln und Kohlenbecken sowie die Schaufeln und Kübel zum Beseitigen der Asche.
4-5 Für den Transport wurde der Altar auf seinen vier Seiten mit einem gitterförmigen Bronzerahmen eingefasst, der vom Boden bis zur halben Höhe reichte und dort auf die Einfassung traf, die außen rings um den Altar lief. An den vier Ecken dieses Rahmens wurde je ein bronzener Ring angebracht, um die Tragstangen hindurchzustecken. 6 Die Tragstangen wurden aus Akazienholz gefertigt, mit Bronze überzogen 7 und durch die Ringe gesteckt.
Der Altar war innen hohl, da er aus Brettern zusammengefügt war.

Das Wasserbecken

(30,18)

8 Weiter machte Bezalel das Becken aus Bronze und seinen bronzenen Untersatz. Er fertigte beides aus den Bronzespiegeln der Frauen, die am Eingang des Heiligen Zeltes* ihren Dienst verrichteten.

Die Abgrenzung des heiligen Bereichs

(27,9-19)

9-17 Als Abgrenzung des Vorhofs* machte Bezalel leinene Planen und Säulen, zwischen denen sie angebracht werden sollten. Auf der Nord- und Südseite waren es je zwanzig Säulen auf jeweils fünfzig Meter

38,8 1 Sam 2,22

Länge, auf der Westseite zehn Säulen auf fünfundzwanzig Meter. Die Säulen erhielten bronzene Sockel; die Haken und Stangen zum Befestigen der Tücher wurden aus Silber gemacht. Auf der Ostseite kamen links und rechts des Eingangs je drei Säulen auf einer Breite von jeweils siebeneinhalb Metern. Die Kapitelle der Säulen waren mit Silber überzogen.

18–19 Den Vorhang am Eingang machten die Männer aus gezwirntem Leinen und webten blaue, rote und karmesinrote Wollfäden hinein. Er wurde zwischen vier Säulen aufgehängt, die genau wie die übrigen Säulen gefertigt waren; seine Höhe war wie die der gesamten Abgrenzung zweieinhalb Meter. 20 Alle Pflöcke, die das Zelt und die Abgrenzung halten sollten, wurden aus Bronze hergestellt.

Summe der aufgewendeten Metalle

21–23 Bezalel, der Sohn von Uri und Enkel von Hur aus dem Stamm Juda, hatte nun alle Anweisungen ausgeführt, die Mose vom HERRN bekommen hatte. Oholiab, der Sohn Ahisamachs aus dem Stamm Dan, war ihm dabei zur Seite gestanden, ein erfahrener Handwerker, der sich insbesondere auf das kunstvolle Weben und Sticken mit blauer, roter und karmesinroter Wolle und gezwirntem Leinen verstand.

Da befahl Mose dem Priester* Itamar, dem Sohn Aarons, mithilfe der Leviten* eine Aufstellung zu machen, wie viel Gold, Silber und Bronze für das Heilige Zelt*, die Wohnstätte des Bundesgesetzes*, aufgewendet worden war.

24 Die Goldmenge, die für das Heiligtum gespendet und bei seiner Herstellung verarbeitet worden war, betrug mehr als 29 Zentner,° gewogen nach dem Gewicht des Heiligtums.

25–26 Die 603550 Männer der Gemeinde, die 20 Jahre und älter waren, hatten jeder ein halbes Silberstück* beigesteuert; das machte nach dem Gewicht des Heiligtums zusammen über 100 Zentner Silber. 27 Genau 100 Zentner wurden für die hundert silbernen Bodenplatten verbraucht, die die Wandbretter des Heiligtums trugen; auf jede Platte kam ein Zentner Silber. 28 Aus den darüber hinausgehenden 13 Kilo wurden die silbernen Haken und Stangen und die Verkleidung der Kapitelle hergestellt.

29 Die gestiftete Kupfermenge betrug fast 71 Zentner. 30–31 Daraus fertigten sie den Metallüberzug und den Rahmen des Brandopferaltars und alle zum Altardienst nötigen Geräte sowie die Sockel der Säulen am Eingang des Zeltes und der Säulen rund um den Vorhof, und schließlich noch die Pflöcke, mit denen das Zelt und die Abgrenzung des Vorhofs befestigt wurden.

Die Priesterkleider

(28,1-43)

39 1–2 Nach der Anweisung, die Mose vom HERRN erhalten hatte, machten die kunstfertigen Männer auch die Priesterkleider für Aaron. Aus gezwirntem Leinen webten sie den Amtsschurz* des Obersten Priesters* und bestickten ihn kunstvoll mit Goldfäden und Fäden aus blauer, roter und karmesinroter Wolle. 3 Zur Gewinnung der Goldfäden hämmerten sie dünne Goldbleche und zerschnitten sie in schmale Streifen. 4–5 Der Gürtel, mit dem der Schurz um den Leib befestigt wird, wurde aus demselben Material gemacht und an den Schurz angewebt. Die beiden Schulterbänder wurden vorn und hinten an ihm befestigt, genau wie der HERR es Mose befohlen hatte.

6 Dann fassten sie zwei Karneolsteine in Gold, gravierten in die Steine die Namen der zwölf Stämme Israels ein 7 und brachten sie auf den Schulterbändern an, um die Israeliten beim HERRN in Erinnerung zu bringen – alles genauso, wie der HERR es Mose befohlen hatte.

8 Aus demselben Material wie den Amtsschurz machten sie die Brusttasche, 9 25 auf 25 Zentimeter groß° aus einem zusammengefalteten Stück Gewebe. 10–13 Die Vorderseite wurde mit zwölf in Gold gefassten Edelsteinen besetzt, die in vier Reihen angeordnet waren: in der ersten Reihe ein Rubin, ein Topas und ein Smaragd; in der zweiten Reihe ein Karfunkel, ein Saphir, ein Jaspis; in der dritten Reihe ein Achat, ein Hyazinth, ein Amethyst; in der vierten Reihe ein Chrysolith, ein Karneol und ein Onyx. 14 In die Steine wurden die Namen der zwölf Stämme Israels eingraviert, in jeden Stein ein Name.

15–18 Dann machten sie zwei goldene Kettchen, brachten an den Schulterbändern zwei goldene Ösen an und an den oberen Enden der Brusttasche zwei Goldringe. Öse und Ring wurden auf jeder Seite durch eines der Kettchen verbunden; so wurde die Tasche an den Schulterbändern aufgehängt. 19–21 An den unteren Ecken der Tasche und unten an den Schulterbändern, dort, wo sie auf den Gürtel des Schurzes treffen, wurden ebenfalls Goldringe angebracht und die Ringe auf beiden Seiten jeweils mit einer blauen Schnur verbunden, sodass die Tasche fest über dem Gürtel des Schurzes saß und sich nicht verschieben konnte. So hatte der HERR es Mose befohlen.

22 Dann machten sie das Obergewand, das unter dem Amtsschurz getragen wird; es war ganz aus blau gefärbtem Leinen. 23 Die Öffnung für den Kopf wurde mit einer Borte eingefasst, damit sie nicht einreißen konnte, ähnlich wie die Halseinfassung bei einem Panzerhemd. 24–26 Am Saum des Gewandes

38,25-26 30,11-16

wurden ringsum Granatäpfel aus blauer, roter und
karmesinroter Wolle befestigt und jeweils zwischen
zwei Granatäpfeln ein goldenes Glöckchen aufgehängt.
So hatte der HERR es für den Dienst im Heiligtum angeordnet.
27–29 Weiter machten sie für Aaron und seine
Söhne die Hemden, Kopfbedeckungen und Kniehosen
aus Leinen und für Aaron den prächtigen Gürtel,
alles, wie der HERR es Mose befohlen hatte.
30 Sie machten das goldene Schild als Stirnschmuck
für Aaron und gravierten darauf ein:
»Dem HERRN geweiht!«
31 An dem Schild brachten
sie eine blaue Schnur an, die man um den Turban
binden und so das Schild über der Stirn befestigen
konnte, alles nach der Anordnung des HERRN.

Die Vollendung der Arbeiten für das Heiligtum

(35,10-19)

32 Schließlich war die ganze Arbeit am Heiligen Zelt*,
der Wohnung des HERRN, vollendet. Die Israeliten
hatten alles genauso gemacht, wie der HERR es Mose
aufgetragen hatte.
33–34 Nun brachten sie alles zu Mose: die Bretter für
die Wände der Wohnung mit den Vorrichtungen für
ihre Aufstellung, das Zeltdach mit seinen Schutzdecken
und den inneren Vorhang,
35 die Lade* für
das Bundesgesetz mit den Tragstangen und der
Deckplatte,
36 den Tisch mit den geweihten Broten*
und allen seinen Geräten,
37 den Leuchter mit seinen
Lampen*, dem Öl und allem Zubehör,
38 den
goldenen Altar für das Räucheropfer*, das Salböl
und den Weihrauch sowie den Vorhang am Eingang
des Zeltes,
39 weiter den bronzenen Altar
für die Brandopfer* mit seinem Rahmen und mit
allen Geräten, das Wasserbecken mit seinem Untersatz,
40 die Abgrenzung des Vorhofs* mit allem, was
zu ihrer Aufstellung benötigt wird, und alle Geräte,
die sonst noch im Heiligen Zelt gebraucht werden,
41 auch die Priesterkleider, die Aaron und seine Söhne
beim Dienst im Heiligtum tragen sollten.
42 Die Israeliten hatten alles genauso ausgeführt, wie
der HERR es ihnen durch Mose befohlen hatte.
43 Und
Mose sah alles an, was sie gemacht hatten, das ganze
Werk: Es war alles genauso geworden, wie der HERR
es angeordnet hatte. Und Mose segnete sie.[a]

Anweisung zur Aufrichtung des Heiligen Zeltes

40 Der HERR sagte zu Mose:
2 »Am 1. Tag des
1. Monats sollst du meine Wohnung, das Heilige Zelt, aufrichten.
3 Bringe in den hinteren Teil die
Lade* mit dem Bundesgesetz und hänge den Vorhang davor.
4 Dann stelle im vorderen Teil den Tisch
mit den geweihten Broten* und den Gefäßen für das
Trankopfer* auf. Bring auch den Leuchter dorthin
und setze die Lichtschalen* darauf.
5 Stelle in den
vorderen Teil auch den goldenen Altar für das Räucheropfer*,
direkt gegenüber der Stelle, wo hinter
dem Vorhang die Lade mit dem Bundesgesetz steht,
und hänge auch den Vorhang am Eingang meiner
Wohnung auf.

a Der Vers enthält deutliche Anspielungen auf den Schluss der Schöpfungsgeschichte in Gen 1,31; 2,2-3.

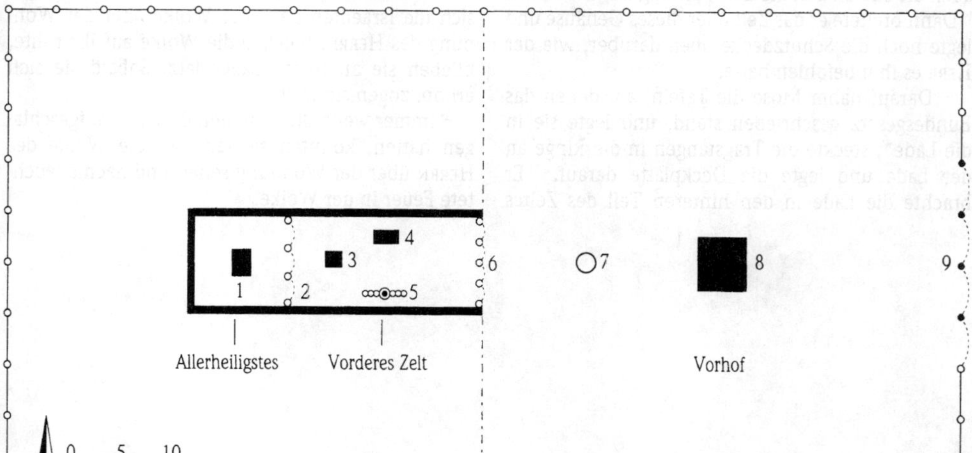

Grundriss des Heiligen Zeltes

1 Lade mit Deckplatte und Keruben
2 Vorhang vor dem Allerheiligsten
3 Räucheraltar
4 Tisch für die geweihten Brote
5 siebenarmiger Leuchter
6 äußerer Vorhang
7 Becken
8 Brandopferaltar
9 Eingang

6 Stelle davor den Altar für die Brandopfer* 7 und zwischen Zelt und Altar das große Becken und fülle es mit Wasser. 8 Errichte die Abgrenzung rings um den Vorhof* und hänge den Vorhang an seinem Eingang auf.

9–11 Nimm das Salböl und salbe damit meine Wohnung und alles, was darin ist. Salbe auch den Brandopferaltar mit allen seinen Geräten und ebenso das Wasserbecken und seinen Untersatz. Weihe auf diese Weise das Zelt und alles, was dazugehört, sodass es heilig* wird. Der Altar aber wird durch diese Weihe in besonderem Maße heilig.

12 Lass dann Aaron und seine Söhne an den Eingang des Zeltes treten und sich waschen. 13 Lege Aaron die heiligen Gewänder an, salbe ihn mit dem Öl und weihe ihn dadurch zum Priesterdienst* für mich. 14 Auch seine Söhne lass herantreten und lege ihnen die Priesterhemden an. 15 Salbe auch sie mit dem Öl, damit sie mir als Priester dienen können. Damit überträgst du ihnen und ihren Nachkommen das Priestertum für alle Zukunft. Auch ihre Nachkommen sollen durch Salbung in ihren Dienst eingesetzt werden.«

Das Heilige Zelt wird aufgerichtet

16 Mose tat, was der HERR ihm aufgetragen hatte. 17 Am 1. Tag des 1. Monats, genau ein Jahr, nachdem das Volk Israel Ägypten verlassen hatte, wurde die Wohnung[a] des HERRN aufgestellt.

18 Mose steckte die Bretter mit den Zapfen in die Bodenplatten, fügte aus ihnen die Wände zusammen und verband sie durch die Querstangen. Er stellte auch die Säulen auf, die den Vorhang tragen sollten. 19 Dann breitete er das Zelt über dieses Gehäuse und legte noch die Schutzdecke oben darüber, wie der HERR es ihm befohlen hatte.

20 Darauf nahm Mose die Tafeln, auf denen das Bundesgesetz geschrieben stand, und legte sie in die Lade*, steckte die Tragstangen in die Ringe an der Lade und legte die Deckplatte darauf. 21 Er brachte die Lade in den hinteren Teil des Zeltes und hängte den trennenden Vorhang davor, wie der HERR es angeordnet hatte.

22 Dann brachte er den Tisch ins Zelt und stellte ihn außerhalb des Vorhangs an der rechten Seite auf. 23 Er legte die geweihten Brote* darauf, wie der HERR es befohlen hatte. 24 Auf die linke Seite stellte er den Leuchter 25 und setzte die Lichtschalen* darauf, wie der HERR es angeordnet hatte. 26–27 Nach der Anweisung des HERRN stellte er genau in der Mitte vor dem Vorhang den goldenen Altar auf und verbrannte darauf wohlriechenden Weihrauch*.

28 Dann brachte er den Vorhang am Eingang des Zeltes an. 29 Davor stellte er den großen Altar auf und verbrannte darauf Brandopfer* und Speiseopfer*, wie der HERR es angeordnet hatte.

30 Das Wasserbecken stellte er zwischen das Zelt und den Altar und füllte es mit Wasser. 31 Mose selbst, Aaron und seine Söhne wuschen sich darin Hände und Füße. 32 Immer bevor sie in das Heilige Zelt gingen oder an den Altar traten, wuschen sie sich, wie der HERR es befohlen hatte.

33a Zuletzt errichtete Mose die Abgrenzung des Vorhofs*, der das Heilige Zelt und den Altar umgibt, und brachte den Vorhang am Eingang des Vorhofs an.

Der Herr nimmt Wohnung unter dem Volk Israel

33b Als Mose das ganze Werk vollendet hatte, 34–35 kam die Wolke vom Berg Sinai herab° und verhüllte das Heilige Zelt*. Die Herrlichkeit* des HERRN erfüllte mit ihrem Glanz die ganze Wohnung. Deshalb konnte Mose nicht in das Zelt hineingehen.

36–37 Während der ganzen Wanderschaft richteten sich die Israeliten nach der Wolke über der Wohnung des HERRN. Solange die Wolke auf ihr ruhte, blieben sie an ihrem Lagerplatz. Sobald sie sich erhob, zogen sie weiter.

38 Immer wenn die Israeliten ihr Lager aufgeschlagen hatten, konnten sie tagsüber die Wolke des HERRN über der Wohnung sehen und nachts leuchtete Feuer in der Wolke.

a Das Heilige Zelt ist ebenso wie der spätere Tempel nicht Versammlungsraum der Gemeinde, sondern »Wohnung« Gottes, der unsichtbar im hintersten Raum, dem Allerheiligsten, gegenwärtig – aber dennoch nicht darin eingeschlossen ist (1 Kön 8,12-13.27).

40,9-11 29,36-37 **40,34-35** 19,9S; 16,7S **40,36-37** 13,21S

LEVITIKUS

»Levitikus« heißt dieses Buch, weil es vorwiegend von den gottesdienstlichen Ordnungen handelt, deren Befolgung Sache der Priester aus dem Stamm Levi war. Neben den Vorschriften für die Darbringung von Opfern und für den Dienst der Priester stehen hier aber auch Vorschriften, die das Volk beachten muss, damit es »rein« vor den heiligen Gott treten kann. Das Grundmotiv des Buches lautet: »Ihr sollt heilig sein; denn ich, der Herr, euer Gott, bin heilig.« (19,2)
Zu der vom Volk geforderten »Heiligkeit« gehört u. a. die Beachtung von Maßnahmen und Verhaltensweisen, die wir heute zum Bereich der »Hygiene« zählen würden, die jedoch zumindest teilweise der Abgrenzung gegen die Verehrung fremder Götter dienen (bestimmte ›unreine Tiere‹ spielten im Kult solcher Götter eine Rolle). Sie umfasst aber genauso das rechte Verhalten in der menschlichen Gemeinschaft, das in dem bekannten Wort zusammengefasst wird (19,18): »Liebe deinen Mitmenschen wie dich selbst!« (Vgl. weiter die Sacherklärungen »rein« und »heilig«.)

Inhaltsübersicht

OPFERGESETZE FÜR DAS VOLK
(Kapitel 1–5)

Anweisungen für das Brandopfer

1 Der HERR rief Mose zum Heiligen Zelt* und rede-
te von dorther zu ihm. 2 Mose sollte dem Volk
Israel im Auftrag des HERRN sagen:
Wenn jemand von euch dem HERRN ein Opfer darbringen möchte, soll er dafür ein Rind, ein Schaf oder eine Ziege nehmen.
3 Will er ein Brandopfer* darbringen und wählt
dafür ein Rind, so muss es ein männliches und fehlerfreies Tier sein, sonst verschafft es ihm nicht das Wohlwollen des HERRN. Er muss das Tier zum Eingang des Heiligen Zeltes bringen
4 und seine Hand
auf dessen Kopf legen; dann nimmt der HERR sein Opfer an und vergibt ihm seine Schuld.
5 Darauf schlachtet er das Tier dort vor dem Heiligen Zelt. Ein Priester° aus der Nachkommenschaft Aarons nimmt das Blut des Opfertieres und sprengt es ringsum an den Altar*, der am Eingang des Heiligen Zeltes steht.[a]
6 Während das Tier von dem, der es gebracht hat,
enthäutet und in Stücke zerlegt wird,
7 facht der
Priester die Glut auf dem Altar an und schichtet Brennholz darüber.
8 Dann legt er die Stücke oben
darauf, auch den Kopf und die Fettteile.
9 Die Eingeweide und Unterschenkel muss der Betreffende vorher mit Wasser säubern. Der Priester lässt alles auf dem Altar verbrennen. So ist es ein Brandopfer, das den HERRN gnädig stimmt.[b]
10 Will jemand als Brandopfer ein Schaf oder eine
Ziege darbringen, so muss es ebenfalls ein männliches und fehlerfreies Tier sein.
11 Er schlachtet es
rechts neben dem Altar, der vor dem Heiligen Zelt steht. Ein Priester aus der Nachkommenschaft Aarons sprengt das Blut ringsum an den Altar.
12–13 Darauf zerlegt der, der es gebracht hat, das Tier
und säubert die Eingeweide und Unterschenkel mit Wasser. Dann legt der Priester die Stücke, auch den Kopf und die Fettteile, auf den Holzstoß und lässt alles auf dem Altar verbrennen. So ist es ein Brandopfer, das den HERRN gnädig stimmt.
14 Will jemand als Brandopfer ein Stück Geflügel
darbringen, so muss es eine Turteltaube oder eine andere Taube sein.
15 Der Priester bringt sie zum
Altar, reißt ihr den Kopf ab und verbrennt ihn im Altarfeuer. Das Blut presst er an der Altarwand aus.
16 Den Kropf mit Inhalt entfernt er und wirft

a Als ›Sitz des Lebens‹ (Gen 9,4) gehört das Blut eigentlich Gott; es wird ihm deshalb zu Beginn der Opferhandlung symbolisch zurückgegeben.
b Die Darbringung von Opfergaben bildete den Mittelpunkt des israelitischen Gottesdienstes. Der Mensch gibt Gott etwas von seinem Eigentum, um ihn als den Geber des Lebens und aller Lebens-Mittel zu ehren, ihm zu danken und seinen Segen zu erbitten. Wenn Gott das Opfer annimmt, bedeutet dies: Er blickt freundlich auf die Opfernden und wendet ihnen seine Güte zu. Zu den einzelnen Opferarten siehe die Sacherklärung »Opfer«.

1,1 Ex 25,22 **1,3-17** 6,1-6; 22,17-20; Ps 51,18-21; Hos 6,6; Mk 12,33

Kalender und Feste in Israel

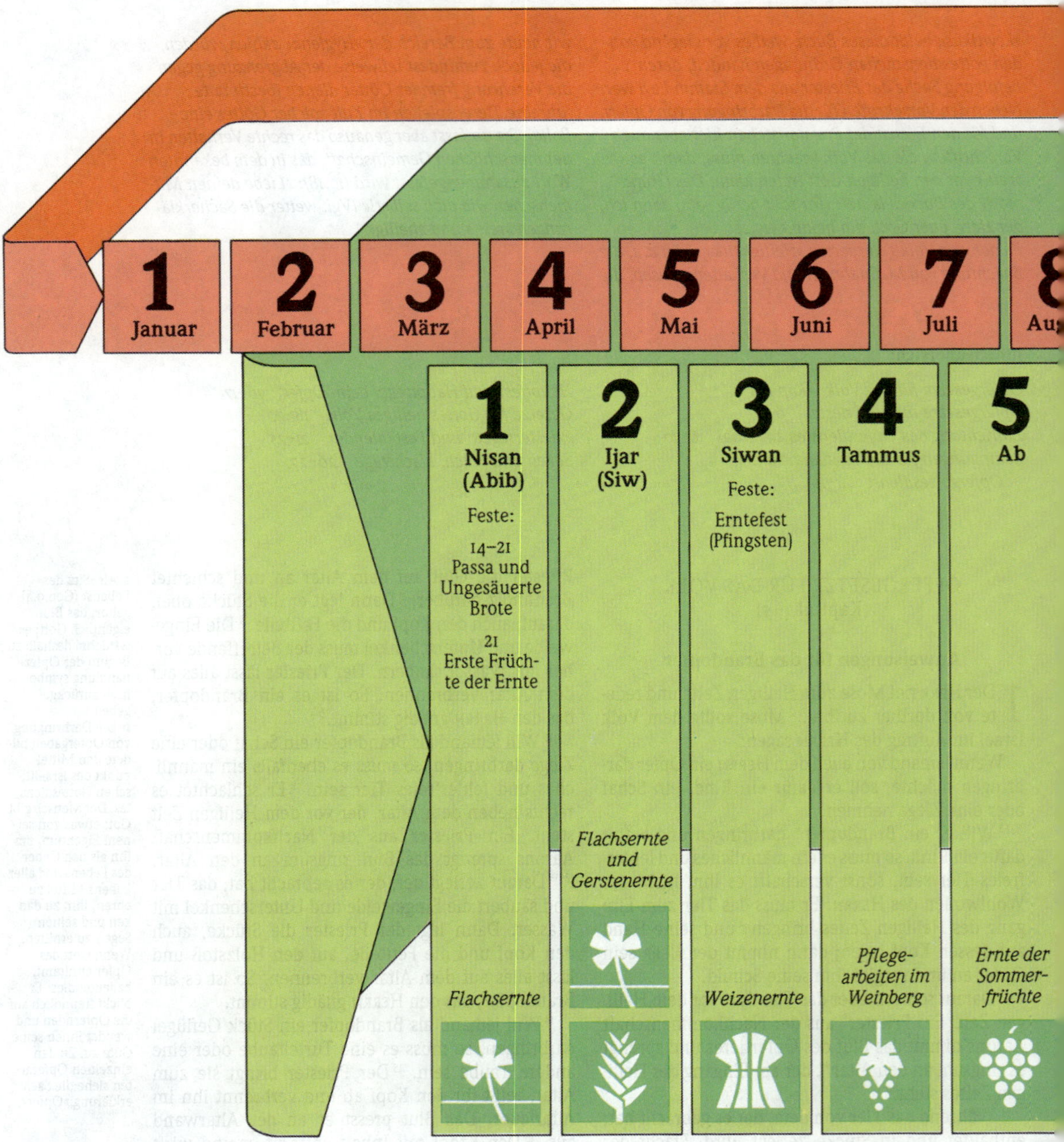

Als die Israeliten in Kanaan sesshaft wurden, übernahmen sie die Namen für die zwölf Monate des Jahres von den Kanaanitern. Diese althebräischen Monatsnamen sind, soweit bekannt und in der Bibel erwähnt, unten in Klammern gesetzt. In der späteren Königszeit begann man die Monate durchzunummerieren. Seit der babylonischen Verbannung setzten sich die babylonisch-assyrischen Monatsnamen durch (in der Grafik unmittelbar unter den Zahlen).

ihn auf den Aschenhaufen vor dem Altar, auf der Seite, die vom Heiligen Zelt abgewandt ist. 17 Die Flügel soll er am Körper des Tieres einreißen, aber nicht abreißen, und dann das Tier auf dem Altar verbrennen. So ist es ein Brandopfer, das den HERRN gnädig stimmt.

Anweisungen für das Speiseopfer

2 Wenn jemand dem HERRN ein Speiseopfer* darbringen möchte, soll er Weizenmehl nehmen, Olivenöl darüber gießen und Weihrauch* dazulegen. 2 Dann bringt er alles zu den Priestern* aus der Nachkommenschaft Aarons. Einer von ihnen nimmt eine Hand voll von dem öldurchtränkten Mehl und den gesamten Weihrauch und verbrennt diesen Teil der Gabe auf dem Altar* zum Zeichen, dass die ganze Opfergabe dem HERRN gehört. So ist es ein Brandopfer, das den HERRN gnädig stimmt.

3 Der Rest des Speiseopfers fällt den Priestern zu.[a] Es ist etwas besonders Heiliges*, weil es dem HERRN als Opfergabe dargebracht worden ist.

4 Will jemand als Speiseopfer etwas im Ofen Gebackenes darbringen, so muss es aus Weizenmehl zubereitet sein, ohne Verwendung von Sauerteig;[b] entweder als Ringbrot* aus Mehl, das mit Öl vermengt wurde, oder als Fladenbrot*, das mit Öl bestrichen ist.

5 Will jemand etwas auf einer Eisenplatte Gebackenes als Speiseopfer darbringen, so muss es aus Weizenmehl zubereitet sein, das mit Öl vermengt wurde, ebenfalls ohne Verwendung von Sauerteig. 6 Er soll es in Stücke brechen und Öl darüber gießen. So gehört es sich für ein Speiseopfer.

7 Will jemand etwas in der Pfanne Gebackenes als Speiseopfer darbringen, so soll es aus Weizenmehl zubereitet sein und in Öl gebacken werden.

8 Was nach diesen Vorschriften zubereitet wurde, kann dem HERRN als Speiseopfer dargebracht werden. Es wird dem Priester überreicht, der es dann zum Altar bringt. 9 Der Priester verbrennt einen Teil davon auf dem Altar zum Zeichen, dass die ganze Opfergabe dem HERRN gehört. So ist es ein Opfer, das den HERRN gnädig stimmt.

10 Der Rest des Speiseopfers fällt den Priestern zu. Es ist etwas besonders Heiliges, weil es dem HERRN als Opfergabe dargebracht worden ist.

11 Kein Speiseopfer, das ihr dem HERRN darbringt, darf mit Sauerteig zubereitet sein; ihr dürft auch keinen Honig verwenden. 12 Wenn ihr die ersten Früchte* eurer Ernte zum HERRN bringt, dürfen Sauerteig und Honig nicht fehlen; aber als Opfer, das auf dem Altar verbrannt wird, sind sie ausgeschlossen. 13 Doch muss jedes Speiseopfer, überhaupt jedes Opfer, gesalzen werden; denn das Salz ist ein Zeichen dafür, dass der Bund* Gottes mit euch von ewiger Dauer ist.

14 Wenn jemand dem HERRN vom ersten Ernteertrag ein Speiseopfer darbringen möchte, soll er frische Getreidekörner nehmen und sie über dem Feuer rösten und zerstoßen. 15 Dann gießt er Olivenöl darauf und gibt Weihrauch dazu. So gehört es sich für ein Speiseopfer. 16 Der Priester verbrennt einen Teil der Körner mit dem gesamten Weihrauch auf dem Altar zum Zeichen, dass das ganze Opfer dem HERRN gehört. So ist es eine Gabe für den HERRN.

Anweisungen für das Mahlopfer

3 Für das Opfer, das mit einem Mahl verbunden ist, gelten folgende Anweisungen:

Wer dem HERRN als Mahlopfer* ein Rind darbringen möchte, kann ein männliches oder ein weibliches Tier nehmen, doch muss es fehlerfrei sein. 2 Er legt seine Hand auf den Kopf des Tieres und schlachtet es am Eingang des Heiligen Zeltes*. Ein Priester° aus der Nachkommenschaft Aarons sprengt das Blut ringsum an den Altar. 3 Die besten Teile des Tieres müssen als Opfer für den HERRN verbrannt werden, nämlich alles Fett an den Eingeweiden, 4 die beiden Nieren mit dem Nierenfett und der Fettlappen an der Leber.° 5 Der Priester legt alle diese Teile auf das Altarfeuer und verbrennt sie zusammen mit den Brandopfern*. So ist es ein Opfer, das den HERRN gnädig stimmt.

6 Wer als Mahlopfer ein Schaf oder eine Ziege darbringen möchte, kann ein männliches oder ein weibliches Tier nehmen, doch muss es fehlerfrei sein. 7–16 Er bringt das Opfertier zum Heiligtum, legt die Hand auf den Kopf des Tieres und schlachtet es. Der Priester sprengt das Blut ringsum an den Altar*. Die besten Teile werden als Opfer für den HERRN verbrannt, nämlich alles Fett an den Eingeweiden, die beiden Nieren mit dem Nierenfett und der Fettlappen an der Leber. Beim Schaf kommt noch der Fettschwanz hinzu, der dicht an der Schwanzwurzel abgetrennt werden muss. Dies alles verbrennt der Priester für den HERRN auf dem Altar. So ist es eine Gabe für den HERRN.°

Grundsätzlich ist alles Fett für den HERRN bestimmt, als eine Gabe, die ihm Freude macht. 17 Niemand von euch darf Fett[c] oder Blut* essen. Diese Anordnung gilt für alle eure Nachkommen und an allen euren Wohnsitzen.

Anweisungen für das Sühneopfer

4 Der HERR befahl Mose, 2 dem Volk Israel zu sagen: Wenn jemand ohne Absicht gegen irgendein Gebot des HERRN verstößt und etwas tut,

a Bei gewissen Opferarten sind Teile des Opfers für den Lebensunterhalt der Priester bestimmt, die den Opferdienst versehen. Da das ganze Opfer Gott geweiht worden ist, erfordert der Umgang mit den Opfergaben die Ehrfurcht, die der Mensch Gott selber schuldet; siehe die Sacherklärung »heilig«.

b Gärender Teig, der als Treibmittel zum Brotbacken verwendet wurde, muss als ein Zersetzungsprodukt der heiligen Sphäre Gottes fern gehalten werden. (Eine Ausnahme erwähnt Vers 12.) Siehe Sacherklärung »Sauerteig«.

c Die Fleischstücke werden beim Mahlopfer von der opfernden Familie oder Gemeinde gemeinsam am Heiligtum verzehrt. Die Teilnehmer verstehen sich als Gäste Gottes, für den der beste Anteil (dafür gelten die Fettstücke) auf dem Altar verbrannt wird. So stiftet das Mahl Gemeinschaft zwischen den Feiernden und Gott. Dankopfer sind in der Regel solche Mahlopfer.

2,1-16 6,7-11; 10,12-13 **2,3** Num 18,8-10S **2,10** Num 18,8-10S **2,13** Num 18,19; 2Chr 13,5; Ez 43,24; Mk 9,49 par **3,1-17** 7,11-21.28-36; 19,5-8; 22,21-25 **3,16b-17** 7,22-25; 17,10-14S **4,1-35** 5,1-13; 6,17-23; Num 15,22-29

was er verboten hat, dann gelten folgende Anwei-
sungen:
3 Ist es der Oberste Priester,[a] der unbeabsichtigt
gegen ein Gebot des HERRN verstößt und dadurch
Schuld über das ganze Volk bringt, so muss er dem
HERRN als Sühneopfer* einen fehlerfreien Stier dar-
bringen.
4 Er führt den Stier zum Eingang des Heiligen Zel-
tes*, legt seine Hand auf dessen Kopf und schlachtet
ihn dort vor dem Zelt. 5 Dann bringt er einen Teil des
Blutes[b] in einer Schale ins Heiligtum. 6 Er sprengt
mit dem Finger siebenmal etwas von dem Blut auf
den Boden vor dem Vorhang, der das Allerheiligste*
verdeckt. 7 Dann streicht er etwas von dem Blut an
die Hörner* des Räucheraltars*, der im vorderen
Teil des Zeltes steht. Den Rest des Blutes schüttet
er unten an den Brandopferaltar* am Eingang des
Zeltes.
8 Dann schneidet er alle Fettstücke des Tieres her-
aus, das gesamte Fett an den Eingeweiden, 9 die bei-
den Nieren mit dem Nierenfett und den Fettlappen
an der Leber, 10 genauso wie es beim Rind des Mahl-
opfers* gemacht wird. Er verbrennt diese Stücke auf
dem Brandopferaltar.
11–12 Das ganze übrige Tier – Haut, Fleischteile
und Knochen, auch Kopf, Schenkel und die Einge-
weide samt Inhalt – wird aus dem Lager an den ab-
gegrenzten Ort gebracht, wo man die Opferasche
hinschüttet. Dort wird alles in einem Holzfeuer
verbrannt.
13 Ist es die ganze Gemeinde Israel, die unbeab-
sichtigt gegen ein Gebot des HERRN verstößt und
dadurch Schuld auf sich lädt, 14 so muss sie, sobald
die Verfehlung bekannt wird, einen Stier als Sühne-
opfer darbringen. Das Opfertier wird vor das Heilige
Zelt gebracht 15 und die Ältesten* der Gemeinde
legen ihre Hände auf seinen Kopf und schlachten
es dort vor dem Zelt. 16–21 Mit dem Blut, dem Fett
und dem übrigen Opfertier verfährt der Oberste
Priester genauso wie bei dem Sühneopfer für sich
selbst. Auf diese Weise bringt er die Sache wieder
ins Reine und der HERR vergibt der ganzen Gemeinde
ihre Schuld.
22 Ist es das Oberhaupt eines Stammes, das unbe-
absichtigt gegen ein Gebot des HERRN, seines Gottes,
verstößt und dadurch Schuld auf sich lädt, 23 so muss
der Betreffende, sobald er darauf aufmerksam wird,
als Opfer einen fehlerfreien Ziegenbock darbringen.
24 Er legt die Hand auf den Kopf des Ziegenbocks und
schlachtet ihn als Sühneopfer vor dem Heiligen Zelt,
an der Stelle, wo die Tiere für das Brandopfer
geschlachtet werden. 25 Dann streicht der Priester
mit dem Finger etwas von dem Blut an die Hörner
des Brandopferaltars und schüttet den Rest des Blu-
tes unten an den Altar. 26 Das ganze Fett verbrennt
er auf dem Altar, wie es beim Mahlopfer geschieht.
Auf diese Weise bringt er die Sache wieder ins Reine
und der HERR vergibt dem Stammesoberhaupt seine
Schuld.
27 Wenn irgendjemand aus dem Volk unbeabsich-
tigt gegen ein Gebot des HERRN verstößt und dadurch
Schuld auf sich lädt, 28 muss der Betreffende, sobald
er darauf aufmerksam wird, als Opfer eine fehler-
freie Ziege darbringen. 29 Er legt seine Hand auf
den Kopf des Opfertieres und schlachtet es an der
Stelle, wo man die Tiere für das Brandopfer*
schlachtet. 30 Dann streicht der Priester mit dem Fin-
ger etwas von dem Blut an die Hörner des Brand-
opferaltars und schüttet den Rest des Blutes unten
an den Altar. 31 Die Fettstücke werden herausge-
schnitten wie beim Mahlopfer, und der Priester ver-
brennt sie als ein Opfer, das dem HERRN Freude
macht. Auf diese Weise bringt er die Sache wieder
ins Reine und der HERR vergibt dem Betreffenden
seine Schuld.
32–35 Anstelle einer Ziege kann als Sühneopfer auch
ein Schaf, ein weibliches, fehlerfreies Tier, darge-
bracht werden. Es wird mit ihm genauso verfahren
wie mit der Ziege. Die Fettstücke verbrennt der
Priester auf dem Altar, im Anschluss an die übrigen
Opfergaben. Auf diese Weise bringt er die Sache wie-
der ins Reine und der HERR vergibt dem Betreffenden
seine Schuld.

a Wörtlich *der gesalbte* Priester;* siehe Ex 29,29-30.
b Beim Sühneopfer dient das Blut als Mittel, um Schuld gegen Gott ins Reine zu bringen. Als ›Sitz des Lebens‹ (Gen 9,4) gehört es eigentlich Gott; es wird ihm deshalb beim Brandopfer zu Beginn der Opferhandlung symbolisch zurückgegeben (1,5).

Beim Sühneopfer legt der Mensch die Hand auf den Kopf des Opfertieres (4,4.15.24.29) und sagt damit: Ich gebe etwas von meinem Eigenen, damit das durch meine Schuld gestörte Verhältnis zu Gott wieder in Ordnung kommt. Das Neue Testament öffnet uns die Augen dafür, dass der Mensch Gott nichts geben kann, das seine Schuld ausgleicht. Jesus ist das wahre »Opferlamm« (Joh 1,29), durch dessen Tod ein für alle Mal die Schuld des Menschen gesühnt worden ist (Hebr 9–10).

Weitere Bestimmungen für das Sühneopfer

5 Ein Sühneopfer* wird auch in den folgenden Fällen erforderlich:°
wenn jemand unter einem Fluch* steht, weil er einem öffentlichen Aufruf zur Zeugenaussage nicht Folge leistete und verschwieg, was er gesehen oder gehört hat;
2 wenn jemand etwas Unreines* berührt, zum Beispiel das Aas von irgendeinem Tier, und das erst später bemerkt;
3 wenn jemand etwas Unreines berührt, das an einem Menschen ist oder von einem Menschen herrührt, und das erst später bemerkt;
4 wenn jemand unbedacht einen Meineid schwört, gleichgültig, ob es zu seinem Vorteil oder Nachteil ist, und er erst später darauf aufmerksam wird.
5 In diesen Fällen muss der Schuldige, ob Mann oder Frau,[a] zum Priester* gehen und vor ihm bekennen, was er getan hat. 6 Darauf muss er zur Wiedergutmachung dem HERRN ein Schaf oder eine Ziege opfern, und zwar soll es ein weibliches Tier sein. Mit diesem Sühneopfer bringt der Priester die Sache wieder ins Reine und befreit ihn von seiner Schuld.

7 Ist der Schuldige zu arm, um ein Schaf oder eine Ziege zu geben, so soll er dem HERRN stattdessen zwei Turteltauben oder zwei andere Tauben darbringen, eine als Sühneopfer und eine als Brandopfer*. 8 Der Priester nimmt zuerst die zum Sühneopfer bestimmte Taube, bricht ihr das Genick, trennt aber den Kopf nicht ab, 9 und sprengt etwas von ihrem Blut an die Altarwand. Das restliche Blut presst er am Fuß des Altars aus. So gehört es sich für ein Sühneopfer. 10 Danach opfert der Priester die zweite Taube nach den Vorschriften für das Brandopfer. Auf diese Weise bringt er die Sache wieder ins Reine und der HERR vergibt dem Schuldigen seine Verfehlung.

11 Ist der Schuldige auch noch zu arm, um zwei Tauben aufzubringen, so soll er dem HERRN stattdessen $\frac{1}{10}$ Efa* (gut 1 Kilo) Weizenmehl darbringen. Er darf jedoch weder Öl darüber gießen noch Weihrauch* dazutun, weil es ein Sühneopfer und kein Speiseopfer* ist. 12 Der Priester nimmt eine Hand voll von dem Mehl und verbrennt diesen Teil auf dem Altar im Anschluss an die übrigen Opfergaben, als ein Zeichen dafür, dass das ganze Opfer dem HERRN gehört. So gehört es sich für ein Sühneopfer.
13 Auf diese Weise bringt der Priester die Sache wieder ins Reine und der HERR vergibt dem Schuldigen seine Verfehlung. Das übrige Mehl gehört dem Priester wie beim Speiseopfer.

Anweisungen für das Wiedergutmachungsopfer

14 Der HERR gab Mose noch weitere Anweisungen:
15 Wenn jemand ohne böse Absicht versäumt, die Abgaben für den HERRN zu entrichten und dadurch schuldig wird, muss er dem HERRN als Wiedergutmachungsopfer[b] einen fehlerfreien Schaf- oder Ziegenbock darbringen. Das Tier muss so viele Silberstücke* wert sein, wie du festlegst; als Maßeinheit gilt das Gewicht des Heiligtums. 16 Die Abgaben, die der Betreffende schuldig geblieben ist, muss er dem Priester abliefern und muss noch einen Aufschlag von einem Fünftel dazugeben. Mit dem Opfer bringt der Priester die Sache wieder ins Reine und der HERR vergibt dem Betreffenden seine Verfehlung.
17 Wenn jemand unbeabsichtigt gegen irgendein Gebot des HERRN verstößt und etwas Verbotenes tut, so hat er damit Schuld auf sich geladen, auch wenn es ohne Wissen geschehen ist. 18-19 Er muss dafür dem Priester* als Wiedergutmachungsopfer einen fehlerfreien Schaf- oder Ziegenbock bringen, dessen Wert du festlegst. Damit bringt der Priester die Sache wieder ins Reine und der HERR vergibt die Schuld. Das Opfer dient als Wiedergutmachung, denn der Betreffende hat sich gegen den HERRN vergangen, auch wenn es unwissend geschehen ist.
20 Der HERR gab Mose noch eine Anweisung:
21-22 Es kann sein, dass jemand für seinen Mitbürger etwas aufbewahrt, von ihm geliehen, ihm geraubt oder von ihm erpresst hat oder etwas gefunden hat, das dem anderen gehört. Wenn er das ableugnet und die Lüge – in diesen oder weiteren Fällen – auch noch mit einem Eid bekräftigt, dann vergeht er sich gegen den HERRN. 23-24 Wenn er auf diese Weise schuldig geworden ist, muss er dem anderen sein Eigentum zurückgeben oder es ersetzen und muss zu dem vollen Betrag noch ein Fünftel hinzufügen. Die Erstattung muss an dem Tag erfolgen, an dem er für seine Schuld das Wiedergutmachungsopfer* darbringt. 25 Dieses Opfer besteht in einem fehlerfreien Schaf- oder Ziegenbock, dessen Wert du festlegst. Er gibt das Tier dem Priester
26 und der Priester bringt damit die Sache vor dem

Die Taube ist das Opfer der Armen, nicht nur beim Sühneopfer (5,7), sondern auch beim Reinigungsopfer nach der Geburt (12,7-8). Ein solches ›Armenopfer‹ bringen nach Lk 2,24 die Eltern Jesu dar.

a *ob Mann oder Frau:* verdeutlichender Zusatz, da die Anweisungen sinngemäß – d.h. abgesehen von der *Zeugenaussage,* zu der Frauen nicht zugelassen waren – für beide galten.
b Das Wiedergutmachungsopfer ist dem Sühneopfer verwandt; vom Anwendungsbereich her lässt sich schwer eine Grenze zwischen den beiden Opferarten ziehen; siehe Sacherklärung.

5,1-13 4,1-35S **5,7** 12,7-8S **5,15-26** 7,1-7; 19,21 **5,21-26** Ex 21,37–22,14S

HERRN wieder ins Reine. Dann vergibt der HERR
dem Betreffenden die Schuld, die er auf sich geladen
hat.

OPFERGESETZE FÜR DIE PRIESTER
(Kapitel 6–7)

Zusätzliche Vorschriften für Brand- und Speiseopfer

6 [1-2]Der HERR redete weiter mit Mose und gab ihm
Anweisungen für Aaron und seine Söhne. Er
sollte ihnen sagen:
Für das Brandopfer* gilt folgende Vorschrift: Das
Opfer bleibt die ganze Nacht über auf dem Altar und
die Glut darf nicht verlöschen. [3]Am Morgen zieht
der Priester* sein Leinenhemd an und dazu die leine-
nen Kniehosen. Er nimmt die Asche des Brandopfers
von der Glut und schüttet sie neben den Altar*.
[4]Dann wechselt er seine Kleider und bringt die
Asche aus dem Lager an einen abgegrenzten Ort.
[5-6]Über der Glut auf dem Altar schichtet er Holz
auf und legt oben auf das Holz das Brandopfer und
die Fettstücke der Mahlopfer*. So facht er das Feuer
auf dem Altar jeden Morgen neu an. Es muss stets in
Brand gehalten werden und darf nie verlöschen.
[7]Für das Speiseopfer* gilt folgende Vorschrift: Ein
Priester aus der Nachkommenschaft Aarons tritt
damit an den Altar, um es dem HERRN darzubringen.
[8]Er nimmt eine Hand voll von dem öldurchtränkten
Mehl und den gesamten Weihrauch* und verbrennt
diesen Teil der Gabe auf dem Altar zum Zeichen,
dass die ganze Opfergabe dem HERRN gehört. So ist
es ein Opfer, das den HERRN gnädig stimmt.
[9-10]Den Rest des Speiseopfers dürfen die Priester
essen. Es muss ohne Sauerteig[a] verbacken und an
geweihter Stätte, im Vorhof* des Heiligen Zeltes,
verzehrt werden. Der HERR hat es den Nachkommen
Aarons als ihren Anteil am Opfer zugesprochen. Es
ist etwas besonders Heiliges*, genauso wie das
Fleisch des Sühneopfers* und des Wiedergutma-
chungsopfers*. [11]Wer unbefugt damit in Berührung
kommt, muss sterben. Nur die männlichen Nach-
kommen Aarons dürfen davon essen; es ist für alle
Zukunft ihr festgesetzter Anteil an den Opfern des
HERRN.
[12]Weiter erhielt Mose vom HERRN die Anweisung:
[13]Nachdem Aaron zum Priester gesalbt* worden ist,
müssen er und seine Nachkommen dem HERRN von
da an täglich 1/10 Efa* (gut 1 Kilo) Weizenmehl als
Speiseopfer darbringen, die eine Hälfte am Morgen,
die andere Hälfte am Abend. [14]Das Mehl wird mit
Olivenöl vermengt und auf einer eisernen Platte zu
Fladen verbacken; die Fladen werden in Stücke
gebrochen und dem HERRN dargebracht. So ist es
ein Opfer, das den HERRN gnädig stimmt. [15]Wer
jeweils in der Nachfolge Aarons den Priesterdienst
versieht, muss dieses Speiseopfer zubereiten und
für den HERRN auf dem Altar verbrennen. Diese
Anordnung gilt für alle Zukunft.
[16]Überhaupt muss jedes Speiseopfer, das ein Pries-
ter für sich selbst darbringt, ganz verbrannt werden;
es darf nichts davon gegessen werden.

Zusätzliche Vorschriften für Sühne- und Wiedergutmachungsopfer

[17-18]Auch die folgenden Anweisungen erhielt Mose
für Aaron und seine Söhne:[b]
Für das Sühneopfer* gilt die Vorschrift: Genau
wie beim Brandopfer* muss das Opfertier rechts
neben dem Altar, der vor dem Heiligen Zelt steht,
geschlachtet werden.
Das Fleisch des Sühneopfers ist etwas besonders
Heiliges*. [19]Der Priester*, der das Opfer darbringt,
soll es essen, aber nur an geweihter Stätte, im Vor-
hof* des Heiligtums.
[20]Jeder, der unbefugt damit in Berührung kommt,
muss sterben. Kommt ein Spritzer von dem Blut auf
ein Kleidungsstück, so muss der Fleck an geweihter
Stätte ausgewaschen werden. [21]Wird das Fleisch in
einem Tongefäß gekocht, so muss dieses anschlie-
ßend zerschlagen werden; bei einem Metallgefäß
genügt es, wenn es gescheuert und gründlich mit
Wasser gespült wird.
[22]Nur die männlichen Mitglieder der Priesterfami-
lien dürfen das Fleisch essen; es ist etwas besonders
Heiliges. [23]Wenn jedoch das Blut des Opfertieres ins
Heilige Zelt gebracht wurde, um damit Sühne zu

Die Opfertiere wurden zu dem Altar vor dem Heiligen Zelt (später dem Tempel) gebracht. Bis zur Wegführung nach Babylonien wurde das Tier vom Oberhaupt der Familie getötet und zerlegt; die Priester legten die Stücke auf den Altar und zündeten das Feuer an. Das Bild ist eine versuchsweise Wiedergabe dieses Vorgangs.

a Vgl. die Anmerkung zu 2,4.
b Vgl. zum ganzen Abschnitt die Anmerkung zu 2,3.

6,1-6 1,3-17S 6,7-11 2,1-16S 6,11 Ex 29,37S 6,17-23 4,1-35S; Num 18,8-10S 6,20 Ex 29,37S

schaffen, darf niemand von dem Fleisch essen; es muss verbrannt werden.

7 Für das Wiedergutmachungsopfer* gilt die Vorschrift: Das Fleisch dieses Opfers ist etwas besonders Heiliges. 2 Genau wie beim Brandopfer muss das Opfertier rechts neben dem Altar vor dem Heiligen Zelt geschlachtet werden. Der Priester sprengt das Blut ringsum an den Altar. 3-5 Die besten Stücke gehören dem HERRN, nämlich der Fettschwanz, das Fett an den Eingeweiden, die beiden Nieren mit dem Nierenfett und der Fettlappen an der Leber. Sie werden vom Priester auf dem Altar als Wiedergutmachungsopfer verbrannt. 6 Das Fleisch dürfen die männlichen Mitglieder der Priesterfamilien essen, aber nur an geweihter Stätte; denn es ist etwas besonders Heiliges.

7 Wie beim Sühneopfer, so fällt auch beim Wiedergutmachungsopfer das Fleisch dem Priester zu, der das Opfer darbringt. 8 Beim Brandopfer eines Einzelnen gehört dem amtierenden Priester das Fell des Opfertieres. 9 Auch jedes Speiseopfer*, das im Ofen gebacken oder in der Pfanne oder auf einer Platte zubereitet ist, fällt dem Priester zu, der es darbringt. 10 Die übrigen Speiseopfer dagegen, ob mit oder ohne Öl dargebracht, werden unter allen Priestern aufgeteilt.

Weitere Anweisungen für Mahlopfer

11 Für das Mahlopfer* gilt folgende Vorschrift:

12 Wird es als Dankopfer* dargebracht, so sollen außer dem Opfertier noch Ringbrote* aus Weizenmehl, das mit Olivenöl vermengt ist, und mit Öl bestrichene Fladen dargebracht werden. Beides muss ohne Sauerteig* zubereitet werden. Dazu kommt Ringbrot aus feinem Mehl, das mit Öl verrührt worden ist. 13 Zusätzlich kann auch noch Brot mit Sauerteig dargebracht werden.

14 Von jeder Art Brot hebt der Opfernde ein Stück vor dem Altar des HERRN in die Höhe; dieser Anteil fällt dem Priester zu, der das Blut des Opfertieres an den Altar sprengt. 15 Das Fleisch eines Dankopfers muss an dem Tag gegessen werden, an dem das Opfer dargebracht wird. Es darf nichts bis zum anderen Morgen übrig bleiben.

16 Wird das Mahlopfer aufgrund eines Gelübdes* oder aus freien Stücken dargebracht,[a] so kann auch noch am folgenden Tag von dem Fleisch gegessen werden. 17 Aber was am dritten Tag übrig ist, muss verbrannt werden. 18 Wenn jemand trotzdem noch von dem Fleisch des Opfertieres isst, bringt das Opfer ihm nicht das Wohlwollen des HERRN; es wird ihm nicht angerechnet. Noch schlimmer: Es ist dem HERRN zuwider, und wer davon isst, muss es büßen. 19 Auch Fleisch, das mit etwas Unreinem in Berührung kommt, darf nicht gegessen, sondern muss verbrannt werden.

Nur wer rein* ist, darf am Opfermahl teilnehmen. 20 Das Opferfleisch ist dem HERRN geweiht. Wer im Zustand der Unreinheit davon isst, hat sein Leben verwirkt und muss aus seinem Volk ausgestoßen werden. 21 Dasselbe gilt für jemand, der etwas Unreines berührt, irgendeine menschliche Ausscheidung oder ein unreines Tier, und trotzdem von dem Opferfleisch isst; ein solcher Mensch hat sein Leben verwirkt und muss aus seinem Volk ausgestoßen werden.

Verbot des Genusses von Fett und Blut

22-23 Für das ganze Volk erhielt Mose vom HERRN die Anweisung:

Ihr dürft keinerlei Fett essen,[b] weder vom Rind noch vom Schaf noch von der Ziege. 24 Fett von verendeten oder gerissenen Tieren dürft ihr für alle möglichen Zwecke verwenden, aber auf keinen Fall essen. 25 Wer von dem Fett eines Tieres isst, das dem HERRN als Opfer dargebracht werden kann, hat sein Leben verwirkt und muss aus seinem Volk ausgestoßen werden.

26 Genauso wenig dürft ihr Blut* essen, weder von Vögeln noch von anderen Tieren. Das gilt für euch an allen euren Wohnsitzen. 27 Auch wer Blut isst, hat sein Leben verwirkt und muss aus seinem Volk ausgestoßen werden.

Der Anteil der Priester

28-29 Noch eine weitere Anweisung erhielt Mose für das ganze Volk:

Wer ein Opfermahl feiert,[c] muss einen Teil des Opfertieres dem HERRN darbringen. 30 Mit eigener Hand bringt er die Teile herbei, die für den HERRN bestimmt sind: die Fettstücke und die Fleischstücke von der Brust. Die Bruststücke übereignet* er symbolisch dem HERRN; 31 dann bekommen sie die Priester* als ihren Anteil. Die Fettstücke werden auf dem Altar verbrannt.

32 Auch die rechte Hinterkeule zählt zum Priesteranteil. 33 Sie fällt dem Priester zu, der dem HERRN das Blut und das Fett des Mahlopfertieres darbringt.

34-36 Die Brust und die rechte Hinterkeule der Tiere, die die Israeliten dem HERRN als Mahlopfer darbringen, bestimmt der HERR zum Anteil des Priesters Aaron und seiner Söhne. Diese Stücke stehen Aaron und allen seinen Nachkommen als Anteil am Opfer zu, sobald sie in den Priesterdienst eingesetzt sind. Die Israeliten sind verpflichtet, den Priestern diesen Anteil zu geben. Diese Vorschrift gilt für alle Zukunft.

37 Dies sind die Anordnungen für das Brandopfer, das Speiseopfer, das Sühneopfer, das Wiedergutmachungsopfer, das Mahlopfer und das Opfer bei der Einsetzung der Priester. 38 Der HERR gab diese Anwei-

a Auch dabei handelt es sich um »Dankopfer«, doch scheint in Vers 12-15 nicht ein freiwilliges, sondern ein pflichtmäßiges Opfer gemeint zu sein, wie es für bestimmte, uns nicht bekannte Fälle vorgeschrieben sein möchte.
b Die Fettstücke, die als die wertvollsten Teile galten, stehen Gott allein zu; vgl. Vers 25 und 3,16-17.
c Ursprünglich war jede Schlachtung ein Opfer. Man empfand, dass der Mensch eigentlich nicht berechtigt ist, zum eigenen Gebrauch Tiere zu töten; vgl. 17,4. Die Teilnehmer am Opfermahl verstanden sich darum als Gäste an Gottes Tisch. Erst nach der Niederlassung der Israeliten im Land Kanaan wurden Opfer und Schlachtung unterschieden (Dtn 12,13-16).

7,1-7 5,15-26S; Num 18,8-10S **7,11-21** 3,1-17S **7,22-25** 3,16b-17S **7,26** 17,10-14S **7,28-36** 3,1-17S **7,30** Ex 29,26S **7,34-36** Dtn 18,3

sungen Mose auf dem Berg Sinai*. Damals befahl er
den Israeliten, ihm Opfergaben darzubringen.

EINRICHTUNG DES OPFERDIENSTES AM BERG SINAI (Kapitel 8–10)

Aaron und seine Söhne werden als Priester eingesetzt

(Ex 29,1-37)

8 Der HERR sagte zu Mose: 2-3 »Komm mit Aaron
und seinen Söhnen zum Eingang des Heiligen
Zeltes*! Bring auch die Priesterkleider mit, das Salb-
öl, den Stier für das Sühneopfer*, die beiden Schaf-
böcke und den Korb mit den ungesäuerten Broten*.
Ruf die ganze Gemeinde dorthin zusammen.«
4 Mose tat, was der HERR ihm befohlen hatte, und
die Gemeinde versammelte sich am Eingang des Hei-
ligen Zeltes. 5 Mose sagte zu ihnen: »Was ihr mich
jetzt tun seht, hat der HERR mir aufgetragen.«
6 Er ließ Aaron und seine Söhne vortreten und
begoss sie mit Wasser. 7 Dann zog er Aaron das Pries-
terhemd an, band ihm den Gürtel um, legte ihm das
Obergewand an und band den Amtsschurz* mit dem
daran angewebten Gürtel fest. 8 An den Schulterbän-
dern machte er die Brusttasche fest und legte die hei-
ligen Lose* hinein. 9 Er setzte Aaron den Turban auf
und befestigte daran vorne das goldene Schild, genau
wie der HERR es ihm befohlen hatte.
10-11 Danach nahm Mose das Salböl und weihte
damit das Heiligtum und den Altar*. Er besprengte
mit dem Öl die Wohnung des HERRN und alles, was
darin war. Siebenmal sprengte er von dem Öl gegen
die Altarwand und besprengte auch alle Opfergeräte
und das große Wasserbecken mit seinem Untersatz.
12 Dann goss er Salböl auf Aarons Kopf und weihte
ihn zum Priester. 13 Er ließ Aarons Söhne vortreten
und bekleidete sie mit Priesterhemd, Gürtel und
Kopfbedeckung, wie der HERR es ihm befohlen hatte.
14 Mose ließ nun den Stier herbeibringen, der als
Sühneopfer bestimmt war. Aaron und seine Söhne
legten ihre Hände auf den Kopf des Tieres 15 und
Mose schlachtete es. Er nahm von dem Blut und
strich es mit dem Finger an die Hörner* des Altars;
das übrige Blut schüttete er unten an den Altar. So
weihte er den ganzen Altar und reinigte ihn von
der Befleckung durch menschliche Verfehlungen.
16 Die Fettstücke des Opfertieres – alles Fett an den
Eingeweiden, den Fettlappen an der Leber und die
beiden Nieren mit dem Nierenfett – verbrannte er
auf dem Altar. 17 Den Rest des Tieres – Haut, Fleisch
und Eingeweide – verbrannte er außerhalb des
Lagers, wie der HERR es ihm befohlen hatte.
18 Dann ließ er den Schafbock herbeibringen, der
als Brandopfer* bestimmt war. Aaron und seine
Söhne legten ihre Hände auf den Kopf des Tieres.
19 Mose schlachtete es und sprengte das Blut ringsum
an den Altar. 20 Dann zerlegte er das Tier und ver-
brannte die Stücke samt dem Kopf und dem Fett
auf dem Altar. 21 Die Eingeweide und Unterschenkel
säuberte er mit Wasser und verbrannte auch sie auf
dem Altar. Genau wie der HERR es befohlen hatte,
wurde das Tier als Brandopfer dargebracht, als eine
Gabe, die den HERRN gnädig stimmt.
22 Dann ließ Mose den zweiten Schafbock brin-
gen, der als Opfer zur Einsetzung der Priester
bestimmt war. Aaron und seine Söhne legten ihre
Hände auf den Kopf des Tieres 23 und Mose schlach-
tete es. Er nahm etwas von dem Blut und betupfte
damit Aarons rechtes Ohrläppchen, seinen rechten
Daumen und seine rechte große Zehe. 24 Dann ließ
er die Söhne Aarons vortreten und betupfte auch
bei ihnen das rechte Ohrläppchen, den rechten Dau-
men und die rechte große Zehe mit Blut. Das übrige
Blut sprengte er ringsum an den Altar.
25 Darauf nahm er den Fettschwanz, die übrigen
Fettstücke, die Nieren und dazu die rechte Hinter-
keule. 26 Aus dem Korb mit den ungesäuerten Bro-
ten*, der vor dem Altar stand, nahm er ein gewöhn-
liches Ringbrot* und ein solches, das mit Öl zuberei-
tet war, sowie ein Fladenbrot*. Er legte die Brote auf
die Fettstücke und auf die Keule 27 und gab alles
zusammen Aaron und seinen Söhnen in die Hände.
Diese boten es dem HERRN dar.
28 Darauf nahm Mose ihnen alles wieder aus den
Händen, legte es auf den Altar und verbrannte es
wie zuvor das Brandopfer. So wurde es ein Einset-
zungsopfer, wie es den HERRN gnädig stimmt.
29 Dann nahm Mose die Bruststücke und übereig-
nete* sie symbolisch dem HERRN. Der HERR hatte
bestimmt, dass dieser Teil des Einsetzungsopfers
Mose gehören sollte.
30 Danach nahm Mose noch einmal Salböl und
etwas Blut vom Altar und sprengte beides auf Aaron
und seine Söhne sowie auf deren Kleider. So weihte
er sie und ihre Kleider.
31 Dann sagte Mose zu Aaron und seinen Söhnen:
»Kocht das Fleisch des zweiten Schafbocks am Ein-
gang zum Heiligen Zelt. Esst es dort zusammen mit
dem Opferbrot aus dem Korb. So hat der HERR es
mir befohlen. 32 Was von dem Fleisch und Brot übrig
bleibt, müsst ihr verbrennen.
33 Solange die Einsetzungsfeier dauert, dürft ihr
euch nicht vom Eingang des Zeltes entfernen – sie-
ben Tage lang. 34 Der HERR hat angeordnet, die Opfer
des heutigen Tages an den folgenden Tagen zu wie-
derholen, damit eure Schuld weggenommen wird.
35 Bleibt also sieben Tage und Nächte lang am Ein-
gang des Heiligen Zeltes. Wenn ihr diese Anweisung
nicht befolgt, müsst ihr sterben. So hat der HERR es
mir befohlen.«

8,7-8 Ex 28,1-39 **8,10-11** Ex 40,9-11 **8,29** Ex 29,26S

36 Aaron und seine Söhne taten alles, was der HERR
durch Mose angeordnet hatte.

Der erste Opfergottesdienst

9 Als die sieben Tage um waren, rief Mose Aaron
und seine Söhne sowie die Ältesten* Israels zu
sich 2 und sagte zu Aaron: »Hol dir einen jungen Stier
für ein Sühneopfer* und einen Schafbock für ein
Brandopfer* und bring sie zum Heiligen Zelt*! Beide
Tiere müssen fehlerfrei sein.
3 Sag den Leuten von Israel, sie sollen ebenfalls
Opfertiere bringen: für das Sühneopfer einen Zie-
genbock und für das Brandopfer einen einjährigen
Stier und ein einjähriges Schaf, beides fehlerfreie
Tiere.
4 Sie sollen auch einen Stier und einen Schafbock
bringen für das Opfermahl*, das wir vor dem HERRN
feiern wollen, und außerdem noch Mehl und Öl für
das Speiseopfer*. Denn heute will der HERR sich
euch zeigen.«

Aaron opfert für sich selbst

5 Man brachte alles, wie Mose es angeordnet hatte,
vor das Heilige Zelt*, und die ganze Gemeinde ver-
sammelte sich dort vor dem HERRN. 6 Mose sagte:
»Heute dürft ihr die Herrlichkeit* des HERRN sehen.
Tut deshalb, was der HERR euch befohlen hat!«
7 Zu Aaron sagte er: »Geh jetzt an den Altar* und
opfere für dich selbst das Sühneopfer* und das
Brandopfer*, damit deine Schuld weggenommen
wird. Anschließend bringst du die Opfer für die
Schuld des Volkes dar. Tu alles, wie der HERR es vor-
geschrieben hat.«
8 Aaron ging zum Altar und schlachtete den jungen
Stier, den er als Sühneopfer für sich selbst mitge-
bracht hatte. 9 Seine Söhne fingen das Blut auf und
brachten es ihm. Mit dem Finger strich er von dem
Blut an die Hörner* des Altars; das übrige Blut schüt-
tete er unten an den Altar. 10 Die Fettstücke, die Nie-
ren und den Fettlappen an der Leber verbrannte er
auf dem Altar, genau wie der HERR es Mose aufgetra-
gen hatte. 11 Das Fleisch und die Haut verbrannte er
außerhalb des Lagers.
12 Nun schlachtete Aaron den Schafbock für das
Brandopfer. Seine Söhne fingen das Blut auf und er
sprengte es ringsum an den Altar. 13 Dann zerlegten
sie das Opfertier und reichten ihm die Stücke, zuletzt
den Kopf. Aaron verbrannte alles auf dem Altar.
14 Die Eingeweide und die Unterschenkel säuberte
er mit Wasser und legte sie oben auf die brennenden
Stücke.

Aaron opfert für das Volk

15 Danach brachte Aaron dem HERRN die Opfergaben
des Volkes. Er schlachtete den Ziegenbock, der als
Opfer für die Verfehlungen des Volkes bestimmt
war, und verfuhr damit wie bei dem Sühneopfer*
für sich selbst. 16 Er besorgte das Brandopfer* genau
nach der Anordnung. 17 Vom Speiseopfer* nahm er
eine Hand voll und verbrannte diesen Teil auf dem
Altar*, zusätzlich zu dem Speiseopfer, das zum Mor-
genbrandopfer gehört.
18 Dann schlachtete er den Stier und den Schaf-
bock für das Opfermahl* des Volkes. Seine Söhne
fingen das Blut auf und Aaron sprengte es ringsum
an den Altar. 19-20 Die besten Stücke der beiden Opfer-
tiere legten seine Söhne auf die Fleischstücke von
der Brust: das Fett an den Eingeweiden, die beiden
Nieren mit dem Nierenfett, den Fettlappen an der
Leber und dazu vom Schafbock den Fettschwanz.
Aaron verbrannte alle Fettstücke auf dem Altar;
21 die Bruststücke und die rechte Hinterkeule aber
übereignete* er symbolisch dem HERRN, genau wie
Mose es befohlen hatte.
22 Als Aaron alle Opfer dargebracht hatte, hob er
seine Hände empor und segnete das Volk. Dann stieg
er vom Altar herab. 23 Zusammen mit Mose ging er in
das Heilige Zelt*. Als sie wieder herauskamen und
das Volk segneten, zeigte sich die Herrlichkeit* des
HERRN dem ganzen Volk. 24 Flammen gingen von
ihr aus und verzehrten die Brandopferstücke und
die Fettstücke auf dem Altar. Bei diesem Anblick
brach das Volk in Jubel aus und alle warfen sich
anbetend zu Boden.

Ein schwerer Verstoß gegen die Opfervorschriften

10 Zwei Söhne Aarons, Nadab und Abihu, nah-
men ihre Räucherpfannen*, legten Glut und
Weihrauch hinein und gingen damit ins Heilige
Zelt*. Aber sie hatten die Weisung des HERRN nicht
beachtet und die Glut nicht vom Altar* des HERRN
genommen. 2 Da ging Feuer vom HERRN aus und töte-
te sie.
3 Mose sagte zu Aaron: »Hier erfüllt sich, was der
HERR gesagt hat:

›Ich erweise mich als der heilige Gott[a]
an denen, die mir nahen dürfen;
und meine Macht und Hoheit zeige ich
vor meinem ganzen Volk.‹«
Aaron war vor Schreck wie gelähmt.

4 Mose rief Mischaël und Elizafan, die Söhne von
Aarons Onkel Usiël, und befahl ihnen: »Schafft die
Leichen eurer Verwandten aus dem Heiligtum!
Bringt sie vors Lager hinaus!« 5 Sie gehorchten und
schafften die Toten in ihren Priesterhemden an
einen Platz außerhalb des Lagers.
6 Mose sagte zu Aaron und dessen Söhnen Eleasar
und Itamar: »Lasst eure Brüder, die anderen Israeli-

a Der »heilige Gott« fordert von denen, die in seine Nähe kommen dürfen, als Zeichen der Ehrfurcht die strengste Beachtung der dafür festgesetzten Regeln. Das Ende von Vers 1 lautet wörtlich: *Sie brachten fremdes Feuer vor den HERRN, das er ihnen nicht befohlen hatte.* Ist die Strafe vielleicht deshalb so hart, weil der Versuchung vorgebeugt werden soll, *Fremdem* (d. h. der Verehrung fremder Götter) in Israel Raum zu geben?

9,6 Ex 16,7S **9,7** Hebr 5,3S **9,16** 1,10-13 **9,21** Ex 29,26S **9,22** Num 6,22-26 **9,23** Ex 16,7S **9,24** Ri 6,21; 1 Kön 18,38; 1 Chr 21,26; 2 Chr 7,1
10,2 Num 11,1; 16,35; 2 Kön 2,10-14

ten, um die beiden Männer trauern, die der HERR
bestraft hat! Ihr aber dürft eure Haare nicht unge-
pflegt hängen lassen und eure Kleider nicht zerrei-
ßen. Sonst müsst auch ihr sterben und der Zorn
des HERRN kommt über die ganze Gemeinde. 7 Ent-
fernt euch auf keinen Fall vom Eingang des Heiligen
Zeltes, sonst müsst ihr sterben; denn ihr seid mit hei-
ligem Öl zu Priestern des HERRN geweiht.«

Aaron und seine Söhne befolgten diese Anwei-
sung.

Einschärfung der Priesterpflichten

8 Der HERR sagte zu Aaron: 9 »Wenn ein Priester*, du
selbst oder einer deiner Söhne, ins Heilige Zelt*
geht, darf er vorher weder Wein noch Bier trinken,
sonst muss er sterben. Diese Vorschrift gilt für alle
Zukunft.

10 Ihr müsst unterscheiden zwischen gewöhnli-
chen Orten und meinem Heiligtum, zwischen rei-
nen* Dingen und unreinen. 11 Ihr müsst den Israeli-
ten alle Gesetze einprägen, die ich durch Mose ver-
kündet habe, und müsst sie ihnen erklären.«

12-13 Mose sagte zu Aaron und den beiden Söhnen,
die ihm geblieben waren, Eleasar und Itamar: »Was
von den Speiseopfern* übrig bleibt, die dem HERRN
dargebracht werden, dürft ihr nehmen und daraus
Brot backen, aber ohne Sauerteig[a]. Esst es an
geweihter Stätte, neben dem Altar*, denn es ist
etwas besonders Heiliges*. So hat der HERR es mir
befohlen. Es ist der Anteil, der dir, Aaron, und dei-
nen Nachkommen von den Speiseopfern des HERRN
zusteht.

14 Die Brust und die Keule, die dir und deinen
Nachkommen von den Mahlopfern* der Israeliten
zustehen, könnt ihr an einem anderen reinen Ort
verzehren, nicht nur du und deine Söhne, sondern
auch die Frauen. 15 Die Priester sollen aber zuerst
Keule und Brust zusammen mit den Fettstücken
des Opfertieres zum Altar bringen und sie dem
HERRN symbolisch übereignen*. Danach gehören
sie dir und deinen Söhnen. Das steht euch für alle
Zukunft als euer Anteil zu. So hat der HERR es be-
fohlen.«

16 Als Mose nach dem Ziegenbock fragte, der als
Sühneopfer* dargebracht worden war, stellte sich
heraus, dass man auch Fleisch und Fell des Tieres
verbrannt hatte.

Da wurde Mose zornig auf Eleasar und Itamar, die
beiden Söhne, die Aaron geblieben waren, und
sagte: 17 »Warum habt ihr das getan? Ihr hättet das
Fleisch des Sühneopfers an geweihter Stätte essen
sollen; denn es ist etwas besonders Heiliges. Der
HERR hat es euch gegeben, weil ihr zwischen ihm
und der Gemeinde alles wieder ins Reine bringen
und die Schuld der Gemeinde wegschaffen sollt.
18 Nur wenn das Blut des Opfertieres ins Heiligtum
vor den HERRN gebracht worden wäre, hätte das Tier
verbrannt werden dürfen. So aber hättet ihr das
Fleisch im Heiligtum essen müssen, wie ich es ange-
ordnet hatte.«

19 Aaron antwortete Mose: »Du weißt doch, meine
Söhne haben ihr Sühneopfer und ihr Brandopfer*
dem HERRN heute ordnungsgemäß dargebracht und
trotzdem ist so etwas Fürchterliches geschehen.
Meinst du, es hätte dem HERRN gefallen, wenn wir
ausgerechnet heute das Fleisch des Sühneopfers
gegessen hätten?«

20 Mose ließ sich das sagen und hieß es gut.

BEDINGUNGEN FÜR DIE TEILNAHME AM OPFERGOTTESDIENST

(Reinheitsvorschriften; Kapitel 11–15)

Welche Tiere die Israeliten essen dürfen und welche nicht

(Dtn 14,3-21)

11 1-3 Der HERR befahl Mose und Aaron, den Leu-
ten von Israel zu sagen:

»Folgende Tiere dürft ihr essen: Von den großen
Landtieren sind euch alle erlaubt, die deutlich
gespaltene Klauen haben und zugleich ihre Nahrung
wiederkäuen. 4-6 Dagegen sollt ihr Kamele, Hasen
und Klippdachse meiden. Sie sind zwar Wieder-
käuer,[b] haben aber keine gespaltenen Klauen.
7 Auch das Schwein ist für euch verboten. Es hat
zwar gespaltene Klauen, ist aber kein Wiederkäuer.
Esst keins von diesen Tieren und berührt sie auch
nicht, wenn sie verendet sind. Sie alle gelten für euch
als unrein*.

9-12 Von den Tieren, die im Wasser leben, in Flüs-
sen, Seen und Meeren, dürft ihr nur die essen, die
Flossen und Schuppen haben, die übrigen sollen
euch als ungenießbar gelten. Esst keins von diesen
Tieren und wendet euch voll Ekel davon ab, wenn
ihr irgendwo ein verendetes findet.

13-19 Folgende Vögel dürft ihr auf keinen Fall essen;
sie sollen euch als ungenießbar gelten: Adler, Geier,
Eulen und alle anderen Raubvögel, außerdem Krä-
hen, Strauße, Schwalben, Möwen, Störche, Reiher,
Wiedehopfe und Fledermäuse.

20 Auch alle vierfüßigen geflügelten Insekten sollt
ihr verabscheuen, 21 mit Ausnahme derer, die
Sprungbeine haben und damit auf der Erde hüpfen
können. 22 Ihr dürft also alle Heuschreckenarten
essen; 23 aber alles andere Ungeziefer mit Flügeln
und Füßen ist für euch ungenießbar.

a Vgl. die Anmerkung zu 2,4.
b Hase und Klippdachs wurden offenbar wegen der ›mümmelnden‹ Art ihres Kauens für Wiederkäuer gehalten. Die Israeliten werden hier nicht über Tierkunde belehrt, sondern es wird an die ihnen geläufige Einteilung der Tiere angeknüpft. Eine Begründung für die »Unreinheit« bestimmter Tiere wird nicht gegeben. Man kann aber vermuten, dass diese Tiere als Opfer bei der Verehrung fremder Götter oder bei magischen Praktiken eine Rolle spielten oder als Träger von Dämonen oder Totengeistern galten.

10,9 Jes 28,7; Ez 44,21 **10,10** 11,1-15,33; Ez 22,26; 44,23 **10,12-13** 2,10; 6,9-11; Num 18,8-10 S **10,14-15** 7,28-36 **10,15** Ex 29,26 S **11,1-47** Apg 10,11-16
11,7 Jes 65,4; 66,17; 2 Makk 6,18-20 **11,22** Mk 1,6 par

»Rein« und »unrein«

Jüdische Speisevorschriften

Die Vorschriften

Die wichtigsten Speisevorschriften stehen im 11. und 17. Kapitel des Buches Levitikus:

1. Es darf nur Fleisch von Tieren gegessen werden, die gespaltene Klauen haben und ihre Nahrung wiederkäuen.
2. Es dürfen nur Fische gegessen werden, die Flossen und Schuppen haben.
3. Das Fleisch von Raubvögeln und Aas fressenden Vögeln darf nicht gegessen werden.
4. Das Fleisch von Tieren, die verendet sind oder von anderen Tieren getötet wurden, darf nicht gegessen werden.
5. Es darf nur Fleisch von Tieren gegessen werden, die auf die Art geschlachtet wurden, dass alles Blut auslaufen konnte.

Sinn der Vorschriften

Was immer der ursprüngliche Sinn dieser Vorschriften gewesen sein mag, sie verraten in jedem Fall ein gesundes Empfinden, was Ernährung, Hygiene und medizinische Belange angeht. Was hier verboten wird, ist tatsächlich in vielen Fällen gefährlich, weil Übertragung von Krankheiten droht, so beim Genuss von Schweinefleisch oder von Schalentieren oder beim Genuss des Fleisches Aas fressender Vögel. Die Bibel geht davon aus, dass diese Vorschriften aus religiösen Gründen erlassen wurden: »Weil ihr mir als ein heiliges Volk gehört ...« (Exodus 22,30). Unzweifelhaft hat die Befolgung der Nahrungsvorschriften dem jüdischen Volk ein Gefühl der Zusammengehörigkeit gegeben in einem Glauben, der es von allen anderen Völkern unterscheidet. Viele hundert Jahre nach Mose weigerten sich Daniel und seine Freunde am babylonischen Hof, ihrem Glauben durch Übertretung der Nahrungsvorschriften untreu zu werden (Daniel 1).

Teil des Familienlebens

Mahlzeiten, vor allem an den Sabbaten und Festtagen, stellen auch heute noch Höhepunkte im jüdischen Familienleben dar. Jede Mahlzeit beginnt und schließt mit Gebet. Die Feste werden zu Hause mit einem gottesdienstlichen Beisammensein gefeiert, bei dem man des jeweiligen Ereignisses aus der Geschichte Israels gedenkt und Speisen reicht, die in einer besonderen Beziehung zu diesem Ereignis stehen. Solche Mahlzeiten lassen die Vergangenheit lebendig werden und bieten die Möglichkeit, den Kindern davon zu erzählen.

Zu jedem Sabbat gehört die feierliche Handlung des Brotbrechens.

Die Israeliten durften kein Schweinefleisch essen, ebenso wenig das Fleisch Aas fressender Vögel wie des Geiers.

[24–28] Die folgenden Tiere dürft ihr nicht berühren, wenn sie verendet sind:[a] alle großen Landtiere, die nicht deutlich gespaltene Hufe haben und zugleich Wiederkäuer sind, und alle Tiere, die vier Füße haben und auf Tatzen gehen. Wer eines dieser Tiere berührt, ist unrein bis zum Abend, und wer das Aas eines solchen Tieres wegschafft, muss außerdem noch seine Kleider waschen.

[29–31] Von den kleinen Landtieren, die auf der Erde kriechen, gelten für euch als unrein die Mäuse und Maulwürfe, alle Eidechsenarten und das Chamäleon. Wer sie berührt, nachdem sie verendet sind, ist bis zum Abend unrein.

[32] Alle Gegenstände, auf die ein totes Tier dieser Art fällt, werden unrein, gleichgültig, ob sie aus Holz, Leinen, Leder oder Ziegenhaar sind, und gleichgültig, wofür sie gebraucht werden. Sie müssen sogleich in Wasser getaucht werden und bleiben unrein bis zum Abend.

[33] Fällt ein totes Tier dieser Art in ein Tongefäß, so wird dessen Inhalt unrein und ihr müsst das Gefäß zerschlagen. [34] Jede Speise, die mit Wasser aus solch einem Gefäß zubereitet wird, ist unrein, und auch alle Getränke sind unrein, die aus solch einem Gefäß getrunken werden.

[35] Wenn das tote Tier auf einen Herd oder Backofen fällt, muss er eingerissen werden; er ist unrein und für immer unbenutzbar geworden. [36] Jedoch ein Brunnen oder eine wassergefüllte Zisterne bleibt rein. Unrein wird nur, wer das tote Tier herausholt.

[37] Fällt Aas auf Saatgut, das gerade ausgesät werden soll, so bleibt das Saatgut rein; [38] war es aber zum Vorkeimen in Wasser gelegt worden, so wird es unrein.

[39] Wenn ein Tier, das ihr eigentlich essen dürft, verendet, darf es nicht berührt werden; wer es berührt, wird bis zum Abend unrein. [40] Wer das verendete Tier wegträgt oder etwas davon isst, muss außerdem seine Kleider waschen.

[41–42] Alle kleinen Landtiere müsst ihr verabscheuen und dürft sie auf keinen Fall essen, gleichgültig, ob sie auf dem Bauch kriechen oder sich auf vier oder mehr Füßen fortbewegen. [43] Sonst werdet ihr unrein und erregt meinen Abscheu. [44] Ich bin der Herr, euer Gott! Ich bin heilig*, deshalb sollt auch ihr rein und heilig sein. Verunreinigt euch nicht durch irgendetwas, was auf der Erde kriecht.

[45] Ich bin der Herr, der euch aus Ägypten geführt hat, um euer Gott zu sein. Ihr sollt heilig sein, weil ich heilig bin.«

[46] Dies sind die Anweisungen zur Beurteilung der verschiedenen Tierarten. [47] Sie sind gegeben, damit unterschieden wird zwischen rein und unrein, zwischen Tieren, die gegessen werden dürfen, und solchen, die nicht gegessen werden dürfen.

Reinheitsvorschriften für Wöchnerinnen

12 [1–2] Der Herr befahl Mose, den Leuten von Israel zu sagen:

Wenn eine Frau einen Sohn zur Welt bringt, ist sie 7 Tage unrein*, genau wie während ihrer monatlichen Blutung. [3] Am 8. Tag soll der Sohn beschnitten werden. [4] Danach muss die Frau noch 33 Tage warten, bis sie wieder ganz rein ist. In dieser Zeit darf sie nicht zum Heiligtum kommen und auch nichts berühren, was als Opfer oder Abgabe für das Heiligtum bestimmt ist.[b]

[5] Hat sie eine Tochter zur Welt gebracht, wird sie 14 Tage unrein und muss dann noch 66 Tage warten, bis sie wieder ganz rein ist.

[6] Sind die 33 oder 66 Tage um, so soll die Frau ein einjähriges Schaf als Brandopfer* und eine Taube oder Turteltaube als Sühneopfer* zum Priester* an den Eingang des Heiligen Zeltes bringen. [7–8] Ist sie zu arm, um ein Schaf zu opfern, so soll sie zwei Turteltauben oder zwei andere Tauben° nehmen, eine als Brandopfer und eine als Sühneopfer. Der Priester bringt ihre Opfergaben dem Herrn dar und nimmt damit ihre Unreinheit weg; dann ist sie wieder rein.

Dies sind die Reinheitsvorschriften für Wöchnerinnen.

Bestimmungen über die Feststellung von Aussatz

13 Der Herr gab Mose und Aaron folgende Anweisungen:

[2] Wenn sich auf der Haut eines Menschen eine Schwellung zeigt oder Schuppen oder ein heller Fleck und somit der Verdacht auf Aussatz* besteht, muss die betreffende Person zum Priester*, zu Aaron oder einem seiner Söhne, gebracht werden. [3] Der Priester muss sich den Fall ansehen. Ist die Behaarung an der kranken Stelle weiß und liegt diese tiefer als die umgebende Haut, so handelt es sich um Aussatz. Sobald der Priester das festgestellt hat, erklärt er die betreffende Person für unrein.[c] [4] Ist es aber ein heller Fleck auf der Haut, der nicht tiefer liegt als die umgebende Haut und dessen Behaarung nicht weiß geworden ist, so soll der Priester die erkrankte Person eine Woche lang isolieren. [5] Dann soll er sie sich wieder ansehen. Wenn die Stelle noch genauso aussieht wie vorher und der Befall sich nicht ausgebreitet hat, soll er sie noch einmal sieben Tage isolieren. [6] Ist dann der Fleck dunkler geworden und hat sich nicht weiter ausgebreitet, so war es ein harmloser Ausschlag und der Priester erklärt die Person für rein. Sie muss nur noch ihre Kleider waschen. [7] Wenn der Ausschlag sich später doch wieder ausbreitet, muss sie sich ein zweites Mal dem Priester zeigen. [8] Findet der Priester den Verdacht auf Aussatz bestätigt, muss er sie für unrein erklären.

a Nach Vers 39-40 wirkt die Berührung mit Aas überhaupt verunreinigend. Auch dies ist nicht nur eine hygienische Vorschrift, sondern darin begründet, dass für das Alte Testament im Tod (und im Toten) gottfeindliche Mächte wirken.
b Hier wird ganz deutlich, was »rein« bedeutet: Die Tauglichkeit zur Teilnahme am Opfergottesdienst.
c Auch hier geht es nicht allein um eine hygienische Maßnahme, zumal der Gedanke der Ansteckung nicht im Vordergrund steht. (Aussatz ist ein Sammelbegriff für Hautkrankheiten und nicht einfach = Lepra.) Siehe die Sacherklärung »rein«.

11,44-45 19,2bS **12,3** Gen 17,4-14S **12,7-8** 5,7; 14,21-22; 27,8

a *Aussatz:* Im Hebräischen steht ein Wort, das »Schlag, (unheimliche) Berührung« bedeutet. Im Blick ist nicht die Ansteckungsgefahr, sondern die Gefahr eines dämonischen Einflusses; siehe Sacherklärungen »Aussatz« und »rein«.

9–10 Wenn sich auf der Haut eines Menschen eine
weiße Schwellung zeigt, muss die betreffende Per-
son zum Priester gebracht werden, damit der sich
den Fall ansieht. Ist auch die Behaarung an der kran-
ken Stelle weiß geworden und es wuchert darauf
wildes Fleisch, 11 so handelt es sich um Aussatz im
fortgeschrittenen Stadium. Der Priester muss die
betreffende Person für unrein erklären; der Fall ist
eindeutig. 12–13 Wenn aber der Priester sieht, dass
der Ausschlag den ganzen Körper von Kopf bis
Fuß bedeckt, soll er die erkrankte Person für rein
erklären. Weil die ganze Haut weiß geworden ist,
gilt die Person als rein. 14–15 Sobald jedoch irgend-
wo wildes Fleisch wuchert, muss sie für unrein
erklärt werden. Wucherndes Fleisch ist ein
Zeichen für Aussatz. 16–17 Wenn die Wucherung
zurückgeht und alles weiß wird, soll sie wieder
zum Priester gehen und der Priester erklärt sie
für rein.

18 Wenn auf der Haut eines Menschen ein
Geschwür entsteht und wieder abheilt, 19 aber an
der Stelle des Geschwürs bildet sich eine weiße
Schwellung oder ein rotweißer Fleck, dann muss
die betreffende Person sich dem Priester zeigen.
20 Liegt die Stelle tiefer als die umgebende Haut
und ist die Behaarung darauf weiß geworden, so soll
der Priester die Person für unrein erklären. Es han-
delt sich um Aussatz, der mit einem Geschwür ange-
fangen hat. 21 Kann der Priester jedoch keine solchen
Anzeichen feststellen und die Färbung ist sogar
zurückgegangen, so soll er die betreffende Person
sieben Tage isolieren. 22 Hat der Fleck sich danach
ausgedehnt, so ist es Aussatz und der Priester muss
die erkrankte Person für unrein erklären. 23 Ist der
Fleck jedoch nicht größer geworden, so ist es nur
die Narbe von dem Geschwür und der Priester
erklärt die Person für rein.

24 Wenn jemand eine Brandwunde auf der Haut
hat und sich darin ein rotweißer oder weißer Fleck
bildet, 25 muss die betreffende Person die Wunde
dem Priester zeigen. Stellt sich heraus, dass die
Behaarung auf dem Fleck weiß geworden ist und
die Stelle tiefer liegt als die umgebende Haut, so ist
in der Brandwunde Aussatz ausgebrochen und der
Priester muss die Person für unrein erklären.
26 Kann der Priester jedoch keine solchen Anzeichen
feststellen und die Färbung ist sogar zurückgegan-
gen, so soll er sie eine Woche lang isolieren 27 und
sich dann wieder ansehen. Hat der Fleck sich in
der Zwischenzeit ausgedehnt, so ist es Aussatz und
der Priester muss die erkrankte Person für unrein
erklären. 28 Ist der Fleck jedoch nicht größer gewor-
den und die Haut hat wieder ihre normale Färbung,
so ist es nur die Narbe von der Brandwunde und der
Priester erklärt die Person für rein.

29 Wenn ein Mann oder eine Frau einen Ausschlag
auf der Kopfhaut bekommt oder der Mann unter
dem Bart, 30 dann muss der Priester sich den Fall
ansehen. Liegt der Ausschlag tiefer als die umgeben-
de Haut und die Haare an der Stelle sind gelblich
geworden und haben ihre Festigkeit verloren, so
ist es Aussatz, wie er auf dem Kopf oder im Bart auf-
tritt, und der Priester muss die erkrankte Person für
unrein erklären. 31 Liegt der Ausschlag zwar nicht
tiefer als die umgebende Haut, aber das Haar an
der Stelle ist gelblich geworden, so soll der Pries-
ter die Person eine Woche lang isolieren 32 und
sich dann wieder ansehen. Hat sich der Ausschlag
in der Zwischenzeit nicht weiter ausgebreitet, haben
sich keine gelblichen Haare mehr gebildet und
erscheint die Stelle nicht tiefer als die umge-
bende Haut, 33 so soll die Person das Haar rund um
die Stelle abrasieren lassen. Der Priester isoliert
sie noch einmal sieben Tage 34 und sieht sich
den Fall danach wieder an. Hat sich der Ausschlag
nicht weiter ausgebreitet und die Stelle liegt nicht
tiefer als die umgebende Haut, so erklärt er die be-
treffende Person für rein. Sie muss nur noch ihre
Kleider waschen. 35 Wenn der Befall sich später
doch noch weiter ausbreitet, 36 muss der Priester
sich die Person noch einmal ansehen. Hat sich der
Ausschlag wirklich ausgebreitet, so braucht er nicht
erst nach gelblich gewordenen Haaren zu suchen.
Der Fall ist eindeutig: Die erkrankte Person ist
unrein. 37 Findet jedoch der Priester, dass der Aus-
schlag sich nicht weiter ausgebreitet hat, und
sprossen an der Stelle wieder schwarze Haare, so
ist der Ausschlag geheilt und der Priester erklärt
die Person für rein.

38 Zeigen sich bei einem Mann oder einer Frau
weiße Flecken auf der Haut, 39 so muss der Priester
sich den Fall ansehen. Sind es nur blassweiße Fle-
cken, so ist es ein harmloser Ausschlag und die
betreffende Person ist rein.

40–41 Verliert ein Mann die Haare auf seinem Kopf,
an der Stirnseite oder auf dem Hinterkopf, wird er
dadurch nicht unrein. 42–43 Zeigt sich aber auf der kah-
len Stelle ein rotweißer Ausschlag, so muss der Pries-
ter sich den Fall ansehen. Stellt er fest, dass der rot-
weiße Fleck genauso aussieht wie Aussatz am Kör-
per, 44 so handelt es sich tatsächlich um Aussatz
und der Priester muss den Betreffenden für unrein
erklären. Es ist Aussatz am Kopf.

Über das Verhalten von Aussätzigen

45 Alle, die von Aussatz[a] befallen sind, müssen zerris-
sene Kleider tragen und ihr Haar frei hängen lassen;
Männer müssen den Bart verhüllen. Sie müssen
andere, die in ihre Nähe kommen, mit dem Ruf
»Unrein, unrein!« warnen. 46 Solange der Zustand
anhält, bleiben sie unrein. Sie müssen abgesondert
leben und sich außerhalb des Lagers aufhalten.

Bestimmungen für den Befall von Gebrauchsgegenständen

47-49 Wenn an einem Kleid oder Gewebe aus Wolle oder Leinen oder an gegerbten Fellen oder an Gegenständen aus Leder ein Fleck auftritt und dieser Fleck gelblich grün oder rötlich ist, dann kann es sich um fressenden Schimmel[a] handeln und das Stück muss dem Priester* gezeigt werden. 50 Der Priester sieht es sich an und schließt es sieben Tage ein. 51 Hat sich danach der Fleck vergrößert, so ist es tatsächlich fressender Schimmel. Der Priester erklärt das Stück für unrein* 52 und es muss verbrannt werden.

53 Stellt der Priester jedoch fest, dass der Fleck sich nicht ausgebreitet hat, 54 so lässt er das befallene Stück waschen und schließt es noch einmal sieben Tage ein. 55 Ist danach das Aussehen an der Stelle unverändert, so ist das Stück unrein, auch wenn der Fleck sich nicht weiter ausgebreitet hat. Es muss verbrannt werden, weil der Schimmel so tief sitzt, gleichgültig, ob es auf der Außenseite oder auf der Innenseite ist.

56 Stellt der Priester fest, dass der Fleck nach der Reinigung verblasst ist, so reißt er das befallene Stück von dem Kleid, dem Leder oder dem Gewebe ab. 57 Tritt der Befall danach an den übrigen Teilen auf, so muss der Gegenstand verbrannt werden. 58 Ist jedoch der Fleck bei der Reinigung ganz verschwunden, so muss das Stück ein zweites Mal gewaschen werden und ist dann rein.

59 Nach diesen Regeln muss bei Schimmel an einem Kleid oder Gewebe aus Wolle oder Leinen oder an Gegenständen aus Leder entschieden werden, ob etwas für rein oder unrein zu erklären ist.

Bestimmungen für die Reinerklärung von Aussätzigen

14 1-2 Der HERR sagte Mose auch, wie zu verfahren ist, damit ein Aussätziger,[b] der geheilt ist, wieder als rein gelten kann.[c]

Der Betreffende wird zum Priester* gebracht, 3 der dazu vor das Lager hinausgeht. Wenn der Priester feststellt, dass der Kranke von seinem Aussatz geheilt ist, 4 ordnet er an, dass zwei lebende reine Vögel, Zedernholz, Karmesinfarbe und Ysop[d] gebracht werden. 5 Er lässt den einen Vogel über einer Tonschale mit Quellwasser schlachten. 6 Dann wirft er das Zedernholz, die Karmesinfarbe und den Ysop in das mit dem Wasser vermischte Blut und taucht auch den lebenden zweiten Vogel hinein. 7 Mit der Mischung besprengt er den Genesenen siebenmal und erklärt ihn für rein; den Vogel lässt er fortfliegen.

8 Dann wäscht der Genesene seine Kleider, er lässt sein gesamtes Haar scheren und spült sich mit Wasser ab. Nun ist er rein und er darf ins Lager kommen, muss aber noch sieben Tage außerhalb seines Zeltes zubringen. 9 Am siebten Tag muss er sein Haar nochmals scheren lassen, das Kopf- und Barthaar, die Augenbrauen und die Haare am übrigen Körper, er muss seine Kleider waschen und seinen Körper mit Wasser abspülen. Dann ist er endgültig rein.

10 Am achten Tag nimmt der Genesene zwei fehlerfreie junge Schafböcke und ein fehlerfreies einjähriges Schaf sowie als Speiseopfer* 3/10 Efa* (3,5 Kilo) Weizenmehl mit Olivenöl vermengt und außerdem 1/12 Hin* (1/3 Liter) Olivenöl. 11 Der Priester führt ihn mit seinen Opfergaben zum Eingang des Heiligen Zeltes* und stellt ihn vor den HERRN.

12 Der erste Schafbock und das Öl sind für das Wiedergutmachungsopfer* bestimmt. Der Priester übereignet* diese Opfergaben symbolisch dem HERRN 13 und schlachtet dann den Schafbock an geweihter Stätte, dort, wo die Sühne- und Brandopfertiere geschlachtet werden. Genau wie das Sühneopfer* fällt das Wiedergutmachungsopfer dem Priester zu; es ist etwas besonders Heiliges*.

14 Der Priester nimmt etwas von dem Blut des Opfertieres und betupft damit dem Genesenen das rechte Ohrläppchen, den rechten Daumen und die rechte große Zehe. 15 Von dem Öl gießt er sich etwas in die hohle linke Hand, 16 taucht den rechten Zeigefinger hinein und sprengt damit siebenmal an den Altar. 17 Dann betupft er damit dem Genesenen das rechte Ohrläppchen, den rechten Daumen und die rechte große Zehe 18 und streicht ihm den Rest des Öls in seiner Hand auf den Kopf. So sorgt er dafür, dass zwischen dem Genesenen und dem HERRN alles wieder ins Reine gebracht wird.

Krankheiten wurden im alten Israel anders beurteilt als heute. So sah man in bestimmten Formen wie dem Aussatz gottfeindliche Mächte am Werk. Es genügte deshalb nicht, geheilt zu sein; der Genesene musste durch ein Opfer und eine Reinigungszeremonie von der Berührung mit jenen Mächten »gereinigt« werden. Dabei wurden u.a. Ysop-Zweige verwendet (14,4.6).

14,1-2 Mk 1,44 par **14,13** Num 18,8-10 S

a Im Hebräischen steht dasselbe Wort wie »Aussatz« in 13,2 und »Schwamm« in 14,34. Alle diese Erscheinungen werden zusammengesehen und auf ähnliche Weise behandelt.
b Es ist anzunehmen, dass die Vorschriften sinngemäß auch für Frauen galten, auch wenn sich im Unterschied zu Kap 13 (Verse 29 und 38) kein Hinweis darauf findet.
c Reinheit (siehe Sacherklärung) ist nicht schon mit dem Verschwinden der Symptome gegeben, sondern muss durch die im Folgenden beschriebenen Maßnahmen hergestellt werden.
d Siehe Abbildung und Bildbeischrift unten sowie die Sacherklärung.

a Siehe Abbildung und Bildbeischrift Seite 161 sowie die Sacherklärung.
b Wörtlich *fließendem* (im Gegensatz zu stehendem) *Wasser.*

19 Dann bringt der Priester das Schaf als Sühneop-
fer dar und befreit so den Genesenen von dem
Makel, der ihm wegen seiner Unreinheit anhaftet.
Danach schlachtet er den zweiten Schafbock für
das Brandopfer* 20 und verbrennt ihn zusammen
mit dem Speiseopfer auf dem Altar. So nimmt der
Priester die Unreinheit des Genesenen weg und er
ist wieder rein.
21 Ist jemand zu arm für diese Opfergaben, so muss
er nur den einen Schafbock aufbringen, der als Wie-
dergutmachungsopfer dient und dem HERRN symbo-
lisch übereignet wird, damit alles ins Reine kommt.
Dazu nimmt er als Speiseopfer 1/10 Efa (gut 1 Kilo)
Mehl mit Öl vermengt und 1/12 Hin (1/3 Liter) Öl
22 sowie zwei Turteltauben oder zwei andere Tau-
ben, die eine für das Sühneopfer, die andere für
das Brandopfer.
23 Er bringt dies alles am achten Tag zum Priester
an den Eingang des Heiligen Zeltes und tritt damit
vor den HERRN. 24 Der Priester nimmt den Schafbock
für das Wiedergutmachungsopfer sowie das Öl und
übereignet beides symbolisch dem HERRN. 25–31 Dar-
auf schlachtet er den Bock und verfährt mit dem Blut
und dem Öl genau wie im vorangehenden Fall. Dann
bringt er die eine Taube als Sühneopfer dar, die
andere als Brandopfer, und dazu das Speiseopfer.
So sorgt er dafür, dass zwischen dem Genesenen
und dem HERRN alles wieder ins Reine gebracht wird.
32 Nach dieser Vorschrift ist zu verfahren, wenn
jemand vom Aussatz genesen, aber zu arm ist,
um ein größeres Opfer für seine Reinigung aufzu-
bringen.

Bestimmungen für Befall an Häusern

33 Weiter sagte der HERR zu Mose und Aaron:
34 Wenn ihr in das Land kommt, das der HERR euch
zum Eigentum gibt, und der HERR lässt an einem
Haus Schwamm auftreten, 35 dann muss der Besitzer
des Hauses zum Priester* gehen und melden: »An
meinem Haus ist etwas, das wie Aussatz* aussieht.«
36 Bevor der Priester in das Haus geht, lässt er es
ausräumen. Sonst muss, wenn der Verdacht zutrifft,
der ganze Hausrat für unrein* erklärt werden. Erst
danach geht er hinein und sieht sich das Haus an.
37 Stellt er fest, dass an der Wand gelblich grüne
oder rötliche Flecken sind, die tiefer liegen als die
übrige Wand, 38 so versperrt er das Haus für sieben
Tage. 39 Stellt er danach fest, dass die Flecken an
der Wand sich ausgedehnt haben, 40 so lässt er die
Steine, die davon befallen sind, herausreißen und
außerhalb der Stadt an einen unreinen Platz werfen.
41 Die Innenwände werden ringsum abgekratzt und
der Putz wird ebenfalls an einen unreinen Platz
vor der Stadt geworfen. 42 Dann werden andere
Steine anstelle der alten eingesetzt und das Haus
wird neu verputzt.
43 Kommen die Flecken danach wieder zum Vor-
schein 44 und der Priester stellt fest, dass sie sich aus-
breiten, so ist es fressender Schwamm. Das Haus ist
unrein; 45 es muss niedergerissen werden. Steine,
Balken und Putz werden an einen unreinen Platz
außerhalb der Stadt geschafft.
46 Wer das Haus betritt, während es abgesperrt ist,
wird unrein bis zum Abend. 47 Wer dort schläft oder
isst, wird unrein und muss seine Kleider waschen.
48 Stellt der Priester jedoch fest, dass die Flecken
nicht wieder aufgetreten sind, nachdem der Putz
erneuert wurde, erklärt er das Haus für rein; der
Befall ist völlig beseitigt.
49 Um das Haus vollends rein zu machen, nimmt er
zwei Vögel, Zedernholz, Karmesinfarbe und Ysop.[a]
50 Er schlachtet den einen Vogel über einer Ton-
schale mit Quellwasser, 51 wirft das Zedernholz,
den Ysop und die Karmesinfarbe in das mit dem
Wasser vermischte Blut und taucht auch den ande-
ren Vogel hinein. Mit der Mischung besprengt er
das Haus siebenmal. 52–53 Dann lässt er den leben-
den Vogel aus der Stadt hinausfliegen. So nimmt
er die Unreinheit von dem Haus und es ist wieder
rein.
54–57 Nach diesen Weisungen soll der Priester Haut-
ausschläge bei Menschen und Flecken an Stoffen
und Häusern beurteilen und entscheiden, ob der
erkrankte Mensch oder der befallene Gegenstand
rein oder unrein ist.

Bestimmungen über körperliche Unreinheit

15 1–2 Der HERR befahl Mose und Aaron, den Leu-
ten von Israel zu sagen:
Jeder Mann, der einen krankhaften Ausfluss aus
seinem Glied hat, wird dadurch unrein*, 3 gleichgül-
tig, ob der Ausfluss wässrig oder dickflüssig ist.
4 Auch alles, worauf der Kranke liegt oder sitzt, wird
unrein. 5–6 Wer dessen Lager berührt oder sich auf
etwas setzt, worauf er gesessen hat, muss die Kleider
waschen und sich mit Wasser abspülen und bleibt
unrein bis zum Abend.
7–11 Dasselbe gilt, wenn einer den Kranken selbst
berührt, von ihm bespuckt wird, etwas berührt oder
wegträgt, worauf dieser gesessen hat, oder wenn er
von dem Kranken angefasst wird, ohne dass dieser
sich zuvor die Hände gewaschen hat. Auch der Sat-
tel, auf dem der Kranke reitet, wird unrein. 12 Ein
Tongefäß, das der Kranke berührt, muss zerschla-
gen, ein Holzgefäß muss mit Wasser abgespült
werden.
13 Wird der Kranke von seinem Ausfluss geheilt, so
wartet er noch sieben Tage. Dann wäscht er seine
Kleider, spült seinen Körper mit frischem Wasser[b]
ab und ist wieder rein. 14 Am achten Tag nimmt er
zwei Turteltauben oder zwei andere Tauben und

14,21-22 12,7-8S

tritt damit vor den *Herrn* am Eingang des Heiligen
Zeltes*. Die Tauben gibt er dem Priester. 15 Der
opfert die eine als Sühneopfer*, die andere als
Brandopfer* und bringt so zwischen dem Kranken
und dem Herrn alles wieder in Ordnung.

16 Hat ein Mann im Schlaf einen Samenerguss, so
muss er seinen ganzen Körper mit Wasser abspülen
und ist bis zum Abend unrein. 17 Jedes Kleidungs-
stück oder Fell, woran etwas von dem Samen gekom-
men ist, muss mit Wasser gereinigt werden und ist
unrein bis zum Abend. 18 Hat er den Samenerguss
im Verkehr mit einer Frau, so müssen sich beide
mit Wasser abspülen und bleiben bis zum Abend
unrein.

19 Wenn eine Frau ihre monatliche Blutung hat, ist
sie sieben Tage lang unrein. Jeder, der sie berührt,
wird unrein bis zum Abend. 20 Auch alles, worauf
sie sich während dieser Zeit legt oder setzt, wird
unrein. 21-22 Wer ihr Lager oder etwas, worauf sie
gesessen hat, berührt, muss seine Kleider waschen,
sich selbst mit Wasser abspülen und bleibt bis zum
Abend unrein. 23 Auch wer irgendetwas auf ihrem
Lager oder ihrer Sitzgelegenheit berührt, wird
unrein bis zum Abend. 24 Hat ein Mann während die-
ser Zeit mit ihr Geschlechtsverkehr, wird er selbst für
sieben Tage unrein. Jedes Lager, auf dem er liegt,
wird unrein.

25 Dauert die monatliche Blutung länger als sieben
Tage oder hat eine Frau außerhalb ihrer Periode
einen Ausfluss, der längere Zeit anhält, so ist sie wäh-
rend dieser Zeit genauso unrein wie während ihrer
Monatsblutung. 26 Jedes Lager, auf dem sie liegt,
und jeder Gegenstand, auf den sie sich setzt, wird
unrein. 27 Wer diese Dinge berührt, wird selbst
unrein. Er muss seine Kleider waschen und sich
mit Wasser abspülen und bleibt unrein bis zum
Abend.

28 Wird sie von dem Ausfluss geheilt, so wartet sie
noch sieben Tage und ist dann wieder rein. 29 Am
achten Tag bringt sie zwei Turteltauben oder zwei
andere Tauben zum Priester an den Eingang des Hei-
ligen Zeltes. 30 Der Priester opfert die eine als Sühne-
opfer, die andere als Brandopfer und bringt so zwi-
schen der Kranken und dem Herrn alles wieder in
Ordnung.

31 Abschließend sagte der Herr zu Mose und
Aaron: »Schärft den Leuten von Israel ein, dass sie
diese Reinheitsvorschriften beachten. Denn wenn
sie in unreinem Zustand meiner Wohnung, die mit-
ten in ihrem Lager ist, nahe kommen, müssen sie
sterben.«

32-33 Nach diesen Anordnungen ist zu verfahren,
wenn jemand, ob Mann oder Frau, einen Ausfluss
aus seinem Geschlechtsteil hat oder wenn ein Mann
mit einer Frau schläft, die ihre monatliche Blutung
hat.

DAS JÄHRLICHE HAUPTFEST UND DIE HAUPTREGEL FÜR DAS OPFER (Kapitel 16–17)

Bestimmungen für den Versöhnungstag

16 1-2 Nachdem die beiden Söhne Aarons gestor-
ben waren, weil sie sich dem Herrn auf eigen-
mächtige Weise genähert hatten, sagte der Herr zu
Mose:

»Sag deinem Bruder Aaron, dass er nur zu
bestimmten Zeiten durch den Vorhang in das inners-
te Heiligtum, das Allerheiligste*, geht. Sonst muss er
sterben. Denn dort zeige ich mich in einer Wolke
über der goldenen Deckplatte, die auf der Bundesla-
de* liegt.

3 Er darf auf keinen Fall hineingehen, bevor er
einen Stier als Sühneopfer* und einen Schafbock
als Brandopfer* dargebracht hat.

4 Zuerst soll er sich waschen und besondere Klei-
der anziehen: ein Priesterhemd und Kniehosen, Tur-
ban und Gürtel, alles aus einfachem Leinen. 5 Dann
lässt er sich von der Gemeinde Israel zwei Ziegen-
böcke als Sühneopfer und einen Schafbock als
Brandopfer geben. 6 Er selbst hält als Sühneopfer
für die eigene Schuld und die Schuld seiner Familie
den Stier bereit.

7 Die beiden Böcke bringt er zu mir an den Ein-
gang des Heiligen Zeltes*. 8 Das Los soll entscheiden,
welcher Bock mir und welcher Asasel[a] gehört. 9 Der
Bock, den das Los für mich bestimmt, wird mir von

Jedes Jahr am Versöhnungstag brachte der Oberste Priester für die Schuld des Volkes ein Opfer dar (Lev 16). Seit der Zerstörung des Jerusalemer Tempels durch die Römer im Jahr 70 n. Chr. opfern die Juden keine Tiere mehr; dagegen setzen die Samariter die Tradition der Tieropfer bis heute fort, wenn sie am Passafest ein Lamm oder Schaf schlachten.

a Der Name *Asasel* ist nicht zu deuten; offenbar handelt es sich um einen Dämon, der in der Wüste haust (Vers 10); siehe Sacherklärung.

15,25 Mk 5,25 par **16,1-17** Hebr 9,7.12 **16,1-2** 10,1-2; Ex 29,37S; 19,8-9S; 25,22S

a Zur Sünden tilgenden Kraft des Blutes vgl. 17,11. Der Hebräerbrief stellt der jährlichen Reinigung durch das »Blut der Böcke und jungen Stiere« die ein für alle Mal geschehene Erlösung durch das Blut Christi gegenüber (Hebr 9,12).

Aaron als Opfer für die Schuld des Volkes dargebracht; 10 der andere soll lebend vor mich gestellt und mit der Schuld des Volkes beladen zu Asasel in die Wüste getrieben werden.

11 Zuvor aber muss Aaron den Stier opfern, damit seine Schuld und die seiner Familie weggeschafft wird. Nachdem er das Tier geschlachtet hat, 12 nimmt er eine Pfanne voll glühender Kohlen vom Altar* vor dem Heiligen Zelt und dazu zwei Hand voll zerstoßenen Weihrauch und geht damit durch den Vorhang in das Allerheiligste. 13 Dort streut er den Weihrauch über die Glut, damit der aufsteigende Rauch die Deckplatte über der Lade mit dem Bundesgesetz* verhüllt und er nicht sterben muss. 14 Dann holt er etwas von dem Blut des geschlachteten Stieres und sprengt es mit dem Finger einmal gegen die Vorderseite der Deckplatte und siebenmal vor ihr auf die Erde.

15 Darauf schlachtet er den Ziegenbock, der als Sühneopfer für die Schuld des Volkes bestimmt ist, bringt sein Blut hinter den Vorhang und sprengt davon auf die Deckplatte der Lade und vor ihr auf die Erde, genau wie er es mit dem Blut des Stieres gemacht hat. 16 Auf diese Weise reinigt er das Allerheiligste, das durch die Sünden der Israeliten befleckt worden ist, und anschließend reinigt er das ganze Heilige Zelt, das mitten im Lager der Israeliten steht und durch ihre Verfehlungen unrein* wird.[a]

17 Niemand darf im Heiligen Zelt anwesend sein, während Aaron in das Allerheiligste geht und für sich, seine Familie und ganz Israel diese Sühnehandlung vollzieht.

18 Anschließend geht Aaron zum Altar, der vor dem Heiligen Zelt steht, und reinigt auch ihn. Er bestreicht die Hörner* des Altars mit dem Blut der beiden Opfertiere 19 und sprengt mit dem Finger siebenmal Blut an den Altar. Auf diese Weise reinigt er ihn von der Befleckung durch die Sünden des Volkes.«

Der Sündenbock

20 »Wenn Aaron das Allerheiligste, das Zelt und den Altar gereinigt hat, bringt er den zweiten Ziegenbock herbei. 21 Er legt seine beiden Hände auf den Kopf des Bockes und spricht über ihm alle Verfehlungen aus, durch die sich die Leute von Israel schuldig gemacht haben. So legt er alle Sünden des Volkes dem Bock auf den Kopf und lässt dann das Tier durch einen dazu bestellten Mann in die Wüste jagen. 22 Der Bock trägt alle diese Sünden weg und bringt sie in eine unbewohnte Gegend.

23 Dann geht Aaron in das Heilige Zelt* und legt die leinenen Kleider ab, die er für diese Sühnehandlung angezogen hat. Sie werden im Zelt aufbewahrt. 24 Er wäscht sich im Bereich des Heiligtums, legt seine Priesterkleider an und bringt für sich und für das Volk die beiden Schafböcke als Brandopfer* dar. Auch damit schafft er Sühne für sich selbst und für das Volk. 25 Die Fettstücke der Sühneopfer verbrennt er ebenfalls auf dem Altar.

26 Der Mann, der den Bock zu Asasel* in die Wüste gejagt hat, muss seine Kleider und sich selbst mit Wasser abspülen, bevor er ins Lager zurückkehrt. 27 Die Reste des Stieres und des anderen Ziegenbocks, mit deren Blut das Heiligtum gereinigt worden ist, bringt man vor das Lager hinaus und verbrennt dort alles, Fell, Fleisch und Eingeweide. 28 Der Mann, der es verbrennt, darf ebenfalls erst ins Lager zurückkehren, wenn er sich und seine Kleider mit Wasser abgespült hat.«

Weitere Vorschriften für den Versöhnungstag

29 »Am 10. Tag des 7. Monats sollt ihr diesen Feiertag begehen. Die Bestimmungen dafür gelten für alle Zukunft. Ihr müsst euch Bußübungen* auferlegen und dürft an diesem Tag keine Arbeit verrichten. Das gilt auch für die Fremden*, die bei euch leben. 30 An diesem Tag wird für eure Sünden Sühne* geleistet und eure Unreinheit wird von euch genommen; ihr werdet wieder rein* vor dem Herrn. 31 Darum ist dieser Tag für euch ein strenger Ruhetag, an dem ihr euch Bußübungen auferlegt. Diese Anordnung gilt für alle Zukunft.

32 Der Priester, der als Nachfolger Aarons gesalbt* und in dessen Priesteramt eingesetzt wird, hat die vorgeschriebenen Handlungen zu vollziehen. In den leinenen Kleidern, die eigens dafür bestimmt sind, 33 soll er das Allerheiligste*, das ganze Heilige Zelt* und den Altar* von aller Befleckung reinigen und die übrigen Priester und das ganze Volk von ihrer Schuld befreien. 34 Einmal im Jahr müssen auf diese Weise alle Verfehlungen der Leute von Israel gesühnt werden. So sollt ihr es halten für alle Zukunft.«

Aaron führte alles so aus, wie der Herr es Mose befohlen hatte.

Schlachtung von Tieren nur am Heiligtum

17 Der Herr befahl Mose, 2 zu Aaron und seinen Söhnen sowie zu allen Israeliten zu sagen: »Hört, was der Herr angeordnet hat! 3 Wenn ein Israelit ein Rind, ein Schaf oder eine Ziege schlachten will, darf er es nicht an einem beliebigen Platz innerhalb oder außerhalb des Lagers tun. 4 Er muss das Tier an den Eingang des Heiligen Zeltes* bringen und es dort vor der Wohnung des Herrn als Opfergabe für ihn schlachten. Wer es anderswo schlachtet, handelt wie jemand, der das Blut eines Menschen vergießt, und lädt schwere Schuld auf sich. Er hat

16,27 Hebr 13,11 **16,29-34** 23,26-32; Num 29,7-11

sein Leben verwirkt und muss aus seinem Volk aus-
gestoßen werden.
5 Deshalb sollen die Leute von Israel die Opfertie-
re, die sie bis jetzt auf freiem Feld geschlachtet
haben, zum HERRN bringen, zu seinem Priester* an
den Eingang des Heiligen Zeltes. Dort sollen sie die
Tiere für das Opfermahl* mit dem HERRN schlachten.
6 Der Priester sprengt das Blut an den Altar* des
HERRN, der am Eingang des Heiligen Zeltes steht,
und verbrennt auf dem Altar die Fettstücke als ein
Opfer, das den HERRN gnädig stimmt.
7 Die Leute von Israel sollen ihre Tiere nicht mehr
als Opfer für die Dämonen* schlachten, denen sie
nachlaufen.[a] Diese Anordnung gilt für alle Zukunft.«

Verbot von Blutgenuss

8-9 Weiter ließ der HERR dem Volk durch Mose sagen:
»Wer anderen Göttern ein Brandopfer* oder ein
anderes Opfer darbringt, statt es mir am Eingang
des Heiligen Zeltes* zu opfern, hat sein Leben ver-
wirkt und muss aus seinem Volk ausgestoßen
werden. Das gilt auch für die Fremden*, die bei euch
leben.
10 Genauso ergeht es jedem Israeliten und jedem
Fremden unter euch, der irgendwelches Blut* isst:
Ich selbst wende mich gegen ihn und rotte ihn aus
seinem Volk aus.
11 Denn im Blut ist das Leben.[b]
Ich habe bestimmt, dass alles Blut zum Altar
gebracht wird, um Schuld zu sühnen. Weil im Blut
das Leben ist, schafft es Sühne* für verwirktes
Leben.
12 Darum habe ich zu den Leuten von Israel
gesagt: Niemand von euch darf Blut essen, auch
nicht die Fremden, die bei euch leben.
13 Wenn ein Israelit oder ein Fremder Wild oder
Vögel jagt, die ihr essen dürft, dann muss er das Blut
der erlegten Tiere auslaufen lassen und mit Erde
bedecken.
14 Denn im Blut ist das Leben, und deshalb
habe ich euch verboten, Blut zu essen. Jeder, der Blut
isst, muss sterben.
15 Wenn irgendjemand, ein Israelit oder ein Frem-
der, ein verendetes oder gerissenes Tier isst, muss er
seine Kleider und sich selbst mit Wasser abspülen
und bleibt bis zum Abend unrein*.
16 Wenn er es
unterlässt, muss er die Folgen tragen.«

GESETZE FÜR GOTTES HEILIGES VOLK
(Kapitel 18–20)

Verbot geschlechtlicher Verirrungen

18 Der HERR sagte zu Mose:
2 »Richte den Leuten
von Israel aus, was ich ihnen zu sagen habe:
›Ich bin der HERR, euer Gott.
3 Lebt nicht so, wie
die Leute in Ägypten leben, woher ihr kommt, auch
nicht so, wie sie in Kanaan* leben, wohin ich
euch bringe. Die Sitten dieser Völker gehen euch
nichts an.[c]
4 Ihr sollt euch nach meinen Ordnungen
richten und meinen Anweisungen gehorchen. Ich
bin der HERR, euer Gott.
5 Wer meine Gebote und
Weisungen befolgt, bewahrt sein Leben. Ich bin
der HERR!
6 Kein Mann unter euch darf mit einer Blutsver-
wandten geschlechtlich verkehren. Ich bin der
HERR!
7 Du darfst nicht mit deiner Mutter schlafen und
dadurch deinen Vater entehren; denn sie ist deine
Mutter.
8 Du darfst nicht mit einer anderen Frau deines
Vaters schlafen; denn auch dadurch entehrst du dei-
nen Vater.
9 Du darfst nicht mit deiner Schwester oder Halb-
schwester schlafen, gleichgültig, ob sie die Tochter
deines Vaters oder deiner Mutter ist und ob sie in
der gleichen Ehe geboren ist oder nicht.
10 Du darfst nicht mit deiner Enkeltochter schla-
fen; denn dadurch entehrst du dich selbst.
11 Du darfst nicht mit einem Mädchen schlafen,
das die Tochter deines Vaters und einer seiner Frau-
en ist; denn sie ist deine Schwester.
12 Du darfst nicht mit einer Schwester deines
Vaters schlafen; denn sie ist mit deinem Vater bluts-
verwandt.
13 Du darfst nicht mit einer Schwester deiner Mut-
ter schlafen; denn sie ist mit deiner Mutter blutsver-
wandt.
14 Du darfst nicht mit der Frau deines Onkels, des
Bruders deines Vaters, schlafen; denn sie ist deine
Tante.
15 Du darfst nicht mit deiner Schwiegertochter
schlafen; denn sie ist die Frau deines Sohnes.
16 Du darfst nicht mit deiner Schwägerin schlafen;
denn dadurch entehrst du deinen Bruder.
17 Wenn du mit einer Frau verkehrst, darfst du
nicht gleichzeitig mit ihrer Tochter oder Enkeltoch-
ter schlafen. Sie sind mit ihr blutsverwandt, deshalb
ist das so viel wie Blutschande.
18 Du darfst nicht die Schwester deiner Frau zur
Nebenfrau nehmen, solange deine Frau noch lebt.
19 Du darfst nicht mit einer Frau schlafen, die ihre
monatliche Blutung hat; denn in dieser Zeit ist sie
unrein*.
20 Du darfst nicht mit der Frau eines anderen Man-
nes schlafen; denn dadurch wirst du unrein.
21 Du darfst keines deiner Kinder als Opfer für den
Götzen Moloch verbrennen;[d] denn dadurch belei-
digst du deinen Gott. Ich bin der HERR!

a Jede Schlachtung wurde ursprünglich als Opfer vollzogen; vgl. die Anmerkung zu 7,28-29. Wenn nun solche Opferschlachtungen nicht am Heiligtum des Herrn erfolgten, wurden sie praktisch und oft willentlich den jeweiligen Ortsgöttern (Feldgeistern) dargebracht.
b Siehe Sacherklärung »Blut«.
c In Kanaan herrschte der Fruchtbarkeitskult; siehe Sacherklärungen »Aschera« und »Baal«.
d Siehe Sacherklärung »Moloch«.

17,10-14 (Blut) 3,17; 7,26; 19,26; Gen 9,4; Dtn 12,16.23; Apg 15,20 **17,11** Hebr 9,22 **17,15** 11,40; 22,8; Ex 22,30; Dtn 14,21 **18,3** 20,22-24; Dtn 18,9 **18,5** Dtn 4,1 S; Neh 9,29; Ez 18,9; 20,11.13; Spr 3,1-2 S; Lk 10,28 S **18,6-23** 20,11-21 **18,8** Gen 35,22; 2 Sam 16,22; 1 Kor 5,1 **18,9** Dtn 27,22; 2 Sam 13,1-14; Ez 22,11 **18,15** Gen 38,16 **18,16** Mk 6,18 par **18,19** 15,19.24; Ez 22,10 **18,21** (Kinderopfer) 20,1-5; Dtn 12,31; 18,10-11; 2 Kön 17,17.31; Jer 7,31 S; Ez 16,20-21 S

22 Kein Mann darf mit einem anderen Mann geschlechtlich verkehren; denn das verabscheue ich.

23 Kein Mann und keine Frau dürfen mit einem Tier geschlechtlich verkehren. Das ist widerwärtig und macht unrein.

24 Verunreinigt* euch nicht durch alle diese Verirrungen, wie es die Völker getan haben, die ich vor euch vertreibe. 25 Sie haben das Land unrein gemacht; aber ich sorge dafür, dass es seine Bewohner ausspuckt und so wieder rein wird.

26 Ihr aber sollt euch nach meinen Geboten und Weisungen richten* und genauso die Fremden*, die bei euch leben. Tut nicht solche abscheulichen Dinge 27 wie die Leute, die vor euch das Land bewohnten und es unrein machten. 28 Sonst wird euch das Land genauso ausspucken, wie es jetzt seine bisherigen Bewohner ausspuckt. 29 Wer irgendeine von diesen Abscheulichkeiten tut, hat sein Leben verwirkt und muss aus seinem Volk ausgestoßen werden.

30 Gehorcht meinen Anweisungen und richtet euch nicht nach den abscheulichen Sitten der Völker, die vor euch das Land bewohnten. Verunreinigt euch nicht durch ein solches Verhalten. Ich bin der HERR, euer Gott!‹«

»Ihr sollt heilig sein, denn ich bin heilig!«

19 Der HERR sagte zu Mose: 2 »Richte der ganzen Gemeinde Israel aus, was ich ihr zu sagen habe:

›Ihr sollt heilig sein; denn ich, der HERR, euer Gott, bin heilig.[a]

3 Jeder soll seine Mutter und seinen Vater ehren und den wöchentlichen Ruhetag, meinen Sabbat*, beachten. Ich bin der HERR, euer Gott!

4 Wendet euch nicht anderen Göttern zu und macht euch keine Götterbilder. Ich bin der HERR, euer Gott!

5 Wenn ihr mir zu Ehren ein Opfermahl* feiert, dann haltet euch an die Vorschriften, damit euer Opfer euch mein Wohlwollen bringt. 6 Esst das Opferfleisch am Tag der Schlachtung und auch noch am Tag danach; aber was am dritten Tag noch übrig ist, muss verbrannt werden. 7 Wenn jemand dann noch davon isst, nehme ich das ganze Opfer nicht an; es ist mir zuwider. 8 Wer davon isst, lädt Schuld auf sich. Er hat entweiht, was mir, dem HERRN, heilig* ist. Damit hat er sein Leben verwirkt und muss aus seinem Volk ausgestoßen werden.

9 Wenn ihr erntet, sollt ihr euer Feld nicht bis an den Rand abernten und keine Nachlese halten. 10 Auch eure Weinberge sollt ihr nicht ganz ablesen und die heruntergefallenen Trauben nicht aufheben. Lasst etwas übrig für die Armen und für die Fremden* bei euch. Ich bin der HERR, euer Gott!

11 Vergreift euch nicht an fremdem Eigentum. Belügt und betrügt einander nicht. 12 Missbraucht nicht meinen Namen*, um etwas Unwahres zu beschwören; denn damit entweiht ihr ihn. Ich bin der HERR!

13 Erpresst und beraubt nicht eure Mitmenschen. Wenn jemand um Tageslohn für euch arbeitet, dann zahlt ihm seinen Lohn noch am selben Tag aus. 14 Sagt nichts Böses über einen Tauben, der es nicht hören und sich nicht wehren kann, und legt einem Blinden keinen Knüppel in den Weg. Nehmt meine Weisungen ernst: Ich bin der HERR!

15 Wenn ihr einen Rechtsfall zu entscheiden habt, dann haltet euch streng an das Recht. Bevorzugt weder den Armen und Schutzlosen noch den Reichen und Mächtigen. Wenn ihr als Richter[b] über einen Mitmenschen das Urteil sprecht, darf allein die Gerechtigkeit den Maßstab abgeben.

16 Verbreitet keine Verleumdungen über eure Mitmenschen. Sucht niemand dadurch aus dem Weg zu schaffen, dass ihr vor Gericht falsche Anschuldigungen gegen ihn vorbringt. Ich bin der HERR!

17 Wenn du etwas gegen deinen Bruder oder deine Schwester[c] hast, dann trage deinen Groll nicht mit dir herum. Rede offen mit ihnen darüber, sonst machst du dich schuldig.

18 Räche dich nicht an deinem Mitmenschen und trage niemand etwas nach.

Liebe deinen Mitmenschen wie dich selbst.
Ich bin der HERR!‹

Weitere Weisungen für Gottes heiliges Volk

19 ›Befolgt meine Anordnungen! Kreuzt nicht Tiere verschiedener Art miteinander. Sät nicht auf demselben Acker zwei verschiedene Sorten Saatgut. Tragt auch keine Kleidung, die aus zwei verschiedenen Garnen gewebt ist.

20 Wenn ein Mann mit einer Sklavin schläft, die einem anderen Mann zur Ehe zugesagt, aber noch nicht losgekauft oder freigelassen worden ist, dann muss er mir eine Wiedergutmachung leisten. Die beiden werden nicht mit dem Tod bestraft, weil die Frau noch nicht frei war. 21 Der Mann muss einen Schafbock als Wiedergutmachungsopfer* zu mir an den Eingang des Heiligen Zeltes* bringen. 22 Mit diesem Opfer bringt der Priester* die Sache wieder ins Reine und ich, der HERR, vergebe dem Betreffenden seine Schuld.

23 Wenn ihr in euer Land kommt und Obstbäume pflanzt, sind die Früchte drei Jahre lang unrein* und dürfen nicht gegessen werden. 24 Im vierten Jahr sol-

a Die Heiligkeit, d.h. Vollkommenheit Gottes verlangt vom Menschen, der sich ihm nahen will, nach Kap 11–15 eine bestimmte äußere, körperliche »Reinheit«. Schon in Kap 18 und jetzt noch deutlicher wird ein Schritt darüber hinaus getan: Das ganze Leben des Gottesvolkes soll dem Wesen seines Gottes angemessen sein; siehe die Sacherklärung »heilig«. Die Anweisungen gipfeln in dem berühmten Liebesgebot (Vers 18b; vgl. Mt 22,39).
b Das waren ursprünglich alle freien Männer eines Orts; die Rechtsprechung wurde von ihnen gemeinsam ausgeübt (durch Abstimmung; vgl. noch Mk 14,64).
c Wörtlich *gegen deinen Bruder**.

18,22 Gen 19,5; Ri 19,22; Röm 1,27; 1 Kor 6,9 **18,23** 20,15-16; Ex 22,18; Dtn 27,21 **18,25** Jer 16,18 S **19,2b** 11,44-45; 20,25-26; Ex 22,30; Mt 5,48; 1 Petr 1,15-16 **19,3** Ex 20,12 S; 20,8-10 S **19,4** Ex 20,2-3 S; 20,4 S **19,5-8** 3,1-17; 7,16-18 **19,9-10** 23,22; Dtn 24,19-21 **19,11** Ex 20,15 S; 20,16 S **19,12** Ex 20,7; 20,16 S; Mt 5,33 **19,13** Dtn 24,14-15; Mal 3,5; Jak 5,4 **19,14** Dtn 27,18 **19,15-16** Ex 23,1-3 S **19,15** Dtn 1,17 S **19,17** Mt 18,15 **19,18** 19,34; Mk 12,31 S **19,19** Dtn 22,9-11 **19,21** 5,15-26 S

len alle Früchte als Dankopfer mir, dem HERRN, geweiht werden. 25 Vom fünften Jahr ab dürft ihr die Früchte essen. Wenn ihr so verfahrt, werden eure Bäume umso mehr Früchte tragen.° Ich bin der HERR, euer Gott!

26 Esst kein Fleisch, in dem noch Blut* ist. Treibt keine Wahrsagerei oder Zauberei. 27-28 Wenn ihr einen Toten beweint, sollt ihr nicht das Haar abschneiden, den Bart stutzen oder euch Einschnitte am Körper oder Tätowierungen machen.[a] Ich bin der HERR!

29 Entehrt eure Töchter nicht dadurch, dass ihr sie zur Hurerei[b] anhaltet. Sonst wird sich diese Unsitte über das ganze Land verbreiten und euer Land wird mir ein Gräuel. 30 Haltet den Sabbat* in Ehren und entweiht nicht mein Heiligtum. Ich bin der HERR!

31 Wendet euch nicht an Wahrsager und an Leute, die die Geister der Toten befragen. Wer das tut, macht sich unrein. Ich bin der HERR, euer Gott!

32 Steht ehrerbietig auf, wenn ein Mensch mit grauem Haar zu euch tritt. Begegnet den Alten mit Achtung und fürchtet euren Gott. Ich bin der HERR!

33 Unterdrückt nicht die Fremden*, die bei euch im Land leben, 34 sondern behandelt sie genau wie euresgleichen. Jeder von euch soll seinen fremden Mitbürger lieben wie sich selbst. Denkt daran, dass auch ihr in Ägypten Fremde gewesen seid. Ich bin der HERR, euer Gott!

35-36 Übervorteilt niemand und verwendet keine falschen Maße und Gewichte. Eure Waage muss stimmen, und die Gewichtssteine und die Längen- und Hohlmaße° müssen genau der Norm entsprechen. Ich bin der HERR, euer Gott, der euch aus Ägypten herausgeführt hat!

37 Richtet euch in allem nach meinen Geboten und Weisungen und befolgt sie.

Ich bin der HERR!‹«

Strafen für schwere Verirrungen

20 1-2 Weiter ließ der HERR den Leuten von Israel durch Mose sagen:

»Wer von euch und von den Fremden*, die in Israel leben, sein Kind dem Götzen Moloch opfert,[c] muss mit dem Tod bestraft werden. Die versammelte

a Die hier untersagten Trauerbräuche (siehe Sacherklärung) stehen im Zusammenhang mit abergläubischen Vorstellungen, für die in Israel kein Raum ist.
b Siehe Sacherklärungen »Hurerei« und »geweiht (2)«.
c Vgl. 18,21 und Sacherklärung »Moloch«.

»Übervorteilt niemand und verwendet keine falschen Maße und Gewichte.« (19,35-36) Gott will, dass es in seinem Volk ehrlich zugeht – auf dem Markt, im Geschäftsleben und bei Gerichtsverfahren (19,15).

19,26 (Blut) 17,10-14S; (Wahrsagerei) 19,31S; Ex 22,17; Dtn 18,10-11; 2Kön 17,17; 21,6 **19,27-28** 21,5; Dtn 14,1; Jer 16,6S **19,29** Hos 4,14 **19,30** 26,2; Ex 20,8-10S **19,31** (Totengeister befragen) 19,26S; 20,6.27; 1Sam 28,3-25; Jes 8,19 **19,34** 19,18S; Ex 22,20S **19,35-36** Dtn 25,13-16; Spr 11,1S; Ez 45,10-12; Am 8,5S **20,1-5** 18,21S

Gemeinde soll ihn steinigen*. 3 Ich selbst wende
mich gegen ihn und rotte ihn aus seinem Volk aus.
Er hat eins von seinen Kindern dem Moloch gegeben
und damit mein Heiligtum unrein* gemacht und
meinen heiligen Namen* entehrt. 4 Wenn die Män-
ner der Gemeinde ihre Augen vor seiner Untat ver-
schließen und ihn leben lassen, 5 dann gehe ich selbst
mit ihm und seiner Sippe ins Gericht. Ich werde ihn
und alle, die sich nach seinem Beispiel mit dem Göt-
zen Moloch einlassen, aus ihrem Volk ausrotten.

6 Auch wenn jemand sich an Wahrsager wendet
und an Leute, die die Geister der Toten befragen,
ist das Götzendienst. Ich selbst wende mich gegen
alle, die so etwas tun, und rotte sie aus ihrem Volk
aus.

7 Reinigt euch von allem, was mir zuwider ist, und
lebt so, dass ihr mein heiliges* Volk seid; denn ich
bin der HERR, euer Gott. 8 Richtet euch nach meinen
Geboten und befolgt sie. Ich bin der HERR und habe
euch aus den Völkern ausgesondert, damit ihr heilig
seid.

9 Wer seinen Vater oder seine Mutter verflucht,
muss getötet werden; sein Blut findet keinen
Rächer.[a]

10 Wenn jemand mit der Frau eines anderen Israe-
liten Ehebruch begeht, müssen beide getötet
werden, der Ehebrecher und die Ehebrecherin.

11 Wenn jemand mit einer Frau seines Vaters
schläft und dadurch seinen Vater entehrt, müssen
beide getötet werden; ihr Blut findet keinen Rächer.

12 Wenn jemand mit seiner Schwiegertochter
schläft, müssen beide getötet werden. Sie haben sich
auf eine schändliche Weise befleckt; ihr Blut findet
keinen Rächer.

13 Wenn ein Mann mit einem anderen Mann
geschlechtlich verkehrt, haben sich beide auf
abscheuliche Weise vergangen. Sie müssen getötet
werden; ihr Blut findet keinen Rächer.

14 Wenn jemand Tochter und Mutter zugleich zur
Frau nimmt, ist das ein schändliches Vergehen. Alle
drei müssen verbrannt werden; denn so etwas
Schändliches darf es bei euch nicht geben.

15 Wenn ein Mann mit einem Tier geschlechtlich
verkehrt, muss er getötet werden; auch das Tier
müsst ihr umbringen.

16 Wenn eine Frau sich irgendeinem Tier nähert
und mit ihm geschlechtlich verkehrt, sollt ihr die
Frau und das Tier umbringen. Sie müssen getötet
werden; ihr Blut findet keinen Rächer.

17 Wenn ein Mann mit seiner Schwester oder Halb-
schwester schläft, machen sich beide schuldig; es ist
eine schlimme Schandtat. Die beiden müssen vor
versammeltem Volk getötet werden. Der Mann hat
mit seiner Schwester verkehrt und muss die Folgen
seiner Untat tragen.

18 Wenn ein Mann mit einer Frau während ihrer
monatlichen Blutung schläft, machen sich beide
schuldig und müssen aus ihrem Volk ausgerottet
werden.

19 Niemand darf mit der Schwester seiner Mutter
oder seines Vaters schlafen; denn sie ist seine Bluts-
verwandte. Die beiden müssen die Folgen ihrer
Untat tragen.

20 Wer mit der Frau seines Onkels schläft, entehrt
damit seinen Onkel. Die beiden müssen die Folgen
ihres Vergehens tragen; sie werden ohne Nachkom-
men sterben.

21 Wer mit der Frau seines Bruders schläft, entehrt
seinen Bruder und tut etwas Schändliches. Er und
die Frau werden keine Nachkommen haben.

22 Richtet euch nach allen meinen Geboten und
Weisungen und befolgt sie. Nur dann wird euch
das Land nicht ausspucken, in das ich euch bringen
will. 23 Nehmt nicht die Sitten der Leute an, die ich
vor euch vertreibe. Weil sie all diese Schandtaten
begangen haben, sind sie mir zum Abscheu gewor-
den 24 und deshalb habe ich zu euch gesagt: ›Ihr Land
gebe ich euch; ihr sollt es in Besitz nehmen – ein
Land, das von Milch und Honig überfließt.‹ Ich,
der HERR, euer Gott, habe euch aus den anderen Völ-
kern ausgesondert.

25 Deshalb sollt ihr auch genau zwischen reinen*
und unreinen Tieren unterscheiden. Esst keine Tie-
re, die ich für unrein erklärt habe. Sonst werdet ihr
selbst unrein und erregt meinen Abscheu.

26 Ihr sollt heilig sein und mir allein gehören, denn
ich, der HERR, bin heilig. Ich habe euch aus den ande-
ren Völkern ausgewählt, damit ihr mir gehört.[b]

27 Wenn aus einem Mann oder aus einer Frau ein
Totengeist oder ein Wahrsagegeist spricht, müssen
sie getötet werden. Ihr sollt sie steinigen*; ihr Blut
findet keinen Rächer.«

PRIESTERREGELN UND FESTKALENDER
(Kapitel 21–25)

Besondere Reinheitsvorschriften für Priester

21 Den Priestern*, den Söhnen Aarons, ließ der
HERR durch Mose sagen:
»Kein Priester darf sich dadurch verunreinigen*,
dass er mit einer Leiche in Berührung kommt. 2 Aus-
genommen sind nur die nächsten Angehörigen:
Mutter, Vater, Sohn, Tochter, Bruder, 3 auch eine
unverheiratete Schwester, die noch mit ihrem Bru-
der im selben Haushalt lebt. 4 An der Leiche einer
verheirateten Schwester jedoch entweiht er sich.°

a Wörtlich *sein Blut (ist) auf/an ihm,* d. h., sein vergossenes Blut ruft nicht – wie bei einem Mord (Gen 4,10) – nach dem Bluträcher*; es kommt nicht als rächende Macht »über« den, der ihn tötet, sondern bleibt sozusagen an dem Getöteten haften und behaftet ihn selbst als den Schuldigen.

b Viele Stellen des Alten Testaments zeigen, wie anfällig die Israeliten für die religiösen Bräuche und übrigen Sitten der Kanaaniter waren. Propheten wie Hosea kämpften leidenschaftlich dafür, dass Israel ein »heiliges Volk« für Gott wird.

20,6 19,26S **20,9** Ex 20,12S **20,10** Ex 20,14S **20,11-21** 18,6-23 **20,15-16** 18,23S **20,22-24** 18,3 **20,24** Ex 3,8S **20,25** 11,1-47 par **20,26** 19,2bS; Ex 19,5-6S **20,27** 19,31S

[5] Kein Priester darf sich bei einem Trauerfall den
Kopf kahl scheren, den Bart stutzen oder Einschnitte
am Körper machen.
[6] Die Priester sollen ein Leben führen, das mir,
ihrem Gott, geweiht ist, und sollen meinen Namen
heilig halten. Sie bringen mir die Opfergaben dar,
die auf meinem Altar* verbrannt werden und die
meine Speise sind, darum müssen sie alles meiden,
was sie unrein machen könnte.[a]
[7] Sie dürfen keine Prostituierte heiraten, auch kein
Mädchen, das nicht mehr Jungfrau ist, auch keine
geschiedene Frau; denn ein Priester ist seinem Gott
geweiht. [8] Ein Priester soll euch als ein Mann gelten,
den ich für mich ausgesondert habe; denn er bringt
mir meine Opferspeise dar. Ich bin der heilige Gott
und habe euch als mein Volk ausgesondert. [9] Wenn
die Tochter eines Priesters eine Prostituierte wird,
entweiht sie ihren Vater und muss verbrannt
werden.
[10] Der oberste unter den Priestern, der bei der
Amtseinsetzung mit den vorgeschriebenen Gewän-
dern bekleidet worden ist und auf dessen Kopf das
Salböl gegossen wurde, darf bei einem Trauerfall
nicht sein Haar frei hängen lassen oder seine Kleider
zerreißen. [11] Er darf zu keinem Toten gehen, weil er
dadurch unrein* wird, auch nicht, wenn es sein
Vater oder seine Mutter ist. [12] Solange ein Toter in
seinem Haus liegt, soll er nicht dorthin gehen. Er
muss ständig in meinem Heiligtum bleiben, damit
er es nicht entweiht; denn er ist mit dem heiligen
Öl gesalbt. Ich bin der Herr!
[13] Er darf nur eine unberührte Jungfrau heiraten,
[14] keine Witwe und keine Geschiedene und keine
Prostituierte. Er muss ein Mädchen aus seinem
eigenen Volk zur Frau nehmen. [15] Sonst würde er
unreine Kinder haben. Ich, der Herr, habe ihn zu
meinem Dienst ausgesondert.«
[16–17] Weiter ließ der Herr dem Priester Aaron durch
Mose sagen: »Wenn einer deiner Nachkommen ein
Gebrechen hat, darf er nicht zum Altar kommen, um
mir eine Opfergabe darzubringen. Dieses Verbot gilt
für alle Zukunft. [18] Keiner ist zum Opferdienst zuge-
lassen, der blind oder gelähmt oder irgendwie miss-
gestaltet ist, [19] auch niemand, dessen Arm oder Bein
verkrüppelt ist, [20] kein Buckliger oder Kleinwüchsi-
ger, keiner, der eine Augen- oder Hautkrankheit
hat, auch keiner mit zerquetschten Hoden.
[21] Niemand von den Nachkommen des Priesters
Aaron, der irgendein Gebrechen hat, darf jemals
eine Opfergabe als Speise für mich, seinen Gott,
auf dem Altar verbrennen. [22] Er darf von den Opfern
essen, die mir dargebracht werden, sowohl von den
heiligen als auch von den besonders heiligen* Opfer-
gaben; [23] aber weil er ein Gebrechen hat, darf er
nicht zum Vorhang gehen oder sich dem Altar
nähern. Er soll mein Heiligtum und alle seine heili-
gen Gegenstände nicht entweihen; denn ich bin
der Herr, der sie heilig macht.«
[24] Mose teilte diese Anordnungen Aaron und sei-
nen Söhnen und dem ganzen Volk mit.

Wer von den Opfergaben essen darf

22 [1–2] Weiter ließ der Herr dem Priester* Aaron
und seinen Söhnen durch Mose sagen:
»Geht achtsam um mit den heiligen Gaben, die die
Leute von Israel mir bringen, sonst entehrt ihr mei-
nen heiligen Namen*. Ich bin der Herr! [3] Wenn
jemals einer von euch oder euren Nachkommen sich
im Zustand der Unreinheit* diesen heiligen Gaben
nähert, hat er sein Priestertum verwirkt und muss
sterben. Ich bin der Herr!
[4] Wer von Aarons Nachkommen Aussatz* oder
einen unreinen Ausfluss hat, darf von den heiligen
Opfergaben erst essen, wenn er wieder rein ist.
Wenn einer von ihnen etwas berührt, was durch
einen Toten verunreinigt ist, oder einen Samen-
erguss hatte [5] oder unreines Ungeziefer angefasst
hat oder einen Menschen, der aus irgendeinem
Grund unrein ist, [6–7] wird er selbst unrein bis zum
Abend und darf so lange nicht von den heiligen
Opfergaben essen. Nach Sonnenuntergang soll er
seinen Körper mit Wasser abspülen, dann ist er
wieder rein und darf von den heiligen Gaben essen;
denn er muss ja davon leben. [8] Keiner von den
Nachkommen Aarons darf Fleisch von verendeten
oder gerissenen Tieren essen, denn das macht ihn
unrein. Ich bin der Herr!
[9] Die Priester sollen sich nach den Anordnungen
richten, die ich, der Herr, gegeben habe, und sich
nichts zuschulden kommen lassen. Wer die heiligen
Opfergaben entweiht, muss sterben. Ich bin der
Herr, ich habe die Priester zum Dienst für mich aus-
gesondert.
[10] Nur wer zur Familie eines Priesters gehört, darf
von den heiligen Opfergaben essen, sonst niemand,
auch nicht ein Fremdarbeiter* oder Lohnarbeiter*,
der bei ihm lebt. [11] Ein Sklave*, den ein Priester sich
gekauft hat, darf davon essen, auch einer, der im
Haus eines Priesters geboren ist. [12] Heiratet die Toch-
ter eines Priesters einen Mann, der selbst kein Pries-
ter ist, so darf sie nicht mehr von den heiligen Opfer-
gaben essen. [13] Wenn sie aber als Witwe oder
Geschiedene ohne Kinder in das Haus ihres Vaters
zurückkehrt, darf sie wie früher von dem essen,
was ihrem Vater als Priester zusteht. Nur wer zur
Familie eines Priesters gehört, darf davon essen.
[14] Wenn eine andere Person versehentlich etwas
von den heiligen Opfergaben isst, muss sie es dem
Priester ersetzen und noch ein Fünftel hinzufügen.
[15–16] Die Priester sollen dafür sorgen, dass niemand

a Das ganze Volk soll »heilig« sein (19,2; 20,26); aber an die Priester werden besondere Anforderungen gestellt, weil sie stellvertretend für das Volk vor Gott treten. Dass die Opfer Gottes »Speise« sind, ist uralte Vorstellung, aber an dieser Stelle nur noch ein Bild; vgl. Jes 40,16; Ps 50,12-13.

21,5 19,27-28 S **21,7** 21,13-14; Ez 44,22 **21,8** 20,26 S **21,10** 10,6 **21,22** Num 18,8-10 S **22,4** 13,1-46; 15,2-3; 21,1-4; 15,16-17 **22,5** 11,29-31; 15,1-33 **22,8** 17,15 S

a Zu den großen Festen siehe den Kalender Seite 148 und die Ausführungen auf den Seiten 175-77.

unbefugt von den Opfergaben isst, sonst laden sie der Gemeinde schwere Schuld auf. Sie sollen dafür sorgen, dass meine heiligen Gaben nicht entweiht werden. Ich bin der HERR, ich habe sie zum Dienst für mich ausgesondert.«

Vorschriften über Opfertiere

17–18 Der HERR ließ Aaron, seinen Söhnen und dem ganzen Volk durch Mose sagen:

»Wenn ein Israelit oder ein Fremder*, der in Israel lebt, mir ein Brandopfer* darbringen will, um ein Gelübde* zu erfüllen oder auch um mir freiwillig etwas zu geben, 19–20 dann muss er dafür ein fehlerfreies männliches Tier wählen, und zwar von Rindern, Schafen oder Ziegen. Wenn das Tier irgendein Gebrechen hat, wird das Opfer euch nicht mein Wohlwollen bringen.

21 Auch wenn jemand mir ein Rind, ein Schaf oder eine Ziege als Mahlopfer* darbringt, um ein Gelübde zu erfüllen oder mir freiwillig etwas zu geben, nehme ich es nur an, wenn das Opfertier fehlerfrei ist.

22 Ihr dürft keine Opfertiere zu mir bringen, die blind, verkrüppelt oder verstümmelt sind, die Entzündungen oder Hautkrankheiten haben. Solche Tiere dürfen nicht als Opfer auf meinen Altar kommen. 23 Ein Rind, ein Schaf oder eine Ziege mit missgebildeten oder verkümmerten Körperteilen können als freiwilliges Opfer dargebracht werden, als Opfer zur Erfüllung eines Gelübdes nehme ich sie nicht an.

24 Auch ein kastriertes Tier dürft ihr mir nicht opfern. Ihr sollt in eurem Land überhaupt keine Tiere kastrieren; 25 aber auch von einem Ausländer dürft ihr kein kastriertes Tier kaufen, um es mir als Opfer darzubringen. Solche Tiere sind nicht vollwertig. Wenn ihr sie opfert, werden sie euch nicht mein Wohlwollen bringen.«

26 Weiter ließ der HERR durch Mose sagen: 27 »Wird ein Kalb oder ein Schaf- oder Ziegenlamm geboren, so muss es sieben Tage bei seiner Mutter bleiben. Erst vom achten Tag an nehme ich es als Opfergabe an. 28 Ihr dürft auch nicht das Muttertier am gleichen Tag wie das Junge schlachten.

29–30 Wenn ihr mir für etwas danken wollt und mir ein Mahlopfer bringt, müsst ihr das Fleisch am selben Tag essen und dürft nichts bis zum anderen Morgen übrig lassen. Sonst wird das Opfer euch nicht mein Wohlwollen bringen. Ich bin der HERR!

31 Beachtet meine Gebote und befolgt sie. Ich bin der HERR! 32 Entweiht nicht meinen heiligen Namen*. Alle Israeliten sollen mich als den heiligen Gott anerkennen. Ich bin der HERR und habe euch als mein Volk ausgesondert. 33 Ich habe euch aus Ägypten geführt, um euer Gott zu sein. Ich bin der HERR!«

Sabbat und Festzeiten

23 1–2 Der HERR befahl Mose, den Leuten von Israel zu sagen:

»Folgende Feste hat der HERR angeordnet; ihr sollt sie als heilige* Zeiten ausrufen, die ihm geweiht sind:

3 Haltet regelmäßig den Sabbat*. Sechs Tage sollt ihr arbeiten; aber am siebten Tag ist ein strenger Ruhetag, ein heiliger Tag, der dem HERRN gehört. Niemand darf an diesem Tag eine Arbeit verrichten. Der Sabbat gehört dem HERRN. Diese Anordnung gilt überall, an allen euren Wohnsitzen.

4 Feiert die großen Feste zu Ehren des HERRN als heilige Zeiten. Zu den folgenden Zeiten sollt ihr sie ausrufen:[a]

Passafest und erste Garbe

(Num 28,16-25)

5 Das Passafest* begeht ihr zu Ehren des HERRN am 14. Tag des 1. Monats nach Sonnenuntergang.

6 Am darauf folgenden Tag beginnt zu Ehren des HERRN das Fest der Ungesäuerten Brote*. Es dauert sieben Tage lang. Während der ganzen Festwoche dürft ihr nur solches Brot essen, das ohne Sauerteig zubereitet ist. 7 Der erste Tag ist für euch ein heiliger* Tag; ihr dürft an ihm keinerlei Arbeit verrichten. 8 An jedem der sieben Festtage verbrennt ihr ein Opfer* für den HERRN. Der siebte Tag ist wieder ein heiliger Tag, an dem ihr keinerlei Arbeit verrichten dürft.«

9–10 Weiter ließ der HERR den Leuten von Israel durch Mose sagen: »Wenn ihr in dem Land, das der HERR euch geben wird, die Gerste erntet, dann sollt ihr die erste Garbe davon dem Priester* übergeben. 11 Am Tag nach dem Sabbat übereignet* der Priester sie symbolisch dem HERRN; dann wird der HERR sie als Opfergabe annehmen und euch sein Wohlwollen zuwenden.

12 Opfert dem HERRN an diesem Tag ein fehlerfreies einjähriges Schaf als Brandopfer* 13 und dazu als Speiseopfer* 2/10 Efa* (2,5 Kilo) feines Mehl, mit Olivenöl vermengt – ein Opfer, das den HERRN gnädig stimmt. Als Trankopfer* kommt dazu 1/4 Hin* (knapp 1 Liter) Wein.

14 Erst wenn ihr eurem Gott diese Gaben gebracht habt, dürft ihr Brot und frische oder geröstete Körner von der neuen Ernte essen. Diese Anordnung gilt für alle Zukunft und an allen euren Wohnsitzen.

Pfingstfest und erste Brote

(Num 28,26-31)

15 Vom Tag nach dem Sabbat*, an dem ihr dem HERRN die erste Gerstengarbe gebracht habt, zählt

22,19-20 Dtn 15,21; 17,1; Mal 1,8 **22,27** Ex 22,29 **22,28** Ex 23,19bS **22,33** 11,45 **23,3** Ex 20,8-10S **23,4** Ex 23,14-17 **23,5** Ex 12,1-14S **23,6-8** Ex 12,15-20S **23,9-11** Ex 23,19aS **23,11** Ex 29,26S **23,15-21** Ex 23,16S

ihr sieben volle Wochen 16 und bringt dann am
50. Tag, dem Tag nach dem siebten Sabbat, dem
HERRN ein Speiseopfer* von der neuen Ernte. 17 Jede
Familie bringt zwei Brote zum Heiligtum, die aus je
2/10 Efa* (2,5 Kilo) neuem Weizenmehl mit Sauerteig*
gebacken sind. Als Erstlingsgabe* der Weizenernte
gehören sie dem HERRN.
18 Außer dem Brot opfert die ganze Gemeinde dem
HERRN sieben fehlerfreie einjährige Schafe, einen
Stier sowie zwei Schafböcke als Brandopfer* und
dazu die vorgeschriebenen Speise- und Trank-
opfer* – ein Opfer, das dem HERRN Freude macht.
19 Opfert auch noch einen Ziegenbock als Sühne-
opfer* und zwei einjährige Schafe als Mahlopfer*.
20 Der Priester übereignet* die Brote samt all die-
sen Opfergaben symbolisch dem HERRN, ebenso
die beiden Schafe. Sie sind eine heilige* Gabe für
den HERRN und fallen den Priestern zu.
21 Ihr müsst diesen Tag als heiligen* Tag ausrufen
und dürft an ihm keinerlei Arbeit verrichten. Diese
Anordnung gilt für alle Zukunft und an allen euren
Wohnsitzen.
22 Wenn ihr erntet, sollt ihr euer Feld nicht bis an
den Rand abernten und keine Nachlese halten. Lasst
etwas übrig für die Armen und die Fremden* bei
euch. Ich bin der HERR, euer Gott!«

Neujahr, Versöhnungstag und Laubhüttenfest

(Num 29,1-40)

23-24 Weiter ließ der HERR den Israeliten durch Mose
sagen:
»Auch der 1. Tag des 7. Monats ist für euch ein
Ruhetag, der dem HERRN heilig* ist. An diesem Tag
sollt ihr die Trompeten blasen und euch so beim
HERRN in Erinnerung bringen. 25 Ihr dürft keinerlei
Arbeit verrichten und sollt für den HERRN Opfer*
verbrennen.«
26 Weiter ließ er ihnen sagen: 27 »Am 10. Tag des 7.
Monats ist der Versöhnungstag*. Er ist ein heiliger
Tag; ihr sollt euch Bußübungen* auferlegen und
Opfer für den HERRN verbrennen. 28 Ihr dürft an die-
sem Tag keinerlei Arbeit verrichten; denn es ist der
Versöhnungstag, an dem im Heiligtum Sühne* für
eure Schuld geschaffen wird. 29 Wer an diesem Tag
nicht fastet* und sich Bußübungen auferlegt, hat
sein Leben verwirkt und muss aus seinem Volk aus-
gestoßen werden. 30 Der HERR selbst wird jeden aus
seinem Volk ausrotten, der an diesem Tag irgend-
eine Arbeit verrichtet. 31 Für diesen Tag ist unbe-
dingte Arbeitsruhe vorgeschrieben. Diese Anord-
nung gilt für alle Zukunft und an allen euren Wohn-
sitzen. 32 Der Versöhnungstag ist für euch ein beson-
ders strenger Ruhetag, an dem ihr euch Bußübungen
auferlegt. Vom Abend des 9. Tages bis zum Abend
des 10. Tages müsst ihr diesen Ruhetag einhalten.«

33-34 Weiter ließ der HERR den Leuten von Israel
durch Mose sagen:
»Am 15. Tag des 7. Monats beginnt das Laubhüt-
tenfest*. Es wird zu Ehren des HERRN sieben Tage
lang gefeiert. 35 Der erste Tag ist ein heiliger Tag;
ihr dürft an ihm keinerlei Arbeit verrichten. 36 Sie-
ben Tage lang sollt ihr täglich Opfer für den HERRN
verbrennen. Der achte Tag ist wieder ein heiliger
Tag, an dem ihr Opfer für den HERRN verbrennt;
ihr kommt an diesem Tag zur großen Festver-
sammlung zusammen und dürft keinerlei Arbeit
verrichten.
37 Dies sind die Feste des HERRN, die ihr als heilige
Zeiten ausrufen und an denen ihr dem HERRN Opfer
darbringen sollt – Brandopfer, Speiseopfer, Mahlop-
fer und Trankopfer, wie sie für das jeweilige Fest vor-
geschrieben sind. 38 Außerdem begeht ihr wöchent-
lich den Sabbat als Tag des HERRN, und außer den
Festopfern bringt ihr dem HERRN eure regelmäßigen
Gaben sowie die Opfer, die ihr ihm durch ein Gelüb-
de* versprochen habt oder freiwillig geben wollt.
39 Zum Laubhüttenfest, das nach dem Einbringen
der Ernte am 15. Tag des 7. Monats mit einem Ruhe-
tag beginnt und eine Woche später mit einem Ruhe-
tag abschließt, müsst ihr noch beachten:
40 Ihr nehmt am ersten Tag des Festes die schöns-
ten Früchte eurer Bäume, dazu Palmzweige und
Zweige von Laubbäumen und Bachweiden und fei-
ert dann sieben Tage lang ein Freudenfest zu Ehren
des HERRN, eures Gottes. 41 Jedes Jahr sollt ihr dieses
Fest im 7. Monat feiern; diese Anordnung gilt für
immer, für alle eure Nachkommen. 42 Alle Leute
von Israel im ganzen Land müssen diese sieben Tage
in Laubhütten wohnen. 43 Eure Nachkommen in
allen künftigen Generationen sollen daran erinnert
werden, dass ich, der HERR, das Volk Israel einst

Bei der Ernte wurde die erste Korngabe Gott dargebracht, dem Geber alles Guten. Die Ernte war zugleich eine Gelegenheit, sich der Armen zu erinnern. Die Schnitter waren angewiesen, am Rand der Felder einen Teil des Getreides stehen zu lassen für solche, die in Not waren (23,22).

23,20 Ex 29,26 S **23,22** 19,9-10 **23,26-32** 16,1-34 **23,33-36** 23,39-43; Ex 23,16 S

auf dem Weg von Ägypten in sein Land in Laubhütten wohnen ließ. Ich bin der HERR, euer Gott!«

44 Alle diese Anweisungen für die Feste des HERRN gab Mose dem Volk weiter.

Leuchter und Opferbrote

24 Der HERR sagte zu Mose: 2 »Befiehl den Leuten von Israel, dir reines Olivenöl zu bringen, damit jede Nacht im Heiligtum Lichter brennen. 3 Aaron soll sie jeden Abend vor dem Vorhang, der die Lade* mit dem Bundesgesetz verdeckt, anzünden und soll dafür sorgen, dass sie bis zum Morgen nicht erlöschen. Diese Anordnung gilt für alle Zukunft. 4 Aaron soll die Lampen auf dem goldenen Leuchter vor dem Vorhang regelmäßig anzünden.

5 Lass zwölf Brote backen, jedes aus 2/10 Efa* (2,5 Kilo) Weizenmehl, 6 und lege sie in zwei Stapeln zu je sechs auf den goldenen Tisch vor dem Vorhang im Heiligtum. 7 Lege auf jeden Stapel reinen Weihrauch*. Der Weihrauch wird als Zeichen, dass die Brote mir gehören, verbrannt.

8 Jeden Sabbat* soll Aaron die Brote neu auflegen. Dazu sind die Leute von Israel für alle Zukunft verpflichtet. 9 Die abgeräumten Brote gehören Aaron und seinen Nachkommen; sie stehen den Priestern für alle Zukunft als Anteil an meinen Opfern zu. Sie sind etwas besonders Heiliges* und müssen deshalb an geweihter Stätte gegessen werden.«

Ein Fall von Gotteslästerung. Grundsätze des Strafrechts

10–11 Im Lager der Israeliten war ein Mann, der eine israelitische Mutter und einen ägyptischen Vater hatte. Seine Mutter hieß Schelomit und war eine Tochter Dibris vom Stamm Dan. Deren Sohn geriet mit einem Israeliten in Streit. Dabei lästerte er den HERRN und schmähte seinen Namen*.

Man brachte den Mann zu Mose 12 und der ließ ihn einsperren, bis der HERR eine Weisung geben würde, was mit ihm geschehen sollte.

13 Der HERR sagte zu Mose: 14 »Führe den Mann aus dem Lager! Alle, die seine Lästerung gehört haben, legen ihre Hände auf seinen Kopf; dann wird er von der ganzen Gemeinde gesteinigt*. 15 Den Leuten von Israel aber sollst du sagen:

Wer seinen Gott lästert, muss die Folgen tragen. 16 Wer den Namen des HERRN schmäht, hat sein Leben verwirkt und muss von der ganzen Gemeinde gesteinigt werden. Für euch Israeliten wie für die Fremden*, die bei euch leben, gilt: Wer den Namen Gottes schmäht, muss sterben.

17 Wer einen Menschen erschlägt, muss mit dem Tod bestraft werden. 18 Wer ein Stück Vieh erschlägt, muss es ersetzen. Stets gilt der Grundsatz: Leben für Leben! 19 Wer seinem Mitmenschen einen Schaden am Körper zufügt, muss zur Strafe denselben Schaden am eigenen Leib erleiden. 20 Wer dem anderen einen Knochen bricht, dem wird dafür ebenfalls ein Knochen gebrochen; wer ihm ein Auge oder einen Zahn ausschlägt, verliert dafür selbst Auge oder Zahn.

Stets gilt der Grundsatz: Auge für Auge, Zahn für Zahn. Was jemand einem anderen zufügt, das wird zur Strafe ihm selbst zugefügt.

21 Wer ein Stück Vieh erschlägt, muss es ersetzen; aber wer einen Menschen erschlägt, hat sein eigenes Leben verwirkt. 22 Dieses Gesetz gilt für alle ohne Unterschied, für euch Israeliten wie für die Fremden, die bei euch leben.[a] Ich bin der HERR, euer Gott!«

23 Mose sagte dies alles den Leuten von Israel. Sie gehorchten dem Befehl des HERRN, brachten den Mann, der Gott gelästert hatte, aus dem Lager und steinigten ihn.

Sabbatjahr und Erlassjahr

25 1–2 Der HERR sagte zu Mose auf dem Berg Sinai*: »Richte den Leuten von Israel aus, was ich ihnen zu sagen habe:

›Wenn ihr in das Land kommt, das ich euch geben werde, müsst ihr dafür sorgen, dass das Land mir jedes siebte Jahr einen Sabbat* feiert. 3 Sechs Jahre sollt ihr eure Felder bestellen, eure Weinstöcke beschneiden und den Ertrag einsammeln. 4 Aber jedes siebte Jahr muss das Land ruhen; es feiert einen Sabbat zu Ehren des HERRN. Ihr dürft in diesem Jahr kein Feld bestellen und keinen Weinberg pflegen. 5 Auch was sich selbst ausgesät hat, darf nicht abgeerntet werden und ungepflegt wachsende Weintrauben dürfen nicht abgelesen werden. Ihr müsst das Land unbedingt ruhen lassen.[b]

6 Es wird aber während des Sabbatjahres genügend Nahrung für euch hervorbringen, auch für eure Sklaven* und Sklavinnen, die Lohnarbeiter* und Fremdarbeiter*, für alle, die bei euch leben, 7 für euer Vieh und die wild lebenden Tiere. Ihr dürft alles von der Hand in den Mund essen, was von selbst wächst.

8 Wenn ihr das Sabbatjahr siebenmal gefeiert habt und also insgesamt 49 Jahre vergangen sind, 9 lasst ihr am 10. Tag des 7. Monats, dem Versöhnungstag*, im ganzen Land das Widderhorn* blasen. 10 Dies ist das Zeichen dafür, dass alle seine Bewohner wieder in ihre ursprünglichen Rechte eingesetzt werden. Das 50. Jahr[c] muss für euch als ein Jahr gelten, das mir gehört. Es ist das Erlassjahr*, in dem eine allgemeine Wiederherstellung erfolgt. Jeder Israelit, der seinen erblichen Landbesitz verpfändet hat,

a Im Altertum (und bis in unsere Gegenwart) ist Rechtsgleichheit keineswegs selbstverständlich. In Gottes Volk dagegen sind auch Minderheiten geschützt. Zu dem Grundsatz in Vers 20 vgl. Anmerkung zu Ex 21,24.
b Sowenig der Sabbat einfach ein Ruhetag ist, ist das Sabbatjahr nur ein Brachjahr. Es geht vielmehr um die Anerkennung, dass über unsere Zeit wie über unser Land Gott zu verfügen hat, der sie uns gibt.
c Vermutlich ist das 49. Jahr gemeint, sodass nicht zwei Brachjahre aufeinander folgen; vgl. Verse 11-12. In der Einrichtung des Erlassjahrs kommt zum Ausdruck, dass im alten Israel der ursprünglich gerecht verteilte Grundbesitz unveräußerlich und die Freiheit des Menschen unverkäuflich ist. Gott will, dass jeder einen Anteil am Land hat, von dem er leben kann.

24,1-4 Ex 27,20-21 **24,5-8** Ex 25,29-30 **24,9** 1 Sam 21,2-7; Num 18,8-10 S; Mk 2,25-26 par **24,10-16** Ex 22,27 S **24,12** Num 9,8 S **24,17** Ex 20,13 S **24,19-20** Ex 21,23-25 S **25,1-7** Ex 23,10-11; Dtn 15,1-11; Neh 10,32 **25,10** Jes 61,2; Lk 4,19

Der Ton des Widderhorns (Schofar) verkündete den Anfang jedes neuen Monats und den Beginn aller großen religiösen Feste in Israel (Num 10,10). Im 49. Jahr aber hatte das Signalblasen eine besondere Bedeutung: Die Sklaven werden frei, und wer in der Not sein Erbland verkaufen musste, erhält es zurück (Lev 25,8-10). Die ursprüngliche Gleichheit und Freiheit der Menschen wird wiederhergestellt. So will es Gottes Gesetz. Dass es in Israel nicht immer befolgt wurde, lehren die Anklagen der Propheten (vgl. Jer 34,8-16).

bekommt ihn wieder zurück, und wer sich einem anderen Israeliten als Sklaven verkauft hat, darf zu seiner Sippe zurückkehren.

11 In diesem Jahr darf nicht gesät werden, und was ungesät nachwächst, darf nicht abgeerntet werden; 12 auch die von selbst wachsenden Weintrauben dürft ihr nicht ablesen. Das ganze Jahr soll ein heiliges Jahr sein, das mir gehört. Ihr dürft aber vom Feld weg essen, was darauf wächst.

13 Im Erlassjahr soll jeder seinen Besitz an Grund und Boden zurückerhalten. 14 Dies müsst ihr berücksichtigen, wenn ihr von einem anderen Israeliten Land kauft oder es ihm verkauft.

15–16 Der Preis richtet sich nach der Zeitspanne bis zum nächsten Erlassjahr. Sind es noch viele Jahre, so ist der Kaufpreis höher, sind es nur noch wenige, so ist er entsprechend niedriger. Gekauft wird nicht das Land, sondern die Anzahl der Ernten. 17 Darum soll keiner von euch einen anderen Israeliten übervorteilen. Nehmt meine Weisungen ernst, denn ich bin der Herr, euer Gott.

18–19 Gehorcht meinen Geboten und richtet euch nach meinen Weisungen, dann werdet ihr ruhig und sicher in eurem Land leben können, und das Land wird so viel hervorbringen, dass ihr genug zu essen habt. 20 Ihr braucht euch nicht zu sorgen: Was werden wir im siebten Jahr essen, wenn wir nicht säen und nicht ernten können? 21 Ich, der Herr, werde das Land im sechsten Jahr so reich segnen, dass der Ertrag für zwei Jahre ausreicht. 22 Nachdem ihr im achten Jahr ausgesät habt, könnt ihr dann noch bis zur neuen Ernte vom Ertrag des sechsten Jahres leben.‹

Das Land als Eigentum Gottes und der Menschen

23 ›Besitz an Grund und Boden darf nicht endgültig verkauft werden, weil das Land nicht euer, sondern mein Eigentum ist. Ihr lebt bei mir wie Fremde* oder Gäste, denen das Land nur zur Nutzung überlassen ist. 24 Bei jedem Landkauf müsst ihr ein Rückkaufsrecht einräumen.

25 Wenn dein Bruder*, ein anderer Israelit, verarmt und etwas von seinem Grundbesitz verkaufen muss, soll sein nächster Verwandter als Löser* für ihn eintreten und das Veräußerte zurückkaufen. 26 Angenommen, es findet sich niemand, der dazu in der Lage ist, aber er selbst bringt später genug auf, um seinen Besitz zurückzukaufen, 27 dann muss er so viel dafür bezahlen, wie der Zeitspanne entspricht, die noch bis zum nächsten Erlassjahr* verbleibt. 28 Kann er die Mittel zum Rückkauf nicht aufbringen, so bleibt sein Besitz bis zum Erlassjahr in der Hand des Käufers und fällt dann wieder an ihn, den ursprünglichen Besitzer, zurück.

29 Verkauft jemand ein Wohnhaus in einer befestigten Stadt, so wird ihm das Rückkaufsrecht nur für ein Jahr eingeräumt. 30 Wenn es innerhalb dieser Frist nicht zurückgekauft wird, geht es unwiderruflich an den Käufer und seine Erben über und fällt auch im Erlassjahr nicht an den früheren Besitzer zurück.

31 Anders ist es, wenn das Haus zu einem Dorf ohne Schutzmauer gehört. Es wird dann genauso behandelt wie das freie Feld: Es kann unbefristet zurückgekauft werden und im Erlassjahr fällt es an den ursprünglichen Besitzer zurück.

32 Auch für die Häuser der Leviten* in ihren Städten besteht ein unbefristetes Rückkaufsrecht, 33 und wenn sie nicht vorher zurückgekauft wurden, fallen sie im Erlassjahr an ihren ersten Besitzer zurück.° Denn die Häuser der Leviten sind ihr Erbbesitz unter den Israeliten, 34 genauso wie das Weideland, das zu ihren Städten gehört. Das Weideland der Leviten darf jedoch überhaupt nicht verkauft werden; es ist ihr unveräußerlicher Besitz.‹

Ein Israelit darf nicht versklavt werden

35 ›Wenn dein Bruder*, ein anderer Israelit neben dir, verarmt ist und seinen ganzen Besitz verloren hat, dann hilf ihm! Sorge dafür, dass er wie ein Fremder* oder ein Fremdarbeiter* unter euch sein Leben fristen kann. 36–37 Fordere keine Zinsen von ihm, wenn du ihm Geld leihst, und verlange die Nahrungsmittel, mit denen du ihm aushilfst, nicht mit einem Aufschlag zurück.

Nehmt meine Weisungen ernst und sorgt dafür, dass euer Bruder neben euch leben kann. 38 Ich bin der Herr, euer Gott, der euch aus Ägypten geführt hat, um euch das Land Kanaan zu geben und euer Gott zu sein.

39 Wenn dein Bruder neben dir so sehr verarmt, dass er sich selbst an dich verkaufen muss, dann behandle ihn nicht wie einen Sklaven*, 40 sondern wie einen Lohnarbeiter* oder Fremdarbeiter. Er muss bis zum nächsten Erlassjahr* für dich arbeiten, 41 dann wird er samt seiner Familie wieder frei und kann zu seiner Sippe zurückkehren; auch seinen Erbbesitz erhält er wieder zurück. 42 Denn alle Israeliten sind mein Eigentum, weil ich sie aus Ägypten geführt habe. Sie dürfen nicht als Sklaven verkauft werden.

43 Nehmt meine Weisungen ernst und zwingt keinen Israeliten zur Sklavenarbeit. 44 Wenn ihr Sklaven und Sklavinnen braucht, könnt ihr sie von euren Nachbarvölkern kaufen. 45 Auch Fremdarbeiter, die bei euch wohnen, könnt ihr als Sklaven erwerben und ebenso ihre Nachkommen, die in eurem Land geboren sind. Ihr könnt sie für immer als euer Eigentum behalten 46 und auch euren Söhnen vererben; sie müssen nicht freigelassen werden. Aber eure Brü-

25,23 Ps 39,13S **25,32-34** Num 35,2-8S **25,35** Dtn 15,7-8 **25,36-37a** Ex 22,24S **25,38** 11,45 **25,39-43** Ex 21,2-4; Dtn 15,12-18

Die großen Feste

Die wichtigsten Feste in Israel sind alte Hirten- und Bauernfeste, die aber ganz in Dienst genommen wurden für die Feier der rettenden Taten Gottes, wie Israel sie in seiner Geschichte erfahren hat.

Passafest

Im ersten Monat des Jahres (nach unserem Kalender März/April) wird das Passafest gefeiert. Mit diesem Freudenfest gedenkt Israel seines Auszugs aus Ägypten unter der Führung Moses. In alt- und neutestamentlicher Zeit opferte jede Familie am Vorabend des Festes ein Lamm. Seit der Reform des Königs Joschija durfte das Lammopfer nur noch in Jerusalem dargebracht werden. Das Passamahl selbst ist immer im Haus, im Kreis der Familie, gefeiert worden; dort wird es auch heute noch gefeiert. Die Speisen, die dabei gereicht werden, sollen das Sklavendasein in Ägypten und die Befreiung aus dieser Not in Erinnerung rufen. Zu Beginn wird die Geschichte vom Auszug erzählt: wie in der Nacht, in der alle erstgeborenen Söhne der Ägypter sterben mussten, der Engel Gottes an den Häusern der Israeliten vorüberging und sie verschonte (Exodus 12).

Fest der Ungesäuerten Brote

Beim Aufbruch aus Ägypten blieb den israelitischen Frauen keine Zeit, den Brotteig säuern und aufgehen zu lassen. Deshalb wird beim Passamahl und während der darauf folgenden Woche nur Brot gegessen, das ohne Sauerteig zubereitet ist. Daher kann auch das Passafest mit der nachfolgenden Woche zusammen als das »Fest der Ungesäuerten Brote« bezeichnet werden.
Heute sind es nur noch die Samariter, die am Passafest auf traditionelle Weise ihre Passalämmer schlachten. Die Juden tun es nicht mehr, seitdem der Tempel in Jerusalem 70 n. Chr. zerstört worden ist.

Erntefest

Am letzten Tag des Festes der Ungesäuerten Brote wird die erste Garbe der neuen Gerstenernte Gott dargebracht. Das wichtigste Erntefest – das auch diese Bezeichnung trug – wurde aber nach Beendigung der Weizenernte gefeiert. Zwischen ihm und dem Passafest liegen sieben Wochen; deshalb heißt es auch Wochenfest oder Pfingstfest (vom griechischen »Pente-

Festkalender

Der wichtigste Monat für das religiöse Leben war der siebte, der Tischri (althebräisch Etanim). Obwohl das Kalenderjahr mit dem Nisan (März/April) begann, wurde der 1. Tischri als Neujahrsfest gefeiert. Die Übersicht Seite 148/49 zeigt das Verhältnis der jüdisch-babylonischen und unserer (römischen) Monate und gibt die jeweiligen landwirtschaftlichen Tätigkeiten an.

Neujahr (Trompetenblasen)

Versöhnungstag

Laubhüttenfest

Tempelweihe (»Lichterfest« zur Wiedereinweihung 165 v. Chr.)

Purimfest (seine Entstehung schildert das Esterbuch)

Passa und Fest der Ungesäuerten Brote

Fest der Ersten Früchte

Erntefest (Pfingsten)

koste« = 50. Tag). Später gedachte man an diesem Tag besonders der Ankunft der Israeliten am Sinai und der Verkündung des Gesetzes.

Neujahr

Die zweite große Gruppe von Festen fällt in den siebten Monat (nach unserem Kalender September/Oktober). Am ersten Tag dieses Monats wird das Neujahrsfest gefeiert. Sein besonderes Kennzeichen war das Hörnerblasen, das den Herrn an sein Volk und das Volk an seinen Herrn erinnern sollte.

Versöhnungstag

Der 10. Tag des siebten Monats ist der Versöhnungstag. An ihm bekennt das ganze Volk vor Gott seine Sünden und bittet ihn um Vergebung. Vom Abend des Vortages bis zum Abend des Versöhnungstages wird gefastet. Der Oberste Priester legte an diesem Tag seine Amtskleidung an und brachte einen Stier dar als Sühneopfer für sich selbst und seine Familie und einen Ziegenbock als Sühneopfer für das Volk. Vom Blut der Tiere sprengte er etwas an die Bundeslade, die im Allerheiligsten des Zeltes bzw. Tempels stand. Nur an diesem Tag durfte er das Allerheiligste betreten. Ein zweiter Ziegenbock wurde in die Wüste gejagt, um zu zeigen, dass die Schuld des Volkes beseitigt ist.

Laubhüttenfest

Dieses Fest beginnt am 15. Tag des siebten Monats und dauert eine Woche. Ursprünglich war es ein Fest zum Abschluss der Oliven- und Weinernte. Man wohnte während der Festwoche in Laubhütten. Für Israel war dies eine Erinnerung an die Zeit des Auszugs, als das Volk in der Wüste in Zelten lebte.

Die Samariter bringen am Passafest noch heute das traditionelle Opfer dar.

Oben links: ›Ungesäuertes‹ Brot (ohne Sauerteig) wird zubereitet.

Oben rechts: Das Blasen des Widderhorns zeigt den Beginn des neuen Jahres an.

Links: Eine Familie feiert das Passafest. Der Sohn fragt nach dem Grund; der Vater antwortet (vgl. Dtn 6,20-23).

Die Ernte war Anlass, ein fröhliches Fest zu feiern.

der, die Israeliten, dürft ihr nicht zu Sklaven machen.

47 Es kann sein, dass ein Fremder, der bei euch lebt, oder ein Fremdarbeiter zu Reichtum kommt, während euer Bruder, ein Israelit, in seiner Nähe verarmt und sich ihm oder seinen Nachkommen als Sklaven verkaufen muss. 48-49 Dann besteht für den Israeliten jederzeit das Recht auf Freikauf. Einer seiner leiblichen Brüder oder sein Onkel oder Vetter oder ein anderer naher Verwandter kann als Löser* für ihn eintreten und ihn zurückkaufen oder er kann es selbst tun, wenn er die Mittel zusammenbringt. 50 Er überschlägt dann mit seinem Herrn, wie viele Jahre er ihm gedient hat und wie viele es noch bis zum nächsten Erlassjahr sind, und berechnet den Jahressatz nach dem Lohn für einen Arbeiter. 51-52 Die Summe für den Freikauf entspricht der Zahl der Jahre, die noch bis zum Erlassjahr fehlen.

53 Sein Herr soll ihn stets wie einen freien Mann behandeln, der für einen jährlichen Lohn bei ihm arbeitet; ihr dürft nicht zulassen, dass er ihn zum Sklaven macht. 54 Wenn ein Freikauf nicht möglich ist, muss er samt seiner Familie im nächsten Erlassjahr freigelassen werden. 55 Denn mir gehören alle Israeliten als Sklaven, sie sind mein Eigentum, weil ich sie aus Ägypten geführt habe. Ich bin der HERR, euer Gott!‹«

SEGEN UND FLUCH. NACHTRÄGE
(Kapitel 26–27)

Gehorsam bringt Glück und Segen
(Dtn 7,12-15; 28,1-14)

26 Zum Abschluss ließ der HERR den Leuten von Israel sagen:°

»Ihr dürft euch keine Götzenbilder anfertigen. Ihr dürft in eurem Land keine solchen Bilder aufstellen und anbeten, gleichgültig, ob es geschnitzte oder gegossene Standbilder oder Steinmale oder Steine mit eingeritzten Bildern sind. Denn ich bin der HERR, euer Gott!

2 Haltet meinen Ruhetag, den Sabbat*, in Ehren und entweiht nicht mein Heiligtum. Ich bin der HERR!

3 Wenn ihr euch nach meinen Anweisungen richtet und meine Gebote befolgt, werde ich euch mit Segen überschütten. 4 Ich werde zur rechten Zeit Regen schicken, sodass die Felder reichen Ertrag bringen und die Bäume Früchte tragen. 5 Ihr werdet dann so viel ernten, dass die Dreschzeit sich bis zur Weinlese ausdehnt und die Weinlese bis zur nächsten Aussaat. Ihr werdet genügend zu essen haben und sicher in eurem Land wohnen.

6 Ich werde dafür sorgen, dass in eurem Land Frieden herrscht. Wenn ihr euch schlafen legt, braucht ihr nicht zu befürchten, dass euch jemand aufschreckt. Ich werde alle wilden Tiere im Land ausrotten und kein fremdes Heer wird in euer Land einfallen. 7 Ihr werdet eure Feinde in die Flucht schlagen und mit dem Schwert niedermachen. 8 Fünf von euch werden hundert vor sich herjagen und hundert von euch zehntausend; eure Feinde werden reihenweise vor euch umsinken.

9 Ich werde mich euch zuwenden und dafür sorgen, dass ihr viele Kinder bekommt und immer zahlreicher werdet. Ich werde zu meinem Bund* stehen und alles erfüllen, was ich euch zugesagt habe. 10 Ihr werdet noch von der alten Ernte zu essen haben, wenn schon die neue da ist; ihr werdet sogar die Reste der alten Ernte wegwerfen müssen, um Platz für die neue zu bekommen.

11 Ich werde mitten unter euch wohnen und werde mich nie mehr voll Abscheu von euch abwenden müssen. 12 Ich werde bei euch bleiben und euer Gott sein und ihr werdet mein Volk sein. 13 Ich bin der HERR, euer Gott, der euch aus Ägypten geführt hat, wo ihr Sklaven gewesen seid. Ich habe euer Sklavenjoch zerbrochen und euch wieder aufrecht gehen lassen.«

Ungehorsam bringt Unglück
(Dtn 28,15-68)

14 »Wenn ihr mir aber nicht gehorcht und meine Weisungen nicht befolgt, 15 wenn ihr meine Gebote missachtet und euch um meine Rechtsordnungen nicht kümmert und damit den Bund*, den ich mit euch geschlossen habe, brecht, 16 dann werde ich lauter Unglück über euch hereinbrechen lassen. Ich werde euch unheilbare Krankheiten schicken, sodass ihr erblindet und langsam dahinsiecht. Vergeblich werdet ihr aussäen, denn eure Feinde werden die Ernte einbringen. 17 Ich selber werde zu eurem Feind und lasse eure Feinde über euch siegen; ihr werdet fliehen, obwohl euch niemand verfolgt.

18 Wenn ihr mir auch dann noch nicht gehorcht, werde ich euch siebenmal so hart bestrafen. 19 Ich breche euren Starrsinn und lasse es nicht mehr regnen; der Himmel über euch wird wie eine eiserne Glocke sein und der Boden unter euren Füßen hart wie Stein. 20 Alle eure Mühe ist dann vergeblich. Auf euren Feldern wächst nichts mehr und die Bäume tragen keine Früchte.

21 Wenn ihr mir dann immer noch nicht gehorcht und euch mir weiter widersetzt, werde ich eure Strafe nochmals siebenfach steigern. 22 Ich werde Raubtiere auf euch loslassen, die werden eure Kinder und euer Vieh fressen und so viele von euch umbringen, dass die Straßen verlassen daliegen.

26,1b Ex 20,2-3S; 20,4S **26,2** 19,30; Ex 20,8-10S **26,4** Dtn 11,14; Ez 34,26-27 **26,5** Am 9,13 **26,8** Jos 23,10 **26,9** Dtn 7,13 **26,12** Jer 7,23S; Ez 37,26-28S **26,14-39** Am 4,6-12; Dan 9,11 **26,16** Ri 6,3-6 **26,22** Ez 5,16-17

23 Wenn ihr dann immer noch nicht auf mich
hören wollt und euch weiterhin gegen mich stellt,
24 dann stelle auch *ich* mich gegen *euch* und bestrafe
euch noch siebenmal härter. 25 Weil ihr meinen
Bund gebrochen habt, lasse ich feindliche Heere in
euer Land einfallen. Sucht ihr dann hinter euren
Mauern Zuflucht, so wird die Pest unter euch ausbre-
chen. Die Feinde werden einen so dichten Ring um
eure Städte legen, 26 dass ihr von jeder Zufuhr abge-
schnitten seid. Dann brauchen zehn Frauen nur
noch einen Backofen und das Brot wird mit der Waa-
ge zugeteilt. Und wenn ihr eure Ration aufgegessen
habt, seid ihr noch genauso hungrig wie zuvor.
27 Wenn ihr mir auch dann noch nicht gehorcht
und euch weiterhin gegen mich stellt, 28 bekommt
ihr meinen ganzen Zorn zu spüren und werdet noch
siebenmal härter bestraft. 29 Vor Hunger werdet ihr
das Fleisch eurer eigenen Kinder essen. 30 Ich werde
die Altäre zerschlagen, auf denen ihr euren Götzen
Opfer darbringt, und werde eure Leichen auf die
Trümmer eurer Götzenbilder werfen. Ich werde
mich voll Abscheu von euch abwenden. 31 Eure
Opfer werde ich nicht mehr annehmen, eure Städte
lege ich in Schutt und Asche und zerstöre eure Hei-
ligtümer. 32 Ich selber werde euer Land so verwüsten,
dass eure Feinde sich darüber entsetzen, wenn sie es
in Besitz nehmen. 33 Ich werde euch in alle Welt zer-
streuen; mit dem Schwert werde ich euch forttrei-
ben. Eure Felder werden zur Wüste und eure Städte
zu Trümmerhaufen.
34–35 Dann wird euer Land endlich die Ruhe finden,
die ihr ihm nicht gegönnt habt. Während es verwüs-
tet daliegt und ihr weit weg bei euren Feinden leben
müsst, wird es feiern und die versäumten Sabbatjah-
re[a] nachholen können.
36–37 Die aber von euch, die das alles überleben und
in die Länder eurer Feinde verschleppt werden,
mache ich so verzagt, dass sie schon vor einem
raschelnden Blatt davonlaufen, als sei ein feindliches
Heer hinter ihnen her. Sie werden stolpern und hin-
fallen, einer wird über den andern stürzen, obwohl
sie niemand verfolgt. Ihr werdet vor keinem Feind
mehr standhalten können 38 und in der Fremde
zugrunde gehen; das Land eurer Feinde wird euch
verschlingen.
39 Die Überlebenden und ihre Nachkommen
werden in den Ländern ihrer Feinde an den Folgen
ihrer Schuld und der Schuld ihrer Vorfahren dahin-
siechen. 40 Aber dann werden sie ihre Schuld und
die Schuld ihrer Vorfahren bekennen, sie werden
es bereuen, dass sie mir die Treue gebrochen und
sich mir widersetzt haben. 41 Ich musste sie dafür
bestrafen und sie in das Land ihrer Feinde treiben.
Aber wenn ihr trotziges Herz sich beugt und sie
genug für ihre Schuld gebüßt haben, 42 will ich mich
an meinen Bund mit Jakob erinnern und an meinen
Bund mit Isaak und mit Abraham und werde an das
Land denken, das ich ihnen für ihre Nachkommen
versprochen hatte.
43 Sie mussten zwar das Land verlassen, damit es
die Sabbatjahre nachholen kann, die sie ihm vorent-
halten haben; sie müssen ihre Schuld bezahlen, weil
sie meine Rechtsordnungen missachtet und sich
nicht um meine Gebote gekümmert haben. 44 Aber
dass sie im Land ihrer Feinde leben müssen, bedeu-
tet nicht, dass ich mich ganz von ihnen abgewandt
habe und sie dem Untergang preisgebe.

Ich stehe zu meinen Zusagen; ich bin der HERR, ihr
Gott! 45 Ich habe mit ihren Vorfahren meinen Bund
geschlossen, damals, als ich allen Völkern meine
Macht gezeigt und mein Volk aus Ägypten geführt
habe, um sein Gott zu sein. Dieser Bund bleibt
bestehen; ich bin der HERR!«
46 Dies sind die Gesetze, Gebote und Rechtsord-
nungen, die der HERR für die Beziehung zwischen
ihm und seinem Volk erlassen und den Israeliten
am Berg Sinai* durch Mose gegeben hat.

Bestimmungen über die Auslösung von Weihegaben

27 1–2 Der HERR gab Mose für die Israeliten auch
noch folgende Anweisungen:
»Wenn jemand durch ein besonderes Gelübde*
versprochen hat, mir einen bestimmten Menschen
zu geben, dann muss er an dessen Stelle den entspre-
chenden Geldwert entrichten, den du jeweils
bestimmst.[b] 3–7 Du legst den Wert in Silberstücken*
fest, gewogen nach dem Gewicht des Heiligtums,
und zwar:

für einen Mann zwischen 20 und 60 Jahren	50
für eine Frau im selben Alter	30
für eine männliche Person zwischen 5 und 20 Jahren	20
für eine weibliche Person im selben Alter	10
für einen Jungen zwischen 1 Monat und 5 Jahren	5
für ein Mädchen im selben Alter	3
für einen Mann über 60 Jahre	15
für eine Frau im selben Alter	10

8 Wenn der Mann, der das Gelübde geleistet hat, zu
arm ist, um diesen Preis zu bezahlen, muss er mit der
Person, die er dem HERRN versprochen hat, zum
Priester* gehen. Der Priester setzt einen niedrigeren
Preis fest, den der Mann bezahlen kann.
9 Wenn jemand dem HERRN ein Tier verspricht,
das als Opfer* dargebracht werden kann, gilt dieses
Tier als Eigentum des HERRN. 10 Es darf nicht gegen

a Vgl. Lev 25 und die Anmerkung zu 25,5. Was hier für den Fall des Ungehorsams angedroht wird, wurde später bittere Wirklichkeit, als die Assyrer und Babylonier einen Großteil der Israeliten aus ihrem Land verschleppten (2 Kön 17 und 25).

b Ursprünglich war die betreffende Person für Dienste am Heiligtum bestimmt; vgl. 1 Sam 1,11.24-28. Die Tabelle der Gegenwerte in Geld ist vermutlich so zu verstehen, dass es sich um jährliche Zahlungen handelt, die nach dem Alter, d.h. der Arbeitskraft, abgestuft sind.

26,26 Ez 4,16-17 **26,29** 2 Kön 6,28-29; Jer 19,9S; Klgl 2,20; 4,10; Ez 5,10; Bar 2,2-3 **26,30** Ez 6,3-7 **26,33** 2 Kön 17,5-6; 25,11 **26,34-35** 2 Chr 36,21 **26,40** Esra 9,5-7; Neh 9,2.26-30; Ps 106,6-46; Dan 9,4-19 **26,42** Ex 2,24S **27,8** 12,7-8S

ein schlechteres oder besseres Tier ausgewechselt
werden. Sonst verfallen dem HERRN beide Tiere.
11 Wenn aber jemand dem HERRN ein unreines* Tier
verspricht, das nicht als Opfer dargebracht werden
darf, muss er es zum Priester bringen. 12 Der Priester
schätzt das Tier und legt seinen Wert fest; seine Ent-
scheidung ist nicht anfechtbar. 13 Wenn der Besitzer
des Tieres es zurückhaben will, muss er zum Schätz-
wert noch ein Fünftel dazuzahlen.

14 Wenn jemand dem HERRN durch ein Gelübde
sein Haus übereignet, muss der Priester den Wert
abschätzen; seine Entscheidung ist nicht anfechtbar.
15 Wenn der Betreffende sein Haus zurückkaufen
will, muss er zum Schätzwert ein Fünftel dazuzahlen.

16 Wenn jemand dem HERRN durch ein Gelübde
etwas von seinem erblichen Landbesitz übereignet,
sollst du den Wert nach der Größe des Grundstücks
festlegen, und zwar für ein Feld, auf dem man drei
Zentner° Gerste aussäen kann, 50 Silberstücke.
17 Wenn das Feld direkt vom Erlassjahr* ab dem
HERRN versprochen ist, gilt der volle Schätzwert;
18 wenn es später geschieht, ermäßigt der Priester
den Preis, je nachdem, wie viele Jahre es noch bis
zum nächsten Erlassjahr sind. 19 Wenn der Betreffen-
de sein Feld zurückkaufen will, muss er zum Schätz-
wert ein Fünftel dazuzahlen. 20 Wenn er das Feld
dem HERRN versprochen hat und es dann an einen
anderen verkauft, ohne es vorher vom HERRN
zurückzukaufen, verliert er das Rückkaufsrecht für
alle Zeiten. 21 Wird dann das Feld im Erlassjahr frei,
so ist es für immer Eigentum des HERRN und geht
in den Besitz der Priester über.

22 Wenn jemand dem HERRN durch ein Gelübde ein
Feld übereignet, das nicht zu seinem erblichen Land-
besitz gehört, sondern durch Kauf erworben ist,
23 berechnet der Priester, wie viel von dem Schätz-
wert, den du festgelegt hast, auf die Zeitspanne bis
zum nächsten Erlassjahr* entfällt. Der Betrag gehört
dem HERRN und muss noch am gleichen Tag an das
Heiligtum bezahlt werden. 24 Im Erlassjahr fällt das
Feld an den ursprünglichen Besitzer zurück, von
dem der Betreffende es gekauft hat.
25 Allen Schätzwerten sollst du das Gewicht des
Heiligtums zugrunde legen.«°

Nachträge zur Frage der Auslösung

26 »Ein erstgeborenes Jungtier von Rindern, Schafen
oder Ziegen kann dem HERRN nicht durch ein beson-
deres Gelübde übereignet werden, weil es ihm schon
als Erstgeburt* zusteht. 27 Das gilt auch für die erstge-
borenen Jungen von unreinen* Tieren; diese kön-
nen jedoch losgekauft werden, wenn der Besitzer
zum Schätzwert ein Fünftel zuzahlt. Wird ein Tier
nicht losgekauft, so wird es von den Priestern zum
Schätzpreis verkauft.

28 Wenn jemand dem HERRN etwas von seinem
Besitz an Menschen, Tieren oder Feldern unwider-
ruflich geweiht hat, kann es nicht wieder freigekauft
und darf auch nicht an einen anderen verkauft
werden. Es steht unter dem Bann* und ist als etwas
besonders Heiliges* für immer dem HERRN verfallen.
29 Auch Menschen, die auf diese Weise dem HERRN
zugeeignet werden, dürfen nicht losgekauft, son-
dern müssen getötet werden.[a]

30 Der zehnte Teil von jeder Ernte an Getreide und
Früchten gehört als heilige Abgabe dem HERRN.
31 Wenn jemand etwas davon loskaufen will, muss
er zum Gegenwert in Geld noch ein Fünftel zuzah-
len. 32-33 Auch von den Rindern, Schafen und Ziegen
gehört jedes zehnte Stück dem HERRN. Die Tiere dür-
fen nicht nach ihrem größeren oder geringeren Wert
ausgesucht werden; jedes zehnte Stück, das unter
dem Hirtenstab hindurchgeht, wird ausgesondert
und gehört dem HERRN. Es darf nicht mit einem
anderen ausgetauscht werden. Sonst fallen beide
Tiere dem HERRN zu und können nicht mehr ausge-
löst werden.«°

34 Dies sind die Gebote, die Mose auf dem Berg
Sinai* vom HERRN erhalten hat, um sie dem Volk
Israel weiterzugeben.

a Ein Beispiel für diese harte Regelung gibt Ri 11,30-35. Ursprünglich gehört der »Bann« (siehe dazu die Sacherklärung) in den Zusammenhang des »heiligen Krieges« und wird an der Kriegsbeute vollstreckt.

27,26 Ex 13,11-16 S **27,28** Jos 7,1 S **27,30-33** Num 18,21 S

NUMERI

Man nennt dieses Buch »Numeri« (= Zahlen), weil in ihm gleich zweimal von einer Volkszählung unter den Israeliten und deren Ergebnis berichtet wird: einer ersten vor dem Aufbruch vom Berg Sinai (Kap 1–4) und einer zweiten vor dem Einzug ins Land Kanaan (Kap 26). Dazwischen liegt ein Zeitraum von über vierzig Jahren, während dessen die Israeliten in der Wüste umherziehen. Nach dem Aufbruch vom Sinai geht es zunächst zügig bis an die Südgrenze des versprochenen Landes; aber als das Volk durch seine Kundschafter von der Befestigung der Städte und der Stärke ihrer Bewohner hört, entfällt ihm der Mut und es vertraut nicht mehr der Hilfe seines Gottes. Zur Strafe muss es noch eine ganze Generation lang in der Wüste bleiben.

Unglaube des Volkes und rasche Entmutigung, Unzufriedenheit mit seiner Lage bis hin zur Auflehnung gegen die von Gott bestimmten Führer Mose und Aaron – sie bilden auch in anderen Geschichten des Buches das Grundmotiv. Aber trotz allem gibt Gott sein Volk nicht auf und führt es zuletzt von Osten her wieder an die Grenze des Landes.

Inhaltsübersicht

ORDNUNG DER STÄMME UND VORBEREITUNG ZUM AUFBRUCH (1,1–10,10)

Zählung der Stämme Israels

1 Ein Jahr und ein Monat waren seit dem Aufbruch
der Israeliten aus Ägypten vergangen. Noch
immer war das Volk in der Wüste Sinai. Da sagte
der HERR am 1.Tag des 2.Monats im Heiligen Zelt*
zu Mose:
2-3 »Zähle mit Aaron zusammen die ganze
Gemeinde Israel! Erfasst in Listen alle wehrfähigen
Männer ab zwanzig Jahren, geordnet nach Sippen
und Familien. 4-15 Aus jedem Stamm bestimme ich
einen Sippenältesten, damit sie euch dabei helfen.
Es sind die folgenden Männer:

aus dem Stamm Ruben:
Elizur, der Sohn von Schedëur;
aus dem Stamm Simeon:
Schelumiël, der Sohn von Zurischaddai;
aus dem Stamm Juda:
Nachschon, der Sohn von Amminadab;
aus dem Stamm Issachar:
Netanel, der Sohn von Zuar;
aus dem Stamm Sebulon:
Eliab, der Sohn von Helon;
aus den Josefsstämmen für Efraïm:
Elischama, der Sohn von Ammihud,
und für Manasse:
Gamliël, der Sohn von Pedazur;
aus dem Stamm Benjamin:
Abidan, der Sohn von Gidoni;
aus dem Stamm Dan:
Ahiëser, der Sohn von Ammischaddai;
aus dem Stamm Ascher:
Pagiël, der Sohn von Ochran;
aus dem Stamm Gad:
Eljasaf, der Sohn von Dëuël;
aus dem Stamm Naftali:
Ahira, der Sohn von Enan.«

16 Diese zwölf Männer wurden aus der Gemeinde

1,1-46 26,1-51; Ex 30,11-16

a Nur die Leviten als Helfer der Priester dürfen mit dem heiligen Zelt in Berührung kommen, aber auch sie nur unter bestimmten Bedingungen; vgl. 4,15.18-20 und Sacherklärung »heilig«.

berufen, um als Stammesoberhäupter ihre Stämme zu vertreten.

17–18 Dann riefen Mose und Aaron die ganze Gemeinde Israel zusammen. Mithilfe der Stammesoberhäupter trugen sie alle Männer, die 20 Jahre und älter waren, in Listen ein, geordnet nach Sippen und Familien. Das geschah am 1. Tag des 2. Monats 19 in der Wüste Sinai, wie der HERR es Mose befohlen hatte.

20–46 Die Zahl der wehrfähigen Männer eines jeden Stammes ist in der folgenden Liste verzeichnet. An erster Stelle stehen die Nachkommen von Jakobs erstgeborenem Sohn Ruben.

Stamm	*Anzahl*
Ruben	46500
Simeon	59300
Gad	45650
Juda	74600
Issachar	54400
Sebulon	57400
Efraïm	40500
Manasse	32200
Benjamin	35400
Dan	62700
Ascher	41500
Naftali	53400
Gesamtzahl	603550

Die Sonderstellung der Leviten

47 Der Stamm Levi wurde nicht mit den anderen Stämmen zusammen erfasst. 48 Der HERR hatte zu Mose gesagt: 49 »Die Leviten* darfst du nicht für den Kriegsdienst erfassen und ihre Anzahl nicht zur Summe der Männer Israels hinzuzählen. 50 Sie müssen für das Heilige Zelt*, die Wohnstätte des Bundesgesetzes*, sorgen und für alles, was dazugehört.

Auf der Wanderung tragen sie das Zelt und seine Geräte. Deshalb sollen sie ihre Zelte rings um das Heiligtum aufschlagen. 51 Wenn das Lager abgebrochen wird, bauen sie das Heilige Zelt ab und schlagen es am neuen Lagerplatz wieder auf.

Jeder Unbefugte, der sich dem Zelt nähert, wird mit dem Tod bestraft.[a] 52 Die übrigen Stämme lagern sich um das Feldzeichen ihrer jeweiligen Heeresabteilung; 53 aber die Leviten müssen rings um das Heilige Zelt, die Wohnstätte des Bundesgesetzes, wohnen und es bewachen, damit die übrigen Israeliten ihm nicht zu nahe kommen und mein Zorn die Gemeinde trifft.«

54 Die Israeliten machten alles, wie der HERR es Mose befohlen hatte.

Die Ordnung der Stämme

2 Der HERR sagte zu Mose und Aaron: 2 »Die Israeliten sollen ihr Lager in gehöriger Entfernung rings um das Heilige Zelt* aufschlagen. Jeder von ihnen hat seinen Platz unter dem Feldzeichen seiner Heeresabteilung und beim Zeichen seiner Sippe.«

3-8 Auf der Ostseite bekam die Abteilung unter dem Feldzeichen Judas ihr Lager, drei Stämme mit ihren Oberhäuptern, und zwar:

Stamm	*Oberhaupt*	*Anzahl*
Juda	Nachschon, der Sohn Amminadabs	74600
Issachar	Netanel, der Sohn Zuars	54400
Sebulon	Eliab, der Sohn Helons	57400

9 Ihre Gesamtzahl betrug 186400. Diese Abteilung sollte beim Weitermarsch zuerst aufbrechen.

10-15 Auf der Südseite bekam die Abteilung unter dem Feldzeichen Rubens ihr Lager, drei Stämme mit ihren Oberhäuptern, und zwar:

Stamm	*Oberhaupt*	*Anzahl*
Ruben	Elizur, der Sohn Schedëurs	46500
Simeon	Schelumiël, der Sohn von Zurischaddai	59300
Gad	Eljasaf, der Sohn Dëuëls	45650

16 Ihre Gesamtzahl betrug 151450. Diese Abteilung sollte beim Weitermarsch als zweite aufbrechen.

17 Danach sollten sich die Leviten* mit dem Heiligen Zelt einordnen. Ihr Platz war genau in der Mitte, im Lager und unterwegs.

18-23 Auf der Westseite bekam die Abteilung unter dem Feldzeichen Efraïms ihr Lager, drei Stämme mit ihren Oberhäuptern, und zwar:

Stamm	*Oberhaupt*	*Anzahl*
Efraïm	Elischama, der Sohn Ammihuds	40500
Manasse	Gamliël, der Sohn Pedazurs	32200
Benjamin	Abidan, der Sohn von Gidoni	35400

24 Ihre Gesamtzahl betrug 108100. Diese Abteilung sollte beim Weitermarsch als dritte aufbrechen, direkt nach den Leviten.

25-30 Auf der Nordseite bekam die Abteilung unter dem Feldzeichen Dans ihr Lager, drei Stämme mit ihren Oberhäuptern, und zwar:

Stamm	*Oberhaupt*	*Anzahl*
Dan	Ahiëser, der Sohn von Ammischaddai	62700
Ascher	Pagiël, der Sohn Ochrans	41500
Naftali	Ahira, der Sohn Enans	53400

1,51a 4,4-33

[31] Ihre Gesamtzahl betrug 157600. Diese Abteilung
sollte beim Weitermarsch als letzte aufbrechen.
[32] Die Gesamtzahl aller wehrfähigen Israeliten
betrug 603550. [33] Nach der Anweisung des HERRN
wurden die Leviten nicht zusammen mit den ande-
ren erfasst.
[34] Die Israeliten führten alles so aus, wie der HERR
es Mose aufgetragen hatte. Sie lagerten jeweils unter
ihrem Feldzeichen, nach Sippen und Familien
geordnet, und so brachen sie auch auf.

Die Söhne Aarons

3 [1-2] Zu jener Zeit, als der HERR mit Mose auf dem
Berg Sinai* redete, lebten folgende Nachkom-
men Aarons:° Nadab, der Erstgeborene, und Abihu,
Eleasar und Itamar. [3] Diese vier waren durch Sal-
bung* zu Priestern geweiht und in ihren Dienst ein-
gesetzt worden.
[4] Aber Nadab und Abihu fanden den Tod, als sie
dem HERRN in der Wüste Sinai ein Weihrauchopfer
darbrachten, das er nicht vorgeschrieben hatte. Sie
starben kinderlos. Eleasar und Itamar versahen wei-
terhin den Priesterdienst unter ihrem Vater Aaron.

Die Leviten werden den Priestern unterstellt

[5] Der HERR sagte zu Mose: [6] »Rufe die Männer des
Stammes Levi zusammen und bringe sie zum Pries-
ter Aaron! Sie sollen seine Helfer sein [7] und für ihn
und die ganze Gemeinde vor dem Heiligen Zelt*
Dienst tun und für meine Wohnung sorgen. [8] Sie sol-
len die heiligen Geräte in Ordnung halten und stell-
vertretend für das Volk alle Dienste an meiner Woh-
nung versehen.
[9] Du sollst die Leviten* Aaron und seinen Nach-
kommen unterstellen; denn sie sind ihnen von den
übrigen Israeliten als Eigentum übergeben. [10] Aaron
und seine Nachkommen aber sollen den Priester-
dienst versehen. Nur sie sind dazu befugt; jeder
andere, der sich dieses Recht anmaßt, wird mit
dem Tod bestraft.«
[11] Weiter sagte der HERR zu Mose: [12] »Ich habe die
Leviten für mich ausgesondert. Sie gehören mir
anstelle eurer erstgeborenen Söhne. [13] Eigentlich
gehört mir jede Erstgeburt*. Als ich die Erstgebore-
nen der Ägypter tötete, habe ich mir alles vorbehal-
ten, was unter euch zuerst aus dem Mutterschoß

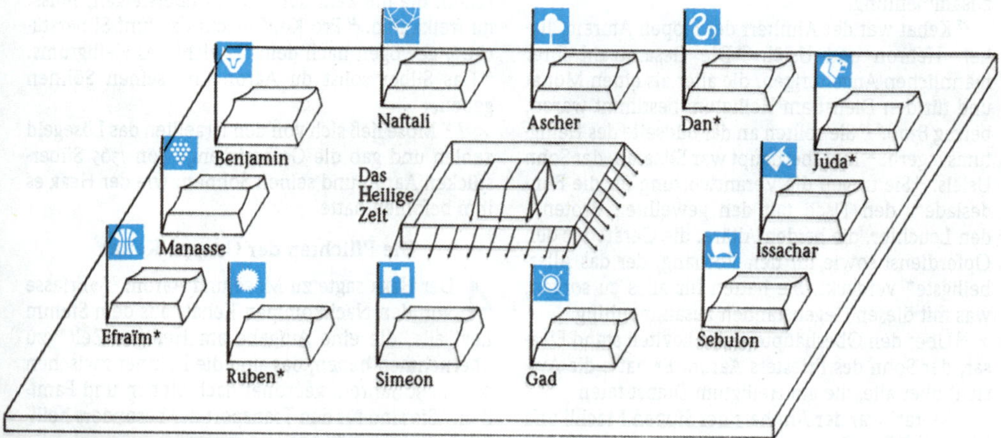

* Führender Stamm der Gruppe

Wenn die Stämme rings um das Heilige Zelt ihr Lager bezogen, geschah dies nach einer genau festgelegten Ordnung. Auch wenn das Volk wieder aufbrach, hatte jeder Stamm seinen festen Platz im Zug.

3,1-2 Ex 6,23 **3,3** Ex 29,29; 30,30; 40,14-15; Lev 8,1-36 **3,4** Lev 10,1-2.6-7 **3,11-13** 3,40-45; 8,16-19; 18,5-6 **3,13** Ex 13,11-16S

kommt, bei Tieren wie bei Menschen. Es gehört mir,
dem HERRN.«

Zählung der Leviten

14 Dort in der Wüste Sinai sagte der HERR zu Mose:
15 »Zähle die Leviten*, geordnet nach Sippen und
Familien! Alle männlichen Angehörigen des Stam-
mes Levi, die älter sind als einen Monat, sollst du
in Listen erfassen.«
16 Mose tat, was der HERR ihm befohlen hatte.
17 Levi hatte drei Söhne: Gerschon, Kehat und
Merari. 18 Die Söhne Gerschons waren Libni und
Schimi, 19 die Söhne Kehats Amram, Jizhar, Hebron
und Usiël, 20 und die Söhne Meraris Machli und
Muschi. Von ihnen stammen die Sippen und Fami-
lien ab, die ihre Namen tragen.
21 Gerschon war der Ahnherr der Sippen Libni und
Schimi. 22 Die Gesamtzahl ihrer männlichen Angehö-
rigen, die älter waren als einen Monat, betrug 7500.
23 Sie sollten auf der Rückseite des Heiligtums im
Westen lagern. 24 Ihr Oberhaupt war Eljasaf, der
Sohn Laëls. 25 Sie trugen die Verantwortung für das
Zelt, seine Schutzdecke und den Vorhang an seinem
Eingang, 26 für die Planen, die den Vorhof* rings um
Zelt und Altar umgeben, für den Vorhang am Ein-
gang des Vorhofs und für die Zeltstricke. Sie hatten
für alles zu sorgen, was mit diesen Gegenständen
zusammenhing.
27 Kehat war der Ahnherr der Sippen Amram, Jiz-
har, Hebron und Usiël. 28 Die Gesamtzahl ihrer
männlichen Angehörigen, die älter als einen Monat
und für den Dienst am Heiligtum bestimmt waren,
betrug 8300.° 29 Sie sollten an der Südseite des Heilig-
tums lagern. 30 Ihr Oberhaupt war Elizafan, der Sohn
Usiëls. 31 Sie trugen die Verantwortung für die Bun-
deslade*, den Tisch mit den geweihten Broten*,
den Leuchter, die beiden Altäre, die Geräte für den
Opferdienst sowie für den Vorhang, der das Aller-
heiligste* verdeckt. Sie hatten für alles zu sorgen,
was mit diesen Gegenständen zusammenhing.
32 Über den Oberhäuptern der Leviten stand Elea-
sar, der Sohn des Priesters Aaron. Er hatte die Auf-
sicht über alle, die am Heiligtum Dienst taten.
33 Merari war der Ahnherr der Sippen Machli und
Muschi. 34 Die Gesamtzahl ihrer männlichen Ange-
hörigen, die älter als einen Monat waren, betrug
6200. 35 Sie sollten an der Nordseite des Heiligtums
lagern. Ihr Oberhaupt war Zuriël, der Sohn Abiha-
jils. 36 Sie trugen die Verantwortung für die Bretter,
die die Wände des Heiligtums bilden, und ihre Quer-
stangen, für seine Säulen und Sockel und für alles
weitere Zubehör der Wohnung des HERRN. Sie hatten
für alles zu sorgen, was mit diesen Gegenständen
zusammenhing, 37 außerdem für die Säulen rings
um den Vorhof mit ihren Sockeln, die Zeltpflöcke
und Zeltstricke.
38 Mose und Aaron mit seinen Söhnen sollten vor
dem Eingang des Heiligen Zeltes auf der Ostseite
lagern. Sie hatten für alle Israeliten den Dienst am
Heiligtum zu versehen. Der HERR drohte jedem den
Tod an, der sich unbefugt dem Heiligtum näherte.
39 Die Gesamtzahl aller männlichen Leviten, die
älter waren als einen Monat, betrug 22000. Dies
war das Ergebnis der Zählung, die Mose und Aaron
auf Befehl des HERRN in ihren Sippen durchgeführt
hatten.

Die Leviten vertreten die Erstgeborenen

40 Der HERR sagte zu Mose: »Zähle alle erstgeborenen
männlichen Israeliten, die älter sind als einen
Monat. 41 Denn alle erstgeborenen Söhne der Israeli-
ten gehören mir. An ihrer Stelle beanspruche ich, der
HERR, die Leviten* als mein Eigentum. Ebenso er-
hebe ich Anspruch auf das Vieh der Leviten anstelle
aller erstgeborenen Tiere der Israeliten.«
42 Mose ließ die Erstgeborenen zählen, wie der
HERR es befohlen hatte, 43 und kam auf eine Gesamt-
zahl von 22 273.
44 Darauf sagte der HERR zu Mose: 45 »Übergib mir
die Leviten anstelle der erstgeborenen Israeliten als
mein Eigentum und das Vieh der Leviten anstelle
der Erstgeburten ihres Viehs. 46 Die 273 Erstgebo-
renen, die die Zahl der Leviten übersteigen, musst
du freikaufen. 47 Pro Kopf macht das fünf Silberstü-
cke*, gewogen nach dem Gewicht des Heiligtums.
48 Das Silber sollst du Aaron und seinen Söhnen
geben.«
49–51 Mose ließ sich von den Israeliten das Lösegeld
zahlen und gab die Gesamtmenge von 1365 Silber-
stücken Aaron und seinen Söhnen, wie der HERR es
ihm befohlen hatte.

Die Pflichten der Gruppe Kehat

4 Der HERR sagte zu Mose und Aaron: 2-3 »Erfasse
von den Nachkommen Kehats aus dem Stamm
Levi alle, die eine Aufgabe am Heiligen Zelt* zu
übernehmen haben, das sind die Männer zwischen
30 und 50 Jahren, geordnet nach Sippen und Fami-
lien. 4 Sie sind für den Transport der besonders heili-
gen* Dinge zuständig.
5 Wenn das Lager abgebrochen wird, müssen
zunächst Aaron und seine Söhne in das Zelt hinein-
gehen, den Vorhang vor dem Allerheiligsten* ab-
nehmen und ihn über die Lade mit dem Bundes-
gesetz* decken. 6 Weiter breiten sie eine Decke aus
Delphinenleder und ein violettes Tuch darüber und
bringen die Tragstangen an der Bundeslade* an.
7 Auch über den Tisch, auf dem das geweihte Brot*
ausgelegt wird, breiten sie ein violettes Tuch und
stellen darauf die Schalen, Schüsseln, Becher und
Kannen für das Trankopfer*; auch das Brot legen

3,14-39 4,34-49; 26,57-62 **3,40-45** 3,11-13S

Das Heilige Zelt

»Die Israeliten sollen mir ein Heiligtum errichten«, sagt Gott, »denn ich will unter ihnen wohnen« (Ex 25,8). Auf ihrem Weg nach Kanaan hatten die Israeliten am Fuß des Berges Sinai ihr Lager aufgeschlagen. Weil noch ein weiter Weg vor ihnen lag, gab Gott ihnen den Auftrag, ein Zelt zu errichten, das leicht abgebaut und mitgenommen werden konnte.

Die Leviten

Die Leviten hatten die Aufgabe, das Heilige Zelt auf- und abzubauen; sie waren auch betraut mit dem Transport der Zeltdecken und aller Gegenstände, die zum Heiligen Zelt gehörten. Beim Aufbau des Zeltes fügten sie zuerst die goldüberzogenen Bretter und Stangen zusammen. Darüber wurde die bunte, bestickte Zeltdecke gebreitet, darüber eine Zeltdecke aus schwarzem Ziegenhaar und noch zwei Schutzdecken aus Fell und aus Leder.

Das Zeltinnere

Das Heilige Zelt hatte zwei Räume. Im hinteren, genannt das »Allerheiligste«, stand die Bundeslade, in der die zwei steinernen Gesetzestafeln aufbewahrt wurden. Goldene Kerubenfiguren hielten ihre Flügel über der Lade ausgebreitet. An der Lade befanden sich Ringe, durch die Tragstöcke geschoben werden konnten. Im vorderen Raum standen der Altar für das Räucheropfer, der goldene siebenarmige Leuchter und der Tisch für die zwölf geweihten Brote.

Der Vorhof

Das Heilige Zelt stand mitten im Lager der Israeliten, war aber von deren Zelten durch einen Vorhof geschieden. Der Vorhof war umgrenzt von Holzsäulen, zwischen denen leinene Planen ausgespannt waren. In diesem Hof stand vor dem Eingang des Zeltes der Brandopferaltar mit dem zugehörigen Gerät und das bronzene Becken für das Wasser, mit dem sich die Priester Hände und Füße waschen mussten, ehe sie das Heilige Zelt betraten.

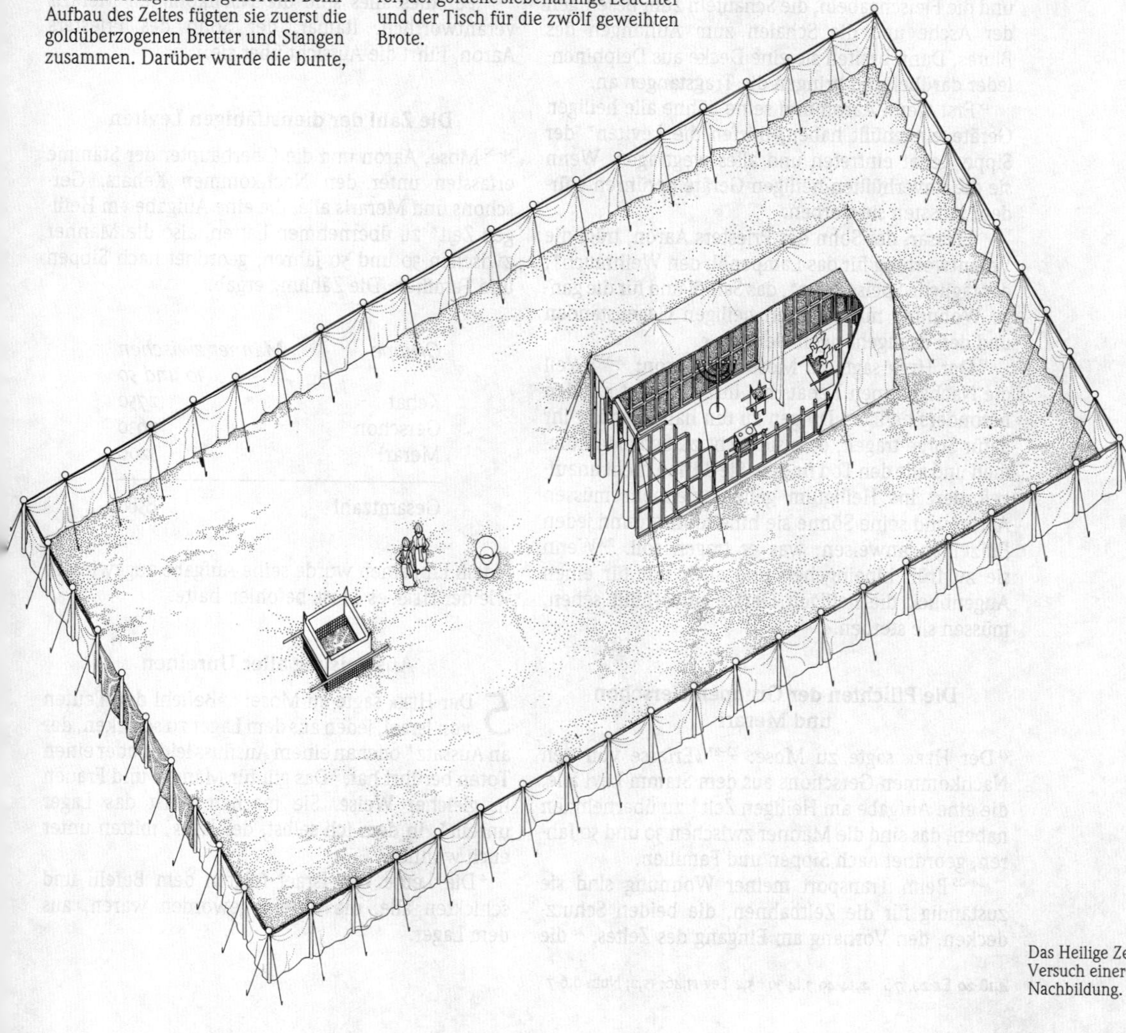

Das Heilige Zelt. Versuch einer Nachbildung.

sie darauf. 8 Darüber decken sie ein dunkelrotes Tuch und eine Decke aus Delphinenleder und bringen die Tragstangen an.

9 Dann nehmen sie ein violettes Tuch und hüllen damit den Leuchter samt seinen Lichtschalen* ein, außerdem die Dochtscheren und die Reinigungsnäpfe und alle Ölgefäße, die dazugehören. 10 Darüber breiten sie eine Decke aus Delphinenleder und legen alles auf ein Traggestell.

11 Danach breiten sie ein violettes Tuch über den goldenen Altar, legen eine Decke aus Delphinenleder darüber und bringen die Tragstangen an. 12 Alle Geräte, die im Heiligtum gebraucht werden, schlagen sie in ein violettes Tuch ein, hüllen sie in eine Decke aus Delphinenleder und legen sie auf ein Traggestell. 13 Den Brandopferaltar* reinigen sie von der Asche und bedecken ihn mit einem purpurroten Tuch. 14 Darauf legen sie alle Geräte, die am Altar gebraucht werden: die Kohlenbecken und die Fleischgabeln, die Schaufeln zum Beseitigen der Asche und die Schalen zum Auffangen des Blutes. Dann breiten sie eine Decke aus Delphinenleder darüber und bringen die Tragstangen an.

15 Erst wenn Aaron und seine Söhne alle heiligen Geräte eingehüllt haben, dürfen die Leviten* der Sippe Kehat eintreten und alles wegtragen. Wenn sie die unverhüllten heiligen Geräte berühren würden, müssten sie sterben.

16 Eleasar, der Sohn des Priesters Aaron, trägt die Verantwortung für das Lampenöl, den Weihrauch*, das tägliche Speiseopfer*, das Salböl und für die ganze Wohnung mit all ihren heiligen Gegenständen und den dazugehörigen Geräten.«

17 Der HERR sagte zu Mose und Aaron: 18–19 »Weil die Nachkommen Kehats bei ihrem Dienst mit den besonders heiligen Dingen zu tun haben, müsst ihr dafür Sorge tragen, dass sie nicht zu Schaden kommen und alle den Tod finden. Sie dürfen nicht unaufgefordert ins Heiligtum gehen, vielmehr müssen Aaron und seine Söhne sie hineinführen und jeden Einzelnen anweisen, was er tragen soll. 20 Wenn sie zu früh hineingehen und auch nur für einen Augenblick die heiligen Geräte unverhüllt sehen, müssen sie sterben.«[a]

a Wer Gott sieht, muss sterben (siehe Anmerkung zu Ex 33,20). Für das unbefugte Anschauen der heiligen Geräte gilt dasselbe, weil etwas von der erschreckenden Majestät Gottes auf sie übergegangen ist; vgl. auch die Sacherklärung »heilig«.

Die Pflichten der Gruppen Gerschon und Merari

21 Der HERR sagte zu Mose: 22–23 »Erfasse von den Nachkommen Gerschons aus dem Stamm Levi alle, die eine Aufgabe am Heiligen Zelt* zu übernehmen haben, das sind die Männer zwischen 30 und 50 Jahren, geordnet nach Sippen und Familien.

24–25 Beim Transport meiner Wohnung sind sie zuständig für die Zeltbahnen, die beiden Schutzdecken, den Vorhang am Eingang des Zeltes, 26 die Planen, die den Vorhof* abgrenzen, und den Vorhang an seinem Eingang, für die Zeltstricke und alles, was sonst noch dazugehört.

27–28 Für dies alles sind die Nachkommen Gerschons verantwortlich. Aaron und seine Söhne weisen ihnen die Arbeit an. Itamar, der Sohn des Priesters Aaron, führt die Aufsicht über sie.

29–30 Erfasse auch von den Nachkommen Meraris aus dem Stamm Levi alle, die eine Aufgabe am Heiligen Zelt zu übernehmen haben, das sind die Männer zwischen 30 und 50 Jahren, geordnet nach Sippen und Familien.

31 Beim Transport des Heiligen Zeltes sind sie zuständig für die Bretter, die die Wände des Heiligtums bilden, und für ihre Querstangen, für seine Säulen und Sockel, 32 die Säulen rund um den Vorhof mit ihren Sockeln, die Zeltpflöcke und Zeltstricke und alles, was sonst noch dazugehört. Jeder von ihnen wird mit einer bestimmten Aufgabe betraut.

33 Für dies alles sind die Nachkommen Meraris verantwortlich. Itamar, der Sohn des Priesters Aaron, führt die Aufsicht über sie.«

Die Zahl der dienstfähigen Leviten

34–49 Mose, Aaron und die Oberhäupter der Stämme erfassten unter den Nachkommen Kehats, Gerschons und Meraris alle, die eine Aufgabe am Heiligen Zelt* zu übernehmen hatten, also die Männer zwischen 30 und 50 Jahren, geordnet nach Sippen und Familien. Die Zählung ergab:

Gruppe	*Männer zwischen 30 und 50*
Kehat	2750
Gerschon	2630
Merari	3200
Gesamtzahl	8580

Jedem Einzelnen wurde seine Aufgabe zugewiesen, wie der HERR es Mose befohlen hatte.

Ausweisung aller Unreinen

5 Der HERR sagte zu Mose: 2 »Befiehl den Leuten von Israel, jeden aus dem Lager zu schicken, der an Aussatz* oder an einem Ausfluss leidet oder einen Toten berührt hat. 3 Das gilt für Männer und Frauen in gleicher Weise. Sie machen sonst das Lager unrein*, in dem ich selbst, der HERR, mitten unter euch wohne.«

4 Die Leute von Israel folgten dem Befehl und schickten alle, die unrein geworden waren, aus dem Lager.

4,18-20 Ex 29,37S **4,34-49** 3,14-39 **5,2** Lev 13,46; 15,2; Num 9,6-7

Wiedergutmachung für Eigentumsvergehen

[5–6] Der HERR gab Mose für die Israeliten die Anweisung:

Wenn jemand sich am Eigentum eines anderen vergangen hat und dadurch vor dem HERRN schuldig geworden ist, [7] soll er seine Schuld bekennen und dem Geschädigten Wiedergutmachung leisten. Dabei muss er zu dem Schadenswert noch ein Fünftel hinzufügen.

[8] Ist der Geschädigte nicht mehr am Leben und hat keinen nahen Verwandten, der den Schadenersatz an seiner Stelle entgegennehmen kann, so gehört dieser dem HERRN und fällt dem Priester* zu, und zwar zusätzlich zu dem Schafbock, mit dessen Blut der Priester die Schuld gegenüber dem HERRN ins Reine gebracht hat.

[9–10] Auch alle besonderen Gaben, die die Leute von Israel dem HERRN bringen, gehören den Priestern.

Gottesurteil beim Verdacht des Ehebruchs

[11–15] Der HERR gab Mose auch die folgenden Anweisungen für die Israeliten:

Wenn ein Mann Verdacht schöpft, dass seine Frau ihm untreu geworden ist und mit einem anderen Mann geschlafen hat, aber er hat keinen Zeugen dafür, dann soll er sie zum Priester bringen. Auch wenn ein Mann eifersüchtig wird, ohne dass seine Frau ihm dazu Anlass gegeben hat, soll er sie dorthin bringen. Als ihre Opfergabe soll er $\frac{1}{10}$ Efa* (gut 1 Kilo) Gerstenmehl mitnehmen. Er darf aber weder Olivenöl noch Weihrauch* hinzufügen, denn es ist ein Eifersuchtsopfer, durch das die Wahrheit an den Tag kommen soll.

[16] Der Priester lässt die Frau an den Altar treten. [17] Dann nimmt er ein Tongefäß mit geweihtem Wasser und tut Erde vom Boden des Heiligen Zeltes* hinein. [18] Er löst das Haar der Frau und legt das Eifersuchtsopfer in ihre Hände. Er selbst nimmt das Gefäß mit dem Wasser, das Bitterkeit und Fluch bringt.

[19] Dann sagt er zu der Frau: »Wenn du mit keinem anderen als mit deinem eigenen Mann geschlafen hast, dann wird dieses bittere, Fluch bringende Wasser dir nichts anhaben. [20] Hast du aber die Ehe gebrochen und mit einem anderen Mann geschlafen, dann wird dieses Wasser es offenbar machen.«°

[21–22] Der Priester stellt die Frau unter einen Fluch* und sagt: »Wenn du so etwas getan hast, dann wird der HERR dich zu einem abschreckenden Beispiel unter deinem Volk machen. Das Wasser wird in deine Eingeweide eindringen, sodass dein Bauch anschwillt und deine Geschlechtsorgane einschrumpfen.«

Darauf muss die Frau antworten: »Amen*, so soll es sein!«

[23] Nun schreibt der Priester diesen Fluch auf Pergament und wäscht die Schrift in dem bitteren Wasser ab. [24–26] Er nimmt das Eifersuchtsopfer aus den Händen der Frau und übereignet* es symbolisch dem HERRN. Dann nimmt er eine Hand voll davon und verbrennt diesen Teil auf dem Altar zum Zeichen dafür, dass die ganze Opfergabe dem HERRN gehört. Das Wasser gibt er der Frau zu trinken, damit es in ihr wirken kann.

[27] Hat sie tatsächlich Ehebruch begangen, so wird das Wasser ihr bittere Qualen verursachen: Ihr Bauch wird anschwellen und ihre Geschlechtsorgane werden einschrumpfen. Sie wird zu einem abschreckenden Beispiel für ihr Volk werden. [28] Ist sie aber unschuldig, so wird ihr das Wasser nichts anhaben können und sie wird auch künftig Kinder zur Welt bringen können.

[29] So muss verfahren werden, wenn ein Mann den Verdacht hat, dass seine Frau ihm untreu geworden ist, [30] oder ihn die Eifersucht plagt. Die Frau muss vor den HERRN gestellt werden und der Priester führt mit ihr die beschriebenen Handlungen aus. [31] Der Mann wird nicht zur Rechenschaft gezogen, wenn er sich geirrt hat; aber die Frau muss, wenn sie schuldig ist, die Folgen tragen.

Regeln für die Gottgeweihten*

6 [1–2] Der HERR gab Mose für die Israeliten die Anweisung:

Wenn ein Mann oder eine Frau[a] das Gelübde* ablegt, sich dem HERRN für eine bestimmte Zeit zu weihen, [3] dann darf die betreffende Person weder Wein noch Bier trinken. Sie darf überhaupt nichts trinken, was aus Weintrauben bereitet ist, und darf auch keine frischen oder getrockneten Trauben essen. [4] Sie soll nichts genießen, was vom Weinstock kommt.

[5] Solange das Gelübde gilt, darf ein Gottgeweihter sich Haare und Bart nicht schneiden. Zum Zeichen, dass er dem HERRN geweiht ist, muss er das Haar ungehindert wachsen lassen. [6] Er darf auch die ganze Zeit über nicht in die Nähe eines Toten kommen. [7] Selbst wenn sein Vater oder seine Mutter stirbt, sein Bruder oder seine Schwester, muss er sich von ihnen fern halten, weil er sich seinem Gott geweiht hat. [8] Für die ganze Zeit seines Gelübdes gehört er ausschließlich dem HERRN.[b]

[9] Stirbt aber jemand unvorhergesehen, während er dabei ist, so wird sein geweihtes Haar unrein*. Er muss sechs Tage warten, bis er wieder rein ist, und muss sich dann am siebten Tag die Haare abschneiden.

[10] Am Tag darauf muss er zwei Turteltauben oder zwei andere Tauben zum Priester* an den Eingang des Heiligen Zeltes* bringen. [11] Der Priester opfert die eine als Sühneopfer* und die andere als Brand-

a Die *Frau* wird nur an dieser Stelle erwähnt; die Anweisungen ab Vers 5 sind am Mann orientiert (Haarschnitt; vgl. 1 Kor 11,14-15). Die Vorschrift der Verse 3-4 findet jedoch auch auf Frauen Anwendung; vgl. Ri 13,4-5.13-14.

b Was hier ein freiwilliges und zeitlich befristetes Gelübde ist, konnte in besonderen Fällen zu einer Berufung für das ganze Leben werden. Am 2,11-12 nennt die Gottgeweihten neben den Propheten; und in Simson, dessen Haar von Geburt an nicht geschnitten werden darf (Ri 13,3-5; vgl. 1 Sam 1,11), haben wir das bekannteste Beispiel eines solchen »Nasiräers«; vgl. die Sacherklärung. An ihm wird auch sichtbar, was der Sinn der vorgeschriebenen Beschränkungen ist: Sie sollen den Menschen empfangsbereit und durchlässig machen für das Wirken von Gottes Geist (Ri 13,25; 14,6; 15,14; vgl. Lk 1,15), der sich im Fall Simsons in übermenschlichen Krafttaten äußert; vgl. die Sacherklärung »Heiliger Geist«.

5,5-10 Ex 21,37–22,14 **6,3-4** Ri 13,4.7; Lk 1,15 **6,5** Ri 13,5; 1 Sam 1,11 **6,7** Lev 21,11

opfer* und bringt damit die Verschuldung gegen-
über dem *HERRN* ins Reine. Gleichzeitig wird das
nachwachsende Haar für geweiht erklärt.
12 Der Betreffende muss noch ein einjähriges Schaf
als Wiedergutmachungsopfer* darbringen und sich
dann noch einmal für eine ebenso lange Zeit wie
beim ersten Mal dem HERRN weihen. Die Zeit vor sei-
ner Verunreinigung wird nicht auf sein Gelübde
angerechnet.

Das Opfer der Gottgeweihten nach Abschluss der Weihezeit

13 Wenn die Zeit des Gelübdes* abgelaufen ist, muss
die Person, die sich dem HERRN geweiht hat, zum
Eingang des Heiligen Zeltes* gehen 14 und ihm drei
fehlerfreie Tiere opfern: ein einjähriges Schafböck-
chen als Brandopfer*, ein einjähriges Schaf als Süh-
neopfer* und einen ausgewachsenen Schafbock als
Mahlopfer*, 15 außerdem die dazugehörigen Speise-
und Trankopfer* und als zusätzliches Speiseopfer
noch einen Korb voll Gebackenes, das aus Weizen-
mehl ohne Sauerteig* bereitet ist, und zwar Ring-
brote* aus Mehl, das mit Öl vermengt wurde, und
Fladenbrote*, die mit Öl bestrichen sind.
16 Das alles soll der Priester zum Altar bringen und
zuerst das Sühne- und das Brandopfer vollziehen.
17 Dann opfert der Priester dem HERRN den Schafbock
als Mahlopfer und dazu das Gebackene, danach die
übrigen Speise- und Trankopfer. 18 Der Geweihte
schneidet am Eingang des Heiligen Zeltes sein
geweihtes Haar ab und wirft es in das Altarfeuer,
in dem die Fettstücke des Mahlopfers verbrannt
werden.
19 Dann legt der Priester ein gekochtes Stück von
der Schulter des Schafbocks zusammen mit einem
Ringbrot und einem Fladenbrot aus dem Korb in
die Hände des Geweihten. 20 Darauf nimmt er die
Opfergaben selbst in die Hand, um sie symbolisch
dem HERRN zu übereignen*. Sie sind dem HERRN
geweiht und gehören dem Priester, genauso wie
die Brust und die Hinterkeule, die ihm ordnungsge-
mäß zustehen. Danach darf der Geweihte wieder
Wein trinken.
21 Wer sich dem HERRN für eine bestimmte Zeit
weiht, muss nach deren Abschluss diese Opfer dar-
bringen, abgesehen von dem, was er etwa noch
zusätzlich versprochen hat. Er muss das Gelübde,
das er abgelegt hat, ohne Abstriche erfüllen.

Der priesterliche Segen

22 Der HERR sagte zu Mose: 23 »Wenn Aaron und seine
Söhne den Leuten von Israel den Segen* erteilen,
sollen sie sprechen:
24 Der HERR segne euch
und beschütze euch!
25 Der HERR blicke euch freundlich an
und schenke euch seine Liebe!
26 Der HERR wende euch sein Angesicht zu
und gebe euch Glück und Frieden!
27 Mit diesen Worten sollen sie den Leuten von Israel
die Segenskraft meines Namens zusprechen.[a] Dann
werde ich mein Volk Israel segnen.«

Das Einweihungsopfer der Stammesoberhäupter

7 Als die Wohnung des HERRN mit allem, was dazu-
gehörte, fertig war und Mose sie zum ersten Mal
aufgestellt hatte, besprengte er das Zelt, den Altar
und alle heiligen Geräte mit Öl und weihte so das
ganze Heiligtum dem HERRN.
2–3 Noch am selben Tag brachten die Stammeso-
berhäupter der Israeliten, die an der Spitze der
gezählten Männer standen, dem HERRN ihre Opfer-
gaben. Es waren sechs mit Planen überdachte Last-
karren mit je zwei Rindern davor, sodass auf zwei
Oberhäupter ein Lastkarren und auf jeden ein Rind
kam. Sie brachten die Gaben vor die Wohnung des
HERRN.
4 Der HERR sagte zu Mose: 5 »Nimm die Gaben von
ihnen an! Die Karren und Zugtiere sollen für den
Transport des Heiligen Zeltes* verwendet werden.
Verteile sie unter die Leviten* und berücksichtige
dabei die unterschiedlichen Aufgaben der einzelnen
Gruppen.«
6 Mose tat, was der HERR ihm befohlen hatte.
7 Den Nachkommen von Gerschon gab er zwei Last-
karren mit vier Rindern, 8 den Nachkommen von
Merari aber vier Lastkarren mit acht Rindern für
die Aufgaben, die sie unter der Leitung des Priesters
Itamar auszuführen hatten. 9 Den Nachkommen von
Kehat gab er keine Lastkarren, weil sie für die beson-
ders heiligen* Dinge zuständig waren, die auf den
Schultern getragen werden müssen.
10 Außerdem hatten die Stammesoberhäupter
Opfer* für die Einweihung des Altars* bereitgestellt.
Als sie ihre Gaben zum Altar bringen wollten, 11 sagte
der HERR zu Mose: »Die Stammesoberhäupter sollen
ihre Gaben an zwölf aufeinander folgenden Tagen
darbringen, jeder an einem Tag.«
12–83 Sie brachten also ihre Gaben in folgender Ord-
nung:
am 1. Tag Nachschon, der Sohn Amminadabs, vom
Stamm Juda,
am 2. Tag Netanel, der Sohn Zuars, vom Stamm
Issachar,
am 3. Tag Eliab, der Sohn Helons, vom Stamm
Sebulon,
am 4. Tag Elizur, der Sohn Schedëurs, vom Stamm
Ruben,

a *Mit diesen Worten ...:* wörtlich *So sollen sie meinen Namen* auf die Leute von Israel legen.* Der »Name« Gottes, hebräisch Jahwe, wird in dieser Übersetzung mit »*HERR*« wiedergegeben (Vers 24). Nach Ex 3,14 bedeutet er: »Ich bin für euch da«; vgl. die Anmerkung dort. Der Name Gottes spricht dessen innerstes Wesen aus, und wenn er im Segensgebet ausgerufen wird, ist er die lebendige Bürgschaft für all das, was hier dem Volk vom Priester zugesprochen werden soll.

6,13-21 Apg 21,23-24

am 5.Tag Schelumiël, der Sohn Zurischaddais,
vom Stamm Simeon,
am 6.Tag Eljasaf, der Sohn Dëuëls, vom Stamm
Gad,
am 7.Tag Elischama, der Sohn Ammihuds, vom
Stamm Efraïm,
am 8.Tag Gamliël, der Sohn Pedazurs, vom Stamm
Manasse,
am 9.Tag Abidan, der Sohn Gidonis, vom Stamm
Benjamin,
am 10.Tag Ahiëser, der Sohn Ammischaddais, vom
Stamm Dan,
am 11.Tag Pagiël, der Sohn Ochrans, vom Stamm
Ascher,
am 12.Tag Ahira, der Sohn Enans, vom Stamm
Naftali.

Alle brachten die gleichen Gaben, und zwar jeder
eine Silberschüssel von 1500 Gramm und eine Silber-
schale von 800 Gramm, gewogen nach dem Gewicht
des Heiligtums; beide Silbergefäße enthielten als
Speiseopfer* Weizenmehl, das mit Olivenöl ver-
mengt war. Außerdem brachte jeder eine kleine
Schale aus Gold, 120 Gramm schwer° und mit Weih-
rauch* gefüllt; dazu als Brandopfer* einen Stier,
einen Schafbock und ein einjähriges Schaf, als Süh-
neopfer* einen Ziegenbock sowie als Mahlopfer*
zwei Rinder, fünf Schafböcke, fünf Ziegenböcke
und fünf einjährige Schafe.

84-88 Alles in allem brachten die zwölf Stammes-
oberhäupter als Gaben für die Einweihung des
Altars:

12 Silberschüsseln und 12 Silberschalen mit einem Gesamtgewicht von 27600 Gramm;
12 Goldschalen mit einem Gesamtgewicht von 1440 Gramm, gefüllt mit Weihrauch;
12 Stiere, 12 Schafböcke und 12 einjährige Schafe als Brandopfer sowie die dazugehörigen Speiseopfer;
12 Ziegenböcke als Sühneopfer;
24 Rinder, 60 Schafböcke, 60 Ziegenböcke und 60 einjährige Schafe als Mahlopfer.

89 Als Mose daraufhin ins Heilige Zelt trat, um mit
dem HERRN zu reden, hörte er die Stimme des HERRN
von der Lade* her, in der das Bundesgesetz aufbe-
wahrt wurde. Sie ging von der Stelle zwischen den
beiden Keruben* aus, die sich auf der Deckplatte
der Lade befanden.

Anweisung für das Aufsetzen der Lichter

8 Der HERR sagte zu Mose: 2 »Sage Aaron, dass er
die sieben Lichtschalen* so auf den Leuchter
setzt, dass ihr Docht nach vorne zeigt.«
3 Aaron verfuhr nach dieser Anweisung. 4 Der
Leuchter bestand aus reinem Gold und war mit allen
Teilen aus einem Stück gearbeitet, genau nach dem
Modell, das Mose vom HERRN auf dem Berg gezeigt
bekam.

Weihe und Einsetzung der Leviten

5 Der HERR sagte zu Mose: 6-7 »Sondere die Leviten*
aus den übrigen Israeliten aus. Sie müssen für den
Dienst an meinem Heiligtum rein* sein. Deshalb
besprenge sie mit Reinigungswasser* und sorge
dafür, dass sie alle Haare an ihrem Leib abrasieren
und ihre Kleider waschen.
8 Dann sollen sie als Brandopfer* einen Stier neh-
men und dazu als Speiseopfer* Weizenmehl, das mit
Olivenöl vermengt ist. Du selbst nimmst einen zwei-
ten Stier für das Sühneopfer*.
9 Darauf bringst du die Leviten zum Heiligen Zelt*
und versammelst dort die ganze Gemeinde Israel.
10 Du stellst die Leviten vor den HERRN und die Isra-
eliten legen ihre Hände auf sie. 11 Aaron soll sie mir
symbolisch übereignen* als eine Opfergabe der
Israeliten; denn sie sollen an meinem Heiligtum
Dienst tun.
12 Die Leviten legen ihre Hände auf die Köpfe der
beiden Stiere und Aaron opfert° mir den einen als
ihr Sühneopfer, den andern als ihr Brandopfer. Auf
diese Weise wird jede Verfehlung der Leviten mir
gegenüber in Ordnung gebracht. 13 Dann stellst du
die Leviten vor Aaron und seine Söhne, um sie mir
symbolisch zu übereignen. 14 Auf diese Weise werden
sie aus den übrigen Israeliten ausgesondert und zu
meinem Eigentum gemacht.
15 Danach dürfen die Leviten in das Heilige Zelt
gehen und dort Dienst tun. 16 Sie sind mein besonde-
res Eigentum. Ich erhebe Anspruch auf sie anstelle
der erstgeborenen Söhne aller übrigen Israeliten.
17 Eigentlich gehört mir in Israel alles, was zuerst
aus dem Mutterschoß kommt, bei Tier und Mensch.
Ich habe es mir vorbehalten, als ich alle Erstgebore-
nen der Ägypter tötete. 18 Nun aber habe ich anstelle
der Erstgeborenen Israels die Leviten angenommen.
19 Ich habe sie zu meinem Eigentum erklärt und sie
Aaron und seinen Söhnen gegeben. Sie sollen den
Dienst im Heiligen Zelt verrichten und dadurch die
anderen Israeliten vor dem Unheil bewahren, das
sie treffen müsste, wenn sie dem Heiligtum zu nahe
kämen.«
20 Mose, Aaron und die ganze Gemeinde Israel
verfuhren mit den Leviten, wie der HERR es Mose
befohlen hatte. 21 Nachdem die Leviten sich und ihre
Kleider gewaschen hatten, übereignete Aaron sie
symbolisch dem HERRN und brachte die beiden Opfer
dar, um alle ihre Verfehlungen in Ordnung zu brin-
gen. 22 Dann gingen die Leviten ins Heilige Zelt und
übernahmen ihren Dienst unter der Leitung Aarons
und seiner Söhne. Alles war genauso ausgeführt wor-
den, wie der HERR es Mose befohlen hatte.

7,89 Ex 25,22S **8,1-4** Ex 25,31-40 **8,16-19** 3,11-13S **8,19** Ex 29,37S

Das Dienstalter der Leviten

23 Weiter sagte der HERR zu Mose: 24–25 »Die Leviten* sollen ihren Dienst im Heiligen Zelt* mit 25 Jahren aufnehmen und mit 50 Jahren beenden. 26 Wer älter ist, kann den Dienst tuenden Leviten zur Hand gehen; aber er darf keine Arbeit in eigener Verantwortung ausführen. Nach dieser Regel sollst du die Leviten für ihren Dienst einteilen.«

Zusätzliche Anweisungen für das Passafest

9 Im 1. Monat des 2. Jahres, nachdem das Volk Israel aus Ägypten aufgebrochen war, sagte der HERR zu Mose in der Wüste Sinai: 2–3 »Am 14. Tag dieses Monats gegen Abend sollen die Israeliten das Passamahl* feiern. Sie sollen alle Vorschriften genau einhalten, die dafür gelten.«

4 Mose sagte dies den Israeliten weiter 5 und sie feierten das Passafest am Abend des 14. Tages in der Wüste Sinai.

6 Einige Männer waren jedoch unrein* geworden, weil sie einen Toten berührt hatten. Deshalb konnten sie das Passamahl nicht am vorgeschriebenen Tag halten. Sie sagten zu Mose und Aaron: 7 »Wir sind unrein, weil wir einen Toten berührt haben. Müssen wir deshalb zurückstehen und dürfen nicht wie die anderen Israeliten dem HERRN das Passaopfer darbringen?«

8 Mose erwiderte: »Wartet, bis der HERR mir gesagt hat, was ihr tun sollt.«

Zum jüdischen Passamahl (9,1-5) gehört auch der Becher mit Wein, über dem ein Segenswort gesprochen wird. Im Alten Testament wird er nicht erwähnt; aber bei seinem letzten Mahl knüpft Jesus an diesen Brauch an und gibt ihm einen neuen Sinn (Lk 22,14-20).

9–11 Der HERR aber gab Mose für die Israeliten die Anweisung:

»Alle, die sich an einem Toten verunreinigt* haben oder gerade auf einer Reise sind und trotzdem das Passafest feiern wollen, können es einen Monat später tun, ebenfalls am Abend des 14. Tages. Diese Regel gilt für euch und eure Nachkommen. Sie sollen das Passalamm mit ungesäuertem Brot* und bitteren Kräutern essen 12 und auf keinen Fall etwas bis zum anderen Morgen übrig lassen. Auch dürft ihr dem Tier keinen Knochen brechen. Alle Vorschriften für das Passafest müssen genau befolgt werden.

13 Wer aber weder unrein noch auf Reisen ist und trotzdem das Passafest nicht zur vorgeschriebenen Zeit feiert, der hat sein Leben verwirkt und muss aus seinem Volk ausgestoßen werden. Er hat das Opfer für den HERRN nicht zur vorgeschriebenen Zeit dargebracht und muss die Folgen seiner Verfehlung tragen.

14 Wenn ein Fremder* unter euch lebt, der das Passafest mitfeiern möchte, kann er das tun, doch muss er alle Vorschriften genau befolgen. Für Einheimische und für Fremde gilt ein und dasselbe Gesetz.«

Die Wolke als Zeichen der Gegenwart Gottes

15 An dem Tag, als das Heilige Zelt*, die Wohnstätte des Bundesgesetzes*, zum ersten Mal aufgerichtet wurde, senkte sich die Wolke darauf herab, und am Abend wurde sie zu einem Feuerschein, der bis zum Morgen leuchtete. 16 So blieb es von nun an: Bei Tag stand die Wolke über der Wohnung des HERRN und bei Nacht der Feuerschein.

17 Immer wenn die Wolke sich erhob, brachen die Israeliten ihre Zelte ab und zogen weiter. An dem Ort, wo die Wolke sich niederließ, schlugen sie das neue Lager auf.

18-19 Sie brachen auf und machten Halt genau nach dem Befehl des HERRN. Blieb die Wolke längere Zeit über dem Zelt, so folgten die Israeliten der Weisung des HERRN und machten einen längeren Aufenthalt. 20 Blieb sie nur wenige Tage, so zogen sie entsprechend früher weiter, jeweils nach der Weisung des HERRN. 21–22 Ob die Wolke nur eine Nacht blieb oder einen ganzen Tag oder zwei Tage oder auch einen Monat, stets richteten die Israeliten die Dauer ihres Aufenthalts nach der Wolke. 23 Sie blieben oder brachen auf, wie der HERR es befahl. So befolgten sie die Anweisung, die der HERR durch Mose gegeben hatte.

Die Signaltrompeten

10 Der HERR sagte zu Mose: 2 »Lass zwei Trompeten aus getriebenem Silber anfertigen. Mit ihnen sollst du die Gemeinde zusammenrufen und auch das Zeichen zum Aufbruch geben.

9,1-14 Ex 12,1-14 S **9,6** 19,11 **9,8** 15,34-35; 27,5-6; 36,5-6; Lev 24,12 **9,12** Ex 12,46 **9,15-23** Ex 13,21 S

3 Wenn beide Trompeten geblasen werden, muss
sich die ganze Gemeinde bei dir am Eingang des Hei-
ligen Zeltes* versammeln. 4 Wird nur eine Trompete
geblasen, müssen die Oberhäupter der Stämme zu
dir kommen.
5 Wenn mit den Trompeten geschmettert wird,
müssen die Stämme aus dem Lager aufbrechen, beim
ersten Zeichen die auf der Ostseite des Heiligen Zel-
tes, 6 beim zweiten Zeichen die auf der Südseite.
Schmettern ist das Signal zum Aufbruch, 7 wäh-
rend gewöhnliche Töne zur Versammlung rufen.
8 Die Trompeten sollen von den Söhnen Aarons,
den Priestern*, geblasen werden. Diese Regeln gel-
ten auch für alle eure Nachkommen.
9 Wenn später einmal Feinde in euer Land einfal-
len und ihr gegen sie in den Kampf zieht, dann müsst
ihr mit den Trompeten schmettern. Dann werde ich,
der HERR, euer Gott, an euch denken und euch vor
euren Feinden retten. 10 Auch bei freudigen Anläs-
sen, wenn ihr Festtage oder den Monatsanfang
begeht und mir dabei Brand- und Mahlopfer* dar-
bringt, sollt ihr die Trompeten blasen.[a] Dann werde
ich an euch denken, denn ich bin der HERR, euer
Gott.«

VOM BERG SINAI BIS AN DIE GRENZE DES LANDES (Kapitel 10–14)

Der Aufbruch des Volkes vom Berg Sinai

11 Am 20. Tag des 2. Monats – es war das zweite Jahr
nach dem Auszug der Israeliten aus Ägypten – erhob
sich die Wolke vom Heiligen Zelt*, der Wohnstätte
des Bundesgesetzes*. 12 Da brachen die Israeliten
aus der Wüste Sinai auf.[b] Die Wolke führte sie bis
zur Wüste Paran; dort ließ sie sich nieder.
13 Zum ersten Mal vollzog sich damals der Auf-
bruch nach der Ordnung, die der HERR durch Mose
vorgeschrieben hatte. 14-16 An der Spitze ging die
Abteilung unter dem Feldzeichen des Stammes Juda.
Zu ihr gehörten außer Juda noch Issachar und Sebu-
lon; die Anführer dieser drei Stämme waren Nach-
schon, Netanel und Eliab.
17 Nachdem die Wohnung des HERRN abgebaut
war, folgten ihnen die Leviten* der Gruppen Ger-
schon und Merari, die die Bestandteile des Zeltes
zu tragen hatten.
18-20 Danach kam die Abteilung unter dem Feldzei-
chen des Stammes Ruben, zu der noch Simeon und
Gad gehörten; die Anführer dieser drei Stämme
waren Elizur, Schelumiël und Eljasaf.
21 Ihnen folgten die Leviten der Gruppe Kehat,
die die heiligen Geräte zu tragen hatten. Bis sie im
neuen Lager ankamen, sollte die Wohnung schon
wieder aufgebaut sein.
22-24 Hinter ihnen zog die Abteilung unter dem
Feldzeichen des Stammes Efraïm, zu der auch
Manasse und Benjamin gehörten; die Anführer die-
ser drei Stämme waren Elischama, Gamliël und
Abidan.
25-27 Die Nachhut bildete die Abteilung unter dem
Feldzeichen des Stammes Dan, zu der noch Ascher
und Naftali gehörten; die Anführer dieser drei
Stämme waren Ahiëser, Pagiël und Ahira.
28 Nach dieser Ordnung brach das Volk Israel
regelmäßig aus dem Lager auf.

Gott selbst führt sein Volk

29 Mose sagte zu Hobab, dem Sohn seines midianiti-
schen Schwiegervaters Reguël: »Wir machen uns
jetzt auf den Weg in das Land, das der HERR uns

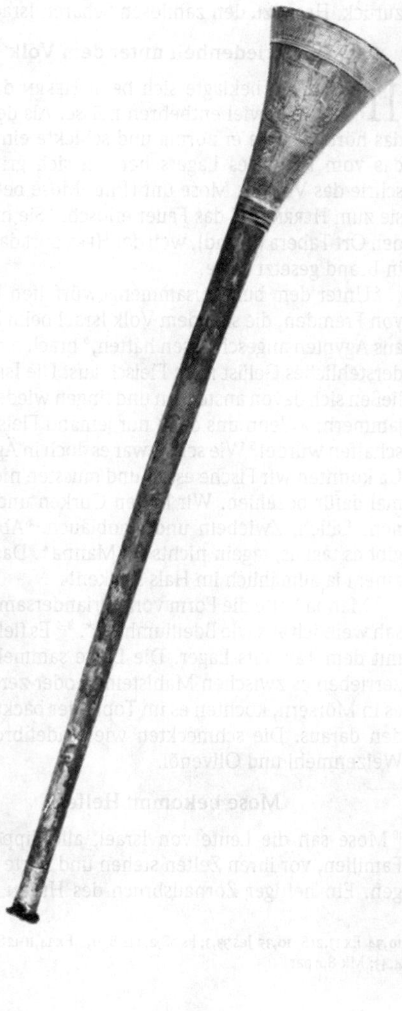

Bei besonderen Gelegenheiten wurden Silbertrompeten geblasen (10,1-10). Im Bild eine Trompete aus dem Grab des Pharaos Tutanchamun.

a Bei anderen Gelegenheiten wird das Widderhorn verwendet (29,1; Lev 25,9). Auf dem Triumphbogen des römischen Feldherrn und späteren Kaisers Titus in Rom (70 n.Chr.) werden Silbertrompeten als Beute aus dem Jerusalemer Tempel abgebildet.
b Seit Ex 19 sind die Israeliten am Berg Sinai. Jetzt machen sie sich auf den Weg in Richtung Kanaan, das ihnen von Gott versprochene Land.

10,13-28 2,1-34 **10,29-32** Ri 1,16S

geben will. Geh mit uns! Dann geben wir dir einen
Anteil an dem guten Land, das der HERR seinem Volk
Israel zugesagt hat.«
30 Hobab erwiderte: »Ich möchte lieber in meine
Heimat zurückkehren.«
31 Aber Mose bat ihn: »Verlass uns doch nicht! Wir
brauchen dich, weil du dich in der Wüste auskennst
und weißt, wo geeignete Lagerplätze sind. Du musst
uns den Weg zeigen! 32 Wenn du mit uns kommst,
wollen wir alles, was der HERR uns geben wird, mit
dir teilen.«
33 Die Israeliten machten sich auf den Weg und
zogen vom Berg des HERRN aus drei Tagereisen weit.
Die Bundeslade* ging an der Spitze, um jedes Mal
den Lagerplatz zu bestimmen. 34 Unterwegs war
bei Tag die Wolke des HERRN über ihnen.
35 Immer wenn die Bundeslade aufgehoben wur-
de, sagte Mose: »Steh auf, HERR, damit deine Feinde
vor dir fliehen und in alle Winde zerstieben!«
36 Wenn sie abgesetzt wurde, sagte er: »Kehre
zurück, HERR, zu den zahllosen Scharen Israels!«[a]

Unzufriedenheit unter dem Volk

11 Das Volk beklagte sich beim HERRN darüber,
dass es so viel entbehren müsse. Als der HERR
das hörte, wurde er zornig und schickte ein Feuer,
das vom Rand des Lagers her um sich griff. 2 Da
schrie das Volk zu Mose um Hilfe. Mose betete für
sie zum HERRN und das Feuer erlosch. 3 Sie nannten
den Ort Tabera (Brand), weil der HERR dort das Lager
in Brand gesetzt hatte.
4 Unter dem bunt zusammengewürfelten Haufen
von Fremden, die sich dem Volk Israel beim Auszug
aus Ägypten angeschlossen hatten,[b] brach ein unwi-
derstehliches Gelüst nach Fleisch aus. Die Israeliten
ließen sich davon anstecken und fingen wieder an zu
jammern: »Wenn uns doch nur jemand Fleisch ver-
schaffen würde! 5 Wie schön war es doch in Ägypten!
Da konnten wir Fische essen und mussten nicht ein-
mal dafür bezahlen. Wir hatten Gurken und Melo-
nen, Lauch, Zwiebeln und Knoblauch. 6 Aber hier
gibt es tagaus, tagein nichts als Manna*. Das bleibt
einem ja allmählich im Hals stecken!«
7 Manna hatte die Form von Koriandersamen und
sah weißlich aus wie Bdelliumharz*. 8–9 Es fiel nachts
mit dem Tau aufs Lager. Die Leute sammelten es,
zerrieben es zwischen Mahlsteinen oder zerstießen
es in Mörsern, kochten es im Topf oder backten Fla-
den daraus. Die schmeckten wie Fladenbrot* aus
Weizenmehl und Olivenöl.

Mose bekommt Helfer

10 Mose sah die Leute von Israel, alle Sippen und
Familien, vor ihren Zelten stehen und hörte sie kla-
gen. Ein heftiger Zornausbruch des HERRN bahnte
sich an. Mose war die ganze Sache leid 11 und sagte
zum HERRN: »Warum tust du mir, deinem Diener,
dies alles an? Womit habe ich es verdient, dass du
mir eine so undankbare Aufgabe übertragen hast?
Dieses Volk liegt auf mir wie eine drückende Last.
12 Schließlich bin ich doch nicht seine Mutter, die
es geboren hat! Wie kannst du von mir verlangen,
dass ich es auf den Schoß nehme wie die Amme
den Säugling und es auf meinen Armen in das Land
trage, das du ihren Vätern zugesagt hast?
13 Fleisch wollen sie; sie liegen mir in den Ohren
mit ihrem Geschrei. Woher soll ich Fleisch nehmen
für ein so großes Volk?
14 Ich allein kann dieses ganze Volk nicht tragen,
die Last ist mir zu schwer. 15 Wenn du sie mir nicht
erleichtern willst, dann hab wenigstens Erbarmen
mit mir und töte mich, damit ich nicht länger diese
Qual ausstehen muss.«
16 Der HERR antwortete Mose: »Versammle siebzig
angesehene Männer aus dem Kreis der Ältesten*
Israels, die sich als Aufseher* bewährt haben, und
hole sie zum Heiligen Zelt. Dort sollen sie sich neben
dir aufstellen. 17 Ich werde herabkommen und mit dir
sprechen, und dann werde ich von dem Geist*, den
ich dir gegeben habe, einen Teil nehmen und ihnen
geben. Dann können sie die Verantwortung für das
Volk mit dir teilen und du brauchst die Last nicht
allein zu tragen.
18 Zum Volk aber sollst du sagen: ›Macht euch
bereit für morgen und seht zu, dass ihr rein* seid!
Der HERR hat gehört, wie ihr vor ihm gejammert
habt: Wer gibt uns Fleisch; in Ägypten hatten wir
es so gut! Ihr sollt euer Fleisch bekommen, der HERR
wird es euch geben. 19 Und das nicht nur einen Tag
oder zwei, auch nicht fünf, zehn oder zwanzig Tage
lang, 20 nein, einen ganzen Monat lang, bis es euch
zum Hals heraushängt und euch davon übel wird.
Das ist die Strafe dafür, dass ihr euch nach Ägypten
zurückgesehnt und den HERRN verachtet habt, der
mitten unter euch gegenwärtig ist.‹«
21 Mose aber sagte zum HERRN: »Das Volk, in des-
sen Mitte ich stehe, hat allein 600000 wehrfähige
Männer, und da sagst du, du willst dem gesamten
Volk einen Monat lang Fleisch zu essen geben?
22 Wo lassen sich so viele Schafe, Ziegen und Rinder
finden, um sie zu sättigen? Selbst wenn man alle
Fische im Meer fangen würde, wäre es noch nicht
genug!«
23 Der HERR antwortete: »Meinst du, es gibt eine
Grenze für meine Macht? Du wirst jetzt gleich
sehen, ob meine Zusage eintrifft oder nicht.«

Moses Helfer bekommen von seinem Geist

24 Mose ging hinaus und teilte dem Volk mit, was der
HERR gesagt hatte. Er versammelte siebzig Männer

a Die Bundeslade ist als Thron (oder Fußschemel) des unsichtbar anwesenden Gottes gedacht. Die Verbindung zwischen Bundeslade und Krieg, die hier anklingt, findet sich auch 1 Sam 4,3-4.
b Sie werden sonst nur in Ex 12,38 erwähnt. Unzufriedenheit, die sich bis zur Auflehnung steigert, zieht sich als roter Faden durch die Kapitel 11–14.

10,34 Ex 13,21 S **10,35** Jes 33,3; Ps 68,2; 132,8 **11,1** Ex 14,11-12 S; Lev 10,2 S **11,4** Ex 12,38; 14,11-12 S **11,7-9** Ex 16,31 S **11,11-29** Ex 18,13-27 **11,22** 2 Kön 4,43; Mk 8,4 par

aus dem Kreis der Ältesten* Israels und stellte sie
rings um das Heilige Zelt* auf.
25 Da kam der HERR in der Wolke herab und redete
mit Mose. Er nahm einen Teil des Geistes*, den er
Mose gegeben hatte, und gab ihn den siebzig Ältes-
ten. Als der Geist Gottes über sie kam, gerieten sie
vorübergehend in ekstatische Begeisterung wie Pro-
pheten.[a]
26 Zwei Männer, die ebenfalls auf der Liste der
siebzig standen, Eldad und Medad, waren nicht
zum Heiligen Zelt gegangen, sondern im Lager ge-
blieben. Aber auch über sie kam der Geist Gottes
und sie wurden von ekstatischer Begeisterung er-
griffen.
27 Ein junger Mann lief zu Mose und erzählte ihm,
was mit Eldad und Medad geschehen war. 28 Josua,
der Sohn Nuns, der von Jugend an Moses Diener
war, mischte sich ein und sagte zu Mose: »Lass das
nicht zu!«
29 Aber Mose erwiderte: »Hast du Angst um mein
Ansehen? Ich wäre froh, wenn alle Israeliten Pro-
pheten wären. Wenn doch der HERR seinem ganzen
Volk seinen Geist gegeben hätte!«

Das Volk bekommt Fleisch

30 Mose und die siebzig Ältesten* gingen ins Lager
zurück. 31 Inzwischen hatte der HERR einen Sturm
aufkommen lassen, der trieb riesige Scharen von
Wachteln vom Meer heran. Er warf sie im Umkreis
von einem Tagesmarsch rings um das Lager zur Erde.
Die Tiere lagen fast einen Meter hoch. 32 Den ganzen
Rest des Tages, die folgende Nacht und noch den
nächsten Tag über waren die Leute damit beschäf-
tigt, Wachteln einzusammeln. Das wenigste, was
einer zusammenbrachte, waren zehn Eselsladun-
gen.° Sie breiteten die Tiere zum Dörren rings um
das Lager aus.
33 Aber die Israeliten hatten kaum begonnen, von
dem Fleisch zu essen, es war noch unzerkaut zwi-
schen ihren Zähnen, da traf sie der Zorn des HERRN
und viele starben. 34 Man nannte den Ort Kibrot-
Taawa (Lustgräber), weil dort die Leute begraben
wurden, die es nach Fleisch gelüstet hatte.
35 Von Kibrot-Taawa zog das Volk weiter nach
Hazerot und schlug dort sein Lager auf.

Mirjam und Aaron lehnen sich gegen Mose auf

12 Mirjam und Aaron machten Mose Vorwürfe
wegen der kuschitischen Frau,[b] die er geheira-
tet hatte. 2-3 Zu den Israeliten sagten sie: »Darf Mose
behaupten, dass nur er den Willen des HERRN kennt?
Hat der HERR nicht auch zu uns gesprochen?«
Mose unternahm nichts dagegen; denn er war der
bescheidenste Mensch, der je auf der Erde gelebt hat.
Aber der HERR hörte, was sie sagten. 4 Er forderte
Mose und Aaron und Mirjam auf: »Geht hinüber
zum Heiligen Zelt*, ihr drei!«
Als sie dort waren, 5 kam der HERR in der Wolken-
säule herab und stellte sich an den Eingang des Zel-
tes. Er rief Aaron und Mirjam, und die beiden traten
vor.
6 Dann sagte er zu ihnen: »Hört her! Wenn ich
Propheten* zu euch sende, offenbare ich mich ihnen
in Visionen und spreche zu ihnen in Träumen. 7 Mit
meinem Bevollmächtigten* Mose aber halte ich es
anders. Ihm habe ich mein ganzes Haus anvertraut.
8 Deshalb rede ich zu ihm wie ein Mensch zu einem
andern, in klaren, eindeutigen Worten. Er darf sogar
mich selbst sehen. Wie könnt ihr es wagen, ihm
etwas vorzuwerfen?«
9 Voll Zorn ging der HERR weg.
10 Als die Wolke verschwunden war, war Mirjam
von Aussatz* befallen und ihre Haut war weiß wie
Schnee geworden. Aaron sah es 11 und sagte zu Mose:
»Verzeih, wir haben im Unverstand gehandelt und
Unrecht getan. Lass uns nicht dafür büßen! 12 Soll
Mirjam wie eine Totgeburt aussehen, deren Fleisch
schon halb verwest ist, wenn sie aus dem Mutter-
schoß kommt?«
13 Mose schrie zum HERRN: »O Gott, lass sie doch
wieder gesund werden!«
14 Der HERR antwortete: »Sie muss sieben Tage
lang aus dem Lager ausgesperrt werden, dann könnt
ihr sie wieder in eure Gemeinschaft aufnehmen.
Wenn ihr Vater ihr ins Gesicht gespuckt hätte, müss-
te sie sich ja auch sieben Tage lang schämen.«
15 So wurde Mirjam für sieben Tage aus dem Lager
ausgesperrt. Das Volk aber zog nicht weiter, bis Mir-
jam wieder aufgenommen werden durfte. 16 Dann
verließen sie Hazerot und schlugen ihr Lager in der
Wüste Paran auf.

Erkundung des Landes Kanaan

13 Der HERR sagte zu Mose: 2 »Sende Leute aus,
damit sie das Land Kanaan* erkunden, das ich
dem Volk Israel geben will. Nimm dazu aus jedem
der zwölf Stämme einen der führenden Männer!«
3 Mose folgte dem Befehl des HERRN. Er wählte
zwölf Männer aus, lauter Sippenälteste, und
schickte sie von der Wüste Paran aus ins Land
Kanaan. 4-15 Es waren:

aus dem Stamm Ruben:
Schammua, der Sohn von Sakkur;
aus dem Stamm Simeon:
Schafat, der Sohn von Hori;
aus dem Stamm Juda:
Kaleb, der Sohn von Jefunne;
aus dem Stamm Issachar:
Jigal, der Sohn von Josef;

a Das Prophetentum war in Israel ursprünglich mit ekstatischen Zuständen verbunden (Tanz, Gesang, Lallen; vgl. 1 Sam 10,5; 19,19-24 und Sacherklärung »Prophet«).
b Die Heimat der Frau ist wahrscheinlich nicht das Land Kusch (Nubien/Äthiopien), sondern Kuschan in der Nachbarschaft von Midian; vgl. Hab 3,7. Dann handelt es sich einfach um die midianitische Priestertochter von Ex 2,15-22, die als Nichtisraelitin Anstoß erregt.

11,29 Joël 3,1 **11,31-34** Ex 16,13S **12,6-8** Ex 33,11; Dtn 34,10 **12,7** Hebr 3,2 **12,8** Ex 33,18-23 **12,14** 5,2-3; Lev 13,46

aus dem Stamm Efraïm:
Hoschea, der Sohn von Nun;
aus dem Stamm Benjamin:
Palti, der Sohn von Rafu;
aus dem Stamm Sebulon:
Gaddiël, der Sohn von Sodi;
aus dem Stamm Manasse:
Gaddi, der Sohn von Susi;
aus dem Stamm Dan:
Ammiël, der Sohn von Gemalli;
aus dem Stamm Ascher:
Setur, der Sohn von Michael;
aus dem Stamm Naftali:
Nachbi, der Sohn von Wofsi;
aus dem Stamm Gad:
Gëuël, der Sohn von Machi.

16 Diese zwölf Männer schickte Mose aus, um das Land zu erkunden. Hoschea, dem Sohn Nuns, gab er den Namen Josua.[a]

17 Er sagte zu ihnen: »Geht zunächst durch das Steppengebiet und durchstreift dann das Bergland, das sich nordwärts anschließt. 18 Seht euch Land und Leute genau an! Erkundet, wie viele Menschen dort wohnen und wie stark sie sind. 19-20 Achtet darauf, ob ihre Städte befestigt sind oder nicht. Seht, ob ihr Land fruchtbar ist und ob es dort Wälder gibt. Habt keine Angst und bringt Proben von den Früchten des Landes mit.« Es war gerade die Jahreszeit, in der die ersten Trauben reif werden.

21 Die zwölf Männer machten sich auf den Weg und erkundeten das Land von der Wüste Zin bis hinauf nach Rehob bei Lebo-Hamat.

22 Zunächst zogen sie durch das Südland und kamen dann nach Hebron. Dort wohnten Ahiman, Scheschai und Talmai, die Nachkommen Anaks. – Die Stadt Hebron war sieben Jahre früher gegründet worden als Zoan in Ägypten. – 23 Als sie in das Traubental kamen, schnitten sie eine Weinranke mit einer Traube ab; die war so schwer, dass zwei von ihnen sie auf einer Stange tragen mussten. Auch Granatäpfel und Feigen nahmen sie mit.

Die Kundschafter, die Mose nach Kanaan gesandt hatte, fanden ein reiches und fruchtbares Land. Sie brachten den Israeliten in der Wüste Proben seiner Früchte mit.

24 Das Tal bekam später den Namen Eschkol (Traubental) wegen der Traube, die die Kundschafter der Israeliten dort abgeschnitten hatten.

Die Kundschafter berichten

25 Nach vierzig Tagen hatten die zwölf Männer ihre Erkundung abgeschlossen 26 und kehrten zu Mose und Aaron und der ganzen Gemeinde Israel nach Kadesch in der Wüste Paran zurück. Sie erzählten, was sie gesehen hatten, und zeigten die mitgebrachten Früchte vor.

27 Sie berichteten Mose: »Wir haben das Land durchzogen, in das du uns geschickt hast, und wir haben alles genau angesehen. Es ist wirklich ein Land, das von Milch und Honig überfließt. Sieh hier seine Früchte!

28 Aber die Leute, die dort wohnen, sind stark und ihre Städte sind groß und gut befestigt. Und dann haben wir auch noch die Anakssöhne* gesehen! 29 Im Südland wohnen die Amalekiter*, im Bergland die Hetiter*, Jebusiter und Amoriter* und in der Jordanebene die Kanaaniter*!«

30 Das Volk war aufgebracht gegen Mose, aber Kaleb beruhigte die Leute und rief: »Wir können das Land sehr wohl erobern! Wir sind stark genug!«

31 Doch die anderen Kundschafter sagten: »Wir können es nicht! Das Volk im Land ist viel stärker als wir!«

32 Sie erzählten den Israeliten schreckliche Dinge über das Land, das sie erkundet hatten. »In diesem Land kann man nicht leben, es verschlingt seine Bewohner«,[b] sagten sie. »Alle Männer, die wir gesehen haben, sind riesengroß, 33 besonders die Nachkommen Anaks! Wir kamen uns ihnen gegenüber wie Heuschrecken vor und genauso winzig müssen wir ihnen vorgekommen sein!«

Das Volk vertraut Gott nicht mehr

14 Die ganze Gemeinde Israel schrie laut auf vor Entsetzen und die Leute weinten die ganze Nacht. 2 Alle miteinander lehnten sich gegen Mose und Aaron auf, sie murrten und sagten: »Wären wir doch lieber in Ägypten gestorben oder unterwegs in der Wüste! 3 Warum will der HERR uns in dieses Land bringen? Wir werden im Kampf umkommen und unsere Frauen und kleinen Kinder werden den Feinden in die Hände fallen. Es wäre besser, wir kehrten wieder nach Ägypten zurück!«

4 Schon gaben einige die Parole aus: »Wir wählen einen neuen Anführer und gehen zurück nach Ägypten!«

5 Da warfen sich Mose und Aaron vor den versammelten Israeliten auf die Erde. 6 Josua und Kaleb

a Den Namen Hoschea trägt er auch noch in Dtn 32,44 (in der Übersetzung angeglichen an Josua).
b Wahrscheinlich soll gesagt sein, dass das Land von kriegerischen Auseinandersetzungen erfüllt sei; vgl. Ez 36,13, wo das Land durch Krieg entvölkert ist.

13,27 Ex 3,8S **13,32-33** Dtn 2,10.21 **13,32** Lev 26,38; Ez 36,13-15 **14,1-4** Ex 14,11-12S

aber, die zusammen mit den anderen das Land
erkundet hatten, zerrissen ihre Kleider 7 und sagten
zu der ganzen Gemeinde Israel: »Das Land, das
wir erkundet haben, ist ein sehr gutes Land, 8 das
von Milch und Honig überfließt! Wenn der *HERR*
uns gut ist, wird er uns in dieses Land hineinbringen
und es uns geben. 9 Lehnt euch nicht gegen ihn auf!
Habt keine Angst vor den Bewohnern des Landes!
Wir werden im Handumdrehen mit ihnen fertig.
Sie sind von ihren Göttern verlassen, aber uns steht
der *HERR* zur Seite. Habt also keine Angst vor ihnen!«
10 Aber die ganze Gemeinde wollte sie steinigen*.
Da erschien die Herrlichkeit* des HERRN vor den
Augen aller Israeliten über dem Heiligen Zelt*.

Mose bittet für das ungehorsame Volk

11 Der HERR sagte zu Mose: »Wie lange will mich dieses Volk noch verhöhnen? Wie lange weigern sie
sich noch, mir zu vertrauen? Habe ich ihnen nicht
genug Beweise meiner Macht und Fürsorge gegeben? 12 Ich will sie an der Pest sterben lassen, ich will
das ganze Volk ausrotten. Mit dir will ich neu beginnen und deine Nachkommen zu einem Volk
machen, das noch größer und stärker ist als sie.«
13 Aber Mose erwiderte: »Was werden dann die
Ägypter sagen? Sie haben gesehen, wie du dieses
Volk durch deine Macht aus ihrem Land geführt
und bis hierher gebracht hast. 14 Und was werden
die Bewohner dieses Landes sagen?° Sie haben
gehört, dass du, HERR, selbst mitten unter uns bist,
dass du mir Auge in Auge gegenübertrittst, dass
deine Wolke über uns steht und dass du vor uns hergehst, bei Tag in einer Wolkensäule und in einer Feuersäule bei Nacht. 15 Und dann tötest du dieses ganze
Volk auf einen Schlag! Die Völker, die von deinen
Taten gehört haben, werden sagen: 16 ›Er war zu
schwach, um dieses Volk in das Land zu bringen,
das er ihnen mit einem Eid versprochen hatte. Deshalb hat er sie in der Wüste abgeschlachtet.‹
17 Ach Herr, lass doch deine Macht an uns sichtbar
werden! Du hast uns zugesagt: 18 ›Ich bin der HERR,
ich habe Geduld, meine Güte ist grenzenlos. Ich
vergebe Schuld und Auflehnung; aber ich lasse
nicht alles ungestraft hingehen. Wenn sich jemand
gegen mich wendet, dann bestrafe ich dafür noch
seine Kinder und Enkel bis in die dritte und vierte
Generation.‹
19 Weil nun deine Güte so groß ist, darum vergib
diesem Volk seine Schuld! Du hast ihm ja auch bisher
vergeben während der ganzen Zeit, seit du es aus
Ägypten herausgeführt hast!«
20 Der HERR antwortete: »Ich vergebe ihnen, weil
du mich darum bittest. 21 Aber so gewiss ich lebe
und meine Herrlichkeit* die ganze Erde erfüllen
wird: 22-23 Diese Männer werden nicht in das Land
kommen, das ich ihren Vorfahren versprochen
habe! Sie haben meine Herrlichkeit gesehen und
die Wunder, die ich in Ägypten und in der Wüste
getan habe, und trotzdem haben sie mich nun zehnmal auf die Probe gestellt und sich gegen mich aufgelehnt. Keiner von denen, die mich missachtet haben,
wird das Land betreten.
24 Nur meinen Diener Kaleb will ich in das Land
bringen, das er erkundet hat; seine Nachkommen
sollen dort leben. Denn in ihm war ein anderer
Geist, er ließ sich nicht beirren und hat mir vertraut.
25 In den Ebenen aber bleiben die Amalekiter* und
Kanaaniter* wohnen.

Morgen kehrt ihr um und zieht wieder durch die
Wüste, dem Schilfmeer* zu.«

Die Strafe: vierzig Jahre in der Wüste

26 Der HERR sagte zu Mose und Aaron: 27 »Wie lange
soll ich es noch hinnehmen, dass dieses eigensinnige
Volk sich gegen mich auflehnt? Ich habe wohl
gehört, wie sie gegen mich murren. 28 Richte ihnen
meine Antwort aus! Sage zu ihnen:
›Ich, der HERR, schwöre euch: Was ihr da gesagt
habt, lasse ich in Erfüllung gehen – so gewiss ich
lebe! 29 In dieser Wüste sollt ihr sterben, alle wehrfähigen Männer von zwanzig Jahren an aufwärts.
Das ist die Strafe dafür, dass ihr euch gegen mich aufgelehnt habt. 30 Keiner von euch soll in das Land
kommen, das ich euch mit einem Eid zugesichert
habe, mit Ausnahme von Kaleb und Josua.
31 Eure kleinen Kinder dagegen, von denen ihr
gesagt habt: Sie werden den Feinden in die Hände
fallen – die werde ich in das Land hineinbringen,
das ihr verschmäht habt; genau sie werden es in
Besitz nehmen. 32 Ihr aber werdet in dieser Wüste
sterben.
33 Doch auch eure Söhne werden wegen eurer
Untreue zu leiden haben: Noch vierzig Jahre lang
müssen sie mit ihrem Vieh in der Wüste umherziehen, bis von eurer Generation keiner mehr am
Leben ist. 34 Vierzig Tage lang habt ihr das Land
erkundet; so sollt ihr nun vierzig Jahre lang, für
jeden Tag ein Jahr, eure Schuld abbüßen. Dann
merkt ihr, was für Folgen es hat, wenn jemand sich
von mir abwendet.°
35 Ich werde mein Wort nicht zurücknehmen. Keiner von euch soll aus dieser Wüste herauskommen;
alle werden in ihr den Tod finden. Diese ganze böse
Gemeinde, die sich gegen mich zusammengerottet
hat, soll ihrer Strafe nicht entgehen.‹«
36-37 Die Männer aber, die Mose ausgesandt hatte,
um das Land zu erkunden, bestrafte der HERR auf der
Stelle, sodass sie tot umfielen. Sie hatten nach ihrer

14,10 Ex 16,7S **14,11-20** Ex 32,9-14 **14,18** Ex 34,6S; 20,5-6S **14,21** Jes 6,3; Ps 57,6 **14,22-23** Ps 95,11; Hebr 3,17-18 **14,24** Jos 14,6-14 **14,33** Dtn 8,2.4; Ps 95,10; Am 2,10

Rückkehr schreckliche Dinge über das Land erzählt
und so die ganze Gemeinde gegen Mose aufgewie-
gelt und zum Murren gegen ihn gebracht. 38 Nur
Josua und Kaleb blieben verschont.

Die Reue kommt zu spät

39 Mose sagte allen Israeliten die Antwort des HERRN.
Da begann das Volk zu weinen und zu klagen. 40 Am
anderen Morgen aber rüsteten sich die Männer
Israels, um ins Bergland hinaufzuziehen. Sie sagten
zu Mose: »Wir sind jetzt bereit! Wir wollen dem
HERRN gehorchen und in das Land ziehen. Wir
haben gestern unrecht getan.«

41 Aber Mose erwiderte: »Warum wollt ihr gegen
den ausdrücklichen Befehl des HERRN handeln?
Das kann nicht gut gehen. 42 Ich sage euch: Zieht
nicht hinauf; denn der HERR wird nicht mit euch
gehen! Die Feinde werden euch in die Flucht schla-
gen. 43 Die Amalekiter* und die Kanaaniter* sind
gerüstet und warten auf euch; ihr werdet alle
umkommen. Ihr habt euch vom HERRN abgewandt;
denkt nur nicht, dass er euch jetzt beistehen wird!«

44 Sie aber hatten es sich in den Kopf gesetzt, ins
Bergland hinaufzuziehen. Mose ging nicht mit und
auch die Bundeslade* blieb im Lager. 45 Die Amaleki-
ter und die Kanaaniter, die das Bergland bewohnten,
griffen sie von oben her an, schlugen sie in die Flucht
und verfolgten sie bis nach Horma.

ÜBER PRIESTER UND OPFER
(Kapitel 15–19)

Anweisungen über die Beigaben zu Tieropfern

15 1-2 Der HERR gab Mose für die Israeliten die fol-
genden Anweisungen. Sie sollten sich danach
richten, wenn sie einmal in dem Land leben würden,
das er ihnen geben wollte:

3 Wenn ihr den HERRN mit einer Opfergabe gnädig
stimmen und ihm ein Rind, ein Schaf oder eine Ziege
als Brand- oder Mahlopfer* darbringen wollt – sei es
zur Erfüllung eines Gelübdes*, als freiwilliges Opfer
oder als Festopfer –, 4-5 dann müsst ihr ein Speise-
opfer* und ein Trankopfer* dazugeben.

Wer dem HERRN ein Schaf oder eine Ziege opfert,
soll als Speiseopfer 1/10 Efa* (1,2 Kilo) Weizenmehl
geben, vermengt mit 1/4 Hin* (knapp 1 Liter) Oliven-
öl, dazu als Trankopfer dieselbe Menge Wein.

6 Wer dem HERRN einen Schafbock opfert, nimmt
2/10 Efa (2,4 Kilo) Mehl, vermengt mit 1/3 Hin (1 1/2 Liter)
Öl, 7 und dazu dieselbe Menge Wein. Das ist ein
Opfer, das den HERRN gnädig stimmt.

8 Wer dem HERRN ein Rind als Brand- oder Mahl-
opfer darbringt, sei es als Opfer zur Erfüllung eines
Gelübdes oder um ein Opfermahl zu feiern, 9 nimmt
als Speiseopfer 3/10 Efa (3,6 Kilo) Mehl, vermengt mit
1/2 Hin (knapp 2 Liter) Öl, 10 dazu als Trankopfer die-
selbe Menge Wein. Das ist ein Opfer, das den HERRN
gnädig stimmt.

11-12 Wenn ihr mehrere Tiere derselben Art opfert,
muss für jedes einzelne Tier die vorgeschriebene
Menge als Speise- und Trankopfer gegeben werden.

13-14 Diese Vorschrift gilt nicht nur für euch Israeli-
ten, sondern auch für jeden, der als Fremder* vor-
übergehend oder dauernd unter euch lebt und dem
HERRN ein Opfer darbringen will, das ihn gnädig
stimmt. 15-16 Für euch und für die Fremden, die bei
euch leben, gilt in dieser Sache° dasselbe Gesetz,
und zwar für alle Zeiten. In den Augen des HERRN
gibt es zwischen einem Israeliten von Geburt und
einem, der in Israel Aufnahme findet, keinen Unter-
schied.

Das erste Brot gehört Gott

17-18 Auch die folgende Anweisung erhielt Mose
vom HERRN für die Zeit, wenn die Israeliten einmal
in dem Land leben würden, das er ihnen geben
wollte:

19 Wenn ihr von dem Korn, das ihr in eurem Land
erntet, Brot backt, müsst ihr etwas davon dem HERRN
abgeben. 20-21 Das erste Brot, das ihr aus dem Mehl
der neuen Ernte backt, gehört dem HERRN, genauso
wie ihm ein erster Anteil am frisch gedroschenen
Korn zusteht. Diese Vorschrift gilt für alle Zeiten.

Sühne für unbeabsichtigte Verfehlungen

22-23 Auch diese Anweisung erhielt Mose vom HERRN:°

Wenn ihr oder eure Nachkommen versehentlich
gegen irgendeines der Gebote verstoßt, die der HERR
euch durch Mose bekannt gemacht hat, muss die
Verfehlung durch ein Opfer* wieder ins Reine
gebracht werden.

24 Ist die ganze Gemeinde versehentlich schuldig
geworden, muss sie zur Sühne* dem HERRN einen
Stier als Brandopfer darbringen, ein Opfer, das ihn
gnädig stimmt. Dazu kommt das vorgeschriebene
Speiseopfer und Trankopfer und noch ein Ziegen-
bock als Sühneopfer. 25-26 Der Priester* bringt durch
diese Opfer die Verfehlung wieder ins Reine, und
der HERR wird der ganzen Gemeinde vergeben,
weil der Verstoß unbeabsichtigt geschehen ist und
weil sie ihm diese Opfer dargebracht hat. Auch
den Fremden*, die bei euch leben und die mit den
anderen schuldig geworden sind, wird die Verfeh-
lung vergeben.

27 Ist eine Einzelperson versehentlich schuldig
geworden, muss sie als Sühneopfer eine einjährige
Ziege darbringen. 28 Der Priester bringt mit diesem
Opfer die Verfehlung wieder ins Reine und der
HERR wird diesem Menschen vergeben. 29 Diese

14,44 10,35; 1 Sam 4,1-11 **14,45** 21,3 **15,3** Lev 1,3-17S; 3,1-17S **15,4-5** Lev 2,1-16S **15,19-21** Ex 23,19aS **15,22-29** Lev 4,1-35S

Anordnung gilt genauso für die Fremden, die bei
euch leben.
30–31 Wer jedoch mit Wissen und Willen[a] gegen ein
Gebot des HERRN handelt, beleidigt den HERRN und
hat sein Leben verwirkt. Ein solcher Mensch muss
aus dem Volk ausgestoßen werden, gleichgültig, ob
er ein Israelit ist oder ein Fremder; denn er hat den
ausdrücklichen Befehl des HERRN missachtet. Ein sol-
ches Vergehen kann durch kein Opfer wieder gutge-
macht werden.

Ein Fall von Sabbatschändung

32 Während die Israeliten noch in der Wüste waren,
wurde ein Mann dabei ertappt, wie er an einem Sab-
bat* Holz sammelte. 33 Die Leute, die ihn gesehen
hatten, brachten ihn vor Mose und Aaron und die
ganze Gemeinde. 34 Weil es für einen solchen Fall
noch keine Entscheidung des HERRN gab, wurde er
vorläufig eingesperrt.
35 Der HERR aber sagte zu Mose: »Der Mann
hat sein Leben verwirkt. Die ganze Gemeinde soll
ihn draußen vor dem Lager durch Steinigung* hin-
richten.«
36 Da führten alle Männer den Schuldigen aus dem
Lager und steinigten ihn, wie der HERR es Mose
befohlen hatte.

Ein Erinnerungszeichen an der Kleidung

37–38 Der HERR befahl Mose, den Israeliten zu sagen,
sie sollten Quasten* an den vier Zipfeln des Tuches
anbringen, das sie als Obergewand* trugen. Diese
Vorschrift sollte auch für alle ihre Nachkommen
gelten. An jeder Quaste sollte eine violette Kordel
sein.
39–40 »Jedes Mal, wenn ihr die Quasten seht«, sagte
der HERR, »sollen sie euch an meine Gebote erin-
nern. Sie sollen euch mahnen, dass ihr nach meinen
Weisungen lebt und euch nicht von euren Gedanken
und euren lüsternen Augen zum Ungehorsam verlei-
ten lasst. Dann werdet ihr ein heiliges* Volk sein,
ein Volk, das seinem Gott ganz gehört. 41 Ich bin
der HERR, euer Gott. Ich habe euch aus Ägypten
geführt, weil ich euer Gott sein wollte. Und ich bin
es auch, ich, der HERR!«

Die Anhänger Korachs lehnen sich gegen Mose auf

16 1–2 Korach, der Sohn Jizhars, ein Levit* von den
Nachkommen Kehats, war so vermessen, sich
gegen Mose aufzulehnen. Er wurde unterstützt von
einigen Männern aus dem Stamm Ruben: von Datan
und Abiram, den Söhnen Eliabs, und von On, dem
Sohn Pelets, sowie von zweihundertfünfzig anderen
angesehenen Israeliten, lauter Männern, die in der
Gemeinde mit einer Aufgabe betraut waren.
3 Sie alle kamen miteinander zu Mose und Aaron
und warfen ihnen vor: »Ihr nehmt euch zu viel her-
aus! Alle Israeliten gehören dem HERRN in gleicher
Weise und er ist mitten unter ihnen. Warum erhebt
ihr euch über die Gemeinde des HERRN?«
4 Als Mose das hörte, warf er sich zu Boden und
betete. 5 Dann sagte er zu Korach und seinen Anhän-
gern: »Morgen wird der HERR zeigen, wer zu ihm
gehört und wen er als heilig* anerkennt. Er wird
nur den in seine Nähe kommen lassen, den er ausge-
wählt hat. 6 Nehmt Räucherpfannen*, 7 legt Glut hin-
ein und Weihrauch* darauf und kommt damit mor-
gen vor das Heilige Zelt*. Dann wird es sich zeigen,
wen der HERR ausgewählt hat und wen er als tauglich
zu seinem Dienst anerkennt. Ihr Leviten* seid es,
die sich zu viel herausnehmen!«
8 Weiter sagte Mose zu Korach und seinen Anhän-
gern: »Hört her, ihr Leviten! 9 Der Gott Israels hat
euch aus der ganzen Gemeinde ausgesondert, er
lässt euch in seine Nähe kommen und den Dienst
an seiner Wohnung verrichten; ihr dürft vor der

Quasten mit violetten Kordeln an den Zipfeln ihres Umhangs sollten die Israeliten an die Gebote ihres Gottes erinnern (15,37-41). Die Kleidung hat sich gewandelt, aber noch heute tragen fromme Juden diese Erinnerungszeichen (wie hier im Bild über der Hüfte vom Gürtel herabhängend).

a *mit Wissen …:* wörtlich *mit erhobener Hand.*

15,32 Ex 20,8-10S **15,34** 9,8S **15,37-38** Dtn 22,12; Mt 23,5 **16,1-34** Ps 106,16-18; Sir 45,18-19; Jud 11 **16,9** 1,47-53; 3,11-13S

a Die Auflehnung gegen Mose und Aaron ist dreifach motiviert: Dem Führungsanspruch der beiden stellen die Aufrührer das Prinzip der Gleichheit aller Israeliten entgegen (16,3); als Leviten beanspruchen sie das volle Priesterrecht für sich (16,9-10); sie werfen Mose und Aaron Versagen vor (16,14). Der erste Punkt erinnert an Num 12,2-3, der letzte bildet den Gipfel einer Kette von Vorwürfen, die mit Ex 14,11-12 beginnen (siehe die Vergleichsstellen dort).

b Die Bestrafung der 250, die sich eine priesterliche Funktion angemaßt hatten, erinnert an die Bestrafung der beiden Aaronssöhne in Lev 10, die »fremdes Feuer« zum Altar brachten. Datan und Abiram, deren Auflehnung offenbar anders begründet war (vgl. Vers 3 mit Vers 28), erhielten auch eine andersartige Strafe.

Gemeinde stehen und ihr Dienste leisten. Ist euch das noch nicht genug? [10] Dir, Korach, und den übrigen Leviten hat der HERR dieses Vorrecht gegeben und nun wollt ihr auch noch das Priesteramt?[a] [11] Gegen den HERRN habt ihr euch zusammengerottet, du und dein ganzer Haufen! Wer ist schon Aaron? Euer Murren geht doch nicht gegen ihn!«

[12] Mose ließ Datan und Abiram rufen; aber sie ließen ihm ausrichten: »Wir kommen nicht! [13] Es reicht gerade, dass du uns aus Ägypten, dem Land, das von Milch und Honig überfließt, weggeführt hast und uns in der Wüste sterben lässt! Du willst dich auch noch als Herr über uns aufspielen? [14] Hast du uns vielleicht in ein Land gebracht, das von Milch und Honig überfließt? Hast du uns Äcker und Weinberge zum Besitz gegeben? Du machst diesen Leuten doch nur etwas vor! Wir jedenfalls werden nicht kommen.«

[15] Voll Zorn sagte Mose zum HERRN: »Nimm von ihnen kein Opfer* mehr an! Ich habe meine Stellung nie missbraucht, noch nicht einmal einen Esel habe ich beansprucht.«

Wer darf Gott nahen?

[16] Zu Korach sagte Mose: »Morgen wirst du mit allen deinen Anhängern vor dem HERRN erscheinen. Auch Aaron wird dabei sein. [17] Jeder nimmt seine Pfanne mit Weihrauch*, du und Aaron und die zweihundertfünfzig, und dann kommt ihr zum Heiligtum des HERRN.«

[18] Alle, auch Mose und Aaron, legten Glut und Weihrauch in ihre Pfannen und traten an den Eingang des Heiligen Zeltes*. [19] Korach hatte die ganze Gemeinde Israel auf seine Seite gebracht und trat an ihrer Spitze Mose und Aaron entgegen, die am Eingang des Heiligen Zeltes standen.

Da erschien die Herrlichkeit* des HERRN vor aller Augen [20] und der HERR sagte zu Mose und Aaron: [21] »Entfernt euch von dieser Gemeinde! Ich will sie alle auf einen Schlag vernichten.«

[22] Da warfen die beiden sich nieder und beteten: »O Gott, alles Leben kommt doch von dir, du hast es geschaffen! Willst du die ganze Gemeinde bestrafen, weil ein Einzelner sich gegen dich verfehlt hat?«

Die Erde verschlingt die Aufrührer

[23] Der HERR sagte zu Mose: [24] »Befiehl der ganzen Gemeinde, sich von den Zelten Korachs, Datans und Abirams fern zu halten.«

[25] Da ging Mose mit den Ältesten* Israels zu Datan und Abiram hin. [26] Er sagte zur Gemeinde Israel: »Entfernt euch von den Zelten dieser Männer, die sich gegen Gott auflehnen. Berührt nichts, was ihnen gehört, sonst trifft es euch mit, wenn sie zur Strafe für ihren Ungehorsam vernichtet werden.«

[27] Alle entfernten sich aus dem Bereich der Wohnungen Korachs, Datans und Abirams.

Datan und Abiram waren aus ihren Zelten herausgekommen und standen mit ihren Frauen, Kindern und Enkeln vor den Zelteingängen. [28] Mose sagte zu den Leuten von Israel: »An dem, was jetzt geschieht, werdet ihr erkennen, ob der HERR mich gesandt hat oder ob ich eigenmächtig handle. [29] Wenn diese Männer hier eines natürlichen Todes sterben, dann hat der HERR mich nicht gesandt. [30] Wenn aber der HERR etwas Unerhörtes tut, wenn die Erde sich öffnet und sie samt ihrem Besitz verschlingt, sodass sie lebendig in die Totenwelt* hinuntermüssen, dann wisst ihr, dass sie sich gegen den HERRN aufgelehnt haben.«

[31] Kaum hatte Mose zu Ende gesprochen, da spaltete sich die Erde unter Datan und Abiram [32] und verschlang sie mit Hab und Gut und allen Angehörigen und ebenso alle Anhänger Korachs mit ihrem Besitz. [33] So stürzten sie alle lebendig in die Totenwelt hinunter und die Erde schloss sich über ihnen. Ohne eine Spur zu hinterlassen, waren sie mitten aus der Gemeinde heraus verschwunden.

[34] Als die anderen Israeliten ihre Entsetzensschreie hörten, rannten sie davon und riefen: »Nur fort! Sonst verschlingt uns die Erde auch!«

Wer unbefugt in die Nähe Gottes kommt ...

[35] Die 250 Männer aber, die den Weihrauch* zum Altar* des HERRN gebracht hatten, verzehrte ein Feuer, das vom HERRN ausging.[b]

17 Da sagte der HERR zu Mose: [2–3] »Befiehl dem Priester* Eleasar, dem Sohn Aarons, die Räucherpfannen* aus der Asche zu holen und die glühenden Kohlen darin weit umher zu verstreuen. Die Pfannen gehören dem HERRN, weil sie zu seinem Altar gebracht worden sind. Die Männer, die sie herbeibrachten, haben für ihre Schuld mit dem Leben bezahlt. Zur Warnung für alle Israeliten soll man Platten aus ihnen schmieden und den großen Altar damit umkleiden.«

[4] Der Priester Eleasar nahm die bronzenen Pfannen und ließ daraus Platten für den Altar schmieden, [5] wie der HERR es durch Mose befohlen hatte. Sie sollten die Israeliten daran erinnern, dass niemand außer den Nachkommen Aarons mit Weihrauch in die Nähe des HERRN kommen darf. Sonst ergeht es ihm wie Korach und seinen Anhängern.

Mose und Aaron retten das aufrührerische Volk

[6] Am nächsten Morgen versammelte sich die ganze Gemeinde und murrte gegen Mose und Aaron. »Ihr habt das Volk des HERRN getötet!«, warfen die Männer Israels ihnen vor.

16,13 Ex 3,8S **16,19** Ex 16,7S; 19,9S **16,22** 27,16-17; 2Sam 24,17 **16,35** Lev 10,2S

7 Als sie aber zum Heiligen Zelt* blickten, sahen sie, dass die Wolke es bedeckte: Die Herrlichkeit* des HERRN war erschienen. 8 Mose und Aaron gingen zum Zelt 9 und der HERR sagte zu Mose: 10 »Entfernt euch schnell aus dieser Gemeinde! Ich will sie alle auf einen Schlag vernichten.«

Die beiden warfen sich nieder und beteten. 11 Dann sagte Mose zu Aaron: »Nimm schnell deine Räucherpfanne*, lege Glut vom Altar hinein und streue Weihrauch* darauf. Geh damit zu den versammelten Israeliten und bring ihre Verfehlung wieder ins Reine. Der HERR ist zornig, sein Strafgericht hat schon begonnen.«

12 Aaron lief mit der Räucherpfanne mitten in die Versammlung hinein. Als er sah, wie die Leute scharenweise tot umfielen, streute er Weihrauch auf die Glut, um ihre Verfehlung gegenüber dem HERRN in Ordnung zu bringen. 13 Da griff das Unheil nicht weiter um sich; die Stelle, an der er stand, bezeichnete die Grenze zwischen Toten und Lebenden.

14 Es waren 14700 Israeliten getötet worden, zusätzlich zu den Anhängern Korachs, die am Tag zuvor umgekommen waren.

15 Aaron kehrte zu Mose an den Eingang des Heiligen Zeltes zurück. Das Unheil war endgültig gebannt.

Gott bestätigt das Priestertum Aarons und seiner Nachkommen

16 Der HERR sagte zu Mose: 17–18 »Lass dir von den Stammesoberhäuptern des Volkes zwölf Stöcke geben, für jeden Stamm einen, und schreib auf jeden Stock den Namen seines Stammes. Auf den Stock des Stammes Levi schreibst du den Namen Aarons. 19 Lege die zwölf Stöcke im Heiligen Zelt* vor die Lade* mit dem Bundesgesetz, wo ich euch begegne. 20 Der Stock dessen, den ich ausgewählt habe, wird Blätter treiben. So sorge ich dafür, dass das Murren ein Ende nimmt und die Leute von Israel sich nicht länger gegen mich auflehnen.«

21 Mose sagte es den Israeliten und jedes Stammesoberhaupt gab ihm einen Stock für seinen Stamm. Zusammen mit dem Stock Aarons waren es zwölf.

22 Mose legte die Stöcke im Heiligen Zelt vor dem HERRN nieder. 23 Als er am nächsten Tag wieder ins Zelt kam, sah er, dass der Stock Aarons, der den Stamm Levi vertrat, Zweige und Blüten getrieben hatte und schon Mandeln trug.

24 Mose nahm die Stöcke und zeigte sie den Israeliten. Sie sahen, was geschehen war, und jedes Stammesoberhaupt nahm seinen Stock wieder an sich. 25 Der HERR aber befahl Mose: »Bring den Stock Aarons zurück ins Zelt und bewahre ihn vor der Lade mit dem Bundesgesetz auf. Er soll eine Warnung sein für jeden, der sich meinen Anordnungen nicht fügt.[a] Die Leute von Israel sollen aufhören, zu murren und sich gegen mich aufzulehnen; denn ich will nicht, dass sie alle sterben.«

26 Mose tat, was der HERR ihm befohlen hatte.

Die Verantwortung der Priester und Leviten

27 Die Leute von Israel sagten zu Mose: »Wir werden noch alle umkommen. Bald wird keiner mehr von uns übrig sein. 28 Jeder, der sich der Wohnung des HERRN nähert, muss sterben. Gibt es keine Rettung für uns?«

18 Da sagte der HERR zu Aaron: »Du und deine Söhne und alle Leviten*, ihr müsst die Folgen tragen, wenn beim Dienst am Heiligtum irgendetwas falsch gemacht wird; für einen Fehler beim Priesterdienst* aber trifft die Strafe dich und deine Söhne allein.

2–4 Die übrigen Männer vom Stamm Levi dürfen mit dir und deinen Söhnen zum Zelt mit dem Bundesgesetz* kommen und euch helfen, wenn ihr dort den Priesterdienst verseht. Sie sollen alle Arbeiten am Heiligen Zelt* verrichten, aber sie dürfen auf keinen Fall den Altar* und die heiligen Geräte berühren, sonst müssen sie sterben und ihr mit ihnen.

Ihr dürft euch von niemand außer von den Leviten helfen lassen. 5–6 Ich habe sie dazu bestimmt, alle Arbeiten am Heiligen Zelt zu verrichten. Sie sind mein Eigentum und ich stelle sie euch zur Verfügung. Der Dienst im Heiligtum und am Altar aber ist allein eure Sache. So habe ich es angeordnet, damit mein Zorn nicht noch einmal über das Volk kommt.

7 Du und deine Nachkommen, ihr sollt als Priester am Altar und im Allerheiligsten* Dienst tun. Euch habe ich das Priesteramt übertragen. Wenn irgendein anderer mir zu nahe kommt, wird er mit dem Tod bestraft.«

Als das Volk sich gegen Mose und Aaron auflehnte, wurde für jedes Stammesoberhaupt ein Stock vor der Bundeslade niedergelegt (17,16-26). Am nächsten Morgen stand der Stock Aarons in voller Blüte und trug schon reife Mandelfrüchte. Die Mandel ist der Fruchtbaum, der im Frühjahr als erster Blüten treibt.

a Das Wunder des blühenden und fruchtenden Stockes bestätigt das Anrecht Aarons und seiner Nachkommen auf das Priesteramt in Israel. Der Streitpunkt von Num 16, die Spannung zwischen Priestern und »Leviten«, wird davon nicht berührt; in Num 18 werden nochmals die Zuständigkeiten beider abgegrenzt; vgl. 3,5-10.

17,7 Ex 16,7S **17,19** Ex 25,22S **17,25** Hebr 9,4 **18,2-4** 3,6-10 **18,5-6** 3,11-13S

Der Anteil der Priester an den Opfergaben

8 Weiter sagte der HERR zu Aaron: »Für den Dienst, den ihr mir leistet, bekommt ihr einen Teil von den Opfergaben*, die die Leute von Israel mir bringen. Dies gilt für alle Zukunft. 9 Von den besonders heiligen Opfergaben gehören euch alle Speiseopfer, Sühneopfer und Wiedergutmachungsopfer, die die Leute von Israel mir darbringen – natürlich ohne den Anteil, der auf dem Altar verbrannt wird. Sie sind etwas besonders Heiliges* 10 und dürfen nur von den männlichen Angehörigen der Priesterfamilien und nur an geweihter Stätte verzehrt werden. Achtet darauf, dass ihr sie nicht entheiligt!

11 Die übrigen Gaben, die die Leute von Israel mir bringen, gebe ich deinen Söhnen und Töchtern und allen deinen Nachkommen für alle Zukunft. Alle in euren Familien, die rein* sind, dürfen davon essen. 12–13 Das gilt für die Abgaben an Öl, Wein und Korn, für alle Früchte von jeder Ernte, die die Israeliten mir als Erstlingsgaben* bringen. Alle, die rein sind, dürfen davon essen.

14 Außerdem gehört euch alles in Israel, was mir unwiderruflich geweiht* worden ist, 15 auch alle Erstgeburten bei Mensch und Tier, die mir von den Israeliten gebracht werden. Doch müsst ihr anstelle der erstgeborenen Kinder einen entsprechenden Geldbetrag annehmen. Das Gleiche gilt für die Erstgeburten von solchen Tieren, die nicht als Opfer zugelassen sind.

16 Für die erstgeborenen Kinder sind, wenn sie das Alter von einem Monat erreicht haben, fünf Silberstücke* zu entrichten, gewogen nach dem Gewicht des Heiligtums. 17 Für die Erstgeburten von Rindern, Schafen und Ziegen aber dürft ihr kein Geld annehmen, denn sie sind als Opfer für mich bestimmt. Ihr Blut müsst ihr an den Altar* sprengen und ihre Fettstücke darauf verbrennen, als ein Opfer, das mich gnädig stimmt. 18 Das ganze Fleisch gehört euch, ebenso wie beim Mahlopfer* die Brust und die rechte Hinterkeule des Opfertieres.

19 Alle diese Gaben, die die Leute von Israel mir bringen, gebe ich dir und deinen Nachkommen; alle eure Familienangehörigen dürfen davon essen. Diese Vorrechte gelten für alle Zukunft. Sie sind in meinen Augen so unwiderruflich wie ein Vertrag, der durch gemeinsames Essen von Salz besiegelt worden ist.«

Der Unterhalt der Leviten und ihre Abgabe an die Priester

20 Weiter sagte der HERR zu Aaron: »Wenn das Volk Israel in sein Land kommt, wird dir und deinem Stamm kein Anteil am Grundbesitz zugeteilt werden. Ich selbst bin euer Anteil, von mir bekommt ihr alles, was ihr braucht.

21 Den Leviten* aber weise ich als Entgelt für die Arbeit am Heiligen Zelt* den zehnten Teil jeder Ernte in Israel zu. 22–23 Künftig sollen allein sie zum Heiligen Zelt kommen und dort Dienst tun. Sie allein sollen die Verantwortung tragen. Dies ist ihre Aufgabe für alle Zukunft. Wenn dagegen jemand von den anderen Israeliten dem Heiligen Zelt zu nahe kommt, macht er sich schuldig und muss sterben.

Die Leviten dürfen keinen Grundbesitz unter den Israeliten bekommen. 24 Ich gebe ihnen stattdessen den Ernteanteil, den die Leute von Israel mir abliefern. Deshalb bestimme ich, dass sie keinen Landbesitz in Israel haben sollen.«

25–26 Weiter ließ der HERR den Leviten durch Mose sagen: »Ich habe euch anstelle eines Anteils am Landbesitz den zehnten Teil von dem zugewiesen, was die Leute von Israel ernten. Davon müsst ihr wiederum den zehnten Teil nehmen und ihn mir abliefern.

27 Ihr gebt mir damit den Zehnten*, so wie jeder Israelit mir von seinem Korn und Wein den zehnten Teil abgibt. 28 Der Unterschied ist nur, dass ihr euren Zehnten von dem nehmt, was die Leute von Israel euch als ihren Zehnten abliefern. Diesen Teil, der mir zusteht, gebt ihr Aaron und seinen Nachkommen, den Priestern*.

29 Von allem, was ihr bekommt, müsst ihr das Beste nehmen und mir abgeben. 30 Wenn ihr das tut, könnt ihr den Rest für euch selbst verbrauchen, wie der Bauer den Rest seiner Ernte an Korn und Wein. 31 Ihr dürft es mit euren Familien an jedem beliebigen Ort verzehren; denn es ist der Lohn für eure Arbeit am Heiligen Zelt. 32 Ihr entweiht damit nicht die heiligen Gaben der Israeliten, sofern ihr mir vorher das Beste davon als Zehnten abgegeben habt. Wenn ihr dies jedoch versäumt, macht ihr euch schuldig und müsst sterben.«

Die Herstellung eines Reinigungswassers

19 Der HERR sagte zu Mose und Aaron: 2 »Was ich euch jetzt befehle, soll auch in Zukunft regelmäßig ausgeführt werden.

Lasst euch von den Israeliten eine rote Kuh bringen, die fehlerfrei und noch nie zur Arbeit eingespannt worden ist. 3 Gebt sie dem Priester Eleasar, damit er sie vor das Lager hinausführen und dort in seiner Gegenwart schlachten lässt. 4 Von ihrem Blut soll er mit dem Finger siebenmal etwas in Richtung auf die Vorderseite des Heiligen Zeltes* sprengen.

5 Dann wird die ganze Kuh vor seinen Augen verbrannt, nicht nur die Fettstücke, sondern auch Fleisch, Blut und Haut und die Eingeweide samt

18,8-10 (Priesteranteil) Lev 2,3.10; 6,9-11.19-22; 7,6-10; 10,12-17; 14,13; 21,22; 24,9; Ez 42,13; 44,29-30 **18,12-13** Ex 23,19S **18,14** Lev 27,28 **18,15-18** Ex 13,11-16S **18,20** Dtn 10,9; 12,12; 18,1-2; Jos 13,14.33; Ez 44,28; Sir 45,22 **18,21** Lev 27,30-33; Dtn 14,22-29

ihrem Inhalt. 6 Der Priester wirft Zedernholz, Ysop
und Karmesinfarbe in das Feuer. 7 Darauf wäscht er
sich und seine Kleider mit Wasser. Er kann dann
ins Lager gehen, bleibt aber bis zum Abend unrein*.
8 Auch der Mann, der die Kuh verbrannt hat, muss
sich und seine Kleider waschen und bleibt bis zum
Abend unrein. 9 Jemand, der rein ist, sammelt die
Asche der Kuh ein und bringt sie an einen reinen
Platz außerhalb des Lagers. Dort wird sie aufbe-
wahrt, damit daraus für die Gemeinde Israel ein Rei-
nigungswasser* zur Beseitigung von Unreinheit her-
gestellt werden kann; denn die Verbrennung der
Kuh hat die Wirkung eines Sühneopfers*. 10a Der
Mann, der die Asche eingesammelt hat, muss seine
Kleider waschen und bleibt bis zum Abend unrein.«

Anwendung des Reinigungswassers

10b »Für die Israeliten wie für die Fremden*, die bei
ihnen leben, gilt in alle Zukunft die Anordnung:
11 Wer einen Toten berührt, wird für sieben Tage
unrein*. 12 Er muss sich am dritten und am siebten
Tag mit dem Reinigungswasser* besprengen lassen
und ist dann wieder rein.° Wenn er es unterlässt,
bleibt er unrein. 13 Ein solcher Mensch entweiht
die Wohnung des HERRN; er hat sein Leben verwirkt
und muss aus Israel ausgestoßen werden. Seine
Unreinheit ist nicht wieder zu beseitigen, weil kein
Reinigungswasser über ihn gesprengt worden ist.
14 Wenn in einem Zelt jemand stirbt, werden alle
für sieben Tage unrein, die gerade im Zelt sind oder
es betreten. 15 Auch jedes offene Gefäß, das nicht mit
einem festen Deckel verschlossen ist, wird unrein.
16 Unrein wird auch für sieben Tage, wer im Freien
einen Toten berührt, gleichgültig, ob dieser erschla-
gen worden oder eines natürlichen Todes gestorben
ist, und ebenso wird unrein, wer mit menschlichen
Gebeinen oder einem Grab in Berührung kommt.
17 Um die Unreinheit zu beseitigen, nehmt ihr
etwas Asche von der als Sühneopfer* verbrannten
Kuh und vermischt sie in einem Gefäß mit frischem
Wasser. 18 Jemand, der rein ist, nimmt ein Büschel
Ysop, taucht es in das Wasser und besprengt damit
das Zelt, die Gefäße darin und jeden, der im Zelt
war oder im Freien einen Toten, seine Gebeine oder
ein Grab berührt hat. 19 Dies wird am dritten und am
siebten Tag ausgeführt. Nach der Besprengung am
siebten Tag müssen alle, die unrein geworden sind,
sich und ihre Kleider waschen, dann sind sie am
Abend wieder rein.
20 Wer aber unrein wird und nicht diese Sühne an
sich vollziehen lässt, entweiht das Heiligtum des
HERRN. Er bleibt unrein, weil kein Reinigungswasser
über ihn gesprengt worden ist. Er hat sein Leben ver-
wirkt und muss aus der Gemeinde ausgestoßen
werden.
21 Diese Anordnung gilt in Israel für alle Zukunft.
Auch der Mann, der das Reinigungswasser ver-
sprengt, muss seine Kleider waschen, und jeder,
der mit dem Wasser in Berührung kommt, ist bis
zum Abend unrein. 22 Alles, was ein Unreiner
berührt, wird unrein, und auch wer einen Unreinen
berührt, ist bis zum Abend unrein.«

AN DER GRENZE DES LANDES
(Kapitel 20–26)

Mose und Aaron zweifeln
(Ex 17,1-7)

20 Im ersten Monat des Jahres kamen die Israe-
liten, die ganze Gemeinde, in die Wüste
Zin. Längere Zeit blieben sie in der Oase Kadesch.
Während dieser Zeit starb Mirjam und wurde dort
bestattet.
2 Als das Wasser ausging, lief die ganze Gemeinde
zusammen und machte Mose und Aaron Vorwürfe.
3 »Wären wir doch auch umgekommen wie die ande-
ren, die der HERR sterben ließ«, hielten sie ihnen vor.
4 »Warum habt ihr die Gemeinde des HERRN in diese
Wüste gebracht? Unser Vieh verdurstet hier und wir
verdursten mit! 5 Wozu habt ihr uns aus Ägypten
geführt, wenn ihr uns nichts Besseres zu bieten
habt? Hier wächst weder Korn noch Wein, es gibt
keine Feigen und keine Granatäpfel, nicht einmal
Wasser gibt es zu trinken!«
6 Mose und Aaron wichen vor dem Volk bis zum
Eingang des Heiligen Zeltes* zurück und warfen sich
dort nieder. Da erschien ihnen die Herrlichkeit* des
HERRN 7 und der HERR sagte zu Mose: 8 »Hol deinen
Stock und geh mit Aaron zu dem Felsen dort drüben!
Befehlt dem Felsen vor der versammelten Gemein-
de, euch Wasser zu geben! Dann wird Wasser daraus
hervorsprudeln und ihr könnt Menschen und Vieh
zu trinken geben.«
9 Wie der HERR es befohlen hatte, holte Mose
den Stock, der im Heiligtum aufbewahrt wurde.
10 Zusammen mit Aaron rief er die Gemeinde zu
dem Felsen und sagte: »Ihr seid ein widerspenstiges
Volk! Glaubt ihr wirklich, wir könnten euch Wasser
aus diesem Felsen verschaffen?«
11 Er hob den Stock und schlug damit zweimal an
den Felsen. Da kam so viel Wasser heraus, dass Men-
schen und Vieh genug zu trinken hatten.
12 Aber der HERR sagte zu Mose und Aaron: »Ihr
habt mir nicht vertraut und wolltet mir keine Gele-
genheit geben, mich vor den Leuten von Israel als
der heilige und mächtige Gott zu erweisen. Darum
könnt ihr dieses Volk nicht bis in das Land führen,
das ich ihnen versprochen habe.«
13 Die Quelle erhielt den Namen Meriba (An-
klage), weil hier die Israeliten den HERRN angeklagt

19,9 Hebr 9,13 **19,17** Hebr 9,13 **20,2-5** Ex 14,11-12S **20,6** Ex 16,7S

hatten; doch er erwies sich als der heilige[a] und mäch-
tige Gott.

Die Edomiter verweigern den Durchzug

14 Von Kadesch aus schickte Mose Boten ins Land
Edom*. Sie sagten zum König der Edomiter: »Wir
bringen Botschaft von euren Brüdern, den Israeli-
ten. Sie lassen euch sagen: ›Ihr wisst selbst, was
wir alles durchgemacht haben. 15 Unsere Vorfahren
zogen nach Ägypten und haben lange dort gewohnt.
Aber die Ägypter behandelten uns schlecht. 16 Da
schrien wir zum HERRN um Hilfe. Er hörte uns und
schickte einen Engel*, der uns aus Ägypten heraus-
führte. Jetzt sind wir in Kadesch, einer Stadt in der
Nähe eurer Grenze. 17 Erlaubt uns, dass wir durch
euer Land ziehen! Wir werden stets auf der großen
Straße bleiben, die dem König gehört, und nicht
einen Schritt von ihr abweichen. Wir ziehen nicht
durch eure Äcker und Weinberge und trinken kei-
nen Tropfen aus euren Brunnen.‹«
18 Aber die Edomiter antworteten: »Wir erlauben
nicht, dass ihr durch unser Land zieht! Wenn ihr
es versucht, werden wir gegen euch kämpfen.«
19 Die Israeliten versicherten noch einmal: »Wir
werden auf der festen Straße bleiben. Wenn wir oder
unser Vieh Wasser brauchen, werden wir es euch
bezahlen. Wir kommen zu Fuß und führen nichts
gegen euch im Schilde.«
20 Aber die Edomiter wiederholten: »Ihr dürft
nicht durchziehen!« Sie rückten mit einer starken
Heeresmacht gegen die Israeliten aus. 21 Weil die
Edomiter ihnen den Durchzug verweigerten, wähl-
ten die Israeliten einen anderen Weg.

a Auch das Wort für *heilig* enthält eine Anspielung auf den Ort, an dem die Geschichte spielt: Kadesch (Vers 1) bedeutet »heilig«.

Die Israeliten fanden in der Wüste kein Wasser mehr. Immer lauter beklagten sie sich. Sie wandten sich gegen Mose und damit gegen Gott selbst. Aber Gott verschaffte ihnen alles, was sie brauchten, sogar Wasser aus dem kahlen Felsen. Es gibt in der Sinaiwüste poröse Felsen, die so viel Wasser festhalten, dass Pflanzen in ihren Spalten wachsen können.

20,16 Ex 23,20 **20,17-18** 21,22-23

Aaron muss sterben

[22] Sie brachen von Kadesch auf und kamen zum Berg Hor, [23] der an der Grenze des Landes Edom liegt. Dort sagte der HERR zu Mose und Aaron: [24] »Aarons Zeit ist jetzt abgelaufen! Weil ihr beiden mir an der Meriba-Quelle nicht gehorcht habt, darf er das Land nicht betreten, das ich dem Volk Israel versprochen habe.«

[25] Zu Mose aber sagte er: »Nimm Aaron und seinen Sohn Eleasar mit dir auf den Berg Hor. [26] Dort zieh Aaron die Priesterkleider aus und lege sie seinem Sohn an. Denn Aaron wird dort oben sterben.«

[27] Mose tat, was der HERR befohlen hatte. Vor den Augen der ganzen Gemeinde stiegen die drei auf den Gipfel des Berges [28] und Mose legte Eleasar die Kleider Aarons an. Dann starb Aaron, und Mose kehrte mit Eleasar wieder ins Lager zurück. [29] Als die Leute von Israel hörten, dass Aaron gestorben war, trauerten sie dreißig Tage lang um ihn.

Ein erster Sieg über die Kanaaniter

21 Als der Kanaaniterkönig* von Arad im Südland erfuhr, dass die Israeliten den Weg über Atarim[a] eingeschlagen hatten, griff er sie an und nahm einige von ihnen gefangen. [2] Da versprachen die Männer Israels dem HERRN: »Wenn du dieses Volk in unsere Hand gibst, werden wir an ihren Städten den Bann* vollstrecken.«

[3] Der HERR erhörte ihre Bitte und gab ihnen den Sieg über den König von Arad. Die Israeliten erfüllten ihr Gelübde* und vernichteten die Besiegten samt ihren Städten. Deshalb bekam die Stadt, die heute dort liegt, den Namen Horma (Bann).

Die erhöhte Schlange rettet vom Schlangenbiss

[4] Als die Israeliten vom Berg Hor aus weiterzogen, wandten sie sich zunächst nach Süden in Richtung Schilfmeer,[b] um das Gebiet der Edomiter* zu umgehen. Aber unterwegs verlor das Volk die Geduld [5] und sie beklagten sich bei Gott und bei Mose: »Warum habt ihr uns aus Ägypten weggeführt, damit wir in der Wüste sterben? Hier gibt es weder Brot noch Wasser, und dieses elende Manna* hängt uns zum Hals heraus!«

[6] Da schickte der HERR zur Strafe giftige Schlangen unter das Volk. Viele Israeliten wurden gebissen und starben.

[7] Die Leute kamen zu Mose und sagten: »Es war nicht recht, dass wir uns gegen den HERRN und gegen dich aufgelehnt haben. Leg doch beim HERRN ein Wort für uns ein, damit er uns von diesen Schlangen befreit!« Mose betete für das Volk [8] und der HERR sagte zu ihm: »Fertige eine Schlange an und befestige sie oben an einer Stange. Wer gebissen wird, soll dieses Bild ansehen, dann wird er nicht sterben!«

[9] Mose machte eine Schlange aus Bronze und befestigte sie an einer Stange. Wer gebissen wurde und auf diese Schlange sah, blieb am Leben.[c]

Der Weg bis an die Grenze des Landes Kanaan

[10–12] Die Israeliten brachen auf und zogen weiter. Ihre nächsten Lagerplätze hatten sie in Obot, in Ije-Abarim in der Wüste östlich des Landes Moab* und im Sered-Tal. [13] Von dort zogen sie bis in die Wüste nordöstlich des Arnonflusses, wo das Gebiet der Amoriter* beginnt. Der Arnon bildet die Grenze zwischen Moabitern und Amoritern. [14] Deshalb heißt es im Buch der Kriege des HERRN:[d]

»... die Stadt Waheb in Sufa,
die Bachtäler des Arnon,
[15] die Hochebene, die sich zur Stadt Ar hin senkt
und sich an das Bergland von Moab anlehnt.«

[16] Von dort zogen sie nach Beer, wo der HERR zu Mose sagte: »Ruf das Volk zusammen, ich will ihnen Wasser geben!« [17] Damals sangen die Israeliten:

»Brunnen, lass das Wasser fließen;
singend wollen wir's begrüßen!
[18] Stab und Zepter edler Leute
gruben diesen Brunnen heute.«

Aus der Wüste zogen sie nach Mattana [19] und von dort über Nahaliël und Bamot-Baal [20] in das Tal im Gebiet von Moab beim Gipfel des Berges Pisga, von dem aus die Jordanebene zu sehen ist.

Der Sieg über den Amoriterkönig Sihon

[21] Die Männer Israels schickten Boten zu Sihon, dem König der Amoriter*, und ließen ihm sagen:

Als die Israeliten in der Wüste von Giftschlangen gebissen wurden (im Bild eine Rautenviper), ließ Gott durch Mose eine bronzene Schlange aufrichten. Wer auf sie blickte, blieb am Leben (21,4-9). An diese Geschichte wird später Jesus erinnern, um den Sinn seines Sterbens zu erklären (Joh 3,14-15).

a Wörtlich *den Atarimweg.* Die Bezeichnung ist nicht sicher zu deuten.
b Vgl. Anmerkung zu 33,10. Nach dem Zusammenhang dürfte hier der Golf von Akaba gemeint sein; vgl. Kartenskizze Seite 132.
c Gott hätte die Schlangenplage auch durch einen bloßen Befehl beenden können; aber er schaltet ein Mittel ein und knüpft die Rettung an eine Bedingung, die einen Sinneswandel nötig macht. Nicht das Mittel als solches rettet, sondern die Zuwendung zu dem, der es gegeben hat. Wo man das vergisst, wird das Heil-Mittel zum Anlass für einen Götzendienst; vgl. 2 Kön 18,4!
d Offenbar eine Sammlung von Liedern, die uns nicht überliefert ist.

20,24 20,12 **20,28** Ex 29,29-30 **21,2-3** Dtn 7,1-4 S **21,3** 14,45 **21,5** Ex 14,11-12 S **21,6** Weish 16,5-14; 1 Kor 10,9 **21,8-9** Joh 3,14-15 **21,9** 2 Kön 18,4 **21,21-35** Ps 135,10-12; 136,17-22

22 »Erlaube uns, dass wir durch dein Land ziehen!
Wir werden stets auf der großen Straße bleiben,
die dem König gehört, und keinen Acker oder Wein-
berg betreten; wir werden auch keinen Tropfen
Wasser aus deinen Brunnen trinken.«
23 Aber Sihon gab ihnen den Durchzug nicht frei.
Im Gegenteil, er rief seine Kriegsleute zusammen
und zog den Israeliten in die Wüste hinaus entgegen.
Bei Jahaz stieß er mit ihnen zusammen und griff sie
an.
24 Aber die Männer Israels brachten ihm eine
schwere Niederlage bei und besetzten sein Land
vom Arnontal im Süden bis zum Jabbokfluss im
Gebiet der Ammoniter*. – Die Grenze der Ammoni-
ter war befestigt.[a] – 25 Die Israeliten nahmen Hesch-
bon und die anderen Städte der Amoriter in Besitz
und siedelten sich darin an.
26 Heschbon war die Residenz des Amoriterkönigs
Sihon gewesen. Dieser hatte gegen den früheren
König der Moabiter* gekämpft und ihm das ganze
Gebiet bis zum Arnon weggenommen. 27 Daran er-
innern die bekannten Verse:[b]

Kommt nach Heschbon, baut es wieder,
macht es stark, mit festen Mauern!
Einst war Sihon dort der Herrscher
28 und er brachte das Verderben
über Moabs stolze Herren.
Feuer ging hervor aus Heschbon,
fraß die stolze Stadt Ar-Moab
auf den Höhen überm Arnon.
29 Weh, mit Moab ist's zu Ende,
machtlos war sein Kriegsgott Kemosch.
Fliehen mussten seine Männer,
und die Frauen schleppte Sihon
als Gefangene mit nach Hause.
30 Aber nun sind wir die Sieger,
und von Heschbon bis nach Dibon
wurde jede Stadt zertrümmert;
nichts blieb übrig in den Flammen,
auch Medeba fraß das Feuer.°

31 Die Leute von Israel nahmen also das Land der
Amoriter in Besitz. 32 Mose ließ erkunden, wie man
die Stadt Jaser angreifen könnte. Die Männer Israels
eroberten sie samt dem umliegenden Gebiet° und
vertrieben auch dort die Amoriter.

Der Sieg über König Og

33 Dann zogen sie nordwärts gegen das Land
Baschan*. Bei Edreï stellte sich ihnen König Og
mit seinem ganzen Heer entgegen. 34 Aber der HERR
sagte zu Mose: »Hab keine Angst vor ihm! Ich habe
ihn, seine Kriegsleute und sein ganzes Land in deine
Hand gegeben. Du wirst ihm das gleiche Schicksal
bereiten wie dem Amoriterkönig Sihon, der in
Heschbon regiert hat.«
35 Die Männer Israels brachten König Og eine ver-
nichtende Niederlage bei und besetzten sein Land.
Sein ganzes Heer wurde vernichtet; nicht ein Einzi-
ger entkam. Auch der König und seine Söhne fielen.

Der Moabiterkönig Balak sucht Hilfe beim Magier Bileam (Kapitel 22–24)

22 Das Volk Israel zog wieder südwärts und
schlug im moabitischen Steppengebiet, in
der Jordanebene gegenüber von Jericho, sein Lager
auf.
2 Der König der Moabiter*, Balak, der Sohn Zip-
pors, wusste genau, was für eine Niederlage die
Israeliten seinen Nachbarn, den Amoritern*, berei-
tet hatten. 3 Als er und sein Volk die Menge der Is-
raeliten sahen, erschraken sie und verloren allen
Mut. 4 Sie ließen den Sippenältesten der Midia-
niter[c] sagen: »Diese Riesenmenge wird rings um
uns das ganze Land in Besitz nehmen. Sie sind wie
eine Rinderherde, die noch den letzten Grashalm
abfrisst.«
5 König Balak schickte Boten in die Stadt Petor am
Eufrat,[d] um Bileam, den Sohn Beors, zu Hilfe zu
rufen. Er ließ ihm sagen: »Ein großes Volk bedroht
mich! Sie sind aus Ägypten gekommen und haben
sich hier niedergelassen; direkt an meiner Grenze
haben sie ein riesiges Lager aufgeschlagen. 6 Ich
kann nicht mit ihnen fertig werden; deshalb komm
bitte und hilf mir!
Wenn du einen Fluch* gegen sie aussprichst, wird
es mir vielleicht gelingen, sie zu besiegen und zu ver-
treiben. Ich weiß, was dein Wort bewirken kann.
Wen du segnest, dem muss alles glücken, und wen
du verfluchst, der rennt in sein Verderben.«
7 Die Ältesten* der Moabiter und der Midianiter
gingen zu Bileam und nahmen den Lohn für seine
Dienste gleich mit. Sie richteten ihm die Botschaft
Balaks aus. 8 Bileam antwortete ihnen: »Bleibt die
Nacht über hier! Morgen kann ich euch sagen, wel-
che Anweisung der HERR mir gegeben hat.«
So blieben die Abgesandten der Moabiter bei
Bileam.

Ein Magier, der auf Gott hört

9 In der Nacht kam Gott zu Bileam und fragte: »Was
für Männer hast du da bei dir zu Gast?«
10 Bileam antwortete: »Der Moabiterkönig Balak,
der Sohn Zippors, hat sie zu mir geschickt. 11 Das
Volk, das aus Ägypten gekommen ist, macht ihm
Angst. Nun soll ich hingehen und es mit einem
Fluch* belegen, damit er es vertreiben kann.«
12 Gott aber sagte zu Bileam: »Geh nicht mit ihnen!
Du darfst dieses Volk nicht verfluchen, denn ich
habe es gesegnet.«
13 Am Morgen sagte Bileam zu den Abgesandten

21,22-23 20,17-18 **22,1–24,25** Mi 6,5; 2 Petr 2,15-16; Jud 11

a Die griechische Übersetzung hat statt *befestigt* den Ortsnamen *Jaser.* In der Tat bezeichnet dieser Ort die Südgrenze der Ammoniter; denn mit dem Jabbok kann nur der Oberlauf gemeint sein, an dem die ammonitische Hauptstadt Rabba liegt. Den Ort *Jahaz* in Vers 23 hat man wohl zwischen Medeba und Dibon zu suchen.
b Anfang und Schluss reden vom Sieg der Israeliten, die Mitte von einem früheren Sieg Sihons über die südlich wohnenden Moabiter.
c Die Beziehung, in der die Moabiter zu den Midianitern stehen (auch Vers 7), ist nicht ganz deutlich, zumal die Midianiter (siehe Sacherklärung) als Wüstenbewohner vom Einfall der Israeliten nicht bedroht sind. (Beide treten aber auch in Num 25 nebeneinander auf).
d Es folgt noch *ins Land der Söhne seines Volkes,* was nicht sicher zu deuten ist. Petor in Nordsyrien liegt weit vom Schauplatz entfernt, was darauf hindeutet, dass Bileam ein sehr berühmter Magier gewesen sein muss.

des Königs: »Ihr müsst allein heimkehren. Der *HERR*
hat mir verboten, mit euch zu gehen.«
14 Die Abgesandten kehrten zu Balak zurück und
berichteten ihm das. 15 Da schickte Balak eine noch
größere Gesandtschaft und wählte dafür noch ange-
sehenere Männer aus. 16 Sie kamen zu Bileam und
richteten ihm aus: »Balak, der Sohn Zippors, lässt
dir sagen: Nichts darf dich abhalten zu kommen!
17 Ich werde dich reich belohnen und alles tun, was
du von mir verlangst. Tu mir nur den einen Gefallen
und verfluche dieses Volk!«
18 Bileam antwortete ihnen: »Balak mag mir alles
Silber und Gold geben, das er besitzt – gegen den
Befehl des HERRN, meines Gottes, kann ich auch
nicht den kleinsten Schritt tun. 19 Aber bleibt auch
ihr die Nacht über bei mir zu Gast. Ich will sehen,
was der HERR mir diesmal sagt.«
20 In der Nacht kam Gott und sagte zu Bileam:
»Wenn die Männer gekommen sind und dich holen
wollen, dann geh ruhig mit ihnen; aber tu nur das,
was ich dir sagen werde.«

Die hellsichtige Eselin – Bileam wird gewarnt

21 Am Morgen sattelte Bileam seine Eselin und mach-
te sich mit den Abgesandten der Moabiter auf den
Weg. 22 Darüber wurde Gott zornig. Während Bi-
leam mit seinen beiden Dienern dahinritt, stellte
sich ihm der Engel* des HERRN in den Weg.[a]
23 Die Eselin sah den Engel mit dem gezogenen
Schwert dastehen und wich ihm aus. Sie ging vom
Weg ab ins Feld hinein. Bileam schlug sie und trieb
sie wieder auf den Weg zurück.
24 Da stellte sich der Engel an eine Stelle, wo der
Weg rechts und links von Weinbergmauern begrenzt
war. 25 Die Eselin sah den Engel und suchte ihm aus-
zuweichen; sie drückte sich an die Mauer. Bileams
Fuß wurde eingequetscht und wieder schlug er sie.
26 Der Engel ging nochmals ein Stück weiter und
suchte eine Stelle, wo es keine Möglichkeit zum Aus-
weichen gab, weder rechts noch links. 27 Als die Ese-
lin ihn sah, ging sie in die Knie und legte sich auf die
Erde. Bileam wurde vom Zorn gepackt und er schlug
mit dem Stock auf sie ein.
28 Da gab der HERR der Eselin die Fähigkeit zu spre-
chen und sie sagte zu Bileam: »Du hast mich jetzt
schon dreimal geschlagen. Was habe ich dir denn
getan?«
29 »Zum Narren hältst du mich!«, schrie Bileam.
»Wenn ich ein Schwert hätte, wäre es schon längst
um dich geschehen.«
30 Die Eselin sagte: »Schon so lange reitest du nun
auf mir und kennst mich genau. Warst du bisher
jemals unzufrieden mit mir?«
»Nein, nie«, antwortete Bileam.
31 Da öffnete der HERR ihm die Augen und er sah
den Engel mit dem Schwert mitten auf dem Weg ste-
hen. Bileam warf sich vor ihm nieder, das Gesicht
zur Erde.
32 »Warum hast du deine Eselin nun schon dreimal
geschlagen?«, fragte ihn der Engel des HERRN. »Ich
selbst habe mich dir entgegengestellt, weil du auf
einem verkehrten Weg bist. 33 Aber deine Eselin hat
mich gesehen und ist dreimal vor mir ausgewichen.
Du verdankst ihr dein Leben, denn wenn du weiter-
geritten wärst, hätte ich dich getötet; nur sie hätte
ich verschont.«
34 »Ich habe Unrecht getan«, sagte Bileam. »Ich
habe nicht gewusst, dass du dich mir in den Weg
gestellt hattest. Ich werde sofort umkehren, wenn
du mit dieser Reise nicht einverstanden bist.«
35 »Geh ruhig mit diesen Männern«, sagte der
Engel des HERRN. »Aber du darfst nur sagen, was
ich dir auftrage.«
So folgte Bileam weiter den Abgesandten des
Königs.

Bileam muss Israel segnen

36 Als Balak hörte, dass Bileam zu ihm unterwegs war,
ging er ihm bis zur Grenzstadt Moabs am Arnonfluss
entgegen. 37 »Warum bist du nicht gleich gekom-
men?«, fragte er ihn. »Ich habe doch so dringend
nach dir geschickt. Meinst du vielleicht, ich könnte
dich nicht angemessen belohnen?«
38 »Jetzt bin ich ja hier!«, erwiderte Bileam. »Aber
ich weiß nicht, ob ich deinen Wunsch erfüllen kann.
Ich kann nur sagen, was Gott mir zu sagen befiehlt.«
39 Bileam folgte Balak nach Kirjat-Huzot. 40 Dort
schlachtete der König Rinder, Schafe und Ziegen
für ein Opfermahl* und ließ einen Anteil davon zu
Bileam und den moabitischen Abgesandten bringen.
41 Am anderen Morgen ging Balak mit Bileam auf
die Baalshöhen; von dort konnte er den Rand des
israelitischen Lagers sehen.
23 Bileam sagte zum König: »Lass sieben Altäre
errichten und dann sieben Stiere und sieben
Schafböcke zum Opfer bereitstellen.«
2 Balak ließ alles nach Bileams Wunsch vorberei-
ten und die beiden opferten auf jedem Altar einen
Stier und einen Schafbock als Brandopfer*. 3 Dann
sagte Bileam zu Balak: »Bleib du hier bei deinem
Opfer; ich will dort hinübergehen und sehen, ob
der HERR mir erscheint. Ich werde dir dann sagen,
was er mir offenbart hat.«
Bileam ging auf eine kleine unbewaldete Anhöhe.
4 Dort erschien ihm Gott und Bileam sagte zu ihm:
»Ich habe dir sieben Altäre gebaut und auf jedem
einen Stier und einen Schafbock als Opfer darge-
bracht.«
5 Der HERR wies Bileam an, was er sagen sollte,
und schickte ihn zu Balak zurück. 6 Der König stand
noch bei seinem Opfer und auch die führenden Män-

a Hier sieht es so aus, als habe sich Bileam doch eigenmächtig auf den Weg gemacht.

22,18 1 Kön 13,8 **22,31** Jos 5,13; 2 Kön 6,17

Tiere sind oft klüger als Menschen. Bileams Eselin rettete ihrem Herrn das Leben, als der Engel Gottes sich ihm in den Weg stellte – und Bileam ihn nicht sah (22,21-33).

ner der Moabiter waren bei ihm. [7] Da begann Bileam zu sprechen:

»Vom Osten her, vom Aramäerland
und seinen Bergen, rief mich König Balak
und er befahl: ›Du sollst das Jakobsvolk
mit einem schweren Fluch* belegen!
Verwünschen sollst du dieses Israel!‹
[8] Wie kann ich dieses Volk verwünschen,
wenn Gott, der HERR, es nicht verwünschen will?
Wie soll ich es verfluchen können,
solange er nicht selbst den Fluch ausspricht?
[9] Hier von der Höhe aus kann ich sie sehen,
von diesem Felsengipfel aus erkenne ich:
Sie sind ein Volk von ganz besonderer Art,
das sich mit andern Völkern nicht vermischt.
[10] Kein Mensch kann diese Jakobsleute zählen,
wie Staub bedecken sie die Erde,
die Scharen Israels, die vielen Tausend.
Sie sind ein Volk, das stets das Rechte tut.
Ich möchte, dass ich einmal so wie sie
in Gottes Frieden sterben könnte!«

[11] Empört rief Balak: »Warum hast du mir das angetan? Ich habe dich holen lassen, damit du meine Feinde verfluchst, und nun segnest du sie!«

[12] Aber Bileam erwiderte: »Ich kann nichts anderes sagen, als was der HERR mir in den Mund legt.«

Gott lässt sich nicht bestechen

[13] Balak sagte zu Bileam: »Komm jetzt mit mir zu einer anderen Stelle, von der aus du das ganze Volk sehen kannst. Von hier siehst du nur den Rand ihres Lagers. Verfluche sie mir von dort aus!«

[14] Er nahm Bileam mit zum Späherplatz auf dem Gipfel des Berges Pisga. Auch dort errichtete er sieben Altäre und opferte auf jedem einen Stier und einen Schafbock.

[15] »Bleib du hier bei deinem Opfer*«, sagte Bileam, »ich will nach dort drüben gehen und sehen, ob der HERR mir begegnet.«

[16] Der HERR erschien Bileam und wies ihn an, was er sagen sollte. [17] Als Bileam zu Balak und den führenden Moabitern zurückkam, fragte ihn der König: »Was hat der HERR dir aufgetragen?« [18] Bileam begann:

»Hör mir gut zu jetzt, Balak, Zippors Sohn!
[19] Du darfst nicht meinen, Gott sei wie ein Mensch!
Er lügt nicht und er ändert niemals seinen Sinn.
Denn alles, was er sagt, das tut er auch.
Verspricht er etwas, hält er es gewiss.
[20] Er gab mir Weisung, dieses Volk zu segnen;
und wenn er segnen will, kann ich's nicht ändern.
[21] Es bleibt dabei: Kein Unglück wird sie treffen,
kein Unheil wird in Israel zu sehen sein.
Der HERR steht ihnen bei, er ist ihr Gott;
er ist ihr König, dem ihr Jubel gilt.
[22] Er hat sie aus Ägypten hergebracht
und streitet für sie wie ein wilder Stier.
[23] Mit Zauberei und mit Beschwörungsformeln
ist gegen dieses Volk nichts auszurichten.
Darum zeigt man auf Israel und sagt:
›Sieh doch, was Gott für sie getan hat!‹
[24] Ein Löwe gibt nicht eher Ruhe,
als bis er seine Beute eingefangen
und seines Opfers Blut getrunken hat.
So stark und fürchterlich ist dieses Volk!«

[25] König Balak rief: »Wenn du sie schon nicht verfluchen kannst, dann brauchst du sie doch nicht gleich zu segnen!«

[26] Aber Bileam erwiderte: »Ich habe dir doch gesagt: Ich werde genau das sagen, was der HERR mir aufträgt.«

Der dritte Versuch endet wie die vorhergehenden

[27] »Komm«, sagte Balak zu Bileam, »ich will dich noch an eine dritte Stelle führen! Vielleicht erlaubt Gott, dass du sie mir von dort aus verfluchst.« [28] Er nahm Bileam mit auf den Gipfel des Berges Pegor. Von dort aus kann man direkt in die Jordanebene hinunterschauen.

[29] »Baue mir hier sieben Altäre«, sagte Bileam, »und richte mir sieben Stiere und sieben Schafböcke als Opfer* her.« [30] Balak tat es und opferte auf jedem Altar einen Stier und einen Schafbock.

24 Bileam erkannte: Es war der Wille des HERRN, dass er dieses Volk segnen sollte. Deshalb schaute er diesmal nicht nach Vorzeichen aus. Er blickte in die Ebene hinunter [2] und sah dort Israel nach Stämmen geordnet lagern. Da kam der Geist* Gottes über ihn [3–4] und er sagte:

»Ich höre, was der HERR verkündet.
Ich sehe, was der Mächtige* mir zeigt.
Ich liege da – die Augen sind geschlossen –,
ich schaue, was mir Gott vor Augen stellt:
[5] Wie schön sind deine Zelte, Israel!
Wie blühend sehen deine Dörfer aus!
[6] In allen Tälern dehnen sie sich weit,
wie frisches Grün, wie Gärten an den Bächen,
wie starke Bäume, die der HERR gepflanzt hat,
wie Zedern an den Wasserläufen.
[7] Die Brunnen Israels versiegen nicht,
die Saat steht reich bewässert auf den Feldern.
Sie werden mächtiger als ihre Nachbarn,
ihr König wird selbst König Agag schlagen.
[8] Ihr Gott errettete sie aus Ägypten,
er streitet für sie wie ein wilder Stier.
Sie werden ihre Feinde ganz vernichten,

23,10 Gen 12,2S **23,19** 1 Sam 15,29; Mal 3,6; Röm 11,29 **24,7** 1 Sam 15,8

so wie ein Raubtier seine Beute frisst
und ihr die Knochen durchbeißt und zermalmt.
Die Pfeile dieses Volkes treffen tödlich.
9 Es ist gefährlich wie ein starker Löwe –
wer wagt ihn aufzustören, wenn er ruht?
Ein jeder, der dich segnet, Israel,
hat selber teil an diesem Segen.
Wer dich verflucht, wird selbst vom Fluch
getroffen!«

10 Vor Zorn ballte Balak die Fäuste und sagte zu Bileam: »Du solltest einen Fluch* auf meine Feinde schleudern, der ihnen den Untergang bringt. Dazu ließ ich dich holen. Du aber hast sie gesegnet, und das schon zum dritten Mal! 11 Mach, dass du fortkommst! Scher dich nach Hause! Ich hatte dir eine reiche Belohnung versprochen. Du kannst dich beim HERRN dafür bedanken, dass sie dir jetzt entgeht!«

Bileam blickt in die Zukunft

12 Bileam erwiderte: »Ich habe doch gleich zu deinen Boten gesagt: 13 ›Auch wenn König Balak mir alles Silber und Gold gibt, das er besitzt – ich kann nur tun, was der HERR mir aufträgt. Ich verteile Fluch und Segen* nicht nach meinem eigenen Willen. Ich muss sagen, was der HERR mir befiehlt.‹

14 Jetzt kehre ich nach Hause zurück. Aber vorher will ich dir noch ankündigen, was dein Volk von diesem Volk in der Zukunft zu erwarten hat.«
15–16 Dann begann er:

»Ich höre, was der HERR verkündet.
Ich sehe, was der Mächtige* mir zeigt.
Ich liege da – die Augen sind geschlossen –,
ich schaue, was mir Gott vor Augen stellt:
17 Ich sehe einen, noch ist er nicht da;
ganz fern erblick ich ihn, er kommt bestimmt!
Ein Stern geht auf im Volk der Jakobssöhne,
ein König steigt empor in Israel.[a]
Er wird die Moabiter tödlich treffen,
die ganze Sippe Sets[b] wird er vernichten.°
18 Das ganze Seïr nimmt er in Besitz,
das Land der Edomiter, seiner Feinde.
Und Israel wird stark und mächtig werden.
19 Der König, der von Jakob abstammt,
wird über alle seine Feinde siegen.
Auch wer sich in die feste Stadt gerettet hat,
wird dort vor ihm nicht sicher sein.«

20 Als Bileam umherschaute und das Gebiet der Amalekiter erblickte, sagte er:

»Amalek*, einst das erste unter den Völkern –
doch bald schon schlägt seine letzte Stunde.«

21 Als er das Gebiet der Keniter* erblickte, sagte er:

»Wie sicher ihr wohnt!
Unangreifbar sind eure Orte
wie das Raubvogelnest hoch dort am Felsen.[c]
22 Und doch erreicht euch das Feuer.
Kein Nachkomme Kains bleibt hier übrig;
gefangen führt der Assyrer euch fort!«

23–24 Weiter sagte Bileam:

»Wehe, wer kommt da vom Norden?°
Scharen° aus dem Land der Kittäer*![d]
Sie schlagen die Syrer* und die Hebräer*.
Doch bald schlägt auch ihnen die letzte Stunde!«

25 Als Bileam seine Weissagungen beendet hatte, machte er sich auf den Weg in seine Heimat und auch Balak kehrte nach Hause zurück.

Verführung zum Götzendienst am Berg Pegor

25 Als das Volk bei Schittim lagerte, begannen die Männer, sich mit moabitischen Frauen einzulassen. 2 Die Moabiterinnen* luden die Männer Israels auch zu den Opferfesten ein, die sie zu Ehren ihres Gottes feierten. Die Männer aßen von dem Opferfleisch und warfen sich anbetend vor dem Moabitergott zu Boden. 3 So ließ sich Israel in das Joch* des Baal vom Berg Pegor[e] einspannen.

Da wurde der HERR zornig 4 und befahl Mose: »Nimm alle Anführer des Volkes fest und lass sie sofort, noch am hellen Tag, vor meinen Augen hinrichten, damit ich in meinem glühenden Zorn nicht das ganze Volk vernichten muss!«
5 Mose befahl den Schiedsmännern des Volkes: »Tötet von den Leuten, für die ihr zuständig seid, alle, die sich mit dem Baal eingelassen haben!«

6 Mose und die ganze Gemeinde Israel hatten sich klagend und trauernd vor dem Heiligen Zelt* niedergeworfen. Da brachte ein Israelit vor aller Augen eine midianitische Frau in das Zelt seiner Familie. 7 Als der Priester* Pinhas, der Sohn Eleasars und Enkel Aarons, das sah, stand er auf und verließ die Versammlung. Er nahm einen Speer, 8 folgte den beiden in den innersten Raum des Zeltes und durchbohrte sie. Sofort hörte die Seuche, die unter dem Volk wütete, auf. 9 Es waren schon 24000 Menschen daran gestorben.

10 Der HERR sagte zu Mose: 11 »Pinhas, der Priester, der Sohn von Eleasar und Enkel von Aaron, hat die Strafe vom Volk abgewendet. Er hat denselben Zorn empfunden wie ich und aus diesem Zorn heraus hat er gehandelt. Sonst hätte ich meinem Zorn den Lauf gelassen und noch alle Israeliten umgebracht. 12 Sag ihm, dass ich ihm dafür ein besonderes Vorrecht gewähre: Ich schließe mit ihm einen Bund*, der ihm Frieden* zusichert. 13 Ich verspreche ihm, dass seine Nachkommen für alle Zeiten meine Priester

a Was im Folgenden über diesen König gesagt wird, wird einst mit David in Erfüllung gehen; vgl. 2 Sam 8,2.14. Das Bild vom »Stern« aber weist noch weiter voraus auf den wahren Friedenskönig Jesus Christus (Mt 2,2; Offb 22,16).
b Mit *Set* ist hier nicht der Sohn Adams und Evas von Gen 4,25 gemeint, sondern wahrscheinlich der Stammvater einer Halbnomadengruppe im syrisch-arabischen Raum.
c Im Hebräischen ein Wortspiel zwischen *Nest* (ken) und *Kain.*
d Kittäer sind ursprünglich die Bewohner der Insel Zypern, dann allgemein die Anwohner des östlichen Mittelmeeres (Griechen, später Römer).
e Die Ortsangabe in Vers 1 (Abel-Schittim im Jordangraben; siehe 33,41-49) entspricht 22,1. Am Anfang steht die sexuelle Verführung; es ist aber anzunehmen, dass hier auch der Opferkult einen sexuellen Einschlag hatte (Fruchtbarkeitskulte als typische Erscheinung des Landes Kanaan; vgl. Sacherklärung »Baal«.

24,9 Gen 12,3S; 27,29 **24,17** 2 Sam 8,2; Mt 2,2; Offb 22,16 **24,18** 2 Sam 8,13-14 **24,20b** Ex 17,14S **24,21-22** Gen 15,19; Ri 1,16; 1 Sam 15,6 **24,25** 31,8.16 **25,1-13** Ps 106,28-31 **25,1²25,1-5** 31,16; Offb 2,14 **25,5** Ex 32,27 **25,9** 1 Kor 10,8 **25,10-13** Sir 45,23-25

sein sollen. Das ist der Lohn dafür, dass er sich so
rückhaltlos für seinen Gott eingesetzt und das Ver-
hältnis zwischen mir und dem Volk wieder in Ord-
nung gebracht hat.«
14 Der Israelit, der zusammen mit der Midianiterin
getötet wurde, war Simri, der Sohn Salus, ein Sip-
penältester des Stammes Simeon. 15 Die Frau hieß
Kosbi; ihr Vater Zur war der Anführer einer midia-
nitischen Stammesgruppe.
16 Der HERR befahl Mose: 17 »Greift die Midianiter*
an und bestraft sie! 18 Denn *sie* haben angefangen
und euch heimtückisch angegriffen: Sie haben euch
dazu verführt, den Baal vom Berg Pegor zu verehren,
und sie haben euch ins Unheil gestürzt durch Kosbi,
die Tochter eines ihrer Oberhäupter, die an dem Tag
getötet wurde, als die Seuche unter euch wütete.«

Zweite Zählung der Stämme Israels

26 25,19 Als die Seuche vorüber war, 1 sagte
der HERR zu Mose und dem Priester* Eleasar,
dem Sohn Aarons: 2 »Zählt die ganze Gemeinde
Israel! Erfasst alle wehrfähigen Männer ab 20 Jah-
ren, geordnet nach ihren Sippen.«
3–4 Mose und Eleasar gehorchten dem Befehl des
HERRN und riefen alle erwachsenen Männer zusam-
men. Dies geschah im moabitischen Steppengebiet
in der Jordanebene gegenüber von Jericho. Hier folgt
die Liste der Männer Israels, die aus Ägypten ausge-
zogen waren:
5–51 An der Spitze steht der Stamm Ruben; denn
Ruben war der erstgeborene Sohn von Israels
Stammvater Jakob.

Stamm	*Sippen*	*Anzahl*
Ruben	Henoch	43730
	Pallu	
	Hezron	
	Karmi	

Von Pallu stammen Eliab und dessen Söhne Nemuël, Datan und Abiram. Datan und Abiram, die in der Gemeinde mit einem Amt betraut waren, hatten sich gegen Mose und Aaron aufgelehnt, als Korach und seine Anhänger sich gegen den HERRN erhoben. Die Erde hatte sich geöffnet und sie verschlungen, und mit ihnen Korach, dessen 250 Anhänger das Feuer verzehrte. Sie wurden zu einem warnenden Beispiel für Israel. Die Söhne Korachs waren übrigens verschont geblieben.

Stamm	*Sippen*	*Anzahl*
Simeon	Jemuël	22200
	Jamin	
	Jachin	
	Serach	
	Schaul	
Gad	Zifjon	40500
	Haggi	
	Schuni	
	Osni	
	Eri	
	Arod	
	Areli	
Juda	Schela	76500
	Perez	
	Hezron	
	Hamul	
	Serach	

Die Sippen Hezron und Hamul hatten sich von der Sippe Perez abgezweigt. Zwei von Judas Söhnen, Er und Onan, waren bereits vor der Übersiedlung nach Ägypten in Kanaan gestorben.

Stamm	*Sippen*	*Anzahl*
Issachar	Tola	64300
	Puwa	
	Jaschub	
	Schimron	
Sebulon	Sered	60500
	Elon	
	Jachleel	
Manasse	Machir	52700
	Gilead	
	Abiëser	
	Helek	
	Asriël	
	Schechem	
	Schemida	
	Hefer	
Efraïm	Schutelach	32500
	Eran	
	Becher	
	Tahan	

Die Stämme Manasse und Efraïm waren die Nachkommen Josefs. Die Sippe Gilead hatte sich von der Sippe Machir abgezweigt und von dieser wiederum die Sippen Abiëser, Helek, Asriël, Schechem, Schemida und Hefer. Zelofhad, der Sohn Hefers, hatte keine Söhne, sondern nur Töchter. Sie hießen Machla, Noa, Hogla, Milka und Tirza. Die Sippe Eran hatte sich von der Sippe Schutelach abgezweigt.

Stamm	*Sippen*	*Anzahl*
Benjamin	Bela	45600
	Ard	

25,17 31,1-10 **26,1-51** 1,1-46 **26,9-10** (Datan und Abiram) 16,1-35 **26,19** (Er und Onan) Gen 38,1-10 **26,33** (Zelofhad) 27,1-11 S

Mose

Gesetzgeber und Anführer zur Zeit des Auszugs

Die wichtigsten Ereignisse im Leben Moses

Mose wird in Ägypten zur Zeit der Unterdrückung geboren. Sein Vater Amram und seine Mutter Jochebed gehören zum Stamm Levi.	Exodus 2,1; 6,20
Jochebed versteckt ihr Kind am Ufer des Nils vor den ägyptischen Soldaten. Die Tochter des Pharaos findet es und nimmt es mit an den königlichen Hof.	Exodus 2,3-10
Mose tötet einen Ägypter, weil der einen Israeliten getötet hat. Er muss fliehen und findet Obdach bei einem Priester in Midian. Er heiratet dessen Tochter.	Exodus 2,11-22
Mose sieht einen brennenden Dornbusch und erhält von Gott einen Auftrag: Er soll die Israeliten aus Ägypten herausführen. Gott nennt seinen Namen: »Ich bin (für euch) da«.	Exodus 3
Mose kehrt nach Ägypten zurück. Zusammen mit seinem Bruder Aaron geht er zum Pharao und überbringt ihm den Befehl Gottes.	Exodus 4–5
Der Pharao weigert sich, die Israeliten ziehen zu lassen. Gott zeigt, dass er »da ist«: Ägypten wird von schweren Plagen heimgesucht.	Exodus 5–10
Die erstgeborenen Söhne der Ägypter sterben. Der Pharao gibt die Israeliten frei.	Exodus 11–12
Mose führt die Israeliten durch das Schilfmeer in die Sinai-Wüste.	Exodus 14
Gott übergibt Mose am Berg Sinai das Gesetz. Er gibt ihm auch Anweisungen für den Bau des Heiligen Zeltes.	Exodus 19–31
Mose sieht, dass die Israeliten ein goldenes Stierbild verehren, und zerschlägt darauf die Tafeln mit dem Gesetz.	Exodus 32
Mose möchte Gottes Herrlichkeit schauen.	Exodus 33
Kundschafter werden nach Kanaan geschickt. Ihr Bericht jagt den Israeliten solche Angst ein, dass sie sich gegen Gott auflehnen. Zur Strafe müssen sie 40 Jahre in der Wüste zubringen. Während dieser ganzen Zeit führt Mose die Israeliten und macht ihnen Mut.	Numeri 13–36
Vom Berg Nebo aus darf Mose noch das Land sehen, das Israel gehören soll. Danach stirbt er. »Nie mehr gab es in Israel einen Propheten wie Mose, mit dem der Herr Auge in Auge gesprochen hat.« (Dtn 34,10)	Deuteronomium 34

Stammbaum

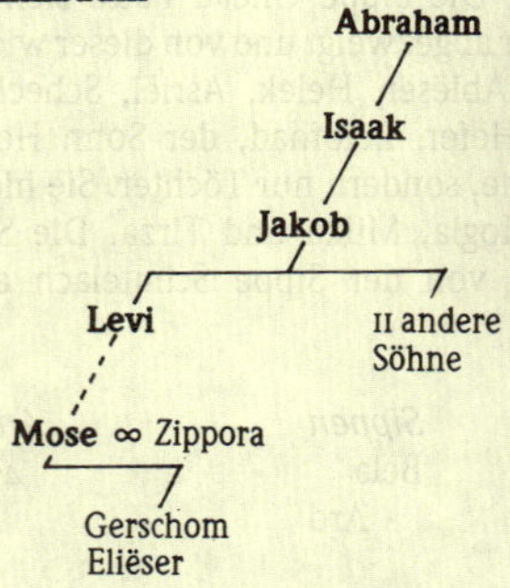

Vom Leben eines ägyptischen Prinzen zu dem eines Nomadenhirten! Mose wuchs auf in der luxuriösen Welt des Königshofes; dann nahm er das beschwerliche Leben in der Wüste auf sich – erst als Hirt und später als Führer der wandernden Israeliten.

Links: Das Bild aus unserer Zeit erinnert an Moses Frau Zippora, die in der Wüste Midian die Herden ihres Vaters hütete.

Der große Tempel in Luxor und die prächtige Rückenlehne am Thron des Pharaos Tutanchamun (unten) geben einen Eindruck von Macht und Glanz der ägyptischen Könige.

Stamm	Sippen	Anzahl
	Naaman	
	Aschbel	
	Ahiram	
	Schufam	
	Hufam	
Dan	Schuham	64400
Ascher	Jimna	53400
	Jischwi	
	Beria	
	Heber	
	Malkiël	

Die Sippen Ard und Naaman hatten sich von der Sippe Bela abgezweigt, die Sippen Heber und Malkiël von der Sippe Beria. Ascher hatte noch eine Tochter namens Sara.

Stamm	*Sippen*	*Anzahl*
Naftali	Jachzeel	45400
	Guni	
	Jezer	
	Schillem	

Gesamtzahl der erwachsenen Männer Israels	601730

[52] Der HERR sagte zu Mose: [53] »Teile das Land unter die Stämme Israels auf, und zwar nach der Anzahl der Stammesangehörigen. [54–56] Gib den größeren Stämmen einen größeren Anteil und den kleineren Stämmen einen geringeren. Durch das Los soll jedem Stamm sein Stück Land zugeteilt werden.«

Der Stamm Levi und die Familien von Aaron und Mose

[57] Der Stamm Levi bestand aus den Sippen Gerschon, Kehat und Merari.

[58–61] Kehat war der Vater Amrams. Dieser Amram heiratete Jochebed, die ebenfalls dem Stamm Levi angehörte und noch in Ägypten geboren worden war. Sie gebar Amram zwei Söhne: Aaron und Mose, und dazu eine Tochter Mirjam.

Aaron hatte vier Söhne: Nadab und Abihu, Eleasar und Itamar. Nadab und Abihu starben, als sie ein Räucheropfer* darbrachten, ohne dabei die Weisung des HERRN zu beachten.

Zu den Leviten* zählten auch die Sippen Libna, Hebron, Machli, Muschi und Korach.

[62] Die Zahl aller männlichen Leviten, die älter waren als einen Monat, betrug 23000. Sie wurden nicht zusammen mit den Israeliten erfasst, weil ihnen kein Landbesitz zustand.

[63] Alle diese Sippen wurden von Mose und dem Priester Eleasar im moabitischen Steppengebiet in der Jordanebene gegenüber von Jericho gezählt. [64] Von den Männern, die Mose und Aaron bei der ersten Volkszählung in der Wüste Sinai erfasst hatten, lebte niemand mehr. [65] Denn der HERR hatte zu ihnen gesagt, dass sie alle in der Wüste sterben müssten. Und so war es auch eingetroffen. Nur Kaleb, der Sohn von Jefunne, und Josua, der Sohn Nuns, waren übrig geblieben.

WEITERE GESETZLICHE REGELUNGEN
(Kapitel 27–30)

Erbregelung beim Fehlen von Söhnen

27 Zelofhad, der Sohn Hefers, der über seine Vorfahren Gilead, Machir und Manasse von Josef abstammte, hatte fünf Töchter hinterlassen: Machla, Noa, Hogla, Milka und Tirza. [2] Diese kamen an den Eingang des Heiligen Zeltes* und sagten zu Mose und dem Priester* Eleasar vor den Stammesoberhäuptern und der ganzen Gemeinde: [3] »Unser Vater ist in der Wüste gestorben. Er gehörte nicht zu den Anhängern Korachs, die sich gegen den HERRN aufgelehnt hatten, sondern er musste sterben, weil er wie alle anderen seiner Generation dem HERRN ungehorsam gewesen war. Er hat keine Söhne hinterlassen. [4] Soll nun sein Name in Israel aussterben, nur weil kein männlicher Erbe da ist, der ihn weiterträgt? Gebt uns in der Sippe unseres Vaters einen eigenen Anteil am Landbesitz!«[a]

[5] Mose bat den HERRN um eine Entscheidung [6] und der HERR antwortete ihm: [7] »Die Töchter Zelofhads haben Recht. Sie sollen neben den Brüdern ihres Vaters erbberechtigt sein und den väterlichen Grundbesitz erben. [8] Zu allen Israeliten aber sollst du sagen: ›Wenn ein Mann stirbt, ohne einen Sohn zu hinterlassen, hat seine Tochter Anspruch auf sein Erbe. [9] Hat er auch keine Tochter, so soll es seinen Brüdern zufallen, [10] und wenn er keine Brüder hat, den Brüdern seines Vaters. [11] Hat auch sein Vater keine Brüder, so fällt das Erbe dem Nächstverwandten aus seiner Sippe zu.‹ Dies soll bei den Israeliten gültiges Recht werden. Ich, der HERR, habe es angeordnet und dir gesagt.«

Josua als Moses Nachfolger

[12] Der HERR sagte zu Mose: »Steig auf das Abarim-Gebirge und blicke über das Land, das ich dem Volk Israel geben will! [13] Danach musst du sterben, so wie dein Bruder Aaron gestorben ist. [14] Ihr dürft das Land nicht betreten, weil ihr mir damals in der Wüste Zin

a Grundbesitz und die unlöslich mit ihm verbundene Abstammungslinie sichern das Fortleben des »Namens«, d. h. die Erinnerung an einen Verstorbenen. Deshalb ist das Vorhandensein eines Erben so wichtig; vgl. Anmerkung zu Gen 16,2. Für den Fall der Verheiratung der erbberechtigten Töchter trifft Num 36 ergänzende Regelungen. (Auf andere Weise begegnet dem Fehlen eines Erben die Vorschrift von Dtn 25,5-10.)

26,57-62 3,14-39; Lev 10,1-2 **26,65** 14,21-24 **27,1-11** 26,33; 36,1-12; Jos 17,1-6 **27,3** 14,29; 16,1-34 **27,5-6** 9,8S **27,12-14** Dtn 3,23-27; 32,48-52; 34,1-5 **27,13** 20,22-29 **27,14** 20,1-13

nicht gehorcht habt. Als die ganze Gemeinde gegen mich Anklage erhob, wolltet ihr mir keine Gelegenheit geben, mich vor den Leuten von Israel durch das Wasser aus dem Felsen als der heilige und mächtige Gott zu erweisen.« – Von daher hatte die Quelle bei Kadesch den Namen Meriba, d.h. Anklage, erhalten.

15 Mose sagte: 16 »HERR, du Gott, von dem alles Leben kommt, setze einen Mann ein, der das Volk führt, 17 der an der Spitze des Heeres mit ihm auszieht und an seiner Spitze wieder mit ihm heimkehrt. Sonst wird deine Gemeinde wie eine Herde sein, die keinen Hirten hat.«

18-19 Der HERR antwortete: »Nimm Josua, den Sohn Nuns; ihn habe ich durch meinen Geist* dazu befähigt. Lass ihn vor den Priester* Eleasar und die ganze Gemeinde treten und bestelle ihn vor ihnen allen zu deinem Nachfolger. Leg deine Hände auf ihn 20 und gib ihm von deiner Vollmacht, damit ihm die ganze Gemeinde Israel gehorcht. 21 Bei allen wichtigen Entscheidungen soll er sich an den Priester Eleasar wenden, damit der durch die heiligen Lose* meine Weisung einholt. Nach dem Bescheid Eleasars sollen dann er und alle Israeliten handeln.«

22 Mose tat, was der HERR ihm befohlen hatte. Er holte Josua und ließ ihn vor Eleasar und die ganze Gemeinde treten. 23 Dann legte er seine Hände auf ihn und setzte ihn als seinen Nachfolger ein, wie der HERR es ihm aufgetragen hatte.

Die regelmäßigen Opfer – täglich, am Sabbat und am Monatsanfang

28 Der HERR sagte zu Mose: 2 »Die Leute von Israel sollen darauf achten, dass sie die Opfer*, die meine Speise sind und mir Freude machen, jeweils zur vorgeschriebenen Zeit auf meinem Altar* verbrennen.« 3 Im Einzelnen sollte Mose den Israeliten folgende Anweisungen weitergeben:

Ihr sollt für den HERRN täglich als Brandopfer* zwei fehlerfreie einjährige Schafe verbrennen. 4-7 Das eine wird am Morgen dargebracht, das andere in der Abenddämmerung.[a] Als Speiseopfer gehören dazu jeweils 1/10 Efa* (1,2 Kilo) Weizenmehl, das mit 1/4 Hin* (knapp 1 Liter) feinstem Olivenöl vermengt wird. Dies ist das regelmäßige tägliche Brandopfer, wie es zum ersten Mal am Berg Sinai* dargebracht wurde, um den HERRN gnädig zu stimmen. Als Trankopfer kommt dazu jeweils 1/4 Hin (knapp 1 Liter) Wein, der für den HERRN im Heiligtum ausgegossen wird. 8 Am Abend wird dasselbe Opfer dargebracht wie am Morgen – ein Brandopfer, das den HERRN gnädig stimmt.

9-10 Am Sabbat* werden zusätzlich zwei fehlerfreie einjährige Schafe als Brandopfer dargebracht, dazu als Speiseopfer 2/10 Efa (2,4 Kilo) Mehl, das mit Öl vermengt ist, und das dazugehörige Trankopfer.

11 Am 1. Tag des Monats werden dem HERRN als Brandopfer zwei Stiere, ein Schafbock und sieben fehlerfreie einjährige Schafe dargebracht, 12 dazu Speiseopfer aus Weizenmehl, das mit Olivenöl vermengt ist, und zwar für jeden Stier 3/10 Efa (3,6 Kilo) Mehl, für den Schafbock 2/10 Efa (2,4 Kilo) 13 und für jedes Schaf 1/10 Efa (1,2 Kilo). Dies sind Opfer, die den HERRN gnädig stimmen. 14 Als Trankopfer gehören zu jedem Stier 1/2 Hin (knapp 2 Liter) Wein, zu dem Schafbock 1/3 Hin (gut 1 Liter) und zu jedem Schaf 1/4 Hin (knapp 1 Liter).

An jedem Monatsanfang sollt ihr diese Opfer darbringen. 15 Zusätzlich zum regelmäßigen täglichen Brandopfer soll an diesem Tag ein Ziegenbock als Sühneopfer* dargebracht werden.

Opfer am Passafest und am Pfingstfest

(Lev 23,5-22)

16 Das Passafest* wird zu Ehren des HERRN am 14. Tag des 1. Monats gefeiert. 17 Am 15. Tag desselben Monats beginnt das Fest der Ungesäuerten Brote*, während dessen ihr sieben Tage lang nur solches Brot essen dürft, das ohne Sauerteig* zubereitet ist.

18 Der erste Tag ist für euch ein heiliger* Tag, an dem ihr keinerlei Arbeit verrichten dürft. 19 Bringt dem HERRN als Brandopfer* zwei Stiere, einen Schafbock und sieben einjährige Schafe, alles fehlerfreie Tiere, 20-21 und dazu als Speiseopfer* dieselbe Menge wie am Monatsanfang. 22 Außerdem sollt ihr einen Ziegenbock als Sühneopfer* darbringen, damit eure Verfehlungen gegenüber dem HERRN in Ordnung gebracht werden.

23-24 Dies alles muss zusätzlich zum täglichen Morgenbrandopfer und dem zugehörigen Trankopfer* dargebracht werden, und zwar an jedem Tag der Festwoche. Diese Opfer sind dem HERRN als seine Speise darzubringen und stimmen ihn gnädig.

25 Der siebte Tag ist für euch wieder ein heiliger Tag, an dem ihr keinerlei Arbeit verrichten dürft.

26 Das Pfingstfest*, an dem ihr dem HERRN das erste Getreide der neuen Ernte als Speiseopfer darbringt, ist für euch ebenfalls ein heiliger Tag, an dem ihr keinerlei Arbeit verrichten dürft. 27-29 Bringt dem HERRN, um ihn gnädig zu stimmen, als Brandopfer zwei Stiere, einen Schafbock und sieben einjährige Schafe und gebt dazu als Speiseopfer dieselbe Menge wie an jedem Monatsanfang, 30-31 außerdem die zugehörigen Trankopfer und als Sühneopfer einen Ziegenbock. Dies alles wird zusätzlich zum regelmäßigen täglichen Brandopfer und den zugehörigen Speiseopfern dargebracht. Es müssen unbedingt fehlerfreie Tiere sein.

a Siehe Anmerkung zu Ex 29,39.

27,16 16,22 **27,17** 1 Kön 22,17; 2 Chr 18,16; Ez 34,5-6; Mk 6,34 par **27,18-19** 13,16; Ex 24,13; Dtn 3,28; 31,3.7-8 **27,21** Ex 28,30 S **27,22-23** Dtn 31,14.23 **28,1-8** Ex 29,38-46 **28,16** Ex 12,1-14 S **28,17** Ex 12,15-20 S **28,26** Ex 23,16 S

Opfer an Neujahr und am Versöhnungstag
(Lev 23,23-32)

29 Auch der 1.Tag des 7.Monats ist für euch ein
heiliger* Tag, an dem ihr keinerlei Arbeit ver-
richten dürft. An diesem Tag wird der Beginn des
neuen Jahres mit Trompetenblasen gefeiert.
2 Opfert dem HERRN, um ihn gnädig zu stimmen,
als Brandopfer* einen Stier, einen Schafbock und
sieben einjährige Schafe, alles fehlerfreie Tiere,
3-4 dazu als Speiseopfer* dieselbe Menge wie an
jedem Monatsanfang, 5-6 außerdem die zugehörigen
Trankopfer* und als Sühneopfer* einen Ziegen-
bock. Alle diese Opfer werden zusätzlich zum
regelmäßigen täglichen Brandopfer und dem Brand-
opfer für den Monatsanfang und den zugehörigen
Speiseopfern dargebracht, um den HERRN gnädig
zu stimmen.
7 Der 10.Tag des 7.Monats ist für euch wieder ein
heiliger Tag. Ihr müsst fasten* und euch Bußübun-
gen* auferlegen und dürft keinerlei Arbeit verrich-
ten. 8-10 Opfert dem HERRN als Brandopfer einen
Stier, einen Schafbock und sieben einjährige Schafe,
dazu als Speiseopfer dieselbe Menge wie an jedem
Monatsanfang, 11 außerdem die zugehörigen Trank-
opfer und einen Ziegenbock als Sühneopfer, und
zwar zusätzlich zum regelmäßigen täglichen Brand-
opfer mit dem zugehörigen Speiseopfer und zu dem
Bock, der an diesem Tag als Sühne* für die Schuld
des ganzen Volkes dargebracht wird.

Opfer am Laubhüttenfest
(Lev 23,33-43)

12 Der 15.Tag des 7.Monats ist für euch ebenfalls ein
heiliger* Tag, an dem ihr keinerlei Arbeit verrichten
dürft. Von diesem Tag an feiert ihr sieben Tage lang
ein Fest zu Ehren des HERRN. 13 Opfert dem HERRN am
ersten Tag als Brandopfer*, das ihn gnädig stimmt,
dreizehn Stiere, zwei Schafböcke und vierzehn ein-
jährige Schafe, alles fehlerfreie Tiere, 14-15 dazu als
Speiseopfer* zu jedem Tier dieselbe Menge wie an
jedem Monatsanfang, 16 außerdem als Sühneopfer*
einen Ziegenbock, und zwar alles zusätzlich zum
regelmäßigen täglichen Brandopfer mit dem zugehö-
rigen Speise- und Trankopfer*.
17 Am zweiten Tag des Festes opfert ihr zwölf
Stiere, zwei Schafböcke und vierzehn einjährige
Schafe, alles fehlerfreie Tiere, 18-19 und dazu die
Speise- und Trankopfer, das Sühneopfer und das täg-
liche Brandopfer wie am ersten Tag. 20-34 An den fol-
genden Tagen bringt ihr dem HERRN dieselben
Opfer, nur von den Stieren jeden Tag einen weniger,
also am dritten Tag elf, am vierten zehn, am fünften
neun, am sechsten acht und am siebten sieben
Stiere. Opfert sie zusammen mit den übrigen Opfern
wie am ersten Tag.
35 Am achten Tag kommt ihr zur großen Festver-
sammlung zusammen; alle Arbeit muss an diesem
Tag ruhen. 36 Opfert dem HERRN als Brandopfer,
das ihn gnädig stimmt, einen Stier, einen Schafbock
und sieben einjährige Schafe, alles fehlerfreie Tiere,
37-38 dazu die übrigen Opfer wie an den anderen
Tagen.
39 Diese Opfer sollt ihr dem HERRN an euren Festen
darbringen, und zwar abgesehen von den Brand-,
Speise-, Trank- und Mahlopfern, die ihr außerdem
als Gelübdeopfer* und freiwillige Opfer darbringen
wollt.

Wann Gelübde von Frauen ungültig sind

30 1-2 Mose sagte dies alles dem Volk, wie der
HERR es ihm aufgetragen hatte. Weiter gab
er den Stammesoberhäuptern im Auftrag des HERRN
die folgenden Anweisungen:
3 Wenn ein Mann gelobt, dem HERRN etwas zu
geben, oder schwört, auf bestimmte Dinge zu ver-
zichten, muss er sein Wort halten und alles tun,
was er versprochen hat.
4 Wenn eine unverheiratete Frau, die noch im
Haus ihres Vaters lebt, ein derartiges Gelübde*
ablegt, 5 ist es gültig, sofern ihr Vater, wenn er davon
hört, keinen Einspruch erhebt. 6 Verbietet er ihr
aber, das Gelübde zu erfüllen, und zwar noch am sel-
ben Tag, an dem er davon erfährt, so ist es damit
außer Kraft gesetzt. Der HERR wird ihr keine Schuld
anrechnen, wenn sie es nicht erfüllt; denn ihr Vater
hat es ihr verwehrt.
7 Wenn eine Frau vor ihrer Heirat ein Gelübde
abgelegt oder unbedacht dem HERRN etwas verspro-
chen hat, 8 dann bleibt das Gelübde auch nach ihrer
Heirat gültig, sofern der Ehemann keinen Einspruch
erhebt. 9 Verbietet er ihr aber, das Gelübde zu erfül-
len, und zwar noch am selben Tag, an dem er davon
erfährt, so ist es ungültig geworden. Der HERR wird
ihr keine Schuld anrechnen, wenn sie es nicht
erfüllt. 10 Eine Witwe oder eine geschiedene Frau
jedoch muss alles halten, was sie versprochen hat.
11 Wenn eine verheiratete Frau dem HERRN irgend-
ein Gelübde ablegt, 12 dann ist es gültig, sofern der
Ehemann keinen Einspruch erhebt. 13 Verbietet er
ihr aber, das Gelübde zu erfüllen, und zwar noch
am selben Tag, an dem er davon hört, so ist es ungül-
tig geworden. Der HERR wird ihr keine Schuld
anrechnen, wenn sie es nicht erfüllt; denn ihr Mann
hat es ihr verwehrt.
14 Wenn eine Frau dem HERRN etwas gelobt oder
schwört, auf etwas zu verzichten, hat der Ehemann
das Recht, das Gelübde seiner Frau gelten zu lassen
oder aufzuheben. 15 Wenn er aber nicht am selben
Tag, an dem er davon hört, Einspruch erhebt, billigt
er durch sein Schweigen das Gelübde seiner Frau.
16 Erhebt er erst später Einspruch und hindert seine

29,7 Lev 16,1-34 **29,12** Ex 23,16S **30,3-17** Lev 27,1-25; Dtn 23,22-24; Koh 5,3-4

Frau daran, ihr Gelübde zu erfüllen, so macht er und nicht die Frau sich schuldig und er muss die Folgen tragen.

17 Diese Anweisungen über die Gültigkeit von Gelübden einer unverheirateten oder verheirateten Frau erhielt Mose vom HERRN.

BEGINN DER LANDVERTEILUNG
(Kapitel 31–36)

Die Strafexpedition gegen die Midianiter

31 Der HERR befahl Mose: 2 »Bestrafe die Midianiter* für das, was sie den Israeliten angetan haben. Danach wirst du sterben.«

3 Darauf sagte Mose zu den Männern Israels: »Macht euch zum Kampf bereit. Es geht gegen die Midianiter! Der HERR will sie strafen für das, was sie uns angetan haben.[a] 4 Von jedem Stamm sollen tausend Mann in den Kampf ziehen.«

5 Aus jedem Stamm wurden tausend Kämpfer ausgewählt, sodass ein Heer von 12000 Mann zusammenkam. 6 Mose schickte den Priester* Pinhas, den Sohn von Eleasar, mit ihnen. Dieser hatte die heiligen Geräte und die Signaltrompeten bei sich. 7 Sie griffen die Midianiter an, wie der HERR es Mose befohlen hatte, und töteten alle Männer, 8 auch die fünf Könige der Midianiter: Ewi, Rekem, Zur, Hur und Reba. Auch Bileam, den Sohn Beors, töteten sie.

9 Die Frauen und Kinder nahmen sie gefangen, auch die Viehherden und den ganzen übrigen Besitz der Midianiter nahmen sie mit. 10 Die Städte und Zeltlager verbrannten sie. 11–12 Die Gefangenen und die ganze Beute brachten sie zu Mose und Eleasar und der ganzen Gemeinde Israel in das Lager, das im moabitischen Steppengebiet in der Jordanebene bei Jericho war.

13 Mose, Eleasar und die Stammesoberhäupter gingen vor das Lager, um die Heimkehrenden zu empfangen. 14 Als Mose sie sah, wurde er zornig und sagte zu den Befehlshabern der zwölf Truppenabteilungen: 15 »Warum habt ihr die Frauen am Leben gelassen? 16 Wisst ihr nicht mehr, dass es die Frauen waren, die dem Rat Bileams folgten und mit ihrem Götzen, dem Baal* vom Berg Pegor, die Israeliten zur Untreue gegen den HERRN verführten? Deshalb ist doch die Strafe über die Gemeinde des HERRN gekommen!

17 Tötet alle Kinder, die männlichen Geschlechts sind, und alle Frauen, die schon mit einem Mann Verkehr gehabt haben! 18 Nur die Mädchen, die noch unberührt sind, dürft ihr am Leben lassen und für euch behalten.

19 Wer jemand getötet oder eine Leiche berührt hat, muss sieben Tage außerhalb des Lagers bleiben und am dritten und am siebten Tag die Reinigung an sich vollziehen lassen; dasselbe gilt für die gefangenen Mädchen. 20 Auch die Kleidungsstücke müssen mit Reinigungswasser* besprengt werden, ebenso alles, was aus Leder, Ziegenhaar oder Holz hergestellt ist.«

21 Der Priester Eleasar sagte zu den Männern, die aus dem Kampf heimgekehrt waren: »Hört, was der HERR durch Mose angeordnet hat: 22 Alle Beutestücke aus Gold, Silber, Bronze, Eisen, Zinn oder Blei, 23 also alles, was nicht verbrennen kann, sollt ihr ins Feuer halten und danach mit Reinigungswasser besprengen. Alles, was im Feuer verbrennen würde, sollt ihr in Wasser tauchen. 24 Am siebten Tag sollt ihr eure Kleider waschen, dann seid ihr wieder rein* und könnt ins Lager zurückkehren.«

Die Verteilung der Beute

25 Der HERR sagte zu Mose: 26 »Zähle mit Eleasar und den Stammesoberhäuptern die lebende Beute, Menschen und Tiere. 27 Teile sie in zwei gleiche Teile; den einen Teil für die Männer, die gekämpft haben, den anderen für das übrige Volk.

28 Von der Hälfte, die den Kriegsleuten gehört, wird jeweils ein Mensch oder Tier von fünfhundert als Abgabe für den HERRN erhoben. 29 Gib sie dem Priester Eleasar. 30 Von der Hälfte, die dem übrigen Volk gehört, wird jeweils ein Mensch oder Tier von fünfzig ausgesondert. Gib sie den Leviten*, die an der Wohnung des HERRN Dienst tun.«

31 Mose und Eleasar führten die Anweisung aus.

32–35 Die Zählung der gesamten Beute erbrachte 675000 Schafe und Ziegen, 72000 Rinder, 61000 Esel und 32000 Menschen, nämlich unberührte Mädchen.

36–40 Der Anteil für die Kriegsleute betrug demnach 337500 Schafe und Ziegen, 36000 Rinder, 30500 Esel und 16000 Mädchen, und ihre Abgabe für den HERRN 675 Schafe und Ziegen, 72 Rinder, 61 Esel und 32 Mädchen. 41 Mose gab diese Abgabe dem Priester Eleasar, wie der HERR es befohlen hatte.

42–46 Der Anteil des übrigen Volkes war genauso groß wie der Anteil der Kriegsleute. 47 Den fünfzigsten Teil davon nahm Mose und gab ihn den Leviten, wie der HERR es befohlen hatte.

48 Die Truppenführer kamen zu Mose 49 und sagten: »Wir haben die Männer, die unter unserem Befehl standen, gezählt; nicht ein Einziger wird vermisst. 50 Darum bringen wir nun dem HERRN, was wir an Goldschmuck erbeutet haben: Armbänder, Armspangen, Siegelringe, Ohrringe und Halsketten. Wir bringen es ihm als Opfergabe, damit uns kein Unheil widerfährt.«[b]

51 Mose und Eleasar nahmen den Goldschmuck in Empfang. 52 Die Abgabe der Truppenführer hatte ein Gewicht von nahezu vier Zentner.° 53 Was die ein-

a Vgl. 25,16-18. Der Verführung zum Götzendienst, besonders in der Form der ausschweifenden Fruchtbarkeitskulte, soll ein für alle Mal vorgebeugt werden; vgl. Ex 34,14-16.
b Vgl. 2 Sam 24 und Anmerkung zu Vers 10 dort.

31,6 10,9 **31,7-9** Dtn 20,13-14 **31,8** 24,25 **31,16** 25,1-5 **31,17-18** Ri 21,11-12 **31,19** 19,11-13 **31,27** 1 Sam 30,24-25

fachen Kriegsleute erbeutet hatten, behielten sie für
sich. [54] Mose und Eleasar nahmen die Gabe und
brachten sie ins Heilige Zelt*. Sie sollte die Israeliten
beim HERRN in Erinnerung bringen, damit er sich
ihnen freundlich zuwende.

Die Stämme Ruben und Gad bitten um das eroberte Ostjordanland

32 Die Stämme Ruben und Gad hatten sehr gro-
ße Viehherden. Als sie sahen, dass das Gebiet
rings um die Städte Jaser und Gilead ein gutes Weide-
land war, [2] sagten sie zu Mose und zum Priester Elea-
sar und zu den Stammesoberhäuptern:
[3–4] »Seht hier dieses Land, das der HERR, vor der
Gemeinde Israel herziehend, für sein Volk erobert
hat – das ganze Gebiet der Städte Atarot, Dibon,
Jaser, Nimra, Heschbon, Elale, Sibma, Nebo und
Beon. Es ist gutes Weideland und wir sind Schaf-
und Ziegenhirten.«
[5] Und sie sagten weiter zu Mose: »Wenn wir Gna-
de vor dir gefunden haben, dann lass doch dieses
Land uns, deinen ergebenen Dienern, zuweisen!
Erlaube uns, dass wir uns hier ansiedeln und nicht
erst den Jordan überqueren müssen.«
[6] Mose antwortete: »Sollen die anderen Stämme
allein in den Kampf ziehen, während ihr ein gutes
Leben habt? [7] Wenn ihr hier bleibt, nehmt ihr den
Israeliten allen Mut, über den Jordan in das Land
zu ziehen, das der HERR ihnen geben will.
[8] Genauso haben eure Väter gehandelt, als ich sie
von Kadesch-Barnea aus in das Land schickte, um es
zu erkunden. [9] Sie kamen bis ins Traubental und
sahen sich das Land an, und als sie zurückkamen,
entmutigten sie die Israeliten, sodass sie nicht in
das Land zu ziehen wagten, das der HERR ihnen
geben wollte.
[10] Damals wurde der HERR zornig und schwor:
[11] ›Weil sie meiner Führung nicht vertraut haben,
wird keiner der Männer, die aus Ägypten gezogen
und jetzt 20 Jahre oder älter sind, das Land sehen,
das ich Abraham, Isaak und Jakob mit einem Eid ver-
sprochen habe. [12] Nur Kaleb, der Sohn von Jefunne
aus der Sippe Kenas, und Josua, der Sohn Nuns,
werden hineinkommen.‹ Diese beiden hatten dem
HERRN völlig vertraut.
[13] So traf der Zorn des HERRN die Leute von Israel
und er ließ sie vierzig Jahre in der Wüste umherzie-
hen, bis alle gestorben waren, die sich gegen ihn auf-
gelehnt hatten.
[14] Und nun macht ihr es genauso! Als echte Kinder
eurer Väter reizt ihr den HERRN noch mehr zum Zorn
gegen sein Volk. [15] Wenn ihr Männer von Ruben und
Gad dem HERRN jetzt nicht gehorcht, wird er das
Volk noch länger in der Wüste umherirren lassen,
bis sie vollends alle umgekommen sind. Das ist dann
allein eure Schuld!«
[16] Sie traten näher zu Mose und sagten: »Wir wol-
len ja nur Einfriedungen für unsere Schaf- und Zie-
genherden machen und befestigte Städte für unsere
Frauen und Kinder bauen, [17] damit sie vor den Be-
wohnern des Landes sicher sind. Dann werden wir
sofort an der Spitze der übrigen Israeliten in den
Kampf ziehen, bis wir auch ihnen zu ihrem Land ver-
holfen haben.
[18] Wir werden nicht eher nach Hause zurückkeh-
ren, als bis alle Israeliten ein Stück Land als Erb-
besitz* bekommen haben. [19] Wir selbst haben unse-
ren Landanteil auf dieser Seite des Jordans und bean-
spruchen nichts von dem Land auf der anderen
Seite.«

Mose gibt eine bedingte Zusage

[20–22] Mose erwiderte: »Wenn ihr wirklich so handelt,
dann bleibt ihr weder dem HERRN noch den anderen
Israeliten etwas schuldig. Rüstet euch also vor den
Augen des HERRN zum Kampf und überschreitet
vor seinen Augen vollzählig den Jordan, und kehrt
erst wieder hierher zurück, nachdem der HERR seine
Feinde vertrieben und sich das ganze Land unter-
worfen hat!«

Wenn ihr so handelt, dann wird euch in Gegen-
wart des HERRN das Land auf dieser Seite des Jordans
als euer rechtmäßiger Besitz zugesprochen werden.
[23] Wenn ihr aber euer Wort nicht haltet, ladet ihr
Schuld auf euch und die Strafe des HERRN wird euch
mit Sicherheit treffen.
[24] So baut nun feste Städte für eure Frauen und
Kinder und Einfriedungen für eure Herden, und
dann tut, was ihr versprochen habt.
[25] Die Männer von Gad und Ruben sagten zu
Mose: »Wir sind deine Diener, wir werden ganz
bestimmt tun, was du verlangst. [26] Unsere Frauen
und Kinder und all unser Vieh bleiben hier in den
Städten, [27] wir Männer aber sind bereit, vor den
Augen des HERRN den Jordan zu überschreiten und
in den Kampf zu ziehen, genau wie du es wünschst.«
[28] Mose gab darauf Eleasar, Josua und den Ober-
häuptern der übrigen Stämme die Anweisung:
[29] »Wenn die Männer von Gad und Ruben mit euch
zusammen den Jordan überschreiten und so lange
kämpfen, bis das ganze Land in eurer Hand ist, dann
gebt ihnen das Gebiet östlich des Jordans als ihren
Besitz. [30] Wenn sie aber nicht mit euch in den Kampf
ziehen, müssen sie sich mit einem Stück Land in
eurer Mitte begnügen.«
[31] Die Männer von Gad und Ruben versicherten:
»Wir sind deine Diener, wir werden tun, was der
HERR befohlen hat. [32] Wir werden gerüstet vor den
Augen des HERRN den Jordan überschreiten und
in den Kampf ziehen, damit wir das Land auf dieser
Seite des Jordans als unseren Besitz behalten
dürfen.«

32,8-9 13,17-33 **32,10-13** 14,20-35

33 Mose sprach also den Stämmen Gad und Ruben
sowie dem halben Stamm des Josefssohnes Manasse
das Gebiet des Amoriterkönigs Sihon und das Gebiet
des Königs Og von Baschan zu, das ganze Land mit
allen seinen Städten.
34 Darauf bauten die Männer des Stammes Gad die
befestigten Städte Dibon, Atarot, Aroër, 35 Atrot-
Schofan, Jaser, Jogboha, 36 Bet-Nimra und Bet-Haran
und errichteten Einfriedungen für ihre Herden.
37 Die Männer des Stammes Ruben bauten die Städte
Heschbon, Elale, Kirjatajim, 38 Nebo, Baal-Meon°
und Sibma und gaben ihnen Namen.

Das Siedlungsgebiet für den halben Stamm Manasse

39 Die Männer der Sippe Machir vom Stamm
Manasse eroberten das Bergland Gilead* und ver-
trieben die Amoriter*, die dort wohnten. 40 Deshalb
gab Mose ihnen das Gebiet Gilead als ihren Besitz
und sie siedelten sich dort an.
41 Jaïr vom Stamm Manasse eroberte eine Reihe
von Ortschaften und nannte sie »Dörfer Jaïrs«.
42 Nobach eroberte die Stadt Kenat mit dem zuge-
hörigen Gebiet und gab ihr seinen eigenen Namen.

Die Lagerplätze der Israeliten auf dem Weg von Ägypten bis an den Jordan

33 Hier folgt eine Übersicht über die Stationen
des Weges, den das Volk Israel genommen
hatte, nachdem es unter Führung von Mose und
Aaron in geordneten Scharen aus Ägypten gezogen
war. 2 Auf Befehl des HERRN hatte Mose jedes Mal,
wenn sie einen Lagerplatz abbrachen, den Namen
des Ortes aufgeschrieben.
3 Die Israeliten brachen auf in der Stadt Ramses,
am 15. Tag des 1. Monats, am Morgen nach dem Passa-
mahl*. Vor den Augen aller Ägypter zogen sie unter
dem Schutz des Herrn[a] aus Ägypten aus. 4 Die Ägyp-
ter begruben gerade ihre erstgeborenen Söhne, die
der HERR getötet hatte. Er hatte den Ägyptern damit
gezeigt, dass er mächtiger ist als ihre Götter.
5 Von Ramses zogen die Israeliten nach Sukkot
6 und weiter nach Etam am Rand der Wüste. 7 Von
dort wandten sie sich seitwärts nach Pi-Hahirot
gegenüber von Baal-Zefon und schlugen ihr Lager
bei Migdol auf. 8 Dann zogen sie mitten durch das
Meer und weiter drei Tagesmärsche weit durch die
Wüste von Etam bis nach Mara. 9 Von dort zogen
sie nach Elim, wo es zwölf Quellen und siebzig Pal-
men gab, 10 und weiter zum Schilfmeer,[b] 11 darauf in
die Wüste Sin 12–14 und von dort nach Dofka, Alusch
und Refidim. In Refidim fanden sie kein Trinkwas-
ser. 15–37 Dann kamen sie in die Wüste Sinai und dar-
auf nach Kibrot-Taawa, Hazerot, Ritma, Rimmon-
Perez, Libna, Rissa, Kehelata, zum Berg Schefer,
nach Harada, Makhelot, Tahat, Terach, Mitka,
Haschmona, Moserot, Bene-Jaakan, Hor-Gidgad,
Jotbata, Abrona, Ezjon-Geber, nach Kadesch in der
Wüste Zin und schließlich zum Berg Hor an der
Grenze des Landes Edom*.
Als die Israeliten dort lagerten, 38–39 stieg der Pries-
ter Aaron auf Befehl des HERRN auf den Berg Hor.
Dort oben starb er im Alter von 123 Jahren, am
1. Tag des 5. Monats im vierzigsten Jahr, nachdem
die Israeliten aus Ägypten ausgezogen waren.
40 Damals erfuhr der Kanaaniterkönig* von Arad
im Südland, dass die Israeliten im Anmarsch waren.
41–49 Weiter kamen die Israeliten nach Zalmona,
Punon, Obot, Ije-Abarim, Dibon-Gad, Almon-Dib-
latajema und zum Gebirge Abarim gegenüber der
Stadt Nebo. Schließlich erreichten sie das moabiti-
sche Steppengebiet in der Jordanebene gegenüber
Jericho und schlugen ihr Lager zwischen Bet-Jeschi-
mot und Abel-Schittim auf.

Keine Schonung für die Bewohner des Landes

50–51 Dort im moabitischen Steppengebiet in der Jor-
danebene gegenüber von Jericho erhielt Mose vom
HERRN den Auftrag, den Israeliten in seinem Namen
zu sagen:
»Wenn ihr den Jordan überschreitet und ins Land
Kanaan* kommt, 52 müsst ihr alle seine Bewohner
vertreiben. Zerstört ihre steinernen und bronzenen
Götzenbilder und ihre Altäre. 53 Nehmt das Land in

»Nehmt das Land in Besitz und besiedelt es, denn ich, der HERR, gebe es euch zu Eigen.« (33,53) Auf dem Bild eine Herde, die am Fuß des Berges Tabor weidet.

a *unter dem Schutz des HERRN:* wörtlich *mit erhobener Hand.*

b Dem Zusammenhang nach ist es nicht der Schauplatz des Meerwunders von Ex 14,2 (vgl. hier Vers 8); der Name *Schilfmeer* kann auch andere Gewässer bezeichnen. Hier ist wahrscheinlich der Golf von Suez gemeint. Auf der Kartenskizze Seite 132 wird die Marschroute versuchsweise nachgezeichnet. Der Rückweg von Kadesch zum Roten Meer (d.h. Golf von Akaba; 14,25) ist in Num 33 allerdings nicht berücksichtigt.

33,3 Ex 1,11; 12,37 **33,4** Ex 12,12 **33,5** Ex 12,37 **33,6** Ex 13,20 **33,7** Ex 14,2 **33,8** Ex 15,23 **33,9** Ex 15,27 **33,11** Ex 16,1 **33,12-14** Ex 17,1 **33,15-37** Ex 19,2; Num 11,34-35; Dtn 10,6-7; 2,8; Num 20,1.22 **33,38-39** 20,22-29 **33,40** 21,1 **33,41-49** 21,10-11; 22,1; Jos 12,3 **33,50-52** Ex 23,23-33; 34,11-16; Dtn 7,1-4; 12,2-3

Besitz und besiedelt es, denn ich, der *Herr*, gebe es euch zu Eigen. [54] Teilt es durch das Los unter euch auf und gebt jedem Stamm einen Anteil, der der Zahl seiner Angehörigen entspricht.

[55] Ihr müsst unbedingt alle Bewohner des Landes vertreiben. Wenn ihr einige zurücklasst, werdet ihr es bereuen; denn sie werden euch Leiden zufügen wie ein Dorn im Auge und wie Stachelpeitschen, mit denen man Ochsen antreibt. [56] Ich werde dann mit euch genauso verfahren, wie ihr nach meinem Befehl mit ihnen verfahren solltet.«

Die Grenzen von Israels Gebiet

34 [1–2] Der Herr befahl Mose, den Israeliten die Anweisung zu geben:

»Wenn ihr in das Land Kanaan* kommt und es in Besitz nehmt, sollen eure Grenzen folgendermaßen verlaufen:

[3] Im Süden wird euer Land von der Wüste Zin und dem Gebiet von Edom* begrenzt. Im Einzelnen verläuft dort die Grenze vom südlichen Ende des Toten Meeres [4] in südwestlicher Richtung am Fuß der Skorpionensteige vorbei über Zin bis südlich von Kadesch-Barnea und weiter über Hazar-Addar nach Azmon.

[5] Von Azmon läuft sie nordwestlich zu dem Tal, das die Grenze* Ägyptens bildet, und folgt diesem bis zum Mittelmeer. [6] Die Westgrenze bildet das Mittelmeer.

[7] Die Nordgrenze verläuft vom Mittelmeer zum Berg Hor [8] und von dort über Lebo-Hamat nach Zedad [9] und weiter über Sifron bis nach Hazar-Enan.

Nicht alle Orte, die in Kap 34 genannt werden und die Grenzen des Landes bezeichnen, sind uns bekannt. Die Karte zeigt die wichtigsten, außerdem die sechs so genannten Asylstädte (35,9-15; Jos 20,7-8). Diese waren über das ganze Land verteilt. So konnte jeder, der unabsichtlich einen Menschen getötet hatte, schnell einen der Orte erreichen und sich damit der Blutrache entziehen.

[10] Die Ostgrenze verläuft von Hazar-Enan über Schefam [11] und den Ort Ribla östlich von Ajin bis zu den Abhängen am Ostufer des Sees Gennesaret* [12] und dann weiter den Jordan entlang bis zum Toten Meer.

Das Land innerhalb dieser Grenzen soll euch gehören.«

[13] Weiter sagte Mose zu den Israeliten: »Dies also ist das Land, das durch das Los unter euch verteilt werden soll. Der Herr hat befohlen, es den neuneinhalb Stämmen als Besitz zu übergeben. [14–15] Die Stämme Ruben und Gad und der halbe Stamm Manasse haben ihren Landbesitz schon auf der Ostseite des Jordans, gegenüber von Jericho, erhalten.«

Befehl zur Verteilung des Landes

[16] Der Herr sagte zu Mose: [17] »Der Priester Eleasar und Josua, der Sohn Nuns, sollen das Land unter das Volk verteilen. [18–28] Von jedem Stamm bestimme ich einen der führenden Männer, damit sie ihnen dabei helfen. Es sind die folgenden:

aus dem Stamm Juda:
Kaleb, der Sohn von Jefunne;
aus dem Stamm Simeon:
Schemuël, der Sohn von Ammihud;
aus dem Stamm Benjamin:
Elidad, der Sohn von Kislon;
aus dem Stamm Dan:
Bukki, der Sohn von Jogli;
aus dem Stamm Manasse:
Hanniël, der Sohn von Efod;
aus dem Stamm Efraïm:
Kemuël, der Sohn von Schiftan;
aus dem Stamm Sebulon:
Elizafan, der Sohn von Parnach;
aus dem Stamm Issachar:
Paltiël, der Sohn von Asan;
aus dem Stamm Ascher:
Ahihud, der Sohn von Schelomi;
aus dem Stamm Naftali:
Pedahel, der Sohn von Ammihud.«

[29] Diesen Männern gab der Herr den Auftrag, das Land Kanaan unter die Israeliten aufzuteilen.

Städte für die Leviten

35 Im moabitischen Steppengebiet in der Jordanebene gegenüber von Jericho sagte der Herr zu Mose:

[2–3] »Die Leute von Israel sollen von ihrem Landbesitz den Leviten* Städte geben, in denen sie wohnen können, und dazu Weideland für ihr Vieh. [4–5] Das Weideland soll sich von der Stadtmauer aus in jeder Richtung 500 Meter weit erstrecken, sodass ein Qua-

33,54 26,52-56 **33,55** Jos 23,12-13 **34,3-5** Jos 15,2-4 **34,6** Jos 15,11-12 **34,14-15** 32,1-42 **34,17** Jos 14,1 **35,2-8** (Levitenstädte) Lev 25,32-34; Jos 21,1-42; 1 Chr 6,39-66

drat von 1000 Meter Seitenlänge entsteht mit der
Stadt in der Mitte.[a] [6-7] Insgesamt sollt ihr den Leviten
48 Städte mit dem dazugehörigen Weideland geben.
Sechs davon sind als Asylstädte* bestimmt, in die
jeder fliehen kann, der unabsichtlich einen Men-
schen getötet hat.
[8] Die Anzahl der Levitenstädte in jedem Stamm
richtet sich nach der Größe seines Gebietes.«

Asylstädte für Totschläger und Verfahren bei Mord

[9-10] Der HERR gab Mose noch weitere Anweisungen
für die Israeliten:
»Wenn ihr den Jordan überquert und ins Land
Kanaan* kommt, [11] sollt ihr Asylstädte auswählen,
in die jeder fliehen kann, der unbeabsichtigt einen
Menschen getötet hat. [12] Kein Verwandter der getö-
teten Person darf dort an ihm die Blutrache* vollzie-
hen. Er darf nur getötet werden, wenn er in einer
öffentlichen Gerichtsverhandlung schuldig gespro-
chen worden ist.[b]
[13] Bestimmt sechs solche Städte, [14] drei östlich des
Jordans und drei im Land Kanaan*. [15] Jeder Israelit
und jeder Fremde*, der bei euch lebt, auch der
Fremdarbeiter*, soll dorthin fliehen können, wenn
er unabsichtlich einen Menschen getötet hat.
[16-18] Wenn aber jemand einen anderen mit einem
Stein oder einem eisernen oder hölzernen Gegen-
stand erschlagen hat, ist er ein Mörder und muss
mit dem Tod bestraft werden. [19] Der Nächstver-
wandte der ermordeten Person hat die Pflicht, ihn
zu töten, wo immer er ihn findet.
[20-21] Auch wer einen anderen durch einen Stoß
oder Schlag mit der Faust oder durch einen Wurf
mit irgendeinem Gegenstand umgebracht hat, gilt
als Mörder, sofern er es aus Hass und Feindschaft
oder heimtückisch getan hat. Er ist genauso dem
Tod verfallen.
[22-23] Wenn dagegen jemand einen Menschen, der
nicht sein Feind ist und dem er gar keinen Schaden
zufügen wollte, durch einen Stoß oder Wurf mit
einem Stein oder irgendeinem Gegenstand fahrlässig
getötet hat, [24-25] dann soll die Gemeinde, aus der er
stammt, in öffentlicher Gerichtsverhandlung seine
Unschuld feststellen und sein Leben vor der Blut-
rache schützen. Danach wird er in die Asylstadt zu-
rückgebracht, in die er geflohen war. Dort muss er
bleiben bis zum Tod des amtierenden Obersten Pries-
ters*, der mit dem heiligen Öl gesalbt* worden ist.
[26] Wenn aber der Totschläger den Zufluchtsort
verlässt, [27] kann der Nächstverwandte des Getöteten
ihn erschlagen, ohne dass er damit Schuld auf sich
lädt. [28] Erst nach dem Tod des Obersten Priesters
kann der Totschläger ohne Gefahr nach Hause
zurückkehren.
[29] Diese Anordnungen gelten für alle eure Nach-
kommen an jedem Ort des Landes, in dem ihr
wohnt.
[30] Niemand darf wegen eines Mordes zum Tod
verurteilt werden, wenn nicht mindestens zwei
Zeugen für die Tat vorhanden sind. Auf eine einzige
Zeugenaussage hin darf kein Todesurteil gefällt
werden.[c]
[31] Einen Mörder, der schuldig gesprochen ist, dürft
ihr nicht gegen ein Lösegeld freilassen; er muss hin-
gerichtet werden. [32] Ihr dürft auch keinen Mörder
gegen ein Lösegeld in eine der Asylstädte aufneh-
men, sodass er nach dem Tod des Obersten Priesters
wieder unbestraft nach Hause zurückkehren kann.
[33] Entweiht nicht das Land, in dem ihr lebt! Es
wird entweiht durch das Blut eines Ermordeten
und kann nur wieder rein* werden durch das Blut
dessen, der den Mord begangen hat. [34] Lasst das
Land, in dem ihr lebt, nicht unrein werden; denn
ich, der HERR, wohne mitten unter euch.«

Ergänzende Bestimmungen zum Erbrecht der Töchter

36 Die Sippenältesten der Nachkommen
Gileads, des Sohnes Machirs und Enkels des
Josefssohnes Manasse, gingen zu Mose und den
Stammesoberhäuptern des Volkes [2] und sagten zu
Mose: »Der HERR hat dir, unserem Herrn, befohlen,
das Land durchs Los unter die Israeliten aufzuteilen.
Er hat dir auch befohlen, den Landanteil unseres
Verwandten Zelofhad seinen Töchtern zuzuspre-
chen. [3] Wenn diese nun aber Männer aus einem
anderen Stamm heiraten, wird ihr Land unserem
Stammesbesitz entzogen und dem anderen Stamm
zugeschlagen. [4] Und wenn dann das Erlassjahr*
kommt, wird ihr Landbesitz endgültig dem Stamm
zufallen, in den sie eingeheiratet haben.«[d]
[5] Auf Befehl des HERRN gab Mose den Israeliten die
Anweisung: »Die Männer vom Stamm Manasse
haben Recht. [6] Darum hat der HERR bestimmt: Die
Töchter Zelofhads dürfen heiraten, wen sie wollen,
aber nur innerhalb ihres eigenen Stammes. [7] Kein
Grundbesitz darf von einem Stamm zu anderen
übergehen, sondern der Anteil jedes Stammes muss
geschlossen erhalten bleiben. [8-9] Deshalb darf eine
Tochter, die erbberechtigt ist, nur einen Mann aus
ihrem eigenen Stamm heiraten.«
[10-11] Machla, Tirza, Hogla, Milka und Noa, die
Töchter Zelofhads, handelten nach dieser Anwei-
sung und heirateten ihre Vettern. [12] So verblieb ihr
Landbesitz beim Stamm ihres Vaters.
[13] Alle diese Gesetze und Anordnungen gab der
HERR den Israeliten durch Mose im moabitischen
Steppengebiet in der Jordanebene gegenüber von
Jericho.

a Hebräische Maßangaben *1000* und *2000 Ellen**. Nach der griechischen Übersetzung ergeben sich die doppelten Maße. Der Bericht über die Durchführung dieser Anweisung in Jos 21 spricht nur allgemein vom »zugehörigen Weideland«.
b Die Einrichtung der Asylstädte dient der Begrenzung des alten Rechtes der sippengebundenen Blutrache und bedeutet praktisch ihre Ablösung durch eine öffentliche Blutgerichtsbarkeit, auch wenn der Vollzug des Urteils weiterhin dem Bluträcher überlassen wird.
c Dass die Anklage auf Mord durch zwei Zeugen gestützt werden muss, ist ein wichtiger Schritt in Richtung auf eine möglichst objektive, von Hass, Vorurteil und Irrtum freie Rechtsfindung. In Dtn 19,15 wird der Grundsatz dann auf alle denkbaren Anklagepunkte ausgedehnt.
d Das geht aus dem Gesetz für das Erlassjahr (Lev 25) nicht hervor; eigentlich müsste das Gegenteil eintreten: die Rückgabe an den ursprünglichen Besitzer und Stamm. Im Folgenden wird aber eine noch einfachere Regelung gefunden.

35,9-28 (Asylstädte) Ex 21,13; Dtn 4,41-43; 19,1-10; Jos 20,1-9 **35,24-25** Ex 29,7.29-30 **35,30** Dtn 19,15S **35,33** Gen 9,5-6; Lev 24,17 **35,34** Ex 29,45 **36,1-12** 27,1-11S **36,5-6** 9,8S

DEUTERONOMIUM

Deuteronomium bedeutet »Zweites Gesetz«. In diesem Buch finden sich zahlreiche Wiederholungen von Gesetzen, die schon aus dem zweiten Mose-Buch (Exodus) bekannt sind, unter anderem die Zehn Gebote (Kap 5). Man kann aber beobachten, dass die Gesetze bei ihrer Wiederholung in manchen Punkten abgewandelt und weitergeführt sind. Es handelt sich um Gesetze für eine spätere Zeit.

Das gilt vor allem für das Zentralgesetz im 12. Kapitel, das die Darbringung von Opfern nur an einem einzigen Heiligtum im Land gestattet – während selbst noch Männer wie Samuel und Elija unbedenklich an den verschiedensten Orten Opfer dargebracht haben. Erst König Joschija hat die vielen Altäre zerstört, und das, nachdem ein Gesetzbuch mit dieser Anweisung aufgefunden worden war (2 Könige 22–23). Die Vermutung liegt nahe, dass dieses Gesetzbuch eben unser Deuteronomium (vielleicht nur Kap 12–26) war. Männer, die den Propheten nahe standen, haben hier im Geist Moses alte Überlieferungen gesammelt und auf die Verhältnisse ihre Zeit angewandt. Sie sahen die Reinheit von Israels Gottesdienst durch das Überhandnehmen der in Kanaan üblichen religiösen Bräuche bedroht. Deshalb ist in diesem Buch ein Wort von wegweisender Bedeutung, das zum Grundbekenntnis Israels bis heute geworden ist: »Der Herr ist unser Gott, der Herr und sonst keiner.« Aus diesem Bekenntnis fließt unmittelbar das Gebot, das Jesus das größte genannt hat: »Liebt ihn von ganzem Herzen, mit ganzem Willen und mit aller Kraft.« (6,4-5)

Inhaltsübersicht

MOSE REDET: RÜCKBLICK UND ERMAHNUNGEN
(1,1–4,43)

Mose hält Rückschau

1 In diesem Buch ist aufgeschrieben, was Mose zum ganzen Volk Israel gesprochen hat, in der Steppe östlich des Jordans, in der Nähe von Suf, zwischen Paran und Tofel, Laban, Hazerot und Di-Sahab.[a] – [2] Vom Berg Horeb* über das edomitische Bergland bis nach Kadesch-Barnea sind es elf Tagereisen. – [3] Im 40. Jahr nach dem Aufbruch von Ägypten, am 1. Tag des 11. Monats, sagte Mose den Israeliten alles, was der Herr ihm für sie aufgetragen hatte. [4] Zuvor hatte Mose die beiden Könige östlich des Jordans besiegt: Sihon, den König der Amoriter*, der in Heschbon regierte, und Og, den König von Baschan*, der in Aschtarot und Edreï regierte.

[5] Dort im Land Moab* verkündete Mose dem Volk das Gesetz des Herrn. Er begann:

[6] Als wir schon längere Zeit am Berg Horeb waren, hat der Herr, unser Gott, zu uns gesagt: »Ihr seid jetzt lange genug hier gewesen. [7] Macht euch auf und zieht in das Land Kanaan* zu den Amoritern, die im Bergland wohnen, und zu ihren Nachbarvölkern in der Jordanniederung, im westlichen Hügelland, in der südlichen Steppe und in der Küstenebene, ja bis zum Libanongebirge und zum Eufratstrom im Norden. [8] Dieses ganze Land übergebe ich euch. Zieht hinein und nehmt es in Besitz! Es ist das Land, das ich euren Vorfahren Abraham, Isaak und Jakob mit einem Eid zugesagt habe, als bleibenden Besitz für sie und ihre Nachkommen.«

Wie Mose Richter einsetzte
(Ex 18,13-27)

[9] Dort am Berg Horeb* sagte ich zu euch:

»Ich kann die Last, für euch verantwortlich zu sein, nicht mehr allein tragen. [10] Der Herr, euer Gott, hat euch so zahlreich werden lassen wie die Sterne am Himmel. [11] Und mein Wunsch ist, dass er, der

a Die Ortsnamen weisen in das moabitische Steppenhochland östlich von Medeba (siehe die Karte S. 443).

1,4 Num 21,21-35 **1,8** Gen 12,7S **1,9.12** Num 11,11.14 **1,10** Gen 12,2S

schon eure Vorfahren beschützt hat, euch auch
weiterhin segnet und euch noch tausendmal so
zahlreich werden lässt, genau wie er euch das zuge-
sagt hat.
12 Ich kann die Last nicht allein tragen, sie ist mir
zu schwer; und ich kann auch nicht selbst alle eure
Streitfälle schlichten. 13 Bestimmt aus jedem Stamm
eine Reihe von Männern mit Verstand und Erfah-
rung, die ich als Oberhäupter über euch einsetzen
kann.«
14 Ihr gabt mir zur Antwort: »Dein Vorschlag ist
gut, wir sind damit einverstanden!«
15 Ich wählte also in allen Stämmen erfahrene
Männer aus, machte sie zu Aufsehern* und setzte
sie ein über jeweils tausend, hundert, fünfzig und
zehn von euch. 16 Ich übertrug ihnen das Richteramt
und befahl ihnen: »Untersucht jeden Streitfall zwi-
schen zwei Israeliten oder zwischen einem Israeli-
ten und einem Fremden*, der bei euch lebt, und ent-
scheidet, wer im Recht ist. 17 Urteilt unparteiisch!
Hört die kleinen Leute genauso an wie die vorneh-
men und einflussreichen und lasst euch von nie-
mand einschüchtern; denn Gott selbst wacht über
das Recht. Ist euch ein Fall zu schwierig, so kommt
zu mir, damit ich ihn entscheide.«
18 Damals gab ich euch auch alle Anweisungen, die
ihr befolgen sollt.

Wie Mose Kundschafter ausschickte

(Num 13,1-33)

19 Wir folgten also dem Befehl des HERRN, unseres
Gottes, und machten uns vom Berg Horeb* aus auf
den Weg in das Bergland der Amoriter*. Wir zogen
durch die große gefährliche Wüste, an die ihr euch
nur zu gut erinnert, und kamen bis nach Kadesch-
Barnea. 20 Dort sagte ich zu euch: »Wir stehen jetzt
vor dem Bergland der Amoriter, das der HERR für
euch bestimmt hat. 21 Er hat das Land in eure Gewalt
gegeben. Zieht also hinauf und nehmt es in Besitz!
Der HERR, der Gott eurer Vorfahren, hat es euch
zugesprochen. Habt keine Angst, lasst euch nicht
abschrecken!«
22 Aber ihr alle kamt zu mir und sagtet: »Wir wol-
len ein paar Männer vorausschicken, die das Land
erkunden. Sie sollen uns sagen, welchen Weg wir
am besten einschlagen und was für Städte wir dort
antreffen.« 23 Ich fand den Vorschlag gut und wählte
zwölf Männer aus, von jedem Stamm einen. 24 Sie
machten sich auf den Weg ins Bergland und erkun-
deten es bis zum Traubental. 25 Sie brachten Proben
von den Früchten des Landes mit und berichteten,
was sie gesehen hatten. »Es ist ein gutes Land«, sag-
ten sie, »das der HERR, unser Gott, uns geben will.«
26 Aber ihr widersetztet euch dem Befehl des
HERRN, eures Gottes, und wolltet nicht in das Land
ziehen. 27 Ihr begannt zu meutern und sagtet zuein-
ander in euren Zelten: »Der HERR hasst uns! Er hat
uns aus Ägypten herausgeführt, um uns den Amori-
tern auszuliefern, damit sie uns vernichten. 28 Wor-
auf lassen wir uns da ein! Unsere Kundschafter
haben uns allen Mut genommen. Sie haben uns
berichtet, dass die Bewohner des Landes stärker
und zahlreicher° sind als wir und die Mauern ihrer
Städte bis zum Himmel reichen. Und was sie erst
von den Anakitern* erzählt haben!«
29 Ich sprach euch Mut zu und sagte: »Habt doch
keine Angst vor ihnen! 30 Der HERR, euer Gott, wird
vor euch herziehen und für euch kämpfen. Ihr habt
erlebt, was er in Ägypten für euch getan hat; 31 und
durch die Wüste hat er euch getragen wie ein Vater
sein Kind, den ganzen langen Weg bis hierher.«
32 Aber obwohl er all das für euch getan hat, hattet
ihr kein Vertrauen zum HERRN, eurem Gott – 33 zu
ihm, der doch vor euch hergezogen war, um die
Lagerplätze auszusuchen und euch den Weg zu zei-
gen, bei Tag in einer Wolke und bei Nacht in einer
Feuersäule!

Wie das Volk für seinen Unglauben bestraft wurde

(Num 14,20-45)

34 Als der HERR hörte, was ihr da sagtet, wurde er zor-
nig und schwor: 35 »Keiner von diesen Männern, kei-
ner aus dieser ganzen widerspenstigen Generation
wird das gute Land zu sehen bekommen, das ich
ihren Vorfahren zugesagt habe. 36 Nur Kaleb, der

Die Kundschafter sahen auf ihrer Reise die großen, befestigten Städte der Kanaaniter. Sie waren entsetzt; nur Kaleb und Josua ließen sich nicht entmutigen. Das Bild zeigt den Ägypterkönig Ramses II. und seine Armee bei der Erstürmung der Philisterfestung Aschkelon.

1,15 Ex 18,25 **1,16-17** Ex 23,1-3S; 23,6 **1,17** 16,19; Ex 23,6; Lev 19,15; Jak 2,1S **1,19** Num 20,1 **1,28** Num 13,32-33 **1,31** Ex 4,22S; 19,4; Hos 11,3
1,33 Ex 13,21S

Sohn von Jefunne, wird das Land betreten; ihm und
seinen Nachkommen gebe ich das Gebiet, das er
erkundet hat. Denn er ließ sich nicht beirren und
hat mir vertraut.«
37 Sogar auf mich wurde der HERR euretwegen zor-
nig und sagte zu mir: »Auch du wirst das Land nicht
betreten! 38 Dein Diener Josua, der Sohn Nuns, wird
hineinkommen. Ihm mach Mut, denn er soll es als
Erbbesitz* unter die Israeliten verteilen.«
39 Und zum ganzen Volk sagte der HERR: »Eure
kleinen Kinder, die noch nicht zwischen Gut und
Böse unterscheiden können, die werden in das Land
hineinkommen. Ihr habt gesagt: ›Sie werden den
Feinden in die Hände fallen‹ – aber gerade ihnen
werde ich das Land geben, sie werden es in Besitz
nehmen. 40 Ihr aber kehrt jetzt um und zieht wieder
in die Wüste, dem Schilfmeer[a] zu!«
41 Da sagtet ihr zu mir: »Wir haben Unrecht getan,
wir waren dem HERRN ungehorsam. Doch jetzt wol-
len wir in das Land hinaufziehen und es erobern,
wie der HERR, unser Gott, es uns befohlen hat.«

Jeder nahm seine Waffen und ihr wolltet sofort
losziehen. 42 Aber der HERR ließ euch durch mich war-
nen. »Fallt nicht in das Land ein«, sagte er, »versucht
nicht, es zu erobern! Ich werde nicht mit euch gehen
und ihr werdet von euren Feinden geschlagen.«
43 Ich sagte euch das, aber ihr hörtet nicht darauf.
Ihr widersetztet euch dem HERRN und zogt in eurem
Übermut ins Bergland hinauf. 44 Da stellten sich euch
die Amoriter* entgegen, die dort wohnten, besieg-
ten euch und jagten euch vom Bergland Seïr* bis
nach Horma, wie ein Bienenschwarm trieben sie
euch vor sich her.
45 Dann kehrtet ihr um und weintet vor dem
HERRN und wolltet ihn umstimmen, aber er hörte
euch nicht. 46 Ihr bliebt dann lange Zeit in der Oase
Kadesch.

Wie die Israeliten durch Edom, Moab und Ammon zogen

2 Wir kehrten nun um und zogen in die Wüste hin-
ein, in Richtung Schilfmeer*, wie der HERR es
mir befohlen hatte. Lange Zeit wanderten wir im
Wüstengebiet rings um das Bergland Seïr* umher.
2 Schließlich sagte der HERR zu mir: 3 »Ihr seid nun
genug hier umhergezogen. Wendet euch jetzt nach
Norden!«
4-5 Und er gab mir für euch die Anweisung: »Wenn
ihr jetzt durch Edom*, das Gebiet eurer Stammesver-
wandten, der Nachkommen Esaus, zieht, dann fangt
auf keinen Fall Krieg mit ihnen an! Sie werden zwar
vor euch Angst haben; aber ich werde euch von
ihrem Land nicht einen Fußbreit geben. Das Berg-
land Seïr habe ich den Nachkommen Esaus als blei-
benden Besitz zugesprochen. 6 Wenn ihr beim
Durchzug Brot und Wasser braucht, sollt ihr es ihnen
bezahlen.«
7 Das konntet ihr ja auch, denn der HERR, euer
Gott, hatte all euer Tun reich gesegnet. Er vergaß
euch nicht in der großen Wüste. Vierzig Jahre lang
hat er euch begleitet und für euch gesorgt; nie hat
es euch an etwas gefehlt.
8 So zogen wir nordwärts, aber nicht durch das
Land unserer Verwandten, der Nachkommen Esaus,
und auch nicht auf der Straße, die von Ezjon-Geber
und Elat durch die Senke zum Toten Meer führt.°

Danach zogen wir weiter in Richtung Moab. 9 Der
HERR aber sagte zu mir: »Kämpft nicht gegen die
Moabiter*, greift sie nicht an; denn auch von ihrem
Land werde ich euch nichts geben. Sie sind die Nach-
kommen Lots und ich habe ihnen das Gebiet von Ar
als bleibenden Besitz zugesprochen.«
10 – Früher wohnten dort die Emiter, ein großes
und mächtiges Volk, dessen Männer ebenso riesen-
haft waren wie die Anakiter*. 11 Wie die Anakiter
werden sie zu den Rafaïtern gezählt; aber die Moabi-
ter nennen sie Emiter. 12 Im Bergland Seïr wohnten
früher die Horiter, aber die Nachkommen Esaus rot-
teten sie aus und nahmen ihr Land in Besitz, wie es
die Israeliten mit dem Land machten, das der HERR
ihnen gegeben hatte. –
13 »Überschreitet jetzt den Bach Sered«, befahl der
HERR und wir taten es. 14 Seit unserem Aufbruch aus
Kadesch-Barnea waren damals 38 Jahre vergangen.
In dieser Zeit waren alle wehrfähigen Männer jener
Generation gestorben, wie der HERR es als Strafe
über sie verhängt hatte. 15 Der HERR hatte dafür
gesorgt, dass keiner von ihnen am Leben blieb.
16 Nachdem sie nun alle tot waren, 17 sagte der
HERR zu mir: 18 »Ihr werdet jetzt durch das Gebiet
der Moabiter ziehen 19 und dann an die Grenze der
Ammoniter* kommen.[b] Kämpft nicht gegen die
Ammoniter und greift sie nicht an; denn auch von
ihrem Land werde ich euch nichts geben. Sie sind
die Nachkommen Lots und ich habe ihnen ihr Land
als bleibenden Besitz zugesprochen.«
20 – Auch dieses Gebiet gilt als Land der Rafaïter,
weil dort früher die Rafaïter wohnten. Von den
Ammonitern wurden sie Samsummiter genannt;
21 auch sie waren ein großes und mächtiges Volk, des-
sen Männer so riesenhaft waren wie die Anakiter.
Aber der HERR gab sie in die Gewalt der Ammoniter,
die sie ausrotteten und ihr Land in Besitz nahmen,
22 genauso wie er die Horiter und ihr Land in die
Gewalt der Edomiter gab, die dort bis heute wohnen.
23 Die Awiter aber, die zwischen diesem Gebiet und
der Gegend von Gaza in Dörfern gewohnt hatten,
mussten den Philistern, die aus Kreta kamen,
weichen. –

a Gemeint ist nicht der Golf von Suez, sondern der östliche der beiden Ausläufer des Roten Meeres, der Golf von Akaba, der südwärts in der Verlängerung des Jordangrabens liegt; siehe Sacherklärung »Schilfmeer«.

b Bevor die Israeliten an diese Grenze kommen, treffen sie auf den Amoriterkönig Sihon (2,24-37), dessen Gebiet zwischen Moab und Ammon zu suchen ist.

1,37 3,26-27; 4,21; 32,50-52; Num 20,12 **1,38** 3,28; 31,3; Num 27,18-19 **1,39** Num 14,3 **1,46** Num 20,1 **2,1** Num 21,4 **2,4-8** Num 20,14-21 **2,4 2,4-5** (Seïr) Gen 36,8 **2,9** Gen 19,37 **2,10-11** Num 13,32-33 **2,12** Gen 14,6; 36,20-30 **2,14** Num 14,28-35 **2,19** Gen 19,38 **2,23** Jer 47,4S

Der Sieg über König Sihon
(Num 21,21-30)

24 »Brecht jetzt auf«, sagte der HERR weiter, »und
überschreitet den Arnonfluss! Ich habe den Amori-
terkönig* Sihon, der in Heschbon regiert, in eure
Hand gegeben. Eröffnet den Kampf gegen ihn und
nehmt sein Land in Besitz! 25 Von heute an werde
ich allen Völkern der Erde Furcht und Schrecken
vor euch einjagen. Sie werden zittern vor euch und
sich winden vor Angst, wenn sie hören, was man
sich von euch erzählt.«
26 Da schickte ich von der Wüste Kedemot aus
Boten nach Heschbon zu König Sihon und ließ ihm
sagen: »Wir kommen in friedlicher Absicht! 27 Er-
laube uns, durch dein Land zu ziehen. Wir wollen
nur die Straße benutzen und werden weder nach
rechts noch nach links davon abgehen. 28 Was wir
an Brot und Wasser brauchen, werden wir bezahlen.
Wir wollen nichts weiter als durchziehen, 29 wie
uns das schon die Edomiter* und Moabiter* erlaubt
haben. Unser Ziel ist das Land auf der anderen
Seite des Jordans, das der HERR, unser Gott, uns
geben will.«
30 Aber König Sihon wollte uns nicht durchziehen
lassen. Der HERR, euer Gott, hatte ihn starrsinnig
und uneinsichtig gemacht; denn er wollte ihn in eure
Hand geben, wie es tatsächlich geschehen ist. 31 Er
sagte zu mir: »Ich habe schon für euch gehandelt:
Sihon und sein Land sind euch wehrlos preisge-
geben. Nun handelt auch ihr: Nehmt sein Land in
Besitz!«
32 Als uns nun Sihon mit seiner ganzen Kriegs-
macht nach Jahaz entgegenzog, 33 gab der HERR ihn
in unsere Hand, und wir töteten ihn, seine Söhne
und alle seine Kriegsleute. 34 Dann nahmen wir alle
seine Städte ein und vollstreckten den Bann* an
ihren Bewohnern, den Männern, Frauen und Kin-
dern. Niemand ließen wir lebend entkommen.
35 Nur das Vieh verschonten wir und nahmen es als
Beute, und dazu alles, was sonst noch von Wert war.
36 Von Aroër auf den Höhen über dem Arnontal
und der Stadt, die direkt am Arnonfluss liegt, bis
hin zur Landschaft Gilead* konnte sich keine einzi-
ge Stadt gegen uns behaupten; alle gab der HERR,
unser Gott, in unsere Hand. 37 Nur vom Land der
Ammoniter* habt ihr euch fern gehalten und habt
das Gebiet zu beiden Seiten des Jabboks und die
Städte im angrenzenden Bergland nicht besetzt, weil
der HERR, unser Gott, es uns verwehrt hatte.

Der Sieg über König Og von Baschan
(Num 21,33-35)

3 Als wir zum Land Baschan* weiterzogen, stellte
sich uns bei Edreï der König des Landes, Og von
Baschan, mit seiner ganzen Kriegsmacht in den
Weg. 2 Der HERR aber sagte zu mir: »Hab keine Angst
vor ihm! Ich habe ihn und seine Kriegsleute und sein
Land in deine Hand gegeben. Du wirst ihm dasselbe
Schicksal bereiten wie dem Amoriterkönig Sihon.«
3 Und der HERR, unser Gott, gab uns auch den Sieg
über König Og von Baschan. Wir töteten ihn und alle
seine Kriegsleute; kein Einziger konnte entkommen.
4 Dann nahmen wir alle seine Städte ein, insgesamt
sechzig, das ganze Gebiet von Argob in der Land-
schaft Baschan, über das er geherrscht hatte. 5 Es
waren lauter befestigte Städte mit hohen Mauern
und verriegelten Toren; dazu kam noch eine große
Anzahl unbefestigter Ortschaften. 6 An den Bewoh-
nern – Männern, Frauen und Kindern – vollstreck-
ten wir den Bann*, genau wie wir es in den Städten
König Sihons getan hatten. 7 Das Vieh und alles, was
sonst noch von Wert war, nahmen wir als Beute.
8 So hatten wir nun das Land der beiden Amoriter-
könige im Gebiet östlich des Jordans erobert, vom
Arnontal bis zum Berg Hermon – 9 die Phönizier*
nennen ihn Sirjon und die Amoriter* Senir –, 10 alle
Städte der Hochebene nördlich des Arnons, dazu die
ganze Landschaft Gilead* sowie die Landschaft
Baschan bis hin nach Salcha und Edreï, alle Städte,
über die König Og von Baschan geherrscht hatte.
11 König Og war der Letzte vom Geschlecht der
Rafaïter. Sein eiserner Sarg ist noch heute in Rabba,
der Hauptstadt der Ammoniter*, zu sehen; er ist
viereinhalb Meter lang und zwei Meter breit.

Wie das Land östlich des Jordans verteilt wurde
(Num 32,1-42)

12 Nachdem wir die beiden Königreiche erobert hat-
ten, gab ich das Gebiet nördlich von Aroër und
dem Arnonfluss sowie die halbe Landschaft Gilead*
mit allen Städten den Stämmen Ruben und Gad als
bleibenden Besitz. 13 Die andere Hälfte von Gilead
und ganz Baschan*, das Land des König Og, das gan-
ze Gebiet von Argob, gab ich der einen Hälfte des
Stammes Manasse.
– Die Landschaft Baschan wurde auch Rafaïter-
land genannt. 14 Jaïr aus dem Stamm Manasse nahm
das ganze Gebiet von Argob in Besitz, bis an die
Grenzen von Geschur und Maacha, und gab diesem
Gebiet, der Landschaft Baschan, seinen eigenen
Namen. Diese Gegend heißt noch heute »Siedlungen
Jaïrs«. –
15 Die Landschaft Gilead teilte ich der Stammes-
gruppe Machir zu, 16 den Stämmen Ruben und Gad
aber das Gebiet südlich davon bis zum Arnon und
östlich bis zum Jabbok, der Grenze der Ammoniter*,
17 und dazu das Jordantal vom See Gennesaret* bis
zum Toten Meer und zum Fuß des Berges Pisga.
18 Damals sagte ich zu den Männern dieser
Stämme: »Der HERR, euer Gott, hat euch dieses Land

2,24 Num 21,13 **2,30** Ex 7,3 **2,34-35** 7,1-4S **3,6** 7,1-4S **3,11** 2,10-11.20-21; Jos 12,4 als bleibenden Besitz gegeben. Dafür müsst ihr nun aber auch an der Spitze eurer Brüder, der übrigen Israeliten, bewaffnet über den Jordan ziehen. Alle wehrfähigen Männer sind dazu verpflichtet. 19 Nur eure Frauen und Kinder und euer Vieh – ihr habt ja so große Herden – können hier in den Städten bleiben, die ich euch zugeteilt habe. 20 Erst wenn der HERR auch euren Brüdern Ruhe verschafft und ihnen auf der anderen Seite des Jordans ihr Land gegeben hat, dürft ihr wieder zurückkehren, jeder zu dem Stück Land, das ihm zugeteilt worden ist.«

21 Zu Josua aber sagte ich: »Du hast gesehen, was der HERR, euer Gott, mit diesen beiden Königen getan hat. Genauso wird er an den Königen auf der anderen Seite des Jordans handeln, in deren Land du das Volk jetzt führen wirst. 22 Habt keine Angst vor ihnen! Der HERR, euer Gott, wird selbst für euch kämpfen.«

Warum Mose das Betreten des Landes verwehrt wird

23 Damals bat ich den HERRN: 24 »Herr, mein Gott, du hast begonnen, mir, deinem Diener, deine Größe und Macht zu zeigen. Nirgends im Himmel und auf der Erde gibt es einen Gott, der so gewaltige Taten und erstaunliche Wunder vollbringt wie du. 25 Lass mich nun auch über den Jordan ziehen und das schöne Land dort sehen, dieses ganze herrliche Bergland bis hinauf zum Libanon!«

26 Aber weil ihr euch dem HERRN widersetzt hattet, war der HERR zornig auf mich und erfüllte meine Bitte nicht. Er sagte zu mir: »Genug! Kein Wort mehr davon! 27 Steig auf den Gipfel des Berges Pisga und schau nach allen Seiten, nach Westen, nach Norden, nach Süden und nach Osten. Du darfst das Land mit deinen Augen sehen, aber den Jordan darfst du nicht überschreiten. 28 Übertrage Josua die Führung und mache ihm Mut! Er ist es, der vor dem Volk her über den Jordan gehen und ihm das Land zuteilen wird, das du sehen darfst.«

29 Wir blieben nun eine Zeit lang im Tal bei der Stadt Bet-Pegor.

Das Gesetz ist Israels kostbarster Besitz

4 Und nun, Volk Israel, höre die Gebote und Rechtsbestimmungen, die ich euch allen verkünde! Befolgt sie, dann werdet ihr am Leben bleiben und das Land in Besitz nehmen, das der HERR euren Vorfahren zugesagt hat und das er euch geben will. 2 Fügt nichts hinzu und nehmt nichts davon weg. Befolgt die Gebote des HERRN, eures Gottes, genau so, wie ich sie euch sage.

3 Ihr habt mit eigenen Augen gesehen, was der HERR, euer Gott, beim Berg Pegor getan hat: Er hat alle aus eurer Mitte ausgerottet, die sich dort mit dem Götzen Baal* einließen. 4 Ihr aber seid am Leben geblieben, weil ihr treu zum HERRN, eurem Gott, gehalten habt.

5 Ich verkünde euch jetzt die Gebote und Rechtsbestimmungen, so wie sie mir der HERR, mein Gott, für euch gegeben hat, damit ihr sie befolgt in dem Land, das ihr nun in Besitz nehmt. 6 Beachtet sie also und handelt danach! Dann werdet ihr unter den Völkern für eure Weisheit berühmt werden. Denn wenn die anderen Völker hören, nach was für Geboten ihr lebt, werden sie voll Achtung auf euch blicken und sagen: »Wie klug und einsichtig ist doch dieses große Volk!« 7 Kein anderes von den großen Völkern hat ja einen Gott, der ihm mit seiner Hilfe so nahe ist wie uns der HERR, unser Gott. Er hilft uns, sooft wir zu ihm rufen.[a] 8 Und kein anderes großes Volk hat so gute Gebote und Rechtsbestimmungen wie die, die ich euch heute gebe.

Der Gott Israels ist einzigartig

9 Aber gebt Acht, dass ihr nie vergesst, was ihr mit eigenen Augen gesehen habt! Haltet die Erinnerung daran euer Leben lang lebendig und erzählt es euren Kindern und Enkeln weiter. 10 Denkt an den Tag, als ihr am Berg Horeb[b] vor dem HERRN, eurem Gott, gestanden habt. Der HERR hatte zu mir gesagt: »Rufe das ganze Volk zusammen! Sie sollen hören, was ich ihnen zu sagen habe, und sollen lernen, mich und meine Weisungen ernst zu nehmen, die ganze Zeit, die sie in ihrem Land leben. Sie sollen auch ihre Kinder dazu anhalten.«

11 Da kamt ihr heran und stelltet euch am Fuß des Berges auf. Der Berg stand in Flammen, die bis zum Himmel loderten, und ringsum war er von dunklen, schwarzen Wolken umgeben. 12 Der HERR sprach zu euch aus dem Feuer heraus. Ihr konntet seine Stimme hören, aber sehen konntet ihr ihn nicht; da war nur die Stimme. 13 Er verkündete euch die Zehn Gebote als die Verpflichtungen, die sein Bund* euch auferlegt, und schrieb sie auf zwei Steintafeln. 14 Mir aber befahl er, euch alle Gebote und Rechtsbestimmungen einzuprägen, nach denen ihr in eurem Land leben sollt.

15 Vergesst nicht, dass ihr damals am Berg Horeb, als der HERR aus dem Feuer zu euch redete, nur die Stimme gehört, aber keinerlei Gestalt gesehen habt. 16 Darum macht euch kein Gottesbild; das wäre ein unverzeihliches Vergehen, ganz gleich, was für eine Gestalt ihr nachbildet: einen Mann oder eine Frau, 17–18 ein vierfüßiges Landtier, einen Vogel, ein kriechendes Tier oder einen Fisch. 19 Und wenn ihr zum Himmel aufblickt und die Sonne, den Mond und die Sterne seht, das ganze Himmelsheer, dann lasst euch nicht dazu verleiten, sie als Götter anzu-

a Ein solcher Gott gibt gute Gesetze (Vers 8), weil er es mit seinem Volk gut meint. Doch erwartet er, dass das Volk auch nach diesen Gesetzen lebt; vgl. Vers 40 und Kap 28.
b Der Berg der Gesetzgebung wird hier und im ganzen Deuteronomium nicht Sinai, sondern Horeb genannt; siehe Sacherklärungen.

3,22 1,29-30 **3,26-27** 1,37 S; Num 27,12-20 **3,28** 1,38 S **3,29** Num 25,1-18 **4,1** 5,32-33; 6,24; 8,1; 16,20; 30,16.19-20; Lev 18,5 S **4,2** 13,1; Offb 22,18-19 **4,3** Num 25,1-9 **4,7** 4,32-34; Ps 145,18; 148,14 **4,8** Ps 147,19-20 **4,10-12** Ex 19,16-20 **4,13** Ex 24,12 S **4,16-18** Ex 20,4 S; Röm 1,23

beten und ihnen zu dienen. Die Verehrung der
Gestirne hat der HERR, euer Gott, allen anderen Völ-
kern der Erde zugewiesen.[a] 20 Euch aber hat er aus
Ägypten, diesem glühenden Schmelzofen*, heraus-
geholt, um euch zu seinem eigenen Volk zu machen,
wie ihr das nun auch wirklich seid.
21 Doch weil ihr ihm nicht gehorcht habt, wurde
der HERR zornig auf mich und schwor, ich würde
nicht über den Jordan in das schöne Land kommen,
das er euch als Erbbesitz geben wird. 22 Darum muss
ich auf dieser Seite des Jordans sterben; ihr aber wer-
det das Land in Besitz nehmen. 23 Seht euch vor, dass
ihr nicht den Bund* vergesst, den der HERR, euer
Gott, mit euch geschlossen hat! Macht euch niemals
ein Gottesbild, ganz gleich, von welcher Gestalt,
weil der HERR, euer Gott, euch das verboten hat.
24 Der HERR, euer Gott, ist ein verzehrendes Feuer,
ein leidenschaftlich liebender Gott, der es nicht hin-
nimmt, wenn ihr irgendetwas anderes außer ihm
verehrt.[b]

Dem verirrten Volk steht die Rückkehr offen

25 Wenn ihr schon viele Generationen lang in eurem
Land lebt,[c] könntet ihr versucht sein, euch irgend-
welche Gottesbilder zu machen. Damit würdet ihr
dem HERRN missfallen und seinen Zorn herausfor-
dern. 26 Ich rufe Himmel und Erde als Zeugen an:
Wenn ihr so etwas tut, werdet ihr euch nicht in
dem Land halten können, das ihr jetzt in Besitz
nehmt! Es wird dann sehr schnell um euch gesche-
hen sein. 27 Der HERR wird euch unter die Völker zer-
streuen; nur ein kleines Häuflein von euch wird dort
überleben. 28 Ihr werdet Göttern dienen müssen, die
von Menschen gemacht sind, Bildern aus Holz und
Stein, die weder sehen noch hören noch schmecken
noch riechen können.
29 Dort werdet ihr dann den HERRN, euren Gott,
suchen, und er wird sich von euch finden lassen,
wenn ihr euch ihm mit ganzem Herzen und mit allen
Kräften zuwendet. 30 In ferner Zukunft, wenn all
diese Not über euch kommt, werdet ihr wieder
zum HERRN, eurem Gott, umkehren und auf seine
Stimme hören. 31 Der HERR ist ja ein Gott voll Erbar-
men und er ist und bleibt euer Gott. Er wird euch
nicht fallen lassen, euch nicht vernichten. Er vergisst
nicht, was er euren Vorfahren mit einem Eid zuge-
sagt hat.
32 Durchforscht doch einmal die Vergangenheit,
die ganze Zeit, seit Gott die Menschen geschaffen
hat! Durchforscht die ganze Erde von einem Ende
zum andern! Ist irgendwann sonst etwas so Großes
geschehen? Weiß man irgendwo sonst von etwas
dergleichen zu erzählen? 33 Hat je ein Volk die Stim-
me Gottes aus dem Feuer heraus gehört und ist am
Leben geblieben, wie ihr das erlebt habt? 34 Hat
jemals ein Gott es unternommen, ein Volk aus einem
anderen Volk herauszuholen und zu seinem Eigen-
tum zu machen, wie das der HERR, euer Gott, in
Ägypten an euch getan hat? Vor euren Augen hat
er unerhörte Wunder vollbracht, er hat eure Unter-
drücker in Furcht und Schrecken versetzt und hat
furchtbare Plagen über sie gebracht. Ja, er hat selbst
für euch gekämpft; mit starker Hand und ausge-
strecktem Arm hat er euch aus ihrer Mitte herausge-
führt!
35 Das alles hat der HERR euch erleben lassen,
damit ihr erkennt, dass er wahrhaftig Gott ist und
es außer ihm keinen anderen Gott gibt. 36 Er sprach
zu euch vom Himmel herab und gab euch seine Wei-
sungen; ihr habt sein gewaltiges Feuer gesehen und
aus dem Feuer heraus seine Stimme gehört. 37 Weil er
eure Vorfahren liebte, hat er euch ausgewählt. Er
ging mit euch und hat euch mit seiner großen Macht
aus Ägypten herausgeführt, 38 um Völker vor euch zu
vertreiben, die größer und mächtiger sind als ihr,
und euch ihr Land als Erbbesitz* zu geben, wie ihr
das jetzt erlebt.
39 Begreift also heute und nehmt es zu Herzen,
dass der HERR allein Gott ist im Himmel und auf

In der Wüste hatten die Israeliten gelernt, Gott allein zu dienen und seinem Gesetz zu gehorchen. In ihrem neuen Land würden sie auf die Probe gestellt werden, denn die Leute dort verehrten andere Götter – besonders Baal, den Gott des Wetters, des Krieges und der Fruchtbarkeit. Mose warnte die Israeliten: »Der Herr, euer Gott, ist ein verzehrendes Feuer, ein leidenschaftlich liebender Gott, der es nicht hinnimmt, wenn ihr irgendetwas anderes außer ihm verehrt.« (4,24)

a Die Aussage, dass der Sternkult für die nichtisraelitischen Völker der angemessene Gottesdienst sei, steht in der ganzen Bibel einmalig da.
b *ein leidenschaftlich …:* wörtlich *ein »eifersüchtiger« Gott.*
c Mose blickt hier voraus auf etwas, das dann tatsächlich eintraf und zur Deportation des Volkes durch die Assyrer und Babylonier führte (2 Kön 17 und 24–25; vgl. 21,10-15).

4,19 17,2-4; 2 Kön 17,16; Jer 8,2; Weish 13,2 **4,20** Ex 19,5-6S **4,21** 1,37S **4,24** 9,3; Jes 33,14; Hebr 12,29 **4,26** 30,19; 31,28; 32,1; Jes 1,2 **4,29-31** 30,1-10; Jer 29,13-14S **4,31** Ex 34,6S **4,32-34** 4,7S **4,36** Ex 19,16-18

der Erde und es außer ihm keinen Gott gibt. 40 Lebt nach seinen Geboten und Weisungen, die ich euch heute verkünde! Dann wird es euch und euren Nachkommen gut gehen, und ihr werdet für immer in dem Land bleiben, das der HERR, euer Gott, euch geben wird.

Asylstädte für Totschläger im Ostjordanland

41 Damals bestimmte Mose im Gebiet östlich des Jordans drei Städte als Zufluchtsorte, 42 damit jeder dorthin fliehen könnte, der unbeabsichtigt einen Menschen getötet hat. Wenn der Totschläger wirklich vorher keinen Hass auf den anderen gehabt hat, kann er dort Asyl finden und so sein Leben retten.

43 Im Gebiet des Stammes Ruben bestimmte Mose dafür die Stadt Bezer in der Steppenhochebene östlich des Toten Meeres, im Gebiet des Stammes Gad die Stadt Ramot im Bergland Gilead* und im Gebiet des halben Stammes Manasse die Stadt Golan im Land Baschan*.[a]

DIE ZEHN GEBOTE UND WEITERE ERMAHNUNGEN
(4,44–11,32)

Mose erinnert an die Grundlagen des Bundes

44–45 Es folgt jetzt das ganze Gesetz, das Mose dem Volk Israel nach seinem Auszug aus Ägypten verkündet hat, die Gebote, Rechtsbestimmungen und Ermahnungen. 46 Er verkündete dies alles im Tal gegenüber von Bet-Pegor, im ehemaligen Herrschaftsgebiet des Amoriterkönigs* Sihon, der in Heschbon regiert hatte. Ihn hatten die Israeliten unter der Führung Moses besiegt 47 und sein Land in Besitz genommen und anschließend auch das Land des Königs Og von Baschan*. Sie hatten das ganze Gebiet der beiden Amoriterkönige östlich des Jordans besetzt, 48 von Aroër am Arnonfluss bis zum Hermongebirge, 49 eingeschlossen die östliche Seite der Jordansenke bis hinab zum Toten Meer und zum Fuß des Berges Pisga.

Die Zehn Gebote
(Ex 20,1-17)

5 Mose rief ganz Israel zusammen und sagte: Volk Israel, höre die Gebote und Weisungen des HERRN, die ich euch allen jetzt verkünde! Lernt sie auswendig und befolgt sie genau. 2 Der HERR, unser Gott, hat am Berg Horeb* mit uns einen Bund* geschlossen. 3 Dieser Bund galt nicht nur unseren Vorfahren, die gestorben sind; er gilt uns allen, die wir heute lebendig hier stehen. 4 Auge in Auge hat er dort auf dem Berg aus dem Feuer zu euch gesprochen. 5 Ihr seid allerdings nicht auf den Berg gestiegen, weil ihr euch vor dem Feuer gefürchtet habt. Deshalb stellte ich mich zwischen den HERRN und euch und gab euch weiter, was der HERR mir sagte. Und das hat er gesagt:[b]

[1] 6 Ich bin der HERR, dein Gott! Ich habe dich aus Ägypten herausgeführt, ich habe dich aus der Sklaverei befreit. 7 Du sollst keine anderen Götter neben mir haben.

[-/2] 8 Du sollst dir kein Gottesbild anfertigen. Mach dir kein Abbild von irgendetwas im Himmel, auf der Erde oder im Meer. 9 Wirf dich nicht vor ihnen nieder und bete sie nicht an. Denn ich, der HERR, dein Gott, bin ein leidenschaftlich liebender Gott und erwarte auch von dir ungeteilte Liebe.[c] Wenn sich jemand von mir abwendet, dann ziehe ich dafür noch seine Nachkommen zur Rechenschaft bis in die dritte und vierte Generation. 10 Wenn mich aber jemand liebt und meine Gebote befolgt, dann erweise ich auch seinen Nachkommen Liebe und Treue, und das über Tausende von Generationen hin.

[2/3] 11 Du sollst den Namen des HERRN, deines Gottes, nicht missbrauchen; denn der HERR wird jeden bestrafen, der das tut.

[3/4] 12 Halte den Ruhetag am siebten Tag der Woche, so wie es der HERR, dein Gott, befohlen hat. Er ist für dich ein heiliger* Tag, der dem HERRN gehört. 13 Sechs Tage in der Woche sollst du arbeiten und alle deine Tätigkeiten verrichten; 14 aber der siebte Tag ist der Ruhetag[d] des HERRN, deines Gottes. An diesem Tag sollst du nicht arbeiten, auch nicht dein Sohn oder deine Tochter, dein Sklave* oder deine Sklavin, dein Rind, dein Esel oder ein anderes von deinen Tieren und auch nicht der Fremde*, der bei dir lebt. An diesem Tag sollen dein Sklave und deine Sklavin genauso ausruhen können wie du.[e] 15 Denke daran, dass du selbst in Ägypten ein Sklave warst und der HERR, dein Gott, dich mit starker Hand und ausgestrecktem Arm von dort in die Freiheit geführt hat. Deshalb befiehlt er dir, den Tag der Ruhe einzuhalten.

[4/5] 16 Du sollst deinen Vater und deine Mutter ehren. So hat der HERR, dein Gott, es dir befohlen; und wenn du das tust, wirst du lange leben und es wird dir gut gehen in dem Land, das der HERR, dein Gott, dir gibt.

[5/6] 17 Du sollst nicht morden.

[6/7] 18 Du sollst nicht die Ehe brechen.

[7/8] 19 Du sollst nicht stehlen.

[8/9] 20 Du sollst nichts Unwahres über deinen Mitmenschen sagen.[f]

[9-10/10] 21 Du sollst nicht versuchen, die Frau deines Mitmenschen an dich zu bringen.

Du sollst überhaupt nichts begehren, was deinem

a Zur Lage der Städte siehe die Kartenskizze Seite 218.
b Die folgenden Gebote sind auch in Ex 20 überliefert. Beide Fassungen stimmen im Grundbestand überein, weichen jedoch in der Begründung einzelner Gebote voneinander ab. Dazu und zur unterschiedlichen Zählung siehe Sacherklärung »Zehn Gebote«.
c *ein leidenschaftlich …:* wörtlich *ein »eifersüchtiger« Gott.*
d Wörtlich *Sabbat**; ebenso in Vers 12.
e Gegenüber Ex 20,8-11 fällt hier die ›soziale‹ Begründung des Gebotes der Sabbatruhe auf: Die Menschen sollen an diesem Tag ausruhen können.
f Wörtlich *du sollst (vor Gericht) keine falsche Zeugenaussage gegen deinen Mitmenschen machen.*

4,41-43 Num 35,9-28S **5,2** Ex 24,1-8 **5,3** 29,13-14 **5,5** 5,23-31 **5,15** 6,21; 15,15; 16,12; 24,18; 26,11

Mitmenschen gehört: sein Haus und seinen Grund-
besitz, seinen Sklaven, sein Rind, seinen Esel oder
sonst irgendetwas, was deinem Mitmenschen ge-
hört.

Mose erinnert an die Antwort des Volkes
(Ex 20,18-21)

22 Diese Gebote gab euch der HERR am Berg Horeb*.
Eure ganze Gemeinde war versammelt und hörte,
wie er sie mit lauter Stimme verkündete, aus dem
Feuer und der dunklen Wolke heraus.
Dies sind die Grundgebote;[a] er schrieb sie auf
zwei Steintafeln und gab die Tafeln mir.
23 Als ihr damals den Berg in Flammen saht und die
Stimme aus dem Dunkel heraus hörtet, kamen alle
eure Stammesoberhäupter und Ältesten* zu mir
24 und sagten: »Der HERR, unser Gott, hat uns heute
seine Größe und Herrlichkeit sehen lassen und wir
haben aus dem Feuer seine Stimme gehört. Wir
haben staunend erfahren, dass Gott zu Menschen
sprechen kann, ohne dass sie deshalb sterben müs-
sen. 25 Aber wir haben Angst, dass uns dieses große
Feuer doch noch verzehren wird. Wenn wir die
Stimme des HERRN, unseres Gottes, noch länger
hören, werden wir es gewiss nicht überleben.
26 Noch kein sterblicher Mensch hat so wie wir die
Stimme des lebendigen Gottes mitten aus dem Feuer
reden hören und ist am Leben geblieben. 27 Deshalb
geh du jetzt hin, höre alles, was der HERR, unser Gott,
sagt, und teile es uns mit. Wir werden darauf hören
und alles befolgen.«
28 Da sagte der HERR zu mir: »Ich habe gehört, wo-
rum das Volk dich gebeten hat. Es ist gut, was sie
sagen. 29 Wenn sie nur immer so gesinnt bleiben!
Wenn sie mich nur immer so ernst nehmen und
meine Gebote befolgen! Dann wird es ihnen und
ihren Nachkommen stets gut gehen. 30 Sag ihnen,
sie sollen in ihre Zelte zurückkehren. 31 Du aber tritt
her zu mir! Ich will dir alle die Gesetze, Gebote und
Rechtsbestimmungen sagen, die du ihnen einprägen
sollst und nach denen sie leben sollen in dem Land,
das ich ihnen gebe.«
32 Befolgt also sorgfältig alles, was der HERR, euer
Gott, euch befohlen hat. Weicht nicht davon ab!
33 Bleibt genau auf dem Weg, den er euch mit seinen
Geboten gewiesen hat. Dann werdet ihr am Leben
bleiben und es wird euch gut gehen und ihr werdet
immer in dem Land wohnen können, das ihr jetzt
in Besitz nehmt.

Das Grundgebot: Gott über alles lieben

6 Ich sage euch jetzt die Gesetze und Rechtsbe-
stimmungen, die der HERR, euer Gott, euch gege-
ben hat. Ihr sollt sie euch einprägen, damit ihr
danach handelt, wenn ihr das Land in Besitz genom-
men habt, in das ihr jetzt hinüberzieht. 2 Nehmt den
HERRN, euren Gott, ernst und befolgt stets seine
Anweisungen, die ich euch heute sage, ihr und eure
Kinder und die Kinder eurer Kinder. Tut es euer
Leben lang, dann wird der HERR euch auch ein langes
Leben schenken.
3 Höre nun seine Gebote, Volk Israel, und befolge
sie, damit es dir gut geht und du ein großes Volk wirst
in dem Land, das von Milch und Honig überfließt, so
wie der HERR, der Gott eurer Vorfahren, euch das
versprochen hat.
4 Höre, Israel! Der HERR ist unser Gott, der HERR
und sonst keiner.[b] 5 Darum liebt ihn von ganzem
Herzen, mit ganzem Willen und mit aller Kraft.
6 Behaltet die Gebote im Gedächtnis, die ich euch
heute verkünde! 7 Prägt sie euren Kindern ein und
sagt sie euch immer wieder vor – zu Hause und auf
Reisen, wenn ihr euch schlafen legt und wenn ihr
erwacht. 8 Bindet sie euch zur ständigen Erinnerung
an den Arm und auf die Stirn. 9 Schreibt sie auf die
Türpfosten eurer Häuser und auf die Tore eurer
Städte.

Gott niemals vergessen

10 Der HERR, euer Gott, bringt euch jetzt in das Land,
das er euch zum Besitz geben will, wie er das euren
Vorfahren Abraham, Isaak und Jakob geschworen
hat. Ihr werdet dort große und schöne Städte vorfin-
den, die ihr nicht selbst gebaut habt, 11 und Häuser
voll von Besitz, den ihr nicht selbst erworben habt,
Brunnen, die ihr nicht gegraben, und Weinberge
und Olivenhaine, die ihr nicht angelegt habt. Wenn
es euch dann gut geht und ihr euch satt essen könnt,
12 dann gebt Acht, dass ihr den HERRN nicht vergesst,
der euch aus Ägypten herausgeführt hat, wo ihr Skla-
ven gewesen seid!
13 Nehmt den HERRN, euren Gott, ernst und
gehorcht ihm! Schwört nur bei seinem Namen!
14 Lauft nicht hinter den Göttern her, die die Völker
rings um euch verehren. 15 Der HERR, euer Gott, ist
ein leidenschaftlich liebender Gott, der von euch
ungeteilte Liebe erwartet;[c] wenn ihr ihm nicht treu
bleibt, fordert ihr seinen Zorn heraus und er wird
euch ausrotten.
16 Stellt seine Geduld nicht auf die Probe, wie ihr es
bei Massa getan habt. 17 Gehorcht seinen Befehlen,
beachtet sorgfältig die Gebote und Weisungen, die
er euch gegeben hat. 18 Tut das, was vor ihm recht
und gut ist. Dann wird es euch gut gehen und ihr
werdet das gute Land in Besitz nehmen, das der HERR
euren Vorfahren versprochen hat. 19 Ihr werdet dann
alle eure Feinde aus dem Land vertreiben, wie er es
zugesagt hat.

a Wörtlich *und er fügte nichts hinzu*, nämlich kein weiteres Grundgebot.
b Der hebräische Text kann auf zwei Weisen gedeutet werden: »Der HERR ist unser Gott, der HERR allein«, oder: »Der HERR, unser Gott, ist *ein* HERR« (d.h., er darf nur an einem einzigen Ort verehrt werden; vgl. Dtn 12). Zum Gottesnamen siehe Sacherklärung »HERR«.
c *ein leidenschaftlich ...*: wörtlich *ein »eifersüchtiger« Gott.*

5,22-27 Hebr 12,18-19 **5,22b** Ex 24,12S **5,24** Ex 33,20S **5,32-33** 4,1S **6,2** 4,1S **6,3** Gen 12,2S; 12,7S; Ex 3,8S **6,4-5** 10,12; 11,13.22; 13,4; 30,6.20; Jos 22,5; Mk 12,29-30 **6,6-9** 11,18-20; 30,11-14; Ex 13,9 **6,10** 1,8 **6,15** Ex 20,5S **6,16** Ex 17,1-7

Die großen Taten Gottes weitersagen

20 Wenn eure Kinder später fragen, wozu all die Weisungen, Gebote und Rechtsbestimmungen gut sind, die ihr vom HERRN, eurem Gott, bekommen habt, 21 dann gebt ihnen zur Antwort:

»Als Sklaven mussten wir dem König von Ägypten dienen, doch der HERR befreite uns mit seinem starken Arm. 22 Wir haben mit eigenen Augen gesehen, wie er durch seine Staunen erregenden Wundertaten Verderben über den Pharao und seine Familie und über alle Ägypter brachte. 23 Uns aber hat er aus Ägypten herausgeführt und hierher gebracht, um uns das Land zu geben, das er unseren Vorfahren versprochen hatte. 24 Er hat uns befohlen, ihn, unseren Gott, ernst zu nehmen und alle diese Gebote zu befolgen, damit es uns gut geht und er uns am Leben erhalten kann, wie das heute tatsächlich der Fall ist. 25 Unser Tun findet beim HERRN Anerkennung,[a] wenn wir alles genau befolgen, was er, unser Gott, uns befohlen hat.«

Der Verführung zum Ungehorsam vorbeugen

(Ex 34,11-16)

7 Ihr werdet jetzt bald aufbrechen, um euer Land in Besitz zu nehmen, und der HERR, euer Gott, wird es euch gelingen lassen. Er wird sieben Völker vor euch vertreiben, die größer und stärker sind als ihr:[b] die Hetiter*, Girgaschiter, Amoriter*, Kanaaniter*, Perisiter, Hiwiter und Jebusiter. 2 Wenn der HERR sie in eure Gewalt gibt, dürft ihr keinen Friedensvertrag mit ihnen schließen. Ihr dürft sie nicht verschonen, sondern müsst den Bann[c] an ihnen vollstrecken. 3 Ihr dürft euch auf keinen Fall mit ihnen verschwägern. Eure Töchter dürft ihr keinem Mann aus diesen Völkern geben und für eure Söhne dürft ihr keine Frau aus diesen Völkern nehmen. 4 Sonst könnten sie von ihnen dazu verleitet werden, sich vom HERRN abzuwenden und andere Götter zu verehren. Dann würde der HERR über euch zornig werden und euch in kürzester Zeit vernichten.

5 Es gibt für euch nur eins: Reißt ihre Altäre nieder, zerschlagt ihre Steinmale*, haut ihre geweihten Pfähle* um und verbrennt ihre Götzenbilder. 6 Denn ihr seid ein Volk, das ausschließlich dem HERRN gehört.[d] Der HERR, euer Gott, hat euch unter allen Völkern der Erde ausgewählt und zu seinem Eigentum gemacht.

7 Das tat er nicht etwa, weil ihr größer seid als die anderen Völker – ihr seid vielmehr das kleinste unter ihnen! 8 Nein, er tat es einzig deshalb, weil er euch liebte und das Versprechen halten wollte, das er euren Vorfahren gegeben hatte. Nur deshalb hat er euch herausgeholt aus dem Land, in dem ihr Sklaven wart; nur deshalb hat er euch mit seiner starken Hand aus der Gewalt des Pharaos befreit.

9 Er wollte euch zeigen, dass er allein der wahre Gott ist und dass er Wort hält. Er steht zu seinem Bund* und erweist seine Liebe bis in die tausendste Generation an denen, die ihn lieben und seine Gebote befolgen. 10 Aber alle, die sich ihm widersetzen, bestraft er auf der Stelle und vernichtet sie. Er wird nicht zögern, sondern jeden auf der Stelle vernichten, der ihn missachtet. 11 Darum haltet euch stets an seine Weisung, an die Gebote und Rechtsbestimmungen, die ich euch heute verkünde!

Gehorsam bringt Segen

12 Wenn ihr dem HERRN, eurem Gott, treu bleibt und auf seine Gebote hört und sie befolgt, wird auch er treu sein und zu den Zusagen stehen, die er euren Vorfahren gegeben hat. 13 Er wird euch seine Liebe erweisen und seinen Segen über euch ausschütten. Er wird euch zahlreich werden lassen und euren Wohlstand mehren in dem Land, das er euch geben wird, wie er es euren Vorfahren geschworen hat. Er wird euch viele Kinder schenken und reiche Ernten an Getreide, Wein und Öl; eure Rinder, Schafe und Ziegen wird er vermehren. 14 Kein anderes Volk wird so reich gesegnet sein wie ihr. Kein Mann wird bei euch zeugungsunfähig und keine Frau unfruchtbar sein; auch alle eure Tiere werden Nachwuchs haben. 15 Der HERR wird euch vor allen Krankheiten schützen, er wird die bösen Seuchen von euch fern halten, die ihr aus Ägypten kennt, und wird sie eure Feinde treffen lassen.

16 Alle Völker, die der HERR in eure Hand gibt, müsst ihr vernichten. Ihr dürft kein Mitleid mit ihnen haben und auf keinen Fall ihre Götter verehren, denn das würde euch ins Verderben stürzen.

Keine Angst vor den Völkern des Landes

17 Vielleicht seid ihr in Sorge und denkt: »Die Völker im Land Kanaan* sind viel stärker als wir. Die können wir nie vertreiben!«

18 Habt keine Angst vor ihnen! Denkt doch daran, wie der HERR, euer Gott, den Pharao und alle Ägypter seine Macht spüren ließ. 19 Denkt an die Plagen, die er ihnen geschickt hat, und an all seine Staunen erregenden Wundertaten. Denkt daran, wie er euch mit starker Hand und ausgestrecktem Arm aus Ägypten herausgeführt hat! Genauso wird er die Völker, vor denen ihr jetzt Angst habt, seine Macht spüren lassen. 20 Er wird einen panischen Schrecken über sie kommen lassen,[e] bis auch noch die letzten Überlebenden, die sich irgendwo vor euch versteckt haben, umgekommen sind.

a *Unser Tun ...:* wörtlich *Es wird unsere Gerechtigkeit* sein.*
b Eine noch längere Liste Gen 15,19-21. An anderen Stellen wird *Amoriter* ebenso wie *Kanaaniter* als umfassender Name für die vorisraelitischen Landesbewohner gebraucht.
c Was der »Bann« bedeutet, geht z.B. aus 20,13-17 hervor. Die Anordnung, die uns grausam erscheint und noch nichts von der Liebesbotschaft Jesu (Mt 5,43-45) erkennen lässt, kann nur aus ihrer Zeit heraus verstanden werden (siehe Sacherklärung »Bann«).
d Wörtlich *ein heiliges* Volk für den HERRN.*
e Andere Deutung mit den alten Übersetzungen: *Sogar Hornissen wird der HERR gegen sie losschicken.*

6,20 Ex 12,26; 13,14; Jos 4,21 **6,21** 5,15 S **6,24** 4,1 S **7,1-4** 2,34-35; 3,6; 20,15-17; 33,27; Jos 7,1 S; Lev 27,28 **7,5** 12,2-3 S **7,6** Ex 19,5-6 S **7,7** 9,4-5 **7,9** 6,4-5; Ex 20,5-6 S; Neh 1,5; Dan 9,4 **7,12-15** 11,13-15; 28,1-14; Lev 26,3-13 **7,15** Ex 15,26 **7,16** 7,1-4 S **7,20** Ex 23,28 S

[21] Ihr braucht keine Angst vor ihnen zu haben;
denn der HERR, euer Gott, ist bei euch. Er ist stark
und mächtig und alle seine Feinde müssen sich vor
ihm fürchten. [22] Er wird diese Völker vor euch ver-
treiben. Allerdings lässt er euch nicht von heute
auf morgen mit ihnen fertig werden. Sonst würden
sich die wilden Tiere zu stark vermehren und euch
Schaden zufügen.

[23] Der HERR, euer Gott, wird die Völker im Land
euch preisgeben; er wird sie in Furcht und Schrecken
versetzen, sodass ihr sie völlig vernichten könnt.
[24] Er wird ihre Könige in eure Hand geben; keiner
von ihnen wird sich gegen euch behaupten können.
Ihr werdet sie alle vernichten; nicht einmal an ihre
Namen wird man sich noch erinnern.

[25] Die Standbilder ihrer Götter müsst ihr ins Feuer
werfen. Lasst euch auch nicht dazu verleiten, den
goldenen und silbernen Belag abzulösen und an
euch zu nehmen. Das würde euch Unheil bringen;
denn solches Gold und Silber verabscheut der HERR,
euer Gott. [26] Und was der HERR verabscheut, sollt ihr
nicht in eure Häuser bringen, sonst seid ihr genauso
wie diese Bilder dem Bann* verfallen und müsst ster-
ben. Behandelt sie als etwas Abscheu- und Ekelerre-
gendes, das vernichtet werden muss.

Das Volk verdankt alles seinem Gott

8 Das ganze Gesetz, das ich euch heute verkünde,
sollt ihr sorgfältig befolgen, damit ihr am Leben
bleibt und euch vermehrt und das Land in Besitz
nehmen könnt, das der HERR euren Vorfahren mit
einem Eid zugesagt hat.

[2] Vergesst nicht, wie der HERR, euer Gott, euch
vierzig Jahre lang in der Wüste umherziehen ließ!
Das tat er, um euch vor Augen zu führen, dass ihr
ganz auf ihn angewiesen seid, aber auch um euch
auf die Probe zu stellen und zu sehen, ob ihr seinen
Weisungen folgen würdet oder nicht. [3] Er ließ euch
hungern, damit ihr lernt, dass ihr ohne ihn nicht
leben könnt. Und er gab euch das Manna* zu essen,
von dem ihr bis dahin nichts gewusst hattet, so
wenig wie eure Vorfahren; denn er wollte euch zei-
gen: Der Mensch lebt nicht nur von Brot, sondern er
lebt zuerst und zuletzt von dem Wort, jedem einzel-
nen Wort, das aus dem Mund des HERRN kommt.[a]

[4] Die ganzen vierzig Jahre lang sind eure Kleider
nicht zerschlissen und ihr habt keine wunden Füße
bekommen. [5] Daran sollt ihr erkennen, dass der
HERR, euer Gott, euch auf den rechten Weg bringen
will wie ein Vater, der sein Kind erzieht.[b] [6] Darum
folgt seinem Befehl und bleibt auf dem Weg, den
er euch weist. Nehmt seine Warnungen ernst!

[7] Der HERR, euer Gott, wird euch in ein schönes
und fruchtbares Land bringen. In der Ebene wie
im Bergland gibt es dort Quellen und Bäche, die
unerschöpflich aus der Tiefe hervorsprudeln. [8] Es
gibt Weizen und Gerste, Trauben, Feigen und Gra-
natäpfel, Oliven und Honig. [9] Ihr werdet euer Essen
nicht sorgsam einteilen müssen, es wird euch an
nichts fehlen. Das Land hat sogar eisenhaltiges
Gestein und in seinen Bergen könnt ihr Kupfer
schürfen.[c] [10] Wenn ihr euch dann satt essen könnt,
sollt ihr dem HERRN, eurem Gott, aus vollem Herzen
danken für das gute Land, das er euch gegeben hat.

[11] Vergesst nicht den HERRN, euren Gott! Missach-
tet nicht seine Weisungen, Gebote und Rechtsbe-
stimmungen, die ich euch heute verkünde! [12–14] Wer-
det nicht übermütig, wenn es euch gut geht, wenn
ihr reichlich zu essen habt und in schönen Häusern
wohnt, wenn eure Viehherden wachsen, euer Gold
und Silber und all euer Besitz sich vermehrt.

Vergesst dann nicht den HERRN, euren Gott! Er hat
euch aus Ägypten, wo ihr Sklaven gewesen seid, her-
ausgeführt. [15] Er hat euch durch die große und ge-
fährliche Wüste geführt, wo giftige Schlangen und
Skorpione hausen, wo alles ausgedörrt ist und es
nirgends einen Tropfen Wasser gibt. Aber dann ließ
er aus dem härtesten Felsen Wasser für euch hervor-
quellen, [16] und er gab euch mitten in der Wüste
Manna zu essen, von dem eure Vorfahren noch
nichts wussten. Durch Gefahr und Mangel wollte
er euch vor Augen führen, dass ihr ganz auf ihn ange-
wiesen seid; er wollte euch auf die Probe stellen, um
euch am Ende mit Wohltaten zu überhäufen.

[17] Vergesst das nicht und lasst euch nicht einfallen
zu sagen: »Das alles haben wir uns selbst zu verdan-
ken. Mit unserer Hände Arbeit haben wir uns diesen
Wohlstand geschaffen.« [18] Seid euch vielmehr be-
wusst, dass der HERR, euer Gott, euch die Kraft
gab, mit der ihr dies alles erreicht habt. Und er hat
es getan, weil er zu den Zusagen steht, die er euren
Vorfahren gegeben hat, wie ihr das heute sehen
könnt.

[19] Aber ich warne euch: Wenn ihr den HERRN,
euren Gott, vergesst und hinter anderen Göttern her-
lauft, wenn ihr sie anbetet und ihnen dient, werdet
ihr unweigerlich zugrunde gehen. [20] Wenn ihr dem
HERRN, eurem Gott, nicht gehorcht, werdet ihr
genauso untergehen wie die Völker, die er vor euch
vertreibt und untergehen lässt.

Ein unverdientes Geschenk

9 Höre, Volk Israel! Du wirst jetzt den Jordan
überschreiten. Du wirst Völker vertreiben, die
größer und stärker sind als du, und Städte in Besitz
nehmen, die durch himmelhohe Mauern geschützt
sind. [2] Es gibt dort das Volk der Anakiter*, ein großes
Volk mit riesenhaften Männern. Ihr habt von ihnen
gehört und kennt das geflügelte Wort: »Mit den Ana-
kitern nimmt es keiner auf.« [3] Aber ihr werdet er-

a Jesus hat dieses Wort dem Versucher in der Wüste in einer leicht abweichenden Form entgegengehalten (Mt 4,4).
b Das Bild von Gott als dem *Vater* begegnet uns schon im Alten Testament an wichtigen Stellen (z.B. 32,6; Ex 4,22; Ps 68,6; Jes 63,16; Jer 31,9; Hos 11,1; Mal 1,6; 2,10). Durch Jesus gewinnt es seine volle Tiefe und wird zur zentralen Aussage über Gottes Wesen (Mt 5,45; 6,8; 7,11; Röm 8,15).
c Kupfervorkommen gab es zu beiden Seiten der Senke zwischen Totem und Rotem Meer, Eisenerze im Libanon, im Ostjordanland und im Südland.

8,1 4,1S **8,2** 13,4; Ex 15,25; Num 14,33; Ps 95,9-10 **8,3** Ex 16,31S; Jes 55,2-3; Mt 4,4par **8,5** Spr 3,11-12; Weish 11,9-10; Hebr 12,7 **8,15** Ex 17,1-7 **8,16** Ex 16,31S **8,17-18** Ps 44,3-8; Hos 2,10 **9,1-2** 1,28; 2,10-11.20-21; 11,23 **9,3** 4,24S

leben, dass der HERR, euer Gott, vor euch herzieht wie ein verzehrendes Feuer; er wird sie vor euch in die Knie zwingen, sodass ihr sie in kürzester Zeit vertreiben und vernichten könnt, wie er es euch versprochen hat.

4-5 Wenn das geschehen ist und der HERR sie vor dir vertrieben hat, dann lass dir nicht einfallen zu sagen: »Das ist der Lohn für meinen Gehorsam! Weil ich immer das Rechte getan habe, hat der HERR mich in dieses Land gebracht.«

Nein, der HERR gibt dir dieses Land nicht deshalb, weil du ihm gehorcht hast und ihm immer treu gefolgt bist. Vielmehr vertreibt er diese Völker vor dir, weil sie sich schuldig gemacht haben und um die Zusage einzulösen, die er deinen Vorfahren Abraham, Isaak und Jakob mit einem Eid gemacht hat. 6 Macht euch nichts vor! Der HERR, euer Gott, gibt euch dieses schöne Land nicht wegen irgendwelcher Verdienste. Nein, ihr seid ein durch und durch widerspenstiges Volk![a]

Der Ungehorsam des Volkes am Gottesberg

7 Denkt doch daran, wie oft ihr in der Wüste den Zorn des HERRN, eures Gottes, herausgefordert habt! Von dem Tag an, da ihr aus Ägypten aufgebrochen seid, bis zu eurer Ankunft an diesem Ort habt ihr euch dem HERRN widersetzt.

8 Am Berg Horeb* habt ihr ihn so sehr zum Zorn gereizt, dass er euch vernichten wollte. 9 Ich war damals auf den Berg gestiegen, denn der HERR wollte mir die beiden Steintafeln übergeben, auf denen die Verpflichtungen des Bundes* geschrieben standen, den er mit euch geschlossen hatte. Vierzig Tage und vierzig Nächte blieb ich oben auf dem Berg, ohne etwas zu essen und zu trinken. 10 Dort gab der HERR mir die beiden Tafeln. Er hatte mit eigener Hand die Worte darauf geschrieben, die er aus dem Feuer heraus zu euch gesprochen hatte, während ihr unten am Berg versammelt wart.

11 Es war am Ende der vierzig Tage und vierzig Nächte, dass der HERR mir die Tafeln mit den Bundesverpflichtungen gab. 12 Dann sagte er zu mir: »Steig rasch den Berg hinab! Dein Volk, das du aus Ägypten herausgeführt hast, hat etwas Schreckliches getan. Sie sind sehr schnell von dem Weg abgewichen, den ich ihnen doch eben erst durch meine Gebote gewiesen habe. Sie haben sich ein gegossenes Gottesbild gemacht.«

13 Und er fügte hinzu: »Ich weiß jetzt, was für ein widerspenstiges Volk sie sind. 14 Versuche nicht, mich umzustimmen. Ich will sie so gründlich vernichten, dass nicht einmal ihr Name in Erinnerung bleibt. Aus deinen Nachkommen aber will ich ein Volk machen, das noch größer und stärker ist als sie.«

15 Sofort stieg ich den Berg hinunter, der noch immer in Flammen stand. Die beiden Steintafeln trug ich in den Händen. 16 Da sah ich, dass ihr euch gegen den HERRN, euren Gott, aufgelehnt und euch ein gegossenes Stierbild* gemacht hattet. So schnell wart ihr von dem Weg abgewichen, den er euch mit seinen Geboten gewiesen hatte!

17 Ich schleuderte die beiden Tafeln zu Boden und zerschmetterte sie vor euren Augen. 18 Dann warf ich mich vor dem HERRN nieder und lag vor ihm noch einmal vierzig Tage und vierzig Nächte lang, ohne etwas zu essen und zu trinken. Ich trat für euch ein und flehte ihn an, dass er euch eure Schuld vergibt; denn ihr hattet mit eurem Götzendienst seinen Zorn erregt. 19 Ich fürchtete, der HERR würde in seinem Zorn euch alle vernichten; doch der HERR hörte auch diesmal auf mein Gebet.

20 Auch auf Aaron war der HERR zornig und wollte ihn töten; aber ich betete auch für ihn. 21 Das Stierbild, das ihr in eurer Auflehnung gegen den HERRN gemacht hattet, warf ich ins Feuer, zermalmte es und zerrieb die Überreste zu Pulver. Das streute ich in das Wasser des Baches, der vom Berg herabkommt.

22 Schon zuvor und auch später immer wieder, bei Tabera, bei Massa und bei Kibrot-Taawa, habt ihr den HERRN zum Zorn gereizt. 23 Und als der HERR, euer Gott, in Kadesch-Barnea zu euch sagte: »Zieht los und erobert das Land, das ich euch zugesprochen habe«, da widersetztet ihr euch seinem Befehl. Weil ihr dem HERRN nichts zugetraut habt, habt ihr ihm nicht gehorcht. 24 Seit ich euch kenne, lehnt ihr euch gegen ihn auf.

Wie Gott auf Moses Fürbitte antwortet

25 Ich lag also damals vierzig Tage und vierzig Nächte im Gebet vor dem HERRN, weil er gedroht hatte, euch zu vernichten. 26 Ich betete: »Ach HERR, du mächtiger Gott, vernichte doch nicht dein Volk, dein Eigentum, das du in deiner großen Macht aus dem Sklavendienst befreit und mit starker Hand aus Ägypten herausgeführt hast! 27 Denk an Abraham, Isaak und Jakob, die dir treu gedient haben, und sieh nicht auf die Schuld dieses widerspenstigen Volkes!

28 Du kannst doch nicht zulassen, dass sie in dem Land, aus dem du uns herausgeführt hast, sagen: ›Ihr Gott war nicht imstande, sie in das Land zu bringen, das er ihnen zugesagt hatte! Oder er hat sie gehasst und hat sie nur von hier weggeführt, damit sie in der Wüste umkommen.‹

a Das hat sich, wie die Verse 7-24 ausführen, während der ganzen Wüstenwanderung erwiesen; vgl. Ex 14,11-12 und die Vergleichsstellen dazu. Das Thema der ›unverdienten Gnade‹, das für Paulus so zentral wird (Röm 3,23-24; Eph 2,8-9), erklingt schon hier und 8,17-18 in reinster Form.

9,4-5 7,7 **9,7** Ex 14,11-12S **9,9-21** Ex 32,1-24 **9,9²9,9-11** Ex 24,12S; 24,18S **9,18** Ex 24,18S **9,22** Num 11,3; Ex 17,7; Num 11,34 **9,23** Num 13,17.31; 14,1-4 **9,26-29** Ex 32,9-13 **9,28** 32,27; Num 14,15-16; Ps 115,1-2

29 Sie sind doch dein Eigentum, dein Volk, das du
mit deiner großen Kraft und deinem ausgestreckten
Arm in die Freiheit geführt hast!«

10 Da sagte der HERR zu mir: »Haue zwei steinerne Tafeln zurecht, genau wie die ersten
waren, und mache für sie eine Lade* aus Holz. Bring
die Tafeln zu mir auf den Berg! 2 Ich werde darauf
die Worte schreiben, die auf den ersten Tafeln
standen, die du zerbrochen hast, und du legst sie
dann in die Lade.«

3 Ich machte eine Lade aus Akazienholz, hieb die
zwei Steintafeln zurecht und stieg mit ihnen auf den
Berg. 4 Der HERR schrieb darauf dieselben Worte, die
schon auf den ersten Tafeln gestanden hatten: die
Zehn Gebote, die er euch aus dem Feuer heraus
gesagt hatte, als ihr alle am Berg versammelt wart.
Dann gab er mir die Tafeln. 5 Ich stieg mit ihnen
vom Berg und legte sie in die Lade, die ich gemacht
hatte. Dort liegen sie noch heute, genau wie der
HERR es befohlen hat.

Der Tod Aarons und der Dienst der Leviten

6 Die Israeliten zogen von Beerot-Bene-Jaakan nach
Mosera. Dort starb Aaron und wurde auch dort
begraben und sein Sohn Eleasar wurde sein Nachfolger im Priesterdienst*. 7 Die Israeliten zogen dann
weiter nach Gudgoda und von dort nach Jotbata,
wo es reichlich Wasser gibt.

8 Damals sonderte der HERR den Stamm Levi aus
den übrigen Israeliten aus und übertrug ihm besondere Aufgaben. Die Nachkommen Levis sollten die
Lade* mit dem Bundesgesetz des HERRN tragen,
dem HERRN als Priester* dienen und dem Volk den
Segen* des HERRN zusprechen, wie es bis heute
geschieht.

9 Deshalb bekamen die Nachkommen Levis keinen Anteil am Landbesitz. Der HERR selbst ist ihr
Anteil, er sorgt für ihren Unterhalt, wie er, euer
Gott, ihnen das zugesagt hat.

Gott erhört Moses Gebet für das Volk

10 Ich aber war vierzig Tage und vierzig Nächte auf
dem Berg gewesen, genau wie beim ersten Mal,
und der HERR hatte mein Gebet erhört und mir versprochen, euch nicht zu vernichten. 11 Und er hatte
mir befohlen: »Geh jetzt und stell dich an die Spitze
des Volkes! Brich mit ihnen auf, damit sie das Land
in Besitz nehmen, das ich ihren Vorfahren für sie
zugesagt habe.«

Ein einzigartiger Gott

12 Und nun höre, Volk Israel: Der HERR, euer Gott,
verlangt von euch nur das eine, dass ihr ihn ernst
nehmt, seinen Weisungen folgt und ihn mit ganzem
Herzen und mit allen Kräften liebt und ehrt. 13 Lebt
nach seinen Geboten und Anordnungen, die ich
euch heute verkünde! Wenn ihr das tut, wird es euch
gut gehen.

14 Haltet euch vor Augen: Dem HERRN, eurem Gott,
gehören der Himmel und alle Himmelswelten* und
die ganze Erde mit allem, was darauf lebt. 15 Euren
Vorfahren aber wandte der HERR seine besondere
Liebe zu und er wählte euch, ihre Nachkommen,
aus allen Völkern aus und machte euch zu seinem
Volk, wie ihr das heute seid.

16 Darum seid endlich nicht mehr widerspenstig!
Am Körper seid ihr beschnitten, aber ihr müsst auch
euer Herz beschneiden![a] 17 Denn der HERR, euer
Gott, ist Herr über alle Götter und Gewalten, er ist
groß und mächtig und verbreitet Furcht und Schrecken um sich. Er ist nicht parteiisch und lässt sich
nicht bestechen. 18 Er verhilft den Waisen und Witwen zu ihrem Recht; er liebt auch die Fremden*,
die bei euch leben, und versorgt sie mit Nahrung
und Kleidung. 19 Darum sollt auch ihr die Fremden
lieben. Ihr habt ja selbst in Ägypten als Fremde
gelebt. 20 Nehmt den HERRN, euren Gott, ernst; ehrt
und liebt ihn! Schwört nur bei seinem Namen!

21 Ihr habt Grund, den HERRN, euren Gott, zu rühmen und zu preisen; denn ihr habt mit eigenen
Augen gesehen, was für große und Schrecken erregende Taten er für euch getan hat. 22 Als eure Vorfahren nach Ägypten zogen, waren sie nur siebzig
Leute, und jetzt hat der HERR euch zu einem
Volk gemacht, das so zahlreich ist wie die Sterne
am Himmel!

Die großen Taten Gottes

11 Liebt den HERRN, euren Gott, und befolgt stets seine Weisungen, seine Anordnungen, Gebote
und Rechtsbestimmungen!

2 Denkt daran, wie der HERR euch durch seine
mächtigen Taten eine Lehre erteilt und euch den
rechten Weg gewiesen hat. Eure Kinder haben das
nicht erlebt; aber ihr habt es gesehen und wisst,
wie er euch mit starker Hand und ausgestrecktem
Arm aus Ägypten herausgeführt hat.

3 Ihr habt erlebt, wie er in Ägypten über den Pharao und sein ganzes Land die schlimmsten Plagen
hereinbrechen ließ 4 und wie er das Heer der Ägypter, die euch nachjagten, vernichtet hat. Mit ihren
Pferden und Streitwagen* versanken sie in den Fluten des Schilfmeers* und ihre Macht ist gebrochen
bis zum heutigen Tag.

5 Ihr habt erlebt, wie er auf dem Weg durch die
Wüste für euch gesorgt und euch wohlbehalten bis
hierher gebracht hat; 6 aber ihr habt auch gesehen,

a Nach Gen 17,9-14 ist die Beschneidung* das äußere Zeichen der Zugehörigkeit zu Gottes Volk. Hier nun wird deutlich, dass dem auch eine bestimmte Verfassung des »Herzens« und ein daraus fließendes Verhalten entsprechen muss. Als Beispiel für das, was Gott von seinem Volk erwartet, nennen die folgenden Verse die Stellung zu den Benachteiligten; vgl. Lev 19.

10,1-5 Ex 24,12S; 34,1-4 **10,4** Ex 20,1-17 **10,5** Ex 37,1; 40,20 **10,6** Num 33,30-33; 20,22-29; 33,38 **10,8** Num 3,5-8; 8,5-19; Dtn 18,5 **10,9** Num 18,20S **10,10** 9,18 **10,12** 4,10.29; 6,4-5S **10,16** 30,6; Gen 17,9-14S **10,17** 1 Tim 6,15; (nicht parteiisch) 2 Chr 19,7; Ijob 34,19; Röm 2,11S **10,18-19** 14,28-29; 24,17-18; 27,19; Ex 22,21S; 22,20S **10,22** Gen 46,27; 15,5 **11,3** Ex 7,8–11,10; 12,29-30 **11,4** Ex 14,1-31 **11,6** Num 16,23-34

wie er Datan und Abiram, die sich gegen ihn auflehn-
ten, bestraft hat, wie die Erde sich spaltete und sie
mit ihren Zelten und Familien und allen, die zu
ihnen gehörten, lebendig verschlang. 7 Ihr habt mit
eigenen Augen alle diese großen Taten gesehen,
die der HERR vollbracht hat.
8 Darum befolgt sorgfältig alle seine Weisungen,
die ich euch heute verkünde! Dann wird er euch
die Kraft geben, das Land zu erobern, das ihr jetzt
in Besitz nehmen wollt, 9 und ihr werdet lange in
dem Land leben, das der HERR euren Vorfahren
und euch versprochen hat, diesem Land, das von
Milch und Honig überfließt.
10 Hier müsst ihr euch nicht so plagen wie in Ägyp-
ten, woher ihr gekommen seid. Wenn ihr dort euer
Getreide ausgesät hattet, musstet ihr die Äcker müh-
sam bewässern,[a] wie man es sonst nur bei Gemüse-
gärten macht. 11 In dem Land, in das ihr jetzt kommt,
gibt es Berge und Täler und es wird vom Regen
bewässert. 12 Der HERR, euer Gott, kümmert sich
selbst um das Gedeihen und blickt das ganze Jahr
über, vom Anfang bis zum Ende, freundlich auf
das Land.

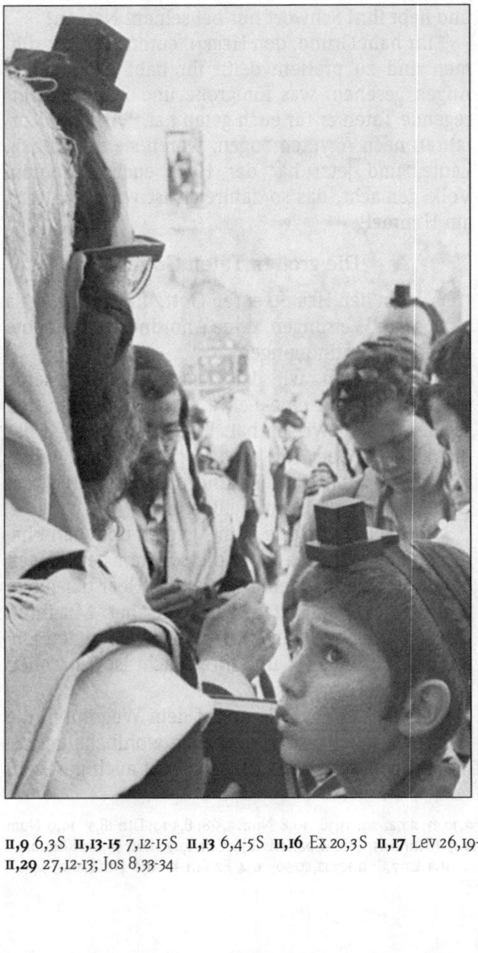

»Prägt euch die Gebote ein, die ich euch heute gebe, und behaltet sie im Gedächtnis! Bindet sie euch zur ständigen Erinnerung an den Arm und auf die Stirn. Prägt sie euren Kindern ein …« (11,18-19). Die Juden auf dem Bild tragen kleine Kapseln auf der Stirn und am linken Arm. Darin befinden sich, handgeschrieben auf Pergament, vier Abschnitte aus dem Gesetz (Ex 13,1-10; 13,11-16; Dtn 6,4-9; 11,13-21).

13 Wenn ihr wirklich die Weisungen des HERRN,
die ich euch heute verkünde, befolgt und ihn, euren
Gott, mit ganzem Herzen und mit allen Kräften liebt
und ehrt, 14 wird er euren Feldern zur rechten Zeit
Regen* schicken, im Herbst und im Frühjahr.[b] Ihr
werdet Korn, Wein und Öl ernten können 15 und
euer Vieh wird Gras zum Weiden finden. Ihr werdet
immer genug zu essen haben.

Vom Gehorsam des Volkes hängt seine Zukunft ab

16 Nehmt euch in Acht und lasst euch nicht dazu ver-
leiten, dem HERRN untreu zu werden. Verehrt nicht
andere Götter, dient ihnen nicht; 17 sonst wird der
HERR zornig auf euch werden und den Himmel ver-
schließen, sodass kein Regen mehr fällt. Dann
wächst nichts mehr auf den Feldern und ihr müsst
elend umkommen und verliert sehr schnell wieder
das schöne Land, das der HERR euch geben wird.
18 Darum prägt euch die Gebote ein, die ich euch
heute gebe, und behaltet sie im Gedächtnis! Bindet
sie euch zur ständigen Erinnerung an den Arm und
auf die Stirn. 19 Prägt sie euren Kindern ein und sagt
sie euch immer wieder vor – zu Hause und auf Rei-
sen, wenn ihr euch schlafen legt und wenn ihr
erwacht. 20 Schreibt sie auf die Türpfosten eurer Häu-
ser und auf die Tore eurer Städte. 21 Dann werdet ihr
in dem Land, das der HERR euren Vorfahren für euch
zugesagt hat, wohnen bleiben, ihr und alle eure
Nachkommen, solange der Himmel sich über der
Erde wölbt.
22 Wenn ihr alle Weisungen, die ich euch verkün-
de, genau befolgt, den HERRN, euren Gott, liebt, euch
zu ihm haltet und auf seinen Wegen bleibt, 23 dann
wird er alle diese Völker vor euch vertreiben,
obwohl sie größer und stärker sind als ihr, und ihr
werdet ihr Land in Besitz nehmen können. 24 Jeden
Fleck Erde, den ihr betreten werdet, gebe ich euch,
von der Wüste im Süden bis zum Libanongebirge
und vom Eufratstrom bis zum Mittelmeer.[c] 25 Nie-
mand wird sich gegen euch behaupten können;
denn der HERR wird Angst und Schrecken vor euch
über alle Bewohner des Landes kommen lassen,
wie er euch das versprochen hat.
26 Ich stelle euch heute vor die Wahl: Wollt ihr
Segen oder Fluch? 27 Der Segen wird euch zuteil,
wenn ihr die Weisungen des HERRN, eures Gottes,
die ich euch heute verkünde, befolgt. 28 Der Fluch*
trifft euch, wenn ihr sie missachtet, wenn ihr den
Weg, den ich euch weise, verlasst und euch anderen
Göttern zuwendet, von denen ihr bisher nichts
gewusst habt.
29 Wenn der HERR, euer Gott, euch in das Land
bringt, das ihr jetzt in Besitz nehmen werdet, sollt
ihr die Segenszusagen auf dem Berg Garizim und

a Die ägyptische Landwirtschaft ist völlig abhängig vom Nilwasser, das durch Kanäle auf die Felder geleitet werden muss.
b Über Klima und Niederschläge in Israel siehe die Angaben Seite 17/18.
c Diese Ausdehnung hat Israel vorübergehend in der Zeit Davids und Salomos erreicht; vgl. 2Sam 8,3 und Anmerkung dazu.

11,9 6,3S **11,13-15** 7,12-15S **11,13** 6,4-5S **11,16** Ex 20,3S **11,17** Lev 26,19-20 **11,18-20** 6,6-9S **11,22** 6,4-5S **11,25** Ex 23,28S **11,26-28** 28,1-68; 30,19 **11,29** 27,12-13; Jos 8,33-34

die Fluchdrohungen auf dem Berg Ebal ausrufen.[a]
– 30 Das sind die beiden Berge auf der anderen Seite
des Jordans, jenseits der Straße, die durch die Jor-
danniederung führt, in der Nähe der heiligen Bäu-
me bei Gilgal. – 31 Ihr werdet bestimmt den Jordan
überschreiten und das Land in Besitz nehmen und
besiedeln, das der HERR, euer Gott, euch geben
wird. 32 Dann achtet sorgfältig darauf, dass ihr nach
den Geboten und Rechtsbestimmungen lebt, die ich
euch heute verkünde!

DAS GESETZBUCH FÜR GOTTES VOLK IN GOTTES LAND (Kapitel 12–26)

12 Ich verkünde euch jetzt die Gebote und
Rechtsbestimmungen, die ihr befolgen müsst
in dem Land, das der HERR, der Gott eurer Vorfah-
ren, euch geben wird. Sie gelten, solange ihr in die-
sem Land lebt.

Das Grundgebot: Ein zentrales Heiligtum für ganz Israel

2 Zerstört alle Opferstätten* auf den Bergen und
Hügeln und unter den heiligen Bäumen, an denen
die Völker, die ihr vertreiben werdet, ihre Götter
verehren. 3 Reißt die Altäre ab, zertrümmert die
Steinmale*, verbrennt die geweihten Pfähle* und
stürzt alle Götzenbilder um. Nichts darf mehr an
die fremden Götter erinnern.
4 Ihr dürft es auch nicht den Völkern des Landes
nachmachen und den HERRN, euren Gott, an solchen
Stätten verehren.[b] 5 Ihr sollt vielmehr zu der einen
und einzigen Stätte kommen, die er im Gebiet eurer
Stämme auswählen und dazu bestimmen wird, dass
sein Name dort wohnt.[c] 6 Dorthin sollt ihr ihm alle
eure Opfer* bringen: die Brandopfer und Mahl-
opfer, den zehnten Teil eurer Ernte, die Pflichtabga-
ben, die freiwilligen Gaben und was ihr dem HERRN
durch ein Gelübde versprochen habt, ebenso die
Erstgeburten* eurer Rinder, Schafe und Ziegen.
7 Dort sollt ihr vor dem HERRN, eurem Gott, das
Opfermahl halten. Feiert es zusammen mit euren
Familien und genießt voll Freude, was eure Arbeit
euch durch Gottes Segen eingebracht hat.
8 Bis jetzt konnte jeder von euch seine Opfer dar-
bringen, wo und wie es ihm gefiel.[d] 9 Denn ihr hattet
das Land noch nicht in Besitz genommen, in dem
euch der HERR, euer Gott, nach der langen Wande-
rung zur Ruhe kommen lassen will. 10 Aber wenn
ihr nun den Jordan überschritten und das Land in
Besitz genommen habt, das der HERR euch geben
will, und wenn ihr mit seiner Hilfe alle eure Feinde
besiegt habt und in Ruhe und Sicherheit lebt, 11 dann
gilt eine andere Ordnung. Dann sollt ihr eure Opfer
und Abgaben ausschließlich zu der einen Stätte brin-
gen, die der HERR, euer Gott, dazu auswählen wird,
dass sein Name dort wohnt. 12 Dort, in Gegenwart
eures Gottes, sollt ihr eure Opferfeste feiern und
fröhlich sein mit euren Söhnen und Töchtern, euren
Sklaven und Sklavinnen. Lasst auch die Leviten*
mitfeiern, die in euren Dörfern und Städten woh-
nen, denn sie haben ja keinen Landbesitz unter
euch.

Die Folge: Unterscheidung von Opfer und Schlachtung

13 Lasst euch nicht einfallen, eure Brandopfer* an
irgendeiner der Opferstätten* darzubringen, die
ihr im Land vorfindet. 14 Ihr müsst damit zu der einen
und einzigen Stätte kommen, die der HERR im Gebiet
eines eurer Stämme dafür auswählen wird. Dorthin
sollt ihr auch alle anderen Opfer* und Abgaben brin-
gen, die ich euch vorschreibe.
15 Ihr dürft aber ohne Einschränkung in euren Ort-
schaften Tiere schlachten und ihr Fleisch essen – so
viel der HERR euch in seiner Güte geben wird. Alle
dürfen davon essen, auch wer gerade unrein* und
deshalb von der Teilnahme an einem Opfer ausge-
schlossen ist. Es ist genauso, als würdet ihr ein Stück
Wild essen, eine Gazelle oder einen Hirsch. 16 Nur
das Blut* dürft ihr nicht essen; ihr müsst es wie Was-
ser auf die Erde fließen lassen.[e]
17 Aber nichts von dem, was für den HERRN
bestimmt ist, dürft ihr in euren Ortschaften verzeh-
ren, weder den zehnten* Teil von eurem Getreide,
Wein und Öl noch die Erstgeburten* eures Viehs
noch irgendeine andere Opfergabe oder Abgabe.
18 Nur in Gegenwart des HERRN, eures Gottes, an

»Prägt euch die Gebote ein, die ich euch heute gebe, ... schreibt sie auf die Türpfosten eurer Häuser und auf die Tore eurer Städte« (11,18.20). Die Kapsel am Türpfosten enthält ein Pergament mit den Texten Dtn 6,4-9 und 11,13-21.

a Das wird in 27,11-13 noch einmal angeordnet und Jos 8,33-34 ausgeführt. Die beiden Berge liegen südlich von Sichem (siehe Karte Seite 443). Die Näherbestimmung am Ende von Vers 30 bleibt rätselhaft; zu *heilige Bäume* siehe Anmerkung zu Gen 12,6.

b Dass dies dennoch geschah, belegen die Geschichtsbücher des Alten Testaments an vielen Stellen (z.B. Ri 6,24; 1 Sam 9,12-24). Erst seit König Joschija wurde das Gebot von Dtn 12 befolgt (2 Kön 23,8-9; vgl. die Sacherklärung »Opferstätte«).

c Nicht Gott, sondern sein *Name* wohnt im Allerheiligsten* des Tempels; aber der Name bedeutet Gottes volle Gegenwart, seine gnädige Zuwendung und heilbringende Nähe; siehe Sacherklärung »Name«.

d Hier ist vorausgesetzt, dass in der alten Zeit jede Schlachtung ein Opfer war (siehe Anmerkung zu Lev 7,28-29). Jetzt wird beides getrennt (12,15.20-22).

e Ein Überrest der alten Opferhandlung: Das Blut als »Sitz des Lebens« gehört Gott (Lev 17,11). Die Vorschrift wird im jüdischen Brauch des »Schächtens« bis heute befolgt.

12,2-3 7,5; Ex 34,13; 2 Kön 16,4; 17,10; Jer 2,20; Ez 6,13 **12,5** 12,14; 14,22-23; 15,20; 16,2.16; 17,8; 26,2; 31,11 **12,7** 12,18; 14,26; 16,11.14 **12,9** 3,20; 1 Kön 8,56; Ps 95,11 **12,12** Num 18,20S **12,16.23** Lev 17,10-14S

dem einen Heiligtum, das er bestimmen wird, dürft
ihr es verzehren, ihr und eure Söhne und Töchter,
eure Sklaven* und Sklavinnen und die Leviten*,
die bei euch leben. Genießt voll Freude vor dem
HERRN, eurem Gott, was eure Arbeit euch einge-
bracht hat.[a] 19 Und vergesst dabei nie, solange ihr
in eurem Land lebt, für die Leviten zu sorgen.
20 Wenn der HERR, euer Gott, euer Gebiet erwei-
tern wird, wie er euch das zugesagt hat, und ihr wollt
gerne Fleisch essen, dann dürft ihr das unbedenklich
an euren Wohnsitzen tun, sooft ihr wollt. 21 Ihr müsst
dazu nicht zu der Stätte gehen, die der HERR, euer
Gott, dazu auswählen wird, dass sein Name dort
wohnt.[b] Alle, die zu weit von seinem Heiligtum ent-
fernt leben, dürfen an ihren Wohnsitzen von den
Rindern, Schafen und Ziegen, mit denen der HERR
sie gesegnet hat, schlachten und verzehren, was
sie wollen, so wie ich das angeordnet habe. 22 Ihr
sollt es genauso halten, wie wenn ihr ein Stück Wild
verzehrt: Jeder kann davon essen, auch wer gerade
unrein* und deshalb von der Teilnahme an einem
Opfer ausgeschlossen ist.
23 Nur eins müsst ihr auch in diesem Fall beachten:
Ihr dürft niemals Fleisch essen, in dem noch Blut ist;
denn im Blut ist das Leben. 24 Ihr müsst das Blut wie
Wasser auf die Erde fließen lassen. 25 So gefällt es
dem HERRN, und wenn ihr das beachtet, wird es euch
und euren Nachkommen gut gehen.
26 Aber die Abgaben und alles, was ihr durch ein
Gelübde* dem HERRN versprochen habt, müsst ihr
zu seinem Heiligtum bringen. 27 Auch die Tiere für
das Brandopfer müsst ihr dorthin bringen und sie
vollständig dem HERRN, eurem Gott, darbringen,
das Blut und das ganze Fleisch. Das Blut der Tiere,
die für das gemeinsame Opfermahl* bestimmt sind,
müsst ihr dort an den Altar gießen; das Fleisch dürft
ihr essen.
28 Befolgt genau alle diese Vorschriften, die ich
euch jetzt gebe, und tut alles, was vor dem HERRN,
eurem Gott, recht und gut ist. Dann wird es euch
und euren Nachkommen immer gut gehen.

Warnung vor Nachahmung fremder Bräuche

29 Wenn ihr in das Land einzieht und der HERR, euer
Gott, euch seine Bewohner preisgibt, sodass ihr sie
vernichten und ihr Land in Besitz nehmen könnt,
30 dann lasst euch nicht dazu verführen, ihre Bräuche
nachzuahmen. Erkundigt euch nicht danach, wie sie
ihre Götter verehrt haben, um euren Gottesdienst
ebenso einzurichten. 31 Ihr dürft den HERRN, euren
Gott, nicht auf ihre Weise verehren. Denn diese Völ-
ker haben zu Ehren ihrer Götter lauter Dinge getan,
die dem HERRN zuwider sind und die er hasst. Sie
haben sogar ihre Söhne und Töchter als Opfer für
die Götzen verbrannt.

Vollständigkeit des Gesetzes

13 Befolgt das ganze Gesetz, das ich euch heute
gebe, mit allen seinen Weisungen. Lasst
nichts aus und fügt auch nichts hinzu!

Gegen Verführung zum Götzendienst

2–3 Ihr müsst damit rechnen, dass in eurer Mitte fal-
sche Propheten[c] auftreten werden oder Leute, die
sich auf Träume berufen; die werden euch auffor-
dern, fremde Götter zu verehren und ihnen zu die-
nen. Sie werden sich dadurch auszuweisen suchen,
dass sie ein außerordentliches Ereignis ankündigen,
das dann auch wirklich eintrifft. 4 Hört trotzdem
nicht auf sie! Der HERR, euer Gott, will euch nur
auf die Probe stellen. Er möchte wissen, ob ihr ihn
mit ganzem Herzen und mit allen Kräften liebt.
5 Ihn, euren Gott, sollt ihr ehren und ihn ernst neh-
men, auf ihn hören und seinen Weisungen gehor-
chen, ihm dienen und ihm treu sein. 6 Der HERR, euer
Gott, hat euch aus dem Sklavendienst in Ägypten los-
gekauft und von dort in die Freiheit geführt. Wer
euch zur Untreue gegen ihn verleiten und von dem
Weg abbringen will, den er euch vorgeschrieben
hat, muss getötet werden. Ihr sollt das Böse aus eurer
Mitte entfernen.
7–8 Ihr müsst damit rechnen, dass die Menschen,
die euch am nächsten stehen, euch heimlich dazu
anstiften wollen, andere Götter zu verehren. Sie
werden euch zu überreden suchen, dass ihr euch
den Göttern der Völker zuwendet, die in eurer nähe-
ren oder ferneren Umgebung wohnen, obwohl
weder ihr noch eure Vorfahren jemals etwas mit die-
sen Göttern zu tun hattet. Aber selbst wenn dein
leiblicher Bruder, dein Sohn oder deine Tochter,
deine geliebte Frau oder dein bester Freund dir so
zuredet – 9 höre nicht darauf! Hab kein Mitleid mit
solch einem Verführer und schone ihn nicht! Ver-
heimliche seine Schuld nicht, 10 sondern zeige ihn
an.° Wirf den ersten Stein auf ihn, wenn er durch
Steinigung* hingerichtet wird. 11 Auf diese Weise
muss er sterben; denn er wollte dich vom HERRN, dei-
nem Gott, abbringen, der euch aus dem Sklaven-
dienst in Ägypten befreit und von dort herausgeführt
hat. 12 Alle in Israel müssen von seiner Bestrafung
erfahren. Dann werden sie sich fürchten und nie-
mand wird es mehr wagen, so etwas Verwerfliches
zu tun.
13–14 Ihr müsst damit rechnen, dass in einer von den
Städten, die der HERR, euer Gott, euch geben wird,
nichtsnutzige Leute auftreten werden, die ihre Mit-
bürger dazu verleiten, fremde Götter zu verehren.
Wenn ihr davon hört, 15 müsst ihr nachforschen, ob
es sich so verhält, und den Vorgang genau unter-
suchen. Wenn sich das Gerücht bewahrheitet und
wirklich so etwas Abscheuliches unter euch gesche-

a Wie beim Sabbatgebot (5,14-15) erweist sich Gott auch hier als der Vater, der für sein Volk sorgt. Beim Opfermahl sind die Menschen Gäste Gottes, der nur einen Teil des Opfertieres für sich beansprucht (siehe Vers 27 und Anmerkung zu Lev 3,7-16).
b *sein Name ...:* siehe Anmerkung zu Vers 5.
c Die Auseinandersetzung mit falschen Propheten (siehe Sacherklärung »Prophet«) begegnet in der Bibel an vielen Stellen; vgl. außer 18,20: Jer 14,13-15 und die Vergleichsstellen dort; Mt 7,15 mit Vergleichsstellen.

12,31 Lev 18,21 S **13,1** 4,2 **13,4** 6,4-5 S; 8,2 S **13,6** 1 Kor 5,13 **13,9** 19,13.21; 25,12 **13,10** 17,5 S; 17,7; Joh 8,7 **13,12** 17,13; 19,20; 21,21 **13,15** 17,2-4

Israels Gesetze

Die Bücher Genesis bis Deuteronomium enthalten drei Gesetzessammlungen:
- Die erste findet sich im Anschluss an die Zehn Gebote: Exodus 21–23.
- Die zweite, das Buch Levitikus, enthält Vorschriften über die Opfer und über die »Reinheit« oder »Heiligkeit«, die das Volk seinem Gott in Gottesdienst und Alltagsleben schuldig ist.
- Die dritte, Deuteronomium 12–26, ist mit der von Exodus 21–23 vergleichbar, will aber insbesondere sicherstellen, dass die Israeliten in dem Land, in das sie nun ziehen, nicht dem Götzendienst verfallen.

Die Zehn Gebote sind doppelt überliefert: in Exodus 20 und in Deuteronomium 5.

Der Bund

Die Gesetze sind Bestandteil des Bundes oder »Vertrages«, den Gott mit Israel geschlossen hat. Was die Form angeht, so kann man Verträge zum Vergleich heranziehen, wie sie damals zwischen Königen und den von ihnen unterworfenen Völkern abgeschlossen wurden. Deutlich ist diese Form z.B. im Deuteronomium gegeben:
- Eine Einleitung schildert in groben Zügen die Ereignisse, die zu dem Vertragsabschluss geführt haben (Kap 1–3).
- Die Forderungen und Bedingungen werden festgelegt (Kap 4–26).
- Die Abmachungen werden schriftlich festgehalten (Kap 27).
- Segnungen werden ausgerufen über die, die sich an den Vertrag halten, Verfluchungen über die, die ihn brechen (Kap 28).

Andere alte Gesetze

Aus dem Alten Orient sind uns manche anderen Gesetzessammlungen überliefert: eine sumerische Gesetzessammlung, das berühmte Gesetzeswerk des altbabylonischen Königs Hammurapi (s. Seite 28), die hetitischen und mittelassyrischen Gesetze. Meistens lautet die Formel: »Wenn (einer das und das tut) ..., dann (wird er so und so bestraft).« Es werden auch Preistabellen festgelegt für die Bezahlung von Arbeit oder von ärztlicher oder anderer Dienstleistung.

Nach dem Gesetzeswerk Hammurapis liegt der Sinn der Gesetze darin, »Verbrecher und alle, die Böses tun, auszurotten ..., das Wohlergehen des Volkes zu fördern ..., das Volk in Gerechtigkeit zu regieren«. In der Bibel werden juristische, sittliche und religiöse Vorschriften als ein Ganzes betrachtet. Sie betreffen nur verschiedene Seiten ein und derselben Sache: Gott zu dienen. Die Gesetze Israels lassen sich, grob gesehen, in folgende Gruppen einteilen.

Gottesdienstliche Gesetze

- Sabbat, Sabbatjahr und Erlassjahr: Ex 23,10-12; 31,12-17; 35,1-3; Lev 25; Dtn 15,1-11
- Die großen Feste: Ex 23,14-17; Lev 16; 23; Num 28–29; Dtn 16
- Das Heilige Zelt und seine Ausstattung: Ex 25–27; 30
- Einsetzung und Kleidung der Priester: Ex 28–29; 39; Lev 8
- Die Aufgaben der Priester und Leviten: Lev 9–10; Num 3–4; 18
- Die Opfer: Ex 29,38-42; Lev 1–7; 22; Num 15,1-31; 28–29; Dtn 12
- Gelübde und Abgaben: Lev 27; Num 30; Dtn 14,22-29; 26

Gesetze für den sittlichen und sozialen Bereich

- Gerechtigkeit, Ehrlichkeit, Menschlichkeit: Ex 23,1-9; Lev 19,11-18; Dtn 16,18-20; 19,15-21; 25,1-3
- Sorge für die Armen, Witwen, Waisen und die Fremden: Ex 22,20-26; Lev 19,9-10; Dtn 24,10-22
- Speise- und Reinheitsvorschriften (zugleich Teil der gottesdienstlichen Gesetzgebung): Lev 11–15; Num 19; Dtn 14,3-21
- Geschlechtliche Beziehungen, Hochzeit, Scheidung: Lev 18; Dtn 22,13–23,1; 24,1-4; 25,5-10
- Sklaven: Ex 21,2-11; Lev 25,39-55; Dtn 15,12-18
- Eigentum, Erbrecht: Ex 21,28–22,14; Lev 25,23-34; Num 36; Dtn 21,15-17
- Gewalttätigkeit, Körperverletzung, Mord: Ex 21,12-27; Num 35,9-34; Dtn 19; 21,1-9
- Krieg: Dtn 20

Ein orthodoxer Jude aus unseren Tagen studiert die Tora.

Diese alte Tora-Rolle ist der wohl gehütete Besitz der Samariter von Nablus (Israel).

hen ist, [16] müsst ihr an der betreffenden Stadt den Bann* vollstrecken. Menschen und Tiere müsst ihr mit dem Schwert erschlagen [17] und die ganze Beute auf dem Marktplatz zusammentragen. Dann zündet ihr die Stadt an und verbrennt sie samt der Beute als ein Brandopfer* für den HERRN, euren Gott. Die Stadt muss in Trümmern liegen bleiben und darf nie mehr aufgebaut werden. [18-19] Niemand darf etwas von dem Beutegut an sich nehmen.

Wenn ihr dies alles tut, wird der HERR von seinem Zorn ablassen und euch seine Güte erweisen. Wenn ihr dem HERRN, eurem Gott, gehorcht und alle seine Gebote befolgt, die ich euch heute verkünde, und stets tut, was ihm gefällt, dann wird er euer Volk wachsen lassen und so zahlreich machen, wie er es euren Vorfahren zugesagt hat.

Israel soll rein und heilig sein

(Lev 11,1-19)

14 Ihr seid das Volk des HERRN, ihr gehört ihm wie Kinder ihrem Vater. Deshalb dürft ihr euch weder Schnitte in die Haut machen noch die Haare über der Stirn abrasieren, wenn ihr um einen Toten trauert.[a] [2] Der HERR, euer Gott, hat euch als ein heiliges* Volk für sich ausgesondert; er hat euch unter allen Völkern der Erde als sein Eigentum ausgewählt.

[3] Esst nichts, was der HERR verabscheut und wodurch ihr in seinen Augen unrein* werdet!

[4] Unbedenklich essen dürft ihr Rinder, Schafe und Ziegen, [5] Hirsche, Gazellen, Antilopen, Bergziegen und Steinböcke. [6] Überhaupt dürft ihr alle Tiere essen, die gespaltene Klauen haben und zugleich ihre Nahrung wiederkäuen. [7-8] Dagegen sollt ihr Kamele, Hasen und Klippdachse meiden. Sie sind zwar Wiederkäuer,[b] haben aber keine gespaltenen Klauen. Auch das Schwein ist für euch verboten. Es hat zwar gespaltene Klauen, ist aber kein Wiederkäuer. Esst keins von diesen Tieren und berührt sie auch nicht, wenn sie verendet sind. Sie gelten für euch als unrein*.

[9] Von den Tieren, die im Wasser leben, dürft ihr nur die essen, die Flossen und Schuppen haben, [10] die übrigen sind für euch verboten, sie gelten als unrein.

[11-18] Ihr könnt alle Vögel essen, nur nicht Adler, Geier, Eulen und alle anderen Raubvögel, Krähen, Strauße, Schwalben, Möwen, Störche, Reiher, Wiedehopfe und Fledermäuse. [19-20] Sie sind genauso unrein wie die geflügelten Insekten. Alles andere, was fliegt, ist rein und ihr dürft es essen.

[21] Verendete Tiere dürft ihr nicht essen. Ihr könnt sie den Fremden* geben, die bei euch leben, oder an Ausländer verkaufen. Ihr aber seid ein heiliges Volk,[c] das der HERR, euer Gott, für sich ausgesondert hat.

Ihr dürft ein Böcklein nicht in der Milch seiner Mutter kochen.[d]

Der zehnte Teil der Ernte gehört Gott

[22] Jedes Jahr müsst ihr den zehnten Teil eurer Ernte für den HERRN beiseite legen. [23] Bringt ihn zu der Stätte, die der HERR dafür auswählen wird, dass sein Name dort wohnt.[e] Feiert dort ein Fest und verzehrt es alles vor dem HERRN, eurem Gott: den zehnten Teil von eurem Korn, Wein und Öl und dazu die erstgeborenen Jungtiere eurer Rinder, Schafe und Ziegen. So sollt ihr lernen, immer dem HERRN, eurem Gott, zu gehorchen.

[24] Wenn jedoch die Stätte, die der HERR auswählen wird, für euch zu weit entfernt ist und der HERR euch so reichen Ertrag geschenkt hat, dass ihr Mühe habt, den ihm zustehenden Anteil dorthin zu bringen, [25] sollt ihr ihn verkaufen und das Geld zu seinem Heiligtum mitnehmen. [26] Kauft dort für das Geld, was euer Herz begehrt: Rinder, Schafe und Ziegen, Wein und Bier und was ihr wollt, und genießt alles mit euren Familien in Gegenwart des HERRN, eures Gottes, und seid fröhlich dabei.[f] [27] Lasst auch die Leviten* aus euren Dörfern und Städten mitfeiern, denn sie haben keinen Anteil an Grund und Boden in dem Land, das der HERR euch geben wird.

[28] Jedes dritte Jahr[g] aber sollt ihr den zehnten Teil eurer Ernte in euren Ortschaften abliefern und dort in Vorratshäusern sammeln. [29] Es ist der Lebensunterhalt für die Leviten, denn sie haben ja keinen Landbesitz; auch die Waisen und Witwen und die Fremden*, die bei euch leben, sollen davon essen, damit sie keine Not leiden. Wenn ihr so handelt, wird der HERR alle eure Arbeit segnen.

Schuldenerlass in jedem siebten Jahr

15 Immer wenn sieben Jahre[h] vergangen sind, müsst ihr alle Schulden erlassen. [2] Dafür gelten folgende Bestimmungen:

Wer einem anderen Israeliten Geld geliehen hat, muss ihm jetzt die Schulden erlassen. Er darf sie von seinem Bruder, dem anderen Israeliten, nicht mehr eintreiben. Denn man hat zu Ehren des HERRN einen Schuldenerlass ausgerufen. [3] Von einem Ausländer könnt ihr Schulden eintreiben, aber nicht von einem, der zu eurem eigenen Volk gehört und deshalb euer Bruder ist.

[4-5] Wenn ihr auf den HERRN, euren Gott, hört und alle seine Weisungen befolgt, die ich euch verkünde, wird es jedoch überhaupt keine Armen unter euch geben. Denn dann wird der HERR euch genug zum Leben schenken in dem Land, das er euch gibt. [6] Er wird sein Versprechen halten und euer Land segnen.

a Die strenge Ablehnung heidnischer Trauerbräuche ist darin begründet, dass für das alte Israel hinter dem Tod gottfeindliche Mächte stehen, denen Gottes Volk auch nicht die Spur einer Verehrung darbringen darf; vgl. Anmerkung zu Lev 11,24-28.
b Siehe Anmerkung zu Lev 11,4-6.
c Siehe Anmerkung zu Lev 11,24-28.
d Siehe Anmerkung zu Ex 23,19.
e *sein Name ...:* siehe Anmerkung zu 12,5.
f Siehe Anmerkung zu 12,18.
g Später verstand man diese Anweisung so, dass im dritten Jahr zweimal der »Zehnte« abzuführen ist; vgl. weiter die Sacherklärung »Zehnter«.
h In Lev 25,8-17 gibt es entsprechende, aber noch weitergehende Regelungen für das 49. Jahr.

13,16-19 7,1-4S **14,1** 1,31; Lev 19,27-28S **14,2** Ex 19,5-6S **14,21** Lev 17,15S **14,21b** Ex 23,19bS **14,22-29** Num 18,21S **14,23** 12,5S **14,27** Num 18,20S **14,28-29** 26,12-15; 10,18-19S **15,3** 23,21

Ihr werdet so viel haben, dass ihr davon noch an
andere Völker ausleihen könnt, doch ihr selbst
braucht nichts zu borgen. Ihr werdet viele Völker
unterwerfen, doch über euch wird kein anderes
Volk herrschen.
7 Wenn aber dein Bruder, ein anderer Israelit, Not
leidet, irgendwo in dem Land, das der HERR euch
geben wird, dann darfst du nicht hartherzig sein
und deine Hand vor deinem Bruder verschließen.
8 Leih ihm gegen ein Pfand, so viel er braucht. 9 Sei
auch nicht so gemein und berechnend, dass du
denkst: »Das siebte Jahr ist nicht mehr fern, dann
muss ich ihm die Schulden erlassen!« Gönne ihm
das und lass ihn nicht vergeblich bitten! Wenn er
sich beim HERRN über dich beklagen muss, hast du
schwere Schuld auf dich geladen. 10 Hilf ihm gern,
tu es nicht widerwillig! Dafür wird dir der HERR auch
alles gelingen lassen, was du unternimmst.
11 Es wird in eurem Land immer Arme geben; des-
halb befehle ich euch: Unterstützt eure armen und
Not leidenden Brüder!

Freilassung von Sklaven im siebten Jahr

(Ex 21,2-11)

12 Wenn jemand aus Israel, dein Bruder oder deine
Schwester,[a] sich als Sklaven* oder Sklavin an dich
verkauft, dann soll der Betreffende dir sechs Jahre
dienen; im siebten Jahr musst du ihn wieder freige-
ben.[b] 13 Schick ihn aber nicht mit leeren Händen
weg, 14 sondern gib ihm reichlich von dem, was der
HERR dir geschenkt hat: Schafe und Ziegen, Korn
und Wein. 15 Denk daran, dass ihr alle in Ägypten
Sklaven gewesen seid und dass der HERR, euer Gott,
euch befreit hat. Deshalb gebe ich euch heute dieses
Gebot.
16 Wenn es aber deinem Sklaven bei dir gefällt,
wenn er dich und deine Familie lieb gewonnen hat
und erklärt, dass er bei dir bleiben will, 17 dann nimm
eine Ahle und bohre sie durch sein Ohr in die Haus-
tür. Dann ist er für immer dein Sklave. Entsprechend
verfährst du mit einer Sklavin.
18 Musst du ihn aber freigeben, so nimm es nicht
zu schwer. Du hast durch ihn sechs Jahre lang den
Lohn für einen Arbeiter gespart. Außerdem wird
dir der HERR dafür alles gelingen lassen, was du
unternimmst.

Bestimmungen für die Darbringung der Erstgeburten

19 Wenn eure Rinder, Schafe und Ziegen als Erstge-
burt ein männliches Tier zur Welt bringen, müsst
ihr es als Eigentum des HERRN, eures Gottes, aus-
sondern.[c] Ein erstgeborenes Rind dürft ihr nicht
für irgendeine Zugarbeit einspannen und die Erst-
geburt von Schaf oder Ziege nicht scheren. 20 Einmal
im Jahr sollt ihr die erstgeborenen Tiere zu der Stätte
bringen, die der HERR auswählen wird, und sie dort
vor dem HERRN, eurem Gott, mit euren Familien
verzehren.
21 Wenn das Tier aber lahm oder blind ist oder
sonst einen schwer wiegenden Fehler hat, dürft ihr
es nicht als Opfergabe zum HERRN, eurem Gott, brin-
gen. 22 Ihr könnt es dann in euren Ortschaften ver-
zehren; jeder darf mitessen, auch wer gerade
unrein* ist, genau wie bei irgendeinem Wild.
23 Nur das Blut* dürft ihr nicht essen, ihr müsst es
auf die Erde fließen lassen wie Wasser.

Das Passafest

(Ex 12,1-20)

16 Im Frühlingsmonat, wenn die Getreideernte
beginnt,[d] sollt ihr zu Ehren des HERRN das Pas-
safest* feiern. Denn in diesem Monat hat der HERR,
euer Gott, euch mitten in der Nacht aus Ägypten in
die Freiheit geführt. 2 Ihr müsst zu diesem Fest an die
Stätte kommen, die der HERR, euer Gott, dafür aus-
wählen wird, dass sein Name da wohnt.[e] Dort
schlachtet ihr ihm als Passaopfer* ein Schaf, eine
Ziege oder ein Rind. 3 Ihr dürft dazu kein Brot essen,
das mit Sauerteig* gebacken ist. Sieben Tage lang
sollt ihr ungesäuertes Brot essen, genau wie damals,
als ihr in größter Eile aus Ägypten geflohen seid. Die-
ses »Brot der Not« soll euch euer Leben lang an den
Tag erinnern, an dem ihr aus Ägypten ausgezogen
seid. 4 Sieben Tage lang darf niemand im ganzen
Land Sauerteig im Haus haben. Von dem Fleisch
des Opfertieres, das ihr am Vorabend des ersten Fest-
tages schlachtet, darf nichts bis zum nächsten Mor-
gen übrig bleiben.
5 Ihr dürft das Passaopfer nicht an euren Wohnsit-
zen schlachten, die der HERR euch zuteilen wird,
6 sondern ausschließlich an der Stätte, die der HERR,
euer Gott, auswählen wird. Schlachtet es am Abend,

Das Passa ist eines der wichtigsten jüdischen Feste geblieben, obwohl heute kein Passalamm mehr geschlachtet wird. Im Bild ein so genannter Seder-Teller mit besonderen Gerichten, die zusammen mit ungesäuertem Brot und mit Wein zur Passafeier in jedem jüdischen Haus gehören.

a Wörtlich *Wenn dein Bruder, ein Hebräer* oder eine Hebräerin.*
b Auch diese Regelung gilt in Lev 25 (Verse 39-55) für das 49. Jahr. Zur Sache vgl. Bildlegende Seite 173.
c Über den Sinn des Erstgeburtsopfers siehe Sacherklärung »Erstgeburt«. In Ex 13,14-15 wird zusätzlich eine Begründung aus der Geschichte Israels gegeben.
d Wörtlich *Achte auf den Monat Abib (und feiere)*. Zu *Abib* siehe Sacherklärung; zum ganzen Kapitel siehe den Festkalender Seiten 175/76.
e *sein Name ...:* siehe Anmerkung zu 12,5.

15,7-8 Lev 25,35; Sir 4,1-10; 1 Joh 3,17 **15,11** Mk 14,7par **15,15** 5,15 S **15,19-20** Ex 13,11-16 S **15,20** 12,5 S **15,21** Lev 22,19-20 S **15,22** 12,15.22 **15,23** Lev 17,10-14 S **16,1** Ex 13,4 **16,2** 12,5 S **16,3** Ex 12,34.39

wenn die Sonne untergeht; denn zu dieser Zeit seid
ihr aus Ägypten aufgebrochen. 7 Kocht das Fleisch
und verzehrt es an der Stätte, die der HERR auswäh-
len wird. Am nächsten Morgen geht ihr wieder nach
Hause 8 und esst dann sechs Tage lang nur solches
Brot, das ohne Sauerteig gebacken ist.[a] Am siebten
Tag ist eine große Festversammlung am Heiligtum
des HERRN, eures Gottes. Alle Arbeit muss an diesem
Tag ruhen.

Das Pfingstfest

9–10 Sieben Wochen nach Beginn der Getreideernte[b]
sollt ihr zu Ehren des HERRN, eures Gottes, das
Pfingstfest* feiern. Dabei bringt ihr dem HERRN,
eurem Gott, freiwillige Opfergaben, als Dank dafür,
dass er eure Felder gesegnet hat, und nach dem Maß,
in dem euch dieser Segen in dem betreffenden Jahr
zuteil geworden ist. 11 Feiert ein fröhliches Fest vor
dem HERRN, eurem Gott, an der Stätte, die er aus-
wählen wird, zusammen mit euren Söhnen und
Töchtern, euren Sklaven* und Sklavinnen und mit
den Leviten* in eurer Stadt, mit den Fremden*,
die bei euch leben, den Waisen und Witwen.
12 Denkt daran, dass ihr selbst in Ägypten Sklaven
gewesen seid. Richtet euch nach diesen Weisungen
und befolgt sie!

Das Laubhüttenfest

13 Wenn nicht nur die Getreide-, sondern auch die
Weinernte eingebracht ist, sollt ihr sieben Tage lang
das Laubhüttenfest* feiern. 14 Begeht es als Freuden-
fest mit euren Söhnen und Töchtern, euren Sklaven*
und Sklavinnen und mit den Leviten* in eurer Stadt,
den Fremden*, die bei euch leben, den Waisen und
Witwen. 15 Feiert es sieben Tage lang zu Ehren des
HERRN an der Stätte, die er auswählen wird. Der
HERR, euer Gott, wird seinen Segen auf alle eure
Arbeit legen und euch reichen Ertrag schenken. Des-
halb sollt ihr euch an diesem Fest von Herzen freuen.
16 Dreimal in jedem Jahr sollen alle Männer Israels
zum HERRN, eurem Gott, an die Stätte kommen, die
er auswählen wird: zum Fest der Ungesäuerten
Brote*, zum Pfingstfest* und zum Laubhüttenfest.
Keiner soll mit leeren Händen kommen. 17 Jeder soll
eine Gabe für den HERRN mitbringen, viel oder
wenig, je nachdem wie viel einer besitzt und was
der HERR, euer Gott, ihm gegeben hat.

Ordnung des Rechtswesens

18 Setzt in euren Stammesgebieten in jeder Stadt, die
der HERR euch geben wird, Richter und Aufsichts-
beamte* ein. Sie sollen dafür sorgen, dass alle im
Volk zu ihrem Recht kommen.
19 Ihr dürft das Recht nicht beugen. Ihr dürft im
Gerichtsverfahren niemand begünstigen. Ihr dürft
von den Prozessierenden keine Geschenke anneh-
men; denn das trübt das Urteilsvermögen auch der
klügsten Leute und verführt die ehrenwertesten
Männer dazu, Recht und Unrecht zu verwechseln.
20 Gerechtigkeit muss euer oberstes Ziel sein. Dann
werdet ihr für immer in dem Land leben können,
das der HERR, euer Gott, euch geben wird.

Reinheit des Gottesdienstes

21 Ihr dürft keinen geweihten Pfahl* neben dem Altar
aufstellen, den ihr für den HERRN, euren Gott, errich-
ten werdet. 22 Ihr dürft keine Steinmale* aufstellen;
denn sie sind dem HERRN, eurem Gott, zuwider.
17 Ihr dürft dem HERRN, eurem Gott, kein Tier op-
fern – sei es Rind, Schaf oder Ziege –, das krank
oder irgendwie verunstaltet ist; denn das verab-
scheut er.

Verfahren bei Götzendienst

2–4 Gesetzt den Fall, irgendwo in eurem Land vergeht
sich ein Mann oder eine Frau gegen den HERRN,
euren Gott, bricht dessen Bund* und verehrt andere
Götter oder betet Sonne, Mond und Sterne an, was
ich euch verboten habe. Wenn ihr von so etwas hört
oder es euch angezeigt wird, müsst ihr genaue Nach-
forschungen anstellen. Wenn es sich herausstellt,
dass tatsächlich etwas so Abscheuliches geschehen
ist, wie es in Israel niemals geschehen dürfte, 5 dann
müsst ihr den Mann oder die Frau vor das Tor der
Stadt hinausführen und durch Steinigung* hin-
richten.
6 Zwei oder drei Zeugen müssen das Vergehen
bestätigen; auf die Aussage eines einzigen Zeugen
hin darf niemand getötet werden.[c] 7 Die Zeugen wer-
fen als Erste einen Stein auf die betreffende Person,
danach alle versammelten Männer der Stadt so lan-
ge, bis sie tot ist. Ihr müsst das Böse aus eurer Mitte
entfernen.

Das oberste Gericht

8 Wenn in euren Städten Rechtsfälle vorkommen, die
den dortigen Richtern zu schwierig erscheinen,
sodass sie keine Entscheidung zu treffen wagen –
Fälle von Mord und Totschlag, Körperverletzungen
und Streitigkeiten in Eigentumsfragen –, dann könnt
ihr zu der Stätte gehen, die der HERR auswählen
wird. 9 Dort tragt ihr den Fall den Priestern* aus
dem Stamm Levi oder dem obersten Richter vor,
der dann gerade im Amt ist. Lasst sie die Entschei-
dung treffen. 10–11 Ein Urteil, das von dieser Instanz
gefällt wird, ist verbindlich und ihr müsst es genau
vollstrecken. Ihr dürft die Entscheidung weder ver-
schärfen noch abmildern.
12 Wer so vermessen ist, dass er auf den Priester,
der dem HERRN, eurem Gott, dient, oder auf den

a Zum Sinn dieser Regelung vgl. Anmerkung zu Ex 12,15.
b D.h. nach dem Passafest, das in die Zeit der Gerstenernte fällt. Etwa einen Monat später wird der Weizen eingebracht; siehe den Kalender Seite 148/49.
c Siehe Anmerkung zu Num 35,30.

16,9-12 Ex 23,16S **16,11** 12,7S **16,12** 5,15S **16,13-15** Ex 23,16S **16,14** 5,15S **16,16** 12,5S **16,18** 1,9-17; 17,8-13; 2 Chr 19,5-7 **16,19** Ex 23,1-3S; 23,6-8; (begünstigen) Dtn 1,17S **16,21-22** 12,2-3S; Lev 26,1S **17,1** Lev 22,19-20S **17,2-4** 4,19S; Ex 22,19; 13,15 **17,5** 13,10-11; 21,21; 22,21.24 **17,6** 19,15S **17,7** 13,10 **17,8-13** 16,18S **17,8** 12,5S

obersten Richter nicht hört, muss getötet werden. Ihr müsst das Böse aus Israel entfernen. 13 Alle in Israel sollen von seiner Bestrafung erfahren. Dann werden sie sich fürchten und niemand wird mehr wagen, so etwas Unerhörtes zu tun.

Anweisungen für den König

14 Wenn ihr in dem Land wohnt, das der HERR, euer Gott, euch geben will, und es so weit kommt, dass ihr einen König haben wollt wie alle anderen Völker ringsum, 15 dann könnt ihr einen König über euch einsetzen, aber nur einen, den der HERR, euer Gott, selbst auswählt. Er muss aus eurem Volk stammen und darf kein Ausländer sein. 16 Er soll sich nicht eine Menge Pferde halten und seine Landsleute nicht nach Ägypten verkaufen, um dafür Pferde einzuhandeln. Denn der HERR hat verboten, dass sein Volk wieder nach Ägypten zurückkehrt. 17 Der König soll auch nicht zu viele Frauen haben, damit sie sein Herz nicht vom HERRN abwenden, und er soll nicht große Schätze von Gold und Silber anhäufen.[a]

18 Wenn er den Thron bestiegen hat, muss er sich dieses Gesetzbuch abschreiben lassen, das die Priester aus dem Stamm Levi aufbewahren. 19 Er soll die Abschrift stets greifbar haben und alle Tage darin lesen. So lernt er, den HERRN, seinen Gott, ernst zu nehmen und alle Gebote dieses Gesetzbuches sorgfältig zu beachten. 20 Das wird ihn davor bewahren, auf die anderen Israeliten, die doch seine Brüder sind, herabzusehen und sich über Gottes Weisung hinwegzusetzen. Dann wird er lange über Israel herrschen und seine Nachkommen ebenso.

Der Unterhalt der Priester

18 Der Stamm Levi, dessen Männer zum Priesterdienst berufen sind, soll nicht wie die übrigen Stämme Israels einen Anteil am Landbesitz bekommen. Die Priester* erhalten vielmehr Anteil an dem, was dem HERRN selbst zusteht: an den Opfern* und Abgaben, die ihm von den Israeliten gebracht werden. Das soll ihr Lebensunterhalt sein. 2 Sie sollen keinen Anteil am Land besitzen, weil der HERR selbst ihr Anteil ist und für sie sorgt, wie er es ihnen zugesagt hat.

3 Wenn jemand dem HERRN ein Rind, ein Schaf oder eine Ziege als Mahlopfer* darbringt, muss er dem Priester eine Vorderkeule, die beiden Kinnbacken und den Labmagen[b] geben. Auf diese Stücke haben die Priester Anspruch. 4 Weiter müsst ihr ihnen die ersten Früchte* von eurer Ernte geben, von Korn, Wein und Öl, und ebenso die erste Schur eurer Schafe und Ziegen. 5 Denn der HERR, euer Gott, hat den Stamm Levi aus allen euren Stämmen ausgewählt, damit seine männlichen Angehörigen ihm für alle Zeiten in seinem Heiligtum als Priester dienen.

6 Angehörige des Stammes Levi, die über ganz Israel verstreut in euren Ortschaften leben, dürfen, wenn sie wollen, zu der Stätte kommen, die der HERR erwählen wird, 7 und den Priesterdienst verrichten, genau wie die aus dem Stamm Levi, die dort zu Priestern bestellt sind. 8 Sie sollen auch einen gleich großen Anteil wie diese von den Abgaben bekommen, die dem Heiligtum zufließen, ohne Rücksicht darauf, wie groß ihr ererbtes Vermögen ist.°

Gott leitet das Volk durch seine Propheten

9 Wenn ihr in das Land kommt, das der HERR, euer Gott, euch geben wird, dann hütet euch, die abscheulichen Bräuche seiner Bewohner zu übernehmen. 10 Keiner von euch darf seinen Sohn oder seine Tochter als Opfer auf dem Altar verbrennen.[c] Ihr dürft keine Wahrsager und Wahrsagerinnen unter euch dulden, niemand, der aus irgendwelchen Zeichen oder mit irgendwelchen Praktiken die Zukunft voraussagt, 11 auch niemand, der Zauberformeln benutzt und damit Geister beschwört oder Tote befragt. 12 Wer so etwas tut, ist dem HERRN zuwider. Genau wegen dieser Dinge vertreibt der HERR die Bewohner des Landes vor euch. 13 Der HERR ist euer Gott; ihm sollt ihr ganz und ungeteilt gehören.

14 Die Völker, die ihr vertreiben werdet, hören auf Wahrsager und Zeichendeuter; euch aber sagt der HERR, euer Gott, auf anderem Wege, was ihr tun sollt. 15 Einen Propheten wie mich wird der HERR immer wieder[d] aus euren Brüdern, aus eurer Mitte, berufen; auf den sollt ihr hören.

16 Das war es doch, worum ihr den HERRN gebeten habt, als ihr euch am Berg Horeb* vor ihm versammelt hattet. Ihr habt gesagt: »Wir können die Stimme des HERRN, unseres Gottes, nicht länger hören und dieses große Feuer nicht mehr sehen, sonst müssen wir sterben!« 17 Damals sagte der HERR zu mir: »Sie haben Recht! 18 Ich will Propheten[e] wie dich aus ihrer Mitte berufen und durch ihren Mund zu ihnen sprechen. Sie werden dem Volk sagen, was ich von ihm verlange. 19 Wer nicht befolgt, was ein solcher Prophet in meinem Auftrag sagt, den ziehe ich dafür zur Rechenschaft. 20 Wenn aber ein Prophet in meinem Namen etwas sagt, was ich ihm nicht aufgetragen habe, oder wenn er im Namen anderer Götter spricht, muss er sterben.«

21 Nun fragt ihr vielleicht: »Wie können wir denn beurteilen, was der HERR gesagt hat und was nicht?« 22 Wenn ein Prophet im Namen des HERRN etwas sagt und seine Voraussage trifft nicht ein, dann hat der HERR nicht durch ihn geredet; er hat in eigenem Auf-

a Genau dies ist später geschehen; siehe die Vergleichsstellen zu den Versen 16 und 17.
b Der als besonders wertvoll geltende Hauptmagen der Wiederkäuer.
c Vielleicht ist auch zu übersetzen: *durch einen Feuerritus* (einem Gott oder Götzen) *weihen*. Siehe die Sacherklärung »Moloch«.
d Im Gegensatz zu den in den Versen 10-11 aufgezählten Praktiken bekommt Israel seine Weisungen für das Handeln in konkreten Entscheidungssituationen aus dem Mund der von Gott berufenen Propheten; siehe die Sacherklärung.
immer wieder ist Zusatz, der den vom Zusammenhang nahe gelegten Sinn verdeutlicht. Der hebräische Wortlaut erlaubt die Deutung auf einen einzigen Propheten der Zukunft, die im Frühjudentum und im Neuen Testament anzutreffen ist; vgl. Joh 1,21; 6,14; Apg 3,22; 7,37.
e Oder *einen Propheten;* siehe Anmerkung zu Vers 15. Ab Vers 19 ist eindeutig von einer Mehrzahl von Propheten die Rede.

17,13 13,12 S **17,14** 1 Sam 8,5 **17,15** 1 Sam 10,24; 16,1; Apg 2,36 **17,16** 1 Kön 10,26-29; Jes 31,1 S; Ez 17,15; Dtn 28,68 **17,17** 1 Kön 11,1-8; 10,14-22.27 **17,18** 12,1–26,15 **17,19** 2 Kön 23,1-3 **18,1-2** Num 18,20 S **18,3** Lev 7,34-36 **18,4** Ex 23,19a S **18,9** Lev 18,3 **18,10-11** Lev 19,26 S; 19,31 S **18,10** Lev 18,21 S **18,15** 34,10; Mk 9,7par **18,16** Ex 20,18-21 **18,18** Jer 1,9; Ez 3,1-4 **18,19** Apg 3,23 **18,20-22** Jer 28,7-9.15-17

trag gesprochen. Einen solchen Propheten braucht
ihr nicht ernst zu nehmen.

Asylstädte für Totschläger

(Num 35,9-28)

19 1-2 Wenn der HERR, euer Gott, die Völker ver-
nichtet hat, deren Land er euch geben will,
und ihr deren Städte und Häuser in Besitz genom-
men habt, dann sollt ihr drei Asylstädte auswählen.
3 Achtet darauf, dass die Städte gleichmäßig über das
Land verteilt sind, und teilt entsprechend das ganze
Land in drei Bezirke ein. 4-6 Die Städte sollen jedem
als Zuflucht dienen, der unbeabsichtigt einen Men-
schen getötet hat.

Es kann zum Beispiel vorkommen, dass einer mit
seinem Nachbarn in den Wald geht, um Bäume zu
fällen, und wenn er mit der Axt ausholt, gleitet
ihm das Eisen vom Stiel und trifft den anderen töd-
lich. Weil er ohne Vorsatz und nicht aus Hass getötet
hat, kann er sein Leben vor dem Bluträcher[a] retten,
wenn er in einer der Asylstädte Schutz sucht. Der
Weg dorthin darf nicht zu weit sein, sonst wird der
Rächer in seiner Erbitterung den Totschläger einho-
len und umbringen, obwohl dieser keinen Mord
begangen und den Tod nicht verdient hat.
7 Ihr sollt also zunächst drei Städte als Zufluchtsor-
te bestimmen. 8 Sie reichen aus, solange ihr erst
einen Teil des Landes in Besitz genommen habt. Spä-
ter aber wird der HERR euch das ganze Land geben,
das er euren Vorfahren zugesagt hat. 9 Voraus-
setzung dafür ist allerdings, dass ihr alle seine
Gebote sorgfältig befolgt, die ich euch heute verkün-
de, dass ihr ihn, euren Gott, liebt und euch stets nach
seinen Weisungen richtet. Wenn ihr dann das ganze
Land in Besitz genommen habt, sollt ihr noch drei
weitere Asylstädte auswählen. 10 So sollt ihr dafür
sorgen, dass in dem Land, das der HERR euch als Erb-
besitz* gibt, kein Unschuldiger getötet wird; denn
dadurch würdet ihr schwere Schuld auf euch laden.
11 Wer jedoch seinem Nachbarn Feind ist, ihm auf-
lauert, ihn überfällt und erschlägt, kann in diesen
Asylstädten keinen Schutz finden. Wenn er in eine
von ihnen flieht, 12 müssen die Ältesten* seiner Hei-
matstadt ihn von dort holen lassen und zur Hinrich-
tung dem Bluträcher übergeben. 13 Ihr dürft ihn nicht
aus Mitleid verschonen. Mord darf in Israel nicht
ungesühnt bleiben. Wenn ihr so handelt, wird es
euch gut gehen in eurem Land.

Schutz der Grundstücksgrenzen

14 Wenn ihr in dem Land lebt, das der HERR, euer
Gott, euch geben wird, darf niemand die Grenzen
seines Grundbesitzes, die seit alters festgelegt sind,
auf Kosten seines Nachbarn verrücken.

Zeugen bei Gerichtsverfahren

15 Wenn eine Anklage vor Gericht nur von einem ein-
zigen Zeugen gestützt wird, darf die angeklagte Per-
son nicht schuldig gesprochen werden, gleichgültig,
um was für ein Vergehen es sich handelt. Erst auf-
grund von zwei oder drei Zeugenaussagen darf ein
Schuldspruch gefällt werden.[b]
16 Wenn ein Angeklagter behauptet, dass ein Zeu-
ge ihn wissentlich falsch beschuldigt, 17 dann müssen
die beiden zum Heiligtum des HERRN gehen und ihre
Sache den Priestern* oder Richtern vortragen, die
dann gerade im Amt sind. 18 Diese sollen alles gründ-
lich untersuchen, und wenn es sich herausstellt, dass
der Zeuge den anderen mit vollem Wissen falsch
beschuldigt hat, 19 muss über ihn die Strafe verhängt
werden, die er über den anderen bringen wollte. Ihr
müsst das Böse aus eurer Mitte entfernen.
20 Alle in Israel sollen von der Bestrafung des fal-
schen Zeugen erfahren. Dann werden sie sich fürch-
ten und niemand unter euch wird mehr wagen, solch
ein Unrecht zu begehen.
21 Ihr dürft niemand aus Mitleid verschonen. Stets
gilt der Grundsatz: Leben für Leben, Auge für Auge,
Zahn für Zahn, Hand für Hand, Fuß für Fuß.

Das Aufgebot des Heeres

20 Wenn ihr gegen Feinde ins Feld zieht, die
zahlreicher sind als ihr und außerdem mit
Pferden und Streitwagen* ausgerüstet, dann fürch-
tet euch nicht. Der HERR, euer Gott, der euch aus
Ägypten geführt hat, steht euch bei.
2 Aber ehe es zum Kampf kommt, soll der Priester*
vor die versammelten Israeliten treten und zu ihnen
sagen: 3 »Männer von Israel, ihr zieht jetzt in den
Kampf gegen eure Feinde. Seid mutig und habt keine
Angst vor ihnen! Lasst euch nicht von ihrer Stärke
beeindrucken; weicht nicht zurück, wenn sie angrei-
fen! 4 Der HERR, euer Gott, zieht mit euch. Er selbst
kämpft gegen eure Feinde und hilft euch!«
5 Danach sollen die Männer, die mit der Aufstel-
lung des Heeres beauftragt sind, zu den versammel-
ten Israeliten sagen: »Ist jemand da, der ein neues
Haus gebaut und noch nicht eingeweiht hat? Er soll
heimkehren, damit er nicht im Kampf fällt und ein
anderer das Haus an seiner Stelle bewohnt.
6 Oder ist jemand da, der einen neuen Weinberg
angelegt und noch nicht davon geerntet hat? Er soll
heimkehren, damit er nicht fällt und ein anderer die
erste Lese hält.
7 Oder ist jemand da, der sich mit einem Mädchen
verlobt, es aber noch nicht geheiratet hat? Er soll
heimkehren, damit er nicht fällt und ein anderer
seine Braut bekommt.«[c]

a Der nächste männliche Verwandte eines Ermordeten (siehe Sacherklärung »Blutrache«).
b Siehe Anmerkung zu Num 35,30.
c Die aufgezählten Gründe zur Befreiung vom Kriegsdienst (vgl. auch 24,5) sind ein schönes Zeugnis dafür, dass die Bibel nichts von einem ›Militarismus‹ weiß, der das ganze Leben des Volkes bestimmt und prägt (wie dies im Altertum etwa in Sparta der Fall war).

19,13 13,9S; 21,9 **19,14** 27,17 **19,15** 17,6; Num 35,30; Mt 18,16S **19,19** 13,6; 1 Kor 5,13 **19,20** 13,12S **19,21** 13,9S; Ex 21,23-25S **20,1** Ps 20,8S **20,7** 24,5

8 Schließlich sollen sie noch hinzufügen: »Ist jemand da, der Angst hat und sich vor dem Feind fürchtet? Er soll heimkehren, damit er nicht die anderen ansteckt und auch ihnen den Mut nimmt.« 9 Wenn sie das alles gesagt haben, sollen sie die Truppenführer bestimmen, die den Befehl übernehmen.

Regeln für die Kriegführung

10 Bevor ihr eine Stadt angreift, sollt ihr zuerst mit den Bewohnern verhandeln und sie zur friedlichen Übergabe auffordern. 11 Wenn sie darauf eingehen und euch die Tore öffnen, müssen sie euch gehorchen und Zwangsarbeit für euch leisten. 12 Lehnen sie das Angebot ab und wollen kämpfen, so belagert die Stadt. 13 Wenn der HERR, euer Gott, euch dann siegen lässt, müsst ihr alle Männer töten. 14 Die Frauen und Kinder, das Vieh und den übrigen Besitz dürft ihr behalten; ihr dürft die ganzen Vorräte eurer Feinde essen, alles, was der HERR in eure Hand fallen ließ. 15 So sollt ihr verfahren, wenn eine Stadt weit von euren Wohnsitzen entfernt ist. 16 Wenn sie aber in dem Land liegt, das der HERR, euer Gott, euch geben wird, dürft ihr niemand am Leben lassen. 17 An allen Völkern im Land müsst ihr den Bann* vollstrecken, wie der HERR, euer Gott, es befohlen hat: an den Hetitern*, Amoritern*, Kanaanitern*, Perisitern, Hiwitern und Jebusitern. 18 Sonst verführen sie euch dazu, dem HERRN untreu zu werden und alle die Scheußlichkeiten nachzuahmen, die sie zu Ehren ihrer Götter begehen.

19 Müsst ihr eine Stadt lange belagern, bevor ihr sie erobern könnt, so schont die Obstpflanzungen in ihrer Umgebung. Haut die Stämme nicht um! Oder sind etwa die Bäume auf dem Feld Menschen,° sodass ihr sie bekämpfen müsst?[a] Außerdem könnt ihr ja von den Früchten essen. 20 Nur Bäume, die keine essbaren Früchte tragen, dürft ihr abhauen, um damit Belagerungsanlagen zu bauen.

Verfahren bei einem unaufgeklärten Mord

21 Gesetzt den Fall, in dem Land, das der HERR, euer Gott, euch geben will, wird auf freiem Feld ein Erschlagener gefunden, es lässt sich aber nicht in Erfahrung bringen, wer ihn getötet hat. 2 Dann sollen die Ältesten* und die Richter der betreffenden Gegend an die Stelle gehen, wo der Erschlagene gefunden wurde, und sollen feststellen, welche Stadt diesem Platz am nächsten liegt. 3 Die Ältesten jener Stadt müssen darauf eine junge Kuh nehmen, die noch nie zur Arbeit eingespannt worden ist. 4 Sie führen die Kuh in ein Tal, in dem keine Äcker sind und durch das ein nie versiegender Bach fließt. Dort brechen sie ihr das Genick.

5 Nun treten die Priester* vom Stamm Levi herzu, die der HERR, euer Gott, für den Dienst am Heiligtum und zur Erteilung des Segens* ausgewählt hat und die in allen strittigen Rechtsfällen und bei tätlichen Auseinandersetzungen zu entscheiden haben. 6 In ihrer Gegenwart waschen die Ältesten über der toten Kuh ihre Hände 7 und sprechen stellvertretend für die ganze Stadt: »Unsere Hände haben diesen Mord nicht begangen. Unsere Augen haben nicht gesehen, wie er verübt worden ist. 8 HERR, lass durch das Blut dieses unschuldig Ermordeten nicht Unheil über dein Volk kommen![b] Du hast dein Volk aus Ägypten freigekauft, darum rechne ihm dieses Verbrechen nicht an!«

Dann wird der HERR die Blutschuld wegnehmen. 9 Auf diese Weise tut ihr dem Grundsatz Genüge: »Mord darf in Israel nicht ungesühnt bleiben«, und ihr handelt, wie es dem HERRN gefällt.

Ehe mit kriegsgefangenen Frauen

10 Gesetzt den Fall, ihr zieht gegen Feinde in den Kampf und der HERR gibt euch den Sieg und ihr macht Gefangene. 11 Wenn dann einer von euch unter den Gefangenen ein Mädchen sieht, das ihm so gut gefällt, dass er es heiraten möchte, 12 darf er es mit sich nach Hause nehmen. Dort soll das Mädchen sich den Kopf kahl scheren, die Nägel schnei-

Die Israeliten werden ermutigt, sich nicht vor Feinden zu fürchten, auch wenn diese zahlreich und schwer gerüstet sind (20,1-4). Das Bild zeigt Bogenschützen einer späteren Zeit aus der weithin gefürchteten Armee der Assyrer.

a Der blinden Zerstörungswut, wie sie für die assyrische Kriegsführung bezeugt ist, wird hier ein ›entwaffnendes‹ Argument entgegengehalten, das über den Gesichtspunkt der Nützlichkeit weit hinausführt.

b Weil der Mord nicht durch die Bestrafung des Schuldigen gesühnt werden kann, wird die gesamte Gemeinschaft durch die Folgen der Tat bedroht. Das Blut des unschuldig Getöteten schreit zum Himmel nach Vergeltung (Gen 4,10). Der Grundsatz in Vers 9 besagt deshalb: Ungesühnter Mord bedroht das ganze Volk mit Unheil. Durch eine Sühnehandlung soll dieses Unheil abgewendet werden; aber diese Handlung wirkt nicht ›magisch‹, sondern gipfelt in dem Gebet Vers 8.

20,8 Ri 7,3 **20,16-17** 7,1-4S **20,19** 2 Kön 3,19.25 **21,5** 10,8 **21,6-8** Ps 26,6; 73,13; Mt 27,24-25 **21,9** 19,13

den, 13 neue Kleider anziehen und einen Monat lang über seine erschlagenen Eltern trauern. Danach darf der Betreffende es zur Frau nehmen.

14 Wenn die Frau ihm später nicht mehr gefällt, muss er sie freigeben. Er darf sie nicht als Sklavin verkaufen oder selber als Sklavin behalten; denn sie ist seine Frau gewesen.

Das Recht des erstgeborenen Sohnes

15 Gesetzt den Fall, ein Mann hat zwei Frauen, von denen er die eine mehr liebt als die andere, und beide haben ihm einen Sohn geboren. Wenn der zuerst Geborene von der weniger geliebten Frau stammt, 16 darf der Vater bei der Verteilung des Erbes den Sohn der Frau, die er mehr liebt, trotzdem nicht bevorzugen und ihn als Erstgeborenen behandeln.[a] 17 Er muss dem Sohn der ungeliebten Frau sein Erstgeburtsrecht lassen und ihm doppelt so viel vererben wie dem anderen. Denn er ist nun einmal der erste Sohn, den er gezeugt hat.

Verfahren gegen einen Unverbesserlichen

18 Gesetzt den Fall, jemand hat einen Sohn, der so widerspenstig und ungehorsam ist, dass er trotz aller Strafen und Mahnungen weder auf seinen Vater noch auf seine Mutter hört. 19 Dann sollen ihn seine Eltern gemeinsam[b] zum Versammlungsplatz am Tor bringen, ihn den Ältesten* der Stadt vorführen 20 und zu ihnen sagen: »Unser Sohn hier ist widerspenstig und will uns nicht gehorchen. Wir können sagen, was wir wollen – er ist ein Prasser und Säufer.«

21 Dann sollen alle Männer der Stadt ihn durch Steinigung* hinrichten. Ihr müsst das Böse aus eurer Mitte entfernen. Alle in Israel sollen davon erfahren, damit sie sich fürchten.

Bestattung eines Hingerichteten

22 Wenn jemand wegen eines Verbrechens zum Tod verurteilt und hingerichtet worden ist und der Tote danach an einem Pfahl[c] aufgehängt wird, 23 dürft ihr ihn nicht über Nacht dort hängen lassen. Ihr müsst ihn noch vor Sonnenuntergang begraben; denn wer am Holz hängt, ist von Gott verflucht und bringt Unheil über das Land. Ihr sollt das Land nicht unrein* machen, das der HERR, euer Gott, euch geben wird.

Nachbarschaftliche Hilfe

22 Du sollst nicht untätig zusehen, wie sich das Rind oder Schaf eines anderen Israeliten verläuft. Du musst das verirrte Tier so schnell wie möglich zu seinem Besitzer zurückbringen. 2 Falls er weiter entfernt wohnt oder dir unbekannt ist, sollst du das Tier bei dir aufnehmen, bis der Besitzer kommt und danach fragt; dann musst du es ihm zurückgeben. 3 Genauso musst du verfahren, wenn jemand seinen Esel, sein Obergewand* oder sonst etwas verloren hat und du es findest. Du darfst ihm deine Hilfe nicht versagen.

4 Du darfst auch nicht untätig zusehen, wie der Esel oder das Rind eines anderen Israeliten unterwegs unter seiner Last zusammenbricht. Hilf dem anderen, das Tier wieder aufzurichten.

Verschiedene andere Gesetze

5 Eine Frau darf keine Männerkleidung tragen und ein Mann keine Frauenkleidung.[d] Der HERR, euer Gott, verabscheut jeden, der das tut.

6 Wenn du unterwegs auf einem Baum oder auf der Erde ein Vogelnest findest, in dem eine Vogelmutter über ihren Eiern oder Jungen sitzt, dann darfst du die Mutter nicht von den Jungen wegfangen. 7 Die Jungen kannst du fangen, aber lass die Mutter fliegen. Dann wird es dir gut gehen und du wirst lange leben.

8 Wenn du dir ein Haus baust, musst du den Rand des Flachdaches mit einem Geländer schützen. Wenn jemand vom Dach stürzt und dabei den Tod findet, lädst du schwere Schuld auf dich und alle, die in dem Haus wohnen.

9 Du darfst in deinem Weinberg neben den Weinstöcken nicht noch irgendetwas anderes pflanzen. Sonst fällt die ganze Ernte dem Heiligtum zu, der Wein ebenso wie die andere Frucht. 10 Du darfst auch nicht Rind und Esel nebeneinander vor den Pflug spannen. 11 Du darfst keine Kleider tragen, deren Stoff aus Wolle und Flachs gemischt ist.[e]

12 Du sollst an den vier Zipfeln deines Obergewandes Quasten* anbringen.[f]

Rechtsschutz für eine verleumdete Frau

13 Gesetzt den Fall, ein Mann heiratet, aber dann gefällt ihm die Frau nicht mehr. Er möchte sie loswerden, 14 bringt sie in schlechten Ruf und erklärt öffentlich: »Als ich mit dieser Frau die Ehe vollziehen wollte, stellte sich heraus, dass sie nicht mehr unberührt war.«

15 Dann sollen der Vater und die Mutter der jungen Frau zum Versammlungsplatz am Tor gehen und den Ältesten* der Stadt das Beweisstück dafür vorlegen, dass die Tochter ihrem Ehemann als unberührte Jungfrau übergeben wurde. 16 Der Vater erklärt dazu: »Ich habe meine Tochter diesem Mann zur Frau gegeben. Jetzt will er sie loswerden 17 und verleumdet sie mit der Behauptung, sie sei nicht unberührt gewesen. Aber die Spuren auf diesem Gewand beweisen das Gegenteil.« Dabei breiten die Eltern

a Wie bei der Ehe mit einer Kriegsgefangenen (Vers 14) wird auch hier der Willkür, die aus persönlicher Vorliebe entspringt, ein Riegel vorgeschoben.
b Angesichts der ›patriarchalischen‹ Gesellschaftsordnung der alten Zeit, die der Frau nicht einmal das Zeugenrecht zugesteht, ist es bemerkenswert, dass hier der Vater nicht allein handeln kann, sondern nur in Übereinstimmung mit der Frau und Mutter.
c Wörtlich *Holz* oder *Baum*. Die Formulierung ist so unbestimmt, dass sie im Neuen Testament auf das Kreuz* bezogen werden kann; vgl. Apg 5,30; 10,39; Gal 3,13. Das Aufhängen nach der Hinrichtung hatte den Sinn einer entehrenden Zurschaustellung; vgl. Jos 8,29; 10,26-27; 2 Sam 4,12.
d Im Kult der Astarte (siehe Sacherklärung), mit dem Israel nichts zu tun haben soll, kamen solche Verkleidungen vor.
e Für die Verbote in den Versen 9-10 lässt sich kein sicherer Grund angeben.
f Siehe Bild auf Seite 197. Zur Begründung vgl. Num 15,39-40.

21,21 17,5 S; 13,12 S **21,22-23** Jos 8,29; 10,26-27; 1 Sam 31,10-12; 2 Sam 4,12; 21,9-14; Gal 3,13 S **22,1-4** Ex 23,4-5 **22,9-11** Lev 19,19 **22,12** Num 15,37-38; Mt 23,5

das Obergewand* ihrer Tochter aus, auf dem das Paar die Hochzeitsnacht verbracht hat.

18 Darauf sollen die Ältesten den Ehemann auspeitschen lassen. 19 Außerdem muss er dem Vater der jungen Frau 100 Silberstücke* zahlen, als Entschädigung dafür, dass er ein Mädchen aus dem Volk Israel verleumdet hat. Er muss die Frau zeitlebens behalten und darf sie nicht wegschicken.

20 Hat der Ehemann aber mit seiner Beschuldigung Recht gehabt und die Eltern können die Unberührtheit ihrer Tochter nicht beweisen, 21 so wird die junge Frau vor das Haus ihres Vaters geführt und dort von den Männern der Stadt durch Steinigung* hingerichtet. Sie hat sich wie eine Hure benommen, obwohl sie noch im Haus ihres Vaters lebte. Eine solche Schandtat darf in Israel nicht geschehen. Ihr müsst das Böse aus eurer Mitte entfernen.

Verschiedene Fälle von Unzucht

22 Wenn ein Mann dabei ertappt wird, dass er mit der Frau eines anderen schläft, müssen alle beide sterben. Ihr müsst das Böse aus Israel entfernen.

23 Wenn ein Mann irgendwo in der Stadt mit einem unberührten Mädchen schläft, das einem anderen Mann zur Ehe versprochen ist, 24 müsst ihr die beiden vor das Tor der Stadt führen und dort durch Steinigung* hinrichten. Das Mädchen muss sterben, weil es mitten in der Stadt nicht um Hilfe gerufen hat, und der Mann, weil er mit einem Mädchen geschlafen hat, das rechtlich schon die Frau eines anderen war. Ihr müsst das Böse aus eurer Mitte entfernen.

25 Wenn aber der Mann das verlobte* Mädchen draußen auf dem Feld trifft und vergewaltigt, muss nur er sterben. 26 Dem Mädchen kann kein todeswürdiges Verbrechen zur Last gelegt werden. Der Fall liegt genauso, wie wenn ein Mann über einen anderen herfällt und ihn totschlägt. 27 Vielleicht hat das Mädchen draußen auf dem Feld um Hilfe geschrien, aber niemand war da, der es schützen konnte.

28–29 Wenn ein Mann dabei ertappt wird, dass er ein unberührtes Mädchen vergewaltigt, muss er dem Vater des Mädchens 50 Silberstücke* geben. Er muss das Mädchen zur Frau nehmen, weil er es entjungfert hat; er darf es zeitlebens nie mehr wegschicken.

23 Kein Mann darf mit einer Frau seines Vaters[a] schlafen, denn damit entehrt er seinen Vater.

Wer am Gottesdienst Israels teilnehmen darf

2 Wenn die Gemeinde des HERRN sich zum Gottesdienst versammelt, darf keiner dabei sein, der kastriert oder dessen Zeugungsglied abgeschnitten worden ist.[b] 3 Auch einer, an dessen Geburt ein Makel haftet, darf nicht teilnehmen und seine Nachkommen sind noch in der zehnten Generation von der Gemeinde Israel ausgeschlossen.

4 Dasselbe gilt für einen Ammoniter* oder Moabiter*: Sie sind von der Gemeinde des HERRN ausgeschlossen und niemals, nicht einmal in der zehnten Generation, dürfen ihre Nachkommen an den gottesdienstlichen Versammlungen teilnehmen.[c] 5 Die Ammoniter und Moabiter haben sich geweigert, euch Brot und Wasser zu geben, als ihr von Ägypten kamt und durch ihr Land gezogen seid; sie haben sogar den Magier Bileam aus Mesopotamien gerufen und ihm Geld geboten, damit er euch verfluchen sollte. 6 Aber weil der HERR, euer Gott, euch liebt, ließ er Bileams Worte nicht in Erfüllung gehen und verwandelte den Fluch* in Segen. 7 Sucht also nicht die Freundschaft dieser Völker und schließt keine Verträge mit ihnen – für alle Zeiten nicht!

8 Dagegen sollt ihr die Edomiter* nicht streng ausschließen, denn sie sind eure Brüder, und auch nicht die Ägypter, denn ihr wart in ihrem Land zu Gast. 9 Wenn einer von ihnen bei euch wohnt, dürfen sich seine Nachkommen von der dritten Generation ab der Gemeinde des HERRN anschließen.

Die Reinhaltung des Heerlagers

10 Wenn ihr gegen eure Feinde in den Krieg zieht und ein Lager aufschlagt, müsst ihr euch rein* halten, wie die Nähe des HERRN es verlangt. 11 Wenn ein Mann im Schlaf einen Samenerguss gehabt hat, muss er den ganzen Tag außerhalb des Lagers bleiben. 12 Gegen Abend soll er sich mit Wasser abspülen und bei Sonnenuntergang kann er wieder ins Lager zurückkehren.

13 Ihr sollt außerhalb des Lagers einen Platz bestimmen, wo ihr eure Notdurft verrichtet. 14 Haltet Schaufeln bereit, grabt ein Loch, ehe ihr euch hinhockt, und macht es nachher wieder zu. 15 Euer Lager muss rein sein,[d] denn der HERR, euer Gott, ist mitten unter euch, um euch zu schützen und euch den Sieg über eure Feinde zu geben. Wenn er etwas Anstößiges bei euch entdeckt, wird er euer Lager verlassen.

Asyl für Flüchtlinge

16 Wenn sich ein ausländischer Sklave* zu euch flüchtet und bei euch Schutz sucht, dann liefert ihn nicht seinem Herrn aus. 17 Er soll in Freiheit bei euch leben dürfen, wo es ihm gefällt. Nutzt seine Notlage nicht aus!

Was den HERRN beleidigt

18 Kein Israelit und keine Israelitin dürfen sich dem Dienst eines fremden Gottes weihen.[e] 19 Ihr dürft

a Es war im alten Israel üblich, dass ein Mann mehrere Frauen hatte.
b Diese Einschränkung gilt nach Lev 21,20 für Priester; sie wird hier auf die ganze zum Opfer versammelte Männergemeinde ausgedehnt. Jes 56,3-5 führt darüber hinaus; vgl. weiter Mt 19,12; Apg 8,27-28. Was unter dem »Makel« in Vers 3 zu verstehen ist, lässt sich nicht mit Sicherheit angeben.
c Auch diese Regelung wird nach der Rückkehr aus der Verbannung in Babylonien durch eine neue abgelöst (Jes 56,3-8).
d Während die zweite Vorschrift unseren modernen hygienischen Vorstellungen von »Reinheit« entspricht, weist die erste (Vers 11-12) in den Zusammenhang der gottesdienstlichen Reinheitsvorschriften; vgl. die Sacherklärung »rein«.
e Siehe Sacherklärung »geweiht (2)«.

22,21 17,5S **22,22-27** Ex 20,14S **22,24** 17,5S **22,28-29** Ex 22,15 **23,1** Lev 18,8S **23,2** Jes 56,3-4 **23,4** Neh 13,1-3 **23,5-6** Num 22,1–24,19 **23,8** Gen 36; Jes 19,18-25 **23,11-12** Lev 15,16 **23,15** Lev 26,12 **23,17** Ex 22,20 **23,18** 1 Kön 14,24S

den Gewinn aus anrüchigen Geschäften und aus
dem Verkauf unreiner* Tiere[a] nicht in das Heiligtum
des HERRN, eures Gottes, bringen, um damit ein
Gelübde* zu erfüllen. Der HERR verabscheut solches
Geld.

Bestimmungen über das Zinsnehmen

20 Wenn du einem anderen Israeliten, deinem Bru-
der, Geld oder Getreide oder sonst etwas leihst,
darfst du dafür keinen Zins erheben. 21 Von einem
Ausländer kannst du Zins nehmen, aber nicht von
einem Israeliten. Wenn du das beachtest, wird der
HERR dein Tun segnen und dir alles gelingen lassen
in dem Land, das ihr jetzt in Besitz nehmen werdet.

Bestimmungen über Gelübde

22 Wenn du das Versprechen ablegst, dem HERRN, dei-
nem Gott, irgendetwas zu schenken, dann gib es ihm
auch. Schieb es nicht auf, dein Gelübde* zu erfüllen!
Du wirst sonst Schuld auf dich laden; denn der HERR
nimmt dich beim Wort. 23 Der HERR verlangt nicht,
dass du ihm etwas versprichst, 24 aber wenn du es
aus freien Stücken getan hast, musst du es auch
halten.

Erlaubter Mundraub

25 Wenn dein Weg durch einen Weinberg führt,
darfst du Trauben essen, so viel du willst, um deinen
Hunger zu stillen. Aber du darfst nichts in ein Gefäß
sammeln.

26 Wenn du an einem Kornfeld vorbeikommst,
darfst du mit der Hand Ähren abreißen. Aber du
darfst sie nicht mit der Sichel abschneiden.

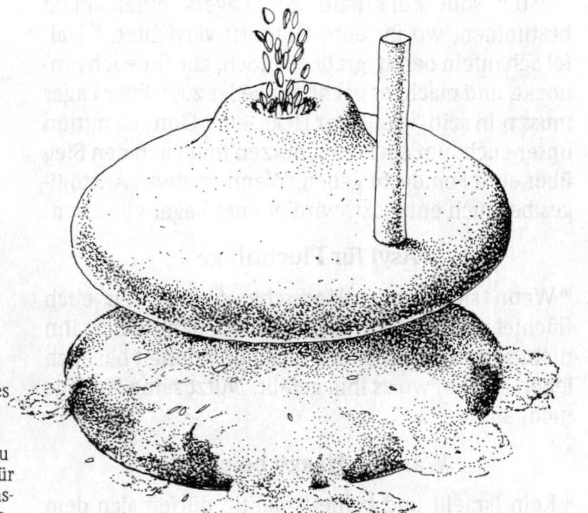

Eine Handmühle aus zwei Steinen zum Mahlen des Korns gab es in jedem israelitischen Haushalt. Das Gesetz Gottes verbot es, von jemand als Pfand die Mühlsteine zu nehmen, da sie für die Familie lebensnotwendig waren (24,6).

Scheidung und Wiederverheiratung

24 Gesetzt den Fall, ein Mann heiratet und fin-
det dann etwas an der Frau, das ihm zuwider
ist, stellt ihr eine Scheidungsurkunde* aus und
schickt sie weg. 2 Wenn nun ein zweiter Mann die
Frau heiratet 3 und sie ebenfalls mit einer Schei-
dungsurkunde wegschickt oder auch stirbt, 4 darf
ihr erster Mann sie nicht wieder zur Frau nehmen;[b]
sie ist für ihn unberührbar geworden. Sonst tut er
etwas, was der HERR verabscheut. Ihr dürft das Land,
das der HERR, euer Gott, euch geben wird, nicht
durch solch ein Vergehen entweihen.

Verschiedene Schutzbestimmungen

5 Wenn ein Mann heiratet, wird er ein Jahr lang vom
Kriegsdienst und von allen Arbeitsleistungen für
öffentliche Belange befreit. Er soll sich ungestört sei-
ner Frau widmen können.

6 Wenn ihr ein Pfand nehmt, dürfen es nicht die
Mühlsteine* sein, mit denen das Korn zum Brot-
backen gemahlen wird. Denn dann würdet ihr das
Lebensnotwendige, ja das Leben selbst zum Pfand
nehmen.

7 Wenn jemand einen anderen Israeliten, einen
von seinen Brüdern, raubt und ihn als Sklaven* hält
oder verkauft, muss er getötet werden. Ihr müsst das
Böse aus eurer Mitte entfernen.

8 Wenn jemand unter euch von Aussatz* befallen
wird, müsst ihr genau die Anweisungen der Pries-
ter* aus dem Stamm Levi befolgen. Der HERR selbst
hat ihnen diese Anweisungen gegeben. 9 Denkt dar-
an, wie es Mirjam erging, die der HERR, euer Gott,
nach eurem Auszug aus Ägypten für ihren Ungehor-
sam mit Aussatz bestrafte.

Schutz der Schwachen

10 Wenn du einem anderen Israeliten ein Darlehen
gibst, sollst du nicht in sein Haus gehen, um dir selbst
ein Pfand auszusuchen. 11 Du musst draußen warten,
bis er dir das Pfand herausbringt. 12 Wenn der andere
so arm ist, dass er sein Obergewand* verpfänden
muss, darfst du das Pfand nicht über Nacht behalten,
13 sondern musst es bei Sonnenuntergang zurück-
bringen, damit er darin schlafen kann. Wenn du so
handelst, wird er dir Gutes wünschen und du wirst
vor dem HERRN, deinem Gott, als gerecht dastehen.

14 Wenn ein armer, völlig mittelloser Mann um
Tageslohn für dich arbeitet, darfst du ihn nicht aus-
beuten, gleichgültig, ob er einer von deinen Brüdern
ist oder ein Fremder*, der bei euch lebt. 15 Gib ihm
seinen Lohn, bevor die Sonne untergeht; denn er
braucht ihn dringend. Sonst beklagt er sich beim
HERRN über dich und du wirst vor dem HERRN als
schuldig dastehen.

a *den Gewinn …:* wörtlich *hurerischen Erwerb und Erlös für einen Hund;* vgl. Sacherklärung »Hurerei«.
b Nur um diesen Punkt geht es in der vorliegenden gesetzlichen Regelung. Die Scheidungspraxis wird dagegen als Brauch einfach vorausgesetzt. Von Jesus wird dieser Brauch später entschieden verworfen (Mt 19,7; 5,31).

23,20-21 Ex 22,24 S; Dtn 15,3 **23,22-24** Num 30,3-17 S **23,26** Mk 2,23 par **24,1** Mt 5,31 S **24,5** 20,7 **24,7** Ex 20,15 S **24,8** Lev 13,1-46; 14,1-32; Dtn 31,9 **24,9** Num 12,1-15 **24,12-13** Ex 22,25-26 S **24,14-15** Lev 19,13

16 Wenn jemand ein Verbrechen begangen hat, auf
das die Todesstrafe steht, darf nur er selbst dafür
bestraft werden, nicht seine ganze Familie.[a] Die
Eltern sollen nicht für die Schuld ihrer Kinder ster-
ben und die Kinder nicht für die Schuld ihrer Eltern.
Jeder soll nur für seine eigene Schuld bestraft
werden.
17 Verweigert Fremden und Waisen° nicht ihr
Recht und nehmt nicht das Oberkleid* einer Witwe
zum Pfand. 18 Denkt daran, dass auch ihr in Ägypten
Sklaven gewesen seid und der HERR, euer Gott, euch
von dort freigekauft hat. Deshalb sollt ihr euch um
die Schwachen kümmern.
19 Wenn ihr bei der Ernte eine Garbe auf dem Feld
vergessen habt, dann geht nicht zurück, um sie zu
holen. Sie soll den Fremden, den Waisen und Wit-
wen gehören. Dafür wird der HERR euch segnen
bei allem, was ihr tut.
20 Wenn ihr die Oliven von euren Ölbäumen
schüttelt, dann sucht nicht hinterher noch die Zwei-
ge ab. Lasst den Rest für die Fremden, die Waisen
und Witwen. 21 Wenn ihr in eurem Weinberg die
Trauben erntet, dann haltet keine Nachlese. Lasst
den Rest für die Fremden, die Waisen und Witwen.
22 Denkt daran, dass ihr in Ägypten Sklaven gewesen
seid, und handelt danach!

Begrenzung der Prügelstrafe

25 1-2 Wenn bei einem Prozess zwischen zwei
Männern über einen von ihnen die Prügel-
strafe verhängt wird, muss der Richter veranlassen,
dass der Verurteilte sich hinlegt und in Gegenwart
des Richters so viele Schläge erhält, wie es seiner
Schuld entspricht. 3 Auf keinen Fall darf er ihm mehr
als vierzig Schläge[b] geben lassen, sonst würde der
Bestrafte, der doch euer Bruder ist, öffentlich ent-
ehrt.

Tierschutz

4 Einem Rind, das vor den Dreschschlitten* gespannt
wird, darfst du das Maul nicht zubinden.[c]

Die Schwagerehe

5 Wenn zwei Brüder auf demselben Grundbesitz
wohnen und einer von ihnen stirbt, ohne einen
Sohn zu hinterlassen, dann soll seine Witwe keinen
Mann außerhalb der Familie heiraten. Der Bruder
des Verstorbenen hat die Pflicht, sie zur Frau zu neh-
men. 6 Der erste Sohn, den sie dann zur Welt bringt,
gilt als Nachkomme des verstorbenen Bruders, damit
dessen Name in Israel erhalten bleibt.[d]
7 Will der Mann jedoch seine Schwägerin nicht
heiraten, so soll sie zum Versammlungsplatz am
Stadttor[e] gehen und zu den Ältesten* sagen: »Mein
Schwager lehnt es ab, mich zur Frau zu nehmen
und den Namen seines verstorbenen Bruders in
Israel zu erhalten.«
8 Dann sollen die Ältesten ihn rufen lassen und ihn
zur Rede stellen. Wenn er auf seiner Weigerung
beharrt, 9 soll seine Schwägerin in Gegenwart der
Ältesten zu ihm hingehen, ihm einen Schuh aus-
ziehen, ihm ins Gesicht spucken und sagen: »So ver-
fährt man mit jedem, der sich weigert, die Familie
seines Bruders zu erhalten!« 10 Seine eigene Familie
aber wird man in ganz Israel nur noch die »Bar-
füßer« nennen.

Übergriffe beim Streit

11 Wenn zwei Männer in Streit geraten sind und die
Frau des einen kommt ihrem bedrängten Mann zu
Hilfe und packt den andern bei den Hoden, 12 dann
dürft ihr kein Mitleid mit ihr haben; ihr müsst ihr
die Hand abhacken.

Rechtes Maß und Gewicht

13 Du darfst beim Messen und Wiegen nicht betrü-
gen.° In deinem Beutel dürfen nicht zweierlei
Gewichtssteine sein, ein Satz mit vollem Gewicht
und einer mit geringerem, 14 und in deinem Haus
nicht zwei verschiedene Kornmaße,° ein größeres
und ein kleineres. 15 Deine Gewichtssteine müssen
das volle Gewicht haben und deine Kornmaße das
volle Maß. Dann wirst du lange leben in dem Land,
das der HERR, euer Gott, euch gibt. 16 Der HERR verab-
scheut jeden, der seinen Mitmenschen betrügt.

Vergeltung an den Amalekitern

17 Vergesst nicht, was die Amalekiter* euch angetan
haben, als ihr von Ägypten kamt! 18 Als ihr von der
beschwerlichen Wanderung müde wart, haben sie
euch von hinten angegriffen und alle niederge-
metzelt, die erschöpft zurückgeblieben waren. Sie
kümmerten sich nicht um Gott und seine Gebote.
19 Wenn ihr das Land in Besitz genommen habt,
das der HERR, euer Gott, euch geben will, und er euch
Ruhe verschafft hat vor allen Feinden ringsum, dann
müsst ihr die Amalekiter so gründlich ausrotten, dass
nichts von ihnen übrig bleibt. Vergesst das nicht!

Bekenntnis bei der Ablieferung der Erntegaben

26 Wenn du in das Land kommst, das der HERR,
euer Gott, euch geben will, wenn du es in
Besitz genommen und dich darin eingerichtet hast,
2 dann sollst du die ersten Früchte* deiner Ernte in
einen Korb legen. Du sollst damit zu der Stätte
gehen, die der HERR, euer Gott, auswählen und dafür
bestimmen wird, dass sein Name dort wohnt.[f] 3 Du

a Derartige Fälle sind aus älterer Zeit bezeugt (Jos 7,24-25; 2 Sam 3,29; 21,1-9); vgl. dagegen 2 Kön 14,6.
b Um dieses Gebot nicht zu übertreten, hat man in der späteren jüdischen Rechtspraxis die Prügelstrafe auf 39 Schläge begrenzt (2 Kor 11,24).
c Zum Vorgang des Dreschens siehe die Sacherklärung. Paulus hat die Anweisung später bildlich verstanden (1 Kor 9,9; 1 Tim 5,18).
d Kinderlosigkeit ist im Alten Testament ein gefürchtetes Schicksal; vgl. Gen 16,2 und die Anmerkung dort. Der »Name« bleibt in den Nachkommen erhalten, weil an der Stelle unseres Familiennamens der Vatersname steht: »A, Sohn von B, Sohn von C, usw.«
e Dort wird auch der Fall von Rut verhandelt, nur dass es dabei zugleich um die Auslösung eines Grundstücks geht. Das Ausziehen des Schuhs (Vers 9; Rut 4,7-8) hat in beiden Fällen eine verschiedene Bedeutung.
f *sein Name ...:* siehe Anmerkung zu 12,5.

24,16 2 Kön 14,6; Jer 31,30; Ez 18,4.20 **24,17-18** 10,18-19 S **24,18** 5,15 S **24,19-22** Lev 19,9-10 S **25,3** 2 Kor 11,24 **25,4** 1 Kor 9,9; 1 Tim 5,18 **25,5-6** Gen 38,8; Mk 12,19par **25,12** 13,9 S **25,13-16** Lev 19,35-36 S **25,17-19** Ex 17,14 S **26,1-11** Ex 23,19a S **26,2** 12,5 S

sollst vor den Priester* treten, der zu jener Zeit dort
den Dienst versieht, und sagen: »Heute bestätige ich
vor dem HERRN, deinem Gott, dass ich in das Land
gekommen bin, das er unseren Vorfahren durch eine
eidliche Zusage für uns versprochen hat.«
4 Wenn dann der Priester den Korb entgegenge-
nommen und vor den Altar* des HERRN gestellt
hat, 5 sollst du vor dem HERRN, deinem Gott, be-
kennen:
»Mein Vorfahr war ein heimatloser Aramäer*. Als
er am Verhungern war, zog er mit seiner Familie
nach Ägypten und lebte dort als Fremder. Mit einer
Hand voll Leuten kam er hin, aber seine Nachkom-
men wurden dort zu einem großen und starken
Volk. 6 Die Ägypter unterdrückten uns und zwangen
uns zu harter Arbeit. 7 Da schrien wir zum HERRN,
dem Gott unserer Väter, um Hilfe. Er hörte uns
und half uns aus Not, Elend und Sklaverei. 8 Er ver-
setzte die Ägypter durch seine Staunen erregende
Wundertaten in Angst und Schrecken. Er führte
uns mit starker Hand und ausgestrecktem Arm aus
Ägypten heraus. 9 Er brachte uns an diese heilige
Stätte und gab uns dieses Land, das von Milch und
Honig überfließt. 10 Und hier bringe ich nun die ers-
ten Früchte der Ernte, die ich in dem Land einge-
bracht habe, das der HERR mir gegeben hat.«
Dann sollst du deinen Korb vor den Altar des
HERRN stellen und dich vor dem HERRN, deinem Gott,
niederwerfen. 11 Genieße voll Freude all das Gute,
das er dir und deiner Familie gegeben hat, und lass
auch die Leviten* und die Fremden*, die bei dir
leben, daran teilhaben.

Gebet bei der Ablieferung der Armenabgabe

12 Jedes dritte Jahr sollt ihr den zehnten Teil eurer
Ernte in euren Ortschaften sammeln, damit die Levi-
ten*, die Fremden*, die Waisen und Witwen davon
leben können. Ihr dürft nichts davon zurückbehal-
ten. Wenn einer seinen Zehnten* abgeliefert hat,
13 soll er feierlich vor dem HERRN, eurem Gott, er-
klären:
»Ich habe alles, was dir, HERR, gehört, abgeliefert.
Ich habe es den Leviten, den Fremden, den Waisen
und Witwen gegeben, wie du mir befohlen hast.
Ich habe alle deine Vorschriften genau befolgt.
14 Ich habe nichts davon gegessen, als ich in Trauer*
war; ich habe nichts berührt, als ich unrein* war,
und nichts davon einem Toten als Wegzehrung mit-
gegeben.[a] Ich habe alle deine Anweisungen, HERR,
mein Gott, genau befolgt. 15 Sieh herab von deiner
himmlischen Wohnung! Segne dein Volk Israel
und segne dieses Land, das du schon unseren Vorfah-
ren zugesagt und uns nun gegeben hast, ein Land,
das von Milch und Honig überfließt.«

DER BUND ZWISCHEN GOTT UND DEM VOLK (26,16–30,20)

Mose vermittelt den Bund zwischen Gott und Volk

16 Mose sagte: »Der HERR, euer Gott, befiehlt euch
heute, euer Leben nach allen diesen Geboten und
Rechtsbestimmungen auszurichten. Befolgt sie mit
ganzem Herzen und mit allen euren Kräften. 17 Der
HERR hat euch heute die Zusicherung gegeben, dass
er euer Gott sein will, wenn ihr auf ihn hört und alle
seine Gebote, Weisungen und Rechtsbestimmungen
stets genau beachtet. 18 Und ihr habt vor ihm die
feierliche Erklärung abgegeben, dass ihr sein Ange-
bot[b] annehmen, dass ihr sein Volk sein und alle seine
Gebote befolgen wollt. 19 Ihr habt Ja dazu gesagt,
dass ihr ein heiliges* Volk sein sollt, das aus-
schließlich dem HERRN, seinem Gott, gehört, ein
Volk, mit dem der HERR Ehre einlegen und das er
hoch über alle anderen Völker erheben will, die er
geschaffen hat.«

Errichtung von Steinmalen mit dem Gesetz

27 Mose trat mit den Ältesten* Israels vor das
Volk und sagte: »Achtet stets auf alle Gebote,
die ich euch heute gebe! 2 An dem Tag, an dem ihr
den Jordan überschreitet, um in das Land zu ziehen,
das der HERR, euer Gott, euch geben will, sollt ihr
große Steine aufrichten, sie mit weißer Tünche
bestreichen 3 und dieses ganze Gesetz darauf schrei-
ben. Dann werdet ihr das Land in Besitz nehmen
können, das der HERR euch geben will – ein Land,
das von Milch und Honig überfließt, wie er das euren
Vorfahren versprochen hat. 4 Ihr sollt die Steine,
nachdem ihr den Jordan überschritten habt, auf
dem Berg Ebal° aufstellen und mit Tünche be-
streichen.
5–6 Dort sollt ihr auch einen Altar für den HERRN,
euren Gott, bauen. Er muss aus unbehauenen Feld-
steinen errichtet werden, die mit keinem eisernen
Werkzeug in Berührung gekommen sind. Auf die-
sem Altar sollt ihr dem HERRN, eurem Gott, Brandop-
fer* darbringen 7 und sollt dort Tiere für das Opfer-
mahl* schlachten und in Gegenwart des HERRN ein
fröhliches Mahl halten. 8 Auf die getünchten Steine
aber müsst ihr klar und deutlich alle Bestimmungen
dieses Gesetzes schreiben.«

Der Bund zwischen Gott und dem Volk

9 Umgeben von den Priestern* aus dem Stamm Levi
sagte Mose zu dem ganzen Volk: »Sei still und höre,
Volk Israel! Heute bist du zum Volk des HERRN, dei-
nes Gottes, geworden. 10 Darum gehorche seinen

a Wer in Gottes Nähe kommt und ebenso alles, was Gott als Opfer oder Abgabe dargebracht wird, muss »rein« sein (siehe Sacherklärung). Zur Verunreinigung durch die Berührung mit Totem vgl. Anmerkung zu Lev 11,24-28.
b Obwohl das Wort »Bund« erst in 28,69 fällt, wird in den Versen 17-19 genau das umschrieben, was der Bund zwischen Gott und seinem Volk bedeutet: Zusicherung des Schutzes und Segens vonseiten Gottes, Verpflichtung zum Gehorsam vonseiten des Volkes. Die göttliche Gnade wird nicht verdient, aber sie kann verspielt werden (Kap 28).

26,12-15 14,28-29 **26,15** Gen 12,7S; Ex 3,8S **26,17-19** 29,11-12 **26,19** Ex 19,5-6S; Dtn 28,1-2 **27,2-8** Jos 8,30-32 **27,3** 26,15S **27,5-6** Ex 20,25 **27,9** 26,18-19

Befehlen und befolge alle seine Gebote und Weisun-
gen, die ich dir heute verkündet habe!«

Was Gott verabscheut

11 Weiter sagte Mose an jenem Tag zu dem Volk:
12-13 »Wenn ihr den Jordan überschritten habt, sollen
sich die Stämme Simeon, Levi, Juda, Issachar, Josef
und Benjamin auf dem Berg Garizim aufstellen
und die Stämme Ruben, Gad, Ascher, Sebulon,
Dan und Naftali auf dem Berg Ebal. Die einen sollen
Segenszusagen über das Volk ausrufen, die anderen
Fluchandrohungen aussprechen.
14 Danach sollen die Leviten* allen Männern
Israels mit lauter Stimme zurufen:
15 ›Fluch* über jeden, der sich aus Holz oder
Metall ein Gottesbild anfertigen lässt, ein Werk
von Menschenhand, das dem HERRN zuwider ist,
und es heimlich[a] aufstellt.‹ Und das ganze Volk sagt:
›Amen*!‹ (So sei es!)
16 ›Fluch über jeden, der seinen Vater oder seine
Mutter missachtet!‹ Und das ganze Volk sagt:
›Amen!‹
17 ›Fluch über jeden, der den Grenzstein zwischen
ihm und seinem Nachbarn verrückt!‹ Und das ganze
Volk sagt: ›Amen!‹
18 ›Fluch über jeden, der einen Blinden auf den fal-
schen Weg führt!‹ Und das ganze Volk sagt: ›Amen!‹
19 ›Fluch über jeden, der einem Fremden*, einer
Witwe oder Waise ihr Recht vorenthält!‹ Und das
ganze Volk sagt: ›Amen!‹
20 ›Fluch über jeden, der mit einer Frau seines
Vaters schläft und so seinen Vater entehrt!‹ Und
das ganze Volk sagt: ›Amen!‹
21 ›Fluch über jeden, der mit einem Tier verkehrt!‹
Und das ganze Volk sagt: ›Amen!‹
22 ›Fluch über jeden, der mit seiner Schwester oder
Halbschwester schläft!‹ Und das ganze Volk sagt:
›Amen!‹
23 ›Fluch über jeden, der mit seiner Schwiegermut-
ter schläft!‹ Und das ganze Volk sagt: ›Amen!‹
24 ›Fluch über jeden, der heimlich einen anderen
erschlägt!‹ Und das ganze Volk sagt: ›Amen!‹
25 ›Fluch über jeden, der sich dafür bezahlen lässt,
einen Schuldlosen zu ermorden!‹ Und das ganze
Volk sagt: ›Amen!‹
26 ›Fluch über jeden, der die Bestimmungen dieses
Gesetzes nicht genau befolgt!‹ Und das ganze Volk
sagt: ›Amen!‹«

Segen des Gehorsams

(Lev 26,3-13; Dtn 7,12-15)

28 Weiter sagte Mose: »Wenn ihr auf den
HERRN, euren Gott, hört und alle seine
Gebote, die ich euch heute verkünde, sorgfältig
befolgt, wird er euch hoch über alle Völker der Erde
erheben. 2 Die ganze Fülle seines Segens* wird euch
zuteil werden, wenn ihr den Weisungen des HERRN,
eures Gottes, gehorcht.
3 In der Stadt und auf dem Feld schenkt er euch
Gedeihen: 4 Gesunde Kinder gibt er euch und reiche
Ernten; eure Rinder, Schafe und Ziegen werden sich
vermehren, 5 Korb und Backtrog nicht leer werden.
6 Das Glück wird euch begleiten, wenn ihr auszieht
und wenn ihr wieder heimkehrt. 7 Wenn sich Feinde
gegen euch erheben, wird der HERR sie vor euch zu
Boden werfen. Auf *einem* Weg werden sie gegen
euch anrücken und auf *sieben* nach allen Richtun-
gen vor euch fliehen.
8 Der HERR wird eure Vorratshäuser füllen und
euch alles gelingen lassen, was ihr tut. In allem wird
er euch segnen in dem Land, das er euch geben wird.
9 Der HERR, euer Gott, wird euch zu einem Volk
machen, das ausschließlich ihm gehört, so wie er
es euch mit einem Eid zugesichert hat – wenn ihr
nur seine Gebote beachtet und euer Leben danach
ausrichtet. 10 Alle Völker der Erde werden dann
erkennen, dass der HERR euch zu seinem Eigentum
erklärt hat, und sie werden sich vor euch fürchten.
11 Der HERR wird euch viele Kinder geben, er wird
euer Vieh vermehren und euch reiche Ernten
bescheren, sodass ihr in Wohlstand lebt in dem
Land, das er euren Vorfahren mit einem Eid für euch
versprochen hat. 12 Er wird seine himmlischen Vor-
ratskammern öffnen und Regen auf euer Land herab-
senden zur rechten Zeit, damit eure Arbeit Frucht
trägt. Ihr werdet so viel haben, dass ihr davon noch
anderen Völkern ausleihen könnt, ihr selbst aber
braucht nichts zu borgen. 13 Der HERR wird euch
zum ersten unter den Völkern machen, ihr werdet
unaufhaltsam immer weiter aufsteigen.

a Die hier angeprangerten Vergehen haben alle gemeinsam, dass sie im Verborgenen geschehen (ausdrücklich nochmals Vers 24) oder jedenfalls schwer nachzuweisen und gerichtlich zu ahnden sind. Mit der Ausrufung des Fluchs wird feierlich klargestellt, dass Gottes Wille auch dort gilt, wo der Mensch mit sich selbst allein zu sein glaubt. Zugleich werden die Vergehen, die der menschlichen Gerichtsbarkeit entzogen sind, unter das Gericht Gottes gestellt.

Gott stellt das Volk vor die Entscheidung zwischen Gehorsam und Ungehorsam. Wenn das Volk seinen Geboten gehorcht, will er die Arbeit der Menschen segnen, dem Land Regen schicken und reiche Früchte wachsen lassen. Dass Gehorsam Segen bringt, ist eine Erfahrung – aber kein unverbrüchliches Naturgesetz. Die Bibel weiß, dass Gott die Seinen auch dunkle Wege führt. Die Frage nach dem unverschuldeten Unglück bricht im Alten Testament z.B. im Buch Ijob auf.

27,11-13 11,29; Jos 8,33-35 **27,15** Ex 20,4S **27,16** Ex 20,12S **27,17** 19,14; Spr 22,28S **27,18** Lev 19,14 **27,19** 10,18-19S **27,20** Lev 18,8S **27,21** Lev 18,23S **27,22** Lev 18,9S **27,23** Lev 18,17 **27,26** Gal 3,10 **28,1-2** 26,19 **28,12** 15,6

Ihr müsst nur die Gebote des HERRN, eures Gottes,
befolgen, auf die ich euch heute verpflichte. 14 Ihr
dürft niemals abweichen von dem Weg, den ich euch
weise; ihr dürft nicht hinter anderen Göttern herlau-
fen und ihnen dienen.«

Fluch des Ungehorsams

(Lev 26,14-39)

15 »Wenn ihr aber nicht auf den HERRN, euren Gott,
hört und seine Gebote und Weisungen, die ich euch
heute verkünde, nicht befolgt, wird nicht sein Segen,
sondern sein Fluch* über euch kommen:

16 Missgeschick wird euch verfolgen in der Stadt
und auf dem Feld, 17 Korb und Backtrog werden leer
bleiben, 18 eure Kinder werden dahinsterben und die
Äcker Missernten bringen, eure Rinder, Schafe und
Ziegen werden sich nicht vermehren. 19 Unglück
wird euch begleiten, wenn ihr auszieht und wenn
ihr wieder heimkehrt. 20 Der HERR wird einen Fluch
auf euer Tun legen; er wird euch so verwirren, dass
euch nichts mehr glücken wird. Weil ihr den HERRN
mit euren bösen Taten beleidigt und euch von ihm
abgewandt habt, wird es in kürzester Zeit mit euch
zu Ende sein.

21-22 Der HERR wird euch die Pest schicken, er wird
euch mit Schwindsucht, Entzündung und Fieber
heimsuchen und eure Ernten durch Dürre° und
Schädlinge vernichten, bis niemand mehr von euch
übrig ist in dem Land, das ihr jetzt in Besitz nehmen
wollt. 23 Der Himmel über euch wird wie eine
bronzene Glocke sein und die Erde unter euren
Füßen hart wie Eisen. 24 Statt Regen werden Staub
und Asche vom Himmel fallen, bis ihr völlig ver-
nichtet seid.

25 Der HERR wird euch vor euren Feinden zu Boden
werfen. Auf *einem* Weg werdet ihr gegen sie auszie-
hen und auf *sieben* nach allen Richtungen vor ihnen
fliehen. Alle Völker der Erde werden schaudernd
sehen, wie es euch ergeht. 26 Aasgeier und Hyänen
werden sich über eure Leichen hermachen und nie-
mand wird sie verscheuchen.

27 Der HERR wird euch mit Geschwüren strafen,
wie er sie den Ägyptern geschickt hat, mit Beulen,
Ausschlag, Krätze, und ihr werdet kein Heilmittel
dagegen finden. 28 Er wird euch strafen mit Wahn-
sinn, Blindheit und Geistesverwirrung, 29 sodass ihr
am hellen Tag umhertappt wie Blinde. Nichts mehr
wird euch glücken. Ihr werdet unterdrückt und aus-
gebeutet werden und niemand wird euch beistehen.

30 Du verlobst dich mit einem Mädchen, aber ein
anderer wird mit ihr schlafen. Du baust ein Haus,
aber wirst nicht darin wohnen; du pflanzt einen
Weinberg, aber wirst keine Trauben ernten.
31 Deine Rinder werden vor deinen Augen geschlach-
tet und du bekommst nicht einen Bissen davon ab.
Dein Esel wird vor deinen Augen weggeführt und
du siehst ihn nie wieder. Feinde nehmen dir deine
Schafe und Ziegen weg und niemand hilft dir, wenn
du dich dagegen wehren willst. 32 Deine Söhne und
Töchter werden vor deinen Augen zu einem frem-
den Volk in die Sklaverei geführt; du wirst dich in
Sehnsucht nach ihnen verzehren, aber du wirst ohn-
mächtig zusehen müssen. 33 Ein Volk, das aus weiter
Ferne kommt, wird den Ertrag deiner Äcker ver-
zehren, für den du so mühsam gearbeitet hast, und
du wirst immerzu unterdrückt und misshandelt
werden. 34 Wenn ihr das alles mit ansehen müsst,
werdet ihr vor Schmerz wahnsinnig werden.

35 Der HERR wird euch an den Beinen, ja von der
Fußsohle bis zum Scheitel, mit bösen Geschwüren
strafen, die niemand heilen kann. 36 Er wird euch
und den König, den ihr über euch gesetzt habt, in
die Verbannung führen, zu einem fernen Volk, das
weder ihr noch eure Vorfahren bis dahin gekannt
habt. Dort werdet ihr fremde Götter verehren müs-
sen, Bilder aus Holz und Stein. 37 Unter den Völkern,
zu denen der HERR euch verstoßen wird, werdet ihr
zum abschreckenden Beispiel und sie werden ihren
Spott mit euch treiben.

38 Ihr werdet reichlich Samen aufs Feld streuen,
aber nur wenig Korn ernten, weil die Heuschrecken
alles abfressen. 39 Ihr werdet Weinberge anlegen und
pflegen, aber keinen Wein keltern, weil die Raupen
alles kahl fressen. 40 Im ganzen Land werden Öl-
bäume wachsen, aber ihr werdet kein Öl haben,
um euch damit zu salben, weil die Oliven unreif
abfallen.

41 Ihr werdet Kinder zeugen, aber sie werden euch
nicht gehören, sondern als Gefangene weggeführt
werden. 42 Alle eure Bäume und alle Pflanzen auf
den Feldern werden von Schädlingen befallen wer-
den. 43 Die Fremden*, die bei euch leben, werden
ihren Besitz vergrößern und immer mehr Einfluss
gewinnen, während es mit euch immer weiter berg-
ab geht. 44 Ihr könnt ihnen nichts mehr leihen,
sondern werdet von ihnen borgen müssen, und
schließlich werden sie die Herren sein und ihr die
Sklaven.

45 All dieses Unheil wird über euch kommen und
euch verfolgen, bis ihr völlig vernichtet seid, wenn
ihr nicht auf den HERRN, euren Gott, hört und seine
Gebote und Weisungen befolgt. 46 Daran wird dann
für alle Zeiten zu erkennen sein, dass euch und eure
Nachkommen der Fluch des HERRN getroffen hat.

47 Wenn ihr dem HERRN, eurem Gott, nicht gern
und voll Freude dient, aus Dank für den Wohlstand,
den er euch schenkt, 48 werdet ihr euren Feinden die-
nen müssen, die der HERR gegen euch aufbietet, und
ihr werdet dabei von Hunger und Durst gequält, ihr
werdet nichts anzuziehen haben und an allem Man-
gel leiden. Der HERR wird euch unter ein eisernes
Joch* zwingen, bis ihr alle umgekommen seid.

28,26 Jer 12,9S **28,27** Ex 9,8-9 **28,36** 4,27-28; 2 Kön 17,5-6; 25,7.11 **28,38-40** Mi 6,15; Joël 1,4S **28,48** Jer 28,14

49 Er wird aus weiter Ferne ein Volk gegen euch
heranführen, dessen Sprache ihr nicht versteht.
Wie der Adler herabstößt, kommen sie über euch
50 und kennen kein Erbarmen, auch Kinder und
Greise metzeln sie nieder. 51 Sie verzehren euer
Vieh, sie verzehren Korn, Wein und Öl; nichts las-
sen sie euch übrig, sodass ihr verhungern müsst.
52 Sie werden euch in euren Städten einschließen,
auf deren mächtige Mauern ihr euch verlassen
habt, überall in dem Land, das der HERR, euer Gott,
euch gegeben hat. Sie werden euch belagern und
bekämpfen, bis sie die Mauern zum Einsturz
bringen.
53 In der Hungersnot, die während der Belagerung
in euren Städten herrscht, werdet ihr das Fleisch
eurer eigenen Kinder essen, der Söhne und Töchter,
die der HERR, euer Gott, euch geschenkt hat. 54–55 Der
vornehmste Mann, der auf seine feine Lebensart
stolz ist, wird sich nicht scheuen, seinen eigenen
Sohn zu verzehren; er wird eifersüchtig darüber
wachen, dass keiner von seinen Verwandten einen
Bissen davon bekommt, nicht einmal die geliebte
Frau und die übrigen Kinder. So groß wird die Not
sein in den Städten, die von euren Feinden belagert
werden. 56–57 Die verwöhnteste Dame, die vor lauter
Vornehmheit keinen Fuß auf die Erde setzt, wird in
der höchsten Not ihre Nachgeburt verzehren und
sogar das Kind, das sie soeben geboren hat; sie wird
es in aller Heimlichkeit tun und nicht einmal dem
geliebten Mann und den übrigen Kindern etwas
davon gönnen.
58 Achtet also stets darauf, dass ihr den HERRN,
euren Gott, ehrt, der so große Wunder tut und seinen
Feinden Furcht und Schrecken einjagt. Befolgt sorg-
fältig alle seine Gebote, die in diesem Buch auf-
geschrieben sind. 59 Sonst wird der HERR euch und
eure Nachkommen mit schrecklichen Krankheiten
bestrafen, gegen die es kein Heilmittel gibt. 60 Die
Seuchen, die ihr in Ägypten kennen und fürchten
gelernt habt, wird er bei euch ausbrechen lassen,
61 und auch alle die Krankheiten und Plagen, die
in diesem Buch nicht erwähnt sind, wird er euch
schicken, bis ihr ganz vernichtet seid. 62 Statt dass
ihr so zahlreich werdet wie die Sterne am Himmel,
wird von euch nur noch ein winziges Häuflein übrig
bleiben, wenn ihr dem HERRN, eurem Gott, nicht
gehorcht.
63 Während der HERR früher seine Freude daran
hatte, euch Gutes zu tun und euch immer zahlrei-
cher zu machen, wird er dann seine Freude daran
haben, euch zu schaden und euch auszurotten. Er
wird euch aus dem Land, das ihr jetzt in Besitz
nehmt, ausreißen 64 und euch unter alle Völker zer-
streuen, von einem Ende der Erde bis zum andern.
Dort werdet ihr Götter verehren müssen, die euch
und euren Vorfahren bis dahin fremd waren, Bilder
aus Stein und Holz.
65 Aber selbst dort werdet ihr keine Bleibe finden,
sondern ruhelos umherirren; denn der HERR wird
euch in Angst, Finsternis und Verzweiflung hinein-
treiben. 66 Ihr werdet ständig um euer Leben zittern
müssen und euch keinen Augenblick sicher fühlen,
weder bei Nacht noch bei Tag. 67 Am Morgen werdet
ihr den Abend herbeisehnen und am Abend den
Morgen. Denn alles, was ihr erlebt, wird euch
immer neue Angst einjagen.
68 Der HERR wird euch so weit bringen, dass ihr auf
Schiffen nach Ägypten zurückkehrt, obwohl er euch
versprochen hat, ihr müsstet niemals wieder dorthin
zurückkehren. Dort werdet ihr euch euren Feinden
auf dem Sklavenmarkt als Sklaven und Sklavinnen
anbieten, aber niemand wird euch kaufen.«

Mose eröffnet den Bundesschluss

69 Der HERR befahl Mose, dort im Land Moab* in sei-
nem Auftrag einen Bund* mit dem Volk Israel zu
schließen, als Ergänzung zu dem Bund, den er am
Berg Horeb* mit Israel geschlossen hatte. Es folgen
hier die Worte, mit denen dieser Bund besiegelt
wurde.

29 Mose rief alle Israeliten zusammen und sagte
zu ihnen:
»Ihr habt miterlebt, was der HERR in Ägypten
getan hat, wie er den Pharao, seine Minister und
das ganze Volk seine Macht spüren ließ. 2 Mit
eigenen Augen habt ihr gesehen, was für Staunen
erregende Wunder der HERR vollbracht hat und wel-
che schrecklichen Plagen er über die Ägypter kom-
men ließ. 3 Aber erst heute öffnet der HERR euch
Augen, Ohren und Verstand für das, was damals
geschehen ist.
4 Vierzig Jahre lang habe ich euch durch die Wüste
geführt und eure Kleider und Schuhe sind nicht zer-
schlissen. 5 Ihr hattet weder Brot zu essen noch Wein
oder Bier zu trinken. Der HERR selbst hat für euch
gesorgt, damit ihr erkennt, was für ein Gott das ist,
der euch zu seinem Volk gemacht hat. 6 Als wir in
diese Gegend kamen, zogen die Könige Sihon von
Heschbon und Og von Baschan gegen uns aus, aber
wir konnten sie besiegen, 7 ihnen ihr Land wegneh-
men und es unter die Stämme Ruben und Gad und
den halben Stamm Manasse verteilen.
8 Darum bleibt dem Bund treu, den der HERR mit
euch schließt, und erfüllt alle eure Verpflichtungen;
dann wird euch alles gelingen, was ihr tut.«

Der Bund gilt für alle Generationen

9 »Ihr alle habt euch heute vor dem HERRN, eurem
Gott, aufgestellt: die Oberhäupter der Stämme, die
Ältesten*, die Aufseher* und alle Männer Israels,

28,49-52 Jer 5,15-17 **28,53** Lev 26,29 S **28,60** Ex 15,26 **28,62** 4,27 **28,64** 4,28 **28,68** 17,16; Hos 8,13; 9,3 **28,69** 5,2 **29,4-5** 8,2-4 **29,6** Num 21,21-35 **29,7** Num 32,33

10 dazu die Frauen und Kinder und die Fremden*, die
bei euch leben, bis hin zu den Holzhauern und Was-
serträgern.
11–12 Mit euch allen will der HERR heute seinen
Bund* schließen. Er erklärt hiermit feierlich, dass
ihr sein Volk seid und er euer Gott ist, wie er euch
das versprochen und wie er es euren Vorfahren
Abraham, Isaak und Jakob mit einem Eid zugesichert
hat. Er fordert euch auf, in diesen Bund einzuwilli-
gen und die Verpflichtungen zu übernehmen, die
darin eingeschlossen sind.
13–14 Aber nicht nur mit euch, die ihr heute vor dem
HERRN, eurem Gott, steht, wird dieser Bund ge-
schlossen, sondern zugleich mit euren Nachkom-
men, die noch nicht geboren sind.«

Warnung vor Götzendienst

15 »Ihr habt unter den Ägyptern gelebt und seid dann
durch das Gebiet fremder Völker gezogen, durch das
euer Weg führte. 16 Ihr habt die verabscheuens-
werten Götzen all dieser Völker gesehen, Bilder
aus Holz, Stein, Silber und Gold. 17 Gebt Acht, dass
niemand unter euch, kein Mann und keine Frau,
keine Sippe, kein Stamm, sich heute vom HERRN,
unserem Gott, abwendet, um den Göttern dieser
Völker zu dienen. Daraus könnte nur Unheil und
Verderben für uns alle erwachsen.
18 Wenn der Fluch* ausgesprochen wird, der jeden
treffen soll, der den Bund* mit dem HERRN verletzt,
darf es niemand unter euch geben, der heimlich bei
sich sagt: ›Für mich soll das nicht gelten! Mich möge
kein Unglück treffen, wenn ich es trotzdem tue,
damit endlich die Dürre aufhört!‹[a] 19 Wer so etwas
tut, fordert den Zorn des HERRN heraus. Alle Dro-
hungen, die in diesem Buch aufgeschrieben sind,
werden an ihm in Erfüllung gehen und der HERR
wird ihn vollständig vernichten. Für ein solches Ver-
gehen gibt es keine Vergebung. 20 Der HERR wird ihn
aus den Stämmen Israels ausstoßen und dem Unter-
gang ausliefern; alle Strafen werden ihn treffen, die
in diesem Gesetzbuch dem angedroht werden, der
den Bund mit dem HERRN bricht.
21–22 Wenn ihr dem HERRN untreu werdet, wird er
Seuchen und Katastrophen über das Land hereinbre-
chen lassen. Es wird aussehen wie nach dem Unter-
gang von Sodom* und Gomorra oder von Adma und
Zebojim*, die der HERR in seinem Zorn vernichtet
hat: der Boden völlig ausgebrannt, von Schwefel
und Salz bedeckt; es lässt sich nichts darauf aussäen,
nicht ein Grashalm wächst darauf.
23 Alle Völker werden dann sagen: ›Warum hat der
HERR dieses Land so hart bestraft? Was ist der Grund
für seinen schrecklichen Zorn?‹ 24 Und man wird
ihnen antworten: ›Das kommt davon, dass seine Be-
wohner dem Bund untreu geworden sind, den der
HERR, der Gott ihrer Vorfahren, mit ihnen schloss,
als er sie aus Ägypten herausführte. 25 Sie wandten
sich von ihrem Gott ab und beteten andere Götter
an, von denen sie vorher nichts wussten und deren
Verehrung er ihnen verboten hatte. 26 Deshalb wur-
de der HERR zornig auf dieses Land und ließ alle Dro-
hungen in Erfüllung gehen, die in diesem Buch auf-
geschrieben sind. 27 In seinem glühenden Zorn riss er
die Bewohner aus ihrem Land aus und schleuderte
sie in ein fremdes Land, wo sie noch heute sind.‹
28 Seinen verborgenen Plan kennt der HERR, unser
Gott, allein; aber seinen Willen hat er uns und unse-
ren Nachkommen für alle Zeiten klar und deutlich
verkündet, damit wir stets nach den Geboten leben,
die er uns in diesem Gesetzbuch gegeben hat.«

Auf Umkehr folgt neuer Segen

30 »Ich habe euch klar und deutlich gesagt, dass
Gehorsam euch Segen bringt, Ungehorsam
aber Verderben. Wenn ihr und eure Nachkommen
nun trotzdem die Gebote des HERRN missachtet
und zur Strafe vom HERRN, eurem Gott, unter fremde
Völker zerstreut werdet, kommt ihr vielleicht dort
zur Besinnung, 2 kehrt zum HERRN, eurem Gott,
zurück, werdet ihm gehorsam und befolgt mit gan-
zem Herzen und mit allen Kräften seine Gebote,
die ich euch heute verkündet habe. 3 Dann wird
der HERR, euer Gott, Erbarmen mit euch haben. Er
wird alles für euch wieder zum Guten wenden und
euch aus den Völkern, unter die er euch zerstreut
hat, herausholen. 4 Selbst wenn er euch bis ans
äußerste Ende der Welt verstoßen hat, wird er euch
von dort zurückholen 5 und euch in das Land brin-
gen, das euren Vorfahren gehört hat. Ihr werdet es
wieder in Besitz nehmen können und der HERR wird
euch noch mehr segnen und euch noch zahlreicher
machen als eure Vorfahren.
6 Er selbst wird eure Herzen beschneiden* und die
Herzen eurer Nachkommen, sodass ihr den HERRN,
euren Gott, mit ganzem Herzen und mit allen Kräf-
ten lieben könnt und dadurch euer Leben rettet.
7 Das Verderben, das der HERR euch angedroht hat,
wird er dann über eure Feinde hereinbrechen lassen,
die euch unterdrückt und verfolgt haben. 8 Ihr aber
werdet euch dem HERRN wieder zuwenden, ihm
gehorchen und alle seine Gebote befolgen, die ich
euch heute verkündet habe.
9 Dann wird der HERR, euer Gott, euer Tun segnen
und euch alles im Überfluss schenken. Ihr werdet
viele Kinder haben, euer Vieh wird sich vermehren
und die Felder werden reiche Ernten bringen. Der
HERR wird wieder Freude an euch haben und euch
Gutes tun, so wie es bei euren Vorfahren gewesen

a In Kanaan und weit darüber hinaus galt der Gott Baal* als der Spender von Regen und Fruchtbarkeit. Für die Israeliten, die mit der Einwanderung ins Land von Nomaden zu Bauern werden, ist die Versuchung groß, zugleich mit der Ackerbaukultur auch die zugehörigen Götter zu übernehmen, die sich als Segensspender ›bewährt‹ haben. Daher der Kampf gegen den Baalsdienst bei den Propheten von Elija an (1 Kön 18).

29,10 Jos 9,27 **29,11-12** 26,17-19; Ex 19,5-6S **29,13-14** Gen 17,7-8 **29,17** 13,7.14; Hebr 12,15 **29,20** (Gesetzbuch) 28,61; 30,10; 31,26; (angedroht) 28,15-68 **29,21-22** Gen 19,24-25S; Hos 11,8 **29,24** 1 Kön 19,10.14; Jer 22,9 **29,27** 2 Kön 17,6 **30,1-10** 4,29-31 **30,3** Jer 23,3S; Ez 28,25S **30,6** 6,4-5S; 10,16S

ist. 10 Ihr müsst euch nur dem HERRN, eurem Gott,
wieder mit ganzem Herzen und mit allen Kräften
zuwenden, auf ihn hören und nach seinen Geboten
und Weisungen leben, die in diesem Gesetzbuch auf-
geschrieben sind.«

Gottes Wort ist für alle zugänglich

11 »Das Gesetz, das ich euch heute gebe, ist nicht zu
schwer für euch und auch nicht unerreichbar fern.
12 Es schwebt nicht über den Wolken, sodass ihr
fragen müsstet: ›Wer steigt in den Himmel und holt
es herab, damit wir es kennen lernen und dann
befolgen können?‹
13 Es ist auch nicht am Ende der Welt, sodass ihr
fragen müsstet: ›Wer fährt übers Meer und holt es
herbei, damit wir es kennen lernen und dann befol-
gen können?‹[a]
14 Nein, Gottes gebietendes Wort ist euch ganz
nahe. Es ist auf euren Lippen und in eurem Herzen.[b]
Ihr müsst es nur befolgen!«

Entscheidung zwischen Leben und Tod

15 »Ich stelle euch heute vor die Wahl zwischen Glück
und Unglück, zwischen Leben und Tod.
16 Wenn ihr die Gebote des HERRN, eures Gottes,
befolgt,° die ich euch heute verkündet habe, wenn
ihr den HERRN liebt und seinen Weisungen folgt,
seine Anordnungen, Gebote und Rechtsbestimmun-
gen genau beachtet, werdet ihr am Leben bleiben
und immer zahlreicher werden. Der HERR, euer
Gott, wird euch dann segnen in dem Land, das ihr
jetzt in Besitz nehmt.
17 Aber wenn ihr euch vom HERRN abwendet und
ihm nicht mehr gehorcht, sondern euch dazu verlei-
ten lasst, andere Götter anzubeten und ihnen zu die-
nen, 18 werdet ihr untergehen. Ihr werdet dann nicht
lange in dem Land leben, in das ihr kommt, wenn ihr
nun den Jordan überschreitet. Das lasst euch gesagt
sein!
19 Himmel und Erde sind meine Zeugen: Ich habe
euch heute Segen und Fluch, Leben und Tod vor
Augen gestellt. Wählt das Leben, damit ihr am Leben
bleibt, ihr und eure Nachkommen! 20 Liebt den
HERRN, euren Gott! Gehorcht ihm und bleibt ihm
treu! Denn davon hängt es ab, ob ihr auf die Dauer
als Volk fortbesteht und in dem Land bleiben dürft,
das der HERR euren Vorfahren Abraham, Isaak und
Jakob mit einem Eid versprochen hat.«

a Hier wird angespielt auf alte mesopotamische Erzählungen, nach denen sagenumwobene Helden der Vorzeit in den Himmel hinaufgestiegen oder (wie Gilgamesch) in ferne Länder jenseits des Meeres gereist sind, um den Göttern zu begegnen und ewiges Leben zu gewinnen. Für Israel hängt Tod oder Leben allein an Gottes Gesetz; vgl. Verse 15-20.

b Das *Herz* ist hier als Sitz des Gedächtnisses angesprochen; vgl. das englische *by heart.*

Glück und Segen hängen für Israel am Gehorsam gegenüber Gott, der es erwählt hat. Darum stellt Mose das Volk vor die Entscheidung zwischen Segen und Fluch, Leben und Tod. »Wählt das Leben«, ruft er den Menschen zu, »damit ihr am Leben bleibt!« »Liebt den HERRN, euren Gott! Gehorcht ihm und bleibt ihm treu! Denn davon hängt es ab, ob ihr auf die Dauer als Volk fortbesteht und in dem Land bleiben dürft, das der HERR euren Vorfahren Abraham, Isaak und Jakob mit einem Eid versprochen hat.« (30,19-20)

30,10 29,20S **30,11-14** 6,6-9S; Röm 10,6-8 **30,14** Jer 31,31S **30,16** 4,1S **30,19** 4,26S; 11,16-28; Sir 15,16-17 **30,20** 4,1S

MOSES LETZTE WORTE UND TOD
(Kapitel 31–34)

Mose setzt Josua als Nachfolger ein

31 Nun sagte Mose zum ganzen Volk Israel: [2] »Ich bin jetzt 120 Jahre alt; ich kann nicht mehr euer Anführer sein. Außerdem hat der HERR zu mir gesagt: ›Du wirst den Jordan, der hier vor dir liegt, nicht überschreiten!‹

[3] Der HERR, euer Gott, wird selbst vor euch herziehen. Er wird die Völker dieses Landes dem Untergang preisgeben, sodass ihr sie vernichten könnt. Josua soll euer Anführer sein, wie der HERR es angeordnet hat. [4–5] Der HERR wird die Völker des Landes genauso in eure Hand geben wie die Amoriterkönige Sihon und Og. Dann müsst ihr an ihnen den Bann* vollstrecken, wie ich es euch in seinem Auftrag befohlen habe.

[6] Seid mutig und entschlossen! Habt keine Angst! Erschreckt nicht vor ihnen! Der HERR, euer Gott, wird selbst mit euch ziehen. Er wird euch gewiss nicht im Stich lassen.«

[7] Mose rief nun Josua zu sich und sagte zu ihm vor allen Israeliten: »Sei mutig und entschlossen! Du wirst dieses Volk in das Land bringen, das der HERR ihren Vorfahren mit einem Eid zugesagt hat; du wirst es auch unter sie aufteilen. [8] Der HERR selbst wird vor dir herziehen. Er wird dir helfen und dich niemals im Stich lassen. Hab keine Angst und lass dich von keinem Gegner einschüchtern!«

Regelmäßige Verlesung des Gesetzbuches

[9] Mose schrieb dieses ganze Gesetz in ein Buch und übergab es den Priestern* aus dem Stamm Levi, die die Bundeslade* trugen, sowie den Ältesten* des Volkes.

[10–11] Er gab ihnen den Auftrag: »Alle sieben Jahre, im Erlassjahr*, sollt ihr dieses Gesetzbuch öffentlich verlesen. Tut es vor allen Israeliten, wenn sie am Laubhüttenfest* zum HERRN, eurem Gott, an die Stätte kommen, die er auswählen wird. [12] Ruft dann das ganze Volk zusammen, Männer, Frauen und Kinder und auch die Fremden*, die bei euch leben. Sie sollen dieses ganze Gesetz hören, damit sie lernen, den HERRN, euren Gott, ernst zu nehmen und alle seine Weisungen in diesem Gesetzbuch genau zu befolgen. [13] Auch eure Kinder, die dieses Gesetz noch nicht kennen, sollen es hören, damit sie lernen, den HERRN, euren Gott, ernst zu nehmen und ihm zu gehorchen. So soll es sein während der ganzen Zeit, die ihr in dem Land lebt, das ihr jetzt in Besitz nehmen werdet.«

Beauftragung Josuas. Vorbereitung zum Lied Moses

[14] Der HERR sagte zu Mose: »Deine Tage sind gezählt. Rufe Josua und komm mit ihm zum Heiligen Zelt, damit ich ihn zu deinem Nachfolger einsetze.«

Als Mose und Josua in die Nähe des Zeltes kamen, [15] erschien der HERR in der Wolkensäule über dem Eingang des Zeltes. [16] Er sagte zu Mose: »Du wirst nun bald sterben, und nach deinem Tod wird dieses Volk mir untreu werden und sich von mir abwenden. Sie werden den Bund*, den ich mit ihnen geschlossen habe, brechen und sich mit den Göttern des Landes einlassen, in das sie kommen. [17] Deshalb werde ich zornig auf sie sein, ich werde mich von ihnen abkehren und ihnen nicht mehr helfen. Dann werden sie dahinschwinden, viel Not und großes Unglück werden über sie kommen. Sie werden dann zueinander sagen: ›Das alles müssen wir erleiden, weil unser Gott nicht mehr in unserer Mitte ist!‹ [18] Ich aber werde mich völlig von ihnen abkehren, zur Strafe dafür, dass sie mir ungehorsam waren und sich anderen Göttern zugewandt haben.

[19] Schreib nun für sie das Lied auf, das ich dir sage. Sie sollen es lernen und nachsingen, damit ich es in Zukunft als Zeugen gegen sie benutzen kann. [20] Ich werde sie in das Land bringen, das ich ihren Vorfahren versprochen habe, ein Land, das von Milch und Honig überfließt; sie aber werden sich satt essen und fett werden und sich anderen Göttern zuwenden und ihnen dienen. Mich werden sie verachten und meinen Bund brechen.

[21] Wenn dann Not und Unglück sie treffen, wird dieses Lied ihnen sagen, warum das geschieht. Sie werden es immer noch singen und so wird es als Zeuge gegen sie dastehen. Denn ich weiß wohl, wonach ihnen der Sinn steht, und das schon heute, noch ehe ich sie in das Land gebracht habe, das ich ihnen versprochen habe.«

[22] Am selben Tag schrieb Mose das Lied auf, das der HERR ihm sagte, und er ließ es die Leute von Israel lernen.

[23] Dann sagte der HERR zu Josua, dem Sohn Nuns: »Sei mutig und entschlossen! Ich werde dir beistehen und du wirst das Volk Israel in das Land bringen, das ich ihm mit einem Eid zugesagt habe.«

Gesetzbuch und Lied als Zeuge gegen das Volk

[24] Als Mose dieses ganze Gesetz in ein Buch geschrieben hatte, [25] befahl er den Leviten*, die die Bundeslade* des HERRN trugen: [26] »Nehmt dieses Gesetzbuch und legt es neben die Bundeslade des HERRN, eures Gottes, damit er es künftig als Zeugen gegen dieses Volk benutzen kann.«

31,2 1,37S **31,3** Num 27,18-19S **31,4-5** Num 21,21-35 **31,7-8** Jos 1,5.6.9 **31,10-11** Lev 25,1-7S; Ex 23,16S; Dtn 12,5S **31,14** Num 27,18-19S **31,15** Ex 19,8-9S **31,16** 29,24S **31,17** 1,42; Ri 6,13 **31,20** 26,15S; 6,11-12; 8,12-14 **31,23** Jos 1,6 **31,26** 29,20S

An das Volk gewandt, fuhr er fort: 27 »Ich weiß
genau, wie widerspenstig und eigensinnig ihr seid.
Ihr habt euch schon bisher gegen den HERRN aufgelehnt, während ich noch bei euch war. Wie wird
es da erst nach meinem Tod aussehen! 28 Lasst die Äl-
testen* eurer Stämme und alle Aufseher* vortreten,
damit ich sie noch einmal warne. Himmel und Erde
werde ich dabei als Zeugen anrufen. 29 Ich weiß, dass
ihr nach meinem Tod von dem Weg abgeht, den ich
euch gewiesen habe, und euch in schwere Schuld
verstrickt. Ihr werdet tun, was dem HERRN missfällt,
und ihn durch eure Götzenbilder zum Zorn reizen.
Dafür wird euch zuletzt schweres Unheil treffen.«

Das Lied Moses: Abrechnung mit dem ungehorsamen Volk

30 Dann trug Mose vor ganz Israel, vor der gesamten
Versammlung, das folgende Lied vor:

32 Den Himmel rufe ich als Zeugen an, die Erde
höre meine Worte!
2 Sie mögen strömen wie ein Regenschauer,
der ausgedörrtes Land befeuchtet,
und niederträufeln wie der Tau,
der ringsum alles junge Grün erquickt!
3 Preist unsern großen und erhabenen Gott!
Ich rufe ihn bei seinem Namen,
4 ihn, unsern Fels und starken Schutz!
In allem, was er plant und ausführt,
ist er vollkommen und gerecht.
An niemand handelt er mit Trug und Tücke,
er steht zu seinem Wort, denn er ist treu!

5 Doch dieses Volk ist treulos und verkehrt[a] –
zu ihrer Schande muss ich es bekennen –,
ganz aus der Art sind sie geschlagen;
sie können nicht mehr seine Kinder sein.
6 Ist das der Dank für alle seine Güte,
ihr unverbesserlichen Narren?
Ist er es nicht, der euch geschaffen hat
und wie ein Vater für euch sorgt?
7 Erinnert euch an ferne Zeiten,
fragt eure Väter, wie es früher war,
und eure Alten fragt, woher ihr kommt!
8 Damals erschuf der höchste Gott die Völker
und ließ sie auf der Erde wohnen;
für jedes Volk bestimmte er ein Land
und teilte jedem einen Engel zu.°
9 Doch Israel, die Jakobskinder,
erwählte er sich selbst als Eigentum
und machte sie zu seinem Volk.

10 Er fand sie hilflos in der Wüste,
umlauert und umheult von wilden Tieren,
da nahm er sie in seine Obhut,
er schützte sie mit aller Sorgfalt,
so wie ein Mann sein eigenes Auge schützt.
11 Ein Adler scheucht die Jungen aus dem Nest,
damit sie selber fliegen lernen.
Doch wachsam schwebt er über ihnen,
und wenn eins müde wird und fällt,
dann breitet er die Flügel unter ihm
und fängt es auf und trägt es fort.
12 Genauso hat der HERR sein Volk beschützt;
er ganz allein hat Israel geführt,
kein fremder Gott stand ihm zur Seite!

13 Dann ließ er sie ein Land erobern.
Sie konnten auf den Feldern Korn anbauen,
aus Felsenspalten Honig sammeln,
auf steinbesätem Grund Oliven ernten.
14 Sie hatten Milch von Kühen und von Schafen,
das Fleisch der Lämmer und der Böcke;
sie aßen von dem allerbesten Weizen
und tranken ihren süßen, roten Wein.

15 Sie lebten nun in Glück und Wohlstand,
sie waren satt, sie wurden reich;
ja, Jeschurun[b] nahm zu und wurde fett.
Ihr Wohlstand machte sie rebellisch,
sie stießen Gott im Übermut zurück,
ihn, der sie doch geschaffen hatte;
ihr Fels und Schutz galt ihnen nichts.
16 Sie wandten andern ihre Liebe zu
und kränkten ihn mit ihrem Götzendienst.
17 Sie brachten ihre Opfer* dar für Götter,
die keine sind und die nicht helfen können;
den Vätern waren sie noch unbekannt,
erst kürzlich sind sie aufgekommen.
18 Den starken Felsen, ihn, der euch gezeugt hat,
den Gott, aus dem ihr allesamt geboren seid,
habt ihr verraten, habt ihr ganz vergessen!

19 Das sah der HERR; er wurde zornig,
weil seine Söhne, seine Töchter ihn verschmähten.
20 Und er beschloss: »Ich ziehe mich zurück
und überlasse sie sich selbst;
dann will ich sehn, wohin das führt!
Sie sind voll Widerspruch und Starrsinn
und kennen weder Dankbarkeit noch Treue.
21 Sie kränken mich mit einem Un-Gott,
erbittern mich durch hohle, leere Götzen;
ich kränke sie mit einem Un-Volk[c]
und strafe sie durch aufgeblasene Menschen.

22 Mein Zorn ist gegen sie entbrannt,
ich schicke ihnen Feuer auf die Erde,
damit es alles, was dort wächst, versengt;
bis in die Totenwelt* soll es sich fressen

a Das Urteil über den Zustand des Volkes nimmt Künftiges vorweg und erinnert an die Anklagen der großen Propheten (Jes 1,2-4; Jer 2) und an die Anklage, die Jesus in Mt 17,17; Lk 9,41 erhebt.
b Ehrenname für das Volk Israel; siehe Sacherklärung.
c Die Aussage lässt sich nicht auf ein bestimmtes Volk deuten. Gott hat nacheinander viele Völker gegen Israel aufgeboten, von den Philistern bis zu den Assyrern und Babyloniern.

31,27 Ex 14,11-12S **31,28** 4,26S **32,1** 4,26S **32,5** Jes 1,2-4 **32,6** 1,31 **32,8** Gen 10,1-32; Apg 17,26 **32,9** Ex 19,5-6S; Sir 17,17 **32,10** Jer 2,2; Hos 13,5; Ez 16,6; Ps 17,8 **32,11** Ex 19,4 **32,15** 31,20; 33,26 **32,17** Jer 2,11 **32,18** Jes 51,1 **32,21** Röm 10,19

und auch den Grund der Berge unterhöhlen.
23 Ich überschütte sie mit schweren Plagen,
verschieße auf sie alle meine Pfeile.
24 Dann werden sie vor Hunger sterben,
durch Fieberglut und Pest zugrunde gehen.
Ich lasse wilde Tiere auf sie los,
das Gift der Schlangen soll sie niederstrecken!
25 Das Schwert soll wüten auf den Straßen,
im Hause drinnen soll der Schreck sie töten:
den jungen Mann, das junge Mädchen,
den kleinsten Säugling und den Greis!

26 Fast hätte ich sie alle ausgerottet
und niemand hätte mehr an sie gedacht;
27 doch will ich nicht, dass andere mein Tun
missdeuten,
dass ihre Feinde sich den Sieg zuschreiben.
Sie würden sagen: ›Das war unser Werk!‹,
statt einzusehn, dass ich, der HERR, es tat.
28–29 Denn sie sind töricht, ohne jede Einsicht;
sonst müssten sie es doch erkennen
und an ihr eigenes Ende denken.
30 Wie könnte *einer* tausend Mann verjagen,
wie könnten zwei aus ihren Reihen
zehntausend meines Volkes schlagen,
wenn ich es nicht verlassen hätte,
wenn nicht sein Gott, sein starker Fels,
es in die Hand der Feinde gäbe?

31 Sogar die Feinde haben es erkannt,
dass ihre Götter keine Helfer sind
und sich in nichts mit mir vergleichen können,
dem Helfer und Beschützer Israels.
32 Verdorben sind sie wie die Leute,
die einst in Sodom* und Gomorra wohnten.
Sie gleichen einem Weinstock, dessen Trauben
statt Süße Bitterkeit und Gift enthalten;
33 der Wein, den man aus seinen Beeren presst,
ist tödlicher als Schlangengift.
34 Dies alles bleibt mir im Gedächtnis,
ich werde nichts davon vergessen.
35 Ich werde bald an ihnen Rache nehmen°
und sie für alle Bosheit hart bestrafen.
Noch kurze Zeit, dann kommt ihr Untergang,
ihr Ende ist nicht aufzuhalten.«

36 Der HERR wird seinem Volk zu Hilfe kommen
er wird Erbarmen haben mit den Seinen.
Er sieht es ja, dass sie am Ende sind
und dass die Starken wie die Schwachen fallen.
37 Dann fragt er sie: »Wo sind jetzt eure Götter,
auf deren Schutz ihr euch verlassen habt?
38 Ihr brachtet ihnen reiche Opfer dar,
ihr habt sie voll gestopft mit Fett und Wein.
Nun sollen sie beweisen, wer sie sind,
und für euch kämpfen und euch schützen!
39 Erkennt doch: Ich, nur ich bin Herr,
ich ganz allein bin Gott, sonst keiner!
Ich schlage Wunden und ich heile sie,
ich töte und ich wecke wieder auf.
Aus meiner Hand kann niemand retten.
40 Ich hebe meine Hand zum Schwur
und sage: ›So gewiss ich ewig lebe:
41 Sie alle, die mich hassen und befeinden,
bekommen meinen Zorn zu spüren!‹
Ich schärfe jetzt mein Racheschwert,
dann schlag ich zu und schaffe Recht.
42 Ich mache meine Pfeile ganz betrunken
vom Blut der toten und gefangenen Gegner,
mein Schwert wird unersättlich um sich fressen,
es soll die Köpfe meiner Feinde spalten!«

43 Du, Himmel, freu dich mit dem HERRN!
Ihr Götter, werft euch vor ihm nieder!°
Der HERR nimmt Rache an den Feinden,
weil sie die Seinen hingemordet haben.
Doch seinem Volk schenkt er Vergebung
und nimmt vom Land den Fluch der Schuld.

Letzte Ermahnung an das Volk

44 Zusammen mit Josua, dem Sohn Nuns, trug Mose
dieses Lied dem ganzen Volk vor. 45–46 Dann sagte
er zu ihnen: »Nehmt euch diese Mahnungen zu Her-
zen und gebt sie euren Kindern weiter, damit sie ihr
Leben nach den Vorschriften dieses Gesetzes rich-
ten. 47 Das Wort des HERRN ist kein leeres Wort, es
ist euer Leben! Wenn ihr ihm folgt, werdet ihr lange
in dem Land leben können, das ihr jetzt in Besitz
nehmt.«

Letzter Befehl Gottes an Mose

48 Am selben Tag sagte der HERR zu Mose: 49 »Geh
jetzt ins Abarimgebirge dort drüben und steig auf
den Berg Nebo,[a] der im Land Moab* gegenüber
von Jericho liegt. Sieh von dort aus in das Land
Kanaan* hinüber, das ich dem Volk Israel zum
Besitz geben werde! 50 Danach wirst du auf dem Berg
sterben und im Tod mit deinen Vorfahren vereint
werden, so wie schon dein Bruder Aaron vor dir
gestorben ist.
51 Ihr beide dürft das Land nicht betreten, weil ihr
mir an der Quelle von Meriba bei Kadesch in der
Wüste Zin vor allen Israeliten ungehorsam wart
und mir nicht die Gelegenheit geben wolltet, mich
vor ihnen als der heilige und mächtige Gott zu erwei-
sen. 52 Du darfst das Land, das ich dem Volk Israel
gebe, aus der Ferne sehen, aber du selbst wirst nicht
hineinkommen.«

a Zur Lage des Berges siehe Karte Seite 16. Zum Vorgang selbst vgl. Anmerkung zu 34,4.

32,24-25 Lev 26,22-28 **32,27** 9,28 S **32,30** Jes 30,17; Ri 2,14-15; 1 Sam 12,9; 2 Chr 24,24 **32,32** Gen 18,20 S; Jes 5,1-4; Jer 2,21 **32,35** Röm 12,19; Hebr 10,30 **32,36** 2 Makk 7,6 **32,37-38** Ri 10,14; Jer 2,28 **32,39** 4,35; 1 Sam 2,6; Jes 43,11; Hos 13,4; Sir 36,5 **32,43** Ps 97,7; Offb 6,10; 19,2 **32,47** 30,15-20 **32,48-52** Num 27,12-14 S **32,48** 1,3 **32,50** Num 20,22-29 **32,51** 1,37 S

Vierzig Jahre lang sind die Israeliten in der Wüste umhergezogen. Jetzt ist es so weit: Sie dürfen in das Land Kanaan einziehen.

a Vielleicht im Süden der Sinai-Halbinsel zu suchen. Der Gott, der sich Israel am Berg Sinai geoffenbart hat (Ex 19,16-19) kommt erneut seinem Volk nahe.
b Ähnlich wie in Gen 49,3-27 werden im Folgenden die künftigen Geschicke der einzelnen Stämme angedeutet. Der Stamm Ruben im Ostjordanland (Karte Seite 275) ist offenbar vom Untergang bedroht; er wird nach Ri 5,15 nicht mehr erwähnt.
c Schon vor der Trennung in Nord- und Südreich (1 Kön 12) hatte der Stamm Juda eine gewisse Sonderstellung.
d Bei Massa und Meriba (Ex 17,1-7) hat sich das ganze Volk gegen Gott aufgelehnt. Vielleicht ist an Num 20,12-13 gedacht (Aaron = Levi). Zu Vers 9 siehe Ex 32,26-29.
e Die Josefsstämme Efraïm und Manasse werden hier als Einheit angesprochen.
f Von Sebulons Wohnsitz in Meeresnähe spricht auch Gen 49,13. Der Berg ist vermutlich der Tabor, auf dem sich ein altes Heiligtum befand.
g Gemeint ist vielleicht Mose. Nach jüdischer Tradition liegt das unbekannte Grab Moses im Stammesgebiet von Gad im Ostjordanland, in dem dieser Stamm sich weit ausbreiten kann.
h Waldreiches Hochland im nördlichen Ostjordanland; siehe Sacherklärung. Der See in Vers 23 ist der See Gennesaret.

Mose blickt in die Zukunft Israels

33 Bevor Mose, der Mann Gottes, starb, sprach
er noch Segensworte über das Volk Israel.
2 Er sagte:

»Der Herr ist zu seinem Volk gekommen
vom Sinai* her, seinem heiligen Berg.
Wie die Sonne ging er auf über den
Bergen Edoms*,
sein Glanz strahlte auf vom Gebirge Paran.[a]
Mit ihm kommen Scharen heiliger Engel,°
starke Helden begleiten ihn.°
3 Der Herr liebt die Stämme Israels,
er beschützt alle, die zu ihm gehören.
Sie werfen sich vor ihm nieder
und nehmen seine Befehle entgegen.
4 Mose hat uns Gottes Gesetz* gegeben,
den kostbarsten Besitz aller Nachkommen Jakobs.
5 Der Herr wurde König in Jeschurun*,
alle Ältesten* des Volkes waren versammelt,
zusammengeströmt alle Männer Israels.«

6 Dann sagte Mose:[b]

»Lass *Ruben* leben und nicht untergehn,
doch mache seine Männer nicht zu zahlreich!«

7 Über den Stamm *Juda* sagte er:

»Die Bitte Judas, Herr, erhöre sie;
bring ihn zurück zu seinen Brüdern![c]
Mit seinen Händen soll er für sie kämpfen,
steh du ihm gegen seine Feinde bei!«

8 Über den Stamm *Levi* sagte er:

»Die heiligen Lose* übergabst du Levi,
weil er in ganzer Treue zu dir hielt.°
Bei Massa stelltest du ihn auf die Probe,
bei Meriba hast du mit ihm gestritten.[d]
9 Doch später stand er fest auf deiner Seite,
selbst gegen seine Eltern, Brüder, Kinder.
Die Männer Levis folgten dir aufs Wort
und hielten treu zu deinem Bund*.
10 Sie werden Israel dein Recht verkünden,
damit dein Volk stets dein Gesetz befolgt.
Sie bringen Opfer* dar auf dem Altar,
verbrennen dir zu Ehren süßen Weihrauch*.
11 Herr, schenke ihnen Glück und Wohlstand
und blicke freundlich auf ihr Tun!
Vernichte alle ihre Feinde,
damit sich keiner gegen sie erhebt!«

12 Über den Stamm *Benjamin* sagte er:

»Das Lieblingskind des Herrn ist Benjamin.
Der höchste Gott° wacht täglich über ihn,
er wohnt beschützt und sicher zwischen Bergen.«

13 Über den Stamm *Josef*[e] sagte er:

»Der Segen Gottes komme über ihn!
Ja, reich gesegnet sei sein Land vom Herrn
mit Regen, der vom Himmel niederrinnt,
mit Wasser aus den Speichern in der Tiefe,
14 mit allem, was die Sonne wachsen lässt
und was im Lauf der Monde reif wird!
15–16 Das Beste nur vom Besten soll er haben,
es werde ihm in reichstem Maß zuteil!
Die Erde bringe es für ihn hervor,
die Berge sollen es ihm tragen!
Der Gott, der in dem Dornbusch wohnte,
er wende Josef seine Liebe zu,
ihm, dem Erwählten unter seinen Brüdern!
17 Er gleicht dem Erstgeborenen des Stiers,
in Josef wohnt die Stärke seines Gottes.
Er hat die Hörner eines Büffels:
die vielen tausend Männer von *Manasse,*
Zehntausende von Kriegern *Efraïms,*
mit denen er die Feinde niederwirft
bis zu den Grenzen dieser Erde.«

18 Über die Stämme *Sebulon* und *Issachar* sagte er:

»Du, Sebulon, erfährst dein Glück auf See
und du in deinen Zelten, Issachar!
19 Sie laden ihre Nachbarvölker ein,
auf ihren heiligen Berg zu kommen;
sie bringen Opfer, die Gott wohlgefällig sind.
Sie finden ihren Reichtum auf dem Meer[f]
und holen ihre Schätze aus dem Sand.«

20 Über den Stamm *Gad* sagte er:

»Der Herr gibt Gad ein weites Land
und dafür sei ihm Preis und Dank gebracht!
Auf Beute lauert Gad, dem Löwen gleich,
und reißt den Opfern Kopf und Arme ab.
21 Vom Land erwählte er das beste Stück,
denn dort beim Anteil eines großen Fürsten[g]
versammeln sich die Stammesoberhäupter.°
Der Wille Gottes wird von Gad vollstreckt;
zusammen mit dem ganzen Israel
bringt er das Recht des Herrn zur Geltung.«

22 Über den Stamm *Dan* sagte er:

»Auch Dan ist wie ein junger Löwe,
er springt hervor aus Baschans[h] Wald.«

23 Über den Stamm *Naftali* sagte er:

»Der Herr hat Naftali gesegnet
und sättigt ihn mit seiner Gunst.
Vom See greift er nach Süden aus.«

24 Über den Stamm *Ascher* sagte er:

»Auf Ascher blicken liebevoll die Brüder,
er ist noch mehr gesegnet als die andern.

33,2 Ri 5,4-5 S **33,5** Ex 15,18 **33,6-25** Gen 49,2-27 **33,8** Ex 28,30 S; 17,7 **33,9** Ex 32,26-29 **33,10** 10,8; Lev 10,11 **33,15-16** Ex 3,2-6 **33,20** 1 Chr 12,9

Sein Land ist überreich an Öl,
so reich, dass er die Füße darin badet.
25 Die Städte Aschers seien wohl bewacht
mit Eisenriegeln an den Toren.
Solange er bestehen bleibt,
so lange fehle es ihm nie an Kraft!«

26 Weiter sagte Mose:

»Kein anderer Gott ist dem Gott Israels gleich,
dem Gott Jeschuruns![a]
In seiner Majestät fährt er über den Himmel,
auf den Wolken eilt er dir zu Hilfe.
27 Der ewige Gott ist deine Zuflucht, Israel,
in seinen Armen fängt er dich auf.
Er hat deine Feinde vor dir vertrieben
und dir befohlen: ›Vernichte sie!‹
28 Nun wohnst du in sicheren Grenzen,
ausgesondert aus den übrigen Völkern.
Tau und Regen schenkt dir der Himmel,
Korn und Wein bringt die Erde in Fülle hervor.
29 Wie glücklich bist du, Israel!
Kein anderes Volk kann sich mit dir vergleichen,
denn der HERR ist dein Helfer.
Du kannst dich auf ihn verlassen,
er ist für dich wie ein schützender Schild
und ein scharfes, siegreiches Schwert.
Deine Feinde müssen dich um Gnade bitten,
doch du schreitest stolz über sie hinweg.«

Mose stirbt

34 Dann stieg Mose vom moabitischen Steppen-
gebiet hinauf auf den Berg Nebo, auf den Gip-
fel des Pisga, der östlich von Jericho liegt. Dort oben
zeigte ihm der HERR das Land, das zu seinen Füßen
ausgebreitet war: die Landschaft Gilead* und die
daran anschließenden Gebiete bis hinauf zum Stam-
mesgebiet von Dan, 2 das ganze Gebiet des Stammes
Naftali, das Gebiet der Stämme Efraïm und Manasse
und das ganze Gebiet des Stammes Juda bis zum
Meer im Westen, 3 ebenso das Südland und die Senke
von der Palmenstadt[b] bis nach Zoar.
4 Er sagte zu ihm: »Dies ist das Land, das ich Abra-
ham, Isaak und Jakob mit einem Eid versprochen
und von dem ich zu ihnen gesagt habe: ›Euren Nach-
kommen will ich es geben!‹ Du hast es jetzt mit
eigenen Augen gesehen,[c] aber du selbst darfst es
nicht betreten.«
5 So starb Mose, der Bevollmächtigte* Gottes, im
Land Moab*, wie der HERR es bestimmt hatte. 6 Gott
begrub ihn° dort im Tal gegenüber von Bet-Pegor. Bis
heute weiß niemand, wo sein Grab ist.
7 Mose war 120 Jahre alt, als er starb. Aber bis
zuletzt war er rüstig geblieben und seine Sehkraft
hatte nicht nachgelassen. 8 Dreißig Tage lang hielt
das ganze Volk im moabitischen Steppengebiet für
ihn die Totenklage*.
9 Josua, der Sohn Nuns, wurde nun der Anführer
der Israeliten. Er war mit Weisheit und Umsicht
begabt, seit Mose ihm die Hände aufgelegt und ihn
dadurch zu seinem Nachfolger eingesetzt hatte.
Die Leute von Israel gehorchten ihm, wie der HERR
ihnen das durch Mose befohlen hatte.
10 Nie mehr gab es in Israel einen Propheten* wie
Mose, mit dem der HERR Auge in Auge gesprochen
hat. 11 Kein anderer Prophet hat solche Staunen erre-
genden Wunder vollbracht wie die, mit denen er im
Auftrag des HERRN in Ägypten gegen den Pharao,
seine Minister und sein ganzes Land aufgetreten
ist. 12 Kein anderer hat Israel mit so starker Hand
geführt und vor den Augen des ganzen Volkes solche
mächtigen und Schrecken erregenden Taten voll-
bracht wie er.

Mose selbst durfte das versprochene Land nicht betreten. Aber ehe er starb, bekam er das Land jenseits des Jordans von der Spitze des Berges Nebo aus zu sehen. Hier steht ein Araber mit seinem Sohn auf dem Gipfel dieses Berges.

a Siehe Anmerkung zu 32,15.
b Wörtlich *Palmenstadt Jericho.* Ursprünglich war vermutlich die Palmenstadt Tamar am Südende des Toten Meeres gemeint.
c Mose erlebt trotz der folgenden Einschränkung die Erfüllung der Zusage an Abraham. Indem Gott ihm das Land zeigt, spricht er es zugleich Israel als bleibenden Besitz zu.

33,26 3,24; 32,15; Ex 15,11; Ps 68,5; 104,3 **33,27** Ps 90,1; Dtn 7,1-4S **33,28** Num 23,9; Gen 27,28 **33,29** 4,7-8 **34,1-5** Num 27,12-14S **34,4** Gen 12,7S **34,7** 31,2 **34,8** Num 20,29 **34,9** Num 27,18-23 **34,10** Ex 33,11; Num 12,8; Sir 45,1-5

Geschichte Israels

Josua
Richter

Rut
1 Samuel
2 Samuel
1 Könige
2 Könige

1 Chronik
2 Chronik
Esra
Nehemia
Ester

»So war nun all das Gute, das der Herr seinem Volk Israel versprochen hatte, eingetroffen …« (Josua 21,45)

Geschichte Israels

Die Bücher Josua bis Ester behandeln die Geschichte Israels vom Einzug in Kanaan über die Zeit der Richter und der Könige bis zur Verbannung in Babylonien und der Rückkehr von dort. Das ist die Zeit vom 13. bis zum 5. Jahrhundert v. Chr., eine Spanne von rund 800 Jahren. Nach jüdischer Einteilung gehören die Bücher Josua bis 2 Könige (außer Rut) zu den prophetischen Büchern. In der Tat geht es ihnen um eine prophetische Sicht und Beurteilung der Geschichte.

»Gute« und »schlechte« Könige

Der biblische Bericht will zeigen, wie in allem Geschehen Gottes Absichten, seine Zusagen und Warnungen in Erfüllung gingen. Ein König wird nicht danach beurteilt, ob er politisch erfolgreich war. Vielmehr gilt er als »gut«, wenn er treu zu Gott stand und sich an seine Gesetze hielt; er gilt als »schlecht«, wenn er das Volk von Gottes Wegen abbrachte.

Inbesitznahme des Landes

Die Bücher Josua und Richter beschreiben, wie die Israeliten das Land in Besitz nahmen. Sie übernahmen von den Kanaanitern viele Städte und Dörfer und begannen mit dem Ackerbau. Die neuen Lebensformen sowie Kultur und Religion der einheimischen Bevölkerung brachten für den Glauben Israels schwere Gefahren mit sich.

Könige und Kriege

Zunächst mussten sich die Israeliten verschiedener Nachbarvölker, vor allem der Philister, erwehren (1 Samuel). David gelang es, die Stämme Israels zu einem festen Staatsgebilde zusammenzufassen (2 Samuel; 1 Chronik). Sein Sohn Salomo konnte dieses Reich dann lange in Frieden regieren (1 Könige 1–11; 2 Chronik 1–9). Doch nach Salomos Tod zerfiel es in zwei Teile: der Nordteil (= Israel) trennte sich vom Südteil (= Juda).

Fremde Götter

Die Könige des Nordteils Israel lösten sich und ihr Volk auch vom Tempel in Jerusalem. Sie öffneten sich dem Einfluss fremder Religionen, und viele von ihnen kümmerten sich nicht mehr um Gottes Gesetz. Doch in Juda geschah bald dasselbe. Wenn das Land später von Feinden heimgesucht und das Volk in die Verbannung weggeführt wurde, ist dies für das Urteil der biblischen Geschichtsschreiber die Folge dieser Untreue. Das Nordreich Israel wurde von den Assyrern vernichtet (2 Könige 17; 18,9-12).

Verbannung und Rückkehr

135 Jahre später war es auch um das Südreich Juda geschehen. Die Babylonier eroberten und zerstörten Jerusalem und führten das Volk von Juda weg in die Verbannung (2 Könige 24–25; 2 Chronik 36). Doch wurde ihm rund 50 Jahre später die Rückkehr ermöglicht. Jerusalem und der Tempel wurden wieder aufgebaut (Esra und Nehemia). Die Rückkehr aus der Gefangenschaft bedeutete zugleich eine Rückkehr zu Gott und seinem Gesetz. Das Volk hatte aus der bitteren Erfahrung der Vergangenheit gelernt. Gott aber hatte das Volk nicht ganz und gar verlassen. Er stand zu seinen Zusagen und gewährte seinem Volk einen neuen Anfang.

In Kanaan begannen die Israeliten mit Ackerbau. Sie bearbeiteten den Boden ähnlich wie dieser türkische Bauer.

Ein Bogenschütze und ein schwer bewaffneter Krieger der Assyrer, des Volkes, das die Israeliten unterwarf und in die Verbannung führte.

Leben als Flüchtlinge – das Bild aus heutiger Zeit erinnert an das Schicksal der Leute von Israel und Juda, die ihre Heimat verlassen mussten.

JOSUA

Das Buch Josua trägt den Namen des Mannes, der als Nachfolger Moses das Volk Israel in das »Gelobte (d. h. von Gott versprochene) Land« führte. Es berichtet von der Eroberung des Landes durch göttliche Hilfe, aber auch durch menschliche Tapferkeit und List.

In der Darstellung des Josua-Buches vollzieht sich die Eroberung reibungs- und lückenloser als in dem knappen Parallelbericht Richter 1,17-36, der von einer größeren Anzahl nicht eingenommener Städte weiß. Auch die von Gott befohlene Ausrottung der Landesbewohner wird man sich demgemäß als eine eher beschränkte Maßnahme vorzustellen haben. Sie bleibt für unser christliches Verständnis anstößig, entspricht jedoch altorientalischem Kriegsrecht und findet innerhalb des Alten Testaments eine Begründung in der Notwendigkeit, das Gottesvolk vor schädlichen Einflüssen zu schützen.

In diesem Sinn steht am Ende des Buches der Aufruf Josuas an das Volk, sich von allen fremden Göttern abzuwenden und dem einen und wahren Gott in Treue zu dienen. Das Neue Testament weiß darüber hinaus, dass kein irdisches Land das Ziel des »wandernden Gottesvolkes« sein kann (Hebräer 4).

Inhaltsübersicht

DIE EROBERUNG DES LANDES KANAAN UNTER JOSUA
(Kapitel 1–12)

Gott gibt den Befehl zum Einzug in das Land

1 Nachdem Mose, der Bevollmächtigte* des
HERRN, gestorben war, sagte der HERR zu Josua,
dem Sohn Nuns, dem Helfer Moses:
2 »Mein Diener Mose ist tot. Nun mach dich auf
und zieh mit dem ganzen Volk über den Jordan in
das Land, das ich euch geben will! Führe das ganze
Volk Israel über den Jordan! 3 Jeden Fleck Erde,
den ihr betreten werdet, gebe ich euch, wie ich es
Mose versprochen habe. 4 Euer Gebiet soll von der
Wüste im Süden bis zum Libanongebirge im Norden
reichen, es soll nach Osten zu das ganze Land der
Hetiter* bis zum Eufrat einschließen; im Westen
erstreckt es sich bis zum Mittelmeer.[a]
5 Kein Feind wird sich gegen dich behaupten können;
denn ich werde dir dein Leben lang zur Seite
stehen, genauso wie ich Mose zur Seite gestanden
habe. Niemals werde ich dir meine Hilfe entziehen,
nie dich im Stich lassen. 6 Sei mutig und entschlossen!
Du wirst diesem Volk das Land, das ich ihren
Vorfahren mit einem Eid zugesagt habe, als bleibenden
Besitz zuteilen.
7 Halte dich mutig und entschlossen an das, was
mein Diener Mose gesagt hat! Befolge mein Gesetz*,
das er dir übergeben hat, und lass nicht das Geringste
davon außer Acht; dann wird dir alles gelingen, was
du unternimmst. 8 Sprich die Weisungen aus meinem
Gesetzbuch ständig vor dich hin und denke
Tag und Nacht darüber nach, damit dein ganzes
Tun an meinen Geboten ausgerichtet ist. Dann wirst
du Erfolg haben und wirst alles, was du beginnst,
glücklich vollenden.
9 Ich sage dir noch einmal: Sei mutig und entschlossen!
Hab keine Angst und lass dich durch
nichts erschrecken; denn ich, der HERR, dein Gott,
bin bei dir, wohin du auch gehst!«

Josua bereitet den Einmarsch vor

10–11 Darauf ließ Josua die Aufseher* durch das Lager
gehen und überall bekannt machen: »In drei Tagen
werden wir den Jordan überschreiten und das Land
in Besitz nehmen, das der HERR uns geben will.
Bereitet genügend Verpflegung für den Marsch vor!«

a Vgl. Anmerkung zu Dtn 11,24. Zu »Hetiter« siehe Sacherklärung.

1,1 Num 27,18-19S **1,3-5** Dtn 11,24-25 **1,6** Dtn 31,7-8; Gen 12,7S **1,8** Dtn 17,9; 2 Chr 17,9; Neh 8,1-4.18

12 Zu den Stämmen Ruben und Gad und dem halben Stamm Manasse sagte Josua: 13 »Mose, der Bevollmächtigte* des HERRN, hat euch zugesagt: ›Der HERR, euer Gott, gibt euch auf dieser Seite des Jordans eure Heimat.‹ Denkt nun daran, was er euch damals befohlen hat! 14 Eure Frauen und Kinder und eure Herden können auf dieser Seite des Jordans bleiben, aber alle eure wehrfähigen Männer müssen an der Spitze ihrer Brüder, der anderen Israeliten, über den Jordan ziehen und ihnen helfen, 15 das Land einzunehmen, das der HERR, euer Gott, ihnen geben will. Erst wenn der HERR euren Brüdern so wie euch eine Heimat gegeben hat, könnt ihr zurückkommen und euch hier in dem Land östlich des Jordans ansiedeln, das euch Mose zugesprochen hat.«

16 Sie antworteten Josua: »Wir wollen alles tun, was du uns gesagt hast, und überall hingehen, wohin du uns schickst. 17 Wir werden dir gehorchen, so wie wir Mose gehorcht haben. Der HERR, dein Gott, stehe dir bei, wie er Mose beigestanden hat. 18 Jeder, der sich dir widersetzt und deinen Befehlen nicht folgt, muss mit dem Tod bestraft werden. Sei nur mutig und entschlossen!«

Die Kanaaniterin Rahab hilft den Kundschaftern Israels

2 Von Schittim[a] aus schickte Josua heimlich zwei Männer auf die andere Seite des Jordans und befahl ihnen: »Erkundet das Land dort drüben und besonders die Stadt Jericho!«

Die Kundschafter kamen in die Stadt und kehrten im Haus einer Prostituierten namens Rahab ein, um dort zu übernachten.[b]

2 Noch am selben Abend wurde dem König von Jericho gemeldet, dass Kundschafter der Israeliten in die Stadt gekommen waren. 3 Sofort schickte er Wachtleute zu Rahab und befahl ihr: »Gib die beiden Männer heraus, die bei dir eingekehrt sind! Sie sind nur gekommen, um unser Land auszuspionieren.«

4–6 Rahab versteckte die beiden auf dem flachen Dach ihres Hauses unter einem Haufen von Flachs[c] und sagte zu den Wachtleuten: »Ja, es waren zwei Männer bei mir. Aber ich wusste nicht, woher sie kamen. Beim Einbruch der Dunkelheit, bevor das Tor geschlossen wurde, haben sie die Stadt wieder verlassen. Ich weiß nicht, in welche Richtung sie gegangen sind. Aber wenn ihr schnell hinterherlauft, könnt ihr sie noch einholen.«

7 Die Wachtleute nahmen sofort die Verfolgung auf und liefen bis an den Jordanübergang. Das Stadttor wurde wieder hinter ihnen geschlossen.

Die Kanaaniter haben den Mut verloren

8 Noch bevor sich die beiden Kundschafter zum Schlafen zurechtgelegt hatten, kam Rahab zu ihnen aufs Dach 9 und sagte: »Ich weiß, dass der HERR euch dieses Land gegeben hat. Alle seine Bewohner zittern vor euch, sie sind vor Angst wie gelähmt.

10 Wir haben gehört, dass euer Gott euch einen Weg durch das Schilfmeer* gebahnt hat, als ihr aus Ägypten gezogen seid. Wir wissen auch, dass ihr auf der anderen Seite des Jordans die beiden Amoriterkönige* Sihon und Og besiegt und getötet habt. 11 Deshalb haben wir allen Mut verloren. Keiner von uns wagt, gegen euch zu kämpfen. Denn der HERR, euer Gott, hat die Macht im Himmel und auf der Erde.[d]

12 Ich bitte euch, schwört mir bei ihm, dass ihr an meiner Familie genauso handelt, wie ich an euch gehandelt habe. Und gebt mir ein zuverlässiges Zeichen, dass ihr es ernst meint 13 und meinen Angehörigen das Leben retten wollt, meinem Vater und meiner Mutter, meinen Brüdern und meinen Schwestern und meinem ganzen Hausgesinde!«

14 Die Kundschafter antworteten ihr: »Der HERR soll unser eigenes Leben von uns fordern, wenn einem von euch etwas geschieht! Aber ihr dürft niemand sagen, dass wir hier waren. Dann werden wir uns an die Abmachung halten und dich und deine Angehörigen verschonen, wenn der HERR uns dieses Land gibt.«

Die Rückkehr der Kundschafter

15 Rahabs Haus war unmittelbar an die Stadtmauer gebaut. So ließ sie die beiden Männer an einem Seil aus dem Fenster die Mauer hinunter. 16 Dabei sagte sie zu ihnen: »Geht zuerst ins Bergland und versteckt euch dort, damit ihr nicht euren Verfolgern in die Hände lauft. Wartet drei Tage lang, bis sie die Verfolgung aufgegeben haben. Dann könnt ihr unbehelligt in euer Lager zurückkehren.«

17 Zum Abschied sagten die Kundschafter: »Hör, was du tun musst, andernfalls ist unser Eid ungültig: 18 Binde diese rote Schnur an das Fenster, durch das du uns hinuntergelassen hast, und nimm deine Eltern und Geschwister und alle anderen Verwandten zu dir ins Haus. 19 Niemand darf es verlassen. Wer hinausgeht und getötet wird, ist selbst daran schuld. Wir übernehmen dafür keine Verantwortung. Nur wenn jemand drinnen im Haus umgebracht wird, trifft die Schuld uns. 20 Du darfst aber nichts verraten! Sonst sind wir nicht mehr an den Eid gebunden, den wir dir geschworen haben.«

21 »Gut«, sagte Rahab, »so soll es sein«, und ließ sie gehen. Dann band sie die rote Schnur ans Fenster.

22 Die beiden Männer versteckten sich drei Tage in den Bergen, bis ihre Verfolger wieder in die Stadt zurückgekehrt waren. Die Wächter hatten alle Wege in der ganzen Gegend abgesucht, aber niemand gefunden.

a Schittim (oder Abel-Schittim) liegt gegenüber von Jericho (siehe Karte Seite 443).
b Dieses ›öffentliche‹ Haus bietet sich den Ortsfremden an, da sie dort am wenigsten auffallen; am Gewerbe der Frau nimmt der Bericht keinen Anstoß. Durch ihr Verhalten gegenüber den israelitischen Kundschaftern rettet sie ihr Leben (6,22-23), ja, sie wird sogar zu einer der Stammmütter von König David und damit zugleich von Jesus (Mt 1,5).
c Die Flachsstängel wurden auf dem Dach zum Trocknen ausgelegt.
d Die Frau anerkennt die Überlegenheit des Gottes Israels. Ihr daraus resultierendes Verhalten darf deshalb nicht nur als Verrat oder als kluge Berechnung verstanden werden.

1,12-15 Num 32,6-32; Dtn 3,18-20; Jos 4,12 **2,1** 6,23 S **2,10** Ex 14,21-29 S; Num 21,21-35 **2,12-14** 6,22-23 **2,15** 1 Sam 19,12; 2 Kor 11,33

23 Danach machten sich die Kundschafter auf den
Rückweg. Sie stiegen ins Jordantal hinunter, über-
querten den Fluss und kamen ins Lager der Israeli-
ten. Sie berichteten Josua, was sie erlebt hatten,
24 und versicherten ihm: »Der HERR hat das ganze
Land in unsere Hand gegeben. Alle seine Bewohner
zittern vor uns.«

Der Übergang über den Jordan

3 Am nächsten Morgen brach Josua mit dem gan-
zen Volk von Schittim aus auf und zog mit ihnen
bis an den Jordan. Dort schlugen sie ihr Lager auf.
2 Am dritten Tag schickte Josua wieder die Aufseher*
durchs Lager 3 und ließ den Befehl ausgeben: »Wenn
ihr seht, dass die Priester* aus dem Stamm Levi die
Bundeslade* des HERRN, eures Gottes, aus dem Lager
tragen, dann brecht auf und zieht hinter ihr her! 4 Sie
wird euch den Weg zeigen; ihr seid ihn ja noch nie
gegangen. Kommt der Lade aber nicht zu nahe,
sondern haltet einen Abstand von etwa tausend
Schritten!«

5 Weiter sagte Josua zum Volk: »Macht euch
bereit! Sorgt dafür, dass ihr rein* seid, wie der HERR
es von seinem Volk verlangt. Denn morgen wird der
HERR ein Wunder für euch tun.«

6 Am nächsten Tag befahl Josua den Priestern:
»Nehmt die Bundeslade und geht vor uns her durch
den Jordan!« Da hoben sie die Bundeslade auf ihre
Schultern und gingen dem Volk voran.

7 Der HERR aber sagte zu Josua: »Von heute ab wer-
de ich dich vor dem ganzen Volk Israel groß machen.
Sie sollen merken, dass ich dir beistehe, wie ich
Mose beigestanden habe. 8 Befiehl den Priestern,
die die Bundeslade tragen: ›Sobald ihr den ersten
Schritt ins Wasser des Jordans getan habt, bleibt
stehen!‹«

9 Da rief Josua das Volk zu sich und sagte: »Hört,
was der HERR, euer Gott, euch sagen lässt: 10–13 Wählt
zwölf Männer aus, von jedem Stamm einen! Die
Bundeslade des HERRN, dem die ganze Erde gehört,
wird voranziehen und euch einen Weg durch den
Jordan bahnen. Sobald die Priester, die sie tragen,
ihre Füße ins Jordanwasser setzen, wird kein Wasser
mehr nachfließen. Der Fluss wird sich weiter oben
anstauen wie vor einem Damm. Daran sollt ihr
erkennen, dass ihr einen lebendigen Gott habt. Er
wird sein Versprechen halten und die Völker des
Landes vor euch vertreiben: die Kanaaniter*, Heti-
ter*, Hiwiter, Perisiter, Girgaschiter, Amoriter*
und Jebusiter.«

14 Nun brach das Volk auf, um den Jordan zu über-
schreiten. An der Spitze des Zuges gingen die Pries-
ter mit der Bundeslade. 15 Es war gerade Frühjahr;
um diese Zeit führt der Jordan so viel Wasser, dass
er über die Ufer tritt.

In dem Augenblick, als die Priester den Fuß ins
Wasser setzten, 16 staute sich der Fluss weit oben
bei dem Ort Adam in der Nähe von Zaretan[a] und
das Wasser unterhalb der Stauung lief zum Toten
Meer ab. So konnte das ganze Volk trockenen Fußes
bei Jericho durch den Jordan gehen.

17 Die Priester aber blieben mit der Bundeslade im
Flussbett stehen, bis alle sicher auf der anderen Seite
angekommen waren.

a Aus dem Jahr 1267 n. Chr. berichtet ein arabischer Historiker, dass sich der Jordan durch den Einsturz eines Stückes vom Steilufer an genau derselben Stelle für 10 Stunden gestaut habe. Der biblische Bericht legt keinen Wert auf eine ›natürliche‹ Erklärung. Er sieht in dem Vorgang ein Eingreifen Gottes für sein Volk, ähnlich seinem rettenden Eingreifen am Schilfmeer (4,23; Ex 14,22).

Die Israeliten mit ihrem neuen Führer Josua an der Spitze waren am Ostufer des Jordans gegenüber von Jericho angelangt. Bevor sie den Jordan überschritten, sandte Josua zunächst Kundschafter aus. Im Bild: Blick in die Jordanebene.

3,1 Num 25,1 **3,3** Dtn 10,8 **3,4** 2Sam 6,6-7 **3,16** Ps 114,3.5; Ex 14,21-22

Steine als Erinnerungszeichen

4 Als das ganze Volk durch den Jordan gegangen war, sagte der HERR zu Josua: 2 »Wählt zwölf Männer aus, von jedem Stamm einen, 3 und lasst sie zwölf Steine aus dem Jordan holen, von der Stelle, wo die Priester* stehen. Sie sollen die Steine mitnehmen und dort niederlegen, wo ihr das Nachtlager aufschlagt.«

4 Josua wählte zwölf Männer aus, für jeden Stamm Israels einen. 5 Er sagte zu ihnen: »Geht zur Bundeslade* des HERRN, eures Gottes, in den Jordan und hebt jeder einen großen Stein auf. Nehmt ihn auf die Schulter – so viele Steine, wie es Stämme im Volk Israel gibt. 6–7 Wenn später eure Kinder fragen, was diese Steine bedeuten, dann erzählt ihnen, wie das Wasser des Jordans versiegte, als die Bundeslade den Fluss durchquerte. Diese Steine sollen die Israeliten für alle Zukunft daran erinnern.«

8 Die Männer befolgten Josuas Anweisung und holten zwölf Steine aus dem Jordan, für jeden Stamm Israels einen, wie der HERR es befohlen hatte. Sie trugen sie bis zum Lagerplatz und stellten sie dort auf.

9 Josua stellte auch mitten im Jordan zwölf Steine auf an der Stelle, wo die Priester mit der Bundeslade Halt gemacht hatten. Die Steine sind noch heute dort. 10 Die Priester blieben mit der Bundeslade so lange im Jordan stehen, bis alles ausgeführt war, was der HERR dem Volk durch Josua befohlen hatte. Schon Mose hatte Josua diese Anweisung gegeben.

Das Volk ging, so schnell es konnte, durch das trockene Flussbett. 11 Als alle drüben waren, gingen auch die Priester mit der Bundeslade ans Ufer und stellten sich an die Spitze des Zuges.

12 Die Männer der Stämme Ruben und Gad und des halben Stammes Manasse gingen kampfbereit vor den übrigen Israeliten her, so wie Mose es ihnen befohlen hatte. 13 Etwa 40000 Kriegsleute zogen unter der Führung des HERRN zum Kampf in die Ebene von Jericho. 14 Der HERR machte an diesem Tag Josua vor dem ganzen Volk groß, und die Israeliten achteten ihn sein Leben lang, genauso wie sie Mose geachtet hatten.

15 Dann sagte der HERR zu Josua: 16 »Befiehl den Priestern, die die Lade mit dem Bundesgesetz* tragen, aus dem Jordan heraufzukommen!«

17 Josua befahl es, 18 und kaum hatten die Priester das Flussbett verlassen, da kam das Wasser wieder und der Fluss trat über seine Ufer wie zuvor.

19 Das Volk ging durch den Jordan am 10. Tag des 1. Monats und schlug sein Lager bei Gilgal auf, an der Ostgrenze des Gebietes von Jericho. 20 Dort stellte Josua die zwölf Steine[a] auf, die sie aus dem Jordan mitgenommen hatten, 21 und sagte zu den Israeliten: »Wenn später eure Kinder fragen, was diese Steine bedeuten, 22 dann erzählt ihnen, wie das Volk Israel den Jordan trockenen Fußes durchquert hat. 23 Der HERR, euer Gott, hat das Wasser des Jordans vor euch austrocknen lassen, bis ihr hindurchgezogen wart, genauso wie er das Schilfmeer* vor uns austrocknen ließ, damit wir hindurchziehen konnten. 24 Daran sollen alle Völker der Erde erkennen, wie groß die Macht des HERRN ist, und ihr selbst sollt den HERRN, euren Gott, dafür in alle Zukunft ehren.«

5 Alle Könige der Amoriter* westlich des Jordans und alle Könige der Kanaaniter* an der Küste des Mittelmeeres hörten davon, wie der HERR den Jordan austrocknen ließ, bis das Volk Israel hindurchgezogen war. Da packte sie die Angst vor den Israeliten und sie verloren allen Mut.

Beschneidung und erstes Passafest in Kanaan

2 Damals sagte der HERR zu Josua: »Mach dir Messer aus Stein und beschneide* alles, was männlich ist, in Israel! Zum zweiten Mal soll dies jetzt geschehen.«

3 Josua machte sich Steinmesser und beschnitt die männlichen Israeliten an einem Platz, der seitdem Beschneidungshügel heißt.

4–6 Als die Israeliten Ägypten verließen, waren alle männlichen Personen beschnitten gewesen. Aber während der vierzigjährigen Wüstenwanderung wurden keine Neugeborenen beschnitten. Die Männer, die beim Auszug aus Ägypten im wehrfähigen Alter gestanden hatten, waren inzwischen gestorben. Sie hatten dem HERRN nicht gehorcht und deshalb hatte der HERR geschworen: »Sie sollen das Land nicht sehen, das ich ihren Vätern versprochen habe, das Land, das von Milch und Honig überfließt!« 7 Ihre herangewachsenen Söhne hatte der HERR an die Stelle ihrer Väter treten lassen, und sie waren es, die jetzt von Josua beschnitten wurden; denn unterwegs war dies nicht geschehen.

8 Nachdem alle beschnitten worden waren, blieben sie im Lager, bis die Wunden geheilt waren. 9 Der HERR sagte zu Josua: »Heute habe ich die Schande von euch genommen, dass ihr in Ägypten Sklaven gewesen seid.« Deshalb wurde der Platz Gilgal[b] genannt und so heißt er bis heute.

10 Während die Israeliten bei Gilgal in der Ebene von Jericho lagerten, feierten sie das Passafest*. Das geschah am 14. Tag des 1. Monats, als es Abend wurde. 11 Am Tag darauf aßen sie zum ersten Mal etwas, was im Land Kanaan* gewachsen war: geröstete Getreidekörner und ungesäuertes Brot.[c] 12 Von diesem Zeitpunkt an blieb das Manna* aus; die Israeliten fanden jetzt keines mehr. Sie aßen schon in diesem ersten Jahr, was in Kanaan gewachsen war.

4,3-9 Ex 24,4S **4,6-7** Dtn 6,20S; Ex 10,1S **4,12** 1,12-15S **4,14** 3,7 **4,21** Dtn 6,20S **4,23** Ex 14,21-29S **5,1** 2,10-11 **5,2-3** Gen 17,9-14S **5,4-6** Num 14,22-35 **5,10** Ex 12,1-14S **5,11** Ex 12,15-20S **5,12** Ex 16,31S; 16,35-36

a Der Name Gilgal bedeutet »(Stein-)Kreis« (eine sprachlich etwas gewaltsame Deutung gibt 5,9). Der Ort hat als Heiligtum vor allem in der Frühzeit Israels eine Bedeutung (1 Sam 7,16; 10,8; 15,21; Hos 4,15; 12,12; Am 4,4-5; 5,5).
b *Gilgal* klingt im Hebräischen ähnlich wie »wegnehmen«; wörtlich »abwälzen«. Vgl. auch die Anmerkung zu 4,20.
c An das Passafest schließt sich das siebentägige »Fest der Ungesäuerten Brote« an (siehe Sacherklärung »Passafest«).

Gott schickt einen mächtigen Helfer

13 In der Nähe von Jericho sah Josua plötzlich einen
Mann vor sich stehen, der ein gezogenes Schwert
in der Hand hielt. Josua ging auf ihn zu und fragte
ihn: »Freund oder Feind?«
14 »Keins von beiden«, antwortete der Fremde.
»Ich bin der Befehlshaber über das Heer des HERRN.
Und jetzt bin ich hier.«[a]
Josua warf sich in Ehrfurcht vor ihm nieder und
sagte: »Ich bin dein Diener! Was befiehlst du mir,
Herr?«
15 Er sagte zu Josua: »Zieh deine Schuhe aus, denn
du stehst auf heiligem Boden!«
Und Josua tat, was er ihm befohlen hatte.

Die Mauern Jerichos fallen

6 Alle Tore der Stadt Jericho waren fest verrie-
gelt, als die Israeliten heranrückten. Niemand
konnte hinein und niemand heraus.
2 Da sagte der HERR zu Josua: »Jetzt gebe ich Jeri-
cho mit seinem König und allen seinen Kriegsleuten
in deine Hand. 3 Zieh mit allen kriegstüchtigen Män-
nern täglich einmal um die Stadt, sechs Tage lang.
4 Sieben Priester* mit Kriegshörnern* sollen vor
der Bundeslade* hergehen. Am siebten Tag aber
zieht ihr siebenmal um die Stadt und die Priester sol-
len dabei die Hörner blasen. 5 Sobald die Männer die
Hörner hören, stimmen alle ein lautes Kriegsge-
schrei an. Dann wird die Mauer einstürzen, und
jeder kann von der Stelle aus, wo er gerade steht,
in die Stadt eindringen.«
6 Josua rief die Priester zu sich und sagte zu ihnen:
»Nehmt die Bundeslade des HERRN auf eure Schul-
tern. Sieben von euch gehen mit Kriegshörnern
vor ihr her.«
7 Dann befahl er den Kriegsleuten: »Auf! Zieht
rund um die Stadt! Die erfahrensten Kämpfer gehen
der Bundeslade als Vorhut voraus.«
8-9 So geschah es. Zwischen den ausgewählten
Kriegern und der Bundeslade gingen die sieben
Priester, die ständig ihre Hörner bliesen. Zum
Schluss kam das ganze übrige Heer. 10 Josua hatte
den Männern Israels befohlen, sich ganz still zu ver-
halten und erst auf seinen Befehl das Kriegsgeschrei
anzustimmen. 11 So ließ er den ganzen Zug mit der
Bundeslade des HERRN einmal um die Stadt marschie-
ren. Dann kamen sie ins Lager zurück und blieben
die Nacht über dort.
12 Früh am nächsten Morgen gab Josua wieder den
Befehl zum Aufbruch. Die Priester nahmen die Bun-
deslade auf ihre Schultern. 13 Dann zogen sie los:
zuerst die Vorhut, dann die Priester, die ständig ihre
Hörner bliesen, hinter ihnen die Bundeslade und
schließlich das übrige Heer. 14 Auch an diesem zwei-
ten Tag marschierten sie einmal rund um die Stadt.
So taten sie es sechs Tage lang.
15 Am siebten Tag brachen sie beim Morgengrauen
in derselben Ordnung auf. An diesem Tag zogen sie
siebenmal um die Stadt.
16 Beim siebten Mal, als die Priester ihre Hörner an
den Mund setzten, befahl Josua den Männern
Israels: »Jetzt schreit los! Der HERR hat euch die Stadt
ausgeliefert.
17 Aber hört her: Die Stadt ist dem HERRN geweiht
und steht unter seinem Bann* mit allem, was darin
ist. Kein Mensch und kein Tier darf am Leben blei-
ben. Nur die Prostituierte Rahab und alle, die in
ihrem Haus sind, sollen verschont werden; denn
sie hat damals unsere Kundschafter versteckt.
18 Hütet euch, etwas von dem Gebannten für euch
selbst zu nehmen, sonst kommt der Bannfluch über
das ganze Lager Israels und stürzt euch ins Verder-
ben. 19 Alles Gold und Silber und alle Geräte aus Bron-
ze und Eisen gehören dem HERRN und kommen in
die Schatzkammer seines Heiligtums.«
20 Die Priester stießen in ihre Hörner, und als das
Volk den Hörnerschall hörte, erhob es ein lautes
Kriegsgeschrei. Da stürzte die ganze Mauer zusam-
men,[b] und die Männer Israels drangen von allen Sei-
ten in die Stadt ein und eroberten sie. 21 Sie erschlu-

Jericho ist eine der ältesten Städte der Welt. Der aus den Schuttmassen späterer Zeiten ausgegrabene runde Turm im Bild stammt etwa aus dem Jahr 7000 v. Chr. Eine kräftige Quelle (siehe Bild Seite 429) macht Jericho zu einer Oase im Wüstengebiet nördlich des Toten Meeres. Hier begann sich somit die Zusage eines »reichen und fruchtbaren Landes« zu erfüllen.

a Wörtlich *Jetzt bin ich gekommen.* Möglicherweise ist die Fortsetzung *(um zu …)* verlorengegangen. Wozu er hier ist, wird nicht gesagt; aber von Kap 6 her wird deutlich: Der Kampf um das Land Kanaan wird nicht durch Menschen entschieden.

b Die Mauer fällt allein durch Gottes Eingreifen (Vers 16). Das zeigt: Israel verdankt das Land seinem Gott, nicht der eigenen Kraft (Ps 44,4: vgl. Dtn 9,6).

5,13 Num 22,22-23.31; 1 Chr 21,16 **5,15** Ex 3,5 **6,17** Dtn 7,1-4S; Jos 6,23S **6,20** Hebr 11,30

a Weil Gott diesen Krieg geführt hat, sind ihm Feinde und Beute (Vers 19) verfallen; sie dürfen deshalb nicht in menschlichen Besitz kommen (etwa als Sklaven). Dies ist wohl der ursprünglichste Sinn des »Bannes«* (Vers 17), der Dtn 7,1-4 eine zusätzliche Begründung erhält.
b Auch der Grund, auf dem die Stadt stand, wird unter den »Bann« gestellt; vgl. vorige Anmerkung.
c Nur wenn die Israeliten bis ins Kleinste anerkennen, dass es Gott ist, der für sie kämpft und ihnen das Land gibt, werden ihre Unternehmungen erfolgreich sein können (vgl. Anmerkung zu 6,21). Später wird den Israeliten das Beutemachen erlaubt (8,2; 11,14).

gen nach dem Befehl des HERRN alles, was in der
Stadt lebte, mit dem Schwert: Männer und Frauen,
Kinder und Alte, Rinder, Schafe und Esel.[a]

Rahabs Familie wird verschont

22 Den beiden Kundschaftern aber hatte Josua den
Auftrag gegeben: »Geht in das Haus der Prostituierten
und holt sie mit allen ihren Angehörigen heraus,
wie ihr es geschworen habt!«
23 Sie gingen hin und holten Rahab aus dem Haus,
dazu ihren Vater, ihre Mutter, ihre Brüder, das Hausgesinde
und die ganze Verwandtschaft. Sie brachten
sie in Sicherheit und wiesen ihnen einen Platz außerhalb
des Lagers an.
24 Dann brannten die Männer Israels die ganze
Stadt nieder. Nur das Gold und das Silber und die
Gefäße aus Bronze und Eisen kamen in die Schatzkammer
beim Heiligtum des HERRN. 25 Die Prostituierte
Rahab und alle ihre Angehörigen verschonte
Josua zum Dank dafür, dass sie die Kundschafter versteckt
hatte. Ihre Nachkommen leben noch heute in
Israel.
26 Damals sprach Josua die Warnung aus: »Wer
versucht, die Stadt Jericho wieder aufzubauen, den
trifft der Fluch des HERRN.[b] Wenn er die Fundamente
legt, kostet es ihn seinen erstgeborenen Sohn. Wenn
er die Tore einsetzt, kostet es ihn seinen Jüngsten.«
27 Der HERR stand Josua bei und sein Ruhm verbreitete
sich im ganzen Land.

Das Kriegsglück wendet sich von Israel

7 Der HERR hatte den Israeliten befohlen, die Stadt
und alles darin unter den Bann* zu stellen und
sich nichts davon anzueignen. Diese Anweisung
wurde von den Israeliten nicht streng befolgt. Ein
Mann namens Achan nahm etwas von den verbotenen
Dingen. Er war der Sohn von Karmi und Enkel
von Sabdi° und gehörte zur Sippe Serach, die zum
Stamm Juda zählte. Da wurde der HERR zornig und
ließ es die Israeliten spüren.
2 Josua hatte einige Männer von Jericho nach Ai
geschickt, einer Stadt östlich von Bet-El in der Nähe
von Bet-Awen. Er hatte ihnen befohlen, die Umgebung
von Ai zu erkunden. Die Männer führten
den Befehl aus, 3 kehrten zu Josua zurück und meldeten:
»Es ist keine große Stadt. Du brauchst nicht
alle Kriegsleute aufzubieten; zwei- bis dreitausend
werden genügen, um Ai einzunehmen.«
4 So griffen etwa 3000 Israeliten die Stadt an, aber
sie wurden zurückgeschlagen. 5 Die Männer von Ai
verfolgten sie vom Stadttor bis zu der Stelle, wo
die Felsen steil abfallen, und töteten dort am Abstieg
36 von den Angreifern.
Da verlor das Volk allen Mut. 6 Josua und die Ältesten*
Israels waren so erschüttert, dass sie ihre Kleider
zerrissen, Erde auf den Kopf streuten und sich
vor der Bundeslade* des HERRN zu Boden warfen.
So lagen sie bis zum Abend.
7 Josua betete: »Ach HERR, du mächtiger Gott!
Warum hast du uns über den Jordan gebracht? Nur
um uns in die Hände der Amoriter fallen zu lassen
und uns zu vernichten? Wären wir doch auf der
anderen Seite des Jordans geblieben! 8 Was soll ich
dazu sagen, Herr, dass die Männer Israels vor ihren
Feinden geflohen sind? 9 Wenn die Kanaaniter* und
die übrigen Bewohner des Landes davon hören,
werden sie alle kommen und uns aus dem Land treiben.
Was willst du dann noch tun, um die Ehre deines
großen Namens zu retten?«

Die Ursache: Ungehorsam

10 Der HERR antwortete Josua: »Steh auf! Warum
liegst du auf dem Boden? 11 Die Israeliten haben
Schuld auf sich geladen, sie haben den Bund* gebrochen,
den ich mit ihnen geschlossen habe. Sie haben
heimlich etwas von den Dingen, die vernichtet
werden sollten, weggenommen und sich angeeignet.
12 Das ist der Grund, weshalb sie ihren Feinden nicht
standhalten können. Sie müssen vor ihnen fliehen,
weil sie jetzt selbst unter dem Bann* stehen und
dem Untergang preisgegeben sind. Ich werde euch
nicht mehr beistehen, wenn ihr nicht alles vernichtet,
was ihr gegen mein Verbot weggenommen
habt.[c]
13 Steh auf und bereite das Volk auf die Begegnung
mit mir vor! Befiehl ihnen, dass sie sich reinigen*,
damit sie morgen vor mich treten können. Sag zu
ihnen: ›So spricht der HERR, der Gott Israels: Ihr habt
Dinge bei euch, die unter dem Bann stehen. Israel
wird seinen Feinden nicht mehr standhalten können,
solange ihr euch nicht davon trennt.‹ 14 Sie sollen
morgen früh nach Stämmen geordnet antreten.
Der Stamm, auf den ich das Los fallen lasse, soll nach
Sippen geordnet vortreten. Dann wird aus dem
Stamm eine Sippe und aus der Sippe eine Familie
ausgelost. 15 Wen dann von den Männern dieser
Familie das Los trifft, der ist es; er hat sich an den verbotenen
Dingen vergriffen und muss verbrannt
werden, er und alles, was ihm gehört. Er hat etwas
getan, was in Israel eine Schandtat ist, und hat
dadurch den Bund mit dem HERRN gebrochen.«

Das Vergehen wird gesühnt

16 Am nächsten Morgen ließ Josua alle Männer Israels
nach Stämmen geordnet antreten und das Los traf
den Stamm Juda. 17 Als der Stamm Juda mit seinen
Sippen vortrat, traf es die Sippe Serach und aus der
Sippe Serach die Familie Sabdi. 18 Unter den Männern
der Familie Sabdi traf das Los Achan, den Sohn
von Karmi und Enkel von Sabdi.

6,22 2,14 **6,23** 2,1-21; Mt 1,5; Hebr 11,31; Jak 2,25 **6,26** 1 Kön 16,34 **7,1** 6,17-19.21.24; 8,26; 10,28-41; 11,11.20-21; Ri 1,17; 21,11; Dtn 7,1-4S **7,7-9** Ex 32,11-13 **7,15** Gen 38,24; Lev 20,14; 21,9 **7,16** 1 Sam 10,20-21; 14,41-42

19 Josua sagte zu ihm: »Mein Sohn, gib dem HERRN,
dem Gott Israels, die Ehre und bekenne vor ihm
deine Schuld! Sag mir offen, was du getan hast,
und verbirg mir nichts!«
20 »Ja«, antwortete Achan, »ich war es, der sich
gegen den HERRN, den Gott Israels, vergangen hat.
21 Ich sah unter den Beutestücken einen wertvollen
babylonischen Mantel, 200 Silberstücke* und einen
Goldbarren, der gut ein halbes Kilo wiegt.[a] Ich
konnte nicht widerstehen und nahm es mir. Du wirst
es alles in meinem Zelt vergraben finden; das Silber
liegt zuunterst.«
22 Josua schickte einige Männer zu Achans Zelt,
und sie fanden alles, wie er es beschrieben hatte.
23 Sie brachten die Beutestücke zu Josua und allen
Israeliten und legten sie vor der Bundeslade* des
HERRN nieder. 24 Josua und das ganze Volk brachten
Achan und die Beutestücke und dazu seine Söhne
und Töchter, seine Rinder, Esel, Schafe und Ziegen,
sein Zelt und alles, was ihm sonst noch gehörte, in
das Achor-Tal.
25 Josua sagte: »Du hast uns ins Unglück gestürzt.
Dafür stürzt der HERR auch dich jetzt ins Unglück.«

Alle Israeliten steinigten* Achan und seine Ange-
hörigen und verbrannten sie. 26 Dann errichteten sie
über ihnen einen großen Steinhaufen, der bis heute
zu sehen ist. Da ließ der HERR von seinem Zorn ab.

Wegen dieses Vorfalls heißt das Tal bis heute
Achor-Tal (Unglückstal).

Josuas Kriegslist

8 Darauf sagte der HERR zu Josua: »Hab keine
Angst, sei nicht verzagt! Nimm alle Kriegsleute
mit dir und zieh noch einmal hinauf vor die Stadt
Ai. Ich habe den König von Ai, sein Volk, seine Stadt
und sein Land in deine Hand gegeben. 2 Du sollst mit
der Stadt und ihrem König genauso verfahren wie
mit Jericho und seinem König; aber ihr dürft diesmal
das Beutegut und das Vieh für euch selbst behalten.
Lege jetzt einen Teil der Männer in einen Hinterhalt
im Rücken der Stadt!«
3 Bevor Josua mit allen Kriegsleuten nach Ai hin-
aufzog, suchte er 30000° seiner besten Leute aus
und schickte sie noch in der Nacht voraus. 4 Er befahl
ihnen: »Legt euch auf der anderen Seite der Stadt in
einen Hinterhalt, aber nicht zu weit entfernt. Seid
jederzeit zum Angriff bereit. 5 Ich werde mit dem
ganzen Rest unserer Leute vor die Stadt ziehen.
Wenn dann die Männer von Ai wieder einen Ausfall
machen, werden wir umkehren und weglaufen,
6 damit sie hinter uns herjagen. So werden wir sie
von der Stadt weglocken; denn sie werden denken,
dass wir vor ihnen fliehen wie beim ersten Mal.
7 Unterdessen müsst ihr aus dem Hinterhalt hervor-
brechen und die Stadt einnehmen. Der HERR, euer
Gott, wird sie in eure Gewalt geben. 8 Steckt sie
sofort in Brand, wie der HERR es angeordnet hat. Hal-
tet euch streng an meinen Befehl!«
9 Nach der Anweisung Josuas zogen sie los und
legten sich in einen Hinterhalt, westlich von Ai, in
Richtung Bet-El. Josua blieb die Nacht über beim
Hauptheer. 10 Früh am Morgen ließ er die Kriegsleute
antreten, stellte sich zusammen mit den Ältesten*
des Volkes an ihre Spitze und rückte gegen Ai vor.
11 Nördlich davon schlugen sie ihr Lager auf; nur
ein Tal trennte sie von der Stadt.
12 Josua legte noch 5000 Mann in den Hinterhalt
westlich der Stadt, zwischen Ai und Bet-El. 13 Das
Lager war also nördlich, der Hinterhalt westlich
der Stadt. Josua selbst kehrte in der Nacht in die
Jordanebene zurück.
14 Als der König von Ai das Heer Josuas sah, zögerte
er nicht lange und rückte mit seinen Leuten gegen
die Israeliten aus. Er zog zu dem Platz, der zur Jor-
danebene offen ist, um sie dort anzugreifen. Er wuss-
te nicht, dass Josua ihm einen Hinterhalt gelegt
hatte. 15 Josua und seine Leute ließen sich zum Schein
von ihnen zurückschlagen und flohen in Richtung
Jordanebene.
16 Darauf wurden alle Männer, die noch in Ai
waren, aufgeboten, um die Fliehenden zu verfolgen.
Die Israeliten lockten sie immer weiter von der Stadt
weg. 17 Nicht ein Mann war in Ai° zurückgeblieben,
alle jagten hinter den Israeliten her. Die Stadt lag
ohne Schutz mit offenen Toren da.

Eroberung und Vernichtung von Ai

18 Nun sagte der HERR zu Josua: »Streck deine Hand
mit dem Schwert gegen Ai aus! Ich gebe die Stadt
in deine Gewalt.«

Josua tat es, 19 und sobald er seine Hand aus-
streckte, kamen die Israeliten aus dem Hinterhalt,
liefen in die Stadt, besetzten sie und steckten sie
sofort in Brand.
20–21 Als die Männer von Ai zurückblickten, sahen
sie Rauch von ihrer Stadt aufsteigen. Da wussten
sie, dass sie verloren waren. Sobald Josua und die
fliehenden Israeliten erkannten, dass die Stadt ein-
genommen war, machten sie kehrt und griffen die
Männer von Ai an. 22 So waren diese nun auf beiden
Seiten eingeschlossen und keiner von ihnen kam mit
dem Leben davon. 23 Nur den König von Ai nahmen
die Männer Israels gefangen und brachten ihn zu
Josua.
24 Als die Israeliten alle Männer von Ai, die ihnen
nachgejagt waren, erschlagen hatten, zogen sie in
die Stadt und töteten die Zurückgebliebenen. 25 So
kamen an diesem Tag alle Einwohner von Ai ums
Leben, 12000 Männer und Frauen. 26 Josua hielt
seine Hand mit dem Schwert so lange ausgestreckt,[b]
bis der Bann* an allen vollstreckt war. 27 Das Vieh
und das sonstige Beutegut aus der Stadt aber behiel-

a Hebräische Maßangabe *50 Schekel** (= 575 g).
b Hier wird deutlich, dass es sich bei der in Vers 18 befohlenen Handlung um eine sinnbildliche Geste handelt, vergleichbar etwa dem Erheben des Stockes oder der Hände bei Mose (Ex 14,16; 17,9.11).

7,25 Dtn 17,5S **7,26** 8,29; Jes 65,10; Hos 2,17 **8,2** 6,17S **8,26** 7,1S; Dtn 7,1-4S

Die Eroberung Kanaans

Wenn es zu kriegerischen Aktionen kam, gaben Trompeten oder Hörner das Signal zum Kampf. Diese Bronzefigur stammt aus der Zeit um 1000 v. Chr.

Josua übernahm die Führung des Volkes, kurz bevor die Israeliten den Jordan überschritten und in das Land Kanaan hinüberzogen. Der Verheißung Gottes entsprechend sollte Israel das ganze Land in Besitz nehmen. Kanaan bestand zu der Zeit aus einer Vielzahl kleiner selbstständiger Stadtstaaten, von denen jeder einen eigenen König hatte. Den Zugang ins Landesinnere versperrte die Stadt Jericho.

Die Kriegszüge Josuas

Jericho fiel nach Josua 6 durch ein Wunder in die Hand der Israeliten. Danach wurde die Stadt Ai erobert. Die Bewohner von Gibeon brachten die Israeliten durch List dazu, mit ihnen Frieden zu schließen. Dieser Friedensschluss bildete aber nur die Überleitung zu einer weiteren Folge von Kämpfen, an deren Ende der Süden Kanaans von Israel erobert war. Darauf wandte sich Josua nach Norden und besiegte den König von Hazor und die Könige, die mit ihm verbündet waren. Zwar wohnten in den Städten an der Mittelmeerküste weiter die Philister und viele Städte im Landesinneren blieben in kanaanitischer Hand, doch konnten sich die Israeliten in den Gebieten festsetzen, die sie erobert hatten.

Die Verteilung des Landes

Nach der Darstellung des Buches Josua wurde das Land unter die israelitischen Stämme verlost. Zweieinhalb Stämme ließen sich östlich des Jordans nieder, die anderen in Kanaan selbst. Den Leviten wurde kein Stammland zugewiesen; sie waren mit dem Gottesdienst am Heiligen Zelt betraut und durften von den Opfern leben, die Israel durch ihre Hand Gott darbrachte. Doch wurden ihnen bestimmte Städte als Wohnsitze zugewiesen. Außerdem wurden sechs Städte zu »Asylstädten« erklärt. Dort konnten Leute Zuflucht finden, die unbeabsichtigt einen Menschen getötet hatten und deshalb der Blutrache verfallen waren.

Links: Das Tal Ajalon. Hier im Süden des Landes besiegte Josua die fünf Könige der Amoriter.

Die Schale und die Öllampe (14. Jahrhundert v. Chr.) wurden in Hazor gefunden.

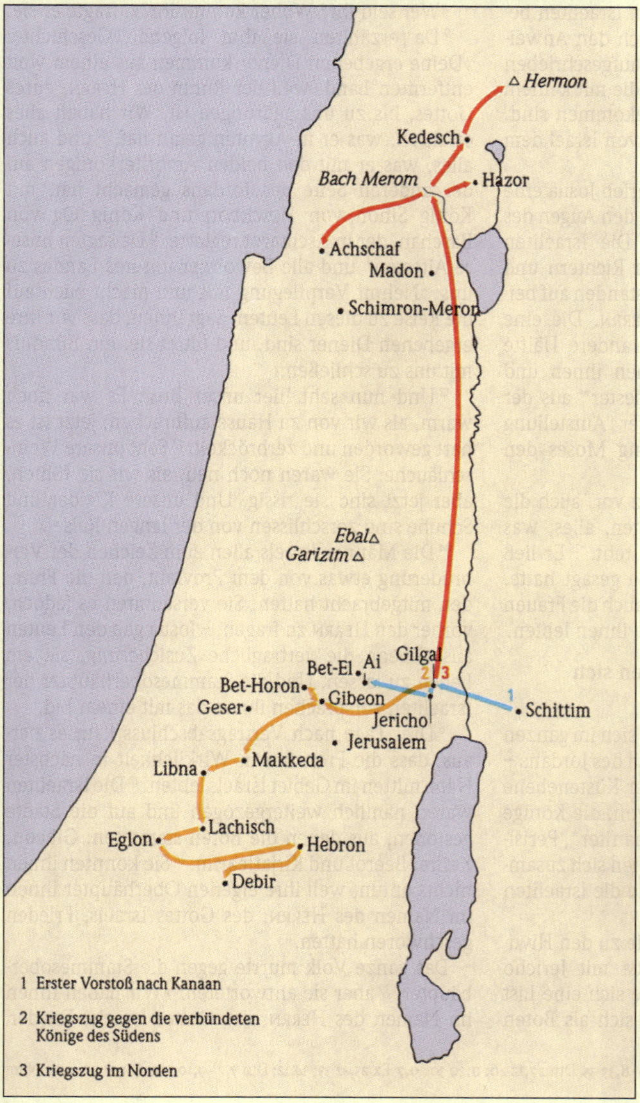

Josuas Kriegszüge: Die Eroberung des Landes Kanaan

Grabungen in Jericho, der ersten Stadt, die Josua in die Hände fiel.

ten die Israeliten für sich, wie der HERR es durch Josua angeordnet hatte.

28 Josua brannte Ai nieder und machte es für alle Zeiten zum Trümmerhaufen. So liegt es noch heute da. 29 Den König von Ai ließ er hängen. Bis zum Sonnenuntergang hing er an einem Baum, dann befahl Josua, den Leichnam abzunehmen und in den Durchgang des Stadttores zu werfen. Die Männer Israels errichteten über ihm einen großen Steinhaufen, der noch heute zu sehen ist.

Feierliche Verlesung des Gesetzes

30 Damals baute Josua auf dem Berg Ebal einen Altar für den HERRN, den Gott Israels, 31 so wie das Mose, der Bevollmächtigte* des HERRN, den Israeliten befohlen hatte. Er baute ihn genau nach den Anweisungen, die im Gesetzbuch* Moses aufgeschrieben sind: aus unbehauenen Feldsteinen, die mit keinem eisernen Werkzeug in Berührung gekommen sind. Auf diesem Altar opferten die Leute von Israel dem HERRN Brandopfer* und Mahlopfer*.

32 Auf die mitgebrachten Steine schrieb Josua eine Abschrift des Gesetzes, das Mose vor den Augen des Volkes niedergeschrieben hatte.[a] 33 Die Israeliten mit ihren Ältesten*, Anführern und Richtern und alle Fremden*, die bei ihnen lebten, standen auf beiden Seiten der Bundeslade* des HERRN. Die eine Hälfte war dem Berg Garizim, die andere Hälfte dem Berg Ebal zugewandt. Zwischen ihnen und der Lade des HERRN standen die Priester* aus der Nachkommenschaft Levis. In dieser Aufstellung sollte das Volk nach der Anweisung Moses den Segen des HERRN empfangen.

34 Dann las Josua das ganze Gesetz vor, auch die Segenszusagen und Fluchandrohungen, alles, was im Buch des Gesetzes geschrieben steht. 35 Er ließ kein Wort von dem weg, was Mose gesagt hatte. Die ganze Gemeinde Israel hörte zu, auch die Frauen und Kinder und die Fremden, die bei ihnen lebten.

Die Leute von Gibeon retten sich durch eine List

9 Die Siege der Israeliten sprachen sich im ganzen Land herum. Alle Könige westlich des Jordans – im Gebirge, im Hügelland und in der Küstenebene bis hin zum Libanon – erfuhren davon, die Könige der Hetiter* und Amoriter*, der Kanaaniter*, Perisiter, Hiwiter und Jebusiter. 2 Sie alle taten sich zusammen, um gemeinsam gegen Josua und die Israeliten zu kämpfen.

3 Als die Bewohner von Gibeon, die zu den Hiwitern gehörten,[b] erfuhren, was Josua mit Jericho und Ai gemacht hatte, 4–5 dachten sie sich eine List aus. Einige von ihnen verkleideten sich als Boten aus einem fernen Land. Sie zogen alte Kleider und abgetragene und geflickte Schuhe an, beluden ihre Esel mit abgenutzten Proviantsäcken und geflickten Weinschläuchen und packten lauter steinhartes Brot ein.

6 So gingen sie ins Lager nach Gilgal und sagten zu Josua und den Männern Israels: »Wir sind aus einem fernen Land gekommen und möchten, dass ihr ein Bündnis mit uns schließt.«

7 Aber die Israeliten antworteten den Hiwitern: »Wir können doch nicht einfach ein Bündnis mit euch schließen! Vielleicht wohnt ihr ganz in unserer Nähe.«

8 Die Männer von Gibeon sagten zu Josua: »Wir sind deine ergebenen Diener!«

»Wer seid ihr? Woher kommt ihr?«, fragte er sie.

9 Da erzählten sie ihm folgende Geschichte: »Deine ergebenen Diener kommen aus einem weit entfernten Land, weil der Ruhm des HERRN, eures Gottes, bis zu uns gedrungen ist. Wir haben alles erfahren, was er in Ägypten getan hat, 10 und auch alles, was er mit den beiden Amoriterkönigen auf der anderen Seite des Jordans gemacht hat, mit König Sihon von Heschbon und König Og von Baschan, der in Aschtarot regierte. 11 Da sagten unsere Ältesten* und alle Bewohner unseres Landes zu uns: ›Nehmt Verpflegung mit und macht euch auf die Reise zu diesen Leuten. Sagt ihnen, dass wir ihre ergebenen Diener sind, und bittet sie, ein Bündnis mit uns zu schließen.‹

12 Und nun seht hier unser Brot: Es war noch warm, als wir von zu Hause aufbrachen; jetzt ist es hart geworden und zerbröckelt. 13 Seht unsere Weinschläuche: Sie waren noch neu, als wir sie füllten, aber jetzt sind sie rissig. Und unsere Kleider und Schuhe sind zerschlissen von der langen Reise.«

14 Die Männer Israels aßen zum Zeichen der Verbrüderung etwas von dem Proviant, den die Fremden mitgebracht hatten. Sie versäumten es jedoch, vorher den HERRN zu fragen. 15 Josua gab den Leuten aus Gibeon die vertragliche Zusicherung, sie am Leben zu lassen. Und die Stammesoberhäupter der Israeliten versprachen ihnen das mit einem Eid.

16 Drei Tage nach Vertragsabschluss kam es heraus, dass die Fremden in Wirklichkeit in nächster Nähe mitten im Gebiet Israels lebten. 17 Die Israeliten waren nämlich weitergezogen und auf die Städte gestoßen, aus denen die Boten stammten: Gibeon, Kefira, Beerot und KirjatJearim. 18 Sie konnten ihnen nichts antun, weil ihre eigenen Oberhäupter ihnen im Namen des HERRN, des Gottes Israels, Frieden geschworen hatten.

Das ganze Volk murrte gegen die Stammesoberhäupter, 19 aber sie antworteten: »Wir haben ihnen im Namen des HERRN, des Gottes Israels, Frieden

a *mitgebrachten:* verdeutlichender Zusatz entsprechend Dtn 27,2-4. Bei dem *Gesetz* handelt es sich um die im 5. Mosebuch (Dtn ab Kap 5 oder 12) enthaltenen Bestimmungen.
b *die zu den Hiwitern …:* verdeutlichende Vorwegnahme aus Vers 7. Zur Lage der Stadt Gibeon siehe Karte Seite 271; zu den Völkernamen vgl. Anmerkung zu Dtn 7,1.

8,29 Dtn 21,22-23 S; Jos 7,26 **8,30-32** Dtn 27,4-8 **8,33-35** Dtn 27,12-26; 11,29-30 **9,7** Ex 23,32-33; 34,12; Dtn 7,2 **9,10** Num 21,21-35 **9,14** Num 27,21 **9,19-20** 2 Sam 21,1-9

geschworen. Darum dürfen wir ihnen nichts antun 20 und müssen sie am Leben lassen, sonst wird der HERR uns schwer bestrafen. 21 Aber wir versprechen euch, sie sollen für ganz Israel den Dienst von Holzhauern und Wasserträgern übernehmen.«° So geschah es auch.

22 Josua ließ die Abgesandten aus Gibeon zu sich kommen und sagte zu ihnen: »Warum habt ihr uns betrogen? Ihr habt erzählt, dass ihr von weit her kommt, und dabei wohnt ihr ganz in der Nähe! 23 Weil ihr das getan habt, sollt ihr verflucht sein. Euer Volk wird für alle Zeiten die Sklaven stellen, die für das Heiligtum meines Gottes[a] Holz fällen und Wasser schöpfen.«

24 Sie erwiderten: »Wir haben so gehandelt, weil wir um unser Leben fürchteten. Wir hatten gehört, dass der HERR, euer Gott, euch durch Mose, seinen Bevollmächtigten*, das ganze Land zugesprochen und euch befohlen hatte, alle seine Bewohner zu töten. 25 Nun, wir sind in deiner Hand; mach mit uns, was du für richtig hältst.«

26 Josua schützte die Männer von Gibeon und erlaubte den Männern Israels nicht, sie zu töten. 27 Doch machte er sie zu Sklaven*, die für die Israeliten und für den Opferdienst am Altar des HERRN Holz fällen und Wasser schöpfen mussten. Sie tun das noch heute an der Stätte, die der HERR zu seinem Heiligtum bestimmt hat.

Strafexpedition der Kanaaniter gegen Gibeon

10 Josua hatte die Stadt Ai eingenommen und an ihr wie zuvor an Jericho den Bann* vollstreckt. Daraufhin hatten die Leute von Gibeon sich den Israeliten unterworfen und erreicht, dass sie mitten im Gebiet Israels wohnen bleiben konnten. Als der König Adoni-Zedek von Jerusalem davon erfuhr, 2 brach unter seinen Leuten große Angst aus. Denn Gibeon war so groß wie die Städte, die einen König hatten, und es war sogar größer als Ai. Außerdem waren die Männer von Gibeon als tapfere Kämpfer bekannt.

3 Deshalb schickte der König von Jerusalem Boten zu den Nachbarkönigen Hoham von Hebron, Piram von Jarmut, Jafia von Lachisch und Debir von Eglon[b] und forderte sie auf: 4 »Kommt und helft mir! Wir wollen die Leute von Gibeon dafür bestrafen, dass sie sich Josua und den Leuten von Israel unterworfen haben.« 5 So zogen die fünf Könige mit ihrer gesamten Heeresmacht vor Gibeon, belagerten die Stadt und kämpften gegen sie.

6 Da schickten die Leute von Gibeon Boten ins Lager der Israeliten bei Gilgal und baten Josua: »Lass uns nicht im Stich! Wir sind deine Sklaven und haben uns unter deinen Schutz gestellt. Komm uns schnell zu Hilfe und rette uns! Alle Könige der Amoriter* hier oben im Bergland haben sich gegen uns zusammengetan!«

7 Josua rief alle kriegstüchtigen Männer Israels zusammen und brach mit dem ganzen Heer von Gilgal auf. 8 Der HERR sagte zu ihm: »Hab keine Angst vor ihnen! Ich habe sie alle in deine Hand gegeben. Keiner wird sich gegen dich behaupten können.«

Gott verhilft den Israeliten zum Sieg

9 Josua marschierte mit seinen Männern die ganze Nacht hindurch und so kam sein Angriff für die Amoriter* völlig überraschend. 10 Der HERR versetzte sie beim Anblick der Israeliten in einen solchen Schrecken, dass sie nur noch an Flucht dachten. Die Männer Israels brachten ihnen eine vernichtende Niederlage bei und verfolgten sie bis zur Steige* von Bet-Horon und noch weiter bis nach Aseka und Makkeda.

11 Als die Amoriter die Steige von Bet-Horon hinabflohen, ließ der HERR riesige Hagelkörner auf sie fallen, auf dem ganzen Weg bis nach Aseka. Durch sie kamen mehr Amoriter ums Leben als durch die Schwerter der Israeliten.[c]

12 Damals, als der HERR die Amoriter den Israeliten auslieferte, betete Josua zum HERRN und rief vor ganz Israel:

»Sonne, steh still über Gibeon,
du, Mond, überm Tal von Ajalon!«
13 Und die Sonne stand still,
auch der Mond blieb stehn;
Israels Feinde mussten untergehn.

Diese Verse stehen im Buch der Heldenlieder*. Fast einen Tag lang blieb die Sonne hoch am Himmel stehen und bewegte sich nicht von der Stelle. 14 Weder vorher noch nachher hat der HERR jemals auf das Gebet eines Menschen hin so etwas getan. Der HERR selbst kämpfte auf der Seite Israels.

15 Als der Sieg errungen war, kehrte Josua mit dem ganzen Heer ins Lager bei Gilgal zurück.

Fünf Kanaaniterkönige werden gefangen und hingerichtet

16 Die fünf Amoriterkönige* jedoch waren entkommen und hatten sich in einer Höhle bei Makkeda versteckt. 17 Das wurde Josua gemeldet 18 und er ordnete an: »Wälzt große Steine vor den Höhleneingang und lasst eine Wache dort zurück. 19 Ihr anderen aber haltet euch nicht auf! Verfolgt weiter die übrig gebliebenen Feinde, damit sie sich nicht in ihre Städte zurückziehen können. Der HERR, euer Gott, hat sie in eure Hand gegeben.«

20 So brachten Josua und seine Leute den Amoritern eine vernichtende Niederlage bei; nur einige wenige konnten sich in die befestigten Städte retten. 21 Danach kehrten alle Männer Israels unversehrt zu

a Am Heiligtum müssen die Männer von Gibeon nun eben dem Herrn als Sklaven dienen, dem sie sich durch ihre List zu entziehen versucht hatten.
b Zur Lage der Orte siehe Karte Seite 271.
c Einmal mehr wird hier und im Folgenden deutlich, dass Israel seine Siege nicht sich selbst verdankt; vgl. Anmerkung zu 7,12.

9,24 Jos 7,1S **9,27** Dtn 12,5S **10,1** 8,1-29 **10,6** 9,15 **10,10-11** Sir 46,5-6 **10,13** Sir 46,4; 2 Sam 1,18

a *Goschen* im Süden des judäischen Berglandes (ebenso in 11,16; 15,51); zu unterscheiden von der Provinz Goschen in Ägypten (Gen 45,10; 46,28; 47,1; Ex 8,18; 9,26).
b Vgl. die Karte Seite 271.
c Israel soll sich nicht seinen Feinden angleichen. Gott selbst, nicht das damals modernste Kriegsgerät, bietet ihm Schutz (vgl. Ps 20,8 und die Vergleichsstellen dazu, weiter Mi 5,9).

Josua ins Lager bei Makkeda zurück. Niemand im
ganzen Land wagte mehr, gegen einen Israeliten
auch nur den Mund aufzumachen.
22 Nun befahl Josua: »Wälzt die Steine vom Höh-
leneingang und bringt die fünf Könige zu mir her-
aus!« 23 Man öffnete die Höhle und führte die fünf
heraus zu Josua: die Könige von Jerusalem, von
Hebron, Jarmut, Lachisch und Eglon.
24 Als sie vor ihm standen, rief Josua alle Männer
Israels zu sich und befahl den Anführern, die mit
ihm in den Kampf gezogen waren: »Tretet vor und
setzt euren Fuß auf den Nacken dieser Könige!«
25 Dann sagte er zu den Anführern: »Habt keine
Angst und lasst euch durch nichts erschrecken! Seid
mutig und entschlossen! So wie ihr es hier seht, wird
der HERR mit allen euren Feinden verfahren.«
26 Dann erschlug Josua die Könige mit dem
Schwert und hängte ihre Leichen an fünf Bäume.
Dort hingen sie bis zum Abend. 27 Als die Sonne
unterging, ließ er sie abnehmen. Die Männer warfen
sie in die Höhle, in der sie sich zuvor versteckt hat-
ten, und wälzten große Steine vor den Eingang, die
dort bis heute zu sehen sind.

Der Süden Kanaans wird erobert

28 Noch am selben Tag griff Josua die Stadt Makkeda
an und eroberte sie. Am König und an allen Einwoh-
nern ließ er den Bann* vollstrecken. Alle wurden
mit dem Schwert erschlagen; niemand konnte ent-
kommen. Dem König der Stadt bereitete Josua das-
selbe Schicksal wie dem König von Jericho.
29 Von Makkeda zog Josua mit dem Heer Israels
vor die Stadt Libna und griff sie an. 30 Der HERR gab
auch Libna und seinen König in die Hand der Israe-
liten. Sie erschlugen alle Einwohner mit dem
Schwert und ließen niemand entkommen. Dem
König der Stadt bereiteten sie dasselbe Schicksal
wie dem König von Jericho.
31 Von Libna aus zogen sie vor die Stadt Lachisch,
umzingelten sie und griffen sie an. 32 Am zweiten Tag
der Belagerung gab der HERR die Stadt in die Hand
der Israeliten. Sie eroberten sie und erschlugen alle
Einwohner, genau wie in Libna. 33 Auch König
Horam von Geser, der den Leuten von Lachisch zu
Hilfe eilte, wurde von Josua besiegt, seine Truppen
wurden bis auf den letzten Mann aufgerieben.
34 Von Lachisch aus zogen sie vor die Stadt Eglon,
umzingelten sie und griffen sie an. 35 Sie eroberten
sie am selben Tag und vollstreckten an allen Einwoh-
nern den Bann, genau wie in Lachisch.
36 Von Eglon aus zogen sie vor die Stadt Hebron,
griffen sie an 37 und eroberten sie. Sie vollstreckten
den Bann an der Stadt genau wie an Eglon und
erschlugen den König und alle Bewohner, auch die
der umliegenden Ortschaften. Niemand konnte ent-
kommen.
38 Darauf zogen sie weiter und griffen die Stadt
Debir an. 39 Sie eroberten sie samt den umliegenden
Ortschaften und vollstreckten den Bann an ihrem
König und an allen Einwohnern. Sie bereiteten
Debir und seinem König dasselbe Schicksal wie
Hebron und wie Libna mit seinem König.
40–41 Auf diese Weise eroberte Josua das ganze
Land: das Gebirge in der Mitte, das westliche Hügel-
land, den östlichen Gebirgsabfall und das Steppen-
land im Süden, das ganze Gebiet von Kadesch-Bar-
nea bis Gaza und von der Landschaft Goschen[a] bis
nach Gibeon. Er besiegte alle Könige und ließ nie-
mand in diesem ganzen Gebiet am Leben; an allen
vollstreckte er den Bann, wie der HERR, der Gott
Israels, es befohlen hatte. 42 In einem einzigen Feld-
zug eroberte Josua dieses Gebiet und besiegte alle
Könige, die dort regiert hatten; denn der HERR, der
Gott Israels, kämpfte für sein Volk.
43 Danach kehrte Josua mit dem ganzen Heer
Israels nach Gilgal zurück.

Die Könige Nordkanaans werden besiegt

11 1–2 Als König Jabin von Hazor von den Siegen
der Israeliten erfuhr, rief er alle benachbarten
Könige zu einem gemeinsamen Kriegszug zusam-
men: den König Jobab von Madon, die Könige von
Schimron und Achschaf[b] und die übrigen Könige
im nördlichen Bergland, in der Ebene am See Genne-
saret*, im westlichen Hügelland und im Küstenge-
biet von Dor. 3 Außerdem schickte er Boten zu den
Kanaanitern* östlich und westlich des Gebirges
und zu den Amoritern*, Hetitern*, Perisitern und
Jebusitern im Bergland selbst sowie zu den Hiwitern
am Fuß des Hermongebirges im Gebiet von Mizpe.°
4 Sie alle kamen mit ihren Kriegsleuten, einer
Menge, die so unzählbar war wie die Sandkörner
am Meeresstrand. Auch viele Streitwagen* mit Pfer-
den brachten sie mit. 5 Sie vereinigten ihre Truppen
gegen Israel und schlugen bei den Quellen von
Merom ihr gemeinsames Lager auf.
6 Der HERR aber sagte zu Josua: »Hab keine Angst
vor ihnen! Morgen um diese Zeit werdet ihr sie alle
erschlagen haben. Dafür sorge ich. Nach dem Sieg
müsst ihr ihren Pferden die Fußsehnen durchschnei-
den und ihre Streitwagen verbrennen.«[c]
7 Josua machte mit allen seinen Kriegsleuten einen
Überraschungsangriff auf das Lager der Feinde 8 und
der HERR gab sie in die Hand Israels. Die Israeliten
schlugen sie in die Flucht und verfolgten sie nach
Norden bis zur großen Stadt Sidon und bis Misre-
fot-Majim und nach Osten bis zur Ebene von Mizpe.
Sie erschlugen alle und ließen keinen entkommen.
9 Nach dem Befehl des HERRN ließ Josua die Fußseh-
nen der Pferde durchschneiden und die Streitwagen
verbrennen.

10,26-27 Dtn 21,22-23 **10,28** 7,1S **10,30** 7,1S **10,38-39** 15,15-17S **11,1-11** Ri 4,1-23 **11,6** 2Sam 8,4

Der Norden Kanaans wird erobert

10 Dann kehrte Josua um und eroberte die Stadt Hazor, die damals die führende Stellung unter den Städten in diesem ganzen Bereich hatte. Er erschlug ihren König 11 und die Männer Israels vollstreckten an allen Einwohnern den Bann*. Niemand blieb am Leben; die Stadt wurde niedergebrannt.

12 Auch alle anderen Städte eroberte Josua und ließ ihre Könige und alle Einwohner töten, wie es Mose, der Bevollmächtigte* des HERRN, befohlen hatte. 13 Diese Städte wurden jedoch nicht niedergebrannt; sie stehen noch heute auf ihren Hügeln. 14 Die Israeliten nahmen alle wertvollen Dinge und alles Vieh für sich; aber von den Menschen ließen sie niemand am Leben. 15 So hatte der HERR es seinem Bevollmächtigten Mose befohlen und Mose hatte den Befehl an Josua weitergegeben. Josua hielt sich genau an alle Weisungen, die Mose vom HERRN erhalten hatte.

Die Eroberung des Landes wird vollendet

16 Josua eroberte das ganze Land von Süden bis Norden: das Bergland, das Steppengebiet im Süden, die ganze Landschaft Goschen, das Hügelland im Westen und die Jordanebene, 17 das gesamte Gebiet vom Kahlen Berg, der zum Gebirge Seïr* hin liegt, bis nach Baal-Gad in der Ebene zwischen dem Libanon und dem Hermongebirge. Alle Könige dieses Gebietes nahm Josua gefangen und tötete sie.

Verteilung des Landes unter die zwölf Stämme

Kanaan war weitgehend besiedelt, als die Israeliten in das Land vordrangen. Die Karte zeigt schematisch vereinfacht, welche Gebiete den zwölf Stämmen zugewiesen wurden. Aus Richter 1,1–3,5 geht hervor, dass es den Israeliten nicht gelang, sofort das ganze Land in Besitz zu nehmen. Zu den Gebietsbeschreibungen in Jos 13–19 benutze man die Profilkarte Seite 443, auf der jedoch nur die wichtigsten Orte verzeichnet sind, zu Jos 15 die Spezialkarte Seite 280.

11,11 7,1S 11,12-15 Dtn 7,1-4S

18 Er musste jedoch lange gegen sie kämpfen.
19 Außer der Hiwiterstadt Gibeon schloss keine ande-
re Stadt mit den Israeliten Frieden. Alle mussten
erobert werden. 20 Der HERR hatte ihre Bewohner
so starrsinnig gemacht, dass sie den Israeliten Wider-
stand leisteten; denn er wollte, dass sie alle dem
Bann verfielen und ohne Erbarmen vernichtet wür-
den. So hatte er es Mose befohlen.
21 Damals vernichtete Josua auch die Anakiter*,
die in den Städten Hebron, Debir und Anab und in
anderen Orten im Bergland von Juda und Israel leb-
ten. Er vollstreckte den Bann an ihnen 22 und ließ nie-
mand von ihnen übrig. Nur die Anakiter in Gaza,
Gat und Aschdod entkamen dem Untergang.[a]
23 Josua eroberte das ganze Land, wie der HERR
es Mose angekündigt hatte. Er gab es dem Volk Is-
rael als Erbbesitz* und teilte jedem Stamm sein Ge-
biet zu.

Das Land hatte nun Ruhe und Frieden.

Die von Mose und Josua besiegten Könige

12 Hier folgt die Liste der Könige des Landes,
über die die Israeliten gesiegt und deren Land
sie erobert hatten.

Im östlichen Teil der Jordansenke und im ostjordanischen Gebiet vom Arnontal bis zum Hermongebirge waren es:

2 Erstens Sihon, der König der Amoriter*, der in
Heschbon regierte.

Sein Königreich erstreckte sich von Aroër auf den
Höhen über dem Arnontal und der Stadt, die direkt
am Arnonfluss liegt,° über die halbe Landschaft
Gilead* hinweg bis zum Jabbokfluss, an dem das
Gebiet der Ammoniter* beginnt, 3 außerdem umfass-
te es den östlichen Teil der Jordanebene vom See
Gennesaret* bis zum Nordende des Toten Meeres,
wo die Straße nach Bet-Jeschimot führt, und noch
weiter südlich bis zu den Abhängen des Berges Pisga.

4 Zweitens: Og, der König von Baschan*, der
Letzte vom Geschlecht der Rafaïter, der in Aschtarot
und Edreï regierte.

5 Sein Königreich umfasste das Hermongebirge
und die Landschaften Salcha und Baschan, begrenzt
im Westen von den Königreichen Geschur und Maa-
cha, dazu die nördliche Hälfte von Gilead, die an das
Gebiet Sihons, des Königs von Heschbon, grenzt.

6 Diese beiden Könige waren von den Israeliten
unter der Führung Moses besiegt worden, und
Mose, der Bevollmächtigte* des HERRN, hatte ihr
Land den Stämmen Ruben und Gad und dem halben
Stamm Manasse als Besitz zugesprochen.

7 Es folgen die Könige, die Josua und die Israeliten
im Gebiet westlich des Jordans besiegt hatten, von
Baal-Gad am Fuß des Libanongebirges bis zum Kah-
len Berg, der zum Gebirge Seïr* hin liegt. Josua ver-
teilte ihr Land unter die Stämme Israels und gab es
ihnen als dauernden Besitz, 8 das Gebirge in der
Mitte, das Hügelland im Westen, den Gebirgsabfall
im Osten mit der Wüste Juda und der Jordanebene
und das Steppenland im Süden, das ganze Gebiet
der Hetiter*, Amoriter, Kanaaniter*, Perisiter, Hiwi-
ter und Jebusiter.
9–24 Und dies sind die Könige:[b]

der König von Jericho
der König von Ai in der Nähe von Bet-El
der König von Jerusalem
der König von Hebron
der König von Jarmut
der König von Lachisch
der König von Eglon
der König von Geser
der König von Debir
der König von Geder
der König von Horma
der König von Arad
der König von Libna
der König von Adullam
der König von Makkeda
der König von Bet-El
der König von Tappuach
der König von Hefer
der König von Afek
der König von Scharon[c]
der König von Madon
der König von Hazor
der König von Schimron-Meron
der König von Achschaf
der König von Taanach
der König von Megiddo
der König von Kedesch
der König von Jokneam am Karmel
der König von Dor an der Meeresküste
der König von Haroschet-Gojim in Galiläa[d]
der König von Tirza

Könige insgesamt: 31

DIE VERTEILUNG DES LANDES AN DIE ZWÖLF STÄMME
(Kapitel 13–22)

Gott ordnet die Verteilung des Landes an

13 Josua war inzwischen sehr alt geworden. Der
HERR sagte zu ihm: »Du hast nicht mehr lange
zu leben, aber es muss noch ein großer Teil des Lan-
des erobert werden, 2 nämlich das ganze Gebiet der

a Aus diesem Gebiet stammen die in 2 Sam 21,15-22 erwähnten »Riesen«, darunter auch der berühmte Goliat. Die Anakiter sind ein Stamm von Riesen (Num 13,32-33).
b Verdeutlichender Zusatz.
c *der König von Scharon:* fehlt in einem Teil der griechischen Überlieferung. *Scharon* war ursprünglich vermutlich erläuternde Zufügung zu *Afek,* da es mehrere Städte des Namens gab.
d *Haroschet-Gojim:* vermutlicher Text statt *Gojim* = »der Völker« (vgl. Ri 4,2). *Galiläa**: mit G; H *Gilgal.*

11,19 9,3-15 **11,21-22** Dtn 9,1-1 S **11,22** 2 Sam 21,22 **12,1-6** Num 21,21-35 **12,3** (Bet-Jeschimot) 13,20; Num 33,49 **12,4** Dtn 3,11 S **12,5** (Geschur) 13,11-13; 2 Sam 3,3; 13,37-38 **12,6** Num 32,33

Philister* im Süden und im Norden das gesamte
Gebiet der Geschuriter.[a]
3 Diese Gebiete reichen von der ägyptischen Gren-
ze nordwärts bis Ekron; dieser ganze Landstrich
wird den Kanaanitern* zugerechnet und umfasst
die fünf Stadtfürstentümer der Philister: Gaza, Asch-
dod und Aschkelon, Gat und Ekron und dazu das
Gebiet der Awiter im Süden.° 4 Weiter gehört dazu
das gesamte Gebiet der Kanaaniter von der Stadt
Ara,° die zu Phönizien* gehört, bis zur Stadt Afek
und zum Gebiet der Amoriter*, 5 das Gebiet der Stadt
Gebal und im Osten der ganze Libanon von Baal-
Gad am Fuß des Hermongebirges bis nach Lebo-
Hamat. 6 Auch alle Gebirgsbewohner Phöniziens,
vom Libanon bis nach Misrefot-Majim, werde ich
vor den Israeliten aus dem Land vertreiben.[b]
Teile trotzdem schon jetzt das ganze Land durchs
Los unter die Israeliten auf, wie ich es dir befohlen
habe. 7 Das Land vom Jordan bis zum Mittelmeer°
teilst du den neuneinhalb Stämmen als bleibenden
Besitz zu.«
8 Der halbe Stamm Manasse° hatte zusammen mit
den Stämmen Ruben und Gad seinen Anteil am Land
schon östlich des Jordans erhalten; Mose, der Bevoll-
mächtigte des HERRN, hatte ihnen die folgenden
Gebiete zugeteilt:
9–10 die ganze Hochebene zwischen Medeba und
Dibon und alle Städte, über die der Amoriterkönig
Sihon von Heschbon aus geherrscht hatte, von Aroër
auf den Höhen über dem Arnontal und der Stadt, die
direkt am Arnonfluss liegt, nach Norden bis zur
Grenze der Ammoniter*;
11 die Landschaft Gilead*, das Gebiet von Geschur
und Maacha,[c] das ganze Hermongebirge und die
ganze Landschaft Baschan* bis nach Salcha, 12 also
das gesamte Gebiet, über das König Og von Baschan
in Aschtarot und Edreï geherrscht hatte, der Letzte
aus dem Geschlecht der Rafaïter, die von Mose
besiegt und vertrieben worden waren. 13 Allerdings
hatten die Israeliten die Bewohner von Geschur
und Maacha nicht vertrieben; deshalb leben sie bis
heute mitten in Israel.
14 Nur dem Stamm Levi gab Mose keinen Anteil
am Land. Der HERR hatte ihnen die Opfergaben,
die ihm gebracht werden, als ihren Anteil zuge-
sprochen.

Das Gebiet des Stammes Ruben

15 Zuerst hatte Mose den Sippen des Stammes Ruben
ihr Gebiet zugeteilt. 16 Es erstreckt sich von Aroër auf
den Höhen über dem Arnontal und der Stadt direkt
am Arnonfluss nach Norden über die ganze Hoch-

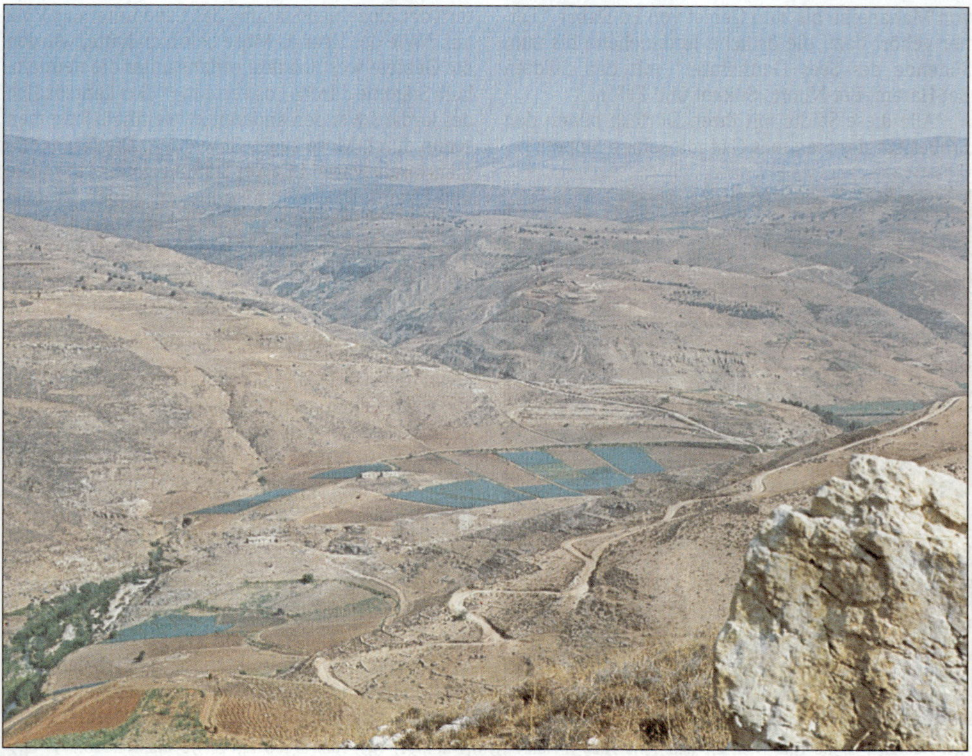

Das Land Gilead östlich des Jordans wurde den Stämmen Ruben und Gad als Erbbesitz zugesprochen.

a *Geschuriter* ist hier im Unterschied zu 12,5 offenbar zusammenfassende Bezeichnung für die Nordgebiete, die in den Versen 4-6 aufgezählt werden.
b Erst unter David hat Israel diese Ausdehnung (und nur vorübergehend) erreicht.
c Sie sind selbst zur Zeit Davids noch selbstständig (2 Sam 13,37-38; 10,6).

13,6 Num 33,54 **13,8** Num 32,33 **13,9-10** Num 21,21-32 **13,11-12** Num 21,33-35; Jos 12,4 **13,14** Num 18,20 S

ebene bis nach Medeba 17 und weiter bis nach Hesch-
bon. In diesem Gebiet liegen die Städte Dibon,
Bamot-Baal, Bet-Baal-Meon, 18 Jahaz, Kedemot, Me-
faat, 19 Kirjatajim, Sibma, Zeret-Schahar auf dem
Gebirge östlich des Jordans, 20 Bet-Pegor, Aschdot-
Pisga, Bet-Jeschimot 21 und die übrigen Städte der
Hochebene. Es umfasst das ganze ehemalige Herr-
schaftsgebiet des Amoriterkönigs Sihon, der in
Heschbon regiert hatte und den Mose genauso
besiegt hatte wie die midianitischen* Stammesober-
häupter Ewi, Rekem, Zur, Hur und Reba, die im Land
König Sihons lebten und in seinen Diensten standen.
22 Mit ihnen zusammen hatten die Israeliten auch
den Wahrsager Bileam, den Sohn Beors, mit dem
Schwert erschlagen. 23 Die Westgrenze des Stammes
Ruben ist der Jordan.

Alle diese Städte mit ihren Dörfern bilden den Erb-
besitz* des Stammes Ruben und seiner Sippen.

Das Gebiet des Stammes Gad

24 Den Sippen des Stammes Gad hatte Mose das nörd-
lich anschließende Gebiet zugeteilt. 25 Es umfasst
Jaser und alle Städte der Landschaft Gilead* sowie
das halbe Land der Ammoniter* bis nach Aroër bei
Rabba, 26–27 also das restliche Herrschaftsgebiet des
Amoriterkönigs Sihon; es erstreckt sich von Hesch-
bon bis nach Ramat-Mizpe und Betonim und weiter
von Mahanajim bis zum Gebiet von Lo-Dabar.° Fer-
ner gehört dazu die östliche Jordanebene bis zum
Südende des Sees Gennesaret* mit den Städten
Bet-Haram, Bet-Nimra, Sukkot und Zafon.

28 Alle diese Städte mit ihren Dörfern bilden den
Erbbesitz* des Stammes Gad mit seinen Sippen.

Kaleb war ein Mann, der Gott vertraute. Das hatte er schon bei der Erkundung des Landes bewiesen. Nun bat er Josua, ihm die Stadt Hebron als Erbbesitz zuzuteilen. Er traute es sich zu, die riesenhaften Anakiter daraus zu vertreiben. Im Bild eine Szene im heutigen Hebron.

Das Gebiet des östlichen Halbstammes Manasse

29–30 Den Sippen des halben Stammes Manasse hatte
Mose das Gebiet zugeteilt, das sich von Mahanajim
nordwärts erstreckt. Es umfasst die ganze Land-
schaft Baschan*, das ehemalige Herrschaftsgebiet
des Königs Og von Baschan, und dazu die sechzig
Ortschaften, die Machirs Sohn Jaïr erobert hatte.
31 Der Hälfte der Sippen, die von Manasses Sohn
Machir abstammen, wurde die halbe Landschaft
Gilead* mit den Städten Aschtarot und Edreï zuge-
teilt, in denen König Og regiert hatte.

32 Alle diese Gebiete hatte Mose im moabitischen
Steppengebiet in der Jordanebene östlich von Jeri-
cho als Erbbesitz* an die zweieinhalb Stämme ver-
teilt. 33 Dem Stamm Levi gab er keinen Anteil am
Landbesitz. Der Herr, der Gott Israels, ist selbst
ihr Erbbesitz; von ihm bekommen sie ihren Lebens-
unterhalt, wie er ihnen das zugesagt hat.

Beginn der Verteilung des Westjordanlandes

14 Es folgt jetzt eine Aufzählung der Gebiete, die
die Israeliten im Land Kanaan* in Besitz nah-
men. Der Priester* Eleasar und Josua, der Sohn
Nuns, teilten zusammen mit den Sippenoberhäup-
tern der einzelnen Stämme das Land unter das Volk
auf. 2 Wie der Herr es Mose befohlen hatte, wurden
die Gebiete westlich des Jordans unter die neunein-
halb Stämme durchs Los verteilt. 3–4 Das Land östlich
des Jordans war den anderen zweieinhalb Stämmen
schon durch Mose zugeteilt worden. Die Nachkom-
men Josefs waren in zwei Stämme geteilt: Manasse
und Efraïm. Die Leviten* erhielten keinen Landbe-
sitz, nur Städte, in denen sie leben konnten, und
die dazugehörigen Weidegebiete für ihre Viehher-
den. 5 Die Israeliten verteilten das Land unter die
Stämme, wie der Herr es Mose befohlen hatte.

Kaleb bekommt seine Belohnung

6 Nun traten die Männer des Stammes Juda zu Josua;
alle waren noch im Lager in Gilgal. Mit ihnen kam
Kaleb, der Sohn von Jefunne aus der Sippe Kenas.
Er sagte zu Josua: »Du weißt, was der Herr in
Kadesch-Barnea durch Mose, den Bevollmächtig-
ten* Gottes, uns beiden zugesagt hat. 7 Ich war
damals 40 Jahre alt, und Mose, der Diener des
Herrn, hatte mir den Auftrag gegeben, von dort
aus das Land zu erkunden. Als ich zurückkam,
berichtete ich darüber so, wie es meiner Einsicht ent-
sprach. 8 Die Männer, die mit mir das Land erkundet
hatten, machten dem Volk Angst; aber ich ließ mich
nicht beirren und habe dem Herrn, meinem Gott,
vertraut. 9 Da versprach mir Mose mit einem Eid:

13,21 Num 21,21-32; 31,8 **13,22** Num 22,1–24,25; 31,8 **13,29-31** Num 21,33-35; Dtn 3,13-15 **13,33** Num 18,20 S **14,1** 24,33 S **14,2** Num 26,52-56 **14,3-4** Num 32,33; Gen 41,50-52; 48,8-20; (Leviten) Num 35,2-8 S **14,6** 4,19; 9,6; 10,43; (Kaleb) Num 14,24.30; Dtn 1,36 **14,7-8** Num 13,1-33; 14,6-9; 32,8-12

›Der Teil des Landes, den du als Kundschafter betreten hast, soll für alle Zeiten dir und deinen Nachkommen als Erbbesitz* gehören. Das ist der Lohn dafür, dass du dich an den HERRN, meinen Gott, gehalten und ihm vertraut hast.‹

10 Seither sind 45 Jahre vergangen, und der HERR hat mein Leben bewahrt, wie er es mir versprochen hatte, in der ganzen Zeit, während die Israeliten in der Wüste umhergezogen sind. Sieh mich an! Ich bin 85 Jahre alt 11 und bin noch genauso stark wie damals, als Mose mich ausschickte, und kann noch ebenso gut in den Krieg ziehen. 12 Darum gib mir nun als meinen Anteil das Bergland, von dem der HERR gesprochen hat. Du weißt noch von damals, dass dort die Anakiter* in großen, stark befestigten Städten wohnen. Vielleicht steht der HERR mir bei, sodass ich sie vertreiben kann; er hat es mir ja zugesagt.«

13 Josua segnete Kaleb und gab ihm die Stadt Hebron als Erbbesitz. 14 Sie gehört noch heute seinen Nachkommen, weil er sich an den HERRN, den Gott Israels, gehalten und ihm vertraut hat. 15 Hebron hieß früher Kirjat-Arba (Stadt Arbas); dieser Arba war der größte unter den Riesen im Volk der Anakiter.

Das Land hatte nun Ruhe und Frieden.

Das Gebiet des Stammes Juda

15 Die Sippen des Stammes Juda erhielten folgenden Anteil am Land:

Im Süden grenzt ihr Gebiet an die Wüste Zin, die zu Edom* gehört.° 2 Im Einzelnen verläuft die Südgrenze vom südlichen Ende des Toten Meeres 3 zunächst in südwestlicher Richtung, und zwar am Fuß der Skorpionensteige vorbei über Zin bis südlich von Kadesch-Barnea, und weiter über Hezron, Addar und Karka 4 nach Azmon. Von dort läuft sie nordwestlich zu dem Tal, das die ägyptische Grenze* bildet, und folgt diesem bis zum Mittelmeer. Dies soll eure Südgrenze sein.

5–6 Die Ostgrenze von Juda bildet das Tote Meer bis zur Einmündung des Jordans. Von dort verläuft die Nordgrenze nach Bet-Hogla und nördlich an Bet-Araba vorbei bis zum Bohanfels – Bohan war ein Sohn Rubens –, 7 dann durchs Achortal nach Debir und weiter zu den Gelilot;[a] die liegen der Adummim-Steige gegenüber, die am Südhang des Tales entlangläuft. Sodann geht die Grenze an der Sonnenquelle und der Rogel-Quelle* vorbei 8 und weiter durch das Hinnom-Tal* den Südhang des Berges entlang, auf dem die Jebusiterstadt Jerusalem liegt, und dann auf den Gipfel des Berges, der das Hinnom-Tal im Westen und die Ebene Rafaïm im Norden begrenzt. 9 Vom Gipfel biegt sie ab zur Quelle Neftoach und weiter zur Spitze° des Berges Efron und nach Baala, dem heutigen Kirjat-Jearim, 10 dann südwestlich über den Bergrücken Seïr, an der Nordseite des bewaldeten Höhenzugs von Kesalon entlang, nach Bet-Schemesch hinunter und weiter nach Timna. 11 Von dort verläuft sie nordwestlich zum Höhenzug bei Ekron und dann über Schikkaron, den Berg Baala und die Stadt Jabneel zum Mittelmeer. 12 Die Westgrenze wird von der Küste des Meeres gebildet.

Dies ist das Gebiet, das dem Stamm Juda mit seinen Sippen zusteht.

Kaleb in Hebron, seine Tochter Achsa in Debir

(Ri 1,10-15)

13 Kaleb, der Sohn von Jefunne, hatte mitten in Juda seinen Erbbesitz* erhalten, wie der HERR es Josua befohlen hatte. Er bekam die Stadt Hebron, die Arba, der Stammvater der Anakiter*, gegründet hatte. 14 Kaleb vertrieb die drei Anakiter Scheschai, Ahiman und Talmai samt ihren Sippen aus der Stadt. Von dort zog er vor die Stadt Debir, die früher Kirjat-Sefer hieß. 16 Er erklärte: »Wer Kirjat-Sefer für sich erobert, dem gebe ich meine Tochter Achsa zur Frau.« 17 Da eroberte Kalebs Bruder Otniël, ein Sohn von Kenas, die Stadt und erhielt die Tochter Kalebs zur Frau.

18 Am Hochzeitstag veranlasste Otniël seine Frau,° ihren Vater um Ackerland zu bitten. Sie stieg von ihrem Esel und Kaleb fragte sie: »Was möchtest du?« 19 Sie antwortete: »Gib mir als Zeichen, dass dein Segen mich begleitet, ein Geschenk. Du hast mich in das regenarme Südland verheiratet; gib mir wenigstens ein paar Quellen!«

Da gab ihr Kaleb die oberen und unteren Teichanlagen bei Hebron.

Die zwölf Bezirke des Stammesgebietes von Juda

20–21 Der Erbbesitz* des Stammes Juda mit seinen Sippen umfasste folgende Städte im Gebiet zwischen der Nordgrenze und der Grenze zu Edom:

(I) *Im Südland:* Kabzeel, Arad, Jagur, 22 Kina, Dimona, Arara, 23 Kedesch, Hazor-Jitnan, 24 Sif, Telem, Bealot, 25 Hazor-Hadatta, Kerijot-Hezron – das ist Hazor –, 26 Amam, Schema, Molada, 27 Hazar-Gadda, Heschmon, Bet-Pelet, 28 Hazar-Schual, Beerscheba und die dazugehörigen Dörfer, 29 Baala, Ijim, Ezem, 30 Eltolad, Kesil, Horma, 31 Ziklag, Madmanna, Sansanna, 32 Bet-Lebaot, Scharuhen, En-Rimmon – das sind neunundzwanzig Städte mit den umliegenden Dörfern.°

(II) 33 *Im Hügelland:* Eschtaol, Zora, Aschna, 34 Sanoach, En-Gannim, Tappuach, Enam, 35 Jarmut, Adullam, Socho, Aseka, 36 Schaarajim, Aditajim,

a *Gelilot:* nach 18,17; H *Gilgal.* Die Bedeutung des Wortes ist nicht sicher zu bestimmen (»Steinkreise« oder »zusammengewälzte Steine«).

14,12 Dtn 9,1-1 S **14,13-15** 15,13-14 **14,14** Num 32,12 **15,8** 15,63 S **15,13-14** Num 14,24; 14,13-15; Ri 1,20 **15,15-17** 10,38-39; 11,21; Ri 1,12-13

Die Bezirke Judas und Benjamins nach Josua 15,20-62 und 18,21-28

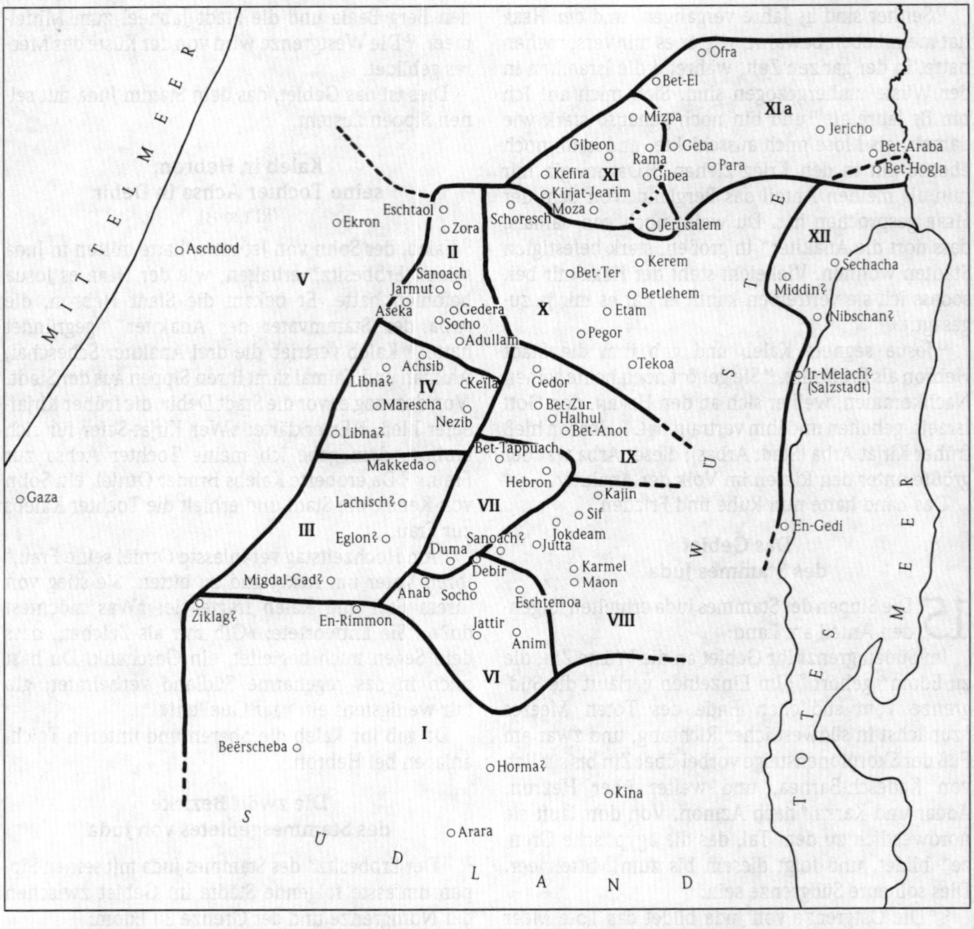

Die Kartenskizze enthält alle in Josua 15 und 18 genannten Orte, die eindeutig oder vermutungsweise zu lokalisieren sind. Die Gliederung in Bezirke wird vom Text her nahe gelegt, auch wenn im Einzelnen keine volle Sicherheit zu gewinnen ist.

Alle zwölf Städtegruppen in Josua 15 mit Ausnahme der fünften schließen mit derselben Formel: »Das sind (29, 14, 16 usw.) Städte mit den umliegenden Dörfern.« Der 5. Bezirk, der aus diesem Schema fällt, nimmt auch sonst eine Sonderstellung ein: Er umfasst das Gebiet der Philister, das von Juda nie wirklich in Besitz genommen worden ist.
Andererseits fällt auf, dass Bezirk XI in Josua 18,25-28 noch einmal in vollständigerer Form als zweiter Bezirk des Stammes Benjamin erscheint (wobei ihm abweichend von den späteren Verhältnissen Jerusalem zugeschlagen ist). Dort wird auch noch in 18,21-24 ein erster benjaminitischer Bezirk um Jericho (XI a) beschrieben, der eine Lücke zwischen Bezirk XI und XII schließt.
Sieht man Kapitel 15 und 18 zusammen, so erhält man den Eindruck, dass sich in den beiden Aufzählungen eine 12-Gliederung des *gemeinsamen* Gebietes der Stämme Juda *und* Benjamin ankündigt. Die Liste der Städte und Bezirke würde dann auf Verhältnisse zielen, wie sie sich in der Königszeit herausbilden sollten, wo Juda und Benjamin gegenüber Nordisrael zu einem gemeinsamen Staatswesen zusammengeschlossen waren. In der späteren Königszeit kam es auch dazu, dass Bet-El, das vorher zum Gebiet von Efraïm gehört hatte, für Juda-Benjamin erobert wurde (2 Könige 23,15-18).

Gedera und Gederotajim – das sind vierzehn° Städte mit den umliegenden Dörfern.

(III) [37]Außerdem: Zenan, Hadascha, Migdal-Gad, [38]Dilan, Mizpe, Jokteel, [39]Lachisch, Bozkat, Eglon, [40]Kabbon, Lachmas, Kitlisch, [41]Gederot, Bet-Dagon, Naama und Makkeda – das sind sechzehn Städte mit den umliegenden Dörfern.

(IV) [42]Ferner: Libna, Eter, Aschan, [43]Jiftach, Aschna, Nezib, [44]Keïla, Achsib und Marescha – das sind neun Städte mit den umliegenden Dörfern.

(V) [45]Ferner: Ekron mit den umliegenden Siedlungen [46]sowie die Ortschaften zwischen Ekron und dem Mittelmeer, [47]ebenso Aschdod und Gaza mit den zugehörigen Ortschaften, das ganze Gebiet bis zum Mittelmeer und im Süden bis zu dem Tal, das die ägyptische Grenze* bildet.

(VI) [48]*Im Bergland:* Schamir, Jattir, Socho, [49]Danna, Kirjat-Sefer, das ist Debir,° [50]Anab, Eschtemoa, Anim, [51]Goschen, Holon, Gilo – das sind elf Städte mit den umliegenden Dörfern.

(VII) [52]Außerdem: Arab, Duma, Eschan, [53]Janum, Bet-Tappuach, Afeka, [54]Humta, Kirjat-Arba, das ist Hebron, und Zior – das sind neun Städte mit den umliegenden Dörfern.

(VIII) [55]Ferner: Maon, Karmel, Sif, Jutta, [56]Jesreel, Jorkoam,° Sanoach, [57]Kain, Gibea und Timna – zehn Städte mit den umliegenden Dörfern.

(IX) [58]Ferner: Halhul, Bet-Zur, Gedor, [59]Maarat, Bet-Anot und Eltekon – das sind sechs Städte mit den umliegenden Dörfern.

(X) Ferner: Tekoa, Efrata, das ist Betlehem, Pegor, Etam, Kulon, Tatam, Schoresch, Kerem, Gallim, Bet-Ter und Manocho – das sind elf Städte mit den umliegenden Dörfern.°

(XI) [60]Ferner: Kirjat-Baal, das ist Kirjat-Jearim, und Rabba – das sind zwei Städte mit den umliegenden Dörfern.

(XII) [61]*In der Steppe* nordwestlich des Toten Meeres: Bet-Araba, Middin, Sechacha, [62]Nibschan, Ir-Melach (die Salzstadt) und En-Gedi – das sind sechs Städte mit den umliegenden Dörfern.

[63]Die Männer von Juda konnten die Jebusiter nicht aus Jerusalem vertreiben; deshalb leben diese noch heute dort mit den Judäern zusammen.

Das Gebiet der Josefsstämme

16 Der Landanteil der Nachkommen Josefs wird im Süden[a] durch eine Linie begrenzt, die am Jordan bei Jericho beginnt; sie verläuft dann an den Quellen nordwestlich Jerichos vorbei und bergauf bis nach Bet-El [2]und weiter nach Lus, in das Gebiet der Arkiter und nach Atarot; [3]dann geht sie bergab nach Westen zum Gebiet der Sippe Jaflet und zum unteren Bet-Horon und weiter über Geser zum Mittelmeer.

[4]Die Nachkommen Josefs, die Stämme Efraïm und Manasse, erhielten dieses Gebiet als Erbbesitz*.

Der Anteil des Stammes Efraïm

[5]Die Sippen des Stammes Efraïm bekamen darin ihr besonderes Teilgebiet; dessen Südgrenze beginnt östlich von Atrot-Addar und läuft zum oberen Bet-Horon [6–9]und von dort zum Mittelmeer, die Nordgrenze von Michmetat westwärts nach Tappuach und durch das Kana-Tal ebenfalls bis zum Mittelmeer. Von Michmetat aus führt die Ostgrenze über Taanat-Schilo, Janoach, Atarot, Naara und an Jericho vorbei zum Jordan.

Dieses Gebiet mit seinen Städten und Dörfern liegt mitten im Gebiet des Stammes Manasse und gehört den Sippen des Stammes Efraïm als Erbbesitz*. [10]Sie konnten jedoch die Kanaaniter*, die in Geser[b] lebten, nicht vertreiben. Darum wohnen diese noch heute mitten im Gebiet des Stammes Efraïm; doch müssen sie Fronarbeit* verrichten.

Der Anteil des Stammes Manasse. Regelung für die Töchter Zelofhads

17 Der Hauptanteil des Gebietes fiel dem Stamm Manasse zu, der von Josefs erstgeborenem Sohn Manasse abstammt. Die Nachkommen von Manasses Erstgeborenem Machir hatten schon früher die Landschaften Gilead* und Baschan* östlich des Jordans erhalten. Sie waren tüchtige Krieger und hatten das Land Gilead erobert. [2]Nun wurde dem Rest des Stammes Manasse sein Land westlich des Jordans zugeteilt, also den Nachkommen von Manasses übrigen Söhnen Abiëser, Helek, Asriël, Schechem, Hefer und Schemida.

[3]Zelofhad aber, der Sohn Hefers – ein Enkel Gileads, der wiederum ein Sohn Machirs und Enkel Manasses war –, hatte keine Söhne, sondern nur Töchter; sie hießen Machla, Noa, Hogla, Milka und Tirza. [4]Diese gingen zum Priester* Eleasar und zu Josua und den Stammesoberhäuptern und sagten: »Der HERR hat durch Mose befohlen, uns einen Landanteil in der Sippe unseres Vaters zu geben.«

a Zwischen der Südgrenze der Josefsstämme und der Nordgrenze von Juda (15,5-11) liegt das Gebiet von Benjamin (18,11).

b Zur Lage im äußersten Südwesten Efraïms siehe Karte Seite 443.

15,63 15,8; 18,28; Ri 1,8.21; 19,10; 2Sam 5,6-9 **16,10** 17,12; Ri 1,29; 1Kön 9,16-17 **17,1** 13,29-31; Num 32,39-40 **17,3-4** Num 27,1-11 S

a Sämtliche Städte finden sich auf der Karte Seite 443.
b Das *Land der Perisiter und Rafaïter* ist nicht sicher zu lokalisieren. Manche Ausleger suchen es östlich des Jordans, wo jedenfalls *Rafaïter* bezeugt sind (Gen 14,5; Dtn 3,11.13).
c Gemeint ist hier das Bergland von Efraïm auf der westlichen Seite des Jordans. Da in Vers 15 schon ein weiter gehender Vorschlag gemacht worden ist, sind vermutlich die Verse 16-18 vor Vers 14 einzuordnen.
d Schilo liegt im Gebiet von Efraïm; vgl. Karte Seite 443. Es war in vorköniglicher Zeit ein wichtiges Heiligtum, an dem die Bundeslade ihren Platz hatte (vgl. 1 Sam 1-4; Jer 7,12).

Josua folgte dem Befehl des HERRN und behandelte
sie bei der Landverteilung genau wie die Brüder
ihres Vaters. 5–6 Daher kommt es, dass der Stamm
Manasse zehn Landanteile erhalten hat, Gilead
und Baschan auf der Ostseite des Jordans nicht mitgerechnet;
denn die weiblichen Nachkommen
Manasses bekamen genauso ihren Erbbesitz* wie
die männlichen.
7 Das Stammesgebiet von Manasse grenzt im Norden
an das Gebiet des Stammes Ascher. Die Südgrenze
verläuft zunächst von Michmetat in der Nähe von
Sichem nach Jaschub bei der Quelle von Tappuach.°
8 Das Gebiet rund um Tappuach gehört zu Manasse,
aber die Stadt Tappuach selbst zu Efraïm. 9–10 Die
Grenze folgt dann dem Kana-Tal bis zum Mittelmeer.
Nördlich des Kana-Tals liegt das Hauptgebiet
von Manasse, südlich davon liegen die Siedlungen
Efraïms in einem Gebiet, das ebenfalls noch zum
Stamm Manasse zählt. Im Norden grenzt Manasse
also an das Gebiet des Stammes Ascher, im Osten
an das des Stammes Issachar.
11 In beiden Stammesgebieten, Ascher und Issachar,
gehören einige Städte mit den umliegenden
Dörfern zu Manasse: Bet-Schean, Jibleam, Dor –
gemeint ist der ganze Bezirk° –, En-Dor, Taanach
und Megiddo.[a] 12 Die Männer von Manasse konnten
diese Städte allerdings nicht erobern und so blieben
die Kanaaniter* in dieser Gegend wohnen. 13 Auch
als die Israeliten stärker wurden, konnten sie die
Kanaaniter nicht vertreiben, doch mussten diese
Frondienste* für sie leisten.

Die Josefsstämme beschweren sich bei Josua

14 Die Nachkommen Josefs sagten zu Josua: »Warum
hast du uns bei der Landverteilung nur den Anteil
eines einzigen Stammes gegeben? Wir sind doch
sehr zahlreich, weil uns der HERR so gesegnet hat.«
15 Josua antwortete ihnen: »Wenn ihr so zahlreich
seid, dass euch das Bergland von Efraïm zu eng ist,
dann zieht in das Waldgebiet hinauf, in das Land
der Perisiter und Rafaïter, und rodet euch dort Ackerund
Weideland.«[b]
16 Die Nachkommen Josefs sagten: »Das Bergland
ist nicht groß genug für uns und drunten in der Ebene
sind die Kanaaniter*. Sie haben überall eiserne
Streitwagen*, in der Gegend von Bet-Schean genauso
wie in der Ebene Jesreel.«
17 Da antwortete Josua den Nachkommen Josefs,
den Männern von Efraïm und Manasse: »Ihr seid
ein zahlreiches Volk und habt Kraft. Deshalb fällt
euch auch kein gewöhnlicher Anteil zu, 18 sondern
ihr bekommt ein bewaldetes Bergland.[c] Den Wald
könnt ihr roden und dadurch neues Land gewinnen.
Ja, ihr werdet sogar die Kanaaniter vertreiben, auch
wenn sie noch so stark sind und eiserne Streitwagen
haben.«

Der Rest des Landes wird in Ortslisten erfasst

18 Die ganze Gemeinde Israel versammelte sich
in Schilo[d] und richtete dort das Heilige Zelt*
auf. Das gesamte Land war jetzt erobert. 2 Es gab aber
noch sieben Stämme, die ihren Anteil am Land noch
nicht in Besitz genommen hatten.
3 Da sagte Josua zu den Männern dieser Stämme:
»Wie lange wollt ihr noch warten, bis ihr das Land
in Besitz nehmt, das der HERR, der Gott eurer Väter,
euch gegeben hat? 4–6 Wählt aus jedem Stamm drei
Männer, die ich ausschicken kann, damit sie eine
Liste von allen Städten des Landes aufstellen.
Der Stamm Juda hat schon im Süden sein Gebiet
erhalten und die Josefsstämme haben das ihre im
Norden. Das restliche Land sollen die ausgewählten
Männer in sieben gleichwertige Gebiete aufteilen,
das Ergebnis aufschreiben und zu mir bringen. Dann
werde ich das Los* werfen und den HERRN, euren
Gott, bitten, dass er selbst entscheidet, welcher Teil
welchem Stamm zufällt.
7 Die Leute vom Stamm Levi bekommen keinen
Anteil am Land, denn ihr Anteil ist der Priesterdienst*
für den HERRN, und die Stämme Ruben und
Gad und der halbe Stamm Manasse haben ihr Land
schon östlich des Jordans bekommen; Mose, der
Bevollmächtigte* des HERRN, hat es ihnen zugewiesen.«
8 Zu den ausgewählten Männern sagte Josua:
»Geht durch das ganze Land, nehmt es auf und kehrt
dann zu mir zurück, damit ich hier für euch das Los
werfen kann.«
Die Männer machten sich auf 9 und durchzogen
das Land. Sie teilten die noch verbliebenen Gebiete
in sieben Teile auf und legten eine Liste der Städte
an, die in jedem dieser Teile lagen. Dann kamen
sie zu Josua ins Lager bei Schilo zurück. 10 Josua ließ
den HERRN durch das Los entscheiden, und wie die
Lose fielen, so verteilte er das Land unter die restlichen
Stämme Israels.

Das Gebiet des Stammes Benjamin

11 Das erste Los fiel auf den Stamm Benjamin mit seinen
Sippen. Sie bekamen das Gebiet zwischen dem
Stamm Juda und den Josefsstämmen.
12 Seine Nordgrenze beginnt im Osten am Jordan,
läuft dann zur Höhe nördlich von Jericho und weiter
bergauf zum Weidegebiet von Bet-Awen, 13 dann
über den Bergrücken südlich von Lus – das ist Bet-El
– hinunter nach Atrot-Addar, und zwar verläuft
sie über die Höhe südlich des unteren Bet-Horon.
14 Hier wendet sie sich nach Süden und läuft bis Kir-

17,12-13 Ri 1,27-28 **17,14** Gen 48,19-20 **17,16.18** Ri 1,19; 4,3.13; Dtn 20,1 **18,1** Ri 18,31; 21,19; 22,12; 1 Sam 1,3; Jer 7,12; Ps 78,60 **18,7** Num 18,20 S; 32,33

jat-Baal – das ist Kirjat-Jearim –, das schon auf dem
Gebiet des Stammes Juda liegt.
15 Vor Kirjat-Jearim biegt die Grenze nach Osten
um und führt an der Quelle Neftoach vorbei 16 zu
dem Berg an der Nordseite der Ebene Rafaïm, hinter
dem das Hinnom-Tal* beginnt; sie führt dann durch
das Hinnom-Tal den Südhang der Jebusiterstadt Jeru-
salem entlang zur Rogel-Quelle*, 17 dann zur Son-
nenquelle und zu den Gelilot,[a] die der Adummim-
Steige gegenüberliegen, und hinunter zum Bohan-
fels – Bohan war ein Sohn Rubens –; 18 sie läuft dann
auf der Nordseite an dem Gipfel vorbei, der am
Gebirgsabfall über der Jordanebene liegt, dann in
die Ebene hinunter 19 und ebenfalls nördlich an der
Anhöhe bei Bet-Hogla vorbei und endet dort, wo
der Jordan ins Tote Meer mündet.
20 Die Ostgrenze bildet der Jordan.
Innerhalb dieser Grenzen liegt das Gebiet, das
den Sippen des Stammes Benjamin als Erbbesitz*
zufiel.
21 Dem Stamm Benjamin mit seinen Sippen gehö-
ren folgende Städte:[b] Jericho, Bet-Hogla, Emek-
Keziz, 22 Bet-Araba, Zemarajim, Bet-El, 23 Awim,
Para, Ofra, 24 Kefar-Ammoni, Ofni und Geba – das
sind zwölf Städte mit den umliegenden Dörfern;
25 außerdem Gibeon, Rama, Beerot, 26 Mizpe, Kefira,
Moza, 27 Rekem, Jirpeel, Tarala, 28 Zela-Haëlef, die
Jebusiterstadt, das ist Jerusalem, Gibea und Kirjat-
Jearim – das sind vierzehn[c] Städte mit den umliegen-
den Dörfern.
Dies ist das Gebiet, das den Sippen des Stammes
Benjamin als Erbbesitz gehört.

Das Gebiet des Stammes Simeon

19 Das zweite Los fiel auf den Stamm Simeon mit
seinen Sippen.
Sein Erbbesitz* lag innerhalb der Grenzen des
Stammes Juda 2 und umfasste folgende Städte: Beer-
scheba, Schema,° Molada, 3 Hazar-Schual, Baala,
Ezem, 4 Eltolad, Betul, Horma, 5 Ziklag, Bet-Marka-
bot, Hazar-Susim, 6 Bet-Lebaot und Scharuhen –
das sind dreizehn[d] Städte mit den umliegenden Dör-
fern; 7 außerdem En-Rimmon, Eter und Aschan – das
sind vier° Städte mit den umliegenden Dörfern. 8 Das
Gebiet reichte im Süden bis nach Baalat-Beer und
Ramat-Negeb.
Dies ist der Teil, der den Sippen des Stammes
Simeon als Erbbesitz zufiel. 9 Sie bekamen als ihr
Gebiet ein Stück von Juda,[e] weil der Stamm Juda
mehr Land bekommen hatte, als er brauchte.

Das Gebiet des Stammes Sebulon

10 Das dritte Los fiel auf den Stamm Sebulon mit sei-
nen Sippen. Sein Gebiet reicht im Südosten bis nach
Sarid; 11 von dort verläuft die Grenze nach Westen
über Marala und Dabbeschet bis zu dem Tal westlich
von Jokneam. 12 Die Ostgrenze führt von Sarid aus
nordwärts am Gebiet von Kislot-am-Tabor vorbei
nach Daberat und hinauf nach Jafia, 13 dann weiter
nach Gat-Hefer und Et-Kazin und über Rimmon bis
nach Nea; 14 von dort verläuft die Nordgrenze west-
wärts über Hannaton zum Tal von Jiftach-El.
15 Zum Gebiet von Sebulon gehören noch die
Städte Kattat,[f] Nahalal, Schimron, Jidala und Betle-
hem[g] – insgesamt zwölf Städte mit den umliegenden
Dörfern. 16 Diese Städte mit ihren Dörfern bilden das
Gebiet, das den Sippen des Stammes Sebulon als Erb-
besitz* zufiel.

Das Gebiet des Stammes Issachar

17 Das vierte Los fiel auf den Stamm Issachar mit sei-
nen Sippen.
18 Sein Gebiet umfasst die Städte Jesreel, Kesullot,
Schunem, 19 Hafarajim, Schion, Anahara, 20 Dabe-
rat,° Kischjon, Ebez, 21 Remet, En-Gannim, En-
Hadda und Bet-Pazzez. 22–23 Im Norden verläuft die
Grenze vom Berg Tabor über Schahazajim und Bet-
Schemesch bis zum Jordan.
Dieses Gebiet mit insgesamt sechzehn Städten
und den dazugehörigen Dörfern fiel den Sippen
des Stammes Issachar als Erbbesitz* zu.

Das Gebiet des Stammes Ascher

24 Das fünfte Los fiel auf den Stamm Ascher mit sei-
nen Sippen.
25 Die Südgrenze seines Gebietes führt von Helkat
westwärts über Hali, Beten, Achschaf, 26 Alamme-
lech, Amad und Mischal bis zum Karmelgebirge
und zum Fluss Libnat; 27 die Ostgrenze führt von Hel-
kat aus nördlich nach Bet-Dagon, berührt die Grenze
des Stammes Sebulon und das Tal Jiftach-El und ver-
läuft weiter über Bet-Emek und Negiël bis nach
Kabul und über Mischal,° 28 Abdon,° Rehob, Ham-
mon und Kana bis zum Gebiet der großen Stadt
Sidon. 29 Dann biegt die Grenze um nach Rama,
erreicht die befestigte Stadt Tyrus, geht weiter nach
Hosa und endet am Mittelmeer. Zum Gebiet von
Ascher gehören auch Mahaleb,[h] Achsib, 30 Akko,°
Afek und Rehob – insgesamt zweiundzwanzig Städ-
te mit den umliegenden Dörfern.
31 Dieses ganze Gebiet, Städte und Dörfer, fiel den
Sippen des Stammes Ascher als Erbbesitz* zu.

Das Gebiet des Stammes Naftali

32 Das sechste Los fiel auf den Stamm Naftali mit sei-
nen Sippen.
33 Die Südgrenze seines Gebietes führt von Helef
ostwärts nach Elon-Zaanannim und weiter über
Adami-Nekeb und Jabneel nach Lakkum und endet
am Jordan; 34 westwärts führt sie über Asnot-am-
Tabor nach Hukkok. Das Gebiet von Naftali stößt

a Vgl. Anmerkung zu 15,7.
b Zur Lage der in den Versen 21-28 aufgezählten Städte vgl. die Karte zu Jos 15 und 18 auf Seite 280, Bezirke XI und XIa.
c Vermutlich ist Zela-Haëlef als zwei Orte gezählt worden. Wenn man Zela-Haëlef als einen Ort zählt (was sich aus sprachlichen Gründen nahe legt), erhält man als Summe nur 13. Jerusalem liegt genau auf der Grenze zwischen Juda und Benjamin. Es hat eine Sonderstellung und gehört zu keinem Stammesgebiet (vgl. 2 Sam 5,6-9).
d Genannt werden aber 14 Städte; möglicherweise wurde einer der Ortsnamen nachträglich hinzugefügt.
e Der Stamm Simeon geht später völlig in Juda auf.
f Möglicherweise identisch mit *Kitron* in Ri 1,30.
g Nicht zu verwechseln mit dem bekannten Betlehem im Gebiet von Juda (15,59).
h H *Mehebel* (vgl. Ri 1,31)

18,28 15,63 S **19,1-9** 15,20-32; 1 Chr 4,28-33 **19,33** (Elon-Zaanannim = Eiche von Z.) Ri 4,11

im Süden an das Stammesgebiet Sebulon, im Westen an das Stammesgebiet Ascher und im Osten an den Jordan.°

35 Die befestigten Städte in diesem Gebiet waren Ziddim, Zer, Hammat, Rakkat, Kinneret, 36 Adama, Rama, Hazor, 37 Kedesch, Edreï, En-Hazor, 38 Jiron, Migdal-El, Horem, Bet-Anat und Bet-Schemesch – insgesamt neunzehn[a] Städte mit den umliegenden Dörfern.

39 Dieses ganze Gebiet, Städte und Dörfer, fiel den Sippen des Stammes Naftali als Erbbesitz* zu.

Das Gebiet des Stammes Dan

40 Das siebte Los fiel auf den Stamm Dan mit seinen Sippen.

41 Sein Gebiet umfasst die Städte Zora, Eschtaol, Ir-Schemesch, 42 Schaalbim, Ajalon, Jitla, 43 Elon, Timna, Ekron, 44 Elteke, Gibbeton, Baalat, 45 Jehud, Bene-Berak und Gat-Rimmon 46 sowie das Gebiet um Jafo bis zum Jarkonfluss.° 47-48 Alle diese Städte mit ihren Dörfern fielen dem Stamm Dan als Erbbesitz* zu.

Die Leute des Stammes Dan konnten sich jedoch in diesem Gebiet nicht halten und zogen deshalb nach Norden vor die Stadt Lajisch. Sie eroberten sie, erschlugen die Bewohner mit dem Schwert und siedelten sich dort an. Nach dem Namen ihres Stammvaters nannten sie die Stadt Dan.[b]

Abschluss der Landverteilung und Anteil Josuas

49 So wurde die Verteilung des Landes vollendet; jeder Stamm erhielt seinen Erbbesitz.*

Die Stämme Israels gaben auch Josua einen eigenen Besitz im Land. 50 Er hatte sich die Stadt Timnat-Serach[c] im Bergland Efraïm erbeten und der HERR sprach ihm die Stadt und das umliegende Gebiet zu. Josua baute die Stadt wieder auf und ließ sich dort nieder.

51 Der Priester* Eleasar, Josua, der Sohn Nuns, und die Sippenoberhäupter der einzelnen Stämme hatten all die genannten Gebiete unter die Israeliten verteilt. Die Zuteilung erfolgte durch das Los in Gegenwart des HERRN, am Eingang des Heiligen Zeltes* in Schilo*. Nun hatten sie die Verteilung des Landes abgeschlossen.

Asylstädte für Totschläger

20 1-2 Der HERR ließ den Leuten von Israel durch Josua sagen: »Führt jetzt aus, was ich früher durch Mose angeordnet habe: Wählt Städte aus, die als Asyl dienen sollen.[d] 3 Wer unbeabsichtigt, ohne Vorsatz, einen Menschen getötet hat, kann dorthin fliehen; kein Verwandter des Getöteten darf dann noch an ihm Blutrache* üben.

4 Der Totschläger soll in eine dieser Städte gehen und auf dem Gerichtsplatz am Tor seinen Fall den Ältesten* vortragen. Daraufhin nehmen sie ihn in ihre Stadt auf und weisen ihm ein Haus an, in dem er wohnen kann. 5 Wenn ein Verwandter des Getöteten ihn dorthin verfolgt, dürfen die Männer der Stadt ihn nicht ausliefern. Dies gilt aber nur unter der Bedingung, dass er seinen Mitmenschen ohne Vorsatz und nicht aus Hass erschlagen hat.

6 Sein Fall muss in einer Gerichtsverhandlung der Gemeinde entschieden werden, dann darf der Totschläger in der Stadt wohnen, bis der zu jener Zeit amtierende Oberste Priester* gestorben ist. Danach soll er in die Stadt, aus der er geflohen ist, und zu seiner Familie zurückkehren.«

7 Die Männer Israels bestimmten folgende Asylstädte:[e]

auf der Westseite des Jordans Kedesch in Galiläa* im Bergland von Naftali, Sichem im Bergland von Efraïm und Kirjat-Arba – das ist Hebron – im Bergland von Juda,

8 auf der Ostseite des Jordans Bezer im Steppenhochland des Stammes Ruben, Ramot in der Landschaft Gilead* im Gebiet des Stammes Gad und Golan in der Landschaft Baschan* im Gebiet des Stammes Manasse.

9 Diese Städte sollten von nun an allen Israeliten und auch den Fremden*, die bei ihnen lebten, als Zufluchtsorte offen stehen. Jeder, der ohne Vorsatz einen Menschen getötet hatte, sollte hier Schutz finden, wenn ein Verwandter des Getöteten an ihm Blutrache üben wollte. Er durfte nur getötet werden, nachdem er in einem öffentlichen Gerichtsverfahren des Mordes überführt und verurteilt worden war.

Die Städte der Leviten

21 1-2 In Schilo* im Land Kanaan* kamen die Sippenoberhäupter des Stammes Levi zum Priester* Eleasar, zu Josua und zu den Oberhäuptern der Stämme Israels und sagten zu ihnen: »Der HERR hat durch Mose befohlen, uns Städte zu geben, in denen wir wohnen können, und dazu das Weideland ringsum für unser Vieh.« 3 Da traten ihnen die Israeliten von ihrem Erbbesitz* bestimmte Städte und Weideflächen ab, wie der HERR es angeordnet hatte.

4 Bei der Verlosung erhielt zuerst die Gruppe Kehat ihren Anteil, und zwar fielen der Sippe des Priesters Aaron dreizehn Städte im Gebiet der Stämme Juda, Simeon und Benjamin zu; 5 die übrigen Sippen bekamen zehn Städte im Gebiet der Stämme Efraïm, Dan und West-Manasse.

6 Der Gruppe Gerschon fielen dreizehn Städte im Gebietder Stämme Issachar, Ascher, Naftali und Ost-

a Es ist nicht erkennbar, welche Städte mitgezählt sind; die Gesamtzahl in den Versen 33-38 liegt höher.
b Darüber berichtet Ri 18. Der Stamm Dan war dem Druck der Philister gewichen.
c Auch als Timnat-Heres bekannt (siehe Karte Seite 443).
d Vgl. Anmerkung zu Num 35,12.
e Zur Lage siehe Kartenskizze Seite 218.

19,47-48 Ri 18,1.11.27-29 **19,49-50** 24,30; Ri 2,9 **20,1-9** Num 35,9-28S **21,1-42** Num 35,2-8S **21,1** 14,1 **21,2** 18,1S **21,4** Num 3,19.27-32 **21,6** Num 3,18.21-26

Manasse zu, [7] der Gruppe Merari zwölf Städte im Gebiet der Stämme Ruben, Gad und Sebulon.

[8] Diese Städte und das zugehörige Weideland teilten die Israeliten durchs Los den Nachkommen Levis zu, wie der HERR es durch Mose angeordnet hatte.

Städte der Nachkommen Kehats

[9–10] Als erste erhielt die Sippe der Nachkommen Aarons aus der Gruppe Kehat ihre Städte durch das Los zugeteilt. Sie bekam vom Gebiet der Stämme Juda und Simeon die im Folgenden namentlich aufgezählten Städte:

[11] zuerst Hebron im Bergland von Juda mit seinem Weideland, die ehemalige Stadt Arbas,[a] des Stammvaters der Anakiter*. [12] Das Ackerland der Stadt und die Dörfer der Umgebung hatten die Israeliten jedoch schon Kaleb, dem Sohn von Jefunne, als Erbbesitz* gegeben.

[13–16] Hebron war zugleich zur Asylstadt* für Totschläger bestimmt worden. Weiter erhielten die Nachkommen Aarons folgende Städte, jeweils mit dem zugehörigen Weideland: Libna, Jattir, Eschtemoa, Holon, Debir, Aschan,° Jutta und Bet-Schemesch. Das waren neun Städte aus diesen beiden Stämmen.

[17] Dazu kamen aus dem Gebiet des Stammes Benjamin die vier Städte Gibeon, Geba, [18] Anatot und Alemet.

[19] Die Nachkommen des Priesters Aaron hatten damit insgesamt dreizehn Städte mit zugehörigem Weideland erhalten.

[20–22] Die übrigen Sippen der Levitengruppe* Kehat bekamen vier Städte vom Gebiet des Stammes Efraïm: Sichem im Bergland von Efraïm, zugleich eine Asylstadt für Totschläger, Geser, Kibzajim und Bet-Horon, [23–24] außerdem vom Gebiet des Stammes Dan die vier Städte Elteke, Gibbeton, Ajalon und Gat-Rimmon [25] und vom Gebiet des Stammes West-Manasse die beiden Städte Taanach und Jibleam.° [26] Das macht insgesamt zehn Städte mit zugehörigem Weideland.

Städte der Nachkommen Gerschons

[27] Die Leviten* aus der Gruppe Gerschon bekamen zwei Städte vom Gebiet des Stammes Ost-Manasse: Golan in der Landschaft Baschan, zugleich eine Asylstadt* für Totschläger, und Aschtarot, [28–29] dazu vom Gebiet des Stammes Issachar die vier Städte Kischjon, Daberat, Jarmut und En-Gannim [30–31] und vom Gebiet des Stammes Ascher die vier Städte Mischal, Abdon, Helkat und Rehob, [32] außerdem drei Städte im Gebiet des Stammes Naftali: Kedesch in Galiläa*, eine Asylstadt für Totschläger, Hammot-Dor und Kartan. [33] Das macht insgesamt dreizehn Städte mit zugehörigem Weideland.

Städte der Nachkommen Meraris

[34–35] Die übrigen Leviten*, die Sippen der Gruppe Merari, bekamen vom Gebiet des Stammes Sebulon die vier Städte Jokneam, Karta, Rimmon° und Nahalal, [36–37] dazu östlich des Jordans vom Gebiet des Stammes Ruben die vier Städte Bezer im Steppenhochland, zugleich eine Asylstadt* für Totschläger, Jahaz, Kedemot und Mefaat [38–39] und vom Gebiet des Stammes Gad die vier Städte Ramot in Gilead*, eine Asylstadt für Totschläger, Mahanajim, Heschbon und Jaser. [40] Das macht insgesamt zwölf Städte mit zugehörigem Weideland.

[41–42] Alles in allem bekamen die Nachkommen Levis mitten im Gebiet der Israeliten achtundvierzig Städte mit ihren Weidegebieten.

Gott hat sein Versprechen gehalten

[43] Der HERR gab den Israeliten das ganze Land, das er ihren Vorfahren mit einem Eid zugesagt hatte. Sie nahmen es in Besitz und besiedelten es.

[44] Der HERR verschaffte ihnen Ruhe und Frieden an allen Grenzen, wie er es ihren Vorfahren versprochen hatte. Niemand konnte sich gegen sie behaupten; alle Feinde gab er in ihre Hand.

[45] So hatte der HERR nun alle seine Zusagen erfüllt; nichts war ausgeblieben von all dem Guten, das er seinem Volk Israel versprochen hatte. Es war alles eingetroffen.[b]

Josua entlässt die Männer der östlichen Stämme

22 Josua rief die Männer der Stämme Ruben, Gad und Ost-Manasse zusammen [2] und sagte zu ihnen: »Ihr habt alles getan, was Mose, der Diener des HERRN, euch befohlen hatte, und habt stets meinen Anweisungen gehorcht. [3] Die ganze Zeit über habt ihr eure Brüder, die übrigen Israeliten, nicht im Stich gelassen und habt sorgfältig darauf geachtet, die Gebote des HERRN, eures Gottes, zu befolgen. [4] Jetzt aber hat der HERR euren Brüdern Ruhe und Frieden verschafft, wie er es versprochen hatte, und ihr dürft heimziehen in das Land, das Mose, der Diener des HERRN, euch auf der anderen Seite des Jordans gegeben hat. [5] Aber vergesst nie, was Mose euch eingeschärft hat, als er sagte: ›Ihr sollt den HERRN, euren Gott, lieben, auf seinen Wegen gehen, seine Gebote befolgen, ihm Treue halten und ihm dienen mit ganzem Herzen und allen euren Kräften.‹«

[6] Josua segnete sie zum Abschied und ließ sie nach Hause ziehen. [7] Der einen Hälfte des Stammes Manasse hatte Mose östlich des Jordans in der Landschaft Baschan* Landbesitz gegeben, die andere Hälfte hatte ihren Anteil zusammen mit den übrigen

a *Stadt Arbas:* hebräisch *Kirjat-Arba;* vgl. 15,13-14.
b Nicht nur die Zusagen an Josua (1,5) oder Mose (Ex 23,27-28) sind damit in Erfüllung gegangen, sondern zugleich die Landzusage, die schon Abraham erhalten hatte (Gen 12,7 und Vergleichsstellen dazu). Das Buch Josua erweist sich somit einerseits als Abschluss der fünf Mosebücher; andererseits eröffnet es die Geschichte Israels in seinem eigenen Land, von der die folgenden Bücher handeln.

21,7 Num 3,20.33-37 **21,43** Gen 12,7S **21,44** 1,5; Hebr 4,8-11 **21,45** 23,14 **22,1-6** 1,12-15S **22,5** Dtn 6,4-5S **22,7** 13,29-31S; 17,1-13

a Die Bezeichnung ist nicht eindeutig. Zur Wortbedeutung vgl. Anmerkung zu 15,7, wo die Angabe in einem anderen geographischen Zusammenhang steht.

b Der Altarbau ist ein Kriegsgrund, weil es nach Dtn 12,10-11 nur ein einziges Heiligtum für alle Israeliten geben soll. Nach Vers 9 ist dies zu jener Zeit Schilo (vgl. Ri 18,31 mit Vergleichsstellen).

Stämmen westlich des Jordans durch Josua bekom-
men. Josua entließ die Männer von Ost-Manasse
mit einem Segenswunsch nach Hause 8 und sagte
noch zu ihnen: »Ihr kehrt reich beladen nach Hause
zurück, mit Silber, Gold, Bronze, Eisen, mit vielen
Kleidern und einer Menge Vieh. Teilt die Beute
mit euren Stammesbrüdern!«

Der Altar am Jordan führt zum Konflikt

9 Die Männer der Stämme Ruben, Gad und Ost-
Manasse zogen nun von den übrigen Israeliten weg.
Von Schilo im Land Kanaan* brachen sie auf, um
ins Land Gilead* zu ziehen. Dort lag der Landanteil,
den der HERR ihnen durch Mose zugesprochen hatte
und in dem sie sich schon früher angesiedelt hatten.
10 Als sie zu den Gelilot[a] in der Jordanebene
kamen, bauten sie direkt am Fluss einen großen
Altar, noch auf dieser Seite des Jordans im Land
Kanaan. 11 Bei den anderen Israeliten sprach es sich
herum: »Die Männer von Ruben, Gad und Ost-
Manasse haben bei den Gelilot am Jordan einen
Altar gebaut, jenseits der Grenze des Landes Kanaan,
nicht mehr im Gebiet Israels!«
12 Da kamen alle Männer Israels in Schilo* zusam-
men, um gegen die Oststämme in den Kampf zu zie-
hen.[b] 13 Sie schickten eine Gesandtschaft zu den
Männern von Ruben, Gad und Ost-Manasse nach
Gilead: Pinhas, den Sohn des Priesters* Eleasar,
14 und dazu die zehn Oberhäupter der westlichen
Stämme Israels, lauter Sippenälteste. 15-16 Sie kamen
dorthin und fragten im Namen der ganzen Gemein-
de des HERRN:
»Warum habt ihr dem Gott Israels die Treue
gebrochen und euch von ihm abgewandt? Ihr habt
einen Altar gebaut; damit habt ihr ihm den Rücken
gekehrt! 17 Reicht die Schuld noch nicht, die wir bei
Pegor auf uns geladen haben und die bis heute auf
uns liegt? Ihr wisst, dass der HERR deswegen die gan-
ze Gemeinde gestraft hat. 18 Und trotzdem wendet
ihr euch jetzt von ihm ab! Seht ihr nicht, wie das aus-
gehen wird? Heute lehnt ihr euch gegen den HERRN
auf und morgen wird sein Zorn die ganze Gemeinde
Israel treffen. 19 Wenn ihr aber meint, dass euer Land
unrein* ist, dann kommt herüber zu uns in das Land
des HERRN, wo er seine Wohnung aufgeschlagen hat.
Siedelt euch doch bei uns an! Aber baut auf keinen
Fall einen zweiten Altar neben dem Altar des HERRN,
unseres Gottes! Damit lehnt ihr euch gegen den
HERRN auf und zieht uns in eure Auflehnung mit hi-
nein.° 20 Denkt an Achan, den Sohn Serachs, der sich
an der Beute vergriff, die der HERR zur Vernichtung
bestimmt hatte. Er war nur ein einzelner Mann und
doch wurde die ganze Gemeinde Israel dafür be-
straft. Hat sein Vergehen ihn nicht das Leben ge-
kostet?«

Versöhnung zwischen Ost- und Weststämmen

21 Die Männer von Ruben, Gad und Ost-Manasse
antworteten den zehn Stammesoberhäuptern:
22-23 »Gott, der Mächtige, der HERR – Gott, der Mäch-
tige, der HERR –, er weiß es und ganz Israel soll es
ebenfalls wissen: Uns trifft keine Schuld. Wenn
wir diesen Altar gebaut haben, um uns vom HERRN
abzuwenden und ihm die Treue zu brechen, dann
soll der HERR uns heute nicht beistehen. Er selbst soll
den Fall untersuchen.
Wir hatten nie die Absicht, auf dem Altar irgend-
welche Opfer darzubringen. 24 Vielmehr hatten wir
Sorge, dass in Zukunft eure Nachkommen zu unse-
ren Nachkommen sagen könnten: ›Was verbindet
denn euch mit dem HERRN, dem Gott Israels? 25 Er
hat doch zwischen euch und uns den Jordan als
Grenze gesetzt! Also gehört ihr nicht zum Volk des
HERRN!‹ So könnten dann eure Nachkommen die
unseren daran hindern, dem HERRN unsere Opfer*
zu bringen.
26 Deshalb haben wir diesen Altar gebaut – nicht
für Brand- oder Mahlopfer, 27 sondern als ein Zei-
chen, das zwischen uns und euch und zwischen
unseren und euren Nachkommen aufgerichtet ist.
Es soll bezeugen, dass wir tatsächlich das Recht
haben, zum Heiligtum des HERRN zu kommen und
ihm Brandopfer, Mahlopfer und andere Opfer dar-
zubringen. Eure Nachkommen sollen nicht zu den
unseren sagen dürfen, sie gehörten nicht zur
Gemeinde des HERRN. 28 Wenn es aber je so weit
käme, sollten unsere Nachkommen sagen können:
›Seht diesen Altar! Unsere Vorfahren haben ihn
genau nach dem Vorbild des Altars am Heiligtum
des HERRN gebaut – nicht um Brand- oder Mahlopfer
darzubringen, sondern als Zeichen, das unsere Zuge-
hörigkeit zum HERRN bezeugt.‹
29 Wir denken nicht entfernt daran, uns vom
HERRN abzuwenden und neben dem Altar vor der
Wohnung des HERRN, unseres Gottes, noch einen
weiteren Altar zu bauen, auf dem Opfer dargebracht
werden.«
30 Der Priester* Pinhas und die Abgeordneten der
Gemeinde, die Oberhäupter der Stämme, ließen gel-
ten, was die Männer der Stämme Ruben, Gad und
Ost-Manasse zu ihrer Verteidigung vorbrachten.
31 Pinhas sagte: »Jetzt erkennen wir, dass der HERR
in unserer Mitte ist und sich nicht von uns abge-
wandt hat. Ihr habt euch mit dem Bau dieses Altars
nicht gegen den HERRN aufgelehnt und so habt ihr
die Israeliten vor der Strafe des HERRN bewahrt.«
32 Dann kehrten Pinhas und die übrigen Abgesand-
ten ins Land Kanaan* zurück und berichteten alles
den Israeliten. 33 Diese billigten das Verhalten der

22,10 15,7; 18,17 **22,12** 18,1S **22,13** Num 25,7 **22,15-16** Lev 17,8-9; Dtn 12,13-14 **22,17** Num 25,1-9 **22,19** Ex 25,8 **22,20** 7,1-26 **22,27-28** 24,27; Jes 19,19-20 **22,29** Dtn 12,4-7

Männer von Ruben und Gad und priesen Gott. Sie sahen jetzt keinen Anlass mehr, gegen sie in den Kampf zu ziehen und ihr Land zu verwüsten. 34 Die Leute von Ruben und Gad aber gaben dem Altar einen Namen und erklärten: »Er ist ein Zeichen zwischen uns, das bezeugt, dass der *HERR* unser Gott ist.«

JOSUA VERPFLICHTET DAS VOLK ZUR TREUE GEGEN GOTT
(Kapitel 23–24)

Josuas Abschiedsrede

23 Seit der HERR dem Volk Israel Ruhe vor allen seinen Feinden verschafft hatte, waren viele Jahre vergangen. Josua war inzwischen sehr alt geworden. 2 Deshalb rief er die Vertreter des ganzen Volkes zusammen, die Ältesten*, die Oberhäupter, die Richter und Aufseher*, und sagte zu ihnen:

»Ich bin nun sehr alt und habe nicht mehr lange zu leben. 3 Ihr habt mit eigenen Augen gesehen, wie der HERR, euer Gott, die Völker dieses Landes besiegt hat; denn er war es, der für euch kämpfte. 4 Ich habe das ganze Land vom Jordan bis zum Mittelmeer durchs Los unter eure Stämme verteilt, auch das Gebiet der Völker, die noch nicht unterworfen sind. 5 Der HERR, euer Gott, wird sie vor euch aus dem Land treiben, und ihr werdet ihr Land in Besitz nehmen, wie er es euch versprochen hat.

6 Lasst euch künftig durch nichts davon abbringen, alles zu befolgen, was im Gesetzbuch Moses aufgeschrieben ist. Richtet euch genau danach und weicht nicht vom geraden Weg ab. 7 Haltet euch getrennt von den fremden Völkern, die noch neben euch im Land leben. Sprecht die Namen ihrer Götter nicht aus, schwört nicht bei ihnen. Bringt ihnen keine Opfer* und betet sie nicht an. 8 Haltet dem HERRN, eurem Gott, die Treue, so wie ihr es bisher getan habt.

9 Ihr habt erlebt, wie der HERR große und starke Völker vor euch vertrieben hat; bis heute hat niemand euch standhalten können. 10 Ein Einziger von euch hat tausend Feinde vor sich hergejagt; denn der HERR, euer Gott, kämpfte für euch, wie er es versprochen hatte. 11 Auch in Zukunft hängt euer Leben davon ab, dass ihr allein den HERRN, euren Gott, liebt. 12 Wenn ihr euch von ihm abwendet und euch den Völkern zuwendet, die in eurem Land leben, wenn ihr euch mit ihnen verschwägert und vermischt, 13 dann wird der HERR, euer Gott, diese Völker auch nicht mehr vor euch vertreiben. Das lasst euch gesagt sein! Sie werden dann für euch so gefährlich wie eine Schlinge oder Falle und so schmerzhaft wie Dornen im Auge oder Stachelpeitschen, mit denen man Ochsen antreibt. Zuletzt werdet ihr dann zugrunde gehen und müsst fort aus dem guten Land, das euch der HERR, euer Gott, gegeben hat.

14 Ihr seht, meine Zeit ist abgelaufen. Macht es euch klar und nehmt es zu Herzen: Der HERR, euer Gott, hat alle seine Zusagen erfüllt; nichts ist ausgeblieben von all dem Guten, das er euch versprochen hatte; alles ist eingetroffen. 15 Aber genauso, wie all das Gute eingetroffen ist, das der HERR euch zugesagt hatte, wird auch das Böse eintreffen, das er euch angedroht hat, bis er euch vernichtet und aus dem guten Land weggeschafft hat, das er euch gab. 16 Der HERR, euer Gott, hat einen Bund* mit euch geschlossen und erwartet von euch, dass ihr diesem Bund treu bleibt. Wenn ihr euch anderen Göttern zuwendet und sie anbetet, wird euch sein brennender Zorn treffen, und ihr werdet sehr schnell aus dem guten Land verschwunden sein, das er euch gegeben hat.«

Josua erinnert die Israeliten in Sichem an Gottes Taten

24 Josua rief alle Stämme Israels zu einer Versammlung nach Sichem.[a] Er ließ alle Ältesten*, Oberhäupter, Richter und Aufseher* kommen und sie stellten sich vor Gott auf. 2 Dann sagte Josua zum ganzen Volk:

»So spricht der HERR, der Gott Israels: ›Vor langer Zeit wohnten eure Vorfahren auf der anderen Seite des Eufratstromes und verehrten fremde Götter. Das ging so bis zu Terach, dem Vater Abrahams und Nahors. 3 Aber dann holte ich euren Stammvater Abraham aus dem Land jenseits des Eufrats und ließ ihn im ganzen Land Kanaan* umherziehen. Ich gab ihm Nachkommen durch seinen Sohn Isaak. 4 Diesem gab ich zwei Söhne, Jakob und Esau. Esau wies ich das Bergland Seïr* als Besitz an; Jakob und seine Söhne wanderten nach Ägypten aus.

5–6 Zu den Nachkommen Jakobs, euren Vorfahren, schickte ich Mose und Aaron und ließ über Ägypten schweres Unheil kommen. Ich führte eure Vorfahren aus Ägypten heraus und brachte sie bis ans Schilfmeer*. Als die Ägypter mit ihren Streitwagen* hinter ihnen herjagten, 7 schrien sie in ihrer Not zu mir um Hilfe. Da ließ ich zwischen ihnen und den Ägyptern eine undurchdringliche Finsternis entstehen, und dann ließ ich die Wellen des Meeres über den Ägyptern zusammenschlagen, sodass sie ertranken. Ihr wisst alle genau, wie die Ägypter meine Macht zu spüren bekamen.

Dann seid ihr lange Zeit in der Wüste geblieben, 8 bis ich euch in das Land der Amoriter* östlich des Jordans brachte. Sie leisteten euch Widerstand, aber

a An diesem Ort mit seiner zentralen Lage, im Tal zwischen den Bergen Ebal und Garizim, befand sich ein altes Heiligtum mit einem berühmten heiligen Baum (Vers 26; Gen 12,6; 33,18-20; 35,4). In der Nähe dieses Heiligtums spielt sich auch das in 8,30-35 berichtete Geschehen ab.

23,1 21,44; 13,1 **23,5** Ex 23,27-31 **23,6** Dtn 29,20 S; Jos 1,8; 24,26 **23,10** Lev 26,8 **23,11** Dtn 6,4-5 S **23,12-13** Ex 23,32-33; 34,12.15-16; Num 33,55-56; Dtn 4,26; 8,19 **23,14** 21,45 **23,15-16** Dtn 28,15-68 **24,2** Gen 11,26; 31,19; 35,2-4 **24,3** Gen 12,1-9; 21,1-3 **24,4** Gen 25,24-26; 36,8; 46,1-7 **24,5-7** Ex 3,1–12,42; 14,1-31 **24,8** Num 21,21-35

ich gab sie in eure Hand und ihr konntet ihr Land in
Besitz nehmen. Ich selbst vernichtete sie vor euch.
9 Auch Balak, der Sohn Zippors, der König der Moa-
biter*, stellte sich euch in den Weg. Er ließ Bileam
holen, den Sohn Beors, damit er euch verfluchen
sollte. 10 Aber ich erhörte Bileams Gebet nicht. Gegen
seinen Willen musste er euch segnen und so rettete
ich euch vor seinen Anschlägen.
11 Dann habt ihr den Jordan überschritten und seid
bis vor Jericho gekommen. Auch die Einwohner Jeri-
chos kämpften gegen euch, aber ich gab sie in eure
Hand und ebenso alle anderen Einwohner des Lan-
des, die Amoriter, Perisiter, Kanaaniter*, Hetiter*,
Girgaschiter, Hiwiter und Jebusiter. 12 Ich sandte
einen gewaltigen Schrecken[a] vor euch her, der ver-
trieb sie vor euch, genau wie zuvor die beiden Amo-
riterkönige auf der anderen Seite des Jordans. Mir
habt ihr das zu verdanken und nicht eurem Schwert
und eurem Kriegsbogen!
13 Dann gab ich euch dieses Land, um das ihr euch
nicht gemüht habt, und seine Städte, die ihr nicht
gebaut habt. Ihr wohnt darin und esst Trauben von
Weinstöcken und Oliven von Bäumen, die ihr nicht
gepflanzt habt.‹«

Josua stellt das Volk vor die Entscheidung

14 »Darum nehmt nun den HERRN ernst und ehrt ihn«,
fuhr Josua fort, »dient ihm mit ganzer Treue! Trennt
euch von den Göttern, die eure Vorfahren jenseits
des Eufrats und in Ägypten[b] verehrt haben, und
dient dem HERRN! 15 Wenn ihr dazu nicht bereit seid,
dann entscheidet euch heute, wem sonst ihr dienen
wollt: den Göttern, die eure Vorfahren im Land jen-
seits des Eufrats verehrt haben, oder den Göttern der
Amoriter*, in deren Land ihr jetzt lebt. Ich und
meine ganze Hausgemeinschaft sind entschlossen,
dem HERRN zu dienen.«
16 Das Volk antwortete: »Wie kämen wir dazu, den
HERRN zu verlassen und anderen Göttern zu dienen?
17 Der HERR, unser Gott, hat unsere Väter aus der Skla-
verei in Ägypten herausgeführt, und wir kennen all die
Staunen erregenden Wundertaten, die er dabei voll-
bracht hat. Auf dem ganzen Weg hierher, quer durch
das Gebiet fremder Völker, hat er uns beschützt. 18 Vor
uns her hat er alle Völker vertrieben, auch die Amori-
ter, die früher hier wohnten. Darum wollen wir dem
HERRN dienen; er allein ist unser Gott!«

a Andere Deutung mit den alten Übersetzungen: *Ich sandte Hornissen.*
b Über einen Götzendienst der Israeliten in Ägypten wird sonst nirgends berichtet (vgl. aber Ez 23,3). *Jenseits des Eufrats* denkt an Gen 11,27–12,2.

Gott hat die Israeliten in ein schönes und fruchtbares Land gebracht. Ihm allein haben sie dies zu verdanken, nicht ihrer eigenen Kraft und Klugheit. »Darum nehmt nun den Herrn ernst«, mahnt Josua, »dient ihm mit ganzer Treue!« (24,14) Im Bild Terrassenfelder an einem Abhang südlich von Betanien.

24,9-10 Num 22,1–24,19 **24,11** 3,1-17; 6,1-21 **24,12** Ex 23,28 S; Jos 23,9-10 **24,13** Dtn 6,10-11 **24,14** Gen 31,19; 35,2.4; Ez 20,7; 23,3 **24,18** Dtn 6,4

19 Aber Josua sagte zu ihnen: »Stellt euch das nicht
so leicht vor, dem HERRN zu dienen; denn er ist ein
Gott, der durch und durch heilig* ist, ein Gott, der
leidenschaftlich liebt und von euch ungeteilte Liebe
erwartet. Er wird es euch nicht verzeihen, wenn ihr
ihm nicht treu bleibt. 20 Wenn ihr ihn verlasst und
anderen Göttern folgt, werdet ihr ihn ganz anders
kennen lernen: Er wird euch nicht mehr Gutes
erweisen wie bisher, sondern Böses, und wird euch
völlig vernichten.«
21 Aber das Volk antwortete: »Doch! Wir wollen
dem HERRN dienen!«
22 Da sagte Josua: »Ihr seid Zeugen gegen euch
selbst, dass ihr euch für den HERRN entschieden habt
und ihm dienen wollt.«
»So ist es!«, sagten sie.
23 »Dann schafft die fremden Götter fort, die ihr
noch bei euch habt!«, sagte Josua. »Wendet euch
mit ganzem Herzen zum HERRN, dem Gott Israels!«
24 Das Volk antwortete: »Wir wollen dem HERRN,
unserem Gott, dienen und auf seine Weisungen
hören.«
25 So verpflichtete Josua an diesem Tag in Sichem
die Israeliten zum Gehorsam gegen den HERRN[a]
und legte ihnen die Gebote und Rechtsordnungen
vor, nach denen sie leben sollten. 26 Er schrieb alles
in das Gesetzbuch Gottes. Dann nahm er einen gro-
ßen Stein und stellte ihn dort unter der Eiche* beim
Heiligtum des HERRN auf.
27 »Seht diesen Stein!«, sagte er zum Volk. »Er
steht da als Zeuge gegen uns; denn er hat alles
gehört, was der HERR heute zu uns gesprochen hat.
Er soll euch an alles erinnern, damit ihr eurem Gott
nicht untreu werdet.«
28 Josua entließ das Volk und jeder kehrte auf sei-
nen Erbbesitz* zurück.

Josuas Tod

29 Einige Zeit danach starb Josua, der Sohn Nuns,
der Diener und Bevollmächtigte* des HERRN. Er
war 110 Jahre alt geworden. 30 Sie bestatteten ihn
auf seinem Erbbesitz* in Timnat-Serach, das nörd-
lich des Berges Gaasch im Bergland von Efraïm liegt.
Die Israeliten blieben auch nach Josuas Tod dem
HERRN treu, solange noch die Ältesten* lebten, die
alles miterlebt hatten, was der HERR für Israel getan
hatte.
32 Die Gebeine Josefs, die die Israeliten aus Ägyp-
ten mitgebracht hatten, bestatteten sie in Sichem
auf dem Stück Land, das Jakob von den Söhnen
Hamors, des Vaters von Sichem, für 100 große Silber-
stücke gekauft hatte und das zum Erbbesitz der
Josefsstämme zählt.
33 Auch Aarons Sohn Eleasar starb, und er wurde
bestattet in Gibea, einer Stadt im Bergland von
Efraïm,[b] die seinem Sohn Pinhas als Wohnsitz zuge-
teilt worden war.

a Josua erneuert den Bund, der am Sinai geschlossen wurde. Seine Worte in Vers 19 nehmen darum nicht zufällig den Anfang der Zehn Gebote auf (Ex 20,2-5). Die Verlockung zum Götzendienst, die von den im Land verbliebenen Kanaanitern (vgl. Ri 1,19-35) ausgeht, fordert eine klare Entscheidung gegen die fremden Götter und eine feste Bindung an den HERRN.
b Zu unterscheiden von Gibea im Gebiet von Benjamin (Ri 19,14; 1 Sam 11,4), das allein auf der Karte Seite 443 zu finden ist.

24,19 Ex 20,5S; Lev 19,1S; Jos 23,15-16; Am 3,2 **24,21** Ex 24,3.7 **24,25** Ex 24,1-8 **24,26** Dtn 29,20S; Jos 1,8S; Gen 31,45; 12,6; 35,4 **24,27** 22,28.34; Gen 31,48.52 **24,29-31** Ri 2,7-9 **24,30** 19,49-50 **24,32** Gen 50,25S; 33,19 **24,33** 14,1; 17,4; 19,51; 21,1; Num 32,28; 34,17

RICHTER

Bevor die Israeliten sich unter einem König zusammenschlossen, lebten die Stämme in lockerer Verbindung nebeneinander im Land. Eine gewisse übergreifende Autorität besaßen die Richter, von denen dieses Buch berichtet. Man unterscheidet zwischen den »kleinen« Richtern, die Streitfälle schlichteten, und den »großen« Richtern, die in Notzeiten als von Gott berufene Retter auftraten, um das Land von eindringenden Feinden zu befreien. Eine Sonderstellung nimmt der volkstümliche Held Simson ein, der als Einzelner gegen die Philister kämpft.

Das Richterbuch schildert, wie das Volk immer dann von Feinden bedrängt wird, wenn es sich von seinem Gott abgewandt und fremden Göttern zugewandt hat. So lehrt dieses Buch: Das Geschick Israels entscheidet sich an der Treue gegenüber seinem Gott.

Inhaltsübersicht

VORBLICK AUF DIE ZEIT DER RICHTER (1,1–3,6)

Die Stämme Juda und Simeon erobern ihr Gebiet

1 Nachdem Josua gestorben war, fragten die Israeliten den HERRN:[a] »Welcher Stamm soll als erster in das Land hinaufziehen und die Kanaaniter angreifen?«

2 Der HERR antwortete: »Der Stamm Juda! Ich gebe das Land in seine Gewalt.«

3 Da sagten die Männer des Stammes Juda zu den Männern ihres Bruderstammes Simeon: »Kommt mit! Helft uns kämpfen und unseren Anteil am Land erobern. Dann werden wir euch anschließend auch helfen, euren Anteil in Besitz zu nehmen.« So schloss sich der Stamm Simeon dem Stamm Juda an.

4–5 Die Männer von Juda zogen also ins Bergland hinauf und der HERR gab die Kanaaniter* und die Perisiter in ihre Hand. Bei der Stadt Besek[b] schlugen sie ein Heer von 10000 Mann.

Sie trafen auch auf ihren König Adoni-Besek und kämpften gegen ihn. 6 Er ergriff die Flucht, aber sie jagten ihm nach und nahmen ihn gefangen. Sie hackten ihm die Daumen und die großen Zehen ab. 7 Da sagte er: »Siebzig Königen ließ ich die Daumen und Zehen abhacken und sie mussten sich von den Resten nähren, die von meinem Tisch fielen. Jetzt hat Gott mir dasselbe Schicksal bereitet.« Sie brachten ihn nach Jerusalem, wo er starb.

8 Die Männer von Juda griffen auch Jerusalem an und eroberten es. Sie töteten die Bewohner und steckten die Stadt in Brand.

9 Dann wandten sie sich gegen die Kanaaniter, die das Bergland im Süden und die anschließende Steppe sowie das westlich vorgelagerte Hügelland bewohnten. 10 Sie kämpften gegen die kanaanitischen Bewohner der Stadt Hebron, die früher Kirjat-Arba hieß, und besiegten Scheschai, Ahiman und Talmai. 11 Von dort zogen sie vor die Stadt Debir, die früher Kirjat-Sefer hieß.

12 Kaleb sagte: »Wer Kirjat-Sefer erobert, dem gebe ich meine Tochter Achsa zur Frau.« 13 Da eroberte Kalebs jüngerer Bruder Otniël, ein Sohn von Kenas, die Stadt und erhielt die Tochter Kalebs zur Frau. 14 Am Hochzeitstag veranlasste Otniël seine Frau,° ihren Vater um Ackerland zu bitten. Sie stieg von ihrem Esel und Kaleb fragte sie: »Was möchtest du?« 15 Sie antwortete: »Gib mir als Zeichen, dass dein Segen mich begleitet, ein Geschenk. Du hast mich in das regenarme Südland verheiratet; gib mir wenigstens ein paar Quellen!« Da gab ihr Kaleb die oberen und unteren Teichanlagen bei Hebron.

a Die Befragung Gottes geschah in der frühen Zeit durch die heiligen Lose, vgl. Sacherklärung »Orakel«.
b Der einzige bekannte Ort dieses Namens lag nordwestlich von Samaria; vgl. 1 Sam 11,8. Man hat aufgrund von Gen 34 und 49,5-7 vermutet, dass der Stamm Simeon zunächst im Mittelteil Kanaans (um Sichem) eingedrungen ist.

1,1-2 18,5; 20,18.22-23.27-28; 1 Kön 22,5 S **1,8** Jos 15,63 S **1,10-15** Jos 15,13-19

[16] Die Keniter*, die Stammesbrüder von Moses Schwiegervater, waren mit den Männern des Stammes Juda von der Palmenstadt[a] aus aufgebrochen. Sie zogen in die Wüste südlich von Arad und ließen sich dort nieder. Auch die Amalekiter kamen dorthin und wohnten bei ihnen.°

[17] Die Männer der Stämme Juda und Simeon zogen weiter und besiegten die kanaanitischen Bewohner der Stadt Zefat. Sie vollstreckten an ihnen den Bann* und gaben der Stadt den Namen Horma (Bann).

[18] Die Männer von Juda konnten die Städte Gaza, Aschkelon und Ekron mit dem dazugehörigen Gebiet nicht erobern.° [19] Weil der HERR ihnen beistand, konnten sie das Bergland in Besitz nehmen, aber die Bewohner der Küstenebene konnten sie nicht unterwerfen, weil sie eiserne Streitwagen* hatten.

[20] Die Stadt Hebron wurde Kaleb zugesprochen, wie es Mose angeordnet hatte, und Kaleb vertrieb daraus die drei Anakssöhne* samt ihren Sippen.

[21] In Jerusalem lebten die Jebusiter, und die Männer von Benjamin konnten sie nicht daraus vertreiben.[b] Darum leben die Jebusiter dort bis heute neben den Leuten von Benjamin.

Die Nordstämme erobern ihr Gebiet

[22] Nun zogen auch die Männer der Josefsstämme Efraïm und Manasse ins Bergland hinauf, um die Stadt Bet-El zu erobern, und der HERR stand ihnen bei. [23] Sie schickten Leute aus, um Bet-El auszukundschaften; es hieß übrigens früher Lus. [24] Diese sahen einen Mann, der gerade aus der Stadt kam, zu dem sagten sie: »Zeig uns, wo wir in die Stadt eindringen können, dann werden wir dich verschonen.« [25] Er zeigte ihnen die schwächste Stelle der Stadtbefestigung und die Männer der Josefsstämme eroberten die Stadt. Sie erschlugen die Bewohner mit dem Schwert, aber diesen Mann und seine ganze Familie ließen sie am Leben. [26] Er zog ins Land der Hetiter* und gründete eine Stadt, der er den Namen Lus gab. So heißt sie bis heute.

[27] Der Stamm Manasse konnte jedoch die Bewohner der Städte Bet-Schean, Taanach, Dor, Jibleam und Megiddo sowie der dazugehörigen Ortschaften nicht vertreiben. So blieben die Kanaaniter* in dieser Gegend wohnen. [28] Als die Israeliten stärker wurden, zwangen sie die Kanaaniter zur Fronarbeit*, trieben sie aber nicht aus dem Land.

[29] Der Stamm Efraïm konnte die Kanaaniter nicht aus der Stadt Geser vertreiben; darum wohnen sie dort noch heute mitten in seinem Gebiet.

[30] Der Stamm Sebulon konnte die Kanaaniter nicht aus Kitron und Nahalal vertreiben; sie blieben dort wohnen und wurden später zur Fronarbeit gezwungen.

[31] Der Stamm Ascher konnte die Bewohner von Akko und Sidon nicht vertreiben, auch nicht die Leute von Mahaleb, Achsib, Helba, Afek und Rehob. [32] Darum leben die Leute von Ascher noch jetzt mitten unter den Kanaanitern, den früheren Landesbewohnern; sie haben sie nicht aus dem Land vertrieben.

[33] Der Stamm Naftali konnte die Bewohner von Bet-Schemesch und Bet-Anat nicht vertreiben und lebt deshalb in seinem Stammesgebiet mit den Kanaanitern, den früheren Landesbewohnern, zusammen; sie müssen ihm jedoch Frondienste leisten.

[34] Als die Männer des Stammes Dan in die Ebene vordringen wollten, wurden sie von den Amoritern* in das Bergland zurückgetrieben. [35] So konnten die Amoriter sich in Har-Heres, Ajalon und Schaalbim behaupten; aber später wurden sie von den Josefsstämmen besiegt und mussten ihnen Frondienste leisten.

[36] Das Gebiet der Amoriter stößt an das der Edomiter*. Die Grenze° verläuft von der Skorpionensteige nach Sela und dann weiter in dieser Richtung.

Israel muss das Land mit den Kanaanitern teilen

2 Der Engel* des HERRN kam von Gilgal nach Bochim herauf und sagte zu dem versammelten Volk Israel: »Ich habe euch aus Ägypten herausgeführt und euch in das Land gebracht, das ich euren Vorfahren mit einem Eid zugesagt hatte. Und ich habe zu euch gesagt: ›Ich werde für alle Zeiten zu dem Bund* stehen, den ich mit euch geschlossen habe; [2] ihr aber dürft auf keinen Fall einen Bund mit den Bewohnern dieses Landes schließen. Ihr müsst die Altäre ihrer Götter niederreißen.‹ Doch ihr habt mir nicht gehorcht. Wie konntet ihr das tun? [3] Darum erkläre ich jetzt: Ich werde die Bewohner des Landes nicht vor euch vertreiben, sondern sie sollen euch zur Falle werden. Ihr werdet ständig in Versuchung stehen, ihre Götter zu verehren, und das wird euch ins Verderben stürzen.«

[4] Alle Leute von Israel hörten diese Worte und sie begannen zu weinen. [5] Darum erhielt der Ort den Namen Bochim (die Weinenden).[c] Dort brachten die Leute von Israel dem HERRN Opfer* dar.

Der Ungehorsam des Volkes nach Josuas Tod

[6] Als Josua die Versammlung bei Sichem aufgelöst hatte, gingen alle Israeliten in die ihnen zugeteilten Gebiete, um sie in Besitz zu nehmen. [7] Sie gehorchten dem HERRN, solange Josua lebte, und auch weiterhin, solange noch die Ältesten* des Volkes lebten,

a Vermutlich handelt es sich nicht um Jericho, sondern um Tamar am Südende des Toten Meeres.
b Jerusalem lag auf der Grenze zwischen den Stammesgebieten von Juda und Benjamin; vgl. Vers 8. Zur Eroberung der befestigten Stadt kam es erst unter David; vgl. 2 Sam 5,6-9.
c Die Lage des Ortes ist unbekannt; viele Ausleger sehen einen Zusammenhang mit der »Klageeiche« beim Heiligtum von Bet-El (Gen 35,8).

1,16 Num 24,21-21 S; Ex 2,16-22; Ri 4,11; Num 10,29-32 **1,17** Dtn 7,1-4 S **1,19** Jos 17,16 S **1,20** Jos 15,13-14; Num 14,24 **1,21** Jos 15,63 S **1,27-28** Jos 17,11-13 **1,29** Jos 16,10 **1,34** Jos 19,47-48; Ri 18,1 **1,36** (Skorpionensteige) Num 34,4; Jos 15,3 **2,1** 6,11 **2,2** Num 33,50-51 S **2,3** Jos 23,12-13 S; Ri 8,27 **2,6** Jos 24,1.28 **2,7-9** Jos 24,29-31

die die großen Taten Gottes für Israel mit eigenen Augen gesehen hatten.

8 Aber dann starb Josua, der Sohn Nuns, der Diener und Bevollmächtigte* Gottes, im Alter von 110 Jahren. 9 Sie bestatteten ihn auf seinem Erbbesitz* in Timnat-Heres im Bergland von Efraïm, nördlich vom Berg Gaasch. 10 Nach und nach starb auch die ganze ältere Generation, und es wuchs eine neue Generation heran, die vom HERRN nichts wissen wollte und seine großen Taten für Israel nicht miterlebt hatte.

11–12 So kam es, dass die Leute von Israel taten, was dem HERRN missfällt: Sie verließen den Gott ihrer Vorfahren, der sie aus Ägypten herausgeführt hatte, und liefen fremden Göttern nach.[a] Sie fingen an, die Götter ihrer Nachbarvölker anzubeten, und beleidigten damit den HERRN. 13 Weil sie an seiner Stelle den Gott Baal und die Göttin Astarte[b] verehrten, 14 wurde der HERR zornig auf sie. Er ließ immer wieder räuberische Beduinen über sie herfallen, die sie ausplünderten. Er gab sie auch den feindlichen Nachbarvölkern preis, sodass sie ihnen nicht mehr standhalten konnten. 15 Jedes Mal, wenn sie in den Kampf zogen, war der HERR gegen sie und ließ ihnen nichts glücken, wie er ihnen das angedroht und mit einem Eid bekräftigt hatte. So gerieten sie in schwere Bedrängnis.

16 Immer wieder ließ der HERR bedeutende Männer erstehen, die Richter*, die die Leute von Israel aus der Gewalt der plündernden Nachbarstämme befreiten. 17 Aber selbst auf ihre Richter hörten sie nicht. Sie liefen weiter den fremden Göttern nach und warfen sich vor ihnen nieder. So rasch waren sie vom rechten Weg abgekommen und gehorchten nicht mehr den Geboten des HERRN, wie das ihre Vorfahren getan hatten. 18 Trotzdem ließ der HERR ihnen immer wieder einen Richter als Retter erstehen, und er stand dem Richter zur Seite und befreite sie aus der Hand ihrer Feinde. Denn wenn sie über ihre Quäler und Unterdrücker klagten, tat die harte Strafe dem HERRN Leid.

Aber sie gehorchten dem HERRN nur, solange der Richter lebte; 19 nach seinem Tod wurden sie jedes Mal wieder rückfällig und trieben noch schlimmeren Götzendienst als ihre Vorfahren. Sie dachten nicht daran, von ihrem Trotz und Ungehorsam zu lassen und sich zu bessern.

20 Deshalb wurde der HERR zornig auf Israel und beschloss: »Weil dieses böse Volk mir nicht gehorcht und den Bund* ständig bricht, den ich mit ihren Vorfahren geschlossen habe, 21 werde ich keine weiteren Völker mehr vor ihnen aus dem Land Kanaan* vertreiben. Die Völker, die Josua nicht mehr besiegen konnte, 22 lasse ich im Land bleiben, um die Israeliten auf die Probe zu stellen, ob sie mir gehorchen wie ihre Vorfahren oder nicht.«

23 Eben deshalb ließ der HERR diese Völker im Land und vertrieb sie nicht so schnell; deshalb hatte er sie auch nicht in Josuas Hand gegeben.

Die im Land verbliebenen Fremdvölker

3 1–2 Folgende Völker ließ der HERR im Land übrig, um den Gehorsam des Volkes durch sie auf die Probe zu stellen – aber auch, um ihnen Gelegenheit zu geben, sich im Kriegführen zu üben. Alle Männer Israels, die die Kämpfe um das Land nicht mehr selbst erlebt hatten, sollten diese Gelegenheit bekommen.

3 Dies waren die Völker: die fünf Fürstentümer der Philister*, alle Kanaaniter*, die Phönizier* und schließlich die Hiwiter, die im Libanongebirge zwischen dem Hermon und Lebo-Hamat wohnen. 4 Durch sie sollten die Leute von Israel auf die Probe gestellt werden. Der HERR wollte sehen, ob sie seinen Geboten gehorchen würden, die er ihren Vorfahren durch Mose gegeben hatte.

5 Die Leute von Israel lebten also mitten unter den Kanaanitern, Hetitern*, Amoritern*, Perisitern, Hiwitern und Jebusitern. 6 Und was taten sie? Sie nahmen die Töchter dieser Völker als Frauen und gaben den Männern dieser Völker ihre eigenen Töchter, und sie opferten ihren Göttern.

GOTT RETTET SEIN VOLK DURCH EINZELNE RICHTER
(3,7–16,31)

Der Richter Otniël

7 Die Leute von Israel taten, was dem HERRN missfällt: Sie vergaßen den HERRN, ihren Gott, und beteten zu den Göttern der Kanaaniter*, dem Baal und der Aschera.[c] 8 Da wurde der HERR zornig auf sie und gab sie in die Hand Kuschan-Rischatajims,[d] eines Königs im oberen Mesopotamien. Acht Jahre lang wurden sie von ihm unterdrückt.

9 Da schrien die Israeliten zum HERRN um Hilfe und er ließ ihnen einen Retter erstehen: Otniël, den jüngeren Bruder Kalebs, einen Sohn von Kenas. 10 Der Geist* des HERRN nahm Besitz von ihm und machte ihn zum Richter* und Anführer des Volkes. Er zog gegen Kuschan-Rischatajim in den Kampf, und der HERR half ihm, sodass er dem König von Mesopotamien eine schwere Niederlage beibrachte.

11 Otniël lebte danach noch 40 Jahre und in dieser ganzen Zeit hatte das Land Ruhe vor Feinden.

Ehud rettet Israel durch eine List

12 Die Leute von Israel aber taten von neuem, was dem HERRN missfällt. Deshalb ließ er Eglon, den

a Wörtlich *dienten den Baalen.* Unter den *Baalen* sind alle fremden Götter zusammengefasst; vielleicht ist auch an die Vielzahl der Baalsheiligtümer im Land gedacht.
b Zu den kanaanitischen Gottheiten Baal, Astarte und Aschera (3,7) vgl. die entsprechenden Sacherklärungen. Wegen des Zusammenlebens mit den fremden Völkern und der gegenseitigen Heiraten (3,6) waren diese Götter eine ständige Gefahr für den Glauben der Israeliten.
c Wörtlich *den Baalen und Ascheren;* vgl. Anmerkung zu 2,11-12 und Sacherklärungen.
d Dieser Name bedeutet »Doppelt böser Kuschan(iter)«; er ist eine gewollte Entstellung des eigentlichen Namens, wofür es im Alten Testament weitere Beispiele gibt.

2,14-15 Dtn 28,15-46 **3,1-2** 2,21-22 **3,3** Jos 13,2-5 **3,9** 1,13 **3,10** (Geist) 6,34; 11,29; 13,25; 14,6.19; 15,14; 1 Sam 10,6; 11,6

König der Moabiter*, über sie Macht gewinnen.
13 Eglon verbündete sich mit den Ammonitern* und
den Amalekitern*, besiegte die Israeliten und
besetzte die Stadt Jericho. 14 Achtzehn Jahre lang
mussten die Leute von Israel dem Moabiterkönig
Tribut zahlen.
15 Da schrien sie zum HERRN um Hilfe und er ließ
ihnen einen Retter erstehen: Ehud, den Sohn von
Gera aus dem Stamm Benjamin.

Ehud war Linkshänder. Als die führenden Männer des Volkes ihn dazu bestimmten, den Tribut
an König Eglon abzuliefern, 16 schmiedete er sich
ein kurzes, beidseitig geschärftes Schwert und band
es sich unter dem Gewand auf der rechten Seite fest.
17 So übergab er den Tribut. – König Eglon war übrigens ein Mann von mächtiger Körperfülle.
18 Nach der Übergabe ließ Ehud die Männer, die
den Tribut hergetragen hatten, nach Hause gehen.
19 Er selbst kehrte bei den steinernen Götterbildern[a]
um und ging noch einmal zu Eglon zurück.

Er sagte zum König: »Ich habe eine geheime Botschaft für dich!«

»Pst!«, machte Eglon. »Dass keiner es hört!«

So gingen alle Diener des Königs hinaus. 20 Eglon
saß in dem kühlen Obergemach, das nur für ihn
allein bestimmt war. Ehud sagte zu ihm: »Ich habe
für dich eine Botschaft von Gott.«

Darauf erhob sich Eglon von seinem Sitz. 21 Ehud
griff mit der linken Hand nach dem Schwert an seiner rechten Seite und stieß es ihm in den Bauch.
22 Die ganze Klinge drang in Eglons Leib ein und
sogar noch der Griff verschwand im Fett. Ehud ließ
das Schwert stecken, 23 verriegelte die Tür und stieg
durchs Fenster hinaus.[b]
24 Nachdem Ehud gegangen war, wollten Eglons
Diener nach dem König sehen, aber sie fanden die
Tür des Obergemachs verriegelt. »Er wird wohl
gerade seine Notdurft verrichten«, sagten sie. 25 Sie
warteten vergeblich; die Tür wurde nicht geöffnet.
Schließlich holten sie den Schlüssel und schlossen
auf. Da lag ihr Herr tot auf dem Boden.
26 Während die Diener vor der Tür gewartet hatten, hatte sich Ehud in Sicherheit gebracht. Er war
an den Steinbildern vorbeigegangen und gelangte
unbehelligt nach Seïra.
27 Dort angekommen, ließ er im Bergland von
Efraïm das Signalhorn* blasen und die Männer
Israels zogen hinter ihm her in die Jordanebene hinunter. 28 Er sagte zu ihnen: »Folgt mir schnell! Der
HERR hat eure Feinde, die Moabiter, in eure Hand
gegeben.«

Da zogen sie hinter ihm her und besetzten die Furten über den Jordan, sodass die Moabiter nicht entkommen konnten. 29 Sie erschlugen an diesem Tag
10000 von ihnen, lauter starke und kampferprobte
Männer; kein Einziger konnte sich retten.
30 So zwang der HERR die Moabiter an diesem Tag
vor Israel in die Knie. Das Land hatte nun 80 Jahre
lang Ruhe vor Feinden.

Der Richter Schamgar

31 Nach Ehud trat Schamgar, der Sohn Anats, auf.
Er erschlug 600 Philister mit einem Ochsenstachel*.
So rettete auch er die Leute von Israel vor ihren
Feinden.

Gott rettet die Israeliten durch eine Frau

4 Nachdem Ehud gestorben war, taten die Leute
von Israel von neuem, was dem HERRN missfällt.
2 Da gab er sie in die Hand Jabins, des Königs der
Kanaaniterstadt Hazor. Dessen Heerführer Sisera
hatte sein Hauptquartier in Haroschet-Gojim. 3 Jabin
besaß 900 eiserne Streitwagen*. Zwanzig Jahre lang
unterdrückte er die Israeliten hart. Deshalb riefen sie
zum HERRN um Hilfe.
4 Damals hatte eine Prophetin* namens Debora,
die Frau Lappidots, das Richteramt in Israel. 5 Sie
saß unter der ›Deborapalme‹ zwischen Rama und
Bet-El im Bergland von Efraïm und entschied Rechtsfälle, die die Leute von Israel ihr vorlegten.
6 Eines Tages bestellte sie Barak[c] zu sich, den Sohn
Abinoams aus Kedesch im Gebiet des Stammes Naftali. Sie sagte zu ihm: »Der HERR, der Gott Israels,
gibt dir den Auftrag: ›Nimm 10 000 Mann aus den
Stämmen Naftali und Sebulon und zieh mit ihnen
auf den Berg Tabor. 7 Ich werde Jabins Heerführer
Sisera mit seinen Streitwagen und seinem ganzen
Heer an den Bach Kischon locken und dort in deine
Hand geben.‹«
8 Barak sagte zu Debora: »Ich gehe nur, wenn du
mitkommst! Ohne dich gehe ich nicht.«
9 »Gut«, erwiderte Debora, »ich komme mit. Aber
der Ruhm für den Sieg wird dann nicht dir gehören. Der HERR wird Sisera in die Hand einer Frau
geben!«

Dann stand sie auf und ging mit ihm nach
Kedesch. 10 Dorthin berief Barak die Männer der
Stämme Naftali und Sebulon. Zehntausend folgten
ihm auf den Berg Tabor und Debora begleitete sie.
11 Der Keniter Heber hatte sich von seinen Stammesbrüdern, den Nachkommen von Moses Schwiegervater Hobab, getrennt und war nach und nach bis
zu der Eiche* bei Zaanannim in der Nähe von
Kedesch gekommen. Dort hatte er sein Zelt aufgeschlagen.[d]
12 Da erhielt Sisera die Meldung: »Barak, der Sohn
Abinoams, ist mit einem Heer auf den Berg Tabor
gezogen!« 13 Sofort rief er seine 900 Streitwagen
und alle seine Kriegsleute zusammen und zog von
Haroschet-Gojim an den Bach Kischon.
14 Als er dort ankam, sagte Debora zu Barak:
»Schlag los! Heute hat der HERR dir Sisera und sein

a Es folgt noch: *die in/bei Gilgal sind,* offenbar eine Verdeutlichung, die die steinernen Götterbilder mit den Steinen von Jos 4,19-20 gleichsetzt. Es liegt jedoch näher, an Götterbilder im Bereich von Ehuds Palast in Jericho zu denken.
b *stieg durchs Fenster hinaus:* Deutung unsicher.
c Barak bedeutet ›Blitz‹.
d Zu *Keniter* siehe Sacherklärung sowie 1,16 und die Vergleichsstellen dort. *Heber* und vor allem seine Frau Jaël werden in Vers 17-22 eine entscheidende Rolle spielen (vgl. 5,24-27).

3,13 Ex 17,14 S; Ri 5,14 S **3,31** 5,6 **4,2** Jos 11,1-11 **4,3** Jos 17,16 S **4,11** 1,16 S; (Eiche bei Z. = Elon-Z.) Jos 19,33

ganzes Heer ausgeliefert. Ich sehe, wie der HERR
selbst vor dir her in die Schlacht zieht!«
Da stürmte Barak vom Berg Tabor ins Tal hinunter
und die zehntausend folgten ihm. 15 Als sie mit
gezücktem Schwert auf die Kanaaniter* zukamen,
versetzte der HERR den feindlichen Heerführer und
sein ganzes Heer in Angst und Schrecken. Sisera
sprang von seinem Wagen und floh zu Fuß.
16 Barak verfolgte die Streitwagen Siseras und
seine Soldaten bis nach Haroschet-Gojim. Das ganze
Heer wurde vernichtet; nicht *ein* Mann entkam.

Der feindliche Heerführer findet den Tod

17 Sisera flüchtete inzwischen zum Zelt Jaëls, der
Frau[a] des Keniters* Heber; denn die Sippe Heber
unterhielt freundschaftliche Beziehungen zu Jabin.
18 Jaël ging Sisera entgegen und sagte: »Komm her-
ein, mein Herr, kehre bei mir ein! Hab keine Angst!«
Er trat in ihr Zelt und sie führte ihn hinter den Vor-
hang.
19 »Gib mir ein wenig Wasser«, bat er, »ich bin so
durstig.« Sie holte den Schlauch mit Milch, gab ihm
zu trinken und zog den Vorhang vor.
20 »Stell dich an den Eingang des Zeltes«, sagte er.
»Wenn jemand kommt und dich fragt, ob einer hier
ist, dann antworte: ›Nein, niemand!‹«
21 Jaël aber nahm einen Zeltpflock und einen Ham-
mer und trat leise an Sisera heran. Er lag auf der Seite
und war vor Erschöpfung in tiefen Schlaf gefallen.
Sie trieb den Pflock durch beide Schläfen hindurch
bis in die Erde.
22 Da kam auch schon Barak, der hinter Sisera her
war. Jaël ging ihm entgegen und sagte: »Komm mit,
ich will dir den Mann zeigen, den du suchst!« Barak
ging mit ihr ins Zelt und fand Sisera tot auf der Erde
liegen, den Kopf mit dem Pflock durchbohrt.
23 So brachte Gott dem Kanaaniterkönig Jabin eine
schwere Niederlage bei und zwang ihn vor den Israe-
liten in die Knie. 24 In der Folgezeit setzten sie ihm
immer härter zu, bis sie ihn völlig vernichtet hatten.

Deboras Siegeslied

5 Damals sang Debora zusammen mit Barak, dem
Sohn Abinoams, das folgende Lied:[b]

2 Zum Kampf entschlossen war ganz Israel,
freiwillig stellten sich die Männer ein –
gelobt, gepriesen sei der HERR dafür!
3 Ihr Könige und Fürsten, hört mir zu!
Dem HERRN zu Ehren will ich singen,
erklingen soll mein Lied und Spiel
zum Ruhm des Gottes Israels!

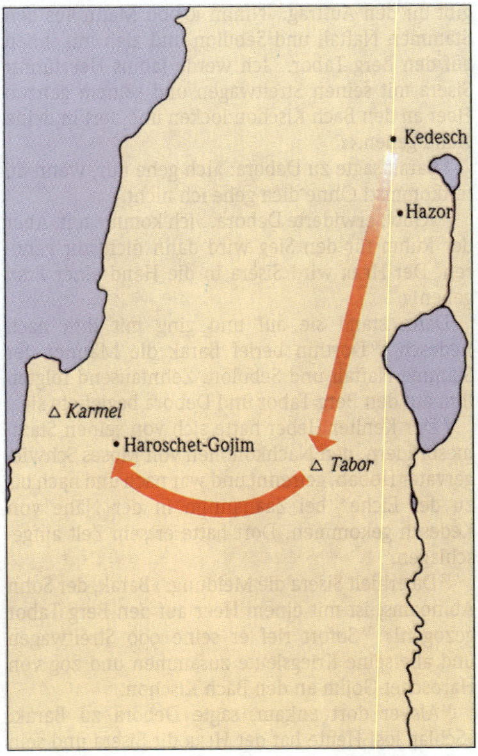

Barak besiegt die Kanaaniter

Barak und seine Männer hatten von ihrem Lager am Steilhang des Berges Tabor aus eine sehr günstige Position, um das kanaanitische Heer unter Sisera am Fuß des Berges anzugreifen.

a Das öffentliche Leben in Israel war im Allgemeinen von Männern bestimmt. In der in diesem Kapitel geschilderten Notsituation spielen die Männer nur eine Nebenrolle, während das entschlossene Handeln von zwei Frauen ausgeht.
b Die Verse 7, 12 und 15 reden von Debora in der 2. bzw. 3. Person. Wahrscheinlich handelt es sich ursprünglich um die Dichtung eines berufsmäßigen Sängers.

4,15 Ex 23,27

4 Als du vom Bergland Seïr* auszogst, HERR,
und zu uns kamst von Edoms* grünen Steppen,
da zitterte vor dir die ganze Erde,
vom Himmel stürzten Wasserfluten nieder,
die Wolken gossen ihren Regen aus.
5 Die Berge schwankten,
als der HERR sich nahte,
der Gott, den sein Volk Israel verehrt,
der seinem Volk am Sinai* erschien.

6 Zur Zeit, als Schamgar lebte, Anats Sohn,
auch in den Tagen Jaëls, der Keniterin,
da lagen alle Wege menschenleer;
wer damals über Land zu reisen hatte,
der musste auf versteckten Pfaden gehn.
7 Die Felder wagte niemand zu bestellen,
wie ausgestorben waren alle Dörfer,
bis endlich du, Debora, dich erhobst
und handeltest, du Mutter Israels!
8 Noch hielt das Volk nach neuen Göttern Ausschau,
da stand auch schon der Feind vor ihren Toren.
Doch von den vierzigtausend Männern Israels
besaß nicht einer Speer und Schild.[a]

9 Mein Herz schlägt für die Helden Israels,
die Männer aus dem Volk, die willig kamen –
gelobt, gepriesen sei der HERR dafür!
10 Geht in euch, denkt darüber nach, ihr alle,
die vornehm ihr auf weißen Eseln reitet,
die ihr auf einem weichen Teppich sitzt,
auch ihr, die ihr zu Fuß die Straße zieht![b]
11 An allen Brunnen, wo die Hirten lärmen
und Wasser schöpfen, um ihr Vieh zu tränken,
dort soll man laut die großen Taten rühmen,
durch die der HERR sein Volk gerettet hat;
dazu soll Israel aus allen Städten kommen!
12 Auf, auf, Debora, auf und sing dein Lied!
Auf, Barak, Abinoams Sohn, auch du,
bring die herbei, die du gefangen hast!

13 Es kamen alle, die noch übrig waren,
und stießen zu den Führern Israels;
gerüstet kam das Volk des HERRN zu ihm:°
14 die Efraïmiten, stark wie Amalekiter*,
danach die mutigen Scharen Benjamins;
von Machir kamen mächtige Gebieter,
von Sebulon die Führer mit dem Stab;
15 die Fürsten Issachars erschienen alle,
gemeinsam mit Debora kamen sie
und Barak folgte ihnen auf dem Fuß –
so stürmten sie hinunter in das Tal.

Die Sippen Rubens hielten lange Rat
und konnten sich trotz allem nicht entschließen.
16 Was bleibt ihr zwischen euren Hürden liegen
und hört dem Flötenspiel der Hirten zu?
Bei Ruben überlegten sie zu lange!
17 Von Gad in Gilead* war keiner da,
sie blieben auf der andern Jordanseite.
Warum verweilte Dan bei seinen Schiffen?
Am Strand des Meeres wohnen die von Ascher,
sie blieben dort an seinen Buchten sitzen.[c]
18 Doch die von Sebulon und Naftali
bewiesen auf dem Schlachtfeld ihren Mut
und setzten ohne Furcht ihr Leben ein.

19 Da kamen sie, die Herrscher Kanaans*,
sie rückten an zur Schlacht bei Taanach,
beim Bache von Megiddo kämpften sie;
doch Silberbeute gab es nicht zu holen.
20 Sogar die Sterne droben griffen ein
von ihren hohen Himmelsbahnen aus,
sie kämpften gegen Sisera mit Macht.[d]
21 Der Kischon drang heran mit seiner Flut
und riss die Feinde alle mit sich fort. –
Auf, auf, mein Herz, nimm allen Mut zusammen!
22 Da jagten sie heran, die schnellen Rosse,
der Boden dröhnte unter ihren Hufen.

23 Sprecht einen Fluch aus über die Stadt Meros!
– Das sagt der HERR durch seinen Engel*. –
Verflucht die Stadt und alle, die dort wohnen,
weil sie dem HERRN nicht Beistand leisten wollten,
weil ihre Krieger ihm nicht halfen!

24 Doch Gottes Segen komme über Jaël,
die Frau von Heber, dem Keniter*!
Gepriesen sei sie unter allen Frauen!
25 Als Sisera bei ihr um Wasser bat,
da reichte sie ihm sogar Milch zu trinken,
in edler Schale gab sie ihm den Trunk.
26 Doch dann ergriff sie einen spitzen Zeltpflock
und mit der Rechten packte sie den Hammer.
Dann schlug sie zu, zermalmte ihm den Schädel,
durchbohrte seine Schläfe mit dem Pflock.
27 Er brach zusammen, stürzte nieder,
vor ihren Füßen blieb er liegen.
Tot lag er da, das war sein Ende.[e]

28 Zu Hause wartet ängstlich seine Mutter,
voll Sorge späht sie durch das Gitterfenster.
»Wo bleibt er?«, fragt sie. »Warum kommt er nicht?
Wann höre ich das Dröhnen seines Wagens?«
29 Die klügste ihrer Edelfrauen sagt –
die Mutter spricht es immer wieder nach:
30 »Gewiss, sie haben Beute, teilen sie:
ein Mädchen oder zwei für jeden Mann,
für Sisera gewebte, teure Stoffe
und zwei gestickte, bunte Tücher
für jede Frau, die sie erbeutet haben.«

a Das Volk hat den Eindruck, dass sein Gott den Göttern der Feinde unterlegen ist, und sucht nach stärkeren Göttern, die helfen können. Aus ähnlichen Gründen wie in 1 Sam 13,19-22 gibt es anscheinend auch keine Waffen.
b Angesprochen sind die verschiedenen Schichten des Volkes, die Hochgestellten ebenso wie die einfachen Leute.
c Die entfernter wohnenden Stämme Ruben, Gad (hier nach dem Wohngebiet Gilead genannt), Dan und Ascher bekommen einen leichten Tadel, weil sie sich nicht am Kampf beteiligt haben. Andererseits fällt auf, dass die südlichen Stämme, vor allem Juda, nicht erwähnt sind.
d Die Verse 20 und 21 machen deutlich: Den Herrschern Kanaans tritt Gott selbst entgegen, dem alle Mächte des Himmels und der Erde zur Verfügung stehen.
e Jaël wird für ihre Tat gerühmt, obwohl sie gegen alle Regeln des Gastrechts verstoßen hat. Vers 31 gibt die Begründung dafür: Sisera musste beseitigt werden, weil er sich Gott in den Weg gestellt hatte.

5,4-5 Dtn 33,2; Ps 68,8-9; Hab 3,3-6 **5,5** Ex 19,16-18 **5,6** 3,31; 4,17 **5,14** (Amalekiter) 3,13; 6,3.33; 7,12; 10,12; Ex 17,14S; (Machir) Jos 17,1 **5,21** 4,7 **5,25** 4,19

[31] Wie Sisera so soll es allen gehen,
die dir, HERR, feindlich gegenübertreten!
Doch deine Freunde sollen siegreich sein,
der Sonne gleich, die strahlend sich erhebt!

Vierzig Jahre lang hatte das Land nun Ruhe vor Feinden.

Gott straft die Israeliten durch die Midianiter

6 Von neuem taten die Leute von Israel, was dem HERRN missfällt. Deshalb gab er sie sieben Jahre lang in die Gewalt der Midianiter*, [2] die ihnen hart zusetzten.

Die Leute von Israel versteckten sich vor ihnen in Höhlen und unzugänglichen Schluchten und verschanzten sich auf den Bergen. [3] Jedes Mal wenn sie Getreide gesät hatten, fielen die Midianiter zusammen mit den Amalekitern* und mit Beduinen aus dem Osten in das Land ein [4] und verwüsteten die Felder bis hin nach Gaza. Sie ließen nichts Essbares zurück und raubten alles Vieh – Schafe, Ziegen, Rinder und Esel. [5] Mit ihren Herden und Zelten zogen sie heran, um das Land auszuplündern. Sie waren so zahlreich wie die Heuschrecken; niemand konnte sie und ihre Kamele zählen.

[6–7] Durch die Raubzüge der Midianiter wurden die Israeliten bettelarm. In ihrer Not schrien sie zum HERRN um Hilfe. [8] Da sandte er ihnen einen Propheten*; der sagte zu ihnen: »So spricht der HERR, der Gott Israels: ›Ich habe euch aus der Sklaverei in Ägypten befreit und euch hierher geführt. [9] Ich habe euch vor den Ägyptern gerettet und ebenso aus der Hand aller Völker, die euch unterdrückten. Ich habe diese Völker vor euch her aus ihrem Land vertrieben und es euch gegeben. [10] Und ich habe zu euch gesagt: Ich bin der HERR, euer Gott; verehrt nicht die Götter der Amoriter*, in deren Land ihr lebt! Aber ihr habt nicht auf mich gehört.‹«

Gott beruft Gideon zum Retter Israels

[11] Der Engel* des HERRN kam und setzte sich unter die Eiche* bei Ofra. Der Platz gehörte zum Grundbesitz Joaschs, eines Mannes aus der Sippe Abiëser. Sein Sohn Gideon war gerade dabei, in der nahe gelegenen Weinkelter Weizen zu dreschen, um ihn vor den Midianitern in Sicherheit zu bringen.

[12] Da zeigte sich ihm der Engel des HERRN und sagte: »Gott mit dir, du tapferer Krieger!«

[13] Gideon erwiderte: »Verzeihung, mein Herr! Aber wenn wirklich Gott mit uns ist, wie konnte uns dann so viel Unglück treffen? Unsere Väter haben uns doch immer wieder erzählt: ›Der HERR hat uns aus Ägypten hierher geführt.‹ Wo sind denn nun alle seine Wundertaten geblieben? Nein, der HERR hat uns im Stich gelassen und uns den Midianitern* ausgeliefert!«

[14] Der HERR aber trat auf Gideon zu und sagte: »Du bist stark und mutig. Geh und rette Israel aus der Hand der Midianiter. Ich sende dich!«

[15] »Aber mein Herr«, wandte Gideon ein, »wie soll ich Israel befreien? Meine Sippe ist die kleinste im ganzen Stamm Manasse und ich bin der Jüngste in meiner Familie.«[a]

[16] »Ich werde dir beistehen«, sagte der HERR, »und du wirst die Midianiter auf einen Schlag vernichten.«

[17] Gideon erwiderte: »Wenn ich vor dir Gnade gefunden habe, dann gib mir ein Zeichen dafür, dass wirklich der HERR selbst mit mir spricht! [18] Geh nicht von hier weg, bis ich dir eine Gabe gebracht habe.«

»Ich warte, bis du zurückkommst«, sagte der HERR.

[19] Gideon ging nach Hause, kochte ein Ziegenböckchen und backte ungesäuertes Brot* aus einem ganzen Backtrog voll Mehl.[b] Dann legte er das Fleisch in einen Korb, goss die Brühe in einen Topf, brachte alles zu dem Platz unter der Eiche und bot es dem Engel des HERRN an.

[20] Doch der Engel sagte zu ihm: »Leg das Fleisch und die Brote hier auf den Felsblock, aber die Brühe schütte weg!« Gideon tat es [21] und der Engel des HERRN berührte mit dem Stab in seiner Hand das Fleisch und die Brote. Da schlug Feuer aus dem Felsen und verzehrte alles. Im selben Augenblick war der Engel verschwunden.

[22] Da wusste Gideon, wer mit ihm gesprochen hatte. »HERR, du mächtiger Gott!«, rief er. »Ich habe deinen Engel gesehen, ich habe ihm gegenübergestanden. Ich muss sterben!«

[23] Doch der HERR sagte zu ihm: »Zwischen uns ist Frieden! Hab keine Angst, du musst nicht sterben.«

[24] Da baute Gideon an derselben Stelle einen Altar* für den HERRN und nannte ihn: »Der HERR ist Frieden«. Noch heute steht dieser Altar in Ofra im Gebiet der Sippe Abiëser.

Gideon zerstört den Götzenaltar

[25–26] In derselben Nacht erhielt Gideon vom HERRN den Auftrag: »Nimm den siebenjährigen Stier[c] deines Vaters. Geh auf den Gipfel des Berges, reiß den Altar Baals* ein, der auf dem Grundstück deines Vaters steht, und haue den geweihten Pfahl* daneben um. Baue an derselben Stelle einen Altar für mich, den HERRN, aus aufeinander geschichteten Steinen genau nach der Vorschrift, und opfere mir auf dem Altar den Stier als Brandopfer*. Verwende als Brennholz den geweihten Pfahl, den du umgehauen hast.«

a Ähnlich wie Mose (Ex 3,11), Saul (1 Sam 9,21), Salomo (1 Kön 3,7) und Jeremia (Jer 1,6) wehrt sich Gideon gegen Gottes Auftrag. Gott wählt nach anderen Maßstäben aus als der Mensch; vgl. 1 Kor 1,27-29.
b Hebräische Maßangabe *1 Efa** (etwa 12 kg).
c Er wird zusätzlich als der *zweite* = zweitgeborene bezeichnet; es handelt sich also um das wertvollste Tier, das nach der Opferung des erstgeborenen (vgl. Ex 13,11-16!) vorhanden ist.

5,31 Ps 83,10 **6,1** (Midianiter) Gen 25,1-6; Ex 2,15-22; Num 22,4.7; 25,6-18; 31,1-18 **6,3** 5,14S **6,5** 7,12 **6,8-10** 2,1-2.11-12; 10,11-14 **6,10** Ex 20,2-3; Jos 24,15 **6,11** 2,1 **6,15** 1 Sam 9,21 **6,16** (beistehen) Ex 3,12; Dtn 31,23; Jes 41,10; Jer 1,8 **6,17** (Zeichen) 6,36-40; 2 Kön 20,8-11; Jes 7,10-14 **6,18** 13,15; Gen 18,3-5 **6,20-21** 13,19-20 **6,21** Lev 9,24S **6,22** Ex 33,20S **6,24** (Altar) Gen 12,7-8; 33,20; 35,7; Ex 17,15

27 Gideon nahm zehn von seinen Knechten mit
und machte alles, wie der HERR es ihm aufgetragen
hatte. Er tat es jedoch im Schutz der Nacht, weil er
sich vor seinen Angehörigen und den Männern der
Stadt fürchtete.
28 Am nächsten Morgen entdeckten die Männer
der Stadt, dass der Baals-Altar eingerissen, der ge-
weihte Pfahl abgehauen und auf dem neu errichte-
ten Altar ein Stieropfer dargebracht worden war.
29 Sie sagten zueinander: »Wer hat das getan?« Sie
fragten überall herum und jemand sagte: »Das war
Gideon, der Sohn von Joasch!« 30 Da gingen die Män-
ner der Stadt zu Joasch und verlangten von ihm:
»Gib deinen Sohn heraus! Er muss sterben. Er hat
den Altar Baals eingerissen und den geweihten Pfahl
umgehauen.«
31 Aber Joasch sagte zu allen, die drohend um ihn
herumstanden: »Was mischt ihr euch in die Angele-
genheiten Baals? Ist es vielleicht eure Sache, für ihn
einzutreten? Wenn er ein Gott ist, soll er selbst
kämpfen und sich dafür rächen, dass man seinen
Altar eingerissen hat. Wer ihm zu Hilfe kommt, soll
es mit dem Leben büßen und den nächsten Morgen
nicht mehr erleben!«
32 Weil sein Vater gesagt hatte: »Baal soll selbst
gegen ihn kämpfen«, nannten sie Gideon von da
an auch Jerubbaal.

Gideon bittet Gott um ein Zeichen

33 Die Midianiter* und dazu die Amalekiter* und die
Beduinen aus dem Osten versammelten ihre ganze
Streitmacht und überschritten den Jordan. In der
Ebene von Jesreel schlugen sie ihr Lager auf.
34 Da nahm der Geist* des HERRN Besitz von Gi-
deon. Gideon blies das Kriegshorn*, um die Männer
der Sippe Abiëser zusammenzurufen, und alle folg-
ten ihm. 35 Er schickte Boten durch das Gebiet des
Stammes Manasse, und auch dort folgten die Män-
ner seinem Ruf und schlossen sich ihm an. Bis zu
den Stämmen Ascher, Sebulon und Naftali schickte
er Boten und sie alle kamen ihm zu Hilfe.
36 Inzwischen betete Gideon zu Gott: »Gib mir
doch ein Zeichen, an dem ich erkennen kann, dass
du Israel wirklich durch mich retten willst! 37 Ich
bin gerade dabei, frisch geschorene Wolle auf dem
Dreschplatz auszulegen. Lass morgen früh den Tau
nur auf die Wolle fallen und die Erde ringsum tro-
cken bleiben! Dann weiß ich, dass deine Zusage gilt
und du Israel durch meine Hand retten willst.«
38 Gott erfüllte ihm die Bitte. Als Gideon am nächs-
ten Morgen die Wolle ausdrückte, füllte der Tau eine
ganze Schale.
39 Und wieder betete Gideon zu Gott: »Werde
nicht zornig über mich, wenn ich dich noch ein ein-
ziges Mal um ein Zeichen bitte! Lass doch morgen
früh die Wolle trocken bleiben und ringsum auf
die Erde Tau fallen.«
40 Auch diese Bitte erfüllte ihm Gott: Am nächsten
Morgen war die Wolle trocken und auf der Erde
ringsum lag Tau.

Gideons Heer ist zu groß

7 Gideon, den man auch Jerubbaal nannte, brach
früh am Morgen mit seinem ganzen Heer auf.
Bei der Quelle Harod errichteten sie ihr Lager. Das
Lager der Midianiter* befand sich nördlich davon
in der Ebene, nahe beim Hügel More.

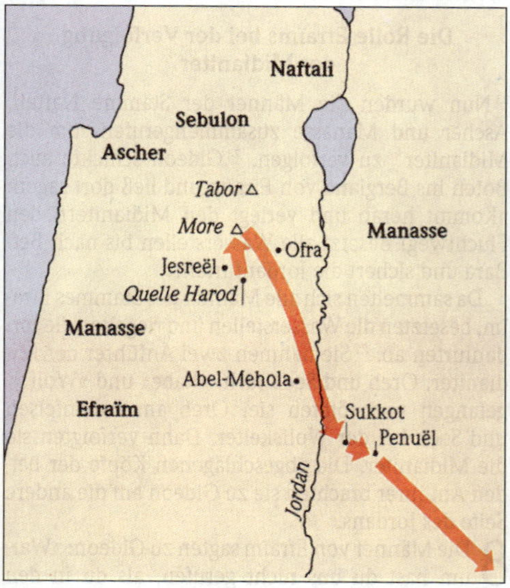

Gideon besiegt die Midianiter

Gideons Leute haben bei Nacht die Jesreël-Ebene durchquert und das Lager der Midianiter umstellt. In der entstehenden Panik gehen die Midianiter mit dem Schwert aufeinander los. Die Flüchtenden werden bis über den Jordan (Bild) verfolgt.

6,31 1 Kön 18,27 **6,34** 3,10 S **6,36-40** 6,17 S **6,39** Gen 18,30.32

2 Aber der HERR sagte zu Gideon: »Dein Heer ist zu
groß! So kann ich die Midianiter nicht in eure Hand
geben. Sonst werden die Leute von Israel am Ende
prahlen und sagen: ›Der eigenen Hand verdanken
wir unsere Rettung!‹ 3 Darum lass im ganzen Lager
ausrufen, dass alle, die Angst haben, nach Hause
gehen.«[a] Da gingen 22000 wieder heim, nur 10000
blieben bei Gideon.

4 Doch der HERR sagte zu Gideon: »Dein Heer ist
immer noch zu groß. Führe die Männer hinunter
zur Quelle, dort will ich selbst die Auswahl treffen.
Ich werde dir sagen, wer mit dir gehen soll und
wer nicht.«

5 Gideon führte die Männer zum Teich an der
Quelle. Dort sagte der HERR zu ihm: »Wer sich hin-
wirft und das Wasser mit der Zunge aufleckt wie
ein Hund, den stell auf die eine Seite; und wer sich
zum Trinken hinkniet, den stell auf die andere.«
6 Dreihundert Männer leckten das Wasser mit der
Zunge, alle Übrigen knieten sich hin und führten
es mit der hohlen Hand zum Mund.[b]

7 Der HERR sagte zu Gideon: »Durch die 300
Männer, die das Wasser mit der Zunge geleckt
haben, will ich Israel retten und die Midianiter in
deine Hand geben. Die anderen sollen nach Hause
gehen.«

8a Gideon schickte alle zurück, nur die 300 Ausge-
wählten behielt er bei sich. Diese übernahmen von
den anderen den Proviant und die Kriegshörner*.

Der Ausgang steht fest

8b Das Lager der Midianiter* war unten in der Ebene.
9 In der Nacht sagte der HERR zu Gideon: »Auf, greif
das Lager an, ich gebe es in deine Hand! 10 Wenn du
aber Angst hast, dann geh vorher mit deinem Diener
Pura hinunter 11 und hör dir an, was sie dort mitein-
ander reden. Das wird dir Mut machen, sie anzu-
greifen.«

Gideon und sein Diener gingen hinunter und
schlichen sich bis an die äußeren Lagerwachen her-
an. 12 Die Midianiter, die Amalekiter* und die Bedui-
nen aus dem Osten, die dort lagerten, bedeckten die
ganze Ebene wie Heuschrecken und ihre Kamele
waren unzählbar wie die Sandkörner am Meeres-
strand.

13 Als nun Gideon bei den Wachtposten ankam,
erzählte gerade einer seinem Kameraden einen
Traum. »Stell dir vor«, sagte er, »ich habe im Traum
gesehen, wie ein Gerstenbrot vom Berg herab in
unser Lager rollte. Es stieß an unser Zelt, warf es
um und kehrte das Unterste zuoberst.«[c]

14 Sein Kamerad antwortete: »Das kann nur *eine*
Bedeutung haben: Der Israelit Gideon wird uns
besiegen; Gott hat uns und unser Lager in seine
Hand gegeben!«

Gott kämpft auf der Seite Gideons

15 Als Gideon den Traum und seine Deutung gehört
hatte, warf er sich nieder und dankte Gott. Dann
kehrte er ins Lager Israels zurück und rief: »Steht
auf! Der HERR hat das Lager der Midianiter* in eure
Hand gegeben.«

16 Er teilte die 300 Mann in drei Gruppen auf; jeder
bekam ein Widderhorn* und eine Fackel, dazu
einen Krug, um die brennende Fackel zu verbergen.
17–18 Gideon schärfte ihnen ein: »Stellt euch rings um
das Lager auf und macht alles genauso wie ich! Ich
gehe jetzt bis zum Rand des Lagers und ihr achtet
genau darauf, was ihr mich tun seht, und macht es
ebenso. Wenn ihr hört, wie ich und die Männer
bei mir ins Horn stoßen, dann stoßt auch ihr ins
Horn, rings um das Lager, und ruft: ›Für den HERRN
und für Gideon!‹«

19 Mitten in der Nacht kam Gideon mit seinen 100
Mann an den Rand des Lagers. Die Midianiter hatten
gerade die Wachen gewechselt. Da bliesen die Män-
ner um Gideon ihre Widderhörner und zerschlugen
die Krüge. 20 Alle drei Abteilungen folgten dem Bei-
spiel, stießen in die Hörner und zerschlugen die Krü-
ge. Jeder hielt in der linken Hand die Fackel und in
der rechten das Horn. Sie riefen: »Auf zum Kampf!
Für den HERRN und für Gideon!« 21 Dabei standen
sie rings um das Lager, jeder an seinem Platz.

Im Lager liefen alle durcheinander, schrien und
ergriffen die Flucht. 22 Denn als die dreihundert in
die Widderhörner stießen, ließ der HERR im Lager
eine Panik entstehen und alle gingen mit dem
Schwert aufeinander los. Darauf floh das ganze Heer
in Richtung auf Bet-Schitta, Zereda, Sefat-Abel-
Mehola und Tabbat.

Die Rolle Efraïms bei der Verfolgung der Midianiter

23 Nun wurden die Männer der Stämme Naftali,
Ascher und Manasse zusammengerufen, um die
Midianiter* zu verfolgen. 24 Gideon schickte auch
Boten ins Bergland von Efraïm und ließ dort sagen:
»Kommt herab und verlegt den Midianitern den
Fluchtweg! Besetzt alle Wasserstellen bis nach Bet-
Bara und sichert die Jordanfurten!«

Da sammelten sich alle Männer des Stammes Efra-
ïm, besetzten die Wasserstellen und riegelten die Jor-
danfurten ab. 25 Sie nahmen zwei Anführer der Mi-
dianiter, Oreb und Seeb (d.h. »Rabe« und »Wolf«),
gefangen und töteten sie, Oreb am Rabenfelsen
und Seeb bei der Wolfskelter. Dann verfolgten sie
die Midianiter. Die abgeschlagenen Köpfe der bei-
den Anführer brachten sie zu Gideon auf die andere
Seite des Jordans.

8 Die Männer von Efraïm sagten zu Gideon: »War-
um hast du uns nicht gerufen, als du in den

7,2 Dtn 8,17-18 **7,3** Dtn 20,8 **7,7** 1Sam 14,6 **7,12** 6,5 **7,22** Ps 83,10; Jes 9,3; 10,26 **7,25** Ps 83,12 **8,1** 12,1

a Es folgt noch: *Lass sie früh am Morgen vom Bergland Gilead weggehen;* aber Gilead* liegt weit entfernt.
b *mit der hohlen Hand zum Mund:* Die Wörter sind im hebräischen Text offenbar an die falsche Stelle geraten, sodass es dort heißt: *Dreihundert leckten mit der hohlen Hand zum Mund, alle Übrigen tranken kniend.*
c Das Gerstenbrot steht als Sinnbild für die israelitischen Bauern, das Zelt für die midianitischen Nomaden.

Kampf gegen die Midianiter gezogen bist? Das hät-
test du uns nicht antun dürfen!« Sie machten Gideon
schwere Vorwürfe.
2 Doch er antwortete ihnen: »Der Sieg, den ich
errungen habe, ist nichts, verglichen mit dem, was
euch geglückt ist. Ihr kennt doch das Sprichwort:
›Die Nachlese Efraïms ist besser als die Lese Abië-
sers!‹ 3 Gott hat die Anführer der Midianiter in eure
Hand gegeben; das stellt alles in den Schatten, was
ich getan habe.«
So beruhigte er sie und sie gaben sich zufrieden.[a]

Gideon besiegt den Rest der Midianiter

4 Gideon hatte mit seinen 300 Mann den Jordan über-
schritten. Weil sie von der Verfolgung ganz er-
schöpft waren, 5 sagte er zu den Männern der Stadt
Sukkot: »Gebt meinen Leuten ein paar Brotlaibe!
Sie sind ganz ausgehungert. Wir verfolgen die Midia-
niterkönige Sebach und Zalmunna.«
6 Aber die führenden Männer der Stadt erwider-
ten: »Warum sollten wir deiner Truppe Brot geben?
Hast du Sebach und Zalmunna schon in der Hand?«
7 Da sagte Gideon: »Das werdet ihr mir büßen!
Wenn der HERR die Könige der Midianiter* in meine
Hand gegeben hat, werde ich mit Dornen und Sta-
chelpeitschen auf euch eindreschen!«
8 Gideon zog weiter nach Penuël und bat auch
dort um Brot, aber die Männer der Stadt antworteten
ihm genau wie die Männer von Sukkot. 9 Gideon
sagte: »Wenn ich wohlbehalten zurückkomme, wer-
de ich eure Burg niederreißen!«
10 Sebach und Zalmunna lagerten mit ihrem Heer
in Karkor. Noch 15000 Mann waren ihnen geblie-
ben, 120000 hatten in der vorangegangenen Schlacht
den Tod gefunden. 11 Gideon näherte sich ihnen auf
der Straße am Rand der Wüste, die östlich von
Nobach und Jogboha verläuft. Während die Midiani-
ter sich in Sicherheit glaubten, überfiel er völlig
unerwartet ihr Lager. 12 Die beiden Könige Sebach
und Zalmunna flohen, aber er verfolgte sie und
nahm sie gefangen. Das Heer im Lager versetzte er
in einen solchen Schrecken, dass alle davonliefen.

Gideon nimmt Rache

13 Als Gideon, der Sohn Joaschs, von der Midianiter-
schlacht zurückkehrte und die Steige* von Heres
hinabging, 14 traf er auf einen jungen Mann aus der
Stadt Sukkot. Er hielt ihn fest und ließ sich von
ihm die führenden Männer und die Ältesten* der
Stadt aufschreiben, insgesamt 77 Namen.
15 Als er nach Sukkot kam, sagte er zu den Män-
nern der Stadt: »Hier bringe ich Sebach und Zalmun-
na, derentwegen ihr mich verspottet und gesagt
habt: ›Hast du denn Sebach und Zalmunna schon
in der Hand, dass wir deinen erschöpften Leuten
Brot geben sollen?‹« 16 Er ließ die Ältesten der Stadt
ergreifen und sie mit stachligen Ruten zu Tode peit-
schen. 17 Die Burg von Penuël ließ er niederreißen
und die Männer der Stadt umbringen.
18 Sebach und Zalmunna aber fragte er: »Wie
sahen die Männer aus, die ihr auf dem Berg Tabor
getötet habt?«
Sie antworteten: »Genau wie du, jeder so stattlich
wie ein Königssohn.«
19 »Es waren meine Brüder, Söhne meiner eigenen
Mutter!«, rief Gideon. »So gewiss der HERR lebt:
Wenn ihr sie verschont hättet, würde ich euch nicht
umbringen.«
20 Er befahl seinem erstgeborenen Sohn Jeter:
»Auf, schlag sie tot!« Aber der brachte sein Schwert
nicht aus der Scheide. Er schreckte vor der Tat
zurück, weil er noch so jung war.
21 Sebach und Zalmunna sagten: »Steh auf und tu
es selbst! Wie der Mann, so seine Kraft!« Da stand
Gideon auf und erschlug die beiden. Die goldenen
Halbmonde, die als Amulette an den Hälsen ihrer
Kamele hingen, nahm er an sich.

Gideon lehnt die Königswürde ab

22 Die Männer Israels sagten zu Gideon: »Sei du
unser Herrscher, und dein Sohn und dein Enkel nach
dir! Denn du hast uns aus der Hand der Midianiter*
gerettet.«
23 Aber Gideon erwiderte: »Ich will nicht euer
Herrscher sein und auch mein Sohn soll es nicht
sein; der HERR soll über euch herrschen!«
24 Doch dann fügte er hinzu: »Nur *eine* Bitte habe
ich: Gebt mir die Ohrringe, die ihr erbeutet habt!«
Die besiegten Feinde hatten goldene Ohrringe ge-
tragen; denn es waren Ismaëliter.
25 »Wir geben sie dir gern«, sagten die Männer
Israels. Man breitete ein Obergewand* aus und
jeder warf seine erbeuteten Ringe darauf. 26 Das
Gold, das auf diese Weise zusammenkam, wog fast
20 Kilo,[b] und dazu kamen noch die Amulette, Ohrge-
hänge und Purpurkleider, die die Midianiterkönige
getragen hatten, sowie der Schmuck an den Hälsen
ihrer Kamele.
27 Gideon machte aus dem Gold ein Gottesbild[c]
und stellte es in seiner Heimatstadt Ofra auf. Alle
Israeliten kamen dorthin, beteten das Bild an und
wurden so dem HERRN untreu. Für Gideon und seine
Familie wurde das zum Verderben.[d]

Gideons Tod. Neuer Ungehorsam der Israeliten

28 So zwang Gott die Midianiter* vor den Israeliten
in die Knie; sie konnten nicht mehr gegen Israel auf-
stehen. Solange Gideon lebte, hatte das Land Ruhe
vor Feinden, vierzig Jahre lang.
29 Gideon° kehrte nach Hause zurück und blieb
dort. 30 Von seinen vielen Frauen hatte er siebzig

a Gideons Antwort wird von den Männern Efraïms nur vordergründig verstanden; die hintergründige Ironie entgeht ihnen: Ohne die Lese hätte es keine Nachlese gegeben!
b Hebräische Maßangabe *1700 Schekel**.
c *Gottesbild:* Das hebräische Wort *efod* bezeichnet sonst den Amtsschurz* der Priester mit der Orakeltasche; vgl. Sacherklärung »Priesterschurz (2)«.
d Der Bericht beschönigt nicht Gideons Versagen. Derselbe Mann, der in 6,34 vom Geist Gottes in Besitz genommen wurde, lässt sich nun zu etwas hinreißen, das zum Götzendienst führt.

8,19 Num 35,31 **8,21** Ps 83,12 **8,23** 1 Sam 8,6-7 **8,24-27** Ex 32,2-4

Söhne. 31 Eine Nebenfrau lebte in der Stadt Sichem. Sie gebar ihm einen Sohn, den er Abimelech nannte. 32 Gideon starb in hohem Alter und wurde in der Grabstätte seines Vaters Joasch in Ofra, im Gebiet der Sippe Abiëser, beigesetzt.

33 Nachdem Gideon gestorben war, liefen die Israeliten von neuem den Baalen* nach und machten den Bundes-Baal von Sichem zu ihrem Gott. 34 Sie vergaßen den HERRN, ihren Gott, der sie aus der Gewalt aller Feinde rings um sie her gerettet hatte. 35 Auch den Nachkommen Gideons vergalten sie die großen Taten, die Gideon[a] für Israel getan hatte, mit Undank.

Abimelech will König werden

9 Abimelech, der Sohn Gideons, ging eines Tages nach Sichem zu den kanaanitischen Verwandten seiner Mutter. Er rief die ganze Sippe zusammen und sagte zu den versammelten Männern: 2 »Fragt doch einmal die Leute von Sichem, was ihnen lieber ist: wenn alle siebzig Söhne Gideons zusammen über sie herrschen oder wenn ein einziger Mann ihr König ist.[b] Macht ihnen deutlich, dass ich von ihrem Fleisch und Blut bin!«

3 Die Brüder seiner Mutter machten sich zu Abimelechs Fürsprechern und trugen die Sache allen Bürgern Sichems vor. Diese ließen sich für Abimelech gewinnen, denn sie sagten sich: »Er gehört zu uns, er ist unser Bruder!« 4 Sie gaben ihm 70 Silberstücke* aus dem Tempelschatz ihres Gottes, der den Namen »Baal* des Bundes« trug.

Mit diesem Geld warb Abimelech einen Trupp von Männern an, die nichts zu verlieren hatten und vor nichts zurückschreckten; die wurden sein Gefolge. 5 Mit ihnen zog er nach Ofra zum Haus seines Vaters, überfiel seine Brüder und tötete alle siebzig auf einem einzigen Felsblock. Nur Gideons jüngster Sohn Jotam kam mit dem Leben davon, weil er sich versteckt hatte.

6 Daraufhin versammelten sich die Bürger von Sichem und die Besatzung der Festung, zogen vor die Stadt zu der Eiche[c] mit dem Denkstein und machten Abimelech zu ihrem König.

Jotams Fabel – Kritik am Königtum

7 Als das Jotam erfuhr, stieg er auf den Gipfel des Berges Garizim und rief zu ihnen hinunter: »Hört mich an, ihr Leute von Sichem – wenn ihr wollt, dass Gott euch hört!

8 Einst kamen die Bäume zusammen, um sich einen König zu wählen. Sie sagten zum Ölbaum: ›Sei du unser König!‹ 9 Aber der Ölbaum erwiderte: ›Soll ich vielleicht aufhören, kostbares Öl zu spenden, mit dem Götter und Menschen geehrt werden? Soll ich über den Bäumen thronen?‹

10 Da sagten die Bäume zum Feigenbaum: ›Sei du unser König!‹ 11 Doch der Feigenbaum erwiderte: ›Soll ich vielleicht aufhören, süße Feigen zu tragen? Soll ich über den Bäumen thronen?‹

12 Da sagten sie zum Weinstock: ›Sei du unser König!‹ 13 Doch der erwiderte: ›Soll ich aufhören, Wein zu spenden, der Götter und Menschen erfreut? Soll ich über den Bäumen thronen?‹

14 Schließlich sagten sie zum Dornstrauch: ›Sei du unser König!‹ 15 Und der Dornstrauch erwiderte: ›Wenn ihr mich wirklich zu eurem König machen wollt, dann bückt euch und sucht Schutz unter meinem Schatten! Sonst wird Feuer von meinen Dornen ausgehen, das sogar die Zedern des Libanons verbrennt!‹«

16 Nachdem Jotam diese Geschichte erzählt hatte, fuhr er fort: »Meint ihr wirklich, dass es recht von euch war, Abimelech zu eurem König zu machen? Habt ihr vergessen, was ihr Gideon und seiner Familie verdankt? 17 Mein Vater hat sein Leben für euch aufs Spiel gesetzt, um euch aus der Hand der Midianiter* zu retten. 18 Ihr aber habt euch gegen seine Söhne erhoben und habt sie alle ermordet, siebzig auf einem Stein, und habt den Sohn seiner Sklavin zum König von Sichem gemacht, nur weil er euer Stammesbruder ist. 19 Wenn das alles recht war und ihr heute an Gideon und seiner Familie redlich gehandelt habt, dann wünsche ich euch, dass ihr mit Abimelech glücklich werdet und er mit euch. 20 Wenn es aber Unrecht war, dann soll von Abimelech Feuer ausgehen und euch alle, die Bürger von Sichem und die Besatzung der Festung, verzehren! Und von den Bürgern von Sichem und der Besatzung der Festung soll ein Feuer ausgehen, das Abimelech verzehrt!«

21 Als Jotam zu Ende gesprochen hatte, floh er vor seinem Bruder Abimelech nach Beer und blieb dort.

Aus dem Schatz des Baalstempels von Sichem erhielt Abimelech die Mittel für seine blutige Machtergreifung (9,4); im Kellergewölbe desselben Tempels fanden die letzten Sichemiten ihr Ende, als sie sich der Herrschaft Abimelechs zu entziehen suchten (9,46-49). Der biblische Erzähler sieht darin Gottes gerechte Vergeltung (9,57; vgl. Vers 20). Im Bild Reste des freigelegten Tempels von Sichem.

a Wörtlich *Jerubbaal Gideon* (vgl. 6,32). Im folgenden Kapitel wird für Gideon als Vater Abimelechs ausschließlich die Namensform *Jerubbaal* verwendet (Verse 1, 2, 5, 16, 19, 28, 57).
b Die lange Reihe von Richtern, die entweder vom Volk eingesetzt oder von Gott berufen waren, wird hier unterbrochen durch einen Mann, der (ganz im Gegensatz zu Gideon; 8,22-23) das Königtum auf brutale Weise an sich reißt. Nicht zufällig stützt er sich auf eine fremde Bevölkerung und den Tempel eines fremden Gottes. Die Kritik in der »Fabel« Jotams (Verse 7-20) macht deutlich, dass sich das Königtum in Israel, wenn es einmal dazu kommen soll, nicht nach dem Vorbild der Umwelt richten darf.
c Wahrscheinlich handelt es sich um den Baum, der auch im Zusammenhang mit Abraham (Gen 12,6), Jakob (Gen 35,4) und Josua (Jos 24,26) erwähnt wird. Siehe noch Sacherklärung »Eiche«.

8,33 9,4.46 **9,1** 8,31 **9,2** 8,30 **9,4** 8,33; 11,3 **9,6** Jos 24,26; Gen 12,6; 35,4 **9,14** 2Kön 14,9

Spannungen zwischen Abimelech und den Bürgern von Sichem

22 Als Abimelech drei Jahre über Israel geherrscht hatte, 23 ließ Gott Feindschaft ausbrechen zwischen ihm und den Bürgern von Sichem; die Leute von Sichem lehnten sich gegen ihn auf. 24 Abimelech sollte nämlich von der Strafe getroffen werden, die er durch den grausamen Mord an seinen 70 Brüdern auf sich gezogen hatte, und auch die Bürger von Sichem sollten dafür bestraft werden, dass sie ihm die Mittel verschafft hatten, seine Brüder umzubringen.

25 Um Abimelech zu schädigen,[a] legten sich die Männer von Sichem in den Bergen rings um ihre Stadt auf die Lauer und raubten jeden aus, der auf den Straßen vorbeizog. Das wurde Abimelech gemeldet.

26 Um diese Zeit kam Gaal, der Sohn Ebeds,[b] mit seinem Anhang nach Sichem und gewann das Vertrauen der Bürger. 27 Als sie die Weinlese gehalten und neuen Wein gekeltert hatten, feierten sie ein großes Freudenfest im Tempel ihres Gottes. Sie aßen und tranken und schimpften auf Abimelech.

28 Gaal rief ihnen zu: »Wer ist schon Abimelech? So einem sollen wir dienen, eine Stadt wie Sichem? Er ist ein Sohn des Israeliten Gideon, und diesen Sebul hat er als seinen Aufpasser über uns eingesetzt! Dient lieber den Nachkommen Hamors, des Gründers dieser Stadt. Warum sollen wir uns Abimelech unterwerfen?[c] 29 Wenn nur die Leute von Sichem mir folgten, ich würde schnell mit Abimelech fertig! Ich würde ihn auffordern: ›Ruf deine Truppe zusammen und stell dich zum Kampf!‹«

30 Als der Stadtkommandant Sebul hörte, wie Gaal das Volk aufhetzte, wurde er zornig. 31 Er schickte heimlich Boten zu Abimelech und ließ ihm sagen: »Gaal, der Sohn Ebeds, ist mit seinen Brüdern nach Sichem gekommen. Sie wiegeln die Leute gegen dich auf! 32 Komm deshalb im Schutz der Nacht mit deinen Truppen und halte dich in der Nähe der Stadt versteckt. 33 Bei Sonnenaufgang überfällst du die Stadt, und wenn Gaal dir mit seinen Leuten entgegenzieht, kannst du mit ihm abrechnen.«

34 Abimelech zog in der Nacht mit seinen Truppen herbei und versteckte sie in vier Abteilungen rings um die Stadt. 35 Als Gaal am Morgen ins Stadttor trat, brachen Abimelech und seine Männer aus ihren Verstecken hervor.

36 Gaal sah sie und sagte zu Sebul: »Da kommen ja Krieger von den Bergen herab!«

»Du hältst die Schatten am Berghang für Menschen«, erwiderte Sebul.

37 Aber Gaal sagte: »Doch, da kommen Krieger den ›Nabel* der Erde‹ herab, und eine Abteilung kommt auf dem Weg, der an der Orakeleiche vorbeiführt.«

38 Da sagte Sebul zu ihm: »Wo bleibt nun dein großes Maul? Du hast gesagt: ›Wer ist schon Abimelech? So einem sollten die Leute von Sichem dienen?‹ Nun, da sind die Männer, von denen du so verächtlich geredet hast. Jetzt tritt an und kämpfe gegen Abimelech!«

39 Gaal führte die Männer von Sichem in den Kampf. 40 Abimelech aber trieb ihn zurück, sodass er sich in die Stadt flüchten musste. Auf dem Weg bis zum Tor erschlugen die Krieger Abimelechs viele von den Männern der Stadt. 41 Abimelech kehrte nach Aruma zurück und blieb dort. Sebul aber vertrieb Gaal und seine Brüder aus Sichem.

Abimelech erobert und zerstört Sichem

42 Schon am nächsten Tag nahmen die Männer von Sichem ihre Raubzüge wieder auf. Als Abimelech davon erfuhr, 43 teilte er seine Leute in drei Abteilungen und legte jede in einen Hinterhalt in der Nähe der Stadt. Als er die Männer von Sichem aus der Stadt kommen sah, brach er mit seinen Leuten hervor und schlug sie nieder. 44 Im Einzelnen war es so abgelaufen:[d] Er selbst lief mit der einen Abteilung zum Stadttor und sperrte den Durchgang; die beiden anderen trieben die Männer von Sichem zusammen und erschlugen alle. 45 Dann griff Abimelech die Stadt an. Den ganzen Tag kämpfte er um sie. Als er sie eingenommen hatte, tötete er alle Bewohner. Er zerstörte die Stadt und streute Salz auf die Trümmer.[e]

46 Als die Insassen der Festung von Sichem merkten, dass die Stadt eingenommen war, flüchteten sie sich in das unterirdische Gewölbe im Tempel des Bundesgottes. 47 Abimelech wurde gemeldet, dass sie sich alle dort zusammendrängten. 48 Darauf ging er mit seinen Männern auf den Berg Zalmon, hieb mit der Axt einen Ast ab und nahm ihn auf die Schulter. »Was ihr gesehen habt, das macht mir nach, aber schnell«, sagte er zu seinen Männern. 49 Da hieb jeder einen Ast ab und trug ihn hinter Abimelech zur Burg. Sie schichteten die Äste über dem Gewölbe auf und zündeten sie an. So kamen alle Insassen der Festung ums Leben, ungefähr 1000 Männer und Frauen.

Abimelechs Ende

50 Darauf zog Abimelech vor die Stadt Tebez, belagerte und eroberte sie. 51 In der Mitte der Stadt lag eine stark befestigte Burg. Dorthin flohen alle Bewohner, Männer und Frauen. Sie verriegelten das Tor und stiegen auf das flache Dach.

52 Abimelech versuchte die Burg zu erobern. Er näherte sich dem Tor und wollte Feuer daran legen, 53 da warf eine Frau ihm den Mahlstein einer Handmühle* auf den Kopf und verwundete ihn tödlich. 54 Abimelech rief seinem Waffenträger zu: »Zieh dein Schwert und töte mich! Sonst wird es heißen: Eine

9,28 Gen 34,2 **9,46** 8,33 **9,53** 2 Sam 11,21 **9,54** 1 Sam 31,4

a Verdeutlichender Zusatz; vermutlich wollten sie seine Zolleinnahmen mindern.
b Der Name bedeutet »Ekel, Sohn eines Sklaven«, eine gewollte Entstellung, um den Träger des Namens verächtlich zu machen.
c Hatte Abimelech sich gegenüber den Bewohnern von Sichem auf seine nichtisraelitische Mutter berufen, so wirft ihm Gaal nun seinen israelitischen Vater vor.
d Verdeutlichender Zusatz.
e Das Streuen von Salz war wahrscheinlich eine sinnbildliche Verfluchung: Der Ort sollte eine unfruchtbare, unbewohnte Wüste werden; vgl. Dtn 29,21-22.

a Zur Mehrzahl siehe Anmerkung zu 2,11-12.
b Tob lag im äußersten Norden von Gilead auf syrischem Gebiet, etwa 60 km östlich vom See Kinneret (Gennesaret). Jiftach erinnert in mancher Hinsicht an Abimelech (9,1-6): nicht vollberechtigter Bürger wegen der Mutter, Konflikte mit den Brüdern, Anführer einer Guerillatruppe. Andererseits erscheint er als dessen Gegenbild: Die Ältesten berufen ihn, und Gott selbst bestätigt ihn (Vers 29).

Frau hat ihn umgebracht!« Der Waffenträger durchbohrte ihn mit dem Schwert, sodass er starb.

55 Als die Israeliten sahen, dass Abimelech tot war, liefen sie auseinander und jeder kehrte nach Hause zurück.

56 So ließ Gott das Böse, das Abimelech mit dem Mord an seinen Brüdern seinem Vater angetan hatte, auf ihn selbst zurückfallen. 57 Auch die Männer von Sichem hatte Gott die Folgen ihres bösen Tuns spüren lassen. Der Fluch war in Erfüllung gegangen, den Jotam, der Sohn Gideons, über sie ausgesprochen hatte.

Die Richter Tola und Jaïr

10 Nach dem Tod Abimelechs trat wieder ein Mann auf, um Israel zu retten: Tola, der Sohn Puas und Enkel Dodos aus dem Stamm Issachar. Er wohnte in Schamir im Bergland von Efraïm. 2 Dreiundzwanzig Jahre lang war er der Richter* Israels. Dann starb er und wurde in seinem Heimatort begraben.

3 Nach ihm trat Jaïr aus der Landschaft Gilead* auf und wurde für zweiundzwanzig Jahre der Richter Israels. 4 Er hatte dreißig Söhne, die auf dreißig Eseln ritten und dreißig Ortschaften besaßen. Diese Ortschaften liegen in Gilead und heißen bis zum heutigen Tag die »Dörfer Jaïrs«. 5 Als Jaïr starb, wurde er in Kamon begraben.

Ungehorsam bringt die Israeliten in schwere Not

6 Die Leute von Israel taten von neuem, was dem Herrn missfällt. Sie verehrten fremde Götter, die Baale und Astarten[a] sowie die Götter der Syrer und Phönizier, der Moabiter, Ammoniter und Philister. Dem Herrn aber kehrten sie den Rücken und ehrten ihn nicht.

7 Da wurde der Herr zornig auf sie und gab sie den Philistern* und den Ammonitern* preis. 8 Achtzehn Jahre lang wurden alle Israeliten, die jenseits des Jordans in Gilead, im ehemaligen Gebiet der Amoriter, wohnten, von den Ammonitern grausam unterdrückt. 9 Zuletzt überschritten die Ammoniter sogar den Jordan und griffen die Stämme Juda, Benjamin und Efraïm an. So geriet ganz Israel in große Bedrängnis.

10 Da schrien die Leute von Israel zum Herrn um Hilfe. »Wir haben uns gegen dich vergangen«, sagten sie. »Es war nicht recht, dass wir dir, unserem Gott, den Rücken gekehrt und die Baale verehrt haben.«

11 Der Herr antwortete: »Habe ich euch nicht vor den Ägyptern, den Amoritern, Ammonitern und Philistern gerettet? 12 Und als ihr zu mir um Hilfe rieft, weil euch die Phönizier, Amalekiter und Maoniter bedrängten, habe ich euch da nicht vor ihnen beschützt? 13 Ihr aber habt euch von mir abgewandt und habt anderen Göttern geopfert. Deshalb werde ich euch jetzt nicht mehr helfen. 14 Geht doch zu den Göttern, die ihr euch ausgesucht habt! Die sollen euch jetzt in der Not beistehen und euch retten!«

15 Die Leute von Israel sagten: »Wir haben schwere Schuld auf uns geladen. Tu mit uns, was du für richtig hältst, aber lass uns nicht untergehen; rette uns!« 16 Sie schafften die Bilder der fremden Götter weg und dienten wieder dem Herrn. Da konnte er das Leiden der Israeliten nicht länger mit ansehen.

Jiftach wird Anführer der Israeliten

17 Die Ammoniter* sammelten sich und schlugen ihr Lager bei der Stadt Gilead auf; die Männer Israels aber kamen bei Mizpa zusammen. 18 Die führenden Männer der Landschaft Gilead* fragten sich besorgt: »Wer wird uns im Kampf gegen die Ammoniter anführen?« Und sie beschlossen: »Wer das übernimmt, soll Herrscher über alle Bewohner von Gilead werden.«

11 Nun gab es unter den Männern Gileads einen besonders tapferen Krieger namens Jiftach. Er war der Sohn einer Prostituierten; sein Vater hieß Gilead. 2 Dieser Gilead hatte von seiner Ehefrau noch weitere Söhne, und als die heranwuchsen, jagten sie Jiftach fort und sagten: »Du bekommst nichts vom Erbe unseres Vaters, denn du stammst von einer anderen Frau.« 3 So musste Jiftach vor seinen Brüdern fliehen. Er ging ins Land Tob,[b] und dort sammelte sich um ihn eine Schar von Männern, die nichts zu verlieren hatten. Mit ihnen unternahm er seine Streifzüge.

4 Einige Zeit danach fingen die Ammoniter mit Israel Krieg an. 5 Da gingen die Ältesten* von Gilead ins Land Tob, um Jiftach zu Hilfe zu rufen. 6 Sie sagten zu ihm: »Komm und sei unser Anführer gegen die Ammoniter!«

7 Aber Jiftach erwiderte: »Denkt ihr nicht mehr daran, wie ihr mich verachtet und vom Erbe meines Vaters vertrieben habt? Und jetzt kommt ihr, wo ihr in Not seid?«

8 Sie antworteten: »Ja, wir wenden uns an dich, damit du mit uns in den Kampf gegen die Ammoniter ziehst. Du sollst auch Herrscher über alle Bewohner von Gilead werden.«

9 »Ihr wollt also sagen«, erwiderte Jiftach, »wenn der Herr mir den Sieg über die Ammoniter gibt, soll ich euer Herrscher werden?«

10 Die Ältesten erklärten: »Der Herr ist unser Zeuge: Genauso soll es geschehen.«

11 Daraufhin kam Jiftach mit und das Volk setzte ihn zu seinem Herrscher und Anführer ein. Jiftach ließ sich das alles am Heiligtum des Herrn in Mizpa bestätigen.

9,57 9,20 **10,3-4** (Dörfer Jaïrs) Num 32,41; Dtn 3,14; 1 Chr 2,21-23 **10,11-14** 6,8-10 **10,16** Jos 24,23 **11,3** 9,4; 1 Sam 22,2 **11,4** 10,7 **11,11** 10,17-18

Jiftach verhandelt vergeblich mit den Ammonitern

12 Jiftach schickte Boten zum König der Ammoniter*
und ließ ihm sagen: »Warum bist du in mein Land
eingefallen? Haben wir Grund, miteinander Krieg
zu führen?«
13 Der Ammoniterkönig gab den Boten die Ant-
wort mit: »Die Israeliten haben mir mein Land weg-
genommen, als sie aus Ägypten hierher gekommen
sind, das ganze Gebiet zwischen Arnon und Jabbok
und im Westen bis an den Jordan. Gib mir das alles
jetzt freiwillig zurück!«
14 Jiftach schickte die Boten noch einmal zum
König der Ammoniter 15 und ließ ihm sagen: »So
spricht Jiftach: Die Israeliten haben das Land der
Moabiter und Ammoniter nicht weggenommen.
16 Nachdem sie aus Ägypten gezogen waren, wander-
ten sie durch die Wüste bis zum Schilfmeer* und
kamen nach Kadesch. 17 Von dort schickten sie Boten
zum König von Edom* und baten: ›Lass uns durch
dein Land ziehen!‹ Aber er erlaubte es ihnen nicht.
Genauso erging es ihnen mit dem König von Moab*.
Deshalb blieben die Israeliten in Kadesch.
18 Später umgingen sie das Gebiet der Edomiter
und Moabiter auf dem Weg durch die Wüste. Sie
kamen in das Gebiet östlich von Moab und lagerten
jenseits des Arnonflusses, der die Grenze Moabs bil-
det; sie überschritten ihn nicht und betraten kein
moabitisches Gebiet.
19 Von dort aus schickten sie Boten zum Amoriter-
könig Sihon nach Heschbon und baten: ›Lass uns
durch dein Land in unser Land ziehen!‹ 20 Aber Sihon
glaubte ihnen nicht, dass sie nur durchziehen woll-
ten, sondern bot seine ganzen Kriegsleute gegen
Israel auf. Er sammelte seine Truppen bei Jahaz
und griff von dort aus die Israeliten an. 21-22 Der HERR
aber, der Gott Israels, gab Sihon und alle seine
Kriegsleute in die Hand der Israeliten. Sie besiegten
die Amoriter* und nahmen ihr Land in Besitz, das
ganze Gebiet vom Arnon bis zum Jabbok und von
der Wüste bis zum Jordan. Denn dort wohnten
damals die Amoriter.
23 So hat sie nun also der HERR, der Gott Israels, vor
seinem Volk aus ihrem Land vertrieben, und nun
willst du uns dieses Land streitig machen? 24 Wenn
dein Gott Kemosch jemand vor dir vertreibt, hältst
du es für dein gutes Recht, sein Land in Besitz zu neh-
men; und genauso beanspruchen wir das Land
derer, die der HERR, unser Gott, vor uns ausgetrieben
hat.
25 Nimm dir ein Beispiel am Moabiterkönig Balak,
dem Sohn Zippors. Oder meinst du, du seist so viel
bedeutender als er? Hat er jemals Krieg mit uns ange-
fangen, um uns unser Gebiet streitig zu machen?
26 Seit 300 Jahren wohnen die Israeliten jetzt in
Heschbon und Aroër und den zugehörigen Ortschaf-
ten und in den Städten am Arnonfluss. Warum habt
ihr uns denn das Land während dieser langen Zeit
nicht weggenommen?
27 Was meine Person angeht: Ich habe dir kein
Unrecht getan; aber du begehst ein Unrecht an
mir, wenn du ohne Ursache Krieg anfängst. Der
HERR selbst ist Richter, er soll heute den Streit
zwischen den Israeliten und den Ammonitern ent-
scheiden!«

Jiftachs Gelübde und sein Sieg

28 Der Ammoniterkönig ließ sich durch die Vorhal-
tungen Jiftachs nicht von seinen Kriegsplänen
abbringen. 29 Da nahm der Geist* des HERRN Besitz
von Jiftach, und Jiftach durchzog das ganze Gebiet
von Gilead* und Manasse. Dann kehrte er nach Miz-
pa in Gilead zurück, um von dort in den Kampf
gegen die Ammoniter* zu ziehen.
30 Vorher legte er ein Gelübde* ab und versprach
dem HERRN : »Wenn du die Ammoniter in meine
Hand gibst 31 und ich wohlbehalten nach Hause
zurückkehre, soll das, was mir als Erstes aus der
Tür meines Hauses entgegenkommt, dir gehören.
Ich will es dir als Opfer* auf deinem Altar ver-
brennen.«

Jiftach wollte Gott im Falle eines Sieges ein Opfer darbringen: das, was ihm bei seiner Rückkehr als Erstes entgegenkäme. Gelübde dieser Art machte man in der Umwelt Israels den Göttern. Zu Jiftachs Entsetzen kam ihm als Erstes seine Tochter entgegen; sie tanzte und spielte auf ihrem Tamburin. Im Bild die in Palästina gefundene Tonfigur einer Frau mit Tamburin.

11,13 Dtn 2,19 **11,17** Num 20,14-21 **11,18** Num 21,4.13 **11,19-22** Num 21,21-26 **11,25** Num 22,1-6 **11,29** 3,10 S; 11,11

Kanaaniter und Philister

»Kanaaniter« ist eine Sammelbezeichnung für die Bevölkerung, die seit etwa 2000 v. Chr. in Palästina ansässig war. Als die Israeliten unter Josua das Land eroberten, lebten die Kanaaniter in einer Vielzahl kleiner unabhängiger Staaten. Den Mittelpunkt bildete jeweils eine befestigte Stadt mit einem königlichen Palast und der Familie des Königs.

Kaufleute

Die Kanaaniter, die an der Küste lebten, trieben einen ausgedehnten Handel – sodass der Name Kanaaniter im Hebräischen geradezu die Bedeutung »Händler« annehmen konnte. Die wichtigsten Hafenstädte waren Tyrus, Sidon, Berytos (heute Beirut) und Byblos. Alle diese Städte liegen im heutigen Staat Libanon. Von diesen Häfen fuhren Schiffe mit Zedernholz, Öl, Wein und anderen Gütern nach Ägypten, Kreta und Griechenland. Von Ägypten brachten sie dafür Leinen mit und aus Griechenland Töpferware. Byblos war wichtigster Umschlagplatz für den Papyrus-Handel. Bücher aus Papyrus-Blättern erhielten von dieser Stadt ihren Namen: »Biblia«. Unser Wort »Bibel« ist davon abgeleitet.

Hervorragende Handwerker

Zur Zeit König Salomos standen die kanaanitischen oder phönizischen Handwerker und Künstler in höchstem Ansehen. Zedernholz aus dem Libanon wurde in Tyrus auf Schiffe verladen und für den Tempelbau in Jerusalem längs der Küste nach Süden geschafft. König Hiram von Tyrus stellte Salomo erfahrene Steinmetzen und Zimmerleute zur Verfügung und weitere Handwerker und Künstler, die die Bronzesäulen und die sonstige Ausstattung des Tempels anfertigten.

Das Alphabet

Andere Völker – z. B. die Sumerer und Ägypter – hatten eine Schrift, die aus Bildern bestand und für jedes Wort ein Bild setzte. Die Kanaaniter waren die Ersten, die ein Alphabet entwickelten. Auch hier waren die Schriftzeichen von Bildern abgeleitet, doch standen sie nicht mehr für bestimmte Wörter, sondern für die Laute, mit denen der jeweils abgebildete bzw. zeichenhaft angedeutete Gegenstand begann. Ein Stierkopf (Alef) bedeutete A, ein Haus (Bet) bedeutete B usw.

Baal und Astarte

Die Israeliten standen voll Bewunderung vor der überlegenen Kultur der Kanaaniter und waren in Gefahr, auch

Kanaanitische Elfenbeinschnitzerei aus Megiddo (Israel).

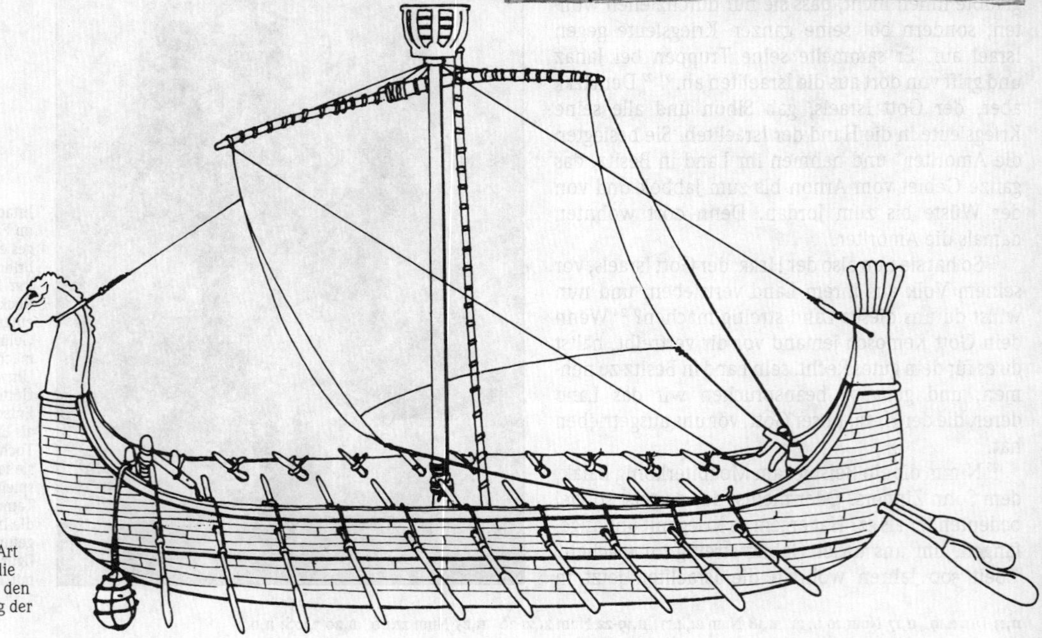

Schiffe dieser Art verwendeten die Kanaaniter für den Handel entlang der Küste.

deren Religion zu übernehmen. Dieser Gefahr sind sie bald erlegen. Sie verehrten den kanaanitischen Gott Baal und verstrickten sich in all das, was diese Verehrung mit sich brachte. Baal war der Gott des Wetters, der Fruchtbarkeit und des Krieges. Seine Frau Astarte war die Göttin der Liebe und des Krieges. Die Götter waren grausam und blutdürstig. Bei den Gottesdiensten der Kanaaniter wurden sogar Kinder als Opfer dargebracht.

Die Invasion der Seevölker

Um 1200 v. Chr., wahrscheinlich kurze Zeit, nachdem die Israeliten sich in Kanaan niedergelassen hatten, fielen so genannte Seevölker vom Meer her in die Länder längs der Ostküste des Mittelmeeres ein und verbreiteten Angst und Schrecken bis hinunter zur ägyptischen Grenze. Sie wurden schließlich vom Pharao besiegt, der einem Teil von ihnen – den Philistern – den südlichen Küstenstreifen Kanaans als Siedlungsgebiet zuwies.

Tonwaren und Eisen

Von der Richterzeit bis in die Zeit Davids kämpften Israeliten und Philister um die Vorherrschaft im Land. Die Philister stammen vielleicht aus Kreta und brachten eine Töpferkultur mit, die der in Griechenland, auf Kreta und Zypern verwandt ist. Folgenreicher war, dass sie besonders geübt waren in der Bearbeitung von Metallen, vor allem von Eisen. Dies bedeutete für sie eine große kriegerische Überlegenheit, denn Waffen aus Eisen sind solchen aus Kupfer oder Bronze überlegen. Die Israeliten aber mussten sogar ihre eisernen Arbeitsgeräte und Werkzeuge gegen Bezahlung von den Philistern schärfen lassen.

Die fünf Städte

Im Gebiet der Philister lagen fünf bedeutende Städte. Jede hatte ihren König und ihren eigenen Tempel. Es waren die Städte Aschdod, Ekron, Gaza, Gat und Aschkelon.

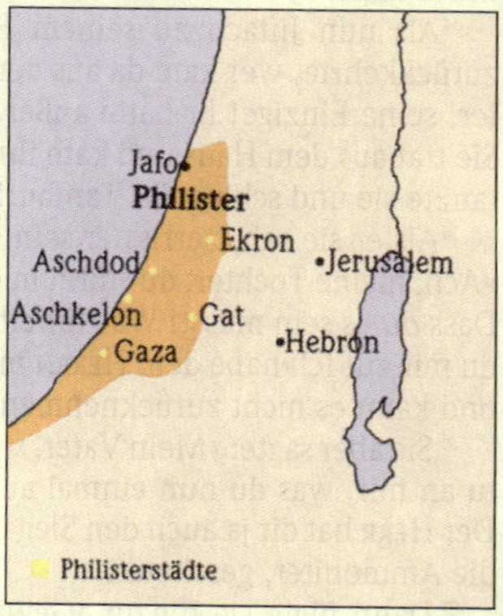

Das Gebiet der Philister

Links: Philisterkrug mit Sieb im Ausguss.

Unser Alphabet ist kanaanitischen Ursprungs. Von oben nach unten: kanaanitische, griechische und römische Buchstaben.

Überreste eines kanaanitischen Heiligtums in Byblos (Libanon).

32 Dann zog Jiftach in den Kampf gegen die Ammoniter und der HERR gab sie in seine Hand. 33 Jiftach brachte ihnen eine schwere Niederlage bei und nahm ihnen das Gebiet von Aroër bis nach Minnit und Abel-Keramim ab, insgesamt 20 Städte. So zwang der HERR die Ammoniter vor den Israeliten in die Knie.

34 Als nun Jiftach zu seinem Haus nach Mizpa zurückkehrte, wer kam da aus der Tür? Seine Tochter, seine Einzige! Er hatte außer ihr keine Kinder. Sie trat aus dem Haus und kam ihm entgegen, dabei tanzte sie und schlug das Tamburin.

35 Als er sie sah, zerriss er sein Gewand und rief: »Ach, meine Tochter, du stürzt mich in tiefstes Leid! Dass *du* es sein musst! Was für einen Schmerz fügst du mir zu! Ich habe dem HERRN mein Wort gegeben und kann es nicht zurücknehmen.«

36 Sie aber sagte: »Mein Vater, wenn es so ist, dann tu an mir, was du nun einmal ausgesprochen hast. Der HERR hat dir ja auch den Sieg über deine Feinde, die Ammoniter, geschenkt.«

37 Dann fügte sie hinzu: »Gewähre mir nur eine Bitte! Lass mich noch zwei Monate leben. Ich möchte auf die Hügel dort unten gehen und mit meinen Freundinnen darüber weinen, dass ich unverheiratet sterben muss.«

38 »Geh nur«, sagte ihr Vater und gab ihr zwei Monate Zeit. So ging sie mit ihren Freundinnen auf die Hügel, um zu weinen. 39 Als die Frist verstrichen war, kehrte sie zu ihrem Vater zurück, und er tat an ihr, was er dem HERRN versprochen hatte. Sie war noch eine unberührte Jungfrau, als sie starb. Daraus entstand der Brauch in Israel, 40 dass die jungen Frauen einmal in jedem Jahr hinausgehen und vier Tage lang die Tochter Jiftachs aus Gilead beweinen.

Jiftachs Konflikt mit dem Stamm Efraïm

12 Die Männer Efraïms sammelten sich, zogen nach Zafon und machten Jiftach Vorwürfe. »Warum hast du uns nicht gerufen, als du in den Kampf gegen die Ammoniter* gezogen bist?«, sagten sie. »Wir werden dir das Haus über dem Kopf anzünden!«

2 Jiftach erwiderte ihnen: »Ich musste mit meinen Leuten einen schweren Kampf gegen die Ammoniter bestehen. Ich habe euch ja gerufen, aber ihr habt mir nicht geholfen. 3 Als ich sah, dass ihr mich im Stich ließt, musste ich in eigener Verantwortung handeln, und der HERR gab die Ammoniter in meine Gewalt. Warum kommt ihr jetzt und bedroht mich?«[a]

4 Jiftach rief alle Männer von Gilead* zusammen. Sie kämpften gegen die Männer von Efraïm und besiegten sie. Sie waren erbittert, weil die Leute von Efraïm gesagt hatten: »Ihr seid ja nur ein Anhängsel von Efraïm, euer Land Gilead liegt mitten im Gebiet von Efraïm und Manasse!«

5 Die Männer von Gilead besetzten die Jordanübergänge, die nach Efraïm führten. Wenn ein flüchtiger Efraïmit kam und hinüber wollte, fragten sie ihn: »Stammst du aus Efraïm?« Und wenn er Nein sagte, 6 forderten sie ihn auf: »Sag doch einmal Schibbolet!«[b] Sagte er dann: »Sibbolet«, weil er es anders nicht aussprechen konnte, packten sie ihn und schlugen ihn nieder. Auf diese Weise fielen damals an den Jordanfurten 42000 Männer aus Efraïm.

7 Jiftach war sechs Jahre lang der Richter* Israels. Als er starb, wurde er in einer der Städte Gileads bestattet.

Die Richter Ibzan, Elon und Abdon

8 Jiftachs Nachfolger als Richter* Israels war Ibzan aus Betlehem. 9 Er hatte dreißig Söhne und dreißig Töchter. Alle dreißig Töchter verheiratete er nach auswärts und holte von auswärts dreißig Mädchen als Frauen für seine Söhne. Sieben Jahre lang war er der Richter Israels, 10 dann starb er und wurde in Betlehem bestattet.

11 Sein Nachfolger war Elon aus dem Stamm Sebulon. Zehn Jahre lang war er der Richter Israels, 12 dann starb er und wurde in Ajalon im Gebiet von Sebulon bestattet.

13 Sein Nachfolger war Abdon, der Sohn Hillels aus Piraton. 14 Er hatte vierzig Söhne und dreißig Enkel, die auf siebzig Eseln ritten. Acht Jahre lang war er der Richter Israels, 15 dann starb er und wurde in Piraton im Gebiet Efraïms, am Amalekiterberg, bestattet.

Die Geburt Simsons wird angekündigt

13 Von neuem taten die Leute von Israel, was dem HERRN missfällt; da gab er sie vierzig Jahre lang in die Hand der Philister*.

2 Damals lebte in Zora ein Mann aus dem Stamm Dan namens Manoach, dessen Frau war kinderlos. 3 Eines Tages erschien ihr der Engel* des HERRN und sagte: »Du bist unfruchtbar und hast keine Kinder bekommen, aber jetzt wirst du schwanger werden und einen Sohn gebären. 4 Sieh zu, dass du während der Schwangerschaft weder Wein noch Bier trinkst und keine unreinen* Speisen isst. 5 Denn der Sohn, den du zur Welt bringen wirst, soll von seiner Geburt an ein Gottgeweihter* sein. Seine Haare dürfen ihm nie geschnitten werden. Mit ihm beginnt die Rettung Israels aus der Hand der Philister.«[c]

6 Da ging die Frau zu Manoach und erzählte ihm: »Ein heiliger Mann kam zu mir. Er sah aus wie der Engel Gottes, sodass mir ganz unheimlich war. Ich wagte nicht, ihn zu fragen, woher er kommt, und er hat mir auch nicht seinen Namen gesagt. 7 Er sagte

a Der Druck von außen hat die stammverwandten Nachbarn nicht zusammenbringen können; und der Erfolg der einen Gruppe ruft alte Rivalitäten wieder wach; vgl. 8,1-3. Der große Stamm Efraïm erhob Anspruch auf eine führende Rolle.
b Das Wort bedeutet Ähre und Wasserflut, doch kommt es nur auf das anlautende *sch* an.
c Die Philister (siehe die Angaben auf Seite 305) waren die gefährlichsten Gegner der Israeliten. Simsons Streifzüge gegen sie waren nur der Anfang der Befreiung; die Entscheidung fiel erst unter Samuel und David.

11,34 1 Sam 18,6-7 S **11,35** Num 30,3 **12,1** 8,1 **13,2** Gen 25,21 S **13,4-5** Num 6,1-5

zu mir: ›Du wirst schwanger werden und einen Sohn
gebären. Trink von jetzt an weder Wein noch Bier
und iss keine unreinen Speisen; denn dein Sohn
wird ein Gottgeweihter sein vom Tag seiner Geburt
bis zum Tag seines Todes.‹«
8 Da betete Manoach zum HERRN und sagte: »Bitte,
Herr, lass doch den Gottesmann noch einmal zu uns
kommen! Er soll uns genau sagen, was wir mit dem
Kind, das er uns angekündigt hat, machen sollen.«
9 Gott erhörte seine Bitte, und der Engel kam noch
einmal zu der Frau, als sie gerade allein auf dem Feld
war. 10 Sie lief zu ihrem Mann und sagte: »Komm
schnell! Der Mann, der damals zu mir kam, ist wie-
der da!«
11 Manoach ging mit ihr hinaus und fragte ihn:
»Warst du es, der neulich mit meiner Frau gespro-
chen hat?«
»Ja, ich war es«, sagte der Engel 12 und Manoach
fragte weiter: »Wenn deine Ankündigung eingetrof-
fen ist, wie sollen wir es dann mit dem Kind halten?
Was darf es tun und was nicht?«
13 Der Engel des HERRN erwiderte: »Seine Mutter
soll alles meiden, was ich ihr genannt habe. 14 Sie darf
keine Trauben essen und weder Wein noch Bier trin-
ken und sie soll auch keine unreinen Speisen essen.«

Gott selbst war der Bote

15–16 Manoach hatte den Engel* des HERRN nicht
erkannt. Er sagte: »Geh noch nicht weg! Wir möch-
ten dir gerne ein gekochtes Ziegenböckchen brin-
gen.«
Der Engel erwiderte: »Auch wenn du mir noch so
sehr zuredest, ich werde nichts essen. Aber wenn du
willst, kannst du es dem HERRN als Brandopfer* dar-
bringen.«
17 Manoach fragte ihn: »Wie heißt du denn? Wir
möchten dir doch unseren Dank abstatten, wenn
deine Voraussage eingetroffen ist.«
18 Aber der Engel des HERRN erwiderte: »Frage
mich nicht nach meinem Namen! Er ist voller
Wunder.«
19 Da nahm Manoach das Ziegenböckchen und
dazu Brot als Speiseopfer* und verbrannte beides
auf einem Felsblock als Opfer für den HERRN, der
Wunder tut. Manoach und seine Frau standen dabei.
20 Und als die Flamme vom Altar zum Himmel stieg,
da stieg der Engel des HERRN in der Flamme nach
oben. Sie sahen es und warfen sich zu Boden, mit
dem Gesicht zur Erde. 21 Manoach wusste jetzt, dass
er mit dem Engel des HERRN gesprochen hatte. Er
und seine Frau sahen ihn von da an nicht wieder.
22 Erschrocken sagte Manoach zu seiner Frau:
»Wir haben Gott gesehen! Jetzt müssen wir ster-
ben!«
23 Doch seine Frau erwiderte: »Wenn der HERR
unseren Tod wollte, hätte er unser Opfer nicht ange-
nommen, das Brand- und das Speiseopfer, und uns
nicht das alles sehen lassen. Dann hätte er uns auch
nicht solch eine Ankündigung gemacht.«
24 Manoachs Frau gebar einen Sohn und gab ihm
den Namen Simson. Er wuchs heran und der HERR
segnete ihn. 25 Als Simson in Mahane-Dan zwischen
Zora und Eschtaol war, trieb der Geist* des HERRN
ihn zu den ersten Taten an.[a]

Simson will eine Philisterin heiraten

14 Als Simson einmal in das Philisterdorf Timna
hinabkam, fiel ihm dort ein Mädchen auf.
2 Er ging nach Hause und sagte zu seinem Vater
und seiner Mutter: »Ich habe in Timna ein Mädchen
gesehen, eine Philisterin. Gebt sie mir zur Frau!«
3 Die beiden erwiderten: »Musst du unbedingt
eine Philisterin heiraten, eine aus diesem Volk von
Unbeschnittenen*? Gibt es in unserem Stamm und
in unserem ganzen Volk denn kein Mädchen für
dich?«
Aber Simson sagte zu seinem Vater: »Gib mir die!
Die gefällt mir!«
4 Seine Eltern konnten nicht wissen, dass der HERR
seine Hand im Spiel hatte. Er wollte einen Anlass
haben, um gegen die Philister* vorzugehen, die
damals über Israel herrschten.
5 Simson machte sich also mit seinem Vater und
seiner Mutter auf den Weg nach Timna. Als sie an
die Weinberge von Timna kamen, bog Simson vom
Weg ab.[b] Da stand plötzlich ein brüllender Löwe
vor ihm. 6 Der Geist* des HERRN nahm Besitz von
Simson und er zerriss den Löwen mit bloßen Hän-
den, wie man ein gebratenes Böckchen beim Mahl
in Stücke reißt. Seinen Eltern erzählte er nichts
davon. 7 Als er nach Timna kam, sprach er mit der
Philisterin und sie gefiel ihm gut.
8 Nach einiger Zeit ging er wieder nach Timna, um
sie zur Frau zu nehmen. Unterwegs bog er vom Weg
ab, um nach dem toten Löwen zu sehen. In dem
Kadaver hatte sich ein Bienenvolk eingenistet und
es war auch schon Honig da. 9 Er nahm den Honig
heraus und aß im Weitergehen davon. Er ging zu sei-
nem Vater und seiner Mutter hin und gab ihnen
ebenfalls davon; er sagte ihnen aber nicht, dass er
den Honig im Kadaver des Löwen gefunden hatte.

Simsons erster Konflikt mit den Philistern

10 Simsons Vater ging nach Timna, um den Ehever-
trag abzuschließen. Simson veranstaltete ein Festge-
lage, wie es damals bei den jungen Leuten üblich
war. 11 Als die Bewohner von Timna ihn kommen
sahen, wählten sie dreißig junge Männer aus, die
mit ihm feiern sollten.
12 Am ersten Tag des Festes sagte Simson zu ihnen:
»Ich will euch ein Rätsel aufgeben. Wenn ihr es
innerhalb der sieben Festtage lösen könnt, gebe

a Als einer, der von Geburt an Gott geweiht ist, steht Simson in einer besonderen Beziehung zum Geist Gottes. Weil dieser ihn treibt, werden alle seine Unternehmungen zu Auseinandersetzungen mit den Philistern. So benutzt Gott ihn als Werkzeug zur Rettung seines Volkes (Vers 5).
b *bog Simson ...:* verdeutlichender Zusatz (vgl. Vers 8).

13,15-16 6,18 **13,17-18** Gen 32,30; Ex 3,12-15 **13,19-20** 6,20-21 **13,22** Ex 33,20 S **13,25** 3,10 S **14,3** Gen 24,3 S **14,6** 3,10 S; 1Sam 17,34-37; 23,20

a Auch nach der Heirat mit Simson war die Philisterin im Haus ihres Vaters geblieben. Diese Eheform ist auch sonst bezeugt. Der Besuch Simsons und sein Geschenk sollen die abgebrochenen Beziehungen wieder anknüpfen.
b Wörtlich *Er schlug sie Schenkel an Hüfte, ein großer Schlag.* Für die Redensart gibt es keine überzeugende Deutung.

ich jedem von euch ein leinenes Hemd und ein Fest-
kleid. 13 Könnt ihr es nicht, so muss jeder von euch
mir ein Hemd und ein Festkleid geben.«
Sie erwiderten: »Gut, lass uns dein Rätsel hören!«
Und 14 Simson sagte es ihnen:

»Vom Fresser kam Fraß,
vom Starken kam Süßes.«

Drei Tage lang versuchten sie, das Rätsel zu lösen,
und konnten es nicht. 15 Am vierten Tag° sagten sie
zu Simsons Frau: »Bring doch deinen Mann dazu,
dass er dir die Lösung verrät, und sag sie uns! Sonst
werden wir dich mit dem ganzen Haus deines Vaters
verbrennen. Ihr habt uns wohl eingeladen, um uns
arm zu machen?«
16 Da hängte die Frau sich weinend an Simsons
Hals und sagte: »Du liebst mich nicht! Ich bin dir
zuwider! Du hast meinen Landsleuten dieses Rätsel
aufgegeben und hast mir nicht gesagt, was es be-
deutet.«
»Ich habe es nicht einmal meinem Vater und mei-
ner Mutter gesagt«, erwiderte Simson. »Warum
sollte ich es dann dir sagen?«
17 Während der ganzen Festtage hing sie weinend
an ihm. Schließlich am siebten Tag sagte er es ihr,
weil sie ihm so zusetzte. Sie verriet die Lösung an
die jungen Männer aus ihrem Volk, 18 und die sagten
zu Simson, kurz bevor die Sonne am siebten Tag
unterging:

»Was ist süßer als Honig,
was stärker als ein Löwe?«

Simson antwortete ihnen: »Hättet ihr nicht mit mei-
ner eigenen Kuh gepflügt, so hättet ihr mein Rätsel
nie erraten.« 19 Der Geist* des Herrn nahm Besitz
von ihm, und er ging hinunter nach Aschkelon
und erschlug dreißig Männer. Er zog ihnen aus,
was sie anhatten, und gab es den jungen Männern,
die sein Rätsel gelöst hatten.
Voll Zorn kehrte er darauf ins Haus seines Vaters
zurück. 20 Seine Frau aber wurde von ihrem Vater
dem Brautführer, einem von den dreißig, gegeben.

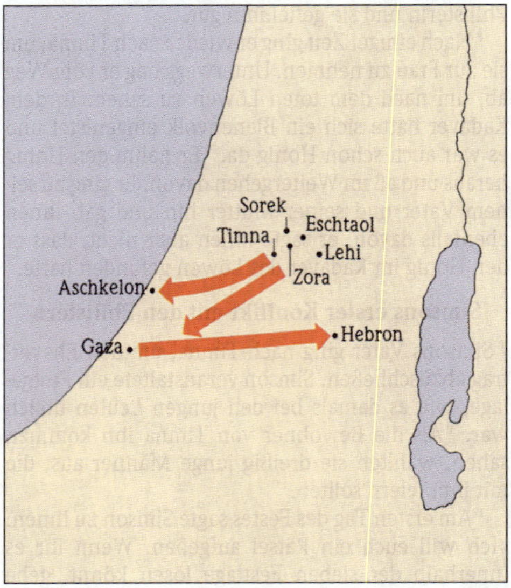

Simsons Streifzüge

Weitere Streitigkeiten mit den Philistern

15 Einige Zeit danach, es war gerade um die
Weizenernte, wollte Simson seine Frau besu-
chen[a] und ihr ein Ziegenböckchen bringen. Er sagte
zu ihrem Vater: »Ich möchte zu meiner Frau in die
Kammer!«, aber ihr Vater ließ ihn nicht hinein.
2 »Ich dachte, du hättest genug von ihr«, sagte er,
»deshalb habe ich sie deinem Brautführer* gegeben.
Aber ihre jüngere Schwester ist doch noch schöner,
die kannst du an ihrer Stelle haben!«
3 Simson sagte: »Diesmal sind die Philister* selber
schuld, wenn ich ihnen schlimm mitspiele!« 4 Er fing
300 Füchse, band jeweils zwei an den Schwänzen
zusammen und steckte eine Fackel in den Knoten.
5 Dann zündete er die Fackeln an und ließ die Füchse
auf die Getreidefelder der Philister los. So gingen die
Garbenhaufen und das reife Getreide auf den Fel-
dern in Flammen auf und auch in die Olivenhaine
wurde das Feuer hineingetragen.
6 »Wer hat das getan?«, fragten die Philister und es
sprach sich herum: »Simson war es, der Schwieger-
sohn des Mannes aus Timna. Das ist die Rache dafür,
dass der ihm die Frau weggenommen und dem
Brautführer gegeben hat!«
Da zogen die Philister nach Timna hinauf und ver-
brannten die Frau samt ihrem Vater. 7 Simson aber
sagte zu ihnen: »Wenn ihr es so treibt, werde ich
nicht ruhen, bis ich mich an euch gerächt habe!«
8 Er versetzte ihnen einen schweren Schlag.[b] Dann
zog er sich in die Felsenhöhle bei Etam zurück.

Simson erschlägt tausend Philister

9 Die Philister* fielen in Juda ein und schlugen in der
Gegend von Lehi ihr Lager auf. 10 »Warum zieht ihr
gegen uns heran?«, fragten die Männer von Juda.
Die Philister antworteten: »Wir wollen Simson
gefangen nehmen und ihm heimzahlen, was er uns
angetan hat.«
11 Da zogen 3000 Männer aus Juda zu der Höhle bei
Etam und sagten zu Simson: »Warum hast du uns in
solche Gefahr gebracht? Du musstest doch wissen,
dass die Philister die Herren im Land sind!«
»Ich habe ihnen nur heimgezahlt, was sie mir
angetan haben«, erwiderte Simson.
12 Da sagten die Männer von Juda: »Wir sind
gekommen, um dich zu fesseln und an die Philister
auszuliefern.«

14,19 3,10S

Simson verlangte von ihnen: »Ihr müsst mir aber
schwören, dass ihr selbst mir nichts weiter antun
werdet!«
13 Sie versicherten: »Wir wollen dich nur fesseln
und ausliefern. Wir werden dich gewiss nicht töten.«
Sie fesselten ihn mit zwei neuen Stricken und führ-
ten ihn aus der Höhle.
14 Als Simson nach Lehi gebracht wurde, stimmten
die Philister ein Triumphgeschrei an. Da nahm der
Geist* des HERRN von ihm Besitz, und er zerriss
die Stricke an seinen Armen, als wären es Fäden,
die vom Feuer versengt sind; die Fesseln lösten sich
einfach auf. 15 Dann fand er einen frischen Eselskno-
chen, einen Unterkiefer, nahm ihn und erschlug
damit tausend Philister.
16 Simson sagte: »Mit einem Eselsknochen hab
ich's ihnen gegeben! Tausend Mann hab ich mit
der Kinnbacke eines Esels erschlagen.« 17 Dann warf
er den Knochen fort. Davon hat der Ort den Namen
Ramat-Lehi (Kinnbackenhöhe).
18 Simson aber war am Verdursten, deshalb rief er
zum HERRN: »Du hast mir, deinem Diener, diesen
großen Sieg gegeben. Lass mich jetzt nicht vor Durst
sterben und in die Hand dieser Unbeschnittenen*
fallen!« 19 Da ließ Gott in der Mulde bei Lehi einen
Spalt entstehen und es floss Wasser heraus. Als Sim-
son davon trank, lebte er wieder auf und seine Kraft
kehrte zurück. Die Quelle ist noch heute in Lehi zu
finden. Weil Simson hier zum HERRN gerufen hat,
wird sie »Ruferquelle« genannt.
20 Während der Zeit, als die Israeliten von den Phi-
listern unterdrückt wurden, war Simson zwanzig
Jahre der Richter* Israels.

Simson ist nicht so leicht zu fangen

16 Eines Tages kam Simson nach Gaza. Dort sah
er eine Prostituierte[a] und ging zu ihr ins Haus.
2 In der Stadt sprach es sich herum: »Simson ist hier!«
Die Philister* suchten überall nach ihm und legten
sich gleichzeitig[b] beim Stadttor auf die Lauer. Die
ganze Nacht über unternahmen sie nichts; denn
sie dachten: »Morgen früh muss er herauskommen,
dann bringen wir ihn um!«
3 Simson aber stand schon um Mitternacht auf,
ging zum Stadttor, packte die beiden Torflügel und
riss sie samt Pfosten und Riegel heraus. Dann nahm
er sie auf die Schultern und trug sie bis auf den Berg
gegenüber von Hebron.

Simsons schwache Stelle

4 Nach einiger Zeit verliebte sich Simson in eine Phi-
listerin namens Delila aus dem Tal Sorek. 5 Da kamen
die Fürsten der Philister* zu ihr und sagten: »Über-
liste ihn durch deine Verführungskunst! Sieh zu,
dass du herausbringst, woher er seine Kraft hat
und was wir tun müssen, um ihn in unsere Gewalt
zu bringen und zu fesseln. Du bekommst dafür
von jedem von uns 1100 Silberstücke*!«
6 Bei nächster Gelegenheit sagte Delila zu Simson:
»Sag mir doch, warum du so stark bist! Gibt es etwas,
womit man dich fesseln und bezwingen kann?«
7 Simson antwortete: »Wenn man mich mit sieben
frischen Bogensehnen fesselt, die noch nicht trocken
sind, verliere ich meine Kraft und bin nicht stärker
als irgendein anderer Mensch.«
8 Die Philisterkönige gaben Delila sieben frische
Bogensehnen und sie fesselte ihn damit. 9 Einige
Männer lagen bei ihr auf der Lauer. Aber als Delila
rief: »Simson, die Philister!«, zerriss er die Sehnen
wie Zwirnfäden, die dem Feuer zu nahe gekommen
sind. Simson hatte nicht preisgegeben, woher seine
Kraft kam.
10 Da sagte Delila: »Du hast mich zum Narren
gehalten und mir Lügen erzählt. Sag mir ehrlich,
womit man dich fesseln kann!«
11 Simson antwortete: »Wenn man mich mit Stri-
cken fesselt, die noch nie benutzt worden sind, ver-
liere ich meine Kraft und bin nicht stärker als irgend-
ein anderer Mensch.«
12 Delila nahm neue Stricke und fesselte ihn damit.
Wieder lagen einige Männer bei ihr auf der Lauer.
Doch als sie rief: »Simson, die Philister!«, riss er
die Stricke von den Armen, als wären es Fäden.
13 Da sagte Delila: »Bis jetzt hast du mich zum Nar-
ren gehalten und mir Lügen erzählt. Sag mir doch
endlich, womit man dich fesseln kann!«
Er antwortete: »Wenn du meine sieben Zöpfe in
das Gewebe auf deinem Webstuhl verwebst!«
14 Delila machte das und schlug seine Zöpfe mit
dem Weberkamm fest.[c] Dann rief sie: »Simson, die
Philister!« Da fuhr er aus dem Schlaf hoch und riss
das ganze Gewebe samt dem Weberbaum* heraus.

Simson verrät sein Geheimnis

15 Darauf sagte Delila: »Wie kannst du behaupten,
mich zu lieben, wenn du mir kein Vertrauen

Unter anderem mithilfe eines Webstuhls versuchte Delila, Simsons geheimnisvolle Kraft zu binden – vergeblich. Im Bild eine Beduinenfrau an einem Webstuhl.

a Das Alte Testament hat keine Bedenken, von solchen Besuchen zu berichten; vgl. Gen 38,15-16; Jos 2,1. Ein anderes Verständnis bahnt sich erst allmählich an (siehe Sacherklärung »Prostitution«). Für Paulus ist der Umgang mit Prostituierten unvereinbar damit, dass der Leib des Christen ein »Tempel« des Heiligen Geistes ist (1 Kor 6,15-19).

b *gleichzeitig:* so sinngemäß; H *die ganze Nacht,* was hier noch nicht am Platz ist und wohl aus Versehen doppelt geschrieben wurde.

c Nachdem der Faden, in diesem Fall die Zöpfe Simsons, mit dem Weberschiffchen durch die aufgespannten Kettfäden »geschossen« wurde, muss er mit dem Weberkamm oder Webeblatt – einem Stab mit kammartig eingesetzten Zinken, zwischen denen die Kettfäden geführt werden – an die schon eingeflochtenen Fäden festgeklopft werden.

15,14 3,10S **16,5** 14,15-17

schenkst? Dreimal hast du mich zum Narren gehalten und mir nicht verraten, woher deine große Kraft kommt!«

16 Täglich setzte sie ihm mit ihren Vorwürfen zu und quälte ihn so, dass ihm das ganze Leben verleidet war. 17 Da verriet er ihr sein Geheimnis und erzählte ihr:[a] »Noch nie in meinem Leben sind mir die Haare geschnitten worden. Seit meiner Geburt bin ich dem HERRN geweiht*. Wenn man mir die Haare abschneidet, verliere ich meine Kraft und bin nicht stärker als irgendein anderer Mensch.«

18 Delila merkte, dass er ihr diesmal die Wahrheit gesagt hatte. Sie ließ den Philisterfürsten ausrichten: »Diesmal müsst ihr selbst kommen! Er hat mir alles verraten.« Die Fürsten kamen und brachten das versprochene Geld mit. 19 Delila ließ Simson in ihrem Schoß einschlafen und rief einen von den Philistern*, damit er ihm die sieben Haarzöpfe abschnitt.° So hatte sie endlich erreicht, dass seine Kraft ihn verließ.

20 Dann rief sie: »Simson, die Philister!« Simson fuhr aus dem Schlaf hoch und dachte: »Ich schaffe das genauso wie bisher! Ich werde alle Fesseln abschütteln.« Er wusste nicht, dass der HERR ihn verlassen hatte. 21 Die Philister überwältigten ihn, stachen ihm die Augen aus und brachten ihn ins Gefängnis nach Gaza. Sie legten ihm bronzene Ketten an und er musste im Gefängnis die Mühle drehen.

22 Aber sein Haar, das sie ihm geschnitten hatten, begann wieder zu wachsen.

Simson rächt sich an den Philistern

23 Nach einiger Zeit kamen die Fürsten der Philister* zusammen, um ein großes Opfer- und Freudenfest zu Ehren ihres Gottes Dagon zu feiern. Sie sagten zueinander: »Unser Gott gab unseren Feind in unsere Hand!« 24 Als das Volk Simson sah, priesen sie ihren Gott und sangen:

»Unser Gott gab unsern Feind in unsre Hand,
der zur Wüste machte unser schönes Land,
unsre besten Männer streckte in den Sand!«[b]

25 Als sie so richtig in Stimmung waren, riefen die Fürsten: »Bringt Simson her! Wir wollen unseren Spaß mit ihm haben.« Man brachte Simson aus dem Gefängnis und sie trieben ihren Spott mit ihm. Sie hatten ihn zwischen die Säulen gestellt.

26 Da bat Simson den Jungen, der ihn führte: »Lass meine Hand einen Augenblick los! Ich möchte die Säulen befühlen, die das Haus tragen, und mich ein wenig daran anlehnen.«

27 Das Haus war gedrängt voll von Männern und Frauen, die zusahen, wie Simson verspottet wurde. Auf dem flachen Dach allein saßen etwa 3000 Menschen. Auch alle Fürsten der Philister waren da.

28 Da rief Simson zum HERRN und sagte: »HERR, du mächtiger Gott! Höre mich und gib mir nur noch einmal meine alte Kraft! Ich will mich an den Philistern rächen – wenigstens für eines von den beiden Augen, die sie mir ausgestochen haben.«

29 Dann tastete er nach den beiden Mittelsäulen, die das Gebäude trugen, und stemmte sich gegen sie, gegen die eine mit der rechten, gegen die andere mit der linken Hand. 30 Er rief: »Euch Philister nehme ich mit in den Tod!«, nahm alle Kraft zusammen und stieß die Säulen um. Da stürzte das ganze Haus über den Philistern und ihren Fürsten zusammen. So riss Simson mehr Philister mit sich in den Tod, als er während seines ganzen Lebens umgebracht hatte.[c]

31 Seine Brüder und alle Männer im Haus seines Vaters kamen und holten seinen Leichnam. Sie bestatteten ihn zwischen Zora und Eschtaol im Grab seines Vaters Manoach. Zwanzig Jahre lang war Simson der Richter* Israels gewesen.

ZUSTÄNDE IN ISRAEL WÄHREND DER RICHTERZEIT (Kapitel 17–21)

Michas Privatheiligtum und der Ursprung des Heiligtums in Dan (Kapitel 17–18)[d]

17 Im Bergland von Efraïm lebte ein Mann namens Micha. 2 Seiner Mutter waren 1100 Silberstücke* entwendet worden. Als sie es entdeckte, sprach sie über den Dieb einen Fluch aus. Da sagte Micha zu ihr: »Die Silberstücke, die du vermisst, sind bei mir; ich habe sie mir genommen.«

»Der HERR möge den Fluch in Segen verwandeln!«, rief die Mutter. 3 Als Micha ihr das Silber zurückgab, fügte sie hinzu: »Hiermit weihe ich das Silber dem HERRN, damit er dich segnet. Es soll davon ein Gottesbild gemacht werden, aus Holz geschnitzt und mit Metall überzogen. So kommt das Geld dir wieder zugute.«

4 Sie nahm von dem Geld 200 Silberstücke und gab sie dem Goldschmied. Der machte ein Gottesbild aus Holz und überzog es mit Metall; das wurde in Michas Gehöft aufgestellt. 5 Micha besaß nämlich ein eigenes Heiligtum. Er ließ auch einen Priesterschurz* und eine Orakeltasche* machen und setzte einen von seinen Söhnen als Priester* ein. 6 Es gab zu jener Zeit noch keinen König in Israel und jeder tat, was er wollte.

7 Ein junger Levit* vom Stamm Juda hatte in Betlehem Aufnahme gefunden. 8 Dann verließ er die Stadt, um irgendwo ein neues Unterkommen zu suchen. Sein Weg führte ihn durch das Bergland von Efraïm und auch zu Michas Gehöft.

a Simsons Schwäche für Frauen wird ihm zum Verhängnis. Die beiden ersten Antworten (Verse 7 und 11) lassen Delila an magische Kräfte denken, die dritte (Vers 13) lüftet bereits einen Teil seines Geheimnisses.
b Im Hebräischen reimt sich das Lied fünfmal auf die gleiche Endsilbe (*-enu* = unser).
c Die Geschichte Simsons ist die Geschichte eines starken Mannes, den Gott trotz aller für uns zweifelhaften Moral benutzte, um seinem Volk zu helfen (13,5).
d Die letzten Kapitel des Richterbuches sprechen nicht mehr von Richtern oder Befreiern, sondern von schlimmen Missständen der Vorkönigszeit. Die Kapitel 17 und 18 berichten von der Entstehung des Heiligtums in Dan, das später unter Jerobeam I. eine umstrittene Rolle spielen sollte (1 Kön 12,28-30).

16,17 13,5 **16,31** 13,25; 15,20 **17,3** Dtn 27,15 **17,4** Ex 20,4S **17,6** 18,1; 19,1; 21,25

9 »Woher kommst du?«, fragte ihn Micha und er
antwortete: »Ich bin ein Levit aus Betlehem in Juda
und suche irgendwo ein Unterkommen.«
10 Micha sagte zu ihm: »Bleib doch bei mir, sei
mein Priester und geistlicher Vater! Ich werde dir
jährlich 10 Silberstücke geben und dazu deine Amtskleidung und was du an Nahrung brauchst.«°
11–12 Der Levit war damit einverstanden und blieb
da. Micha setzte ihn zum Priester ein und behandelte ihn wie einen Sohn. 13 Er sagte sich: »Jetzt bin
ich sicher, dass der HERR es mir gut gehen lässt. Ich
habe einen Nachkommen von Levi als Priester.«

Der Stamm Dan sucht eine neue Heimat

18 Damals gab es noch keinen König in Israel.
Der Stamm Dan war gerade dabei, sich ein
eigenes Wohngebiet zu suchen. Bis dahin war ihm
noch kein Erbbesitz* in Israel zugewiesen worden;
2 deshalb schickten die Leute von Dan fünf Männer
aus ihrer Mitte aus, um das Land zu erkunden, angesehene Leute aus Zora und Eschtaol.

Die Kundschafter kamen auch ins Bergland von
Efraïm und zum Haus Michas, wo sie übernachteten. 3 Dabei fiel ihnen der Levit* durch seine Mundart auf,[a] und sie gingen zu ihm und fragten ihn: »Wie
bist du hierher gekommen? Was tust du denn hier?«
4 Er sagte: »Micha hat mich gegen Lohn eingestellt
und so bin ich sein Priester* geworden.«
5 Sie baten ihn: »Frag doch Gott für uns, ob unser
Vorhaben gelingen wird!«
6 Der Priester tat es und gab ihnen den Bescheid:
»Zieht in Frieden weiter! Der HERR billigt euer Vorhaben.«
7 Die Kundschafter zogen weiter und kamen nach
Lajisch. Die Leute dort lebten ruhig und sorglos und
fühlten sich so sicher wie die Bewohner von Sidon.
Es gab keinen Machthaber im Land, der sie bedroht
hätte. Sidon war weit entfernt und sie lebten ganz
für sich.
8 Als die Kundschafter nach Zora und Eschtaol
zurückkehrten, fragten ihre Stammesbrüder sie:
»Wie ist es euch ergangen?«
9 Sie antworteten: »Auf, wir wollen nach Lajisch
ziehen! Es ist ein sehr gutes Land. Zögert nicht, es
in Besitz zu nehmen! Was legt ihr die Hände in
den Schoß? 10 Ihr werdet dort ein Volk finden, das
sich in Sicherheit wiegt. Gott hat ihr Land in eure
Gewalt gegeben. Es ist ein weites Land, es fehlt dort
nichts, was man sich wünschen kann.«

Michas Priester folgt den Männern von Dan

11 Daraufhin machten sich aus Zora und Eschtaol 600
bewaffnete Männer vom Stamm Dan mit ihren
Familien[b] auf den Weg. 12 Ihr erstes Lager hatten
sie westlich von Kirjat-Jearim im Gebiet von Juda;
der Ort heißt daher bis heute Mahane-Dan (Lager
Dans). 13 Von dort zogen sie weiter ins Bergland
von Efraïm und kamen auch zum Haus Michas.
14 Da sagten die fünf Männer, die als Kundschafter
auf dem Weg nach Lajisch hier vorbeigekommen
waren, zu den Übrigen: »Ihr müsst wissen: In diesen
Häusern hier gibt es ein Gottesbild, aus Holz
geschnitzt und mit Metall überzogen, und außerdem
einen Priesterschurz* mit Orakeltasche*. Bedenkt,
was für eine Gelegenheit sich euch da bietet!«
15 So gingen alle zum Haus des jungen Leviten*,
das Micha gehörte, und begrüßten ihn. 16–17 Während
er bei den 600 Bewaffneten draußen am Tor stand,
gingen die fünf Kundschafter in das Haus und nahmen das Gottesbild[c] und das Orakelgerät an sich.
18 Als der Priester es sah, sagte er: »Was tut ihr da?«
19 Sie erwiderten: »Still, kein Wort! Komm mit
uns, sei unser Priester und geistlicher Vater! Was
ist besser für dich: für eine einzelne Familie oder
für einen ganzen Stamm in Israel Priester zu sein?«
20 Dem Mann gefiel diese Aussicht. Er nahm das
Gottesbild und das Orakelgerät und kam mit ihnen.
21 Beim Weitermarsch ließen die Männer von Dan
Frauen, Kinder und Vieh sowie die Lasttiere mit
ihrem Hab und Gut an der Spitze des Zuges gehen.
22 Sie waren schon ein gutes Stück weit gekommen, als sie von Micha und seinen Nachbarn eingeholt wurden. 23 Die Verfolger riefen: »Halt!«, und die
Männer von Dan drehten sich um. Sie fragten
Micha: »Was ist denn los, dass du uns mit einem
bewaffneten Aufgebot nachjagst?«
24 Micha erwiderte: »Ihr habt mir den Gott weggenommen, den ich mir gemacht hatte, und den Priester dazu; ihr habt mich völlig ausgeraubt. Und da
fragt ihr noch: ›Was ist los?‹«
25 Aber die Leute von Dan sagten zu ihm: »Kein
Wort mehr, sonst werden Männer über euch herfallen, die keinen Spaß verstehen. Dann kostet es dich
und deine Familie auch noch das Leben!«
26 Die Männer von Dan setzten ihren Weg fort.
Micha sah, dass er gegen die Übermacht nichts ausrichten konnte, und kehrte nach Hause zurück.

Ein Heiligtum fragwürdigen Ursprungs

27 Die Männer von Dan nahmen also das Gottesbild
Michas und seinen Priester mit sich. Als sie nach
Lajisch kamen, überfielen sie die nichts ahnenden
Bewohner, erschlugen sie mit dem Schwert und
brannten die Stadt nieder. 28 Niemand kam den Leuten von Lajisch zu Hilfe; denn die Stadt lag weit von
Sidon entfernt und ihre Bewohner hatten ganz für
sich selbst gelebt. Lajisch lag in der Ebene von Bet-Rehob.

a Zu den Dialektunterschieden vgl. 12,6; Mt 26,73.
b *mit ihren Familien:* verdeutlichender Zusatz nach Vers 21.
c Wörtlich *das geschnitzte Bild und das gegossene Bild.* Das klingt, als ob es sich um zwei Bilder handelte; doch ist im ganzen Zusammenhang sonst nur von einem die Rede.

18,1-31 Jos 19,40-48 **18,1** 17,6S **18,5** 1,1-1S **18,14** 17,1-6 **18,19** 17,10 **18,27-29** Jos 19,47-48

Die Eroberer bauten die Stadt wieder auf und wohnten darin. 29 Nach ihrem Stammvater, einem der Söhne Jakobs,° nannten sie die Stadt Dan.

30 Dort stellten sie das mitgebrachte Gottesbild auf, und der Levit* Jonatan, der von Moses° Sohn Gerschon abstammte, wurde ihr Priester*. Auch seine Nachkommen versahen den Priesterdienst für die Männer des Stammes Dan, bis die Bewohner der ganzen Gegend von den Assyrern* aus dem Land weggeführt wurden. 31 So lange, wie das Heiligtum von Schilo* bestand, verehrten die Leute von Dan das Gottesbild, das Micha für sich hatte anfertigen lassen.

Eine Schandtat im Gebiet Benjamins und die Folgen (Kapitel 19–21)

Ein Levit holt seine Frau zurück[a]

19 In jener Zeit, als es in Israel noch keinen König gab, lebte im äußersten Norden des Berglandes von Efraïm ein Levit*, der dort Aufnahme gefunden hatte. Er hatte eine Nebenfrau, die aus Betlehem in Juda stammte. 2 Weil sie sich über ihren Mann ärgerte, lief sie ihm weg und kehrte zu ihrem Vater nach Betlehem zurück. Als sie schon vier Monate lang dort war, 3 machte sich ihr Mann mit seinem Knecht und zwei Eseln auf den Weg. Er wollte ihr gut zureden und sie zur Rückkehr bewegen.

Die Frau führte ihn ins Haus ihres Vaters. Als der ihn sah, ging er ihm voll Freude entgegen. 4 Auf das Drängen des Vaters blieb der Levit mit seinem Knecht drei Tage da. Sie aßen und tranken und übernachteten dort. 5 Am Morgen des vierten Tages wollten sie aufbrechen, aber der Vater sagte zu seinem Schwiegersohn: »Iss noch eine Kleinigkeit, stärke dich für den Weg! Dann könnt ihr gehen.« 6 So blieben sie noch und die beiden Männer aßen und tranken miteinander.

Dann sagte der Vater: »Tu mir den Gefallen und bleib noch einmal über Nacht; lass es dir wohl sein!« 7 Der Levit wollte gehen, aber der Mann drängte ihn zu bleiben und so gab er noch die Nacht zu.

8 Als er am Morgen des fünften Tages aufbrechen wollte, sagte der Vater: »Nimm noch eine kleine Stärkung! Wartet mit dem Aufbruch bis gegen Abend, wenn es kühler wird.« So aßen sie noch einmal miteinander.

9 Als dann der Levit aufstand, um sich mit seiner Frau und dem Knecht auf den Weg zu machen, sagte der Vater: »Es geht schon auf den Abend zu, gleich wird es dunkel; übernachtet doch noch einmal! Bleib noch eine Nacht und lass es dir hier wohl sein; morgen früh könnt ihr aufbrechen und nach Hause ziehen.«

10 Aber der Levit wollte nicht länger bleiben und machte sich auf den Weg. Er kam mit seiner Frau und den beiden gesattelten Eseln bis vor die Jebusiterstadt Jerusalem. 11 Weil der Tag zu Ende ging, sagte der Knecht zu seinem Herrn: »Lass uns in die Stadt gehen und dort übernachten!« 12-13 Aber sein Herr erwiderte: »Wir kehren nicht bei Fremden ein, die nicht zum Volk Israel gehören. Wir gehen noch bis nach Gibea oder nach Rama, dort übernachten wir.«

Nachtquartier gesucht

14 So gingen sie weiter. Als die Sonne unterging, waren sie in der Nähe von Gibea im Gebiet des Stammes Benjamin. 15 Sie bogen von der Straße ab und gingen in die Stadt. Aber niemand wollte sie aufnehmen und so blieben sie auf dem öffentlichen Platz unter freiem Himmel.

16 Ein alter Mann kam gerade von der Arbeit auf dem Feld nach Hause. Es war ein Ortsfremder, der vom Bergland Efraïm stammte; die übrigen Bewohner der Stadt gehörten zum Stamm Benjamin. 17 Als er den Leviten* im Freien rasten sah, fragte er ihn: »Wohin gehst du? Woher kommst du?«

18 Der Levit antwortete: »Wir kommen von Betlehem in Juda und wollen ans äußerste Ende des Berglandes Efraïm. Dort wohne ich und von dort bin ich nach Betlehem gereist. Jetzt bin ich auf dem Heimweg.° Niemand hat mich hier für die Nacht in sein Haus aufnehmen wollen. 19 Dabei haben wir Stroh und Futter für unsere Esel bei uns, auch Brot und Wein für mich, meine Frau und meinen Knecht. Du siehst, wir sind mit allem versorgt.«

20 Der Mann antwortete: »Seid mir willkommen, lasst mich für euch sorgen! Auf diesem Platz hier könnt ihr nicht übernachten.« 21 Er führte sie in sein Haus und warf den Eseln Futter vor. Dann wuschen sie die Füße und aßen und tranken miteinander.

Eine unerhörte Schandtat

22 Während sie noch in aller Ruhe beim Mahl saßen, umstellten plötzlich die Männer der Stadt das Haus. Es waren verruchte Leute, sie trommelten gegen die Tür und forderten den Besitzer des Hauses auf: »Bring uns den Mann heraus, der bei dir eingekehrt ist! Wir wollen mit ihm Verkehr haben.«

23 Der alte Mann ging zu ihnen hinaus und sagte: »Nicht doch, Brüder, tut nicht so etwas Gemeines! Dieser Mann ist mein Gast, ihr dürft ihm nicht diese Schande antun. 24 Ich bringe euch meine Tochter, die noch Jungfrau ist, und dazu die Frau des Fremden; mit denen könnt ihr treiben, was ihr wollt. Aber an diesem Mann dürft ihr euch nicht so schändlich vergreifen.«[b]

a Die Kapitel 19–21 berichten von einem Verbrechen, in dessen Folge der Stamm Benjamin nahezu ausgerottet wird. In seltener Einmütigkeit schließen sich alle Stämme Israels zusammen, um das Böse zu beseitigen und dann Hilfe zu einem neuen Anfang zu geben. Mitten in einer Zeit sittlichen Verfalls ist dies ein Zeichen, dass Gott sein Volk trotz allem nicht aufgegeben hat.

b Man wird bei diesem Bericht sofort an Sodom erinnert (Gen 19,1-8), mit dem Unterschied, dass die Bewohner von Gibea nicht an der Ausführung ihres Verbrechens gehindert werden.

18,30 2 Kön 15,29 **18,31** Jos 18,1S **19,1** 17,6S **19,10** Jos 15,63S **19,21** (Füße) Gen 18,4; 19,2; 24,32; 43,24 **19,22-28** Hos 9,9; 10,9 **19,22-24** Gen 19,4-8

25 Als die Männer keine Ruhe gaben, nahm der
Levit seine Nebenfrau und führte sie zu ihnen hin-
aus. Sie vergewaltigten sie die ganze Nacht über
und ließen sie erst in Ruhe, als der Morgen däm-
merte. 26 Die Frau schleppte sich zur Tür des Hauses,
in dem ihr Mann übernachtete, und brach davor
zusammen. So lag sie, bis es ganz hell wurde.
27 Als ihr Mann aus der Tür trat, um weiterzurei-
sen, fand er sie dort; die ausgestreckten Hände lagen
auf der Türschwelle. 28 »Steh auf, wir wollen wei-
ter!«, rief er ihr zu, aber sie konnte nicht mehr ant-
worten. Da lud er ihren Leichnam auf den Esel
und reiste nach Hause.
29 Dort angekommen, nahm er ein Messer, zer-
teilte den Leichnam seiner Frau in zwölf Stücke
und schickte jedem Stamm Israels eines davon.
30 Alle, die es sahen, sagten: »Solch ein gemeines
Verbrechen ist in Israel[a] noch nie begangen wor-
den, seit unsere Vorfahren aus Ägypten hierher ge-
kommen sind! Bedenkt das und haltet Rat, was zu
tun ist!«

Die Stämme Israels beschließen die Bestrafung Gibeas

20 Alle Männer Israels von Dan im Norden bis
Beerscheba im Süden und auch die aus
Gilead* im Ostjordanland versammelten sich wie
ein Mann beim Heiligtum des HERRN in Mizpa.
2 Nicht nur die Oberhäupter der Stämme kamen
zusammen, sondern die ganze Gemeinde der Israe-
liten, 400000 mit Schwertern bewaffnete Män-
ner. 3 Die Leute des Stammes Benjamin erfuhren
davon.
Die versammelten Israeliten fragten: »Wie ist die-
ses Verbrechen geschehen?«, 4 und der Levit*, der
Mann der ermordeten Frau, berichtete: »Ich kam
mit meiner Nebenfrau nach Gibea im Gebiet von
Benjamin und wollte dort übernachten. 5 Da umzin-
gelten die Männer von Gibea in der Nacht das Haus,
in dem ich war. Auf mich hatten sie es abgesehen
und wollten mich umbringen. Sie vergewaltigten
meine Frau so lange, bis sie starb. 6 Deshalb zerteilte
ich ihren Leichnam und schickte die Stücke in alle
Gegenden des Landes. Die Männer von Gibea haben
ein Verbrechen begangen, das in Israel unerhört ist.
7 Ihr alle seid doch Israeliten, haltet also Rat und
beschließt, was geschehen soll!«
8 Da standen sie alle auf wie ein Mann und erklär-
ten: »Keiner von uns darf nach Hause zurückkehren,
9 bevor wir an den Leuten von Gibea die Strafe voll-
streckt haben! Wir wollen das Los werfen 10 und
jeden zehnten Mann dazu bestimmen, für die Ver-
pflegung zu sorgen; die Übrigen sollen die Leute
von Gibea bestrafen für dieses schändliche Verbre-
chen, das sie mitten in Israel begangen haben.«

Der Stamm Benjamin hält zu den Leuten von Gibea

11 Die Männer Israels zogen einmütig, wie *ein* Mann,
gegen die Stadt Gibea. 12 Sie schickten Boten voraus
durch den ganzen Stamm Benjamin und ließen
sagen: »Was ist da für eine schwere Untat unter euch
geschehen! 13 Liefert uns die Männer von Gibea aus,
dieses verruchte Gesindel! Wir wollen sie töten und
so das Böse aus Israel entfernen.«
Aber die Männer von Benjamin wollten nicht auf
ihre Brüder, die übrigen Israeliten, hören. 14 Aus dem
ganzen Stammesgebiet zogen sie nach Gibea, um
gegen die Israeliten zu kämpfen. 15 26000 mit
Schwertern bewaffnete Männer aus dem Stamm
Benjamin sammelten sich dort, dazu kamen noch
die 700 Männer von Gibea, geübte Krieger. 16 Im
Heer Benjamins gab es 700 Elitekämpfer, die Links-
händer waren und mit der Schleuder unfehlbar ins
Ziel trafen. 17 Auf der Seite der Israeliten zählte man
400000 mit Schwertern bewaffnete Krieger.

Die Strafexpedition droht ein Misserfolg zu werden

18 Die Männer Israels gingen zum Heiligtum von Bet-
El, um bei Gott Rat zu holen. Sie fragten ihn: »Wel-
cher Stamm soll den Kampf gegen die Männer von
Benjamin eröffnen?«
Der HERR antwortete: »Der Stamm Juda.«
19 Früh am Morgen brachen die Männer Israels
auf, zogen vor Gibea 20 und stellten sich zum Kampf
gegen die Männer von Benjamin auf. 21 Die Männer
von Benjamin aber brachen aus der Stadt hervor und
erschlugen 22000 von den Israeliten.
22–23 Die Männer Israels kehrten nach Bet-El
zurück. Sie weinten und klagten vor dem HERRN
über ihre Niederlage, den ganzen Tag bis zum
Abend. Sie fragten den HERRN: »Sollen wir noch ein-
mal gegen unsere Brüder, die Männer von Benjamin,
in den Kampf ziehen?«
Der HERR antwortete: »Ja, zieht gegen sie!«
Da ermannten sie sich und stellten sich am ande-
ren Tag noch einmal an derselben Stelle zum Kampf
auf. 24 Sie rückten gegen die Männer von Benjamin
vor, 25 aber die brachen auch an diesem Tag aus der
Stadt hervor und erschlugen 18000 von den Israeli-
ten, lauter mit Schwertern bewaffnete Krieger.
26 Wieder zogen die Männer Israels nach Bet-
El und klagten dem HERRN ihre Niederlage. Sie wein-
ten und fasteten bis zum Abend, dann brachten
sie dem HERRN Brandopfer* und Mahlopfer* dar.
27–28 Damals stand im Heiligtum von Bet-El die Bun-
deslade* und als Priester diente dort Pinhas, der
Sohn Eleasars und Enkel Aarons. Die Israeliten frag-
ten den HERRN: »Sollen wir noch einmal gegen unse-

a Das geschehene Verbrechen betrifft ganz Israel; deshalb müssen alle Stämme darauf reagieren.

19,29 1 Sam 11,7 **20,1** (Mizpa) 21,1; 1 Sam 7,5-7; 10,17 **20,6** 2 Sam 13,11 S **20,12-13** Dtn 13,6 **20,18** 1,1-1 S **20,27-28** Num 25,10-13

re Brüder, die Männer von Benjamin, in den Kampf
ziehen oder sollen wir es aufgeben?«

Der HERR antwortete: »Ja, zieht noch einmal
gegen sie; morgen werde ich sie in eure Hand
geben.«

Der Stamm Benjamin wird vernichtend geschlagen

29 Diesmal wandten die Israeliten eine List an und
versteckten einen Teil ihrer Männer an verschiede-
nen Stellen rings um Gibea. 30 Dann stellten sie sich
genau wie an den beiden vorangegangenen Tagen
vor der Stadt zum Kampf auf.

31 Als die Männer von Benjamin aus der Stadt her-
vorbrachen, ließen sich die Israeliten zum Schein
von ihnen zurückschlagen und lockten sie so von
der Stadt weg. Auf freiem Feld, auf den Straßen,
die von Gibea nach Bet-El und nach Gibeon° führen,
erschlugen die Männer von Benjamin etwa 30 Israe-
liten. 32 Sie waren siegesgewiss und sagten: »Wir
schlagen sie wieder wie schon zweimal!«

Die Männer von Israel folgten der Parole: »Wir
weichen zurück und locken sie von der Stadt weg
auf die Landstraßen!« 33 Bei BaalTamar jedoch hiel-
ten sie an und stellten sich zum Kampf. Gleichzeitig
brachen die Männer aus dem Hinterhalt bei Geba
hervor, 34 10000 ausgesuchte Krieger, und drangen
gegen Gibea vor. Die Männer von Benjamin waren
nichts ahnend in die Falle gegangen. Es kam zu
einem schweren Kampf. 35 Der HERR half den Män-
nern von Israel und so konnten sie an diesem Tag
25100 Benjaminiter töten, lauter mit Schwertern
bewaffnete Krieger. 36 Die Männer von Benjamin
sahen, dass sie geschlagen waren.

Im Einzelnen war es so zugegangen: Das Heer
Israels war vor den Männern Benjamins zurückge-
wichen; denn die Israeliten setzten auf den Hinter-
halt, den sie in der Nähe der Stadt gelegt hatten.
37 Die Männer aus dem Hinterhalt brachen hervor,
überfielen die Stadt und erschlugen alle Bewohner
mit dem Schwert. 38 Wie verabredet steckten sie die
Stadt in Brand, sodass der Rauch von ihr aufstieg.

39 Während der Verfolgung der Zurückweichen-
den hatten die Männer von Benjamin schon eine
Reihe von Israeliten, etwa dreißig, erschlagen. Sie
sagten zueinander: »Die Israeliten fliehen! Wir
haben sie auch diesmal wieder geschlagen!« 40 Doch
da begann der Rauch von der Stadt aufzusteigen, und
als die Männer von Benjamin zurückschauten,
erkannten sie, dass die ganze Stadt in Flammen
stand. 41 Jetzt machten die fliehenden Israeliten
kehrt und stellten sich zum Kampf.

Die Männer von Benjamin wurden von Entsetzen
gepackt, denn sie sahen, dass für sie alles verloren
war. 42 Sie flohen vor den Israeliten der Wüste zu,
aber ihre Verfolger blieben ihnen auf den Fersen,
und auf der anderen Seite nahmen die Israeliten,
die von der Stadt her° kamen, sie in die Zange.
43 Die Männer von Benjamin wurden umzingelt,
gejagt, niedergemacht von Noha° bis östlich von
Gibea. 44 18000 von ihnen fanden den Tod.

45 Nur ein Rest entkam und floh in Richtung Wüs-
te, zum Rimmonfelsen. Auf den Straßen erschlugen
die Israeliten noch einmal 5000 Benjaminiter und
bei der weiteren Verfolgung schließlich noch 2000.°
46 So waren insgesamt 25000 mit Schwertern be-
waffnete Männer aus dem Stamm Benjamin getötet
worden, lauter tapfere Krieger.

47 Nur 600 hatten sich zum Rimmonfelsen flüch-
ten können. Dort blieben sie vier Monate. 48 Die
Männer Israels aber durchzogen das ganze Stam-
mesgebiet Benjamin, töteten alles, Menschen und
Vieh, und brannten die Städte und Dörfer nieder.

Der Stamm Benjamin darf nicht aussterben

21 In Mizpa hatten die Männer Israels geschwo-
ren: »Keiner von uns wird seine Tochter
einem Mann aus Benjamin zur Frau geben!« 2 Nun
kamen die Israeliten zum Heiligtum nach Bet-El
und hielten den ganzen Tag über eine große Klage
vor Gott. Weinend sagten sie: 3 »HERR, du Gott
Israels, warum musste das geschehen? Ein ganzer
Stamm fehlt heute in Israel!«[a]

4 Am anderen Morgen bauten sie dort einen Altar
und opferten Gott Brandopfer* und Mahlopfer*.
5 Dann wurde gefragt: »Ist von den Stämmen Israels
irgendeiner nicht erschienen, als zur Versammlung
vor dem HERRN aufgerufen wurde?«

Man hatte nämlich einen feierlichen Eid geschwo-
ren: »Wer nicht zum HERRN nach Mizpa kommt,
muss sterben!« 6 Nun aber trauerten die Israeliten
über ihren Bruderstamm Benjamin und sagten:
»Heute ist ein ganzer Stamm aus Israel ausgetilgt
worden. 7 Wie können wir den Überlebenden zu
Frauen verhelfen? Wir haben doch geschworen,
dass keiner von uns seine Tochter an einen Mann
aus Benjamin verheiraten darf!« 8 Da verfielen sie
auf den Ausweg und stellten die Frage: »Ist vielleicht
einer von den Stämmen Israels nicht zur Versamm-
lung vor dem HERRN gekommen?«

Tatsächlich war aus der Stadt Jabesch in Gilead*
niemand zum Heer Israels gestoßen. 9 Als die anwe-
senden Männer gemustert wurden, stellte es sich
heraus, dass von dort niemand da war. 10 So schick-
ten die versammelten Israeliten 12000 Mann nach
Jabesch mit dem Auftrag: »Tötet die Bewohner der
Stadt mit dem Schwert, auch die Frauen und Kinder!
11 Vollstreckt an ihnen den Bann*. Nur die Mädchen,
die noch unberührt sind, lasst am Leben.«

12 Die Männer von Israel fanden in Jabesch 400
Mädchen, die noch kein Mann berührt hatte, und

a Nach vollzogener Strafe wird den Israeliten deutlich, dass das Abtrennen eines Stammes ein Schnitt ins eigene Fleisch war. Der fehlende Stamm muss erneuert werden. Neben die Bereinigung der Schuld tritt darum das Erbarmen mit den Überlebenden.

20,31 Jos 8,6.16 **20,40** Jos 8,20 **21,1** 20,1S **21,10-11** Dtn 7,1-4S; Num 31,18

brachten sie ins Lager nach Schilo*. 13 Dann schick-
ten die versammelten Israeliten Boten zu den Über-
lebenden des Stammes Benjamin, die sich am Rim-
monfelsen versteckt hielten, und schlossen Frieden
mit ihnen. 14 Die 600 Männer kehrten zurück und
die Israeliten gaben ihnen die Mädchen, die sie bei
der Bestrafung von Jabesch verschont hatten. Aber
es waren noch nicht genug.

Frauen aus Schilo für die Männer Benjamins

15 Die Israeliten waren traurig, weil der HERR einen
Stamm aus ihrer Mitte gerissen hatte. 16 Die Ältes-
ten* des Volkes sagten: »Wie sollen wir den überle-
benden Männern Benjamins Frauen verschaffen? In
ganz Benjamin ist keine Frau am Leben geblieben.
17 Der Landbesitz der Überlebenden ist ja noch da
und es darf kein Stamm in Israel aussterben. 18 Aber
unsere Töchter können wir nicht an sie verheiraten,
denn alle Israeliten haben feierlich erklärt: ›Fluch
über jeden, der einem Mann aus Benjamin eine Frau
gibt!‹«

19 Nun wurde aber jedes Jahr in Schilo* ein Fest zu
Ehren des HERRN gefeiert. – Schilo lag nördlich von
Bet-El, östlich der Straße von Bet-El nach Sichem
und südlich von Lebona. – 20 Die Ältesten Israels sag-
ten deshalb zu den überlebenden Männern Benja-
mins: »Legt euch in den Weinbergen auf die Lauer,
21 und wenn ihr die jungen Mädchen von Schilo
zum Festtanz kommen seht, dann stürmt hervor,
und jeder raubt sich eines von ihnen als Frau. Nehmt
sie mit in euer Stammesgebiet.

22 Wenn aber ihre Väter oder Brüder kommen und
sich bei uns darüber beschweren, dann werden wir
zu ihnen sagen: ›Lasst ihnen die Mädchen; tut es uns
zuliebe! Wir konnten durch die Bestrafung von
Jabesch nicht jedem eine Frau verschaffen. Ihr
macht euch auch nicht schuldig, wenn ihr sie ihnen
überlasst; denn ihr habt sie ihnen ja nicht freiwillig
gegeben.‹«

23 Die Männer Benjamins befolgten den Rat, und
jeder raubte sich aus den tanzenden Mädchen eines
und machte es zu seiner Frau. Dann kehrten sie zu
ihrem Erbbesitz* zurück, bauten die Städte wieder
auf und wohnten darin. 24 Die Männer von Israel
aber gingen auseinander, jeder zu seinem Stamm
und zu seiner Sippe, zu dem Erbbesitz, der ihm zuge-
wiesen worden war.

25 Es gab zu jener Zeit noch keinen König in Israel
und jeder tat, was er wollte.

21,13 20,45-47 **21,19** Jos 18,1S **21,25** 17,6S

RUT

In alten Zeiten waren Religion und Volkstum noch ungetrennt: Wer Volk und Land verließ, verließ auch seinen Gott. So gibt die Moabiterin Rut in treuer Anhänglichkeit an die Familie ihres verstorbenen Mannes aus Juda zugleich mit der Heimat auch ihren angestammten Glauben auf und vertraut sich und ihr Schicksal dem Gott Israels an. Als Lohn der Treue wird sie aus dem Elend erhoben und wird sogar zur Stammmutter des großen Königs David und damit von Jesus (Matthäus 1,5). So leuchtet in dieser Geschichten etwas davon auf, dass einst die Schranken zwischen den Völkern fallen werden und in Christus alle ein einziges neues Volk werden (Kolosser 3,11).

Zum Verständnis der Handlung ist es nötig, etwa von der in Israel üblichen »Schwagerehe« zu wissen (Deuteronomium 25,5-10). Wenn ein Mann stirbt, ohne männliche Nachkommen zu hinterlassen, muss der jeweils nächststehende männliche Angehörige des Verstorbenen die Witwe zur Frau nehmen, um mit ihr wenigstens einen Sohn zu zeugen. Dieser gilt als Sohn des Verstorbenen und setzt dessen Abstammungslinie fort. Die Verpflichtung dazu ist in dieser Geschichte verknüpft mit der anderen, den Familienbesitz zu erhalten, damit er nicht in fremde Hände verkauft werden muss.

Rut lässt ihre Schwiegermutter nicht im Stich

1 Es war die Zeit, als das Volk Israel noch von Richtern* geführt wurde. Weil im Land eine Hungersnot herrschte, verließ ein Mann aus Betlehem im Gebiet von Juda seine Heimatstadt und suchte mit

Wegen einer Hungersnot war Noomi aus ihrer Heimatstadt Betlehem geflohen. Jetzt kehrte sie mit Rut dorthin zurück, gerade als die Getreideernte begann. Das Bild zeigt einen Dreschplatz in der Nähe von Betlehem.

seiner Frau und seinen zwei Söhnen Zuflucht im Land Moab. 2 Der Mann hieß Elimelech, die Frau Noomi;[a] die Söhne waren Machlon und Kiljon.[b] Die Familie gehörte zur Sippe Efrat, die in Betlehem in Juda lebte.

Während sie im Land Moab* waren, 3 starb Elimelech und Noomi blieb mit ihren beiden Söhnen allein zurück. 4 Die Söhne heirateten zwei moabitische Frauen, Orpa und Rut.[c] Aber zehn Jahre später starben auch Machlon und Kiljon, 5 und ihre Mutter Noomi war nun ganz allein, ohne Mann und ohne Kinder.

6–7 Als sie erfuhr, dass der HERR seinem Volk geholfen hatte und es in Juda wieder zu essen gab, entschloss sie sich, das Land Moab zu verlassen und nach Juda zurückzukehren. Ihre Schwiegertöchter gingen mit.

8 Unterwegs sagte sie zu den beiden: »Kehrt wieder um! Geht zurück, jede ins Haus ihrer Mutter! Der HERR vergelte euch alles Gute, das ihr an den Verstorbenen und an mir getan habt. 9 Er gebe euch wieder einen Mann und lasse euch ein neues Zuhause finden.«

Noomi küsste die beiden zum Abschied. Doch sie weinten 10 und sagten zu ihr: »Wir verlassen dich nicht! Wir gehen mit dir zu deinem Volk.«

11 Noomi wehrte ab: »Kehrt doch um, meine Töchter! Warum wollt ihr mit mir gehen? Habe ich etwa noch Söhne zu erwarten, die eure Männer werden könnten? 12 Geht, meine Töchter, kehrt um! Ich bin zu alt, um noch einmal zu heiraten. Und selbst

a Gesprochen wird der Name *Nó'omi;* griechisch-lateinische Form Naëmi.
b Die Namen haben im Hebräischen eine Bedeutung oder erinnern an bestimmte Wörter: *Elimelech* heißt »Mein Gott ist König«, *Noomi* etwa »die Liebliche«; *Machlon* klingt wie »Krankheit« und *Kiljon* wie »Auszehrung«.
c *Orpa* klingt im Hebräischen wie »aufsässig«, *Rut* wie »Freundin«.

1,1 Ri 2,16; 17,6S; Gen 12,10 **1,2** 1Sam 17,12

wenn es möglich wäre und ich es noch heute tun
würde und dann Söhne zur Welt brächte – 13 wolltet
ihr etwa warten, bis sie groß geworden sind? Wolltet
ihr so lange allein bleiben und auf einen Mann war-
ten? Nein, meine Töchter! Ich kann euch nicht
zumuten, dass ihr das bittere Schicksal teilt, das
der HERR mir bereitet hat.«
14 Da weinten Rut und Orpa noch mehr. Orpa
küsste ihre Schwiegermutter und nahm Abschied;
aber Rut blieb bei ihr. 15 Noomi redete ihr zu: »Du
siehst, deine Schwägerin ist zu ihrem Volk und zu
ihrem Gott zurückgegangen. Mach es wie sie, geh
ihr nach!«
16 Aber Rut antwortete: »Dränge mich nicht, dich
zu verlassen. Ich kehre nicht um, ich lasse dich nicht
allein. Wohin du gehst, dorthin gehe ich auch; wo
du bleibst, da bleibe ich auch. Dein Volk ist mein
Volk und dein Gott ist mein Gott. 17 Wo du stirbst,
da will auch ich sterben; dort will ich begraben
werden. Der Zorn des HERRN soll mich treffen, wenn
ich nicht Wort halte: Nur der Tod kann mich von dir
trennen!«

Ankunft in Betlehem

18 Als Noomi sah, dass Rut so fest entschlossen war,
gab sie es auf, sie zur Heimkehr zu überreden. 19 So
gingen die beiden miteinander bis nach Betlehem.
Als sie dort ankamen, sprach es sich sofort in der
ganzen Stadt herum und die Frauen riefen: »Ist das
nicht Noomi?«
20 »Nennt mich nicht mehr Noomi«, sagte sie,
»nennt mich Mara;[a] denn Gott, der Gewaltige*,
hat mir ein sehr bitteres Schicksal bereitet. 21 Mit
meinem Mann und mit zwei Söhnen bin ich von hier
weggezogen; arm und ohne Beschützer lässt der
HERR mich heimkehren. Warum nennt ihr mich
noch Noomi? Der HERR, der Gewaltige, hat sich
gegen mich gewandt und mich ins Elend gestürzt.«
22 So war Noomi mit ihrer moabitischen Schwie-
gertochter Rut wieder nach Betlehem zurückge-
kehrt. Dort hatte gerade die Gerstenernte begonnen.

Rut findet einen Beschützer

2 Noomi hatte von ihrem Mann her einen Ver-
wandten namens Boas.[b] Er gehörte zur Sippe Eli-
melechs und war ein tüchtiger Mann und wohlha-
bender Grundbesitzer. 2 Eines Tages sagte die Moa-
biterin Rut zu ihrer Schwiegermutter: »Ich will hin-
ausgehen und Ähren sammeln, die auf dem Feld lie-
gen geblieben sind. Ich finde schon jemand, der
freundlich zu mir ist und es mir erlaubt.«
»Geh nur, meine Tochter!«, sagte Noomi.
3 Rut kam zu einem Feld und sammelte Ähren
hinter den Männern und Frauen her, die dort das
Getreide schnitten und die Garben banden und weg-
trugen.[c] Es traf sich, dass das Feld zum Besitz von
Boas gehörte.
4 Im Lauf des Tages kam Boas selbst aus der Stadt
zu seinen Leuten heraus. »Gott sei mit euch!«,
begrüßte er sie und sie erwiderten: »Der HERR segne
dich!«
5 Boas fragte den Mann, der die Aufsicht über die
anderen führte: »Wohin gehört diese junge Frau?«[d]
6 Er antwortete: »Es ist eine Moabiterin, die mit
Noomi gekommen ist. 7 Sie hat gefragt, ob sie die
Ähren auflesen darf, die unsere Leute liegen lassen.
Seit dem frühen Morgen ist sie auf den Beinen, jetzt

Rut ging auf das Feld von Boas, einem Verwandten ihres Mannes. Sie sammelte Ähren, welche die Schnitter zurückgelassen hatten. Das Gesetz Gottes gab den Armen das Recht, sich auf diese Weise mit dem Lebensnotwendigen zu versorgen (Lev 19,9-10).

a *Mara* bedeutet »bitter«.
b *Boas* klingt im Hebräischen wie »In ihm ist Macht«.
c *hinter den Männern ...:* wörtlich *hinter den Erntenden her.* Die Übersetzung verdeutlicht den Vorgang des »Erntens«. Der hebräische Text des Kapitels spricht von den *Erntenden* abwechselnd in der männlichen und der weiblichen grammatischen Form, ohne dass die Tätigkeiten auf beide Seiten verteilt werden.
d Das orientalische Taktgefühl verbietet die direkte Erkundigung nach einer unbekannten Frau; deshalb fragt Boas nach ihrer Familie. Die Antwort darauf ist direkt.

1,16 2 Sam 15,21 **2,2** Lev 19,9-10 S

hat sie zum ersten Mal eine Pause gemacht und sich in den Schatten gesetzt.«

[8] Da wandte sich Boas an Rut und sagte: »Hör auf meinen Rat! Geh nicht auf ein anderes Feld, um dort Ähren zu sammeln. Bleib hier und halte dich zu meinen Knechten und Mägden. [9] Geh hier auf dem Feld hinter ihnen her. Ich habe meinen Leuten befohlen, dich nicht zu hindern. Und wenn du Durst hast, geh zu den Krügen und trink von dem Wasser, das meine Leute sich dort schöpfen.«

[10] Rut warf sich vor ihm zu Boden und fragte: »Wie kommt es, dass du so freundlich zu mir bist? Ich bin doch eine Fremde.«

[11] Boas antwortete: »Ich weiß, was du seit dem Tod deines Mannes für deine Schwiegermutter getan hast; es wurde mir alles erzählt. Du hast deinen Vater und deine Mutter und deine Heimat verlassen und bist mit ihr zu einem Volk gegangen, das du vorher nicht kanntest. [12] Der HERR vergelte dir, was du getan hast, und belohne dich reich dafür – der Gott Israels, zu dem du gekommen bist, um Schutz zu finden unter seinen Flügeln!«

[13] »Du bist so freundlich zu mir!«, erwiderte Rut. »Du hast mich getröstet und mir Mut gemacht, obwohl ich noch viel geringer bin als eine deiner Mägde.«

[14] Zur Essenszeit sagte Boas zu Rut: »Komm zu uns, iss von dem Brot und tunke es in den Most!« So setzte sie sich zu den Knechten und Mägden, und Boas gab ihr so reichlich geröstete Getreidekörner, dass sie sogar noch davon übrig behielt.

[15] Als sie aufstand, um wieder Ähren zu sammeln, wies er seine Leute an: »Lasst sie auch zwischen den Garben sammeln und treibt sie nicht weg! [16] Lasst absichtlich Ähren aus den Garben fallen, damit sie sie auflesen kann, und sagt ihr kein unfreundliches Wort!«

Ruts Schwiegermutter erkennt Gottes Fügung

[17] So sammelte Rut bis zum Abend und klopfte dann ihre Ähren aus. Sie hatte etwa 17 Kilo[a] Gerste zusammengebracht. [18] Sie trug alles in die Stadt und brachte es ihrer Schwiegermutter, und sie gab ihr auch, was von den gerösteten Körnern übrig geblieben war.

[19] Noomi fragte sie: »Wo hast du heute Ähren gesammelt? Auf wessen Feld bist du gewesen? Gott segne den, der dir das erlaubt hat!«

»Der Mann, auf dessen Feld ich heute war«, antwortete Rut, »hieß Boas.«

[20] Da sagte Noomi zu ihr: »Der HERR segne ihn! Jetzt sehe ich, dass der HERR uns nicht im Stich gelassen hat, uns Lebende nicht und nicht unsere Toten. Du musst wissen«, fuhr sie fort, »Boas ist mit uns verwandt. Er ist einer von den Lösern*, die uns nach dem Gesetz* beistehen müssen.«

[21] Rut, die Moabiterin*, erzählte: »Er hat zu mir gesagt, ich soll mich zu seinen Leuten halten, bis sie die ganze Ernte eingebracht haben.«

[22] Noomi sagte: »Es ist gut, meine Tochter, wenn du mit den Leuten von Boas gehst. Auf einem anderen Feld werden sie vielleicht nicht so freundlich zu dir sein.«

[23] Während der ganzen Gerstenernte und auch noch der Weizenernte hielt sich Rut zu den Leuten von Boas und las Ähren auf. Als die Ernte vorbei war, blieb sie auch tagsüber bei ihrer Schwiegermutter.

Rut wagt eine Bitte

3 Eines Tages sagte Noomi zu Rut: »Meine Tochter, ich möchte, dass du wieder einen Mann und eine Heimat bekommst. [2] Du weißt, dass Boas, mit dessen Leuten du auf dem Feld warst, mit uns verwandt ist. Er arbeitet heute Abend mit der Worfschaufel* auf der Tenne, um die Spreu von der Gerste zu trennen. [3] Bade und salbe dich, zieh deine besten Kleider an und geh zur Tenne. Sieh zu, dass er dich nicht bemerkt, bevor er mit Essen und Trinken fertig ist. [4] Pass gut auf, wo er sich hinlegt, und wenn er schläft, schlüpfe unter seine Decke und lege dich neben ihn. Er wird dir dann schon sagen, was du tun sollst.«

[5] »Ich werde alles so machen, wie du gesagt hast«, antwortete Rut. [6] Dann ging sie zur Tenne und verfuhr genau nach den Anweisungen ihrer Schwiegermutter.

[7] Als Boas gegessen und getrunken hatte, legte er sich gut gelaunt und zufrieden am Rand des Getreidehaufens schlafen. Leise ging Rut zu ihm hin, schlüpfte unter die Decke und legte sich neben ihn. [8] Um Mitternacht schrak Boas auf und tastete um sich. An ihn geschmiegt lag – eine Frau. [9] »Wer bist du?«, fragte er und bekam die Antwort: »Ich bin Rut, deine Sklavin! Breite deinen Gewandsaum über mich und nimm mich zur Frau; du bist doch der Löser*!«

[10] Boas erwiderte: »Der HERR segne dich! Was du jetzt getan hast, zeigt noch mehr als alles bisher, wie treu du zur Familie deiner Schwiegermutter hältst. Du hättest ja auch den jungen Männern nachlaufen können und jeden bekommen, ob arm oder reich.

[11] Nun, meine Tochter, sei unbesorgt! Ich werde tun, worum du mich gebeten hast. Jeder in der Stadt weiß, dass du eine tüchtige Frau bist. [12] Doch da ist noch ein Punkt: Es stimmt zwar, dass ich ein Löser bin und dir helfen muss; aber es gibt noch einen zweiten, der den Vortritt hat, weil er näher verwandt ist als ich.

[13] Bleib die Nacht über hier! Morgen früh werde ich ihn vor die Wahl stellen, ob er der Verpflichtung

a Hebräische Maßangabe *1 Efa**.

2,11 Gen 12,1 **2,12** Ps 91,4 **3,1** 1,9 **3,9** Ez 16,8 **3,12** 2,20; 4,1

nachkommen will oder nicht. Wenn nicht, werde
ich es tun. Das verspreche ich dir, so gewiss der HERR
lebt. Bleib jetzt liegen bis zum Morgen!«
14 Rut blieb neben ihm liegen; aber in aller Frühe,
noch bevor ein Mensch den andern erkennen
konnte, stand sie auf. Denn Boas sagte: »Es darf nicht
bekannt werden, dass eine Frau auf der Tenne war.«
15 Dann sagte er noch zu ihr: »Nimm dein
Umschlagtuch ab und halte es auf!« Er füllte einen
halben Zentner[a] Gerste hinein und hob ihr die Last
auf die Schulter. Dann ging er in die Stadt.
16 Als Rut nach Hause kam, fragte ihre Schwieger-
mutter: »Wie ist es dir ergangen, meine Tochter?«
Rut erzählte alles, was Boas für sie getan und zu
ihr gesagt hatte. 17 »Und diese ganze Menge Gerste
hat er mir mitgegeben«, fügte sie hinzu. »Er sagte:
›Du darfst nicht mit leeren Händen zu deiner
Schwiegermutter kommen.‹«
18 Noomi antwortete: »Bleib nun hier, meine
Tochter, und warte ab, wie die Sache ausgeht. Der
Mann wird nicht ruhen, bis er sie noch heute geord-
net hat.«

Durch Rut erlebt ihre Schwiegermutter neues Glück

4 Boas war inzwischen zum Versammlungsplatz
am Stadttor gegangen und hatte sich dort hinge-
setzt. Da ging gerade der andere Löser*, von dem
Boas gesprochen hatte, vorbei. Boas rief ihm zu:
»Komm hierher und setz dich«, und der Mann tat
es. 2 Dann holte Boas zehn Männer, die zu den Ältes-
ten* der Stadt gehörten, und sagte zu ihnen: »Setzt
euch hierher zu uns!«
Als sie sich gesetzt hatten, 3 sagte er zu dem ande-
ren Löser: »Du weißt, dass Noomi aus dem Land
Moab* zurückgekehrt ist. Sie bietet den Landanteil
zum Verkauf an, der unserem Verwandten Elime-
lech gehört hat. 4 Ich wollte dir das sagen und dir
den Vorschlag machen: Erwirb den Landanteil Eli-
melechs in Gegenwart der hier sitzenden Männer
und in Gegenwart der Ältesten meines Volkes! Sag,
ob du deiner Verpflichtung nachkommen und von
deinem Recht als Löser Gebrauch machen willst oder
nicht.[b] Ich will es wissen, denn du bist als Erster an
der Reihe und nach dir komme ich.«
Der andere antwortete: »Ich mache das!«
5 Boas fuhr fort: »Wenn du von Noomi das Feld Eli-
melechs übernimmst, musst du zugleich die Ver-
pflichtung übernehmen, für die Moabiterin Rut zu
sorgen und anstelle ihres verstorbenen Mannes
einen Sohn zu zeugen. Dem wird später das Feld
zufallen, damit der Name des Verstorbenen auf des-
sen Erbbesitz* weiterlebt.«
6 »Wenn es so ist, verzichte ich«, sagte der andere.
»Ich schädige sonst meinen eigenen Erbbesitz. Ich
trete dir mein Recht als Löser ab. Ich kann es nicht
wahrnehmen.«
7-8 Dann zog er seinen Schuh aus und gab ihn Boas
mit den Worten: »Erwirb du das Feld!« Mit diesem
Zeichen bestätigte man früher in Israel bei Ge-
schäftsabschlüssen den Wechsel des Besitzrechtes
an Grund und Boden.
9 Boas wandte sich an die Ältesten und die ande-
ren anwesenden Männer und sagte: »Ihr seid heute
Zeugen, dass ich von Noomi alles erworben habe,
was Elimelech und seinen Söhnen Kiljon und Mach-
lon gehörte. 10 Ich habe damit auch die Moabiterin
Rut, die Witwe Machlons, als Frau erworben und
die Verpflichtung übernommen, an Machlons Stelle
einen Sohn zu zeugen, dem sein Erbbesitz gehören
wird. Machlons Name soll in seiner Sippe nicht ver-
gessen werden, und seine Familie soll in dieser Stadt
und in Israel bestehen bleiben. Ihr habt meine Erklä-
rung gehört und seid dafür Zeugen.«
11 Die Ältesten und alle Männer auf dem Platz am
Tor sagten: »Wir sind dafür Zeugen! Der HERR mache
die Frau, die in dein Haus kommt, kinderreich wie
Rahel und Lea, die zusammen das Haus Israel groß
gemacht haben. Mögest du in der Sippe Efrat zu
Reichtum und Einfluss gelangen und möge dein
Name berühmt werden in Betlehem. 12 Durch die
Nachkommen, die der HERR dir durch diese Frau
geben wird, soll deine Familie so bedeutend werden
wie die Familie von Perez, dem Sohn von Tamar und
Juda.«

Rut wird zur Urgroßmutter König Davids

13 So nahm Boas Rut zur Frau. Der HERR ließ sie
schwanger werden und sie gebar einen Sohn.
14 Da sagten die Frauen zu Noomi: »Der HERR sei
gepriesen! Er hat dir heute in diesem Kind einen
Löser* geschenkt. Möge der Name des Kindes
berühmt werden in Israel! 15 Es wird dir neuen
Lebensmut geben und wird im Alter für dich sorgen.
Denn es ist ja der Sohn deiner Schwiegertochter, die
in Liebe zu dir hält. Wahrhaftig, an ihr hast du mehr
als an sieben Söhnen!«
16 Noomi nahm das Kind auf ihren Schoß[c] und
wurde seine Pflegemutter.
17 Ihre Nachbarinnen kamen, um ihm einen
Namen zu geben, denn sie sagten: »Noomi ist ein
Sohn geboren worden!« Und sie gaben ihm den
Namen Obed.[d] Obed wurde der Vater Isais, Isai
der Vater des Königs David.
18 Dies ist die Liste der Nachkommen von Perez:
Perez zeugte Hezron, 19 Hezron zeugte Ram, Ram
zeugte Amminadab, 20 Amminadab zeugte Nach-
schon, Nachschon zeugte Salmon, 21 Salmon zeugte
Boas, Boas zeugte Obed, 22 Obed zeugte Isai und Isai
zeugte David.

a Hebräische Angabe *6 Maß* (wahrscheinlich *Maß* = Sea = $^1/_3$ Efa*), also ca. 33 kg.
b Der *Löser* bekommt das Nutzungsrecht an dem Ackerland Elimelechs gegen die Verpflichtung (sie ist der »Kaufpreis«), bis zu ihrem Tod für dessen Witwe Noomi zu sorgen. In Vers 5 wird eine zusätzliche Verpflichtung genannt.
c Noomis Handlung hat die Bedeutung einer Adoption; vgl. Gen 30,3. Das Kind wird damit in die Erbrechte der Familie Elimelechs eingesetzt; vgl. 4,5 und die Einführung Seite 316.
d Obed bedeutet »der (Gott) Dienende«.

4,1-4 Lev 25,25 **4,5** Dtn 25,5-6 **4,7-8** Dtn 25,9 **4,11** Gen 35,23-26 **4,12** Gen 38,27-30 **4,18-22** Mt 1,3-6

1 SAMUEL

Die erste Hälfte des 1. Samuelbuches wird beherrscht von der Gestalt des Richters und Propheten Samuel, der diesem und dem folgenden Buch den Namen gab. Unter Samuels Leitung vollzieht sich in Israel der Übergang zum Königtum – nicht ohne seinen anfänglichen Widerstand, weil eigentlich Gott der »König« Israels ist (Kapitel 8 und 12).

Die Spannung zwischen religiöser Bindung und realpolitischen Erwägungen bestimmt denn auch das Schicksal des ersten Königs, Saul, und führt zu seinem Scheitern. Weil er dem Befehl Gottes nur halbherzig gehorcht, wird er verworfen (13,8-14; 15,1-26).

Sauls Niedergang wird begleitet vom Aufstieg seines künftigen Nachfolgers David, ein Vorgang, den Saul mit Argwohn beobachtet und mit allen Mitteln zu verhindern sucht. Vergeblich, denn David gewinnt nicht nur die Herzen der Menschen, er ist auch der Mann nach dem Herzen Gottes (13,14; 18,12-16).

Inhaltsübersicht

SAMUEL AM HEILIGTUM IN SCHILO (Kapitel 1–3)

Eine Frau bittet Gott um einen Sohn

1 In Ramatajim im Gebiet der Sippe Zuf im Berg-
land von Efraïm lebte ein Mann namens Elkana.
Sein Vater hieß Jeroham, sein Großvater Elihu und
sein Urgroßvater Tohu; der war ein Sohn des Efraï-
miters Zuf. 2 Elkana hatte zwei Frauen, Hanna und
Peninna. Peninna hatte Kinder, aber Hanna war kin-
derlos.
3 Elkana ging einmal in jedem Jahr mit seiner
Familie nach Schilo*, um zum HERRN, dem Herr-
scher der Welt,[a] zu beten und ihm ein Opfer darzu-
bringen. In Schilo versahen Hofni und Pinhas, die
beiden Söhne von Eli, den Priesterdienst*.
4 Beim Opfermahl* gab Elkana seiner Frau Penin-
na und allen ihren Söhnen und Töchtern je einen
Anteil vom Opferfleisch; 5 Hanna aber bekam ein
Extrastück, denn er liebte sie, obwohl der HERR ihr
Kinder versagt hatte.
6 Darauf begann Peninna regelmäßig zu sticheln
und suchte Hanna wegen ihrer Kinderlosigkeit zu
kränken.
7 Das wiederholte sich jedes Jahr, wenn sie zum
Heiligtum des HERRN gingen: Peninna kränkte Han-
na so sehr, dass sie weinte und nichts essen konnte.
8 Elkana fragte sie dann: »Hanna, warum weinst du?
Warum isst du nichts? Was bedrückt dich? Hast du
an mir nicht mehr als an zehn Söhnen?«
9 Wieder einmal war es so geschehen. Als sie
gegessen und getrunken hatten, stand Hanna auf
und ging zum Eingang des Heiligtums.° Neben der
Tür saß der Priester Eli auf seinem Stuhl.
10 Hanna war ganz verzweifelt. Unter Tränen be-
tete sie zum HERRN und machte ein Gelübde*. Sie
sagte: 11 »HERR, du Herrscher der Welt, sieh doch
meine Schande und hilf mir! Vergiss mich nicht
und schenk mir einen Sohn! Ich verspreche dir da-
für, dass er dir sein ganzes Leben lang gehören soll;
und sein Haar soll niemals geschnitten werden.«[b]

Gott hört Hannas Gebet

12 Hanna betete lange und Eli beobachtete sie. Er sah,
wie sie die Lippen bewegte; 13 aber weil sie still für
sich betete, konnte er nichts hören.[c] Darum hielt
er sie für betrunken.
14 »Wie lange willst du dich hier so aufführen?«,
fuhr er sie an. »Schlaf erst einmal deinen Rausch
aus!«
15 »Nein, Herr«, erwiderte Hanna, »ich habe
nichts getrunken; ich bin nur unglücklich und habe

a Wörtlich *zum HERRN Zebaot**; entsprechend in Vers 11. **b** Das Kind ist für sein ganzes Leben zu einem »Gottgeweihten« bestimmt (vgl. Num 6,1-8 und die Anmerkung dazu; weiter Ri 13,5). **c** Es war zu jener Zeit eine auffällige Ausnahme, wenn jemand seine Gebetswünsche nicht laut aussprach; vgl. dagegen Ps 28,1-2.

1,1 1 Chr 6,11-12.19-20 **1,2** Gen 25,21-21S **1,3** Jos 18,1S **1,11** Num 6,5S

Im alten Israel galten Kinder als besonderer Segen Gottes. Kinderlos zu sein war nicht nur bitter, sondern geradezu eine Schande. Hannas Unglück wandelte sich in Freude, als Gott ihr Gebet erhörte und ihr einen Sohn schenkte.

dem HERRN mein Herz ausgeschüttet. 16 Denk nicht
so schlecht von mir! Ich habe großen Kummer, ich
bin ganz verzweifelt. Deshalb habe ich hier so lange
gebetet.«

17 »Geh in Frieden*«, sagte Eli zu ihr, »der Gott
Israels wird deine Bitte erfüllen.«

18 Hanna verabschiedete sich und ging weg. Sie aß
wieder und war nicht mehr traurig.

19 Am nächsten Morgen standen Elkana und seine
Familie früh auf, beteten noch einmal im Heiligtum
des HERRN und kehrten dann heim nach Rama.

Als Elkana das nächste Mal mit Hanna schlief,
erhörte der HERR ihr Gebet. 20 Sie wurde schwanger
und gebar einen Sohn. Sie sagte: »Ich habe ihn
vom HERRN erbeten«, und nannte ihn deshalb
Samuel.[a]

Das Kind gehört Gott

21 Im nächsten Jahr ging Elkana wieder mit seiner
Familie nach Schilo. Er wollte dem HERRN das jähr-
liche Opfer* darbringen und dazu die besondere
Opfergabe, die er ihm versprochen hatte.[b] 22 Hanna
ging diesmal nicht mit. Sie sagte zu ihrem Mann:
»Sobald der Junge alt genug ist und ich ihn nicht
mehr stillen muss,[c] bringe ich ihn in das Heiligtum
des HERRN. Dann soll er für immer dort bleiben.«

23 Elkana sagte zu ihr: »Tu, was du für richtig
hältst! Bleib zu Hause, bis du ihn entwöhnt hast.
Möge der HERR dann auch wahr machen, was er die-
sem Kind zugesagt hat!«[d] So blieb Hanna daheim
und versorgte ihren Sohn.

24 Als sie Samuel entwöhnt hatte, brachte sie ihn
zum Heiligtum des HERRN nach Schilo. Das Kind
war noch sehr klein. Seine Mutter nahm auch einen
dreijährigen Stier,° einen kleinen Sack[e] Weizenmehl
und einen Krug Wein mit. 25 Nachdem die Eltern den
Stier geschlachtet hatten, brachten sie den Jungen zu
Eli.

26 »Verzeihung, mein Herr«, sagte Hanna, »so
gewiss du lebst: Ich bin die Frau, die einmal an dieser
Stelle stand und betete. 27 Hier ist das Kind, um das
ich damals Gott angefleht habe; er hat mein Gebet
erhört. 28 Auch ich will nun mein Versprechen erfül-
len: Das Kind soll für sein ganzes Leben dem HERRN
gehören.«

Und alle warfen[f] sich zum Gebet vor dem HERRN
nieder.

Hanna preist Gott

2 Hanna betete:

»Mein Herz jubelt über den HERRN,
er hat mich wieder aufgerichtet und mich gestärkt![g]
Jetzt kann ich über meine Feinde lachen.
Ich bin voller Freude, weil er mir geholfen hat.
2 Der HERR allein ist heilig;
es gibt keinen Gott außer ihm.
Auf nichts ist so felsenfest Verlass
wie auf ihn, unseren Gott.
3 Tut nicht so groß!
Spielt euch nicht so auf!
Prahlt nicht so frech mit euren Plänen!
Der HERR ist ein Gott, der euer Treiben kennt;
er prüft alle eure Taten.
4 Starken Männern zerbricht er die Waffen;
Schwachen und Entmutigten gibt er neue Kraft.
5 Reiche müssen auf einmal ihr Brot mit
eigener Hand verdienen;
Arme müssen nicht mehr hungern und
können feiern.
Die Frau, die kinderlos war, bringt sieben
Kinder zur Welt,[h]
doch die Kinderreiche behält nicht eines.

6 Der HERR tötet und macht lebendig,
er verbannt in die Totenwelt*
und er ruft aus dem Tod ins Leben zurück.
7 Er macht arm und er macht reich,
er bringt die einen zu Fall
und andere erhöht er.
8 Die Armen holt er aus der Not,
die Hilflosen heraus aus ihrem Elend;
er lässt sie aufsteigen in den Kreis der
Angesehenen
und gibt ihnen einen Ehrenplatz.
Denn die Grundpfeiler der Erde
gehören dem HERRN;
auf ihnen hat er die Erde errichtet.

9 Der HERR leitet und schützt alle, die ihm vertrauen;
aber seine Feinde enden in Finsternis,
denn kein Mensch erreicht etwas aus eigener Kraft.
10 Alle, die mit dem HERRN streiten, gehen zugrunde;
er lässt im Himmel seinen Donner gegen sie grollen.
Der HERR hält Gericht über die ganze Erde.
Er hat seinen König erwählt und gesalbt*,
darum gibt er ihm große Kraft.«

Missstände am Heiligtum

11 Elkana kehrte nach Rama in sein Haus zurück. Der
junge Samuel blieb in Schilo* unter der Aufsicht des
Priesters* Eli, um dem HERRN zu dienen.

12 Die eigenen Söhne von Eli missbrauchten ihr
Priesteramt. Sie kümmerten sich nicht um den Wil-
len des HERRN[i] 13 und begnügten sich nicht mit
dem, was den Priestern als Anteil am Opfer zusteht.
Wenn jemand aus dem Volk ein Tier für das Opfer-
mahl* zubereitete und das Fleisch noch nicht einmal
gar gekocht war, schickten sie ihren Gehilfen mit

a Der Name *Samuel* klingt im Hebräischen ähnlich wie »Gott hat gehört«.
b Offenbar *versprochen* für den Fall, dass Hanna ein Kind bekam.
c Kinder wurden im alten Israel bis ins dritte Jahr gestillt. Die Entwöhnung von der Mutterbrust war ein wichtiger Einschnitt im Lebensgang; vgl. Gen 21,8; 1 Kön 11,20; 2 Makk 7,27.
d Von einer Zusage Gottes, die dem Kind eine große Zukunft ankündigt, ist nichts erzählt worden; man hat sie sich entsprechend Ri 13,5 vorzustellen.
e Hebräische Maßangabe *1 Efa** (ca. 12 kg).
f Wörtlich *er warf;* die Deutung ist unsicher.
g *er hat mich ...:* wörtlich *mein Horn ist erhöht im HERRN.*
h Hier ist die einzige Stelle in dem Lied, die sich direkt auf die Situation der Sprecherin, Hannas, beziehen lässt; vgl. Vers 21. Im Ganzen hat das Lied eher prophetischen Sinn und sieht den mit der Geburt Samuels eröffneten Geschichtsabschnitt bis hin zur Errichtung des Königtums (Vers 10) unter Gottes Lenkung gestellt. Vom ganzen Volk Israel wird man einst sagen können, dass Gott es über seine Feinde erhöht und aus Armut und unscheinbaren Anfängen zu höchsten Ehren gebracht hat. Am Ende seines Lebens wird David rückblickend einen Psalm anstimmen, der wie ein Echo auf das Lied Hannas anmutet (2 Sam 22). Ein weiteres Echo findet dieses Lied Hannas im Lobgesang Marias (Lk 1,46-55).
i Die Verstöße gegen das göttliche Recht werden deutlich, wenn man den folgenden Bericht mit den Vorschriften von Lev 7,28-33 vergleicht.

1,24 Gen 21,8S; Num 15,8-10 **2,1-10** Lk 1,46-55 **2,5** Ps 113,9 **2,6** Dtn 32,39; 2 Kön 5,7; Ps 30,4; Hos 6,1-2; Weish 16,13; Tob 13,2 **2,7-8** Ps 113,7-8; 75,8S **2,10** 7,10; Ps 18,13-14; 96,13; 98,9 **2,12-17** Lev 7,28-36

einer großen dreizinkigen Gabel. 14 Er stach damit in
den Kessel, den Kochtopf, die Pfanne oder die Schüs-
sel, und alles, was an ihr hängen blieb, bekam der
Priester.
So machten es die Söhne von Eli bei allen Israeli-
ten, die nach Schilo* kamen. 15 Sogar noch ehe die
Fettstücke auf dem Altar verbrannt wurden, kam
der Gehilfe des Priesters und sagte zu dem, der das
Opfer darbringen wollte: »Gib mir ein Stück von
dem Fleisch zum Braten; der Priester nimmt es von
dir nur roh, nicht gekocht!«
16 Wenn der Mann einwandte: »Erst muss für den
HERRN das Fett verbrannt werden; danach kannst du
nehmen, was du willst«, sagte der Gehilfe: »Sofort
gibst du es her, sonst nehme ich es mit Gewalt!«
17 Auf diese Weise luden die Söhne von Eli schwere
Schuld auf sich. Sie beleidigten den HERRN, weil sie
die Opfer nicht achteten, die ihm dargebracht
wurden.

Samuel und seine Eltern

18 Unterdessen tat Samuel seinen Dienst vor dem
HERRN. Obwohl er noch so jung war, trug er schon
den leinenen Priesterschurz*. 19 Seine Mutter mach-
te ihm dazu jedes Jahr ein neues Obergewand* und
brachte es mit, wenn sie mit Elkana zum Opferfest
kam.
20 Eli segnete jedes Mal Elkana und seine Frau
Hanna. Zu Elkana sagte er: »Der HERR schenke dir
durch diese Frau noch andere Kinder anstelle des
einen, das sie vom HERRN erbeten hat und das er jetzt
für sich beansprucht.« Danach kehrten sie nach
Hause zurück.
21 Und der HERR war gut zu Hanna: Sie wurde noch
mehrmals schwanger und bekam weitere drei Söhne
und zwei Töchter. Samuel aber blieb im Heiligtum
des HERRN und wuchs dort auf.

Elis Söhne hören nicht auf ihren Vater

22 Eli war inzwischen sehr alt geworden. Als er
erfuhr, was seine Söhne den Israeliten antaten und
dass sie mit den Frauen schliefen, die am Eingang
des Heiligen Zeltes Dienste verrichteten,° 23 sagte er
zu ihnen: »Warum tut ihr so etwas? Von allen Leuten
höre ich nur Schlechtes über euch. 24 Ganz Israel
spricht davon, wie schlimm ihr es treibt. Das muss
aufhören! 25 Wenn jemand sich gegen Menschen ver-
geht, wird Gott ihn vielleicht noch in Schutz neh-
men; aber wenn er sich gegen den HERRN versündigt,
wer soll dann noch für ihn eintreten?«
Doch die Söhne von Eli hörten nicht auf ihren
Vater. Der HERR machte sie taub für alle Mahnun-
gen;[a] er war entschlossen, sie zu vernichten.
26 Samuel aber wuchs heran zu einem jungen
Mann, an dem Gott und die Menschen Freude
hatten.

Eli wird die Strafe angekündigt

27 Eines Tages kam ein Prophet* zu Eli und sagte zu
ihm: »So spricht der HERR : ›Denkst du nicht mehr
daran, wie ich in Ägypten deinen Vorfahren erschie-
nen bin, als sie noch Sklaven des Pharaos waren?
28 Aus allen Stämmen Israels habe ich sie mir zu Pries-
tern* ausgewählt. Ich habe sie dazu bestimmt, auf
meinem Altar Opfer* darzubringen, Weihrauch*
für mich zu verbrennen und im Priestergewand
vor mich zu treten. Ich habe deiner Sippe das Recht
auf einen Anteil an allen Opfern gegeben, die mir
von den Israeliten dargebracht werden. 29 Warum
behandelt ihr dann die Opfer, die mir auf meinen
Befehl° dargebracht werden, mit solcher Missach-
tung?
Du, Eli, achtest deine Söhne mehr als mich und
lässt zu, dass sie die besten Stücke von dem, was
mein Volk mir opfert, wegnehmen, damit ihr euch
daran mästen könnt. 30 Ich habe dir einst zugesagt,
dass deine Nachkommen für alle Zukunft meine
Priester sein sollen. Aber jetzt widerrufe ich meine
Zusage und erkläre: Wer mich ehrt, den ehre ich
auch; aber wer mich verachtet, den gebe ich der Ver-
achtung preis. Das sage ich, der HERR, der Gott
Israels.
31 Es dauert nicht mehr lange, dann werde ich
deine Macht und den Einfluss deiner Sippe zerschla-
gen, sodass es unter euch keinen alten, angesehenen
Menschen mehr gibt. 32 Während *du* in Not und
Bedrängnis bist,° wirst du sehen, wie ich allen Israe-
liten Glück und Wohlstand schenke; aber in deiner
Familie wird nie mehr jemand zu Alter und Ansehen
kommen. 33 Ich werde zwar nicht jeden deiner Nach-
kommen ausrotten, der mir als Priester dient,[b] damit
du nicht vor Kummer und Schmerz vergehst; aber
die allermeisten von ihnen müssen im besten Man-
nesalter sterben. 34 Deine Söhne Hofni und Pinhas
werden beide am selben Tag sterben, und das wird
für dich das Zeichen sein, dass auch alles andere ein-
trifft.
35 Dann werde ich einen Priester einsetzen, der
mir treu bleibt und tut, was mir gefällt. Er wird im
Dienst des gesalbten* Königs stehen, den ich erwäh-
len werde,[c] und auch seine Nachkommen sollen für
alle Zukunft meine Priester sein. 36 Wer dann von
deiner Familie noch lebt, wird zu ihm kommen
und sich vor ihm niederwerfen, bloß um ein einziges
Silberstück oder einen Laib Brot zu bekommen. Er
wird sich ihm als Priestergehilfe anbieten, damit er
wenigstens etwas zu essen hat.‹«

Gott spricht zum ersten Mal mit Samuel

3 Der junge Samuel half Eli beim Priesterdienst. In
jener Zeit kam es nur noch selten vor, dass der

a *Der HERR…:* verdeutlichender Zusatz.
b Möglicherweise wird hier auf den Eli-Nachkommen Abjatar vorausgewiesen, der später unter David eine wichtige Rolle spielte (vgl. 1 Sam 22,20-23; 2 Sam 20,25 und öfter).
c Wörtlich *wird vor meinem Gesalbten wandeln* (= seine Tätigkeit ausüben).

2,26 Lk 2,52 **2,28** Ex 28,1; Lev 7,34-36 **2,34** 4,11; 1 Kön 2,35

HERR zu einem Menschen sprach und ihm etwas
offenbarte.[a] [2] Eli war fast erblindet. Eines Nachts
schlief er an seinem gewohnten Platz [3] und auch
Samuel schlief im Heiligtum, ganz in der Nähe der
Bundeslade*. Die Lampe im Heiligtum brannte
noch.

[4] Da rief der HERR: »Samuel!«

»Ja«, antwortete der Junge, [5] lief schnell zu Eli und
sagte: »Hier bin ich, du hast mich gerufen!«

»Nein«, sagte Eli, »ich habe nicht gerufen. Geh
wieder schlafen!« Samuel ging und legte sich wieder
hin.

[6] Noch einmal rief der HERR: »Samuel!«, und wie-
der stand der Junge auf, ging zu Eli und sagte: »Hier
bin ich, du hast mich gerufen!«

Aber Eli wiederholte: »Ich habe dich nicht ge-
rufen, mein Junge, geh nur wieder schlafen!«

[7] Samuel wusste noch nicht, dass es der HERR war;
denn er hatte seine Stimme noch nie gehört. [8] Der
HERR rief ihn zum dritten Mal und wieder stand
Samuel auf, ging zu Eli und sagte: »Hier bin ich, du
hast mich gerufen!«

Da merkte Eli, dass es der HERR war, der den Jun-
gen rief, [9] und er sagte zu ihm: »Geh wieder schlafen,
und wenn du noch einmal gerufen wirst, dann ant-
worte: ›Sprich, HERR, dein Diener hört!‹«

Samuel ging und legte sich wieder hin. [10] Da trat
der HERR zu ihm und rief wie zuvor: »Samuel!
Samuel!«

Der Junge antwortete: »Sprich, dein Diener hört!«

[11] Da sagte der HERR zu Samuel: »Ich werde in
Israel etwas tun – die Ohren werden jedem wehtun,
der davon hört. [12] Es wird alles eintreffen, was ich Eli
und seiner Familie angedroht habe. [13] Er wusste, dass
seine Söhne mich beleidigten, und doch hat er sie
nicht daran gehindert. Deshalb habe ich über seine
Familie ein unwiderrufliches Urteil verhängt. Ich
habe ihm das schon lange angekündigt. [14] Es gibt kein
Opfer, durch das diese Schuld jemals gesühnt
werden kann; das habe ich geschworen.«

Als Samuel heranwuchs, war in Schilo das zentrale Heiligtum der Israeliten; denn dort stand die Bundeslade. Das Bild zeigt die Ruinenstätte von Schilo.

[15] Samuel legte sich wieder hin. Am Morgen
öffnete er die Türen des Heiligtums. Er scheute
sich, Eli zu sagen, was der HERR ihm offenbart
hatte. [16] Aber Eli rief ihn: »Samuel, komm her, mein
Junge!«

»Hier bin ich«, antwortete Samuel.

[17] Eli fragte: »Was hat der HERR dir gesagt? Ver-
schweige mir nichts! Seine Strafe soll dich treffen,
wenn du mir nicht alles berichtest, was er dir gesagt
hat!« [18] Da erzählte Samuel ihm alles und verschwieg
nichts. Eli aber sagte: »Er ist der HERR! Er soll tun,
was er für richtig hält.«

[19] Samuel wuchs heran. Der HERR stand ihm bei
und ließ alle Worte in Erfüllung gehen, die er durch
Samuel sprach. [20] Ganz Israel von Dan bis Beersche-
ba erkannte, dass der HERR ihn zu seinem Prophe-
ten* bestimmt hatte. [21] Auch weiterhin erschien
4
ihm der HERR in Schilo* und gab ihm Wei-
sungen.[b] [1a] In ganz Israel hörte man auf Samuel.

DIE GESCHICKE DER BUNDESLADE. SAMUEL ALS RICHTER
(Kapitel 4–7)

Gottes Strafe ist unabwendbar

[1b] Die Israeliten zogen in den Kampf gegen die Philis-
ter*. Ihr eigenes Lager war bei Eben-Eser, das Lager
der Philister bei Afek.[c] [2] Die Philister griffen an, und
nach einem langen und zähen Kampf gelang es
ihnen, die Israeliten zu schlagen. Von diesen wur-
den etwa 4000 Mann im Kampf getötet.

[3] Als das Heer geschlagen ins Lager zurückkam,
fragten sich die Ältesten* des Volkes: »Warum hat
der HERR das zugelassen? Warum konnten uns die
Philister heute besiegen?« Sie berieten sich und
beschlossen: »Wir wollen nach Schilo* senden und
die Bundeslade* ins Lager holen! Dann wird der
HERR mitten unter uns sein und uns gegen unsere
Feinde helfen.«

[4] Sie schickten einige Männer nach Schilo, um die
Lade zu holen, auf der der HERR, der Herrscher der
Welt,[d] unsichtbar über den Keruben* thront. Die
Priester Hofni und Pinhas, die Söhne von Eli, beglei-
teten die Lade. [5] Als die Lade des HERRN ins Lager
kam, brach unter den Israeliten ein solcher Jubel-
sturm los, dass davon die Erde dröhnte.

[6] Der Lärm drang bis zu den Philistern. »Was ist
das für ein lauter Jubel im Lager der Hebräer*?«,
fragten sie einander. Als sie erfuhren, dass die Lade
des HERRN im Lager Israels angekommen war,
[7] bekamen sie Angst. »Jetzt sind wir verloren!«, sag-
ten sie. »Ihr Gott ist zu ihnen ins Lager gekommen.
Das hat es noch nie gegeben. [8] Wer kann uns vor
solch einem mächtigen Gott schützen? Das ist doch

a Siehe Sacherklärung »offenbaren«. Infolge der Untaten der Eli-Söhne waren die Weisungen Gottes an sein Volk, wie man sie sonst im Heiligtum empfing, selten geworden. Dies ist Zeichen des göttlichen Gerichts, erklärt aber auch, warum Samuel das, was ihm nun begegnet, zunächst gar nicht deuten kann.
b *und gab …*: wörtlich *denn der HERR offenbarte sich Samuel in Schilo durch das Wort des HERRN.*
c Zur Lage von Afek siehe Karte Seite 443; die Israeliten sind demnach ziemlich weit ins Gebiet der Philister vorgestoßen, um sich von deren Druck (vgl. Vers 9) zu befreien.
d Wörtlich *der HERR Zebaot*.*

3,12-14 2,27-36 **3,18** 2 Sam 15,26 **4,3** Jos 18,1 S; Num 10,35 **4,4** Ex 25,21 S

derselbe Gott, der die Ägypter in der Wüste vernich-
tet hat!«
9 Aber ihre Anführer riefen ihnen zu:[a] »Jetzt gilt
es! Seid mutig, Philister, und kämpft wie Männer!
Sonst werden die Hebräer euch zur Fronarbeit*
zwingen, so wie ihr es bisher mit ihnen gemacht
habt. Zeigt, dass ihr Männer seid, und kämpft!«
10 Es kam zur Schlacht und die Israeliten erlitten
eine schwere Niederlage. Das Heer löste sich auf
und jeder floh nach Hause. 30000 israelitische
Männer blieben tot auf dem Schlachtfeld. 11 Auch
Hofni und Pinhas, die Söhne von Eli, fanden den
Tod. Die Lade Gottes aber nahmen die Philister als
Beute mit.

Der Schock über den Verlust der Bundeslade

12 Ein Mann aus dem Stamm Benjamin lief noch am
selben Tag vom Ort der Schlacht bis nach Schilo.
Zum Zeichen der Trauer hatte er seine Kleider zerris-
sen und sich Erde auf den Kopf gestreut. 13–15 Eli, jetzt
98 Jahre alt und so gut wie blind, saß eben auf seinem
Stuhl und horchte angespannt die Straße hinunter;
er machte sich Sorgen um die Lade* Gottes.
Als der Bote in die Stadt kam und berichtete, was
geschehen war, schrien alle vor Entsetzen laut auf.
»Was hat das zu bedeuten?«, fragte Eli.
Da war auch schon der Bote bei ihm und sagte:
16 »Ich komme direkt aus der Schlacht, ich bin den
Feinden entronnen.«
»Was ist geschehen?«, fragte Eli, 17 und der Bote
meldete: »Wir sind besiegt! Unser Heer ist geflohen.
Deine beiden Söhne, Hofni und Pinhas, sind tot. Die
Lade Gottes ist verloren!«
18 Als Eli vom Verlust der Lade hörte, fiel er rück-
wärts von seinem Stuhl am Eingang des Heiligtums.
Er war so alt und schwer, dass er sich dabei das
Genick brach und starb. Vierzig Jahre lang war er
der Richter* Israels gewesen.
19 Seine Schwiegertochter, die Frau des Priesters
Pinhas, erwartete ein Kind und stand kurz vor der
Entbindung. Als sie hörte, dass die Lade Gottes eine
Beute der Philister* geworden war und dass ihr
Schwiegervater und ihr Mann den Tod gefunden
hatten, überfielen sie die Wehen. Sie brach zusam-
men und gebar ein Kind, 20 aber die Geburt kostete
sie das Leben.
Während sie im Sterben lag, riefen ihr die Frauen,
die ihr beistanden, zu: »Freu dich, du hast einen
Sohn geboren!« Aber sie blieb teilnahmslos und
gab keine Antwort. 21 Den Jungen nannte sie Ikabod
(Fort ist die Herrlichkeit). Sie dachte dabei an den
Verlust der Bundeslade und an den Tod ihres Schwie-
gervaters und ihres Mannes 22 und sagte: »Die Herr-
lichkeit* Gottes ist fort aus Israel! Die Lade Gottes
ist verloren!«

Die Bundeslade bringt den Philistern kein Glück

5 Die Philister* brachten die Bundeslade*, die sie
erbeutet hatten, von Eben-Eser nach Aschdod
2 in den Tempel ihres Gottes Dagon und stellten sie
neben dessen Standbild auf. 3 Als die Leute von Asch-
dod am nächsten Morgen in den Tempel kamen, war
das Standbild Dagons umgestürzt und lag mit dem
Gesicht zur Erde vor der Lade des Herrn.
Sie stellten es wieder an seinen Platz; 4 doch auch
am folgenden Morgen lag das Bild Dagons vor der
Lade des Herrn am Boden. Aber nur der Rumpf
war von Dagon übrig geblieben; sein Kopf und die
beiden Hände waren abgebrochen und lagen auf
der Türschwelle. 5 Deshalb treten die Priester
Dagons und alle Besucher des Tempels bis heute
nicht auf diese Schwelle.
6 Auch die Leute von Aschdod und den umliegen-
den Dörfern bekamen die Macht des Herrn zu spü-
ren. Er strafte sie mit schmerzhaften Beulen.° 7 Da
sagten sie: »Die Lade des Gottes Israels muss fort!
Seine Hand lastet zu schwer auf uns und auch unse-
ren Gott Dagon trifft sie hart.«
8 Sie riefen alle Philisterfürsten zusammen und
fragten sie: »Was sollen wir mit der Lade des Gottes
Israels machen?«
»Bringt sie nach Gat«, rieten ihnen die versam-
melten Fürsten; und so wurde die Lade dorthin
gebracht.
9 Aber als sie dort war, ließ der Herr auch die Leute
von Gat seine Macht spüren. Er plagte sie alle, Vor-
nehme wie Geringe, mit schmerzhaften Beulen,
sodass eine gewaltige Panik entstand. 10 Da schickten
sie die Lade Gottes weiter nach Ekron.
Als sie dort ankam, schrien die Leute auf: »Jetzt
haben sie die Lade des Gottes Israels zu uns ge-
bracht! Sie wollen uns noch alle umbringen!«
11 Sie riefen die Philisterfürsten zusammen und
forderten: »Schafft die Lade des Gottes Israels fort!
Schickt sie wieder hin, wo sie hergekommen ist,
sonst wird sie uns und unsere Familien noch um-
bringen.«
In der Stadt herrschte Todesangst, denn alle ihre
Bewohner hatten unter der strafenden Macht Gottes
schwer zu leiden. 12 Auch wer mit dem Leben davon-
kam, war mit Beulen bedeckt und die Menschen
schrien zum Himmel um Hilfe.

Die Heimkehr der Bundeslade

6 Die Bundeslade* war nun schon sieben Monate
lang bei den Philistern*. 2 Schließlich riefen sie
ihre Priester und Wahrsager zusammen und fragten
sie: »Was sollen wir mit der Lade des Herrn machen?
Können wir sie einfach zurückschicken oder was
müssen wir sonst noch tun?«

a Verdeutlichender Zusatz.

4,9 Ri 13,1 **4,11** 2,34; Ps 78,61 **4,18** (Richter) Ri 10,2-3; 12,8-15; 16,31 **4,20** Gen 35,17 **4,21-22** Ps 78,61 **5,2** Ri 16,23 **5,10b** Ex 10,7

»Der HERR holt die Armen aus der Not, die Hilflosen heraus aus ihrem Elend« (2,8). Das erfahren die Israeliten, sobald sie sich diesem Herrn wieder zuwenden (7,2).

3 Sie erhielten den Bescheid: »Auf keinen Fall dürft ihr die Lade ohne Geschenk zurückschicken. Ihr müsst den Gott Israels durch eine Opfergabe versöhnen. Dann werdet ihr wieder gesund werden, und ihr wisst dann auch, warum er euch bisher so hart bestraft hat.«

4 »Was für eine Opfergabe sollen wir ihm schicken?«, fragten sie und die Antwort war: »Fünf goldene Beulen und fünf goldene Mäuse, je eine für jede Philisterstadt. Denn alle fünf samt ihren Königen hat dieselbe Plage getroffen.

5 Lasst eure Beulen und die Mäuse, die euer Land verwüsten, in Gold nachbilden und schenkt sie dem Gott Israels zum Zeichen dafür, dass ihr seine Macht anerkennt. Vielleicht wird er dann den schrecklichen Druck von euch und eurem Land und von euren Göttern nehmen.

6 Seid nicht so starrsinnig wie einst die Ägypter und ihr Pharao! Als der HERR ihnen seine Macht zeigte, mussten sie das Volk Israel ja doch freigeben und es ziehen lassen.

7 Schafft also einen neuen Wagen herbei und spannt zwei säugende Kühe davor, die noch nie in ein Joch* gespannt worden sind. Die Kälber nehmt ihnen weg und treibt sie zur übrigen Herde zurück.[a] 8 Stellt die Lade des HERRN auf den Wagen und daneben ein Kästchen mit den goldenen Opfergaben, die ihr für ihn bestimmt habt, und lasst die Lade ziehen, wohin sie will.

9 Dann wird sich zeigen, woher dieses große Unglück über uns gekommen ist. Nimmt die Lade den Weg in Richtung Bet-Schemesch, auf ihr eigenes Land zu, so war es der HERR, der uns diese Plage geschickt hat. Fährt sie in eine andere Richtung, dann wissen wir wenigstens, dass wir nicht vom HERRN bestraft worden sind, sondern die Plage uns nur zufällig getroffen hat.«

10 Genauso machten es die Leute: Sie nahmen zwei säugende Kühe, spannten sie vor den Wagen und sperrten deren Kälber daheim ein. 11 Dann stellten sie die Lade des HERRN auf den Wagen und dazu das Kästchen mit den goldenen Mäusen und den Nachbildungen ihrer Beulen. 12 Die Kühe aber schlugen die Richtung nach Bet-Schemesch[b] ein; sie nahmen den kürzesten Weg und wichen weder rechts noch links davon ab. Dabei brüllten sie immerfort. Die Fürsten der Philister folgten ihnen bis dorthin, wo das Gebiet von Bet-Schemesch beginnt.

13 Die Leute von Bet-Schemesch waren gerade unten im Tal bei der Weizenernte. Als sie von der Arbeit aufblickten, sahen sie die Bundeslade herankommen. Ihre Freude darüber war groß. 14 Der Wagen fuhr bis zum Feld von Joschua und blieb neben einem Felsblock stehen. An Ort und Stelle zerhackten die Leute von Bet-Schemesch den Wagen zu Brennholz und opferten die Kühe dem HERRN als Brandopfer*.

15 Die Leviten* hatten die Lade des HERRN und das Kästchen mit den goldenen Opfergaben vom Wagen genommen und stellten beides auf den Felsblock; davor verbrannten die Leute von Bet-Schemesch dem HERRN Brandopfer* und schlachteten Tiere für ein Opfermahl*.

16 Die fünf Philisterfürsten beobachteten alles genau und kehrten noch am gleichen Tag nach Ekron zurück. 17 Fünf goldene Beulen hatten die Philister dem HERRN geschickt, um ihn zu versöhnen, je eine für die Städte Aschdod, Gaza, Aschkelon, Gat und Ekron, 18 dazu noch eine größere Anzahl von goldenen Mäusen, je eine für jede Ortschaft, die zum Herrschaftsgebiet der fünf Fürsten gehörte, nicht nur für die befestigten Städte, sondern auch für die Dörfer auf dem offenen Land.

Noch heute liegt der große Felsblock,° auf dem sie die Bundeslade abgestellt hatten, auf dem Feld von Joschua aus Bet-Schemesch.

Die Bundeslade kommt nach Kirjat-Jearim

19 Der HERR aber bestrafte die Leute von Bet-Schemesch, weil sie die Bundeslade* nicht mit der gebührenden Ehrfurcht angeschaut hatten; siebzig Männer° mussten sterben.[c] Das ganze Volk trauerte, weil der HERR sie so hart bestraft hatte, 20 und die Leute von Bet-Schemesch sagten: »Wer kann es in der Nähe dieses heiligen Gottes aushalten? Seine Lade muss hier weg, aber wohin?«

21 Sie schickten Boten nach Kirjat-Jearim und ließen den Leuten dort sagen: »Die Philister* haben die Lade des HERRN zurückgeschickt; kommt und holt sie zu euch!«

Auf einem von zwei Kühen gezogenen Wagen sandten die Philister die erbeutete Bundeslade zurück. Im ägyptischen Tempel von Medinet-Habu fand man Bilder von schweren Philister-Wagen mit Holzrädern aus jener Zeit. Sie werden von vier Stieren gezogen.

a Wenn die Kühe dann nicht, wie eigentlich zu erwarten, zu ihren Kälbern zurückkehren, ist es ein besonders deutliches Zeichen dafür, dass sie von Gott gelenkt werden.
b Etwa 15 km südwestlich von Kirjat-Jearim (siehe Karte Seite 443).
c Dass der Umgang mit der Lade der Ehrfurcht vor dem heiligen Gott entsprechen muss, lehrt auch 2 Sam 6,7; vgl. Num 4,17-20.

6,6 Ex 7,3; 12,31 **6,7** 2 Sam 6,3-4; Num 19,2; Dtn 21,3 **6,19** 2 Sam 6,7

7 Da kamen die Männer von Kirjat-Jearim und holten die Bundeslade. Sie brachten sie in das Haus Abinadabs, das oberhalb der Stadt auf einer Anhöhe steht. Seinen Sohn Eleasar weihten sie zum Wächter der Lade.

Das Volk wendet sich Gott wieder zu und wird gerettet

2 Zwanzig Jahre waren vergangen, seit die Bundeslade* nach Kirjat-Jearim gekommen war. Allen Israeliten tat es Leid, dass sie vom HERRN abgefallen waren, und sie trauerten darüber, dass er sie verlassen hatte. 3 Da sagte Samuel zu ihnen: »Wenn ihr wirklich zum HERRN zurückkehren wollt, dann schafft die Bilder der fremden Götter und Göttinnen fort! Setzt euer ganzes Vertrauen auf den HERRN und verehrt keinen Gott außer ihm; dann wird er euch aus der Gewalt der Philister* befreien.«

4 Die Israeliten hörten auf Samuel. Sie beseitigten die Bilder der Götzen Baal* und Astarte* und verehrten den HERRN allein. 5 Daraufhin rief Samuel alle Männer Israels nach Mizpa.[a] »Dort will ich zum HERRN beten, dass er euch wieder hilft«, sagte er.

6 Sie kamen alle, schöpften Wasser und gossen es vor dem HERRN aus,[b] fasteten* den ganzen Tag und bekannten dem HERRN ihre Schuld. Dort in Mizpa schlichtete Samuel die Streitigkeiten unter den Israeliten und gab ihnen seine Weisungen.

7 Als bei den Philistern bekannt wurde, dass die Männer Israels sich in Mizpa versammelt hatten, rückten die fünf Philisterfürsten zu einem Feldzug gegen Israel aus. Den Israeliten entfiel aller Mut, als die Nachricht eintraf. 8 Sie bestürmten Samuel: »Lass uns nicht im Stich! Hör nicht auf, zum HERRN, unserem Gott, um Hilfe zu rufen, dass er uns gegen die Philister beisteht und uns vor dem Untergang rettet.«

9 Samuel schlachtete ein Lamm und verbrannte es auf dem Altar als Opfer* für den HERRN. Dabei rief er zum HERRN um Hilfe für Israel und der HERR erhörte sein Gebet.

10 Während Samuel noch das Opfer verbrannte, rückten schon die Philister zum Kampf gegen Israel heran. Der HERR aber ließ es über den Philistern so schrecklich donnern, dass sie in Panik gerieten und flohen. 11 Da brachen die Männer Israels aus Mizpa hervor, verfolgten sie bis hinter Bet-Kar und brachten ihnen eine schwere Niederlage bei.

12 Samuel stellte zwischen Mizpa und Jeschana ein Steinmal auf. »Bis hierher hat uns der HERR geholfen«, sagte er. Deshalb nannte er den Stein Eben-Eser (Stein der Hilfe).

13 Die Philister waren so gründlich geschlagen worden, dass sie es nicht mehr wagten, in das Gebiet Israels einzufallen. Der HERR ließ sie nicht wieder hochkommen, solange Samuel lebte. 14 Alle Städte zwischen Ekron und Gat, die die Philister den Israeliten weggenommen hatten, fielen mit dem ganzen zugehörigen Gebiet an Israel zurück. Auch mit den Amoritern* im Land lebten die Israeliten in Frieden.

15 Sein ganzes Leben lang war Samuel der Richter* Israels. 16 Einmal im Jahr besuchte er reihum die Heiligtümer in Bet-El, Gilgal und Mizpa, um dort Recht zu sprechen und Streitfälle zu schlichten. 17 Die übrige Zeit wirkte er als Richter in seiner Heimatstadt Rama.[c] Dort baute er auch einen Altar für den HERRN.

ISRAEL BEKOMMT EINEN KÖNIG. SAULS UNGEHORSAM (Kapitel 8–15)

Samuel warnt vor einem König

8 Als Samuel alt wurde, setzte er seine Söhne als Richter* über die Israeliten ein. 2 Der ältere hieß Joël, der jüngere Abija. Sie übten ihr Richteramt in Beerscheba aus. 3 Doch sie folgten nicht dem Vorbild ihres Vaters, sondern suchten sich zu bereichern. Sie ließen sich durch Bestechung in ihrem Urteil beeinflussen.

4 Da kamen alle Ältesten* Israels zusammen und gingen zu Samuel nach Rama. 5 Sie sagten zu ihm: »Du bist alt geworden und deine Söhne folgen nicht deinem Beispiel. Setze deshalb einen König über uns ein, der bei uns für Recht sorgt, wie es bei allen Völkern üblich ist!«[d]

6 Samuel war nicht damit einverstanden, dass sie einen König haben wollten. Er wandte sich an den HERRN, 7 aber der antwortete ihm: »Erfülle ihnen nur ihren Wunsch! Nicht dich lehnen sie ab, sondern mich. Ich soll nicht länger ihr König sein![e] 8 Seit ich sie aus Ägypten herausgeführt habe, sind sie mir immer wieder untreu geworden und haben sich anderen Göttern zugewandt. Das ist bis heute so geblieben. Jetzt ergeht es dir ebenso. 9 Tu ihnen den Willen! Aber sage ihnen zuvor in aller Deutlichkeit, was der König, der über sie herrschen wird, für Rechte hat und was er mit ihnen tun kann.«

10 Samuel sagte dem Volk, das einen König von ihm verlangte, alles, was der HERR ihm aufgetragen hatte.

11 Er sagte: »Ihr müsst euch im Klaren darüber sein, welche Rechte ein König für sich in Anspruch nehmen wird. Er wird eure Söhne in seinen Dienst holen, damit sie für seine Pferde und Wagen sorgen und vor ihm herlaufen, wenn er ausfährt. 12 Einen Teil wird er zu Hauptleuten und Obersten machen,

a Zur Lage südlich von Bet-El siehe Karte Seite 443.
b Die Handlung versinnbildlicht vermutlich das restlose Bekenntnis der Schuld, das »Ausschütten des Herzens«; vgl. Ps 22,15.
c Der Ort lag 6 km südlich von Mizpa.
d Die Begründung erinnert an die Bilanz der gesamten Richterzeit in Ri 21,25.
e Mit der Einführung des Königtums, die noch Gideon abgelehnt hatte (Ri 8,23), geschieht eine Angleichung Israels an seine Umwelt, die für den Glauben Israels Gefahren mit sich führt. Die Bündnispolitik der Könige wird fremde Götter ins Land bringen (1 Kön 11,1-8), und die Spannung zwischen den Sachzwängen einer ›Realpolitik‹ und dem gehorsamen Vertrauen auf den helfenden Gott wird sich schon beim ersten König (Kap 13 und 15) und in der Folge immer von neuem zeigen (Jes 7,1-9). Außerdem befördert das Königtum wirtschaftliche und gesellschaftliche Veränderungen, die im Widerstreit mit dem ursprünglichen Gotteswillen stehen und zu extremer Ungleichheit unter den Gliedern des Gottesvolkes führen (Am 2,6-8; 3,9-12; 8,4-7; Mi 3). Dieser letzte Punkt wird in den Versen 11-18, wenn auch nur aus dem Blickwinkel der Königsrechte, angesprochen.

7,1 2 Sam 6,1-4 **7,3** Jos 24,14 **7,5-7** Ri 20,1 S **7,9-10** Sir 46,16-18 **7,10** Ex 23,28 S **7,17** (Altar) Ri 6,24 S **8,2** 1 Chr 6,13 **8,5** 8,20; Dtn 17,14 **8,6-7** Ri 8,23; 1 Sam 12,12 **8,7** Ex 15,18; Dtn 33,5

andere müssen seine Felder bestellen und abernten,
wieder andere Waffen und Streitwagen* herstellen.
13 Auch eure Töchter wird er an seinen Hof holen,
damit sie für ihn kochen und backen und ihm Salben
bereiten.
14 Die besten Felder, Weinberge und Ölbaum-
pflanzungen wird er euch wegnehmen und seinen
Beamten geben. 15 Von dem Ertrag eurer Felder
und Weinberge wird er den zehnten Teil eintreiben
und damit seine Hofleute und Diener bezahlen.
16–17 Auch von euren Schafen und Ziegen wird er
den zehnten Teil für sich nehmen. Eure Knechte
und Mägde, eure besten jungen Leute und auch eure
Esel wird er für sich arbeiten lassen. Ihr alle werdet
seine Sklaven sein!
18 Wenn es so weit ist, würdet ihr den König, den
ihr jetzt verlangt, gerne wieder loswerden. Dann
werdet ihr zum HERRN schreien, aber er wird euch
nicht helfen.«
19 Doch das Volk wollte nicht auf Samuel hören.
Alle riefen: »Nein, wir wollen einen König! 20 Es soll
bei uns genauso sein wie bei den anderen Völkern!
Ein König soll uns Recht sprechen und uns im Krieg
anführen!«
21 Samuel hörte sich alles an und berichtete es dem
HERRN. 22 Der HERR antwortete ihm: »Gib ihrer For-
derung nach und setze einen König über sie ein!«
Dann schickte Samuel die Männer Israels wieder
nach Hause.

Der junge Saul sucht entlaufene Eselinnen

9 Im Gebiet des Stammes Benjamin lebte ein
wohlhabender und angesehener Mann namens
Kisch. Sein Vater hieß Abiël, seine weiteren Vorfah-
ren waren Zeror, Bechorat und Afiach. 2 Kisch hatte
einen Sohn namens Saul. Der war jung und stattlich,
schöner und einen Kopf größer als alle anderen jun-
gen Männer in Israel.
3 Einmal waren Sauls Vater die Eselinnen wegge-
laufen. Da sagte er zu seinem Sohn: »Nimm einen
Knecht mit und suche sie!«
4 Die beiden durchstreiften das Bergland von Efra-
ïm und fanden sie nicht. Sie suchten in der Gegend
von Schalischa – ohne Erfolg, dann in der Gegend
von Schaalim – vergeblich; sie durchzogen das
Gebiet von Jemini – nirgends eine Spur.
5 Als sie in die Gegend von Zuf kamen, sagte Saul
zu seinem Knecht: »Wir kehren lieber um! Sonst
macht sich mein Vater um uns noch mehr Sorgen
als um die Eselinnen.«
6 Doch der Knecht erwiderte: »In der Stadt da drü-
ben lebt ein angesehener Gottesmann. Alles, was er
voraussagt, trifft ein. Wir wollen zu ihm gehen, viel-
leicht kann er uns weiterhelfen.«

Die Suche nach den Eselinnen seines Vaters führte Saul zu dem Propheten Samuel. Der machte ihm die überraschende Mitteilung, dass Gott ihn dazu bestimmte habe, Israels erster König zu werden.

9,2 10,23; 16,6-7.12; 2Sam 14,25

7 »Aber wenn wir hingehen, was sollen wir ihm
dann mitbringen?«, fragte Saul. »Unsere Beutel sind
leer, das Brot ist aufgegessen; und sonst haben wir
nichts.«
8 Der Knecht sagte: »Ich habe noch ein kleines Sil-
berstück bei mir, das will ich ihm geben, damit er
uns sagt, was wir tun sollen.«
9–11 »Gut«, sagte Saul, »gehen wir!«, und sie mach-
ten sich auf den Weg zum Gottesmann in die Stadt.
Als sie die Straße zur Stadt hinaufgingen, begegneten
ihnen einige Mädchen, die Wasser holen wollten.
Sie fragten die Mädchen: »Ist der Seher* in der
Stadt?« – Zu jener Zeit nannte man die Propheten*
noch ›Seher‹. Wenn die Leute eine Antwort von Gott
haben wollten, sagten sie: »Kommt, wir gehen zum
Seher!« –
12 Die Mädchen antworteten: »Ja, er ist in der
Stadt. Gerade heute ist er gekommen, weil das Volk
auf der Höhe über der Stadt ein Opferfest feiert.
Beeilt euch, 13 dann trefft ihr ihn noch, bevor er
zum Opfermahl* hinaufgeht. Alle warten auf ihn;
erst wenn er das Opfer gesegnet hat, dürfen die Fest-
teilnehmer davon essen. Geht schnell, jetzt trefft ihr
ihn gerade noch!«

Saul wird wie ein König empfangen

14 Die beiden gingen weiter zur Stadt hinauf. Als sie
durchs Tor eintraten, kam ihnen Samuel entgegen.
Er wollte gerade die Stadt verlassen und zur Opfer-
stätte hinaufgehen.
15 Der HERR hatte ihn am Tag vorher auf die Begeg-
nung mit Saul vorbereitet und zu ihm gesagt:
16 »Morgen um diese Zeit werde ich einen Mann
aus dem Stamm Benjamin zu dir senden. Den sollst
du zum Anführer meines Volkes Israel salben*. Er
soll es aus der Gewalt der Philister* befreien. Ich
habe den Hilferuf der Israeliten gehört und will
ihnen helfen.« 17 Als nun Samuel Saul erblickte, sagte
der HERR zu ihm: »Das ist der Mann, von dem ich
gesprochen habe. Er soll mein Volk regieren.«
18 Gerade im Stadttor begegneten sie sich. Saul
wandte sich an Samuel und fragte ihn: »Kannst du
mir sagen, wo der Seher* wohnt?«
19 Samuel antwortete: »Ich bin es selbst. Kommt
mit mir auf die Höhe! Ihr seid heute meine Gäste.
Morgen früh darfst du weiterziehen; dann beant-
worte ich dir alle deine Fragen. 20 Mach dir keine
Gedanken wegen der Eselinnen, die dir vor drei
Tagen weggelaufen sind; sie sind gefunden. Aber
es gibt Wichtigeres: Ganz Israel setzt seine Hoffnung
auf dich und deine Familie!«
21 »Wie kannst du so etwas sagen?«, erwiderte
Saul. »Ich gehöre doch zum Stamm Benjamin, dem
kleinsten aller Stämme in Israel, und meine Sippe
ist die unbedeutendste im ganzen Stamm!«
22 Samuel brachte Saul und seinen Begleiter in die
Halle des Heiligtums und setzte sie an die Ehrenplät-
ze der Tafel. Etwa dreißig Gäste waren geladen.
23 Dann befahl er dem Koch: »Bring das Stück her,
das ich zurücklegen ließ!«
24 Der Koch brachte eine Keule.° Er legte sie Saul
vor und sagte: »Lass es dir schmecken! Es ist für dich
zurückgelegt worden, damit du sagen kannst: ›Alle
diese Geladenen waren meine Gäste!‹«
Nachdem sie miteinander gegessen hatten, 25 ging
Samuel mit Saul wieder zur Stadt hinunter. Er sprach
noch länger mit ihm auf dem flachen Dach des Hau-
ses. 26 Dort legte Saul sich schlafen.[a]
Früh am nächsten Morgen rief Samuel zu ihm auf
das Dach hinauf: »Steh auf, ich will dich ein Stück
begleiten!«
Saul stand auf und sie machten sich gemeinsam
auf den Weg. 27 Als sie an die Grenze der Stadt
kamen, sagte Samuel zu ihm: »Bleib noch einen
Augenblick hier und schick deinen Knecht voraus.
Ich habe dir eine Botschaft von Gott zu sagen.«
Der Knecht ging voraus.

Gottes Geist ergreift Besitz von Saul

10 Samuel hatte ein Gefäß mit Öl bei sich. Er goss
das Öl Saul auf den Kopf, küsste ihn und sagte:
»Hiermit hat der HERR dich zum Anführer seines
Volkes Israel gesalbt*.«
2 Weiter sagte Samuel: »Wenn du jetzt weggehst,
wirst du am Grab Rahels bei Zelzach im Gebiet des
Stammes Benjamin zwei Männer treffen. Sie werden
zu dir sagen: ›Die Eselinnen, die du suchen gegangen
bist, sind gefunden worden. Dein Vater sorgt sich
jetzt nicht mehr um sie, sondern um dich, und fragt
sich, was er euretwegen unternehmen muss.‹
3 Wenn du dann weitereilst und zur Eiche* von
Tabor kommst, werden dir drei Männer begegnen,
die nach Bet-El zum Heiligtum gehen. Der eine trägt
drei Böckchen, der andere drei Brotlaibe und der
dritte einen Krug mit Wein. 4 Sie werden dich freund-
lich grüßen und dir zwei von den Broten geben.
Nimm sie an!
5 Dann wirst du nach Gibeat-Elohim kommen, wo
die Philister* ihre Posten[b] aufgestellt haben. Vor der
Stadt wirst du einer Gruppe von Propheten* begeg-
nen, die von der Opferstätte auf der Anhöhe herab-
kommen. Vor ihnen her werden Musikanten gehen,
die auf Harfen, Handpauken, Flöten und Zithern
spielen, und die Propheten werden dazu in ekstati-
scher Begeisterung tanzen und singen. 6 Dann wird
der Geist* des HERRN auf dich kommen und ihre
Begeisterung wird auch dich erfassen.[c] Von da an
wirst du wie umgewandelt sein.
7 Diese Zeichen sollen dir eine Bestätigung sein.
Wenn sie eintreffen, dann besinn dich nicht lange.

a Der Satz ist verdeutlichender Zusatz.
b Andere Deutung *Siegessäulen. Gibeat-Elohim* ist wohl identisch mit dem Gibea von Vers 26 (vgl. Vers 10), der Heimatstadt Sauls.
c So wie Simson und andere Richter (siehe Vergleichsstellen zu Ri 3,10) wird auch Saul unmittelbar vom Geist Gottes zu seiner ersten Befreiungstat getrieben werden (11,6-7). Zur äußeren Erscheinungsform des hier und im Folgenden geschilderten Prophetentums vgl. Sacherklärung »Prophet«.

9,15 1 Kön 14,5 **9,16** Ex 2,23; 3,7-8 **9,17** 16,3.12 **9,21** Ri 6,15 **10,1** 9,16; 16,13S **10,5-6** Joël 3,1S **10,6** Ri 3,10S

Pack die Aufgaben an, die sich dir stellen! Gott wird
dir beistehen.«
8 Samuel fügte hinzu: »Geh mir voraus nach Gilgal
und warte sieben Tage auf mich. Ich werde dorthin
kommen und dem HERRN Opfer* darbringen. Dann
will ich dich wissen lassen, was du tun sollst.«
9 Als Saul von Samuel wegging, machte Gott ihn zu
einem neuen Menschen.[a] Alle Zeichen, die Samuel
vorhergesagt hatte, trafen der Reihe nach ein.
10 Schließlich kamen Saul und sein Knecht nach
Gibea, wo ihnen tatsächlich eine Gruppe von Pro-
pheten begegnete. Der Geist Gottes nahm Besitz
von Saul und die ekstatische Begeisterung der Pro-
pheten erfasste auch ihn.
11 Als seine Bekannten das sahen, fragten sie einan-
der: »Was ist denn mit dem Sohn von Kisch gesche-
hen? Wie kommt Saul unter die Propheten?« 12 Einer
der Umstehenden meinte: »Von denen kennt man ja
nicht einmal den Vater!« So entstand die Redensart:
»Ist auch Saul unter die Propheten geraten?«
13 Als die ekstatische Begeisterung vorüber war,
ging Saul zur Opferstätte hinauf. 14 Sein Onkel sah
ihn und den Knecht und fragte sie: »Wo seid ihr
gewesen?«

»Wir haben die Eselinnen gesucht«, antwortete
Saul, »und als wir sie nicht finden konnten, gingen
wir zu Samuel.«
15 »Was hat er euch denn gesagt?«, wollte der
Onkel wissen.
16 »Dass die Eselinnen gefunden sind«, erwiderte
Saul. Aber dass Samuel ihm gesagt hatte, er würde
König werden, erzählte er ihm nicht.

Saul wird König über Israel

17 Samuel berief eine Volksversammlung ein. Alle
Männer von Israel kamen nach Mizpa zum Heilig-
tum des HERRN. 18 Dort sagte er zu ihnen:
»Der HERR, der Gott Israels, hat euch aus Ägypten
herausgeführt, er hat euch aus der Gewalt der Ägyp-
ter und aller anderen Feinde befreit 19 und euch aus
aller Not und Bedrängnis gerettet. Ihr aber habt euch
heute von ihm losgesagt und habt verlangt, dass ich
einen König über euch einsetze. Ihr sollt euren Wil-
len haben. Ordnet euch nach Stämmen und Sippen
und stellt euch hier vor dem HERRN auf!«
20 Samuel ließ die Oberhäupter der einzelnen
Stämme vortreten und befragte den HERRN durch
das Los. Das Los fiel auf den Stamm Benjamin.
21 Dann ließ er die Sippenoberhäupter des Stammes
Benjamin vortreten. Das Los fiel auf die Sippe Matri
und unter den Männern dieser Sippe fiel es auf Saul,
den Sohn von Kisch. Doch als sie Saul nach vorn
holen wollten, war er nirgends zu finden.
22 Sie fragten den HERRN: »Sind vielleicht nicht alle
vorgetreten?«

Der HERR antwortete: »Sucht ihn, er hat sich im
Lager versteckt!«
23 Sie liefen hin und holten ihn. Als er in ihrer
Mitte stand, sah man: Er war einen Kopf größer als
alle.
24 Samuel sagte zum Volk: »Hier ist der Mann, den
der HERR ausgewählt hat! Seht ihn euch an! Keiner
im ganzen Volk ist wie er.« Da riefen alle: »Lang lebe
der König!«
25 Samuel machte dem Volk die Rechte des Königs
bekannt. Er schrieb sie auf und verwahrte die Urkun-
de im Heiligtum des HERRN. Dann löste er die Ver-
sammlung auf und jeder ging nach Hause.
26 Auch Saul ging heim nach Gibea. Vom Heer
Israels begleiteten ihn alle Männer, denen Gott das
Herz dazu willig gemacht hatte. 27 Ein paar Nichts-
nutze aber spotteten: »Der soll unsere Lage ändern
können?«[b] Sie hatten nur Verachtung für ihn übrig
und brachten ihm keine Geschenke.

Doch Saul schwieg dazu.

Sauls erste Bewährung

11 Nahasch, der König der Ammoniter*, zog mit
seinem Heer vor die Stadt Jabesch in der Land-
schaft Gilead[c] und belagerte sie. Die Bewohner der
Stadt boten Nahasch an: »Sichere uns zu, dass du
uns am Leben lässt; dann wollen wir uns dir unter-
werfen.«
2 Der Ammoniterkönig antwortete: »Nur unter
einer Bedingung lasse ich mich darauf ein: Ich steche
jedem von euch das rechte Auge aus! So bringe ich
Schande über ganz Israel.«
3 Da baten die Ältesten* der Stadt: »Gib uns sieben
Tage Zeit! Wir wollen Boten in alle Gegenden Isra-
els schicken. Wenn uns niemand zu Hilfe kommt,
werden wir uns dir ergeben.«
4 Die Boten kamen auch in Sauls Heimatort Gibea.
Als sie den Bewohnern ihre Lage schilderten, bra-
chen alle in lautes Weinen aus.
5 In diesem Augenblick kam Saul mit seinen Rin-
dern von der Feldarbeit heim. »Warum weinen sie
alle?«, erkundigte er sich, und sie erzählten ihm,
was die Boten aus Jabesch gemeldet hatten.
6 Als Saul das hörte, nahm der Geist* Gottes von
ihm Besitz und es packte ihn ein glühender Zorn.
7 Er nahm zwei von den Rindern, zerhackte sie und
sandte die Stücke in alle Gegenden Israels. Die Über-
bringer sollten überall ausrufen: »Wer nicht mit Saul
und Samuel in den Kampf zieht, dessen Rindern
wird es ebenso ergehen!«

Das ganze Volk erschrak, weil sie spürten, dass
der HERR selbst hinter dieser Drohung stand; und alle
ohne Ausnahme zogen in den Kampf. 8 In Besek[d]
musterte Saul das Heer; es waren 300000 Mann
aus Israel und 30000 aus Juda.

a *machte Gott ...:* wörtlich *verwandelte Gott ihm das Herz in ein anderes.*
b Hier wird deutlich, dass das Königtum wegen der Bedrohung durch äußere Feinde eingerichtet worden ist (vgl. 12,12 sowie Kap 11; 13–15; 17).
c Im mittleren Ostjordanland (siehe Karte Seite 443). Schon einmal hatten sich die Ammoniter in Gilead auf Kosten Israels auszudehnen versucht (Ri 10,17).
d 40 km westlich von Jabesch im westjordanischen Bergland gelegen.

10,10-12 19,22-24 **10,17** Ri 20,1S **10,19** 8,5-9 **10,20-21** Jos 7,16S **10,23** 9,2 **10,24** 1Kön 1,25.34.39; 2Kön 11,12 **10,25** Dtn 17,14-20; 1Sam 8,11-18 **11,6** 16,13; Ri 3,10S **11,7** Ri 19,29

9 Den Leuten von Jabesch ließ Saul durch ihre Boten ausrichten: »Morgen um die Mittagszeit seid ihr befreit!«

Als die Nachricht in der belagerten Stadt bekannt wurde, atmeten alle auf. 10 Sie ließen den Ammonitern sagen: »Morgen kommen wir zu euch hinaus. Dann könnt ihr mit uns machen, was ihr wollt.«

11 Saul verteilte seine Männer auf drei Abteilungen. In aller Frühe, noch vor Anbruch der Morgendämmerung, fielen sie in das Lager der Ammoniter ein. Als es Mittag wurde, hatten sie die Ammoniter vernichtend geschlagen; die wenigen, die entkamen, wurden in alle Winde zerstreut.

12 Nach dem Sieg sagten die Männer Israels zu Samuel: »Wer hat damals gesagt: ›Was? Saul soll unser König werden?‹ Her mit ihnen, damit wir sie töten!«

13 Aber Saul entschied: »Am heutigen Tag soll niemand getötet werden! Denn heute hat der HERR sein Volk Israel gerettet.«

14 Dann forderte Samuel das Volk auf: »Kommt mit nach Gilgal, wir wollen Saul noch einmal zum König ausrufen!« 15 Alle folgten Samuel nach Gilgal und am Heiligtum des HERRN machten sie Saul zu ihrem König. Sie schlachteten Opfertiere und Saul feierte mit allen Männern Israels ein großes Fest.

Samuels Abschiedsrede

12 Samuel sagte zu den versammelten Männern Israels: »Ich habe eure Bitte erfüllt und euch einen König gegeben. 2 Hier steht er vor euch; er ist von jetzt an euer Anführer.

Ich selbst bin schon alt und meine Söhne sind als erwachsene Männer hier unter euch. Von meiner Jugend an bis heute habe ich euch geführt. 3 Ich stelle mich jetzt eurem Urteil. Erhebt vor dem HERRN und seinem gesalbten* König Anklage gegen mich, wenn ich irgendein Unrecht begangen habe.

Wem habe ich ein Rind oder einen Esel weggenommen? Wen habe ich erpresst, wen unterdrückt? Von wem habe ich mich durch Bestechung dazu bringen lassen, als Richter ein Auge zuzudrücken? Ich bin bereit, für alles Wiedergutmachung zu leisten.«

4 Die Männer Israels antworteten: »Du hast keinen von uns unterdrückt oder erpresst und von niemand etwas angenommen.«

5 Samuel sagte: »Der HERR und sein gesalbter König sind Zeugen dafür, dass ihr kein Unrecht an mir gefunden habt.«

»Ja, so ist's«, riefen die Männer.

6 Dann sagte Samuel zu dem Volk: »Der HERR hat Mose und Aaron eingesetzt und eure Vorfahren durch sie aus Ägypten herausgeführt. 7 Tretet nun her, damit ich euch vor ihm zur Rechenschaft ziehen kann. Ich werde euch alles vorhalten, was der HERR in seiner Treue für euch und eure Vorfahren getan hat.

8 Als Jakob mit seiner Familie nach Ägypten gekommen war und eure Vorfahren in ihrer Not zum HERRN um Hilfe riefen, schickte der HERR ihnen Mose und Aaron, und durch diese beiden führte er sie aus Ägypten und gab ihnen hier in diesem Land eine Heimat.

9 Sie aber vergaßen bald, was der HERR für sie getan hatte, und wandten sich von ihm ab. Deshalb gab der HERR sie ihren Feinden preis: Sisera, dem Heerführer der Stadt Hazor, den Philistern* und dem König der Moabiter*. Die führten Krieg gegen sie und brachten sie in schwere Bedrängnis.[a] 10 Da riefen sie zum HERRN um Hilfe und sagten: ›Es war Unrecht, dass wir dich, unseren Gott, verlassen und stattdessen den Gott Baal* und die Göttin Astarte* verehrt haben. Befreie uns von unseren Feinden, dann sollst du allein unser Gott sein!‹

11 Da schickte der HERR euch Jerubbaal, Bedan,[b] Jiftach und schließlich mich selbst und half euch gegen alle Feinde rings um euch her, sodass ihr in Frieden und Sicherheit in eurem Land leben konntet.

12 Als ihr aber saht, dass der Ammoniterkönig Nahasch mit seinem Heer gegen euch anrückte, sagtet ihr zu mir: ›Nein, ein König soll uns regieren!‹, obwohl doch der HERR, euer Gott, euer König ist.

13 Nun, ihr habt den König bekommen, den ihr gewollt habt; der HERR hat ihn euch gegeben. 14 Jetzt kommt es darauf an, dass ihr den HERRN ehrt und ihm gehorcht, auf seine Weisungen hört, euch seinen Anordnungen nicht widersetzt und ihm stets treu bleibt, ihr und der König, der über euch herrscht. 15 Wenn ihr aber nicht auf den HERRN hört und euch seinen Anordnungen widersetzt, dann wird der HERR sich gegen euch wenden, wie er es bei euren Vorfahren getan hat.

16 Darum tretet her und gebt Acht, was für ein großes Wunder der HERR jetzt vor euren Augen tun wird! 17 Es ist gerade Weizenernte, und ihr wisst, dass zu dieser Zeit niemals Regen fällt.[c] Ich aber werde zum HERRN rufen und ihn bitten, dass er ein Gewitter schickt. Dann werdet ihr einsehen, was für ein großes Unrecht gegen den HERRN ihr begangen habt, als ihr einen König verlangtet.«

18 Samuel rief zum HERRN und der HERR ließ es donnern und regnen. Da bekamen die Israeliten große Angst vor dem HERRN und vor Samuel 19 und sie sagten zu Samuel: »Bitte den HERRN, deinen Gott, für uns, dass wir nicht sterben müssen! Wir sind sündige Menschen, und nun haben wir auch noch die Untat begangen, einen König zu verlangen.«

a *und brachten …:* verdeutlichender Zusatz.
b *Bedan* wird sonst nirgends erwähnt; vielleicht ist Barak (Ri 4,6-7) gemeint.
c *und ihr wisst …:* verdeutlichender Zusatz.

11,12 10,27 **11,13** 14,45; 2 Sam 19,23 **11,14** 10,8 **11,15** Jos 4,19-20 **12,3** Num 16,15; Sir 46,19 **12,8** Ex 2,23; 6,26 **12,9** Ri 13,1; 3,12; 4,2 **12,10** Ri 10,10-15 **12,11** Ri 7,1; 11,29; 1 Sam 3,20 **12,12** 8,5-7 **12,14** Dtn 13,5 **12,15** Num 14,29-35; Ri 2,13-15

[20] Samuel antwortete ihnen: »Habt keine Angst! Ihr habt zwar all dieses Unrecht getan, aber haltet von jetzt an treu zum HERRN und gehorcht ihm von ganzem Herzen. [21] Lauft nur nicht den ohnmächtigen Götzen nach! Sie können euch nicht helfen und euch nicht retten, weil sie *nichts* sind.

[22] Der HERR bleibt sich selbst treu; er wird euch nicht verstoßen, nachdem er einmal beschlossen hat, euch zu seinem Volk zu machen. [23] Auch ich werde weiter wie bisher mit meinen Gebeten beim HERRN für euch eintreten und euch den guten und geraden Weg weisen. Ich würde ja Schuld auf mich laden, wenn ich damit aufhörte.

[24] Aber ihr müsst den HERRN ehren und ihm in Treue und von ganzem Herzen gehorchen. Denkt doch daran, was für gewaltige Dinge er für euch getan hat! [25] Wenn ihr trotz alledem weiter Unrecht tut, werdet ihr samt eurem König weggefegt werden.«

Die Erhebung gegen die Philister

13 Saul war ... Jahre alt,[a] als er König wurde, und er regierte zwei Jahre über Israel.

[2] Saul wählte von den versammelten Israeliten dreitausend aus. Davon standen zweitausend unter dem Befehl Sauls in Michmas und auf den Höhen bei Bet-El und tausend unter dem Befehl seines Sohnes Jonatan in Gibea,[b] im Gebiet des Stammes Benjamin. Die übrigen Leute hatte Saul nach Hause entlassen.

[3] Jonatan erschlug die Männer, die als Posten der Philister* in Geba stationiert waren.[c] Als es bei den Philistern bekannt wurde, ließ Saul im ganzen Land das Widderhorn* blasen, denn er dachte: »Die Hebräer* sollen es erfahren.« [4] Überall in Israel wurde ausgerufen: »Saul hat die Wachtposten der Philister erschlagen! Dadurch hat Israel die Wut der Philister herausgefordert.« Daraufhin wurden die waffenfähigen Männer nach Gilgal einberufen, um mit Saul in den Kampf zu ziehen.

[5] Auch die Philister sammelten sich inzwischen zum Kampf gegen Israel. Sie hatten 3000° Streitwagen* mit 6000 Mann Besatzung und ihr Heer war so unzählbar wie die Sandkörner am Meeresstrand. Sie bezogen ihr Lager bei Michmas, östlich von Bet-Awen.[d]

[6] Als die Israeliten die Übermacht sahen, versteckten sie sich in Höhlen, hinter Dorngestrüpp und in Felsspalten, in Grabkammern und Zisternen. [7a] Ein Teil flüchtete über den Jordan ins Gebiet von Gad und Gilead*.

Saul handelt voreilig

[7b] Saul war immer noch in Gilgal und alle seine Kriegsleute hatten große Angst. [8] Samuel hatte verlangt, dass er sieben Tage auf ihn warte; aber als Samuel auch dann noch nicht kam, fingen die Leute an wegzulaufen. [9] Deshalb ordnete Saul an: »Bringt mir die Tiere für das Brandopfer* und das Mahlopfer*!« Und er begann, selbst die Opferhandlung zu verrichten.

[10] Als er gerade mit dem Brandopfer fertig war, kam endlich Samuel. Saul ging ihm entgegen und begrüßte ihn.

[11] »Was hast du da getan!«, sagte Samuel und Saul erwiderte: »Die Leute begannen auseinander zu laufen, als du zur vereinbarten Zeit nicht hier warst, und die Philister* standen schon in Michmas. [12] Da dachte ich: Nun werden sie nach Gilgal herunterkommen und mich angreifen, und ich habe den HERRN noch nicht um Hilfe angefleht. Deshalb habe ich es gewagt, selbst das Brandopfer darzubringen.«

[13] Samuel aber sagte: »Das war unbesonnen von dir! Warum hast du dich nicht an den Befehl gehalten, den der HERR, dein Gott, dir gegeben hat?[e] Dann hätte er dir und deiner Familie das Königtum über Israel für alle Zeiten zugesprochen. [14] Nun wird dein Königtum keinen Bestand haben, weil du dem HERRN nicht gehorcht hast. Er hat sich schon einen anderen ausgesucht, einen Mann, an dem er Gefallen hat. Den hat er zum Anführer seines Volkes bestimmt.«

Die Unterlegenheit der Israeliten

[15] Samuel verließ Gilgal und ging seiner Wege. Der Rest der Männer Israels folgte Saul in den Kampf. Sie zogen° von Gilgal nach Gibea im Gebiet des

Ein drohender Angriff der Philister wurde für Saul zu einer Glaubensprobe, die er nicht bestand. Dieses Relief mit dem Kopf eines Philisterkriegers aus dem 12. Jahrhundert v. Chr. stammt aus der ägyptischen Stadt Theben.

a Im hebräischen Text fehlt eine Jahreszahl.
b Zur Lage des Ortes siehe Karte Seite 443.
c Nach anderer Deutung: *Jonatan zerschlug die Siegessäule der Philister in Geba* (vgl. 10,5 und 14,1).
d Ein kleiner Ort in der Nähe von Ai (Jos 7,2).
e Der Zwischenfall ist bezeichnend für die Spannungen, die mit der Errichtung des Königtums auftraten; vgl. Anmerkung zu 8,7. Während die Retter aus Feindesnot in der Richterzeit unmittelbar von Gott oder seinem Geist zum Handeln getrieben werden, handelt der König planvoll nach eigener Einsicht und politischer Klugheit und gerät dabei in Konflikt mit den göttlichen Weisungen. Im Gegensatz zu Saul, der an diesen Spannungen zerbricht (vgl. Kap 15), wird sein Nachfolger David (auf den Vers 14 vorausweist) es verstehen, Realpolitik und Gehorsam gegen Gott in einen Einklang zu bringen, der den Verfassern der biblischen Königsgeschichte als vorbildlich gilt.

12,21 Ps 115,4-8 **12,22** Dtn 26,17; 27,9; 29,11-14; 2 Sam 7,24 **12,23** 7,8-9 **13,5** Jos 17,16 S **13,8** 10,8 **13,14** 16,1

Stammes Benjamin. Als Saul seine Leute musterte,
waren es nur noch sechshundert.
16 Saul und Jonatan lagen mit ihren Leuten bei
Geba im Gebiet von Benjamin, während die Philis-
ter* ihr Lager bei Michmas aufgeschlagen hatten.
17 Die Philister schickten drei Truppenabteilungen
aus, die das Land plündern sollten: eine nach Nor-
den in Richtung Ofra in das Gebiet von Schual,
18 eine andere nach Westen in Richtung Bet-Horon
und eine dritte nach Osten zu dem Höhenzug, von
dem aus das Hyänental und die dahinter liegende
Wüste zu sehen sind.
19 Es gab zu jener Zeit in ganz Israel keinen
Schmied; denn die Philister wollten verhindern, dass
die Leute von Israel Schwerter und Speerspitzen her-
stellen konnten. 20 Deshalb musste jeder in Israel zu
den Philistern gehen, wenn er eine Pflugschar, einen
Spaten, eine Axt oder eine Sichel° schärfen lassen
wollte. 21 Bei Spaten und Pflugschar kostete das
Schärfen zwei Drittel eines Silberstücks* und bei
einer Axt ein Drittel.° 22 Wenn sie in den Krieg
zogen, hatte keiner von den Männern Israels, die
Saul und Jonatan folgten, ein Schwert oder einen
Speer; nur Saul und sein Sohn waren damit aus-
gerüstet.

Jonatans Überraschungserfolg

23 Die Philister* hatten eine Abteilung ausgeschickt,
die den Talübergang bei Michmas sichern sollte.
14 Eines Tages sagte Jonatan, der Sohn Sauls, zu
seinem jungen Waffenträger: »Komm, wir
gehen zu dem Philisterposten dort drüben!« Seinem
Vater verriet er nichts davon.
2 Saul befand sich zu diesem Zeitpunkt am äußer-
sten Ende des Gebiets von Gibea unter dem Granat-
apfelbaum beim Dreschplatz. Er hatte etwa 600
Mann bei sich. 3 In seiner Begleitung war auch der
Priester* Ahija, der Sohn von Ikabods Bruder Ahi-
tub; er war ein Enkel von Pinhas und Urenkel von
Eli, der in Schilo* dem HERRN als Priester gedient
hatte. Ahija trug die Orakeltasche*. Auch von den
Männern Sauls wusste keiner, dass Jonatan wegge-
gangen war.
4 An der Stelle, an der Jonatan das Tal überqueren
wollte, ragte auf jeder Seite eine Felsspitze auf; man
nannte die beiden Felsen Bozez und Senne.[a] 5 Der
eine erhob sich wie ein Pfeiler im Norden, auf der
Seite von Michmas, der andere im Süden, auf der
Seite von Geba.
6 Jonatan sagte also zu seinem jungen Waffenträ-
ger: »Komm, wir gehen zu dem Posten dort drüben,
zu diesen Unbeschnittenen*! Vielleicht hilft uns der
HERR; denn für ihn ist es nicht schwer, den Sieg zu
schenken, ganz gleich, ob nun viele oder wenige
kämpfen.«
7 »Nur zu«, sagte der Waffenträger; »tu, was du
vorhast! Ich bin dabei, du kannst dich auf mich ver-
lassen.«
8 Jonatan sagte: »Wir gehen auf sie zu, und zwar
so, dass sie uns sehen müssen. 9 Wenn sie uns dann
zurufen: ›Halt! Stehen bleiben, bis wir bei euch
sind!‹, dann bleiben wir stehen, wo wir gerade sind,
und steigen nicht zu ihnen hinauf. 10 Sagen sie aber:
›Kommt herauf zu uns!‹, so klettern wir hinauf. Das
soll das Zeichen für uns sein, dass der HERR sie in
unsere Hand gegeben hat.«
11 Sie gingen also und zeigten sich ganz offen dem
feindlichen Posten. Als die Philister sie sahen, sagten
sie zueinander: »Seht nur, da kommen ein paar
Hebräer* aus den Löchern, in die sie sich verkro-
chen haben!« 12 Sie riefen den beiden zu: »Kommt
herauf zu uns! Wir haben ein Wörtchen mit euch
zu reden!«
Da sagte Jonatan zu seinem Waffenträger: »Mir
nach! Der HERR hat sie in die Hand Israels gegeben!«
13 Jonatan kletterte auf allen vieren hinauf und sein
Waffenträger hinter ihm her. Da fielen die Philister
vor Jonatan einfach um, und der Waffenträger, der
hinter ihm herging, tötete sie.
14 Bei diesem ersten Schlag gegen die Philister hat-
ten Jonatan und sein Waffenträger an die zwanzig
Mann auf kleinstem Raum[b] erledigt. 15 Alle Philister
packte das Entsetzen – die im Lager und die im
Gelände, das ganze Heer, auch die Wachtposten
und alle, die zur Plünderung ausgezogen waren.
Als dann auch noch die Erde bebte, brach unter
ihnen eine Panik aus, die Gott geschickt hatte.
16 Die Späher Sauls in Gibea bemerkten die Un-
ruhe im Lager der Philister. 17 Saul befahl seinen Leu-
ten: »Seht nach, wer von uns fehlt!« Es stellte sich
heraus, dass Jonatan und sein Waffenträger nicht
da waren. 18 Da befahl Saul dem Priester Ahija:
»Bring die Lade Gottes her!« Die Bundeslade* war
nämlich im Lager der Israeliten.
19 Aber während Saul noch mit Ahija sprach, stei-
gerte sich der Tumult im Lager der Philister so sehr,
dass Saul zu ihm sagte: »Nein, lass es!« 20 Saul und
seine Leute sammelten sich und stürmten los zum
Kampf. Als sie das feindliche Lager erreichten, sahen
sie, dass dort einer gegen den andern kämpfte. Es
herrschte eine ungeheure Verwirrung.
21 Die von den Hebräern, die bisher zu den Philis-
tern gehalten hatten und auf deren Seite in den
Kampf gezogen waren, wechselten jetzt die Front
und schlossen sich den Israeliten unter der Führung
von Saul und Jonatan an. 22 Als die Israeliten, die sich
im Bergland von Efraïm versteckt hatten, von der
Flucht der Philister hörten, setzten auch sie alle
ihnen nach. 23a So schenkte der HERR an diesem Tag
Israel den Sieg.

a *Senne* bedeutet »Dorn, Stachel«, *Bozez* entweder »der Glänzende« oder »der Schlüpfrige«.
b Wörtlich *auf etwa der halben Pflugstrecke eines Joches Acker* (= ca. 50 m).

13,19 Ri 5,8 **14,3** 1,3; 4,19-22 **14,6** Ri 7,2-7; 2 Chr 13,18S **14,11** 13,6 **14,15** Ex 23,28S **14,18** 4,3-4 **14,20** Ri 7,22 **14,22** 13,6

Sauls Gewissenhaftigkeit mindert den Sieg

23b Der Kampf tobte damals bis über Bet-Awen[a] hinaus. 24 Als die Israeliten zeitweise in Bedrängnis gerieten, drohte ihnen Saul und sagte: »Fluch über jeden, der vor Abend etwas isst – bevor ich mich an meinen Feinden gerächt habe!« Deshalb nahm keiner von den Leuten irgendetwas zu sich.

25 Zu dieser Jahreszeit gab es[b] überall in der Gegend wilden Honig. 26 Die Waben, auf die die Leute stießen, flossen über von Honig; aber keiner wagte davon zu kosten, denn sie fürchteten Sauls Fluch.

27 Jonatan wusste jedoch nichts von dem Fluch, mit dem sein Vater die Leute bedroht hatte. Er tauchte das Ende seines Stockes in eine Wabe und leckte den Honig ab. Sofort kam neues Leben in ihn.[c] 28 Einer der Männer stellte ihn zur Rede und sagte: »Dein Vater hat jeden mit einem Fluch bedroht, der heute etwas isst!«

Weil Jonatan sah, wie erschöpft die Leute waren, 29 erwiderte er: »Mein Vater stürzt uns alle ins Unglück. Seht doch selbst, wie erfrischt ich bin, weil ich ein bisschen von dem Honig gegessen habe! 30 Wie viel größer wäre unser Sieg gewesen, wenn die Leute sich von dem Proviant gestärkt hätten, den sie von ihren Feinden erbeutet haben! Dann wäre die Niederlage der Philister* noch viel größer geworden.«[d]

31 Die Israeliten verfolgten die Philister an diesem Tag von Michmas bis nach Ajalon.[e] Dann waren sie so erschöpft, 32 dass sie sich auf die Beutetiere stürzten; sie schlachteten Schafe, Rinder und Kälber, ließen das Blut* auf die Erde fließen und hielten an derselben Stelle ihr Mahl.[f]

33 Man meldete Saul: »Die Leute machen sich schuldig gegenüber dem HERRN; sie setzen sich über dem Blut hin und essen!«

»Das ist ein schweres Unrecht«, rief Saul. »Wälzt sofort einen großen Stein her!« 34 Dann ordnete er an: »Geht überall herum und sagt den Leuten, jeder soll sein Rind und sein Schaf zu mir bringen und hier an diesem Stein schlachten. Dann können sie essen, ohne dem HERRN gegenüber schuldig zu werden, weil sie über dem Blut essen.« Da brachten alle in dieser Nacht ihre Tiere zu Saul und schlachteten sie dort. 35 Es war das erste Mal, dass Saul für den HERRN einen Altar* gebaut hatte.

36 Dann sagte Saul zu den Männern: »Wir wollen noch in der Nacht den Philistern nachjagen! Wir wollen sie ausplündern und keiner von ihnen soll den nächsten Morgen erleben!«

»Gut«, riefen sie, »mach alles so, wie du es für richtig hältst!«

Der Priester aber wandte ein: »Wir wollen doch zuerst Gott fragen!« 37 Also fragte Saul: »Soll ich die Philister bis in die Ebene verfolgen? Wirst du sie in unsere Hand geben?« Aber Gott gab Saul keine Antwort.

38 Da rief Saul die Truppenführer zu sich und sagte: »Es ist heute irgendeine Schuld begangen worden. Ihr müsst herausfinden, was es ist. 39 Wer sich schuldig gemacht hat, muss sterben – und wenn es mein eigener Sohn Jonatan wäre. Das schwöre ich, so gewiss der HERR lebt, der Israel beisteht.« Aber niemand aus dem Volk meldete irgendeinen Verstoß.

40 Da sagte Saul: »Ihr alle stellt euch auf diese Seite, ich stelle mich mit Jonatan auf die andere.«

»Tu, was du für richtig hältst«, erwiderte das Volk.

41 Dann rief Saul: »HERR, du Gott Israels, warum hast du mir heute nicht geantwortet? Sag es mir durch die heiligen Lose*! Wenn die Schuld bei mir oder bei Jonatan liegt, dann lass das Los ›Urim‹ herauskommen, wenn sie aber beim Volk liegt, das Los ›Tummim‹!«[g]°

Das Los fiel auf Saul und Jonatan, und so war das Volk von der Schuld freigesprochen.

42 »Werft jetzt das Los zwischen mir und meinem Sohn«, befahl Saul. Da fiel das Los auf Jonatan.

43 »Was hast du getan?«, fragte ihn Saul. »Sag es mir!«

»Ich habe mit der Spitze meines Stockes ein bisschen Honig gekostet«, antwortete Jonatan. »Ich bin bereit zu sterben.«

44 »Gott soll mich strafen, wenn ich dich leben lasse!«, sagte Saul.

45 Aber die Männer Israels baten für Jonatan: »Soll er sterben, nachdem er diesen großen Sieg für Israel errungen hat? Nie und nimmer! So gewiss der HERR lebt: Wir werden nicht zulassen, dass ihm auch nur ein Haar gekrümmt wird! Nur mit Gottes Hilfe hat er heute solche Taten vollbringen können.«

So rettete das Volk Jonatan vor dem Tod.

46 Saul aber verfolgte die Philister nicht weiter, sondern kehrte um. So konnten sich die Philister unbehelligt in ihr Gebiet zurückziehen.[h]

Sauls Kriege

47 Als König von Israel kämpfte Saul gegen alle seine Feinde ringsum: gegen die Moabiter*, die Ammoniter*, die Edomiter*, die Könige von Zoba* und die Philister*. Gegen sie alle bewährte er sich als Retter Israels.° 48 Er war ein tapferer Mann, besiegte die Amalekiter* und befreite die Israeliten von allen, die ihr Land ausplünderten.

Sauls Familie

49 Saul hatte drei Söhne: Jonatan, Jischwi[i] und Malkischua, und zwei Töchter; die ältere hieß Merab, die

a Siehe Anmerkungen zu 13,5.
b Wörtlich *Das ganze Land war in (die Zeit der) Honigwaben gekommen und es gab ...*
c *Sofort kam ...:* wörtlich *Da wurden seine Augen hell.*
d Im Gegensatz zu 13,8-14 handelt Saul hier nicht realpolitisch: Er ordnet ein Fasten an (Vers 24) und gibt damit dem Kampf den Charakter eines »heiligen Krieges« (siehe Sacherklärung »Krieg, heiliger«), den Gott selbst führt. So bringt er sich um den vollen Erfolg.
e 25 km westlich von Michmas am Rand des zentralen Berglandes.
f Das Blut als der Gott zustehende Teil hätte zum Altar gebracht werden müssen; vgl. Lev. 17,11. Die Möglichkeit dazu wird sogleich durch Saul geschaffen.
g Die hebräischen Namen der beiden Losstäbe sind nicht sicher zu deuten.
h Offenbar fühlt sich Saul durch die nicht bereinigte Verfehlung seines Sohnes so belastet, dass er keine weitere Verfolgung wagt. So bleibt der Sieg des Tages durch eine – nicht eindeutig schuldhafte – Verkettung von Umständen unvollkommen; vgl. Vers 52. Etwas von der späteren Glücklosigkeit Sauls kündigt sich hier an.
i Wohl identisch mit *Isch-Boschet/Eschbaal* (2 Sam 2,8; vgl. Anmerkung zu 1 Chr 8,33).

14,32-33 Lev 17,10-14S **14,36-37** 1 Kön 22,5S **14,37** 28,6 **14,38-39** Jos 7,11-15 **14,41** Ex 28,30S **14,49** 18,17-20.26-27; 31,2.7

jüngere Michal. [50] Seine Frau hieß Ahinoam; sie war
die Tochter von Ahimaaz. Zum Heerführer machte
er Abner, den Sohn seines Onkels Ner. [51] Sauls Vater
Kisch und Abners Vater Ner waren beide Söhne von
Abiël.

[52] Der Krieg mit den Philistern* dauerte mit unver-
minderter Härte fort, solange Saul lebte. Darum zog
Saul jeden tapferen und kriegstüchtigen Mann, den
er gewinnen konnte, zu seiner Truppe ein.

Sauls halbherziger Gehorsam

15 Samuel kam zu Saul und sagte: »Der HERR gab
mir damals den Auftrag, dich zum König über
sein Volk Israel zu salben*. Darum höre jetzt seinen
Befehl! [2] So spricht der HERR, der Herrscher der Welt:[a]
›Ich will jetzt den Amalekitern* vergelten, was sie
Israel angetan haben. Sie versperrten ihm den Weg,
als es aus Ägypten kam. [3] Darum zieh gegen sie ins
Feld und vernichte sie! Alles, was zu ihnen gehört,
steht unter dem Bann*. Darum töte ohne Erbarmen
Männer und Frauen, Kinder und Säuglinge, Rinder,
Schafe, Kamele und Esel.‹«

[4] Saul rief die wehrfähigen Männer nach Telaïm[b]
zusammen. Dort musterte er sie; es waren 200000
Mann Fußvolk, dazu kamen noch 10000 Mann aus
Juda. [5] Mit ihnen drang Saul zur Hauptstadt der Ama-
lekiter vor und legte sich im Tal auf die Lauer.

[6] Den Kenitern* ließ Saul sagen: »Zieht fort, trennt
euch von den Amalekitern, damit ihr nicht zusam-
men mit ihnen ausgerottet werdet. Ihr seid uns Is-
raeliten freundlich begegnet, als wir aus Ägypten
kamen.« Da verließen die Keniter das Gebiet der
Amalekiter.

[7] Dann griff Saul die Amalekiter an und schlug sie
vernichtend von Hawila bis Schur[c] an der ägypti-
schen Grenze. [8] Ihren König Agag nahm Saul gefan-
gen. An den anderen Amalekitern vollstreckte er den
Bann und ließ sie mit dem Schwert niedermachen.
[9] Saul und die Männer Israels verschonten jedoch
nicht nur Agag, sondern auch vom Vieh – den Scha-
fen, Ziegen und Rindern – die gesunden und kräfti-
gen Tiere, das Mastvieh und die Lämmer und über-
haupt alles, was wertvoll war; daran wollten sie
nicht den Bann vollstrecken.

Gott kehrt sich von Saul ab

[10] Da erging das Wort des HERRN an Samuel, er sagte
zu ihm: [11] »Es reut mich, dass ich Saul zum König
gemacht habe. Er hat sich von mir abgewandt und
meine Befehle nicht befolgt.«

Samuel war tief getroffen. Die ganze Nacht schrie
er zum HERRN, um ihn umzustimmen.

[12] Früh am Morgen machte er sich auf den Weg zu
Saul. Er hörte, Saul sei in der Stadt Karmel[d] gewesen
und habe dort ein Siegeszeichen aufgerichtet, dann
sei er nach Gilgal weitergezogen.

[13] Als Samuel nach Gilgal kam, empfing ihn Saul
mit den Worten: »Sei vom HERRN gesegnet! Ich habe
den Befehl des HERRN ausgeführt!«

[14] »Aber ich höre doch Schafe blöken und Rinder
brüllen«, entgegnete Samuel.

[15] »Meine Leute haben sie mitgebracht«, erwiderte
Saul. »Sie haben die besten Schafe und Rinder am Le-
ben gelassen, um sie dem HERRN, deinem Gott, als
Opfer* darzubringen. Alles Übrige haben wir ver-
nichtet.«

[16] »Kein Wort weiter!«, rief Samuel. »Ich will dir
jetzt verkünden, was der HERR mir in dieser Nacht
gesagt hat!«

»Sprich!«, erwiderte Saul [17] und Samuel sagte: »Du
bist der Anführer der Stämme Israels. Obwohl du
selbst dich nicht für würdig hieltest, hat der HERR
dich zu ihrem König gemacht. [18] Er hat dich zu den
Amalekitern* geschickt und dir befohlen: ›Kämpfe
gegen sie, bis du sie vernichtet hast. Vollstrecke
den Bann* an ihnen, denn sie haben sich gegen mich
gestellt.‹ [19] Warum hast du dem HERRN nicht ge-
horcht? Warum hast du getan, was ihm missfällt,
und dich auf die Beute gestürzt?«

[20] »Ich habe ihm doch gehorcht«, erwiderte Saul.
»Ich habe getan, was er mir aufgetragen hatte: An
den Amalekitern habe ich den Bann vollstreckt
und ihren König Agag hierher gebracht. [21] Meine
Leute aber ließen die besten von den erbeuteten
Schafen und Rindern am Leben, um sie hier in Gilgal
dem HERRN, deinem Gott, zu opfern.«

[22] Doch Samuel erwiderte: »Was meinst du, was
gefällt dem HERRN besser: Brandopfer* und Mahlop-
fer* oder Gehorsam gegenüber seinem Befehl? Lass
dir gesagt sein: Wenn du dem HERRN gehorchst, ist
das besser als ein Opfer; und wenn du ihm richtig
zuhörst, ist das besser als das Fett von Widdern.[e]
[23] Trotz gegen Gott ist ebenso schlimm wie Zauberei,
Auflehnung gegen ihn so schlimm wie Götzen-
dienst. Weil du gegen den Befehl des HERRN versto-
ßen hast, hat der HERR auch dich verstoßen: Du
kannst nicht länger König über sein Volk sein.«

[24] Saul sah sein Unrecht ein. »Ich habe mich schul-
dig gemacht«, bekannte er. »Ich habe den Befehl des
HERRN und deine Anweisungen nicht befolgt. Ich
hatte Angst vor meinen Männern und ließ ihnen
ihren Willen. [25] Vergib mir meine Schuld und komm
mit mir zurück, damit ich mich vor dem HERRN nie-
derwerfen und ihm Ehre erweisen kann!«

[26] Aber Samuel erwiderte: »Ich kann nicht mit dir
zurückgehen. Du hast gegen den Befehl des HERRN
verstoßen, darum hat der HERR nun dich verstoßen.
Du kannst nicht mehr König über Israel sein.«

Saul und Samuel trennen sich

[27] Samuel wollte weggehen. Da hielt Saul ihn am
Mantel fest, sodass ein Stück davon abriss. [28] Samuel

a Wörtlich *der HERR Zebaot.*
b Im Süden Judas; vermutlich der sonst Telem genannte Ort; vgl. 27,8; Jos 15,24. Die Amalekiter (und die ihnen nahe stehenden Keniter; Vers 6) lebten als Nomaden im Norden der Sinaihalbinsel.
c Siehe Kartenskizze Seite 132.
d Nur wenige Kilometer nördlich von Maon; vgl. Karte Seite 443.
e Dass Opfer kein Ersatz sind für die gehorsame Befolgung des Gotteswillens, wird von den großen Propheten immer wieder eingeschärft (vgl. Jes 1,10-20 und die Vergleichsstellen dazu). Allerdings geht es bei ihnen stets um Gebote, die das Zusammenleben des Gottesvolkes in Gerechtigkeit und Brüderlichkeit regeln, während die Gehorsamsprobe für Saul in der Befolgung der Gesetze des »heiligen Krieges« besteht, bei dem (in der ursprünglichen, strengen Form) die Feinde und die gesamte Beute dem Herrn verfallen sind (vgl. die Sacherklärungen »Bann« und »Krieg, heiliger«).

15,1 10,1 **15,2** Ex 17,14S **15,3** Dtn 7,1-4S; Jos 7,1S **15,6** Ri 1,16S **15,17** 9,21 **15,22** Jes 1,10-20S **15,26** 1 Kön 11,11 **15,27-28** 28,17; 1 Kön 11,30-31

sagte: »Wie du mir dieses Stück von meinem Mantel
abgerissen hast, so entreißt der HERR dir heute die
Königsherrschaft über Israel und gibt sie einem
anderen, der würdiger ist als du. 29 Der Gott, auf
den Israel stolz sein kann,[a] steht zu seinem Urteil
und nimmt es nicht zurück. Er ist nicht wie ein
Mensch, der seinen Sinn ändert und seine Entschei-
dung bereut.«
30 »Du hast Recht«, wiederholte Saul, »ich habe
mich schuldig gemacht. Aber stelle mich vor mei-
nem Volk und seinen Ältesten* nicht bloß und er-
weise mir jetzt die gebührende Ehre. Komm mit
mir zurück, damit ich mich vor dem HERRN, dei-
nem Gott, niederwerfen und ihm Ehre erweisen
kann!«
31 Samuel ließ sich umstimmen und ging mit. Als
Saul sich vor dem HERRN niedergeworfen hatte,
32 befahl Samuel: »Bringt mir Agag, den König der
Amalekiter*!«

Gelassen[b] ging Agag auf Samuel zu und sagte: »Die
Todesgefahr ist vorbei.« 33 Aber Samuel erwiderte:
»Dein Schwert hat viele Mütter kinderlos gemacht.
So soll jetzt auch deine Mutter kinderlos werden!«
Und er schlug Agag vor dem Altar* in Gilgal in Stü-
cke.
34 Dann kehrte Samuel nach Rama zurück und
auch Saul ging nach Hause in seine Stadt Gibea.
35 Samuel mied Saul für den Rest seines Lebens, denn
er trauerte um ihn. Dem HERRN aber tat es Leid, dass
er Saul zum König über Israel gemacht hatte.

DAVID AM KÖNIGSHOF SAULS
(16,1–21,1)

Gott sucht sich den Jüngsten aus

16 Der HERR sagte zu Samuel: »Wie lange trauerst
du noch um Saul? Ich habe ihn verstoßen; er
kann nicht länger König über Israel sein. Fülle jetzt
ein Horn mit Salböl und geh nach Betlehem zu Isai.
Unter seinen Söhnen habe ich mir einen als König
ausgewählt.«
2 »Aber wie kann ich das?«, wandte Samuel ein.
»Wenn Saul es erfährt, bringt er mich um!«

Der HERR antwortete: »Nimm eine Kuh mit und
sage, du seist gekommen, um ein Opfer* darzubrin-
gen. 3 Lade auch Isai dazu ein. Ich sage dir dann, wel-
chen von seinen Söhnen du zum König salben*
sollst.«
4 Samuel gehorchte dem HERRN und machte sich
auf den Weg. In Betlehem kamen ihm die Ältesten*
der Stadt besorgt entgegen und fragten: »Dein Kom-
men bedeutet doch nichts Schlimmes?«
5 »Nein«, antwortete Samuel. »Ich komme, um
dem HERRN ein Opfer darzubringen. Tut das Nötige,
damit ihr rein* seid, und kommt dann mit mir zum
Opfermahl!« Er lud auch Isai und seine Söhne dazu
ein und forderte sie auf, sich zu reinigen.
6 Als Isai mit seinen Söhnen zum Opfermahl kam,
fiel Samuels Blick auf Eliab und er dachte: »Das ist
gewiss der, den der HERR ausgewählt hat!«
7 Doch der HERR sagte zu Samuel: »Lass dich nicht
davon beeindrucken, dass er groß und stattlich ist. Er
ist nicht der Erwählte. Ich urteile anders als die Men-
schen.[c] Ein Mensch sieht, was in die Augen fällt; ich
aber sehe ins Herz.«
8 Isai rief Abinadab und führte ihn Samuel vor.
Aber Samuel sagte: »Auch ihn hat der HERR nicht aus-
gewählt.«
9 Dann ließ Isai Schima vortreten, aber Samuel
wiederholte: »Auch ihn hat der HERR nicht ausge-
wählt.«
10 So ließ Isai alle sieben Söhne an Samuel vorbei-
gehen, aber Samuel sagte: »Keinen von ihnen hat der
HERR ausgewählt.«
11 Dann fragte er Isai: »Sind das alle deine Söhne?«
Isai antwortete: »Der jüngste fehlt noch, David,
der hütet die Schafe.«

»Lass ihn holen«, sagte Samuel, »wir setzen uns
nicht zum Opfermahl hin, bevor er hier ist!«
12 Isai schickte einen Boten und David kam.
Der Junge war schön und kräftig[d] und hatte klare
Augen.

»Er ist es, salbe ihn!«, sagte der HERR zu Samuel.
13 Da goss Samuel Öl aus seinem Horn über ihn und
salbte ihn zum König vor den Augen seiner Brüder.

In diesem Augenblick nahm der Geist* des HERRN
Besitz von David und verließ ihn nicht mehr.[e]
Samuel aber kehrte nach Rama zurück.

David tritt in Sauls Dienste

14 Der HERR hatte seinen Geist* von Saul genommen
und ihm einen bösen Geist geschickt, der ihn oft
quälte. 15 Da sagten seine Leute zu Saul: »Du weißt
selbst, dass ein böser Geist, von Gott geschickt, dich
immer wieder befällt. 16 Sollen wir uns nicht nach
einem Mann umsehen, der Harfe spielen kann? Du
brauchst es nur zu befehlen! Wenn dann der böse
Geist über dich kommt, kannst du dir etwas vorspie-
len lassen; das wird dich aufmuntern.«[f]
17 »Ja«, antwortete Saul, »sucht mir einen guten
Harfenspieler und bringt ihn zu mir!«
18 Einer von den jungen Leuten sagte: »Ich kenne
einen: Isai in Betlehem hat einen Sohn, der Harfe
spielen kann. Er stammt aus einer angesehenen
Familie und ist ein tüchtiger Kämpfer. Er versteht,
zur rechten Zeit das rechte Wort zu sagen, und sieht
sehr gut aus. Der HERR steht ihm bei.«

a *Der Gott ...:* wörtlich *Der Ruhm Israels.*
b Vielleicht bedeutet das Wort auch *in Ketten.*
c Dies ist ein wiederkehrender Grundzug der göttlichen Erwählung: bei Gideon (Ri 6,15), bei Saul (1 Sam 9,21) und auch schon bei Josef (Gen 37,1-11).
d *schön und kräftig:* Die genauere Bedeutung der beiden Wörter ist nicht sicher zu bestimmen; möglich *sonnengebräunt und gut aussehend.*
e Das Ergriffensein vom Geist Gottes, bei den Rettern der Richterzeit (Ri 3,10 und Vergleichsstellen) und noch bei Saul (1 Sam 10,10; 11,6) auf die Stunde der rettenden Tat beschränkt, wird bei David zu einem Zustand, der lebenslang anhält – auch wenn das nicht in allen seinen Taten sichtbar wird. Erst Jesus Christus wird im vollen Sinne von sich sagen können: »Der Geist des Herrn hat von mir Besitz ergriffen« (Lk 4,18).
f Der Entzug des göttlichen Geistes ist die direkte Folge der Verwerfung Sauls (15,28); aber der Geist der Schwermut und Verdüsterung, den Gott ihm dafür sendet, darf nicht vorschnell als eine Strafe Gottes erklärt werden. Der biblische Erzähler übt hier eine bemerkenswerte Zurückhaltung. Wichtig ist, dass der Zustand Sauls zum Anlass wird, dass David an den Königshof kommt.

15,29 Num 23,19 S **16,1** 15,23; 2 Kön 9,1.3 **16,6-7** 9,1 S **16,13** (salbte zum König) 2 Sam 2,4; 5,3; Ps 89,21; 1 Sam 10,1; 1 Kön 1,39; 2 Kön 9,6; 11,12; (Geist) 1 Sam 11,6 S **16,14** 18,10 S

a Östlich von Aseka (vgl. Karte Seite 443; nicht das Socho am Rand der Scharon-Ebene).
b Hebräische Maßangaben in den Versen 5-7: *6 Ellen* und 1 (Hand-)Spanne; 5000 Schekel** (= 57,5 kg); *600 Schekel* (= 6,9 kg).
c Wörtlich *dieses Efa**; Gewicht der gerösteten Körner ca. 15 kg.

19 Da sandte Saul Boten zu Isai und ließ ihm sagen:
»Schick mir doch deinen Sohn David, der die Schafe
hütet!«
20 Isai gab David einen mit Broten beladenen Esel,
einen Schlauch Wein und einen jungen Ziegenbock
für Saul mit. 21 So kam David ins Haus Sauls und trat
in seinen Dienst. Der König gewann ihn lieb und
machte ihn zu seinem Waffenträger. 22 Seinem Vater
Isai ließ er sagen: »Lass David in meinem Dienst blei-
ben! Er hat mein Wohlgefallen gefunden.«
23 Immer wenn der von Gott geschickte böse Geist
über Saul kam, griff David zur Harfe und begann dar-
auf zu spielen. Dann wurde es Saul leichter ums
Herz, er fühlte sich wieder wohler und der böse
Geist verließ ihn.

Ein einzelner Mann fordert das Heer Israels heraus

17 Die Philister* zogen ihre Streitmacht bei
Socho[a] im Gebiet des Stammes Juda zusam-
men. In Efes-Dammim zwischen Socho und Aseka
hatten sie ihr Lager.
2 Saul bot alle wehrfähigen Männer Israels auf und
ließ sie im Eichental* das Lager beziehen. Als die
Israeliten zum Kampf antraten, 3 stellten sie sich
am Abhang des Tales auf. Am gegenüberliegenden
Abhang standen die Philister; dazwischen lag die
Talsohle.
4 Da trat aus den Reihen der Philister ein einzelner
Krieger hervor. Er hieß Goliat und stammte aus Gat.

»Immer wenn der von Gott geschickte böse Geist über Saul kam, griff David zur Harfe und begann darauf zu spielen. Dann wurde es Saul leichter ums Herz, er fühlte sich wieder wohler und der böse Geist verließ ihn« (16,23). Im Bild die Nachbildung einer neunsaitigen Leier (Harfe) aus dem letzten Drittel des zweiten Jahrtausends v. Chr.

Er war über drei Meter groß 5–6 und trug einen Helm,
einen Schuppenpanzer und Beinschienen, alles aus
Bronze; der Panzer allein wog mehr als einen Zent-
ner. Er hatte ein bronzenes Krummschwert geschul-
tert. 7 Der Schaft seines Spießes war so dick wie ein
Weberbaum* und die eiserne Spitze wog fast vier-
zehn Pfund.[b] Ein Soldat trug den großen Schild vor
ihm her.
8 Der Mann trat vor die Reihen der Philister und
rief den Israeliten zu: »Warum stellt ihr euch zur
Schlacht auf? Ich stehe für die Philister und ihr steht
für Saul. Wählt einen von euch aus! Er soll zu mir
herabkommen und mit mir kämpfen. 9 Wenn er
mich besiegt und tötet, werden wir eure Sklaven.
Wenn aber ich siege und ihn töte, müsst ihr unsere
Sklaven werden und uns dienen.«
10 Dann schrie er: »Habt ihr gehört: Ich fordere das
ganze Heer Israels heraus! Schickt mir einen Mann,
damit wir miteinander kämpfen!«
11 Als Saul und die Männer Israels den Philister so re-
den hörten, erschraken sie und hatten große Angst.

David lässt sich nicht einschüchtern

12 David war – wie gesagt – ein Sohn von Isai, der zur
Sippe Efrat zählte und in Betlehem, im Gebiet von
Juda, wohnte. Isai hatte acht Söhne. Für den Kriegs-
dienst war er selbst schon zu alt, als Saul regierte.
13 Aber seine drei ältesten Söhne, Eliab, Abinadab
und Schima, waren mit dem Heer Sauls in den Krieg
gezogen. 14 David war der jüngste von seinen Söh-
nen. 15 Er kam immer wieder vom Königshof nach
Hause und hütete die Schafe seines Vaters.
16 Vierzig Tage lang trat Goliat morgens und
abends vor und forderte die Israeliten zum Zwei-
kampf heraus.
17 Da sagte Isai eines Tages zu David: »Geh zu dei-
nen Brüdern ins Lager! Bring ihnen diesen Sack[c] mit
gerösteten Körnern und die zehn Brote. 18 Dem
Hauptmann nimmst du die zehn Käse hier mit.
Erkundige dich, wie es deinen Brüdern geht, und
bring ein Lebenszeichen von ihnen mit. 19 Sie sind
mit Saul und allen Männern Israels im Eichental*
und kämpfen gegen die Philister*.«
20 David übergab die Schafe einem Hütejungen.
Früh am nächsten Morgen lud er alles auf einen Esel
und machte sich auf den Weg, wie Isai es ihm aufge-
tragen hatte.
Als er zum Lager kam, rückte das Heer gerade aus
und stellte sich zum Kampf auf. Die Männer stimm-
ten den Schlachtruf an. 21 Die Schlachtreihen der
Israeliten und der Philister* standen sich gegenüber.
David ließ sein Gepäck bei der Lagerwache, lief an
die Front zu seinen Brüdern und fragte sie, wie es
ihnen gehe.
23 Während er mit ihnen sprach, trat wieder der
Philister Goliat aus Gat vor und forderte die Israeli-

17,4-7 2 Sam 21,15-22 **17,15** 16,11.19

ten zum Zweikampf heraus. Auch David hörte seine
Worte.
24 Sobald die Männer Israels den Philister sahen,
bekamen sie große Angst und wichen vor ihm
zurück. 25 »Hast du ihn gesehen? Da kommt er!«, rie-
fen sie einander zu. »Und wie er Israel verspottet!
Wer ihn tötet, den macht der König zum reichen
Mann; er soll sogar die Königstochter bekommen
und seine ganze Familie wird von allen Abgaben
befreit!«
26 David erkundigte sich bei den Männern, die in
seiner Nähe standen: »Was für eine Belohnung
bekommt der, der den Philister tötet und diese
Schande von Israel nimmt? Dieser Unbeschnittene*
darf doch nicht das Heer des lebendigen Gottes ver-
höhnen!« 27 Sie erklärten ihm noch einmal, was der
König als Belohnung ausgesetzt hatte.
28 Als sein ältester Bruder Eliab ihn so mit den
Männern reden hörte, wurde er zornig und sagte:
»Was hast denn du hier zu suchen! Unsere kümmer-
lichen paar Schafe lässt du allein in der Wildnis; wer
wird nun auf sie aufpassen? Ich weiß, wie vorwitzig
du bist; ich kann mir schon denken, was dich herge-
trieben hat. Du bist gekommen, um einmal den
Krieg zu sehen!«
29 David erwiderte: »Was habe ich denn getan? Ich
frage doch nur!« 30 Er drehte sich um und fragte den
Nächsten und wieder bekam er dieselbe Antwort.

Die falschen Waffen

31 Es sprach sich herum, dass sich David so eingehend
nach der Belohnung erkundigt hatte. Man berichtete
es auch Saul und der ließ ihn zu sich rufen.
32 »Mein König!«, sagte David. »Lass dich von die-
sem Philister* nicht einschüchtern! Ich werde mit
ihm kämpfen.«
33 »Unmöglich! Das kannst du nicht«, erwiderte
Saul. »Du bist ja fast noch ein Kind, und er ist ein-
ann, der von Jugend auf mit den Waffen umgeht!«
34 »Mein König«, sagte David, »als ich die Schafe
meines Vaters hütete, kam es vor, dass ein Löwe
oder Bär sich ein Tier von der Herde holen wollte.
35 Dann lief ich ihm nach, schlug auf ihn ein und ret-
tete das Opfer aus seinem Rachen. Wenn er sich
wehrte und mich angriff, packte ich ihn an der
Mähne und schlug ihn tot. 36 Mit Löwen und Bären
bin ich fertig geworden. Diesem unbeschnittenen*
Philister soll es nicht besser ergehen! Er wird dafür
büßen, dass er das Heer des lebendigen Gottes ver-
höhnt hat! 37 Der HERR hat mich vor den Krallen
der Löwen und Bären geschützt, er wird mich auch
vor diesem Philister beschützen!«
»Gut«, sagte Saul, »kämpfe mit ihm; der HERR wird
dir beistehen!« 38 Er gab ihm seine eigene Rüstung,
zog ihm den Brustpanzer an und setzte ihm den
bronzenen Helm auf. 39 David hängte sich das
Schwert um und machte ein paar Schritte. Doch er
war es nicht gewohnt.
»Ich kann darin nicht gehen«, sagte er zu Saul,
»ich habe noch nie eine Rüstung getragen.« Er legte
alles wieder ab 40 und nahm seinen Hirtenstock. Im
Bachbett suchte er fünf glatte Kieselsteine und
steckte sie in seine Hirtentasche. In der Hand hielt
er seine Schleuder; so ging er dem Philister entgegen.

David besiegt Goliat

41 Auch Goliat rückte vor; sein Schildträger ging vor
ihm her. Als er nahe genug war, 42 sah er, wer ihm
da entgegenkam: ein Halbwüchsiger, kräftig und
schön.[a]
Er war voll Verachtung für ihn 43 und rief ihm zu:
»Was willst du denn mit deinem Stock? Bin ich viel-
leicht ein Hund?« Dann rief er den Zorn seiner Göt-
ter auf David herab. 44 »Komm nur her«, spottete er,
»dein Fleisch will ich den Geiern und Raubtieren zu
fressen geben!«
45 Doch David antwortete: »Du trittst gegen mich
an mit Säbel, Spieß und Schwert. Ich aber komme
mit dem Beistand des HERRN, des Herrschers der
Welt,[b] des Gottes, dem das Heer Israels folgt und
den du verhöhnt hast.
46 Er wird dich heute in meine Hand geben. Ich
werde dich töten und dir den Kopf abschlagen,
und die Leichen der übrigen Philister* werde ich
den Vögeln und Raubtieren zu fressen geben. Dann
wird die ganze Welt erkennen, dass das Volk Israel
einen Gott hat, der es beschützt.[c]
47 Auch die hier versammelten Israeliten sollen
sehen, dass der HERR weder Schwert noch Speer
braucht, um sein Volk zu retten. Denn der HERR
bestimmt den Ausgang des Krieges und wird euch
Philister in unsere Hand geben.«
48 Goliat ging vorwärts und kam auf David zu.
David lief ihm entgegen, 49 griff in seine Hirtenta-
sche, holte einen Stein heraus, schleuderte ihn und
traf den Philister am Kopf. Der Stein durchschlug
die Stirn und Goliat stürzte vornüber zu Boden.
50 Ohne Schwert, nur mit Schleuder und Stein, hatte
David ihn besiegt und getötet. 51 Er lief zu dem
Gestürzten hin, zog dessen Schwert aus der Scheide
und schlug ihm den Kopf ab.
Als die Philister sahen, dass ihr stärkster Mann tot
war, liefen sie davon. 52 Die Männer von Israel und
Juda aber stimmten das Kriegsgeschrei an und ver-
folgten sie bis nach Gat° und bis vor die Stadttore
von Ekron. Auf dem ganzen Weg von Schaarajim
bis nach Gat und Ekron lagen die Leichen der
erschlagenen Philister.
53 Als die Israeliten von der Verfolgung zurück-
kamen, plünderten sie das Lager der Feinde.

a Vgl. Anmerkung zu 16,12.
b Wörtlich *des HERRN Zebaot**.
c *der es beschützt:* verdeutlichender Zusatz.

17,25 18,27; Jos 15,16 **17,34-37** Ri 14,6; Sir 47,3 **17,42** 16,12 **17,45** Ps 20,8S **17,50-51** 2 Sam 21,19

a Die Frage ist nach 16,19-23 schwer zu begreifen. Man muss wohl annehmen, dass es zwei verschiedene Berichte darüber gab, wie David an den Hof Sauls gekommen war.
b *Voller Bewunderung ...:* wörtlich *weil er vor ihnen her aus- und einzog.*

54 David nahm den Kopf Goliats mit und brachte ihn später nach Jerusalem; die Waffen Goliats bewahrte er in seinem Zelt auf.

David gewinnt einen Freund

55 Saul hatte zugesehen, wie David dem Philister* entgegenging, und er hatte seinen Heerführer Abner gefragt: »Wer ist der Bursche eigentlich?«[a]

»Ich habe keine Ahnung, mein König«, erwiderte Abner.

56 »Sieh zu, dass du herausfindest, zu welcher Familie er gehört«, sagte Saul.

57 Als dann David nach seinem Sieg ins Lager zurückkam, führte Abner ihn zum König. David hielt noch den Kopf des Philisters in der Hand. 58 Saul fragte ihn, zu welcher Familie er gehöre, und David antwortete: »Ich bin der Sohn deines Dieners Isai aus Betlehem.«

18 Schon nach diesen wenigen Worten fühlte sich Sauls Sohn Jonatan zu David hingezogen. Er gewann ihn so lieb wie sein eigenes Leben. 2 Saul behielt David von da an bei sich und ließ ihn nicht mehr zu seiner Familie zurückkehren.

3 Jonatan schloss einen Freundschaftsbund mit David. »Du bist mir so lieb wie mein eigenes Leben«, sagte Jonatan zu David. 4 Dabei zog er Mantel und Rüstung aus und bekleidete David damit, auch sein Schwert, seinen Bogen und seinen Gürtel schenkte er ihm.

5 David zog für Saul in den Kampf und bewies eine glückliche Hand bei allem, was dieser ihm auftrug; darum gab ihm der König den Oberbefehl über seine Truppe. Diese Entscheidung fand den Beifall des ganzen Volkes und auch die Leute am Hof Sauls freuten sich darüber.

Saul wird eifersüchtig

6 Als das Heer heimkehrte und zusammen mit ihm David, der den stärksten Mann der Philister* erschlagen hatte, zogen Frauen aus allen Städten Israels König Saul entgegen. Sie tanzten und sangen zum Klang der Harfen und Handpauken 7 und wiederholten jubelnd immer wieder:

»Tausend Feinde hat Saul erschlagen,
doch zehntausend waren's, die David erschlug!«

8 Dieses Lied gefiel Saul ganz und gar nicht und er wurde sehr zornig. »David schreiben sie zehntausend zu«, dachte er, »und mir nur tausend! Jetzt fehlt nur noch, dass er König wird!«

9 Von da an blickte Saul mit Argwohn auf David.

10 Am nächsten Tag ließ Gott einen bösen Geist* über Saul kommen, sodass der König in seinem Haus tobte wie ein Wahnsinniger. David begann wie gewöhnlich auf der Harfe zu spielen. Plötzlich hob Saul den Speer, den er in der Hand hielt, 11 und wollte David an die Wand spießen. Doch David wich ihm zweimal aus.

12 Da begann Saul sich vor David zu fürchten, denn es war offenkundig: Der HERR hatte Saul verlassen und stand auf der Seite Davids. 13 Darum wollte der König ihn nicht länger in seiner Nähe haben und machte ihn zum Befehlshaber einer Truppe. An ihrer Spitze machte David seine Streifzüge. 14 Alle Unternehmungen führte er erfolgreich aus; denn der HERR stand ihm bei.

15 Als Saul sah, wie gut David alles gelang, fürchtete er sich noch mehr vor ihm. 16 David aber wurde der Liebling aller, nicht nur in Juda, sondern in ganz Israel. Voller Bewunderung sahen sie, wie er allen voran ins Feld zog und siegreich heimkehrte.[b]

Saul stellt David eine Falle

17 Nun sagte Saul zu David: »Ich will dir meine älteste Tochter Merab zur Frau geben. Dafür sollst du mir als tapferer Kämpfer dienen und die Kriege führen, die der HERR befiehlt.« Saul dachte aber: »Ich will mich nicht an ihm vergreifen; das lasse ich die Philister* besorgen.«

18 David antwortete Saul: »Wer bin ich denn? Was hat meine Familie und die Sippe meines Vaters in Israel schon zu bedeuten? Wie könnte ich da Schwiegersohn des Königs werden!«

19 Als dann der Tag kam, den Saul für die Hochzeit festgesetzt hatte, wurde Merab nicht David, sondern Adriël aus Mehola zur Frau gegeben.

20 Doch Michal, Sauls jüngere Tochter, hatte David lieb gewonnen. Als man Saul davon erzählte, kam es ihm gerade recht. 21 Er sagte sich: »Ich locke ihn durch sie in die Falle, sodass er den Philistern in die Hände fällt.« Zu David sagte er: »Ich gebe dir heute noch einmal Gelegenheit, mein Schwiegersohn zu werden!«

22 Er hatte seine Leute angewiesen, ganz beiläufig zu David zu sagen: »Du weißt, dass der König große Stücke auf dich hält, und auch alle seine Untergebenen haben dich gern. Willst du nicht sein Schwiegersohn werden?«

23 Die Leute Sauls redeten dementsprechend mit David, doch er antwortete ihnen: »Meint ihr, es sei so leicht, der Schwiegersohn des Königs zu werden? Ich bin ein armer, einfacher Mann!«

24 Die Männer meldeten es Saul 25 und er wies sie an, zu David zu sagen: »Der König verlangt kein Brautgeld* von dir, du musst ihn nur an seinen Feinden rächen und ihm die Vorhäute von hundert Philistern bringen.« Saul rechnete nämlich damit, dass David im Kampf gegen die Philister umkommen würde.

18,2 16,22; 17,15 **18,3** 19,1-7; 20,1-42; 23,16-18; 2 Sam 1,26; 21,7 **18,5** 18,14.16.30 **18,6-7** Ex 15,20-21; Ri 5,1; 11,34; Jdt 15,12-14 **18,7** 21,12; 29,5 **18,10** 16,14.23; 19,9 **18,11** 19,10; 20,33 **18,12** 18,29 **18,16** 2 Sam 5,2 **18,17** 14,49; 25,28 **18,18** 2 Sam 7,18 **18,19** 2 Sam 21,8

[26]Als sie das Angebot Sauls überbrachten, war er
damit einverstanden, auf diesem Weg der Schwie-
gersohn des Königs zu werden. Bevor die gesetzte
Frist verstrichen war, [27]hatte er die Bedingung
erfüllt. Er brach mit seinen Leuten auf, erschlug
zweihundert Philister, brachte ihre Vorhäute dem
König und legte sie ihm in voller Zahl vor. Da gab
Saul ihm seine Tochter Michal zur Frau.
[28]Saul sah, dass der HERR auf der Seite Davids
stand und dass seine Tochter Michal ihn liebte.
[29]Deshalb fürchtete er sich noch mehr vor David
und wurde zu seinem unversöhnlichen Feind.
[30]Die Philisterkönige kämpften weiter gegen Israel,
und jedes Mal, wenn es zum Kampf kam, war David
erfolgreicher als alle anderen Truppenführer Sauls.
So wuchs Davids Ruhm immer mehr.

Jonatan als Fürsprecher Davids

19 Saul sprach zu seinem Sohn Jonatan und zu
seinen Offizieren ganz offen darüber, dass
er David umbringen wolle. Jonatan aber hatte David
lieb gewonnen, [2]deshalb warnte er ihn: »Mein Vater
will dich töten. Nimm dich morgen in Acht und halte
dich von früh an versteckt. [3]Ich werde mit meinem
Vater aufs freie Feld hinausgehen und dort, in der
Nähe deines Verstecks, mit ihm über dich sprechen.
Ich werde seine Stimmung erkunden und dir dann
Bescheid geben.«
[4]Jonatan setzte sich bei seinem Vater für David
ein und sagte: »Mein König, vergehe dich nicht an
deinem Diener David! Er hat dir doch nichts getan,
im Gegenteil: Er hat dir gute Dienste geleistet. [5]Er
hat sein Leben aufs Spiel gesetzt, als er gegen Goliat
antrat; durch ihn hat der HERR ganz Israel geholfen.
Du hast es selber gesehen und dich darüber gefreut.
Warum willst du dich jetzt an ihm vergehen und
einen Unschuldigen ohne jeden Grund umbringen?«
[6]Saul ließ sich von Jonatan umstimmen und
schwor: »So gewiss der HERR lebt: David soll nicht
sterben!«
[7]Jonatan rief David zu sich und erzählte ihm alles.
Dann brachte er ihn zu Saul, und David stand wieder
in Sauls Diensten wie zuvor.

Saul trachtet David nach dem Leben

[8]Von neuem kam es zum Kampf mit den Philistern*
und David zog gegen sie ins Feld. Er brachte ihnen
eine schwere Niederlage bei und schlug sie in die
Flucht.
[9]Als David heimgekehrt war, kam wieder der böse
Geist* über Saul, den der HERR ihm schickte. David
spielte vor dem König auf der Harfe, während dieser
mit dem Speer in der Hand dasaß. [10]Plötzlich schleu-
derte Saul den Speer auf David, um ihn zu durchboh-
ren; doch David konnte ausweichen und der Speer
fuhr in die Wand.
David flüchtete sich in sein Haus. Da es schon
Abend war, [11]schickte Saul bewaffnete Männer
aus, die das Haus Davids bewachen und ihn am
nächsten Morgen umbringen sollten. Michal warnte
David und sagte zu ihm: »Wenn du dich nicht noch
heute Nacht in Sicherheit bringst, bist du morgen ein
toter Mann.« [12]Sie ließ David durchs Fenster hinab
und er entkam.
[13]Nun legte Michal die geschnitzte Figur des Haus-
gottes* ins Bett, deckte sie mit einem Mantel zu und
legte ans Kopfende ein Geflecht aus Ziegenhaar.
[14]Als Saul seine Leute schickte, um David zu holen,
sagte sie zu ihnen: »Er ist krank.« [15]Saul schickte
die Männer noch einmal hin und befahl ihnen, bis
zu David vorzudringen. »Bringt ihn samt dem Bett«,
sagte er, »damit ich ihn töten kann.«
[16]Als sie ins Haus eindrangen, fanden sie im Bett
nur den Hausgott und das Geflecht aus Ziegenhaar.
[17]Saul stellte seine Tochter zur Rede: »Warum hast
du mich hintergangen und meinen Feind entkom-
men lassen?« Aber Michal erwiderte: »Er hat ge-
droht, mich zu töten, wenn ich ihn nicht gehen
lasse.«

Saul bei den Propheten in Rama

[18]David war geflohen und hatte sich in Sicherheit
gebracht. Er kam zu Samuel nach Rama und erzählte
ihm, was Saul ihm alles angetan hatte. Dann ging er
mit Samuel in die Wohnsiedlung der Propheten*
und blieb dort.
[19]Als Saul erfuhr, dass David in der Prophetensied-
lung in Rama war, [20]schickte er bewaffnete Männer,
die ihn festnehmen sollten. Sie kamen gerade dazu,
wie die ganze Gemeinschaft der Propheten in eksta-
tischer Begeisterung tanzte und sang. Samuel als ihr
Vorsteher stand dabei. Da kam der Geist* Gottes
auch über die Männer Sauls und sie gerieten in den-
selben Zustand wie die Propheten.
[21]Als es Saul berichtet wurde, schickte er andere
Boten, aber auch die wurden von der Begeisterung
der Propheten angesteckt. Da schickte Saul ein drit-
tes Mal Boten, doch denen erging es ebenso.
[22]Nun machte sich Saul selbst auf den Weg nach
Rama. Bei der großen Zisterne in Sechu erkundigte
er sich, wo Samuel und David zu finden seien, und
bekam die Antwort: »Da drüben, in der Propheten-
siedlung in Rama!«
[23]Als er dorthin ging, versetzte der Geist Gottes
auch ihn in ekstatische Begeisterung, und in diesem
Zustand legte er den Weg bis zur Siedlung in Rama
zurück. [24]Dort angekommen, warf er auch noch
seine Kleider ab und schrie und tanzte vor Samuel
herum, bis er erschöpft zu Boden fiel. Den Rest des
Tages und die ganze Nacht lag er nackt auf der Erde.
Daher kommt die Redensart: »Ist Saul auch unter
die Propheten geraten?«

18,29 18,12 **18,30** 18,5 **19,1** 18,3S **19,5** 17,50 **19,9** 18,10S **19,10** 18,11S **19,11** Ps 59,1 **19,22-24** 10,10-12

David

Die wichtigsten Ereignisse im Leben Davids

Schon als Junge wird David von Samuel zum König Israels gesalbt.	1 Samuel 16,1-13
Saul holt David an den Königshof.	1 Samuel 16,14-23
David besiegt den Philister Goliat.	1 Samuel 17
David ist beliebt und erfolgreich. Er schließt Freundschaft mit Jonatan, einem Sohn Sauls, und heiratet Michal, eine Tochter Sauls. Saul wird immer misstrauischer und will David töten.	1 Samuel 18–20
David flieht und stellt in der Wüste eine persönliche Streitmacht auf. Mit ihr kämpft er gegen Streifscharen der Philister. Saul versucht wiederholt, David gefangen zu nehmen. Der schont zwei Mal das Leben Sauls.	1 Samuel 22–26 1 Chronik 12,1-23
David und seine Leute suchen Zuflucht bei den Philistern.	1 Samuel 27; 29–30
Saul und Jonatan fallen im Kampf gegen die Philister. David trauert um sie.	1 Samuel 31 2 Samuel 1 1 Chronik 10
David kehrt nach Juda zurück, wird zum König von Juda gesalbt und regiert 7½ Jahre in Hebron. Er führt Krieg mit den Stämmen, die Sauls Sohn als ihren König anerkennen.	2 Samuel 2–4
Im Alter von 30 Jahren wird David König von ganz Israel.	2 Samuel 5,1-5 1 Chronik 11,1-3; 12,24-41
David erobert Jerusalem und macht es zur Hauptstadt seines Reiches. Er besiegt die Philister. Er holt die Bundeslade nach Jerusalem und ordnet die Dienste der Sänger und Priester beim Gottesdienst. Gott verspricht ihm, dass sein Königshaus für alle Zeiten bestehen wird.	2 Samuel 5,6–7,29 1 Chronik 11,4-9; 13–17
David unterwirft die Nachbarvölker und kümmert sich um die Nachkommen Sauls.	2 Samuel 8–10 1 Chronik 18–20
David nimmt sich Batseba, die Frau Urijas, und schickt Urija in den Tod. Der Prophet Natan zwingt den König, seine Schuld einzugestehen. Der Sohn Davids und Batsebas stirbt.	2 Samuel 11–12
Salomo, der zweite Sohn Davids und Batsebas, wird geboren.	2 Samuel 12,24
Abschalom, einer der älteren Söhne Davids, tötet seinen Bruder Amnon, flieht und macht eine Verschwörung gegen seinen Vater. David wird gezwungen, Jerusalem zu verlassen. Doch sein Heer siegt und Joab tötet Abschalom.	2 Samuel 13–18
David festigt die Einheit Israels und wirft den Aufstand Schebas nieder.	2 Samuel 19–20
Das Land wird von Hungersnot heimgesucht. Gott bestraft David dafür, dass er eine Volkszählung abhalten ließ.	2 Samuel 21;24 1 Chronik 21
David ist alt geworden, und sein Sohn Adonija erhebt Anspruch auf den Thron. Aber David bestimmt Salomo zum Nachfolger und lässt ihn zum König salben.	1 Könige 1
David gibt Salomo letzte Anweisungen. Vor allem soll er sich an Gottes Gesetz halten. David übergibt Salomo auch die Pläne für den Tempelbau und das Material, das er dafür hat bereitstellen lassen. Er stirbt nach einer Regierungszeit von vierzig Jahren und hinterlässt ein großes, in sich gefestigtes Reich, über das Salomo in Frieden herrschen soll.	1 Könige 2,1-10 1 Chronik 22; 28–29

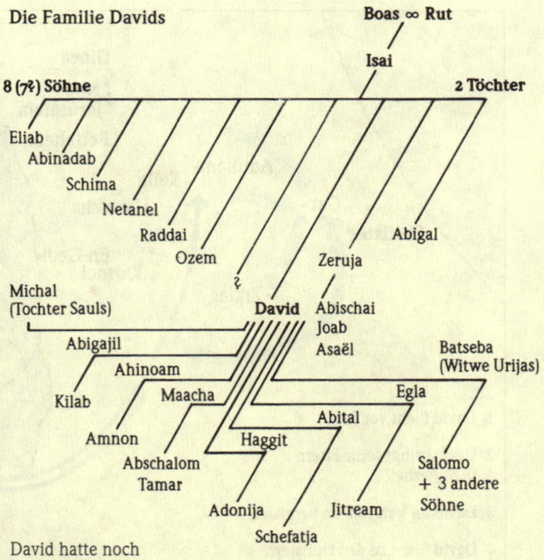

David hatte noch weitere Söhne und Töchter.

David wurde in Betlehem geboren, einer kleinen Stadt im Bergland 8 km südwestlich von Jerusalem.

Als Junge, mit der Herde allein in den Bergen, lernte David, sich und seine Schafe gegen Löwen und Bären zu verteidigen. Er übte mit der Steinschleuder, bis er vollkommen treffsicher war. Mit dieser Waffe sollte er später Goliat töten. Viele Stunden verbrachte David damit, auf seiner Harfe zu spielen.

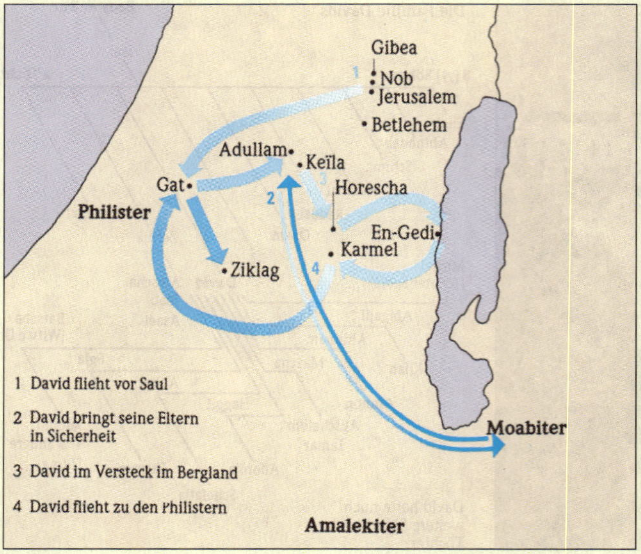

David auf der Flucht vor Saul

Nach Sauls Tod machten die Männer des Stammes Juda David zum König; die anderen Stämme wählten Isch-Boschet, den Sohn Sauls. Am »Teich« von Gibeon (zum Bild oben rechts vgl. die Bildlegende Seite 361) kam es zum Kampf. Noch Jahre vergingen, bis David im ganzen Land als König anerkannt war.

David eroberte die Jebusiterstadt Jerusalem und machte sie zu seiner Hauptstadt. Ringsum kämpfte er gegen Israels Feinde, um seine Herrschaft auszudehnen und zu sichern. Seinem Sohn Salomo hinterließ er ein großes und mächtiges Reich.

Jonatans Freundschaftsdienst

20 David floh aus der Prophetensiedlung in
Rama und kam zu Jonatan. »Was habe ich
deinem Vater getan?«, fragte er ihn. »Was wirft er
mir denn vor, dass er mich umbringen will?«
2 »Nie und nimmer musst du sterben!«, erwiderte
Jonatan. »Mein Vater sagt mir doch immer, was er
vorhat, ob es nun etwas Wichtiges oder etwas
Unwichtiges ist. Warum sollte er mir ausgerechnet
dies verheimlichen? Glaub mir, es ist nichts daran!«
3 »Aber dein Vater weiß doch genau, dass ich
deine Gunst gewonnen habe«, wandte David ein.
»Er will dich schonen, deshalb sagt er dir nichts.
So gewiss der HERR lebt und so gewiss du selbst lebst:
Ich stehe schon mit einem Fuß im Grab.«
4 »Was ist dein Wunsch, was kann ich für dich
tun?«, fragte Jonatan.
5 Da sagte David: »Morgen ist Neumondstag*, da
erwartet der König mich zum Essen an seiner Tafel.
Wenn es dir recht ist, will ich fernbleiben und mich
bis übermorgen in der Umgebung verstecken.
6 Wenn dein Vater nach mir fragt, dann sag zu
ihm: ›David hat mich dringend gebeten, ihn schnell
in seine Vaterstadt Betlehem gehen zu lassen, wo
seine gesamte Sippe das jährliche Opferfest feiert.‹
7 Sagt dein Vater: ›Es ist gut‹, so droht mir keine
Gefahr. Wenn er aber zornig wird, weißt du, dass
er das Schlimmste beschlossen hat. 8 Bitte, tu mir
diesen Gefallen! Denk an den Freundschaftsbund,
den du mir gewährt und den du vor dem HERRN be-
siegelt hast. Wenn ich aber wirklich schuldig bin,
dann töte du mich! Liefere mich nicht deinem Vater
aus!«
9 Jonatan erwiderte: »Wie kannst du mir so etwas
zutrauen? Wenn ich merke, dass mein Vater das
Schlimmste über dich beschlossen hat, werde ich
es dir bestimmt sagen.«
10 David fragte weiter: »Wer soll mir Bescheid
geben, was dein Vater gesagt hat und ob er zornig
geworden ist?«
11 »Lass uns ins freie Feld hinausgehen«, schlug
Jonatan vor. Während sie nebeneinander gingen,
12 sagte er zu David: »Ich verspreche dir beim HERRN,
dem Gott Israels: Übermorgen[a] um diese Zeit werde
ich meinen Vater auf die Probe stellen. Ich bin ganz
sicher, dass du nichts zu fürchten hast. Wenn es
anders ist, gebe ich dir Nachricht. 13 Der HERR soll
mich strafen, wenn ich dich nicht warne! Hat mein
Vater wirklich deinen Tod beschlossen, so lasse ich
dich gehen, damit du dich in Sicherheit bringen
kannst. Der HERR stehe dir dann bei, wie er meinem
Vater beigestanden hat. 14 Wenn ich es noch erlebe,
dass du König wirst,[b] dann denk an die Güte, die
der HERR dir erwiesen hat, und schenke mir das
Leben. 15 Schone auch meine Nachkommen! Entzieh
ihnen nicht deine Gunst, selbst dann nicht, wenn
der HERR alle deine Feinde beseitigt.«
16 Jonatan schloss einen Bund mit David und des-
sen Familie und sagte: »Der HERR wird deine Nach-
kommen[c] zur Rechenschaft ziehen, wenn sie sich
nicht an unseren Bund halten!« 17 Dann fügte er noch
hinzu: »Schwöre mir, dass du dich daran hältst! Du
liebst mich doch. Denk daran, dass ich dich liebe
wie mich selbst!«
18 Jonatan sagte weiter: »Morgen am Neumonds-
tag wird man dich vermissen, weil dein Platz leer
bleibt. 19 Warte bis übermorgen und komm dann
schnell herunter an die Stelle, wo du dich schon ein-
mal verborgen hattest,[d] und versteck dich hinter
dem Stein Ezel (Abschiedsstein). 20 Ich werde drei
Pfeile in dieser Richtung abschießen, als ob ich ein
Ziel treffen wollte.

Jonatan benutzte ein vorgetäuschtes Übungsschießen mit Pfeil und Bogen, um David die Nachricht zu übermitteln, dass sein Leben in Gefahr sei. Dieses Bild eines assyrischen Jägers stammt aus dem Palast Sargons II. (721–705 v. Chr.) in Chorsabad.

a Man erwartet: *Morgen.* Vielleicht hat auf die Gestaltung der Erzählung eingewirkt, dass die Probe nach dem tatsächlichen Verlauf erst am zweiten Festtag stattfindet (Vers 27). Das Neumondsfest wird zwei Tage lang gefeiert.
b *dass du …:* verdeutlichender Zusatz.
c Wörtlich *deine Feinde.* Gemeint sind die Nachkommen, die in einem Fluch nicht erwähnt werden sollen.
d *schon einmal:* Deutung unsicher; wörtlich *am Tag der Tat.*

20,1-42 18,3S **20,1** 24,12; 26,18 **20,5** Num 28,11-15 **20,15** 24,22; 2Sam 9,1-13; 21,7

21 Und nun pass gut auf! Ich werde meinen Diener
losschicken mit den Worten: ›Los, suche die Pfeile!‹
Wenn ich ihm dann zurufe: ›Die Pfeile liegen näher
bei mir‹, dann kannst du hervorkommen; es steht
gut für dich, du bist nicht in Gefahr, so gewiss der
HERR lebt. 22 Wenn ich dem Jungen aber zurufe:
›Die Pfeile liegen weiter weg‹, dann geh, denn der
HERR selbst schickt dich fort.

23 Denk aber an das, was wir einander verspro-
chen haben! Der HERR ist unser Zeuge für alle
Zeiten!«

David muss vor Saul fliehen

24 David versteckte sich draußen im Gelände wie ver-
abredet. Am Neumondstag* setzte sich der König
zum Festmahl an die Tafel. 25 Er saß auf seinem Platz
an der Wand, wo er jedes Mal zu sitzen pflegte. Sein
Heerführer Abner saß neben ihm, Jonatan ihm
gegenüber;° Davids Platz blieb leer. 26 Saul sagte
nichts, denn er dachte: »Es wird irgendetwas vor-
gefallen sein, sodass er den Reinheitsvorschriften*
nicht genügt. Ja, bestimmt ist er nicht rein.«[a]

27 Als aber der Platz auch am zweiten Festtag leer
war, fragte Saul seinen Sohn Jonatan: »Warum ist
dieser Kerl, der Sohn von Isai, weder gestern noch
heute zum Festmahl erschienen?«

28 Jonatan antwortete: »David hat mich dringend
gebeten, ihn zu entschuldigen, weil er nach Betle-
hem musste. 29 Er sagte: ›Lass mich doch gehen!
Wir feiern daheim ein Opferfest mit der ganzen Sip-
pe und mein Bruder hat darauf bestanden, dass ich
komme. Wenn ich deine Gunst gefunden habe, dann
lass mich doch gehen, damit ich meine Verwandten
besuchen kann.‹ Deshalb ist er nicht an die Tafel des
Königs gekommen.«

30 Da packte Saul der Zorn über Jonatan; er schrie
ihn an: »Du Bastard! Ich weiß genau, dass du zu die-
sem hergelaufenen Kerl hältst – zur Schande für dich
und deine Mutter, die dich geboren hat! 31 Solange
der Sohn von Isai noch lebt, musst du um dein Leben
fürchten und hast keine Aussicht, jemals König zu
werden. Schick also hin und lass ihn festnehmen;
er muss sterben!«

32 »Warum soll er getötet werden?«, fragte Jona-
tan. »Was hat er denn getan?«

33 Da schleuderte Saul seinen Speer nach ihm und
wollte ihn damit treffen. Nun wusste Jonatan, dass
sein Vater fest entschlossen war, David umzubrin-
gen. 34 Glühend vor Zorn stand er von der Tafel
auf. Er rührte an diesem zweiten Tag des Neumond-
festes keinen Bissen mehr an, denn er machte sich
Sorgen um David, über den sein Vater so voller Hass
gesprochen hatte.

35 Am nächsten Morgen ging Jonatan hinaus zu
dem Platz, an dem er sich mit David verabredet
hatte. Er hatte einen jungen Diener bei sich.
36 »Lauf«, befahl er ihm, »du musst die Pfeile wieder
finden, die ich abschieße!«

Der Junge lief los und Jonatan schoss einen Pfeil
über ihn hinweg. 37 Als der Junge an die Stelle kam,
wo der Pfeil niedergegangen war, rief Jonatan ihm
nach: »Liegt der Pfeil nicht weiter von dir weg?
38 Schnell, beeile dich, bleib nicht stehen!«

Der Junge hob den Pfeil auf und kam zu seinem
Herrn zurück. 39 Er ahnte nichts; nur Jonatan und
David wussten, worum es ging.

40 Dann gab Jonatan seine Waffen dem Diener und
befahl ihm: »Geh, bring das in die Stadt!« 41 Als er
gegangen war, kam David aus seinem Versteck hin-
ter dem Steinhaufen° hervor. Er kniete vor Jonatan
nieder und beugte sich dreimal zur Erde. Dann küss-
ten sie sich und beide weinten.[b]

42 »Geh in Frieden*!«, sagte Jonatan. »Vergiss
nicht, was wir einander vor dem HERRN geschworen
haben. Der HERR wird zwischen uns beiden und zwi-
schen unseren beiderseitigen Nachkommen für alle
Zeiten Zeuge sein!«

21 David machte sich rasch auf den Weg und
Jonatan kehrte in die Stadt zurück.

DAVID AUF DER FLUCHT VOR SAUL
(21,1–28,2)

David wird für seinen Weg ausgerüstet

2 Auf seiner Flucht kam David zum Priester* Ahime-
lech nach Nob.[c] Der Priester trat ihm besorgt entge-
gen: »Warum kommst du allein? Weshalb hast du
keine Begleitung bei dir?«

3 David antwortete: »Der König hat mir einen Auf-
trag gegeben, von dem niemand etwas erfahren darf.
Mit meinen Männern habe ich einen geheimen
Treffpunkt verabredet. 4 Gib mir schnell etwas Pro-
viant, vielleicht fünf Brote oder was sich sonst auf-
treiben lässt!«

5 »Ich habe kein gewöhnliches Brot da, nur sol-
ches, das Gott geweiht ist«,[d] wandte der Priester
ein, »das kann ich dir nur geben, wenn deine Män-
ner sich von Frauen fern gehalten haben.«

6 »Wir sind wirklich seit vorgestern mit keiner
Frau in Berührung gekommen«, erwiderte David.
»Schon als wir aufbrachen, waren die Waffen der
Männer rein*, obwohl es sich nur um ein gewöhnli-
ches Unternehmen[e] handelt. Also werden sie heute
erst recht rein sein.«

7 Da gab ihm der Priester die geweihten Brote, die
man vom Tisch im Heiligtum abgeräumt hatte, um
frisches Brot aufzulegen.[f]

8 An diesem Tag hielt sich auch einer aus dem Gefol-
ge Sauls im Heiligtum des HERRN auf; es war der Edo-
miter* Doëg, der Aufseher über die Hirten Sauls.

a Es ist an den Fall von Lev 15,16 zu denken.
b Die Fortsetzung ist unverständlich; wörtlich *bis hin zu David machte er groß.*
c Die Priesterstadt (22,19) Nob ist wahrscheinlich zwischen Gibea und Jerusalem zu suchen.
d Vgl. Sacherklärung »Brote, geweihte«.
e D.h. kein Unternehmen im besonderen Auftrag Gottes.
f David erhält (wenn auch mithilfe einer falschen Vorspiegelung, denn er ist ja allein) als Wegzehrung das Brot des Heiligtums, das eigentlich nur Priestern zusteht – und er erhält anschließend die Waffe, die dem Heiligtum und d.h. dem Herrn zugeeignet worden ist. Daran wird deutlich, dass Davids Weg in den ›Untergrund‹ und schließlich zu Israels Erbfeind bei aller Zwielichtigkeit unter der Leitung und Billigung Gottes steht.

20,26 Lev 15,16 **20,33** 18,11 S **21,5** Lev 24,5-9; Ex 19,15 **21,7** Mt 12,3-4 par **21,8** 22,9.18.22

9 David fragte Ahimelech: »Hast du nicht einen Speer oder ein Schwert für mich? Ich konnte meine Waffen nicht mehr holen, weil der Befehl des Königs mir dazu keine Zeit ließ.«

10 »Doch«, antwortete der Priester, »wir haben hier das Schwert des Philisters* Goliat, den du im Eichental* getötet hast. Dort hinten° liegt es, in einen Mantel gewickelt. Wenn du willst, kannst du es haben; eine andere Waffe ist nicht hier.«

»Ja, gib es mir!«, sagte David. »Ein besseres bekomme ich nirgends.«

David überlistet den Philisterkönig

11 Am selben Tag noch setzte David seine Flucht vor Saul fort. Er kam zu Achisch, dem König von Gat. 12 Die Hofleute erkannten ihn und sagten zu Achisch: »Das ist doch David, der König von Israel! Das ist doch der, dem sie im Reigen zujubeln:

›Tausend Feinde hat Saul erschlagen,
doch zehntausend waren's, die David erschlug!‹«

13 David war sich im Klaren, was diese Worte bedeuteten, und geriet in große Furcht vor Achisch, dem König von Gat. 14 Darum stellte er sich wahnsinnig und tobte, als sie ihn festhalten wollten. Er kritzelte auf die Torflügel und ließ Speichel in seinen Bart laufen.

15 Da sagte Achisch zu seinen Leuten: »Ihr seht doch, dass der Mann wahnsinnig ist! Warum bringt ihr ihn zu mir? 16 Habe ich nicht schon Verrückte genug hier? Der soll sich anderswo austoben. Was hat er in meinem Haus zu suchen?«

David findet Schicksalsgenossen

22 David floh aus Gat in eine Höhle in der Nähe der Stadt Adullam.[a] Als seine Brüder und seine ganze Sippe davon erfuhren, kamen sie zu ihm dorthin. 2 Auch alle möglichen Leute, die verfolgt, verschuldet oder verbittert waren, schlossen sich ihm an, insgesamt etwa 400 Mann. David wurde ihr Anführer.

3 Von dort aus ging er nach Mizpe im Land Moab und bat den König der Moabiter*: »Erlaube, dass mein Vater und meine Mutter hierher kommen und bei dir bleiben, bis ich weiß, was Gott mit mir vorhat.« 4 So brachte er die beiden an den moabitischen Königshof, und sie blieben dort, solange sich David in der Bergfestung versteckt hielt.

5 Der Prophet Gad aber forderte David auf: »Bleib nicht hier im Versteck! Kehr in deine Heimat Juda zurück!« David gehorchte und zog nach Jaar-Heret.[b]

Sauls Rache an den Priestern von Nob

6 Saul erfuhr, dass das Versteck Davids und seiner Männer aufgespürt worden war. Der König saß gerade auf der Anhöhe bei Gibea unter der Tamariske und hielt seinen Speer in der Hand; sein ganzes Gefolge stand um ihn herum.

7 »Ich will euch etwas sagen«, fuhr Saul sie an. »Ihr bildet euch wohl ein, dieser Judäer wird ausgerechnet euch vom Stamm Benjamin Äcker und Weinberge schenken und euch zu Hauptleuten und Obersten machen! 8 Ihr habt euch doch alle gegen mich verschworen! Keiner hat mir gesagt, dass mein Sohn sich mit dem Sohn von Isai zusammengetan hat. Keiner hat mir die Augen dafür geöffnet, dass der eigene Sohn meinen Knecht gegen mich aufhetzt, damit er mir nachstellt, wie es jetzt der Fall ist. Keinem von euch macht es etwas aus, dass mir so schändlich mitgespielt wird!«

9 Beim Gefolge Sauls stand auch der Edomiter* Doëg. Er sagte: »Ich habe ihn gesehen, wie er zum Priester Ahimelech, dem Sohn Ahitubs, nach Nob kam. 10 Der Priester* hat eine Weisung von Gott für ihn eingeholt und ihm zu essen gegeben, er hat ihm sogar das Schwert des Philisters* Goliat überlassen.«

11 Darauf ließ König Saul den Priester Ahimelech und alle seine Verwandten, die ganze Priesterschaft von Nob, holen.

12 »Hör mir gut zu, Sohn Ahitubs«, fuhr Saul ihn an.

»Ich höre, mein Herr«, erwiderte Ahimelech.

13 »Warum habt ihr euch gegen mich verschworen, du und dieser Sohn von Isai?«, fragte Saul. »Du hast ihm doch Proviant und ein Schwert gegeben und du hast Weisung von Gott für ihn eingeholt. Deshalb kann er sich jetzt gegen mich erheben und mir auflauern.«

14 Ahimelech erwiderte dem König: »Aber David ist doch der treueste Gefolgsmann, den du hast! Er ist dein Schwiegersohn und der Anführer deiner Elitetruppe. Alle an deinem Hof erweisen ihm Ehre. 15 Es war doch nicht das erste Mal, dass ich eine Weisung von Gott für ihn eingeholt habe! Du verdächtigst mich und meine Verwandten zu Unrecht; ich habe von alldem nicht das Geringste gewusst.«

16 Aber Saul sagte: »Du musst sterben, du und deine ganze Sippe.« 17 Er befahl den Wachen, die bei ihm standen: »Umstellt die Priester des Herrn und tötet sie! Sie haben mit David gemeinsame Sache gemacht. Sie wussten genau, dass er auf der Flucht war, und haben es mir nicht gesagt.«

Aber die Männer weigerten sich, gegen die Priester des Herrn Gewalt anzuwenden. 18 Deshalb sagte

a Am Rand des Berglandes im Westen Judas (vgl. Karte Seite 443). Nach Vers 5 ist es wohl damals zum Einflussgebiet der Philister (jedenfalls nicht eindeutig zu Juda) zu rechnen.
b Vermutet wird eine Lage südlich von Hebron. Der Befehl Gottes macht deutlich, wo David, trotz aller Gefährdung, hingehört.

21,10 17,51.54 **21,12** 18,6-7 **21,14** Ps 34,1; 56,1 **22,1** 24,3-4; Ps 57,1; 142,1 **22,5** 2 Sam 24,11-13 **22,7** 8,12.14 **22,8** 18,3S **22,9** 21,8; Ps 52,2 **22,14** 18,26-27 **22,18** 21,8

Saul zu dem Edomiter Doëg: »Komm her, schlag du
sie tot!«

Doëg trat heran und machte die Priester mit dem
Schwert nieder; 85 Mann, die den leinenen Priester-
schurz* trugen, tötete er an diesem Tag. 19 Außerdem
ließ Saul alle Einwohner der Priesterstadt Nob, Män-
ner, Frauen, Kinder und Säuglinge, mit dem Schwert
umbringen, auch die Rinder, Esel, Schafe und Ziegen
ließ er töten.

20 Nur ein einziger Sohn Ahimelechs und Enkel
Ahitubs, nämlich Abjatar, konnte sich retten. Er floh
zu David 21 und berichtete ihm, dass Saul alle Priester
des HERRN umgebracht hatte.

22 David klagte sich selbst an und sagte zu Abjatar:
»Als ich damals Doëg in Nob sah, wusste ich gleich,
dass er es Saul verraten würde. Ich bin schuld, ich
habe deine ganze Familie auf dem Gewissen!
23 Bleib jetzt bei mir und hab keine Angst! Bei mir bist
du am sichersten; denn auf mich hat Saul es genauso
abgesehen wie auf dich.«

David befreit Keïla und muss weiterfliehen

23 David wurde berichtet: »Die Philister* sind
gegen die Stadt Keïla[a] gezogen und rauben
das Getreide von den Tennen weg.«

2 Da fragte er den HERRN:[b] »Soll ich angreifen?
Werde ich die Philister vertreiben?«

Er erhielt die Antwort: »Geh, du wirst sie vertrei-
ben und die Stadt befreien.«

3 Aber seine Männer hielten ihm entgegen: »Wir
haben schon hier in Juda Angst genug. Wie wird es
erst sein, wenn wir nach Keïla gehen und gegen
die Truppen der Philister kämpfen sollen?«

4 David fragte den HERRN ein zweites Mal und er
erhielt die Antwort: »Auf, zieh nach Keïla! Ich werde
die Philister in deine Hand geben.«

5 David zog mit seinen Männern nach Keïla und
griff die Philister an. Er trieb ihr Vieh weg und
brachte ihnen eine schwere Niederlage bei. So
befreite er die Bewohner der Stadt. 6 Dort in Keïla
war es übrigens, dass der Priester Abjatar, der Sohn
Ahimelechs, auf seiner Flucht vor Saul zu David
stieß. Er brachte die Orakeltasche* mit.

7 Als Saul die Nachricht bekam, dass David nach
Keïla gekommen war, freute er sich und sagte: »Jetzt
hat Gott ihn aufgegeben und mir ausgeliefert! Er sitzt
in der Falle, denn er hat sich in eine Stadt mit Mau-
ern und Toren eingeschlossen.« 8 Saul rief ganz Israel
zu den Waffen, um nach Keïla zu ziehen und David
und seine Leute zu belagern.

9 Als David merkte, dass die Kriegsvorbereitungen
Sauls sich gegen ihn richteten, befahl er dem Priester
Abjatar, die Orakeltasche* herzubringen. 10 Dann
sagte er: »HERR, du Gott Israels! Ich, dein ergebener
Diener, habe zuverlässige Nachricht, dass Saul hier-
her kommen und die Stadt vernichten will, nur weil
ich hier bin. 11 Ich fürchte, die Bürger von Keïla
werden mich an ihn ausliefern. Wird Saul tatsächlich
herkommen? Ich bitte dich, HERR, du Gott Israels,
gib mir Antwort!«

Der HERR gab David den Bescheid: »Er wird
kommen.«

12 David fragte weiter: »Werden dann die Bürger
der Stadt mich und meine Leute an ihn ausliefern?«

»Sie werden es tun«, lautete die Antwort. 13 Da ver-
ließen David und seine Leute, an die 600 Mann, die
Stadt und durchzogen das Land von einem Schlupf-
winkel zum andern. Als Saul erfuhr, dass David
aus Keïla entkommen war, blies er seinen Feldzug
wieder ab.

David wird verraten und im letzten Augenblick gerettet

14 David hielt sich in der Einöde in Bergverstecken
auf, besonders im Bergland bei der Stadt Sif.[c] Saul
war die ganze Zeit hinter ihm her, konnte ihn aber
nicht fassen, weil Gott ihn schützte. 15 David wusste
genau, dass Saul ausgezogen war, um ihn umzu-
bringen.

Damals, als David in Horescha in der Steppe bei
Sif war, 16 ging Sauls Sohn Jonatan hin und suchte
ihn auf. Er ermutigte David, auf die Hilfe Gottes zu
vertrauen, 17 und sagte zu ihm: »Hab keine Angst!
Mein Vater wird dich nicht in seine Gewalt bringen.
Du wirst König über Israel werden und ich werde der
zweite Mann nach dir sein. Das weiß auch mein
Vater ganz genau.«

18 Die beiden schlossen einen Freundschaftsbund
und riefen den HERRN als Zeugen dafür an. Dann
kehrte Jonatan nach Hause zurück, während David
in Horescha blieb.

19 Ein paar Männer aus Sif gingen zu Saul nach
Gibea und verrieten ihm: »David hält sich bei uns
im Bergversteck in der Nähe von Horescha verbor-
gen, auf dem Hügel Hachila südlich von Jeschimon.
20 Du musst nur kommen, König, dann sorgen wir
dafür, dass er dir in die Hände fällt.«

21 Saul sagte: »Der HERR segne euch dafür, dass ihr
mir helfen wollt. 22 Geht und erkundet alles noch
genauer, stellt fest, wo er sich aufhält und wer ihn
dort gesehen hat. Ich habe sagen hören, dass er sehr
listig ist. 23 Erkundet alle Schlupfwinkel, in denen er
sich versteckt halten könnte, und wenn ihr ganz
sicher seid, dann kommt wieder. Dann will ich mit
euch gehen. Wenn er noch im Land ist, werde ich
ihn aufspüren, und wenn ich ganz Juda absuchen
muss.«

24 Die Männer kehrten nach Sif zurück und Saul
folgte ihnen. David und seine Männer waren inzwi-

a Südlich von Adullam (vgl. Karte Seite 443).
b Vermutlich durch den Priester Abjatar; vgl. Verse 9-12. (Vers 6 will nicht sagen, dass er erst nach der Befreiung der Stadt zu David stößt.)
c Südlich von Hebron (vgl. Karte Seite 443).

22,19 21,2 **22,20** (Abjatar) 23,6.9; 30,7; 2 Sam 8,17; 15,24; 1 Kön 1,7; 2,26-27; Mk 2,26 **22,22** 21,8 **23,2-4** 1 Kön 22,5 S **23,6** 22,20 S **23,17** 20,30-31; 24,21 S **23,18** 18,3 S **23,19** 26,1; Ps 54,2

schen in der Wüste bei Maon,[a] in der Senke südlich
von Jeschimon. 25 Als David erfuhr, dass Saul mit sei-
nen Leuten hinter ihm her war, wollte er sich ins Fel-
senversteck zurückziehen, immer noch in der Wüste
bei Maon. Saul hörte davon und folgte ihm in die
Wüste hinein.
26 Nur noch ein Bergzug trennte die beiden. Saul
ging an dem einen Abhang entlang und David mit
seinen Männern am andern. David machte die größ-
ten Anstrengungen, um seinem Verfolger zu ent-
kommen; aber Saul und seine Leute hatten ihn schon
so gut wie eingeschlossen. 27 Da kam im letzten
Augenblick ein Bote zu Saul und meldete ihm:
»Die Philister* sind ins Land eingefallen und plün-
dern alles aus. Schnell, komm uns zu Hilfe!«
28 Sofort brach Saul die Verfolgung ab und zog
gegen die Philister. Daher bekam der felsige Bergzug
den Namen »Trennungsfels«.

David beschämt Saul

24 Von dort aus zog sich David in die schwer
zugänglichen Berge bei En-Gedi zurück.[b]
2 Saul schlug inzwischen die Philister* in die Flucht
und verfolgte sie. Als er heimkehrte, wurde ihm
gemeldet: »David ist jetzt in der Bergwüste bei En-
Gedi!«
3 Saul nahm 3000 der besten Kriegsleute aus ganz
Israel mit. Östlich der Steinbockfelsen machte er
sich auf die Suche nach David und seinen Männern.
4 Als er an den Schafhürden vorbeikam, ging er in
die nahe gelegene Höhle, um seine Notdurft zu ver-
richten.
Hinten in dieser Höhle saß David mit seinen Män-
nern. 5 Die flüsterten ihm zu: »Heute ist der Tag, von
dem der HERR zu dir gesagt hat: ›Ich gebe deinen
Feind in deine Hand. Du kannst mit ihm machen,
was du willst.‹«
David stand auf und schnitt heimlich einen Zipfel
von Sauls Gewand ab. 6 Hinterher schlug ihm aber
doch das Gewissen, weil er das gewagt hatte. 7 Er
sagte zu seinen Leuten: »Der HERR bewahre mich
davor, dass ich Hand an meinen Gebieter lege, an
den gesalbten* König des HERRN! Denn das ist und
bleibt er.«[c] 8 Er wies seine Männer zurecht und ver-
bot ihnen, sich an Saul zu vergreifen.
Als Saul die Höhle verlassen hatte, um seinen Weg
fortzusetzen, 9 kam David heraus und rief ihm nach:
»Mein Herr und König!«
Saul drehte sich um und David warf sich ehrerbie-
tig vor ihm nieder. 10 Er sagte: »Warum lässt du dir
einreden, dass ich dich ins Verderben stürzen will?
11 Heute kannst du dich mit eigenen Augen vom
Gegenteil überzeugen. Hier in der Höhle hatte der
HERR dich in meine Hand gegeben; meine Leute
haben mir zugesetzt, dass ich dich umbringen soll.
Aber ich habe dich geschont, weil ich dachte: ›Ich
werde nicht Hand an meinen Gebieter legen; denn
er ist der gesalbte König des HERRN.‹
12 Mein Vater, sieh diesen Zipfel deines Gewandes
hier in meiner Hand! Ich hätte dich töten können,

a Der Ort liegt noch weiter südlich (vgl. Karte Seite 443).
b Es handelt sich um die unwirtliche Gebirgswüste im Osten Judas; En-Gedi liegt am Westufer des Toten Meeres (vgl. Karte Seite 443).
c *Denn das ist …:* wörtlich *Denn er ist der Gesalbte des HERRN.*

Die zerklüftete Felswand erinnert an die Szene während der Flucht Davids vor Saul: David hat sich in derselben Höhle versteckt, in der Saul seine Notdurft verrichten will (Kap 24).

24,1-23 26,1-25 **24,6** 2Sam 24,10 **24,7** 26,9.23; 31,4; 2Sam 1,14 **24,12** 20,1S

David versteckte sich vor Saul in dem zerklüfteten Felsgebirge bei En-Gedi in der Nähe des Toten Meeres. Obwohl er dort einmal Gelegenheit gehabt hätte, Saul zu töten, weigerte er sich; denn er wollte den nicht antasten, den Gott zum König gemacht hatte. Im Bild der Abfall der »Wüste Juda« zum Toten Meer.

aber ich habe nur dieses Stück von deinem Gewand
abgeschnitten. Daran musst du doch erkennen, dass
ich kein Verräter bin und dir nichts Böses antun will.
Ich habe dir nichts getan, und doch stellst du mir
nach und willst mich umbringen.
13 Der HERR soll Richter zwischen uns sein! Er soll
dich strafen für das Unrecht, das du mir antust; aber
ich selbst werde meine Hand nicht gegen dich erhe-
ben. 14 Du kennst das Sprichwort: ›Nur Verbrecher
begehen Verbrechen.‹ Ich werde mich nicht an dir
vergreifen. 15 Hinter wem jagst du denn her? Der
König von Israel jagt einen toten Hund, ja einen ein-
zigen Floh! 16 Der HERR soll Richter sein und zwi-
schen dir und mir entscheiden. Er soll meinen Streit
gegen dich führen und mir zu meinem Recht ver-
helfen.«
17 Als David ausgeredet hatte, fragte Saul: »Ist das
wirklich deine Stimme, mein Sohn David?« Und er
brach in lautes Weinen aus.
18 Dann sagte er zu David: »Du bist im Recht gegen
mich. Du bist gut zu mir gewesen, obwohl ich dir
Böses angetan habe. 19 Heute hast du es bewiesen;
denn du hast mich verschont. Der HERR hatte mich
in deine Hand gegeben, aber du hast mich nicht ge-
tötet.
20 Wo kommt so etwas vor, dass einer seinen Feind
in der Hand hat und ihn unbehelligt laufen lässt? Der
HERR wird dich dafür belohnen. 21 Ich weiß ja, du
wirst König werden und in deiner Hand wird das
Königtum in Israel festen Bestand haben. 22 Darum
schwöre mir beim HERRN, dass du meine Nachkom-
men nicht ausrottest, damit mein Andenken in mei-
ner Sippe erhalten bleibt!«
23 David schwor es. Dann kehrte Saul nach Hause
zurück, aber David und seine Männer gingen wieder
hinauf in ihr Bergversteck.

David als Bandenführer

25 Um diese Zeit starb Samuel. Ganz Israel ver-
sammelte sich und hielt die Totenklage* für
ihn. Dann bestatteten sie ihn in seinem Heimatort
Rama. David zog sich damals weit nach Süden in
die Wüste Paran zurück.
2 In der Ortschaft Maon[a] lebte ein sehr reicher
Mann, der im Nachbardorf Karmel Viehzucht
betrieb. Er hatte in Karmel 3000 Schafe und 1000 Zie-
gen und befand sich gerade dort, weil Schafschur
war. 3 Dieser Mann hieß Nabal und war ein Nach-
komme Kalebs. Seine Frau hieß Abigajil, sie war
schön und klug, er selbst aber grob und gemein.
4 Als David in der Wüste hörte, dass Nabal zur
Schafschur nach Karmel gekommen war, 5 schickte
er zehn junge Männer los mit dem Auftrag: »Geht
hinauf nach Karmel, bestellt Nabal einen Gruß von
mir 6 und richtet ihm Folgendes aus:
›Ich wünsche dir alles Gute! Glück und Heil für
dich und deine Familie und für alles, was dir gehört!
7 Ich habe gehört, dass du deine Schafe scheren lässt.
Darf ich dich daran erinnern, dass deine Hirten die
Schafe ganz in unserer Nähe weiden ließen? Wir
haben ihnen nichts zuleide getan, und während
der ganzen Zeit ist ihnen in Karmel kein einziges
Schaf abhanden gekommen. 8 Frage sie nur, sie
werden es dir bestätigen. Nimm also meine Boten
freundlich auf! Heute ist doch ein Festtag für dich.
Hab die Güte und gib ihnen mit, was du für deinen
ergebenen Diener David erübrigen kannst.‹«
9 Nachdem sie Nabal das alles im Namen Davids
ausgerichtet hatten, blieben die Boten abwartend
stehen. 10 Nabal aber entgegnete ihnen: »David?
Wer ist das? Sohn von Isai? Nie von ihm gehört!
Heutzutage gibt es genug Knechte, die ihren Herren
davongelaufen sind und ein Räuberleben führen.[b]
11 Mein Brot und mein Trinkwasser und die ge-
schlachteten Tiere hier sind für meine Schafscherer.
Soll ich es etwa Leuten geben, von denen ich nicht
einmal weiß, woher sie kommen?«
12 Die Männer kehrten zu David zurück und
berichteten ihm alles. 13 »Schnallt die Schwerter
um!«, befahl David. Auch er nahm sein Schwert.
Mit 400 Mann zog er los; die restlichen 200 ließ er
als Wache am Lagerplatz zurück.

Die kluge Frau eines dummen Mannes

14 Einer von Nabals Knechten war zu Abigajil gelau-
fen. »Soeben waren Boten von David da«, berichtete
er. »Er ließ unseren Herrn freundlich grüßen, aber
der hat sie nur beschimpft. 15 Dabei waren die Män-
ner Davids immer sehr gut zu uns und haben uns nie
etwas getan. In der ganzen Zeit, die wir draußen in
ihrer Nähe umherzogen, ist uns kein einziges Schaf
gestohlen worden. 16 Sie waren wie eine schützende
Mauer bei Tag und bei Nacht, solange die Herden in
ihrer Nähe weideten. 17 Sieh zu, ob du noch etwas
retten kannst; sonst ist unser Herr verloren und
wir alle mit. Er selbst ist ja so boshaft und eigensin-
nig, dass er nicht mit sich reden lässt.«
18 Schnell ließ Abigajil einige Esel beladen. Sie
nahm 200 Fladenbrote*, zwei Krüge voll Wein, fünf
geschlachtete Schafe, einen Sack geröstete Körner,[c]
100 Portionen gepresste Rosinen und 200 Portionen
Feigenmark. 19 Sie befahl ihren Knechten: »Geht ihr
mit den Eseln voraus, ich komme gleich nach!«
Ihrem Mann sagte sie nichts davon.
20 Als Abigajil auf ihrem Esel den Berg hinunterritt,
kamen ihr plötzlich an einer Biegung des Weges
David und seine Leute entgegen. 21 David schimpfte
gerade: »Für nichts und wieder nichts habe ich in
der Steppe alles beschützt, was diesem Schuft
gehört! Nicht ein einziges Stück Vieh ist ihm wegge-
kommen, nur Gutes habe ich ihm getan – und das ist

a Siehe die Karte Seite 443. Zu Kaleb vgl. Jos 14,6-15. In der folgenden Geschichte wird etwas von den Lebensbedingungen Davids während seiner Flucht vor Saul sichtbar; vgl. auch 27,8-11.

b *und ein ...*: verdeutlichender Zusatz.

c Hebräische Maßangabe *5 Sea* (1 Sea = $^1/_3$ Efa*); Gewicht der gerösteten Körner ca. 25 kg.

24,16 Ps 43,1; 119,154 **24,21** 13,14; 15,28; 23,17; 25,30; 28,17 **24,22** 20,15S **25,1** (Rama) 1,19; 2,11; 15,34; 28,3

jetzt der Dank dafür! 22 Gott soll mich strafen, wenn er von allen seinen Leuten morgen früh noch *einen* hat, der an die Wand pinkelt!«

23 Als Abigajil sah, dass es David war, stieg sie rasch von ihrem Esel, warf sich vor David nieder, das Gesicht zur Erde, 24 und blieb vor seinen Füßen liegen. »Es ist alles meine Schuld, Herr!«, sagte sie. »Bitte hör mich an, lass es dir erklären! 25 Nabal, diesen nichtsnutzigen Menschen, darfst du nicht ernst nehmen. Er ist genau das, was sein Name sagt: ein bösartiger Dummkopf.[a] Unglücklicherweise war ich nicht da, als deine Boten kamen. 26 So gewiss der HERR lebt und du selbst lebst: Es ist gut, dass ich dir noch rechtzeitig begegnet bin![b] Der HERR hat dich so daran gehindert, dich zu rächen und dabei schwere Schuld auf dich zu laden. Nabal wird seiner Strafe nicht entgehen. Allen deinen Feinden, die dir schaden wollen, soll es so ergehen wie ihm!

27 Bitte, Herr, nimm dieses Geschenk an, das ich dir mitgebracht habe, und verteile es unter deine Gefolgsleute. 28 Ich bin dir treu ergeben; verzeih mir, dass ich so vermessen war, dir in den Weg zu treten. Ich weiß, der HERR wird dich zum König machen und dein Königshaus wird für immer bestehen. Du bist ja der Mann, durch den der HERR seine Kriege führt; und dein Leben lang wird dir niemand ein Unrecht vorwerfen können. 29 Wenn dich jemand verfolgt und dich umbringen möchte, wird er dir nichts anhaben können, weil der HERR dein Leben bewahren wird, wie man einen kostbaren Stein im Beutel verwahrt; aber das Leben deiner Feinde wird der HERR wegwerfen, wie man einen Stein mit der Schleuder fortschleudert. 30 Wenn dann der HERR alle seine Zusagen eingelöst und dir die Herrschaft über Israel gegeben hat, 31 wirst du froh sein, dass dein Gewissen rein ist und du dir nicht selbst zu deinem Recht verholfen und ohne Grund Blut vergossen hast. Und denk dann auch an mich, deine Dienerin, wenn der HERR dich so weit gebracht hat.«

32 »Gepriesen sei der HERR, der Gott Israels«, rief David, »dass er dich in diesem Augenblick mir entgegengeschickt hat. 33 Und gepriesen sei deine Klugheit! Gesegnet sollst du sein, weil du mich davor bewahrt hast, eigenmächtig Rache zu nehmen und Blutschuld auf mich zu laden. 34 Ich schwöre dir beim HERRN, dem Gott Israels, der mich davor bewahrt hat, dir etwas zuleide zu tun: Wenn du mir nicht so schnell entgegengekommen wärst, hätte Nabal morgen früh, wenn es hell wird, von seinen Männern keinen mehr am Leben gefunden – keinen von allen, die an die Wand pinkeln!«

35 David nahm die Gaben an, die Abigajil ihm gebracht hatte, und sagte zu ihr: »Geh unbesorgt nach Hause. Was du von mir erbeten hast, ist dir gewährt.«

Die kluge Abigajil wird Davids Frau

36 Als Abigajil nach Hause kam, saß Nabal mit seinen Leuten beim Festmahl; er feierte wie ein König. Er war in Hochstimmung und völlig betrunken, deshalb sagte sie ihm nichts.

37 Erst am anderen Morgen, als er wieder nüchtern war, erzählte sie ihm, was vorgefallen war. Als er das hörte, traf ihn der Schlag und er konnte sich nicht mehr rühren. 38 Zehn Tage später ließ der HERR ihn sterben.

39 Als David davon hörte, sagte er: »Gepriesen sei der HERR! Er hat mir Recht verschafft und Nabal für seine Unverschämtheit bestraft. Er hat mich, seinen Diener, davor bewahrt, unbedacht Schuld auf mich zu laden. Er hat Nabals böse Tat auf ihn selbst zurückfallen lassen.«

Dann schickte David zu Abigajil und bat sie, seine Frau zu werden. 40 Seine Boten kamen zu ihr nach Karmel und sagten: »David schickt uns, er will dich zur Frau nehmen!«

41 Da stand sie auf, warf sich nieder mit dem Gesicht zur Erde und sagte: »Ich bin seine Sklavin und bereit, den Dienern meines Herrn die Füße zu waschen.« 42 Schnell machte sie sich reisefertig und setzte sich auf ihren Esel; ihre fünf Mägde begleiteten sie. Sie folgte den Boten Davids und wurde seine Frau.

43 David hatte nun zwei Frauen; schon zuvor hatte er Ahinoam aus Jesreel geheiratet. 44 Die Saulstochter Michal, die seine erste Frau gewesen war, hatte ihr Vater mit Palti, dem Sohn von Lajisch aus Gallim, verheiratet.

David beschämt Saul zum zweiten Mal

26 Ein paar Männer aus Sif[c] kamen zu Saul nach Gibea und verrieten ihm, wo David sich versteckt hielt. »Er ist auf dem Hügel Hachila, gegenüber von Jeschimon«, sagten sie.

2 Sogleich machte sich Saul auf den Weg in die Steppe bei Sif, um David aufzuspüren. Er nahm 3000 der besten Männer Israels mit. 3 Als sie zu dem Hügel kamen, schlugen sie am Weg ihr Lager auf.

David, der sich noch in der Steppe befand, erfuhr, dass Saul auch hier hinter ihm her war. 4 Er schickte Kundschafter aus, die bestätigten ihm, dass Saul angerückt war.

5 Darauf ging David selbst hin und erkundete den Lagerplatz. In einem großen Kreis lagen die Männer Sauls, und in der Mitte sah er den König, der sich dort mit seinem Feldherrn Abner zur Ruhe gelegt hatte.

6 Der Hetiter[d] Ahimelech und Abischai, der Sohn der Zeruja und Bruder Joabs, waren mit David mitge-

a Der Name *Nabal* (= vornehm, angesehen) ist gleich lautend mit dem hebräischen Wort für »gottvergessener Narr«.
b *Es ist gut …*: verdeutlichender Zusatz.
c Vgl. 23,14.19 und die Karte Seite 443. Die Lage des Hügels Hachila ist nicht bekannt.
d Siehe Sacherklärung. Joab und Abischai sind Söhne von Davids Schwester Zeruja (1 Chr 2,16). Zu Abischai siehe die Vergleichsstellen zu 26,6; zu Joab die Vergleichsstellen zu 2 Sam 8,16.

25,28 24,21 S; 18,17; 2 Sam 7,16 S **25,30** 24,21 S **25,39** 24,16 **25,43** 2 Sam 3,2 **25,44** 18,27; 2 Sam 3,14-15 **26,1-25** 24,1-23 **26,1** 23,19; Ps 54,2 **26,6-9** 2 Sam 3,39 S **26,6** (Abischai) 2 Sam 2,18; 10,10; 16,9; 18,2; 20,6-7; 21,17; 23,18; 1 Chr 18,12

kommen. Nun sagte er zu ihnen: »Ich schleiche mich
zu Saul ins Lager. Wer von euch kommt mit?«
»Ich gehe mit dir«, sagte Abischai.
7 Als es dunkel geworden war, schlichen die beiden ins Lager und drangen an den schlafenden Männern und an Abner vorbei bis zu Saul vor. Der König lag in tiefem Schlaf. In der Nähe seines Kopfes steckte sein Speer in der Erde.
8 Abischai flüsterte David zu: »Heute hat Gott dir deinen Feind ausgeliefert! Ich durchbohre ihn mit seinem eigenen Speer und spieße ihn an den Boden;° ein einziger Stoß genügt!«
9 Aber David wehrte ab: »Vergreif dich nicht an ihm! Wer die Hand ausstreckt gegen den gesalbten* König des HERRN, wird der Strafe nicht entgehen.
10 So gewiss der HERR lebt, er selbst wird ihm das Ende bereiten; er kann ihn eines natürlichen Todes sterben oder in der Schlacht umkommen lassen.
11 Der HERR bewahre mich davor, dass ich Hand an seinen gesalbten König lege! Nimm jetzt den Speer dort neben seinem Kopf und seine Wasserflasche – und dann weg von hier!«
12 David nahm beides an sich, dann machten sie sich auf den Rückweg. Niemand sah etwas, niemand merkte etwas und niemand wachte auf; denn der HERR hatte alle in einen tiefen Schlaf fallen lassen.
13 David stieg ins Tal hinunter und auf der anderen Seite den Berg hinauf. In sicherer Entfernung stellte
er sich hin 14 und rief zu Abner, dem Sohn Ners, und
zum Kriegslager hinüber: »Abner! Antworte mir!«
»Wer wagt es, so zum König herüberzuschreien?«, rief Abner zurück.
15 Da sagte David: »Du bist doch ein Mann, mit dem es keiner in Israel aufnehmen kann! Warum hast du deinen Herrn, den König, nicht besser bewacht? Eben war jemand im Lager, der hätte ihn
töten können. 16 Da hast du wahrlich kein Glanzstück vollbracht! So gewiss der HERR lebt: Ihr alle habt den Tod verdient, weil ihr euren Herrn, den von Gott gesalbten König, nicht beschützt habt. Sieh doch einmal nach: Der Speer hinter seinem Kopf ist weg und die Wasserflasche auch!«
17 Da erkannte ihn Saul an der Stimme und rief: »Ist das nicht deine Stimme, mein Sohn David?«
»Ja, mein Herr und König«, rief David zurück
18 und er fuhr fort: »Warum verfolgst du mich, deinen Diener? Was habe ich dir getan? Was ist meine
Schuld? 19 Hör mich an, mein Herr und König! Irgendwer hat dich gegen mich aufgehetzt. Wenn es der HERR gewesen ist, müssen wir ihn durch ein Opfer* versöhnen; wenn es aber Menschen waren, sollen sie dafür vor dem HERRN verflucht sein! Sie wollen mich vertreiben, mir meinen Anteil am Land des HERRN nehmen; sie sagen zu mir: ›Geh fort,
diene fremden Göttern!‹[a] 20 Nein, lass es nicht zu,
dass ich fern vom HERRN in der Fremde umkomme!
Warum jagst du mich wie ein Rebhuhn in den Bergen? Der König Israels zieht aus, um einen Floh zu fangen!«
21 Saul antwortete: »Ich bin im Unrecht. Komm wieder zurück, mein Sohn David! Ich werde dir nie mehr etwas Böses antun, weil du heute mein Leben so hoch geachtet hast. Ich sehe, was für ein Narr ich war! Ich habe mich schwer an dir vergangen.«
22 David sagte darauf: »Hier ist dein Speer, mein König! Einer von deinen Leuten soll kommen und
ihn holen. 23 Der HERR belohnt alle, die ihm die Treue halten und stets nach seinen Geboten leben. Er hatte dich heute in meine Hand gegeben, aber ich wollte mich nicht an dir vergreifen, an dem gesalbten König
des HERRN. 24 So viel wie dein Leben mir heute bedeutet hat, so viel wird künftig mein Leben dem HERRN bedeuten und er wird mich aus aller Not und Gefahr retten.«
25 Saul sagte: »Gott segne dich, mein Sohn David! Alles, was du unternimmst, wirst du erfolgreich zu Ende bringen.«
Dann trennten sie sich: David setzte seinen Weg fort und Saul kehrte nach Hause zurück.

David sucht Schutz bei Israels Feinden

27 David sagte sich: »Eines Tages werde ich doch noch Saul in die Hände fallen. Es gibt für mich keinen besseren Schutz, als dass ich schleunigst ins Gebiet der Philister* fliehe. Dann bin ich vor Saul

David suchte Schutz in der einsamen, wilden Gebirgslandschaft der Wüste Juda. Wieder und wieder versucht Saul, ihn in seine Gewalt zu bringen (Kap 23; 24; 26).

a David wird sich in der Folge gezwungen sehen, zu den Philistern überzugehen, was nach den Verhältnissen des Altertums eine (formelle) Anerkennung von deren Göttern einschließt.

26,9 24,7S **26,18** 20,1S **27,1** 23,23

sicher. Solange ich in Israel bin, wird er nicht aufhö-
ren, überall nach mir zu suchen.«
2 Darum ging David mit seinen 600 Mann über die
Grenze zu Achisch, dem Sohn Maochs, dem König
von Gat. 3 Ihre Familien nahmen sie mit; David hatte
seine beiden Frauen bei sich, Ahinoam aus Jesreel
und Abigajil, die Witwe Nabals aus Karmel. Sie alle
blieben bei Achisch in Gat.
4 Als Saul erfuhr, dass David dorthin geflohen war,
gab er es auf, weiter nach ihm zu suchen.
5 Nach einiger Zeit sagte David zu Achisch: »Wenn
ich deine Gunst gefunden habe, dann lass mich doch
in eine deiner Landstädte ziehen und dort wohnen.
Warum sollte dein Diener unbedingt bei dir in der
Hauptstadt bleiben?«
6 Daraufhin überließ Achisch ihm noch am selben
Tag die Stadt Ziklag.[a] Deshalb gehört Ziklag bis heute
den Königen von Juda. 7 Insgesamt lebte David ein
Jahr und vier Monate im Gebiet der Philister.

Davids doppeltes Spiel

8 Von Ziklag aus[b] unternahm David mit seinen Män-
nern Raubzüge gegen den Stamm Geschur und die
Leute von Geser und gegen die Amalekiter*, die
das Gebiet zwischen Telem und der Wüste Schur°
und von dort bis zur Grenze Ägyptens bewohnen.[c]
9 Überall, wo David hinkam, machte er Männer
und Frauen nieder, aber die Schafe und Ziegen, Rin-
der, Esel und Kamele und auch die Kleider nahm er
als Beute mit.

Wenn er zurückkam, 10 fragte Achisch ihn regel-
mäßig: »Habt ihr wieder mal einen Raubzug
gemacht?«

»Ja«, sagte David, »ins Südland, in das Gebiet der
Judäer«, oder: »Ins Südland, in das Gebiet der Jerach-
meëliter«, oder: »Ins Südland, in das Gebiet der
Keniter*.«
11 David ließ niemand am Leben und brachte auch
keine Gefangenen nach Gat, denn sonst hätte
Achisch von ihnen erfahren können, was David
und seine Männer in Wirklichkeit taten.[d] So machte
es David die ganze Zeit, während er bei den Philis-
tern* lebte.
12 Achisch meinte sich auf David verlassen zu kön-
nen; denn er dachte: »Er hat sich bei seinen Lands-
leuten so verhasst gemacht, dass er gar keine andere
Wahl hat, als für immer in meinem Dienst zu
bleiben.«
28 Als die Philister wieder einmal ihre Truppen
zu einem Kriegszug gegen die Israeliten
zusammenzogen, sagte Achisch zu David: »Du bist
dir doch darüber im Klaren, dass du mit mir kommst
und mit deinen Männern auf unserer Seite
kämpfst?«
2 »Natürlich«, erwiderte David; »jetzt kannst du
einmal mit eigenen Augen sehen, wie ich dir diene.«

»Gut«, sagte Achisch, »du bist während des
Feldzuges für meine persönliche Sicherheit verant-
wortlich.«

SAULS VERZWEIFLUNG UND ENDE
(28,3–31,13)

Saul sucht Rat bei einem Toten

3 Samuel war gestorben und in seiner Heimatstadt
Rama begraben worden. Ganz Israel hatte für ihn
die Totenklage* gehalten. Übrigens hatte Saul alle
Totenbeschwörer und Wahrsager im Land ausge-
rottet.[e]
4 Die Philister* hatten ihre Truppen zusammenge-
zogen; sie rückten bis nach Schunem[f] vor und schlu-

Noch einmal bot sich David die Gelegenheit, Saul zu töten. Aber er nahm nur Speer und Wasserflasche von der Seite des schlafenden Königs, um damit später beweisen zu können, dass er Sauls Leben verschont hatte (26,9-12).

a Die Stadt liegt weit von Gat entfernt am Rand des Einflussgebietes der Philister (vgl. Karte Seite 443). David hat dort eine relativ selbstständige Stellung.
b Verdeutlichender Zusatz.
c Zu Telem siehe Jos 15,24, zur Wüste Schur die Karte auf Seite 132.
d David schonte entgegen den Erwartungen des Philisters den eigenen Stamm und die ihm nahe stehenden Volksgruppen und richtete seine Aktionen gegen deren Feinde.
e Dies entsprach der Weisung von Lev 19,31 und 20,6.27. In der äußersten Not sucht Saul bei der von ihm selbst geächteten Praxis der Totenbeschwörung Zuflucht (Verse 6-7).
f Der Ort liegt am Nordrand der Jesreël-Ebene (siehe Karte Seite 443; ebenso für En-Dor Vers 7), die für den Aufmarsch des schwer bewaffneten Philisterheeres besonders günstig war. Dieser Aufmarsch zeigt, dass die Philister die Entscheidungsschlacht suchen.

27,2 21,11 **27,3** 25,42-43 **27,8** Ex 17,14S **28,3** 25,1; Lev 19,31S

gen dort ihr Lager auf. Saul rief die Männer Israels zu
den Waffen; sie hatten ihr Lager auf dem Gilboa-
Gebirge.
5 Als Saul das Heer der Philister sah, erschrak er
und wurde ganz verzagt. 6 Er fragte den HERRN,
was er tun sollte. Doch der HERR gab ihm keine Ant-
wort, weder durch einen Traum noch durch das Los
noch durch das Wort eines Propheten*.
7 Darum befahl Saul seinen Leuten: »Sucht mir
eine Frau, die Verstorbene herbeirufen kann! Ich
will zu ihr gehen und sie um Rat fragen.«
»In En-Dor gibt es eine«, sagten sie ihm.
8 Saul zog fremde Kleider an, machte sein Gesicht
unkenntlich und ging mit zwei Begleitern dorthin.
Es war Nacht, als sie ankamen. Saul bat die Frau:
»Du musst für mich einen Totengeist beschwören
und mir die Zukunft voraussagen! Ich sage dir,
wen du aus der Totenwelt* heraufholen sollst.«
9 Die Frau erwiderte: »Du weißt doch selbst, dass
der König so etwas verboten hat. Er hat die Totenbe-
schwörer und Wahrsager im ganzen Land ausgerot-
tet. Du willst mir nur eine Falle stellen, damit ich
getötet werde.«
10 Aber Saul schwor: »So gewiss der HERR lebt, es
wird dir nichts geschehen!«
11 »Wen soll ich dir denn heraufrufen?«, fragte die
Frau.
Saul antwortete: »Rufe Samuel!«
12 Als die Frau Samuel erblickte, schrie sie auf und
sagte zu Saul: »Warum hast du mich hintergangen?
Du bist ja Saul!«
13 »Du brauchst nichts zu fürchten«, erwiderte der
König. »Sag, was du siehst!«
»Ich sehe einen Geist aus der Erde heraufsteigen«,
berichtete sie.
14 »Wie sieht er aus?«, fragte Saul.
»Es ist ein alter Mann«, sagte sie, »er trägt einen
Prophetenmantel.« Daran erkannte Saul, dass es
Samuel war. Er warf sich vor ihm nieder, das Gesicht
zur Erde.
15 »Warum hast du meine Ruhe gestört und mich
heraufkommen lassen?«, fragte ihn Samuel.
Saul antwortete: »Ich bin in Todesängsten. Die
Philister sind gegen mich aufmarschiert und Gott
hat mich verlassen. Er gibt mir keine Antwort mehr,
weder durch Propheten noch durch Träume. Darum
habe ich dich rufen lassen. Sag mir, was ich tun soll!«

Gottes Urteil ist unwiderruflich

16 Samuel erwiderte: »Wozu musst du mich noch fra-
gen? Du siehst doch: Der HERR hat sich von dir abge-
wandt und ist dein Feind geworden. 17 Er führt jetzt
aus, was er durch mich angekündigt hat: Er nimmt
dir das Königtum und gibt es David. 18 Der HERR
befahl dir, sein Vernichtungsurteil an den Amaleki-
tern* zu vollstrecken. Weil du ihm nicht gehorcht
hast, verfährt er jetzt so mit dir. 19 Er wird dich und
das Heer Israels in die Hand der Philister geben.
Morgen wirst du mit deinen Söhnen bei mir in der
Totenwelt* sein.«
20 Saul stürzte wie vom Schlag getroffen der Länge
nach zu Boden, so entsetzt war er über die Worte
Samuels. Er war ohnedies geschwächt, weil er den
ganzen Tag über nichts gegessen hatte.
21 Die Frau trat zu Saul, und als sie sah, dass er ganz
verstört war, sagte sie: »Mein König! Ich habe deine
Bitte erfüllt und habe sogar mein Leben dabei aufs
Spiel gesetzt. 22 Nun lass auch mich nicht vergeblich
bitten! Ich bringe dir eine Kleinigkeit zu essen.
Stärke dich für den Weg, der vor dir liegt!«
23 Saul weigerte sich: »Nein, ich esse nichts!« Aber
seine beiden Begleiter und die Frau setzten ihm so
lange zu, bis er ihnen nachgab. Er stand auf und
setzte sich auf das Bett. 24 Die Frau hatte ein gemäste-
tes Kalb im Stall, das schlachtete sie in aller Eile.
Dann nahm sie Mehl, machte einen Teig und backte
Fladenbrot*. 25 Das trug sie Saul und seinen Beglei-
tern auf.
Sie aßen und machten sich noch in derselben
Nacht auf den Rückweg.

David muss nicht in den Kampf gegen Israel ziehen

29 Die Philister* sammelten ihr Heer bei Afek,[a]
die Israeliten lagerten sich an der Quelle vor
der Stadt Jesreel. 2 Die Philisterfürsten ließen alle
ihre Truppen geordnet an sich vorübermarschieren.
Die Kriegsleute von Achisch, dem König von Gat,
bildeten den Schluss.
Als die Fürsten der Philister dabei auch David mit
seinen Männern sahen, 3 fragten sie Achisch: »Was
haben denn die Hebräer* hier zu suchen?«
Achisch erklärte ihnen: »Das ist doch David, der
früher dem Israelitenkönig Saul gedient hat und jetzt
seit Jahr und Tag in meinen Diensten steht. Die gan-
ze Zeit, seit er zu mir übergelaufen ist, habe ich noch
nie etwas an ihm auszusetzen gehabt.«
4 Doch die Philisterfürsten waren empört und for-
derten von Achisch: »Schick den Mann zurück! Er
soll an dem Ort bleiben, den du ihm als Wohnsitz
angewiesen hast. Er darf auf keinen Fall mit uns in
den Kampf ziehen, sonst wird er sich noch mitten
in der Schlacht auf die Seite des Feindes schlagen.
Eine bessere Gelegenheit findet er nicht mehr, die
Gunst seines Herrn wiederzugewinnen, als wenn
er ihm die Köpfe unserer Männer vor die Füße legt!
5 Das ist doch derselbe David, von dem sie bei ihren
Reigentänzen singen:

a Der Ort liegt viel weiter südlich in der Scharon-Ebene. Der Bericht greift demnach noch einmal auf die Situation von 28,1-2 zurück; erst mit Vers 11 erreichen die Philister die in 28,4 angegebene Position.

28,6 14,37; Ex 28,30 S; Ri 1,1-1 S **28,11** Sir 46,20 **28,14** (Prophetenmantel) 1 Kön 11,29; 19,19; 2 Kön 1,8; 2,8.14; Sach 13,4 **28,17** 24,21 S **28,18** 15,3-9 **28,19** 31,2-4 **29,1** 4,1b **29,3** 27,2.7 **29,4** 27,6

›Tausend Feinde hat Saul erschlagen,
doch zehntausend waren's, die David erschlug.‹«
6 Achisch rief David zu sich und sagte: »So gewiss der
Herr lebt: Du bist ein zuverlässiger Gefolgsmann,
und ich finde es gut, dass du mit mir in den Kampf
ziehst. Denn in der ganzen Zeit, seit du bei mir bist,
habe ich nichts an dir auszusetzen gefunden. Aber
die Philisterfürsten trauen dir nicht. 7 Kehr deshalb
wieder um und verhalte dich ruhig! Tu nichts, was
ihren Unwillen auf dich ziehen könnte.«
8 David fragte: »Womit habe ich diese Behandlung
verdient? Hast du jemals etwas an mir auszusetzen
gehabt, seit ich in deine Dienste getreten bin? War-
um darf ich dann nicht mitkommen und gegen die
Feinde meines Herrn und Königs kämpfen?«
9 »Ich weiß, ich weiß«, erwiderte Achisch. »In
meinen Augen bist du über jeden Verdacht erhaben
wie ein Engel* Gottes; aber die Fürsten der Philister
haben nun einmal gesagt: ›Er darf auf keinen Fall mit
uns in den Kampf ziehen.‹ 10 Macht euch also mor-
gen in aller Frühe fertig, du und alle, die einst Saul
gedient haben, und zieht ab, sobald es hell wird!«
11 So machte sich David bei Tagesanbruch auf den
Weg und kehrte mit seinen Männern in das Land der
Philister zurück. Das Philisterheer aber rückte in
Richtung Jesreel vor.

Davids Rachezug gegen die Amalekiter

30 Als David und seine Männer zwei Tage später
in Ziklag ankamen, lag die Stadt in Schutt und
Asche. Die Amalekiter* waren auf einem Raubzug in
das Südland eingefallen und hatten dabei auch Zik-
lag verwüstet. 2 Getötet hatten sie niemand, aber alle
Frauen und Kinder waren als Gefangene wegge-
schleppt worden.
3 Als David und seine Männer die niedergebrannte
Stadt sahen und entdeckten, dass ihre Frauen und
Kinder verschleppt waren, 4 schrien sie entsetzt
auf. Sie weinten so lange, bis sie vor Erschöpfung
nicht mehr konnten. 5 Auch die beiden Frauen
Davids, Ahinoam aus Jesreel und Abigajil, die Witwe
Nabals aus Karmel, waren in Gefangenschaft ge-
raten.
6 David war in schwerer Bedrängnis. Seine Män-
ner drohten offen damit, ihn zu steinigen*, so erbit-
tert waren sie über den Verlust ihrer Söhne und
Töchter. Aber das Vertrauen auf den Herrn, seinen
Gott, gab ihm Mut.
7 Er befahl dem Priester* Abjatar, dem Sohn Ahi-
melechs, die Orakeltasche* zu bringen. 8 Dann
fragte er den Herrn: »Soll ich diese Räuberbande ver-
folgen? Werde ich sie einholen?«
Er erhielt die Antwort: »Verfolge sie! Du wirst sie
einholen und die Gefangenen retten.«
9–10 David brach mit seinen 600 Mann sofort auf.
Als sie zum Besortal kamen, blieben 200 Mann dort
zurück, weil sie zu erschöpft waren, das Tal zu über-
queren. Mit den anderen 400 setzte David die Verfol-
gung fort.
11–12 Unterwegs fanden die Leute Davids einen
Ägypter, der drei Tage nichts gegessen und getrun-
ken hatte. Sie brachten ihn zu David und gaben
ihm Brot und Wasser, dazu eine Portion Feigenmark
und zwei Portionen gepresste Rosinen. Nachdem er
das gegessen hatte, kam er wieder zu Kräften 13 und
David fragte ihn: »Zu wem gehörst du? Woher
kommst du?«
Er antwortete: »Ich bin ein Ägypter, der Sklave*
eines Amalekiters. Mein Herr hat mich vor drei
Tagen hier liegen gelassen, weil ich krank geworden
war. 14 Wir hatten im Südland die Philister* überfal-
len und die Nachkommen Kalebs, die zu Juda gehö-
ren; dabei haben wir auch Ziklag niedergebrannt.«
15 David fragte ihn: »Kannst du mir den Weg zu
dieser Räuberbande zeigen?«
Der Sklave sagte: »Schwöre mir bei Gott, dass du
mich nicht tötest oder meinem Herrn auslieferst!
Dann werde ich dich zu diesen Räubern führen.«
16 Er zeigte ihnen den Weg, und sie fanden die Ama-
lekiter in Gruppen über die ganze Gegend verstreut.
Sie aßen und tranken und feierten ausgelassen, weil
sie bei den Philistern und in Juda so reiche Beute
gemacht hatten.
17 David überfiel sie am nächsten Morgen, als es
eben hell wurde, und der Kampf dauerte bis zum
Abend. Alle Feinde wurden niedergemacht, nur
400 junge Männer konnten auf Kamelen fliehen.
18–19 David befreite alle Gefangenen und auch seine
beiden Frauen. Niemand wurde vermisst; seine
Männer bekamen alle ihre Kinder gesund wieder.
Auch alles, was die Amalekiter erbeutet hatten, wur-
de zurückerobert. 20 Die Schafe, Ziegen und Rinder
der Amalekiter nahm David für sich; man trieb sie
vor dem anderen Vieh her und sagte: »Das ist Davids
Beute.«

David sorgt für eine gerechte Verteilung der Beute

21 In der Nähe des Besortals kamen ihnen die 200
Mann entgegen, die so erschöpft gewesen waren,
dass David sie dort zurücklassen musste. David
grüßte sie freundlich.
22 Aber unter denen, die mit David gezogen waren,
gab es ein paar gemeine und nichtsnutzige Männer,
die sagten zu David: »Sie sind nicht mit uns in den
Kampf gezogen, also geben wir ihnen auch nichts
von der Beute ab, die wir den Feinden abgenommen
haben. Sie sollen froh sein, dass wir ihnen ihre Frau-
en und Kinder wiederbringen, und schleunigst mit
ihnen verschwinden!«

29,5 18,6-7 **29,9** 2 Sam 14,17.20; 19,28 **30,1-20** 27,8; Ex 17,14 S **30,5** 25,42-43 **30,7** 22,20 S

Saul und Jonatan fielen auf dem Gilboa-Gebirge im Kampf gegen die Philister. Ihre Leichen wurden hierher nach Bet-Schean gebracht und an der Stadtmauer aufgehängt (31,10-12).

23 Doch David sagte: »Meine Brüder, wir verdanken doch alles, was wir erbeutet haben, dem HERRN! So könnt ihr nicht darüber verfügen. Der HERR war es, der uns beschützt hat; er hat uns diese Räuber ausgeliefert, die uns überfallen hatten. 24 Niemand wird gutheißen, was ihr da vorhabt. Vielmehr soll gelten:

Zum Kampf geht der eine,
den Tross schützt der andre.
Die Beute des Krieges wird ehrlich geteilt.«

25 Seit jenem Tag gilt dies als festes Recht in Israel. David führte es ein und es wird bis heute befolgt.

David macht sich Freunde

26 Von Ziklag aus schickte David einen Teil der Beute an die Ältesten* des Stammes Juda, mit denen er durch seine Herkunft verbunden war, und ließ ihnen sagen: »Hier ist ein Geschenk für euch aus der Beute, die David den Feinden des HERRN abgenommen hat.«

27 Er schickte solche Geschenke nach Betuël,° nach Ramot im Südland, nach Jattir, 28 Aroër, Sifmot, Eschtemoa 29 und Rakal, in die Städte der Jerachmeëliter und der Keniter*, 30 nach Horma, Bor-Aschan, Atach 31 und Hebron und außerdem in alle Orte, in denen er einst mit seinen Leuten Unterschlupf gefunden hatte.

Sauls Ende

(1 Chr 10,1-12)

31 Im Gilboa-Gebirge[a] kam es zwischen Israel und den Philistern* zur Schlacht. Die Männer Israels mussten fliehen; viele wurden von den Feinden niedergemacht. 2 Die Philister verfolgten Saul und seine Söhne Jonatan, Abinadab und Malkischua. Die drei Söhne fanden dabei den Tod.

3 Um Saul entbrannte ein heftiger Kampf. Als die Bogenschützen ihn entdeckten und auf ihn anlegten, zitterte er vor Angst. 4 Er befahl seinem Waffenträger: »Zieh dein Schwert und töte mich! Sonst werden es diese Unbeschnittenen* tun und ihren Spott mit mir treiben.«

Aber der Waffenträger scheute sich und wollte es nicht tun. Da nahm Saul sein Schwert und stürzte sich hinein.

5 Als der Waffenträger sah, dass Saul tot war, stürzte auch er sich in sein Schwert und folgte ihm in den Tod. 6 So starben Saul, seine drei Söhne, sein Waffenträger und alle seine Männer gemeinsam an diesem einen Tag.

7 Als die israelitischen Bewohner der Jesreel-Ebene und der angrenzenden Jordangegend erfuhren, dass das Heer Israels geschlagen und Saul mit seinen Söhnen gefallen war, verließen sie ihre Wohnorte und flohen. Die Philister rückten nach und nahmen die Städte in Besitz.

8 Am Tag nach der Schlacht plünderten die Philister die Gefallenen aus. Dabei fanden sie Saul und seine drei Söhne auf dem Gilboa-Gebirge. 9 Sie schlugen Saul den Kopf ab und zogen ihm seine Rüstung aus. Kopf und Rüstung ließen sie durch Boten in ihrem ganzen Gebiet herumzeigen. So verkündeten sie ihren Götzen und ihrem Volk die Siegesnachricht. 10 Dann legten sie die Rüstung in den Tempel der Astarte*; den Leichnam Sauls hängten sie an der Stadtmauer von Bet-Schean auf.

11 Als die Bewohner von Jabesch in Gilead[b] erfuhren, was die Philister mit Saul gemacht hatten, 12 brachen alle kriegstüchtigen Männer auf und gingen im Schutz der Nacht nach Bet-Schean. Sie nahmen den Leichnam Sauls und auch die Leichen seiner Söhne von der Mauer, brachten sie nach Jabesch und verbrannten sie dort. 13 Die Gebeine begruben sie unter der Tamariske vor ihrer Stadt und fasteten* zur Trauer eine ganze Woche lang.

a Der nördliche Ausläufer des mittelpalästinischen Berglandes (siehe die Karte Seite 443). Saul hat sich offenbar nicht in die Ebene hinuntergewagt.
b Sie handeln aus Dankbarkeit für die Befreiungstat von Kap 11.

30,24 Num 31,27 **30,29** 27,10 **31,2-4** 28,19; 14,49 **31,4** 24,7S; Ri 9,54 **31,9** 17,54 **31,10** Dtn 21,22-23S **31,11-12** 1 Sam 11,1-11 **31,13** 2 Sam 1,12

2 SAMUEL

Das zweite Buch Samuel, die unmittelbare Fortsetzung des ersten, umfasst die Geschichte des großen Königs David. David wird nach Sauls Tod zunächst König über den Stamm Juda (mit Benjamin), dann auch über die zehn Nordstämme Israels. Er schafft mit Jerusalem ein neues Zentrum seines Reiches und dehnt dessen Gebiet in erfolgreichen Kriegen weit über die Grenzen der zwölf Stämme aus. Damit tritt Israel in das weltpolitische Kräftespiel des Alten Orients ein. Schon während der Regierungszeit Davids kündigen sich jedoch innere Spannungen an, die eine Generation später zur Aufspaltung des Reiches führen.

David erweist sich in dem, was von ihm berichtet wird, als Mann von Tatkraft und Klugheit, der das Herz seines Volkes zu gewinnen weiß. Er zeigt aber auch Züge einer echten Frömmigkeit, die sich in Demut und Gottvertrauen äußert. Seine menschlichen Schwächen werden nicht beschönigt.

In Jerusalem errichtet David ein erbliches Königtum, das über die Aufspaltung des Reiches hinaus Bestand behält. Er empfängt von Gott die Zusage, dass stets einer seiner Nachkommen seinen Thron einnehmen werde (Kapitel 7). Später, in Zeiten nationalen Niedergangs, wird von den Propheten sogar das Kommen eines neuen David angekündigt, eines idealen Herrschers aus der Nachkommenschaft Davids, der nicht nur dessen Reich wiederherstellen, sondern auch wie David ein Mann nach dem Herzen Gottes sein wird. Während das Judentum bis heute auf diesen »Davidssohn« wartet, sieht die christliche Kirche seine Ankündigung in Jesus Christus erfüllt.

Inhaltsübersicht

DAVID ALS KÖNIG ÜBER JUDA
(Kapitel 1–4)

David erfährt vom Ende Sauls und Jonatans

1 1–2 Die Nachricht von Sauls Tod erreichte David,
nachdem er von seinem Sieg über die Amalekiter* nach Ziklag zurückgekehrt war. Er war gerade den dritten Tag wieder in der Stadt, da kam ein Mann zu ihm, der aus der Schlacht entkommen war, einer aus der näheren Umgebung Sauls. Zum Zeichen der Trauer hatte er seine Kleider zerrissen und Erde auf seinen Kopf gestreut. Er warf sich vor David zu Boden und erwies ihm Ehre wie einem König.
3 »Wo kommst du her?«, fragte ihn David.
Der Mann antwortete: »Vom Heer Israels. Ich konnte mich vor den Philistern* retten.«
4 »Wie steht es?«, fragte David. »Berichte mir!«
Da erzählte er: »Unser Heer wurde in die Flucht geschlagen. Viele sind gefallen, auch Saul und Jonatan sind tot.«
5 David fragte den jungen Mann, der ihm die Nachricht brachte: »Saul und Jonatan tot? Woher weißt du das?«
6 Der Mann erzählte: »Ganz zufällig kam ich auf das Gilboa-Gebirge.[a] Da sah ich Saul stehen, wie er sich auf seinen Speer stützte. Die Streitwagen* der Philister hatten ihn schon fast erreicht.
7 Als er sich umwandte, sah er mich und rief mich zu sich. ›Ja, Herr?‹, sagte ich.
8 Er fragte: ›Wer bist du?‹, und ich antwortete: ›Ein Amalekiter.‹
9 Da rief er: ›Komm her und gib mir den Todesstoß! Ich lebe noch, aber ich habe keine Kraft mehr.‹
10 Ich sah, dass er seine Niederlage nicht überleben würde. Darum ging ich hin und gab ihm den Todesstoß. Dann nahm ich ihm den Stirnreif und die Armspange ab. Ich habe sie dir gebracht, Herr, hier sind sie!«

a Die Aussagen des *jungen Mannes* scheinen nicht recht zu der Schilderung des Unglücksboten in den Versen 1-4 zu passen. Möglicherweise sind zwei Berichte miteinander verflochten worden.

1,10 1 Sam 31,4

a Wörtlich *Dein Blut (komme) auf deinen Kopf;* siehe Anmerkung zu Lev 20,9.
b Die Darstellung des Mannes ist mit 1 Sam 31 unvereinbar. Mit der Rolle, die er sich selbst zuschrieb, meinte er wohl, David zu gefallen. Doch David ist immer noch der von 1 Sam 24 und 26.

David stimmte auf den Tod Sauls und Jonatans ein Klagelied an: »Erschlagen liegen sie auf deinen Bergen, die Besten, die du hattest, Israel …« (1,19)

11 Als David das hörte, zerriss er sein Gewand, und
dasselbe taten die Männer, die bei ihm waren. 12 Sie
weinten und fasteten* bis zum Abend und hielten die Totenklage* um Saul und um seinen Sohn Jonatan und um das Heer des HERRN, um alle Männer Israels, die in der Schlacht gefallen waren.
13 David fragte den jungen Mann, der ihm die Nachricht überbracht hatte: »Woher stammst du?«

Er antwortete: »Ich bin der Sohn eines Fremden*, eines Amalekiters, der in Israel Aufnahme gefunden hat.«

14 Da fuhr David ihn an: »Wie konntest du es wagen, den gesalbten* König des HERRN zu töten!«
15 Er rief einem seiner Männer zu: »Komm her, stoß ihn nieder!«, und der schlug ihn tot.

16 David aber sagte noch zu dem Amalekiter: »Dein Blut finde keinen Rächer![a] Du hast dir selbst das Urteil gesprochen, als du sagtest: ›Ich habe den gesalbten König des HERRN getötet.‹«[b]

Davids Klagelied

17 David stimmte über Saul und seinen Sohn Jonatan
die Totenklage* an. 18 Er sprach die Worte, die bekanntlich ins Buch der Heldenlieder* aufgenommen sind. Dort tragen sie die Überschrift »Lehrt die Männer von Juda den Bogenkampf«; sie lauten:

19 Erschlagen liegen sie auf deinen Bergen,
die Besten, die du hattest, Israel,
dein Ruhm und Stolz, gefallen sind sie – tot!

20 Sprecht nicht davon in Gat und Aschkelon,
verschweigt es auf den Gassen dieser Städte!
Sonst freuen sich die Frauen der Philister*,
die Töchter dieser Unbeschnittenen* jubeln.

21 Ihr Höhen von Gilboa, seid verflucht!
Nie sollen Tau und Regen auf euch fallen,
nie sollen Felder voller Frucht euch zieren,
weil dort die Schilde unserer Helden liegen,
Sauls Schild im Staub, entweiht für alle Zeit!

22 Der Pfeil vom Bogen Jonatans traf stets sein Ziel
und nie zog Saul sein Schwert vergeblich,
in Scharen sanken ihre Feinde nieder.

23 Geliebt und hoch geachtet waren sie,
im Leben unzertrennlich, Saul und Jonatan –
nun sind sie auch im Tode noch vereint!
Sie waren schneller als der schnelle Adler,
den Löwen übertrafen sie an Kraft.

24 Ihr Frauen Israels, auf, klagt um Saul!
Er war es, der euch Purpurkleider gab
und euch mit goldenem Schmuck so reich
beschenkte.

1,14 1 Sam 24,7S **1,18** Jos 10,13

[25] Die Tapfersten sind tot, im Kampf erschlagen!
Auch Jonatan liegt tot dort oben auf den Bergen!
[26] Mein Bruder Jonatan, mein bester Freund,
voll Schmerz und Trauer weine ich um dich;
denn deine Freundschaft hat mir mehr bedeutet,
als Frauenliebe je bedeuten kann!

[27] Die besten Krieger tot, im Kampf erschlagen,
für immer sind die Tapfersten dahin!

David wird König über Juda, Isch-Boschet über Israel

2 David fragte den HERRN:[a] »Soll ich jetzt in eine der Städte des Stammes Juda übersiedeln?«
Er erhielt die Antwort: »Ja!«
»Wohin soll ich gehen?«, fragte er weiter.
Die Antwort war: »Nach Hebron.«
[2] So kam David nach Hebron.[b] Seine beiden Frauen, Ahinoam aus Jesreel und Abigajil, die Witwe Nabals aus Karmel, nahm er mit. [3] Auch die Männer seiner Truppe folgten ihm; sie ließen sich mit ihren Familien in der Umgebung der Stadt nieder.
[4] Daraufhin kamen die Männer des Stammes Juda nach Hebron und salbten* David zu ihrem König.
Als David die Nachricht erhielt, dass die Männer von Jabesch in Gilead* Saul bestattet hatten,
[5] schickte er Boten dorthin und ließ ihnen sagen:
»Der HERR möge euch segnen zum Lohn dafür, dass ihr Saul, eurem König, diese Liebe erwiesen und ihn beigesetzt habt! [6] Er erweise auch euch seine beständige Liebe, und ich selbst werde es ebenso halten, weil ihr das getan habt. [7] Seid tapfer und lasst euch nicht entmutigen! Saul, euer Herr, ist tot; aber inzwischen hat der Stamm Juda mich zu seinem König gemacht.«
[8] Sauls Heerführer Abner, der Sohn Ners, hatte sich mit Isch-Boschet,[c] einem Sohn Sauls, nach Mahanajim[d] zurückgezogen. [9] Dort machte er ihn zum König über ganz Israel. Seine Herrschaft erstreckte sich auf die Landschaften Gilead*, Ascher, Jesreel, Efraïm und Benjamin. [10] Isch-Boschet war 40 Jahre alt, als er König über Israel wurde. Er regierte zwei Jahre lang.
Zu David hielt nur der Stamm Juda. [11] Siebeneinhalb Jahre lang regierte David in Hebron als König über Juda.

Der Beginn des Krieges zwischen Juda und Israel

[12] Abner, der Sohn Ners, zog mit den Kriegsleuten des Saulssohnes Isch-Boschet von Mahanajim nach Gibeon.[e] [13] Joab,[f] der Sohn der Zeruja, kam mit den Kriegsleuten Davids ebenfalls dorthin; beim Teich von Gibeon trafen sie zusammen. Die Männer

a Vgl. die Anmerkung zu Ri 1,1.
b Der Hauptort des Stammes Juda, 30 km südsüdwestlich von Jerusalem; vgl. Jos 15,13 und Karte Seite 443.
c Zur Namensform siehe Anmerkung zu 1 Chr 8,33.
d Im mittleren Ostjordanland (vgl. Karte Seite 443).
e Nördlich von Jerusalem im Gebiet des Stammes Benjamin (vgl. Karte Seite 443).
f Ein Neffe Davids (1 Chr 2,16) und sein Heerführer (2 Sam 8,16 und Vergleichsstellen dazu).

Beim »Teich von Gibeon« (2,13) kommt es zu einer Begegnung zwischen den Truppen Davids und denen des Saul-Nachfolgers Isch-Boschet. Was zunächst wie ein harmloses Spiel beginnt, entwickelt sich zur blutigen Schlacht. Mit dem »Teich« ist vielleicht der künstliche offene Wasserspeicher gemeint, der bei Gibeon ausgegraben worden ist. (Das Bild auf Seite 344 zeigt den Blick vom Grund der Zisterne nach oben.)

1,26 1 Sam 18,3S **2,1** Ri 1,1-1S **2,2** 1 Sam 25,42-43 **2,4** 1 Sam 16,13S **2,4b-6** 1 Sam 31,11-13 **2,8** 1 Sam 14,50

Davids lagerten sich auf der einen Seite des Teiches, die Männer Isch-Boschets auf der andern.

14 Abner sagte zu Joab: »Unsere jungen Leute könnten hier zu einem Kampfspiel antreten!«

Joab stimmte zu: »Ja, das könnten sie!«

15 Zwölf junge Männer aus dem Stamm Benjamin traten für den Sohn Sauls, für Isch-Boschet, an und zwölf von den Männern Davids stellten sich ihnen gegenüber. 16 Die Kämpfenden packten sich gegenseitig an den Haaren und jeder stieß seinem Gegner das Schwert in die Seite, sodass alle gleichzeitig umkamen. Daher bekam dieser Platz in der Nähe von Gibeon den Namen Helkat-Hazzurim.°

17 Nun brach zwischen den beiden Truppenabteilungen ein erbitterter Kampf aus – mit dem Ergebnis, dass die Männer Israels unter Abner von den Männern Davids besiegt wurden.

18 Alle drei Söhne der Zeruja, Joab, Abischai und Asaël, waren an dem Kampf beteiligt. Asaël, der so schnell war wie eine wilde Gazelle, 19 jagte hinter Abner her und ließ sich durch nichts von ihm ablenken.

20 Abner drehte sich um und rief: »Bist du das, Asaël?« Und als Asaël bejahte, 21 sagte er zu ihm: »Geh nach rechts oder nach links und pack einen von diesen jungen Leuten, dem kannst du Waffen und Rüstung abnehmen!« Aber Asaël ließ sich nicht davon abbringen, hinter Abner herzujagen.

22 Noch einmal warnte ihn Abner: »Setz mir nicht weiter nach! Sonst muss ich dich niederschlagen. Dann kann ich deinem Bruder Joab nicht mehr unter die Augen treten!«

23 Doch Asaël wollte einfach nicht von ihm ablassen. Da stieß ihm Abner das stumpfe Ende seines Speeres in den Bauch, sodass der Schaft auf der anderen Seite wieder herauskam. Asaël stürzte zu Boden und war sofort tot. Jeder, der an die Stelle kam und Asaël tot daliegen sah, blieb einen Augenblick stehen.

24 Joab und Abischai aber jagten hinter Abner her. Bei Sonnenuntergang waren sie bis zum Hügel Amma gekommen, der östlich von Giach am Weg in die Steppe von Gibeon[a] liegt. 25 Die Männer von Benjamin sammelten sich um Abner und stellten sich dicht geschlossen oben auf dem Hügel auf.

26 Abner rief Joab zu: »Soll das Schwert denn immerzu weiterfressen? Du weißt doch, was für ein bitteres Ende das nimmt! Worauf wartest du noch? Gib den Befehl, dass deine Männer mit der Verfolgung ihrer Brüder aufhören!«

27 »Gut, dass du das endlich sagst«, erwiderte Joab. »So gewiss Gott lebt, meine Leute hätten die deinen sonst noch bis morgen früh vor sich hergejagt!«

28 Joab ließ das Widderhorn* blasen. Da gaben seine Männer die Verfolgung auf und stellten den Kampf gegen die Männer von Israel ein.

29 Abner und seine Leute marschierten die ganze Nacht durch die Jordanebene, überquerten den Fluss und kehrten durch die Schlucht des Jabboks nach Mahanajim zurück.

30 Als Joab die Verfolgung Abners abgebrochen hatte und die ganze Truppe um sich sammelte, wurden von Davids Leuten außer Asaël noch weitere neunzehn Mann vermisst. 31 Die Kriegsleute Davids hatten aus dem Stamm Benjamin, von den Leuten, die Abner gefolgt waren, 360 Mann erschlagen. 32 Sie nahmen Asaël mit und bestatteten ihn in Betlehem in der Grabstätte seines Vaters. Danach marschierten Joab und seine Männer die ganze Nacht hindurch und kamen bei Tagesanbruch in Hebron an.

3 Der Krieg zwischen den Anhängern Sauls und den Anhängern Davids zog sich lange hin. David gewann immer mehr die Oberhand, während das Königshaus Sauls an Macht und Einfluss verlor.

Eine Liste der Söhne Davids

2 In Hebron wurden David nacheinander die folgenden Söhne geboren:

als Erstgeborener Amnon, seine Mutter war Ahinoam aus Jesreel;
3 als zweiter Kilab, seine Mutter war Abigajil, die Witwe Nabals aus Karmel;
als dritter Abschalom, seine Mutter war Maacha, die Tochter des Königs Talmai von Geschur;
4 als vierter Adonija, seine Mutter war Haggit;
als fünfter Schefatja, seine Mutter war Abital;
5 als sechster Jitream, seine Mutter war Davids Frau Egla.

Diese Söhne wurden David in Hebron geboren.

Der Konflikt zwischen Isch-Boschet und seinem Heerführer Abner

6 Während des Krieges zwischen den Anhängern Sauls und den Anhängern Davids erwies sich Abner als unentbehrliche Stütze für das Königshaus Sauls. 7 Nun hatte Saul eine Nebenfrau gehabt, Rizpa, die Tochter von Aja. Eines Tages stellte Isch-Boschet Abner zur Rede und sagte: »Warum hast du mit der Nebenfrau meines Vaters geschlafen?«[b]

8 Über diese Frage wurde Abner ganz wütend; er schrie: »Bin ich denn ein ehrloser Verräter? Meinst du, ich halte es mit Juda? Ich tue bis heute alles, was ich kann, für das Königshaus Sauls, für seine ganze Familie und alle seine Freunde; ich bewahre dich davor, dass du David in die Hände fällst – und du machst mir jetzt eine Szene wegen so einer lächerlichen Geschichte! 9 Gott soll mich strafen,

a Wahrscheinlich ist Geba gemeint, das weiter östlich der Wüste zu liegt.
b Abners Verhalten konnte nach damaligen Verhältnissen so ausgelegt werden, als beanspruche er die Nachfolge Sauls für sich; vgl. 16,22; 1 Kön 2,13-25.

2,18 1 Sam 26,6 S **2,23** 3,27 **3,2-3** 1 Sam 25,42-43 **3,7** 21,8

wenn ich nicht dafür sorge, dass genau das eintrifft,
was er David mit einem Eid versprochen hat! 10 Denn
das hat der HERR gesagt: ›Ich werde der Familie Sauls
das Königtum wegnehmen und David zum König
über Israel und Juda machen, über das ganze Land
von Dan bis Beerscheba!‹«
11 Isch-Boschet bekam solche Angst vor Abner,
dass er ihm kein Wort erwidern konnte.

Abner verhandelt mit David

12 Darauf schickte Abner in eigener Sache Boten zu
David und ließ ihm sagen: »Wem steht denn dieses
Land zu? Hier mein Vorschlag: Schließ einen Vertrag
mit mir, und ich werde alles für dich tun, damit ganz
Israel zu dir übergeht!«
13 David antwortete: »Gut, ich schließe einen
Vertrag mit dir, aber nur unter einer Bedingung:
Lass dich nicht vor mir sehen, ohne dass du mir
Sauls Tochter Michal mitbringst, wenn du zu
mir kommst!«
14 Gleichzeitig sandte er Boten zu Isch-Boschet
und ließ ihm sagen: »Gib mir meine Frau Michal
heraus, für die ich als Brautpreis* hundert Philister-
vorhäute bezahlt habe!«[a]
15 Isch-Boschet schickte nach ihr und ließ sie von
ihrem Mann Paltiël, dem Sohn Lajischs, wegholen.
16 Ihr Mann ging mit ihr und lief weinend hinter
ihr her bis nach Bahurim.[b] Erst als Abner ihn anfuhr:
»Geh endlich heim!«, kehrte er um.
17 Abner hatte zuvor mit den Ältesten* der Stämme
Israels gesprochen und zu ihnen gesagt: »Schon lan-
ge wolltet ihr doch David zum König über euch
haben. 18 Jetzt ist es Zeit zu handeln. Der HERR selbst
hat ja von ihm gesagt: ›Durch meinen Diener David
will ich mein Volk Israel aus der Gewalt der Philis-
ter* und aller seiner Feinde retten.‹«
19 Abner sprach auch mit den Männern des Stam-
mes Benjamin. Dann ging er nach Hebron, um David
mitzuteilen, dass die Leute von Israel und der ganze
Stamm Benjamin ihn als König haben wollten.
20 Als Abner in Begleitung von zwanzig Männern
nach Hebron kam, gab David ein Festessen für sie.
21 Danach sagte Abner zu David: »Ich gehe jetzt
und werde dir als meinem Herrn und König alle
Stämme Israels zuführen. Sie werden einen Vertrag
mit dir schließen und du wirst ihr König sein, ganz
wie es deinem Willen entspricht.«
David verabschiedete Abner und er ging in Frie-
den weg.

Joab rächt sich an Abner

22 Nicht lange danach kehrte Joab mit den Kriegsleu-
ten Davids von einem Streifzug zurück. Sie brachten
reiche Beute mit. Abner befand sich zu diesem Zeit-
punkt nicht mehr bei David in Hebron; der König
hatte ihn schon verabschiedet und er war in Frieden
weggegangen.
23 Kaum war Joab mit der Truppe in Hebron ange-
kommen, erzählte man ihm auch schon: »Abner, der
Sohn Ners, war beim König und der hat ihn in Frie-
den ziehen lassen!«
24 Da ging Joab sofort zum König und stellte ihn
zur Rede: »Was hast du da gemacht? Abner ist zu
dir gekommen und du hast ihn einfach wieder zie-
hen lassen! 25 Du musst ihn doch kennen! Er ist
nur gekommen, um dich zu täuschen; er will aus-
spionieren, was du vorhast.«
26 Als Joab vom König herauskam, schickte er
Boten hinter Abner her, um ihn zurückzurufen.
David wusste nichts davon. Die Boten holten Abner
bei der Zisterne von Sira ein 27 und er kehrte um nach
Hebron. Joab führte ihn beiseite in das Innere des
Tores, als wolle er unter vier Augen mit ihm reden.
Doch dort stieß er ihm einen Dolch in den Unterleib,
sodass er starb. So rächte sich Joab dafür, dass Abner
seinen Bruder Asaël getötet hatte.

David distanziert sich von Joabs Tat

28 Als David wenig später davon erfuhr, rief er: »Mich
und mein Königtum trifft auf ewig keine Schuld vor
dem HERRN am Tod von Abner! 29 Joab allein ist dafür
verantwortlich, er und seine ganze Familie sollen
dafür büßen. Unter seinen Nachkommen soll es zu
allen Zeiten Leute geben, die an Aussatz oder krank-
haften Ausflüssen leiden, an Krücken gehen, gewalt-
sam umkommen oder Hunger leiden!«
30 – Joab und Abischai hatten Abner umgebracht,
weil er ihren Bruder Asaël in der Schlacht bei Gibeon
getötet hatte. –
31 Darauf befahl David Joab und allen seinen Män-
nern: »Zerreißt eure Kleider, legt den Sack* an und
geht im Trauerzug vor Abner her!« Der König selbst
ging hinter der Bahre. 32 So bestatteten sie Abner in
Hebron. Der König weinte laut an seinem Grab
und alle weinten mit ihm. 33 Dann sang er für Abner
ein Klagelied:

»Abner, musstest du denn wie ein Nichtsnutz
sterben?
34 Deine Hände waren nicht gefesselt,
deine Füße lagen nicht in Eisen!
Warum fandest du ein solches Ende,
Abner, wie von Mörderhand erschlagen?«

Als die Leute das hörten, weinten sie noch mehr.
35 Später redeten sie David zu, er solle doch am Trau-
ermahl teilnehmen; aber weil der Tag noch nicht zu
Ende war, schwor er: »Gott soll mich strafen, wenn
ich einen Bissen anrühre, bevor die Sonne unterge-
gangen ist!«

a Vgl. 1 Sam 18,20-27; 25,44. David macht damit seinen Anspruch auf die rechtmäßige Nachfolge Sauls geltend; vgl. Anmerkung zu 3,7.
b Wenige Kilometer nordöstlich Jerusalems auf der anderen Seite des Ölbergs; vgl. 16,5-6.

3,10 1 Sam 24,21 S **3,14** 1 Sam 18,27 **3,15** 1 Sam 25,44 **3,27** 20,10; 2,23 **3,29** 1 Kön 2,34 **3,33** 1,17

36 Alle waren Zeugen davon und es gefiel ihnen gut, wie überhaupt alles, was er tat, den Beifall des ganzen Volkes hatte. 37 Alle, die dabei waren, erkannten an diesem Tag, dass der König nichts mit dem Mord an Abner zu tun hatte. Auch in ganz Israel sprach sich das herum.

38 Zu seinen Hofleuten sagte David: »Ihr seid euch doch klar darüber, dass heute ein bedeutender und mächtiger Mann in Israel umgekommen ist? 39 Ich bin zwar zum König gesalbt*, aber ich bin noch zu schwach, um so etwas zu verhindern. Diesen Söhnen der Zeruja bin ich nicht gewachsen. Der HERR möge den Schuldigen bestrafen, wie er es verdient hat!«

Isch-Boschet wird ermordet

4 Als Isch-Boschet erfuhr, dass Abner in Hebron umgebracht worden war, verlor er allen Mut und alle in Israel waren bestürzt. 2 In Isch-Boschets Diensten standen zwei Brüder als Truppenführer, Baana und Rechab, Söhne von Rimmon aus Beerot. Sie gehörten zum Stamm Benjamin; denn auch Beerot zählt jetzt zum Gebiet dieses Stammes. 3 Die früheren Bewohner von Beerot sind nach Gittajim geflohen und leben dort noch heute als Fremde.

4 Übrigens lebte noch ein Enkel Sauls, ein Sohn Jonatans namens Merib-Baal, er war jedoch an beiden Beinen gelähmt. Er war fünf Jahre alt gewesen, als sein Vater und sein Großvater den Tod fanden. Als die Nachricht davon aus Jesreel eingetroffen war, hatte ihn seine Amme aufgenommen, um mit ihm zu fliehen. Aber in ihrer Hast ließ sie ihn fallen. Seither war er gelähmt.

5 Rechab und Baana, die Söhne von Rimmon aus Beerot, gingen zum Haus von Isch-Boschet. Als sie hinkamen, war gerade die heißeste Tageszeit und Isch-Boschet hielt seinen Mittagsschlaf. 6 Die Türhüterin war beim Verlesen von Weizenkörnern eingeschlafen. So konnten sie unbemerkt hineinschlüpfen.° 7 Sie kamen bis ins Schlafzimmer, in dem Isch-Boschet auf seinem Bett lag, töteten ihn und schlugen ihm den Kopf ab. Den Kopf nahmen sie mit, marschierten die ganze Nacht durch die Jordanebene 8a und brachten ihn zu David nach Hebron.

David distanziert sich von dem Mord an Isch-Boschet

8b »Hier ist der Kopf von Isch-Boschet!«, sagten sie zum König. »Heute hat der HERR unserem König Rache verschafft an Saul und seiner Sippschaft!«

9 Aber David antwortete Rechab und seinem Bruder Baana, den Söhnen von Rimmon aus Beerot: »So gewiss der HERR lebt, der mich aus aller Gefahr gerettet hat: Ihr täuscht euch gewaltig![a] 10 Der Bote, der mir in Ziklag die Nachricht brachte: ›Saul ist tot!‹, hielt sich auch für einen Freudenboten. Aber ich ließ ihn festnehmen und hinrichten. Das war sein Botenlohn! 11 Was meint ihr, wie ich erst mit Verbrechern verfahre, die einen rechtschaffenen Mann in seinem Haus mitten im Schlaf umbringen! Ich ziehe euch für diesen Mord zur Rechenschaft. Ihr habt euer Leben verwirkt.«

12 David gab seinen Männern den Befehl und sie töteten Rechab und Baana. Dann schlugen sie ihnen Hände und Füße ab und hängten ihre Leichen am Teich von Hebron auf. Den abgeschlagenen Kopf Isch-Boschets aber setzten sie im Grab Abners in Hebron bei.

DAVID ALS KÖNIG ÜBER GANZ ISRAEL IN JERUSALEM
(Kapitel 5–6)

David wird König über Israel
(1 Chr 11,1-3)

5 Nun kamen die Vertreter aller Stämme Israels zu David nach Hebron und sagten zu ihm: »Du bist doch unser eigen Fleisch und Blut! 2 Schon früher, als Saul noch unser König war, hast du das Heer Israels im Krieg angeführt. Und der HERR hat dir zugesagt: ›Du bist der Mann, der künftig mein Volk Israel führen und schützen soll. Du wirst der Anführer Israels sein!‹«

3 Das sagten alle Ältesten* Israels, die zum König nach Hebron gekommen waren. König David schloss dort in Hebron einen Vertrag mit ihnen und sie riefen den HERRN als Zeugen dafür an. Daraufhin salbten* sie David zum König über Israel.

4 David war 30 Jahre alt, als er König wurde. Er regierte 40 Jahre lang, 5 siebeneinhalb Jahre in Hebron als König über Juda und 33 Jahre in Jerusalem als König über Israel und Juda.

David erobert Jerusalem und macht es zu seiner Hauptstadt
(1 Chr 11,4-9; 14,1-2)

6 Nachdem David König von Israel geworden war, zog er mit seinen Kriegsleuten vor die Stadt Jerusalem.

Die Jebusiter, die dort wohnten, riefen ihm zu: »Diese Festung wirst du nicht einnehmen, selbst Blinde und Lahme könnten sie verteidigen!« So sicher waren sie, dass David nicht in ihre Stadt eindringen würde.

7 Trotzdem eroberte David die Festung Zion* und sie wurde die Stadt Davids. 8 Er sagte damals: »Wer

a *Ihr täuscht ...*: verdeutlichender Zusatz.

3,39 2,18; 16,9-10; 19,23; 1 Sam 26,6-9 **4,4** 9,1-13 **4,9** 1 Sam 26,23-24 **4,10** 1,1-16 **4,12** Dtn 21,22-23 S **5,2** 1 Sam 18,16; 24,21 S **5,3** 1 Sam 16,13 S **5,5** 2,11 **5,6** Jos 15,63 S

die Jebusiter besiegen will, muss durch den Wasser-
schacht* in die Stadt eindringen.[a] Sie sind mir ver-
hasst, diese Blinden und Lahmen.« – Deshalb sagt
man: »Ein Blinder oder Lahmer kommt mir nicht
ins Haus!«
9 Darauf machte David die Festung zu seiner Resi-
denz und gab ihr den Namen »Davidsstadt«. Er baute
sie ringsherum aus, vom Millo* stadteinwärts.
10 So wurde David immer mächtiger, und der
HERR, der Herrscher der Welt,[b] stand ihm bei.
11 Hiram, der König von Tyrus, schickte eine Gesandt-
schaft zu David. Er lieferte David Zedernholz für den
Bau seines Palastes und schickte auch Zimmerleute
und Steinmetzen, die den Bau ausführten. 12 Daran
erkannte David: Es war der HERR, der ihn zum König
über Israel gemacht und sein Königtum gefestigt
hatte. Der HERR handelte so, weil er sein Volk Israel
liebte.

Liste der Söhne Davids (Fortsetzung)

(1 Chr 14,3-7)

13 Nachdem David von Hebron nach Jerusalem gezo-
gen war, nahm er sich Nebenfrauen und noch weite-
re Frauen aus Jerusalem und bekam noch mehr
Söhne und Töchter. 14 Die Söhne, die ihm in Jerusa-
lem geboren wurden, waren: Schammua, Schobab,
Natan, Salomo, 15 Jibhar, Elischua, Nefeg, Jafia,
16 Elischama, Eljada und Elifelet.

David schlägt die Angriffe der Philister zurück

(1 Chr 14,8-17)

17 Als die Philister* erfuhren, dass David zum König
von Israel gesalbt* worden war, kamen sie mit
ihrem ganzen Heer, um ihn in ihre Gewalt zu brin-
gen. Doch David konnte sich rechtzeitig in seiner
Bergfestung[c] in Sicherheit bringen.
18 Die Philister besetzten die Ebene Rafaïm.[d] 19 Da
fragte David den HERRN:[e] »Soll ich sie angreifen?
Wirst du sie in meine Hand geben?«
Der HERR antwortete: »Greif sie an! Ganz gewiss
gebe ich sie in deine Hand!«
20 David zog aus und besiegte die Philister bei Baal-
Perazim. Er sagte: »Wie Wasser einen Damm durch-
bricht, hat der HERR die Reihen meiner Feinde durch-
brochen.« Deshalb erhielt der Ort den Namen Baal-
Perazim (Herr des Durchbruchs). 21 Die fliehenden
Philister ließen sogar ihre Götterbilder zurück, und
David und seine Männer nahmen sie als Beute mit.
22 Nach einiger Zeit zogen die Philister noch ein-
mal gegen David aus. Wieder besetzten sie die Ebene
Rafaïm. 23 Auch diesmal fragte David den HERRN und

a *muss durch den …*: Deutung unsicher; wörtlich *muss die Röhre berühren.* Möglicher Sinn: *Wer einen Jebusiter besiegt, soll der Röhre Gewalt antun* (d.h. ihn kastrieren).
b Wörtlich *der HERR Zebaot**.
c Vielleicht ist an Adullam zu denken; vgl. 2 Sam 23,13-14.
d Die Ebene südwestlich von Jerusalem.
e Vgl. die Anmerkung zu Ri 1,1.

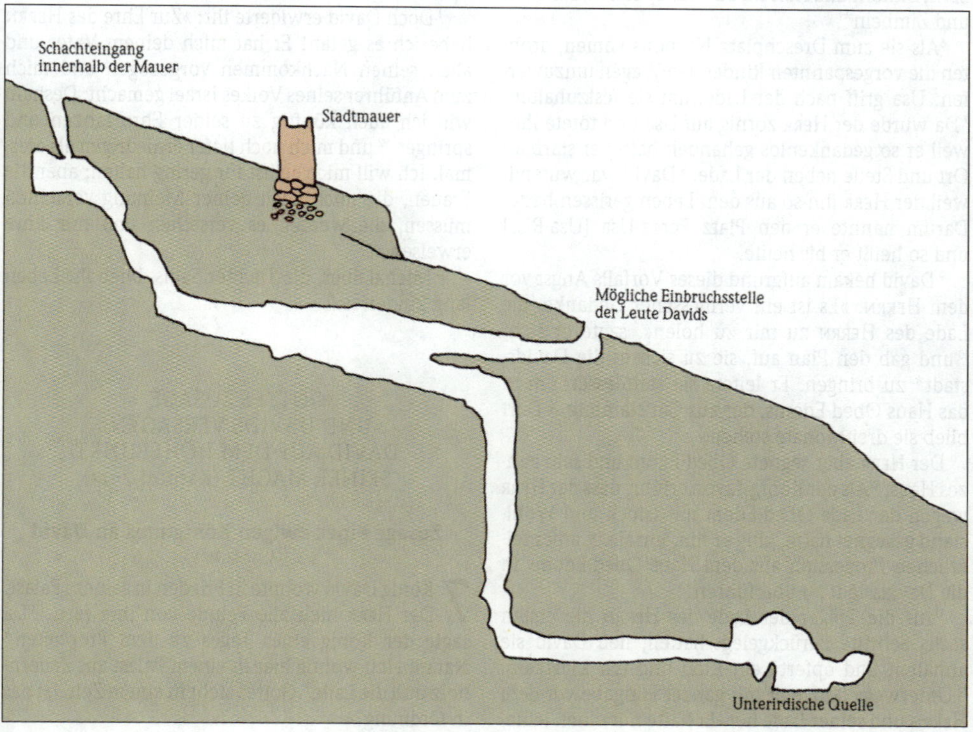

Die Mauern der Jebusiterfestung Jerusalem waren so stark, dass Davids Leute sie nicht im Sturm nehmen konnten. Die Jebusiter aber hatten einen schräg verlaufenden Schacht gegraben, der ihnen in Kriegszeiten den ungehinderten Zugang zu der außerhalb der Mauer liegenden Gihon-Quelle sichern sollte. Viele Ausleger vermuten, dass David diesen Felsengang entdeckte und so in die Stadt eindringen konnte. Durch die Archäologie wird diese Meinung neuerdings infrage gestellt.

5,8 Lev 21,18; Mt 21,14 **5,11** 1 Kön 5,15 **5,13** 2,1-4; 3,2-5 **5,19** 1 Sam 23,9-12; 30,7-8

er antwortete: »Greif sie nicht an, sondern umgehe
sie und fall ihnen bei den Bakabäumen in den Rü-
cken. 24 Sobald du ein Geräusch hörst, wie wenn
jemand durch die Baumwipfel schreitet, schlägst
du los. Denn dann weißt du, dass ich vor dir her in
die Schlacht gezogen bin, um das Heer der Philister
zu besiegen.«
25 David befolgte die Weisung des HERRN. Er
besiegte die Philister und trieb sie von Geba bis nach
Geser zurück.

David holt die Bundeslade nach Jerusalem

(1 Chr 13,1-14; 15,25-28)

6 David rief die Elite der wehrfähigen jungen
Männer Israels zusammen, etwa 300 000 Mann,
2 und zog mit ihnen nach Baala im Gebiet des Stam-
mes Juda. Von dort wollte er die Lade Gottes nach
Jerusalem holen – die Bundeslade*, die dem HERRN,
dem Herrscher der Welt, geweiht ist,[a] der über den
Keruben* thront.
3–4 Sie luden die Lade Gottes auf einen Wagen, der
neu und noch völlig unbenutzt war. So brachten sie
die Lade aus dem Haus Abinadabs fort, das auf der
Anhöhe steht.[b] Usa und Achjo, die Söhne Abinadabs,
lenkten den Wagen° mit der Lade Gottes, wobei Ach-
jo vor der Lade herging. 5 David und die Männer
Israels spielten zur Ehre des HERRN auf Schlaghöl-
zern, Zithern und Harfen, auf Handpauken, Schellen
und Zimbeln*.
6 Als sie zum Dreschplatz Nachons kamen, droh-
ten die vorgespannten Rinder den Wagen umzuwer-
fen. Usa griff nach der Lade, um sie festzuhalten.
7 Da wurde der HERR zornig auf Usa und tötete ihn,
weil er so gedankenlos gehandelt hatte; er starb an
Ort und Stelle neben der Lade. 8 David war wütend,
weil der HERR ihn so aus dem Leben gerissen hatte.
Darum nannte er den Platz Perez-Usa (Usa-Riss)
und so heißt er bis heute.
9 David bekam aufgrund dieses Vorfalls Angst vor
dem HERRN. »Es ist ein vermessener Gedanke, die
Lade des HERRN zu mir zu holen«, sagte er sich[c]
10 und gab den Plan auf, sie zu sich in die Davids-
stadt* zu bringen. Er leitete sie stattdessen um in
das Haus Obed-Edoms, der aus Gat stammte. 11 Dort
blieb sie drei Monate stehen.

Der HERR aber segnete Obed-Edom und sein gan-
zes Haus. 12 Als der König davon erfuhr, dass der HERR
wegen der Lade Obed-Edom mit Glück und Wohl-
stand gesegnet hatte, ging er hin, um sie in einer fei-
erlichen Prozession aus dem Haus Obed-Edoms in
die Davidsstadt zu überführen.
13 Als die Träger der Lade des HERRN die ersten
sechs Schritte zurückgelegt hatten, ließ David sie
anhalten und opferte ein Rind und ein Mastkalb.
14 Unterwegs tanzte er mit ganzer Hingabe vor dem
HERRN und seiner Lade her. Er hatte nur einen leine-
nen Priesterschurz* an.[d] 15 So überführten David
und die Männer aus ganz Israel die Lade des HERRN
unter Jubelgeschrei und dem Schall der Widderhör-
ner* nach Jerusalem.

Was David unter Ehre versteht

(1 Chr 15,29–16,3.43)

16 Als die Bundeslade* in die Davidsstadt* getragen
wurde, stand Davids Frau Michal, die Tochter Sauls,
am Fenster. Sie fand es unpassend, dass David als
König vor dem HERRN her tanzte und hüpfte, und
sie verachtete ihn in ihrem Herzen.
17 Die Lade des HERRN wurde in das Zelt gebracht,
das David für sie errichtet hatte, und an den vorgese-
henen Platz gestellt. Der König opferte Brandopfer*
und schlachtete Tiere für das Opfermahl*. 18 Nach
dem Mahl segnete er das Volk im Namen des HERRN,
des Herrschers der Welt.[e] 19 Alle aus Israel, die dabei
gewesen waren, die ganze große Menge, Männer
wie Frauen, bekamen ein Ringbrot* und je eine Por-
tion zusammengepresste Datteln und Rosinen mit
auf den Heimweg.
20 Auch David ging nach Hause, um seine Familie
zu begrüßen. Michal, die Tochter Sauls, kam ihm
entgegen und spottete: »Heute hat der König von
Israel aber Ehre eingelegt! Vor den Frauen seiner
Diener hat er sich schamlos entblößt, wie es nur
das niedrigste Gesindel tut!«
21 Doch David erwiderte ihr: »Zur Ehre des HERRN
habe ich es getan! Er hat mich deinem Vater und
allen seinen Nachkommen vorgezogen und mich
zum Anführer seines Volkes Israel gemacht. Deshalb
will ich auch künftig zu seiner Ehre tanzen und
springen 22 und mich noch tiefer erniedrigen als dies-
mal. Ich will mich selbst für gering halten; aber die
Frauen, die mich nach deiner Meinung verachten
müssen, die werden es verstehen und mir Ehre
erweisen.«
23 Michal aber, die Tochter Sauls, blieb ihr Leben
lang kinderlos.[f]

GOTTES ZUSAGE UND DAVIDS VERSAGEN. DAVID AUF DEM HÖHEPUNKT SEINER MACHT (Kapitel 7–12)

Zusage eines ewigen Königtums an David

(1 Chr 17,1-27)

7 König David wohnte in Frieden in seinem Palast.
Der HERR hielt alle Feinde von ihm fern. 2 Da
sagte der König eines Tages zu dem Propheten*
Natan: »Ich wohne hier in einem Palast aus Zedern-
holz und die Lade* Gottes steht in einem Zelt. Ist das
in Ordnung?«

a *die dem HERRN …:* wörtlich *über der der Name des HERRN Zebaot* ausgerufen ist.*
b Wie sie dorthin kam, berichtet 1 Sam 6,1–7,1. David möchte seine neue Hauptstadt auch zu einem religiösen Mittelpunkt machen und holt deshalb die heilige Lade, das zentrale religiöse Symbol Israels in der vorköniglichen Zeit, nach Jerusalem.
c Nach Num 4,15.17-20 muss ein Levit sterben, wenn er ein unverhülltes heiliges Gerät berührt oder nur anschaut; vgl. auch 1 Sam 6,19. Auch wohlmeinendes Zugreifen aus vermeintlicher Notwendigkeit ändert daran nichts (Vers 7). Muss dann nicht auch der König fürchten, sich an Gott und seiner heiligen Lade zu ›vergreifen‹, wenn er sie einfach »zu sich holt«? Auf diese Frage muss Gott selbst erst noch eine Antwort geben (Verse 10-13).
d David trägt Priesterkleidung. Durch Einholung der Lade legt er den Grund zu einem königlichen Hofheiligtum, als dessen ›Eigentümer‹ er selbst die oberste priesterliche Funktion wahrnehmen wird: Er bringt Opfer dar (Vers 17) und segnet das Volk (Vers 18). Vgl. auch Ps 110,4.
e Wörtlich *des HERRN Zebaot*.*
f Die Frau, die den König in seiner Gottesbegeisterung verachtet, scheidet als Mutter künftiger Könige (vgl. 7,12) aus.

6,2 Jos 15,9; Ex 25,21S **6,3-4** 1 Sam 7,1; 6,7 **6,7** 1 Sam 6,19 **6,9-10** 1 Sam 5,7-11; 6,20 **6,11** (Obed-Edom) 1 Chr 26,4-5

3 Natan bestärkte den König und sagte zu ihm:
»Mach dich nur ans Werk und führe aus, was du
im Herzen bewegst! Der HERR wird dir beistehen.«
4 Aber in der folgenden Nacht erging das Wort des
HERRN an Natan, er sagte zu ihm: 5 »Geh zu meinem
Diener David und richte ihm aus: ›So spricht der
HERR: *Du* willst mir ein Haus bauen, in dem ich woh-
nen soll? 6 Seit ich die Israeliten aus Ägypten heraus-
geführt und in dieses Land gebracht habe, habe ich
noch nie in einem Haus gewohnt. Bis heute bin ich
stets mit einem Zelt als Wohnung umhergezogen.
7 Während der ganzen Zeit, in der ich bei den Israe-
liten von Stamm zu Stamm[a] gezogen bin, habe ich
doch niemals gesagt: Warum baut ihr mir kein Haus
aus Zedernholz? Von keinem der Stämme, denen ich
aufgetragen hatte, mein Volk Israel zu schützen und
zu führen, habe ich je so etwas verlangt.‹
8 Darum sollst du meinem Diener David ausrich-
ten: ›So spricht der HERR, der Herrscher der Welt:[b]
Ich habe dich von der Schafherde weggeholt und
zum Herrscher über mein Volk Israel gemacht.
9 Bei allem, was du unternommen hast, habe ich
dir geholfen und habe alle deine Feinde vernichtet.
Ich habe dich berühmt gemacht und du wirst zu
den Großen der Erde gezählt. 10 Meinem Volk Israel
habe ich eine Heimat gegeben, ein Land, in dem es
sicher leben kann und sich nicht mehr vor Unter-
drückern fürchten muss wie früher, 11 auch noch zu
der Zeit, als ich Richter* über mein Volk berief.

Dir aber habe ich Ruhe verschafft und deine Fein-
de von dir fern gehalten. Und nun kündige ich, der
HERR, dir an, dass *ich dir* ein Haus[c] bauen werde,
nicht du mir![d] 12 Wenn deine Zeit abgelaufen ist
und du stirbst, werde ich dafür sorgen, dass einer dei-
ner Söhne dir auf dem Königsthron folgt. 13 Der wird
dann ein Haus für mich[e] bauen und ich werde seine
Herrschaft und die seiner Nachkommen für alle Zei-
ten fest begründen.
14 Ich will sein Vater sein und er soll mein Sohn
sein. Wenn er sich verfehlt, werde ich ihn nach Men-
schenmaß bestrafen wie ein irdischer Vater seinen
Sohn; 15 aber meine Liebe will ich ihm nicht entzie-
hen, wie ich sie Saul entzogen habe. Ihn habe ich
verstoßen und dich an seiner Stelle zum König
gemacht. 16 Dein Königshaus und deine Königsherr-
schaft werden vor mir für immer Bestand haben;
dein Thron wird für alle Zeiten feststehen.‹«[f]

Davids Dankgebet

17 Natan sagte David alles, was der HERR ihm offen-
bart und für David aufgetragen hatte. 18 Da ging der
König in das Zelt des HERRN,[g] kniete vor dem HERRN
nieder und betete:
»HERR, du mächtiger Gott, ich bin es nicht wert,
dass du mich und meine Familie so weit gebracht
hast! 19 Aber das war in deinen Augen noch zu wenig,
HERR, du mächtiger Gott: Du hast Zusagen gemacht,
die noch meinen fernsten Nachkommen gelten.°
20 Ich brauche dir nichts weiter zu sagen, du
kennst meine innersten Gedanken, HERR, du mäch-
tiger Gott! 21 Weil du es zugesagt hattest und weil
es dein Wille war, hast du all dies Große getan und
es mich, deinen Diener, wissen lassen.
22 HERR, du mächtiger Gott, wie groß bist du! Nie-
mand ist dir gleich. Alles, was wir je gehört haben,
bestätigt: Es gibt keinen Gott außer dir. 23 Und wel-
ches andere Volk auf der Erde gleicht deinem Volk
Israel? Wo hat je ein Gott so viel für ein Volk getan:
es aus der Sklaverei befreit und zu seinem Eigentum
erklärt, ihm einen großen Namen gemacht und sol-
che mächtigen, Furcht erregenden Taten für es voll-
bracht! Aus Ägypten hast du es herausgeholt und
hast andere Völker und ihre Götter vor ihm vertrie-
ben.° 24 Du hast Israel auf ewig zu deinem Volk
gemacht, HERR, und bist sein Gott geworden.
25 Lass die Zusage, die du mir, deinem Diener, und
allen meinen Nachkommen gegeben hast, für alle
Zeiten gültig bleiben! Erfülle, was du versprochen
hast! 26 Dann wird dein Name zu allen Zeiten
gerühmt werden und die Menschen werden sagen:
›Der HERR, der Herrscher der Welt, ist der Gott
Israels!‹ Und auch das Königshaus deines ergebenen
Dieners wird vor dir Bestand haben.
27 HERR, du Herrscher der Welt und Gott Israels,
ich habe mir ein Herz gefasst, so zu dir zu beten, weil
du mir, deinem Diener, das Ohr geöffnet und mir
zugesprochen hast: ›Ich will dir ein Haus bauen.‹
28 Nun, HERR, du mächtiger Gott, du allein bist wirk-
lich Gott und auf deine Worte ist Verlass. Du hast mir
all dies Gute versprochen. 29 Darum bitte ich dich:
Segne mein Königshaus, damit es für immer vor dei-
nen Augen Bestand hat und zu allen Zeiten einer
meiner Nachkommen auf meinem Thron sitzt.[h]
HERR, du mächtiger Gott, du hast es zugesagt und
durch deinen Segen wird mein Haus für immer
gesegnet sein.«

David unterwirft die Nachbarvölker

(1 Chr 18,1-13)

8 Einige Zeit später griff David erneut die Philis-
ter* an. Er zwang sie in die Knie und beseitigte
endgültig ihre Herrschaft über das Gebiet Israels.[i]
2 Danach besiegte David die Moabiter*. Die
Gefangenen mussten sich nebeneinander auf die
Erde legen und er ließ die Messschnur über Tod
und Leben entscheiden. Man maß jeweils zwei
Schnurlängen ab; wer darunter fiel, wurde ge-
tötet – und dann eine Schnurlänge; wer darunter
fiel, blieb am Leben.[j] David machte die Moabiter

a *von Stamm zu Stamm:* verdeutlichender Zusatz.
b Wörtlich *der HERR Zebaot**; entsprechend in den Versen 26 und 27.
c Siehe Anmerkung zu 1 Chr 17,10.
d *nicht du mir:* verdeutlichender Zusatz.
e Wörtlich *für meinen Namen;* siehe Anmerkung zu Dtn 12,5.
f Diese Zusage begründet die hohe Auffassung vom Königtum Davids und seiner Nachfolger in alttestamentlicher Zeit. An sie wird sich die Erwartung eines Königs aus der Nachkommenschaft Davids knüpfen, der dem Anspruch dieses Königtums wirklich gerecht wird und durch den Gott seinem Volk und der Welt das endgültige Heil schenken will.
g *in das Zelt …:* verdeutlichender Zusatz.
h *und zu allen Zeiten …:* verdeutlichender Zusatz.
i *beseitigte endgültig …:* Deutung unsicher; wörtlich *nahm den Zaum der Elle* aus der Hand der Philister.*
j Davids Vorgehen bewegt sich im Rahmen des damaligen Kriegsrechts. Dennoch fragt man sich, warum er es gerade den Moabitern gegenüber (vgl. 1 Sam 22,3-4) so grausam anwendet.

7,6 Jos 18,1; 2 Chr 1,3 **7,8** 1 Sam 16,11 **7,12-13** 1 Kön 5,19; 6,12-13; 8,20; Ps 89,4-5; 132,11; Apg 2,30 **7,14-15** Ps 89,31-34 **7,14** Ps 2,7; 89,27-28; 1 Chr 22,10; 28,6-7; Hebr 1,5; 2 Kor 6,18 **7,16** 1 Sam 25,28; 1 Kön 2,45; 11,38; Ps 89,36-37 **7,23** Dtn 4,7 S **7,24** 1 Sam 12,21 S **8,2** 2 Kön 1,1 S

zu seinen Untertanen und zwang sie, ihm regel-
mäßig Tribut zu zahlen.
3 Dann besiegte David den König von Zoba*,
Hadad-Eser, den Sohn Rehobs. Der war gerade aus-
gezogen, um seine Macht im Gebiet am oberen Eu-
frat wiederherzustellen.[a] 4 David nahm von seinem
Heer 1700 Wagenkämpfer und 20000 Fußsoldaten
gefangen. Den Zugpferden der Streitwagen* ließ er
die Fußsehnen durchschneiden, um sie zu lähmen;[b]
nur hundert verschonte er.
5 Als die Syrer* von Damaskus König Hadad-Eser
von Zoba zu Hilfe eilten, besiegte David auch sie
und tötete von ihnen 22000 Mann. 6 Er legte Besat-
zungen in ihre Städte, machte sie zu seinen Unter-
tanen und zwang sie, ihm regelmäßig Tribut zu
zahlen.
Der Herr stand David zur Seite und ließ ihm alles
gelingen, was er unternahm.
7 David erbeutete auch die goldenen Köcher, die
Hadad-Esers hohe Offiziere getragen hatten, und
ließ sie nach Jerusalem schaffen. 8 In den Städten
Tebach und Berotai, die zu Hadad-Esers Gebiet
gehörten, fielen ihm große Mengen von Bronze in
die Hände.

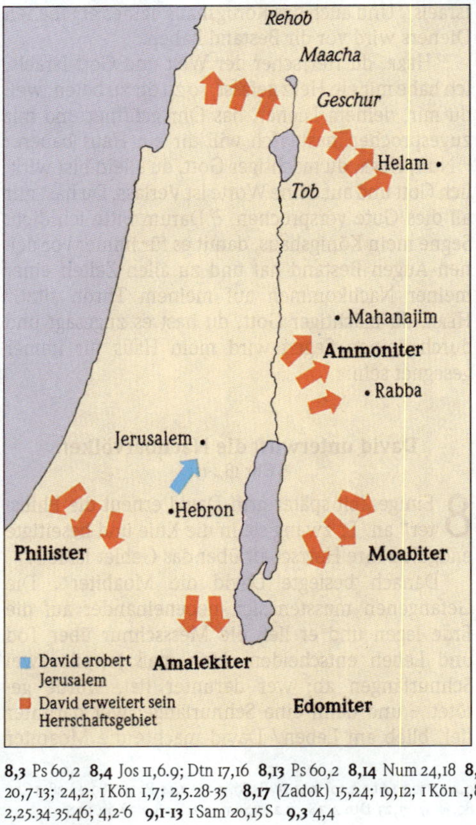

Davids Kriegszüge

9 Als Toï, der König von Hamat,[c] erfuhr, dass
David die ganze Streitmacht Hadad-Esers vernich-
tend geschlagen hatte, 10 schickte er seinen Sohn
Hadoram° zu König David. Er ließ ihn grüßen und
beglückwünschte ihn zu seinem Sieg. Hadad-Eser
nämlich hatte ständig gegen Toï Krieg geführt. Ha-
doram brachte David als Geschenk Geräte aus Gold,
Silber und Bronze.
11 König David weihte alle diese Geräte dem
Herrn, ebenso wie das Silber und das Gold, das
von den Völkern kam, die er unterworfen hatte,
12 von den Edomitern,° Moabitern und Ammonitern,
den Philistern und Amalekitern und auch von
Hadad-Eser.
13 Davids Ruhm wurde noch größer, als er von sei-
nem Sieg über die Edomiter im Salztal zurückkam;
18000 Mann hatte der Feind verloren. 14 Im ganzen
Land Edom* setzte er Statthalter ein und machte
die Bewohner zu seinen Untertanen.
Der Herr stand David zur Seite und ließ ihm alles
gelingen, was er unternahm.

Davids oberste Beamte

(20,23-26; 1 Chr 18,14-17)

15 Als König über ganz Israel regierte David gerecht
und sorgte in seinem ganzen Volk für Recht und
Gerechtigkeit. 16 Joab, der Sohn der Zeruja, war
oberster Befehlshaber über das Heer. Joschafat, der
Sohn Ahiluds, war Kanzler. 17 Zadok, der Sohn Ahi-
tubs, und Ahimelech, der Sohn Abjatars, waren
Priester.° Seraja war Staatsschreiber. 18 Benaja, der
Sohn von Jojada, befehligte° die Leibgarde* Davids.
Auch die Söhne Davids waren Priester*.

David kümmert sich um die Nachkommen Sauls

9 Eines Tages fragte David: »Ist eigentlich von
Sauls Familie noch jemand am Leben? Ich
möchte dem Betreffenden eine Gunst erweisen –
meinem verstorbenen Freund Jonatan zuliebe.«
2 Nun gab es da einen Diener, der im Hausstand
Sauls eine bedeutende Stellung gehabt hatte;[d] er hieß
Ziba. Sie holten ihn zu David und der König fragte
ihn: »Bist du Ziba?«
»Ja«, sagte er, »dein gehorsamer Diener!«
3 Der König fragte ihn: »Ist denn von Sauls Familie
noch jemand am Leben? Ich würde ihm gerne eine
Gunst erweisen, so wie Gott das tut.«
Ziba antwortete: »Es gibt noch einen Sohn Jona-
tans. Er ist an beiden Füßen gelähmt.«
4 »Wo ist er?«, fragte der König.
»In Lo-Dabar,[e] im Haus von Machir, dem Sohn
Ammiëls«, antwortete Ziba.
5 König David schickte nach Lo-Dabar und ließ ihn

a Damit dehnte David das eigene Einflussgebiet bis zum oberen Eufrat aus; vgl. 1 Kön 5,1.
b David macht diese Beute unbrauchbar (vgl. Jos 11,6.9; Dtn 17,16; Ps 20,8); doch schon Salomo wird eine andere Richtung einschlagen (1 Kön 5,6).
c Siehe Karte Seite 15.
d Verdeutlichende Wiedergabe (vgl. Vers 10); wörtlich *Zum Haus Sauls gehörte ein Diener* (siehe Sacherklärung »Bevollmächtigter«).
e Der Ort lag wahrscheinlich im Ostjordanland in der Nähe von Mahanajim (vgl. Jos 13,26-27 und die Karte Seite 443).

8,3 Ps 60,2 **8,4** Jos 11,6.9; Dtn 17,16 **8,13** Ps 60,2 **8,14** Num 24,18 **8,15-18** 1 Kön 4,1-6 **8,16** (Joab) 2,13; 3,22-27; 10,9; 11,1; 14,1.23; 18,10; 19,2.14; 20,7-13; 24,2; 1 Kön 1,7; 2,5.28-35 **8,17** (Zadok) 15,24; 19,12; 1 Kön 1,8; 2,35; 4,2-6; (Abjatar) 1 Sam 22,20 S **8,18** (Benaja) 23,20; 1 Kön 1,8.38; 2,25.34-35.46; 4,2-6 **9,1-13** 1 Sam 20,15 S **9,3** 4,4

aus dem Haus Machirs holen. 6 Als Merib-Baal, der
Sohn Jonatans und Enkel Sauls, eintraf, warf er sich
vor David nieder, das Gesicht zur Erde, und erwies
ihm die gebührende Ehre.
»Du bist also Merib-Baal!«, sprach David ihn an
und er antwortete: »Ja, dein gehorsamer Diener!«
7 »Hab keine Angst«, sagte David, »ich will dir eine
Gunst erweisen deinem Vater Jonatan zuliebe. Ich
werde dir allen Landbesitz zurückgeben, der einst
deinem Großvater Saul gehört hat. Und du darfst
immer an meinem Tisch essen.«[a]
8 Merib-Baal warf sich erneut zu Boden und sagte:
»Ich bin es nicht wert, dass du mir deine Gnade
zuwendest. Ich bin doch nicht mehr als ein toter
Hund!«
9 Der König aber rief Ziba, den Diener Sauls, und
sagte zu ihm: »Alles, was Saul und seiner Familie
gehört hat, gebe ich Merib-Baal, dem Enkel deines
Herrn. 10 Du wirst mit deinen Söhnen und Knechten
für ihn die Felder bestellen und die Ernte einbringen,
damit dein Herr einen angemessenen Lebensunter-
halt hat. Merib-Baal selbst, der Sohn deines Herrn,
wird immer an meinem Tisch essen.«
Ziba hatte fünfzehn Söhne und zwanzig Knechte.
11 Er antwortete: »Ich will alles so machen, wie mein
Herr und König es befiehlt.«
Merib-Baal wurde also an Davids Tafel versorgt
wie einer der Königssöhne. 12 Er hatte übrigens einen
kleinen Sohn namens Micha. Alle Angehörigen der
Familie Zibas wurden zu Dienern Merib-Baals. 13 Er
wohnte in Jerusalem, denn er war ständiger Gast
an der Tafel des Königs. Er war an beiden Füßen
gelähmt.

Der Ammoniterkönig beleidigt Davids Boten

(1 Chr 19,1-5)

10 Einige Zeit danach starb der Ammoniter-
könig* Nahasch[b] und sein Sohn Hanun wur-
de König. 2 David dachte: »Sein Vater stand mit mir
in freundschaftlichen Beziehungen; ich will mit
Hanun, seinem Sohn, auch gute Beziehungen pfle-
gen.« So schickte er Gesandte hin, die sein Beileid
aussprechen sollten.
Als die Gesandten im Ammoniterland ankamen,
3 redeten die führenden Männer der Ammoniter
ihrem Herrn, dem neuen König, ein: »Glaubst du
wirklich, dass David seine Gesandten nur geschickt
hat, um deinen Vater zu ehren und dir sein Beileid
auszusprechen? Er will bestimmt unsere Hauptstadt
auskundschaften lassen, damit er sie zerstören
kann.«
4 Da ließ Hanun die Gesandten Davids ergreifen
und ihnen den halben Bart und die Kleider unten
bis zum Gesäß abschneiden. So schickte er sie
zurück.
5 Als es David gemeldet wurde, schickte er ihnen
Boten entgegen. Weil sie so schwer geschändet
waren, ließ er ihnen sagen: »Bleibt in Jericho und
kommt erst zurück, wenn euer Bart nachgewachsen
ist!«

Der Sieg über die verbündeten Ammoniter und Syrer

(1 Chr 19,6-19)

6 Als die Ammoniter* merkten, dass sie David tödlich
beleidigt hatten, warben sie 20000 Syrer* von Bet-
Rehob und Zoba* an sowie 12000 Mann von Tob
und den König von Maacha mit 1000 Mann.[c]
7 David erfuhr von diesen Kriegsvorbereitungen
und ließ Joab mit seinen erfahrenen Kriegsleuten
ausrücken. 8 Die Ammoniter bezogen Stellung vor
dem Tor ihrer Hauptstadt Rabba,[d] während die Syrer
aus Zoba und Rehob sowie die Söldner von Tob und
Maacha sich in einiger Entfernung im offenen Feld
zum Kampf aufstellten.
9 Als Joab sah, dass die Feinde ihn von vorn und
von hinten bedrohten, wählte er seine besten Leute
aus, um sich mit ihnen den Syrern entgegenzustel-
len. 10 Die übrigen sollten unter dem Befehl seines
Bruders Abischai gegen die Ammoniter kämpfen.
11 Joab sagte zu Abischai: »Wenn die Syrer mir zu
stark werden, dann komm und hilf mir! Und wenn
dir die Ammoniter zu stark werden, komme *ich* dir
zu Hilfe. 12 Nur Mut! Lass uns tapfer und unerschro-
cken für unser Volk und für die Städte unseres Gottes
kämpfen. Der HERR wird der Sache den Ausgang
geben, der ihm gefällt.«
13 Joab schlug mit seinen Leuten los und die Syrer
ergriffen vor ihm die Flucht. 14 Als die Ammoniter es
sahen, ergriffen auch sie die Flucht vor Abischai und
zogen sich in die Stadt zurück. Nach diesem Sieg
kämpfte Joab nicht weiter gegen die Ammoniter
und kehrte nach Jerusalem zurück.
15 Als die Syrer sahen, dass die Israeliten sie
geschlagen hatten, zogen sie alle ihre Truppen
zusammen. 16 König Hadad-Eser ließ auch die syri-
schen Truppen von jenseits des Eufrats anrücken.
Unter dem Befehl seines Heerführers Schobach
zogen sie nach Helam.
17 Als David davon hörte, rief er alle wehrfähigen
Männer Israels zusammen, überquerte mit ihnen
den Jordan und zog nach Helam.[e] Dort stellten sich
ihm die Syrer entgegen und es kam zur Schlacht.
18 Die Männer Israels schlugen das syrische Heer in
die Flucht. David und die Israeliten vernichteten
700 Streitwagen* samt den Pferdegespannen und
Besatzungen und töteten 40000 Mann vom Fuß-
volk.° Der Heerführer Schobach wurde so schwer
verwundet, dass er noch auf dem Schlachtfeld starb.
19 Die Könige, die bisher unter der Oberherrschaft
Hadad-Esers gestanden hatten, sahen, dass sie

a David holte Merib-Baal aus Freundschaft zu Jonatan an seinen Hof, konnte aber auf diese Weise zugleich den Enkel Sauls und möglichen Rivalen im Königtum unter seiner Kontrolle halten; vgl. 16,1-4; 19,25-31.

b *Nahasch:* verdeutlichender Zusatz; vgl. 1 Chr 19,1.

c Es handelt sich also um Söldner, nicht um verbündete Reiche. *Zoba* lag nordöstlich von Damaskus; zu *Tob* und *Maacha* siehe Skizze Seite 368.

d Siehe Skizze Seite 368.

e Die Lokalisierung in der Skizze Seite 368 ist nur eine Vermutung.

10,1 1 Sam 11,1; 12,12

besiegt waren; sie unterwarfen sich den Israeliten und wurden ihnen tributpflichtig. Die Syrer aber wagten es nicht, den Ammonitern noch einmal zu helfen.

Davids Ehebruch mit Batseba

11 Im folgenden Frühjahr, um die Zeit, wenn die Könige in den Krieg ziehen, schickte David Joab mit seinen Kriegsleuten und dazu das ganze Heer Israels von neuem in den Kampf. Sie setzten den Ammonitern* schwer zu und belagerten ihre Hauptstadt[a] Rabba. David selbst blieb in Jerusalem.

2 An einem Spätnachmittag erhob sich David von der Mittagsruhe und ging auf dem flachen Dach des Königspalastes auf und ab. Da sah er im Hof des Nachbarhauses[b] eine Frau, die gerade badete. Sie war sehr schön. 3 David ließ einen Diener kommen und erkundigte sich, wer sie sei. Man sagte ihm: »Das ist doch Batseba, die Tochter Ammiëls und Frau des Hetiters* Urija.«

4 David schickte Boten hin und ließ sie holen. Sie kam zu ihm und er schlief mit ihr. Sie hatte gerade die Reinigung* nach ihrer monatlichen Blutung vorgenommen. Danach kehrte sie wieder in ihr Haus zurück.

5 Die Frau wurde schwanger und ließ David ausrichten: »Ich bin schwanger geworden!« 6 Da sandte er einen Boten zu Joab mit dem Befehl: »Schick mir den Hetiter Urija her!« Und Joab schickte ihn zu David.

7 Als Urija kam, erkundigte sich David, ob es Joab gut gehe und den Kriegsleuten gut gehe und ob die Kampfhandlungen erfolgreich verliefen. 8 Dann sagte er zu ihm: »Geh jetzt nach Hause und ruh dich aus!« Als Urija den Palast verließ, wurde ein königliches Ehrengeschenk hinter ihm hergetragen.

9 Doch Urija ging nicht in sein Haus, sondern übernachtete mit den anderen Dienern seines Herrn am Tor des Königspalastes.

10 Als David gemeldet wurde: »Urija ist nicht nach Hause gegangen«, fragte er ihn: »Warum gehst du nicht nach Hause? Du hast doch einen langen Weg hinter dir?«

11 Urija antwortete: »Die Männer Israels und Judas stehen im Feld und auch die Bundeslade* hat nur ein Zeltdach über sich;[c] mein Befehlshaber Joab und seine Offiziere lagern auf dem bloßen Boden. Und da soll ich nach Hause gehen, essen und trinken und mit meiner Frau schlafen? So gewiss du lebst: Das werde ich nicht tun!«

12–13 David sagte: »Bleib noch einen Tag hier; morgen lasse ich dich gehen!« Urija blieb den Tag in Jerusalem. Am nächsten Tag lud David ihn an seine Tafel. Er machte ihn betrunken, aber wieder ging Urija am Abend nicht nach Hause, sondern legte sich bei den anderen Dienern seines Herrn schlafen.

Davids Mord an Urija

14 Am nächsten Morgen schrieb David einen Brief an Joab und ließ ihn durch Urija überbringen. 15 Darin stand: »Stellt Urija in die vorderste Linie, wo der Kampf am härtesten ist! Dann zieht euch plötzlich von ihm zurück, sodass er erschlagen wird und den Tod findet.«

16 Joab wusste, wo die Gegner ihre tapfersten Kämpfer hatten. Als nun die Israeliten die Stadt weiter belagerten, stellte er Urija genau an diese Stelle. 17 Einmal machten dort die Belagerten einen Ausfall und lieferten Joab ein Gefecht, bei dem einige von Davids Leuten fielen. Auch Urija fand dabei den Tod.

18 Joab meldete David den Verlauf des Gefechts. 19 Er schärfte dem Boten ein: »Wenn du den ganzen Hergang berichtet hast, 20 wird der König vielleicht zornig und fragt dich: ›Warum seid ihr beim Kampf so nahe an die Stadt herangegangen? Ihr wisst doch, dass von der Mauer heruntergeschossen wird! 21 Habt ihr vergessen, wie es Abimelech, dem Sohn Jerubbaals, vor Tebez erging, als eine Frau den Mahlstein einer Handmühle* von der Mauer warf, der ihn erschlug? Warum seid ihr so nahe an die Mauer herangerückt?‹ Dann sollst du sagen: ›Auch dein Diener Urija, der Hetiter*, ist ums Leben gekommen.‹«

22 Der Bote ging zu David und meldete ihm alles, was Joab ihm aufgetragen hatte. 23 Er berichtete: »Die Feinde waren stärker als wir, sie machten einen Ausfall und griffen uns auf offenem Feld an. Doch wir drängten sie bis dicht an das Stadttor zurück. 24 Da schossen die Bogenschützen von der Mauer auf uns herunter. Einige von deinen Leuten fielen, auch dein Diener Urija, der Hetiter, fand dabei den Tod.«

25 David befahl dem Boten: »Sag Joab von mir: ›Nimm die Sache nicht so schwer! Das Schwert holt sich bald diesen, bald jenen. Nur Mut! Kämpfe noch entschiedener gegen die Stadt, bis sie zerstört ist!‹ So sollst du ihm Mut machen.«

26 Als die Frau Urijas hörte, dass ihr Mann gefallen war, hielt sie für ihn die Totenklage*. 27 Nach Ablauf der Trauerzeit holte David sie zu sich in seinen Palast und heiratete sie. Sie gebar ihm einen Sohn.

Doch dem HERRN missfiel, was David getan hatte.

David muss sich selbst das Urteil sprechen

12 Deshalb sandte der HERR den Propheten* Natan zu David. Natan ging zum König und sagte:

»Ich muss dir einen Rechtsfall vortragen:[d] Zwei Männer lebten in derselben Stadt. Der eine war reich, der andere arm. 2 Der Reiche besaß eine große Zahl von Schafen und Rindern. 3 Der Arme hatte nichts außer einem einzigen kleinen Lämmchen. Er hatte es gekauft und zog es zusammen mit seinen

a *ihre Hauptstadt:* verdeutlichender Zusatz; vgl. 12,26-30.
b *im Hof …:* verdeutlichender Zusatz.
c Die Bundeslade wurde im Krieg mitgeführt; vgl. 1 Sam 4,3-4; Num 10,35.
d *Ich muss …:* verdeutlichender Zusatz.

11,1 8,16 S; 1 Chr 20,1 **11,3** (Urija) 23,39 **11,4** Lev 15,19 **11,11** 1 Sam 4,3-4 **11,21** Ri 9,53-54 **12,1** 7,2; Ps 51,1

Kindern bei sich auf. Es aß von seinem Brot, trank
aus seinem Becher und schlief in seinem Schoß. Er
hielt es wie eine Tochter.
4 Eines Tages bekam der reiche Mann Besuch. Er
wollte keines von seinen eigenen Schafen oder Rin-
dern für seinen Gast hergeben. Darum nahm er dem
Armen das Lamm weg und setzte es seinem Gast
vor.«
5 David brach in heftigen Zorn aus und rief: »So
gewiss der HERR lebt: Der Mann, der das getan hat,
muss sterben! 6 Und das Lamm muss er vierfach
ersetzen – als Strafe dafür, dass er diese Untat began-
gen und kein Mitleid gehabt hat!«
7 »*Du* bist der Mann!«, sagte Natan zu David.
»Und so spricht der HERR, der Gott Israels:
›Ich habe dich zum König über Israel gesalbt* und
dich vor den Nachstellungen Sauls gerettet. 8 Ich
habe dir den ganzen Besitz deines Herrn gegeben,
habe seine Frauen in deinen Schoß gelegt[a] und dich
zum König über Juda und Israel gemacht. Und wenn
das noch zu wenig war, hätte ich dir noch dies und
das geben können. 9 Warum hast du meine Gebote
missachtet und getan, was mir missfällt? Du hast
den Hetiter* Urija auf dem Gewissen, durch das
Schwert der Ammoniter* hast du ihn umbringen las-
sen und dann hast du dir seine Frau genommen.
10 Genauso wird nun das Schwert sich in aller
Zukunft in deiner Familie Opfer suchen, weil du
mich missachtet und die Frau des Hetiters zu deiner
Frau gemacht hast.‹«
11 Und auch das sagte Natan noch:[b] »So spricht der
HERR: ›Aus deiner eigenen Familie lasse ich Unglück
über dich kommen. Du wirst mit ansehen müssen,
wie ich dir deine Frauen wegnehme und sie einem
anderen gebe, der am helllichten Tag mit ihnen
schlafen wird. 12 Was du heimlich getan hast, will
ich im Licht des Tages geschehen lassen und ganz
Israel wird es sehen.‹«

David muss die Folgen tragen

13 David sagte zu Natan: »Ich bekenne mich schuldig
vor dem HERRN!«
Natan erwiderte: »Auch wenn der HERR über
deine Schuld hinwegsieht und du nicht sterben
musst – 14 der Sohn, den dir Batseba geboren hat,
muss sterben, weil du mit deiner Untat den HERRN
verhöhnt hast!«°
15 Dann ging Natan nach Hause.
Der HERR aber ließ das Kind, das Urijas Frau gebo-
ren hatte, schwer krank werden. 16 David flehte Gott
an, es am Leben zu lassen. Er rührte kein Essen an
und legte sich nachts zum Schlafen auf den nackten
Boden. 17 Die vertrautesten unter seinen Hofleuten
gingen zu ihm und wollten ihn aufheben und ins
Bett bringen, aber er ließ es nicht zu und aß auch
nicht mit ihnen.
18 Nach einer Woche starb das Kind. Keiner von
Davids Dienern wagte ihm zu sagen, dass es tot
war. »Schon als das Kind noch lebte, wollte er sich
nicht trösten lassen«, sagten sie zueinander. »Wenn
er nun erfährt, dass es gestorben ist, wird es für uns
gefährlich!«
19 Als David merkte, dass seine Diener miteinander
flüsterten, wurde ihm klar, was geschehen war. »Ist
das Kind tot?«, fragte er.
»Ja«, antworteten sie.
20 Da stand David vom Boden auf, wusch und
salbte sich und zog frische Kleider an. Dann ging
er ins Heiligtum und warf sich vor dem HERRN nie-
der. Wieder in seinen Palast zurückgekehrt, ließ er
sich etwas zu essen bringen.
21 Seine Leute fragten ihn: »Wie sollen wir das ver-
stehen? Als das Kind noch lebte, hast du geweint und
gefastet*, und nun, wo es gestorben ist, stehst du auf
und isst!«

David nahm sich Batseba, die Frau eines seiner Offiziere. Er veranlasste, dass ihr Mann Urija beim Kampf um die Stadt Rabba in vorderster Linie fiel, und meinte, damit sei die Sache erledigt. Aber Gott sandte den Propheten Natan, der David die Geschichte von dem Reichen erzählte, der einem armen Mann das einzige Lamm wegnahm. »Du bist der Mann!«, sagt Natan zu David (12,7).

a Es stand David frei, den ganzen Harem Sauls zu übernehmen; vgl. die Anmerkung zu 3,7.
b Verdeutlichender Zusatz.

12,6 Ex 21,37 **12,10** 13,28-29; 18,14; 1 Kön 2,24-25 **12,11-12** 16,21-22 **12,16** Jes 58,5 S

22 Doch David sagte: »Solange das Kind noch lebte,
habe ich gefastet und geweint, weil ich dachte: Viel-
leicht hat der HERR doch noch Erbarmen mit mir und
lässt es am Leben. 23 Aber nun ist es tot; was soll ich
mich da noch kasteien? Ich kann es ja doch nicht
wieder zum Leben erwecken. Ich folge ihm einmal
nach – aber zu mir kommt es nicht mehr zurück.«
24 Dann ging David zu Batseba, seiner Frau, und
tröstete sie. Er schlief mit ihr und sie bekam wieder
einen Sohn. David gab ihm den Namen Salomo. Der
HERR wandte dem Kind seine Liebe zu. 25 Das ließ er
David durch den Propheten Natan mitteilen. Der gab
ihm den Namen Jedidja,[a] weil der HERR es so gesagt
hatte.

Die Unterwerfung der Ammoniter[b]

(1 Chr 20,1-3)

26 Joab setzte den Kampf gegen Rabba, die Haupt-
stadt der Ammoniter*, fort und eroberte den unte-
ren Stadtteil.[c] 27 Dann schickte er Boten zu David
und ließ ihm melden: »Ich habe zum Sturm auf Rab-
ba angesetzt, die Unterstadt am Fluss ist bereits
gefallen. 28 Komm nun mit dem Rest der wehrfähigen
Männer Israels hierher und nimm selbst die Ober-
stadt ein, damit nicht ich als Eroberer der Stadt
gelte!«
29 David bot alle Männer Israels auf, zog mit ihnen
vor Rabba, griff die Stadt an und eroberte sie. 30 Dem
ammonitischen Gott Milkom° nahm er die Krone
vom Haupt. Sie wog einen Zentner* und bestand
ganz aus Gold und Edelsteinen. David selbst wurde
nun mit ihr gekrönt. Außerdem nahm er aus der
Stadt reiche Beute mit. 31 Die Männer der Stadt führte
er weg und ließ sie schwere Arbeiten verrichten –
mit Steinsägen, mit eisernen Picken, eisernen Äxten
und an den Ziegelformen.[d]

Ebenso verfuhr David mit den anderen Städten
der Ammoniter und ihren Bewohnern. Dann kehrte
er mit dem ganzen Heer nach Jerusalem zurück.

ABSCHALOMS AUFSTAND GEGEN DAVID (Kapitel 13–19)

Der Kronprinz Amnon vergewaltigt Tamar, die Schwester seines Rivalen Abschalom

13 Danach geschah Folgendes: Davids Sohn
Abschalom hatte eine Schwester namens
Tamar. Sie war sehr schön, und ihr Halbbruder
Amnon, einer der anderen Söhne Davids,[e] verliebte
sich in sie. 2 Er war ganz niedergedrückt und wurde
fast krank ihretwegen; sie war nämlich noch Jung-
frau und er sah keine Möglichkeit, sich ihr zu
nähern.
3 Nun hatte Amnon einen Freund namens Jona-
dab. Er war ein Sohn von Davids Bruder Schima
und wusste in jeder Lage einen Rat. 4 Er sagte zu
Amnon: »Warum bist du Morgen für Morgen so
niedergeschlagen, Prinz? Willst du mir nicht sagen,
was dich bedrückt?«

»Ich bin verliebt in Tamar, die Schwester meines
Bruders Abschalom«, erwiderte er.
5 Jonadab riet ihm: »Du legst dich ins Bett und
stellst dich krank. Wenn dein Vater nach dir sieht,
dann sagst du zu ihm: ›Meine Schwester Tamar soll
kommen und mir etwas Stärkendes zu essen geben.
Hier vor meinen Augen soll sie es zubereiten, da-
mit ich zusehen kann. Dann soll sie selbst es mir
reichen.‹«
6 Amnon legte sich also hin und stellte sich krank,
und als der König ihn besuchte, sagte er zu ihm:
»Meine Schwester Tamar soll kommen und hier
vor meinen Augen ein paar Küchlein backen; von
ihrer Hand werde ich sie essen.«
7 David schickte jemand zu Tamar ins Haus und
ließ ihr sagen: »Geh ins Haus deines Bruders Amnon
und mach ihm etwas Stärkendes zu essen!«
8 So ging Tamar ins Haus ihres Bruders Amnon; er
lag im Bett. Sie nahm Teig, knetete ihn, formte Küch-
lein daraus und backte sie in der Pfanne. Amnon
konnte ihr dabei vom Nebenraum aus zusehen.
9 Dann nahm sie die Pfanne und schüttete die Speise
auf einen Teller.

Aber er weigerte sich zu essen. »Die anderen sol-
len erst hinausgehen«, verlangte er. Als alle fort
waren, 10 sagte er zu Tamar: »Bring mir die Speise
ins Schlafzimmer! Ich mag nur essen, wenn du sie
mir mit eigener Hand gibst.« Tamar nahm die Küch-
lein, die sie gebacken hatte, und brachte sie ihrem
Bruder ans Bett.
11 Als sie ihm aber etwas davon reichte, packte er
sie und sagte: »Komm, Schwester, leg dich zu mir!«
12 »Nein, Bruder, tu mir nicht Gewalt an!«, wehrte
sie sich. »Das darf in Israel nicht geschehen! Begeh
nicht eine solche Schandtat! 13 Was soll aus mir
werden, wenn du mich so entehrst?[f] Und du selbst
würdest in Israel wie einer von den gottvergessenen
Schurken dastehen. Sprich doch mit dem König! Er
wird mich dir sicher zur Frau geben.«[g]
14 Doch Amnon wollte nicht auf sie hören. Er fiel
über sie her und vergewaltigte sie.
15 Hinterher aber empfand er eine solche Abnei-
gung gegen das Mädchen, dass er es nicht mehr aus-
stehen konnte. Sein Abscheu war größer, als vorher
sein Verlangen gewesen war.

»Steh auf! Mach, dass du fortkommst!«, sagte er
zu ihr.
16 »Nein, jag mich nicht weg!«, flehte sie ihn an.
»Das wäre ein noch größeres Unrecht als das erste.«
Aber Amnon wollte nicht auf sie hören. 17 Er rief sei-

a *Jedidja* bedeutet »Liebling des Herrn«, *Salomo* (hebräisch *Schelomo*) »friedfertig/friedevoll« von *schalom* = Frieden*. Der Name Jedidja für Salomo kommt nur hier vor. In solcher Namensgebung durch Prophetenmund kündigt sich an, dass Salomo der künftige König sein wird.
b Der Bericht von 11,1 wird fortgesetzt.
c Wörtlich *eroberte die Königsstadt;* vgl. aber Vers 27, wo es wörtlich *Wasserstadt* heißt.
d Zu einer verbreiteten Fehldeutung dieses Verses siehe Anmerkung zu 1 Chr 20,3.
e Amnons Mutter war Ahinoam; die Mutter Abschaloms und Tamars war Maacha; vgl. 3,2-3.
f Eine vergewaltigte Frau hatte keine Aussicht, von einem anderen Mann zur Ehe genommen zu werden. Daher die Anordnung in Dtn 22,28-29.
g Ehen zwischen Halbgeschwistern waren in der Umwelt Israels nicht anstößig und offenbar auch in Israel zunächst möglich (Gen 20,12; dagegen Lev 18,9.11; Dtn 27,22).

13,1 3,2-3 **13,3** 1 Sam 16,9 **13,12** (in Israel Schandtat) Gen 34,7; Dtn 22,21; Ri 20,6; Jer 29,23 **13,13** Dtn 22,28-29

nen engsten Diener und befahl ihm: »Wirf mir die da
hinaus und verriegle die Tür hinter ihr!«
18 Tamar hatte ein Gewand mit langen Ärmeln an,
wie es die unverheirateten Königstöchter trugen. Als
der Diener sie hinauswarf und die Tür hinter ihr ver-
schloss, 19 streute sie sich Staub aufs Haar, zerriss das
Ärmelkleid, legte die Hand auf den Kopf und lief laut
weinend davon.

20 Als sie zu ihrem Bruder Abschalom kam, fragte
er sie: »Hat Amnon dir etwas angetan? Sprich nicht
darüber, er ist schließlich dein Bruder! Nimm es
nicht zu schwer.« So blieb Tamar im Haus ihres Bru-
ders Abschalom und lebte dort einsam, von jedem
weiteren Umgang ausgeschlossen.

21 Als König David erfuhr, was geschehen war,
wurde er sehr zornig. Aber er bestrafte Amnon
nicht, denn er liebte ihn, weil er sein erstgeborener
Sohn war.° 22 Abschalom aber sprach kein Wort mehr
mit Amnon; so sehr hasste er ihn, weil er seine
Schwester Tamar vergewaltigt hatte.

Abschalom rächt sich an Amnon

23 Zwei Jahre später hielt Abschalom Schafschur in
Baal-Hazor in der Nähe der Stadt Efraïm[a] und lud
dazu alle Königssöhne ein. 24 Er ging zu König David
und sagte: »Mein Herr und König, bei mir ist gerade
Schafschur. Darf ich den König und seine engsten
Vertrauten einladen, sie mit mir zu feiern?«

25 »Aber nein, mein Sohn«, erwiderte der König.
»Es wären zu viele, wenn wir alle kämen. Wir wol-
len dir nicht zur Last fallen.«

Abschalom wiederholte seine Bitte und drängte
den König, aber der ließ sich nicht umstimmen
und entließ ihn mit einem Segenswunsch.

26 Doch Abschalom blieb hartnäckig. »Kann nicht
wenigstens mein Bruder Amnon mitkommen?«,
sagte er.

»Warum denn?«, fragte der König. 27 Aber Abscha-
lom gab keine Ruhe, bis David schließlich Amnon
und alle seine anderen Söhne mit ihm ziehen ließ.

Abschalom bewirtete seine Gäste wie ein König.°
28 Seinen Leuten befahl er: »Seid bereit! Wenn der
Wein bei Amnon zu wirken beginnt und ich euch
sage: ›Erschlagt Amnon!‹, dann tötet ihn! Habt keine
Angst; ich übernehme die Verantwortung. Seid nur
mutig; zeigt, dass ihr tapfere Männer seid!«

29 Die Leute Abschaloms gehorchten seinem
Befehl und töteten Amnon.[b] Die übrigen Söhne
Davids sprangen alle auf, bestiegen ihre Maultiere
und flohen.

30 Sie waren noch unterwegs, als schon das
Gerücht zu David drang: »Abschalom hat alle
Königssöhne umgebracht, keiner ist entkommen!«

31 Der König stand auf, zerriss sein Gewand und
warf sich zu Boden. Auch die Diener, die dabeistan-
den, zerrissen ihre Kleider. 32 Aber Jonadab, der Sohn
von Davids Bruder Schima, sagte: »Mein Herr und
König, sie haben bestimmt nicht alle Königssöhne
umgebracht! Wahrscheinlich ist nur Amnon tot. Es
war Abschalom doch anzusehen, dass er auf Rache
sann seit dem Tag, an dem Amnon seine Schwester
Tamar vergewaltigt hat. 33 Lass dich also von dem
Gerücht nicht beunruhigen! Deine Söhne sind am
Leben; nur Amnon ist tot.«

34 Abschalom war übrigens sofort nach der Tat
geflohen.

Der Späher, der ausschaute, sah jetzt auf dem Weg
von Westen eine größere Menschenmenge den Berg-
hang herunterkommen. 35 Da sagte Jonadab zu
David: »Siehst du, da kommen sie, die Königssöhne!
Es ist genauso gelaufen, wie es dein ergebener Die-
ner gesagt hat.«

36 Kaum hatte er das ausgesprochen, da waren die
Söhne des Königs auch schon da. Sie begannen laut
zu weinen, und auch David und seine Hofleute bra-
chen in Tränen aus.

37 Abschalom floh zum König von Geschur, zu Tal-
mai, dem Sohn von Ammihud.[c] David aber trauerte
lange um seinen Sohn Amnon.

Joab bereitet Abschaloms Rückkehr vor

38 Abschalom war also nach Geschur geflohen. Dort
blieb er drei Jahre. 39 Nach einiger Zeit begann David
sich mit Amnons Tod abzufinden und sein Zorn
gegen Abschalom legte sich.°

14 Joab merkte, dass der König seinen Sohn
Abschalom zu vermissen begann. 2 Er ließ des-
halb aus dem Dorf Tekoa eine weise* Frau holen und
sagte zu ihr: »Du sollst die Rolle einer abgehärmten
Frau spielen! Zieh Trauerkleider an, lass dein
Gesicht ungesalbt und stelle dich so, als ob du schon
lange um einen Toten trauertest. 3 Dann geh zum
König und sprich mit ihm genau nach meiner Anwei-
sung.« Joab instruierte sie, was sie tun und sagen
sollte.

4 Als die Frau zum König kam, warf sie sich vor
ihm nieder, das Gesicht zur Erde, und sagte: »Hilf
mir, mein König!«

5 »Wo fehlt es?«, fragte er und sie erzählte: »Ich
bin eine arme Witwe; mein Mann ist tot. 6 Ich hatte
zwei Söhne, die gerieten eines Tages auf dem Feld
miteinander in Streit. Weil niemand in der Nähe
war, der dazwischentreten konnte, kam es so weit,
dass der eine den andern erschlug.

7 Nun haben sich alle Verwandten zusammenge-
tan und verlangen, dass ich ihnen den noch leben-
den Sohn herausgebe. Sie wollen ihn töten, weil er
seinen Bruder umgebracht hat. Aber dann stehe
ich ohne Sohn und Erben da. Sie werden mir den

a Wahrscheinlich identisch mit Efron (2 Chr 13,19) = Ofra (Ri 6,11).
b Damit ist der Königssohn getötet, der das erste Recht auf die Thronfolge hatte. Aber noch mehr muss geschehen, bis der von Gott dafür Bestimmte (vgl. Anmerkung zu 12,25) Davids Nachfolger werden kann. Mit dem Schicksal Amnons (und später Abschaloms) beginnt sich die Vorhersage von 12,10 zu erfüllen.
c Abschaloms Mutter war eine Tochter König Talmais von Geschur; vgl. 3,3. Geschur liegt im nördlichen Ostjordanland; vgl. Jos 13,11-12 und Skizze Seite 368.

13,37 3,3

letzten Funken Hoffnung auslöschen und es dahin
bringen, dass niemand übrig bleibt, der in Zukunft
noch den Namen meines Mannes trägt und dafür
sorgt, dass die Familie nicht ausstirbt.«
8 »Geh ruhig nach Hause«, antwortete der König.
»Ich werde die nötigen Anordnungen treffen.«
9 »Mein Herr und König«, sagte die Frau, »aber ich
und meine Familie werden dann doch als Rechts-
brecher[a] dastehen; denn dem König selbst wird
niemand etwas vorzuwerfen wagen.«
10 Der König erwiderte: »Wenn dich jemand des-
wegen belästigt, dann bring ihn zu mir, und er wird
dich künftig in Ruhe lassen.«
11 Sie aber sagte: »Wiederhole deine Zusage und
rufe dabei den HERRN, deinen Gott, als Zeugen an!
Nur dann bin ich sicher, dass der Bluträcher* mein
Unglück nicht noch größer macht und mein zweiter
Sohn auch umgebracht wird.«
»So gewiss der HERR lebt«, erklärte David, »dei-
nem Sohn soll kein Haar gekrümmt werden.«[b]
12 »Mein Herr und König«, fuhr nun die Frau fort,
»darf ich noch etwas sagen?«
»Sprich!«, sagte der König 13 und sie begann: »War-
um willst du am Volk Gottes genau dasselbe Unrecht
begehen? Nach der Entscheidung, die du, mein
König, soeben getroffen hast, stehst du selbst wie
ein Schuldiger da, wenn du deinen verbannten Sohn
nicht zurückkehren lässt. 14 Wir müssen doch alle
einmal sterben; es geht uns wie dem Wasser, das
auf die Erde geschüttet wird und darin versickert:
Das Leben lässt sich nicht wieder zurückholen. Aber
Gott will nicht, dass noch mehr Leben zerstört wird.
Deshalb ist er darauf aus, dass ein Verbannter nicht
für immer in der Verbannung bleibt – womit er ja
auch aus *seiner* Nähe verbannt ist.[c]
15 Mein Herr und König, ich bin mit meinem Anlie-
gen zu dir gekommen, weil meine Verwandten mir
solche Angst eingejagt haben. Da sagte ich mir: Ich
will meine Sache dem König vortragen, vielleicht
wird er mir helfen. 16 Er wird gewiss auf meine Bitte
eingehen, dachte ich; er wird mich vor dem Mann
retten, der meinen Sohn töten und damit auch mich
aus unserem Erbbesitz* drängen will. 17 Ich dachte,
die Entscheidung meines Herrn und Königs wird
mir Ruhe verschaffen; denn mein König ist so unbe-
stechlich wie der Engel* Gottes und entscheidet
unparteiisch über Recht und Unrecht. Möge der
HERR, dein Gott, dir auch weiterhin beistehen!«
18 Der König erwiderte der Frau: »Ich will dich
etwas fragen, aber du darfst mir nichts verschwei-
gen!«
»Frag nur, mein Herr und König!«
19 »Nun, hat hier nicht Joab seine Hand mit im
Spiel?«
»Wahrhaftig, mein Herr und König!«, rief die
Frau. »Es ist unmöglich, etwas vor dir, meinem
Herrn, zu verbergen. Ja, dein Heerführer Joab hat
mich hergeschickt und mir genau erklärt, was ich
sagen und tun soll. 20 Er wollte nicht gleich mit der
Tür ins Haus fallen. Aber mein Herr und König ist
so weise wie der Engel Gottes, er durchschaut alles,
was auf Erden vor sich geht.«
21 Darauf sagte der König zu Joab: »Gut, ich erfülle
deine Bitte. Geh und hol mir den Jungen, den
Abschalom, zurück!«
22 Joab warf sich vor David zu Boden, das Gesicht
zur Erde, und sagte: »Gott segne dich dafür, mein
König! Jetzt weiß ich, dass du mir freundlich gesinnt
bist, weil du meinen Wunsch erfüllt hast.«

Abschalom überwindet den Groll seines Vaters

23 Joab ging sofort nach Geschur und brachte Abscha-
lom nach Jerusalem zurück. 24 Der König aber befahl:
»Er soll in sein Haus gehen; ich empfange ihn nicht!«
So lebte Abschalom wieder in seinem Haus, aber
zum König wurde er nicht vorgelassen.
25 In ganz Israel gab es keinen Mann, der so schön
war und so sehr bewundert wurde wie Abschalom.
Vom Scheitel bis zur Sohle war alles an ihm voll-
kommen.[d]
26 Wenn er sein Haar schneiden ließ – und das
geschah einmal im Jahr, wenn es ihm zu schwer wur-
de –, dann wog das abgeschnittene Haar jedes Mal
fünf Pfund.[e] 27 Er hatte drei Söhne[f] und eine Tochter
namens Tamar, eine sehr schöne Frau.
28 Abschalom lebte nun schon zwei Jahre in Jerusa-
lem, ohne seinen Vater gesehen zu haben. 29 Da ließ
er Joab zu sich rufen, damit er beim König ein Wort
für ihn einlege; aber Joab wollte nicht zu ihm kom-
men. Noch ein zweites Mal schickte er nach Joab,
aber auch diesmal wollte er nicht kommen.
30 Da sagte Abschalom zu seinen Knechten: »Das
Feld Joabs liegt neben meinem eigenen. Es wächst
Gerste darauf. Geht hin und zündet es an!« Die
Knechte führten den Befehl aus und steckten das
Feld in Brand.
31 Darauf kam Joab sofort zu Abschalom ins Haus
und fragte ihn: »Warum haben deine Knechte meine
Gerste angezündet?«
32 »Weil du nicht gekommen bist, als ich nach
dir schickte«, antwortete Abschalom. »Ich wollte
dich bitten, zum König zu gehen und ein Wort für
mich einzulegen. Du sollst ihn in meinem Namen
fragen: ›Wozu bin ich eigentlich von Geschur zu-
rückgekommen! Ich wäre besser dort geblieben.‹
Sag dem König, dass ich ihn nun endlich sehen
möchte. Wenn er mich für schuldig hält, soll er mich
töten.«
33 Joab ging zum König und richtete ihm die Bot-
schaft aus. Da ließ der König Abschalom holen.

14,17.20 1 Sam 29,9S **14,23** 13,37-38 **14,25** 1 Sam 9,1S **14,27** 18,18

a Das Unrecht bestünde darin, dass der Sohn dem elementaren Recht der Blutrache durch Anrufung des Königs entzogen würde. Der Zorn der Verwandten (d. h. der Familie des Mannes) würde sich dann über die Frau und *deren* Familie entladen. Es kommt bei diesem erdichteten Fall jedoch lediglich darauf an, den König zu einem Eid zu veranlassen (Vers 11), auf den er dann später festgelegt werden kann.
b Die Frau hat David dahin gebracht, unter Anrufung Gottes ein Grundsatzurteil zu fällen. Im Folgenden geht es um die Anwendung des Urteils auf den Fall Israel – Amnon – Abschalom.
c Verbannung aus dem Land Israel ist Verbannung aus Gottes Gegenwart, d. h.: Verurteilung zum Tod. Nachdem die Frau ihre Maske schon ein wenig gelüftet und das wahre Ziel ihres Vorsprechens beim König genannt hat, lenkt sie zu ihrem persönlichen Fall zurück – aber so, dass ihre Worte nunmehr doppeldeutig werden, was David sofort begreift.
d Die äußere Gestalt lässt ihn als den kommenden König erscheinen (vgl. 1 Sam 9,2; 10,23); doch Gott hat andere Maßstäbe (1 Sam 16,6-7).
e Hebräische Maßangabe *200 Schekel nach dem königlichen Gewicht.* Der königliche Schekel* war etwa 1,5 g schwerer als der gewöhnliche und entspricht ca. 13 g.
f In 18,18 ist eine andere Überlieferung erhalten.

Der kam und warf sich vor ihm zu Boden, das
Gesicht zur Erde, und der König küsste ihn.

Abschalom reißt das Königtum an sich

15 Einige Zeit später legte sich Abschalom einen
Wagen mit Pferden zu und eine Leibwache
von fünfzig Mann. 2 Jeden Morgen stellte er sich
vor dem Stadttor an der Straße auf. Hier kamen alle
Leute vorbei, die in einen Rechtsstreit verwickelt
waren, den sie dem König zur Entscheidung vorle-
gen wollten.
Abschalom sprach jeden von ihnen an und fragte:
»Aus welcher Stadt bist du?« Wenn der dann antwor-
tete: »Aus dem und dem Stamm Israels, Herr«, 3 sagte
er zu ihm: »Die Argumente, die du vorbringst, sind
sehr gut; aber am Königshof gibt es niemand, der
dich anhören wird. 4 Wenn nur *ich* in diesem Land
Richter wäre; ich würde jedem, der mit einem Streit-
fall zu mir kommt, zu seinem Recht verhelfen.«[a]
5 Wenn sich dann einer vor ihm niederwerfen
wollte, zog er ihn an sich und küsste ihn. 6 So machte
es Abschalom mit jedem, der beim König Recht
suchte. Auf diese Weise stahl er dem König die Her-
zen der Männer Israels.
7 Nach vier° Jahren sagte Abschalom zum König:
»Ich möchte nach Hebron[b] gehen, um das Gelübde*
zu erfüllen, das ich dem HERRN gegeben habe. 8 Als
ich noch in Geschur in Syrien war, habe ich, dein
ergebener Diener, dem HERRN versprochen: ›Wenn
du mich nach Jerusalem zurückbringst, will ich dir
ein Dankopfer* darbringen.‹«
9 »Geh in Frieden*!«, sagte David. Daraufhin ging
Abschalom nach Hebron. 10 Er schickte jedoch heim-
lich Boten zu allen Stämmen Israels und ließ bekannt
machen: »Wenn ihr das Widderhorn* blasen hört,
dann ruft: ›Abschalom ist in Hebron König gewor-
den!‹«
11 Zweihundert Bürger aus Jerusalem begleiteten
Abschalom nach Hebron; sie waren als Festgäste ein-
geladen und gingen ahnungslos mit. Von Abscha-
loms Plan wussten sie nichts.
12 Als das Opferfest schon begonnen hatte, ließ
Abschalom noch Ahitofel, den Berater Davids, aus
seinem Wohnort Gilo holen. So zog die Verschwö-
rung immer weitere Kreise und die Anhänger
Abschaloms wurden immer zahlreicher.

David muss aus Jerusalem fliehen

13 Ein Bote aus Hebron[c] kam zu David und meldete:
»Das Herz der Männer Israels gehört Abschalom!«
14 Da sagte David zu seinen Gefolgsleuten, die bei
ihm in Jerusalem waren: »Wir müssen fliehen! Es
gibt keine andere Rettung vor Abschalom. Schnell
fort, bevor er hier ist, sonst fallen wir in seine Hand
und er richtet in der Stadt ein Blutbad an.«
15 »Du bist unser Herr und König«, sagten die Män-
ner, »du hast zu befehlen. Wir halten zu dir!«
16 Der König verließ die Stadt; seine Frauen, Kin-
der und Hofleute begleiteten ihn. Nur zehn Neben-
frauen ließ er zurück, damit sie sich um den Palast
kümmerten.
17 Auch alle Kriegsleute in der Stadt folgten dem
König. Beim letzten Haus machten sie Halt 18 und
der König ließ die Kriegsleute an sich vorüberziehen,
auch die Leibgarde* und die 600 Mann, die ihm aus
Gat gefolgt waren.[d]
19 Zu deren Anführer Ittai sagte David: »Halt,
warum willst du mitkommen? Kehr um und biete
dem neuen König deine Dienste an! Du bist doch
ein Ausländer und lebst hier in der Verbannung.
20 Eben erst bist du bei uns angekommen und jetzt
sollst du schon wieder fliehen müssen? Ich weiß ja
nicht, wohin es mich noch verschlägt. Geh in die
Stadt zurück und nimm auch deine Landsleute mit!
Der HERR wird dich für deine Güte und Treue be-
lohnen.«°

Hebron, der Geburtsort Abschaloms und Ausgangspunkt seiner Rebellion, war eine Stadt mit uralter Tradition. Hier erwarb sich einst Abraham eine Grabstätte, in der Sara und er selbst beigesetzt wurden (Gen 23; 25,7-10). Im Bild das islamische Heiligtum, dessen Bau auf Herodes den Großen zurückgeht und das sich heute über dem Abrahamsgrab in Hebron erhebt.

a Abschalom nutzt die alten Gegensätze zwischen den Nord- und den Südstämmen aus. Er sucht zunächst die Nordstämme hinter sich zu bringen, die vielleicht berechtigte Zweifel daran haben konnten, ob ihre Anliegen in Jerusalem auch wirklich gehört und ihre Interessen berücksichtigt würden.

b *Hebron* ist der Geburtsort Abschaloms (vgl. 3,2-3). Diese wichtigste Stadt Judas mit berühmten Heiligtümern (siehe Bild unten) mag für Abschaloms Vorhaben auch insofern günstig gewesen sein, als die dortigen Einwohner es David vielleicht übel nahmen, dass er seine Residenz von Hebron weg nach Jerusalem verlegt hatte.

c *aus Hebron:* verdeutlichender Zusatz.

d Zu den 600 Mann aus Gat vgl. 1 Sam 27,1-2.

15,1 1 Kön 1,5 **15,7-8** Dtn 23,22 **15,10** 1 Kön 1,39 **15,11-12** 1 Kön 1,9-11.25 **15,12** (Ahitofel) 15,31.34; 16,21.23; 17,1.7.14.23; 23,34 **15,14** Ps 3,1 **15,16** 16,21-22 **15,18** 8,18; 1 Sam 27,2

21 Aber Ittai sagte: »So gewiss der HERR lebt und so gewiss du, mein König, lebst: Du magst gehen, wohin du willst – wo mein Herr, der König, sein wird, da werde ich auch sein, tot oder lebendig!«
22 »Gut«, sagte David, »dann komm mit!« So zogen Ittai, seine Männer und ihr ganzer Tross am König vorüber.
23 Alle, die zurückblieben, weinten laut, als der König mit dem ganzen Kriegsvolk das Kidrontal überquerte und den Weg in die Wüste einschlug.

David lässt treue Helfer in Jerusalem zurück

24 Auch der Priester* Zadok war zur Stelle und hatte die Leviten* bei sich, die die Bundeslade* trugen. Sie setzten sie ab und der Priester Abjatar vollzog Opferhandlungen,[a] bis alle von der Stadt her den Bach Kidron überquert hatten.
25 Dann sagte der König zu Zadok: »Bring die Lade wieder in die Stadt! Wenn der HERR mit mir Erbarmen hat, bringt er mich eines Tages zurück und lässt mich die Lade und den Ort, an dem sie steht, wiedersehen.
26 Wenn er aber sagt: ›Ich habe kein Gefallen mehr an dir‹, dann soll er mit mir machen, was er für richtig hält.«[b]

Als David älter wurde, gab es in seiner eigenen Familie Vergewaltigung, Mord und Aufruhr. Die Entfremdung zwischen David und seinem Sohn Abschalom entwickelte sich zur offenen Rebellion. David musste aus Jerusalem fliehen. »Er stieg den Ölberg hinauf. Er … hatte sein Gesicht verhüllt und weinte.« (15,30) Im Bild: ein Weg am Ölberg.

27 Der König fügte noch hinzu: »Ich lasse dich als Beobachter in der Stadt! Kehrt in Frieden nach Jerusalem zurück, du und dein Sohn Ahimaaz und auch Abjatar mit seinem Sohn Jonatan.
28 Ich werde an der Jordanfurt warten, bis ich von euch Näheres über die Lage in der Stadt erfahre.«
29 Abjatar und Zadok brachten die Bundeslade wieder nach Jerusalem zurück und blieben dort.
30 David stieg den Ölberg* hinauf. Er ging barfuß, hatte sein Gesicht verhüllt und weinte. Auch alle, die ihn begleiteten, verhüllten ihr Gesicht und weinten.
31 Unterwegs wurde David gemeldet: »Auch Ahitofel steht auf der Seite der Verschwörer um Abschalom!«

»HERR«, betete David, als er das hörte, »mach den klugen Rat Ahitofels zur Torheit!«
32 Als er oben auf dem Ölberg angelangt war, dort, wo die Gebetsstätte ist,[c] stieß sein alter Freund und Ratgeber,[d] der Arkiter Huschai, zu ihm. Zum Zeichen der Trauer hatte er sein Gewand zerrissen und sich Erde auf den Kopf gestreut.
33 David sagte zu ihm: »Geh nicht mit mir, du würdest mir nur zur Last fallen!
34 Aber wenn du in die Stadt zurückkehrst, kannst du mir nützlich sein und die Ratschläge Ahitofels durchkreuzen. Geh zu Abschalom und sage zu ihm: ›Ich will dir dienen, mein König! Ich stand zwar früher im Dienst deines Vaters, aber von jetzt an diene ich dir!‹
35 Auch die Priester Zadok und Abjatar bleiben in der Stadt. Berichte ihnen alles, was du aus dem Königspalast in Erfahrung bringen kannst.
36 Sie werden es mir dann durch ihre Söhne Ahimaaz und Jonatan weitermelden.«
37 So kam Davids Ratgeber Huschai zu eben der Zeit in die Stadt zurück, als Abschalom in Jerusalem einzog.

Genugtuung in der Familie Sauls

16 Als David ein Stück weitergezogen war, kam ihm Ziba entgegen, der Hausverwalter von Sauls Enkel Merib-Baal. Er hatte zwei gesattelte Esel bei sich, die mit 200 Fladenbroten*, 100 Portionen zusammengepresster Rosinen, einem Korb mit Früchten° und einem Krug Wein beladen waren.
2 »Was hat das zu bedeuten?«, fragte der König und Ziba antwortete: »Die Esel sind zum Reiten für die königliche Familie, Brot und Früchte für deine Männer zum Essen und der Wein soll denen, die auf dem Weg durch die Wüste ermatten, Kraft geben!«
3 »Und wo ist der Enkel Sauls, deines Herrn?«, fragte David.

»Ach, der ist in Jerusalem geblieben«, sagte Ziba. »Er ist überzeugt, dass die Israeliten ihn heute in seine Rechte als Thronfolger Sauls einsetzen.«[e]

a Wörtlich *und Abjatar stieg hinauf* (auf den Altar? in die Stadt?).
b David sieht hier nicht den Fall eines ›Heiligen Krieges‹ gegeben, der es ihm erlauben würde, sich des göttlichen Beistandes durch Mitführen der Lade zu versichern; vgl. Anmerkung zu 11,11.
c Demnach gab es hier einmal ein Heiligtum.
d *sein alter …*: verdeutlichender Zusatz; vgl. Vers 34; 16,16.
e Das ist eine Verleumdung (19,25-28) und bei der körperlichen Verfassung Merib-Baals kaum vorstellbar.

15,24 8,17 S; 1 Sam 22,20 S **15,31** 15,11 S **15,32** (Huschai) 16,16; 17,5-8.14-15; 1 Kön 4,16 **16,1** 9,1-13; 1 Sam 20,15 **16,3-4** 19,25-31

4 »Dann soll dir der ganze Besitz deines Herrn
gehören«, entschied David.
Ziba sagte: »Ich werfe mich vor dir nieder und
danke dir. Mögest du mir immer so gütig begegnen,
mein Herr und König!«
5 Als David nach Bahurim kam, lief ihm aus dem
Ort ein Mann entgegen. Es war Schimi, der Sohn
von Gera, ein Verwandter des Königs Saul. Er
beschimpfte David 6 und bewarf ihn und seine Leute
mit Steinen. Selbst die »Dreißig Helden«*, die David
umgaben, schreckten ihn nicht ab.
7 Er stieß wilde Flüche gegen David aus und rief:
»Zum Teufel mit dir, du Mörder, du Unmensch!
8 Jetzt erlebst du die Strafe für das, was du der Familie
Sauls angetan hast. Der HERR bringt das Blut aller
Ermordeten über dich![a] Das Königtum, das du an
dich gerissen hast, hat er deinem Sohn Abschalom
gegeben. Jetzt steckst du selber im Unglück, du
Mörder!«
9 Da sagte Abischai, der Sohn der Zeruja, zu David:
»Wie kommt dieser tote Hund dazu, den König zu
beschimpfen? Ich werde hingehen und ihm den
Kopf abschlagen!«
10 Aber David erwiderte: »Was geht das euch an,
dich und Joab, ihr Söhne der Zeruja? Der HERR hat
ihm befohlen, mich zu beschimpfen; wer darf ihn
da zur Rechenschaft ziehen?«
11 Und zu allen gewandt sagte David: »Wenn sogar
mein Sohn, der aus dem Samen meines Leibes her-
vorgegangen ist, mich umbringen will, was kann
man da von einem aus dem Stamm Benjamin, dem
Stamm Sauls, erwarten? Lasst ihn fluchen, denn
der HERR hat es ihm befohlen. 12 Ich muss jetzt diese
Erniedrigung hinnehmen; vielleicht erbarmt sich
dann der HERR und erweist mir Gutes für den Fluch*,
der mir heute nachgeschleudert wird.«
13 Während David mit seinen Leuten weiterging,
lief Schimi auf der anderen Seite des Tales nebenher.
Er beschimpfte David in einem fort und warf mit
Steinen und Dreck nach ihm. 14 Erschöpft kam der
König mit seinen Leuten schließlich am Jordan an.[b]
Dort machten sie Rast.

Abschalom tritt öffentlich in die Rechte seines Vaters ein

15 Abschalom war mit den Männern Israels, die sich
ihm angeschlossen hatten, in Jerusalem eingezogen;
auch Ahitofel begleitete ihn. 16 Huschai, der Freund
und Ratgeber Davids, ging zu Abschalom und sagte:
»Es lebe der König! Es lebe der König!«
17 Spöttisch fragte ihn Abschalom: »Ist das deine
Treue zu deinem Freund David? Warum bist du nicht
mit ihm gegangen?«
18 »Unmöglich!«, erwiderte Huschai. »Ich gehöre
zu dem, den der HERR erwählt hat und den alle Män-
ner Israels zu ihrem König gemacht haben. Bei ihm
bleibe ich! 19 Außerdem bist du doch Davids Sohn.
Wie ich deinem Vater gedient habe, so will ich
nun dir dienen.«
20 Abschalom wandte sich an Ahitofel und sagte:
»Rate mir! Was soll ich jetzt tun?«
21 Ahitofel sagte: »Dein Vater hat doch seine
Nebenfrauen dagelassen, damit sie sich um den
Palast kümmern. Nimm sie in Besitz! Wenn sich
das in Israel herumspricht, wird es allen klar
werden: Du hast dich bei deinem Vater verhasst
gemacht; es gibt kein Zurück. Und alle, die zu dir hal-
ten, werden sich dann noch entschiedener für dich
einsetzen.«
22 So wurde also auf dem flachen Dach des Palastes
für Abschalom ein Zelt aufgeschlagen und die Frauen
wurden dorthin gebracht. Vor den Augen von ganz
Israel ging Abschalom hinein und schlief mit den
Nebenfrauen seines Vaters.[c]
23 Wenn Ahitofel einen Rat gab, war das damals
so, als hätte man einen Bescheid von Gott eingeholt.
So viel galt sein Wort schon bei David und nun auch
bei Abschalom.

Abschalom folgt dem falschen Rat

17 Ahitofel machte Abschalom noch einen weite-
ren Vorschlag: »Gib mir Vollmacht«, sagte er.
»Ich will mir 12 000 Mann auswählen und mit ihnen
noch in dieser Nacht hinter David herjagen. 2 Dann
bekomme ich ihn zu fassen, solange er noch er-
schöpft und entmutigt ist. Wenn ich ihn in diesem
Zustand überfalle, werden alle seine Leute davon-
laufen und ich kann ihn töten, ohne weiteres Blut
zu vergießen. 3 Ich werde dir dann alle seine Leute
zuführen. Alle werden zu dir kommen, wenn der
eine erledigt ist, auf den du es abgesehen hast. Sein
ganzes Kriegsvolk kannst du verschonen.«
4 Der Vorschlag leuchtete Abschalom ein. Auch
die Ältesten* Israels stimmten ihm zu. 5 Trotzdem
zögerte Abschalom. »Wir wollen auch noch den
Rat von Huschai, dem Arkiter, hören«, sagte er.
»Ruft ihn her!«
6 Huschai kam, und Abschalom berichtete ihm,
was Ahitofel geraten hatte. »Was ist deine Mei-
nung?«, fragte Abschalom. »Sollen wir dem Vor-
schlag Ahitofels folgen? Oder rätst du uns etwas
anderes?«
7 Huschai sagte: »Diesmal hat Ahitofel keinen
guten Rat gegeben. 8 Du kennst doch deinen Vater
und seine Männer! Die Männer sind alle miteinan-
der kampferprobte Leute, und jetzt sind sie auch
noch wütend wie eine Bärin, der man ihre Jungen
weggenommen hat. Dein Vater aber ist kriegserfah-
ren genug, dass er seinen Leuten keine Nachtruhe
gönnen wird. 9 Er hat sich gewiss in irgendeiner Höh-

a Wahrscheinlich sind die Ereignisse, von denen in 21,1-9 anhangsweise berichtet wird, hier bereits geschehen. Darüber hinaus möchte Schimi vielleicht noch den Tod Abners und Isch-Boschets (vgl. Kap 3–4) David anlasten.
b *am Jordan:* verdeutlichender Zusatz.
c Damit erfüllt sich die Ankündigung von 12,11-12. Zur Sache vgl. auch 3,7 und die Anmerkung dazu.

16,5 (Schimi) 19,17-24; 1 Kön 2,8-9.36-46 **16,8** 21,1-9 **16,9-10** 3,39 S **16,16** 15,31 S **16,20** 15,11 S **16,21** 15,16; 20,3 **16,22** 12,11-12 **17,1** 15,11 S **17,5** 15,31 S

le oder sonst einem Hinterhalt versteckt. Wenn
deine Leute in die Falle laufen und du gleich zu
Anfang Verluste hast, wird es heißen: ›Die Anhänger
Abschaloms haben eine Niederlage erlitten.‹ 10 Dann
werden alle den Mut verlieren; selbst der Tapferste,
der so mutig ist wie ein Löwe, wird verzagen. Jeder-
mann in Israel weiß doch, was für ein siegreicher
Heerführer dein Vater ist und was für erprobte Solda-
ten er um sich hat.
11 Deshalb rate ich dir: Rufe die wehrfähigen Män-
ner aus dem ganzen Gebiet Israels zusammen, von
Dan im Norden bis Beerscheba im Süden. Mit die-
sem Heer, das so unzählbar ist wie der Sand am
Meer, musst du persönlich in den Kampf ziehen
12 und der Sieg ist dir sicher. Wir werden deinen
Vater aufspüren und über ihn herfallen, wie der
Morgentau auf die Erde fällt. Von ihm und seinen
Leuten wird keiner übrig bleiben. 13 Wenn er sich
in eine befestigte Stadt zurückzieht, werden die
Männer Israels Seile um ihre Mauern legen und
die Stadt ins Tal schleifen, sodass kein einziger Stein
auf dem Berg zurückbleibt!«
14 Da riefen Abschalom und alle Männer Israels:
»Huschai hat Recht! Sein Rat ist besser als der Rat
Ahitofels!« So sorgte der HERR dafür, dass der kluge
Rat Ahitofels missachtet wurde. Denn der HERR hatte
den Untergang Abschaloms beschlossen.
15 Huschai berichtete den Priestern* Zadok und
Abjatar von dem Rat, den Abschalom und die Ältes-
ten Israels von Ahitofel erhalten hatten. 16 »Schickt
schnell zu David«, sagte er. »Er soll nur ja nicht auf
dieser Seite des Jordans bleiben, sondern den Fluss

Abschaloms Aufstand

noch in dieser Nacht überqueren. Sonst sind er
und alle seine Leute verloren.«

David gewinnt einen Vorsprung

17 Jonatan und Ahimaaz warteten bei der Rogel-Quel-
le*, weil sie sich in der Stadt nicht sehen lassen durf-
ten. Eine Magd ging zu ihnen und brachte ihnen die
Nachricht, die sie König David weitermelden soll-
ten. 18 Aber ein junger Mann sah die beiden und sagte
es Abschalom.
Jonatan und Ahimaaz liefen los, so schnell sie
konnten. In Bahurim[a] kannten sie einen Mann,
der in seinem Hof eine Zisterne hatte; in der ver-
steckten sie sich. 19 Seine Frau legte eine Decke über
die Öffnung[b] und breitete Gerstenkörner darauf aus.
20 Als die Männer Abschaloms an das Haus kamen,
fragten sie die Frau: »Wo sind Ahimaaz und Jona-
tan?«
Sie antwortete: »Die sind dort über den Bach wei-
tergegangen!« Die Männer durchsuchten alles, und
als sie niemand fanden, kehrten sie wieder nach
Jerusalem zurück.
21 Sobald sie fort waren, stiegen die beiden aus der
Zisterne und brachten David die Nachricht. »Schnell
über den Fluss!«, sagten sie, und sie berichteten, was
für einen gefährlichen Rat Ahitofel gegeben hatte.
22 Sofort brach David mit allen seinen Leuten auf
und sie überquerten den Jordan. Bei Tagesanbruch
waren alle bis zum letzten Mann auf der anderen
Seite.
23 Als Ahitofel sah, dass Abschalom seinen Rat
nicht befolgen wollte, sattelte er seinen Esel und
kehrte in seine Heimatstadt zurück. Er gab seiner
Familie letzte Anweisungen und hängte sich auf.[c]
So starb er und wurde in der Grabstätte seines Vaters
bestattet.
24 David hatte schon Mahanajim[d] erreicht, als
Abschalom schließlich mit dem gesamten Heer
Israels den Jordan überschritt. 25 Für Joab hatte
Abschalom Amasa als Heerführer eingesetzt. Er
war der Sohn des Ismaëliten Jeter, seine Mutter
war Abigal, eine Tochter von Isai und Schwester
von Joabs Mutter Zeruja.° 26 Das Heer Israels mit
Abschalom schlug im Gebiet von Gilead* sein Lager
auf.
27 Als David in Mahanajim ankam, erwarteten ihn
dort Schobi, der Sohn von Nahasch, aus dem ammo-
nitischen Rabba sowie Machir, der Sohn von
Ammiël, aus Lo-Dabar und Barsillai aus Roglim in
Gilead. 28-29 Sie hatten vorausgesehen, dass David
und seine Leute vom Weg durch die Wüste hungrig,
durstig und müde sein würden. Deshalb brachten sie
Schlafmatten, Metallgefäße und Tongeschirr, Wei-
zen und Gerste, Mehl, geröstete Körner, Bohnen
und Linsen, Honig, Butter, Käse und Schafe.

a Zu *Bahurim* siehe 16,5-6 und Anmerkung zu 3,16.
b Zisternen waren in der Regel birnenförmige Gruben, deren Öffnung leicht zu verbergen war.
c Ahitofel gibt die Sache Abschaloms verloren und sieht darum auch für sich selbst keine Chance mehr. Nur durch einen sofortigen Überraschungsschlag wäre David zu überwinden gewesen.
d *Mahanajim* ist die alte, gewiss gut befestigte Residenz Isch-Boschets; vgl. 2,8-9.

17,17 15,36 **17,23** 15,11 S; Mt 27,5 **17,25** (Amasa) 19,14; 20,4-12; 1 Kön 2,5.31-32 **17,27** 9,4; (Barsillai) 19,32-40; 1 Kön 2,7

Die Entscheidungsschlacht

18 David musterte sein Heer, teilte es in Abtei-
lungen zu je tausend und Unterabteilungen
zu je hundert Mann ein und bestimmte die Anführer
der einzelnen Abteilungen. 2 Dann bildete er drei
Gruppen, die erste unter Joab, die zweite unter Joabs
Bruder Abischai und die dritte unter Ittai aus Gat.
»Ich bin fest entschlossen, selbst mit euch in den
Kampf zu ziehen«, erklärte David vor dem ganzen
Heer. 3 Aber die Männer sagten: »Du darfst auf kei-
nen Fall mit uns in den Kampf ziehen! Wenn *uns*
etwas zustößt, hat das nichts zu bedeuten, selbst
wenn wir fliehen müssen oder die Hälfte von uns
den Tod findet. Aber du bedeutest so viel wie zehn-
tausend von uns. Außerdem wäre es gut, wenn du
uns notfalls von der Stadt aus Verstärkung bringen
könntest.«
4 Der König willigte ein und sagte: »Ich will tun,
was ihr für richtig haltet.« Er trat neben das Stadttor
und ließ seine Soldaten abteilungsweise an sich vor-
beiziehen. 5 Alle konnten es hören, wie er den drei
Heerführern Joab, Abischai und Ittai den Befehl
gab: »Schont mir mein Kind, den Abschalom!«
6 So zogen Davids Truppen ins Feld, dem Heer
Israels entgegen. Im Waldland von Efraïm kam es
zum Kampf. 7 Die Kriegsleute Davids brachten dem
Heer Israels eine schwere Niederlage bei; 20000
Israeliten fanden den Tod. 8 Der Kampf breitete sich
über die ganze Gegend aus, und durch das gefähr-
liche Gelände kamen mehr Menschen ums Leben
als durch feindliche Waffen.

Abschaloms Ende

9 Abschalom geriet in die Nähe von Kriegsleuten
Davids. Er ritt auf einem Maultier und kam unter
einer großen Eiche* durch; da verfing er sich mit sei-
nen Haaren in dem dichten Geäst. Das Maultier lief
unter ihm weg und er blieb zwischen Himmel und
Erde in der Luft hängen.
10 Einer von den Männern Davids hatte es beob-
achtet und meldete Joab: »Abschalom hängt dort
drüben an einer Eiche!«
11 »Was?«, rief Joab. »Du hast ihn gesehen? Warum
hast du ihn nicht auf der Stelle umgebracht? Ich hätte
dir zur Belohnung zehn Silberstücke* und einen
Gürtel geschenkt!«
12 Aber der Mann erwiderte: »Auch für tausend
Silberstücke hätte ich es nicht getan! Wie könnte
ich mich am Sohn des Königs vergreifen? Wir haben
doch alle gehört, wie der König dir, Abischai und
Ittai befohlen hat: ›Gebt mir Acht auf mein Kind!
Dass nur keiner ihm etwas antut!‹ 13 Wenn ich ihn
umgebracht hätte und der König hätte es erfahren
– er erfährt alles –, dann hättest du ja doch nicht
zu mir gestanden.«
14 »Was hältst du mich auf!«, rief Joab, nahm drei
Speere und stieß sie Abschalom, der immer noch
lebend an der Eiche hing, in die Brust. 15 Die zehn
Waffenträger Joabs umringten Abschalom und
schlugen ihn vollends tot.
16 Joab ließ die Widderhörner* blasen und hielt
damit seine Kriegsleute von der weiteren Verfolgung
der Israeliten ab. 17 Das Heer Israels löste sich auf und
jeder ging nach Hause. Die Männer Joabs warfen
den Leichnam Abschaloms im Wald in eine tiefe
Grube und schichteten darüber einen großen Stein-
haufen auf.
18 Schon zu seinen Lebzeiten hatte sich Abschalom
im Königstal bei Jerusalem einen Gedenkstein
errichten lassen. Er hatte gesagt: »Ich habe keinen
Sohn, in dem mein Name fortleben könnte.«[a] Dar-
um gab er dem Stein seinen Namen und bis heute
nennt man ihn Abschalom-Stein.

Zwei Boten mit derselben Nachricht

19 Ahimaaz, der Sohn Zadoks, bot sich an: »Ich will
zum König laufen und ihm die Nachricht bringen,
dass der HERR ihm den Sieg über seine Feinde gege-
ben hat!«
20 Aber Joab erwiderte: »Ein andermal kannst du
Bote sein, heute nicht! Du wirst ihm keine gute
Nachricht bringen. Bedenk doch: Sein Sohn ist tot!«
21 Joab befahl dem Schwarzen, der bei ihm in Sold
stand:[b] »Lauf zum König und melde ihm, was du
gesehen hast!« Der Bote verneigte sich und lief los.
22 Aber Ahimaaz ließ nicht locker: »Mag kommen,
was will – ich möchte doch noch selbst hinter dem
Schwarzen herlaufen!«
»Warum bist du so darauf versessen?«, erwiderte
Joab. »Für diese Nachricht bekommst du bestimmt
keinen Botenlohn!«
23 »Ganz gleich, ich laufe!«, rief Ahimaaz und Joab
sagte: »Dann lauf eben!« Ahimaaz nahm den Weg
durch die Jordanebene und überholte den andern.
24 David wartete im Torgang. Auf dem Dach der
Toranlage hielt ein Späher Ausschau. Er sah, wie
ein einzelner Mann sich in schnellem Lauf der Stadt
näherte, 25 und meldete es dem König.
David sagte: »Wenn es nur einer ist, bringt er gute
Nachricht.«
Während der Mann näher kam, 26 bemerkte der
Späher noch einen zweiten, der hinter ihm herlief.
»Da kommt noch einer; auch der läuft allein!«, rief
er zum Torwächter hinab.
»Auch der bringt gute Nachricht«, sagte der
König.
27 Jetzt erkannte der Späher den ersten. »Es ist Ahi-
maaz, der Sohn Zadoks!«, rief er hinunter. »Ich sehe
es an der Art, wie er läuft.«
»Das ist ein guter Mann«, sagte der König, »er
kommt gewiss mit einer guten Nachricht!«

a In 14,27 ist eine andere Überlieferung erhalten.
b Wörtlich *befahl dem Kuschiter,* einem dunkelhäutigen Söldner aus Kusch/Äthiopien*.

18,2 8,16S; 15,19; 1Sam 26,6S **18,3** 21,17 **18,5** 14,21; 18,12.29; 19,7 **18,13** 14,20 **18,18** 14,27; Jes 56,4-5 **18,19** 15,36; 17,17 **18,20** 4,10

28 Ahimaaz rief: »Sei gegrüßt«, warf sich vor David nieder und sagte: »Mein König, gepriesen sei der Herr, dein Gott! Er hat alle in deine Hand gegeben, die sich gegen dich erhoben haben.«

29 »Und was ist mit meinem Kind, mit Abschalom?«, fragte David. »Ist er unversehrt?«

Ahimaaz erwiderte: »Ich sah ein großes Gedränge um ihn, als Joab uns beide, deine ergebenen Diener, auf den Weg schickte. Ich weiß aber nicht, was vorging.«

30 »Stell dich hier neben mich«, sagte David.

31 Da kam auch schon der Schwarze angelaufen und rief: »Mein König, ich bringe gute Nachricht. Der Herr hat dir heute den Sieg gegeben über alle, die sich gegen dich erhoben haben.«

32 »Und was ist mit meinem Kind, mit Abschalom?«, fragte ihn David. »Ist er unversehrt?«

»Mein König«, sagte der Schwarze, »so wie ihm müsste es allen deinen Feinden ergehen, jedem, der sich böswillig gegen dich erhebt!«

Joab mahnt König David zur Vernunft

19 Der König war tief getroffen. Er stieg zur Wachstube über dem Tor hinauf und klagte: »Mein Sohn, mein Abschalom! Mein Sohn, mein Sohn, mein Abschalom! Wäre ich doch an deiner Stelle gestorben! Mein Abschalom, mein Sohn, mein Sohn!«

2 Man meldete Joab: »Der König weint; er trauert um Abschalom!«

3 Auch unter den Kriegsleuten sprach es sich herum: »Der König trägt Leid um Abschalom!«, und ihre Siegesfreude schlug in Niedergeschlagenheit um. 4 Sie schlichen durch das Tor in die Stadt wie Männer, die sich schämen, weil sie vor dem Feind davongelaufen sind.

5 Mit verhülltem Gesicht saß der König da und klagte laut: »Mein Sohn, mein Abschalom! Abschalom, mein Sohn, mein Sohn!«

6 Da ging Joab zum König hinein und sagte: »Du beleidigst deine Getreuen, die zu dir gehalten haben. Sie haben heute dir, deinen Söhnen und Töchtern, deinen Frauen und Nebenfrauen das Leben gerettet. 7 Du aber verachtest deine treuesten Freunde und liebst stattdessen deine Feinde. Dein Verhalten zeigt, dass deine Truppenführer und Kriegsleute dir nichts bedeuten. Ich sehe, es wäre dir ganz recht, wenn Abschalom noch lebte und wir alle tot wären.

8 Fasse dich! Steh auf, geh hinaus und sag deinen Leuten ein anerkennendes Wort! Ich schwöre dir beim Herrn: Wenn du nicht kommst, laufen sie dir noch in dieser Nacht alle davon. Das wird schlimmer für dich sein als alles, was du seit deiner Jugend durchgemacht hast.«

9a Da stand König David auf und setzte sich neben das Tor. Die Kriegsleute erfuhren es: »Der König sitzt am Tor!« Da kamen sie alle und zogen an ihm vorbei.

David bereitet seine Rückkehr vor

9b Das Heer Israels hatte sich aufgelöst und alle waren nach Hause zurückgekehrt. 10 In allen Stämmen machten sich die Leute gegenseitig Vorwürfe. Es hieß: »König David hat uns vor den Philistern* gerettet und von allen unseren Feinden befreit. Und dann musste er vor Abschalom fliehen und das Land verlassen. 11 Jetzt ist Abschalom, den wir an seiner Stelle als König eingesetzt hatten, gefallen. Worauf wartet ihr noch, warum holt ihr König David nicht zurück?«

12 David aber schickte Boten zu den Priestern Zadok und Abjatar und ließ ihnen sagen: »Ruft die Ältesten* des Stammes Juda zusammen und richtet ihnen aus:

›Wollt ihr die Letzten sein, die daran denken, den König in seinen Palast zurückzuholen? Von ganz Israel wird der Wunsch an den König herangetragen!° 13 Ihr seid doch meine Stammesgenossen, mein eigen Fleisch und Blut! Warum lasst ihr zu, dass die anderen euch zuvorkommen?‹

14 Amasa aber sollt ihr von mir ausrichten: ›Bist du nicht mit mir verwandt, mein eigen Fleisch und Blut? Du sollst von jetzt ab an Joabs Stelle mein Heerführer sein.[a] Gott soll mich strafen, wenn ich mein Wort breche.‹«

15 Damit brachte David die Männer des Stammes Juda wieder geschlossen auf seine Seite. Sie ließen dem König sagen: »Komm zu uns zurück und bring alle deine Leute mit!«

David verzeiht seinen Feinden

16 Der König machte sich auf den Rückweg nach Jerusalem und kam an den Jordan. Die Männer von Juda waren ihm bis nach Gilgal entgegengekommen, um ihn über den Fluss zu geleiten.

17 Zusammen mit ihnen eilte auch der Benjaminit Schimi aus Bahurim, der Sohn von Gera, zum Empfang des Königs herbei. 18 Er hatte tausend Mann aus dem Stamm Benjamin bei sich, darunter auch Ziba, den Hausverwalter von Sauls Enkel Merib-Baal, mit seinen fünfzehn Söhnen und zwanzig Knechten. Sie alle hatten den Jordan noch vor dem König erreicht 19 und waren über die Furt zum anderen Ufer gegangen, um dem König und seinem Hofstaat beim Übergang über den Fluss zu helfen und ihm ihre Dienste anzubieten.

Als David gerade den Fluss überqueren wollte, warf sich Schimi vor ihm nieder 20 und bat: »Mein Herr und König, strafe mich nicht für das, was ich dir angetan habe, als du aus Jerusalem fliehen musstest! Trage es mir nicht nach! 21 Ich weiß, dass ich ein schweres Unrecht begangen habe. Halte es mir

a Dass er Amasa in dem von Abschalom verliehenen Amt bestätigt, trägt David gewiss die Zuneigung all derer ein, die eben noch unter diesem Amasa gegen ihn gekämpft hatten. Die Entlassung Joabs ist in der befehlswidrigen Tötung Abschaloms begründet, die mit früheren Eigenmächtigkeiten in einer Reihe steht; vgl. 3,22-39.

19,7 18,5S **19,10** 3,18; 5,17-25; 21,15-22 **19,11** 15,10 **19,14** 17,25S **19,17-24** 16,5S **19,18** 16,1-4

zugute, dass ich dir heute als Erster aus den Josefs-
stämmen entgegengekommen bin, um dich als mei-
nen königlichen Herrn zu empfangen!«
22 Bevor der König antworten konnte, rief
Abischai, der Sohn der Zeruja: »Er hat den Tod ver-
dient; denn er hat den gesalbten* König des HERRN
beschimpft!«
23 Aber David sagte zu Abischai und zu seinem Bru-
der Joab: »Was mischt ihr euch in meine Angelegen-
heiten, ihr Söhne der Zeruja? Was fällt euch ein, an
einem solchen Tag als Ankläger aufzutreten? Ich bin
doch heute wieder König über Israel geworden, da
wird kein Israelit getötet!«
24 Und zu Schimi sagte er: »Du musst nicht ster-
ben, ich schwöre es dir.«
25 Auch Sauls Enkel Merib-Baal kam dem König
entgegen. Seit dem Tag, an dem David aus Jerusalem
fliehen musste, bis zum Tag seiner Rückkehr hatte er
seine Füße nicht gewaschen, den Bart nicht gepflegt
und die Kleider nicht gewechselt. 26 Als er zum König
kam,° fragte ihn der: »Warum bist du nicht mit mir
gekommen, Merib-Baal?«
27 Sauls Enkel antwortete: »Mein Herr und König!
Mein Hausverwalter ist schuld, er hat mich hinter-
gangen. Ich hatte befohlen: ›Man soll meinen Esel
satteln, damit ich den König begleiten kann!‹ Du
weißt ja, dass ich gelähmt bin. 28 Doch er hat mich
bei dir, meinem Herrn und König, verleumdet. Aber
du bist ja so unbestechlich wie der Engel* Gottes. Tu
mit mir, was du für richtig hältst. 29 Alle Angehörigen
meines Vaters mussten damit rechnen, dass du sie
töten lässt; aber stattdessen hast du mir erlaubt, an
der königlichen Tafel zu essen. Ich habe kein Recht,
dich noch einmal um eine Gunst zu bitten.«
30 »Genug der Worte!«, sagte David. »Ich be-
stimme, dass ihr beide, du und dein Verwalter Ziba,
den Landbesitz Sauls untereinander teilt.«
31 »Er kann ruhig alles haben!«, erwiderte Merib-
Baal. »Das Wichtigste ist, dass du, mein Herr und
König, wohlbehalten wieder nach Hause gekommen
bist.«

Abschied von einem treuen Gefolgsmann

32 Barsillai war aus Roglim in Gilead* gekommen, um
den König bis zum Jordan zu begleiten und ihn dort
zu verabschieden. 33 Er war sehr wohlhabend und
hatte David während seines Aufenthalts in Mahana-
jim mit Lebensmitteln versorgt. Mit seinen 80 Jahren
war Barsillai schon ein sehr alter Mann. 34 Nun sagte
der König zu ihm: »Komm zu mir an den Hof nach
Jerusalem; ich werde dort für dich und deine Familie
sorgen.«
35 Aber Barsillai erwiderte: »Ich habe nicht mehr
lange zu leben; warum sollte ich mit dir nach Jerusa-
lem übersiedeln? 36 Ich bin nun 80 Jahre alt und es
macht für mich keinen Unterschied mehr, ob etwas
gut ist oder schlecht. Ich kann nicht mehr schme-
cken, was ich esse und trinke, und ich kann die Stim-
men der Sänger und Sängerinnen nicht mehr hören.
Ich würde dir nur zur Last fallen, mein Herr und
König!
37 Eine so große Belohnung habe ich auch gar nicht
verdient. Ich wollte dich, mein Herr und König, nur
die kurze Strecke bis zum Jordan begleiten. 38 Lass
mich jetzt umkehren und in meiner Heimatstadt
sterben, wo mein Vater und meine Mutter begraben
sind. Mein Sohn[a] Kimham kann mit dir ziehen und
dir dienen. Tu an ihm, was du für richtig hältst!«
39 »Gut«, sagte der König, »dann soll Kimham mit-
kommen. Ich werde alles für ihn tun, was du
wünschst. Und wenn du für dich selbst einmal einen
Wunsch hast, werde ich ihn dir gerne erfüllen.«
40 Dann gingen Davids Truppen durch die Furt
über den Jordan. Bevor der König selbst den Fluss
durchschritt, küsste er Barsillai zum Abschied und
segnete ihn. Barsillai kehrte nach Hause zurück,
41 während David nach Gilgal weiterzog; Kimham
ging mit ihm. Alle Männer von Juda und die Hälfte
der Männer von Israel gaben dem König das Geleit.

Rivalität zwischen Israel und Juda

42 Alle Männer von Israel kamen zum König und
beschwerten sich. »Wie kommt es«, sagten sie, »dass
unsere Brüder, die Männer von Juda, sich das Recht
angemaßt haben, dich, deine Familie und alle deine
Leute über den Jordan zu bringen?«
43 Alle Männer von Juda rechtfertigten sich und
sagten zu den Männern von Israel: »Der König steht
uns näher, er ist doch unser Stammesgenosse! War-
um regt ihr euch so auf? Haben wir euch etwa den
König weggenommen oder hat er uns irgendein Vor-
recht gewährt?«
44 Die Männer von Israel antworteten denen von
Juda: »Wir haben zehn Anteile[b] am König, nicht
nur einen wie ihr! Darum steht uns das erste Recht
zu. Warum habt ihr uns nicht die Ehre gelassen?
Und hatten wir denn nicht als Erste davon gespro-
chen, den König zurückzuholen?«[c]
Aber die Männer von Juda gaben ihnen eine Ant-
wort, die noch schärfer war als die Vorwürfe der
Männer von Israel.

Der Aufstand Schebas wird niedergeworfen

20 Dort in Gilgal war auch ein niederträchtiger
Mann aus dem Stamm Benjamin, Scheba,
der Sohn von Bichri. Er blies das Widderhorn* und
rief:

»Was geht uns alle dieser David an?
Seit wann gehört der Isai-Sohn zu uns?
Ihr Männer Israels, auf und nach Hause!«[d]

a *Mein Sohn:* verdeutlichender Zusatz mit G.
b Wegen der Zehnzahl der Nordstämme!
c Vgl. Verse 9b-11.
d Unter derselben Parole wird eines Tages die Einheit zwischen den Nord- und Südstämmen endgültig zerbrechen (1 Kön 12,16-18).

19,23 3,39S; 1 Sam 11,13 **19,25-28** 9,1-13; 16,1-3 **19,28** 1 Sam 29,9S **19,30-31** 16,4 **19,32-40** 17,27S **20,1** 1 Kön 12,16

2 Da ließen die Männer von Israel David im Stich und
zogen mit Scheba, dem Sohn von Bichri, davon. Nur
die Männer von Juda blieben ihrem König treu und
geleiteten ihn vom Jordan bis nach Jerusalem.
3 Als David nach Jerusalem in seinen Königspalast
kam, befahl er als Erstes, die zehn Nebenfrauen, die
er als Hüterinnen des Palastes zurückgelassen hatte,
in ein verschlossenes Haus zu bringen. Er sorgte für
ihren Lebensunterhalt, hatte jedoch keinen Verkehr
mehr mit ihnen. Sie lebten bis zu ihrem Tod völlig
abgeschlossen, als Witwen auf Lebenszeit.
4 Dann sagte der König zu Amasa:[a] »Biete alle
Männer von Juda auf! Übermorgen bist du mit ihnen
hier!« 5 Amasa ging, um die Männer von Juda zusam-
menzurufen, war jedoch zur gesetzten Frist nicht
zurück.
6 Da sagte der König zu Abischai: »Scheba wird
uns noch gefährlicher als Abschalom! Nimm meine
Leute und jag ihm nach, bevor er befestigte Städte
in seine Hand bringt und wir das Nachsehen
haben.«°
7 Die Kriegsleute Joabs[b] zogen also unter Abischais
Führung von Jerusalem aus los, um Scheba nachzu-
jagen, dazu auch Davids Leibgarde* und die »Drei-
ßig Helden«*. 8 Als sie den großen Felsen bei Gibeon
erreichten, war Amasa kurz zuvor dort eingetrof-
fen.[c] Joab trug sein übliches Gewand und darüber
einen breiten Gürtel, unter dem ein Dolch verborgen
war. Er war durch den Gürtel waagrecht an der Seite
gehalten, und wenn Joab sich leicht vorbeugte, glitt
er unbemerkt aus seiner Scheide.
9 Joab begrüßte Amasa: »Wie geht es dir, mein
Freund?« Dabei fasste er mit der rechten Hand Ama-
sa beim Bart, als wollte er ihn küssen. 10 Amasa
bemerkte nicht, dass Joab den Dolch in der anderen
Hand hielt. Joab stieß ihn damit in den Bauch, dass
die Eingeweide auf die Erde quollen. Es brauchte kei-
nen zweiten Stoß, Amasa war auf der Stelle tot.[d]
Joab und sein Bruder Abischai jagten weiter hinter
Scheba her. 11 Einer von Joabs Männern stellte sich
neben Amasas Leichnam und rief: »Joab nach, wer's
mit Joab hält und für David ist.« 12 Er merkte aber,
dass alle Kriegsleute stehen blieben, weil Amasa
blutüberströmt mitten auf der Straße lag. So schaffte
er Amasas Leiche von der Straße weg ins Feld und
warf einen Mantel darüber, damit nicht jeder, der
vorbeikam, bei ihr stehen blieb. 13 Als die Leiche
aus dem Weg geschafft war, folgten alle Joab und
nahmen die Verfolgung Schebas auf.
14 Joab zog durch alle Stämme Israels bis nach
Abel-Bet-Maacha.[e] Alle wurden seine Verbünde-
ten,° sammelten sich und folgten ihm.
15 Als Joab mit seinem Heer die Stadt erreicht hatte,
schlossen sie Scheba darin ein und schütteten eine
Angriffsrampe* auf. Als die Rampe die Höhe der Vor-
mauer erreicht hatte, drang das Heer Joabs bis zur

a Der erste Auftrag für Amasa (siehe 19,14).
b Joab selbst nimmt ebenfalls – wohl als Anführer einer Söldnertruppe – an der Verfolgung teil; vgl. Verse 8.11-12.
c Demnach ist Amasa mit dem Heer Judas zwar nicht nach Jerusalem gekommen, hat aber die Verfolgung Schebas bereits aufgenommen und ist Davids Söldnertruppen sogar ein Stück voraus (zu Gibeon siehe Karte Seite 271).
d Mit gewohnter Rücksichtslosigkeit (vgl. 3,22-27; 18,9-14) hat Joab seinen von David eingesetzten Nachfolger beseitigt, um darauf selbst wieder das Kommando zu übernehmen.
e Im Gebiet von Dan im äußersten Norden Israels (siehe Karte Seite 443).

Die Geschichte ist voll von Gewalttat und Mord. Davon zeugt dieses assyrische Relief. Auch die Geschichte des Gottesvolkes ist nicht frei davon. Joabs brutale Handlungsweise wird später durch Salomo ihre Strafe finden (1 Kön 2,5-6.28-34).

20,3 16,21-22 **20,4** 17,25 S **20,7** 1 Sam 26,6 S **20,10** 3,27

Hauptmauer vor und versuchte, sie zum Einsturz zu bringen.

16 Nun lebte in der Stadt eine weise* Frau. Die rief den Belagerern von der Mauer aus zu: »Leute, hört her, hört her! Sagt Joab, er soll kommen; ich muss mit ihm reden.«

17 Als Joab kam, fragte sie: »Bist du Joab?«

»Ja«, sagte er und sie fuhr fort: »Ich bitte dich, hör mich an!«

»Ich höre«, erwiderte Joab.

18 Sie begann: »Seit alter Zeit sagen die Leute: ›Holt euch doch Rat in Abel, dann kommt alles in Ordnung!‹ 19 Unsere Stadt gehört zu den friedlichsten und treuesten in Israel. Sie trägt den Ehrentitel ›Mutter in Israel‹. Und die willst du zerstören? Wie kannst du dich an einem Stück Land vergreifen, das dem HERRN gehört?«

20–21 »Nein, nein!«, erwiderte Joab. »Ich will mich doch nicht daran vergreifen! Ich denke nicht daran, sie zu zerstören! Aber ihr habt einen Mann aus dem Bergland Efraïm bei euch, Scheba, den Sohn von Bichri, der hat sich gegen König David erhoben. Nur auf den habe ich es abgesehen. Gebt ihn heraus und ich ziehe von der Stadt ab!«

»Wir werden dir seinen Kopf über die Mauer werfen«, sagte die Frau. 22 Mit ihrer Weisheit überzeugte sie die Leute in der Stadt. Sie schlugen Scheba den Kopf ab und warfen ihn zu Joab über die Mauer. Da ließ Joab das Widderhorn* blasen und die Belagerung abbrechen. Die Männer von Juda kehrten nach Hause zurück und Joab begab sich zum König nach Jerusalem.

Davids oberste Beamte
(8,15-18)

23 Joab war oberster Befehlshaber über das ganze Heer Israels.[a] Benaja, der Sohn von Jojada, befehligte Davids Leibgarde*. 24 Adoniram hatte die Aufsicht über die Fronarbeiten*. Joschafat, der Sohn von Ahilud, war Kanzler. 25 Schewa war Staatsschreiber. Zadok und Abjatar waren Priester* 26 und auch Ira aus Jaïr war Priester im Dienst Davids.

NACHTRÄGE UND ABSCHLUSS DER DAVIDSGESCHICHTE
(Kapitel 21–24)

Sieben Nachkommen Sauls müssen sterben[b]

21 Während der Regierungszeit Davids gab es einmal eine schwere Hungersnot. Sie dauerte schon drei Jahre lang. Da ging David ins Zelt des HERRN und fragte den HERRN[c] nach dem Grund. Er bekam die Antwort: »Auf Saul und seiner Familie lastet eine Blutschuld, weil er viele unschuldige Bewohner von Gibeon getötet hat.«

2–3 Die Einwohner von Gibeon waren keine Israeliten, sondern ein Rest der amoritischen* Bevölkerung des Landes. Die Israeliten hatten ihnen vertraglich zugesichert, sie zu verschonen; aber Saul in seinem Eifer für Israel und Juda hatte sie zu vernichten versucht.

König David rief die Männer von Gibeon zu sich und fragte sie: »Was kann ich tun, um diese Schuld wieder gutzumachen? Ich möchte, dass ihr das Volk des HERRN nicht verfluchen müsst.«

4 Sie antworteten: »Wir nehmen von den Nachkommen Sauls als Sühne für dieses Vergehen kein Silber oder Gold an; aber Leute aus dem Volk Israel zu töten ist uns verwehrt.«

»Was soll ich also für euch tun, was ist eure Meinung?«, fragte David 5 und sie antworteten: »Weil Saul es war, der uns vernichten, uns ausrotten wollte – im ganzen Gebiet Israels sollte es für uns keinen Platz zum Leben geben –, 6 darum soll man uns sieben seiner männlichen Nachkommen ausliefern. Wir wollen sie vor dem HERRN in Gibea, der Heimatstadt von Saul, dem Erwählten des HERRN, hinrichten.«[d]

»Ich werde sie euch ausliefern«, sagte der König. 7 Er verschonte jedoch Merib-Baal, den Sohn Jonatans und Enkel Sauls, weil er seinem Freund Jonatan mit einem heiligen Eid versprochen hatte, seine Nachkommen nicht auszurotten.[e] 8 Er nahm die beiden Söhne, die Rizpa, die Tochter von Aja, Saul geboren hatte, Armoni und Mefi-Boschet, und die fünf Söhne, die Sauls Tochter Merab° ihrem Mann Adriël, dem Sohn von Barsillai aus Mehola, geboren hatte, 9 und lieferte sie den Männern von Gibeon aus. Die richteten sie hin, oben auf dem Berg vor dem HERRN. Alle sieben starben auf einmal; es war in den ersten Tagen der Erntezeit, zu Beginn der Gerstenernte.

David sorgt für ein ehrenvolles Begräbnis

10 Rizpa aber ging hin und legte ein grobes schwarzes Tuch über den Felsen und setzte sich darauf. Sie blieb dort vom Beginn der Ernte, bis der erste Regen fiel.[f] Tagsüber hielt sie die Vögel von den Leichen fern und nachts verscheuchte sie die wilden Tiere.

11 Als David hörte, was Rizpa, die Nebenfrau Sauls, für die Hingerichteten tat, 12 ließ er sich von den führenden Männern der Stadt Jabesch in Gilead* die Gebeine Sauls und seines Sohnes Jonatan geben. Die Männer von Jabesch hatten einst die Leichen der beiden vom Gerichtsplatz in Bet-Schean weggeholt, wo die Philister* sie nach ihrem Sieg auf dem Gilboa-Gebirge aufgehängt hatten.

13 Als die Gebeine Sauls und seines Sohnes Jonatan

a Joab ist und bleibt oberster Befehlshaber; doch vgl. 1 Kön 2,5-6.28-34. Die Liste der obersten Beamten erscheint ähnlich schon 8,15-18 und bezeichnet wie dort das Ende eines größeren Abschnitts. Das Reich Davids, von dessen Grundlegung Kap 1–8 berichtete, ist nach schweren Wirren (Kap 13–20) wieder in Ordnung gekommen.
b Die Kapitel 21–24 haben den Charakter von Nachträgen; vgl. Anmerkung zu 16,8.
c Vgl. Anmerkung zu 2,1.
d Eine Forderung, die den alten Gesetzen der Blutrache und Sippenhaftung entspricht.
e Die hier geschilderten Vorgänge müssen sich demnach einige Zeit vor dem in Kap 9 Berichteten ereignet haben.
f Wahrscheinlich war die Hungersnot durch Ausbleiben des Regens bedingt. Vielleicht will der Text auch andeuten, dass die Frau durch ihr liebendes Ausharren bei den Toten Gott dazu bewegt hat, den rettenden Regen zu schicken.

20,23-26 8,16-18 **21,2-3** Jos 9,3-27 **21,7** 1 Sam 18,3S **21,8** 3,7; 1 Sam 18,19 **21,9-14** 1 Sam 17,44 **21,12** 1 Sam 31,8–13

hergebracht worden waren, sammelte man die
Gebeine der sieben Hingerichteten ein 14 und bestat-
tete alle zusammen in Zela im Gebiet von Benjamin
in der Grabstätte von Sauls Vater Kisch. Dies alles
geschah genau, wie der König es angeordnet hatte.
Daraufhin erhörte Gott die Gebete seines Volkes
und machte der Hungersnot ein Ende.

Nachträge zu Davids Philisterkämpfen

15 Wieder einmal waren die Philister* in Israel einge-
fallen. David zog ihnen mit seiner Truppe entgegen
und griff sie an. Als er vom Kampf erschöpft war,
16 versuchte ein Riese namens Jischbi-Benob, ihn zu
töten. Der Riese trug eine neue Rüstung und die
bronzene Spitze seines Spießes wog mehr als drei
Kilo.[a] 17 Aber Abischai, der Sohn der Zeruja, kam
David zu Hilfe und erschlug den Philister.

Davids Männer beschworen ihn, in Zukunft doch
nicht mehr selbst in den Kampf zu ziehen. »Wenn
wir dich verlieren«, sagten sie, »dann sieht es für
Israel düster aus.«

18 Später kam es bei Gob erneut zum Kampf mit
den Philistern. Damals tötete Sibbechai aus Huscha
den Riesen Sippai.

19 Bei einem weiteren Gefecht in Gob tötete Elha-
nan aus Betlehem, der Sohn von Jaïr,° den Philister
Goliat aus Gat,[b] dessen Spieß so dick war wie ein
Weberbaum*.

20 Als es danach bei Gat zum Kampf kam, trat ein
besonders großer Riese vor; er hatte sechs Finger
an der Hand und sechs Zehen an jedem Fuß, also
12 Finger und 12 Zehen. 21 Er verspottete die Israeli-
ten; aber Jonatan, der Sohn von Davids Bruder Schi-
ma, tötete ihn.

22 Diese vier Riesen stammten aus Gat und waren
Nachkommen von Rafa.[c] Sie wurden von David und
seinen Männern erschlagen.

Davids Danklied
(Psalm 18,1-51)

22 Nachdem der HERR ihn vor Saul und vor allen
anderen Feinden gerettet hatte, dichtete
David das folgende Lied:[d]

2 »Du, HERR, bist mein Fels, meine Burg,
mein Retter,
3 du, Gott, bist meine sichere Zuflucht,
mein Beschützer, mein starker Helfer,
meine Festung auf steiler Höhe!
Zu dir kann ich fliehen,
du schützt mich vor aller Gewalt.
4 Wenn ich zu dir um Hilfe rufe,
dann rettest du mich vor meinen Feinden.
Ich preise dich, HERR!

5 Das Wasser ging mir bis an die Kehle,
vernichtende Fluten stürzten auf mich ein,
6 die Totenwelt* hielt mich mit Schlingen fest,
die Falle des Todes schlug über mir zu.
7 In meiner Verzweiflung schrie ich zum HERRN,
zu ihm, meinem Gott, rief ich um Hilfe.
Er hörte mich in seinem Tempel*,
mein Hilferuf drang an sein Ohr.

8 Da wankte und schwankte die Erde,
da bebten die Fundamente des Himmels,
sie zitterten vor seinem Zorn.
9 Aus seiner Nase quoll dunkler Rauch,
aus seinem Mund schossen helle Flammen,
und glühende Kohlen sprühten hervor.

10 Er neigte den Himmel tief auf die Erde
und fuhr hernieder auf dunklen Wolken.
11 Er ritt auf einem geflügelten Kerub*
und erschien auf den Flügeln des Sturmes.
12 Er hüllte sich ein in Finsternis,
in Wassermassen und schwarzes Gewölk.
13 Sein strahlender Glanz war wie glühende
Kohlen.

14 Dann ließ er vom Himmel den Donner grollen,
laut dröhnte die Stimme des höchsten Gottes.
15 Er schoss seine Pfeile
und verjagte meine Feinde;
er schleuderte seinen Blitz
und stürzte sie in Schrecken.
16 Da zeigte sich der Grund des Meeres,
das Fundament der Erde wurde sichtbar,
als du, HERR, deinen Feinden drohtest
und ihnen deinen Zorn zu spüren gabst.

17 Vom Himmel her griff seine Hand nach mir,
sie fasste mich und zog mich aus der Flut,
18 entriss mich meinem mächtigen Feind,
den überstarken Gegnern, die mich hassten.
19 Sie überfielen mich am Tag meines Unglücks,
jedoch der HERR beschützte mich vor ihnen.
20 Rings um mich machte er es weit und frei.
Er liebt mich, darum half er mir.

21 Der HERR hat mir meine Treue vergolten;
er hat mir Gutes getan,
denn meine Hände sind rein.
22 Stets ging ich die Wege, die er mir zeigte;
nie habe ich mich durch Schuld
von ihm entfernt.
23 Seine Anordnungen standen mir
immer vor Augen
und seine Befehle wies ich nie zurück.
24 Ich tat genau, was er von mir verlangte,
und ging dem Unrecht immer aus dem Weg.

21,15 5,17-25 **21,17** 1 Sam 26,6 S; 2 Sam 18,3 **21,18–22** 1 Chr 20,4-8

a Hebräische Maßangabe *300 Schekel** (= 3450 g).
b Name, Herkunftsort und Bewaffnung des Mannes sind die des Philisters von 1 Sam 17,4-7, den David besiegte. Beide Überlieferungen stehen nebeneinander, ohne dass der Verfasser der Samuelbücher sich veranlasst sah, einen Ausgleich zu versuchen (anders dann 1 Chr 20,5).
c Damit werden sie den Rafaïtern, den riesenhaften Urbewohnern Palästinas (vgl. Dtn 2,10-11.20-21 und 3,11 sowie Sacherklärung »Anakiter«), gleichgestellt. Die Siege Davids und seiner Männer erfahren auf diese Weise eine angemessene Würdigung.
d Das Lied entspricht Ps 18; vgl. die Anmerkungen dort.

[25] Ja, der HERR hat meine Treue vergolten;
er weiß es, ich bin ohne Schuld.

[26] Den Treuen, HERR, hältst du die Treue;
für vollen Gehorsam gibst du volle Güte;
[27] den Reinen zeigst du dich in reiner Klarheit;
doch den Falschen begegnest du als Gegner.
[28] Die Erniedrigten rettest du aus Unterdrückung,
aber den Hochmütigen bist du Feind
und holst sie vom hohen Ross.
[29] Du, HERR, bist mein Licht,
du selbst, mein Gott,
machst alles Dunkel um mich hell.
[30] Mit dir schlage ich feindliche Horden zurück,
mit dir, meinem Gott, überspringe ich Mauern.

[31] Alles, was dieser Gott tut, ist vollkommen,
was der HERR sagt, ist unzweifelhaft wahr.
Wer in Gefahr ist und zu ihm flieht,
findet bei ihm immer sicheren Schutz.
[32] Kein anderer als der HERR ist Gott!
Nur er, unser Gott, ist ein schützender Fels!
[33] Er gibt mir Kraft und Stärke
und öffnet mir einen geraden, gut gebahnten Weg.
[34] Er macht meine Füße gazellenflink
und standfest auf allen steilen Gipfeln.
[35] Er bringt meinen Händen das Fechten bei
und lehrt meine Arme, den Bogen zu spannen.

[36] HERR, du bist mein Schutz und meine Hilfe;
dass du mir nahe bist, macht mich stark.
[37] Du hast den Weg vor mir frei gemacht,
nun kann ich ohne Straucheln vorwärts gehen.

[38] Ich verfolgte meine Feinde und bezwang sie;
ich ließ nicht ab, bis sie vernichtet waren.
[39] Ich schlug sie zu Boden und brachte sie
zur Strecke;
sie fielen vor meine Füße.
[40] Du gabst mir die Kraft für diesen Kampf,
du brachtest die Feinde in meine Gewalt.
[41] Sie mussten vor mir die Flucht ergreifen,
alle, die mich hassten, konnte ich vernichten.
[42] Sie schauten nach Hilfe aus,
doch da war kein Retter.
Sie schrien zu dir, HERR,
doch du gabst keine Antwort.
[43] Ich zermalmte sie zu Staub, den der Wind
aufwirbelt.
Ich trat sie nieder wie den Schmutz
auf der Straße.

[44] Du hast mich gerettet vor den Aufrührern
aus meinem Volk,
du hieltst deine Hand über mich
und machtest mich zum Herrscher ganzer Völker.
Mir unbekannte Stämme unterwerfen sich,
[45] Ausländer kommen und kriechen vor mir,
sie hören, was ich sage, und gehorchen sofort.
[46] Sie haben keine Kraft mehr zum Widerstand,
zitternd kommen sie hervor aus ihren Burgen.

[47] Der HERR lebt!
Ihn will ich preisen, meinen schützenden Fels!
Gott, meinen Fels und Retter, will ich rühmen!
[48] Du hast mich Rache nehmen lassen
und hast mir die Völker unterworfen.
[49] Du hast mich mitten aus meinen Feinden gerettet,
mich ihren grausamen Händen entrissen
und mir den Sieg gegeben über meine Gegner.

[50] Darum will ich dich preisen, HERR,
und deinen Ruhm besingen unter den Völkern.
[51] Du verleihst deinem König große Siege,
du erweist deinem Erwählten deine Güte.
Das tust du für David und seine Söhne
in allen kommenden Generationen.«[a]

Davids Vermächtnis

23 Dies ist Davids Vermächtnis, es sind seine
letzten Worte:

»Hört zu, denn David, Isais Sohn, spricht jetzt –
zu höchster Ehre hat ihn Gott erhoben,
zum König hat ihn Jakobs Gott gesalbt*;
der Lieblingsdichter ist er seines Volkes Israel.[b]

[2] Der Geist* des HERRN ist es, der aus mir spricht;
er hat sein Wort in meinen Mund gelegt.
[3] Israels Gott, der starke Fels,
auf den sein Volk vertraut, er hat zu mir gesagt:
›Ein König, der sein Volk gerecht regiert,
Gott ernst nimmt, seine Weisung stets befolgt,
[4] ist wie die helle Morgensonne,
wenn sie vom wolkenlosen Himmel strahlt
und nach dem Regen frisches Grün
aufsprießen lässt.‹

[5] Ich weiß, mein Königshaus hält treu zu Gott.
Er hat mir seinen Bund* gewährt für alle Zeiten,
so hat er es geordnet und darüber wacht er.[c]
Auf seine Hilfe kann ich mich verlassen;
gelingen lässt er alles, was ich unternehme.

[6] Doch alle diese gottvergessenen Schurken,
sie sind wie abgestorbenes Dorngesträuch,
vom Wind entwurzelt und davongeweht.
Mit bloßen Händen rührt es niemand an;
[7] mit Eisenhaken, mit dem Schaft des Speers,
liest man es auf und wirft es dann ins Feuer.
An Ort und Stelle wird's ein Raub der Flammen.«

a Immer wieder wird die Zusage von 7,12-16 zum Thema des Dankes.
b Andere mögliche Übersetzung: *der Liebling der Gesänge Israels.*
c Vgl. die Anmerkung zu 22,51.

23,5 7,12-16; Ps 89,4-5; Jes 55,3-4

Viele Lieder und Psalmen werden dem König David zugeschrieben. In seinem »letzten Lied« heißt es: »Ein König, der sein Volk gerecht regiert, Gott ernst nimmt, seine Weisung stets befolgt, ist wie die helle Morgensonne, wenn sie vom wolkenlosen Himmel strahlt und nach dem Regen frisches Grün aufsprießen lässt.« (23,3-4)

Davids berühmte Krieger und ihre Taten

(1 Chr 11,10-41)

8 Hier folgen die Namen der berühmten »Helden«
Davids:
Jischbaal aus der Sippe Hachmoni° war der Anführer der »Dreißig Helden«. Er kämpfte mit dem Speer° gegen 800 Feinde und erstach sie alle in einer einzigen Schlacht.
9 An zweiter Stelle steht Eleasar, der Sohn von Dodo aus Ahoach. Er war einer der »Drei«, die David damals bei sich hatte, als die Israeliten die Philister* zum Kampf herausforderten, die Philister jedoch zum Angriff übergingen und die Männer von Israel
sich zurückzogen. 10 Eleasar aber hielt stand. Er
räumte unter den Philistern auf, bis sein Arm erlahmte und die Hand sich um den Schwertgriff zusammenkrampfte. So schenkte der HERR damals den Israeliten einen großen Sieg. Sein Beispiel ermutigte die Männer von Israel, wieder vorzurücken, aber es gab nur noch die Beute einzusammeln.
11 Der Dritte war Schamma aus Harar, der Sohn von Age. Als die Philister auf einem Linsenfeld bei Lehi° gegen die Israeliten kämpften und die Männer
Israels flohen, 12 stellte er sich mitten auf das Feld,
hielt dem Angriff stand und schlug die Philister zurück. So schenkte der HERR den Israeliten einen großen Sieg.
13 Als einmal während der Ernte ein Philisterheer sein Lager in der Ebene Rafaïm aufgeschlagen hatte, gingen drei von Davids »Dreißig Helden« zu David in
die Höhle bei Adullam. 14 Dort hatte er seine Bergfes-
tung, in der er sich gerade aufhielt. Eine Abteilung der Philister lag zur gleichen Zeit in Betlehem.
15 Aus einer Laune heraus sagte David: »Ich habe Durst! Wer bringt mir Wasser aus der Zisterne beim
Tor von Betlehem?« 16-17 Darauf brachen die drei in
das Lager der Philister ein, schöpften Wasser aus der Zisterne beim Tor von Betlehem und brachten es David. Der aber weigerte sich, es zu trinken. »Der HERR bewahre mich davor, ein solches Unrecht zu tun!«, sagte er. »Das wäre gerade so, wie wenn ich das Blut dieser Männer hier trinken würde, die ihr Leben dafür aufs Spiel gesetzt haben.« Er goss das Wasser als Trankopfer* für den HERRN auf die Erde. Diese Tat vollbrachten die drei tapferen Helden.
18 Abischai, Joabs Bruder, der Sohn der Zeruja, war der Anführer der »Dreißig Helden«. Er tötete mit dem Speer 300 Feinde und wurde so berühmt wie
einer der »Drei«. 19 Er war angesehener als die »Drei-
ßig Helden«° und wurde deren Anführer; doch an die »Drei« reichte er nicht heran.
20 Benaja aus Kabzeel war der Sohn des tapferen Jojada und vollbrachte große Taten. Er tötete die beiden mächtigen Helden, die als »Löwen von Moab«

23,13-14 1 Sam 22,1.4 **23,18** 1 Sam 26,6 S **23,20** 8,18 S

bekannt waren. Als an einem Schneetag ein Löwe in
eine Grube fiel, stieg er allein hinunter und erschlug
ihn. 21 Er tötete auch einen stattlichen Ägypter, der
mit einem Speer bewaffnet war. Er selbst hatte
nichts als einen Stock; aber er ging auf den Ägypter
los, riss ihm den Speer aus der Hand und durch-
bohrte ihn damit. 22 Durch solche Taten wurde Bena-
ja so berühmt wie einer der »Drei«. 23 Er war angese-
hener als die »Dreißig Helden«, doch an die »Drei«
reichte er nicht heran. David machte ihn zum Anfüh-
rer seiner Leibgarde*.
24 Zu den »Dreißig Helden« gehörten:[a]

Asaël, der Bruder von Joab
Elhanan, der Sohn von Dodo, aus Betlehem
25 Schamma aus Harod
Elika aus Harod
26 Helez aus Bet-Pelet
Ira, der Sohn von Ikkesch, aus Tekoa
27 Abiëser aus Anatot
Sabeni aus Huscha°
28 Zalmon aus Ahoach
Mahrai aus Netofa
29 Heled, der Sohn von Baana, aus Netofa
Ittai, der Sohn von Ribai, aus Gibea im Gebiet
Benjamins
30 Benaja aus Piraton
Hiddai aus Nahale-Gaasch
31 Abialbon aus Bet-Araba
Asmawet aus Bahurim
32 Eljachba aus Schaalbon
Jaschen aus Gun°
Jonatan, 33 der Sohn von Schamma,° aus Harar
Ahiam, der Sohn von Scharar, aus Arar
34 Elifelet, der Sohn von Ahasbai, aus Maacha
Eliam, der Sohn von Ahitofel, aus Gilo
35 Hezro aus Karmel
Paarai aus Arab
36 Jigal, der Sohn von Natan, aus Zoba*
Bani aus Gad
37 der Ammoniter* Zelek
Nachrai aus Beerot, der Waffenträger Joabs
38 Ira aus Jattir
Gareb aus Jattir
39 der Hetiter* Urija
Insgesamt waren es siebenunddreißig.

David greift in Gottes Rechte ein

(1 Chr 21,1-6)

24 Noch einmal[b] ließ der HERR die Israeliten sei-
nen Zorn spüren.[c] Er reizte David auf, etwas
zu tun, was dem Volk schaden musste. Er sagte zu
ihm: »Zähle die Männer von Israel und Juda!«
2 Da befahl der König seinem Heerführer Joab, der
gerade bei ihm war: »Geh durch alle Stämme Israels

König David kaufte den Dreschplatz des Jebusiters Arauna und errichtete dort für Gott einen Altar (24,24-25). Das Bild aus dem heutigen Israel zeigt die herkömmliche Art zu dreschen: Stiere ziehen den Dreschschlitten über Halme und Ähren, wobei das Korn herausfällt.

a Die lange Liste tapferer Gefolgsleute rückt die Größe dessen ins Licht, dem sie gefolgt sind. Wenn Urija als 31. hinzugefügt wird (Vers 39), zeigt dies, dass die Erinnerung an die erbärmlichste Tat des großen Königs (11,3-27) nicht verdrängt wird. Die Summe in Vers 39 enthält auch Joab und die 3 + 2 aus den Versen 8-23.

b Kap 24 steht in thematischer Beziehung zu 21,1-14. Die beiden Geschichten handeln je von einer Verfehlung eines der beiden ersten Könige Israels, durch die das Volk in Unglück gestürzt wurde und für deren Sühnung David sorgte.

c Der Grund des Zornes wird nicht angegeben. Der Satz beschließt eine ganze Reihe ähnlicher Äußerungen, die die bisherige Geschichte Israels durchziehen (Num 25,2-3; 32,13; Ri 2,14.20; 3,8); er zieht einen Schlussstrich unter diese Geschichte, sofern Gott mit dem Tempel und seinen Opfern dem Volk nun eine Möglichkeit schaffen wird, für künftige Verfehlungen immer wieder Sühne zu leisten. Da dem Erzähler der Tempel als Ziel vor Augen steht, kann er sagen, der *HERR selbst* habe David die Volkszählung befohlen.

23,21 1 Sam 17,43.51 **23,24** (Asaël) 2,18-23 **23,39** 11,3-27 **24,1** Num 25,3; 32,13; Ri 2,14-20; 3,8

von Dan bis Beerscheba und lass die wehrfähigen Männer zählen. Ich will wissen, wie viele es sind.«

3 Joab erwiderte: »Mein Herr und König! Ich wünsche von Herzen, dass der HERR, dein Gott, das Heer Israels noch hundertmal so zahlreich macht, wie es schon ist. Möge er dich das noch erleben lassen! Aber warum willst du so etwas tun?«

4 Doch der König ließ sich durch Joab und die obersten Truppenführer nicht von seinem Plan abbringen. So machten sie sich an die befohlene Musterung.

5 Joab und die Truppenführer überquerten den Jordan und begannen mit ihrer Zählung bei Aroër und der Stadt im Arnontal[a] im Gebiet des Stammes Gad. Von dort gingen sie in Richtung Jaser 6 und weiter durch die Landschaft Gilead* zum Gebiet der Hetiter in der Gegend von Kadesch[b] und über Dan-Jaan bis in die Gegend von Sidon. 7 Dann wandten sie sich südwärts[c] und kamen zu der befestigten Stadt Tyrus, erfassten alle Städte der Hiwiter und der Kanaaniter* in dieser Gegend und zogen dann weiter durch das ganze Land bis nach Beerscheba am südlichen Ende von Juda.

8 In neun Monaten und zwanzig Tagen hatten sie das ganze Land durchzogen und kehrten dann nach Jerusalem zurück. 9 Joab meldete dem König die Gesamtzahl der wehrfähigen Männer, die mit dem Schwert umgehen konnten: 800000 im Gebiet von Israel und 500000 im Gebiet von Juda.

Die Strafe trifft das Volk

(1 Chr 21,7-17)

10 Aber nun schlug David das Gewissen, weil er die Männer Israels gezählt hatte.[d] Er betete: »HERR, ich habe ein großes Unrecht begangen. Vergib mir doch meine Schuld! Ich habe sehr unbesonnen gehandelt.«

11-12 Als David am nächsten Morgen aufstand, kam der Prophet Gad, der Seher* Davids, zu ihm. Das Wort des HERRN war nämlich an ihn ergangen; der HERR hatte zum ihm gesagt: »Geh zu David und richte ihm aus: ›So spricht der HERR: Ich lasse dir die Wahl zwischen drei Übeln. Wähle, was ich dir antun soll!‹«

13 Der Prophet kam also zum König, überbrachte ihm die Botschaft und fragte: »Was willst du: dass eine siebenjährige Hungersnot über dein Land kommt oder dass du für drei Monate vor deinen Feinden fliehen musst oder dass drei Tage lang die Pest in deinem Land wütet? Überleg es dir gut und sag mir, was für eine Antwort ich dem HERRN bringen soll, der mich geschickt hat!«

14 David sagte zu Gad: »Ich stehe vor einer schrecklichen Wahl! Aber wenn es denn sein muss, dann lieber in die Hand des HERRN fallen, denn er ist voll Erbarmen. In die Hand von Menschen will ich nicht fallen!«

15 Da ließ der HERR in Israel die Pest ausbrechen. Sie wütete von jenem Morgen an bis zu dem Zeitpunkt, den der HERR bestimmt hatte, und im ganzen Land zwischen Dan und Beerscheba fielen ihr 70000 Männer aus dem Volk zum Opfer.

16 Als aber der Todesengel auch in Jerusalem sein grausiges Werk verrichten wollte, tat es dem HERRN Leid und er sagte zu dem Engel*, der sich unter dem Volk seine Opfer suchte: »Halt, es ist genug!«

Der Engel des HERRN stand gerade auf dem Dreschplatz des Jebusiters Arauna. 17 Als David sah, wie der Engel die Leute mit der Pest schlug, sagte er zum HERRN: »Aber ich bin doch der Schuldige! Ich, der König, habe mich verfehlt, mein Volk, diese unschuldige Herde, hat nichts Böses getan. Darum strafe doch mich und meine Familie!«

David opfert auf dem späteren Tempelplatz

(1 Chr 21,18–27)

18 Am selben Tag kam der Prophet Gad zu David und sagte zu ihm: »Geh hinauf zum Dreschplatz des Jebusiters Arauna und baue dem HERRN dort einen Altar*!«

19 David gehorchte dem Befehl des HERRN, den der Prophet ihm ausgerichtet hatte, und ging hinauf. 20 Als Arauna von der Arbeit aufschaute und den König und seine Begleiter kommen sah, ging er ihnen entgegen und warf sich vor dem König nieder, das Gesicht zur Erde.

21 »Mein Herr und König«, sagte er, »was führt dich zu mir, deinem Diener?«

David antwortete: »Ich möchte deinen Dreschplatz kaufen und dort einen Altar für den HERRN bauen, damit die Seuche aufhört.«

22 »Nimm alles, mein Herr und König«, sagte Arauna, »und bring ein Opfer nach deinen Wünschen! Meine Rinder hier kannst du für das Brandopfer* nehmen und ihr Joch* und den Dreschschlitten* als Brennholz. 23 Ich schenke dir alles, mein König!«° Und er fügte hinzu: »Möge der HERR, dein Gott, dein Opfer mit Wohlgefallen annehmen!«

24 Aber der König erwiderte: »Nein, ich möchte den Platz zum vollen Preis von dir kaufen, und ich will dem HERRN, meinem Gott, auch nicht Opfer darbringen, die ich nicht bezahlt habe.«

So kaufte David den Dreschplatz und die Rinder für 50 Silberstücke*. 25 Er baute dort einen Altar für den HERRN[e] und opferte darauf Brandopfer und Mahlopfer*.

Und der HERR hörte auf die Bitten, die der König für sein Land vorbrachte, und machte der Seuche, die in Israel wütete, ein Ende.

a Die namenlose Stadt, die öfter zusammen mit Aroër genannt wird (Dtn 2,36; Jos 12,2; 13,9-10.16), ist in dessen Nähe zu suchen, ihre Spuren sind aber bisher nicht aufgefunden worden. Siehe auch Anmerkung zur Textüberlieferung im Anhang.

b Mit *Kadesch* ist wohl nicht die Stadt am Orontes in Nordsyrien gemeint, sondern eher Kedesch in Galiläa (Jos 20,7). Siehe Karte Seite 443. Die Musterungskommission geht über das Ostjordanland in die Gebiete im äußersten Norden; den Rückweg durch das zentrale Stammland Israels beschreiben die Verse 7-8. Siehe auch Anmerkung zur Textüberlieferung im Anhang.

c *wandten sie ...:* verdeutlichender Zusatz, ebenso in der Fortsetzung *zogen dann weiter durch das ganze Land.*

d Das Volk Israel ist *Gottes* Volk und sein Heer ist *Gottes* Aufgebot. Den Besitzstand Gottes nachzurechnen, um sich in der geschenkten Machtfülle zu sonnen oder darauf seine Kalkulationen aufzubauen, ist ein Übergriff, den sich gerade der von Gott eingesetzte König nicht erlauben darf; vgl. schon Ex 30,12; Num 31,48-50.

e Nach 1 Chr 22,1 handelt es sich um den Platz, an dem später der Tempel errichtet werden soll (1 Kön 6).

24,10 1 Sam 24,6 **24,11-12** 1 Sam 22,5 **24,14** Neh 9,19.27.31 **24,16** 2 Chr 32,21 **24,22** 1 Sam 6,14

1 KÖNIGE

Die beiden Bücher von den Königen berichten über die Zeit von Davids Tod bis zum Ende der beiden Königreiche Israel und Juda durch assyrische bzw. babylonische Eroberung. Das erste Königsbuch schildert zunächst die Auseinandersetzungen um die Thronnachfolge Davids, dann die glanzvolle Regierungszeit Salomos und schließlich den Zerfall des Reiches in das Südreich Juda mit Jerusalem und das Nordreich Israel, deren Geschicke von da an getrennt verfolgt werden. Ein Ereignis von besonderer Bedeutung ist der Bau des Tempels in Jerusalem unter Salomo.

Der Verfasser dieser Bücher will nicht nur berichten, was geschehen ist, sondern er gibt zugleich eine Deutung des Geschehenen von seinem Ausgang her. Er begreift den Untergang der beiden Reiche als Folge einer Schuld: des Ungehorsams gegen Gott und der Zuwendung zu fremden Göttern. Nach diesem Maßstab beurteilt er nicht nur den Gesamtverlauf, sondern auch das Wirken der einzelnen Könige. (Zu ihrer Regierungszeit vgl. die Zeittafel Seiten 448/49.) Eine wichtige Rolle in diesem Geschehen spielen die Propheten, die das Volk und seine Könige zum Gehorsam gegen Gott zurückführen wollen. Unter ihnen ragt besonders der Prophet Elija heraus, der gegen die Verehrung des Götzen Baal im Nordreich Israel kämpft.

Inhaltsübersicht

SALOMOS KRÖNUNG UND DAVIDS TOD (1,1–2,12)

Adonija will König werden

1 König David war sehr alt geworden. Obwohl er
in Wolldecken eingehüllt wurde, konnte er nicht
mehr warm werden. 2 Da sagten seine Diener zu
ihm: »Erlaube uns, Herr, dass wir uns nach einem
jungen, unberührten Mädchen umsehen! Sie soll
für dich da sein, dich bedienen und in deinen Armen
schlafen, damit du warm wirst.«[a]
3 Sie suchten im ganzen Land Israel nach einem
schönen Mädchen. Die Wahl fiel auf Abischag aus
Schunem und sie brachten sie zum König. 4 Sie war
außerordentlich schön. Von da an war sie ganz für
den König da und bediente ihn; aber er hatte keinen
Verkehr mit ihr.
5 Adonija, der Sohn von Davids Frau Haggit,
spielte sich groß auf und erklärte: »Ich bin der künftige König!« Er legte sich einen Wagen und Pferde zu
und eine Leibwache von fünfzig Mann, die vor seinem Wagen herliefen. 6 Sein Vater hatte ihn immer
sehr nachsichtig behandelt und ihn nie wegen
irgendetwas zur Rede gestellt. Er war ein stattlicher
Mann und nach Abschalom der nächstgeborene der
Söhne Davids.
7 Adonija war es gelungen, den Heerführer Joab
und den Priester* Abjatar[b] auf seine Seite zu ziehen.
8 Dagegen konnte er den Priester Zadok sowie Benaja, den Sohn von Jojada, den Obersten der Leibgarde*,[c] und den Propheten* Natan[d] nicht für sich
gewinnen, auch nicht Schimi, Reï und die Elitetruppe Davids.
9 Eines Tages veranstaltete Adonija beim Sohelet-Felsen an der Rogel-Quelle* ein großes Opferfest.
Er ließ Schafe, Rinder und gemästete Kälber schlachten. Alle anderen Königssöhne und die im Hofdienst
stehenden Männer von Juda hatte er eingeladen,
10 aber nicht den Propheten Natan und Benaja und
die Elitetruppe Davids und auch nicht seinen Bruder
Salomo.

Salomo hat Fürsprecher bei David

11 Da ging Natan[e] zu Batseba, der Mutter Salomos,
und sagte: »Hast du schon gehört, dass Adonija,

a Dahinter steht die alte Vorstellung, dass die Lebenskraft eines geschwächten Körpers durch die Berührung mit einem unverbrauchten Körper erneuert werden kann.
b Zu *Joab* und *Abjatar* vgl. die Vergleichsstellen zu 2 Sam 8,16 und 1 Sam 22,20.
c *den Obersten ...:* verdeutlichender Zusatz (vgl. 2 Sam 8,18); ebenso in Vers 32.
d Vgl. 2 Sam 7,2; 12,1; zu *Zadok* und *Benaja* siehe Vergleichsstellen zu 2 Sam 8,17 und 8,18.
e Natan erkennt die Parallele zum Aufstand Abschaloms; vgl. Vers 25 mit 2 Sam 15,7-12.

1,5 2 Sam 3,4; 15,1 **1,7** 2 Sam 8,16 S; 1 Sam 22,20 S **1,8** 2 Sam 8,17 S; 8,18 S; 7,2; 12,1 **1,9-11** 2 Sam 15,11-12 **1,11** 2 Sam 12,24

der Sohn der Haggit, König ist? Und David, unser Herr, hat keine Ahnung davon! 12 Dein Leben steht auf dem Spiel und das deines Sohnes Salomo! Deshalb rate ich dir, 13 geh zu David und sage zu ihm: ›Mein Herr und König, du hast mir doch mit einem Eid zugesichert, dass mein Sohn Salomo und kein anderer dir auf dem Königsthron folgen soll.[a] Warum ist denn nun Adonija König geworden?‹ 14 Während du noch mit ihm sprichst, werde ich selber kommen und dir helfen.«

15 Batseba ging sofort zu König David, der sich im innersten Raum seines Palastes aufhielt. Er war sehr alt geworden und Abischag aus Schunem bediente ihn.

16 Batseba verneigte sich vor dem König und warf sich vor ihm nieder.

»Was möchtest du?«, fragte der König.

17 »Mein Herr und König«, sagte sie, »du hast mir bei dem HERRN, deinem Gott, geschworen, dass mein Sohn Salomo und kein anderer dir auf dem Thron folgen soll. 18 Aber jetzt ist Adonija König geworden – und du, mein Herr und König, weißt nicht einmal davon! 19 Er hat ein großes Opferfest veranstaltet und eine Menge Rinder, Mastkälber und Schafe schlachten lassen. Alle deine Söhne hat er eingeladen, auch den Priester Abjatar und den Heerführer Joab, nur deinen treuen Sohn Salomo nicht. 20 Auf dich, mein König, blickt jetzt ganz Israel! Alle warten darauf, dass du ihnen sagst, wer nach dir auf deinem Thron sitzen soll. 21 Sonst werden sie meinen Sohn Salomo und mich als Hochverräter behandeln, wenn du eines Tages nicht mehr lebst.«

22–23 Während Batseba noch mit dem König sprach, wurde der Prophet Natan gemeldet. Er trat ein und warf sich vor dem König nieder. 24 »Mein Herr und König«, sagte er, »ich sehe, du hast entschieden, dass Adonija dein Nachfolger werden soll! 25 Jedenfalls hat er heute ein großes Opferfest veranstaltet und eine Menge Rinder, Mastkälber und Schafe schlachten lassen. Dazu hat er alle deine Söhne, die Truppenführer und den Priester Abjatar eingeladen. In diesem Augenblick essen und trinken sie als seine Gäste und rufen: ›Lang lebe König Adonija!‹ 26 Aber mich und den Priester Zadok, Benaja und deinen Sohn Salomo hat er nicht eingeladen. 27 Ist all das wirklich auf deine Anordnung geschehen, mein König? Hast du vor deinen treuesten Dienern verheimlicht, wer dein Nachfolger auf dem Königsthron werden soll?«

David bestimmt Salomo zu seinem Nachfolger

28 »Ruft Batseba wieder herein!«,[b] befahl König David. Sie kam und trat vor ihn. 29 Dann hob er die Hand zum Schwur und sagte: »So gewiss der HERR lebt, der mich aus aller Not gerettet hat: 30 Ich habe dir beim HERRN, dem Gott Israels, geschworen, dass dein Sohn Salomo und kein anderer mein Nachfolger werden soll. Und heute löse ich meine Zusage ein!«

31 Batseba verneigte sich tief, warf sich vor David nieder und sagte: »Möge mein Herr und König ewig leben!«

32 Dann sagte David: »Ruft mir den Priester Zadok, den Propheten Natan und Benaja, den Obersten der Leibgarde*!«

Als alle beisammen waren, 33 befahl er ihnen: »Mein Sohn Salomo soll mein königliches Maultier besteigen. Nehmt meine Leibgarde mit und geleitet ihn hinab zur Gihon-Quelle*. 34 Dort sollen ihn der Priester Zadok und der Prophet Natan zum König über Israel salben*. Lasst die Hörner blasen und ruft laut: ›Lang lebe König Salomo!‹ 35 Dann sollt ihr ihn wieder hierher geleiten und er soll sich auf meinen Thron setzen. Kein anderer als er soll an meiner Stelle König sein. Ihn habe ich zum Herrscher über Israel und Juda bestimmt.«

36 »Amen*«, sagte Benaja. »So will es der HERR, der Gott meines Königs! 37 Er stehe Salomo bei, wie er meinem Herrn und König beigestanden hat, ja, er lasse den Sohn noch bedeutender werden als seinen Vater!«

38 Zadok, Natan und Benaja ließen Salomo auf das Maultier von König David steigen und gaben ihm mit der königlichen Leibgarde das Geleit hinab zur Gihon-Quelle. 39 Der Priester Zadok hatte aus dem Zelt des HERRN das Horn mit dem Salböl mitgebracht und salbte Salomo zum König. Die Widderhörner* wurden geblasen und das Volk rief: »Lang lebe König Salomo!«

40 Dann geleiteten sie ihn wieder hinauf nach Jerusalem. Alle waren außer sich vor Freude, spielten auf Flöten und jubelten so laut, dass die Erde dröhnte.

Adonija muss aufgeben

41 Auch Adonija und seine Gäste hörten den Lärm. Sie hatten gerade das Festmahl beendet. Als Joab das Hörnerblasen hörte, fragte er: »Was ist das für ein Lärm in der Stadt?« 42 Da kam auch schon Jonatan, der Sohn des Priesters Abjatar. »Komm her«, rief Adonija, »du bist ein zuverlässiger Mann und bringst gewiss gute Nachricht!«

43 »Wenn es nur so wäre!«, erwiderte Jonatan. »König David, unser Herr, hat Salomo zum König gemacht! 44–45 Er hat ihn auf sein Maultier steigen lassen und mit Zadok, Natan und Benaja und der königlichen Leibgarde* zur Gihon-Quelle geschickt. Dort haben ihn der Priester Zadok und der Prophet Natan zum König gesalbt*. Dann sind sie alle jubelnd

a Von einem solchen Schwur wird nirgends berichtet. Da mit ihm die Thronfolge schon entschieden wäre, nimmt man an, dass Natan und Batseba die Schwäche des greisen Königs geschickt ausnutzen. – Trotz der Erfahrung mit Abschalom (2 Sam 15–19) hatte David es versäumt, Klarheit über seine Nachfolge zu schaffen. Sein Zögern hing vielleicht damit zusammen, dass der Vertrag mit den Nordstämmen (2 Sam 5,3) nur mit ihm persönlich abgeschlossen war, also nicht automatisch auch für seinen Nachfolger galt.
b Sie war also hinausgeschickt worden oder hatte sich zurückgezogen.

1,34 1 Sam 16,13 S **1,42** 2 Sam 15,27.36

wieder nach Jerusalem hinaufgezogen und die ganze Stadt ist in heller Aufregung. Das ist der Lärm, den ihr gehört habt!

46 Salomo hat sich schon auf den Königsthron gesetzt 47 und die Hofleute haben König David ihre Glückwünsche gebracht und gesagt: ›Dein Gott mache Salomo noch berühmter als dich selbst und seine Herrschaft noch bedeutender als die deine!‹ Der König hat sich auf seinem Bett verneigt 48 und gesagt: ›Der HERR, der Gott Israels, sei gepriesen! Er hat es so gefügt, dass heute ein Nachfolger meinen Thron bestiegen hat und ich es noch erleben durfte.‹«

49 Die Gäste Adonijas sprangen erschrocken auf und liefen auseinander. 50 Adonija fürchtete die Rache Salomos, deshalb flüchtete er zum Zelt des HERRN[a] und ergriff Schutz suchend die Hörner* des Altars.[b]

51 Man meldete Salomo: »Adonija fürchtet sich vor König Salomo; er klammert sich an die Hörner des Altars und sagt: ›Ich gehe erst von hier weg, wenn König Salomo mir schwört, dass er mich, seinen Diener, nicht töten wird.‹«

52 Salomo sagte: »Wenn er sich nichts zuschulden kommen lässt, wird ihm kein Haar gekrümmt werden; aber wenn er etwas gegen mich unternimmt, muss er sterben.« 53 Er schickte Männer mit dieser Zusicherung zu Adonija, die geleiteten ihn hinunter in den Königspalast.

Adonija trat vor König Salomo und warf sich vor ihm nieder. Salomo aber sagte zu ihm: »Du kannst nach Hause gehen!«

David will Salomos Herrschaft sichern

2 Als David sein Ende nahen fühlte, sagte er zu seinem Sohn Salomo: 2 »Meine Zeit ist abgelaufen. Nun kommt es darauf an, dass du deinen Mann stehst! 3 Achte stets darauf, dass du so lebst, wie der HERR, dein Gott, es haben will. Befolge alle seine Gebote und Anweisungen, die im Gesetzbuch* Moses aufgeschrieben sind. Dann wirst du Erfolg haben in allem, was du planst und unternimmst. 4 Dann wird auch der HERR sein Versprechen halten, das er mir gegeben hat. Er sagte ja zu mir: ›Wenn deine Nachkommen mir treu bleiben und meine Gebote mit ganzem Herzen befolgen, dann wird auf dem Thron Israels stets einer aus der Familie Davids sitzen.‹«

5 »Noch etwas«, fuhr David fort: »Du erinnerst dich, was mein Heerführer Joab mir angetan hat. Er hat die beiden Heerführer Israels, Abner und Amasa, mitten im Frieden getötet. Mit diesen Mordtaten hat er seine Soldatenehre befleckt. 6 Du wirst

a *zum Zelt …:* verdeutlichender Zusatz; vgl. 2,28.
b Das Heiligtum bietet (ähnlich wie die Asylstädte Num 35) einem Verfolgten so lange Schutz, bis sein Fall gerichtlich geklärt ist.

Könige und einflussreiche Männer wurden im Alten Orient in Höhlen- und Felsengräbern bestattet (Gen 23,19; Jes 22,16). Am Abhang des Kidrontales, unterhalb der alten »Davidsstadt«, fand man in den Fels gehauene Grabkammern, die aus der Zeit der Könige Judas stammen dürften.

2,4 2 Sam 7,12-16 **2,5** 2 Sam 3,26-27; 20,10

in deiner Weisheit dafür sorgen, dass er seine gerech-
te Strafe bekommt. So alt er ist, er darf keines natür-
lichen Todes sterben!
7 Aber sei freundlich zu den Söhnen von Barsillai,
dem Mann aus Gilead*! Sorge für sie, denn sie haben
auch mich versorgt, als ich vor deinem Bruder
Abschalom fliehen musste.
8 Dann ist da auch noch Schimi aus Bahurim vom
Stamm Benjamin. Als ich damals nach Mahanajim
floh, hat er mich beschimpft und verflucht. Bei mei-
ner Rückkehr kam er mir voll Reue an den Jordan
entgegen; da habe ich ihm geschworen, ihn nicht
zu töten. 9 Aber jetzt muss er seine Strafe finden.
Du hast Weisheit genug,[a] um zu wissen, was du
mit ihm tun musst. So alt er ist, er muss eines gewalt-
samen Todes sterben!«
10 Bald darauf starb David und wurde in der
Davidsstadt* beigesetzt. 11 Vierzig Jahre lang hatte
er als König über Israel regiert, davon sieben in
Hebron und dreiunddreißig in Jerusalem. 12 Salomo
wurde sein Nachfolger und er hatte die Herrschaft
fest in der Hand.

SALOMO ALS KÖNIG UND DER BAU DES TEMPELS (2,13–11,43)

Salomo beseitigt seinen Rivalen

13 Eines Tages kam Adonija zu Salomos Mutter Batse-
ba. »Was führt dich her?«, fragte sie ihn. »Ist etwas
passiert?«
14 »Nein«, erwiderte Adonija, »aber ich habe eine
Bitte.«
»Sprich nur!«, sagte sie 15 und er begann: »Du
weißt, mir stand eigentlich der Königsthron zu,
und ganz Israel hatte erwartet, dass ich der neue
König würde. Aber es ist anders gekommen und
das Königtum ist meinem Bruder zugefallen. Der
HERR hat es so gewollt. 16 Nun habe ich nur eine ein-
zige Bitte; schlage sie mir nicht ab!«
»Was ist es denn?«, fragte Batseba 17 und er ant-
wortete: »Lege bei König Salomo ein Wort für mich
ein, dass er mir Abischag von Schunem zur Frau gibt.
Dir wird er es bestimmt nicht verweigern.«
18 »Gut«, sagte Batseba, »ich will mit dem König
reden.«
19 Sie ging zu König Salomo, um ihm die Bitte Ado-
nijas vorzutragen. Der König stand auf, ging ihr ent-
gegen und verneigte sich tief vor ihr. Dann setzte er
sich auf seinen Thron und ließ zu seiner rechten Sei-
te einen Thronsessel für seine Mutter aufstellen.
20 »Ich habe eine kleine Bitte an dich«, begann sie;
»schlag sie mir nicht ab!«
»Sprich sie ruhig aus, Mutter«, erwiderte der
König, »ich werde dir nichts verweigern.«
21 Batseba sagte: »Könnte nicht Abischag von
Schunem deinem Bruder Adonija zur Frau gegeben
werden?«
22 König Salomo fuhr auf und sagte zu ihr: »Warum
bittest du für Adonija nur um Abischag von Schu-
nem? Bitte doch gleich um den Königsthron![b] Er ist
schließlich mein älterer Bruder! Der Priester Abjatar
und der Heerführer Joab hätten sicher nichts dage-
gen einzuwenden!«
23 Dann schwor er: »Gott soll mich strafen, wenn
Adonija diese Bitte nicht mit seinem Leben büßt!
24 So gewiss der HERR lebt, der mich auf den Thron
meines Vaters David gebracht und zum König einge-
setzt hat, der HERR, der sein Wort gehalten und mir
und meinen Nachkommen das Königtum gegeben
hat: Noch heute wird Adonija sterben!«
25 König Salomo schickte Benaja, den Sohn von
Jojada, hin und der stach Adonija nieder.

Salomo fühlt sich auch jetzt noch nicht sicher

26 Zum Priester Abjatar sagte der König: »Geh in
deine Heimatstadt Anatot und bewirtschafte deine
Felder! Eigentlich hast du den Tod verdient. Aber
dir war unter meinem Vater die Bundeslade* des
HERRN anvertraut und du hast auch alle Leiden mei-
nes Vaters mit ihm geteilt.« 27 Damit entzog er Abja-
tar das Recht, dem HERRN als Priester* zu dienen. So
traf ein, was der HERR einst in Schilo* der Familie des
Priesters Eli angekündigt hatte.
28 Joab hörte, was geschehen war. Er war einst
nicht zu Abschalom übergegangen, hatte sich aber
diesmal auf die Seite Adonijas gestellt. Deshalb floh
er zum Zelt des HERRN und ergriff Schutz suchend
die Hörner* des Altars.
29 Als König Salomo es erfuhr, schickte er einen
Boten und ließ Joab fragen: »Warum hast du dich
zum Altar geflüchtet?«
»Ich fürchtete deine Rache«, antwortete Joab,
»deshalb suchte ich Schutz beim HERRN.«
Als das König Salomo gemeldet wurde,° gab er
Benaja den Befehl: »Geh hin und töte ihn!«
30 Benaja ging zum Zelt des HERRN und sagte zu
Joab: »Der König befiehlt: ›Verlass diesen Ort!‹«
»Nein«, erwiderte Joab, »hier will ich sterben.«
Benaja ging zum König und berichtete, was Joab
ihm geantwortet hatte. 31 »Tu, was er verlangt«, sagte
der König. »Stoße ihn nieder und bestatte ihn. So
sorgst du dafür, dass die Strafe für seine Untaten
nicht mich und die Familie meines Vaters trifft.
32 Er allein trägt die Schuld daran; sein Blut finde kei-
nen Rächer*! Denn er hat zwei unschuldige Männer

a Das gilt ebenso für David selbst. Seine Anordnungen entspringen offenkundig politischer Klugheit: Sie beseitigen Männer, die Salomos Stellung gefährlich werden konnten. Joab hatte sich auf die Seite Adonijas gestellt, und Schimi bildet als Verwandter König Sauls und Gegner Davids auch für dessen noch jungen Nachfolger eine mögliche Gefahr; vgl. Vers 46.
b Wahrscheinlich war Adonijas Bitte wirklich harmlos, aber Salomo sieht in dem älteren Bruder nur den gefährlichen Rivalen.

2,7 2Sam 17,27S **2,8–9** 2Sam 16,5-6S **2,11** 2Sam 5,4-5 **2,17** 1,3-4 **2,25** 2Sam 8,18S **2,26** 1Sam 22,20S **2,27** 1Sam 2,27-36 **2,28** 1,7.51 **2,31-32** 2,5S

umgebracht, die ihn an Treue und Rechtschaffenheit
weit übertrafen. Abner, den Heerführer Israels, und
Amasa, den Heerführer Judas, hat er ermordet, ohne
dass mein Vater das Geringste davon wusste. 33 Dafür
soll Joab büßen und auch noch seine Nachkommen
zu allen Zeiten. Aber die Nachkommen Davids, alle,
die ihm jemals auf seinen Thron folgen, möge der
HERR vor allem Unglück bewahren.«
34 So ging Benaja zum Altar und erstach Joab. Auf
seinem Besitz in der Steppe bei Betlehem[a] wurde er
bestattet.
35 Der König machte Benaja an Joabs Stelle zum
Heerführer und den Priester Zadok setzte er an die
Stelle Abjatars.

Auch Schimi muss sterben

36 König Salomo ließ Schimi aus Bahurim zu sich
rufen und befahl ihm: »Bau dir ein Haus in Jerusalem
und wohne dort! Du darfst die Stadt unter keinen
Umständen verlassen. 37 Sobald du deinen Fuß über
den Bach Kidron setzt,[b] musst du sterben. Du allein
trägst dann die Schuld daran; dein Blut findet keinen
Rächer*. Das lass dir gesagt sein!«
38 »Ich bin damit einverstanden«, sagte Schimi.
»Ich werde tun, was mein Herr und König befiehlt.«
Schimi wohnte schon drei Jahre in Jerusalem, 39 da
entliefen ihm eines Tages zwei Sklaven* und flohen
zum König von Gat, zu Achisch, dem Sohn von Ma-
acha. Als Schimi hörte, dass die beiden in Gat waren,
40 sattelte er seinen Esel, ritt zu König Achisch und
holte seine Sklaven zurück.
41 Man meldete Salomo: »Schimi hat die Stadt ver-
lassen! Er ist nach Gat geritten und wieder zurück-
gekehrt.«
42 Der König ließ ihn holen und sagte zu ihm: »Ich
habe dich gewarnt und dir gesagt: ›Sobald du die
Stadt verlässt, musst du sterben.‹ Und du hast geant-
wortet: ›Ich bin einverstanden; ich gehorche.‹ Ich
habe dich sogar beim HERRN schwören lassen, dass
du es nicht tun wirst. 43 Warum hast du deinen Eid
gebrochen und meinen Befehl missachtet? 44 Im
Übrigen weißt du ganz genau, was du meinem Vater
David angetan hast. Dafür lässt der HERR dich jetzt
büßen. 45 Mich aber möge er segnen; er lasse das
Königshaus Davids für alle Zeiten bestehen.«
46 Der König gab Benaja den Befehl, und der ging
mit Schimi hinaus und erstach ihn. Nun war das
Königtum fest in der Hand Salomos.

Salomo heiratet eine ägyptische Königstochter

3 Salomo nahm verwandtschaftliche Beziehungen
zum Pharao, dem König von Ägypten, auf: Er
heiratete die Tochter des Pharaos.[c] Er ließ sie in
einem Haus in der Davidsstadt* wohnen, bis sein
Palast sowie der Tempel* und die Stadtmauer vollen-
det waren.

Salomo darf sich etwas wünschen

(2 Chr 1,3-12)

2 Weil damals noch kein Tempel* für den HERRN[d]
gebaut war, brachte das Volk dem HERRN seine Opfer
an den Opferstätten* rings im Land. 3 Salomo liebte
den HERRN und befolgte seine Gebote, wie es sein
Vater David getan hatte; aber auch er opferte an die-
sen Opferstätten.[e]
4 Einmal ging der König nach Gibeon,[f] um ein
Opferfest zu feiern. Dort war die bedeutendste
Opferstätte im ganzen Land. Salomo opferte auf
dem Altar tausend Tiere als Brandopfer*. 5 Als er
im Heiligtum übernachtete, erschien ihm der HERR
im Traum und sagte zu ihm: »Wünsche dir, was du
willst; ich will es dir geben!«
6 Salomo antwortete: »Du hast in großer Treue an
deinem Diener, meinem Vater David, gehandelt, so
wie auch er stets treu zu dir gehalten und dir aufrich-
tig gedient hat. Du hast ihm deine große Treue auch
darin erwiesen, dass du ihm einen Sohn gegeben
hast, der einst auf seinem Thron sitzen sollte, wie
das jetzt wirklich eingetreten ist.
7 HERR, mein Gott! Du hast mich, deinen Diener,
anstelle meines Vaters David zum König gemacht.
Ich bin noch viel zu jung und unerfahren und fühle
mich dieser Aufgabe nicht gewachsen. 8 Und doch
hast du mir das Volk anvertraut, das du dir erwählt
hast, und ich trage die Verantwortung für so viele
Menschen, die niemand zählen kann. 9 Darum
schenke mir ein Herz, das auf deine Weisung hört,
damit ich dein Volk leiten und gerechtes Urteil spre-
chen kann. Wie kann ich sonst dieses große Volk
regieren?«
10 Dem HERRN gefiel diese Bitte. 11 Deshalb sagte er
zu Salomo: »Du hättest dir langes Leben oder Reich-
tum oder den Tod deiner Feinde wünschen können.
Stattdessen hast du mich um Einsicht gebeten, damit
du gerecht regieren kannst. 12 Darum werde ich
deine Bitte erfüllen und dir so viel Weisheit und Ver-
stand schenken, dass kein Mensch vor oder nach dir
mit dir verglichen werden kann.
13 Aber auch das, worum du mich nicht gebeten
hast, will ich dir geben: Ich werde dir Reichtum
und hohes Ansehen schenken, sodass zu deinen Leb-
zeiten kein König sich darin mit dir messen kann.
14 Und wenn du meine Gebote so treu befolgst wie
dein Vater David, dann schenke ich dir auch ein lan-
ges Leben.«
15 Als Salomo erwachte, merkte er, dass der HERR
im Traum mit ihm gesprochen hatte. Er ging nach
Jerusalem und trat vor die Bundeslade* des HERRN,
opferte Brandopfer und ließ Tiere für das Opfer-

a *bei Betlehem:* verdeutlichender Zusatz. Joab gehört zur Sippe Davids (vgl. 1 Chr 2,13-16), die in Betlehem ihren Wohnsitz hat (1 Sam 16,1).
b Jenseits der Stadtgrenze von Jerusalem beginnt das Gebiet des Stammes Benjamin, zu dem Schimi als Verwandter König Sauls zählt; vgl. Anmerkung zu Vers 9.
c Diese Heirat lässt die internationale Bedeutung des davidisch-salomonischen Großreiches erkennen. Allerdings hat Ägypten in jener Zeit nicht mehr die frühere Macht; nur deshalb hatte David sein Reich ungestört errichten können.
d Wörtlich *kein Haus für den Namen des HERRN;* siehe Anmerkung zu Dtn 12,5.
e Zu jeder Ortschaft gehörte in alter Zeit eine Opferstätte, eine aus Steinen aufgeschichtete erhöhte Plattform, die deshalb (und nicht etwa wegen der Lage auf einem Berg) »Höhe« genannt wurde. Die Israeliten übernahmen diese Stätten teilweise von den Kanaanitern, verehrten dort jedoch ihren eigenen Gott und nicht fremde Götzen. Erst König Joschija schafft diese Opferstätten endgültig ab (2 Kön 23,8).
f Nördlich oder nordwestlich von Jerusalem (Karte Seite 443).

2,34 2 Sam 3,29 **2,35** 4,2-6 **2,36** 2 Sam 16,5-6 S **2,39** 1 Sam 21,11; 27,2-3 **2,45** 2 Sam 7,16 S **3,2-3** (Opferstätten) 15,14; 22,44; 2 Kön 12,4; 14,4; 15,4.35; 16,4; 18,4 **3,4-9** Weish 8,21–9,19

mahl* schlachten. Sein gesamter Hofstaat wurde zu
dem Mahl geladen.

Ein Beispiel für Salomos Weisheit

16 Eines Tages kamen zwei Prostituierte zum König
und trugen ihm einen Rechtsstreit vor.
17 »Mein Herr und König«, sagte die eine, »diese
Frau und ich wohnen zusammen im selben Haus.
Sie war dabei, als ich einen Sohn gebar. 18 Zwei Tage
danach gebar sie selbst einen Sohn. Nur wir beide
waren zu dieser Zeit im Haus; sonst war niemand
da. 19 Eines Nachts wälzte sie sich im Schlaf auf ihr
Kind und erdrückte es, sodass es starb. 20 Da stand
sie mitten in der Nacht auf und nahm mir mein Kind
weg, während ich schlief. Dafür legte sie ihr totes
Kind neben mich. 21 Als ich am Morgen erwachte
und mein Kind stillen wollte, fand ich es tot. Doch
als ich es genau ansah, merkte ich, dass es gar nicht
das meine war.«
22 »Das ist nicht wahr!«, rief die andere. »Mein
Kind ist das lebende und deins das tote!«
»Nein«, rief die erste, »das tote ist deins, das
lebende meins!« So stritten sie sich vor dem König.
23 Da sagte König Salomo: »Die eine behauptet:
›Mein Kind ist das lebende, deins das tote‹, die ande-
re: ›Nein, das tote ist deins, das lebende meins!‹«
24 Und er befahl seinen Leuten: »Bringt mir ein
Schwert!«
Sie brachten es ihm. 25 Er befahl weiter: »Zer-
schneidet das lebende Kind in zwei Teile und gebt
die eine Hälfte der einen, die andere Hälfte der
andern!«
26 Da rief die Frau, der das lebende Kind gehörte –
denn die Mutterliebe regte sich mächtig in ihr: »Ach,
mein Herr und König! Gebt es der andern, aber lasst
es leben!«
Die andere aber sagte: »Weder dir noch mir soll es
gehören! Zerschneidet es nur!«
27 Darauf entschied der König: »Gebt das Kind der
ersten, tötet es nicht! Sie ist die Mutter.«

28 Überall in Israel erfuhr man von diesem Urteil
des Königs und alle schauten in Ehrfurcht zu ihm
auf. Sie sahen, dass Gott ihm Weisheit geschenkt
hatte, sodass er gerechte Entscheidungen fällen
konnte.

Die Minister Salomos

4 Salomo war nun König über ganz Israel.
2–6 In die Regierungsämter setzte er folgende
Männer ein:

als Oberpriester: Asarja, den Sohn von Zadok
als Staatsschreiber: Elihoref und Ahija, die Söhne von Schischa
als Kanzler: Joschafat, den Sohn von Ahilud
als Heerführer: Benaja, den Sohn von Jojada[a]
als Vorsteher der Provinzverwalter: Asarja, den Sohn von Natan
als Ratgeber des Königs: den Priester* Sabud, den Sohn von Natan
als Palastverwalter: Ahischar
als Beauftragten für die Fronarbeiten: Adoniram, den Sohn von Abda.

Die zwölf Provinzen und ihre Verwalter

7 Salomo hatte das Gebiet Israels[b] in zwölf Provinzen
eingeteilt, an deren Spitze jeweils ein Provinzver-
walter stand. Sie hatten reihum je einen Monat lang
die Versorgung des königlichen Hofes zu über-
nehmen.
8–19 Hier ist die Liste der Provinzverwalter und
ihrer Provinzen:

Verwalter	*Provinz*
(1) der Sohn Hurs	das Bergland von Efraïm
(2) der Sohn Dekers	das Gebiet der Städte Makaz, Schaalbim, Bet-Schemesch, Ajalon und Bet-Hanan°
(3) der Sohn Heseds	das Gebiet der Stadt Arubbot, dazu das Gebiet von Socho[c] und das ganze Land Hefer
(4) der Sohn Abinadabs; er war mit Salomos Tochter Tafat verheiratet	das bergige Hinterland der Küstenstadt Dor
(5) Baana, der Sohn Ahiluds	die ganze Jesreel-Ebene mit den Städten Taanach und Megiddo bis über Jokneam im Westen hinaus, dazu das ganze Gebiet der Stadt Bet-Schean in der Jordansenke bis in die Gegend der Stadt Jesreel im Westen, und im

a Es folgt noch (wohl aus 2 Sam 20,25 hierher geraten) *als Priester Zadok und Abjatar;* vgl. zu Abjatar 2,26-27.
b Gemeint ist das Gebiet der Nordstämme unter Absehen von Juda (Vers 19b). Die Spannung zwischen Nord und Süd, die nach Salomos Tod zur Reichsteilung führen sollte, wurde durch Salomos Verwaltung verschärft, aber nicht geschaffen; vgl. 2 Sam 2 und 5. Zu den Gebieten, die von Israeliten besiedelt wurden, sind durch David auch die früher (vgl. Ri 1,27-35) unerobert gebliebenen kanaanitischen Städte hinzugefügt worden, so dass von nun an Israeliten und Kanaaniter in einem Staat zusammenleben (besonders in der 2. bis 5. Provinz). Dadurch verstärkt sich der Einfluss der kanaanitische Kultur auf das Leben in Israel.
c Keiner der beiden Orte dieses Namens befindet sich in Juda (Jos 15,35-48), sondern gemeint ist das Socho am Rand des Berglandes Efraïm.

»Gott schenkte Salomo große Weisheit und Einsicht und ein Wissen, so unermesslich wie der Sand am Meeresstrand … Salomo verfasste 3000 Weisheitssprüche und 1005 Lieder. Er sprach darin über alle Arten von Bäumen von der Libanon-Zeder bis zum Ysop, der an der Mauer wächst« (5,9-13).

3,26 Jes 49,15

	Süden in Richtung Zaretan bis zur Stadt Abel-Mehola[a]
(6) der Sohn Gebers	der nördliche Teil von Gilead* mit der Stadt Ramot und das Siedlungsgebiet des Manasse-sohnes Jaïr sowie das Gebiet von Argob in Baschan* mit 60 befestigten Städten
(7) Ahinadab, der Sohn von Iddo	der südliche Teil von Gilead mit der Stadt Mahanajim
(8) Ahimaaz, der mit Salomos Tochter Basemat verheiratet war	das Stammesgebiet Naftali
(9) Baana, der Sohn von Huschai	das Stammesgebiet Ascher und das Gebiet von Alot
(10) Joschafat, der Sohn von Paruach	das Stammesgebiet Issachar
(11) Schimi, der Sohn von Ela	das Stammesgebiet Benjamin
(12) Geber, der Sohn von Uri	das Stammesgebiet Gad° im ehemaligen Gebiet des Amoriterkönigs Sihon und des Königs Og von Baschan

Über das Gebiet von Juda war nur ein einziger Verwalter eingesetzt.°

Salomos Reich und seine Hofhaltung

20 Die Menschen in Juda und Israel waren so zahlreich wie der Sand am Meer. Alle hatten genug zu essen und zu trinken und waren glücklich.

5 Salomo herrschte über alle Königreiche vom Eufrat bis zum Gebiet der Philister* und zur Grenze Ägyptens. Sie erkannten seine Oberherrschaft an und zahlten ihm Tribut. So blieb es während der ganzen Regierungszeit Salomos.

2 Salomo brauchte für seine Hofhaltung täglich drei Tonnen feines und sechs Tonnen gewöhnliches Mehl,[b] 3 zehn im Stall gemästete Rinder, zwanzig Rinder von der Weide und hundert Schafe; dazu kamen noch Hirsche, Rehe, Gazellen und gemästetes Geflügel.

4 Salomos Herrschaft erstreckte sich über das ganze Gebiet westlich des Eufrats und über alle Könige, die dort regierten, von der Stadt Tifsach[c] bis nach Gaza. Mit allen Nachbarländern hatte er Frieden.
5 Während seiner ganzen Regierungszeit lebten die Leute in Juda und Israel, von Dan im Norden bis Beerscheba im Süden, in Sicherheit und Wohlstand. Jeder konnte ungestört unter seinem Weinstock und seinem Feigenbaum sitzen.

6 Salomo hatte 12000 Pferde für seine 4000° Streitwagengespanne*. 7 Die Verwalter seiner zwölf Provinzen versorgten ihn und alle, die an der königlichen Tafel speisten, mit Lebensmitteln, sodass es an nichts fehlte. Jeden Monat war eine andere Provinz dafür zuständig. 8 Sie beschafften auch Gerste und Stroh für die Wagenpferde und anderen Zugtiere und brachten es nach einer festgelegten Ordnung jeweils dorthin, wo es gebraucht wurde.

Salomos Weisheit

9 Gott schenkte Salomo große Weisheit* und Einsicht und ein Wissen, so unermesslich wie der Sand am Meeresstrand. 10 Salomo übertraf darin sogar die Weisen Arabiens und Ägyptens.[d] 11 Er wusste mehr als alle Menschen, auch mehr als der Esrachiter Etan und als Heman, Kalkol und Darda, die Söhne Mahols. Sein Ruhm verbreitete sich unter allen benachbarten Völkern.

12 Er verfasste 3000 Weisheitssprüche und 1005[e] Lieder. 13 Er sprach darin über alle Arten von Bäumen von der Libanon-Zeder bis zum Ysop, der an Mauern wächst, und ebenso über die großen Landtiere, die Vögel, die Kriechtiere und Fische.

14 Aus allen Völkern kamen Leute, um Salomo zu hören, wenn er seine Weisheitsworte vortrug; alle Könige der Erde, zu denen der Ruf seiner Weisheit gedrungen war, schickten Gesandte zu ihm.

Salomo schließt einen Vertrag mit König Hiram

(2 Chr 2,2-15)

15 König Hiram von Tyrus war stets ein guter Freund Davids gewesen.[f] Als er erfuhr, dass Salomo anstelle seines Vaters König geworden war, schickte er eine Gesandtschaft nach Jerusalem.

16 Daraufhin ließ Salomo Hiram ausrichten:
17 »Wie du weißt, konnte mein Vater David dem HERRN, seinem Gott, keinen Tempel* bauen. Er musste sich ständig gegen die Angriffe der Nachbarvölker wehren, bis der HERR ihm den Sieg über sie gab. 18 Mir aber hat der HERR, mein Gott, Frieden geschenkt. Niemand greift mich an, kein Unheil bedroht mich.

19 Darum habe ich mich entschlossen, einen Tempel zu bauen, einen Wohnsitz für den Namen des HERRN, meines Gottes.[g] So hatte der HERR es vorgesehen, als er zu meinem Vater David sagte: ›Dein Sohn, dem ich nach deinem Tod die Herrschaft übertragen werde, soll meinem Namen ein Haus bauen.‹

20 Deshalb bitte ich dich: Lass auf dem Libanon-Gebirge für mich Zedern fällen! Meine Arbeiter

a Deutung unsicher.
b Hebräische Maßangaben *30* und *60 Kor* (1 Kor = 10 Efa*); Betrag in der Umrechnung abgerundet.
c Eine Stadt am oberen Eufrat; vgl. Anmerkung zu 2 Sam 8,3. Allerdings verlor Salomo schon bald die Herrschaft über Syrien (11,23-25).
d Die Spruchdichtung der altorientalischen Weisheitslehre war eine internationale Erscheinung und in Israel von außen angeregt, aber in eigenständiger Weise weiterentwickelt worden (vgl. Seite 574 und die Einführung Seite 686). Nach Vers 13 waren die Sprüche Salomos mehr naturkundlicher Art, im Unterschied zu den aus dem Buch der ›Sprichwörter‹ bekannten Lebensweisheiten. Über die in Vers 11 genannten Weisheitslehrer wissen wir nichts Näheres.
e Entgegen dem ersten Eindruck handelt es sich vielleicht um eine »runde« Zahl: Die Buchstaben des hebräischen Wortes für *Lied* ergeben, als Zahlzeichen gelesen, die Summe 1005. Die Wörter für die aufgezählten Naturerscheinungen ergeben den Zahlenwert 3000.
f David war klug genug, sich die Freundschaft der reichen und mächtigen Phönizier zu sichern. Da Tyrus eine seeorientierte Handelsmacht und Israel ein Agrar-Exportland war, bestand eine natürliche Interessengemeinschaft.
g *einen Wohnsitz …:* siehe Anmerkung zu Dtn 12,5.

4,13 (Nr. 6: Jaïr) Num 32,41; Dtn 3,14 **4,20** Gen 12,1S **5,1** Gen 12,7S; 2 Chr 9,26 **5,5** Mi 4,4 **5,6** 10,26; 2 Chr 1,14; 9,25 **5,11** 1 Chr 2,6; Ps 89,1 **5,12-14** Spr 1,1; 10,1; 25,1; Hld 1,1; 1 Kön 10,23-24; Sir 47,15-17 **5,15** 2 Sam 5,11 **5,19** 2 Sam 7,12-13 **5,20-32** Esra 3,7

Salomos Tempel

David wollte Gott in Jerusalem einen Tempel bauen. Doch während seiner ganzen Regierungszeit hatte er Kriege zu führen. Tempelbau war Sache friedlicher Zeiten und erforderte einen Friedenskönig. Gott bestimmte Salomo, den Sohn Davids, dazu, das Werk auszuführen.

Bauvorbereitungen

Doch hatte bereits David Vorbereitungen getroffen: Er hatte das Grundstück, einen ehemaligen Dreschplatz, gekauft. Er hatte Pläne ausgearbeitet und das notwendige Material bereitgestellt: Gold, Silber, Bronze, Eisen, Bauholz, Edelsteine, Halbedelsteine und große Mengen von weißem Marmor.

Der Bau

Salomo bat König Hiram von Tyrus, den Freund seines Vaters, ihm beim Bau des Tempels zu helfen. Hiram lieferte Zedernstämme vom Libanon. Sie wurden die Küste entlang zu dem Platz geflößt, an dem Salomos Leute sie übernehmen und nach Jerusalem hinaufschaffen konnten. Hiram schickte auch erfahrene Steinmetzen und Zimmerleute. Mit der Anfertigung der Bronzearbeiten wurde ein Bronzegießer namens Hiram aus Tyrus betraut. Für die Steinbrucharbeiten und andere Aufgaben verpflichtete Salomo eine große Zahl von Männern aus ganz Israel.
Der Tempelbau dauerte sieben Jahre. In den folgenden Jahrhunderten wurden die Schätze des Tempels von Feinden geplündert, doch er selbst bestand bis zum Jahr 587 v. Chr. Dann wurde er vom Babylonierkönig Nebukadnezzar dem Erdboden gleichgemacht.

Wie sah der Tempel aus?

Der Tempel selbst war kein sehr großes Gebäude. Im Inneren betrug seine Länge 30 Meter, seine Breite 10 und seine Höhe 15 Meter. Er war als Wohnhaus Gottes gedacht, nicht – wie unsre Kirchen heute – als Versammlungsraum der Gemeinde. Nur die Priester durften dieses Haus betreten, sofern es ihr Dienst erforderte.
Der Bauplan des Tempels entsprach in etwa dem des Heiligen Zeltes: Durch einen größeren vorderen Raum gelangte man in den kleineren hinteren, das so genannte Allerheiligste, das nur 10 × 10 Meter groß war. Dort stand die Bundeslade, überragt von zwei vergoldeten Kerubenfiguren, deren ausgespannte Flügel sich in der Mitte des Raumes berührten und rechts und links bis an die Seitenwände reichten. An der Vorderseite des Tempels befand sich ein Portal, an den anderen Seiten ein ringsum laufender Anbau mit Lagerräumen. Das Schnitzwerk und die anderen Verzierungen, die das Innere des Tempels schmückten, werden in 1 Kön 6 beschrieben. Nach Vollendung aller Arbeiten wurde der Tempel feierlich Gott geweiht.

Zedernwälder bedeckten einst die Berghänge des Libanons. Heute finden sich dort nur noch wenige dieser schönen Bäume.

Unter der Altstadt Jerusalems finden sich große unterirdische Steinbrüche. Es wird überliefert, König Salomo habe hier die Steine für seinen Tempelbau gewonnen.

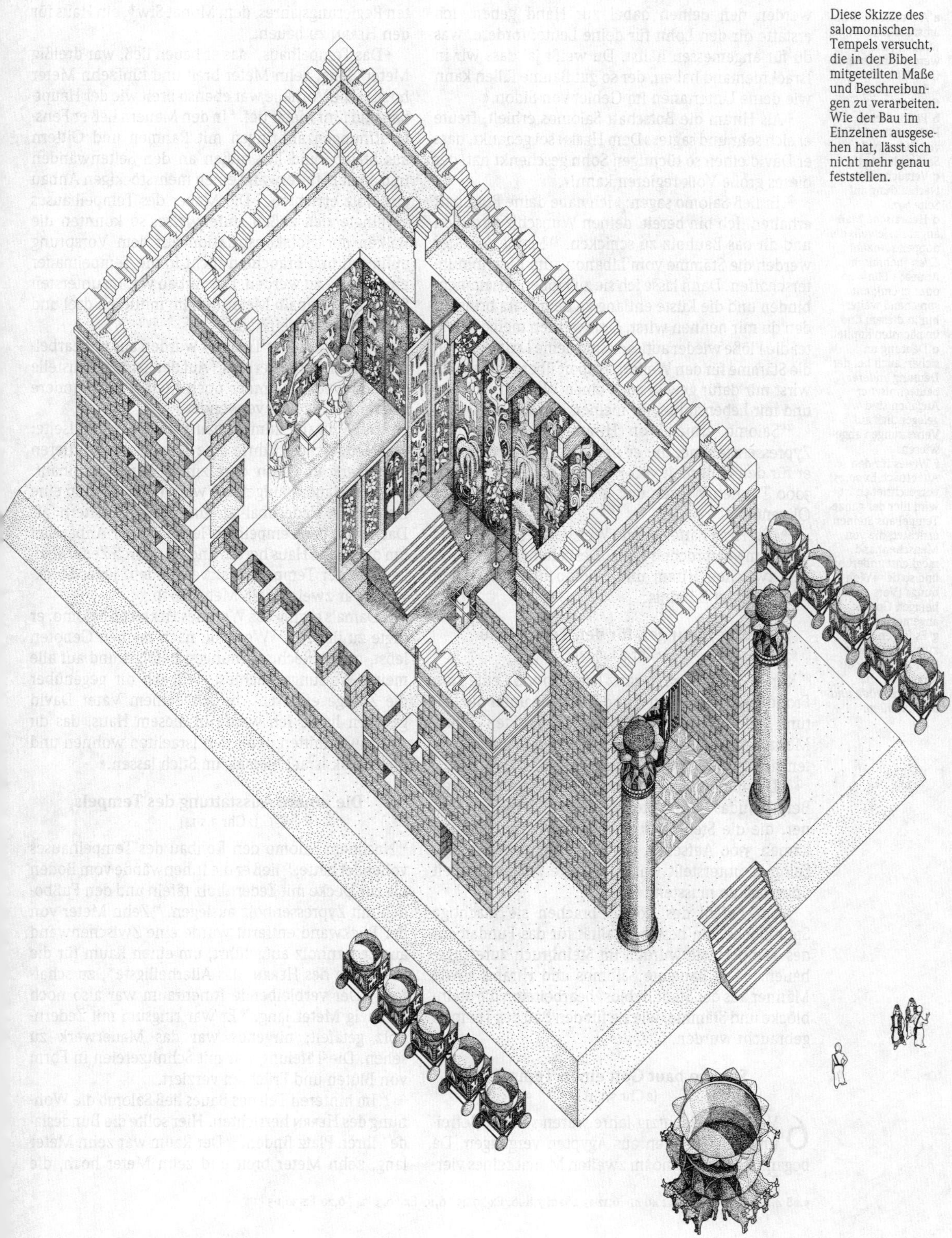

Diese Skizze des salomonischen Tempels versucht, die in der Bibel mitgeteilten Maße und Beschreibungen zu verarbeiten. Wie der Bau im Einzelnen ausgesehen hat, lässt sich nicht mehr genau feststellen.

werden den deinen dabei zur Hand gehen. Ich
erstatte dir den Lohn für deine Leute; fordere, was
du für angemessen hältst. Du weißt ja, dass wir in
Israel niemand haben, der so gut Bäume fällen kann
wie deine Untertanen im Gebiet von Sidon.«
21 Als Hiram die Botschaft Salomos erhielt, freute
er sich sehr und sagte: »Dem HERRN sei gedankt, dass
er David einen so tüchtigen Sohn geschenkt hat, der
dieses große Volk regieren kann!«
22 Er ließ Salomo sagen: »Ich habe deine Botschaft
erhalten. Ich bin bereit, deinen Wunsch zu erfüllen
und dir das Bauholz zu schicken. 23 Meine Arbeiter
werden die Stämme vom Libanon zum Meer hinun-
terschaffen. Dann lasse ich sie zu Flößen zusammen-
binden und die Küste entlang zu dem Platz bringen,
den du mir nennen wirst. Dort werden meine Arbei-
ter die Flöße wieder auflösen und deine Leute können
die Stämme für den Weitertransport übernehmen. Du
wirst mir dafür gewiss auch einen Wunsch[a] erfüllen
und mir Lebensmittel für meinen Hof schicken.«
24 Salomo erhielt von Hiram die Zedern- und
Zypressenstämme, die er brauchte. 25 Dafür lieferte
er für den Unterhalt von Hirams Königshof jährlich
3000 Tonnen Weizen und 4000 Hektoliter feinstes
Olivenöl.°
26 Der HERR hatte Salomo Weisheit geschenkt, wie
er es ihm versprochen hatte. Deshalb herrschte Frie-
den zwischen Hiram und Salomo und die beiden
schlossen ein Bündnis.

Vorbereitungen für den Tempelbau

(2 Chr 2,1.16-17)

27 König Salomo ließ in ganz Israel 30000 Leute zum
Frondienst* ausheben 28 und stellte sie unter die Lei-
tung Adonirams. Jeweils 10000 mussten einen
Monat lang auf dem Libanon arbeiten, danach durf-
ten sie für zwei Monate nach Hause.
29 Darüber hinaus arbeiteten für Salomo in den
Bergen Judas 80000 Steinbrecher und 70000 Män-
ner, die die Steinblöcke abtransportierten. 30 Dazu
kamen 3300 Aufseher, die den Provinzverwaltern
Salomos unterstellt waren und die gesamte Arbeit
überwachen mussten.
31 Auf Befehl des Königs brachen sie mächtige
Steinblöcke von bester Qualität für das Fundament
des Tempels; sie wurden im Steinbruch zurechtge-
hauen. 32 Die Bauleute Salomos und Hirams sowie
Männer aus der Stadt Byblos[b] bearbeiteten die Stein-
blöcke und Stämme, wie sie für den Bau des Tempels
gebraucht wurden.

Salomo baut Gott einen Tempel

(2 Chr 3,1-4)

6 Vierhundertachtzig Jahre waren seit der Befrei-
ung der Israeliten aus Ägypten vergangen. Da
begann König Salomo im zweiten Monat seines vier-
ten Regierungsjahres, dem Monat Siw*, ein Haus für
den HERRN zu bauen.
2 Das Tempelhaus,[c] das er bauen ließ, war dreißig
Meter[d] lang, zehn Meter breit und fünfzehn Meter
hoch. 3 Die Vorhalle war ebenso breit wie der Haupt-
bau und fünf Meter tief. 4 In den Mauern ließ er Fens-
teröffnungen anbringen mit Rahmen und Gittern
aus Stein[e] 5 und ließ außen an den Seitenwänden
und an der Hinterwand einen mehrstöckigen Anbau
aus Holz errichten. 6 Die Mauer des Tempelhauses
verjüngte sich außen stufenweise; so konnten die
Balken der Holzkonstruktion auf dem Vorsprung
aufliegen und brauchten nicht in die Tempelmauer
eingelassen zu werden. Der Anbau war im untersten
Stock zweieinhalb Meter tief, im mittleren drei und
im obersten dreieinhalb.
7 Die Mauern des Tempels wurden aus unbearbei-
teten Bruchsteinen erbaut.[f] Auf der ganzen Baustelle
wurden weder Hämmer noch Meißel noch andere
eiserne Werkzeuge verwendet.
8 Der Eingang zum Anbau war auf der Südseite;
vom Erdgeschoss führte eine Treppe zum mittleren
Stockwerk und von dort zum Oberstock hinauf.
9 Als die Mauern aufgeführt waren, ließ Salomo eine
Decke aus Zedernbalken und Zedernbrettern als
Dach über das Tempelhaus legen.[g] 10 Der Anbau lief
um das ganze Haus herum und war durch Zedernbal-
ken mit der Tempelmauer verbunden. Jedes Stock-
werk war zweieinhalb Meter hoch.
11 Damals erging das Wort des HERRN an Salomo, er
sagte zu ihm: 12-13 »Wenn du nach meinen Geboten
lebst, meine Rechtsordnungen befolgst und auf alle
meine Weisungen achtest, will ich dir gegenüber
die Zusage einlösen, die ich deinem Vater David
gegeben habe. Ich werde in diesem Haus, das du
mir baust, mitten unter den Israeliten wohnen und
mein Volk Israel niemals im Stich lassen.«

Die innere Ausstattung des Tempels

(2 Chr 3,5-14)

14 Nachdem Salomo den Rohbau des Tempelhauses
vollendet hatte, 15 ließ er die Innenwände vom Boden
bis zur Decke mit Zedernholz täfeln und den Fußbo-
den mit Zypressenholz auslegen. 16 Zehn Meter von
der Rückwand entfernt wurde eine Zwischenwand
aus Zedernholz aufgeführt, um einen Raum für die
Wohnung des HERRN, das Allerheiligste*, zu schaf-
fen. 17 Der verbleibende Innenraum war also noch
zwanzig Meter lang. 18 Er war ringsum mit Zedern-
holz getäfelt; nirgends war das Mauerwerk zu
sehen. Die Täfelung war mit Schnitzereien in Form
von Blüten und Früchten verziert.
19 Im hinteren Teil des Baues ließ Salomo die Woh-
nung des HERRN herrichten. Hier sollte die Bundesla-
de* ihren Platz finden. 20 Der Raum war zehn Meter
lang, zehn Meter breit und zehn Meter hoch, die

a Auf diese höflich-umständliche Weise wurden (und werden) im Orient Geschäfte abgeschlossen; vgl. Gen 23.
b Phönizische Hafenstadt nördlich von Sidon (vgl. Sacherklärung).
c Versuchsweise Nachbildung auf Seite 397.
d Hebräische Maßangaben: jeweils die doppelte Anzahl *Ellen* (hebräisch Amma; 1 Elle = 46 oder 52 cm); entsprechend weiterhin in diesem und im nächsten Kapitel.
e Deutung unsicher; auch bei der Deutung anderer bautechnischer Angaben sind wir gelegentlich auf Vermutungen angewiesen.
f Wie es für den Altar (nach Ex 20,25) vorgeschrieben ist, wird hier der ganze Tempel aus Steinen errichtet, die von Menschenhand möglichst unberührt und so der »Wohnung« (Vers 16) des heiligen Gottes angemessen sind.
g Es folgen noch zwei unbekannte Wörter; vielleicht: *(und) über die Nebengebäude und Säulenhallen.*

5,28 4,2-6; 12,18 **6,1** Ex 12,40-41 **6,12-13** 2 Sam 7,8-16; Ex 29,45 **6,19** Ex 26,32-34 **6,20** Ex 30,1-3

Wände waren mit reinem Gold bedeckt. Salomo ließ auch einen Altar aus Zedernholz machen. 21–22 Er sollte vor dem Allerheiligsten stehen und wurde ganz mit Gold überzogen. Auch die Wände des Tempelhauses wurden mit Gold überzogen. Vor dem Allerheiligsten wurden goldene Ketten quer durch den Raum gespannt.

23 Für das Allerheiligste ließ Salomo zwei Kerubenfiguren* aus Olivenholz[a] schnitzen. Jede war fünf Meter hoch. 24 Ihre Flügel maßen je zweieinhalb Meter, sodass die beiden Flügel ausgespannt eine Länge von fünf Metern hatten. 25–26 Beide Figuren hatten genau die gleiche Größe und Gestalt. 27 Salomo ließ sie nebeneinander im Allerheiligsten aufstellen. Ihre ausgespannten Flügel berührten einander in der Mitte des Raumes und reichten außen bis an die Seitenwände. 28 Auch diese Kerubenfiguren wurden mit Gold überzogen.

29 Die Wände des Tempels im inneren wie im äußeren Raum[b] wurden mit geschnitzten Bildern von Keruben und Palmbäumen und mit geschnitzten Blüten verziert 30 und der Fußboden wurde mit Gold überzogen. 31 Der Eingang zum Allerheiligsten bekam Türflügel aus Olivenholz; der Türrahmen war nach innen fünffach abgestuft. 32 Auf den beiden Türflügeln wurden Schnitzereien von Keruben, Palmbäumen und Blüten angebracht und die Keruben und Palmen mit Gold überzogen. 33 Der Eingang des Tempelhauses bekam einen vierfach abgestuften Türrahmen aus Olivenholz 34 und eine Doppeltür aus Zypressenholz. Auf jeder Seite waren hintereinander je zwei drehbare Türflügel angebracht. 35 Die Türflügel wurden mit vergoldeten Schnitzereien von Keruben, Palmbäumen und Blüten verziert.

36 Den inneren Vorhof* um das Tempelhaus ließ Salomo mit einer Mauer einfassen, die in Schichten aus jeweils drei Lagen behauener Steine und einer Lage Zedernbalken gebaut war.

37 Im vierten Regierungsjahr Salomos, im zweiten Monat, dem Monat Siw*, wurde der Grundstein für den Tempel gelegt. 38 Im elften Regierungsjahr, im achten Monat, dem Monat Bul*, war der Bau mit der gesamten Einrichtung vollendet. Gut sieben Jahre hatte Salomo am Haus des HERRN gebaut.

Salomo baut sich einen Königspalast

7 An seinem eigenen Haus, der Palastanlage, baute Salomo dreizehn Jahre, bis alles vollendet war.
2 Er baute eine große Halle, die der »Libanonwald« genannt wurde. Sie war 50 Meter lang, 25 Meter breit und 15 Meter hoch. Ihre Decke wurde von vier Reihen von Zedernsäulen getragen, auf denen Zedernbalken ruhten. 3 Im Obergeschoss befanden sich 45 abgeteilte Räume,[c] die mit Zedernbrettern gedeckt waren, je 15 in einer Reihe. 4 Die Halle hatte an den beiden Seitenwänden drei übereinander liegende Reihen von je drei Fenstern, die sich genau gegenüberstanden. 5 An den Schmalseiten waren je drei einander gegenüberliegende Türen,° deren Rahmen vierfach abgestuft waren.

6 Weiter baute Salomo die »Säulenhalle«, 25 Meter lang und 15 Meter breit. Sie hatte eine Vorhalle, deren Dach ebenfalls von Säulen getragen wurde.[d] 7 Außerdem baute er die »Thronhalle«, sie war vom Boden bis zur Decke mit Zedernholz getäfelt. Sie hieß auch Gerichtshalle, weil der König hier Gericht hielt. 8 Salomos Wohnhaus lag hinter der Thronhalle in einem anderen Hof. Es war in derselben Bauweise errichtet, und ebenso das Haus für die ägyptische Königstochter, die Salomo geheiratet hatte.

9 Alle diese Gebäude waren aus besten Quadersteinen aufgeführt, die auf der Außen- und Innenseite mit der Steinsäge geschnitten waren.[e] 10 Die Fundamente bestanden aus mächtigen Steinblöcken, teils fünf, teils vier Meter lang. 11 Darauf erhoben sich Mauern aus Quadersteinen, zwischen denen Balken aus Zedernholz eingefügt waren.

12 Der große Hof um die Palastgebäude war von einer Mauer eingefasst, die abwechselnd aus drei Lagen behauener Steine und einer Lage Zedernbalken aufgeführt war. In derselben Bauweise[f] waren auch die Mauer um den inneren Vorhof* des Tempels sowie die Vorhalle des Tempels errichtet worden.

Berufung des Bronzegießers Hiram

13–14 König Salomo ließ aus Tyrus einen Bronzegießer namens Hiram kommen.[g] Er war der Sohn einer Witwe aus dem Stamm Naftali, sein Vater war ein Tyrer gewesen. Er war ein begabter und erfahrener Künstler und konnte jede Art von bronzenen Gegenständen herstellen. Er folgte dem Ruf Salomos und übernahm die Leitung der Bronzearbeiten.

Bronzearbeiten für den Tempel: die beiden Säulen

(2 Chr 3,15-17)

15 Hiram goss zwei Säulen aus Bronze, jede neun Meter hoch; der Umfang des Säulenschafts betrug sechs Meter. 16 Oben auf jede Säule setzte er ein bronzenes Kapitell von zweieinhalb Meter Höhe. 17 Die Kapitelle waren mit Reihen von kettenartigen Bändern überzogen, je sieben an jedem Kapitell. 18–22 Um jedes Kapitell zogen sich über den Bändern rundherum je zwei Girlanden von bronzenen Granatäpfeln, zweihundert an jeder Säule. Das Ganze sah aus wie ein Blütenkelch.[h]

Als Hiram die Arbeit vollendet hatte, wurden die Säulen vor der Eingangshalle des Tempels* aufgestellt; die rechte bekam den Namen Jachin (Er richtet auf), die linke den Namen Boas (In ihm ist Stärke).

6,23-28 Ex 25,18-20 **7,8** 3,1 **7,13-14** 2 Chr 2,12-13

a Deutung unsicher; wörtlich *Ölholz* (ebenso in den Versen 31 und 33). Infrage kommen auch Ölweide (Oleaster) oder eine Kiefernart; »Öl« bezeichnet den Harzreichtum.
b *im inneren ...:* wörtlich *innen und außen.*
c *Räume:* Deutung unsicher.
d Es folgt noch *und ... davor.* Die Bedeutung des ausgelassenen Wortes ist unbekannt.
e Es folgt noch *vom Fundament bis zu ... (?) und von außen bis zum großen Hof.*
f Diese Bauweise soll offenbar die Stabilität erhöhen; vgl. auch Esra 5,8 und 6,4.
g Die Israeliten hatten in der Metallverarbeitung bis dahin kaum Erfahrung.
h Es folgt noch die Maßangabe *4 Ellen* (= 2 m). Die Beschreibung der Kapitelle ist insgesamt nur vermutungsweise wiederzugeben.

Das große bronzene Becken
(2 Chr 4,2-5)

23 Dann machte Hiram ein großes rundes Bronzebecken, das »Meer«. Sein Durchmesser betrug fünf Meter, sein Umfang fünfzehn Meter und seine Höhe zweieinhalb Meter. 24 Auf der Außenseite war es unterhalb des Randes mit zwei Reihen von Flaschenkürbissen verziert, die mit dem Becken aus einem Guss waren; auf einen halben Meter kamen zehn kleine Kürbisse.

25 Das Becken wurde von zwölf Rindern getragen, die in Dreiergruppen angeordnet waren; jede Gruppe schaute in eine andere Himmelsrichtung.

26 Der Rand des Beckens war nach außen gewölbt wie bei einem Kelch oder einer Wasserlilie. Das Metall war etwa eine Handbreite dick.

Das Becken fasste über 40000 Liter.[a]

Die bronzenen Kesselwagen

27 Außerdem machte Hiram zehn fahrbare Gestelle aus Bronze.[b] Jedes war zwei Meter lang, zwei Meter breit und eineinhalb Meter hoch.

28 Sie hatten auf allen vier Seiten eine Anzahl von waagrechten bronzenen Leisten, die durch senkrechte Querleisten verbunden waren. 29 Auf den mittleren Leisten waren Löwen, Rinder und Keruben* abgebildet, die oben und unten von gehämmerten Kränzen eingefasst waren.

30 Jedes Gestell hatte zwei Achsen und vier Räder aus Bronze. Von den vier Eckpfosten gingen unten Streben aus, die mit der untersten verzierten Leiste verbunden waren.

31 Der ringförmige Aufsatz, der den Kessel trug, war 75 Zentimeter hoch und ragte über das Gestell hinaus; er war ebenfalls verziert. Er ruhte auf einem viereckigen Rahmen.

32 Die vier Räder reichten nicht bis an die Leisten des Rahmens heran; sie waren 75 Zentimeter hoch. Die kurzen Achsen der Räder waren fest mit dem Gestell verbunden. 33 Die Räder waren wie die Räder von Streitwagen*; alle Teile – Achsen, Felgen, Speichen und Naben – waren aus Bronze gegossen.

34 An den vier Eckpfosten des Gestells waren Streben angebracht, die mit dem übrigen Gestell aus einem Guss waren. 35 Der ringförmige Aufsatz auf dem Gestell ragte 25 Zentimeter darüber hinaus und wurde durch Halter am Gestell getragen. Der Rahmen, auf dem er ruhte, war fest mit ihm verbunden. 36 Auf dem Rahmen und den Haltern waren Keruben, Löwen und Palmen eingraviert und ringsum waren Kränze angebracht.

37 Alle zehn Gestelle waren völlig gleich. Hiram machte sie nach demselben Plan und Maß und aus der gleichen Gussform.

38 Dann machte er für jedes Gestell einen bronzenen Kessel mit einem Durchmesser von zwei Metern, der 840 Liter[c] fasste. 39 Fünf der Kesselwagen erhielten ihren Platz auf der Südseite des Tempelhauses, die übrigen fünf auf der Nordseite. Das große Becken wurde an der Südostecke aufgestellt.

Zusammenfassende Liste der Geräte für den Tempel
(2 Chr 4,11–5,1)

40–45 Im Auftrag König Salomos fertigte Hiram alle diese Arbeiten für den Tempel* des HERRN an. Jedes Stück war aus Bronze gegossen und die Oberfläche war anschließend poliert worden. Hier ist ein vollständiges Verzeichnis aller Stücke:

2 Säulen
2 becherförmige Kapitelle für die Säulen
2 Geflechte von Bändern für die Kapitelle
400 Granatäpfel, aufgehängt über den Bändern jedes Kapitells in zwei Reihen zu je hundert
10 fahrbare Gestelle
10 Kessel zum Einsetzen in die Gestelle
das große Becken
12 Rinder als Untersatz des Beckens
außerdem Schalen zum Auffangen des Blutes sowie Schaufeln und Kübel zum Beseitigen der Asche

46 Der König ließ alle diese Stücke im Jordantal in den mächtigen Tonablagerungen zwischen Sukkot und Zaretan gießen.[d] 47 Weil es so viele Stücke waren, verzichtete er darauf, das Gewicht der verarbeiteten Bronze festzustellen.

48–50 Salomo ließ auch die heiligen Geräte für den Tempel des HERRN herstellen:

den Räucheraltar*
den Tisch für die geweihten Brote*
die zehn Leuchter, je fünf rechts und fünf links vor dem Allerheiligsten*
die blütenförmigen Aufsätze der Leuchter, die Lichtschalen* und Dochtscheren
die Schüsseln, Lichtmesser, Blutschalen, Löffel und Kohlenbecken
die Angeln für die Tür zum Allerheiligsten und für die Eingangstür des Tempels

Alle diese Gegenstände wurden aus Gold gefertigt.

51 Nachdem König Salomo den Tempel und seine Ausstattung vollendet hatte, brachte er die Gaben, die sein Vater David dem HERRN geweiht hatte, herbei. Das Silber und das Gold und alle Geräte kamen in die Schatzkammern des Tempels.

Der Tempel als Wohnung Gottes
(2 Chr 5,2–6,2)

8 Nun ließ König Salomo die Ältesten* Israels, die Vertreter aller Stämme und Sippen, zu sich nach

a Hebräische Maßangabe *2000 Bat* (1 Bat = 6 Hin*).
b Die folgende Beschreibung ist zum Teil nur vermutungsweise wiederzugeben (vor allem Vers 28 und die Maßangaben in Vers 31).
c Hebräische Maßangabe *40 Bat* (1 Bat = 6 Hin*).
d Der Ton war für die Herstellung der Gießformen und Schmelzöfen nötig. *Sukkot* siehe Karte Seite 443; *Zaretan* befand sich etwas weiter südlich auf der anderen Seite des Jordangrabens.

8,1 2 Sam 6,12-17

Jerusalem kommen. Sie sollten die Bundeslade* des HERRN von der Davidsstadt auf dem Zionsberg* in den Tempel hinaufbringen.[a] 2 Auch alle Männer Israels kamen deshalb am Laubhüttenfest* im siebten Monat, dem Monat Etanim*, zu König Salomo.

3 Als die Ältesten versammelt waren, hoben die Priester* die Bundeslade auf ihre Schultern 4 und trugen sie zum Tempel hinauf. Mithilfe der Leviten* brachten sie auch das Heilige Zelt* und alle seine Geräte dorthin. 5 König Salomo und die ganze Festgemeinde opferten vor der Bundeslade eine große Menge Schafe und Rinder, mehr als man zählen konnte.

6 Dann brachten die Priester die Lade des HERRN an den vorgesehenen Platz im hintersten Raum des Tempels, dem Allerheiligsten*. Sie stellten sie unter die Flügel der Keruben*. 7 Die Keruben hielten nämlich ihre Flügel über der Lade ausgebreitet und überspannten damit die Lade samt ihren Tragstangen. 8-9 Die Tragstangen waren so lang, dass ihre Enden nur zu sehen waren, wenn jemand direkt vor der Tür zum Allerheiligsten stand; vom Hauptraum des Heiligtums aus waren sie nicht zu sehen.

In der Lade waren nur die beiden Steintafeln, die Mose am Berg Horeb* hineingelegt hatte. Auf ihnen steht das Gesetz des Bundes*, den der HERR mit den Israeliten geschlossen hat, als sie aus Ägypten kamen. Sie befinden sich noch heute[b] dort.

10 Als die Priester den Tempel wieder verließen, erfüllte eine Wolke das ganze Heiligtum. 11 Die Priester konnten ihren Dienst nicht fortsetzen, denn die Herrlichkeit* des HERRN erfüllte den Tempel.

12 Da betete Salomo: »HERR, du hast gesagt: ›Ich wohne im Wolkendunkel.‹° 13 Darum habe ich dir dieses prächtige Haus gebaut, eine Stätte, an der du für immer wohnen kannst.«

Worte zur Einweihung des Tempels

(2 Chr 6,3-21)

14 Dann drehte sich der König um und wandte sich der ganzen Gemeinde Israel zu. Er grüßte alle Versammelten mit einem Segenswunsch. 15 Dann sagte er:

»Gepriesen sei der HERR, der Gott Israels! Er hat wahr gemacht, was er meinem Vater David versprochen hat, als er sagte: 16 ›In der ganzen Zeit, seit ich mein Volk Israel aus Ägypten in dieses Land brachte, habe ich in keinem der Stämme Israels eine Stadt erwählt, damit dort ein Wohnsitz für meinen Namen[c] errichtet wird. Aber dich habe ich als Herrscher über mein Volk Israel ausgewählt.‹

17 Schon mein Vater David wollte dem HERRN, dem Gott Israels, einen Tempel* bauen. 18 Aber der HERR sagte zu ihm: ›Ich freue mich über deine Absicht, für mich ein Haus zu bauen. 19 Aber nicht du, sondern erst dein Sohn, der dir noch geboren wird, soll mir dieses Haus bauen.‹[d]

20 Dieses Versprechen hat der HERR gehalten: Ich bin als Sohn meines Vaters David König geworden und habe den Wohnsitz für den Namen des HERRN, des Gottes Israels, gebaut. 21 In diesem Haus hat auch die Lade ihren Platz gefunden, in der die Tafeln des Bundes* liegen, den der HERR mit unseren Vorfahren schloss, nachdem er sie aus Ägypten herausgeführt hatte.«

22 Dann trat Salomo vor den Augen der ganzen Gemeinde Israel vor den Altar* des HERRN, breitete die Arme zum Himmel aus 23 und betete:

»HERR, du Gott Israels! Weder im Himmel noch auf der Erde gibt es einen Gott wie dich. Du stehst zu deinem Bund und erweist deine Güte und Liebe allen, die dir mit ungeteiltem Herzen dienen. 24 So hast du an deinem Diener, meinem Vater David, gehandelt. Der heutige Tag ist Zeuge dafür, dass du dein Versprechen gehalten hast.

25 HERR, du Gott Israels, nun erfülle auch die andere Zusage, die du meinem Vater David, deinem Diener, gegeben hast: dass stets einer aus der Familie Davids auf dem Thron Israels sitzen wird – wenn seine Nachkommen dir nur genauso treu dienen wie er. 26 Gott Israels, lass doch in Erfüllung gehen, was du meinem Vater David, deinem Diener, versprochen hast!

27 Aber bist du nicht viel zu erhaben, um bei uns Menschen zu wohnen?[e] Ist doch selbst der ganze weite Himmel[f] zu klein für dich, wie viel mehr dann dieses Haus, das ich gebaut habe. 28 HERR, mein Gott! Achte dennoch auf mein demütiges Gebet und höre

Dieser bronzene Wagen mit einem offenen Wasserkessel aus dem 14./13. Jahrhundert v. Chr. wurde in einem Grab auf der Insel Zypern gefunden. Er kann eine Anschauung vermitteln von den »Kesselwagen«, die im Tempel Salomos benutzt wurden, um das beim Opferdienst und zur rituellen Reinigung benötigte Wasser bereitzustellen.

a Der Tempel- und Palastbezirk wurde oberhalb der alten, von David eroberten Jebusiterstadt (= Davidsstadt) auf einem größeren Plateau angelegt (vgl. 2 Sam 24,18-25 und den Plan Jerusalems im Anhang).
b D.h. zur Zeit der Niederschrift. Seit der Zerstörung des ersten Tempels im Jahr 587 v. Chr. ist die Bundeslade mit den Tafeln verschollen.
c *ein Wohnsitz …:* siehe Anmerkung zu Dtn 12,5.
d *für mich* und *mir:* wörtlich *meinem Namen* (siehe vorige Anmerkung).
e Das Tempelhaus ist als ›Wohnung‹ Gottes, nicht als Versammlungsraum der Gemeinde, die sich im Freien befindet, gedacht (siehe Vers 13 und 6,16). Salomo erinnert aber daran, dass Gott sich nicht an ein »Haus« binden lässt (siehe die Vergleichsstellen und Jer 7,1-15).
f *der ganze …:* wörtlich *der Himmel und alle Himmelswelten**.

8,2 Ex 23,16 S **8,6-7** 6,23-28 **8,8-9** Ex 24,11 S; Dtn 10,1-5 **8,10-11** Ex 40,34-35 S **8,12** Ps 18,12; 97,2 **8,13** Ps 132,14 **8,17-19** 2 Sam 7,1-13 **8,23** Dtn 4,35.39; 6,4-5; 7,9 **8,25** 2,4; 2 Sam 7,12-16 **8,27** 2 Chr 2,5; 6,18; Jes 66,1

a Durch sein Gebet stellt Salomo den Tempel unter Gottes Schutz.
b *mein Name wohnen:* siehe Anmerkung zu Dtn 12,5.
c Das Alte Testament kannte besondere heilige Orte, an denen man sich Gott näher glaubte als anderswo. In Joh 4,20-24 macht Jesus deutlich, dass Gottes Nähe nicht an einen bestimmten Ort gebunden ist.
d Ein solches ›Gottesurteil‹ wird etwa Ex 22,8 vorgeschrieben und bildet vielleicht den Hintergrund mancher Psalmen (17; 26).
e Siehe Anmerkung zu Dtn 12,5 (auch für Vers 48).
f Das Gebet Daniels (Dan 6,11) zeigt, dass die nach Babylonien verschleppten Israeliten ihre Gebete in Richtung auf Jerusalem verrichteten.

auf die Bitte, die ich heute vor dich bringe: 29 Richte
deinen Blick Tag und Nacht auf dieses Haus,[a] von
dem du gesagt hast: ›Hier soll mein Name wohnen!‹[b]
Höre mich, wenn ich von hier aus zu dir rufe, 30 und
höre auch die Gebete deines Volkes Israel! Wenn wir
an dieser Stätte zu dir rufen,[c] dann höre uns in deiner himmlischen Wohnung! Erhöre uns und vergib
uns alle Schuld!«

Der Tempel als Ort des Gebets

(2 Chr 6,22-40)

31 »Wenn jemand verdächtigt wird, sich gegen einen
anderen vergangen zu haben, und er wird hierher zu
deinem Altar* gebracht und unter den Fluch*
gestellt, der ihn im Fall der Schuld treffen soll,
32 dann höre du es im Himmel und sorge für Recht:
Bestrafe ihn, wenn er schuldig ist, und lass sein böses
Tun auf ihn selbst zurückfallen; aber verschone ihn,
wenn er schuldlos ist, und lass seine Redlichkeit vor
aller Augen offenbar werden![d]
33 Wenn die Israeliten, dein Volk, von Feinden
besiegt werden, weil sie dir nicht gehorcht haben,
und sie wenden sich dir wieder zu, preisen deinen
Namen und bitten hier in deinem Haus um Erbarmen, 34 dann höre du es im Himmel: Vergib deinem
Volk seine Schuld und bringe es wieder in das Land
zurück, das du ihren Vorfahren gegeben hast!
35 Wenn kein Regen auf das Land fällt, weil seine
Bewohner dir nicht gehorcht haben, und sie erkennen deine strafende Hand, kehren um und beten
zu dir, wenden sich diesem Haus zu und preisen deinen Namen, 36 dann höre du es im Himmel: Vergib
deinem Volk und seinen Königen ihre Schuld, zeige
ihnen, was sie tun sollen, und lass es wieder regnen
auf das Land, das du deinem Volk als bleibenden
Besitz gegeben hast!
37 Wenn im Land eine Hungersnot ausbricht,
wenn das Getreide durch Glutwinde, Krankheiten
oder Schädlinge vernichtet wird, wenn der Feind
ins Land einfällt oder Seuchen wüten, 38 dann höre
das Gebet, das ein einzelner Mensch oder dein ganzes Volk an dich richtet. Wenn irgendjemand in der
Not seines Herzens seine Arme betend zu diesem
Haus hin ausbreitet, 39 dann höre du ihn in deiner
himmlischen Wohnung: Vergib ihm seine Schuld
und hilf ihm! Doch handle so, wie es jeder verdient.
Du kennst ja die verborgensten Gedanken der
Menschen und siehst ihnen ins Herz. 40 Dann werden sie dich stets ernst nehmen, die ganze Zeit, die
sie in dem Land leben, das du unseren Vorfahren
gegeben hast.
41-42 Wenn ein Ausländer, der nicht zu deinem
Volk Israel zählt, der aber gehört hat, was für Taten
du mit starker Hand und ausgestrecktem Arm für
dein Volk vollbracht hast – wenn solch ein Mensch
aus einem fernen Land kommt und im Anblick dieses Hauses zu dir betet, 43 dann höre ihn in deiner
himmlischen Wohnung und erfülle seine Bitten! Alle
Völker auf der Erde werden dann erkennen, dass du
der wahre Gott bist, und werden dich genauso
ehren, wie dein Volk Israel es tut. Und sie werden
erkennen, dass du von diesem Haus, das ich für dich
gebaut habe, Besitz ergriffen hast.
44 Wenn dein Volk in deinem Auftrag gegen Feinde in den Kampf zieht und dabei in der Ferne zu dir
betet, den Blick zu der Stadt gerichtet, die du dir
erwählt hast, und zu dem Haus, das ich deinem
Namen[e] gebaut habe, 45 dann höre sein Gebet im
Himmel und verhilf ihm zu seinem Recht!
46 Vielleicht kommt es auch so weit, dass die Israeliten sich gegen dich auflehnen – es gibt ja niemand,
der nicht schuldig wird – und du dann zornig wirst
und sie ihren Feinden preisgibst, die sie in ein fremdes Land verschleppen, in der Nähe oder in der Ferne. 47 Dort kommen sie vielleicht zur Einsicht und
wenden sich dir zu und bekennen vor dir: ›Wir
haben Unrecht getan, wir haben dir nicht gehorcht.‹
48 Und wenn sie dann von ganzem Herzen zu dir
umkehren und dort zu dir beten, den Blick gerichtet
zu dem Land, das du ihren Vorfahren gegeben hast,
zu der Stadt, die du dir erwählt hast, und zu dem
Haus, das ich deinem Namen gebaut habe,[f] 49 dann
höre ihr Gebet in deiner himmlischen Wohnung
und verhilf ihnen zu ihrem Recht! 50 Vergib ihnen
alles, was sie gegen dich getan und womit sie sich
gegen dich aufgelehnt haben. Verhilf ihnen dazu,
dass ihre Feinde mit ihnen Erbarmen haben. 51 Sie
sind doch dein Eigentum; sie sind dein Volk, das
du aus Ägypten, aus diesem glühenden Schmelzofen, herausgeführt hast!
52 Sieh freundlich auf mich und auf dein ganzes
Volk, HERR! Hilf uns, sooft wir in der Not zu dir
rufen! 53 Du hast doch die Israeliten aus allen Völkern
der Welt als dein Eigentum ausgewählt. Das hast du
ihnen durch Mose, deinen Diener und Bevollmächtigten*, sagen lassen, als du unsere Vorfahren aus
Ägypten herausgeführt hast, HERR, du mächtiger
Gott!«

Schlussgebet und Ermahnung des Volkes

54 Als Salomo sein Gebet beendet und dem HERRN alle
diese Bitten vorgetragen hatte, stand er auf; er hatte
nämlich beim Beten vor dem Altar* des HERRN
gekniet und die Arme zum Himmel ausgebreitet.
55 Er trat vor die versammelte Gemeinde Israel hin,
segnete sie und rief allen zu:
56 »Wir wollen den HERRN, unseren Gott, preisen!
Er hat Wort gehalten und seinem Volk Israel ein
Land geschenkt, in dem es in Frieden leben kann.
Die großartige Zusage, die er uns durch seinen

8,29 Dtn 12,5 **8,39** 1 Sam 16,7; Spr 15,11 **8,48** Dan 6,11 S **8,51** Dtn 4,20 **8,53** Ex 19,5-6 S **8,56** Dtn 12,10; Jos 21,44-45

Diener Mose gab, hat er Wort für Wort erfüllt; nichts
ist ausgeblieben.
57 Wie er unseren Vorfahren beistand, so stehe er
nun auch uns zur Seite! Er möge uns nie verlassen
oder verstoßen. 58 Er schenke uns ein Herz, das
ihm gehorsam ist, damit wir immer nach den Gebo-
ten und Weisungen leben, die er unseren Vorfahren
gegeben hat.
59 Der HERR, unser Gott, möge sich Tag und Nacht
an mein Gebet erinnern, an alle Bitten, die ich ihm
heute vorgetragen habe. Er möge mir, seinem Die-
ner, und seinem Volk Israel beistehen und uns Recht
verschaffen Tag für Tag, wie es jeweils nötig ist.
60 Dann werden alle Völker der Welt erkennen, dass
der HERR allein Gott ist und sonst niemand. 61 Ihr
aber sollt mit ungeteiltem Herzen dem HERRN, unse-
rem Gott, angehören und stets nach seinen Geboten
und Weisungen leben, wie ihr es heute tut.«

Die ersten Feste im Tempel

(2 Chr 7,4-10)

62–63 Nun feierte der König zusammen mit der ganzen
Festgemeinde die Einweihung des Tempels* durch
ein großes Opfer*. Für das Opfermahl ließ er
22000 Rinder und 120000 Schafe schlachten. 64 Weil
der Bronzealtar vor dem Haus des HERRN für die
Menge der Opfer zu klein war, machte Salomo den
ganzen Mittelteil des Vorhofs* zum Opferaltar. Dort
ließ er die Brand- und Speiseopfer verbrennen und
auch die Fettstücke des Mahlopfers.
65 Sieben Tage lang feierten sie die Einweihung des
Tempels.° Es war eine riesige Festgemeinde aus ganz
Israel versammelt, von Lebo-Hamat im Norden bis
zu dem Tal, das die ägyptische Grenze* bildet, im
Süden. 66 Am achten Tag entließ der König das Volk.
Die Leute riefen dem König ihre Segenswünsche zu
und kehrten nach Hause zurück. Sie waren voll Freu-
de und Dank für alles, was der HERR für seinen Die-
ner David und sein Volk Israel getan hatte.

Gott antwortet Salomo

(2 Chr 7,11-22)

9 Als Salomo den Tempel* des HERRN und den
Königspalast sowie alle anderen Bauvorhaben
vollendet hatte, 2 erschien der HERR ihm ein zweites
Mal, wie er ihm einst in Gibeon erschienen war.
3 Er sagte zu Salomo: »Ich habe dein Gebet erhört.
Ich habe diesen Tempel, den du gebaut hast, erwählt
und zu einer Stätte gemacht, an der mein Name
wohnt für alle Zeiten.[a] Meine Augen sind stets auf
dieses Haus gerichtet, dort ist mein ganzes Herz euch
zugewandt. 4 Und wenn du mir wie dein Vater David
treu und aufrichtig dienst und alle meine Gebote
befolgst, 5 werde ich die Herrschaft deiner Nachkom-
men über das Volk Israel für alle Zeiten sichern. So
habe ich es deinem Vater David versprochen, als
ich zu ihm sagte: ›Stets soll einer aus der Familie
Davids auf dem Thron Israels sitzen.‹
6 Wenn sich aber die Israeliten – in dieser oder in
einer späteren Generation – von mir abwenden,
meinen Geboten nicht mehr gehorchen und anderen
Göttern dienen, 7 dann werde ich sie aus dem Land
vertreiben, das ich ihnen gegeben habe. Von dem
Haus, das ich zur Wohnung meines Namens
bestimmt habe,[b] will ich dann nichts mehr wissen
und alle Völker werden das Volk Israel verachten
und verspotten. 8 Dieser Tempel wird nur noch ein
Trümmerhaufen sein;° wer daran vorbeigeht, wird
sich mit Entsetzen abwenden. Wenn jemand fragt,
warum der HERR dieses Land und dieses Haus so ver-
wüstet hat, 9 wird man ihm antworten: ›Weil sie sich
vom HERRN, ihrem Gott, abgewandt haben. Er hat
ihre Vorfahren aus Ägypten herausgeführt, aber sie
haben sich anderen Göttern zugewandt, sie angebe-
tet und ihnen geopfert. Deshalb hat der HERR all die-
ses Unglück über sie gebracht.‹«

Salomo tritt einige Städte an Hiram ab

(2 Chr 8,1-2)

10 Zwanzig Jahre lang hatte Salomo am Tempel* des
HERRN und an seinem eigenen Palast gebaut. 11 König
Hiram von Tyrus hatte ihm Zedern- und Zypressen-
holz geliefert und auch alles Gold, das er brauchte.
Als nun beide Bauten vollendet waren, trat Salomo
an Hiram zwanzig Städte in Galiläa* ab.
12 Hiram selbst kam von Tyrus, um sie anzusehen;
aber sie gefielen ihm nicht. 13 »Was für einen Land-
strich hast du mir da gegeben, mein Freund«, sagte
Hiram zu Salomo. Davon hat die Gegend bis heute

Salomo baute wichtige Städte zu Festungen aus. Bei drei von ihnen – Megiddo (Modell im Bild), Geser und Hazor (9,15-19) – haben die Archäologen Mauern und Tore entdeckt, die aus Salomos Zeit stammen. Alle sind nach demselben Plan gebaut. Zwei viereckige Türme schützen jedes Tor; zu beiden Seiten des Eingangs liegen je drei Räume.

a Siehe Anmerkung zu Dtn 12,5.
b *Wohnung meines Namens:* siehe Anmerkung zu Dtn 12,5.

8,61 8,23; Dtn 6,5 **8,64** Ex 27,1S **9,2** 3,5 **9,3** 8,29 **9,5** 2,4; 2Sam 7,12-16 **9,7** Dtn 28,37; Jer 18,16S **9,8** 2Kön 25,9 **9,10** 7,1

den Namen Kabul.[a] 14 Hiram hatte Salomo immerhin 120 Zentner* Gold geschickt.

Salomos weitere Bautätigkeit

(2 Chr 8,3-18)

15 Salomo ließ alle seine Bauvorhaben in Fronarbeit* ausführen. Auf diese Weise baute er in Jerusalem außer dem Tempel* des HERRN und seinem Königspalast auch den Millo* und die Stadtmauer und außerhalb Jerusalems die Städte Hazor, Megiddo, Geser.[b]

16 Gegen die Kanaaniterstadt Geser war der Pharao, der König von Ägypten, herangezogen, hatte sie erobert und niedergebrannt und dabei alle Bewohner getötet. Dann hatte er die Stadt zur Mitgift für seine Tochter bestimmt, als sie König Salomos Frau wurde. 17 Diese Stadt baute Salomo wieder auf.

Außerdem baute er das untere Bet-Horon 18 und Baala sowie Tamar in der Senke südlich des Toten Meeres. 19 In diesen Städten brachte Salomo seine Streitwagentruppen* unter und stattete sie mit allen erforderlichen Vorräten aus.

Auch alles, was Salomo sonst noch bauen wollte in Jerusalem, im Libanon und in seinem ganzen Herrschaftsgebiet, wurde in Fronarbeit errichtet.

20-21 Alle Nachkommen der vorisraelitischen Bewohner des Landes, an denen die Israeliten bei dessen Eroberung nicht den Bann* vollstrecken konnten, wurden von Salomo zum Frondienst herangezogen. Bis heute müssen die übrig gebliebenen Amoriter*, Hetiter*, Perisiter, Hiwiter und Jebusiter solche Arbeiten ausführen. 22 Von den Israeliten dagegen zwang Salomo keinen zur Fronarbeit, sondern machte sie zu seinen Soldaten und Beamten, zu Truppenführern und Streitwagenkämpfern.

23 Im Dienst seiner Provinzverwalter standen 550 Beamte, die die Arbeiter an den Bauvorhaben Salomos beaufsichtigten. 24 Mit den Arbeiten am Millo begann Salomo, als die Tochter des Pharaos aus der Davidsstadt* in das Haus umgezogen war, das er ihr im Palastbezirk gebaut hatte.

Salomos regelmäßige Opfer

25 Nachdem der Tempel vollendet war, opferte Salomo dort dreimal jährlich[c] Brandopfer* und Mahlopfer*. Er verbrannte die Opferstücke auf dem Altar*, den er für den HERRN gebaut hatte.

Salomos Handelsflotte

26 In Ezjon-Geber bei Elat am Roten Meer, im Gebiet von Edom*, ließ König Salomo eine Flotte bauen.

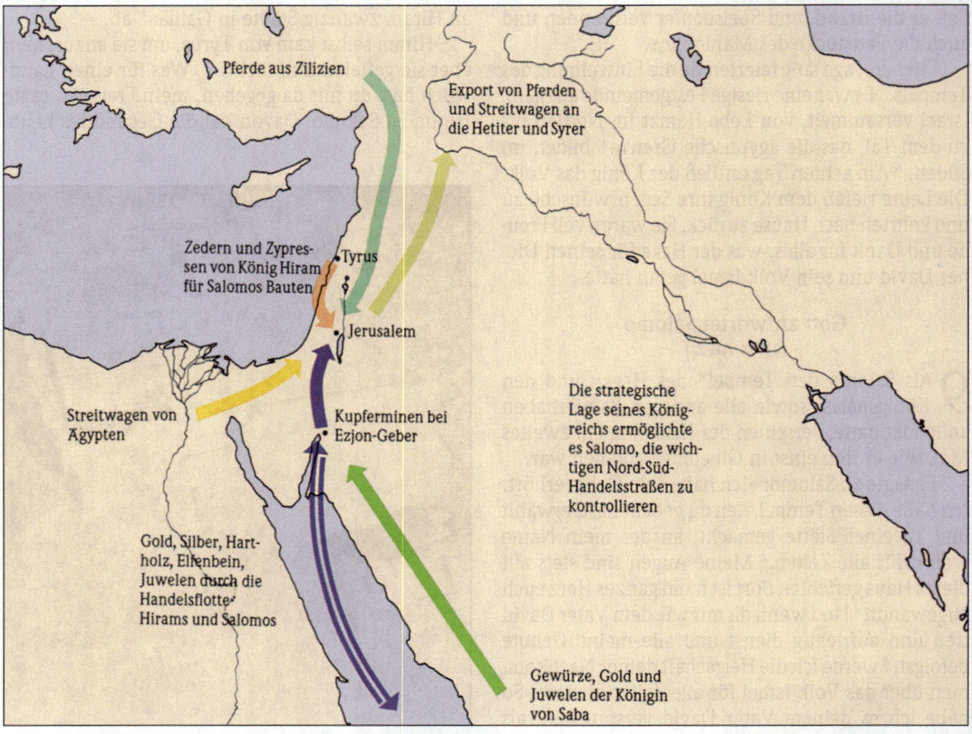

König Salomos Handel

Salomo entwickelte sein Land zu einem Zentrum von Handel und Verkehr. Israel wurde wohlhabend und mächtig.

a Bei den »Städten« kann es sich nach unseren Begriffen nur um Dörfer gehandelt haben. Die Stadt *Kabul*, deren Name nicht zu deuten ist, liegt am Westrand des galiläischen Berglandes südöstlich von Akko (Karte Seite 443).

b Vgl. Karte Seite 443.

c An den drei großen Jahresfesten (vgl. Ex 23,14-17; 34,23; Dtn 16,16).

9,15 5,27-32 **9,16** 3,1 **9,20-21** Ri 1,19.21.27-35; 3,1-5; Dtn 7,1-4S **9,25** Ex 23,14-17; 34,23; Dtn 16,16 **9,26-28** 10,22; 22,49

27 König Hiram stellte Salomo erfahrene Seeleute zur Verfügung, die dessen Männer auf der Fahrt begleiteten. 28 Sie segelten in das Land Ofir* und brachten Salomo von dort 420 Zentner* Gold.

Eine arabische Königin besucht Salomo

(2 Chr 9,1-12)

10 Salomo wurde zur Ehre des HERRN so bekannt, dass auch die Königin von Saba* von ihm hörte. Sie machte sich auf den Weg, um sein Wissen durch Rätselfragen auf die Probe zu stellen. 2 Mit zahlreichem Gefolge kam sie nach Jerusalem. Ihre Kamele waren schwer beladen mit duftenden Ölen, Gold und Edelsteinen.

Als sie zu Salomo kam, legte sie ihm die Rätsel vor, die sie sich ausgedacht hatte. 3 Salomo blieb ihr keine Antwort schuldig; auch die schwierigsten Fragen konnten ihn nicht in Verlegenheit bringen.

4 Die Königin war tief beeindruckt von der Klugheit Salomos. Sie besichtigte auch seinen Palast. 5 Sie sah die Speisen und Getränke, die auf seine Tafel kamen, die Minister, die nach ihrem Rang an seiner Tafel saßen, und die Diener, die in kostbaren Gewändern aufwarteten, und sie sah auch die reichen Brandopfer*, die er dem HERRN im Tempel* opferte.

Sie konnte sich vor Staunen nicht fassen 6 und sagte zu Salomo: »Es war nichts übertrieben, was ich bei mir zu Hause über dich und dein Wissen gehört habe. 7 Ich wollte es nicht glauben, aber jetzt habe ich mich mit eigenen Augen davon überzeugt. Dein Wissen und dein Reichtum übertreffen sogar noch alles, was ich darüber gehört hatte. Nicht einmal die Hälfte der Wahrheit hat man mir gesagt.

8 Wie glücklich sind deine Frauen° und deine Minister, die täglich um dich sind und deine klugen Worte hören! 9 Der HERR, dein Gott, sei gepriesen, der dich erwählt und auf den Thron Israels gebracht hat! Weil seine Liebe zu seinem Volk nicht aufhört, hat er dich zum König eingesetzt, damit du für Recht und Gerechtigkeit sorgst.«

10 Dann schenkte sie Salomo 120 Zentner* Gold, eine Menge duftende Öle und viele Edelsteine. Nie wieder gelangte so viel kostbares Öl nach Jerusalem wie damals.

11 Übrigens brachten die Schiffe König Hirams, die Gold aus dem Land Ofir* einführten, auch große Ladungen Edelhölzer und Edelsteine von dort mit. 12 Salomo ließ aus dem Holz Schnitzwerk[a] für den Tempel des HERRN und den Königspalast sowie Saiteninstrumente für die Tempelsänger herstellen. Bis heute ist nie mehr so viel kostbares Edelholz nach Jerusalem gekommen.

13 Salomo erfüllte der Königin von Saba jeden ihrer Wünsche und beschenkte sie darüber hinaus so reich, wie nur er es konnte. Danach kehrte die Königin mit ihrem Gefolge wieder in ihr Land zurück.

Salomos Handel, Reichtum und Pracht

(2 Chr 9,13-28; 1,14-17)

14 In einem einzigen Jahr wurden König Salomo 666 Zentner Gold[b] geliefert. 15 Dazu kam noch das Gold, das er als Steuer von den Großkaufleuten und Händlern und als Abgabe von seinen Provinzverwaltern und den arabischen Königen erhielt.

16 Salomo ließ 200 Langschilde anfertigen und mit Gold überziehen. Für jeden Schild wurden sieben Kilo Gold gebraucht. 17 Dann ließ er noch 300 Rundschilde machen, jeder mit fast zwei Kilo Gold überzogen,[c] und ließ sie alle in den »Libanonwald«, die große Halle neben seinem Palast, bringen.[d]

18 Er ließ auch einen großen Thronsessel herstellen, der mit Elfenbein und reinem Gold belegt war. 19-20 Sechs Stufen führten zum Thron hinauf, und auf jeder Stufe stand rechts und links eine Löwenfigur und ebenso neben den Armlehnen. Das obere Ende der Rückenlehne war nach hinten eingerollt. Kein anderer König hat sich je einen so prächtigen Thron anfertigen lassen.[e] 21 Alle Trinkgefäße Salomos und sämtliche Geräte in der großen Halle, dem »Libanonwald«, bestanden aus reinem Gold. Silber galt zur Zeit Salomos als wertlos.

22 Der König besaß eine seetüchtige Handelsflotte,[f] die zusammen mit den Schiffen von König Hiram ausfuhr. Alle drei Jahre kamen die Schiffe zurück und brachten Gold, Silber, Elfenbein und verschiedene Arten von Affen.

23 So übertraf König Salomo alle anderen Könige der Erde an Reichtum und Klugheit, 24 und Menschen aus aller Herren Ländern kamen zu ihm, um seine Worte zu hören und die Weisheit kennen zu lernen, die Gott ihm verliehen hatte. 25 Alle brachten sie ihm Geschenke mit: silberne und goldene Gefäße, Festkleider und Waffen, kostbare Öle, Pferde und Maultiere. So ging es Jahr um Jahr.

26 Salomo legte sich eine große Zahl von Wagen und Pferden zu. Er hatte 1400° Streitwagen* und 12000 Wagenkämpfer. Ein Teil von ihnen war in Jerusalem stationiert, die übrigen waren in den Städten untergebracht, die er zu diesem Zweck ausgebaut hatte.

27 Unter Salomos Regierung war in Jerusalem Silber so gewöhnlich wie Steine und Zedernholz wie das Holz der Maulbeerfeigenbäume* im Hügelland von Juda.

28 Seine Pferde ließ Salomo aus Ägypten, und zwar aus Koa,° einführen; seine Händler kauften sie dort auf. 29 Auch Streitwagen wurden aus Ägypten eingeführt. Ein Streitwagen kostete 600 Silberstücke*, ein Pferd 150 Silberstücke. Die Händler Salomos beliefer-

a Der Sinn des Wortes ist unsicher; vielleicht *Geländer* (2 Chr 9,11: *Treppen*).
b Vielleicht die Summe der Mengen von 9,14.28; 10,10. Die mit »Zentner« übersetzte Maßeinheit umfasst nur 35 Kilo, doch wurde wegen der auffallenden Zahl 666 – wie auch in vergleichbaren Fällen – auf eine genauere Umrechnung verzichtet.
c *fast zwei Kilo:* genau 1725 g. Hebräische Maßangaben in den Versen 16 und 17 *600 Schekel** und *3 Minen* (1 Mine = 50 Schekel).
d Die Schilde wurden offenbar zu Repräsentationszwecken gebraucht; vgl. 14,26-28.
e Der Thron entsprach in seiner Anlage ägyptischen Vorbildern (vgl. Abbildung Seite 502).
f Wörtlich *eine Tarschisch-Flotte;* siehe Sacherklärung »Tarschisch«.

10,1-10 Mt 12,42 par **10,11** 9,26-28 **10,17** 7,2 **10,22** 9,26-28 **10,24** Sir 47,16-17 **10,26** 5,6 S **10,27-28** Dtn 17,16-17; Sir 47,18

ten auch die Könige der Hetiter* und Syrer* mit Pfer-
den und Streitwagen.

Salomo lässt sich zum Götzendienst verführen

11 König Salomo hatte außer der ägyptischen
Königstochter noch viele andere ausländische
Frauen aus den Völkern der Moabiter*, Ammoni-
ter*, Edomiter*, Phönizier* und Hetiter*. 2 Zwar
hatte der HERR den Israeliten verboten, Angehörige
dieser Völker zu heiraten. »Ihr sollt nichts mit ihnen
zu tun haben«, hatte er gesagt; »sonst werden sie
euch dazu verführen, auch ihre Götter zu verehren.«
Aber Salomo liebte diese Ausländerinnen.
3 Insgesamt hatte Salomo 700 Ehefrauen und 300
Nebenfrauen. Sie hatten großen Einfluss auf ihn.
4 Als er älter wurde, brachten sie ihn dazu, andere
Götter zu verehren. Er hielt nicht mehr mit ungeteil-
tem Herzen zum HERRN, seinem Gott, wie es sein
Vater David getan hatte. 5 Er verehrte Astarte*, die
Göttin der Phönizier, und Milkom, den Götzen der
Ammoniter. 6 So tat er, was dem HERRN missfällt,
und hielt sich nicht mehr ausschließlich an den
HERRN wie sein Vater David.
7 Damals baute Salomo auf dem Berg östlich von
Jerusalem eine Opferstätte* für Kemosch, den Göt-
zen der Moabiter, und für Milkom,° den Götzen
der Ammoniter. 8 Alle seine ausländischen Frauen
bekamen Opferstätten, an denen sie ihren Göttern
Räucheropfer* darbringen und Opfermähler* abhal-
ten konnten. 9–10 Obwohl der HERR ihm zweimal
erschienen war und ihm verboten hatte, fremde Göt-
ter zu verehren, hatte Salomo nicht darauf gehört
und hatte sich vom HERRN abgewandt.

Deshalb wurde der HERR zornig auf Salomo 11 und
sagte zu ihm: »Du hast meinen Bund* gebrochen
und meine Weisungen nicht befolgt. Darum werde
ich dir das Königtum wegnehmen und es einem dei-
ner Leute geben. 12 Aber deinem Vater David zuliebe
will ich das nicht schon zu deinen Lebzeiten tun,
sondern erst wenn dein Sohn die Regierung über-
nimmt. 13 Und auch ihm werde ich die Herrschaft
nicht ganz wegnehmen. Einen einzigen von den
zwölf Stämmen will ich ihm lassen, meinem Diener
David zuliebe und weil ich Jerusalem erwählt habe.«

Gott lässt Feinde gegen Salomo aufstehen

14 Der HERR ließ Salomo einen Gegner erstehen,
Hadad, einen Edomiter* von königlicher Abstam-
mung. 15–17 Er war in jugendlichem Alter mit einigen
Gefolgsleuten seines Vaters nach Ägypten entkom-
men, als David alle männlichen Edomiter töten ließ.
Davids Heerführer Joab war damals mit dem Heer
Israels in Edom einmarschiert, um die Israeliten zu
bestatten, die dort umgebracht worden waren.[a]
Sechs Monate war Joab mit dem ganzen Heer in
Edom, bis er den Befehl ausgeführt hatte.
18 Hadad und seine Begleiter waren über das Land
Midian* in die Oase Paran gelangt; dort fanden sie
ortskundige Männer, die sie zum Pharao nach Ägyp-
ten führten. Der Pharao gab Hadad ein Haus und ein
Stück Land und sorgte für seinen Lebensunterhalt.
19 Er fand so viel Gefallen an ihm, dass er ihm die
Schwester seiner Frau, der Königin Tachpenes, zur
Frau gab. 20 Diese gebar Hadad einen Sohn namens
Genubat. Als das Kind von der Mutterbrust ent-
wöhnt war, feierte Tachpenes dies durch ein Fest
im Palast des Pharaos, und von da ab wurde Genubat
gemeinsam mit den Königssöhnen im Palast er-
zogen.
21 Als Hadad hörte, dass David und sein Heerführer
Joab tot waren, sagte er zum Pharao: »Erlaube mir,
dass ich in mein Land zurückkehre!«
22 »Du hast hier doch alles, was du dir wünschen
kannst«, erwiderte der Pharao. »Warum willst du
in dein Land ziehen?« Hadad aber bestand darauf
und kehrte nach Edom zurück.[b]
23 Der HERR ließ Salomo noch einen Gegner erste-
hen, Reson, den Sohn von Eljada. Er hatte im Dienst
Hadad-Esers, des Königs von Zoba*, gestanden und
war geflohen, 24 als David die syrischen Hilfstruppen
Hadad-Esers niedermachte. Er sammelte Männer um
sich und wurde zum Anführer einer Horde von
Kriegsleuten. Später zog er mit ihnen nach Damas-
kus, nahm die Stadt in Besitz und riss die Herrschaft
an sich. 25 So wurde Reson König über ganz Syrien*.
Er war ein entschiedener Gegner Israels. Während
der ganzen Regierungszeit Salomos fügte er ebenso
wie der Edomiter Hadad den Israeliten Schaden zu.

Ankündigung der Strafe für Salomos Ungehorsam

26 Auch einer von Salomos Beamten machte einen
Aufstand gegen den König: Jerobeam aus Zereda
im Gebiet des Stammes Efraïm. Sein Vater Nebat
war gestorben und seine Mutter Zerua lebte als
Witwe. 27 Zu seinem Aufstand kam es auf folgende
Weise:[c]

Salomo hatte auf der Nordseite Jerusalems die
befestigte Aufschüttung, den Millo*, verstärken las-
sen, um der Davidsstadt* einen besseren Schutz zu
geben. 28 Jerobeam war als wehrpflichtiger Bürger
zu den Arbeiten herangezogen worden. Als Salomo
sah, wie er sich dabei auszeichnete, übertrug er ihm
die Aufsicht über die Fronarbeiter* aus den Stäm-
men Efraïm und Manasse.
29 Als Jerobeam während dieser Zeit einmal Jerusa-
lem verließ, begegnete ihm unterwegs der Prophet
Ahija aus Schilo. Der Prophet trug einen neuen Man-

a Offenbar hatten sich die Edomiter nach ihrer Unterwerfung (2 Sam 8,13-14) gegen David aufgelehnt und die israelitische Besatzung erschlagen.
b Man nimmt an, dass er sich im edomitischen Bergland festsetzen konnte, während die Araba-Senke (Fortsetzung des Jordangrabens südlich vom Toten Meer) als Zugang zum Golf von Akaba unter Salomos Kontrolle blieb.
c Der Bericht über diesen Aufstand bricht mit Vers 28 ab; nur die Reaktion Salomos ist in Vers 40 erhalten geblieben.

11,1-4 Dtn 17,17; Ex 34,16; Dtn 7,3-4 **11,1** 3,1 **11,4** 8,61 **11,9-10** 3,4-15; 9,1-9 **11,11** 11,26; 12,2-3; 1 Sam 15,26.28 **11,15-17** 2 Sam 8,14 **11,20** Gen 21,8S **11,23** 2 Sam 8,3-8 **11,29** 1 Sam 28,14S

tel. Weit und breit war niemand, der die beiden
beobachten konnte.
30 Da nahm Ahija seinen neuen Mantel, riss ihn in
zwölf Stücke 31 und sagte zu Jerobeam: »Nimm dir
zehn! Der HERR, der Gott Israels, lässt dir sagen:
›Ich werde Salomo die Herrschaft entreißen und
dir zehn von den zwölf Stämmen geben. 32 Nur einen
Stamm lasse ich ihm, meinem Diener David zuliebe
und weil ich Jerusalem aus allen Stämmen Israels als
meine Stadt ausgewählt habe.
33 So bestrafe ich Salomo dafür, dass er mir den
Rücken gekehrt und die phönizische Göttin
Astarte*, den moabitischen Gott Kemosch und den
ammonitischen Gott Milkom verehrt hat. Er hat
mir nicht gehorcht und ist vom rechten Weg abgewi-
chen. Er hat nicht getan, was mir gefällt, und sich
nicht wie sein Vater David an meine Weisungen
und Gesetze gehalten.
34 Aber seinem Vater zuliebe, den ich erwählt habe
und der meine Gebote befolgt hat, werde ich ihn
selbst noch verschonen und ihm die Herrschaft nicht
entreißen; er soll, solange er lebt, der Anführer mei-
nes Volkes bleiben. 35 Erst seinem Sohn werde ich
das Königtum wegnehmen und es dann dir geben,
die Herrschaft über die zehn Stämme. 36 *Einen*
Stamm werde ich seinem Sohn belassen, damit im
Haus meines Dieners David das Licht nicht erlischt
und in alle Zukunft einer seiner Nachkommen in
Jerusalem regiert, in der Stadt, die ich dazu bestimmt
habe, dass mein Name dort wohnt.[a]
37 Dich aber mache ich zum König über alles, was
du nur wünschen kannst: Du sollst König sein über
die zehn Stämme Israels.[b] 38 Wenn du mir in allem
gehorchst und nicht vom rechten Weg abgehst,
wenn du tust, was mir gefällt, und dich nach meinen
Weisungen und Geboten richtest wie mein Diener
David, dann werde ich dir beistehen. Ich werde dir
die Herrschaft über die zehn Stämme Israels geben
und dafür sorgen, dass immer einer deiner Nach-
kommen auf deinem Thron sitzt, wie ich es auch
David versprochen habe. 39 Den Nachkommen
Davids werde ich einen Teil ihres Herrschaftsgebie-
tes wegnehmen, aber nicht für alle Zeiten.‹«
40 Salomo wollte Jerobeam umbringen lassen;
doch er entkam und floh zu Schischak, dem König
von Ägypten.[c] Dort blieb er bis zu Salomos Tod.

Das Ende der Regierung Salomos

(2 Chr 9,29-31)

41 Alles, was es sonst noch über Salomo zu berichten
gibt, über seine Regierungstätigkeit und über seine
Weisheit, ist in der amtlichen Chronik Salomos
nachzulesen. 42 Vierzig Jahre lang regierte Salomo
in Jerusalem über ganz Israel. 43 Als er starb, wurde
er in der Davidsstadt* bestattet. Sein Sohn Rehabe-
am wurde sein Nachfolger.

REICHSTEILUNG UND GESCHICHTE DER GETRENNTEN REICHE ISRAEL UND JUDA (12,1–16,28)

Ein König verachtet gute Ratschläge

(2 Chr 10,1-15)

12 Rehabeam ging nach Sichem, denn dort woll-
ten ihn die Nordstämme Israels[d] zum König
machen. 2-3 Auch Jerobeam, der Sohn Nebats, war
dort. Er hatte vor König Salomo nach Ägypten flie-
hen müssen; als dann aber nach Salomos Tod die
Stämme Israels Boten zu ihm geschickt hatten, war
er zurückgekehrt.
Jerobeam und die versammelten Männer der
Nordstämme traten vor Rehabeam und sagten zu
ihm: 4 »Dein Vater hat uns hohe Abgaben und
schwere Frondienste* auferlegt. Erleichtere uns die
Last, dann werden wir dich als König anerkennen.«[e]
5 »Kommt übermorgen wieder!«, antwortete
ihnen Rehabeam.
Als sie gegangen waren, 6 beriet er sich mit den
erfahrenen Männern, die bereits im Dienst seines
Vaters Salomo gestanden hatten. Er fragte sie:
»Was ratet ihr mir? Welche Antwort soll ich dem
Volk geben?«
7 Sie rieten ihm: »Komm ihnen entgegen und
sprich freundlich mit ihnen! Wenn du ihnen heute
ein einziges Mal den Willen tust, werden sie dir
für immer gehorchen.«
8 Rehabeam gefiel der Rat der erfahrenen Männer
nicht. Er fragte die jungen Leute, die mit ihm aufge-
wachsen waren und nun in seinem Dienst standen:
9 »Was ratet ihr mir? Wie soll ich diesen Leuten ant-
worten? Sie verlangen von mir, dass ich ihre Lasten
erleichtere!«
10 Da rieten ihm die jungen Leute, die mit ihm auf-
gewachsen waren: »Wenn dieses Volk zu dir sagt:
›Dein Vater hat uns schwere Lasten auferlegt, mach
du sie leichter!‹, dann gib ihnen die Antwort: ›Mein
Finger ist dicker als die Hüften meines Vaters!
11 Wenn mein Vater euch schwere Lasten auferlegt
hat, dann werde ich sie noch schwerer machen.
Wenn er euch mit Peitschen angetrieben hat, dann
werde ich euch mit Stachelpeitschen antreiben.‹«[f]
12 Am dritten Tag, wie verabredet, erschienen Jero-
beam und das ganze Volk vor Rehabeam. 13 Der
König gab ihnen eine harte Antwort. Er folgte nicht
dem Rat der erfahrenen Männer, 14 sondern richtete
sich nach dem Rat seiner Altersgenossen. Er sagte:
»Mein Vater hat euch schwere Lasten auferlegt;
ich werde sie noch schwerer machen. Mein Vater

a *mein Name …:* siehe Anmerkung zu Dtn 12,5.
b Wörtlich *über Israel*;* ebenso im folgenden Vers.
c Vgl. 14,25-26.
d *die Nordstämme Israels:* wörtlich *ganz Israel*.* Als Nachfolger Salomos ist Rehabeam zunächst nur König von Juda und Jerusalem (vgl. Anmerkungen zu 1,13 und 4,7).
e Offenbar waren nicht nur die unterworfenen Kanaaniter, sondern auch die Männer der Nordstämme von Salomo zu Fronarbeiten herangezogen worden (5,27-31; 9,15-23).
f Der neue König führt eine überhebliche und zugleich drastische Sprache (»Finger« steht vermutlich als Bild für einen anderen Körperteil).

11,30-31 1 Sam 15,27-28 **11,32** 11,13 **11,33** 11,5-7 **11,36** 11,13; 15,4; 2 Kön 8,19 **11,38** 2 Sam 7,16 S **11,39** Ez 37,15-24 **11,40** 14,25-26 **12,2-3** 11,40 **12,4** 5,27-32; 9,15 **12,13** Sir 47,23

hat euch mit Peitschen angetrieben; ich werde euch
mit Stachelpeitschen antreiben.«
15 Der König blieb taub für die Bitte des Volkes.
Der HERR hatte es so gefügt, denn das Wort, das er
durch Ahija von Schilo zu Jerobeam gesagt hatte,
sollte in Erfüllung gehen.

Nordisrael sagt sich von der Davidsdynastie los

(2 Chr 10,16-19)

16 Als die Männer der Nordstämme[a] merkten, dass der
König auf ihre Forderung nicht einging, riefen sie:[b]
»Was geht uns alle das Haus Davids an?
Seit wann gehört der Isai-Sohn zu uns?
Ihr Männer Israels, auf und nach Hause!
Mag Davids Sippe sehen, was ihr bleibt!«
Die Versammlung löste sich auf. 17 Nur die Angehö-
rigen der Nordstämme, die in den Städten Judas
wohnten, erkannten Rehabeam als König an.
18 Als Rehabeam noch einen Versuch machte und
Adoniram, den Beauftragten für die Fronarbeiten*,
zu den Vertretern der Nordstämme schickte, emp-
fingen sie ihn mit einem solchen Steinhagel, dass
er den Tod fand. Der König konnte sich gerade noch
auf seinen Wagen retten und nach Jerusalem ent-
kommen.
19 Die Nordstämme Israels sagten sich vom Königs-
haus Davids los und sind bis zum heutigen Tag von
ihm getrennt geblieben.
20 Überall im Bereich der Nordstämme hatte es
sich herumgesprochen, dass Jerobeam zurückge-
kehrt war. Da schickten die Männer Israels Boten
zu ihm, riefen ihn in ihre Versammlung und mach-
ten ihn zu ihrem König. Niemand hielt zum Königs-
haus Davids außer dem einen Stamm Juda.

a Wörtlich *Als ganz Israel**. Auch im Folgenden spricht die Übersetzung verdeutlichend von den Nordstämmen.
b Schon einmal war mit diesem Ruf die Spannung zwischen der Davidsdynastie und den Nordstämmen geschürt worden (2 Sam 20,1-2).

Es war im Alten Orient üblich, dass Könige ihre Kriegsgefangenen als Arbeitssklaven verwendeten, wie man auf diesem assyrischen Relief sieht. Salomo tat aber nicht nur das, sondern bürdete auch seinem eigenen Volk schwere Frondienste auf. Das war einer der Gründe, die nach seinem Tod zum Aufstand führten.

12,15 11,29-31 **12,16** 2 Sam 20,1 **12,18** 1 Kön 5,28S

Gott untersagt die Rückeroberung Nordisraels

(2 Chr 11,1-4)

21 Rehabeam war nach Jerusalem zurückgekehrt und
hatte aus den Stämmen Juda und Benjamin ein Heer
von 180000 bewährten Kriegern aufgestellt. Sie soll-
ten gegen das Nordreich Israel* ziehen und die
Königsherrschaft für den Sohn Salomos zurückge-
winnen.
22 Aber das Wort Gottes erging an den Propheten*
Schemaja; Gott sagte zu ihm: 23 »Ich gebe dir eine
Botschaft für Rehabeam, den Sohn Salomos, den
König von Juda, und für alle Männer aus Juda und
Benjamin. Sage zu ihnen: 24 ›So spricht der HERR:
Kämpft nicht gegen eure Brüder, die Männer von
Israel! Kehrt um und geht nach Hause! Ich selbst
habe alles so gefügt.‹«
Sie gehorchten der Weisung des HERRN, kehrten
um und gingen nach Hause.

Die Religionspolitik König Jerobeams

25 Jerobeam ließ die Stadt Sichem im Bergland von
Efraïm befestigen und machte sie zu seiner Resi-
denz. Später befestigte er auch die Stadt Penuël.
26 Aber Jerobeam machte sich Sorgen. »Wenn ich
nichts unternehme«, sagte er sich, »werde ich mein
Königtum wieder an die Nachkommen Davids ver-
lieren. 27 Denn wenn das Volk regelmäßig nach Jeru-
salem geht und im Tempel* des HERRN Opferfeste
feiert, werden die Leute sich wieder ihrem früheren
Herrn, dem König von Juda, zuwenden und Rehabe-
am als König anerkennen. Sie werden mich umbrin-
gen und sich wieder der Herrschaft des Königs von
Juda unterstellen.«
28 Jerobeam überlegte sich, was er dagegen tun
könnte. Er ließ zwei goldene Stierbilder* anfertigen
und sagte zum Volk: »Ihr braucht nicht länger zum
Tempel in Jerusalem zu gehen. Hier ist dein Gott,
Israel, der dich aus Ägypten hierher geführt hat!«
29 Das eine Standbild ließ er in Bet-El aufstellen,
das andere in der Stadt Dan. 30 Damit verleitete er
das Volk zur Sünde. In einer großen Prozession
zogen die Männer Israels vor dem zweiten Standbild
her bis nach Dan.
31 Jerobeam ließ auch an anderen Stellen des Lan-
des Heiligtümer errichten und setzte Priester belie-
biger Herkunft ein, die nicht zum Stamm Levi ge-
hörten. 32 Schließlich ordnete er an, am 15. Tag
des 8. Monats ein Wallfahrtsfest zu feiern, das dem
Laubhüttenfest* in Jerusalem entsprechen sollte.
Er selbst stieg an diesem Tag in Bet-El die Stufen
zum Altar hinauf und opferte vor seinen Stierbil-
dern. Die Priester, die er eingesetzt hatte, wirkten
dabei mit.

Ein Prophet kündigt die Entweihung von Jerobeams Staatsheiligtum an

33 Am 15. Tag des 8. Monats – in dem Monat, den er
eigenmächtig festgelegt hatte – veranstaltete Jerobe-
am in Bet-El ein Fest für die Leute im Reich Israel*
und opferte auf dem Altar*, den er dort errichtet
hatte. Er selbst trat auf die Stufen des Altars, um
dem HERRN Opfer* darzubringen.
13 Der HERR aber hatte einen Propheten[a] aus
Juda nach Bet-El geschickt, der kam gerade
dort an, als Jerobeam am Altar stand und sein Opfer
darbringen wollte. 2 Im Auftrag des HERRN wandte
sich der Prophet gegen den Altar und rief ihm zu:
»Altar! Altar! So spricht der HERR: ›In der Königs-
familie Davids wird ein Sohn mit Namen Joschija ge-
boren werden. Der wird die Priester töten, die auf
dir Opfer darbringen, und wird Totengebeine auf
dir verbrennen lassen.‹«
3 Weiter sagte er: »Der HERR wird ein Zeichen
geben, an dem alle sehen können, dass dies eintref-
fen wird. Der Altar wird bersten und die fettge-
tränkte Opferasche wird über den Boden verstreut
werden.«
4 König Jerobeam, der gerade auf den Stufen des
Altars stand, streckte die Hand gegen den Propheten
aus und befahl: »Nehmt den Mann fest!« Aber im sel-
ben Augenblick wurde sein Arm steif, sodass er ihn
nicht mehr zurückziehen konnte. 5 Der Altar zer-
barst und die Opferasche wurde über den Boden ver-
streut, genau wie es der Prophet im Auftrag des
HERRN angekündigt hatte.
6 Da sagte der König zu dem Propheten: »Besänfti-
ge doch den Zorn des HERRN, deines Gottes, und bete
für mich, dass ich meinen Arm wieder bewegen
kann.« Der Prophet tat es und der Arm wurde gesund
und beweglich wie zuvor.
7 Nun sagte der König zu dem Propheten: »Komm
mit mir in mein Haus und iss etwas bei mir! Ich
möchte dir auch noch ein Geschenk machen.«
8 Aber der Prophet erwiderte: »Ich komme nicht
mit, auch wenn du mir die Hälfte deines Besitzes ver-
sprichst. Ich werde an diesem Ort weder essen noch
trinken. 9 Als der HERR mich herschickte, hat er mir
befohlen: ›Du darfst dort nichts essen und nichts
trinken und auch nicht auf demselben Weg zurück-
kehren, auf dem du hingehst.‹«
10 Der Prophet verließ Bet-El und kehrte auf einem
anderen Weg nach Hause zurück.

Der Prophet lässt sich zum Ungehorsam verführen

11 In Bet-El lebte ein alter Prophet*. Dessen Söhne
erzählten ihm, was der Prophet aus Juda getan und
was er zum König gesagt hatte. 12 »Auf welchem
Weg ist er nach Hause gegangen?«, fragte ihr Vater.

a Wörtlich *einen Mann Gottes*. So wird der Abgesandte durchgehend bis Vers 31 bezeichnet, im Unterschied zu dem *Propheten* aus Bet-El ab Vers 11; doch sind beide Bezeichnungen hier gleichwertig (vgl. Vers 18).

12,28 Ex 32,4 **12,29** Gen 12,8; 28,10-22; Ri 20,18; 18,27-31 **12,32** Ex 23,16 S **13,2** 2 Kön 23,16

Sie hatten es beobachtet und berichteten es ihm.
13 »Sattelt mir meinen Esel«, befahl er. Dann saß er
auf 14 und ritt dem Propheten aus Juda nach.
Er fand ihn, wie er unter einer Eiche* saß, und
fragte ihn: »Bist du der Gottesmann, der aus Juda
gekommen ist?«
»Ja«, sagte der andere. 15 Da forderte der Alte ihn
auf: »Komm mit mir in mein Haus und iss etwas
bei mir!«
16 Aber der Prophet aus Juda erwiderte: »Ich kann
nicht mit dir gehen. Ich darf an diesem Ort mit nie-
mand essen oder trinken. 17 Der HERR hat es mir ver-
boten und hat mir auch befohlen, auf einem anderen
Weg nach Hause zurückzukehren.«
18 Da sagte der Alte: »Ich bin auch ein Prophet,
genau wie du. Der HERR hat mir durch einen Engel*
befohlen: ›Nimm ihn mit dir nach Hause und gib ihm
zu essen und zu trinken.‹« Das war gelogen; 19 aber
der andere glaubte es, kehrte mit ihm um und aß
und trank bei ihm.
20 Während sie bei Tisch saßen, erging das Wort
des HERRN an den Propheten, der den Mann aus Juda
wieder zurückgeholt hatte. 21 Er rief seinem Gast zu:
»So spricht der HERR: ›Du hast mir, dem HERRN, dei-
nem Gott, nicht gehorcht, 22 sondern bist umgekehrt
und hast gegessen und getrunken, obwohl ich dir
gesagt hatte: Du sollst an diesem Ort weder essen
noch trinken. Deshalb wirst du nicht im Grab deiner
Vorfahren bestattet werden.‹«[a]
23 Als die Mahlzeit beendet war, ließ der Prophet
aus Juda sich von seinem Gastgeber den Esel satteln
24 und machte sich auf den Heimweg. Unterwegs fiel
ein Löwe über ihn her und tötete ihn. Der Löwe und
der Esel blieben neben dem Toten stehen.
25 Ein paar Leute, die gerade vorbeikamen, sahen
den Toten auf dem Weg liegen und den Löwen
neben ihm. Sie erzählten es in der Stadt, in der der
alte Prophet lebte. 26 Als der es hörte, sagte er: »Das
ist der Gottesmann, der dem Befehl des HERRN nicht
gehorcht hat. Deshalb hat der HERR einen Löwen
geschickt, damit er über ihn herfällt und ihn tötet.
So hat der HERR es angekündigt.«
27 Er befahl seinen Söhnen, ihm einen Esel zu sat-
teln, 28 ritt zu der Stelle und fand alles, wie es ihm
berichtet worden war. Der Esel und der Löwe stan-
den neben dem Toten, und der Löwe hatte weder
den Toten aufgefressen noch dem Esel etwas zuleide
getan.
29 Der alte Prophet hob den Toten auf seinen Esel
und brachte ihn nach Bet-El zurück, um ihn zu
betrauern und zu bestatten. 30 Er legte ihn in seine
eigene Grabkammer und die Leute dort stimmten
die Totenklage* an: »Ach, mein Bruder! Mein Bru-
der!«
31 Nachdem er ihn bestattet hatte, sagte der Alte zu
seinen Söhnen: »Wenn ich sterbe, dann legt mich in
dasselbe Grab wie diesen Gottesmann! Lasst meine
Gebeine neben den seinen ruhen. 32 Denn was er
dem Altar in Bet-El und den Opferstätten in den Ort-
schaften Samariens im Auftrag des HERRN angekün-
digt hat, das wird ganz bestimmt eintreffen.«

Jerobeam hat nichts gelernt

33 Jerobeam ließ sich durch diese Vorfälle nicht von
seinem falschen Weg abbringen. Auch weiterhin
machte er jeden, der sich darum bewarb, zum Pries-
ter* an den Opferstätten* des Landes. 34 Die Schuld,
die er damit auf sich lud, führte zur Vernichtung
seiner Familie und zum Untergang seines Königs-
hauses.

Jerobeam und ganz Israel wird die Strafe angekündigt

14 Damals wurde Jerobeams Sohn Abija krank.
2 Da sagte Jerobeam zu seiner Frau: »Geh
nach Schilo[b] zum Propheten* Ahija. Er hat einst vor-
ausgesagt, dass ich König über dieses Volk werden
soll. Mach dich unkenntlich, damit niemand merkt,
dass du meine Frau bist. 3 Nimm zehn Brote, ein paar
Kuchen und einen Krug voll Honig mit. Der Prophet
wird dir sagen, wie die Krankheit ausgehen wird.«
4 Die Frau ging nach Schilo und kam in das Haus
von Ahija. Der Prophet konnte sie nicht sehen, denn
er war altersblind. 5 Doch der HERR hatte zu ihm
gesagt: »Die Frau Jerobeams wird zu dir kommen
und dich fragen, wie die Krankheit ihres Sohnes aus-
gehen wird. Sie wird sich dir aber nicht zu erkennen
geben.« Der HERR sagte ihm auch, was er ihr antwor-
ten sollte.
6 Als die Frau in die Tür trat, hörte Ahija ihre
Schritte und sagte: »Komm nur herein! Du bist doch
die Frau Jerobeams. Warum verstellst du dich? Ich
habe eine schlimme Botschaft für dich. 7 Geh heim
und richte Jerobeam aus:
›So spricht der HERR, der Gott Israels: Ich habe
dich aus dem ganzen Volk ausgewählt und dir die
Herrschaft über mein Volk übertragen. 8 Ich habe
das Königtum über Israel[c] den Nachkommen Davids
weggenommen und habe es dir gegeben. Aber du
bist nicht dem Beispiel meines Dieners David
gefolgt, der mir unverbrüchlich die Treue hielt, der
alle meine Gebote beachtet und nur getan hat, was
mir gefällt. 9 Nein, du hast es schlimmer getrieben
als irgendeiner vor dir: Mich hast du verworfen
und hast dir eigene Götter gemacht, Bilder aus Bron-
zeguss! Beleidigt hast du mich damit!
10 Deshalb werde ich Unglück über deine Familie
bringen. Alle deine männlichen Nachkommen wer-
de ich ausrotten, die mündigen wie die unmündigen.
Ich werde keinen von ihnen übrig lassen, so wie man
Kot bis zum letzten Rest wegfegt. 11 Wer von ihnen in
der Stadt umkommt, den fressen die Hunde, und wer

a Der Prophet aus Juda konnte nicht wissen, dass der Alte ihn täuschte und auf die Probe stellen wollte. Aber er hätte – das will dieser Bericht sagen – auch nicht um Haaresbreite von seinem Auftrag abgehen dürfen.
b Vgl. Anmerkung zu 1 Sam 1,3. Offenbar hatte der Ort auch nach der Zerstörung um 1050 v. Chr. noch eine gewisse Bedeutung behalten.
c Gemeint ist der Bereich der Nordstämme; siehe Sacherklärung »Israel«.

13,24 20,36; 2 Kön 2,24 **14,2** 11,29-31 **14,10** 15,29

auf dem freien Feld stirbt, den fressen die Geier.‹ Der HERR hat es gesagt.«

12 Weiter sagte Ahija zu der Frau Jerobeams: »Geh jetzt nach Hause! Sobald du die Stadt betrittst, wird dein Sohn sterben. 13 Ganz Israel wird um ihn trauern. Aber er wird der Einzige aus der Familie Jerobeams sein, der in ein Grab kommt, weil er auch der Einzige ist, an dem der HERR, der Gott Israels, etwas Gutes gefunden hat. 14 Der HERR wird einen König über Israel einsetzen, der alle Nachkommen Jerobeams ausrotten wird.[a] 15 Ja, der HERR wird Israel einen Schlag versetzen, dass es schwankt wie ein Schilfrohr im Wasser. Er wird die Leute von Israel aus diesem guten Land, in das er ihre Vorfahren eingepflanzt hat, ausreißen und wird sie wegschleudern in das Land jenseits des Eufratstromes. So werden sie dafür bestraft, dass sie sich geweihte Pfähle* aufgestellt und den HERRN damit beleidigt haben. 16 Er wird die Leute von Israel ihren Feinden preisgeben, weil Jerobeam sich gegen ihn vergangen hat und sie sich von ihm zum Götzendienst verführen ließen.«

17 Die Frau Jerobeams kehrte heim nach Tirza,[b] und in dem Augenblick, als sie über die Schwelle des Hauses trat, starb ihr Sohn. 18 Sie bestatteten ihn und ganz Israel trauerte um ihn. So geschah, was der HERR durch seinen Diener, den Propheten Ahija, angekündigt hatte.

Jerobeams Tod und sein Nachfolger

19 Was es sonst noch über Jerobeam zu berichten gibt, über seine Regierungsmaßnahmen und die Kriege, ist in der amtlichen Chronik der Könige von Israel nachzulesen. 20 Er regierte 22 Jahre lang, und als er starb, wurde sein Sohn Nadab sein Nachfolger.

Rehabeam als König von Juda

(2 Chr 11,5–12,16)

21 Rehabeam, der Sohn Salomos, war 41 Jahre alt, als er König von Juda wurde. Siebzehn Jahre lang regierte er in Jerusalem, in der Stadt, die der HERR aus dem ganzen Gebiet der Stämme Israels ausgewählt und zum Wohnsitz seines Namens[c] bestimmt hatte. Rehabeams Mutter[d] war die Ammoniterin* Naama.

22 Die Leute von Juda taten, was dem HERRN missfällt. Durch ihren Ungehorsam erregten sie den Zorn des HERRN, mehr als ihre Vorfahren es je getan hatten. 23 Genau wie die Leute im Reich Israel* errichteten sie auf allen Bergen und unter allen großen Bäumen Opferstätten* und stellten geweihte Steinmale* und Pfähle* auf. 24 Auch gab es geweihte* Männer und Frauen im Land. Mit alldem folgten die Leute von Juda den abscheulichen Bräuchen der Völker, die der HERR vor seinem Volk vertrieben hatte.

25 Im fünften Regierungsjahr König Rehabeams zog der ägyptische König Schischak[e] gegen Jerusalem heran. 26 Er raubte die Schatzkammern im Tempel* und im Königspalast aus und nahm auch alle goldenen Schilde mit, die Salomo hatte anfertigen lassen. 27 Rehabeam ließ dafür Schilde aus Bronze machen und gab sie den Kommandanten der Wache, die am Eingang des Palastes stationiert war. 28 Jedes Mal, wenn der König in den Tempel des HERRN ging, trugen die Wachen, die ihn begleiteten, diese Schilde und brachten sie dann wieder in ihre Unterkunft zurück.

29 Was es sonst noch über Rehabeam und seine Taten zu berichten gibt, ist in der amtlichen Chronik der Könige von Juda nachzulesen. 30 Während seiner ganzen Regierungszeit herrschte Krieg zwischen ihm und Jerobeam. 31 Als er starb, wurde er in der Grabstätte seiner Vorfahren in der Davidsstadt* bestattet. Seine Mutter war die Ammoniterin Naama. Sein Sohn Abija wurde sein Nachfolger.

Über König Abija von Juda

(2 Chr 13,1-23)

15 Im 18. Regierungsjahr Jerobeams, des Königs von Israel, wurde Abija König von Juda. 2 Er regierte drei Jahre lang in Jerusalem. Seine Mutter hieß Maacha und war eine Tochter Abischaloms.

3 Er folgte dem schlechten Beispiel seines Vaters und diente dem HERRN, seinem Gott, nicht mit ungeteiltem Herzen, wie es sein Ahnherr David getan hatte. 4 Trotzdem gab der HERR ihm einen Sohn als Nachfolger auf dem Thron und ließ das Licht in seinem Königshaus nicht erlöschen, und er bewahrte auch Jerusalem vor dem Untergang. Das tat er David zuliebe, 5 der zeit seines Lebens getan hatte, was dem HERRN gefällt, und ihm in allen Dingen gehorcht hatte – das Unrecht gegen den Hetiter* Urija ausgenommen. °

7 Was es sonst noch über Abija und seine Taten zu berichten gibt, ist in der amtlichen Chronik der Könige von Juda nachzulesen. 8 Als er starb, wurde er in der Davidsstadt* bestattet. Sein Sohn Asa wurde sein Nachfolger.

Über König Asa von Juda

(2 Chr 14,1-4; 15,16-19; 16,1-6.11-14)

9 Im 20. Regierungsjahr Jerobeams, des Königs von Israel, wurde Asa König von Juda. 10 Er regierte 41 Jahre lang in Jerusalem. Die Stellung der Königsmutter* behielt seine Großmutter Maacha, die Tochter Abischaloms.

11 Er tat, was dem HERRN gefällt, genau wie sein Ahnherr David. 12 Er trieb die geweihten* Männer

a Es folgt noch: *Dies ist der Tag, und wie? Schon jetzt?*
b Vermutlich hatte schon Jerobeam I. die Hauptstadt des Nordreiches von Sichem (12,25) nach Tirza verlegt, das später als Residenz Baschas erwähnt wird (15,33). Die Stadt lag östlich des damals noch nicht bestehenden Samaria (Karte Seite 443).
c *zum Wohnsitz ...:* siehe Anmerkung zu Dtn 12,5.
d Die Erwähnung der Mutter bei fast allen Königen Judas weist darauf hin, dass die Königsmutter angesichts der erblichen Thronfolge im Südreich eine bedeutende Stellung am Hof innehatte; vgl. 15,10.
e Der Pharao Scheschonk I. (945–924 v. Chr.). Er war der Begründer der 22. Dynastie und machte den Versuch, die alte ägyptische Oberherrschaft über Palästina zu erneuern. Nach einer Inschrift im Tempel von Karnak galt der Feldzug von 922 v. Chr. vor allem Nordisrael und hat Jerusalem nicht direkt berührt. Vielleicht musste Rehabeam seine Schätze opfern, um sich durch einen Tribut freizukaufen; vgl. 15,18; 2 Kön 18,14-16.

14,15 8,46; 2 Kön 17,1-6 **14,24** Dtn 23,18; 1 Kön 15,12; 22,47; 2 Kön 23,7 **14,25** 11,40 **14,26** 10,16-17 **15,3** 8,61; 11,3-4 **15,4** 11,36 **15,5** (Urija) 2 Sam 11,1-27 **15,12** 14,24S

und Frauen aus dem Land und beseitigte die Götzen-
bilder, die seine Vorgänger aufgestellt hatten. 13 Er
wagte es sogar, Maacha als Königsmutter abzuset-
zen, weil sie ein verabscheuungswürdiges Götzen-
bild der Göttin Aschera* aufgestellt hatte. Das Göt-
zenbild ließ er wegschaffen und im Kidrontal ver-
brennen.
14 Die Opferstätten[a] im Land ließ er allerdings wei-
ter bestehen; aber in allem anderen gehorchte er
dem HERRN mit ungeteiltem Herzen sein ganzes
Leben lang. 15 Er brachte die goldenen und silbernen
Geräte, die sein Vater dem HERRN geweiht hatte, in
den Tempel* und weihte dem HERRN noch weitere
Gold- und Silbergeräte.
16 Zwischen Asa und König Bascha von Israel[b]
herrschte Krieg, solange sie lebten. 17 Bascha rückte
nach Süden gegen Juda vor und baute die Stadt
Rama[c] zur Festung aus, um die Wege von und nach
Juda kontrollieren zu können.
18 Darauf schickte König Asa eine Gesandtschaft
nach Damaskus zum Syrerkönig Ben-Hadad, dem
Sohn Tabrimmons und Enkel Hesjons. Er gab den
Abgesandten alles Silber und Gold mit, das in den
königlichen Schatzkammern und in den Schatzkam-
mern des Tempels noch übrig war, und ließ dem
König von Syrien* sagen: 19 »Ich möchte ein Bündnis
mit dir schließen, wie es schon zwischen unseren
Vätern bestanden hat. Dieses Silber und Gold schi-
cke ich dir als Geschenk. Kündige dafür dein Bünd-
nis mit König Bascha von Israel und falle in sein Land
ein, damit er von meiner Grenze abziehen muss!«
20 Ben-Hadad ging darauf ein und schickte seine
Truppen gegen das Reich Israel*. Sie verwüsteten
die Städte Ijon, Dan und Abel-Bet-Maacha sowie
das ganze Gebiet am See Gennesaret.[d] 21 Da brach
Bascha den Ausbau von Rama ab und kehrte in seine
Hauptstadt Tirza zurück.
22 König Asa bot nun alle Männer Judas auf; keiner
wurde freigestellt. Sie mussten die Baumaterialien,
die Bascha für den Festungsbau bereitgelegt hatte,
abtransportieren, die Steine und das Holz. Asa ließ
damit die Städte Geba und Mizpa[e] im Gebiet des
Stammes Benjamin befestigen.
23 Was es sonst noch über Asa und seine Taten zu
berichten gibt, über die Städte, die er gebaut hat, und
über alle seine Erfolge, ist in der amtlichen Chronik
der Könige von Juda nachzulesen. Im Alter er-
krankte er an einem Fußleiden. 24 Als er starb, wurde
er in der Grabstätte seiner Vorfahren in der Davids-
stadt* bestattet. Sein Sohn Joschafat wurde sein
Nachfolger.

König Nadab von Israel und das Ende der Dynastie Jerobeams

25 Im zweiten Regierungsjahr von Asa, dem König
von Juda, wurde Nadab, der Sohn Jerobeams, König
von Israel. Er regierte zwei Jahre lang. 26 Er tat, was
dem HERRN missfällt und folgte dem schlechten Bei-
spiel seines Vaters, der die Leute im Reich Israel*
zum Götzendienst verführt hatte.
27 Bascha, der Sohn von Ahija aus dem Stamm Issa-
char,[f] machte eine Verschwörung gegen ihn und
erschlug ihn, als Nadab mit dem Heer Israels die Phi-
listerfestung Gibbeton[g] belagerte. 28 Bascha tötete
Nadab im dritten Regierungsjahr von Asa, dem
König von Juda, und wurde an seiner Stelle König
von Israel.
29 Als Bascha den Thron bestiegen hatte, rottete er
die ganze Familie Jerobeams aus; niemand von des-
sen Nachkommen ließ er am Leben. So traf ein, was
der HERR durch seinen Diener Ahija von Schilo an-
gekündigt hatte. 30 Es war die Strafe dafür, dass Jero-
beam sich gegen den HERRN, den Gott Israels, ver-
gangen und die Leute von Israel zum Götzendienst
verführt hatte. Dadurch hatte er den Zorn des
HERRN herausgefordert.
31 Was es sonst noch über Nadab und seine Taten
zu berichten gibt, ist in der amtlichen Chronik der
Könige von Israel nachzulesen.
32 Zwischen Asa und König Bascha von Israel
herrschte Krieg, solange sie lebten.

Über König Bascha von Israel

33 Im dritten Regierungsjahr von Asa, dem König von
Juda, wurde Bascha, der Sohn von Ahija, König von
Israel. Er regierte in Tirza[h] 24 Jahre lang. 34 Er tat,
was dem HERRN missfällt, und folgte dem schlechten
Beispiel Jerobeams, der die Leute im Reich Israel*
zum Götzendienst verführt hatte.
16 Da erging das Wort des HERRN an den Prophe-
ten* Jehu, den Sohn von Hanani. Er musste
König Bascha im Namen des HERRN sagen:
2 »Obwohl du ein Mann ohne Macht und Einfluss
warst, habe ich dich zum König über mein Volk
Israel gemacht. Du aber bist dem schlechten Beispiel
Jerobeams gefolgt. Du hast mein Volk zum Götzen-
dienst verführt, sodass sie meinen Zorn erregt
haben. 3 Deshalb wird es deiner Familie ebenso erge-
hen wie der Familie Jerobeams. Ich werde niemand
von deinen Nachkommen übrig lassen. 4 Wer von
ihnen in der Stadt umkommt, den fressen die Hunde,
und wer auf dem freien Feld stirbt, den fressen die
Geier.«
5 Was es sonst noch über Bascha zu berichten gibt,
über seine Taten und seine Erfolge, ist in der amtli-
chen Chronik der Könige von Israel nachzulesen.
6 Als er starb, wurde er in Tirza bestattet. Sein Sohn
Ela wurde sein Nachfolger.
7 Der Prophet Jehu, der Sohn von Hanani, hatte
Bascha und seiner Familie den Untergang angekün-
digt, weil er so viel Böses gegen den HERRN getan und

a Vgl. Anmerkung zu 3,3. Siehe auch Sacherklärung »Opferstätte«.
b Über *Bascha* wird ab Vers 27 berichtet.
c *Rama* (westlich von Geba, nur 9 km von Jerusalem; vgl. Karte Seite 443) lag im Gebiet des Stammes Benjamin, der zum Südreich Juda hielt.
d Vgl. Karte Seite 443. *Ijon* liegt jenseits des Nordrandes der Karte. Siehe auch Sacherklärung »Gennesaret«.
e Die Orte an der Nordgrenze Benjamins (Karte Seite 443) werden als Grenzfestungen ausgebaut.
f Der häufige Regierungswechsel im Nordreich mag teilweise mit Stammesrivalitäten zusammenhängen. Außerdem fehlte ein auf ›neutralem‹ Boden errichtetes Zentrum, wie es das Südreich mit Jerusalem besaß und für das Nordreich erst durch Omri geschaffen wurde (16,24).
g Westlich von Geser (Karte Seite 443).
h Siehe Anmerkung zu 14,17.

15,13 2 Kön 23,4.6.12 **15,14** 3,2-3S **15,18** 14,26 **15,27** 16,15 **15,29** 14,10 **16,3** 15,29; 16,11-12

ihn mit seinen Götzen beleidigt hatte. Es sollte ihnen
ergehen wie der Familie Jerobeams – und das auch
deshalb, weil° Bascha die Nachkommen Jerobeams
ausgerottet hatte.

König Ela von Israel und das Ende der Dynastie Baschas

8 Im 26. Regierungsjahr von Asa, dem König von
Juda, wurde Ela, der Sohn von Bascha, König von
Israel. Er regierte zwei Jahre lang in Tirza.
9 Dann machte Simri, der Befehlshaber über die
Hälfte seiner Streitwagen*, eine Verschwörung
gegen ihn. Als der König in Tirza im Haus des Palast-
vorstehers Arza zechte und schon betrunken war,
10 drang Simri in das Haus ein und erschlug ihn.
Nun wurde Simri König von Israel, im 27. Regie-
rungsjahr des Königs Asa von Juda.
11–12 Nachdem Simri den Königsthron bestiegen
hatte, rottete er alle männlichen Nachkommen
von Bascha aus. Er tötete auch alle, die der Königsfa-
milie nahe standen. So traf ein, was der HERR einst
Bascha durch den Propheten Jehu angekündigt
hatte. 13 Es war die Strafe dafür, dass Bascha und sein
Sohn Ela die Leute im Reich Israel* zur Sünde ver-
führt und den HERRN, den Gott Israels, mit ihren
nichtigen Götzen beleidigt hatten.
14 Was es sonst noch über Ela und seine Taten zu
berichten gibt, ist in der amtlichen Chronik der
Könige von Israel nachzulesen.

Der Kampf um den Thron nach der Ermordung von König Bascha

15 Im 27. Regierungsjahr von Asa, dem König von
Juda, wurde Simri für sieben Tage König von Israel
in der Hauptstadt Tirza.
Das Heer Israels belagerte damals wieder[a] die Phi-
listerfestung Gibbeton.[b] 16 Als im Heerlager bekannt
wurde, dass Simri eine Verschwörung gemacht
und König Ela erschlagen hatte, erhoben die Männer
von Israel sofort ihren Heerführer Omri zum König
von Israel.
17–18 Omri zog mit dem ganzen Heer von Gibbeton
vor die Hauptstadt Tirza. Als die Stadt nach kurzer
Belagerung eingenommen wurde, schloss sich Simri
in den inneren Turm des Königspalastes ein, ließ den
Palast anzünden und fand in den Flammen den Tod.
19 Dies war die Strafe dafür, dass er getan hatte, was
dem HERRN missfällt. Denn er war dem schlechten
Beispiel Jerobeams gefolgt, der die Leute im Reich
Israel* zum Götzendienst verführt hatte.
20 Was es sonst noch über Simris Verschwörung
und sein Königtum zu berichten gibt, ist in der amt-
lichen Chronik der Könige von Israel nachzulesen.
21 Das Volk war jedoch gespalten: Nur der eine Teil
hielt zu Omri, der andere Teil machte Tibni, den
Sohn Ginats, zum König. 22 Doch die Anhänger von
Omri waren stärker als die Anhänger von Tibni.
Als Tibni starb,[c] wurde Omri König über das ganze
Volk.

Über König Omri von Israel

23 Im 31. Regierungsjahr von Asa, dem König von Juda,
wurde Omri König von Israel. Er regierte zwölf Jahre
lang, davon die ersten sechs in der Stadt Tirza.
24 Dann kaufte er den Berg von Samaria um zwei
Zentner* Silber und baute darauf seine neue Haupt-
stadt. Nach dem früheren Besitzer des Berges, einem
Mann namens Schemer, nannte er die Stadt Sama-
ria.[d]
25 Omri tat, was dem HERRN missfällt. Er trieb es
schlimmer als alle seine Vorgänger. 26 Er folgte in
allem dem schlechten Beispiel Jerobeams, der die
Leute im Reich Israel* dazu verführt hatte, den
HERRN, ihren Gott, mit ihren nichtigen Götzen zu
beleidigten.
27 Was es sonst noch über Omri zu berichten gibt,
über seine Taten und seine Erfolge, ist in der amtli-
chen Chronik der Könige von Israel nachzulesen.
28 Als er starb, wurde er in Samaria bestattet. Sein
Sohn Ahab wurde sein Nachfolger.

König Omri von Israel wählte den Berg von Samaria als Platz für seine neue Hauptstadt. Unter ihm und seinem Sohn Ahab erlebte das Nordreich äußerlich eine Blütezeit. Samaria blieb die Hauptstadt des Nordreiches Israel, bis die Assyrer es 722 v. Chr. einnahmen und große Teile der Bevölkerung in die Verbannung führten. Im Bild Ruinen der später dort errichteten hellenistischen Stadt Sebaste.

a *wieder:* verdeutlichender Zusatz (vgl. 15,27).
b Vgl. Anmerkung zu 15,27, für *Tirza* zu 14,17.
c Aus den Versen 15 und 23 ergibt sich, dass die Thronwirren im Nordreich 4 Jahre dauerten.
d Hebräische Namensform *Schomeron.* Zur Lage siehe Karte Seite 443.

16,11-12 16,3 **16,15** 15,27

KÖNIG AHAB
UND DER PROPHET ELIJA (16,29–22,40)

Über König Ahab von Israel

29 Im 38. Regierungsjahr von Asa, dem König von Juda, wurde Ahab, der Sohn von Omri, König von Israel. Er regierte 22 Jahre lang in Samaria.

30 Noch mehr als seine Vorgänger tat er, was dem HERRN missfällt. 31 Es war noch das wenigste, dass er an dem Götzendienst Jerobeams festhielt. Was viel schlimmer war: Er heiratete Isebel, eine Tochter Etbaals,[a] des Königs der Phönizier*, und er ging so weit, dass er dem Gott Baal* Opfer darbrachte und sich vor ihm niederwarf. 32 Er baute ihm in Samaria einen Tempel und errichtete dort einen Altar für ihn. 33 Außerdem ließ er ein Bild der Göttin Aschera* aufstellen. Mit diesen und ähnlichen Taten beleidigte er den HERRN, den Gott Israels, mehr als alle Könige, die vor ihm im Reich Israel* regiert hatten.

34 Während seiner Regierungszeit baute Hiël aus Bet-El die Stadt Jericho wieder auf. Als er die Fundamente legte, kostete ihn das seinen erstgeborenen Sohn Abiram, und als er die Tore einsetzte, kostete es ihn seinen jüngsten Sohn Segub. So erfüllte sich die Drohung, die einst Josua im Auftrag des HERRN ausgesprochen hatte.

Der Prophet Elija kündigt die große Dürre an

17 Elija, der Prophet* aus dem Dorf Tischbe in der Landschaft Gilead,° sagte zu Ahab: »So gewiss der HERR, der Gott Israels, lebt, in dessen Dienst ich stehe: In den nächsten Jahren wird weder Tau noch Regen fallen, bis ich es befehle!«

Gott sorgt für seinen Boten: Elija am Bach Kerit

2 Darauf erging das Wort des HERRN an Elija, er sagte zu ihm: 3 »Bring dich in Sicherheit! Geh nach Osten über den Jordan und versteck dich am Bach Kerit.[b] 4 Aus dem Bach kannst du trinken, und ich habe den Raben befohlen, dass sie dir zu essen bringen.«

5 Elija gehorchte dem Befehl des HERRN, ging auf die andere Jordanseite an den Bach Kerit und blieb dort. 6 Morgens und abends brachten ihm die Raben Brot und Fleisch, und Wasser bekam er aus dem Bach.

7 Aber weil es nicht regnete, trocknete der Bach nach einiger Zeit aus.

Gott sorgt für seinen Boten: Elija bei der Witwe von Sarepta

8 Da erging das Wort des HERRN an Elija, er sagte zu ihm: 9 »Geh in die Stadt Sarepta in Phönizien* und bleib dort! Ich habe einer Witwe befohlen, dich mit Essen und Trinken zu versorgen.«

10 Elija machte sich auf den Weg und ging nach Sarepta.[c] Als er ans Stadttor kam, traf er dort eine Witwe, die Holz auflas. »Bring mir doch etwas Wasser!«, bat er sie. 11 Als sie wegging, um es zu holen, rief er ihr nach: »Bring auch etwas Brot mit!«

12 Doch sie sagte: »So gewiss der HERR, dein Gott, lebt: Ich habe keinen Bissen mehr, nur noch eine Hand voll Mehl im Topf und ein paar Tropfen Öl im Krug. Ich lese gerade ein paar Holzstücke auf und will mir und meinem Sohn die letzte Mahlzeit bereiten. Dann müssen wir sterben.«

13 Elija erwiderte: »Geh heim und tu, was du vorhast. Aber backe zuerst für mich ein kleines Fladenbrot* und bring es zu mir heraus. Den Rest kannst du dann für dich und deinen Sohn zubereiten. Hab keine Angst, 14 denn der HERR, der Gott Israels, hat versprochen: ›Der Mehltopf wird nicht leer und das Öl im Krug versiegt nicht, bis ich es wieder regnen lasse.‹«

15 Die Frau ging und tat, was Elija ihr aufgetragen hatte. Und wirklich hatten die drei jeden Tag zu essen. 16 Der Mehltopf wurde nicht leer und das Öl im Krug versiegte nicht, wie der HERR es durch Elija versprochen hatte.

Elija erweckt den Sohn der Witwe wieder zum Leben

17 Nach einiger Zeit wurde der Sohn der Witwe, die den Propheten* in ihr Haus aufgenommen hatte, krank. Sein Zustand verschlimmerte sich immer mehr und zuletzt starb er. 18 Da sagte die Mutter zu Elija: »Was habe ich mit dir zu tun, du Mann Gottes? Du bist nur in mein Haus gekommen, um Gott an meine Sünden zu erinnern. Darum musste mein Sohn jetzt sterben!«

19 »Gib ihn mir!«, erwiderte Elija. Er nahm ihr das tote Kind vom Schoß, trug es in die Dachkammer, in der er wohnte, und legte es auf sein Bett.

20 Dann rief er: »HERR, mein Gott! Willst du wirklich diese Frau ins Unglück stürzen und ihr den einzigen Sohn nehmen? Sie hat mich doch so freundlich in ihr Haus aufgenommen!« 21 Er legte sich dreimal auf den Leichnam des Kindes und rief dabei: »HERR, mein Gott, lass doch sein Leben wiederkommen!«

22 Der HERR erhörte sein Gebet und gab dem Kind das Leben zurück. 23 Elija nahm den Jungen bei der Hand, brachte ihn hinunter zu seiner Mutter und sagte zu ihr: »Sieh her, er lebt!«

24 Die Frau sagte: »Jetzt weiß ich, dass du ein Mann Gottes bist. Auf das Wort, das du im Namen des HERRN sprichst, ist Verlass!«

a Die Verbindung Ahabs mit dem Phönizierkönig, die an entsprechende Beziehungen Davids und Salomos anknüpft, verschaffte dem Nordreich einen Bundesgenossen gegen die Syrer und sicherte ihm die politische und wirtschaftliche Stabilität; vgl. Anmerkung zu 5,15. Dies verstärkte jedoch zugleich das Gewicht des kanaanitischen Bevölkerungselements und führte zu einem bedenklichen religiösen Fremdeinfluss, gegen den sich der Protest des Propheten Elija richtet.
b Es lässt sich nicht mit Sicherheit sagen, wo der Bach zu suchen ist. Jedenfalls entzieht sich Elija dem Zugriff des Königs.
c *Sarepta* (oder Zarpat) liegt an der Mittelmeerküste zwischen Tyrus und Sidon. Elija muss das Gebiet Israels meiden; vgl. 18,10.

16,34 Jos 6,26 **17,1** (Elija) Mal 3,23; Sir 48,1-11; Mt 11,14S; Jak 5,17 **17,9** Lk 4,25-26 **17,21-22** 2 Kön 4,34-35

Elija stellt sich dem König

18 Schon länger als zwei Jahre hatte es nicht mehr geregnet, da erging das Wort des HERRN an Elija. Der HERR sagte zu ihm: »Geh und tritt vor König Ahab! Ich werde dem Land wieder Regen schicken!« 2 Elija machte sich auf den Weg.

In der Stadt Samaria waren alle Vorräte aufgebraucht. 3 Darum ließ Ahab seinen Palastverwalter Obadja rufen. Obadja hatte immer treu zum HERRN gehalten. 4 Als Isebel die Propheten* des HERRN ermorden ließ, hatte er hundert von ihnen in Sicherheit gebracht, sie zu je fünfzig in zwei Höhlen versteckt und mit Brot und Wasser versorgt.

5 Nun sagte Ahab zu Obadja: »Los, wir suchen° jetzt jede Oase und jedes Bachtal im Land nach Gras ab. Vielleicht finden wir irgendwo noch etwas für unsere Pferde und Maulesel. Sonst bleibt uns nichts anderes übrig, als einen Teil der Tiere zu töten.«

6 Ahab und Obadja teilten das Land unter sich auf und gingen dann jeder für sich auf die Suche. 7 Als nun Obadja das Land durchstreifte, trat ihm plötzlich Elija in den Weg. Obadja erkannte den Propheten, warf sich vor ihm nieder und fragte: »Elija, mein Herr, bist du es?«

8 »Ich bin es«, sagte Elija. »Kehr sofort um und melde deinem Herrn, dass ich hier bin!«

9 »Was habe ich getan, dass du mich dem Zorn des Königs ausliefern willst?«, erwiderte Obadja. »Er wird mich umbringen lassen. 10 So gewiss der HERR, dein Gott, lebt: Es gibt kein Land, in dem Ahab dich nicht suchen ließ. Wenn es hieß: ›Er ist nicht hier‹, musste es ihm der König des Landes mit einem Eid bestätigen. 11 Und jetzt soll ich hingehen und ihm melden: ›Elija ist da‹?

12 Kaum bin ich weg, kann der Geist* des HERRN dich an einen Ort bringen, den ich nicht kenne.[a] Wenn Ahab dich dann nicht findet, wird er mich umbringen. Dabei habe ich doch von Jugend auf treu zum HERRN gehalten. 13 Hat man dir nicht berichtet, was ich getan habe? Als Isebel die Propheten des HERRN umbrachte, habe ich hundert von ihnen in zwei Höhlen versteckt und mit Brot und Wasser versorgt. 14 Und nun schickst du mich zu Ahab, damit ich dich bei ihm melde? Er wird mich bestimmt umbringen.«

15 Aber Elija sagte: »So gewiss der HERR, der Herrscher der Welt,[b] lebt, in dessen Dienst ich stehe, ich sage dir: Noch heute wird mich Ahab zu sehen bekommen!«

Elija ruft das Volk auf den Berg Karmel und fordert eine Entscheidung

16 Da ging Obadja zu König Ahab und brachte ihm die Botschaft. Der König brach sofort auf und zog Elija entgegen. 17 Als er den Propheten* erblickte, rief er: »Da bist du also – der Mann, der Israel ins Unglück stürzt!«

18 Doch Elija erwiderte: »Nicht ich stürze Israel ins Unglück, sondern du und deine Familie! Ihr habt die Gebote des HERRN missachtet; sogar du selbst verehrst die Baale*! 19 Aber jetzt ist es so weit: Schicke Boten aus! Ganz Israel soll zu mir auf den Gipfel des Berges Karmel[c] kommen. Rufe auch die 450 Propheten Baals und die 400 Propheten der Aschera*, die von Isebel mit Essen und Trinken versorgt werden!«

Baal war der kanaanitische Gott des Wetters, damit auch der Ernte. Oft wird er mit Blitz und Donner dargestellt. Aber nicht Baal, sondern der lebendige Gott war es, der sich beim ›Gottesurteil‹ auf dem Karmel durch Feuer vom Himmel bezeugte. »Ihr müsst lauter rufen!«, hatte Elija gespottet. »Er ist doch ein Gott! Vielleicht denkt er gerade nach oder musste dringend mal weg oder ist auf Reisen gegangen.« (18,27) Aber es kam keine Antwort.

a Dem Geist Gottes (vgl. die Sacherklärung) werden die unterschiedlichsten Wirkungen zugeschrieben – auch so handgreifliche wie die hier erwähnte (vgl. 2 Kön 2,16; Ez 8,3; Apg 8,39-40).
b Wörtlich *der HERR Zebaot**.
c Ein etwa 20 km langer, bis 552 m hoher Bergrücken, der von Südosten nach Nordwesten verläuft und südlich des heutigen Haifa in einem Kap im Meer endet (Karte Seite 443). Den Ort der Auseinandersetzung sucht man heute im Allgemeinen an der Nordwestspitze.

18,12 2 Kön 2,16; Apg 8,39-40 **18,18** 16,31-33

a Der Politiker Ahab hält die Verehrung Gottes und Baals (siehe die Sacherklärung) für vereinbar; Elija fordert (wie einst Josua; Jos 24,14-24) eine klare Entscheidung.
b Deutung unsicher.
c Hebräische Maßangabe *2 Sea* (1 Sea = 1/3 Efa*).
d Auf der Nordseite des Karmelgebirges (Karte Seite 443).
e In der nach dieser Stadt benannten Jesreel-Ebene (Karte Seite 443).

20 Ahab ließ die Männer Israels und die Propheten Isebels auf den Berg Karmel rufen. Als alle versammelt waren, 21 trat Elija vor die Volksmenge und rief: »Wie lange schwankt ihr noch hin und her?[a] Entweder der Herr ist Gott, dann folgt *ihm* – oder Baal ist Gott, dann folgt *ihm!*«

Als alles stumm blieb, 22 fuhr Elija fort: »Ich bin der einzige Prophet des Herrn, der noch übrig geblieben ist, und hier sind 450 Propheten, die im Dienst Baals stehen. 23 Bringt zwei junge Stiere her! Sie sollen sich einen auswählen, ihn zerteilen und die Stücke auf die Holzscheite legen; aber sie dürfen kein Feuer anzünden. Ich werde es mit dem anderen Stier ebenso machen. 24 Dann sollen sie zu ihrem Baal rufen und ich rufe zum Herrn. Wer von beiden als Antwort Feuer schickt, der ist Gott.«

Das ganze Volk rief: »Ja, so soll es sein!«

Welcher Gott schickt Feuer vom Himmel?

25 Dann sagte Elija zu den Propheten* Baals: »Macht ihr den Anfang; ihr seid in der Überzahl. Sucht euch einen Stier aus, bereitet ihn als Opfer zu und betet zu eurem Gott, aber zündet kein Feuer an!«

26 Die Baalspropheten richteten das Opfer zu und riefen vom Morgen bis zum Mittag: »Baal, höre uns!« Dabei tanzten sie um den Altar und hüpften die Stufen hinauf.[b] Aber alles blieb still, niemand antwortete.

27 Als es Mittag wurde, machte sich Elija über sie lustig. »Ihr müsst lauter rufen!«, spottete er. »Er ist doch ein Gott! Vielleicht denkt er gerade nach oder er musste dringend mal weg oder ist auf Reisen gegangen. Vielleicht hält er gerade seinen Mittagsschlaf. Ihr müsst ihn aufwecken!«

28 Sie schrien immer lauter und ritzten sich nach ihrem Brauch die Haut mit Schwertern und Speeren, dass das Blut an ihnen herabfloss; 29 sie führten sich wie Irrsinnige auf. So trieben sie es die ganze Zeit bis zu der Stunde, in der das Abendopfer* vorbereitet wird. Aber alles blieb still, kein Echo kam, keine Antwort.

30 Da rief Elija der Volksmenge zu: »Her zu mir!«, und alle drängten sich um ihn. Dann begann er, den zerstörten Altar des Herrn wieder aufzubauen. 31 Er wählte zwölf Steine aus, nach der Zahl der Stämme Israels, der Nachkommen Jakobs, zu dem der Herr gesagt hatte: »Du sollst Israel heißen.« 32 Aus diesen Steinen baute er dem Herrn einen Altar.

Dann zog er rings um den Altar einen Graben, so breit, dass man darin zwölf Kilo[c] Saatgut hätte aussäen können. 33 Er schichtete Holzscheite auf, zerteilte den Stier und legte die Stücke auf das Holz. 34 Schließlich ließ er vier Eimer Wasser über das Opfer und die Holzscheite gießen und ließ das noch zweimal wiederholen. 35 Das Wasser floss am Altar hinunter und füllte den Graben.

36 Zur Stunde des Abendopfers trat Elija vor den Altar und rief: »Herr, du Gott Abrahams, Isaaks und Jakobs! Alle sollen heute erfahren, dass du Gott bist in Israel und ich dein Diener, der dies alles in deinem Auftrag getan hat. 37 Höre mich, Herr, erhöre mich! Dieses Volk soll erkennen, dass du, Herr, allein Gott bist und dass du sie wieder auf den rechten Weg zurückbringen willst.«

38 Da ließ der Herr Feuer herabfallen. Es verzehrte nicht nur das Opfertier und die Holzscheite, sondern auch die Steine, die Erde ringsum und das Wasser im Graben.

39 Als das Volk das sah, warfen sich alle zu Boden und riefen: »Der Herr allein ist Gott, der Herr allein ist Gott!«

40 Elija aber befahl: »Haltet die Baalspropheten fest! Keiner darf entkommen!« Sie wurden festgenommen und Elija ließ sie zum Bach Kischon[d] hinabführen und dort hinrichten.

Das Ende der Trockenheit

41 Dann sagte Elija zu Ahab: »Geh in dein Zelt, iss und trink; denn ich höre schon den Regen rauschen.« 42 Während Ahab wegging, stieg Elija auf den Gipfel des Karmelgebirges, kauerte sich auf den Boden und verbarg sein Gesicht zwischen den Knien. 43 Er befahl seinem Diener: »Geh dort hinüber und halte Ausschau zum Meer hin!«

Der Diener ging, dann kam er zurück und meldete: »Es ist nichts zu sehen.«

Elija sagte: »Geh noch einmal!« Der Diener ging und kam wieder; siebenmal schickte ihn Elija. 44 Beim siebten Mal meldete er: »Ich sehe eine kleine Wolke am Horizont, sie ist etwa so groß wie die Faust eines Mannes.«

Da befahl ihm Elija: »Geh zu Ahab und sag ihm, er soll sofort anspannen lassen und losfahren, damit er nicht vom Regen überrascht wird!«

45 Ahab stieg auf seinen Wagen und fuhr los nach Jesreel. Da verfinsterte sich auch schon der Himmel, der Wind trieb schwarze Wolken heran und ein heftiger Regen ging nieder. 46 Elija wurde vom Geist* des Herrn ergriffen, band sein Obergewand* hoch und lief vor dem Wagen Ahabs her bis nach Jesreel.[e]

Elija will aufgeben

19 Ahab berichtete Isebel alles, was Elija getan und dass er alle Propheten Baals* umgebracht hatte. 2 Da schickte Isebel einen Boten zu Elija und ließ ihm sagen: »Die Götter sollen mich strafen, wenn ich dich morgen um diese Zeit nicht ebenso umbringen werde, wie du meine Propheten* umgebracht hast!«

18,21 Jos 24,15 **18,24** Lev 9,24S **18,31** Ex 24,4S; Gen 32,29 **18,36** Ex 3,6 **18,38** Lev 9,24S **18,40** Ex 22,19 **18,42-45** Jak 5,18

Nach dem ›Gottesurteil‹ auf dem Karmel musste Elija fliehen, um sein Leben zu retten. Er kam bis zum Berg Horeb, wo Gott seinem Volk einst durch Mose das Gesetz gegeben hatte. Tiefe Niedergeschlagenheit hatte Elija erfasst; aber dann begegnete er Gott selbst – nicht im Sturm, im Erdbeben, im Feuer, sondern in einem »ganz leisen Hauch« (19,12).

a Wörtlich *den Gott Zebaot*;* ebenso in Vers 14.
b Zwölf Pflüge auf einem Feld – das deutet darauf hin, dass Elischa aus einem begüterten Haus stammt. Aber ohne Zögern gibt er alles auf und folgt Elija; vgl. Mk 1,16-20.
c Andere Deutung: *Kehr um, ich habe dir doch nichts getan!*
d Verdeutlichender Zusatz.

3 Da packte Elija die Angst° und er floh, um sein Leben zu retten. In Beerscheba an der Südgrenze von Juda ließ er seinen Diener zurück 4 und wanderte allein weiter, einen Tag lang nach Süden in die Steppe hinein. Dann setzte er sich unter einen Ginsterstrauch und wünschte den Tod herbei. »HERR, ich kann nicht mehr«, sagte er. »Lass mich sterben! Ich bin nicht besser als meine Vorfahren.« 5 Dann legte er sich unter den Ginsterstrauch und schlief ein.

Aber ein Engel* kam, weckte ihn und sagte: »Steh auf und iss!«

6 Als Elija sich umschaute, entdeckte er hinter seinem Kopf ein frisches Fladenbrot* und einen Krug mit Wasser. Er aß und trank und legte sich wieder schlafen.

7 Aber der Engel des HERRN weckte ihn noch einmal und sagte: »Steh auf und iss! Du hast einen weiten Weg vor dir!«

8 Elija stand auf, aß und trank und machte sich auf den Weg. Er war so gestärkt, dass er vierzig Tage und Nächte ununterbrochen wanderte, bis er zum Berg Gottes, dem Horeb*, kam.

9 Dort ging er in die Höhle hinein und wollte sich darin schlafen legen. Da hörte er plötzlich die Stimme des HERRN: »Elija, was willst du hier?«

10 Elija antwortete: »HERR, ich habe mich leidenschaftlich für dich, den Gott Israels und der ganzen Welt,[a] eingesetzt; denn die Leute von Israel haben den Bund* gebrochen, den du mit ihnen geschlossen hast; sie haben deine Altäre niedergerissen und deine Propheten umgebracht. Ich allein bin übrig geblieben und nun wollen sie auch mich noch töten.«

Gott offenbart sich Elija und gibt ihm einen Auftrag

11 Der HERR sagte: »Komm aus der Höhle und tritt auf den Berg vor mich hin! Ich werde an dir vorübergehen!«

Da kam ein Sturm, der an der Bergwand rüttelte, dass die Felsbrocken flogen. Aber der HERR war nicht im Sturm.

Als der Sturm vorüber war, kam ein starkes Erdbeben. Aber der HERR war nicht im Erdbeben.

12 Als das Beben vorüber war, kam ein loderndes Feuer. Aber der HERR war nicht im Feuer.

Als das Feuer vorüber war, kam ein ganz leiser Hauch. 13 Da verhüllte Elija sein Gesicht mit dem Mantel, trat vor und stellte sich in den Eingang der Höhle.

Eine Stimme fragte ihn: »Elija, was willst du hier?«

14 Er antwortete: »HERR, ich habe mich leidenschaftlich für dich, den Gott Israels und der ganzen Welt, eingesetzt, denn die Leute von Israel haben den Bund* gebrochen, den du mit ihnen geschlossen hast; sie haben deine Altäre niedergerissen und deine Propheten umgebracht. Ich allein bin übrig geblieben, und nun wollen sie auch mich noch töten.«

15 Da befahl ihm der HERR: »Geh den Weg zurück, den du gekommen bist! Geh bis nach Damaskus und salbe* dort Hasaël zum König von Syrien*. 16 Darauf salbe Jehu, den Sohn von Nimschi, zum König von Israel und Elischa, den Sohn Schafats aus dem Dorf Abel-Mehola, zum Propheten*, zu deinem Nachfolger. 17 Wer dem Schwert Hasaëls entrinnt, den wird Jehu töten, und wer sich vor Jehu retten kann, der kommt durch Elischa um. 18 Aber ich werde dafür sorgen, dass in Israel siebentausend Männer am Leben bleiben, alle, die nicht vor Baal* niedergekniet sind und sein Bild nicht geküsst haben.«

Elija nimmt Elischa in seinen Dienst

19 Als Elija vom Berg Horeb* zurückkam, traf er Elischa, den Sohn Schafats, beim Pflügen. Elf Knechte mit je einem Rindergespann gingen vor ihm her, er selbst führte das zwölfte Gespann.[b] Im Vorbeigehen warf Elija ihm seinen Prophetenmantel über.

20 Sofort verließ Elischa sein Gespann, lief Elija nach und sagte zu ihm: »Lass mich noch meinen Vater und meine Mutter zum Abschied küssen, dann folge ich dir!«

»Geh nur«, sagte Elija, »aber vergiss nicht, was ich mit dir gemacht habe!«[c] 21 Danach nahm Elischa die beiden Rinder seines Gespanns und schlachtete sie. Mit dem Holz des Jochs* machte er ein Feuer, kochte das Fleisch und gab es seinen Leuten als Abschiedsmahl. Dann ging er mit Elija und wurde sein Diener.

Die Überheblichkeit des Syrerkönigs

20 Der syrische* König Ben-Hadad bot seine ganze Heeresmacht auf. Zweiunddreißig Vasallenkönige folgten ihm mit ihren Truppen; auch eine große Zahl von Pferden mit Streitwagen* waren dabei. Er zog vor Samaria, schloss die Stadt ein und begann mit den Vorbereitungen zum Angriff.

2 Dann schickte er Boten in die Stadt zu Ahab, dem König von Israel, 3 und ließ ihm sagen: »So spricht Ben-Hadad: ›Dein Silber und dein Gold gehören mir, und genauso deine Frauen und deine edelstgeborenen Söhne. Gib sie heraus!‹«

4 Der König von Israel antwortete ihm: »Ich unterwerfe mich dir, mein Herr und König! Alles, was ich habe, gehört dir.«

5 Aber die Boten Ben-Hadads kamen zum zweiten Mal und sagten: »So spricht Ben-Hadad: ›Ich habe dir gesagt: Gib mir dein Silber und Gold, deine Frauen und deine Söhne. 6 Aber jetzt sage ich außerdem:[d]

19,4 Num 11,15; Jona 4,3.8-9 **19,10** 18,22 **19,13** Ex 3,6; 33,20-23 **19,14** Röm 11,3 **19,15** 2 Kön 8,7-13 **19,16** 2 Kön 9,1-6; 1 Kön 19,19-21; 2 Kön 2,9-15 **19,18** Röm 11,4 **19,19** (Prophetenmantel) 1 Sam 28,14 S **19,20** Lk 9,61 **20,1** 2 Kön 6,24

Morgen um diese Zeit schicke ich meine Leute zu dir, damit sie dein Haus und die Häuser deiner Minister durchsuchen. Sie werden alles mitnehmen, was ihnen° gefällt.‹«

[7] Der König rief die Ältesten* des Landes zu sich und sagte zu ihnen: »Ihr seht, wie übel dieser Syrer uns mitspielen will. Ich habe ihm meine Frauen und Söhne, mein Gold und Silber zugestanden; aber jetzt will er noch mehr.«

[8] »Weigere dich!«, riefen die Ältesten und alle Männer der Stadt. »Geh nicht darauf ein!«

[9] Da gab der König den Boten Ben-Hadads den Bescheid: »Sagt zu meinem Herrn, dem König: ›Was du zuerst verlangt hast, werde ich dir geben; aber auf diese Forderung kann ich nicht eingehen.‹«

Die Boten überbrachten dem Syrerkönig die Antwort. [10] Da schickte er sie ein drittes Mal zu Ahab und ließ ihm sagen: »Der Fluch der Götter soll mich treffen, wenn Samaria so viel Schutt hergibt, dass jeder von meinen Kriegsleuten auch nur eine Hand voll davon mitnehmen kann!«

[11] Aber der König von Israel ließ Ben-Hadad ausrichten: »Wer dem Löwen das Fell abziehen will, muss ihn zuerst erschlagen!«

[12] Ben-Hadad zechte gerade mit den Vasallenkönigen in seinem Zelt, als ihm die Antwort gebracht wurde. »Rammböcke* ansetzen!«, befahl er seinen Truppenführern. Und sogleich brachten sie die Mauerbrecher in Stellung.

Gott steht zu seinem Volk

[13] Da kam ein Prophet* zu König Ahab und sagte: »So spricht der HERR: ›Du siehst doch dieses riesige Heer? Ich gebe es heute in deine Hand. Du sollst erkennen, dass ich der HERR bin!‹«

[14] »Durch wen soll das geschehen?«, fragte der König und der Prophet antwortete: »So spricht der HERR: ›Durch die Kriegsleute der Provinzverwalter.‹«

»Und wer soll die Schlacht eröffnen?«

»Du!«, war die Antwort.

[15] Der König ließ die Kriegsleute der Provinzverwalter antreten; es waren 232 Mann. Dann ließ er die Männer von Israel antreten; es waren 7000. [16–17] Um die Mittagszeit rückten die Israeliten aus der Stadt aus, an der Spitze die Kriegsleute der Provinzverwalter.

Ben-Hadad und die zweiunddreißig Vasallenkönige zechten in ihren Zelten. Der Syrerkönig hatte Späher aufgestellt, die ihm meldeten: »Aus Samaria kommt ein Zug von Männern.« [18] Er befahl: »Wenn sie um Frieden bitten wollen: Nehmt sie gefangen! Wenn sie angreifen: Nehmt sie gefangen!«

[19–20] Aber die Israeliten, die aus der Stadt ausgebrochen waren – die Kriegsleute der Provinzverwalter und hinter ihnen das ganze Heer Israels –, machten im Kampf Mann gegen Mann jeden nieder, der sich ihnen in den Weg stellte. Die Syrer ergriffen die Flucht und die Israeliten verfolgten sie. Ben-Hadad entkam zu Pferd zusammen mit den Reitern. [21] Darauf rückte der König von Israel aus und vernichtete die Streitwagenmacht* der Feinde. So brachte er den Syrern eine schwere Niederlage bei.

Wie weit reicht die Macht von Israels Gott?

[22] Wieder kam der Prophet* zum König von Israel und sagte zu ihm: »Sei auf der Hut! Rüste dich für einen neuen Ansturm. Im nächsten Frühjahr wird der König von Syrien* wieder gegen dich heranziehen.«

[23] Zu König Ben-Hadad aber sagten seine Ratgeber: »Der Gott der Israeliten ist ein Berggott, deshalb waren sie uns überlegen. Wenn wir in der Ebene gegen sie kämpfen, werden wir sie mit Sicherheit besiegen. [24] Wir raten dir also: Setze deine zweiunddreißig Könige ab und ersetze sie durch Provinzstatthalter. [25] Stelle ein Heer auf, das genauso groß ist wie das, das du verloren hast, und auch wieder genauso viele Pferde und Streitwagen*. Dann wollen wir in der Ebene gegen sie kämpfen. Du wirst sehen, dass wir sie besiegen.«

König Ben-Hadad hörte auf ihren Rat. [26] Im folgenden Frühjahr musterte er seine Truppen und zog mit ihnen nach Afek,[a] um gegen Israel zu kämpfen. [27] Auch die Israeliten sammelten ihr Heer, zogen den Syrern entgegen und schlugen ihr Lager dem Lager der Syrer gegenüber auf. Im Vergleich mit der Masse der Feinde, die das ganze Land bedeckten, wirkten sie wie zwei kleine Ziegenherden.

[28] Da kam der Prophet zum König von Israel und sagte zu ihm: »So spricht der HERR: ›Weil diese Syrer behaupten, ich sei ein Gott der Berge und hätte keine Macht in der Ebene, werde ich diese ganze riesige Heeresmacht in deine Hand geben. Daran werdet ihr erkennen, dass ich der HERR bin.‹«

[29] Sechs Tage lang lagen die beiden Heere einander gegenüber; am siebten Tag kam es zum Kampf. Die Israeliten besiegten die Syrer und töteten von ihnen an diesem einen Tag 100000 Mann. [30a] Die Übrigen flohen in die Stadt Afek; aber alle 27000 wurden unter der einstürzenden Stadtmauer begraben.

Der König von Israel verschont seinen Feind

[30b] Auch Ben-Hadad war in die Stadt geflohen und suchte nach einem sicheren Schlupfwinkel. [31] Da sagten seine Ratgeber zu ihm: »Wir haben gehört, dass die Könige von Israel sich an die Regeln halten, die zwischen den Völkern gelten. Deshalb wollen wir uns den Sack* um die Hüften binden, einen Strick

a Auf der Hochebene östlich des Sees Kinneret (Gennesaret), an der Straße von Damaskus nach Bet-Schean (nicht zu verwechseln mit Afek in der Scharon-Ebene; vgl. Karte Seite 443.

20,14 22,5S

Elija und Elischa

Die wichtigsten Ereignisse im Leben Elijas	
Elija kündigt König Ahab eine dreijährige Dürre an.	1 Könige 17,1
Elija versteckt sich am Bach Kerit. Raben versorgen ihn mit Nahrung.	1 Könige 17,2-7
Als der Bach austrocknet, geht Elija nach Sarepta, wo er drei Jahre bei einer Witwe und deren Sohn verbringt. Ein kleiner Rest Mehl und Öl reicht durch ein Wunder bis ans Ende der Hungersnot. Als der Sohn krank wird und stirbt, erweckt Elija ihn wieder zum Leben.	1 Könige 17,8-24
Nach Ablauf der drei Jahre kehrt Elija zu König Ahab zurück. Er bestellt die Baalspropheten auf den Berg Karmel. Dort zeigt der Gott Israels, dass er allein der wahre Gott ist. Die Dürreperiode ist zu Ende.	1 Könige 18
Elija flieht, um der Rache von Königin Isebel, der Frau Ahabs, zu entgehen.	1 Könige 19,1-4
Am Berg Horeb zeigt Gott sich dem entmutigten Propheten und erteilt ihm neue Aufträge.	1 Könige 19,5-18
Elija beruft Elischa zu seinem Nachfolger.	1 Könige 19,16.19-21
König Ahab lässt Nabot umbringen, um dessen Weinberg zu bekommen. Elija kündigt ihm die Strafe Gottes an.	1 Könige 21
Ahasja, der Nachfolger Ahabs, wendet sich an den Gott von Ekron. Elija kündigt ihm den Tod an.	2 Könige 1
Gott holt Elija in einem gewaltigen Sturm zu sich und bestätigt Elischa als Nachfolger Elijas.	2 Könige 2,1-18

Die wichtigsten Ereignisse im Leben Elischas	
Elischa wird von Elija zu seinem Nachfolger berufen.	1 Könige 19,19-21
Er darf sehen, wie Gott Elija zu sich holt, und wird als Nachfolger Elijas bestätigt.	2 Könige 2,1-18
Er zeigt seine prophetische Vollmacht durch Worte, die Leben und Tod bringen.	2 Könige 2,19-25
Er kündigt den Königen von Juda, Israel und Edom den Sieg über die Moabiter an.	2 Könige 3
Er hilft einer armen Witwe.	2 Könige 4,1-7
Er belohnt die Gastlichkeit einer wohlhabenden, aber kinderlosen Frau, indem er ihr die Geburt eines Sohnes ankündigt. Als das Kind später stirbt, erweckt Elischa es wieder zum Leben.	2 Könige 4,8-37
Als Leiter einer Prophetengemeinschaft versorgt Elischa die Seinen auf wunderbare Weise mit Nahrung.	2 Könige 4,38-44
Er heilt den syrischen Heerführer Naaman und straft den habgierigen Gehasi.	2 Könige 5
Er sorgt für Frieden zwischen Syrien und Israel.	2 Könige 6,8-23
Die Syrer belagern Samaria. In der Stadt bricht eine Hungersnot aus. Joram, der König von Israel, macht Elischa dafür verantwortlich und will ihn töten. Elischa kündigt das Ende der Belagerung an. Gott veranlasst die Syrer zur Flucht.	2 Könige 6,24–7,20
Elischa sagt den Tod des syrischen Königs Ben-Hadad voraus und dass Hasaël sein Nachfolger sein wird.	2 Könige 8,7-15
Elischa lässt Jehu an Stelle von Joram zum König von Israel salben.	2 Könige 9,1-13
Elischa stirbt nach rund 50-jähriger Wirksamkeit. Seine letzte Tat ist, dass er Joasch, dem König von Israel, Siege über die Syrer ankündigt.	2 Könige 13,14-19

Im 9. Jahrhundert v. Chr. brach über das Nordreich Israel eine Krise herein, als Isebel, die Frau König Ahabs von Israel, die Verehrung fremder Götter einführte. Sie brachte aus ihrer Vaterstadt Tyrus 850 Propheten des kanaanitischen Götterpaares Baal und Astarte mit. Die Propheten des Gottes Israels wurden verfolgt und getötet. Elija hatte den Auftrag, der Verehrung der falschen Götter den Kampf anzusagen und die Verehrung des Gottes Israels im Volk durchzusetzen. Elischa war Schüler und Gehilfe Elijas und wurde sein Nachfolger als Prophet in Israel. Die Bibel erzählt von ihm eine Reihe von Wundern. Anders als Elija stand er in Verbindung mit Prophetengemeinschaften, die sich um ihn sammelten.

In Schunem stellte eine reiche Frau Elischa ein Gastzimmer mit Bett, Tisch, Stuhl und Lampe zur Verfügung.

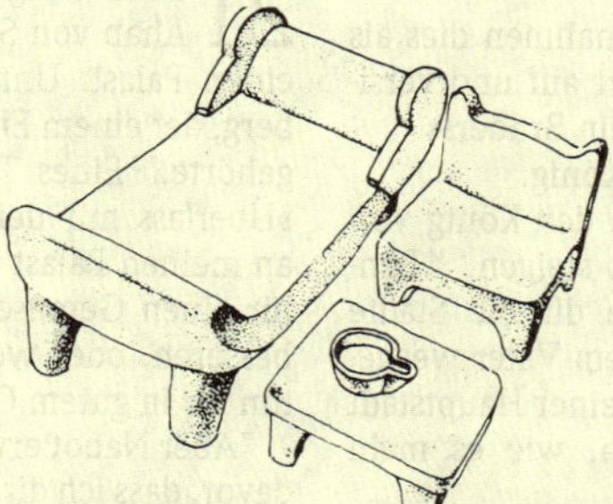

Eine Statue Baals, des kanaanitischen Gottes, den auch die Israeliten verehrten. Gott beauftragte Elija und Elischa, die Ohnmacht Baals aufzudecken und die Israeliten zu ihrem wahren Herrn zurückzurufen.

Reisen Elijas

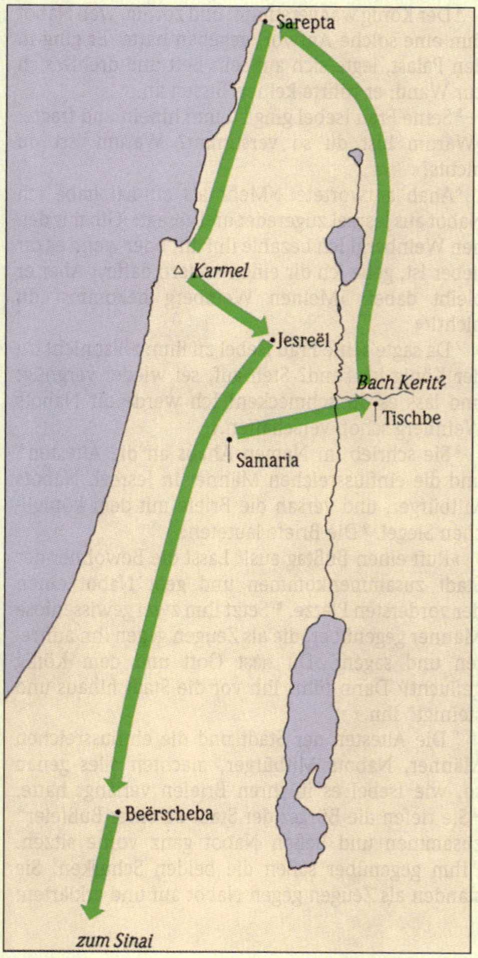

Reisen Elischas

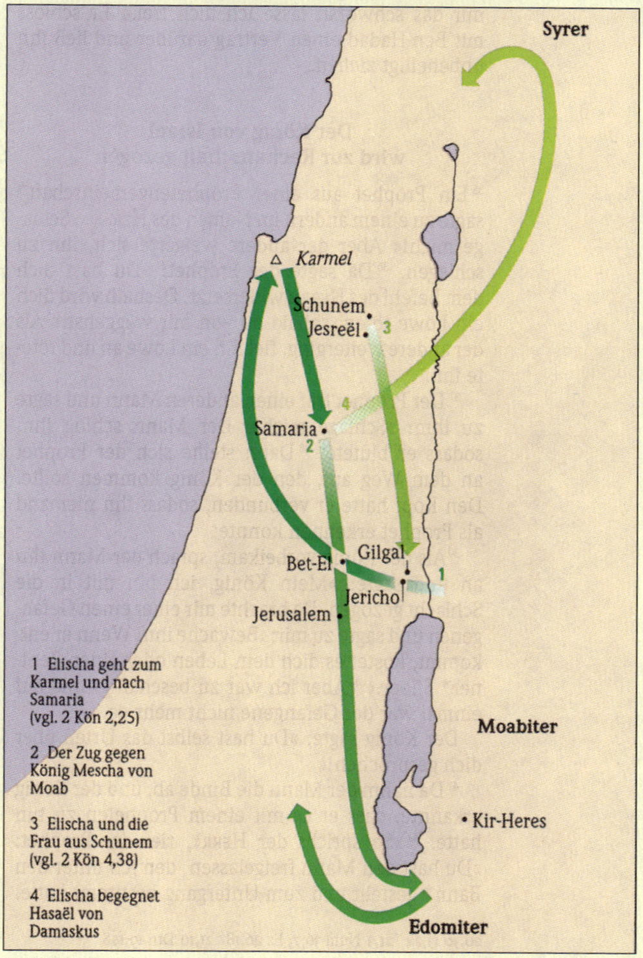

a Verdeutlichender Zusatz.
b Siehe Anmerkung zu 18,46.
c Das geschah sonst nur in Zeiten der Not (vgl. Sacherklärung). Sie wird von Isebel aber nur vorgespiegelt, damit man Nabot dafür die Schuld geben kann (wer Gott verflucht, bringt Unglück über das Land).

um den Hals legen und vor die Stadt hinaus zum
König von Israel gehen. Vielleicht können wir errei-
chen, dass er dir das Leben schenkt.«
32 Die Ratgeber Ben-Hadads zogen also den Sack
an, legten sich Stricke um den Hals, gingen zum
König von Israel und sagten: »Dein ergebener Diener
Ben-Hadad bittet dich: ›Schenke mir das Leben!‹«
»Lebt er denn noch?«, erwiderte Ahab. »Er ist
doch mein Bruder!«
33 Die Abgesandten Ben-Hadads nahmen dies als
ein gutes Zeichen, griffen das Wort auf und versi-
cherten: »Gewiss, Ben-Hadad ist dein Bruder!«
»Geht und holt ihn!«, sagte der König.
Als Ben-Hadad herauskam, ließ der König von
Israel ihn zu sich auf den Wagen steigen. 34 Ben-
Hadad sagte zu ihm: »Ich werde dir die Städte
zurückgeben, die mein Vater deinem Vater wegge-
nommen hat. Du kannst auch in meiner Hauptstadt
Damaskus Handelshäuser gründen, wie es mein
Vater in Samaria getan hat.«
Der König von Israel erwiderte:[a] »Gut, wenn du
mir das schwörst, lasse ich dich frei.« Er schloss
mit Ben-Hadad einen Vertrag darüber und ließ ihn
unbehelligt ziehen.

Der König von Israel wird zur Rechenschaft gezogen

35 Ein Prophet aus einer Prophetengemeinschaft*
sagte zu einem andern im Namen des HERRN: »Schla-
ge mich!« Aber der andere weigerte sich, ihn zu
schlagen. 36 Da sagte der Prophet: »Du hast dich
dem Befehl des HERRN widersetzt. Deshalb wird dich
ein Löwe töten, sobald du von mir weggehst.« Als
der andere weiterging, fiel ihn ein Löwe an und töte-
te ihn.
37 Der Prophet traf einen anderen Mann und sagte
zu ihm: »Schlage mich!« Der Mann schlug ihn,
sodass er blutete. 38 Dann stellte sich der Prophet
an dem Weg auf, den der König kommen sollte.
Den Kopf hatte er verbunden, sodass ihn niemand
als Prophet erkennen konnte.
39 Als der König vorbeikam, sprach der Mann ihn
an und sagte: »Mein König, ich bin mit in die
Schlacht gezogen. Da brachte mir einer einen Gefan-
genen und sagte zu mir: ›Bewache ihn! Wenn er ent-
kommt, kostet es dich dein Leben oder einen Zent-
ner* Silber.‹ 40 Aber ich war zu beschäftigt und auf
einmal war der Gefangene nicht mehr da.«
Der König sagte: »Du hast selbst das Urteil über
dich gesprochen!«
41 Da nahm der Mann die Binde ab, und der König
erkannte, dass er es mit einem Propheten zu tun
hatte. 42 »So spricht der HERR«, rief der Prophet:
»Du hast den Mann freigelassen, den ich unter den
Bann* gestellt und zum Untergang bestimmt hatte.
Deshalb nehme ich dein Leben für seines und dei-
nem Volk wird es ergehen wie dem seinen!«
43 Verstimmt und zornig ging der König weiter und
kam in seinen Palast in Samaria.

Nabots Weinberg: Ein König missbraucht seine Macht

21 Nach einiger Zeit geschah Folgendes: König
Ahab von Samaria hatte in der Stadt Jesreel[b]
einen Palast. Unmittelbar daneben lag ein Wein-
berg, der einem Einwohner der Stadt namens Nabot
gehörte. 2 Eines Tages sagte der König zu Nabot:
»Überlass mir deinen Weinberg! Er grenzt direkt
an meinen Palast und wäre gerade der rechte Platz
für einen Gemüsegarten. Ich gebe dir dafür einen
besseren, oder wenn es dir lieber ist, bezahle ich
ihn dir in gutem Geld.«
3 Aber Nabot erwiderte: »Der HERR bewahre mich
davor, dass ich dir den Erbbesitz* meiner Vorfahren
gebe!«
4 Der König war verstimmt und zornig, weil Nabot
ihm eine solche Antwort gegeben hatte. Er ging in
den Palast, legte sich auf sein Bett und drehte sich
zur Wand; er rührte keinen Bissen an.
5 Seine Frau Isebel ging zu ihm hinein und fragte:
»Warum bist du so verstimmt? Warum isst du
nichts?«
6 Ahab antwortete: »Mehr als einmal habe ich
Nabot aus Jesreel zugeredet und gesagt: ›Gib mir dei-
nen Weinberg! Ich bezahle ihn dir, oder wenn es dir
lieber ist, gebe ich dir einen andern dafür.‹ Aber er
bleibt dabei: ›Meinen Weinberg bekommst du
nicht!‹«
7 Da sagte seine Frau Isebel zu ihm: »Bist nicht *du*
der König im Land? Steh auf, sei wieder vergnügt
und lass es dir schmecken! Ich werde dir Nabots
Weinberg schon verschaffen.«
8 Sie schrieb im Namen Ahabs an die Ältesten*
und die einflussreichen Männer in Jesreel, Nabots
Mitbürger, und versah die Briefe mit dem königli-
chen Siegel. 9 Die Briefe lauteten:
»Ruft einen Bußtag aus![c] Lasst die Bewohner der
Stadt zusammenkommen und gebt Nabot einen
der vordersten Plätze. 10 Setzt ihm zwei gewissenlose
Männer gegenüber, die als Zeugen gegen ihn auftre-
ten und sagen: ›Du hast Gott und dem König
geflucht!‹ Dann führt ihn vor die Stadt hinaus und
steinigt* ihn.«
11 Die Ältesten der Stadt und die einflussreichen
Männer, Nabots Mitbürger, machten alles genau
so, wie Isebel es in ihren Briefen verlangt hatte.
12 Sie riefen die Bürger der Stadt zu einer Bußfeier*
zusammen und ließen Nabot ganz vorne sitzen.
13 Ihm gegenüber saßen die beiden Schurken. Sie
standen als Zeugen gegen Nabot auf und erklärten:

20,36 13,24 **21,3** Num 36,7; Ez 46,18 **21,10** Dtn 19,15S

»Nabot hat Gott und dem König geflucht!« Nabot
wurde vor die Stadt hinausgeführt und gesteinigt.
14 Dann ließen die Ältesten der Stadt Isebel melden:
»Nabot ist tot, man hat ihn gesteinigt.«
15 Als Isebel die Nachricht erhielt, sagte sie zu
Ahab: »Auf, nimm den Weinberg in Besitz! Dieser
Nabot aus Jesreel, der sich geweigert hat, ihn dir
zu verkaufen – er lebt nicht mehr, er ist tot!«[a]
16 Als Ahab hörte, dass Nabot tot war, ging er sofort hinunter, um Nabots Weinberg in Besitz zu
nehmen.

Elija kündigt Ahab und Isebel die Bestrafung an

17 Da erging das Wort des HERRN an den Propheten*
Elija aus Tischbe. Der HERR sagte zu ihm: 18 »Auf, geh
zu Ahab, dem König von Israel, der in Samaria
regiert! Er ist gerade in den Weinberg Nabots hinuntergegangen, um ihn in Besitz zu nehmen. 19 Sage zu
ihm: ›Erst mordest du und dann raubst du! So spricht
der HERR: Wo die Hunde das Blut Nabots aufgeleckt
haben, dort werden sie auch dein Blut auflecken.‹«
20 Als Ahab den Propheten kommen sah, rief er
ihm entgegen: »Hast du mich gefunden, mein
Feind?«

Elija erwiderte: »Ja, ich habe dich ertappt! Du hast
dich dazu anstiften lassen, zu tun, was dem HERRN
missfällt. 21 Darum lässt er dir sagen: ›Ich werde dich
und deine Familie ins Unglück stürzen. Du selbst
musst sterben, und alle deine männlichen Nachkommen werde ich ausrotten, die mündigen wie die
unmündigen. 22 Weil du meinen Zorn herausgefordert und die Leute im Reich Israel* zum Götzendienst verleitet hast, werde ich deiner Familie das
gleiche Schicksal bereiten wie den Familien von
Jerobeam und von Bascha.‹
23 Der Königin Isebel aber lässt der HERR sagen: An
der Stadtmauer von Jesreel werden die Hunde ihren
Leichnam fressen. 24 Wer von deiner Familie in der
Stadt stirbt, den fressen die Hunde, und wer auf
dem freien Feld stirbt, den fressen die Geier.«
25 In der Tat gab es keinen, der so bereitwillig wie
Ahab tat, was dem HERRN missfällt. Seine Frau Isebel
hatte ihn dazu verleitet. 26 Seine schlimmste Sünde
war, dass er die Götzen verehrte, genau wie die
Amoriter*, die der HERR vor den Israeliten aus dem
Land vertrieben hatte.
27 Als Elija zu Ende gesprochen hatte, zerriss Ahab
vor Entsetzen sein Gewand. Er zog den Sack* an,
trug ihn auf der bloßen Haut und legte ihn selbst
zum Schlafen nicht ab. Bedrückt ging er umher
und wollte kein Essen anrühren.
28 Da erging das Wort des HERRN an den Propheten
Elija, er sagte: 29 »Hast du bemerkt, dass Ahab sich
vor mir gebeugt hat? Weil er das getan hat, lasse
ich das Unheil noch nicht zu seinen Lebzeiten über

a Isebels Meinung ist: Der Besitz des Mannes, der »dem König geflucht« hat, ist selbstverständlich dem König verfallen. Elija spricht dagegen von Raub (Vers 19).

Nabot wurde aus dem Weg geräumt und König Ahab konnte den begehrten Weinberg in Besitz nehmen. Wegen dieser Machenschaften traf den König Gottes Strafgericht. Der Weinberg gehörte der Familie Nabots als dauernder Erbbesitz; nach dem damaligen Recht durfte er nicht verkauft werden.

21,19 22,35-38; 2 Kön 9,25-26 **21,21** 2 Kön 9,7-8 **21,22** 15,29; 16,11-12 **21,23** 2 Kön 9,10.36 **21,29** 11,12; 2 Sam 12,13-14

seine Familie hereinbrechen, sondern erst wenn sein Sohn[a] König ist.«

Ist Gott für diesen Krieg?

(2 Chr 18,1-11)

22 Gut zwei Jahre lang hatte es keinen Krieg mehr zwischen Syrien* und Israel gegeben. 2 Im dritten Jahr kam König Joschafat zum König von Israel.[b] 3 Da sagte der König von Israel zu seinen Leuten: »Habt ihr vergessen, dass die Stadt Ramot in Gilead[c] eigentlich uns gehört? Warum zögern wir, sie den Syrern wieder wegzunehmen?«

4 Er wandte sich an Joschafat und fragte ihn: »Machst du mit, wenn ich Ramot angreife?«

»Ich mache mit«, antwortete Joschafat; »du kannst auf meine Truppen, auf Mann und Ross, zählen wie auf deine eigenen.« 5 Aber dann sagte er: »Du solltest doch zuerst den HERRN fragen, was er dazu meint.«

6 Da rief der König von Israel alle Propheten* zusammen, etwa vierhundert, und fragte sie: »Soll ich die Stadt Ramot angreifen oder nicht?«

»Greife sie an!«, antworteten sie. »Der HERR wird sie in deine Hand geben.«

7 Aber Joschafat zögerte und fragte: »Gibt es hier keinen weiteren Propheten, durch den wir den HERRN fragen könnten?«

8 »Es gibt schon noch einen«, erwiderte der König von Israel, »Micha, den Sohn von Jimla.[d] Aber ich kann ihn nicht ausstehen, weil er mir immer nur Unglück ankündigt.«

Doch Joschafat sagte: »So sollte der König nicht reden!« 9 Da rief der König von Israel einen Hofbeamten und befahl ihm, so rasch wie möglich Micha herbeizuholen.

10 Die beiden Könige saßen in ihrem königlichen Ornat auf zwei Thronsesseln, die auf dem freien Platz vor dem Stadttor Samarias aufgestellt waren. Die vierhundert Propheten standen vor ihnen; sie waren im Zustand ekstatischer Begeisterung. 11 Einer von ihnen, Zidkija, der Sohn von Kenaana, hatte sich einen Helm mit eisernen Hörnern aufgesetzt und rief: »So spricht der HERR: ›So unbesiegbar wie ein Stier mit eisernen Hörnern wirst du gegen die Syrer anrennen und sie völlig vernichten.‹«

12 Die anderen Propheten stimmten ein und riefen: »Zieh nur gegen Ramot! Du wirst siegen! Der HERR wird die Stadt in die Hand des Königs geben!«

Ein unbequemer Prophet

(2 Chr 18,12-27)

13 Unterwegs sagte der Bote zu Micha: »Die Propheten haben dem König einstimmig Sieg prophezeit. Sieh zu, dass du es ebenso machst und ihm einen glücklichen Ausgang ankündigst!«

14 Aber Micha antwortete: »So gewiss der HERR lebt, ich kann nur ankündigen, was er mir aufträgt.«

15 Als Micha vor den König trat, fragte ihn der: »Micha, sollen wir Ramot angreifen oder nicht?«

Micha antwortete: »Greif die Stadt nur an; du wirst siegen. Der HERR wird sie in deine Hand geben.«

16 Aber der König sagte zu ihm: »Ich beschwöre dich, mir nichts als die reine Wahrheit zu sagen! Was hat der HERR dir gesagt?«

17 Da antwortete Micha: »Ich sah das Heer Israels über die Berge zerstreut wie eine Schafherde, die keinen Hirten hat. Und der HERR sagte zu mir: ›Sie haben keinen Anführer mehr. Der Krieg ist zu Ende; jeder soll nach Hause zurückkehren!‹«

18 Der König von Israel wandte sich zu Joschafat und sagte: »Habe ich nicht Recht? Er kündigt mir immer nur Unglück an!«

19 Aber Micha sprach weiter: »Höre, was der HERR dir sagt! Ich sah den HERRN auf seinem Thron sitzen. Rechts und links vor ihm stand das ganze Heer der Engel*. 20 Da fragte der HERR: ›Wer ködert Ahab[e] und bringt ihn dazu, dass er Ramot angreift und dort den Tod findet?‹

Der eine hatte diesen Vorschlag, der andere jenen, 21 bis zuletzt einer der Himmelsgeister vor den HERRN hintrat und sagte: ›Ich werde ihn ködern!‹ ›Womit?‹, fragte der HERR 22 und er antwortete: ›Ich werde als Lügengeist aus dem Mund aller seiner Propheten sprechen.‹ Da sagte der HERR: ›Du darfst ihn ködern, dir wird es gelingen. Geh hin und tu es!‹

23 Du siehst also«, wandte sich Micha an den König, »dass der HERR deinen Propheten Lügen eingegeben hat. In Wirklichkeit hat er deinen Untergang beschlossen.«

24 Da trat Zidkija, der Sohn von Kenaana, auf Micha zu, gab ihm eine Ohrfeige und rief: »Was sagst du da? Der Geist* des HERRN soll mich verlassen haben und nur noch mit dir reden?«[f]

25 »Du wirst es ja sehen«, erwiderte Micha, »wenn der Tag kommt, an dem du dich im hintersten Winkel deines Hauses verstecken musst.«

26 »Nehmt ihn fest«, befahl der König, »und führt ihn zum Stadtkommandanten Amon und zum Prinzen Joasch. 27 Sagt zu ihnen: ›Befehl des Königs: Haltet diesen Mann im Gefängnis, bis ich wohlbehalten zurückgekehrt bin. Gebt ihm die kleinste Ration Wasser und Brot!‹«

28 Micha erwiderte: »Wenn du wohlbehalten zurückkehrst, dann hat der HERR nicht durch mich gesprochen.« Und er fügte hinzu: »Hört, ihr Völker der ganzen Erde!«

a Zwei Söhne Ahabs waren nacheinander König von Israel: Ahasja (22,52) und Joram (2 Kön 1,17). Unter der Regierung des zweiten trifft das in den Versen 22-24 angekündigte Strafgericht ein (2 Kön 9–10).
b Der Zusammenhang zeigt, dass der König von Juda in einem Abhängigkeitsverhältnis zum König von Israel steht.
c Die Stadt liegt am Ostrand der Landschaft Gilead (Karte Seite 443, siehe auch Sacherklärung »Gilead«); sie war alte Asylstadt (Jos 20,8) und unter Salomo Hauptstadt einer Provinz (4,13).
d Es handelt sich hier nicht um den Propheten Micha, dessen Worte im Michabuch (Seite 962) überliefert sind; aber beide Propheten dieses Namens haben gemeinsam, dass sie in der Auseinandersetzung mit falschen Propheten stehen, die ihren Hörern nach dem Mund reden.
e Nur hier und in den Versen 39-41 fällt in diesem Kapitel der Name Ahab.
f Die Auseinandersetzung erinnert an die zwischen den Propheten Jeremia und Hananja (Jer 28).

22,4 2 Kön 3,7 **22,5** (den HERRN fragen) 20,14; Ri 1,1-1 S; 1 Sam 14,36-37; 23,2-4; 28,6; 2 Kön 3,11; 8,8; Jer 21,2 **22,13** Jes 30,10 **22,14** Num 22,18 **22,17** Num 27,17 S **22,19** Jes 6,1; Ijob 1,6; Offb 4,2-4 **22,28** Dtn 18,22; Jer 28,9; Mi 1,2-3

Der Prophet behält Recht

(2 Chr 18,28-34)

29 Der König von Israel und Joschafat, der König von
Juda, zogen also gemeinsam gegen die Stadt Ramot.
30–31 Unterwegs sagte der König von Israel zu Joscha-
fat: »Ich werde verkleidet in die Schlacht ziehen,
aber du kannst unbesorgt deine königlichen Kleider
tragen.«
Der König von Syrien* hatte nämlich den zwei-
unddreißig Anführern seiner Streitwagentruppe*
befohlen: »Ihr sollt nur den König von Israel angrei-
fen. Lasst euch mit keinem anderen ein, und wenn
er einen noch so hohen Rang hat!« Deshalb zog
der König von Israel verkleidet in die Schlacht.
32 Als die Wagenkämpfer Joschafat sahen, riefen
sie: »Da ist der König von Israel!«, und setzten
zum Angriff gegen ihn an. Joschafat aber schrie,
33 und als die Wagenkämpfer merkten, dass er nicht
der Gesuchte war, ließen sie ihn in Ruhe.
34 Doch ein einfacher Soldat schoss aufs Gerate-
wohl einen Pfeil ab, der den König von Israel an
einer ungeschützten Körperstelle traf. Der König
befahl seinem Wagenlenker: »Dreh um und bring
mich aus der Schlacht! Ich bin verwundet.« 35 Weil
aber der Kampf an Heftigkeit zunahm, musste der
König den Syrern gegenüber durchhalten. Der Adju-
tant hielt ihn in seinem Wagen aufrecht, während
das Blut aus seiner Wunde in den Wagen floss.
Gegen Abend starb er.
36 Als die Sonne unterging und die Männer Israels
ins Lager zurückgekehrt waren, ließen die Truppen-
führer ausrufen: »Jeder soll nach Hause gehen! 37 Der
König ist tot!«°
Sie brachten ihn nach Samaria und bestatteten ihn
dort. 38 Als man seinen Streitwagen am Teich von
Samaria reinigte, leckten die Hunde sein Blut auf
und die Huren wuschen sich in dem blutgefärbten
Wasser, genau wie der HERR es angekündigt hatte.

Rückblick auf König Ahab von Israel

39 Was es sonst noch über Ahab und seine Taten zu
berichten gibt, über seinen elfenbeingeschmückten
Palast und die Städte, die er befestigt hat, das ist in
der amtlichen Chronik der Könige von Israel nach-
zulesen. 40 Als er starb, wurde sein Sohn Ahasja sein
Nachfolger.

WEITERE GESCHICHTE DER GETRENNTEN REICHE

(22,41-54; 2 Könige 1–16)

Über König Joschafat von Juda

(2 Chr 20,31–21,1)

41 Im vierten Regierungsjahr Ahabs, des Königs von
Israel, wurde Joschafat, der Sohn von Asa, König
von Juda. 42 Er war 35 Jahre alt, als er König wurde,
und regierte 25 Jahre lang in Jerusalem. Seine Mutter
hieß Asuba und war eine Tochter von Schilhi.
43 Er folgte in allem dem Vorbild seines Vaters Asa
und tat, was dem HERRN gefällt. 44 Die Opferstätten
rings im Land ließ er jedoch bestehen, sodass das
Volk auch weiterhin an diesen Stätten Opfer* dar-
brachte.
45 Joschafat machte Frieden mit dem König von
Israel und schloss mit ihm einen Vertrag. 46 Was es
sonst noch über Joschafat zu berichten gibt, über
seine Kämpfe und Erfolge, ist in der amtlichen Chro-
nik der Könige von Juda nachzulesen.
47 Er vertrieb auch den Rest der geweihten* Män-
ner und Frauen, die sein Vater Asa im Land übrig
gelassen hatte.
48 Das Land Edom* hatte zu seiner Zeit keinen
eigenen König, sondern wurde durch einen Statthal-
ter des Königs von Juda regiert. 49 Joschafat hatte gro-
ße Handelsschiffe[a] bauen lassen, um im Land Ofir*
Gold zu holen. Es kam aber nicht dazu, weil die
Flotte in der Nähe von Ezjon-Geber Schiffbruch
erlitt. 50 König Ahasja von Israel, der Sohn Ahabs,
wollte seine Kaufleute gerne mit denen Joschafats
mitfahren lassen; aber Joschafat hatte es abgelehnt.
51 Als Joschafat starb, wurde er in der Grabstätte
seiner Vorfahren in der Davidsstadt* bestattet. Sein
Sohn Joram wurde sein Nachfolger.

Über König Ahasja von Israel[b]

52 Im 17. Regierungsjahr Joschafats, des Königs von
Juda, wurde Ahasja, der Sohn Ahabs, König von
Israel. Zwei Jahre lang regierte er in Samaria. 53 Er
tat, was dem HERRN missfällt, und folgte in allem
dem schlechten Beispiel seines Vaters, seiner Mutter
und des Königs Jerobeam, der die Leute im Reich
Israel* zum Götzendienst verführt hatte. Er opferte
dem Götzen Baal* und warf sich vor ihm nieder.
Damit beleidigte er den HERRN, den Gott Israels,
genau wie sein Vater es getan hatte.

a Wörtlich *Tarschisch-Schiffe;* siehe Sacherklärung »Tarschisch«.
b Die beiden Königsbücher sind erst spät und nur ganz äußerlich abgeteilt worden; der Bericht über Ahasja wird unmittelbar in 2 Kön 1 fortgesetzt.

22,38 21,19 **22,44** 3,2-3S **22,45** 22,4; 2 Kön 3,7 **22,47** 14,24S **22,49** 9,26-28

2 KÖNIGE

Das zweite Buch von den Königen ist die direkte Fortsetzung des ersten. Es umfasst im ersten Teil die Geschichte der beiden Königreiche Juda und Israel von der Mitte des 9. Jahrhunderts v. Chr. bis zum Ende des Nordreiches im Jahr 722 v. Chr. Daran schließt sich in einem zweiten Hauptteil die Geschichte des Südreiches Juda bis zur Eroberung und Zerstörung Jerusalems im Jahr 587 v. Chr. an. Das Buch endet mit einem Hoffnungszeichen: der Begnadigung des in Babylon gefangenen judäischen Königs Jojachin.
Wie schon in der Einleitung zum ersten Könige-Buch geschildert, findet der Verfasser die Ursache für den Untergang der beiden Reiche in der Untreue seiner Könige gegenüber dem Gott Israels. Für das Nordreich, an dessen Ursprung die Errichtung der Stierbilder steht (1 Könige 12,28), gilt dies uneingeschränkt, und entsprechend unwiderruflich ist sein Ende (2 Könige 17). Im Südreich dagegen finden sich immer wieder »gute« Könige (Hiskija, Joschija), die zwar den Untergang nicht abwenden können, aber doch auf die Möglichkeit eines Neuanfangs vorausweisen. Unter den Propheten, die auch hier den Königen gegenüberstehen und die Stimme Gottes zu Gehör bringen, ragt neben Jesaja der Nachfolger Elijas, Elischa, hervor.
Zur Regierungszeit der einzelnen Könige siehe die Zeittafel Seiten 448/49.

Inhaltsübersicht

ENDE DES PROPHETEN ELIJA UND WIRKEN DES PROPHETEN ELISCHA (1,1–8,15)

Elija hat eine Botschaft für König Ahasja

1 Nach dem Tod von König Ahab sagten sich die
Moabiter* von der Oberherrschaft Israels los.[a]
2 Eines Tages fiel sein Nachfolger Ahasja durch das
Gitter im Obergeschoss seines Palastes in Samaria
und verletzte sich schwer. Da schickte er Boten in
die Philisterstadt* Ekron. Sie sollten Baal-Sebub*,
den Gott der Stadt, fragen, ob die Verletzung wieder
heilen würde.
3 Aber der Engel* des HERRN befahl Elija, dem Propheten* aus Tischbe: »Geh und tritt den Boten des
Königs in den Weg! Sag zu ihnen: ›Gibt es in Israel
keinen Gott? Müsst ihr außer Landes gehen und
Baal-Sebub, den Gott von Ekron, befragen? 4 Darum
lässt der HERR eurem König sagen: Du wirst von deinem Krankenlager nicht wieder aufstehen! Deine
Tage sind gezählt.‹« Elija tat, was der HERR ihm aufgetragen hatte.
5 Da kehrten die Boten um, und als sie zum König
kamen, fragte er sie: »Wie kommt es, dass ihr so
schnell zurück seid?«
6 Sie antworteten: »Ein Mann trat uns in den Weg
und sagte: ›Kehrt auf der Stelle zum König zurück,
der euch abgesandt hat, und richtet ihm aus: Der
HERR lässt dir sagen: Gibt es in Israel keinen Gott?
Musst du Boten außer Landes schicken, um Baal-Sebub, den Gott von Ekron, zu befragen? Darum
wirst du von deinem Krankenlager nicht wieder aufstehen. Deine Tage sind gezählt.‹«
7 Der König fragte: »Wie sah der Mann aus, der
euch das gesagt hat?«
8 Sie antworteten: »Er trug einen Mantel aus Ziegenhaaren und einen ledernen Gürtel.«
»Dann war es Elija!«, sagte der König.

Kraftprobe zwischen König und Prophet

9 Sofort schickte er einen Truppenführer mit fünfzig
Mann hinter Elija her. Sie fanden den Propheten*,
wie er gerade auf dem Gipfel eines Berges saß.
Der Anführer ging zu ihm hinauf und sagte: »Mann
Gottes, komm herunter! Der König befiehlt es!«

a Der Berichterstatter hat die Notiz offenbar an diese Stelle gesetzt, um deutlich zu machen, dass er darin Gottes Antwort auf das Verhalten des neuen Königs Ahasja (1 Kön 22,53-54) sieht. Erst Ahasjas Nachfolger Joram wird einen Versuch machen, Moab wieder zurückzugewinnen (3,4-27).

1,1 3,4-27; 1 Sam 14,47; 2 Sam 8,2 **1,3** 1 Kön 17,1 S **1,8** 1 Sam 28,14 S; Mk 1,6 par

10 Doch Elija antwortete: »Wenn ich wirklich ein
Mann Gottes bin, dann soll Feuer vom Himmel her-
abfallen und dich und deine fünfzig Mann vernich-
ten!«[a] Sofort fiel Feuer vom Himmel und verbrannte
sie alle.
11 Da schickte der König einen anderen Truppen-
führer mit fünfzig Mann. Auch er rief Elija zu:
»Mann Gottes, komm sofort herunter! Der König
befiehlt es!«
12 Elija antwortete ihm: »Wenn ich wirklich ein
Mann Gottes bin, dann soll Feuer vom Himmel her-
abfallen und dich und deine fünfzig Mann vernich-
ten!« Da ließ Gott Feuer vom Himmel fallen, das ver-
brannte sie vollständig.
13 Zum dritten Mal schickte der König einen Trup-
penführer mit fünfzig Mann. Als der zu Elija hinauf-
gestiegen war, kniete er vor ihm nieder und flehte
ihn an: »Mann Gottes, schone mein Leben und das
Leben dieser fünfzig Männer! 14 Feuer ist vom Him-
mel gefallen und hat die beiden Truppenführer vor
mir samt ihren Leuten vernichtet. Schone mein
Leben und lass mich nicht dasselbe Schicksal er-
leiden!«
15 Da sagte der Engel* des HERRN zu Elija: »Geh mit
ihm hinab! Hab keine Angst vor dem König!«
Elija stand auf und ging mit ihm zum König. 16 Er
sagte zu ihm: »Höre, was der HERR dir sagen lässt:
›Du hast dich an Baal-Sebub, den Gott von Ekron,
gewandt. Du denkst wohl, es gibt in Israel keinen
Gott, den man befragen kann! Deshalb wirst du
von deinem Krankenlager nicht wieder aufstehen.
Deine Tage sind gezählt!‹«
17 Was Elija im Auftrag des HERRN angekündigt
hatte, traf ein: Ahasja starb. Weil er keinen Sohn
hatte, wurde sein Bruder Joram sein Nachfolger
auf dem Thron. Damals war Joram, der Sohn Joscha-
fats, im zweiten Jahr König von Juda.
18 Was es sonst noch über Ahasja und seine Taten
zu berichten gibt, ist in der amtlichen Chronik der
Könige von Israel nachzulesen.

Gott holt Elija zu sich

2 Der Tag war nicht mehr fern, an dem der HERR
den Propheten* Elija durch einen mächtigen
Sturm zu sich in den Himmel holen wollte.
Elija verließ Gilgal und Elischa schloss sich ihm
an. 2 Elija sagte zu ihm: »Bleib doch hier! Der HERR
schickt mich nach Bet-El.«
Aber Elischa erwiderte: »So gewiss der HERR lebt
und du selbst lebst: Ich weiche nicht von deiner
Seite!«
So gingen sie miteinander nach Bet-El. 3 Die Pro-
pheten der dortigen Prophetengemeinschaft* ka-
men zu Elischa heraus und fragten ihn: »Weißt du,
dass der HERR dir heute deinen Lehrer wegnehmen
und ihn zu sich holen wird?«
»Ich weiß es«, sagte Elischa, »erinnert mich nicht
daran!«
4 Wieder sagte Elija zu Elischa: »Bleib hier! Der
HERR schickt mich nach Jericho.«
Aber Elischa antwortete auch diesmal: »So gewiss
der HERR lebt und du selbst lebst: Ich weiche nicht
von deiner Seite!«
So kamen die beiden nach Jericho. 5 Die Prophe-
ten der dortigen Prophetengemeinschaft machten
sich an Elischa heran und fragten: »Weißt du, dass
der HERR dir heute deinen Lehrer wegnehmen und
ihn zu sich holen wird?«
Und wieder antwortete er: »Ich weiß es; erinnert
mich nicht daran!«
6 Zum dritten Mal bat ihn Elija: »Bleib doch hier!
Der HERR schickt mich an den Jordan.«
Aber Elischa erwiderte: »So gewiss der HERR lebt
und du selbst lebst: Ich weiche nicht von deiner
Seite!«
So gingen die beiden miteinander. 7 Fünfzig Pro-
pheten folgten ihnen bis an den Jordan und blieben
in einiger Entfernung stehen. 8 Elija rollte seinen
Mantel zusammen und schlug damit auf das Wasser.
Da teilte es sich und beide gingen trockenen Fußes
durch den Fluss.
9 Am anderen Ufer sagte Elija zu Elischa: »Was
kann ich noch für dich tun, bevor der HERR mich
von dir wegholt?«
Elischa bat: »Ich möchte den Anteil des Erstgebo-
renen[b] von deinem Geist erben und deinen Auftrag
weiterführen.«
10 Elija antwortete: »Du verlangst mehr, als in mei-
ner Macht steht. Wenn der HERR es dich sehen lässt,
wie er mich von dir wegholt, wird deine Bitte erfüllt
werden, sonst nicht.«
11 Während sie so im Gehen miteinander redeten,
kam plötzlich ein Streitwagen* aus Feuer mit Pfer-
den aus Feuer und trennte sie voneinander, und Elija
fuhr in einem gewaltigen Sturm in den Himmel.[c]
12a Elischa sah es und rief: »Mein Vater, mein Vater!
Du warst Israels Streitwagen und sein Lenker!«

Gott bestätigt Elischa als Elijas Nachfolger

12b Als Elischa ihn nicht mehr sehen konnte, zerriss er
sein Obergewand* mittendurch. 13 Er hob den Man-
tel Elijas auf, der zu Boden gefallen war, und kehrte
an den Jordan zurück. 14 Genau wie Elija schlug er
damit auf das Wasser und rief: »Wo ist der HERR,
der Gott Elijas?« Da teilte sich das Wasser und Eli-
scha ging trockenen Fußes durch den Fluss.
15 Die Propheten* aus Jericho hatten ihm vom
anderen Ufer aus zugesehen und riefen: »Der Geist
Elijas hat sich auf Elischa niedergelassen!« Sie liefen

a Im Hebräischen liegt ein Wortspiel zwischen *Mann* (isch) und *Feuer* (esch) vor.
b *den Anteil ...:* wörtlich *zwei Teile.* Der erstgeborene Sohn erhielt in Israel einen doppelten Anteil am Erbe (Dtn 21,16-17).
c Wahrscheinlich ist der Text so zu verstehen, dass Elija auf dem feurigen Wagen in den Himmel fuhr. Nach 6,15-17 verfügt Gott über eine himmlische Streitmacht aus solchen Wagen, die den Israeliten gegen die überlegene Streitmacht der Syrer beisteht. So wird auch der Prophet selber in Vers 12 als »Israels Streitwagen«, d.h. als Helfer gegen die mit Streitwagen ausgerüsteten Feinde, angesprochen. Nach der uns bekannten Überlieferung passt dies besser zu Elischa, der in seiner Todesstunde mit demselben Ehrennamen angeredet wird (13,14). Die Überzeugung, dass Elija lebendig in den Himmel aufgenommen wurde, hat zur Erwartung seiner einstigen Wiederkehr geführt (siehe Mal 3,23-24 und Vergleichsstellen dazu).

1,10 Lev 10,2S; Lk 9,54 **2,1** (Elischa) 1 Kön 19,16.19-21 **2,8** 1,8; Ex 14,16 **2,9** Dtn 21,17 **2,11** Sir 48,9; 1 Makk 2,58; Gen 5,24; Lk 24,51 **2,12a** 13,14 **2,15** Num 11,25; 1 Kön 19,16

ihm entgegen, warfen sich vor ihm nieder 16 und sag-
ten: »Wir sind fünfzig kräftige Männer und stehen
zu deiner Verfügung. Sollen wir nicht ausschwär-
men und deinen Lehrer suchen? Vielleicht hat der
Geist* des Herrn ihn gepackt und auf irgendeinen
Berg oder in eine Schlucht geworfen.«
»Nein, lasst das!«, sagte Elischa. 17 Aber sie setzten
ihm so lange zu, bis er einwilligte. Die fünfzig such-
ten drei Tage lang und fanden Elija nicht. 18 Als sie zu
Elischa nach Jericho zurückkehrten, sagte er zu
ihnen: »Habe ich euch nicht gleich gesagt, dass ihr
nicht zu suchen braucht?«

Elischas Wort bringt Leben und Tod

19 Die Bürger von Jericho kamen zu Elischa und sag-
ten: »Herr, wie du siehst, hat unsere Stadt eine aus-
gezeichnete Lage. Nur das Wasser ist schlecht; es
verursacht Fehlgeburten bei Menschen und Tieren.«
20 »Bringt mir eine Schale, eine ganz neue«, befahl
Elischa, »und füllt sie mit Salz!« Als sie ihm die Scha-
le gebracht hatten, 21 ging er damit vor die Stadt zu
der Wasserquelle und schüttete das Salz hinein mit
den Worten: »So spricht der Herr: ›Ich mache dieses
Wasser wieder gesund; es wird niemand mehr den
Tod bringen und keine Fehlgeburten mehr verursa-
chen.‹«
22 Seitdem ist das Wasser in Ordnung, bis heute,
genau wie Elischa es gesagt hat.
23 Von Jericho ging Elischa hinauf ins Bergland
nach Bet-El. Da kam aus der Stadt eine Horde Jun-
gen, die machten sich über ihn lustig und riefen
von oben herab: »Komm zu uns herauf, Glatzkopf!
Komm zu uns herauf, Glatzkopf!«
24 Elischa schaute sich um, und als er sie erblickte,
verfluchte er sie im Namen des Herrn. Im selben
Augenblick kamen zwei Bären aus dem Dickicht
und zerrissen zweiundvierzig von ihnen.
25 Von Bet-El wanderte Elischa weiter zum Berg
Karmel, dann kehrte er nach Samaria zurück.[a]

Über König Joram von Israel

3 Im 18. Regierungsjahr Joschafats, des Königs von
Juda, wurde Joram, der Sohn Ahabs, König von
Israel. Zwölf Jahre lang regierte er in Samaria. 2 Er
tat, was dem Herrn missfällt – wenn auch nicht in
dem Ausmaß, wie sein Vater und seine Mutter es
getan hatten. Das Steinmal*, das sein Vater zu Ehren
Baals* hatte errichten lassen, ließ er wieder entfer-
nen. 3 Doch von dem Götzendienst, zu dem König
Jerobeam die Leute von Israel verführt hatte, wollte
er nicht lassen.

Der Feldzug gegen die Moabiter

4 Mescha, der König von Moab*, besaß große Schaf-
herden und hatte dem König von Israel als Tribut
100000 Schlachtschafe und ebenso viele einjährige
Schafböcke zu liefern.[b] 5 Nach dem Tod Ahabs wollte
er die Oberherrschaft Israels nicht länger anerken-
nen und stellte die Tributlieferungen ein. 6 Darauf
zog König Joram von Samaria aus durch das Land,
um die Männer Israels gegen ihn zu den Waffen zu
rufen.
7 Er schickte auch Gesandte zu Joschafat, dem
König von Juda, und ließ ihm sagen: »Der König
von Moab ist von mir abgefallen. Ich will einen Feld-
zug gegen ihn unternehmen. Machst du mit?«
»Ich mache mit«, antwortete Joschafat, »du
kannst auf meine Truppen, auf Mann und Ross, zäh-
len wie auf deine eigenen.«
8 »Welchen Anmarschweg sollen wir wählen?«,
fragte Joram.
»Den Weg durch die Wüste von Edom*«, sagte
Joschafat.[c]

Elischa rettet das Heer vor dem Verdursten

9 So rückten der König von Israel und der König von
Juda mit ihren Heeren aus. Auch der König von
Edom* mit seinen Truppen zog mit.
Nachdem sie sieben Tage lang marschiert waren,
fand sich kein Wasser mehr für ihre Soldaten und für
die Lasttiere. 10 »Wir hätten den Feldzug nicht unter-
nehmen sollen!«, sagte der König von Israel. »Der
Herr hat uns drei Könige nur hierher gerufen, um
uns den Moabitern* in die Hände zu liefern.«
11 Joschafat erwiderte: »Ist denn hier kein Pro-
phet*, durch den wir den Herrn fragen könnten?«
Darauf sagte einer von den Offizieren des Königs
von Israel: »Elischa ist hier, der Sohn Schafats. Er
stand im Dienst Elijas, er hat ihm das Wasser über
die Hände gegossen.«
12 »Dann ist er auch der Mann, der uns sagen kann,
was der Herr von uns will«, sagte Joschafat.
Die drei Könige gingen also zu Elischa. 13 Aber der
sagte zum König von Israel: »Was habe ich mit dir zu
schaffen? Geh zu den Propheten, bei denen dein
Vater und deine Mutter sich Rat geholt haben!«
»Die können uns nicht helfen«, erwiderte der
König, »denn der Herr ist es, der uns hierher gerufen
hat und der uns drei Könige den Moabitern in die
Hände liefern will.«
14 Darauf sagte Elischa: »So gewiss der Herr lebt,
der Herrscher der Welt,[d] in dessen Dienst ich stehe:
Nur König Joschafat von Juda zuliebe lasse ich
mich bitten, dich allein würde ich keines Blickes
würdigen. 15 Aber nun lasst einen Harfenspieler
kommen!«
Während das Harfenspiel erklang, kam der Geist*
des Herrn über Elischa 16 und er sagte: »So spricht
der Herr: ›Hebt hier, in diesem ausgetrockneten
Flussbett, überall Gruben aus! 17 Ihr werdet zwar kei-

a Siehe Kartenskizze Seite 421.
b Aus einer in Stein gemeißelten Inschrift, dem Mesastein, wissen wir, dass König Omri (1 Kön 16,23) den Moabitern das Gebiet nördlich des Arnon-Flusses weggenommen hatte. Dem Restland Moab wurde offenbar eine Tributzahlung auferlegt.
c Man wählt den Anmarsch um das Südende des Toten Meeres.
d *der Herr…:* wörtlich *der Herr Zebaot* lebt.*

2,16 1 Kön 18,12 **2,19-22** Ex 15,23-25 **2,24** 1 Kön 13,24S **3,4-5** 1,1S **3,7** 1 Kön 22,4 **3,11** 1 Kön 22,5.7; Ri 1,1-2S

nen Windhauch spüren und keinen Regen fallen sehen, und doch wird sich dieses Tal mit Wasser füllen, sodass ihr genug zu trinken habt, ihr, euer Schlachtvieh und die Lasttiere.‹

18 Aber der HERR wird noch viel mehr für euch tun: Er wird die Moabiter in eure Hand geben. 19 Alle ihre prächtigen, gut befestigten Städte werdet ihr erobern, ihre Fruchtbäume umhauen und alle Quellen zuschütten. Ihr fruchtbares Ackerland werdet ihr unter Steinen begraben.«

20 Und wirklich, am nächsten Morgen, zu der Zeit, wenn im Tempel das Speiseopfer* dargebracht wird, kam von den Bergen Edoms her so viel Wasser geströmt, dass die ganze Gegend davon überschwemmt war.[a]

Der Sieg über die Moabiter

21 Inzwischen hatten die Moabiter* gehört, dass die Könige von Israel, von Juda und von Edom* zum Krieg gegen sie anrückten. Alle kampffähigen Männer waren aufgeboten und zur Grenze geschickt worden. 22 Als sie an jenem Morgen aufwachten und die Sonne über dem Wasser aufging, da erschien ihnen das Wasser aus der Entfernung rot wie Blut.

23 »Das ist Blut!«, sagten sie. »Bestimmt sind die drei Könige in Streit geraten und haben sich samt ihren Heeren gegenseitig umgebracht. Auf, ihr Moabiter, holt euch die Beute!«

24 Als sie sich aber dem Lager näherten, brachen die Männer Israels hervor und schlugen sie in die Flucht. Danach drangen die Israeliten in das Land der Moabiter ein und brachten ihnen eine schwere Niederlage bei. 25 Sie zerstörten die Städte, und auf die Äcker warf jeder von ihnen einen Stein, bis alles Fruchtland unter Steinen begraben war. Alle Quellen wurden zugeschüttet und alle Fruchtbäume umgehauen. Nur die Mauer von Kir-Heres[b] hielt dem Angriff stand;[c] doch war die Stadt umzingelt und wurde von den Steinschleuderern beschossen.

26 Als der König von Moab merkte, dass er die Stadt nicht mehr lange halten konnte, wollte er mit 700 Kriegern, lauter mit Schwertern bewaffneten Männern, den Belagerungsring durchbrechen, und zwar an der Stelle, wo der König von Edom stand. Der Versuch scheiterte. 27 Darauf nahm der König seinen erstgeborenen Sohn, der einmal an seiner Stelle hätte König werden sollen, und opferte ihn auf der Stadtmauer dem Gott der Moabiter als Brandopfer*. Da kam der Zorn des Moabitergottes[d] über die Männer Israels, sodass sie die Belagerung abbrachen und in ihr Land zurückkehrten.

Elischa hilft einer armen Witwe

4 Eine Witwe, deren Mann zur Prophetengemeinschaft* um Elischa gehört hatte, bat den Propheten dringend um Hilfe. »Mein Mann ist gestorben«, sagte sie. »Du weißt, dass er dem HERRN treu gedient hat. Nun ist der Gläubiger da gewesen, dem mein Mann noch Geld schuldet. Er will mir meine beiden Jungen wegnehmen und zu seinen Sklaven* machen.«

2 »Was kann ich für dich tun?«, fragte Elischa. »Sag mir doch: Was hast du noch im Haus?«

»Nichts mehr«, antwortete sie, »nur noch einen kleinen Krug mit Olivenöl.«

3 Da sagte Elischa: »Geh in der ganzen Nachbarschaft herum und leih dir Gefäße aus, leere Gefäße, alles, was du bekommen kannst! 4 Dann geh ins Haus, schließ hinter dir und deinen Kindern die Tür ab und gieß das Öl in die Gefäße! Immer, wenn ein Gefäß voll ist, stellst du es beiseite!«

5 Die Frau ging in ihr Haus und schloss hinter sich und ihren Jungen die Tür ab. Die beiden reichten ihr die Gefäße hin und sie füllte das Öl ein. 6 Schließlich waren alle Gefäße voll. »Reich mir noch eins!«, sagte sie zu dem einen Jungen. Aber der antwortete: »Es ist keins mehr da!« Da hörte das Öl auf zu fließen.

7 Die Frau kam zum Propheten Elischa[e] und berichtete, was geschehen war. Elischa sagte: »Nun geh, verkauf das Öl und bezahle mit dem Geld

An der Quelle von Jericho – es ist die einzige weit und breit – geschah eines der ersten Wunder Elischas.

a Nach Vers 20 ist nicht an Grundwasser gedacht, sondern an Regen, der in den entfernten Bergen gefallen ist.
b Die moabitische Hauptstadt, ein uneinnehmbares Felsennest 950 m über dem Meer (Jes 16,11; Jer 48,31.36).
c Wörtlich *Nur die Steine (der Mauer) von Kir-Heres ließen sie übrig.*
d *der Zorn des Moabitergottes:* wörtlich *ein gewaltiger Zorn.* Es wird nicht gesagt, wie sich das Menschenopfer im Einzelnen auswirkte, aber mit seiner Wirksamkeit wird offenbar gerechnet. Manche Ausleger nehmen an, dass die Israeliten Abscheu und Entsetzen ergriff. Menschenopfer waren in Israel untersagt (Lev 18,21 und Vergleichsstellen).
e Wörtlich *zu dem Mann Gottes.*

3,27 Lev 18,21 S **4,1** Ex 21,2-4 **4,2-7** 1 Kön 17,12-16

deine Schulden! Von dem, was noch übrig bleibt,
kannst du mit deinen Söhnen leben.«

Elischa verspricht einer kinderlosen Frau einen Sohn

8 Eines Tages kam Elischa durch das Dorf Schunem.[a]
Dort wohnte eine wohlhabende Frau, die ihn zum
Essen einlud. Jedes Mal wenn er später dort vorbei-
kam, kehrte er bei ihr zum Essen ein.
9 Einmal sagte die Frau zu ihrem Mann: »Du erin-
nerst dich doch an den Gast, der immer bei uns ein-
kehrt, wenn er vorbeikommt. Ich weiß, er ist ein hei-
liger Mann, der Gott dient und ihm ganz nahe steht.[b]
10 Wir sollten auf dem flachen Dach ein kleines Zim-
mer für ihn bauen und es gut ausstatten, mit Bett und
Tisch, Stuhl und Leuchter.[c] Wenn er uns besucht,
kann er sich dorthin zurückziehen.« So machten
sie es.
11 Als Elischa wieder einmal nach Schunem kam,
ging er in sein Zimmer hinauf, um sich auszuruhen.
12 Danach befahl er seinem Diener Gehasi, die Frau
heraufzubitten. Sie kam und blieb draußen vor der
Tür des Zimmers stehen.
13 Elischa ließ ihr durch seinen Diener sagen: »Du
hast dir so viel Mühe um uns gemacht. Kann ich
etwas für dich tun? Soll ich mich beim König oder
bei seinem Heerführer für dich verwenden?«

Aber sie ließ ihm sagen: »Ich wohne doch hier mit-
ten unter meiner Sippe; ich brauche keine Hilfe.«
14 Elischa fragte Gehasi: »Was könnten wir denn
sonst für sie tun?«, und der antwortete: »Es gäbe
schon etwas: Sie hat keinen Sohn und ihr Mann ist
schon alt.«
15 »Ruf sie herein«, sagte Elischa. Sie kam und blieb
in der Tür stehen 16 und Elischa sagte zu ihr: »Im
nächsten Jahr um diese Zeit wirst du einen Sohn
auf deinen Armen wiegen!« »Ach Herr, du Mann
Gottes«, erwiderte sie, »mach mir doch keine fal-
schen Hoffnungen!«
17 Die Frau wurde tatsächlich schwanger und ein
Jahr später gebar sie einen Sohn, genau um die Zeit,
die Elischa genannt hatte.

Elischa erweckt den Sohn der Frau wieder zum Leben

18 Als der Junge größer geworden war, besuchte er
eines Tages seinen Vater draußen auf dem Feld bei
den Schnittern. 19 Plötzlich schrie er auf: »Mein
Kopf! Mein Kopf tut mir so weh!«[d]

Der Vater befahl einem Knecht: »Trag ihn heim zu
seiner Mutter!« 20 Sie hielt das Kind noch bis zum
Mittag auf ihren Knien, dann starb es.
21 Die Mutter brachte den Leichnam in das obere
Zimmer, legte ihn auf das Bett des Propheten* und
schloss die Tür zu. Dann ging sie hinaus aufs Feld
22 und sagte zu ihrem Mann: »Gib mir einen Knecht
mit einer Eselin! Ich will schnell zu dem Mann Got-
tes reiten; ich bin bald wieder zurück.«
23 »Warum gehst du ausgerechnet heute?«, fragte
er. »Es ist doch weder Sabbat* noch Neumonds-
tag*!«

»Lass es gut sein«, sagte sie, 24 sattelte die Eselin
und befahl dem Knecht: »Treib mir das Tier tüchtig
an und hör nicht damit auf, bis ich es dir sage!«
25 So kam sie zu Elischa an den Berg Karmel.[e] Der
Prophet sah sie schon von weitem und sagte zu
Gehasi: »Da kommt ja die Frau aus Schunem! 26 Lauf
ihr entgegen und frag sie: ›Geht es dir gut? Geht es
deinem Mann gut? Geht es dem Kind gut?‹«

Die Frau antwortete Gehasi: »Ja, es geht gut!«
27 Aber als sie auf dem Berg bei dem Mann Gottes
angelangt war, fiel sie vor ihm nieder und umklam-
merte seine Füße. Gehasi wollte sie zurückstoßen,
aber Elischa sagte: »Lass sie! Sie ist ja ganz verzwei-
felt. Und der HERR hat mir nicht gesagt, was gesche-
hen ist!«
28 »Ach, mein Herr«, sagte sie, »habe ich dich viel-
leicht um einen Sohn gebeten! Habe ich nicht gesagt,
du sollst mir keine falschen Hoffnungen machen?«
29 Da sagte Elischa zu Gehasi: »Geh so schnell du
kannst nach Schunem! Bleib nicht stehen, um
irgendjemand zu begrüßen! Und wenn dich jemand
begrüßen will, antworte ihm nicht! Nimm meinen
Prophetenstab mit und leg ihn auf das Gesicht des
Jungen.«
30 Aber seine Mutter sagte: »So gewiss der HERR
lebt und du selbst lebst, ich gehe nicht ohne dich
von hier weg!« Da ging Elischa mit ihr.
31 Gehasi war vorausgeeilt und hatte den Stock auf
das Gesicht des Jungen gelegt; aber der gab kein
Lebenszeichen und rührte sich nicht. Gehasi ging
zurück, Elischa entgegen, und sagte zu ihm: »Er ist
nicht aufgewacht.«
32-33 Als Elischa selbst in das Haus kam, ging er in
sein Zimmer und fand den Jungen tot auf seinem Bett
liegen. Er schloss die Tür hinter sich ab und betete
zum HERRN. 34 Dann legte er sich auf den Jungen,
sodass sein Mund dessen Mund berührte und seine
Augen und Hände die Augen und Hände des Jungen.

Nachdem er eine Zeit lang so gelegen hatte, wurde
der Körper des Jungen wieder warm. 35 Elischa stand
auf und ging einmal im Zimmer auf und ab. Dann
legte er sich wieder wie vorher auf den Körper des
Jungen. Da nieste das Kind siebenmal und schlug
die Augen auf.
36 Elischa rief Gehasi und befahl ihm, die Mutter
zu holen. Als sie kam, sagte er zu ihr: »Hier hast
du deinen Sohn!« 37 Sie trat auf Elischa zu und warf
sich vor ihm nieder. Dann nahm sie ihren Sohn
und verließ das Zimmer.

a Nördlich von Jesreël (Karte Seite 443).
b Wörtlich *ein heiliger* Mann Gottes.*
c Das ist für orientalische Verhältnisse eine fürstliche Ausstattung. Für gewöhnlich schläft und sitzt man auf dem Boden und hat ein Lämpchen.
d Ein Sonnenstich ist in südlichen Breiten (besonders im jugendlichen Alter; das Kind hilft noch nicht auf dem Feld) eine ständige Gefahr.
e Schon 2,25 befand sich der Prophet einmal dort; vgl. 1 Kön 18,19.

4,14-16 Gen 18,9-11 **4,17** Gen 21,1-2; Ps 113,9 **4,18-37** 1 Kön 17,17-24

Das ungenießbare Gemüse

38 Elischa kehrte nach Gilgal zurück.[a] Im Land herrschte damals Hungersnot. Als die Propheten der dortigen Prophetengemeinschaft* einmal um Elischa versammelt waren,[b] befahl er seinem Diener: »Setz den großen Topf auf und koche den Leuten etwas zu essen!«

39 Einer der Männer ging hinaus aufs Feld, um Malvenfrüchte zu suchen. Aber das Einzige, was er fand, war ein Rankengewächs mit Früchten wie kleine Gurken.[c] Davon sammelte er, so viel er in seinem Obergewand* mitnehmen konnte. Dann schnitt er die Früchte in Stücke und warf sie in den Topf. Niemand ahnte, dass sie ungenießbar waren.

40 Das Gericht wurde an alle ausgeteilt. Doch kaum hatten sie angefangen zu essen, da schrien sie los: »Elischa,[d] Gift im Topf!« Sie brachten es nicht hinunter.

41 Da sagte Elischa: »Gebt mir Mehl!« Er warf es in den Topf und sagte zu seinem Diener: »Teil es ihnen aus!« Da war das Gericht genießbar.

Brot für hundert Propheten

42 Einmal kam ein Mann aus Baal-Schalischa zu Elischa. Er brachte ihm als Abgabe vom Erstgeernteten zwanzig Fladenbrote* aus Gerste und einen Beutel voll Getreidekörner. Elischa befahl seinem Diener: »Gib das unseren Leuten, damit sie sich satt essen können!«

43 Aber der Diener erwiderte: »Wie soll das für hundert Männer reichen?«

Elischa wiederholte: »Gib das unseren Leuten zu essen! Denn so spricht der HERR: ›Es wird noch davon übrig bleiben.‹«

44 Da teilte der Diener es an sie aus. Sie aßen sich satt und ließen noch davon übrig, genau wie der HERR es angekündigt hatte.

Ein aussätziger Feind sucht Hilfe

5 Naaman, der Heerführer des Königs von Syrien*, war an Aussatz* erkrankt. Er war ein tapferer Soldat und der König hielt große Stücke auf ihn, weil der HERR durch ihn den Syrern zum Sieg verholfen hatte. 2 In seinem Haus befand sich ein junges Mädchen, das von syrischen Kriegsleuten bei einem Streifzug aus Israel geraubt worden war. Sie war Dienerin bei seiner Frau geworden.

3 Einmal sagte sie zu ihrer Herrin: »Wenn mein Herr doch zu dem Propheten* gehen könnte, der in Samaria lebt! Der würde ihn von seiner Krankheit heilen.«

a Siehe Kartenskizze Seite 421.
b Wörtlich *vor ihm saßen,* wie die Schüler vor dem Lehrer (Meister).
c Wahrscheinlich unterläuft ihm eine Verwechslung der essbaren, fingerförmigen Malvenfrüchte mit Koloquinten, einer Kürbisart, die noch heute in der Steppe des Jordantals vorkommt. Ihre Früchte schmecken sehr bitter und rufen Brechreiz hervor.
d Wörtlich *Mann Gottes* (vgl. 4,9.16.22); ebenso in Vers 42.

Naaman, Heerführer des syrischen Königs, suchte Elischa auf, um von seiner Hautkrankheit geheilt zu werden. Die Weisung, sich siebenmal im Jordan (im Bild dessen Oberlauf) zu waschen, erschien ihm so einfältig, dass er sie als kränkend empfand. Aber seine Diener überredeten ihn, es doch zu tun, und er wurde geheilt. »Jetzt weiß ich, dass der Gott Israels der einzige Gott ist auf der ganzen Erde.« (5,15)

4,42-44 Mk 6,35-44 par **5,1-14** Lk 4,27

4 Naaman ging zum König und berichtete ihm, was das Mädchen gesagt hatte. 5 »Geh doch hin«, antwortete der König, »ich werde dir einen Brief an den König von Israel mitgeben.«

Naaman machte sich auf den Weg. Er nahm 7 Zentner Silber, eineinhalb Zentner Gold[a] und zehn Festgewänder mit. 6 Er überreichte dem König von Israel den Brief, in dem es hieß: »Ich bitte dich, meinen Diener Naaman freundlich aufzunehmen und von seinem Aussatz zu heilen.«

7 Als der König den Brief gelesen hatte, zerriss er sein Gewand und rief: »Ich bin doch nicht Gott! Er allein hat Macht über Tod und Leben! Der König von Syrien verlangt von mir, dass ich einen Menschen von seinem Aussatz heile. Da sieht doch jeder: Er sucht nur einen Vorwand, um Krieg anzufangen!«

Der Geheilte erkennt den wahren Gott

8 Als Elischa, der Mann Gottes, davon hörte, ließ er dem König sagen: »Warum hast du dein Gewand zerrissen? Schick den Mann zu mir! Dann wird er erfahren, dass es in Israel einen Propheten* gibt!«

9 Naaman fuhr mit all seinen pferdebespannten Wagen hin und hielt vor Elischas Haus. 10 Der Prophet schickte einen Boten hinaus und ließ ihm sagen: »Fahre an den Jordan und tauche siebenmal darin unter! Dann bist du von deinem Aussatz* geheilt.«

11 Naaman war empört und sagte: »Ich hatte gedacht, er würde zu mir herauskommen und sich vor mich hinstellen, und dann würde er den HERRN, seinen Gott, beim Namen rufen und dabei seine Hand über der kranken Stelle hin- und herbewegen und mich so von meinem Aussatz heilen. 12 Ist das Wasser des Abana und des Parpar, der Flüsse von Damaskus, nicht besser als alle Gewässer Israels? Dann hätte ich ja auch in ihnen baden können, um geheilt zu werden!«

Voll Zorn wollte er nach Hause zurückfahren. 13 Aber seine Diener redeten ihm zu und sagten: »Herr, bedenke doch: Wenn der Prophet etwas Schwieriges von dir verlangt hätte, hättest du es bestimmt getan. Aber nun hat er nur gesagt: ›Bade dich und du wirst gesund!‹ Solltest du es da nicht erst recht tun?«

14 Naaman ließ sich umstimmen, fuhr zum Jordan hinab und tauchte siebenmal in seinem Wasser unter, wie der Mann Gottes es befohlen hatte. Da wurde er völlig gesund und seine Haut wurde wieder so rein wie die eines Kindes.

15 Mit seinem ganzen Gefolge kehrte er zu Elischa zurück, trat vor ihn und sagte: »Jetzt weiß ich, dass der Gott Israels der einzige Gott ist auf der ganzen Erde. Nimm darum von mir ein kleines Dankgeschenk an!«

16 Aber Elischa erwiderte: »So gewiss der HERR lebt, dem ich diene: Ich nehme nichts an.« So sehr Naaman ihm auch zuredete, Elischa blieb bei seiner Ablehnung.

17 Schließlich sagte Naaman: »Wenn du schon mein Geschenk nicht annimmst, dann lass mich wenigstens so viel Erde von hier mitnehmen, wie zwei Maultiere tragen können. Denn ich will in Zukunft keinem anderen Gott mehr Brand- oder Mahlopfer* darbringen, nur noch dem HERRN.[b]

18 In einem Punkt jedoch möge der HERR Nachsicht mit mir haben: Wenn mein König zum Tempel seines Gottes Rimmon[c] geht, um zu beten, muss ich ihn mit dem Arm stützen und mich zugleich mit ihm niederwerfen – der HERR möge es mir verzeihen!«

19a Elischa sagte: »Kehre heim in Frieden*!«

Der Aussatz trifft Elischas habgierigen Diener

19b Als Naaman schon ein Stück weit entfernt war, 20 sagte sich Gehasi, der Diener Elischas: »Mein Herr lässt diesen reichen Syrer mit der ganzen Last seiner Geschenke wieder abziehen. Er hätte ihm ruhig etwas davon abnehmen können. So gewiss der HERR lebt: Ich laufe hinterher und hole das nach!«

21 Gehasi lief, so schnell er konnte. Als Naaman ihn herankommen sah, stieg er von seinem Wagen, ging ihm entgegen und fragte: »Es ist doch nichts passiert?«

22 »Nein«, sagte Gehasi, »aber mein Herr lässt dir sagen: ›Eben sind aus dem Bergland Efraïm zwei junge Leute von der dortigen Prophetengemeinschaft* zu mir gekommen. Gib mir doch einen Zentner* Silber und zwei Festgewänder für sie!‹«

23 »Ich bitte dich, nimm zwei Zentner«, sagte Naaman und drängte es ihm sogar auf. Er ließ das Silber in zwei Säcke verpacken, legte die beiden Festgewänder darauf und schickte zwei seiner Leute mit, die das Geschenk vor Gehasi hertragen sollten. 24 Beim Hügel vor der Stadt schickte Gehasi die beiden Männer zurück und brachte die Geschenke heimlich in Elischas Haus.

25 Als er zu seinem Herrn kam, fragte ihn der: »Woher kommst du, Gehasi?«

»Ich war doch nicht weg«, sagte der Diener.

26 Aber Elischa entgegnete ihm: »Ich war im Geist dabei, als der Mann von seinem Wagen stieg und dir entgegenging! Dies ist nicht der Augenblick, Geld und Festkleider anzunehmen und sich dafür Olivenhaine und Weingärten, Schafe und Rinder, Sklaven und Sklavinnen zuzulegen. 27 Der Aussatz* Naamans wird dich und alle deine Nachkommen befallen und ihr werdet ihn nie wieder loswerden!«

Als Gehasi von Elischa wegging, war seine Haut vom Aussatz so weiß wie Schnee.

a Hebräische Maßangaben *10 Zentner** und *6000 Schekel**.
b Wegen der besonderen Beziehung des Gottes Israels zum Land Israel will Naaman ihm seine Opfer auf israelitischer Erde darbringen.
c Ein aramäischer Wettergott (»Brüller«).

5,7 (Tod und Leben) 1 Sam 2,6 S

Elischa bringt die ins Wasser gefallene Axt zum Schwimmen

6 Die Männer der Prophetengemeinschaft*
beklagten sich bei Elischa: »Der Raum, in dem
wir zusammenkommen, um dir zuzuhören, ist zu
eng. 2 Wir möchten deshalb zum Jordan gehen und
dort Bäume fällen. Wenn jeder von uns einen Balken
heranschafft, können wir° einen neuen Versamm-
lungsraum bauen.«
»Geht nur!«, sagte Elischa. 3 Aber einer der Män-
ner bat ihn: »Komm doch mit uns!« Elischa sagte
Ja 4 und ging mit.
So kamen sie an den Jordan und fällten Bäume.
5 Bei der Arbeit flog plötzlich einem die eiserne Axt-
klinge vom Stiel und fiel ins Wasser. Laut aufschrei-
end sagte der Mann zu Elischa: »Herr, was mache ich
jetzt? Die Axt war nur geliehen!«
6 Elischa fragte: »Wo ist die Klinge hineingefal-
len?« Der Mann zeigte ihm die Stelle. Darauf schnitt
Elischa sich einen Stock ab, warf ihn an der Stelle ins
Wasser und die Klinge kam an die Oberfläche.
7 »Greif sie!«, sagte Elischa. Und der Mann holte
sie sich heraus.

Elischa stiftet Frieden zwischen Syrien und Israel

8 Der König von Syrien* führte Krieg gegen Israel. Er
beriet sich mit seinen Truppenführern und ent-
schied, an welcher Stelle sie sich für einen Überra-
schungsangriff bereithalten wollten. 9 Da schickte
Elischa, der Mann Gottes, einen Boten zum König
von Israel, nannte ihm den Ort und warnte ihn:
»Mach einen Bogen um die Stelle, denn dort wollen
sie dich angreifen!«
10 Darauf ließ der König von Israel die Gegend, vor
der ihn der Prophet* gewarnt hatte, gut auskund-
schaften und war dort besonders vorsichtig.
So ging es nicht nur ein- oder zweimal, sondern
noch öfter. 11 Den König von Syrien beunruhigte
die Sache. Er ließ seine Truppenführer zusammen-
rufen und sagte: »Einer von den Unseren verrät
uns an den König von Israel. Könnt ihr mir sagen,
wer es ist?«
12 »Nein, nein, mein Herr und König«, antwortete
einer von den Truppenführern. »Der Prophet Elischa
ist schuld. Er meldet dem König von Israel sogar, was
du in deinem Schlafzimmer sagst.«
13 »Findet mir heraus, wo er ist!«, befahl der König.
»Dann werde ich ihn schon in meine Gewalt brin-
gen.«
Man meldete dem König, Elischa sei in Dotan.[a]
14 Da schickte er ein großes Heer dorthin, verstärkt
durch eine Streitwagenabteilung. Die Truppen rück-
ten bei Nacht an und umzingelten die Stadt. 15 Als der
Diener Elischas morgens aufstand und vor die Tür
trat, sah er die Stadt von Truppen und Streitwagen*
umstellt.
»Was sollen wir jetzt tun?«, fragte er Elischa.
16 Der gab ihm zur Antwort: »Lass dir keine Angst
einjagen, weil es so viele sind! Auf unserer Seite ste-
hen noch mehr.«
17 Darauf betete Elischa: »HERR, öffne doch mei-
nem Diener die Augen!« Da öffnete der HERR ihm
die Augen, und er sah: Der ganze Berg, auf dem
die Stadt lag, war rings um Elischa bedeckt mit Pfer-
den und Streitwagen aus Feuer.
18 Als die Syrer nun vorrückten, bat Elischa den
HERRN: »Schlag sie mit Blindheit!« Und der HERR
schlug sie mit Blindheit, wie Elischa es erbeten hatte.
19 Elischa ging ihnen entgegen und sagte zu ihnen:
»Ihr müsst den falschen Weg eingeschlagen haben;
dies ist nicht die Stadt, die ihr sucht. Folgt mir, ich
führe euch zu dem Mann, hinter dem ihr her seid!«
Und er führte sie nach Samaria.

»Der König von Syrien führte Krieg gegen Israel.« (6,8) Das Bild dieses Lanzenträgers mit Helm stammt vom Palast des Königs Tiglat-Pileser in Arslan-Tasch (bei Haran).

a Nördlich von Samaria (Karte Seite 443).

6,17 Num 22,31; 2Kön 2,11 6,18 Gen 19,11

20 Dort betete er: »Herr, jetzt öffne ihnen wieder
die Augen!« Da öffnete der Herr ihnen die Augen,
und sie sahen, dass sie sich mitten in der Stadt Sama-
ria befanden.
21 Als der König von Israel die Syrer sah, fragte er
Elischa: »Mein Vater, soll ich sie niedermachen las-
sen?«
22 »Nein, tu es nicht«, sagte Elischa. »Sogar Solda-
ten, die du im Kampf gefangen genommen hast,
wirst du nicht einfach erschlagen. Gib ihnen lieber
etwas zu essen und zu trinken, und dann sollen sie
zu ihrem König zurückkehren!«
23 Darauf ließ der König von Israel ein reiches
Mahl für sie bereiten. Sie aßen und tranken und durf-
ten dann heimkehren. Seitdem unternahmen die
Syrer keine Raubzüge mehr in das Gebiet Israels.

Hungersnot im belagerten Samaria

24 Einige Zeit danach zog Ben-Hadad, der König von
Syrien*, sein Heer zusammen, fiel in Israel ein und
belagerte Samaria. 25 Die Nahrungsmittel in der Stadt
wurden so knapp, dass man schließlich für einen
Eselskopf 80 Silberstücke* und für eine Hand voll
Taubendreck[a] 5 Silberstücke zahlen musste.
26 Eines Tages, als der König von Israel gerade die
Stadtmauer inspizierte, rief eine Frau ihm zu: »Hilf
mir doch, mein Herr und König!«
27 Der entgegnete: »Hilft dir der Herr nicht, wie
soll *ich* dir dann helfen? Es ist kein Getreide mehr
da und auch kein Wein. 28 Oder bedrückt dich etwas
anderes?«

Da zeigte sie auf eine andere Frau und rief: »Diese
Frau da hatte zu mir gesagt: ›Gib deinen Sohn her,
den essen wir heute; morgen essen wir dann den
meinen.‹ 29 So haben wir also meinen Sohn gekocht
und aufgegessen. Als ich aber am folgenden Tag zu
ihr sagte: ›Gib deinen Sohn her, wir wollen ihn
essen‹, da hatte sie ihn versteckt!«
30 Als der König das hörte, zerriss er sein Gewand.
Und weil er oben auf der Mauer stand, konnten alle
sehen, dass er darunter auf dem bloßen Leib den
Sack* trug. 31 Dann rief der König: »Gottes Zorn soll
mich treffen, wenn ich nicht heute Elischa, dem
Sohn Schafats, den Kopf abschlagen lasse!«

Elischa sagt das Ende der Hungersnot voraus

32 Sofort machte sich der König auf den Weg zu Eli-
scha und ein Bote musste ihm vorauslaufen. Elischa
saß in seinem Haus; die Ältesten* der Stadt waren
um ihn versammelt.

Noch ehe der Bote des Königs eintraf, sagte Eli-
scha zu den Ältesten: »Wisst ihr schon, dass der
König, dieser Mörder, jemand hergeschickt hat,
der mir den Kopf abschlagen soll? Wenn der Mann
kommt, schließt die Tür ab und lasst ihn nicht her-
ein! Der König selbst folgt ihm auf dem Fuß!«
33 Elischa hatte noch nicht ausgeredet, da erschien
auch schon der König° bei ihm und rief: »Wie kann
ich noch weiter darauf warten, dass der Herr uns
hilft? Er selbst hat uns doch in dieses Unglück
gestürzt!«
7 Darauf sagte Elischa zu allen Anwesenden:
»Hört das Wort des Herrn! So spricht der Herr:
›Morgen um diese Zeit sind im Tor von Samaria fünf
Kilo Weizenmehl und zehn Kilo Gerstenkörner[b] für
ein Silberstück* zu kaufen!‹«
2 Der Offizier, der den König begleitete, gab
zurück: »Das ist unmöglich, selbst wenn der Herr
Fenster in den Himmel machen würde!«[c]

Elischa sagte zu ihm: »Du wirst es mit eigenen
Augen sehen, aber nicht mehr davon essen!«

Die Belagerer sind abgezogen

3 Draußen vor dem Stadttor saßen vier Männer, die
den Aussatz* hatten.[d] Sie sagten zueinander: »Sollen
wir hier sitzen bleiben, bis wir sterben? 4 In die Stadt
zu gehen hat keinen Sinn, dort können wir auch nur
verhungern. Gehen wir ins Lager der Syrer*! Wenn
sie uns am Leben lassen, haben wir Glück gehabt,
und wenn nicht – sterben müssen wir sowieso.«
5 Bei Anbruch der Dunkelheit gingen sie zum syri-
schen Lager. Aber schon als sie die ersten Zelte
erreichten, merkten sie, dass das Lager verlassen
war. 6 Der Herr hatte die Syrer einen Lärm hören las-
sen, wie wenn ein großes Heer mit Pferden und
Streitwagen* anrückt. Da hatten sie sich gesagt:
»Gewiss hat der König von Israel die Könige der Heti-
ter* und die Könige von Ägypten mit ihren Truppen
zu Hilfe gerufen; die wollen uns jetzt in den Rücken
fallen!« 7 Darum hatten sie bei Anbruch der Dunkel-
heit die Flucht ergriffen und rannten um ihr Leben.
Ihre Zelte, ihre Pferde und Esel, das ganze Lager, so
wie es war, hatten sie zurückgelassen.
8 Die vier Aussätzigen gingen in eines der nächst-
gelegenen Zelte und aßen und tranken sich erst
einmal satt. Dann nahmen sie alles Silber und Gold
und die Gewänder, die sie in dem Zelt fanden, und
versteckten alles außerhalb des Lagers. Danach
gingen sie in ein anderes Zelt, holten auch dort alle
Kostbarkeiten heraus, brachten sie weg und ver-
steckten sie.
9 Dann aber sagten sie sich: »Das ist nicht recht,
was wir da tun. Heute ist ein großer Tag, wir haben
eine gute Nachricht zu überbringen. Wenn wir die
auch nur bis morgen für uns behielten, würden
wir uns schuldig machen. Kommt, wir gehen in die
Stadt, zum Palast des Königs, und melden dort,
was geschehen ist!«

a Vermutlich Bezeichnung für ein nicht sehr wertvolles Nahrungsmittel; *eine Hand voll:* wörtlich 1/4 *Kab* = 1/3 l.
b Hebräische Maßangaben *1* und *2 Sea* = 1/3 und 2/3 Efa*).
c Die Antwort legt nahe, dass die Hungersnot durch eine vorangegangene Dürreperiode mitbedingt war.
d Sie sind deshalb aus der menschlichen Gesellschaft ausgeschlossen (Lev 13,45-46).

6,24 1 Kön 20,1 **6,28-29** Lev 26,29S **7,3** Lev 13,46 **7,6** 6,17

10 Sie liefen also zur Stadt, riefen die Torwächter
und meldeten ihnen: »Wir sind im Lager der Syrer
gewesen. Kein Mensch ist mehr dort; keine Men-
schenstimme war zu hören. Nur die Pferde und Esel
stehen angebunden im Lager und die Zelte sind noch
völlig in Ordnung.«
11 Die Torwächter gaben die Nachricht weiter und
man meldete es im Palast des Königs. 12 Der König
stand auf – es war mitten in der Nacht – und beriet
sich mit seinen hohen Offizieren. Er sagte: »Ich
will euch sagen, was die Syrer mit uns vorhaben:
Sie wissen, wie sehr uns der Hunger zusetzt. Nun
haben sie ihr Lager verlassen und halten sich im
Gelände versteckt. Sie warten nur darauf, dass wir
uns aus der Stadt herauswagen. Dann werden sie
uns alle gefangen nehmen und in die Stadt ein-
dringen!«
13 Darauf meinte einer der Offiziere: »Wir sollten
ein paar von den Pferden, die uns noch geblieben
sind, zur Erkundung ausschicken. Denn auch wenn
wir sie hier behielten, würden sie zugrunde gehen –
genauso wie die vielen Israeliten, die schon umge-
kommen sind.«
14 Der König ließ also zwei Streitwagen* anspan-
nen und gab den Besatzungen den Auftrag, zu erkun-
den, wo sich das syrische Heer befinde. 15a Die Kund-
schafter verfolgten dessen Spur bis zum Jordan: Der
ganze Weg war übersät mit Kleidungsstücken und
Waffen, die die Syrer weggeworfen hatten, um auf
der Flucht schneller voranzukommen.

Die Voraussagen Elischas treffen ein

15b Nachdem die Kundschafter zurückgekehrt waren
und dem König Bericht erstattet hatten, 16 stürmte
das ganze Volk aus der Stadt hinaus und plünderte
das Lager der Syrer*. Da trat ein, was der Herr durch
Elischa angekündigt hatte: Fünf Kilo Weizenmehl
und zehn Kilo Gerstenkörner waren für ein Silber-
stück* zu kaufen.
17 Den hohen Offizier, in dessen Begleitung der
König zu Elischa gekommen war, hatte der König
zum Stadttor geschickt, um dort die Ordnung auf-
rechtzuerhalten. Doch er wurde vom Volk zu Tode
getrampelt.
Auch dies geschah genau, wie der Mann Gottes es
vorausgesagt hatte. 18 Denn als Elischa dem König
verkündet hatte: »Zehn Kilo Gerstenkörner und fünf
Kilo Weizenmehl sind morgen um diese Zeit im Tor
von Samaria für ein Silberstück zu kaufen!«, 19 hatte
der Offizier ihm geantwortet: »Das ist unmöglich,
selbst wenn der Herr Fenster in den Himmel
machen würde!« Darauf hatte Elischa ihm angekün-
digt: »Du wirst es mit eigenen Augen sehen, aber
nichts mehr davon essen!« 20 Genauso kam es: Das
Volk trampelte ihn im Tordurchgang zu Tode.

Elischa hilft nochmals der Frau aus Schunem

8 Elischa hatte der Frau, deren Sohn er wieder
lebendig gemacht hatte, die Weisung gegeben:
»Zieh weg von hier und suche für dich und deine
Familie anderswo ein Unterkommen! Denn der
Herr schickt eine Hungersnot ins Land, die sieben
Jahre lang anhalten wird.« 2 Die Frau tat, was der
Mann Gottes ihr befohlen hatte, und blieb mit den
Ihren sieben Jahre im Land der Philister*. 3 Dann
kehrte sie nach Israel zurück und wandte sich an
den König, um ihr Haus und ihre Äcker zurückzube-
kommen.
4 Der König sprach gerade mit Gehasi, dem Diener
Elischas. Er hatte ihn gebeten: »Erzähl mir doch von
den Wundertaten, die Elischa vollbracht hat!« 5 Und
gerade als Gehasi ihm erzählte, wie Elischa einmal
einen toten Jungen wieder lebendig gemacht hatte,
erschien die Frau vor dem König und bat ihn um Hil-
fe wegen des Hauses und wegen der Äcker.
»Mein Herr und König«, sagte Gehasi, »das ist die
Frau, deren Sohn wieder lebendig wurde, und hier
ist auch ihr Sohn!« 6 Da ließ sich der König noch ein-
mal alles von der Frau selbst erzählen. Dann gab er
ihr einen Hofbeamten mit und befahl ihm: »Sorge
dafür, dass sie alles zurückbekommt, was ihr gehört.
Und sieh zu, dass sie auch vollen Ersatz bekommt für
alles, was man in den Jahren ihrer Abwesenheit auf
ihren Feldern geerntet hat!«

Elischa sagt Hasaël, dass er König von Syrien wird

7 Elischa kam nach Damaskus, als Ben-Hadad, der
König von Syrien*, gerade krank zu Bett lag. Als
der König erfuhr, dass er in der Stadt sei, 8 sagte er
zu Hasaël: »Geh zu dem Mann Gottes, nimm ein
Geschenk mit und frage durch ihn den Herrn, ob
ich noch einmal gesund werde oder nicht!«
9 Hasaël ließ vierzig Kamele mit allen möglichen
Kostbarkeiten beladen, wie man sie in Damaskus
herstellt, und erschien damit bei Elischa. Er sagte:
»Dein ergebener Diener Ben-Hadad, der König von
Syrien, schickt mich zu dir und lässt fragen, ob er
noch einmal gesund wird oder nicht.«
10 Elischa antwortete: »Geh und sag ihm, dass er
wieder gesund wird. Aber der Herr hat mich wissen
lassen, dass er sterben muss.«
11 Elischas Gesicht wurde starr vor Entsetzen.°
Dann brach der Mann Gottes in Tränen aus.
12 Hasaël fragte: »Warum weinst du, Herr?«
Elischa erwiderte: »Ich weiß, wie viel Unglück du
über die Leute von Israel bringen wirst: Du wirst ihre
Städte in Brand stecken, die jungen Männer umbrin-
gen, die Kinder am Boden zerschmettern und den
schwangeren Frauen den Leib aufschlitzen.«

7,16-19 7,1-2 **8,1** 4,8-37 **8,8** 1 Kön 22,5S **8,12** 10,32-33; 12,18; 13,3-7.22

13 »Aber mein Herr«, antwortete Hasaël, »ich bin
doch nur ein armer Hund! Wie sollte ich so etwas
Gewaltiges vollbringen können?«
Da sagte Elischa zu ihm: »Der HERR hat mich wis-
sen lassen, dass du König von Syrien wirst.«[a]
14 Hasaël kehrte zu seinem Herrn zurück. Der
fragte ihn: »Was hat Elischa gesagt?«
»Er hat gesagt, du wirst wieder gesund«, antwor-
tete Hasaël. 15 Am folgenden Tag nahm Hasaël ein
Tuch, tauchte es in Wasser, presste es auf das Gesicht
des Königs und erstickte ihn. Dann übernahm er
selbst die Herrschaft als König von Syrien.

WEITERE GESCHICHTE DER GETRENNTEN REICHE ISRAEL UND JUDA (8,16–16,20)

Über König Joram von Juda

(2 Chr 21,1-20)

16 Im fünften Regierungsjahr Jorams, des Sohnes
Ahabs, des Königs von Israel, wurde Joram, der Sohn
Joschafats, König von Juda. Er führte die Regierungs-
geschäfte zunächst gemeinsam mit seinem Vater
Joschafat. 17 Er war 32 Jahre alt, als er König wurde,
und regierte acht Jahre lang in Jerusalem.
18 Er hatte eine Tochter[b] Ahabs zur Frau. Wie die
Familie Ahabs folgte er dem schlechten Beispiel
der Könige von Israel und tat, was dem HERRN miss-
fällt. 19 Doch der HERR wollte Juda nicht vernichten.
Er hatte ja seinem Diener David versprochen, dass
sein Licht nicht verlöschen sollte und in alle Zukunft
einer seiner Nachkommen König sein würde.
20 Während der Regierungszeit Jorams sagten sich
die Edomiter* von der Oberherrschaft Judas los und
setzten einen eigenen König ein. 21 Joram zog darauf
mit allen seinen Streitwagen* nach Edom und kam
bis in die Gegend der Stadt Zaïr. Dort wurde er samt
seinen Streitwagen von den Edomitern eingeschlos-
sen. Aber in der Nacht schlug er gegen sie los und
brachte ihnen eine solche Niederlage bei, dass sie
alle die Flucht ergriffen und in ihre Ortschaften
heimkehrten. 22 Trotzdem ist Edom seit damals von
Juda unabhängig geblieben. Zur gleichen Zeit
befreite sich auch die Stadt Libna[c] von der Oberherr-
schaft Judas.
23 Was es sonst noch über Joram und seine Taten
zu berichten gibt, ist in der amtlichen Chronik der
Könige von Juda nachzulesen. 24 Als er starb, wurde
er in der Grabstätte seiner Vorfahren in der Davids-
stadt* bestattet. Sein Sohn Ahasja wurde sein Nach-
folger.

Über König Ahasja von Juda

(2 Chr 22,1-6)

25 Im zwölften Regierungsjahr Jorams, des Königs
von Israel, wurde Ahasja König von Juda. Er war
der Sohn des Königs Joram von Juda. 26–27 Er war 22
Jahre alt, als er König wurde, und regierte nur ein
Jahr lang in Jerusalem.
Durch seine Mutter Atalja, eine Tochter des
Königs Omri von Israel, war er mit der Familie von
König Ahab verwandt, und er folgte auch ganz
dem schlechten Beispiel der Ahabssippe und tat,
was dem HERRN missfällt.
28 Gemeinsam mit Joram, dem Sohn Ahabs, zog er
nach Ramot in Gilead[d] in den Kampf gegen König
Hasaël von Syrien*. Joram wurde von den Syrern
verwundet 29 und zog sich nach Jesreel zurück, um
seine Wunden ausheilen zu lassen. Ahasja kam nach
Jesreel und besuchte ihn.

Jehu wird zum König von Israel gesalbt

9 Elischa rief einen Prophetenjünger* zu sich und
sagte zu ihm: »Nimm dieses Gefäß mit Salböl
und geh, so schnell du kannst, in die Stadt Ramot
in Gilead*! 2 Sieh dich dort um nach Jehu, dem Sohn
von Joschafat und Enkel von Nimschi! Hol ihn aus
dem Kreis der anderen Offiziere heraus und nimm
ihn mit in einen Raum, wo du mit ihm unter vier
Augen bist! 3 Dort gieße das Öl auf seinen Kopf mit
den Worten: ›Der HERR sagt: Ich salbe* dich zum
König über Israel!‹ Und dann verschwinde, so
schnell du kannst!«
4 Der Prophetenjünger, der Abgesandte Elischas,
ging nach Ramot in Gilead. 5 Als er ankam, saßen
gerade alle Truppenführer beisammen. Er sagte:
»Oberst, ich habe eine Botschaft für dich.«
Jehu fragte: »An wen von uns?«
»An dich, Oberst!«, erwiderte der Propheten-
jünger.
6 Jehu stand auf und ging mit ihm ins Haus. Dort
goss der Prophetenjünger das Salböl auf Jehus Kopf
mit den Worten: »So spricht der HERR, der Gott
Israels: ›Ich salbe dich zum König über mein Volk
Israel! 7 Du sollst alle Nachkommen Ahabs umbrin-
gen, als ersten deinen Herrn, den König! Auf diese
Weise will ich Isebel dafür bestrafen, dass sie meine
Diener ermorden ließ, die Propheten* und all die
anderen, die mir treu geblieben waren.
8 Ja, die ganze Familie Ahabs soll umkommen!
Alle seine männlichen Nachkommen, die Unmündi-
gen genauso wie die Mündigen, werde ich aus Israel
ausrotten. 9 Der Familie Ahabs wird es ebenso erge-
hen wie der Familie von Jerobeam, dem Sohn von
Nebat, und der Familie von Bascha, dem Sohn von

a Nach 1 Kön 19,15 hätte schon Elija Hasaël zum König salben sollen. Dass Hasaël 845 v. Chr. gewaltsam das syrische Königtum an sich riss, wird durch einen assyrischen Bericht bestätigt.
b Nach 8,26-27 ist sie eine Tochter Omris und Schwester Ahabs, was den Altersverhältnissen eher entsprechen würde.
c Eine strategisch wichtige Festung im Hügelland im Westen Judas (Karte Seite 443), die jedoch später wieder zu Juda gehört (19,8).
d Vgl. 1 Kön 22,3 und Anmerkung dort.

8,13 1 Kön 19,15 **8,19** 1 Kön 11,36S **8,20** Gen 27,40; 1 Kön 22,48 **8,28** 1 Kön 22,1-38 **9,3** 1 Sam 16,13; 1 Kön 19,16 **9,7** 1 Kön 18,4; 19,2; 21,8-10 **9,9** 1 Kön 16,3S

Ahija. 10 Isebels Leiche aber sollen die Hunde fressen
auf den Äckern von Jesreel; niemand wird sie begraben!‹«

Nachdem der Prophetenjünger das gesagt hatte, verließ er das Haus und floh.

11 Als Jehu zu den anderen Offizieren herauskam,
fragten sie ihn: »Gibt's was Besonderes? Was wollte der Verrückte von dir?«

Jehu antwortete: »Ihr wisst doch selbst, was das für einer war und dass solche Leute nur Unsinn reden.«

12 Doch die Offiziere meinten: »Keine Ausflüchte!
Heraus mit der Sprache!«

Da antwortete Jehu: »Er hat mir verkündet: ›So spricht der HERR: Ich salbe dich zum König über Israel!‹«

13 Sofort nahmen die Offiziere ihre Mäntel und
breiteten sie auf den Stufen vor dem Haus als Teppich vor Jehu aus. Dann ließen sie die Widderhörner* blasen und riefen: »Jehu ist König!«

Das Ende der Könige Joram und Ahasja

14 Jehu, der Sohn von Joschafat und Enkel von Nimschi, machte sich sofort daran, König Joram zu stürzen. Joram hatte unter Einsatz des ganzen israelitischen Heeres die Stadt Ramot in Gilead* gegen
den syrischen König Hasaël verteidigt. 15 Er war aber
im Kampf mit den Syrern* verwundet worden und musste sich nach Jesreel zurückziehen, um dort seine Wunden ausheilen zu lassen.

Jehu sagte zu den Offizieren, die in Ramot um ihn versammelt waren: »Wenn ihr einverstanden seid, lassen wir keinen aus der Stadt entkommen, der nach Jesreel gehen und erzählen kann, was hier geschehen ist.«

16 Dann brach er mit einer kleinen Streitwagenabteilung auf und fuhr selbst nach Jesreel. Dort befand sich nicht nur der kranke König Joram, sondern auch Ahasja, der König von Juda. Er war gekommen, um Joram einen Besuch abzustatten.

17 Als der Wachtposten auf dem Turm von Jesreel
die Streitwagenkolonne kommen sah, meldete er es dem König. Der König befahl: »Schickt den Leuten einen Reiter entgegen; er soll fragen, ob es gut steht mit dem Kampf.«

18 Der Reiter kam bei der Kolonne an und sagte zu
Jehu: »Der König lässt fragen, ob alles gut steht.«

Jehu antwortete: »Was geht das dich an? Reih dich hinter mir ein!«

Der Wachtposten meldete: »Der Reiter hat die Kolonne erreicht, aber er kommt nicht zurück!«

19 Da schickte der König einen zweiten Reiter. Auch
er sagte: »Der König lässt fragen, ob alles gut steht.« Und auch ihm antwortete Jehu: »Was geht das dich an? Reih dich hinter mir ein!«

20 Wieder meldete der Wachtposten: »Der Reiter
hat die Kolonne erreicht, aber er kommt nicht zurück!« Und er fügte hinzu: »Der Anführer der Kolonne fährt wie ein Verrückter; das kann nur Jehu sein!«

21 Joram befahl: »Spannt meinen Wagen an!« Auch

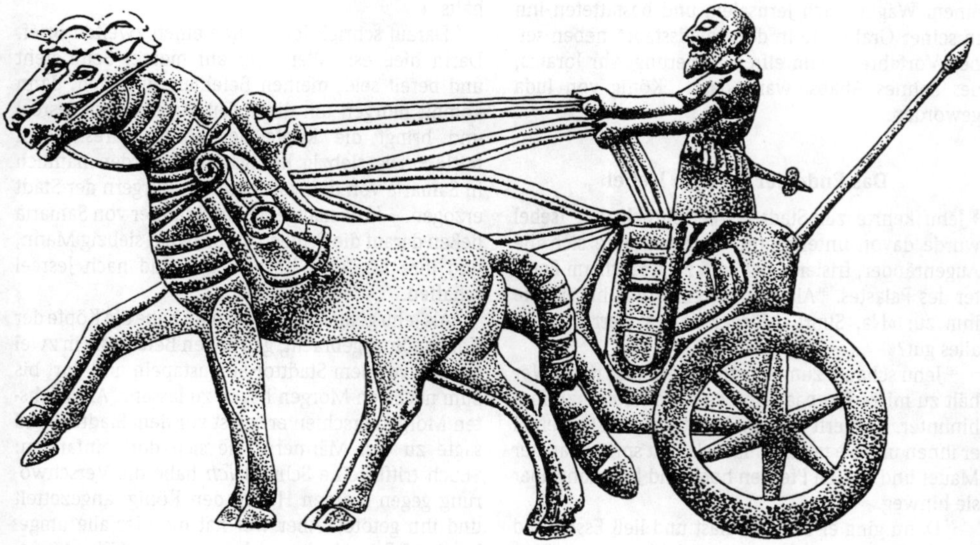

»Spannt meinen Wagen an!«, befahl König Joram (9,21). Dann fuhren er und König Ahasja von Juda – jeder in seinem eigenen Wagen – Jehu entgegen. Das Bild zeigt einen anderen König aus jener Zeit, Salmanassar III. von Assyrien, auf seinem Streitwagen. (In Wirklichkeit hatte der König einen Wagenlenker bei sich.)

9,10 9,36; 1 Kön 21,23 **9,11** Jer 29,26; Hos 9,7 **9,13** Mk 11,7-10 par; 1 Kön 1,39 **9,15-16** 8,29 **9,21** 1 Kön 21,1-16

der Wagen von Ahasja wurde angespannt, und beide Könige, Joram von Israel und Ahasja von Juda, fuhren Jehu entgegen. Auf dem Grundstück Nabots trafen sie mit ihm zusammen.

22 Als Joram Jehu erblickte, fragte er ihn: »Steht alles gut, Jehu?«

Der gab zur Antwort: »Was soll das heißen? Kann es gut stehen, solange deine Mutter Isebel fremden Göttern nachläuft und Zauberei treibt?«

23 König Joram wendete seinen Wagen, rief: »Verrat, Ahasja!«, und fuhr davon. 24 Aber Jehu spannte seinen Bogen und traf Joram zwischen die Schulterblätter, sodass der Pfeil das Herz durchbohrte und mit der Spitze vorn wieder herauskam. Joram brach in seinem Wagen tot zusammen.

25 Jehu befahl seinem Adjutanten Bidkar: »Nimm ihn und wirf ihn auf das Grundstück Nabots! Erinnerst du dich noch an das, was der HERR einst zu Ahab, dem Vater Jorams, sagen ließ? Wir beide fuhren damals in unseren Wagen dicht hinter dem König. Der HERR ließ ihm sagen: 26 ›Ich habe gesehen, wie man gestern Nabot und seine Söhne ermordet hat. Hier, auf dem Grundstück Nabots, werde ich dich dafür zur Rechenschaft ziehen!‹ Also nimm ihn und wirf ihn hin; so geschieht, was der HERR gesagt hat.«

27 Als König Ahasja von Juda sah, was geschah, floh er in Richtung Bet-Gan. Jehu jagte ihm nach und befahl seinen Leuten: »Schießt auch ihn nieder!« Und sie schossen auf ihn. Wo der Weg bei Gur in der Nähe von Jibleam bergauf führt, wurde Ahasja auf seinem Wagen von Pfeilen verwundet. Er kam noch bis Megiddo; dort starb er.

28 Seine Diener brachten den toten König auf einem Wagen nach Jerusalem und bestatteten ihn in seiner Grabstätte in der Davidsstadt* neben seinen Vorfahren. 29 Im elften Regierungsjahr Jorams, des Sohnes Ahabs, war Ahasja König von Juda geworden.

Das Ende der Königin Isebel

30 Jehu kehrte zur Stadt Jesreel zurück und Isebel wurde davon unterrichtet. Sie schminkte sich die Augenränder, frisierte sich und zeigte sich am Fenster des Palastes. 31 Als Jehu durchs Tor fuhr, rief sie ihm zu: »Na, Simri, Mörder deines Herrn,[a] steht alles gut?«

32 Jehu schaute zum Fenster hinauf und rief: »Wer hält zu mir?« Ein paar Hofbeamte schauten zu ihm hinunter. 33 »Werft sie zum Fenster hinaus!«, befahl er ihnen und sie taten es. Isebels Blut spritzte an der Mauer und an den Pferden hoch und Jehu fuhr über sie hinweg.

34 Dann ging er in den Palast und ließ Essen und Trinken auftragen.[b] Nach dem Mahl sagte er: »Seht doch nach Isebel, diesem Weib, das der HERR verflucht hat, und begrabt sie! Sie ist immerhin eine Königstochter!« 35 Aber die Männer, die sie begraben wollten, fanden von ihr nur noch den Schädel und die Füße und Hände.

36 Sie berichteten es Jehu und der sagte: »So ist eingetroffen, was der HERR durch seinen Diener Elija aus Tischbe angekündigt hat: ›Vor Jesreel sollen die Hunde das Fleisch Isebels fressen, 37 ihre Leiche soll wie Mist auf dem Acker werden; niemand wird mehr sagen können: Das ist Isebel.‹«

Jehu rottet die Familie Ahabs aus

10 In Samaria gab es siebzig Söhne und Enkel von Ahab. Jehu schickte Briefe an die maßgeblichen Männer der Stadt: an die königlichen Bevollmächtigten in Jesreel,[c] an die Ältesten* der Stadt und an die Erzieher der Prinzen. In den Briefen hieß es:

2 »Bei euch sind die Söhne eures Herrn, ihr verfügt über Pferde und Streitwagen*, eure Stadt ist gut befestigt und ihr habt Waffen genug. 3 Also sucht den fähigsten unter den Prinzen aus, setzt ihn auf den Thron seines Vaters und kämpft für das Königtum eures Herrn!«

4 Aber die Männer hatten große Angst vor Jehu. Sie sagten: »Mit den zwei Königen ist er schon fertig geworden, wie sollten wir uns da gegen ihn behaupten können?« 5 Die maßgeblichen Männer – der Palastkommandant, der Stadtkommandant, die Ältesten und die Erzieher – ließen also Jehu mitteilen: »Wir stehen zu deinen Diensten! Wir werden alles ausführen, was du befiehlst. Wir wollen niemand hier zum König machen. Tu, was du für richtig hältst.«

6 Darauf schrieb Jehu ihnen einen zweiten Brief. Darin hieß es: »Wenn ihr auf meiner Seite steht und bereit seid, meinen Befehlen zu folgen, dann kommt morgen um diese Zeit zu mir nach Jesreel und bringt die Köpfe der Söhne eures Herrn mit!« – Die siebzig Königssöhne wurden nämlich in Samaria von den vornehmsten Bürgern der Stadt erzogen. – 7 Die maßgeblichen Männer von Samaria ließen darauf die Prinzen umbringen, siebzig Mann, und ihre Köpfe in Körbe legen und nach Jesreel schaffen.

8 Als Jehu gemeldet wurde, man habe die Köpfe der Königssöhne gebracht, gab er den Befehl, sie in zwei Haufen vor dem Stadttor aufzustapeln und dort bis zum nächsten Morgen liegen zu lassen. 9 Am nächsten Morgen erschien er selbst vor dem Stadttor und sagte zu den Männern, die sich dort einfanden: »Euch trifft keine Schuld! *Ich* habe die Verschwörung gegen meinen Herrn, den König, angezettelt und ihn getötet. Aber wer hat die hier alle umgebracht? 10 Erkennt daran, dass alles in Erfüllung geht,

a Anspielung auf 1 Kön 16,9-10 (wohl auch auf 16,15-18: Simris Herrschaft war nur von kurzer Dauer gewesen).
b Das gemeinsame Mahl mit den Hofleuten (und wohl auch den Ältesten der Stadt) bindet diese nach orientalischer Sitte an den neuen König.
c Offenbar gibt es in Samaria königliche Bevollmächtigte aus der Nebenresidenz Jesreël.

9,25-26 1 Kön 21,19 **9,27-28** 2 Chr 22,6-9 **9,28** 14,20; 23,30 **9,31** (Simri) 1 Kön 16,9-10.15-18 **9,36** 1 Kön 21,23 **10,8** 1 Sam 17,51.54; 31,9; 2 Sam 4,7-8

was der HERR der Familie Ahabs angedroht hat. Der HERR hat getan, was er durch seinen Diener Elija angekündigt hatte.«

11 Darauf ließ Jehu auch noch alle Mitglieder der Familie Ahabs umbringen, die sich in Jesreel befanden, ebenso alle hohen Beamten, Ratgeber und Priester des Königs; keiner kam mit dem Leben davon.

12 Dann machte sich Jehu auf den Weg nach Samaria. Bei Bet-Eked-Roïm 13 traf er auf Verwandte des Königs Ahasja von Juda. Er fragte: »Wer seid ihr?«

Sie antworteten: »Wir sind Verwandte von König Ahasja und wollen nach Jesreel, um der königlichen Familie, besonders den Söhnen des Königs und den Söhnen der Königsmutter*, einen Besuch abzustatten.«

14 Jehu befahl seinen Leuten: »Nehmt sie gefangen!« Sie wurden gefangen abgeführt und bei der Zisterne von Bet-Eked[a] getötet. Es waren 42 Mann; keiner von ihnen kam mit dem Leben davon.

15 Als Jehu in Richtung Samaria weiterzog, begegnete ihm Jonadab, der Sohn Rechabs.[b] Jehu begrüßte ihn und fragte: »Kann ich mich auf dich verlassen, so wie du dich auf mich verlassen kannst?«

Jonadab antwortete: »Du kannst es!«

»Dann gib mir deine Hand«, sagte Jehu. Jonadab gab Jehu die Hand. Darauf ließ Jehu ihn zu sich in den Wagen steigen 16 und sagte: »Komm mit und sieh dir an, wie leidenschaftlich ich mich für den HERRN einsetze!« Und Jonadab fuhr mit.

17 In Samaria angekommen tötete Jehu alle, die von Ahabs Verwandtschaft noch übrig geblieben waren. Er rottete die Familie Ahabs vollständig aus. So trat ein, was der HERR durch Elija angekündigt hatte.

Jehu rottet die Verehrer Baals aus

18 Nun versammelte Jehu das Volk von Samaria und verkündete: »Ahab hat Baal* zu wenig verehrt; das soll jetzt anders werden! 19 Ruft alle Propheten Baals zusammen, alle seine Priester und alle, die ihn verehren! Keiner darf fehlen, denn ich will zu Ehren Baals ein großes Opferfest veranstalten. Wer nicht kommt, wird mit dem Tod bestraft!« In Wahrheit aber wollte Jehu alle Verehrer Baals umbringen.

20 Er befahl also, eine Festversammlung zu Ehren Baals auszurufen. 21 Er schickte Boten durch das ganze Gebiet Israels und alle Verehrer Baals kamen in Samaria zusammen. Es gab keinen, der dem Aufruf nicht folgte. Sie gingen alle in den Vorhof des Tempels Baals und der ganze Hof war voll von Menschen.

22 Jehu befahl dem Mann, der für die heiligen Gewänder zuständig war: »Gib an alle Verehrer Baals Festgewänder aus!« Als das geschehen war, 23 ging er zusammen mit Jonadab, dem Sohn Rechabs, in den Tempel und rief den Baalsverehrern zu: »Seht euch um und sorgt dafür, dass hier wirklich nur Verehrer Baals anwesend sind! Für Verehrer des HERRN ist hier kein Platz!«

24 Dann traten Jehu und Jonadab an den Altar, um zu Ehren Baals Brandopfer* und Mahlopfer* darzubringen. Jehu hatte aber außerhalb des Tempelbezirks 80 Mann bereitgestellt und ihnen gesagt: »Wer von euch auch nur einen der Baalsverehrer entwischen lässt, der bezahlt es mit seinem Leben!« 25 Nachdem die Opfer dargebracht waren, gab Jehu der Leibwache und den Offizieren den Befehl: »Kommt herein! Erschlagt sie alle! Keiner darf entkommen!« Da brachten sie alle Verehrer Baals um und warfen die Leichen hinaus.

Dann gingen sie in den innersten Bereich des Baals-Tempels, 26 holten die geweihten Pfähle* heraus und verbrannten sie. 27 Das Steinmal*, das zu Ehren Baals errichtet worden war, schlugen sie in Stücke. Schließlich rissen sie die ganze Tempelanlage nieder; bis heute wird der Platz als öffentlicher Abort benutzt.

Abschließende Bemerkungen über Jehu und seine Regierungszeit

28 So machte Jehu der Verehrung Baals* in Israel ein Ende. 29 Nur von dem Götzendienst Jerobeams, zu dem dieser ganz Israel verführt hatte, konnte er nicht lassen: Die goldenen Stierbilder* in Bet-El und Dan blieben unangetastet.

30 Der HERR sagte zu Jehu: »Du hast getan, was mir gefällt; alles, was ich der Familie Ahabs zugedacht hatte, hast du ausgeführt. Deshalb werden deine Nachkommen bis in die vierte Generation Könige von Israel sein!«

31 Doch befolgte Jehu das Gesetz* des HERRN, des Gottes Israels, nicht mit ungeteiltem Herzen: Er blieb bei dem Götzendienst, zu dem Jerobeam ganz Israel verführt hatte.

32-33 Während der Regierungszeit von Jehu fing der HERR an, das Gebiet Israels zu beschneiden: König Hasaël von Syrien* eroberte das ganze Gebiet östlich des Jordans, von der Stadt Aroër, die am Arnon liegt, bis hinauf zum Bergland Gilead* und der Landschaft Baschan*, das sind die Stammesgebiete von Gad, Ruben und Ost-Manasse.

34 Was es sonst noch über Jehu zu berichten gibt, über seine Taten und Erfolge, ist in der amtlichen Chronik der Könige von Israel nachzulesen. 35 Als er starb, wurde er in Samaria bestattet. Sein Sohn Joahas wurde sein Nachfolger. 36 28 Jahre lang war Jehu in Samaria König über das Reich Israel gewesen.

a Der volle Name in Vers 12 bedeutet »Schurhaus der Hirten«.

b Die Sippe der Rechabiter hielt besonders treu zum alten Glauben Israels (Jer 35,6-10).

10,10 1 Kön 21,18-24 **10,11** Hos 1,4 **10,15** Jer 35,6-10 **10,17** 1 Kön 21,21 **10,18** 1 Kön 16,31-32 **10,19** 1 Kön 18,19-40 **10,29** 1 Kön 12,28-30 **10,32-33** 8,11 S

a Um die einflussreiche Stellung als Königsmutter (siehe Sacherklärung) nicht zu verlieren, schafft Atalja die nach dem Blutbad von 10,12-14 noch lebenden männlichen Mitglieder der Königsfamilie aus dem Weg und reißt selbst die Herrschaft an sich. Als Tochter König Ahabs (und wahrscheinlich Isebels; 8,18.26-27) brachte Atalja den Baalskult nach Jerusalem (Vers 18).

Atalja versucht, das Königshaus Davids auszurotten

(2 Chr 22,10-12)

11 Als Atalja, die Mutter von Ahasja, erfuhr, dass ihr Sohn tot war, ließ sie alle Angehörigen der königlichen Familie umbringen.[a] 2 Aber Joscheba, die Tochter von König Joram und Schwester von Ahasja, holte heimlich Ahasjas kleinen Sohn Joasch samt seiner Amme aus der Mitte der Prinzen, die in ihren Betten getötet werden sollten. Sie versteckte ihn vor Atalja, sodass er am Leben blieb. 3 Sechs Jahre lang hielt sie ihn im Bereich des Tempels* verborgen, solange Atalja das Land regierte.

Aufstand gegen Atalja und Wiederherstellung des Königtums der Davidsnachkommen

(2 Chr 23,1-21)

4 Im siebten Jahr ließ der Priester Jojada die Offiziere der königlichen Leibgarde* und der Palastwache zu sich in den Tempel* kommen. Dort schloss er mit ihnen einen Pakt. Er ließ sie Treue schwören und zeigte ihnen den Sohn des Königs.

5 Dann gab er ihnen folgende Anweisungen: »Ein Drittel eurer Leute, die am nächsten Sabbat* den Dienst antreten, bewacht den Königspalast, 6 das zweite Drittel das Tor Sur und das letzte Drittel das Tor hinter dem Haus der Palastwache. Mit diesen drei Gruppen sollt ihr verhindern, dass jemand in den Tempelbereich eindringt. 7 Die zwei Abteilungen eurer Leute aber, die am Sabbat ihren Dienst gerade beenden, sollen im Tempelbereich bleiben und den König beschützen. 8 Sie sollen mit der Waffe in der Hand einen Kreis um ihn bilden und ihn auf Schritt und Tritt begleiten. Wer in den Kreis einzudringen versucht, wird getötet!«

9 Die Offiziere befolgten genau die Anweisungen Jojadas. Jeder rief seine Leute zusammen: die Männer, die am Sabbat den Dienst begannen, und die, die ihn beendeten. Mit ihnen kamen sie zu Jojada. 10 Der Priester übergab den Offizieren die Speere und Schilde, die noch von König David stammten und sich jetzt im Tempelbereich befanden. 11 Jeder der Männer bekam seine Waffe in die Hand, dann stellten sie sich vor dem Tempelhaus auf, im Halbkreis von der südlichen Ecke über den Brandopferaltar* bis zur nördlichen Ecke, um den König nach allen Seiten abzusichern.

12 Darauf führte Jojada den Sohn des Königs heraus, um ihn zum König zu machen. Er setzte ihm die Krone auf und überreichte ihm die Krönungsurkunde. Dann wurde er gesalbt* und alle klatschten in die Hände und riefen: »Hoch lebe der König!«

13 Als Atalja die Jubelrufe der Palastwache und des Volkes hörte, begab sie sich zu der Menge am Tempel des HERRN. 14 Da sah sie den neu gekrönten König auf dem Platz stehen, wo nach altem Brauch der König zu stehen pflegt. Er war umgeben von den Offizieren und den Trompetern. Die Männer von Juda jubelten vor Freude und die Trompeten schmetterten.

Atalja zerriss ihr Gewand und schrie: »Verrat! Verschwörung!« 15 Der Priester Jojada aber wollte nicht, dass man sie im Bereich des Tempels tötete. Darum befahl er den Offizieren der Leibgarde: »Führt sie zwischen den Reihen eurer Leute hinaus! Wer ihr folgt, wird mit dem Schwert getötet!« 16 Sie ergriffen Atalja und brachten sie über den Pferdeeingang in den Palastbezirk. Dort wurde sie hingerichtet.

17 Jojada ließ den König und das Volk von Juda einen Bund* mit dem HERRN schließen. Sie verpflichteten sich dazu, Ernst damit zu machen, dass sie das Volk des HERRN waren. Ebenso ließ er den König und das Volk untereinander einen Bund schließen. 18 Darauf zogen alle Männer von Juda zum Tempel des Gottes Baal* und rissen ihn nieder. Sie zertrümmerten die Altäre und die Götterbilder und erschlugen Mattan, den Priester Baals, dort vor den Altären.

Nachdem Jojada zum Schutz des Tempels Wachen aufgestellt hatte, 19 rief er alle zusammen, die Offiziere, die Leute der Leibgarde und der Palastwache und die Männer von Juda. Zusammen mit ihnen geleitete er den König vom Tempel durch das Tor der Palastwache zum Palast hinab. Dort nahm der König auf seinem Thron Platz. 20 Alle Männer Judas freuten sich, die Bewohner der Stadt aber blieben ruhig. Atalja war im Palast mit dem Schwert getötet worden.

Über König Joasch von Juda

(2 Chr 24,1-3)

12 Joasch war sieben Jahre alt, als er König wurde. 2 Im siebten Regierungsjahr von Jehu, dem König von Israel, kam er auf den Thron und er regierte 40 Jahre lang in Jerusalem. Seine Mutter hieß Zibja und stammte aus Beerscheba. 3 Er tat zeitlebens, was dem HERRN gefällt, so wie es ihn der Priester Jojada gelehrt hatte. 4 Die Opferstätten* rings im Land ließ er jedoch bestehen, sodass das Volk auch weiterhin an diesen Stätten Opfer darbrachte.

Joasch sorgt für die Instandsetzung des Tempels

(2 Chr 24,4-14)

5 Joasch gab den Priestern die Anweisung: »Alles Geld, das als eine dem HERRN geweihte Gabe zum Tempel* gebracht wird – sowohl die pflichtmäßigen Zahlungen als auch die freiwilligen Gaben –, 6 sollen die Priester in Empfang nehmen, jeder von dem

11,1 9,27 **11,10** 2 Sam 8,7.11-12 **11,12** (gesalbt) 1 Sam 16,13 S **11,14** 23,3; 1 Kön 1,39 **11,19** 1 Kön 1,46 **12,4** 1 Kön 3,2-3 S **12,5** Ex 30,11-16; Lev 27,1-8

Tempelbesucher, der sich an ihn wendet. *Sie* sind
dann dafür verantwortlich, dass von dem Geld Repa-
raturen am Tempel ausgeführt und die baufälligen
Teile ausgebessert werden.«
7 Aber im 23. Regierungsjahr des Königs Joasch hat-
ten die Priester die baufälligen Teile immer noch
nicht ausbessern lassen. 8 Da ließ der König den
Priester Jojada und die anderen Priester zu sich kom-
men und fragte: »Warum habt ihr den Tempel immer
noch nicht ausbessern lassen? Von jetzt an sollt ihr
das Geld nicht mehr selbst in Empfang nehmen,
denn ihr verwendet es offensichtlich nicht für die
Instandsetzung des Tempels!« 9 Die Priester waren
einverstanden: Das Geld, das das Volk zum Tempel
brachte, sollte nicht mehr an sie ausgehändigt
werden, sie waren dann aber auch nicht mehr ver-
antwortlich für die Instandsetzung des Tempels.
10 Der Priester Jojada ließ nun einen Kasten anfer-
tigen und in den Deckel ein Loch machen. Er stellte
ihn neben dem Altar*, rechts vom Tempeleingang,
auf. In diesen Kasten legten die Priester, die an
den Tempeltoren die Aufsicht führten, alles Geld,
das zum Tempel gebracht wurde. 11 Wenn der Kasten
voll war, ließen sie den Staatsschreiber und den
Obersten Priester* kommen. In deren Gegenwart
wurde das Geld in Beutel abgepackt, gewogen und
registriert 12 und danach den Meistern ausgehändigt,
die mit der Instandsetzung des Tempels betraut
waren. Diese bezahlten damit die Zimmerleute, Bau-
arbeiter, 13 Maurer und Steinmetze und kauften
davon das Bauholz und die Steine und was sonst
noch für die Instandsetzung des Tempels gebraucht
wurde.
14 Das Geld wurde nicht für die Herstellung von
Tempelgeräten verwendet, für silberne Schüsseln,
Messer, Schalen, Trompeten oder andere Tempelge-
räte aus Gold oder Silber, 15 sondern den Meistern
übergeben, die den Tempel instand zu setzen hatten.
16 Von diesen Männern wurde keine Rechenschaft
verlangt über die Verwendung der Gelder; sie han-
delten auf Treu und Glauben.
17 Das Geld aber, das bei Wiedergutmachungsop-
fern* und Sühneopfern* zu entrichten war, wurde
nicht für die Instandsetzung des Tempels verwen-
det. Es gehörte den Priestern.

Joasch bewahrt Jerusalem vor dem Angriff der Syrer

(2 Chr 24,23-24)

18 Damals griff Hasaël, der König von Syrien*, die
Stadt Gat an und eroberte sie. Danach traf er Vorbe-
reitungen, auch Jerusalem anzugreifen. 19 Doch
König Joasch von Juda nahm alle Gaben, die seine
Vorfahren, die Könige Joschafat, Joram und Ahasja,
dem HERRN geweiht hatten, dazu auch die Gaben,
die von ihm selbst stammten, sowie alles Gold, das
sich in den Schatzkammern des Tempels und des
königlichen Palastes befand, und ließ das alles als
Geschenk zu König Hasaël bringen. Da verzichtete
Hasaël darauf, Jerusalem anzugreifen.

Joaschs Ende und sein Nachfolger

(2 Chr 24,25-26)

20 Was es sonst noch über Joasch und seine Taten zu
berichten gibt, ist in der amtlichen Chronik der
Könige von Juda nachzulesen. 21-22 Schließlich fiel
er einer Verschwörung seiner Hofleute zum Opfer.

König Joasch sorgte dafür, dass alle zum Tempel gebrachten Geldgaben dazu verwendet wurden, die baufälligen Teile der großen Anlage auszubessern (12,5-13). Das Bild zeigt einen assyrischen Tempeldiener.

12,10-16 22,3-7 **12,17** Lev 5,15-16; 7,7-10 **12,18** 8,11 S **12,19** 16,8; 18,15; 1 Kön 15,18-19

Zwei von ihnen, Josachar, der Sohn Schimats, und Josabad, der Sohn Schomers, ermordeten ihn in dem Haus am Millo*, dort, wo der Weg nach Silla hinabführt. Joasch wurde in der Grabstätte seiner Vorfahren in der Davidsstadt* bestattet. Sein Sohn Amazja wurde sein Nachfolger.

Über König Joahas von Israel

13 Im 23. Regierungsjahr von Joasch, dem König von Juda, wurde Joahas, der Sohn von Jehu, König von Israel und er regierte 17 Jahre lang in Samaria. 2 Er tat, was dem HERRN missfällt. Er folgte dem schlechten Beispiel Jerobeams und hörte nicht auf mit dem Götzendienst, zu dem Jerobeam die Leute im Reich Israel verführt hatte.

3 Da traf der Zorn des HERRN die Israeliten: Während der Zeit, in der Joahas regierte, gab er sie immer wieder in die Gewalt des Syrerkönigs Hasaël und seines Sohnes Ben-Hadad.

4 Als Joahas jedoch den HERRN um Hilfe anflehte, hörte ihn der HERR; er sah ja, wie hart der Syrerkönig Israel zusetzte. 5 Der HERR schickte den Leuten von Israel einen Retter, sodass sie sich aus der Gewalt der Syrer* befreien und wie zuvor in Frieden leben konnten.[a]

6 Dennoch blieben sie bei dem Götzendienst, zu dem die Familie Jerobeams die Leute im Reich Israel verführt hatte. Sie wollten davon nicht lassen. Auch das Bild der Göttin Aschera* in Samaria blieb unangetastet.

7 Das Heer von König Joahas bestand am Ende nur noch aus 10 Streitwagen*, 50 Wagenkämpfern und 10000 Fußsoldaten. Alles andere hatte der König von Syrien vernichtet; er hatte die Streitmacht Israels zertreten wie Staub auf der Straße.

8 Was es sonst noch über Joahas zu berichten gibt, über seine Taten und Erfolge, ist in der amtlichen Chronik der Könige von Israel nachzulesen. 9 Als er starb, wurde er in Samaria bestattet. Sein Sohn Joasch wurde sein Nachfolger.

Über König Joasch von Israel

10 Im 37. Regierungsjahr von Joasch, dem König von Juda, wurde Joasch, der Sohn von Joahas, König über Israel. Er regierte 16 Jahre lang in Samaria. 11 Er tat, was dem HERRN missfällt, und hielt fest an dem Götzendienst, zu dem Jerobeam die Leute im Reich Israel verführt hatte.

12 Was es sonst noch über Joasch zu berichten gibt, über seine Taten und Erfolge – auch über den Krieg gegen Amazja, den König von Juda –, das ist alles in der amtlichen Chronik der Könige von Israel nachzulesen. 13 Als Joasch starb, wurde Jerobeam sein Nachfolger. Joasch wurde in Samaria in der Grabstätte der Könige von Israel bestattet.

Der sterbende Elischa verkündet einen Sieg über die Syrer

14 Elischa war schwer erkrankt und es ging mit ihm zu Ende. Da kam Joasch, der König von Israel, zu ihm. Er weinte und rief: »Mein Vater, mein Vater! Du bist Israels Streitwagen* und sein Lenker!«[b]

15 Elischa befahl ihm: »Hol einen Bogen und Pfeile!« Der König tat es. 16–17 Darauf sagte Elischa: »Öffne das Fenster, durch das man nach Osten sehen kann, und spanne den Bogen!« Joasch tat es.

Nun legte Elischa seine Hände auf die Hände des Königs und sagte: »Schieß!« Der König schoss den Pfeil ab und Elischa sagte: »Dieser Pfeil ist ein Zeichen für die Hilfe, die vom HERRN kommt! Der HERR steht euch bei im Kampf gegen die Syrer* und deshalb wirst du sie bei Afek[c] vernichtend schlagen!«

18 Dann befahl Elischa dem König: »Nimm die übrigen Pfeile zur Hand! Stoße mit ihnen auf den Boden!« Der König tat es dreimal und hielt inne.

19 Da wurde der Mann Gottes zornig und rief: »Fünfmal, sechsmal hättest du sie aufstoßen müssen, dann hättest du die Syrer völlig vernichtet! Jetzt wirst du ihnen nur dreimal eine Niederlage beibringen.«

Durch den toten Elischa wird ein Toter lebendig

20 Elischa starb und wurde in einer Grabhöhle bestattet.[d] Im folgenden Frühjahr machten räuberische Banden aus Moab* das Land unsicher. 21 Einmal wollte man gerade einen Mann bestatten, als eine solche Bande daherkam. Die Leute warfen ihren Toten einfach in die Grabnische Elischas und rannten davon.°

Kaum aber war der Tote mit den Gebeinen Elischas in Berührung gekommen, da wurde er wieder lebendig und stand auf.

Die letzten Worte Elischas gehen in Erfüllung

22 Während der ganzen Zeit, in der Joahas[e] regierte, wurde das Reich Israel von dem Syrerkönig Hasaël schwer bedrängt. 23 Aber der HERR meinte es gut mit Israel und hatte mit ihm Erbarmen. Er half den Leuten von Israel, weil er an den Bund* dachte, den er mit Abraham, Isaak und Jakob geschlossen hatte. Er wollte sie nicht vernichten, denn bis dahin hatte er noch nicht endgültig mit ihnen gebrochen.

24 Als Hasaël starb, wurde sein Sohn Ben-Hadad König von Syrien*. 25 Joasch, der Sohn von König Joahas, konnte Ben-Hadad die Städte wieder entreißen, die sein Vater Joahas an Hasaël verloren hatte. Joasch besiegte Ben-Hadad dreimal und eroberte die Städte zurück.

a Der Vers bezieht sich möglicherweise auf Ereignisse, die erst unter König Joasch eintrafen. (Vers 7 zieht alsbald eine vernichtende Bilanz der Zeit von König Joahas.) Unter dem ungenannten Retter wäre dann am ehesten der Prophet Elischa zu verstehen (Verse 14-19).
b Siehe Anmerkung zu 2,11.
c Zur Lage siehe Anmerkung zu 1 Kön 20,26.
d *in einer Grabhöhle* ist verdeutlichender Zusatz; die Toten wurden nicht mit Erde bedeckt, sondern in unterirdischen Höhlen oder Grabkammern in offenen Nischen beigesetzt.
e Der Vers greift noch einmal auf 13,1-9 zurück.

13,3 8,11 S **13,12** 14,8-16 **13,14** 2,12 **13,22** 8,11 S **13,23** Ex 2,24 S; 2 Kön 17,18-20; 24,20 **13,25** 13,19

Das Land der Bibel zur Zeit des Alten Testaments

Über König Amazja von Juda

(2 Chr 25,1-4.11-12)

14 Im zweiten Regierungsjahr von Joasch, dem
König von Israel, wurde Amazja König von
Juda. Er war der Sohn des Königs Joasch von Juda.
2 Er war 25 Jahre alt, als er König wurde, und regierte
29 Jahre lang in Jerusalem. Seine Mutter hieß Joad-
dan und stammte aus Jerusalem.
3 Amazja folgte dem Vorbild seines Vaters Joasch
und tat, was dem HERRN gefällt. Doch an seinen Ahn-
herrn David reichte er nicht heran. 4 Die Opferstät-
ten* rings im Land ließ er bestehen, sodass das Volk
auch weiterhin an diesen Stätten Opfer darbrachte.
5 Als Amazja die Herrschaft fest in der Hand hatte,
ließ er die Hofleute töten, die seinen Vater Joasch
ermordet hatten. 6 Ihre Söhne aber verschonte er,
weil im Gesetzbuch* Moses das Gebot des HERRN
steht: »Die Eltern sollen nicht für die Schuld ihrer
Kinder sterben und die Kinder nicht für die Schuld
ihrer Eltern; jeder soll nur für seine eigene Schuld
bestraft werden.«
7 Amazja schlug die Edomiter*, die mit einem
10 000 Mann starken Heer im Salztal gegen ihn ange-
treten waren. Er eroberte auch die Stadt Sela und gab
ihr den Namen Jokteel. So heißt sie noch heute.

Amazjas Niederlage gegen König Joasch von Israel

(2 Chr 25,17-24)

8 Darauf schickte Amazja Boten zu König Joasch von
Israel, dem Sohn von Joahas und Enkel von Jehu,
und ließ ihm sagen: »Komm, tritt mir im Kampf
gegenüber, damit wir sehen, wer stärker ist!«
9 König Joasch antwortete ihm: »Der Dornstrauch
auf dem Libanon sagte zur Zeder: ›Gib meinem Sohn
deine Tochter zur Frau!‹ Aber die wilden Tiere lie-
fen über den Dornstrauch und zertrampelten ihn.
10 Dein Sieg über die Edomiter ist dir zu Kopf gestie-
gen. Gib dich mit deinem Ruhm zufrieden und bleib
zu Hause! Oder willst du dich ins Unglück stürzen
und ganz Juda mit hineinreißen?«
11 Aber Amazja hörte nicht auf, Joasch herauszufor-
dern. So rückte König Joasch zum Kampf heran. Bei
Bet-Schemesch,[a] im Gebiet von Juda, traf sein Heer
auf das von König Amazja. 12 Die Männer von Juda
wurden geschlagen und liefen auseinander, jeder
kehrte nach Hause zurück. 13 Amazja wurde bei
Bet-Schemesch von Joasch gefangen genommen.

Dann zog Joasch nach Jerusalem und ließ die
Stadtmauer auf einer Länge von 200 Metern nieder-
reißen, vom Efraïmtor bis zum Ecktor. 14 Er nahm
alles Gold und Silber und alle kostbaren Geräte
mit, die sich im Tempel* und in den Schatzkammern
des königlichen Palastes befanden. Außerdem führte
er eine Anzahl von Geiseln mit sich nach Samaria.

Tod des Königs Joasch von Israel

15 Was es sonst noch über Joasch zu berichten gibt,
über seine Taten und Erfolge – auch über den Krieg
gegen Amazja, den König von Juda –, das ist alles in
der amtlichen Chronik der Könige von Israel nach-
zulesen. 16 Als Joasch starb, wurde er in Samaria in
der Grabstätte der Könige von Israel bestattet. Sein
Sohn Jerobeam wurde sein Nachfolger.

Amazjas Ende. Asarja wird König von Juda

(2 Chr 25,25–26,2)

17 König Amazja von Juda überlebte König Joasch von
Israel um 15 Jahre.[b] 18 Was es sonst noch über Amazja
zu berichten gibt, ist in der amtlichen Chronik der
Könige von Juda nachzulesen.
19 In Jerusalem kam es zu einer Verschwörung
gegen ihn. Er floh nach Lachisch, aber die Verschwö-
rer schickten ihm dorthin Männer nach, die ihn
umbrachten. 20 Auf einem mit Pferden bespannten
Wagen wurde er nach Jerusalem zurückgebracht
und in der Davidsstadt* in der Grabstätte seiner Vor-
fahren bestattet.
21 Als Nachfolger Amazjas machten alle Männer
von Juda seinen Sohn Asarja zum König. Er war
damals 16 Jahre alt. 22 Nach dem Tod seines Vaters
eroberte er die Stadt Elat[c] zurück und baute sie zur
Festung aus.

Über König Jerobeam II. von Israel

23 Im 15. Regierungsjahr von Amazja, dem König von
Juda, wurde Jerobeam, der Sohn von Joasch, König
von Israel. Er regierte 41 Jahre lang in Samaria
24 und tat, was dem HERRN missfällt, genauso wie
Jerobeam, der Sohn Nebats, der die Leute des Rei-
ches Israel zum Götzendienst verführt hatte.
25 Doch gelang es ihm, alle Gebiete, die zum Reich
Israel gehörten, zurückzuerobern, von Lebo-Hamat
bis hinunter zum Toten Meer.

Damit ging in Erfüllung, was der HERR, der Gott
Israels, durch seinen Diener versprochen hatte,
durch den Propheten Jona,[d] den Sohn von Amittai
aus Gat-Hefer. 26 Denn der HERR hatte gesehen, wie
erbärmlich schlecht es um die Israeliten stand,° dass
sie allesamt am Ende waren und dass niemand da
war, der ihnen hätte helfen können. 27 Noch hatte
der HERR ja auch nicht beschlossen, das Reich Israel
vom Erdboden verschwinden zu lassen, und so half
er ihnen durch Jerobeam, den Sohn von Joasch.
28 Was es sonst noch über Jerobeam zu berichten
gibt, über seine Taten und Erfolge, ist in der amtli-
chen Chronik der Könige von Israel nachzulesen.
Dort wird auch berichtet, wie er Gebiete von Damas-
kus und Hamat für Israel zurückgewann, die einst

a Südwestlich von Jerusalem am Rand des Hügellandes von Juda (Karte Seite 443).
b Die Zeitangaben in 14,1-2; 14,17.21.23; 15,1-2 lassen sich am besten deuten, wenn man annimmt, dass Amazja nach der Niederlage von 14,13 die Regierung an seinen Sohn abtreten musste, aber noch etwa 15 Jahre lebte. In 15,1 wäre dann der offizielle Regierungsantritt seines Sohnes Asarja erst mit dem Tod des Vaters (14,22) angesetzt, und die Verschwörung in Vers 19 hätte sich gegen den schon abgelösten Vater gerichtet, der vielleicht die Herrschaft zurückzugewinnen suchte.
c Die Hafenstadt am Golf von Akaba (1 Kön 9,26).
d Über eine derartige Prophezeiung ist zuvor nirgends berichtet worden. Das nach Jona benannte biblische Buch (Seite 959) hat ein anderes Thema.

14,4 1 Kön 3,2-3 S **14,5** 12,21-22 **14,6** *zit* Dtn 24,16; Ez 18,4.20 **14,7** 2 Sam 8,13 **14,9** Ri 9,14 **14,20** 9,28 S **14,22** 1 Kön 9,26 **14,25b** Jona 1,1

zum Reich Davids gehört hatten. 29 Als Jerobeam starb, wurde er in der Grabstätte der Könige von Israel bestattet. Sein Sohn Secharja wurde sein Nachfolger.

Über König Asarja (Usija) von Juda

(2 Chr 26,1-23)

15 Im 27. Regierungsjahr Jerobeams, des Königs von Israel, wurde Asarja, der Sohn von Amazja, König von Juda. 2 Er war 16 Jahre alt, als er König wurde, und regierte 52 Jahre lang in Jerusalem. Seine Mutter hieß Jecholja und stammte aus Jerusalem.

3 Er folgte dem Vorbild seines Vaters Amazja und tat, was dem HERRN gefällt. 4 Die Opferstätten* rings im Land ließ er jedoch bestehen, sodass das Volk auch weiterhin an diesen Stätten Opfer darbrachte.

5 Der HERR schlug Asarja, sodass er aussätzig* wurde. Er blieb es bis zu seinem Tod und musste in einem abgesonderten Haus wohnen. Sein Sohn Jotam war Palastvorsteher und führte anstelle des Königs die Regierungsgeschäfte.

6 Was es sonst noch über Asarja und seine Taten zu berichten gibt, ist in der amtlichen Chronik der Könige von Juda nachzulesen. 7 Als Asarja starb, wurde er in der Davidsstadt* in der Grabstätte seiner Vorfahren bestattet. Sein Sohn Jotam wurde sein Nachfolger.

Über König Secharja von Israel

8 Im 38. Regierungsjahr von Asarja, dem König von Juda, wurde Secharja, der Sohn Jerobeams, König von Israel. Er regierte sechs Monate lang in Samaria. 9 Er tat, was dem HERRN missfällt, genau wie seine Vorfahren, und hörte nicht auf mit dem Götzendienst, zu dem Jerobeam, der Sohn Nebats, die Leute im Reich Israel verführt hatte.

10 Schallum, der Sohn von Jabesch, machte eine Verschwörung gegen ihn. Er erschlug ihn in Jibleam°[a] und wurde sein Nachfolger.

11 Was es sonst noch über Secharja und seine Taten zu berichten gibt, ist in der amtlichen Chronik der Könige von Israel nachzulesen.

12 Damit war das Wort in Erfüllung gegangen, das der HERR zu König Jehu gesagt hatte. Er hatte ihm nämlich versprochen: »Deine Nachkommen werden bis in die vierte Generation auf dem Thron Israels sitzen.« Und so war es geschehen.

Über König Schallum von Israel

13 Schallum, der Sohn von Jabesch, wurde König von Israel im 39. Regierungsjahr des Königs Asarja[b] von Juda und regierte einen Monat lang in Samaria. 14 Dann rückte Menahem, der Sohn von Gadi, aus der Stadt Tirza[c] an, drang in Samaria ein, tötete Schallum und wurde selbst König an seiner Stelle.

15 Was es sonst noch über Schallum zu berichten gibt und über die Verschwörung, die er angezettelt hatte, ist in der amtlichen Chronik der Könige von Israel nachzulesen.

16 Menahem übte grausame Rache an der Stadt Tifsach,[d] weil sie ihm die Tore nicht öffnen wollte. Er rückte von Tirza heran und richtete unter den Bewohnern der Stadt und ihrer Umgebung ein Blutbad an; allen schwangeren Frauen ließ er den Leib aufschlitzen.

Über König Menahem von Israel

17 Im 39. Regierungsjahr von Asarja, dem König von Juda, wurde Menahem, der Sohn von Gadi, König von Israel. Er regierte zehn Jahre lang in Samaria. 18 Er tat, was dem HERRN missfällt, und hörte nicht auf mit dem Götzendienst, zu dem Jerobeam, der Sohn Nebats, die Leute im Reich Israel verführt hatte.

19 Als Tiglat-Pileser,[e] der König von Assyrien*, gegen Israel anrückte, zahlte ihm Menahem[f] 1000 Zentner* Silber als Gegenleistung dafür, dass der Assyrerkönig zu ihm stand und ihn als König von Israel bestätigte. 20 Das Silber brachte er dadurch zusammen, dass er allen Grundbesitzern in Israel eine Abgabe von einem halben Kilo[g] auferlegte. Dar-

Der assyrische König Tiglat-Pileser III., der während der Regierungszeit König Menahems in Israel einfiel (15,29), gibt eine Audienz. Über die Assyrer informieren die Seiten 746/47.

a Nördlich von Samaria (Karte Seite 443).
b *Asarja:* H *Usija.* Ebenso lautet der Name des Königs in den Versen 32 und 34 sowie in dem Paralleltext 2 Chr 26 (vgl. auch Jes 6,1).
c Die alte Königsstadt des Nordreiches östlich von Samaria (vgl. 1 Kön 15,33; 16,8.15.23 und Karte Seite 443).
d *Tifsach* liegt weit entfernt am oberen Eufrat. Ein Teil der griechischen Überlieferung nennt stattdessen *Tappuach,* eine Stadt im Bergland Efraïm südlich von Sichem.
e *Tiglat-Pileser:* H *Pul.* Dies ist der babylonische Name für den assyrischen König Tiglat-Pileser III. (vgl. 1 Chr 5,26).
f Als Tiglat-Pileser III. 738 v. Chr. nach Nordsyrien vorstieß, erschien neben Rezin von Damaskus auch Menahem, um ihm zu huldigen.
g Hebräische Maßangabe *50 Schekel** (= 570 g); die Gesamtsumme beträgt umgerechnet 35 t (1 Zentner* = ca. 35 kg).

14,28 2 Sam 8,5-10 **15,4** 1 Kön 3,2-3 S **15,5** Lev 13,46 **15,7** (starb) Jes 6,1 **15,12** 10,30 **15,19** 15,29

aufhin zog der Assyrerkönig aus Israel ab und kehrte
in sein Land zurück.
21 Was es sonst noch über Menahem und seine
Taten zu berichten gibt, ist in der amtlichen Chronik
der Könige von Israel nachzulesen. 22 Als er starb,
wurde sein Sohn Pekachja sein Nachfolger.

Über König Pekachja von Israel

23 Im 50. Regierungsjahr von Asarja, dem König von
Juda, wurde Pekachja, der Sohn Menahems, König
von Israel. Er regierte zwei Jahre lang in Samaria.
24 Er tat, was dem HERRN missfällt, und hörte nicht
auf mit dem Götzendienst, zu dem Jerobeam, der
Sohn Nebats, die Leute im Reich Israel verführt
hatte.
25 Sein Adjutant Pekach, der Sohn von Remalja,
zettelte eine Verschwörung gegen ihn an. Unter-
stützt von fünfzig Männern aus Gilead* überwäl-
tigte er den König im inneren Turm des Königspalas-
tes von Samaria.[a] Er tötete ihn und wurde selbst
König an seiner Stelle.
26 Was es sonst noch über Pekachja und seine
Taten zu berichten gibt, ist in der amtlichen Chronik
der Könige von Israel nachzulesen.

Über König Pekach von Israel

27 Im 52. Regierungsjahr von Asarja, dem König von
Juda, wurde Pekach, der Sohn von Remalja, König
von Israel. Er regierte 20 Jahre lang in Samaria.
28 Er tat, was dem HERRN missfällt, und hörte nicht
auf mit dem Götzendienst, zu dem Jerobeam, der
Sohn Nebats, die Leute im Reich Israel verführt
hatte.
29 Während der Regierungszeit Pekachs fiel der
Assyrerkönig Tiglat-Pileser in Israel ein. Er eroberte
die Städte Ijon, Abel-Bet-Maacha, Janoach, Kedesch
und Hazor sowie die Landschaften Gilead* und Gali-
läa*, das ganze Stammesgebiet von Naftali einge-
schlossen.[b] Er besetzte das Land und führte die Ein-
wohner weg nach Assyrien*.
30 Im 20. Regierungsjahr Jotams, des Königs von
Juda, zettelte Hoschea, der Sohn von Ela, eine Ver-
schwörung gegen Pekach an, tötete ihn und wurde
selbst König an seiner Stelle.[c]
31 Was es sonst noch über Pekach und seine Taten
zu berichten gibt, ist in der amtlichen Chronik der
Könige von Israel nachzulesen.

Über König Jotam von Juda
(2 Chr 27,1-9)

32 Im zweiten Regierungsjahr Pekachs, des Königs
von Israel, wurde Jotam, der Sohn von Asarja,[d]
König von Juda. 33 Er war 25 Jahre alt, als er König
wurde, und regierte 16 Jahre lang in Jerusalem. Seine
Mutter hieß Jeruscha und war eine Tochter Zadoks.
34 Er tat, was dem HERRN gefällt, und folgte in
allem dem Vorbild seines Vaters Asarja. 35 Die Opfer-
stätten* rings im Land ließ er jedoch bestehen,
sodass das Volk auch weiterhin an diesen Stätten
Opfer darbrachte.
Jotam baute das obere Tor am Tempel* des HERRN.
36 Was es sonst noch über ihn und seine Taten zu
berichten gibt, ist in der amtlichen Chronik der
Könige von Juda nachzulesen. 37 Während seiner
Regierungszeit begann der HERR Rezin, den König
von Syrien*, und Pekach, den Sohn von Remalja,
den König von Israel, gegen Juda loszulassen.
38 Als Jotam starb, wurde er in der Grabstätte
seiner Vorfahren in der Stadt seines Ahnherrn
David bestattet. Sein Sohn Ahas wurde sein Nach-
folger.

Über König Ahas von Juda
(2 Chr 28,1-4)

16 Im 17. Regierungsjahr Pekachs, des Königs
von Israel, wurde Ahas, der Sohn Jotams,
König von Juda. 2 Er war 20 Jahre alt, als er König
wurde, und regierte 16 Jahre lang in Jerusalem.
Er tat nicht wie sein Ahnherr David, was dem
HERRN gefällt, 3 sondern folgte dem schlechten Bei-
spiel der Könige von Israel. Er ließ sogar seinen Sohn
als Opfer verbrennen und folgte damit der abscheu-
lichen Sitte der Völker, die der HERR vor den Israeli-
ten aus dem Land vertrieben hatte. 4 An den Opfer-
stätten* auf den Hügeln und unter allen heiligen
Bäumen opferte er den fremden Göttern.

Ahas ruft den Assyrerkönig zu Hilfe
(2 Chr 28,5-8.16-21)

5 Als Ahas regierte, rückten König Rezin von Syrien*
und König Pekach von Israel, der Sohn von Remalja,
gegen Jerusalem heran und belagerten es;[e] sie
kamen aber nicht dazu, es anzugreifen. 6 Rezin
konnte jedoch Elat unter syrische Kontrolle brin-
gen. Er vertrieb die Judäer aus der Stadt und die Edo-
miter* kamen dorthin zurück. Sie wohnen noch
heute dort.
7 Ahas ließ damals Tiglat-Pileser, dem König von
Assyrien*, folgende Botschaft überbringen: »Ich
bin dein Diener und dein Sohn! Der König von
Syrien und der König von Israel greifen mich an;
komm und rette mich aus ihrer Hand!«
8 Zugleich ließ Ahas dem Assyrerkönig alles Silber
und Gold, das sich in den Schatzkammern des Tem-
pels* und des Königspalastes befand, als Geschenk
überbringen. 9 Der Assyrerkönig hörte auf die Bitte
von Ahas. Er zog gegen Damaskus, eroberte die Stadt

a Es folgt noch die schwer zu deutende Aussage: *mit Argob und mit Arje.*
b Ziel der assyrischen Expansionspolitik ist Ägypten. Da Pekach einen antiassyrischen Kurs steuert (vgl. Sacherklärung »Syrisch-Efraïmitischer Krieg«), wird sein Reich zerschlagen: Der Ost- und Nordteil wird zu assyrischen Provinzen gemacht. Vermutlich entging der Rest Israels um Samaria diesem Schicksal, weil ein Parteigänger der Assyrer dort die Herrschaft an sich riss (Vers 30). Als dieser später die Unterstützung der Ägypter sucht (17,4), wird Nordisrael von den Assyrern vollends ausgelöscht.
c Über die Verschwörungen, von denen Kap 15 berichtet (Verse 10.14.25), urteilt Hos 7,3-7 und 8,4.
d Vgl. Anmerkung zu Vers 13.
e In die hier geschilderte Situation hinein richtete der Prophet Jesaja die in Jes 7,1-9 überlieferte Botschaft aus (vgl. auch die Sacherklärung »Syrisch-Efraïmitischer Krieg«).

15,29 17,6 **15,35** 1 Kön 3,2-3S **15,37** 16,5 **16,3** Lev 18,21S **16,4** 1 Kön 3,2-3S **16,5** 15,37; Jes 7,1-9 **16,6** 14,22 **16,8** 12,19S

und führte ihre Bewohner nach Kir in die Verbannung. König Rezin tötete er.

Ahas verfügt Änderungen im Tempel

(2 Chr 28,23-25)

10 König Ahas ging nach Damaskus, um mit Tiglat-Pileser, dem König von Assyrien*, zusammenzutreffen. Als er dort den Altar* sah, den die Assyrer errichtet hatten,[a] schickte er dem Priester Urija ein Modell davon und eine genaue Beschreibung, wie er ausgeführt war. 11 Nach diesen Angaben baute Urija auch in Jerusalem einen solchen Altar und hatte ihn schon vollendet, noch ehe Ahas aus Damaskus zurückkehrte.

12 Als der König nach Jerusalem zurückkam und den Altar vorfand, weihte er ihn persönlich ein. Er stieg die Stufen zum Altar hinauf 13 und verbrannte für sich ein Brandopfer* und ein Speiseopfer*, goss ein Trankopfer* aus und sprengte das Blut der Tiere, die als Mahlopfer* geschlachtet worden waren, an die Wand des Altars.

14 Zwischen dem neuen Altar und der Vorderfront des Tempelhauses stand bis jetzt noch der frühere Altar, der aus Bronze war. Ahas ließ ihn dort entfernen und rechts von seinem neuen Altar aufstellen. 15 Dem Priester Urija befahl er: »Von jetzt an werden die regelmäßigen Brand- und Speiseopfer am Morgen und am Abend auf dem großen neuen Altar dargebracht, ebenso die Brand-, Speise- und Trankopfer für den König und für das ganze Volk. Auch alles Blut der Tiere, die für Brand- oder Mahlopfer geschlachtet werden, wird an diesem Altar ausgegossen.[b] Den Bronzealtar will ich dazu benutzen, die Eingeweide der Opfertiere zu untersuchen.«[c]

16 Der Priester Urija machte alles so, wie der König es angeordnet hatte.

17 König Ahas ließ auch die Leisten und die Kessel von den bronzenen Kesselwagen aus dem Tempel wegholen; ebenso die zwölf bronzenen Rinder, die das große runde Becken, das »Meer«, trugen. Das große Becken bekam einen Unterbau aus Stein.

18 Im Tempel gab es einen überdachten Platz, von dem aus der König am Sabbatgottesdienst teilnahm, und ebenso einen besonderen Eingang für den König. Beides ließ Ahas mit Rücksicht auf den assyrischen König beseitigen.[d]

Tod von König Ahas

(2 Chr 28,26-27)

19 Was es sonst noch über Ahas und seine Taten zu berichten gibt, ist in der amtlichen Chronik der Könige von Juda nachzulesen. 20 Als er starb, wurde er in der Grabstätte seiner Vorfahren in der Davidsstadt* bestattet. Sein Sohn Hiskija wurde sein Nachfolger.

DER UNTERGANG DES NORDREICHES ISRAEL (Kapitel 17)

Eroberung Samarias und Wegführung der Bevölkerung

17 Im 12. Regierungsjahr des Königs Ahas von Juda wurde Hoschea, der Sohn von Ela, König von Israel. Er regierte neun Jahre lang in Samaria. 2 Er tat, was dem HERRN missfällt; doch trieb er es nicht so schlimm wie seine Vorgänger.

3 Als Salmanassar, der König von Assyrien*, mit seinem Heer gegen ihn anrückte, unterwarf sich Hoschea und musste ihm von da an jährlich eine größere Summe als Tribut zahlen. 4 Dann aber erfuhr der Assyrerkönig, dass der König von Israel von ihm abfallen wollte. Hoschea hatte nämlich Gesandte zum ägyptischen König nach Saïs[e] geschickt und die jährlichen Tributzahlungen eingestellt. Deshalb ließ Salmanassar ihn verhaften und ins Gefängnis werfen.

5 Der Assyrerkönig war mit seinem Heer in das Land eingefallen und hatte Samaria belagert. Im dritten Jahr der Belagerung, 6 dem neunten Regierungsjahr von Hoschea, konnte Salmanassar die Stadt einnehmen. Die Bevölkerung des Reiches Israel ließ er nach Assyrien wegführen. Dort siedelte er sie in der Provinz Halach und am Habor-Fluss in der Provinz Gosan sowie in den Städten Mediens an.[f]

Israels Ende als Strafe für seinen Ungehorsam

7-8 So weit kam es, weil sich die Leute von Israel an dem HERRN, ihrem Gott, versündigt hatten. Er hatte sie aus Ägypten herausgeführt und aus der Hand des Pharaos befreit. Aber sie folgten dem schlechten Beispiel ihrer Könige, verehrten fremde Götter und übernahmen die Gebräuche der Völker, die der HERR vor ihnen vertrieben hatte. 9 Sie verehrten den HERRN, ihren Gott, auf eine Weise, die nicht recht war. Überall, wo sie wohnten, richteten sie Opferstätten* ein, beim einsamen Wachtturm genauso wie in der befestigten Stadt. 10 Auf jeder höheren Erhebung und unter jedem größeren Baum stellten sie geweihte Steinmale* und Pfähle* auf. 11 Dort verbrannten sie Opfergaben, genau wie die Völker, die der HERR vor ihnen vertrieben hatte. Mit all ihren bösen Taten zogen sie sich den Zorn des HERRN zu. 12 Sie verehrten auch Götzenbilder, obwohl der HERR ihnen das ausdrücklich verboten hatte.

13 Der HERR aber ließ die Leute von Israel und ebenso die Leute von Juda durch seine Propheten* und Seher* warnen. Er ließ ihnen sagen: »Kehrt um; ihr seid auf dem falschen Weg! Lebt nach mei-

a *den die Assyrer …:* verdeutlichender Zusatz.
b Die Ersetzung des Altars könnte in Zusammenhang stehen mit der Einrichtung eines assyrischen Kults (neben der fortbestehenden Verehrung des Gottes Israels), wie ihn die Assyrer grundsätzlich von Vasallenkönigen verlangt haben.
c Wörtlich *will ich zum Erforschen benutzen.* Der Brauch, die Beschaffenheit der Eingeweide als günstiges oder ungünstiges Vorzeichen zu deuten, könnte ebenfalls von den Assyrern übernommen worden sein. Oft wird auch übersetzt: *Was mit dem Bronzealtar geschehen soll, will ich noch überlegen.*
d Die Deutung von Vers 18 ist ganz unsicher. Wahrscheinlich bedeutet die Entfernung einen Verzicht auf königliche Hoheitsrechte. Die übrigen Veränderungen (Vers 17) sind wohl im Zusammenhang mit Tributzahlungen zu sehen.
e Oder: *zum ägyptischen König So.* Ein Pharao dieses Namens ist jedoch nicht bekannt.
f Sie sind die Verbannten des »Nordens« von Jes 43,6. Die Provinzen *Halach* und *Gosan* liegen zwischen Ninive und Haran (Karte Seite 15). Zu *Medien* siehe Karte Seite 926. Vgl. auch Sacherklärung »Exil«.

16,14 Ex 27,1-2 **16,17** 1 Kön 7,23-39 **16,20** Jes 14,28 **17,5-6** 18,9-11 **17,6** 15,29 **17,7-8** Jos 24,14-24; Lev 18,3 **17,12** Ex 20,23

Die Könige von Israel und Juda

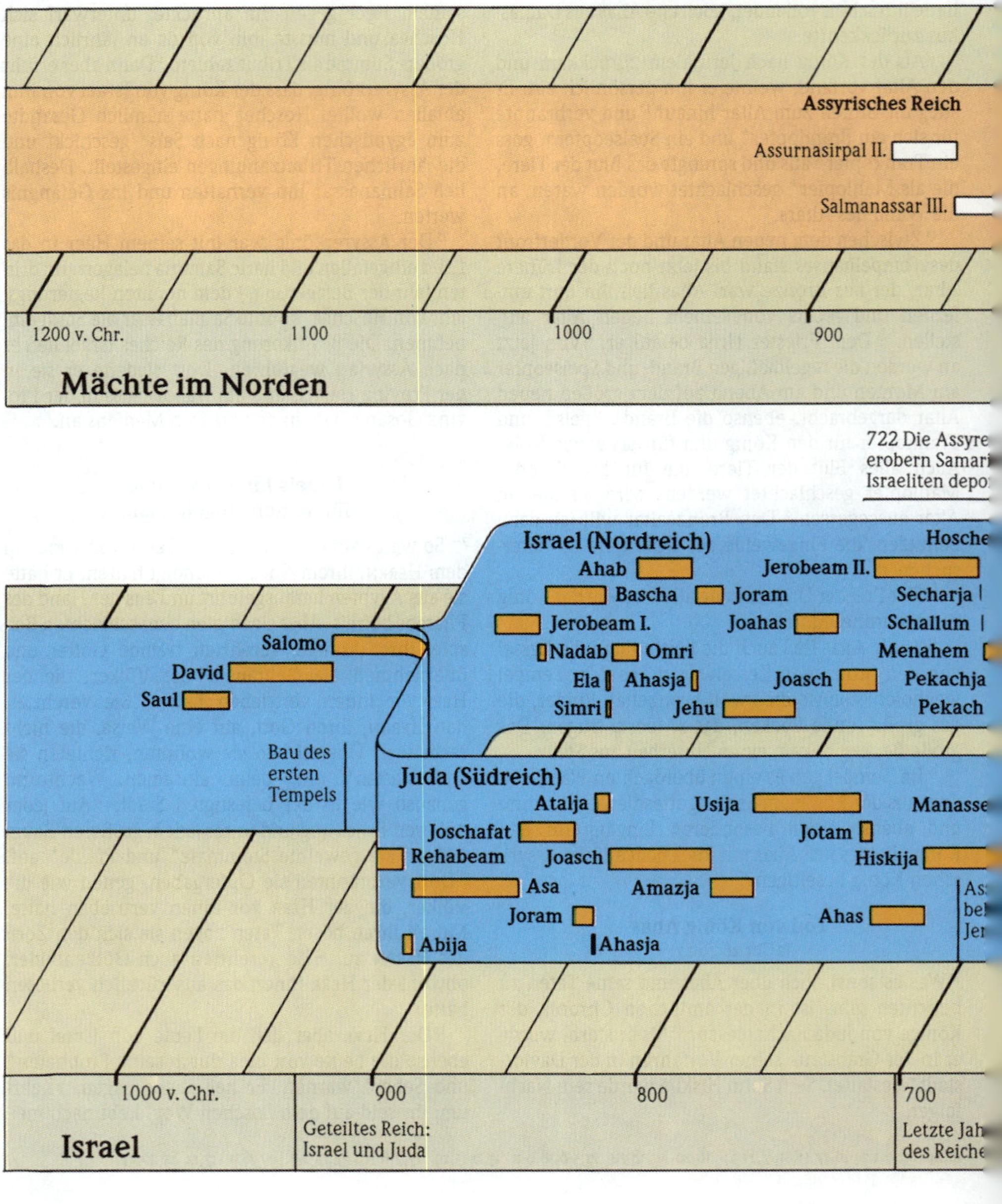

Die Geschichte Israels und der Weltmächte im Norden wird in dieser Übersicht schematisch auf waagrechten Bändern dargestellt, unter denen ein Zeitbalken liegt. Um ein bestimmtes Ereignis zu datieren, etwa den Regierungsbeginn eines Königs, ziehe man von dem entsprechenden Punkt auf dem orangenen oder blauen Band eine senkrechte Linie nach unten auf den Zeitbalken. Die zugehörigen Jahreszahlen können dann auf dem Zeitbalken ungefähr abgelesen werden. (Vgl. auch die Übersicht ›Die Propheten‹, Seiten 782/83.)

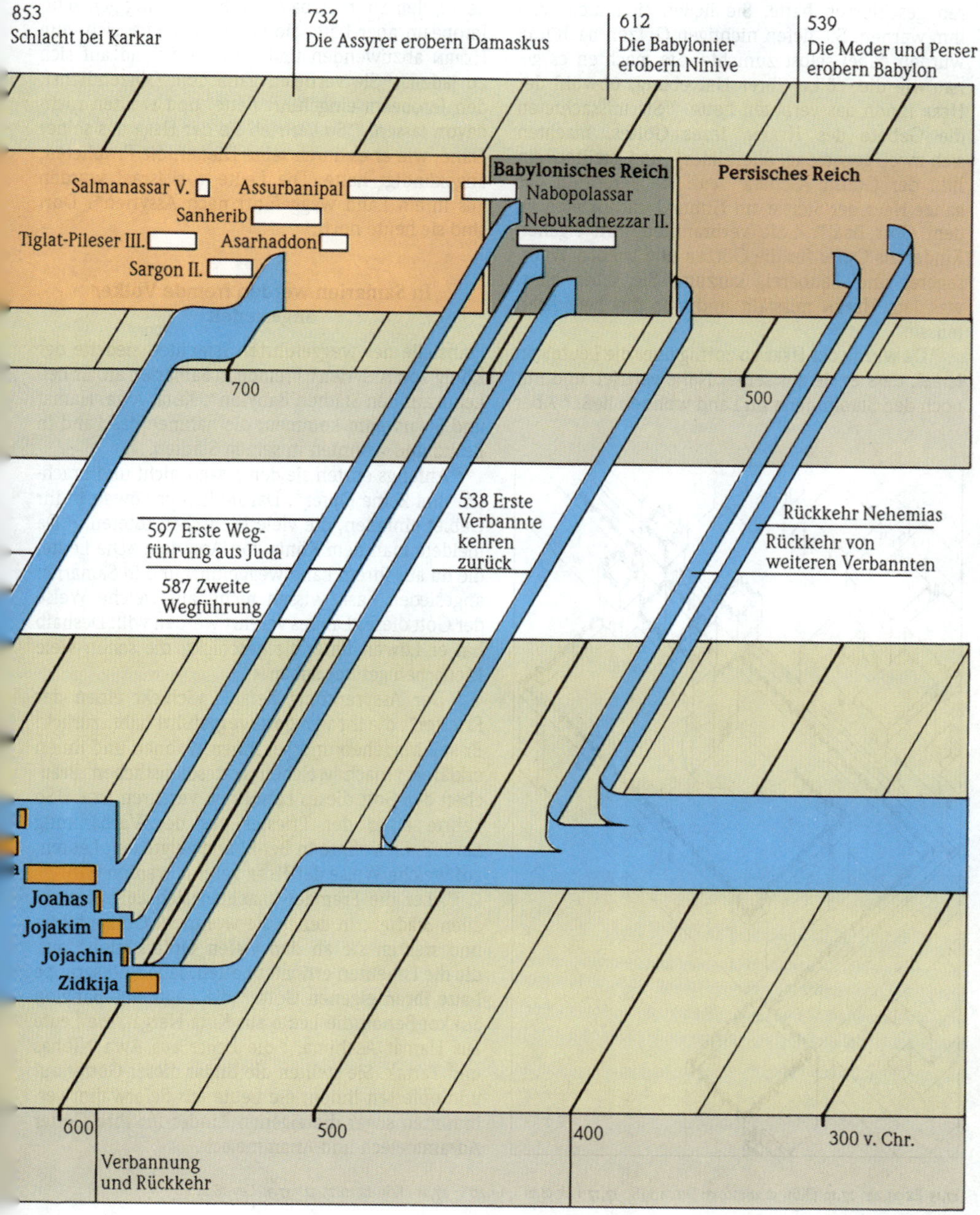

nen Geboten! Richtet euer Leben nach den Vorschriften meines Gesetzes*, das ich euren Vorfahren gab und das ich euch durch meine Diener, die Propheten, bekannt gemacht habe!«

14 Aber sie wollten nicht hören. Sie waren genauso halsstarrig wie ihre Vorfahren, die auch schon dem HERRN, ihrem Gott, kein Vertrauen geschenkt hatten. 15 Sie verachteten seine Gebote und machten sich nichts aus dem Bund*, den er mit ihren Vorfahren geschlossen hatte. Sie ließen sich nicht von ihm warnen. Sie liefen nichtigen Götzen nach und wurden dabei selbst zunichte. Sie machten es genau wie die Völker ihrer Umgebung, obwohl der HERR ihnen das verboten hatte. 16 Sie missachteten die Gebote des HERRN, ihres Gottes, machten sich zwei gegossene Stierbilder* und stellten ein Bild der Göttin Aschera* auf; sie verehrten das ganze Heer der Sterne am Himmel und beteten zu dem Gott Baal*. 17 Sie verbrannten ihre eigenen Kinder als Opfer für die Götzen und trieben Wahrsagerei und Zauberei, kurzum: Sie taten alles, was dem HERRN missfällt und was ihn beleidigen musste.

18 Da wurde der HERR so zornig über die Leute von Israel, dass er sie aus seiner Nähe vertrieb und nur noch den Stamm Juda im Land wohnen ließ. 19 Aber auch die Leute von Juda hielten sich nicht an die Gebote des HERRN, ihres Gottes, sondern folgten dem schlechten Beispiel der Leute von Israel. 20 Deshalb verstieß der HERR die Israeliten allesamt. Er ließ zur Strafe fremde Völker über sie kommen, die sie ausplünderten, und ließ sie schließlich alle aus seiner Nähe wegschaffen.

21 Der HERR hatte die Leute des Reiches Israel vom Königshaus Davids abgetrennt und sie hatten Jerobeam, den Sohn Nebats, zu ihrem König gemacht. Jerobeam aber hatte sie dahin gebracht, sich vom HERRN abzuwenden und schwere Schuld auf sich zu laden. 22 Sie verfielen ganz dem Götzendienst, den Jerobeam eingeführt hatte, und wollten nicht davon lassen. 23 So vertrieb sie der HERR aus seiner Nähe, wie er es durch seine Diener, die Propheten, angekündigt hatte. Die Leute von Israel wurden aus ihrem Land weggeführt nach Assyrien*. Dort sind sie heute noch.[a]

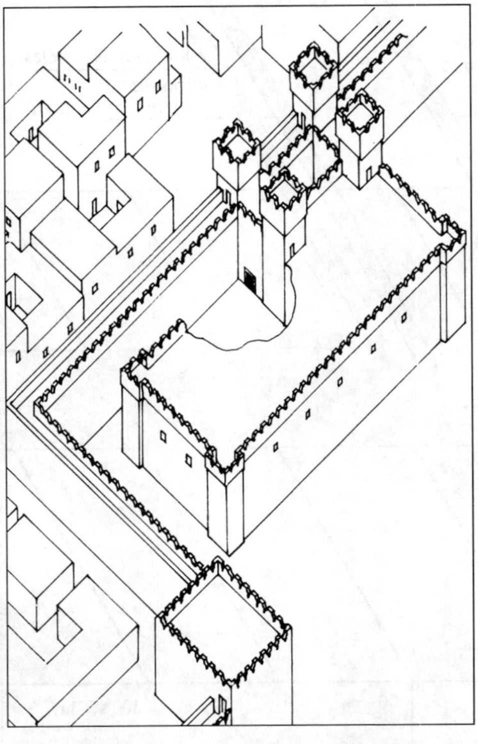

Trotz seiner starken Befestigungen wurde Samaria zur Beute des assyrischen Heeres. Im Bild die versuchsweise Nachbildung einer Toranlage von Samaria.

In Samarien werden fremde Völker angesiedelt

24 Anstelle der weggeführten Israeliten siedelte der König von Assyrien* Fremde in Samarien an. Er ließ Leute aus den Städten Babylon*, Kuta, Awa, Hamat und Sefarwajim kommen; die nahmen das Land in Besitz und wohnten in seinen Städten.

25 Anfangs ehrten sie den HERRN nicht und brachten ihm keine Opfer*. Darum ließ er Löwen in ihr Gebiet einfallen, die viele Menschen töteten. 26 Da meldete man dem König von Assyrien: »Die Leute, die du aus ihrem Land weggeführt und in Samarien angesiedelt hast, wissen nicht, auf welche Weise der Gott dieses Landes verehrt werden will. Deshalb hat er Löwen unter sie geschickt, die schon viele Menschen getötet haben.«

27 Der Assyrerkönig befahl: »Schickt einen der Priester*, die ihr von dort weggeführt habt, zurück! Er soll hingehen und bei ihnen wohnen und ihnen erklären,[b] nach welchen gottesdienstlichen Bräuchen der Gott dieses Landes zu verehren ist.« 28 So kehrte einer der Priester aus der Verbannung zurück. Er wohnte in Bet-El und zeigte den Leuten, auf welche Weise der HERR verehrt werden will.

29 Aber die Fremden machten sich außerdem in allen Städten, in denen sie wohnten, Götzenbilder und stellten sie an den vielen Opferstätten* auf, die die Israeliten errichtet hatten. Jede Volksgruppe hatte ihren eigenen Gott: 30 die Leute aus Babylon Sukkot-Benot, die Leute aus Kuta Nergal, die Leute aus Hamat Aschima, 31 die Leute aus Awa Nibhas und Tartak. Sie stellten die Bilder dieser Götter auf und opferten ihnen; die Leute aus Sefarwajim verbrannten sogar die eigenen Kinder für ihre Götter Adrammelech und Anammelech.

a D.h. zur Zeit der Niederschrift; vgl. zu Vers 34. Die aus dem Nordreich Weggeführten (es wird sich um die Oberschicht gehandelt haben) sind im Gegensatz zu den Leuten aus Juda nie mehr in ihr Land zurückgekehrt. Ihre Spur verliert sich.
b *und bei ihnen wohnen ...:* mit alten Übersetzungen; H *damit sie hingehen und dort wohnen, und er soll ihnen erklären.*

17,15 Ex 23,24 **17,16** 1 Kön 12,28; 16,33; Dtn 4,19 S **17,17** Lev 18,21 S; 19,26 S **17,21** 1 Kön 12,20.25-32 **17,31** Lev 18,21 S

32 Sie verehrten daneben auch den HERRN, und sie setzten aus ihren eigenen Reihen Priester ein, die an den Opferstätten überall im Land den Opferdienst für ihn versahen. 33 So dienten sie gleichzeitig dem HERRN und ihren eigenen Göttern; denn sie hielten an den Bräuchen fest, die sie aus ihren Heimatländern mitgebracht hatten.

34 Noch bis heute[a] halten die Leute in Samarien an ihren alten Bräuchen fest. Sie nehmen den HERRN nicht ernst und befolgen nicht seine Gesetze und Gebote, die doch jetzt auch für sie verbindlich sein sollten.[b] Sie kümmern sich nicht um das Gesetz*, das der HERR den Nachkommen von Jakob – er verlieh ihm den Namen Israel – gegeben hat.

35 Der HERR hatte nämlich mit den Nachkommen Jakobs einen Bund* geschlossen und ihnen gesagt: »Verehrt keine fremden Götter! Werft euch nicht vor ihnen nieder, dient ihnen nicht, bringt ihnen keine Opfer! 36 Dient mir allein, dem HERRN, der euch mit großer Kraft und ausgestrecktem Arm aus Ägypten herausgeführt hat! Vor mir werft euch nieder, mir bringt eure Opfer! 37-38 Achtet sorgfältig darauf, stets die Gesetze und Rechtsbestimmungen, die Weisungen und die Gebote zu befolgen, die ich euch aufgeschrieben habe. Denkt an den Bund, den ich mit euch geschlossen habe, und verehrt keine fremden Götter. 39 Ich, der HERR allein, bin euer Gott, mich sollt ihr verehren! Ich allein rette euch aus der Gewalt aller eurer Feinde.«

40 Aber sie hatten nicht gehört, und auch die Leute aus jenen Völkern hörten nicht darauf; sie hielten an den Bräuchen fest, die sie aus ihren Heimatländern mitgebracht hatten. 41 Sie dienten dem HERRN und zugleich ihren Götzen. Und ihre Kinder und Enkel machten es genauso, alle ihre Nachkommen bis zum heutigen Tag.

a Nach dem Inhalt dieses Verses hat man dabei an die Zeit nach der Heimkehr der Verbannten des Südreiches zu denken: Damals kam es zu starken Spannungen zwischen den Judäern und den Samaritanern, denen die Judäer nicht erlaubten, sich am Tempelbau zu beteiligen (Esra 4,1-3; Hag 2,10-14). 2 Kön 17 gibt die ausführliche Begründung dieser ablehnenden Haltung.
b Deutung unsicher.

Unter dem Schutz von Schilden schlagen assyrische Soldaten eine Bresche in die Mauer einer feindlichen Stadt, während andere die Mauern mit Sturmleitern zu ersteigen versuchen. (Zu den Assyrern vgl. die Seiten 746/47.)

17,32 1 Kön 12,31 **17,34** (Israel) Gen 32,29; 1 Kön 18,31 **17,35** Ex 20,5 S **17,36** Dtn 4,10

WEITERE GESCHICHTE DES REICHES JUDA BIS ZU SEINEM UNTERGANG
(Kapitel 18–25)

König Hiskija beseitigt den Götzendienst
(2 Chr 29,1-2; 31,1)

18 Im dritten Regierungsjahr des Königs Hoschea von Israel wurde Hiskija, der Sohn von Ahas, König von Juda. 2 Er war 25 Jahre alt, als er König wurde, und regierte 29 Jahre lang in Jerusalem. Seine Mutter hieß Abi und war eine Tochter von Secharja.

3 Er tat, was dem HERRN gefällt, genau wie sein Ahnherr David. 4 Er ließ die Opferstätten* rings im Land zerstören, die geweihten Steinmale* in Stücke schlagen und das Götzenbild der Aschera* umstürzen. Er zerschlug auch die bronzene Schlange, die Mose gemacht hatte. Bis in die Tage Hiskijas hatten die Israeliten Weihrauch vor ihr verbrannt; sie nannten sie Nehuschtan.

5 Keiner von allen Königen Judas vor oder nach Hiskija vertraute so wie er dem HERRN, dem Gott Israels. 6 Hiskija hielt sein Leben lang treu zum HERRN und befolgte die Gebote, die der HERR durch Mose gegeben hatte. 7 Darum stand der HERR ihm auch bei und gab ihm Erfolg in allem, was er unternahm. So gelang es Hiskija, sich von der Oberherrschaft des Königs von Assyrien* zu befreien.[a]

8 Hiskija besiegte auch die Philister* und verfolgte sie bis nach Gaza. Er verwüstete alles in ihrem Gebiet, vom Wachtturm bis zur befestigten Stadt.

Die Assyrer erobern Samaria[b]
(17,5-7)

9 Im vierten Regierungsjahr von Hiskija – es war das siebte Regierungsjahr von Hoschea, dem König von Israel – rückte Salmanassar, der König von Assyrien*, mit seinen Truppen vor die Stadt Samaria und belagerten sie. 10 Nach fast dreijähriger Belagerung nahm er sie ein, im sechsten Regierungsjahr von Hiskija und im neunten von Hoschea. 11 Salmanassar ließ die Bevölkerung des Reiches Israel nach Assyrien in die Verbannung wegführen. Dort siedelte er sie in der Provinz Halach und am Habor-Fluss in der Provinz Gosan sowie in den Städten Mediens an.[c]

12 Das alles geschah, weil sie nicht auf den HERRN, ihren Gott, gehört hatten. Sie brachen den Bund*, den er mit ihnen geschlossen hatte, und befolgten nicht die Gebote, die Mose, der Bevollmächtigte* des HERRN, verkündet hatte.

Die Assyrer ziehen vor Jerusalem
(2 Chr 32,1-16; Jes 36,1-10)

13 Im 14. Regierungsjahr von Hiskija fiel Sanherib,[d] der König von Assyrien*, mit seinen Truppen in das Land Juda ein und eroberte alle befestigten Städte. 14 Als der Assyrerkönig noch vor der Stadt Lachisch[e] lag, schickte Hiskija Boten zu ihm und ließ ihm sagen: »Ich habe Unrecht getan. Kämpfe nicht weiter gegen mich. Ich werde alles zahlen, was du forderst.«

Sanherib verlangte als Tribut 300 Zentner* Silber und 30 Zentner* Gold. 15 Hiskija musste alles Silber abliefern, das sich in den Schatzkammern des Tempels* und des Königspalastes befand. 16 Damals wurde auch die Goldverkleidung von den Türen und Türpfosten des Tempels entfernt und als Tribut dem König von Assyrien übergeben. Hiskija selbst hatte diese Goldverkleidung anbringen lassen.

17 Dennoch[f] schickte der Assyrerkönig von Lachisch aus seine drei obersten Hofleute – den obersten Heerführer, den Palastvorsteher und den Obermundschenk – zu König Hiskija nach Jerusalem und gab ihnen ein starkes Heer mit. Vor der Stadt machten sie Halt an der Wasserleitung beim oberen Teich*, auf der Straße, die vom Tuchmacherfeld kommt. 18 Sie verlangten den König zu sprechen. Hiskija schickte den Palastvorsteher Eljakim, den Sohn von Hilkija, zu ihnen hinaus, und mit ihm den Staatsschreiber Schebna und den Kanzler Joach, den Sohn von Asaf.

19 Der Obermundschenk sagte zu ihnen:

»Meldet Hiskija, was der große König, der König von Assyrien, ihm sagen lässt: ›Worauf vertraust du eigentlich, dass du dich so sicher fühlst? 20 Meinst du etwa, dass du mit leeren Worten gegen meine Kriegsmacht und Kriegserfahrung antreten kannst?

Auf wen hoffst du, dass du es wagst, dich gegen mich aufzulehnen? 21 Erwartest du etwa Hilfe von Ägypten? Du kannst dich genauso gut auf ein Schilfrohr stützen – es zersplittert und durchbohrt dir die Hand. Der König von Ägypten hat noch jeden im Stich gelassen, der sich auf ihn verlassen hat.

22 Oder wollt ihr behaupten, dass ihr euch auf den HERRN, euren Gott, verlassen könnt? Dann sag mir doch: Ist er nicht eben der Gott, dessen Opferstätten und Altäre du, Hiskija, beseitigt hast? Hast du nicht den Leuten von Juda und Jerusalem befohlen, dass sie nur noch auf dem Altar in Jerusalem Opfer* darbringen sollen?‹[g]

23 Mein Herr, der König von Assyrien, bietet dir folgende Wette an: Er gibt dir zweitausend Pferde, wenn du die Reiter dafür zusammenbringst. 24 Du kannst es ja nicht einmal mit dem unbedeutendsten

a Wie dies geschah, berichtet 18,13–19,37.
b Der Bericht von 17,5-6 wird hier wiederholt, um deutlich zu machen, von welchem Schicksal auch Jerusalem bedroht war.
c Vgl. Anmerkung zu 17,6.
d Hiskija hatte sich nach dem Regierungsantritt Sanheribs 705 v. Chr. mit anderen Staaten des palästinischen Raums der assyrischen Herrschaft zu entziehen versucht. Sanherib war zunächst mit der Niederwerfung von Aufständen an anderen Stellen des Reiches beschäftigt; im Jahr 701 jedoch erscheint er mit seinem Heer in Palästina. Die Lage Jerusalems spiegelt sich in Jes 1,5-9.
e Vgl. die Zeichnung Seite 747; zur Lage siehe Karte Seite 443. Sanherib hatte zuvor die Philisterstädte Ekron und Aschkelon erobert.
f Verdeutlichender Zusatz. Die hohe Tributzahlung hat nichts genutzt. Jerusalem soll durch Umkehr zu Gott und Vertrauen auf seine Hilfe gerettet werden.
g Demnach hätte schon Hiskija (und nicht erst Joschija; 23,5.8) die Zentralisation des Gottesdienstes nach dem Gesetz von Dtn 12 durchgeführt (vgl. Vers 4). Vermutlich ging es dabei jedoch eher um die Rückgängigmachung der Veränderungen, die Ahas den Assyrern zuliebe (16,18) eingeführt hatte.

18,4 1 Kön 3,2-3S; Num 21,8-9 **18,5** 23,25 **18,13** Sir 48,18 **18,15** 12,19S **18,17** Jes 7,3 **18,21** (Ägypten) 17,4; Jes 30,1-7; 31,1-3; Jer 37,7; Ez 29,6-7

Truppenführer meines Herrn aufnehmen. Du hoffst
nur auf Ägypten und seine Streitwagenmacht.
25 Im Übrigen lässt der König von Assyrien dir
sagen: ›Glaub nur nicht, ich sei gegen den Willen
des HERRN gegen diese Stadt gezogen, um sie in
Schutt und Asche zu legen! Der HERR selbst hat mir
befohlen: Greif dieses Land an und verwüste es!‹«

Jerusalem wird zur Übergabe aufgefordert

(2 Chr 32,18-20; Jes 36,11–37,8)

26 Da unterbrachen Eljakim, Schebna und Joach
den Obermundschenk und baten ihn: »Sprich doch
bitte aramäisch* mit uns, wir verstehen es. Sprich
nicht hebräisch, die Leute auf der Stadtmauer hören
uns zu!«[a]
27 Aber der Obermundschenk erwiderte: »Hat
mich etwa mein Herr nur zu deinem Herrn und zu
dir gesandt? Nein, meine Botschaft gilt allen, die dort
oben auf der Stadtmauer sitzen und die bald zusam-
men mit euch den eigenen Kot fressen und den
eigenen Harn saufen werden!«
28 Darauf trat der Obermundschenk noch ein
Stück weiter vor und rief laut auf Hebräisch:
»Hört, was der große König, der König von Assy-
rien*, euch sagen lässt! 29 So spricht der König: ›Lasst
euch von Hiskija nicht täuschen! Er kann euch nicht
aus meiner Hand retten. 30 Lasst euch auch nicht
dazu überreden, auf den HERRN zu vertrauen! Glaubt
Hiskija nicht, wenn er sagt: Der HERR wird uns
bestimmt retten und diese Stadt nicht in die Hand
des Assyrerkönigs fallen lassen!
31 Hört nicht auf Hiskija, hört auf mich! So spricht
der König von Assyrien: Kommt heraus und ergebt
euch! Jeder darf von seinem Weinstock und seinem
Feigenbaum essen und Wasser aus seiner Zisterne
trinken, 32 bis ich euch in ein Land bringe, das ebenso
gut ist wie das eure. Dort gibt es Korn und Brot, Most
und Wein, Öl und Honig in Fülle. Hört auf mich,
dann werdet ihr am Leben bleiben und nicht
umkommen!
Hört nicht auf Hiskija! Er macht euch etwas vor,
wenn er euch einredet: Der HERR wird uns retten!
33 Haben etwa die Götter der anderen Völker ihre
Länder vor mir schützen können? 34 Wo sind jetzt
die Götter von Hamat und Arpad? Wo sind die Götter
von Sefarwajim, Hena und Awa? Hat irgendein Gott
Samaria vor mir beschützt? 35 Wer von allen Göttern
hat sein Land vor mir retten können? Und da soll
ausgerechnet der HERR, euer Gott, Jerusalem vor
mir beschützen?‹«
36 Die Männer auf der Mauer blieben still und ant-
worteten nichts; so hatte König Hiskija es angeord-
net. 37 Eljakim, Schebna und Joach zerrissen ihr
Gewand, gingen zu Hiskija und berichteten ihm,
was der Obermundschenk gesagt hatte.

19 Als König Hiskija das hörte, zerriss auch er
sein Gewand, legte den Sack* an und ging
in den Tempel* des HERRN. 2 Zugleich schickte er
den Palastvorsteher Eljakim, den Staatsschreiber
Schebna und die angesehensten Priester mit dem
Sack bekleidet zum Propheten* Jesaja,[b] dem Sohn
von Amoz. 3 Sie sollten ihm im Namen des Königs
sagen:
»Heute straft uns Gott für unsere Sünden; wir sind
in Not und Schande geraten. Es geht uns wie Kin-
dern, die im Mutterschoß stecken geblieben sind,
weil die Mutter keine Kraft mehr zum Gebären
hat. 4 Der Assyrerkönig hat seinen Obermundschenk
hierher geschickt, um den lebendigen Gott zu ver-
höhnen. Wenn doch der HERR, dein Gott, hören
wollte, wie dieser Fremde ihn lästert! Wenn er ihn
doch strafen wollte für die Schmach, die er ihm ange-
tan hat! Bete zum HERRN für die, die von seinem Volk
übrig geblieben sind!«
5 Die Männer kamen zu Jesaja und überbrachten
ihm diese Botschaft. 6 Jesaja antwortete ihnen: »Sagt
dem König: ›So spricht der HERR: Hab keine Angst!
Lass dich nicht einschüchtern, wenn die Boten des
Assyrerkönigs mich lästern und behaupten, ich
könnte euch nicht retten. 7 Ich werde dafür sorgen,
dass er seinen Plan aufgibt. Er wird eine Nachricht
erhalten und schleunigst nach Hause zurückkehren.
Dort werde ich ihn umbringen lassen.‹«
8 Sanherib, der König von Assyrien, stand inzwi-
schen nicht mehr vor Lachisch, sondern kämpfte
schon gegen die Festung Libna.[c] Dorthin kehrte
der Obermundschenk zurück.

Sanherib prahlt – Hiskija betet

(2 Chr 32,17.20; Jes 37,9-20)

9 Der Assyrerkönig erfuhr, dass ein Heer unter der
Führung des äthiopischen* Königs Tirhaka gegen
ihn heranrückte.[d] Da schickte er noch einmal
Gesandte zu König Hiskija 10 und ließ ihm sagen:
»Verlass dich nicht zu sehr auf deinen Gott! Lass
dir nicht von ihm einreden, dass Jerusalem niemals
in meine Hand fallen wird. 11 Du weißt doch, was
die Könige von Assyrien mit den anderen Ländern
gemacht haben. Sie haben alle verwüstet, und da
willst ausgerechnet du dem Untergang entrinnen?
12 Denk doch an Gosan, an Haran und Rezef und
an die Leute von Eden, die in Telassar wohnten.
Haben ihre Götter meine Vorgänger daran hindern
können, alle diese Städte dem Erdboden gleichzuma-
chen? 13 Und wo sind die Könige, die in Hamat und
Arpad, Sefarwajim, Hena und Awa regierten?«
14 Die Abgesandten Sanheribs übergaben ihre Bot-
schaft in einem Brief. Als Hiskija ihn gelesen hatte,
ging er in den Tempel*, breitete ihn vor dem HERRN
aus 15 und betete:

a Aramäisch war die Verkehrssprache im Vorderen Orient; nach der Rückkehr aus der babylonischen Gefangenschaft hat es als Volkssprache das Hebräische sogar weitgehend verdrängt; vgl. Anmerkung zu Neh 8,8.
b Es handelt sich um den Propheten, dessen Worte im Jesajabuch überliefert sind (Seite 733).
c Siehe Karte Seite 443.
d Sanherib wurde dadurch aber nur vorübergehend abgelenkt: In der Schlacht bei Elteke wurde das ägyptische Heer zerschlagen.

18,33-34 Jes 10,9-11 **19,4** 18,35; 1 Sam 17,10 **19,15** Ex 25,22 S; Jer 32,17; Apg 4,24

a Wörtlich *sie schüttelt (höhnisch) den Kopf hinter dir her.*
b Wörtlich *der* HERR *Zebaot*.*

15 »HERR, du Gott Israels, der über den Keruben*
thronst! Du allein bist der Herrscher über alle Reiche
der Welt. Du hast Himmel und Erde geschaffen.
16 Sieh doch, wie es uns ergeht! Höre doch, wie dieser
Sanherib dich, den lebendigen Gott, verhöhnt!
17 Es ist wahr: Die Könige von Assyrien haben alle
diese Völker° vernichtet 18 und ihre Götter ins Feuer
geworfen. Aber es waren ja keine Götter, sondern
nur Bilder aus Holz oder Stein, von Menschen angefertigt. Deshalb wurden sie auch vernichtet.
19 HERR, unser Gott, rette uns vor diesem Assyrerkönig! Alle Königreiche der Welt sollen erkennen,
dass du, HERR, allein Gott bist!«

Gott spottet über den Assyrerkönig

(Jes 37,21-38)

20 Da ließ Jesaja, der Sohn von Amoz, dem König Hiskija ausrichten: »So spricht der HERR, der Gott
Israels: ›Du hast zu mir um Hilfe gerufen gegen
den Assyrerkönig Sanherib. Ich habe dein Gebet
gehört, 21–22 und ich will dir sagen, was ich tun werde.
So spreche ich zu ihm:

Die unbesiegte Zionsstadt*
nur Spott und Verachtung für dich hat!
Die Jungfrau Zion lacht dich aus,
die Zunge streckt sie dir heraus.[a]
Mit wem hast du dich eingelassen,
gegen wen, du Narr, dich aufgeblasen?
Mich, den heiligen Gott Israels, kennst du nicht,
und doch schmähst du und höhnst du
mir ins Gesicht!
23 Wahrhaftig, du warst schlecht beraten,
als du so prahltest mit deinen Taten.
Durch Boten ließest du überall sagen:
Ich bin der Herr! Ich bestieg meinen Wagen,
hoch auf den Libanon fuhr ich im Trab,
die Tannen und Zedern dort holzte ich ab,
all seine Schlupfwinkel spürte ich auf
und nie kam ins Stocken mein Siegeslauf!
24 Ich grub mir Brunnen mit eigener Hand,
so schafft' ich mir Wasser im Feindesland.
Ich trockne sie aus, die ägyptischen Flüsse,
sie müssen versiegen vom Tritt meiner Füße!

25 So prahlst du. Hör zu jetzt und lass es dir sagen:
Ich hab's so beschlossen seit uralten Tagen;
ich hab es geplant, was jetzt ist geschehen,
drum mussten die Städte zugrunde gehen.
Nichts ist davon übrig als Trümmer nur,
von ihren Bewohnern blieb keine Spur.
26 Der Mut, sich zu wehren, war ihnen entfallen,
verschwunden die Kraft, drum erging's ihnen allen
wie Gras an einem trocknen Ort;
es sprießt – und schon ist es verdorrt.

27 Ich hab auch dich ganz fest in der Hand,
was immer du tust, ist mir vorher bekannt,
ob du stehst, liegst, kommst, gehst – alles sehe ich,
ich weiß genau, wie du tobst gegen mich.
28 Weil mir dein Geschwätz in die Ohren dringt,
schmück ich dir die Nase mit einem eisernen Ring,
ich lege dir meinen Zaum in das Maul
und zwing dich wie einen störrischen Gaul.
Den Weg, den du Prahlhans gekommen bist,
den bring ich zurück dich in kürzester Frist!

29 Dir, Hiskija, aber gebe ich ein Vorzeichen für das,
was in der Zukunft geschehen wird: In diesem Jahr
und im folgenden werdet ihr essen, was sich von
selbst ausgesät hat; aber im dritten Jahr könnt ihr
wieder säen und ernten, Weinberge anlegen und
ihre Trauben essen. 30 So werden einst die Bewohner
von Juda, die mit dem Leben davongekommen sind,
gedeihen wie Pflanzen, die tiefe Wurzeln schlagen
und reiche Frucht bringen. 31 Denn ein Rest wird
übrig bleiben auf dem Zionsberg in Jerusalem und
das Land von neuem besiedeln. Ich, der Herrscher
der Welt,[b] sorge dafür in meiner leidenschaftlichen
Liebe zu meinem Volk.
32 Ich sage dir noch einmal, wie es dem Assyrerkönig ergehen wird: Er wird nicht in diese Stadt eindringen, ja, nicht einen einzigen Pfeil hineinschießen. Er wird nicht dazu kommen, eine Rampe gegen
ihre Mauer vorzutreiben und seine Männer im
Schutz der Schilde zum Angriff aufzustellen. 33 Auf
demselben Weg, auf dem er gekommen ist, wird er
wieder heimkehren. Er wird ganz bestimmt nicht
in die Stadt eindringen. Ich bin der HERR, ich sage
es! 34 Um meiner Ehre willen und meinem Diener
David zuliebe werde ich dieser Stadt beistehen und
sie retten!‹«
35 In derselben Nacht kam der Engel* des HERRN in
das Lager der Assyrer und tötete dort 185000 Mann.
Als der Morgen anbrach, lag alles voller Leichen.
36 Da ließ König Sanherib zum Aufbruch blasen
und zog ab. Er kehrte in seine Heimat zurück und
blieb in Ninive*. 37 Dort betete er eines Tages im
Tempel seines Gottes Nisroch. Da erschlugen ihn
seine Söhne Adrammelech und Sarezer mit dem
Schwert. Sie mussten in das Land Ararat fliehen.
Sanheribs Sohn Asarhaddon wurde sein Nachfolger
auf dem Thron.

Gott erhört Hiskijas Gebet

(2 Chr 32,24; Jes 38,1-8.21-22)

20 Damals wurde Hiskija todkrank. Der Prophet
Jesaja, der Sohn von Amoz, kam zu ihm und
sagte: »So spricht der HERR: ›Bereite dich auf dein
Ende vor! Du wirst von diesem Krankenlager nicht
wieder aufstehen.‹«

19,18 Jes 44,9-20 S **19,23-24** Jes 10,13-14 **19,35-37** 19,7; 2 Chr 32,21-22

2 Hiskija drehte sich zur Wand hin und betete:
3 »Ach, HERR, denk doch daran, dass ich dir immer
treu war! Ich habe dir mit ganzem Herzen gehorcht
und stets getan, was dir gefällt.«
Hiskija brach in Tränen aus und weinte laut.
4 Jesaja war erst bis zum mittleren Hof des Palastes
gekommen, da erging an ihn das Wort des HERRN; er
erhielt den Befehl: 5 »Kehr um und sag zu Hiskija,
dem Anführer meines Volkes: ›So spricht der HERR,
der Gott deines Ahnherrn David: Ich habe dein
Gebet gehört und deine Tränen gesehen. Ich werde
dich gesund machen. Am dritten Tag von heute an
wirst du wieder in meinen Tempel* gehen können.
6 Ich gebe dir noch fünfzehn Jahre dazu und werde
dich und diese Stadt vor dem König von Assyrien*
retten. Um meiner Ehre willen und meinem Diener
David zuliebe werde ich Jerusalem beschützen.‹«
7 Jesaja richtete die Botschaft aus. Dann sagte er zu
den Dienern: »Legt einen Verband aus gepressten
Feigen auf die entzündete Stelle, dann wird der
König gesund werden.«°
8 Hiskija fragte Jesaja: »Woran kann ich erkennen,
dass der HERR mich wirklich gesund machen wird
und ich schon übermorgen in seinen Tempel gehen
werde?«
9 Jesaja antwortete: »Der HERR wird dir ein Zei-
chen geben, an dem du erkennen kannst, dass er
seine Zusage wahr macht. Du hast die Wahl: Soll
der Schatten auf der Treppe zehn Stufen vorrücken
oder zehn Stufen zurückgehen?«
10 Hiskija sagte: »Es ist nichts Besonderes, wenn er
ein wenig schneller vorrückt; ich möchte, dass er um
zehn Stufen zurückgeht!«
11 Da rief Jesaja zum HERRN, und der HERR ließ den
Schatten auf der Treppe, die König Ahas gebaut
hatte, um zehn Stufen zurückgehen.

Gott ist mit Hiskijas Politik nicht einverstanden

(2 Chr 32,25-26; Jes 39,1-8)

12 Als der babylonische König Merodach-Baladan, der
Sohn Baladans, davon hörte, dass Hiskija von einer
Krankheit genesen war, schickte er ihm ein Glück-
wunschschreiben und ließ ihm Geschenke überbrin-
gen. 13 Hiskija nahm die Botschaft der Gesandten ent-
gegen und zeigte ihnen alles, was er besaß: Silber,
Gold, Gewürze und kostbare Öle, seine Waffen,
Rüstungen und Lebensmittelvorräte. Alle Schatz-
kammern, Geräte- und Vorratshäuser in seinem
Palast und in seinem ganzen Reich ließ er sie sehen.[a]
14 Da kam der Prophet Jesaja zu König Hiskija und
fragte ihn: »Was wollten diese Männer von dir?
Woher kamen sie?«
»Sie sind von weit her gekommen, aus Babylon*«,
antwortete Hiskija.
15 »Was haben sie in deinem Palast gesehen?«,
fragte Jesaja.
»Ich habe ihnen alle meine Vorräte und Schätze
gezeigt«, sagte Hiskija. »Ich habe nichts vor ihnen
geheim gehalten.«
16 Da sagte Jesaja: »Höre, was der HERR dir sagen
lässt: 17 ›Alle Schätze in deinem Palast, die deine Vor-
fahren zusammengetragen haben, werden eines
Tages nach Babylon weggeschafft, nichts bleibt
davon zurück. 18 Auch von den Söhnen, die dir noch
geboren werden, wird man einige nach Babylon[b]
verschleppen. Sie werden dort den König in seinem
Palast bedienen müssen.‹«
19 Hiskija sagte: »Ich beuge mich unter die Ent-
scheidung des HERRN.« Und er fügte hinzu: »Wenn
nur wenigstens zu meinen Lebzeiten noch Frieden
und Sicherheit herrschen!«
20 Was es sonst noch über Hiskija und all seine
Erfolge zu berichten gibt, ist in der amtlichen Chro-
nik der Könige von Juda nachzulesen. Dort ist auch
aufgezeichnet, wie er den Wasserspeicher anlegen
und das Wasser durch einen Tunnel in die Stadt lei-
ten ließ.[c] 21 Als Hiskija starb, wurde er in der Grab-
stätte seiner Vorfahren bestattet. Sein Sohn Manasse
wurde sein Nachfolger.

Der Mann, der das Maß der Schuld voll macht

(2 Chr 33,1-20)

21 Manasse war zwölf Jahre alt, als er König wur-
de, und regierte 55 Jahre lang in Jerusalem.
Seine Mutter hieß Hefzi-Bah.
2 Manasse tat, was dem HERRN missfällt, und folgte
den abscheulichen Bräuchen der Völker, die der
HERR vor den Israeliten vertrieben hatte. 3 Er baute
die Opferstätten* wieder auf, die sein Vater Hiskija
zerstört hatte, errichtete Altäre für den Gott Baal*
und ließ ein Bild der Göttin Aschera* anfertigen,
genau wie König Ahab von Israel es getan hatte. Er
warf sich auch vor dem Heer der Sterne am Himmel
nieder und brachte ihm Opfer.[d]
4 Im Tempel* von Jerusalem, den der HERR zur
Wohnstätte seines Namens bestimmt hatte,[e] stellte
er Altäre fremder Götter auf 5 und in den Vorhöfen*
des Tempels Altäre für das ganze Sternenheer. 6 Er
verbrannte einen seiner Söhne als Opfer, gab sich
mit Zauberern und Wahrsagern ab und hielt sich
Totenbeschwörer und Zeichendeuter. Mit all diesem
bösen Tun zog er den Zorn des HERRN auf sich.
7 Er stellte das Bild der Göttin Aschera in dem Tem-
pel auf, von dem der HERR zu David und seinem Sohn
Salomo gesagt hatte: »In diesem Haus und in Jerusa-
lem, das ich mir aus allen Stämmen Israels ausge-
sucht habe, soll mein Name für alle Zeiten Wohnung
nehmen. 8 Wenn sie mir gehorchen und alle Gebote

a Es ist deutlich, dass über ein anti-assyrisches Bündnis verhandelt wird. Merodach-Baladan hatte sich um 720 v. Chr. von den Assyrern unabhängig gemacht und ihnen lange Jahre getrotzt. 711 wurde er von Sargon besiegt, konnte aber später (703) noch einmal für kurze Zeit die Herrschaft über Babylon erlangen.

b Genau von dort, wo Hiskija Hilfe sucht, wird einst das Unheil über Jerusalem hereinbrechen. So antwortet Gott auf den Versuch, Politik zu machen, ohne nach seinem Willen zu fragen.

c Siehe Sacherklärung »Schiloach« und die Bilder auf Seite 527.

d Der Gestirnkult (vgl. 23,5) bedeutet eine Übernahme assyrischer Bräuche. Da Manasse während seiner langen und ruhigen Regierungszeit nach außerbiblischen Quellen vollkommen von Assyrien abhängig war, liegt die Annahme nahe, dass die Verirrungen, die ihm zur Last gelegt werden, zum Teil (wie schon bei Ahas; 16,10-18) ein unumgängliches Zugeständnis an die assyrischen Herrscher waren. Dies entschuldigt ihn in den Augen Gottes und seiner Propheten nicht (Vers 10-15).

e *Wohnstätte:* siehe Anmerkung zu Dtn 12,5; ebenso für Vers 7.

20,17 24,13 **20,18** 24,14-15; Dan 1,1-5 **20,19** 22,20a **21,3** 18,4; 1 Kön 16,33 **21,5** Dtn 4,19S **21,6** Lev 18,21S; 19,26S **21,7-8** 1 Kön 9,3-5

befolgen, die Mose, mein Diener und Bevollmächtig-
ter*, ihnen verkündet hat, werde ich nicht zulassen,
dass sie jemals aus dem Land vertrieben werden, das
ich ihren Vätern gegeben habe.«

9 Aber die Leute von Juda hörten nicht auf den
HERRN und ließen sich von Manasse zum Götzen-
dienst verführen. Sie trieben es noch schlimmer als
die Völker, die der HERR vor den Israeliten ausgerot-
tet hatte.

10 Da ließ der HERR durch seine Diener, die Prophe-
ten*, verkünden: 11 »König Manasse hat noch schlim-
meren Götzendienst getrieben als die Amoriter*, die
früher in diesem Land gewohnt haben, und er hat
auch die Leute von Juda zum Götzendienst verführt.
12 Darum sagt der HERR, der Gott Israels: ›Ich werde
schweres Unglück über Jerusalem und über ganz
Juda bringen. Jedem, der davon hört, werden die
Ohren wehtun. 13 Jerusalem wird mit demselben
Maß gemessen wie Samaria und sein Königshaus
mit demselben Maß wie die Familie von König
Ahab. Ich wische die Einwohner Jerusalems hin-
weg; die Stadt wird so leer sein wie eine Schüssel,
die man auswischt und umstülpt. 14 Auch Juda
und Jerusalem, die von meinem erwählten Volk
noch übrig geblieben sind, will ich verstoßen. Ich
gebe sie in die Hand ihrer Feinde, die das Land aus-
plündern und seine Bewohner wegführen werden.
15 Denn sie haben getan, was mir missfällt, und
meinen Zorn herausgefordert, von dem Tag, an
dem ihre Vorfahren aus Ägypten gezogen sind, bis
heute.‹«

16 Auch viele unschuldige Menschen hatte
Manasse umbringen lassen; in Jerusalem waren
Ströme von Blut geflossen.[a] Das kam noch hinzu
zu dem Götzendienst, zu dem er auch die Leute
von Juda verführt hatte, sodass sie nach seinem Bei-
spiel taten, was dem HERRN missfällt.

17 Was es sonst noch über Manasse und seine
Taten zu berichten gibt, auch über den Götzen-
dienst, den er trieb, das ist in der amtlichen Chronik
der Könige von Juda nachzulesen. 18 Als Manasse
starb, wurde er im Garten seines Palastes – der Gar-
ten hatte früher einmal Usa gehört – bestattet. Sein
Sohn Amon wurde sein Nachfolger.

Über König Amon von Juda

(2 Chr 33,21-25)

19 Amon war 22 Jahre alt, als er König wurde, und er
regierte zwei Jahre lang in Jerusalem. Seine Mutter
hieß Meschullemet und war eine Tochter von Haruz
aus Jotba.

20 Er tat, was dem HERRN missfällt, genau wie sein
Vater Manasse. 21 In allem folgte er dessen Beispiel.
Wie schon sein Vater opferte er den Götzenbildern
und warf sich vor ihnen nieder. 22 Vom HERRN aber,
dem Gott seiner Vorfahren, wandte er sich ab und
kümmerte sich nicht um seine Gebote.

23 Einige Hofbeamte Amons verschworen sich
gegen ihn und töteten ihn in seinem Palast. 24 Die
Männer von Juda aber brachten alle um, die sich
an der Verschwörung beteiligt hatten, und riefen sei-
nen Sohn Joschija zu seinem Nachfolger aus.

25 Was es sonst noch über Amon und seine Taten
zu berichten gibt, ist in der amtlichen Chronik der
Könige von Juda nachzulesen.
26 Bestattet wurde er in der Grabanlage in dem Gar-
ten, der früher einmal Usa gehört hatte. Sein Sohn
Joschija wurde sein Nachfolger.

Ein Gesetzbuch wird gefunden

(2 Chr 34,1-2.8-18)

22 Joschija war erst acht Jahre alt, als er König
wurde, und er regierte 31 Jahre lang in Jerusa-
lem. Seine Mutter hieß Jedida, sie war eine Tochter
von Adaja aus Bozkat.

2 Joschija folgte dem Vorbild seines Ahnherrn
David. Er tat, was dem HERRN gefällt, und richtete
sich streng nach dessen Geboten und Weisungen.
3 In seinem 18. Regierungsjahr schickte König
Joschija den Staatsschreiber Schafan, den Sohn von
Azalja und Enkel von Meschullam, mit folgendem
Auftrag in den Tempel*: 4 »Geh zum Obersten Pries-
ter* Hilkija und lass ihn feststellen, wie viel Geld
bisher zum Tempel gebracht und von den Tor-
hütern* eingesammelt worden ist. 5-6 Dann soll der
Priester es den Meistern aushändigen, die für die
Ausbesserungsarbeiten am Tempel verantwortlich
sind. Sie sollen davon den Lohn der Zimmerleute,
Bauarbeiter und Maurer bezahlen und das nötige
Baumaterial, Holz und Bruchsteine, beschaffen.
7 Er soll von den Verantwortlichen keinen Nach-
weis über die Verwendung des Geldes verlangen,
sondern ihnen vertrauen, dass sie ehrlich damit
umgehen.«

8 Als der Staatsschreiber seinen Auftrag ausgerich-
tet hatte, sagte der Oberste Priester zu ihm: »Ich
habe im Tempel das Gesetzbuch des HERRN gefun-
den!«[b]

Der Staatsschreiber nahm die Buchrolle* und las
sie. 9 Dann ging er zum König und meldete: »Deine
Diener, die Priester, haben den Opferkasten im Tem-
pel geleert und das Geld den Meistern ausgehändigt,
die für die Ausbesserungsarbeiten verantwortlich
sind.« 10 Er berichtete dem König auch, dass der Pries-
ter Hilkija ihm eine Buchrolle übergeben hatte, und
las sie dem König vor.

König Joschija ist entsetzt

(2 Chr 34,19-28)

11 Als der König hörte, was in diesem Gesetzbuch*
stand, zerriss er sein Gewand. 12 Er stellte eine

a Vielleicht hat Manasse den Widerstand gegen seine Religionspolitik mit Gewalt erstickt (vgl. die Anklage Jer 2,30).
b Die Maßnahmen, die Joschija daraufhin trifft, legen es nahe, dieses Gesetzbuch mit dem 5. Mosebuch (Dtn) in Verbindung zu bringen; vgl. Einführung Seite 220 und Anmerkungen zu 23,8 und 23,23 sowie Sacherklärung »Gesetzbuch«.

21,12 Jer 19,3 S **22,3-7** 12,10-16 **22,8** Dtn 17,18-19; 29,20 S

Abordnung zusammen: Hilkija, den Obersten Priester*, Ahikam, den Sohn von Schafan, Achbor, den Sohn von Micha, sowie den Staatsschreiber Schafan und den königlichen Vertrauten Asaja. Er befahl ihnen: 13 »Geht und fragt den HERRN um Rat wegen der Worte, die in diesem Buch stehen! Fragt ihn für mich, für das Volk und für ganz Juda. Denn wir haben den schweren Zorn des HERRN auf uns gezogen, weil unsere Vorfahren die Anordnungen nicht befolgt haben, die in diesem Buch stehen.«

14 Die fünf Männer gingen miteinander zu der Prophetin* Hulda und trugen ihr die Frage vor. Die Prophetin wohnte in der Jerusalemer Neustadt; ihr Mann Schallum, der Sohn von Tikwa und Enkel von Hasra, hatte die Aufsicht über die Kleiderkammer.[a] 15–16 Die Prophetin sagte zu den Abgesandten des Königs:

»Antwortet dem Mann, der euch zu mir gesandt hat: ›So spricht der HERR, der Gott Israels: Alle Drohungen, die du in diesem Buch gelesen hast, lasse ich in Erfüllung gehen. Ich bringe Unglück über diese Stadt und ihre Bewohner. 17 Sie haben mir die Treue gebrochen und anderen Göttern geopfert. Mit ihren selbst gemachten Götzenbildern haben sie mich herausgefordert. Mein Zorn gegen diese Stadt ist aufgelodert wie ein Feuer, das nicht erlöscht!‹

18 Für den König selbst aber, der euch hergeschickt hat, um den HERRN zu fragen, habe ich folgende Botschaft: ›So spricht der HERR, der Gott Israels: Du hast die Worte gehört, 19 die ich gegen diese Stadt und ihre Bewohner gesprochen habe: Es soll ihnen so ergehen, dass alle Völker das Entsetzen packt; wer einem andern Böses wünschen will, wird sagen: Es ergehe dir wie Jerusalem![b] Aber du hast es dir zu Herzen genommen und dich meinem Urteil gebeugt, du hast dein Gewand zerrissen und vor mir geweint; deshalb habe ich auch dein Gebet erhört. 20a Du wirst das Unglück, das ich über diese Stadt bringen werde, nicht mehr mit eigenen Augen sehen. Ich lasse dich in Frieden sterben und du wirst in der Grabstätte deiner Vorfahren bestattet werden.‹«

Joschija verpflichtet das Volk auf das aufgefundene Gesetz

(2 Chr 34,29-32)

20b Die Abgesandten gingen zum König zurück und richteten ihm alles aus.

23 Darauf ließ der König alle Ältesten* von Juda und Jerusalem zu sich rufen. 2 Mit allen Männern von Juda und der ganzen Bevölkerung Jerusalems, den Priestern* und Propheten* und dem ganzen Volk, den vornehmen wie den einfachen Leuten, ging er hinauf zum Tempel* des HERRN. Dort ließ er vor ihnen das ganze Bundesgesetz* verlesen, das sich im Tempel gefunden hatte.

3 Dann trat der König an seinen Platz vor dem Tempel und schloss einen Bund* mit dem HERRN. Das ganze Volk musste versprechen, dem HERRN zu gehorchen und alle seine Gebote und Anweisungen mit ganzem Willen und aller Kraft zu befolgen. Alles, was in dem aufgefundenen Buch gefordert war, sollte genau befolgt werden.

Das ganze Volk stimmte zu und verpflichtete sich zum Gehorsam gegen das Gesetz des HERRN.

Joschija reinigt den Gottesdienst in Jerusalem

(2 Chr 34,3-5)

4 Nun befahl der König dem Obersten Priester* Hilkija sowie seinen Stellvertretern und den Torhütern*, den Tempel* des HERRN von den Spuren des Götzendienstes zu säubern. Er ließ alle Geräte und Einrichtungen, die für den Gott Baal*, die Göttin Aschera* und das ganze Heer der Sterne bestimmt waren, aus der Stadt bringen und im Kidrontal verbrennen. Die Asche ließ er nach Bet-El schaffen.

5 Er setzte die Götzenpriester ab, die von den Königen Judas eingesetzt worden waren, um an den Opferstätten* in den Städten von Juda und in der Umgebung Jerusalems Opfer darzubringen. Er entließ auch alle Priester, die dem Baal, der Sonne, dem Mond, den Sternen des Tierkreises und dem ganzen übrigen Sternenheer geopfert hatten.

6 Er entfernte das Götzenbild der Aschera aus dem Tempel des HERRN und ließ es ebenfalls im Kidrontal verbrennen. Die Überreste ließ er zu Staub zerstoßen und zusammen mit der Asche auf den Gräbern des Armenfriedhofs ausstreuen. 7 Außerdem ließ er die Häuser der geweihten* Frauen abreißen, die im Tempelbezirk gestanden hatten. Dort hatten die Frauen Gewänder für die Göttin Aschera gewebt.

8 Auch die Altäre vor dem Tor des Stadtkommandanten Joschua[c] ließ er niederreißen. Sie hatten, vom Torinneren aus gesehen, auf der linken Seite gestanden.

Im ganzen Land Juda, von Geba bis Beerscheba, entweihte er die Opferstätten und holte aus allen Städten die Priester* nach Jerusalem.[d] 9 Sie erhielten ihren Anteil an den ungesäuerten Broten*, die den Jerusalemer Priestern zustehen; aber sie durften am Altar des HERRN keinen Opferdienst tun.

10 Joschija entweihte auch die Opferstätte Tofet* im Hinnom-Tal, damit dort niemand mehr seinen Sohn oder seine Tochter als Opfer für den Götzen Moloch* verbrennen konnte.

11 Weiter ließ er die Pferdestandbilder beseitigen, die die Könige von Juda zu Ehren des Sonnengottes aufgestellt hatten. Sie standen auf dem Parwar-Platz[e] am Eingang zum Tempel, nahe bei den Diensträu-

a Ob am Tempel oder am Königspalast, ist nicht zu entscheiden.

b *wer einem andern ...:* wörtlich *sie sollen zum Fluchwort* werden.*

c Ob er das Tor gebaut hat oder bewacht oder in der Nähe wohnt, ist nicht zu erkennen.

d Während sich die vorhergehenden und nachfolgenden Maßnahmen gegen die Verehrung fremder Götter richten, geht es in den Versen 8 und 9 um die Beseitigung von Altären, auf denen dem Gott Israels Opfer dargebracht wurden. Das zeigt sich u. a. daran, dass die Landpriester, die jetzt ihre Einkünfte verlieren, durch den Tempel in Jerusalem versorgt werden (im Gegensatz zur Behandlung der Priester aus dem Bereich des religiös überfremdeten Nordisrael; Vers 20).

e Die Bedeutung des Wortes *Parwar* ist unsicher; vermutet wird: Platz, Anbau, Kolonnaden, offener Pavillon.

22,20a 20,19 **23,2** 22,8S; Ex 24,7 **23,3** 11,14 **23,4-6** 21,3 **23,4²23,4.6** 1 Kön 15,13 **23,5** Dtn 4,19S **23,7** 1 Kön 14,24S **23,10** Jer 7,31; Lev 18,21S

a Gemeint ist der Ölberg* (im Hebräischen klingt beides ähnlich), der in diesem Zusammenhang bewusst nicht mit Namen genannt wird.

men des Hofbeamten Netan-Melech. Die dazugehö-
rigen Wagen wurden verbrannt.
12 Der König ließ auch die Altäre abbrechen, die
die Könige von Juda in ihrem Palast auf dem Dach
des von Ahas erbauten Obergeschosses errichtet
hatten, und ebenso die Altäre, die Manasse in den
beiden Vorhöfen* des Tempels aufgestellt hatte. Er
zertrümmerte sie völlig und ließ den Schutt ins
Kidrontal werfen.
13 Er entweihte die Götzenaltäre im Osten von
Jerusalem, südlich vom Berg der Vernichtung.[a]
König Salomo hatte sie einst für die phönizische Göt-
tin Astarte*, den moabitischen Gott Kemosch und
den ammonitischen Götzen Milkom bauen lassen.
14 Joschija ließ auch die Steinmale* zerschlagen
und die geweihten Pfähle* umhauen. Überall, wo
sie gestanden hatten, bedeckte er die Erde mit Toten-
gebeinen.

Joschija zerstört die Heiligtümer im Land

(2 Chr 34,6-7)

15 Dann ließ Joschija die Opferstätte in Bet-El zerstö-
ren. Der Tempel wurde in Brand gesteckt, der Altar
zu Staub zermalmt und auch der geweihte Pfahl*
verbrannt. Jerobeam, der Sohn Nebats, hatte diese
Opferstätte erbauen lassen und die Leute im Reich
Israel dadurch zum Götzendienst verführt.
16 Vor der Zerstörung hatte Joschija den Altar ent-
weiht. Er hatte gesehen, dass am Berg Gräber lagen.
Er ließ die Totengebeine einsammeln und auf dem
Altar verbrennen. Genau das hatte der HERR durch
einen Propheten ankündigen lassen, als Jerobeam
bei der Einweihung des Heiligtums am Altar stand.
Auf die Grabstätte eben dieses Propheten fiel der
Blick des Königs. ° 17 »Was ist das für ein Grabmal, das
ich dort sehe?«, fragte er die Bewohner der Stadt. Sie
antworteten ihm: »Das ist das Grab des Propheten,
der aus Juda hierher kam und alles voraussagte,
was du jetzt mit diesem Altar getan hast.«
18 Da befahl Joschija: »Lasst ihm seine Ruhe! Kei-
ner soll sich an seinen Gebeinen vergreifen!« So blie-
ben seine Gebeine an ihrem Platz, und ebenso die
Gebeine des anderen Propheten, der aus Samaria
stammte.
19 Wie mit Bet-El, so verfuhr Joschija auch mit den
Tempeln in den Städten Samariens. Die Könige von
Israel hatten sie bauen lassen und damit den Zorn
des HERRN herausgefordert. Joschija zerstörte sie
20 und ließ ihre Priester auf den Altären abschlach-
ten; außerdem verbrannte er Totengebeine auf den
Altären. Darauf kehrte er nach Jerusalem zurück.

Das Hinnom-Tal im Morgenlicht. Hier war die Opferstätte, an der dem Götzen Moloch Kinder als Brandopfer dargebracht wurden. König Joschija ließ sie zerstören (23,10).

23,12 21,5 **23,13** 1 Kön 11,7 **23,15** 1 Kön 12,29.32 **23,16** 1 Kön 13,2 **23,17** 1 Kön 13,30-32

Das erste gemeinsame Passafest in Jerusalem

(2 Chr 35,1.18-19)

21 Dann befahl König Joschija dem ganzen Volk: »Feiert jetzt das Passafest* für den HERRN, euren Gott! Haltet es genau nach den Vorschriften, die in dem Buch stehen, auf das ihr euch vor dem HERRN verpflichtet habt!«

22 Weder in der Zeit, als Richter* die Israeliten angeführt hatten, noch unter der Herrschaft der Könige Israels und Judas war das Passafest in dieser Form gefeiert worden. 23 Aber jetzt, im 18. Regierungsjahr des Königs Joschija, feierte das ganze Volk dieses Fest, so wie das Gesetz* es verlangt, in der Stadt Jerusalem.[a]

Joschija kann die Katastrophe nicht abwenden

24 Nach den Vorschriften des Gesetzbuches*, das der Priester Hilkija im Tempel* des HERRN gefunden hatte, vertrieb Joschija die Totenbeschwörer und Wahrsager und ließ die Hausgötter* und alle Arten von Götzenbildern in Juda und Jerusalem wegschaffen.

25 Mit ganzem Herzen, mit ganzem Willen und mit aller Kraft wandte er sich dem HERRN zu und richtete sich streng nach dem Gesetz* Moses. Er übertraf darin alle anderen Könige vor und nach ihm.

26 Aber Joschija konnte den Zorn des HERRN über Juda nicht besänftigen, so sehr hatte Manasse den HERRN beleidigt durch all das, was er getan hatte. 27 Der HERR blieb bei seinem Entschluss: »Genau wie die Leute von Israel lasse ich auch die Leute von Juda aus ihrem Land verschleppen, damit ich sie nicht mehr vor Augen haben muss. Mit der Stadt, die ich erwählt habe, mit Jerusalem, will ich nichts mehr zu tun haben und genauso wenig mit dem Tempel, von dem ich einst sagte: ›Hier soll mein Name wohnen.‹«[b]

Das Ende von König Joschija

(2 Chr 35,20–36,1)

28 Was es sonst noch über Joschija und seine Taten zu berichten gibt, ist in der amtlichen Chronik der Könige von Juda nachzulesen.

29 In der Regierungszeit von Joschija zog Pharao Necho, der König von Ägypten, mit seinem Heer zum Eufrat, um dem König von Assyrien* Hilfe zu leisten.° Bei Megiddo suchte Joschija ihn aufzuhalten.[c] Doch gleich zu Beginn des Kampfes fand er den Tod.[d]

30 Seine Leute brachten den toten König auf einem Wagen von Megiddo nach Jerusalem und bestatteten ihn dort in der vorbereiteten Grabstätte. Die Männer von Juda riefen Joahas, einen der Söhne von Joschija, zu seinem Nachfolger aus und salbten* ihn.

Die Könige Joahas und Jojakim. Juda zwischen Ägypten und Babylonien

(2 Chr 36,2-8)

31 Joahas war 23 Jahre alt, als er König wurde, und er regierte nur drei Monate lang in Jerusalem. Seine Mutter hieß Hamutal; sie war eine Tochter von Jirmeja und stammte aus Libna. 32 Er tat, was dem HERRN missfällt, genau wie seine Vorfahren.

33 Der Pharao Necho setzte ihn ab und hielt ihn in Ribla in der Provinz Hamat gefangen. Das Land musste an den Pharao 100 Zentner* Silber und einen Zentner° Gold als Tribut bezahlen. 34 Für Joahas setzte der Pharao Eljakim, einen anderen Sohn von Joschija,[e] als Nachfolger seines Vaters zum König ein und änderte seinen Namen in Jojakim. Joahas nahm er mit nach Ägypten, wo er später starb.

35 Um dem Pharao die verlangte Summe abliefern zu können, sah Jojakim sich gezwungen, von der Bevölkerung eine Abgabe zu erheben. Von jedem Einwohner forderte er einen Betrag, der sich nach der Größe seines Besitzes richtete.

36 Jojakim war 25 Jahre alt, als er König wurde, und er regierte elf Jahre lang in Jerusalem. Seine Mutter hieß Sebuda; sie war eine Tochter von Pedaja und stammte aus Ruma. 37 Genau wie seine Vorfahren tat Jojakim, was dem HERRN missfällt.

24 Während seiner Regierungszeit zog Nebukadnezzar, der König von Babylonien*, mit einem Heer heran und Jojakim unterwarf sich ihm. Doch nach drei Jahren lehnte er sich gegen ihn auf.[f] 2 Der HERR[g] aber schickte umherstreifende Truppen der Chaldäer*, der Syrer*, der Moabiter* und der Ammoniter* gegen Jojakim. Sie fielen in Juda ein und verwüsteten es, genau wie der HERR es durch seine Diener, die Propheten*, angekündigt hatte.

3 Dies alles kam über Juda auf ausdrücklichen Befehl des HERRN, denn er wollte sich die Leute von Juda aus den Augen schaffen. Der Grund dafür war, dass Manasse ihn durch seinen Götzendienst beleidigt 4 und darüber hinaus in Jerusalem viele unschuldige Menschen getötet hatte. Der HERR war entschlossen, diese Schuld nicht zu vergeben.

5 Was es sonst noch über Jojakim und seine Taten zu berichten gibt, ist in der amtlichen Chronik der Könige von Juda nachzulesen. 6 Als er starb, wurde sein Sohn Jojachin sein Nachfolger.

7 Zu dieser Zeit wagte sich der König von Ägypten schon nicht mehr aus seinem Land heraus, denn alle Gebiete vom Eufrat bis zur ägyptischen Grenze*, die früher zu seinem Machtbereich gehört hatten, waren inzwischen fest in der Hand des Königs von Babylonien.

a So ist es Dtn 16,2.5-7 vorgeschrieben. Wenn dieses Gesetz hier zum ersten Mal befolgt wird, haben wir darin ein weiteres Anzeichen dafür, dass das aufgefundene Gesetzbuch mit dem 5. Mosebuch (Dtn) in Verbindung zu bringen ist; vgl. 22,8 und die Anmerkung dazu.

b *mein Name:* siehe Anmerkung zu Dtn 12,5.

c Siehe Sacherklärung »Joschija«. Zur Lage von *Megiddo* am Südwestrand der Jesreël-Ebene siehe Karte Seite 443.

d *Bei Megiddo …:* Der sehr knapp formulierte hebräische Text erlaubt unterschiedliche Deutungen; wörtlich *König Joschija ging/zog ihm entgegen und er tötete ihn in/bei Megiddo, (sofort) als er ihn sah.*

e Da mit Joahas gegen die Regel der jüngere Sohn zum König erhoben wurde, kann man vermuten, dass die Söhne Joschijas eine unterschiedliche Politik vertraten: Joahas setzt den antiägyptischen Kurs seines Vaters fort, während Jojakim eine ägyptenfreundliche Linie verfolgt. Offenbar wurde Joahas vom Pharao in sein Hauptquartier nach Ribla (siehe Anmerkung zu 25,6) zitiert.

f Nach seinem Sieg über den Pharao Necho bei Karkemisch (605 v. Chr.) kommt Nebukadnezzar 604 nach Palästina, erleidet aber drei Jahre später durch Necho eine empfindliche Niederlage. Im Zusammenhang damit ist die Auflehnung Jojakims zu sehen; aber der Rückschlag lässt nicht auf sich warten (Verse 2 und 7).

g Oder nach G *Er* = Nebukadnezzar. In jedem Fall handelt es sich um Hilfstruppen des Babylonierkönigs.

23,21 Ex 12,1-14 S; 2 Kön 23,2-3 **23,24** Lev 19,31 S **23,25** 18,5; Dtn 6,4-5 S **23,26-27** 21,11-16 **23,29-34** Jer 22,10-22 **23,30** 9,28 S **23,33-34** Jer 22,10; Ez 19,4 **23,35** 15,20 **24,1** Jer 21,1 S **24,2** 6,23; 13,20 **24,3-4** 21,16

Nebukadnezzar nimmt Jerusalem ein

(2 Chr 36,9-13; Jer 52,1-3)

8 Jojachin war 18 Jahre alt, als er König wurde, und
regierte nur drei Monate lang in Jerusalem. Seine
Mutter hieß Nehuschta; sie war eine Tochter Elna-
tans und stammte aus Jerusalem. 9 Jojachin tat, was
dem HERRN missfällt, genau wie sein Vater Jojakim.
10 Kurz nach seinem Regierungsantritt zog das
Heer Nebukadnezzars, des Königs von Babylonien*,
vor die Stadt Jerusalem und belagerte sie. 11 Als die
Belagerung in vollem Gange war, erschien Nebukad-
nezzar selbst vor der Stadt. 12 Da ergab sich Jojachin
und ging zusammen mit seiner Mutter und mit all
seinen Beamten, Offizieren und Hofleuten hinaus
vor die Stadt zu König Nebukadnezzar. Es war das
achte Regierungsjahr Nebukadnezzars, als Jojachin
sein Gefangener wurde.
13 Alle Schätze, die sich im Tempel* des HERRN und
im Königspalast befanden, ließ der Babylonierkönig
wegschleppen. Wie der HERR es angedroht hatte, ließ
Nebukadnezzar auch alle goldenen Geräte zerschla-
gen, die Salomo für den Tempel hatte anfertigen las-
sen. 14 Aus Jerusalem führte er alle maßgeblichen und
wohlhabenden Leute in die Verbannung,[a] insgesamt
10 000 Mann, dazu alle erfahrenen Handwerker, ins-
besondere die Bau- und Metallhandwerker. Nur die
ärmere Bevölkerungsschicht blieb zurück.
15 Auch König Jojachin, seine Mutter und seine
Frauen, seine Hofleute und alle führenden Männer
von Juda ließ Nebukadnezzar von Jerusalem nach
Babylonien in die Verbannung wegführen, 16 dazu
7000 wohlhabende Männer und 1000 erfahrene
Handwerker, insbesondere Bau- und Metallhand-
werker; er nahm alle mit, die mit Waffen umgehen
konnten. 17 Anstelle Jojachins setzte er dessen Onkel
Mattanja als König ein und gab ihm den Namen Zid-
kija.[b]
18 Zidkija war 21 Jahre alt, als er König wurde, und
er regierte elf Jahre lang in Jerusalem. Seine Mutter
hieß Hamutal; sie war eine Tochter von Jirmeja und
stammte aus Libna. 19 Zidkija tat, was dem HERRN
missfällt, genau wie sein Bruder Jojakim.
20a Nun aber war das Maß voll. Der HERR war so
zornig über die Bewohner Jerusalems und Judas,
dass er sie aus seinen Augen wegschaffen ließ.

Jerusalem wird zum zweiten Mal eingenommen

(2 Chr 36,17-21; Jer 39,1-10; 52,4-27)

20b Zidkija lehnte sich gegen Nebukadnezzar, den
König von Babylonien*, auf.[c]
25 Da erschien Nebukadnezzar im neunten
Regierungsjahr Zidkijas mit allen seinen
Truppen vor Jerusalem. Rings um die Stadt ließ er
einen Belagerungswall aufschütten. Am 10. Tag des
10. Monats begann die Belagerung 2 und sie dauerte
bis ins elfte Regierungsjahr Zidkijas. 3 Zuletzt waren
die Nahrungsmittel in der Stadt völlig aufgebraucht.
Am 9. Tag des 4. Monats im elften Regierungsjahr
Zidkijas 4 schlugen die Babylonier eine Bresche in die
Stadtmauer. Im Schutz der Dunkelheit gelang es
König Zidkija und seinen Kriegsleuten, durch den
Torweg zwischen den beiden Mauern am königli-
chen Garten die Stadt zu verlassen und den Belage-
rungsring zu durchbrechen. Sie flohen in östlicher
Richtung zur Jordanebene.
5 Sofort nahmen babylonische Truppen die Verfol-
gung auf und holten Zidkija in der Ebene bei Jericho
ein. Von seinen Kriegsleuten im Stich gelassen,
6 wurde er gefangen genommen und nach Ribla[d]
vor den König von Babylonien gebracht. Nebukad-
nezzar selbst sprach ihm das Urteil. 7 Zidkija musste
mit ansehen, wie seine Söhne abgeschlachtet wur-
den; dann stach man ihm die Augen aus und brachte
ihn, mit Ketten gefesselt, nach Babylon*.
8 Im 19. Regierungsjahr Nebukadnezzars, am
7. Tag des 5. Monats, traf Nebusaradan, der Befehls-
haber der königlichen Leibwache, einer der engsten
Vertrauten des Babylonierkönigs, in Jerusalem ein.
9 Er ließ den Tempel* des HERRN, den Königspalast
und alle vornehmen Häuser Jerusalems niederbren-
nen. Auch alle anderen Häuser gingen in Flammen
auf. 10 Seine Truppen rissen die Mauern der Stadt
ringsum nieder.
11 Nebusaradan ließ die restliche Stadtbevölke-
rung und alle, die zu den Babyloniern übergelau-
fen waren, gefangen wegführen. 12 Nur aus der
ärmsten Schicht der Landbevölkerung ließ er eine
Anzahl zurück, damit sie die Weinberge und Äcker
bestellten.
13 Die Babylonier zertrümmerten die bronzenen
Säulen, die vor dem Tempel des HERRN aufgestellt
waren, ebenso die Kesselwagen und das große Bron-
zebecken, und schafften das ganze Metall nach
Babylon. 14 Sie nahmen die Töpfe und Schaufeln
und Messer und Pfannen mit, alle Bronzegeräte,
die für den Tempeldienst gebraucht worden waren.
15 Auch die Feuerbecken und Schalen, überhaupt alle
goldenen und silbernen Geräte nahm Nebusaradan
mit.
16 Für die beiden Säulen, das große Becken und die
Kesselwagen hatte König Salomo eine ungeheure
Menge Bronze verarbeitet. 17 Die beiden Säulen
waren neun Meter hoch; jede trug ein bronzenes
Kapitell von eineinhalb Meter Höhe. Die Kapitelle
waren ringsum mit Bandgeflecht und Granatäpfeln
aus Bronze verziert.
18 Nebusaradan, der Befehlshaber der Leibwache,
ließ den Oberpriester Seraja, seinen Stellvertreter

a Bei dieser ersten Verbannung 597 v. Chr. wurde auch der Prophet Ezechiël (Seite 865) mitgeführt. Siehe auch Sacherklärung »Exil«.
b Die Namensänderung deutet wie bei Jojakim (23,34) darauf hin, dass es sich um den Vasallenkönig einer fremden Macht handelt.
c Der schwache König, ein Spielball in den Händen der Parteien (vgl. Jer 38,24-26), hat zuletzt der antibabylonischen Stimmung im Land nachgegeben (vgl. Jer 27–28). Der Prophet Jeremia hat das Wirken der Könige Judas seit Joschija mit seiner Botschaft begleitet (Jer 21,11–23,8; 25,3); sein Schicksal unter Zidkija wird in Jer 27–29 und 32–40 ausführlich geschildert.
d In *Ribla* ist wie schon bei Pharao Necho (23,33) das militärische Hauptquartier (Ribla liegt zwischen Damaskus und Hamat; Karte Seite 15).

24,12 Jer 22,24-30 **24,13** 20,17 **24,14-15** 20,18; Jer 29,1 **24,15** Ez 17,12; 19,9 **24,17** Jer 37,1; Ez 17,13-14 **24,20a** 13,23; Jer 7,15 **25,1** Jer 21,1-10; 34,1-7; Ez 4,1-3; 24,1-2 **25,2-4** Ez 12,13 **25,9** 1 Kön 9,8 **25,13-17** 1 Kön 7,15-50; Jer 27,19-22 **25,18** Jer 21,1 S

Zefanja und die drei Torhüter* festnehmen. 19 In der Stadt fanden sich außerdem noch ein hoher Offizier, fünf Männer aus der nächsten Umgebung des Königs, der Beamte, der für die Musterung des Heeres verantwortlich war, und sechzig wichtige Männer aus dem Gebiet von Juda. Auch sie ließ Nebusaradan verhaften 20 und brachte sie zum König von Babylonien nach Ribla in der Provinz Hamat. 21 Dort ließ Nebukadnezzar sie hinrichten.

So wurde das Volk von Juda aus seinem Land in die Verbannung[a] geführt.

Wirren unter den Zurückgebliebenen

(Jer 40,7-9; 41,1-3; 43,5-7)

22 Über den Rest der Bevölkerung, der im Land Juda zurückgeblieben war, setzte Nebukadnezzar Gedalja, den Sohn Ahikams und Enkel Schafans, als Statthalter ein. 23 Als die Truppenführer aus Juda, die den Babyloniern* nicht in die Hände gefallen waren, davon hörten, kamen sie alle mit ihren Männern zu Gedalja nach Mizpa.[b] Es waren Jischmaël, der Sohn von Netanja, Johanan, der Sohn von Kareach, Seraja, der Sohn von Tanhumet aus Netofa, und Jaasanja aus Maacha.

24 Gedalja sagte zu ihnen und ihren Männern: »Ich gebe euch mein Wort: Ihr braucht keine Angst vor den Babyloniern zu haben. Bleibt im Land und unterwerft euch dem König von Babylonien, dann wird euch nichts geschehen!«

25 Aber im siebten Monat jenes Jahres kam Jischmaël, der Sohn von Netanja und Enkel von Elischama aus der königlichen Familie, mit zehn Männern nach Mizpa. Sie töteten Gedalja und alle Judäer und Babylonier, die bei ihm waren. 26 Aus Angst vor der Rache der Babylonier flüchtete die ganze Bevölkerung, vornehme wie einfache Leute, zusammen mit den Truppenführern nach Ägypten.[c]

Grund für neue Hoffnung?

(Jer 52,31-34)

27 Als Ewil-Merodach König von Babylonien* wurde, begnadigte er noch im selben Jahr König Jojachin von Juda und holte ihn aus dem Gefängnis. Das geschah im 37. Jahr der Gefangenschaft Jojachins, am 27. Tag des 12. Monats.

28 Der neue König behandelte Jojachin freundlich und gab ihm eine Ehrenstellung unter den fremden Königen, die genau wie Jojachin nach Babylon* gebracht worden waren. 29 Jojachin durfte seine Gefängniskleidung ablegen und zeitlebens an der königlichen Tafel speisen. 30 Auf Anordnung des babylonischen Königs wurde ihm bis zu seinem Tod täglich alles geliefert, was er zu seinem Unterhalt brauchte.[d]

a Dies geschah 587 v. Chr. Bei der »Verbannung« handelt es sich um eine Umsiedlung (vgl. 17,6 und Sacherklärung »Exil«).
b Etwa 20 km nördlich von Jerusalem (Karte Seite 443).
c Ausführlicher wird darüber berichtet in Jer 40–44.
d 562 v. Chr. starb Nebukadnezzar nach 43-jähriger Regierung. Sein Nachfolger (babylonisch Amel-Marduk) erließ nach verbreitetem Brauch eine Amnestie in der Erwartung, damit seiner Regierung einen glückhaften Verlauf zu sichern. Der biblische Geschichtsschreiber sah in der besonderen Ehrung Jojachins wohl ein Hoffnungszeichen für die Verbannten.

Eine Szene von einem Relief im Palast Assurbanipals in Ninive zeigt assyrische Soldaten bei der Wegführung von Kriegsgefangenen und Frauen. Ähnlich muss man sich auch die Deportationen unter dem Babylonierkönig Nebukadnezzar vorstellen (25,21). Über die Babylonier informieren eingehender die Seiten 841–43.

25,26 Dtn 28,68; Jer 40,13–43,7 **25,27** 24,15

1CHRONIK

Die beiden Chronikbücher behandeln noch einmal denselben Geschichtsabschnitt, der schon in den Büchern Samuel und Könige dargestellt ist. Sie tun es aus dem Blickwinkel der aus Babylonien heimgekehrten Judäer, deren eigene Geschichte unmittelbar anschließend in den Büchern Esra und Nehemia erzählt wird. Mit dieser Sicht hängt zusammen, dass das untergegangene Nordreich Israel nicht in die Darstellung einbezogen wird. Nur in Juda setzt sich über die Katastrophe hinaus die Geschichte Gottes mit seinem Volk fort; deshalb ist dieses Teilreich das wahre Israel und der rechtmäßige Erbe des Reiches Davids und Salomos. Dieses Juda ist jedoch kein Königreich mehr, sondern eine um den Tempel in Jerusalem gescharte religiöse Gemeinde. Daraus erklärt sich, dass der Bericht dem Tempel und seinen Einrichtungen so große Beachtung schenkt. Die Ordnung des Tempeldienstes und die Aufgabenverteilung der damit betrauten Personengruppen wird über Salomo bis auf König David zurückverfolgt.

Inhaltsübersicht

VON ADAM BIS SAUL: ABSTAMMUNGSLISTEN

(Kapitel 1–9)

Von Adam bis Abraham

(Gen 5,1-32; 10,2-29; 11,10-26)

1 Die Abstammungslinie von Adam bis Noach: Adam, Set, Enosch, 2 Kenan, Mahalalel, Jered, 3 Henoch, Metuschelach, Lamech, 4 Noach. Noach hatte drei Söhne: Sem, Ham und Jafet.

5 Die Söhne *Jafets* waren: Gomer, Magog, Madai, Jawan,[a] Tubal*, Meschech und Tiras. 6 Von Gomer stammen ab: Aschkenas, Rifat° und Togarma. 7 Von Jawan: Elischa, Tarschisch*, die Kittäer und die Rodaniter.[b]

8 Die Söhne *Hams* waren: Kusch, Mizrajim,[c] Put[d] und Kanaan*.

9 Von Kusch stammen ab: Seba, Hawila, Sabta, Ragma und Sabtecha. Von Ragma: Saba* und Dedan*. 10 Kusch zeugte auch Nimrod. Dieser wurde der erste große Herrscher auf der Erde.

11 Mizrajim war der Stammvater der Luditer, Anamiter, Lehabiter, Naftuhiter, 12 Patrositer, Kasluhiter sowie der Kaftoriter, von denen die Philister* herkommen.[e]

13 Die Nachkommen Kanaans waren: Sidon, sein Erstgeborener, und Het*, 14 außerdem die Jebusiter, Amoriter*, Girgaschiter, 15 Hiwiter, Arkiter, Siniter, 16 Arwaditer, Zemariter und Hamatiter.

17 Die Söhne *Sems* waren: Elam*, Assur*, Arpachschad, Lud*, Aram*, Uz, Hul, Geter und Meschech.

18 Arpachschad zeugte Schelach, Schelach zeugte Eber. 19 Eber wurden zwei Söhne geboren, der eine hieß Peleg (Teilung), denn zu seiner Zeit verteilte sich die Menschheit über die Erde; der andere hieß Joktan. 20 Joktans Nachkommen waren: Almodad, Schelef, Hazarmawet, Jerach, 21 Hadoram, Usal, Dikla, 22 Obal, Abimaël, Saba*, 23 Ofir*, Hawila und Jobab. Sie alle sind Nachkommen Joktans.

24 Die Abstammungslinie von Sem bis Abraham: Sem, Arpachschad, Schelach, 25 Eber, Peleg, Regu, 26 Serug, Nahor, Terach, 27 Abram, der auch Abraham heißt.

Die Nachkommen Abrahams

(Gen 25,1-4.13-16; 36,4-28)

28 Die Söhne Abrahams waren: Isaak[f] und Ismaël. 29 Hier ist die Liste ihrer Nachkommen:

Ismaëls Erstgeborener war Nebajot, dann folgten Kedar*, Adbeel, Mibsam, 30 Mischma, Duma, Massa, Hadad, Tema, 31 Jetur, Nafisch und Kedma. Sie alle sind Nachkommen von Ismaël.

a Siehe Anmerkung zu Gen 10,2.
b *Elischa* und *Kittäer* bezeichnen beide die (Bewohner der) Insel Zypern; *Rodaniter* = Bewohner der Insel *Rhodos*.
c Dieser Name ist zugleich die hebräische Bezeichnung für Ägypten. Im gesamten Abschnitt 1,5-23 (und ebenso in 1,29-42) handelt es sich um die Beziehungen zwischen Völkern; vgl. Gen 10.
d Siehe Anmerkung zu Gen 10,6.
e Siehe Anmerkung zu Gen 10,14.
f *Isaak* wird vor seinem älteren Bruder *Ismaël* genannt, weil er in die Kette der Väter Israels gehört.

1,28 Gen 21,3; 16,15

32 Auch von seiner Nebenfrau Ketura hatte Abra-
ham Söhne; sie gebar Simran, Jokschan, Medan,
Midian*, Jischbak und Schuach. Die Söhne von Jok-
schan waren: Saba* und Dedan*. 33 Die Söhne von
Midian waren: Efa, Efer, Henoch, Abida und Eldaga.
Sie alle sind Nachkommen von Ketura.
34 Abrahams Sohn Isaak hatte zwei Söhne: Esau
und Israel.[a] 35 Die Söhne von Esau waren: Elifas,
Reguël, Jëusch, Jalam und Korach. 36 Die Söhne von
Elifas waren: Teman, Omar, Zefo, Gatam, Kenas,
Timna und Amalek*. 37 Die Söhne Reguëls: Nahat,
Serach, Schamma und Misa.
38 Die Söhne von Seïr[b] waren: Lotan, Schobal,
Zibon, Ana, Dischon, Ezer und Dischan.
39 Die Söhne Lotans: Hori und Hemam. Lotans
Schwester war Timna.
40 Die Söhne Schobals: Alwan, Manahat, Ebal,
Schefi und Onam.
Die Söhne Zibons: Aja und Ana.
41 Der Sohn von Seïrs Sohn Ana: Dischon.
Die Söhne von Seïrs Sohn Dischan: Hemdan,
Eschban, Jitran und Keran.
42 Die Söhne Ezers: Bilhan, Saawan und Akan.°
Die Söhne Dischans: Uz und Aran.

Die Könige von Edom
(Gen 36,31-43)

43-50 Bevor es in Israel einen König gab, herrschten
über das Land Edom* nacheinander folgende Kö-
nige:[c]

Bela, der Sohn Beors, in der Stadt Dinhaba;
Jobab, der Sohn Serachs, aus der Stadt Bozra;
Huscham aus dem Gebiet des Stammes Teman;
Hadad, der Sohn Bedads, in der Stadt Awit;
er besiegte die Midianiter* in einer Schlacht
auf dem Gebiet von Moab*;
Samla aus der Stadt Masreka;
Schaul aus der Stadt Rehobot am Fluss;
Baal-Hanan, der Sohn Achbors;
Hadad in der Stadt Pagu; seine Frau Mehetabel
war eine Tochter Matreds und Enkelin
Me-Sahabs.

51 Nach dem Tod Hadads wurde die Herrschaft in
Edom von Sippenoberhäuptern ausgeübt. Es waren[d]
die Oberhäupter der Sippen Timna, Alwa, Jetet,
52 Oholibama, Ela, Pinon, 53 Kenas, Teman, Mibzar,
54 Magdiël und Iram.

Die Söhne Israels (Jakobs)
(Gen 35,23-26)

2 Die Söhne Israels[e] waren: Ruben, Simeon, Levi,
Juda, Issachar, Sebulon, 2 Dan, Josef, Benjamin,
Naftali, Gad und Ascher.

Die Nachkommen von Juda
(Gen 38,3-7.27-30)

3 Die Söhne Judas waren: Er, Onan und Schela. Diese
drei hatte ihm die Tochter von Schua, eine Kanaani-
terin*, geboren. Aber Er, sein Erstgeborener, tat,
was dem Herrn missfällt, und der Herr ließ ihn ster-
ben. 4 Judas Schwiegertochter Tamar gebar ihm
dann noch Perez und Serach. Insgesamt hatte Juda
fünf Söhne.
5 Die Söhne von Perez waren: Hezron und Hamul.
6 Die Söhne von Serach: Simri, Etan, Heman, Kal-
kol und Darda.° 7 Simri hatte einen Sohn namens
Karmi;[f] dessen Sohn war Achan.[g] Der stürzte Israel
ins Unglück, denn er vergriff sich an Beutegut, das
Gott geweiht war. 8 Etan hatte einen Sohn namens
Asarja.
9 Die Söhne, die Hezron geboren wurden, waren:
Jerachmeël, Ram und Kaleb.

Die Nachkommen von Ram
(Rut 4,19-22)

10 Ram zeugte Amminadab, Amminadab zeugte
Nachschon, das Oberhaupt des Stammes Juda.
11 Nachschon zeugte Salmon, Salmon Boas, 12 Boas
Obed, Obed Isai. 13 Isai zeugte als Erstgeborenen

Die Chronikbücher, die den gleichen Zeitraum wie die Samuel- und Königsbücher umfassen, beziehen sich häufig auf die offizielle Geschichtsschreibung der israelitischen Könige. Auch in den umliegenden Staaten waren die mit der Führung der Annalen beauftragten Hofschreiber eine einflussreiche Gruppe im Regierungsapparat. Auf diesem assyrischen Relief notieren die Schreiber die Zahlung des Tributs, den die von Tiglat-Pileser III. unterworfenen Völker zu leisten hatten.

a *Israel* = Jakob; vgl. Gen 32,29; 35,5.
b Nach Gen 36,20 die horitischen Ureinwohner des Landes Edom*.
c Siehe Anmerkung zu Gen 36,31.
d Wörtlich *Hadad starb. Und es waren Sippenoberhäupter in Edom: ...*
e Siehe Anmerkung zu 1,34.
f *Simri ...:* ergänzt nach Jos 7,1, wo jedoch statt *Simri* die Namensform *Sabdi* steht.
g Der hebräische Text hat hier den Namen Achar und bietet so ein Wortspiel mit dem Ausdruck für »Unglück bringen«; vgl. Jos 7,1.

1,34 Gen 25,19-26 **2,5** Gen 46,12 **2,6** 1 Kön 5,11 **2,7** Jos 7,1-26 **2,13-15** 1 Sam 16,6-13

Eliab, danach als zweiten Abinadab, als dritten Schima, 14 als vierten Netanel, als fünften Raddai, 15 als sechsten Ozem, als siebten David. 16 Die sieben hatten zwei Schwestern: Zeruja und Abigal. Zeruja hatte drei Söhne: Abischai, Joab und Asaël. 17 Abigal gebar Amasa; dessen Vater war der Ismaëliter Jeter.

Die Nachkommen Kalebs

18 Kaleb, der Sohn Hezrons, hatte aus seiner ersten Ehe mit Asuba eine Tochter namens Jeriot.° Deren Söhne waren Jescher, Schobab und Ardon. 19 Nach Asubas Tod verheiratete Kaleb sich mit Efrata, die gebar ihm Hur. 20 Hur zeugte Uri und Uri zeugte Bezalel.

21 Später heiratete Kalebs Vater Hezron noch einmal im Alter von 60 Jahren. Seine Frau, eine Tochter Machirs, des Stammvaters von Gilead*, gebar ihm Segub. 22 Segub zeugte Jaïr. Ihm gehörten 23 Ortschaften im Land Gilead, die »die Dörfer Jaïrs« genannt wurden. 23 Aber die Geschuriter und Syrer* nahmen sie ihm ab, ebenso die Stadt Kenat mit den dazugehörenden Dörfern, insgesamt 60 Orte, die alle den Nachkommen Machirs gehört hatten. 24 Nach dem Tod Hezrons, dessen Frau Abija hieß, schlief Kaleb mit Efrata° und sie gebar ihm Aschhur, den Stammvater von Tekoa.

Die Nachkommen Jerachmeëls

25 Jerachmeël, der erstgeborene Sohn Hezrons, hatte folgende Söhne: Ram, seinen Erstgeborenen, dann Buna, Oren, Ozem und Ahija. 26 Er hatte noch eine zweite Frau namens Atara, die war die Mutter seines Sohnes Onam.

27 Die Söhne seines Erstgeborenen Ram waren: Maaz, Jamin und Eker.

28 Die Söhne Onams waren: Schammai und Jada. Die Söhne von Schammai: Nadab und Abischur. 29 Die Frau Abischurs hieß Abihajil, sie gebar ihm die Söhne Achban und Molid. 30 Die Söhne Nadabs waren: Seled und Appajim. Seled starb, ohne Kinder zu hinterlassen. 31 Der Sohn Appajims war Jischi, der Sohn Jischis Scheschan und der Sohn Scheschans war Achlai.

32 Jada, der Bruder von Schammai, hatte zwei Söhne: Jeter und Jonatan. Jeter starb kinderlos. 33 Die Söhne Jonatans waren: Pelet und Sasa. Diese alle waren Nachkommen Jerachmeëls.

34 Scheschan hatte übrigens keine Söhne, sondern nur Töchter. 35 Eine von ihnen gab er seinem ägyptischen Sklaven Jarha zur Frau und sie gebar ihm Attai. 36–41 Attai zeugte Natan, Natan zeugte Sabad, Sabad Eflal, weiter folgten in direkter Linie Obed, Jehu, Asarja, Helez, Elasa, Sismai, Schallum, Jekamja und Elischama.

Weitere Listen von Nachkommen Kalebs

42 Die Söhne Kalebs, des Bruders von Jerachmeël, waren: Mescha, sein Erstgeborener, der Stammvater von Sif, und als zweiter Marescha, der Stammvater von Hebron.[a]° 43 Die Söhne Hebrons waren: Korach, Tappuach, Rekem und Schema. 44 Schema zeugte Raham, den Stammvater von Jorkoam. Rekem zeugte Schammai, 45 dessen Sohn war Maon, der Stammvater von Bet-Zur.

46 Efa, eine Nebenfrau Kalebs, gebar ihm die Söhne Haran, Moza und Gases. Haran zeugte Jahdai; 47 dessen Söhne° waren: Regem, Jotam, Geschan, Pelet, Efa und Schaaf.

48 Maacha, eine andere Nebenfrau Kalebs, gebar ihm Scheber und Tirhana, 49 später auch Schaaf, den Stammvater von Madmanna, und Schewa, den Stammvater von Machbena und von Gibea.

Kaleb hatte auch eine Tochter Achsa.

50 Eine Liste der Nachkommen Kalebs:[b]

Die Söhne von Hur, dem Erstgeborenen von Kalebs Frau Efrata: Schobal, der Gründer von Kirjat-Jearim, 51 Salmon, der Stammvater von Betlehem, und Haref, der Stammvater von Bet-Gader.

52 Schobal, der Stammvater von Kirjat-Jearim hatte als Nachkommen die Sippe Reaja° und die Hälfte der Bewohner von Manahat.° 53 In Kirjat-Jearim wohnten die Sippen der Jeteriter, Putiter, Schumatiter und Mischraïter. Von ihnen stammten auch die Bewohner von Zora und Eschtaol ab.

54 Die Nachkommen Salmons waren: die Bewohner von Betlehem, von Netofa und Atrot-Bet-Joab sowie die andere Hälfte der Bewohner von Manahat, die aus Zora kamen. 55 In Jabez wohnten die Tiratiter, Schimatiter und Suchatiter. Diese Sippen waren aus Sofer gekommen.[c] Sie gehörten alle zu den Kenitern* und stammten von Hammat ab, dem Stammvater von Bet-Rechab.

Die Nachkommen Davids

(2 Sam 3,2-5; 5,13-16)

3 Folgende Söhne wurden David in Hebron geboren:

als Erstgeborener Amnon, seine Mutter war Ahinoam aus Jesreel;
als zweiter Daniel,[d] seine Mutter war Abigajil aus Karmel;
2 als dritter Abschalom, seine Mutter war Maacha, die Tochter des Königs Talmai von Geschur;
als vierter Adonija, seine Mutter war Haggit;
3 als fünfter Schefatja, seine Mutter war Abital;
als sechster Jitream, seine Mutter war Davids Frau Egla.

a Die meisten der hier genannten Namen bezeichnen Orte und Sippen, nicht Einzelpersonen.
b Hier wird besonders deutlich, dass die Abstammungslisten zugleich die Sippengliederung in einem bestimmten Gebiet beschreiben (Städte- und Sippennamen!).
c Die Deutung ist unsicher; andere Übersetzungsmöglichkeit: *... waren des Schreibens kundig.*
d Anstelle dieses Namens steht in 2 Sam 3,3 *Kilab.*

2,16-17 2 Sam 2,18; 17,25 **2,18** 2,42; 4,15; Jos 14,6 **2,20** Ex 31,2 **2,22-23** Ri 10,3-6; 1 Kön 4,13 **2,42** 2,18 **2,49** Jos 15,16

4 Diese sechs wurden David in Hebron geboren. Dort
regierte er siebeneinhalb Jahre.
Danach regierte David 33 Jahre in Jerusalem.
5 Dort wurden ihm weitere Söhne geboren:

vier Söhne von Batseba,[a] der Tochter Ammiëls:
Schammua,° Schobab, Natan und Salomo;
6 neun Söhne von anderen Frauen:
Jibhar, Elischua, Elifelet, 7 Nogah, Nefeg, Jafia,
8 Elischama, Eljada und Elifelet.

9 Sie alle waren vollberechtigte Söhne Davids; dazu
kamen noch die Söhne der Nebenfrauen. Ihre
Schwester war Tamar.

10 Die Nachkommen und Thronerben von König
Salomo in direkter Linie waren: Rehabeam, Abija,
Asa, Joschafat, 11 Joram, Ahasja, Joasch, 12 Amazja,
Asarja, Jotam, 13 Ahas, Hiskija, Manasse, 14 Amon
und Joschija.

15 Die Söhne von Joschija waren: der erstgeborene
Johanan, der zweite Jojakim, der dritte Zidkija, der
vierte Schallum.

16 Die Söhne von Jojakim: Jojachin und Zidkija.

17 Die Söhne von Jojachin, der in die Gefangen-
schaft fortgeführt wurde: Schealtiël, 18 Malkiram,
Pedaja, Schenazzar, Jekamja, Hoschama und Ne-
dabja.

19 Die Söhne von Pedaja: Serubbabel und Schimi.

Die Söhne von Serubbabel: Meschullam und
Hananja; ihre Schwester war Schelomit. 20 Fünf wei-
tere Söhne von ihm waren: Haschuba, Ohel, Berech-
ja, Hasadja und Juschab-Hesed.

21 Die Söhne von Hananja: Pelatja, Jeschaja, Refa-
ja, Arnan, Obadja und Schechanja.°

22 Die sechs Söhne von Schechanja: Schemaja,[b]
Hattusch, Jigal, Bariach, Nearja und Schafat.

23 Die drei Söhne von Nearja: Eljoënai, Hiskija und
Asrikam.

24 Und schließlich die sieben Söhne von Eljoënai:
Hodawja, Eljaschib, Pelaja, Akkub, Johanan, Delaja
und Anani.

Einzelne Sippen des Stammes Juda

4 Die Nachkommen von Juda über seinen Sohn
Perez waren in direkter Linie: Hezron, Karmi,
Hur, Schobal, 2 Reaja und Jahat. Die Söhne Jahats
waren: Ahumai und Lahad. Von ihnen stammten
die Sippen ab, die in Zora wohnten.

3 Die Stammväter von Etam waren: Jesreel,
Jischma und Jidbasch; ihre Schwester hieß Hazlel-
poni.

4 Penuël war der Stammvater von Gedor, Eser war
der von Huscha. Beide waren Nachkommen von
Hur, dem Erstgeborenen von Kalebs Frau Efrata,
dem Stammvater von Betlehem.

5 Aschhur, der Stammvater von Tekoa, hatte zwei
Frauen: Hela und Naara. 6 Naara gebar ihm die
Söhne Ahusam, Hefer, Temni und Ahaschtari. 7 Die
Söhne von Hela waren: Zeret, Zohar und Etnan.

8 Von Koz stammten Anub und Zobeba ab sowie
die Sippen Aharhels, des Sohnes Harums.

9 Ein Mann namens Jabez war der angesehenste
unter seinen Brüdern. Bei seiner Geburt hatte seine
Mutter gesagt: »Ich habe ihn mit Schmerzen gebo-
ren«, und deshalb hatte sie ihn Jabez[c] genannt.
10 Er selbst aber hatte zum Gott Israels gebetet: »Seg-
ne mich und erweitere mein Gebiet! Steh mir bei
und halte Unglück und Schmerz von mir fern!« Diese
Bitte hatte Gott erhört.

11 Kelub, ein Bruder von Schuha, zeugte Mehir,
den Vater von Eschton. 12 Dessen Söhne waren:
Bet-Rafa, Paseach und Tehinna, der Stammvater
von Ir-Nahasch. Ihre Sippen wohnten in Recha.

13 Die Söhne von Kenas waren: Otniël und Seraja.
Die Söhne Otniëls: Hatat und Meonotai; 14 der Sohn
von Meonotai war Ofra. Der Sohn von Seraja: Joab,
der Stammvater des »Tales der Zimmerleute«. Es
wurde so genannt, weil alle seine Bewohner Zim-
merleute waren.

15 Die Söhne von Kaleb, dem Sohn von Jefunne,
waren: Iru, Ela und Naam; der Sohn von Ela war
Kenas.

16 Die Söhne von Jehallelel waren: Sif, Sifa, Tirja
und Asarel.

17–18 Die Söhne von Esra waren: Jeter, Mered, Efer
und Jalon. Mered hatte eine Ägypterin zur Frau. Sie
hieß Bitja und war eine Tochter des Pharaos. Sie
gebar ihm Mirjam, Schammai und Jischbach, den
Stammvater von Eschtemoa. Seine andere Frau aus
dem Stamm Juda gebar ihm Jered, den Stammvater
von Gedor, Heber, den Stammvater von Socho,
und Jekutiël, den Stammvater von Sanoach.

19 Hodija heiratete eine Schwester von Naham.
Deren Nachkommen waren Hagarmi, der Stamm-
vater von Keïla, und Eschtemoa.

20 Die Söhne Schimons waren: Amnon, Rinna,
Ben-Hanan und Tilon.

Der Sohn von Jischi war Sohet. Auch dieser hatte
einen Sohn.

21 Von Schela, dem Sohn von Juda, stammten ab:
Er, der Stammvater von Lecha, und Lada, der
Stammvater von Marescha, außerdem die Sippen,
die in Aschbea wohnten. Sie waren Weber und stell-
ten feines weißes Leinen her. 22 Zu den Nachkom-
men Schelas gehörten auch Jokim und die Bewohner
von Koseba, außerdem Joasch und Saraf, die eine
Zeit lang in Moab* gelebt hatten und dann wieder
nach Betlehem zurückgekehrt waren° – wie man
erzählt. 23 Ihre Nachkommen wohnten in Netaïm
und Gedera und arbeiteten dort als Töpfer in den
königlichen Werkstätten.

a Die Namensform lautet hier *Batschua.*
b Hier folgt noch: *Die Söhne Schemajas.*
c Der Name erinnert an das hebräische Wort für »Schmerz«.

3,4 1 Kön 2,11 S; 1 Chr 29,27 **3,5** 2 Sam 11,3 **3,9** (Tamar) 2 Sam 13,1-22 **3,10-19** Mt 1,7-12 **4,15** Jos 15,13-14 S

Religion und Gottesdienst in Israel

Das Gesetz Gottes, durch Mose am Sinai dem Volk gegeben, war nicht eine Sammlung äußerlicher Vorschriften, vielmehr stellte es eine Lebensordnung dar, die es zu erlernen und aus innerstem Herzen zu befolgen galt. Es war Pflicht der Eltern, diese Lebensordnung an die Kinder weiterzuvermitteln. Religion und Leben bildeten eine Einheit, in der einzelnen Familie wie auch in der Gemeinschaft des Volkes.

Es war die Aufgabe der Schreiber, das Gesetz zu kopieren und es dem Volk zu erklären.

Heiliges Zelt und Tempel

Natürlich gab es auch die Formen des öffentlichen Gottesdienstes: Opfer und Feste. In der ersten Zeit war das Heilige Zelt der Mittelpunkt gottesdienstlicher Feiern. Später war es der Tempel: zuerst der, den König Salomo in Jerusalem baute, dann nach dessen Zerstörung der zweite Tempel, der nach der Rückkehr aus der babylonischen Verbannung errichtet wurde.

Priester und Leviten

Die Wichtigkeit des Gottesdienstes in Israel wird dadurch unterstrichen, dass ein ganzer Stamm des Volkes für den Dienst im Heiligen Zelt und im Tempel freigestellt wurde; es waren die Nachkommen Levis, die Leviten. Sie hatten für das Zelt bzw. für das Gebäude zu sorgen und für alles, was dazugehörte. Sie leiteten den Gottesdienst, waren für den Gesang und die Musik verantwortlich und halfen bei den verschiedenen Opfern.
Eine bestimmte Familie des Stammes Levi, die Nachkommen Aarons, versahen den Priesterdienst. Sie hatten die Opfer darzubringen, wie sie im Buch Levitikus (3 Mose; Seite 147) beschrieben sind. Die Priester und Leviten hatten auch das Volk im Gesetz zu unterweisen.

Der Oberste Priester

Der Oberste Priester war das Haupt der Priesterschaft am Jerusalemer Tempel. Es war ein Amt auf Lebens-

zeit. Normalerweise wurde der Sohn Nachfolger des Vaters.
Der Oberste Priester war besonders gekleidet und trug auf der Brust eine Tasche, die vorn mit zwölf kostbaren Steinen besetzt war. Sie bedeuteten die zwölf Stämme Israels.
Einmal im Jahr, am Versöhnungstag, betrat der Oberste Priester das Allerheiligste des Tempels. Nur er durfte es betreten, und nur an diesem Tag. Er besprengte dort die Bundeslade mit dem Blut der Sühneopfer, die er zuvor für sich und das Volk dargebracht hatte.

Das Volk

Bei verschiedenen Gelegenheiten und aus mancherlei Gründen brachten Einzelne ihre Opfer zum Tempel. Zu den Festen strömte das Volk in großen Scharen zusammen, um in Freude mitzufeiern. Die Versammlungen im Tempel boten auch Gelegenheit, das Volk im Gesetz zu unterweisen.

Nach der Verbannung

In der babylonischen Verbannung mussten die Israeliten ohne Tempel leben. Doch sie waren fest entschlossen, das Gesetz Gottes nicht zu vernachlässigen. Aus den Männern, die sich bemühten, das Gesetz zu bewahren und es dem Volk auszulegen, bildete sich der neue Stand der »Gesetzeslehrer«. Während der Verbannung oder kurz danach entstanden die ersten Synagogen und der Synagogengottesdienst. Am Sabbat versammelte man sich, um Lesungen aus dem Alten Testament zu hören und gemeinsam zu beten. Später übernahm die Synagoge auch die Aufgabe einer Schule, in der die Jungen lesen und schreiben lernten und im Gesetz und in der Geschichte ihres Volkes unterwiesen wurden.

Im Modell links sieht man eine Frau, die ihren Säugling zum Priester bringt. Ein Mann führt ein Schaf herein, um es opfern zu lassen. Priester und Leviten opfern am Altar vor dem Heiligen Zelt.

Die zum Dienst am Zelt und im Tempel bestellten Musiker spielten zur Ehre Gottes mit ihren Zimbeln (unten), Trompeten und Harfen.

Die Nachkommen von Simeon

24 Die Söhne Simeons waren: Jemuël, Jamin, Jarib, Serach und Schaul. 25 Schauls Sohn war Schallum; auf ihn folgten als weitere Nachkommen in dieser Linie: Mibsam, Mischma, 26 Hammuël, Sakkur und Schimi. 27 Schimi hatte sechzehn Söhne und sechs Töchter; seine Brüder dagegen hatten nur wenige Kinder. Überhaupt war der Stamm Simeon nicht so zahlreich wie der Stamm Juda.

28 Die Nachkommen Simeons wohnten in Beerscheba, Molada, Hazar-Schual, 29 Baala, Ezem, Eltolad, 30 Betuël, Horma, Ziklag, 31 Bet-Markabot, Hazar-Susim, Bet-Biri und Schaarajim. Sie bewohnten diese Städte und die dazugehörenden Dörfer bis zu der Zeit, als David König wurde.[a] 32 Außerdem gehörten ihnen die fünf Städte Etam, Ajin, Rimmon,[b] Tochen und Aschan 33 mit allen dazugehörenden Dörfern bis nach Baal. So steht es in den Listen ihrer Familien und Wohnorte.

34 Ihre Sippenoberhäupter waren:[c] Meschobab, Jamlech, Joscha, der Sohn von Amazja, 35 Joël, Jehu, der Sohn von Joschibja und Enkel von Seraja und Urenkel von Asiël, 36 weiter Eljoënai, Jaakoba, Jeschohaja, Asaja, Adiël, Jesimiël, Benaja 37 und Sisa, der in aufsteigender Linie von Schifi, Allon, Jedaja, Schimri und Schemaja abstammte.

38 Diese Sippen hatten sich stark vermehrt. 39 Um neue Weideplätze für ihre Schafherden zu suchen, zogen sie deshalb in den östlichen Teil des Tales, nach Gedor zu.[d] 40 Dort fanden sie gute, saftige Weiden. Das Land dehnte sich nach allen Seiten weit aus, es war sicher und ruhig. Die früheren Bewohner waren Nachkommen von Noachs Sohn Ham. 41 In der Zeit, als Hiskija König von Juda war, kamen jene Sippen und überfielen die Nachkommen Hams in ihren Zeltlagern und ebenso die Mëuniter, die dort wohnten. Sie vernichteten sie völlig und ließen sich an ihrer Stelle nieder. Sie wohnen dort bis zum heutigen Tag.

42 Eine andere Gruppe aus dem Stamm Simeon, etwa 500 Mann, zog in das Bergland Seïr*. Ihre Anführer waren Pelatja, Nearja, Refaja und Usiël, die Söhne von Jischi. 43 Sie töteten den Rest der Amalekiter*, der sich einst dorthin gerettet hatte, ließen sich dort nieder und wohnen dort bis zum heutigen Tag.

Die Nachkommen von Ruben

5 Ruben war der erste Sohn Israels.[e] Weil er aber mit einer Nebenfrau seines Vaters geschlafen hatte, wurden seine Erstgeburtsrechte auf die beiden Söhne seines Bruders Josef übertragen. In das Verzeichnis der Stämme wurde aber auch Josef nicht

a Zur Zeit Davids existierte Simeon wahrscheinlich nicht mehr als Stamm, sondern war in dem größeren Nachbarstamm Juda aufgegangen.
b Statt *Ajin, Rimmon* ist vielleicht *En-Rimmon* zu lesen; vgl. Jos 15,32; 19,7.
c Vorweggenommen aus Vers 38.
d Gedor lag östlich von Keïla; vgl. Karte Seite 443.
e *Israels:* siehe Anmerkung zu 1,43.

Die Listen am Anfang des Chronikbuches verfolgen die Geschichte bestimmter Sippen bis in die Zeit der Urväter zurück, als das Gottesvolk noch in Zelten lebte und mit seinen Herden von einem Ort zum anderen zog.

4,24 Gen 46,10; Num 26,12-14 **4,28-33** Jos 19,2-8 **4,40** Gen 10,6-20 **4,43** Ex 17,14S **5,1** Gen 35,22; 49,3-4

an erster Stelle aufgenommen, 2 obwohl ihm das Erstgeburtsrecht zuerkannt wurde; denn am mächtigsten unter allen Bruderstämmen war Juda. Darum wurde auch einer aus dem Stamm Juda König von Israel.

3 Die Söhne von Ruben, dem Erstgeborenen Israels, waren: Henoch, Pallu, Hezron und Karmi.

4 Von einem seiner Nachkommen namens Joël stammte Schemaja ab. Auf ihn folgten in direkter Linie: Gog, Schimi, 5 Micha, Reaja, Baal 6 und Beera, der von dem Assyrerkönig* Tiglat-Pileser in die Verbannung weggeführt wurde. Er war damals das Oberhaupt des Stammes Ruben. 7 Weiter waren in den Verzeichnissen der Nachkommen Rubens folgende Männer mit ihren Sippen aufgeführt: als Oberhaupt Jëiël, dann Secharja 8 und Bela, der Sohn von Asa und Enkel von Schema aus der Sippe Joël.

Der Stamm Ruben wohnte in dem Gebiet von Aroër bis Nebo und Baal-Meon 9 und in östlicher Richtung bis an den Rand der Wüste, die sich vom Eufrat her erstreckt.[a] Die Nachkommen Rubens hatten große Herden im ganzen Land Gilead*.

10 In der Zeit Sauls führten sie Krieg gegen die Hagariter, besiegten sie und besetzten ihr Wohngebiet am östlichen Rand von Gilead.

Die Nachkommen von Gad

11 Die Nachkommen Gads wohnten angrenzend an den Stamm Ruben in der Landschaft Baschan* bis nach Salcha. 12 Ihr Oberhaupt war Joël, an zweiter Stelle kam Schafam, dann folgten Janai und Schafat. Diese Sippen wohnten in Baschan.

13 Dazu kamen sieben weitere Männer mit ihren Sippen: Michael, Meschullam, Scheba, Jorai, Jakan, Sia und Eber. 14 Sie waren die Nachkommen Abihajils, des Sohnes von Huri. Abihajils weitere Vorfahren in aufsteigender Linie waren: Jaroach, Gilead, Michael, Jeschischai, Jachdo und Bus. 15 Das Oberhaupt dieser Gruppe war Ahi, der Sohn von Abdiël und Enkel von Guni. 16 Diese Sippen wohnten in Gilead*, Baschan und in den Städten, die zu dieser Gegend gehörten; ebenso an allen Weideplätzen der Landschaft Scharon[b] bis hin an ihre Grenzen.

17 Sie alle wurden in der Zeit der Könige Jotam von Juda und Jerobeam von Israel[c] in die Verzeichnisse des Stammes Gad eingetragen.

18 Das Heer der Stämme Ruben und Gad und des halben Stammes Manasse, die alle im Ostjordanland wohnten, bestand aus 44760 kriegstüchtigen Männern. Sie waren mit Schild, Schwert und Bogen bewaffnet. 19 Sie kämpften gegen die hagaritischen Stämme Jetur, Nafisch und Nodab. 20 Sie setzten ihr Vertrauen auf Gott und riefen zu ihm um Hilfe. Er erhörte sie und stand ihnen im Kampf zur Seite, sodass sie die Hagariter und ihre Verbündeten besiegen konnten. 21 Sie erbeuteten von ihnen 50 000 Kamele, 250 000 Schafe und 2 000 Esel und nahmen 100 000 Mann gefangen. 22 Viele von den Gegnern waren gefallen, weil Gott den Israeliten im Kampf geholfen hatte. Sie blieben in diesem Gebiet wohnen, bis sie selbst in die Verbannung weggeführt wurden.[d]

Die Nachkommen von Manasse östlich des Jordans

23 Die eine Hälfte des Stammes Manasse wohnte in dem Gebiet von Baschan* bis Baal-Hermon und bis zum Senir- und zum Hermongebirge. Dieser Teil des Stammes Manasse war sehr zahlreich. 24 Die Oberhäupter der einzelnen Sippen waren: Efer, Jischi, Eliël, Asriël, Jirmeja, Hodawja und Jachdiël. Alle diese Männer waren tapfere Krieger und geachtete Leute.

25-26 Aber dieser halbe Stamm Manasse wie auch die Stämme Ruben und Gad wurden dem HERRN, dem Gott ihrer Vorfahren, untreu und verehrten die Götter der früheren Bewohner, die Gott vor den Israeliten vertrieben hatte. Darum strafte sie der HERR, der Gott Israels, durch den König Pul[e] von Assyrien*, durch Tiglat-Pileser. Der HERR selbst gab ihm den Gedanken ein, sie in die Verbannung zu führen. Er ließ sie nach Halach, an den Habor-Fluss, nach Hara und ins Tal von Gosan bringen. Dort leben sie heute noch.

Die Nachkommen von Levi: priesterliche Linie

27 Levi hatte drei Söhne: Gerschon, Kehat und Merari. 28 Die Söhne Kehats waren: Amram, Jizhar, Hebron und Usiël. 29 Die Kinder Amrams waren: die Söhne Aaron und Mose und die Tochter Mirjam. Die Söhne Aarons waren: Nadab und Abihu, Eleasar und Itamar.

30-40 Die Nachkommen Aarons in der führenden Linie und seine Nachfolger im Priesterdienst:[f]

Eleasar zeugte Pinhas
Pinhas zeugte Abischua
Abischua zeugte Bukki
Bukki zeugte Usi
Usi zeugte Serachja
Serachja zeugte Merajot
Merajot zeugte Amarja
Amarja zeugte Ahitub
Ahitub zeugte Zadok
Zadok zeugte Ahimaaz
Ahimaaz zeugte Asarja
Asarja zeugte Johanan
Johanan zeugte Asarja

Dieser Asarja[g] übte als Erster den Priesterdienst in dem Tempel* aus, den Salomo in Jerusalem gebaut hatte.

a Das Gebiet zwischen Moab und Ammon; vgl. Jos 13,16-21 und Karte Seite 443. *Gilead* im engeren Sinne liegt weiter nördlich.
b Die Küstenebene am Mittelmeer (Karte Seite 443).
c Beide Könige regierten um 750 v. Chr.; vgl. die Zeittafel Seiten 448/49.
d Um das Jahr 733 v. Chr. fielen die Assyrer in das Gebiet ein und deportierten die Bevölkerung; vgl. die Verse 6 und 25-26.
e Siehe Anmerkung zu 2 Kön 15,19.
f Verdeutlichender Zusatz.
g Nach 1 Kön 4,2 war dies der Träger des gleichen Namens zwei Generationen zuvor.

5,2 Gen 49,8-10 **5,3** Gen 46,9 **5,6** 5,26-27; 2 Kön 15,29 **5,25-26** 2 Kön 15,19.29; 17,6 **5,27-29** Ex 6,16-25; Num 26,57-60 **5,34-40** (Zadok) 2 Sam 8,17 S; (Seraja) 2 Kön 25,18-21

Asarja zeugte Amarja
Amarja zeugte Ahitub
Ahitub zeugte Zadok[a]
Zadok zeugte Schallum
Schallum zeugte Hilkija
Hilkija zeugte Asarja
Asarja zeugte Seraja
Seraja zeugte Jozadak

41 Jozadak musste mit in die Verbannung, als der
HERR die Bewohner von Juda und Jerusalem durch
Nebukadnezzar wegführen ließ.

Die Nachkommen von Levi: levitische Linien

6 Die Söhne von Levi waren: Gerschon, Kehat
und Merari. 2 Die Söhne Gerschons waren: Lib-
ni und Schimi. 3 Die Söhne Kehats: Amram, Jizhar,
Hebron und Usiël. 4 Die Söhne von Merari: Machli
und Muschi.

Es folgen die Sippenoberhäupter der Leviten* in
den Hauptlinien der Nachkommen Levis:
5 Die Gruppe Gerschon: Auf Gerschon folgten in
absteigender Linie Libni, Jahat, Simma, 6 Joach,
Iddo, Serach und Jeotrai.
7 Die Gruppe Kehat: Auf Kehat folgten in abstei-
gender Linie Amminadab, Korach, Assir, 8 Elkana,
Abiasaf, Assir, 9 Tahat, Uriël, Usija und Schaul.
10 Die Söhne Elkanas waren: Amasai, Ahimot 11 und
Elkana. Auf diesen folgten in direkter Linie: Zuf,
Nahat, 12 Eliab, Jeroham, Elkana und Samuel.[b]
13 Die Söhne Samuels waren: der erstgeborene Joël
und der zweite° Abija.
14 Die Gruppe Merari: Auf Merari folgten in abstei-
gender Linie Machli, Libni, Schimi, Usa, 15 Schima,
Haggija und Asaja.

Die Aufgaben der Leviten

16 Ein Teil der Nachkommen von Levi erhielt von
David den Auftrag, den Chorgesang im Heiligtum
des HERRN zu übernehmen, nachdem die Bundesla-
de* dort ihren festen Platz gefunden hatte. 17 Sie ver-
sahen diesen Dienst vor der heiligen Zeltwohnung,
bis Salomo das Haus des HERRN in Jerusalem gebaut
hatte. Sie richteten sich dabei genau nach den
Anweisungen. 18 Folgende Leviten* wurden zusam-
men mit den übrigen Männern ihrer Sippen dazu
berufen:

Leiter der ersten Sängergruppe war Heman von
den Nachkommen Kehats. Er war der Sohn Joëls
und Enkel Samuels. 19 Seine weiteren Vorfahren
waren: Elkana, Jeroham, Eliël, Tohu, 20 Zuf, Elkana,
Mahat, Amasai, 21 Elkana, Joël, Asarja, Zefanja,
22 Tahat, Assir, Abiasaf, Korach, 23 Jizhar und Kehat,
der Sohn von Levi und Enkel von Israel.[c]

24 Rechts neben Heman stand Asaf von den Nach-
kommen Gerschons, der Leiter der zweiten Sänger-
gruppe. Er war der Sohn von Berechja und Enkel
von Schima. 25 Seine weiteren Vorfahren waren:
Michael, Maaseja, Malkija, 26 Etni, Serach, Adaja,
27 Etan, Simma, Schimi, 28 Jahat und Gerschon, der
Sohn von Levi.

29 Links neben Heman stand Etan von den Nach-
kommen Meraris, der Leiter der dritten Sängergrup-
pe. Er war der Sohn von Kischi[d] und Enkel von Abdi.
Seine weiteren Vorfahren waren: Malluch,
30 Haschabja, Amazja, Hilkija, 31 Amzi, Bani, Sche-
mer, 32 Machli, Muschi und Merari, der Sohn von
Levi.

33 Die anderen Leviten, ihre Brüder, hatten den
Dienst an der Wohnung, dem Haus Gottes, zu ver-
richten. 34 Der Priesterdienst* aber war den Nach-
kommen Aarons vorbehalten. Diese verbrannten
die Opfer auf dem Brandopferaltar* und den Weih-
rauch auf dem Räucheraltar*. Sie allein durften mit
den heiligsten Dingen umgehen und Sühnehandlun-
gen für die Israeliten vollziehen, genau wie es Mose,
der Bevollmächtigte* Gottes, festgelegt hatte.

35 Die Nachkommen Aarons in direkter Abstam-
mungslinie und zugleich seine Nachfolger im Pries-
terdienst[e] waren: Eleasar, Pinhas, Abischua, 36 Bukki,
Usi, Serachja, 37 Merajot, Amarja, Ahitub, 38 Zadok
und Ahimaaz.

Die Wohnorte der Leviten

(Jos 21,1-42)

39 Die Wohnorte und die Weideplätze für die Vieh-
herden wurden den Nachkommen Levis von den
übrigen Stämmen durch das Los zugeteilt.[f]

Das erste Los fiel auf die Priester, die Nachkom-
men Aarons, die zu den Nachkommen Kehats gehö-
ren. 40 Sie erhielten im Gebiet des Stammes Juda die
Stadt Hebron mit dem Weideland ringsum. 41 Das
Ackerland der Stadt dagegen und die dazugehören-
den Dörfer bekam Kaleb, der Sohn von Jefunne.
42-45 Hebron war eine von den Asylstädten*, in denen
ein Totschläger Zuflucht finden konnte. Außerdem
erhielten die Priester im Stammesgebiet von Juda:
Libna, Jattir, Eschtemoa, Hilen, Debir, Aschan und
Bet-Schemesch; dazu im Stammesgebiet von Benja-
min: Geba, Alemet und Anatot, insgesamt dreizehn
Städte, jeweils mit dem dazugehörenden Weideland.

46 Die übrigen Sippen der Nachkommen Kehats
bekamen durch das Los zehn Städte in der westli-
chen Hälfte des Stammesgebiets von Manasse.

47 Die verschiedenen Sippen der Nachkommen
Gerschons erhielten dreizehn Städte im Gebiet der
Stämme Issachar, Ascher und Naftali sowie in der
östlichen Hälfte des Stammesgebiets von Manasse,
in Baschan*.

a Es fällt auf, dass Eli und seine Nachkommen, also die Priester aus der Zeit von Samuel bis David, in dieser Liste nicht erwähnt werden. Für den Verfasser der Chronikbücher war ihre Untreue im Dienst wohl der Grund für diese Auslassung. Der Letzte von ihnen, Abjatar, wurde von Salomo zugunsten Zadoks entlassen (1 Kön 2,26-27).
b *und Samuel* findet sich nur in einem Teil der griechischen Überlieferung.
c *Israel:* siehe Anmerkung zu 1,34.
d In 15,17 heißt dieselbe Person *Kuschaja*.
e *und zugleich ...:* verdeutlichender Zusatz.
f Wörtlich *Dies sind ihre Wohnsitze mit ihren Zeltlagern in ihrem Gebiet.*

6,1-4 Ex 6,16-19; Num 3,17-20 **6,11-12** 1 Sam 1,1 **6,13** 1 Sam 8,2 **6,16** 2 Sam 6,17 **6,18-19** 1 Sam 1,1 **6,18** (Heman) 15,17.19; 16,41; 25,1.4-6; 2 Chr 5,12; 29,12-14; 35,15; Ps 88,1 **6,24** (Asaf) 15,17.19; 16,5.7.37; 25,1.2.6; 2 Chr 5,12; 29,30; 35,15; Neh 11,17; 12,46; Ps 50,1; 73,1–83,1 **6,29** (Etan) 15,17.19 **6,34** Ex 28,1 **6,35-38** 5,29-34

48 Die Sippen der Nachkommen von Merari beka-
men durch das Los zwölf Städte im Gebiet der
Stämme Ruben, Gad und Sebulon.
49 Die Israeliten übergaben also den Nachkommen
von Levi diese Städte, immer mit dem dazugehören-
den Weideland. 50 Die Priester erhielten durch das
Los die bereits genannten Städte im Gebiet der
Stämme Juda, Simeon und Benjamin.
51–55 Die anderen Sippen der Nachkommen Kehats
erhielten folgende Städte mit dem dazugehörenden
Weideland: im Stammesgebiet von Efraïm: die Asyl-
stadt* Sichem im Bergland Efraïm, weiter Geser,
Kibzajim,° Bet-Horon, Ajalon und Gat-Rimmon; im
Stammesgebiet von West-Manasse: Aner und
Jibleam.
56–61 Die Nachkommen Gerschons bekamen fol-
gende Städte mit dem dazugehörenden Weideland:
im Gebiet von Ost-Manasse: Golan in Baschan*
und Aschtarot; im Gebiet von Issachar: Kedesch,
Daberat, Ramot und Anem; im Gebiet von Ascher:
Mischal, Abdon, Hukok und Rehob; und im Gebiet
von Naftali: Kedesch in Galiläa*, Hammon und Kir-
jatajim.
62–66 Die Nachkommen von Merari schließlich
bekamen folgende Städte mit dem dazugehörenden
Weideland: im Stammesgebiet von Sebulon: Rim-
mon und Tabor; auf der Ostseite des Jordans im
Stammesgebiet von Ruben: die Stadt Bezer, die
gegenüber von Jericho in der Steppe liegt, dazu
Jahaz, Kedemot und Mefaat; im Stammesgebiet
von Gad: Ramot in Gilead*, Mahanajim, Heschbon
und Jaser.

Die Nachkommen von Issachar

7 Die Söhne von Issachar waren: Tola, Puwa,
Jaschub und Schimron.
2 Die Söhne von Tola waren: Usi, Refaja, Jeriël,
Jachmai, Jibsam und Schemuël. Sie waren die Ober-
häupter ihrer Sippen und tüchtige Krieger. In der
Zeit Davids betrug die Zahl der Nachkommen Tolas
nach ihren Verzeichnissen 22 600 Mann.
3 Usi hatte einen Sohn namens Jisrachja. Jisrachja
und seine vier Söhne Michael, Obadja, Joël und
Jischija waren alle Sippenoberhäupter. 4 Sie hatten
so viele Frauen und Kinder, dass ihre Sippen in der
Lage waren, 36000 Mann für das Heer zu stellen.
5 Auch ihre Brüder aus den übrigen Sippen Issa-
chars waren alle tüchtige Krieger. Insgesamt umfass-
te ihr Verzeichnis 87000 Mann.

Die Nachkommen von Benjamin und Naftali

6 Benjamin hatte drei Söhne: Bela, Becher und
Jediaël.
7 Die Söhne von Bela waren: Ezbon, Usi, Usiël,
Jerimot und Ir. Diese fünf waren die Oberhäupter
ihrer Sippen und tüchtige Krieger. Im Verzeichnis
ihrer Nachkommen waren 22034 Mann eingetragen.
8 Die Söhne von Becher waren: Semira, Joasch,
Eliëser, Eljoënai, Omri, Jeremot, Abija, Anatot und
Alemet. 9 Im Verzeichnis ihrer Nachkommen waren,
nach Sippen geordnet, 20 200 kriegstüchtige Männer
eingetragen.
10 Jediaël hatte einen Sohn namens Bilhan, dessen
Söhne waren: Jëusch, Benjamin, Ehud, Kenaana,
Setan, Tarschisch und Ahischahar. 11 Auch sie waren
Oberhäupter ihrer Sippen und tüchtige Krieger. Sie
stellten im Kriegsfall 17200 Mann für das Heer.
12 Die Söhne von Ir waren Huppim und Schuppim.
Der Sohn von Aher war Huschim.
13 Die Söhne von Naftali waren: Jachzeel, Guni,
Jezer und Schallum. Sie alle stammten von Naftalis
Mutter Bilha ab.

Die Nachkommen von Manasse

14 Manasse hatte einen Sohn namens Asriël. Seine
aramäische Nebenfrau gebar ihm Machir, den Vater
Gileads. 15 Machir nahm eine Schwester von Huppim
und Schuppim zur Frau, sie hieß Maacha. Sein zwei-
ter Sohn war Zelofhad;[a] dieser hatte nur Töchter.
16 Maacha, die Frau Machirs, gebar zwei Söhne.
Den einen nannte sie Peresch, der andere hieß Sche-
resch. Die Söhne von Scheresch waren Ulam und
Rekem. 17 Ulam hatte einen Sohn namens Bedan.
Das sind die Nachkommen von Gilead, dem Sohn
von Machir und Enkel von Manasse.
18 Seine Schwester Molechet[b] gebar Ischhod, Abi-
ëser und Machla. 19 Die Söhne von Schemida waren:
Achjan, Schechem, Likhi und Aniam.

Die Nachkommen von Efraïm

20 Efraïm hatte einen Sohn namens Schutelach, des-
sen Sohn war Bered und als weitere Nachkommen
in direkter Linie folgten: Tahat, Elada, Tahat 21 und
Sabad.
Außer Schutelach hatte Efraïm noch zwei Söhne
namens Eser und Elad. Sie zogen aber nach Gat hin-
unter, um den dortigen Bewohnern ihre Viehherden
zu rauben, und wurden dabei erschlagen. 22 Ihr Vater
Efraïm trauerte lange Zeit um sie, und seine Ver-
wandten kamen zu ihm, um ihn zu trösten. 23 Dann
schlief er wieder mit seiner Frau und sie wurde
schwanger und gebar einen Sohn. Er nannte ihn
Beria, weil er in dieser Unglückszeit seiner Familie
geboren wurde.[c]
24 Efraïms Tochter war Scheera. Sie ließ das untere
und das obere Bet-Horon sowie Usen-Scheera er-
bauen.
25 Seine Söhne[d] waren: Refach und Reschef. Re-
schef hatte einen Sohn namens Telach; dessen wei-
tere Nachkommen waren: Tahan, 26 Ladan, Ammi-
hud, Elischama 27 und Nun; dessen Sohn war Josua.

a Wessen zweiter Sohn *Zelofhad* sein soll, ist nicht deutlich. Nach Jos 17,3 ist er ein Urenkel Machirs. Der hebräische Text der Verse 14-19 ist lückenhaft und unsicher überliefert.
b Wessen *Schwester* sie war, lässt sich nicht klären, weil der Name nirgends erwähnt wird.
c *Beria* erinnert im Hebräischen an »im Unglück«.
d *Seine Söhne* bezieht sich in der jetzigen Gestalt des Textes auf Beria. Jedoch scheint die Liste in Vers 21 unterbrochen zu sein.

7,1 Gen 46,13; Num 26,5-51 **7,6** 8,1-2; Gen 46,21; Num 26,5-51 **7,13** Gen 46,24 **7,14** Num 26,5-51 **7,20** Num 26,5-51 **7,27** Num 27,18-19S

a *Israels*:* siehe Anmerkung zu 1,34.
b Dieser Name wird vorher nicht erwähnt.
c *Abihud* ist wahrscheinlich der Vater von Ehud in Vers 6; vgl. Ri 3,15.
d Nach Ri 3,15 ist *Ehud* der Sohn eines Gera; vgl. hier Vers 3.
e Es liegt etwa 5 km südwestlich, *Geba* etwa 10 km nordöstlich von Jerusalem.
f Die Deutung der Verse 6-7 ist unsicher.
g Wahrscheinlich dieselbe Person wie Schema in Vers 13.
h Da man aus dem Namensbestandteil *-baal* (= Herr, Gebieter) später den Namen des Gottes Baal* heraushörte, wurde der Name *Eschbaal* (= Gefolgsmann des Herrn) im 2.Samuelbuch in *Isch-Boschet* (= Mann der Schande) verunstaltet und damit zugleich sein Träger verunglimpft; vgl. 2Sam 2,8.10.12 usw.

28 Der Grundbesitz, den die Nachkommen Efraïms
bewohnten, umfasste Bet-El mit den dazugehören-
den Dörfern, östlich davon Naara, in westlicher
Richtung Geser, und im Norden reichte er bis
Sichem und Aja, jeweils mit den zugehörigen Dör-
fern. 29 Im Besitz der Nachkommen von Manasse
befanden sich Bet-Schean, Taanach, Megiddo und
Dor, ebenfalls mit den Dörfern ringsum. Alle diese
Orte wurden von den Nachkommen Josefs, den Söh-
nen Israels,[a] bewohnt.

Die Nachkommen von Ascher

30 Die Söhne von Ascher waren: Jimna, Jischwa,
Jischwi und Beria; ihre Schwester war Serach.
31 Die Söhne von Beria waren: Heber und Malkiël.
Dieser war der Stammvater von Birsajit.
32 Heber zeugte Jaflet, Schemer und Hotam sowie
eine Tochter namens Schua.
33 Die Söhne Jaflets waren: Pasach, Bimhal und
Aschwat. 34 Die Söhne Schemers: Ahi, Rohga, Hubba
und Aram. 35 Und die Söhne seines Bruders Hotam:°
Zofach, Jimna, Schelesch und Amal.
36 Die Söhne Zofachs waren: Suach, Harnefer,
Schual, Beri, Jimra, 37 Bezer, Hod, Schamma, Schil-
scha, Jitran und Beera. 38 Die Söhne Jitrans waren:
Jefunne, Pispa und Ara.
39 Die Söhne von Ulla[b] waren: Arach, Hanniël und
Rizja.
40 Sie alle waren Nachkommen Aschers, hervorra-
gende Führer ihrer Sippen und tapfere Krieger. In
den Listen der wehrfähigen Männer waren von den
Nachkommen Aschers 26000 Mann eingetragen.

Eine weitere Liste der Nachkommen Benjamins

8 1-2 Benjamin hatte fünf Söhne, der erstgeborene
war Bela, der zweite Aschbel, der dritte
Achrach, der vierte Noha, der fünfte Rafa.
3 Die Söhne von Bela waren: Ard,° Gera, Abihud,[c]
4 Abischua, Naaman, Ahoach, 5 Gera, Schefufan und
Huram.
6 Die Söhne Ehuds[d] waren die Oberhäupter der
Sippen, die in Geba wohnten und von dort nach
Manahat[e] verschleppt wurden, 7 nämlich Naaman,
Ahija und Gera. Gera war es, der sie dorthin ver-
schleppte.
Die Söhne von Belas Sohn Gera waren: Usa und
Ahihud.[f]
8-9 Schaharajim wohnte im Hochland von Moab*.
Er hatte seine Frauen Huschim und Baara verstoßen
und danach Hodesch geheiratet. Sie gebar ihm die
Söhne Jobab, Zibja, Mescha, Malkam, 10 Jëuz, Sa-
cheja und Mirma. Jeder von ihnen war das Ober-
haupt einer eigenen Sippe. 11 Von seiner früheren
Frau Huschim stammten die Söhne Abitub und
Elpaal. 12 Die Söhne Elpaals waren: Eber, Mischam
und Schemed. Dieser erbaute Ono, Lod und die
dazugehörenden Orte.
13 Die Brüder Beria und Schema waren die Ober-
häupter der Sippen, die in Ajalon wohnten. Sie ver-
trieben die Einwohner von Gat. 14 Ihre übrigen Brü-
der hießen Elpaal, Schaschak und Jeroham.°
15-16 Die Söhne von Beria waren: Sebadja, Arad,
Eder, Michael, Jischpa und Joha.
17-18 Die Söhne von Elpaal: Sebadja, Meschullam,
Hiski, Heber, Jischmerai, Jislia und Jobab.
19-21 Die Söhne von Schimi:[g] Jakim, Sichri, Sabdi,
Eliënai, Zilletai, Eliël, Adaja, Beraja und Schimrat.
22-25 Die Söhne von Schaschak: Jischpan, Eber,
Eliël, Abdon, Sichri, Hanan, Hananja, Elam, Antoti-
ja, Jifdeja und Penuël.
26-27 Und die Söhne von Jeroham: Schamscherai,
Scheharja, Atalja, Jaareschja, Elija und Sichri. 28 Sie
waren die Oberhäupter der Sippen ihrer Nachkom-
men und wohnten in Jerusalem.
29 In Gibeon wohnte Jëiël,° der Stammvater dieser
Stadt; seine Frau hieß Maacha. 30 Sein erstgeborener
Sohn war Abdon, als weitere Söhne folgten: Zur,
Kisch, Baal, Ner,° Nadab, 31 Gedor, Achjo, Secher
und Miklot; dieser hatte einen Sohn namens Schima.
32 Auch sie ließen sich wie ihre Stammesbrüder in
Jerusalem nieder.
33 Der Sohn Ners war Abner,° der Sohn Kischs war
Saul. Die Söhne Sauls waren: Jonatan, Malkischua,
Abinadab und Eschbaal.[h]
34 Der Sohn Jonatans war Merib-Baal; der hatte
einen Sohn namens Micha.
35 Die Söhne von Micha waren: Piton, Melech,
Tachrea und Ahas. 36 Ahas zeugte Joadda, und Joadda
zeugte Alemet, Asmawet und Simri. Simri zeugte
Moza, 37 seine weiteren Nachkommen waren: Bina,
Rafa, Elasa und Azel.
38 Azel hatte sechs Söhne: Asrikam, Bochru,
Jischmaël, Schearja, Obadja und Hanan. 39 Die Söhne
von Azels Bruder Eschek waren: der erstgeborene
Ulam, der zweite Jëusch, der dritte Elifelet.
40 Die Söhne Ulams waren tapfere Krieger, mit
Pfeil und Bogen bewaffnet. Sie hatten viele Söhne
und Enkel, insgesamt 150 Mann.
Alle die genannten Sippen gehörten zu den Nach-
kommen Benjamins.

Die Bewohner Jerusalems nach der Verbannung

(Neh 11,3-19)

9 So wurde ganz Israel nach seinen Sippen erfasst
und im amtlichen Verzeichnis der Könige von
Israel aufgeschrieben.
Weil die Bewohner des Königreichs Juda sich von
Gott abgewandt hatten, wurden sie nach Babylo-
nien* in die Verbannung geführt. 2 Die Ersten, die

7,30 Gen 46,17; Num 26,44-47 **8,1-2** 7,6 S **8,29-38** 9,35-44 **8,34** 2Sam 9,6

von dort zurückkehrten und sich wieder auf ihrem Erbbesitz* in Juda ansiedelten, waren Leute aus dem Volk sowie Priester*, Leviten* und Tempeldiener*.
3 Damals ließen sich in Jerusalem folgende Leute aus den Stämmen Juda, Benjamin, Efraïm und Manasse nieder:

4 Aus dem Stamm *Juda:*
Utai, der Sohn Ammihuds; er stammt über Omri, Imri und Bani von Judas Sohn Perez ab;
5 von den Nachkommen von Judas Sohn Schela: Asaja, der Erstgeborene,[a] und seine Söhne;
6 von den Nachkommen von Judas Sohn Serach: Jëuël.
Zusammen mit ihren Brüdern waren es 690.

7 Aus dem Stamm *Benjamin:*
Sallu, der Sohn Meschullams; seine weiteren Vorfahren waren Hodawja und Senua;
8 Jibneja, der Sohn Jerohams;
Ela, der Sohn von Usi und Enkel von Michri;
Meschullam, der Sohn von Schefatja; seine weiteren Vorfahren waren Reguël und Jibnija.
9 Zusammen mit ihren Brüdern und nach ihren Sippen waren es 956 Sippenoberhäupter.

10 Von den *Priestern:*
Jedaja, Jojarib, Jachin;
11 Asarja, der Sohn von Hilkija, das Oberhaupt des Tempels*; seine weiteren Vorfahren waren Meschullam, Zadok, Merajot und Ahitub;
12 Adaja, der Sohn Jerohams; seine weiteren Vorfahren waren Paschhur und Malkija;
Masai, der Sohn Adiëls; seine weiteren Vorfahren waren Jachsera, Meschullam, Meschillemot und Immer.
13 Zusammen mit ihren Brüdern waren es 1760 Sippenoberhäupter, alle befähigt zum Dienst im Haus Gottes.

14 Von den *Leviten:*
Schemaja von der Gruppe Merari, seine Vorfahren waren Haschub, Asrikam und Haschabja;
15 Bakbakar, Heresch, Galal und Mattanja, der Sohn von Micha und Enkel von Sichri, einem Nachkommen Asafs;
16 Abda, der Sohn von Schammua und Enkel von Galal, ein Nachkomme Jedutuns;
Berechja, der Sohn von Asa und Enkel von Elkana, der früher in den Siedlungen von Netofa gewohnt hatte.

17 Dazu die *Torwächter:*
Schallum, Akkub, Talmon und Ahiman. Ihr Oberhaupt war Schallum.
18 Seine Sippe bewacht bis zum heutigen Tag das Königstor auf der Ostseite. Ihre Vorfahren[b] waren beim Zug durch die Wüste die Torwächter im Lager der Leviten gewesen.
19 Auch den Dienst als Wächter am Eingang des Heiligen Zeltes* versahen Schallum und die Männer seiner Sippe, sämtlich Nachkommen Korachs; Schallum stammte über Kore und Abisaf von Korach ab. Ihre Vorfahren hatten in der Wüste den Eingang zum Lager des HERRN bewacht;
20 Pinhas, der Sohn Eleasars, war ihr Oberhaupt gewesen – der HERR gedenke seiner![c]
21 Secharja, der Sohn von Meschelemja, war Torhüter am Eingang des Heiligen Zeltes.
22 Insgesamt waren es 212, die zu Torwächtern ausgewählt worden waren.

Die Torwächter waren in ihren Dörfern in das Sippenverzeichnis eingetragen worden; David und der Prophet* Samuel hatten sie in ihr Amt eingesetzt.
23 Sie und ihre Söhne standen Wache an den Eingangstoren zum Heiligen Zelt und später zum Tempel des HERRN.
24 Die Wachen waren nach den vier Himmelsrichtungen aufgestellt, nach Osten, Westen, Norden und Süden. 25 Die Männer wohnten in ihren Dörfern und mussten jeweils für sieben Tage zum Dienst erscheinen, wenn sie an der Reihe waren.
26 Nur die vier obersten Wächter, auch sie Leviten, waren ständig im Dienst. Zu ihren Aufgaben gehörte die Aufsicht über die Vorratsräume und die Schatzkammern des Tempels. 27 Sie blieben auch über Nacht im Tempelbereich, denn sie mussten Wache halten und jeden Morgen die Tore aufschließen.
28 Andere Leviten waren verantwortlich für die Geräte, die beim Gottesdienst gebraucht wurden. Sie trugen sie abgezählt hinein und nach Gebrauch wieder hinaus.
29 Wieder andere waren zuständig für die sonstigen Geräte und heiligen Gefäße und verantwortlich für das Mehl, den Wein, das Olivenöl, den Weihrauch* und die Duftstoffe für das Salböl. 30 Die Herstellung des Salböls aus diesen Stoffen war jedoch Aufgabe der Priester.
31 Der Levit Mattitja, der erstgeborene Sohn des Korachnachkommen Schallum, hatte ständig dafür zu sorgen, dass das Backwerk für die Speiseopfer* hergestellt wurde. 32 Für die geweihten Brote*, die jeden Sabbat* aufgelegt werden müssen, waren einige ihrer Stammesbrüder von den Nachkommen Kehats zuständig.
33 Die levitischen Sippen, die für den Gesang am Tempel verantwortlich waren, wohnten in den Kammern am Tempel. Sie waren von aller anderen Arbeit befreit, weil sie Tag und Nacht zu ihrem Dienst bereit sein mussten.

a Wessen *Erstgeborener* wird nicht gesagt.
b Verdeutlichender Zusatz; wörtlich *Sie.*
c Diese Stelle ist der erste Beleg für die jüdische Sitte, bei der Nennung einer verehrten Person einen Segenswunsch anzufügen.

9,2 Esra 2,1; Neh 7,6 **9,18** Num 1,53 **9,32** Lev 24,5-8

a Im Gebiet von Benjamin (siehe Karte Seite 443).
b *Eschbaal:* siehe Anmerkung zu 8,33.
c Ein Vergleich mit dem Parallelbericht in 1 Sam 31 zeigt, dass hier einige Dinge nicht erwähnt werden, weil sie dem Gesetz widersprechen: Nach Dtn 21,22-23 sollte kein Hingerichteter über Nacht draußen hängen bleiben, und die Verbrennung war nur bei besonderen Verbrechen vorgesehen; vgl. Lev 20,14; 21,9. Die Verse 13-14 zeigen, dass es im Urteil der Chronikbücher nicht um politisches Können oder Versagen geht, sondern um Gehorsam oder Schuld gegenüber Gott.
d Der Verfasser der Chronik übergeht die siebeneinhalb Jahre, in denen David König über Juda war; vgl. 2 Sam 1–4. Für ihn gilt David von Anfang an als der berufene König über ganz Israel.

34 Alle die genannten Sippenoberhäupter, die nach
ihrer Abstammung zu den Leviten gehörten, wohn-
ten damals in Jerusalem.

Vorfahren und Nachkommen König Sauls
(8,29-38)

35 In Gibeon[a] wohnte Jëiël, der Stammvater dieser
Stadt. Seine Frau hieß Maacha, 36 sein erstgeborener
Sohn war Abdon, die weiteren Söhne waren: Zur,
Kisch, Baal, Ner, Nadab, 37 Gedor, Achjo, Secher
und Miklot; 38 Miklot hatte einen Sohn namens Schi-
ma. Auch sie ließen sich wie ihre Stammesbrüder in
Jerusalem nieder.
39 Der Sohn Ners war Abner,° der Sohn von Kisch
aber war Saul. Die Söhne Sauls waren: Jonatan, Mal-
kischua, Abinadab und Eschbaal.[b]
40 Jonatans Sohn war Merib-Baal und dessen Sohn
Micha.
41 Die Söhne von Micha waren: Piton, Melech,
Tachrea und Ahas. 42 Der Sohn von Ahas hieß Joad-
da, und dessen Söhne waren: Alemet, Asmawet
und Simri. Der Sohn von Simri war Moza 43 und als
weitere Nachkommen in dieser Linie folgten: Bina,
Refaja, Elasa und Azel.
44 Azel hatte sechs Söhne: Asrikam, Bochru,
Jischmaël, Schearja, Obadja und Hanan.

DAS KÖNIGTUM DAVIDS
(Kapitel 10–20)

Sauls Ende
(1 Sam 31,1-13)

10 Im Gilboa-Gebirge kam es zwischen Israel
und den Philistern* zur Schlacht. Die Männer
Israels mussten fliehen; viele wurden von den Fein-
den niedergemacht. 2 Die Philister verfolgten Saul
und seine Söhne Jonatan, Abinadab und Malki-
schua. Die drei Söhne fanden dabei den Tod.
3 Um Saul selbst entbrannte ein heftiger Kampf.
Als die Bogenschützen ihn entdeckten und auf ihn
anlegten, zitterte er vor Angst. 4 Er befahl seinem
Waffenträger: »Zieh dein Schwert und töte mich!
Sonst werden diese Unbeschnittenen* ihren Spott
mit mir treiben.«
Aber der Waffenträger scheute sich und wollte es
nicht tun. Da nahm Saul sein Schwert und stürzte
sich hinein.
5 Als der Waffenträger sah, dass Saul tot war,
stürzte auch er sich ins Schwert und starb. 6 So star-
ben Saul und seine drei Söhne; das war das Ende sei-
nes Königshauses.
7 Als die israelitischen Bewohner der Jesreel-Ebene
erfuhren, dass das Heer geschlagen und Saul mit sei-
nen Söhnen gefallen war, verließen sie ihre Wohn-
orte und flohen. Die Philister rückten nach und nah-
men die Städte in Besitz.
8 Am Tag nach der Schlacht plünderten die Philis-
ter die Gefallenen aus. Dabei fanden sie Saul und
seine Söhne auf dem Gilboa-Gebirge. 9 Sie zogen
Saul aus und nahmen seinen Kopf und seine
Rüstung. Beides ließen sie durch Boten in ihrem gan-
zen Gebiet herumzeigen. So verkündeten sie ihren
Götzen und ihrem Volk die Siegesnachricht. 10 Dann
legten sie die Rüstung in den Tempel eines ihrer Göt-
ter; den Kopf Sauls brachten sie am Tempel ihres
Gottes Dagon an.
11 Als die Bewohner von Jabesch in Gilead* alles
erfuhren, was die Philister mit Saul gemacht hatten,
12 brachen alle kriegstüchtigen Männer auf. Sie hol-
ten die Leichname Sauls und seiner Söhne nach
Jabesch, begruben die Gebeine unter der Eiche*
ihrer Stadt und fasteten zur Trauer eine ganze
Woche lang.[c]
13 Saul fand den Tod, weil er dem HERRN untreu
geworden war. Er hatte seine Weisungen nicht
befolgt und sogar eine Totenbeschwörerin befragt,
14 anstatt sich an den HERRN zu wenden. Darum ließ
der HERR ihn sterben und machte an seiner Stelle
David, den Sohn von Isai, zum König.

David wird König über Israel
(2 Sam 5,1-3)

11 Ganz Israel kam zu David nach Hebron.[d] Die
Leute sagten zu ihm: »Du bist doch unser eigen
Fleisch und Blut! 2 Schon früher, als Saul noch König
war, hast du das Heer Israels im Krieg angeführt.
Und der HERR, dein Gott, hat dir zugesagt: ›Du bist
der Mann, der künftig mein Volk Israel führen und
schützen soll. Du wirst der Anführer Israels sein!‹«
3 So sagten alle Ältesten* Israels, die zu König
David nach Hebron gekommen waren. David
schloss dort in Hebron einen Vertrag mit ihnen
und sie riefen den HERRN als Zeugen dafür an.
Daraufhin salbten* sie David zum König über Israel,
so wie der HERR es durch Samuel angeordnet hatte.

David erobert Jerusalem und macht es zu seiner Hauptstadt
(2 Sam 5,6-10)

4 Dann zog David mit allen Männern Israels vor die
Stadt Jerusalem, die damals Jebus hieß. Dort wohn-
ten die Jebusiter. 5 Sie riefen David zu: »Diese
Festung wirst du nicht einnehmen!« Trotzdem
eroberte er die Festung Zion* und sie wurde die Stadt
Davids.
6 David hatte nämlich zu seinen Leuten gesagt:
»Wer den ersten Jebusiter erschlägt, soll Heerführer
werden!« Da stieg Joab, der Sohn der Zeruja, als
Erster in die Stadt hinauf und er wurde Davids Heer-
führer.

10,13 1 Sam 13,8-14; 15,1-26; 28,7-8; Lev 19,31 S **11,3** 1 Sam 16,1-13 **11,4** Jos 15,63 S

7 David machte die Festung zu seiner Residenz;
darum nannte man sie »Davidsstadt«. 8 Er baute sie
ringsum aus, vom Millo* aus in der ganzen Runde.
Joab stellte den Rest der Stadt wieder her.
9 David wurde immer mächtiger, und der HERR,
der Herrscher der Welt,[a] stand ihm bei.

Davids berühmte Krieger und ihre Taten

(2Sam 23,8-39)

10 Hier werden die berühmten »Helden« Davids ver-
zeichnet, die ihm treu ergeben waren. Gemeinsam
mit dem ganzen Volk hatten sie ihn zum König über
Israel gemacht, wie es vom HERRN angeordnet wor-
den war. 11 Dies sind ihre Namen:
Jischbaal° aus der Sippe Hachmoni war der Anfüh-
rer der Elitetruppe Davids. Er kämpfte mit dem Speer
gegen dreihundert Feinde und erstach sie alle in
einer einzigen Schlacht.
12 An zweiter Stelle steht Eleasar, der Sohn von
Dodo, aus Ahoach. Er war einer der »Drei«. 13 Er
war dabei, als die Philister* sich bei Pas-Dammim
gegen David zum Kampf sammelten. Dort war ein
Feld mit Gerste. Als die Israeliten flohen, 14 stellten
sie sich mitten auf das Feld, hielten dem Angriff
stand und schlugen die Philister zurück. So schenkte
der HERR den Israeliten einen großen Sieg.
15 Als einmal das Heer der Philister sein Lager in
der Ebene Rafaïm aufgeschlagen hatte, gingen drei
von den »Dreißig Helden« zu dem Felsen hinunter,
wo David war, in die Höhle bei Adullam. 16 Dort
hatte er seine Bergfestung, in der er sich gerade auf-
hielt; eine Abteilung der Philister lag zur gleichen
Zeit in Betlehem. 17 Aus einer Laune heraus sagte
David: »Ich habe Durst! Wer bringt mir Wasser aus
der Zisterne beim Tor von Betlehem?« 18-19 Darauf
brachen die drei in das Lager der Philister ein,
schöpften Wasser aus der Zisterne beim Tor von Bet-
lehem und brachten es David. Der aber weigerte
sich, es zu trinken. »Mein Gott bewahre mich davor,
ein solches Unrecht zu tun«, sagte er. »Das wäre
geradeso, wie wenn ich das Blut dieser Männer hier
trinken würde, die ihr Leben dafür aufs Spiel gesetzt
haben.« Er goss das Wasser als Trankopfer* für den
HERRN auf die Erde. Diese Tat vollbrachten die drei
tapferen Helden.
20-21 Der Erste dieser drei war Abischai, der Bruder
Joabs. Er tötete einmal mit dem Speer dreihundert
Feinde. Er war der berühmteste dieser drei Männer;
aber an die »Drei« reichte er doch nicht heran.
22 Benaja aus Kabzeel war der Sohn des tapferen
Jojada und vollbrachte große Taten. Er tötete die bei-
den mächtigen Helden, die als »Löwen von Moab«
bekannt waren. Als an einem Schneetag ein Löwe
in eine Grube fiel, stieg er allein hinunter und
erschlug ihn. 23 Er tötete auch einen Ägypter, der
zweieinhalb Meter[b] groß war und einen Speer hatte,
dessen Schaft so dick war wie ein Weberbaum*.
Benaja selbst hatte nichts als einen Stock; aber er
ging auf den Ägypter los, riss ihm den Speer aus
der Hand und durchbohrte ihn damit. 24 Durch sol-
che Taten wurde auch Benaja als einer jener drei
berühmt. 25 Er war angesehener als die »Dreißig Hel-
den«, aber an die »Drei« reichte er doch nicht heran.
David machte ihn zum Anführer seiner Leibgarde*.
26 Die tapferen Helden waren:

Asaël, der Bruder von Joab
Elhanan, der Sohn von Dodo, aus Betlehem
27 Schammot aus Harod
Helez aus Pelon[c]
28 Ira, der Sohn von Ikkesch, aus Tekoa
Abiëser aus Anatot
29 Sibbechai aus Huscha
Ilai aus Ahoach
30 Mahrai aus Netofa
Heled, der Sohn von Baana, aus Netofa
31 Ittai, der Sohn von Ribai, aus Gibea im Gebiet Benjamins
Benaja aus Piraton
32 Hiddai aus Nahale-Gaasch
Abiël aus Bet-Araba
33 Asmawet aus Bahurim
Eljachba aus Schaalbim
34 Haschem° aus Gison
Jonatan, der Sohn von Schage, aus Harar
35 Ahiam, der Sohn von Sachar, aus Harar
Elifal, der Sohn Urs
36 Hefer aus Mechera

König David liebte die Musik und war selbst ein begabter Musiker. Noch ehe es einen Tempel gab, beauftragte er fähige Leute, für die Musik beim Gottesdienst in Jerusalem zu sorgen. Sie priesen Gott zum Klang von Harfen, Zimbeln und anderen Instrumenten. (Im Bild ein Modell der Tempelmusik.)

a Wörtlich *der HERR Zebaot**.
b Hebräische Maßangabe *5 Ellen**.
c *Pelon* ist kein Ortsname, sondern bedeutet vermutlich »Da-und-da«; ebenso in Vers 36.

11,20-21 1Sam 26,6S **11,22** 2Sam 8,18S

a Mit diesem Namen endet in 2 Sam 23,39 die Liste der berühmten Krieger Davids.
b Vgl. 1 Sam 27,1-7 und Karte Seite 443.

Ahija aus Pelon
37 Hezro aus Karmel
Naarai, der Sohn von Esbai
38 Joël, der Bruder Natans
Mibhar, der Sohn von Hagri
39 Zelek, der Ammoniter*
Nachrai aus Beerot, der Waffenträger Joabs
40 Ira aus Jattir
Gareb aus Jattir
41 Urija,[a] der Hetiter*
Sabad, der Sohn von Achlai
42 Adina, der Sohn von Schisa, einer der maßgeblichen Männer des Stammes Ruben und Anführer von dreißig Mann
43 Hanan, der Sohn von Maacha
Joschafat aus Meten
44 Usija aus Aschtarot
Schama und Jëiël, die Söhne Hotams, aus Aroër
45 Jediaël, der Sohn von Schimri, und sein Bruder Joha aus Tiz
46 Eliël aus Mahanajim
Jeribai und Joschawja, die Söhne Elnaams
Jitma, der Moabiter*
47 Eliël, Obed und Jaasiël aus Zoba*

Die ersten Anhänger Davids in Ziklag

12 Viele hatten sich schon früher David ange-
schlossen, als er sich in Ziklag aufhielt[b] und
sich von König Saul, dem Sohn von Kisch, fern hal-
ten musste. Sie kämpften schon damals an seiner Sei-
te. 2 Sie waren mit Bogen und Pfeilen bewaffnet und
konnten sowohl mit der rechten wie auch mit der
linken Hand Steine schleudern und Pfeile schießen.
Aus dem Stamm Benjamin, von Sauls eigenen Stam-
mesbrüdern, kamen zu David:

Das friedliche Städtchen Betlehem war in der Hand des Feindes. Davids tapfere »Drei« drangen in das Philisterlager ein, um ihm »Wasser aus der Zisterne beim Tor von Betlehem« zu holen (11,17-19).

11,41 2 Sam 11,3 **12,1** 1 Sam 27,6-8

3 Ahiëser, ihr Anführer, und Joasch, die Söhne von
Schemaa aus Gibea;
Jesiël und Pelet, die Söhne von Asmawet;
Beracha und Jehu aus Anatot;
4 Jischmaja aus Gibeon, einer von den »Dreißig Helden*« und ihr Anführer;
5 Jirmeja, Jahasiël, Johanan und Josabad aus Gedera;
6 Elusai, Jerimot, Bealja, Schemarja und Schefatja aus
Haruf;
7 Elkana, Jischija, Asarel, Joëser und Jaschobam von
den Nachkommen Korachs;
8 Joëla und Sebadja, die Söhne von Jeroham, aus
Gedor.

9 Auch aus dem Stamm Gad ging eine Anzahl tapferer, kampferprobter Männer zu David über, als er
in seiner Bergfestung in der Wüste Juda war. Sie
waren mit Schild und Speer bewaffnet, kämpften
wie die Löwen und waren in den Bergen flink wie
die Gazellen. 10–14 Es waren:

der Anführer	Eser
der zweite	Obadja
der dritte	Eliab
der vierte	Mischmanna
der fünfte	Jirmeja
der sechste	Attai
der siebte	Eliël
der achte	Johanan
der neunte	Elsabad
der zehnte	Jirmeja
der elfte	Machbannai

15 Sie alle waren Anführer im Heer. Schon der
Schwächste von ihnen nahm es mit hundert Gegnern auf, der Stärkste aber mit tausend. 16 Um sich
zu David durchzuschlagen, überschritten sie im
März den Jordan, als er Hochwasser führte und alle
Nebentäler auf beiden Seiten abgeschnitten waren.
17 Aus den Stämmen Benjamin und Juda kamen
ebenfalls einige zu Davids Bergfestung. 18 Er trat
ihnen entgegen und sagte: »Wenn ihr als Freunde
gekommen seid, um mir zu helfen, dann seid ihr
mir herzlich willkommen. Habt ihr aber vor, mich
an meine Feinde zu verraten, so weiß es der HERR,
der Gott unserer Vorfahren, und wird euch strafen;
denn ich habe kein Unrecht getan.«
19 Da ergriff der Geist* Gottes Besitz von Amasai,
dem späteren Anführer der Elitetruppe Davids, und
er rief:

»David, dir gehören wir!
Zu dir stehen wir, Sohn von Isai!
Sieg und Erfolg sei dir gegeben,
dir und allen, die bei dir sind;
denn deine Hilfe kommt von Gott!«

Da nahm David sie bei sich auf und machte sie zu
Anführern seiner Truppe.
20 Schließlich schlossen sich auch einige Männer
aus dem Stamm Manasse David an. Dies geschah
in der Zeit, als er auf der Seite der Philister* gegen
Saul in den Kampf ziehen sollte. Es kam allerdings
nicht dazu, denn die Heerführer der Philister schickten ihn vor der Schlacht weg. Sie sagten sich: »Er
könnte wieder zu Saul, seinem früheren Herrn,
überlaufen und uns ihm ans Messer liefern!«
21 Als David danach wieder nach Ziklag zurückkehrte, kamen folgende Männer aus Manasse zu
ihm: Adnach, Josabad, Jediaël, Michael, Josabad, Elihu und Zilletai. Sie waren Führer von Truppenverbänden des Stammes Manasse gewesen. 22 Sie alle
waren hervorragende Kriegsleute. Sie unterstützten
nun David im Kampf gegen die Banden der Amalekiter[a] und wurden Anführer in seinem Heer.
23 Tag für Tag kamen immer neue Leute zu David,
um ihm zu helfen, sodass er schließlich über ein riesiges Heer verfügte.

Davids Heer in Hebron

24 Nach Sauls Tod kamen wehrfähige Männer aus
allen Stämmen des Volkes zu David nach Hebron,
um ihn nach der Weisung des HERRN anstelle Sauls
zum König auszurufen. 25 Hier sind ihre Zahlen:

Juda	6800 Mann, mit Schild und Lanze bewaffnet
26 Simeon	7100 tapfere Krieger
27 Levi	4600 Mann; 28 unter ihnen der Priester Jojada, das Oberhaupt der Nachkommen Aarons, mit 3700 Mann 29 sowie Zadok, damals noch ein junger Mann, aber ein tapferer Krieger, mit seiner Sippe, nämlich 22 Anführern
30 Benjamin	3000 Mann von den Stammesbrüdern Sauls; der größere Teil des Stammes hielt damals noch zur Familie Sauls
31 Efraïm	20800 Krieger, lauter angesehene Leute in ihren Sippen
32 West-Manasse	18000 Mann; sie waren namentlich dazu bestimmt und beauftragt worden, nach Hebron zu gehen und David zum König zu machen
33 Issachar	200 Anführer mit allen ihren Männern; sie erkannten das Gebot der Stunde und wussten, was Israel zu tun hatte
34 Sebulon	50000 Mann, kriegsmäßig ausgerüstet und kampfbereit; sie waren fest entschlossen, David zu helfen

a *der Amalekiter:* verdeutlichender Zusatz; vgl. 1 Sam 30,1-20.

12,20 1 Sam 29,1-11

35 Naftali	1000 Anführer und 37 000 Mann, mit Schild und Speer bewaffnet
36 Dan	28 600 Mann, alle kampfbereit
37 Ascher	40 000 Mann, wehrfähig und kampfbereit
38 Ruben, Gad und Ost-Manasse	120 000 Mann in voller Kriegsbewaffnung von den Stämmen östlich des Jordans

39 Alle diese Kriegsleute kamen geordnet und bewaffnet nach Hebron mit der einmütigen Absicht, David zum König von ganz Israel auszurufen. In diesem Wunsch waren sie sich mit allen übrigen Israeliten einig. 40 Sie blieben drei Tage bei David in Hebron; für Essen und Trinken sorgten die Bewohner der Stadt.[a] 41 Auch Leute aus der weiteren Umgebung, sogar aus den Stammesgebieten von Issachar, Sebulon und Naftali, trugen dazu bei. Auf Eseln, Kamelen, Maultieren und Rindern brachten sie Mehl, zusammengepresste Feigen und Trauben, Wein und Olivenöl, auch eine große Menge Rinder und Schafe; denn in ganz Israel herrschte große Freude.

David holt die Bundeslade aus Kirjat-Jearim

(2 Sam 6,1-11)

13 David beriet sich mit den verantwortlichen Männern, den Anführern der Truppenverbände und den Hauptleuten. 2 Dann wandte er sich an das ganze versammelte Volk und sagte: »Wenn ihr einverstanden seid und der HERR, unser Gott, es so will, dann lasst uns Boten in alle Gegenden des Landes schicken. Sie sollen unsere Brüder rufen, die zu Hause geblieben sind, ebenso die Priester* und Leviten* in ihren Wohnorten. Sie alle sollen hierher kommen 3 und dann wollen wir gemeinsam die Bundeslade* unseres Gottes nach Jerusalem holen; denn in der Zeit Sauls haben wir uns nicht um sie gekümmert.«

4 Die ganze Versammlung fand den Plan gut und beschloss, ihn auszuführen.

5 David ließ ganz Israel zusammenrufen, von der ägyptischen Grenze* im Süden bis nach Lebo-Hamat im Norden, um die Bundeslade aus Kirjat-Jearim zu holen.[b] 6 Dort nämlich befand sich die Lade, die dem HERRN geweiht ist,[c] der über den Keruben* thront.

David zog also mit allen Israeliten nach Baala, wie Kirjat-Jearim im Gebiet von Juda auch genannt wird, zum Haus Abinadabs. 7 Auf einem neuen, noch ungebrauchten Wagen, der von Usa und Achjo geführt wurde, holten sie die Lade Gottes von dort weg. 8 Unterwegs tanzten David und das Volk mit ganzer Hingabe zu Ehren des HERRN. Sie sangen dazu unter Begleitung von Lauten und Harfen, Handpauken, Becken und Trompeten.

9 Als sie zum Dreschplatz Kidons kamen, drohten die vor den Wagen gespannten Rinder auszubrechen. Usa griff nach der Lade, um sie festzuhalten. 10 Da wurde der HERR zornig auf Usa, weil er die Lade angefasst hatte, und ließ ihn auf der Stelle sterben. 11 David war wütend, weil der HERR ihn so aus dem Leben gerissen hatte. Darum heißt der Platz bis zum heutigen Tag Perez-Usa (Usa-Riss).

12 David bekam aufgrund dieses Vorfalls Angst vor Gott. »Kann ich es denn noch wagen,[d] die Lade zu mir zu holen?«, fragte er sich. 13 Deshalb ließ er sie nicht in die Davidsstadt* bringen. Er leitete sie stattdessen um in das Haus Obed-Edoms, der aus Gat stammte. 14 Dort blieb die Lade drei Monate stehen.

Der HERR aber segnete das Haus Obed-Edoms und alles, was ihm gehörte.

David in Jerusalem

(2 Sam 5,11-16)

14 Hiram, der König von Tyrus, schickte eine Gesandtschaft zu David. Er lieferte David Zedernholz und schickte auch Steinmetzen und Zimmerleute, die ihm einen Palast bauen sollten. 2 Daran erkannte David: Es war der HERR, der ihn zum König über Israel gemacht und sein Königtum gefestigt hatte. Der HERR handelte so, weil er sein Volk Israel liebte.

3 David heiratete in Jerusalem weitere Frauen und hatte mit ihnen noch mehr Söhne und Töchter. 4 Die in Jerusalem geborenen Söhne hießen: Schammua, Schobab, Natan, Salomo, 5 Jibhar, Elischua, Elpelet, 6 Nogah, Nefeg, Jafia, 7 Elischama, Beeljada und Elifelet.

David schlägt die Angriffe der Philister zurück

(2 Sam 5,17-25)

8 Als die Philister* erfuhren, dass David zum König von ganz Israel gesalbt* worden war, kamen sie mit ihrem ganzen Heer, um ihn in ihre Gewalt zu bringen. David hörte davon und zog ihnen entgegen. 9 Die Philister besetzten die Ebene Rafaïm.[e] 10 Da fragte David Gott: »Soll ich sie angreifen? Wirst du sie in meine Hand geben?«

Der HERR antwortete: »Greif sie an! Ich will sie in deine Hand geben.«

11 David zog aus und besiegte die Philister bei Baal-Perazim. Er sagte: »Wie Wasser einen Damm durchbricht, so hat der HERR durch meine Hand die Reihen meiner Feinde durchbrochen.« Deshalb erhielt der Ort den Namen Baal-Perazim (Herr des Durchbruchs). 12 Die fliehenden Philister ließen sogar ihre Götterbilder zurück; David aber befahl, sie zu verbrennen.

13 Nach einiger Zeit zogen die Philister noch einmal gegen David aus. Wieder besetzten sie die Ebene

a *die Bewohner …:* wörtlich *ihre Brüder.*
b Der Verfasser der Chronikbücher hält sich nicht dabei auf, wie die Bundeslade dorthin gekommen ist; vgl. 1 Sam 4,11–7,1. Wichtig ist ihm dagegen ihre Überführung nach Jerusalem; darüber berichtet er viel ausführlicher (Kap. 15–16) als der Paralleltext in 2 Sam 6.
c Wörtlich *die Lade Gottes, über der der Name des HERRN ausgerufen worden ist.*
d Siehe Anmerkung zu 2 Sam 6,9.
e Diese Ebene befindet sich südwestlich von Jerusalem.

13,5 1 Sam 7,1-2 **13,6** Ex 25,21 S **13,14** 26,4-5 **14,4-7** 3,5-8 **14,12** Dtn 7,25

Rafaïm. 14 David fragte auch diesmal Gott und der
antwortete: »Greif sie nicht an, sondern umgehe
sie, bis du zu den Bakabäumen kommst, und über-
falle sie von dort aus! 15 Sobald du ein Geräusch hörst,
wie wenn jemand durch die Baumwipfel schreitet,
schlägst du los. Denn dann weißt du, dass ich vor
dir her in die Schlacht gezogen bin, um das Heer
der Philister zu besiegen.« 16 David befolgte die Wei-
sung Gottes. Er besiegte das Heer der Philister und
trieb es von Gibeon bis nach Geser zurück.
17 Davids Ruhm breitete sich aus in alle Länder und
der HERR sorgte dafür, dass alle Völker vor David
Angst bekamen.

Vorbereitungen für den Transport der Bundeslade

15 David ließ in der Davidsstadt* für sich Häuser
bauen. Er bestimmte auch einen Platz für die
Bundeslade* und ließ ein Zelt für sie aufschlagen.
2 Damals ordnete er auch an: »Nur die Leviten* dür-
fen die Lade Gottes tragen, weil der HERR selbst sie
dazu erwählt hat, seine Lade zu tragen und ihm alle-
zeit zu dienen.«[a]
3 Dann ließ David ganz Israel nach Jerusalem
zusammenrufen, um die Lade des HERRN an den
Platz zu bringen, den er für sie vorbereitet hatte.
4 Besonders die Priester* als die Nachkommen
Aarons und die Leviten ließ er laden. 5–10 Darauf fan-
den sich die Oberhäupter der levitischen Sippen mit
ihren Verwandten ein:

von den Nachkommen Kehats:
Uriël mit 120 Mann;
von den Nachkommen Meraris:
Asaja mit 220 Mann;
von den Nachkommen Gerschons:
Joël mit 130 Mann;
von den Nachkommen Elizafans:
Schemaja mit 200 Mann;
von den Nachkommen Hebrons:
Eliël mit 80 Mann;
von den Nachkommen Usiëls:
Amminadab mit 112 Mann.

11 David ließ die Priester Zadok und Abjatar und die
sechs führenden Leviten zu sich kommen 12 und
sagte zu ihnen: »Ihr seid die Oberhäupter des Stam-
mes Levi. Zusammen mit euren Stammesbrüdern
müsst ihr euch jetzt vorbereiten, damit ihr rein*
seid; denn ihr sollt die Bundeslade des HERRN, unse-
res Gottes, zu dem Platz bringen, den ich für sie vor-
gesehen habe. 13 Das vorige Mal seid ihr nicht dabei
gewesen, und der HERR, unser Gott, hat uns einen
schweren Schlag versetzt, weil wir ihn nicht vorher
befragt haben, wie es sich gehört hätte.«

14 Da reinigten sich die Priester und Leviten für
diesen Dienst. 15 Dann hoben die Leviten die Bundes-
lade mit den Tragstangen auf ihre Schultern, wie es
Mose nach der Weisung des HERRN angeordnet
hatte.
16 David befahl den Oberhäuptern der Leviten,
einige ihrer Stammesbrüder als Sänger und Spielleu-
te zu bestimmen. Sie sollten den HERRN mit frohen
Liedern preisen und den Gesang mit Harfen, Lauten
und Becken begleiten.
17 Sie beauftragten damit Heman, den Sohn von
Joël, sowie Asaf, den Sohn von Berechja, und Etan,
den Sohn von Kuschaja, der zu den Nachkommen
von Merari gehörte.
18 Hinzu kamen folgende Leviten im zweiten
Dienstrang: Secharja,[b] Jaasiël, Schemiramot, Jehiël,
Unni, Eliab, Benaja, Maaseja, Mattitja, Elifelehu,
Mikneja, Obed-Edom und Jëiël.[c]
19 Die Sänger Heman, Asaf und Etan schlugen die
bronzenen Becken. 20 Secharja, Jaasiël, Schemira-
mot, Jehiël, Unni, Eliab, Maaseja und Benaja spiel-
ten Harfe in der hohen Tonlage;[d] 21 Mattitja, Elifele-
hu, Mikneja, Obed-Edom, Jëiël und Asasja spielten
Laute in der tiefen Tonlage. Damit begleiteten sie
den Gesang.
22 Kenanja war unter den Leviten der Verantwort-
liche für Transportarbeiten.[e] Weil er sich darauf ver-
stand, gab er auch die Anweisungen für den Trans-
port der Bundeslade. 23 Berechja und Elkana gingen
als Wächter voraus. 24 Vor der Lade gingen die Pries-
ter Schebanja, Joschafat, Netanel, Amasai, Secharja,
Benanja und Eliëser und bliesen auf ihren Trompe-
ten, und hinter ihr folgten Obed-Edom und Jehija
als Wächter.

David holt die Bundeslade nach Jerusalem

(2 Sam 6,12-19)

25 David, die Ältesten* von Israel und die Anführer
der Truppenverbände gingen mit, als die Bundesla-
de* aus dem Haus Obed-Edoms geholt wurde; und
alle waren voller Freude. 26 Weil Gott es den Levi-
ten* gelingen ließ, die diesmal die Lade trugen,
opferte man ihm zum Dank sieben Stiere und sieben
Schafböcke.
27 David trug ein Obergewand* aus feinem wei-
ßen Leinen. Ebenso waren auch die Leviten geklei-
det, die die Lade trugen, wie auch die Sänger und
Kenanja, der den Transport beaufsichtigte. David
selbst trug darunter auch den leinenen Priester-
schurz*. 28 Ganz Israel stimmte jubelnd in den Klang
der Hörner, Trompeten, Becken, Harfen und Lauten
mit ein. So geleiteten sie die Lade des HERRN zu
ihrem neuen Platz.
29 Als die Bundeslade in die Davidsstadt* getragen
wurde, stand Davids Frau Michal, die Tochter Sauls,

a Die Chronikbücher berichten sehr ausführlich von allen Aufgaben und wichtigen Tätigkeiten der Leviten.
b Hier folgt noch *Sohn.*
c Es folgt noch *die Torwächter;* aber nach Vers 21 sind alle Genannten Sänger und Spielleute.
d Die musikalischen Ausdrücke in den Versen 20-21 sind nicht sicher zu deuten. Andere übersetzen in Vers 20 *auf elamitische Weise* und in Vers 21 *auf schimjanitische Weise.*
e Andere Übersetzungsmöglichkeit *der Leiter des Vortrags;* ebenso in Vers 27.

15,1 2 Sam 6,17 **15,2** Dtn 10,8S **15,11** 2 Sam 8,17S; 1 Sam 22,20 **15,15** Ex 25,14; Num 7,9 **15,16** 16,5-6; 25,1; 2 Chr 5,12; 7,6; 29,25-26; Esra 3,10; Neh 12,27.33-36 **15,17** 6,18S; 6,24S; 6,29

am Fenster. Sie fand es unpassend, dass David als
König vor Freude umhersprang und tanzte, und ver-
achtete ihn in ihrem Herzen.

16 Die Lade Gottes wurde in das Zelt gebracht,
das David für sie errichtet hatte. David opferte
Gott Brandopfer* und schlachtete Tiere für das
Opfermahl*. 2 Nach dem Mahl segnete er das Volk
im Namen des HERRN. 3 Alle Israeliten, die dabei
gewesen waren, Männer wie Frauen, bekamen
einen Laib Brot und je eine Portion zusammenge-
presste Datteln und Rosinen mit auf den Heimweg.
4 Einigen Leviten, die bei der Einholung der Bun-
deslade als Sänger mitgewirkt hatten, gab David den
Auftrag, diesen Dienst auch weiterhin vor der Lade
zu versehen und den HERRN, den Gott Israels, mit
ihren Liedern zu rühmen, zu loben und zu preisen.
5 Er setzte Asaf als ihren Leiter ein und Secharja als
dessen Stellvertreter. Weiter bestimmte er zu diesem
Dienst: Jaasiël,° Schemiramot, Jehiël, Mattitja,
Eliab, Benaja, Obed-Edom und Jëiël. Sie alle sollten
zu ihrem Gesang auf Harfen und Lauten spielen
und Asaf sollte die Becken schlagen. 6 Die Priester
Benaja und Jahasiël erhielten den ständigen Auftrag,
vor der Bundeslade die Trompeten zu blasen.

Ein Danklied

(Ps 105,1-15; 96; 106,1.47-48)

7 An jenem Tag ließ David zum ersten Mal von Asaf
und seinen Stammesbrüdern dieses Lied zu Ehren
des HERRN vortragen:

8 »Dankt dem HERRN!
Macht seinen Namen* überall bekannt;
verkündet allen Völkern, was er getan hat!

Wir wissen nicht, wo das Zelt stand, in dem David die Bundeslade aufstellte (16,1); aber wahrscheinlich war es derselbe Platz mit dem uralten heiligen Fels, über dem später Salomo den Tempel errichtete und auf dem heute der islamische »Felsendom« steht (unser Bild; eine Innenansicht findet sich auf Seite 56).

9 Singt und spielt zu seiner Ehre,
ruft euch seine Wunder ins Gedächtnis!
10 Seid stolz auf ihn, den heiligen Gott!
Seid voller Freude über ihn,
ihr, die ihr nach ihm fragt!
11 Geht zum HERRN, denn er ist mächtig;
sucht seine Nähe zu aller Zeit!
12 Erinnert euch an seine machtvollen Taten,
an seine Wunder und Gerichtsurteile,
13 ihr Nachfahren seines Dieners Israel,
ihr Nachkommen Jakobs, seine Erwählten!

14 Er ist unser Gott, er, der HERR,
seine Herrschaft umschließt die ganze Welt.
15 Denkt an seinen Bund* mit uns!
Sein Versprechen gilt tausend Generationen.
16 So hat er es Abraham zugesagt
und Isaak mit einem Schwur bestätigt.
17 So hat er es Jakob fest versprochen,
als ewigen Bund mit Israel.
18 Er hat gesagt: ›Ich gebe euch ganz Kanaan,
ich teile es euch zu als Erbbesitz*.‹
19 Sie waren damals leicht zu zählen,
nur eine Hand voll Leute waren sie,
eingewanderte Fremde im Land.
20 Sie zogen von einem Volk zum andern,
auf Wanderschaft in vieler Herren Länder.
21 Doch Gott ließ sie von niemand unterdrücken,
ihretwegen warnte er die Herrscher:
22 ›Hände weg von meinen berufenen Dienern!
Krümmt keinem meiner Boten ein Haar!‹

23 Singt dem HERRN, ihr Bewohner der ganzen Erde,
verkündet Tag für Tag, wie gern er hilft!
24 Erzählt allen Menschen von seiner Herrlichkeit,
berichtet allen Völkern von seinen großen Taten!
25 Der HERR ist mächtig, groß ist sein Ruhm;
mehr als alle Götter ist er zu fürchten.
26 Die Götter der Völker sind nur tote Götzen,
der HERR aber hat den Himmel geschaffen.
27 Pracht und Hoheit umgeben ihn,
Macht und Freude erfüllen seine Wohnung.

28 Auf zu ihm, ihr Völker!
Erweist dem HERRN Ehre,
unterwerft euch seiner Macht!
29 Erweist ihm die Ehre, die ihm zusteht:
Bringt ihm eure Opfergaben*!
Werft euch vor ihm nieder,
wenn er in seiner Heiligkeit erscheint!
30 Die ganze Welt soll vor ihm erzittern!
Die Erde ist fest gegründet,
sie stürzt nicht zusammen.
31 Der Himmel soll sich freuen, die Erde jauchzen!
Sagt es allen Menschen: ›Der HERR ist König!‹
32 Das Meer soll tosen mit allem, was darin lebt!

16,5-6 15,16S **16,5** 6,24S **16,7** 6,24S **16,16** Gen 12,1S; 26,3 **16,17-18** Gen 28,13

Der Ackerboden soll fröhlich sein
samt allem, was darauf wächst!
33 Die Bäume im Wald sollen jubeln;
denn der HERR kommt,
er kommt und sorgt für Recht auf der Erde.

34 Dankt dem HERRN, denn er ist gut zu uns,
seine Liebe hört niemals auf!
35 Sagt zu ihm: ›Rette uns doch!
Du, Gott, bist unser Befreier!
Hol uns heraus aus den fremden Völkern
und führe uns wieder zusammen!
Dann werden wir dich preisen,
dich, unseren heiligen Gott;
und dir zu danken wird unsere größte Freude sein!‹
36 Gepriesen sei der HERR, der Gott Israels,
vom Anfang der Zeiten bis in alle Zukunft!«

Auf dieses Lied antwortete das ganze Volk:
»Amen*! Preist den HERRN!«

Ordnung des Gottesdienstes in Jerusalem und Gibeon

37 Auf Befehl Davids blieben Asaf und die anderen
Männer seiner Sippe bei der Bundeslade* des
HERRN, um den täglich nötigen Dienst vor ihr zu tun.
38 Auch Obed-Edom, der Sohn Jedutuns, und die
Angehörigen seiner Sippe nahmen ihren Dienst als
Torwächter auf. Zu ihnen gehörte auch Hosa. Insge-
samt waren es 68 Männer.
39 Die Priester aber, Zadok und seine Verwandten,
versahen auf Anweisung Davids ihren Dienst weiter-
hin am Heiligen Zelt*, das an der Opferstätte* in
Gibeon[a] stand. 40 Sie sollten dort nach wie vor jeden
Morgen und Abend auf dem Altar die Brandopfer*
darbringen und alles tun, was in dem Gesetz* vor-
geschrieben ist, das der HERR den Israeliten gegeben
hat.
41 Von den Sängern blieben Heman, Jedutun und
andere, die dazu ausgewählt und namentlich be-
stimmt worden waren, ebenfalls in Gibeon, um auch
dort regelmäßig mit Gesang den HERRN zu preisen:
»Seine Liebe hört niemals auf!« 42 Sie begleiteten die
Lieder, die sie zur Ehre Gottes vortrugen, mit Trom-
peten, Becken und anderen Musikinstrumenten.
Als Torwächter waren die Söhne Jedutuns dort tätig.
43 Schließlich kehrte das ganze Volk wieder in
seine Wohnorte zurück; auch David ging nach
Hause, um seine Familie zu begrüßen.

Die Zusage eines ewigen Königtums

(2 Sam 7,1-16)

17 Nachdem David in seinen Palast eingezogen
war, sagte er eines Tages zu dem Propheten
Natan: »Ich wohne hier in einem Palast aus Zedern-
holz und die Bundeslade* des HERRN steht in einem
Zelt. Ist das in Ordnung?«
2 Natan sagte: »Tu, was du vorhast; Gott wird dir
beistehen.«
3 Aber in der folgenden Nacht sagte Gott zu Natan:
4 »Geh zu meinem Diener David und richte ihm aus:
›So spricht der HERR: Nicht du sollst mir das Haus
bauen, in dem ich wohnen kann! 5 Seit ich die Israe-
liten aus Ägypten herausgeführt habe, habe ich noch
nie in einem Haus gewohnt, ich hatte immer nur ein
Zelt und wanderte von Ort zu Ort. 6 Zu keinem der
Männer, die ich als Richter* und Anführer meines
Volkes berief, habe ich je gesagt: Warum baust du
mir kein Haus aus Zedernholz?‹
7 Darum sollst du meinem Diener David ausrich-
ten: ›So spricht der HERR, der Herrscher der Welt:[b]
Ich habe dich von der Schafherde weggeholt und
zum Herrscher über mein Volk Israel gemacht.
8 Bei allem, was du unternommen hast, habe ich
dir geholfen und habe alle deine Feinde vernichtet.
Ich habe dich berühmt gemacht und du wirst zu
den Großen der Erde gezählt. 9 Meinem Volk Israel
habe ich eine Heimat gegeben, ein Land, in dem es
sicher leben kann. Es soll sich nicht mehr vor Unter-
drückern fürchten müssen wie früher, 10 auch noch
zu der Zeit, als ich Richter über mein Volk berief.
Vielmehr will ich alle deine Feinde in die Knie zwin-
gen.
Und nun kündige ich, der HERR, dir an, dass *ich
dir* ein Haus bauen werde, nicht du mir![c] 11 Wenn
deine Zeit abgelaufen ist und du stirbst, werde ich
dafür sorgen, dass einer deiner Söhne dir auf dem

»Dankt dem Herrn verkündet allen Völkern, was er getan hat!« (16,8) Unter freudiger Anteilnahme aller, mit Singen und Tanzen, wurde die Bundeslade nach Jerusalem überführt.

a Der Ort *Gibeon* lag etwa 12 km nordwestlich von Jerusalem. Dort befand sich damals die bedeutendste Opferstätte des Landes; vgl. 1 Kön 3,4 und Karte Seite 443.
b Wörtlich *der HERR Zebaot**.
c *nicht du mir:* verdeutlichender Zusatz. Der Kern der Zusage Gottes liegt in der doppelten Bedeutung des Wortes »Haus«: David will Gott ein Haus (Tempel) bauen, und Gott will David ein Haus (Königshaus/Dynastie) bauen.

16,34 16,41; 2 Chr 5,13; 7,3.6; 20,21; Esra 3,11; Ps 118,1 S; Jer 33,11; 1 Makk 4,24; DanZ 3,89 **16,37** 6,24 S **16,40** Ex 29,38-39 **16,41** 25,1 S; 16,34 S **16,43** 2 Sam 6,19-20

Königsthron folgt, und ich will seiner Herrschaft fes-
ten Bestand geben. 12 Er soll dann ein Haus für mich
bauen, und ich werde seine Herrschaft und die sei-
ner Nachkommen für alle Zeiten fest begründen.
13 Ich will sein Vater sein und er soll mein Sohn
sein. Ich will ihm niemals meine Liebe entziehen,
wie ich sie deinem Vorgänger entzogen habe, 14 son-
dern ich werde ihn für immer in meinem Haus und
in meiner Königsherrschaft bestätigen. Sein Thron
wird für alle Zeiten bestehen.‹«

Davids Dankgebet

(2 Sam 7,17-29)

15 Natan sagte David alles, was der HERR ihm offen-
bart und für David aufgetragen hatte. 16 Da ging der
König in das Zelt des HERRN,[a] kniete vor dem HERRN
nieder und betete:

»HERR, mein Gott, ich bin es nicht wert, dass du
mich und meine Familie so weit gebracht hast!
17 Aber das war in deinen Augen noch zu wenig, mein
Gott: Du hast Zusagen gemacht, die noch meinen
fernsten Nachkommen gelten. Du hast mich ange-
schaut wie einen besonders würdigen Menschen,
HERR, mein Gott!

18 Was soll ich dir noch mehr sagen, nachdem du
mich, deinen Diener, so hoch geehrt hast! Du kennst
meine innersten Gedanken. 19 HERR, weil du mich
liebst und weil es dein Wille war, hast du all dies
Große getan, damit deine großen Taten bekannt
werden.

20 HERR, niemand ist dir gleich! Alles, was wir je
gehört haben, bestätigt: Es gibt keinen Gott außer
dir! 21 Und welches andere Volk auf der Erde gleicht
deinem Volk Israel? Wo hat je ein Gott so viel für ein
Volk getan und es aus der Sklaverei befreit und zu
seinem Eigentum gemacht? Du hast mächtige,
Furcht erregende Taten getan, sodass dein Name in
aller Welt bekannt geworden ist. Aus Ägypten hast
du es herausgeholt und hast andere Völker vor ihm
vertrieben. 22 Du hast Israel auf ewig zu deinem Volk
gemacht, HERR, und bist sein Gott geworden.

23 Lass nun wahr werden, HERR, was du mir und
meinen Nachkommen für alle Zeiten zugesagt hast!
Erfülle, was du versprochen hast! 24 Dann wird dein
Name* als zuverlässig gelten und zu allen Zeiten
gerühmt werden und die Menschen werden sagen:
›Der HERR, der Herrscher der Welt,[b] ist der Gott
Israels!‹ Und auch das Königshaus deines ergebenen
Dieners wird vor dir Bestand haben.

25 Du, mein Gott, hast mir ja das Ohr geöffnet und
mir zugesagt: ›Ich will dir ein Haus bauen.‹ Darum
wage ich, so zu dir zu beten. 26 HERR, du bist der wah-
re Gott und du hast mir, deinem Diener, diese herr-
liche Zusage gemacht. 27 Du hast beschlossen, mein
Königshaus zu segnen, damit immer einer meiner
Nachkommen auf meinem Thron sitzt. Und weil
du es gesegnet hast, HERR, bleibt es für immer ge-
segnet.«

David unterwirft die Nachbarvölker[c]

(2 Sam 8,1-14)

18 Einige Zeit später besiegte David die Philis-
ter*. Er zwang sie in die Knie und nahm ihnen
die Stadt Gat mit den dazugehörigen Ortschaften ab.
2 Er besiegte auch die Moabiter*. Er machte sie zu
seinen Untertanen und zwang sie, ihm regelmäßig
Tribut zu zahlen.

3 Dann besiegte er König Hadad-Eser von Zoba*,
dessen Gebiet sich auf Hamat zu erstreckte. Hadad-
Eser war gerade ausgezogen, um das Gebiet am obe-
ren Eufrat unter seine Herrschaft zu bringen. 4 David
erbeutete von ihm 1000 Streitwagen* und nahm
7000 Wagenkämpfer und 20000 Fußsoldaten gefan-
gen. Den Zugpferden der Streitwagen ließ er die Fuß-
sehnen durchschneiden, um sie zu lähmen; nur 100
verschonte er.

5 Als die Syrer* von Damaskus König Hadad-Eser
von Zoba zu Hilfe eilten, besiegte David auch sie
und tötete von ihnen 22000 Mann. 6 Er legte Besat-
zungen in ihre Städte, machte sie zu seinen Unter-
tanen und zwang sie, ihm regelmäßig Tribut zu
zahlen.

Der HERR stand David zur Seite und ließ ihm alles
gelingen, was er unternahm.

7 David erbeutete auch die goldenen Schilde,[d] die
Hadad-Esers hohe Offiziere getragen hatten, und
ließ sie nach Jerusalem schaffen. 8 In den Städten Tib-
hat und Kun, die zu Hadad-Esers Gebiet gehörten,
fielen ihm große Mengen von Bronze in die Hände.
Daraus ließ Salomo später das so genannte »bron-
zene Meer«, die beiden Säulen und die übrigen Bron-
zegegenstände des Tempels* herstellen.

9 Als Toï, der König von Hamat, erfuhr, dass David
die ganze Streitmacht Hadad-Esers vernichtend
geschlagen hatte, schickte er seinen Sohn Hadoram
zu König David. Er ließ ihn grüßen und beglück-
wünschte ihn zu seinem Sieg. Hadad-Eser hatte näm-
lich ständig gegen Toï Krieg geführt. 10 Hadoram
brachte David als Geschenk Geräte aus Gold, Silber
und Bronze.

11 König David weihte alle diese Geräte dem
HERRN, ebenso wie das Silber und Gold, das er von
den übrigen Völkern erbeutet hatte, von den Edomi-
tern*, Moabitern, Ammonitern*, Philistern und
Amalekitern*.

12 Abischai, der Sohn der Zeruja, besiegte im Salztal
die Edomiter, wobei 18000 von ihnen fielen. 13 Im
ganzen Land Edom setzte David Statthalter ein
und machte die Bewohner zu seinen Untertanen.

Der HERR stand David zur Seite und ließ ihm alles
gelingen, was er unternahm.

a *in das Zelt ...*: verdeutlichender Zusatz.
b Wörtlich *der HERR Zebaot*.
c Vgl. zu diesem Abschnitt die Anmerkungen zu 2 Sam 8,1-14.
d Deutung unsicher.

17,13 22,10; 28,6; 2 Kor 6,18; Hebr 1,5 **18,8** 2 Chr 4,1-6.11b-18 **18,12** 1 Sam 26,6 S

Davids oberste Beamte

(2Sam 8,15-18; 20,23-26)

14 Als König über ganz Israel regierte David gerecht und sorgte in seinem ganzen Volk für Recht und Gerechtigkeit.

15 Joab, der Sohn der Zeruja, war oberster Befehlshaber über das Heer. Joschafat, der Sohn Ahiluds, war Kanzler. 16 Zadok, der Sohn Ahitubs, und Ahimelech, der Sohn Abjatars,[a] waren Priester*. Schawscha war Staatsschreiber, 17 und Benaja, der Sohn von Jojada, befehligte die Leibgarde* Davids. Auch die Söhne Davids nahmen führende Stellungen im königlichen Dienst ein.

Der Ammoniterkönig beleidigt Davids Boten

(2Sam 10,1-5)

19 Einige Zeit danach starb der Ammoniterkönig* Nahasch und sein Sohn Hanun wurde König. 2 David dachte: »Sein Vater stand mit mir in freundschaftlichen Beziehungen; ich will mit Hanun, seinem Sohn, auch gute Beziehungen pflegen.« So schickte er Gesandte hin, die sein Beileid aussprechen sollten.

Als die Gesandten im Ammoniterland ankamen, 3 redeten die führenden Männer der Ammoniter Hanun ein: »Glaubst du wirklich, dass David seine Gesandten nur geschickt hat, um deinen Vater zu ehren und dir sein Beileid auszusprechen? Sie sind bestimmt gekommen, um unser Land genauestens auszukundschaften!«

4 Da ließ Hanun die Gesandten Davids ergreifen, ihnen den Bart und alle Haare abscheren und die Kleider unten bis zum Gesäß abschneiden. So schickte er sie zurück.

5 Als sie noch auf dem Heimweg waren, wurde David gemeldet, wie man seine Gesandten behandelt hatte. Da schickte er ihnen Boten entgegen, und weil sie so schwer geschändet waren, ließ er ihnen sagen: »Bleibt in Jericho und kommt erst zurück, wenn euer Bart nachgewachsen ist.«

Der Sieg über die verbündeten Ammoniter und Syrer

(2Sam 10,6-19)

6 Als König Hanun und die Ammoniter* merkten, dass sie David tödlich beleidigt hatten, schickten sie Unterhändler mit 1000 Zentnern* Silber nach Mesopotamien, nach Maacha in Syrien* und nach Zoba*, um überall Streitwagen* und Wagenkämpfer anzuwerben. 7 Sie brachten 32000 Streitwagen zusammen und gewannen den König von Maacha zum Bundesgenossen. Er rückte mit seinen Kriegern heran und sie lagerten vor der Stadt Medeba. Auch die Ammoniter kamen aus ihren Städten und sammelten sich zum Kampf.

8 David erfuhr von diesen Kriegsvorbereitungen und ließ Joab mit dem ganzen Heer der kriegstüchtigen Männer ausrücken.

9 Die Ammoniter bezogen Stellung vor dem Tor ihrer Hauptstadt Rabba, während sich die anderen Könige, die ihnen mit ihren Truppen[b] zu Hilfe gekommen waren, in einiger Entfernung im offenen Feld zum Kampf aufstellten.

10 Als Joab sah, dass die Feinde ihn von vorn und hinten bedrohten, wählte er seine besten Leute aus, um sich mit ihnen den Syrern entgegenzustellen. 11 Die übrigen sollten unter dem Befehl seines Bruders Abischai gegen die Ammoniter kämpfen.

12 Joab sagte zu Abischai: »Wenn die Syrer mir zu stark werden, dann komm und hilf mir! Und wenn dir die Ammoniter zu stark werden, komme *ich* dir zu Hilfe. 13 Nur Mut! Lass uns tapfer und unerschrocken für unser Volk und für die Städte unseres Gottes kämpfen! Der HERR wird der Sache den Ausgang geben, der ihm gefällt.«

14 Joab schlug mit seinen Leuten los und die Syrer ergriffen die Flucht. 15 Als die Ammoniter es sahen, ergriffen auch sie die Flucht vor Abischai und zogen sich in die Stadt zurück. Darauf ging auch Joab mit seinem Heer wieder heim nach Jerusalem.

16 Als die Syrer aus Maacha[c] erkannten, dass die Israeliten sie besiegt hatten, schickten sie Boten zu den anderen syrischen Volksstämmen nördlich des Eufrats und riefen sie zu Hilfe. Sie kamen, angeführt von Schobach, dem Heerführer Hadad-Esers.

17 Als David davon hörte, rief er alle wehrfähigen Männer Israels zusammen, überquerte mit ihnen den Jordan und kam in die Nähe der Syrer. Nachdem er sein Heer ihnen gegenüber aufgestellt hatte, begannen die Syrer den Kampf. 18 Sie mussten aber vor den Israeliten fliehen. David und seine Männer vernichteten 7000 syrische Streitwagen* samt den Pferdegespannen und Besatzungen und töteten 40000 Mann Fußvolk. Unter den Getöteten war auch der Heerführer Schobach.

19 Die syrischen Könige, die für Hadad-Eser in diesen Krieg ziehen mussten, sahen ein, dass sie Israel unterlegen waren. Sie schlossen mit David Frieden und unterwarfen sich ihm. Von da an waren die Syrer nicht mehr geneigt, die Ammoniter zu unterstützen.

Die Unterwerfung der Ammoniter

(2Sam 11,1; 12,26-31)

20 Im folgenden Frühjahr, um die Zeit, wenn die Könige in den Krieg ziehen, zog Joab mit dem Heer wieder in den Kampf gegen die Ammo-

a Vgl. Anmerkung zu 2Sam 8,17.
b *mit ihren Truppen:* verdeutlichender Zusatz.
c *aus Maacha:* verdeutlichender Zusatz; vgl. Vers 6.

niter*. Sie verwüsteten deren Land, drangen bis
Rabba vor und belagerten die Stadt. David selbst
blieb in Jerusalem.[a]
Joab eroberte die Stadt und zerstörte sie. 2 Dann
kam auch David und nahm[b] dem ammonitischen Gott
Milkom° die goldene Krone vom Haupt. Sie wog
einen Zentner* und trug einen kostbaren Edelstein.
David selbst wurde nun mit ihr gekrönt. Außerdem
nahm er aus der Stadt reiche Beute mit.
3 Die Einwohner setzte er für Bauarbeiten ein; sie
mussten mit Steinsägen,[c] eisernen Hacken und
Äxten arbeiten. Ebenso verfuhr David mit allen Städ-
ten der Ammoniter und ihren Bewohnern. Dann
kehrte er mit dem ganzen Heer nach Jerusalem
zurück.

Kämpfe gegen die Philister

(2 Sam 21,18-22)

4 Danach[d] kam es bei Geser zum Kampf mit den Phi-
listern*. Damals tötete Sibbechai aus Huscha den
Riesen Sippai und die Philister wurden in die Knie
gezwungen.
5 Bei einem weiteren Gefecht tötete Elhanan, der
Sohn Jaïrs, den Philister Lachmi aus Gat. Dieser
war ein Bruder Goliats und der Schaft seines Speeres
war so dick wie ein Weberbaum*.
6 Als es danach bei Gat zum Kampf kam, trat ein
besonders großer Riese vor. Er hatte sechs Finger
an jeder Hand und sechs Zehen an jedem Fuß, also
12 Finger und 12 Zehen. 7 Er verspottete die Israeliten;

Zwangsarbeit hat nicht nur David unterworfenen Völkern verordnet (zu einem Missverständnis des Textes von 20,3 vgl. die Erklärung dazu). Im Bild eine Gruppe von Zwangsarbeitern von einem assyrischen Relief aus dem Palast König Sanheribs in Ninive.

a Der Verfasser der Chronikbücher übergeht den Bericht von Davids Ehebruch und seinen Folgen (2 Sam 11–12), wohl weil er dem Ruhm des Königs abträglich sein könnte. Ihm liegt daran, die Größe Davids herauszustellen.
b Wörtlich *Und David nahm.*
c G deutet den hebräischen Text: »David zersägte sie mit Sägen.« Das führte bald zu einer Fehldeutung und Fehlübersetzung der Parallelüberlieferung in 2 Sam 12,31 (»... legte sie unter eiserne Sägen und Zacken und eiserne Keile und verbrannte sie in Ziegelöfen«), die heute allgemein aufgegeben ist; siehe die Übersetzung dort.
d Auch hier übergeht der Verfasser der Chronikbücher einen großen Teil des Parallelberichtes (2 Sam 13,1–21,14).

20,5 1 Sam 17,4-7

aber Jonatan, der Sohn von Davids Bruder Schima, tötete ihn.
8 Diese Riesen stammten aus Gat und waren Nachkommen von Rafa. Sie wurden von David und seinen Männern erschlagen.

DAVID BEREITET DEN BAU DES TEMPELS VOR
(Kapitel 21–29)

David greift in Gottes Rechte ein
(2 Sam 24,1-9)

21 Der Satan* wollte Israel ins Unglück stürzen. Deshalb verführte er David dazu, das Volk zählen zu lassen.[a] 2 David befahl Joab und den Führern des Volkes: »Geht durch das ganze Land von Beerscheba bis Dan und zählt die Israeliten! Sagt mir das Ergebnis, damit ich weiß, wie viele es sind!«
3 Joab erwiderte: »Mein Herr und König, ich wünsche von Herzen, dass der HERR sein Volk noch hundertmal so zahlreich macht, wie es schon ist! Alle sind deine treuen Untertanen! Warum fragst du nach ihrer Zahl? Warum soll eine solche Schuld auf Israel kommen?«
4 Aber der König ließ sich durch Joab nicht von seinem Plan abbringen. So machte sich Joab auf den Weg und durchzog das ganze Land. Als er wieder nach Jerusalem kam, 5 meldete er David das Ergebnis: Es gab in Israel 1100000 Männer, die mit dem Schwert umgehen konnten, und in Juda 470000.
6 Die Stämme Levi und Benjamin hatte Joab nicht mitgezählt, weil er mit dem Befehl des Königs ganz und gar nicht einverstanden war.

Die Strafe trifft das Volk
(2 Sam 24,10-17)

7 Gott missfiel, was David getan hatte, darum bestrafte er die Leute von Israel. 8 Da betete David zu Gott: »Ich habe ein großes Unrecht begangen. Vergib mir doch meine Schuld! Ich habe sehr unbesonnen gehandelt.«
9 Der HERR aber sagte zu Gad, dem Seher* Davids: 10 »Geh zu David und richte ihm aus: ›So spricht der HERR: Ich lasse dir die Wahl zwischen drei Übeln. Wähle, was ich dir antun soll!‹«
11 Gad kam zum König, überbrachte ihm die Botschaft und fragte: »Was willst du: 12 dass eine dreijährige Hungersnot kommt oder dass du drei Monate vor deinen Feinden fliehen musst, die dich mit dem Schwert verfolgen, oder dass drei Tage die Pest, das Schwert des HERRN, im Land wütet und der Engel* des HERRN in ganz Israel viele Menschen tötet? Überleg es dir und sag mir, was für eine Antwort ich dem HERRN bringen soll, der mich geschickt hat!«
13 David sagte zu Gad: »Ich stehe vor einer schrecklichen Wahl! Aber wenn es denn sein muss, dann lieber in die Hand des HERRN fallen, denn er ist voll Erbarmen. In die Hand von Menschen will ich nicht fallen!«
14 Da ließ der HERR in Israel die Pest ausbrechen und es starben an ihr 70000 Menschen. 15 Er schickte den Todesengel auch nach Jerusalem, um die Stadt zu verderben. Doch als der HERR sah, wie der Engel sein grausiges Werk anfing, tat es ihm Leid und er befahl ihm: »Halt, es ist genug!«
Der Engel des HERRN stand gerade auf dem Dreschplatz des Jebusiters Arauna. 16 Als David aufblickte, sah er ihn dort zwischen Himmel und Erde stehen. Er hatte das gezogene Schwert in der Hand und hielt es über Jerusalem hin ausgestreckt. David und die Ältesten* der Stadt, alle mit dem Sack* bekleidet, warfen sich mit dem Gesicht zur Erde nieder.
17 David betete: »HERR, mein Gott, ich bin doch der Schuldige! Ich habe den Befehl zur Zählung gegeben. Ich, der König, habe mich schwer verfehlt, mein Volk, diese unschuldige Herde, hat nichts Böses getan. HERR, mein Gott, strafe mich und meine Familie, aber verschone dein Volk mit solchen Plagen!«

David erwirbt den Platz für den Tempel
(2 Sam 24,18-25)

18 Der Engel des HERRN befahl Gad, dem König zu sagen, er solle zum Dreschplatz* des Jebusiters Arauna hinaufgehen und dem HERRN dort einen Altar errichten. 19 David ging hin, wie der Seher* es ihm im Namen des HERRN befohlen hatte.
20 Arauna hatte vorher gerade mit seinen vier Söhnen Weizen gedroschen. Als er sich dabei umwandte, hatte er den Engel gesehen. Seine Söhne waren weggelaufen und hatten sich versteckt.
21 David ging also zu Arauna. Als dieser aufschaute und David kommen sah, ging er ihm vom Dreschplatz aus entgegen und warf sich vor ihm nieder.
22 David sagte zu Arauna: »Überlass mir den Dreschplatz! Ich will ihn dir zum vollen Preis abkaufen und darauf dem HERRN einen Altar* errichten, damit die Seuche aufhört.«
23 Arauna antwortete: »Nimm ihn, mein Herr und König, und verfahre damit nach deinen Wünschen! Ich gebe ihn dir umsonst und dazu auch die Rinder für das Brandopfer*, den Dreschschlitten* als Brennholz und den Weizen für das Speiseopfer*.«
24 »Nein«, sagte der König, »ich möchte ihn dir zum vollen Preis abkaufen. Ich will nicht dein Eigentum wegnehmen, um es dem HERRN zu geben, und ich will ihm auch keine Brandopfer darbringen, die ich nicht bezahlt habe.«
25 David zahlte Arauna 600 Goldstücke* für den

a Vgl. zu diesem Kapitel den Parallelbericht 2 Sam 24 und die dortigen Anmerkungen.

21,1 Ijob 1,6S **21,7** 27,24

Platz. 26 Dann baute er dort einen Altar für den
HERRN, opferte darauf Brandopfer und Mahlopfer*
und rief zum HERRN. Und der HERR antwortete ihm
durch Feuer, das vom Himmel fiel und das Brand-
opfer auf dem Altar verzehrte.[a] 27 Dem Engel aber
befahl er, das Schwert wieder einzustecken.

28 David erkannte, dass der HERR ihn erhört hatte
und dass er ihm dort auf dem Dreschplatz des Jebu-
siters Arauna Opfer darbringen durfte. 29 Die Woh-
nung des HERRN, die Mose in der Wüste angefertigt
hatte, und der dazugehörende Brandopferaltar
befanden sich zu dieser Zeit noch an der Opferstät-
te* in Gibeon.[b] 30 David wagte aber nicht mehr, dort-
hin zu gehen, um den HERRN zu befragen; so sehr
hatte ihn der Engel des HERRN mit dem Schwert
erschreckt.

22 Deshalb sagte er: »Hier soll der Tempel* für
den HERRN, unseren Gott, gebaut werden
und der Altar, auf dem die Brandopfer der Israeliten
dargebracht werden.«[c]

Vorbereitungen für den Tempelbau

2 David ließ aus dem ganzen Land die Fremden*
zusammenholen, die in Israel Aufnahme gefunden
hatten, und ließ sie als Steinhauer arbeiten. Sie muss-
ten die großen Quadersteine behauen, aus denen das
Haus Gottes gebaut werden sollte. 3 Er ließ auch eine
Menge Eisen heranschaffen, aus dem Nägel für die
Torflügel und Klammern für das Mauerwerk herge-
stellt werden sollten, und solche Mengen von Bron-
ze, dass man sie gar nicht wiegen konnte. 4 Auch
ungezählte Zedernstämme wurden gelagert, denn
die Leute von Sidon und Tyrus brachten David große
Mengen von Zedernholz.

5 Er sagte sich nämlich: »Mein Sohn Salomo ist
noch jung und unerfahren; aber der Tempel* des
HERRN muss ein so großartiger Bau werden, dass er
in der ganzen Welt bewundert und gerühmt wird.
Ich werde deshalb alles für ihn vorbereiten.«

Steinhauer »mussten die großen Quadersteine behauen, aus denen das Haus Gottes gebaut werden sollte« (22,2). Auf dem Bild sehen wir Steinmetzen im heutigen Jerusalem bei der Arbeit.

So traf David selbst noch vor seinem Tod alle nöti-
gen Vorkehrungen für den Bau.

6 Dann rief er seinen Sohn Salomo zu sich und
gab ihm den Auftrag, einen Tempel* für den HERRN,
den Gott Israels, zu bauen. 7 Er sagte zu ihm:
»Mein Sohn, ich selbst hatte mir vorgenommen,
ein Haus für den Namen des HERRN, meines Gottes,
zu bauen.

8 Doch da erging an mich das Wort des HERRN, er
sagte zu mir: ›Du hast ständig Kriege geführt und viel
Blut vergossen. Darum sollst *du* kein Haus für mich[d]
bauen. 9 Doch dir wurde ein Sohn geboren, Salomo;
er wird, wie sein Name sagt,[e] ein Mann des Friedens
sein. Ich selbst werde dafür sorgen, dass Israel unter
seiner Regierung in Ruhe und Frieden leben kann,
von keinem Feind bedroht. 10 Er soll das Haus für
mich bauen. Er wird mein Sohn sein und ich will sein
Vater sein; ich will seiner Königsherrschaft über
Israel für immer Bestand geben.‹

11 Nun ist es so weit, mein Sohn! Der HERR, dein
Gott, stehe dir bei, damit dir der Bau seines Tempels
gelingt, wie er es zugesagt hat. 12 Der HERR, dein Gott,
gebe dir Klugheit und Einsicht! Er wird dich zum
Herrscher über Israel einsetzen mit dem Auftrag,
dass du sein Gesetz* genau befolgst. 13 Wenn du alle
Gebote und Vorschriften beachtest, die er Mose für
das Volk Israel gegeben hat, wirst du Erfolg haben.
Lass dich nicht beirren und hab keine Angst, son-
dern sei mutig und entschlossen!

14 Denk daran, dass ich trotz aller Schwierigkeiten
hundertmal 1000 Zentner* Gold und tausendmal
1000 Zentner Silber für den Tempel zusammenge-
bracht habe, dazu solche Mengen von Eisen und
Bronze, dass man sie gar nicht wiegen kann. Auch
Holz und Steine für den Bau habe ich beschafft
und du wirst noch mehr herbeischaffen. 15 Eine gro-
ße Zahl von Bauarbeitern steht dir zur Verfügung:
Steinmetzen, Maurer und Zimmerleute, ebenso
zahllose Kunsthandwerker, 16 die Arbeiten in Gold,
Silber, Eisen und Bronze ausführen können. Geh
also ans Werk, der HERR wird dir helfen!«

17 Allen führenden Männern in Israel befahl David,
seinen Sohn Salomo beim Bau des Tempels zu unter-
stützen. 18 Er sagte zu ihnen: »Vergesst nicht, dass
der HERR, euer Gott, euch geholfen hat! Er hat euch
Ruhe verschafft an allen Grenzen ringsum. Die
früheren Besitzer dieses Landes hat er in meine
Gewalt gegeben, sodass es nun dem HERRN und
seinem Volk gehört. 19 Richtet darum euer Sinnen
und Trachten darauf, den HERRN, euren Gott, zu
suchen und nach seinem Willen zu fragen! Geht
ans Werk und baut ihm zu Ehren das Heiligtum,
damit die Bundeslade* und die heiligen Geräte in
das Haus kommen, das für den Namen* des HERRN
errichtet wird!«

a Wörtlich *durch Feuer vom Himmel auf dem Altar des Brandopfers.*
b Vgl. 16,39 und Anmerkung dazu.
c Der Abschnitt 21,28–22,1 hat in 2 Sam 24 keine Parallele. Für den Verfasser der Chronikbücher sind diese Angaben äußerst wichtig, weil damit die Entscheidung für den Bau des Tempels gefallen ist.
d Wörtlich *für meinen Namen;* so auch in Vers 10 (vgl. dazu Anmerkung zu Dtn 12,5).
e Der Name *Salomo* (hebräisch Schelomo) enthält das hebräische Wort für »Frieden« (Schalom).

21,26 Lev 9,24S **21,29** 16,39; Ex 36,8-38; 38,1-2; 2 Chr 1,3-5 **22,5** 29,1-2 **22,7-10** 17,1-14 **22,8** 28,3; 1 Kön 5,17 **22,10** 2 Sam 7,14S **22,13** Jos 1,6-9

David setzt die Dienstgruppen der Leviten ein

23 David war inzwischen sehr alt geworden, gesättigt von einem langen und erfüllten Leben. Darum setzte er seinen Sohn Salomo als König über Israel ein. 2 Er ließ dazu alle führenden Leute in Israel und die Priester* und Leviten* zusammenrufen.[a]

3 David ließ alle männlichen Leviten zählen, die dreißig Jahre und älter waren. Diese Zählung ergab 38000 Mann. 4 Von ihnen bestimmte er 24000 zur Bauaufsicht am Tempel* des HERRN, 6000 als Beamte und Richter, 5 4000 als Torwächter und 4000 als Sänger, die den HERRN preisen und dazu auf den Instrumenten spielen sollten, die er selbst hatte anfertigen lassen.

6 David teilte die Leviten in drei Abteilungen ein, und zwar nach ihrer Abstammung von Gerschon, Kehat oder Merari, den Söhnen von Levi.

7 Die Gruppe *Gerschon:* Sie gliedert sich nach Gerschons Söhnen Ladan und Schimi.

8 Ladan hatte drei Söhne. Der rangoberste war Jehiël; ihm folgten Setam und Joël. 9 Schimi[b] hatte drei Söhne: Schelomit, Hasiël und Haran. Sie alle waren die Oberhäupter der Sippen, die von Ladan abstammten.

10 Schimi hatte vier Söhne: Jahat, Sisa,[c] Jëusch und Beria. 11 Der rangoberste war Jahat, an zweiter Stelle stand Sisa; Jëusch und Beria aber hatten nur wenige Kinder und bildeten deshalb zusammen eine einzige Sippe und auch nur eine Dienstgruppe.

12 Die Gruppe *Kehat:* Sie gliedert sich nach dessen Söhnen Amram, Jizhar, Hebron und Usiël.

13 Amram hatte zwei Söhne: Aaron und Mose. Aaron und seine Nachkommen wurden für alle Zeiten für den Priesterdienst ausgesondert. Ihnen waren die heiligsten Aufgaben anvertraut. Sie allein durften für den HERRN Opfer auf dem Altar verbrennen und im Namen des HERRN der Gemeinde seinen Segen zusprechen.

14 Die Nachkommen von Mose dagegen wurden zu den Leviten gezählt. 15 Mose hatte zwei Söhne: Gerschom und Eliëser. 16 Unter den SöhFnen Gerschoms war der rangoberste Schubaël. 17 Eliëser hatte nur einen Sohn namens Rehabja; dieser aber hatte viele Söhne.

18 Unter den Söhnen Jizhars war der rangoberste Schelomit.

19 Die Söhne Hebrons waren: der rangoberste Jerija, der zweite Amarja, der dritte Jahasiël und der vierte Jekamam.

20 Unter den Söhnen Usiëls war der rangoberste Micha und der zweite Jischija.

21 Die Gruppe *Merari:* Sie gliedert sich nach Meraris Söhnen Machli und Muschi.

Machli hatte zwei Söhne: Eleasar und Kisch.

22 Eleasar hinterließ, als er starb, keine Söhne, sondern nur Töchter. Diese verheirateten sich mit ihren Vettern, den Söhnen von Kisch.

23 Muschi hatte drei Söhne: Machli, Eder und Jeremot.

24 Diese Oberhäupter der Nachkommen von Levi wurden also beauftragt, zusammen mit ihren Sippen den Dienst am Tempel zu übernehmen. Alle Männer ab zwanzig Jahren wurden gezählt und jeder einzelne in die Namenslisten eingetragen. 25 Denn David hatte gesagt: »Der HERR, der Gott Israels, hat seinem Volk Ruhe verschafft, sodass es hier ständig wohnen kann,[d] und auch er selbst hat für alle Zeiten in Jerusalem Wohnung genommen. 26 Deshalb brauchen die Leviten nicht mehr wie früher die Wohnung des HERRN und die Geräte für ihren Dienst zu tragen.«

27 Nach den letzten Anweisungen Davids wurden alle Leviten gezählt, die zwanzig Jahre und älter waren. 28 David hatte angeordnet:[e] »Die Aufgabe der Leviten ist es, den Priestern* im Tempel zur Hand zu gehen. Sie sollen dort die Vorhöfe und Kammern beaufsichtigen, die heiligen Geräte reinigen und auch sonst alle Arbeiten erledigen, die im Tempel anfallen. 29 Sie haben für die geweihten Brote* zu sorgen und für das Mehl zum Speiseopfer*, außerdem für die ungesäuerten Fladenbrote*, das Pfannengebäck und das übrige Backwerk. Zu ihren Aufgaben gehört es auch, alle Hohlmaße und Längenmaße zu überwachen.

30 Sie müssen jeden Morgen und Abend bereitstehen, um den HERRN mit Lobgesängen und Dankliedern zu preisen. 31 Immer wenn dem HERRN Brandopfer* dargebracht werden, also am Sabbat*, am Neumondstag* und an den großen Festen, haben sie in der vorgeschriebenen Anzahl vor dem HERRN zu erscheinen.

32 So sollen die Leviten am Heiligen Zelt* und im Heiligtum ihren Dienst versehen und die Priester, ihre Stammesbrüder, bei allen ihren Pflichten unterstützen.«

Die Dienstgruppen der Priester

24 Auch die Priester*, die Nachkommen Aarons, wurden in Dienstgruppen eingeteilt. Aaron hatte vier Söhne: Nadab und Abihu, Eleasar und Itamar. 2 Nadab und Abihu starben schon, als Aaron noch lebte, und hinterließen keine Söhne. Deshalb übten von da an nur Eleasar und Itamar den Priesterdienst* aus.

3 Mit Hilfe von Zadok, einem Nachkommen Elea-

a Dieser Bericht wird erst in 28,1 fortgesetzt.
b Wahrscheinlich ist hier ein Name verwechselt worden; die Söhne von Schimi werden erst in Vers 10 genannt.
c Der Name ist auch in der Form *Sina* überliefert.
d *sodass …:* verdeutlichender Zusatz.
e Verdeutlichender Zusatz.

23,1 1 Kön 1,1-40 **23,3** Num 4,2-3; 1 Chr 23,24; 2 Chr 31,17; Esra 3,8 **23,12** 5,28-29; 6,3 **23,13** Ex 28,1; Dtn 10,8 **23,15** Ex 18,3-4 **23,21** 6,4 **23,26** Num 1,50; Dtn 10,8 **23,28-32** Num 3,5-9 **24,1** 5,29 **24,2** Lev 10,1-2

a Siehe Anmerkung zu 2Sam 8,17.
b Vgl. dazu 1Sam 10,5.10.
c *Hananja, Hanani …:* Die Namen dieser Reihe sind sämtlich »sprechend« und ergeben, hintereinander gelesen, eine Art Gebetstext: »Sei gnädig, HERR – sei mir gnädig – mein Gott bist du – ich habe (dich) gepriesen – ich habe gerühmt deine Hilfe – sitzend in harter Not – verleihe doch – Offenbarungen.«

sars, und Ahimelech, einem Nachkommen Itamars,
teilte David die Priester in Dienstgruppen ein.
4 Dabei stellte sich heraus, dass die Zahl der Männer
bei den Nachkommen Eleasars größer war als bei
den Nachkommen Itamars. Deshalb teilte man sie
so ein, dass die Sippenoberhäupter aus der Linie
Eleasars mit ihren Sippen sechzehn Dienstgruppen
bildeten und die aus der Linie Itamars nur acht.
5 Ihre Reihenfolge aber wurde durch das Los
bestimmt; denn die führenden Priester beider Gruppen, der Nachkommen Eleasars und der Nachkommen Itamars, waren als Verantwortliche für den
Dienst am Heiligtum Gottes gleichberechtigt.
6 Der Schreiber Schemaja, der Sohn Netanels, ein
Levit, schrieb alle auf. Dabei waren zugegen: der
König, die führenden Männer des Volkes, der Priester Zadok sowie Abjatar, der Sohn Ahimelechs,[a]
dazu die Sippenoberhäupter der Priester und Leviten. Abwechselnd wurden zwei Sippen von den
Nachkommen Eleasars und eine Sippe von den
Nachkommen Itamars ausgelost. 7–18 Folgende
Dienstgruppen wurden durch das Los bestimmt:

1. Jojarib	13. Huppa
2. Jedaja	14. Jeschebab
3. Harim	15. Bilga
4. Seorim	16. Immer
5. Malkija	17. Hesir
6. Mijamin	18. Pizzez
7. Koz	19. Petachja
8. Abija	20. Jeheskel
9. Jeschua	21. Jachin
10. Schechanja	22. Gamul
11. Eljaschib	23. Delaja
12. Jakim	24. Maasja

19 Entsprechend diesen Dienstgruppen mussten die Priester in den Tempel kommen und ihren Dienst nach den Vorschriften verrichten, die ihnen ihr Stammvater Aaron auf Befehl des HERRN, des Gottes Israels, gegeben hatte.

Eine zusätzliche Liste von Leviten

20 Weitere Sippenoberhäupter der Leviten* waren:

von den Nachkommen Amrams: Schubaël; von den Söhnen Schubaëls: Jechdeja
21 von den Söhnen Rehabjas: Jischija, der rangoberste
22 von den Nachkommen Jizhars: Schelomit; von den Söhnen Schelomits: Jahat
23 von den Söhnen Hebrons: Jerija, der rangoberste,° Amarja, der zweite, Jahasiël, der dritte, und Jekam-am, der vierte
24 von den Söhnen Usiëls: Micha; von den Söhnen Michas: Schamir
25 von den Söhnen Jischijas, einem Bruder von Micha: Secharja

26 Die Nachkommen Meraris waren Machli und
Muschi – sie waren Söhne von Meraris Sohn Jaasija.
27 Weitere Nachkommen Meraris über Jaasija waren:
Schoham, Sakkur und Ibri. 28 Die Söhne Machlis
waren: Eleasar, der keine Kinder hatte, 29 und Kisch.°
Der Sohn von Kisch war Jerachmeël. 30 Die Söhne
Muschis waren: Machli, Eder und Jerimot.
Dies waren die Sippen der Leviten.
31 Sie losten ihre Reihenfolge genauso aus wie ihre
Stammesbrüder, die Priester, in Gegenwart von
König David, Zadok, Ahimelech und den Sippenoberhäuptern der Priester und Leviten. Dabei wurden die Familien der Sippenoberhäupter nicht
anders behandelt als die ihrer jüngsten Brüder.

Die Dienstgruppen der Sänger

25 David bestimmte zusammen mit den Verantwortlichen für die Tempeldienste die Männer
der Sippen Asaf, Heman und Jedutun als Sänger und
Musikanten. In prophetischer Begeisterung[b] sollten
sie Gott mit Liedern preisen und den Gesang auf Lauten, Harfen und Becken begleiten. Folgende Männer
wurden dazu berufen:
2 Die Söhne Asafs: Sakkur, Josef, Netanja und Asarela. Sie standen unter der Leitung ihres Vaters, der
auf Anweisung des Königs Gott preisen sollte, erfüllt
von prophetischer Begeisterung.
3 Die Söhne Jedutuns: Gedalja, Zeri, Jeschaja, Schimi,° Haschabja und Mattitja, zusammen sechs. Sie
sollten Laute spielen unter der Leitung ihres Vaters,
der selbst den HERRN in prophetischer Begeisterung
pries und rühmte.
4 Die Söhne Hemans: Bukkija, Mattanja, Usiël,
Schubaël, Jerimot, Hananja, Hanani, Eliata, Giddalti, Romamti-Eser, Joschbekascha, Malloti, Hotir und
Mahasiot.[c] 5 So viele Söhne hatte Heman, der Seher*
des Königs. Gott hatte ihm versprochen, ihn zu
einem angesehenen Mann zu machen; deshalb hatte
er ihm vierzehn Söhne und drei Töchter geschenkt.
6 Alle diese Männer sollten nach Fertigstellung des
Tempels unter der Leitung ihrer Väter Asaf, Jedutun
und Heman zum Gesang die Becken, Harfen und
Lauten spielen, wie es der König im Voraus festgelegt hatte. 7 Zusammen mit ihren Stammesbrüdern,
die für den Gesang im Gottesdienst ausgebildet
waren, zählten sie 288 Mann, lauter fähige Leute.

24,19 Lk 1,8-9 **24,21-30** 23,17-23 **25,1** 6,18S; 6,24S; (Jedutun) 16,41; 25,3.6; 2Chr 5,12; 29,12-14; 35,15; Ps 39,1; 62,1; 77,1

8 Auch sie losten die Reihenfolge aus, nach der sie ihren Dienst zu tun hatten. Dabei wurden die Älteren nicht anders behandelt als die Jüngeren und der Meister nicht anders als die Schüler.

9–31 Das Los bestimmte folgende Männer, die zusammen mit ihren Söhnen und näheren Verwandten Gruppen von je zwölf bildeten; das erste Los traf den Asaf-Sohn Josef:

1. Josef
2. Gedalja
3. Sakkur
4. Zeri
5. Netanja
6. Bukkija
7. Asarela
8. Jeschaja
9. Mattanja
10. Schimi
11. Usiël
12. Haschabja
13. Schubaël
14. Mattitja
15. Jerimot
16. Hananja
17. Joschbekascha
18. Hanani
19. Malloti
20. Eliata
21. Hotir
22. Giddalti
23. Mahasiot
24. Romamti-Eser

Die Torwächter

26 Auch die Torwächter am Tempel* waren in Abteilungen gegliedert.

Aus der Sippe Korach kam Meschelemja, der Sohn von Kore und Enkel von Abiasaf.° 2 Seine Söhne waren: der Erstgeborene Secharja, der zweite Jediaël, der dritte Sebadja, der vierte Jatniël, 3 der fünfte Elam, der sechste Johanan und der siebte Eljoënai.

4 Auch Obed-Edom gehörte dazu; seine Söhne waren: der Erstgeborene Schemaja, der zweite Josabad, der dritte Joach, der vierte Sachar, der fünfte Netanel, 5 der sechste Ammiël, der siebte Issachar und der achte Pëulletai. Mit so vielen Söhnen hatte Gott ihn gesegnet.

6 Die Söhne von Obed-Edoms Sohn Schemaja bekamen führende Stellungen in ihrer Sippe, denn sie waren tüchtige Männer. 7 Es waren Otni, Refaël, Obed und Elsabad sowie ihre Brüder Elihu und Semachja, zwei sehr tüchtige Männer.

8 Alle diese Torwächter waren Nachkommen Obed-Edoms. Sie und ihre Söhne und näheren Verwandten waren für ihren Dienst bestens geeignet, insgesamt 62 Mann.

9 Die Söhne und näheren Verwandten von Meschelemja waren 18 Mann, ebenfalls fähige Leute.

10–11 Aus der Sippe Merari kam Hosa. Er hatte vier Söhne: Schimri, Hilkija, Tebalja und Secharja. Obwohl Schimri nicht der Erstgeborene war, hatte sein Vater ihn zum Anführer der Dienstgruppe gemacht. Insgesamt gehörten zur Familie Hosas dreizehn Söhne und nähere Verwandte.

12 Die Abteilungen der Torwächter wurden von den Oberhäuptern und den erwachsenen Männern der Familien gebildet. Ebenso wie die anderen Leviten* verrichteten sie ihren Dienst am Tempel. 13 Sie losten aus, welche Familien die einzelnen Tore bewachen sollten, und auch dabei wurden die Älteren und die Jüngeren völlig gleich behandelt.

14 Für das Osttor fiel das Los auf Meschelemja und für das Nordtor auf seinen Sohn Secharja, der als ein kluger Ratgeber bekannt war. 15 Das Los für das Südtor fiel auf Obed-Edom, für das Vorratshaus auf seine Söhne. 16 Das Westtor und das Schallechet-Tor an der ansteigenden Straße wurden Schuppim und Hosa zugewiesen.

Die Posten wurden wie folgt verteilt: 17 An der Ostseite sollten täglich sechs Mann stehen, an der Nordseite vier, nach Süden ebenfalls vier, dazu zweimal zwei am Vorratshaus, 18 und nach Westen zwei an der Straße und vier am Parbarplatz.[a]

19 Das waren die einzelnen Abteilungen der Torwächter, die alle zu den Nachkommen von Korach und Merari gehörten.

Die Aufseher der Schatzkammern

20 Einige andere Leviten° führten Aufsicht über die Tempelschätze und über die geweihten Gaben, die für den Tempel* gestiftet wurden. 21 Die Nachkommen Ladans aus der Sippe Gerschon, Oberhäupter

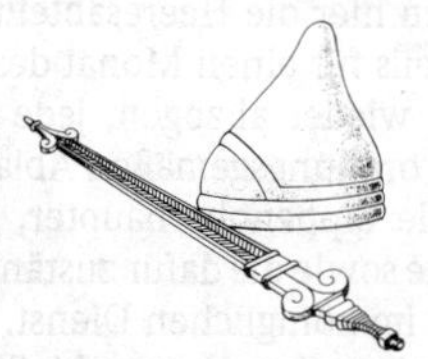

ihrer Familien, waren Jehiël 22 und seine Söhne Setam und Joël. Diese bewachten die Tempelschätze. 23 Außer ihnen wurden auch Nachkommen von Amram, Jizhar, Hebron und Usiël mit dieser Aufgabe betraut.

24 Einst war Schubaël Oberaufseher über die Schätze des Heiligen Zeltes[b] gewesen. Er war der Sohn von Gerschom, dem einen der beiden Söhne Moses. 25 Von Eliëser, dem anderen Sohn Moses, stammte Rehabja ab. Dessen Sohn war Jeschaja, die weiteren Nachkommen in direkter Linie waren Joram, Sichri und Schelomit.

26 Schelomit sollte nun zusammen mit seinen Brüdern die geweihten Gaben bewachen, alles, was König David, die Sippenoberhäupter, die Hauptleute und Obersten und die Befehlshaber des Heeres 27 aus ihrer Kriegsbeute abgeliefert hatten, um damit den Tempel gut auszustatten. 28 Vorher hatten auch schon der Seher* Samuel und Saul, der Sohn von

a *Parbarplatz* : siehe Anmerkung zu 2 Kön 23,11. Es ist nicht sicher, ob es sich um denselben Platz handelt.
b *des Heiligen Zeltes**: verdeutlichender Zusatz.

26,4-5 13,14 **26,21-22** 23,8 **26,23** 23,12 **26,24-27** 23,15-17

Kisch, Abner, der Sohn von Ner, und Joab, der Sohn der Zeruja, solche Spenden gemacht. Alle Gaben wurden von Schelomit und seinen Brüdern beaufsichtigt. Jeder, der eine solche Gabe brachte, musste sie ihnen übergeben.

Verwaltungsaufgaben anderer Leviten

29 Von den Nachkommen Jizhars waren Kenanja und seine Söhne draußen im Land Israel als Amtleute und Richter tätig.

30 Von den Nachkommen Hebrons waren Haschabja und die Angehörigen seiner Sippe im Landesteil westlich des Jordans als Aufseher eingesetzt, sowohl für die Belange des Tempels[a] als auch für die königliche Verwaltung. Sie waren insgesamt 1700 Mann, lauter tüchtige Leute.

31 Das Oberhaupt der Nachkommen Hebrons mit allen ihren Sippen und Familien war Jerija. Im 40. Regierungsjahr Davids suchte man den ganzen Sippenverband ab und fand dabei in Jaser im Land Gilead* viele tüchtige Männer. 32 David setzte sie mit Jerija an der Spitze im Ostjordanland ein, wo die Stämme Ruben, Gad und der halbe Stamm Manasse wohnten. Sie waren dort Aufseher für die Angelegenheiten Gottes und des Königs, insgesamt 2700 Mann, jeder von ihnen das Oberhaupt einer eigenen Familie.

Die Organisation des Heeres

27 Es folgen hier die Heeresabteilungen Israels, die jeweils für einen Monat des Jahres antraten und dann wieder abzogen, jede 24000 Mann stark. Für den ordnungsgemäßen Ablauf waren verantwortlich die Sippenoberhäupter, die Obersten und Hauptleute sowie die dafür zuständigen Verwaltungsbeamten im königlichen Dienst.

2–15 Befehlshaber der Heeresabteilungen waren folgende Männer:

1. Monat	Jaschobam, der Sohn von Sabdiël und Nachkomme von Perez. Er war der Befehlshaber über alle Offiziere seiner Abteilung
2. Monat	Dodai aus Ahoach. Der höchste Offizier seiner Abteilung war Miklot
3. Monat	Benaja, der Sohn des Oberpriesters Jojada. Er war einer der »Dreißig Helden«. Als er ihr Anführer wurde, übernahm sein Sohn Ammisabad den Befehl über seine Abteilung
4. Monat	Asaël, der Bruder Joabs; später sein Sohn Sebadja
5. Monat	Schamhut, ein Nachkomme Serachs
6. Monat	Ira, der Sohn von Ikkesch, aus Tekoa
7. Monat	Helez aus Pelon,[b] vom Stamm Efraïm
8. Monat	Sibbechai, ein Nachkomme Serachs, aus Huscha
9. Monat	Abiëser aus Anatot, vom Stamm Benjamin
10. Monat	Mahrai, ein Nachkomme Serachs, aus Netofa
11. Monat	Benaja aus Piraton, vom Stamm Efraïm
12. Monat	Heldai, ein Nachkomme Otniëls, aus Netofa

Die Führer der Stämme

16–22 An der Spitze der Stämme standen folgende Männer:

Ruben	Eliëser, der Sohn von Sichri
Simeon	Schefatja, der Sohn von Maacha
Levi	Haschabja, der Sohn von Kemuël
Aarons-Nachkommen	Zadok
Juda	Elihu, ein Bruder Davids
Issachar	Omri, der Sohn von Michael
Sebulon	Jischmaja, der Sohn von Obadja
Naftali	Jerimot, der Sohn von Asriël
Efraïm	Hoschea, der Sohn von Asasja
West-Manasse	Joël, der Sohn von Pedaja
Ost-Manasse	Jiddo, der Sohn von Secharja
Benjamin	Jaasiël, der Sohn von Abner
Dan	Asarel, der Sohn von Jeroham

Dies waren die Stämme Israels.

23 David hatte die männlichen Israeliten nicht zählen lassen, jedenfalls nicht die bis zu zwanzig Jahren; denn der HERR hatte zugesagt, er würde Israel so zahlreich machen wie die Sterne am Himmel. 24 Joab, der Sohn der Zeruja, hatte mit der Zählung der Männer Israels angefangen, musste sie aber abbrechen, weil der HERR darüber zornig wurde und Israel strafte. Deshalb stehen die Zahlen nicht in der Chronik des Königs David.

Die Verwalter des königlichen Besitzes

25 Asmawet, der Sohn Adiëls, hatte die Aufsicht über die Schätze des Königs in Jerusalem;
Jonatan, der Sohn von Usija, verwaltete die Vorräte auf dem Land, in den Städten, Dörfern und Schutztürmen;
26 Esri, der Sohn Kelubs, beaufsichtigte die Landarbeiter;
27 Schimi aus Rama hatte die Weinberge zu überwachen;

a Wörtlich *des* HERRN.
b *Pelon:* siehe Anmerkung zu 11,27.

27,2-15 (Benaja) 11,22-25; (Asaël) 11,26; 2 Sam 2,18-23 27,23 Gen 12,1S 27,24 21,1-27

Sabdi aus Schefam war zuständig für die Weinvor-
räte in den Weinbergen;
28 Baal-Hanan aus Bet-Gader überwachte die Oliven-
und Maulbeerfeigenbäume* im Hügelland;
Joasch war zuständig für die Ölvorräte;

29 Schitrai aus der Scharonebene war dort für die Rin-
derherden verantwortlich;
Schafat, der Sohn von Adlai, war verantwortlich für
die Rinder in den Tälern;
30 der Ismaëliter Obil war verantwortlich für die
Kamele;
Jechdeja aus Meronot war verantwortlich für die
Eselinnen;
31 der Hagariter Jasis war verantwortlich für die
Schafherden.

Dies waren die Verwalter des königlichen Besitzes.

Davids engste Umgebung

32 Davids Onkel Jonatan, ein kluger und gelehrter
Mann, war sein Berater, und Jehiël, der Sohn von
Hachmoni, war der Erzieher der Königssöhne.
33 Ahitofel war ebenfalls Berater. Huschai, ein Arki-
ter, war der Freund und Vertraute des Königs.
34 Nach dem Tod Ahitofels traten Jojada, der Sohn
von Benaja, und Abjatar an seine Stelle. Joab war
Heerführer des Königs.

David gibt Salomo Anweisungen für den Tempelbau[a]

28 David ließ alle maßgeblichen Männer von
Israel nach Jerusalem zusammenrufen: die
Oberhäupter der Stämme, die Befehlshaber der Hee-
resabteilungen, die Obersten und Hauptleute, die
Verwalter des Landbesitzes und der Viehherden
des Königs und seiner Söhne, die Hofbeamten, die
hervorragenden Krieger und alle anderen wichtigen
Männer.
2 König David stand auf und sagte zu ihnen: »Män-
ner meines Volkes, meine Brüder, hört mir zu! Ich
selbst hatte mir vorgenommen, ein Haus zu bauen,
in dem die Bundeslade* des HERRN, der Fußschemel
unseres Gottes, einen festen Platz finden soll. Ich
habe auch alle Vorbereitungen für diesen Bau getrof-
fen. 3 Doch Gott hat zu mir gesagt: ›Nicht du sollst
das Haus für mich[b] bauen, denn du hast ständig Krie-
ge geführt und viel Blut vergossen.‹
4 Aber der HERR, der Gott Israels, hat aus der gan-
zen Familie meines Vaters gerade mich erwählt, dass
ich und meine Nachkommen für alle Zeiten Könige
von Israel sein sollen. Unter den Stämmen Israels
hat er Juda erwählt, unter den Familien Judas die
meines Vaters und unter allen Söhnen meines Vaters
hat er an mir Gefallen gefunden und mich zum König
von ganz Israel gemacht. 5 Unter den vielen Söhnen,
die mir vom HERRN geschenkt worden sind, hat er
Salomo zu meinem Nachfolger bestimmt. Er soll
auf dem Königsthron des HERRN über Israel regieren.
6 Der HERR hat auch zu mir gesagt: ›Dein Sohn
Salomo soll den Tempel* mit seinen Vorhöfen für
mich bauen. Ihn habe ich erwählt; er wird mein
Sohn sein und ich will sein Vater sein. 7 Ich will sei-
ner Herrschaft für immer Bestand geben, wenn er
sich auch künftig so entschieden an meine Gebote
und Rechtsordnungen hält, wie er es jetzt tut.‹
8 Ich ermahne euch nun vor den Augen von ganz
Israel, der Gemeinde des HERRN, und vor den Ohren
unseres Gottes: Achtet auf alle Gebote des HERRN,
eures Gottes, und befolgt sie gewissenhaft! Dann
werdet ihr im Besitz dieses schönen Landes bleiben
und ihr könnt es euren Nachkommen für alle Zeiten
weitervererben.
9 Du aber, mein Sohn Salomo, lerne den HERRN,
den Gott deines Vaters, immer besser kennen!
Gehorche ihm bereitwillig und mit ungeteiltem Her-
zen! Denn er sieht uns ins Herz und kennt unsere
geheimsten Gedanken. Wenn du ihn suchst, lässt
er sich von dir finden. Wenn du dich aber von ihm
abwendest, wird er dich für immer verstoßen.
10 Denke daran: Der HERR hat dich erwählt, damit

Nach dem Bericht der Chronikbücher gab David seinem Sohn und Nachfolger Salomo genaue Anweisungen für den Tempelbau. Er selbst habe keine Mühe gescheut, die erlesensten Baumaterialien bereitzustellen, unter anderem Zedernholz von den Bergen des Libanons (22,4).

a Hier wird der Bericht von 23,2 wieder aufgenommen.
b Wörtlich *für meinen Namen;* siehe Anmerkung zu Dtn 12,5.

27,33 2Sam 15,11S; 15,31S **28,2-7** 17,1-14 **28,2** Klgl 2,1S **28,3** 22,8S

a *dem Raum ...:* wörtlich *dem Haus der Deckplatte*; vgl. Ex 25,17-22.
b Hier wird eine Reihe von Steinen aufgezählt, die nicht sicher zu identifizieren sind.
c Wörtlich *Dariken.*
d *Israel* = Jakob; siehe Gen 32,29; 35,10.

du ihm ein Heiligtum baust. Darum geh entschlossen ans Werk!«

11 Darauf übergab David seinem Sohn Salomo die Baupläne für den ganzen Tempel mit der Vorhalle, dem Hauptraum, den angebauten Schatzkammern, den Obergemächern und Innenräumen und dem Raum für die Bundeslade,[a] 12 ebenso mit den Vorhöfen und den Hallen ringsum. David hatte schon alles genau festgelegt, wie es ihm der Geist* Gottes eingegeben hatte.

David gab Salomo auch Anweisungen für die Verwendung der Tempelschätze und der Gaben, die Gott geweiht waren, 13 für die Einteilung der Dienstgruppen der Priester* und Leviten* und für den gesamten Dienst im Haus des Herrn und die dazu nötigen Geräte. 14 Für jedes einzelne goldene und silberne Gerät gab er genau an, wie viel Gold oder Silber dazu verwendet werden sollte, 15 ebenso für die goldenen und silbernen Leuchter mit den dazugehörenden Lampen, je nachdem, für welchen Zweck sie bestimmt waren.

16 Er setzte auch das Goldgewicht der Tische für die geweihten Brote* und das Gewicht des Silbers für die anderen Tische fest. 17 Er machte Angaben für die Gabeln, Opferschalen und Kannen, die aus reinem Gold gefertigt werden sollten, und über das Gewicht des Goldes oder Silbers für jeden einzelnen Becher. 18 Er bestimmte, aus welcher Menge von reinstem Gold der Räucheraltar* hergestellt werden sollte, und übergab Salomo einen Plan für den Wagen der Bundeslade*, insbesondere für die Kerubenfiguren aus Gold, die mit ihren ausgebreiteten Flügeln die Bundeslade des Herrn bedecken sollten.

19 Und David sagte: »Für alle Arbeiten, die zur Ausführung des Bauplans nötig sind, hat der Herr mir schriftliche Anweisungen gegeben, die von seiner Hand stammen.«

20 Noch einmal sagte David zu seinem Sohn Salomo: »Geh mutig und entschlossen an diese Aufgabe heran! Lass dich nicht beirren und hab keine Angst, denn der Herr, mein Gott, wird dir beistehen. Er wird sich nicht von dir abwenden und dich nicht im Stich lassen, sondern wird dir helfen, alle diese Arbeiten an seinem Tempel zu vollenden. 21 Die Gruppen der Priester und der Leviten, die für den gesamten Dienst im Tempel bestimmt sind, stehen schon bereit. Für alle Aufgaben hast du willige und sachkundige Leute zur Seite, auch die führenden Männer und das ganze Volk werden dir in jeder Hinsicht behilflich sein.«

Spenden für den Bau des Tempels

29 Dann wandte sich König David an die ganze Versammlung und sagte: »Mein Sohn Salomo, der Einzige, den der Herr für dieses Werk erwählt hat, ist noch jung und unerfahren, und die Aufgabe, die er lösen muss, ist groß. Das Bauwerk, das er errichten soll, ist ja nicht für einen Menschen bestimmt, sondern für Gott, den Herrn!

2 Darum habe ich meine ganze Kraft eingesetzt, um für das Haus meines Gottes große Mengen Gold, Silber, Bronze, Eisen und Holz zu beschaffen. Sie sind für die Geräte, die hergestellt werden müssen, ebenso Edelsteine, Halbedelsteine und andere wertvolle Steine in verschiedenen Farben[b] sowie große Mengen von weißem Marmor. 3 Weil mir der Tempel meines Gottes am Herzen liegt, spende ich darüber hinaus aus meinem eigenen Besitz 4 noch 3000 Zentner* reines Gold aus Ofir* und 7000 Zentner reines Silber. Mit einem Teil davon sollen die Innenwände verkleidet werden; 5 das Übrige ist für die goldenen und silbernen Gegenstände und alle sonstigen Arbeiten der Künstler bestimmt. Und nun frage ich euch: Wer ist bereit, dem Herrn heute eine Gabe zu bringen?«

6 Da bewiesen die Sippenoberhäupter, die Oberhäupter der Stämme, die Obersten und Hauptleute und die Beamten des Königs ihre Opferbereitschaft 7 und spendeten für den Tempelbau 5000 Zentner Gold, dazu 10000 Goldmünzen,[c] 10000 Zentner Silber, 18000 Zentner Bronze und 100000 Zentner Eisen. 8 Wer Edelsteine besaß, stiftete sie für den Tempelschatz, der von Jehiël, einem Nachkommen Gerschons, verwaltet wurde.

9 Das ganze Volk freute sich über die Opferbereitschaft, weil diese reichen Gaben freiwillig und mit ungeteiltem Herzen für den Herrn gespendet worden waren. Auch König David freute sich sehr darüber.

Davids Dankgebet

10 Darauf pries David vor der ganzen Versammlung den Herrn und betete:

»Gepriesen seist du, Herr, du Gott unseres Stammvaters Israel,[d] vom Anfang der Zeiten bis in alle Zukunft! 11 Dir, Herr, gehören Größe und Kraft, Ehre und Hoheit und Pracht! Alles im Himmel und auf der Erde ist dein Eigentum; dir gehört alle Herrschaft, du bist hoch erhoben als das Haupt über alles! 12 Du teilst Reichtum und Ansehen aus und gibst Kraft und Stärke dem, den du groß und mächtig machen willst. Du bist der Herr über alles! 13 Darum wollen wir dir, unserem Gott, danken und deinen herrlichen Namen* rühmen.

14 Ich bin nichts, Herr, und auch mein Volk ist nichts; aus eigenem Vermögen wären wir gar nicht in der Lage, dir solche Gaben zu bringen. Alles kommt von dir, auch diese Gaben haben wir erst von dir empfangen.

15 Es geht uns nicht anders als allen unseren Vorfahren: Wir wohnen nur wie Gäste oder Fremde* in diesem Land, das du uns gegeben hast, denn unser

28,13 23,1–26,32 **29,1-2** 22,5 **29,2** 22,14 **29,5** Ex 25,2 **29,15** Ps 39,13 S

Leben auf der Erde ist vergänglich wie ein Schatten,
ohne Hoffnung auf Dauer.
16 HERR, unser Gott! Der ganze Reichtum, den wir
jetzt zusammengebracht haben, um für dich, für dei-
nen heiligen Namen, ein Haus zu bauen,[a] kommt
aus deiner Hand und darum gehört auch alles dir!
17 Mein Gott, ich weiß, dass du den Menschen ins
Herz siehst, und du freust dich, wenn sie aufrichtig
sind. Ich habe dies alles mit aufrichtigem Herzen
gegeben und ich habe voller Freude gesehen, welche
Opferbereitschaft auch dein Volk hier bewiesen hat.
18 HERR, du Gott unserer Vorfahren Abraham,
Isaak und Israel! Erhalte deinem Volk für immer
diese Gesinnung, dass es von Herzen dir zugewandt
bleibt!
19 Hilf auch meinem Sohn Salomo, dass er mit
ungeteiltem Herzen deine Gebote, Weisungen und
Vorschriften befolgt und alles tut, um den Tempel-
bau auszuführen, den ich vorbereitet habe.«
20 Dann forderte David die ganze Versammlung
auf: »Preist den HERRN, euren Gott!«
Da priesen alle den HERRN, den Gott ihrer Vorfah-
ren. Vor dem HERRN und dem König warfen sie sich
auf die Knie und beugten sich mit der Stirn zur Erde
nieder.
21 Am nächsten Tag brachten sie dem HERRN
Opfer.* Sie schlachteten tausend Stiere, tausend
Schafböcke und tausend Lämmer als Brandopfer.
Dazu kamen die vorgeschriebenen Trankopfer und
eine große Menge von Mahlopfern für das ganze ver-
sammelte Volk. 22 Sie aßen und tranken in Gegen-
wart des HERRN und freuten sich sehr an diesem
Tag. Zum zweiten Mal riefen sie Salomo zum König
aus und salbten* ihn, damit er nun im Auftrag des
HERRN das Volk regierte. Zadok aber salbten sie
zum Priester.
23 Dann bestieg Salomo anstelle seines Vaters
David den Thron des HERRN[b] und er wurde von ganz
Israel als König anerkannt. 24 Alle führenden Männer
des Volkes, die hervorragenden Krieger und auch die
anderen Söhne Davids unterwarfen sich ihm.
25 Der HERR ließ Salomo vor den Augen von ganz
Israel sehr mächtig werden und machte ihn zu einem
so bedeutenden König, dass er seine Vorgänger an
Glanz weit übertraf.

Zusammenfassung der Regierung Davids

26 David, der Sohn von Isai, war König von ganz
Israel. 27 Er regierte vierzig Jahre lang, davon sieben
in Hebron und dreiunddreißig in Jerusalem. 28 Er
starb in hohem Alter, gesättigt von einem langen
Leben, von Reichtum und Ehre. Sein Sohn Salomo
wurde sein Nachfolger. 29 Alles, was es sonst noch
über Davids Regierungszeit zu sagen gibt, das ist
nachzulesen in den Berichten des Sehers* Samuel,
des Propheten* Natan und des Sehers Gad. 30 Sie
schildern seine ganze Regierungstätigkeit und seine
Siege, überhaupt alles, was er selbst und Israel und
die anderen Königreiche damals erlebt haben.

a *für deinen heiligen Namen:* siehe Anmerkung zu Dtn 12,5.
b Der HERR ist der eigentliche Herrscher über Israel, der König regiert nur in seinem Auftrag; vgl. Vers 11 und 28,5.

29,17 Ps 7,10 **29,22** 1 Kön 1,39-40; 1 Sam 16,13S; 2 Sam 8,17S **29,23** 1 Kön 2,12 **29,25** 1 Kön 3,12-13 **29,27** 3,4S

2CHRONIK

In direktem Anschluss an das erste Chronikbuch berichtet das zweite von der Regierung König Salomos und seinem Tempelbau sowie von der Geschichte seiner Nachfolger auf dem Thron der Könige von Juda bis zur Wegführung nach Babylonien 587 v. Chr. Das Interesse der Chronikbücher am Tempel zeigt sich im zweiten Buch darin, dass die Reinigung des Gottesdienstes durch die Könige Hiskija und Joschija besondere Beachtung findet.

Inhaltsübersicht

König Salomo und der Tempelbau Kap 1–9
Geschichte der Könige von Juda 10–28
Reformen durch Hiskija und Joschija 29–35
Ende des Reiches Juda 36

KÖNIG SALOMO UND DER BAU DES TEMPELS (Kapitel 1–9)

Salomos Bitte um Weisheit

(1 Kön 3,4-15)

1 Salomo, der Sohn Davids, festigte seine Königsherrschaft; der HERR, sein Gott, stand ihm bei und ließ ihn sehr mächtig werden.

2 Eines Tages rief Salomo die Vertreter von ganz Israel nach Jerusalem zusammen: die Truppenführer, die Richter, die Führer der Stämme und die Sippenoberhäupter. 3 Mit der ganzen Versammlung ging er zur Opferstätte* in Gibeon.[a]

Dort stand noch das Heilige Zelt*, das Mose, der Diener und Bevollmächtigte* Gottes, in der Wüste herstellen ließ. 4 Für die Bundeslade* hatte David in Jerusalem ein Zelt aufschlagen lassen und sie von Kirjat-Jearim herbeigeholt. 5 Bei der Wohnung des HERRN in Gibeon stand auch der bronzene Altar*, den Bezalel, der Sohn von Uri und Enkel von Hur, gemacht hatte.

Dorthin begab sich nun Salomo mit allen Versammelten 6 und opferte dem HERRN auf dem Altar vor dem Heiligen Zelt tausend Tiere als Brandopfer*.

7 In der folgenden Nacht erschien ihm Gott und sagte zu ihm: »Wünsche dir, was du willst! Ich will es dir geben.«

8 Salomo sagte zu Gott: »Du hast meinem Vater David sehr viel Güte erwiesen und mich hast du nun an seiner Stelle als König eingesetzt. 9 HERR, mein Gott, lass doch jetzt die Zusage, die du meinem Vater gegeben hast, in Erfüllung gehen! Denn du hast mich zum König gemacht über ein Volk, das so zahlreich ist wie die Staubkörner auf der Erde. 10 Darum schenke mir Weisheit und Verständnis, dass ich mit deinem Volk richtig umgehe! Wie könnte ich denn sonst dieses große Volk regieren?«

11 Da sagte Gott zu Salomo: »Du hättest dir auch Reichtum, Schätze oder Ansehen wünschen können, den Tod deiner Feinde oder langes Leben für dich. Stattdessen hast du mich um Weisheit gebeten, damit du mein Volk, über das ich dich als König eingesetzt habe, regieren kannst. Weil dir das am Herzen liegt, 12 will ich dir Weisheit und Verständnis schenken. Aber ich gebe dir dazu auch so viel an Reichtum, Schätzen und Ansehen, wie noch kein König vor dir besessen hat und auch nach dir keiner haben wird.«

13 Danach kehrte Salomo vom Heiligen Zelt an der Opferstätte in Gibeon wieder nach Jerusalem zurück, um von dort aus über Israel zu regieren.

Salomos Macht und Reichtum

(9,25-28; 1 Kön 10,26-29)

14 Salomo legte sich eine große Zahl von Streitwagen* mit den dazugehörigen Besatzungen zu. Er hatte 1400 Wagen und 12000 Wagenkämpfer. Ein Teil von ihnen war in Jerusalem stationiert, die übrigen waren in den Städten untergebracht, die er dafür ausgebaut hatte.

a Vgl. Anmerkung zu 1 Chr 16,39.

1,1 1 Kön 2,12 **1,4** 1 Chr 13,5-14; 15,25–16,1 **1,5** Ex 38,1-7 **1,9** 1 Chr 17,7-14; Gen 12,1S **1,14** 1 Kön 5,6S

15 Unter Salomos Regierung war in Jerusalem Sil-
ber und Gold so gewöhnlich wie Steine, und Zedern-
holz wie das Holz der Maulbeerfeigenbäume* im
Hügelland von Juda.
16 Seine Pferde ließ Salomo aus Ägypten, und zwar
aus Koa, einführen; seine Händler kauften sie dort
auf. 17 Auch Streitwagen wurden aus Ägypten einge-
führt. Ein Streitwagen kostete 600 Silberstücke*,
ein Pferd 150 Silberstücke. Die Händler Salomos
belieferten auch die Könige der Hetiter* und Syrer*
mit Pferden und Streitwagen.

Vorbereitungen für den Tempelbau

(1 Kön 5,15-32)

18 Salomo befahl, zu Ehren des HERRN einen Tempel*
zu bauen[a] und für ihn selbst einen Regierungspalast.
2 Er ließ 80 000 Mann zum Frondienst* ausheben,
die als Steinbrecher in den Bergen von Juda arbei-
ten mussten, und 70 000 Mann, die die Steinblöcke
abtransportierten. Weitere 3600 Mann setzte er als
Aufseher ein.[b]
2 Dann schickte er eine Gesandtschaft zum König
Hiram von Tyrus und ließ ihm sagen:
»Du hast schon meinen Vater David unterstützt,
als er sich einen Palast bauen wollte, und hast ihm
dazu Zedernholz geliefert. 3 Jetzt bin ich selbst im
Begriff, einen Tempel zu bauen, ein Haus für den
Namen des HERRN, meines Gottes,[c] das ihm geweiht
sein soll. Wir wollen darin für ihn Weihrauch* ver-
brennen und ständig geweihte Brote* auflegen.
Jeden Morgen und Abend, am Sabbat*, am Neu-
mond* und an den Festen des HERRN, unseres Got-
tes, sollen dort Brandopfer* dargebracht werden.
Dazu sind wir Israeliten für alle Zeiten verpflichtet.
4 Das Haus, das ich bauen will, muss sehr groß
werden, weil unser Gott größer ist als alle anderen
Götter. 5 Für ihn lässt sich eigentlich gar kein Haus
bauen. Der ganze Himmel, so unendlich weit er
auch ist[d] – für ihn ist er noch zu klein! Wie könnte
ich ihm da ein Haus bauen? Nur ein Heiligtum, in
dem ihm Opfer dargebracht werden, kann ich ihm
bauen.
6 Und nun meine Bitte: Schicke mir einen tüchti-
gen Künstler, der alle Arbeiten in Gold, Silber, Bron-
ze und Eisen ausführen kann. Ebenso muss er rote,
karmesinrote und blaue Wolle verarbeiten können
und auch auf Schnitzarbeiten muss er sich verste-
hen. Er soll alle diese Arbeiten zusammen mit den
Künstlern aus Juda und Jerusalem ausführen, die
hier bei mir sind und die schon mein Vater David
angestellt hat.
7 Schicke mir auch Zedern- und Zypressenstämme
und anderes Edelholz aus dem Libanon-Gebirge! Ich
weiß ja, wie gut deine Leute dort Holz zu schlagen
verstehen. Auch dabei sollen meine Arbeiter den dei-
nen zur Hand gehen. 8 Auf diese Weise soll eine große
Menge Bauholz zurechtgemacht werden, weil der
Tempel, den ich bauen will, so groß und prächtig
werden muss.
9 Für die Verpflegung deiner Leute, die das Holz
fällen, will ich dir 4000 Tonnen Weizen, 4000 Ton-
nen Gerste, 4000 Hektoliter Olivenöl und 4000 Hek-
toliter Wein liefern.«[e]
10 Daraufließ König Hiram von Tyrus Salomo eine
schriftliche Botschaft überbringen, in der es hieß:
»Der HERR muss sein Volk sehr lieben, weil er dich
als König eingesetzt hat!«
11 Weiter schrieb Hiram: »Der HERR, der Gott
Israels, der Himmel und Erde geschaffen, sei geprie-
sen! Er hat König David einen tüchtigen, klugen
Sohn geschenkt. Es ist ein weiser Entschluss, dass
du ihm einen Tempel bauen willst und dir selbst
einen Regierungspalast. 12 Ich werde dir dazu einen
tüchtigen und begabten Künstler schicken, meinen
Meister Hiram. 13 Seine Mutter kommt aus dem
Stamm Dan, sein Vater aber von hier aus Tyrus. Er
versteht sich auf alle Arbeiten in Gold, Silber, Bron-
ze, Eisen, Stein und Holz, ebenso auf die Verarbei-
tung von roter, blauer und karmesinroter Wolle
und von Leinen sowie auf Schnitzarbeiten aller
Art. Er kann alles entwerfen, was du bei ihm in Auf-
trag gibst, und ist bereit, mit deinen Künstlern und
denen deines verehrten Vaters David zusammenzu-
arbeiten.
14 Habe die Güte, die angekündigte Sendung von
Weizen, Gerste, Wein und Öl abzuschicken. 15 Wir
unsererseits werden im Libanon-Gebirge so viel
Holz fällen, wie du benötigst. Ich lasse die Stämme
in Flößen an der Küste entlang bis nach Jafo bringen.
Von dort können deine Leute sie nach Jerusalem
weitertransportieren.«
16 Salomo ließ im ganzen Land die Fremden* zäh-
len, die in Israel Aufnahme gefunden hatten. Auch
sein Vater David hatte das schon einmal getan. Die
jetzige Zählung ergab 153 600 Männer. 17 Davon ließ
Salomo 80 000 in den Bergen von Juda als Steinbre-
cher arbeiten, weitere 70 000 als Lastträger für den
Transport der Steine, und 3600 setzte er als Aufseher
ein, um die Leute zur Arbeit anzuhalten.

Salomo baut Gott einen Tempel

(1 Kön 6,1-38)

3 Dann begann Salomo, auf dem Berg Morija[f] in
Jerusalem das Haus für den HERRN zu bauen.
Den Platz hatte schon sein Vater David bestimmt,
weil ihm dort auf dem Dreschplatz des Jebusiters
Arauna der HERR erschienen war. 2 Im zweiten
Monat° seines vierten Regierungsjahres fing Salomo
mit dem Bau an.
3 Die Länge des Tempelhauses betrug dreißig
Meter und die Breite zehn Meter.[g] 4 An der Stirnseite
befand sich eine Vorhalle, zehn Meter breit wie der

a Der Verfasser der Chronikbücher übergeht die Berichte über Salomos weises Urteil und seine Hofhaltung sowie die Liste seiner Minister; vgl. 1 Kön 3,16–5,14. Für seine Darstellung ist Salomos Einsatz für Tempel und Gottesdienst wichtiger.

b Für diese Arbeiten wurden nach der Darstellung der Chronikbücher die in Israel lebenden Ausländer eingesetzt; vgl. Verse 16-17.

c *für den Namen:* siehe Anmerkung zu Dtn 12,5.

d Siehe Anmerkung zu 6,18.

e Hebräische Maßangaben je *20 000 Kor* (1 Kor = 10 Efa*) und *20 000 Bat* (1 Bat = 6 Hin*). Die Gewichtsmaße wurden bei der Umrechnung aufgerundet; genauer je etwa 3300 t.

f Der Name *Morija* begegnet sonst nur noch in Gen 22,2. Der dort als Ort des Abrahamsopfers erwähnte Berg ist nach dem Verfasser der Chronikbücher der spätere Tempelberg, der sonst Zion genannt wird.

g Hebräische Maßangaben jeweils die doppelte Zahl *Ellen**, auch weiterhin in Kap. 3 und 4; im Text wird an dieser Stelle noch vermerkt *nach dem älteren Ellenmaß*, d.h. die Elle zu 52 cm.

2,5 1 Kön 8,27S **2,12-13** 1 Kön 7,13-14 **3,1** Gen 22,2

Hauptbau und sechzig Meter[a] hoch. Die Innenwän-
de der Vorhalle ließ Salomo mit reinem Gold über-
ziehen.
5 Das Haus selber ließ er innen mit Zypressenholz
verkleiden und dies ebenfalls mit reinem Gold über-
ziehen. Darauf wurden noch Verzierungen in Form
von Palmbäumen und kettenartigen Bändern ange-
bracht. 6 Das ganze Haus ließ er mit kostbaren Stei-
nen schmücken. Das für den Bau verwendete Gold
stammte aus Parwajim.[b] 7 Damit wurde innen das
ganze Haus einschließlich der Balken, Schwellen,
Wände und Türen verkleidet. An den Wänden wur-
den auch noch Bilder von Keruben* eingeschnitzt.
8 Den hinteren Raum, das Allerheiligste*, machte
Salomo zehn Meter lang und zehn Meter breit, so
breit wie das ganze Gebäude. Er wurde innen mit
reinem Gold verkleidet; dafür wurden 600 Zentner*
gebraucht. 9 Für den Goldüberzug der Nägel wurde
ein halbes Kilo[c] gebraucht. Auch die Wände der obe-
ren Räume wurden mit Gold überzogen.
10 Für das Allerheiligste ließ Salomo zwei Keruben-
figuren gießen.[d] Auch sie wurden mit Gold überzo-
gen. 11-12 Jede hatte zwei Flügel, je zweieinhalb Meter
lang. Die beiden Figuren waren so nebeneinander
aufgestellt, dass ihre ausgespannten Flügel einander
in der Mitte des Raumes berührten und außen bis an
die Seitenwände reichten. 13 Die Flügel überspann-
ten also die ganze Breite des Raumes von zehn
Metern, von einer Wand bis zur andern. Die Figuren
selbst standen aufrecht auf ihren Füßen und waren
mit dem Gesicht dem Eingang zugewandt. 14 Weiter
ließ Salomo den Vorhang vor dem Allerheiligsten
machen. Er war aus gezwirntem Leinen gewebt
und mit blauer, roter und karmesinroter Wolle
waren Kerubenbilder darauf gestickt.

Die beiden Säulen aus Bronze

(1 Kön 7,15-22)

15 Schließlich ließ Salomo für den Platz vor dem Tem-
pel zwei Säulen herstellen. Sie waren siebzehnein-
halb Meter hoch, ihre Kapitelle hatten eine Höhe
von zweieinhalb Metern. 16 Für diese Säulen wurden
auch kettenartige Bänder[e] angefertigt und oben
ringsum angebracht, ebenso hundert Nachbildun-
gen von Granatäpfeln, die an den Bändern befestigt
wurden. 17 Salomo ließ die Säulen vor dem Tempel-
haus aufstellen, eine rechts, die andere links. Die
rechte nannte er Jachin (Er richtet auf) und die linke
Boas (In ihm ist Stärke).

Die Ausstattung des Tempels

(1 Kön 7,23-40)

4 Salomo ließ einen Altar* aus Bronze machen,
der war zehn Meter lang, zehn Meter breit
und fünf Meter hoch.
2 Ebenso ließ er ein großes, rundes Bronzebecken
gießen, das »Meer«. Sein Durchmesser betrug fünf
Meter, sein Umfang fünfzehn Meter und seine Höhe
zweieinhalb Meter. 3 Unter seinem Rand war es
ringsum mit zwei Reihen von Rindern verziert, die
mit dem Becken aus einem Guss waren; auf einen
halben Meter kamen zehn Rinder. 4 Das Becken wur-
de von zwölf Rindern getragen, die in Dreiergruppen
angeordnet waren; jede Gruppe schaute in eine
andere Himmelsrichtung. 5 Der Rand des Beckens
war nach außen gewölbt wie bei einem Kelch oder
einer Wasserlilie. Das Metall war etwa eine Hand-
breite dick. Das Becken fasste über 60 000 Liter.[f]
6 Außerdem ließ Salomo zehn kleinere Bronzebe-
cken machen. Fünf davon ließ er rechts vom »Meer«
aufstellen und fünf links. Darin wurde alles abge-
spült, was von den Opfertieren auf dem Altar ver-
brannt werden sollte. Das Wasser im großen Becken
dagegen war nur für die Waschungen der Priester
bestimmt.
7 Salomo ließ auch zehn goldene Leuchter
machen, genau nach der Vorschrift. Fünf wurden
im Hauptraum des Tempels auf der rechten Seite auf-
gestellt und fünf auf der linken. 8 Ebenso wurden
zehn Tische angefertigt und dort aufgestellt, fünf
rechts und fünf links. Außerdem ließ Salomo hun-
dert goldene Opferschalen herstellen.
9 Dann richtete er den inneren Vorhof* ein, der
nur von den Priestern betreten werden durfte, und
den großen, äußeren Vorhof. Für diesen ließ er Tore
anfertigen, deren Flügel mit Bronze überzogen wur-
den. 10 Rechts vom Eingang des Tempels, an der Süd-
ostecke des Gebäudes, wurde das große Becken auf-
gestellt.
11a Hiram fertigte auch alle sonstigen Tempelgeräte
an wie Kübel, Schaufeln und Opferschalen.

Zusammenfassende Liste der Geräte für den Tempel

(1 Kön 7,40-51)

11b-16 Im Auftrag von König Salomo fertigte Meister
Hiram alle diese Arbeiten für den Tempel* des
HERRN an. Jedes Stück war aus Bronze gegossen
und die Oberfläche anschließend poliert worden.
Hier ist ein vollständiges Verzeichnis aller Stücke:

2 Säulen
2 becherförmige Kapitelle für die Säulen
2 Geflechte von Bändern für die Kapitelle
400 Granatäpfel, aufgehängt über den Bändern jedes Kapitells in zwei Reihen zu je hundert
die fahrbaren Gestelle
die Kessel zum Einsetzen in die Gestelle
das große Becken
12 Rinder als Untersatz des Beckens

a Ein Teil der griechischen Überlieferung hat *zehn Meter.* Das Hauptgebäude war nach 1 Kön 6,2 fünfzehn Meter hoch. Zum Bericht über den Tempelbau siehe die Seiten 396/97.
b Die Lage dieses Ortes (oder Landes?) ist unbekannt.
c Hebräische Gewichtsangabe *50 Schekel**.
d *gießen:* Die Deutung der hebräischen Wendung ist unsicher.
e Es folgt hier noch (vielleicht Verschreibung) *im Allerheiligsten.*
f Hebräische Maßangabe *3000 Bat* (1 Bat = 6 Hin*).

3,10-13 Ex 25,18-20 **3,14** Ex 26,31 **4,1-18** 1 Chr 18,8 **4,1** 1 Kön 8,64 **4,7** Ex 25,31-40 **4,8** Ex 25,23-30

Schaufeln und Kübel zum Beseitigen der Asche
sowie Gabeln

17 Der König ließ all dies im Jordantal in den mächtigen Tonablagerungen zwischen Sukkot und Zaretan gießen. 18 Er ließ sehr viele Stücke machen, weil es auf das Gewicht der verarbeiteten Bronze nicht ankam.

19-22 Salomo ließ auch die heiligen Geräte für den Tempel des HERRN herstellen:

den Räucheraltar
die Tische für die geweihten Brote
die blütenförmigen Aufsätze der Leuchter, Lichtschalen* und Dochtscheren
die Lichtmesser, Blutschalen, Löffel und Kohlenbecken
die Türen zum Allerheiligsten und die Eingangstüren des Tempels

Alle diese Gegenstände wurden aus Gold gefertigt.

5 Nachdem König Salomo den Tempel und seine Ausstattung vollendet hatte, brachte er die Gaben, die sein Vater David dem HERRN geweiht hatte, herbei. Das Silber und das Gold und alle Geräte kamen in die Schatzkammern des Tempels.

Die Bundeslade wird in den Tempel gebracht

(1 Kön 8,1-13)

2 Nun ließ König Salomo die Ältesten* Israels nach Jerusalem kommen, die Vertreter aller Stämme und Sippen. Sie sollten die Bundeslade* des HERRN von der Davidsstadt auf dem Zionsberg* in den Tempel hinaufbringen. 3 Alle Männer Israels kamen deshalb am Laubhüttenfest* im siebten Monat zu König Salomo.

4 Als die Ältesten versammelt waren, hoben die Leviten* die Bundeslade auf ihre Schultern 5 und trugen sie zum Tempel hinauf. Mit Hilfe der Priester* aus der Nachkommenschaft Levis brachten sie auch das Heilige Zelt* und alle seine Geräte dorthin. 6 König Salomo und die ganze Festgemeinde opferten vor der Lade eine große Menge Schafe und Rinder, mehr als man zählen konnte.

7 Dann brachten die Priester die Lade des HERRN an den vorgesehenen Platz im hintersten Raum des Tempels, dem Allerheiligsten*. Sie stellten sie unter die Flügel der Keruben*. 8 Die Keruben hielten nämlich ihre Flügel ausgebreitet und überspannten damit die Lade und ihre Tragstangen.

9 Die Tragstangen waren aber so lang, dass ihre Enden nur zu sehen waren, wenn jemand direkt vor der Tür zum Allerheiligsten stand; vom Hauptraum des Heiligtums aus waren sie nicht zu sehen. Die Lade befindet sich noch heute[a] dort.

10 In der Lade waren nur die beiden Tafeln, die Mose am Gottesberg Horeb* hineingelegt hatte. Auf ihnen steht das Gesetz des Bundes*, den der HERR mit den Israeliten geschlossen hat, als sie aus Ägypten kamen.

11 Die Priester traten wieder aus dem Tempel hinaus. Für diesen Tag hatten sich alle anwesenden Priester so vorbereitet, dass sie rein* waren, auch die, deren Dienstgruppe während dieser Zeit dienstfrei hatte.

12 Auch die Tempelsänger waren vollzählig zugegen: die Leviten Asaf, Heman und Jedutun mit allen ihren Söhnen und Verwandten. Sie trugen Gewänder aus feinem weißen Leinen und standen mit ihren Becken, Harfen und Lauten an der Ostseite des Altars*.

Ihnen zur Seite standen hundertzwanzig Priester mit Trompeten. 13 Diese setzten gleichzeitig mit den Sängern, den Becken und anderen Instrumenten ein. Es klang wie aus *einem* Mund, als sie alle miteinander den HERRN priesen mit den Worten: »Der HERR ist gut zu uns, seine Liebe hört niemals auf!«

In diesem Augenblick erfüllte eine Wolke den Tempel, das Haus des HERRN. 14 Die Priester konnten ihren Dienst wegen der Wolke nicht fortsetzen, denn die Herrlichkeit* des HERRN erfüllte das ganze Heiligtum.

6 Da betete Salomo: »HERR, du hast gesagt: ›Ich wohne im Wolkendunkel.‹ 2 Darum habe ich dir dieses prächtige Haus gebaut, eine Stätte, an der du für immer wohnen kannst.«

Worte zur Einweihung des Tempels

(1 Kön 8,14-30)

3 Dann drehte sich der König um und wandte sich der ganzen Gemeinde Israel zu. Er grüßte alle Versammelten, die ringsum standen, mit einem Segenswunsch. 4 Dann sagte er:

»Gepriesen sei der HERR, der Gott Israels! Er hat wahr gemacht, was er meinem Vater David versprochen hat, als er sagte: 5 ›In der ganzen Zeit, seit ich mein Volk Israel aus Ägypten in dieses Land brachte, habe ich in keinem der Stämme Israels eine Stadt erwählt, damit dort ein Wohnsitz für meinen Namen[b] errichtet wird. Ich habe auch niemand als Herrscher über mein Volk Israel ausgewählt. 6 Aber jetzt habe ich Jerusalem als Wohnsitz für meinen Namen erwählt. Und ich habe David ausgewählt; er soll der Herrscher über mein Volk Israel sein.‹

7 Schon mein Vater David wollte dem HERRN, dem Gott Israels, einen Tempel bauen. 8 Aber der HERR sagte zu ihm: ›Ich freue mich über deine Absicht, für mich ein Haus zu bauen. 9 Aber nicht du, sondern

a Vgl. Anmerkung zu 1 Kön 8,9.
b *ein Wohnsitz ...:* siehe Anmerkung zu Dtn 12,5.

5,1 1 Chr 18,11 **5,2** 1 Chr 16,1 **5,3** Ex 23,16 S **5,5** Dtn 10,5 **5,11** 1 Chr 24,1-19 **5,12** 1 Chr 15,16 S; 6,24 S; 6,18 S; 25,1 S **5,13** 1 Chr 16,34 S **5,14** Ex 19,8-9 S **6,4-9** 1 Chr 17,1-12

erst dein Sohn, dein leiblicher Nachkomme, soll mir
dieses Haus bauen.‹[a]
10 Dieses Versprechen hat der HERR gehalten: Ich
bin als Sohn meines Vaters David König geworden
und habe den Wohnsitz für den HERRN, den Gott
Israels, gebaut. 11 In dieses Haus habe ich nun auch
die Lade gestellt, in der die Tafeln des Bundes* lie-
gen, den der HERR mit dem Volk Israel schloss.«
12 Dann trat Salomo vor den Augen der ganzen
Gemeinde Israel vor den Altar* des HERRN und brei-
tete die Arme zum Himmel aus. 13 Er hatte dazu ein
Podest aus Bronze anfertigen und mitten im Vorhof*
aufstellen lassen. Es war zweieinhalb Meter lang,
ebenso breit und eineinhalb Meter hoch. Auf dieses
stieg er hinauf, kniete vor den Augen der ganzen
Gemeinde Israel nieder, breitete die Arme aus
14 und betete:
»HERR, du Gott Israels! Weder im Himmel noch
auf der Erde gibt es einen Gott wie dich. Du stehst
zu deinem Bund und erweist deine Güte und Liebe
allen, die dir mit ungeteiltem Herzen dienen. 15 So
hast du an meinem Vater David, deinem Diener
und Bevollmächtigten*, gehandelt; der heutige Tag
ist Zeuge dafür, dass du dein Versprechen gehalten
hast.
16 HERR, du Gott Israels, nun erfülle auch die ande-
re Zusage, die du meinem Vater David gegeben hast,
dass stets einer aus der Familie Davids auf dem
Thron Israels sitzen wird, wenn seine Nachkommen
dir nur genauso treu dienen und dein Gesetz* befol-
gen wie er. 17 Gott Israels, lass doch in Erfüllung
gehen, was du deinem Diener David versprochen
hast!
18 Aber bist du nicht viel zu erhaben, um bei uns
Menschen auf der Erde zu wohnen?[b] Ist doch selbst
der ganze weite Himmel[c] zu klein für dich, ge-
schweige denn dieses Haus, das ich gebaut habe!
19 HERR, mein Gott, achte dennoch auf mein demü-
tiges Gebet und höre auf die Bitte, die ich vor dich
bringe: 20 Richte deinen Blick Tag und Nacht auf die-
ses Haus, von dem du gesagt hast, dass dein Name
dort wohnen soll![d] Du hast versprochen, das Gebet
zu hören, das ich, dein Diener, von hier aus an dich
richte. 21 Höre mich, wenn ich von hier aus zu dir
rufe, und höre auch die Gebete deines Volkes Israel!
Wenn wir an dieser Stätte zu dir rufen, dann höre
uns in deiner himmlischen Wohnung. Erhöre uns
und vergib uns alle Schuld!«

Der Tempel als Ort des Gebets

(1 Kön 8,31-53)

22 »Wenn jemand verdächtigt wird, sich gegen einen
anderen vergangen zu haben, und er wird hierher zu
deinem Altar* gebracht und unter den Fluch*
gestellt, der ihn im Fall der Schuld treffen soll,
23 dann höre du es im Himmel und sorge für Recht:
Bestrafe ihn, wenn er schuldig ist, und lass sein böses
Tun auf ihn selbst zurückfallen; aber verschone ihn,
wenn er schuldlos ist, und lass seine Redlichkeit vor
aller Augen offenbar werden![e]
24 Wenn die Israeliten, dein Volk, von Feinden
besiegt werden, weil sie dir nicht gehorcht haben,
und sie wenden sich dir wieder zu, preisen deinen
Namen und bitten hier in deinem Haus um Erbar-
men, 25 dann höre du es im Himmel: Vergib deinem
Volk seine Schuld und bring es wieder in das Land
zurück, das du ihnen und ihren Vorfahren gegeben
hast!
26 Wenn kein Regen auf das Land fällt, weil seine
Bewohner dir nicht gehorcht haben, und sie erken-
nen deine strafende Hand, kehren um und beten
zu dir, wenden sich diesem Haus zu und preisen dei-
nen Namen, 27 dann höre du es im Himmel: Vergib
deinem Volk und seinen Königen ihre Schuld, zeige
ihnen, was sie tun sollen, und lass es wieder regnen
auf das Land, das du deinem Volk als bleibenden
Besitz gegeben hast!
28 Wenn im Land eine Hungersnot ausbricht,
wenn das Getreide durch Glutwinde, Krankheiten
oder Schädlinge vernichtet wird, wenn der Feind
ins Land einfällt oder Seuchen wüten, 29 dann höre
das Gebet, das ein einzelner Mensch oder dein gan-
zes Volk Israel an dich richtet. Wenn irgendjemand
in seiner Not und seinem Schmerz seine Arme
betend zu diesem Haus hin ausbreitet, 30 dann höre
du ihn in deiner himmlischen Wohnung: Vergib
ihm seine Schuld und hilf ihm! Doch handle so,
wie es jeder verdient. Du kennst ja die verborgensten
Gedanken der Menschen und siehst ihnen ins Herz.
31 Dann werden sie dich stets ernst nehmen und dir
gehorchen, die ganze Zeit, die sie in dem Land leben,
das du unseren Vorfahren gegeben hast.
32 Wenn ein Ausländer, der nicht zu deinem Volk
Israel zählt, aus einem fernen Land kommt, weil er
gehört hat, was für Taten du mit starker Hand und
ausgestrecktem Arm für dein Volk vollbracht
hast – wenn solch ein Mensch im Anblick dieses
Hauses zu dir betet, 33 dann höre ihn in deiner himm-
lischen Wohnung und erfülle seine Bitte. Alle Völker
auf der Erde werden dann erkennen, dass du der
wahre Gott bist, und werden dich genauso ehren,
wie dein Volk Israel es tut. Und sie werden erken-
nen, dass du von diesem Haus, das ich für dich
gebaut habe, Besitz ergriffen hast.
34 Wenn dein Volk in deinem Auftrag gegen Fein-
de in den Kampf zieht und dabei in der Ferne zu dir
betet, den Blick zu der Stadt gerichtet, die du dir
erwählt hast, und zu dem Haus, das ich deinem
Namen[f] gebaut habe, 35 dann höre sein Gebet im
Himmel und verhilf ihm zu seinem Recht!
36 Vielleicht kommt es auch so weit, dass die Leute
von Israel sich gegen dich auflehnen – es gibt ja nie-

a *für mich* (Vers 8) und *mir:* wörtlich *meinem Namen* (siehe vorige Anmerkung); entsprechend in Vers 10.
b Vgl. Anmerkung zu 1 Kön 8,27-30.
c *der ganze …:* wörtlich *der Himmel und alle Himmelswelten**.
d *dass dein Name …:* siehe Anmerkung zu Dtn 12,5.
e Vgl. Anmerkung zu 1 Kön 8,32.
f Siehe Anmerkung zu Dtn 12,5 (auch für Vers 38).

6,11 Dtn 10,5 **6,16** 2 Sam 7,16 S; 1 Kön 2,4 **6,18** 1 Kön 8,27 S

mand, der nicht schuldig wird – und du dann zornig
wirst und sie ihren Feinden preisgibst, die sie in ein
fremdes Land verschleppen, in der Nähe oder in der
Ferne. [37] Dort kommen sie vielleicht zur Einsicht und
wenden sich dir wieder zu und bekennen vor dir:
›Wir haben Unrecht getan, wir haben dir nicht
gehorcht.‹ [38] Und wenn sie dann von ganzem Herzen
zu dir umkehren und dort zu dir beten, den Blick
gerichtet[a] zu dem Land, das du ihren Vorfahren
gegeben, und der Stadt, die du dir erwählt hast,
und zu dem Haus, das ich deinem Namen gebaut
habe, [39] dann höre ihr Gebet in deiner himmlischen
Wohnung und verhilf ihnen zu ihrem Recht! Vergib
ihnen alles, was sie gegen dich getan haben! [40] Mein
Gott, sieh freundlich auf jeden, der hier zu dir betet,
und höre auf seine Bitte!

[41] Und nun, HERR, unser Gott,
steh auf und begleite deine Lade*,
das Wahrzeichen deiner gewaltigen Macht!
Komm zu deinem Ruheplatz!
Gib deinen Priestern* Vollmacht,
uns deine Hilfe zu vermitteln!
Alle deine Treuen erfreue mit Glück und Segen!
[42] Weise den König nicht zurück,
den du gesalbt* und eingesetzt hast!
Denk daran, was du David versprochen hast,
deinem Vertrauten in deiner großen Güte!«

Die ersten Feste im Tempel
(1 Kön 8,62-66)

7 Als Salomo sein Gebet beendet hatte, fiel Feuer
vom Himmel und verzehrte das Brandopfer*
und die dem HERRN geweihten Stücke der Mahlop-
fer*. Die Herrlichkeit* des HERRN erfüllte den Tem-
pel, [2] sodass die Priester ihn nicht betreten konnten.
[3] Als die Leute von Israel sahen, wie das Feuer herab-
fiel und wie die Herrlichkeit des HERRN sich über
dem Tempel zeigte, warfen sich alle auf die Knie
und beugten sich mit dem Gesicht auf das Pflaster
nieder; sie beteten den HERRN an und priesen ihn
mit den Worten: »Der HERR ist gut zu uns, seine Lie-
be hört niemals auf!«
[4-5] Dann feierte König Salomo zusammen mit dem
ganzen Volk die Einweihung des Tempels durch ein
großes Opfer. Für das Opfermahl ließ er 22000 Rin-
der und 120000 Schafe schlachten. [6] Die Priester ver-
sahen ihren Dienst und auch die Leviten* hatten
sich mit den Musikinstrumenten aufgestellt, die
König David für den Gottesdienst hatte anfertigen
lassen. Die Leviten begleiteten damit die Danklieder
Davids. Auch jetzt priesen sie den HERRN wieder mit
dem Lied: »Seine Liebe hört niemals auf!« Die Pries-
ter bliesen dazu ihre Trompeten, während das ganze
Volk stand.
[7] Weil der Bronzealtar vor dem Haus des HERRN für
die Menge der Opfer zu klein war, machte Salomo
den ganzen Mittelteil des Vorhofs* zum Opferaltar.
Dort ließ er Brand- und Speiseopfer darbringen und
die Fettstücke der Mahlopfer verbrennen.
[8] Im Anschluss an die Einweihung des Tempels fei-
erten Salomo und das ganze Volk Israel eine Woche
lang das Laubhüttenfest*. Es war eine große Ge-
meinde, die aus dem ganzen Land zusammengekom-
men war, von Lebo-Hamat im Norden bis zu dem
Tal, das die ägyptische Grenze* bildet, im Süden.
[9] Am achten Tag fand die Abschlussfeier statt. Sie
hatten also zuerst sieben Tage lang die Einweihung
des Altars gefeiert, dann noch einmal sieben Tage
das Laubhüttenfest.
[10] Am 23. Tag des siebten Monats verabschiedete
Salomo das Volk. Glücklich und zufrieden über alles
Gute, das Gott David, Salomo und seinem Volk Israel
erwiesen hatte, gingen alle nach Hause.

Gott antwortet Salomo
(1 Kön 9,1-9)

[11] Salomo hatte das Haus des HERRN und sein eigenes
Haus vollendet, und alles, was er sich dabei vorge-
nommen hatte, war gut gelungen. [12] Da erschien
ihm der HERR in der Nacht und sagte zu ihm:
»Ich habe dein Gebet erhört und diesen Tempel*
dazu bestimmt, dass ihr mir hier eure Opfer* dar-
bringt. [13] Es könnte geschehen, dass ich einmal den
Himmel verschließe und es keinen Regen gibt, dass
ich den Heuschrecken befehle, das Land kahl zu fres-
sen, oder dass ich die Pest über mein Volk kommen
lasse. [14] Wenn dann dieses Volk, über dem mein
Name ausgerufen ist,[b] sich besinnt, wenn es zu
mir betet und von seinen falschen Wegen wieder
zu mir umkehrt, dann werde ich im Himmel sein
Gebet hören. Ich will ihm alle Schuld vergeben
und auch die Schäden des Landes wieder heilen.
[15] Ich werde freundlich auf jeden Menschen bli-
cken, der hier zu mir betet, und werde auf seine Bitte
hören. [16] Ich selbst habe diesen Tempel erwählt und
zu einer heiligen Stätte gemacht, an der mein Name
wohnen soll[c] für alle Zeiten. Meine Augen sind stets
auf dieses Haus gerichtet, dort ist mein ganzes Herz
euch zugewandt.
[17] Und wenn du mir so dienst wie dein Vater David
und alle meine Gebote befolgst, [18] werde ich deiner
Herrschaft und der Herrschaft deiner Nachkommen
Bestand geben. Denn ich habe mit deinem Vater
einen Bund* geschlossen und ihm versprochen:
›Stets soll einer aus deiner Familie Herrscher über
Israel sein.‹
[19] Wenn ihr euch aber von mir abwendet, meine
Gebote nicht mehr beachtet und stattdessen anderen
Göttern dient, [20] dann werde ich euch Israeliten aus
dem Land vertreiben, das ich euch gegeben habe.

a Vgl. Anmerkung zu 1 Kön 8,48.
b *ausgerufen* zum Zeichen der Besitzergreifung; vgl. Esra 5,1; Am 9,12.
c *Name:* vgl. Anmerkung zu Dtn 12,5; ebenso für Vers 20.

6,41-42 Ps 132,8-10 **7,1** Lev 9,24 S **7,3** 1 Chr 16,34 S **7,6** 1 Chr 15,16 S; 16,34 S **7,7** 4,1 **7,13-15** 6,26-30 **7,18** 6,16 S

a Vgl. Karte Seite 15 und 1 Chr 18,3; Tadmor ist Palmyra (siehe Skizze unten auf dieser Seite).
b Etwa 20 km nordwestlich von Jerusalem.

Von dem Haus, das ich zur Wohnung meines Namens
bestimmt habe, will ich dann nichts mehr wissen und
alle Völker werden es verachten und verspotten.
21 Dann werden alle, die an dem jetzt noch so erhabenen Bauwerk vorbeikommen, entsetzt sein und
fragen: ›Warum hat der HERR dieses Land und dieses
Haus so verwüstet?‹ 22 Und man wird ihnen antworten: ›Weil sie sich vom HERRN, dem Gott ihrer Vorfahren, abgewandt haben. Er hat sie aus Ägypten herausgeführt, aber sie haben sich anderen Göttern zugewandt, sie angebetet und ihnen geopfert. Deshalb hat der HERR all dieses Unglück über sie gebracht.‹«

Weitere Unternehmungen Salomos
(1 Kön 9,10-28)

8 Zwanzig Jahre lang baute Salomo am Tempel*
des HERRN und an seinem eigenen Palast. 2 Nach
dieser Zeit baute er die Städte aus, die ihm Hiram
überlassen hatte, und siedelte Israeliten darin an.
3 Danach rückte er gegen die Stadt HamatZoba vor
und eroberte sie. 4 Er befestigte auch Tadmor in der
Steppe und alle Städte, die er im Gebiet von Hamat[a]
gebaut und mit Vorratshäusern ausgestattet hatte.
5 Das obere und das untere Bet-Horon[b] baute er zu
Festungen aus, die durch Mauern und Tore mit starken Riegeln gesichert waren. 6 Ebenso befestigte er
Baalat sowie alle Städte, in denen er seine Streitwagentruppen* unterbrachte und Vorräte speicherte.
Auch in Jerusalem, im Libanon-Gebirge und in seinem ganzen Reich baute er alles, was er sich vorgenommen hatte.
7–8 Alles, was Salomo bauen ließ, wurde in Fronarbeit* errichtet. Dazu zog er die Nachkommen der vorisraelitischen Bewohner des Landes heran, die von den Israeliten nicht ausgerottet worden waren, den ganzen Rest der Hetiter*, Amoriter*, Perisiter, Hiwiter und Jebusiter. Sie müssen bis heute solche Arbeiten ausführen.
9 Von den Israeliten dagegen zwang Salomo keinen zur Fronarbeit, sondern machte sie zu seinen Soldaten, zu Anführern seiner Truppen und zu Streitwagenkämpfern.
10 König Salomo hatte 250 Oberaufseher, die mussten
die Leute bei der Arbeit beaufsichtigen.
11 Salomo hatte eine Tochter des Pharaos geheiratet. Er ließ auch für sie einen Palast bauen, damit sie aus der Davidsstadt* dorthin umziehen konnte. Er sagte sich: »Meine Frau soll nicht im Haus von König David wohnen. In seiner Nähe hat einmal die Bundeslade* des HERRN gestanden, dadurch ist die ganze Umgebung heilig* geworden.«

Das Königreich Salomos

Nach der Darstellung des zweiten Chronikbuches erreichte Israel unter Salomo die größte staatliche Ausdehnung.

8,11 1 Kön 3,1

[12] Nachdem der Tempel vollendet war, brachte Salomo auf dem Altar vor der Vorhalle dem HERRN regelmäßig Brandopfer* dar, [13] am Sabbat*, am Neumondstag* und an den drei großen Festen im Jahr: dem Fest der Ungesäuerten Brote*, dem Pfingstfest* und dem Laubhüttenfest*. So hatte es schon Mose bestimmt.

[14] Nach den Anweisungen, die Salomo von seinem Vater David erhalten hatte, teilte er die Priester* in verschiedene Gruppen ein, in denen sie ihren Dienst verrichten sollten, ebenso die Leviten*, die den Priestern halfen und für den Gesang im Tempel sorgten, so wie es jeden Tag nötig war. Auch die Torwächter wurden für die einzelnen Tore in Dienstgruppen eingeteilt, wie David, der Mann Gottes, es festgelegt hatte. [15] In keinem Punkt wich man von dem ab, was David hinsichtlich der Priester und Leviten und der Tempelschätze angeordnet hatte.

[16] Damit war alles ausgeführt, was Salomo sich vorgenommen hatte, vom Tag der Grundsteinlegung des Tempels bis zum Tag seiner Vollendung. Das Haus des HERRN war fertig.

[17] Damals kam Salomo auch nach Ezjon-Geber und Elat an der Küste des Roten Meeres im Land Edom*. [18] Hiram schickte ihm dorthin Schiffe mit erfahrenen Schiffsleuten. Zusammen mit den Männern Salomos segelten sie in das Land Ofir* und brachten Salomo von dort 450 Zentner* Gold.

Eine arabische Königin besucht Salomo

(1 Kön 10,1-13)

9 Salomo wurde so bekannt, dass auch die Königin von Saba* von ihm hörte. Sie machte sich auf den Weg nach Jerusalem, um sein Wissen durch Rätselfragen auf die Probe zu stellen. Sie kam mit

Die Stadt Palmyra, eine von den Städten, die Salomo befestigen ließ (= Tadmor; 8,4), liegt in der syrischen Wüste an einer wichtigen Handelsstraße. Die Ruinen auf dem Bild stammen aus römischer Zeit.

8,13 Num 28,9-31; 29,12-39 **8,14** 1 Chr 23,1–26,19 **9,1** Mt 12,42 par

zahlreichem Gefolge, ihre Kamele waren schwer beladen mit duftenden Ölen, Gold und Edelsteinen.

Als sie zu Salomo kam, legte sie ihm die Rätsel vor, die sie sich ausgedacht hatte. 2 Salomo blieb ihr keine Antwort schuldig; auch die schwierigsten Fragen konnten ihn nicht in Verlegenheit bringen. 3 Die Königin war tief beeindruckt von der Klugheit Salomos. Sie besichtigte auch seinen Palast. 4 Sie sah die Speisen und Getränke, die auf seine Tafel kamen, die Minister, die nach ihrem Rang an seiner Tafel saßen, und die Diener, die in kostbaren Gewändern aufwarteten, und sie sah auch den prächtigen Zug, wenn Salomo zum Tempel* des HERRN hinaufging.

Sie konnte sich vor Staunen nicht fassen 5 und sagte zu Salomo: »Es war nichts übertrieben, was ich bei mir zu Hause über dich und dein Wissen gehört habe. 6 Ich konnte es nicht glauben, aber jetzt habe ich mich mit eigenen Augen davon überzeugt. Dein Wissen übertrifft sogar noch alles, was ich darüber gehört hatte. Nicht einmal die Hälfte der Wahrheit hat man mir gesagt. 7 Wie glücklich sind deine Leute und deine Minister, die täglich um dich sind und deine klugen Worte hören! 8 Der HERR, dein Gott, sei gepriesen, der Gefallen an dir hat und dich auf seinen Thron gebracht hat, damit du als König für den HERRN, deinen Gott, regierst! Dein Gott liebt sein Volk Israel und will es für immer erhalten. Darum hat er dich zum König eingesetzt und du sollst darüber wachen, damit du für Recht und Gerechtigkeit sorgst.«

9 Dann schenkte sie Salomo 120 Zentner* Gold, eine Menge duftende Öle und viele Edelsteine. Nie wieder hat es so kostbares Öl gegeben wie dieses, das die Königin von Saba dem König Salomo schenkte.

10 Übrigens brachten die Leute Hirams und Salomos, die Gold aus dem Land Ofir* einführten, auch Edelhölzer und Edelsteine von dort mit. 11 Salomo ließ aus dem Holz Treppen[a] für den Tempel des HERRN und den Königspalast sowie Saiteninstrumente für die Tempelsänger herstellen. Vorher ist so etwas im Land Juda nie gesehen worden.

12 Salomo erfüllte der Königin von Saba jeden Wunsch, den sie aussprach, ausgenommen die Art von Gastgeschenken, die sie selbst ihm mitgebracht hatte.[b] Danach kehrte die Königin mit ihrem Gefolge wieder in ihr Land zurück.

Der Thronsessel Salomos war mit Gold und Elfenbein überzogen; Löwenfiguren schmückten ihn. Im Bild der Thron des Pharaos Tutanchamun.

Salomos Handel, Reichtum und Pracht

(1 Kön 10,14-29)

13 In einem einzigen Jahr wurden König Salomo 666 Zentner[c] Gold geliefert. 14 Dazu kam noch das Gold, das er als Steuern von den Großkaufleuten und Händlern einnahm, und die Abgaben in Silber und Gold, die er von seinen Provinzverwaltern und den arabischen Königen erhielt.

15 Salomo ließ 200 Langschilde anfertigen und mit Gold überziehen. Für jeden Schild wurden sieben Kilo Gold gebraucht. 16 Dann ließ er noch 300 Rundschilde machen, jeder mit dreieinhalb Kilo Gold überzogen,[d] und ließ sie alle in den »Libanonwald«, die große Halle neben seinem Palast, bringen.

17 Auch ließ er einen großen Thronsessel herstellen, der mit Elfenbein und reinem Gold belegt war. 18-19 Sechs Stufen führten zum Thron hinauf und auf jeder Stufe stand rechts und links je eine Löwenfigur, ebenso auf beiden Seiten neben den Armlehnen. Der Thron hatte auch einen goldenen Fußschemel. Kein anderer König hat sich je einen so prächtigen Thron anfertigen lassen.

20 Alle Trinkgefäße Salomos und sämtliche Geräte in der großen Halle, dem »Libanonwald«, waren aus reinem Gold. Silber galt zur Zeit Salomos als wertlos. 21 Der König besaß eine sehr tüchtige Handelsflotte, die mit Leuten Hirams bis nach Tarschisch* fuhr. Alle drei Jahre kamen die Schiffe zurück und brachten Gold, Elfenbein und verschiedene Arten von Affen.

22 So übertraf König Salomo alle anderen Könige der Erde an Reichtum und Klugheit, 23 und alle Könige kamen zu ihm, um seine Worte zu hören und die Weisheit kennen zu lernen, die Gott ihm verliehen hatte. 24 Alle brachten sie ihm Geschenke mit:

a *Treppen:* oder *Geländer.*
b *ausgenommen …:* so die wahrscheinlichste Deutung.
c Vgl. Anmerkung zu 1 Kön 10,14.
d Hebräische Maßangaben *600* und *300 Schekel**.

silberne und goldene Gefäße, Festkleider und Waffen, kostbare Öle, Pferde und Maultiere. So ging es Jahr um Jahr.

25 Salomo hatte 4000 Stallplätze für seine Pferde und Streitwagen*. Er hatte 12000 Wagenkämpfer. Ein Teil von ihnen war in Jerusalem stationiert, die übrigen waren in den Städten untergebracht, die er dafür ausgebaut hatte.

26 Salomo herrschte über alle Könige im ganzen Gebiet zwischen dem Eufrat, dem Land der Philister* und Ägypten. 27 Unter seiner Regierung war in Jerusalem Silber so gewöhnlich wie Steine, und Zedernholz wie das Holz der Maulbeerfeigenbäume* im Hügelland von Juda. 28 Die Pferde bekam Salomo aus Ägypten und allen möglichen anderen Ländern.

Das Ende der Regierung Salomos

(1 Kön 11,41-43)

29 Alles, was es sonst noch über Salomo zu sagen gibt, vom Anfang bis zum Ende, das ist nachzulesen in den Berichten des Propheten* Natan sowie in den Niederschriften der Worte des Propheten Ahija aus Schilo* und der Offenbarungen*, die der Prophet Jedo über Jerobeam, den Sohn Nebats, erhalten hat.

30 Vierzig Jahre lang regierte Salomo in Jerusalem über ganz Israel. 31 Als er starb, wurde er in der Davidsstadt* bestattet. Sein Sohn Rehabeam wurde sein Nachfolger.

GESCHICHTE DER KÖNIGE VON JUDA

(Kapitel 10–28)

Ein König verachtet gute Ratschläge

(1 Kön 12,1-15)

10 Rehabeam ging nach Sichem, denn dorthin waren die Nordstämme Israels[a] gekommen, um ihn zum König zu machen. 2 Als Jerobeam, der Sohn Nebats, davon hörte, kehrte er aus Ägypten zurück, wohin er vor Salomo hatte fliehen müssen. 3 Die Stämme Israels ließen ihn rufen und er trat mit ihnen allen vor Rehabeam.

Sie sagten zu ihm: 4 »Dein Vater hat uns hohe Abgaben und schwere Frondienste* auferlegt. Erleichtere uns die Last, dann werden wir dich als König anerkennen.«

5 »Kommt übermorgen wieder!«, antwortete ihnen Rehabeam.

Als sie gegangen waren, 6 beriet er sich mit den erfahrenen Männern, die bereits im Dienst seines Vaters Salomo gestanden hatten. Er fragte sie: »Was ratet ihr mir? Welche Antwort soll ich dem Volk geben?«

7 Sie rieten ihm: »Sei freundlich zu ihnen und behandle sie mit Güte! Wenn du ihnen entgegenkommst, werden sie dir für immer gehorchen.«

8 Rehabeam hörte nicht auf den Rat der erfahrenen Männer. Er fragte die jungen Leute, die mit ihm aufgewachsen waren und nun in seinem Dienst standen: 9 »Was ratet ihr mir? Wie soll ich diesen Leuten antworten? Sie verlangen von mir, dass ich ihre Lasten erleichtere!«

10 Da rieten ihm die jungen Leute, die mit ihm aufgewachsen waren: »Wenn dieses Volk zu dir sagt: ›Dein Vater hat uns schwere Lasten auferlegt, mach du sie leichter!‹, dann gib ihnen die Antwort: ›Mein Finger ist dicker als die Hüften meines Vaters! 11 Mein Vater hat euch schwere Lasten auferlegt; ich werde sie noch schwerer machen. Er hat euch mit Peitschen angetrieben; ich werde euch mit Stachelpeitschen antreiben.‹«[b]

12 Am dritten Tag, wie verabredet, erschienen Jerobeam und das ganze Volk vor Rehabeam. 13 König Rehabeam gab ihnen eine harte Antwort. Er achtete nicht auf den Rat der erfahrenen Männer, 14 sondern richtete sich nach dem Rat seiner Altersgenossen. Er sagte: »Mein Vater hat euch schwere Lasten auferlegt; ich werde sie noch schwerer machen. Mein Vater hat euch mit Peitschen angetrieben; ich werde euch mit Stachelpeitschen antreiben.«

15 Der König blieb taub für die Bitte des Volkes. Gott hatte es so gefügt; denn das Wort, das der HERR durch Ahija von Schilo zu Jerobeam gesagt hatte, sollte in Erfüllung gehen.

Israel sagt sich von der Davidsdynastie los

(1 Kön 12,16-19)

16 Als die Männer der Nordstämme[c] merkten, dass der König auf ihre Forderung nicht einging, riefen sie:

»Was geht uns alle das Haus Davids an?
Seit wann gehört der Isai-Sohn zu uns?
Ihr Männer Israels, auf und nach Hause!
Mag Davids Sippe sehen, was ihr bleibt!«

Die Versammlung löste sich auf. 17 Nur die Israeliten, die in den Städten von Juda wohnten, erkannten Rehabeam als König an. 18 Als Rehabeam noch einen Versuch machte und Adoniram, den Beauftragten für die Fronarbeiten*, zu den Vertretern der Nordstämme schickte, empfingen sie ihn mit einem solchen Steinhagel, dass er den Tod fand. Der König selbst konnte sich gerade noch auf seinen Wagen retten und nach Jerusalem entkommen.

19 Die Nordstämme Israels sagten sich vom Königshaus Davids los und sie sind bis zum heutigen Tag von ihm getrennt geblieben.

a *die Nordstämme …:* wörtlich *ganz Israel**. Vgl. Anmerkung zu 1 Kön 12,1.
b Vgl. Anmerkung zu 1 Kön 12,11.
c Wörtlich *Als ganz Israel**. Auch im Folgenden spricht die Übersetzung verdeutlichend von den Nordstämmen.

9,25-28 1,14-16 **9,25** 1 Kön 5,6 S **9,26** Gen 15,18; 1 Kön 5,1 **10,2** 1 Kön 11,26-40 **10,15** 1 Kön 11,29-39

a Die meisten der genannten Städte findet man auf der Karte Seite 443.
b Dieser Abschnitt fehlt in den Königsbüchern. Dem Verfasser der Chronikbücher liegt daran, aufzuzeigen, dass die Priester und Leviten dem Tempel in Jerusalem die Treue hielten.
c Drei Jahre hält sich der König an das Gesetz des Herrn. Dann fängt er an, eigene Wege zu gehen, und das Volk macht es ihm nach; vgl. 12,1.
d Pharao Scheschonk I. (945–924 v. Chr.); vgl. Anmerkungen zu 1 Kön 14,25.

Gott untersagt die Rückeroberung

(1 Kön 12,21-24)

11 Rehabeam kehrte nach Jerusalem zurück und stellte aus den Stämmen Juda und Benjamin ein Heer von 180000 bewährten Kriegsleuten auf. Sie sollten gegen Israel ziehen und die Königsherrschaft für Rehabeam zurückgewinnen.

2 Aber das Wort des Herrn erging an den Propheten* Schemaja, er sagte zu ihm: 3 »Ich gebe dir eine Botschaft für Rehabeam, den Sohn Salomos, den König von Juda, und für alle Männer aus Juda und Benjamin. Sag zu ihnen: 4 ›So spricht der Herr: Kämpft nicht gegen eure Brüder! Kehrt nach Hause zurück! Ich selbst habe es so gefügt.‹«

Sie gehorchten der Weisung des Herrn, kehrten um und zogen nicht gegen Jerobeam.

Festungsbauten Rehabeams

5–10 Rehabeams Residenzstadt war Jerusalem. Im Gebiet von Juda und Benjamin baute er eine Reihe von Städten zu Festungen aus,[a] nämlich Betlehem, Etam, Tekoa, Bet-Zur, Socho, Adullam, Gat, Marescha, Sif, Adorajim, Lachisch, Aseka, Zora, Ajalon und Hebron.

11 Rehabeam ließ diese Städte stark befestigen und setzte Kommandanten darin ein. Er legte in ihnen auch Vorräte an Lebensmitteln, Olivenöl und Wein an 12 sowie Waffenlager mit Schilden und Lanzen, um diese Städte in jeder Hinsicht sehr stark zu machen. So sicherte er seine Herrschaft über Juda und Benjamin.

Die Priester und Leviten schließen sich Rehabeam an

13 Die Priester* und die Leviten*, die überall in Israel wohnten, gingen zu Rehabeam über.[b] 14 Die Leviten verließen ihre Weideplätze und ihren Besitz und kamen nach Juda und Jerusalem, weil Jerobeam und seine Nachfolger sie daran hinderten, ihren Priesterdienst für den Herrn auszuüben. 15 Jerobeam hatte nämlich eigene Priester angestellt für die Opferstätten im Land mit ihren Dämonen- und Götterbildern in Form von Böcken und Stieren, die er hatte machen lassen.

16 Den Leviten aus den Nordstämmen folgten von dort auch alle Israeliten, die dem Herrn, dem Gott Israels, treu bleiben wollten. Sie kamen nach Jerusalem und brachten ihm, dem Gott ihrer Vorfahren, ihre Opfer*. 17 So trugen sie dazu bei, das Königreich Juda zu stärken und Rehabeams Herrschaft zu festigen. Das dauerte aber nur drei Jahre, so lange, wie sich alle nach dem Vorbild Davids und Salomos richteten.[c]

Rehabeams Familie

18 Rehabeam heiratete Mahalat; ihr Vater war Jerimot, ein Sohn Davids, und ihre Mutter war Abihajil, eine Tochter von Davids Bruder Eliab und Enkelin von Isai. 19 Mahalat gebar Rehabeam die Söhne Jëusch, Schemarja und Saham. 20 Danach heiratete Rehabeam auch Maacha, die Tochter Abschaloms. Von ihr wurden ihm Abija, Attai, Sisa und Schelomit geboren.

21 Im Ganzen hatte Rehabeam achtzehn Frauen und sechzig Nebenfrauen und durch sie achtundzwanzig Söhne und sechzig Töchter. Aber er liebte Maacha mehr als alle seine anderen Frauen. 22 Darum bestimmte er Abija, deren ersten Sohn, zum Thronfolger und gab ihm die führende Stellung unter seinen Brüdern.

23 Rehabeam ging aber auch mit seinen übrigen Söhnen klug vor: Er verteilte sie auf alle Gegenden von Juda und Benjamin und setzte sie als Kommandanten der befestigten Städte ein. Er gab ihnen ein äußerst großzügiges Einkommen und verschaffte ihnen viele Frauen.

Der Pharao Schischak überfällt Juda

(1 Kön 14,25-28)

12 Als Rehabeam mächtig geworden und seine Herrschaft in Juda gesichert war, fragte er nicht mehr nach dem Gesetz* des Herrn und sein ganzes Volk auch nicht. 2 Da zog im fünften Regierungsjahr Rehabeams der ägyptische König Schischak[d] gegen Jerusalem heran; so bestrafte der Herr ihre Untreue.

3 Schischak kam mit einem Heer von 1200 Streitwagen* und 60000 Wagenkämpfern, denen noch ungezählte Libyer, Sukkijiter und Äthiopier* als Hilfstruppen folgten. 4 Er eroberte zuerst die befestigten Städte in Juda und rückte dann gegen Jerusalem vor.

5 Damals kam der Prophet* Schemaja zu Rehabeam und den anderen führenden Männern von Juda, die sich vor Schischak nach Jerusalem zurückgezogen hatten, und sagte zu ihnen: »So spricht der Herr: ›Weil ihr euch von mir abgewandt habt, wende ich mich auch von euch ab und gebe euch in die Hand Schischaks!‹«

6 Da beugten sich die führenden Leute von Juda und der König unter dieses Urteil Gottes und sagten: »Der Herr ist im Recht!«

7 Als der Herr merkte, dass sie ihr Unrecht einsahen, erging sein Wort an Schemaja, er sagte: »Sie haben ihre Schuld eingestanden; darum will ich sie nicht umbringen. Mein Zorn soll nicht so weit gehen, dass Schischak Jerusalem vernichtet; ich werde sie bald aus dieser Gefahr erretten. 8 Aber sie werden sich ihm unterwerfen müssen, damit sie

11,15 1 Kön 12,28.31 **11,16** 1 Kön 12,26-27 **12,5** 15,1-2; 24,20.24; 30,6

Kriegsführung im Altertum

Das Gesetz Gottes verbot die Anfertigung von »Bildern«. Deshalb haben wir aus Israel keine bildliche Darstellung, aus der man entnehmen könnte, wie Israeliten im Frieden oder im Krieg aussahen. Die meisten Bilder über die Kriegsführung in den Ländern der Bibel zur Zeit des Alten Testaments stammen von den Ägyptern und Assyrern. In beiden Völkern pflegten siegreiche Könige ihre Kämpfe in dramatischen Szenen auf den Wänden ihrer Paläste und Tempel zu verewigen. Hier kann man Kleidung und Bewaffnung der Soldaten und die Methoden des Angriffs und der Verteidigung bis in die Einzelheiten studieren.

Sumerer

Eine der ältesten und bedeutendsten Kampfdarstellungen aus dem Vorderen Orient findet sich in einer Einlegearbeit auf der so genannten Standarte von Ur. Sie wurde etwa 2500 v. Chr., lange vor der Zeit Abrahams, gefertigt. Die darauf abgebildeten sumerischen Soldaten tragen metallene Helme, eine Schulterbedeckung nach Art eines Kettenhemdes und sind mit einem Speer bewaffnet. Auf einem vierrädrigen Streitwagen befinden sich ein Wagenlenker und ein Soldat mit Köcher und Speer.

Kanaaniter und Ägypter

Etwa im 15. Jahrhundert v. Chr. wurden in Kanaan und Ägypten die schwerfälligen sumerischen Streitwagen durch leichtere und schnellere abgelöst. Diese hatten nur zwei Räder, und zwar offene Räder mit vier Speichen. Die Macht des kanaanitischen Königs Jabin z. B. beruhte auf dem Besitz einer großen Anzahl dieser Streitwagen (Richter 4,3). Solche Wagen wurden sowohl bei der Jagd als auch im Krieg verwendet. In Ägypten wurde die Anzahl der Radspeichen auf sechs (nach 1400 v. Chr.) oder acht

Der ägyptische König Tutmosis IV. (um 1430 v. Chr.) in seinem Streitwagen setzt mit Bogen und Streitaxt fliehenden Kanaanitern nach.

erhöht. Darstellungen an der Außenseite eines Streitwagens des Pharaos Tutmosis IV. zeigen kanaanitische und ägyptische Streitwagen. Die Soldaten tragen nägelbeschlagene rechteckige Schilde aus Holz und Leder. Sie sind bewaffnet mit Pfeil und Bogen und mit einem Beil. Die kanaanitischen Streitwagenbesatzungen sind obendrein mit Metallhelm und einer Art Kettenhemd ausgerüstet.
Die Schwerter jener Zeit sind z.T. aus dem Beil entwickelte Hiebwaffen (Krummschwert), z.T. aus dem Dolch entwickelte Stichwaffen.

Die Seevölker

Die Kämpfe, von denen das Alte Testament berichtet, fanden im Allgemeinen auf dem Land statt. Doch im 12. Jahrhundert v.Chr. kamen die Seevölker, vor allem die Philister, aus dem Westen und fielen in Kanaan und in Ägypten ein.
Die Philister kämpften zu Wasser und zu Land. Sie trugen federbesetzte Helme. Ihr Oberkörper war geschützt durch einen Panzer aus aneinander gefügten Leder- oder Metallstreifen. Sie hatten runde Schilde und kämpften mit Speeren und langen, geraden Schwertern. Jeder Streitwagen hatte bei ihnen drei Mann Besatzung. Die Philister kämpften nicht mit Pfeil und Bogen. So konnte später David im Kampf mit Goliat außerhalb der Reichweite von dessen Waffen, Schwert und Speer, bleiben und den Riesen mit einem Schleuderstein niederstrecken. Die Kriegsschiffe der Philister waren Segelschiffe und nicht zum Rudern eingerichtet. Die ägyptischen Schiffe konnten auch gerudert werden, sie waren daher schneller und beweglicher.

Die Belagerung einer Stadt

In der Königszeit (etwa 1000 bis 586 v.Chr.) hatte das Volk von Israel und Juda nicht so sehr unter den Ägyptern zu leiden, vielmehr kamen die Feinde nun von Norden. Es waren die Assyrer und die Babylonier, die nacheinander darangingen, ihre großen Reiche aufzubauen und die Völker zu unterwerfen. Die Israeliten konnten zu ihrer Verteidigung nur eines tun: ihre Städte befestigen und für den Fall der Belagerung Vorräte in ihnen anlegen. Das hat schon Salomo getan, und die späteren Könige sind ihm darin gefolgt. Reliefs an den Palastmauern der assyrischen Könige lassen erkennen, wie damals Städte verteidigt wurden und mit welchen Mitteln die Assyrer sie zu erobern suchten. Die Abbildung Seite 507 oben zeigt ein Relief aus Nimrud, einer der assyrischen Residenzstädte, das etwa aus dem Jahr 730 v.Chr. stammt. Das Heer von Tiglat-Pileser III. belagert eine Stadt. Die Stadt ist von einem tiefen Graben umgeben. Es folgt eine niedrige äußere Mauer und danach die starke, hohe Hauptmauer mit zinnenbewehrten Türmen. Die Bogenschützen tragen Helm und Kettenhemd und schaffen sich zugleich Deckung durch einen vorgehaltenen riesigen Schild. Rechts sieht man einen mit Leder bedeckten und mit Metallplatten beschlagenen Sturmbock. Er ist über eine Rampe an die Stadtmauer herangefahren worden und soll sie zum Einsturz bringen. Links versuchen Soldaten mit Schilden und Speeren, über eine Leiter die Stadtmauer zu ersteigen.

Sumerische Soldaten: eine Szene aus der ›Standarte von Ur‹ (siehe Seite 51).

Das assyrische Heer Im Palast von König Sanherib in Ninive entdeckte der Archäologe Henry Layard die Reliefs, die den ganzen Ablauf der Belagerung von Lachisch zeigen, die in 2. Könige 18 erwähnt wird (vgl. Seite 747 unten). Das assyrische Heer ist gegen die Stadt aufmarschiert. Die Sturmtruppen greifen mithilfe von Leitern und Sturmböcken Tor und Mauern an, während Steinschleuderer und Bogenschützen die Verteidiger mit einem Hagel von Geschossen eindecken. Einige von den Aufständischen werden auf Pfähle gespießt, andere als Gefangene mitgenommen. Zusammen mit der Beute werden sie im Triumph dem assyrischen König vorgeführt. Ähnliche Szenen werden sich abgespielt haben, als die Assyrer Samaria eroberten und später, als Jerusalem von den Babyloniern eingenommen wurde.

Assyrer greifen eine befestigte Stadt an.

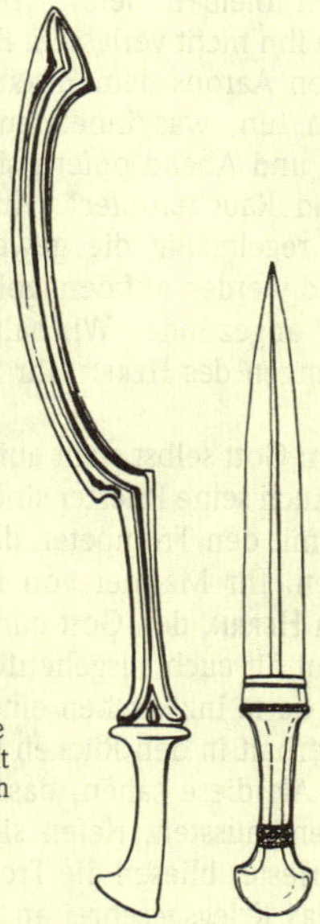

Krummschwert und Dolch, wie sie vermutlich zur Zeit Josuas in Gebrauch waren.

Soldaten des Assyrerkönigs Sargon. Relief aus dem Königspalast in Chorsabad.

Ein Schiff der ›Seevölker‹ im Kampf mit Ägyptern.

erkennen, was für ein Unterschied es ist, mir zu gehorchen oder den Königen anderer Länder.«

9 Schischak rückte in Jerusalem ein. Er leerte die Schatzkammern im Tempel und im Königspalast. Er nahm auch alle goldenen Schilde mit, die Salomo hatte anfertigen lassen. 10 Rehabeam ließ dafür Schilde aus Bronze machen und gab sie den Kommandanten der Wache, die am Eingang des Palastes stationiert war. 11 Jedes Mal, wenn der König in das Haus des HERRN ging, trugen die Wachen, die ihn begleiteten, diese Schilde und brachten sie dann wieder in ihre Unterkunft zurück.

12 Weil Rehabeam sein Unrecht eingesehen hatte, ließ der Zorn des HERRN von ihm ab und er vernichtete ihn nicht völlig. Es gab damals auch in Juda noch manches Gute.

Das Ende der Regierung Rehabeams

(1 Kön 14,21-24.29-31)

13 Rehabeam konnte seine Herrschaft wieder festigen und weiter als König regieren.

Rehabeam war 41 Jahre alt, als er König wurde. Siebzehn Jahre lang regierte er in Jerusalem, der Stadt, die der HERR aus ganz Israel als Wohnsitz für seinen Namen bestimmt hatte.[a] Rehabeams Mutter war die Ammoniterin* Naama. 14 Er tat, was verwerflich war, weil er nicht nach dem Willen des HERRN fragte.

15 Die Geschichte der Regierung Rehabeams, vom Anfang bis zum Ende, ist nachzulesen in den Berichten der Propheten* Schemaja und Iddo. Dort steht auch das Verzeichnis seiner Familie. Während seiner ganzen Regierungszeit gab es Krieg zwischen ihm und Jerobeam. 16 Als er starb, wurde er in der Davidsstadt* bestattet. Sein Sohn Abija wurde sein Nachfolger.

König Abija

(1 Kön 15,1-8)

13 Im 18. Regierungsjahr Jerobeams, des Königs von Israel, wurde Abija König von Juda. 2 Er regierte drei Jahre lang in Jerusalem. Seine Mutter hieß Michaja und war eine Tochter von Uriël aus Gibea.

Auch zwischen Abija und Jerobeam kam es wieder zum Krieg. 3 Abija zog mit einem Heer von 400000 tüchtigen Kriegsleuten aus, um den Kampf zu eröffnen. Jerobeam stellte ihm 800000 kriegstüchtige Leute entgegen.

4 Während die Heere einander gegenüberstanden, stieg Abija auf den Berg Zemarajim im Bergland Efraïm und rief:

»Jerobeam und alle Israeliten, hört mir zu! 5 Ihr müsstet doch wissen, dass der HERR, der Gott Israels, mit David einen unwiderruflichen Bund[b] geschlossen hat. Darin hat er David und seinen Nachkommen für alle Zeiten die Herrschaft über ganz Israel gegeben.

6 Aber Jerobeam, der Sohn Nebats, der Diener Salomos, hat sich gegen seinen Herrn, den Sohn Davids, aufgelehnt. 7 Eine Gruppe von nichtswürdigen Abenteurern hat sich ihm angeschlossen und über Rehabeam, den Sohn Salomos, die Oberhand bekommen. Rehabeam war damals noch zu jung und unentschlossen, um sich gegen sie durchsetzen zu können. 8 Und jetzt meint ihr, ihr könntet euch durchsetzen gegen das Königtum, das der HERR selbst den Nachkommen Davids übertragen hat. Ihr seid ja so viele und ihr habt die goldenen Stierbilder*, die Jerobeam als Götter für euch gemacht hat![c]

9 Die Priester* des HERRN, die Nachkommen Aarons, habt ihr vertrieben, auch die Leviten*. Dafür habt ihr neue Priester eingesetzt, wie es die anderen Völker auch tun: Jeder, der kommt und als Opfergabe einen Stier und sieben Schafböcke mitbringt, wird zum Priester geweiht – zum Priester für Götter, die gar keine sind!

10 Wir dagegen bleiben beim HERRN, unserem Gott! Wir haben ihn nicht verlassen. Bei uns dienen die Nachkommen Aarons dem HERRN als Priester, und die Leviten tun, was ihnen aufgetragen ist. 11 Jeden Morgen und Abend opfern sie dem HERRN Brandopfer* und Räucheropfer*. Auf den Opfertisch legen sie regelmäßig die geweihten Brote* und jeden Abend werden auf dem goldenen Leuchter die Lampen* angezündet. Wir halten uns genau an die Anordnungen des HERRN, ihr aber habt ihn verlassen!

12 Denkt daran: Gott selbst steht auf unserer Seite und führt uns! Auch seine Priester sind hier und stehen bereit, um mit den Trompeten das Signal zum Angriff zu geben. Ihr Männer von Israel, kämpft nicht gegen den HERRN, den Gott eurer Vorfahren! Es kann nicht gut für euch ausgehen!«

13-14 Jerobeam hatte inzwischen einen Teil seines Heeres als Hinterhalt in den Rücken der Leute von Juda geschickt. Als diese sahen, dass sie auf zwei Fronten kämpfen mussten, riefen sie zum HERRN um Hilfe. Die Priester bliesen die Trompeten 15 und alle stimmten das Kriegsgeschrei an. Da griff Gott selbst ein und schlug Jerobeam und sein Heer zurück. 16 Die Männer Israels flohen und Gott gab sie in die Hand der Leute von Juda.

17 Abija und seine Kriegsleute bereiteten dem Gegner eine schwere Niederlage; dabei verlor Israel 500000 kriegstüchtige Männer. 18 Damals wurde Israel in die Knie gezwungen und die Leute von Juda bekamen die Oberhand; denn sie vertrauten dem HERRN, dem Gott ihrer Vorfahren.

19 Abija verfolgte Jerobeam noch weiter und eroberte die Städte Bet-El, Jeschana und Efron und die dazugehörenden Ortschaften.[d] 20 Solange Abija

a *Wohnsitz für ...:* siehe Anmerkung zu Dtn 12,5.
b Wörtlich *einen Salzbund;* vgl. Num 18,19.
c Vgl. 1 Kön 12,28-31.
d *Bet-El* liegt wenige Kilometer jenseits der Nordgrenze Judas (Karte Seite 443), *Jeschana* 8 km nördlich, *Efron* 6 km nordöstlich von Bet-El.

12,9 9,15-16 **13,8-9** 1 Kön 12,28-31 **13,18** 14,10; 16,7-8; 1 Sam 14,6 S

lebte, konnte Jerobeam seine frühere Macht nicht
mehr wiedergewinnen; schließlich machte der HERR
seinem Leben ein Ende. 21 Abija dagegen wurde
immer mächtiger. Er heiratete vierzehn Frauen
und sie gebaren ihm zweiundzwanzig Söhne und
sechzehn Töchter.
22 Was es sonst noch von Abija zu sagen gibt, von
seinen Taten und seinen Reden, das ist nachzulesen
im Bericht des Propheten* Iddo. 23 Als Abija starb,
wurde er in der Davidsstadt* bestattet. Sein Sohn
Asa wurde sein Nachfolger. Unter Asas Regierung
hatte das Land zehn Jahre lang Frieden.

König Asa und seine Erfolge

(1 Kön 15,9-12)

14 Asa tat, was vor dem HERRN, seinem Gott, gut
und recht ist. 2 Er ließ die Altäre und Opferstät-
ten der fremden Götter zerstören, die geweihten
Steinmale* in Stücke schlagen und die geweihten
Pfähle* umhauen. 3 Er forderte das Volk von Juda
auf, dem HERRN, dem Gott ihrer Vorfahren, zu
gehorchen und sein Gesetz* mit allen seinen Gebo-
ten zu befolgen. 4 Auch in den anderen Städten Judas
beseitigte er die Opferstätten der fremden Götter
und die Räucheraltäre*.
In diesen Jahren hatte das Land Frieden, 5 weil der
HERR dafür sorgte, dass Asa von keiner Seite angegrif-
fen wurde. Er nutzte diese Zeit, um eine Reihe von
Städten in Juda zu befestigen. 6 Er sagte zu den Leu-
ten von Juda: »Lasst uns diese Städte ausbauen und
sie durch Mauern mit Türmen und durch Tore mit
starken Riegeln sichern. Noch haben wir freie Hand
in unserem Land. Wir haben uns bemüht, nach dem
Willen des HERRN, unseres Gottes, zu leben; darum
hat er uns Frieden an allen unseren Grenzen gege-
ben.« Sie fingen an zu bauen und konnten die Arbeit
auch glücklich vollenden.
7 Das Heer von Asa bestand aus 300000 Mann
vom Stamm Juda, die mit Speeren und großen Schil-
den ausgerüstet waren, und 280000 Mann vom
Stamm Benjamin, bewaffnet mit Rundschilden und
Bogen. Sie alle waren tüchtige Krieger.
8 Der Äthiopier[a] Serach rückte mit einem Heer
von tausendmal tausend Mann und dreihundert
Streitwagen* gegen Juda vor und kam bis Marescha.
9 Asa zog ihm entgegen und die beiden Heere stellten
sich im Zefata-Tal[b] bei Marescha zum Kampf auf.
10 Asa rief zum HERRN, seinem Gott: »HERR, wenn
ein Schwacher mit einem Starken kämpfen muss,
kann niemand ihm so beistehen wie du. Hilf uns,
HERR, unser Gott, denn wir verlassen uns ganz auf
dich! Im Vertrauen auf dich sind wir doch gegen
diese Übermacht angetreten. Du, HERR, bist unser
Gott! Gegen dich kann kein Mensch etwas aus-
richten!«
11 Da griff der HERR selbst für Asa und die Leute von
Juda ein und schlug die Äthiopier zurück, sodass sie
fliehen mussten. 12 Asa verfolgte sie mit seinen Män-
nern bis nach Gerar.[c] Dabei fielen von den Äthio-
piern so viele, dass sie sich nicht mehr zu einem
Gegenangriff sammeln konnten. Sie erlitten eine
vernichtende Niederlage durch den HERRN und sein
Heer.
Die Leute von Juda machten überaus reiche Beute.
13 Sie konnten auch alle Ortschaften rings um Gerar
erobern, denn der HERR hatte einen gewaltigen
Schrecken über die Bewohner kommen lassen. Sie
plünderten diese Orte aus, denn es gab dort reiche
Beute. 14 Sie überwältigten auch die Zeltlager der Hir-
ten, die sich dort in der Gegend mit ihren Herden
aufhielten, und nahmen eine große Menge Schafe,
Ziegen und Kamele als Beute mit. Danach kehrten
sie wieder nach Jerusalem zurück.

Asa erneuert den Bund mit Gott

(1 Kön 15,13-15)

15 Der Geist* Gottes nahm Besitz von Asarja,
dem Sohn Odeds, 2 sodass er Asa entgegenging
und zu ihm sagte: »Hört mir zu, König Asa und alle
Leute von Juda und Benjamin! Der HERR hält zu
euch, solange ihr euch zu ihm haltet. Wenn ihr seine
Nähe sucht, wird er sich von euch finden lassen.
Wenn ihr euch aber von ihm abwendet, wird auch
er sich von euch abwenden.
3 Es gab eine lange Zeit, in der die Israeliten ohne
den wahren Gott lebten. Da hatten sie auch keine
Priester*, die sie unterwiesen, und sie kannten Got-
tes Gesetz* nicht mehr. 4 Jedes Mal, wenn es dann
den Israeliten schlecht ging, wandten sie sich wieder
zum HERRN, ihrem Gott; sie suchten seine Nähe und
er ließ sich finden. 5 Damals konnte niemand unge-
fährdet reisen, es war eine Zeit der Unsicherheit
und Unordnung in allen Ländern. 6 Die Völker
bedrängten sich gegenseitig und Städte lagen mitein-
ander im Streit, weil Gott sie durch alle Arten von
Unglück verwirrte. 7 Darum seid jetzt stark und legt
die Hände nicht in den Schoß! Der HERR wird euer
Tun belohnen!«
8 Als Asa diese prophetischen Worte Asarjas[d] hör-
te, ging er entschlossen ans Werk und ließ im ganzen
Gebiet von Juda und Benjamin die verabscheuens-
würdigen Götterbilder entfernen, ebenso in den
Städten, die er im Bergland Efraïm erobert hatte.
Den Altar des HERRN vor der Vorhalle des Tempels*
ließ er erneuern.
9 Dann rief er die Männer aus Juda und Benjamin
zusammen, dazu auch alle aus den Stämmen Efraïm,
Manasse und Simeon, die sich in seinem Land auf-
hielten. Es waren nämlich viele zu ihm übergelau-
fen, als sie sahen, dass der HERR, sein Gott, auf seiner
Seite stand.

a *Äthiopier:* wörtlich *Kuschiter;* einige Ausleger verstehen darunter einen äthiopischen General mit einer Armee aus verschiedenen Völkern, andere denken an einen Überfall von Stämmen aus der arabischen Gegend Kuschan; vgl. Anmerkung zu Num 12,1.
b Ein *Zefata-Tal* ist unbekannt. Vielleicht hat G den ursprünglichen Text bewahrt: *im Tal nördlich von Marescha.* Marescha liegt 50 km südwestlich von Jerusalem (Karte Seite 443).
c Rund 40 km südwestlich von Marescha (Karte Seite 443).
d Es folgen noch die schwer deutbaren Worte *und die Weissagung, Oded, der Prophet* (oder *des Propheten Oded;* vgl. Vers 1).

14,10 13,18S **15,1-2** 12,5S **15,3-6** Ri 2,10-18 **15,7** 1 Kor 15,58

a Nach 11,20 und 1 Kön 15,2 war sie seine Großmutter.
b Siehe Anmerkungen zu 1 Kön 15,17-22.

10 Im 15. Regierungsjahr von Asa, im dritten Monat, versammelten sich alle in Jerusalem. 11 Sie opferten dem HERRN 700 Rinder und 7000 Schafe aus der Beute, die sie heimgebracht hatten. 12 Sie erneuerten den Bund*, den Gott mit ihren Vorfahren geschlossen hatte, und verpflichteten sich, dem HERRN mit ganzem Herzen und allen Kräften zu gehorchen. 13 Wer sich nicht nach dem Willen des HERRN richten würde, sollte mit dem Tod bestraft werden, gleichgültig ob solch ein Mensch vornehm oder gering, Mann oder Frau war.

14 Dies alles gelobten sie dem HERRN unter Jubelrufen und dem Schall der Trompeten und Widderhörner*. 15 Alle in Juda freuten sich darüber, denn sie hatten aus voller Überzeugung in den Schwur eingestimmt. Weil sie sich mit ganzer Hingabe dem HERRN zugewandt hatten, wandte auch er sich ihnen zu und gab ihnen Frieden an allen ihren Grenzen.

16 König Asa setzte auch seine Mutter[a] Maacha als Königsmutter* ab, weil sie ein verabscheuenswürdiges Götzenbild der Göttin Aschera* aufgestellt hatte. Das Götzenbild ließ er umhauen, in Stücke schlagen und im Kidrontal verbrennen.

17 Die vielen Opferstätten in Israel blieben allerdings weiterhin bestehen, aber in allem anderen gehorchte Asa dem HERRN mit ungeteiltem Herzen sein Leben lang. 18 Er brachte die goldenen und silbernen Geräte, die sein Vater dem HERRN geweiht hatte, in den Tempel und weihte dem HERRN noch weitere Gold- und Silbergeräte.

19 Bis zum 35. Regierungsjahr von Asa gab es keinen Krieg mehr.

Asa führt Krieg mit Bascha von Israel[b]

(1 Kön 15,17-22)

16 Im 36. Regierungsjahr von Asa rückte Bascha, der König von Israel, nach Süden gegen Juda vor und baute die Stadt Rama zur Festung aus, um die Wege von und nach Juda kontrollieren zu können.

2 Da schickte König Asa Boten nach Damaskus zu Ben-Hadad, dem König von Syrien*. Er gab den

Diese assyrischen Krieger ritten barfuß auf ungesattelten Pferden. »Hatten die Äthiopier und die Libyer nicht auch ein gewaltiges Heer mit einer großen Zahl von Streitwagen und Wagenkämpfern? Damals hast du dich auf den Herrn verlassen und darum gab er sie in deine Hand.« (16,8) Immer wieder forderten die Propheten dazu auf, Lehren aus der Geschichte zu ziehen. Aber nicht jeder König war dazu bereit.

15,12 Jos 24,25; Dtn 6,4-5S

Boten alles Silber und Gold mit, das in den königli-
chen Schatzkammern und in den Schatzkammern
des Tempels* noch übrig war, und ließ dem Syrer-
könig sagen: 3 »Ich möchte ein Bündnis mit dir
schließen, wie es schon zwischen unseren Vätern
bestanden hat. Ich schicke dir Silber und Gold; kün-
dige dafür dein Bündnis mit König Bascha von Israel
und falle in sein Land ein,[a] damit er von meiner
Grenze abziehen muss.«

4 Ben-Hadad ging darauf ein und schickte seine
Truppen gegen das Reich Israel. Sie verwüsteten
die Städte Ijon, Dan und Abel-Majim sowie alle Vor-
ratslager der Städte im Stammesgebiet Naftali. 5 Dar-
aufhin brach Bascha den Ausbau von Rama ab und
stellte die Arbeiten ein.

6 König Asa bot nun alle Männer von Juda auf. Sie
mussten die Steine und das Holz, die Bascha für den
Festungsbau bereitgelegt hatte, abtransportieren.
Asa ließ damit die Städte Geba und Mizpa befes-
tigen.

Der Prophet Hanani

7 Um diese Zeit kam der Prophet* Hanani zu König
Asa von Juda und hielt ihm vor: »Du hast beim König
von Syrien* Hilfe gesucht statt beim HERRN, deinem
Gott.[b] Damit hast du dich um die Möglichkeit
gebracht, auch noch die Syrer zu besiegen! 8 Hatten
die Äthiopier* und die Libyer nicht auch ein gewal-
tiges Heer mit einer großen Zahl von Streitwagen*
und Wagenkämpfern? Damals hast du dich auf den
HERRN verlassen und darum gab er sie in deine Hand.
9 Der HERR behält die ganze Erde im Auge, damit er
denen beistehen kann, die ihm mit ungeteiltem Her-
zen vertrauen. Du hast dich diesmal verhalten wie
jemand, der keine Einsicht hat. Von jetzt ab wirst
du ständig Krieg haben.«

10 Da wurde Asa so wütend auf den Propheten,
dass er ihn ins Gefängnis werfen ließ. Er fing damals
auch an, einige aus dem Volk zu misshandeln.

Das Ende der Regierung Asas

(1 Kön 15,23-24)

11 Die Geschichte der Regierung von Asa, vom Anfang
bis zum Ende, ist nachzulesen im Buch der Könige
von Juda und Israel. 12 In seinem 39. Regierungsjahr
erkrankte Asa an einem Fußleiden. Obwohl die
Krankheit sehr ernst wurde, suchte er auch damals
seine Hilfe nicht beim HERRN, sondern bei den Ärz-
ten.[c]

13 In seinem 41. Regierungsjahr starb Asa. 14 Er wur-
de in der Gruft beigesetzt, die er sich in der Davids-
stadt* hatte aushauen lassen. Man bettete ihn darin
auf ein Lager, das bedeckt war mit Balsam und an-
deren wohlriechenden Stoffen, die von Salbenmi-
schern sachkundig zusammengestellt waren. Auch
ein gewaltiges Feuer wurde zu seinen Ehren ange-
zündet.

König Joschafats gute Regierung

17 Nach Asa wurde sein Sohn Joschafat König. Er
wurde sehr mächtig in seinem Land.[d] 2 Er sta-
tionierte Truppen in allen befestigten Städten Judas
und richtete überall im Land Posten ein, auch in den
Städten im Gebiet von Efraïm, die sein Vater erobert
hatte.

3 Der HERR stand Joschafat bei, denn er lebte so,
wie sein Ahnherr David zu Beginn seiner Regierung
gelebt hatte.[e] Er verehrte nicht die Baale*, 4 sondern
hielt sich treu an den Gott seines Ahnherrn und
befolgte seine Gebote im Gegensatz zu den Königen
von Israel. 5 Darum festigte der HERR das Königtum
Joschafats. Ganz Juda brachte ihm Geschenke, er
wurde sehr reich und gewann hohes Ansehen.
6 Weil er dem HERRN gehorchte, wurde er immer
mutiger und er ließ die Opferstätten der fremden
Götter und die geweihten Pfähle* in Juda zerstören.

7 In seinem dritten Regierungsjahr ordnete
Joschafat an, dem Volk von Juda Unterricht im
Gesetz* des HERRN zu erteilen. Er beauftragte damit
einige seiner Beamten, nämlich Ben-Hajil, Obadja,
Secharja, Netanel und Michaja, 8 dazu die Leviten*
Schemaja, Netanja, Sebadja, Asaël, Schemiramot,
Jonatan, Adonija, Tobija und Tob-Adonija sowie
die Priester* Elischama und Joram. 9 Sie alle wurden
vom König ausgesandt und zogen nun von Stadt zu
Stadt. Sie hatten das Gesetzbuch des HERRN bei sich
und unterwiesen das Volk, wie der König es befoh-
len hatte.

Joschafats Macht

10 Über alle Königreiche rings um Juda hatte der HERR
einen gewaltigen Schrecken kommen lassen, sodass
niemand Joschafat anzugreifen wagte. 11 Die Philis-
ter* brachten ihm Geschenke und Silber als Tribut,
und sogar die Araber brachten ihm 7700 Schafböcke
und ebenso viele Ziegenböcke. 12 So wurde Joschafat
im Lauf der Zeit immer mächtiger. Er baute in Juda
Burgen und Städte mit Vorratsspeichern 13 und auch
in den übrigen Städten des Landes legte er Vorräte an.

In Jerusalem waren die besten Kriegsleute seines
Heeres stationiert. 14 Die Diensteinteilung des Heeres
richtete sich nach den Sippenverbänden.

Die Truppenführer des Stammes Juda waren:

Adna, Oberst und Befehlshaber über 300000 tüch-
tige Krieger;

15 Johanan, Oberst und Befehlshaber über 280000
Mann;

16 Amasja, der Sohn von Sichri, Befehlshaber über
200000 Mann; er hatte sich freiwillig dem HERRN
zur Verfügung gestellt.

a *und falle ...:* verdeutlichender Zusatz.

b Während des größten Teiles seiner Regierungszeit hat Asa ausschließlich beim HERRN Hilfe gesucht. In seinen letzten Jahren folgt er der politischen Klugheit – und bindet sich damit selbst die Hände.

c Ärzte aufzusuchen wird nirgendwo in der Bibel verboten. Der König wird getadelt, weil er *nur* die Ärzte zu Hilfe ruft und es versäumt, sich Gott wieder zuzuwenden; vgl. dazu auch Sirach 38,1-15.

d *in seinem Land:* wörtlich *über Israel.* Gemeint ist Juda, das der Verfasser der Chronikbücher als das wahre Israel ansieht im Gegensatz zum Nordreich Israel.

e Gemeint ist wohl die Zeit vor der unerlaubten Volkszählung; vgl. 2 Sam 24; 1 Chr 21,1-6.

16,7-8 13,18S **16,8** 14,7-14 **16,9** Ps 33,13-19; Sach 4,10b **16,10** 18,25-26; Jer 20,2 **17,1** 1 Kön 15,24; 22,41 **17,9** Esra 7,25; Dtn 29,20

a Vgl. zu 18,1-27 die Anmerkungen zu 1 Kön 22,1-28.
b Abgesehen von den einleitenden Versen 1-3 wird der Name Ahabs in diesem ganzen Bericht nur hier erwähnt.

17 Die Truppenführer des Stammes Benjamin waren:

Eljada, ein tapferer Krieger, Befehlshaber über
200 000 Mann, die mit Schild und Bogen bewaffnet waren;
18 Josabad, Befehlshaber über 180 000 gut ausgerüstete Männer.

19 Sie alle standen dem König im Kriegsfall zur Verfügung, abgesehen von den ständigen Besatzungen, die er in den Festungen von ganz Juda stationiert hatte.

Joschafat verbündet sich mit König Ahab von Israel[a]

(1 Kön 22,1-12)

18 Joschafat war sehr reich und stand in hohem
Ansehen. Er verheiratete seinen Sohn mit
einer Tochter des Königshauses Ahab. 2 Nach einigen Jahren besuchte er Ahab in Samaria. Dieser ließ
für ihn und sein Gefolge eine Menge Schafe und Rinder schlachten. Dann überredete er ihn, mit ihm
zusammen die Stadt Ramot in Gilead* anzugreifen.
3 König Ahab von Israel fragte König Joschafat
von Juda: »Machst du mit, wenn ich gegen Ramot
ziehe?«
»Ich mache mit«, antwortete Joschafat, »du
kannst auf meine Truppen zählen wie auf deine
eigenen.« 4 Aber dann sagte er: »Du solltest doch
zuerst den HERRN fragen, was er dazu meint.«
5 Da rief der König von Israel alle Propheten*
zusammen, etwa vierhundert, und fragte sie: »Sollen
wir die Stadt Ramot angreifen oder nicht?«
»Greif sie an!«, antworteten sie. »Der HERR wird
sie in deine Hand geben.«
6 Aber Joschafat zögerte und fragte: »Gibt es hier
keinen weiteren Propheten, durch den wir den
HERRN fragen könnten?«
7 »Es gibt schon noch einen«, erwiderte der König
von Israel, »Micha, den Sohn von Jimla. Aber ich
kann ihn nicht ausstehen, weil er mir immer nur
Unglück ankündigt.«
Doch Joschafat sagte: »So sollte der König nicht
reden!«
8 Da rief der König von Israel einen Hofbeamten
und befahl ihm, so rasch wie möglich Micha herbeizuholen.
9 Die beiden Könige saßen in ihrem königlichen
Ornat auf zwei Thronsesseln, die auf dem freien
Platz vor dem Stadttor Samarias aufgestellt waren.
Die vierhundert Propheten standen vor ihnen: sie
waren im Zustand ekstatischer Begeisterung.
10 Einer von ihnen, Zidkija, der Sohn von Kenaana, hatte sich einen Helm mit eisernen Hörnern aufgesetzt und rief: »So spricht der HERR: ›Unbesiegbar
wie ein Stier mit eisernen Hörnern wirst du gegen
die Syrer* anrennen und sie völlig vernichten.‹«
11 Die anderen Propheten stimmten ein und riefen:
»Zieh nur gegen Ramot! Du wirst siegen! Der HERR
wird die Stadt in die Hand des Königs geben!«

Ein unbequemer Prophet

(1 Kön 22,13-28)

12 Unterwegs sagte der Bote zu Micha: »Die Propheten* haben dem König einstimmig Sieg prophezeit.
Sieh zu, dass du es ebenso machst und ihm einen
glücklichen Ausgang ankündigst!«
13 Aber Micha antwortete: »So gewiss der HERR
lebt, ich kann nur ankündigen, was mein Gott mir
aufträgt.«
14 Als Micha vor den König trat, fragte ihn der:
»Micha, sollen wir Ramot angreifen oder nicht?«
Micha antwortete: »Greift die Stadt nur an; ihr
werdet siegen. Der HERR wird sie in eure Hand
geben.«
15 Aber der König sagte zu ihm: »Ich beschwöre
dich, mir nichts als die reine Wahrheit zu sagen!
Was hat der HERR dir gesagt?«
16 Da antwortete Micha: »Ich sah das Heer Israels
über die Berge zerstreut wie eine Schafherde, die keinen Hirten hat. Und der HERR sagte zu mir: ›Sie
haben keinen Anführer mehr. Der Krieg ist zu Ende;
jeder soll nach Hause zurückkehren.‹«
17 Der König von Israel wandte sich zu Joschafat
und sagte: »Habe ich nicht Recht? Er kündigt mir
immer nur Unglück an!«
18 Aber Micha sprach weiter: »Weil das so ist, hört
nun, was der HERR euch sagt! Ich sah den HERRN auf
seinem Thron sitzen. Rechts und links stand das ganze Heer der Engel*. 19 Da fragte der HERR: ›Wer
ködert Ahab,[b] den König von Israel, und bringt ihn
dazu, dass er Ramot angreift und dort den Tod findet?‹ Der eine hatte diesen Vorschlag, der andere
jenen, 20 bis zuletzt ein Geist vor den HERRN trat
und sagte: ›Ich werde ihn ködern.‹
›Womit?‹, fragte der HERR 21 und er antwortete:
›Ich werde als Lügengeist aus dem Mund aller seiner
Propheten sprechen.‹ Da sagte der HERR : ›Du darfst
ihn ködern, dir wird es gelingen. Geh hin und tu es!‹
22 Du siehst also«, wandte sich Micha an den
König, »dass der HERR deinen Propheten Lügen eingegeben hat. In Wirklichkeit hat er deinen Untergang beschlossen.«
23 Da trat Zidkija auf Micha zu, gab ihm eine Ohrfeige und sagte: »Wie soll das zugegangen sein, dass
der Geist* des HERRN mich verlassen hat und nur
noch mit dir redet?«
24 »Du wirst es ja sehen«, erwiderte Micha, »wenn
der Tag kommt, an dem du dich im hintersten Winkel deines Hauses verstecken wirst.«
25 »Nehmt ihn fest«, befahl der König, »und führt
ihn zum Stadtkommandanten Amon und zum Prinzen Joasch. 26 Sagt zu ihnen: ›Befehl des Königs: Hal-

18,1 17,5 **18,4** Ri 1,1-1S **18,16** Num 27,17S

tet diesen Mann im Gefängnis, bis ich wohlbehalten
zurückgekehrt bin! Gebt ihm die kleinste Ration
Wasser und Brot!‹«
27 Micha erwiderte: »Wenn du wohlbehalten
zurückkehrst, dann hat der HERR nicht durch mich
gesprochen.« Und er fügte hinzu: »Hört, ihr Völker
der ganzen Erde!«

Der Prophet behält Recht
(1 Kön 22,29-35)

28 Der König von Israel und Joschafat, der König von
Juda, zogen also gemeinsam gegen die Stadt Ramot.
29-30 Unterwegs sagte der König von Israel zu Joscha-
fat: »Ich werde verkleidet in die Schlacht ziehen,
aber du kannst unbesorgt deine königlichen Kleider
tragen.«
Der König von Syrien* hatte nämlich den Anfüh-
rern seiner Streitwagentruppe* befohlen: »Ihr sollt
nur den König von Israel angreifen. Lasst euch mit
keinem anderen ein, und wenn er einen noch so
hohen Rang hat!«
Deshalb zog der König von Israel verkleidet in die
Schlacht. 31 Als die Wagenkämpfer Joschafat sahen,
riefen sie: »Da ist der König von Israel!«, und setzten
von allen Seiten zum Angriff gegen ihn an. Joschafat
aber schrie; und Gott, der HERR, half ihm und lenkte
sie von ihm ab.
32 Als die Wagenkämpfer merkten, dass er nicht
der Gesuchte war, ließen sie ihn in Ruhe. 33 Ein ein-
facher Soldat aber schoss aufs Geratewohl einen
Pfeil ab, der den König von Israel an einer unge-
schützten Körperstelle traf. Da befahl der König sei-
nem Wagenlenker: »Dreh um und bring mich aus
der Schlacht! Ich bin verwundet.« 34 Weil aber der
Kampf an Heftigkeit zunahm, musste der König
den Syrern gegenüber durchhalten und bis zum
Abend in seinem Wagen aufrecht stehen bleiben.
Als die Sonne unterging, starb er.

19 König Joschafat von Juda aber[a] kehrte wohlbe-
halten in seinen Palast nach Jerusalem zurück.
2 Da trat ihm der Prophet* Jehu, der Sohn von Hana-
ni, entgegen und sagte zu ihm: »Musstest du dem
Feind des HERRN helfen und dich mit Leuten an-
freunden, die den HERRN hassen? Der HERR ist des-
wegen zornig auf dich! 3 Zu deinem Glück hat er aber
auch Gutes bei dir gefunden: Du hast die geweihten
Pfähle* aus dem Land beseitigt und bemühst dich,
den Willen Gottes zu befolgen.«

Joschafat ordnet das Rechtswesen

4 Von da an blieb Joschafat in Jerusalem und ging
nicht noch einmal nach Samaria.[b] Er bereiste sein
ganzes Land, von Beerscheba bis zum Bergland Efra-
ïm, um die Leute von Juda wieder zum HERRN, dem
Gott ihrer Vorfahren, zurückzubringen.
5 In allen befestigten Städten von Juda setzte er
Richter ein. 6 Er sagte zu ihnen: »Bedenkt, was für
eine Aufgabe ihr übernehmt: Ihr sollt für das Recht
sorgen, nicht im Auftrag von Menschen, sondern
im Auftrag des HERRN! 7 Nehmt den HERRN ernst
und tut euren Dienst gewissenhaft! Der HERR, unser
Gott, lässt es euch nicht durchgehen, wenn ihr
irgendjemand bevorzugt oder Bestechungsgeschen-
ke annehmt.«
8 Auch in Jerusalem setzte Joschafat Richter ein,
Männer aus den Leviten*, den Priestern* und den
Sippenoberhäuptern. Sie bildeten den obersten
Gerichtshof des Landes, der im Namen des HERRN
Recht zu sprechen hatte. Daneben behandelten sie
die Streitsachen der Einwohner von Jerusalem.°
9 Diesen Richtern gab Joschafat folgende Anwei-
sung: »Tut euren Dienst im Gehorsam gegenüber
dem HERRN, mit aller Treue und mit ungeteiltem Her-
zen! 10 Wenn eure Brüder, die Richter in den anderen
Städten, euch ihre Fragen vorlegen, etwa Fälle von
Mord und Totschlag oder andere Verstöße gegen
Gesetze, Vorschriften, Anordnungen und Bräuche,
dann sollt ihr sie belehren und warnen, damit sie
nicht vor dem HERRN schuldig werden. Sonst macht
auch ihr euch schuldig und sein Zorn trifft sie und
euch.
11 In allen Angelegenheiten, die das Gesetz* des
HERRN betreffen, hat der Oberpriester Amarja die
letzte Verantwortung, und wenn es um die Anord-
nungen des Königs geht, Sebadja, der Sohn
Jischmaëls, das Oberhaupt des Stammes Juda. Als
Gerichtsschreiber stehen euch die Leviten zur Verfü-
gung. Nun geht entschlossen an eure Aufgabe! Der
HERR steht denen zur Seite, die das Rechte tun.«

Joschafats Sieg über seine Feinde

20 Einige Zeit danach zog ein großes Heer von
Moabitern* und Ammonitern*, unterstützt
durch eine Anzahl von Mëunitern,° gegen Joschafat
heran. 2 Boten kamen und meldeten: »Eine große
Übermacht rückt von der anderen Seite des Toten
Meeres aus Edom° gegen dich vor. Sie stehen schon
in Hazezon-Tamar.« – Das ist ein anderer Name für
En-Gedi.[c]
3 Joschafat erschrak sehr. Er entschloss sich, den
HERRN zu befragen, und ließ in ganz Juda eine
Fastenzeit* ausrufen. 4 Die Leute kamen aus allen
Städten des Landes nach Jerusalem, um vom
HERRN Hilfe zu erbitten. 5 Sie versammelten sich
mit den Einwohnern der Stadt im neuen Vorhof
des Tempels* und Joschafat trat vor sie hin 6 und
betete:
»HERR, du Gott unserer Vorfahren! Du bist der
Gott im Himmel, du bist der Herrscher über alle Rei-
che der Welt. Bei dir ist alle Kraft und Macht, sodass

a Der Abschnitt 19,1 bis 20,30 hat keine Entsprechung in den Königsbüchern. Für den Verfasser der Chronikbücher ist er wichtig, weil er von den Bemühungen des Königs berichtet, dem Gesetz Gottes Geltung zu verschaffen, und von Gottes rettendem Eingreifen bei einem feindlichen Überfall.

b *und ging nicht …:* verdeutlichender Zusatz.

c Am Westrand des Toten Meeres (Karte Seite 443); sie wollen offenbar durch die in Vers 20 erwähnte Wüste östlich Tekoas gegen Jerusalem ziehen.

18,26 16,10 **19,2** 20,37; 25,7 **19,5-7** Dtn 16,18-20; Esra 7,25 **19,8-11** Dtn 16,18S

niemand es mit dir aufnehmen kann. 7 Du, unser
Gott, hast doch die früheren Bewohner dieses Lan-
des vor deinem Volk Israel vertrieben und hast das
Land uns, den Nachkommen deines Freundes Abra-
ham, für alle Zeiten gegeben.
8 Unsere Vorfahren ließen sich hier nieder und
bauten für dich[a] ein Heiligtum, denn sie sagten:
9 ›Wenn ein Unglück über uns kommt, Kriegsschre-
cken, Pest oder Hungersnot, dann wollen wir hier
vor diesem Haus vor dich hintreten, denn in diesem
Haus wohnt dein Name. Hier wollen wir in unserer
Not zu dir rufen und du wirst uns hören und uns hel-
fen.‹
10 Sieh doch jetzt die Ammoniter, die Moabiter
und das Volk aus dem Bergland Seïr*, die uns angrei-
fen wollen. Als die Israeliten aus Ägypten kamen,
hast du ihnen nicht erlaubt, das Gebiet dieser Völker
zu betreten. Sie haben einen Umweg gemacht und
diese Völker nicht ausgerottet. 11 Zum Dank dafür
kommen sie jetzt und wollen uns aus deinem Land
vertreiben, das du uns gegeben hast!
12 Du unser Gott! Willst du sie nicht dafür bestra-
fen? Wir können gegen diese Übermacht nichts aus-
richten. Wir wissen nicht, was wir tun sollen. Darum
blicken wir auf dich!«
13 Das ganze Volk von Juda, auch die Frauen und
Kinder, standen dort vor dem Tempel. 14 Da nahm
mitten in dieser Versammlung der Geist* des HERRN
Besitz von Jahasiël, einem Leviten* aus der Sippe
Asaf. Er war der Sohn von Secharja, seine weiteren
Vorfahren waren Benaja, Jëiël und Mattanja.
15 Er rief: »Hört her, Leute von Juda, ihr Einwoh-
ner von Jerusalem und vor allem du, König Joschafat!
So spricht der HERR zu euch: ›Habt keine Angst!
Erschreckt nicht vor der Übermacht! Dieser Kampf
ist nicht eure, sondern meine Sache! 16 Zieht morgen
ins Tal hinunter, ihnen entgegen! Sie werden den
Weg von Ziz heraufkommen. Am Ausgang des Tales,
wo die Wüste von Jeruël beginnt, werdet ihr auf sie
treffen. 17 Ihr selbst braucht nicht zu kämpfen; bleibt
ruhig stehen und schaut zu, wie ich, der HERR, für
euch den Sieg erringe.‹
Habt keine Angst, ihr Bewohner von Juda und
Jerusalem, erschreckt nicht! Zieht ihnen morgen ent-
gegen und der HERR wird bei euch sein.«
18 Da kniete Joschafat nieder und beugte sich bis
zur Erde, und auch das ganze Volk von Juda und
die Bewohner Jerusalems warfen sich anbetend
vor dem HERRN nieder. 19 Danach erhoben sich die
Leviten der Sippe Korach, die zu den Nachkommen
Kehats gehören, und priesen den HERRN, den Gott
Israels, mit machtvollem Gesang.
20 Früh am nächsten Morgen, vor ihrem Aufbruch
zur Wüste von Tekoa, trat Joschafat vor sie und
sagte: »Hört her, Männer von Juda und Jerusalem!
Vertraut dem HERRN, eurem Gott, dann werdet ihr
stark sein! Glaubt seinen Propheten* und ihr werdet
siegen!«
21 Nachdem er sich mit dem Volk abgesprochen
hatte, stellte er die Tempelsänger in ihren geweihten
Dienstgewändern an die Spitze des Heeres. Sie soll-
ten den HERRN preisen mit dem Lied: »Dankt dem
HERRN, denn seine Liebe hört niemals auf!«
22–23 Als sie anfingen zu singen,[b] stürzte der HERR
die Feinde, die ihnen entgegenrückten, in Verwir-
rung, sodass sie sich gegenseitig vernichteten. Erst
wandten sich die Ammoniter zusammen mit den
Moabitern gegen die Männer aus dem Bergland Seïr,

a Wörtlich *für deinen Namen;* siehe Anmerkung zu Dtn 12,5.
b Der Bericht erinnert an die Eroberung Jerichos (Jos 6,20).

König Joschafats Regierung begann glücklich. Er setzte allen Eifer daran, Gott zu dienen. Doch der Versuch einer Zusammenarbeit mit König Ahasja von Israel, der den Baal verehrte, scheiterte. »Sie beschlossen, gemeinsam Schiffe zu bauen« (20,36); aber die Flotte, die sie bei Ezjon-Geber gebaut hatten, erlitt Schiffbruch, ehe sie auslaufen konnte. Im Bild eine befestigte Insel im Golf von Akaba, auf der möglicherweise das biblische Ezjon-Geber zu suchen ist.

20,7 Jes 41,8; Jak 2,23 **20,9** 6,24-31 **20,10** Dtn 2,4-19 **20,15-17** Dtn 20,1-4; Jes 8,10 **20,17a** Ex 14,13-14 **20,20** Jes 7,9 **20,21** (Lied) 1 Chr 16,34 S

fielen über sie her und vernichteten sie. Dann gerieten sie selbst aneinander und machten sich gegenseitig nieder.

[24] Als die Leute von Juda zu der Anhöhe kamen, von der aus die Wüste zu überblicken war, und nach dem feindlichen Heer ausschauten, sahen sie nur noch Tote am Boden liegen. Nicht einer war mit dem Leben davongekommen. [25] Joschafat und seine Leute kamen, um die Beute einzusammeln. Sie fanden bei den Gefallenen so viele Lasttiere° und wertvolle Dinge, darunter Kleider° und kostbare Geräte, dass sie drei Tage brauchten, um alles fortzuschaffen.

[26] Am vierten Tag versammelten sie sich im Beracha-Tal, um dem HERRN zu danken. Von daher hat das Tal seinen Namen »Danktal«; so heißt es heute noch. [27] Dann kehrten sie alle, mit Joschafat an der Spitze, wieder nach Jerusalem zurück. Sie waren voller Freude, weil der HERR ihnen gegen ihre Feinde geholfen hatte. [28] Unter dem Klang der Harfen, Lauten und Trompeten zogen sie in Jerusalem ein und gingen zum Tempel des HERRN.

[29] Über die umliegenden Länder kam ein gewaltiger Schrecken, als sie hörten, dass der HERR selbst den Kampf gegen die Feinde Judas geführt hatte. [30] In der folgenden Zeit konnte Joschafat ungestört regieren, denn der HERR, sein Gott, schenkte ihm Frieden an allen Grenzen.

Das Ende der Regierung von König Joschafat

(1 Kön 22,41-51)

[31] Joschafat war also König von Juda. Er war 35 Jahre alt, als er an die Herrschaft kam, und er regierte 25 Jahre lang in Jerusalem. Seine Mutter hieß Asuba und war eine Tochter von Schilhi. [32] Er folgte in allem dem Vorbild seines Vaters Asa und tat, was dem HERRN gefällt. [33] Nur die Opferstätten rings im Land bestanden weiter, denn das Volk war mit dem Herzen noch nicht auf den Gott seiner Vorfahren ausgerichtet.

[34] Was es sonst noch über Joschafat zu sagen gibt, vom Anfang bis zum Ende, das ist nachzulesen in dem Bericht, den Jehu, der Sohn von Hanani, geschrieben hat. Er steht im Buch der Könige Israels.

[35] Einmal traf König Joschafat von Juda eine Übereinkunft mit König Ahasja von Israel, obwohl dieser ein verwerfliches Leben führte. [36] Sie beschlossen, gemeinsam Schiffe zu bauen, die nach Tarschisch* fahren sollten. Die Schiffe wurden in Ezjon-Geber gebaut. [37] Damals sagte der Prophet* Eliëser aus Marescha, der Sohn von Dodawa, zu Joschafat: »Weil du dich mit Ahasja verbündet hast, wird der HERR dein Werk zerstören.« Die Flotte erlitt Schiffbruch und kam nicht nach Tarschisch.

21 Als Joschafat starb, wurde er neben seinen Vorfahren in der Davidsstadt* bestattet. Sein Sohn Joram wurde sein Nachfolger.

König Joram

(2 Kön 8,16-24)

[2] Joram hatte mehrere Brüder: Asarja, Jehiël, Secharja, Asarja, Michael und Schefatja. Sie alle waren Söhne von König Joschafat.[a] [3] Ihr Vater schenkte ihnen viel Gold, Silber und andere Kostbarkeiten; außerdem gab er ihnen befestigte Städte in Juda. Die Königswürde aber übertrug er Joram, weil dieser der erste Sohn war. [4] Als Joram anstelle seines Vaters König geworden war und die Herrschaft fest in der Hand hatte, ließ er alle seine Brüder töten und auch einige von den führenden Männern.

[5] Joram war 32 Jahre alt, als er König wurde, und regierte acht Jahre lang in Jerusalem. [6] Er tat, was dem HERRN missfällt, und folgte damit dem schlechten Beispiel der Könige von Israel, vor allem der Familie von König Ahab, mit dessen Tochter er verheiratet war. [7] Der HERR wollte aber trotz allem das Königshaus Davids nicht ausrotten, weil er mit David einen Bund* geschlossen und ihm versprochen hatte, dass das Licht in seinem Königshaus nicht verlöschen und immer einer seiner Nachkommen in Jerusalem König sein sollte.

[8] Während der Regierungszeit Jorams sagten sich die Edomiter* von der Oberherrschaft Judas los und setzten einen eigenen König ein. [9] Joram zog darauf mit seinen Truppenführern und mit allen seinen Streitwagen* nach Edom. Zwar konnten die Edomiter ihn und seine Wagen umzingeln, aber in der Nacht schlug er gegen sie los und besiegte sie. [10] Trotzdem ist Edom seit damals von Juda unabhängig geblieben.

Zur gleichen Zeit befreite sich auch die Stadt Libna[b] von der Oberherrschaft Judas. Das alles geschah, weil Joram sich vom HERRN, dem Gott seiner Vorfahren, abgewandt hatte.

[11] Joram richtete sogar auf den Bergen von Juda Opferstätten ein[c] und verleitete so die Bewohner von Jerusalem und Juda dazu, dem HERRN untreu zu werden. [12] Damals erhielt Joram einen Brief von dem Propheten* Elija. Darin stand:

»So spricht der HERR, der Gott deines Ahnherrn David: ›Du bist nicht auf dem Weg geblieben, den dein Vater Joschafat und dein Großvater Asa gegangen sind. [13] Stattdessen bist du dem schlechten Beispiel der Könige von Israel gefolgt. Du bist dem HERRN genauso untreu geworden wie das Königshaus Ahabs und hast auch die Leute von Juda und Jerusalem zur Untreue gegen Gott verführt. Deine eigenen Brüder, die besser waren als du, hast du getötet. [14] Darum wird der HERR hart zuschlagen; seine Strafe wird dein Volk, deine Söhne und Frauen

a Es folgt noch *von Israel;* vgl. Anmerkung zu 17,1.
b Siehe Anmerkung zu 2 Kön 8,22.
c Der Abschnitt 21,11–22,1 hat keine Entsprechung in den Königsbüchern. Auf die Verstöße des Königs gegen das Gesetz folgt die exemplarische Bestrafung: militärischer Zusammenbruch und furchtbare Krankheit.

20,37 19,2; 25,7 **21,7** 6,16 S; 7,18 **21,8** Gen 27,40

und deinen ganzen Besitz treffen. 15 Du selbst wirst schwer krank werden und lange leiden müssen, bis dir zuletzt die Eingeweide aus dem Leib fallen.‹«

16 Der HERR gab den Philistern* und den Araberstämmen, die neben den Kuschitern[a] wohnten, in den Sinn, Joram anzugreifen. 17 Sie rückten gegen Juda heran, drangen in das Land ein und nahmen allen Besitz mit, der sich im Königspalast befand. Sie verschleppten auch Jorams Frauen und Söhne. Nur der jüngste, Joahas, blieb übrig.

18 Dann ließ der HERR den König selbst krank werden. Es war eine unheilbare Krankheit in seinen Eingeweiden, 19 die sich lange hinzog. Nach zwei Jahren traten die Eingeweide heraus und er starb unter furchtbaren Schmerzen. Das Volk hatte beim Tod seiner Vorgänger immer ein großes Feuer zu ihren Ehren angezündet; bei ihm unterließ man es.

20 Joram war mit 32 Jahren König geworden und hatte acht Jahre lang in Jerusalem regiert. Er starb, ohne dass jemand um ihn trauerte. Er wurde zwar in der Davidsstadt* bestattet, aber nicht an der Seite der früheren Könige.

König Ahasja
(2 Kön 8,25-29; 9,27-29)

22 Die Einwohner von Jerusalem machten Jorams jüngsten Sohn Ahasja[b] zu seinem Nachfolger. Alle seine älteren Söhne hatte eine Horde von Räubern umgebracht, die mit den Arabern das Heerlager Judas überfallen hatte. Deshalb wurde Ahasja König von Juda.

2 Ahasja war zwanzig° Jahre alt, als er an die Herrschaft kam, und er regierte ein Jahr lang in Jerusalem. Seine Mutter war Atalja, eine Tochter[c] des Königs Omri von Israel.

3 Auch er folgte dem schlechten Beispiel des Königshauses Ahabs; denn seine Mutter, seine Ratgeberin, stiftete ihn dazu an. 4 Er tat, was dem HERRN missfällt, ganz wie die Nachkommen Ahabs, von denen er sich nach dem Tod seines Vaters beraten ließ. Das führte zu seinem Untergang.

5 Diese seine Ratgeber verleiteten ihn dazu, gemeinsam mit Joram, dem Sohn Ahabs, dem König von Israel, in den Krieg gegen König Hasaël von Syrien* zu ziehen. Bei Ramot in Gilead[d] kam es zum Kampf. Dabei wurde Joram verwundet. 6 Er zog sich nach Jesreel zurück, um seine Wunden ausheilen zu lassen.

Ahasja,° der Sohn Jorams, der König von Juda, besuchte ihn dort, 7 und dieser Besuch wurde für Ahasja zum Verderben. So hatte Gott es gefügt. Denn nachdem Ahasja bei Joram angekommen war, fuhr er mit ihm Jehu, dem Enkel von Nimschi, entgegen. Diesen hatte der HERR zum König bestimmt und ihm den Auftrag gegeben, die Nachkommen Ahabs auszurotten.

8 Als nun Jehu das Strafgericht am Königshaus Ahabs vollzog, stieß er auch auf die Truppenführer aus Juda und die Neffen von Ahasja, die in dessen Dienst standen, und tötete sie. 9 Ahasja selbst versteckte sich in Samaria; aber Jehu ließ ihn suchen. Er wurde festgenommen, vor Jehu gebracht und hingerichtet. Trotzdem gewährten Jehu und seine Leute ihm ein Begräbnis, denn sie sagten sich: »Er ist immerhin ein Enkel Joschafats, der sich mit ganzem Herzen zum HERRN gehalten hat.«

Von der Familie Ahasjas war nun keiner übrig geblieben, der alt genug[e] war, um die Herrschaft zu übernehmen.

Königin Atalja
(2 Kön 11,1-3)

10 Als Atalja, die Mutter von Ahasja, erfuhr, dass ihr Sohn tot war, ließ sie alle Angehörigen des Königshauses von Juda umbringen.[f]

11 Aber die Prinzessin Joscheba holte heimlich Ahasjas kleinen Sohn Joasch aus der Mitte der Prinzen, die getötet werden sollten, und versteckte ihn mit seiner Amme in der Bettenkammer. Auf diese Weise rettete sie ihn vor Atalja, sodass er nicht zusammen mit den anderen Söhnen des Königs getötet wurde. Joscheba war eine Tochter von Joram und Schwester von Ahasja und sie war die Frau des Priesters Jojada.

12 Sechs Jahre lang blieb Joasch bei ihnen im Bereich des Tempels* verborgen, solange Atalja das Land regierte.

Ataljas Sturz und die Wiederherstellung des Königtums der Davidsnachkommen
(2 Kön 11,4-20)

23 Im siebten Jahr entschloss sich der Priester* Jojada zu handeln. Er verbündete sich mit einigen Truppenführern: Asarja, dem Sohn von Jeroham, Jischmaël, dem Sohn von Johanan, Asarja, dem Sohn von Obed, Maaseja, dem Sohn von Adaja, und Elischafat, dem Sohn von Sichri. 2 Die zogen durch alle Städte in Juda und brachten die Leviten* und die Sippenoberhäupter Israels nach Jerusalem. 3 Alle versammelten Männer schlossen im Tempel* einen Pakt mit dem König.

Dann sagte Jojada zu ihnen: »Der Sohn des Königs soll also König werden, so wie der HERR zugesagt hat, dass immer ein Nachkomme Davids in Jerusalem König sein soll. 4 Wir werden jetzt wie folgt vorgehen: Ein Drittel der Priester und Leviten, alle, die am nächsten Sabbat* den Dienst antreten, bewachen die Eingänge des Tempels, 5 das zweite Drittel den Königspalast und das letzte Drittel das Grundtor; die Männer aus dem Volk besetzen die Vorhöfe des Tempels. 6 Niemand kommt in das Haus des HERRN hinein außer den Priestern und den Dienst tuenden

a Siehe Anmerkung zu Num 12,1.
b *Ahasja* ist eine andere Form des Namens Joahas (21,17).
c Siehe Anmerkung zu 2 Kön 8,28.
d Siehe 18,2 und Anmerkung zu 1 Kön 22,3. Siehe auch Sacherklärung »Gilead«.
e *alt genug:* wörtlich *fähig* oder *tüchtig.*
f Siehe Anmerkung zu 2 Kön 11,1.

21,15 2 Makk 9,5; Apg 1,18 **21,19** 16,14 **22,7** 2 Kön 9,1-10.29 **22,8** 2 Kön 10,12-14 **23,3b** 1 Chr 17,11-14

Leviten, weil sie für den Dienst geweiht sind. Die
übrigen Männer müssen sich an das Verbot des
HERRN halten. 7 Die Leviten schließen mit der Waffe
in der Hand einen Kreis um den König und begleiten
ihn auf Schritt und Tritt. Wer in das Tempelhaus ein-
zudringen versucht, wird getötet!«
8 Die Leviten und alle versammelten Männer von
Juda befolgten genau die Anweisungen von Jojada.
Jeder rief seine Leute zusammen, nicht nur die, die
am Sabbat den Dienst begannen, sondern auch
die, die ihn beendeten; denn Jojada hatte auch diese
nicht entlassen. 9 Er übergab den Truppenführern
die Speere, die großen Schilde und die Rundschilde,
die noch von König David stammten und sich jetzt
im Tempel befanden. 10 Jeder der Männer bekam
seine Waffe in die Hand, dann stellte Jojada sie alle
vor dem Tempel auf, im Halbkreis von der südlichen
Ecke über den Brandopferaltar* bis zur nördlichen
Ecke, um den König nach allen Seiten abzusichern.
11 Darauf führten Jojada und seine Söhne den Prin-
zen heraus, um ihn zum König zu machen. Sie setz-
ten ihm die Krone auf und überreichten ihm die Krö-
nungsurkunde. Dann salbten* sie ihn und alle rie-
fen: »Hoch lebe der König!«
12 Als das Volk herbeiströmte und dem neuen
König zujubelte, hörte Atalja den Lärm. Sie begab
sich zu der Menge am Tempel des HERRN. 13 Dort
sah sie Joasch, der am Eingang auf dem Platz des
Königs stand, umgeben von den Truppenführern
und den Trompetern. Auch die Tempelsänger stan-
den dort und leiteten mit ihren Instrumenten den
Festgesang und das ganze Volk jubelte vor Freude.

Da zerriss Atalja ihr Gewand und schrie: »Verrat!
Verrat!«
14 Der Priester Jojada aber wollte nicht, dass man
sie im Bereich des Tempels tötete. Darum befahl er
den Truppenführern: »Führt sie zwischen den Rei-
hen eurer Leute hinaus! Wer ihr folgt, wird mit
dem Schwert getötet!« 15 Sie ergriffen Atalja, führten
sie ab und töteten sie beim Rosstor am königlichen
Palast.
16 Jojada schloss einen Bund* zwischen sich und
dem ganzen Volk und dem König. Sie verpflichteten
sich dazu, Ernst damit zu machen, dass sie das Volk
des HERRN waren. 17 Anschließend zog die ganze Ver-
sammlung zum Tempel des Gottes Baal* und riss ihn
nieder. Sie zertrümmerten die Altäre und die Götter-
bilder und erschlugen Mattan, den Priester Baals,
dort vor den Altären.
18 Jojada übertrug den Priestern, den Nachkom-
men Levis, die Aufsicht über den Tempel des HERRN.
David hatte sie in Dienstgruppen eingeteilt, damit
sie die Brandopfer* darbrachten, wie es im Gesetz*
Moses vorgeschrieben ist. Sie sollten ihren Dienst im
Tempel verrichten, begleitet von festlichem Gesang,
genauso wie David es angeordnet hatte. 19 Jojada
stellte auch Torwächter an die Eingänge des Tempel-
bereichs. Sie hatten darauf zu achten, dass niemand
den heiligen Bezirk betrat, der auf irgendeine Weise
unrein* war.
20 Danach nahm Jojada die Offiziere, die angese-
henen und führenden Männer und das ganze ver-
sammelte Volk mit sich, um den König vom Tempel
durch das obere Tor hinunter zum Palast zu geleiten.
Dort ließen sie ihn auf dem königlichen Thron Platz
nehmen. 21 Die ganze Bevölkerung des Landes freute
sich, und die Stadt blieb ruhig, nachdem man Atalja
hingerichtet hatte.

König Joasch und die Renovierung des Tempels

(2 Kön 12,1-17)

24 Joasch war sieben Jahre alt, als er König wur-
de, und er regierte vierzig Jahre lang in Jeru-
salem. Seine Mutter hieß Zibja und stammte aus
Beerscheba. 2 Joasch tat, was dem HERRN gefällt,
solange der Priester Jojada lebte. 3 Er heiratete zwei
Frauen, die Jojada für ihn auswählte, und hatte mit
ihnen mehrere Söhne und Töchter.
4 Nach einiger Zeit beschloss Joasch, das Haus des
HERRN zu renovieren. 5 Er rief die Priester* und Levi-
ten* zu sich und sagte zu ihnen: »Geht in alle Städte
in Juda und sammelt Geld von den Israeliten, damit
wir jedes Jahr die nötigen Reparaturen am Tempel*
eures Gottes durchführen können. Beeilt euch
damit!«

Aber die Leviten ließen sich Zeit. 6 Deshalb ließ
der König den Oberpriester Jojada zu sich kommen
und hielt ihm vor: »Mose, der Bevollmächtigte* Got-
tes, und die ganze Gemeinde haben seinerzeit den
Israeliten eine Abgabe für das Heilige Zelt* auferlegt.
Warum hast du nicht dafür gesorgt, dass die Leviten
diese Abgabe in Juda und Jerusalem einsammeln?
7 Atalja – dieses schändliche Weib! Ihre Anhänger
haben den Tempel verfallen lassen. Sie haben sogar
die Gaben, die für das Haus des HERRN geweiht
waren, für die Baale* verwendet.«
8 Auf Befehl des Königs wurde ein Kasten angefer-
tigt und am Tor des Tempelbereichs aufgestellt.
9 Dann wurde in Juda und Jerusalem bekannt gege-
ben, dass jeder die Abgabe herbeibringen sollte,
die Mose, der Bevollmächtigte Gottes, damals in
der Wüste den Israeliten auferlegt hatte. 10 Der Auf-
ruf wurde von den führenden Männern Israels und
dem ganzen Volk mit Freude aufgenommen. Sie
brachten ihre Beiträge und steckten sie in den
Kasten, bis er voll war.
11 Täglich mussten die Leviten im Auftrag des
Königs nachprüfen. Wenn sie sahen, dass viel Geld
im Kasten war, kamen der Schreiber des Königs
und ein Beauftragter des Oberpriesters. Sie leerten
gemeinsam den Kasten aus und brachten ihn dann

23,11 1 Sam 16,13 S **23,16** 15,12 **23,18** 7,6; 1 Chr 15,16 S **24,3** Dtn 17,17 **24,6** Ex 30,11-16

an seinen Platz zurück. Auf diese Weise kam sehr viel Geld zusammen.

12 Der König und Jojada übergaben das Geld den Meistern, die für die Bauarbeiten am Tempel verantwortlich waren. Diese stellten Steinmetzen und Zimmerleute sowie Eisen- und Kupferschmiede an, die den Tempel renovieren und alle Schäden beseitigen sollten. 13 Sie alle gingen ans Werk und die Arbeit machte gute Fortschritte. Sie machten den Tempel wieder so schön und fest, wie er ursprünglich gewesen war.

14 Als alle Arbeiten abgeschlossen waren, brachten die Meister das übrig gebliebene Geld dem König und Jojada zurück. Jojada ließ davon Tempelgeräte herstellen, Schalen und andere goldene und silberne Gefäße, wie sie für den Gottesdienst und bei den Opfern gebraucht wurden. Solange Jojada lebte, wurden im Tempel regelmäßig Brandopfer* dargebracht.

15 Jojada wurde sehr alt. Er starb mit 130 Jahren, gesättigt von einem langen und erfüllten Leben. 16 Er wurde in der Davidsstadt* an der Seite der Könige bestattet, in Anerkennung seines Dienstes in Israel für Gott und seinen Tempel.

König Joasch verlässt den rechten Weg

(2 Kön 12,18-22)

17 Nach dem Tod von Jojada kamen die führenden Männer von Juda zum König und machten ihm ihre Aufwartung. Von da an ließ er sich von ihnen beraten. 18 Das führte dazu, dass die Leute von Juda aufhörten, in den Tempel* des HERRN zu gehen und den Gott ihrer Vorfahren zu verehren. Stattdessen beteten sie wieder vor den geweihten Pfählen* und Götzenbildern. Weil sie sich damit vor dem HERRN schuldig machten, wurde er zornig auf Juda und Jerusalem. 19 Er schickte ihnen Propheten*, um sie zu warnen und zu ihm zurückzurufen, aber niemand hörte auf sie.

20 Da nahm der Geist* Gottes Besitz von Secharja, dem Sohn des Priesters Jojada, sodass er vor das Volk hintrat und rief: »So spricht der HERR: ›Warum übertretet ihr meine Gebote und bringt euch selbst um euer Glück? Ihr habt mich verlassen; jetzt verlasse ich euch!‹«

21 Darauf taten sich die Gegner Secharjas zusammen und er wurde auf Befehl des Königs im Vorhof des Tempels gesteinigt*. 22 König Joasch dachte nicht mehr daran, wie viel er Secharjas Vater Jojada verdankte, und ließ den Sohn umbringen. Ehe Secharja starb, rief er noch: »Der HERR sieht es und wird es vergelten!«

23 Am Anfang des nächsten Jahres rückte eine Heeresgruppe der Syrer* gegen Joasch heran und drang in Juda und Jerusalem ein. Alle führenden Männer von Juda wurden getötet und ihr ganzer Besitz als Beute zum König von Syrien nach Damaskus gebracht. 24 Obwohl die Syrer nur mit einem kleinen Heer gekommen waren, konnten sie die große Streitmacht von Juda besiegen, denn der HERR gab die Leute von Juda in ihre Hand, weil sie sich von ihm, dem Gott ihrer Väter, abgewandt hatten. So vollzogen die Syrer sein Strafgericht an Joasch.

25 Als sie wieder abzogen, ließen sie Joasch schwer verwundet zurück. Seine Hofleute verschworen sich gegen ihn wegen des Mordes am Sohn° des Priesters Jojada und erschlugen ihn auf seinem Krankenlager. Er wurde in der Davidsstadt* bestattet, aber nicht in der Grabstätte der anderen Könige. 26 Die Anstifter der Verschwörung waren Josachar, der Sohn der Ammoniterin* Schimat, und Josabad, der Sohn der Moabiterin* Schomer.

27 Die Liste seiner Söhne, die vielen Prophetenworte gegen ihn und der Bericht über die Renovierung des Tempels stehen in den ausführlichen Erläuterungen zum »Buch von den Königen«. Sein Sohn Amazja wurde sein Nachfolger.

König Amazja

(2 Kön 14,1-6)

25 Amazja war 25 Jahre alt, als er König wurde, und er regierte 29 Jahre lang in Jerusalem. Seine Mutter hieß Joaddan und stammte aus Jerusalem. 2 Er tat, was dem HERRN gefällt, aber er hielt nicht mit ungeteiltem Herzen zu ihm.

3 Nachdem er die Herrschaft fest in die Hand bekommen hatte, ließ er die Hofleute töten, die seinen Vater Joasch ermordet hatten. 4 Ihre Söhne aber verschonte er, weil im Gesetzbuch* Moses das Gebot des HERRN steht: »Die Eltern sollen nicht für die Schuld ihrer Kinder sterben und die Kinder nicht für die Schuld ihrer Eltern. Jeder soll nur für seine eigene Schuld bestraft werden.«

Amazjas Krieg gegen Edom

(2 Kön 14,7)

5 Amazja rief die Männer der Stämme Juda und Benjamin aus dem ganzen Land zusammen. Er ordnete sie nach Sippen und unterstellte sie dem Befehl von Hauptleuten und Obersten. Als alle Männer ab zwanzig Jahre gezählt waren, zeigte sich, dass er über ein Heer von 300000 kriegstüchtigen Leuten verfügte, die alle mit Schild und Speer bewaffnet waren. 6 Außerdem ließ der König für 100 Zentner* Silber noch 100000 Söldner aus dem Nordreich Israel anwerben.

7 Aber ein Prophet* kam zu Amazja und sagte zu ihm: »Mein König, du solltest die Kriegsleute aus Israel zu Hause lassen! Der HERR steht nicht auf der Seite dieser Efraïmiter aus dem Nordreich! 8 Wenn du sie mitnimmst, kannst du dich noch so mutig in den Kampf stürzen – Gott wird dafür sor-

24,20 12,5 S **24,21** Mt 23,35 par **24,24** 12,5 S **25,4** zit Dtn 24,16 **25,7** 19,2; 20,37

gen, dass du deinen Feinden unterliegst. Denn er
kann beides: dir helfen und dich zu Fall bringen!«
9 »Und was wird aus den 100 Zentnern Silber, die
ich den Söldnern aus Israel gegeben habe?«, fragte
Amazja den Propheten.

Er antwortete: »Der HERR kann dir viel mehr als
das wiedergeben.«
10 Da entließ Amazja die Söldner aus Efraïm und
schickte sie in ihr Land zurück. Sie waren deshalb
über Juda sehr verärgert und zogen voller Wut wie-
der heim.
11 Amazja nahm all seinen Mut zusammen und
führte seine Leute in den Kampf. Sie zogen ins Salz-
tal und besiegten dort die Edomiter,[a] von denen
10000 fielen. 12 Weitere 10000 Edomiter wurden
gefangen genommen. Die Männer von Juda führten
die Gefangenen auf einen hohen Felsen und stürzten
sie von dort hinunter, sodass sie alle zerschmettert
wurden.
13 Inzwischen aber überfielen die Söldner, die
Amazja zurückgeschickt hatte, die Städte von Juda
zwischen Samaria und Bet-Horon. Sie töteten dabei
3000 Männer und schleppten viel Beute fort.
14 Als Amazja von seinem Sieg über die Edomiter
heimkehrte, brachte er deren Götterbilder mit. Er
stellte sie als seine eigenen Götter auf, warf sich
vor ihnen nieder und verbrannte ihnen Räucherop-
fer*. 15 Deshalb wurde der HERR zornig auf ihn. Er
schickte einen Propheten zu ihm und ließ ihm sagen:
»Warum suchst du Hilfe bei diesen Göttern, die ihr
Volk nicht vor dir beschützen konnten?«
16 Aber Amazja fiel dem Propheten ins Wort und
rief: »Habe ich dich etwa als meinen Ratgeber einge-
setzt? Hör auf, wenn du keine Schläge bekommen
willst!«

Da richtete der Prophet seine Botschaft nicht wei-
ter aus. Er sagte nur noch: »Ich weiß, der HERR hat
deinen Untergang beschlossen, weil du dich diesen

a *Edomiter:* wörtlich *Männer von Seïr**.

Während der Regierungszeit des Königs Amazja führte Juda Krieg gegen Edom (25,11-12). Das Bild zeigt die enge Schlucht, die den Zugang zur Hauptstadt Sela (griechisch Petra) eröffnet.

fremden Göttern zugewandt und nicht auf mich gehört hast.«[a]

Amazjas Krieg mit Israel[b]

(2 Kön 14,8-20)

17 König Amazja von Juda beriet sich mit seinen Hofleuten. Dann schickte er Boten zu König Joasch von Israel, dem Sohn von Joahas und Enkel von Jehu, und ließ ihm sagen: »Komm, tritt mir im Kampf gegenüber, damit wir sehen, wer stärker ist!«

18 König Joasch antwortete ihm: »Der Dornstrauch auf dem Libanon sagte zur Zeder: ›Gib meinem Sohn deine Tochter zur Frau!‹ Aber die wilden Tiere liefen über den Dornstrauch und zertrampelten ihn. 19 Dein Sieg über die Edomiter* ist dir zu Kopf gestiegen. Gib dich mit deinem Ruhm zufrieden und bleib zu Hause! Oder willst du dich ins Unglück stürzen und ganz Juda mit hineinreißen?«

20 Aber Amazja hörte nicht auf ihn. Gott hatte es so gefügt, denn er wollte die Leute von Juda in die Gewalt des Königs von Israel geben, weil sie bei den Göttern der Edomiter* Rat und Hilfe suchten.

21 König Joasch rückte zum Kampf heran. Bei Bet-Schemesch, im Gebiet von Juda, traf sein Heer auf das von König Amazja. 22 Die Männer von Juda wurden geschlagen und liefen auseinander, jeder kehrte nach Hause zurück.

23 Amazja wurde bei Bet-Schemesch von Joasch gefangen genommen und nach Jerusalem mitgeführt. Dort ließ Joasch die Stadtmauer auf einer Länge von 200 Metern niederreißen, vom Efraïmtor bis zum Ecktor. 24 Er nahm alles Gold und Silber und alle kostbaren Geräte mit, die sich im Tempel unter der Aufsicht Obed-Edoms befanden, ebenso alle Schätze aus dem königlichen Palast; außerdem führte er eine Anzahl von Geiseln mit sich nach Samaria.

25 König Amazja von Juda überlebte König Joasch von Israel um fünfzehn Jahre. 26 Was es sonst noch über Amazja zu berichten gibt, vom Anfang bis zum Ende, das ist nachzulesen im Buch der Könige von Juda und Israel.

27 Seit der Zeit, als er sich vom HERRN abwandte, gab es in Jerusalem eine Verschwörung gegen ihn. Schließlich floh er nach Lachisch, aber die Verschwörer schickten ihm auch dorthin Männer nach, die ihn umbrachten. 28 Auf einem mit Pferden bespannten Wagen holte man ihn in die Hauptstadt[c] zurück und bestattete ihn in der Grabstätte seiner Vorfahren.

König Usija, seine Macht und sein Reichtum

(2 Kön 14,21-22; 15,1-3)

26 Alle Männer von Juda machten Usija[d] als Nachfolger seines Vaters Amazja zum König. Er war damals sechzehn Jahre alt. 2 Er eroberte nach dem Tod seines Vaters die Stadt Elat[e] zurück und baute sie zur Festung aus.

3 Usija war sechzehn Jahre alt, als er König wurde, und er regierte 52 Jahre lang in Jerusalem. Seine Mutter hieß Jecholja und stammte aus Jerusalem. 4 Er folgte dem Vorbild seines Vaters Amazja und tat, was dem HERRN gefällt. 5 Solange Secharja lebte, der ihn dazu anhielt,° bemühte er sich, dem Willen Gottes zu folgen. Und solange er dem HERRN gehorsam war, gab der HERR ihm Erfolg.

6 Er unternahm einen Feldzug gegen die Philister*. Dabei ließ er die Mauern von Gat, Jabne und Aschdod niederreißen, seinerseits aber befestigte er eine Reihe anderer Orte im Gebiet von Aschdod und im übrigen Land der Philister. 7 Gott stand ihm bei in diesem Kampf gegen die Philister, ebenso auch gegen die Araberstämme, die in der Gegend von Gur-Baal wohnten, und gegen die Mëuniter. 8 Die Mëuniter° zahlten ihm Tribut. Er wurde so mächtig, dass sein Ruhm bis nach Ägypten drang.

9 In Jerusalem baute er Türme am Ecktor, am Taltor und am so genannten Winkel und befestigte sie stark. 10 Auch im Wüstengebiet ließ er Wehrtürme errichten und viele Zisternen anlegen, weil er im Hügelland und auf der Hochebene große Viehherden besaß. Außerdem beschäftigte er in den Bergen und in der fruchtbaren Niederung viele Landarbeiter und Weinbauern, weil er viel von der Landwirtschaft hielt.

11 Usija hatte auch ein kriegstüchtiges Heer, das aus den wehrfähigen Männern des ganzen Volkes bestand. Der Listenführer Jëiël und der Amtmann Maaseja waren beauftragt worden, alle zu erfassen; die Aufsicht dabei hatte Hananja, einer der obersten königlichen Beamten. Das Heer war in Abteilungen gegliedert; 12 2600 Sippenoberhäupter waren die Anführer. 13 Unter ihrem Befehl stand eine Heeresmacht von 307500 Mann, so stark und schlagkräftig, dass der König es mit allen seinen Feinden aufnehmen konnte. 14 Er rüstete seine Leute mit Schilden, Speeren, Helmen, Brustpanzern, Bogen und Schleudersteinen aus. 15a Er ließ auch kunstvolle Wurfmaschinen bauen, mit denen man Pfeile abschießen und große Steine schleudern konnte. Sie wurden in Jerusalem auf den Türmen und Mauerecken aufgestellt.

Usijas Verfehlung und Krankheit

(2 Kön 15,5-7)

15b Weil Gott ihm auf wunderbare Weise half, wurde Usija immer mächtiger und sein Ruhm drang bis in ferne Länder. 16 Als er aber mächtig geworden war, wurde er überheblich und verging sich gegen den HERRN, seinen Gott, sich selbst zum Schaden.[f] Er ging in den Tempel*, um selbst auf dem Räucheraltar* Weihrauch zu verbrennen.

a Der Krieg gegen Edom wird hier im Gegensatz zum Parallelbericht der Königsbücher sehr ausführlich behandelt. Der Verfasser der Chronikbücher sieht in Amazjas Sieg den Grund für seine Überheblichkeit und seine Abkehr von Gott sowie für die Strafe, die Gott über ihn und das Volk kommen lässt.
b Siehe die Anmerkungen zu 2 Kön 14,8-20.
c Wörtlich *die Stadt von Juda.*
d In der Parallelüberlieferung im zweiten Königsbuch lautet der Name des Königs Asarja (vgl. Anmerkung zu 2 Kön 15,13).
e Die Hafenstadt am Golf von Akaba (1 Kön 9,26).
f Die Verse 5-20 haben keine Entsprechung in den Königsbüchern. In Usijas Erfolgen sieht der Verfasser der Chronikbücher die Ursache dafür, dass der König sich später priesterliche Vollmacht anmaßt und deshalb von Gott mit Aussatz bestraft wird.

25,18 Ri 9,14 **25,24** 1 Chr 26,4-5.15 **26,2** 8,17

17 Aber der Oberpriester Asarja und weitere achtzig Priester* des HERRN, lauter beherzte Männer, folgten ihm. 18 Sie traten dem König entgegen und sagten: »Es steht dir nicht zu, Usija, dem HERRN Weihrauchopfer darzubringen! Das ist nur den Priestern erlaubt, den Nachkommen Aarons, die dazu geweiht sind. Verlass das Heiligtum, denn du hast dich gegen Gott, gegen den HERRN, vergangen. Damit kannst du bei ihm keinen Ruhm gewinnen!«

19 Usija, der bereits die Räucherpfanne in der Hand hielt, wurde zornig; aber gerade als er den Priester anfahren wollte, brach auf seiner Stirn Aussatz* hervor. Das geschah vor den Augen der Priester, im Tempel des HERRN, unmittelbar neben dem Räucheraltar.

20 Der Oberpriester Asarja und die anderen Priester sahen voll Entsetzen den Aussatz auf seiner Stirn. Sofort trieben sie Usija aus dem Tempel. So schnell er konnte, lief er hinaus; denn er merkte, dass der HERR ihn gestraft hatte.

21 König Usija blieb aussätzig bis zu seinem Tod. Er musste in einem abgesonderten Haus wohnen und durfte das Haus des HERRN nicht mehr betreten. Sein Sohn Jotam war Palastvorsteher und führte anstelle des Königs die Regierungsgeschäfte.

22 Was es sonst noch über Usija zu berichten gibt, vom Anfang bis zum Ende, das hat der Prophet* Jesaja, der Sohn von Amoz, aufgezeichnet. 23 Als Usija starb, bestattete man ihn wegen seines Aussatzes auf dem Gelände neben der Grabstätte der Könige. Sein Sohn Jotam wurde sein Nachfolger.

König Jotam
(2 Kön 15,32-38)

27 Jotam war 25 Jahre alt, als er König wurde, und er regierte 16 Jahre lang in Jerusalem. Seine Mutter hieß Jeruscha und war eine Tochter Zadoks. 2 Er tat, was dem HERRN gefällt, und folgte in allem dem Vorbild seines Vaters Usija; aber er drang nicht wie dieser in den Tempel* ein. Das Volk jedoch blieb bei seinem verkehrten Treiben.

3 Jotam baute das obere Tor am Tempel des HERRN und verstärkte die Mauern am Ofel* an vielen Stellen. 4 Er befestigte eine Reihe von Städten in den Bergen von Juda und errichtete Burgen und Türme in den Waldgebieten.

5 Er führte Krieg gegen den König der Ammoniter* und besiegte ihn. Die Ammoniter mussten ihm in jenem Jahr 100 Zentner* Silber, 1500 Tonnen Weizen und 1500 Tonnen Gerste abliefern,[a] ebenso auch noch im nächsten und übernächsten Jahr. 6 Jotam wurde sehr mächtig, weil er sich in allem, was er tat, nach dem Willen des HERRN, seines Gottes, richtete.

7 Was es sonst noch über Jotam zu berichten gibt, über alle seine Kriegszüge und sonstigen Unternehmungen, das ist nachzulesen im Buch der Könige von Israel und Juda. 8 Er war 25 Jahre alt, als er König wurde, und er regierte 16 Jahre in Jerusalem. 9 Als er starb, wurde er in der Davidsstadt* bestattet. Sein Sohn Ahas wurde sein Nachfolger.

König Ahas
(2 Kön 16,1-5)

28 Ahas war zwanzig Jahre alt, als er König wurde, und er regierte sechzehn Jahre lang in Jerusalem. Er tat nicht wie sein Ahnherr David, was dem HERRN gefällt, 2 sondern folgte dem schlechten Beispiel der Könige von Israel. Er ließ Standbilder des Gottes Baal* gießen 3 und brachte im Hinnom-Tal Räucheropfer* dar. Er ließ sogar seine eigenen Söhne als Opfer verbrennen und folgte damit der abscheulichen Sitte der Völker, die der HERR vor den Israeliten aus dem Land vertrieben hatte. 4 An den Opferstätten* der fremden Götter, auf den Hügeln und unter allen heiligen Bäumen, verbrannte er Opfergaben und feierte Opfermähler*.

5 Wegen all dieser Untaten gab ihn der HERR, sein Gott, in die Hand des Königs von Syrien*. Die Syrer besiegten ihn und brachten viele Leute aus Juda gefangen nach Damaskus.

Zugleich gab der HERR ihn auch in die Hand des Königs von Israel: Pekach, der Sohn von Remalja, bereitete ihm eine schwere Niederlage. 6 An einem einzigen Tag fielen 120000 Männer aus Juda, lauter tüchtige Krieger – zur Strafe dafür, dass die Leute aus Juda dem HERRN, dem Gott ihrer Vorfahren, den Rücken gekehrt hatten. 7 Sichri, ein tapferer Mann aus dem Stamm Efraïm, tötete den Prinzen Maaseja, den Palastvorsteher Asrikam und Elkana, den Stellvertreter des Königs. 8 Die Männer von Israel nahmen 200000 Frauen und Kinder aus ihrem Brudervolk als Gefangene mit, außerdem machten sie reiche Beute und brachten sie nach Samaria.

Die Rückgabe der Gefangenen

9 In Samaria lebte ein Prophet* des HERRN namens Oded. Als das Heer dorthin zurückkam, ging er ihm entgegen und sagte: »Der HERR, der Gott eurer Vorfahren, war zornig auf die Leute von Juda. Deshalb hat er sie in eure Hand gegeben. Ihr aber habt mit einer solchen Wut drauflosgemordet, dass es zum Himmel schreit. 10 Nun wollt ihr auch noch diese Gefangenen aus Juda und Jerusalem zu euren Sklaven und Sklavinnen machen. Habt ihr denn noch nicht genug Schuld gegen den HERRN auf euch geladen? 11 Hört jetzt auf mich! Diese Gefangenen

a *1500 Tonnen:* hebräische Maßangabe *10000 Kor* (1 Kor = 10 Efa*), genauer etwa 1650 t.

26,18 Ex 30,7-8; Num 3,10 **27,2** 26,16 **28,3** Lev 18,21S **28,5-6** Jes 7,1

a Lauter Orte am Rand des Berglandes westlich und südwestlich Jerusalems (Karte Seite 443).
b Es folgt noch *von Israel;* vgl. Anmerkung zu 17,1.

sind eure Brüder und Schwestern. Lasst sie wieder heimkehren! Sonst wird sich der Zorn des HERRN gegen euch kehren.«
12 Auch einige der führenden Männer aus dem Stamm Efraïm traten dem heimkehrenden Heer entgegen, nämlich Asarja, der Sohn von Johanan, Berechja, der Sohn von Meschillemot, Jehiskija, der Sohn von Schallum, und Amasa, der Sohn von Hadlai.
13 Sie sagten: »Ihr dürft die Gefangenen nicht hierher bringen! Unser Unrecht und unsere Schuld gegenüber dem HERRN sind schon so groß, dass er zornig auf uns ist. Wollt ihr die Schuld noch größer machen?«
14 Da ließen die Kriegsleute in Gegenwart der führenden Männer und der ganzen versammelten Gemeinde die Gefangenen frei und verzichteten sogar auf die Beute.
15 Einige Leute wurden namentlich bestimmt und beauftragt, sich um die Gefangenen zu kümmern. Sie gaben allen, die nicht genug anzuziehen hatten, Kleidungsstücke und Schuhe aus dem Beutegut. Sie gaben ihnen zu essen und zu trinken und versorgten die Verwundeten. Alle, die zum Gehen zu schwach waren, setzten sie auf Esel und brachten sie bis nach Jericho, der Palmenstadt. Dort waren sie nicht mehr weit von ihren Landsleuten. Dann kehrten die Männer von Israel wieder nach Samaria zurück.

Ahas sucht vergeblich Hilfe in Assyrien

(2 Kön 16,7-20)

16 Damals schickte König Ahas eine Botschaft an das Königshaus von Assyrien* und bat um Hilfe,
17 weil die Edomiter* wieder ins Land eingedrungen waren. Sie hatten Juda besiegt und viele Gefangene weggeführt.
18 Auch die Philister* waren in das Hügelland und in das Südland von Juda eingefallen. Sie hatten die Städte Bet-Schemesch, Ajalon und Gederot eingenommen wie auch Socho, Timna und Gimso mit den dazugehörigen Dörfern[a] und hatten sich dort festgesetzt.
19 Der HERR bereitete Juda diese Niederlagen als Strafe für die Sünden von König Ahas,[b] der ihm die Treue gebrochen und die Zügellosigkeit des Volkes geduldet hatte.
20 Der Assyrerkönig Tiglat-Pileser rückte tatsächlich mit seinem Heer heran. Aber anstatt Ahas zu unterstützen, setzte er ihn unter Druck.
21 Ahas lieferte die Schätze aus dem Tempel* des HERRN, aus dem Königspalast und aus dem Besitz der führenden Kreise an ihn aus und bekam doch nicht die erwartete Hilfe.
22 Selbst in dieser Zeit schwerster Bedrängnis blieb Ahas dem HERRN ungehorsam, er trieb es sogar noch schlimmer:
23 Er opferte den Göttern von Damaskus, obwohl die Leute von Damaskus ihn geschlagen hat-

König Pekach von Israel besiegte König Ahas von Juda und nahm viele tausend Frauen und Kinder aus Juda gefangen. Aber der Prophet Oded sagte: »Diese Gefangenen sind eure Brüder und Schwestern. Lasst sie wieder heimkehren!« (28,11) Alle wurden freigelassen, und die Schwächsten wurden auf Eseln bis nach Jericho gebracht. Im Bild die Oase von Jericho.

ten. Er sagte sich: »Diese Götter haben den Königen von Syrien* geholfen und mich besiegt. Wenn ich ihnen nun Opfer* darbringe, werden sie mir ebenso helfen.« Aber ihm und ganz Israel brachten sie nur Unglück.

24 Ahas ließ auch die Geräte aus dem Haus Gottes zusammentragen und zerschlagen und die Tore des Tempels ließ er schließen. Stattdessen errichtete er Altäre an allen Ecken in Jerusalem. 25 Auch in allen anderen Städten von Juda ließ er Opferstätten* errichten, um den fremden Göttern Opfer darzubringen. Mit alldem forderte er den Zorn des HERRN, des Gottes seiner Vorfahren, heraus.

26 Was es sonst noch über Ahas zu berichten gibt, über alle seine Taten vom Anfang bis zum Ende, das ist nachzulesen im Buch der Könige von Juda und Israel. 27 Ahas starb und wurde in Jerusalem bestattet, aber nicht in der Grabstätte der Könige von Israel.[a] Sein Sohn Hiskija wurde sein Nachfolger.

REFORMEN UND ENDE DES REICHES JUDA (Kapitel 29–36)

König Hiskija reinigt den Tempel

(2 Kön 18,1-3)

29 Hiskija war 25 Jahre alt, als er König wurde, und er regierte 29 Jahre lang in Jerusalem. Seine Mutter hieß Abi und war eine Tochter von Secharja. 2 Hiskija tat, was dem HERRN gefällt, genau wie sein Ahnherr David.

3 Noch im ersten Jahr seiner Regierung, gleich zu Beginn des neuen Jahres, ließ er die Tore des Tempels* wieder öffnen und instand setzen.[b] 4 Dann rief er die Priester* und die Leviten* zu sich. Sie versammelten sich auf dem Platz im Osten 5 und er sagte zu ihnen:

»Männer vom Stamm Levi, hört mir zu! Reinigt* euch für euren Dienst! Reinigt und weiht auch den Tempel wieder! Er gehört dem HERRN, dem Gott eurer Vorfahren. Räumt deshalb alles hinaus, was ihn unrein gemacht hat!

6 Unsere Väter sind dem HERRN untreu geworden und haben getan, was ihm missfällt. Sie haben ihm und seiner Wohnung den Rücken gekehrt. 7 Schlimmer noch: Sie haben die Tore der Vorhalle geschlossen, die Lampen gelöscht und dem Gott Israels in seinem Tempel keine Räucheropfer* und keine Brandopfer* mehr dargebracht. 8 Darum ist der HERR auf Juda und Jerusalem zornig geworden. Er hat sie zu einem abschreckenden Beispiel gemacht, zu Stätten des Grauens, von denen man sich mit Entsetzen abwendet, wie ihr mit eigenen Augen seht. 9 Deswegen sind auch unsere Väter im Krieg umgekommen und unsere Frauen und Kinder sind in Gefangenschaft.

10 Ich habe jetzt die feste Absicht, mit dem HERRN, dem Gott Israels, einen Bund* zu schließen, in der Hoffnung, dass er seinen Zorn von uns abwendet. 11 Verliert nun keine Zeit mehr, geht an eure Aufgabe! Euch hat der HERR doch erwählt, als seine Diener vor ihm zu stehen und ihm Opfer darzubringen.«

12-14 Da traten folgende Leviten vor:

von den Nachkommen Kehats:
Mahat, der Sohn von Amasai,
und Joël, der Sohn von Asarja;
von den Nachkommen Meraris:
Kisch, der Sohn von Abdi,
und Asarja, der Sohn von Jehallelel;
von den Nachkommen Gerschons:
Joach, der Sohn von Simma,
und Eden, der Sohn von Joach;
von den Nachkommen Elizafans:
Schimri und Jëiël;
von den Nachkommen Asafs:
Secharja und Mattanja;
von den Nachkommen Hemans:
Jehiël und Schimi;
von den Nachkommen Jedutuns:
Schemaja und Usiël.

15 Sie riefen ihre Stammesbrüder zusammen und alle reinigten sich für ihren Dienst. Dann begannen sie den Tempel zu reinigen, wie es der König nach den Weisungen des HERRN befohlen hatte. 16 Die Priester gingen in das Tempelhaus hinein und brachten alles, was unrein war, hinaus in den Vorhof. Von dort aus schafften es die Leviten ins Kidrontal außerhalb der Stadt.

17 Am ersten Tag des ersten Monats fingen sie mit der Reinigung an; nach einer Woche kamen sie an die Vorhalle. Während der folgenden acht Tage wurde die Vorhalle gereinigt, sodass sie am 16. Tag mit allem fertig waren.

18 Dann gingen sie zu König Hiskija und meldeten ihm: »Wir haben den ganzen Tempel wieder gereinigt, auch den Brandopferaltar* und den Tisch für die geweihten Brote* und die zu beiden gehörenden Geräte. 19 Wir haben auch alle anderen Geräte wieder hergerichtet und neu geweiht, die König Ahas während seiner Regierung entweiht hatte, als er dem HERRN untreu geworden war. Sie können jetzt wieder für den Dienst am Altar des HERRN verwendet werden.«

Die Wiedereinweihung des Tempels

20 Am nächsten Morgen rief König Hiskija die führenden Männer der Stadt zu sich und ging mit ihnen zum Haus des HERRN hinauf. 21 Man brachte sieben Stiere, sieben Schafböcke und sieben Lämmer für das Brandopfer* herbei, dazu sieben Ziegenböcke,

a Zu *Israel* siehe Anmerkung zu 17,1.
b Hier beginnt ein ausführlicher Bericht (bis 31,21), der keine Entsprechung in den Königsbüchern hat. Der Verfasser der Chronikbücher, dem Tempel und Gottesdienst besonders am Herzen liegen, berichtet mit innerster Zustimmung von der Reinigung und Wiedereinweihung des Tempels sowie von der großen Feier des Passafestes.

29,3 28,24 **29,12-14** (Asaf) 1 Chr 6,24 S; (Heman) 1 Chr 6,18 S; (Jedutun) 1 Chr 25,1 S

die als Sühneopfer* für das Königshaus, den Tem-
pel* und die ganze Bevölkerung von Juda vorgese-
hen waren. Der König befahl den Priestern, den
Nachkommen Aarons, die Tiere auf dem Altar des
HERRN zu opfern.
22 Nacheinander wurden die Stiere, die Schafbö-
cke und die Lämmer geschlachtet. Die Priester nah-
men das Blut und sprengten es an den Altar.*
23 Zuletzt brachte man die Böcke für das Sühneopfer
und stellte sie vor den König und die versammelten
Israeliten. Diese legten ihre Hände auf die Köpfe
der Opfertiere. 24 Dann schlachteten die Priester
die Böcke und sprengten das Blut an den Altar, um
Israel von seiner Schuld zu befreien; denn der König
hatte das Brandopfer und Sühneopfer für das ganze
Volk angeordnet.
25 Er stellte auch die Leviten* mit Becken, Harfen
und Lauten wieder beim Tempel auf. So hatte es
König David angeordnet, nachdem sein propheti-
scher Ratgeber Gad und der Prophet* Natan ihm
einen entsprechenden Befehl des HERRN überbracht
hatten. 26 Die Leviten nahmen Aufstellung mit den
Instrumenten, die König David hatte anfertigen las-
sen, ebenso die Priester mit ihren Trompeten.
27 Als Hiskija den Befehl gab, das Brandopfer auf
dem Altar herzurichten, ertönten die Instrumente
Davids, des Königs von Israel. Dazu priesen die Levi-
ten den HERRN mit ihrem Gesang und die Priester
bliesen auf den Trompeten. 28 Alle versammelten
Israeliten warfen sich nieder und beteten den HERRN
an. Die Leviten sangen und die Trompeten schmet-
terten, solange die Opferhandlung andauerte.
29 Zum Schluss warfen sich der König und alle Anwe-
senden noch einmal zur Anbetung nieder.
30 Dann forderten König Hiskija und die führen-
den Männer die Leviten auf, den HERRN mit den Lie-
dern Davids und des prophetischen Sängers Asaf zu
preisen. Sie taten dies mit großer Freude, dann war-
fen auch sie sich nieder, um den HERRN anzubeten.
31 Anschließend wandte sich Hiskija zu dem ver-
sammelten Volk und sagte: »Ihr seid nicht mit leeren
Händen hier vor dem HERRN erschienen. Kommt her
und bringt eure Mahlopfer* und Dankopfer* zu sei-
nem Tempel!«[a]
Da brachten sie ihre Opfer herbei, und wer beson-
ders reichlich geben wollte, gab noch Brandopfer
hinzu. 32 Auf diese Weise kamen 70 Rinder, 100 Schaf-
böcke und 200 Lämmer für das Brandopfer* zusam-
men. 33 Die Zahl der übrigen Opfergaben betrug 600
Rinder und 3000 Schafe.
34 Zuerst waren gar nicht genug Priester da, um
alle Tiere für das Brandopfer abzuhäuten. Deshalb
gingen ihre Stammesbrüder, die Leviten, ihnen
dabei zur Hand, bis die Arbeit geschafft war und
noch mehr Priester sich für den Dienst gereinigt*
hatten. Die Leviten hatten sich nämlich mit größe-
rem Eifer gereinigt als die Priester. 35 Außerdem
war die Zahl der Brandopfer an diesem Tag beson-
ders groß, und die Priester bekamen zusätzlich zu
tun mit den Fettstücken der Mahlopfer*, die ver-
brannt werden mussten, und mit den Trankopfern*,
die zum Brandopfer hinzugehören.
Damit war der regelmäßige Gottesdienst im Tem-
pel des HERRN wieder aufgenommen. 36 Hiskija und
das ganze Volk freuten sich sehr, dass Gott ihnen
diese Wende geschenkt hatte. Sie war viel schneller
eingetreten, als sie erwartet hatten.

Vorbereitungen für das Passafest

30 Hiskija schickte Boten mit Briefen durch das
ganze Gebiet von Israel und Juda; auch an die
Stämme Efraïm und Manasse.[b] Er lud alle ein, zum
Haus des HERRN nach Jerusalem zu kommen und
zu Ehren des HERRN, des Gottes Israels, gemeinsam
das Passafest* zu feiern. 2 Vorher hatte er sich mit
den verantwortlichen Männern und der ganzen
Gemeinde von Jerusalem beraten, ob sie nicht das
Fest diesmal erst im zweiten Monat begehen sollten.
3 Zum vorgeschriebenen Zeitpunkt im ersten
Monat war es nicht möglich, weil sich noch nicht
genügend Priester für den Dienst gereinigt* hatten
und auch das Volk nicht so schnell in Jerusalem
zusammenkommen konnte. 4 Der König und die
ganze Gemeinde hatten diesem Plan zugestimmt
5 und beschlossen, sich mit einem Aufruf an ganz
Israel zu wenden, von Beerscheba im Süden bis nach
Dan im Norden. Alle Israeliten sollten zu diesem Pas-
safest nach Jerusalem eingeladen werden. Es war ja
schon lange nicht mehr von allen Stämmen gemein-
sam begangen worden, wie es vorgeschrieben ist.[c]
6 Die Boten eilten mit den Briefen des Königs und
seiner Minister durch ganz Juda und Israel. Im Auf-
trag des Königs riefen sie aus:
»Ihr Israeliten, kehrt wieder um zum HERRN, dem
Gott eurer Ahnen Abraham, Isaak und Israel![d] Dann
wird er sich euch, dem Rest eures Volkes, wieder
zuwenden, allen, die nicht von den Assyrern* ver-
schleppt worden sind.[e] 7 Folgt nicht länger dem
schlechten Beispiel eurer Väter und Brüder! Sie sind
dem HERRN, dem Gott eurer Vorfahren, untreu
geworden und deshalb hat er sie zu einem abschre-
ckenden Beispiel für alle werden lassen, wie ihr
selbst es miterlebt habt.
8 Seid nicht so starrsinnig wie eure Vorfahren,
unterstellt euch dem HERRN ! Kommt zu seinem Tem-
pel*, den er für alle Zeiten zu seinem Heiligtum
bestimmt hat! Dient dem HERRN, eurem Gott; dann
wird er seinen Zorn von euch abwenden. 9 Wenn
ihr zu ihm zurückkehrt, wird er dafür sorgen, dass
die Assyrer mit euren verschleppten Brüdern und
Söhnen Erbarmen haben und sie in euer Land
zurückkehren lassen. Der HERR, euer Gott, ist voll

a Mit diesem Aufruf gibt der König zu verstehen, dass der offizielle Teil der Opferfeier beendet ist und das Volk nun die persönlichen Opfer darbringen kann. Zu den verschiedenen Opferarten siehe Sacherklärung »Opfer«.
b *Efraïm* und *Manasse* waren die größten Stämme des Nordreiches Israel.
c Vgl. Dtn 16,2.5.
d *Israel* = Jakob; vgl. Gen 32,29; 35,10.
e Im Jahr 721 v. Chr. hatte der assyrische König Sargon den Großteil der Bevölkerung des Nordreiches zwangsweise in andere Provinzen seines Reiches umgesiedelt; vgl. 2 Kön 17,5-41.

29,23-24 Lev 4,22-24 **29,25-26** 1 Chr 15,16S **29,30** 1 Chr 6,24S **30,2-3** Num 9,9-11 **30,6** Ex 3,6; 2 Chr 12,5S **30,9** Ex 34,6S

Güte und Erbarmen! Er wird sich gewiss nicht länger von euch abwenden, wenn ihr zu ihm zurückkommt.«

10 Die Boten gingen von einer Stadt zur andern, durch das Gebiet von Efraïm und Manasse und bis hin nach Sebulon. Aber die Leute dort lachten sie aus und verspotteten sie. 11 Nur einige aus den Stämmen Ascher, Manasse und Sebulon gingen in sich und kamen nach Jerusalem. 12 In Juda aber bewirkte Gott, dass alle einmütig dem Aufruf folgten, den der König und die führenden Männer nach dem Gebot des HERRN erlassen hatten.

Hiskija feiert das Passafest

13 Im zweiten Monat kam eine große Volksmenge in Jerusalem zusammen, um das Passafest* und das Fest der Ungesäuerten Brote* zu feiern. Es war eine ungewöhnlich große Versammlung. 14 Zuerst beseitigten sie in Jerusalem die Altäre und Räucheraltäre* der fremden Götter und warfen sie ins Kidrontal. 15 Am 14. Tag des Monats schlachteten sie die Passalämmer.

Weil die Priester* und die Leviten* sich geschämt hatten, waren sie diesmal für ihren Dienst gereinigt*. Sie brachten Tiere für das Brandopfer* herbei. 16 Dann nahmen sie ihre Plätze ein, wie es Mose, der Mann Gottes, im Gesetz* festgelegt hatte. Die Priester nahmen von den Leviten das Blut der Opfertiere entgegen und sprengten es an den Altar*.

17 Viele der Festteilnehmer hatten nicht die nötige Reinigung an sich vorgenommen; deshalb schlachteten die Leviten für sie die Passalämmer, damit diese dem HERRN geweiht werden konnten. 18-19 Viele, besonders aus Efraïm, Manasse, Issachar und Sebulon, hatten auch schon angefangen, das Passamahl zu essen, ohne die Reinheitsvorschriften beachtet zu haben.

Darum betete Hiskija für sie: »HERR, du Gott unserer Vorfahren, vergib in deiner Güte allen, die sich nicht so vorbereitet haben, wie es für dieses heilige Fest nötig ist, die aber doch mit ganzem Herzen nach deinem Willen fragen.« 20 Der HERR erhörte das Gebet Hiskijas und ließ keine Strafe über sie kommen.

21 Sieben Tage lang feierten die in Jerusalem versammelten Israeliten voller Freude das Fest der Ungesäuerten Brote. Die Priester und Leviten priesen Tag für Tag den HERRN; sie taten das mit dem lauten Schall ihrer Instrumente. 22 Hiskija lobte die Leviten, weil sie mit so viel Umsicht ihren Dienst für den HERRN ausgeübt hatten.

Eine ganze Woche lang feierten die Israeliten und aßen miteinander die Mahlopfer* und dankten dem HERRN, dem Gott ihrer Vorfahren. Als die Tage zu Ende waren, 23 beschloss die ganze Gemeinde, noch weitere sieben Tage zusammenzubleiben, und auch diese zweite Woche machten sie zu einem Freudenfest.

24 König Hiskija von Juda hatte der Gemeinde dazu 1000 Rinder und 7000 Schafe geschenkt und die führenden Männer des Volkes hatten 1000 Rinder und 10 000 Schafe gegeben. Sehr viele Priester hatten sich zum Dienst gereinigt.

25 Sie freuten sich alle miteinander: das Volk von Juda, die Priester und die Leviten, dazu alle, die aus den anderen Stämmen Israels gekommen waren, dazu auch die Fremden*, die aus Israel mitgekommen waren oder in Juda lebten. 26 In ganz Jerusalem herrschte große Festfreude; denn seit Salomo, der Sohn Davids, König in Israel gewesen war, hatte es so etwas in Jerusalem nicht mehr gegeben.

27 Zuletzt erhoben sich die Priester, die Nachkommen Levis, und erteilten dem Volk den Segen des HERRN. Ihr Gebet drang hinauf zu seiner himmlischen Wohnung und Gott erhörte es.

Hiskija ordnet den Tempeldienst

31 Als das Fest zu Ende war, zogen die versammelten Israeliten erst noch in die anderen Städte Judas. Überall zerschlugen sie die Steinmale*, hieben die geweihten Pfähle* um und zerstörten die Opferstätten und Altäre der fremden Götter, bis nichts mehr von ihnen übrig blieb. Außer in Juda taten sie dies auch im ganzen Gebiet der Stämme Benjamin, Efraïm und Manasse. Dann erst kehrten sie in die Wohnorte zurück, wo sie ihren Grundbesitz hatten.

2 Hiskija ordnete auch aufs Neue die Dienstgruppen der Priester* und der Leviten*, wie sie früher bestanden hatten, und wies jedem die Aufgabe zu, die er im Tempel, der Wohnstätte[a] des HERRN, zu erfüllen hatte: Die Priester sollten die Brandopfer* und Mahlopfer* darbringen und die Leviten sollten ihnen dabei helfen und den HERRN mit Musik und Gesang preisen.

3 Der König gab aus seinem eigenen Besitz einen Anteil zu den Brandopfern*, die im Gesetz* des HERRN vorgeschrieben sind: den Opfern an jedem Morgen und Abend, am Sabbat*, am Neumondstag* und an den anderen Festen.

4 Er befahl auch den Einwohnern von Jerusalem, die Abgaben für die Priester und Leviten zu leisten, damit diese sich ganz ihren Aufgaben widmen konnten, wie sie im Gesetz des HERRN vorgeschrieben sind. 5 Sobald dieser Befehl bekannt geworden war, brachten die Israeliten in großen Mengen das Erstgeerntete* von Wein, Olivenöl, Honig und allen Feldfrüchten, dazu von allen ihren Erträgen den vorgeschriebenen zehnten* Teil. 6 Auch die Bewohner der anderen Städte Judas einschließlich der Nord-

a *im Tempel* ...:* wörtlich *in/an den Toren des Lagers;* möglicherweise werden die Tore genannt, weil zu den Dienstgruppen auch die der Torwächter gehörte.

30,13-20 Ex 12,1-14S **30,14** 28,24 **30,15** 30,3 **30,21-22** Ex 12,15-20S **30,25** 11,16-17; 15,9; 31,6 **30,26** 1 Kön 8,66 **30,27** Lev 9,22; Num 6,22-26 **31,1** 2 Kön 18,4 **31,3** Num 28,1–29,39 **31,4** Num 18,11-24 **31,5** Lev 27,30 **31,6** 30,25S

a Von Mai bis September wurden die Abgaben zusammengetragen, d.h. während der ganzen Erntezeit, die im April beginnt.
b Siehe Anmerkung zu 2 Kön 18,13.
c *durch den ...:* verdeutlichender Zusatz.

israeliten, die sich bei ihnen niedergelassen hatten,
brachten den zehnten Teil ihrer Rinder und Schafe
und andere Gaben, die sie dem HERRN, ihrem Gott,
geweiht hatten.
Sie schichteten alle diese Abgaben zu großen Sta-
peln auf, einen neben dem andern. 7 Im dritten
Monat begannen sie damit und erst im siebten
Monat waren sie mit dem Stapeln fertig.[a] 8 Als Hiskija
und die führenden Männer kamen und die aufge-
schichteten Mengen sahen, dankten sie dem HERRN
und seinem Volk Israel.
9 Hiskija fragte die Priester und Leviten, woher
diese Stapel kämen, 10 und der Oberpriester Asarja,
ein Nachkomme Zadoks, antwortete: »Seitdem das
Volk angefangen hat, seine Abgaben zum Tempel
des HERRN zu bringen, haben wir gut und reichlich
zu essen und haben große Vorräte übrig behalten.
Der HERR hat sein Volk so reich gesegnet, dass diese
Mengen hier übrig geblieben sind.«
11 Hiskija befahl deshalb, im Tempelbereich Vor-
ratskammern einzurichten. Als dies geschehen
war, 12 wurde alles sorgfältig dort eingelagert: die
Ernteabgaben, der abgelieferte zehnte Teil aller
Erträge und die übrigen Opfergaben. Als Oberauf-
seher über diese Vorräte wurde der Levit Konanja
eingesetzt und sein Bruder Schimi als sein Stellver-
treter. 13 Als weitere Aufseher unterstanden ihnen
Jehiël, Asasja, Nahat, Asaël, Jerimot, Josabad, Eliël,
Jismachja, Mahat und Benaja. So hatten es König
Hiskija und der Oberpriester Asarja, der Vorsteher
des Tempels, verfügt.
14 Die Aufsicht über die Gaben, die freiwillig für
Gott gespendet wurden, führte der Levit Kore, der
Sohn von Jimna, der Torwächter des Osttors. Er
hatte auch die Opfergaben, die dem HERRN gebracht
wurden, an die Priester zu verteilen, ebenso die
besonders heiligen* Teile der Opfer, die nur von
den Priestern gegessen werden dürfen. 15 Unter
seiner Leitung standen Eden, Minjamin, Jeschua,
Schemaja, Amarja und Schechanja, die ihn in
den Wohnorten der Priester bei seiner Arbeit
gewissenhaft unterstützten. Sie sorgten dafür, dass
alle Priester in den verschiedenen Dienstgruppen
regelmäßig ihren Anteil bekamen, die alten wie die
jungen.
16 Man hatte Verzeichnisse angelegt für die Pries-
ter, die nach ihren Dienstgruppen turnusgemäß
nach Jerusalem gehen mussten, um dort im Tempel
die täglichen Aufgaben zu erfüllen. Die Listen erfass-
ten alle männlichen Personen ab drei Jahren. 17 Die
Eintragung der Priester erfolgte nach ihren Sippen.
Die Leviten wurden ebenfalls in Verzeichnisse ein-
getragen, nach ihren Dienstgruppen und Aufgaben,
und zwar alle ab zwanzig Jahren. 18 Bei den einen
wie bei den andern wurden aber auch ihre Familien
eingetragen, die Frauen, Söhne und Töchter. Sie
wurden, weil die Männer ständig im Dienst des
HERRN standen, zu ihrem geweihten Stand mit hin-
zugezählt.
19 Gesorgt war auch für alle unter den Priestern,
den Nachkommen Aarons, die nicht in den Städten,
sondern draußen bei ihren Weidegründen wohnten.
Für sie wurden in jeder Stadt Männer namentlich
bestimmt, die allen männlichen Angehörigen der
Priesterfamilien ihre Anteile an den Gaben austeilen
mussten, ebenso allen, die als Leviten eingeschrie-
ben waren.
20 So handelte Hiskija in ganz Juda. Er tat, was vor
dem HERRN, seinem Gott, recht und gut ist, und
bewies ihm damit seine Treue. 21 Als er den Tempel-
dienst wieder ordnete und dem Gesetz* des HERRN
und seinen Geboten wieder Geltung verschaffte,
tat er dies alles, weil er seinem Gott mit ganzem Her-
zen gehorchen wollte. Darum ließ es ihm der HERR
auch gelingen.

Die Assyrer dringen in Juda ein

(2 Kön 18,13; Jes 36,1)

32 Nachdem Hiskija dies alles getan und damit
seine Treue zum HERRN bewiesen hatte,
rückte Sanherib, der König von Assyrien*, mit sei-
nen Truppen heran, fiel in Juda ein und belagerte
die befestigten Städte, um sie in seine Gewalt zu
bringen.[b]
2 Hiskija erkannte, dass Sanherib es vor allem auf
Jerusalem abgesehen hatte. 3 Er beriet sich deshalb
mit seinen Ministern und Offizieren, ob man nicht
die Wasserquellen außerhalb der Stadt unzugänglich
machen sollte, und sie stimmten diesem Vorschlag
zu. 4 Sie sagten sich: »Wenn die assyrischen Könige
kommen, um uns zu belagern, sollen sie kein Wasser
finden!« Sie holten viele Leute zusammen und diese
schütteten alle Quellen zu, ebenso auch den Zugang
zu dem unterirdischen Kanal, durch den das Wasser
in die Stadt geleitet wird.[c]
5 Hiskija ging auch entschlossen daran, die Stadt-
mauer überall, wo sie schadhaft geworden war,
wieder instand setzen zu lassen. Die bestehenden
Türme wurden höher gebaut, außerhalb der Mauer
wurde noch eine zweite Mauer errichtet und in
der Davidsstadt* verstärkte man die Befestigung am
Millo*. Außerdem ließ der König eine große Menge
Wurfspeere und Schilde anfertigen.
6 Er setzte auch Truppenführer ein, die die wehr-
fähigen Männer im Fall einer Belagerung befehligen
sollten. Dann bestellte er alle Männer zu sich auf den
Platz am Stadttor und sprach ihnen Mut zu. Er sagte:
7 »Seid tapfer und entschlossen! Erschreckt nicht und
habt keine Angst vor dem König von Assyrien und
seinem ganzen Heer! Auf unserer Seite steht eine
Macht, die stärker ist als er. 8 Er stützt sich auf
menschliche Macht, wir aber auf den HERRN, unse-

31,14 Num 18,8-10 S **31,17** 1 Chr 23,3 S **32,7** 2 Kön 6,16 **32,8** 20,15-17 S

ren Gott! Der wird uns helfen und selbst den Kampf
für uns führen.«
Durch diese Worte Hiskijas, des Königs von Juda,
wurde der Mut der Leute sehr gestärkt.

Jerusalem soll eingeschüchtert werden

(2 Kön 18,17-37; Jes 36,2-22)

9 Einige Zeit später schickte König Sanherib – er lag
noch mit seiner ganzen Streitmacht vor der Stadt
Lachisch[a] – Beauftragte zu König Hiskija von Juda
und allen Leuten aus Juda, die in Jerusalem waren.
Er gab ihnen folgende Botschaft mit:
10 »König Sanherib von Assyrien* lässt euch sagen:
Worauf vertraut ihr eigentlich, dass ihr in der bela-
gerten Stadt Jerusalem bleiben wollt? 11 Hiskija führt
euch in die Irre, wenn er euch einredet: ›Der HERR,
unser Gott, wird uns vor dem König von Assyrien ret-
ten.‹ In Wirklichkeit schickt er euch in den Tod! Ver-
hungern und verdursten werdet ihr! 12 Er selbst hat
doch die Opferstätten* und Altäre eures Gottes im
ganzen Land beseitigt und den Leuten von Juda
und Jerusalem befohlen, den HERRN nur noch an
einem einzigen Altar anzubeten und ihm nur dort
Opfer* darzubringen.
13 Wisst ihr nicht, was ich und meine Vorgänger
mit den Völkern in anderen Ländern gemacht
haben? Haben ihre Götter sie etwa vor mir schützen
können? 14 Nicht einer von den vielen Göttern hat
das gekonnt! Kein einziges der vielen Völker, die
meine Vorgänger vernichtet haben, ist von seinem
Gott gerettet worden! Da soll ausgerechnet der HERR,
euer Gott, euch vor mir bewahren? 15 Ich sage euch:
Lasst euch nicht von Hiskija in die Irre führen und
betrügen! Glaubt ihm nicht! Kein Gott irgendeines
Landes oder Reiches konnte sein Volk aus meiner
Hand oder aus der meiner Vorgänger erretten. Und
euer Gott kann das genauso wenig!«
16 In diesem Ton redeten die Abgesandten Sanhe-
ribs immer weiter gegen den HERRN, den wahren
Gott, und seinen Diener Hiskija.

Sanherib lästert Gott und wird bestraft

(2 Kön 19,9-19.35-37; Jes 37,9-20.36-38)

17 Sanherib hatte auch einen Brief mitgeschickt, in
dem er den HERRN, den Gott Israels, verspottete. Dar-
in hieß es: »Die Götter der anderen Länder haben
ihre Völker nicht aus meiner Hand retten können.
Genauso wenig kann der Gott Hiskijas sein Volk
vor mir retten.«
18 Die Abgesandten des Assyrerkönigs riefen diese
Worte mit lauter Stimme auf Hebräisch den Einwoh-
nern von Jerusalem zu, die auf der Stadtmauer stan-
den. Sie wollten sie damit einschüchtern und ihnen
Angst einjagen, um die Stadt noch leichter erobern
zu können. 19 Dabei redeten sie vom Gott Jerusalems,
als wäre er den Göttern der anderen Völker gleichzu-
stellen, die doch nur von Menschenhand herge-
stellte Bilder sind.
20 Aber König Hiskija und der Prophet* Jesaja, der
Sohn von Amoz, beteten deswegen zu Gott und
schrien zu ihm um Hilfe. 21 Da schickte der HERR
einen Engel*, der im Lager des Assyrerkönigs alle
Kriegsleute, Offiziere und Befehlshaber tötete,
sodass der König mit Schimpf und Schande in sein
Land zurückkehren musste. Als er eines Tages in

Als die Assyrer Jerusalem bedrohten, sicherte König Hiskija die Wasserversorgung der Stadt durch einen mehr als 500 Meter langen Felstunnel (vgl. 2 Kön 20,20). Eine von Arbeitern in den Fels geritzte Inschrift (oberes Bild) berichtet, dass man den Tunnelbau mit zwei Arbeitsgruppen von beiden Enden aus vorantrieb. Als sie sich einander näherten, konnte die eine Gruppe die Schläge der anderen durch einen Felsriss hören und durch eine entsprechende Korrektur der Tunnelrichtung den Durchbruch sicherstellen.

a Die von Salomo angelegte Festung lag etwa 45 km südöstlich von Jerusalem (Karte Seite 443; vgl. das assyrische Relief Seite 747).

32,18 2 Kön 18,26-28 **32,20** 2 Kön 19,1-4

den Tempel seines Gottes ging, erschlugen ihn dort seine eigenen Söhne mit dem Schwert.

22 So rettete der HERR König Hiskija und die Bewohner von Jerusalem aus der Hand Sanheribs, des Königs von Assyrien, und schützte sie vor allen ihren Feinden. Er gab ihnen Frieden an allen Grenzen.° 23 Aus vielen Ländern wurden Opfergaben für den HERRN nach Jerusalem gebracht und kostbare Geschenke für Hiskija, den König von Juda; denn er stand seitdem bei allen Völkern in hohem Ansehen.

Das Ende der Regierung Hiskijas

(2 Kön 20,1-21; Jes 38,1-8; 39,1-8)

24 Einmal wurde Hiskija todkrank. Er betete zum HERRN und der HERR sagte ihm zu, dass er wieder gesund würde; er bestätigte ihm das sogar durch ein offenkundiges Wunder. 25 Aber anstatt dem HERRN für die erwiesene Wohltat zu danken, wurde Hiskija überheblich. Deshalb wurde der HERR zornig auf ihn und auch auf Juda und Jerusalem. 26 Doch Hiskija und die Bewohner von Jerusalem sahen ihre Schuld ein und beugten sich vor dem HERRN. Darum kam seine Strafe noch nicht über sie, solange Hiskija lebte.

27 Hiskija war sehr reich und stand in höchstem Ansehen. Er legte Schatzkammern an für seinen Besitz an Gold, Silber, Edelsteinen, Balsamöl, Schilden und allen möglichen kostbaren Geräten. 28 Er baute auch Vorratshäuser für Getreide, Wein und Olivenöl und Ställe für das Vieh, das er in großer Zahl hielt. 29 Zum Schutz seiner riesigen Rinder- und Schafherden ließ er eine Reihe von Grenzstädten bauen. Gott selbst hatte ihm zu diesem großen Reichtum verholfen. 30 Die Gihon-Quelle*, die sich außerhalb der Stadt befindet, ließ Hiskija abdecken und das Wasser unterirdisch in westlicher Richtung in die Davidsstadt* leiten. Alles, was er unternahm, gelang ihm.

31 So nahm es auch noch ein gutes Ende, als die Fürsten von Babylon* eine Gesandtschaft zu ihm schickten, die sich nach dem Wunder erkundigen sollte, das im Land geschehen war. Damals ließ Gott Hiskija seinen selbst gewählten Weg gehen; aber er tat dies nur, weil er Hiskijas Charakter auf die Probe stellen wollte.

32 Was sonst noch über Hiskija zu berichten ist, über seine Taten, mit denen er seine Treue zum HERRN bewies, das ist nachzulesen in der Niederschrift der Offenbarungen des Propheten* Jesaja, des Sohnes von Amoz, und im Buch der Könige von Israel und Juda. 33 Als Hiskija starb, wurde er in der Grabstätte der Nachkommen Davids bestattet, und zwar an bevorzugter Stelle, und die ganze Bevölkerung von Juda und Jerusalem erwies ihm große Ehre. Sein Sohn Manasse wurde sein Nachfolger.

König Manasse, sein Götzendienst und seine Bestrafung

(2 Kön 21,1-9)

33 Manasse war zwölf Jahre alt, als er König wurde, und er regierte 55 Jahre lang in Jerusalem. 2 Er tat, was dem HERRN missfällt, und folgte den abscheulichen Bräuchen der Völker, die der HERR vor den Israeliten aus dem Land vertrieben hatte. 3 Er baute die Opferstätten wieder auf, die sein Vater Hiskija zerstört hatte, errichtete Altäre für den Gott Baal*, stellte auch wieder geweihte Pfähle* auf und warf sich vor dem Heer der Sterne[a] nieder und brachte ihm Opfer*.

4 Im Tempel* von Jerusalem, den der HERR für alle Zeiten zur Wohnstätte seines Namens bestimmt hatte,[b] stellte er Altäre fremder Götter auf 5 und in den Vorhöfen des Tempels Altäre für das ganze Sternenheer. 6 Er ließ seine eigenen Söhne im Hinnom-Tal als Opfer verbrennen, gab sich mit Zauberern und Wahrsagern ab und hielt sich Totenbeschwörer und Zeichendeuter. Mit all diesem bösen Tun zog er den Zorn des HERRN auf sich.

7 Er ließ auch ein Götzenbild anfertigen und im Haus Gottes aufstellen, dem Haus, von dem der HERR zu David und zu seinem Sohn Salomo gesagt hatte: »In diesem Haus und in Jerusalem, der Stadt, die ich mir aus allen Stämmen Israels ausgewählt habe, soll mein Name für alle Zeiten Wohnung nehmen. 8 Wenn sie mir gehorchen und alle Gebote und Vorschriften meines Gesetzes* befolgen, das ich ihnen durch Mose gegeben habe, dann werde ich nicht zulassen, dass sie jemals aus dem Land vertrieben werden, das ich ihren Vorfahren zugesagt habe.«

9 Aber Manasse verführte die Leute von Juda und Jerusalem, dass sie es schlimmer trieben als die Völker, die der HERR vor den Israeliten ausgerottet hatte.

10 Der HERR warnte Manasse[c] und sein Volk, aber sie achteten nicht darauf. 11 Darum ließ er die Heerführer des Königs von Assyrien* mit ihren Truppen gegen Juda heranrücken. Sie nahmen Manasse gefangen, schlugen einen Haken durch seinen Kiefer und führten ihn in Ketten nach Babylon*.

König Manasse beugt sich vor Gott

(2 Kön 21,17-18)

12 In dieser verzweifelten Lage suchte Manasse Hilfe beim HERRN, seinem Gott und dem Gott seiner Vorfahren. Er beugte sich tief vor ihm 13 und flehte ihn um Erbarmen an. Und Gott erhörte sein Gebet: Er ließ ihn wieder nach Jerusalem zurückkehren und als König weiterregieren. Daran erkannte Manasse, dass der HERR der wahre Gott ist.

14 Nach seiner Rückkehr ließ er an der Davidsstadt* eine sehr hohe Mauer bauen. Sie führte an

a Siehe Anmerkung zu 2 Kön 21,3.
b *Wohnstätte ...:* siehe Anmerkung zu Dtn 12,5; ebenso für Vers 7.
c Die Verse 10-17 sind ohne Entsprechung in den Königsbüchern. Für den Verfasser der Chronikbücher sind sie wichtig, weil er darin die Begründung für die lange Regierungszeit (55 Jahre) Manasses sieht, länger als die irgendeines anderen Königs in Jerusalem.

33,6 Lev 18,21 S; 19,26 S; 19,31 S **33,7-8** 7,12-18 **33,11** Ez 19,4.9

der Gihon-Quelle* vorbei den Abhang des Kidron-
tals entlang in Richtung zum Fischtor um den Ofel*
herum. In allen befestigten Städten Judas setzte er
Kommandanten ein.
15 Er beseitigte auch die Standbilder der fremden
Götter aus dem Tempel* des HERRN, besonders das
steinerne Götzenbild, das er dort aufgestellt hatte.
Ebenso entfernte er die Altäre, die er vorher im Tem-
pelbereich und in Jerusalem errichtet hatte, und ließ
alles vor die Stadt hinauswerfen. 16 Den Altar des
HERRN dagegen stellte er wieder her und opferte dar-
auf Mahlopfer* und Dankopfer*. Allen Leuten von
Juda befahl er, nur noch dem HERRN, den Gott
Israels, anzubeten. 17 Die Bevölkerung opferte zwar
auch weiterhin an den Opferstätten* im Land, doch
die Opfer galten allein dem HERRN, ihrem Gott.
18 Was es sonst noch über Manasse zu berichten
gibt, über sein Gebet zu Gott[a] und alles, was die Pro-
pheten* ihm im Auftrag des HERRN verkündeten, das
ist nachzulesen im Buch der Könige von Israel. 19 Das
Gebet, das er an Gott richtete, und wie Gott ihn
erhörte, aber auch alle seine Sünden und Vergehen
sowie die Orte, an denen er Opferstätten errichtete
und geweihte Pfähle* und Götzenbilder aufstellte,
bevor er sich vor dem HERRN beugte – das alles findet
sich in der Niederschrift von Hosai.
20 Als Manasse starb, wurde er bei seinem Palast[b]
bestattet. Sein Sohn Amon wurde sein Nachfolger.

König Amon

(2 Kön 21,19-24)

21 Amon war 22 Jahre alt, als er König wurde, und er
regierte zwei Jahre lang in Jerusalem. 22 Er tat, was
dem HERRN missfällt, genau wie sein Vater Manasse.
Er warf sich vor all den Götzenbildern nieder, die
sein Vater gemacht hatte, und opferte ihnen. 23 Aber
im Gegensatz zu seinem Vater Manasse beugte er
sich nicht vor dem HERRN, sondern lud immer größe-
re Schuld auf sich.
24 Schließlich verschworen sich einige von seinen
Hofbeamten gegen ihn und töteten ihn in seinem
Palast. 25 Die Männer Judas aber brachten alle um,
die sich an dieser Verschwörung gegen König Amon
beteiligt hatten, und riefen seinen Sohn Joschija zu
seinem Nachfolger aus.

König Joschija räumt mit dem Götzendienst auf

(2 Kön 22,1-2; 23,4-20)

34 Joschija war erst acht Jahre alt, als er König
wurde, und er regierte 31 Jahre lang in Jerusa-
lem. 2 Er folgte dem Vorbild seines Ahnherrn David
und tat, was dem HERRN gefällt; er richtete sich
streng nach dessen Geboten und Weisungen.
3 In seinem achten Regierungsjahr, als er noch
sehr jung war, fing er an, nach dem HERRN, dem Gott
seines Ahnherrn David, zu fragen. Im zwölften
Regierungsjahr begann er, in Juda und Jerusalem
die Opferstätten, die geweihten Pfähle* und die
geschnitzten und gegossenen Götzenbilder zu besei-
tigen. 4 Unter seiner Aufsicht wurden die Altäre des
Gottes Baal* niedergerissen. Die Räuchersäulen*,
die darauf standen, ließ er in Stücke schlagen. Die
geweihten Pfähle und die geschnitzten und gegosse-
nen Standbilder ließ er zu Staub zermahlen und den
Staub auf die Gräber der Leute streuen, die diesen
Machwerken Opfer dargebracht hatten. 5 Die
Gebeine der Götzenpriester ließ er auf den Altären
verbrennen, auf denen sie geopfert hatten. So rei-
nigte* er Juda und Jerusalem von allen diesen Din-
gen.
6 Aber auch in den Städten der Stämme Manasse,
Efraïm, Simeon und bis hin nach Naftali griff er
durch und durchsuchte sogar die Häuser. 7 Überall
bei den Nordstämmen ließ er die Altäre niederrei-
ßen, die geweihten Pfähle umhauen, die Götzenbil-
der zertrümmern und die Räucheraltäre in Stücke
schlagen. Dann kehrte er nach Jerusalem zurück.

Der Tempel wird ausgebessert

(2 Kön 22,3-7)

8 In seinem 18. Regierungsjahr, noch während der
Reinigung des Landes und des Tempels* vom Göt-
zendienst, ging Joschija auch daran, das Haus des
HERRN, seines Gottes, auszubessern. Er schickte
dazu drei Männer in den Tempel*: Schafan, den
Sohn von Azalja, Maaseja, den Stadtgouverneur,
und Joach, den Sohn von Joahas, den Sprecher des
Königs. 9 Sie gingen zum Obersten Priester[c] Hilkija;
dort wurde ihnen das Geld ausgehändigt, das für den
Tempel gespendet worden war. Die Leviten*, die an
den Eingängen als Torwächter Dienst taten, hatten
es von Manasse, Efraïm und den anderen nord-
israelitischen Stämmen wie auch von Juda, Benja-
min und den Einwohnern Jerusalems eingesammelt.
10 Sie übergaben das Geld den Meistern, die mit
den Ausbesserungsarbeiten am Tempel beauftragt
worden waren. 11 Diese zahlten davon den Lohn
für die Handwerker und Bauarbeiter. Sie kauften
davon auch behauene Steine und Bauholz, womit
das Balkenwerk aller Gebäudeteile erneuert wurde.
So ließ Joschija den Tempel des HERRN, seines Got-
tes, wiederherstellen, nachdem die früheren Könige
von Juda ihn vernachlässigt hatten.
12 Die Bauleute arbeiteten sehr gewissenhaft. Die
Aufsicht über sie führten die Leviten Jahat und
Obadja von den Nachkommen Meraris sowie Se-
charja und Meschullam von den Nachkommen
Kehats. Andere Leviten, die mit Musikinstrumenten
umgehen konnten, 13 gaben damit den Takt[d] für die
Arbeit der Lastenträger und aller übrigen Arbeiter.

a Ein »Gebet Manasses« ist seit dem 3. nachchristlichen Jahrhundert bezeugt. Es wurde später im Anhang der lateinischen Bibelübersetzung überliefert und findet sich deshalb auch im Anhang zu den »Spätschriften des Alten Testaments«, den sog. Apokryphen, in einigen deutschen Bibelausgaben.
b Wörtlich *in seinem Palast;* nach 2 Kön 21,18 im Garten seines Palastes.
c Das einzige Mal in den Chronikbüchern wird hier diese Amtsbezeichnung gebraucht; siehe Sacherklärung »Oberster Priester«.
d Rhythmische Musik ist auch heute noch bei bestimmten Arbeiten im Orient üblich.

33,18 2 Kön 21,10-15 **34,4** 33,3 **34,5** 1 Kön 13,2

Einzelne Leviten waren auch als Schreiber, Aufseher oder Torwächter eingesetzt.

Ein Gesetzbuch wird gefunden
(2 Kön 22,8–10)

14 Als man das Geld holte, das die Leute zum Tempel* gebracht hatten, fand der Priester Hilkija das Buch mit dem Gesetz*, das der HERR durch Mose hatte verkünden lassen.

15 Hilkija sagte zu dem Kanzler Schafan: »Ich habe im Haus des HERRN das Gesetzbuch[a] gefunden«, und gab Schafan die Buchrolle*.

16 Dieser brachte sie dem König und meldete ihm: »Wir haben alles ausgeführt, was du befohlen hast. 17 Wir haben das Opfergeld, das sich im Tempelbereich fand, herausgeholt und den dafür verantwortlichen Männern und den Bauleuten übergeben.«

18 Dann berichtete er dem König auch, dass der Priester Hilkija ihm eine Buchrolle übergeben hatte, und las dem König daraus vor.

König Joschija ist entsetzt
(2 Kön 22,11-20a)

19 Als der König hörte, was in diesem Gesetzbuch stand, zerriss er sein Gewand. 20 Er stellte eine Abordnung zusammen: den Priester Hilkija, Ahikam, den Sohn von Schafan, Achbor, den Sohn von Micha, den Kanzler Schafan und den königlichen Vertrauten Asaja. Er befahl ihnen: 21 »Geht und fragt den HERRN um Rat wegen der Worte, die in diesem Buch stehen! Fragt ihn für mich und alle, die von Israel und Juda übrig geblieben sind. Denn wir haben den schweren Zorn des HERRN auf uns gezogen, weil unsere Vorfahren sein Wort nicht beachtet und nicht alles getan haben, was in diesem Buch steht.«

22 Hilkija und die anderen Männer, die der König bestimmt hatte, gingen zu der Prophetin* Hulda und sagten ihr, weshalb sie gekommen waren. Die Prophetin wohnte in der Jerusalemer Neustadt; ihr Mann Schallum, der Sohn von Tokhat und Enkel von Hasra, hatte die Aufsicht über die Kleiderkammer.[b]

23–24 Die Prophetin sagte zu den Abgesandten des Königs: »Antwortet dem Mann, der euch zu mir gesandt hat: ›So spricht der HERR, der Gott Israels: Alle Verfluchungen, die du aus diesem Buch gehört hast, lasse ich in Erfüllung gehen. Ich bringe Unglück über diese Stadt und ihre Bewohner. 25 Sie haben mir die Treue gebrochen und anderen Göttern geopfert. Mit ihren selbst gemachten Götzenbildern haben sie mich herausgefordert. Mein Zorn gegen diese Stadt ist aufgelodert wie ein Feuer, das nicht erlöscht.‹

26 Für den König von Juda aber, der euch hergeschickt hat, um den HERRN zu fragen, habe ich folgende Botschaft: ›So spricht der HERR, der Gott Israels: Du hast die Worte gehört, 27 die ich gegen diese Stadt und ihre Bewohner gesprochen habe. Du hast sie zu Herzen genommen und dich darunter gebeugt, du hast dein Gewand zerrissen und geweint. Darum habe ich auch dein Gebet gehört. 28a Du wirst das Unglück, das ich über diese Stadt und ihre Bewohner bringen werde, nicht mehr mit eigenen Augen sehen. Du wirst in Frieden sterben und in der Grabstätte deiner Vorfahren bestattet werden!‹«

Joschija verpflichtet das Volk auf das neue Gesetz
(2 Kön 22,20b–23,3)

28b Die Abgesandten gingen zum König zurück und richteten ihm alles aus. 29 Darauf ließ der König alle Ältesten* von Juda und Jerusalem zu sich rufen. 30 Mit allen Männern von Juda und der ganzen Bevölkerung Jerusalems, den Priestern* und Leviten* und dem ganzen Volk, den vornehmen wie den einfachen Leuten, ging er hinauf zum Tempel* des HERRN. Dort ließ er vor ihnen das ganze Bundesgesetz* verlesen, das sich im Tempel gefunden hatte.

31 Dann trat der König an seinen Platz vor dem Tempelhaus und schloss einen Bund* mit dem HERRN. Das ganze Volk musste versprechen, dem HERRN zu gehorchen und alle seine Gebote und Anweisungen mit ganzem Willen und aller Kraft zu befolgen. Alles, was in dem aufgefundenen Buch gefordert war, sollte genau befolgt werden. 32 Der König forderte alle Anwesenden aus Jerusalem und dem Stammesgebiet Benjamin auf, diesem Bund beizutreten.

Die ganze Bevölkerung von Jerusalem verpflichtete sich zum Gehorsam gegenüber dem HERRN, dem Gott ihrer Vorfahren.

33 Joschija ließ auch in allen übrigen Gebieten Israels die Standbilder der fremden Götter entfernen und hielt alle, die dort wohnten, dazu an, allein dem HERRN, ihrem Gott, zu dienen. Solange Joschija lebte, hielten sie dem HERRN, dem Gott ihrer Vorfahren, die Treue.

Joschija feiert das Passafest
(2 Kön 23,21-23)

35 Joschija feierte in Jerusalem[c] zu Ehren des HERRN das Passafest*. Am 14. Tag des ersten Monats wurden die Passalämmer geschlachtet. 2 Joschija hatte die Priester* an ihre Aufgaben erinnert und sie angespornt, ihren Dienst im Tempel* zu versehen. 3 Zu den Leviten*, die ganz Israel im Gesetz* zu unterweisen hatten und zum Dienst für den HERRN geweiht waren, sagte Joschija:

»Ihr braucht die Bundeslade* nicht mehr auf euren Schultern zu tragen; sie hat ihren festen Platz in dem Tempel gefunden, den Salomo, der Sohn Davids und König von Israel, gebaut hat. Darum sollt

a Siehe Anmerkung zu 2 Kön 22,8.
b Ob am Tempel oder am Königspalast, ist nicht zu entscheiden.
c In den Versen 1-19 zeigt sich wieder das Interesse des Verfassers an Tempel und Gottesdienst. Was er ausführlich in allen Einzelheiten berichtet, bringt die Parallelüberlieferung der Königsbücher in zwei Versen.

ihr dem HERRN, eurem Gott, und seinem Volk nun
hier im Tempel dienen. 4 Ordnet euch nach euren
Sippen und Dienstgruppen, so wie König David
und sein Sohn Salomo es schriftlich festgelegt haben.
5 Jede eurer Dienstgruppen soll für eine Anzahl von
Familien aus dem Volk im Heiligtum bereitstehen.
6 Reinigt* euch für den Dienst und schlachtet für
eure Brüder aus dem Volk die Passalämmer und bra-
tet sie, damit alles so geschieht, wie es der HERR
durch Mose befohlen hat!«
7 Joschija schenkte dem versammelten Volk aus
dem königlichen Besitz 30000 Schaf- und Ziegen-
böckchen für das Passaopfer und 3000 Rinder.
8 Auch seine Minister spendeten für das Volk und
für die Priester und Leviten solche freiwilligen
Gaben. Die drei führenden Priester am Tempel, Hil-
kija, Secharja und Jehiël, übergaben der Priester-
schaft 2600 Tiere für das Passaopfer und 300 Rinder.
9 Ebenso machten es die führenden Leviten, Konanja
und seine Brüder Schemaja und Netanel, sowie
Haschabja, Jëiël und Josabad: Sie gaben den anderen
Leviten 5000 Tiere für das Passaopfer und 500 Rin-
der.
10 Nachdem alles für das Fest vorbereitet war, tra-
ten die Priester an ihren Platz und die Leviten stell-
ten sich in ihren Dienstgruppen auf, wie es der König
befohlen hatte. 11 Die Leviten schlachteten die Passa-
lämmer und die Priester nahmen von den Leviten
das Blut entgegen und sprengten es an den Altar.
Dann häuteten die Leviten die Tiere ab. 12 Die als
Brandopfer* bestimmten Teile legten sie für die ein-
zelnen Familiengruppen beiseite, damit die Priester
sie auf dem Altar des HERRN verbrennen konnten,
wie es von Mose im Gesetzbuch* vorgeschrieben
ist. Ebenso verfuhren sie mit den Rindern.
13 Dann brieten die Leviten die Passalämmer am
offenen Feuer, wie es vorgeschrieben ist. Die Teile
der Rinder dagegen, die bei der Opfermahlzeit ver-
zehrt werden sollten,[a] kochten sie in Kesseln und
Töpfen. So schnell sie konnten, teilten sie alles
an die Leute aus. 14 Danach bereiteten sie für sich
selbst das Passamahl zu und auch für die Priester,
die Nachkommen Aarons; denn diese hatten bis in
die Nacht hinein zu tun, um die vielen Brandopfer
und die Fettstücke der Mahlopfer* auf dem Altar
zu verbrennen.
15 Die Sänger, die Nachkommen Asafs, blieben
während der ganzen Zeit an ihrem Platz, so wie es
David und seine prophetischen Ratgeber Asaf,
Heman und Jedutun bestimmt hatten. Auch die Tor-
wächter blieben an ihren Toren. Sie alle brauchten
ihren Dienst nicht zu unterbrechen, weil die Levi-
ten, ihre Stammesbrüder, das Passamahl für sie
zubereiteten. 16 So wurde an diesem Tag der ganze
Gottesdienst zu Ehren des HERRN geregelt. Sie hiel-
ten das Passamahl und opferten auf dem Altar des
HERRN Brandopfer, wie König Joschija es angeordnet
hatte.
17 Anschließend an das Passafest feierten die ver-
sammelten Israeliten sieben Tage lang das Fest der
Ungesäuerten Brote*. 18 Ein solches Passafest wie
dieses hatte es in Israel seit der Zeit des Propheten*
Samuel nicht mehr gegeben. Keiner der früheren
Könige hatte es in der Weise begangen, wie König
Joschija es feierte, zusammen mit den Priestern
und den Leviten, mit allen Besuchern aus Juda und
Israel und den Einwohnern von Jerusalem.[b] 19 Dies
geschah im 18. Regierungsjahr Joschijas.

Das Ende der Regierung Joschijas

(2 Kön 23,28-30)

20 Einige Zeit nachdem Joschija den Tempel* reno-
viert hatte, zog König Necho von Ägypten mit seinen
Truppen heran. Er war damals auf dem Weg zur
Schlacht von Karkemisch am Eufrat. Joschija aber
wollte ihn aufhalten.
21 Da schickte Necho Boten zu ihm und ließ ihm
sagen: »Was kümmerst du dich um meine Angele-
genheiten, König von Juda? Mein Feldzug richtet
sich nicht gegen dich, sondern gegen das Königshaus
von Babylon,[c] mit dem ich mich im Krieg befinde.[d]
Gott hat mir Eile befohlen. Er ist auf meiner Seite;
darum stell dich nicht gegen ihn, sonst vernichtet
er dich!«
22 Aber Joschija hörte nicht auf diese Worte, durch
die Gott selbst ihn warnen wollte, und zog sich nicht
vor Necho zurück. Er machte sich durch Verklei-
dung unkenntlich und griff an. In der Ebene von
Megiddo kam es zum Kampf. 23 Dabei wurde er
von den ägyptischen Bogenschützen getroffen.
»Bringt mich von hier weg«, befahl er seinen
Begleitern, »ich bin schwer verwundet!«
24 Sie hoben ihn von seinem Streitwagen* herun-
ter, setzten ihn auf seinen zweiten Wagen und
brachten ihn nach Jerusalem zurück. Dort starb er
und wurde in der Grabstätte seiner Vorfahren bestat-
tet. Ganz Juda und Jerusalem trauerte um ihn.
25 Der Prophet* Jeremia dichtete ein Klagelied*
auf Joschija.[e] Seitdem wird der König von allen Sän-
gern und Sängerinnen in ihren Klageliedern besun-
gen; das ist in Israel zu einem festen Brauch gewor-
den. Diese Lieder stehen im Buch der Trauerlieder.
26 Was es sonst noch über Joschija zu berichten
gibt, über seine Taten, mit denen er seine Treue
zum Gesetz* des HERRN bewies, 27 und seine ganze
Geschichte vom Anfang bis zum Ende, das ist nach-
zulesen im Buch der Könige von Israel und Juda.

Die Könige Joahas, Jojakim und Jojachin

(2 Kön 23,30–24,17)

36 Die Männer von Juda machten Joahas, den
Sohn von Joschija, als Nachfolger seines

a *Die Teile …:* wörtlich *Die heiligen/geweihten Gaben.*
b Siehe Anmerkung zu 2 Kön 23,23.
c *von Babylon*:* verdeutlichender Zusatz.
d Siehe Anmerkung zu 2 Kön 23,29.
e Das *Klagelied* ist nicht überliefert, aber auch im Buch Jeremia findet das positive Urteil des Propheten über diesen König seinen Niederschlag (Jer 22,15-19).

35,4 8,14 **35,7** 31,3 **35,12** Lev 3,7-16 **35,13** Ex 12,8–9 **35,15** 1 Chr 6,24 S; 6,18 S; 25,1 S **35,17** Ex 12,15-20 S

Vaters in Jerusalem zum König. [2] Er war 23 Jahre alt,
als er König wurde, und regierte nur drei Monate
lang in Jerusalem.
[3] Dann setzte König Necho von Ägypten ihn ab.
Dem Land wurde eine Tributzahlung von 100 Zent-
nern* Silber und einem Zentner Gold auferlegt.
[4] Necho setzte Eljakim, den Bruder von Joahas, als
König von Juda und Jerusalem ein und änderte sei-
nen Namen in Jojakim. Seinen Bruder Joahas aber
nahm Necho als Gefangenen mit nach Ägypten.
[5] Jojakim war 25 Jahre alt, als er König wurde, und
er regierte elf Jahre lang in Jerusalem. Er tat, was
dem HERRN, seinem Gott, missfällt. [6] König Nebu-
kadnezzar von Babylonien* rückte gegen ihn heran
und nahm ihn gefangen. Er ließ ihn in Ketten legen
und brachte ihn nach Babylon. [7] Auch einen Teil der
kostbaren Geräte des Tempels* ließ er nach Babylon
schaffen und stellte sie dort in seinem Palast auf.
[8] Was es sonst noch über Jojakim zu berichten
gibt, über seine abscheulichen Taten und das, was
mit ihm geschah, das ist nachzulesen im Buch der
Könige von Israel und Juda. Sein Sohn Jojachin wur-
de sein Nachfolger.
[9] Jojachin war 18 Jahre alt,° als er König wurde,
und er regierte drei Monate und zehn Tage in Jeru-
salem. Auch er tat, was dem HERRN missfällt. [10] Um
die Jahreswende ließ König Nebukadnezzar ihn
nach Babylon holen, dazu wieder eine Menge
wertvoller Tempelgeräte. Als König von Juda und
Jerusalem setzte er Zidkija, einen Verwandten Joja-
kims, ein.

König Zidkija und der Untergang Judas

(2 Kön 24,18–25,21; Jer 39,1-10; 52,1-27)

[11] Zidkija war 21 Jahre alt, als er König wurde, und er
regierte elf Jahre lang in Jerusalem. [12] Er tat, was dem
HERRN missfällt, und beugte sich auch nicht, als der
HERR ihn durch den Propheten* Jeremia warnte.
[13] Er rebellierte gegen König Nebukadnezzar, ob-
wohl er ihm den Treueeid geschworen und dabei
Gott zum Zeugen genommen hatte. Hartnäckig
und eigensinnig weigerte er sich, zum HERRN, dem
Gott Israels, umzukehren.
[14] Auch die führenden Männer der Priesterschaft
und des Volkes trieben es mit ihrer Untreue gegen-
über dem HERRN immer schlimmer. Sie folgten den
abscheulichen Bräuchen der anderen Völker und
entweihten den Tempel* in Jerusalem, den der HERR
doch zu seinem Eigentum erklärt hatte. [15] Immer
wieder warnte sie der HERR, der Gott ihrer Vorfah-
ren, durch seine Boten, weil er sein Volk und seine

Gott wollte sein Volk verschonen, aber der König von Juda, die führenden Männer, die Priester und auch das Volk »schlugen sein Wort in den Wind und verspotteten seine Propheten. Darum wurde der Herr auf sein Volk so zornig, dass es keine Rettung mehr gab« (36,16). Jerusalem wurde von den Babyloniern erobert, seine Bewohner wurden in die Verbannung geführt und mussten den Siegern als Sklaven dienen. Das Bild zeigt die Deportation von Elamitern durch assyrische Soldaten.

36,12 Jer 37,1–38,26

Wohnung schonen wollte. [16]Aber sie machten sich
über die Boten Gottes lustig, schlugen sein Wort in
den Wind und verspotteten seine Propheten. Darum
wurde der HERR auf sein Volk so zornig, dass es keine
Rettung mehr gab.
[17] Der HERR ließ König Nebukadnezzar von Baby-
lonien* gegen sie heranrücken. Alle Kriegsleute
von Juda kamen um, die letzten beim Kampf im Hei-
ligtum. Nebukadnezzar verschonte keinen, nicht
einmal die jungen Mädchen, die Alten und Schwa-
chen. Der HERR gab sie alle in seine Gewalt. [18] Nebu-
kadnezzar ließ nun auch noch die letzten Tempelge-
räte, die großen wie die kleinen, nach Babylon brin-
gen, dazu die Tempelschätze und die Schätze des
Königs und der anderen führenden Männer.
[19] Die Babylonier steckten das Haus Gottes in
Brand, rissen die Stadtmauer von Jerusalem nie-
der, warfen Feuer in alle vornehmen Häuser und
vernichteten auf diese Weise alles, was an Wertvol-
lem noch übrig geblieben war. [20] Den Rest der
Bewohner, die den Kampf überlebt hatten, ließ
Nebukadnezzar nach Babylonien wegführen. Dort
mussten sie ihm und auch noch seinen Nachkom-
men als Sklaven dienen, bis die Perser* an die Herr-
schaft kamen.
[21] Damit ging in Erfüllung, was der HERR durch den
Propheten Jeremia vorausgesagt hatte: »Das Land
soll siebzig Jahre lang brachliegen, bis alle Sabbat-
jahre* nachgeholt sind, die Israel nicht eingehalten
hat.«

Kyrus gibt die Erlaubnis zur Heimkehr

(Esra 1,1-3a)

[22] Im ersten Regierungsjahr des Perserkönigs Kyrus
ging in Erfüllung, was der HERR durch den Propheten
Jeremia angekündigt hatte. Der HERR gab dem Per-
serkönig den Gedanken ein, in seinem ganzen Reich
ausrufen und auch schriftlich bekannt machen zu
lassen:
[23] »Kyrus, der König von Persien*, gibt bekannt:
Der HERR, der Gott des Himmels, hat alle Königrei-
che der Erde in meine Gewalt gegeben. Er hat mich
beauftragt, ihm in Jerusalem in Judäa einen Tempel*
zu bauen. Hiermit ordne ich an: Wer von meinen
Untertanen zum Volk dieses Gottes gehört, möge
im Schutz seines Gottes zurückkehren.«

36,21 Jer 25,11 S; Lev 26,34-35 **36,23** Jes 44,28

ESRA

Das Buch Esra ist die Fortsetzung der Chronikbücher. Es berichtet vom Neuanfang in Jerusalem nach der babylonischen Verbannung in zwei Stadien:
1. Auf Anordnung des Perserkönigs Kyrus, der 539 v. Chr. das babylonische Reich unterworfen hat, kehrt 538 eine Gruppe von Judäern nach Jerusalem zurück und baut trotz großer Schwierigkeiten den Tempel wieder auf.
2. Rund 80 Jahre später kommt der Priester Esra im Auftrag des Perserkönigs Artaxerxes I. mit einer weiteren Gruppe von Judäern nach Jerusalem. Seine Aufgabe ist es, für den ordnungsgemäßen Vollzug des Opferdienstes zu sorgen und das Leben des Volkes nach dem Gesetz Moses zu ordnen. Insbesondere drängt Esra auf die Reinerhaltung des Gottesvolkes durch Unterbindung von Eheschließungen mit andersgläubigen Landesbewohnern.

Inhaltsübersicht

RÜCKKEHR NACH JERUSALEM UND WIEDERAUFBAU DES TEMPELS (Kapitel 1–6)

König Kyrus ordnet den Tempelbau an und erlaubt die Heimkehr nach Jerusalem

1 Im ersten Regierungsjahr von Kyrus, dem König von Persien,[a] ging in Erfüllung, was der HERR durch den Propheten Jeremia angekündigt hatte.[b] Der HERR gab dem Perserkönig den Gedanken ein, in seinem ganzen Reich ausrufen und auch schriftlich bekannt machen zu lassen:

2 »Kyrus, der König von Persien, gibt bekannt: Der HERR, der Gott des Himmels, hat alle Königreiche der Erde in meine Gewalt gegeben. Er hat mich beauftragt, ihm in Jerusalem in Judäa einen Tempel* zu bauen. Hiermit ordne ich an:

3 Wer von meinen Untertanen zum Volk dieses Gottes gehört, möge im Schutz seines Gottes nach Jerusalem in Judäa zurückkehren und dort das Haus des HERRN, des Gottes Israels, bauen; denn er ist der Gott, der in Jerusalem wohnt. 4 Wer an irgendeinem Ort in meinem Reich vom Volk dieses Gottes übrig geblieben ist, soll dabei von seinen Nachbarn am Ort unterstützt werden.[c] Sie sollen ihm Silber und Gold, Vieh und was er sonst noch braucht, sowie freiwillige Gaben für das Haus dieses Gottes in Jerusalem mitgeben.«

5 Alle, die Gott dazu bereitgemacht hatte, sein Haus in Jerusalem zu bauen, brachen unverzüglich auf: die Sippenoberhäupter der Stämme Juda und Benjamin mit ihren Angehörigen, die Priester*, die Leviten* und viele andere. 6 Von ihren Nachbarn wurden sie unterstützt mit silbernen Geräten, Gold, Vieh und vielen anderen wertvollen und nützlichen Dingen; dazu kamen noch die freiwilligen Gaben für den Tempel.

7 König Kyrus gab auch die heiligen Geräte aus dem Tempel des HERRN zurück, die Nebukadnezzar in Jerusalem erbeutet und in die Schatzkammer im Tempel seines Gottes gebracht hatte. 8 Der Perserkönig übergab sie seinem Schatzmeister Mitredat, der für Scheschbazzar, den Statthalter Judas, eine genaue Aufstellung machte. 9-10 Das Verzeichnis erwähnt unter anderem:

goldene Schalen	30
silberne Schalen	1000
silberne Schalen, ausgebessert	29
goldene Becher	30
silberne Becher, beschädigt[d]	410
andere Geräte	1000

a Kyrus regierte 558–529 v. Chr. Im Herbst 539 eroberte er Babylon und nannte sich von da an »König von Babylon«. Das erste Jahr dieser »babylonischen Regierungszeit« war 538; vgl. die Zeittafel auf den Seiten 782/83 und die Informationsseiten 926/27.
b Jeremia hatte beim ersten Auftreten Nebukadnezzars (605 v. Chr.) von einer 70-jährigen Gefangenschaft gesprochen, wobei 70 wohl als runde Zahl zu verstehen ist; vgl. Jer 25,11-12; 29,10.
c Das erinnert an die Situation beim Auszug aus Ägypten; vgl. Ex 11,2-3.
d *ausgebessert – beschädigt:* Deutung unsicher.

1,1-3 2 Chr 36,21-23; Jer 25,11-12; 29,10 **1,2** Jes 44,28 **1,4** 7,15-16; 8,25-30; Ex 3,21-21 S **1,7** 2 Chr 36,7.18 **1,8** 5,14

11 Insgesamt waren es 5400 Geräte aus Gold und Silber. Scheschbazzar brachte das alles mit, als er mit seinen verschleppten Landsleuten aus Babylon* wieder nach Jerusalem kam.

Die Liste der Heimkehrer

(Neh 7,6-72)

2 Viele, deren Vorfahren aus der persischen Provinz Judäa stammten, verließen Babylonien* und kehrten nach Jerusalem und Judäa zurück, jeder in seinen Heimatort. Ihre Familien hatten in Babylonien gelebt, seit König Nebukadnezzar sie dorthin verschleppt hatte.

2a Ihre Anführer waren: Serubbabel, Jeschua, Nehemja, Seraja, Reelaja, Mordochai, Bilschan, Misperet, Bigwai, Rehum und Baana.

2b–35 Hier folgt die Liste der israelitischen Sippen mit der Zahl der zu ihnen gehörigen Männer.[a]

Parosch	2172
Schefatja	372
Arach	775
Pahat-Moab, die Nachkommen von Jeschua und Joab	2812
Elam	1254
Sattu	945
Sakkai	760
Bani	642
Bebai	623
Asgad	1222
Adonikam	666
Bigwai	2056
Adin	454
Ater, die Nachkommen Hiskijas	98
Bezai	323
Jora	112
Haschum	223
Gibbar	95
aus Betlehem	123
aus Netofa	56
aus Anatot	128
aus Asmawet	42
aus Kirjat-Jearim, Kefira und Beerot	743
aus Rama und Geba	621
aus Michmas	122
aus Bet-El und Ai	223
aus Nebo	52
Magbisch	156
Elam – ein anderer	1254
Harim	320
aus Lod, Hadid und Ono	725
aus Jericho	345
Senaa	3630

36–39 Von den Sippen der Priester* kehrten heim:

Jedaja, die Nachkommen von Jeschua	973
Immer	1052
Paschhur	1247
Harim	1017

40 Von den Leviten*:

die Sippe Jeschua, die Nachkommen von Kadmiël, Binnui und Hodawja°	74

41 Von den Tempelsängern:

die Nachkommen Asafs	128

a *Hier folgt ...:* wörtlich *Die Zahl der Männer des Volkes Israel.* Frauen (und Kinder?) sind offenbar erst in der Gesamtzahl (Verse 64-67) enthalten, die die Summe der Angaben in den Versen 2b-58 um 12542 überschreitet. In Neh 7 findet sich die gleiche Liste mit geringfügigen Abweichungen bei den Namen und Zahlen.

Ausgrabungen in Babylon brachten vor etwa hundert Jahren diesen Tonzylinder ans Licht, der als Kyrus-Zylinder bekannt geworden ist. Hier berichtet Kyrus, wie er Babylon eroberte (539 v. Chr.). Kyrus war in vieler Hinsicht ein toleranter Herrscher. Er ließ Kriegsgefangene, auch die verschleppten Judäer, in ihre Heimat zurückkehren und gewährte den unterworfenen Völkern in seinem Reich Religionsfreiheit.

2,2a (Serubbabel) 3,2.8; 5,2; Neh 12,1; Hag 1,1S; Sach 4,6-10a; (Jeschua) 3,2.8; 5,2; Neh 12,1.10; Hag 1,1S; Sach 3,1-9; 6,11-12

42 Von den Torwächtern des Tempels:
die Sippen Schallum, Ater, Talmon,
Akkub, Hatita und Schobai, zusammen 139

43–54 Von den Tempeldienern[a] kehrten folgende Sippen heim:
Ziha, Hasufa, Tabbaot, Keros, Sia, Padon, Lebana, Hagaba, Akkub, Hagab, Salmai, Hanan, Giddel, Gahar, Reaja, Rezin, Nekoda, Gasam, Usa, Paseach, Besai, Asna, die Mëuniter und die Nefusiter, Bakbuk, Hakufa, Harhur, Bazlut, Mehida, Harscha, Barkos, Sisera, Temach, Neziach, Hatifa.

55–57 Folgende Sippen der Sklaven Salomos kehrten heim:
Sotai, Soferet, Peruda, Jaala, Darkon, Giddel, Schefatja, Hattil, Pocheret-Zebajim, Ami.

58 Gesamtzahl der heimkehrenden Tempeldiener und Nachkommen der Sklaven Salomos 392

59–60 Aus Tel-Melach, Tel-Harscha, Kerub-Addon und Immer[b] kamen folgende Sippen; sie konnten jedoch nicht nachweisen, dass sie israelitischer Abstammung waren:
Delaja, Tobija und Nekoda 652

61–62 Unter den Priestern gab es einige, die ihre Abstammungslisten nicht finden konnten. Es waren die Sippen Habaja, Koz und Barsillai. Der Ahnherr der Sippe Barsillai hatte eine Tochter von Barsillai aus Gilead* geheiratet und dessen Namen angenommen. Weil diese drei Sippen ihre priesterliche Abstammung nicht nachweisen konnten, wurden sie für unrein* erklärt und vom Priesterdienst ausgeschlossen. 63 Der Statthalter untersagte ihnen, von den heiligen Opfergaben zu essen, bis wieder ein Oberster Priester* eingesetzt wäre, der ihren Fall klären könnte.[c]

64–67 Gesamtzahl
der Gemeinde der Heimkehrer 42360

Hinzu kamen:

Sklaven und Sklavinnen	7337
Sänger und Sängerinnen	200
Pferde	736
Maultiere	245
Kamele	435
Esel	6720

68 Als die Heimkehrer beim Tempel* des HERRN in Jerusalem ankamen, gaben einige der Sippenoberhäupter eine Spende für den Wiederaufbau des Tempels an der alten Stelle. 69 Sie gaben in die Baukasse, so viel sie geben konnten, insgesamt 61000 Goldmünzen, 5000 Pfund Silber[d] und 100 Priestergewänder.

70 Die Priester und die Leviten sowie alle anderen, die am Tempel Dienst taten, die Sänger, die Torwächter und die Tempeldiener, ließen sich in ihren Heimatorten nieder, ebenso auch die übrigen Israeliten.

Die ersten Opfer auf dem neuen Altar

3 Als die Israeliten wieder in ihren Heimatorten wohnten, versammelte sich das ganze Volk zu Beginn des siebten Monats[e] in Jerusalem. 2 Jeschua, der Sohn Jozadaks, mit seinen Brüdern, den Priestern, und Serubbabel, der Sohn Schealtiëls, mit seinen Brüdern, den nichtpriesterlichen Israeliten, hatten den Altar* des Gottes Israels wieder aufgebaut, um auf ihm die Brandopfer* darzubringen, die im Gesetz* Moses, des Dieners Gottes, vorgeschrieben werden.[f]

3 Obwohl die Nachbarvölker sie davon abschrecken wollten, errichteten sie den Altar an seiner alten Stelle und brachten jeden Morgen und Abend dem Herrn ihre Brandopfer. 4 Auch das Laubhüttenfest* feierten sie genau nach der Ordnung des Gesetzes.[g] An jedem der sieben Festtage opferten sie so viele Tiere als Brandopfer, wie für den jeweiligen Tag vorgeschrieben waren.

5 Von dieser Zeit an wurden die Brandopfer wieder regelmäßig jeden Morgen und Abend dargebracht, auch die Opfer an den Neumondstagen* und an allen sonstigen Festtagen, sowie freiwillige Gaben für den HERRN.

6 Am 1. Tag des 7. Monats hatten sie wieder angefangen, dem HERRN Brandopfer darzubringen, aber die Fundamente für den Wiederaufbau des Tempels* waren noch nicht gelegt. 7 Gegen Bezahlung stellten sie Steinbrucharbeiter und Steinmetzen an. Arbeiter aus Sidon und Tyrus brachten Zedernstämme vom Libanon übers Meer nach Jafo. Dafür bekamen sie Nahrungsmittel, Getränke und Olivenöl.[h]

Das Fundament eines neuen Tempels

8 Im 2. Monat des 2. Jahres nach der Rückkehr wurde mit den Bauarbeiten für das Haus Gottes in Jerusalem begonnen. Serubbabel und Jeschua sowie ihre israelitischen Brüder, nämlich die Priester*, die Leviten* und alle, die aus der Verbannung heimgekehrt waren, standen geschlossen hinter dem Werk. Den Leviten, die zwanzig Jahre und älter waren, wurde die Aufsicht über die Bauarbeiten übertragen.

a Siehe Sacherklärung. Nähere Angaben über diese Gruppe finden sich in 8,20.
b Die Lage der genannten Orte in Babylonien ist unbekannt.
c *bis wieder:* wörtlich *bis ein Priester für Urim und Tummim* (= die heiligen Lose*) *erstünde.* Es ist bekannt, dass die Obersten Priester der nachexilischen Zeit das (verlorene?) Losorakel nie mehr in Benutzung nahmen.
d *Goldmünzen:* wörtlich (griechische) *Drachmen in Gold; Pfund:* hebräische Maßangabe Mane/Mine (= je 50 Schekel*); Summe ca. 2875 kg.
e In der frühen Zeit war der 1. Tag dieses Monats das Neujahrsfest; vgl. Num 29,1. Unter babylonischem Einfluss wurde der Jahresbeginn dann vorübergehend auf das Frühjahr verlegt; doch blieb auch in dieser Zeit der 1. Tag des 7. Monats ein besonderer Feiertag; vgl. Lev 23,23-24.
f Das Wichtigste für die Heimkehrer war die Wiederaufnahme des Opferdienstes in der vom Gesetz vorgeschriebenen Weise.
g Es fällt auf den 15. Tag des 7. Monats (Lev 23,33-36).
h Weil der Tempel nach dem Bauplan des zerstörten früheren Tempels wiederaufgebaut werden sollte, richteten sich auch die Vorarbeiten nach dem alten Vorbild; vgl. 1 Kön 5,20-29.

2,43-54 8,20 **2,55-57** 1 Kön 9,20-21 **2,61-62** 2 Sam 17,27 S **2,63** Num 18,8-10 S **3,1** Neh 7,72; 8,1 **3,2** 2,2 aS; Ex 27,1 S **3,3** Num 28,1-8 **3,4** Ex 23,16 S **3,5** Num 28,11–29,39 **3,7** 1 Kön 5,20-29 **3,8** 2,2 aS; 1 Chr 23,3 S

[9] Jeschua mit seinen Söhnen und Brüdern sowie
Kadmiël und seine Söhne, die Nachkommen von
Hodawja,° leiteten gemeinsam die Leute an, die
die Arbeiten ausführten. Zu den Aufsehern gehörten
auch die Leviten der Sippe Henadad.
[10] Als die Bauleute das Fundament für den Tempel*
des HERRN gelegt hatten, kamen die Priester in ihrer
Amtskleidung und mit ihren Trompeten, dazu von
den Leviten die Nachkommen Asafs mit Becken,
um den HERRN nach der Weisung Davids, des Königs
von Israel, zu preisen. [11] Sie lobten und priesen Gott
im Wechselgesang: »Der HERR ist gut zu uns; seine
Liebe zu Israel hört niemals auf!« Die Priester und
Leviten begannen und das ganze Volk fiel ein mit
lautem Jubel zur Ehre Gottes, weil das Fundament
für das Haus des HERRN fertig war.
[12] Viele von den Alten – Priester, Leviten und Sip-
penoberhäupter – hatten den ersten Tempel noch
gekannt. Als sie nun sahen, dass das Fundament
des neuen Tempels gelegt war, weinten sie laut.
Andere aber schrien und jubelten vor Freude [13] und
ihr Jubelgeschrei übertönte das Weinen. Das Volk
machte einen solchen Lärm, dass es weithin zu
hören war.

Die Juden lassen die Samariter* nicht mitbauen

4 Die Leute von Samaria,[a] die Feinde der Judäer
und der Leute von Benjamin, erfuhren, dass
die Heimgekehrten den Tempel* des HERRN, des
Gottes Israels, wieder aufbauten.
[2] Sie kamen zu Serubbabel und den Sippenober-
häuptern und schlugen ihnen vor: »Lasst uns
gemeinsam bauen! Wir verehren doch denselben
Gott wie ihr und bringen ihm unsere Opfer* seit
der Zeit des Assyrerkönigs* Asarhaddon, der uns
hier angesiedelt hat.«
[3] Aber Serubbabel, Jeschua und die anderen Sip-
penoberhäupter Israels erwiderten: »Ihr habt kein
Recht, zusammen mit uns unserem Gott ein Haus
zu bauen! Wir allein dürfen dem HERRN, dem Gott
Israels, den Tempel bauen. So hat es uns Kyrus,
der König der Perser*, befohlen.«
[4] Von da an unternahmen die Leute im Land alles,
um die Heimgekehrten mutlos zu machen und vom
Weiterbauen abzuschrecken. [5] Sie bestachen sogar
königliche Beamte, deren Pläne zu vereiteln. Diese
Politik verfolgten sie von der Zeit des Königs Kyrus
bis in die Regierungszeit des Königs Darius hinein.[b]

Der Wiederaufbau Jerusalems und der Tempelbau werden unterbrochen

[6] Bald nachdem dann Xerxes die Regierung angetre-
ten hatte, erhoben diese Leute bei ihm schriftlich
Anklage gegen die Bewohner von Judäa und Jerusa-
lem.
[7] Danach, während der Regierungszeit von Arta-
xerxes, schrieben Bischlam, Mitredat, Tabeel und
ihre Amtskollegen einen Brief an den König. Er
war in aramäischer Schrift geschrieben und der Text
war ins Aramäische übersetzt worden.[c]
[8] Auch Rehum, der Befehlshaber von Samarien,
und sein Sekretär Schimschai schrieben einen Brief
an König Artaxerxes, in dem sie über die Vorgänge
in Jerusalem berichteten. Als Absender sind aufge-
führt:
[9] der Befehlshaber Rehum, der Sekretär Schim-
schai und ihre Amtskollegen, die Richter, Gesand-
ten, Staatsschreiber und Verwaltungsbeamten[d],
sodann die Leute aus Erech, Babylon und Susa in
Elam* [10] sowie die Vertreter der übrigen Volksgrup-
pen, die der große und berühmte König Assurbani-
pal nach der Stadt Samaria und anderen Ortschaften
in der Provinz westlich des Eufrats umgesiedelt
hatte.
[11] Der Brief lautete:

»An König Artaxerxes von seinen Untertanen in der
Westprovinz.
[12] Wir haben dem König Folgendes zu melden: Die
Juden, die aus dem Gebiet in deiner Nähe weggezo-
gen und zu uns nach Jerusalem gekommen sind, wol-
len diese aufrührerische, böse Stadt wieder aufbau-
en. Sie haben angefangen, die Stadtmauern wieder
zu errichten; die Fundamente sind bereits ausge-
bessert.
[13] Der König möge bedenken: Wenn diese Stadt wie-
der aufgebaut ist und die Mauern wiederhergestellt
sind, werden die Bewohner keine Abgaben, Steuern
und Zölle mehr zahlen, zum Nachteil der könig-
lichen Einnahmen. [14] Wir haben dem König Treue
geschworen[e] und können nicht tatenlos zusehen,
wenn seine Rechte angetastet werden. Darum schi-
cken wir diese Meldung.
[15] Man sollte in den Chroniken deiner Vorgänger
nachforschen. Darin wird man den sicheren Beweis
finden, dass diese Stadt immer rebellisch war und
den Königen sowie der Provinzverwaltung Schwie-
rigkeiten gemacht hat. Die Leute dort sind von jeher
Aufrührer und Unruhestifter gewesen, aus diesem
Grund hat man die Stadt auch zerstört.
[16] Wir müssen auf eine weitere Gefahr hinweisen:
Wenn diese Stadt wieder aufgebaut ist und die Mau-
ern wiederhergestellt sind, wird die ganze Provinz
westlich des Eufrats dem König verloren gehen.«

[17] Der König schickte folgende Antwort:

»An den Befehlshaber Rehum, seinen Sekretär
Schimschai und ihre Amtskollegen in Samaria und
in der Westprovinz: Ich wünsche euch Heil und
Segen!

a Verdeutlichender Zusatz. Zu den Samaritern vgl. 2 Kön 17,24-41 und die Sacherklärung. Judäer und Benjaminiten waren die Bevölkerung des alten Reiches Juda. Die Feindschaft ergab sich aus der Weigerung der Heimkehrer, die Samariter am Tempel mitbauen zu lassen. Diese verstanden sich offenbar als Verehrer des Gottes Israels (worauf auch die Namensform Tobija = »Der Herr ist gut« in Neh 2,10.19 hinweisen könnte).

b Dieser Bericht wird in 4,24 fortgesetzt.

c Der ganze Abschnitt 4,8–6,18 ist nicht in hebräischer, sondern in aramäischer* Sprache geschrieben; vielleicht handelt es sich hier um einen versteckten Hinweis darauf; vgl. Anmerkung zu 2 Kön 18,26. Die in 4,6-23 berichteten Ereignisse beziehen sich nicht auf den Tempelbau, sondern auf den Wiederaufbau der Stadtmauer mindestens 70 Jahre später (vgl. Zeittafel Seite 783).

d *die Richter ...:* Statt der Amtsbezeichnungen könnte es sich auch um (allerdings unbekannte) Herkunftsorte handeln, also *die Diniter, Afarsatkiter, Tarpeliter, Afarsiter.*

e Wörtlich *Wir haben das Salz des Palastes gegessen.* Durch Essen von Salz bekräftigte man einen Vertrag oder ein Bündnis; vgl. Num 18,19.

3,10 1 Chr 15,16 S **3,11** 1 Chr 16,34 S **3,12** Hag 2,3 **4,1** 2 Kön 17,24-41 **4,3** 2,1 S; 1,2-4 **4,6** Est 1,1

18 Der Brief, den ihr mir gesandt habt, ist mir Wort für Wort vorgelesen worden. 19 Ich habe daraufhin in den Chroniken nachforschen lassen, und es hat sich bestätigt, dass diese Stadt sich von alters her immer wieder gegen die Könige aufgelehnt hat und voll war von Rebellen und Unruhestiftern. 20 In Jerusalem hat es Könige gegeben, die das ganze Gebiet westlich des Eufrats beherrschten und von den Bewohnern Abgaben, Steuern und Zölle erhoben.[a]
21 Aus diesem Grund sollt ihr den Leuten dort befehlen, ihre Bauarbeiten sofort einzustellen. Diese Stadt darf nur dann wieder aufgebaut werden, wenn ich selbst den ausdrücklichen Befehl dazu erteile.
22 Lasst in dieser Angelegenheit keine Verzögerung eintreten, sodass dem Reich kein weiterer Schaden entsteht.«

23 Die Abschrift des Briefes von König Artaxerxes wurde Rehum, Schimschai und ihren Kollegen vorgelesen. Sofort machten sie sich auf den Weg nach Jerusalem und zwangen die Juden mit Gewalt, den Wiederaufbau der Stadt abzubrechen.

24 Auch die Bauarbeiten am Haus Gottes in Jerusalem wurden unterbunden und ruhten daraufhin bis ins zweite Regierungsjahr des Perserkönigs Darius.[b]

Die vordringliche Sorge Esras und der verschleppten Judäer, die mit ihm in die Heimat zurückgekommen waren, galt dem Wiederaufbau des Tempels. Die finanziellen Mittel dafür wurden größtenteils von der persischen Verwaltung zur Verfügung gestellt. Im Bild ein Modell des Tempels zur Zeit Jesu; der Tempel der Perserzeit war wesentlich bescheidener (vgl. Hag 2,3).

Störungen bei der Wiederaufnahme des Tempelbaus

5 Damals traten Haggai, der Prophet*, und Sacharja, der Sohn von Iddo, als Propheten auf. Sie ermutigten die Juden in Judäa und Jerusalem im Auftrag des Gottes Israels, der sie zu seinem Eigentum erklärt hatte.[c] 2 Da nahmen Serubbabel, der Sohn Schealtiëls, und Jeschua, der Sohn Jozadakas, den Tempelbau wieder auf[d] und die Propheten Gottes standen ihnen zur Seite und unterstützten sie.

3 Bald darauf kamen Tattenai, der Statthalter der Provinz westlich des Eufrats, und Schetar-Bosnai mit ihren Räten zu den Juden und fragten: »Wer hat euch die Genehmigung erteilt, diesen Tempel* wieder aufzubauen?«[e] 4 Außerdem fragten sie: »Wie heißen die Männer, die für diesen Bau verantwortlich sind?«

5 Aber Gott ließ die Ältesten* der Juden nicht im Stich, sondern sorgte dafür, dass man sie ungehindert weiterbauen ließ, bis eine Entscheidung von König Darius eingetroffen war.

6 Hier folgt eine Abschrift des Briefes, der damals an König Darius abging; er wurde geschrieben von Tattenai, dem Statthalter der Westprovinz, und Schetar-Bosnai und seinen Räten, den königlichen Beamten der Westprovinz. 7 Sie schickten an den König folgenden Bericht:

»An König Darius: Wir entbieten dir unsere untertänigsten Grüße und Segenswünsche!
8 Wir haben dir zu melden, dass wir im Bezirk von Judäa waren. Wir sahen, dass dort der Tempel des großen Gottes wieder aufgebaut wird. Die Leute verwenden Quadersteine und fügen Lagen von Balken in die Mauern ein.[f] Sie arbeiten sorgfältig und die Arbeit geht unter ihren Händen schnell voran.
9 Wir fragten ihre Ältesten*: ›Wer hat euch die Genehmigung erteilt, diesen Tempel wieder aufzubauen?‹ 10 Wir fragten sie auch nach ihren Namen, um dir eine Liste der Verantwortlichen zusenden zu können.
11 Sie antworteten uns:
›Wir sind Diener des Gottes, der Himmel und Erde gemacht hat. Wir bauen das Gotteshaus wieder auf, das eine lange Zeit hier gestanden hat; ein großer König des Volkes Israel hat es erbaut und vollendet. 12 Weil unsere Vorfahren den Gott des Himmels erzürnten, gab er sie in die Gewalt Nebukadnezzars, des Königs von Babylon. Der zerstörte dieses Haus und verschleppte das Volk nach Babylonien*.
13 Als aber Kyrus in Babylon König wurde, gab er schon im ersten Regierungsjahr den Befehl, dieses Gotteshaus wieder aufzubauen. 14 König Kyrus ließ auch die goldenen und silbernen Geräte, die Nebu-

a Die Angabe ist übertrieben; so groß war die Macht Israels nicht einmal unter David und Salomo; vgl. Anmerkung zu 2 Sam 8,3.
b Hier wird der Bericht von Vers 5 wieder aufgenommen.
c *im Auftrag …:* wörtlich *im Namen des Gottes Israels, (der) über ihnen (ausgerufen war).* Die Botschaft der beiden Propheten ist in den nach ihnen benannten Prophetenbüchern überliefert (siehe Seiten 976 und 979).
d Wörtlich *begannen den Tempel zu bauen;* vgl. Hag 1,1-15; Sach 8,9-13.
e Es folgt noch *und dieses/diesen … fertig zu stellen;* ebenso in dem gleich lautenden Passus in Vers 8. Die Bedeutung des ausgelassenen Wortes ist unbekannt.
f Zu dieser Bauweise vgl. Anmerkung zu 1 Kön 6,36.

4,19 2 Kön 18,7; 24,1.20 **5,1** Hag 1,1; Sach 1,1 **5,2** 2,2a S; Hag 1,14-15a; Sach 4,9-10a **5,12** 2 Chr 36,19-20 **5,13-15** 1,1-11

kadnezzar aus dem Tempel in Jerusalem mitgenommen und in den Tempel seines Gottes in Babylon gebracht hatte, wieder dort herausholen. Er übergab sie einem Mann namens Scheschbazzar, den er zum Statthalter über Judäa ernannt hatte, 15 und befahl ihm: Nimm diese Geräte, bring sie wieder in den Tempel in Jerusalem und sorge dafür, dass dieses Gotteshaus an seinem alten Platz wieder aufgebaut wird!

16 Scheschbazzar kam daraufhin nach Jerusalem und legte das Fundament des Tempels. Seither wird daran gebaut, aber das Haus ist noch nicht vollendet.‹

17 So bitten wir nun, dass der König, wenn er es für richtig hält, im königlichen Archiv in Babylon nachforschen lässt, ob tatsächlich ein Befehl von König Kyrus erlassen worden ist, dieses Gotteshaus in Jerusalem wieder aufzubauen. Ferner bitten wir den König, uns seine Entscheidung in dieser Sache wissen zu lassen.«

Der König stellt sich auf die Seite der Juden

6 König Darius ließ in den Archiven seines Reiches nachforschen. 2 In der königlichen Sommerresidenz Ekbatana in der Provinz Medien fand sich eine Schriftrolle, auf der folgender Erlass verzeichnet war:

3 »Geschrieben im ersten Jahr des Königs Kyrus: König Kyrus befiehlt in Sachen des Tempels zu Jerusalem wie folgt: Das Gotteshaus soll wieder aufgebaut werden, damit dort Opfer* dargebracht werden können. Die alten Fundamente sollen wieder verwendet werden. Seine Höhe soll dreißig Meter betragen, seine Breite gleichfalls dreißig Meter.[a] 4 Auf drei Schichten Quadersteine soll eine Schicht Balken° kommen. Die Kosten gehen zulasten der Staatskasse. 5 Die goldenen und silbernen Geräte, die Nebukadnezzar aus dem Tempel in Jerusalem mitgenommen und nach Babylon gebracht hat, sollen zurückgegeben werden, damit sie wieder an ihren alten Platz im Haus Gottes kommen.«

6 Aufgrund dieses Dokuments ließ der König einen Brief schreiben:[b]

»An Tattenai, Statthalter der Provinz westlich des Eufrats, Schetar-Bosnai und ihre Räte, die Beamten der Provinz:

Haltet euch aus der Sache heraus! 7 Hindert die Juden nicht! Ihr Statthalter und ihre Ältesten* sollen das Gotteshaus an der Stelle wieder aufbauen, wo es gestanden hat.

8 Außerdem befehle ich euch, die Ältesten der Juden beim Bau dieses Gotteshauses zu unterstützen. Ich schreibe euch verbindlich vor: Die Kosten sind in voller Höhe aus den königlichen Steuereinnahmen der Westprovinz zu bestreiten. Sie sind pünktlich und ohne Verzug auszubezahlen, damit der Bau nicht wieder ins Stocken gerät.

9 Auch alles, was zum Brandopfer* für den Gott des Himmels gebraucht wird an Stieren, an Schafböcken und Lämmern, dazu Weizen, Salz, Wein und Öl, soll den Priestern* von Jerusalem Tag für Tag pünktlich geliefert werden, ohne jede Nachlässigkeit und genau nach ihrer Anforderung. 10 Die Juden sollen dem Gott des Himmels Opfer darbringen, die sein Wohlgefallen finden, und sie sollen dabei für das Leben des Königs und seiner Söhne beten.

11 Abschließend ordne ich an: Wenn jemand obigen Befehl übertritt, soll der tragende Balken aus seinem Haus gerissen und er selbst an den aufgerichteten Balken genagelt werden. Sein Haus wird in Schutt und Asche gelegt. 12 Der Gott, der jenen Ort zum Wohnsitz seines Namens bestimmt hat,[c] vernichte jeden König und jedes Volk, die versuchen sollten, diesen Befehl zu missachten und das Gotteshaus in Jerusalem zu zerstören.

Ich, Darius, habe diesen Befehl gegeben. Er ist wortwörtlich auszuführen.«

Die Vollendung des Tempelbaus

13 Von da ab hielten sich Tattenai, der Statthalter der Westprovinz, Schetar-Bosnai und ihre Räte streng an die Befehle des Königs. 14 Die Ältesten* der Juden konnten den Bau weiterführen. Sie kamen mit der Arbeit gut voran, weil die Propheten* Haggai und Sacharja ihnen im Auftrag Gottes Mut zusprachen. So vollendeten sie den Bau, wie es der Gott Israels und die persischen Könige Kyrus, Darius und Artaxerxes[d] angeordnet hatten.

15 Der Tempel* wurde vollendet am 3. Tag des Monats Adar[e] im 6. Regierungsjahr des Königs Darius.

16 Alle Israeliten, die Priester*, die Leviten* und alle anderen, die aus der Verbannung heimgekehrt waren, feierten die Wiedereinweihung des Tempels mit großer Freude. 17 Zur Tempelweihe opferten sie 100 Stiere, 200 Schafböcke und 400 Lämmer, außerdem als Sühneopfer* für ganz Israel 12 Ziegenböcke, für jeden Stamm einen. 18 Sie ordneten auch wieder den Dienst am Tempel und teilten die Priester in ihre Dienstgruppen und die Leviten in ihre Abteilungen ein, wie es das Gesetz* Moses vorschreibt.

Das Passafest

19 Am 14. Tag des 1. Monats feierten die Heimgekehrten das Passafest*. 20 Alle Priester und Leviten* hatten sich darauf vorbereitet; sie waren ohne Ausnahme rein*. Die Leviten schlachteten die Passalämmer* für alle, die aus der Verbannung heimgekehrt

a Die Längenangabe fehlt, aber auch die Überlieferung der anderen Maße ist unsicher. Vorbild war der Tempel Salomos, der nach 1 Kön 6,2 30 m lang, 10 m breit und 15 m hoch war.
b *Aufgrund …:* wörtlich nur *Nun.*
c *Wohnsitz seines Namens:* siehe Anmerkung zu Dtn 12,5.
d Artaxerxes I. kam erst 50 Jahre nach Vollendung des Tempels an die Regierung (465 v.Chr.). Wahrscheinlich steht sein Name hier wegen des Zusammenhangs mit dem späteren Mauerbau; vgl. Anmerkung zu 4,7.
e Der *Adar** ist der 12. Monat: Mitte Februar bis Mitte März (zum Kalender im alten Israel vgl. Seiten 148/149). Die Tempelweihe wird auf den 1. April 515 v.Chr. datiert.

6,3 2 Chr 3,3 **6,10** (beten) 1 Makk 7,33; Bar 1,11; 1 Tim 2,2; Jer 29,7 **6,12** Dtn 12,5 S **6,14** Hag 1,1; Sach 1,1 **6,16-17** Num 7,1-88; 2 Chr 7,4-7 **6,18** 1 Chr 23,1–24,31 **6,19-21** Ex 12,1-14 S

waren, auch für ihre Brüder, die Priester, und für sich selbst.

21 Nicht nur die heimgekehrten Israeliten aßen das Passamahl, sondern auch alle, die sich von der unreinen Bevölkerung des Landes abgesondert und den Israeliten angeschlossen hatten, um mit ihnen zusammen den HERRN, den Gott Israels, zu verehren.

22 Sieben Tage lang feierten sie mit großer Freude das Fest der Ungesäuerten Brote*. Der HERR selber hatte ihnen diese Freude geschenkt; denn er hatte den König von Assyrien[a] ihnen gegenüber freundlich gestimmt. So hatte der HERR ihnen geholfen, seinen Tempel*, das Haus des Gottes Israels, wieder aufzubauen.

ESRAS ENTSENDUNG UND AUFLÖSUNG DER MISCHEHEN (Kapitel 7–10)

Esra erhält einen Sonderauftrag

7 1-5 Zur Regierungszeit des Perserkönigs Artaxerxes lebte in Babylon[b] ein Mann namens Esra.[c] Er konnte die Reihe seiner Vorfahren zurückführen bis auf Aaron, das erste Oberhaupt der Priesterschaft. Sein Vater hieß Seraja; seine weiteren Vorfahren waren: Asarja, Hilkija, Schallum, Zadok, Ahitub, Amarja, Asarja, Merajot, Serachja, Usi, Bukki, Abischua, Pinhas und Eleasar, der Sohn Aarons.

6 Dieser Esra kam aus Babylon nach Jerusalem. Er war ein kundiger Lehrer* des Gesetzes*, das der HERR seinem Volk Israel durch Mose gegeben hatte. Weil der HERR seine Hand schützend über ihn hielt, erfüllte ihm der König alle seine Bitten. 7 So zogen mit ihm im 7. Regierungsjahr des Königs Artaxerxes eine größere Anzahl Israeliten, dazu Priester*, Leviten*, Sänger, Torwächter und Tempeldiener* nach Jerusalem.[d]

8 Im fünften Monat desselben Jahres kamen sie dort an. 9 Als Tag des Aufbruchs aus Babylon hatte Esra den 1. Tag des 1. Monats bestimmt und am 1. Tag des 5. Monats erreichte er mit ihnen Jerusalem, denn die gütige Hand seines Gottes beschützte ihn.

10 Esra hatte sich mit ganzem Herzen der Aufgabe gewidmet, das Gesetz des HERRN zu erforschen und zu befolgen und die Israeliten seine Vorschriften zu lehren, damit sie sich in ihrer Lebensführung und Rechtsprechung daran hielten.

Ein König sorgt für den Tempel in Jerusalem

11 König Artaxerxes fertigte einen Erlass aus. Eine Abschrift davon übergab er Esra, dem Priester* und Gesetzeskundigen, dem Lehrer* der Gebote und Ordnungen, die der HERR dem Volk Israel gegeben hatte. Dieser Erlass lautete:[e]

12 »Artaxerxes, König über alle Könige, an Esra, den Priester, den Lehrer für das Gesetz* des Himmelsgottes: Ich wünsche dir Heil und Segen!

13 Hiermit befehle ich: Jeder in meinem Reich, der zum Volk Israel und zu seinen Priestern und Leviten* gehört und freiwillig mit dir nach Jerusalem ziehen will, darf mit dir ziehen.

14 Der König und seine sieben Räte[f] senden dich, um zu erkunden, ob in Jerusalem und Judäa alles so geordnet ist, wie es dem Gesetz deines Gottes entspricht, das in deiner Hand ist. 15 Außerdem sollst du das Silber und Gold hinbringen, das der König und seine Räte als Opfergabe für den Gott Israels entrichten, der in Jerusalem seine Wohnstätte hat.

16 Nimm auch alles Silber und Gold mit, das du in der Provinz Babylon* sammeln kannst, auch freiwillige Gaben des Volkes und der Priester, die sie als Spenden für das Haus ihres Gottes in Jerusalem geben.

17 Du bekommst dieses Geld zu treuen Händen mit, um davon Stiere, Schafböcke und Lämmer sowie die dazugehörenden Speiseopfer* und Trankopfer* zu kaufen und diese Opfer eurem Gott auf dem Altar vor seinem Tempel* in Jerusalem darzubringen.

18 Sollte noch etwas von dem Silber und Gold übrig bleiben, so könnt ihr darüber nach dem Willen eures Gottes verfügen, wie es dir und deinen Mitpriestern am besten erscheint. 19 Auch die Geräte, die dir für den Dienst im Haus deines Gottes übergeben werden, sollst du deinem Gott in Jerusalem überbringen. 20 Was du sonst noch für den Tempel deines Gottes aufwenden musst, wird dir die Staatskasse erstatten.

21 Ich, König Artaxerxes, gebe allen Schatzmeistern der Westprovinz den Befehl: Alles, worum Esra, der Priester und Lehrer im Gesetz des Himmelsgottes, bittet, ist ihm pünktlich und sorgfältig zu liefern, 22 und zwar bis zu 100 Zentner* Silber, bis zu 100 große Sack Weizen, bis zu 100 Eimer Wein[g] und ebenso viel Olivenöl, dazu Salz, so viel er benötigt. 23 Stellt mit Eifer und Hingabe alles bereit, was der Gott des Himmels für den Dienst an seinem Tempel braucht, damit nicht etwa sein Zorn über das Königreich, den König und seine Söhne kommt!

24 Außerdem wird euch bekannt gegeben: Niemand hat das Recht, von den Priestern, Leviten, Sängern, Torwächtern, Tempeldienern* und allen anderen, die am Tempel dieses Gottes Dienst tun, irgendwelche Steuern oder Abgaben zu fordern.

25 Du aber, Esra, setze Richter und Rechtslehrer ein mit der Weisheit, die das Gesetz in deiner Hand

a Gemeint ist der König von Persien, der auch das frühere Assyrische Reich, den alten Feind Israels, beherrschte.
b *lebte in Babylon**: verdeutlichender Zusatz; im Hebräischen sind die Verse 1-5 ein einziger Satz, der in Vers 6 fortgeführt wird.
c Der Name ist eine Kurzform von Asarja und hat die Bedeutung »Der Herr hat geholfen«.
d Dies geschah wahrscheinlich etwa 60 Jahre nach der Vollendung des Tempels.
e Die Verse 12-26 sind in aramäischer* Sprache geschrieben.
f Der *König und seine sieben Räte* bildeten das oberste persische Regierungsgremium.
g Hebräische Maßangaben für *große Sack* »Kor«, für *Eimer* »Bat« (1 Kor = 10 Efa*; 1 Bat = 6 Hin*); umgerechnet etwa 17 t bzw. 21 hl.

6,22 Ex 12,15-20 S **7,1-5** (Vorfahren) 1 Chr 5,29-40 **7,6** (schützende Hand) 7,9.28; 8,18.22.31; Neh 2,8.18 **7,14** Est 1,14 **7,15-16** 1,4 S **7,19** 8,25-27

dir vermittelt. Sie sollen eurem ganzen Volk in der Westprovinz Recht sprechen, allen, die die Gesetze deines Gottes kennen. Wenn jemand sie nicht kennt, sollt ihr ihn darin unterweisen. [26] Wer aber dem Gesetz deines Gottes nicht gehorcht, den sollt ihr vor Gericht stellen und je nach Vergehen zum Tod, zur Ausstoßung aus der Gemeinschaft, zu einer Geldstrafe oder zu Gefängnis verurteilen.«

Esra preist Gott

[27] Gepriesen sei der HERR, der Gott unserer Väter! Er war es, der dem König dies alles ins Herz gegeben hat, um seinem Tempel* in Jerusalem Ehre und Ansehen zu verleihen. [28] Er hat mich die Gunst des Königs finden lassen und auch die Gunst seiner Räte und aller einflussreichen Beamten. Er hat mir Mut gemacht, weil seine gütige Hand mir half, und so habe ich eine ganze Reihe von israelitischen Sippenoberhäuptern dafür gewinnen können, mit mir zurückzukehren.

Die Begleiter Esras

8 Hier folgt die Liste der Sippenoberhäupter und der mit ihnen eingetragenen Männer, die zur Regierungszeit des Königs Artaxerxes mit mir von Babylon* nach Jerusalem reisten:

[2–3] Von der Sippe Pinhas: Gerschom
von der Sippe Itamar: Daniel
von der Sippe David: Hattusch, der Sohn von Schechanja°
von der Sippe Parosch: Secharja und mit ihm 150 eingetragene Männer
[4] von der Sippe Pahat-Moab: Eljoënai, der Sohn von Serachja, und mit ihm 200 Männer
[5] von der Sippe Sattu: Schechanja, der Sohn von Jahasiël,° und mit ihm 300 Männer
[6] von der Sippe Adin: Ebed, der Sohn Jonatans, und mit ihm 50 Männer
[7] von der Sippe Elam: Jeschaja, der Sohn von Atalja, und mit ihm 70 Männer
[8] von der Sippe Schefatja: Sebadja, der Sohn Michaels, und mit ihm 80 Männer
[9] von der Sippe Joab: Obadja, der Sohn Jehiëls, und mit ihm 218 Männer
[10] von der Sippe Bani: Schelomit, der Sohn von Josifja,° und mit ihm 160 Männer
[11] von der Sippe Bebai: Secharja, der Sohn von Bebai, und mit ihm 28 Männer
[12] von der Sippe Asgad: Johanan, der Sohn Katans, und mit ihm 110 Männer
[13] von der Sippe Adonikam auch noch die Letzten: Elifelet, Jëiël und Schemaja und mit ihnen 60 Männer
[14] von der Sippe Bigwai: Utai und Sabbud und mit ihnen 70 Männer.

Esra gewinnt Leviten und Tempeldiener für die Heimkehr

[15] Ich bestellte die ganze Gruppe an den Kanal, der nach der Stadt Ahawa fließt.[a] Dort lagerten wir drei Tage. Als ich mir die Leute ansah, fand ich eine Reihe von Priestern* unter ihnen, aber keinen einzigen Leviten*. [16] Deshalb ließ ich einige Familienoberhäupter zu mir kommen, nämlich Eliëser, Ariël, Schemaja, Jonatan,° Jarib, Elnatan, Natan, Secharja und Meschullam sowie Jojarib und Elnatan, zwei kluge Männer. [17] Ich schickte sie zu Iddo, dem Vorsteher des Levitendorfes Kasifja, und sagte ihnen, was sie Iddo und seinen Brüdern, die dort ansässig waren,° auszurichten hatten. Diese sollten ihnen einige Männer mitgeben, die den Dienst am Tempel* unseres Gottes verrichten konnten.

[18] Weil die gütige Hand unseres Gottes uns half, brachten sie Scherebja mit, einen verständigen Mann, der von Machli abstammte, einem Enkel von Levi, dem Sohn Jakobs,[b] dazu seine Söhne und Brüder, 18 Mann. [19] Außerdem kamen Haschabja und Jeschaja von den Nachkommen des Levisohnes Merari und brachten ihre Söhne und die Brüder von Haschabja mit, 20 Mann. [20] Schließlich kamen noch 220 Tempeldiener* mit, alle namentlich eingetragen. Ihre Vorfahren waren von David und den Führern des Volkes dem Tempel übereignet worden, um den Leviten zu helfen.

Reisevorbereitungen

[21] Dort am Ahawa-Kanal ordnete ich auch einen Fasttag* an. Wir alle wollten uns vor unserem Gott beugen und ihn um eine glückliche Reise bitten für uns und unsere Familien und allen Besitz, den wir mitnahmen. [22] Ich wollte den König nicht bitten, uns eine Reitertruppe mitzugeben, die uns unterwegs vor feindlichen Überfällen schützen sollte. Das wäre zu beschämend für mich gewesen; denn wir hatten ihm gesagt: »Unser Gott beschützt alle, die ihm gehorchen; aber sein heftiger Zorn kehrt sich gegen die, die sich von ihm abwenden.« [23] So fasteten wir und baten unseren Gott um seinen Schutz und er erhörte unser Gebet.

[24] Danach nahm ich zwölf von den führenden Priestern* beiseite sowie Scherebja und Haschabja und zehn weitere Leviten*. [25] In ihrer Gegenwart wog ich das Silber, das Gold und die kostbaren Geräte ab, die der König, seine Räte und Minister und alle Israeliten im Perserreich als Opfergabe für den Tempel* unseres Gottes gestiftet hatten. [26–27] Dann übergab ich ihnen alle diese Schätze. Insgesamt waren es:

650 Zentner* Silber
100 silberne Geräte, zusammen einige° Zentner schwer

a Die Lage dieses Wasserlaufs in Babylonien ist unbekannt.
b Wörtlich *dem Sohn Israels*.*

8,18 7,6S **8,20** 2,43-54 **8,22** 7,6S **8,25-30** 1,4S; 7,19

100 Zentner Gold
20 goldene Becher im Wert von 1000 persischen Goldmünzen[a]
2 prachtvolle Gefäße aus polierter Bronze, ebenso wertvoll wie goldene Gefäße.

28 Ich sagte zu ihnen: »Ihr seid dem HERRN geweiht, so auch diese Gegenstände. Dieses Silber und dieses Gold sind Gaben, die dem HERRN, dem Gott eurer Vorfahren, aus freiem Entschluss gestiftet worden sind. 29 Bewacht sie mit aller Sorgfalt, bis ihr beim Tempel in Jerusalem ankommt. Dort werdet ihr sie in den Nebenräumen des Tempels nachwiegen und an die führenden Priester und Leviten sowie an die Sippenoberhäupter des Volkes aushändigen.«

30 Die Priester und die Leviten übernahmen das Silber, das Gold und die kostbaren Geräte, um sie nach Jerusalem in den Tempel unseres Gottes zu bringen.

Die Ankunft in Jerusalem

31 Am 12. Tag des 1. Monats brachen wir vom Ahawa-Kanal auf zur Reise nach Jerusalem. Die gütige Hand unseres Gottes beschützte uns vor Feinden und Wegelagerern. 32 Als wir in Jerusalem ankamen, ruhten wir uns zunächst drei Tage aus.

33 Am vierten Tag gingen wir zum Haus unseres Gottes. Dort wurden das Silber, das Gold und die kostbaren Geräte nachgewogen und dem Priester Meremot, dem Sohn von Urija, übergeben. Bei Meremot waren Eleasar, der Sohn von Pinhas, und zwei Leviten: Josabad, der Sohn von Jeschua, und Noadja, der Sohn von Binnui. 34 Alle Gegenstände wurden nachgezählt und gewogen und das Gesamtgewicht wurde schriftlich festgehalten.

35 Danach richteten alle, die aus der Verbannung heimgekehrt waren, dem Gott Israels ein großes Brandopfer* aus. Sie opferten für die zwölf Stämme Israels 12 Stiere, 96 Schafböcke, 72 Lämmer° sowie 12 Ziegenböcke als Sühneopfer*. Alle diese Tiere wurden dem HERRN zu Ehren verbrannt.

36 Dann händigten sie den Reichsfürsten* und Statthaltern in der Provinz westlich des Eufrats die Geleitbriefe des Königs aus. Aufgrund der Briefe gewährten diese Männer dem Volk und dem Tempel* Gottes ihre Unterstützung.

Esra erfährt von Ehen mit fremden Frauen

9 Eine Anzahl von führenden Leuten kam zu mir und sagte: »Das Volk hat sich vergangen, die Männer Israels, die Priester* und die Leviten*. Sie haben sich nicht fern gehalten von den übrigen Bewohnern des Landes, die Götzen verehren, von den Kanaanitern*, Hetitern*, Perisitern, Jebusitern, Ammonitern*, Moabitern*, Ägyptern und Amoritern.[b] 2 Jüdische Männer haben Frauen aus diesen Völkern geheiratet, sodass sich das Volk Gottes mit fremden Völkern vermischt hat.[c] Führende Männer und Ratsherren sind bei diesem Treubruch mit schlechtem Beispiel vorangegangen.«

3 Als ich das hörte, zerriss ich meine Kleider, das Ober- und das Untergewand, raufte mir die Haare und den Bart und setzte mich starr vor Entsetzen vor dem Tempelhaus[d] nieder. 4 So saß ich bis zur Zeit des Abendopfers*. Um mich sammelten sich alle, die Angst hatten vor dem Urteil des Gottes Israels über den Treubruch der Heimgekehrten.

5 Zur Zeit des Abendopfers erhob ich mich aus meiner Erstarrung, kniete in meinen zerrissenen Kleidern nieder und betete mit ausgebreiteten Armen zum HERRN, meinem Gott.

6 »Mein Gott«, sagte ich, »ich schäme mich und wage nicht, meine Augen zu dir zu erheben; denn die Flut unserer Sünden reicht uns bis an die Kehle und der Berg unserer Verfehlungen ist bis zum Himmel gewachsen. 7 Von der Zeit unserer Väter bis heute haben wir schweres Unrecht begangen. Wegen unserer Vergehen wurden wir, unsere Könige und unsere Priester in die Gewalt fremder Herrscher gegeben. Man hat uns hingeschlachtet, als Gefangene verschleppt, ausgeplündert und mit Schimpf und Schande überschüttet. So ist es bis heute geblieben.

8 Nun hast du jetzt für eine kurze Zeit Gnade walten lassen, HERR, unser Gott. Du hast einen Rest von uns übrig gelassen und uns an deiner heiligen Stätte in Sicherheit gebracht. Unsere Augen konnten wieder aufleuchten, du hast uns ein wenig aufatmen lassen in unserer Sklaverei. 9 Wir sind noch Sklaven; aber doch hast du uns nicht verlassen. Du hast uns die Gunst der Könige von Persien* finden lassen, sodass wir deinen Tempel* aus den Trümmern wieder aufrichten konnten, und du hast uns in Judäa und Jerusalem eine sichere Wohnstätte gegeben.

10 Aber wie können wir vor dir, unserem Gott, bestehen nach dem, was jetzt vorgefallen ist? Wir haben gegen deine Gebote verstoßen, 11 die du uns einst durch deine Diener, die Propheten*, einschärfen ließest. Du hast uns durch sie sagen lassen: ›Das Land, das ihr in Besitz nehmen werdet, ist unrein* durch den Götzendienst seiner Bewohner und die Götzenbilder, mit denen sie es von einem Ende bis zum andern angefüllt haben. 12 Deshalb sollt ihr mit diesen Leuten keine Ehen schließen: Eure Töchter dürft ihr keinem Mann aus diesen Völkern geben und für eure Söhne keine Frau aus diesen Völkern nehmen. Sucht nicht ihre Freundschaft und schließt keine Verträge mit ihnen – für alle Zeiten nicht! Denn ihr sollt selbst stark werden, den Ertrag des Landes genießen und es euren Söhnen vererben als Besitz für alle kommenden Generationen.‹

a *persischen Goldmünzen:* wörtlich *Dariken.*
b *Amoriter* könnte nach persischem Sprachgebrauch Bezeichnung für die Araber sein; vielleicht ist auch zu lesen *Edomiter.*
c Esras tiefe Betroffenheit (Vers 3) über die Mischehen ist nicht nur durch die Gefahr der Verführung zum Götzendienst begründet (siehe Vergleichsstellen zu 9,1-2), die man durch den Übertritt der fremden Frauen zum Judentum hätte beseitigen können. Genauso schwer wiegt für ihn die Sorge, dass durch eine Vermischung mit fremden Völkern das Blut des Gottesvolkes nicht rein erhalten bliebe (wörtlich *»sodass sich der heilige Same mit fremden Völkern vermischt hat«*).
d *vor dem Tempelhaus:* verdeutlichender Zusatz; vgl. 10,1.

8,31 7,6 S **9,1-2** (Fremde geheiratet) 9,11-11 S; Neh 10,31; 13,23-28; Mal 2,10-12; Ex 34,11-16 **9,11** Lev 18,24-27 **9,12** Dtn 7,3; 23,7

13 Weil unser Volk dir nicht gehorcht und schwere Schuld auf sich geladen hatte, kam großes Unglück über uns. Und doch hast du, unser Gott, uns nicht so hart gestraft, wie wir es verdient hatten, sondern hast uns, die wir hier sind, übrig gelassen. 14 Wie können wir nun wieder anfangen, gegen deine Gebote zu verstoßen und uns mit diesen Götzendienern zu verschwägern? Musst du da nicht so zornig werden, dass du uns ganz vernichtest und es keinen Rest und keine Rettung mehr gibt?

15 HERR, du Gott Israels, du hast Gnade vor Recht ergehen lassen und uns als Rest deines Volkes gerettet, wie unser Hiersein das heute bezeugt. Und nun stehen wir vor dir mit unserer Schuld! Wir wissen: So können wir vor dir nicht bestehen!«

Die Mischehen werden geschieden

10 Während Esra vor dem Tempelhaus auf den Knien lag und unter Tränen zu Gott betete und die Schuld des Volkes bekannte, versammelte sich bei ihm eine große Gemeinde von Männern, Frauen und Kindern aus Israel. Sie alle weinten sehr.

2 Schechanja, der Sohn von Jehiël aus der Sippe Elam, sagte zu Esra: »Wir haben unserem Gott die Treue gebrochen; denn wir haben Frauen aus der Bevölkerung des Landes geheiratet. Aber trotzdem gibt es noch eine Hoffnung für Israel: 3 Wir müssen jetzt mit unserem Gott einen Bund* schließen und uns verpflichten, alle fremden Frauen mit ihren Kindern wegzuschicken. So hast du es uns geraten, und alle, die das Gebot unseres Gottes ernst nehmen, haben es befürwortet.[a] Dem Gesetz* Gottes muss Geltung verschafft werden. 4 Darum steh auf! Du musst das in Ordnung bringen. Sei mutig und handle! Wir stehen hinter dir!«

5 Da stand Esra auf. Er ließ die Vorsteher der Priester* aus der Nachkommenschaft von Levi und die Vorsteher von ganz Israel schwören, so zu handeln, wie Schechanja beantragt hatte, und sie schworen es.[b] 6 Dann verließ Esra den Platz vor dem Haus Gottes und ging in die Tempelzelle Johanans, des Sohnes von Eljaschib. Dort blieb er die Nacht über,° aß nicht und trank nicht, so erschüttert war er über den Treubruch der Heimgekehrten.

7 Darauf ließ Esra in Judäa und Jerusalem ausrufen, dass alle Heimgekehrten sich in Jerusalem versammeln sollten. 8 So hätten es die Vorsteher und Ältesten* beschlossen. Jeder, der nicht vor Ablauf von drei Tagen komme, werde aus der Gemeinde der Heimgekehrten ausgeschlossen und sein gesamter Besitz werde eingezogen.

9 Pünktlich versammelten sich alle Männer der Stämme Juda und Benjamin in Jerusalem. Es war der 20. Tag des 9. Monats. Sie setzten sich auf den freien Platz vor dem Haus Gottes, zitternd wegen der anstehenden Sache und auch, weil es in Strömen regnete.

10 Der Priester Esra stand auf und sagte zu ihnen: »Durch eure Heirat mit fremden Frauen habt ihr dem HERRN die Treue gebrochen und so die Schuld Israels vergrößert. 11 Gesteht jetzt vor dem HERRN, dem Gott eurer Väter, eure Schuld ein und tut, was er von euch erwartet. Trennt euch von den Bewohnern des Landes und von euren fremden Frauen!«

12 Die ganze Gemeinde rief laut: »Ja, das müssen wir tun! Genau wie du sagst!«

13 Sie gaben aber zu bedenken: »Wir sind zu viele hier und außerdem regnet es. Hier im Freien können wir nicht bleiben. Die Sache lässt sich auch nicht in ein oder zwei Tagen erledigen, weil so viele von uns darin verwickelt sind. 14 Unsere Vorsteher sollen hier bleiben und im Auftrag der ganzen Gemeinde handeln. Jeder, der eine fremde Frau geheiratet hat, soll zur festgesetzten Zeit vor ihnen erscheinen, zusammen mit den Ältesten* und Richtern seines Ortes. Alles soll in Ordnung gebracht werden, damit wir den glühenden Zorn unseres Gottes von uns abwenden, den wir mit diesem Treubruch auf uns gezogen haben.«

15 Alle stimmten zu, ausgenommen Jonatan, der Sohn von Asaël, und Jachseja, der Sohn von Tikwa, die von Meschullam und dem Leviten* Schabbetai unterstützt wurden. 16 Die Heimgekehrten verfuhren nach diesem Beschluss. Der Priester Esra rief die Oberhäupter aller Sippen namentlich auf und betraute sie mit dieser Aufgabe.°

Am 1. Tag des 10. Monats traten sie zusammen, um mit der Untersuchung zu beginnen. 17 Alle Männer, die fremde Frauen geheiratet hatten, mussten vor ihnen erscheinen. Bis zum 1. Tag des 1. Monats war die ganze Angelegenheit geregelt.

Die Liste der Männer mit nichtjüdischen Frauen

18–19 Hier folgt die Liste der Männer, die nichtjüdische Frauen geheiratet hatten. Sie verpflichteten sich mit Handschlag, ihre fremden Frauen wegzuschicken, und brachten als Wiedergutmachungsopfer* einen Schafbock dar:

Priester:

aus der Sippe von Jeschua, dem Sohn Jozadaks, und von seinen Brüdern: Maaseja, Eliëser, Jarib und Gedalja

20 aus der Sippe Immer: Hanani und Sebadja

21 aus der Sippe Harim: Maaseja, Elija, Schemaja, Jehiël und Usija

a Esra hat anscheinend öffentlich ausgesprochen, was insgeheim die Sorge vieler war.

b Esra macht nicht Gebrauch von seinen Vollmachten (7,14), sondern führt einen Beschluss der führenden Männer herbei.

10,6 Jes 58,5 S

[22] aus der Sippe Paschhur: Eljoënai, Maaseja, Jischmaël, Netanel, Josabad und Elasa

[23] *Leviten:*
Josabad, Schimi, Kelaja, der auch Kelita genannt wird, Petachja, Juda und Eliëser

[24] *Sänger:*
Eljaschib

Torwächter:
Schallum, Telem und Uri

[25] *andere Israeliten:*
aus der Sippe Parosch: Ramja, Jisija, Malkija, Mijamin, Eleasar, Malkija und Benaja
[26] aus der Sippe Elam: Mattanja, Secharja, Jehiël, Abdi, Jeremot und Elija
[27] aus der Sippe Sattu: Eljoënai, Eljaschib, Mattanja, Jeremot, Sabad und Asisa
[28] aus der Sippe Bebai: Johanan, Hananja, Sabbai und Atlai
[29] aus der Sippe Bani: Meschullam, Malluch, Adaja, Jaschub, Scheal und Jeremot
[30] aus der Sippe Pahat-Moab: Adna, Kelal, Benaja, Maaseja, Mattanja, Bezalel, Binnui und Manasse
[31] aus der Sippe Harim: Eliëser, Jischija, Malkija, Schemaja, Simeon, [32] Benjamin, Malluch und Schemarja
[33] aus der Sippe Haschum: Mattenai, Mattatta, Sabad, Elifelet, Jeremai, Manasse und Schimi
[34] aus der Sippe Bani: Maadai, Amram, Uël, [35] Benaja,
Bedja, Keluhi, [36] Wanja, Meremot, Eljaschib,
[37] Mattanja, Mattenai, Jaasai, [38] Bani, Binnui,
Schimi, [39] Schelemja, Natan, Adaja, [40] Machnadbai, Schaschai, Scharai, [41] Asarel, Schelemja,
Schemarja, [42] Schallum, Amarja und Josef
[43] aus der Sippe Nebo: Jëiël, Mattitja, Sabad, Sebina, Jaddai, Joël und Benaja

[44] Alle diese Männer[a] hatten nichtjüdische Frauen geheiratet. Unter den Frauen waren einige, die Kinder geboren hatten.

a Die Namensliste umfasst 111 Männer bei einer Gesamtzahl von mindestens 30 000 Rückkehrern. Wenn die Liste vollständig ist, weist sie darauf hin, von welchem Gewicht auch diese relativ kleine Zahl von Schuldigen für Esra war.

NEHEMIA

Wahrscheinlich 13 Jahre nach Esra wird Nehemia als persischer Statthalter nach Jerusalem entsandt. Er hat die Vollmacht, die zerstörten Stadtmauern Jerusalems wieder aufzubauen. Außerdem führt er soziale Reformen durch und unterstützt das religiöse Reformwerk des Priesters Esra. Davon berichtet er selbst in dem nach ihm benannten Buch, das auch von seiner unbestechlichen Lauterkeit und persönlichen Frömmigkeit Zeugnis ablegt.

Inhaltsübersicht

NEHEMIAS ENTSENDUNG UND WIEDERAUFBAU DER STADTMAUER (Kapitel 1–7)

Nehemia beginnt seinen Rechenschaftsbericht

1 Dies ist der Bericht von Nehemia,[a] dem Sohn von Hachalja:

Im 20. Regierungsjahr des Perserkönigs* Artaxerxes,[b] im Monat Kislew,[c] war ich in der königlichen Residenz Susa. 2 Da kam Hanani, einer meiner Brüder, mit einigen Männern aus Judäa zu mir. Ich fragte sie, wie es den Juden dort gehe, den Überlebenden, die nicht verschleppt worden waren, und erkundigte mich nach dem Zustand Jerusalems. 3 Sie berichteten mir: »Die Menschen in der Provinz Juda, die der Verschleppung entgangen sind, leben in großer Not und Schande. Die Stadtmauer Jerusalems liegt in Trümmern, die Tore sind durch Feuer zerstört.«

4 Als ich das hörte, setzte ich mich nieder und weinte. Tagelang trauerte ich, fastete* und flehte den Gott des Himmels an. 5 Ich betete:

»Ach HERR, du Gott des Himmels, du großer und Ehrfurcht gebietender Gott! Du stehst in unerschütterlicher Treue zu deinem Bund* und zu denen, die dich lieben und nach deinen Geboten leben. 6 Sieh mich, deinen Diener, freundlich an und habe ein offenes Ohr für mein Gebet! Tag und Nacht flehe ich zu dir für die Menschen, die dir dienen, dein Volk Israel!

Ich bekenne dir die Sünden, die wir Israeliten gegen dich begangen haben. Wir haben Unrecht getan; auch ich und meine Verwandten haben sich verfehlt. 7 Wir haben große Schuld auf uns geladen: Wir haben die Gebote und Gesetze missachtet, die du uns durch Mose, deinen Diener und Bevollmächtigten*, gegeben hast.

8 Aber denk doch daran, dass du ausdrücklich zu deinem Diener Mose gesagt hast: ›Wenn ihr mir untreu werdet, will ich euch unter die fremden Völker zerstreuen; 9 wenn ihr aber zu mir zurückkehrt, auf meine Gebote achtet und sie befolgt, werde ich sogar die, die ich bis ans äußerste Ende der Erde verstoßen habe, von dort zurückholen. Ich will sie heimbringen an den Ort, den ich erwählt und zum Wohnsitz meines Namens[d] bestimmt habe.‹ So hast du gesagt – 10 und sie sind ja trotz allem deine Diener, dein Volk, das du einst durch deine große Macht und mit deiner starken Hand aus Ägypten befreit hast!

11 Ach Herr, erhöre mein Flehen und das Flehen aller, die dir bereitwillig und voll Ehrfurcht dienen! Lass mich doch heute Erfolg haben und hilf, dass der König mir gnädig ist!«

Ich war nämlich der Mundschenk des Königs.

Der Mundschenk des Königs wagt eine Bitte ...

2 Es war an einem Tag im Monat Nisan*, im 20. Regierungsjahr des Königs Artaxerxes.[e] Der

a Der Name bedeutet »Der Herr hat getröstet«.
b *»des Perserkönigs Artaxerxes«* fehlt im hebräischen Text; es ist nach 2,1 ergänzt. Artaxerxes I. regierte 465–424 v. Chr.
c Der 9. Monat des babylonischen Jahres, etwa Mitte November bis Mitte Dezember.
d *Wohnsitz meines Namens:* siehe Anmerkung zu Dtn 12,5.
e Das hier gegebene Datum liegt vier Monate früher als die Angabe von 1,1. Vielleicht sind die Jahre und Monate nach verschiedenen Kalendern berechnet (vgl. Sacherklärung »Kalender«).

1,3 Esra 9,3 **1,5** Dtn 7,9S **1,8** Lev 26,33 **1,9** Dtn 30,1-5 **1,10** Dtn 9,29

a Siehe Anmerkung zu 3,33. Vgl. auch Sacherklärung »Horoniter«.
b Zu den Toren und dem Mauerverlauf siehe Zeichnung Seite 559. Die Drachenquelle ist in der Nähe der Südmauer zu vermuten.

Wein war bereitgestellt und ich nahm den Becher,
füllte ihn und reichte ihn dem König. Ich war bei
ihm sehr gut angeschrieben.
2 Der König sagte zu mir: »Warum siehst du so
schlecht aus? Du bist doch nicht etwa krank? Nein,
das ist es nicht – irgendetwas macht dir das Herz
schwer!«
Der Schreck fuhr mir in die Glieder. 3 Dann ant-
wortete ich: »Der König möge ewig leben! Kann
ich denn fröhlich aussehen? Die Stadt, in der meine
Vorfahren begraben sind, ist verwüstet und ihre
Tore sind vom Feuer zerstört.«
4 Darauf fragte mich der König: »Und was ist deine
Bitte?«
Ich schickte ein Stoßgebet zum Gott des Himmels
5 und sagte zum König: »Mein König, wenn es dir gut
erscheint und wenn du deinem Diener Vertrauen
schenkst, dann lass mich doch nach Judäa gehen in
die Stadt, in der meine Vorfahren begraben sind,
damit ich sie wieder aufbauen kann!«

... und erhält Vollmachten für Jerusalem

6 Der König, neben dem die Königin saß, fragte mich:
»Wie lange würde deine Reise dauern? Wann könn-
test du wieder hier sein?«

»Ich war nämlich der Mundschenk des Königs.« (1,11) Damit hatte Nehemia am persischen Hof eine wichtige Stellung inne. Die Abbildung zeigt den Mundschenk des Assyrerkönigs Assurnasirpal II. bei einem Gelage.

Ich nannte ihm eine Zeit und er war einverstan-
den. 7 Dann sagte ich noch zu ihm: »Mein König,
wenn es dir recht ist, dann möge man mir amtliche
Schreiben mitgeben an die Statthalter der Westpro-
vinz, damit sie mich nach Judäa durchreisen lassen.
8 Außerdem brauche ich ein amtliches Schreiben an
Asaf, den königlichen Oberforstverwalter. Er soll
mir Bauholz geben für die Tore der Verteidigungsan-
lage beim Tempel*, für die Stadtmauer und für das
Haus, in dem ich wohnen werde.«
Der König gewährte es mir, denn die gütige Hand
meines Gottes stand mir bei.
9 Für die Reise gab mir der König eine Leibwache
von Offizieren und Reitern mit. Als ich zu den Statt-
haltern der Westprovinz kam, übergab ich ihnen die
Briefe des Königs. 10 Sanballat, der Horoniter,[a] und
der Ammoniter* Tobija, sein Bevollmächtigter, ge-
rieten in heftigen Zorn, weil einer kam, der den
Israeliten helfen wollte.

Vorbereitungen zum Wiederaufbau der Stadtmauer

11 Als ich in Jerusalem ankam, wartete ich zunächst
drei Tage. 12 Dann begab ich mich in der Nacht auf
Erkundung, nahm aber nur wenige Männer mit.
Ich hatte noch keinem Menschen gesagt, was mein
Gott mir ins Herz gegeben hatte und was ich für
die Stadt tun wollte. Ich nahm auch keine Reittiere
mit außer dem einen, auf dem ich ritt.
13 So ritt ich bei Nacht durch das Taltor[b] und von
dort aus südwärts in Richtung Drachenquelle bis
zum Misttor. Ich untersuchte genau, wie weit die
Mauern Jerusalems eingerissen und die Tore ver-
brannt waren. 14 Dann wandte ich mich nach Nor-
den zum Quelltor und zum Königsteich. Weil ich
an der Mauer entlang mit meinem Reittier nicht
mehr weiterkam, 15 ritt ich noch ein Stück unten im
Tal weiter, um mir ein Bild vom Zustand der Mauer
zu machen. Dann kehrte ich um und kam durch das
Taltor wieder zurück.
16 Die Ratsherren der Stadt wussten nicht, wohin
ich gegangen war und was ich vorhatte. Denn bis
dahin hatte ich keinem der Juden etwas von meinen
Plänen mitgeteilt, weder den Priestern noch den
Männern der ersten Familien und den Ratsherren
noch allen übrigen, die mit der Sache zu tun hatten.
17 Nun aber sagte ich zu ihnen: »Ihr seht selbst die
trostlose Lage, in der wir stecken. Jerusalem ist ein
Trümmerhaufen und die Stadttore sind verbrannt.
Kommt, lasst uns die Mauer wieder aufbauen, damit
diese Schande aus der Welt geschafft wird!«
18 Ich erzählte ihnen auch, wie die gütige Hand
meines Gottes mir geholfen und was der König mir
gewährt hatte.
Da sagten sie: »Ja, ans Werk, bauen wir sie auf!«

2,3 2 Chr 36,19 **2,8** Esra 7,6S **2,10** 2,19; 3,33.35; 4,1; 6,1; 13,28 **2,18** Esra 7,6S

Und sie machten sich mit Eifer an die Vorbereitungen zu dem wichtigen Unternehmen.

19 Als Sanballat, Tobija und der Araber Geschem von unserer Absicht hörten, machten sie sich über uns lustig und sagten: »Da habt ihr euch etwas Großes vorgenommen! Ein bisschen zu groß für euch! Wollt ihr euch am Ende noch gegen den König auflehnen?«[a]

20 Ich ließ ihnen ausrichten: »Der Gott des Himmels wird es uns gelingen lassen. Wir, seine Diener, machen uns ans Werk und bauen die Mauer auf. Euch aber geht Jerusalem nichts an; denn ihr habt hier weder Grundbesitz noch irgendeinen Rechtsanspruch, ihr habt euch auch nie um die Stadt verdient gemacht!«

Die Liste der Bauleute

3 Der Oberste Priester* Eljaschib und seine Brüder, die Priester, bauten das Schafstor wieder auf, weihten es und setzten die Torflügel ein. Sie weihten auch das angrenzende Mauerstück bis zum »Turm der Hundert« und zum Hananel-Turm.[b]

2 Die Einwohner von Jericho bauten den daran anschließenden Mauerabschnitt wieder auf.

Den nächsten Abschnitt baute Sakkur, der Sohn von Imri, wieder auf.

3 Die Sippe Senaa baute das Fischtor wieder auf. Sie deckten es mit Balken, setzten die Torflügel ein und brachten die Riegel und ihre Sicherungen an.

4 Meremot, der Sohn von Urija und Enkel von Koz, besserte den nächsten Mauerabschnitt aus.

Den anschließenden Teil setzte Meschullam, der Sohn von Berechja und Enkel von Meschesabel, instand.

Am nächsten Abschnitt arbeitete Zadok, der Sohn von Baana.

5 Die Einwohner von Tekoa besserten den anschließenden Mauerabschnitt aus. Aber die vornehmen Männer dieser Stadt weigerten sich, die Arbeit aufzunehmen, die ihnen von mir zugewiesen wurde.

6 Jojada, der Sohn von Paseach, und Meschullam, der Sohn von Besodja, setzten das Jeschana-Tor instand. Sie deckten es mit Balken, setzten die Torflügel ein und brachten die Riegel und ihre Sicherungen an.

7 Am anschließenden Teil der Mauer arbeiteten Melatja aus Gibeon, Jadon aus Meronot sowie die Männer aus Gibeon und Mizpa. Nahe bei diesem Abschnitt lag der Amtssitz des Statthalters für die Provinz westlich des Eufrats.[c]

8 Usiël, der Sohn von Harhaja, aus der Familie der Goldschmiede, besserte den nächsten Abschnitt aus.

Den anschließenden Teil setzte Hananja, der Salbenmischer, instand. Diese beiden stellten den Abschnitt bis zur »Breiten Mauer« fertig.

9 Refaja, der Sohn Hurs, Vorsteher des halben Verwaltungsbezirks Jerusalem, besserte den nächsten Mauerabschnitt aus.

10 Jedaja, der Sohn von Harumaf, setzte den anschließenden Teil instand, seinem eigenen Haus gegenüber.

Am nächsten Abschnitt arbeitete Hattusch, der Sohn von Haschabneja.

11 Malkija, der Sohn Harims, und Haschub, der Sohn Pahat-Moabs, besserten den nächsten Teil der Mauer aus, bis zum Ofenturm.

12 Schallum, der Sohn von Lohesch, Vorsteher der anderen Hälfte des Verwaltungsbezirks Jerusalem, setzte den anschließenden Abschnitt instand, zusammen mit seinen Töchtern.

13 Hanun und die Einwohner von Sanoach bauten das Taltor wieder auf. Sie setzten die Torflügel ein und brachten die Riegel und ihre Sicherungen an. Außerdem besserten sie die Mauer von dort bis zum Misttor aus, ein Stück von etwa 500 Metern.[d]

14 Das Misttor wurde von Malkija, dem Sohn Rechabs, wieder aufgebaut. Er war Vorsteher des Bezirks Bet-Kerem. Er setzte die Torflügel ein und brachte die Riegel und ihre Sicherungen an.

15 Schallun, der Sohn von Kolhose, Vorsteher des Bezirks Mizpa, baute das Quelltor wieder auf. Er machte eine neue Überdachung, setzte die Torflügel ein und brachte die Riegel und ihre Sicherungen an.

Die Stadtmauer Jerusalems ist mehrfach zerstört und wieder aufgebaut worden. Unter der mittelalterlichen Mauer finden sich noch Reste der Mauer Nehemias (Kap 3).

a Der drohende Unterton ist nicht zu überhören. Die Gegner wollten wohl als Verehrer des Gottes Israels (vgl. Esra 4,2 und Anmerkung zu Esra 4,1) den Zugang zum erneuerten Tempel für ihre Anhänger offenhalten. Andererseits brachte ihnen ein wieder aufblühendes Jerusalem wirtschaftliche Nachteile. Die Abweisung durch Nehemia hat religiöse Gründe; vgl. Sacherklärung »Samariter«.

b Zu diesem ganzen Kapitel vgl. die Planskizze Seite 559.

c Die Deutung der zweiten Vershälfte ist unsicher. Vielleicht handelt es sich um die Residenz des Statthalters während seiner gelegentlichen Besuche.

d Hebräische Maßangabe *1000 Ellen**.

3,1 (Eljaschib) 3,20-21; 12,10.22; 13,28; (Hananel-Turm) 12,39; Jer 31,38; Sach 14,10 **3,15** 2 Kön 20,20

Außerdem setzte er die Mauer am Teich der Wasser-
leitung beim königlichen Garten instand, bis zu den
Stufen, die von der Davidsstadt* herabführen.
16 Am nächsten Mauerabschnitt arbeitete Nehem-
ja, der Sohn Asbuks, Vorsteher der einen Hälfte
des Bezirks Bet-Zur. Er arbeitete an dem Abschnitt
gegenüber den Gräbern Davids und seiner Nachfol-
ger, bis zu dem künstlich angelegten Teich und der
Kaserne der »Dreißig Helden*«.
17 Den anschließenden Teil der Mauer setzten die
Leviten* unter Rehum, dem Sohn von Bani, instand.
Haschabja, Vorsteher der einen Hälfte des Bezirks
Keïla, besserte den nächsten Abschnitt aus; er vertrat
seinen Bezirk.
18 Am anschließenden Teil arbeiteten die Leviten[a]
unter Binnui, dem Sohn Henadads, Vorsteher der
anderen Hälfte des Bezirks Keïla.
19 Den nächsten Teil setzte Eser, der Sohn von
Jeschua, Vorsteher von Mizpa, instand. Sein
Abschnitt lag gegenüber dem Aufstieg zur Waffen-
kammer beim »Winkel«.[b]
20 Baruch, der Sohn von Sabbai, arbeitete mit gan-
zem Einsatz am Mauerabschnitt zwischen dem
»Winkel« und dem Eingang zum Haus des Obersten
Priesters Eljaschib.
21 Meremot, der Sohn von Urija und Enkel von
Koz, besserte den nächsten Abschnitt aus, vom Ein-
gang zum Haus Eljaschibs bis zum Ende des Hauses.
22 Den anschließenden Teil setzten die Priester aus
der Umgebung von Jerusalem[c] instand.
23 Benjamin und Haschub arbeiteten am nächsten
Teil, ihren Häusern gegenüber.
Asarja, der Sohn von Maaseja und Enkel von
Ananeja, setzte den anschließenden Abschnitt in-
stand, nahe bei seinem Haus.
24 Am nächsten Teil arbeitete Binnui, der Sohn
Henadads, vom Haus Asarjas bis zum »Winkel«
und weiter bis zur »Ecke«.
25 Palal, der Sohn von Usai, arbeitete an der Mauer
gegenüber dem »Winkel« und dem hohen Turm, der
am königlichen Palast vorspringt, nahe beim Wacht-
hof.
Pedaja, der Sohn von Parosch,
26 und die Tempel-
diener*, die auf dem Ofel* wohnten, besserten den
anschließenden Teil aus, bis zum Wassertor auf der
Ostseite und zum vorspringenden Turm.
27 Am nächsten Teil, vom vorspringenden Turm
bis zur Mauer am Ofel, arbeiteten die Einwohner
von Tekoa.
28 Den Abschnitt oberhalb des Rosstores setzten
die Priester instand, jeder seinem Haus gegenüber.
29 Zadok, der Sohn von Immer, arbeitete an dem
Teil der Mauer, der seinem Haus gegenüber lag.
Den anschließenden Teil setzte Schemaja, der
Sohn von Schechanja, der Wächter des Osttores,
instand.
30 Hananja, der Sohn von Schelemja, und Hanun,
der sechste Sohn Zalafs, besserten den nächsten Teil
aus.
Meschullam, der Sohn von Berechja, arbeitete an
dem Abschnitt gegenüber seiner Wohnung.
31 Malkija, der Goldschmied, setzte den anschlie-
ßenden Teil instand, bis zum Haus der Tempeldiener
und der Händler gegenüber dem Wachttor und bis
zum Aufgang an der Nordostecke.
32 Den Mauerabschnitt von dort bis zum Schafstor
setzten die Goldschmiede und die Händler instand.

Die Pläne der Gegner werden durchkreuzt

33 Als Sanballat[d] hörte, dass wir die Stadtmauer wie-
der aufbauten, wurde er zornig und war sehr verär-
gert. Er machte sich über uns Juden lustig
34 und sagte
in Gegenwart seiner Freunde und der Truppen von
Samaria: »Was bilden sich diese elenden Juden
eigentlich ein? Meinen sie wirklich, sie könnten es
schaffen? Oder glauben sie, dass ihre Opfer* etwas
bewirken?[e] Das ist doch keine Arbeit von einem
Tag! Sie wollen wohl die verbrannten Steine ihrer
Ruinen zu neuem Leben erwecken?«
35 Tobija, der Ammoniter*, stand neben ihm und
fügte hinzu: »Sie sollen nur bauen! Wenn ein Fuchs
an ihre Mauer springt, dann stürzt die ganze Herr-
lichkeit zusammen!«
36 »Du unser Gott«, sagte ich, »hör doch, wie sie
über uns lachen! Lass ihren Spott auf sie selbst
zurückfallen! Lass sie gefangen weggeführt werden
und selber die Verachtung zu spüren bekommen!
37 Vergib ihnen dieses Unrecht nicht, vergiss es ihnen
nicht! Denn sie haben dich beleidigt vor allen, die an
der Mauer bauen.«[f]
38 Trotz dieser Anfeindungen konnten wir die
Mauer wieder aufbauen. Bald schon war sie über
die ganze Länge geschlossen und bis zur halben
Höhe aufgeführt, weil alle mit Eifer bei der Sache
waren.
4 Als Sanballat und Tobija, die Araber, die Ammo-
niter und die Leute von Aschdod erfuhren, dass
der Wiederaufbau der Mauer Jerusalems voranging
und sich ihre Lücken zu schließen begannen, gerie-
ten sie in Wut.
2 Sie verschworen sich und beschlos-
sen, bewaffnet gegen Jerusalem zu ziehen und dort
Verwirrung anzurichten.
3 Wir aber beteten zu unse-
rem Gott und stellten Tag und Nacht zum Schutz
gegen sie Wachen auf.
4 Unter den Judäern ging zu
dieser Zeit das Lied um:

»Der Schutt nimmt ja doch nie ein Ende,
wir haben schon ganz lahme Hände!
Wir sind viel zu müde und matt,
zu bauen die Mauer der Stadt.«

a *die Leviten:* wörtlich *ihre Brüder.*
b *Winkel:* andere Deutung *Stützpfeiler/Böschung.*
c *aus der Umgebung ...:* wörtlich *aus dem Umkreis,* womit sonst die Jordanebene bezeichnet wird.
d *Sanballat,* der nach 2,10 wohl aus Bet-Horon (nordwestlich von Jerusalem; siehe Karte Seite 443) stammte, war persischer Statthalter von Samarien.
e *Oder glauben sie:* Deutung unsicher.
f Eine Verhöhnung der Mitarbeiter ist für Nehemia eine Verhöhnung Gottes, der sie zur Arbeit willig gemacht hat. Darum die Bitte um Vergeltung, die im Alten Testament nicht selten ist; vgl. Jer 11,20.

3,20-21 3,1S **3,21** Esra 8,33 **3,26** 11,21; Esra 8,20S **3,33** 2,10S **3,37** Jer 18,23 **4,1** 2,10S

5 Unsere Feinde dachten: »Ehe die Judäer etwas
ahnen, sind wir schon mitten unter ihnen, schlagen
sie zusammen und bereiten ihrem Machwerk ein
Ende.«
6 Doch es kam ganz anders. Denn die Juden, die in
ihrer Nähe wohnten, hielten uns auf dem Laufenden
über das, was unsere Feinde gegen uns vorhatten.°
7 Darum rief ich alle wehrfähigen Männer zu den
Waffen. Ich stellte sie unterhalb des Tempelplatzes
hinter den eingestürzten Partien der Mauer auf,[a]
geordnet nach Familienverbänden, bewaffnet mit
Schwertern, Speeren und Bogen.
8 In dieser gefährlichen Lage[b] trat ich vor sie hin
und sagte zu den Männern aus den ersten Familien
und den Ratsherren und zum ganzen Volk: »Habt
keine Angst! Erinnert euch daran, wie groß und
mächtig der Herr ist! Kämpft für eure Brüder, für
eure Söhne und Töchter, für eure Frauen und für
euren Besitz!«

Mauerbau im Schutz der Waffen

9 Unsere Feinde erfuhren, dass wir gewarnt waren.
Ihr Plan war gescheitert, Gott hatte ihn vereitelt.
Wir aber gingen alle zur Mauer zurück, jeder an
seine Arbeit.
10 Von dem Tag an arbeitete nur noch die Hälfte
meiner Leute beim Mauerbau mit, während die
andere Hälfte Wache stand, ausgerüstet mit Speeren,
Schilden, Bogen und Rüstungen. Die führenden
Männer standen hinter den Leuten von Juda, 11 die
am Mauerbau arbeiteten. Die Träger trugen mit
der einen Hand die Last, in der andern hielten sie
eine Waffe. 12 Alle Bauleute hatten während der
Arbeit das Schwert umgeschnallt. Ich selbst hatte
den Mann mit dem Signalhorn immer bei mir.
13 Zu den Männern aus den ersten Familien und
den Ratsherren und den Bauleuten aus dem Volk
sagte ich: »Die Baustelle ist weitläufig. Wir müssen
uns über die ganze Mauer verteilen und sind
dadurch weit voneinander entfernt. 14 Wenn ihr
von irgendeiner Stelle her das Widderhorn* blasen
hört, kommt ihr sofort zu mir dorthin. Unser Gott
wird für uns kämpfen!«[c]
15 So arbeiteten wir alle vom ersten Morgenrot an,
bis die Sterne sichtbar wurden; aber die Hälfte mei-
ner Leute hatte ständig den Speer in der Hand und
hielt Wache. 16 Für die ganze Zeit hatte ich angeord-
net, dass die verantwortlichen Bauführer mit ihren
Leuten in Jerusalem übernachten sollten. So konn-
ten sie uns nachts beim Wachtdienst helfen und tags-
über an die Arbeit gehen. 17 Weder ich noch einer
von meinen Brüdern und Verwandten, meinen
eigenen Leuten oder der Wachmannschaft, die mich
begleitete, zog seine Kleider aus und jeder hatte sei-
nen Wurfspeer stets griffbereit.[d]

Die kleinen Leute bezahlen die Zeche

5 Im Volk aber breitete sich Unzufriedenheit aus.[e]
Die Männer und ihre Frauen kamen zu mir und
beschwerten sich über ihre jüdischen Stammesbrü-
der.
2 Die einen klagten: »Wir haben viele Söhne und
Töchter und wissen nicht, wie wir genug Getreide
zum Leben beschaffen sollen.«
3 Andere beklagten sich: »Wir müssen unsere Fel-
der, unsere Weinberge und unsere Häuser verpfän-
den, um in der Hungersnot Brot kaufen zu können.«
4 Wieder andere beschwerten sich: »Wir mussten
unsere Felder und Weinberge verpfänden, um die
Abgaben für den König bezahlen zu können.«
5 Sie alle sagten: »Sind wir etwa nicht vom selben
Fleisch und Blut wie unsere Stammesbrüder? Sind
unsere Kinder nicht genauso gut Israeliten wie ihre
Kinder? Und doch müssen wir ihnen unsere Söhne
und Töchter als Sklaven* geben. Einige unserer
Töchter sind schon missbraucht worden und wir
können nichts dagegen tun. Unsere Felder und
Weinberge gehören anderen.«[f]
6 Ich wurde sehr zornig, als ich von diesem him-
melschreienden Unrecht erfuhr. 7 Ich überlegte mir
die Sache hin und her. Dann sagte ich den Männern
aus den ersten Familien und den Ratsherren hart und
deutlich meine Meinung: »Wie könnt ihr die Notlage
eurer eigenen Stammesbrüder so schamlos ausnut-
zen?«
Ich brachte die Sache vor die Versammlung der
ganzen Gemeinde 8 und hielt den Schuldigen vor:
»Wir haben von unseren jüdischen Stammesbrü-
dern, die unter die Nachbarvölker verkauft worden
waren, so viele losgekauft, wie wir konnten. Und
ihr wollt sie jetzt selber verkaufen, damit sie wieder
zurückgekauft werden müssen?«
Sie schwiegen und konnten nichts zu ihrer Recht-
fertigung vorbringen.
9 Ich fuhr fort: »Was ihr da tut, ist ein Verbrechen.
Ihr solltet in wahrer Gottesfurcht leben! So aber
macht ihr uns zum Gespött der Völker, die unsere
Feinde sind. 10 Auch ich, meine Brüder und Verwand-
ten und meine Leute haben Geld und Getreide aus-
geliehen. Lasst uns doch auf jede Rückzahlung ver-
zichten! 11 Und gebt euren Schuldnern noch heute
ihre Felder, ihre Weinberge, Ölbäume und Häuser
zurück! Erlasst ihnen die ganze Schuld, alles, was
ihr ihnen an Geld und Getreide, an Wein und Öl
geliehen habt!«

Nehemia als leuchtendes Vorbild

12 Da riefen sie: »Wir wollen alles zurückgeben und
nichts mehr von ihnen fordern! Wir wollen alles so
machen, wie du gesagt hast!«

a *unterhalb des Tempelplatzes …:* Deutung unsicher.
b Wörtlich *Ich sah (die Lage).*
c Mit der gleichen Zusicherung hatte Mose die Israeliten ermutigt (Ex 14,14; vgl. auch Dtn 1,30; 3,22; 20,4; Jos 10,14.42; 23,3.10).
d *stets griffbereit:* wörtlich *und jeder – sein Wurfspeer (war) das Wasser* (vielleicht: nahm die Stelle des Waschwassers ein, d. h., es gab keine Gelegenheit zum Waschen).
e Verdeutlichender Zusatz.
f Die hier geschilderten sozialen Missstände können nicht die unmittelbare Folge des Mauerbaus sein, der nur 52 Tage gedauert hat; vgl. 6,15. Aber sicher hat der anstrengende Einsatz die Notlage verschärft, die im kargen Judäa fast ein Dauerzustand war.

4,14 Ex 14,14 **5,5-11** Lev 25,35-42

a Nehemia zeigt mit seinem Vorgehen, welche Maßstäbe das Zusammenleben im Volk Gottes bestimmen sollen.
b Deutung unsicher; möglich auch: *Brot und Wein für 40 Silberstücke.*
c Nehemia verzichtet auf seine Vorrechte, weil er Gott ernst nimmt und seine »Brüder« nicht übervorteilen will. In ähnlicher Haltung tritt Paulus später den Korinthern gegenüber (vgl. 1 Kor 9,1-18) und ermahnt sie, sich lieber übervorteilen zu lassen, als ihre Rechte gegenüber Brüdern einzuklagen (1 Kor 6,7-8).
d Das *Ono-Tal* liegt wenige Kilometer östlich von Jafo; vgl. Karte Seite 443.

Ich rief die Priester* zu mir und ließ die Gläubiger
vor ihnen ihr Versprechen beschwören. 13 Ich schüt-
telte alles, was ich über dem Gürtel in meinem
Gewand trug, vor der ganzen Gemeinde heraus
und erklärte: »Genauso soll Gott jeden, der diesen
Schwur nicht hält, aus seinem Haus und seinem
Besitz hinausschütteln, ja, er selbst soll genauso aus-
geschüttelt und ausgeleert sein.«

Die ganze Gemeinde rief: »Amen*, so soll es
sein!«, und pries den HERRN. Alle hielten sich an
diese Abmachung.[a]

14 Ich selbst verzichtete für mich und meine Ver-
wandtschaft von Anfang an auf die Unterhaltskos-
ten, die mir als Statthalter der Provinz Juda zustan-
den, die ganzen zwölf Jahre lang, vom 20. bis zum
32. Regierungsjahr des Königs Artaxerxes. 15 Frühere
Statthalter hatten dem Volk schwere Lasten aufer-
legt. Sie verlangten von ihm nicht nur Brot und
Wein, sondern täglich auch noch 40 Silberstücke*
für ihren Unterhalt.[b] Auch ihre Leute unterdrückten
das Volk.

Weil ich Gott ernst nahm, tat ich dies alles nicht.
16 Meine ganze Kraft habe ich für den Bau der Mauer
eingesetzt und auch meine Leute haben bei der
Arbeit mitgeholfen. Keiner von uns hat Grundbesitz
erworben. 17 Hundertfünfzig Beamte der judäischen
Bezirksverwaltung hatte ich ständig zu verpflegen,
dazu die Gäste, die von den umliegenden Völkern
zu uns kamen. 18 Täglich wurden ein Rind, sechs aus-
gesuchte Schafe und dazu Geflügel zubereitet. Alle
zehn Tage wurden die verschiedensten Weine in
großen Mengen angeliefert. Trotzdem habe ich die
Unterhaltskosten, die mir als Statthalter zustanden,
nicht in Anspruch genommen;[c] denn das Volk war
durch die Bauarbeiten schon mehr als genug be-
lastet.

19 Denk doch an mich, mein Gott, und lass mir
zugute kommen, was ich für dieses Volk getan habe!

Die Gegner wollen Nehemia einschüchtern

6 Sanballat, Tobija und der Araber Geschem
sowie unsere übrigen Feinde erfuhren, dass
ich den Mauerbau vollendet hatte und keine Lücken
mehr in der Mauer waren. Allerdings hatten wir die
Torflügel noch nicht eingesetzt.

2 Genau zu dieser Zeit schickten Sanballat und
Geschem mir einen Boten mit der Einladung, sie in
Kefirim im Ono-Tal[d] zu treffen. Weil sie aber Böses
gegen mich im Schilde führten, 3 ließ ich ihnen durch
Boten sagen: »Ich habe eine große Aufgabe zu bewäl-
tigen und kann unmöglich kommen. Meine Arbeit

Nehemia befand sich in Susa, als ihn die betrüblichen Nachrichten aus Jerusalem erreichten (1,1-4). Susa war damals die Winterresidenz der persischen Könige. Ein früherer Perserkönig, Darius, hatte die Wände seines Palastes mit geflügelten Stieren aus glasierten Ziegelsteinen schmücken lassen.

5,19 6,14; 13,14.22.31; Ps 132,1 **6,1** 2,10S

würde liegen bleiben, wenn ich sie verließe, um
euch zu treffen.«
4 Viermal schickten sie mir dieselbe Einladung
und jedes Mal schickte ich ihnen dieselbe Antwort.
5 Sanballat gab nicht auf. Das fünfte Mal schickte
er einen seiner Diener mit einem unversiegelten
Brief. 6 Darin stand:

»Wie Geschem mir bestätigt hat, geht unter den Leuten das Gerücht um, dass du mit den Juden einen Aufstand vorbereitest und dass ihr zu diesem Zweck auch die Mauer wieder aufbaut. Man erzählt sich
auch, du wolltest ihr König werden. 7 Du sollst Pro-
pheten* bestellt haben, die den Auftrag haben, überall in Jerusalem auszurufen: ›Juda hat wieder einen König!‹ Es wird nicht ausbleiben, dass solche Gerüchte dem König zu Ohren kommen. Komm also zu mir, damit wir miteinander über alles reden können.«

8 Ich ließ ihm antworten: »Was du schreibst, ist völlig aus der Luft gegriffen. Du hast dir das alles selbst ausgedacht.«
9 So versuchten sie alle, uns Angst einzujagen, in der Hoffnung, dass wir die Arbeit abbrechen würden. Ich aber sagte mir: »Jetzt erst recht!«
10 Eines Tages besuchte ich Schemaja, den Sohn von Delaja und Enkel von Mehetabel, weil dieser verhindert war, zu mir zu kommen. Er sagte zu mir: »Gehen wir miteinander zum Tempel* und schließen uns im Innern des Gotteshauses ein; sie wollen dich nämlich ermorden. Heute Nacht werden sie kommen!«
11 Ich antwortete ihm: »Ein Mann in meiner Stellung flieht nicht. Und wie dürfte ich es wagen, in den Tempel einzudringen? Ein solches Vergehen müsste ich mit dem Leben bezahlen. Nein, ich gehe nicht!«
12 Ich hatte nämlich erkannt, dass Schemaja nicht von Gott beauftragt worden war. Er hatte zwar wie ein Prophet zu mir gesprochen, aber Tobija und San-
ballat hatten ihn dafür bezahlt. 13 Sie wollten ihn
dazu benutzen, mir Angst einzujagen. Ich sollte dem Rat Schemajas folgen und ein Unrecht begehen. Dann hätten sie eine Gelegenheit gehabt, meinen Ruf zu ruinieren und mich vor meinem eigenen Volk verächtlich zu machen.
14 Du, mein Gott, vergiss nicht, was Tobija und Sanballat mir angetan haben! Denk auch an alles, womit die Prophetin Noadja und die anderen Propheten mir Angst machen wollten!

Die Vollendung der Mauer

15 Dennoch wurde die Mauer vollendet. Am 25. Tag des Monats Elul*, nach 52 Tagen, hatten wir es
geschafft. 16 Als die feindlichen Völker rings um uns
her das hörten, bekamen sie es mit der Angst zu tun. Aller Hochmut war ihnen vergangen, weil sie einsehen mussten, dass unser Gott es war, der dieses Werk vollbracht hatte.
17 Während dieser ganzen Zeit standen Leute aus den ersten Familien in Judäa in regem Briefwechsel
mit Tobija. 18 Viele Judäer waren mit ihm durch
einen Eid verbunden, denn er war der Schwiegersohn von Schechanja, dem Sohn Arachs. Außerdem hatte Tobijas Sohn Johanan eine Tochter von Meschullam, dem Sohn von Berechja, geheiratet.
19 Diese Leute gingen so weit, in meiner Gegenwart die Verdienste[a] Tobijas zu rühmen, und hinterbrachten ihm jede meiner Bemerkungen. Darauf schickte er mir Briefe, um mir Angst zu machen.

Der Wachtdienst in Jerusalem wird organisiert

7 Als der Wiederaufbau der Mauer abgeschlossen war, ließ ich die Torflügel einsetzen. Danach nahmen die Torwächter, die Sänger und die Leviten* ihren Dienst am Tempel* auf.
2 Den Schutz Jerusalems übertrug ich meinem Bruder Hanani sowie Hananja, dem Kommandanten der Burg. Hananja war ein Mann, der vollstes Vertrauen verdiente, und sein Gehorsam gegenüber Gott war beispielhaft.
3 Ich sagte zu ihnen: »Die Tore Jerusalems werden erst geöffnet, wenn die Wärme der Sonne zu spüren ist. Und abends, wenn noch alle Bewohner auf den Beinen sind,[b] werden die Tore geschlossen und verriegelt. Richtet einen Wachtdienst ein, zu dem alle Männer der Stadt eingeteilt werden. Ein Teil soll die Wachtposten an den gefährdeten Stellen beziehen, die anderen sollen bei ihrem Haus Wache halten.«

Die Liste der Heimkehrer

(Esra 2,1-70)

4 Jerusalem war eine große, weiträumige Stadt; aber die Zahl der Einwohner war klein und es war noch
nicht alles mit Häusern bebaut. 5 Mein Gott gab
mir den Gedanken ein, die Männer der ersten Familien, die Ratsherren und das ganze Volk zusammenzurufen, um sie nach ihren Sippen in Listen einzutragen. Ich fand bei dieser Gelegenheit das Verzeichnis, in dem die ersten Heimkehrer aufgeschrieben waren. Darin hieß es:

6 Viele, deren Vorfahren aus der persischen Provinz Judäa stammten, verließen Babylonien* und kehrten nach Jerusalem und Judäa zurück, jeder in seinen Heimatort. Ihre Familien hatten in Babylonien gelebt, seit König Nebukadnezzar sie dorthin ver-

a *Verdienste:* Wortspiel mit dem Namen Tobija; mit G und veränderten Vokalen ergibt sich der Sinn: *Sie erzählten vor mir Gerüchte von ihm.*
b *Und abends ...:* Deutung unsicher; wörtlich *Und bis sie* (die Wächter?) *stehen.*

6,11 Num 18,7; 2 Chr 26,16-20 **6,14** 5,19 S

a Wörtlich *Die Zahl der Männer des Volkes Israel.* Frauen (und Kinder?) sind offenbar erst in der Gesamtzahl (Verse 66-68) enthalten, die die Summe der Angaben in den Versen 7b-60 um 11271 überschreitet. In Esra 2 findet sich die gleiche Liste mit geringfügigen Abweichungen bei den Namen und Zahlen.
b Nähere Angaben über diese Gruppe finden sich in Esra 8,20. Siehe auch Sacherklärung »Tempeldiener«.
c Siehe Anmerkung zu Esra 2,63.
d Vermutlich ist hier etwas ausgefallen; vgl. Esra 2,64-67.
e *Silber:* ergänzt im Blick auf Esra 2,69; *285 Kilo:* umgerechnet aus *500 Minen* (1 Mine = 50 Schekel*).

schleppt hatte. 7a Ihre Anführer waren: Serubbabel, Jeschua, Nehemja, Asarja, Raamja, Nahamani, Mordochai, Bilschan, Misperet, Bigwai, Rehum und Baana.

7b–38 Hier folgt die Liste der israelitischen Sippen mit der Zahl der zu ihnen gehörigen Männer:[a]

Parosch	2172
Schefatja	372
Arach	652
Pahat-Moab, die Nachkommen von Jeschua und Joab	2818
Elam	1254
Sattu	845
Sakkai	760
Bani	648
Bebai	628
Asgad	2322
Adonikam	667
Bigwai	2067
Adin	655
Ater, die Nachkommen von Hiskija	98
Haschum	328
Bezai	324
Harif	112
Gibeon	95
Netofa aus Betlehem	188
aus Anatot	128
aus Bet-Asmawet	42
aus Kirjat-Jearim, Kefira und Beerot	743
aus Rama und Geba	621
aus Michmas	122
aus Bet-El und Ai	123
aus Nebo – dem anderen	52
Elam – ein anderer	1254
Harim	320
aus Jericho	345
aus Lod, Hadid und Ono	721
Senaa	3930

39–42 Von den Sippen der Priester* kehrten heim:

Jedaja, die Nachkommen von Jeschua	973
Immer	1052
Paschhur	1247
Harim	1017

43 Von den Leviten*:

die Sippe Jeschua, die Nachkommen von Kadmiël, Binnui und Hodawja°	74

44 Von den Tempelsängern:

die Nachkommen Asafs	148

45 Von den Torwächtern des Tempels:

die Sippen Schallum, Ater, Talmon, Akkub, Hatita und Schobai	139

46–56 Von den Tempeldienern[b] kehrten folgende Sippen heim:

Ziha, Hasufa, Tabbaot, Keros, Sia, Padon, Lebana, Hagaba, Salmai, Hanan, Giddel, Gahar, Reaja, Rezin, Nekoda, Gasam, Usa, Paseach, Besai, die Mëuniter, die Nefusiter, Bakbuk, Hakufa, Harhur, Bazlut, Mehida, Harscha, Barkos, Sisera, Temach, Neziach, Hatifa

57–59 Folgende Sippen der Sklaven Salomos kehrten heim:

Sotai, Soferet, Peruda, Jaala, Darkon, Giddel, Schefatja, Hattil, Pocheret-Zebajim, Amon

60 Gesamtzahl der heimkehrenden Tempeldiener und Nachkommen der Sklaven Salomos 392

61–62 Aus Tel-Melach, Tel-Harscha, Kerub-Addon und Immer kamen folgende Sippen; sie konnten aber nicht nachweisen, dass sie israelitischer Abstammung waren:

Delaja, Tobija und Nekoda	642

63–64 Unter den Priestern gab es einige, die ihre Abstammungslisten nicht finden konnten. Es waren die Sippen Habaja, Koz und Barsillai. Der Ahnherr der Sippe Barsillai hatte eine Tochter von Barsillai aus Gilead* geheiratet und dessen Namen angenommen. Weil diese drei Sippen ihre priesterliche Abstammung nicht nachweisen konnten, wurden sie für unrein* erklärt und vom Priesterdienst ausgeschlossen. 65 Der Statthalter untersagte ihnen, von den heiligen Opfergaben zu essen, bis wieder ein Oberster Priester* eingesetzt wäre, der ihren Fall klären könnte.[c]

66–68 Gesamtzahl der Gemeinde der Heimkehrer 42360

Hinzu kamen:

Sklaven und Sklavinnen	7337
Sänger und Sängerinnen[d]	200
Kamele	435
Esel	6720

69–71 Viele aus dem Volk gaben eine Spende für den Bau und den Tempelschatz:

der Statthalter	1000 Goldmünzen
	50 Opferschalen
	30 Priestergewänder
	285 Kilo Silber[e]
ein Teil der Sippenoberhäupter	20000 Goldmünzen
	1250 Kilo Silber

das übrige Volk	20000 Goldmünzen	
	1140 Kilo Silber	
	67 Priestergewänder	

72a Alle Israeliten ließen sich in ihren Heimatorten
nieder: die Priester, die Leviten, die Torwächter
und Sänger, die Leute aus dem Volk und die Tempel-
diener.

VERPFLICHTUNG AUF DAS GESETZ DURCH ESRA (Kapitel 8–10)

Esra führt das Volk in das Gesetz Gottes ein

8 72b Als der 7. Monat herankam und die Israeliten
in ihren Städten lebten, 1 versammelte sich das
ganze Volk vollzählig auf dem Platz vor dem Wasser-
tor. Sie sagten zu Esra, dem Lehrer* des Gesetzes:
»Bring doch das Buch her, in dem das Gesetz* steht,
das der HERR den Israeliten durch Mose gegeben
hat!«
2 Da brachte der Priester Esra das Gesetzbuch vor
die Gemeinde, die Männer und Frauen und alle Kin-
der, die es schon verstehen konnten. Am 1. Tag des
7. Monats, 3 vom frühen Morgen bis zum Mittag, ver-
las er das Gesetzbuch auf dem Platz vor dem Wasser-
tor und das ganze Volk hörte gespannt auf die Worte
des Buches. 4 Esra, der Lehrer des Gesetzes, stand
dabei auf einem hölzernen Podest, das man zu die-
sem Zweck errichtet hatte. Neben ihm standen auf
der rechten Seite Mattitja, Schema, Anaja, Urija, Hil-
kija und Maaseja, auf der linken Pedaja, Mischaël,
Malkija, Haschum, Haschbaddana, Secharja und
Meschullam.
5 Esra öffnete die Buchrolle*, und weil er höher
stand als das Volk, konnten es alle sehen. Da stand
das ganze Volk auf. 6 Zuerst pries Esra den HERRN,
den großen Gott, und alle antworteten mit zum
Gebet erhobenen Händen: »Amen, Amen*!« Sie
warfen sich auf die Knie und berührten mit der Stirn
die Erde, um dem HERRN Ehre zu erweisen.
7 Die Leviten* Jeschua, Bani, Scherebja, Jamin,
Akkub, Schabbetai, Hodija, Maaseja, Kelita, Asarja,
Josabad, Hanan und Pelaja gingen zu den Leuten
hin und halfen ihnen, das Gelesene zu verstehen.
8 Sie gaben eine mündliche Übersetzung[a] des Geset-
zes und erklärten es den Leuten so, dass sie es verste-
hen konnten.
9 Als das Volk die strengen Forderungen des Geset-
zes hörte, fingen alle an laut zu weinen. Da sagten
der Statthalter Nehemia, der Priester und Lehrer
Esra und die Leviten zu ihnen: »Seid nicht traurig
und weint nicht! Heute ist ein heiliger Tag, ein Fest-
tag zur Ehre des HERRN, eures Gottes!«
10 Esra sagte zu ihnen: »Geht nun, esst und trinkt!
Nehmt das Beste, was ihr habt,[b] und gebt auch
denen etwas, die nichts haben. Der heutige Tag ist
ein Festtag zur Ehre des HERRN! Macht euch keine
Sorgen, denn die Freude am HERRN umgibt euch
wie eine schützende Mauer.«[c]
11 Auch die Leviten redeten den Leuten zu: »Beru-
higt euch, denn dieser Tag ist ein Festtag des HERRN!
Macht euch nur keine Sorgen!«
12 Da gingen alle nach Hause und feierten ein gro-
ßes Freudenfest. Sie aßen und tranken und teilten ihr
Festmahl mit denen, die nichts hatten. Denn sie hat-
ten begriffen, was ihnen vorgelesen worden war.

Das Volk feiert das Laubhüttenfest

13 Am zweiten Tag kamen die Sippenoberhäupter des
ganzen Volkes mit den Priestern und den Leviten zu
Esra, dem Lehrer*, um die Worte des Gesetzes*
noch genauer zu studieren. 14 Da fanden sie im
Gesetz, was Mose auf Befehl des HERRN geschrieben
hatte:
»Die Israeliten sollen während des Festes im sieb-
ten Monat in Laubhütten* wohnen 15 und sie sollen
in Jerusalem und in allen ihren Städten ausrufen und
bekannt machen: ›Geht auf die umliegenden Berge
und holt frische Zweige von edlen und wilden Öl-
bäumen, Myrten, Dattelpalmen und anderen dicht
belaubten Bäumen, damit wir Laubhütten bauen
können, wie das Gesetz es vorschreibt!‹«
16 Da ging das Volk hinaus, holte Zweige und baute
sich Laubhütten, die einen auf den flachen Dächern
ihrer Häuser, andere in ihren Höfen, in den Vor-
höfen des Tempels* und auf den freien Plätzen am
Wassertor und am Efraïmtor. 17 Die ganze Gemeinde
der Heimkehrer baute Laubhütten und wohnte in
ihnen. Das hatten die Israeliten seit der Zeit Josuas,
des Sohnes Nuns, bis zu diesem Tag nicht mehr
getan. Alle waren glücklich und voller Freude.
18 Täglich, vom ersten bis zum letzten Festtag, las
Esra laut aus dem Gesetzbuch Gottes vor. Sieben
Tage wurde das Fest gefeiert. Am achten Tag fand
die im Gesetz vorgeschriebene Festversammlung
statt.

Das Volk bekennt seine Schuld

9 Am 24. Tag desselben Monats versammelten sich
die Israeliten zu einem Fasttag*. Sie hatten den
Sack* angelegt und sich Erde auf den Kopf gestreut.
2 Alle, die als Nachkommen Jakobs zu Israel gehör-
ten,[d] trennten sich ausdrücklich von allen Fremden
und traten vor den HERRN, um ihre Schuld und die
Schuld ihrer Vorfahren zu bekennen. 3 Sie erhoben
sich von ihren Plätzen und drei Stunden lang wurde
ihnen aus dem Gesetzbuch* des HERRN, ihres Gottes,
vorgelesen. Dann warfen sie sich vor dem HERRN nie-

a Die Volkssprache zur Zeit Nehemias war Aramäisch*; darum musste das Hebräisch verfasste Gesetz übersetzt werden.
b *esst und trinkt …:* wörtlich *esst fette Speisen und trinkt süße Getränke.*
c Nach dem Hören der Worte aus dem Gesetz beginnt das Volk zu weinen: Es hat erkannt, dass es schuldig geworden ist und die im Gesetz angedrohten Strafen fürchten muss. Esras ermutigende Worte sollen nicht davon ablenken, sondern deutlich machen, dass das eigentliche Ziel des Gesetzes nicht Trauer ist, sondern Freude; vgl. die Psalmen 1; 19; 119.
d Wörtlich *Der Same* (= die Nachkommenschaft) *Israels**.

7,72b–8,11 Esra 3,1 **8,2** 7,6; Dtn 29,20S **8,6** 5,13 **8,15** Ex 23,16S **8,18** 8,2-4; Lev 23,36 **9,1** Jes 58,5S **9,2** Lev 26,40S

a *Und die …:* verdeutlichender Zusatz. Das hier beginnende Gebet ist eine Vergegenwärtigung der Geschichte Israels seit der Erschaffung der Welt. Zu den Einzelaussagen siehe die Vergleichsstellen.
b Wörtlich *das Heer des Himmels,* d.h. die Gestirne (so wörtlich auch vorher in der Mitte des Verses).
c Siehe Anmerkung zu Gen 17,5.

der und bekannten ihm ihre Verfehlungen, ebenfalls drei Stunden lang.
4 Auf dem Podium der Leviten* erhoben sich Jeschua, Bani, Kadmiël, Schebanja, Bunni, Scherebja, Bani und Kenani. Sie riefen mit lauter Stimme zum HERRN, ihrem Gott. 5 Die Leviten Jeschua, Kadmiël, Bani, Haschabneja, Scherebja, Hodija, Schebanja und Petachja aber sagten zum Volk: »Auf, preist den HERRN, euren Gott, von Ewigkeit zu Ewigkeit!«
6 Und die Leviten beteten dem Volk vor:[a]

»Dein großer Name, HERR, sei gepriesen!
Alles Preisen und Rühmen der Menschen
reicht nicht an ihn heran.
Du, HERR, allein bist Gott!
Du hast den Himmel geschaffen,
die Himmelswelt mit dem Heer der Engel*.
Du hast die Erde und das Meer geschaffen
und alle Geschöpfe, die dort leben.
Ihnen allen hast du das Leben geschenkt
und die Himmelsmächte[b] beten dich an!

7 Du, HERR, unser Gott, erwähltest Abram
und holtest ihn heraus aus Ur in Chaldäa*;
du gabst ihm den Namen Abraham.[c]
8 Du sahst, dass er in Treue zu dir hielt,
und schlossest einen Bund* mit ihm
und gabst ihm dabei das Versprechen:
›Deinen Nachkommen gebe ich das Land,
in dem die Kanaaniter* wohnen,
die Hetiter* und die Amoriter*,
die Perisiter, Jebusiter und Girgaschiter.‹
Und du hast dein Versprechen gehalten,
auf dich ist in allem Verlass!

9 Unsere Vorfahren wurden unterdrückt
in Ägypten –
du sahst es und griffest ein.
Am Schilfmeer* schrien sie zu dir um Hilfe –
du hörtest es und schicktest Rettung.
10 Der Pharao, seine Minister und sein Volk
behandelten unsere Väter mit Hochmut.
Da zeigtest du ihnen deine Macht
und ließest sie deine gewaltigen Taten spüren.
So machtest du dir einen großen Namen,
er wird gerühmt bis zum heutigen Tag.
11 Vor den Augen unserer Vorfahren
zerteiltest du das Meer,
trockenen Fußes zogen sie mitten hindurch.
Doch ihre Verfolger stürztest du in die Fluten,
wie Steine sanken sie in die Tiefe.

Als Nehemia in Jerusalem ankam, untersuchte er gründlich den Zustand der Stadt. Er ritt ins Kidrontal und inspizierte die zerstörte Stadtmauer. Nehemia war ein begabter Führer und ein Organisationstalent, von festem Glauben und starker Willenskraft. In erstaunlich kurzer Zeit – Neh 6,15 spricht von 52 Tagen – war Jerusalem wieder von einer Stadtmauer umgeben. Im Bild ein Blick von Jerusalem nach Süden in das heutige Kidrontal (mit dem Dorf Schiloach/Silwan).

9,6 Dtn 6,4; Gen 1,1-25 **9,7** Gen 11,31; 12,1 **9,8** Gen 15,18-21 **9,9** Ex 2,23-25; 3,7; 14,10-12 **9,10** Ex 7,8–11,10; 12,29-30; 18,11 **9,11** Ex 14,21-29; 15,4-5

12 Du leitetest sie bei Tag durch eine Wolkensäule
und nachts erhelltest du ihren Weg
mit dem leuchtenden Schein der Feuersäule.
13 Du kamst hernieder auf den Berg Sinai*,
du sprachst zu ihnen vom Himmel her.
Klare Ordnungen gabst du ihnen,
Gesetze, die das Leben verlässlich regeln,
mit guten Vorschriften und Geboten.
14 Du lehrtest sie, den Sabbat* zu achten
als heiligen* Tag, der dir gehört;
du gabst ihnen Vorschriften und Gebote
und ein Gesetz* durch deinen Diener Mose.
15 Als der Hunger sie plagte,
gabst du ihnen Brot vom Himmel;
aus dem Felsen ließest du Wasser strömen,
um ihren Durst damit zu löschen.
Dann befahlst du ihnen, das Land einzunehmen,
das Land, das du ihnen zugesagt hattest
mit zum Schwur erhobener Hand.

16 Doch unsere Vorfahren wurden übermütig,
trotzig schlugen sie deine Weisungen in den Wind.
17 Sie weigerten sich, auf dich zu hören;
nur allzu schnell vergaßen sie die Wunder,
mit denen du ihnen geholfen hattest.
Sie setzten es sich in den Kopf, zurückzukehren
nach Ägypten,° in die Sklaverei.
Du aber bist ein Gott, der vergibt,
voll Liebe und Erbarmen bist du,
voll Geduld und von grenzenloser Güte.
Du hast sie nicht im Stich gelassen,
18 nicht einmal, als sie sich das Stierbild* gossen
und sagten: ›Das ist dein Gott,
der dich aus Ägypten herausgeführt hat.‹
Wie tief sie dich damit beleidigt haben!
19 Du aber, in deinem großen Erbarmen,
hast sie dort in der Wüste nicht verlassen.
Du nahmst die Wolkensäule nicht weg,
sie blieb ihr Begleiter an jedem Tag;
und die Feuersäule leuchtete ihnen,
damit sie auch nachts ihren Weg erkannten.
20 Du gabst ihnen deinen guten Geist,
um sie zu rechter Einsicht zu führen.
Auch weiterhin sättigtest du sie mit Manna*
und gabst ihnen Wasser für ihren Durst.
21 Vierzig Jahre, bei ihrem Zug durch die Wüste,
versorgtest du sie mit dem, was sie brauchten.
Ihre Kleider zerfielen nicht zu Lumpen,
ihre Füße schwollen vom Gehen nicht an.

22 Du gabst Könige und Völker in ihre Macht,
ein Land nach dem andern eroberten sie.
Sie besetzten das Land des Königs Sihon
von Heschbon
und das Land Baschan*, wo König Og regierte.
23 Du schenktest ihnen so viele Kinder,
wie Sterne am Himmel stehen.
Und du brachtest ihre Kinder in das Land,
das schon die Väter in Besitz nehmen sollten
nach deinem Befehl.
24 Nun kamen die Söhne hinein
und nahmen es in Besitz.
Die Kanaaniter, die früher dort wohnten,
zwangst du vor ihnen in die Knie.
Die Herrscher des Landes und ihre Völker,
du gabst sie alle in ihre Hand,
dass sie mit ihnen taten, was sie wollten.
25 Befestigte Städte nahmen sie ein,
ein fruchtbares Land eroberten sie
und Häuser, angefüllt mit reichem Gut,
aus dem Felsen ausgehauene Zisternen,
Weinberge und Olivengärten
und Obstbäume in großer Zahl.
Es ging ihnen gut, sie aßen und wurden satt
und genossen die Fülle deiner Gaben.

26 Dann aber wurden sie widerspenstig
und rebellierten gegen dich;
sie kehrten deinem Gesetz den Rücken.
Sie brachten deine Propheten* um,
die ihnen ihre Schuld vorhielten
und sie mahnten, zu dir zurückzukehren.
So kränkten sie dich immer von neuem.
27 Darum gabst du sie in die Hand ihrer Feinde
und sie wurden von ihnen hart bedrängt.
Aber wenn sie vor Not nicht mehr weiterwussten,
wenn sie laut zu dir um Hilfe schrien,
dann erhörtest du sie vom Himmel her;
denn dein Erbarmen ist ja so groß.
Du sandtest ihnen starke Retter,
die sie von ihren Unterdrückern befreiten.

28 Doch kaum hattest du ihnen Ruhe verschafft,
da lehnten sie sich von neuem gegen dich auf,
und du gabst sie in die Hand ihrer Feinde
die ihnen hart zusetzten.
Wieder schrien sie zu dir um Hilfe
und du erhörtest sie vom Himmel her:
Du erwiest ihnen dein Erbarmen
und halfst ihnen wieder und wieder.
29 Du ermahntest sie, zurückzukehren
und wieder auf dein Gesetz zu hören.
Sie aber blieben übermütig
und hielten sich nicht an deine Gebote.
Sie missachteten deine Ordnungen,
von denen du gesagt hattest:
›Wer sie einhält, bewahrt sein Leben.‹
Sie zeigten dir die kalte Schulter,
trotzig boten sie dir die Stirn
und weigerten sich, dir zu gehorchen.

9,12 Ex 13,21-22 **9,13** Ex 19,1–23,19; Dtn 4,5-8 **9,14** Ex 20,8-10 **9,15** Ex 16,4-36; 17,1-7; Dtn 1,21 **9,16-17** Num 14,1-4; Dtn 1,26-33 **9,17** Ex 34,6S **9,18** Ex 32,1-4 **9,19-21** Dtn 8,2-4 **9,22** Num 21,21-35 **9,23-24** Num 14,26-31 **9,23** Gen 15,5; 12,1S **9,24** Jos 6,1–12,24 **9,25** Dtn 6,10-11 **9,26** 1Kön 18,4.13; 19,10.14; Jer 2,30; 26,20-23; 2Chr 24,20-22 **9,27-30** Ri 2,11-21 **9,29** Lev 18,5S

a *erklärten ...:* verdeutlichender Zusatz; vgl. 9,4-5.
b Verdeutlichender Zusatz.
c *Wörtlich 1/3 Schekel*;* umgerechnet etwa 4 g; die Abgabe gründet auf Ex 30,11-16.

30 Geduldig ertrugst du sie viele Jahre,
du warntest sie durch deinen Geist*,
der deinen Propheten die Worte eingab;
doch sie blieben für dich taub.
Darum liefertest du sie schließlich aus
an die Völker fremder Länder.
31 Aber weil dein Erbarmen so groß ist,
hast du dennoch kein Ende mit ihnen gemacht
und sie nicht verlassen,
du Gott voller Liebe und Erbarmen!

32 Nun, Gott, unser Gott, du bist so groß,
so mächtig und ehrfurchtgebietend!
Du hast mit uns einen Bund* geschlossen
und stehst dazu mit unerschütterlicher Treue.
Lass dir nun nicht gleichgültig sein,
was an Leiden über uns gekommen ist!
Unsere Könige und Führer haben gelitten,
unsere Priester und Propheten, das ganze Volk,
schon unsere Vorfahren haben gelitten,
seit der Zeit der assyrischen* Herrschaft bis heute!
33 Du warst im Recht, dir ist nichts vorzuwerfen,
wenn uns dies alles getroffen hat;
denn du bist treu geblieben,
wir aber sind dir untreu geworden.
34 Unsere Könige und führenden Männer,
unsere Priester und das ganze Volk,
unsere Vorfahren,
haben dein Gesetz nicht befolgt,
auf deine Gebote nicht geachtet
und deine Warnungen in den Wind geschlagen.
35 Du hattest ihnen ein eigenes Königreich gegeben
und sie mit Wohltaten überschüttet,
du hattest ihnen ein Land gegeben,
das weit und reich vor ihnen lag.
Sie aber weigerten sich, dir zu dienen
und von ihrem Unrecht zu lassen.
36 Deshalb sind wir nun Sklaven,
hier in diesem Land,
das du unseren Vorfahren gegeben hast,
damit sie all das Gute genießen,
das es hervorbringt –
Sklaven sind wir in diesem Land!
37 Sein Ertrag kommt den Königen zugute,
die du über uns gesetzt hast
zur Strafe für unsere Sünden.
Sie sind die Herren über uns und unser Vieh
und tun mit uns, was ihnen gefällt.
Darum sind wir in so tiefer Not!«

Das Volk verpflichtet sich auf das Gesetz

10 »Wegen all dessen«, erklärten die Leviten* für
alle Anwesenden,[a] »gehen wir jetzt eine bin-
dende Verpflichtung ein und halten sie schriftlich
fest. Unsere führenden Männer, unsere Leviten
und unsere Priester* setzen ihre Namen unter die
Urkunde, die dann eingerollt und versiegelt wird.
2 Folgende Personen setzen ihre Namen darunter:
Nehemia, der Statthalter, der Sohn von Hachalja,
danach die Priester: Zidkija, 3-9 Seraja, Asarja, Jirme-
ja, Paschhur, Amarja, Malkija, Hattusch, Schebanja,
Malluch, Harim, Meremot, Obadja, Daniel, Ginne-
ton, Baruch, Meschullam, Abija, Mijamin, Maasja,
Bilga und Schemaja;
10-14 danach die Leviten: Jeschua, der Sohn von
Asanja, Binnui aus der Sippe Henadad sowie Kad-
miël, ferner ihre Brüder Schebanja, Hodija, Kelita,
Pelaja, Hanan, Micha, Rehob, Haschabja, Sakkur,
Scherebja, Schebanja, Hodija, Bani und Beninu;
15-28 danach die führenden Männer des Volkes:
Parosch, Pahat-Moab, Elam, Sattu, Bani, Bunni,
Asgad, Bebai, Adonija, Bigwai, Adin, Ater, Hiskija,
Asur, Hodija, Haschum, Bezai, Harif, Anatot, Nebai,
Magpiasch, Meschullam, Hesir, Meschesabel,
Zadok, Jaddua, Pelatja, Hanan, Anaja, Hoschea,
Hananja, Haschub, Lohesch, Pilha, Schobek, Re-
hum, Haschabna, Maaseja, Ahija, Hanan, Anan,
Malluch, Harim und Baana.
29-30 Das ganze übrige Volk schließt sich seinen
Brüdern, den ranghöchsten Männern, an, ebenso
die restlichen Priester und Leviten, die Torwächter,
Sänger, Tempeldiener* und alle, die sich von den
nichtisraelitischen Volksgruppen im Land getrennt
haben, um das Gesetz* Gottes zu befolgen, dazu ihre
Frauen und alle von ihren Söhnen und Töchtern, die
alt genug sind, um zu verstehen, worum es geht.

Sie alle verpflichten sich durch einen Eid, sich an das Gesetz zu halten, das Gott uns durch Mose, seinen Bevollmächtigten*, gegeben hat, und alle Gebote, Vorschriften und Anweisungen des HERRN, unseres Gottes, zu befolgen.«

Der Inhalt der Verpflichtung

31 »Insbesondere verpflichten wir uns:[b]

Wir verheiraten unsere Töchter nicht an Angehörige fremder Volksgruppen im Land und nehmen von ihnen keine Frauen für unsere Söhne.

32 Wenn diese Fremden ihr Getreide oder andere
Waren am Sabbat* oder an einem anderen Feiertag zum Verkauf anbieten, kaufen wir nichts.

Jedes siebte Jahr begehen wir das Erlassjahr*: Wir lassen das Land brachliegen und erlassen alle Schulden.

33 Jedes Jahr zahlen wir ein Drittel-Silberstück[c] für
den Dienst im Tempel* unseres Gottes: 34 für die
geweihten Brote*, die regelmäßigen täglichen Spei-
se- und Brandopfer*, für die Opfer am Sabbat, am
Neumondstag* und an den anderen Festtagen, für
die geweihten Gaben und für die Opfer, die die

9,30 2 Kön 17,13-20; 2 Chr 36,15-16 **9,31** Ex 34,6 S **9,32** Dtn 7,9; 2 Kön 15,19.29; 17,3-6; Esra 4,2.10 **9,33-37** Lev 26,40 S **10,3-9** 12,2-7 **10,31** Esra 9,1-2 S **10,32** Ex 20,8-10 S; Neh 13,16-21; Lev 25,1-7 S; Neh 5,9-11 **10,33** Ex 30,11-16

Schuld Israels wegnehmen sollen, und für alle Dienste am Tempel unseres Gottes.
35 Zusammen mit den Priestern und Leviten* losen wir jährlich aus, welche Sippen zu den festgesetzten Zeiten dem Tempel Brennholz liefern müssen für die Opfer, die auf dem Altar des HERRN, unseres Gottes, verbrannt werden, wie es im Gesetz vorgeschrieben ist.[a]
36 Jedes Jahr bringen wir die ersten Früchte* unserer Felder und Fruchtbäume zum Tempel des HERRN.
37 Wie es im Gesetz vorgeschrieben ist, bringen wir unsere erstgeborenen Söhne und die Erstgeburten unserer Kühe, Schafe und Ziegen zu den Dienst tuenden Priestern im Tempel unseres Gottes.
38 Wir bringen den Priestern den Brotteig, den wir vom ersten Getreide des Jahres machen,[b] sowie die besten Früchte unserer Bäume, den ersten Wein und das erste Olivenöl. Alle diese Gaben liefern wir ihnen in den Vorratsräumen am Tempel unseres Gottes ab.

Den zehnten Teil vom Ertrag unserer Felder geben wir den Leviten – denen nämlich, die in allen Ortschaften, wo wir die Felder bestellen, den Zehnten* einsammeln.
39 Ein Priester, ein Nachkomme Aarons, soll bei den Leviten sein, wenn sie den Zehnten in Empfang nehmen. Den zehnten Teil von diesem Zehnten sollen die Leviten an den Tempel abliefern und dort in die Räume des Vorratshauses bringen.
40 In diese Räume müssen die Leute von Israel und die Leviten alle Abgaben an Getreide, Wein und Olivenöl bringen. Dort befinden sich alle Geräte für den Tempeldienst, dort halten sich auch die Dienst tuenden Priester, Torwächter und Sänger auf.

Wir werden das Haus unseres Gottes nicht vernachlässigen.«

EINWEIHUNG DER MAUER UND REFORMEN NEHEMIAS
(Kapitel 11–13)

Zuzug nach Jerusalem und Liste der Einwohner

11 Die führenden Familien des Volkes wohnten schon in Jerusalem.[c] Aus der übrigen Bevölkerung wurde durch das Los jede zehnte Familie dazu bestimmt, in Jerusalem, der Heiligen Stadt, zu wohnen.[d] Die anderen Familien konnten in ihren Städten und Dörfern bleiben.
2 Jede Familie, die darüber hinaus freiwillig nach Jerusalem zog, wurde öffentlich gelobt.
3 Die folgende Liste verzeichnet die Sippenhäupter der Provinz Judäa, die in Jerusalem und den Städten von Judäa wohnten, jeweils auf ihrem Erbbesitz*. Sie umfasst die Angehörigen des Volkes,[e] die Priester*, die Leviten*, die Tempeldiener* und die Nachkommen der Sklaven Salomos.

4 Aus dem Stamm *Juda:*
Ataja, der Sohn von Usija; er stammte über Secharja, Amarja, Schefatja und Mahalalel von Judas Sohn Perez ab.
5 Maaseja, der Sohn Baruchs; er stammte über Kolhose, Hasaja, Adaja, Jojarib und Secharja von Judas Sohn Schela ab.
6 Insgesamt wohnten 468 Nachkommen von Perez in Jerusalem, sie waren alle kriegstüchtige Männer.

7 Aus dem Stamm *Benjamin:*
Sallu, der Sohn von Meschullam; seine weiteren Vorfahren waren Joëd, Pedaja, Kolaja, Maaseja, Itiël und Jeschaja.
8 Außerdem Gabbai und Sallai.
Insgesamt waren es 928.
9 Ihr Anführer war Joël, der Sohn von Sichri; zu ihnen gehörte auch Juda, der Sohn von Senua, der zweite Stadtvorsteher.

10 Von den *Priestern:*
Jedaja, der Sohn von Jojarib, sowie Jachin.
11 Seraja, der Sohn von Hilkija, der Vorsteher des Tempels*; seine weiteren Vorfahren waren Meschullam, Zadok, Merajot und Ahitub.
12 Zusammen mit ihren Verwandten gehörten zu diesen Sippen insgesamt 822, die den Priesterdienst am Tempel verrichteten.
Adaja, der Sohn von Jeroham; seine weiteren Vorfahren waren Pelalja, Amzi, Secharja, Paschhur und Malkija.
13 Zusammen mit seinen Verwandten waren es 242 Familienoberhäupter.
Amaschsai, der Sohn von Asarel; seine weiteren Vorfahren waren Achsai, Meschillemot und Immer.
14 Zusammen mit ihren Verwandten waren es 128 kriegstüchtige Männer. Ihr Anführer war Sabdiël, der Sohn von Haggedolim.

15 Von den *Leviten:*
Schemaja, der Sohn von Haschub; seine weiteren Vorfahren waren Asrikam, Haschabja und Bunni.
16 Schabbetai und Josabad, Sippenoberhäupter, die für die Verwaltungsaufgaben am Tempel verantwortlich waren.
17 Mattanja, der Sohn von Micha und Enkel von Sabdi, ein Nachkomme Asafs; er leitete den Lobgesang° und stimmte beim Gebet den Dankruf an; Bakbukja, einer seiner Verwandten, war sein Stellvertreter.
Abda, der Sohn von Schammua und Enkel von Galal, ein Nachkomme Jedutuns.

a Über Brennholzlieferungen gibt es in den uns bekannten Gesetzestexten keine Vorschriften. Die Bemerkung »wie es im Gesetz vorgeschrieben ist« bezieht sich wahrscheinlich nur auf die Verbrennung der Opfer; vgl. Lev 6,5-6.
b Es folgt noch *und (den ersten/besten Teil) unsere(r) Abgaben,* was schwer verständlich ist und in G fehlt.
c Hier wird an den Bericht von 7,4-5 angeknüpft.
d Diese Maßnahme greift anscheinend den Gedanken von 7,4 wieder auf. Durch die wiederhergestellte Mauer ist Jerusalem zwar nach außen sicher geworden, aber die Zahl der Einwohner ist zu klein, um ein Funktionieren des Stadtwesens zu garantieren.
e *die Angehörigen …:* wörtlich *Israel.* H gliedert den Text anders; wörtlich *die in Jerusalem wohnten, und in den Städten Judäas wohnten sie jeweils auf ihrem Erbbesitz in ihren Städten: Israel …*

10,35 13,31 **10,36** Ex 23,19S; Neh 12,44-47; 13,10-13 **10,37** Ex 13,11-16S **10,38** Ex 23,19S; Num 18,21S **10,39-40** Num 18,25-26; Neh 12,44-47; 13,10-13 **11,3-19** 1Chr 9,2-17 **11,17** 1Chr 6,24S

18 Insgesamt wohnten 284 Leviten in der Heiligen Stadt.

19 *Torwächter:*
Akkub und Talmon und ihre Verwandten, die die Tempeltore bewachten, insgesamt 172.

20 Die übrigen Israeliten, einschließlich der Priester aus der Nachkommenschaft von Levi, wohnten alle auf ihrem Grundbesitz in den Städten und Dörfern Judäas.
21 Die Tempeldiener wohnten in Jerusalem auf dem Ofel*. Sie arbeiteten unter der Aufsicht von Ziha und Gischpa.
22 Vorsteher der Leviten in Jerusalem war Usi, der Sohn von Bani; seine weiteren Vorfahren waren Haschabja, Mattanja und Micha. Er gehörte zu den Nachkommen Asafs, die beim Gottesdienst im Tempel für Musik und Gesang zuständig waren. 23 Eine königliche Anordnung[a] regelte ihren Dienst für jeden Tag.
24 Petachja, der Sohn Meschesabels, ein Nachkomme von Serach, dem Sohn von Juda, beriet den König in allen Fragen, die das Volk betrafen.

Liste der Wohnorte außerhalb Jerusalems

25 Weil sie Weideplätze in der Umgebung hatten, wohnten Leute vom Stamm Juda in folgenden Landstädten:[b] Kirjat-Arba mit den dazugehörigen Dörfern, Dibon mit den dazugehörigen Dörfern, Kabzeel mit den dazugehörigen Gehöften, 26 Jeschua, Molada, Bet-Pelet, 27 Hazar-Schual, Beerscheba mit seinen Dörfern, 28 Ziklag, Mechona mit seinen Dörfern, 29 En-Rimmon, Zora, Jarmut; 30 weiter Sanoach und Adullam mit den dazugehörigen Gehöften, Lachisch und das dazugehörige Gebiet sowie Aseka und seine Dörfer. Das Siedlungsgebiet der Leute vom Stamm Juda reichte von Beerscheba im Süden bis zum Hinnom-Tal* im Norden.
31 Wohnorte der Leute vom Stamm Benjamin waren: Geba, Michmas, Aja, Bet-El mit seinen Dörfern, 32 Anatot, Nob, Ananeja, 33 Hazor, Rama, Gittajim, 34 Hadid, Zeboim, Neballat, 35 Lod, Ono und das Tal der Handwerker. 36 Einige Gruppen von Leviten aus dem Gebiet von Juda ließen sich im Gebiet von Benjamin nieder.

Die Liste der heimgekehrten Priester und Leviten

12 Folgende Priester* und Leviten* kehrten mit Serubbabel, dem Sohn Schealtiëls, und mit Jeschua aus der Verbannung heim:
Priester: Seraja, Jirmeja, Esra,[c] 2 Amarja, Malluch, Hattusch, 3 Schechanja, Harim,° Meremot, 4 Iddo, Ginneton, Abija, 5 Mijamin, Maadja, Bilga, 6 Schemaja, Jojarib, Jedaja, 7 Sallu, Amok, Hilkija und Jedaja. Dies waren die führenden Priester und ihre Brüder während der Amtszeit Jeschuas.
8 *Leviten:* Jeschua, Binnui, Kadmiël, Scherebja, Juda und Mattanja. Diese waren zuständig für den Gesang. 9 Weiter Bakbukja und Unni. Sie und ihre Verwandten bildeten den Chor, der die Antworten sang.°

Die Nachkommen des Priesters Jeschua

10 Jeschua zeugte Jojakim, Jojakim zeugte Eljaschib, Eljaschib zeugte Jojada, 11 Jojada zeugte Jonatan, Jonatan zeugte Jaddua.

Die Oberhäupter der Priester- und Levitensippen

12–21 Zur Zeit Jojakims waren folgende Priester* die Oberhäupter ihrer Sippen:

in der Sippe Seraja	Meraja
in der Sippe Jirmeja	Hananja
in der Sippe Esra	Meschullam
in der Sippe Amarja	Johanan
in der Sippe Malluch	Jonatan
in der Sippe Schebanja	Josef
in der Sippe Harim	Adna
in der Sippe Meremot°	Helkai
in der Sippe Iddo	Secharja
in der Sippe Ginneton	Meschullam
in der Sippe Abija	Sichri
in der Sippe Mijamin	N.[d]
in der Sippe Maadja	Piltai
in der Sippe Bilga	Schammua
in der Sippe Schemaja	Jonatan
in der Sippe Jojarib	Mattenai
in der Sippe Jedaja	Usi
in der Sippe Sallu	Kallai
in der Sippe Amok	Eber
in der Sippe Hilkija	Haschabja
in der Sippe Jedaja	Netanel

22 Von den Leviten*, die während der Amtszeit der Priester Eljaschib, Jojada, Johanan und Jaddua Dienst taten, wurden die Sippenoberhäupter in Listen erfasst, ebenfalls die Sippenoberhäupter der Priester während der Regierungszeit des Perserkönigs Darius.[e] 23 Die Sippenoberhäupter der Leviten bis zur Amtszeit Johanans, des Sohnes von Eljaschib, sind in der amtlichen Chronik verzeichnet.
24–25 Sippenoberhäupter der Leviten waren: Haschabja, Scherebja und Jeschua, der Sohn Kadmiëls. Sie und ihre Verwandten Mattanja, Bakbukja und Obadja standen einander in zwei Chören gegenüber und priesen und dankten Gott im Wechselge-

a Dabei ist eher an eine Anordnung des Königs von Persien zu denken als an die Ordnung der Tempeldienste durch David und Salomo; vgl. 1 Chr 25.
b Die aufgezählten Ortschaften sind nur zum Teil zu identifizieren (vgl. Karte Seite 443). Der angegebene Siedlungsbereich ist größer als der uns aus anderen Quellen bekannte Umfang der persischen Provinz Judäa.
c Nicht zu verwechseln mit dem königlichen Beauftragten, nach dem das Buch benannt ist. Der hier genannte Priester hat in 10,3 den Namen Asarja.
d Hier ist ein Name ausgefallen.
e Vermutlich Darius II. (423–404 v. Chr.).

11,21 3,26 **12,1** Esra 2,2aS **12,2-7** 10,3-9 **12,8-9** 10,10-14 **12,10** Esra 2,2aS; Neh 3,1S **12,22** 3,1S

sang, wie es David, der Mann Gottes, angeordnet hatte.

Meschullam, Talmon und Akkub waren Torwächter; sie bewachten die Vorratsräume bei den Toren des Tempels*.

26 Alle diese Männer lebten und wirkten gleichzeitig mit dem Priester Jojakim, dem Sohn von Jeschua und Enkel von Jozadak, mit Nehemia, dem Statthalter, und mit Esra, dem Priester und Lehrer* des Gesetzes.

Die Einweihung der Stadtmauer

27 Zur Einweihung der Stadtmauer wurden die Leviten* aus dem ganzen Land nach Jerusalem geholt. Sie sollten die Feier mit Lobliedern und der festlichen Musik von Becken, Harfen und Lauten begleiten. 28-29 Die Sänger kamen aus den Dörfern rings um Jerusalem, wo sie sich angesiedelt hatten, und des Weiteren aus den Siedlungen von Netofa, aus Bet-Gilgal und aus der Gegend von Geba und Asmawet. 30 Die Priester und Leviten besprengten sich selbst mit Reinigungswasser*, dann besprengten sie auch das Volk, die Mauer und die Tore.

31 Darauf ließ ich – berichtet Nehemia[a] – die führenden Männer von Judäa auf die Mauer steigen und stellte zwei große Festchöre zusammen. Der erste zog oben auf der Mauer nach rechts dem Misttor zu. 32 Hinter den Sängern ging Hoschaja mit der einen Hälfte der führenden Männer. 33-35 Danach kamen die Priester Asarja, Esra, Meschullam, Juda, Benjamin, Schemaja und Jirmeja. Sie bliesen Trompeten. Ihnen folgten die Leviten: Secharja, der über Jonatan, Schemaja, Mattanja, Michaja und Sakkur von Asaf abstammte, 36 sowie seine Mitbrüder Schemaja, Asarel, Milalai, Gilalai, Maai, Netanel, Juda und Hanani. Sie trugen Saiteninstrumente, wie sie einst König David, der Mann Gottes, gespielt hatte. An ihrer Spitze ging Esra, der Lehrer* des Gesetzes. 37 Sie gingen weiter zum Quelltor und stiegen dann auf dem ansteigenden Mauerstück zur Davidsstadt* hinauf; am ehemaligen Palast Davids vorbei kamen sie zum Wassertor im Osten der Stadt.

38 Den zweiten Festchor mit der anderen Hälfte der führenden Männer begleitete ich selbst.[b] Wir zogen auf der Mauer in entgegengesetzter Richtung zum Ofentor und zur »Breiten Mauer«, 39 dann über

a Verdeutlichender Zusatz; vgl. 1,1.
b *führenden:* sinngemäß ergänzt; vgl. Verse 32 und 40.

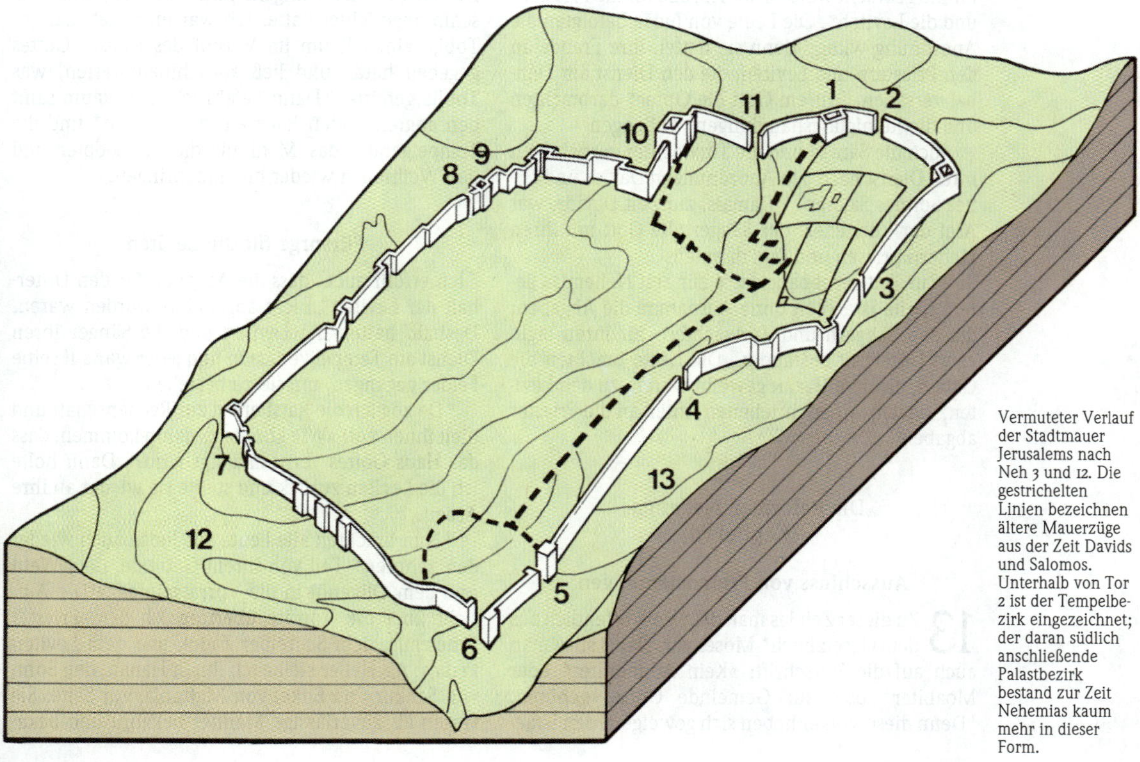

Vermuteter Verlauf der Stadtmauer Jerusalems nach Neh 3 und 12. Die gestrichelten Linien bezeichnen ältere Mauerzüge aus der Zeit Davids und Salomos. Unterhalb von Tor 2 ist der Tempelbezirk eingezeichnet; der daran südlich anschließende Palastbezirk bestand zur Zeit Nehemias kaum mehr in dieser Form.

12,27 1Chr 15,16S **12,30** Num 8,6-7

das Efraïmtor, das Jeschana-Tor, das Fischtor und weiter am Hananel-Turm und am »Turm der Hundert« vorbei zum Schafstor; am Wachttor machten wir Halt.

40–41 Nun stellten sich die beiden Chöre im Vorhof des Tempels* auf. Auf meiner Seite standen außer der zweiten Hälfte der führenden Männer[a] die Priester Eljakim, Maaseja, Mijamin, Michaja, Eljoënai, Secharja und Hananja mit Trompeten. 42 Daneben standen die Leviten[b] Maaseja, Schemaja, Eleasar, Usi, Johanan, Malkija, Elam und Eser. Unter der Leitung von Jisrachja stimmten die Sänger ihren Lobgesang an.

43 Anschließend wurden eine Menge Tiere für das Opfermahl* geschlachtet. Alle waren fröhlich, denn Gott hatte ihr Werk gelingen lassen. Auch die Frauen und Kinder freuten sich und der Jubel Jerusalems war weithin zu hören.

Die Versorgung der Priester und Leviten

44 Damals wurden auch Aufseher für die Vorratsräume angestellt, in denen alle Vorräte und Abgaben gelagert wurden, die ersten Früchte* der Ernte und der zehnte* Teil aller Erträge. Von allem, was auf den Feldern rings um die Städte geerntet wurde, sollte der gesetzlich festgelegte Anteil in die Vorratsräume gebracht werden, als Abgabe für die Priester* und die Leviten*. Die Leute von Judäa befolgten die Anordnung willig;[c] denn sie hatten ihre Freude an den Priestern und Leviten, die den Dienst am Tempel versahen, 45 ihrem Gott die Opfer* darbrachten und die Reinigungshandlungen* vollzogen.

Auch die Sänger und die Torwächter verrichteten ihren Dienst nach den Anordnungen Davids und seines Sohnes Salomo. 46 Damals, zur Zeit Davids, war Asaf der Vorsteher° der Sänger, die Gott mit ihren Liedern priesen und ihm dankten.

47 Zur Zeit Serubbabels wie zur Zeit Nehemias lieferten alle Israeliten ohne Ausnahme die Abgaben, die den Sängern und Torwächtern für ihren täglichen Unterhalt zustanden. Die Leute brachten die Gaben, die dem HERRN geweiht waren, zu den Leviten, die den vorgeschriebenen Anteil an die Priester abgaben.

Die Reformen Nehemias (Kapitel 13)

Ausschluss von Fremdstämmigen

13 Zu dieser Zeit las man dem Volk öffentlich aus dem Gesetzbuch* Moses vor. Dabei stieß man auch auf die Vorschrift: »Kein Ammoniter* oder Moabiter* darf zur Gemeinde Gottes gehören. 2 Denn diese Völker haben sich geweigert, den Israeliten, als sie aus Ägypten kamen, Brot und Wasser zu geben; der Moabiterkönig hat sogar dem Magier Bileam Geld geboten, damit er sie verfluchen sollte. Aber unser Gott verwandelte den Fluch* in Segen.«

3 Als die Leute diese Stelle aus dem Gesetz hörten, schlossen sie alle Fremden, die sich unter sie gemischt hatten, aus der Gemeinde Israel aus.

Sorge für die Reinheit des Tempels

4–5 Einige Zeit davor war Folgendes geschehen: Der Priester Eljaschib, der Verantwortliche für die Nebenräume beim Haus unseres Gottes, hatte seinem Verwandten Tobija[d] einen großen Raum im Tempelbereich zur Verfügung gestellt. Dort war ursprünglich das Mehl für die Speiseopfer* gelagert worden, auch Weihrauch* und die entsprechenden Tempelgeräte sowie die Abgaben von Getreide, Wein und Olivenöl, die den Leviten*, den Sängern und Torwächtern zustanden, einschließlich des Anteils für die Priester.

6 Dies hatte sich zugetragen, als ich nicht in Jerusalem war. Denn im 32. Regierungsjahr des Königs Artaxerxes von Babylon[e] war ich dorthin an den Königshof zurückgekehrt. Nach einiger Zeit bat ich den König um die Erlaubnis, wieder nach Jerusalem zu gehen. 7–8 Dort angekommen sah ich, was Eljaschib angerichtet hatte. Ich war entrüstet, dass er Tobija einen Raum im Vorhof des Hauses Gottes gegeben hatte, und ließ alles hinauswerfen, was Tobija gehörte. 9 Dann befahl ich, den Raum samt den angrenzenden Räumen[f] zu reinigen* und die Tempelgeräte, das Mehl für die Speiseopfer und den Weihrauch wieder hineinzubringen.

Fürsorge für die Leviten

10 Ich erfuhr auch, dass die Abgaben für den Unterhalt der Leviten* nicht abgeliefert worden waren. Deshalb hatten die Leviten und die Sänger ihren Dienst am Tempel verlassen und jeder war auf seine Felder gegangen, um sie zu bestellen.

11 Da zog ich die Ratsherren zur Rechenschaft und hielt ihnen vor: »Wie konnte es dahin kommen, dass das Haus Gottes vernachlässigt wird?« Dann holte ich die Leviten zurück und stellte sie wieder an ihre Arbeit.

12 Nun brachten alle Leute aus Judäa auch wieder den zehnten* Teil von ihrem Getreide, dem Wein und dem Olivenöl in die Vorratsräume. 13 Die Aufsicht über die Vorräte übertrug ich dem Priester Schelemja, dem Schreiber Zadok und dem Leviten Pedaja. Als Helfer stellte ich ihnen Hanan, den Sohn von Sakkur und Enkel von Mattanja, zur Seite. Sie waren als zuverlässige Männer bekannt und beka-

a Nur hier in diesem Abschnitt wird für sie der sonst mit »Ratsherren« (vgl. 2,16; 4,8.13; 5,7; 7,5; 13,11) übersetzte Begriff verwendet.
b *die Leviten:* sinngemäß ergänzt; vgl. Verse 33-35.
c *befolgten …:* verdeutlichender Zusatz.
d Dieselbe Person wie in 2,10.19; 4,1; 6,1. Zu den Motiven Tobijas vgl. die Anmerkung zu 2,19.
e Die Könige von Persien hatten ihre Residenz in Babylon*.
f *den Raum …:* wörtlich *die Räume.*

12,39 3,1S **12,44-47** 10,36.38-40 **12,45** (Reinigung) 13,9.22.30; (Anordnungen) 1Chr 23,1–26,19; 2Chr 8,14-15 **12,46** 1Chr 6,24S **13,1-2** Dtn 23,4-6; Num 22,1-6 **13,4-5** 3,1S **13,10-13** 10,36.38-40; Dtn 12,19 **13,12** Mal 3,8-10

men deshalb den Auftrag, die Lebensmittel an ihre Amtsbrüder zu verteilen.

14 Denk an mich, mein Gott, und rechne es mir an! Streiche die guten Taten nicht aus deinem Buch, die ich für dein Haus und die Ordnung seines Dienstes getan habe!

Sorge für die Heiligung des Sabbats

15 In jener Zeit sah ich Leute, die am Sabbat* arbeiteten. Die einen zerstampften mit den Füßen Weintrauben in der Kelter*, andere füllten Getreide ab und luden es auf Esel, dazu Wein, Weintrauben, Feigen und andere Lasten, und brachten es alles am Sabbat nach Jerusalem hinein. Ich verwarnte sie, als sie es an diesem Tag verkaufen wollten. 16 Es gab auch Leute aus Tyrus, die sich bei uns niedergelassen hatten; die führten von dort Fische und andere Waren ein und verkauften sie auch am Sabbat an die Leute von Judäa und Jerusalem.

17 Da zog ich die Männer der ersten Familien in Judäa zur Rechenschaft und hielt ihnen vor: »Was fällt euch ein, so etwas Verwerfliches zu tun! Ihr schändet den Sabbat! 18 Genau dasselbe haben eure Vorfahren gemacht, darum hat unser Gott all das Unglück über uns und über diese Stadt gebracht. Wollt ihr, dass durch eure Sabbatschändung sein Zorn auf Israel noch größer wird?«

19 Deshalb gab ich Befehl, am Vorabend des Sabbats die Tore Jerusalems zu schließen, sobald es in den Torgängen anfing zu dunkeln, und sie erst wieder zu öffnen, wenn der Sabbat vorüber war. Ich stellte einige meiner Leute an die Tore, um zu verhindern, dass irgendeine Warenladung am Sabbat in die Stadt kam.

20 Kaufleute und Händler, die mit allen möglichen Waren handelten, übernachteten daraufhin ein- oder zweimal direkt vor Jerusalem. 21 Ich verwarnte sie und sagte: »Warum übernachtet ihr vor der Stadtmauer? Wenn es noch einmal vorkommt, lasse ich euch festnehmen.« Von da an kamen sie am Sabbat nicht wieder.

22 Den Leviten befahl ich, sie sollten sich vorbereiten, damit sie rein* seien; dann sollten sie sich an den Toren aufstellen und darüber wachen, dass der Sabbat als heiliger Tag geachtet werde.

Denk an mich, mein Gott, und rechne mir auch dies an! Sei mir gnädig in deiner grenzenlosen Güte!

Vorgehen gegen Mischehen

23 Damals wurde ich auf einige Judäer aufmerksam, die Frauen aus der Philisterstadt Aschdod und von den Ammonitern* und Moabitern* geheiratet hatten. 24 Die Hälfte ihrer Kinder kannte nur die Sprache von Aschdod oder einem anderen der fremden Völker, aber die Sprache der Juden[a] konnten sie nicht sprechen.

25 Ich zog die Männer zur Rechenschaft und verfluchte sie; einige von ihnen schlug ich, zerrte sie an den Haaren und beschwor sie bei Gott: »Ihr dürft eure Töchter nicht mit ihren Söhnen verheiraten und von ihren Töchtern keine als Frau für euch oder eure Söhne nehmen! 26 Ihr wisst doch, dass König Salomo sich gerade dadurch versündigt hat. Unter den Königen der anderen Völker gab es keinen, der sich mit ihm vergleichen konnte. Er war der Liebling Gottes; Gott machte ihn zum König über ganz Israel. Und sogar ihn haben die fremden Frauen dazu verführt, Gott untreu zu werden. 27 Ist es nicht unerhört, dass ihr nun genau dasselbe Unrecht begeht und unserem Gott untreu werdet und fremde Frauen heiratet!«

28 Einer von den Söhnen des Obersten Priesters* Jojada, des Sohnes von Eljaschib, war mit einer Tochter des Horoniters* Sanballat verheiratet. Den jagte ich aus meinem Gebiet.

29 Mein Gott, vergiss diesen Leuten nicht, wie sie den Priesterstand entehrt und den Bund* gebrochen haben, den du mit den Priestern und Leviten* geschlossen hast!

Nehemias Schlusswort

30 So reinigte ich unser Volk von allen fremden Einflüssen.[b] Ich stellte Dienstordnungen für die Priester* und die Leviten* auf und legte für jeden Einzelnen seine Aufgaben fest. 31 Ich regelte auch die vereinbarten Brennholzlieferungen und die Abgaben der ersten Früchte*.

Denk doch an mich, mein Gott, und lass mir all das zugute kommen!

a Hebräisch* bzw. Aramäisch.
b Die in diesem Kapitel berichteten Ereignisse zeigen Nehemia noch einmal als einen umsichtigen und energischen Mann, dem das Wohl des Volkes und die Reinheit des Gottesdienstes am Herzen lagen.

13,14 5,19 S **13,15** Jer 17,21-22 **13,16-21** 10,31 S **13,23-28** Esra 9,1-1 S **13,25** Dtn 7,3 **13,26** 2 Sam 12,24-25; 1 Kön 11,1-8 **13,28** 3,1 S; 2,10 S; Lev 21,14 **13,29** Num 25,12-13; Mal 2,8 **13,31** 10,35; 5,19

ESTER

Das Buch Ester gibt einen Einblick in die gefährdete Lage jener Juden, die nach der Rückkehr eines Teils der verbannten Judenschaft nach Jerusalem weiterhin unter fremden Völkern zerstreut lebten. Der Geist der Rache, der aus ihm spricht, muss auf dem Hintergrund grausamer Verfolgungen gesehen werden, denen das Judentum schon im Altertum – wie durch seine ganze weitere Geschichte hindurch – ausgesetzt war. Die Absicht des Esterbuches ist es, den bedrängten Juden Mut zu machen und zu schildern, wie es zur Einsetzung des Purimfestes kam.

Inhaltsübersicht

Macht und Reichtum des Perserkönigs

1 Es war in der Zeit, als König Xerxes über das Perserreich herrschte, ein Reich aus 127 Provinzen, das von Indien bis Äthiopien reichte; 2 sein Königsthron stand in der Stadt Susa. 3 In seinem dritten Regierungsjahr gab er ein Fest für alle führenden Männer des gesamten Reiches. Die hochrangigen Offiziere aus Persien und Medien, der hohe Adel und die Statthalter aller Provinzen nahmen daran teil. 4 Volle sechs Monate stellte der König seine Macht und seinen unermesslichen Reichtum vor ihnen zur Schau.

Aus Krügen wie diesem wurde den Gästen des Perserkönigs der reichlich fließende Wein eingeschenkt (1,8).

5 Anschließend veranstaltete der König ein Fest für alle Bewohner des Palastbezirks, vom vornehmsten bis zum geringsten. Sieben Tage lang wurde im Schlosspark gefeiert. 6 Zwischen Alabastersäulen waren weiße und blaue Vorhänge aus kostbaren Stoffen aufgehängt, befestigt mit weißen und purpurroten Schnüren und silbernen Ringen. Polsterbetten mit goldenen und silbernen Füßen standen auf dem kostbaren Fußboden aus verschiedenfarbigen Steinplatten.

7 Getrunken wurde aus goldenen Bechern, von denen keiner dem andern glich; Wein gab es in Fülle aus den königlichen Kellern. 8 Alle konnten trinken, so viel sie wollten; aber niemand wurde dazu gezwungen. Der König hatte die Diener angewiesen, sich ganz nach den Wünschen der Gäste zu richten.

Die Königin fällt in Ungnade

9 Königin Waschti veranstaltete gleichzeitig im Palast des Königs ein Fest für die Frauen.[a] 10 Am siebten Tag des Festes rief König Xerxes die sieben Eunuchen* zu sich, die ihn persönlich bedienten: Mehuman, Biseta, Harbona, Bigta, Abagta, Setar und Kar-

a Sie dürfen nach orientalischer Sitte nicht an den Zusammenkünften der Männer teilnehmen. Die Folgerungen, die aus der Aufsässigkeit der Königin gezogen werden, entsprechen den damit gekennzeichneten ›patriarchalischen‹ Verhältnissen.

1,1 Esra 4,6

kas. In seiner Weinlaune befahl er ihnen, 11 die Königin im Schmuck ihrer Krone herzubringen. Alle seine Gäste, die führenden Männer seines Reiches ebenso wie die Bewohner des Palastbezirks, sollten ihre außerordentliche Schönheit bewundern.

12 Aber Königin Waschti weigerte sich, dem Befehl des Königs zu gehorchen. Da packte den König der Zorn. 13 Sofort besprach er sich mit seinen Ratgebern, weisen Männern, die sich auf den Lauf der Gestirne verstanden und über das Recht Bescheid wussten. 14 Es waren Karschena, Schetar, Admata, Tarschisch, Meres, Marsena und Memuchan. Diese sieben Fürsten der Perser und Meder hatten den höchsten Rang nach dem König. Sie waren seine engsten Vertrauten und durften jederzeit bei ihm vorsprechen.

15 Er sagte zu ihnen: »Ich habe meine Diener mit einem Befehl zur Königin Waschti gesandt, aber sie hat ihn nicht befolgt. Was soll nach dem Gesetz mit ihr geschehen?«

16 Memuchan antwortete: »Königin Waschti hat sich nicht nur am König vergangen, sondern auch an seinen Fürsten, ja am ganzen Volk in allen Provinzen des Reiches. 17 Was sie getan hat, wird sich unter allen Frauen herumsprechen. Sie werden auf ihre Männer herabsehen und sagen: ›König Xerxes befahl der Königin Waschti, vor ihm zu erscheinen; aber sie weigerte sich.‹ 18 Die Frauen der Fürsten im Reich haben es gehört und sie werden sich schon heute ihren Männern gegenüber darauf berufen. Das wird eine Menge böses Blut geben.

19 Wenn der König es für richtig hält, sollte er einen königlichen Befehl erlassen, dass Waschti nie wieder vor ihm erscheinen darf. Dies müsste unter die Gesetze der Meder und Perser aufgenommen werden, die unwiderruflich sind. Und dann sollte der König an ihrer Stelle eine andere zur Königin machen, die diese Würde auch verdient. 20 Wenn dieser Beschluss des Königs in seinem ganzen Reich bekannt wird, werden alle Frauen, von den vornehmsten bis zu den einfachsten Familien, ihren Männern den schuldigen Respekt erweisen.«

21 Dem König und seinen Fürsten gefiel dieser Rat gut. Wie Memuchan vorgeschlagen hatte, 22 schickte der König einen Erlass in alle Provinzen seines Reiches, jeweils in der Schrift und Sprache des betreffenden Landes. Auf diese Weise wollte er sicherstellen, dass jeder Mann in seinem Haus der Herr bleibt.

Eine neue Königin wird gesucht

2 Als der Zorn des Königs sich gelegt hatte, begann er, über das Geschehene nachzudenken. 2 Seine Diener bemerkten es und sagten zu ihm: »Man sollte für den König schöne junge Mädchen suchen, die noch kein Mann berührt hat! 3 Der König könnte in den Provinzen seines Reiches Beamte damit beauftragen, alle besonders schönen Mädchen, die noch unberührt sind, in seinen Harem nach Susa zu bringen. Der königliche Eunuch* Hegai, der die Aufsicht im Frauenhaus führt, soll sich um sie kümmern und dafür sorgen, dass ihre Schönheit mit allen Mitteln gepflegt wird. 4 Das Mädchen, das dem König am besten gefällt, soll dann an Waschtis Stelle Königin werden.«

Dem König gefiel dieser Vorschlag und er gab die entsprechenden Anordnungen.

Ein jüdisches Mädchen unter den Bewerberinnen

5 Im Palastbezirk von Susa lebte ein Jude namens Mordechai, der Sohn Jaïrs. Er war vom Stamm Benjamin und ein Nachkomme von Schimi und Kisch.[a] 6 Als der Babylonierkönig Nebukadnezzar eine Anzahl von Judäern mit König Jojachin aus Jerusalem in die Verbannung geführt hatte, war auch die Familie von Mordechai unter den Verschleppten gewesen.

7 Mordechai hatte eine Kusine Hadassa, auch Ester genannt.[b] Sie war außerordentlich schön. Weil sie Vater und Mutter verloren hatte, hatte Mordechai sie als Tochter angenommen.

8 Als der königliche Erlass bekannt gemacht war und die Mädchen nach Susa in die Obhut von Hegai gebracht wurden, da war unter ihnen auch Ester. Sie wurde in den königlichen Harem gebracht und dem Eunuchen Hegai übergeben. 9 Sie fiel ihm auf und gewann seine Gunst. Er sorgte dafür, dass sofort mit der Pflege ihrer Schönheit begonnen und sie aufs beste ernährt wurde. Er gab ihr die schönsten Räume im Harem und sieben ausgewählte Dienerinnen aus dem Königspalast.

10 Nach der Weisung von Mordechai hatte Ester nichts über ihre jüdische Herkunft gesagt. 11 Mordechai ging täglich vor dem Hof des Harems auf und ab, um zu hören, wie es Ester erging und was mit ihr geschah.

12 Jedes Mädchen wurde ein Jahr lang auf die Begegnung mit dem König vorbereitet. Sechs Monate dauerte die vorgeschriebene Behandlung mit Myrrhenöl* und weitere sechs die mit Balsamöl und anderen Pflegemitteln. Dann konnte das Mädchen zum König gebracht werden.

13 Wenn eine an der Reihe war, vom Frauenhaus in den Königspalast zu gehen, durfte sie sich Kleider und Schmuck für diese Gelegenheit selbst aussuchen. 14 Sie ging am Abend in den Palast und kehrte am nächsten Morgen in den zweiten Harem zurück. Dieser war für die Nebenfrauen des Königs bestimmt und stand unter der Aufsicht des königlichen Eunuchen Schaaschgas. Keine durfte ein zweites Mal zum König kommen, außer wenn sie ihm besonders gefallen hatte und er sie namentlich rufen ließ.

a Er stammt also aus der Familie des Königs Saul; vgl. 1 Sam 9,1 und 2 Sam 16,5-6. Aus 3,1 lässt sich entnehmen, dass er im Esterbuch als positives Gegenbild Sauls gesehen wird, der mit den Feinden Israels allzu nachsichtig umging (siehe Anmerkung zu 3,1).

b Hadassa ist der hebräische Name und bedeutet »Myrte«, Ester bedeutet auf Persisch »Stern«. Doppelte Namen tragen auch Daniel und seine Freunde in Babylonien (Dan 1,7).

1,14 Esra 7,14 **1,19** 8,8; Dan 6,8-10.16 **1,22** 3,12; 8,9 **2,5** 1 Sam 9,1 **2,6** 2 Kön 24,14-15

Ester wird Königin

15 Eines Tages kam die Reihe auch an Ester, die Tochter von Abihajil, dem Onkel jenes Mordechai, der sie nach dem Tod ihres Vaters als Tochter angenommen hatte. Sie verzichtete darauf, Kleidung und Schmuck selbst auszusuchen, und nahm nur, was Hegai ihr empfohlen hatte. Alle, die sie sahen, waren voller Bewunderung. 16 So wurde Ester zum König in den Palast gebracht, im zehnten Monat seines siebten Regierungsjahres, dem Monat Tebet*.

17 Der König fand an Ester mehr Gefallen als an allen andern Frauen und sie übertraf in seinen Augen bei weitem die anderen Mädchen. Deshalb setzte er ihr die Krone auf und machte sie an Waschtis Stelle zur Königin. 18 Er gab ihr zu Ehren ein großes Festmahl und lud alle führenden Männer seines Reiches dazu ein. Er gewährte den Provinzen seines Reiches einen Steuernachlass[a] und verteilte königliche Geschenke.

Esters Pflegevater rettet dem König das Leben

19–20 Inzwischen wurden zum zweiten Mal Mädchen für den König gesammelt.[b] Ester hatte dem König immer noch nichts von ihrer jüdischen Herkunft und Volkszugehörigkeit gesagt. So hatte Mordechai es ihr befohlen und sie folgte ihm noch genauso wie damals, als sie seine Pflegetochter war.

Mordechai stand inzwischen in königlichen Diensten und saß in der Torhalle des Palastbezirks. 21 Gerade damals nun machten Bigtan und Teresch, zwei königliche Eunuchen*, die die Torwache befehligten, eine Verschwörung. Sie waren unzufrieden mit dem König und beschlossen, ihn umzubringen. Mordechai, der ja ebenfalls dort im Tor war, 22 erfuhr davon und sagte es Königin Ester, die es in seinem Auftrag sofort dem König meldete. 23 Die Sache wurde untersucht, die Verschwörung aufgedeckt und die beiden Schuldigen wurden an den Galgen gehängt. Der König ließ den Vorfall in die amtliche Chronik eintragen.

Der Jude Mordechai reizt den mächtigen Haman zum Zorn

3 Einige Zeit später erhob König Xerxes Haman, den Sohn von Hammedata, einen Nachkommen von Agag,[c] zu seinem ersten Minister. 2 Alle königlichen Beamten in der Torhalle des Palastbezirks knieten vor Haman nieder und beugten sich tief vor ihm, wie der König es befohlen hatte. Mordechai aber blieb stehen und verbeugte sich nicht.

3 Die Leute des Königs fragten ihn: »Warum gehorchst du nicht dem Befehl des Königs?«

4 »Weil ich Jude bin«, sagte er.[d]

Tag für Tag setzten sie ihm zu, Haman diese Ehre zu erweisen; aber Mordechai hörte nicht darauf.

Da gingen sie hin und zeigten ihn bei Haman an, denn sie wollten sehen, was er zu Mordechais Begründung sagen würde. 5 Haman war wütend, als man ihn darauf hinwies, dass Mordechai sich nicht vor ihm niederwarf. 6 Aber es war ihm zu wenig, nur ihn selbst zu bestrafen, und da sie ihm gesagt hatten, dass Mordechai zum jüdischen Volk gehörte, beschloss er, alle Juden im Persischen Reich, das ganze Volk von Mordechai, auszurotten.

Haman plant die Ausrottung der Juden

7 Im ersten Monat[e] des zwölften Regierungsjahres des Königs Xerxes, dem Monat Nisan*, wurde auf Anordnung Hamans für alle Tage des Jahres bis hinein in den zwölften Monat, den Monat Adar*, das Pur – das ist das Los – geworfen. Auf diese Weise wollte Haman den günstigsten Zeitpunkt für sein Unternehmen herausfinden.

8 Danach sagte er zum König: »Es gibt ein Volk in deinem Reich, das über alle Provinzen zerstreut lebt und sich von den anderen Völkern absondert. Seine Bräuche sind anders als die aller anderen Völker[f] und die königlichen Gesetze befolgt es nicht. Das kann sich der König nicht bieten lassen. 9 Wenn der König einverstanden ist, soll der Befehl erlassen werden, sie zu töten. Ich werde dann in der Lage sein, den Verwaltern der Staatskasse 10 000 Zentner* Silber auszuhändigen.«

10 Der König zog seinen Siegelring vom Finger, gab ihn dem Judenfeind Haman 11 und sagte zu ihm: »Ihr Silber überlasse ich dir! Und mit ihnen selbst kannst du machen, was du willst!«

12 Am 13. Tag des 1. Monats ließ Haman die Schreiber des Königs zusammenrufen und diktierte ihnen einen Erlass an die Reichsfürsten*, an die Statthalter der Provinzen und an die Fürsten der einzelnen Völker, jeweils in der Schrift und Sprache des betreffenden Landes. Der Erlass war als Schreiben des Königs abgefasst und mit dessen Siegelring gesiegelt. 13 Er wurde durch Kuriere in alle Provinzen des Reiches gebracht und enthielt den Befehl:

»Alle Juden – Männer, Frauen und Kinder – sollen an einem einzigen Tag, dem 13. Tag des 12. Monats, des Monats Adar, erschlagen, ermordet, ausgerottet werden. Ihr Besitz ist zur Plünderung freigegeben.«

14 In jeder Provinz sollte der Erlass öffentlich bekannt gemacht werden, sodass sich alle für diesen Tag rüsten konnten. 15 Auf Anordnung des Königs machten sich die Kuriere eiligst auf den Weg. Auch im

a Der Text ist nicht sicher zu deuten; vielleicht ist auch zeitweise Befreiung vom Fron- und Kriegsdienst gemeint oder eingeschlossen.
b Die Aussage ist schwer verständlich und geht vielleicht auf ein Missverständnis eines Abschreibers zurück; in der griechischen Fassung fehlt sie.
c *Agag* war nach 1 Sam 15,8 ein König der Amalekiter, die einst zu Israels Erbfeinden zählten; vgl. Ex 17,14-16; Dtn 25,17-19. Er war überdies der Gegner Sauls, zu dessen Familie Mordechai nach 2,5 gehört. Agags Verschonung durch Saul wurde zum Anlass von dessen Verwerfung durch Gott; vgl. 1 Sam 15,8-10 und Anmerkung zu 2,5.
d Mordechai weigert sich, einem Menschen die Ehre zu erweisen, die nur Gott, allenfalls dem König, zusteht.
e Etwa Mitte März bis Mitte April.
f Eine Quelle des Judenhasses war es damals wie später, dass Israel sich von den Völkern, unter denen es lebte, absonderte und auch in der Fremde die Gesetze seines Gottes befolgte (was sich z. B. in der Beachtung bestimmter Nahrungsvorschriften auswirkt; vgl. Dan 1,8 und Sacherklärung »rein«).

3,1 1 Sam 15,8-9.32-33; Ex 17,14 S **3,8** Num 23,9; Dtn 4,5-8 **3,10** Gen 41,41 S **3,12** 1,22; 8,9

Palastbezirk von Susa wurde der Erlass bekannt
gemacht.

Darauf ließen sich der König und Haman zu einem
Trinkgelage nieder. Die ganze Stadt aber geriet in
große Aufregung.

Ester soll die Juden retten

4 Als Mordechai erfuhr, was vorgefallen war, zer-
riss er sein Gewand, band sich den Sack* um
und streute sich Asche auf den Kopf. So ging er durch
die Stadt und stieß laute, durchdringende Klagerufe
aus. 2 Er kam bis vor den Palastbezirk, den er jedoch
im Trauerschurz nicht betreten durfte.
3 Auch in allen Provinzen herrschte unter den
Juden große Trauer, nachdem der königliche Erlass
dort eingetroffen war. Sie fasteten*, weinten und
klagten und viele saßen im Sack in der Asche.
4 Die Dienerinnen und Diener Esters berichteten
ihrer Herrin von Mordechais Trauer. Ester war ganz
erschrocken und ließ Mordechai Kleider bringen,
damit er den Sack ablegen und zu ihr in den Palast
kommen konnte. Aber er wollte ihn nicht auszie-
hen. 5 Da schickte Ester den Eunuchen Hatach, den
der König ihr als Diener gegeben hatte, zu Morde-
chai hinaus. Er sollte ihr berichten, warum Morde-
chai sich so auffallend verhielt.
6 Hatach ging zu Mordechai auf den großen Platz
vor dem Palastbezirk. 7 Mordechai erzählte ihm
alles, was geschehen war, und nannte ihm auch
die Geldsumme, die Haman dem König für seine
Staatskasse versprochen hatte, wenn er die Juden
umbringen dürfte. 8 Er gab ihm eine Abschrift des
königlichen Erlasses, in dem die Ausrottung der
Juden befohlen wurde. Er sollte sie Ester zeigen
und sie dringend auffordern, zum König zu gehen
und für ihr Volk um Gnade zu bitten.
9 Hatach berichtete Ester alles, was Mordechai
ihm aufgetragen hatte. 10 Ester aber schickte den
Eunuchen noch einmal zu Mordechai und ließ ihm
sagen: 11 »Alle, die im Dienst des Königs stehen,
und alle seine Untertanen in den Provinzen des
Reiches kennen das unverbrüchliche Gesetz: Wer
ungerufen, ob Mann oder Frau, zum König in den
inneren Hof des Palastes geht, muss sterben. Nur
wenn der König ihm das goldene Zepter entgegen-
streckt, wird er am Leben gelassen. Mich hat der
König jetzt schon dreißig Tage nicht mehr zu sich
rufen lassen.«
12–13 Mordechai schickte Ester die Antwort: »Denk
nur nicht, dass du im Königspalast dein Leben retten
kannst, wenn alle anderen Juden umgebracht
werden! 14 Wenn du in dieser Stunde schweigst, wird
den Juden von anderswo her Hilfe und Rettung kom-
men. Aber du und deine Familie, ihr habt dann euer
Leben verwirkt und werdet zugrunde gehen. Wer
weiß, ob du nicht genau um dieser Gelegenheit wil-
len zur Königin erhoben worden bist?«
15 Da ließ Ester Mordechai die Antwort bringen:
16 »Geh und rufe alle Juden in Susa zusammen! Haltet
ein Fasten* für mich. Drei Tage lang sollt ihr nichts
essen und nichts trinken, auch nicht bei Nacht; und
ich werde zusammen mit meinen Dienerinnen das-
selbe tun. Dann gehe ich zum König, auch wenn
es gegen das Gesetz ist. Komme ich um, so komme
ich um!«
17 Mordechai ging und tat, was Ester ihm aufgetra-
gen hatte.

Ester sucht eine günstige Gelegenheit

5 Dann am dritten Tag legte Ester die königlichen
Gewänder an und ging in den inneren Hof des
Palastes, der direkt vor dem Thronsaal liegt. Der
König saß gerade auf seinem Thron, der offenen Saal-
tür gegenüber.
2 Da sah er auf einmal Königin Ester im Hof stehen.
Aber sie fand seine Gunst und er streckte ihr das gol-
dene Zepter entgegen, das er in der Hand hielt.
Ester trat heran und berührte die Spitze des Zep-
ters. 3 Der König fragte sie: »Was führt dich her,
Königin Ester? Was ist dein Wunsch? Ich gewähre
dir alles, bis zur Hälfte meines Königreiches!«
4 Ester antwortete: »Mein König, wenn es dir
recht ist, dann komm doch heute mit Haman zu
dem Mahl, das ich für dich vorbereitet habe.«
5 »Schnell, holt Haman herbei«, rief der König,
»damit wir Esters Einladung folgen!« So kam der
König mit Haman zu Esters Mahl.
6 Beim Wein fragte er sie: »Was ist nun dein
Wunsch? Ich erfülle ihn dir! Fordere, was du willst,
bis zur Hälfte meines Königreiches!«
7 Ester antwortete: »Ich habe eine große Bitte:
8 Wenn ich deine Gunst, mein König, gefunden habe
und wenn du so gnädig bist, mir meinen Wunsch zu
erfüllen, dann komm doch auch morgen mit Haman
zu dem Mahl, das ich für dich vorbereiten werde.
Dann will ich dir meinen Wunsch sagen.«

Haman will Mordechai aus dem Weg schaffen

9 Haman war in bester Laune, als er von dem Mahl
bei der Königin nach Hause ging. Doch im Tor
kam er an Mordechai vorbei, der nicht vor ihm auf-
stand und ihm nicht die geringste Ehrerbietung
erwies. Haman wurde von Wut gepackt, 10 aber er
ging weiter.

Zu Hause rief er seine Freunde und seine Frau
Seresch. 11 Er prahlte vor ihnen mit seinem Reichtum
und der großen Zahl seiner Söhne und strich voll
Stolz heraus, wie der König ihn ausgezeichnet und
über alle anderen Fürsten und Minister gestellt habe.

4,11 5,2; 8,4 **4,16** 2 Makk 13,10-12; Jes 58,5 S **5,2** 4,11 S **5,3** 5,6; 7,2; 9,12; Mk 6,23

12 »Und die Königin Ester«, fuhr er fort, »hat zu dem Mahl, das sie veranstaltet hat, außer dem König nur noch mich eingeladen und auch morgen soll ich zusammen mit dem König bei ihr essen. 13 Aber das alles ist mir vergällt, solange ich den Juden Mordechai im Tor des Palastbezirks sitzen sehe!«

14 Da rieten ihm seine Frau und seine Freunde: »Lass einen Galgen errichten, zwanzig Meter hoch, und lass dir vom König die Erlaubnis geben, Mordechai daran aufzuhängen. Danach kannst du unbeschwert mit dem König zum festlichen Mahl gehen.«

Haman fand den Vorschlag ausgezeichnet und gab sofort Befehl, den Galgen aufzurichten.

Haman muss Mordechai die höchste Ehre erweisen

6 Der König konnte in dieser Nacht nicht schlafen, deshalb ließ er die Chronik bringen, in der die wichtigen Ereignisse seiner Regierungszeit aufgeschrieben waren. Man las dem König daraus vor 2 und kam dabei zu der Stelle, wo berichtet wur-

»Es war in der Zeit, als König Xerxes über das Perserreich herrschte, ein Reich aus 127 Provinzen, das von Indien bis Äthiopien reichte.« (1,1) In den prachtvollen Bauten der Residenz entfaltete sich ein entsprechend großzügiger Lebensstil. Die Reliefs am Treppenaufgang des Xerxes-Palastes in Persepolis zeigen Diener, die Lebensmittel herbeischaffen.

6,2 2,21-22

de, wie Mordechai die Verschwörung der könig-
lichen Torwächter Bigtan und Teresch aufgedeckt
und König Xerxes das Leben gerettet hatte. 3 Der
König fragte: »Was für eine Belohnung, was für eine
Auszeichnung hat Mordechai dafür erhalten?«
»Keine«, antworteten die Diener des Königs.
4 »Wer ist da draußen im Hof?«, fragte der König.
Eben in diesem Augenblick war nämlich Haman in
den äußeren Hof des Palastes getreten. Er wollte sich
vom König die Erlaubnis erbitten, Mordechai an den
Galgen zu hängen, den er errichtet hatte.
5 Die Diener antworteten dem König: »Es ist
Haman, der da draußen steht.«
»Ruft ihn herein«, befahl der König.
6 Als Haman eintrat, fragte der König ihn: »Was
kann ein König für jemand tun, dem er eine beson-
dere Ehre erweisen will?«
Haman dachte: »Da kann nur ich gemeint sein;
wen sonst sollte der König besonders ehren wollen?«
7 Deshalb antwortete er: »Für den Mann, dem der
König eine besondere Ehre erweisen will, 8 soll
man ein kostbares Gewand bringen, das sonst der
König selbst trägt, und ein Pferd mit dem königli-
chen Schmuck am Zaumzeug, das sonst der König
selbst reitet. 9 Man soll Pferd und Gewand einem
der höchsten Würdenträger des Königs übergeben,
damit dieser den Mann, den der König ehren will,
königlich kleidet und ihn auf dem Pferd des Königs
über den großen Platz der Stadt führt. Dabei soll er
vor dem zu Ehrenden hergehen und ausrufen: ›So
handelt der König an dem Mann, dem er eine beson-
dere Ehre erweisen will!‹«[a]
10 Da sagte der König zu Haman: »Nimm schnell
ein Gewand und ein Pferd, wie du sie beschrieben
hast! Ehre den Juden Mordechai, der in der Torhalle
des Palastbezirks sitzt, so wie du es vorgeschlagen
hast! Du musst alles genauso ausführen und darfst
nichts auslassen.«
11 Haman folgte dem Befehl des Königs, kleidete
Mordechai königlich, führte ihn auf dem Pferd des
Königs über den großen Platz und rief vor ihm aus:
»So handelt der König an dem Mann, dem er eine
besondere Ehre erweisen will!«
12 Danach kehrte Mordechai an seinen Platz im
Tor des Palastbezirks zurück. Haman aber eilte völlig
verstört, mit verhülltem Gesicht, nach Hause. 13 Dort
erzählte er seiner Frau und allen seinen Freunden,
was geschehen war. Diese seine klugen Ratgeber
sagten zu ihm: »Wenn Mordechai, mit dem dir das
passiert ist, zum Volk der Juden zählt, dann kannst
du aufgeben. Dein Untergang ist besiegelt.«

Ester enthüllt dem König ihre Herkunft

14 Noch während sie das sagten, kamen die Diener
des Königs, um Haman zum Mahl bei der Königin
7 abzuholen. 1 Der König und Haman fanden sich
dort ein. 2 Beim Wein richtete der König an Ester
dieselbe Frage wie am Tag zuvor: »Was ist nun dein
Wunsch, Königin Ester? Ich erfülle ihn dir! Fordere,
was du willst, bis zur Hälfte meines Königreiches!«
3 Die Königin antwortete ihm: »Wenn ich deine
Gunst, mein König, gefunden habe und du mir eine
Bitte erlauben willst, dann flehe ich um mein Leben
und um das Leben meines Volkes. 4 Man hat uns ver-
kauft, mich und mein Volk; man will uns töten, mor-
den, ausrotten! Würden wir nur der Freiheit beraubt
und als Sklaven verkauft, so hätte ich geschwiegen
und den König nicht damit belästigt.«
5 Da sagte König Xerxes, und er wandte sich dabei
an die Königin Ester: »Wer wagt so etwas? Wo ist der
Mann, der so schändliche Pläne ausheckt?«
6 Ester antwortete: »Unser Todfeind ist dieser böse
Haman hier!«
Haman blickte entsetzt auf den König und die
Königin. 7 Voll Zorn stand der König von der Tafel
auf und ging in den Schlosspark hinaus. Haman trat
auf Königin Ester zu und flehte um sein Leben. Er
spürte, dass der König schon seinen Tod beschlossen
hatte.

Haman kommt statt Mordechai an den Galgen

8 Als der König wieder in den Saal trat, fand er Haman
kniend vor dem Polster, auf dem Ester lag. Empört
rief er: »Jetzt tut er sogar der Königin Gewalt an,
und das in meinem Palast!«[b]
Kaum war das Wort aus dem Mund des Königs, da
verhüllten schon die Diener das Gesicht Hamans.[c]
9 Einer der königlichen Eunuchen*, Harbona, sagte:
»Da ist doch noch der Galgen, den Haman für Mor-
dechai, den Retter des Königs, errichten ließ! Er steht
auf Hamans eigenem Grundstück, er ist zwanzig
Meter hoch.«
»Hängt Haman daran auf!«, befahl der König.
10 So wurde Haman an den Galgen gehängt, den er
selbst für Mordechai bestimmt hatte.
Darauf legte sich der Zorn des Königs.

Die Juden dürfen ihren Mördern zuvorkommen

8 Noch am selben Tag schenkte König Xerxes der
Königin Ester das Haus und den Besitz des
Judenfeindes Haman. Er ließ Mordechai zu sich
rufen; denn Ester hatte ihm berichtet, dass er ihr
Pflegevater sei. 2 Der König zog seinen Siegelring,
den er Haman wieder abgenommen hatte, von der
Hand und überreichte ihn Mordechai. Ester machte
Mordechai zum Verwalter von Hamans Besitz.
3 Noch einmal wandte sich Ester an den König. Sie
warf sich vor seinem Thron nieder, weinte und

a Der Vorschlag erinnert an die Erhebung Josefs zum ersten Mann nach dem König (Gen 41,42-46). Diese Stellung hat offenbar Haman sich selbst zugedacht.
b Nach einem assyrischen Gesetz aus dem 12./11. Jh. v.Chr. durfte sich ein Höfling einer Frau des Königs höchstens auf sieben Schritte nähern.
c So verfährt man mit einem zum Tod Verurteilten.

6,9 Gen 41,42-43 **7,2** 5,3S **8,1** 2,7 **8,2** 3,10

a Siehe Anmerkung zu 3,1.
b Im 1. Monat (= März/April) war die Ausrottung der Juden auf den 12. Monat (= Februar/März) festgelegt worden (3,7.12-13).
c Mordechai hat jetzt die Stellung, die sein Gegner Haman für sich erträumt hatte (siehe 6,6-9 und die Anmerkung dazu).

flehte ihn an, die Ausführung des Verbrechens zu
verhüten, das Haman, dieser typische Nachfahre
Agags,[a] gegen die Juden geplant hatte.
4 Der König streckte ihr sein goldenes Zepter ent-
gegen, da stand sie auf, trat vor ihn 5 und sagte:
»Wenn es dem König recht ist, wenn ich seine Gunst
gefunden habe, wenn er mir wohlwill und mein Vor-
schlag ihm gefällt, dann veranlasse der König, dass
der Erlass widerrufen wird, den der Agagsnach-
komme Haman, der Sohn von Hammedata, aufge-
setzt hat, um die Juden in allen Provinzen des Rei-
ches auszurotten. 6 Ich kann es nicht mit ansehen,
wie das Unheil seinen Lauf nimmt und mein eigenes
Volk vernichtet wird.«
7 König Xerxes antwortete Königin Ester und dem
Juden Mordechai: »Ich habe Ester den ganzen Besitz
Hamans geschenkt und ihn selbst an den Galgen
hängen lassen, weil er die Juden vernichten wollte.
8 Aber ein Erlass, der im Namen des Königs abgefasst
und mit seinem Siegelring gesiegelt ist, lässt sich
nicht zurücknehmen. Ihr könnt jedoch in meinem
Namen und unter meinem Siegel eine weitere Verfü-
gung erlassen, um die Juden zu retten. Tut, was ihr
für richtig haltet!«
9 Mordechai ließ die Schreiber des Königs zusam-
menrufen – es war am 23. Tag des 3. Monats,[b] des
Monats Siwan* – und diktierte ihnen einen Erlass
an die Juden im ganzen Reich sowie an die Reichs-
fürsten* und die Statthalter und obersten Beamten
aller 127 Provinzen von Indien bis Äthiopien, jeweils
in der Schrift und Sprache des betreffenden Landes
und auch für die Juden in ihrer eigenen Schrift und
Sprache. 10 Der Erlass war im Namen des Königs
abgefasst; er wurde mit dem königlichen Siegel ver-
sehen und durch berittene Boten auf den schnellsten
Kurierpferden in alle Provinzen geschickt. Er ent-
hielt die Verfügung:

11 »Der König erlaubt den Juden in allen Städten sei-
nes Reiches, sich zum Schutz ihres Lebens zusam-
menzutun und alle zu töten, zu vernichten und aus-
zurotten, die ihnen und ihren Frauen und Kindern
Gewalt antun wollen – und zwar überall im Reich,
wo das vorkommt, unter allen Völkern und in allen
Provinzen. Der Besitz ihrer Feinde wird den Juden
zur Plünderung freigegeben. 12 Diese Erlaubnis gilt
für ein und denselben Tag in allen Provinzen des Rei-
ches, nämlich den 13. Tag des 12. Monats, des Monats
Adar*.«

13 In jeder Provinz sollte dieser Erlass öffentlich
bekannt gemacht werden und die Juden sollten sich
für diesen Tag rüsten, um sich an ihren Feinden zu
rächen. 14 In höchster Eile und auf den besten könig-
lichen Kurierpferden machten sich die Boten mit der
Anordnung des Königs auf den Weg. Auch im Palast-
bezirk von Susa wurde der königliche Erlass bekannt
gemacht.
15 Darauf trat Mordechai aus dem Palastbezirk,
gekleidet, wie es seiner hohen Stellung entsprach.
Er trug ein Gewand in violetter und weißer Farbe,
einen Mantel aus feinem weißem Leinen und pur-
purrotem Wollstoff und dazu eine große goldene
Krone.[c] Die Bewohner von Susa jubelten ihm zu.
16 Die Juden der Stadt waren von Glück und Freu-
de erfüllt und genossen die Ehre, die ihnen von allen
Seiten erwiesen wurde. 17 Auch überall in den Provin-
zen, in jeder Stadt, in der der Erlass des Königs ein-
traf, herrschte unter den Juden Freude und Jubel
und sie feierten das Ereignis mit Festtagen und fröh-
lichen Gelagen. Von den Nichtjuden gerieten viele
in große Furcht und traten zum Judentum über.

Die Juden vernichten ihre Feinde

9 Es kam der 13. Tag des 12. Monats, des Monats
Adar* – der Tag, an dem die Anordnungen des
königlichen Erlasses ausgeführt werden sollten.
Die Feinde der Juden hatten gehofft, an diesem
Tag über die Juden triumphieren zu können; aber
nun geschah es umgekehrt, dass die Juden über ihre
Feinde triumphierten. 2 In allen Städten im Reich des
Königs Xerxes, in denen Juden lebten, taten sich
diese zusammen und gingen gegen alle vor, die
ihnen schaden wollten. Niemand konnte sich gegen
sie behaupten, denn alle waren aus Furcht vor den
Juden wie gelähmt.
3 Aus Angst vor Mordechai stellten sich die Beam-
ten in den Provinzen, die Reichsfürsten*, die Statt-
halter und die Verwalter der Staatskasse auf die Seite
der Juden und unterstützten sie. 4 Denn es war über-
all bekannt geworden, welche Stellung Mordechai
am Königshof einnahm, und seine Macht nahm
immer noch zu.
5 Die Juden machten alle ihre Feinde mit dem
Schwert nieder und töteten sie; sie verfuhren mit
denen, die ihnen schaden wollten, ganz nach ihrem
Wunsch. 6 Im Palastbezirk von Susa erschlugen
sie 500 Männer, 7-10 außerdem die zehn Söhne des
Judenfeindes Haman, des Sohnes von Hammedata:
Parschandata, Dalfon, Aspata, Porata, Adalja,
Aridata, Parmaschta, Arisai, Aridai und Waje-
sata. Doch vergriffen sie sich nicht am Besitz ihrer
Feinde.
11 Noch am selben Tag wurde dem König die Zahl
der Männer gemeldet, die die Juden im Palastbezirk
getötet hatten. 12 Darauf sagte er zu Königin Ester:
»Allein im Palastbezirk haben die Juden 500 Mann
erschlagen, dazu auch die Söhne Hamans. Wie
viele werden es da in den Provinzen des Reiches
sein! Hast du jetzt noch eine Bitte? Ich will sie dir
erfüllen.«

8,4 4,11 S **8,8** 1,19 S **8,9** 1,22; 3,12 **8,11** 3,13 **8,15** 6,11; Dan 5,29 **9,12** 5,3 S

[13] Ester antwortete: »Wenn es dem König recht ist, soll den Juden in Susa auch morgen gestattet sein, was für heute erlaubt war. Und die Leichen der zehn Söhne Hamans sollen öffentlich aufgehängt werden.«

[14] Der König befahl, so zu verfahren, und ließ in Susa einen entsprechenden Erlass bekannt machen. Die Söhne Hamans wurden öffentlich aufgehängt. [15] Die Juden von Susa aber taten sich auch am 14. Tag des Monats zusammen und erschlugen in der Stadt 300 Mann. Sie vergriffen sich jedoch nicht an deren Besitz.

[16–17] Die Juden in den Provinzen des Reiches hatten sich am 13. Tag des Monats zusammengetan, um ihr Leben zu schützen, und 75000 ihrer Feinde getötet. So verschafften sie sich Ruhe und Sicherheit, aber am Besitz ihrer Feinde vergriffen sie sich nicht. Am 14. Tag des Monats unternahmen sie nichts mehr, sondern feierten ihre Rettung mit festlichen Gelagen. [18–19] Daher kommt es, dass die Juden in den Städten des Landes den 14. Tag des Monats Adar als Feiertag begehen, festliche Gelage halten und sich gegenseitig auserlesene Speisen zusenden. Die Juden von Susa jedoch waren zwei Tage lang gegen ihre Feinde vorgegangen und feierten erst den 15. Tag des Monats mit Festgelagen.

Einsetzung des Purim-Festes

[20] Mordechai schrieb die Ereignisse dieser Tage auf und schickte an alle Juden in allen Provinzen des Königs Xerxes, nah und fern, einen Brief. [21] Darin ordnete er an, jährlich den 14. und 15. Tag des Monats Adar* festlich zu begehen, [22] zur Erinnerung an die Tage, die ihnen Ruhe und Rettung vor ihren Feinden gebracht hatten, und an den Monat, in dem sich ihr Kummer in Freude und ihre Trauer in Jubel verwandelt hatte. An diesen beiden Tagen sollten die Juden festliche Gelage halten und sich gegenseitig auserlesene Speisen zusenden; außerdem sollten sie den Armen Geschenke machen.

[23] Die Juden folgten der Anordnung Mordechais und begingen von da an Jahr für Jahr das Fest, das sie damals nach ihrer Rettung gefeiert hatten. [24–26] Weil der Judenfeind Haman die Juden völlig vernichten wollte und zur Bestimmung des entscheidenden Tages das Pur – das ist das Los – geworfen hatte, bekam dieses Fest den Namen Purim. Als der Plan dem König bekannt geworden war, hatte er angeordnet und schriftlich bestätigt, dass die Vernichtung, die Haman den Juden zugedacht hatte, ihn selber treffen sollte und er und seine Söhne an den Galgen gehängt würden.

Aufgrund dessen, was sie erlebt hatten, und aufgrund von Mordechais Brief [27] machten die Juden es sich zur Pflicht, jährlich zur selben Zeit und nach festen Regeln diese beiden Tage zu begehen. Auch für ihre Nachkommen und alle Nichtjuden, die sich ihrer Gemeinschaft anschließen würden, sollte dieses Fest zur verbindlichen Einrichtung werden. [28] Für alle Zukunft sollten diese Tage die Erinnerung an das Geschehene wach halten; jede jüdische Familie sollte sie begehen, in welcher Provinz und Stadt sie auch lebte. Niemals sollte dieses Fest unter den Juden in Vergessenheit geraten.[a]

[29] Königin Ester, die Tochter von Abihajil, und der Jude Mordechai schrieben noch einen zweiten Brief über das Purim-Fest und gaben darin verbindliche Anweisungen für die Feier. [30] Der Brief richtete sich an alle Juden in den 127 Provinzen des Königs Xerxes und begann mit einem Friedenswunsch. [31] Seine Absicht war, die Anordnung, die Mordechai und die Königin gegeben hatten, noch einmal zu unterstreichen und die Juden an die von ihnen übernommene Verpflichtung zur Feier des Purim-Festes* zu erinnern. Diese Verpflichtung umfasste auch das Fasten* und Klagen, die dem Festmahl vorangehen sollten.

[32] Der Brief Esters erklärte alle diese Festvorschriften für verbindlich; sein Wortlaut wurde in einem besonderen Buch aufgezeichnet.

Mordechai als Beschützer der Juden

10 König Xerxes verpflichtete seine Untertanen im gesamten Reich, bis hin zu den fernsten Provinzen, zu Frondiensten.[b] [2] Seine übrigen Taten, in denen sich seine Macht und Stärke erwies, sind aufgezeichnet in der amtlichen Chronik der Könige von Medien und Persien. Dort ist auch genau beschrieben, zu welcher Stellung er Mordechai erhob. [3] Der Jude Mordechai war der erste Mann direkt nach dem König. Er stand in hohem Ansehen bei den Juden und war bei ihnen allen beliebt, weil er für sein Volk sorgte und sich stets für dessen Wohl einsetzte.

a Das Purimfest wird bis heute von den Juden gefeiert und hat in Brauchtum und Zeitpunkt manche Ähnlichkeit mit unserem Karneval. Auch die vorangehende Fastenzeit (Vers 31) erinnert daran.

b Es könnte sich auch um eine Sondersteuer handeln.

9,13-14 Dtn 21,22-23S **9,24-26** 3,7

Weisheit
Gebete, Lieder

Ijob (Hiob, Job)
Psalmen
Sprichwörter
Kohelet (Prediger)
Hoheslied

»Die Weisheit ruft auf den Straßen …: ›Alle, die auf mich hören, haben nichts zu befürchten, Not und Unglück bleiben ihnen erspart.‹« (Sprichwörter 1,20.33).

Weisheit, Gebete, Lieder

Die Bücher Ijob, Sprichwörter und Kohelet zählen zu einer Art von Literatur, die im Nahen Osten allgemein verbreitet war und unter dem Namen »Weisheitsliteratur« zusammengefasst wird. Hierzu gehören Sammlungen kurzer, prägnanter Aussprüche, die Ratschläge für menschliches Verhalten überhaupt oder für typische Situationen des Alltags geben wollen. Aussprüche dieser Art sind z. B. gesammelt im Buch der Sprichwörter und in einem Teil des Buches Kohelet. Zur Weisheitsliteratur gehören ferner Betrachtungen über die letzten Lebensfragen. Sie finden sich vor allem in den Dialogen des Buches Ijob und im Buch Kohelet.

Weisheit innerhalb und außerhalb der Bibel

Von solcher Art Weisheitsliteratur haben sich auch außerbiblisch viele Beispiele erhalten. Eines der bekanntesten ist die »Weisheit Amenemopes«. Eine Papyrus-Handschrift dieses Werkes ist in Theben in Ägypten gefunden worden. Es entstand ungefähr 1000 v. Chr., also kurz vor Salomo.
Ein besonderes Merkmal biblischer Weisheit ist die Beziehung menschlichen Verhaltens auf Gott. Das Buch Kohelet setzt sich mit der Sinnlosigkeit des Lebens, wenn man es rein menschlich betrachtet, auseinander.
Und es gibt als letzte Antwort: »Nimm Gott ernst und befolge seine Gebote!« Im Buch der Sprichwörter erscheint das Ernstnehmen Gottes und das Befolgen seiner Gebote als Ausgangspunkt; ohne dieses gibt es keine Weisheit.
Das Buch Ijob behandelt das Problem des Leidens: Wie kann der gute Gott das Leiden völlig unschuldiger Menschen zulassen? Die Frage wird anhand der Leidenserfahrung eines bestimmten Menschen, Ijob (oder Hiob bzw. Job), behandelt.
Die Psalmen und das Hohelied sind die einzigen Bücher, die durchgehend in dichterischer Form abgefasst sind. Doch gibt es viele poetische Stücke auch sonst in der Bibel, vor allem im Buch der Sprichwörter, im Buch Ijob und in den prophetischen Büchern.

Hebräische Dichtkunst

Die althebräische Poesie kennt keine gereimten Verse. Die poetische Form kommt zustande durch den Wechsel betonter und unbetonter Silben und durch das Ebenmaß der Zeilenlängen. Beides kann innerhalb bestimmter Grundmuster variiert werden.
Eine Eigenart der Gedichte besteht darin, dass die Zeilen paarweise einander zugeordnet werden, und zwar so, dass jeweils die zweite Zeile die Aussage der ersten aufnimmt und mit anderen Worten wiederholt:

»Was soll der Aufruhr unter den Völkern?
Wozu schmieden sie vergebliche Pläne?« (Psalm 2,1)

Manchmal fügt die zweite Zeile der Aussage der ersten etwas im gleichen Sinne hinzu, manchmal bringt sie einen Gegensatz wie hier:

»Manche schwören auf gepanzerte Wagen,
andere verlassen sich auf Pferde;
doch wir vertrauen auf den Herrn, unseren Gott!« (Psalm 20,8)

Poesie, die auf Reim, Rhythmus oder dichterischer Sprache beruht, verliert bei einer Übersetzung leicht an Schönheit. Weil hebräische Poesie aber stark von solcher Parallelanordnung sich ergänzender und kontrastierender Aussagen lebt, behält sie auch in der Übersetzung viel von ihrer ursprünglichen Kraft.
Gelegentlich arbeitet hebräische Poesie auch mit dem Gleichklang der Selbstlaute oder der Silben am Zeilenende, ebenso mit dem Refrain und mit Wortspielen. Eine beliebte Kunstform bestand darin, die einzelnen Zeilen oder Abschnitte eines Gedichts nacheinander mit Buchstaben in der Reihenfolge des Alphabets beginnen zu lassen. Das reifste Beispiel dieser Art liegt in Psalm 119 vor.
Die hier gebotene Übersetzung ahmt nicht die metrischen Formen des Originals nach, sondern bedient sich entsprechender Formen aus unserem eigenen Kulturkreis, weil unsere Reaktion auf sprachliche Formen durch eben diese Kultur bedingt ist.

Die Psalmen sind ursprünglich für den Gesang bestimmt und wurden oft von Instrumenten begleitet. Im Bild eine Harfe aus Ur.

Die Weisheitsliteratur beschäftigt sich mit Fragen des Alltags, mit menschlichen Beziehungen, mit dem Geschäftsleben.

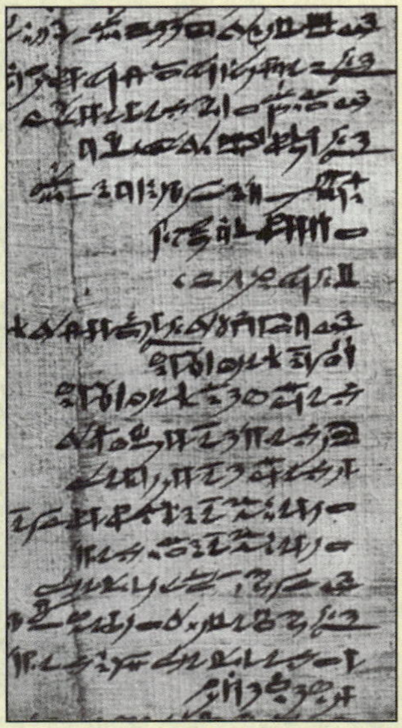

Ein Ausschnitt aus dem altägyptischen Buch der ›Weisheit Amenemopes‹.

IJOB

Das Buch Ijob (nach evangelischer Tradition Hiob, nach katholischer Job) gehört zu den schönsten Stücken der Weltliteratur. Der unbekannte Verfasser benutzt eine ältere Prosaerzählung (Kap 1–2 und 42,7-17) als Rahmen für ein großes Lehrgedicht. Darin geht es um einen frommen Mann, der durch eine Kette von Unglücksfällen alle seine Kinder und seinen ganzen Besitz verliert und dazu noch von einer abstoßenden Krankheit befallen wird. Seine drei Freunde besuchen ihn und wollen ihm die Ursache seines Unglücks begreiflich machen. Ausgangspunkt ihrer Reden ist der herkömmliche Glaube, Leiden sei die Strafe für Sünde. Ijob aber ist sich in seinem Leiden keiner Schuld bewusst. Darum wehrt er sich leidenschaftlich gegen die »Beweise« seiner Freunde und fragt nach dem Sinn seines schuldlosen Leidens. Das geschieht in einem dreimaligen Redewechsel. Schließlich fordert Ijob Gott zum öffentlichen Gerichtsverfahren heraus.
An dieser Stelle tritt ein vierter Freund auf. Auch für ihn steht Ijobs Schuld fest; aber er sieht in dessen Leiden keine Strafe, sondern Gottes Erziehung, durch die er Ijob vor Schlimmerem bewahren will.
Dann antwortet Gott selbst. Er bietet keine einsichtige Lösung an, sondern weist Ijob hin auf die Wunder und Geheimnisse seiner Schöpfung, in der so vieles widersprüchlich, sinn- und zwecklos scheint. Gott und sein Handeln sind für den Menschen undurchschaubar und unbegreiflich, weil menschliche Maßstäbe gegenüber Gott versagen. Vor dem heiligen Gott muss Ijob seine Begrenztheit als Geschöpf erkennen und anerkennen; darin zeigt sich die Lösung seiner Fragen.
Um etwas von der dichterischen Schönheit des Buches Ijob erkennen zu lassen und seinen Charakter als Lehrgedicht deutlich zu machen, benutzt diese Übersetzung den sog. Blankvers, den wir aus vielen klassischen Dramen kennen. Fünfmal folgen hier eine unbetonte und eine betonte Silbe aufeinander, mit einer möglichen unbetonten elften Silbe am Ende, z. B.: »Du léhnst es áb, wenn Gótt dich trösten wíll, wenn wír statt seiner rúhig mít dir réden.«

Inhaltsübersicht

IJOBS GLÜCK UND ERPROBUNG
(1,1–2,10)

Ijobs Frömmigkeit und Wohlstand

1 Im Land Uz* lebte einmal ein Mann namens
Ijob. Er war ein Vorbild an Rechtschaffenheit,
nahm Gott ernst und hielt sich von allem Bösen fern.
2 Seine Frau hatte ihm sieben Söhne und drei Töchter
geboren 3 und er besaß sehr viel Vieh: 7000 Schafe
und Ziegen, 3000 Kamele, 1000 Rinder und 500 Esel.
Dazu hatte er auch viele Knechte und Mägde. An
Wohlstand und Ansehen übertraf Ijob alle Männer
des Steppenlandes im Osten.
4 Seine Söhne hatten die Gewohnheit, reihum in
ihren Häusern Festessen zu veranstalten, an denen
alle Brüder teilnahmen. Auch ihre drei Schwestern
luden sie dazu ein und alle aßen und tranken miteinander.
5 Immer wenn eine solche Reihe von Festmählern
vorüber war, stand Ijob frühmorgens auf
und ließ seine Kinder holen. Für jedes von ihnen
brachte er ein Brandopfer* dar, um sie von Sünde
zu reinigen. Denn er sagte sich: »Vielleicht hat eines
von ihnen in Gedanken Gott beleidigt und ist
dadurch schuldig geworden.«

Ijobs Frömmigkeit in Zweifel gezogen

6 Eines Tages kamen die Gottessöhne* zur himmlischen
Ratsversammlung und jeder stellte sich an
seinen Platz vor dem HERRN.
Unter ihnen war auch der Satan*. 7 Der HERR
fragte ihn: »Was hast denn *du* gemacht?«
»Ich habe die Erde kreuz und quer durchstreift«,
antwortete der Satan.

1,1 Jer 25,20; Ez 14,14.20; Jak 5,11 **1,6** 2,1; 1 Kön 22,19-21; Ps 103,19-21; Offb 5,11; (Satan) 1 Chr 21,1; Sach 3,1-2; Offb 12,9-10

8 Der HERR fragte ihn: »Hast du auch meinen Diener Ijob gesehen? So wie ihn gibt es sonst keinen auf der Erde. Er ist ein Vorbild an Rechtschaffenheit, nimmt Gott ernst und hält sich von allem Bösen fern.«

9 Der Satan entgegnete: »Würde er dir gehorchen, wenn es sich für ihn nicht lohnte? 10 Du hast ihn und seine Familie und seinen ganzen Besitz vor jedem Schaden bewahrt. Du lässt alles gelingen, was er unternimmt, und sein Vieh füllt das ganze Land. 11 Taste doch einmal seinen Besitz an! Wetten, dass er dich dann öffentlich verflucht?«

12 Da sagte der HERR zum Satan: »Gut! Alles, was er besitzt, gebe ich in deine Gewalt. Aber ihn selbst darfst du nicht antasten!« Danach verließ der Satan die Ratsversammlung.

Ijob auf die Probe gestellt

13 Eines Tages waren die Kinder Ijobs wieder einmal im Haus ihres ältesten Bruders zusammen, um zu essen und Wein zu trinken.

14 Da kam ein Knecht zu Ijob gelaufen und meldete:[a] »Wir waren gerade mit den Rindern beim Pflügen und die Esel weideten ganz in der Nähe. 15 Da sind plötzlich Beduinen aus Saba über uns hergefallen. Sie haben alle Tiere mitgenommen und deine Knechte mit dem Schwert erschlagen. Ich allein konnte mich retten, um es dir zu sagen.«

16 Er hatte noch nicht ausgeredet, da kam schon ein anderer und sagte: »Feuer ist vom Himmel gefallen und hat die Schafe und Ziegen und ihre Hirten getötet. Ich allein konnte mich retten, um es dir zu sagen.«

17 Er hatte noch nicht ausgeredet, da kam schon der nächste und sagte: »Drei Horden von Nomaden[b] haben uns überfallen. Sie haben die Kamele gestohlen und deine Knechte erschlagen. Ich allein konnte mich retten, um es dir zu sagen.«

18 Er hatte noch nicht ausgeredet, da kam ein vierter und sagte: »Deine Kinder waren im Haus deines Ältesten zusammen, um zu essen und Wein zu trinken. 19 Da kam ein Sturm von der Wüste her und packte das Haus an allen vier Ecken. Es ist über den jungen Leuten zusammengestürzt und hat sie alle erschlagen. Ich allein konnte mich retten, um es dir zu sagen.«

20 Da stand Ijob auf, zerriss sein Gewand und schor sich den Kopf kahl. Dann warf er sich nieder, das Gesicht zur Erde, 21 und sagte:

»Nackt kam ich aus dem Schoß der Mutter,
nackt geh ich wieder von hier fort.
Der HERR hat gegeben
und der HERR hat genommen.
Ich will ihn preisen, was immer er tut!«

22 Trotz allem, was geschehen war, versündigte sich Ijob nicht. Er machte Gott keinen Vorwurf.

Ijob noch härter auf die Probe gestellt

2 Eines Tages kamen die Gottessöhne* wieder zur himmlischen Ratsversammlung und stellten sich vor dem HERRN auf. Auch der Satan* war wieder dabei.

2 Der HERR fragte ihn: »Was hast denn *du* gemacht?« »Ich habe die Erde kreuz und quer durchstreift«, antwortete der Satan.

3 Der HERR fragte: »Hast du auch meinen Diener Ijob gesehen? So wie ihn gibt es sonst keinen auf der Erde. Er ist ein Vorbild an Rechtschaffenheit, nimmt Gott ernst und hält sich von allem Bösen fern. Du hast mich ohne jeden Grund dazu überredet, ihn ins Unglück zu stürzen. Aber er ist mir treu geblieben.«

4 »Er hat ja keinen schlechten Tausch gemacht!«,[c] widersprach der Satan. »Ein Mensch ist bereit, seinen ganzen Besitz aufzugeben, wenn er dafür seine Haut retten kann. 5 Aber taste doch einmal ihn selber an! Wetten, dass er dich dann öffentlich verflucht?«

6 Da sagte der HERR zum Satan: »Gut! Ich gebe ihn in deine Gewalt. Aber sein Leben darfst du nicht antasten!«

7 Der Satan ging aus der Ratsversammlung hinaus und ließ an Ijobs Körper eiternde Geschwüre ausbrechen; von Kopf bis Fuß war er damit bedeckt. 8 Ijob setzte sich mitten in einen Aschenhaufen und kratzte mit einer Scherbe an seinen Geschwüren herum.

9 Seine Frau sagte zu ihm: »Willst du Gott jetzt immer noch die Treue halten? Verfluche ihn doch und stirb!«[d]

10 Aber Ijob antwortete: »Du redest ohne Verstand wie eine, die Gott nicht ernst nimmt! Wenn Gott uns Gutes schickt, nehmen wir es gerne an. Warum sollen wir dann nicht auch das Böse aus seiner Hand annehmen?«

Ijob war ein glücklicher Mann, und er war reich. Da brach eines Tages das Unglück über ihn herein. Räuberische Beduinen griffen seine Hirten an und trieben Esel und Kamele weg. Aber das war erst der Anfang. Im Bild ein Ausschnitt aus dem Feldzug Assurbanipals (669–627 v. Chr.) gegen die Araber.

a Die Unglücksmeldungen der Verse 14-19 sind die Grundlage für die Redewendung »Hiobsbotschaft«.
b *von Nomaden:* wörtlich *von Chaldäern*;* wahrscheinlich sind hier die nomadischen Vorfahren der späteren Eroberer Babyloniens gemeint.
c Wörtlich *Haut um Haut;* ein altes Sprichwort, das sich auf den Tauschhandel bezieht.
d Weil seine Frau nicht mit seiner Heilung rechnet, setzt sie ihm zu, mit diesem Fluch einen schnellen Tod auf sich herabzuziehen, um das langsame Sterben durch die Krankheit zu vermeiden. Im Übrigen rät sie genau zu dem, was der Satan erreichen möchte (Vers 5).

1,9 Ps 73,13 **1,11** 2,5 **1,20** Gen 37,34; Ez 27,30-31 **1,21** Ps 49,18; Koh 5,14; 1 Tim 6,7 **2,1** 1,6 **2,9** Tob 2,14

Trotz aller Schmerzen versündigte Ijob sich nicht. Er sagte kein Wort gegen Gott.

IJOBS AUSEINANDERSETZUNG MIT SEINEN FREUNDEN (2,11–28,28)

Ijobs Freunde besuchen ihn

11 Ijob hatte drei Freunde: Elifas aus Teman, Bildad aus Schuach und Zofar aus Naama.[a] Als sie von all dem Unglück hörten, das Ijob getroffen hatte, beschlossen sie, ihn zu besuchen. Sie wollten ihm ihr Mitgefühl zeigen und ihn trösten.

12 Sie sahen ihn schon von ferne, doch sie erkannten ihn nicht. Als sie näher kamen und sahen, dass er es war, fingen sie an, laut zu weinen. Sie zerrissen ihre Kleider und warfen Staub in die Luft und auf ihre Köpfe.

13 Dann setzten sie sich neben Ijob auf die Erde. Sieben Tage und sieben Nächte blieben sie so sitzen, ohne ein Wort zu sagen;[b] denn sie sahen, wie furchtbar Ijob litt.

Ijobs Klage: Wozu noch leben?

3 1–2 Ijob selbst brach schließlich das Schweigen. Er verfluchte den Tag seiner Geburt und sagte:

3 »Versunken und vergessen soll er sein,
der Tag, an dem ich einst geboren wurde,
und auch die Nacht, die sah, wie man mich zeugte![c]
4 Gott, mach doch diesen Tag zu Finsternis!
Streich ihn aus dem Gedächtnis, du dort oben,
und lass ihn niemals mehr das Licht erblicken![d]
5 Er war das Eigentum der Dunkelheit;
sie fordere ihn zurück, erschrecke ihn
mit Sonnenfinsternis und dichten Wolken!
6 Auch jene Nacht – das Dunkel soll sie holen,
damit sie nicht im Jahreslauf erscheint,
wenn man die Monate und Tage zählt.
7 Mach sie zu einer unfruchtbaren Nacht,
in der kein Jubelruf erklingen kann.
8 Die Zaubermeister sollen sie verwünschen,
die fähig sind, die Tage zu verfluchen,
und ohne Furcht den großen Drachen wecken.[e]
9 Kein Morgenstern soll ihr den Tag ankünden;
das Licht, auf das sie wartet, bleibe aus;
kein Strahl der Morgenröte soll sie treffen!
10 Sie hat den Schoß der Mutter nicht versperrt
und sie ist schuld an meinem ganzen Leid.

11 Wär ich doch gleich bei der Geburt gestorben
oder, noch besser, schon im Leib der Mutter!
12 Warum hat sie mich auf den Schoß genommen
und mich an ihren Brüsten trinken lassen?
13 Ich läge jetzt ganz still in meinem Grab,
ich hätte meine Ruhe, könnte schlafen,
14 zusammen mit den Königen und Ratsherrn,
die Pyramiden für sich bauen ließen,
15 und mit den Fürsten, die im Reichtum
schwammen,
in ihren Häusern Gold und Silber häuften.
16 Wie eine Fehlgeburt wär ich verscharrt,
wie Kinder, die die Sonne niemals sahen.
17 Im Grab kann auch der Böse nicht mehr toben,
der müde Fronarbeiter ruht dort aus.
18 Auch die Gefangenen sind dort in Frieden,
sie hören nicht mehr, wenn die Wächter schreien.
19 Ob Groß, ob Klein, dort sind sie alle gleich,
der Sklave ist dort frei von seinem HERRN.

20 Warum gibt Gott den Menschen Licht und Leben,
ein Leben voller Bitterkeit und Mühe?
21 Sie warten auf den Tod, doch der bleibt aus.
Sie suchen ihn viel mehr als alle Schätze.
22 Sie freuen sich auf ihren letzten Hügel
und jubeln beim Gedanken an ihr Grab.
23 Wohin mein Leben führt, ist mir verborgen,
mit einem Zaun hält Gott mich eingeschlossen.
24 Nur unter Stöhnen esse ich mein Brot,
mein Klagen hört nicht auf, es fließt wie Wasser.
25 Hab ich vor etwas Angst, so trifft es mich.
Wovor ich zittere, das kommt bestimmt.
26 Ich habe keinen Frieden, keine Ruhe,
nur Plage über Plage fällt mich an.«

Der erste Freund: Befolge deinen eigenen Rat!

4 Jetzt nahm Elifas von Teman das Wort:[f]

2 »Erträgst du es, wenn ich dir etwas sage?
Ich kann beim besten Willen nicht mehr schweigen!
3 Du hast doch viele Menschen unterwiesen
und schlaff gewordene Hände stark gemacht.
4 Wenn jemand strauchelte, du halfst ihm auf,
den weichen Knien gabst du Halt und Kraft.
5 Jetzt, wo du selber dran bist, wirst du schwach
und kannst dem Unglück nicht ins Auge sehen.
6 Hast du nicht Gott zu jeder Zeit geehrt?
War nicht dein Leben frei von jedem Tadel?
Dann könntest du doch Mut und Hoffnung haben!
7 Denk einmal nach: Ging je ein Mensch zugrunde,
der treu und ehrlich war und ohne Schuld?
8 Ich kann nur sagen, was ich selber sah:
Da pflügen Leute auf dem Feld der Bosheit,
sie säen Unheil – und das ernten sie!

9 Die solches tun, erregen Gottes Zorn,
der sie hinwegfegt wie ein heißer Sturm.
10 Die Unheilstifter brüllen wie die Löwen,

a Teman war eine edomitische Stadt, die für ihre Weisheit berühmt war (vgl. Jer 49,7); Schuach ist wahrscheinlich am oberen Eufrat zu suchen und Naama zwischen Beirut und Damaskus. Die drei Freunde kommen aus Süden, Osten und Norden und repräsentieren gleichsam die Weisheit der gesamten Welt.

b Die Freunde halten sich an die üblichen Trauerbräuche (Vers 12) und zeigen ihr Mitgefühl. Aber den erwarteten Trost geben sie Ijob nicht; stattdessen schweigen sie sieben Tage lang.

c Die beiden Tage der Geburt und der Zeugung werden hier nicht als einmalige Tage verstanden, sondern als Kalendertage, die jährlich wiederkehren (Vers 6). Beide sollen ausgelöscht werden, damit an ihnen nicht nochmals so ein Unglück geschieht und Ijobs eigene Zeugung und Geburt sozusagen rückgängig gemacht wird.

d Dahinter steht die Vorstellung, dass Gott jedem Tag das Licht verleiht und ihn so ins Dasein ruft. Ijob möchte die Erschaffung dieses Tages rückgängig machen.

e Die »Zaubermeister« sind Menschen, die mit ihren magischen Fähigkeiten einen Tag zum Unglückstag machen und sogar die Chaosmächte (*den großen Drachen;* vgl. die Sacherklärung »Leviatan«) entfesseln können.

f Elifas ist anscheinend der älteste der Freunde. Er hat eine lange Lebenserfahrung, die ihm große Sicherheit gibt. Darum spricht er ruhig und besonnen.

2,12 1,20 **3,3** 10,18; Jer 20,14-18 **3,16** 10,19 **3,19** 21,26 **3,21** 6,8-9; 7,15; 11,20; Sir 30,17; Offb 9,6 **3,24** Ps 42,4; 80,6; 102,10 **4,7** Ps 34,20-21; Spr 12,21; Sir 2,10; 2 Petr 2,9 **4,8** Spr 22,8; Sir 7,3; Gal 6,7

doch Gott bricht ihnen alle Zähne aus.
11 Sie gehen ein wie Löwen ohne Beute
und ihre Kinder werden weit zerstreut.

Beuge dich unter das allgemeine Menschenlos!

12 Ganz heimlich ist ein Wort zu mir gekommen,
wie leises Flüstern drang es an mein Ohr,
13 so wie ein Traum den Menschen überfällt
und ihm die Ruhe seines Schlafes raubt.
14 Das Grauen packte mich, ließ mich erschaudern,
ich zitterte vor Angst an allen Gliedern.
15 Ein kalter Hauch berührte mein Gesicht,
die Haare sträubten sich mir vor Entsetzen.
16 Vor meinen Augen sah ich etwas stehen,
doch konnt' ich nicht erkennen, was es war,
und eine leise Stimme hörte ich:
17 ›Wie kann ein Mensch vor seinem Gott bestehen?
Wie kann er schuldlos sein vor seinem Schöpfer?
18 Gott traut nicht einmal seinen eigenen Dienern,
selbst seinen Engeln* wirft er Fehler vor.
19 Meinst du, er traute dem Geschöpf aus Lehm,
das aus dem Staub hervorgegangen ist,
das man zerdrücken kann wie eine Motte?‹
20 Am Morgen munter, sind sie abends tot,
sie gehen dahin für immer, unbeachtet.
21 Wenn Gott die Seile ihres Zeltes löst,
ist ihre Zeit vorbei, sie müssen fort.[a]

5 Erheb doch Klage! Nimmt sie einer an?
An welchen Engel könntest du dich wenden?
2 Du bringst dich um mit deinem Aufbegehren!
So sinnlos kann doch nur ein Dummkopf handeln!
3 Zwar sah ich solche Leute sicher wohnen,
doch plötzlich stürzten ihre Häuser ein.[b]
4 Das Leben ihrer Kinder kennt kein Glück
und vor Gericht tritt niemand für sie ein.
5 Was sie geerntet haben, essen andere;
sie finden es im sichersten Versteck
und stürzen sich voll Habgier auf ihr Gut.

Wende dich an Gott!

6 Des Menschen Unglück wächst nicht aus der Erde,
und was ihm Not macht, trifft ihn nicht von außen.
7 Aus seinem eigenen Wesen kommt das Leid,°
so wie der Funkenwirbel aus dem Feuer.
8 Ging's mir wie dir, ich wüsste, was ich täte:
Ich brächte meine ganze Not vor Gott.
9 Er ist's, der Wunder tut, unzählbar viel,
so groß, dass wir sie nicht verstehen können.
10 Er lässt den Regen auf die Erde fallen,
damit das Wasser alle Felder tränkt.
11 Wer niedrig ist, den hebt er hoch hinauf;
wer weint und klagt, den lässt er Freude finden.
12–13 Er fängt die Listigen mit ihrer List;
was ihre klugen Köpfe stolz ersinnen,
das stellt er auf den Kopf und macht's zunichte.
14 Am hellen Mittag schlägt er sie mit Blindheit
und lässt sie tappen wie in dunkler Nacht.
15 Er hilft den Schwachen, schützt sie vor Verleumdung
und reißt sie aus der Hand der Unterdrücker.
16 Den Armen gibt er Zuversicht und Hoffnung,
jedoch den Bösen wird das Maul gestopft.

17 Wie glücklich ist der Mensch, den Gott zurechtweist!
Wenn er dich jetzt erzieht, lehn dich nicht auf!
18 Die Wunden, die er schlägt, verbindet er;
denn seine Hand schlägt zu, doch heilt sie auch.
19 Sooft dich auch das Unglück treffen mag,
er wird dir helfen und dem Schaden wehren.
20 In Hungerzeiten hält er dich am Leben,
im Krieg lässt er das Schwert nicht an dich kommen.
21 Er schützt dich vor dem Zischeln böser Zungen;[c]
du musst nichts fürchten, wenn das Unheil naht.
22 Gewalt und Hunger kannst du stolz verlachen;
vor wilden Tieren hast du keine Angst.
23 Auch auf dem freien Felde bist du sicher
und jedes Raubtier lässt dich dort in Frieden.
24 In Haus und Hof bleibt alles unversehrt,
auf deinen Weideplätzen fehlt kein Tier.
25 Du siehst, wie deine Kinderschar sich mehrt,
so zahlreich wie die Halme auf der Wiese.
26 In hohem Alter kommst du dann ins Grab,
so wie man Korn erst einfährt, wenn es reif ist.

27 Das alles, Ijob, haben wir erforscht.
Du solltest es dir merken, denn es stimmt!«[d]

Ijob: Aus mir spricht die Verzweiflung!

6 Ijob antwortete:
2 »Wenn jemand meinen Kummer wiegen wollte
und meine Leiden auf die Waage legte –
3 sie wären schwerer als der Sand am Meer.
Was Wunder, wenn ich wirre Reden führe!
4 Die Pfeile Gottes[e] haben mich getroffen
und meinen Geist mit ihrem Gift verstört.
Die Schrecken Gottes haben mich umzingelt,
ein Heer von Feinden, aufmarschiert zur Schlacht.
5 Kein Esel schreit auf saftig grüner Weide
und jeder Stier ist still, hat er sein Futter.
6 Doch wer mag ungesalzne Speisen essen?
Wem schmeckt der weiße Schleim von einem Ei?
7 Wie solche Nahrung mir ein Ekel ist,
genauso ungenießbar ist mein Leid![f]

8 Warum gibt Gott mir nicht, was ich erbitte?
Und warum tut er nicht, worauf ich warte?

a Der Rest des Verses ist schwer zu deuten; entweder *und sie wissen nicht wie* oder *und nicht in/mit Weisheit.*
b Wörtlich *Ich sah einen Toren Wurzeln schlagen, doch plötzlich verfluchte ich seine Stätte.*
c Nach der Anschauung der Menschen damals sagten Worte nicht nur etwas aus, sondern bewirkten das Ausgesagte. Verleumdung war besonders gefürchtet, weil sie fast als Verfluchung verstanden wurde.
d Elifas bestätigt mit seiner Rede die traditionelle Auffassung, dass so gut wie alles, was der Mensch erlebt, Folge seines eigenen Tuns ist. Ein Mensch, der Gott gehorcht, kann demnach Unglück höchstens als kurzfristige Erziehungsmaßnahme erfahren.
e Wörtlich *des Gewaltigen*.
f Der Vers ist nicht sicher zu deuten.

4,17 14,4; 15,14; 25,4; Ps 14,3; 143,2; Spr 20,9; Röm 3,10-12 **4,18** 15,15 **4,20** Ps 90,5-6 **5,3-5** 20,4-11 **5,9** 9,10; Ps 40,6 **5,11** Ps 75,8S **5,12-13** 37,24; 1 Kor 3,19 **5,14** Jes 59,9-10 **5,17** Dtn 8,5; Ps 94,12; 119,71; Spr 3,11-12; Hebr 12,5-6; Offb 3,19 **5,18** Dtn 32,39; Hos 6,1 **5,19** Ps 37,24; Spr 24,16 **5,20** Ps 33,19 **6,4** 16,12-13; Ps 38,3; Klgl 2,4; 3,12-13 **6,8-9** 3,21S

9 Wenn er sich doch entschlösse, mich zu töten
und mir den Lebensfaden abzuschneiden!
10 Darüber würde ich vor Freude springen,
das wäre mir ein Trost in aller Qual.
Was er, der Heilige, befohlen hat,
dagegen hab ich niemals rebelliert.
11 Woher nehm ich die Kraft, noch auszuhalten?
Wie kann ich leben ohne jede Hoffnung?
12 Ist etwa meine Kraft so fest wie Stein?
Sind meine Muskeln denn aus Erz gemacht?
13 Ich selber weiß mir keine Hilfe mehr,
ich sehe niemand, der mich retten könnte.
14 Wer so am Boden liegt, braucht treue Freunde,
dass er nicht aufhört, sich an Gott zu halten.[a]
15 Doch ihr enttäuscht mich wie die Steppenflüsse,
die trocken werden, wenn es nicht mehr regnet.
16 Wenn Eis und Schnee in Frühjahrswärme
schmelzen,
dann sind die Flüsse voll von trübem Wasser;
17 doch in der Sommerhitze schwinden sie,
ihr Bett liegt leer und trocken in der Glut.
18 Die Karawanen biegen ab vom Weg
und folgen ihnen, sterben in der Wüste.
19 Aus Tema und aus Saba[b] kamen sie,
sie spähten aus, sie wollten Wasser finden.
20 Doch ihr Vertrauen wurde nicht belohnt:
An leeren Flüssen endete die Hoffnung.
21 Für mich seid ihr genau wie diese Flüsse:
Weil ihr mein Unglück seht, weicht ihr zurück.
22 Hab ich vielleicht um ein Geschenk gebeten,
müsst ihr für mich denn irgendwen bestechen?
23 Sollt ihr Erpressern Lösegelder zahlen,
um mich aus ihren Händen freizukaufen?

24 Belehrt mich doch, dann will ich gerne schweigen.
Wo hab ich mich vergangen? Sagt es mir!
25 Durch Wahrheit bin ich leicht zu überzeugen,
doch euer Redeschwall beweist mir nichts![c]
26 Wollt ihr mich wegen meiner Worte tadeln
und merkt nicht, dass Verzweiflung aus mir spricht?
27 Ihr würdet noch um Waisenkinder würfeln
und euren besten Freund für Geld verschachern!
28 Seht mir doch einmal richtig in die Augen!
Wie käme ich dazu, euch anzulügen?
29 Hört auf zu richten, seid nicht ungerecht!
Noch habe ich das Recht auf meiner Seite!
30 Ich gehe nicht zu weit mit meinen Worten,
ich kann doch Recht und Unrecht unterscheiden!

Warum lässt Gott den Menschen nicht in Ruhe?

7 Sein ganzes Leben muss der Mensch sich quälen,
für große Mühe gibt's geringen Lohn.
2 Er gleicht dem Sklaven, der nach Schatten lechzt,
dem Knecht, der sehnlich auf den Abend wartet.
3 Auch mir ist solch ein Los zuteil geworden:
Sinnlos vergeht ein Monat nach dem andern,
und Nacht für Nacht verbringe ich mit Schmerzen.
4 Leg ich mich nieder, schleppen sich die Stunden;
ich wälze mich im Bett und kann nicht schlafen
und warte ungeduldig auf den Morgen.
5 Mein Körper fault und ist bedeckt mit Krusten,
die Haut bricht auf und eitert überall.
6 Ganz ohne Hoffnung schwinden meine Tage,
sie eilen schneller als ein Weberschiffchen.
7 Gott, denk an mich: Mein Leben ist ein Hauch;
mein Glück vergeht, ich seh es nie mehr wieder!
8 Noch siehst du mich, doch bald ist es zu spät;
blickst du dann wieder her, so bin ich fort.
9 Die Wolke löst sich auf und ist verschwunden;
genauso geht's dem Menschen, wenn er stirbt:
Vom Ort der Toten kommt er nicht zurück.[d]
10 Nie mehr betritt auf Erden er sein Haus,
und wer ihn kannte, wird ihn bald vergessen.

11 Deswegen werde ich den Mund nicht halten,
ich lasse meiner Zunge freien Lauf.
Was mich so bitter macht, das muss heraus!
12 Weshalb, Gott, lässt du mich so streng bewachen?
Bin ich das Meer? Bin ich ein Ungeheuer?[e]
13 Wenn ich auf meinem Lager Ruhe suche,
der Schlaf mir meine Schmerzen lindern soll,
14 dann quälst du mich mit schauerlichen Träumen
und ängstigst mich mit schlimmen
Schreckensbildern.
15 Mir wär es lieber, wenn du mich erwürgtest;
der Tod ist besser als ein solches Leben!
16 Ich bin es satt, ich mag nicht weiter kämpfen.
Mein ganzes Leben ist doch ohne Sinn.
17 Warum nimmst du den Menschen denn
so wichtig,[f]
dass du den Blick auf ihn gerichtet hältst?
18 Zur Rechenschaft ziehst du ihn jeden Morgen
und stellst ihn immer wieder auf die Probe.
19 Wann blickst du endlich weg, lässt mich in Ruhe,
so lang nur, dass ich einmal schlucken kann?[g]
20 Wenn ich gesündigt habe ohne Wissen,
was tat ich dir damit, du Menschenwächter?
Warum bin ich das Ziel für deine Pfeile?
Bin ich dir° wirklich so zur Last gefallen?
21 Kannst du denn meine Fehler nicht verzeihen
und meine Sünde einfach übersehen?
Nicht lange mehr, dann liege ich im Staub,
und suchst du mich, so bin ich nicht mehr da.«

Der zweite Freund: Lass dich warnen!

8 Da sagte Bildad von Schuach:[h]
2 »Wie lange willst du solche Reden führen?

a Der Vers ist nicht sicher zu deuten.
b Tema ist eine Oase im nördlichen Arabien, mit Saba ist das Gebiet der Sabäer in Südarabien gemeint.
c Ijob kann in seinem Leiden keinen Sinn erkennen und wehrt sich leidenschaftlich gegen die Verallgemeinerungen seiner Freunde. Er ist überzeugt, dass dies alles auf ihn nicht zutrifft.
d Ijob fürchtet, dass die ersehnte Hilfe (Vers 7: »Gott, denk an mich!«) zu spät kommt. Wenn er erst einmal tot ist, kann auch Gott nicht mehr helfen; vgl. Ps 88,6. Von einer Auferstehung wusste man damals noch nichts.
e Die Zeile ist eine Anspielung auf alte Erzählungen, nach denen Meer und Seeungeheuer gefangen gehalten werden, damit sie nicht entkommen und Schaden anrichten können; vgl. 38,8-11.
f Ijob greift Ps 8,5 auf, stellt das Zitat aber auf den Kopf: Was dem Beter dort Trost ist, macht Ijob nur Angst.
g Normalerweise wird der Blick Gottes als Segen empfunden (Num 6,25-26), Ijob empfindet ihn nur als Bedrohung.
h Bildad hat anscheinend weniger Lebenserfahrung als Elifas; darum beruft er sich immer wieder auf die überlieferten Lehren der Weisheit.

6,15 Jer 15,18 **6,24** 10,2; 13,23 **7,1** 14,1; Ps 39,5; Sir 40,1 **7,6** 9,25; Jes 38,12 **7,7** Ps 39,5-7 **7,9-10** 10,21; 14,12; Jak 4,14 **7,11** 10,1 **7,12** 9,13S **7,15** 3,21S **7,17** Ps 8,5; 144,3 **7,19** 14,6; 33,11; Ps 39,14; 139,1-12 **7,20** 6,4S; Num 15,22-29; Ps 19,13

Wann hörst du auf, hier so viel Wind zu machen?
[3] Denkst du im Ernst, dass Gott das Recht verdreht?
Meinst du, er hält sich nicht an sein Gesetz*?
[4] Nein, deine Kinder haben sich versündigt,
drum hat er sie bestraft, wie sie's verdienten.
[5] Du solltest dich bemühen, Gott zu suchen,
ihn, den Gewaltigen*, um Gnade bitten.
[6] Denn wenn du wirklich rein und schuldlos bist,
wird er dir ganz gewiss zu Hilfe kommen
und dir Besitz und Kinder wiedergeben.
[7] Was früher war, wird dir gering erscheinen,
wenn du am Ende Gottes Segen siehst.

[8] Frag nach der Weisheit früherer Geschlechter!
Was sie entdeckten, solltest du dir merken.
[9] Wir leben erst seit gestern, wissen nichts,
wie Schatten schwinden unsre Erdentage.
[10] Die Väter aber können dich belehren
aus ihrem Schatz gesammelter Erfahrung:
[11] Nur wo es sumpfig ist, kann Schilfrohr wachsen;
nur wo es Wasser gibt, wächst Riedgras auf;
[12] doch ist das Wasser fort, verdorren sie,
eh du sie schneiden und verwerten kannst.
[13] So geht es allen, die nach Gott nicht fragen.
Wer ohne Gott lebt, dem bleibt keine Hoffnung!
[14] Denn seine Sicherheit gleicht einem Faden
und sein Vertrauen einem Spinnennetz:
[15] Wenn du dich darauf stützt, dann gibt es nach;
hältst du dich daran fest, so hält es nicht.

[16] Im Sonnenlicht wächst er wie eine Pflanze,
die Ranken wuchern überall im Garten,
[17] die Wurzeln sind verflochten zwischen Steinen
und bohren sich hinab bis zu den Felsen.
[18] Doch wenn du sie dann aus dem Boden reißt,
weiß niemand mehr, wo sie gestanden hat.
[19] Genauso sieht das Glück der Bösen aus!
An ihrer Stelle kommen andere hoch.

[20] Die Unbescholtenen verlässt Gott nicht;
doch Übeltätern steht er niemals bei.
[21] Bestimmt wird er dich wieder lachen lassen
und deinen Mund mit frohem Jubel füllen.
[22] Doch deine Feinde ernten Schmach und Schande,
die Heimstatt solcher Menschen muss vergehn.«

Ijob: Gott ist eben der Stärkere

9 Ijob antwortete:
[2] »So ist es! Daran gibt es keinen Zweifel:
Kein Mensch kann Recht behalten gegen Gott!
[3] Bekäm er Lust, mit Gott zu prozessieren,
so würde der ihm tausend Fragen stellen,
auf die er auch nicht eine Antwort weiß.
[4] Gott ist so reich an Weisheit, Macht und Stärke!
Wer kann es wagen, *ihm* die Stirn zu bieten?
Er käme nicht mit heiler Haut davon!

[5] Ganz unversehens rückt Gott Berge fort,
und wenn er zornig wird, zerstört er sie.
[6] Gott stößt die Erde an und sie erbebt;
die Pfeiler, die sie tragen, lässt er schwanken.
[7] Wenn er's befiehlt, scheint keine Sonne mehr,
die Sterne kann er hindern aufzugehen.
[8] Allein hat Gott den Himmel ausgespannt,
nur er kann über Meereswellen schreiten.
[9] Gott schuf den Großen Bären, den Orion,
das Siebengestirn, den Sternenkranz des Südens.
[10] Gott ist's, der Wunder tut, unzählbar viele,
so groß, dass wir sie nicht verstehen können.

[11] Gott geht an mir vorbei – ich seh ihn nicht,
ich merke nicht, wie er vorübergeht.
[12] Er rafft hinweg und niemand hindert ihn.
Wer wagt zu fragen: ›He, was machst du da?‹[a]
[13] Gott muss nicht seinen Zorn in Schranken halten,
selbst Rahabs* Helfer hatten sich zu beugen.
[14] Wie könnte *ich* ihm dann entgegentreten,
wie rechte Worte finden gegen ihn?
[15] Ich bin im Recht und darf mein Recht
nicht fordern!
Soll ich ihn etwa noch um Gnade bitten,
ihn, der das Urteil schon beschlossen hat?

[16] Selbst wenn er sich dem Rechtsverfahren stellte –
dass er mich hören würde, glaub ich nicht.
[17] Gott sendet seinen Sturm und wirft mich nieder,
ganz ohne Grund schlägt er mir viele Wunden.
[18] Er lässt mich nicht einmal zu Atem kommen,
stattdessen füllt er mich mit Bitterkeit.
[19] Soll ich Gewalt anwenden? Er ist stärker!
Zieh ich ihn vor Gericht? Wer lädt ihn vor?
[20] Ich bin im Recht, ich habe keine Schuld,
doch was ich sage, muss mich schuldig sprechen.
[21–22] Mir ist jetzt alles gleich, drum sprech ich's aus,
selbst wenn ich meinen Kopf dafür riskiere:
Dass ich im Recht bin, hilft mir nichts bei ihm;
ob schuldig oder nicht – Gott bringt mich um![b]
[23] Wenn plötzlich eine Katastrophe kommt
und Menschen ohne Schuld getötet werden,
hat er für ihre Ängste nur ein Lachen.
[24] Gott hat die Erde Schurken übergeben
und alle Richter hat er blind gemacht.
Wenn er es nicht gewesen ist, wer dann?

[25] Mein Leben eilt noch schneller als ein Läufer,
nicht einer meiner Tage bringt mir Glück.
[26] Wie leichte Boote gleiten sie vorbei,
schnell wie der Sturz des Adlers auf die Beute.
[27] Wenn ich mir sage: ›Gib das Klagen auf,

a In den Versen 2-10 zeigt Ijob, dass auch er die Lehren der Weisheit kennt. Dann aber klagt er über die Aussichtslosigkeit seiner Lage gegenüber Gott, der seiner Meinung nach ganz willkürlich und unberechenbar handelt.
b Wörtlich (Vers 21:) *Lauter bin ich, nicht kümmert mich meine Seele, ich verachte mein Leben.* (Vers 22:) *Es ist eins! Darum sage ich: Er vernichtet den Vollkommenen und den Gesetzlosen.*

8,3 34,10-12; Dtn 32,4 **8,4** 1,4-5 **8,6-7** 42,10 **8,8-10** 15,18; Dtn 32,7; Sir 8,9 **8,13** 11,20; Jes 48,22 **8,22** Spr 14,11 **9,2-4** 13,18; 40,3-5; Ps 143,2 **9,5-7** Joël 2,10S **9,8** Jes 40,22S; Mk 6,48par **9,9** 38,31-32; Am 5,8 **9,10** 5,9 **9,11** Ex 33,18-23 **9,13** 7,12; 26,12; Ps 89,11; Jes 51,9 **9,25** 7,6

vergiss den ganzen Jammer, lach doch wieder!‹,
28 dann packt mich gleich die Angst vor neuen Qualen;
ich weiß es ja, Gott spricht mich doch nicht frei.
29 Er will mich unbedingt für schuldig halten.
Was hilft es, meine Unschuld zu beweisen?
30 Ich könnte mich mit reinstem Wasser waschen,
die Hände könnte ich mit Lauge säubern.
31 Dann würde er mich in ein Schlammloch tauchen,
sodass sich meine Kleider vor mir ekeln.
32 Ach, wäre Gott doch nur ein Mensch wie ich,
ich wüsste, welche Antwort ich ihm gäbe:
er müsste mit mir vor Gericht erscheinen!
33 Gäb es doch einen Schiedsmann zwischen uns,°
dem wir uns alle beide beugen müssten!
34 Dann dürfte Gott mich nicht mehr weiterprügeln
und würde mir nicht länger Angst einjagen.
35 Ich könnte reden, ohne mich zu fürchten.
Jedoch in meinem Fall geht Macht vor Recht!

Gott will mich schuldig sehen

10 Es ekelt mich vor diesem ganzen Leben,
drum halt ich meine Klage nicht zurück;
es muss heraus, was mich verzweifeln lässt!
2 Du kannst mich doch nicht einfach schuldig sprechen!
Gott, sag mir jetzt, was wirfst du mir denn vor?
3 Was bringt es dir, dass du so grausam bist?
Verachtest du, was du geschaffen hast,
und lässt gelingen, was Verbrecher planen?
4 Siehst du denn auch nicht mehr, als Menschen sehen,
und urteilst so beschränkt, wie wir es tun?
5 Dein Leben ist doch nicht wie unser Leben,
du zählst es nicht wie wir nach kurzen Jahren.[a]
6 Was suchst du dann so eilig meine Schuld
und spürst voll Eifer meinen Sünden nach,
7 obwohl du weißt, dass ich nicht schuldig bin
und niemand mich aus deiner Hand errettet?

8 Mit deinen Händen hast du mich gestaltet
und nun verschlingst du mich mit Haut und Haar.
9 Vergiss es nicht: Du formtest mich wie Ton.
Willst du mich jetzt in Staub zurückverwandeln?
10 Wie Milch hast du mich damals hingegossen,
im Mutterleib mich Form annehmen lassen.[b]
11 Mit Haut und Muskeln hast du mich umgeben,
aus Knochen und aus Sehnen mich geflochten.
12 Das Leben gabst du mir und deine Liebe;
dein Schutz bewahrte meinen Lebensgeist.
13 Und doch, ich weiß, dass du bei alledem
ganz im Geheimen etwas anderes plantest:
14 Du wolltest sehen, ob ich schuldig würde,
um mir dann jeden Fehler vorzuhalten.
15 Tu ich nun Unrecht, so ergeht's mir schlecht.
Tu ich das Rechte, lässt du's auch nicht gelten.
Von Schmach und Schande bin ich wie benommen.
16 Gelingt mir etwas und ich fühle Stolz,
so machst du wie ein Löwe Jagd auf mich
und ängstigst mich mit deiner Übermacht.
17 Dir fehlt es nie an Zeugen gegen mich,
damit du Grund hast, mir noch mehr zu grollen
und immer neue Strafen zu verhängen.[c]

18 Warum, Gott, hast du mich ans Licht geholt,
hervorgezogen aus dem Leib der Mutter?
Wär ich gestorben, eh' ein Mensch mich sah!
19 Vom Schoß der Mutter gleich hinein ins Grab,
das wäre so, als wär ich nie gewesen!
20 Ich habe nur noch kurze Zeit zu leben;
lass mich in Frieden diesen Rest genießen!
21 Bald geh ich fort ins dunkle Land der Toten,
aus dem es niemals eine Rückkehr gibt,
22 ins Land, wo Finsternis und Chaos herrschen
und selbst das Licht so schwarz ist wie die Nacht.«

Der dritte Freund: Du bist schuldig, Gott ist im Recht!

11 Da sagte Zofar von Naama:[d]
2 »Soll dieser Unsinn ohne Antwort bleiben?
Hat einer Recht, nur weil er dauernd redet?
3 Meinst du, dass dein Geschwätz uns mundtot macht,
wir auf dein Spotten nichts erwidern können?
4 Du hast behauptet, was du sagst, sei wahr,
vor Gottes Augen seist du ohne Schuld.
5 Ich wünschte nur, dass Gott jetzt selber spräche
und dir darauf die rechte Antwort gäbe!
6 Er würde dir sein Handeln offenbaren,
das unserm Wissen unbegreiflich ist.
Dann würdest du sehr schnell zur Einsicht kommen,
wie viel von deiner Schuld dir Gott erlässt.

7 Die Tiefen Gottes, kannst du sie ergründen?
Kennst du die Größe des Gewaltigen*?
8 Gott reicht noch höher als der Himmelsdom,°
zu dessen Grenze du nie hingelangst.
Gott reicht noch tiefer als die Totenwelt*,
von der du doch so gut wie gar nichts weißt.
9 Gott ist viel größer als die ganze Erde,
viel breiter als das ganze weite Meer.
10 Holt er den Schuldigen vor sein Gericht,
so gibt es niemand, der ihn daran hindert.
11 Er kennt die Taugenichtse und ihr Treiben,
das Unrecht kann sich nicht vor ihm verstecken.[e]
12 Jedoch ein Dummkopf kommt erst dann zur Einsicht,
wenn wilde Esel zahm geboren werden![f]

a Weil Gott nicht schwach und sterblich ist, müsste er doch großzügig sein und nicht so kleinliche Maßstäbe anlegen wie der Mensch.
b Wörtlich *mich wie Käse gerinnen lassen.* Nach alter Auffassung stellte man sich das Werden des Embryos als einen Gerinnungsvorgang vor; vgl. Weish 7,1-2.
c *Strafen ...:* wörtlich *Ablösungen und ein Heer gegen mich (zu schicken).*
d Zofar geht auf Ijobs Lage gar nicht ein, er reagiert empört und redet in heftiger Erregung.
e Die Zeile ist nicht sicher zu deuten; wörtlich *er sieht das Böse, ohne dass er Acht gibt* (= Acht geben muss).
f Der Vers ist nicht sicher zu deuten.

9,29-30 Jer 2,22; Dtn 21,6-8 S **10,1** 7,11 **10,2** 6,24 **10,4** 1 Sam 16,7 **10,8-9** Gen 2,7; 3,19 **10,18** 3,3 S **10,20** 7,7 **10,21** 7,9-10 **11,4** 10,7; 16,17; 27,6; 33,9 **11,5** 38,1 **11,7** Röm 11,33

a Nachdem Zofar seiner Empörung Luft gemacht hat, gibt er Ijob ermahnende Belehrung: Wenn dieser sich raten lässt, wird alles wieder gut; wenn nicht, dann gibt es keine Hoffnung für ihn (Vers 20).
b Mit beißender Ironie wendet sich Ijob gegen die Rechthaberei seiner Freunde. Sie sagen nur, was er selber weiß, und gehen mit keinem Wort auf seine verzweifelte Notlage ein.
c Die Verse 4-6 sind nicht Ijobs Klage über sein eigenes Leid, sondern Anklage gegen seine Freunde: Weil sie in Glück und Frieden leben, glauben sie, Gott auf ihrer Seite zu haben.
d In den Versen 14-25 wird gezeigt, dass Gott in seiner Macht und Weisheit alles umkehren kann, was der Mensch für das Höchste seiner eigenen Macht und Weisheit hält. Sie sind eine schöne Illustration für das, was Paulus in 1 Kor 1,27-29 zu diesem Thema sagt.
e *Fesseln* mit alten Übersetzungen; H *Züchtigung.*
f Ijob wirft den Freunden vor, dass sie aus unlauteren Motiven gegen ihn und für Gott Partei ergreifen. Das hat Gott nicht nötig; er braucht keinen Anwalt.

13 Du, Ijob, musst dein Herz zu Gott hinwenden
und deine Hände ihm entgegenstrecken.[a]
14 Doch reinige sie erst von allem Unrecht
und lass in deinem Haus nichts Böses zu.
15 Dann kannst du frei von Schuld den Blick erheben;
dann stehst du fest und brauchst dich nicht
zu fürchten.
16 Das Unheil, das dich traf, kannst du vergessen
wie Wasserfluten, die verlaufen sind.
17 Dein Leben zeigt sich dann in neuem Licht
und strahlt noch heller als die Mittagssonne;
nach aller Dunkelheit kommt Morgenglanz.
18 Du lebst in Sicherheit, mit neuer Hoffnung;
du bist beschämt, doch kannst du ruhig schlafen.
19 In deinem Frieden wird dich niemand stören,
doch viele werden kommen, dir zu schmeicheln.
20 Den Bösen aber bleibt nur die Verzweiflung,
sie suchen Zuflucht, ohne sie zu finden,
und ihre einzige Hoffnung ist der Tod.«

Ijob: Was Gott tut, ist unbegreiflich

12 Ijob antwortete:
2 »So ist's! Was seid ihr doch für kluge Leute!
Mit euch stirbt ganz bestimmt die Weisheit* aus!
3 Doch ich bin auch nicht auf den Kopf gefallen,
ich hab genauso viel Verstand wie ihr!
Was ihr gesagt habt, könnte jeder sagen![b]
4 Obwohl ich mir nichts vorzuwerfen habe,
muss ich mir diesen Hohn gefallen lassen,
den meine eigenen Freunde auf mich schütten.
Ich schrei zu Gott, der mich sonst stets erhörte!
5 Wer Schaden hat, muss für den Spott nicht sorgen;
das tun die anderen, denen alles glückt.
Und wer schon wankt, bekommt noch einen Tritt.
6 Die Unheilstifter leben stets in Frieden;
wer Gott zum Zorn reizt, ist in Sicherheit.
Sie haben es geschafft, Gott einzufangen.[c]

7 Du kannst das Vieh und auch die Vögel fragen,
sie würden dir die rechte Auskunft geben.
8 Die Erde sagt es dir, wenn du sie fragst,
die Fische wüssten es dir zu erzählen.
9 Die ganze Schöpfung weiß es, spricht es aus:
›Dies alles hat die Hand des Herrn* gemacht!‹
10 Von seiner Macht hängt jedes Leben ab,
der Atem aller Menschen kommt von ihm.

11 Der Gaumen prüft, ob eine Speise schmeckt;
genauso muss das Ohr die Worte prüfen.
12 Es heißt, die alten Leute hätten Weisheit,
ihr hohes Alter gäbe ihnen Einsicht.
13 Bei Gott ist wirklich Weisheit, Rat und Einsicht
und auch die Macht, Geplantes auszuführen.
14 Was Gott in Trümmer legt, baut niemand auf;
wen er gefangen setzt, der kommt nicht frei.[d]
15 Hält er den Regen auf, wird alles trocken;
lässt er ihn los, zerwühlt die Flut das Land.
16 Gott hat die Macht und überlegenes Wissen,
Verführte und Verführer sind sein Werk.
17 Die klugen Ratsherrn lässt er ratlos werden,
die Rechtsgelehrten leere Sprüche reden.
18 Die Fesseln[e] harter Herrscher löst er auf
und führt sie selber in Gefangenschaft.
19 Sogar den Priestern nimmt er Amt und Würden;
die ältesten Geschlechter löscht er aus.
20 Berühmte Redner bringt er jäh zum Schweigen,
den Alten nimmt er ihre Urteilskraft.
21 Gott lässt Geachtete verächtlich werden
und starke Helden macht er plötzlich wehrlos.
22 Er zieht die dunkle Decke von den Tiefen
und bringt die Finsternis ins helle Licht.
23 Gott lässt Nationen wachsen und vergehen,
er macht sie stark – und tilgt sie wieder aus.
24 Aus ihren Führern lässt er Narren werden,
die keinen Weg mehr aus der Wüste finden,
25 die ohne Licht im Dunkeln um sich tasten
und sich verirren wie Betrunkene.

Wenn ihr doch schweigen würdet!

13 Was ihr so redet, hab ich längst gehört, ich hab
es selbst gesehn und mir gemerkt.
2 Was ihr da wisst, das weiß ich allemal,
darin nehm ich es gerne mit euch auf!
3 Doch nicht mit euch, mit Gott hab ich zu reden;
mit dem Gewaltigen* lieg ich im Streit!
4 Ihr selbst seid ratlos, deckt es zu mit Lügen;
Kurpfuscher seid ihr, die nicht heilen können!
5 Es wäre besser, wenn ihr schweigen würdet,
dann könnte man euch noch für weise halten!

6 Hört zu, damit ich euch mein Recht beweise!
Macht eure Ohren auf für meine Worte!
7 Tut ihr's für Gott, wenn ihr so schamlos lügt?
Wollt ihr zu seinen Gunsten mich betrügen?
8 Warum ergreift ihr denn Partei für ihn?
Müsst ihr ihn etwa vor Gericht vertreten?[f]
9 Wie wäre es, wenn er euch jetzt verhörte?
Lässt Gott sich von euch täuschen wie ein Mensch?
10 Er wird euch ganz gewiss zur Rede stellen,
wenn ihr geheimen Vorurteilen folgt.
11 Erschreckt ihr nicht vor seiner Majestät?
Schon der Gedanke müsste euch erschüttern!
12 Wie Staub im Wind sind eure weisen Sprüche
und eure Gründe halten stand wie Ton.

13 Seid still, lasst mich in Ruh! Jetzt rede ich!
Was daraus wird, das ist mir völlig gleich!
14 Und wenn ich mich um Kopf und Kragen rede:

11,13 Ps 88,10; 1 Kön 8,38-39 **11,17** Jes 58,8; Ps 97,11 **11,20** 3,21 S **12,3** 13,2; 2 Kor 11,5-6 **12,4** 11,4 S **12,6** 21,7; Ps 73,3-12; Jer 12,1-2 **12,7** 38,39–39,30; Mt 6,26-30par **12,10** 34,14-15; Gen 2,7; Apg 17,25.28 **12,12** 8,8-10 S **12,16** 1 Kön 22,20-23 **12,19** 1 Sam 2,30-32 **12,21** 1 Sam 17,45-47 **13,2** 12,3 **13,5** Spr 17,28 **13,7** 42,7

Ich bin bereit, mein Leben zu riskieren.[a]
15 Gott wird mich töten, darauf warte ich;
doch erst will ich vor ihm mein Recht behaupten.
16 Vor ihm zu stehen wär für mich schon Rettung;
denn Heuchler kommen nicht in seine Nähe.
17 Nun hört euch an, was ich zu sagen habe,
dass ihr begreift, was ich erklären will!

18 Ich bin bereit, den Rechtsfall vorzutragen.
Ich bin im Recht, das weiß ich ganz genau!
19 Wer hätte Aussicht, mich zu Fall zu bringen?
Dann wollt' ich gerne schweigen und auch sterben!
20 Nur dies, mein Gott, erbitte ich von dir,
damit ich offen vor dich treten kann:[b]
21 Zieh deine schwere Hand von mir zurück
und fülle mich nicht mehr mit Angst und Schrecken.
22 Dann klage an und ich will Rede stehen;
oder ich frage dich und du gibst Antwort.

23 Wie viele Sünden habe ich begangen?
Wie groß ist meine Schuldenlast bei dir?
24 Weshalb siehst du mich nicht mehr freundlich an
und tust, als wäre ich dein Feind geworden?
25 Was bin ich denn? Ein abgefallenes Blatt,
ein dürrer Strohhalm, fortgeweht vom Wind.
Doch ständig scheuchst du mich und jagst mir nach!
26 Zu harten Strafen hast du mich verurteilt,
kein Fehler meiner Jugend ist vergessen!
27 Du lässt nicht zu, dass ich mich frei bewege,[c]
argwöhnisch überwachst du jeden Schritt,
selbst meine Fußspur zeichnest du dir auf.
28 Deshalb zerfalle ich[d] wie faules Holz,
wie ein von Motten angefressenes Kleid.

Gott lässt dem Menschen keine Hoffnung

14 Was ist der Mensch, von einer Frau geboren?
Sein Leben ist nur kurz, doch voller Unrast.
2 Wie eine Blume blüht er und verwelkt,
so wie ein Schatten ist er plötzlich fort.
3 Und trotzdem lässt du ihn nicht aus den Augen,
du ziehst ihn vor Gericht, verurteilst ihn!
4 Du musst doch wissen, dass er unrein ist,
dass niemals etwas Reines von ihm ausgeht!
5 Im Voraus setzt du fest, wie alt er wird,
auf Tag und Monat hast du es beschlossen.
Du selbst bestimmst die Grenzen seines Lebens,
er kann und darf sie niemals überschreiten.
6 Darum blick weg von ihm, lass ihn in Ruhe[e]
und gönne ihm sein bisschen Lebensfreude![f]

7 Für einen Baum gibt es noch eine Hoffnung:
Wenn man ihn fällt, dann schlägt er wieder aus.
8 Selbst wenn die Wurzeln in der Erde altern,
der Stumpf im Boden abstirbt und verdorrt
9 er muss nur ein klein wenig Wasser spüren,
dann treibt er wieder wie ein junges Bäumchen.
10 Doch stirbt ein Mensch, so ist es mit ihm aus.
Wenn er gestorben ist, wo bleibt er dann?
11 Vielleicht geschieht's, dass Ströme nicht mehr fließen,
dass auch das Wasser aus dem Meer verschwindet;
12 doch tote Menschen stehen nicht mehr auf,
sie werden nie aus ihrem Schlaf erwachen.
Noch eher stürzt der ganze Himmel ein!

13 Verbirg mich doch dort unten bei den Toten,
versteck mich, bis dein Zorn vorüber ist!
Bestimme doch, wie lang ich warten muss,
bis du mir deine Güte wieder zeigst.[g]
14 Doch kommt ein Toter je zurück ins Leben?
Ich hielte gerne diese Qualen aus,
wenn ich auf bessere Zeiten hoffen könnte.
15 Du würdest rufen, ich dir Antwort geben.
Du würdest wieder Freude an mir haben
und daran denken, dass ich dein Geschöpf bin.
16 Du würdest alle meine Schritte zählen,
doch keine Liste meiner Sünden führen.
17 Für immer würdest du die Schuld verschließen,
du decktest alle meine Fehler zu.

18 Jedoch auch Berge stürzen ein, zerfallen,
und Felsen rücken fort von ihrer Stätte;
19 das Wasser kann den harten Stein zerreiben,
Sturzregen schwemmt den Ackerboden fort.
So lässt du unsere Hoffnung untergehen!
20 Du zwingst den Menschen nieder mit Gewalt,
machst seine Züge starr und fremd im Tod
und schickst ihn fort – er kommt nie mehr zurück.
21 Wenn seine Kinder hier zu Ehren kommen
oder in Schande stürzen, weiß er's nicht.
22 Was er noch fühlt, ist nur die eigene Ohnmacht
und trauern kann er nur noch um sich selbst.«

Der erste Freund: Kein Mensch ist schuldlos

15 Da sagte Elifas von Teman:
2–3 »Das alles, Ijob, ist doch nichts als Wind!
Was du da von dir gibst, sind leere Worte!
Hat einer wirklich Weisheit* und Verstand,
wird er nicht sinnlos oder unnütz reden.
4 Du untergräbst das Fundament des Glaubens,
machst frommes Leben ganz und gar unmöglich!
5 Es ist die Schuld, die dich so reden lässt,
auch wenn du sie mit schlauen Worten leugnest.
6 Dein eigener Mund verurteilt dich, nicht ich;
du selbst belastest dich mit jedem Wort.[h]

a Der Einzige, von dem Ijob Recht erwarten kann, ist Gott; darum fordert er ihn zum öffentlichen Rechtsverfahren heraus. Aber er weiß auch, wie gefährlich das ist.
b Ijob fühlt sich unter Druck; ein Prozess mit Gott aber ist nur möglich, wenn er frei von diesem Gefühl seine Argumente vortragen kann.
c Wörtlich *Du legst meine Füße in den Block**.
d Wörtlich *Und er zerfällt.*
e Ijob beklagt sich, dass Gott das an sich schon kurze Menschenleben durch ständige Überwachung geradezu unerträglich macht.
f Die Zeile wörtlich *damit er wie ein Tagelöhner seinen Tag* (= den kleinen Rest nach der Arbeit) *genießen kann.*
g Ijob kann den grundlosen Zorn Gottes nicht verstehen. Darum appelliert er an den gütigen Gott, den er kennt, damit dieser ihn in der Totenwelt so lange verberge, bis der Zorn vorüber ist. Er malt sich aus, wie friedlich sein Leben hinterher wieder sein könnte; Verse 15-17. Doch in den folgenden Versen (18-22) klagt er über die Unerfüllbarkeit dieses Wunsches.
h Elifas hat die Hoffnung aufgegeben, Ijob zur Einsicht in seine Schuld bewegen zu können. Darum wird aus dem ruhigen Mahner nun ein Ankläger. Grundlage des Glaubens (Vers 4) ist, dass Gott nie gegen das Recht verstößt. Weil Ijob das bestreitet, muss er schuldig geworden sein und will seine eigene Schuld Gott zuschieben.

13,15 14,20; 17,15-16 **13,18** 9,2-4S **13,22** 31,35; 38,2; 40,7 **13,24** 19,11; 22,21; 33,10 **13,26** Ps 25,7 **14,1** 7,1S; Ps 39,5-7S **14,2** 8,9; Ps 90,5-6S **14,4** 4,17S; Jes 64,5; Sir 34,4 **14,5** Ps 39,5-6 **14,6** 7,19S **14,12** 7,9-10

7 Bist du als erster Mensch geboren worden?
Warst du schon da, als Gott die Berge schuf?
8 Gehörtest du zu seiner Ratsversammlung
und bist in seine Pläne eingeweiht?
9 Von welchen Dingen weißt du mehr als wir?
Was kennst du, das uns fremd geblieben ist?
10 Im Kreis der Weisen* gibt's ergraute Männer,
die älter wurden als dein eigener Vater.

11 Du lehnst es ab, wenn Gott dich trösten will,
wenn wir statt seiner ruhig mit dir reden.
12 Warum nur regst du dich so schrecklich auf
und lässt so wütend deine Augen rollen?
13 Du richtest deinen Ärger gegen Gott
und klagst ihn an mit lästerlichen Worten.
14 Meinst du im Ernst, es gäbe einen Menschen,
der rein und schuldlos ist vor seinem Gott?
15 Nicht einmal seinen Engeln[a] kann er trauen,
und auch der Himmel ist für ihn nicht rein.
16 Der Mensch gar ist abscheulich und verdorben;
das Unrecht ist ihm ebenso alltäglich,
wie wenn er einen Becher Wasser trinkt.

17 Ich will dich unterweisen, hör mir zu!
Was ich gesehen habe, sag ich dir.
18 Von weisen Leuten hab ich es gelernt
und diese hatten es von ihren Vätern.
19 Das Land[b] gehörte ihnen noch allein,
kein Fremder konnte sie von Gott abbringen.[c]

20 Der skrupellose Unterdrücker zittert
sein Leben lang aus Angst vorm letzten Tag.[d]
21 In seinen Ohren gellen Schreckensstimmen;
im tiefsten Frieden wartet er auf Räuber;
22 er hofft nicht mehr, dem Dunkel zu entrinnen;
das Schwert scheint über seinem Kopf zu schweben;
23 schon sieht er Geier seinen Leichnam fressen.°
Er weiß, der Untergang° ist ihm gewiss;
der Tag der Finsternis 24 stürzt ihn in Schrecken;
verzweiflungsvolle Angst rückt auf ihn zu,
bereit zum Angriff wie ein starker König.
25 So geht's dem Mann, der seine Fäuste ballt,
Gott, dem Gewaltigen*, den Krieg erklärt.
26–27 Weil er von Kraft und von Gesundheit strotzt,
nimmt er den großen, schweren Schild zur Hand
und macht den Nacken steif zum Sturm auf Gott.
28 Er zieht in Häuser, die verlassen wurden,
baut Städte auf, die Trümmer bleiben sollten,
und fürchtet nicht den Fluch, der darauf lastet.
So trotzt er Gott und fordert ihn heraus.[e]

a Wörtlich *Heiligen.*
b Es ist nicht deutlich, von welchem *Land* Elifas redet – von seiner Heimat Teman oder von Israel. Die Israeliten lebten zu allen Zeiten in ihrem Land mit Fremden zusammen.
c *konnte sie ...:* wörtlich *zog unter ihnen umher.*
d In den Versen 20–35 malt Elifas aus, was Ijob zu erwarten hat, wenn er sein Verhalten nicht ändert.
e *und fürchtet nicht ...:* verdeutlichender Zusatz; vgl. Jos 6,26; 1 Kön 16,34.

Elifas versucht, Ijob in die Schranken zu weisen: »Warst du schon da, als Gott die Berge schuf?« (15,7)

15,7 38,4.21 **15,8** Jer 23,18S; Röm 11,34 **15,14** 4,17S **15,15** 4,18; 25,5 **15,17** 32,10; 36,2 **15,20-24** 18,11-14 **15,28** Jos 6,26

[29] Was solch ein Mensch besitzt, ist nicht von Dauer;
er wird hier auf der Erde niemals reich;
[30] der dunklen Totenwelt* entgeht er nicht.
Er gleicht dem Baum: Das Feuer frisst die Zweige,
am Ende fegt ihn Gottes Atem fort.
[31] Wer sich mit falschen Werten selber täuscht,
darf nicht enttäuscht sein über falschen Lohn.
[32] Noch vor der Zeit verwelkt er wie ein Zweig°
und trägt nie wieder frisches, grünes Laub.
[33] Er bringt sich um den Lohn, so wie ein Weinstock,
der seine Trauben unreif fallen lässt,
und wie ein Ölbaum, der die Blüten abstößt.
[34] So fruchtlos bleibt die ganze böse Sippschaft
und ihre Häuser wird das Feuer fressen,
denn mit Bestechung wurden sie gebaut.
[35] Mit unheilvollen Plänen gehn sie schwanger,
und Unglück ist es, was sie dann gebären;
Enttäuschung bringen sie hervor, sonst nichts!«

Ijob: Gott behandelt mich ungerecht

16 Ijob antwortete:
[2] »Von dieser Art hab ich genug gehört!
Nur Last ist euer Trost für mich, nicht Hilfe![a]
[3] Machst du nun endlich Schluss mit dem Gerede?
Was reizt dich denn, mir ständig zu erwidern?
[4] Wenn ihr jetzt hier an meiner Stelle wärt,
dann könnte ich genau dasselbe sagen.
Ich könnte meinen Kopf sehr weise schütteln
und euch mit schönen Sprüchen reich bedenken.
[5] Ich gäb euch neue Kraft – mit meinem Mund;
ich zeigte euch mein Mitleid – mit den Lippen.

[6] Mein Reden lässt die Schmerzen nicht
verschwinden;
doch schweige ich, so wird mir auch nicht leichter.
[7] Gott hat sein Ziel erreicht: Ich bin am Ende,
rings um mich ist es menschenleer geworden.
[8] Er gräbt mir tiefe Falten ins Gesicht,
bis zum Gerippe bin ich abgemagert;
und all das muss nun meine Schuld beweisen.
[9] Voll Zorn starrt er mich an, knirscht
mit den Zähnen
und reißt mir alle Glieder einzeln aus.
[10] Die Leute rotten sich um mich zusammen,
sie reißen ihre Mäuler auf und spotten,
sie schlagen mir voll Feindschaft ins Gesicht.
[11] Gott hat mich an Verbrecher ausgeliefert,
mich schlimmen Schurken in die Hand gegeben.
[12] Aus meinem Frieden riss er mich heraus,
er packte mich im Nacken, warf mich nieder.
Dann nahm er mich als Ziel für seine Pfeile,
[13] die mich von allen Seiten dicht umschwirren.
Erbarmungslos durchbohrt er meine Nieren,
lässt meine Galle auf die Erde fließen.
[14] Er schlägt mir eine Wunde nach der andern,
so wie ein Kriegsheer Breschen in die Mauer.

[15] Das Trauerkleid ist meine zweite Haut,
besiegt und kraftlos liege ich im Staub.
[16] Ganz heiß ist mein Gesicht vom vielen Weinen,
die Augen sind umringt von dunklen Schatten.
[17] Und doch, an meinen Händen klebt kein Unrecht
und mein Gebet ist frei von Heuchelei![b]

[18] Hör mich, du Erde, deck mein Blut nicht zu,
damit sein Schreien nicht zur Ruhe kommt![c]
[19] Im Himmel muss doch einer für mich aufstehn,
der dort mein Recht vertritt und für mich bürgt.
[20] Von meinen Freunden hab ich nichts als Hohn,
doch unter Tränen blick ich hin zu Gott.
[21] Gott, der mein Freund ist, muss mir Recht
verschaffen
und Gott, den Feind, in seine Schranken weisen.[d]
[22] Es eilt, denn meine Jahre sind gezählt,
bald gehe ich die Straße ohne Rückkehr.

Von allen verlassen und verhöhnt

17 Das Atmen fällt mir schwer, mein Leben
endet,
der Docht verglimmt, mein Grab ist schon
geschaufelt.
[2] Rings um mich höre ich den Hohn der Spötter,
auch nachts lässt ihr Gezänk mich nicht mehr
schlafen.
[3] Du forderst Bürgschaft, Gott? Sei du mein Bürge!
Wer sonst legt seine Hand für mich ins Feuer?
[4] Du hast ihr Herz versperrt für jede Einsicht;
drum wirst du sie nicht triumphieren lassen.
[5] Machst du es so wie jener Mann im Sprichwort,
der seine Freunde einlädt und beschenkt
und seine eigenen Kinder hungern lässt?

[6] Doch jetzt bin ich die Spottfigur der Leute,
ich werde angespuckt; Gott stellt mich bloß.
[7] Vor Kummer ist mein Auge fast erblindet,
ich bin nur noch ein Schatten meiner selbst.
[8] Ihr haltet euch für redlich, seid entsetzt;
ihr meint, ihr hättet keine Schuld, erregt euch,
in euren Augen bin ich ein Verbrecher.
[9] Ihr seid gerecht und lasst euch nicht beirren,
seid rein und schuldlos, fühlt euch nur bestärkt.[e]
[10] Kommt doch, kommt ruhig alle wieder her;
bei euch ist doch nicht einer mit Verstand!

[11] Vorbei sind meine Tage; meine Pläne,
die Wünsche meines Herzens, sind zunichte.
[12] Die Freunde sagen mir, die Nacht sei Tag;
das Licht sei mir ganz nah, behaupten sie,
obwohl die Finsternis mich überfällt.

a Ijob weist die Rede scharf zurück. Er hat von den Freunden Trost erwartet; stattdessen machen sie mit ihren Worten sein Leiden nur noch schlimmer.
b Obwohl Ijob Gott und die Welt gegen sich hat und alles gegen ihn zu sprechen scheint, besteht er auf seiner Unschuld.
c Wenn Ijob jetzt stirbt, dann ist das in seinen Augen Mord. Das Blut eines Ermordeten wird nach alter Anschauung von der Erde nicht zugedeckt, sondern schreit nach Vergeltung (Gen 4,10; Ez 24,7-8).
d Der Vers ist nicht sicher zu deuten; wörtlich *(blicke ich zu Gott) dass er einem Mann Recht schaffe gegen Gott und einem Menschen gegen seinen Gefährten.* Ijob spricht einen ähnlichen Gedanken aus wie in 14,13 – nun aber nicht mehr als Wunsch, sondern als leidenschaftlichen Appell. Der Gott, der ihn leiden lässt, ist ihm ein Fremder, gegen den der Gott, der immer sein Freund gewesen ist, einschreiten muss.
e Die Verse 8-9 sind wörtlich eine allgemeine Aussage über die Redlichen, Gerechten usw. Die Übersetzung versucht, diese Aussage mit dem Vorausgehenden und Folgenden zu verbinden.

15,35 Ps 7,15 **16,8** 19,20.28; 33,19.21 **16,10-11** 30,9-14; Ps 22,13-19 **16,12-13** 6,4S **16,17** 31,1-34; 11,4S; Jes 1,15 **16,18** Gen 4,10; Ez 24,7-8; Jes 26,21 **16,19** 17,3; 19,25 **16,22** 10,21 **17,3** 16,19 **17,6** 30,9S **17,12** 11,17

13 Mir bleibt als Wohnstatt nur die Totenwelt*,
im Dunkel dort kann ich mich niederlegen.
14 Das kalte Grab – ich nenn es meinen Vater,
die Maden meine Mutter, meine Schwestern.
15 Da sollte es für mich noch Hoffnung geben?
Kann jemand nur ein Fünkchen davon sehen?
16 Sie steigt mit mir hinunter zu den Toten°
und wird dort mit mir in den Staub gelegt.«

Der zweite Freund: Böse Menschen nehmen ein böses Ende

18 Da sagte Bildad von Schuach:
2 »Wie lange redet ihr noch drumherum?
Denkt nach! Dann lasst uns klar und deutlich reden!
3 Sind wir so dumm wie Vieh, wie er behauptet?
Seid ihr der Meinung, dass wir unrein* sind?
4 Du, Ijob, reißt dich selbst vor Wut in Stücke.
Die ganze Erde soll entvölkert werden,
die Felsen sollen fort von ihrer Stelle –
und alles nur, damit du Recht behältst![a]

5 Es bleibt dabei: Ein böser Mensch geht unter,
das Licht in seinem Leben wird erlöschen,
das Feuer seines Herdes nicht mehr leuchten;
6 in seinem Zelte brennt die Lampe nieder –
genauso geht sein Lebensglück zu Ende.
7 Sein Schritt, sonst weit und fest, wird kurz
und zögernd;
er stolpert über seinen eigenen Plan.
8 Er läuft ins Netz, fällt durch das Zweiggeflecht,
das er einst selber auf die Grube legte.
9 Die Falle springt und packt ihn an der Ferse,
die Schlinge zieht sich zu und hält ihn fest.
10 Ein Fallstrick liegt versteckt vor ihm am Boden,
die Falle wartet schon auf seinem Weg.
11 Von überall bedrängen ihn die Schrecken,
sie jagen ihn auf Schritt und Tritt in Angst.
12 Der Hunger raubt ihm seine letzte Kraft,
das Unglück ist sein ständiger Begleiter.
13 Und auch die Krankheit kommt,
des Todes Tochter,
lässt seine Haut und seine Glieder faulen.
14 Aus seinem sicheren Zelt wird er vertrieben,
um vor den Herrn der Totenwelt* zu treten.
15 Das herrenlose Zelt ist frei für jeden;
wo der Verfemte wohnte, streut man Schwefel.[b]
16 Er gleicht dem Baum: Die Wurzel ist verdorrt,
und seine Zweige oben sind verwelkt.
17 Sein Name wird im ganzen Land vergessen,
bald kann sich niemand mehr an ihn erinnern.
18 Aus der bewohnten Welt ist er verbannt
und aus dem Licht ins Dunkel fortgetrieben.
19 Kein Kind, kein Enkel setzt die Sippe fort,
an seinem Wohnort überlebt nicht einer.
20 Entsetzen herrscht im Osten wie im Westen
bei allen, die von diesem Schicksal[c] hören.
21 Ja, so geht's denen, die das Unrecht lieben;
wer nicht nach Gott fragt, nimmt ein solches Ende.«

Ijob: Gott tut mir Unrecht ...

19 Ijob antwortete:
2 »Wie lange redet ihr noch auf mich ein?
Wie lange wollt ihr mich mit Worten quälen?
3 Ihr habt mich nun schon viel zu oft beschimpft
und schämt euch nicht, mich zu beleidigen.
4 Wenn ich unwissend einen Fehler machte,
dann bin doch ich allein davon betroffen.
5 Ihr aber spielt euch auf als meine Richter,
nehmt meine Leiden als Beweis der Schuld.
6 Seht ihr nicht ein, dass Gott mir Unrecht tut?
Mit einem Netz hat er mich eingefangen.
7 Ich schrei um Hilfe, aber niemand hört.
Ich will mein Recht, doch keiner steht mir bei.
8 Den Weg sperrt Gott mir ab, ich kann nicht weiter;
er lässt mich mitleidslos im Dunkeln tappen.
9 Gott hat mir meinen Wohlstand fortgenommen
und meine Ehre in den Schmutz getreten.
10 Ringsum reißt er mich ein wie eine Mauer,
wie einen Baum entwurzelt er mein Hoffen,
schickt mich hinunter in die Totenwelt*.
11 Sein ganzer Zorn ist gegen mich entbrannt,
er setzt mir zu, als wäre ich sein Feind.
12 Geschlossen rückt sein Heer zum Angriff vor,
rings um mein Zelt errichtet es sein Lager.
13 Gott hält selbst meine Brüder von mir fern,
Bekannte tun, als wär ich ihnen fremd.

a Die verzweifelte Klage Ijobs (17,9-16) hat Bildad nur als Rechthaberei verstanden. Darum schildert auch er im Folgenden das Schicksal der Bösen.
b Durch Schwefelstreuen sollte das Land symbolisch gereinigt werden oder es drückte die Verfluchung aus.
c *von diesem Schicksal:* wörtlich *von seinem (Gerichts)tag.*

Die Könige des Alten Orients ließen ihre Siege in Stein meißeln als Kunde für spätere Generationen, wie etwa auf dieser Tempelmauer in Karnak (Ägypten). Ijob wünscht sich, »jemand schriebe alles auf, dass meine Worte festgehalten würden, mit einem Meißel in den Fels gehauen, mit Blei geschwärzt, damit sie ewig bleiben!« (19,23-24)

18,5-6 21,17; Spr 13,9 **18,7** Spr 4,12 **18,8** Ps 35,7-8 **18,11** 15,20-24 **18,17** Spr 10,7 **19,5** 16,8; 19,28; Ps 41,7 **19,7** 30,20; Hab 1,2 **19,8** 3,23; Klgl 3,7-9 **19,10** 14,7 **19,11** 13,24S **19,13-19** Ps 38,12S

[14] Die Freunde und Verwandten bleiben aus,
sie alle haben mich ganz schlicht vergessen.
[15] Die Gäste meines Hauses[a] und die Mägde
behandeln mich wie einen völlig Fremden,
als käme ich aus einem fernen Volk.
[16] Mein Knecht gibt keine Antwort, wenn ich rufe;
um jeden Dienst muss ich ihn lange bitten.
[17] Mein Atem ist für meine Frau Gestank
und meine Brüder ekeln sich vor mir.
[18] Selbst Kinder haben keine Achtung mehr;
quäl ich mich hoch, so machen sie sich lustig.
[19] Die engsten Freunde zeigen nichts als Abscheu.
Ich liebte sie, doch sie befehden mich.

[20] Nur Haut und Knochen sind an mir zu sehen
und mein Gesicht gleicht einem Totenkopf.[b]
[21] Ihr seid doch meine Freunde! Habt Erbarmen!
Was mich zu Boden schlug, war Gottes Hand!
[22] Warum verfolgt ihr mich so hart wie er?
Habt ihr mich denn noch nicht genug gequält?[c]
[23] Ich wünschte, jemand schriebe alles auf,
dass meine Worte festgehalten würden,
[24] mit einem Meißel in den Fels gehauen,
mit Blei geschwärzt, damit sie ewig bleiben!

... aber er wird mir Recht geben

[25] Doch nein, ich weiß, dass Gott, mein
Anwalt,[d] lebt!
Er spricht das letzte Wort hier auf der Erde.
[26-27] Jetzt, wo die Haut in Fetzen an mir hängt
und ich kein Fleisch mehr auf den Knochen habe,
jetzt möchte ich ihn sehn mit meinen Augen,
ihn selber will ich sehen, keinen Fremden![e]
Mein Herz vergeht in mir vor lauter Sehnsucht!
[28] Ihr überlegt, wie ihr mich quälen könnt
und in mir selbst den Grund des Übels findet.
[29] Doch seht euch vor, dass euch das Schwert
nicht trifft;
denn solche Schuld verdient die Todesstrafe.
Vergesst es nicht, dass Gott der Richter ist.«

Der dritte Freund: Den Verbrecher trifft die verdiente Strafe

20 Da sagte Zofar von Naama:
[2] »In meinem Herzen ist ein Sturm entfesselt,
es kocht in mir, ich kann nicht an mich halten![f]
[3] Ich fühle mich beschimpft durch deine Mahnung,
doch mein Verstand gibt mir die rechte Antwort:

[4] Es ist dir doch bekannt, dass immer schon,
seit Gott die Menschen auf die Erde setzte,
[5] der Jubelruf der Bösen schnell verstummte,
die Freude des Verbrechers bald vorbei war.
[6] Selbst wenn er in den Himmel wachsen sollte
und mit dem Kopf bis an die Wolken reichte,
[7] er muss hinunter wie sein eigener Kot,
für immer fort! Und alle, die ihn kannten,
sie werden fragen: ›Wo ist er geblieben?‹
[8] Wie eine Nachtvision entschwindet er
und wie ein Traum löst er sich auf in nichts.
[9] Kein Auge, das ihn sah, sieht ihn dann wieder,
auch seine Wohnung sieht nichts mehr von ihm.
[10] Sein Hab und Gut, mit viel Betrug erworben,
muss er mit eigener Hand zurückerstatten
und seine Kinder müssen betteln gehn.
[11] Er schien voll jugendlicher Kraft zu sein,
doch jetzt liegt sie vereint mit ihm im Staub.

[12] Für seinen Gaumen ist das Böse süß;
er hält es unter seiner Zunge fest;
[13] ganz langsam lässt er es im Mund zergehen,
um möglichst lang etwas davon zu haben.
[14] Jedoch im Magen wird die Speise bitter,
verwandelt sich in schlimmes Schlangengift.
[15] Erbrechen muss er das geraubte Gut,
Gott zwingt ihn, jeden Rest herauszuwürgen.
[16] Was er verschlungen hat, das wirkt wie Gift,
es ist so tödlich wie der Biss der Viper.
[17] Er hat nichts mehr vom Reichtum dieses Landes,
von Milch und Honig, die in Strömen fließen.
[18] Was er erworben hat durch Tausch und Handel,
er darf es nicht behalten und genießen,
[19] weil er die Armen schamlos unterdrückte
und Häuser raubte, statt sie selbst zu bauen.

[20] Er kann den Hals nie voll genug bekommen
und trotzdem macht ihn sein Besitz nicht sicher.
[21] Vor seiner Fresslust kann sich niemand retten,
drum ist sein Glück auch nur von kurzer Dauer.
[22] Bei allem Überfluss ist ihm nicht wohl;
dann schlägt die schwere Hand des Unglücks zu:°
[23] Er kriegt genug, um seinen Bauch zu füllen,
wenn Gottes Zorn wie Hagel auf ihn fällt;
von dieser Mahlzeit wird er endlich satt!
[24] Entrinnt er auch dem Eisenschwert des Feindes,
so schießt ihn doch der Bronzebogen nieder.
[25] Der Pfeil durchbohrt ihn, fährt aus seinem Rücken,
die blitzend blanke Spitze tropft von Blut.
Dann stürzen alle Schrecken über ihn.
[26] Die Finsternis ist für ihn aufgespart;
ein Feuer, das kein Mensch entzündet hat,
frisst ihn und seine ganze Sippschaft auf.
[27] Der Himmel zeigt sein volles Unrecht an,
die Erde spricht als Zeuge gegen ihn.
[28] Der Wohlstand seines Hauses wird vernichtet,
wenn Gottes Zorn wie eine Sturzflut kommt.
[29] So sieht das Schicksal böser Menschen aus;
Gott selbst hat ihnen dieses Los bestimmt!«

a Gemeint sind Ausländer, die auf Ijobs Schutz angewiesen waren.
b Der Vers ist nicht sicher zu deuten; wörtlich *An Haut und Fleisch klebt mein Gebein und ich wurde an der Haut meiner Zähne kahl.* Die erste Hälfte spricht von dem abgemagerten Körper, die zweite wohl von den eingefallenen, hohlen Wangen.
c Die Zeile wörtlich *und könnt von meinem Fleisch nicht satt werden.*
d Wörtlich *Löser**.
e Die traditionelle Übersetzung, die Ijob in den Versen 25-27 seine Hoffnung auf Auferstehung ausdrücken lässt, beruht auf der lateinischen Übersetzung (Vulgata) und hat keine Grundlage im hebräischen Text (vgl. Sacherklärung »Auferstehung«).
f Eine treffende Schilderung seines Charakters. Was Zofar zu sagen hat, bleibt auf der Linie der beiden anderen Freunde.

19,20 16,8S **19,25** Ps 56,10; 140,13; Jes 50,8 **19,26-27** 42,5; Ps 42,2-3; Mt 5,8 **20,6-7** Gen 11,4; Ps 37,35-36; Jes 14,13-15; Dan 4,8.17-20 **20,8** Ps 73,20 **20,17** 29,6; Ex 3,8S **20,19** Ps 109,16 **20,20** Lk 12,19-20 **20,29** 27,13

Ijob: Gott lässt die Bösen ja doch ungestraft!

21 Ijob antwortete:
2 »Wenn ihr doch einmal richtig hören wolltet!
Denn damit könntet ihr mich wirklich trösten!
3 Ertragt mich doch, gestattet mir zu reden;
dann mögt ihr weiterspotten, wenn ihr wollt!°
4 Beklag ich mich denn über einen Menschen?
Warum verliere ich wohl die Geduld?
5 Seht mich doch an, dann werdet ihr erschaudern,
ihr legt die Hand vor Schrecken auf den Mund.
6 Wenn ich dran denke, was geschehen ist,
dann fang ich an, am ganzen Leib zu zittern.
7 Warum lässt Gott die Bösen weiterleben?
Sie werden alt, die Kraft nimmt sogar zu.
8 Gesichert wachsen ihre Kinder auf,
mit Freuden sehen sie noch ihre Enkel.
9 Kein Unglück stört den Frieden ihrer Häuser,
sie kriegen Gottes Geißel nie zu spüren.
10 Ihr Stier bespringt die Kühe nicht vergebens,
die Kühe kalben leicht und ohne Fehlwurf.
11 Frei wie die Lämmer laufen ihre Kinder
und ihre Jugend tanzt und springt vor Freude.
12 Sie singen laut zu Tamburin und Leier,
sind voller Fröhlichkeit beim Klang der Flöte.
13 Im Glück verbringen sie ihr ganzes Leben
und sterben einen sanften, schönen Tod.
14 ›Lass uns in Ruhe‹, sagen sie zu Gott,
›von deinem Willen wollen wir nichts wissen!
15 Bist du so mächtig? Müssen wir dir dienen?
Was nützt es eigentlich, zu dir zu beten?‹
16 Sie glauben, ihres Glückes Schmied zu sein.
Doch ihre Art zu denken liegt mir fern!

17 Wie oft hast du es eigentlich erlebt,
dass es erloschen ist, das Licht der Bösen?[a]
Wie oft geschieht es, dass sie Unglück trifft?
Hat Gott sie je in seinem Zorn gestraft?
18 Wann sind sie denn wie Stroh im Wind gewesen?
Wann hat der Sturm sie fortgeweht wie Spreu?

19 Ihr habt gesagt, dass Gottes Strafgericht
die Kinder für die Schuld des Vaters trifft.
Das ist nicht recht! Den Vater soll es treffen;
der Schuldige soll auch die Strafe tragen![b]
20 Er selbst soll seinen Untergang erleben
und Gottes Zorn[c] am eigenen Leibe spüren!
21 Ob es den Kindern gut geht oder schlecht,
das kümmert ihn nicht mehr nach seinem Tod.
22 Muss Gott vielleicht noch unterwiesen werden,
er, der Gericht hält über Hoch und Niedrig?

23 Der eine bleibt gesund bis an sein Ende;
dann stirbt er, frei von Sorgen und im Frieden,
24 der Körper wohlgenährt, die Glieder stark.
25 Der andere stirbt verbittert und enttäuscht,
weil er vom Glück nichts abbekommen hat.
26 Nun liegen sie zusammen in der Erde,
ein Heer von Würmern deckt sie beide zu.

27 Ich weiß genau, wie ihr jetzt weiterdenkt;
euch geht's ja nur darum, euch durchzusetzen.
28 ›Was ist denn aus dem reichen Mann geworden?‹,
fragt ihr. ›Was blieb denn noch von seinem Haus?‹
29 Habt ihr denn nie mit Reisenden gesprochen
und nie gehört, was sie berichtet haben?[d]
30 Am Tag, wenn Gott Gericht hält voller Zorn,
ist der Verbrecher stets in Sicherheit.
31 Wer wagt es, ihm sein Unrecht vorzuhalten?
Wer zahlt ihm heim, was er verbrochen hat?
32 Mit allen Ehren trägt man ihn zum Friedhof,
an seinem Grab hält man die Totenwacht.
33 Unübersehbar ist sein Leichenzug,
sogar die Erde deckt ihn freundlich zu.

34 Doch ihr versucht, mir Trug als Trost zu bieten;
denn jede Antwort, die ihr bringt, ist Schwindel!«

Der erste Freund: Gott straft dich wegen deiner Bosheit

22 Da sagte Elifas von Teman:
2 »Wie kann ein Mensch für Gott von Nutzen sein!
Sich selber nützt der Mensch, der Einsicht hat!
3 Was bringt es Gott,[e] wenn du das Rechte tust?
Hat er Gewinn, wenn du vollkommen bist?
4 Du denkst doch nicht, er zieht dich vor Gericht,
weil du ihn ehrst und ihm gehorsam bist?
5 Es kann nur wegen deiner Bosheit sein
und weil du immer wieder Unrecht tust.[f]

6 Wenn dir ein Landsmann irgendetwas schuldet,
verlangst du sein Gewand dafür als Pfand,
obwohl er keine andere Kleidung hat.
7 Der Durstige bekommt von dir kein Wasser,
den Hungernden verweigerst du dein Brot.
8 Weil du die Macht hast, nimmst du alles Land;
du meinst, dein Rang gibt dir das Recht dazu.
9 Die Witwen schickst du fort mit leeren Händen
und Waisenkinder übervorteilst du.
10 Darum bist du von Schlingen eingeschlossen,
ganz plötzlich macht die Angst dich starr
und stumm.
11 Du siehst nichts mehr vor lauter Dunkelheit,
die Wasserflut geht über dich hinweg.

12 Bedenk, dass Gott so fern ist wie der Himmel.
Betrachte doch den höchsten Stern dort oben!

a Ijob nimmt Bildads Behauptung (18,5) auf und stellt der Weisheitslehre seine Erfahrung entgegen, dass Menschen, die nicht nach Gott fragen, ein ungetrübtes Leben verbringen und nicht vom Unglück getroffen werden.
b Die Weisheitslehrer hielten an dem Lehrsatz fest, dass jede Schuld auf der Erde vergolten wird, wenn nicht am Täter, dann an seinen Nachkommen; vgl. Ex 20,5-6. Ijob wendet ein, das sei keine Strafe für den Täter, der nach seinem Tod ja nichts mehr davon erfahre (Verse 20-21). Zu seinem eigenen Standpunkt vgl. Dtn 24,16; Ez 18,1-4. Ijob kann den Tod nicht als Strafe ansehen, weil er Gute und Schlechte in gleicher Weise trifft (Verse 23-26).
c Wörtlich *den Zorn des Gewaltigen**.
d Die Zeile wörtlich *und habt ihr ihre Zeichen nicht genau beachtet?*
e Wörtlich *dem Gewaltigen**.
f Elifas ist von seiner Meinung nicht abzubringen: Gott kann nicht ungerecht sein; denn es bringt ihm nichts ein, wenn ein Mensch sich an das Recht hält. Und dass Gott jemand für sein vorbildliches Leben bestraft, ist erst recht undenkbar. Folglich *muss* Ijob ein Sünder sein. Elifas scheut darum im Folgenden auch nicht mehr vor gezielten Verdächtigungen zurück.

21,7 12,6S; Mal 3,14 **21,14** 22,17 **21,17** 18,5 **21,18** Ps 1,4 **21,19** 20,10; Ex 20,5-6; Dtn 24,16 S **22,3** 35,7 **22,6-9** 31,16-22 **22,6** Ex 22,25-26S **22,7** 31,17; Jes 58,7; Mt 25,42-43 **22,9** 29,12-13; Ex 22,21S

13 Du schließt daraus: ›Was kann da Gott
schon wissen?
Kann er denn richten trotz der Wolkendecke?
14 Sie hindert ihn daran, hindurchzusehen,
wenn er am Himmelsrand spazieren geht.‹

15 Willst du den ausgetretenen Pfaden folgen,
auf denen immer schon die Bösen gingen?
16 Sie wurden vor der Zeit zu Fall gebracht,
wie Mauern, die das Wasser unterspült.
17 Sie hatten Gott verworfen und gemeint,
er könnte ihnen nicht gefährlich werden.
18 Doch von demselben Gott kam all ihr Reichtum.
Auch mir liegt ihre Art zu denken fern!
19 Die Guten freuen sich, sehn sie dies Ende;
wer ohne Schuld ist, lacht die Bösen aus:
20 ›Seht, unsere Feinde sind vernichtet worden,
das Feuer fraß sie bis zum letzten Mann!‹

Kehr um zu Gott!

21 Hör endlich auf, in Gott den Feind zu sehen,
und söhne dich doch wieder mit ihm aus![a]
Nur so wirst du dein Glück zurückgewinnen.
22 Wenn er dich unterweist, dann nimm es an,
behalte jedes Wort in deinem Herzen!
23 Kehr um zu ihm,[b] dann richtet er dich auf.
Schaff alles Unrecht fort aus deinem Haus!
24 Nimm auch dein ganzes Gold und wirf es weg;
lass es im Flussbett bei den Steinen liegen.
25 Gott, der Gewaltige*, ist selbst dein Gold,
anstatt der Silberhaufen hast du ihn!
26 Dein Gott[c] ist dann die Quelle deiner Freude
und voll Vertrauen blickst du zu ihm auf.
27 Er gibt dir Antwort, wenn du zu ihm betest;
dann wirst du dein Gelübde* froh erfüllen.
28 Was immer du beschließt, es wird gelingen;
auf allen deinen Wegen wird es hell.
29 Wenn andere leiden und am Boden liegen,
dann gibst du ihnen wieder neuen Mut
und Gott hebt die Beschämten freundlich auf.
30 Auch den, der schuldig wurde, rettet er;
wenn deine Hände rein sind, wird er frei.«

Ijob:
Wenn ich Gott nur finden könnte!

23 Ijob antwortete:

2 »Zwar möchte ich mein Stöhnen unterdrücken
und doch kommt Widerspruch von meinen Lippen.[d]
3 Wenn ich nur wüsste, wo sich Gott befindet
und wie ich zu ihm hingelangen könnte!
4 Ich würde ihm schon meine Lage schildern,
ihm meine Gründe und Beweise nennen.
5 Ich bin gespannt, was er dann sagen würde,
wie er mir darauf seine Antwort gäbe.
6 Ob er mich seine Allmacht fühlen ließe?
Nein, hören würde er auf meine Worte.
7 Ich würde meinen Rechtsstreit mit ihm führen
als einer, dem nichts vorzuwerfen ist.
Das müsste auch mein Richter anerkennen!

8 Ich kann nach Osten gehn, dort ist Gott nicht;
und auch im Westen ist er nicht zu finden.
9 Ist er im Norden tätig, seh ich's nicht;
versteckt er sich im Süden, weiß ich's nicht.
10 Doch *mein* Weg ist ihm lange schon bekannt;
wenn er mich prüft, dann bin ich rein wie Gold.
11 Mein Fuß hielt sich genau an seine Spur,
ich blieb auf seinem Weg und wich nicht ab.
12 Ich tue immer, was er mir befiehlt,
sein Wort bewahre ich in meinem Herzen.°

13 Doch Gott allein bestimmt – wer will ihn hindern?
Was ihm gefällt, das setzt er einfach durch.
14 Er wird auch tun, was er für mich geplant hat,
und Pläne über mich hat er genug!
15 Das ist es, was mich so erschrecken lässt.
Sooft ich an ihn denke, zittere ich.
16 Gott hat mir alle Zuversicht genommen;
weil er so mächtig ist, macht er mir Angst.
17 Gott ist's, der mich erdrückt, und nicht das Dunkel,
auch wenn ich jetzt vor Dunkelheit nichts sehe.

Die Mächtigen fragen nicht
nach Gottes Willen ...

24 Warum setzt Gott[e] nicht einfach Tage fest,
dass seine Treuen sehn, wie er Gericht hält?
2 Die Mächtigen verrücken Feldergrenzen;
den kleinen Leuten stehlen sie die Herden
und treiben sie auf ihre eigene Weide.
3 Das Rind der Witwe nehmen sie als Pfand,
den Waisen rauben sie den letzten Esel.
4 Die Armen werden aus dem Weg gestoßen,
sie fliehn vor Furcht und müssen sich verstecken.

5 Wie wilde Esel in der dürren Steppe
gehn sie bei Morgengrauen an die Arbeit.
Für ihre Kinder suchen sie nach Nahrung,
die in der Steppe doch nur kärglich wächst.
6 Sie sammeln Reste auf dem Feld des Reichen,[f]
in seinem Weinberg suchen sie nach Beeren.
7 Nackt müssen sie im Freien übernachten
und keine Decke schützt sie vor der Kälte.
8 Im Bergland triefen sie von Regennässe
und drücken sich zum Schutz dicht an die Felsen.

9 Der Witwe nimmt man ihren Säugling fort,
den Schuldnern pfändet man sogar den Mantel.

a Was Elifas in den Versen 21-30 sagt, sind – an sich – beherzigenswerte Worte für jeden, der seine Schuld vor Gott eingesehen hat.
b Wörtlich *zu dem Gewaltigen**.
c Wörtlich *Der Gewaltige**.
d Weil Ijob sich von den Verdächtigungen nicht getroffen, sondern beleidigt fühlt, kann er auch mit den Mahnungen nichts anfangen. Andererseits möchte er mit Gott reden; aber der stellt sich ihm nicht.
e Wörtlich *der Gewaltige**.
f Die Zeile ist nicht sicher zu deuten.

22,13 Ps 14,1S **22,17** 21,14 **22,18** 21,16 **22,19** Ps 52,8; 107,42 **22,21** 13,24S **22,23** 8,5-7; 11,14-15 **22,24-25** 31,24; Ps 16,5-6; Mt 6,19-21 par; Mk 10,21par **22,26** 11,15; Jes 58,14 **22,27** Ps 22,25-26 **22,29** 4,3-4 **22,30** 42,8; Jak 5,15-16 **23,5** 38,1–41,26 **23,10-12** Ps 17,3-5 **23,10** Spr 17,3S **23,13** 9,12; Dan 4,32 **23,14** 10,13-14 **24,2** Spr 22,28S **24,3** Dtn 24,17 **24,7** Dtn 24,12-13 **24,9** Ex 22,25-26S

a Nicht nur in seinem eigenen Leben kann Ijob das Handeln Gottes nicht verstehen, auch Gottes Verhalten gegenüber anderen Menschen erscheint ihm widersinnig.
b Wenn die Verse 13-25 von Anfang an ein Teil der Rede Ijobs waren (was manche Ausleger bezweifeln), dann dreht Ijob hier den Spieß um und zitiert die traditionellen Weisheitslehren gegen die drei Freunde: *Sie* sind dann den Bösen zuzurechnen, denen Gottes Strafgericht droht.

In seinem Leiden beginnt Ijob an Gottes Gerechtigkeit zu zweifeln. Bildad erinnert ihn daran: »Geht Gottes Licht nicht über allen auf?« (25,3)

10 Die Armen müssen ohne Kleidung gehn;
sie hungern, weil sie nichts zu essen haben,
selbst wenn sie für die Reichen Garben tragen.
11 Im Garten pressen sie Oliven aus,
sie keltern Wein und müssen durstig bleiben.
12 Die armen Stadtbewohner klagen laut,
das Röcheln der Verletzten schreit zum Himmel,
doch Gott beachtet all den Wahnsinn nicht![a]

13 Die Bösen hassen jede Art von Licht;
drum wissen sie auch nichts von Gottes Wegen
und fragen nicht danach, was ihm gefällt.
14 Im Morgengrauen steht der Mörder auf
und bringt den Armen um, der schutzlos ist.
Bei Nacht bricht er in Häuser ein und stiehlt.
15 Der Ehebrecher wartet bis zum Abend
und bindet sich die Maske vors Gesicht,
damit kein Auge ihn erkennen kann.
16 Im Dunkeln raubt der Dieb die Häuser aus.
Bei Tage schließen sie sich alle ein,
weil sie vom hellen Licht nichts wissen wollen.
17 Ihr Tag beginnt erst, wenn es dunkel wird,
und keine Finsternis kann sie erschrecken.

... aber Gott wird sie vernichten

18 Der Böse wird von Fluten fortgeschwemmt,
sein Grund und Boden ist von Gott verflucht
und auch zum Weinberg geht er niemals wieder.
19 Die Sonnenhitze lässt den Schnee verschwinden,
der ausgedörrte Boden schluckt das Wasser.
Genauso schluckt die Totenwelt* den Sünder.
20 Selbst seine Mutter denkt nicht mehr an ihn;
er ist ein fettes Fressen für die Würmer.
Aus der Erinnerung ist er verschwunden;
der Böse wurde wie ein Baum gefällt.
Das ist die Strafe für sein schlimmes Unrecht:
21 Die kinderlose Frau hat er misshandelt,
der Witwe keine Freundlichkeit erwiesen.

22 Die Mächtigen rafft Gottes Macht hinweg;
erhebt er sich, verzweifeln sie am Leben.
23 Gott wiegt sie anfangs nur in Sicherheit,
doch achtet er genau auf ihre Taten.
24 Sie werden groß, doch nur für kurze Zeit;
dann schrumpfen sie wie eine Blütendolde
und werden abgeschnitten wie die Ähre.
25 So ist es! Was ich sage, ist die Wahrheit.
Kann einer mir das Gegenteil beweisen?«[b]

Der zweite Freund: Kein Mensch kann vor Gott bestehen

25 Da sagte Bildad von Schuach:
2 »Gott herrscht mit Furcht erregender Gewalt,
mit starker Hand schafft er im Himmel Frieden.

24,10 Jes 58,7 **24,12** 35,9-13; Ps 94,5-7; Koh 4,1 **24,15** Sir 23,18 **25,2-3** Ps 103,19-21; Sir 43,9-10

3 Wer kann die Scharen seiner Diener zählen?
Geht Gottes Licht nicht über allen auf?
4 Wie will ein Mensch vor Gott bestehen können,
ein von der Frau Geborener je schuldlos sein?[a]
5 Sogar das Licht des Mondes ist nicht hell
und auch die Sterne sind nicht rein für Gott,
6 geschweige denn der Mensch, die Eintagsfliege!
Was gilt bei Gott schon dieser kleine Wurm?«

Ijob: Wie groß und mächtig ist Gott!

26 Ijob antwortete:
2 »Du bist doch wirklich eine große Hilfe
für einen kranken, schwachen Mann wie mich!
3 Du kannst so gut beraten, weißt so viel
und gibst es gern an arme Narren weiter!
4 Wo hast du diese weisen Worte her?
Sag, welcher Geist hat sie dir eingeblasen?

5 Sogar die Geister der Verstorbenen zittern
dort in der Tiefe unterm Meeresboden.[b]
6 Die Totenwelt* liegt nackt vor Gottes Augen,
kein Schleier deckt den Abgrund vor ihm zu.
7 Gott spannt das Zelt des Himmels aus im Leeren
und überm Nichts hängt er die Erde auf.
8 Das Wasser speichert er in seinen Wolken,
die nicht zerreißen trotz der großen Last.

9 In dichte Wolken hüllt er seinen Thron,
damit kein Auge ihn erblicken kann.
10 Rund um die Meere zog er einen Kreis;
dort liegt die Grenze zwischen Licht und Dunkel.
11 Die Pfeiler, die den Himmel tragen, schwanken,
Entsetzen packt sie, wenn Gott sie bedroht.
12 Mit seiner Kraft hat er das Meer besiegt
und Rahab* umgebracht durch seine Klugheit.
13 Sein Atem hat den Himmel blank gefegt,
den schnellen Drachen hat sein Arm durchbohrt.
14 Das alles ist der Saum von seinen Taten,
ein schwaches Echo, das wir davon hören.
Wie groß und mächtig muss Gott wirklich sein!«

Mein Gewissen ist rein!

27 Ijob setzte seine Rede fort, er sagte:
2 »Beim Leben Gottes, des Gewaltigen*,
der mir mein Recht noch immer vorenthält
und mir das Leben bitter macht! Ich schwöre:
3 Solange ich noch Atem in mir habe
und Gottes Hauch in meiner Nase ist,
4 kommt niemals Unrecht über meine Lippen
und keine Lüge über meine Zunge!
5 Ich denke nicht daran, euch Recht zu geben;
bei meiner Unschuld bleib ich, bis ich sterbe!
6 Dass ich im Recht bin, geb ich niemals auf;
denn mein Gewissen weiß von keiner Schuld!

So straft Gott alle, die ihn verlassen

7 Wer mich bekämpft und mir mit Hass begegnet,
den soll die Strafe des Verbrechers treffen!
8 Sein Leben ist dahin, wenn Gott es fordert
und sich entschließt, den Faden abzuschneiden.
9 Wenn er in Not gerät und beten will,
wird Gott auf seinen Hilfeschrei nicht achten.
10 Er hätte immer bei Gott[c] Freude suchen
und zu ihm beten sollen, nicht erst jetzt!

11 Ich will euch nun von Gottes Macht berichten
und nicht verschweigen, was er wirklich plant.
12 Ihr habt doch selber alles miterlebt!
Was tragt ihr dann noch solchen Unsinn vor?
13 Seht, welche Strafe Gott[d] dem Menschen sendet,[e]
der ihn verlässt und andere unterdrückt:
14 Ein solcher Mensch mag viele Söhne haben,
doch alle werden sie im Krieg getötet;
die Enkel kriegen nie genug zu essen.
15 Was überlebt, das rafft die Pest hinweg;
die Witwen halten keine Totenklage.
16 Er mag auch haufenweise Silber haben,
mehr Kleider, als er jemals brauchen kann.
17 Was soll's? Ein Frommer wird die Kleider tragen,
ein guter Mensch das ganze Silber erben.
18 Sein Haus hat er gebaut wie eine Motte,
so wie das Laubgeflecht des Weinbergwächters:
19 Reich legt er sich in seinem Haus zu Bett;
doch wenn er aufwacht, ist es nicht mehr da.
20 Wie eine Flut holt ihn der Schrecken ein.
Ein Wirbelsturm kommt nachts und trägt ihn fort.
21 Der Ostwind hebt ihn hoch und reißt ihn mit,
er fegt ihn mit Gewalt von seinem Wohnplatz.
22 Der Sturm stürzt mitleidslos auf ihn herab,
er müht sich, was er kann, um zu entfliehen.
23 In seinem Rücken heult und pfeift der Sturm
und macht ihm Angst mit seinen harten Schlägen.[f]

Woher kommt die Weisheit?

28 Da gibt es Orte, wo sich Silber findet,[g]
und Plätze, wo das Gold gewaschen wird.
2 Tief in der Erde gräbt der Mensch nach Eisen
und Kupfer schmilzt er aus den Steinen.
3 Er lässt sich von der Finsternis nicht hindern,
bis in die letzten Winkel stößt er vor,
aus tiefstem Dunkel holt er das Gestein.
4 Weit, weit entfernt von den bewohnten Orten,
dort, wo kein Reisender vorüberzieht,

a Gegen Ijobs Gewissheit, im Prozess mit Gott gewinnen zu können (23,2-7), stellt Bildad die Majestät Gottes, an der jeder Mensch aufgrund seiner Schwachheit scheitern muss. Er wiederholt damit nur längst Gesagtes (4,17; 15,14-15; 9,2; 14,4). Vielleicht soll damit angedeutet werden, dass die Freunde mit ihrer Weisheit am Ende sind, zumal eine dritte Rede Zofars fehlt.
b Die Verse 5-14 sind ein Lied auf die Macht des Schöpfers, das wahrscheinlich hier eingefügt wurde, um zu zeigen, dass Ijob die Größe des Schöpfers noch besser preisen kann als sein Vorredner.
c Wörtlich *bei dem Gewaltigen**.
d Wörtlich *der Gewaltige**.
e Die Verse 13-23 werden von vielen Auslegern für ein ursprünglich selbstständiges Textstück gehalten (vgl. Anmerkung zu 24,25).
f Der Vers ist nicht sicher zu deuten; wörtlich *Man klatscht über ihn in die Hände und pfeift/zischt ihm nach von seiner Stätte her.*
g Kapitel 28 bildet im überlieferten Text den Abschluss der Erwiderung Ijobs an seine Freunde. Von vielen Auslegern wird es als ursprünglich selbstständiges Lied betrachtet. Im Gegensatz zu der traditonellen Vorstellung, dass der Mensch die Weisheit suchen und erwerben kann, sagt dieses Lied, dass sie dem Menschen unzugänglich ist. Nur Gott weiß, woher sie kommt und wo sie wohnt (Vers 23).

25,4 4,17S **25,5** 15,15S **25,6** Jes 41,14 **26,6** Ps 139,8; Spr 15,11; Am 9,2 **26,10** Spr 8,27 **26,12-13** 9,13S; Jes 27,1 **26,14** Sir 43,32 **27,3** 33,4; Gen 2,7 **27,6** 11,4S; 13,18; 17,9; Apg 24,16 S **27,8** 6,9 **27,13-17** Koh 2,26S **27,13** 20,29 **27,14** 21,19S **28,2** Dtn 8,9

a Wörtlich *Mit Gold und Glas;* Glas hatte damals einen sehr hohen Wert.
b Die Freunde wissen nichts mehr zu sagen; die Lösung der Fragen Ijobs kann nicht von ihnen, sondern nur von Gott kommen. Gegen alle ausgesprochenen Verdächtigungen schildert Ijob nun selbst sein Leben, wie es früher war (Kap 29) und jetzt ist (Kap 30).
c Nach einer alten Sage wird der Wundervogel Phönix viele hundert Jahre alt. Dann verbrennt er mit seinem Nest, um aus der Asche neu zu erstehen.
d *und immer stark …:* wörtlich *und mein Bogen in meiner Hand wird eins aufs andere folgen lassen.*

gräbt man die Schächte tief hinab ins Erdreich,
schwebt überm Abgrund, klammert sich ans Seil.
5 Hier oben, auf der Erde, wächst das Korn;
dort unten, in der Erde, wird gewühlt,
dass alles aussieht wie nach einem Feuer.
6 Im Felsgestein dort gibt es die Saphire
und auch der Goldstaub ist darin zu finden.
7 Kein Falke hat den Weg dorthin erspäht
und auch kein Geierauge sieht den Ort.
8 Kein Löwe und kein anderes wildes Tier
ist jemals diesen Pfad entlanggegangen.
9 Allein der Mensch legt Hand an das Gestein;
von Grund auf wühlt er ganze Berge um.
10 Quer durch die Felsen treibt er Stollen vor
und findet dabei viele Kostbarkeiten.
11 Wo Wasser sickert, dichtet er die Risse;
er bringt Verborgenes ans Tageslicht.

12 Die Weisheit* aber – wo ist sie zu finden?
Und wer kann sagen, wo die Einsicht wohnt?
13 Hier bei den Menschen findet sie sich nicht
und ihren Kaufpreis kann kein Händler nennen.
14 Die tiefste Tiefe sagt: ›Hier ist sie nicht!‹
›Hier hat sie keine Wohnung‹, sagt das Meer.
15 Man kauft sie nicht, man tauscht sie auch nicht ein,
für Gold und Silber ist sie nicht zu haben,
16 mit allerfeinstem Gold nicht zu bezahlen,
auch nicht mit Karneolen und Saphiren.
17 Mit reinstem Glas[a] lässt sie sich nicht vergleichen,
Gerät aus bestem Gold reicht nicht zum Tausch.
18 Korallen und Kristalle zählen nicht,
sie übertrifft an Wert sogar die Perlen.
19 Der feinste Topas und das reinste Gold
sind unvergleichbar mit dem Wert der Weisheit.

20 Wo ist ihr Ort? Wo kommt die Weisheit her?
Und wer kann sagen, wo die Einsicht wohnt?
21 Kein Lebewesen hat sie je gesehen,
kein Vogel hat sie je im Flug erspäht.
22 Sogar der Abgrund und der Tod bekennen:
›Wir haben bloß mal von ihr reden hören.‹
23 Nur Gott, sonst niemand, kennt den Weg zu ihr.
Er ganz allein weiß, wo die Weisheit wohnt.
24 Gott sieht die Erde bis an ihre Enden,
vom Himmel aus erblickt er alle Dinge.
25 Als er dem Winde seine Wucht verlieh,
dem Meer sein Maß und seine Grenze gab,
26 als er dem Regen Zeit und Ort bestimmte
und der Gewitterwolke ihren Weg,
27 da sah er auch die Weisheit, prüfte sie,
erkannte ihren Wert und nahm sie auf.
28 Danach gab Gott den Menschen diese Regel:
›Den Herrn stets ernst zu nehmen, das ist Weisheit.
Und alles Unrecht meiden, das ist Einsicht.‹«

IJOB APPELLIERT AN GOTT
(Kapitel 29–31)

Ijob: Wäre es doch so wie früher!

29 Ijob setzte seine Rede fort, er sagte:
2 »Ach, wenn es wieder so wie früher wäre,[b]
als Gott mich führte und mein Leben schützte!
3 Er schenkte mir Erfolg an jedem Tag,
in dunklen Stunden leuchtete sein Licht.
4 Wär's einmal noch wie in der besten Zeit,
als Gott mein Freund war und mein Heim bewahrte!
5 Mit seiner ganzen Macht stand er mir bei,
rings um mich waren alle meine Kinder.
6 Die Kühe und die Ziegen gaben Milch,
so viel, dass ich drin hätte waten können.
Kein Boden war zu steinig für Oliven,
ich hatte Öl in ungeheuren Mengen.

7 Ging ich zum Rat der Ältesten* am Stadttor
und setzte mich in ihrer Runde nieder,
8 so traten alle Jungen scheu beiseite,
die Alten standen auf und blieben stehen;
9 die Edlen hörten plötzlich auf zu reden
und legten einen Finger auf die Lippen;
10 sogar die Angesehensten verstummten,
als wäre ihre Zunge festgeklebt.

11 Wer mich erblickte oder reden hörte,
war voller Lob für mich und meine Taten:
12 Ich half den Armen, die um Hilfe riefen,
den Waisenkindern, denen niemand beistand.
13 Von neuem Mut Erfüllte priesen mich,
den Witwen gab ich Sicherheit und Freude.
14 Gerechtigkeit war immer mein Gewand,
mein Mantel und mein Turban war das Recht.
15 Für die Erblindeten war ich das Auge
und für die Lahmen wurde ich der Fuß.
16 Für die Bedürftigen war ich der Vater,
das Recht der Fremden prüfte ich genau.
17 War einer grausam, brach ich ihm den Kiefer
und riss ihm seine Beute aus den Zähnen.

18 Ich hoffte, alt zu werden wie der Phönix[c]
und so wie er in meinem Nest zu sterben.
19 Ich glaubte, wie ein starker Baum zu sein,
der seine Wurzeln tief ins Wasser senkt
und dessen Zweige nachts der Tau befeuchtet.
20 Ich dachte, immer neuen Ruhm zu finden
und immer stark zu bleiben wie ein Bogen,
der Pfeil auf Pfeil verschießt und nicht ermattet.[d]
21 Denn alle warteten auf meinen Rat
und hörten schweigend meiner Rede zu;

28,12-27 Spr 8,22-31; Weish 7,22–8,8; Sir 1,1-6; 24,3-11; Bar 3,15 **28,15-19** Spr 2,1-5; 3,14-15S **28,25** 38,8-11; Jes 40,12 **28,26** 36,27-28; 38,25 **28,27** Spr 8,22; Sir 1,8-9; Bar 3,32 **28,28** 1,1; Spr 1,7S **29,2** 1,1-5; 42,10-17 **29,3** Ps 18,29 **29,8** Lev 19,32 **29,12** 31,16 **29,14** Jes 59,17S **29,15** Lev 19,14 **29,16** 31,18 **29,19** Ps 1,3

22 dann wollte niemand mehr noch etwas sagen.
Sie sogen meine Worte auf wie Tropfen;
23 sie warteten darauf wie auf den Regen,
so wie Verdurstende nach Wasser lechzen.
24 Mein Lächeln brachte ihr Vertrauen wieder;
sah ich sie freundlich an, so strahlten sie.
25 Ich führte sie, bestimmte ihren Weg,
so wie ein König seine Truppen führt;
wenn jemand traurig war, gab ich ihm Trost.

Die Gegenwart ist zum Verzweifeln!

30 Jetzt aber muss ich mich verspotten lassen
von solchen, die viel jünger sind als ich.
Schon ihre Väter haben nichts getaugt!
Ich konnte sie nicht zu den Herden schicken,
damit sie meinen Hunden helfen sollten.

2 Für welche Arbeit sind schon Leute gut,
die keine Kraft mehr in den Armen haben,
3 weil Hunger und Entbehrung sie erschöpften?
Sie nagen trockene Wurzeln in der Wüste,
dem Land der Dunkelheit und Einsamkeit.
4 Sie pflücken sich das Salzkraut unter Sträuchern
und essen Wurzeln von den Ginsterbüschen.
5 Von allen andern werden sie vertrieben,
so wie man Diebe mit Geschrei verjagt.
6 Sie hausen in den Wänden tiefer Schluchten,
in Höhlen und in Spalten des Gesteins.
7 Sie schreien wie Tiere im Gebüsch der Wüste,
sie drängen sich im stachligen Gestrüpp.
8 Ein Pöbelvolk, Gesindel ohne Namen,
das man mit Peitschen aus dem Lande trieb.[a]

9 Jetzt singen sie ihr Spottlied über mich,
ich bin der Redestoff für ihren Klatsch.
10 Sie ekeln sich und rücken von mir ab,
sie haben keine Scheu, mich anzuspucken.
11 Ganz schwach und wehrlos hat mich
Gott gemacht,
drum lassen sie auch jede Hemmung fahren.
12 Nun kommt die Schlangenbrut und greift mich an;
sie zwingen mich, die Stellung aufzugeben;
sie schütten Dämme[b] auf zum letzten Sturm.
13 Sie haben mir den Fluchtweg abgeschnitten;
zu meinem Sturz trägt jeder fleißig bei,
sie brauchen dazu keine fremde Hilfe.
14 Sie dringen durch die Breschen meiner Mauer
und drängen durch die Trümmer auf mich zu.

15 Der Schrecken greift nach mir mit kalter Hand;
ein Windstoß wirbelt meine Würde fort,
mein Wohlstand löst sich auf wie eine Wolke.
16 Ich spüre, wie mein Leben aus mir fließt.
Seit Tagen schon umklammert mich die Qual.
17 Nachts bohrt der Schmerz in allen meinen
Knochen,
als sollten sie aus meinem Körper fallen;
die Nerven können keine Ruhe finden.

18 Mit aller Kraft hat Gott mein Kleid gepackt,°
er schnürt mich ein wie ein zu enger Kragen.
19 Er hat mich in den Lehm zurückgestoßen,
im Staub und in der Asche muss ich trauern.
20 Ich schrei um Hilfe, Gott! Wann gibst du Antwort?
Ich steh vor dir – dein Blick bleibt starr und kalt.
21 Du bist so grausam gegen mich geworden
und lässt mich spüren, wie viel Macht du hast.
22 Du setzt mich auf den Wind wie auf ein Pferd;
er reißt mich mit Getöse ins Verderben.
23 Ich weiß, du bringst mich fort zur Totenwelt*,
wo alle Lebenden sich wieder finden.

24 Dem Trümmerhaufen kann man nicht mehr
helfen.
Ob Gottes Hand mir hilft, bevor ich falle?[c]
25 Hab ich nicht oft geweint mit Schwergeplagten?
Zog ihre Not mir nicht das Herz zusammen?
26 Ich hoffte, wartete auf Licht und Glück,
doch nichts als Dunkelheit und Unglück kam!
27 Ich bin erregt und finde keine Ruhe,
denn Tag für Tag umgibt mich nichts als Qual.
28 Ich bin voll Trauer, mir scheint keine Sonne;
ich klage öffentlich und fordere Hilfe.
29 Mein Schreien klingt, wie wenn Schakale heulen,
ich weine einsam wie der Vogel Strauß.
30 Geschwärzt ist meine Haut, sie löst sich ab,
die Glut des Fiebers brennt in meinen Knochen.
31 Mein Lautenspiel ist Jammerlaut geworden,
mein Flötenspiel in Klagelied verwandelt.

Ich schwöre ...

31 Mit meinen Augen schloss ich den Vertrag,[d]
niemals ein Mädchen lüstern anzusehen.
2 Was hätte ich von Gott sonst zu erwarten?
Was wäre seine Antwort[e] auf mein Tun?
3 Er schickt Verderben, straft mit Missgeschick,
wenn jemand böse ist und Unrecht tut.
4 Gott sieht doch, was ich tue und was nicht;
er zählt doch alle meine Schritte nach!

5 Ich schwöre, dass ich nie zur Lüge griff
und nie versuchte, andere zu betrügen.
6 Wenn Gott mich auf gerechter Waage wiegt,
dann muss er meine Unschuld anerkennen.
7 Wenn ich vom rechten Weg gewichen bin,
wenn ich mein Herz den Augen folgen ließ,
wenn meine Hände schmutzig sind von Schuld,
8 dann soll ein anderer essen, was ich säte,
oder die Ernte soll vernichtet werden.

a Die Verse 2-8 beschreiben die Lage heimatloser und ehrloser Ausländer, die es sich jetzt ungestraft erlauben können, Ijob zu verspotten.
b Bei der Belagerung einer Stadt wurden im unebenen Gelände Dämme in Richtung auf die Stadtmauer aufgeschüttet, um die Belagerungsmaschinen an die Mauer heranzufahren (vgl. Sacherklärung »Belagerungsturm« und die Seiten 505-507).
c Ijob vergleicht sich selbst mit einer Mauer; er hofft auf Hilfe, ehe es zu spät ist.
d Nachdem Ijob mehrfach seine Unschuld beteuert hat, legt er in Kapitel 31 einen ›Reinigungseid‹ ab. Bei einem Gerichtsverfahren wurde solch ein Eid als Beweismittel angenommen, wenn keine Zeugen die Unschuld des Angeklagten beweisen konnten. Er führte zum Freispruch, weil der Angeklagte sich damit an Gott auslieferte, der jeden Meineid hart bestrafen würde. Ijob fordert mit diesem Eid Gott zur Antwort heraus.
e Wörtlich *die Antwort des Gewaltigen**.

30,1 19,18 **30,9** 17,6; Ps 31,12; 69,13; Klgl 3,14 **30,10** Jes 50,6; Mk 14,65par **30,20** 19,7; Ps 22,3 **30,25** Ps 35,13-14; Röm 12,15 **30,29** Ps 102,7-8; Mi 1,8 **30,30** Ps 102,4-6; Klgl 3,4; 4,8 **31,1** Sir 9,5.8; Mt 5,28 **31,4** 10,6; 14,16; 23,10; 34,21 **31,6** 1,1; 27,6S

9 Wenn ich für meines Nachbarn Frau entbrannte
und auf sie lauerte an seiner Tür,
10 soll meine Frau für einen andern kochen[a]
und andere Männer sollen mit ihr schlafen!
11 Denn mein Vergehen wäre eine Schandtat,
die jeder Richter hart bestrafen müsste;
12 ein Feuer wäre es, das mich vernichtet
und restlos niederbrennt, was mir gehört.

13 Wenn einer meiner Knechte sich beklagte,
wenn eine Magd sich über mich beschwerte,
hab ich zu keiner Zeit ihr Recht missachtet.
14 Wie könnte ich sonst Gott vor Augen treten
und mich verteidigen, wenn er mich prüfte?
15 Derselbe, der mich schuf im Mutterleib,
hat doch auch die geschaffen, die mir dienen!

16 Den Armen schlug ich keine Bitte ab
und keine Witwe ging verzweifelt fort.
17 Mein Mittagsmahl war nie für mich allein,
kein Waisenkind blieb ohne seinen Anteil.
18 Von Jugend auf, solang ich denken kann,
nahm ich es wie ein Vater bei der Hand.[b]

19 Wenn einer nichts mehr anzuziehen hatte,
zu arm war, eine Decke zu bezahlen,
20 dann half ich ihm und gab ihm warme
Kleidung,
gewebt aus Wolle meiner eigenen Schafe;
er aber dankte mir mit Segenswünschen.

21 Wenn ich die Elternlosen unterdrückte,
weil alle Richter meine Freunde waren,
22 dann soll mein Arm am Ellenbogen brechen
und meine Schulter sich vom Rücken lösen!
23 Die Furcht vor Gottes Strafe schreckt mich ab[c]
und seine Hoheit kann ich nicht ertragen.

24 Ich hab mich niemals auf mein Gold verlassen,
es nie als meine Sicherheit betrachtet.
25 Mein Wohlstand hat mich niemals stolz
gemacht,
auch meine Arbeit nicht, die stets gelang.
26 Wenn ich die Sonne sah in ihrem Glanz,
den Mond auf seiner Bahn in voller Pracht,
27 dann war ich nie versucht, sie zu verehren
und ihnen eine Kusshand zuzuwerfen.
28 Der Richter müsste solche Sünde strafen,
weil ich den höchsten Gott verleugnet hätte!

29 Ich hab nie schadenfroh dabeigestanden,
wenn meine Feinde Not und Unglück traf.
30 Ich hab auch niemals meinem Mund erlaubt,
den Tod auf einen Feind herabzuwünschen.

31 Wer je mein Gast war, wird es mir bezeugen,
dass jeder gut und reich bewirtet wurde.
32 Kein Fremder musste draußen übernachten,
denn meine Tür stand immer allen offen.

33 Ich habe nie versucht, wie viele andere,
mein Unrecht vor den Leuten zu verbergen.[d]
34 Ich hatte niemals Angst vor ihrem Reden;
ich bin auch niemals stumm zu Haus geblieben,
weil ich ihr Spottgeschrei gefürchtet hätte.

38 Wenn sich mein Acker über mich beklagt[e]
und alle seine Furchen weinen müssen,
39 weil ich nur erntete und ihn nicht pflegte
und seinem Herrn im Himmel nicht gehorchte,[f]
40a dann soll er Dornen tragen statt des Weizens
und statt der Gerste Unkraut wachsen lassen!

35 Gäb es doch einen, der mich hören wollte!
Was ich gesagt hab, kann ich unterschreiben.
Gott, der Gewaltige*, soll Antwort geben!
Er zeige mir die Klageschrift des Gegners!
36 Ich will sie stolz auf meiner Schulter tragen,
sie mir als Kranz um meine Schläfen winden.
37 Ich würde Gott mein Leben offen legen
und ohne Furcht ihm nahen wie ein Fürst!«[g]

40b Hier enden die Worte Ijobs.

DIE REDEN DES VIERTEN FREUNDES (Kapitel 32–37)

32 Die drei Männer gaben es auf, mit Ijob zu
reden, weil er sich selbst für unschuldig hielt.
2 Aber ein anderer,[h] der dabeistand, Elihu, der Sohn
Barachels, ein Busiter aus der Sippe Ram, konnte
nun nicht länger an sich halten. Er war zornig auf
Ijob, weil der sich im Recht sah und Gott die Schuld
zuschob. 3 Er war aber auch zornig auf die Freunde
Ijobs, weil sie es nicht fertig brachten, Ijob seine
Schuld nachzuweisen. 4 Weil Elihu jünger war als
die anderen, hatte er sich zurückgehalten, solange
sie mit Ijob redeten. 5 Doch als er sah, dass sie nichts
mehr zu sagen wussten, ließ er seinem Zorn freien
Lauf. 6a Er sagte:

Elihus Unwille über Ijob und seine Freunde

6b »Ich bin noch jung, bin nicht so alt wie ihr;
drum hielt ich mich zurück und scheute mich,
mein Wissen vor euch Männern auszubreiten.

a Wörtlich *mahlen.*
b Wörtlich *Denn von meiner Jugend an wuchs es bei mir auf wie bei einem Vater und vom Leib meiner Mutter an habe ich es geleitet.*
c Der ›Reinigungseid‹ hat wohl ursprünglich die Form einer Selbstverfluchung gehabt, die im Fall des Meineids zu der ausgesprochenen Strafe führte; vgl. die Verse 8.10.22.40a.
d Ijob will damit sagen, dass er nichts zu verbergen hat.
e Die Verse 38-40a sind umgestellt worden, weil 35-37 eindeutig den Schluss der Verteidigungsrede Ijobs bilden.
f Die Deutung der Zeile ist schwierig; wörtlich *weil ich die Seele seiner Besitzer zum Keuchen brachte.* Vermutlich wird auf die Vorschrift über das Brachjahr angespielt (Ex 23,10-11; Lev 25,1-5).
g Ijob ist überzeugt, dass keine Anklage ihm etwas anhaben kann, sondern dass er Gott im Prozess besiegen würde. Der falschen Lehre seiner Freunde setzt er sein subjektiv reines Gewissen entgegen.
h Nach der Herausforderung Gottes durch Ijob erwartet man Gottes Antwort, wie sie dann in 38,1 und 40,6 erfolgt. Von Elihu, der hier auftritt, war bisher keine Rede, auch am Schluss wird er nicht mehr erwähnt. Darum nimmt man an, dass ein späterer Bearbeiter diese Reden (Kap 32–37) eingefügt hat, weil er andere und neue Gesichtspunkte der Weisheitslehre zur Sprache bringen wollte; vgl. Vers 14b.

31,11 Dtn 22,22; Spr 6,32 **31,15** Spr 14,31; Eph 6,9 **31,16-20** Jes 58,6-7; Tob 4,7-11.16; Mt 25,35-36 **31,16** 29,12 **31,18** 29,16 **31,24** 22,24-25; Spr 11,28; Lk 12,15.19-21 **31,26-27** Dtn 4,19 S **31,29** Spr 24,17; Mt 5,44par **31,30** 1 Petr 3,9 **31,32** Ri 19,20-21; Hebr 13,2 S **31,38-39** 2 Chr 36,21 **31,35** 13,22 S; 23,3-7 **32,2** 13,18; 19,6-7; 27,5-6 **32,3** 18,21; 20,29; 22,5

[7] Ich sagte mir: ›Erst soll das Alter reden,
Erfahrung langer Jahre hat den Vortritt.‹
[8] Doch was den Menschen klug macht, ist der Geist,
der Hauch, den Gott ihm eingeblasen hat.
[9] Ob einer weise ist, liegt nicht am Alter;
was recht ist, weiß man nicht aufgrund der Jahre.
[10] Deswegen sage ich nun: Hört mir zu,
damit auch ich mein Wissen weitergebe.

[11] Ich wartete gespannt auf eure Worte;
auf einsichtsvolle Reden hoffte ich,
als ihr euch um die rechte Antwort mühtet.
[12] Mit aller Sorgfalt hörte ich euch zu,
doch keiner konnte Ijob widerlegen.
[13] Denkt nicht, es sei der Weisheit letzter Schluss,
dass Gott allein ihn widerlegen könne.
[14] Ich bin es nicht, den Ijobs Worte treffen,
und eure Antwort würd ich ihm nicht geben!
[15] Die Luft ist ihnen allen ausgegangen,
vor Schreck fällt keinem etwas Rechtes ein.
[16] Soll ich nun weiterwarten, weil sie schweigen?
Sie stehen da und wissen nichts zu sagen.
[17] Jetzt ist's an mir, die Antwort zu erteilen
und offen darzulegen, was ich weiß.

[18] Mein Herz ist randvoll angefüllt mit Worten,
der Gottesgeist in mir drängt mich zu reden.
[19] Es gärt in mir wie eingeschlossener Wein;
wenn ich nicht reden darf, dann platze ich!
[20] Ich halt es nicht mehr aus, es muss heraus,
damit ich endlich wieder Luft bekomme!
[21] Für niemand werde ich Partei ergreifen
und keinem will ich Schmeichelworte sagen.
[22] Das liegt mir nicht, ich lass mich nicht drauf ein,
sonst würde mich mein Schöpfer schnell bestrafen.

Gott schweigt nicht!

33 Du aber, Ijob, hör mir bitte zu
und achte auf die Worte, die ich sage.
[2] Ich möchte meine Rede jetzt beginnen.
[3] Mit ruhigem Gewissen spreche ich,
die reine Wahrheit kommt von meinen Lippen.
[4] Von Gottes Geist* bin ich geschaffen worden;
sein Atem[a] war's, der mich ins Leben rief.
[5] Du darfst mir widersprechen, wenn du kannst.
Bring alle deine Gegengründe vor!
[6] In Gottes Augen sind wir beide gleich,
auch mich hat er aus Lehm geformt wie dich.
[7] Du brauchst dich also nicht vor mir zu fürchten,
ich setze dich bestimmt nicht unter Druck.
[8] Nun denn, ich selber hab dich sagen hören –
den Klang der Worte hab ich noch im Ohr:
[9] ›Ich weiß von keiner Schuld und keinem Unrecht,
unschuldig bin ich, frei von jedem Tadel.
[10] Doch Gott erfindet immer neue Gründe,
damit er mich als Feind behandeln kann.
[11] Er lässt nicht zu, dass ich mich frei bewege,[b]
argwöhnisch überwacht er jeden Schritt.‹
[12] Ich muss dir sagen, Ijob, du hast Unrecht.
Mit Menschenmaß lässt Gott sich niemals messen!
[13] Was hast du ihm denn letztlich vorzuwerfen?
Dass er zu allen deinen Fragen schweigt?

[14] Gott redet doch! Er tut es immer wieder,
mal sanft, mal hart – man achtet nur nicht drauf!
[15] Zur Nachtzeit, wenn die Menschen ruhig schlafen,
in tiefem Schlummer auf den Betten liegen,
dann redet Gott durch Träume und Visionen.
[16] Er öffnet ihre Ohren, dass sie hören;
mit Nachdruck warnt er sie vor ihrem Tun,[c]
[17] damit er sie von ihrer Bosheit abbringt
und ihnen jeden Grund nimmt, stolz zu sein.
[18] So rettet er ihr Leben vor dem Grab
und hindert sie, in seinen Speer zu laufen.

[19] Gott mahnt die Menschen auch durchs
Krankenlager,[d]
wenn jemand Schmerz in allen Gliedern fühlt.
[20] Du magst kein Essen sehn vor lauter Ekel,
sogar beim Leibgericht packt dich der Brechreiz.
[21] Zusehends nimmst du ab, dein Fleisch
verschwindet,
sodass man alle Knochen zählen kann.
[22] Dem Rand des Grabes kommst du immer näher,
schon will der Tod nach deinem Leben greifen.

[23] Vielleicht kommt dann ein Engel* dir zu Hilfe,
nur *einer* von den tausend Gottesboten,
die kundtun, was für Menschen richtig ist.
[24] Vielleicht erbarmt der Engel sich und sagt:
›Lass ihn noch nicht ins Grab hinunterfahren!
Ich hab das Lösegeld[e] für ihn bekommen!‹
[25] Dann wird dein Körper wieder frisch und stark,
genauso wie in deiner Jugendzeit.
[26] Dann betest du zu Gott und wirst gehört;
voll Freude trittst du hin vor deinen Herrn,
der dich nun wieder angenommen hat.
[27] Vor aller Welt bekennst du dann voll Dank:
›Gesündigt hatte ich, das Recht verdreht,
doch Gott hat mir die Schuld nicht heimgezahlt.
[28] Vom Rand des Grabes hat er mich gerettet
und mir erlaubt, dass ich am Leben bleibe.‹
[29] Gott tut dies alles immer, immer wieder;
so handelt er im Leben jedes Menschen,
[30] um ihn vom sicheren Grab zurückzubringen
und ihm die Lebensfreude zu erhalten.[f]

[31] Du, Ijob, achte gut auf meine Worte!
Bleib still und lass mich weiter zu dir reden!
[32] Doch wenn du etwas einzuwenden hast,

a Wörtlich *der Atem des Gewaltigen**.
b Wörtlich *Er legt meine Füße in den Block**.
c Gegen Ijobs Klage, dass Gott zu allem schweige (30,20), bemerkt Elihu, dass Gott auf mancherlei Weise rede, um den Menschen von falschem Handeln abzubringen. Was aber, wenn der Mensch nicht darauf achtet?
d Gottes zweite Art, den Menschen zu mahnen, ist die Krankheit, die Elihu mit drastischen Worten ausmalt.
e In bestimmten Fällen konnte eine Sühnezahlung an die Stelle der Todesstrafe treten (Ex 21,30). Hier ist das »Lösegeld« die Umkehr des belehrten Sünders; vgl. Ez 18,21-23.
f Für die von Elihu vertretene Weisheit ist Leiden nicht unbedingt Vergeltung für begangenes Unrecht, es kann auch Erziehungsmaßnahme Gottes sein, um den Menschen vor dem sicheren Tod (als der Bestrafung des Sünders) zu bewahren.

32,7 12,12; Sir 32,7-10 **32,9** Weish 4,8-9 **32,18-19** Jer 20,9 **32,21-22** 13,7-10; Spr 24,23; 29,5 **33,4** 27,3 **33,7** 19,22 **33,9** 11,4S; 31,1-40 **33,10** 13,24S **33,11** 7,19S; 13,27 **33,15** 4,13-17; 1 Kön 3,5; Dan 2,1.28-29 **33,16** 36,10 **33,19** 36,15 **33,21** 16,8S **33,25** Ps 103,5 **33,27** Ps 103,10 **33,30** Ps 30,4S

dann sprich; ich gäbe dir so gerne Recht.
33 Wenn nicht, dann schweig und hör mir weiter zu,
dass ich dir zeigen kann, was Weisheit* ist.«

Du kannst Gott kein Unrecht vorwerfen!

34 Weiter sagte Elihu:

2 »Ihr klugen Männer, hört auf meine Rede!
Ihr habt Erfahrung; darum hört mir zu!
3 ›Der Gaumen prüft, ob eine Speise schmeckt;
genauso muss das Ohr die Worte prüfen.‹
4 Lasst uns den Fall gemeinsam untersuchen!
Was recht und gut ist, müssen wir erkennen.
5 Denn Ijob hat gesagt: ›Ich bin im Recht;
doch Gott verweigert mir die Anerkennung.
6 Das Urteil über mich hat er gefälscht,°
sein Pfeil bringt mir den Tod ganz ohne Schuld!‹
7 Ihr sagt: ›Wo ist ein Mann wie dieser Ijob?
Er lästert Gott, wie wenn er Wasser trinkt.
8 Er fühlt sich wohl im Kreise der Verbrecher
und hat Gemeinschaft mit den Feinden Gottes.
9 Er sagt doch selbst: Der Mensch hat nichts davon,
wenn er sich stets um Gottes Freundschaft müht.‹

10 Drum hört mir zu, ihr Männer mit Verstand!
Es ist nicht möglich, dass Gott Unrecht tut,
dass der Gewaltige* das Recht verdreht!
11 Der Mensch bekommt von Gott, was er verdient;
entsprechend seinem Tun vergilt er ihm.
12 Gott tut gewiss kein Unrecht, nie und nimmer!
Er, der Gewaltige*, verdreht kein Recht!
13 Hat denn ein anderer ihm die Macht gegeben?
Wer hat ihm diese Erde anvertraut?
14 Wenn Gott tatsächlich an sich selber dächte
und hielte seinen Lebenshauch zurück,
15 dann würden alle Lebewesen sterben,[a]
im Augenblick zu Staub und Asche werden.

16 Wenn du Verstand hast, Ijob, dann pass auf
und höre auch auf das, was ich jetzt sage!
17 Verklagst du Gott, den Großen und Gerechten?
Meinst du, dass er ein Feind des Rechtes ist?
Wie könnte er dann diese Welt regieren?
18 Nur Gott kann einen König Nichtsnutz nennen°
und zu den Großen sagen: ›Ihr Verbrecher!‹
19 Nur er nimmt keine Rücksicht auf die Fürsten,
zieht keinen Reichen einem Armen vor;
denn alle sind Geschöpfe seiner Hände.[b]
20 Sie sterben plötzlich, mitten in der Nacht.
Das Volk gerät in Aufruhr, Starke weichen;
kein Mensch erhebt die Hand, doch sie sind fort.

21 Gott überwacht die Wege jedes Menschen
und sieht genau, was einer unternimmt.
22 Für ihn ist keine Dunkelheit so dunkel,
dass Unheilstifter sich verstecken könnten.
23 Gott braucht auch keine lange Untersuchung,
um einen Menschen vor Gericht zu ziehen.
24 Er muss die Mächtigen nicht erst verhören,
um sie durch andere Leute zu ersetzen.
25 Weil Gott genau auf ihre Taten achtet,
kann er sie über Nacht zugrunde richten.
26 Auf öffentlichem Platz bestraft er sie
vor aller Welt, genauso wie Verbrecher.

27 Das tut er, weil sie ihm nicht folgen wollten
und seinen Willen nie beachtet haben.
28 So zwangen sie die Armen und Geringen,
zu Gott zu schreien, ihm ihr Leid zu klagen.
Und Gott hat ihren Hilferuf gehört!
29 Doch wenn er sich entschlösse, nichts zu tun,
dann könnte niemand ihn dafür verdammen.
Und wenn er sich verbirgt, dann sieht ihn keiner.
Was könnten Menschen oder Völker tun,
30 wenn Gott es wollte, dass ein Volksverführer,
der kein Gewissen hat, ihr König würde?°

31 Wenn jemand Gott die Schuld bekennt und sagt:
›Ich habe mich verfehlt, ich tu's nie wieder!
32 Zeig mir die Fehler, die ich selbst nicht sehe.
Das Unrecht, das ich tat, ich tu's nicht mehr‹ –
33 willst du dann immer noch, dass Gott ihn straft,
weil du ihn ja bereits verurteilt hast?[c]
Nicht ich muss das entscheiden, sondern du!
Nun lass uns hören, was du selber denkst!

34 Wer Einsicht hat, der stimmt mir sicher zu;
und jeder Weise, der mir zuhört, sagt:
35 ›Viel Wissen zeigt sich nicht in Ijobs Worten,
sein Reden hat doch weder Hand noch Fuß.
36 Ihr müsst ihn noch viel besser hinterfragen!
Er redet wie ein Mensch, der Gott nicht kennt.
37 Zu seinen Sünden fügt er Rebellion;
in unserer Mitte sät er Zweifel aus
und häuft die bösen Worte gegen Gott.‹«

Mit Gott kannst du dich nicht vergleichen!

35 Weiter sagte Elihu:

2 »Glaubst du denn allen Ernstes, es sei richtig,
dass du dich für gerechter hältst als Gott?
3 Du sagst zu ihm: ›Was nützt mir meine Unschuld?
Sie fällt bei dir ja doch nicht ins Gewicht!‹
4 Auf diese Frage will ich Antwort geben;
sie gilt zu gleicher Zeit für deine Freunde:

5 Sieh einmal aufmerksam den Himmel an!
Sieh auch die Wolken dort hoch über dir!

a Ijobs Behauptung, Gott behandle ihn ungerecht (9,32-35; 16,18-21; 19,6; 31,35-37), weist Elihu mit der Begründung zurück, dass ohne die Fürsorge Gottes kein Leben möglich wäre. Zu dieser Fürsorge ist Gott durch nichts verpflichtet; wenn er sie trotzdem ständig ausübt, kann ihm keiner Ungerechtigkeit vorwerfen.
b Gott kann nicht ungerecht sein: Er ist der Einzige, der die Mächtigen zur Rechenschaft zieht.
c Für einen uneinsichtigen Sünder kann Gott aus der Erziehungsmaßnahme Leiden eine Dauerprüfung machen, bis der Sünder sein Unrecht einsieht (Vers 36) und seine Schuld bekennt. Wenn aber Ijob Recht hätte und Gott ungerecht wäre, dürfte Gott die Schuld nicht vergeben, sondern müsste auch den reuigen Sünder noch strafen.

34,5 27,2; 31,6 **34,6** 6,4S **34,7** 15,16 **34,10.12** 8,3 **34,11** Spr 24,12 **34,14-15** 12,10; Ps 104,29 **34,17** Gen 18,25 **34,19** Dtn 10,17S **34,20** Ex 12,29; Lk 12,20 **34,21** 31,4S; Ps 33,14-15; Jer 32,19 **34,22** Ps 139,11-12 **35,2** 4,17S; 32,2S **35,3** 34,9 **35,5** 11,7-9

[6] Mit deiner Sünde kannst du Gott nicht schaden
und alle deine Fehler tun ihm nichts.
[7] Ihm bringt's auch nichts, wenn du das Rechte tust;
er ist auf dein Geschenk nicht angewiesen.
[8] Dein *Mitmensch* leidet unter deiner Bosheit
und ihm nur nützt das Gute, das du tust.[a]

[9] Die Menschen stöhnen, rufen laut um Hilfe,
wenn Mächtige sie grausam unterdrücken.
[10] Doch keiner fragt nach Gott,
nach seinem Schöpfer,
der Lobgesänge gibt in dunkler Nacht.
[11] Gott hat uns mehr gelehrt als alle Tiere,
er gab uns mehr Verstand als allen Vögeln.
[12] Um Hilfe schreien wir, doch Gott bleibt stumm,
weil wir voll Bosheit und voll Hochmut sind.
[13] Das Schreien ist umsonst, Gott hört es nicht;
er, der Gewaltige*, sieht uns nicht an.

[14] Du, Ijob, sagst, du könntest Gott nicht sehen.
Hab nur Geduld, dein Fall ist ihm bekannt!
[15] Weil Gott dich seinen Zorn nicht spüren ließ
und sich nicht groß um so viel Dummheit kümmert,
[16] reißt du den Mund auf, redest solchen Unsinn.«

Gott ist ein gerechter Richter

36 Elihu setzte seine Rede fort, er sagte:
[2] »Ertrage mich, hör noch ein wenig zu;
ich hab noch einiges für Gott zu sagen.
[3] Mein Wissen hole ich aus weiter Ferne,
um zu beweisen, dass mein Schöpfer Recht hat.
[4] Verlass dich drauf: Ich sage dir die Wahrheit!
Der vor dir steht, ist seiner Sache sicher.

[5] Gott hat die Macht, doch treibt er keinen Spott;
als Richter urteilt er mit fester Klarheit.
[6] Er lässt die Unheilstifter nicht am Leben,
den Unterdrückten aber schafft er Recht.
[7] Gott wendet seinen Blick nicht von den Treuen.
Wenn sie mit Königen zusammen herrschen,
dann lässt er sie für immer Ehre finden.
[8] Doch sind sie in Gefangenschaft geraten
und leiden unterm harten Druck der Fesseln,
[9] dann zeigt er ihnen damit ihre Schuld,
dass sie so stolz und überheblich waren.
[10] Für seine Warnung schärft er ihr Gehör,
damit sie sich von allem Bösen trennen.

[11] Wenn sie gehorchen und sich unterwerfen,
dann werden Glück und Freude sie begleiten
an jedem Tag, in jedem Lebensjahr.
[12] Wenn nicht, dann laufen sie in ihren Tod
und gehn in ihrem Unverstand zugrunde.
[13] Wer Gott verlassen hat, der klagt ihn an.
Wenn Gott ihn einschließt, schreit er nicht zu ihm.
[14] Sein Leben endet in den besten Jahren,
im Jugendalter muss er schändlich sterben.
[15] Wer aber leidet, wird durchs Leid gebessert;
Gott öffnet ihm die Augen durch die Not.[b]

[16] Auch dir hat Gott die Freiheit einst geschenkt,
aus Not und Enge hat er dich gerettet;
die besten Speisen füllten deinen Tisch.
[17] Doch nun trifft dich der volle Lohn der Bosheit,[c]
das Urteil über dich ist schon gefällt.
[18] Lass dich vom Zorn nicht zum Rebellen machen!
Verlass dich nicht auf hohes Lösegeld!
[19] Meinst du, dein Reichtum reiche dafür aus?
Dein Gold hilft gar nichts, auch nicht deine Kraft.
[20] Und warte nicht voll Sehnsucht auf die Nacht,
in der die Völker ausgerottet werden![d]
[21] Gib Acht, dass du dich nicht zum Bösen wendest,
auch wenn du das für besser hältst als leiden.

Hab Ehrfurcht vor dem mächtigen Gott!

[22] Besinne dich auf Gottes große Macht!
Er ist der beste Lehrer, den wir kennen.
[23] Wer könnte ihm befehlen, was er tun soll?
Wer könnte zu ihm sagen: ›Das war Unrecht‹?
[24] Vergiss nicht, ihm zu danken für sein Tun,
für das die Menschen ihn mit Liedern preisen.
[25] Die ganze Welt betrachtet es mit Staunen,
auch wenn wir's nur von weitem sehen können.
[26] Gott ist so groß, dass wir ihn nicht begreifen,
und seiner Jahre Zahl ist unergründbar.
[27] Er zieht die Wassertropfen hoch zum Himmel
und sammelt sie als Regen für die Erde.
[28] Die Wolken lassen sie hinunterrieseln
und gießen sie auf all die vielen Menschen.
[29] Wer kann verstehen, wie die Wolken schweben,
warum am Himmelszelt der Donner rollt?
[30] Die Wolken leuchten auf von seinen Blitzen,
jedoch die Meerestiefen bleiben dunkel.
[31] Auf diese Weise sorgt Gott für die Völker
und gibt den Menschen überreichlich Speise.
[32] Er packt den Blitzstrahl fest mit beiden Händen
und dann befiehlt er ihm, sein Ziel zu treffen.
[33] Der Donner kündet das Gewitter an
und auch die Herden fühlen, dass es kommt.

37 Von seinem Krachen bebt auch mir das Herz,
vor Schrecken fängt es an, ganz wild zu
schlagen.
[2] Hört doch, wie zornig Gottes Stimme klingt,
das Grollen, das aus seinem Munde kommt.
[3] Man hört es unterm Himmel überall.
Sein Blitz erreicht die fernsten Erdengrenzen.

a Auf Ijobs Frage (7,20), was er Gott mit einer möglichen Sünde antue, und auf seine Behauptung (9,21-22), Recht oder Unrecht spiele im Urteil Gottes keine Rolle, hatte Elifas gesagt (22,2-3), nicht Gott, aber sich selbst nütze Ijob mit seinem Tun. Elihu nimmt hier diese Antwort auf und erweitert sie: Dem Mitmenschen nützt oder schadet dein Tun!
b Elihu sieht Ijobs Fehler darin, dass er sich gegen Gottes Erziehung auflehnt, anstatt sich von ihm warnen zu lassen. Ijob muss sich von Gott abgewandt haben, weil er ihn anklagt (Vers 13), statt zu ihm um Hilfe zu schreien. Vers 15 drückt Elihus Verständnis des Leidens am deutlichsten aus.
c Die Zeile ist nicht sicher zu deuten; wörtlich *Du aber bist voll vom Gerichtsurteil des Gottlosen.*
d *ausgerottet werden:* wörtlich *von ihrer Stätte weggehoben werden.* Wir wissen nicht, auf welche Erwartung hier angespielt wird.

35,6-7 22,2-3; Röm 11,35 **35,14** 9,11 **36,6** 8,3; Ps 9,13 S **36,7-11** 2 Chr 33,9-13; Dan 4,25-34 **36,7** Ps 113,7-8 **36,15** Ps 119,67 **36,26** Ps 90,2 **36,27–37,24** 38,22-38; Ps 147,16-18; Sir 43,13-22 **36,29** 37,16 **36,31** Ps 104,13-15 **37,2** Ps 29,3-9 S

a Nämlich als zerstörerischen Wolkenbruch.
b Wörtlich *zu dem Gewaltigen**.
c Ob Elihus durchaus einleuchtende Aussagen für den Einzelnen in seiner Verzweiflung eine Hilfe sind, bleibt eine offene Frage. Ijob äußert sich nicht dazu.
d Gott verurteilt Ijob nicht, bestätigt aber auch nicht seine behauptete Unschuld. Er hält ihm vor, dass er ohne wirkliche Einsicht geredet hat. Mit spürbarer Ironie (Vers 5: »Du weißt doch alles!«) weist er ihn auf Beispiele der Schöpfung und Weltordnung hin, die menschliche Einsicht und Fähigkeiten übersteigen.

4 Der Donner folgt ihm auf dem Fuße nach,
er rollt und dröhnt mit hoheitsvollem Klang.
Und wieder zucken Blitze hinterdrein;
Gott schickt sie aus, wenn seine Stimme schallt.

5 Wenn diese Stimme spricht, geschehen Wunder,
so groß und herrlich, dass wir's nicht verstehen.
6 Dem Schnee befiehlt er: ›Fall zur Erde nieder!‹
Den Regenwolken sagt er: ›Lasst es schütten!‹
7 So zwingt er uns, die Hände still zu halten
und uns auf *seine* Arbeit zu besinnen.
8 Sogar das Wild verkriecht sich im Versteck
und muss in seinen Höhlen liegen bleiben.

9 Aus seiner Kammer kommt der Wintersturm
und mit dem Nordwind kommt der scharfe Frost.
10 Der Atem Gottes lässt das Eis entstehen
und macht die Wasserflächen starr wie Stein.
11 Mit Regenwasser füllt er seine Wolken
und schickt sie mit den Blitzen übers Land.
12 Sie ziehen hin und her, wie er sie lenkt,
um seinen Willen überall zu tun.
13 Gott schickt den Regen, um das Land zu feuchten.
Mal schickt er ihn, um Menschen zu bestrafen,[a]
ein andermal als Zeichen seiner Güte.

Für den Menschen des Altertums waren Naturerscheinungen wie Blitz und Donner (37,3-4) Wunder, die auf Gottes Befehl geschehen. An ihnen zeigte sich die menschliche Abhängigkeit von Gottes Tun, auf das der Mensch sich besinnen und für das er Gott preisen soll (37,7).

14 Dies alles, Ijob, höre es dir an!
Betrachte aufmerksam die Wunder Gottes!
15 Kannst du mir sagen, wie er sie vollbringt,
wie er den Blitz in Wolken strahlen lässt?
16 Die Wolken – weißt du, wie sie
schweben können,
die Wunderwerke seines großen Wissens?
17 Dir wird ja schon zu heiß in deinen Kleidern
beim Südwind, der das Land mit Schwüle füllt.
18 Kannst du mit ihm die Himmelskuppel* wölben,
die hart ist wie ein Spiegel aus Metall?

19 Belehre uns! Was sollen wir ihm sagen?
Wir wissen nichts, wir tappen nur im Dunkeln.
20 Wird ihm gemeldet, dass ich reden will?
Ist jemand da, der es ihm sagen muss?
21 Das Licht ist oft für uns nicht mehr zu sehen,
weil dunkle Wolken es verborgen halten;
doch plötzlich fegt der Wind den Himmel klar.
22 Ein heller Lichtschein kommt von Norden her:
Der Glanz, der Gott umgibt, lässt uns erschrecken.
23 Wir können niemals zu ihm[b] hingelangen;
er ist so mächtig, so gerecht und stark,
zu keiner Zeit tritt er das Recht mit Füßen.
24 Darum muss jeder Ehrfurcht vor ihm haben!
Doch alle, die sich selbst für weise halten,
die sieht er nicht, sie gelten nichts bei ihm.«[c]

GOTTES ANTWORT UND IJOBS NEUES GLÜCK (Kapitel 38–42)

Gott antwortet Ijob mit Fragen: Beispiele seiner Macht und Weisheit

38 Dann ergriff der Herr selbst das Wort und
antwortete Ijob aus dem Sturm heraus. Er
sagte zu ihm:[d]

2 »Wer bist du, dass du meinen Plan anzweifelst,
von Dingen redest, die du nicht verstehst?
3 Nun gut! Steh auf und zeige dich als Mann!
Ich will dich fragen, gib du mir Bescheid!

4 Wo warst du denn, als ich die Erde machte?
Wenn du es weißt, dann sage es mir doch!
5 Wer hat bestimmt, wie groß sie werden sollte?
Wer hat das mit der Messschnur festgelegt?
Du weißt doch alles! Oder etwa nicht?
6 Auf welchem Sockel stehen ihre Pfeiler?
Wer hat den Grundstein ihres Baus gelegt?
7 Ja, damals sangen alle Morgensterne,
die Gottessöhne* jubelten vor Freude!

37,14 Ps 8,4; 111,2-4 **37,22** Ez 1,4-28; Apg 22,6-7; Offb 1,12-17 **37,24** 5,12-13 S **38,1** Ps 18,10-12; 50,3; Ez 1,4; Nah 1,3b; Hab 1,3 **38,3** 40,7 **38,4** 15,7 **38,5** Spr 30,4 S **38,6** Ps 24,2; 75,4; 104,5 **38,7** 1,6 S; Ps 19,2; Bar 3,34-35

8 Wer hat das Meer mit Toren abgesperrt,
als es hervorbrach aus dem Schoß der Erde?
9 Ich war's, ich hüllte es in dichte Wolken,
als Windel gab ich ihm den dunklen Nebel.
10 Ich gab ihm seine vorbestimmte Grenze,
schloss es mit Tor und Riegel sicher ein.
11 Ich sagte ihm: ›Bis hierher und nicht weiter!
Hier hört der Hochmut deiner Wellen auf!‹

12 Hast du je einen Tag heraufbefohlen,
der Morgenröte ihren Platz bestimmt
13 und ihr gesagt, der Erde Saum zu fassen
und alle Bösen von ihr abzuschütteln?[a]
14 In ihrem Licht erheben sich die Berge,[b]
wie Kleiderfalten treten sie hervor.
15 Den Bösen aber bringt das Licht kein Glück,
es setzt dem Missbrauch ihrer Macht ein Ende.

16 Warst du schon unten bei den Meeresquellen?
Den Grund des Meeres, hast du ihn durchstreift?
17 Hast du am Tor der Totenwelt* gestanden,
dort, wo die ewige Finsternis beginnt?
18 Weißt du, wie weit die Erde sich erstreckt?
Wenn du das alles kennst, dann sag es mir!

19 Kennst du den Weg zum Ursprungsort des Lichtes?
Von welcher Stelle kommt die Dunkelheit?
20 Führst du sie bis ans Ende ihres Weges
und bringst sie dann zu ihrem Ort zurück?
21 Du musst es können, denn du bist so alt,
du warst ja damals lange schon geboren!

22 Hast du die Vorratskammern schon gesehen,
wo ich den Schnee und Hagel aufbewahre?
23 Ich halte sie bereit für Unheilstage;
mit ihnen greif ich ein in Kampf und Krieg.
24 Wo ist der Weg zum Aufgangsort der Sonne
und wo der Platz, von dem der Ostwind kommt?

25 Wer grub am Himmel Rinnen für den Regen?[c]
Wer bahnte dem Gewitter seinen Weg?
26 Wer lässt es regnen auf die öde Steppe,
aufs Land, in dem es keine Menschen gibt?
27 Wer stillt den Durst der ausgedörrten Erde,
damit sie grünes Gras aufsprießen lässt?
28 Denk an den Regen: Hat er einen Vater?
Und sieh den Tau: Hat jemand ihn gezeugt?
29 Wo kommt das Eis her? Wer ist seine Mutter?
Und welcher Schoß gebar den Reif und Frost,
30 der Bach und Fluss in harten Stein verwandelt,
das Meer bewegungslos erstarren lässt?

31 Kannst du das Siebengestirn zusammenbinden?
Löst du den Gürtel des Orions auf?
32 Lässt du die Tierkreisbilder aufmarschieren,
dass jedes sichtbar wird zu seiner Zeit?
Lenkst du den Großen und den Kleinen Wagen?
33 Kennst du die Ordnung, der der Himmel folgt,
und machst sie gültig für die ganze Erde?

34 Rufst du den Wolken dort Befehle zu,
damit sie Regen auf dich strömen lassen?
35 Schickst du die Blitze auf die Erde nieder?
Stehn sie dir zu Befehl, wenn du sie rufst?
36 Wer sagt dem Ibis, dass der Nilstrom steigt?
Wer sagt dem Hahn, dass Regenwetter kommt?[d]
37 Wer zählt die rechte Zahl von Wolken ab?
Wer leert des Himmels Wasserkrüge aus,[e]
38 wenn alle Ackerschollen fest zusammenbacken,
die Erde hart geworden ist wie Stein?

39 Treibst du der Löwin ihre Beute zu?
Stillst du die heiße Gier der jungen Löwen,
40 wenn sie sich in den Höhlen niederkauern,
in dichten Büschen auf der Lauer liegen?
41 Wer ist es, der den Raben Futter gibt,
wenn ihre Jungen nichts zu fressen finden
und mir laut schreiend ihren Hunger klagen?

39 Kannst du mir sagen, wann die Gämse wirft?
Sahst du der Hirschkuh beim Gebären zu?
2 Weißt du, wie viele Monate sie tragen?
Wann kommt für sie die Stunde der Geburt?
3 Sie kauern nieder, werfen ihre Jungen
und schnell sind sie den Schmerz der Wehen los.
4 Die Jungen wachsen, werden groß und stark,
sie laufen fort und kehren nicht zurück.

5 Wer gab dem wilden Esel seine Freiheit,
wer löste seine Fesseln, ließ ihn laufen?
6 Die Steppe machte ich zu seiner Heimat,
im Salzland ist der Ort, an dem er wohnt.
7 Er hält sich fern vom Lärm der großen Stadt,
kein Treiber kann ihn je zur Arbeit zwingen.

Gott offenbart seine Größe als der Eine, der die Welt geschaffen hat und sich um alles kümmert: »Wer ist es, der den Raben Futter gibt, wenn ihre Jungen nichts zu fressen finden?« (38,41)

a Die Erde wird mit einer Decke verglichen, aus der man Ungeziefer herausschüttelt. Vgl. auch Anmerkung zu 3,4.
b Wörtlich *Sie verwandelt sich wie Siegelton;* wenn ein Siegel in Ton gedrückt wird, treten die Erhebungen hervor.
c Ein Erklärungsversuch für heftige Regengüsse: Rinnen oder Kanäle leiten das Wasser aus dem Himmelsozean durch das feste Gewölbe hindurch (vgl. die »Schleusen des Himmels« Gen 7,11 und Sacherklärung »Himmelsgewölbe«).
d Wörtlich *Wer gab dem Ibis Weisheit* und dem Hahn Verstand?*
e Ein anderes Bild als in Vers 25: Die Wolken sind mit himmlischen Wasserkrügen verglichen, die Gott auf die Erde ausleert.

38,11 Ps 104,6-9; Spr 8,29; Jer 5,22 **38,16** Sir 24,5 **38,21** 15,7 **38,22-38** 36,27–37,24 **38,22** Ps 33,7; 135,7; Jer 10,13 **38,23** Jos 10,11; Jes 30,30 **38,25** 28,26 **38,31** 9,9S **38,33** Jer 33,25 **38,39-41** Ps 104,21-22; 104,27-28S

8 Auf allen Bergen sucht er seine Weide,
wo etwas Grünes wächst, er spürt es auf.
9 Meinst du vielleicht, der Wildstier wird dir dienen?
Verbringt er wohl die Nacht in deinem Stall?
10 Und lässt er sich von dir am Leitseil führen,
damit er Furchen pflügt auf deinem Feld?
11 Darfst du ihm trauen, seine Kräfte nutzen,
dass er den Wagen mit den Garben zieht?
12 Kannst du erwarten, dass er deine Ernte
dir schön gehorsam auf die Tenne bringt?

13 Die Straußenhenne schlägt zwar mit den Flügeln,
doch kann sie damit fliegen wie der Storch?°
14 Die Eier legt sie einfach auf die Erde
und überlässt dem heißen Sand das Brüten.
15 Sie denkt nicht dran, dass sie ein Fuß zertreten
und wilde Tiere sie zerbrechen können.
16 Die Jungen lässt sie stehn, als wären's fremde;
sinnlose Mühe macht ihr gar nichts aus.[a]
17 Als ich sie schuf, gab ich ihr keine Klugheit
und an Verstand hat sie nichts mitbekommen.
18 Doch wird sie aufgeschreckt und läuft davon,
so lacht sie Pferd und Reiter spöttisch aus.

19 Gabst du dem Pferd die viel gerühmte Stärke
und schmücktest seinen Hals mit einer Mähne?
20 Lässt du es Sprünge machen wie ein
Heuschreck?
Wenn es so mächtig schnaubt, erschrickt
der Mensch.
21 Es scharrt den Boden voller Kampfesfreude
und eilt mit aller Kraft der Schlacht entgegen.
22 Was Angst und Furcht heißt, ist ihm
unbekannt,
selbst vor dem Schwerte weicht es nicht zurück.
23 Im Köcher seines Reiters klirren Pfeile,
im Licht der Sonne funkeln Speer und Lanze.
24 Mit dröhnendem Galopp fliegt es dahin.
Beim Schall der Hörner steht es nicht mehr still,
25 mit Wiehern gibt es Antwort aufs Signal.
Schon aus der Ferne wittert es die Schlacht,
hört die Befehle und das Kriegsgeschrei.

26 Bist du vielleicht der einsichtsvolle Lehrer,
bei dem der Falke seine Flugkunst lernte,
wenn er nach Süden zu die Flügel breitet?
27 Schickt dein Befehl den Adler hoch hinauf,
dort in der Höhe seinen Horst zu bauen?
28 Hoch in den Bergen baut er seine Wohnung,
auf Felsenzacken und an steiler Wand.
29 Von dort aus blickt er weit hinaus ins Tal,
sein Auge sucht und späht nach einer Beute;
30 denn seine Jungen sind voll Gier nach Blut.
Wo Tote liegen, stellt auch er sich ein.«

40 Und der HERR fragte Ijob:
2 »Mit mir, dem Mächtigen,[b] willst du dich streiten?
Willst du mich tadeln oder gibst du auf?«

Ijob erkennt Gottes Weisheit an

3 Da antwortete Ijob dem HERRN:

4 »Ich bin zu wenig, HERR! Was soll ich sagen?
Ich lege meine Hand auf meinen Mund!
5 Ich habe mehr geredet, als ich sollte,
noch einmal tu ich es bestimmt nicht mehr!«[c]

Gott fragt Ijob noch einmal: Beispiele seiner Macht und Weisheit

6 Da sagte der HERR aus dem Sturm heraus zu Ijob:

7 »Steh auf jetzt, Ijob, zeige dich als Mann!
Ich will dich fragen, gib du mir Bescheid!
8 Willst du im Ernst mein Recht in Frage stellen,
mich schuldig sehn, damit du Recht behältst?
9 Sag, nimmst du es an Stärke mit mir auf?
Kann deine Stimme donnern wie die meine?
10 Dann zeige dich in deiner ganzen Pracht,
lass dich in Majestät und Hoheit sehen!
11 Halt deinen Zorn nicht länger mehr in Schranken,
blick alles Hohe an und wirf es nieder,
12 sieh alle Stolzen an und mach sie klein,
zertrete die Verbrecher auf der Stelle!
13 Wirf alle miteinander in das Grab,
schick sie hinunter in die Totenwelt*!
14 Dann werde ich nicht zögern,
dich zu rühmen,
weil deine Hand den Sieg errungen hat.[d]

15 Sieh dir als Beispiel doch das Nilpferd[e] an,
das mein Geschöpf ist gradeso wie du!
Es frisst zwar Gras, nicht anders als ein Rind,
16 doch achte auf die Kraft in seinen Lenden

Am Beispiel des Nilpferds wird dem fragenden Ijob die überlegene Macht und Weisheit des Schöpfers vorgeführt, vor der sich der Mensch nur verehrend beugen kann (40,15-24).

a Vgl. Sacherklärung »Strauß«.
b Wörtlich *dem Gewaltigen**.
c Auf Gottes erneute Aufforderung hin bekennt Ijob, dass er vor Gottes Schöpfermacht und -weisheit verstummen muss. Was Ijob selbst als theoretisches Wissen bereits ausgesprochen hat (9,2-4), ist ihm im direkten Gegenüber zu Gott erschreckende Wahrheit geworden.
d Noch einmal redet Gott zu Ijob. Diesmal fordert er ihn auf, doch einmal seine Macht zu zeigen und als Richter der Welt aufzutreten. Damit wird Ijob deutlich gemacht, worin seine Schuld besteht: Er maßt sich ein Urteil über Gott an, d. h., er will sich an Gottes Stelle setzen.
e Wörtlich *Behemot* (= Tier); dieses Tier spielt in alten Legenden eine wichtige Rolle. Das Nilpferd und das Krokodil (40,25–41,26), zwei der größten Geschöpfe, waren in Palästina nur durch Beschreibungen der Weisheitslehre bekannt. Ijob ist nicht fähig, sie unter seinen Willen zu zwingen; dann ist er noch weniger fähig, Richter über die Welt (und Gott) zu sein.

39,30 Mt 24,28par **40,2** 9,2-4; Jes 45,9 **40,4-5** Gen 18,27-32 **40,6** 38,1S **40,7** 38,3 **40,8** 4,17S **40,9** Ps 29,3-9S **40,11** Jes 2,11-18 **40,13** Ez 32,18

und sieh die starken Muskeln seines Bauches!
17 Sein Schwanz ist kräftig wie der Stamm der Zeder,
die Sehnen seiner Schenkel stark wie Seile.
18 Die Knochen gleichen festen Bronzeröhren,
die Rippen sind so hart wie Eisenstangen.
19 Es ist ein Meisterwerk in meiner Schöpfung,
und niemand als sein Schöpfer kann's bezwingen.
20 Das Gras zum Fressen liefern ihm die Berge,
wo neben ihm die wilden Tiere spielen.
21 Es hat sein Lager unter Dornenbüschen
und sein Versteck im Sumpf und Ried des Ufers.
22 Die dichten Büsche spenden ihm den Schatten
und auch die Weiden, die das Ufer säumen.
23 Auch wenn das Wasser steigt,
bleibt's ruhig liegen;
wenn ihm der Fluss ins Maul dringt,
flieht es nicht.
24 Wer könnte ihm von vorn entgegentreten
und ihm ein Fangseil durch die Nase ziehen?

25 Fängst du das Krokodil[a] mit einer Angel,
dass ihm die Schnur die Zunge niederdrückt?
26 Ziehst du ein Binsenseil durch seine Nase
und schlägst ihm einen Haken durch den Kiefer?
27 Wird es dich vielmals um Erbarmen bitten
und dir mit vielen Zärtlichkeiten schmeicheln?
28 Schließt du mit ihm gar einen Dienstvertrag,
dass es als Knecht für immer bei dir bleibt?
29 Spielst du mit ihm, als wär's ein kleiner Vogel,
und legst es für die Mädchen an die Leine?
30 Versteigert es die Fischerzunft an Händler,
die es in Stücken auf dem Markt verkaufen?
31 Kannst du mit Speeren seinen Körper spicken,
mit der Harpune seinen Kopf durchbohren?
32 Fass es doch an – du tust es nicht noch einmal;
an diesen Kampf denkst du ein Leben lang!

41 Wer hofft, es zu besiegen, täuscht sich selbst;
sein bloßer Anblick wirft dich schon
zu Boden.
2 Wer wird so tollkühn sein, es aufzustören?
Noch schlimmer wär es, *mir* die Stirn zu bieten!
3 Hab ich von jemand ein Geschenk bekommen,
das ich ihm jetzt zurückzuzahlen hätte?
Gehört nicht alles unterm Himmel mir?

4 Ich muss noch mehr vom Krokodil berichten,
von seinen Gliedern, seinen Fähigkeiten,
auch von der Schönheit seines Körperbaus.
5 Wer wagt es, ihm das Oberkleid zu öffnen?
Wer dringt in seinen Doppelpanzer ein?°
6 Wer öffnet gar das große Tor des Rachens,
bewacht von diesen fürchterlichen Zähnen?
7 Sein ganzer Rücken° ist aus festen Schilden,
verschlossen und versiegelt, undurchdringbar.
8 Sie schließen ohne Lücke aneinander,
kein Lufthauch kommt mehr zwischen
ihnen durch.
9 Sie alle sind so eng und fest verklammert,
dass nichts sie auseinander reißen kann.
10 Das Licht sprüht strahlend hell bei seinem
Niesen
und wie das Morgenrot glühn seine Augen.
11 Aus seinem Rachen schießen lange Flammen
und Feuerfunken fliegen ringsumher.
12 Aus seinen Nüstern strömt ein dichter Dampf,
so wie aus einem Topf, in dem es kocht.
13 Sein Atem kann ein Kohlenfeuer zünden
und eine Flamme schlägt aus seinem Rachen.
14 In seinem Nacken wohnt so große Kraft,
dass jeder, der es sieht, vor Angst erzittert.
15 Sein Bauch ist straff und fest, wie angegossen,
das Fleisch liegt unbeweglich, gibt nicht nach.
16 Sein Herz ist hart wie Stein, kennt kein
Erbarmen,
es ist so unnachgiebig wie ein Mühlstein*.
17 Erhebt es sich, erschrecken selbst die Stärksten
und weichen voller Angst vor ihm zurück.
18 In seinen harten Panzer dringt kein Schwert,
kein Speer, kein Spieß, kein Pfeil kann es
verwunden.
19 Das Eisen ist bei ihm nicht mehr als Stroh
und Bronze ist so viel wie morsches Holz.
20 Mit einem Pfeil kann niemand es verjagen
und Schleudersteine achtet es wie Stoppeln.
21 Für einen Strohhalm hält es selbst die Keule,
und wenn der Wurfspeer zischt, dann lacht es
spöttisch.
22 Sein Bauch ist wie ein Brett mit spitzen
Scherben,
wie eine Egge zieht es durch den Schlamm.
23 Es wühlt das Wasser auf, wie wenn es siedet,
und lässt es brodeln wie im Salbentopf.
24 Im Meer bleibt eine helle Spur zurück,
sie leuchtet silberweiß wie Greisenhaar.
25 Auf Erden kannst du nichts mit ihm vergleichen;
so furchtlos ist kein anderes Geschöpf.

Neben den »fürchterlichen Zähnen« des Krokodils (41,6) muss der undurchdringliche Schuppenpanzer dem Menschen seine Kleinheit und Ohnmacht vor Augen führen (41,7-9.18-21).

a Wörtlich *Leviatan* (der Gewundene); siehe dazu die Sacherklärung.

40,25 Ez 32,2 **40,26** Ez 29,4 **41,2** 9,4 **41,3** Ps 24,1 **41,23** Ez 32,2

26 Selbst auf die Größten blickt es stolz herab,
es ist der König aller wilden Tiere.«

Ijob unterwirft sich Gott

42 Da antwortete Ijob dem HERRN:
2 »Ich weiß jetzt, dass dir nichts unmöglich ist;
denn alles, was du planst, führst du auch aus.
3 Du fragst, warum ich deinen Plan anzweifle
und rede ohne Wissen und Verstand.
In meinem Unverstand hab ich geredet
von Dingen, die mein Denken übersteigen.
4 Du hast mich aufgefordert, zuzuhören
und dann auf deine Fragen zu erwidern.
5 Ich kannte dich ja nur vom Hörensagen;
jetzt aber hat mein Auge dich geschaut.[a]
6 Ich schäme mich für alles, was ich sagte;
in Staub und Asche nehm ich es zurück.«

Gott gibt Ijob Recht

7 Nachdem der HERR das alles zu Ijob gesagt hatte,
wandte er sich an Elifas von Teman und sagte:
»Ich bin zornig auf dich und deine beiden Freunde;
denn ihr habt nicht die Wahrheit über mich gesagt
wie mein Diener Ijob.
8 Darum holt euch jetzt sieben junge Stiere und sie-
ben Widder, geht damit zu Ijob und opfert sie mir als
Brandopfer* für eure Schuld. Mein Diener Ijob soll
für euch beten;[b] denn auf ihn werde ich hören und
euch nicht für euren Unverstand bestrafen. Denn
ihr habt nicht die Wahrheit über mich gesagt wie
mein Diener Ijob.«
9 Elifas aus Teman, Bildad aus Schuach und Zofar
aus Naama taten, was der HERR ihnen gesagt hatte,
und der HERR nahm Ijobs Gebet für sie an.

Gott schenkt Ijob neues Glück

10 Nachdem Ijob für seine drei Freunde gebetet hatte,
ließ der HERR ihn wieder gesund werden und gab
ihm zweimal so viel, wie er vorher besessen hatte.
11 Alle seine Brüder und Schwestern und die früheren
Freunde besuchten ihn und feierten mit ihm in sei-
nem Haus. Sie bekundeten ihm ihr Mitgefühl und
trösteten ihn wegen all des Unglücks, das der HERR
über ihn gebracht hatte. Jeder schenkte ihm eine gro-
ße Silbermünze und einen goldenen Ring.
12 Der HERR segnete Ijob während der nun folgen-
den Zeit seines Lebens noch mehr als vorher. Ijob
besaß schließlich 14000 Schafe und Ziegen, 6000
Kamele, 2000 Rinder und 1000 Esel. 13 Er bekam noch
sieben Söhne und drei Töchter. 14 Die älteste Tochter
nannte er Täubchen, die zweite Zimtblüte und die
jüngste Schminktöpfchen. 15 Im ganzen Land gab es
keine schöneren Frauen als die Töchter Ijobs. Ihr
Vater bedachte sie in seinem Testament genau wie
ihre Brüder und vermachte jeder einen Anteil seines
Landbesitzes.
16 Ijob lebte nach seiner Erprobung noch 140 Jahre,
sodass er noch seine Enkel und Urenkel sah. 17 Er
starb in hohem Alter, gesättigt von einem langen
und erfüllten Leben.

a Gott hat Ijob einen Blick in die Wirklichkeit tun lassen, vor der alle Theorie verblasst. Dadurch hat sich Ijobs Einstellung gewandelt: Er, der Gott zum Prozess herausgefordert hatte, unterwirft sich ihm nun rückhaltlos.

b Der eben Begnadigte wird noch einmal auf die Probe gestellt: Er soll für die Freunde beten, die ihn mit ihren Reden immer tiefer in Verzweiflung und Auflehnung getrieben haben. Nachdem er auch diese Probe bestanden hat (Vers 10), stellt Gott Ijobs Glück wieder her, ja er verdoppelt es. Wer sich an diesem Schluss der Geschichte stößt, sollte bedenken, dass die Menschen von damals Gottes Lohn für die menschliche Treue in *diesem* Leben erwarteten. Die Hoffnung auf eine künftige »neue Welt« Gottes ist im Alten Testament nur ansatzweise zu finden.

42,2 Gen 18,14S; Jer 32,17; Sach 8,6; Mk 9,23; 10,27par; Lk 1,37 **42,3-4** 38,2-3 **42,5** 19,26-27 **42,6** 2,8 **42,7** 13,7-10 **42,8** 22,29-30 **42,10** 8,6-7 **42,11** 19,13-15.19 **42,17** 5,26; Gen 25,8

PSALMEN

Die Psalmen sind das Gebet- und Liederbuch der Bibel. Die einzelnen Stücke stammen aus einem Zeitraum von mehreren Jahrhunderten und von verschiedenen Dichtern; sie wurden im alten Israel gebetet, gesungen, gesammelt und schließlich den Heiligen Schriften zugeordnet. Neben dieser Sammlung gibt es aber auch noch einzelne Lieder und Gebete gleicher Art, die an zahlreichen Stellen in den Bibeltext eingestreut sind, im Alten wie im Neuen Testament. Juden und Christen aller Zeiten bis heute fanden in den Psalmen vieles ausgesprochen, was sonst ungesagt und stumm in ihren Herzen geblieben wäre.
In dieser Übersetzung der Psalmen werden einige hebräische Wörter nicht wiedergegeben:
1. In 55 Psalmüberschriften steht eine Wendung, deren Bedeutung bisher nicht eindeutig geklärt werden konnte. Meistens übersetzt man: »Für den Chorleiter«. Es könnte aber auch heißen: »Von dem Hervorragenden«. Daneben gibt es eine ganze Reihe von Deutungsversuchen, von denen keiner überzeugt.
2. An 71 Stellen steht das Wort »sela«. Es wird von den Auslegern entweder als Zeichen für ein Zwischenspiel verstanden oder als Aufforderung zur Wiederholung der Zeile oder als Aufruf an die Gemeinde, sich zum Gebet zu verneigen; es könnte auch Zeichen für eine Pause sein.
3. In Psalm 9,17 steht vor »sela« noch ein anderes Wort, das man für gewöhnlich mit »Zwischenspiel« übersetzt. Alle diese Begriffe weisen zurück in eine Zeit, in der die Psalmen noch mit Instrumentenbegleitung gesungen wurden.
Die »Überschriften« am Anfang der meisten Psalmen sind späte Zusätze. Neben den musikalischen Hinweisen enthalten sie Vermutungen über Verfasser und Entstehungsverhältnisse, die der jüdischen Tradition entnommen sind.

Inhaltsübersicht

Die Sammlung der 150 Psalmen ist nicht nach inhaltlichen Gesichtspunkten gegliedert. Bei der Zusammenstellung wurden die Psalmen – wohl nach dem Vorbild der fünf Mosebücher (Genesis bis Deuteronomium) – in fünf Bücher eingeteilt, die jeweils mit einem Lobpreis abschließen (41,14; 72,18-19; 89,53; 106,48; 150,6).
Hier wird eine Übersicht nach Themen und Anlässen gegeben:

Loblieder
auf Gottes Güte und Treue
92; 103; 111; 113; 117; 145
auf Gottes Taten in Schöpfung und Geschichte
8; 19; 29; 33; 65; 78; 89; 104; 105; 114; 146; 147
auf Gott, den König der Völker
47; 48; 67; 76; 82; 93; 96–99; 146

Gebete in schwerer Not
bei Krankheit und Unglück
6; 13; 22; 31; 38; 39; 41; 51; 69; 71; 86; 88; 130
bei Anfeindungen und falscher Anklage
3; 4; 5; 7; 17; 26; 27; 28; 35; 42/43; 52; 54–59; 64; 70; 94; 102; 109; 120; 140–143
bei Katastrophen und allgemeiner Not
44; 60; 74; 77; 79; 80; 83; 85; 89; 90; 125; 126; 137
bei Unterdrückung und Verfolgung
9–12; 123; 129

Dank nach der Rettung
18; 22,22b-32; 30; 32; 40; 66; 75; 107; 108; 116; 118; 124; 138

Vertrauen auf Gott
16; 23; 27; 36; 46; 52; 62; 63; 91; 131

Zusage der göttlichen Hilfe
91; 121

Wallfahrtslieder und Festliturgien
24; 68; 84; 95; 100; 115; 122; 134; 135; 136; 148; 149; 150

Lehrgedichte
vom richtigen Leben
1; 15; 19,8-15; 34; 50; 81; 112; 119; 127; 128; 133
vom Ende der Gottesfeinde
14; 36; 37; 49; 53; 73

Zionslieder
46; 48; 87; 122; 132

Lieder des Königs und für den König
2; 20; 21; 45; 61; 72; 101; 110; 132; 144

Hinweise auf Christus
2; 22; 110

ERSTES BUCH
(Psalmen 1–41)

Wahres Glück

1 Wie glücklich ist ein Mensch,
der sich nicht verführen lässt von denen,
die Gottes Gebote missachten,
der nicht dem Beispiel
gewissenloser Sünder folgt
und nicht zusammensitzt mit Leuten,
denen nichts heilig ist.
2 Wie glücklich ist ein Mensch,
der Freude findet an den Weisungen des HERRN,
der Tag und Nacht in seinem Gesetz* liest
und darüber nachdenkt.
3 Er gleicht einem Baum, der am Wasser steht;
Jahr für Jahr trägt er Frucht,
sein Laub bleibt grün und frisch.
Was immer ein solcher Mensch unternimmt,
es gelingt ihm gut.

4 Ganz anders geht es denen,
die nicht nach Gott fragen:
Sie sind wie Spreu, die der Wind davonbläst.
5 Vor Gottes Gericht können sie nicht bestehen
und in der Gemeinde der Treuen
ist für sie kein Platz.
6 Der HERR kennt die Taten der Menschen, die auf ihn hören, und behält sie im Gedächtnis;[a]
aber von denen, die nicht nach ihm fragen,
bleibt keine Spur.

Der König des Herrn

2 Was soll der Aufruhr unter den Völkern?
Wozu schmieden sie vergebliche Pläne?
2 Die Herrscher der Erde lehnen sich auf,
die Machthaber verbünden sich gegen den HERRN
und den König, den er erwählt hat:[b]
3 »Wir wollen nicht mehr ihre Knechte sein!
Auf, lasst uns die Fesseln zerreißen!«

4 Doch der Herr im Himmel* lacht,
er spottet nur über sie.
5 Dann aber wird er zornig; er herrscht sie an,
stürzt sie in Angst und Schrecken:
6 »Ich habe meinen König eingesetzt!
Er regiert auf dem Zion*,
meinem heiligen Berg.«
7 Ich gebe bekannt, was der HERR verfügt hat.
Er hat zu mir gesagt:
»Du bist mein Sohn,
heute habe ich dich dazu gemacht.[c]
8 Fordere von mir alle Völker,
ich schenke sie dir;

Wer sich in Gottes Gesetz vertieft und seinen Weisungen gern gehorcht, der »gleicht einem Baum, der am Wasser steht; Jahr für Jahr trägt er Frucht, sein Laub bleibt grün und frisch« (1,3). Das ist wahres Glück. Der erste Psalm ist eine Art Vorwort zum ganzen Buch der Psalmen. Seine Sprache hat viele Beziehungen zur Weisheitsliteratur des Alten Testaments (zu diesem Begriff siehe Seite 574).

a Wörtlich *Der HERR kennt den Weg der Gerechten*
b *den König ...:* wörtlich *seinen Gesalbten/Messias**.
c Wörtlich *heute habe ich dich gezeugt.* Man nimmt an, dass dieser Psalm ursprünglich bei der Krönung der Könige von Juda vorgetragen wurde. Dabei wurde der König zum »Sohn Gottes« durch Adoption erklärt. Nach dem Untergang des Reiches Juda 587 v. Chr. richteten sich die Erwartungen auf den künftigen Friedenskönig, den Messias (siehe die Sacherklärung). Die christliche Kirche sieht diese Erwartungen in Jesus erfüllt; vgl. Apg 13,32-33; Hebr 1,5.

1,1-6 34,12-23; 145,20; Spr 24,19-20 S **1,1** 119,1-2; Spr 4,14 **1,2** Jos 1,8 **1,3** 92,13-15; Jer 17,8 **1,4-6** Weish 5,14 S **2,1-2** Apg 4,25-26 **2,1** Offb 11,18 **2,2** 48,5; Offb 19,19 **2,4** 59,9 S **2,6** 110,1-2; 76,3 S; Jes 24,21-23 **2,7** 2 Sam 7,14 S; Apg 13,33 **2,8** 72,8-11

die ganze Erde gebe ich dir zum Besitz.
9 Regiere sie mit eiserner Faust!
Wenn du willst, zerschlag sie wie Töpfe aus Ton!«

10 Darum nehmt Vernunft an, ihr Könige;
lasst euch warnen, ihr Mächtigen der Erde!
11 Unterwerft euch dem HERRN,
zittert vor ihm und jubelt ihm zu!
12 Huldigt seinem Sohn!
Sonst wird er unwillig
und es ist um euch geschehen;
denn sein Zorn ist schnell entflammt.
Wohl allen, die bei ihm Schutz suchen!

Vertrauen auf Gottes Schutz

3 Ein Lied Davids. Er dichtete es, als er vor seinem Sohn Abschalom fliehen musste.

2 HERR, ich kann sie nicht mehr zählen,
so viele sind's, die sich gegen mich stellen,
3 so viele, die schadenfroh von mir sagen:
»Von dem will Gott nichts mehr wissen!«

4 Doch du, HERR, umgibst mich mit deinem Schutz;
du rettest meine Ehre, du schaffst mir Recht.
5 Sooft ich auch zu dir um Hilfe rufe,
du hörst mich in deinem Heiligtum,
von deinem Berg her schickst du mir Antwort.
6 Ganz ruhig kann ich mich schlafen legen,
weil du mich beschützt,
bis ich morgens erwache.
7 Auch wenn's Tausende sind, die mich umzingeln,
sie können mir keine Angst einjagen!

8 Sieh nicht länger zu, HERR!
Du mein Gott, greif doch ein!
Ich weiß, du schlägst ihnen aufs freche Maul,
du brichst meinen Feinden die Zähne aus.
9 Wer in Not ist, findet bei dir Hilfe.
HERR, gib deinem Volk Gelingen und Glück![a]

Freude und Frieden trotz Verleumdung

4 Ein Lied Davids, zu begleiten auf Saiteninstrumenten.

2 Antworte mir, wenn ich rufe!
Mein Gott, du hältst doch zu mir![b]
Als ich vor Enge kaum noch atmen konnte,
hast du mich in die Freiheit geführt.
Darum hab auch jetzt Erbarmen mit mir,
hör mich, wenn ich zu dir schreie,
höre auf mein Gebet!

3 Ihr Reichen habt die Macht
und missbraucht sie zu Lüge und Verleumdung;
ihr zieht meine Ehre in den Schmutz.
Wann hört ihr endlich damit auf?
4 Seht doch ein: Der HERR tut Wunder
für alle, die ihm die Treue halten;°
er hört mich, wenn ich zu ihm rufe.

5 Zittert vor ihm
und macht Schluss mit dem Unrecht!
Denkt einmal gründlich nach,
nachts, wenn ihr allein seid,
und werdet still!
6 Bringt dem Herrn eure Opfer,
gebt ihm Recht;
schenkt ihm wieder euer Vertrauen![c]

7 Viele klagen:
»Was haben wir noch Gutes zu erwarten?
HERR, sieh uns wieder freundlich an!«
8 Doch mir hast du so viel Freude gegeben,
mehr als sie hatten und haben können
mit all ihrem Korn und dem vielen Wein.[d]
9 Mich quält keine Sorge,
wenn ich mich niederlege,
ganz ruhig schlafe ich ein;
denn du, HERR, hältst die Gegner von mir fern
und lässt mich in Sicherheit leben.[e]

Gebet eines Bedrängten

5 Ein Lied Davids, zu singen mit Flötenbegleitung.

2 HERR, höre doch, was ich sage;
achte auf mein Seufzen und Stöhnen!
3 Verschließ die Ohren nicht,
wenn ich um Hilfe schreie,
du mein König und mein Gott!
An dich wende ich mich mit meiner Bitte.
4 Früh am Morgen hörst du mein Rufen,
in der Frühe trage ich dir meine Sache vor[f]
und warte auf deine Entscheidung.

5 Dir, HERR, gefällt kein Unrecht,
kein Unheilstifter darf zu dir kommen.
6 Überhebliche Prahler willst du nicht sehen
und Verbrecher trifft dein Hass.
7 Die Lügner vernichtest du,
du verabscheust die Mörder und Betrüger.

8 Doch mir erweist du große Güte:
Ich darf zu deinem Tempel* kommen,
vor deinem Heiligtum mich niederwerfen
und voller Ehrfurcht zu dir beten.

a Wörtlich *Segen über dein Volk.* Segen ist im biblischen Verständnis immer etwas ganz Konkretes: Gesundheit, Kraft, Kinderreichtum, Wohlstand, Gelingen bei allen Unternehmungen.
b *Mein Gott ...:* wörtlich *Gott meiner Gerechtigkeit*.*
c Die Gegner des Beters werden aufgefordert, ihr Vertrauen nicht auf ihre Macht, sondern auf Gott zu setzen. Sie sollen sich an das von Gott gegebene Recht halten und ihm zum Zeichen ihres Gehorsams Opfer darbringen.
d Wichtiger als der von anderen gewünschte Wohlstand ist dem Beter die ihm von Gott erwiesene Liebe.
e *hältst die Gegner ...:* wörtlich *lässt mich allein und sicher leben;* »allein« bedeutet hier nicht »einsam«, sondern »von den Gegnern abgeschirmt«.
f *trage ich ...:* oder *bringe ich dir ein Opfer dar.* Früh am Morgen bringt der Beter im Heiligtum seine Klage vor Gott. Zu dieser Tageszeit erwartete man Gottes Eingreifen; vgl. 2 Kön 3,20 und besonders Ps 46,6.

2,9 Offb 2,27; 19,15 **3,1** 2 Sam 15,17 **3,5** Jes 14,32S **3,6** 4,9 **3,7** 27,3 **4,7** 31,17S **4,9** 3,6 **5,3** 44,5 **5,4** 88,14; Weish 16,28; Sir 39,5 **5,8** 26,8; 132,7; 134,2; 138,2

9 HERR, lass meine Feinde sehen, wie du mir hilfst![a]
Ebne vor mir den Weg, den ich gehen soll!
10 Auf das, was sie sagen, kann sich
niemand verlassen,
ihr Kopf steckt voll von schändlichen Plänen.
Glattzüngige Schmeichler sind sie;
doch ihre schönen Worte bringen Tod
und Verderben.[b]
11 Zahl es ihnen heim, Gott,
verstricke sie in ihre eigenen Ränke!
Vertreibe sie aus deiner Nähe;
denn ihre Schandtaten sind zahllos
und ihr Trotz gegen dich ist maßlos.

12 Doch freuen sollen sich alle,
die sich auf dich verlassen.
Ihr Jubel soll kein Ende haben,
denn du bist ihr Beschützer.
Sie sollen vor Freude singen,
sie alle, die dich lieben
13 und dir die Treue halten.
Denn reich beschenkst du sie mit deinem Segen,
schützend umgibt sie deine Güte.

Ein Hilferuf

6 Ein Lied Davids, zu begleiten auf achtsaitigem Instrument.

2 HERR, du bist zornig auf mich.
Aber nimm die Strafe von mir,
schlag mich nicht so hart!
3 Hab Erbarmen, HERR, mir ist so elend!
Heile mich, HERR,
ich habe keine Kraft mehr in den Gliedern![c]
4 Ich weiß keinen Ausweg mehr.
Wie lange noch, HERR?
5 Lass ab von deinem Zorn! Rette mich!
Hilf mir, du liebst mich doch!
6 Wenn ich tot bin, kann ich dich nicht mehr preisen.
Dort unten bei den Toten dankt dir niemand.

7 Ich bin müde vom Stöhnen.
Ich weine die ganze Nacht,
mein Bett ist durchnässt von Tränen,
8 meine Augen sind getrübt vor Kummer –
und das alles wegen meiner Feinde.
9 Macht, dass ihr fortkommt, ihr Verbrecher!
Der HERR hat mein Weinen gehört.
10 Er achtet auf mein Schreien,
mein Gebet nimmt er an.
11 Schimpf und Schande komme über meine Feinde!
Ganz plötzlich sollen sie erschrecken
und beschämt die Flucht ergreifen!

Gott verschafft mir Recht

7 Ein Klagelied, mit dem David sich an den HERRN wandte, als der Benjaminiter Kusch ihn beschuldigte.[d]

2 HERR, mein Gott, bei dir suche ich Schutz!
Rette mich vor meinen Verfolgern, hilf mir –
3 sonst beißen sie mir die Kehle durch wie Löwen
und niemand kann mich ihnen entreißen!

4 HERR, mein Gott,
wenn das stimmt, was man mir vorwirft,
wenn irgendein Verbrechen
an meinen Händen klebt,
5 wenn ich treulos gehandelt habe an Freunden
und die beraubt habe,
die mich jetzt grundlos verklagen,
6 dann sollen sie mich verfolgen,
mich einfangen und am Boden zertreten
und auch noch mein Andenken auslöschen![e]

7 Steh auf, HERR, lass sie deinen Zorn fühlen!
Geh vor gegen das Wüten meiner Feinde!
Greif ein, hilf mir, stell das Recht wieder her!
8 Versammle die Völker rings um dich zum Gericht,
hoch über ihnen nimm deinen Platz ein!
9 HERR, du Richter der Völker,
verschaffe mir Recht!
Sprich mich frei, HERR;
du weißt, dass ich unschuldig bin!
10 Mach dem Treiben der Verbrecher ein Ende;
doch dem, der deinen Willen getan hat,
gib wieder festen Boden unter die Füße!
Du kennst die geheimsten Gedanken,
du unbestechlicher Gott!

11 Bei Gott finde ich Schutz;
er rettet alle, die redlich und schuldlos sind.
12 Gott ist ein gerechter Richter,
ein Gott, der täglich die Schuldigen bestraft.
13 Wenn sie nicht umkehren,
schärft er sein Schwert,
spannt seinen Bogen und legt auf sie an.
14 Seine tödlichen Waffen liegen bereit,
mit brennenden Pfeilen beschießt er sie.

15 Wer mit bösen Plänen schwanger geht,
der gebärt Unglück
und erlebt nur Enttäuschung.
16 Wer anderen eine Grube gräbt,
sie aushöhlt, so tief er kann,
der schaufelt sein eigenes Grab.
17 Seine Bosheit fällt auf ihn selbst zurück,
seine Untaten werden ihm zum Verhängnis.

a *lass meine Feinde …:* wörtlich *leite mich in deiner Gerechtigkeit* meiner Feinde wegen.*
b *ihre schönen Worte …:* wörtlich *ihre Kehle ist ein offenes Grab.*
c Krankheit und Unglück wurden als Ausdruck des göttlichen Zornes verstanden. Zum körperlichen Leiden kamen die Verdächtigungen der Nachbarn, die den Grund für das Unglück herausfinden wollten. (Für das richtige Verhalten bei Krankheit gibt Sir 38,9-12 eine Anweisung.)
d Im Alten Testament wird eine solche Beschuldigung nicht erwähnt.
e Der Beter wird eines schweren Verbrechens beschuldigt. Er beschwört seine Unschuld, indem er für den Fall, dass die Beschuldigung zutrifft, die Strafe auf sich herabruft (bedingte Selbstverfluchung). Er appelliert damit an Gott, dass er seine Unschuld an den Tag bringen soll; vgl. Ijob 31, besonders Anmerkung zu 31,23.

5,10 Röm 3,13 **5,11** Röm 12,17-21 **6,3** Jer 17,14 **6,4** 13,2-3 S **6,6** 30,10; 88,11-13; 115,17; Jes 38,18; Sir 17,27; Bar 2,17-18; Ps 16,10-11 S **7,4-5** Ijob 31,7-34 **7,10** 139,1 S **7,12** 58,12; 99,4 **7,16-17** 9,16; 35,8; 57,7; Spr 26,27 S

18 Den HERRN will ich preisen für seine Treue;[a]
ihm, dem höchsten Gott,
singe ich dankbar mein Lied.

Gottes Hoheit und die Würde des Menschen

8 Ein Lied Davids, zu begleiten auf gatitischem Instrument*.

2 HERR, unser Herrscher!
Groß ist dein Ruhm auf der ganzen Erde!
Deine Hoheit reicht höher als der Himmel.
3 Aus dem Lobpreis der Schwachen und Hilflosen[b]
baust du eine Mauer,
an der deine Widersacher und Feinde
zu Fall kommen.

4 Ich bestaune den Himmel,
das Werk deiner Hände,
den Mond und alle die Sterne,
die du geschaffen hast:
5 Wie klein ist da der Mensch,
wie gering und unbedeutend!
Und doch gibst du dich mit ihm ab
und kümmerst dich um ihn!

6 Ja, du hast ihm Macht und Würde verliehen;
es fehlt nicht viel und er wäre wie du.
7 Du hast ihn zum Herrscher gemacht
über deine Geschöpfe,
alles hast du ihm unterstellt:[c]
8 die Schafe, Ziegen und Rinder,
die Wildtiere in Feld und Wald,
9 die Vögel in der Luft
und die Fische im Wasser,
die kleinen und die großen,
alles, was die Meere durchzieht.

10 HERR, unser Herrscher,
groß ist dein Ruhm auf der ganzen Erde!

Gott sorgt für Recht

9 Ein Lied Davids, für hohe Knabenstimmen.[d]
2 HERR, von ganzem Herzen will ich
dir danken,
deine machtvollen Taten allen verkünden.
3 Über dich will ich jubeln und mich freuen,
von dir will ich singen, du höchster Gott!

4 Vor dir mussten meine Feinde weichen,
sie stürzten und kamen um.
5 Du hast dich auf den Richterstuhl gesetzt
und mir zu meinem Recht verholfen,
denn deine Urteile sind gerecht.

6 Den Völkern hast du gedroht,
die Unheilstifter zerschlagen,
ihre Namen für immer ausgetilgt.
7 Völlig vernichtet hast du sie,
ihre Städte entvölkert und in Trümmer gelegt,
für immer sind sie vergessen.
8 Doch der HERR regiert für alle Zeiten,
sein Richterstuhl ist aufgestellt.
9 Der ganzen Welt spricht er gerechtes Urteil,
unparteiisch entscheidet er über die Völker.
10 Den Unterdrückten bietet er sicheren Schutz;
in schlimmer Zeit sind sie bei ihm geborgen.
11 Alle, die dich kennen, HERR,
setzen auf dich ihr Vertrauen.
Du lässt niemand im Stich,
der deine Nähe sucht.

12 Preist den HERRN mit eurem Lied,
ihn, dessen Thron auf dem Zionsberg* steht;
macht bei den Völkern seine Taten bekannt!
13 Den Hilfeschrei der Armen überhört er nicht,
er vergisst nicht die Qual der Verfolgten
und zieht die Verfolger zur Rechenschaft.

»Ich bestaune den Himmel, das Werk deiner Hände: Wie klein ist da der Mensch! Und doch gibst du dich mit ihm ab.« (8,4-5)

a *Treue:* wörtlich *Gerechtigkeit**.
b Wörtlich *Aus dem Mund unmündiger Kinder und Säuglinge;* vgl. Mt 21,16. Diese Wendung ist bildlich zu verstehen; vgl. Klgl 2,18-19; 4,2-4, wo Zion mit der klagenden Witwe verglichen wird und das besiegte Volk mit Kindern und Säuglingen.
c Der Hebräerbrief bezieht die Verse 5-7 auf Jesus. Siehe dazu die Anmerkung zu Hebr 2,6; vgl. auch Ps 144,3.
d Deutung unsicher.

8,2 Jes 6,3; Ps 104,1-2 **8,3** Mt 21,16 **8,5-9** Gen 1,26-28; Hebr 2,6-8 **9,9** 96,13S **9,12** 76,3S **9,13** 10,14.18; 35,10; 140,13; 146,7-9; Dtn 10,18-19S; Am 2,6S

[14] Herr, hab Erbarmen mit mir!
Sieh doch, wie sie mir zusetzen mit ihrem Hass!
Hol mich weg von den Toren des Totenreichs*!
[15] Dann stelle ich mich an die Tore deiner Stadt
und rühme dich vor allen
für das, was du an mir getan hast.[a]

[16] Die anderen Völker sind in die Grube gefallen,
die sie für uns gegraben hatten.
Sie legten ihre Netze aus
und haben sich selbst darin gefangen.
[17] Der Herr hat seine Macht erwiesen,
er hat für Recht gesorgt.
Die Unheilstifter sind in die eigene Falle gelaufen.

[18] Hinab zu den Toten gehören sie alle,
die Völker, die Gott den Rücken kehren!
[19] Doch die Armen sind nur scheinbar vergessen,
ihre Hoffnung ist nicht für immer dahin.
[20] Greif ein, Herr!
Lass nicht zu,
dass ein Mensch dir die Stirn bietet!
Zieh die Völker vor Gericht,
sprich ihnen allen das Urteil!
[21] Stürze sie in Angst und Schrecken, Herr,
zeig ihnen, dass sie nur Menschen sind!

Warum greift Gott nicht ein?[b]

10 Warum bist du so weit weg, Herr?
Warum verbirgst du dich vor uns?
Wir sind vor Elend am Ende!
[2] Schamlose Schurken stellen den Armen nach
und fangen sie in heimtückischen Fallen.
[3] Sie geben auch noch damit an,
dass sie so unersättlich sind.
Nichts zählt bei ihnen, nur ihr Gewinn.
Sie danken dir nicht, Gott, sie lästern dich nur!

[4] In ihrem Größenwahn reden sie sich ein:
»Wie sollte Gott uns zur Rechenschaft ziehen?
Wo er doch gar nicht existiert!«
Weiter reicht ihr vermessenes Denken nicht.
[5] Sie tun, was sie wollen, und alles gelingt.
Ob du sie verurteilst, berührt sie nicht;
du bist ja so fern dort oben!

Sie lachen spöttisch über jeden Gegner.
[6] »Was soll uns erschüttern?«, sagen sie.
»An uns geht jedes Unglück vorüber;
so war es immer, so bleibt es auch!«[c]
[7] Sie fluchen, sie lügen und drohen,
was sie reden, bringt Verderben und Unheil.
[8] Im Hinterhalt liegen sie nah bei den Dörfern,
warten auf Leute, die nichts Böses ahnen,
heimlich ermorden sie schuldlose Menschen.
[9] Sie liegen und lauern wie Löwen im Dickicht,
sie spähen nach hilflosen Opfern aus
und fangen sie ein mit ihren Netzen.
[10] Sie ducken sich, werfen sich auf die Armen
und stoßen sie nieder mit roher Gewalt.
[11] Bei alledem sagen diese Verbrecher:
»Gott fragt nicht danach, er sieht niemals her,
er will von uns gar nichts wissen.«

[12] Steh auf, Herr! Greif doch ein, Gott!
Vergiss nicht die Schwachen,
nimm sie in Schutz!
[13] Lass nicht zu,
dass die Schurken dich missachten!
Warum dürfen sie sagen:
»Er straft uns ja nicht«?
[14] Aber du bist nicht blind!
Du siehst all das Leiden und Unheil
und du kannst helfen.
Darum kommen die Schwachen und Waisen zu dir
und vertrauen dir ihre Sache an.
[15] Zerschlage die Macht der Unheilstifter,
rechne mit ihnen ab,
mach dem Verbrechen ein Ende!

[16] Du, Herr, bist König für immer und ewig.
Die Fremden, die nichts von dir wissen wollen,
müssen aus deinem Land verschwinden.[d]
[17] Du nimmst die Bitten der Armen an,
du hörst ihr Rufen, Herr,
du machst ihnen Mut.
[18] Den Waisen und Unterdrückten
verschaffst du Recht
und lässt keinen Menschen mehr Schrecken
verbreiten auf der Erde.

Geborgenheit bei Gott

11 Von David.
In der Nähe des Herrn bin ich geborgen.
Warum sagt ihr zu mir: »Vogel, flieh ins Gebirge!
[2] Die Mörderbande hat schon den Bogen gespannt,
der Pfeil liegt schussbereit auf der Sehne,
um im Dunkeln schuldlose Menschen zu töten.
[3] Wenn jede Ordnung zerbrochen wird,
was richtet dann noch einer aus,
der sich an Gottes Ordnungen hält?«

[4] Der Herr ist hier in seinem heiligen Tempel*,
er, dessen Thronsitz im Himmel steht.[e]
Seine Augen sind auf die Menschen gerichtet,
nichts entgeht seinem prüfenden Blick.
[5] Der Herr sieht die Treuen, die ihm gehorchen,

a Die von Gott erfahrene Hilfe (Verse 2-7) ermutigt den Beter, auch jetzt um Gottes Schutz vor der drohenden Gefahr zu bitten. Das wird ein neuer Anlass sein, ihm öffentlich zu danken.
b Die Psalmen 9 und 10 bilden im hebräischen Text eine Einheit. Das zeigt sich vor allem an der alphabetischen Anordnung der Strophen im hebräischen Text; vgl. Anmerkung zur Überschrift von Ps 119.
c Dass den Menschen, die Gott missachten, anscheinend alles gelingt, weil Gott nichts gegen sie unternimmt, war für die Frommen eine schwere Anfechtung.
d Die Fremden sollen verschwinden, nicht weil sie keine Israeliten sind, sondern weil sie mit ihrem Götzendienst die Israeliten an Gott irremachen könnten.
e Gottes irdische »Wohnung« steht auf dem Zionsberg; wer dort vor ihn tritt, ist gewiss, dass der himmlische Richter ihn hört. Dieser Psalm ist ein Vertrauenslied, das als Bekenntnis vor der versammelten Gemeinde gesungen wurde. Auch in größter Gefahr und scheinbar aussichtsloser Lage (Vers 2-3) ist Gottes Nähe der sicherste Schutz.

9,14 16,10-11S **9,16** 7,16-17S **9,19** Weish 3,1-9 **10,1** 22,2 **10,4** 14,1S **10,5-6** 73,3-5.11-12 **10,7** Röm 3,14 **10,11.13** 14,1S **10,14.18** 68,6; 9,13S **11,4** Hab 2,20; 1Kön 8,27S; Ps 103,19

und die Untreuen, die ihn missachten;
wer Gewalt liebt, den hasst er von Herzen.
6 Er straft die Schuldigen mit harten Plagen:
Feuer und Schwefel lässt er auf sie regnen,
sengenden Glutwind schickt er ihnen.
7 Der HERR ist treu
und er liebt es, wenn Menschen treu sind.[a]
Wer redlich ist, darf in seiner Nähe leben.[b]

Gott hält sein Versprechen

12 Ein Lied Davids, zu begleiten auf achtsaitigem Instrument.

2 HERR, hilf uns,
sonst ist es mit deinen Leuten aus!
Menschen, auf die Verlass ist,
gibt es immer weniger.
3 Einer belügt den andern,
mit glatter Zunge loben sie einander,
aber im Herzen spielt jeder ein doppeltes Spiel.
4 HERR, bring sie zum Schweigen,
diese Schmeichler!
Stopf ihnen das Maul,
diesen anmaßenden Schwätzern!
5 »Wir verstehen zu reden«, prahlen sie,
»und wir erreichen alles.
Wir sind schlagfertig,
mit uns nimmt's keiner auf!«

6 »Ja«, sagt der HERR, »jetzt greife ich ein![c]
Denn die Armen werden unterdrückt
und die Hilflosen stöhnen.
Ich bringe den Misshandelten Befreiung.«
7 Auf die Worte des HERRN ist Verlass,
sie sind rein und echt wie Silber,
das im Schmelzofen siebenmal gereinigt wurde.

8 HERR, du hältst dich an deine Zusagen,
jetzt und immer:
Du wirst uns vor diesen Lügnern bewahren,
9 auch wenn sie überall frei umherlaufen
und ihre Gemeinheit immer schlimmer wird.

Furcht und Vertrauen

13 Ein Lied Davids.

2 HERR! Hast du mich für immer vergessen?
Wie lange willst du dich noch verbergen?
3 Wie lange sollen mich die Sorgen quälen,
soll der Kummer Tag für Tag
an meinem Herzen nagen?
Wie lange dürfen meine Feinde
mich noch bedrängen?

4 Sieh mich doch wieder an, HERR!
Gib mir Antwort, du mein Gott!
Mach es wieder hell vor meinen Augen,
damit ich nicht in Todesnacht versinke!
5 Sonst sagen meine Feinde:
»Den haben wir erledigt!«,
und jubeln über meinen Sturz.

6 Doch ich verlasse mich auf deine Liebe,
ich juble über deine Hilfe.
Mit meinem Lied will ich dir danken, HERR,
weil du so gut zu mir gewesen bist.

Kein Gott?

(Ps 53,2-7)

14 Von David.

Die Unverständigen reden sich ein:
»Es gibt keinen Gott!«[d]
Sie sind völlig verdorben,
ihr Tun ist abscheulich,
unter ihnen ist niemand, der Gutes tut.

2 Der HERR blickt vom Himmel* herab
auf die Menschen.
Er will sehen, ob es da welche gibt,
die Verstand haben und nach ihm fragen.
3 Doch alle sind sie von ihm abgefallen,
verkommen sind sie, alle miteinander,
niemand ist da, der Gutes tut,
nicht einmal einer!

4 »Sie sind blind«, sagt der HERR.
»Wo bleibt der Verstand dieser Unheilstifter?
Sie fressen mein Volk, als wäre es Brot;
doch mich nehmen sie alle nicht ernst.«

5 Bald schon werdet ihr furchtbar erschrecken;
denn Gott hält zu denen, die ihm gehorchen.
6 Ihr wolltet die Hoffnung der Armen zerstören,
der HERR aber gibt ihnen sicheren Schutz.

7 Wie sehnlich warte ich darauf,
dass Israels Retter vom Zionsberg* kommt!
Wenn der HERR die Not seines Volkes wendet,
dann werden sie jubeln, die Nachkommen Jakobs,
ganz Israel wird sich freuen.

Gottes Bedingungen

15 Ein Lied Davids.

»HERR, wer darf in deinen Tempel* kommen?
Wen lässt du weilen auf dem heiligen Berg?«[e]

a *Der HERR ist treu …:* wörtlich *Der HERR ist gerecht und liebt Gerechtigkeit*.*
b Wörtlich *darf sein Gesicht sehen,* d.h. seine freundliche Zuwendung erleben.
c Auf die Klage des Beters, dass Lüge und Täuschung immer mehr um sich greifen, erteilt ein Priester oder Prophet im Namen Gottes die Antwort.
d *Es gibt …:* Nicht die Existenz Gottes wurde damals geleugnet, sondern dass er in irdische Verhältnisse eingreift; vgl. 10,11.
e Dieser Psalm war wohl ursprünglich ein Wechselgesang am Eingang zum Tempelbezirk; vgl. Ps 24. Ankommende Pilger fragen am Tor nach den Bedingungen für den Einlass (Vers 1). Von innen her gibt ein Priester oder Levit die Antwort in einer katechismusartigen Aufzählung (ähnlich in Jes 33,14-16; Jer 7,1-11; Ez 18,5-9).

11,6 Gen 19,24; Ps 9,13S **12,2** 116,11; Mi 7,2-4 **12,3-5** 52,4-6 **12,3** 28,3; Jer 9,7 **12,5** 73,8 **12,6** 9,13S **12,7** 119,140; Jes 48,10S **13,2-3** 6,4; 79,5; 80,5; 89,47; 90,13; Hab 1,2; Offb 6,10 **14,1-3** Röm 3,10-12 **14,1** 10,4.11.13; 73,11; 94,7; Ijob 22,13; Jes 29,15; Jer 5,12; Ez 8,12; 9,9; Zef 1,12 **14,3** Gen 6,11-12 **14,4** Mi 3,2-3 **14,6** 9,13S **14,7** 76,3S; Ps 126,1-6 **15,1-5** 24,3-6; 118,19-20; Jes 33,14-16; Mi 6,6-8

[2] »Nur Menschen, die in allem dem HERRN gehorchen
und jederzeit das Rechte tun.
Sie denken und reden nur die Wahrheit.
[3] Sie machen niemand bei anderen schlecht,
tun nichts, was ihren Freunden schadet,
und bringen ihre Nachbarn nicht in Verruf.
[4] Sie verachten die, die Gott verworfen hat,
und ehren alle, die den HERRN ernst nehmen.
Sie tun, was sie geschworen haben,
selbst dann, wenn es ihnen Nachteil bringt.
[5] Für ausgeliehenes Geld verlangen sie keine Zinsen.
Sie lassen sich nicht durch Bestechung dazu bewegen,
Unschuldige anzuklagen oder zu verurteilen.

Ein Mensch, der sich daran hält,
steht für immer auf sicherem Grund.«

Du zeigst mir den Weg zum Leben

16 Ein Lied Davids.

Schütze mich, Gott! Ich vertraue dir.
[2] Ich sage zu dir:° »Du bist mein Herr.
Mein Glück finde ich allein bei dir!«
[3] Im Land werden viele Götter verehrt,
an denen auch ich meine Freude hatte.
Jetzt aber sage ich:[a]
[4] Wer anderen Göttern nachläuft,
muss seine volle Strafe tragen.
Ich gieße diesen Göttern kein Opferblut mehr hin;
nicht einmal ihre Namen spreche ich aus.

[5] HERR, was ich brauche, du teilst es mir zu;
du hältst mein Los in der Hand.
[6] Mir ist ein schöner Anteil zugefallen;[b]
was du mir zugemessen hast, gefällt mir gut.

[7] Ich preise den HERRN,
der mir sagt, was ich tun soll;
auch nachts erinnert mich mein Gewissen an seinen Rat.
[8] Er ist mir nahe,
das ist mir immer bewusst.
Er steht mir zur Seite,
ich fühle mich ganz sicher.
[9] Darum bin ich voll Freude und Dank,
ich weiß mich beschützt und geborgen.
[10] Du, HERR, wirst mich nicht der Totenwelt* preisgeben!
Du wirst nicht zulassen, dass ich für immer im Grab ende;
denn ich halte in Treue zu dir![c]
[11] Du führst mich den Weg zum Leben.
In deiner Nähe finde ich ungetrübte Freude;
aus deiner Hand kommt mir ewiges Glück.

Gebet eines unschuldig Verfolgten

17 Ein Gebet Davids.

HERR, ich suche Gerechtigkeit!
Höre meine Klage, nimm meine Bitte an;
von meinen Lippen kommt keine Lüge.
[2] Dein Urteil wird mich freisprechen,
weil du siehst, dass ich ehrlich und redlich bin.

[3] Du kennst meine Gedanken.
Heute Nacht wirst du kommen,[d]
du wirst mein Innerstes durchforschen
und nichts finden, was du tadeln müsstest.
Mein Denken ist nicht anders als mein Reden.
[4] Auch wenn sie es noch so schlimm trieben,
die Menschen rings um mich her,
ich habe mich stets nach deinem Wort gerichtet
und niemals nach dem Vorbild der Verbrecher.
[5] Ich habe mich an deinen Weg gehalten
und bin nicht einen Schritt davon gewichen.

[6] Ich wende mich an dich, mein Gott,
ich weiß, dass du mir Antwort gibst.
Hab ein offenes Ohr für mich,
hör meine Worte!
[7] Erweise mir deine wunderbare Güte!
Du bist der Retter aller, die bei dir Zuflucht suchen
vor denen, die sich gegen dich stellen.
[8] Bewahre mich,
wie man sein eigenes Auge schützt,
und gib mir Zuflucht unter deinen Flügeln![e]
[9] Du siehst meine Feinde, diese Verbrecher;
sie kreisen mich ein,
sie wollen mich vernichten!

[10] Ihr Herz ist ohne jedes Mitgefühl,
ihr Mund führt vermessene Reden.
[11] Jetzt umzingeln sie mich;°
sie lauern darauf, mich niederzustrecken,
[12] wie gierige Löwen, zum Sprung bereit,
lüstern auf Beute, um sie zu zerreißen.

[13] Steh auf, HERR! Stell dich gegen sie!
Zwing sie zu Boden, diese Schurken,
und rette mich mit deinem Schwert!
[14] Befrei mich von ihnen
mit deiner starken Hand!
Verkürze ihren Anteil am Leben![f]
Gib ihnen, was sie verdient haben;
es ist bestimmt genug,
um ihren Bauch zu füllen.

a Die Übersetzung ist ein Versuch, den schwierigen Text von H wiederzugeben.
b Wörtlich *Die Messschnüre sind für mich auf schönes Land gefallen.*
c In der damaligen Zeit war der Gedanke an eine Auferstehung noch unbekannt; umso mehr wünschte man sich ein langes, erfülltes Leben, bevor man in die Vergessenheit der Totenwelt hinabmusste.
d Die Verse 3 und 15 legen nahe, dass der Beter wegen einer schweren Anklage die Nacht im Heiligtum verbringt und Gott um den Erweis seiner Unschuld bittet (siehe Sacherklärung »Gottesurteil«).
e Siehe Anmerkung zu 57,2.
f Deutung unsicher.

15,5 Ex 22,24S; 23,8S **16,2** 73,25; Klgl 3,24 **16,3-4** Ex 23,24.13; Hos 2,19; Sach 13,2 **16,5-6** Jos 18,10; Num 18,20 **16,8-11** Apg 2,25-28 **16,10-11** 9,14; 30,4S; Dan 12,2S **17,3** 139,1-6.23 **17,4-5** Ijob 23,11-12 **17,8** 57,2; 61,5; 63,8; 91,4; Ex 37,9

Auch ihre Kinder werden davon satt,
es reicht sogar noch für die Enkel.
15 Ich bin ohne Schuld, HERR!
Darum darf ich dich sehen.
Wenn ich wach werde,
will ich mich satt sehen an dir!

Dank für Gottes Hilfe

(2Sam 22)

18 Von David, dem Vertrauten des HERRN. Er
sang dieses Lied zum Dank dafür, dass der
HERR ihn vor Saul und allen anderen Feinden geret-
tet hatte. 2 Damals sang er:

Ich liebe dich, HERR,
denn durch dich bin ich stark!
3 Du mein Fels, meine Burg, mein Retter,
du mein Gott, meine sichere Zuflucht,
mein Beschützer, mein starker Helfer,
meine Festung auf steiler Höhe!
4 Wenn ich zu dir um Hilfe rufe,
dann rettest du mich vor den Feinden.
Ich preise dich, HERR![a]

5 Ich war gefangen in den Fesseln des Todes,
vernichtende Fluten stürzten auf mich ein,
6 die Totenwelt* hielt mich mit Schlingen fest,
die Falle des Todes schlug über mir zu.[b]
7 In meiner Verzweiflung schrie ich zum HERRN,
zu ihm, meinem Gott, rief ich um Hilfe.
Er hörte mich in seinem Tempel*,
mein Hilferuf drang durch bis an sein Ohr.

8 Da wankte und schwankte die Erde,
da bebten die Fundamente der Berge,
sie zitterten vor seinem Zorn.[c]
9 Aus seiner Nase quoll dunkler Rauch,
aus seinem Mund schossen helle Flammen
und glühende Asche sprühte hervor.

10 Er neigte den Himmel tief auf die Erde
und fuhr hernieder auf dunklen Wolken.
11 Er ritt auf einem geflügelten Kerub*
und schwebte herab auf den Flügeln des Sturms.
12 Er hüllte sich ein in Finsternis,
in Regendunkel und schwarzes Gewölk.
13–14 Sein strahlender Glanz verscheuchte
die Wolken
mit Hagelschlägen und glühenden Steinen.

Dann ließ er im Himmel den Donner grollen,
laut dröhnte die Stimme des höchsten Gottes.

15 Er schoss seine Pfeile
und verjagte meine Feinde;
er schleuderte Blitze
und stürzte sie in Schrecken.
16 Da zeigte sich der Grund des Meeres,
das Fundament der Erde wurde sichtbar,
als du, HERR, deinen Feinden drohtest
und ihnen deinen Zorn zu spüren gabst.

17 Vom Himmel her griff seine Hand nach mir,
sie fasste mich und zog mich aus der Flut,
18 entriss mich meinem mächtigen Feind,
den überstarken Gegnern, die mich hassten.
19 Sie überfielen mich am Tag meines Unglücks,
jedoch der HERR beschützte mich vor ihnen.
20 Rings um mich machte er es weit und frei.
Er liebt mich, darum half er mir.

21 Der HERR hat mir meine Treue vergolten;
er hat mir Gutes getan,
denn meine Hände sind rein.
22 Stets ging ich die Wege, die er mir zeigte;
nie habe ich mich durch Schuld von ihm entfernt.
23 Seine Anordnungen standen mir immer vor Augen
und seine Befehle wies ich nie zurück.
24 Ich tat genau, was er von mir verlangte,
und ging dem Unrecht immer aus dem Weg.
25 Ja, der HERR hat meine Treue vergolten;
er sieht es, meine Hände sind rein.[d]

26 Den Treuen, HERR, hältst du die Treue;
für vollen Gehorsam gibst du volle Güte;
27 den Reinen zeigst du dich in reiner Klarheit;
doch den Falschen begegnest du als Gegner.
28 Die Erniedrigten rettest du aus Unterdrückung,
aber die Hochmütigen holst du vom hohen Ross.
29 Du lässt mein Lebenslicht strahlen, HERR.
Du selbst, mein Gott,
machst mir das Dunkel hell.
30 Mit dir, mein Gott, erstürme ich Schutzwälle,
mit dir springe ich über Mauern.

31 Alles, was dieser Gott tut, ist vollkommen,
was der HERR sagt, ist unzweifelhaft wahr.
Wer in Gefahr ist und zu ihm flieht,
findet bei ihm immer sicheren Schutz.
32 Kein anderer als der HERR ist Gott!
Nur er, unser Gott, ist ein schützender Fels!
33 Er ist es, der mir Kraft zum Kämpfen gibt
und einen geraden, gut gebahnten Weg.
34 Er macht meine Füße gazellenflink
und standfest auf allen steilen Gipfeln.
35 Er bringt meinen Händen das Fechten bei
und lehrt meine Arme, den Bogen zu spannen.

a Ursprünglich war dieser Psalm wohl ein Danklied, mit dem der König nach siegreicher Heimkehr aus dem Krieg Gott für seine Hilfe pries.
b Der Beter schildert seine Notlage mit Bildern, die über die menschliche Erfahrung hinausgehen. Er hat es nicht mit menschlichen Feinden zu tun gehabt, sondern mit der Totenwelt und dem Meer, dem Inbegriff der gottfeindlichen Chaosmächte (siehe Sacherklärung »Meer«).
c Der Notlage entspricht die Hilfe Gottes. Wenn er eingreift, steht ihm die ganze Schöpfung zu Gebote (Verse 8-16). Besonders in Sturm, Regenwolken, Blitzen und Donner sah man Zeichen seines Zornes; vgl. Ijob 36,32–37,5.
d Die Verse 21-25 wirken auf einen Christen befremdlich, weil er durch die Bergpredigt Jesu ein geschärftes Gewissen hat. Dass auch der Beter im Alten Testament sich seiner Schuldlosigkeit nicht so sicher war, zeigen Stellen wie 19,13; 51,7. Doch auch die Worte hier sollen keine sittliche Vollkommenheit ausdrücken, sondern die ungeteilte Hingabe an die Gemeinschaft mit Gott und an die daraus erwachsenden Verpflichtungen; vgl. 15,2-5.

17,15 42,3; 63,3; Jes 6,1-5; Offb 22,4 **18,3** 31,3; 61,3-4; 71,1.3; 91,2; 144,2 **18,5-7** 116,3-4; 30,4S **18,8** 99,1; Ri 5,4-5S; Nah 1,5-6 **18,9** Ex 19,18 **18,10-17** 144,5-7 **18,11** Ex 25,18-22; Ez 1,22-28; Ps 104,3 **18,13-15** 77,18-19 **18,16** 77,17; Jes 51,9-10 **18,17** 32,6 **18,21-25** 15,1-5S **18,28** 9,13S; Lk 1,52S **18,29** 36,10; Ijob 29,3 **18,31** 12,7 **18,32** Jes 44,8; Ps 18,3S

[36] HERR, du bist mein Schutz und meine Hilfe,
du hältst mich mit deiner mächtigen Hand;
dass du mir nahe bist, macht mich stark.
[37] Du hast den Weg vor mir frei gemacht,
nun kann ich ohne Straucheln vorwärts gehen.

[38] Ich verfolgte meine Feinde, holte sie ein
und ließ nicht ab, bis sie vernichtet waren.[a]
[39] Ich schlug sie zu Boden,
sie kamen nicht mehr hoch,
erschlagen fielen sie vor meine Füße.
[40] Du gabst mir die Kraft für diesen Kampf,
du brachtest die Feinde in meine Gewalt.
[41] Sie mussten vor mir die Flucht ergreifen,
alle, die mich hassten, konnte ich vernichten.
[42] Sie schrien um Hilfe,
doch da war kein Retter.
Sie schrien zu dir, HERR,
doch du gabst keine Antwort.
[43] Ich zermalmte sie zu Staub,
den der Wind aufwirbelt.
Ich fegte sie weg wie den Straßenschmutz.

[44] Du rettest mich vor rebellischen Leuten
und machst mich zum Herrscher ganzer Völker.
Mir unbekannte Stämme unterwerfen sich,
[45] Ausländer kommen und kriechen vor mir,
sie hören, was ich sage, und gehorchen sofort.
[46] Sie haben keine Kraft mehr zum Widerstand,
zitternd kommen sie hervor aus ihren Burgen.

[47] Der HERR lebt! Ihn will ich preisen,
meinen schützenden Fels!
Gott, meinen Retter, will ich rühmen!
[48] Er hat mich Rache nehmen lassen,[b]
er hat mir die Völker unterworfen
[49] und mich vor zornigen Feinden gerettet.
Er hat mir den Sieg gegeben über meine Gegner
und mich ihren grausamen Händen entrissen.

[50] Darum will ich dich preisen
und deinen Ruhm besingen unter den Völkern.
[51] Du schenkst deinem König große Siege,
du erweist deinem Erwählten deine Güte.
Das tust du für David und seine Söhne
in allen kommenden Generationen.

a Die Verse 38-46 schildern die Hilfe Gottes in konkreten Einzelheiten. Es darf nicht vergessen werden, dass Israel seine Feinde als Menschen sah, die fremde Götter verehrten und darum den einzig wahren Gott bekämpften.
b Rache und Vergeltung stehen allein Gott zu; aber er kann sie auf verschiedene Weise vollziehen, auch durch sein Volk (Ez 25,14). Ziel der Vergeltung ist, dass die Schuldigen den HERRN als den wahren Gott erkennen (Ez 25,17).

»Gott hat der Sonne ein Zelt gebaut. Sie kommt daraus hervor wie der Bräutigam aus dem Brautgemach, wie ein Sieger betritt sie ihre Bahn … Nichts bleibt ihrem feurigen Auge verborgen« (19,5-7).

18,44-46 2,8-9 **18,47** 18,3S **18,50** 108,4; Röm 15,9 **18,51** 20,7; 2Sam 7,16S

Gottes Größe in der Schöpfung und in seinem Gesetz

19 Ein Lied Davids.[a]
2 Der Himmel verkündet es: Gott ist groß!
Das Heer der Sterne[b] bezeugt seine Schöpfermacht.
3 Ein Tag sagt es dem andern,
jede Nacht ruft es der nächsten zu.
4 Kein Wort wird gesprochen,
kein Laut ist zu hören
5 und doch geht ihr Ruf weit über die Erde
bis hin zu ihren äußersten Grenzen.
Gott hat der Sonne ein Zelt gebaut.
6 Sie kommt daraus hervor
wie der Bräutigam aus dem Brautgemach,
wie ein Sieger betritt sie ihre Bahn.
7 Sie geht auf am einen Ende des Himmels
und läuft hinüber bis zum anderen Ende.
Nichts bleibt ihrem feurigen Auge verborgen.

8 Das Gesetz* des HERRN ist vollkommen,
es gibt Kraft und Leben.
Die Mahnungen des HERRN sind gut,
sie verhelfen Unwissenden zur Einsicht.
9 Die Weisungen des HERRN sind zuverlässig,
sie erfreuen das Herz.
Die Anordnungen des HERRN sind deutlich,
sie geben einen klaren Blick.
10 Die Ehrfurcht vor dem HERRN ist untadelig
und hat für immer Bestand.
Die Gebote des HERRN sind richtig
und ohne Ausnahme gerecht.
11 Sie sind kostbarer als das feinste Gold,
süßer als der beste Honig.

12 Auch ich höre auf deine Gebote, HERR,
denn wer sie befolgt, wird reich belohnt.
13 Doch wer weiß,
wie oft er Schuld auf sich lädt?
Strafe mich nicht, wenn ich es unwissend tat!
14 Bewahre mich vor vermessenen Menschen,
damit sie mich nicht auf ihre Seite ziehen.
Dann werde ich rein bleiben
und frei von schwerer Schuld.
15 Nimm meine Worte freundlich auf!
Lass mein Gebet zu dir dringen,
HERR, mein Halt und mein Retter!

Segenswunsch für den König

20 Ein Lied Davids.
2 Der HERR gebe dir Antwort,[c]
wenn du in Not gerätst und zu ihm schreist;
er selbst, der Gott Jakobs, sei dein Beschützer!
3 Er sende dir Hilfe aus seinem Heiligtum,
mächtigen Beistand vom Zionsberg*!
4 Er nehme deine Opfergaben gnädig an
und freue sich über deine Brandopfer*!
5 Er erfülle die Wünsche deines Herzens
und lasse alle deine Pläne gelingen!
6 Dann wollen wir voll Freude jubeln,
weil er dir zum Sieg verholfen hat.
Den Namen unseres Gottes wollen wir rühmen
und unsere Feldzeichen hochheben.
Der HERR gebe dir alles, worum du ihn bittest!
7 Nun weiß ich es:
Der HERR steht seinem König zur Seite;
aus seinem Heiligtum im Himmel
gibt er ihm Antwort,
seine mächtige Hand greift ein und befreit.
8 Manche schwören auf gepanzerte Wagen,
andere verlassen sich auf Pferde;
doch wir vertrauen auf den HERRN, unseren Gott!
9 Sie alle brechen zusammen und fallen hin,
wir aber stehen und halten stand.

10 HERR, hilf dem König!
Erhöre uns, wenn wir zu dir beten!°

Die Freude des Königs

21 Ein Lied Davids.
2 HERR, der König freut sich und jubelt laut,
denn du bist mächtig und gabst ihm den Sieg.
3 Den Wunsch seines Herzens hast du erfüllt
und seine Bitte nicht abgewiesen.
4 Mit Glück und Gelingen beschenktest du ihn
und setztest ihm die goldene Krone auf.
5 Um langes Leben bat er – du gewährtest es;
du gibst ihm viele reiche Jahre.
6 Sein Ruhm ist groß durch deine Hilfe,
mit Pracht und Hoheit umgibst du ihn.
7 Du segnest ihn sein ganzes Leben lang,
ihn selbst und alles, was er tut.
Durch deine Nähe erfüllst du ihn mit Freude.
8 HERR, der König verlässt sich auf dich.
Gott, du Höchster, durch deine Güte
steht er sicher und fest.

9 HERR, du wirst alle deine Feinde aufspüren,[d]
deine mächtige Hand wird alle treffen,
die dich hassen.
10 Du wirst sie vernichten mit lodernden Flammen
am Tag, an dem du dich ihnen zeigst.
Dein Zorn wird brennen wie ein Feuer,
das sie mit Haut und Haaren verschlingt.
11 Feg ihre Brut von der Erde weg,

a Der Psalm besingt in zwei Teilen die Größe Gottes in der Schöpfung (Verse 2-7; vgl. Ps 8 und 104) und in seinem Gesetz (Verse 8-15; vgl. Ps 119). Beides gehört zusammen, weil die Botschaft der Schöpfung »wortlos« ergeht und vom Menschen nicht ohne weiteres verstanden wird, während im Gesetz* Gott dem Menschen seinen Willen klar bekannt macht.
b Wörtlich *Das Himmelsgewölbe**.
c Wie andere Psalmen (z.B. Ps 24) stellt auch dieser eine ganze Gebetsliturgie dar. Den ersten Teil (Verse 2-6) betete wahrscheinlich die Gemeinde oder eine Sängergruppe für den König, bevor er mit seinem Heer in den Krieg zog. Darauf folgte ein priesterlicher oder prophetischer Zuspruch, dessen Inhalt in den Versen 7-9 von einem einzelnen Beter aufgenommen wird. Vers 10 ist ein abschließender Bittruf der Gemeinde.
d Man nimmt an, dass dieser Psalm bei der Königskrönung vorgetragen wurde oder bei der jährlichen Erinnerung daran. In den Feinden des Königs sieht er zugleich Feinde Gottes; vgl. 2,1-2.

19,2 8,4; Röm 1,20 **19,5** Röm 10,18 **19,13** Num 15,22-29 **20,3** 76,3S; Jes 14,32S **20,5** 21,3; 37,4 **20,7** 18,51 **20,8** 33,16-17; 147,10-11; Dtn 20,1; 1Sam 17,45; Jes 31,1S **21,3** 37,4; 1Kön 3,11-14

a Der Beter drückt seine Not mit Worten aus, die über jedes Einzelschicksal hinausweisen, und auch seine Hoffnungen umfassen mehr, als ein Einzelner für sich erwarten kann. Die christliche Gemeinde verbindet diesen Psalm mit dem Leiden Jesu, der die Anfangsworte am Kreuz gebetet hat (Mk 15,34). Mehrere Verse begegnen uns in den Passionsberichten (siehe Vergleichsstellen). Im Leiden Jesu erfüllte sich, was der Beter hier ahnend aussprach.
b Wörtlich *Meine Hände und Füße wie der Löwe;* G *Sie haben mir Hände und Füße durchbohrt;* vgl. Lk 24,40; Joh 20,25.27.

rotte sie aus der Menschheit aus!
12 Sie haben sich gegen dich verschworen
und schmieden viele verwegene Pläne;
doch erreichen werden sie damit nichts.
13 Denn du richtest deinen Bogen auf sie
und jagst sie alle in die Flucht.
14 HERR, zeige dich ihnen in deiner Macht,
dann werden wir deine großen Taten besingen!

Rettung aus äußerster Verlassenheit

22 Ein Lied Davids, nach der Melodie »Eine Hirschkuh am Morgen«.

2 Mein Gott, mein Gott,
warum hast du mich verlassen?[a]
Warum hilfst du nicht, wenn ich schreie,
warum bist du so fern?
3 Mein Gott, Tag und Nacht rufe ich um Hilfe,
doch du antwortest nicht
und schenkst mir keine Ruhe.
4 Du bist doch der heilige Gott,
dem Israel Danklieder singt!
5 Auf dich verließen sich unsere Väter,
sie vertrauten dir und du hast sie gerettet.
6 Sie schrien zu dir und wurden befreit;
sie hofften auf dich
und wurden nicht enttäuscht.

7 Doch ich bin kaum noch ein Mensch,
ich bin ein Wurm,
von allen verhöhnt und verachtet.
8 Wer mich sieht, macht sich über mich lustig,
verzieht den Mund und schüttelt den Kopf:
9 »Übergib deine Sache dem HERRN,
der kann dir ja helfen!
Er lässt dich bestimmt nicht im Stich!
Du bist doch sein Liebling!«

10 Ja, du hast mich aus dem Mutterschoß gezogen,
an der Mutterbrust hast du mich vertrauen gelehrt.
11 Seit dem ersten Atemzug
stehe ich unter deinem Schutz;
von Geburt an bist du mein Gott.
12 Bleib jetzt nicht fern, denn ich bin in Not!
Niemand sonst kann mir helfen!

13 Viele Feinde umzingeln mich,
kreisen mich ein wie wilde Stiere.
14 Sie reißen ihre Mäuler auf,
brüllen mich an wie hungrige Löwen.
15 Ich zerfließe wie ausgeschüttetes Wasser,
meine Knochen fallen auseinander.
Mein Herz zerschmilzt in mir wie Wachs.
16 Meine Kehle° ist ausgedörrt,
die Zunge klebt mir am Gaumen,
ich sehe mich schon im Grab liegen –
und du lässt das alles zu!
17 Eine Verbrecherbande hat mich umstellt;
Hunde sind sie, die mir keinen Ausweg lassen.
Sie zerfetzen mir Hände und Füße.[b]
18 Alle meine Rippen kann ich zählen;
und sie stehen dabei und gaffen mich an.
19 Schon losen sie um meine Kleider
und verteilen sie unter sich.

20 Bleib nicht fern von mir, HERR!
Du bist mein Retter, komm und hilf mir!
21 Rette mich vor dem Schwert meiner Feinde,
rette mein Leben vor der Hundemeute!
22 Reiß mich aus dem Rachen des Löwen,
rette mich vor den Hörnern der wilden Stiere!

HERR, du hast mich erhört!

23 Ich will meinen Brüdern von dir erzählen,
in der Gemeinde will ich dich preisen:
24 »Die ihr zum HERRN gehört: Preist ihn!
Alle Nachkommen Jakobs: Ehrt ihn!
Ganz Israel soll ihn anbeten!
25 Kein Elender ist dem HERRN zu gering;
mein Geschrei war ihm nicht lästig.
Er wandte sich nicht von mir ab,
sondern hörte auf meinen Hilferuf.«

26 Darum danke ich dir, HERR,
vor der ganzen Gemeinde.
Vor den Augen aller, die dich ehren,
bringe ich dir die Opfer,
die ich dir versprochen habe.
27 Die Armen sollen sich satt essen;
die nach dir, HERR, fragen,
sollen Loblieder singen;
immer möge es ihnen gut gehen!

28 Alle Völker sollen zur Einsicht kommen;
von allen Enden der Erde
sollen sie zum HERRN umkehren
und sich vor ihm niederwerfen.
29 Denn der HERR ist König,
er herrscht über alle Völker.
30 Vor ihm müssen die Mächtigen sich beugen,°
alle Sterblichen sollen ihn ehren,
alle, die hinunter müssen ins Grab.
31 Auch die kommende Generation soll ihm dienen,
sie soll hören, was er getan hat.
32 Und sie soll ihren Nachkommen weitererzählen,
wie der HERR eingegriffen hat, wie treu er ist.

22,2 42,10; Mk 15,34par **22,5-6** Ex 3,7-9; 14,13-16; Ri 2,18 **22,7** Jes 52,14; 53,3; 41,14 **22,8-9** Weish 2,18-20; Mk 15,29 par; Mt 27,43 **22,10-11** 71,6 **22,16** Joh 19,28 **22,19** Mk 15,24 par; Joh 19,23-24 **22,23** 40,10-11; 66,16-20; 107,31-32; Tob 12,6; Hebr 2,12 **22,26** 66,13-15 S **22,27** Dtn 14,29 **22,28-30** 96,7-10 S **22,31-32** Jos 4,6-7 S

Der HERR ist mein Hirt

23 Ein Lied Davids.

Der HERR ist mein Hirt;
darum leide ich keine Not.
2 Er bringt mich auf saftige Weiden,
lässt mich ruhen am frischen Wasser
3 und gibt mir neue Kraft.
Auf sicheren Wegen leitet er mich,
dafür bürgt er mit seinem Namen*.

4 Und muss ich auch durchs finstere Tal –
ich fürchte kein Unheil!
Du, HERR, bist ja bei mir;
du schützt mich und du führst mich,
das macht mir Mut.[a]

5 Vor den Augen meiner Feinde
deckst du mir deinen Tisch;
festlich nimmst du mich bei dir auf[b]
und füllst mir den Becher randvoll.

6 Deine Güte und Liebe umgeben mich
an jedem neuen Tag;
in deinem Haus darf ich nun bleiben[c]
mein Leben lang.

Einzug ins Heiligtum

24 Ein Lied Davids.

Dem HERRN* gehört die ganze Erde
mit allem, was darauf lebt.
2 Er hat sie fest gegründet über dem Wasser
und ihre Fundamente auf den Grund
des Meeres gelegt.

3 »Wer hat Zutritt zum Berg des HERRN?
Was für Menschen dürfen den heiligen Boden
betreten?«[d]

4 »Nur Menschen,
die unschuldige Hände haben
und ein reines Gewissen.
In ihren Herzen gibt es keine Falschheit,
von ihren Lippen kommt nie ein Meineid.
5 Der HERR wird sie segnen
und ihnen Hilfe senden,
wie er es den Seinen zugesagt hat.[e]
6 So sind die Menschen, die nach Gott
fragen
und in seine Nähe kommen dürfen.
So sind die wahren Nachkommen Jakobs.«[f]

7 »Öffnet euch weit, ihr ehrwürdigen Tore!
Der König will einziehen,
dem alle Macht gehört!«

8 »Wer ist dieser mächtige König?«

»Es ist der HERR, der Starke und Gewaltige!
Der HERR, der Sieger in jedem Kampf! –
9 Öffnet euch weit, ihr ehrwürdigen Tore!
Der König will einziehen,
dem alle Macht gehört!«

10 »Wer ist dieser mächtige König?«

a *du schützt ...:* wörtlich *dein Stock und deine Keule geben mir Mut.* Der Stock diente zum Führen und Antreiben der Schafe, die Keule zur Abwehr von Raubtieren.
b *festlich ...:* wörtlich *du salbst meinen Kopf mit Öl.* Auf diese Weise begrüßte man einen Gast; siehe Sacherklärung »Salbung«. Nach dem Bild des Hirten und seiner Herde (Verse 1-4) zeichnen die Verse 5-6 das Bild des Schutzsuchenden, der im Heiligtum aufgenommen wird wie im Haus eines Freundes.
c *bleiben:* mit alten Übersetzungen; H *(in dein Haus) zurückkehren.*
d Dieser Psalm ist ein Lied, das vermutlich beim Einzug der Bundeslade* in den Tempel (vgl. 1 Kön 8,1-6) im Wechsel gesungen wurde. Siehe auch Anmerkung zu 15,1 und 20,2.
e *und ihnen Hilfe ...:* wörtlich *sie empfangen Gerechtigkeit* vom Gott ihrer Hilfe.*
f *So sind ...:* wörtlich *Jakob.*

Im 23. Psalm wird Gott mit einem Hirten verglichen, der seine Herde schützt und führt: »Der Herr ist mein Hirt; darum leide ich keine Not.«

23,1-4 Ez 34,11-16; Joh 10,11-15.27-29; Offb 7,17 **23,1** 74,1 S; Jes 40,11; Mi 7,14 **23,4** 46,3-4 **23,5** 36,9; 92,11 **23,6** 27,4; 41,13; 65,5; 84,2-5.11
24,1 50,12; 89,12; Ex 9,29; 1 Kor 10,26 **24,2** 136,6; Ijob 38,6 **24,3-6** 15,1-5 S **24,7-10** 68,25; 47,6-10 S

a *der Herr …:* wörtlich *der* HERR *Zebaot*.*
b Gedacht ist wohl an die Unachtsamkeiten des noch nicht voll Verantwortlichen.
c »Weg« meint die Art, wie einer lebt. Ein Sünder ist nach hebräischem Denken einer, der den gekennzeichneten Weg verlässt und das Ziel verfehlt.
d Das Waschen der Hände war eine sinnbildliche Handlung, durch die man bezeugte, dass man mit einem bestimmten Verbrechen nichts zu tun hatte; vgl. Dtn 21,6-8; Mt 27,24-25.

»Es ist der Herr über Himmel und Erde![a]
Er ist der höchste König,
ihm gehört alle Macht!«

Vergib mir meine Schuld

25 Von David.
Auf dich, HERR, richte ich Herz und Sinn.
2 Dir, meinem Gott, vertraue ich;
enttäusche mich nicht!
Diesen Triumph dürfen meine Feinde nicht haben!
3 Enttäuscht wird niemand, der auf dich hofft;
aber wer dich treulos verlässt, wird zuschanden.

4 HERR, zeig mir den Weg, den ich gehen soll;
lass mich erkennen, was du von mir verlangst.
5 Lehre mich, in Treue zu dir mein Leben zu führen.
Du bist doch der Gott, bei dem ich Hilfe finde;
auf dich hoffe ich zu jeder Zeit.

6 HERR, denke an deine Güte und dein Erbarmen,
die du von Anfang an deinem Volk erwiesen hast.
7 Denke nicht an die Fehler meiner Jugend,[b]
auch nicht an die späteren Vergehen;
aber denke an mich in deiner Liebe –
auf deine Güte, HERR, verlasse ich mich!

8 Gut und zuverlässig ist der HERR:
Den Sündern zeigt er den richtigen Weg;[c]
9 den Entrechteten verhilft er zu ihrem Recht
und lehrt sie, seinen Willen zu erkennen.
10 Alles, was der HERR tut, ist Güte und Treue
für die, die seinen Bund* achten
und seinen Weisungen gehorchen.

11 Dein Name*, HERR, bürgt für deine Liebe;
darum vergib mir meine Schuld – sie ist so groß!

12 Wie steht es mit den Menschen,
die den HERRN ernst nehmen?
Der HERR zeigt ihnen den Weg,
den sie gehen sollen.
13 Sie leben in Glück und Frieden
und ihren Kindern wird das Land gehören.
14 Alle, die den HERRN ernst nehmen,
zieht er ins Vertrauen
und enthüllt ihnen das Geheimnis seines Bundes.

15 Meine Augen blicken immer zum HERRN;
er wird meine Füße aus dem Fangnetz ziehen.
16 HERR, wende dich mir zu und hab Erbarmen;
ich bin so verlassen und hilflos.

17 Die Angst presst mir das Herz zusammen.
Mach mich frei, nimm den Druck von mir!
18 Sieh doch mein Elend an und meine Not!
Vergib mir meine ganze Schuld!
19 Sieh meine Feinde, HERR: Es sind so viele,
sie setzen mir zu mit Grausamkeit und Hass.
20 Beschütze mein Leben und rette mich!
Bei dir suche ich Zuflucht,
enttäusche mich nicht!
21 Hilf mir, rein und redlich zu leben;
HERR, ich rechne mit dir.

22 Gott, befreie Israel aus aller Not!

Gebet eines unschuldig Angeklagten

26 Von David.
HERR, verschaffe mir Recht!
Ich habe mir nichts zuschulden kommen lassen.
Ich habe dir immer vertraut,
nichts hat mich davon abbringen können.
2 Stell mich auf die Probe, HERR,
prüfe mich auf Herz und Nieren!

3 Ich hatte deine Güte immer vor Augen,
im Wissen um deine Treue habe ich
mein Leben geführt.
4 Ich hatte nichts zu tun mit falschen Leuten
und gab mich nicht ab mit Hinterhältigen.
5 Ich mied die Gemeinschaft der Verbrecher
und blieb den Gewissenlosen fern.

6 Zum Zeichen meiner Unschuld
wasche ich meine Hände, HERR.[d]
Dann schreite ich um deinen Altar;
7 ich danke dir mit meinem Lied
und verkünde deine Wundertaten.
8 Ich liebe das Haus, in dem du wohnst,
wo du in deiner Herrlichkeit* uns nahe bist.

9 Töte mich nicht
zusammen mit den Sündern;
nimm mir nicht das Leben
zusammen mit den Mördern!
10 An ihren Händen klebt schlimmes Unrecht,
sie füllen ihre Taschen mit Bestechungsgeld.
11 Ich aber führe ein Leben ohne Tadel.
Erbarme dich und rette mich!

12 Jetzt stehe ich auf sicherem Grund.
Dafür will ich den HERRN preisen,
wenn sein Volk zusammenkommt.

25,4 27,11; 86,11; 139,24; 143,8 **25,7** Ijob 13,26 **25,9** 9,13S **25,11** Jes 48,11S **25,12-13** 41,2-4; 92,13-16; 112; 128; 1,1-6S **25,13** 37,29S **25,15** 123,1; 141,8 **25,22** 130,8 **26,1** 43,1; 59,4-5 **26,2** 139,23 **26,6** Dtn 21,6-8S **26,8** 5,8S; 23,6S

Geborgen bei Gott

27 Von David.

Der HERR ist mein Licht,
er befreit mich und hilft mir;
darum habe ich keine Angst.
Bei ihm bin ich sicher wie in einer Burg;
darum zittere ich vor niemand.
2 Wenn meine Feinde mich bedrängen,
wenn sie mir voller Hass ans Leben wollen,
dann stürzen sie und richten sich zugrunde.
3 Mag ein ganzes Heer mich umzingeln,
ich habe keine Angst.
Auch wenn es zum Kampf kommt:
Ich vertraue auf ihn.

4 Nur eine Bitte habe ich an den HERRN,
das ist mein Herzenswunsch:
Mein ganzes Leben lang
möchte ich in seinem Haus bleiben,
um dort seine Freundlichkeit zu schauen
und seinen Tempel* zu bewundern.[a]
5 Wenn schlimme Tage kommen,
nimmt der HERR mich bei sich auf,
er gibt mir Schutz unter seinem Dach
und stellt mich auf sicheren Felsengrund.
6 Dann triumphiere ich über die Feinde,
die mich von allen Seiten umringen.
Im Tempel bringe ich ihm meine Opfer,
mit lautem Jubel danke ich dem HERRN,
mit Singen und Spielen preise ich ihn.

7 HERR, höre mich, wenn ich dich rufe;[b]
hab doch Erbarmen und antworte mir!
8 Ich erinnere mich an deine Weisung;
du hast gesagt: »Kommt zu mir!«
Darum suche ich deine Nähe, HERR.
9 Verbirg dich nicht vor mir!
Jag mich nicht im Zorn von dir weg!
Du hast mir doch immer geholfen;
lass mich jetzt nicht im Stich!
Verstoß mich nicht, Gott, du mein Retter!
10 Wenn auch Vater und Mutter mich verstoßen,
du, HERR, nimmst mich auf.

11 HERR, zeige mir den richtigen Weg,
leite mich auf gerader Bahn,
damit meine Feinde schweigen müssen.
12 Gib mich nicht ihrer Mordgier preis!
Die Zeugen, die mich belasten sollen,
Lügner sind sie, die das Recht zerstören!
13 Doch ich weiß,
ich muss nicht hinab zu den Toten;
ich darf weiterleben, um deine Güte zu sehen.
14 Vertrau auf den HERRN,
sei stark und fasse Mut,
vertrau auf den HERRN!

Hilfe in äußerster Bedrohung

28 Von David.

HERR, ich rufe zu dir um Hilfe!
Du mein Beschützer, stell dich nicht taub!
Wenn du mich schweigend von dir weist,
dann ist für mein Leben keine Hoffnung mehr.
2 Höre mich, wenn ich dich rufe,
wenn ich zu dir um Hilfe schreie,
dir betend meine Hände entgegenstrecke
zum innersten Raum[c] deines Heiligtums hin.

3 Verurteile mich nicht zusammen mit denen,
die deine Gebote frech missachten,
auch nicht mit denen, die Unheil stiften –
die zwar mit allen freundlich reden,
doch im Herzen nur böse Pläne aushecken.
4 Gib ihnen den verdienten Lohn,
bestrafe sie für ihre Taten,
zahl ihnen ihre Schändlichkeiten heim!
5 Sie haben keine Augen für dein Tun,
sie merken nicht, wie du eingreifst, HERR!
Du wirst sie zu Boden werfen,
dass sie nicht wieder aufstehen können.

6 Der HERR sei gepriesen,
denn er hat meinen Hilferuf gehört.
7 Er hat mich verteidigt und beschützt,
auf ihn kann ich mich verlassen.
Er hat mir geholfen, darum freue ich mich
und danke ihm mit meinem Lied.

8 Der HERR ist ein machtvoller Schutz für sein Volk.
Der König, den er erwählt und gesalbt* hat,
ist bei ihm geborgen wie in einer Festung.
9 Rette dein Volk, HERR!
Segne uns, dein Volk, das dir allein gehört,
führe uns und steh uns immer bei!

Gottes Größe im Gewitter

29 Ein Lied Davids.

Ehrt den HERRN, ihr Mächtigen im Himmel,[d]
ehrt ihn und unterwerft euch seiner Macht!
2 Gebt ihm die Ehre, die ihm allein zusteht!
Werft euch nieder vor ihm,
wenn er in seiner Heiligkeit erscheint.

a So mit G; H ist nicht sicher zu deuten.
b Während die erste Hälfte des Psalms (Verse 1-6) unerschütterliches Vertrauen ausdrückt, enthält die zweite die Bitte um Hilfe gegen verleumderische Feinde. Darum denken manche Ausleger an zwei ursprünglich selbstständige Lieder. Vers 14 ist wohl der Zuspruch eines Priesters.
c Der innerste Raum des Heiligtums, das Allerheiligste, war der Ort, wo die Bundeslade stand. Sie galt als der Thron des unsichtbaren Gottes; vgl. Ex 26,31-34; 25,22; 1 Kön 8,6-7.
d Wörtlich *ihr Göttersöhne;* vgl. die Sacherklärung »Gottessöhne«.

27,1 36,10; 112,4; Mi 7,8; Ps 56,5 S **27,3** 3,7 **27,4-5** 23,6 S **27,5** 31,21 **27,8** Am 5,4; Ps 105,4 **27,10** Jes 49,15 **27,11** 25,4 S **27,12** 35,11; 109,2 S **28,2** 5,8 S; 1 Kön 8,6 **28,5** Jes 5,12 **28,6-7** Klgl 3,57-58 **29,1-2** 103,20-21 S

Psalm 29 bezeugt Gottes Macht und Größe, die sich auch im Gewitter bekundet. Wolken türmen sich auf, Gottes Stimme donnert über das Meer; sie zerschmettert die starken Zedern und sprüht zuckende Flammen. »Und in seinem Tempel rufen alle die Seinen: ›Ehre dem Herrn!‹« (29,9)

3 Die Stimme des HERRN[a] schallt über das Wasser,
der mächtige Gott lässt den Donner grollen;
der HERR thront über den Ozeanen.
4 Voller Gewalt ist seine Stimme,
voll Hoheit dröhnt sie, diese Stimme,
5 die starken Zedern zerschmettert sie;
der HERR zerschlägt die Libanonzedern.
6 Der Libanon hüpft vor ihm wie ein Kalb,
der Hermon springt auf wie ein junger Büffel.
7 Zuckende Flammen sprüht seine Stimme,
8 die Wüste erzittert vor dieser Stimme;
der HERR lässt die Wüste von Kadesch erbeben.
9 Die Hirschkühe kalben aus Angst
vor seiner Stimme,
die Wälder verlieren ihr Laub vor dieser Stimme.
Und in seinem Tempel rufen alle die Seinen:
»Ehre dem HERRN!«

10 Der HERR thront über dem Himmelsozean*,
er herrscht als König für ewige Zeiten.
11 Der HERR wird seinem Volk Kraft geben,
er wird es mit Glück und Frieden beschenken.

Du hast mir das Leben neu geschenkt

30 Ein Lied Davids; Gesang zur Wiedereinweihung des Tempels.[b]

2 Ich preise dich, HERR,
denn aus dem Abgrund hast du mich heraufgeholt
und meinen Feinden keinen Grund gegeben,
sich über meinen Sturz zu freuen.
3 HERR, mein Gott, ich schrie zu dir um Hilfe,
und du hast mich wieder gesund gemacht.
4 Du hast mich von den Toten zurückgeholt.
Ich stand schon mit einem Fuß im Grab,
doch du hast mir das Leben neu geschenkt.

5 Ihr alle, die ihr zum HERRN gehört,
preist ihn mit euren Liedern,
dankt ihm und denkt daran, dass er heilig ist!
6 Nur einen Augenblick trifft uns sein Zorn,
doch lebenslang umgibt uns seine Güte.
Am Abend mögen Tränen fließen –
am Morgen jubeln wir vor Freude.

7 Als ich mich sicher fühlte, dachte ich:
»Was kann mir schon geschehen?«
8 Durch deine Güte, HERR,
stand ich fester als die Berge.°
Doch dann verbargst du dich vor mir
und stürztest mich in Angst und Schrecken.
9 Ich schrie zu dir um Hilfe, HERR,
ich fragte dich:
10 »Was nützt es dir, wenn ich jetzt sterbe,
wenn ich ins Grab hinunter muss?
Kann einer dir auch dann noch danken,
wenn er zu Staub zerfallen ist?
Kann denn ein Toter deine Treue preisen?
11 HERR, hab Erbarmen, höre mich,
sei du mein Helfer, HERR!«

12 Du hast mein Klagelied in einen
Freudentanz verwandelt,
mir statt des Trauerkleids ein Festgewand gegeben.
13 Ich musste nicht für immer verstummen;
ich kann dich mit meinen Liedern preisen.
Dir, HERR, mein Gott, gilt allezeit mein Dank![c]

Ich verlasse mich auf dich, Herr!

31 Ein Lied Davids.

2 HERR, bei dir suche ich Zuflucht;
lass mich nie enttäuscht werden!
Rette mich, wie du es versprochen hast![d]
3 Hör mich doch, hilf mir schnell!
Sei mir ein rettender Fels, eine schützende Burg,
dann bin ich in Sicherheit.
4 Du gibst mir Halt, du bietest mir Schutz.
Geh mit mir und führe mich,
denn du bist mein Gott![e]
5 Bewahre mich vor der Falle,
die man mir heimlich gestellt hat;
du bist doch mein Beschützer!
6 Ich gebe mich ganz in deine Hand,[f]
du wirst mich retten, HERR, du treuer Gott!

7 Ich verabscheue alle,
die sich an die Götzen klammern;
ich selber, HERR, verlasse mich nur auf dich!
8 Ich bin glücklich, dass du so gut zu mir bist.
Du hast meine Not gesehen
und erkannt, wie verzweifelt ich war.
9 Den Feinden hast du mich nicht ausgeliefert,
sondern mir Raum zum Leben verschafft.[g]

10 Hab Erbarmen, HERR,
ich weiß nicht mehr weiter!
Meine Augen sind müde vom Weinen,
ich bin völlig am Ende.
11 Die Sorgen verkürzen mein Leben,
der Kummer frisst meine Jahre.
Die Verzweiflung° raubt mir die Kraft,
meine Glieder versagen den Dienst.

12 Zur Spottfigur bin ich geworden für
meine Feinde,
zum Hohngelächter für meine Nachbarn,
zum Schreckgespenst für meine Freunde.

a Die Umwelt Israels fürchtete und verehrte den Gewittergott, dessen Donnerstimme Vernichtung und Schrecken auslöste. Auch Israel verband den Donner mit der Stimme Gottes (Ijob 37,1-5); aber für jeden Israeliten war es die Stimme seines Gottes, der seinem Volk klare Weisungen gegeben hatte und ihm immer wieder seine Liebe und seinen Willen bekundete. Darum endet dieser Psalm auch mit einem Segenswunsch für das Volk.
b Dieses Lied, ursprünglich das Danklied eines Einzelnen für seine Rettung aus lebensbedrohender Krankheit, wurde später beim Erinnerungsfest an die Wiedereinweihung des Tempels* vorgetragen; vgl. Anmerkung zu Joh 10,22.
c Eine schöne Parallele zu diesem Psalm ist das Gebet Hiskias (Jes 38,10-20).
d Wörtlich *Rette mich in deiner Gerechtigkeit*.*
e *denn du ...*: wörtlich *um deines Namens* willen.*
f Wörtlich *In deine Hand übergebe ich meinen Geist.* (Das hebräische Wort bedeutet: Geist, Wind, Atem; hier: Lebensgeist, Leben.) Die Zeile ist eines der Worte Jesu am Kreuz (Lk 23,46; vgl. Apg 7,59) und dadurch für Christen unvergesslich geworden.
g Die Verse 8-9 und 22-23 sprechen von der Not als etwas Vergangenem. Es ist nicht sicher, ob sich darin die Gewissheit der Erhörung ausdrückt oder die schon erfahrene Hilfe. Im letzteren Fall wären die Klagen und Bitten (Verse 2-6 und 10-19) eine bekennende Wiederholung vor der Gemeinde.

29,3-9 46,7; Ijob 37,2-4; Am 1,2; Joël 2,11; Joh 12,28-29 **29,6** 114,4.6 **29,10** 104,3; 47,6-10 S **30,1** Esra 6,16; 1 Makk 4,52-54 **30,4** 56,14; 86,13; 103,4; 116,8; 1 Sam 2,6 S; Jona 2,7 **30,6** Jes 54,7-8 **30,10** 6,6 S **30,12** Jes 61,3 **31,2-4** 18,3 S **31,3** 102,3 S **31,5** 140,6 **31,6** Lk 23,46; Apg 7,59 **31,12** 38,12 S

a Die eigene Erfahrung der Güte Gottes treibt den Beter dazu, die Gemeinde zu Treue und Vertrauen aufzurufen.
b Die Erfahrung des Beters ist, dass ein durch Schuld gestörtes Verhältnis zu Gott den Menschen seelisch und körperlich krank macht. Daneben steht für ihn die noch größere Erfahrung, dass vergebene Schuld ungeahnte Freude freisetzt.
c Verdeutlichender Zusatz.

Alle, die mich auf der Straße sehen,
laufen vor mir davon.
13 Vergessen hat man mich
wie einen, der schon lange tot ist,
wie weggeworfenes, zerbrochenes Geschirr.
14 Ich höre, wie sie über mich tuscheln;
von allen Seiten bin ich bedroht.
Sie stecken ihre Köpfe zusammen
und überlegen, wie sie mich zur Strecke bringen.

15 Doch ich verlasse mich auf dich!
Du, HERR, du bist und bleibst mein Gott!
16 Was aus mir wird, liegt in deiner Hand.
Rette mich vor meinen Feinden,
die mich verfolgen!
17 HERR, sieh mich freundlich an,
denn ich gehöre dir.
Hilf mir in deiner Güte!
18 Zu dir, HERR, rufe ich,
enttäusche mich nicht!
Doch diese Verbrecher sollen sich täuschen:
19 Schick sie hinunter in die Totenwelt*,
damit sie für immer verstummen!
Bring sie zum Schweigen,
diese eingebildeten Lügner,
die den Schuldlosen frech verleumden!

20 Wie groß ist deine Güte, HERR!
Du wendest sie denen zu, die dir gehorchen.
Vor aller Augen zeigt sich diese Güte
an denen, die bei dir Zuflucht suchen.
21 In deiner Nähe sind sie geborgen,
vor allen Ränken sicher unter deinem Dach.
Du nimmst sie in Schutz vor ihren Verklägern.

22 Dank sei dir, HERR!
Du hast mir deine Güte erwiesen;
ein Wunder hast du an mir getan,
als meine Feinde mich ringsum bedrängten.
23 Ich dachte schon in meiner Angst,
ich wäre aus deiner Nähe verbannt.
Doch du hast mich gehört,
als ich um Hilfe schrie.

24 Liebt den Herrn, ihr, die ihr ihm gehört;[a]
denn er schützt alle, die ihm die Treue halten.
Doch wer sich über ihn erhebt,
bekommt seinen Zorn zu spüren.
25 Ihr, die ihr auf den HERRN vertraut,
seid stark, fasst Mut!

Freude über die Vergebung der Schuld

32 Ein Gedicht Davids.
Freuen dürfen sich alle,
denen Gott ihr Unrecht vergeben
und ihre Verfehlungen zugedeckt hat!
2 Freuen dürfen sich alle,
denen der HERR die Schuld nicht anrechnet
und deren Gewissen nicht mehr belastet ist!

3 HERR,
erst wollte ich meine Schuld verschweigen;
doch davon wurde ich so krank,
dass ich von früh bis spät nur stöhnen konnte.
4 Ich spürte deine Hand bei Tag und Nacht;
sie drückte mich zu Boden,
ließ meine Lebenskraft entschwinden
wie in der schlimmsten Sommerdürre.
5 Darum entschloss ich mich,
dir meine Verfehlungen zu bekennen.
Was ich getan hatte, gestand ich dir;
ich verschwieg dir meine Schuld nicht länger.
Und du – du hast mir alles vergeben![b]

6 Deshalb soll jeder, der dir die Treue hält,
zu dir beten, wenn er in Not gerät.°
Wenn sie ihn dann bedrängt wie eine Flut,
wird sie ihn nicht verschlingen können.
7 Bei dir finde ich Schutz;
du hältst die Not von mir fern
und lässt mich jubeln über meine Rettung.
8 Der HERR hat mir geantwortet:[c]
»Ich sage dir, was du tun sollst,
und zeige dir den richtigen Weg.
Ich lasse dich nicht aus den Augen.
9 Sei doch nicht unverständig
wie ein Maultier oder Pferd!
Die musst du mit Zaum und Zügel bändigen,
sonst folgen sie dir nicht.«°

10 Wer nicht nach Gott fragt,
schafft sich viel Kummer;
aber wer dem HERRN vertraut,
wird seine Güte erfahren.
11 Freut euch und jubelt über den HERRN,
ihr, die ihr ihm treu seid!
Alle, die redlich und rechtschaffen sind,
sollen vor Freude singen!

31,14 Jer 20,10 **31,17** 67,2; 80,4; 119,135; Num 6,25 **31,19** 109,2S **31,21** 23,6S **31,23** 65,5; Jona 2,5 **31,24** Dtn 6,4-5S **32,1-2** 103,3.8-12; Röm 4,6-8; 1Joh 1,9 **32,3-5** 38,19; Jak 5,16S **32,8** 25,4S

Der Schöpfer der Welt schützt sein Volk

33 Jubelt dem HERRN zu,
ihr alle, die ihr ihm gehorcht!
Es ist gut, wenn die Redlichen ihn preisen!
2 Dankt dem HERRN auf der Laute,
spielt für ihn auf der zehnsaitigen Harfe!
3 Singt ihm ein neues Lied,
singt und spielt, gebt euer Bestes!

4 Das Wort des HERRN ist verlässlich;
er beweist es durch seine Taten.
5 Er liebt Gerechtigkeit und Recht;
von seiner Güte lebt die ganze Welt.

6 Durch das Wort des HERRN
ist der Himmel entstanden,
die Gestirne schuf er durch seinen Befehl.
7 Das Wasser am Himmel
hat er in Wolken gefasst,[a]
die Fluten in Kammern eingesperrt.
8 Vor ihm muss sich die ganze Erde fürchten
und jeder Mensch in Ehrfurcht erschauern.
9 Denn er spricht und es geschieht;
er gibt einen Befehl, schon ist er ausgeführt.

10 Der HERR durchkreuzt die Beschlüsse der Völker,
er macht ihre stolzen Pläne zunichte.[b]
11 Doch was er selbst sich vornimmt,
das führt er auch aus;
sein Plan steht für alle Zeiten fest.
12 Glücklich das Volk,
das den HERRN zum Gott hat,
das er erwählt hat als sein Eigentum!

13 Der HERR blickt vom Himmel* herab
auf die Menschen;
14 von dort oben, wo sein Thronsitz ist,
beobachtet er alle, die auf der Erde leben.
15 Er hat ihnen Verstand und Willen gegeben
und weiß alles, was sie tun und treiben.

16 Wenn ein König in der Schlacht den Sieg erringt,
verdankt er das nicht seiner großen Armee;
und wenn ein Krieger heil davonkommt,
liegt es nicht an seinen starken Muskeln.
17 Wer sich auf Reiterheere verlässt, ist verlassen;
auch viele Pferde mit all ihrer Kraft
können den Sieg nicht erzwingen.
18 Doch der HERR beschützt alle,
die ihm gehorchen,
alle, die mit seiner Güte rechnen.
19 Er wird sie vor dem Tod bewahren
und in Hungerzeiten am Leben erhalten.

20 Wir hoffen auf den HERRN,
er hilft uns und beschützt uns.
21 Wir freuen uns über ihn,
denn auf ihn, den heiligen Gott, ist Verlass.
22 HERR, lass uns deine Güte sehen,
wie wir es von dir erhoffen!

Von Ängsten befreit

34 Von David. Er dichtete dieses Lied, als
Abimelech ihn fortgejagt hatte, weil David
sich vor ihm wahnsinnig gestellt hatte.[c]

2 Den HERRN will ich preisen zu jeder Zeit,
nie will ich aufhören, ihm zu danken.
3 Was er getan hat, will ich rühmen.
Hört es, ihr Unterdrückten, und freut euch!
4 Preist mit mir die Taten des HERRN;
lasst uns gemeinsam seinen Namen ehren!

5 Ich wandte mich an den HERRN
und er antwortete mir;
er befreite mich von allen meinen Ängsten.
6 Wenn ihr zum HERRN blickt,
dann leuchtet euer Gesicht,
euer Vertrauen wird nicht enttäuscht.
7 Hier steht einer, der um Hilfe rief.
Der HERR hat ihn gehört
und ihn aus jeder Bedrängnis gerettet.
8 Alle, die dem HERRN gehorchen,
umgibt sein Engel mit mächtigem Schutz
und bringt sie in Sicherheit.

9 Erprobt es doch selbst und erlebt es:[d]
Der HERR ist gütig!
Wie glücklich sind alle,
die bei ihm Zuflucht suchen!
10 Ihr, die ihr dem HERRN gehört,
unterstellt euch ihm!
Wer ihm gehorcht, kennt keine Not.
11 Selbst starke Löwen leiden oftmals Hunger;
doch wer zum HERRN kommt,
findet alles, was er zum Leben nötig hat.

12 Kommt, junge Leute, hört mir zu!
Ich will euch sagen, was es heißt,
Gott ernst zu nehmen und mit ihm zu leben:[e]
13 Wollt ihr von eurem Leben etwas haben
und möglichst lange glücklich sein?
14 Dann nehmt eure Zunge gut in Acht,
damit ihr nicht lügt und niemand verleumdet!
15 Kehrt euch vom Bösen ab und tut das Gute!
Müht euch mit ganzer Kraft darum,
dass ihr mit allen Menschen in Frieden lebt!

a Wörtlich *Die Gewässer des Meeres hat er zu einem Haufen/Damm gesammelt.* Gedacht ist dabei an den Himmelsozean, der sich über dem Himmelsgewölbe* befindet.
b Gegen alle selbstherrlichen Vorhaben der Völker bekennt sich dieser Festgesang zu Gott, dem Herrn der Schöpfung und der Geschichte.
c Vgl. 1 Sam 21,11-16, wo der König von Gat den Namen Achisch trägt. Allerdings kommt Abimelech bei den Philistern als Königsname vor; vgl. Gen 20,2; 26,1.
d Wörtlich *Schmeckt und seht.*
e Die Verse 12-15 erinnern stark an die Art, in der Weisheitslehrer zu ihren Schülern sprachen; vgl. Spr 1–9.

33,1-2 92,2-4 **33,3** 96,1S **33,6** 8,4 **33,7** Ijob 38,22 **33,9** Gen 1,3.6.9 usw.; Jes 48,13 **33,10** Jes 8,10 **33,12** Ex 19,5-6S **33,15** 94,9-11 **33,16-17** 20,8S **33,19** 1 Kön 17,1-16 **34,8** 35,5; 91,11; Gen 24,7 **34,9** 1 Petr 2,3 **34,12-23** 1,1-6S **34,13-17** 1 Petr 3,10-12 **34,15** Röm 12,18; Hebr 12,14S

a Die größte Enttäuschung für den Beter dieses Klagepsalms ist das Verhalten der Menschen, die seine Feinde geworden sind, obwohl er sich früher für sie eingesetzt hat, als wären sie gute Freunde. In ähnlicher Weise klagen Ijob (16,10-11; 19,19) und Jeremia (20,10).
b *verachtetes Volk:* wörtlich *Lahme (kommen).*

16 Der HERR hat ein offenes Auge für alle,
die ihm die Treue halten,
und ein offenes Ohr für ihre Bitten.
17 Denen, die Böses tun, widersteht er
und lässt die Erinnerung an sie mit ihnen sterben.
18 Doch wenn seine Treuen rufen, hört er sie
und rettet sie aus jeder Bedrängnis.
19 Wenn sie verzweifelt sind
und keinen Mut mehr haben,
dann ist er ihnen nahe und hilft.

20 Wer dem HERRN treu bleibt,
geht durch viele Nöte,
aber aus allen befreit ihn der HERR.
21 Er bewahrt ihn so unversehrt,
dass ihm kein Knochen gebrochen wird.
22 Doch wer Unrecht tut,
den bringt sein Unrecht um.
Wer die Vertrauten des HERRN hasst,
wird seiner Strafe nicht entgehen.

23 Der HERR rettet das Leben aller,
die bei ihm Schutz suchen;
sie haben kein Unheil zu fürchten.

Gott nimmt die Schwachen in Schutz

35 Von David.

HERR, sprich sie schuldig,
die mich beschuldigen;
tritt meinen Gegnern entgegen!
2 Nimm Schild und Waffen,
komm und hilf mir!
3 Zücke die Lanze, versperre den Weg,
dass meine Verfolger mich nicht erreichen!
Gib mir die Zusage, dass du mir hilfst!

4 Schimpf und Schande über alle,
die mir ans Leben wollen!
Zurückweichen müssen sie und sich schämen,
alle, die Böses gegen mich planen!
5 Sie sollen zerstieben wie Spreu im Wind,
wenn der Engel* des HERRN sie davontreibt.
6 Ihr Weg soll dunkel und schlüpfrig sein,
wenn der Engel des HERRN ihnen nachjagt.
7 Ohne Ursache haben sie mir Fallen gestellt,
ein Loch gegraben und mit einem Netz verdeckt.
8 Ganz unerwartet treffe sie das Unheil!
Sie sollen sich in ihrem Netz verfangen
und in die eigene Grube stürzen!
9 Ich aber werde jubeln und mich freuen,
weil mir der HERR geholfen hat.
10 Aus tiefstem Herzen will ich zu ihm sagen:
»HERR, keiner ist wie du!
Du hilfst dem Schwachen gegen den Starken,
du schützt den Wehrlosen und Armen
vor dem, der ihn berauben will.«

11 Falsche Zeugen sagen gegen mich aus.
Man verhört mich über Verbrechen,
von denen ich nichts weiß.
12 Gutes vergelten sie mir mit Bösem;
alle haben mich im Stich gelassen.
13 Früher, wenn einer von ihnen krank war,
zog ich mir Trauerkleidung an.
Um seine Krankheit von ihm abzuwenden,
verzichtete ich auf mein Essen;
ich neigte meinen Kopf tief auf die Brust
und betete für ihn,
14 als wäre er mein Bruder oder Freund.
Wie einer, der um seine Mutter trauert,
ging ich umher, gebeugt und voller Kummer.
15 Nun aber freuen sie sich über meinen Sturz[a]
und rotten sich zusammen gegen mich.
Sogar verachtetes Volk[b] kommt daher,
Leute, die niemand kennt;
sie hören nicht auf, mich zu beschimpfen.
16 Sie spotten über mein entstelltes Aussehen;
drohend zeigen sie mir die Zähne.

17 Herr, wie lange noch willst du ruhig zusehen?
Rette mich vor ihren Anschlägen,
bewahre mein Leben vor diesen Löwen!
18 Dann danke ich dir vor der ganzen Gemeinde,
vor versammeltem Volk will ich dich preisen.

19 Lass nicht zu,
dass sie über mein Unglück jubeln,
meine Feinde, diese Bande von Lügnern!
Ohne jeden Anlass hassen sie mich
und zwinkern einander verständnisvoll zu.
20 Nie hört man von ihnen ein gutes Wort.
Gegen die Stillen im Land,
die friedliebenden Leute,
denken sie sich immer neue Verleumdungen aus.
21 Sie reißen die Mäuler gegen mich auf
und höhnen: »Da! Habt ihr's gesehen?
Jetzt haben wir endlich den Beweis!«

22 Du, HERR, hast das alles gesehen!
Schweig doch nicht länger,
bleib nicht fern von mir!
23 Steh auf, greif ein,
verschaffe mir Recht!
Mein Herr und Gott,
nimm du meine Sache in die Hand!

24 Du bist treu und gerecht, HERR,
darum sprich mich frei;

34,18-19 145,18-19 **34,20** 2 Kor 1,5S **34,22** 37,14-15; 54,7; 140,7; 7,16-17S **35,5** 34,8S **35,8** 7,16-17S **35,10** 9,13S **35,11** 27,12; 1 Kön 21,13; Mt 26,59 **35,13-14** 2 Sam 12,16-17 **35,18** 22,23S **35,20** Weish 2,12-20

lass sie nicht hämisch über mich jubeln!
25 Sie sollen niemals sagen dürfen:
»Endlich haben wir's geschafft,
den haben wir erledigt!«
26 Sie alle sollen sich gründlich verrechnet haben,
die sich über mein Unglück freuen!
Mit Schimpf und Schande sollen sie abziehen,
die stolz auf mich herabsehen wollen!

27 Doch alle, die meinen Freispruch wünschen,
sollen vor Freude jubeln
und immer wieder sagen:
»Der HERR ist groß!
Er sorgt dafür, dass sein Vertrauter
in Glück und Frieden leben kann.«
28 Ich selbst will deine Treue[a] verkünden,
alle Tage will ich dich preisen.

Die Bosheit der Menschen und die Güte Gottes

36 Von David, dem Vertrauten des HERRN.
2 Die Aufsässigkeit gegen Gott
liegt den Bösen im Blut,°
nichts ist ihnen heilig.
3 Sie sind viel zu sehr von sich eingenommen,
als dass sie ihr Unrecht einsehen könnten
oder gar es hassen.
4 Lug und Trug ist alles, was sie reden;
was sie tun, ist weder vernünftig noch gut.
5 Sogar im Bett schmieden sie üble Pläne.
Sie bleiben bei ihrem schlimmen Treiben;
nichts hält sie von ihrer Bosheit zurück.

6 HERR, deine Güte reicht bis an den Himmel
und deine Treue, so weit die Wolken ziehen!
7 Deine Gerechtigkeit ragt hoch
wie die ewigen Berge,
deine Urteile gründen tief wie das Meer.
Du, HERR, hilfst Menschen und Tieren.
8 Deine Liebe ist unvergleichlich.
Du bist unser Gott,
du breitest deine Flügel über uns
und gibst uns Schutz.
9 Du sättigst uns aus dem Reichtum deines Hauses,
deine Güte erquickt uns wie frisches Wasser.
10 Du selbst bist die Quelle, die uns Leben schenkt.
Deine Liebe ist die Sonne, von der wir leben.[b]

11 Bleib immer denen gut, die dich kennen;
bleib allen in Treue zugewandt,
die dir mit redlichem Herzen folgen!
12 Lass nicht zu,
dass die Übermütigen mich niedertreten
und die Gewalttätigen mich aus Haus
und Heimat vertreiben.
13 Ich sehe sie schon stürzen,
diese Unheilstifter;
sie liegen am Boden
und kommen nicht mehr hoch.

Erfahrungen aus einem Leben mit Gott

37 Von David.
Reg dich nicht auf über Menschen,
die Gottes Gebote missachten!
Und wenn es den Unheilstiftern gut geht,
beneide sie nicht!
2 Denn wie das Gras verdorren sie bald,
sie welken und gehen ein wie grünes Kraut.[c]
3 Verlass dich auf den HERRN
und tu, was recht ist;
dann bleibst du im Land
und wohnst in Sicherheit.[d]
4 Suche dein Glück beim HERRN:
Er wird dir jeden Wunsch erfüllen.
5 Überlass dem HERRN die Führung in deinem Leben;
vertrau doch auf ihn, er macht es richtig!
6 Deine guten Taten macht er sichtbar
wie das Licht des Tages,
und deine Treue lässt er strahlen
wie die Mittagssonne.

7 Werde ruhig vor dem HERRN
und warte gelassen auf sein Tun!
Wenn Menschen, die Böses im Schilde führen,
auch noch ständig Erfolg haben,
reg dich nicht auf!

8 Lass dich nicht hinreißen zu Wut und Zorn,
ereifere dich nicht, wenn andere Böses tun;
sonst tust du am Ende selber Unrecht!
9 Menschen, die sich Gott widersetzen, rottet er aus;
doch alle, die auf ihn hoffen, werden das
Land besitzen.
10 Nicht lange mehr, dann sind die Bösen fort,
du wirst von ihnen keine Spur mehr finden.
11 Den Armen aber wird das Land gehören
und nichts wird fehlen an ihrem Glück.

12 Wer Gott missachtet, schmiedet Pläne,
zähneknirschend und voller Hass,
um denen zu schaden, die Gott gehorchen.
13 Der Herr aber lacht über seine Feinde,
er weiß: Der Tag der Abrechnung kommt.
14 Die Bösen haben das Schwert gezogen,
den Bogen haben sie schon gespannt.
Sie wollen die Armen und Wehrlosen töten,

a *Treue:* wörtlich *Gerechtigkeit**; ebenso in 37,11.
b Dieser Psalm ist das Gebet eines Verfolgten (Vers 12), der im Heiligtum Schutz gefunden hat. Nach aller Bosheit seiner Feinde erlebt er hier die Liebe Gottes, deren Größe er mit Bildern aus der Schöpfung preist.
c Die Lebenserfahrungen eines alt gewordenen Mannes (Vers 25) werden hier an die Jüngeren weitergegeben. Er warnt davor, sich über das scheinbare Glück der Bösen aufzuregen; denn Gottes Antwort auf ihr Treiben steht bereits fest. Und wer sich auf Gott verlässt, braucht sich um sein Leben keine Sorgen zu machen, weil Gott zur richtigen Zeit immer wieder eingreift. Diese Thematik wird in Form von Weisheitssprüchen behandelt.
d Die zweite Hälfte dieses Verses ist in Luthers Übersetzung sprichwörtlich geworden: »Bleibe im Lande und nähre dich redlich.« Hier wird aber nicht vor unredlichen Geschäften im Ausland gewarnt, sondern dem, der Gott vertraut und das Rechte tut, wird zugesagt, dass er aus dem ihm von Gott anvertrauten Land nicht vertrieben wird; vgl. Verse 9.11.27.29.34.

36,2 Röm 3,18 **36,5** Mi 2,1 **36,6** 108,5S **36,7** 104,27-28S **36,8** 17,8S **36,9-10** Jer 2,13; Ez 47,1-12S; Joh 4,14; Ps 84,12S **37,1-40** 73,1-28 **37,1-2** Spr 24,19-20 **37,4** 36,10; 20,5 **37,5** 55,23; Spr 16,3 **37,11** Mt 5,5 **37,13** 59,9S

alle, die ein ehrliches Leben führen.
15 Doch das Schwert dringt ihnen ins eigene Herz
und ihre Bogen werden zerbrochen.

16 Arm sein, aber mit Gott leben
ist besser als aller Reichtum der vielen,
die gegen Gott leben;
17 denn der Herr zerbricht die Macht seiner Gegner,
doch seine Getreuen macht er stark.
18 Der HERR sorgt täglich für die,
die sich in allem nach ihm richten.
Was er ihnen geben will,
bleibt für immer ihr Besitz.
19 In Unglückstagen enttäuscht er sie nicht,
in Zeiten der Hungersnot macht er sie satt.
20 Doch seine Feinde kommen um,
die Bösen verschwinden wie die Pracht der Wiesen,
sie gehen in Rauch auf und verwehen.

21 Wer Gott missachtet, muss ständig borgen,
und zurückzahlen kann er nicht.
Doch wer Gott gehorcht, kann freigebig helfen.
22 Menschen, die Gott segnet, besitzen das Land;
doch wer unter seinem Fluch steht, kommt um.
23 Der HERR hat Freude an einem redlichen Menschen
und lenkt alle seine Schritte.
24 Er mag fallen, aber er stürzt nicht zu Boden;
denn der HERR hält ihn fest an der Hand.

25 Ich habe ein langes Leben hinter mir;
nie sah ich Menschen von Gott verlassen,
die ihm die Treue halten,
und nie ihre Kinder auf der Suche nach Brot.
26 Alle Tage können sie freigebig leihen
und an ihren Kindern zeigt sich Gottes Segen.
27 Kehr dich vom Bösen ab und tu das Gute;
dann ist dir dein Wohnplatz für immer sicher.
28 Denn der HERR liebt das Recht
und verlässt die Seinen nicht, die ihm treu bleiben;
für alle Zeiten beschützt er sie.
Aber die Nachkommen der Feinde Gottes kommen um.
29 Den Gehorsamen wird das Land gehören,
sie dürfen für immer darin wohnen.

30 Ein Mensch, der sich nach Gott richtet,
spricht Worte der Weisheit*
und sagt, was recht ist vor dem HERRN.
31 Das Gesetz* seines Gottes trägt er im Herzen;
darum weicht er nicht vom richtigen Weg.
32 Wer Gott missachtet, lauert darauf,
die umzubringen, die Gott gehorchen.
33 Doch der HERR lässt nicht zu,
dass sie in Mörderhände fallen
oder dass man sie gegen das Recht verurteilt.

34 Hoffe auf den HERRN
und befolge seine Gebote;[a]
dann ehrt er dich und schenkt dir das Land,
und du wirst sehen,
wie er seine Feinde vernichtet.

35 Ich sah einen Bösen,
der seine Macht missbrauchte;
er wurde immer größer,
wie ein Baum auf fettem Boden.
36 Aber als ich° noch einmal vorüberging,
da war nichts mehr von ihm zu sehen.
Ich suchte ihn, doch ich fand keine Spur.

37 Achte auf unsträfliche, ehrliche Menschen
und du wirst sehen:
Wer den Frieden liebt,
dessen Nachkommen bleiben.[b]
38 Doch die Unheilstifter werden alle vernichtet
und ihre Nachkommen werden ausgerottet.
39 Der HERR hilft denen, die zu ihm halten.
Wenn Gefahr droht, finden sie bei ihm Zuflucht.
40 Er rettet sie und steht ihnen bei.
Vor den Bösen wird er sie retten
und ihnen helfen,
denn bei ihm suchen sie Schutz.

Unter der Last von Krankheit und Schuld

38 Ein Lied Davids, um sich bei Gott in Erinnerung zu bringen.

2 HERR, du bist zornig auf mich.
Aber nimm die Strafe von mir,
peinige mich nicht länger!
3 Deine Pfeile bohren sich in mich hinein
und deine Hand drückt mich zu Boden.

4 An meinem ganzen Körper
ist nichts Gesundes mehr zu sehen
und keins von meinen Gliedern ist heil.
Das ist deine Antwort auf meine Schuld;
du zeigst mir damit, wie sehr du mir zürnst!
5 Meine Schuld ist mir über den Kopf gewachsen;
sie wiegt zu schwer,
ich kann sie nicht mehr tragen.
6 Ich war so töricht,
dich nicht ernst zu nehmen.
Darum eitern meine Wunden
und riechen widerlich.[c]
7 Gebeugt von Schmerzen,
zerschlagen und voll Kummer
schleppe ich mich von einem Tag zum andern.
8 Tief in mir fühle ich das Fieber brennen,
am ganzen Körper ist kein heiler Fleck.

a *befolge ...:* wörtlich *bleib auf seinem Weg.*
b Luthers sprichwörtlich gewordene Übersetzung: »Bleibe fromm und halte dich recht; denn einem solchen wird es zuletzt gut gehen«, entspricht nicht dem überlieferten hebräischen Text, sondern der griechischen und lateinischen Übersetzung.
c Ein Schwerkranker bringt seine Not vor Gott. Als Grund für seine Krankheit nennt er seine Schuld, auch wenn er keine konkreten Verfehlungen aufzählt. Außerdem klagt er über Verlassenheit und Anfeindungen (Verse 12-13).

37,16 Spr 15,16 **37,24** Spr 24,16 **37,25** Koh 7,15S **37,29** 25,13; Jes 60,21 **37,30** Spr 10,31 **38,3** Ijob 6,4 **38,4-6** 32,3-5S; 40,13

[9] Mit meiner Kraft bin ich völlig am Ende,
die Qual ist zu groß,
ich kann nur noch schreien.
[10] Du weißt, wonach ich mich sehne, Herr!
Du hast doch all mein Stöhnen gehört!
[11] Mein Herzschlag flattert,
meine Kraft ist fort,
selbst meine Augen versagen mir den Dienst.
[12] Die Freunde und Nachbarn meiden mich,
sie fürchten sich vor meinem Unglück.
Auch meine Nächsten sind nun fern von mir.
[13] Man will mir ans Leben, stellt mir Fallen;
man wünscht mir Unheil,
redet, was mir schadet,
verleumdet mich den ganzen Tag.

[14] Ich aber stelle mich taub, als hörte ich nichts,
mein Mund bleibt stumm, als könnte ich
nicht reden.
[15] Ich bin wie einer, der nicht hören kann
und deshalb keine Antwort gibt.
[16] Denn ich verlasse mich auf dich,
mein Gott und Herr;
du wirst an meiner Stelle Antwort geben.[a]
[17] Ich möchte nicht,
dass sie mein Unglück feiern,
dass sie sich überheben, wenn ich strauchle.
[18] Denn es fehlt nicht mehr viel zu meinem Sturz;
meine Schmerzen erinnern mich ständig daran.

[19] Ich gestehe es: Ich habe gesündigt.
Ich finde keine Ruhe wegen meiner Schuld.
[20] Doch meine Todfeinde sind stark und mächtig;
viele sind es, die mich grundlos hassen.
[21] Gutes vergelten sie mir mit Bösem,
sie feinden mich an, weil ich das Gute suche.

[22] HERR, lass mich nicht im Stich,
bleib nicht fern von mir, mein Gott!
[23] Komm, hilf mir bald, Herr, du mein Retter!

»HERR, achte auf mein Schreien.« Bitte um Vergebung für unbedachtes Reden in großer Not

39 Ein Lied Davids, für Jedutun.[b]
[2] Ich hatte mir vorgenommen,
auf mich aufzupassen
und nichts zu sagen,
wodurch ich schuldig würde,
in Gegenwart von Schurken stillzuschweigen,
als hätte ich einen Knebel im Mund.
[3] Ich habe mich in Schweigen gehüllt,
doch nichts hat sich dadurch gebessert,
denn meine Qualen wurden immer schlimmer:
[4] Im Herzen wurde mir immer heißer,
mein Stöhnen brachte die Glut zum Brennen,
es musste heraus![c]

[5] Sag es mir, HERR, wie viel Zeit mir noch bleibt.
Wie lang ist mein Leben bemessen?
Ich will wissen, wann es zu Ende ist!
[6] Es ist so kurz, das bisschen Leben,
das du mir zugemessen hast;
eine Handbreit nur,
ein Nichts verglichen mit dir.
Wie fest meint jeder Mensch zu stehen
und ist in Wahrheit nur ein Hauch!
[7] Er kommt und geht
wie die Bilder eines Traums;
er ist geschäftig und lärmt – für nichts;
er sammelt und speichert
und weiß nicht, wer's bekommt.

[8] Herr, was hab ich da noch zu erhoffen?
Ich setze meine ganze Hoffnung auf dich![d]
[9] Befreie mich von aller meiner Schuld
und mach mich nicht zum Spott für Menschen,
die dich und deine Gebote missachten!
[10] Ich bin jetzt still,
ich werde nichts mehr sagen;
von dir kommt alles, was geschehen ist.
[11] Doch lass es genug sein;
hör auf, mich zu plagen;
ich halte deine Schläge nicht mehr aus!
[12] Du strafst einen Menschen für seine Schuld;
das Wertvollste, was er hat, sein Leben,[e]
zerstörst du wie die Motte, die ein Kleid zerfrisst.
Ein Hauch ist jeder Mensch – mehr nicht!

[13] Höre mein Gebet, HERR,
achte auf mein Schreien;
sei nicht taub für mein Klagen und Weinen!
Ich bin nur ein Gast bei dir
wie alle meine Ahnen,
ein rechtloser Fremder,
der auf deine Güte zählt.
[14] Wende deinen strafenden Blick von mir ab,
damit ich noch einmal aufatmen kann,
bevor ich gehen muss und nicht mehr bin!

Dank und Gelöbnis

40 Ein Lied Davids.
[2] Unbeirrt habe ich auf den HERRN gehofft,
auf seine Hilfe habe ich gewartet.
Er hat mein Schreien gehört
und hat mir geholfen.

a Weil der Beter um seine Schuld weiß, bleibt er allen Herausforderungen gegenüber stumm und überlässt es Gott, die Antwort zu geben. An sich selbst möchte er verzweifeln, nicht aber an seinem Gott.
b Zu Jedutun siehe 1 Chr 25,1-6.
c Der Beter dieser ergreifenden Klage wollte sein Leiden schweigend ertragen; vgl. Klgl 3,28-29. Aber das Leiden – vielleicht auch das Warten – ging über seine Kraft.
d Angesichts der Vergänglichkeit seines Lebens (Verse 5-7) sucht der Beter nach einem hoffnungsvollen Ausblick. Nur Gott kann sein Leid beenden und seine Feinde zum Schweigen bringen. Aber die Frage nach dem Sterben bleibt; der Glaube an eine Auferstehung bereitet sich im Alten Testament erst langsam vor; vgl. Anmerkung zu 73,26.
e Wörtlich *seine Anmut/Schönheit.*

38,12 31,12; 69,9; 88,9.19; Ijob 19,13-19 **38,19** 32,3-5 S **39,1** 1 Chr 25,1 S **39,5-7** 62,10; 78,39; 90,12; 144,4; Ijob 7,7-8; 14,1-2 **39,8** 42,6 **39,12** 90,7-9 **39,13** 119,19; Lev 25,23; 1 Chr 29,15; 1 Petr 2,11 S; Hebr 11,13 **39,14** Ijob 7,19 S

3 Ich sah mich schon im Grabe liegen,
ich sah mich im Sumpf versinken;
doch er hat mich herausgezogen
und mich auf Felsengrund gestellt.
Jetzt kann ich wieder sichere Schritte tun.

4 Ein neues Lied hat er mir in den Mund gelegt,
mit dem ich ihn preisen kann,
ihn, unseren Gott.
Viele sollen es hören und sehen;
dann nehmen sie den HERRN wieder ernst
und schenken ihm ihr Vertrauen.[a]
5 Wie glücklich ist,
wer ganz auf den HERRN vertraut
und sich an keine anderen Mächte[b] bindet,
die nur in die Irre führen.

6 HERR, mein Gott!
Du hast so viel für uns getan;
niemand ist wie du!
Deine Pläne, deine wunderbaren Taten –
wenn ich sie alle aufzählen wollte,
ich käme nie an ein Ende!
7 Aus Opfern und Gaben machst du dir nichts,[c]
Brandopfer* und Sühneopfer* verlangst du
nicht von mir.
Aber du hast mir Ohren gegeben,
um auf dich zu hören!
8–9 Darum sage ich: Mein Gott, ich bin bereit,
zu tun, was du von mir erwartest,
so wie es für mich aufgeschrieben ist
im Buch des Gesetzes*.
Ich freue mich über dein Gesetz
und trage es in meinem Herzen.

10 Vor der ganzen Gemeinde will ich erzählen,
wie treu du deine Zusagen einlöst.[d]
Ich höre niemals auf, davon zu reden;
du weißt es, HERR!
11 Was du getan hast,
behalte ich nicht für mich,
ich bezeuge es allen,
dass du treu bist und hilfst.
Ich will der Gemeinde nicht verschweigen,
wie gütig und zuverlässig du bist.
12 HERR, du wirst mir dein Erbarmen nicht entziehen.
Deine Güte und Treue werden mich stets bewahren.

13 Von allen Seiten
überfällt mich das Unglück;[e]
ich kann nicht zählen, wie oft es zuschlägt.
Meine Verfehlungen haben mich eingeholt;
ich kann nichts anderes mehr sehen,
ich habe mehr davon als Haare auf dem Kopf.
Darum habe ich allen Mut verloren.

14 Sei gnädig, HERR, rette mich,
komm, hilf mir bald!

15 Schimpf und Schande komme über alle,
die mir nach dem Leben trachten!
Zurückweichen sollen sie
und zuschanden werden,
alle, die an meinem Unglück Freude haben!
16 Sie sollen sich entsetzen über ihre Schande,
die hämisch rufen: »Da! Habt ihr's gesehen?«
17 Doch alle, die deine Nähe suchen,
sollen über dich jubeln und glücklich sein!
Alle, die deine Hilfe begehren,
sollen immer wieder rufen: »Der HERR ist groß!«

18 Ich bin arm und wehrlos;
Herr, vergiss mich nicht!
Du bist doch mein Helfer und Befreier,
mein Gott, lass mich nicht länger warten!

Gebet eines Kranken

41 Ein Lied Davids.

2 Wie glücklich sind alle,
die für die Hilflosen sorgen!
Wenn sie in Not geraten,
holt der HERR sie heraus
3 und erhält sie am Leben;
alle im Land werden sie glücklich preisen.
Der HERR überlässt sie nicht der Willkür
ihrer Feinde.
4 Wenn Krankheit sie niederwirft,
steht der HERR ihnen bei
und hilft ihnen wieder auf.

5 Weil ich das weiß, sage ich:
HERR, hab Erbarmen mit mir
und mach mich wieder gesund![f]
Denn gegen dich habe ich mich vergangen!

6 Meine Feinde sind grausam,
sie fragen: »Wann ist er endlich tot,
damit man ihn schnellstens vergisst?«
7 Wenn mich überhaupt noch einer
von ihnen besucht,
dann tut er es in böser Absicht:
Er sucht nach Beweisen für meine Schuld;
kaum ist er wieder draußen,
verleumdet er mich.
8 Alle, die mich hassen,
stecken ihre Köpfe zusammen;
einmütig ziehen sie über mich her
und reden schon von meinem Ende:
9 »Den lässt die Hölle nicht mehr los,

a In Israel waren Krankheit und Not keine Privatangelegenheit, sondern etwas, das alle anging. Darum wurden Klage und Bitte um Heilung nach Möglichkeit in der versammelten Gemeinde ausgesprochen. Ebenso dankte man Gott in Gegenwart der Gemeinde für erwiesene Rettung.
b *Mächte:* Deutung unsicher.
c Vor allem von den Propheten Israels wurde immer wieder Kritik an einem Opferkult geübt, der in der Gefahr stand, zu einem Ritual zu erstarren oder das Opfer als menschliche Leistung gegen Gottes Hilfe zu verrechnen. Diesem doppelten Missverständnis wurde aus dem Herzen kommender Gehorsam entgegengestellt (1 Sam 15,22; Am 5,22-23; Jes 1,11-17; Jer 6,19-20.
d *wie treu ...:* wörtlich *(erzählen) die Gerechtigkeit**, in Vers 11 *Was du getan hast:* wörtlich *Deine Gerechtigkeit.*
e Dieser Teil war vielleicht einmal ein selbstständiger Psalm; vgl. Ps 70.
f Aus der allgemeinen Erfahrung, die er in den Versen 2-4 ausspricht, schöpft der kranke Beter die Gewissheit, dass Gott ihn trotz seiner Verfehlung nicht im Stich lassen wird.

40,4 96,1S **40,5** Jer 17,5-8 **40,6** 139,17-18S **40,7-9** 50,7-15; 51,18-19; 69,32; Koh 4,17S **40,10-11** 22,23S **40,14-18** 70,2-6 **40,16** 35,21 **40,18** 9,13S **41,2-4** 25,12-13S **41,2** Spr 14,21S **41,5** 38,4-6S **41,7** 35,21

sein Bett verlässt er nur noch als Toter!«
10 Sogar mein Freund,
dem ich Vertrauen schenkte,
der bei mir von meinem Brot gegessen hat –
auch er hat sich nun gegen mich gewandt![a]
11 Du aber hab Erbarmen mit mir,
HERR, richte mich doch wieder auf,
damit ich sie zur Rechenschaft ziehe!

12 Wenn das Siegesgeschrei meiner Feinde
verstummt,
dann weiß ich, dass du es gut mit mir meinst.
13 Weil ich schuldlos bin, hältst du zu mir
und lässt mich für immer in deiner Nähe leben.

14 Gepriesen sei der HERR, der Gott Israels,
vom Anfang der Zeiten bis in alle Zukunft!
Amen, so soll es sein!

ZWEITES BUCH
(Psalmen 42–72)

Hoffnung in größter Not[b]

42/43 Ein Gedicht der Korachiter.
2 Wie ein Hirsch nach frischem Wasser lechzt,
so sehne ich mich nach dir, mein Gott!
3 Ich dürste nach Gott,
nach dem wahren, lebendigen Gott.
Wann darf ich zu ihm kommen,
wann darf ich ihn sehen?°

4 Tränen sind meine Nahrung
bei Tag und Nacht,
weil man mich ständig fragt:
»Wo bleibt er denn, dein Gott?«
5 Wenn ich an früher denke,
geht das Herz mir über:
Da zog ich mit der großen Schar zum Hause Gottes,
da konnte ich jubeln und danken
in der feiernden Menge.

6 *Warum bin ich so mutlos?*
Muss ich denn verzweifeln?
Auf Gott will ich hoffen!
Ich weiß, ich werde ihn noch einmal preisen,
ihn, meinen Gott, der mir hilft.°

7 Ich weiß nicht mehr aus noch ein!
Darum gehen meine Gedanken zu ihm –
aus der Ferne,
vom Land an den Jordanquellen,
vom Hermongebirge mit seinen Gipfeln.

8 Rings um mich tost es und braust es:[c]
Flut auf Flut, von ihm geschickt,
Welle auf Welle rollt über mich hin.

9 Am Tag wird er mir seine Güte erweisen
und in der Nacht will ich ihm singen voller Dank;
zu Gott will ich beten,
der mir das Leben gibt.
10 Ich sage zu ihm, meinem Beschützer:
Warum hast du mich vergessen?
Warum geht es mir so elend?
Und dazu quälen mich noch meine Feinde!
11 Wie eine tödliche Wunde ist ihr Hohn für mich,
weil sie mich täglich fragen:
»Wo bleibt er denn, dein Gott?«

12 *Warum bin ich so mutlos?*
Muss ich denn verzweifeln?
Auf Gott will ich hoffen!
Ich weiß, ich werde ihn noch einmal preisen,
ihn, meinen Gott, der mir hilft.

43,1 Steh mir bei, Gott,
verschaffe mir Recht;
verteidige mich gegen treulose Menschen,
die mich mit Lüge und Arglist verfolgen!
2 Du bist doch immer mein Schutz gewesen!
Warum hast du mich jetzt verstoßen?
Warum geht es mir so elend?
Und dazu quälen mich noch meine Feinde!

3 Stell mir dein Licht und deine Treue zur Seite!
Sie sollen mich führen,
mich hinbringen zu deinem heiligen Berg,
zu dem Ort, wo du wohnst.[d]
4 Dort will ich an deinen Altar treten,
vor dich, den Grund meiner Freude.
Zum Klang der Harfe will ich dich preisen,
dich, meinen Gott!

5 *Warum bin ich so mutlos?*
Muss ich denn verzweifeln?
Auf Gott will ich hoffen!
Ich weiß, ich werde ihn noch einmal preisen,
ihn, meinen Gott, der mir hilft.

Von Gott verstoßen?[e]

44 Ein Gedicht der Korachiter.
2 Gott, mit eigenen Ohren
haben wir es gehört,
unsere Väter und Vorväter
haben es uns erzählt,

a Mehr noch als unter seiner Krankheit leidet der Beter unter dem Vertrauensbruch seiner früheren Freunde. Vers 10 wird in Joh 13,18 auf Judas, den Verräter Jesu, bezogen.
b Wie der Kehrvers zeigt (42,6.12; 43,5), waren Ps 42/43 ursprünglich ein zusammenhängendes Lied.
c Das Brausen der Jordanquellen am Fuß des Hermonmassivs (siehe Bild Seite 644) wird dem Beter zum Bild für die Unglücksschläge, die wie vernichtende Fluten über ihn hereinbrechen. Trotzdem hält er daran fest, dass Gottes Hilfe nicht ausbleiben wird.
d Noch einmal bricht die Sehnsucht nach dem Tempel (42,3.5) aus dem Beter hervor. Gottes Treue und sein Licht, d. h. seine Leben erhaltende Gegenwart (vgl. Ijob 29,2-4), sollen ihn dorthin führen.
e Anlass dieses Psalms ist eine schwere Niederlage (Verse 10-17), die keinen erkennbaren Grund in einer Schuld des Volkes hat (Verse 18-19). Eine ähnliche Situation wird in 2 Chr 20,3-12 geschildert.

41,10 Joh 13,18 **41,13** 23,6S **42,2-3** 17,15S; 84,3 **42,4** 115,1-2S **42,5** 122,1S **42,6** 39,8; 62,6 **42,8** 18,5; 69,2-3; 88,8; 124,4-5; Ijob 22,11; Jona 2,4
42,9 119,55S **42,10** 22,2 **43,3** 76,3S **43,4** 5,8S **44,2-4** Jos 24,11-12

was du vollbracht hast in ihren Tagen –
damals, vor langer Zeit:
3 Fremde Völker hast du aus dem Land vertrieben
und unsere Väter darin wohnen lassen.
Die Fremden hast du hart geschlagen,
damit unsere Väter in Freiheit leben konnten.
4 Sie haben zwar das Land erobert,
doch nicht durch *ihre* Schwerter kam der Sieg
und nicht durch ihre eigene Kraft:
Durch *deine* Hand und *deine* Macht
und *deine* Gegenwart ist es geschehen,
denn du liebtest sie!

5 Du, Gott, bist unser König,
du gibst° den Nachkommen Jakobs den Sieg.
6 Mit deiner Hilfe stoßen wir die Gegner nieder,
durch deine Macht zertreten wir unsere Feinde.
7 Wir verlassen uns nicht auf unseren Bogen,
wir erwarten nicht,
dass unser Schwert uns rettet:
8 Nur du befreist uns von unseren Feinden
und stürzt die in Schande, die uns hassen.
9 Alle Tage wollen wir dich rühmen
und dir, unserem Gott, ohne Ende danken!

10 Nun aber hast du uns verstoßen
und uns in Schmach und Schande gestürzt;
du ziehst nicht mehr mit unseren Heeren
in den Kampf.
11 Du lässt zu, dass wir fliehen müssen
vor unseren Feinden, die uns hassen;
hemmungslos dürfen sie Beute machen.
12 Wie Schlachtvieh lieferst du uns an sie aus,
du zerstreust uns unter fremde Völker.

Der Dichter von Psalm 42 lebt einsam in der Fremde. Am schwersten fällt es ihm, dass er nicht mehr an den Gottesdiensten seines Volkes teilnehmen kann. Er vergeht fast vor Sehnsucht: »Wie ein Hirsch nach frischem Wasser lechzt, so sehne ich mich nach dir, mein Gott! Ich dürste nach Gott, nach dem wahren, lebendigen Gott.« (42,2-3)

13 Du verkaufst dein Volk
zu einem lächerlichen Preis,
nicht den kleinsten Gewinn machst du dabei.
14 Du lässt uns von unseren Nachbarn verhöhnen,
sie dürfen uns verlachen und beschimpfen.
15 Du machst uns zur Spottfigur für die Völker,
sie alle schütteln über uns den Kopf.
16 Den ganzen Tag empfinden wir die Schande,
und das Gesicht brennt uns vor Scham,
17 wenn wir den Hohn der Feinde hören,
wie sie in ihrer Rachsucht uns beleidigen.

18 Dies alles ist über uns hereingebrochen –
doch wir hatten dich nicht vergessen
und den Bund mit dir nicht aufgekündigt!
19 Wir haben uns nicht von dir abgewandt
und sind keinen Schritt von deinem Weg gewichen.
20 Du aber hast uns zu Boden geschlagen,
wir müssen in den Trümmern hausen wie Schakale,
auch nicht die kleinste Hoffnung lässt du uns.
21 Hätten wir dich, unseren Gott, vergessen
und zu anderen Göttern gebetet,
22 du hättest es sofort gewusst,
du kennst doch die Tiefen unseres Herzens!
23 Weil wir zu dir gehören,
sind wir täglich in Todesgefahr.
Wir werden angesehen wie Schafe,
die zum Schlachten bestimmt sind.[a]

24 Wach auf, Herr! Warum schläfst du?
Wach endlich auf,
verstoß uns nicht für immer!
25 Warum blickst du nicht mehr auf uns?
Warum fragst du nicht danach,
wie man uns quält und unterdrückt?
26 Erniedrigt liegen wir am Boden,
kraftlos hingestreckt in den Staub.
27 Greif ein und hilf uns, mach uns frei!
Wir berufen uns auf deine Güte!

Zur Hochzeit des Königs

45 Ein Gedicht der Korachiter, zu singen nach der Melodie »Lilien«,[b] ein Lied auf die Liebe.

2 Eine Botschaft bewegt mein Herz,
Gott hat sie mir eingegeben;
darum singe ich dem König ein Lied.
Meine Zunge soll es so kunstvoll tun
wie der Griffel in der Hand des geübten Schreibers.

3 Du bist der stattlichste von allen Männern,
von deinen Lippen fließen Worte voller Huld;
sichtbar ruht Gottes Segen auf dir.
4 Schnalle dein Schwert um,
du tapferer Kämpfer,

a Hinter der Grausamkeit der Feinde sieht man ihren Hass gegen Gott. Indem sie sich an Gottes Volk vergreifen, greifen sie ihn selbst an. Darum darf er nicht schweigen, sondern muss eingreifen.
b Die Deutung der hebräischen Bezeichnung ist unsicher; einige verstehen darunter ein Musikinstrument.

44,7 20,8S **44,14-15** 79,4; 80,7 **44,22** 139,1S **44,23** 34,20; 69,8; Röm 8,36 **44,24** 121,4

umgib dich mit Pracht und königlichem Glanz!
5 In deiner Pracht besteige den Wagen,
führe erfolgreich den Kampf für die Wahrheit,
verhilf den Schwachen zu ihrem Recht![a]
Vollbringe Taten, für die man dich fürchtet!
6 Schieße deine scharfen Pfeile,
unterwirf dir die Völker,
triff deine Feinde mitten ins Herz!

7 Dein Thron ist Gottes Thron,
darum steht er für alle Zeiten fest.[b]
Du regierst dein Reich als gerechter König.
8 Du liebst das Recht
und verabscheust das Unrecht;
darum hat Gott dich zum Herrscher gesalbt,
dein Gott hat dir mehr Ehre und Freude gegeben
als allen, die mit dir feiern.[c]
9 Nach Myrrhe*, Zimt und Aloë*
duften alle deine Gewänder.
Um dich zu erfreuen, erklingt Musik
aus deinen mit Elfenbein verzierten Palästen.
10 Töchter von Königen sind an deinem Hof;
zu deiner Rechten steht die Königin[d]
in Schmuck aus allerbestem Gold.

11 Du Königstochter, sieh mich an
und höre aufmerksam, was ich dir sage:
Vergiss dein Volk und die Familie deines Vaters!
12 Der König begehrt dich wegen deiner Schönheit.
Er ist dein Gebieter, verneige dich vor ihm!
13 Die Leute von Tyrus bringen dir Geschenke,
die reichsten Völker suchen deine Gunst.

14 Wie prächtig sieht die Königstochter aus!
In golddurchwirktem Kleid betritt sie den Palast.
15 Über bunte Teppiche[e] wird sie hereingeführt
mit ihrem Brautgefolge von jungen Mädchen;
so bringt man sie zum König.
16 Unter Freudenrufen und lautem Jubel
ziehen sie ein in die große Halle.

17 Mein König, an der Stelle deiner Väter
werden in Zukunft deine Söhne herrschen;
du wirst sie in der ganzen Welt zu Fürsten machen.
18 Mein Lied soll die Erinnerung an dich
für alle Zeiten lebendig halten;
immer werden die Völker dich preisen!

Gott ist bei uns

46 Ein Lied der Korachiter, für hohe Stimmen.
2 Gott ist unsere sichere Zuflucht,
ein bewährter Helfer in aller Not.
3 Darum haben wir keine Angst,
auch wenn die Erde bebt
und die Berge ins Meer versinken,
4 wenn die Fluten toben und tosen
und die Berge davon erzittern:

Der Herr der Welt ist bei uns,
der Gott Jakobs ist unser Schutz![f]

5 Frisches Wasser strömt durch die Gottesstadt,[g]
in der die heilige Wohnung des Höchsten ist.
6 Gott selbst ist in ihren Mauern,
nichts kann sie erschüttern.
Er bringt ihr Hilfe, bevor der Morgen graut.[h]
7 Er lässt seine Stimme hören –
und die Völker zittern,
Königsthrone wanken,
die ganze Erde vergeht vor Angst.

8 *Der Herr der Welt ist bei uns,*
der Gott Jakobs ist unser Schutz!

9 Kommt und seht, wie mächtig der HERR ist,
wie er Furcht und Schrecken auf der Erde verbreitet:
10 Er macht dem Krieg ein Ende in aller Welt;
die Bogen zerbricht er,
die Spieße zerschlägt er,
die Schilde verbrennt er.
11 »Macht Frieden!«, ruft er.
»Erkennt, dass ich Gott bin!
Ich habe Macht über die Völker der Erde.«

12 *Der Herr der Welt ist bei uns,*
der Gott Jakobs ist unser Schutz!

a Wörtlich *für die Wahrheit und für die Demut der Gerechtigkeit.*
b Oder *Gott, dein Thron* (oder *Dein göttlicher Thron) steht für alle Zeiten fest.* Damit wird nicht Gott angesprochen, sondern der König, der als Repräsentant Gottes gilt (vgl. Ps 2). Der Hebräerbrief (1,8-9) bezieht die Aussage auf Christus.
c *hat dir mehr ...:* wörtlich *mit dem Öl der Freude mehr als deine Gefährten;* vgl. Sacherklärung »Salbung«.
d Wahrscheinlich handelt es sich um die Mutter des Königs (siehe Anmerkung zu 1 Kön 14,21).
e Oder *In bunten Kleidern.* Fortsetzung unklar, wörtlich *Brautjungfern hinter ihr her, ihre Gefährtinnen, werden zu dir gebracht.*
f Der Kehrvers ist an dieser Stelle nach Vers 8 und 12 ergänzt worden. *Herr der Welt:* wörtlich *HERR Zebaot*.*
g Dieser Psalm gehört zu den so genannten Zionsliedern (vgl. Übersicht Seite 603). Er überträgt paradiesische Vorstellungen auf Jerusalem, das an sich über wenig Wasser verfügt. Ähnliche Bilder finden sich Jes 33,21-22; Ez 47,1-12 und Offb 22,1-2.
h Siehe Anmerkung zu 143,8.

Psalm 45 besingt eine Königshochzeit in Israel. Das Lied schildert den König und seine schöne Braut. »Nach Myrrhe, Zimt und Aloë duften alle deine Gewänder. Um dich zu erfreuen, erklingt Musik aus deinen mit Elfenbein verzierten Palästen« (45,9). Diese ägyptischen Hofmusiker tragen auf dem Kopf Salbkegel aus Myrrhe und Fett, die langsam schmelzen und dabei Wohlgerüche verströmen.

45,5 72,1-2 **45,7-8** 2,6; Hebr 1,8-9 **45,11** Rut 1,16-17 **46,2** Spr 18,10S **46,4** 27,1 **46,5** Ez 47,1-12S **46,7** 29,3-9S **46,10-11** 76,4; Jes 2,4S

Der höchste Herrscher

47 Ein Lied der Korachiter.

2 Ihr Völker alle, klatscht in die Hände,
begrüßt unseren Gott mit Freudengeschrei!
3 Der HERR ist der Höchste,
vor ihm erschrickt alles,
er, der große König, regiert die ganze Erde.
4 Er hat uns die anderen Völker unterworfen
und Nationen in unsere Gewalt gebracht.
5 Das Land, das wir besitzen, unser ganzer Stolz –
er selbst hat es für uns ausgewählt,
denn er liebt die Nachkommen Jakobs.

6 Gott ist zu seinem Thron hinaufgestiegen,
unter Jubelrufen und Hörnerschall nimmt er
ihn ein.
7 Singt und spielt zu Gottes Ehre!
Singt und spielt zur Ehre unseres Königs!
8 Denn Gott ist der König der ganzen Erde;
preist ihn mit eurem schönsten Lied!

9 Gott herrscht über alle Völker;
er sitzt auf seinem heiligen Thron.
10 Die Großen der Völker kommen herbei,
sie versammeln sich mit dem Volk,
das dem Gott Abrahams gehört.[a]
Ihm unterwerfen sich die Mächtigen der Erde,
denn er steht hoch über ihnen allen.

Die Stadt des großen Königs

48 Ein Lied der Korachiter.

2 Der HERR ist mächtig!
Groß ist der Ruhm unseres Gottes
in seiner Stadt und auf seinem heiligen Berg!
3 Prächtig erhebt sich der Zion*,
eine Freude für die ganze Welt!
Er ist der wahre Gottesberg;[b]
dort steht die Stadt des großen Königs.
4 Gott ist in ihren Mauern,
er selbst ist ihr Schutz.
5 Die Könige rotteten sich zusammen
und stürmten gemeinsam gegen die Stadt.
6 Doch was sie sahen, ließ sie erstarren,
kopflos vor Angst ergriffen sie die Flucht.
7 Das Zittern kam plötzlich über sie,
so wie die Wehen über eine Frau,
8 unabwendbar wie der Ostwind,
mit dem Gott die größten Schiffe zerbricht.[c]

9 Das alles hatte man uns seit langem erzählt;
nun haben wir es selbst gesehen[d]
in der Stadt, die unserem Gott gehört,
dem Herrscher der ganzen Welt.[e]
Er hat sie für immer fest gegründet.

10 Im Innern deines Tempels*, Gott,
erinnern wir uns an deine Güte.
11 In der ganzen Welt wirst du gepriesen,
bis in die fernsten Winkel reicht dein Ruhm.
Sieg und Rettung sind in deiner Hand;[f]
12 deswegen herrscht Freude auf dem Zion!
Du hast für unser Recht gesorgt;
darum jubeln alle Städte in Juda!

13 Umschreitet den Zion,
geht rund um die Stadt,
zählt ihre starken Türme,
14 bewundert ihren breiten Wall,
betrachtet ihre mächtige Burg!
Dann könnt ihr's euren Kindern weitersagen:
15 »Seht doch, so mächtig ist Gott!
Er ist unser Gott für alle Zeiten
und wird uns immer führen.«°

Leben ist nicht zu kaufen

49 Ein Lied der Korachiter.

2 Hört mir zu, ihr Völker,
merkt auf, ihr Bewohner der ganzen Erde!
3 Hohe und Geringe, Reiche und Arme,
die einen wie die anderen rufe ich!
4 Aus meinen Worten spricht Erfahrung
und tiefe Einsicht aus meinen Gedanken.
5 Ich lausche auf Eingebungen von Gott
und werde sie beim Harfenspiel erklären:

6 Warum soll ich mich ängstigen an Unglückstagen,
wenn ich umringt bin von den Unheilstiftern,
die sich an meine Fersen heften?
7 Sie verlassen sich auf ihr vieles Geld
und brüsten sich mit ihrem großen Reichtum.
8 Doch Gott ein Menschenleben abzukaufen
ist unmöglich!
Auch sein eigenes Leben kann niemand auslösen:
9 Der Kaufpreis für ein Menschenleben ist zu hoch;
was man auch bietet, es ist niemals genug.[g]
10 Kein Mensch kann für immer leben,
am Sterben führt kein Weg vorbei![h]

11 Es ist offenkundig:
Auch die Klügsten sterben,
genauso wie unvernünftige Narren;
was sie besitzen, bleibt zurück für andere.
12 Für immer wird das enge Grab ihre Wohnung,°
auch wenn sie ganze Länder ihr Eigen nannten.

a Wörtlich *Die Großen der Völker versammeln sich – das Volk des Gottes Abrahams**.
b Wörtlich *der (wahre) Ferne Norden;* siehe die Sacherklärung »Götterberg«.
c Ähnlich wie mit dem Götterberg in Vers 3 werden auch in den Versen 5-8 uralte Erzählungen aufgegriffen, in denen alle Mächte der Erde vergeblich gegen den Sitz des mächtigen Gottes anrennen.
d Was über Gottes Sieg in alten Erzählungen berichtet wird (Verse 5-8), hat sich der feiernden Gemeinde durch eigene Erfahrungen bestätigt.
e Wörtlich *dem HERRN Zebaot**.
f *Sieg und ...:* wörtlich *Deine Rechte ist gefüllt mit Gerechtigkeit**.
g Dieser Psalm ist ein Lehrgedicht. Der Verfasser tröstet sich selbst und die Armen mit der Einsicht, dass Reichtum angesichts des Todes nichts mehr helfen kann. In bestimmten Rechtsfällen konnte man der Todesstrafe durch Zahlung eines Sühnegeldes entgehen; vgl. Ex 21,29-30. Wenn Gott das Leben eines Menschen zurückfordert, gibt es keinen Ausweg mehr.
h Wörtlich *für immer leben und das Grab nicht sehen.*

47,4 2,8; Jos 23,3-5 **47,5** Dtn 32,9; 7,9 S **47,6-10** 24,7-10; 29,10; 93,1-2; 96,7-10; 97,1-5; 99,1-2; Jes 52,7 S **48,2-3** 76,3 S **48,3** Jes 14,13; Ez 28,14 **48,5-8** 46,9-11; 76,6-8 **49,7** 37,16; 52,9; Ijob 31,24 S; Jer 9,22 **49,8-10** Mk 8,36par **49,11** Koh 2,13-16

[13] *Durch Größe und Reichtum*
bleibt keiner am Leben;
der Mensch geht ebenso zugrunde
wie das Vieh.

[14] Voll Sicherheit sind diese Leute,
so vermessen, nur auf sich selber zu vertrauen,
so überzeugt von ihren eigenen Reden.
Wie aber ist ihr Schicksal?
Was ist ihre Zukunft?
[15] Wie Schafe trotten sie zur Totenwelt*;
der Hirt, der sie dort weidet, ist der Tod.°
Weit weg von ihren prachtvollen Häusern
zerfrisst die Verwesung ihre Gestalt.°
[16] Mein Leben aber – Gott selbst kauft es frei;
aus den Krallen des Todes reißt er mich heraus!

[17] Lass dich nicht ängstigen,
wenn einer reich wird
und der Wohlstand seines Hauses immer größer!
[18] Denn wenn er stirbt,
nimmt er nichts davon mit,
sein Reichtum folgt ihm nicht ins Grab.
[19] Sein Leben lang lobt er sich selber
und andere schmeicheln ihm,
weil es ihm gut geht.
[20] Und doch muss er dorthin,
wo seine Väter sind,
die nie mehr das Licht erblicken.

[21] *Größe und Reichtum*
mag ein Mensch gewinnen;
aber wenn er keine Einsicht hat,
geht er zugrunde wie das Vieh.

Was Gott von seinem Volk erwartet

50 Ein Lied Asafs.

Gott, der HERR, spricht,[a]
der Große und Mächtige!
Sein Ruf schallt über die ganze Erde,
von dort, wo die Sonne aufgeht,
bis dorthin, wo sie versinkt.
[2] Auf dem Zion*, dem schönsten aller Berge,
zeigt sich Gott in strahlendem Glanz.
[3] Unser Gott kommt, er schweigt nicht länger.
Vor ihm her läuft vernichtendes Feuer,
um ihn stürmt und wütet das Wetter.
[4] Himmel und Erde ruft er als Zeugen auf,
denn er will sein Volk zur Rechenschaft ziehen.
[5] »Holt mir die Meinen zusammen«, sagt er,
»sie haben einen Bund* mit mir geschlossen
und sich verpflichtet, mir zu gehorchen;
mit einem Opfer* haben sie den Bund besiegelt.«
[6] Der Himmel kann es bezeugen:
Gott ist im Recht,
wenn er nun Rechenschaft von ihnen fordert.

[7] »Höre, mein Volk,
ich habe mit dir zu reden!
Israel, ich klage dich an,
ich selbst, dein Gott!
[8] Du bringst mir viele Opfergaben,
daran habe ich nichts auszusetzen;
Brandopfer bringst du mir zu jeder Zeit.
[9] Aber ich nehme deine Opfer* nicht an.
Ich brauche ihn nicht,
den Stier aus deinem Stall,
auch nicht den Bock aus deinem Pferch!
[10] Alle Tiere des Waldes gehören mir,
das Wild auf Tausenden von Bergen
ist mein Eigentum.
[11] Auch die Vögel dort gehören mir
und alle kleinen Tiere auf dem freien Feld.
[12] Selbst wenn ich Hunger hätte,
würde ich von dir nichts fordern;
denn mir gehört die ganze Erde
und alles, was darauf lebt.
[13] Meinst du, ich esse das Fleisch von Rindern
oder trinke das Blut von Böcken?[b]
[14] Nicht Opfer will ich von dir, sondern Dank:
Löse deine Versprechen ein,
die du mir in Bedrängnis gegeben hast,
mir, dem Höchsten, deinem Gott!
[15] Bist du in Not, so rufe mich zu Hilfe!
Ich werde dir helfen
und du wirst mich preisen.«

[16] Zu dem Ungehorsamen aber sagt Gott:
»Was sprichst du ständig von meinen Geboten
und berufst dich auf meinen Bund?
[17] Du lässt dir ja nichts von mir sagen,
jede Mahnung schlägst du in den Wind!
[18] Mit Dieben freundest du dich an,
bei Ehebrechern fühlst du dich zu Hause,
[19] dein Mund fließt über von Lästerreden,
deine Zunge knüpft lauter Lügengewebe.
[20] Du ziehst über deine Mitmenschen her,
sogar den eigenen Bruder verleumdest du.
[21] Und ich sollte schweigen zu all diesem Unrecht?
Hältst du mich etwa für deinesgleichen?
Ich verlange Rechenschaft von dir,
ich halte dir jede Schändlichkeit vor Augen![c]

[22] Ihr alle, die ihr mich vergessen habt,
hört, was ich sage, nehmt es zu Herzen!
Sonst schlage ich zu und es gibt keine Rettung.
[23] *Dank* ist die Opfergabe,
an der ich Freude habe;

a Der ganze Psalm ist eine Gottesrede, die vielleicht von einem Propheten bei einem Festgottesdienst vorgetragen wurde.
b Anders als in 40,7-8 wird hier nicht der Opferkult kritisiert, sondern ein falsches Verständnis der Opfergaben als Nahrung für Gott. Gott muss von niemand ernährt werden, ist er es doch, der alle Welt ernährt. Wenn man ihm Opfer darbringt, dann sollen sie Zeichen des Dankes sein (Vers 14).
c Die Verse 16-21 machen deutlich, dass ein Gottesdienst ohne Gehorsam gegenüber Gottes Weisungen sinnlos ist und Gottes Zorn herausfordert.

49,13 Koh 3,18-21 **49,14-16** 16,10-11; Weish 2,23–3,9 **49,16** 30,4S; 73,23-26 **49,17-20** Ijob 1,21S **50,1** 1 Chr 6,24S **50,2** 76,3S **50,3** 97,3-4 **50,4-15** Mi 6,1-8 **50,4** Dtn 4,26S **50,5** Ex 24,4-11 **50,8-15** 40,7-9S **50,15** 91,15 **50,23** 119,108

und wer auf meinen Wegen geht,
erfährt meine Hilfe.«

Bitte um Vergebung der Schuld

51 Ein Lied Davids. [2] Er dichtete es, als der Prophet Natan ihn wegen seines Ehebruchs mit Batseba zur Rede gestellt hatte.

[3] Gott, du bist reich an Liebe und Güte;
darum erbarme dich über mich,
vergib mir meine Verfehlungen!
[4] Nimm meine ganze Schuld von mir,
wasche mich rein von meiner Sünde!

[5] Ich weiß, ich habe Unrecht getan,
meine Fehler stehen mir immer vor Augen.
[6] Nicht nur an Menschen bin ich schuldig
geworden,
gegen dich selbst habe ich gesündigt;[a]
ich habe getan, was du verabscheust.
Darum bist du im Recht,
wenn du mich schuldig sprichst;
deinen Richterspruch kann niemand tadeln.

[7] Ich bin verstrickt in Verfehlung und Schuld
seit meine Mutter mich empfangen[b]
und geboren hat.
[8] Das war mir verborgen;
du hast es mir gezeigt.
Dir gefällt es,
wenn jemand die Wahrheit erkennt.[c]

[9] Nimm meine Schuld von mir,[d]
dann werde ich rein!
Wasche mich,
dann werde ich weiß wie Schnee!
[10] Lass mich wieder Freude erleben
und mit deiner Gemeinde jubeln.
Du hast mich völlig zerschlagen;
richte mich doch wieder auf!
[11] Sieh nicht auf meine Verfehlungen,
tilge meine ganze Schuld!

[12] Gott, schaffe mich neu:
Gib mir ein Herz, das dir völlig gehört,
und einen Geist, der beständig zu dir hält.[e]
[13] Vertreibe mich nicht aus deiner Nähe,
entzieh mir nicht deinen Heiligen Geist*!
[14] Mach mich doch wieder froh
durch deine Hilfe
und gib mir ein gehorsames Herz!
[15] Alle, die dir nicht gehorchen,
will ich an deine Gebote erinnern,
damit sie umkehren und tun, was dir gefällt.
[16] Gott, du bist mein Retter!
Ich habe den Tod verdient,
aber verschone mich!
Dann werde ich laut deine Treue preisen.[f]
[17] Herr, nimm die Schuld von mir
und löse mir die Zunge,[g]
dann kann ich deine Güte vor allen rühmen.
[18] Tieropfer willst du nicht,
ich würde sie dir gerne geben;
aus Brandopfern* machst du dir nichts.[h]
[19] Aber wenn ein Mensch dir Herz und Geist hingibt,
wenn er mit sich am Ende ist
und dir nicht mehr trotzt –
ein solches Opfer weist du nicht ab.

[20] Erweise doch Zion* deine Liebe:
Bau die Mauern Jerusalems wieder auf!
[21] Dann wirst du auch wieder Freude haben
am Opfer, das du uns vorgeschrieben hast,
am Brandopfer, das wir dir ganz darbringen!
Dann werden auf deinem Altar* wieder
Stiere verbrannt!

Der reiche Tyrann und sein Ende

52 Ein Gedicht Davids. [2] Er dichtete es, als der Edomiter Doëg zu Saul gekommen war und ihm berichtet hatte, David sei bei Ahimelech gewesen.

[3] Warum prahlst du mit deiner Bosheit, du Tyrann,
wo doch Gottes Güte mich den ganzen Tag
beschützt?
[4] Ständig schmiedest du unheilvolle Pläne,
messerscharf ist deine Zunge, du Betrüger!
[5] Das Böse ist dir lieber als das Gute,
die Lüge lieber als die Wahrheit.
[6] Mit Worten zu zerstören macht dir Freude;
hinterhältig ist alles, was du sagst.
[7] Deshalb wird Gott dich für immer vernichten;
er wird dich packen
und aus deinem Haus vertreiben;
aus der Welt der Lebenden wird er dich entfernen,
so wie man Unkraut aus dem Boden reißt.

[8] Menschen, die Gott die Treue halten,
werden zuschauen und erschaudern.
Dann werden sie erleichtert über dich lachen:
[9] »Da, seht ihn, diesen Mann!
Er suchte seine Zuflucht nicht bei Gott,
sondern wähnte sich sicher mit seinem Geld,
das er durch Verbrechen erworben hatte.«
[10] Ich aber bin wie ein grünender Ölbaum,
der nahe beim Tempel* Gottes wächst;
ich verlasse mich für alle Zeit auf seine Güte.

a Unrecht gegenüber einem Menschen ist zugleich Verletzung des Rechtes, das Gott zum Schutz dieses (und aller) Menschen erlassen hat und also Schuld gegenüber Gott selbst.
b Damit wird nicht gesagt, dass der Zeugungsakt sündig ist oder die Sünde weitervererbt. Der Satz drückt die schicksalhafte Verflechtung jedes Menschen in die Schuldverfallenheit der ganzen Menscheit aus (vgl. Gen 8,21; Ps 143,2).
c Die Deutung von Vers 8 ist unsicher.
d Wörtlich *Entsündige mich mit Ysop**.
e Wörtlich *Erschaffe mir, Gott, ein reines Herz und erneuere in mir einen beständigen Geist.*
f *Treue:* wörtlich *Gerechtigkeit**.
g Wörtlich *Herr, tu meine Lippen auf.*
h Vgl. Anmerkung zu 40,7.

51,2 2 Sam 12,1-17 **51,5** 32,5; 1 Joh 1,8-10 **51,6** Röm 3,4 **51,7** Röm 7,14 **51,9** Jes 1,18; Hebr 10,22 **51,12-14** Ez 36,26-27 S **51,18-19** 40,7-9 S **51,19** Jes 66,2 **51,20** 147,2 S **51,21** Mal 3,4 **52,2** 1 Sam 21,8; 22,9-10 **52,6** 109,2 S **52,7** 1,4-5 **52,9** 49,7 S **52,10** 92,13-15

11 Gott, ich will dir immer danken
für das, was du getan hast.
Vor allen, die zu dir halten, will ich dich rühmen,
weil du so gütig bist.

Kein Gott?[a]
(Ps 14)

53 Ein Gedicht Davids, zu singen nach schwermütiger Weise.[b]

2 Die Unverständigen reden sich ein:
»Es gibt keinen Gott!«[c]
Sie sind völlig verdorben,
ihr Tun ist schlimmstes Unrecht,
es gibt keinen, der etwas Gutes tut.
3 Gott blickt vom Himmel* herab auf die Menschen.
Er will sehen, ob es da welche gibt,
die Verstand haben und nach ihm fragen.
4 Doch alle sind sie von ihm abgefallen,
verkommen sind sie, alle miteinander,
niemand ist da, der Gutes tut,
nicht einmal einer!

5 »Sie sind blind«, sagt Gott.
»Wo bleibt der Verstand dieser Unheilstifter?
Sie fressen mein Volk, als wäre es Brot;
doch mich nehmen sie alle nicht ernst.«

6 Ganz plötzlich werden sie erschrecken,
obwohl es keinen sichtbaren Grund dafür gibt.
Denn Gott zerstreut die Gebeine derer,
die sein Volk bedrängen.
Gott hat sie verworfen,
darum werden sie vor den Seinen zuschanden.

7 Wie sehnlich warte ich darauf,
dass Israels Retter vom Zionsberg* kommt!
Wenn Gott das Schicksal seines Volkes wendet,
dann werden sie jubeln,
die Nachkommen Jakobs,
dann wird ganz Israel sich freuen.

Hilferuf eines Verfolgten

54 Ein Gedicht Davids, zu begleiten mit Saiteninstrumenten. 2 Er dichtete es, als die Männer von Sif zu Saul gekommen waren und ihm gemeldet hatten, David halte sich in ihrem Gebiet versteckt.

3 Gott, mach deinem Namen Ehre, rette mich!
Verschaffe mir Recht; du hast doch die Macht!
4 Ich bete zu dir, Gott, höre mich!
Verschließ die Ohren nicht vor meiner Bitte!
5 Menschen, die ich gar nicht kenne,
Grausame, die nicht nach dir fragen,
sie greifen mich an,
sie wollen mir ans Leben.

6 Du aber, Gott, du wirst mir helfen;
du bist mein Herr, du stehst für mich ein.
7 Das Unrecht, das meine Feinde mir antun,
wende es auf sie selbst zurück!
Bring sie für immer zum Schweigen –
ich verlasse mich auf deine Treue!

8 Aus freien Stücken bringe ich dir Opfer*;
ich will dir danken, HERR,
weil du so gütig bist.
9 Du hast mich aus aller Bedrängnis befreit,
ich sehe lauter besiegte Feinde!

Vom Freund verraten

55 Ein Gedicht Davids, zu begleiten mit Saiteninstrumenten.

2 Gott, höre mein Gebet,
wende dich nicht ab von meiner Klage,
3 höre mich an und gib mir Antwort!
Die Sorgen drücken mich nieder,
ich finde keine Ruhe mehr;
4 denn Feinde bedrohen mich
und Schurken bedrängen mich.
Sie überhäufen mich mit Unheil
und verfolgen mich mit wütendem Hass.
5 Die Angst schnürt mir das Herz zusammen,
tödlicher Schrecken hat mich überfallen,
6 Furcht und Zittern haben mich gepackt
und kaltes Grauen steigt in mir hoch.

7 Ich wollte, ich hätte Flügel wie eine Taube!
Dann könnte ich fliegen
und eine Zuflucht suchen,
8 weit weg in die Wüste könnte ich fliehen
und endlich wieder Ruhe finden.
9 Ich würde schnell zu einem Schutzort eilen,
wo ich sicher bin vor dem rasenden Sturm.

10 Verwirre ihre Sprache, Herr,
damit sie einander nicht mehr verstehen![d]
Denn alles, was ich in der Stadt gesehen habe,
ist Zwietracht und brutale Gewalt,
11 die Tag und Nacht die Runde machen,
oben auf dem Wehrgang der Mauer.
Und im Innern der Stadt
sind Unheil und Elend,
12 das Verbrechen breitet sich in ihr aus,
ihr Markt ist ein Schauplatz
von Betrug und Unterdrückung.

a Dieser Psalm ist eine Parallelüberlieferung zu Ps 14. Die textlichen Abweichungen sind geringfügig, ausgenommen Vers 6, der von 14,5-6 stark abweicht.
b Die Bedeutung der hebräischen Wendung, die nur hier und in Ps 88,1 vorkommt, ist völlig unsicher.
c *Es gibt ...:* Nicht die Existenz Gottes wurde damals geleugnet, sondern dass er in irdische Verhältnisse eingreift; vgl. 10,11.
d Wörtlich *Vernichte, Herr, zerteile ihre Zunge.* Eine Anspielung auf den Turmbau von Babel (Gen 11,1-9).

54,2 1 Sam 23,19; 26,1 **54,7** 34,22 S; Röm 12,17-21 **54,8** 50,23 **55,10-12** Jer 5,1 **55,10** Gen 11,7-9

a Ähnlich wie in Ps 41 klagt der Beter über den Vertrauensbruch eines engen Freundes, der ihm mehr zu schaffen macht als das Verbrecherwesen in der Stadt (Verse 10-12) und die wütenden Angriffe seiner Feinde (Vers 4).
b Mit diesen Worten spricht wahrscheinlich ein Priester dem Beter Mut zu.
c Mit dem helfenden Wort sind entweder Gottes Zusagen an sein Volk gemeint oder ein persönlicher Zuspruch aus dem Mund des Priesters.
d Licht wird in der Bibel häufig als Sinnbild für Leben, Glück oder Rettung gebraucht. Der Gegensatz zu »Licht« wäre hier das Dunkel der Totenwelt.
e Die ausgebreiteten Flügel der Kerubenfiguren über der Bundeslade (Ex 25,18-20; 1 Kön 6,23-28) sind hier ein Sinnbild für die schützende Gegenwart Gottes. Manche Ausleger denken auch an die Henne, die ihre Küken unter die Flügel nimmt; vgl. Mt 23,37).

13 Wäre er immer mein Feind gewesen,
er, der mich jetzt beschimpft –
ich könnte es ertragen!
Hätte er mich immer schon gehasst,
er, der sich über mich erhebt –
ich wäre ihm aus dem Weg gegangen.
14 Doch nein, *du* bist es,
ein Mann von gleichem Rang,
mein engster und vertrauter Freund![a]
15 Wie haben wir unsere Gespräche genossen;
einmütig gingen wir in Gottes Haus!

16 Der Tod soll meine Feinde holen,
ganz überraschend soll er für sie kommen!
Lebend sollen sie hinunter in die Totenwelt*;
denn die Bosheit wohnt in ihren Häusern
und Herzen!

17 Ich aber schreie zu Gott,
und er, der HERR, wird mir helfen.
18 Am Abend, am Morgen und am Mittag
bringe ich mein Klagen und Stöhnen vor ihn,
und er hört mich!
19 Er rettet mich und bewahrt mein Leben
bei allen Angriffen meiner Feinde;
denn viele werden mir zur Seite stehen.

20 Gott, der seit Menschengedenken regiert,
hört mein Gebet und zahlt es ihnen heim;
denn sie wollen sich nicht ändern
und weigern sich, ihn ernst zu nehmen.
21 Der Verräter vergreift sich an seinen Freunden
und bricht das feierliche Bündnis.
22 Süß wie Sahne sind seine Worte,
aber sein Herz denkt nur an Krieg.
Glatt wie Öl fließt seine Rede,
doch jedes Wort ist ein spitzer Dolch.

23 »Wirf deine Last ab, übergib sie dem HERRN;
er selber wird sich um dich kümmern!
Niemals lässt er die im Stich,
die ihm die Treue halten.«[b]

24 Du, Gott, wirst sie hinunterstürzen
in den großen, gähnenden Abgrund.
Wer sich mit Mord und Betrug befleckt,
soll in der Mitte seines Lebens sterben!
Ich aber vertraue auf dich!

Vertrauen und Furchtlosigkeit

56 Ein Lied Davids, nach der Melodie »Verstummte Taube in der Ferne«. Er dichtete es, als ihn die Philister in Gat festgenommen hatten.

2 Gott, hab Erbarmen mit mir,
denn man stellt mir nach,
unaufhörlich werde ich bedrängt und
angefeindet!
3 Meine Feinde dringen ständig auf mich ein;
viele kämpfen gegen mich, du Höchster.
4 Doch wenn ich Angst bekomme,
setze ich mein Vertrauen auf dich.

5 *Ich preise Gott für sein helfendes Wort.*[c]
Ich vertraue ihm und habe keine Angst:
Was könnte ein Mensch mir schon tun?

6 Ständig verdrehen sie meine Worte;
alles, was sie planen, soll mir schaden.
7 Sie liegen überall auf der Lauer,
sie bespitzeln mich auf Schritt und Tritt,
sie haben es auf mein Leben abgesehen.
8 Sollen sie frei ausgehen bei so viel Unrecht?
Gott, schlage sie in deinem Zorn zu Boden!
9 Du weißt, wie oft ich umherirren musste.
Sammle meine Tränen in deinen Krug;
ich bin sicher, du zählst sie alle!
10 An dem Tag, an dem ich dich zu Hilfe rufe,
müssen meine Feinde den Rückzug antreten.
Ich weiß es: Du, Gott, stehst mir bei!

11 *Ich preise Gott für sein helfendes Wort,*
ja, ich preise den HERRN für dieses Wort.
12 *Ich vertraue ihm und habe keine Angst:*
Was könnten mir Menschen schon tun?

13 Gott,
ich will dir meine Dankesschuld bezahlen,
so wie ich es versprochen habe.
14 Denn du hast mich gerettet vom drohenden Tod,
meine Füße vom Abgrund zurückgehalten.
Ich darf in deiner Nähe weiterleben,
weil du mich das Licht[d] noch sehen lässt.

Neue Gewissheit

(Verse 8-12: 108,2-6)

57 Ein Lied Davids, nach der Melodie »Richte nicht zugrunde«. Er dichtete es, als er auf der Flucht vor Saul in der Höhle war.

2 Erbarm dich, Gott, hab Erbarmen mit mir!
Bei dir suche ich Zuflucht,
im Schutz deiner Flügel will ich mich bergen,[e]
bis das Unglück vorüber ist.

3 Zu Gott, dem Höchsten, schreie ich,
zu ihm, der sich auf meine Seite stellt.

55,13-14 41,10 **55,16** Num 16,31-33 **55,23** 37,5; 1 Petr 5,7 **56,1** 1 Sam 21,11-16 **56,5** 27,1; 118,6; Jes 51,12; Mt 10,28par **56,6-7** 35,20-21 **56,13** 50,14 **56,14** 30,4S; Ijob 33,30 **57,1** 1 Sam 22,1; 24,4 **57,2** 17,8S

4 Vom Himmel her wird er mir Hilfe schicken,
auch wenn mein Verfolger noch so höhnt!
Gott steht mir bei,
denn er ist treu und gütig!

5 Mir ist, als wäre ich umringt von Löwen,
die gierig sind auf Menschenfleisch.
Ihre Zähne sind spitz wie Speere und Pfeile,
ihre Zungen scharf wie geschliffene Schwerter.

6 *Gott, überstrahle den Himmel*
mit deiner Herrlichkeit
und erfülle die Erde mit deiner Macht!

7 Sie haben mir ein Netz in den Weg gelegt,
um mein Leben in ihre Gewalt zu bekommen.
Eine Grube haben sie für mich gegraben;
aber sie sind selber hineingefallen.

8 Mein Herz ist ruhig geworden, Gott,
ich fühle mich wieder sicher;[a]
mit einem Lied will ich dich preisen.
9 Wach auf, mein Herz!
Harfe und Laute, wacht auf,
denn heute will ich die Sonne wecken!
10 Dir, Herr, bringe ich meinen Dank,
von dir will ich singen vor allen Völkern;
11 denn deine Güte reicht bis an den Himmel
und deine Treue, so weit die Wolken ziehen!

12 *Gott, überstrahle den Himmel*
mit deiner Herrlichkeit
und erfülle die Erde mit deiner Macht!

Gott sorgt für Recht auf der Erde

58 Ein Lied Davids, nach der Melodie »Richte nicht zugrunde«.

2 Ihr Mächtigen,
ist euer Urteil wirklich gerecht,°
wenn ihr Gericht über die Menschen haltet?
Oder wollt ihr das Recht zum Verstummen bringen?
3 Mit Wissen und Willen begeht ihr Verbrechen;
auf der Waage des Unrechts wägt ihr ab,
was Recht sein soll im ganzen Land.[b]

4 Die Unheilstifter – kaum geboren
sind sie schon auf der schiefen Bahn;
von klein auf gewöhnen sie sich ans Lügen.
5 Sie verspritzen das reinste Schlangengift.
Sie gleichen der tauben Otter,
die sich die Ohren verstopft
6 und die Stimme des Beschwörers nicht hört,
der sich auf seine Künste versteht.

7 Gott, zerschlage ihnen die Zähne,
zerbrich das Gebiss dieser Löwen, HERR!
8 Lass sie verschwinden
wie versickerndes Wasser,
lass ihre Pfeile das Ziel nicht erreichen,
9 lass sie wie Schnecken in Schleim zerfließen,
wie Totgeburten die Sonne niemals sehen!
10 Es soll ihnen gehen wie dornigen Ranken:
Der Wirbelsturm soll sie aus dem Boden reißen,
ehe sie zu Gestrüpp zusammenwachsen,
noch grün, bevor sie vertrocknet sind![c]

11 Alle, die Gott gehorchen,
werden sich freuen,
wenn sie sehen, wie Gott Vergeltung übt;
sie werden im Blut der Unheilstifter waten.
12 Und alle Menschen werden bekennen:
»Wer Gott die Treue hält, wird belohnt.
Es gibt einen Gott,
der für Recht sorgt auf der Erde.«

Bitte um Schutz

59 Ein Lied Davids, nach der Melodie »Richte nicht zugrunde«. Er dichtete es, als Saul sein Haus umstellen ließ, um ihn zu töten.

2 Mein Gott,
rette mich vor meinen Feinden!
Bring mich in Sicherheit vor denen,
die mein Unglück suchen!
3 Hilf mir gegen diese Unheilstifter!
Rette mich, sie dürsten nach meinem Blut!

4 Sieh, wie sie mir ans Leben wollen,
wie sie mir auflauern, die mächtigen Feinde!
Ich habe doch kein Unrecht getan,
man kann mir keine Verfehlung vorwerfen!
5 Obwohl keine Schuld auf mir liegt,
laufen sie herbei, um mich anzugreifen.
Wach auf, komm und sieh es dir an!

»Mir ist, als wäre ich umringt von Löwen, die gierig sind auf Menschenfleisch« (57,5). Diese in Elfenbein geschnitzte Szene stammt aus Nimrud, der von Assurnasirpal II. (883–859 v. Chr.) erbauten Hauptstadt Assyriens.

a Nachdem der Beter seine Angst bei Gott abgeladen hat, ist er gewiss, dass Gott ihm helfen wird. In dieser ruhigen Gewissheit kann er ihm schon jetzt ein Danklied singen.
b Der ganze Psalm ist eine Klage über das verbrecherische Verhalten derer, die für Recht sorgen sollen. Er enthält eine Häufung von drastischen Bildern, die in keinem anderen Psalm in so dichter Folge gebraucht werden.
c Deutung unsicher.

57,6 8,2S **57,7** 7,16-17S **57,9** 59,17; 30,6 **57,11** 108,5 **58,2-3** Mi 3,1-4S **58,11** Dtn 32,35-36 **58,12** 7,12S; Mal 2,17–3,5 **59,1** 1Sam 19,11 **59,4-5** 26,1

a *Herr, du ...:* wörtlich *Herr Gott Zebaot**.
b Der unschuldig verfolgte Beter bittet darum, dass Gott ihm Recht verschafft, indem er die Feinde bestraft. An der Wiederherstellung seines Rechtes soll alle Welt erkennen, dass Gott für die Seinen eintritt.
c Nach einer schweren Niederlage wendet sich das Volk an Gott mit der Bitte um Rettung. Die Antwort Gottes (Verse 8-10) ist eine Siegesnachricht. Zu den Ortsangaben siehe Karte Seite 443.
d *um mein ...:* zur Verdeutlichung des Bildes hinzugefügt; vgl. Rut 4,7-8. Mit der »Waschschüssel« ist vielleicht auf das Tote Meer angespielt, an das Moab grenzte.

6 Herr, du Herrscher der Welt,[a] Gott Israels,
steh auf, halte Gericht über alle Fremden!
Hab kein Erbarmen mit diesen Verbrechern!

7 Jeden Abend kommen sie wieder
und schleichen rings um die Stadt
wie eine Meute heulender Hunde.
8 Der Geifer fließt ihnen aus dem Maul,
jedes Wort von ihren Lippen ist ein Dolch,
doch sie meinen, dass niemand es hört!
9 Du aber, Herr, du lachst sie aus,
du spottest über alle diese Fremden.
10 Ich rechne mit dir,
denn du machst mich stark;°
du, Gott, gibst mir sicheren Schutz.
11 Du bist so gut zu mir, du stehst mir bei
und lässt mich triumphieren über meine Feinde.

12 Vertilge sie nicht auf einen Schlag,
sonst könnte mein Volk es vergessen!
Zerstreue sie mit deiner Macht,
zwinge sie nieder;
du bist doch unser Beschützer, Herr!
13 Mit jedem Wort beleidigen sie dich.
Ihr Hochmut soll zum Fallstrick für sie werden,
denn sie verfolgen mich mit Flüchen und Lügen.
14 Vernichte sie in deinem Zorn,
vernichte sie, damit nichts von ihnen bleibt!
Bis an die Enden der Erde soll man erkennen,
dass du, Gott, in Israel regierst![b]

15 Jeden Abend kommen sie wieder
und schleichen rings um die Stadt
wie eine Meute heulender Hunde.
16 Überall suchen sie etwas zu fressen
und knurren,° wenn sie nicht genug bekommen.

17 Ich aber besinge deine Macht,
frühmorgens rühme ich deine Güte;
denn du bewahrst mich wie in einer Burg,
bei dir finde ich Zuflucht in Zeiten der Not.
18 Für dich spiele ich mein Lied,
denn du machst mich stark;
du, Gott, gibst mir sicheren Schutz,
du bist so gut zu mir!

Gebet in großer Bedrängnis

(Verse 7-14: 108,7-14)

60 Ein Lied Davids, nach der Melodie »Lilie der Mahnung«. 2 Er dichtete es während des Krieges mit den Syrern* in Mesopotamien und in Zoba*, als Joab auf dem Rückweg das Heer der Edomiter* – 12 000 Mann – im Salztal schlug.

3 Gott, du hast uns verstoßen
und unsere Reihen auseinander gerissen.
Du bist zornig auf uns gewesen;
aber richte uns doch wieder auf!
4 Du hast den Boden unter uns erschüttert
und gespalten;
heile seine Risse, damit die Erde nicht
auseinander bricht!
5 Du hast dein Volk durch harte Proben gehen lassen,
uns betäubenden Wein zu trinken gegeben.
6 Zwar hast du uns durch ein Zeichen gewarnt,
uns, die wir dich lieben und ehren;
aber es war nur ein Zeichen zur Flucht,
damit wir den Pfeilen der Feinde entgingen.°
7 Greif ein mit deiner Macht,[c]
gib Antwort auf unser Rufen,
rette uns – du liebst uns doch!

8 Aus seinem Heiligtum
gibt Gott die Antwort:
»Ich juble über meinen Sieg!«, sagt er.
»Ich werde Sichem meinem Volk zuteilen,
das Tal von Sukkot für sie vermessen.
9 Mir gehört Gilead*, mir gehört Manasse,
Efraïm ist mein Helm und Juda mein Zepter.
10 Moab* muss mir als Waschschüssel dienen,
auf Edom* werfe ich meinen Schuh,
um mein Besitzrecht anzuzeigen.[d]
Ihr Philister*, jubelt mir zu!«

11 Wer bringt mich in die befestigte Stadt,
wer führt mich nach Edom?
12 Wer außer dir, Gott, könnte das tun?
Aber du hast uns ja verstoßen
und ziehst nicht mehr mit unseren Heeren
in den Kampf!
13 Komm *du* uns in unserer Not zu Hilfe;
auf Hilfe von Menschen ist kein Verlass!
14 Mit Gott auf unserer Seite
vollbringen wir Großes;
denn er wird unsere Feinde zertreten.

Unter Gottes Schutz

61 Von David, zu begleiten auf Saiteninstrumenten.

2 Gott, höre mein Klagen,
achte auf mein Gebet!
3 Vom Ende der Erde schreie ich zu dir,
weil mir die Kräfte schwinden.
Bring mich hinauf auf den sicheren Felsen;
ich schaffe es nicht, er ist mir zu hoch!
4 Du bist meine Zuflucht,
ein starker Turm,

59,9 2,4; 37,13; Weish 4,18 **59,17** 30,6; 90,14; 143,8 **60,2** 2 Sam 8,3-14; 1 Chr 18,12 **60,5** Jer 25,15 S **60,9** Gen 49,8.10 **60,12** 44,10 **60,13** 118,8-9 **61,3** 18,3 S **61,4** Spr 18,10 S

wenn der Feind mich bedroht.
5 Ich möchte immer in deinem Tempel* bleiben
und mich bergen im Schutz deiner Flügel.[a]
6 Was ich dir versprochen habe,
du, Gott, hast es gehört.
Großzügig beschenkst du alle,
die sich dir in Ehrfurcht nahen.
7 Gib dem König ein langes Leben,
er soll über viele Generationen regieren!
8 Lass ihn für immer unter deinen Augen leben,
damit Güte und Treue sein Tun bestimmen!
9 Ohne Ende will ich dir dafür danken
mit meinem Lied
und dir meine Versprechen Tag für Tag erfüllen.

Bei Gott finde ich Ruhe

62 Ein Lied Davids, nach der Weise Jedutuns.[b]
2 Nur auf Gott vertraue ich und bin ruhig;
von ihm allein erwarte ich Hilfe.
3 Er ist der Fels und die Burg,
wo ich in Sicherheit bin.
Wie sollte ich da wanken?

4 Wie lange stürzt ihr euch auf einen Einzigen,
um ihn totzuschlagen, ihr alle miteinander?
Eine Mauer, die sich schon neigt,
eine brüchige, schwankende Wand –
mehr bin ich doch nicht!
5 Ständig schmiedet ihr Pläne,
um mich von meinem Ehrenplatz zu stürzen;
es macht euch Vergnügen,
mich zu verleumden.
Euer Mund sagt mir Segenswünsche,
aber im Herzen verflucht ihr mich.

6 Immer wieder muss ich es mir sagen:[c]
Vertrau auf Gott, dann findest du Ruhe![d]
Er allein gibt mir Hoffnung,
7 er ist der Fels und die Burg,
wo ich in Sicherheit bin;
darum werde ich nicht wanken.
8 Gott ist mein Retter, er schützt meine Ehre;
mein starker Fels ist er und meine Zuflucht!

9 Ihr, die ihr zu seinem Volk gehört,
setzt allezeit euer Vertrauen auf ihn,
schüttet euer Herz bei ihm aus;
denn Gott ist unsere Zuflucht!
10 Menschen, ob hoch oder niedrig,
ein Hauch sind sie, ein täuschendes Nichts.
Auf der Waagschale schnellen sie in die Höhe,
sie alle zusammen sind leichter als ein Hauch.
11 Verlasst euch nicht auf Gewalt,
erwartet keinen Gewinn von Raub!
Und wenn euer Wohlstand wächst,
hängt euer Herz nicht daran!
12 Gott hat gesprochen,
mehr als einmal habe ich es gehört,
dass bei ihm die Macht ist –
13 ja, Herr, und auch die Treue;
du belohnst oder bestrafst jeden nach seinem Tun.

Sehnsucht nach Gemeinschaft mit Gott

63 Ein Lied Davids. Er dichtete es, als er in der Wüste Juda war.

2 Gott!
Du bist mein Gott, dich suche ich!
Ich sehne mich nach dir mit Leib und Seele;

a Siehe Anmerkung zu 57,2.
b Siehe Anmerkung zu 39,1.
c Verdeutlichender Zusatz.
d Der Beter dieses Psalms wird angefeindet: man neidet ihm seine Stellung, verleumdet ihn und heuchelt trotzdem Freundschaft (Verse 4-5). In dieser beängstigenden Lage kann nur Gott ihm Ruhe und Sicherheit geben. In den Versen 9-11 gibt der Beter seine Erfahrungen an die Gemeinde weiter.

»Gott! Du bist mein Gott, dich suche ich! Ich sehne mich nach dir mit Leib und Seele; ich dürste nach dir wie ausgedörrtes, wasserloses Land.« (63,2)

61,5 23,6S; 17,8S **61,7-8** 21,5; 72,5; 89,4-5 **62,1** 1Chr 25,1S **62,2** 37,7; Jes 30,15S **62,3** 18,3S **62,5** 109,2S **62,10** 39,5-7S; Jes 40,15 **62,11** Mt 6,19-21par **62,13** Jer 17,10S **63,1** 1Sam 22,5; 23,14 **63,2** 42,2-3; 143,6

ich dürste nach dir
wie ausgedörrtes, wasserloses Land.°
3 Im Heiligtum schaue ich nach dir aus,
um deine Macht und Herrlichkeit zu sehen.
4 Deine Liebe bedeutet mir mehr als das Leben,
darum will ich dich preisen.
5 Mein Leben lang will ich dir danken
und dir meine Hände im Gebet entgegenstrecken.
6 Du machst mich satt und glücklich
wie bei einem Festmahl;[a]
mit jubelnden Lippen preise ich dich.

7 In nächtlichen Stunden, auf meinem Bett,
gehen meine Gedanken zu dir
und betend sinne ich über dich nach.
8 Ja, du hast mir geholfen,
im Schutz deiner Flügel kann ich vor Freude singen.
9 Ich halte mich ganz eng an dich,
und du stützt mich
mit deiner mächtigen Hand.

10 Alle, die auf meinen Untergang warten,
sollen selbst hinunter ins Totenreich*!
11 Dem Schwert sollen sie ausgeliefert werden,
als Fraß für die Schakale!
12 Doch der König finde seine Freude bei Gott!
Glücklich preisen darf sich jeder,
der Gott als Zeugen anrufen kann,
wenn er seine Unschuld[b] beschwören muss!
Aber den Lügnern wird das Maul gestopft.

Gottes Gericht über hinterhältige Feinde

64 Ein Lied Davids.

2 Gott, höre mein lautes Klagen!
Schütze mein Leben vor den Feinden,
die mich in Angst und Schrecken stürzen!
3 Sie schmieden Pläne zu meinem Unheil,
sie rotten sich gegen mich zusammen;
bring mich vor ihnen in Sicherheit!

4 Ihre Zungen sind wie geschliffene Schwerter;
wie Pfeile verschießen sie giftige Worte,
5 aus dem Hinterhalt,
ohne Warnung und Hemmung,
um schuldlose Menschen damit zu treffen.
6 Sie hetzen einander auf und beraten,
wie sie ihre Fallen stellen können;
sie meinen, dass niemand sie entdeckt.
7 Sie planen ihr Verbrechen und sagen:
»Wir haben es, jetzt muss es uns gelingen! –
Aus einem klugen Kopf kommen kluge Gedanken.«[c]

8 Gott aber legt den Bogen auf sie an,
ganz plötzlich trifft sie sein Pfeil;
9 ihre eigenen Worte bringen sie zu Fall.
Wer sie liegen sieht, schüttelt den Kopf.
10 Alle werden von Furcht erfüllt,
sie sagen weiter, was Gott getan hat,
und nehmen sich die Lehre zu Herzen.
11 Wer dem HERRN die Treue hält,
wird bei ihm Freude und Zuflucht finden.
Alle, die ihm mit redlichem Herzen folgen,
dürfen stolz und glücklich sein!

Dank für Gottes Wohltaten

65 Ein Lied Davids.

2 Gott, der du auf dem Zionsberg* wohnst,
dir steht es zu, dass wir dich preisen,°
dass jeder dir seine Gelübde* einlöst.
3 Du erhörst Gebete,
darum kommen alle Menschen zu dir.
4 Die Verfehlungen lasten zu schwer auf uns,°
aber *du* kannst uns die Schuld vergeben.[d]
5 Wie glücklich sind alle, die du erwählst!
Sie dürfen in deine Nähe kommen
und in den Vorhöfen* deines Tempels wohnen.
Wir möchten all das Gute genießen,
das wir in deinem Heiligtum bekommen.

6 Gott, unser Retter, du hältst uns die Treue,[e]
du antwortest uns durch gewaltige Taten.
Du bist die Hoffnung der ganzen Erde
bis hin zu den fernsten Meeren.
7 Du hast die Berge hingestellt mit deiner Kraft.
Du bist zum Kampf gerüstet mit Macht
8 und stillst den Aufruhr des Meeres,
das Brüllen seiner Wellen;
du stillst auch den Aufruhr der Völker.[f]
9 Sie erschrecken vor deinen Wundern
selbst an den äußersten Enden der Erde.
Deine Taten wecken Freude und Jubel
überall, wo Menschen wohnen.

10 Du sorgst für das Land,
du machst es reich und fruchtbar:
So lässt du das Korn für die Menschen wachsen.
Gott, deine Bäche sind immer voll Wasser;
11 du feuchtest die Furchen
und ebnest die Schollen,
du tränkst die Felder mit Regengüssen
und segnest, was auf ihnen sprießt.
12 Mit guten Gaben krönst du das Jahr,
in deinen Spuren lässt du Überfluss zurück.
13 Die Steppe füllt sich mit üppigem Grün,

a Wörtlich *wie von Fett und Mark.* Dieser Ausdruck steht für die erlesensten Speisen.
b *seine Unschuld:* verdeutlichender Zusatz; vgl. 1 Kön 8,31.
c *Aus einem …:* wörtlich *Und das Innere eines Mannes, und das Herz ist tief.* Diese Worte scheinen im Hebräischen ein Sprichwort gewesen zu sein, dessen Bedeutung die Übersetzung wiederzugeben sucht.
d Der Psalm ist vielleicht ein Danklied des Volkes für eine gute Ernte (Verse 10-14). In der Einleitung wird ausgesprochen, wozu man ins Heiligtum geht: um Gott zu preisen, um Gelübde einzulösen, um ihm Bitten vorzutragen und um Vergebung zu erlangen (Verse 2-4).
e *du hältst …:* wörtlich *in Gerechtigkeit* (antwortest du).*
f Gott, der Schöpfer der Welt (vgl. Sacherklärung »Meer«), ist auch der Herr der Geschichte.

63,3 17,15S **63,4** 73,26 **63,7** 119,55S **63,8** 17,8S **63,12** 84,10 **64,4-5** 109,2S **64,6** 73,11 **64,9** 34,22S **65,2** 76,3S **65,5** 23,6S **65,6-9** 46,9-11 **65,8** 89,10S **65,10-14** 104,10-15

die Hügel hallen wider von Freudenrufen.
[14] Die Weiden schmücken sich mit Herden,
die Täler hüllen sich in wogendes Korn –
alles ist voll Jubel und Gesang.

Ein Danklied für Gottes Hilfe

66 Ein Lied.
Jubelt Gott zu, alle Völker der Erde!
[2] Singt zur Ehre seines Namens*,
rühmt ihn mit eurem Lobgesang!
[3] Sagt zu Gott:
»Wie überwältigend sind deine Taten!
Deine Feinde müssen sich vor dir beugen,
weil du so mächtig bist.
[4] Alle Welt soll dich anbeten,
alle sollen dir singen,
dich mit ihren Liedern preisen!«

[5] Kommt her und seht, was Gott getan hat!
Sein Tun erfüllt die Menschen
mit Furcht und Staunen:
[6] Er machte das Meer zu trockenem Land,
sodass wir zu Fuß hindurchgehen konnten.
Darüber waren wir voll Freude!
[7] Für immer regiert er mit gewaltiger Macht,
er behält die Völker genau im Auge.
Wer wagt es, ihm die Stirn zu bieten?
[8] Ihr Völker, werft euch nieder vor
unserem Gott,
preist ihn mit lauter Stimme!
[9] Er erhält uns am Leben
und bewahrt uns vor dem Untergang.

[10] Gott, du hast uns auf die Probe gestellt.
So wie man Silber ausschmelzt,
hast du uns gereinigt.[a]
[11] Du hast uns in die Falle laufen lassen,
uns schwere Lasten aufgebürdet.
[12] Unseren Feinden hast du erlaubt,
uns in den Staub zu treten.
Durch Feuer und Wasser mussten wir gehen;
doch du hast uns herausgeholt,
sodass wir wieder frei atmen konnten.[b]

[13] Mit Brandopfern* komme ich in dein Haus,
um mein Gelübde einzulösen.[c]
[14] Ich bringe, was ich dir versprach,
als ich in arger Bedrängnis war.
[15] Die besten Opfertiere bringe ich dir dar,
Widder und Ziegenböcke,
auch Stiere bereite ich zu.
Vom Altar soll ihr Rauch hinaufsteigen zu dir.

[16] Ihr, die ihr Gott verehrt, kommt alle her!
Ich muss euch erzählen,
was er für mich getan hat!
[17] Ich schrie zu ihm um Hilfe,
schon gewiss, dass ich ihn preisen würde.
[18] Hätte ich Böses im Sinn gehabt,
so hätte der Herr mich nicht gehört.
[19] Gehört aber hat er mich, das steht fest;
Gott hat auf meinen Hilfeschrei geachtet.
[20] Ich danke Gott!
Er hat mein Gebet nicht abgewiesen
und mir seine Güte nicht verweigert.

Alle Völker sollen Gott preisen!

67 Ein Lied, zu begleiten auf Saiteninstrumenten.

[2] Gott, wende uns deine Liebe zu und segne uns
blicke uns freundlich an![d]
[3] Dann sehen die Menschen der ganzen Erde,
wie du uns führst,
und alle Nationen erkennen,
wie du hilfst und befreist.

[4] Gott, die Völker sollen dir danken,
alle Völker sollen dich preisen!
[5] Sie sollen vor Glück und Freude singen;
denn du regierst sie alle gerecht,
du lenkst alle Nationen auf der Erde.
[6] Gott, die Völker sollen dir danken,
alle Völker sollen dich preisen!

[7] Die Erde hat gute Ernte gebracht;
so segnet uns Gott, unser Gott!
[8] Er segne uns
und alle Welt soll ihn ehren!

Gottes Sieg

68 Ein Lied Davids.
[2] Gott steht auf,
seine Feinde zerstieben;
alle, die ihn hassen, fliehen vor ihm.
[3] Er treibt sie fort wie Rauch, der verweht.
Wenn Gott sich zeigt,
vergehen alle, die sich ihm entgegenstellen,
wie Wachs, das am Feuer zerfließt.
[4] Doch die Treuen, die zu ihm halten,
freuen sich und jubeln vor ihm
in überschäumender Freude.

[5] Singt zur Ehre Gottes,
preist ihn mit Liedern!

a Siehe Sacherklärung »Schlacken«.
b Israel hat Gott als den Befreier aus Ägypten kennen gelernt (Vers 6). Auch die schweren Bedrängnisse, durch die das Volk immer wieder gehen musste, haben das Vertrauen zu seinem Gott nicht zerstören können: »Er erhält uns am Leben« (Vers 9).
c Nach einem Chor (Verse 1-7) und der versammelten Gemeinde (Verse 8-12) hat ab Vers 13 ein Einzelner das Wort. Die Verse 13-15 sind eine gute Illustration für das, was Israel unter einem Gelübde* verstand.
d Dieser Vers nimmt in verkürzter Form den Segensspruch von Num 6,24-26 auf. Vielleicht wurde der Psalm beim Erntefest vom Volk als Antwort auf den priesterlichen Segen gesungen. Israels Gott wird als der Gott für alle Völker gepriesen.

66,1-4 98,4-6; 96,7-10S **66,6** Ex 14,21-29S **66,10** 12,7S; Spr 17,3S **66,12** Jes 43,2 **66,13-15** 40,7-9S; Num 30,3; Jona 2,10 **66,16-20** 22,23S **67,2** 31,17S **67,4-6** 96,13S **68,2** Num 10,35 **68,5** Dtn 33,26S

a Der Psalm benutzt eine Reihe von kanaanitischen Bezeichnungen der obersten Gottheit für den Gott Israels.
b Wahrscheinlich wird auf die Kostbarkeit der Beute angespielt; die Taube ist vielleicht ein Bild für Israel. Die erste Zeile erinnert an das so genannte Debora-Lied (Ri 5; vgl. besonders 5,16).
c Die Lage des Berges ist unbekannt. Ein Schneefall muss dort eine Seltenheit gewesen sein.
d Im Epheserbrief (4,8-10) wird Vers 19a auf die Himmelfahrt Christi bezogen. Dabei wird die dritte Zeile umgedeutet in: »Er hat den Menschen Gaben ausgeteilt«.
e *Nachkommen ...:* wörtlich *die ihr aus dem Quell/Brunnen Israels stammt;* zu »Israel« vgl. Gen 32,29; 35,10.
f Die Deutung der Verse 29-31 ist sehr unsicher.

Baut eine Straße für den Wolkenreiter[a]
– HERR ist sein Name* –
freut euch und jubelt vor ihm!
6 Vater der Waisen, Beistand der Witwen –
das ist Gott in seiner heiligen Wohnung!
7 Den Einsamen schafft er eine Familie,
die Gefangenen führt er in Freiheit und Glück;
doch die Rebellen müssen zwischen kahlen
Felsen wohnen.

8 Gott, als du auszogst an der Spitze deines Volkes,
als du es durch die Wüste führtest,
9 da bebte die Erde, da troff der Himmel
vor dir, dem Gott vom Sinai*, Israels Gott.
10 Du ließest reichlichen Regen fallen,
um dein erschöpftes Land neu zu beleben.
11 Dein Volk hat dort eine Heimat gefunden,
so gütig sorgtest du für die Armen.

12 Der Herr spricht das entscheidende Wort
und schon sind überall die Frauen unterwegs,
um die Nachricht vom Sieg zu verkünden:
13 »Die feindlichen Könige fliehen,
ihre Heere sind auf der Flucht!
Für die Frauen zu Hause
gibt's reiche Beute zu teilen.
14 Wer bleibt da noch bei den Herden liegen?«
Die Flügel der Taube schimmern von Silber
und ihr Gefieder ist bedeckt mit hellem Gold.[b]
15 Als Gott, der Mächtige, die Könige vertrieb,
da fiel Schnee auf dem Schwarzen Berg.[c]

16 Ein gewaltiges Gebirge ist der Baschanberg,
ein Gebirge mit vielen Kuppen.
17 Warum bist du neidisch,
du mit deinen vielen Kuppen,
warum schielst du auf den Berg,
den Gott sich als Wohnsitz erwählt hat?
Für immer wird der HERR dort bleiben!

18 Zehntausende von blitzenden Wagen hat Gott,
in ihrer Mitte der Herr selber,
der Heilige in seiner Herrlichkeit.°
19 Er fährt zur Höhe hinauf
und führt Gefangene mit.
Menschen huldigen ihm mit Gaben,[d]
sogar die Rebellen unterwerfen sich
und dürfen wohnen bei dem HERRN, unserem Gott.

20 Tag für Tag sei der Herr gepriesen;
denn er trägt uns, er ist unser Helfer!
21 Er ist ein Gott, der mit Taten eingreift;
er ist unser Herr, der uns rettet vor dem Tod.
22 Doch seinen Feinden wird er den Schädel
zertrümmern,
allen, die bei ihren Verbrechen bleiben.
23 Der Herr hat angekündigt:
»Ich bringe sie zurück vom Baschanberg
und sogar vom Grund des Meeres.
24 Du wirst waten im Blut der Feinde
und deine Hunde sollen davon lecken,
bis sie satt sind.«

25 Gott,
deinen Triumphzug haben alle gesehen,
deinen Einzug ins Heiligtum,
du mein Gott und König!
26 An der Spitze die Sänger,
danach die Harfenspieler,
ringsum mit Handpauken die Mädchen.
27 »Dankt Gott,
wenn ihr euch zum Fest versammelt!
Dankt dem HERRN,
ihr Nachkommen Jakobs!«[e]
28 Benjamin führt sie an,
der kleinste der Stämme.
Ihm folgen die Fürsten von Juda
mit ihren fröhlich lärmenden Scharen,
dann die Fürsten von Sebulon und von Naftali.

29 Du sollst stark sein, Israel;
so hat es dein Gott beschlossen.
»Gott, festige, was du für uns vollbracht hast!
30 In deinem Tempel* in Jerusalem
bringen die Könige dir ihren Tribut.
31 Herrsche sie an, bedrohe sie:
Ägypten, diese Bestie im Schilf,
die Völker, diese Herde von Stieren und Kälbern,
sie alle, die sich vor dir niederwerfen
mit Silberstücken in den Händen!«[f]
Er hat die Völker zerstreut,
die an Kriegen ihre Freude haben.
32 Aus Ägypten bringt man ihm rote Stoffe,
aus Äthiopien* eilen sie herbei
und huldigen Gott mit Geschenken.

33 Ihr Mächtigen der Erde,
singt zur Ehre Gottes,
preist den Herrn mit Liedern!
34 Er reitet am Himmel dahin,
der seit Urzeiten besteht.
Hört, wie mächtig seine Stimme erschallt!
35 Erkennt seine Herrschaft an!
In seiner Hoheit regiert er Israel
und seine Macht zeigt sich in den Wolken.
36 Ehrfurcht gebietend ist Gott,
wenn er aus seinem Heiligtum hervortritt!
Er ist der Gott Israels,
er verleiht seinem Volk Stärke und Macht.
Gott sei gepriesen!

68,6 10,14S; 9,13S **68,8-9** Ex 13,21; Ps 77,18-19; Ri 5,4-5S **68,17** 76,3S **68,19** Eph 4,8-10 **68,20** Jes 46,3-4 **68,21** 30,4S **68,25** 24,7-10S; 9,13S **68,30-32** 96,7-10; Jes 18,7S **68,34** 29,3; Dtn 33,26S

Wegen Gott in Schmach und Schande

69 Von David, zu singen nach der Melodie »Lilien«.[a]

2 Hilf mir, Gott!
Die Flut geht mir bis an die Kehle!
3 Ich versinke im brodelnden Schlamm,
meine Füße finden keinen Halt.
Ich treibe ab in tiefes Wasser,
die Strömung reißt mich mit sich fort!
4 Bis zur Erschöpfung habe ich geschrien,
meine Kehle ist davon ganz entzündet.
Meine Augen sind müde geworden
vom Ausschauen nach dir, meinem Gott!
5 Viele hassen mich ohne jeden Grund,
zahlreicher sind sie als die Haare auf meinem Kopf.
Meine Feinde verbreiten Lügen über mich,
sie sind mächtig und wollen mich vernichten.
Ich soll wieder herausgeben,
was ich gar nicht gestohlen habe![b]

6 Gott, du weißt, wie unverständig ich war;
meine Schuld ist dir nicht verborgen.[c]
7 HERR, du Herrscher der Welt,
Gott Israels, du mächtiger Gott,[d]
enttäusche nicht die, die mit dir rechnen!
Wenn sie sehen, dass du mir nicht hilfst,
könnten sie die Hoffnung verlieren.
8 Weil ich zu dir gehöre,
werde ich geschmäht,
für dich erleide ich Schimpf und Schande.
9 Meinen Verwandten bin ich ein Fremder geworden,
selbst meine Brüder kennen mich nicht mehr.
10 Die Liebe zu deinem Haus –
sie verzehrt mich wie ein Feuer.[e]
Die Schmähungen, mit denen man dich lästert,
sie treffen mich.
11 Ich weine und versage mir das Essen,
doch dafür ernte ich nichts als Hohn.
12 Ich gehe im Sack* umher
und werde dafür nur ausgelacht.
13 Dort, wo die Leute zusammenkommen,
bin ich der Anlass für ihren Klatsch
und für die Spottlieder betrunkener Zecher.

14 Doch ich bete zu dir, HERR!
Hilf mir in der Stunde, die du bestimmst!
Du bist so reich an Güte,
darum erhöre mich!
Du bist doch der Retter, auf den Verlass ist.
15 Lass mich nicht im Schlamm versinken,
zieh mich heraus!
Rette mich vor denen, die mich hassen!
Zieh mich heraus aus dem tiefen Wasser!
16 Sonst treibt die Strömung mich fort,
der Abgrund verschlingt mich,
die Grube schließt sich über mir!

17 Erhöre meine Bitte, HERR,
denn deine Güte tut mir wohl;
wende dich mir zu in deinem Erbarmen!
18 Ich bin doch dein Diener,
verbirg dich nicht länger vor mir!
Ich bin voller Angst, erhöre mich bald!
19 Komm zu mir, befreie und rette mich,
damit meine Feinde schweigen müssen!

20 Du weißt, wie man mich verhöhnt,
mich entehrt und mit Schande überschüttet;
alle meine Gegner stehen dir vor Augen.
21 Die Schmach bricht mir das Herz,
ich bin zutiefst verwundet.
Ich habe auf Mitgefühl gewartet,
doch niemand hat es mir erwiesen.
Ich habe einen gesucht, der mich tröstet,
und keinen Einzigen gefunden.
22 Statt Nahrung haben sie mir Gift gereicht,
mir Essig angeboten,
um meinen Durst zu löschen.[f]

23 Ihre Opfergelage
sollen ihnen zum Fallstrick werden,
der sie ins Verderben bringt,
sie und alle ihre Tischgenossen!
24 Lass sie blind werden
und nichts mehr sehen,
mach sie für immer kraftlos und krank!
25 Schütte deinen Zorn über sie aus,[g]
hole sie ein mit der Glut deines Grimms!
26 Ihr Lagerplatz soll verwüstet werden,
mach ihre Zelte menschenleer!
27 Denn erbarmungslos jagen sie mich,
den deine Strafe doch schon getroffen hat,
und sie reden gern von den Schmerzen derer,
denen du Wunden geschlagen hast.
28 Rechne ihnen jede Verfehlung an
und erkläre sie nicht für gerecht!
29 Streiche ihre Namen aus dem Buch des Lebens,
damit sie nicht eingeschrieben sind
mit denen, die in Treue zu dir halten.

30 Ich selbst bin arm
und von Schmerzen geplagt;
durch deine Hilfe, Gott,
bring mich in Sicherheit!
31 Dann kann ich dich preisen
mit meinem Lied

a Siehe Anmerkung zu Ps 45,1.
b Ein schuldlos Verfolgter schreit zu Gott um Hilfe. Vers 3 deutet vielleicht auf einen feuchten Kerker (vgl. Jer 37,16; 38,6), wo sich der Beter wie in der Totenwelt* gefühlt hat.
c Der Beter leidet an einer nicht näher bezeichneten Krankheit (Vers 30), die von seinen Gegnern als Strafe für eine Schuld verstanden wird, von der er selbst nichts weiß. Mit seinem Bekenntnis bittet er Gott um Klärung und um Hilfe, die nicht nur für ihn nötig ist, sondern die Hoffnung der anderen Treuen aufrechterhalten soll.
d *HERR, du …:* wörtlich *Herr, HERR Zebaot*, Gott Israels.*
e Diese Zeile wird in Joh 2,17, die folgende in Röm 15,3 auf Jesus gedeutet.
f Diese Zeile erinnert an die Kreuzigung Jesu (Mk 15,36; Joh 19,28-29).
g Die Verse 23-26 und 28-29 drücken keine zügellosen Rachegefühle aus. Ob Gott Richter und Herr der Welt ist, muss sich nach dem Alten Testament in dieser Welt erweisen, zumal sich die Gegner des Beters Rechte anmaßen, die nur Gott zustehen (Vers 27).

69,2-3 42,8S **69,5** 109,2S; Joh 15,25 **69,8** 44,23S **69,9** 38,12S **69,10** Joh 2,17; Röm 15,3 **69,13** Ijob 30,9 **69,14** Jes 49,8 **69,22** Mk 15,36par
69,23-24 Röm 11,9-10 **69,26** Apg 1,20 **69,29** Ex 32,32S; Mal 3,16S **69,31-32** 40,7-9S

a Die Verse 2-6 entsprechen mit geringfügigen Abweichungen 40,14-18.
b *wie du …:* wörtlich *in deiner Gerechtigkeit**.
c Die Feinde des Beters nutzen dessen Altersschwäche aus, um ihn zu demütigen. Er aber gibt die Hoffnung noch nicht auf (Vers 14), dass Gott, den er von Jugend auf kennt, ihm auch in Zukunft beisteht. In seinem Gebet greift er auf viele ihm bekannte Psalmstellen zurück (siehe die Vergleichsstellen).
d *wie treu …:* wörtlich *deine Gerechtigkeit;* ebenso in Vers 24.
e *Treue:* wörtlich *Gerechtigkeit.*

und deine Größe verkünden
durch meinen Dank.
32 Das ist dir lieber,
als wenn ich ein Rind für dich schlachte,
dir einen starken Stier als Opfer* bringe.
33 Die Unterdrückten werden es sehen
und sie werden sich freuen.

Ihr alle, die ihr nach Gott fragt:
Neuer Mut soll eure Herzen erfüllen!
34 Denn der HERR hört das Rufen der Hilflosen,
er lässt die Seinen nicht im Stich,
wenn sie gefangen sind.
35 Himmel und Erde sollen ihn preisen,
die Meere und alles, was darin lebt!
36 Denn der HERR wird den Zionsberg* befreien
und die Städte in Juda wieder aufbauen.
Sein Volk wird wieder dort wohnen
und das Land besitzen.
37 Die Kinder seiner Diener werden es erben,
und alle, die den HERRN lieben,
werden dort wohnen.

Warten auf Gott
(Ps 40,14-18)

70 Ein Lied Davids, um sich bei Gott in Erinnerung zu bringen.

2 Gott, rette mich,[a]
komm, hilf mir bald!
3 Schimpf und Schande komme über sie,
die mir nach dem Leben trachten!
Zurückweichen sollen sie
und zuschanden werden,
die an meinem Unglück Freude haben!
4 Mit Schande beladen sollen sie abziehen,
die hämisch rufen: »Da! Habt ihr's gesehen?«
5 Doch alle, die deine Nähe suchen,
sollen über dich jubeln und glücklich sein!
Alle, die deine Hilfe begehren,
sollen immer wieder rufen:
»Gott ist groß!«

6 Ich bin arm und wehrlos;
Gott, komm bald zu mir!
Du bist doch mein Helfer und Befreier,
HERR, lass mich nicht länger warten!

Bitte um Schutz im Alter

71 HERR, bei dir suche ich Zuflucht;
enttäusche nicht mein Vertrauen!
2 Rette mich, befreie mich,
wie du es versprochen hast![b]
Hör mich doch, hilf mir!
3 Sei mir ein sicheres Zuhause,
wohin ich jederzeit kommen kann!
Du hast doch zugesagt, mir zu helfen;
du bist mein Fels und meine Burg!

4 Meine Feinde missachten dich, mein Gott,
sie brechen das Recht und misshandeln mich.
Rette mich aus ihren Fäusten!
5 Du bist meine Hoffnung, Herr,
dir habe ich von Jugend auf vertraut.
6 Seit meiner Geburt bist du mein Halt,
du hast mir aus dem Mutterschoß herausgeholfen,
darum gehört dir allezeit mein Dank!
7 Viele meinten, du hättest mich verflucht;
aber du bist mein mächtiger Beschützer.
8 Mein Mund singt immerzu dein Lob,
den ganzen Tag verkünde ich deinen Ruhm.

9 Jetzt, wo ich alt geworden bin,
vertreibe mich nicht aus deiner Nähe!
Die Kräfte schwinden mir, verlass mich nicht!
10 Meine Feinde stecken die Köpfe zusammen;
sie beraten schon, wie sie mich umbringen können.
11 »Gott hat ihn verstoßen«, sagen sie.
»Los, ihm nach! Packt ihn!
Jetzt gibt es keinen mehr, der ihm hilft.«[c]

12 Gott, du bist so weit weg!
Komm doch, mein Gott, hilf mir schnell!
13 Lass sie unterliegen und zugrunde gehen,
sie, die mich beschuldigen!
Mit Schimpf und Schande sollen sie abziehen,
alle, die mein Verderben suchen!

14 Ich gebe die Hoffnung niemals auf;
auch in Zukunft werde ich dich preisen.
15 Ich werde allen sagen, wie treu du bist;[d]
den ganzen Tag will ich erzählen, wie du hilfst –
deine Wohltaten sind nicht zu zählen.
16 Ich werde deine großen Taten preisen,
HERR, mein Gott!
Nur noch von dir und deiner Treue[e] will ich reden.

17 Gott, von Jugend auf bist du mein Lehrer
und bis heute erzähle ich von deinen Wundern.
18 Auch jetzt, wo ich alt und grau geworden bin,
verlass mich nicht, mein Gott!
Kindern und Enkeln will ich erzählen,
wie mächtig du bist
und wie gewaltig deine Taten sind.

19 Gott, deine Treue reicht bis an den Himmel!
Du hast große Dinge vollbracht.
Wer ist wie du?
20 Schlimme Zeiten hast du mich sehen lassen,

69,34 9,13S **71,1-3** 18,3S **71,6** 22,10-11 **71,9** Jes 46,3-4 **71,11** 3,3 **71,18** 22,31-32S **71,20** 30,4S

doch immer wieder schenkst du mir das Leben
und rettest mich vor dem sicheren Grab.
21 Immer wieder tröstest du mich
und bringst mich zu größeren Ehren als zuvor.
22 Darum will ich dich preisen mit meinem
Saitenspiel,
ich will deine Treue rühmen, mein Gott!
Zur Laute will ich dir Loblieder singen,
dir, dem heiligen Gott Israels.
23 Voll Freude will ich über dich jubeln,
denn du hast mich befreit.
24 Von früh bis spät will ich erzählen,
wie treu du bist.
Alle, die mein Verderben suchen,
werden schmachvoll untergehen.

Segenswunsch für den König

72 Für Salomo.
Gott, gib dem König Weisheit,
damit er in deinem Sinn Recht sprechen kann;
ihn, den rechtmäßigen Erben des Thrones,
mach zum treuen Bewahrer deiner Rechtsordnung!
2 Unparteiisch soll er dein Volk regieren
und den Entrechteten zu ihrem Recht verhelfen!
3 Unter seiner gerechten Herrschaft
wird das Volk dann in Frieden leben
und Wohlstand haben im ganzen Land
mit seinen Bergen und Hügeln!
4 Den Benachteiligten soll er Recht verschaffen
und den Bedürftigen Hilfe bringen;
aber die Unterdrücker soll er zertreten![a]

5 Der König soll leben,°
solange Sonne und Mond uns leuchten,
unzählige Generationen lang!
6 Er gleiche dem Regen,
der auf die Wiesen fällt
und das trockene Land durchfeuchtet!
7 Unter seiner Regierung blühe das Recht°
und der Wohlstand wachse,
bis es keinen Mond mehr gibt!

8 Seine Herrschaft reiche von Meer zu Meer,
vom Eufratstrom bis zu den Enden der Erde!
9 Verneigen sollen sich vor ihm die Wüstenstämme,
seine Feinde müssen sich niederwerfen!
10 Die Könige von Tarschisch*
und vom Ende der Erde
sollen ihm Geschenke senden!
Die von Saba* und Seba
sollen ihm Tribut entrichten!
11 Huldigen sollen ihm alle Herrscher
und alle Völker sollen ihm dienen!
12 Er rettet die Bedürftigen,
die zu ihm schreien,
die Entrechteten, die keinen Helfer haben.
13 Er kümmert sich um die Schwachen und Armen
und sorgt dafür, dass sie am Leben bleiben.
14 Er befreit sie von Gewalt und Unterdrückung,
denn vor ihm hat ihr Leben einen Wert.

15 Der König soll leben!
Man bringe ihm das Gold von Saba;
man bete jederzeit für ihn
und wünsche ihm alle Tage Segen!
16 Der Weizen wachse im ganzen Land,
bis hinauf auf die Gipfel der Berge,
dicht und wogend wie die Wälder
hoch oben auf dem Libanon!
Die Städte sollen blühen und gedeihen
wie die satten grünen Wiesen!
17 Der Name des Königs werde nie vergessen,
sein Ruhm nehme zu,
solange die Sonne besteht!
Wenn Menschen einander Segen wünschen,
sollen sie sagen: »Gott segne dich,
wie er den König gesegnet hat!«
Und alle Völker sollen ihn glücklich preisen!

18 Gepriesen sei der Herr, der Gott Israels,
der Einzige, der Wunder vollbringt!
19 Sein ruhmreicher Name sei für immer gepriesen,
seine Macht setze sich durch in aller Welt!
Amen*, so soll es sein!

20 Hier enden die Gebete Davids, des Sohnes
von Isai.

DRITTES BUCH
(Psalmen 73–89)

Gott, ich gehöre zu dir!

73 Ein Lied Asafs.
Ich weiß es: Gott ist gut zu Israel,
zu allen, die ihm mit ganzem Herzen gehorchen.
2 Doch beinahe wäre ich irregeworden,
ich wäre um ein Haar zu Fall gekommen:
3 Ich war eifersüchtig auf die Menschen,
die nicht nach dem Willen Gottes fragen;
denn ich sah, dass es ihnen so gut geht.
4 Ihr Leben lang kennen sie keine Krankheit,
gesund sind sie und wohlgenährt.
5 Sie verbringen ihre Tage ohne Sorgen
und müssen sich nicht quälen wie andere Leute.[b]

a Dieser Psalm wurde wahrscheinlich bei der Krönung der Könige von Juda vorgetragen, vielleicht auch beim jährlichen Erinnerungsfest daran. Er drückt aus, was das Volk von seinem König erwartete, aber in Wirklichkeit nicht immer von ihm erlebte. Darum richtet sich die Bitte an Gott, den eigentlichen König seines Volkes.
b Zur Zeit der Abfassung des Psalms galt nach allgemeinem Verständnis Wohlergehen als Beweis für ein gottgefälliges Leben, während Leiden als Strafe für Schuld angesehen wurde. Wenn einer Gott gehorchte und trotzdem ins Unglück geriet, kam er ins Zweifeln und Fragen, umso mehr, wenn es dem Bösen gut ging.

72,1-4 101,1-8; Spr 16,10 S **72,4** 9,13 S **72,5** 61,7-8 S; 72,17 **72,8-11** 2,8 **72,10** 68,30.32 **72,14** 116,15 **73,1-28** (scheinbares Glück der Bösen) Spr 24,19-20 S; Ps 10,1-18; Ijob 21,7-33; Koh 8,12b-14; Mal 3,14-15

6 Ihren Hochmut tragen sie zur Schau
wie einen Schmuck,
ihre Gewalttätigkeit wie ein kostbares Kleid.
7 Ihr Luxusleben verführt sie zur Sünde,°
ihr Herz quillt über von bösen Plänen.
8 Ihre Reden sind voll von Spott und Verleumdung,
mit großen Worten schüchtern sie die Leute ein.
9 Sie reißen das Maul auf und lästern den Himmel,
ihre böse Zunge verschont nichts auf der Erde.

10 Darum läuft das Volk Gottes ihnen nach
und lauscht begierig auf ihr Geschwätz.[a]
11 »Gott merkt ja doch nichts!«, sagen sie.
»Was weiß der da oben von dem, was hier vorgeht?«
12 So sind sie alle, die Gott verachten;
sie häufen Macht und Reichtum
und haben immer Glück.

13 Es war ganz umsonst, HERR,
dass ich mir ein reines Gewissen bewahrte
und wieder und wieder meine Unschuld bewies.
14 Ich werde ja trotzdem täglich gepeinigt,
ständig bin ich vom Unglück verfolgt.
15 Aber wenn ich so reden wollte wie sie,
würde ich alle verraten, die zu dir gehören.[b]
16 Ich mühte mich ab, das alles zu verstehen,
aber es schien mir ganz unmöglich.
17 Doch dann kam ich in dein Heiligtum.
Da erkannte ich, wie es mit ihnen ausgeht:[c]
18 Du stellst sie auf schlüpfrigen Boden;
du verblendest sie, damit sie stürzen.
19 Ganz plötzlich ist es aus mit ihnen,
sie alle nehmen ein Ende mit Schrecken.
20 Herr, wenn du aufstehst, verschwinden sie
wie die Bilder eines Traumes beim Erwachen.

21 Als ich verbittert war und innerlich zerrissen,
22 da hatte ich den Verstand verloren,
wie ein Stück Vieh stand ich vor dir.
23 Und dennoch gehöre ich zu dir![d]
Du hast meine Hand ergriffen und hältst mich;
24 du leitest mich nach deinem Plan
und holst mich am Ende in deine Herrlichkeit.
25 Wer im Himmel könnte mir helfen,
wenn nicht du?
Was soll ich mir noch wünschen auf der Erde?
Ich habe doch dich!
26 Auch wenn ich Leib und Leben verliere,
du, Gott, hältst mich;
du bleibst mir für immer![e]

27 Wer sich von dir entfernt, geht zugrunde;
wer dir untreu wird, den vernichtest du.
28 Ich aber setze mein Vertrauen auf dich,
meinen Herrn;
dir nahe zu sein ist mein ganzes Glück.
Ich will weitersagen, was du getan hast.

Klage über das zerstörte Heiligtum

74 Ein Gedicht Asafs.

Gott, hast du uns für immer verstoßen?
Warum wütet dein Zorn so furchtbar gegen uns?
Wir sind doch deine Herde
und du bist unser Hirt!
2 Denke daran, wie du uns einst befreit hast!
Damals hast du uns zu deinem Eigentum gemacht,
schon seit uralter Zeit sind wir dein Volk.
Denk an den Zionsberg*,
den du zu deinem Wohnsitz bestimmt hast!
3 Komm doch,
sieh dir die trostlosen Trümmer an!
Den ganzen Tempel* haben die Feinde zerstört.
4 Brüllend sind sie in die heilige Stätte eingebrochen
und haben dort ihre Feldzeichen aufgepflanzt.
5 Sie haben wild drauflosgeschlagen,
als hätten sie ein Dickicht vor sich,
6 die kostbaren Schnitzereien haben sie zertrümmert
mit ihren Äxten und Eisenstangen.
7 Sie haben Feuer in dein Heiligtum geworfen,
deine Wohnung[f] niedergerissen und geschändet.
8 Sie schrien: »Wir machen Schluss mit ihnen!
Wir verbrennen° alle Göttertempel auf der Erde!«

9 Es gibt kein Zeichen mehr dafür,
dass du noch bei uns bist.
Kein Prophet* spricht mehr;[g]
niemand von uns weiß,
wie lange das noch dauert.
10 Gott, wie lange darf der Feind noch höhnen?
Hört das nie auf,
dass er deinen Namen* beschimpft?
11 Warum siehst du so untätig zu?
Wann greifst du endlich ein?

12 Gott, seit uralter Zeit bist du unser König,
du hast gewaltige Taten auf der Erde vollbracht!
13 Mit deiner Macht hast du das Meer gespalten
und den Seeschlangen die Schädel zertrümmert.
14 Dem Drachen[h] hast du die Köpfe abgeschlagen
und ihn den wilden Tieren[i] zum Fraß gegeben.
15 Du hast Quellen und Bäche sprudeln lassen
und mächtige Ströme zum Versiegen gebracht.
16 Der Tag gehört dir und auch die Nacht,
Sonne und Mond hast du an ihren Platz gestellt.

a Wörtlich *und Wasser in Fülle wird von ihnen geschlürft.*
b Wörtlich *würde ich die Generationen deiner Söhne verraten.*
c An dem Ort, an dem Gott gegenwärtig ist, geht dem Beter eine Wahrheit auf, in deren Licht sich für ihn die Widersprüche des Lebens lösen.
d Luthers »Dennoch bleibe ich stets an dir« entspricht nicht dem hebräischen Text. Es geht nicht um Glaubenstrotz, sondern um die Feststellung einer Tatsache: Der Beter gehört zu Gott, und Gott hält ihn fest.
e Die Verse 24-26 durchbrechen das im Alten Testament übliche Denken, für das mit dem Tod alles zu Ende ist; vgl. Ps 6,6 und Vergleichsstellen dazu. Viele Ausleger sehen hier ein Aufleuchten der neuen Erkenntnis, dass Gott das Leben der Seinen über den Tod hinaus bewahrt.
f Wörtlich *die Wohnung deines Namens*;* siehe Anmerkung zu Dtn 12,5.
g Das Volk klagt über die Zerstörung und Schändung des Tempels durch grausame Feinde. Anlass ist wahrscheinlich die Eroberung Jerusalems durch die Babylonier 587 v. Chr., doch gab es auch noch später ähnliche Situationen, in denen der Klagepsalm gesungen werden konnte (vgl. 1 Makk 1,54; 2 Makk 3).
h *Drachen:* wörtlich *Leviatan*.*
i Wörtlich *den Bewohnern der Wüste* (vgl. 72,9). Gott, der die Chaosmächte besiegt und der Schöpfung seine Ordnung auferlegt hat (Verse 12-17), muss auch mit den Feinden fertig werden. Die Schande seines Volkes trifft doch im Grunde ihn selbst (Verse 18-23).

73,8 12,5; 109,2S **73,9** Jes 57,4 **73,11** 14,1S **73,13** 26,6; Mal 3,14-15 **73,17-20** 49,14-15 **73,24** 49,16; 16,10-11S **73,26** 63,4 **74,1-23** 79,1-13 **74,1** (Herde – Hirt) 23,1; 79,13; 80,2; 95,7; 100,3 **74,2** Ex 20,2; 19,5-6S; Ps 76,3S **74,3** 2 Kön 25,9; Klgl 3,18 **74,13** 89,11; Jes 51,9-10; Ex 14,21-22 **74,16** 104,19

[17] Du hast alle Gebiete der Erde abgegrenzt,
Sommer und Winter hast du gemacht.

[18] HERR, höre doch,
wie unsere Feinde dich verhöhnen!
Sie missachten dich und lästern deinen Namen.
[19] Gib dein hilfloses Volk nicht diesen Räubern preis!
Wir werden unterdrückt;
lass uns nicht endlos leiden!
[20] Denk an deinen Bund* mit uns!
Alle versteckten Winkel im Land
sind voll von Verbrechen und Gewalttat.
[21] Enttäusche die Verfolgten nicht;
rette die Armen und Unterdrückten,
damit sie dich preisen!
[22] Steh auf, Gott!
Es geht um deine Sache, verschaff dir Recht!
Denk an die Schmähungen der Spötter,
mit denen sie dich täglich überschütten!
[23] Hör doch, wie sie toben;
immer lauter wird ihr Geschrei!

Gott kommt und hält Gericht

75 Ein Lied Asafs, nach der Melodie »Richte nicht zugrunde«.

[2] Wir danken dir, Gott, wir danken dir!
Wir bekennen dich als unseren Gott
und erzählen von den Wundern, die du tust.°

[3] »Wenn der Augenblick kommt«, sagt Gott,
»die Zeit, die ich bestimme,
dann halte ich unbestechlich Gericht.[a]
[4] Auch wenn die Erde zittert
und ihre Bewohner vor Angst vergehen –
ich habe ihre Pfeiler auf festen Grund gestellt.«

[5] Darum sage ich[b] zu den Überheblichen:
»Schluss jetzt mit eurer Prahlerei!«
Zu denen, die Gottes Gebote missachten:
»Spielt euch nicht so auf!
[6] Euer Spiel ist zu Ende;
hört auf, so vermessen zu reden!
[7] Weder vom Osten noch vom Westen
habt ihr etwas zu erwarten,
auch nicht aus der Wüste
oder von den Bergen° –
[8] Gott selbst kommt und hält Gericht:
Die einen stürzt er,
die anderen macht er groß.«

[9] Der HERR hält einen Becher in der Hand,
gefüllt mit scharfem, gärendem Wein.
Allen auf der Erde, die sich ihm widersetzten,
gibt er von diesem Wein zu trinken;
sie alle müssen den Becher leeren
bis zum letzten, bitteren Tropfen.

[10] Ich aber höre nicht auf,
von seinen Taten zu reden
und den Gott Jakobs mit Liedern zu ehren.
[11] Er wird° die Macht der Unheilstifter brechen;
doch alle, die zu ihm halten, macht er stark.

Gott ist Sieger

76 Ein Lied Asafs, zu begleiten auf Saiteninstrumenten.

[2] Gott ist in Juda wohl bekannt,
in ganz Israel ist er berühmt.
[3] In Jerusalem hat er sein Haus,
dort° wohnt er auf dem Zionsberg*.
[4] Alles Kriegsgerät hat er zerbrochen,
die Pfeile, die Schwerter und die Schilde.

»Gott, du hast gewaltige Taten auf der Erde vollbracht! Du hast Quellen und Bäche sprudeln lassen und mächtige Ströme zum Versiegen gebracht.« (74,12.15) Im Bild einer der Quellflüsse des Jordans in der Nähe seines Ursprungs.

a Zu den *Wundern* von Vers 2 gehört auch Gottes Gerichtstag, den seine Treuen als Tag ihrer Rettung herbeisehnen (siehe Anmerkung zu 96,13). Angekündigt wird er vermutlich durch einen Priester oder Propheten; doch der Termin ist Gottes freie Entscheidung.
b Der Prophet oder ein Priester nimmt den Gottesspruch als Anlass zu einer Warnung an alle, die Gott missachten (Verse 5-8).

75,8 146,7-9; 147,6; 1 Sam 2,7-8; Ijob 5,11; Spr 29,23; Jes 2,11-16; Ez 17,24; Tob 4,19; Lk 1,52 S **75,9** Jer 25,15 S **76,3** 9,12; 48,2-3; 65,2; 68,17; 87,1-2; 132,13; Jes 2,3 S; Obd 17a S **76,4** 46,10-11 S

5 Von Glanz bist du umgeben, Gott,
machtvoller als die uralten Berge° bist du!
6 Furchtlose Krieger wurden ausgeplündert;
sie schlafen ihren letzten Schlaf
und können nie mehr zu den Waffen greifen.
7 Als du sie bedrohtest, Gott Jakobs,
da konnten Ross und Reiter sich nicht mehr rühren.

8 Ehrfurcht gebietend bist du!
Wer hält dir stand, wenn du zornig wirst?
9 Vom Himmel her verkündest du das Urteil.
Alle Welt erschrickt und wird still,
10 wenn du aufstehst, Gott, und Gericht hältst,
um die Unterdrückten auf der Erde zu befreien.
11 Sogar das Wüten deiner Feinde
muss noch deinen Ruhm vergrößern;
denn alle, die diesem Wüten entgehen,
sind wie eine Krone,
mit der du dich schmückst.

12 Legt Gelübde* ab und löst sie ein
vor dem HERRN, eurem Gott!
Ihr Völker, die ihr rings um ihn wohnt,
bringt dem gewaltigen Gott Geschenke!
13 Er erniedrigt hochmütige Führer
und lehrt die Herrscher der Erde das Fürchten!

Trost in verzweifelter Lage

77 Ein Lied Asafs, nach der Weise Jedutuns.[a]
2 Ich schreie zu Gott, so laut ich kann;
ich schreie zu Gott, er wird mich hören.
3 In meiner Angst suche ich den Herrn;
nachts strecke ich die Hand nach ihm aus,
ohne davon zu ermüden.
Trost von Menschen kann mir nicht helfen!

4 Denke ich an Gott, so muss ich stöhnen.
Komme ich ins Grübeln,
so packt mich Verzweiflung.
5 Er hindert mich, die Augen zuzumachen;
ich bin verstört, kaum finde ich Worte.
6 Ich denke nach über frühere Zeiten,
ich erinnere mich an längst vergangene Jahre,
7 als mich beim Saitenspiel noch Freude erfüllte.
Die ganze Nacht verbringe ich mit Grübeln,
immer wieder bewegen dieselben Fragen
mein Herz:

8 Hat der Herr uns für immer verstoßen?
Will er sich nicht mehr erbarmen?
9 Ist er nie wieder gut zu uns?
Gilt sein Versprechen in Zukunft nicht mehr?
10 Hat Gott vergessen, sich zu erbarmen?
Verschließt er im Zorn sein Herz?
11 Von Gottes Macht ist nichts zu sehen,
der Höchste tut nichts mehr für uns –
das ist es, was mich quält!

12 Ich denke an deine Taten, HERR,[b]
deine Wunder von damals mache ich mir bewusst.
13 Ich zähle mir auf, was du vollbracht hast,
immer wieder denke ich darüber nach.
14 Gott, heilig ist alles, was du tust!
Kein anderer Gott ist so gewaltig wie du!
15 Du bist der Einzige, der Wunder tut;
an den Völkern hast du deine Macht bewiesen.
16 Dein Volk, die Nachkommen Jakobs und Josefs,
hast du mit starker Hand befreit.

17 Als die Wasserfluten dich sahen, Gott,
da fingen sie an zu beben,
die Tiefen des Meeres begannen zu zittern.
18 Die Wolken vergossen Ströme von Regen,
in ihrer Mitte grollte der Donner
und deine Pfeile schossen hin und her.
19 Dein Wagen donnerte durch die Wolken,
deine Blitze erhellten die Welt,
die Erde zitterte und bebte.

20 Dein Weg führte mitten durch das Meer,
deine Schritte gingen durch Wassertiefen,
doch deine Spuren konnte niemand sehen.
21 Durch deine Diener Mose und Aaron
hast du dein Volk geführt wie eine Herde.

Gottes Geschichte mit seinem Volk

78 Ein Gedicht Asafs.
Mein Volk, höre auf meine Weisung!
Ihr alle, gebt Acht auf meine Worte!
2 Ich will euch an frühere Zeiten erinnern,[c]
euch Gottes geheimnisvolle Führungen zeigen.
3 Wir kennen das alles seit langen Jahren,
weil wir immer wieder davon hörten,
wenn unsere Väter es uns erzählten.
4 Wir wollen es unseren Kindern
nicht verschweigen.
Auch die kommende Generation soll hören
von der Macht des HERRN,
von seinen Wundern,
von allen Taten, für die wir ihn preisen.

5 Er hat mit Israel einen Bund* geschlossen,
den Nachkommen Jakobs seine Weisungen
gegeben.
Er hat unseren Vorfahren befohlen,
ihren Kindern davon zu erzählen,

a Siehe Anmerkung zu 39,1.
b Der Beter leidet unter der trostlosen Gegenwart (Verse 2-11). In dieser Lage erinnert er sich an Gottes frühere Taten. Das ist keine Flucht in die Vergangenheit, sondern eine Rückbesinnung auf die Fundamente des Glaubens. Eine ähnliche Haltung findet sich in Klgl 3,19-24.
c Der Sänger dieses Psalms tritt wie ein Weisheitslehrer auf. Er will nicht einfach die geschichtlichen Ereignisse wiederholen, sondern an Beispielen zeigen, wie Gott sein Volk durch die Geschichte geführt hat. (Im Einzelnen siehe die Vergleichsstellen.)

76,6-7 48,5-8; Jer 51,57 **76,12** 66,13-15S **77,1** 1Chr 25,1 **77,6-7** 143,5 **77,8-11** 74,1; Klgl 5,1-5.20-22 **77,16-21** Ex 14,21-29S **78,3** 44,2 **78,4** Dtn 4,9-10

6 damit auch die folgende Generation es erfährt,
die Kinder, die noch geboren werden.
Und wenn sie selbst Eltern geworden sind,
sollen sie es weitergeben an ihre Kinder.
7 Sie sollen auf Gott vertrauen,
seine Taten nie vergessen
und seine Gebote treu befolgen.
8 Sie sollen nicht ihren Vorfahren gleichen,
der Generation von widerspenstigen Rebellen,
unzuverlässig und unbeständig,
untreu gegenüber Gott.
9 – Die Männer von Efraïm,
mit Pfeilen und Bogen gerüstet,
ergriffen am Tag des Kampfes die Flucht. –[a]
10 Sie hielten sich nicht an den Bund mit Gott
und weigerten sich,
seiner Weisung zu gehorchen.
11 Sie vergaßen die machtvollen Wunder,
die er vor ihren Augen getan hatte.

12 In Ägypten, in der Gegend von Zoan,[b]
vor den Augen ihrer Väter,
vollbrachte Gott gewaltige Taten:
13 Er zerteilte das Meer
und ließ sie hindurchziehen;
er türmte das Wasser auf wie einen Damm.
14 Tagsüber leitete er sie mit einer Wolke
und in der Nacht mit hellem Feuerschein.
15 In der Wüste spaltete er Felsen
und ließ sie Wasser aus der Tiefe trinken.
16 Aus hartem Gestein brachen Bäche hervor
und stürzten mit mächtigem Schwall herab.

17 Sie aber sündigten weiter gegen den Höchsten,
sie widersetzten sich ihm dort im dürren Land.
18 Sie wagten es, Gott auf die Probe zu stellen,
als sie Nahrung verlangten nach ihrem Geschmack.
19 Sie zweifelten an ihm und sagten:
»Bringt Gott es etwa fertig,
uns hier in der Wüste den Tisch zu decken?
20 Es ist wahr, er hat den Felsen geschlagen
und das Wasser strömte in Bächen heraus.
Aber kann er uns auch Brot besorgen?
Kann er Fleisch herbeibringen für sein Volk?«
21 Als der Herr sie so reden hörte,
wurde er zornig auf die Nachkommen Jakobs,
sein Zorn traf Israel wie ein Feuer.
22 Sie hatten ihrem Gott nicht vertraut
und nicht mit seiner Hilfe gerechnet.

23 Trotzdem gab er den Wolken Befehl
und öffnete die Himmelstore:
24 Er ließ das Manna* auf sie regnen,
er gab ihnen das Korn des Himmels zu essen.
25 Sie alle aßen das Brot der Engel;
Gott schickte ihnen Nahrung
und machte sie satt.
26 Am Himmel setzte er den Ostwind frei,
er zwang den Südwind heranzustürmen.
27 Dann ließ er Fleisch auf sie regnen wie Staub,
Vögel, so zahlreich wie Sand am Meer.
28 Mitten ins Lager ließ er sie fallen,
rings um die Zelte der Israeliten.
29 Sie aßen und wurden mehr als satt;
Gott gab ihnen, was sie gefordert hatten,
30 doch ihre Gier war noch nicht gestillt.
Sie hatten das Fleisch noch zwischen den Zähnen,
31 da wurde Gott zornig auf sie und schlug zu,
ihre jungen, starken Männer tötete er.

32 Aber trotz allem sündigten sie weiter,
sie schenkten seinen Wundern kein Vertrauen.[c]
33 Da nahm er ihrem Leben Sinn und Ziel
und ließ sie vergehen in Angst und Schrecken.
34 Immer wenn Gott einige tötete,
begannen die anderen, nach ihm zu fragen,
sie wandten sich ihm zu und suchten ihn.
35 Sie erinnerten sich:
Gott war doch ihr Beschützer,
er, der Höchste, war ihr Befreier.
36 Aber alles war Heuchelei;
was ihr Mund ihm sagte, war gelogen.
37 Ihr Herz hielt nicht entschieden zu ihm,
sie standen nicht treu zu seinem Bund*.
38 Trotzdem blieb er voll Erbarmen:
Er tilgte sie nicht aus,
sondern tilgte ihre Schuld.
Oft genug verschonte er sie
und hielt seinen Zorn im Zaum.
39 Er wusste ja, sie waren Geschöpfe,
vergänglich wie ein Windhauch,
der verweht und niemals wiederkehrt.

40 Wie oft widersetzten sie sich ihm in der Wüste
und forderten seinen Zorn heraus!
41 Immer wieder stellten sie ihn auf die Probe
und kränkten ihn, den heiligen Gott Israels.
42 Sie vergaßen seine großen Taten
und den Tag der Befreiung von ihren Feinden.
43 Damals gab er den Ägyptern Beweise seiner Macht,
in der Gegend von Zoan vollbrachte er Wunder.
44 Er verwandelte die Ströme und Bäche in Blut,
sodass niemand mehr daraus trinken konnte.
45 Er schickte den Feinden Ungeziefer, das sie quälte,
und Frösche, die ihr Land verseuchten.
46 Ihre Ernte lieferte er den Heuschrecken aus,
die fraßen den Ertrag ihrer Arbeit.
47 Er zerschlug ihre Reben durch Hagel,
ihre Feigen durch riesige Hagelkörner.

a Dieser Vers nimmt das Thema von Vers 67 vorweg.
b Mit Zoan scheint die im östlichen Nildelta gelegene Stadt Tanis gemeint zu sein. Bei der Schilderung des Durchzugs durchs Meer in Ex 14 wird der Name nicht erwähnt.
c Die Verse 32-42 schildern das Verhalten des Volkes beim Zug durch die Wüste (siehe die Vergleichsstellen).

78,13 Ex 14,21-29 S **78,14** Ex 13,21 S **78,15-16** Ex 17,6; Num 20,11 **78,17-20** Ex 16,3; Num 11,4 **78,21** Num 11,1 **78,23-25** Ex 16,4.13-15; 16,31 S **78,26-29** Ex 16,13 S **78,30-31** Num 11,33 **78,38** 103,12-13 **78,39** 39,5-7 S **78,43-52** Ex 7,1–11,10; 12,29-42

a Efraïm war der größte der nördlichen Stämme, der deswegen immer eine Führerrolle beanspruchte.
b So geschah es 587 v. Chr. (siehe 2 Kön 25,8-10 und Anmerkung zu Ps 74,9). Nach schweren Niederlagen oder anderen Katastrophen wurde in Israel ein Fasttag ausgerufen, an dem das Volk Gott seine Not klagte und seine Schuld vor ihm bekannte (siehe Sacherklärung »Bußtag«). Nach der Katastrophe von 587 wurden solche Fasttage zu einer ständigen Einrichtung; vgl. Sach 7,3.5.
c Die Generation, die hier spricht, hat die Zerstörung Jerusalems nicht erlebt und möchte nicht mehr für die Schuld der Väter bestraft werden; vgl. Dtn 24,16. Dass es hier nicht um Selbstgerechtigkeit geht, zeigt das eigene Schuldbekenntnis (Vers 9).

48 Auch ihr Vieh gab er dem Hagel preis
und ihre Herden den Blitzen.
49 Er ließ seinen glühenden Zorn auf sie los,
rasende Wut und furchtbare Plagen,
ein ganzes Heer von Unglücksengeln.
50 Er ließ seinem Zorn freien Lauf;
er bewahrte sie nicht länger vor dem Tod,
sondern lieferte sie aus an die Pest.
51 Er tötete jeden erstgeborenen Sohn
in den Häusern der Ägypter,
der Nachkommen Hams.

52 Dann führte er sein Volk hinaus
wie eine Herde von Schafen
und leitete sie auf dem Weg durch die Wüste.
53 Er führte sie sicher,
sie hatten nichts zu fürchten,
aber ihre Feinde bedeckte das Meer.
54 Er brachte sie in sein heiliges Land,
zu dem Berg, den er selbst erobert hatte.
55 Vor ihnen her vertrieb er die Völker;
das Land verloste er unter die Seinen
und gab es ihnen als Erbbesitz.
In den Häusern der Kanaaniter*
ließ er die Stämme Israels wohnen.

56 Sie aber forderten den Höchsten heraus,
sie richteten sich nicht nach Gottes Geboten.
57 Sie kehrten sich ab und verrieten ihn
genauso wie früher ihre Väter,
unzuverlässig wie ein Bogen,
dessen Sehne reißt.
58 Sie ärgerten ihn mit ihren Opferstätten*
und reizten ihn mit Götzenbildern.
59 Gott sah das alles und wurde zornig,
er ließ die Israeliten im Stich.
60 Das Zelt, das er bei ihnen aufgeschlagen hatte,
seine Wohnung in Schilo*, gab er auf.
61 Den Feinden erlaubte er,
die Bundeslade* zu entführen,
das Zeichen seiner Macht und Hoheit.
62 Er war so zornig auf sein eigenes Volk,
dass er es dem Schwert der Feinde preisgab.
63 Das Feuer fraß die jungen Männer,
den Mädchen sang niemand mehr
das Hochzeitslied.
64 Die Priester* wurden mit dem Schwert getötet
und die Witwen konnten keine Totenklage* halten.

65 Da wachte der Herr auf,
geradeso als hätte er geschlafen,
wie ein Krieger, der seinen Rausch abschüttelt.
66 Er schlug seine Feinde in die Flucht,
bedeckte sie mit unauslöschlicher Schande.
67 Die Nachkommen Josefs verwarf er,
den Stamm Efraïm lehnte er als Führer ab.[a]
68 Doch den Stamm Juda erwählte er
und den Berg Zion*, den er liebte.
69 Dort hat er seinen Tempel* gebaut,
hoch wie der Himmel und fest wie die Erde,
die er gegründet hat für alle Zeiten.

70 Er erwählte David als seinen Vertrauten.
Er holte ihn von den Weideplätzen,
71 vom Hüten der Herde rief er ihn weg
und machte ihn zum König Israels,
zum Hirten über Gottes eigenes Volk.
72 Und David sorgte für sie mit redlichem Herzen,
er leitete sie mit kluger Hand.

Hört Gottes Zorn nie auf?

79 Ein Lied Asafs.
Gott, Fremde sind in dein Land eingefallen;
sie haben deinen heiligen Tempel* geschändet
und Jerusalem in Trümmer gelegt.[b]
2 Sie haben deine Diener getötet,
alle, die zu dir hielten,
und haben sie überall liegen lassen
als Fraß für die Geier und wilden Tiere.
3 Im ganzen Umkreis von Jerusalem
ist das Blut deines Volkes in Strömen geflossen
und niemand war da, der die Toten begrub.
4 Die Nachbarvölker überschütten uns mit Hohn,
sie lachen und spotten über uns.

5 Wie lange noch, HERR?
Willst du für immer zornig auf uns sein?
Willst du weiterwüten wie ein Feuer?
6 Lass deinen Zorn an den Fremden aus,
an den Völkern, die dich nicht kennen,
den Königreichen, wo man dich nicht ehrt!
7 Denn sie haben Israel vernichtet
und sein Land verwüstet.

8 Rechne uns nicht das Unrecht an,
das unsere Väter begangen haben![c]
Begegne uns bald mit deinem Erbarmen,
denn wir sind völlig am Ende!
9 Gott, unser Retter, hilf uns;
deine eigene Ehre steht auf dem Spiel!
Befrei uns, vergib uns unsere Schuld;
mach deinem Namen Ehre!

10 Warum sollen die Völker sagen:
»Wo ist er denn, ihr Gott?«
Lass sie erkennen und lass uns sehen,
wie du an ihnen Vergeltung übst
für das vergossene Blut deiner Diener!

78,53 Ex 14,28 **78,54-55** Jos 23,3-4; 24,8-13 **78,56-59** Ri 2,11-15 **78,60** Jos 18,1 S **78,61-64** 1 Sam 4,17-20 **78,65-72** 2 Sam 7,8-16 **79,1** 74,1-8; 2 Kön 25,8-10 **79,2** Jer 12,9 S **79,4** 44,14-15 **79,5** 13,2-3 S; 85,6 S **79,7** 2 Kön 25,8-12 **79,8** Ez 18,1-4.20 **79,9-10** 115,1-2 S

11 Lass das Stöhnen der Gefangenen zu dir dringen!
Deine Macht ist so groß;
darum bewahre das Leben der Todgeweihten!
12 Unsere Nachbarn haben dich verhöhnt;
zahl es ihnen siebenfach zurück!

13 Wir aber, dein Volk, für das du sorgst
wie ein Hirt für seine Herde,
wir wollen dir allezeit danken
und deinen Ruhm verkünden
in allen Generationen!

Hör uns, Hirt Israels!

80 Ein Lied Asafs, ein Bekenntnis, zu singen nach der Melodie »Lilien«.[a]

2 Hör uns, Hirt Israels,
der du Josefs Nachkommen führst wie eine Herde!
Der du über den Keruben* thronst,
zeige dich in strahlendem Glanz!
3 Entfalte deine gewaltige Macht
vor den Augen deiner Stämme,
vor Efraïm, Benjamin und Manasse![b]
Komm und hilf uns!

4 *Gott, richte uns wieder auf!*
Blick uns freundlich an,
dann ist uns geholfen!

5 HERR, du Gott der ganzen Welt,[c]
wie lange willst du noch zornig schweigen,
wenn dein Volk zu dir betet?
6 Du hast uns Kummer zu essen gegeben
und becherweise Tränen zu trinken.
7 Du hast uns zum Zankapfel der Nachbarn gemacht,
unsere Feinde treiben ihren Spott mit uns.

8 *Gott, du Herr der Welt,*
richte uns doch wieder auf!
Blick uns freundlich an,
dann ist uns geholfen!

9 In Ägypten hast du einen Weinstock[d] ausgegraben;
ganze Völker hast du vertrieben,
um ihn an ihrer Stelle einzupflanzen.
10 Du hast den Boden für ihn gerodet;
darum konnte er Wurzeln schlagen
und das ganze Land ausfüllen.
11 Mit seinem Schatten bedeckte er die Berge,
mit seinen Zweigen die mächtigen Zedern.
12 Seine Ranken streckte er aus bis zum Meer,
seine Triebe bis hin zum Eufrat.
13 Warum hast du seine Schutzmauer niedergerissen,
sodass jeder, der vorbeikommt, ihn plündern kann?
14 Das Wildschwein aus dem Wald verwüstet ihn,
die Tiere der Steppe fressen ihn kahl.

15 Komm wieder zu uns, Gott, du Herr der Welt!
Blicke vom Himmel herab und sieh uns,
kümmere dich um deinen Weinstock!
16 Schütze ihn, den du selber gepflanzt hast,
den Spross, der dir seine Kraft verdankt!
17 Aber nun ist er umgehauen und verbrannt!
Blick unsere Feinde drohend an,[e]
damit sie vergehen müssen!
18 Lege deine Hand schützend auf den König,
der an deiner rechten Seite sitzt,
auf den Mann,[f] den du stark gemacht hast.
19 Wir wollen nie wieder von dir weichen!
Erhalte uns am Leben,
wir wollen uns zu dir bekennen![g]

20 *HERR, du Gott der ganzen Welt,*
richte uns doch wieder auf!
Blick uns freundlich an,
dann ist uns geholfen!

Festjubel und Gehorsam

81 Von Asaf, zu begleiten auf gatitischem Instrument*.

2 Jubelt Gott zu, unserem starken Beschützer!
Jauchzt vor Freude über den Gott Jakobs!
3 Stimmt den Lobgesang an,
schlagt die Tamburine,
greift in die Saiten von Leier und Laute!
4 Blast das Horn* zum Neumond,
blast es wieder zum Vollmond,
dem Tag unseres Festes!
5 Denn das ist eine Vorschrift für Israel,
so hat es der Gott Jakobs befohlen.
6 Diese Regel gab er dem Volk Josefs,
als er gegen die Ägypter kämpfte.

Ich höre Worte,[h]
die ich so noch niemals hörte:

7 »Ich habe dir die Last von den Schultern genommen
und den schweren Tragkorb aus den Händen.
8 Du hast zu mir geschrien in deiner Not
und ich habe dich daraus befreit.
Ich habe dir Antwort gegeben
mitten aus der Gewitterwolke,
in der ich mich verborgen hielt.
An der Quelle von Meriba
habe ich dein Vertrauen geprüft.

a Vgl. Anmerkung zu 45,1.
b Die Namen Josef, Efraïm, Benjamin und Manasse weisen auf die Stämme des Nordreiches Israel. Entweder ist der Psalm dort entstanden, oder ein Jerusalemer, dem die Wiederherstellung ganz Israels am Herzen lag, bittet zusammen mit dem Volk von Juda für die von Feinden bedrohten Nordstämme.
c *HERR, du …:* wörtlich *HERR Gott Zebaot**, ebenso in Vers 20; in den Versen 8 und 15 wörtlich *Gott Zebaot.*
d Weinstock oder Weinberg sind beliebte Bilder für das Volk Israel (Jes 5,1-7; Jer 2,21; 12,10).
e Das ist das Gegenteil des Segenswunsches für Israel, der im Kehrvers (Verse 4.8.20) ausgesprochen wird und Num 6,25 aufnimmt.
f Wörtlich *den Menschensohn.*
g *uns zu dir bekennen:* wörtlich *deinen Namen* ausrufen.*
h Mitten im Festjubel, wahrscheinlich beim Laubhüttenfest, verkündet ein Prophet eine Botschaft von Gott.

79,13 74,1S **80,2** 74,1S; 2Sam 6,2S **80,4** 31,17S **80,5** 13,2-3S **80,7** 44,14-15S **80,9** Jes 5,1-7S; Dtn 26,8-9 **80,17** Ez 15,4 **80,18** 110,1S **81,4-6** Num 10,10; Lev 23,23-24 **81,7** Ex 6,5-6 **81,8** Ex 19,16; 17,7

a Mit dieser Aufforderung ist wahrscheinlich gemeint: »Ich will dir Worte in den Mund legen.« Es ist nicht klar, ob damit der Prophet angesprochen ist oder die Gemeinde, der Gott Grund zum Danken geben will.
b Damit sind die Götter der anderen Völker gemeint, die nach alttestamentlichem Verständnis mächtige Wesen zwischen Gott und den Menschen sind; vgl. die Sacherklärung »Gottessöhne«. Ihnen macht Gott als oberster Richter den Prozess (Vers 7).

9 Mein Volk, hör mir zu, ich muss dich warnen!
Wenn du doch auf mich hören wolltest, Israel!
10 Bei dir darf kein Platz sein für
einen anderen Gott,
vor keinem fremden Gott darfst du dich
niederwerfen!
11 Ich bin der HERR, dein Gott,
ich habe dich aus Ägypten herausgeführt.
Mach deinen Mund weit auf,
ich werde ihn füllen![a]

12 Aber mein Volk hat nicht auf mich gehört,
Israel wollte nichts von mir wissen.
13 Darum überließ ich es seinem Starrsinn;
es sollte seinen eigenen Wünschen folgen.
14 Wenn mein Volk doch auf mich hörte!
Wenn Israel doch auf meinem Weg bliebe!
15 Wie schnell würde ich seine Feinde bezwingen
und seine Unterdrücker niederwerfen!«

16 Alle, die den HERRN hassen,
würden vor ihm kriechen müssen
und ihre Zeit wäre für immer vorbei.
17 Doch Israel würde er mit bestem Weizen ernähren
und mit Honig aus den Bergen sättigen.

Gericht über die Götter

82 Ein Lied Asafs.
Gott steht auf in der Versammlung der Götter[b]
und zieht sie zur Rechenschaft:

2 »Wie lange wollt ihr noch das Recht verdrehen
und für die Schuldigen Partei ergreifen?
3 Verteidigt die Armen und die Waisenkinder,
verschafft Wehrlosen und Unterdrückten ihr Recht!
4 Befreit die Entrechteten und Schwachen,
reißt sie aus den Klauen ihrer Unterdrücker!
5 Aber ihr seht nichts und ihr versteht nichts!
Hilflos tappt ihr in der Dunkelheit umher
und die Fundamente der Erde geraten ins Wanken.
6 Ich hatte zwar gesagt: ›Ihr seid Götter,
meine Söhne seid ihr, Söhne des Höchsten!‹
7 Doch ihr werdet wie die Menschen sterben,
wie unfähige Minister aus dem Amt gejagt!«

8 Greif ein, Gott, regiere die Welt;
denn dir gehören alle Völker!

Gebet in Kriegsgefahr

83 Ein Lied Asafs.
2 Gott, schweig nicht länger!
Schau nicht so stumm und tatenlos zu!
3 Sieh doch, wie deine Feinde toben,
wie hoch sie den Kopf tragen,
alle, die dich hassen!
4 Sie haben sich gegen dein Volk verschworen.
Heimtückisch schmieden sie Pläne gegen uns,
die wir unter deinem Schutz stehen.
5 »Auf«, sagen sie, »wir löschen Israel aus!
Dieses Volk muss verschwinden
und sein Name muss vergessen werden!«
6 Sie halten miteinander Rat,
um ein Bündnis gegen dich zu schließen,
und schnell sind sie ein Herz und eine Seele:
7 die Leute von Edom*, die Ismaeliter,
die von Moab* und die Hagariter;
8 die von Gebal, Ammon* und Amalek*;
die Philister* und die Bewohner von Tyrus;
9 sogar die Assyrer* kommen noch dazu
und bringen den Nachkommen Lots Verstärkung.

10 Gott, schlage sie wie die Midianiter*,
wie Sisera, wie Jabin am Kischonbach.
11 Sie wurden bei En-Dor vernichtet
und blieben als Dünger auf den Feldern liegen.
12 Behandle ihre Fürsten wie Oreb und Seeb,
ihre Führer wie Sebach und Zalmunna,

»Gott, schweig nicht länger! Sieh doch, wie deine Feinde toben!« (Ps 83,2f) In der Königszeit fielen immer wieder assyrische (83,9) und babylonische Heere in Israel und Juda ein. Das Bronzerelief von den Toren des assyrischen Tempels in Balawat schildert die militärischen Erfolge Salmanassars III. (858–824 v. Chr.).

81,10-11 Ex 20,2-5 **81,12** Jer 7,24-26 **81,17** Dtn 32,13 **82,1** 89,6-8 **82,3-4** 9,13S **82,6** Joh 10,34 **83,2-9** 124,1-5 **83,4** 2,2 **83,9** Gen 19,36-39 **83,10** Ri 7,15–8,12; 4,1-24 **83,12** Ri 7,25; 8,12.18-21

13 sie alle, die beschlossen haben:
»Wir wollen Gottes Land erobern!«[a]

14 Du mein Gott, lass sie davonwirbeln
wie trockene Disteln, wie Spreu im Wind!
15 Sei ihnen wie ein Feuer, das den Wald verzehrt,
wie eine Flamme, die Berge anzündet!
16 Jage sie mit deinem Sturm,
stürze sie in Panik durch deinen Orkan!
17 Treib ihnen die Schamröte ins Gesicht,
damit sie anfangen, nach dir, HERR, zu fragen!
18 Bringe für immer Schmach und Schrecken über sie
und lass sie in ihrer Schande zugrunde gehen!
19 Sie sollen erkennen:
Du, HERR, unser Gott,
du allein bist der Höchste in aller Welt!

Sehnsucht nach dem Tempel Gottes

84 Ein Lied der Korachiter, zu begleiten auf gatitischem Instrument*.

2 Meine ganze Liebe gehört deinem Haus,[b]
HERR, du großer und mächtiger Gott![c]
3 Ich möchte jetzt dort sein,
in den Vorhöfen* des Tempels –
die Sehnsucht danach verzehrt mich!
Mit Leib und Seele schreie ich nach dir,
dem lebendigen Gott!
4 Sogar die Vögel dürfen bei dir wohnen;
die Schwalben bauen ihr Nest bei deinen Altären
und ziehen dort ihre Jungen auf,
HERR, du Herrscher der Welt,
mein König und mein Gott!
5 Wie glücklich sind alle,
die in deinem Haus Wohnrecht haben
und dich dort immerzu preisen können!
6 Wie glücklich sind sie,
die bei dir ihre Stärke finden
und denen es am Herzen liegt,
zu deinem Heiligtum zu ziehen!
7 Wenn sie durchs Wüstental wandern,
brechen dort Quellen auf,
milder Regen macht alles grün und frisch.
8 Mit jedem Schritt wächst ihre Kraft,
bis sie auf dem Zionsberg* vor dir stehen.

9 Höre mein Gebet, Gott, du Herrscher der Welt![d]
Achte auf meine Bitte, du Gott Jakobs!
10 Blicke freundlich auf unseren Beschützer,
auf den König, den du eingesetzt[e] hast!

11 Ein Tag im Vorhof deines Tempels
zählt mehr als sonst tausend.
Lieber an der Tür deines Hauses stehen
als bei Menschen wohnen,
die dich missachten.

12 Ja, Gott, der HERR, ist die Sonne,
die uns Licht und Leben gibt.
Er ist der Schild, der uns beschützt.
Er schenkt uns seine Liebe
und nimmt uns in Ehren auf.
Allen, die untadelig leben,
gewährt er das höchste Glück.

13 HERR, du großer und mächtiger Gott,
wie gut hat es jeder, der sich auf dich verlässt!

Frieden für Gottes Volk

85 Ein Lied der Korachiter.

2 HERR, früher hast du gezeigt,
dass du dein Land liebst,
und hast für dein Volk[f] alles wieder
zum Guten gewendet.
3 Sein Unrecht hast du weggenommen
und seine ganze Verfehlung zugedeckt.
4 Du hast deinen Zorn zurückgezogen
und seine schreckliche Glut wieder abgewendet.

5 Gott, unser Retter,
stell uns auch jetzt wieder her![g]
Hör auf, uns zu zürnen!
6 Oder willst du für immer zornig auf uns sein?
Soll dein Unwille nie zu Ende gehen?
7 Willst du uns nicht neu beleben,
damit dein Volk sich über dich freut?
8 HERR, lass uns wieder deine Güte sehen!
Komm uns zu Hilfe!

9 Ich horche auf das, was Gott, der HERR, sagt:[h]
Er spricht von Frieden für sein Volk,
für alle, die zu ihm gehören;
aber sie sollen ihre Torheit nicht wiederholen!
10 Seine Hilfe ist all denen nahe,
die ihn ehren und ihm gehorchen;
bald wohnt seine Herrlichkeit* wieder
in unserem Land.
11 Dann kommen Güte und Treue zusammen,
Recht und Frieden küssen einander.
12 Die Treue sprießt aus der Erde hervor
und das Recht blickt vom Himmel herab.
13 Der HERR selber gibt Gelingen
und unser Land gibt reichen Ertrag.
14 Das Recht geht dem HERRN voraus
und bereitet ihm den Weg.

a Das Volk wendet sich an Gott, weil alle Völker sich gegen Israel verschworen haben und es vernichten wollen. (Die Verse 7-9 zählen Völkerschaften rings um Israel auf.) In dieser Lage erinnert man sich an Gottes Siege in der Vergangenheit und bittet ihn um sein Eingreifen.
b Dieser Psalm ist das Lied eines Israeliten, der zu einem der drei großen jährlichen Feste (vgl. Ex 23,14-17) nach Jerusalem gewandert ist.
c *HERR, du ...:* wörtlich *HERR Zebaot*,* ebenso in Vers 13 und für HERR, *du Herrscher der Welt* in Vers 4.
d *Gott, du ...:* wörtlich *HERR Gott Zebaot*.*
e *eingesetzt:* wörtlich *gesalbt*.*
f Wörtlich *für Jakob.*
g Das Volk ist aus Babylonien zurückgekehrt, die Schuld ist vergeben; aber die Wirklichkeit sieht enttäuschend aus (vgl. Hag 1,5-11; 2,15-19). Darum ruft die Gemeinde zu Gott um Hilfe.
h Die folgende Botschaft nimmt eine Reihe von Prophetenworten auf (siehe die Vergleichsstellen).

84,3 42,2-3S **84,5** 23,6S **84,6** 122,1 **84,7** Jes 41,17-20 **84,10** 2,6 **84,11** 23,6S **84,12** 36,10; 97,11; Jes 60,19 **85,2** 126,1 **85,6** 74,1; 77,8; 79,5 **85,8** 126,4 **85,10** Ez 11,22-23 **85,13** 67,7 **85,14** Jes 58,8

a Siehe Anmerkung zu 82,1.
b *Gib mir ...:* wörtlich *Gib deinem Knecht deine Kraft, hilf dem Sohn deiner Magd.* ›Sohn der Magd‹ ist die übliche Bezeichnung für einen im Haus seines Herrn geborenen Sklaven, der nicht freigelassen werden kann.
c Wörtlich *Dieser ist dort geboren* (so oder ähnlich auch in den Versen 4 und 5). Die Tatsache, dass einer an einem bestimmten Ort geboren war, verlieh ihm dort ein bleibendes Bürgerrecht. Die Ländernamen in Vers 4 weisen auf die Wohnorte verstreut lebender Judäer in der Zeit nach der Zerstörung Jerusalems 587 v. Chr. und auf Menschen aus diesen Ländern, die zum Glauben an den Gott Israels gekommen waren (sog. Proselyten).
d Wörtlich *Alle meine Quellen sind in dir.* Mit ›Quellen‹ ist hier der Herkunftsort gemeint.
e Vgl. Anmerkung zu 53,1.

Hilferuf in großer Not

86 Ein Gebet Davids.

HERR, ich bin arm und hilflos;
höre mich und gib mir Antwort!
2 Bewahre mein Leben, ich gehöre doch zu dir!
Hilf mir, ich bin doch dein Diener;
du mein Gott, ich verlasse mich auf dich!
3 Den ganzen Tag schreie ich zu dir;
hab Erbarmen mit mir, Herr!
4 Auf dich richte ich mein Herz und meinen Sinn;
erfülle mich doch wieder mit Freude!
5 Herr, du bist freundlich
und bereit, Schuld zu vergeben;
voll Güte begegnest du allen, die zu dir beten.
6 Darum höre jetzt meine Bitte;
HERR, achte auf meinen Hilferuf!
7 In meiner Not schreie ich zu dir;
du wirst mir Antwort geben.

8 Herr, wer unter den Göttern[a] ist wie du?
Kein anderer kann deine Taten vollbringen!
9 Du hast alle Völker geschaffen.
Sie werden kommen, sich vor dir niederwerfen
und dir, Herr, ihre Huldigung darbringen.
10 Denn du bist groß und tust Wunder;
nur du bist Gott, du ganz allein!

11 HERR, zeige mir den richtigen Weg,
damit ich in Treue zu dir mein Leben führe!
Lass es meine einzige Sorge sein,
dich zu ehren und dir zu gehorchen!
12 Herr, mein Gott,
von ganzem Herzen will ich dir danken
und allezeit deinen Ruhm verkünden;
13 denn du bist überaus gut zu mir gewesen:
Du hast mein Leben gerettet
aus der untersten Totenwelt*.

14 Gott, vermessene Leute greifen mich an,
eine gewalttätige Bande will mir ans Leben,
sie alle fragen nicht nach dir.
15 Aber du, Herr,
du bist ein Gott voll Liebe und Erbarmen,
du hast viel Geduld,
deine Güte und Treue sind grenzenlos.
16 Darum wende dich mir zu,
hab Erbarmen mit mir!
Gib mir deine Kraft und deine Hilfe!
Ich gehöre dir doch mit Leib und Leben![b]
17 Zeige mir, dass du es gut mit mir meinst!
Alle, die mich hassen, werden sich schämen,
wenn sie sehen, wie du mir hilfst
und mich tröstest.

Heimatrecht in Zion

87 Ein Lied der Korachiter.

Der HERR hat seine Stadt gebaut,
ihr Fundament ist sein heiliger Berg.
2 Er liebt die Zionsstadt* mit ihren schönen Toren
mehr als alle anderen Orte,
in denen die Nachkommen Jakobs wohnen.
3 Was er von dir sagt, du Gottesstadt,
macht deinen Ruhm noch größer:

4 »Ich rechne Ägypten und Babylon* zu denen,
die mich kennen und ehren;
auch das Philisterland* gehört dazu,
ebenso Tyrus und Äthiopien*,
von denen man sagen kann:
›Dieser und jener ist dort zu Hause.‹
5 Aber zu Zion wird man sagen:
›Jeder ist in dir zu Hause,
denn Gott, der Höchste, hat dich errichtet.‹«

6 Der HERR stellt eine Liste auf
von Menschen aus allen Völkern
und hinter jeden Namen schreibt er:
»Dieser Mensch hat Heimatrecht in Zion.«[c]
7 Alle tanzen vor Freude und singen:
»Zion, in dir sind wir daheim!«[d]

Gebet in Verlassenheit und Todesnot

88 Ein Gedicht des Esrachiters Heman, aus der Sammlung der Korachiter, zu singen nach schwermütiger Weise.[e]

2 HERR, mein Gott und Retter,
Tag und Nacht schreie ich zu dir!
3 Lass mein Gebet zu dir dringen,
höre meinen Hilferuf!

4 Ich habe mehr als genug gelitten,
mit einem Fuß stehe ich schon im Grab.
5 Alle meinen, mit mir sei es aus;
die Kräfte schwinden mir, ich kann nicht mehr.
6 Man hat mich aufgegeben wie einen Toten;
mir geht es wie den Erschlagenen,
die man ins Massengrab geworfen hat –
du sorgst nicht mehr für sie,
deine Hilfe erreicht sie nicht mehr.
7 In den tiefsten Abgrund hast du mich gestürzt,
wo ewige Dunkelheit mich einschließt.
8 Dein Zorn drückt mich zu Boden,
in schweren Wogen rollt er über mich hin.
9 Meine Freunde hast du mir entfremdet,
sie wenden sich voll Abscheu von mir ab.

86,5 130,3 **86,7** 50,15 **86,8** 135,5 **86,9** 96,7-10 S **86,11** 25,4 S; Joh 14,6 **86,13** 30,4 S **86,15** Ex 34,6 S **87,1-2** 48,2-3; 78,68 **87,5-6** Jes 44,5; 56,6-7 **88,1** 1 Chr 6,18 S **88,6** Ez 32,19-20 **88,8** 42,8 S **88,9** 38,12 S

Ich bin im Elend gefangen
und finde keinen Ausweg;
10 vor Schmerzen wird mir schwarz vor Augen.
Tag für Tag schreie ich zu dir, HERR,
und strecke meine Hände zu dir aus!

11 Tust du auch für Tote noch Wunder?
Stehen die Schatten auf, um dich zu preisen?
12 Erzählt man im Grab von deiner Güte,
in der Totenwelt* von deiner Treue?
13 Weiß man dort in der Finsternis noch,
welche Wunder du tust für dein Volk?[a]
Denkt bei den Vergessenen noch jemand daran,
wie treu du deine Zusagen einlöst?
14 Ich aber schreie zu dir, HERR;
jeden Morgen bestürme ich dich mit Bitten.
15 Warum hast du mich verstoßen, HERR?
Warum verbirgst du dich vor mir?

16 Solange ich denken kann,
bin ich gequält und dem Tode nah.
Du erschreckst mich mit immer neuen Plagen,
sodass ich fast an dir irrewerde.
17 Dein Zorn ist über mich gekommen
wie ein Feuersturm,
deine furchtbaren Angriffe zerschlagen mich.
18 Sie bedrohen mich von allen Seiten,
täglich dringen sie auf mich ein wie tödliche Fluten.
19 Freunde und Nachbarn hast du mir entfremdet;
mein einziger Begleiter ist die Finsternis.[b]

Ist Gott wortbrüchig geworden?

89 Ein Gedicht des Esrachiters Etan.
2 HERR, für immer will ich singen
von den Beweisen deiner Güte.
Mein Lied soll deine Treue verkünden
für alle kommenden Generationen.
3 »Deine Güte hört niemals auf«, sage ich,
»deine Treue steht fest wie der Himmel.«[c]

4 Du hast gesagt:
»Ich habe mir einen Mann erwählt
und einen Bund* mit ihm geschlossen.
David, meinem Vertrauten, habe ich geschworen:
5 ›Ich bestätige dein Königshaus für immer
und festige deinen Thron für alle Generationen.‹«[d]

6 HERR, der Himmel rühmt deine Wunder,[e]
die Schar der Engel[f] preist deine Treue;
7 denn niemand dort oben ist dir gleich,
von den Göttern[g] kann sich keiner mit dir messen.
8 Gott, du bist sehr gefürchtet im himmlischen Rat,
Ehrfurcht erfüllt alle, die dich umgeben.
9 Gott, du Herrscher der ganzen Welt,[h]
wer ist so mächtig wie du,
wer ist so durch und durch treu?
10 Du bändigst das rebellische Meer;[i]
wenn seine Wellen toben,
glättest du sie wieder.
11 Du hast den Meeresdrachen[j] getötet und zertreten
und deine Feinde mit starker Hand zerstreut.
12 Dir gehört der Himmel,
dir gehört die Erde,
das Festland mit allem, was darauf lebt;
denn du hast sie ins Dasein gerufen.
13 Norden und Süden hast du geschaffen,
Tabor und Hermon jubeln dir zu.
14 Du allein hast den starken Arm,
die siegreich erhobene rechte Hand!
15 Dein Thron ist gegründet auf Recht
und Gerechtigkeit,
Güte und Treue gehen vor dir her.

16 Wie glücklich ist das Volk,[k]
das dich mit Jubelrufen begrüßt!
Es lebt in deiner segensreichen Nähe.
17 Es freut sich täglich, weil du sein Gott bist.
Durch deine Treue[l] machst du es groß.
18 Du gibst ihm deine wunderbare Kraft.
Weil du uns liebst, sind wir stark.
19 Dir, HERR, gehört auch unser Beschützer;
du hast unseren König berufen,
du heiliger Gott Israels.

20 Einst hast du zu deinem Volk gesprochen,
in einer Vision hast du gesagt:
»Einen Helden habe ich zum Helfer gemacht,
ihn aus dem Volk erwählt und erhöht.
21 Ich habe David[m] gefunden, meinen Vertrauten,
und ihn mit heiligem Öl zum König gesalbt*.
22 Mit meiner Hand werde ich ihn halten,
durch meine Macht will ich ihn stärken.
23 Kein Feind wird ihn jemals überlisten,
kein Aufrührer ihn bezwingen können.
24 Seine Gegner werde ich vernichten
und alle niederschlagen, die ihn hassen.
25 Meine Treue und Güte sind ihm sicher.
Weil ich bei ihm bin, wächst seine Macht.
26 Ich gebe ihm die Herrschaft über das Meer
und unterwerfe ihm die großen Ströme.
27 Er wird zu mir sagen: ›Du bist mein Vater,
mein Gott, mein starker Beschützer!‹
28 Ich mache ihn zu meinem Erstgeborenen,
zum höchsten unter den Königen der Erde.

a *welche Wunder …:* wörtlich *von deiner Gerechtigkeit**.
b Ein Todkranker ruft zu Gott: »Du allein kannst mich retten!« (Vers 2) Aber Schmerzen und Verlassenheit lassen nur noch Klagen aus ihm hervorbrechen; die Hoffnung weicht tiefster Hoffnungslosigkeit. Auf seine Fragen (Verse 11-15) gibt das Alte Testament keine Antwort. Erst Jesus, der selbst durch Dunkelheit und äußerste Verlassenheit gegangen ist (Mk 15,33-34), bringt sie.
c *wie der Himmel:* mit zwei Handschriften und alten Übersetzungen; H *im Himmel.*
d Gottes Bund mit David ist das Thema dieses Psalms, das Schritt für Schritt entwickelt wird.
e Der erste Teil des Psalms spricht von den Grundlagen des Bundes mit David. Die Verse 6-9 zeigen Gott als den Herrn des Himmels.
f Wörtlich *die Versammlung der Heiligen,* womit hier die Engel gemeint sind (vgl. Sacherklärung »Heilige«).
g Siehe Anmerkung zu 82,1.
h *Gott, du …:* wörtlich *HERR Gott Zebaot**.
i Die Verse 10-15 zeigen Gott als Bezwinger des Chaos (siehe Sacherklärung »Meer«).
j Wörtlich *Rahab**.
k Die Verse 16-19 sprechen von dem Volk, das Gott sich erwählt hat.
l *Treue:* wörtlich *Gerechtigkeit**.
m In den Versen 20-30 geht es um den Bund mit David.

88,11-13 6,6S **88,14** 5,4S **88,19** 38,12S **89,1** 1 Kön 5,11; 1 Chr 15,17.19 **89,3** 36,6-7 **89,4-5** 2 Sam 7,16S; 23,5; Jes 55,3-5 **89,6** 19,2 **89,7-8** 82,1; Ijob 1,6S **89,10** 65,8; 107,29; Ijob 38,8-11; Mk 4,39par **89,11** 74,13S **89,12** 24,1S **89,15** 97,2; 85,14 **89,19** 84,10; 2,6 **89,20-38** 2 Sam 7,8-16 **89,27** 2 Sam 7,14S

a Von den Nachfolgern auf Davids Thron ist in den Versen 31-38 die Rede.
b In den Versen 39-46 beschreibt der Sänger seine Gegenwart. Der König hat eine schmähliche Niederlage erlitten. Ist das nicht gegen alle Zusagen Gottes? Hier ist nicht mehr die Rede von Bestrafung für Ungehorsam (Vers 32-33), sondern von Verstoßung und Widerruf des Bundes.
c Wahrscheinlich spricht in den Versen 47-52 der König selbst.
d Der Vers ist eine Anspielung auf Gen 3,19.

29 Jederzeit umgibt ihn meine Güte,
mein Bund mit ihm ist unverbrüchlich.
30 Ich bestätige sein Königshaus für immer,
sein Thron bleibt fest,
solange der Himmel besteht.

31 Wenn seine Nachkommen[a] mein Gesetz*
verlassen
und meinen Weisungen nicht gehorchen,
32 wenn sie meine Vorschriften übertreten
und meine Anordnungen nicht befolgen,
33 dann werde ich ihren Ungehorsam bestrafen,
für ihre Verfehlung werde ich sie schlagen.
34 Aber David werde ich die Treue halten,
ihm niemals meine Güte entziehen.
35 Mein Bund mit ihm wird nicht gebrochen,
meine Zusagen ändere ich nicht ab.
36 Ein für alle Mal habe ich es geschworen
und bürge dafür mit meiner Heiligkeit*:
Ich werde David niemals täuschen!
37 Sein Königshaus soll für immer bestehen.
Seinen Thron werde ich stets vor Augen haben,
ebenso lange wie die Sonne;
38 für alle Zeiten bleibt er stehen wie der Mond,
dieser treue Zeuge in den Wolken.«

39 Und doch hast du ihn fallen lassen und verstoßen!
Du bist zornig geworden auf den König,[b]
den du doch selber eingesetzt hast.
40 Den Bund mit deinem Diener hast du widerrufen,
seine Krone in den Schmutz geworfen
und geschändet.
41 Die Mauern seiner Stadt hast du zerbrochen,
seine festen Burgen in Trümmer gelegt.
42 Alle, die vorübergingen, haben ihn beraubt.
Seine Nachbarn treiben ihren Spott mit ihm.
43 Du hast seinen Gegnern den Sieg gegeben
und alle seine Feinde mit Freude erfüllt.
44 Sein Schwert hast du stumpf werden lassen
und im Kampf hast du ihm nicht geholfen.
45 Seinem Glanz hast du ein Ende gemacht
und seinen Thron zu Boden gestürzt.
46 Du hast ihn vor der Zeit altern lassen
und ihn mit Schimpf und Schande bedeckt.

47 Wie lange noch, HERR?[c]
Willst du dich für immer verbergen?
Wie lange soll dein Zorn noch brennen?
48 Denk doch wieder an mich,
mein Leben ist so kurz!
Nur für einen winzigen Augenblick
hast du uns Menschen geschaffen.
49 Gibt es denn einen, der leben darf,
ohne jemals den Tod zu sehen,
einen, der sich retten kann
vor den Klauen der Totenwelt*?

50 Herr, wo sind sie,
die früheren Beweise deiner Güte?
Du hattest sie David versprochen
und dich mit deiner Treue dafür verbürgt!
51 Denk daran,
wie man deine Diener beschimpft!
Ich muss den Hohn vieler Völker ertragen.
52 HERR, deine Feinde verhöhnen den König,
den du gesalbt und eingesetzt hast;
sie verhöhnen ihn auf Schritt und Tritt.

53 Der HERR sei für alle Zeiten gepriesen!
Amen, so soll es sein!

VIERTES BUCH
(Psalmen 90–106)

Der ewige Gott – der vergängliche Mensch

90 Ein Gebet von Mose, dem Mann Gottes.
Herr, seit Menschengedenken
warst du unser Schutz.°
2 Du, Gott, warst schon,
bevor die Berge geboren wurden
und die Erde unter Wehen entstand,
und du bleibst in alle Ewigkeit.
3 Du sagst zum Menschen:
»Werde wieder Staub!«
So bringst du ihn dorthin zurück,
woher er gekommen ist.[d]
4 Für dich sind tausend Jahre wie ein Tag,
so wie gestern – im Nu vergangen,
so kurz wie ein paar Nachtstunden.
5 Du scheuchst die Menschen fort,
sie verschwinden wie ein Traum.°
Sie sind vergänglich wie das Gras:
6 Morgens noch grünt und blüht es,
am Abend schon ist es verwelkt.
7 Weil du zornig bist
und dich gegen uns stellst,
sind wir verloren und müssen vergehen.
8 Denn du siehst die geheimsten Fehler;
alle unsere Vergehen deckst du auf.
9 Dein Zorn liegt schwer auf unserem Leben,
darum ist es so flüchtig wie ein Seufzer.
10 Siebzig Jahre sind uns zugemessen,
wenn es hoch kommt, achtzig –

89,39-46 2 Kön 25,5-10 **89,47** 13,2-3 S **89,52** 2,6 **90,3** 103,14; 146,4; Gen 3,19 **90,4** 2 Petr 3,8 **90,5-6** 102,12; 103,15-16; Ijob 14,2; Jes 40,6-8; 1 Petr 1,24-25 **90,10.12** 39,5-7 S

doch selbst die besten davon
sind Mühe und Last!
Wie schnell ist alles vorbei
und wir sind nicht mehr!

11 Doch wer begreift schon,
wie furchtbar dein Zorn ist,
und wer nimmt ihn sich zu Herzen?
12 Lass uns erkennen,
wie kurz unser Leben ist,
damit wir zur Einsicht kommen![a]

13 HERR, wie lange zürnst du uns noch?
Hab doch Erbarmen mit uns
und wende dich uns wieder zu!
14 Lass uns jeden Morgen spüren,
dass du zu uns hältst,
dann sind unsere Tage erfüllt
von Jubel und Dank.
15 Viele Jahre hast du Unglück über uns gebracht;
gib uns nun ebenso viele Freudenjahre!
16 Lass uns noch erleben, dass du eingreifst,
zeig unseren Kindern deine große Macht!
17 Herr, unser Gott, sei freundlich zu uns!
Lass unsere Arbeit nicht vergeblich sein!
Ja, Herr, lass gelingen, was wir tun!

Unter Gottes Schutz

91 Wer unter dem Schutz
des höchsten Gottes lebt,
darf ruhen bei ihm,
der alle Macht hat.
2 Er sagt[b] zum HERRN:
»Du bist meine Zuflucht,
bei dir bin ich sicher wie in einer Burg.
Mein Gott, ich vertraue dir!«[c]

3 Du kannst dich darauf verlassen:
Der HERR wird dich retten
vor den Fallen, die man dir stellt,
vor Verrat und Verleumdung.°
4 Er breitet seine Flügel über dich,
ganz nahe bei ihm bist du geborgen.
Wie Schild und Schutzwall
deckt dich seine Treue.

5 Du musst keine Angst mehr haben
vor Gefahren und Schrecken bei Nacht,
auch nicht vor Überfällen bei Tag,
6 vor der Seuche, die im Dunkeln zuschlägt,
oder dem Fieber, das am Mittag wütet.
7 Auch wenn tausend neben dir sterben
und zehntausend rings um dich fallen –
dich selber wird es nicht treffen.[d]
8 Mit eigenen Augen wirst du sehen,
wie Gott alle straft, die ihn missachten.

9 Du sagst: »Der HERR ist meine Zuflucht.«
Beim höchsten Gott hast du Schutz gefunden.
10 Darum wird dir nichts Böses geschehen,
kein Unheil darf dein Haus bedrohen.
11 Gott hat seinen Engeln befohlen,
dich zu beschützen, wohin du auch gehst.
12 Sie werden dich auf Händen tragen,
damit du nicht über Steine stolperst.[e]
13 Löwen und Schlangen können dir nicht schaden,
du wirst sie alle niedertreten.

14 Gott selber sagt:
»Er hängt an mir mit ganzer Liebe,
darum werde ich ihn bewahren.
Weil er mich kennt und ehrt,
werde ich ihn in Sicherheit bringen.
15 Wenn er mich ruft, dann antworte ich.
Wenn er in Not ist, bin ich bei ihm;
ich hole ihn heraus und bringe ihn zu Ehren.
16 Ich gebe ihm ein langes, erfülltes Leben;
er wird die Hilfe erfahren, auf die er wartet.«

Gott danken macht Freude

92 Ein Lied zum Sabbat.
2 HERR, es macht Freude, dir zu danken,
dich, den Höchsten, mit Liedern zu preisen,
3 frühmorgens schon deine Güte zu rühmen
und nachts noch deine Treue zu verkünden
4 beim Klang der zehnsaitigen Harfe,
zur Musik von Laute und Leier.

5 Was du getan hast, HERR, macht mich froh;
dein Eingreifen löst meinen Jubel aus.
6 HERR, wie gewaltig sind deine Taten,
wie unergründlich deine Gedanken!
7 Wer keine Einsicht hat, erkennt sie nicht.
Wer sich nichts sagen lässt,
wird nichts davon verstehen.
8 Menschen, die deine Gebote missachten,
können sprießen wie das Gras,
die Verbrecher mögen blühen und gedeihen –
am Ende werden sie ausgetilgt![f]
9 Du, HERR, hoch über allen,
du bleibst für alle Zeiten.
10 Aber deine Feinde, HERR,
deine Feinde kommen um;
sie werden vertrieben, diese Unheilstifter!

a Wenn Gott dem Menschen seine Todverfallenheit vor Augen führt, hört der Leichtsinn auf, weil man den Tod als Folge von Gottes Zorn erkennt. Diese Einsicht lässt nicht in Schwermut verfallen, sondern hilft zu bewusstem Leben mit Gott (Verse 13 und 17).
b So mit G; H *Ich sage.*
c Ein Schutzsuchender hat den Tempel betreten. Jemand – vermutlich ein Priester – belehrt ihn über Gottes schützende Macht (Verse 3-13).
d Dieser Vers ist keine Zusage für Soldaten auf dem Schlachtfeld, sondern muss im Zusammenhang mit dem folgenden Vers verstanden werden. Dahinter steht die noch unerschütterte Überzeugung der Weisheitslehre (siehe Seite 574), dass die Treue belohnt und das Unrecht noch in diesem Leben bestraft wird.
e Mit diesem Wort stellt der Versucher Jesus auf die Probe (Mt 4,6).
f Grund zum Danken findet der Sänger dieses Psalms in der Tatsache, dass Gott für Recht sorgt. Das scheinbare Glück der Unheilstifter war auch für sein Vertrauen zuerst eine harte Probe (vgl. Ps 73). Nur wer sich von Gott Einsicht schenken lässt, kann Gottes Handeln verstehen (Vers 7).

90,13 13,2-3S **90,14** 59,17S **91,2** 18,3S **91,4** 17,8S **91,11-12** 34,8S; Mt 4,6par **91,13** Lk 10,19 **91,15** 50,15 **92,2-4** 33,1-3 **92,6** 139,17-18S; Jes 55,9 **92,8** Spr 24,19-20S

a *und mich ...:* wörtlich *ich bin mit frischem Öl durchfeuchtet/gesalbt.* Die Salbung mit frischem Öl symbolisiert den Übergang von der Trauer zur Freude; vgl. Jes 61,3.

11 Du hast mir die Kraft des Wildstiers gegeben
und mich mit Ehre und Freude überschüttet.[a]
12 Ich sehe den Sturz meiner Feinde,
ich höre das Klagegeschrei der Gegner,
die mich überfallen wollten.

13 Alle, die Gott die Treue halten,
wachsen auf wie immergrüne Palmen
und werden groß und stark wie Libanonzedern.
14 Weil sie in der Nähe des HERRN gepflanzt sind,
in den Vorhöfen* am Tempel unseres Gottes,
wachsen und grünen sie immerzu.
15 Noch im hohen Alter tragen sie Frucht,
immer bleiben sie voll Saft und Kraft.
16 Ihr Ergehen bezeugt:
Der HERR tut das Rechte,
auf ihn ist Verlass,
bei ihm gibt's kein Unrecht!

Der König der Welt

93 Der HERR ist König!
Hoheit umhüllt ihn wie ein Mantel,
Macht umgibt ihn wie ein Gürtel.
Die Erde ist fest gegründet,
sie stürzt nicht zusammen.

2 HERR,
seit undenklichen Zeiten steht dein Thron,
von allem Anfang an warst du da.

»Das Meer tobte, es tobte und toste mit Gebrüll – und immer noch möchte es toben, das Meer! Mächtig ist das Brüllen des Meeres, mächtiger noch sind seine Wellen, doch am mächtigsten, Herr im Himmel, bist du!« (93,3-4)

92,11 23,5 **92,13-15** 1,3; 52,10; 25,12-13S **93,1-2** 47,6-10S

[3] Das Meer tobte,
es tobte und toste mit Gebrüll –
und immer noch möchte es toben, das Meer!
[4] Mächtig ist das Brüllen des Meeres,
mächtiger noch sind seine Wellen,
doch am mächtigsten, HERR im Himmel, bist du![a]

[5] Deine Weisungen verdienen Vertrauen
und deinen Tempel* soll jeder achten,
ihn anerkennen als heiligen Ort
für alle kommenden Zeiten.

Der Richter der ganzen Welt

94 Gott, bei dir liegt die Vergeltung!
Komm endlich, HERR, zeige dich!
[2] Greif ein, du Richter der ganzen Welt,
gib den Vermessenen, was sie verdienen!

[3] Wie lange dürfen sie noch triumphieren,
sie alle, die dich missachten?
Wie lange noch, HERR?
[4] Sie reden und reden, diese Unheilstifter;
freche, überhebliche Prahler sind sie.
[5] HERR, sie unterdrücken dein Volk,
sie zertreten Menschen, die dir gehören!
[6] Sie bringen die Witwen und Waisen um
und töten auch die Fremden,
die Gastrecht haben in deinem Land.
[7] »Der HERR sieht ja doch nichts«, sagen sie,
»der Gott Israels achtet nicht darauf!«

[8] Gibt es noch etwas Dümmeres als euch?
Ihr Narren, wann denkt ihr endlich nach![b]
[9] Er, der den Menschen Ohren gab,
sollte selbst nicht hören?
Er, der ihnen Augen schuf,
sollte selbst nicht sehen?
[10] Er, der alle Völker erzieht,
sollte ausgerechnet euch nicht strafen?
Der HERR gibt den Menschen Erkenntnis,
[11] er kennt auch alle ihre Pläne
und weiß, wie vergeblich und sinnlos sie sind.

[12] Wie glücklich sind alle,
die du, HERR, erziehst,
denen du Wissen gibst durch dein Gesetz*!
[13] So bewahrst du sie davor,
ins Unglück zu laufen.
Doch für die Menschen, die dein Gesetz missachten,
hebt man schon die Grube aus.
[14] Du lässt die Deinen nicht im Stich, HERR,
du sagst dich von deinem Volk nicht los.
[15] Bald richten die Richter wieder nach dem Recht
und alle Aufrichtigen werden sich freuen.
[16] Wer hilft mir gegen die Unheilstifter?
Wer verteidigt mich gegen diese Verbrecher?
[17] HERR, wenn du mir nicht geholfen hättest,
dann wäre ich längst für immer verstummt.
[18] Wenn ich dachte: »Nun stürze ich!«,
hast du mich mit deiner Güte gestützt.
[19] Wenn mir das Herz schwer war
von tausend Sorgen,
hat mich dein Trost wieder froh gemacht.

[20] Dürfen ungerechte Richter sich auf dich berufen,
im Namen deines Rechtes Unrecht sprechen?[c]
[21] Sie verbünden sich gegen jeden Menschen,
der deinen Geboten gehorchen will.
Er wird zum Tod verurteilt,
obwohl er schuldlos ist.

[22] Doch du, HERR, bist meine Burg,
du, mein Gott, bist der sichere Ort,
wo ich mich bergen kann.
[23] Du zahlst ihnen ihre Verbrechen heim
und vernichtest sie durch ihre eigene Bosheit.
Ja, HERR, unser Gott, vernichte sie!

Keine Anbetung ohne Gehorsam

95 Kommt und jauchzt vor dem HERRN,
wir begrüßen ihn mit Freudengeschrei;
denn er ist unser starker Helfer!
[2] Wir treten vor ihn mit unserem Dank,
wir ehren ihn mit unseren Liedern!
[3] Denn der HERR ist der höchste Gott,
der große König über alle Götter:
[4] In seiner Gewalt sind die Tiefen der Erde
und ihm gehören die Gipfel der Berge.
[5] Das Meer gehört ihm – er hat es gemacht,
und auch das Land – er hat es geformt.
[6] Kommt, verneigt euch, werft euch nieder,
geht auf die Knie und betet ihn an,
ihn, den HERRN, unseren Schöpfer!
[7] Denn er ist unser Gott
und wir sind sein Volk,
er sorgt für uns wie ein Hirt,
er leitet uns wie eine Herde.

Heute gilt es! Hört, was er euch sagt:[d]
[8] »Seid doch nicht so starrsinnig
wie eure Vorfahren damals in Meriba
oder an dem Tag von Massa in der Wüste!
[9] Sie haben mich dort herausgefordert,
mich haben sie auf die Probe gestellt

a Das *Meer* (siehe Sacherklärung) war für alle Kulturen des Alten Orients der Inbegriff des Aufstandes gegen Gott. Gott, der das Meer gebändigt hat, wird deshalb auch mit dem Aufruhr der Völker fertig; vgl. 65,8.
b Gott als Herrn und Richter der Welt nicht ernst zu nehmen, ist nach biblischem Denken Dummheit. Wahre Klugheit, die sich im Leben bewährt, erwirbt der Mensch durch Hören auf Gottes Gesetz (Verse 12-15).
c Richter und Herrscher galten als Vertreter Gottes, von ihm befähigt und beauftragt, seine Rechtsordnung durchzusetzen. Der Psalm richtet sich gegen eine Rechtspraxis, die dem Anspruch nach göttliches Recht vertritt, in Wirklichkeit aber nur die verliehene Macht zum eigenen Vorteil missbraucht.
d Nach Art der Propheten ermahnt jetzt ein Sprecher die Gemeinde, die Zeit der Wüstenwanderung als bleibende Warnung zu erkennen. Der Hebräerbrief (3,7–4,13) nimmt diese Ermahnung auf und erweitert sie für seine Leser.

93,3-4 Ijob 38,8-11 **94,1-2** Dtn 32,35-36 **94,3** 13,2-3S **94,7** 10,11 **94,11** 1 Kor 3,20 **94,12** Ijob 5,17S **94,17** 124,1-3 **94,19** 2 Kor 1,5 **94,20** 109,6 **94,23** 7,16-17S **95,7** 74,1S **95,7b-11** Hebr 3,7–4,11 **95,8-9** Ex 17,2-7

und hatten doch meine Taten selber gesehen!
10 Angewidert haben sie mich,
die ganze Generation, vierzig lange Jahre!
Schließlich musste ich mir sagen:
›Alles, was sie wollen, ist verkehrt;
nach meinem Willen haben sie nie gefragt.‹
11 Darum habe ich geschworen in meinem Zorn:
›Niemals werden sie das Land betreten,
wo ich ihnen Ruhe geben wollte!‹«

Gott, der König der ganzen Erde

(1 Chr 16,23-33)

96 Singt dem HERRN ein neues Lied![a]
Singt dem HERRN,
ihr Bewohner der ganzen Erde!
2 Singt dem HERRN, dankt eurem Gott,
verkündet Tag für Tag, wie gern er hilft!
3 Erzählt allen Menschen von seiner Herrlichkeit*,
berichtet allen Völkern von seinen großen Taten!
4 Der HERR ist mächtig, groß ist sein Ruhm;
mehr als alle Götter ist er zu fürchten.
5 Die Götter der Völker sind nur tote Götzen,
der HERR aber hat den Himmel geschaffen.
6 Macht und Hoheit umgeben ihn,
Pracht und Herrlichkeit erfüllen seinen Tempel*.

7 Auf zu ihm, ihr Völker!
Erweist dem HERRN Ehre,
unterwerft euch seiner Macht!
8 Erweist ihm die Ehre, die ihm zusteht:
Bringt Opfergaben* in seinen Tempel!
9 Werft euch vor ihm nieder,
wenn er in seiner Heiligkeit erscheint!
Die ganze Welt soll vor ihm erzittern.
10 Sagt es allen Menschen:
»Der HERR ist König!«
Die Erde ist fest gegründet,
sie stürzt nicht zusammen.
Der HERR wird alle Völker regieren
und ihnen gerechtes Urteil sprechen.

11 Der Himmel soll sich freuen,
die Erde soll jauchzen,
das Meer soll tosen
mit allem, was darin lebt!
12 Der Ackerboden soll fröhlich sein
samt allem, was darauf wächst;
alle Bäume im Wald sollen jubeln!
13 Denn der HERR kommt;
er kommt und sorgt für Recht auf der Erde.[b]
Er regiert die Völker in allen Ländern
als gerechter, unbestechlicher Richter.

Der König der Erde und sein Volk

97 Der HERR ist König![c]
Jubeln soll die ganze Erde,
freuen sollen sich die fernsten Länder!

2 Dichtes Wolkendunkel umgibt den HERRN;
sein Thron ist gegründet auf Recht
und Gerechtigkeit.
3 Feuer läuft vor ihm her
und verzehrt alle seine Feinde.
4 Seine Blitze erhellen die ganze Welt,[d]
die Erde sieht es und zittert.
5 Die Berge zerfließen wie Wachs
vor dem HERRN, dem Herrscher der ganzen Erde.
6 Der Himmel bezeugt seine Treue[e]
und alle Völker sehen seine Herrlichkeit.

7 Alle, die Götterbilder anbeten
und mit ihren toten Götzen prahlen,
werden zuschanden und müssen sich schämen;
denn alle Götter werfen sich nieder vor dem HERRN.
8 Die Zionsstadt* hört es voll Freude,
alle Städte in Juda jubeln,
weil du, HERR, den Sieg errungen hast.
9 HERR, du bist der Höchste in der Welt,
himmelhoch stehst du über allen Göttern!

10 Ihr, die ihr den HERRN liebt, hasst alles Böse!
Ihr gehört zu ihm,
darum bewahrt er euer Leben;
er befreit euch aus der Gewalt der Verbrecher.
11 Bald geht die Sonne auf für alle,
die ihm die Treue halten
und ihm mit redlichem Herzen folgen;
dann werden sie voller Freude sein!
12 Freut euch über den HERRN,
ihr, die ihr treu auf seiner Seite steht!
Dankt ihm und denkt daran, dass er heilig* ist!

Der Retter Israels, der Herrscher der Welt

98 Ein Lied.
Singt dem HERRN ein neues Lied![f]
Er hat Wunder für uns vollbracht:
Durch seine große göttliche Macht
hat er den Sieg errungen.
2 So hat er den Beweis erbracht, dass er rettet.
Allen Völkern hat er gezeigt:[g]
Auf ihn ist Verlass![h]
3 Er hat sein Versprechen eingelöst
und hat Israel Güte und Treue erwiesen.

a Die Psalmen 96–99 (auch 47 und 93) besingen Gott als den König und Richter der ganzen Erde, nicht nur seines Volkes Israel. Diese Ausweitung seiner Herrschaft ist der Grund für das »neue Lied«. Viele Motive in den genannten Psalmen erinnern an die zweite Hälfte des Jesajabuches.
b Wenn Gott als Richter kommt, ist das ein Grund zu jubelnder Freude; denn im Vordergrund steht nicht die Bestrafung der Schuldigen, sondern das Eintreten für das Recht der Gehorsamen.
c Siehe Anmerkung zu 96,1.
d Wolkendunkel und Blitze sind sichtbare Zeichen für Gottes Kommen (Dtn 5,22; Ps 29).
e *Treue:* wörtlich *Gerechtigkeit**.
f Siehe Anmerkung zu 96,1.
g Was Gott für sein Volk getan hat, gibt allen Völkern Hoffnung; vgl. Jes 49,6 und Anmerkung zu Jes 55,3.
h *Auf ihn …:* wörtlich *(gezeigt) seine Gerechtigkeit**.

95,11 Num 14,21-23 **96,1** 33,3; 40,4; 98,1; 144,9; 149,1; Jes 42,10; Offb 5,9; 14,3 **96,5** 115,4-7; Jes 40,18-26 **96,7-10** 22,28-30; 29,1-2; 66,1-4; 86,9; Jes 2,2-3S; 66,23; Sach 8,20-23; 14,16; Tob 13,13; Ps 47,6-10S **96,13** 9,9; 82,8; 98,9; Apg 17,31 **97,1-5** 47,6-10S **97,6** 50,4.6 **97,7** Jes 41,21-29S **97,11** 84,12S; 25,12-13S **98,1** 96,1S **98,2-3** Jes 52,9-10

Bis ans Ende der Erde ist es nun bekannt,
dass unser Gott uns befreit hat.

4 Jubelt dem HERRN zu,
ihr Bewohner der Erde!
Jauchzt vor Freude, preist ihn mit Gesang!
5 Singt ihm Lieder zur Harfe,
lasst den Lobpreis ertönen zum Saitenspiel!
6 Lasst Trompeten und Hörner* erschallen,
jauchzt vor dem HERRN,
dem Herrscher der Welt!
7 Das Meer soll brausen
mit allem, was darin lebt;
die Erde soll jubeln
mit allen, die darauf wohnen;
8 die Ströme sollen in die Hände klatschen
und alle Berge vor Freude singen!
9 Denn der HERR kommt;
er kommt und sorgt für Recht auf der Erde.
Er regiert die Völker in allen Ländern
als gerechter, unparteiischer Richter.

Gott, der König auf dem Zionsberg

99 Der HERR ist König![a]
Über den Keruben* ist sein Thron;
die Völker zittern und die Erde bebt.
2 Der HERR ist mächtig in der Zionsstadt*,
ein gewaltiger Herrscher über alle Völker.

3 Sie alle sollen dich preisen,
dich, den großen, Ehrfurcht gebietenden Gott!
Heilig bist du!
4 Dir, dem König, gehört die Macht
und du kümmerst dich um das Recht.
Du hast die Regeln für unser Leben aufgestellt,
in Israel[b] Recht und Ordnung festgelegt.
5 Rühmt den HERRN, unseren Gott!
Werft euch nieder vor seinem Thron!
Heilig ist er!
6 Mose und Aaron waren seine Priester*,
auch Samuel war unter denen, die zu ihm rufen;[c]
sie beteten zu ihm
und er gab ihnen Antwort.
7 Er sprach zu ihnen aus der Wolkensäule
und sie hüteten die Mahnungen und Gebote,
die er ihnen anvertraute.

8 HERR, unser Gott, du hast ihre Bitten erhört:
Du hast deinem Volk die Schuld vergeben,
doch die Folgen seiner Taten musste es tragen.

9 Rühmt den HERRN, unseren Gott!
Werft euch nieder vor seinem heiligen Berg!
Der HERR, unser Gott, ist heilig!

Wir sind sein Volk

100 Ein Danklied.[d]
Jubelt dem HERRN zu, ihr Bewohner der Erde!
2 Stellt euch freudig in seinen Dienst!
Kommt zu ihm mit lautem Jauchzen!
3 Denkt daran: Der HERR allein ist Gott!
Er hat uns geschaffen und ihm gehören wir.°
Sein Volk sind wir, er sorgt für uns
wie ein Hirt für seine Herde.
4 Geht durch die Tempeltore mit einem Danklied,
betretet den Festplatz mit Lobgesang!
Preist ihn, dankt ihm für seine Taten!
5 Denn der HERR ist gut zu uns,
seine Liebe hört niemals auf,
von einer Generation zur anderen bleibt er treu.

Gelöbnis des Königs

101 Ein Lied Davids.[e]
Ich will singen von Güte und Recht;
HERR, darum singe und spiele ich für dich.
2 Ich achte darauf, untadelig zu leben.
Wann wirst du zu mir kommen?

»Sein Volk sind wir, er sorgt für uns wie ein Hirt für seine Herde« (100,3).

a Siehe Anmerkung zu 96,1.
b Wörtlich *Jakob* (vgl. Gen 32,29; 35,10).
c Aufgabe der Priester und Propheten war es, bei Gott für das Volk einzutreten.
d Dieser Psalm wurde wahrscheinlich (ähnlich wie Ps 15 und 24) beim Einzug der Gemeinde in den Tempel gesungen: Verse 1-3 von der Gemeinde vor dem Tor, Verse 4-5 von einem Chor im Inneren des Tempelbereichs.
e Dieser Psalm war vermutlich Teil einer Liturgie bei der Krönung der Könige von Juda; vgl. auch Ps 2 und 110.

98,4-6 66,1-4 **98,9** 96,13S **99,1-2** 47,6-10S; Ex 25,22S **99,4** 7,12S **99,7** Ex 33,11 **99,8** Ex 34,7 **99,9** 76,3S **100,1** 66,1; 98,4 **100,3** 74,1S; Ex 19,5-6S **100,4** 122,2 **100,5** 118,1S 101,1-8 72,1-4.12-14 **101,1-8** 72,1-4.12-14

a Was den Beter zu seiner Klage treibt, ist schwere Krankheit (Verse 4-6 und 10-12), Einsamkeit (Verse 7-8) und Verhöhnung durch die Feinde (Vers 9). Genauso schwer leidet er unter der Zerstörung Jerusalems (Verse 14-15; siehe Sacherklärung »Zionsstadt«) und der Gefangenschaft des Volkes (Vers 21).
b In prophetischer Schau spricht der Beter aus, was Gott für seine Stadt und sein Volk tun wird (Verse 16-23).
c Noch einmal wird die Klage laut; vgl. Jes 38,10-16.
d Die Verse 26-28 werden im Hebräerbrief (1,10-12) auf Christus bezogen.

Mit redlichem Herzen lebe ich
unter denen, die mich umgeben.
3 Ich befasse mich nicht mit Unheilsplänen.
Gottes Gebote zu übertreten ist mir verhasst,
niemand soll mir das nachsagen können.
4 Von Schlechtigkeit will ich nichts wissen;
darum sollen hinterhältige Menschen mir
fernbleiben.
5 Wer seinen Nachbarn verleumdet
– auch wenn es nicht öffentlich geschieht –,
den bringe ich für immer zum Schweigen.
Ich dulde niemand, der überheblich ist
und auf andere herabsieht.
6 Aber ich halte Ausschau nach allen im Land,
die treu und zuverlässig sind;
mit solchen Leuten umgebe ich mich.
Wenn jemand ein vorbildliches Leben führt,
dann nehme ich ihn in meinen Dienst.
7 Für Menschen, die betrügen,
ist kein Platz in meiner Nähe
und solche, die lügen,
müssen mir aus den Augen.
8 Jeden Morgen halte ich strenges Gericht
über alle Verbrecher im Land.
Jeden, der andere ins Unglück stürzt,
will ich aus der Stadt des HERRN entfernen.

Hoffnung in der Not

102 Gebet eines Unglücklichen, dem die Kräfte schwinden und der dem HERRN seine Not klagt.

2 HERR, höre mein Gebet,
lass meinen Hilferuf zu dir dringen!
3 Jetzt, am Tag der Not,
verbirg dich doch nicht vor mir!
Höre mich jetzt, ich schreie zu dir;
erhöre mich bald!

4 Mein Leben schwindet dahin wie ein Rauch,
mein ganzer Körper glüht wie ein Ofen.
5 Meine Lebenskraft verdorrt
wie Gras in der Sonnenglut,
denn ich kann keinen Bissen mehr anrühren.
6 Ich kann nur noch stöhnen
und bin nichts als Haut und Knochen.
7 Ich gleiche dem Vogel in der Wüste,
der Eule, die in Ruinen haust.
8 Ich liege wach,
ich bin wie ein Vogel,
einsam und allein auf dem Dach.
9 Ständig beschimpfen mich meine Feinde.
Wenn sie jemand verwünschen wollen,
nennen sie meinen Namen und sagen:
»So wie den soll dich das Unglück treffen!«
10 Staub und Asche habe ich als Brot
und Tränen mischen sich in mein Getränk.
11 In deinem Unmut und Zorn über mich
hast du mich gepackt und zu Boden geschleudert.
12 Mein Leben gleicht dem sinkenden Tag:
Bald wird die Nacht die Schatten verschlingen.
Wie Gras auf der Wiese verwelke ich.

13 Doch du, HERR, regierst für alle Zeiten,
deinen Namen wird man nennen
in allen kommenden Generationen.
14 Du wirst eingreifen
und Erbarmen haben mit der Zionsstadt.[a]
Es ist Zeit, dass du dich um sie kümmerst;
die festgesetzte Stunde ist gekommen!
15 Wir, deine Diener, lieben auch noch ihre Steine;
es tut uns weh, dass sie in Trümmern liegt.

16 Den HERRN sollen alle Völker anerkennen,
alle Herrscher der Erde sollen sich beugen
vor seiner Hoheit und Macht!
17 Denn der HERR baut die Zionsstadt wieder auf,[b]
er zeigt sich in seiner Macht und Hoheit.
18 Das Gebet der Unterdrückten weist er nicht ab,
sondern nimmt es freundlich an.
19 Diese Worte soll man aufschreiben
für eine kommende Generation.
Dann wird ein neu erschaffenes Volk
den Herrn preisen.
20 Von seiner heiligen Wohnung im Himmel
blickt der HERR herab auf die Erde,
21 um das Stöhnen der Gefangenen zu hören
und die zum Tod Verurteilten freizulassen.
22 Sie werden den HERRN auf dem Zionsberg rühmen,
in ganz Jerusalem werden sie ihn preisen,
23 wenn die Völker dort zusammenkommen
und alle Königreiche ihm Ehre erweisen.

24 Der HERR hat meine Kraft zerbrochen
mitten in meinem Lauf,
er hat mein Leben abgekürzt.
25 Darum sage ich zu ihm: »Mein Gott!
Lass mich doch nicht im besten Alter sterben!«[c]

Du selber überdauerst die Generationen.
26 Du hast die Erde gegründet vor langer Zeit,
den Himmel hast du gemacht mit eigener Hand.
27 Sie werden vergehen, du aber bleibst.
Sie werden alt und zerfallen wie Kleider,
du wechselst sie aus wie ein Gewand,
und sie müssen verschwinden.
28 Du aber bleibst derselbe
und deine Jahre werden nicht enden.[d]
29 Unsere Kinder werden in Sicherheit wohnen

101,8 Spr 20,26 **102,3** 31,3; 69,18; 143,7 **102,12** 90,5-6 S **102,13** 135,13 **102,14-15** Jes 64,8-10 **102,16** 96,7-10 S **102,17** 147,2 S **102,19** Jes 43,21; Ez 37,1-14 **102,20-21** 9,13 S; Jes 57,15; 61,1-3 **102,26-28** 90,2; Jes 51,6; Hebr 1,10-12

und auch ihre Kinder werden sicher sein
unter deinem Schutz.

Das große Dankgebet

103 Von David.

Auf, mein Herz, preise den HERRN!
Alles in mir soll den heiligen Gott rühmen!
2 Auf, mein Herz, preise den HERRN
und vergiss nie, was er für mich getan hat!

3 Meine ganze Schuld hat er mir vergeben,
von aller Krankheit hat er mich geheilt,
4 dem Grab hat er mich entrissen,
hat mich mit Güte und Erbarmen überschüttet.
5 Mit guten Gaben erhält er mein Leben,
täglich erneuert er meine Kraft
und ich bleibe jung und stark wie ein Adler.[a]

6 Der HERR greift ein mit heilvollen Taten,[b]
den Unterdrückten verschafft er Recht.
7 Mose hat er eingeweiht in seine Pläne,
Israel hat er seine Wunder sehen lassen.
8 Der HERR ist voll Liebe und Erbarmen,
voll Geduld und unendlicher Güte.[c]
9 Er klagt nicht immerfort an
und bleibt nicht für alle Zeit zornig.
10 Er straft uns nicht, wie wir es verdienten,
unsere Untaten zahlt er uns nicht heim.
11 So unermesslich groß wie der Himmel
ist seine Güte zu denen, die ihn ehren.
12 So fern der Osten vom Westen liegt,
so weit entfernt er die Schuld von uns.
13 Wie ein Vater mit seinen Kindern Erbarmen hat,
so hat der HERR Erbarmen mit denen, die ihn ehren.

14 Er weiß, was für Geschöpfe wir sind;
er kennt uns doch: Wir sind nur Staub!
15 Der Mensch ist vergänglich wie das Gras,
es ergeht ihm wie der Blume im Steppenland:
16 Ein heißer Wind kommt – schon ist sie fort,
und wo sie stand, bleibt keine Spur von ihr.
17 Doch die Güte Gottes bleibt für immer bestehen;
bis in die fernste Zukunft gilt sie denen,
die ihn ehren.
Er hält auch noch zu ihren Kindern und Enkeln,
18 wenn sie nur seinem Bund* treu bleiben
und nach seinen Geboten leben.

19 Der HERR hat seinen Thron im Himmel errichtet,
er herrscht als König über alle Welt.
20 Preist den HERRN, ihr starken Engel*,
die ihr ihm aufs Wort gehorcht
und seine Befehle ausführt!
21 Preist den HERRN, ihr mächtigen Diener,
die ihr seinen Willen vollstreckt!
22 Preist den HERRN, ihr Geschöpfe alle,
wo immer ihr lebt in seinem Reich!
Auch du, mein Herz, preise den HERRN!

Macht und Güte des Schöpfers

104 Auf, mein Herz, preise den HERRN!
HERR, mein Gott, wie groß du bist!
In Hoheit und Pracht bist du gekleidet,
2 in Licht gehüllt wie in einen Mantel.
Den Himmel spannst du aus wie ein Zeltdach.
3 Droben über dem Himmelsozean*
hast du deine Wohnung gebaut.
Du nimmst die Wolken als Wagen
oder fliegst auf den Flügeln des Windes.
4 Stürme sind deine Boten
und das Feuer ist dein Gehilfe.

5 Du hast die Erde auf Pfeilern erbaut,[d]
nun steht sie fest und stürzt nicht zusammen.
6 Die Fluten hatten das Land bedeckt,
das Wasser stand über den Bergen.
7 Vor deiner Stimme bekam es Angst;
es floh vor dem Grollen deines Donners.
8 Von den Bergen floss es ab in die Täler,
an den Ort, den du ihm zugewiesen hast.
9 Dann hast du dem Wasser Grenzen gesetzt,
nie wieder darf es die Erde überfluten.

10 Du lässt Quellen entspringen und zu Bächen
werden;
zwischen den Bergen suchen sie ihren Weg.
11 Sie dienen den wilden Tieren als Tränke,
Wildesel löschen dort ihren Durst.
12 An den Ufern bauen die Vögel ihre Nester,
aus dichtem Laub ertönt ihr Gesang.
13 Vom Himmel schickst du den Regen auf die Berge
und gibst der Erde reichlich zu trinken.
14 Du lässt das Gras sprießen für das Vieh
und lässt die Pflanzen wachsen,
die der Mensch für sich anbaut,
damit die Erde ihm Nahrung gibt:
15 Der Wein macht ihn froh,
das Öl macht ihn schön,
das Brot macht ihn stark.

16 Auch die großen Bäume trinken sich satt,
die Libanonzedern, die du gepflanzt hast.
17 In ihren Zweigen nisten die Vögel,
hoch in den Wipfeln° hausen die Störche.
18 Den Steinböcken gehören die hohen Bergе,
in den Felsen finden die Klippdachse Zuflucht.

a Der Beter dieses Psalms dankt Gott für die Vergebung aller Schuld, die Heilung von schwerer Krankheit und alle erfahrenen Wohltaten.
b *greift ein …:* wörtlich *übt Gerechtigkeit* aus.*
c Dieser Vers ist eine der vielen Stellen, die die Aussage Gottes über sich selbst in Ex 34,6 aufnehmen und aus menschlicher Erfahrung bestätigen. In den Versen 6-18 belehrt und ermahnt der Beter die im Tempel anwesende Gemeinde. Das Danklied endet mit einer Aufforderung an alle himmlischen und irdischen Wesen, in den Dank einzustimmen (Verse 19-22).
d Zu dieser Vorstellung vgl. Anmerkung zu Spr 8,27.

103,1-2 22,23-26; 57,8-11; 71,22-24; 92,2-6; 138,1-3; 145,1-9; Tob 12,6 **103,3** 32,1-2; 38,4-6 **103,4** 30,4S **103,5** Jes 40,31 **103,6-7** Ex 3,7-10 **103,8** Ex 34,6S **103,9** Jes 57,16S **103,11-12** 108,5S **103,14** 90,3S **103,15-16** 90,5-6S **103,17** Lk 1,50 **103,19** 47,6-10S **103,20-21** 29,1-2; 148,2; Jes 6,1-4 **104,1-2** 93,1 **104,2** 1 Tim 6,16; Jes 40,22S **104,3** 29,10; 68,5 **104,4** Hebr 1,7 **104,5** Ijob 38,6S **104,6-9** Gen 1,9-10; Ijob 38,8-11 **104,10-15** 65,10-14

19 Du hast den Mond gemacht,
um die Zeit zu teilen;
die Sonne weiß, wann sie untergehen muss.[a]
20 Schickst du die Dunkelheit, so wird es Nacht
und die Tiere im Dickicht regen sich.
21 Die jungen Löwen brüllen nach Beute;
sie erwarten von dir, Gott,
dass du sie satt machst.
22 Geht dann die Sonne auf,
so ziehen sie sich zurück
und ruhen in ihren Verstecken aus.
23 Nun erwacht der Mensch;
er geht an seine Arbeit und müht sich,
bis es wieder Abend wird.
24 HERR, was für Wunder hast du vollbracht!
Alles hast du weise geordnet;
die Erde ist voll von deinen Geschöpfen.
25 Da ist das weite, unermessliche Meer,
darin wimmelt es von Lebewesen,
von großen und kleinen Tieren.
26 Schiffe ziehen dort ihre Bahn
und die gefährlichen Meerungeheuer[b] –
du hast sie geschaffen, um damit zu spielen.

27 Alle deine Geschöpfe warten darauf,
dass du ihnen Nahrung gibst zur rechten Zeit.

»Sie waren damals leicht zu zählen, nur eine Hand voll Leute waren sie, eingewanderte Fremde im Land« (105,12).

28 Sie nehmen, was du ihnen ausstreust;
du öffnest deine Hand
und sie alle werden satt.
29 Doch wenn du dich abwendest, sind sie verstört.
Wenn du den Lebenshauch zurücknimmst,
kommen sie um und werden zu Staub.
30 Schickst du aufs Neue deinen Atem,
so entsteht wieder Leben.
Du erneuerst das Gesicht der Erde.

31 Die Herrlichkeit* des HERRN
bleibe für immer bestehen;
der HERR freue sich an allem,
was er geschaffen hat!
32 Er sieht die Erde an und sie bebt,
er berührt die Berge und sie rauchen.
33 Ich will dem HERRN singen
mein Leben lang;
meinen Gott will ich preisen,
solange ich atme.
34 Ich möchte ihn erfreuen mit meinem Lied,
denn ich selber freue mich über ihn.
35 Wer sich gegen den HERRN empört,
soll von der Erde verschwinden,
es soll keine Unheilstifter mehr geben!

Auf, mein Herz, preise den HERRN!
Preist alle den HERRN – Halleluja!

Gott hält sein Versprechen
(Verse 1-15: 1 Chr 16,8-22)

105 Dankt dem HERRN!
Macht seinen Namen* überall bekannt;
verkündet allen Völkern, was er getan hat!
2 Singt und spielt zu seiner Ehre,
ruft euch seine Wunder ins Gedächtnis!
3 Seid stolz auf ihn, den heiligen Gott!
Seid voller Freude über ihn,
ihr, die ihr nach ihm fragt!
4 Geht zum HERRN, denn er ist mächtig;
sucht seine Nähe zu aller Zeit!
5 Erinnert euch an seine machtvollen Taten,
an seine Wunder und Gerichtsurteile,
6 ihr Nachfahren seines Dieners Abraham,
ihr Nachkommen Jakobs, ihr seine Erwählten!

7 Er ist unser Gott, er, der HERR,
seine Herrschaft umschließt die ganze Welt.
8 Niemals vergisst er seinen Bund* mit uns,
sein Versprechen gilt tausend Generationen.
9 So hat er es Abraham zugesagt
und es Isaak mit einem Schwur bestätigt.
10 So hat er es Jakob fest versprochen,
als ewigen Bund mit Israel.

a In der Umwelt Israels galten Sonne und Mond als Gottheiten; für Israel sind sie von Gott gemachte und ans Himmelsgewölbe gesetzte Lichter (Gen 1,16-17). Auch das Meer (Verse 6-9) und die Dunkelheit (Vers 20), die beide als bedrohliche Mächte empfunden wurden, müssen Gott gehorchen.
b Vgl. Sacherklärung »Leviatan«. Was den Menschen Furcht und Schrecken einjagt, ist hier ein Spielzeug Gottes!

104,21 Ijob 38,39 **104,24** Gen 1,31 **104,26** Ijob 40,25-29 **104,27-28** 104,21; 136,25; 145,15-16; 147,9 **104,29** 90,3 **104,30** Gen 2,7; Ez 37,9-10 **104,32** Sir 16,18-19 **105,1** 96,3 **105,4** 27,8S **105,8** Dtn 7,9S **105,9** Gen 15,18; 26,3 **105,10-11** Gen 28,13-14

[11] Er hat gesagt: »Ich gebe euch ganz Kanaan*,
ich teile es euch zu als Erbbesitz.«[a]
[12] Sie waren damals leicht zu zählen,
nur eine Hand voll Leute waren sie,
eingewanderte Fremde im Land.
[13] Sie zogen von einem Volk zum andern,
auf Wanderschaft in vieler Herren Länder.
[14] Doch Gott ließ sie von niemand unterdrücken,
ihretwegen warnte er die Herrscher:
[15] »Hände weg von meinen berufenen Dienern!
Krümmt meinen Propheten* kein Haar!«

[16] Als er den Hunger ins Land kommen ließ
und kein Brot mehr zu finden war,
[17] da schickte er ihnen jemand voraus:
Josef wurde als Sklave verkauft.
[18] Man zwängte seine Füße in eiserne Fesseln,
ein eiserner Ring umschloss seinen Hals,[b]
[19] bis dann seine Voraussage sich erfüllte
und das Wort des HERRN seine Unschuld erwies.
[20] Der König befahl, seine Fesseln zu lösen;
der Herrscher vieler Völker gab ihm die Freiheit.
[21] Er vertraute ihm die Regierung an,
die Verwaltung seines ganzen Eigentums,
[22] damit er den Ministern Weisung erteilte
und die königlichen Ratgeber Weisheit lehrte.

[23] Dann kam Jakob nach Ägypten,
Israel wurde Gast im Land der Nachkommen Hams.
[24] Der HERR ließ das Volk sehr zahlreich werden
und mächtiger als seine Unterdrücker.
[25] So änderte er den Sinn der Ägypter:
Sie begannen, die Israeliten zu hassen
und Gottes Diener arglistig zu täuschen.
[26] Er sandte Mose, seinen Vertrauten,
und Aaron, den er ausgewählt hatte.
[27] Sie vollbrachten die Wunder,
die er angekündigt hatte,
seine Machterweise im Land der Hamiten.

[28] Er schickte die schwärzeste Finsternis –
diesmal widersprachen Mose und Aaron ihm nicht.[c]
[29] Die Gewässer der Ägypter verwandelte er in Blut
und ließ ihre Fische darin sterben.
[30] Es wimmelte überall von Fröschen,
sogar in den königlichen Gemächern.
[31] Auf seinen Befehl kam das Ungeziefer,
Schwärme von Mücken bedeckten Ägypten.
[32] Statt Regen schickte er ihnen Hagel,
im ganzen Land flammten Blitze.
[33] Ihre Weinstöcke und Feigenbäume zerschlug er,
er zerbrach alle Bäume in ihrem Gebiet.
[34] Ein Befehl von ihm,
und die Heuschrecken kamen
in Riesenscharen ohne Zahl.
[35] Die ließen keinen Grashalm stehen
und fraßen alle Felder kahl.
[36] Zuletzt erschlug er die Erstgeborenen,
den Stolz der ägyptischen Familien.

[37] Dann führte er die Seinen aus dem Land,
beladen mit Schätzen von Silber und Gold;
niemand aus ihren Stämmen blieb zurück.
[38] Ganz Ägypten war froh über ihren Auszug,
so groß war die Angst vor diesem Volk.
[39] Durch eine Wolke schützte sie der HERR
und Feuer erhellte für sie die Nacht.
[40] Als sie ihn baten, ließ er Wachteln kommen,
mit Brot vom Himmel machte er sie satt.
[41] Er öffnete den Felsen und Wasser kam hervor,
wie ein Strom ergoss es sich durch die Wüste.[d]
[42] Das tat er wegen seines heiligen Versprechens,
das er seinem Diener Abraham gegeben hatte.
[43] Als er sein erwähltes Volk befreite,
da sangen und jubelten sie vor Freude.
[44] Er gab ihnen die Länder anderer Völker,
der Ertrag fremder Arbeit wurde ihr Besitz,
[45] damit sie nun seinen Anordnungen folgen
und seinen Weisungen gehorchen.

Preist den HERRN – Halleluja!

Israels Untreue und Gottes Treue

106 Halleluja – Preist den HERRN!
Dankt dem HERRN, denn er ist gut zu uns,
seine Liebe hört niemals auf!
[2] Wer könnte alle seine großen Taten nennen
und ihn dafür gebührend preisen?
[3] Wie glücklich sind alle,
die sich nach Gottes Ordnungen richten
und jederzeit tun, was er verlangt!

[4] Wenn du deinem Volk deine Liebe zeigst,
HERR, dann denk auch an mich!
Wenn du es befreist, dann hilf auch mir!
[5] Lass mich das Glück deiner Erwählten erleben,
gemeinsam mit deinem Volk mich freuen
und jubeln mit allen, die dir gehören.

[6] Wir haben uns versündigt,
wir genauso wie unsere Väter,
wir haben Unrecht getan
und Schuld auf uns geladen.[e]

a Die Verse 7-11 geben das Thema dieses Psalms an. In dem nun folgenden geschichtlichen Rückblick wird berichtet, wie Gott sein Versprechen Schritt für Schritt einlöst. (Zum Einzelnen siehe die Vergleichsstellen.)
b Selbst die Hungersnot und die Sklaverei und Gefängniszeit Josefs werden von Gott dazu benutzt, sein Ziel zu erreichen (siehe Gen 50,20).
c Vgl. dagegen Num 20,7-12.24; 27,14. Die Reihenfolge der ›ägyptischen Plagen‹ ist hier anders als in dem Bericht Ex 7–12.
d Der Psalm spricht nur von den Wohltaten Gottes bei der Wanderung durch die Wüste, nicht vom Ungehorsam Israels wie Ps 106; vgl. Ex 17,2-3.
e Dieser Psalm spiegelt vielleicht die Abfolge einer Buß- und Klagefeier an »Fasttagen«, wie sie in Sach 7 und 8,18-19 erwähnt werden (siehe auch Sacherklärung »Bußtag«). Nach einem Aufruf zum Dank (Verse 1-2) folgt die Erinnerung an das Glück der Gehorsamen (Vers 3), ein Bittgebet des Vorsängers (Verse 4-5) und das gemeinsame Schuldbekenntnis. Mit Vers 7 beginnt der geschichtliche Rückblick, dessen Thema die Treue Gottes trotz aller Untreue des Volkes ist.

105,13-15 Gen 12,10-20; 20,1-7 **105,15** (Propheten) Gen 20,7 **105,16-22** Gen 37,12-28; 39,19-20; 41,1-46 **105,19** (Voraussage) Gen 40,9-22; (Unschuld) Gen 39,11-20 **105,23** Gen 47,5-7 **105,24-25** Ex 1,6-22 **105,26** Ex 2,1–4,17 **105,27-35** Ex 7,1–11,10 **105,36** Ex 12,29-30 **105,37** Ex 12,35-36 **105,39** Ex 14,19-20; 13,21S **105,40** Ex 16,13S; 16,31S **105,41** Ex 17,3-6 **105,42** 105,9S **105,44** Jos 24,11-13 **106,1** 118,1S **106,6** Dan 9,5

7 Unsere Vorfahren haben nichts gelernt
aus Gottes Wundertaten damals in Ägypten.
Sie vergaßen die vielen Zeichen seiner Güte,
schon am Ufer des Schilfmeers*
widersetzten sie sich ihm.
8 Trotzdem rettete er sie
und zeigte seine gewaltige Macht,
denn seine Ehre stand auf dem Spiel.
9 Er bedrohte das Schilfmeer
und es trocknete aus.
Wo sonst abgrundtiefes Wasser ist,
ließ er sie wie auf Wüstenboden gehen.
10 Er rettete sie vor den hasserfüllten Feinden
und befreite sie aus ihrer Gewalt.
11 Das Wasser deckte die Verfolger zu,
nicht einer von ihnen blieb übrig. –
12 Da schenkten sie seinen Worten Vertrauen
und priesen ihn mit einem Lied.

13 Doch bald schon vergaßen sie seine Taten;
sie warteten nicht, bis sein Plan sich erfüllte.
14 In der Wüste forderten sie Gott heraus,
weil sie ihrer Gier nicht widerstanden.
15 Er schickte ihnen, was sie verlangten;
dann aber machte er sie so krank,
dass sie immer schwächer wurden.

16 Im Lager wurden sie neidisch auf Mose
und auf Aaron, den geweihten Diener des HERRN.
17 Da öffnete sich plötzlich die Erde,
verschlang Datan und Abiram samt Anhang
und schloss sich wieder über ihnen.
18 Ein Feuer flammte auf in ihrer Mitte
und verzehrte die ganze rebellische Horde.
19 Am Horeb* machten sie sich ein Stierbild,
sie warfen sich nieder vor gegossenem Metall.
20 Die Herrlichkeit ihres Gottes vertauschten sie
mit dem Bild eines Rindviehs, das Gras frisst.
21 Gott, ihren Retter, vergaßen sie,
seine machtvollen Taten in Ägypten,
22 seine Wunder bei den Nachkommen Hams,
sein Ehrfurcht gebietendes Tun am Schilfmeer.
23 Darum plante er, sie alle umzubringen;
doch Mose, sein Erwählter, trat dazwischen,
er warf sich für sie in die Bresche
und wandte den Zorn Gottes von ihnen ab,
sodass sie nicht ausgerottet wurden.

24 Dann verschmähten sie das herrliche Land,
weil sie der Zusage Gottes misstrauten;
25 sie meuterten in ihren Zelten
und wollten dem HERRN nicht mehr gehorchen.
26 Da schwor er ihnen mit erhobener Hand,
sie in der Wüste sterben zu lassen
27 und ihre Nachkommen in alle Welt zu zerstreuen,
damit sie unter fremden Völkern sterben.

28 Sie ließen sich sogar darauf ein,
Baal, den Götzen vom Berg Pegor, zu verehren.
Sie aßen das Fleisch von Opfertieren,
die man toten Götzen dargebracht hatte.
29 Sie reizten den HERRN zum Zorn mit ihrem Treiben
und plötzlich kam das Unheil über sie.
30 Doch Pinhas trat vor und hielt Gericht
und die Seuche hörte wieder auf.
31 Sein Tun fand Gottes Anerkennung;
ihm und seinen Nachkommen
wollte Gott diese Tat nie vergessen.

32 Bei der Quelle von Meriba geschah es wieder:
Sie forderten Gottes Zorn heraus
und brachten Mose damit in Bedrängnis.
33 Sie hatten ihn so sehr gereizt,
dass er redete, ohne zu überlegen.

34 Sie tilgten die anderen Völker nicht aus,
obwohl es der HERR so befohlen hatte.
35 Sie verschwägerten sich mit den fremden Völkern
und nahmen deren Gebräuche an.
36 Sie warfen sich nieder vor den Götzen,
die ihnen zum Verhängnis wurden.
37 Sie nahmen ihre Söhne und Töchter
und brachten sie den Dämonen* als Opfer dar.
38 Das Blut von Schuldlosen vergossen sie,
das Blut ihrer eigenen Kinder,
die sie für die Götzen Kanaans* schlachteten;
dadurch entweihten sie das Land.
39 Sie wurden unrein* durch ihr Treiben;
was sie taten, war Untreue gegen Gott.

40 Der HERR wurde zornig auf sein Volk,
er sah sein Eigentum nur noch mit Abscheu.
41 Er lieferte sie an fremde Völker aus
und hasserfüllte Leute herrschten über sie.
42 Die Feinde beuteten sie aus
und unterdrückten sie mit harter Hand.
43 Oft genug befreite sie der HERR;
sie aber blieben widerspenstig
und gerieten durch ihre Schuld immer tiefer in Not.
44 Doch wenn er ihre Hilfeschreie hörte
und ihre Angst und Verzweiflung sah,
45 dann dachte er wieder an seinen Bund*,
an das, was er ihnen versprochen hatte.
In seiner Güte taten sie ihm Leid.
46 Darum ließ er sie Erbarmen finden
bei allen, die sie gefangen hielten.

106,7 Ex 14,11-12 **106,8-11** Ex 14,21-29 **106,12** Ex 14,31; 15,1-21 **106,13-15** Num 11,4-6.18-20.31-34 **106,16-18** Num 16,1-3.31-35 **106,19-23** Ex 32,1-14 **106,20** Röm 1,23S **106,23** Ez 22,30S **106,24-25** Num 13,21–14,4; Dtn 1,26-27 **106,26-27** Num 14,22-23.29 **106,28-31** Num 25,1-13 **106,32-33** Num 20,2-13.24 **106,34-36** Dtn 7,1-5 **106,37-39** Lev 18,21S **106,40-46** Ri 2,10-19

[47] HERR, unser Gott, rette uns doch![a]
Hol uns heraus aus den fremden Völkern
und führe uns wieder zusammen!
Dann werden wir dich preisen,
dich, unseren heiligen Gott;
und unsere größte Freude wird es sein,
dir zu danken!

[48] Gepriesen sei der HERR, der Gott Israels,
vom Anfang der Zeiten bis in alle Zukunft!
Und alle sollen sagen:
»Amen! Halleluja!«

FÜNFTES BUCH
(Psalmen 107–150)

Das Danklied der Geretteten

107 Dankt dem HERRN,
denn er ist gut zu uns,
seine Liebe hört niemals auf!
[2] So sollen alle sprechen,
die der HERR befreit hat![b]
Er hat sie aus der Hand ihrer Bedränger gerettet
[3] und aus fremden Ländern wieder heimgebracht,
von Ost und West, von Nord und Süd.°

[4] Die einen irrten umher in wegloser Wüste,
fernab von jeder bewohnten Gegend.
[5] Sie wurden gequält von Hunger und Durst
und hatten alle Hoffnung aufgegeben.
[6] *Sie schrien zum HERRN in ihrer Not,*
der rettete sie aus der Todesangst.
[7] Er brachte sie auf den richtigen Weg
und ließ sie zu menschlichen Siedlungen finden.
[8] *Nun sollen sie dem HERRN danken für seine Güte,*
ihn preisen für ihre wunderbare Rettung!
[9] Er hat den Verdurstenden zu trinken gegeben
und den Hungernden reiche Nahrung verschafft.

[10] Andere hockten in finsteren Kerkern,
gefangen in Elend und eisernen Ketten,
ohne Hoffnung, die Sonne je wiederzusehen.
[11] Sie hatten sich gegen Gott empört,
die Weisungen des Höchsten in den Wind
geschlagen.
[12] Da zerbrach er ihren Trotz durch harte Schläge;
sie lagen am Boden
und niemand half ihnen auf.
[13] *Sie schrien zum HERRN in ihrer Not,*
der rettete sie aus der Todesangst.
[14] Er holte sie aus dem finsteren Kerker
und riss ihre Fesseln in Stücke.
[15] *Nun sollen sie dem HERRN danken für seine Güte,*
ihn preisen für ihre wunderbare Rettung!
[16] Er hat die gepanzerten Türen zerschlagen,
die eisernen Riegel hat er zerbrochen.

[17] Andere waren so uneinsichtig,
dass sie sich dem HERRN widersetzten;
ihre Vergehen stürzten sie in schlimmes Unglück.
[18] Sie ekelten sich vor jeder Speise,
ihr Leben hing nur noch an einem Faden.
[19] *Sie schrien zum HERRN in ihrer Not,*
der rettete sie aus der Todesangst.
[20] Er sprach ein Wort und sie waren geheilt;
so bewahrte er sie vor dem Grab.
[21] *Nun sollen sie dem HERRN danken für seine Güte,*
ihn preisen für ihre wunderbare Rettung!
[22] Sie sollen ihm danken mit Opfergaben*
und voll Freude verkünden, was er getan hat!

[23] Andere wieder fuhren übers Meer
und trieben Handel an vielen Küsten.
[24] Sie erlebten voll Staunen, was der HERR kann
und wie er die Elemente beherrscht.
[25] Auf seinen Befehl erhob sich ein Sturm
und haushoch türmten sich die Wellen.
[26] Ihr Schiff wurde zum Himmel hinaufgeschleudert
und stürzte hinab in den gähnenden Abgrund.
Sie vergingen vor Angst und Elend.
[27] Wie Betrunkene schwankten und taumelten sie,
sie waren mit ihrer Weisheit am Ende.
[28] *Sie schrien zum HERRN in ihrer Not,*
der rettete sie aus der Todesangst.
[29] Er ließ den Sturm zur leichten Brise werden
und die tobenden Wellen legten sich.
[30] Da wurde ihnen wieder leicht ums Herz
und er brachte sie zum ersehnten Hafen.
[31] *Nun sollen sie dem HERRN danken für seine Güte,*
ihn preisen für ihre wunderbare Rettung!
[32] In der Gemeinde sollen sie davon erzählen,
im Rat der Ältesten* ihn dafür rühmen!

[33] Gott kann Ströme versiegen lassen,[c]
wasserreiche Täler zu Steppen machen
[34] und fruchtbares Land zur salzigen Wüste,
wenn die Bewohner das Recht nicht achten.
[35] Er kann auch Wüsten zu Weiden machen
und in Steppen Quellen aufbrechen lassen.
[36] Dort können die Ausgehungerten leben;
sie bauen eine Stadt, in der sie wohnen.
[37] Sie bestellen die Felder,
legen Weinberge an
und bringen reiche Ernte ein.
[38] Gott schenkt ihnen Glück und Gelingen
und sie bekommen viele Kinder,
auch ihre Herden nehmen zu. –
[39] Doch wenn sie immer geringer werden,

a Nach dem predigtartigen Rückblick schließt der Psalm mit einer Bitte um Zusammenführung des zerstreuten Volkes und einem Dankvers.
b Dieser Psalm ist wahrscheinlich die liturgische Einleitung eines großen Dankfestes. Verschiedene Gruppen von Festteilnehmern werden jeweils aufgefordert, ihre Dankopfer darzubringen und vor der Gemeinde Gott für die erfahrene Hilfe zu preisen: Karawanenreisende (Verse 4-9), freigelassene Gefangene (Verse 10-16), von Krankheit Genesene (Verse 17-22) und Seefahrer (Verse 23-32).
c Die Verse 33-43 sind ein hymnisches Lehrgedicht von Gottes uneingeschränkter Macht über Land und Menschen. Sein strafendes und helfendes Eingreifen sind Grund zur Freude für alle, die ihm gehorchen.

106,47 Dtn 30,1-3 **107,1** 118,1 S **107,3** Jes 43,5-6 **107,6** 50,15 **107,9** Lk 1,53 **107,25** Jona 1,4 **107,27** Spr 23,34 **107,29** 89,10 S **107,31-32** 22,23 S **107,33-34** Jes 42,15; 50,2 **107,35** Jes 41,18

a Teile aus zwei anderen Psalmen werden hier zusammengestellt: Die Verse 2-6 entsprechen 57,8-12; die Verse 7-14 entsprechen 60,7-14, in beiden Fällen mit kleinen Abweichungen. Zu Vers 2 siehe Anmerkung zu 57,8, zu den Versen 7 und 10 die Anmerkungen zu 60,7 und 60,10.
b Diese Zeile ist ein verdeutlichender Zusatz; vgl. Rut 4,7-8.
c *meinen Feind:* wörtlich *ihn.* Das Verständnis der Verse 6-19 ist schwierig. Es ist möglich, dass der Psalmist – gegen seine Feinde gerichtet – eine Reihe bekannter Verwünschungen zitiert oder die Worte seiner Feinde gegen ihn (vgl. auch Sacherklärung »Fluch«).
d In Apg 1,20 wird diese Zeile auf den Verräter Judas bezogen.
e Verdeutlichender Zusatz; zum Wortlaut einer solchen Unschuldsbeteuerung vgl. 7,4-7.

gebeugt von Unglück und Unterdrückung,
40 dann bringt er die Vornehmen in Schande
und lässt sie umherirren in wegloser Wüste.
41 Die Armen aber befreit er aus der Not
und lässt ihre Familien wachsen wie Herden.

42 Alle Rechtschaffenen werden es sehen
und sich freuen;
aber die Lästermäuler müssen verstummen.
43 Wer klug ist, achtet darauf
und wird erkennen, wie gütig der HERR ist.

Dankbare Gewissheit in großer Bedrängnis
(Verse 2-6: 57,8-12; Verse 7-14: 60,7-14)

108 Ein Lied Davids.[a]
2 Mein Herz ist ruhig geworden, Gott,
ich fühle mich wieder sicher;
mit einem Lied will ich dich preisen.
Ja, das will ich!
3 Harfe und Laute, wacht auf,
denn heute will ich die Sonne wecken!
4 Dir, HERR, bringe ich meinen Dank,
von dir will ich singen vor allen Völkern;
5 denn deine Güte ist größer als der Himmel
und deine Treue reicht so weit wie die Wolken!
6 Gott, überstrahle den Himmel mit deiner
Herrlichkeit*
und erfülle die Erde mit deiner Macht!
7 Greif ein mit deiner starken Hand,
gib Antwort auf mein Rufen,
rette uns – du liebst uns doch!

8 Aus seinem Heiligtum gibt Gott die Antwort:
»Ich juble über meinen Sieg!«, sagt er.
»Ich werde Sichem meinem Volk zuteilen,
das Tal von Sukkot für sie vermessen.
9 Mir gehört Gilead*, mir gehört Manasse,
Efraïm* ist mein Helm
und Juda mein Zepter.
10 Moab* muss mir als Waschschüssel dienen,
auf Edom* werfe ich meinen Schuh,
um mein Besitzrecht anzuzeigen.[b]
Über die Philister* breche ich in Siegesjubel aus!«

11 Wer bringt mich in die befestigte Stadt,
wer führt mich nach Edom?
12 Wer außer dir, Gott, könnte das tun?
Aber du hast uns ja verstoßen
und ziehst nicht mehr mit unseren Heeren
in den Kampf!
13 Komm *du* uns in unserer Not zu Hilfe;
auf Hilfe von Menschen ist kein Verlass!
14 Mit Gott auf unserer Seite
vollbringen wir Großes;
denn er wird unsere Feinde zertreten.

Gebet eines unschuldig Angeklagten

109 Ein Lied Davids.
Du, Gott, dem ich meine Danklieder singe,
schweige nicht länger!
2 Gewissenlose Verleumder klagen mich an,
nichts als Lügen höre ich von ihnen.
3 Mit gehässigen Reden umringen sie mich,
grundlos dringen sie auf mich ein.
4 Für meine Freundschaft feinden sie mich an;
ich aber habe für sie gebetet.
5 Gutes vergelten sie mir mit Bösem,
meine Liebe erwidern sie mit Hass.

6 Berufe einen Richter gegen meinen Feind,[c]
einen, der so gewissenlos ist wie er selbst,
und einen harten Ankläger neben ihn!
7 Am Ende muss er als schuldig dastehen,
selbst sein Gebet soll als Verbrechen gelten!
8 Nur wenige Jahre soll sein Leben dauern
und seine Stellung soll ein anderer bekommen![d]
9 Seine Kinder sollen Waisen werden
und seine Frau eine schutzlose Witwe!
10 In Trümmern sollen seine Kinder hausen
und weit von dort umherirren und betteln!
11 Seinen ganzen Besitz sollen Gläubiger nehmen
und Fremde den Ertrag seiner Arbeit rauben!
12 Es darf niemand mehr geben, der sein
Andenken ehrt
und Mitleid hat mit seinen verwaisten Kindern!
13 Seine Nachkommen sollen ausgerottet werden,
in der nächsten Generation sei ihr Name vergessen!
14 Der HERR rechne ihm das Unrecht seiner
Vorväter an,
auch die Schuld seiner Mutter bleibe ungetilgt!
15 Nichts davon soll der HERR vergessen!
Die Namen dieser Leute lösche er aus,
damit niemand im Land mehr an sie denkt!
16 Denn dieser Mensch hat nie daran gedacht,
einem anderen Güte zu erweisen.
Die Armen und Bedürftigen hat er verfolgt,
die Hoffnungslosen in den Tod getrieben.
17 Er hat den Fluch geliebt,
darum soll der Fluch ihn treffen;
er hat sich geweigert, andere zu segnen,
darum soll der Segen von ihm weichen.
18 Er hat mit einem Fluch seine Unschuld beteuert[e]
und sich in diesen Fluch gehüllt,
als wäre er ein schützender Mantel.

107,40-41 75,8S **108,5** 36,6; 57,11; 103,11-12 **109,2** 31,18-19; 52,6; 62,5; 64,4-5; 69,5; 27,12S **109,4** Jer 15,11 **109,6** 94,20 **109,8** Apg 1,20 **109,18** Num 5,17-28

Und der Fluch ist in ihn eingedrungen
wie Wasser, das man trinkt,
wie Öl, mit dem man sich einreibt.
19 Darum soll der Fluch nun bei ihm bleiben,
ihn umhüllen wie sein Hemd,
ihn für immer umschließen wie sein Gürtel!

20 So soll der HERR verfahren
mit allen meinen Feinden,
die mich beschuldigen und verleumden!

21 HERR, mein Gott, es geht um deine Ehre!
Erweise mir deine große Güte
und rette mich!
22 Ich bin arm und hilflos
und im Innersten verwundet.
23 Ich schwinde dahin
wie ein Schatten vor der Nacht;
man schüttelt mich ab wie ein lästiges Insekt.
24 Vom vielen Fasten wanken mir die Knie,
vor Entbehrung ist mein Körper abgemagert.
25 Meine Feinde verhöhnen mich,
wenn sie mich sehen,
und schütteln verächtlich ihre Köpfe.

26 HERR, mein Gott, steh mir bei!
Hilf mir, ich rechne mit deiner Güte!
27 Lass sie erkennen, dass *du* es tust,
dass du, HERR, alles so gefügt hast!
28 Sie verfluchen mich,
du aber wirst mich segnen.
Sie greifen mich an und werden unterliegen,
ich aber werde voll Freude sein.
29 Sie alle, die mich beschuldigen –
Schimpf und Schande soll über sie kommen,
sie völlig umhüllen wie ein Mantel!

30 Ich will dem HERRN danken mit lauter Stimme,
in der großen Menge will ich ihn preisen!
31 Denn er wird dem Wehrlosen beistehen
und ihn retten vor seinen Richtern,
die ihn zum Tod verurteilen wollen.

Gottes Zusage an den König

110 Ein Lied Davids.[a]

Gott, der HERR, lässt dir sagen,
dir, meinem Herrn und König:
»Setze dich an meine rechte Seite!
Ich will dir deine Feinde unterwerfen,
sie als Schemel unter deine Füße legen.
2 Der HERR hat dich zum König gemacht
auf dem Berg Zion*.
Von dort aus wird er dein Reich ausweiten;
über alle deine Feinde sollst du herrschen!
3 Israels Männer folgen dir willig,
wenn du sie zum Kampf rufst.
Festlich geschmückt, frisch wie der Morgentau,
sammelt sich bei dir die Jugend deines Volkes.«[b]

4 Mit einem Schwur sagt der HERR es dir zu:
»Du bist mein Priester* für immer,
nach der Art Melchisedeks.«
Er nimmt diese Zusage nicht zurück.
5 Der Herr wird dir zur Seite stehen
und Könige zu Boden schlagen
am Tag seines Zornes.
6 Wenn er Gericht hält über die Völker,
werden überall Tote liegen;
er vernichtet die Herrscher vieler Länder.°

7 Der König trinkt aus dem Bach am Weg,[c]
und so gestärkt, behält er den Sieg.

Dank für Gottes Wundertaten

111 Halleluja – Preist den HERRN!

Von Herzen will ich den HERRN preisen
unter denen, die zu ihm halten,
inmitten der Gemeinde.
2 Wie gewaltig sind die Taten des HERRN!
Alle, die Freude an ihnen haben,
denken ständig über sie nach.
3 Sein Tun ist voller Hoheit und Pracht;
seine Gerechtigkeit* hat für immer Bestand.
4 Er selbst hat Gedenktage gestiftet,
damit seine großen Taten nicht vergessen werden.

Voll Güte und Erbarmen ist der HERR!
5 Alle, die ihm gehorchten, machte er satt;
niemals vergisst er seinen Bund* mit ihnen.
6 Er zeigte seinem Volk, wie mächtig er ist:
er gab ihm die Länder anderer Völker.
7 Was er tut, ist zuverlässig und richtig.
Seine Gebote verdienen Vertrauen;
8 für alle Zeiten stehen sie fest,
sie sind genau und treu zu befolgen.

9 Der HERR hat sein Volk befreit
und einen Bund mit ihm geschlossen,
der für immer gilt.
Heilig und ehrfurchtgebietend ist er!
10 Den HERRN stets ernst zu nehmen,
damit fängt alle Weisheit* an.
Wer es tut, beweist Verstand.

Der Ruhm des HERRN hört niemals auf!

a Dieser sehr alte Psalm war vermutlich Teil der Liturgie bei der Krönung der Könige von Juda; vgl. auch Ps 2 und 101. Im späteren Judentum bezog man ihn auf den erwarteten Messias; darauf zielt die Frage Jesu in Mk 12,35-37. Die christliche Gemeinde hat Ps 110 als Weissagung auf Jesus Christus verstanden (Apg 2,32-36; 1 Kor 15,25; Hebr 1,13; 5,6).
b Deutung ganz unsicher.
c Nach 1 Kön 1,38-40 wurde die Salbung des Königs an der Gihonquelle vor der Stadtmauer Jerusalems vollzogen. Wasser ist ein verbreitetes Sinnbild für Leben. Ob das Trinken aus der Quelle Teil des Zeremoniells der Königssalbung war, bleibt ungewiss.

109,21 143,11; 115,1-2 **110,1** 2,6; 80,18; Mk 12,36S **110,4** Gen 14,18-20; Hebr 5,6 **110,5-6** 2,8-9 **111,1** 22,23S **111,4** 78,5-6; Ex 12,24-27; 13,8-10 **111,5** 105,40S **111,6** 105,44 **111,10** Spr 1,7S

Das Glück der Treuen

112 Halleluja – Preist den HERRN!
Wie glücklich ist ein Mensch,
der den HERRN achtet und ehrt
und große Freude hat an Gottes Geboten!
2 Seine Nachkommen werden mächtig im Land;
denn wer aufrichtig dem HERRN folgt,
dessen Kinder segnet er.
3 Wohlstand und Reichtum sind in seinem Haus,
seine Gerechtigkeit* hat für immer Bestand.
4 Sogar in dunklen Stunden strahlt ein Licht
für alle, die redlich und rechtschaffen sind;
denn er ist gütig, barmherzig und gerecht.[a]

5 Gut steht es um den Menschen,
der den Armen schenkt und leiht
und der bei allem, was er unternimmt,
das von Gott gesetzte Recht beachtet.
6 Nie gerät er ins Wanken,
niemals wird seine Treue vergessen.
7 Schlimme Nachricht macht ihm keine Angst,
mit ruhigem Herzen vertraut er dem HERRN.
8 Fest und mutig bleibt er, ohne Furcht,
bald wird er herabschauen auf seine Feinde.
9 Großzügig gibt er den Bedürftigen;
seine Gerechtigkeit* hat für immer Bestand.
Darum wird er beschenkt mit Macht und Ehre.
10 Wer Gott missachtet, sieht es voller Ärger,
knirscht mit den Zähnen und vergeht vor Wut.
Seine bösen Pläne werden zunichte.

Gottes Größe und Erbarmen

113 Halleluja – Preist den HERRN![b]
Ihr seine Diener, preist ihn!
Rühmt seinen großen Namen!
2 Dankt eurem mächtigen Herrn,
jetzt und in aller Zukunft!
3 Von dort, wo die Sonne aufgeht,
bis dorthin, wo sie versinkt –
überall werde der HERR gepriesen!
4 Herrscher über alle Völker ist der HERR,
seine Herrlichkeit überstrahlt den Himmel.

5–6 Wer im Himmel oder auf der Erde
gleicht dem HERRN, unserem Gott,
ihm, der im höchsten Himmel thront
und hinabschaut in die tiefste Tiefe?
7 Den Armen holt er aus der Not,
den Hilflosen heraus aus seinem Elend
8 und gibt ihm einen Ehrenplatz
bei den Angesehenen seines Volkes.
9 Der Frau, die keine Kinder haben konnte,
verschafft er ein sicheres Zuhause
und macht sie zu einer glücklichen Mutter.

Preist den HERRN – Halleluja!

Der Ehrfurcht gebietende Gott

114 Als Israel aus Ägypten wegzog, als die
Nachkommen Jakobs das Volk verließen,
dessen Sprache sie nicht verstehen konnten,
2 da wurde Juda Gottes Heiligtum,
Israel wurde sein Herrschaftsgebiet.
3 Das Meer sah es und floh,
der Jordan wich zurück,
4 die Berge sprangen wie Widder
und die Hügel hüpften wie Lämmer.

5 Du Meer, warum fliehst du denn?
Du Jordan, weshalb weichst du zurück?
6 Ihr Berge, warum springt ihr wie Widder?
Ihr Hügel, weshalb hüpft ihr wie Lämmer?[c]

7 Ja, Erde, erbebe vor dem Herrn,
zittere, wenn der Gott Jakobs sich zeigt!
8 Er hat den Felsen in einen Teich verwandelt,
den harten Stein in eine Quelle!

Gott allein die Ehre!

115 Nicht uns, HERR, nicht uns –
nein, deinen Namen bringe zu Ehren!
Wir wissen doch, dass du gütig und treu bist!
2 Warum sollen die anderen Völker sagen:
»Wo ist er denn, ihr Gott?«[d]

3 Unser Gott? Im Himmel ist er!
Und alles, was er will, das tut er auch!
4 Doch ihre Götzen aus Silber und Gold
sind Machwerke von Menschenhänden.
5 Sie haben Münder, die nicht sprechen,
Augen, die nichts sehen,
6 Ohren, die nichts hören,
Nasen, die nichts riechen,
7 Hände, die nichts fühlen,
Füße, die sich nicht bewegen,
und aus ihren Kehlen kommt kein Laut.
8 Genauso sollen alle werden,
die diese Götzen geschaffen haben,
und alle, die sich auf Götzen verlassen![e]

9 Volk Israel, vertrau dem HERRN!
Er ist deine Hilfe und dein Schutz.
10 Ihr Priester,[f] vertraut dem HERRN!

a Was in Ps 111,4 von Gott gesagt wird (vgl. Ex 34,6), gilt hier von dem, der sich an Gott hält.
b Vermutlich wurde dieser Psalm von zwei Chören im Wechsel gesungen (Verse 1-4 und 5-9). Nach jüdischer Tradition gehören die Psalmen 113-118 zur Liturgie der großen Feste, besonders des Passafestes.
c Wenn Gott sich zeigt, weichen alle ihm widerstrebenden Mächte zurück; vgl. Sacherklärung »Meer«. Selbst die Berge und Hügel – Sinnbilder des Dauerhaften und Unerschütterlichen – beben vor ihm. Dieser mächtige Gott ist es, der Israel zu seinem Volk erwählt und in Juda sein Heiligtum errichtet hat.
d Dieser Psalm scheint die Lage der in kleinen Gruppen zerstreut lebenden Gemeinde widerzuspiegeln, die von Nachbarvölkern wegen ihres bilderlosen Gottesdienstes verspottet wurde. Der Psalm wurde im Wechsel zwischen Priestern und Gemeinde gesungen, wie man vor allem an den Versen 9-11 erkennen kann.
e Israel nimmt die spöttische Frage der anderen Völker (Vers 2) zum Anlass, deren leblose, ohnmächtige Götzen zu verspotten.
f *Ihr Priester*:* wörtlich *Haus Aaron.*

112,1-10 25,12-13S **112,1-2** Spr 20,7 **112,4** Mi 7,8 **112,5** Dtn 15,7-8 **112,9** 2 Kor 9,9 **113,5-8** Jes 57,15 **113,7-8** 9,13S; 1 Sam 2,7-8S **113,9** 1 Sam 2,5 **114,2** Ex 19,6 **114,3** Ex 14,21-22; Jos 3,14-17 **114,4** 29,6 **114,8** Ex 17,6S **115,1-2** 42,4; 79,9-10; Joël 2,17; Mi 7,10; Jes 48,11S **115,4-11** 135,15-20 **115,4-7** 96,5; Jes 41,21-29S

Er ist eure Hilfe und euer Schutz.
11 Ihr alle, die ihr ihn verehrt,
vertraut dem HERRN!
Er ist eure Hilfe und euer Schutz.

12 Der HERR denkt an uns und will uns segnen.
Er segne ganz Israel!
Er segne die Priester!
13 Er segne alle, die ihn verehren,
Niedrige und Hohe miteinander!
14 Der HERR schenke euch große Familien,
euch und all euren Kindern!
15 Glück und Gelingen gebe euch der HERR,
der Himmel und Erde geschaffen hat!

16 Der Himmel* gehört dem HERRN allein,
doch die Erde hat er den Menschen gegeben.
17 Die Toten können ihn nicht mehr preisen;
sie sind dort, wo man für immer schweigt.
18 Wir aber wollen ihm danken,
jetzt und in aller Zukunft!

Preist den HERRN – Halleluja!

Dank für die Rettung vom Tod

116 Ich liebe den HERRN,
denn er hört mich,
wenn ich zu ihm um Hilfe schreie.
2 Er hat ein offenes Ohr für mich;
darum bete ich zu ihm, solange ich lebe.

3 Ich war gefangen in den Fesseln des Todes,
die Schrecken der Totenwelt* griffen nach mir,
Angst und Verzweiflung quälten mich.
4 Da schrie ich zu ihm:
»HERR, rette mein Leben!«

5 Der HERR ist gütig und gerecht,
voll Erbarmen ist unser Gott.
6 Der HERR schützt alle,
die sich nicht helfen können.
Ich war schwach und er hat mir geholfen.
7 Nun kann ich wieder zur Ruhe kommen,
denn der HERR ist gut zu mir gewesen.
8 HERR, du hast mich gerettet vom drohenden Tod,
du hast meine Tränen versiegen lassen
und meine Füße zurückgehalten vor dem Abgrund.
9 Ich darf in der Welt der Lebenden bleiben
und in deiner Nähe weiterleben.

10 Ich habe dem HERRN vertraut,
auch als ich klagte:
»Ich liege ganz am Boden!«
11 In meiner Ratlosigkeit sagte ich:
»Auf keinen Menschen ist Verlass!«
12 Wie kann ich dem HERRN vergelten,
was er für mich getan hat?
13 Ich will ihn vor der Gemeinde rühmen
und den Becher der Rettung[a] erheben,
um ihm zu danken.
14 Was ich ihm versprochen habe, löse ich ein
in Gegenwart seines ganzen Volkes.
15 Der HERR lässt die Seinen nicht untergehen,
dafür ist ihm ihr Leben zu wertvoll.[b]

16 HERR, ich gehöre dir mit Leib und Leben;[c]
darum hast du mich vom Tod befreit.
17 Ich bringe dir ein Dankopfer*
und bekenne vor allen,
dass du zu deinem Namen* stehst und hilfst.

18 Was ich dem HERRN versprochen habe,
das löse ich ein
in Gegenwart seines ganzen Volkes,
19 in den Vorhöfen* seines Tempels,
mitten in dir, Jerusalem!

Preist den HERRN – Halleluja!

Alle Welt soll Gott preisen!

117 Preist den HERRN, alle Völker!
Rühmt ihn, ihr Nationen alle!
2 Denn seine Güte zu uns ist übergroß
und seine Treue hört niemals auf.

Preist den HERRN – Halleluja!

Dank des Königs für Gottes Hilfe

118 *Dankt dem HERRN,*
denn er ist gut zu uns,
seine Liebe hört niemals auf!
2 Das Volk Israel soll rufen:
»Seine Liebe hört niemals auf!«
3 Die Priester* sollen rufen:
»Seine Liebe hört niemals auf!«
4 Alle, die den HERRN verehren, sollen rufen:
»Seine Liebe hört niemals auf!«[d]

5 Als ich von allen Seiten bedrängt war,
schrie ich zum HERRN um Hilfe.[e]
Er erhörte mich und machte mich frei.
6 Der HERR steht mir bei;
nun fürchte ich nichts mehr.
Was könnte ein Mensch mir schon tun?
7 Der HERR steht mir bei,
er selbst greift ein;
darum werde ich mit eigenen Augen sehen,

a Dieser mit Wein gefüllte Becher war wohl ein Teil des Dankopfers; siehe Sacherklärung »Opfer«.
b Der Beter dieses Psalms preist Gott vor der Gemeinde für seine Rettung aus Todesgefahr. In der größten Not, als er sich von allen Menschen verlassen sah, hat er es erfahren, dass man sich auf Gott verlassen kann. Einen ähnlichen Gedanken wie in Vers 15 finden wir in 72,14.
c Wörtlich *Herr, ich bin dein Knecht, Sohn deiner Magd* (vgl. Anmerkung zu 86,16).
d Dieser Psalm wurde wohl beim Einzug der Gemeinde in den Tempel gesungen (siehe Vers 19; vgl. auch Ps 15 und 24). An vielen Stellen lässt sich erkennen, dass es sich um einen Wechselgesang handelt; aber eine sichere Aufteilung des Textes auf verschiedene Sprecher oder Gruppen lässt sich nicht vornehmen.
e Es ist nicht deutlich, ob in den Versen 5-19 und 21 ein Einzelner seine persönlichen Erfahrungen schildert oder ob er hier als Repräsentant des Volkes spricht.

115,14 127,3 **115,16** 8,7; Gen 1,28 **115,17** 6,6S **116,3-4** 18,5-7 **116,5** Ex 34,6S **116,8** 30,4S **116,13-14** 22,26; 66,13-15 **116,15** 72,14 **117,1** Röm 15,11 **117,2** Ex 34,6S **118,1** 100,5; 106,1; 107,1; 136,1-26; 1 Chr 16,34S **118,6** 56,5S; Hebr 13,6

a Hier und in Vers 26-27 spricht vermutlich ein Priester.
b *Eckstein:* siehe Sacherklärung; möglich auch *Schlussstein.*
c Die Verse 22-23 werden im Neuen Testament auf Jesus Christus gedeutet (siehe die Vergleichsstellen).
d Mit diesen Worten wird Jesus bei seinem Einzug in Jerusalem begrüßt (Mt 21,9; vgl. auch Mt 23,39).
e Im Hebräischen folgt der Aufbau dieses Psalms dem Alphabet, und zwar so, dass jeweils die 8 Verse einer Strophe mit demselben Buchstaben anfangen. Luther nannte den Psalm »Das güldene ABC«. Diese Kunstform des Lehrgedichts lässt sich im Deutschen nicht nachahmen; stattdessen benutzt die Übersetzung ein festes Versmaß (vgl. dazu den Schluss der Einleitung zum Buch Ijob, Seite 575).

wie meine Feinde unterliegen.
8 Mit dem HERRN rechnen ist besser
als sich auf Menschen verlassen.
9 Mit dem HERRN rechnen ist besser
als auf die Hilfe der Mächtigen warten.

10 Feindliche Völker umringten mich –
ich trieb sie zurück mit der Hilfe des HERRN!
11 Sie bedrängten mich von allen Seiten –
ich trieb sie zurück mit der Hilfe des HERRN!
12 Sie überfielen mich wie Bienenschwärme –
ich trieb sie zurück mit der Hilfe des HERRN!
Einem Strohfeuer glich ihr Angriff,
so schnell war er vorüber.
13 Sie setzten mir hart zu, um mich zu stürzen;
doch der HERR hat mir geholfen.
14 Vom HERRN kommt meine Kraft,
ihm singe ich mein Lied,
denn er hat mich gerettet.

15 Das Volk Gottes stimmt das Siegeslied an;
aus allen Zelten schallt es laut:
»Der HERR hat seine Macht gezeigt;
16 seine Hand ist siegreich erhoben.
Er hat die Feinde geschlagen!«

17 Ich muss nicht sterben, ich darf weiterleben
und erzählen, was der HERR getan hat.
18 Der HERR hat mich hart angefasst,
doch vor dem Tod hat er mich bewahrt.
19 Öffnet mir das Tor zum Tempel*,
durch das die Treuen einziehen dürfen!
Ich will eintreten, um dem HERRN zu danken.
20 »Hier ist der Zugang zum HERRN.[a]
Wenn du seine Weisungen treu befolgt hast,
dann komm, tritt ein!«
21 Ich danke dir, HERR, du hast mich erhört!
Du hast mir die Rettung gebracht!

22 Der Stein, den die Bauleute als wertlos
weggeworfen haben,
ist zum Eckstein[b] geworden.
23 Der HERR hat dieses Wunder vollbracht
und wir haben es gesehen.[c]

24 Diesen Tag hat der HERR zum Festtag gemacht.
Heute wollen wir uns freuen und jubeln!
25 Hilf uns doch, HERR!
Gib uns Glück und Gelingen!
26 »Heil dem, der im Auftrag des HERRN kommt![d]
Den Segen* des HERRN sprechen wir euch zu,
hier, von seinem Tempel aus.«
27 Der HERR allein ist Gott,
er blickt uns freundlich an.
»Nehmt Zweige!
Schließt euch zusammen zum festlichen Reigen
bis dicht an die Hörner* des Altars!«°
28 Du bist mein Gott, und ich danke dir;
mein Gott, ich will dich preisen!

29 *Dankt dem HERRN, denn er ist gut zu uns,*
seine Liebe hört niemals auf!

Ein Loblied auf Gottes Gesetz[e]

I

119 Wie glücklich ist, wer stets unsträflich lebt
und jederzeit des HERRN Gesetz* befolgt!
2 Wie glücklich ist, wer Gottes Weisung ausführt
und wer mit ganzem Herzen nach ihm fragt!
3 Bei solchen Menschen findet sich kein Unrecht,
weil sie in allem Gottes Willen tun.
4 Du, HERR, hast deine Vorschriften gegeben,
damit man sich mit Sorgfalt danach richtet.
5 Ich möchte unbeirrbar dabei bleiben,
mich deinen Ordnungen zu unterstellen!
6 Dann brauchte ich nicht mehr beschämt zu sein
im Blick auf die Gebote, die du gabst.
7 Was du entschieden hast, präg' ich mir ein
und preise dich dafür mit reinem Herzen.
8 An deine Ordnungen will ich mich halten;
steh du mir bei und lass mich nicht im Stich!

II

9 Wie kann ein junger Mensch sein Leben meistern?
Indem er tut, was du gesagt hast, HERR.
10 Von Herzen frage ich nach deinem Willen;
bewahre mich davor, ihn zu verfehlen!
11 Was du gesagt hast, präge ich mir ein,
weil ich vor dir nicht schuldig werden will.
12 Ich muss dir immer wieder danken, HERR,
weil du mich deinen Willen kennen lehrst.
13 Was du nach deinem Recht entschieden hast,
das sage ich mir immer wieder auf.
14 Genau nach deinen Weisungen zu leben
erfreut mich mehr als alles Gut und Geld.
15 Ich denke über deine Regeln nach,
damit ich deinen Weg für mich erkenne.
16 HERR, deine Ordnungen sind meine Freude;
ich werde deine Worte nicht vergessen.

III

17 Ich bin dein Diener, HERR, sei gut zu mir,
damit ich lebe und dein Wort befolge!
18 HERR, öffne mir die Augen für die Wunder,
die dein Gesetz in sich verborgen hält!
19 Ich bin nur Gast hier, darum brauch ich Schutz.
Verschweig mir nicht, was du befohlen hast!
20 Mit Sehnsucht warte ich zu jeder Zeit
auf das, was du nach deinem Recht verfügst.

118,8 Jer 17,5-8 **118,14** Ex 15,2 **118,17-18** 30,4 S **118,19-20** 15,1-5 S; Jes 26,2 **118,22-23** Mk 12,10 par; Apg 4,11; 1 Petr 2,4-7 **118,26** Mk 11,10 par; Mt 23,39 par **119,1-2** 1,1-2; 112,1; 128,1 **119,19** 39,13 S

»Dein Wort, Herr, bleibt für alle Zeit bestehen … Auch deine Treue bleibt für alle Zukunft: Du hast die Erde dauerhaft gegründet. Dein Wille hält bis heute alles aufrecht …« (119,89-91).

21 Du drohst den Stolzen, den von dir Verfluchten,
die deine Regeln ständig übertreten.
22 Befreie mich von Schande und Verachtung,
weil ich mich stets an deine Weisung halte.
23 Die Großen halten Rat, um mir zu schaden;
doch ich will deine Vorschriften ergründen.
24 An deiner Weisung hab ich meine Freude,
weil ich mit ihr stets gut beraten bin.

IV

25 Ich liege kraftlos hingestreckt im Staub;
belebe mich, wie du versprochen hast!
26 Ich klagte dir mein Leid; du hast geholfen.
Nun lass mich wissen, was du mir befiehlst!
27 Ich möchte deine Vorschriften verstehen
und deine Wunder täglich neu bedenken.
28 Vor Traurigkeit zerfließe ich in Tränen.
Wie du es zugesagt hast, hilf mir auf!
29 Bewahre mich vor jeder Art von Falschheit,
in deiner Güte lehr mich dein Gesetz!
30 Ich habe mich entschieden, treu zu bleiben,
und will mich deiner Ordnung unterstellen.
31 Ich binde mich ganz fest an deine Weisung;
HERR, lass mich deshalb nicht als Narr dastehen!
32 Den Weg, den du mir vorschreibst, gehe ich,
du hast mein Herz dazu bereitgemacht.

V

33 HERR, lass mich deine Regeln klar erkennen,
damit ich sie befolge, mir zum Lohn.
34 Gib mir genug Verstand für dein Gesetz;
von ganzem Herzen will ich darauf hören.
35 Was du befohlen hast, hilf mir befolgen;
ich werde große Freude daran haben!
36 Auf deine Weisung richte meinen Sinn,
nicht darauf, großen Reichtum zu erlangen!
37 Zieh meinen Blick von Nichtigkeiten ab
und führe mich, damit ich leben kann!
38 Bestätige auch mir, HERR, dein Versprechen,
das allen gilt, die dir gehorchen wollen.
39 Die Schande, die mir Angst macht, nimm sie weg!
Was du entscheidest, das ist gut und recht.
40 Ich will mich ganz nach deinen Regeln richten.
In deiner Treue gib mir Kraft dazu!

VI

41 Lass deine Güte auch zu mir gelangen;
HERR, rette mich, wie du versprochen hast!
42 Dann kann ich jedem eine Antwort geben,
der mich verhöhnt. – Ich nehme dich beim Wort!
43 Ich möchte deine Treue rühmen können;
auf deinen Urteilsspruch vertraue ich.
44 An dein Gesetz will ich mich halten, HERR,
in jeder Lage und für alle Zukunft.
45 Ich werde weiten Raum zum Leben haben,
weil ich mich stets nach deiner Weisung richte.
46 Ich halte sie selbst Königen entgegen
und bin gewiss, ich werde nicht beschämt.
47 Ich liebe die Gebote, die du gabst;
es macht mir Freude, wenn ich sie befolge.
48 Ich liebe und verehre die Gebote
und denke über deine Regeln nach.

VII

49 Vergiss nicht, was du mir versprochen hast;
du hast mich Großes hoffen lassen, HERR!
50 Sogar in meiner Not bin ich getröstet,
denn durch dein Wort erhältst du mich am Leben.
51 Die Stolzen treiben ihren Spott mit mir,
doch ich wich nie von deiner Weisung ab.
52 Es macht mir Mut, HERR, wenn ich daran denke,
wie du in alter Zeit für Recht gesorgt hast.
53 Ich werde wütend, wenn ich Menschen sehe,
die dein Gesetz missachten und verlassen.
54 Solang ich Gast auf dieser Erde bin,
sind deine Regeln Inhalt meiner Lieder.
55 Mein Denken kreist in jeder Nacht um dich,
damit ich immer dein Gesetz befolge.
56 Nach deinen Regeln jederzeit zu leben,
das ist mein Auftrag und mein größtes Glück.

VIII

57 Ich sag's noch einmal, HERR:
Das ist mein Vorrecht,
dass ich mich stets nach deinen Worten richte.
58 Mit ganzem Herzen such ich deine Güte;
erbarme dich, wie du versprochen hast!
59 Ich überdenke meine Lebensführung
und kehre wieder um zu deiner Weisung.
60 Ich eile, HERR, ich schiebe es nicht auf,
das auszuführen, was du mir befiehlst.
61 Rings um mich hat man Fallen ausgelegt,
doch ich vergesse niemals dein Gesetz.
62 Noch mitten in der Nacht erwache ich
und preise dich, weil du gerecht entscheidest.
63 Ich bin ein Freund für alle, die dich ehren
und sich genau an deine Regeln halten.
64 Die Erde ist erfüllt von deiner Güte;
HERR, hilf mir, deinen Willen zu erkennen!

IX

65 Du bist so gut zu mir gewesen, HERR,
genauso, wie du es versprochen hattest.
66 Gib du mir rechte Einsicht und Erkenntnis;
denn deinen Weisungen vertraue ich.
67 Bevor ich leiden musste, ging ich irre;
jetzt aber tue ich, was du befiehlst.
68 Stets bist du gut und tust mir so viel Gutes!
HERR, hilf mir, deinen Willen zu erkennen!
69 Von frechen Lügnern werde ich beschuldigt,

119,32 25,4S **119,46** Mt 10,18par **119,47-48** 119,97; 119,77S; Neh 8,10 **119,55** 119,62.148; 42,9; 63,7; 139,18; Jes 26,9 **119,64** 33,5 **119,67.71** Spr 3,11-12S

doch folge ich von Herzen deiner Weisung.
70 Sie sind zu stumpf und träge zum Verstehen;
doch mir ist dein Gesetz die größte Freude.
71 Für mich war's gut, dass ich durchs Leiden musste,
um mich auf deine Weisung zu besinnen.
72 HERR, dein Gesetz hat größeren Wert für mich,
als Tausende von Gold- und Silberstücken!

X

73 Mit deinen Händen hast du mich gestaltet;
HERR, hilf mir, deinen Willen zu verstehen!
74 Die Deinen sehen mich und freuen sich,
weil ich mich auf dein Wort verlassen habe.
75 Ich weiß, HERR, dass du stets gerecht entscheidest;
du hattest Recht, als du mich leiden ließest.
76 Lass deine Güte mich nun wieder trösten,
wie du es mir doch zugesagt hast, HERR!
77 Erbarm dich über mich, dann kann ich leben;
denn dein Gesetz ist meine größte Freude!
78 Bring Schande über alle frechen Lügner,
weil sie mich ohne jeden Grund verklagen!
Ich denke immer nur an deine Regeln.
79 Lass alle zu mir kommen, die dich ehren,
damit sie deine Weisungen erkennen!
80 Mein Herz soll nie von deiner Ordnung weichen,
dann werde ich auch nicht in Schande kommen.

XI

81 Ich warte sehnsuchtsvoll auf deine Hilfe,
ich setze meine Hoffnung auf dein Wort.
82 Ich schaue mir die Augen aus nach dir:
Wann kommst du endlich, HERR, und tröstest mich?
83 Ich schrumpfe wie ein Weinschlauch,
der im Rauch hängt;
doch deine Regeln will ich nie vergessen.
84 Wie lange, HERR, willst du mich warten lassen?
Wann trifft dein Urteil die, die mich verfolgen?
85 In Gruben wollen mich die Feinde fangen,
sie, die vermessen dein Gesetz missachten.
86 Was du befiehlst, HERR, darauf ist Verlass.
Doch sie verfolgen mich zu Unrecht; hilf mir!
87 Fast hätten sie mich hier im Land getötet,
obwohl ich dein Gesetz nicht übertrat.
88 Durch deine Güte lass mich weiterleben,
damit ich deine Weisungen befolge!

XII

89 Dein Wort, HERR, bleibt für alle Zeit bestehen,
bei dir im Himmel ist sein fester Platz.
90 Auch deine Treue bleibt für alle Zukunft:
Du hast die Erde dauerhaft gegründet.
91 Dein Wille hält bis heute alles aufrecht
und alle Dinge stehen dir zu Diensten.
92 Wenn dein Gesetz nicht meine Freude wäre,
dann wäre ich vor Elend umgekommen.
93 Ich werde deine Regeln nie vergessen;
ich weiß, durch sie erhältst du mich am Leben.
94 HERR, ich gehöre dir, komm mir zu Hilfe!
Ich frage jederzeit nach deinen Regeln.
95 Verbrecher warten drauf, mich zu vernichten;
ich aber will auf deine Weisung achten.
96 Ich sah, auch die Vollkommenheit hat Grenzen,
doch dein Gebot hat unbegrenzte Geltung.

XIII

97 Ich habe dein Gesetz unendlich lieb!
Den ganzen Tag beschäftigt es mein Denken.
98 HERR, dein Gebot wird immer bei mir sein;
es macht mich wissender als meine Feinde.
99 Ich habe mehr gelernt als meine Lehrer,
denn all mein Forschen fragt nach deiner Weisung.
100 Ich habe mehr Erkenntnis als die Alten,
weil ich mich stets nach deinen Regeln richte.
101 Ich halte mich von jedem Unrecht fern,
um das zu tun, was du befohlen hast.
102 Ich weiche nicht von deiner Weisung ab;
du selber warst mein Lehrer, niemand anders.
103 Welch eine Köstlichkeit sind deine Worte!
Sie sind noch süßer als der beste Honig!
104 Durch deine Regeln bringst du mich zur Einsicht;
deshalb sind krumme Wege mir verhasst.

XIV

105 Dein Wort ist eine Leuchte für mein Leben,
es gibt mir Licht für jeden nächsten Schritt.
106 Ich bin entschlossen, meinen Schwur zu halten:
Ich folge dir, weil du gerecht entscheidest.
107 In tiefes Leiden hast du mich geführt;
gib neues Leben, wie du es versprachst!
108 Nimm meinen Dank als Opfergabe* an;
HERR, hilf mir, deinen Willen zu erkennen!
109 Mein Leben ist in ständiger Gefahr,
doch niemals hab ich dein Gesetz vergessen.
110 Verbrecherisch will man mir Fallen stellen,

»Dein Wort ist eine Leuchte für mein Leben, es gibt mir Licht für jeden nächsten Schritt« (119,105). Die einfachen alten Öllämpchen aus Ton wurden mit Olivenöl, Sesamöl oder tierischen Fetten gefüllt. Der Docht wurde in den Schnabel gesteckt.

119,77 119,47.92.143.162.174 **119,84** 12,2-3S **119,87** 37,9-11; 112,2 **119,89-90** 119,160; 111,8; Jes 40,8 **119,100** Ijob 32,9; Weish 4,8-9 **119,105** 2 Petr 1,19; Joh 8,12 **119,108** 50,23

ich aber weiche nicht von deinen Regeln.
111 HERR, deine Weisungen sind mein Besitz
und meine Herzensfreude, jetzt und immer!
112 Ich will entschlossen deinen Regeln folgen;
das soll mein Lohn für alle Zeiten sein!

XV

113 Ich hasse Menschen mit geteilten Herzen;
doch dein Gesetz hat meine ganze Liebe.
114 Mein Schutz und meine Zuflucht, HERR, bist du!
Auf dein Versprechen kann ich mich verlassen.
115 Ihr Unheilstifter, geht mir aus den Augen!
Ich folge den Befehlen meines Gottes.
116 HERR, sei mein Halt, damit ich leben kann;
ich nehme dich beim Wort, enttäusch mich nicht!
117 Sei meine Stütze, HERR, komm mir zu Hilfe!
Ich werde stets auf deine Regeln achten.
118 Wer dein Gebot verlässt, den weist du ab;
denn was er tut, ist Täuschung und Betrug.
119 Wer dich verwirft, den wirfst du fort wie Abfall;
das ist's, weshalb ich deine Weisung liebe.
120 Die Furcht vor dir lässt meine Haut erschaudern,
ich habe Angst vor deinen Urteilssprüchen.

XVI

121 Ich habe richtig und gerecht gehandelt;
drum gib mich nicht den Unterdrückern preis!
122 Gib mir die Sicherheit, dass alles gut wird,
dass freche Menschen mich nicht länger quälen!
123 Ich schaue mir die Augen aus nach Rettung,
die du versprochen hast in deiner Treue.
124 Lass deine Güte an mir sichtbar werden
und hilf mir, deinen Willen zu erkennen!
125 Ich bin dein Diener, HERR, gib mir Verstand,
damit ich deine Weisungen erkenne!
126 Jetzt ist es Zeit für dich zu handeln, HERR;
denn viele übertreten dein Gesetz.
127 Ich liebe die Gebote, die du gabst,
viel mehr als selbst das allerfeinste Gold.
128 Für mich sind deine Regeln alle richtig;
deshalb sind krumme Wege mir verhasst.

XVII

129 HERR, deine Weisungen sind Wunderwerke
und darum halte ich an ihnen fest.
130 Erklärung deines Wortes bringt Erleuchtung,
auch Unerfahrene bekommen Einsicht.
131 Mein Mund ist weit geöffnet vor Verlangen,
so lechze ich nach deinen Weisungsworten.
132 HERR, wende dich mir zu und hab Erbarmen,
so wie es denen zusteht, die dich lieben.
133 Durch dein Gesetz mach meine Schritte sicher,
damit kein Unrecht mich beherrschen kann!
134 Befreie mich von meinen Unterdrückern,
dann kann ich deine Vorschriften befolgen.
135 Ich bitte dich, HERR, blick mich freundlich an
und hilf mir, deinen Willen zu erkennen.
136 Von Tränen überströmt ist mein Gesicht,
weil hier so viele dein Gesetz missachten.

XVIII

137 HERR, du erfüllst, was du versprochen hast,
und deine Urteilssprüche sind gerecht.
138 Durch deine Weisungen hast du bewiesen,
dass Recht und Treue all dein Tun bestimmen.
139 Weil ich dich liebe, HERR, packt mich der Zorn,
wenn meine Feinde dein Gesetz vergessen.
140 Auf alle deine Worte ist Verlass;
HERR, darum hänge ich so sehr an ihnen!
141 Ich mag verachtet sein und unbedeutend,
doch deine Regeln hab ich nicht vergessen.
142 Dein Recht wird immer meine Rettung bleiben
und dein Gesetz ist wahr und zuverlässig.
143 Auch dann, wenn Angst und Sorgen
nach mir greifen,
als meine Freude bleibt mir dein Gebot.
144 Für immer steht das Recht durch deine Weisung;
hilf mir, sie zu verstehn, dann kann ich leben!

XIX

145 Von Herzensgrund schrei ich zu dir; gib Antwort!
An deine Regeln, HERR, will ich mich halten.
146 Ich rufe dich zu Hilfe, rette mich!
Ich werde deinen Weisungen gehorchen.
147 Vor Tagesanbruch schreie ich zu dir
und warte hoffnungsvoll auf deine Worte.
148 Sogar zur Nachtzeit liege ich noch wach
und denke über dein Versprechen nach.
149 In deiner Güte höre mein Gebet;
erhalte mich durch dein gerechtes Urteil.
150 Mit böser Absicht nahen die Verfolger;
doch sie entfernen sich von deiner Weisung.
151 Du aber, HERR, du bist ganz nah bei mir;
was du befiehlst, ist wahr und zuverlässig.
152 Für immer hast du dein Gesetz gegeben;
seit langem hab ich das an ihm erkannt.

XX

153 Sieh doch mein Elend an, befreie mich!
Ich habe niemals dein Gesetz vergessen.
154 HERR, steh mir bei und sorge für mein Recht!
Errette mich, wie du versprochen hast!
155 Wer dich missachtet, findet keine Hilfe,
weil er sich nicht um deine Weisung kümmert.
156 HERR, dein Erbarmen ist unendlich groß;
erhalte mich durch dein gerechtes Urteil!
157 Ich habe viele Feinde und Verfolger,
doch deiner Weisung bin ich stets gefolgt.
158 Mit Abscheu blicke ich auf die Verräter,
weil sie sich nicht nach deinen Worten richten.
159 HERR, sieh doch, wie ich deine Regeln liebe!
Durch deine Güte lass mich weiterleben!

119,135 31,17S **119,140** 12,7 **119,148** 119,55S

160 Dein Wort ist wahr und zuverlässig, HERR;
für immer gilt, was du entschieden hast.

XXI

161 Die Großen dringen grundlos auf mich ein;
doch nur vor dem, was *du* sagst, bebt mein Herz.
162 An deinen Worten hab ich große Freude,
so wie sich jemand über Beute freut.
163 Für Lügen fühle ich nur Hass und Abscheu,
doch dein Gesetz hat meine ganze Liebe!
164 Ich preise dich wohl siebenmal am Tag
dafür, dass du, HERR, stets gerecht entscheidest.
165 Wer dein Gesetz liebt, der hat Glück und Frieden,
kein Hindernis kann ihn zum Straucheln bringen.
166 HERR, meine Hoffnung ist, dass du mir hilfst;
ich führe aus, was du befohlen hast.
167 Nach deinen Weisungen will ich mich richten,
mit ganzem Herzen hänge ich an ihnen.
168 Du hast mir Weisung und Gebot gegeben
und siehst genau, wie ich mich daran halte.

XXII

169 Lass meine Bitte zu dir dringen, HERR;
mach dein Versprechen wahr und gib mir Einsicht!
170 Lass meinen Hilferuf zu dir gelangen!
Du hast mir zugesagt, dass du mich rettest!
171 Von meinen Lippen soll dein Lob erklingen,
weil du mich deinen Willen kennen lehrst.
172 Mein Mund soll dich besingen für dein Wort;
was du befohlen hast, ist recht und richtig.
173 Streck deine Hand aus, HERR, um mir zu helfen;
ich habe mich für dein Gesetz entschieden!
174 Dass du mich rettest, ist mein größter Wunsch,
und dein Gesetz ist meine größte Freude.
175 Ich möchte leben, HERR, um dich zu preisen;
dein Urteilsspruch wird mir dazu verhelfen.
176 Ich bin verirrt wie ein verlorenes Schaf;
HERR, suche mich, bring mich zurück zu dir!
Ich habe deine Regeln nicht vergessen.

Hilferuf gegen Verleumder

120 Ein Lied, zu singen auf dem Weg nach Jerusalem.[a]

Ich schrie zum HERRN in meiner Not
und er hat mich erhört.
2 Ich schrie:
»HERR, rette mich vor diesen Lügnern,
vor allen doppelzüngigen Betrügern!«

3 Womit soll Gott euch strafen,
ihr Lügenmäuler?
4 Mit spitzen Pfeilen aus Kriegerhand,
dazu noch glühende Kohlen![b]
5 Wie schlimm für mich,
dass ich unter Fremden leben muss,
bei einem Volk, das meinen Gott nicht kennt!°
6 Schon viel zu lange wohne ich hier,
unter Menschen, die den Frieden hassen!
7 Ich will den Frieden;
doch sobald ich davon rede,
suchen sie Streit.

Gott ist bei dir!

121 Ein Lied, zu singen auf dem Weg nach Jerusalem.[c]

»Ich blicke hinauf zu den Bergen:
Woher wird mir Hilfe kommen?«

2 »*Meine* Hilfe kommt vom HERRN,
der Himmel und Erde gemacht hat!
3 Und du sollst wissen:[d]
Der HERR lässt nicht zu, dass du zu Fall kommst.
Er gibt immer auf dich Acht.
4 Er, der Beschützer Israels,
wird nicht müde und schläft nicht ein;
5 er sorgt auch für dich.
Der HERR ist bei dir,
hält die Hand über dich,
6 damit dich die Hitze der Sonne nicht quält
und der Mond dich nicht krank macht.
7 Der HERR wendet Gefahr von dir ab
und bewahrt dein Leben.
8 Auf all deinen Wegen wird er dich beschützen,
vom Anfang bis zum Ende,
jetzt und in aller Zukunft!«

Friedenswunsch für Jerusalem

122 Ein Lied Davids, zu singen auf dem Weg nach Jerusalem.[e]

Wie habe ich mich gefreut,
als man zu mir sagte:
»Komm mit,
wir gehen zum Haus des HERRN!«
2 Nun sind wir angelangt,
wir haben deine Tore durchschritten
und stehen in dir, Jerusalem.

3 Jerusalem, du herrliche Stadt,
von festen Mauern geschützt!°
4 Zu dir ziehen sie in Scharen,
die Stämme, die dem HERRN gehören.
Dort soll ganz Israel ihn preisen,
so wie er es angeordnet hat.
5 In Jerusalem ist das höchste Gericht,

a In den hebräischen Überschriften der hier beginnenden Gruppe von 15 Psalmen steht ein Ausdruck, der nicht sicher zu deuten ist. Er scheint auf »Stufen« hinzuweisen und wird heute meistens im Sinn der nebenstehenden Übersetzung verstanden.
b Wörtlich *glühende Kohlen vom Ginsterstrauch.* Die hier genannte Ginsterart ergibt besonders gute Holzkohle.
c Siehe Anmerkung zu 120,1.
d Verdeutlichender Zusatz; die Verse 2-8 sind eine Antwort auf die Frage, die in Vers 1 ausgesprochen wird.
e Siehe Anmerkung zu 120,1

119,160 Joh 17,17 **119,175** 6,6 S **119,176** Jes 53,6; Lk 15,4-7 **120,2** 109,2 S **120,6** 35,20 **120,7** Röm 12,18 **121,1-2** 125,2; 124,8 **121,3-8** 91,3-13 **121,4** 1 Kön 18,27 **122,1** 26,8; 42,5; Jes 2,3 **122,2** 100,4 **122,3** 48,13-14 **122,4** Dtn 16,16 **122,5** 1 Kön 7,7

dort regiert das Königshaus Davids.
6 Wünscht Jerusalem Glück und Frieden:
»Allen, die dich lieben, soll es gut gehen!
7 In deinen Mauern herrsche Sicherheit
und Wohlstand,
deinen Häusern bleibe die Sorge fern!«
8 Weil ich meine Brüder und Freunde liebe, sage ich:
»Ich wünsche dir Glück und Frieden!«
9 Weil in dir das Haus des HERRN,
unseres Gottes, steht,
freue ich mich, wenn es dir gut geht.

Bitte um Erbarmen

123 Ein Lied, zu singen auf dem Weg nach Jerusalem.[a]

Ich richte meinen Blick hinauf zu dir,
zum Himmel hinauf, wo du thronst.
2 Voll Erwartung blicken die Knechte
auf die Hand ihres Hausherrn;
aufmerksam schauen die Augen der Magd
auf die Hand ihrer Herrin.
So blicken wir[b] zu dir, HERR, unser Gott,
bis du uns dein Erbarmen zeigst!

3 Erbarm dich, HERR, hab Erbarmen mit uns!
Wir haben genug Verachtung erlebt,
4 viel zu viel hinunterschlucken müssen
vom Spott unserer satten, sorglosen Feinde,
vom Hohn vermessener Unterdrücker!

Unsere Hilfe kommt von Gott!

124 Ein Lied Davids, zu singen auf dem Weg nach Jerusalem.[c]

Hätte der HERR uns nicht beigestanden
– so soll das Volk Israel bekennen –,
2 hätte der HERR uns nicht beigestanden,[d]
immer wenn Menschen uns überfielen
3 und ihre Wut an uns auslassen wollten –
wir wären schon längst von der Erde verschwunden.
4–5 Die Fluten hätten uns überrollt,
das schäumende Wasser hätte uns gepackt,
der Sturzbach uns mit sich fortgerissen.

6 Der HERR sei gepriesen!
Er hat uns nicht den Feinden überlassen
als Beute für ihre Zähne.
7 Wir sind entkommen
wie ein Vogel aus dem Netz des Fängers;
das Netz ist zerrissen und wir sind frei!
8 Unsere Hilfe kommt vom HERRN,
der Himmel und Erde geschaffen hat;
er ist für uns da![e]

Unter dem Schutz Gottes

125 Ein Lied, zu singen auf dem Weg nach Jerusalem.[f]

Alle, die dem HERRN vertrauen,
sind wie der Zionsberg*:
für immer unerschütterlich und fest.
2 Ein Schutzwall von Bergen umgibt Jerusalem.
So umgibt der HERR sein Volk
jetzt und in aller Zukunft.
3 Menschen, die Gottes Gebote missachten,
werden nicht lange im Lande herrschen,[g]
das denen gehört, die Gott gehorchen.
Sonst würden auch die Treuen bald Unrecht tun.

4 HERR, guten Menschen erweise Gutes,
denen, die dir mit redlichem Herzen folgen!
5 Doch alle, die den rechten Weg verlassen
und ihre eigenen, krummen Wege gehen –
bestrafe sie genauso wie alle anderen Unheilstifter!

Glück und Frieden* komme über Israel!

Bitte um erneute Hilfe

126 Ein Lied, zu singen auf dem Weg nach Jerusalem.[h]

Als der HERR uns heimbrachte,
zurück zum Berg Zion*,
da kamen wir uns vor wie im Traum.[i]
2 Wie konnten wir lachen und vor Freude jubeln!
Bei den anderen Völkern sagte man damals:
»Der HERR hat Großes für sie getan!«
3 Ja, der HERR hatte Großes für uns getan
und wir waren glücklich.

4 HERR, wende auch jetzt unsere Not,
bring Glück und Frieden* zurück,
so wie du das Wasser wieder zurückbringst
und die ausgetrockneten Bäche plötzlich füllst!

5 Wer mit Tränen sät,
wird mit Freuden ernten.
6 Weinend gehen sie hin
und streuen die Saat aus,
jubelnd kommen sie heim
und tragen ihre Garben.

a Siehe Anmerkung zu 120,1
b Ein einzelner Beter macht sich zum Sprecher des Volkes. Er vergleicht sich und die anderen mit Knechten und Mägden, die bereit sind, die Befehle ihres Herrn auszuführen, aber auch darauf warten, dass er sie gegen ungerechtfertigte Angriffe beschützt.
c Siehe Anmerkung zu 120,1.
d Diese Zeile wurde vielleicht vom Volk gesprochen. Der Psalm ist ein Danklied für Hilfe aus einer nicht näher bezeichneten Notlage.
e Der Vers wörtlich *Unsere Hilfe (ist) im Namen des HERRN, der … geschaffen hat.* Mit *»er ist für uns da«* bringt die Übersetzung zum Ausdruck, was im Hebräischen mit dem *Namen* Gottes bezeichnet wird (siehe Sacherklärung *»HERR«*).
f Siehe Anmerkung zu 120,1.
g Dieser Vers deutet an, dass das Land unter fremder Herrschaft steht. Durch den Einfluss fremder Religionen sind auch die Treuen in Gefahr.
h Siehe Anmerkung zu 120,1.
i Der Psalm blickt zurück auf die Heimkehr der Verbannten aus Babylonien; vgl. Esra 1. Aber noch steht die Erfüllung vieler prophetischer Zusagen aus. Darum die Bitte in Vers 4, die Wende des Schicksals zum Guten zu vollenden.

122,6 Tob 13,13-16 **123,1** 25,15S; 1Kön 8,27.30 **123,3-4** 44,14 **124,1-3** 83,4-5 **124,4-5** 42,8S **124,8** 121,2 **125,1** 46,6; Jes 28,16 **126,1-3** Esra 1,1–2,1 **126,4** Neh 1,2-3; Jes 59,9-11 **126,5-6** Mt 5,4; Joh 16,20; Offb 21,4

An Gottes Segen ist alles gelegen

127 Ein Lied Salomos, zu singen auf dem Weg nach Jerusalem.[a]

Der HERR selbst muss das Haus bauen,
sonst arbeiten die Bauleute vergeblich.
Der HERR selbst muss die Stadt beschützen,
sonst ist jede Wache umsonst.

2 Was könnt ihr denn ohne Gott erreichen?
In aller Frühe steht ihr auf
und arbeitet bis tief in die Nacht;
mit viel Mühe bringt ihr zusammen,
was ihr zum Leben braucht.
Das gibt Gott den Seinen im Schlaf![b]

3 Kinder sind ein Geschenk des HERRN,
mit ihnen belohnt er die Seinen.
4 Kräftige Söhne sind für den Vater
wie Pfeile in der Hand eines Kriegers.
5 Wer viele solche Pfeile in seinem Köcher hat,
der hat das Glück auf seiner Seite.
Wenn seine Feinde ihn verklagen,
verhelfen sie ihm zu seinem Recht.

So segnet Gott!

128 Ein Lied, zu singen auf dem Weg nach Jerusalem.[c]

Wie glücklich ist ein Mensch,
der den HERRN achtet und ehrt
und sich nach seinen Geboten richtet!

2 Was deine Arbeit dir eingebracht hat,
das wirst du auch genießen.
Wie glücklich du sein kannst!
Es ist gut um dich bestellt!
3 Da ist deine Frau in deinem Haus;
sie gleicht einem fruchtbaren Weinstock.
Da sind die Kinder um deinen Tisch,
zahlreich wie frische Ölbaumtriebe.
4 So segnet der HERR den Mann,
der ihn achtet und ehrt.

5 Der HERR segne dich,
der auf dem Zionsberg* wohnt!
Solange du lebst, sollst du sehen,
dass es Jerusalem gut geht,
6 und auch die Kinder deiner Kinder sollst
du sehen!

Glück und Frieden* komme über Israel!

Hart bedrängt, aber nicht vernichtet

129 Ein Lied, zu singen auf dem Weg nach Jerusalem.[d]

Hart haben sie mir zugesetzt von Anfang an
– so soll das Volk Israel sagen –,
2 hart haben sie mir zugesetzt von Anfang an,[e]
doch niemals konnten sie mich vernichten.
3 Den Rücken haben sie mir aufgerissen
wie ein Feld, in das man Furchen pflügt.
4 Der HERR ist treu!
Er hat mich aus der Gewalt der Bösen befreit,
die Stricke hat er zerschnitten!
5 Zurückweichen müssen sie und sich schämen,
alle, die den Zionsberg* hassen!
6 Es ergehe ihnen wie dem Gras auf den Dächern:
Die Hälmchen verdorren,
bevor sie aufgeschossen sind;
7 kein Schnitter rafft sie zusammen,
niemand sammelt sie zu Bündeln,
8 niemand geht vorüber und sagt zu den Schnittern:
»Der HERR segne euch!«

Im Auftrag des HERRN
sprechen wir euch seinen Segen* zu!

Gebet in tiefster Not

130 Ein Lied, zu singen auf dem Weg nach Jerusalem.[f]

Aus der Tiefe meiner Not
schreie ich zu dir.
2 HERR, höre mich doch!
Sei nicht taub für meinen Hilferuf!

3 Wenn du Vergehen anrechnen wolltest,
Herr, wer könnte vor dir bestehen?
4 Aber bei dir finden wir Vergebung,
damit wir dich ehren und dir gehorchen.[g]

»Kinder sind ein Geschenk des Herrn, mit ihnen belohnt er die Seinen.« (127,3).

a Siehe Anmerkung zu 120,1.
b Oder *Den Seinen gibt er (gesunden) Schlaf.*
c Siehe Anmerkung zu 120,1.
d Siehe Anmerkung zu 120,1.
e Siehe Anmerkung zu 124,2. Von Ägypten an ist das Volk immer wieder hart bedrängt worden. Das eindrucksvolle Bild in Vers 3 bezieht sich wohl auf die Peitschenhiebe der Aufseher.
f Siehe Anmerkung zu 120,1.
g Dieser Psalm bezeugt ein Wissen um die Schuldverfallenheit aller Menschen und den einzig möglichen Ausweg daraus, das schon ganz nahe an Röm 3,23-24 herankommt.

127,1-2 Spr 10,22; Dtn 8,17-18; Mt 6,25-34 **127,3** 128,3 **128,1-4** 25,12-13S **128,3** 127,3; Weish 4,1-6 **128,5** 76,3S; 134,3 **129,1-3** 124,1-3; Klgl 3,22 **129,4** Ex 20,2; Ri 2,18; Esra 9,7-9 **129,8** Rut 2,4 **130,3** 143,2; Ijob 4,17S; Röm 3,10.19-20 **130,4** 32,1; Jes 55,7

a Siehe Anmerkung zu 120,1.
b Wörtlich *wie ein entwöhntes*. In 2 Makk 7,27 ist von einer dreijährigen Stillzeit die Rede. Wenn das üblich war, bekamen die Kinder ziemlich früh nicht mehr genügend Milch, und ihr Schreien könnte sprichwörtlich geworden sein. Ein entwöhntes Kind wurde endlich satt und war zufrieden.
c Siehe Anmerkung zu 120,1.
d *Jáar* ist wahrscheinlich ein poetischer Name für Kirjat-Jearim (siehe 1 Sam 7,1). Der Psalm ist vermutlich eine Liturgie zum Erinnerungsfest an die Einweihung des Tempels unter Salomo (1 Kön 8). Die Verse 8-10 werden in 2 Chr 6,41-42 als Teil des Tempelweihgebetes zitiert.
e Siehe Anmerkung zu 120,1.
f Da Grundbesitz nicht aufgeteilt werden durfte, mussten die erwachsenen Söhne (samt ihren Familien) in der Regel gemeinsam wohnen und wirtschaften. Von den möglichen Spannungen sprechen Gen 13 und 27. Der Dichter dieses Psalms preist Brüder, die einträchtig beieinander bleiben, mit zwei Bildern, die Erfrischung zum Ausdruck bringen.
g Siehe Anmerkung zu 120,1.

5 Ich setze meine ganze Hoffnung auf den HERRN,
ich warte auf sein helfendes Wort.
6 Ich sehne mich nach dem Herrn
mehr als ein Wächter nach dem Morgengrauen,
mehr als ein Wächter sich nach dem Morgen sehnt.

7 Volk Israel, hoffe auf den HERRN!
Denn er ist gut zu uns
und immer bereit, uns zu retten.
8 Ja, er wird Israel retten von aller Schuld!

Still wie ein zufriedenes Kind

131 Ein Lied Davids, zu singen auf dem Weg nach Jerusalem.[a]

HERR! Ich denke nicht zu hoch von mir,
ich schaue auf niemand herab.
Ich frage nicht nach weit gesteckten Zielen,
die unerreichbar für mich sind.
2 Nein, still und ruhig ist mein Herz,
so wie ein sattes[b] Kind im Arm der Mutter –
still wie ein solches Kind bin ich geworden.

3 Volk Israel, vertrau dem HERRN
von jetzt an und für alle Zukunft!

Die Stadt des Herrn und seines Königs

132 Ein Lied, zu singen auf dem Weg nach Jerusalem.[c]

HERR, denk doch an David,
an alle Mühe, die er auf sich nahm!
2 Denk an das feierliche Versprechen,
das er dir, dem starken Gott Jakobs, gab:
3 »Ich werde mein Haus nicht mehr betreten,
ich lege mich nicht mehr auf mein Bett,
4 ich gestatte meinen Augen keinen Schlaf
und gönne mir keine Ruhe mehr,
5 bis ich einen Platz gefunden habe,
wo der HERR wohnen kann,
der starke Gott Jakobs!«
6 In Efrata bekamen wir Nachricht
von der Bundeslade* des HERRN
und wir fanden sie in der Nähe von Jáar.[d]

7 Kommt, wir gehen zur Wohnung des HERRN
und werfen uns zu seinen Füßen nieder!
8 Steh auf, HERR, begleite deine Lade,
das Wahrzeichen deiner gewaltigen Macht!
Komm zu deinem Ruheplatz!
9 Gib deinen Priestern* Vollmacht,
uns deinen Beistand zu vermitteln!
Alle deine Treuen sollen jubeln!
10 David, deinem Vertrauten, zuliebe
weise unseren König nicht zurück,
ihn, den du gesalbt* und eingesetzt hast!

11 Der HERR hat es David geschworen
und diesen Schwur nimmt er nicht zurück:
»Ich erwähle einen deiner Söhne
zu deinem Nachfolger auf dem Thron!
12 Wenn er sich an den Bund* mit mir hält
und meinen Weisungen gehorcht,
dann soll auch ihm ein Sohn als König folgen.
Und das soll gelten für alle Generationen!«

13 Ja, der HERR hat den Zionsberg* ausgewählt,
er hat ihn zu seiner Wohnstätte bestimmt:
14 »Hier soll für immer mein Ruheplatz sein,
hier will ich wohnen, das ist mein Wille!
15 Ich will die Zionsstadt reich versorgen,
ihre Armen mache ich satt.
16 Ihren Priestern gebe ich Vollmacht,
ihr meinen Beistand zu vermitteln;
alle meine Treuen sollen jubeln!
17 Und hier lasse ich die Nachkommen Davids
mächtig werden;
im Haus des Königs, den ich gesalbt habe,
entzünde ich ein Licht, das nicht erlöschen soll.
18 Seine Feinde bedecke ich mit Schande,
doch seine Krone soll immer heller strahlen!«

Wie schön, wenn Brüder beieinander bleiben!

133 Ein Lied Davids, zu singen auf dem Weg nach Jerusalem.[e]

Wie wohltuend ist es, wie schön,
wenn Brüder, die beieinander wohnen,
sich auch gut verstehen![f]
2 Das ist wie das gute, duftende Öl,
aufs Haar des Priesters* Aaron gegossen,
das hinunterrinnt in seinen Bart
bis zum Halssaum seines Gewandes.
3 Das ist wie erfrischender Tau vom Hermon,
der sich niedersenkt auf den Zionsberg*.
Dort will der HERR seinen Segen* schenken,
Leben, das für immer besteht.

Aufruf zum Dank

134 Ein Lied, zu singen auf dem Weg nach Jerusalem.[g]

Auf, dankt dem HERRN,
ihr seine Diener alle,
die ihr in seinem Hause steht

130,6 119,81; Jes 21,11-12 **130,8** Mt 1,21 **131,1** Sir 3,21 **131,2** 62,2 **132,1-2** 2 Sam 7,1-2 **132,6** 2 Sam 6,1-3; 1 Sam 7,1 **132,7** 5,8 S **132,8-10** 2 Sam 6,12-17; 2 Chr 5,4-7; 6,41-42 **132,11-12** 2 Sam 7,16 S **132,13** 76,3 S **132,14** 1 Kön 8,13 **132,17** Mt 20,30-31 S **133,2** Ex 29,7 **134,1** Jes 30,29

und nachts den Dienst verrichtet!
2 Streckt eure Hände aus zum Heiligtum
und dankt dem HERRN!

3 »Vom Zion*, von seinem Tempel* aus
segne dich der HERR,
der Himmel und Erde geschaffen hat!«[a]

Gottes Ruhm wird niemals enden!

135 Halleluja – Preist den HERRN!
Rühmt ihn, der euch so nahe ist![b]
Preist ihn, ihr seine Diener alle,
2 die ihr in seinem Tempel steht,
in den Vorhöfen* am Haus unseres Gottes![c]

3 Preist den HERRN, denn er ist gut zu uns!
Singt und spielt zu seiner Ehre,
denn er ist freundlich zu uns!
4 Der HERR hat die Nachkommen Jakobs erwählt,
er hat Israel zu seinem Eigentum gemacht.

5 Ich weiß es: Der HERR ist groß,
unser Herr ist mächtiger als alle Götter.
6 Denn alles, was er will, das tut er auch,
im Himmel und auf der Erde,
auf den Meeren und in allen Tiefen.
7 Er führt Wolken heran vom Ende der Erde,
er lässt es blitzen und lässt den Regen fallen,
er holt den Wind aus seinen Vorratskammern.

8 Er war es, der damals bei den Ägyptern
alle erstgeborenen Söhne sterben ließ
und alle Erstgeburt beim Vieh.
9 Erschreckende Wunder ließ er geschehen
am Pharao und an allen seinen Dienern.[d]

10 Er war es, der viele Völker besiegte
und mächtige Könige umkommen ließ:
11 Sihon, den König der Amoriter*,
und Og, den König des Landes Baschan*,
und alle Herrscher im Lande Kanaan*.
12 Ihre Länder teilte er Israel zu,
er gab sie seinem Volk als Erbbesitz*.

13 HERR, dein Ruhm wird niemals enden,
alle Generationen werden von dir sprechen!
14 Der HERR wird seinem Volk zum Recht verhelfen,
er hat Erbarmen mit den Seinen.

15 Die Götzen der anderen Völker,
ob aus Silber oder aus Gold,
sie sind Machwerke von menschlichen Händen.
16 Sie haben Münder, die nicht sprechen,
sie haben Augen, die nichts sehen,
17 sie haben Ohren, die nichts hören –
kein Atem ist in ihrem Mund!
18 Genauso sollen alle werden,
die diese Götzen geschaffen haben,
und alle, die sich auf Götzen verlassen!

19 Ihr vom Volk Israel: Dankt dem HERRN!
Ihr seine Priester*: Dankt dem HERRN!
20 Auch ihr Leviten*: Dankt dem HERRN!
Ihr alle, die ihr ihn verehrt: Dankt dem HERRN!
21 Er, der in Jerusalem wohnt,
soll auf dem Zionsberg* gepriesen werden!

Preist den HERRN – Halleluja!

Seine Liebe hört niemals auf!

136 Dankt dem HERRN,
denn er ist gut zu uns!
– Seine Liebe hört niemals auf![e]
2 Dankt ihm, dem allerhöchsten Gott!
– Seine Liebe hört niemals auf!
3 Dankt ihm, dem mächtigsten aller Herren!
– Seine Liebe hört niemals auf!

4 Er allein tut große Wunder.
– Seine Liebe hört niemals auf!
5 Kunstvoll hat er den Himmel gewölbt.
– Seine Liebe hört niemals auf!
6 Über den Meeren hat er die Erde ausgebreitet.
– Seine Liebe hört niemals auf!
7 Er hat die großen Lichter gemacht:
– Seine Liebe hört niemals auf!
8 Die Sonne, um den Tag zu regieren –
– Seine Liebe hört niemals auf!
9 Mond und Sterne für die Nacht.
– Seine Liebe hört niemals auf!

10 Er tötete die Erstgeborenen der Ägypter.
– Seine Liebe hört niemals auf!
11 Er führte Israel von dort heraus.
– Seine Liebe hört niemals auf!
12 Er tat es mit seiner starken Hand.
– Seine Liebe hört niemals auf!
13 Er schnitt das Schilfmeer* in zwei Teile.
– Seine Liebe hört niemals auf!
14 Er führte Israel mitten hindurch.
– Seine Liebe hört niemals auf!
15 Er stürzte den Pharao und sein Heer in
die Fluten.
– Seine Liebe hört niemals auf!

16 Er leitete sein Volk durch die Wüste.
– Seine Liebe hört niemals auf!

a Diese Worte wurden vermutlich von einem Priester gesprochen (vgl. 118,26). Vers 1 weist auf einen nächtlichen Gottesdienst hin, wie er im Zusammenhang mit Festen üblich war (vgl. Jes 30,29).
b Wörtlich *Rühmt den Namen des* HERRN; vgl. Anmerkung zu 124,8.
c Dieser Psalm wurde vermutlich beim Passafest gesungen. Zuerst werden Priester und Leviten (Verse 1-2), dann das Volk (Verse 3-4) aufgerufen, Gott zu preisen. Von Vers 5 ab schildert der Sänger die Größe Gottes in Schöpfung und Geschichte.
d Die Machterweise Gottes bei der Herausführung aus Ägypten und der Einnahme des versprochenen Landes (Verse 8-12) sind Grundbestandteile des israelitischen Glaubensbekenntnisses (Dtn 26,5-9; 6,20-23). Die Verse 15-18 entsprechen mit geringen Abweichungen 115,4-8.
e Die große Dankliturgie dieses Psalms gehört vermutlich in die Tradition des Passafestes, ist aber auch an anderen Festen denkbar. Ein Vorsänger entfaltet das Glaubensbekenntnis (vgl. Anmerkung zu 135,9), und die Gemeinde antwortet auf jede Zeile mit dem feststehenden liturgischen Ruf.

134,2 5,8S **135,4** Ex 19,5-6 **135,5-6** 115,3 **135,7** Ijob 38,22S **135,8-9** Ex 12,29-30 **135,10-12** Jos 11,23–12,24 **135,13** 102,13 **135,15-18** 96,5S **135,21** 76,3S **136,1** 118,1S **136,5** Gen 1,6-8 **136,6** 24,2S **136,7-9** Gen 1,14-18 **136,10-12** Ex 12,29-33.51 **136,13-15** Ex 14,21-31 **136,16** Dtn 29,4-5

a Der Psalm spiegelt die Stimmung der Verbannten in Babylonien in der Zeit nach der Zerstörung Jerusalems 587 v. Chr. (2 Kön 25). Vielleicht sind die Verse 5-9 bei Klagefeiern der Verschleppten gesungen worden.
b Die Verse 5-6 sind ein glühendes Bekenntnis zu Jerusalem in Form einer ›bedingten Selbstverfluchung‹ (vgl. Anmerkung zu 7,6). Die folgenden Verse enthalten zwei Fluchwünsche gegen die grausamen Feinde.
c Der Vers ist zu sehen auf dem Hintergrund damaliger Kriegspraxis; vgl. Jes 13,16; Hos 14,1; Nah 3,10.
d Siehe Anmerkung zu 82,1. Der Beter dankt Gott für seine Hilfe und wendet sich damit bewusst gegen die fremden Götter, deren Einfluss sich in seiner Umgebung breit macht.
e *Du hast dein Versprechen …:* wörtlich *Du hast dein Wort groß gemacht über deinen ganzen Namen* hinaus.*
f *du ermutigst …:* Deutung unsicher.
g *und kümmert …:* wörtlich *und der Erhabene erkennt aus der Ferne.* Andere Übersetzungsmöglichkeit *und den Stolzen erkennt er aus der Ferne.*
h Der Beter wurde von Feinden verfolgt und angeklagt und hat sich im Heiligtum der Erforschung durch Gott gestellt; vgl. Anmerkung zu 17,3. Der Psalm spricht von den Erkenntnissen, die er in der Nähe Gottes gewonnen hat.
i Wörtlich *und legst deine Hand auf mich.* Das kann eine Geste des Segnens und Beschützens sein, aber auch eine der Inbeschlagnahme.

17 Er besiegte große Könige.
– Seine Liebe hört niemals auf!
18 Mächtige Könige brachte er um:
– Seine Liebe hört niemals auf!
19 Sihon, den König der Amoriter* –
– Seine Liebe hört niemals auf!
20 und Og, den König des Landes Baschan*.
– Seine Liebe hört niemals auf!
21 Ihre Länder teilte er Israel zu.
– Seine Liebe hört niemals auf!
22 Er gab sie seinen Dienern als Erbbesitz*.
– Seine Liebe hört niemals auf!

23 Er dachte an uns, sooft man uns unterdrückte.
– Seine Liebe hört niemals auf!
24 Er befreite uns von unseren Feinden.
– Seine Liebe hört niemals auf!
25 Allen Geschöpfen gibt er zu essen.
– Seine Liebe hört niemals auf!
26 Dankt ihm, dem Gott des Himmels*!
– Seine Liebe hört niemals auf!

Klage der Gefangenen in Babylon

137 An den Flüssen Babylons*
saßen wir und weinten,
jedes Mal, wenn wir an Zion* dachten.[a]
2 Unsere Harfen hingen dort an den Weiden;
wir mochten nicht mehr auf ihnen spielen.
3 Doch die Feinde, die uns unterdrückten,
die uns verschleppt hatten aus der Heimat,
verlangten von uns auch noch Jubellieder.
»Singt uns ein Lied vom Zion!«, sagten sie.
4 Fern vom Tempel*, im fremden Land –
wie konnten wir da Lieder singen
zum Preis des HERRN?

5 Jerusalem, wenn ich dich je vergesse,
dann soll mir die rechte Hand verdorren!
6 Die Zunge soll mir am Gaumen festwachsen,
wenn ich aufhöre, an dich zu denken,
wenn ich irgendetwas lieber habe,
lieber als dich, Jerusalem![b]

7 HERR, vergiss nicht,
was die Edomiter* taten,
als Jerusalem in die Hand der Feinde fiel,
wie sie schrien:
»Reißt sie nieder, die Stadt!
Reißt sie nieder bis auf den Grund!«

8 Babylon, auch du wirst bald verwüstet!
Gott segne den, der dir heimzahlt,
was du uns angetan hast!
9 Gott segne den, der deine Kinder packt
und sie am Felsen zerschmettert![c]

Dankbare Gewissheit

138 Von David.

Ich danke dir von ganzem Herzen;
ich preise dich mit meinem Lied,
dich und nicht die anderen Götter![d]
2 Ich werfe mich nieder vor deinem Heiligtum,
um dir zu danken, HERR,
für deine Güte und deine Treue.
Du hast dein Versprechen erfüllt,
ja, du hast noch viel mehr getan,
als wir von dir erwartet hatten![e]
3 Du hast mich erhört, als ich zu dir schrie;
du ermutigst mich zu den kühnsten Wünschen.[f]

4 HERR,
alle Herrscher der Erde sollen dich preisen,
denn sie haben deine Zusagen gehört.
5 Sie sollen dein Tun besingen und sagen:
»Gewaltig ist die Macht des HERRN!
6 Er thront dort in höchster Höhe,
und trotzdem sieht er die Niedrigen
und kümmert sich um sie.«[g]
7 Wenn ich mitten durch Gefahren gehen muss,
erhältst du mich am Leben.
Du nimmst mich in Schutz
vor der Wut meiner Feinde,
deine mächtige Hand wird mir helfen.
8 HERR, du wirst alles für mich tun,
deine Liebe hört niemals auf!
Vollende, was du angefangen hast!

Mein Schöpfer kennt mich durch und durch

139 Ein Lied Davids.

HERR, du durchschaust mich,
du kennst mich bis auf den Grund.[h]
2 Ob ich sitze oder stehe, du weißt es,
du kennst meine Pläne von ferne.
3 Ob ich tätig bin oder ausruhe,
du siehst mich;
jeder Schritt, den ich mache, ist dir bekannt.
4 Noch ehe ein Wort auf meine Zunge kommt,
hast du, HERR, es schon gehört.
5 Von allen Seiten umgibst du mich,
ich bin ganz in deiner Hand.[i]
6 Dass du mich so durch und durch kennst,
das übersteigt meinen Verstand;
es ist mir zu hoch, ich kann es nicht fassen.

136,17-22 Dtn 29,6-7 **136,23-24** 129,4 S **136,25** 104,27-28 S **137,1.3** 2 Kön 24,14-16; 25,11; Ez 3,15 **137,5-6** 122,3-9; Jer 51,50 **137,7** Ez 35; Obd 10-14 **137,8** Jer 50,1–51,64 **138,2** 5,8 S; Eph 3,20 **138,6** Jes 57,15 **138,7** Jes 43,2 **139,1** 7,10; 17,3; 44,22; Jer 11,20 S

[7] Wohin kann ich gehen, um dir zu entrinnen,
wohin fliehen, damit du mich nicht siehst?
[8] Steige ich hinauf in den Himmel –
du bist da.
Verstecke ich mich in der Totenwelt* –
dort bist du auch.
[9] Fliege ich dorthin, wo die Sonne aufgeht,
oder zum Ende des Meeres, wo sie versinkt:
[10] auch dort wird deine Hand nach mir greifen,
auch dort lässt du mich nicht los.
[11] Sage ich: »Finsternis soll mich bedecken,
rings um mich werde es Nacht«,
[12] so hilft mir das nichts;[a]
denn auch die Finsternis
ist für dich nicht dunkel
und die Nacht ist so hell wie der Tag.

[13] Du hast mich geschaffen mit Leib und Geist,
mich zusammengefügt im Schoß meiner Mutter.[b]
[14] Dafür danke ich dir,
es erfüllt mich mit Ehrfurcht.
An mir selber erkenne ich:
Alle deine Taten sind Wunder!
[15] Ich war dir nicht verborgen,
als ich im Dunkeln Gestalt annahm,
tief unten im Mutterschoß der Erde.
[16] Du sahst mich schon fertig,
als ich noch ungeformt war.
Im Voraus hast du alles aufgeschrieben;
jeder meiner Tage war schon vorgezeichnet,
noch ehe der erste begann.
[17] Wie rätselhaft sind mir deine Gedanken, Gott,
und wie unermesslich ist ihre Fülle!
[18] Sie sind zahlreicher als der Sand am Meer.
Nächtelang denke ich über dich nach
und komme an kein Ende.

[19] Gott, bring sie doch alle um,
die dich und deine Gebote missachten![c]
Halte mir diese Mörder vom Leib!
[20] Sie reden Lästerworte gegen dich;
HERR, deine Feinde missbrauchen deinen Namen*!
[21] Wie ich sie hasse, die dich hassen, HERR!
Wie ich sie verabscheue,
die gegen dich aufstehen!
[22] Deine Feinde sind auch meine Feinde,
ich hasse sie glühend.

[23] Durchforsche mich, Gott, sieh mir ins Herz,
prüfe meine Wünsche und Gedanken!
[24] Und wenn ich in Gefahr bin, mich von dir
zu entfernen,
dann bring mich zurück auf den Weg zu dir!

Bitte um Hilfe gegen Verleumder

140 Ein Lied Davids.

[2] HERR, rette mich vor boshaften Menschen,
vor gewalttätigen Leuten beschütze mich!
[3] Ihr Kopf steckt voll von bösen Plänen,
ständig brechen sie Streit vom Zaun.
[4] Sie sind gefährlich wie züngelnde Schlangen,
ihre Worte sind tödlich wie Natterngift.[d]
[5] HERR, bewahre mich vor Menschen,
die dich und deine Gebote missachten;
vor gewalttätigen Leuten beschütze mich,
vor denen, die mich zu Fall bringen wollen.
[6] Diese Vermessenen haben mir Fallen gestellt,
mir Schlingen und Netze in den Weg gelegt.

[7] Ich aber sage: HERR, du bist mein Gott!
Höre mich, wenn ich um Hilfe rufe!
[8] Gott, du mein Herr, mein starker Helfer,
du hast mich im Kampf geschützt wie ein Schild.
[9] Gib diesen Unheilstiftern nicht, was sie
sich wünschen!
Lass ihre Machenschaften nicht gelingen;
sie würden sonst noch überheblicher!
[10] Die Lügen, die sie über mich verbreiten,
lass sie zurückfallen auf diese Verleumder!
[11] Lass glühende Kohlen auf sie regnen!
Stürze sie ins Feuer, in tiefe Schluchten,
aus denen sie nicht mehr herauskommen können!
[12] Für böse Zungen soll im Land kein Platz sein,
und wer Gewalttat liebt,
den soll das Unglück zu Tode hetzen![e]

[13] Ich weiß es, HERR:
Du trittst für die Unterdrückten ein,
du wirst den Wehrlosen Recht verschaffen.
[14] Alle, die dir die Treue halten
und nach deinem Willen fragen,
werden in deiner Nähe leben
und dich preisen.

Bitte um Bewahrung

141 Ein Lied Davids.

HERR, ich schreie zu dir,
komm doch und hilf mir schnell!
Höre mich, wenn ich dich rufe!
[2] Nimm mein Gebet als Weihrauch* an,
der hinaufsteigt und zu dir gelangt!
Und meine ausgebreiteten Hände,
nimm sie an wie ein Abendopfer*!

a Verdeutlichender Zusatz.
b Gott kennt den Menschen vollständig, vom ersten Anfang an; denn er ist sein Schöpfer; vgl. Ijob 10,9-11.
c Wer einen Unschuldigen verklagt und verleumdet, verstößt gegen Gottes Rechtsordnung und ist damit ein Feind Gottes, nicht nur ein Feind des Angeklagten. Durch seine Bestrafung soll Gott das Recht wiederherstellen.
d Der Beter dieses Psalms wird von hinterlistigen Verleumdern verfolgt und bittet Gott um Schutz.
e Zu den Wünschen um Bestrafung der Gegner vgl. Anmerkung zu 139,19.

139,7-12 Jer 23,23-24; Am 9,2-3; Ijob 26,6; 34,22; Sir 16,17 S **139,13-14** Ijob 10,8-11 **139,16** Ijob 14,5; Jer 1,5; Koh 6,10 **139,17-18** 40,6; 92,6; Sir 18,5-7 **139,18** 119,55 S **139,24** 25,4 S **140,4** 58,5; Röm 3,13 **140,6** 31,5 **140,10** 34,22 S **140,13** 9,13 S **141,2** Offb 5,8; 8,3-4

[3] HERR, wache über meine Zunge,
stell einen Posten ans Tor meiner Lippen!
[4] Hindere mich, meinen Neigungen nachzugeben,
damit ich nichts Übles rede
und keine Schandtat begehe,
zusammen mit anderen, die Unheil stiften.
Nimm mir die Lust an ihren Leckerbissen!
[5] Nur wer das Rechte tut, darf mich strafen.
Wenn er mich in Güte zurechtweist,
dann ist das eine Wohltat,
gegen die ich mich nicht sträube.[a]
Und wenn er selbst ins Unglück gerät,
höre ich nicht auf, für ihn zu beten.

[6] Wenn die bösen Richter vom Felsen
hinabgestürzt werden,
dann wird sich erweisen,
wie zurückhaltend mein Urteil über sie war.[b]
[7] Wie ein zerschmetterter Mühlstein* am Boden,[c]
so liegen ihre Gebeine hingestreut[d]
am Eingang zur Totenwelt*.

[8] Meine Augen blicken zu dir,
mein Gott und Herr!
Bei dir suche ich Zuflucht,
lass mich nicht zugrunde gehen!
[9] Bewahre mich vor der Schlinge,
die sie mir ausgelegt haben,[e]
vor den Fallen derer,
die mein Unglück wollen.
[10] Lass die Treulosen in ihr eigenes
Netz geraten,
während ich sicher daran vorübergehe.

Keiner kümmert sich um mich!

142 Ein Gedicht Davids, ein Gebet. Er verfasste es, als er in der Höhle war.

[2] Ich schreie zum HERRN, so laut ich kann,
ich bitte den HERRN um Hilfe.
[3] Ihm klage ich meine Not,
ihm sage ich, was mich quält.
[4] Auch wenn ich selbst allen Mut verliere,
du, HERR, weißt, wie es mit mir weitergeht!
Auf dem Weg, den ich gehen muss,
hat man mir Schlingen gelegt.
[5] Ich schaue mich um:
da ist niemand, der mich beachtet.
Ich habe keine Zuflucht mehr,
keinen Menschen,
der sich um mich kümmert.

[6] Zu dir, HERR, schreie ich!
Ich sage: Du bist meine Zuflucht,
mit dir habe ich alles,
was ich im Leben brauche!
[7] Höre mein Schreien,
ich bin mit meiner Kraft am Ende!
Rette mich vor meinen Verfolgern,
sie sind zu stark für mich!
[8] Befreie mich aus dem Gefängnis![f]
Im Kreise aller, die dir die Treue halten,
werde ich dir dafür danken, HERR,
dass du so gut zu mir gewesen bist.

Zieh mich nicht vor Gericht!

143 Ein Lied Davids.

HERR, höre mein Gebet,
achte auf meine Bitte!
Du bist treu und gerecht;
darum höre mich und hilf mir!
[2] HERR, zieh mich nicht vor dein Gericht;
denn vor dir kann kein Mensch bestehen!

[3] Mein Feind verfolgt mich,
er wirft mich zu Boden, um mich zu zertreten;
er stößt mich in die Dunkelheit,
zu denen, die schon lange tot sind.
[4] Ich habe allen Mut verloren,
mit meiner Kraft bin ich am Ende.
[5] Ich erinnere mich an früher,
an alles, was du damals vollbracht hast;
ich denke über deine Taten nach.
[6] Betend strecke ich die Hände zu dir aus
und warte sehnsüchtig auf deine Hilfe,
wie ein ausgedörrtes Land auf Regen wartet.

[7] HERR, erhöre mich bald,
ich kann nicht mehr!
Verbirg dich doch nicht vor mir,
sonst ist es um mein Leben geschehen!
[8] Frühmorgens[g] sage mir deine Güte zu,
denn ich setze mein Vertrauen auf dich.
Zeig mir den rechten Weg;
auf dich richte ich Herz und Sinn.

[9] HERR, rette mich vor meinen Feinden;
bei dir bin ich in Sicherheit.
[10] Hilf mir, nach deinem Willen zu leben;
denn du bist mein Gott!
Gib mir deinen guten Geist*,
dass er mich führe auf sicherem Grund!
[11] HERR, mach deinem Namen* Ehre
und erhalte mich am Leben!
In deiner Treue[h] befrei mich aus der Not!
[12] Ich rechne mit deiner Güte;
vernichte doch meine Feinde,

a *dann ist das ...:* wörtlich *das ist bestes Öl, das mein Kopf nicht zurückweist.*
b Vers 6 ist nicht sicher zu deuten.
c Vermutlicher Text; H *Wie wenn einer pflügt und aufreißt.*
d *ihre* mit alten Übersetzungen; H *unsere.*
e Im Licht der Verse 1-4 sind »Schlinge« und »Fallen« wahrscheinlich als die Gefahr der Verführung durch das schlechte Beispiel der Treulosen zu verstehen.
f Es ist nicht sicher, ob der Beter ein wirkliches Gefängnis meint oder ob mit diesem Wort seine verzweifelte Lage ausgedrückt wird.
g Zu dieser Tageszeit erwartete man Gottes Eingreifen; vgl. 2 Kön 3,20 und Ps 46,6. Trotz aller Verlassenheit und Erschöpfung gibt der Beter die Hoffnung nicht auf, dass Gott ihn aus seiner Not befreien wird.
h *Treue:* wörtlich *Gerechtigkeit*.*

141,3 34,14; 39,2; Sir 22,27 S; Jak 3,2-10 S **141,8** 25,15 S **141,10** 7,16-17 S **142,1** 1 Sam 22,1; 24,4 **142,8** 22,23 S **143,2** 130,3 S **143,5** 77,6-13 **143,6** 63,2 S **143,7** 102,3 S **143,8** 59,17 S; 25,4 S **143,10** Neh 9,20 **143,11** 115,1-2

vertilge alle, die mir ans Leben wollen;
denn ich gehöre dir!

Gebet des Königs

144 Von David.

HERR, mein Beschützer, ich preise dich!
Du bringst meinen Händen das Fechten bei
und machst meine Finger geschickt zum Kampf.
2 Du mein treuer Helfer, meine Burg,
meine sichere Festung und mein Retter,
mein Schild, hinter dem ich mich berge,
du unterwirfst mir fremde Völker.°

3 Was ist denn der Mensch HERR,
dass du ihn beachtest?
Was bedeutet er dir,
der vergängliche Mensch,
dass du dich mit ihm abgibst?
4 Wie ein Hauch ist der Mensch
und sein Leben gleicht dem schwindenden Schatten.

5 HERR, neige den Himmel und komm herab!
Berühre die Berge, dass sie rauchen![a]
6 Schleudere deine Blitze
und verjage die Feinde,
schieße deine Pfeile,
stürze sie in Schrecken!
7 Streck deine Hände vom Himmel herab,
reiß mich heraus aus der tödlichen Flut!
Rette mich vor der Macht der Fremden,
8 die selbst dann noch lügen,
wenn sie die Hand zum Schwur erheben.

9 Gott, ich will ein neues Lied für dich singen,
auf der zehnsaitigen Harfe will ich für dich spielen.
10 Du hast unseren Königen den Sieg gegeben;
du hast David, deinen Diener, gerettet
vor dem Schwert seiner Feinde.
11 Befreie mich,
rette mich vor der Macht der Fremden,
die selbst dann noch lügen,
wenn sie die Hand zum Schwur erheben.

12 Unsere Söhne werden dann[b] wie Bäume sein,
die ungehindert hochgewachsen sind,
und unsere Töchter stark und schön
wie die geschnitzten Säulen in den Palästen.
13 Dann werden unsere Speicher überquellen
und uns mit Gütern aller Art versorgen.
Unsere Schafe und Ziegen auf den Weiden
werden sich vieltausendfach vermehren.
14 Auch unsere Kühe werden Kälber tragen
und sie gesund und ohne Schaden gebären.
Wir werden nichts mehr zu klagen haben.
15 Glücklich das Volk, dem es so ergeht!
Glücklich das Volk, das den HERRN zum Gott hat!

Deine Herrschaft hört niemals auf!

145 Ein Lobgesang Davids.

Du mein Gott und König,
dich will ich rühmen;
immer, ohne Ende, will ich dir danken!
2 Jeden Tag, Gott, will ich dir danken;
immer, ohne Ende, will ich dich preisen!
3 Ich will bekennen:
»Der HERR ist mächtig, groß ist sein Ruhm,
unermesslich ist seine Macht!«

4 Jede Generation soll es der nächsten sagen,
sie soll rühmen, was du vollbracht hast,
und deine machtvollen Taten weitererzählen!
5 Deine Pracht und Hoheit sollen alle rühmen,°
und ich will stets an deine Wunder denken!
6 Deine gewaltige Macht sollen sie verkünden,
und ich will erzählen von deinen Taten!
7 Deine reiche Güte sollen sie rühmen
und deine Treue[c] laut besingen:
8 »Der HERR ist voll Liebe und Erbarmen,
er hat Geduld, seine Güte kennt keine Grenzen.[d]
9 Der HERR ist gut zu allen,
er erbarmt sich über alle seine Geschöpfe.«

10 Alle deine Geschöpfe sollen dich preisen, HERR,
alle, die zu dir gehören, sollen dir danken!
11 Vom Glanz deines Königtums sollen sie reden
und von deiner gewaltigen Macht,
12 damit alle Menschen von deinen Taten hören,
von der Herrlichkeit und Pracht deines Königtums!
13 Du bist König für alle Zeiten
und deine Herrschaft hört niemals auf![e]

Der HERR ist verlässlich in allem, was er sagt,
und gütig in allem, was er tut.°
14 Er stützt alle, die zusammenbrechen,
er richtet die Niedergebeugten auf.

15 Alle blicken voll Hoffnung auf dich
und jedem gibst du Nahrung zur rechten Zeit.
16 Du öffnest deine wohltätige Hand,
und alles, was lebt, wird satt.

17 Der HERR ist gerecht in seinem Handeln
und gütig in allen seinen Taten.
18 Er ist denen nahe, die zu ihm beten –
allen, die aufrichtig zu ihm beten.

a In den Versen 5-7 bittet der Beter um Gottes Hilfe mit Worten aus Ps 18,10-17, einem Danklied für erfahrene Hilfe.
b Wenn der König unter dem Segen und Schutz Gottes steht, wirkt sich das auf das ganze Volk aus (Vers 12-15; vgl. 72,15-17).
c *Treue:* wörtlich *Gerechtigkeit**.
d Dieser Vers greift Ex 34,6 auf, wo Gott selbst sich Mose mit diesen Worten zu erkennen gibt.
e Gottes Herrschaft ist das Thema dieses Psalms. Als das Königtum Davids und seiner Nachkommen in Israel nicht mehr bestand, hielt sich das Volk umso mehr an das bleibende Königtum seines Gottes. Das Neue Testament bezeugt, dass Gottes Herrschaft in der Person Jesu sichtbar angebrochen ist.

144,2 18,3S; 2,8 **144,3** 8,5; Ijob 7,17 **144,4** 39,5-7S **144,5-7** 18,10-17 **144,9** 96,1S **144,10** 18,51 **145,4** 78,4 **145,8** Ex 34,6S **145,9** Weish 11,22-26 **145,13** 47,6-10S **145,14** 9,13S **145,15-16** 104,27-28S **145,18** Dtn 4,7; Jes 58,6-9

a Ein einzelner Sänger preist Gott als den Helfer und Beschützer der Schwachen. Er spricht die Betroffenen selbst an und warnt sie davor, sich vom Augenschein täuschen zu lassen.
b Der Psalm gehört in die Zeit nach der Rückkehr der Judäer aus Babylonien. Für die damals kleine Gemeinde war es eine Ermutigung, sich auf Gottes Macht in der Natur (Verse 4-9 und 15-18) und in der Geschichte (Verse 10-14) besinnen zu können.
c Wörtlich *Er festigt die Riegel deiner Tore.*

19 Er erfüllt die Bitten der Menschen,
die ihm gehorchen;
er hört ihr Schreien und rettet sie.
20 Der HERR beschützt alle, die ihn lieben;
doch alle, die ihn missachten, macht er zunichte.
21 Ich will den Ruhm des HERRN verkünden,
und alles, was lebt, soll ihm danken,
ihm, dem heiligen Gott,
immer und ohne Ende!

Gott, der Schutz der Schwachen

146 Halleluja – Preist den HERRN!
Auf, mein Herz, preise den HERRN!
2 Ich will ihn loben mein Leben lang,
meinem Gott will ich singen,
solange ich atme!

3 Verlasst euch nicht auf Leute,
die Macht und Einfluss haben!
Sie sind auch nur Menschen
und können euch nicht helfen.[a]
4 Sie müssen sterben und zu Staub zerfallen
und mit ihnen vergehen auch ihre Pläne.
5 Wie glücklich aber ist jeder,
der den Gott Jakobs zum Helfer hat
und auf ihn seine Hoffnung setzt,
auf den HERRN, seinen Gott!

6 Der HERR hat die ganze Welt geschaffen:
den Himmel, die Erde und das Meer,
samt allen Geschöpfen, die dort leben.
Seine Treue hat kein Ende,
er steht zu seinem Wort:
7 Den Unterdrückten verschafft er Recht,
den Hungernden gibt er zu essen,
die Gefangenen macht er frei.
8–9 Die Blinden macht er sehend,
die Verzweifelten richtet er auf.
Er beschützt die Gäste und Fremden im Land
und sorgt für die Witwen und Waisen.
Der HERR liebt alle, die ihm die Treue halten,
aber die Pläne der Treulosen vereitelt er.

10 Der HERR bleibt König für alle Zeiten!
Zion*, dein Gott wird herrschen
von Generation zu Generation!

Preist den HERRN – Halleluja!

Gott »lässt den Schnee wie Wollflocken fallen; er streut den Reif wie Asche aus ... Doch wenn er ein Wort spricht, beginnt es zu tauen; sein Atem lässt die Bäche wieder fließen.« So wie die ganze Natur soll auch Gottes Volk seinem Wort gehorchen (147,15-20).

Gottes Macht in Natur und Geschichte

147 Halleluja – Preist den HERRN!
Ja, es ist gut, unserem Gott zu singen;
es macht Freude, ihn mit Liedern zu preisen!
2 Der HERR baut Jerusalem wieder auf,[b]
die aus Israel Verschleppten bringt er wieder heim.
3 Er heilt alle, deren Herz zerrissen ist,
und verbindet ihre Wunden.

4 Er allein kennt die Zahl der Sterne,
er ruft sie alle mit Namen.
5 Unser Herr ist gewaltig,
groß ist seine Macht,
seine Einsicht hat keine Grenzen.
6 Die Erniedrigten richtet er auf,
doch alle, die sich gegen ihn erheben,
wirft er zu Boden.

7 Stimmt ein Loblied an für den HERRN,
singt unserem Gott zum Klang der Harfe!
8 Er bedeckt den Himmel mit Wolken,
schafft den Regen herbei für die Erde
lässt das Gras auf den Bergen wachsen.
9 Allen Tieren gibt er ihr Futter,
auch den jungen Raben, die danach schreien.

10 Viele verlassen sich auf ihre schnellen Pferde
und die starken Muskeln ihrer Krieger;
sie alle sind dem HERRN zuwider.
11 Doch seine Freude hat er an Menschen,
die ihn ehren und ihm gehorchen
und die mit seiner Güte rechnen.

12 Preise den HERRN, Jerusalem;
rühme deinen Gott, du Zionsstadt*!
13 Er schafft Sicherheit in deinen Mauern,[c]
er segnet das Volk, das in dir wohnt.
14 Glück und Frieden gibt er deinem Land,
mit bestem Weizen macht er dich satt.

15 Er schickt seine Befehle auf die Erde
und schnell erreicht sein Wort das Ziel.

145,19 Spr 10,24 **145,20** 1,1-6S **146,3-5** 118,8-9; Jer 17,5-8 **146,4** 90,3S **146,7-9** 9,13S; 75,8S **146,10** 145,13 **147,1** 92,2 **147,2** 51,20; 102,17; Jes 44,26-28; 43,5-7 **147,3** Ijob 5,18 **147,4** Jes 40,26S **147,6** 75,8S **147,9** 104,27-28S **147,10-11** 20,8S **147,15** 33,9

[16] Er lässt den Schnee wie Wollflocken fallen;
er streut den Reif wie Asche aus;
[17] in Brocken schleudert er den Hagel
und schickt den Frost, dem keiner widersteht.
[18] Doch wenn er ein Wort spricht,
beginnt es zu tauen;
sein Atem lässt die Bäche wieder fließen.

[19] Seine Weisungen gibt er den
Nachkommen Jakobs,
Regeln für das Leben seines Volkes Israel.
[20] Für kein anderes Volk hat er das getan,
kein anderes kennt seine Weisungen.

Preist den HERRN – Halleluja!

Preist Gott im Himmel und auf der Erde!

148 Halleluja – Preist den HERRN!
Preist den HERRN, alle seine Geschöpfe,
preist ihn droben im Himmel!
[2] Lobt ihn, alle seine Engel*!
Lobt ihn, ihr himmlischen Mächte!
[3] Lobt ihn, Sonne und Mond!
Lobt ihn, ihr leuchtenden Sterne!
[4] Lobt ihn, ihr Weiten des Himmels*
und ihr Gewässer über dem Himmelsgewölbe*!

[5] Sie alle sollen den HERRN rühmen,
denn sein Befehl rief sie ins Dasein.
[6] Er stellte sie für immer an ihren Platz
und setzte ihnen eine Ordnung,
die sie niemals übertreten dürfen.

[7] Preist den HERRN, alle seine Geschöpfe,
preist ihn unten auf der Erde!
Lobt ihn, ihr Ozeane,
ihr Ungeheuer im Meer!
[8] Lobt ihn, Blitze, Hagel, Schnee und Wolken,
ihr Stürme, die ihr seinen Befehl ausführt!
[9] Lobt ihn, ihr Berge und Hügel,
ihr Obstbäume und Wälder!
[10] Lobt ihn, wilde und zahme Tiere,
ihr Vögel und alles Gewürm!
[11] Lobt ihn, ihr Könige und alle Völker,
ihr Fürsten und Mächtigen der Erde!
[12] Lobt ihn, ihr Männer und Frauen,
Alte und Junge miteinander!

[13] Sie alle sollen den HERRN rühmen!
Denn sein Name* allein ist groß;
der Glanz seiner Hoheit
strahlt über Erde und Himmel.
[14] Sein Volk Israel steht ihm nahe;
durch ihn ist es groß und mächtig geworden.
Darum bleibt es ihm treu und preist ihn!

Preist den HERRN – Halleluja!

Gott bringt sein Volk zu Ehren

149 Halleluja – Preist den HERRN!
Singt dem HERRN ein neues Lied,
preist ihn, wenn ihr zusammenkommt,
alle, die ihr zu ihm haltet!
[2] Freu dich, Volk Israel: Er ist dein Schöpfer!
Du Gemeinde auf dem Zionsberg*,
juble ihm zu: Er ist dein König!
[3] Rühmt ihn mit festlichem Reigentanz,
singt ihm zum Takt der Tamburine,
ehrt ihn mit eurem Saitenspiel!
[4] Denn der HERR ist freundlich zu seinem Volk,
er erhöht die Erniedrigten durch seine Hilfe.

[5] Alle, die zum HERRN gehören, sollen jubeln,
weil er sie zu Ehren gebracht hat!
Sie sollen vor Freude singen,
auch in der Nacht![a]
[6] Mit lauter Stimme sollen sie ihn preisen,
scharfe Schwerter in ihren Händen!
[7] Sie sollen Gottes Gericht vollziehen,
an allen Völkern Vergeltung üben:
[8] Die Könige und alle Mächtigen
sollen sie in eiserne Ketten legen!
[9] So werden sie Gottes Urteil vollstrecken,[b]
wie es geschrieben steht in seinem Gesetz*.
Das ist eine Ehrung für die Seinen.

Preist den HERRN – Halleluja!

Preist alle den Herrn!

150 Halleluja – Preist den HERRN!
Rühmt Gott in seinem Heiligtum!
Lobt Gott, den Mächtigen im Himmel!
[2] Lobt Gott, denn er tut Wunder,
seine Macht hat keine Grenzen!
[3] Lobt Gott mit Hörnerschall,
lobt ihn mit Harfen und Lauten!
[4] Lobt Gott mit Trommeln und Freudentanz,
mit Flöten und mit Saitenspiel!
[5] Lobt Gott mit klingenden Zimbeln*,
lobt ihn mit schallenden Becken!
[6] Alles, was atmet, soll den HERRN rühmen![c]

Preist den HERRN – Halleluja!

a *auch in der Nacht:* wörtlich *auf ihrem Lager.*
b Gottes Volk wird am Gericht Gottes über die Welt beteiligt. Auch das Neue Testament kennt eine solche Erwartung (1 Kor 6,2); aber sie hat dort nichts mehr mit kriegerischer Vergeltung zu tun.
c Das Buch der Gebete, Klagen und Danklieder schließt mit einem jubelnden Bekenntnis zu dem Gott, durch dessen Macht und Fürsorge diese Lieder erst möglich geworden sind.

147,16-18 Ijob 38,22-30 **147,19-20** Dtn 4,5-8 **148,1-13** 19,2; 69,35; 103,22; 150,6; DanZ A,34-58 **148,2** 103,20-21 **148,4** Gen 1,7; Ps 104,3 **148,5** 33,9 **148,6** Ijob 38,10-11; Jer 33,25 **148,7** 104,26 **148,8** 104,4 **148,14** Dtn 4,7 **149,1** 96,1S **149,2** 100,3; 24,7-10; 1 Sam 12,12 **149,4** 75,8S **150,3-5** 98,4-6; 2 Sam 6,5 **150,6** Offb 5,13

SPRICHWÖRTER

Nach einer ausführlichen einleitenden Belehrung über den Wert und den Nutzen der Weisheit vereinigt dieses Buch ab Kapitel 10 eine Fülle von Einzelsprüchen zu den unterschiedlichsten Themen ohne strenge Ordnung. Bei diesem Spruchgut handelt es sich nicht um volkstümliche »Sprichwörter«, sondern um schulmäßig überlieferte Lebensweisheit. Sie hat ihren Ursprung in der Beobachtung des menschlichen Lebens und findet sich in ähnlicher Form auch bei den Nachbarvölkern des alten Israel. In ihrem Grundbestand sprechen diese Sprüche nicht von Gott und seinem Willen, sondern von Gesetzmäßigkeiten des Lebens, einer an den Lebenstatsachen ablesbaren »Seinsordnung«, von deren Beachtung Glück und Gelingen des Einzellebens abhängen. Grundlegender Maßstab ist die menschliche Gemeinschaft: Wer das Lebensrecht seiner Mitmenschen achtet, nützt damit auch sich selbst und umgekehrt. In diesem Sinn stehen sich in vielen Sprüchen die Guten, Redlichen, Rechtschaffenen und die Bösen, Hinterhältigen, Unheilstifter gegenüber (andere Übersetzungen geben die beiden hebräischen Wörter für diese Gruppen einheitlich mit »Gerechte« und »Frevler« wieder): »Wer das Rechte tut, in dessen Haus ist Überfluss; wer unredlich handelt, dem bringt sein Gewinn kein Glück.« In Israel trat bei der Weiterentwicklung der gemeinorientalischen Weisheit der Gesichtspunkt hinzu, dass die als gottgeschaffen empfundene Ordnung des Gemeinschaftslebens den am Sinai gegebenen Gottesgeboten entspricht und von Gott garantiert und überwacht wird. Davon zeugt im Buch der Sprichwörter der wie ein Motto vorangestellte Vers 1,7 und des Weiteren zahlreiche Einzelsprüche, die dadurch auffallen, dass sie den Gottesnamen nennen (in dieser Bibelausgabe wiedergegeben mit »der Herr«); z. B. 10,27 und 10,29 in einer sonst ganz andersartigen Umgebung. Für weiter gehende Erläuterungen siehe Sacherklärung »Gerechtigkeit«.

Inhaltsübersicht

ÜBER WEISHEIT UND TORHEIT
(Kapitel 1–9)

Was aus diesem Buch zu lernen ist

1 Dieses Buch enthält in Sprüche gefasste Ratschläge fürs Leben von Salomo,[a] dem Sohn Davids und
König von Israel. 2 Sie zeigen uns, was Weisheit*
und echte Bildung ist, damit wir merken können,
wo mit Einsicht über etwas geredet wird. 3 Mit ihrer
Hilfe kommen wir zu einer guten Bildung und lernen, wie wir unser Leben richtig führen und immer
auf dem geraden Weg bleiben. 4 So können wir auch
junge und unerfahrene Menschen zu Klugheit und
Besonnenheit führen. 5-6 Sie werden dann verstehen,
was weise Lehrer sagen: ihre Sprüche, Bilder, Gleichnisse und Rätsel. Auch Erfahrene lernen aus diesem Buch noch dazu und machen Fortschritte in der Kunst, die Aufgaben des Lebens zu bewältigen.
7 Den Herrn ernst nehmen ist der Anfang aller
Erkenntnis.[b] Wer ihn missachtet, verachtet auch Weisheit und Lebensklugheit.

Warnung vor schlechtem Umgang

8 Mein Sohn,[c] höre auf deinen Vater und deine Mutter und folge ihrem Rat! 9 Das schmückt dich wie ein
prächtiger Kranz auf dem Kopf oder wie eine Halskette.
10 Lass dich nicht von gewissenlosen Menschen
verführen, 11 die zu dir sagen: »Komm, geh mit uns!
Wir legen uns auf die Lauer! Wenn Leute vorbeikommen, schlagen wir sie tot, einfach so! 12 Wir machen
es wie der Tod: Wir reißen sie mitten aus dem Leben
heraus und befördern sie, so wie sie sind, ins Grab.
13 Ihr Hab und Gut nehmen wir und füllen unsere
Häuser damit. 14 Die Beute teilen wir miteinander.
Komm, mach mit!«
15 Mein Sohn, mach nicht gemeinsame Sache mit

a Er gilt als der erste und exemplarische Weisheitslehrer in Israel; vgl. 1 Kön 5,9-14. Deshalb wurde ein Großteil der biblischen Weisheitsüberlieferung unter seinem Namen zusammengefasst.
b Für das Gelingen des Lebens ist die erste und grundlegende Voraussetzung, dass einer die Gebote Gottes befolgt.
c So spricht der Weisheitslehrer zu seinem Schüler; vgl. 4,1-4. Es ist nicht sicher, in welchem Umfang Mädchen in die Unterweisung einbezogen wurden und weise Frauen

1,7 2,4-5; 9,10; 15,33; Dtn 6,2-3; Ijob 28,28; Ps 111,10; Koh 12,13 S; Sir 1,14.16 **1,8** 6,20; 13,1; 23,22; 30,17 S; Ex 20,12 S; Sir 3,1-16

diesen Verbrechern, 16 denn auf Schritt und Tritt haben sie nichts als Bosheit und Mord im Sinn! 17 Die Vögel beachten das ausgespannte Netz nicht und fliegen hinein. 18 Genauso machen es diese Verbrecher:[a] Sie lauern sich selbst auf und stellen dem eigenen Leben nach.

19 Alle, die auf krummen Wegen reich werden wollen, nehmen ein solches Ende: Dem Räuber raubt sein Raub das Leben![b]

Die Weisheit mahnt

20 Die Weisheit* ruft auf den Straßen,
auf den Plätzen erschallt ihre Stimme;
21 wo die Leute sich treffen, hört man sie,
am Stadttor trägt sie ihre Rede vor:

22 »Wann werdet ihr endlich reif und erwachsen,
unreife Grünschnäbel, die ihr seid?
Ihr unverbesserlichen Schwätzer,
wie lange wollt ihr euch nicht bessern?
Wann kommt ihr endlich zur Einsicht,
ihr alle, die ihr mich missachtet?
23 Nehmt euch doch meine Mahnung zu Herzen!
Dann öffne ich euch den Schatz meines Wissens
und gebe euch davon, so viel ihr wollt.

24 Ich habe immer wieder geredet,
doch ihr habt gar nicht zugehört.
Mit erhobener Hand habe ich gerufen
und niemand hat darauf geachtet.
25 Ihr habt euch nicht zurechtweisen lassen
und jeden Rat in den Wind geschlagen.
26 Wartet ab, das Unglück kommt bestimmt![c]
Dann werde ich es sein, die lacht!
Dann ist die Reihe an mir, zu spotten,
27 wenn Angst und Schrecken über euch kommen
wie ein fürchterlicher Gewittersturm,
28 Dann schreit ihr nach mir, doch ich antworte nicht,
ihr werdet mich suchen und nirgends finden.

29 Wenn ihr euch jeder Einsicht verschließt
und euch weigert, den HERRN ernst zu nehmen,
30 wenn ihr meine Ratschläge von euch weist
und auf keine von meinen Warnungen hört,
31 dann müsst ihr die Folgen tragen
und auslöffeln, was ihr euch eingebrockt habt.
32 Alle, die sich nichts sagen lassen,
gehen an ihrer Halsstarrigkeit zugrunde,
und die Sorglosen und Selbstsicheren
bringt ihr Eigensinn ums Leben.
33 Doch alle, die auf mich hören,
haben nichts zu befürchten,
Not und Unglück bleiben ihnen erspart.«

Die Weisheit: ein Schatz und ein Schutz

2 Mein Sohn,[d] nimm meine Worte in dich auf! Verwahre sie wie einen Schatz. 2 Verschließ die Ohren nicht für die Lehren der Weisheit* und bemühe dich, alles zu verstehen! 3 Rufe Verstand und Einsicht zu Hilfe! 4 Suche nach der Weisheit wie nach Silber, wie nach vergrabenen Schätzen. 5 Wenn du das alles tust, wirst du auch lernen, den HERRN zu erkennen und ihn ernst zu nehmen. 6 Der HERR ist es, der Weisheit gibt, von ihm kommen Wissen und Verständnis. 7 Menschen, die ihm mit redlichem Herzen folgen, finden bei ihm Schutz und Hilfe. 8 Er bewahrt alle, die auf dem rechten Weg bleiben und ihm die Treue halten.

9 Wenn du auf mich hörst, wirst du erkennen, was vor Gott recht und gut und geradlinig ist. Dann wirst du ein Leben führen können, das er gutheißt. 10 Du erlangst Weisheit und Erfahrung und hast deine Freude daran. 11 Einsicht und Besonnenheit beschützen dich, 12 sie bewahren dich davor, etwas Falsches zu tun. Sie halten dich fern von denen, die die Wahrheit verdrehen, 13 die den geraden Weg verlassen haben und auf finsteren Abwegen sind. 14 Es macht ihnen Spaß, Unrecht zu tun, über die schlimmsten Verirrungen anderer freuen sie sich. 15 Unzuverlässige Menschen sind sie, denen niemand trauen kann.

16 Einsicht und Besonnenheit helfen dir auch, der fremden Frau[e] zu widerstehen, die dich mit ihren schmeichelnden Worten verführen will. 17 Ihren eigenen Mann hat sie verlassen und damit auch Gott die Treue gebrochen. 18 Wer zu ihr geht, der geht in den Tod; denn von ihrem Haus führt der Weg steil hinunter in die Totenwelt*. 19 Wer sie aufsucht, kommt nicht mehr zurück; denn von ihrem Haus führt kein Weg zum Leben.

20 In jeder Hinsicht helfen dir Einsicht und Besonnenheit, dein Leben so zu führen, wie Menschen es tun, die Gott die Treue halten. 21 Redliche, rechtschaffene Menschen dürfen im Land bleiben und darin wohnen. 22 Die Treulosen aber, die nicht nach Gott fragen, werden weggefegt und ausgerottet.

Anerkennung bei Gott und Menschen

3 Mein Sohn, vergiss nicht, was ich dir beigebracht habe; behalte meine Anweisungen im Gedächtnis! 2 Dadurch sicherst du dir ein langes, erfülltes Leben. 3 An Liebe und Treue zu anderen soll es bei dir niemals fehlen. Schmücke dich damit wie mit einer Halskette!° 4 So findest du Beifall und Anerkennung bei Gott und den Menschen.

5 Verlass dich nicht auf deinen Verstand, sondern setze dein Vertrauen ungeteilt auf den HERRN! 6 Denk an ihn bei allem, was du tust; er wird dir

als Lehrerinnen tätig waren. Ein Beispiel ist die Mutter des Königs Lemuël in 31,1-9 (vgl. 2Sam 14,2; 20,16).

a *Genauso …:* verdeutlichender Zusatz.
b Weil ihn am Ende doch die Strafe ereilt; vgl. Verse 29-33. Der Abschnitt setzt Verhältnisse voraus, wie sie sich etwa in Hos 6,7-9; 7,1 spiegeln und in persischer Zeit offenbar verbreitet waren.
c Es ist ein Grundsatz der Weisheitslehre in Israel, dass Missachtung von Lebenserfahrung und Gottes Gebot sich rächt, so wie umgekehrt ihre Beachtung zum Lebensglück führt (2,21-22; vgl. Ps 1 und Einführung zu Ijob sowie die Sacherklärung »Tun-Ergehen-Zusammenhang«).
d Siehe Anmerkung zu 1,8.
e Hier wird auch auf die Torheit als Verführerin angespielt (9,13-18).

1,20-21 8,1-3; 9,3 **1,24** Jes 65,2.12; Jer 25,1-6 **1,28** Jer 11,11; Am 8,11-12; Mi 3,4 **1,31** Jes 3,10-11 **2,4-5** 1,7S **2,16-19** 5,3-6S **2,18** 9,18 **2,21-22** 3,33S **3,1-2** 4,4.10; 7,1-3; 9,11; 10,27; Lev 18,5S **3,6** Ps 25,4S

den richtigen Weg zeigen. 7 Halte dich nicht selbst für klug und erfahren, sondern nimm den HERRN ernst und bleib allem Unrecht fern! 8 Das ist eine Medizin, die dich rundum gesund erhält und deinen Körper erfrischt. 9 Ehre den HERRN mit deinen Opfergaben*; bringe ihm das Beste vom Ertrag deiner Arbeit. 10 Dann werden deine Kornspeicher sich füllen und deine Weinfässer überlaufen.

11 Mein Sohn, wehre dich nicht, wenn der HERR dich hart anfasst; werde nicht unwillig, wenn er dich ermahnt. 12 Denn wenn der HERR jemand liebt, dann erzieht er ihn mit Strenge, genauso wie ein Vater seinen Sohn.

Vom Wert der Weisheit

13 Wie glücklich ist ein Mensch, der die Weisheit* gefunden und Erkenntnis erlangt hat! 14 Weisheit besitzen ist besser als Silber, wertvoller als das reinste Gold. 15 Sie ist kostbarer als Edelsteine; nichts, was man sich wünschen könnte, ist mit ihr vergleichbar. 16 Mit der rechten Hand bietet sie dir langes Leben und mit der linken Wohlstand und Ansehen. 17 Sie erfüllt dein Leben mit Glück und Sicherheit. 18 Sie ist der wahre »Baum des Lebens«;[a] wer sie erlangt und festhält, kann sich glücklich preisen!

19 Mit Weisheit hat der HERR die Erde gegründet,
mit Verstand das Himmelsgewölbe gebaut.
20 Sein Können ließ Flüsse aus der Tiefe quellen
und Regen aus den Wolken rieseln.

21 Mein Sohn, lass dich stets von der Weisheit leiten, trenne dich nie von Besonnenheit und Klugheit! 22 Sie geben dir ein glückliches Leben und schmücken dich wie eine Halskette. 23 Durch sie gehst du deinen Weg in Sicherheit und stolperst über kein Hindernis. 24 Abends legst du dich ohne Angst zu Bett und schläfst die ganze Nacht hindurch fest und ruhig. 25 Katastrophen brauchst du nicht zu fürchten, wie sie plötzlich über Menschen kommen, die Gott missachten. 26 Denn der HERR ist dein sicherer Schutz, er lässt dich nicht in eine Falle laufen.

Richtiges Verhalten unter Menschen

27 Wenn ein Mitmensch Hilfe braucht und du ihm helfen kannst, dann weigere dich nicht, es zu tun. 28 Und wenn du ihm sofort helfen kannst, dann sage nicht, er soll morgen wiederkommen. 29 Schmiede keine bösen Pläne gegen deinen Nachbarn, der dir vertraut. 30 Streite dich nicht grundlos mit jemand, der dir gar nichts getan hat.

31 Beneide keinen gewalttätigen Menschen um seine Erfolge und nimm ihn nicht zum Vorbild! 32 Denn der HERR verabscheut alle, die krumme Wege gehen; aber die Rechtschaffenen macht er zu seinen Vertrauten. 33 Auf dem Haus der Unheilstifter liegt der Fluch des HERRN; aber sein Segen kommt über die Wohnstätte der Menschen, die ihm die Treue halten. 34 Die überheblichen Spötter trifft sein Spott; aber denen, die gering von sich denken, wendet er seine Liebe zu. 35 Weise kommen zu Ehren, aber Narren ernten nichts als Schande.

Weisheit – der beste Erwerb

4 Ihr jungen Leute, hört auf das, was ich wie ein Vater zu euch sage. Achtet darauf, damit ihr verständig werdet! 2 Es ist etwas Gutes, was ich euch beibringen will; deshalb schiebt es nicht von euch weg! 3 Als ich noch ein kleiner Junge war, zärtlich geliebt von meiner Mutter wie ein einziges Kind, da hat mein Vater mich schon unterwiesen. 4 Er sagte zu mir:

»Präge dir meine Worte ein, vergiss sie nicht! Wenn du tust, was ich dir sage, wirst du leben. 5 Erwirb Weisheit* und Einsicht! Vergiss meine Worte nicht, sondern richte dich nach ihnen! 6 Trenne dich nie von der Weisheit, sie wird dich beschützen.

Menschen legen Schmuck an, um zu gefallen. Der Weisheitslehrer meint, dass Klugheit und Besonnenheit, aber auch Liebe und Treue genauso zieren (3,3.22; 4,7-9).

a Eine Anspielung auf den Lebensbaum im Paradies (Gen 2,8-9). Darin kommt die Grundanschauung der Weisheitslehre zum Ausdruck: Wer sich nach den Ratschlägen der Weisheit richtet, sichert sich ein langes und glückliches Leben. Ein ›ewiges Leben‹ ist hier noch nicht im Blick; vgl. Ps 16,10 und Anmerkung dazu.

3,7 Jes 5,21 **3,9** Ex 23,19aS **3,11-12** 2Sam 7,14-15; Ijob 5,17S **3,14-15** 2,4; 8,10-11; 16,16; Ijob 28,15-19; Weish 7,8-10 **3,19-20** 8,22-31S **3,24** 3,6; 4,9 **3,26** 10,29 **3,27** Sir 4,1-10 **3,33** 2,21-22; 13,21; 14,11; 24,20; 1Sam 2,9; Ijob 20,4-19; Jes 3,10-11 **3,34** Jak 4,6; 1Petr 5,5 **4,4** 3,1-2S

Liebe sie, dann lebst du in Sicherheit. 7 Weisheit ist das Allerwichtigste; darum gib notfalls alles hin, um sie zu erwerben. 8 Halte sie in Ehren, dann wird sie dich zu Ehren bringen. Wende ihr deine Liebe zu, und sie wird dir Ansehen verschaffen. 9 Sie wird ein Schmuck für dich sein, genauso wie ein prächtiger Kranz auf deinem Kopf.«

Weisheit – der sicherste Weg

10 Mein Sohn, achte genau auf das, was ich dir sage. Dadurch verlängerst du dein Leben. 11 Ich will dich auf den Weg der Weisheit* und Lebensklugheit bringen; es ist ein gerader Weg. 12 Wenn du diesen Weg gehst, wird kein Hindernis deinen Schritt hemmen; selbst wenn du läufst, wirst du nicht stolpern. 13 Bleibe bei dem, was du gelernt hast, verleugne es nicht! Halte an den Lehren der Weisheit fest, dein Leben hängt davon ab!

14 Richte dich nicht nach dem Vorbild gewissenloser Menschen, folge nicht dem Beispiel der Unheilstifter! 15 Hab nichts mit ihnen zu tun, geh nicht auf ihren Wegen! Wende dich vom Unrecht ab, lass dich nicht darauf ein! 16 Schlechte Menschen können nicht einschlafen, wenn sie nicht vorher etwas angestellt haben. Sie finden erst Ruhe, wenn sie jemand zu Schaden gebracht haben. 17 Unrecht ist ihr tägliches Brot und Gewalttätigkeit der Wein, an dem sie sich berauschen.

18 Das Leben der Menschen, die auf Gott hören, gleicht dem Sonnenaufgang: Es wird heller und heller, bis es völlig Tag geworden ist. 19 Aber das Leben derer, die Gott missachten, ist wie die finstere Nacht: Sie kommen zu Fall und wissen nicht, worüber sie gestolpert sind.

Weisheit – Hilfe zum Leben

20 Mein Sohn, hör mir gut zu, achte auf meine Worte! 21 Präge sie dir ein, damit du sie in Herz und Sinn behältst und nie verlierst. 22 Sie erhalten den Menschen, der sie befolgt, bei Leben und Gesundheit. 23 Mehr als auf alles andere achte auf deine Gedanken, denn sie entscheiden über dein Leben. 24 Lass deinen Mund keine Unwahrheit aussprechen; über deine Lippen soll keine Verleumdung oder Täuschung kommen.

25 Lass deine Augen geradeaus schauen, richte deine Blicke genau auf deinen Weg! 26 Überlege, was du tun willst, und dann tu es entschlossen! 27 Lass dich von der richtigen Entscheidung nicht abbringen, damit deine Füße nicht auf Abwege geraten.

Warnung vor Ehebruch

5 Mein Sohn,[a] hör mir zu und beherzige, was ich dir als Weisheit* und Einsicht weitergebe. 2 Dann wirst du gescheit und redest, was Hand und Fuß hat.

3 Die fremde Frau[b] lockt dich mit honigsüßen Worten, glatt wie Öl fließen sie von ihren Lippen. 4 Doch am Ende ist sie bitter wie Galle und tödlich wie ein beidseitig geschliffenes Schwert. 5 Sie reißt dich mit in den Tod, ihre Schritte führen geradewegs ins Grab. 6 Damit du den Weg zum Leben nicht siehst, lenkt sie dich ab, ohne dass du es merkst.

7 Hört mir jetzt gut zu, ihr jungen Männer, und schlagt meine Warnungen nicht in den Wind!

8 Geh dieser Frau aus dem Weg! Komm der Tür ihres Hauses nicht zu nahe! 9 Sonst bist du deine Ehre los und ein erbarmungsloser Rächer bringt dich um alles, was du in langen Jahren erworben hast.[c] 10 Dann leben Fremde von deinem Vermögen und der Ertrag deiner Mühe kommt einem Unbekannten zugute. 11 Wenn du schließlich bis auf die Knochen abgemagert bist, dann stöhnst du 12 und jammerst: »Hätte ich mir nur etwas sagen lassen! Warum habe ich mich gegen jede Ermahnung gesträubt? 13 Hätte ich doch besser aufgepasst und auf meine Lehrer gehört! 14 Um ein Haar wäre ich in aller Öffentlichkeit bloßgestellt worden!«

15 Du hast doch deinen eigenen Brunnen, deine Quelle, die klares Wasser sprudelt.[d] Trink aus dieser Quelle! 16 Willst du, dass ihr Wasser auf die Straße fließt? 17 Willst du es etwa mit anderen teilen? Für dich allein soll es sprudeln! 18 Freue dich an der Frau, die du jung geheiratet hast. Sie soll dir viele Kinder schenken! 19 Anmutig wie eine Gazelle ist sie. Ihre Brüste sollen dich immer berauschen, in ihren Armen kannst du dich selbst vergessen!

20 Mein Sohn, willst du wirklich dein Glück bei einer anderen suchen und dich an den Brüsten einer Fremden berauschen? 21 Bedenke: Der HERR sieht alles, was du tust, und prüft alle deine Wege. 22 Deine Untaten werden dich einholen; deine Sünde wird dir zur Schlinge, in der du dich selber fängst. 23 Wer keine Selbstbeherrschung hat, kommt um. Seine bodenlose Dummheit bringt ihn ins Grab.

Vier Warnungen

6 Mein Sohn, hast du für einen anderen Bürgschaft übernommen? Hast du dich durch Handschlag verpflichtet, für seine Schulden aufzukommen?[e] 2 Sind deine eigenen Worte dir zur Schlinge geworden? Bist du durch deine Versprechungen in eine Falle geraten? 3 Dann hat der andere dich in seiner Gewalt, mein Sohn, und dir bleibt nur noch ein Ausweg: Geh zu ihm, bestürme ihn mit Bitten, lass nicht nach, damit er dich freigibt. 4 Gönne dir keine Ruhe, gönne deinen Augen keinen Schlaf, 5 bis du ihm entronnen bist wie eine Gazelle aus

a Siehe Anmerkung zu 1,8.
b Siehe Anmerkung zu 2,16.
c Deutung unsicher. Da auf Ehebruch eigentlich die Todesstrafe steht (Lev 20,10), kann man auch die folgende Übersetzung erwägen: »Du musst deine Jahre einem Erbarmungslosen geben«, d. h. dein Leben einem frühen Tod.
d Bilder für die eigene Frau (Vers 18).
e Die öfter ausgesprochene Warnung vor Bürgschaften (siehe Vergleichsstellen zu 6,1-5) ruft nicht zur Hartherzigkeit auf, sondern will verhüten, dass sich einer durch seine Gutherzigkeit selbst ruiniert (22,26-27).

4,7 23,23; Mt 13,44-46 **4,10** 3,1-2S **4,14** Ps 1,1 **5,3-6** 2,16-19; 6,24–7,27; 22,14; 23,27-28; Koh 7,26 **5,18-19** Koh 9,9 **5,19** Hld 4,5 **6,1-5** 11,15; 17,18; 20,16; 22,26-27; 27,13; Sir 29,18-19

a Deutung unsicher.
b Weil auf Ehebruch die Todesstrafe steht (Lev 20,10; Dtn 22,22), auf deren Vollstreckung der eifersüchtige Ehemann besteht (Vers 35).

der Hand des Fallenstellers oder ein Vogel aus dem Netz.

6 Sieh dir die Ameise an, du Faulpelz! Nimm dir ein Beispiel an ihr, damit du weise wirst! 7 Sie hat keinen Aufseher und keinen Antreiber. 8 Und doch sorgt sie im Sommer für ihre Nahrung und sammelt zur Erntezeit ihre Vorräte. 9 Wie lange willst du noch liegen bleiben, du Faulpelz? Wann geruhst du endlich aufzustehen? 10 »Nur ein kurzes Nickerchen«, sagst du, »nur einen Moment die Augen zumachen und die Hände in den Schoß legen.« 11 Und während du das tust, kommt die Armut zu dir wie ein Landstreicher und die Not überfällt dich wie ein Einbrecher.

12 Nichtsnutzige, heimtückische Menschen laufen umher und verbreiten Lügen. 13 Sie zwinkern mit den Augen, um andere zu täuschen, und geben Zeichen mit den Händen oder Füßen. 14 Ihr Herz ist falsch; immerzu schmieden sie böse Pläne und zetteln Streitereien an. 15 Darum nehmen sie ein schreckliches Ende. Unerwartet wird das Verderben sie treffen und nichts wird es abwenden können.

16 Sechs Dinge verabscheut der HERR und das siebte kann er erst recht nicht ausstehen:

17 überhebliche Augen,
eine lügnerische Zunge,
Hände, die schuldlose Menschen töten,
18 einen Kopf, der böse Pläne ausheckt,
Füße, die auf verbrecherischen Wegen laufen,
19 einen Zeugen, der nicht die Wahrheit sagt,
und einen Menschen, der Brüder gegeneinander aufhetzt.

Das Buch der Sprichwörter ist eine Sammlung von knapp formulierten, oft zugespitzten Gedanken, aus denen Lebenserfahrung spricht. Das Buch will diese praktische Weisheit weitervermitteln. Im Mittelpunkt steht die Aufforderung, Gott ernst zu nehmen und seine Weisungen zu befolgen. Viele Ratschläge sind besonders an junge Menschen gerichtet.

Ehebruch bleibt nicht ohne Folgen

20 Mein Sohn, halte dich an die Weisungen deines Vaters! Vergiss nicht, was deine Mutter dich gelehrt hat! 21 Lass dir die Worte deiner Eltern am Herzen liegen, so nahe wie das Schmuckstück, das du an einer Schnur um den Hals trägst. 22 Diese Worte werden dich bei deiner Arbeit leiten, dich beschützen, während du schläfst, und dich beraten, sobald du wieder aufgewacht bist.

23 Was Vater und Mutter dir beibringen, ist wie eine helle Lampe für deinen Weg. Wenn sie dich ermahnen und zurechtweisen, leiten sie dich an zu einem erfüllten Leben. 24 Sie schützen dich vor der schlechten Frau, vor der Frau eines anderen, die dich mit Schmeichelworten lockt. 25 Lass dich nicht von ihren Reizen verführen, und wenn sie dir schöne Augen macht, fall nicht darauf herein! 26 Für eine Prostituierte zahlst du nicht mehr als für einen Laib Brot, aber für die Frau eines anderen musst du mit deinem Leben bezahlen.[a]

27 Kann man Feuer in der Tasche seines Gewandes tragen, ohne das Gewand in Brand zu setzen? 28 Kann man über glühende Kohlen laufen, ohne sich die Füße zu verbrennen? 29 Ebenso wenig kann man mit der Frau eines anderen schlafen, ohne die Strafe dafür zu bekommen.

30 Einen Dieb verachtet man, auch wenn er nur stiehlt, weil der Hunger ihn treibt. 31 Wird er ertappt, so muss er es siebenfach bezahlen und schlimmstenfalls alles hergeben, was er besitzt. 32 Aber wer mit der Frau eines anderen Ehebruch begeht, muss den Verstand verloren haben. So etwas tut nur einer, der sein Leben leid ist![b]

33 Schläge bekommt er und dazu Schmach und Schande, die er nie wieder loswird. 34 Eifersucht steigert die Wut eines Ehemannes bis zum Äußersten; und wenn die Gelegenheit sich bietet, wird er sich rächen ohne jedes Mitleid. 35 Mit Sühnegeld lässt er sich nicht besänftigen. Du magst ihm noch so viele Geschenke anbieten, er bleibt hart.

6,6 19,24; 20,4; 26,13-16 **6,8** 30,25 **6,10-11** 19,15; 20,13; 24,33-34 **6,12-15** 26,24-26 **6,13** 10,10; 16,30 **6,19** 19,5S **6,20** 1,8S **6,24–7,27** 5,3-6S

Lass dich nicht verführen!

7 Mein Sohn, denk an meine Worte! Hüte meine
Anweisungen wie einen Schatz! 2 Wenn du
leben willst, dann gib auf sie Acht wie auf dein eige-
nes Auge. 3 Behalte meine Weisungen immer bei dir,
wie einen Ring an deinem Finger, schreibe sie dir tief
ins Herz! 4 Betrachte die Weisheit* als deine Schwes-
ter und die Einsicht als deine beste Freundin. 5 Sie
werden dich fern halten von der Frau eines anderen,
von der Fremden,[a] die so schmeichelhaft reden
kann.

6 Eines Tages stand ich am Fenster meines Hauses
und schaute hinaus. 7 Auf der Straße sah ich viele jun-
ge, noch unerfahrene Leute. Unter ihnen fiel mir ein
Bursche auf, der gänzlich ohne Verstand sein muss-
te. 8 Er ging die Gasse entlang, an deren Ecke eine
gewisse Frau wohnte, und näherte sich ihrem Haus.
9 Der Abend war schon der Nacht gewichen, es war
dunkel geworden.

10 Da sah ich sie, sie ging auf ihn zu, gekleidet wie
eine Prostituierte. Sie wusste genau, was sie wollte.[b]
11 Sie war so waghalsig und hemmungslos, dass es sie
nicht im Hause hielt. 12 Mal sah man sie auf dem
Marktplatz, mal auf den Straßen, dann wieder stand
sie an irgendeiner Ecke und wartete.

13 Sie ging also auf den jungen Mann zu, legte ihm
die Arme um den Hals, küsste ihn, blickte ihm her-
ausfordernd in die Augen und sagte: 14 »Ich musste
Gott heute ein Dankopfer* bringen, das ich ihm ver-
sprochen hatte; das Fleisch für das Opfermahl habe
ich mit nach Hause gebracht.[c] 15 Deshalb bin ich
herausgekommen. Ich wollte dich immer schon
kennen lernen. Da bist du nun! 16 Ich habe mein
Bett mit weichen, bunten Tüchern aus Ägypten be-
zogen, 17 mit Essenzen von Myrrhe, Aloë und Zimt
habe ich es besprengt. 18 Komm mit! Wir lieben uns
die ganze Nacht bis morgen früh, wir wollen einan-
der genießen! 19 Der Mann ist nicht zu Hause, er
macht gerade eine lange Reise. 20 Er hat genug Geld
mitgenommen und kommt frühestens in vierzehn
Tagen wieder.«

21 Mit solchen Worten redet sie auf ihn ein und
schließlich hat sie ihn überredet. 22 Er folgt ihr –
wie ein Ochse, der zum Schlachtplatz geführt wird.
Mit Ketten an den Füßen geht er seiner Strafe entge-
gen, dieser unverbesserliche Narr! 23 Er weiß nicht,
dass es um sein Leben geht – bis ein Pfeil ihm die
Leber durchbohrt, bis er gefangen im Netz hängt
wie ein Vogel.

24 Deshalb hört mir jetzt zu, ihr jungen Männer!
Merkt euch, was ich euch sage: 25 Lasst euch nicht
von einer solchen Frau den Kopf verdrehen, folgt
ihr nicht auf ihren schlimmen Wegen! 26 Sie hat
schon viele Männer ruiniert und nicht wenige sind
ihretwegen ums Leben gekommen. 27 Ihr Haus ist
ein Zugang zur Totenwelt*. Wer zu ihr geht, betritt
den kürzesten Weg ins Grab.

Die Weisheit stellt sich vor

8 Hört doch, die Weisheit[d] ruft,
die Einsicht lässt ihre Stimme erschallen!
2 Erhöht und weithin sichtbar steht sie
an den Straßen
und da, wo sich Wege kreuzen.
3 Sie stellt sich an die Tore der Stadt,
an den Toreingängen ruft sie aus:
4 »Leute, ich habe euch etwas zu sagen!
An alle Menschen wende ich mich.
5 Ihr Grünschnäbel, lernt reif zu werden!
Ihr Unverständigen, werdet klug!
6 Hört zu, ich gebe euch wertvollen Rat!
Ihr könnt euch auf meine Worte verlassen.
7 Aus meinem Mund hört ihr die Wahrheit;
Böses auszusprechen, ist mir verhasst.
8 Meine Worte sind alle wahr und ehrlich,
es ist keine Falschheit und Hinterlist darin.
9 Sie sind klar und eindeutig für alle,
die Einsicht haben und ihren Verstand gebrauchen.
10 Sucht meine Unterweisung, nicht Silberschmuck!
Strebt nach Erkenntnis statt nach Schmuck aus Gold!
11 Ihr wisst doch: ›Weisheit ist besser als Juwelen,
sie ist mit nichts vergleichbar,
was ein Mensch sich wünschen könnte!‹

12 Ich bin die Weisheit.
Ich bin vertraut mit der Klugheit
und weiß umsichtig zu überlegen.
13 Dem HERRN gehorchen heißt: das Böse hassen.
Ich verabscheue Überheblichkeit und Hochmut,
unrechtes Tun und lügnerisches Reden.
14 Ich mache Pläne und führe sie auch aus;
ich habe die Einsicht und auch die Macht.
15 Mit meiner Hilfe regieren die Könige
und treffen die Herrscher gerechte Entscheidungen.
16 Mit meiner Hilfe regieren die Mächtigen,
die Großen, die für das Recht zu sorgen haben.
17 Alle, die mich lieben, die liebe ich auch.
Wer mich sucht, wird mich finden.
18 Reichtum und Ehre habe ich zu bieten,
bleibenden Besitz und gerechten Lohn.
19 Was ihr von mir bekommt,
ist besser als das feinste Gold,
wertvoller als das reinste Silber.
20 Wo Menschen nach Gottes Willen fragen
und einander gerecht behandeln,
dort bin ich mit Sicherheit zu finden,
21 um denen, die mich lieben, Besitz zu geben
und ihre Häuser mit Schätzen zu füllen.

22 Am Anfang hat der HERR mich geschaffen,
ich war sein erstes Werk vor allen anderen.[e]

a Siehe Anmerkung zu 2,16.
b *Sie wusste ...:* wörtlich *mit verschlagenem Herzen.*
c *das Fleisch ...:* zur Verdeutlichung hinzugefügt.
d Man hat den Eindruck, dass hier die »Weisheit« in Person der im Vorangehenden breit geschilderten Verführerin als Gegenbild gegenübergestellt werden soll. Die Warnungen vor der »fremden Frau« (siehe Vergleichsstellen zu 5,3-6) wären dann nicht nur wörtlich, sondern zugleich sinnbildlich zu verstehen; vgl. 9,13-18.
e Weil an der Schöpfung die Weisheit Gottes abzulesen ist (vgl. 1 Kor 1,21), sieht der Dichter dieses Liedes in der personenhaft vorgestellten ›Weisheit‹ das erste Geschöpf Gottes; vgl. auch Sir 24,3-4. Es handelt sich demnach um eine bildhafte Ausgestaltung des Bekenntnisses von 3,19; vgl. Weish 9,1-2. Im Neuen Testament wird an diese Aussagen über die Weisheit angeknüpft, um Wesen und Bedeutung Jesu Christi auszusagen: Er war vor allen Geschöpfen »am Anfang« da, und alles ist »durch ihn« geschaffen worden (Joh 1,1-4; Kol 1,15-17). Und wie die Weisheit nach Sir 24,7-17 auf der Erde Wohnung nahm, so ist in Christus das ewige »Wort« Gottes Mensch unter Menschen geworden (Joh 1,14).

7,1-3 3,1-2 S **7,14** Lev 7,15-16 **8,1-3** 1,20-21 S **8,10-11** 3,14-15 S **8,16** Weish 6,20-21 **8,22-31** 3,19-20; Ijob 28,23-27 **8,22-23** Weish 8,3-4; Sir 1,4 S

23 In grauer Vorzeit hat er mich gemacht,
am Anfang, vor Beginn der Welt.
24 Als ich geboren wurde, gab es noch kein Meer
und keine Quelle brach aus der Tiefe hervor.
25 Der Grund der Berge war noch nicht gelegt,
die Hügel waren noch nicht entstanden.
26 Gott hatte noch nicht die Erde gemacht,
vom festen Land und seinen Feldern
war noch nicht das Geringste zu sehen.
27 Ich war dabei, als er den Himmel wölbte
und den Kreis des Horizonts festlegte
über den Tiefen des Ozeans,[a]
28 als er die Wolken hoch oben zusammenzog
und die Quellen aus der Tiefe sprudeln ließ,
29 als er dem Meer die Grenze bestimmte,
die seine Fluten nicht überschreiten dürfen,
als er die Fundamente der Erde abmaß –
30 da war ich als Kind an seiner Seite,
ich freute mich an jedem Tag
und spielte unter seinen Augen.
31 Ich spielte auf dem weiten Rund der Erde
und hatte meine Freude an den Menschen.[b]

32 Deshalb, ihr jungen Leute, hört auf mich!
Wie glücklich sind alle, die mir folgen!
33 Schlagt meine Unterweisung nicht in den Wind,
hört darauf und werdet klug!
34 Wie glücklich sind alle, die mir zuhören,
die jeden Tag vor meinem Haus stehen
und an meinem Tor auf mich warten.
35 Alle, die mich finden, finden das Leben
und der HERR hat Freude an ihnen.
36 Doch wer mich verfehlt, schadet sich selbst.
Alle, die mich hassen, lieben den Tod.«

Weisheit und Torheit laden ein

9 Frau Weisheit* hat sich ein Haus gebaut
mit sieben prächtigen Säulen.
2 Zum Fest hat sie Rinder schlachten lassen,
den Wein mit feinen Gewürzen vermischt
und ihren Tisch für das Mahl gedeckt.
3 Nun schickt sie ihre Dienerinnen;
sie gehen auf den Marktplatz der Stadt
und rufen in ihrem Auftrag aus:
4 »Wer unerfahren ist, soll zu mir kommen!
Wer etwas lernen will, ist eingeladen!
5 Kommt in mein Haus, esst und trinkt,
was ich für euch zubereitet habe!
6 Wer unwissend bleiben will, den lasst stehen!
Kommt, betretet den Weg zur Einsicht!
Der Lohn dafür ist ein erfülltes Leben.«

7 Wer einen Eingebildeten belehren will, macht sich lächerlich. Und wer einen Unheilstifter zurechtweist, tut es zu seinem eigenen Schaden. 8 Tadle keinen Eingebildeten, er wird dich hassen.[c] Zeige dem Gebildeten seine Fehler und er wird dich dafür lieben. 9 Belehre den Klugen, dann wird er noch klüger. Unterweise den, der das Rechte tut, und er lernt noch dazu.

10 Den HERRN ernst nehmen ist der Anfang aller Weisheit*. Gott, den Heiligen, kennen ist Einsicht. 11 Durch die Weisheit wird dein Leben verlängert. 12 Wenn du weise bist, hast du selber den Nutzen davon. Wenn du aber ein eingebildeter Spötter bist, musst du selber die Folgen tragen.

13 Frau Torheit ist eine schamlose Dirne,
eine vorlaute, aufdringliche Schwätzerin.
14 Vor ihrem Haus am Marktplatz der Stadt
sitzt sie an der Tür auf hohem Stuhl.
15 Sie sagt zu jedem, der vorübergeht
und einen geraden Weg verfolgt:
16 »Wer unerfahren ist, komme zu mir!
Wer etwas lernen will, ist eingeladen!
17 Verbotenes Wasser ist süß!
Heimlich gegessenes Brot schmeckt am allerbesten!«[d]
18 Doch wer ihrer Einladung Folge leistet,
weiß nicht, dass drinnen an ihrem Tisch
die Geister der Toten sitzen.
Wer die Schwelle ihres Hauses überschreitet,
betritt damit schon die Totenwelt*.

DIE ERSTE SAMMLUNG VON RATSCHLÄGEN SALOMOS (10,1–22,16)

10 1a Die folgenden Sprüche sind von Salomo:[e]

Wohlstand kommt durch Gottes Segen

1b Ein kluger Sohn ist Vaters Glück, doch ein dummer ist Mutters Kummer.

2 Durch Unrecht reich werden bringt keinen Nutzen, aber Gott gehorchen rettet vom Tod.

3 Der HERR lässt niemand verhungern, der nach ihm fragt; aber wer ihn missachtet, dessen Gier bleibt ungestillt.

4 Untätige Hände bringen Armut, fleißige Hände Reichtum.

5 Wer gescheit ist, erntet, wenn das Korn reif ist; wer die Erntezeit verschläft, verdient Verachtung.

6 Wer das Rechte tut, empfängt Segen; wer das Schlechte tut, hinter dessen Worten versteckt sich seine Gewalttätigkeit.[f]

7 An einen guten Menschen erinnert man sich in Dankbarkeit, von einem schlechten vergisst man sogar den Namen.

a Dahinter steht die Vorstellung, dass die Erde auf Pfeilern (vgl. Vers 29 und Ijob 9,6) über dem Urmeer errichtet ist.
b Vielleicht wird damit hingedeutet auf eine ›paradiesische‹ Urzeit, in der die Menschen noch willig den Weisungen Gottes folgten und seiner Weisheit Freude machten.
c Vor die Fortsetzung der Bildrede in Vers 13 schiebt sich in den Versen 7-12 eine Erörterung über die unterschiedliche Aufnahme der Weisheit bei verschiedenen Menschengruppen.
d Die Torheit hat nur Wasser und Brot zu bieten (vgl. dagegen Vers 2), aber sie kennt die Verlockung, die vom Verbotenen ausgeht, und macht sie sich zunutze. Die Folgen für die Verführten werden fast mit denselben Worten beschrieben wie bei der Verführung durch die »fremde Frau« (2,18; 5,3), die sich damit als ein Lockvogel der ›Frau Torheit‹ entpuppt.
e Siehe Anmerkung zu 1,1.
f Die zweite Vershälfte begegnet noch einmal in Vers 11, wo sie besser in den Zusammenhang passt. Hier erwartet man als Fortsetzung etwas über den Fluch, unter dem der Gewalttätige steht.

8,27 Sir 21,10 **8,29** Ijob 38,11 S **9,3** 1,20-21 S **9,10** 1,7 S; 30,3 **9,11** 3,1-2 S **9,18** 2,18; 7,27 **10,1b** 15,20; 23,24-25 **10,2** 11,4 **10,3** 13,25; Ps 34,10-11

[8] Ein weiser Mensch nimmt Weisungen an, ein uneinsichtiger Schwätzer rennt in sein Verderben.
[9] Wer geradlinig lebt, lebt ohne Angst; wer krumme Wege geht, wird irgendwann ertappt.
[10] Wer jemand mit den Augen zuzwinkert, will andere in Schwierigkeiten bringen;[a] aber ein uneinsichtiger Schwätzer bringt sich selbst ins Verderben.
[11] Wer redlich ist, dessen Mund ist eine Quelle des Lebens; wer es unredlich meint, hinter dessen Worten versteckt sich seine Gewalttätigkeit.
[12] Hass sucht Streit, Liebe sucht Verständigung.
[13] Von den Lippen des Verständigen hört man kluge Worte, aber auf den Rücken des Unverständigen gehört der Stock.
[14] Weise reden nicht von ihrem Wissen, aber Unverständige reden plötzliches Unheil herbei.[b]
[15] Für den Reichen ist sein Vermögen eine sichere Burg, für die Armen ist ihre Armut der sichere Untergang.
[16] Wer das Rechte tut, gewinnt Lebensglück; wer das Schlechte tut, verspielt es durch eigene Schuld.
[17] Wenn du dich willig ermahnen lässt, gehst du den Weg zum Leben; wenn du keine Warnung hören willst, gehst du in die Irre.
[18] Wer Hass geheim halten will, muss lügen; wer alles ausposaunt, muss verrückt sein!
[19] Ein Mensch, der viel redet, versündigt sich leicht; wer seine Zunge im Zaum hält, zeigt Verstand.
[20] Was ein redlicher Mensch sagt, ist wertvoll wie reinstes Silber; was sich ein unredlicher ausdenkt, ist völlig wertlos.
[21] Menschen, die nach Gott fragen, erhalten mit ihren Worten viele am Leben; aber unverbesserliche Narren sterben aus Mangel an Verstand.
[22] Wohlstand kommt durch Gottes Segen,[c] eigene Mühe macht ihn nicht größer.
[23] Für Unverständige ist es ein Vergnügen, Schandtaten zu verüben; Verständige haben ihre Freude daran, sich mit der Weisheit* zu befassen.
[24] Einem bösen Menschen stößt zu, was er befürchtet; ein guter bekommt, was er wünscht.
[25] Wenn der Sturm vorüber ist, sind die Unheilstifter nicht mehr da; aber wer das Rechte tut, steht immer auf festem Grund.
[26] Wie Essig für die Zähne und Rauch für die Augen, so ist ein Faulpelz für seinen Arbeitgeber.
[27] Wer den HERRN ernst nimmt, vermehrt die eigenen Lebensjahre; wer ihn missachtet, verkürzt sie.
[28] Den Redlichen erwartet Freude; der Unredliche hat nichts Gutes zu erwarten.
[29] Wer sich an den HERRN hält, hat in ihm eine feste Burg; aber allen, die Unrecht tun, bringt er den Untergang.
[30] Der Rechtschaffene bleibt für immer fest gegründet; für die Unheilstifter ist kein Platz im Land.
[31] Aus dem Mund eines redlichen Menschen kommen Worte der Weisheit; aber eine lügnerische Zunge wird abgeschnitten.
[32] Die Worte eines guten Menschen tun wohl; was die Unheilstifter sagen, tut weh.

Freigebige werden immer reicher

11 Falsche Waage kann der HERR nicht ausstehen; nur richtiges Gewicht ist ihm recht.
[2] Überheblichkeit bringt Schande; ein weiser Mensch ist bescheiden.
[3] Aufrichtige werden von ihrer Redlichkeit geleitet; Hinterhältige von ihrer Falschheit umgebracht.
[4] Reich sein bewahrt nicht vor Gottes Strafgericht; aber das Rechte tun rettet vor dem Tod.
[5] Den Rechtschaffenen ebnet ihr Gehorsam den Weg; aber die Bösen bringt ihre Bosheit zu Fall.
[6] Die Aufrichtigen rettet ihre Treue; aber den Treulosen wird ihre Habsucht zur Schlinge.
[7] Wenn ein schlechter Mensch stirbt, dann stirbt auch seine Hoffnung; was er vom Reichtum erhoffte, erweist sich als Täuschung.
[8] Wer das Rechte tut, wird aus Not errettet; an seiner Stelle gerät der hinein, der Schlechtes tut.
[9] Skrupellose Menschen schaden anderen mit ihren Worten; rechtschaffene retten andere durch ihr Wissen.
[10] Wenn es den Guten gut geht, freut sich die ganze Stadt; und wenn die Verbrecher umkommen, jubeln alle ihre Bewohner.
[11] Durch die Rechtschaffenen kommt Segen über die Stadt und baut sie auf; doch die Worte der Unheilstifter reißen sie nieder.
[12] Wer verächtlich über andere redet, hat keinen Verstand; Verständige halten den Mund.
[13] Ein Mensch, der jedes Gerücht weiterträgt, plaudert auch Geheimnisse aus; ein vertrauenswürdiger Mensch behandelt sie vertraulich.
[14] Ohne Führung ist ein Volk verloren; aber wo viele Ratgeber sich einig werden, da ist Sicherheit.
[15] Wer für die Schulden eines Fremden Bürgschaft leistet, ist übel dran. Wer den bürgenden Handschlag ausschlägt, hat einen ruhigen Schlaf.
[16] Eine Frau kommt durch Liebenswürdigkeit zu Ansehen; Männer kommen durch Tatkraft zu Vermögen.
[17] Wenn du zu anderen gütig bist, tust du dir selber wohl; wenn du grausam bist, tust du dir selber weh.
[18] Wer Unrecht tut, sammelt unsicheren Gewinn; wer das Rechte tut, bekommt sicheren Lohn.
[19] Entschieden das Rechte tun führt zum Leben, beharrlich Unrecht tun führt zum Tod.

a Deutung unsicher.
b Weil sie zur Unzeit reden und Dinge ausplaudern, die sie besser bei sich behielten.
c H *durch den Segen des* HERRN.

10,10 6,13S **10,14** 13,3S **10,15** 18,11 **10,19** 13,3S; 17,27 **10,21** 11,9; 12,6; 15,28 **10,22** Ps 127,1-2 **10,25** Mt 7,24-27par **10,27** 3,1-2S; 14,26-27; 19,23; 22,4S **10,28** 11,23 **10,29** 3,26 **10,30** 12,3 **10,31** Ps 37,30 **11,1** 16,11; 20,10.23; Lev 19,35-36S **11,4** 10,2 **11,8** 21,18 **11,9** 10,21S **11,15** 6,1-5S

a Deutung unsicher.
b Deutung unsicher.

20 Der HERR verabscheut die Unzuverlässigen; aber alle, die geradlinig leben, liebt er.

21 Verlass dich darauf: Wer Unrecht tut, entgeht der Strafe nicht; aber die Kinder der Rechtschaffenen werden gerettet.

22 Ein goldener Ring im Rüssel einer Wildsau? So ist eine schöne Frau ohne Benehmen!

23 Wenn du das Rechte tust, hast du nur Gutes zu erwarten; wenn du Schlechtes tust, wird deine Hoffnung grausam enttäuscht.

24 Freigebige werden immer reicher, der Geizhals spart sich arm.

25 Wenn du mit anderen teilst, wirst du selbst beschenkt; wenn du den Durst anderer stillst, lässt man dich auch nicht verdursten.

26 Wer in Notzeiten sein Korn im Speicher behält, den verfluchen die Leute; aber sie preisen den, der es verkauft.

27 Wer danach trachtet, Gutes zu tun, findet Zustimmung bei Gott. Wer danach trachtet, Unheil zu stiften, den überfällt es.

28 Ein Mensch, der sich auf seinen Reichtum verlässt, kommt zu Fall. Aber alle, die das Rechte tun, sprossen wie frisches Laub.

29 Wer Haus und Familie nicht in Ordnung hält, dessen Besitz löst sich in Luft auf. Wenn du so dumm bist, wirst du schließlich zum Sklaven eines Klügeren.

30 Ein rechtschaffener Mensch ist wie ein Baum, dessen Früchte Leben schenken; und wer klug und weise ist, gewinnt Menschen für sich.

31 Menschen, die das Rechte tun, bekommen hier auf der Erde ihren Lohn – und erst recht die anderen, die Unrecht tun!

Gott gehorchen ist ein Weg zum Leben

12 Wer lernen will, lässt sich gern zurechtweisen; wer keinen Tadel erträgt, bleibt dumm.

2 Ein guter Mensch findet Zustimmung beim HERRN; aber den Ränkeschmied verurteilt er.

3 Wer sich auf Unrecht einlässt, hat keinen sicheren Halt; aber alle, die auf Gerechtigkeit setzen, stehen fest wie Bäume mit starken Wurzeln.

4 Eine tüchtige Frau bringt ihren Mann zu höchsten Ehren; aber eine Schlampe bringt ihn um wie eine langsam fressende Krankheit.

5 Ein redlicher Mensch denkt stets an das Recht; ein unredlicher plant nichts als Betrug.

6 Was Unheilstifter sagen, ist ein tödlicher Hinterhalt; aber die Worte redlicher Menschen retten aus Todesgefahr.

7 Wer Unrecht tut, wird gestürzt und verschwindet für immer; wer das Rechte tut, dessen Familie bleibt bestehen.

8 Wenn einer Verstand hat, lobt man ihn; aber einen Wirrkopf lacht man aus.

9 Nicht angesehen sein und einen Diener haben ist besser als berühmt sein und nichts zu essen haben.

10 Ein guter Mensch kümmert sich um das Wohl seiner Tiere; ein böser hat kein Herz für sie.

11 Wenn du deine Felder bestellst, hast du Brot genug; wenn du dich mit windigen Geschäften abgibst, hast du den Verstand verloren.

12 Wer nicht nach dem Recht fragt, beneidet die Verbrecher um ihren Gewinn; wer das Rechte tut, hat alle Voraussetzungen zum Erfolg.[a]

13 Die Worte eines Schurken sind eine tödliche Falle; aber ein rechtschaffener Mensch entgeht dieser Gefahr.

14 Wer Gutes sagt, lebt auch gut davon; wer Gutes tut, dem bringt es etwas ein.

15 Ein Narr hält alles, was er tut, für richtig; Weise hören auf klugen Rat.

16 Wenn ein Dummkopf gekränkt wird, zeigt er seinen Ärger sofort; Kluge beherrschen ihre Gefühle.

17 Wer die Wahrheit aussagt, hilft dem Recht zum Sieg; ein falscher Zeuge bringt es zu Fall.

18 Die Worte mancher Leute sind wie Messerstiche; die Worte weiser Menschen bringen Heilung.

19 Wahrheit besteht für immer, Lüge nur einen Augenblick.

20 Wer böse Pläne schmiedet, betrügt sich selbst; wer anderen hilfreichen Rat erteilt, macht sich selber Freude.

21 Wenn du das Rechte tust, dann stößt dir nichts Böses zu; wenn du Unrecht tust, kannst du dich vor Plagen nicht retten.

22 Lügner sind dem HERRN zuwider; aber an zuverlässigen Menschen hat er Gefallen.

23 Der Kluge hält mit seinem Wissen zurück; der Narr geht mit seiner Unwissenheit hausieren.

24 Fleiß führt zu Macht, Faulheit macht zum Sklaven.

25 Sorgen drücken einen Menschen nieder; ein gutes Wort richtet ihn auf.

26 Rechtschaffene Menschen lassen sich von ihren Freunden den Weg zeigen,[b] aber alle, die das Unrecht lieben, gehen in die Irre.

27 Ein fauler Jäger fängt nie ein Wild; aber ein fleißiger Mensch sammelt seltene Schätze.

28 Stets das Rechte tun ist der Weg, auf dem ein Leben gelingt, eine gut gebaute Straße ohne tödliche Gefahren.

Schnell erschwindelter Reichtum verliert sich

13 Ein verständiger Sohn hört darauf, wenn sein Vater ihn zurechtweist; aber ein Taugenichts überhört jeden Tadel.

11,23 10,28 **11,24-25** 2 Kor 9,6 **11,28** 15,6S; Ps 1,3; 52,9-10 **12,1** 13,1.18; 15,12 **12,3** 10,30; Ps 1,3-4 **12,4** 31,10-12 **12,6** 10,21S **12,7** 14,11S **12,10** 27,23; Ex 20,10; 23,4-5; Dtn 22,6-7; 25,4; Sir 7,22 **12,11** 27,23-27; 28,19 **12,18** Ps 57,5 **12,23** 17,28S **12,25** 16,24 **13,1** 1,8S; 12,1S

Im Buch der Sprichwörter geht es um Lebenserfahrung und Lebensglück. Seine Ratschläge gelten für alle Menschen, wo immer sie mit anderen zusammen sind: Reiche und Arme, Bauern und Stadtbewohner...

2 Ein Mensch, der Gutes sagt, lebt auch gut davon; aber Verbrecher kommen nicht aus ohne Gewalttätigkeit.

3 Wer den Mund halten kann, bewahrt sein Leben; wer ihn zu weit aufreißt, bringt sich ins Verderben.

4 Der Faulpelz kommt um vor Begier und bleibt hungrig; aber der Fleißige isst sich satt.

5 Ein guter Mensch hasst die Lüge; ein schlechter setzt Gerüchte in die Welt.

6 Das Rechte befolgen bewahrt die Vollkommenen; aber Unrecht stürzt die Sünder ins Verderben.

7 Der eine spielt den Reichen und ist bettelarm; der andere spielt den Armen und ist steinreich.

8 Der Reiche kann sein Leben freikaufen; beim Armen hat der Erpresser nichts zu holen.

9 Ein redlicher Mensch gleicht einem hell brennenden Licht; der unredliche ist wie eine erlöschende Lampe.

10 Überheblichkeit bringt nichts als Zank und Streit; wenn du klug bist, nimmst du guten Rat an.

11 Schnell erschwindelter Reichtum verliert sich, langsam erarbeiteter vermehrt sich.

12 Langes Warten macht das Herz krank; aber ein erfüllter Wunsch gibt ihm neues Leben.

13 Wer guten Rat verachtet, muss teuer dafür bezahlen; wer ihn befolgt, wird belohnt.

14 Die Worte eines weisen Lehrers sind eine Quelle des Lebens; sie helfen, den Fallen des Todes zu entgehen.

15 Leute mit klarem Verstand finden Zustimmung; Treulose gehen einen Weg voller Stolpersteine.

16 Alles, was ein kluger Mensch tut,° zeigt sein Wissen. Was ein Dummkopf tut, zeigt seine Unwissenheit.

17 Ein untreuer Bote bringt sich ins Unglück; aber ein zuverlässiger bringt verfahrene Dinge wieder in Ordnung.

18 In Armut und Schande gerätst du, wenn du Zurechtweisung ablehnst; wenn du Tadel annimmst, kommst du zu Ehren.

19 Wenn dein Wunsch in Erfüllung geht, freust du dich. Wenn ein Narr von seiner Verbohrtheit lassen soll, ärgert er sich.

20 Wer sich zu Klugen gesellt, wird klug; wer sich mit Dummköpfen befreundet, ist am Ende selbst der Dumme.

21 Unglück verfolgt die Unheilstifter; Glück belohnt alle, die das Rechte tun.

22 Ein guter Mensch kann seinen Besitz auf Kinder und Enkel vererben; die Sünder werden beerbt von den Rechtschaffenen.[a]

23 Auch auf den kümmerlichen Feldern der Armen wächst reichlich zu essen; trotzdem kommen viele um, weil ihr Recht missachtet wird.[b]

24 Wer den Stock schont, hasst seinen Sohn; wer seinen Sohn liebt, erzieht ihn beizeiten.

25 Wer das Rechte tut, hat genug zu essen; wer das Unrecht liebt, muss hungern.

Gerechtigkeit macht ein Volk groß

14 Kluge Frauen[c] bauen Haus und Familie auf, aber unverständige reißen alles nieder.

2 Geradlinig leben und den HERRN ernst nehmen gehören zusammen, ebenso krumme Wege gehen und nicht nach ihm fragen.

3 Unverbesserliche Narren schaden sich selbst durch ihr hochmütiges Reden;[d] was der Erfahrene sagt, schützt ihn vor Schaden.

4 Wo keine Rinder sind, spart man ihr Futter;[e] aber für reiche Erträge braucht man ihre Kraft.

5 Ein ehrlicher Zeuge sagt immer die Wahrheit, aber ein falscher Zeuge bringt nichts als Lügen vor.

6 Die Eingebildeten wollen weise werden und schaffen es nicht; den Einsichtigen fällt es leicht.

7 Meide unverbesserliche Narren; du hörst bei ihnen kein vernünftiges Wort!

8 Wer klug ist, hat Einsicht und weiß, was er tut. Wer dumm ist, hat nur Dummheit; damit täuscht er sich selbst und andere.

9 Unverbesserliche Narren stimmen sich gegenseitig zu, weil sie alle im Unrecht sind;[f] aber redliche Menschen finden Zustimmung bei Gott.

10 Das Menschenherz ist mit seinen tiefsten Schmerzen und Freuden allein; niemand kann sie mit ihm teilen.

11 Das Haus des Verbrechers wird niedergerissen; aber die Familie des Redlichen blüht und gedeiht.

12 Mancher Mensch hält seinen Weg für den richtigen, aber am Ende führt er ihn in den Tod.

13 Hinter dem Lachen kann sich Traurigkeit verbergen; wenn dann die Freude vorüber ist, ist der Schmerz noch da.

14 Wer sich auf Abwege begibt, bekommt den Lohn dafür; aber der Lohn guter Menschen ist vorzuziehen.

15 Ein Grünschnabel glaubt alles, was man ihm sagt; der Erfahrene prüft es, bevor er handelt.

16 Der Kluge ist vorsichtig und meidet das Böse; der Dumme handelt unbeherrscht und überschätzt sich.

17 Wer sich schnell erhitzt, macht Dummheiten; wer kalt berechnet, macht sich verhasst.

18 Der Besitz des Grünschnabels ist seine Unwissenheit; Wissen ist der Schmuck der Erfahrenen.

19 Die Bösen werden sich vor den Guten niederbeugen; die Unredlichen müssen den Rechtschaffenen dienen.

20 Den Armen mag niemand, nicht einmal sein Nachbar; aber die Reichen haben viele Freunde.

a Natürlich unfreiwillig! Sie sterben ohne Nachkommen; vgl. Ijob 27,13-17; 20,10.
b Der Vers ist nicht sicher zu deuten; wörtlich *Der Neubruch der Armen gibt (viel) Nahrung, aber mancher geht durch Ungerechtigkeit zugrunde.*
c Wörtlich *Die weisen* unter den Frauen.*
d Wörtlich *Im Mund der Narren ist ein Stock/Spross (gegen) Hochmut.*
e *spart ...:* wörtlich *ist die Futterkrippe leer/rein.*
f Deutung unsicher; wörtlich *(unter) Narren spottet man über die Schuld.*

13,3 10,14.19; 21,23; Ps 141,3S **13,9** Ijob 18,5-6 **13,16** 17,28S **13,21** 3,33S **13,22** 28,8; Koh 2,26S **13,24** 19,18; 22,15; 23,13-14; 29,15.17; Sir 30,1-13 **13,25** 10,3S **14,1** 31,10-31 **14,3** 17,28S **14,11** 3,33S; 12,7 **14,12** 16,25; Sir 21,10; Mt 7,13 **14,17** 15,18; 19,19; 22,24; 29,22 **14,20** 19,4.6-7; Sir 13,21-23

21 Wer seinen Mitmenschen mit Verachtung begegnet, macht sich schuldig; aber freuen darf sich, wer sich um die Hilflosen kümmert.

22 Wer Unheilspläne schmiedet, läuft ins Unheil; wer Gutes plant, erfährt Güte und Treue.

23 Jede Arbeit bringt Lohn; aber Geschwätz bringt nur Nachteil.

24 Reichtum ist die Krone der Verständigen; unverbesserliche Narren bekränzen sich mit Unverstand.°

25 Wer als Zeuge die Wahrheit sagt, rettet Menschenleben; wer Lügen vorbringt, ist ein gewissenloser Schurke.

26 Alle, die den HERRN ernst nehmen, sind in Sicherheit, und auch ihre Kinder haben eine Zuflucht.

27 Den HERRN ernst nehmen ist eine Quelle des Lebens, denn dadurch vermeidest du tödliche Fehler.

28 Je größer ein Volk, desto größer die Ehre seines Herrschers; ein Rückgang der Bevölkerung ist sein Untergang.

29 Ein Mensch, der ruhig bleibt, zeigt, dass er Einsicht hat; wer aufbraust, zeigt nur seinen Unverstand.

30 Ein ausgeglichener Sinn erhält den Körper gesund; aber Eifersucht ist wie eine Krebsgeschwulst.

31 Wer die Schwachen unterdrückt, beleidigt ihren Schöpfer. Wer Hilflosen beisteht, ehrt Gott.

32 Ein böser Mensch wird wegen seiner Bosheit verworfen; der rechtschaffene wird durch seine Redlichkeit beschützt.°

33 Im Herzen der Verständigen ist die Weisheit zu Hause, das erkennen sogar die Unverständigen.

34 Gerechtigkeit macht ein Volk groß; aber Unrecht macht ihm Schande.

35 Einen fähigen Beamten weiß der Herrscher zu schätzen; aber einen Pfuscher trifft sein Zorn.

Ein freundlicher Blick erfreut das Herz

15 Eine versöhnliche Antwort kühlt den Zorn ab, ein verletzendes Wort heizt ihn an.

2 Kluge Menschen zieren das Wissen durch treffende Worte; aber der Mund der Unverständigen quillt über von Torheit.

3 Die Augen des HERRN sind überall; er sieht, ob jemand Unrecht oder das Rechte tut.

4 Heilende Worte helfen zum Leben; böswilliges Reden zerstört jeden Lebensmut.

5 Ein Dummkopf macht sich über die Warnungen seines Vaters lustig; wer sich zurechtweisen lässt, wird klug.

6 Wer das Rechte tut, in dessen Haus ist Überfluss; wer unredlich handelt, dem bringt sein Gewinn kein Glück.

7 Kluge Leute fließen von Weisheit* über, aber aus Hohlköpfen kann nichts kommen.

8 Der HERR verabscheut die Opfergaben* der Unheilstifter; aber das Gebet redlicher Menschen macht ihm Freude.

9 Der HERR verabscheut das Treiben der Bösen; aber er liebt Menschen, die tun, was er verlangt.

10 Wer sich auf Abwege begibt, wird hart gestraft; wer sich nicht zurechtweisen lässt, verwirkt sein Leben.

11 Auch der tiefste Abgrund der Totenwelt* ist vor dem HERRN nicht verborgen, wie viel weniger ein Menschenherz mit seinen Gedanken!

12 Eingebildete lieben keinen Tadel, deshalb gehen sie nie zu erfahrenen Lehrern.

13 Freude zeigt sich am strahlenden Gesicht, Kummer legt sich aufs Gemüt.

14 Ein verständiger Mensch hungert nach Wissen; ein uneinsichtiger hat nur auf Dummheit Appetit.

15 Für die Bekümmerten ist jeder Tag böse, die Glücklichen kennen nur Festtage.

16 Lieber arm sein und den HERRN ernst nehmen als reich sein und in ständiger Sorge.

17 Lieber eine Schüssel Kraut unter Freunden als der schönste Braten, übergossen mit Hass.

18 Ein Hitzkopf erregt Streit, ruhiges Blut schlichtet ihn.

19 Für die Faulen ist jeder Weg mit Dornen versperrt; Tüchtige finden immer eine gebahnte Straße.

20 Ein verständiger Sohn macht Vater und Mutter Freude; ein Dummkopf macht sich über sie lustig.

21 Wer keinen Verstand hat, hat Vergnügen an Torheit; wer Einsicht hat, geht unbeirrbar seinen Weg.

22 Pläne ohne Beratung schlagen fehl; durch gute Ratgeber führen sie zum Ziel.

23 Du freust dich, wenn du die Antwort nicht schuldig bleiben musst; und wie gut ist das richtige Wort zur rechten Zeit!

24 Wer Einsicht hat, folgt dem Weg aufwärts zum Leben und vermeidet den Weg, der hinabführt zu den Toten.

25 Der HERR zerstört die Häuser der Hochmütigen; aber den Grundbesitz der Witwen verteidigt er.

26 Der HERR verabscheut böse Pläne, aber freundliche Worte sind vor ihm recht.

27 Wer um jeden Preis reich werden will, bringt seine Familie ins Verderben; aber wer sich von niemand kaufen lässt, sichert sein Leben.

28 Ein guter Mensch hilft mit überlegten Antworten; der Unheilstifter sprudelt über von unheilvollen Reden.

29 Der HERR hält sich fern von denen, die ihn miss-

14,21 14,31; 17,5; 19,17; 22,9; 28,17; Ijob 31,13-23; Ps 41,2; Mt 5,7 **14,29** 16,32; 19,11 **14,31** 14,21S **15,5** 10,17; 12,1S; 13,24S **15,6** 11,28S; Jes 5,8-10; Am 6,3-7; Jak 5,1-6 **15,8** 15,29; 21,27; 28,9; Sir 7,9; Joh 9,31 **15,11** Ps 139,8; Jer 17,9-10; Sir 42,18 **15,12** 12,1S **15,13** 17,22; Sir 13,25-26 **15,16** 16,8; Ps 37,16; Tob 12,8-9 **15,17** 17,1 **15,18** 14,17S **15,20** 10,1bS **15,23** 25,11 **15,28** 10,21S **15,29** 15,8S

a Der Vers ist eine Anspielung auf die heiligen Lose des Obersten Priesters, mit denen Gottes Entscheidung in bestimmten Fällen eingeholt wurde; vgl. Ex 28,30 und die Sacherklärung »Los«.

achten; aber er achtet auf die Bitten derer, die ihm gehorchen.

30 Ein freundlicher Blick erfreut das Herz und eine gute Nachricht stärkt die Glieder.

31 Ein Mensch, der auf hilfreichen Tadel hört, gehört zu den Weisen.

32 Wer Zurechtweisung verwirft, wirft sein Leben fort. Wer sich korrigieren lässt, kommt zu tieferer Einsicht.

33 Den HERRN ernst nehmen, das ist Erziehung zur Weisheit: erst die Bescheidenheit, dann die Ehre.

Das Menschenherz macht Pläne

16 Ein Mensch denkt sich manches aus, aber das letzte Wort dazu spricht der HERR.

2 Der Mensch hält alles, was er tut, für richtig; der HERR aber prüft die Beweggründe.

3 Lass den HERRN über dein Tun entscheiden, dann werden sich deine Pläne erfüllen!

4 Der HERR hat alles auf ein Ziel hin geschaffen, so auch die Bösen für den Tag ihrer Bestrafung.

5 Hochmütige kann der HERR nicht ausstehen; verlass dich darauf: Sie werden ihrer Strafe nicht entgehen.

6 Wenn ein Mensch treu zu Gott hält und das Gute tut, wird ihm die Schuld vergeben. Alle, die den HERRN ernst nehmen, entgehen dem Unheil.

7 Wenn der HERR mit deinem Tun einverstanden ist, dann macht er sogar deine Feinde bereit, mit dir Frieden zu schließen.

8 Lieber wenig, aber ehrlich verdient als ein großer Gewinn aus unlauteren Geschäften.

9 Das Menschenherz macht Pläne – ob sie ausgeführt werden, liegt beim HERRN.

10 Der König spricht an der Stelle Gottes; darum irrt er sich nicht, wenn er Recht spricht.

11 Der HERR will, dass die Waage stimmt; er selbst hat die Gewichte festgelegt.

12 Könige hassen es, wenn Unrecht geschieht; denn durch Recht wird ihre Herrschaft gefestigt.

13 Könige haben Gefallen an ehrlicher Rede; sie lieben es, wenn jemand die Wahrheit sagt.

14 Der Zorn des Königs ist ein Vorbote des Todes; ein kluger Mensch tut alles, um ihn zu besänftigen.

15 Ein huldvolles Lächeln auf dem Gesicht des Königs bedeutet Leben; seine Gunst gleicht einer Wolke, die erquickenden Regen bringt.

16 Weisheit* und Einsicht zu erlangen ist unendlich viel wertvoller als Silber und Gold.

17 Der Weg redlicher Menschen führt am Unglück vorbei. Darum: Wer sein Leben bewahren will, achtet auf seinen Weg.

18 Auf Stolz folgt Sturz, nach Übermut kommt Untergang.

19 Bescheiden sein und zu den Armen gehören ist besser, als mit Vermessenen Beute zu teilen.

20 Wer befolgt, was er gelernt hat, hat Erfolg, und wer dem HERRN vertraut, findet bleibendes Glück.

21 Ein weiser Mensch steht in hohem Ansehen; und je besser er redet, desto leichter überzeugt er.

22 Einsicht schenkt denen, die sie haben, das Leben. Dummköpfe werden durch ihre eigene Dummheit bestraft.

23 Ein Weiser redet mit Verstand; deshalb überzeugen seine Worte.

24 Freundliche Worte sind wie Honig: süß für den Gaumen und gesund für den ganzen Körper.

25 Der Weg, den du für den richtigen hältst, führt dich am Ende vielleicht in den Tod.

26 Der Hunger eines Arbeiters arbeitet für ihn; sein leerer Magen spornt ihn an.

27 Ein nichtsnutziger Mensch gräbt Unheil aus; seine Worte sind zerstörerisch wie ein Feuer.

28 Ein heimtückischer Mensch sät überall Streit und ein Verleumder bringt Freunde auseinander.

29 Ein verbrecherischer Mensch stiftet seinen Freund zu Verbrechen an und führt ihn auf einen todbringenden Weg.

30 Wer mit den Augen zwinkert, führt Böses im Schilde; und wer hämisch grinst, hat es schon vollbracht.

31 Weißes Haar ist ein ehrenvoller Schmuck; denn langes Leben ist der Lohn für Menschen, die Gott die Treue halten.

32 Geduld bringt weiter als Heldentum; sich beherrschen ist besser als Städte erobern.

33 Menschen werfen das Los, aber die Entscheidung kommt vom HERRN.[a]

Fröhlichkeit ist gut für die Gesundheit

17 Ein Stück trockenes Brot in Eintracht ist besser als ein großes Festmahl mit Zank.

2 Ein tüchtiger Diener tritt an die Stelle eines nichtsnutzigen Sohnes und wird zusammen mit den anderen Söhnen erben.

3 Für Gold und Silber gibt es Tiegel und Ofen; aber das Herz eines Menschen prüft der HERR.

4 Ein Verbrecher hört auf böswillige Reden; und das Ohr des Lügners hängt am Mund des Verleumders.

5 Wenn du die Armen verspottest, beleidigst du ihren Schöpfer; über das Unglück anderer freut sich niemand ungestraft.

6 Die Alten sind stolz auf ihre Enkel und die Kinder auf ihre Väter.

7 Gewählte Sprache passt nicht zu einem Dummkopf; noch weniger passt Lüge zu einem geachteten Mann.

15,30 25,25 **15,31-32** 15,5 S **15,33** 1,7 S; 22,4 **16,1** 16,9; 19,21; Jer 10,23 **16,3** Ps 37,5 **16,8** 15,16 S **16,9** 16,1 S **16,10** 20,8.26; 25,2; 1 Kön 3,28; Ps 72,1-4 **16,11** 11,1 S **16,12** 20,28; 25,5; 29,14 **16,14-15** 19,12; 20,2 **16,16** 3,14-15 S **16,18** 18,12 **16,24** 12,25 **16,25** 14,12 S **16,27** Jak 3,6 **16,30** 6,13 S **16,31** 20,29 **16,32** 14,29 S **16,33** 18,18 **17,1** 15,17 **17,3** Ps 66,10; Ijob 23,10; Weish 3,6; Sir 2,5; Jes 48,10 S **17,5** 14,21 S

8 Manche meinen, Bestechungsgeschenke wirk-
ten wie ein Zauber und brächten ihnen überall
Glück.
9 Wer Freundschaft halten will, verzeiht Unrecht;
wer es immer wieder auftischt, zerstört sie.
10 Bei einem verständigen Menschen richtet ein
Verweis mehr aus als hundert Hiebe bei einem
uneinsichtigen.
11 Der Rebell will nichts als Aufruhr; darum schickt
man ihm einen Boten mit dem Todesurteil.
12 Lieber mit einer Bärin zusammentreffen, der
man die Jungen geraubt hat, als mit einem unverbes-
serlichen Narren in seiner Verbohrtheit.
13 Wer Gutes mit Bösem vergilt, in dessen Haus
wird das Unglück Dauergast.
14 Der Anfang eines Streites ist wie eine Sickerstel-
le in einem Damm: du musst beizeiten eingreifen,
ehe es zur Katastrophe kommt.
15 Schuldige freisprechen und Schuldlose verurtei-
len – beides kann der HERR nicht ausstehen.
16 Was nützt es einem Schwachkopf, wenn er Geld
ausgibt und sich unterrichten lässt? Kann er Ver-
stand kaufen?
17 Ein Freund steht allezeit zu dir, auch in Notzei-
ten hilft er dir wie ein Bruder.
18 Wenn du dich durch Handschlag verpflichtest,
für die Schulden eines anderen aufzukommen, hast
du den Verstand verloren.[a]
19 Wer Streit liebt, liebt es, schuldig zu werden.
Wer anmaßend auftritt, bereitet seinen Sturz vor.[b]
20 Ein Mensch, der Verkehrtes denkt und Übles
redet, hat nichts Gutes zu erwarten.
21 Wer einen unverbesserlichen Sohn hat, kennt
keine Freude; ein Taugenichts macht seinem Vater
das Leben schwer.
22 Fröhlichkeit ist gut für die Gesundheit, Mutlo-
sigkeit raubt einem die letzte Kraft.
23 Ein bestechlicher Richter nimmt heimlich
Geschenke an, und das Recht nimmt einen verkehr-
ten Lauf.
24 Ein kluger Mensch denkt stets daran, noch mehr
Einsicht zu gewinnen; der Dummkopf ist mit seinen
Gedanken überall und nirgends.
25 Ein uneinsichtiger Sohn ist für seinen Vater ein
ständiger Ärger und für seine Mutter eine bittere
Enttäuschung.
26 Schuldlose mit einer Geldstrafe belegen ist
schlimm, und einen geachteten Mann zu einer Prü-
gelstrafe verurteilen ist gegen jedes Recht.
27 Wenn du wirklich etwas gelernt hast, gehst du
sparsam mit deinen Worten um. Ein Mensch, der
sich beherrschen kann, zeigt, dass er Verstand hat.
28 Sogar ein Dummkopf kann für klug und verstän-
dig gehalten werden – wenn er nur den Mund halten
könnte!

Die Zunge hat Macht über Leben und Tod

18 Der Eigenbrötler tut nur, was ihm in seinen
Kram passt; heftig wehrt er sich gegen jede
bessere Einsicht.
2 Für einen Dummkopf ist es unwichtig, ob er von
einer Sache etwas versteht; er will nur überall seine
Meinung sagen.
3 Mit der Schuld° kommt die Schande; du verlierst
deine Ehre und bekommst dafür Hohn.
4 Tief wie das Meer sind die Worte eines weisen
Menschen, unerschöpflich wie ein sprudelnder
Bach, eine Quelle der Weisheit*.
5 Es ist nicht recht, den Schuldigen zu begünstigen
und dem Schuldlosen sein Recht zu verweigern.
6 Was ein Dummkopf sagt, führt zu Streit, und
jedes seiner Worte schreit nach Schlägen.
7 Die Worte eines unverbesserlichen Narren sind
sein Untergang; was er sagt, wird ihm selber zur töd-
lichen Falle.
8 Verleumdungen verschlingt man wie Leckerbis-
sen und behält sie für immer tief im Gedächtnis.
9 Der nachlässige Arbeiter und der mutwillige Zer-
störer sind Brüder.
10 Der Name* des HERRN ist ein starker Turm; wer
das Rechte tut, findet bei ihm sichere Zuflucht.
11 Der Reiche hält sein Vermögen für eine Festung;
in seiner Einbildung erscheint es ihm wie eine hohe
Mauer.
12 Wer hoch hinaus will, stürzt ab; Bescheidenheit
bringt Ansehen.
13 Ein Mensch, der antwortet, bevor er zugehört
hat, zeigt seinen Unverstand und wird nicht ernst
genommen.
14 Der Wille zum Leben unterwirft sich die Krank-
heit. Doch wie willst du mit einem zerbrochenen
Willen leben?
15 Ein kluger Mensch spitzt ständig die Ohren, um
noch mehr zu lernen.
16 Geschenke öffnen manche Türen, sie verschaf-
fen dir Zutritt zu einflussreichen Leuten.
17 Wer bei einer Streitsache zuerst spricht, scheint
Recht zu haben. Doch dann kommt sein Gegner und
stellt alles in Frage.
18 Das Los kann zwischen Prozessgegnern ent-
scheiden und ihrem Streit ein Ende machen.[c]
19 Ein gekränkter Bruder ist unzugänglicher als
eine Festung; Zerwürfnisse sind wie starke Riegel
am Eingang der Burg.
20 Was einer mit seinen Worten erreicht, entschei-
det über seine Zufriedenheit.[d]
21 Die Zunge hat Macht über Leben und Tod.
Wenn du an der Sprache Freude hast, kannst du viel
durch sie erreichen.

a Siehe Anmerkung zu 6,1.
b *Wer anmaßend auftritt …*: wörtlich *Wer seine Tür hoch macht, sucht Einsturz.*
c Durch das Los wird die Entscheidung in schwierigen Fällen Gott anheim gestellt; vgl. 16,33 und Anmerkung dazu.
d Deutung unsicher.

17,8 18,16 **17,15** 18,5; 24,23-25; 28,21; Lev 19,15; Jes 5,23 **17,17** 18,24; 27,10; Sir 37,5 **17,18** 6,1-5S **17,22** 15,13S **17,23** Ex 23,8S **17,25** 19,13; Sir 16,1-3 **17,27** 10,19; Sir 20,6-8 **17,28** 12,23; 13,16; 14,3; 15,2 **18,5** 17,15S **18,10** 14,26; Ps 46,2; 61,4 **18,11** 10,15 **18,12** 16,18 **18,16** 17,8 **18,18** 16,33

a In H steht der Gottesname: *Geschenk des* HERRN.
b Deutung unsicher.
c Vgl. Ps 112,1-2.

22 Wer eine Frau gefunden hat, hat das Glück gefunden; der HERR meint es gut mit ihm.

23 Der Arme bittet höflich und bescheiden, der Reiche antwortet abweisend und barsch.

24 So genannte Freunde können dich ruinieren; aber ein echter Freund hält fester zu dir als ein Bruder.

Bedürftigen helfen heißt Gott etwas leihen

19 Lieber arm und untadelig als dumm und hinterhältig!

2 Eifer ohne Sachverstand taugt nichts; wer es zu eilig hat, macht Fehler.

3 Manche bringen sich durch eigene Torheit in Schwierigkeiten, aber die Schuld schieben sie dem HERRN zu.

4 Reichtum vermehrt die Zahl der Freunde; aber der Arme wird von seinem Freund im Stich gelassen.

5 Ein falscher Zeuge geht nicht frei aus; wer Meineide schwört, wird seiner Strafe nicht entgehen.

6 Der Einflussreiche ist von vielen Schmeichlern umgeben; wer Geschenke verteilt, hat alle Welt zum Freund.

7 Den Armen mögen nicht einmal seine Brüder, erst recht meiden ihn seine Bekannten; er hält sich an Versprechungen, die nichts mehr gelten.°

8 Wenn du deinen Verstand schärfst, tust du dir selbst etwas Gutes; wenn du deiner Einsicht folgst, findest du das Glück.

9 Ein falscher Zeuge entgeht nicht seiner Strafe; wer Meineide schwört, hat sein Leben verwirkt.

10 Ein Leben im Wohlstand passt nicht zu einem Dummkopf; noch weniger steht es einem Sklaven zu, über Angesehene zu herrschen.

11 Ein Mensch, der Einsicht hat, regt sich nicht auf; es gereicht ihm zur Ehre, bei Kränkungen Nachsicht zu üben.

12 Der Zorn des Königs ist wie das Brüllen eines Löwen; aber seine Gunst ist wie Tau, der das Gras erfrischt.

13 Ein Taugenichts von Sohn ist eine Katastrophe für seinen Vater und eine nörgelnde Frau ist so unerträglich wie das ständige Tropfen durch ein undichtes Dach.

14 Geld und Gut erbt man von den Eltern; aber eine tüchtige Frau ist ein Gottesgeschenk.[a]

15 Faulheit macht schläfrig, und wer träge ist, muss hungern.

16 Wer sich nach den Geboten richtet, bewahrt sein Leben; wer sich gehen lässt, kommt um.

17 Bedürftigen helfen heißt dem HERRN etwas leihen, der wird es voll zurückerstatten.

18 Erzieh deine Kinder mit Strenge, dann kannst du Hoffnung für sie haben; lass sie nicht in ihr Verderben laufen!

19 Wer im Jähzorn handelt, soll dafür Strafe zahlen; wenn du sie ihm erlässt, wird es nur noch schlimmer mit ihm.

20 Befolge gute Ratschläge und lass dich korrigieren, dann bist du am Ende ein weiser Mensch.

21 Menschen haben den Kopf voller Pläne, doch nur der Beschluss des HERRN wird ausgeführt.

22 Was einen Menschen wertvoll macht, ist seine Güte;[b] darum ist ein Armer besser als ein Falscher.

23 Den HERRN ernst nehmen ist gut für das Leben; satt und zufrieden verbringst du die Nacht, ohne vom Unglück erschreckt zu werden.

24 Der Faulpelz greift in die Schüssel, aber er bekommt die Hand nicht zum Mund.

25 Gib dem überheblichen Spötter den Stock zu spüren, und die Unerfahrenen werden es sich merken; tadle den Verständigen, und er selber wird daraus lernen.

26 Wer seinen Vater schlecht behandelt und seine Mutter aus dem Haus vertreibt, ist ein unwürdiger Mensch, für den man sich schämt.

27 Lehne nur alle Zurechtweisung ab, dann bleibt dir auch das Wissen fern!

28 Ein hinterhältiger Zeuge verlacht das Recht; Unheilstifter finden Geschmack an Verbrechen.

29 Für hochmütige Spötter gibt es Strafen und für den Rücken uneinsichtiger Narren den Stock.

Gott hasst zweierlei Gewicht

20 Der Wein macht zum Großmaul und das Bier zum Krakeeler; wer sich ständig betrinkt, wird niemals weise.

2 Ein König ist so bedrohlich wie ein knurrender Löwe; seinen Zorn zu wecken wäre Selbstmord.

3 Es ehrt einen Mann, sich aus einem Streit herauszuhalten; nur ein Dummkopf stürzt sich hinein.

4 Im Herbst mag der Faulpelz nicht pflügen; später will er ernten und kann nichts finden.

5 Guter Rat liegt tief im Menschenherzen wie Wasser in einem Brunnen; wer Verstand hat, holt ihn herauf.

6 Viele reden von ihrer Treue; aber finde mal einen Menschen, auf den Verlass ist!

7 Wer rechtschaffen ist und untadelig lebt, dessen Kinder können von Glück reden![c]

8 Wenn der König Gericht hält, findet sein Blick jeden Verbrecher heraus.

9 Welcher Mensch kann von sich behaupten: »Ich habe ein reines Gewissen, ich bin meine Fehler losgeworden«?

18,22 19,14; 31,10-12; Gen 2,18; Sir 26,1-4S **18,24** 17,17S **19,1** 28,6 **19,3** Sir 15,11-20 **19,4** 14,20S **19,5** 6,19; 19,9; 21,28; 24,28; Ex 20,16S **19,6-7** 14,20S **19,9** 19,5S **19,11** 14,29 **19,12** 16,14-15S **19,13** 17,25S; 21,9S **19,14** 18,22S **19,15** 6,10-11S **19,17** 14,21S **19,18** 13,24S **19,19** 14,17S **19,21** 16,1S **19,23** 10,27S **19,24** 6,6S **19,25** 21,11 **19,26** 20,20S **19,29** 10,13; 13,24S; 26,3 **20,1** 23,20-21.29-35; 31,4.6-7; Sir 31,25-30 **20,2** 16,14-15S **20,4** 6,6S **20,7** Ps 112,1-2 **20,8** 16,10S **20,9** 30,12; Ijob 4,17S

[10] Zweierlei Maß, zweierlei Gewicht: Der HERR
hasst beides.
[11] Schon einen jungen Menschen erkennst du an
seinen Taten; du siehst daran, ob er Charakter hat.
[12] Das Ohr ist zum Hören und das Auge zum
Sehen, dazu hat der HERR beide geschaffen.
[13] Liebst du den Schlaf, so bist du bald arm. Mach
die Augen früh auf, dann hast du immer satt zu
essen!
[14] »Viel zu teuer!«, sagt der Käufer; doch wenn er
weggeht, reibt er sich die Hände.
[15] Gold und edle Steine gibt es haufenweise, aber
einsichtsvolle Worte sind eine Seltenheit.
[16] Wenn einer so dumm war, für einen Fremden zu
bürgen, dann nimm ruhig sein Obergewand* als
Pfand, wenn er von dir etwas borgen will.[a]
[17] Wer von Betrug lebt, findet anfangs Geschmack
daran; aber hinterher hat er den Mund voll Sand.
[18] Durch Beratung kommen Pläne zum Ziel; wenn
du in den Kampf ziehen willst, brauchst du einen
guten Plan.
[19] Wer jedes Gerücht weiterträgt, plaudert auch Geheimnisse aus. Darum meide Leute, die zu viel reden!
[20] Wenn du deinen Vater oder deine Mutter verfluchst, wird es dir ergehen wie einem, dessen Lampe in dunkelster Nacht erlöscht.
[21] Wenn du zu schnell nach deinem Erbe greifst,
bringt es dir am Ende kein Glück.
[22] Nimm dir nicht vor, erlittenes Unrecht selber zu
vergelten! Vertrau auf den HERRN, er wird dir Recht
verschaffen!
[23] Der HERR hasst zweierlei Gewicht, und falsche
Waage heißt er nicht gut.
[24] Der HERR bestimmt jeden unserer Schritte. Wie
kann ein Mensch wissen, welche Richtung sein
Leben nimmt?[b]
[25] Wenn du Gott etwas versprichst und erst dann
überlegst, wie du es erfüllen kannst, begibst du dich
in eine ausweglose Falle.
[26] Ein weiser König findet die Verbrecher heraus
und bestraft sie ohne Erbarmen.
[27] Der Lebensgeist ist die Lampe des HERRN;[c] mit
ihr durchleuchtet er das Menschenherz und seine
Gedanken.[d]
[28] Gottes Güte und Treue beschützen den König,
und durch Güte festigt der König seine Herrschaft.
[29] Junge Männer können stolz sein auf ihre Kraft
und die Alten auf ihr graues Haar.

a Wer durch eine unbedachte Bürgschaft in Schwierigkeiten kommt, verdient nicht einmal die Schonung, die das Gesetz den Armen gewährt (Ex 22,25-26; Dtn 24,12-13). Vgl. die Anmerkung zu 6,1.
b Die Weisheit im Umkreis des alten Israels lehrt: Der Mensch hat sein Glück selbst in der Hand; vgl. 3,13-17. Dem wird hier entgegengehalten, dass es letzten Endes von Gott abhängt, ob der Weg des Menschen zum erwarteten Erfolg führt.
c H *eine Lampe des HERRN.*
d *das Menschenherz …:* wörtlich *alle Kammern des Körpers.*

»Der Herr hasst zweierlei Gewicht, und falsche Waage heißt er nicht gut.« (20,23) Auch in ganz alltäglichen Dingen kommt es auf Ehrlichkeit an. Hier wird auf dem Markt Wolle abgewogen.

20,10 11,1S **20,13** 6,10-11S **20,16** 6,1-5S **20,18** 24,6 **20,20** 19,26; 30,17; Ex 21,17 **20,22** 24,29; Sir 28,1-7; Mt 5,38-42; Röm 12,17S **20,23** 11,1S **20,25** Ri 11,29-40; Koh 5,3-5 **20,26** 16,10S **20,28** 16,12S; Ps 61,8 **20,29** 16,31

30 Striemen sind ein Heilmittel gegen die Bosheit, Schläge bessern den Charakter.[a]

Den Faulpelz bringen seine Wünsche um

21 Wasserbäche können wir umleiten. So lenkt der HERR das Herz eines Herrschers, wie er will.

2 Jeder Mensch findet sein Tun in Ordnung; der HERR aber prüft die Beweggründe.

3 Tu, was in den Augen des HERRN recht und gut ist! Das ist ihm lieber als Opfergaben*.

4 Hochmütiger Blick, überheblicher Verstand – einen bösen Menschen erziehen zu wollen führt zu nichts.[b]

5 Fleiß mit Überlegung bringt sicheren Gewinn, jede Übereilung bringt nichts als Verlust.

6 Mit Lug und Trug gesammelter Reichtum ist wie der flüchtige Atem derer, die den Tod suchen.

7 Mit ihrer Gewalttätigkeit bereiten sich die Verbrecher selbst den Untergang; denn sie weigern sich, dem Recht zu folgen.

8 Schurken gehen auf krummen Wegen; aber redliche Menschen führen ein geradliniges Leben.

9 Lieber ein ruhiger Winkel unterm Dach als ein ganzes Haus zusammen mit einer ständig nörgelnden Frau.

10 Boshafte Menschen haben nur Böses im Sinn, mit ihren Mitmenschen haben sie kein Erbarmen.

11 Wenn du die überheblichen Spötter bestrafst, werden wenigstens die Grünschnäbel daraus lernen. Wenn du die Weisen belehrst, vermehrst du ihr eigenes Wissen.

12 Ein gerechter Herrscher[c] behält die Verbrechersippe im Auge und bringt die Unheilstifter ins Unglück.

13 Wenn du für das Schreien der Armen nur taube Ohren hast, wirst du keine Antwort bekommen, wenn du selber um Hilfe rufst.

14 Hast du jemand verärgert, so steck ihm heimlich ein Geschenk zu; das wird ihn besänftigen.

15 Ein gerechter Urteilsspruch bedeutet Freude für die Unschuldigen, aber Schrecken für die Verbrecher.

16 Ein Mensch, der es ablehnt, vernünftig zu leben, wird bald den Toten Gesellschaft leisten.

17 Wer Vergnügungen liebt, dem geht schnell das Geld aus; immer gut essen und trinken macht niemand reich.

18 Einmal werden die Plätze vertauscht; dann trifft die Bösen das Unglück, das jetzt die Rechtschaffenen erleiden müssen.[d]

19 Lieber in der Wüste leben als zusammen mit einer zänkischen Frau, die dir auf die Nerven geht.

20 Wertvolle Schätze und duftendes Öl sammeln sich im Haus des Weisen; aber ein Dummkopf vergeudet alles.

21 Wenn du anderen Güte und Liebe erweist, findest du Gegenliebe, Ansehen und ein erfülltes Leben.

22 Ein weiser Mann kann eine Stadt voll Soldaten angreifen und die Befestigungen zerschlagen, auf die sie sich verlassen hat.

23 Wer seinen Mund hält, hält sich Schwierigkeiten vom Hals.

24 Ein überheblicher Spötter tut alles in vermessener Selbstüberschätzung.

25 Den Faulpelz bringen seine Wünsche um, weil seine Hände sie nicht erfüllen wollen.

26 Manche wollen immer nur nehmen und haben; wer das Rechte tut, kann geben und großzügig sein.

27 Gott verabscheut die Opfergaben der Unheilstifter, besonders wenn sie damit böse Absichten fördern wollen.

28 Einem lügnerischen Zeugen wird das Wort entzogen; aber wer aussagt, was er genau gehört hat, darf zu Ende sprechen.[e]

29 Redliche sind sicher in dem, was sie tun; Unheilstifter müssen so tun, als wären sie sicher.

30 Klugheit, Scharfsinn und Einsicht richten nichts aus, wenn du es mit dem HERRN zu tun bekommst.

31 Du kannst das Pferd anspannen für den Tag der Schlacht; aber der Sieg kommt vom HERRN.

Wer Unrecht sät, wird Unheil ernten

22 Ein guter Ruf ist besser als großer Reichtum; Liebenswürdigkeit hilft weiter als Silber und Gold.

2 Reiche und Arme leben nebeneinander, sie alle hat der HERR geschaffen.

3 Ein Mensch mit Erfahrung sieht das Unglück kommen und bringt sich in Sicherheit; die Unerfahrenen laufen mitten hinein und müssen es büßen.

4 Wer bescheiden ist und den HERRN ernst nimmt, findet Reichtum, Ansehen und ein erfülltes Leben.

5 Der Weg falscher Menschen ist voller Dornen und Schlingen; wer sein Leben liebt, meidet ihn.

6 Bring einem Kind am Anfang seines Lebens gute Gewohnheiten bei, es wird sie auch im Alter nicht vergessen.

7 Der Reiche hat die Armen in seiner Gewalt; wer Geld leihen muss, wird zum Sklaven seines Gläubigers.

8 Wer Unrecht sät, wird Unheil ernten; dann kann er seinen Mutwillen an niemand mehr auslassen.

9 Einem gütigen Menschen wünscht man Gutes, weil er sein Brot mit den Armen teilt.

a *den Charakter:* wörtlich *die Kammern des Körpers.*
b *einen bösen Menschen erziehen …:* wörtlich *der Neubruch/die Lampe des Bösen ist Verfehlung.*
c Wörtlich *Ein Gerechter.*
d Deutung unsicher.
e Wörtlich *Ein Lügenzeuge vergeht, aber ein hörender Mann wird fortwährend reden.*

21,3 1 Sam 15,22; Ps 40,7-9 S **21,9** 19,13; 21,19; 25,24; 27,15-16; Sir 25,16-26 **21,11** 19,25 **21,17** 23,20-21 S **21,18** 11,8; Lk 1,52-53 **21,19** 21,9 S **21,23** 13,3 S **21,27** 15,8 S **21,28** 19,5 S **21,31** Ps 20,8 S **22,2** 29,13; Ijob 31,15; Weish 6,7 **22,4** 10,27 S; 15,33 **22,8** Ijob 4,8; Hos 8,7 S; Gal 6,7 **22,9** 14,21 S

10 Vertreibe den hochmütigen Spötter und der Zank hört auf, Streit und Beschimpfung sind zu Ende.

11 Wer ein reines Gewissen hat und gewinnend reden kann, den nimmt der König zum Freund.

12 Der HERR sorgt dafür, dass die Wahrheit erkannt wird; er entlarvt die Worte der Lügner.

13 Der Faulpelz sagt: »Ich kann nicht hinausgehen; draußen ist ein Löwe, der bringt mich um!«

14 Die verführerischen Worte fremder Frauen sind eine Falle; wenn der HERR zornig auf dich ist, läufst du hinein.

15 Kinder neigen zu Dummheiten; strenge Erziehung wird sie davon heilen.

16 Einen Armen ausbeuten, um sich zu bereichern, oder einem Reichen etwas schenken – beides bringt nur Schaden![a]

KLEINERE SAMMLUNGEN
(22,17–24,34)

Dreißig Ratschläge

17 Hör mir zu! Ich will dir weitergeben, was weise Lehrer gesagt haben. Nimm dir ihre° Worte zu Herzen! 18 Du tust gut daran, sie auswendig zu lernen, damit du sie jederzeit hersagen kannst. 19 Ich lehre sie dich heute, um dir zu zeigen, dass du dich stets auf den HERRN verlassen kannst. 20 Dreißig von diesen Lehren habe ich für dich aufgeschrieben, lauter wohlbegründete Ratschläge. 21 Sie sagen dir alles, was du wissen musst, um die Aufträge deiner Vorgesetzten[b] zuverlässig zu erfüllen.

1

22 Nutze die Wehrlosigkeit anderer nicht aus und benachteilige die Armen nicht vor Gericht. 23 Der HERR schützt die Schutzlosen; wer ihnen ihr Recht nimmt, dem nimmt er das Leben.

2

24 Nimm keinen Jähzornigen zum Freund und verkehre nicht mit jemand, der sich nicht beherrschen kann. 25 Sonst gewöhnst du dich an seine Unart und gefährdest dein Leben.

3

26 Übernimm keine Bürgschaft für fremde Schulden. 27 Wenn du sie nicht bezahlen kannst, pfändet man sogar dein Bett.

4

28 Verrücke nicht die Grenzen deines Grundstücks, die schon deine Vorfahren festgelegt haben.

5

29 Wenn du einen siehst, der in seinem Beruf tüchtig ist, kannst du sicher sein: Er wird Königen dienen, nicht gewöhnlichen Leuten.

6

23 Wenn du bei einem hohen Herrn zu Tisch sitzt, dann vergiss nicht, mit wem du es zu tun hast. 2 Stürz dich nicht auf die Speisen,[c] auch wenn du noch so hungrig bist. 3 Sei vorsichtig, wenn er dich mit Leckerbissen füttert; du könntest dich in ihm täuschen.

7

4 Plage dich nicht damit ab, reich zu werden; du weißt es doch besser! 5 Denn ehe du dich's versiehst, hat dein Reichtum Flügel bekommen und entschwindet deinen Augen wie ein Adler, der zum Himmel aufsteigt.

8

6 Lass dich nicht von einem Geizhals einladen, und wenn er dir noch so köstliche Speisen vorsetzen will. 7 Denn er hat alle Bissen abgezählt. »Greif doch zu!«, sagt er; aber im Grunde gönnt er dir nichts. 8 Dann vergeht dir der Appetit und das ganze Essen kommt dir wieder hoch. Du hast seine Küche mit überschwänglichen Worten gelobt und nichts dafür bekommen.

9

9 Verschwende deinen guten Rat nicht an oberflächliche Menschen, die ihn doch nicht zu schätzen wissen.

10

10 Verrücke nicht die von alters her festgelegten Grenzen, um deinen Landbesitz auf Kosten wehrloser Waisen zu vergrößern. 11 Denn sie haben einen mächtigen Beistand: Gott selbst wird ihr Recht gegen dich verteidigen.

11

12 Sei bereit, dich korrigieren zu lassen, und spitze die Ohren, wenn du etwas lernen kannst.

12

13 Erzieh deinen Sohn mit Strenge. Eine Tracht Prügel bringt ihn nicht um. 14 Aber wenn du ihm seine Unarten austreibst, wirst du ihm das Leben retten.

13

15 Mein Sohn,[d] wenn du klug und besonnen wirst, machst du mir Freude, 16 und wenn ich aus deinen

a Weil Gott den Armen entschädigen wird (vgl. Vers 23; Ps 35,10; 140,13; 1 Sam 2,5-8).
b Hier wird deutlich, dass der Weisheitslehrer u. a. die Aufgabe hatte, junge Menschen für königliche oder überhaupt staatliche Dienste zu erziehen (siehe auch Anmerkung zu 25,1). Die folgenden »Dreißig Ratschläge« sind allerdings zum großen Teil allgemeinerer Natur.
c Wörtlich *Lege ein Messer an deine Kehle.*
d Siehe Anmerkung zu 1,8.

22,11 Ps 101,6 **22,14** 5,3-6 S **22,15** 13,24 S **22,22-23** 23,10-11; Ex 23,6-7 **22,24** 14,17 S **22,26-27** 6,1-5 S **22,28** 23,10; Dtn 27,17 S **23,1-3** Sir 31,12-21 **23,4-5** 28,22 S **23,10-11** 15,25; 22,22-23 S; 22,28 S **23,13-14** 13,24 S

Worten erkenne, dass du gereift bist, kann ich stolz auf dich sein.

14

17 Ereifere dich nicht über gewissenlose Menschen, sondern sei eifrig darin, den HERRN täglich ernst zu nehmen. 18 Dann kannst du hoffnungsvoll in die Zukunft blicken und deinem Glück steht nichts mehr im Weg.

15

19 Hör auf mich, mein Sohn! Sei vernünftig und bleib auf dem geraden Weg! 20 Halte dich fern von denen, die sich mit Wein voll laufen lassen und ihren Bauch mit Fleisch voll stopfen. 21 Wer säuft und schlemmt, wird faul und hat schließlich nur noch Lumpen am Leib.

16

22 Achte deinen Vater und deine Mutter, du verdankst ihnen das Leben! Hör auch dann noch auf sie, wenn sie alt geworden sind.
23 Wahrheit und Weisheit*, Einsicht und Herzensbildung sind es wert, dass du sie dich etwas kosten lässt. Gib sie nie wieder her!
24 Die größte Freude für einen Vater ist ein tüchtiger und charakterfester Sohn. 25 Mach deinem Vater und deiner Mutter Freude. Sie, die dich geboren hat, soll doch stolz auf dich sein!

17

26 Hör mir gut zu, mein Sohn! Folge meinem Beispiel. 27 Hüte dich vor der Dirne und vor der Frau eines anderen. Sie sind wie eine tiefe Grube, wie ein enger Brunnen, in dem du stecken bleibst. 28 Wie Wegelagerer lauern sie den Männern auf und verführen viele zur Untreue.

18

29 Willst du wissen, wer ständig stöhnt und sich selbst bemitleidet? Wer immer Streit hat und sich über andere beklagt? Wer glasige Augen hat und Verletzungen, die er sich hätte ersparen können? 30 Das sind die, die bis spät in die Nacht beim Wein sitzen und keine Gelegenheit auslassen, eine neue Mischung zu probieren. 31 Lass dich nicht vom Wein verführen! Er funkelt so rot im Becher und gleitet so angenehm durch die Kehle; 32 aber dann wird es dir schwindlig, als hätte dich eine giftige Schlange gebissen. 33 Du siehst Dinge, die es gar nicht gibt, und redest dummes Zeug. 34 Du fühlst dich wie auf stürmischer See, wie einer, der im Mastkorb eines Schiffes liegt. 35 Wenn du wieder zu dir kommst, sagst du: »Man muss mich geschlagen haben, aber es hat nicht wehgetan. Man muss mich verprügelt haben, aber ich habe nichts gespürt! Wie werde ich nur wach? Ich brauche einen Schluck Wein, ich will wieder von vorn anfangen!«

19

24 Sei nicht neidisch auf das Glück schlechter Menschen; suche nicht ihre Freundschaft! 2 Sie haben nichts als Verbrechen im Sinn, und sooft sie den Mund aufmachen, kommt jemand zu Schaden.

20

3 Weisheit* und Verstand sind ein sicheres Fundament, auf dem du dein Haus errichten kannst, 4 und Wissen füllt seine Räume mit wertvollen und schönen Dingen.

21

5 Nur ein kluger Mann ist wirklich stark; durch Wissen vervielfacht er seine Kraft. 6 Wenn du einen Krieg gewinnen willst, musst du sorgfältig planen; je mehr gute Ratgeber du hast, desto sicherer ist dir der Sieg.

22

7 Wer nichts gelernt hat, für den ist die Weisheit erfahrener Männer zu hoch; in der Ratsversammlung muss er den Mund halten.

23

8 Wer ständig Teufeleien ausheckt, wird bald ein Teufel genannt. 9 Wenn jemand unbelehrbar ist, führt alles, was er sich vornimmt, zur Sünde; und ein Mensch, dem nichts heilig ist, ist bei allen verhasst.

24

10 Du magst dich für stark halten – ob du es bist, zeigt sich erst in der Not.

25

11 Lass nicht zu, dass unschuldige Menschen verurteilt werden. Tu alles, was du kannst, um sie vor dem Tod zu retten. 12 Rede dich nicht damit heraus, dass du nichts gewusst hast. Gott sieht dir ins Herz und weiß, ob du die Wahrheit sagst. Er belohnt oder bestraft jeden Menschen, wie er es aufgrund seiner Taten verdient hat.

26

13 Mein Sohn, Honig ist etwas Gutes und ein Genuss für den Gaumen. 14 Weisheit aber ist gut für dein ganzes Leben. Wenn du sie erwirbst, dann kannst du hoffnungsvoll in die Zukunft blicken und deinem Glück steht nichts mehr im Weg.

23,17 3,31; 24,1; 24,19-20 S **23,20-21** 20,1 S; 21,17; Sir 18,33 **23,22** 1,8 S **23,23** 4,7 **23,24-25** 10,1b S **23,27-28** 5,3-6 S **23,29-35** 20,1 S **24,1** 23,17 S **24,6** 20,18 **24,12** Jer 17,10 S

27

15 Suche nicht mit List und Tücke einen redlichen Mann um Haus und Hof zu bringen. 16 Denn der Rechtschaffene kommt immer wieder auf die Füße, sooft ihn auch das Unglück zu Boden schlägt. Aber der Unheilstifter kommt zu Fall und steht nie mehr auf.

28

17 Wenn dein Feind ins Unglück gerät, dann sei nicht schadenfroh! 18 Das gefällt dem HERRN nicht und könnte ihn veranlassen, ihm den Rest der Strafe zu schenken.

29

19 Reg dich nicht auf, wenn es bösen Menschen gut geht; beneide sie nicht; 20 denn ihr Glück ist nicht von Dauer, es erlischt wie eine Öllampe.

30

21 Mein Sohn, fürchte den HERRN und fürchte den König! Lass dich nicht mit Aufrührern ein; 22 denn ganz plötzlich trifft sie das Verderben. Wer weiß, welches Unglück der HERR oder der König unversehens über sie bringt?

Noch einige weitere Ratschläge

23 Auch die folgenden Worte stammen von weisen Lehrern:

Ein Richter, der nicht unparteiisch Recht spricht, begeht Unrecht. 24 Wer Schuldige freispricht, wird von allen Leuten gehasst und verflucht. 25 Aber denen, die gerecht entscheiden, wird es gut gehen, denn sie werden von allen anerkannt und gepriesen.

26 Eine offene, ehrliche Antwort ist ein Zeichen von wahrer Freundschaft.

27 Erledige zuerst, was du draußen zu tun hast, bestelle deine Felder für die Ernte; dann kannst du ein Haus bauen und eine Familie gründen.

28 Belaste niemand mit einer Falschaussage! Oder willst du wissentlich lügen? 29 Denke nicht: »Wie du mir, so ich dir; jetzt wird die Rechnung beglichen!«

30 Am Feld eines Faulpelzes ging ich vorüber,
am Weinberg des Mannes ohne Verstand.
31 Dort wuchsen statt Reben nur Dornen und Disteln,
wild wucherndes Unkraut bedeckte das Land,
die Mauer ringsum war schon völlig zerfallen.
32 Ich sah es und zog meine Lehre daraus:
33 »Etwas schlummern und schlafen,
die Arme verschränken,
34 und schnell kommen Armut und Not dir ins Haus.«

DIE ZWEITE SAMMLUNG VON RATSCHLÄGEN SALOMOS
(Kapitel 25–29)

25 Die nun folgenden Sprüche sind wieder von Salomo.[a] Lehrer am Hof des Königs Hiskija von Juda haben sie gesammelt.[b]

Wenn dein Feind hungrig ist ...

2 Gott wird geehrt für das, was er verborgen hält; Könige werden geehrt für das, was sie aufdecken.

3 Wie die Höhe des Himmels und die Tiefe der Erde, so unerforschlich sind die Gedanken der Könige.

4 Entferne die Schlacke aus dem Silber, dann kann der Künstler ein erlesenes Gefäß daraus machen.

»Mein Sohn, Honig ist etwas Gutes und ein Genuss für den Gaumen. Weisheit aber ist gut für dein ganzes Leben.« (24,13-14)

a Siehe Anmerkung zu 1,1.
b Da die Weisheit von Generation zu Generation weitergegeben und dabei um neue Erfahrungen bereichert wurde, bestand die »Sammlung« vermutlich in der Niederschrift des mündlich überlieferten Spruchgutes. Zu Hiskija siehe 2 Kön 18–20.

24,16 Ps 37,23-24 **24,17** Ijob 31,29 **24,19-20** Ps 37,1-2.8-10.35-36; 73,2-3.17-20; 92,8; Spr 23,17 S; Sir 12,6 S **24,20** 3,33 S **24,21** 1 Petr 2,17 **24,23-25** 17,15 S **24,26** 25,11 S **24,28** 19,5 S **24,29** 20,22 S **24,33-34** 6,10-11 S **25,1** 1,1; 10,1; 2 Kön 18,1–8 **25,2** 16,10 S; 30,4; Dtn 29,28; Koh 8,16-17 **25,4** Jes 1,25 S

5 Entferne üble Berater aus der Nähe des Königs,
dann wird er gerecht regieren und seine Herrschaft
wird Bestand haben.
6 Tritt am Hof des Königs bescheiden auf und halte
dich nicht für die Hauptperson. 7 Es ist ehrenvoller,
wenn man dich auf einen besseren Platz bittet, als
wenn man dich von einem Platz verweist, der für
einen Vornehmeren bestimmt war.
8 Wenn dir bei deinem Nachbarn oder deiner
Nachbarin etwas verdächtig erscheint, dann bring
es nicht gleich vor Gericht. Wie stehst du da, wenn
sie dir beweisen können, dass du dich getäuscht
hast?
9 Wenn du einen Streit mit deinem Nachbarn hast,
dann berufe dich nicht auf das, was jemand dir im
Vertrauen gesagt hat. 10 Sonst wissen bald alle, dass
du nichts für dich behalten kannst, und um deinen
guten Ruf ist es geschehen.
11 Wie goldene Äpfel auf silbernen Schalen, so sind
treffende Worte im richtigen Augenblick. 12 Wie ein
schmückender Ohrring aus feinstem Gold, so wert-
voll ist weiser Rat für ein hörendes Ohr.
13 Erledigst du einen Auftrag zuverlässig, so freuen
sich deine Vorgesetzten, wie man sich bei der Ernte
über ein kühles Getränk freut.
14 Wie Wolken und Wind ohne Regen, so ist ein
Mensch, der Versprechungen macht und sie nicht
hält.
15 Eine sanfte Zunge zerbricht Knochen: Mit ge-
duldigen Worten kannst du mächtige Leute um-
stimmen.
16 Wenn du zu viel Honig isst, schlägt er dir auf den
Magen und du bekommst ihn über. 17 Wenn du deine
Bekannten zu oft besuchst, fällst du ihnen auf die
Nerven und sie werden dich leid.
18 Wie eine Keule, ein Schwert oder ein spitzer
Pfeil, so tödlich ist eine falsche Aussage vor Gericht.
19 In der Not auf treulose Freunde vertrauen, das
ist so wie mit einem brüchigen Zahn kauen oder
mit einem lahmen Fuß laufen.
20 An einem kalten Tag die Kleider ablegen oder
Essig in eine Wunde° gießen – so wirkt es, wenn
du einem traurigen Menschen lustige Lieder vor-
singst.
21 Wenn dein Feind hungrig ist, dann gib ihm zu
essen, und wenn er Durst hat, gib ihm zu trinken.
22 Dann wird es ihm bald Leid tun, dein Feind zu
sein,[a] und der HERR wird dich belohnen.
23 Bei Westwind gibt's Regen und bei Klatsch gibt's
Ärger.
24 Ein ruhiger Winkel unterm Dach ist besser als
ein ganzes Haus gemeinsam mit einer ständig nör-
gelnden Frau.
25 Wie kühles Wasser für einen Durstigen, so ist
eine gute Nachricht aus fernem Land.
26 Wie eine verschmutzte Quelle oder ein vergifte-
ter Brunnen, so ist ein guter Mensch, der sich von
einem bösen irremachen lässt.
27 Zu viel Honig und zu viel Ehre sind unbekömm-
lich.[b]
28 Wie eine Stadt ohne Schutzwall, so ist ein Mann
ohne Selbstbeherrschung.

Wer anderen eine Grube gräbt ...

26 Wie Schnee im Sommer und Regen in der Ern-
tezeit, genauso unpassend sind Ansehen und
Wohlstand bei einem Dummkopf.
2 Wie ein flatternder Spatz oder eine fliegende
Schwalbe, so ist ein unverdienter Fluch: Er lässt sich
auf keinen Menschen nieder.
3 Die Peitsche fürs Pferd, der Zaum für den Esel
und der Stock für den Rücken unverbesserlicher
Narren!
4 Gib dem Dummen keine Antwort, die sich auf
die Ebene seiner Dummheit begibt, damit die Leute
dich nicht selbst für dumm halten!
5 Gib dem Dummen eine Antwort, wie seine
Dummheit sie verdient, damit er sich nicht selbst
für klug hält!
6 Wer einen Dummkopf als Boten schickt, ist wie
jemand, der sich selbst die Füße abhackt und schlim-
men Ärger schlucken muss.[c]
7 Kraftlos wie die Beine eines Gelähmten, so ist ein
Weisheitsspruch im Mund von Unverständigen.
8 Einen Stein in der Schleuder festbinden und
einem Dummkopf Ehre erweisen: Eins ist so sinnlos
wie das andere.
9 Ein stacheliger Zweig in der Hand eines Betrun-
kenen – genauso gefährlich ist ein Weisheitsspruch
im Mund von Unverständigen.
10 Wie ein Bogenschütze, der auf jeden schießt, so
unverantwortlich handelt jemand, der einen Dumm-
kopf in Dienst nimmt oder den ersten Besten, der
vorüberkommt.
11 Ein Hund frisst noch einmal, was er erbricht; so
wiederholt ein Dummkopf seinen Unsinn.
12 Kennst du einen, der sich selbst für weise hält?
Für einen Schwachsinnigen ist mehr Hoffnung als
für ihn!
13 Der Faulpelz sagt: »Draußen läuft ein wildes Tier
umher, ein Löwe, mitten auf der Straße!«[d]
14 Die Tür dreht sich in ihren Angeln – und der
Faulpelz in seinem Bett.
15 Der Faulpelz greift in die Schüssel, aber die
Hand zum Mund zu führen ist ihm zu mühsam.
16 Der Faulpelz hält sich selbst für klüger als sieben
Sachverständige.
17 Mische dich nicht in einen Streit, der dich nichts
angeht! Sonst schaffst du dir ähnlichen Ärger wie

a Wörtlich *Dann sammelst du glühende Kohlen auf seinen Kopf.*
b Wörtlich *Zu viel Honig essen ist nicht gut und das Suchen nach ihrer Ehre (ist) Ehre.*
c *schlimmen Ärger ...:* Deutung unsicher; wörtlich *Gewalttat trinkt.*
d Der Sinn ergibt sich aus 22,13.

25,5 16,12 S **25,7** Lk 14,7-11 **25,9-10** Sir 27,16 **25,11** 15,23; 24,26 **25,18** 19,5 S **25,21-22** Röm 12,20 **25,24** 21,9 S **25,25** 15,30 **25,28** 29,11
26,3 19,29 S **26,11** 2 Petr 2,22 **26,13-16** 6,6 S

jemand, der einen vorüberlaufenden Hund bei den
Ohren packt.
18 Wie ein Irrer, der mit Brandpfeilen und anderen
tödlichen Waffen spielt, 19 so handelt jemand, der sei-
nen Freund betrügt und dann sagt: »Es war nur ein
Scherz!«
20 Wo kein Holz mehr ist, geht das Feuer aus; und
wo kein Klatsch mehr ist, hört der Streit auf.
21 Kohle hält die Glut in Gang und Holz das Feuer;
so sorgt der Streithahn dafür, dass der Zank weiter-
geht.
22 Verleumdungen verschlingt man wie Leckerbis-
sen und behält sie für immer tief im Gedächtnis.
23 Wie Silberglasur auf Tongeschirr, so ist zünden-
de Rede mit böser Absicht.[a]
24 Ein gehässiger Mensch ist voller Falschheit,
aber er versteckt sie hinter Schmeichelworten.
25 Und wenn er noch so freundlich redet, glaub
ihm nicht! Er hat alle erdenklichen Teufeleien im
Sinn. 26 Seinen Hass mag er eine Weile verbergen
können, aber schließlich wird er von allen durch-
schaut.
27 Wer anderen eine Grube gräbt, fällt selbst hin-
ein. Wer einen Stein hochwirft, auf den fällt er
zurück.
28 Wer andere mit seinen Lügen zugrunde gerich-
tet hat, hasst sie auch dann noch; Verleumdung führt
zu Vernichtung.

Überlass es anderen, dich zu loben

27 Gib nicht an mit dem, was du morgen vorhast!
Du weißt ja nicht einmal, was dir heute
zustößt.
2 Überlass es anderen, dich zu loben; besser ein
fremder Mund lobt dich als dein eigener!
3 Sand und Steine sind schwer, aber noch schwe-
rer wiegt der Ärger, den man mit Dummköpfen hat.
4 Zorn ist grausam und Wut wie überschäumendes
Wasser; doch noch unerträglicher ist Eifersucht.
5 Liebe, die offen tadelt, ist besser als eine, die
ängstlich schweigt.
6 Ein Freund bleibt dein Freund, auch wenn er dir
wehtut; ein Feind überfällt dich mit übertrieben vie-
len Küssen.
7 Wer satt ist, lässt den besten Honig stehen; aber
Hungrigen schmeckt sogar Bitteres süß.
8 Wie ein Vogel, der fortfliegt von seinem Nest, so
ist ein Mensch, der seine Heimat verlässt.
9 Duftendes Öl und Weihrauch geben eine fest-
liche Stimmung; aber noch beglückender als süße
Düfte ist die Zuneigung eines Menschen.[b]
10 Verlass deine Freunde nicht, auch nicht die
Freunde deines Vaters. Wenn du in Schwierigkeiten
bist, lauf nicht gleich zum Haus deines Bruders. Der
Nachbar nebenan kann dir besser helfen als der Bru-
der in der Ferne.
11 Werde klug und weise, mein Sohn,[c] und mach
mir Freude! Wenn mir dann jemand Unfähigkeit
vorwirft, kann ich ihn widerlegen.
12 Ein Mensch mit Erfahrung sieht das Unglück
kommen und bringt sich in Sicherheit; die Unerfah-
renen laufen mitten hinein und müssen es büßen.
13 Wenn jemand so dumm war, für einen Fremden
zu bürgen, dann nimm ruhig sein Obergewand* als
Pfand, wenn er von dir etwas borgen will.[d]
14 Wenn du deinen Nachbarn jeden Morgen mit
lauten Glückwünschen grüßt, dann legt er es dir
als Verwünschung aus.

»Die Schafe geben dir Wolle zur Kleidung.« (27,26) Hier wird Wolle mit einer Spindel zu Garn versponnen.

a Die Silberglasur täuscht einen Wert vor, der nicht vorhanden ist, entsprechend die engagierte Rede eine nicht vorhandene gute Absicht.
b *aber noch beglückender ...:* andere mögliche Deutung *und die Süße eines Freundes (erfreut) durch wohl bedachten Rat.*
c Siehe Anmerkung zu 1,8.
d Siehe Anmerkung zu 20,16.

26,24-26 6,12-15 **26,27** 28,10; Ps 7,16-17S; Koh 10,8; Sir 27,25-26 **27,1** Jak 4,13-14 **27,3** Sir 22,15 **27,10** 17,17S **27,13** 6,1-5S

15 Wie ein Loch im Dach, durch das es bei Regen ständig tropft, so ist eine keifende Frau. 16 Sie zum Schweigen bringen? Genauso gut kannst du versuchen, den Wind anzuhalten oder Öl mit den Fingern festzuhalten!

17 Eisen wird mit Eisen geschärft, und ein Mensch bekommt seinen Schliff durch Umgang mit anderen.

18 Wer seinen Feigenbaum pflegt, bekommt dafür die Feigen zu essen; ein Diener, der für seinen Herrn sorgt, wird dafür geehrt.

19 Im Spiegel des Wassers erkennst du dein Gesicht und im Spiegel deiner Gedanken erkennst du dich selbst.

20 Der Schlund der Totenwelt* ist unersättlich und auch die Augen des Menschen wollen immer noch mehr.

21 Den Wert von Gold und Silber prüft man mit Tiegel und Ofen; was ein Mann wert ist, sagt sein Ruf.

22 Einen unverbesserlichen Narren kannst du in einem Mörser mit dem Stößel stampfen, mitten zwischen den Körnern. Die Körner verlieren dabei ihre Hülsen, aber der Narr nicht seine Dummheit.

23 Achte auf den Zustand deiner Herden, kümmere dich um deine Schafe und Ziegen. 24 Geldbesitz ist nicht von Dauer; nicht einmal eine Krone geht endlos von einer Generation auf die andere über. 25 Mähe deine Wiesen, und während das Gras nachwächst, hole das Heu von den Bergen! 26 Die Schafe geben dir Wolle zur Kleidung. Mit dem Erlös für die Ziegenböckchen kannst du ein neues Feld kaufen, 27 und von den Ziegen bekommst du Milch im Überfluss. So kannst du dich und deine Familie ernähren und auch deine Mägde am Leben erhalten.

Lieber arm sein und untadelig leben

28 Ein unredlicher Mensch ergreift die Flucht, obwohl niemand ihn verfolgt; der redliche fühlt sich sicher wie ein Löwe.

2 Bei Aufruhr im Land mehren sich die Herrscher; aber mit einem klugen und gebildeten Mann an der Spitze herrscht dauerhafte Ordnung.

3 Ein Armer, der die Armen ausbeutet, ist wie ein Unwetter, das den Ackerboden wegschwemmt und jede Hoffnung auf Ernte zunichte macht.[a]

4 Menschen, die nicht nach Gottes Gesetz* fragen, beglückwünschen die Unheilstifter; wer sich an das Gesetz hält, bekämpft sie.

5 Schlechte Menschen verstehen nichts vom Recht; aber die, die nach dem Herrn fragen, verstehen alles.

6 Lieber arm sein und untadelig leben als reich sein und krumme Wege gehen.

7 Ein verständiger Sohn befolgt Gottes Gesetz; aber wer mit liederlichen Leuten verkehrt, macht seinem Vater Schande.

8 Wenn du von den Armen Zins nimmst, um dein Vermögen zu vergrößern, sammelst du es für jemand, der mit den Armen Mitleid hat.[b]

9 Wer Gottes Gesetz nicht mehr hören will, dessen Gebet will Gott nicht mehr hören.

10 Wer redliche Menschen auf einen gefährlichen Abweg bringt, läuft in seine eigene Falle. Aber alle, die untadelig leben, werden reich belohnt.

11 Der Reiche hält sich selbst für klug, aber ein Armer mit Scharfsinn durchschaut ihn.

12 Wenn gute Menschen regieren, ist überall festlicher Glanz. Wenn Verbrecher an die Macht kommen, dann verstecken sich die Leute.

13 Menschen, die ihre Verfehlungen verheimlichen, haben keinen Erfolg im Leben; aber alle, die ihr Unrecht bekennen und aufgeben, finden Gottes Erbarmen.

14 Wie glücklich sind alle, die Gott ernst nehmen! Doch wer starrsinnig bleibt, stürzt ins Unglück.

15 Ein brüllender Löwe, ein raubgieriger Bär – so ist ein Tyrann, der über ein armes Volk herrscht.

16 Ein unvernünftiger Vorgesetzter beutet seine Untergebenen aus; aber einer, der es ablehnt, durch Unrecht reich zu werden, bleibt lange im Amt.

17 Ein Mensch, der einen Mord auf dem Gewissen hat, flieht geradewegs in den Abgrund; niemand soll ihn daran hindern![c]

18 Wenn du untadelig lebst, bist du in Sicherheit; aber wenn du krumme Wege gehst, kommst du plötzlich zu Fall.

19 Wer seine Felder bestellt, hat viel zu essen; wer sich mit windigen Geschäften abgibt, hat viel zu hungern.

20 Zuverlässige Menschen haben Glück und Erfolg; aber wer um jeden Preis reich werden will, wird der Strafe nicht entgehen.

21 Parteilichkeit ist ein schlimmes Übel,[d] und mancher wird zum Verbrecher schon für ein Stück Brot.

22 Ein habgieriger Mensch greift nach dem Reichtum und weiß nicht, dass die Armut nach ihm greift.[e]

23 Wenn du andere zurechtweist, erntest du am Ende mehr Dankbarkeit, als wenn du ihnen immer nach dem Mund redest.

24 Wer meint, es sei kein Unrecht, seinen Vater und seine Mutter zu bestehlen, ist nicht besser als ein gemeiner Dieb.

25 Ein Mensch, der nie genug bekommen kann, erregt überall Streit; ein Mensch, der auf den Herrn vertraut, hat immer genug.

26 Folge nur deinem eigenen Kopf und du wirst sehen, wie weit du es bringst! Lass dich von der

a Darin spricht sich die Erfahrung aus, dass ein Armer, der es zu Reichtum bringt, noch unbarmherziger sein kann als der geborene Reiche.
b Der Sinn ist derselbe wie in 13,22; vgl. Anmerkung dort. Im Altertum waren ruinöse Zinssätze üblich; vgl. Gen 47,20-26 und Anmerkung dort. Deshalb ist das Zinsnehmen zwischen Israeliten nach Ex 22,24 untersagt.
c Gemeint ist: Die Strafe Gottes trifft den Mörder auch und gerade, wenn er dem Gericht der Menschen zu entfliehen sucht.
d Es ist an die Käuflichkeit von Richtern oder Zeugen im Gericht gedacht.
e Reichtum, der durch blinde Gier und rücksichtslosen Egoismus erworben wird, hat keinen Bestand, weil Gott nach der Überzeugung der Weisheitslehre für den gerechten Ausgleich sorgt; vgl. Vers 8 und 10,2.

27,15-16 21,9S **27,23-27** 12,10-11 **28,6** 19,1 **28,8** 13,22; Ex 22,24S **28,9** 15,8S **28,10** 26,27S **28,12** 28,28; 29,2 **28,13** Ps 32,3-5S **28,19** 12,11S **28,20** 13,11 **28,21** 17,15S **28,22** 23,4-5; 1 Tim 6,9

Weisheit* leiten und du wirst dem Unglück entrin-
nen.
27 Wer den Armen hilft, leidet niemals Mangel;
aber wer seine Augen vor der Not verschließt, dem
mangelt es nicht an Verwünschungen.
28 Alle verstecken sich, wenn schlechte Menschen
an die Macht kommen; aber wenn sie umkommen,
mehren sich die Rechtschaffenen.

Stock und Tadel helfen, klug zu werden

29 Wer trotz aller Zurechtweisung widerspenstig
bleibt, wird plötzlich so zerschmettert, dass ihm
nichts wieder aufhelfen kann.
2 Wenn gute Menschen an die Macht kommen,
dann freuen sich die Leute. Wenn Tyrannen regie-
ren, dann seufzen sie.
3 Ein Sohn, der die Weisheit* liebt, macht seinem
Vater Freude; einer, der seine Zeit bei Dirnen
zubringt, verschleudert ihm sein Vermögen.
4 Ein König, der für Recht sorgt, sichert das Gedei-
hen seines Landes; aber einer, der immer neue Steu-
ern erfindet, richtet es zugrunde.
5 Wer seinem Mitmenschen Schmeicheleien sagt,
legt ihm ein Netz vor die Füße.
6 Der Böse verfängt sich in seinem Unrecht; aber
der Rechtschaffene singt vor Freude.
7 Wer das Recht liebt, ist darauf bedacht, dass die
Schwachen ihr Recht bekommen; wer im Unrecht
lebt, hat kein Verständnis dafür.
8 Unzufriedene Besserwisser können eine ganze
Stadt in Aufruhr versetzen; aber vernünftige Leute
beruhigen die Gemüter.
9 Wenn ein Kluger mit einem Unverständigen pro-
zessiert, dann lacht der oder fängt an zu toben; aber
zur Einsicht kommt er nicht.
10 Ein untadeliger Mensch ist den Mördern ein
Dorn im Auge, aber die Redlichen retten ihm das
Leben.
11 Der Dummkopf gibt jedem Ärger freien Lauf; der
Weise kann sich beherrschen.
12 Wenn ein Herrscher auf Lügen hört, dann
werden alle seine Untergebenen unehrlich.
13 Der Arme und sein Unterdrücker leben neben-
einander, beiden hat der HERR Augen zum Sehen
gegeben.[a]
14 Ein König, der den Schwachen Recht verschafft,
festigt seine Herrschaft für immer.
15 Stock und Tadel helfen, klug zu werden; ein
Kind, das man sich selbst überlässt, macht seiner
Mutter Schande.
16 Wenn die Bösen sich mehren, vermehrt sich das
Unrecht. Aber wer das Rechte tut, wird sehen, wie
solche Leute untergehen.
17 Erziehe deinen Sohn mit Strenge, dann wird er
für dich zur Quelle der Zufriedenheit und Freude.
18 Ohne prophetische Weisung[b] wird ein Volk
zügellos. Wie glücklich ist ein Volk, das auf Gottes
Gesetz* hört!
19 Mit Worten kannst du einen Sklaven nicht
belehren; er hört sie zwar, aber er gehorcht nicht.
20 Kennst du einen, der redet, ohne zu überlegen?
Für einen Schwachsinnigen ist mehr Hoffnung als
für ihn!
21 Wer seinen Diener von Anfang an verwöhnt,
wird am Ende von ihm ausgenutzt.[c]
22 Ein Hitzkopf erregt Streit; wer schnell aufbraust,
macht viele Fehler.
23 Hochmütige werden gedemütigt; aber wer nicht
hoch von sich denkt, kommt zu Ehren.
24 Wer mit einem Dieb die Beute teilt, handelt
gegen sein eigenes Leben; denn wenn er die Fluch-
androhung des Richters hört, darf er nichts sagen.[d]
25 Sich vor Menschen fürchten bringt Gefahr; auf
den HERRN vertrauen bringt Sicherheit.
26 Viele buhlen um die Gunst eines Herrschers;
dabei ist es der HERR, der ihnen Recht verschaffen
kann.
27 Wer das Recht liebt, verabscheut die Rechtsbre-
cher. Wer das Unrecht liebt, verabscheut die Recht-
schaffenen.

WEITERE RATSCHLÄGE
(Kapitel 30–31)

Die Worte Agurs

30 Die folgenden Worte stammen von Agur,
dem Sohn Jakes.[e] Dieser Mann sagte:
Ich habe mich abgemüht, Gott, ich habe mich
abgemüht und bin am Ende mit meiner Kunst!°
2 Ich bin zu dumm, um als Mensch gelten zu können;
mir fehlt der Verstand gewisser Leute. 3 Ich habe
keine Weisheit erworben und weiß also nichts von
dem heiligen Gott!

4 Wer ist je in den Himmel hinaufgestiegen
und als Wissender von dort herabgekommen?
Wer hat je den Wind mit den Händen gepackt
und das Wasser im Mantel eingebunden?
Wer hat die fernsten Grenzen der Erde bestimmt?
Wie heißt dieser Mann? Und wer ist sein Sohn?
Sag es mir, du musst es doch wissen!

5 Alles, was Gott sagt, ist unzweifelhaft wahr.
Wer in Gefahr ist und zu ihm flieht,
findet bei ihm immer sicheren Schutz.
6 Füge zu seinen Worten nichts Eigenes hinzu,

a Das sagt nicht mehr als: Gott hat beide geschaffen (22,2). Hier zeigt sich eine andere Sicht als in 22,16.23.
b Nicht so sehr die Voraussage der Zukunft, sondern vor allem die Warnung vor den Folgen bösen Tuns gehört zu den Aufgaben der Propheten (siehe Sacherklärung »Prophet (1)«).
c *ausgenutzt:* Bedeutung des Wortes unsicher.
d Es handelt sich um einen Fall, wie er in Lev 5,1 vorgesehen ist. Wer etwas von einem Verbrechen wusste, es aber verschwieg, wurde nach israelitischer Rechtspraxis unter einen Fluch gestellt, der ihn mit dem Tod bedrohte; vgl. Lev 5,1. Dem Hehler droht also ein noch schlimmeres Schicksal, als es der Dieb verdient hat.
e Über ihn ist sonst nichts bekannt. Die ersten seiner Worte (bis Vers 6) schlagen einen anderen Ton an, als er sonst weithin der Weisheitslehre eigen ist: Menschliches Wissen ist begrenzt, und dem Menschen steht es deshalb an, sich demütig vor Gott zu beugen.

28,27 14,21S **28,28** 28,12; 29,2 **29,2** 28,12.28 **29,11** 25,28 **29,13** 22,2S **29,14** 16,12S **29,15.17** 13,24S **29,18** Ps 74,9; 1,2 **29,22** 14,17S **29,23** Ps 75,8S **30,3** 9,10 **30,4** Ijob 38,1–39,30; Sir 1,2-3; Bar 3,29-31; Joh 3,13

sonst weist er dich zurecht und überführt dich als Lügner!

7 Mein Gott, ich bitte dich nur um zwei Dinge; gib sie mir, solange ich lebe: 8 Bewahre mich davor, zu lügen, und lass mich weder arm noch reich sein! Gib mir nur, was ich zum Leben brauche! 9 Habe ich zu viel, so sage ich vielleicht: »Wozu brauche ich den HERRN?« Habe ich zu wenig, so fange ich vielleicht an zu stehlen und bringe deinen Namen in Verruf.

10 Schwärze keinen Diener bei seinem Herrn an, sonst verleumdet er dich und du ziehst den Kürzeren!

11 Es gibt Leute, die verfluchen ihren Vater und sagen kein gutes Wort über ihre Mutter.

12 Es gibt Leute, die behaupten, ein reines Gewissen zu haben, obwohl nichts von ihrem Schmutz abgewaschen ist.

13 Es gibt Leute, die denken Wunder wie hoch von sich und sehen auf alle anderen herab.

14 Es gibt Leute mit Zähnen, die scharf sind wie Schwerter und spitz wie Dolche. Damit fressen sie die Armen und Hilflosen im Land.

Zahlensprüche und andere Ratschläge

15 Manche Leute sind wie Blutegel: »Gib, gib!«, sagen sie und saugen andere aus.

Drei werden nie satt und das Vierte ist ganz unersättlich: 16 die Totenwelt*; der Schoß einer Frau, die keine Kinder bekommt; die Erde, die immer nach Regen verlangt; und das Feuer, das niemals sagt: »Jetzt reicht's.«

17 Wer verächtlich auf seinen Vater herabsieht und seiner Mutter den schuldigen Gehorsam verweigert, dem werden die Raben die Augen aushacken und die Geier werden ihn fressen.

18 Drei Dinge kann ich nicht erklären und das vierte ist mir erst recht ein Geheimnis: 19 der Flug des Adlers am Himmel, das Gleiten der Schlange über eine Felsplatte, die Fahrt des Schiffes auf weglosem Meer und der unwiderstehliche Drang des Mannes zu einer Frau.

20 Die Ehebrecherin schläft mit einem Mann, wäscht sich und sagt: »Ich habe nichts Unrechtes getan« – gerade so, als hätte sie gegessen und sich den Mund abgewischt.

21 Drei Dinge stellen die Welt auf den Kopf, aber das vierte ist ganz unerträglich: 22 wenn ein Sklave König wird, wenn ein gewissenloser Mensch zu Reichtum kommt, 23 wenn eine unausstehliche Frau einen Mann findet und wenn eine Sklavin die Herrin von ihrem Platz verdrängt.

24 Vier Tiere sind zwar klein, aber an Weisheit* fehlt es ihnen nicht: 25 die Ameisen – sie haben keine Macht, doch sie legen Vorräte für den ganzen Winter an; 26 die Klippdachse – sie sind nicht stark, doch sie schaffen sich sichere Wohnungen in den Ritzen der Felsen;[a] 27 die Heuschrecken – sie haben keinen König und doch fliegen sie in geordneten Scharen; 28 die Eidechsen – man kann sie mit der Hand fangen und doch dringen sie sogar in den Palast des Königs ein.

29 Drei haben einen stolzen Gang und der Vierte ist darin nicht zu übertreffen: 30 der Löwe, der König der Tiere, der vor niemand zurückweicht; 31 der stolzierende Hahn; der Ziegenbock; und der König, wenn er seine Krieger mustert.°

32 Wenn dich die Lust ankommt, dich selbst zu loben, ob zu Recht oder zu Unrecht, dann halte dir lieber den Mund zu! 33 Schüttle die Milch und sie wird Butter. Schlage jemand auf die Nase und es fließt Blut. Ärgere andere Leute und du bekommst Streit.

Mahnungen für einen König

31 Ratschläge für König Lemuël,[b] die seine Mutter ihm gab:

2 »Du bist der Sohn, den ich so lange von Gott erbeten habe. Hör auf meinen Rat: 3 Vergeude deine Kraft und dein Geld nicht mit Frauen; das hat schon manchen König zugrunde gerichtet. 4 Ergib dich nicht dem Trunk! Wein und Bier sind nichts für Könige! 5 Wenn sie sich betrinken, vergessen sie, was ihnen aufgetragen ist, und sorgen nicht mehr

a *Klippdachse* sind kaninchengroße Tiere, die in der Anlage ihrer Nester großes Geschick zeigen.
b Ein israelitischer König des Namens ist nicht bekannt. Aramäische Sprachelemente in dem Abschnitt könnten darauf hinweisen, dass wir es hier mit einem Stück ursprünglich außerisraelitischer Weisheitsüberlieferung zu tun haben. Eine ähnlich hohe Auffassung von den Pflichten des Königs findet sich in Ps 72.

Das ›Lob der tüchtigen Frau‹, mit dem das Buch der Sprichwörter endet, lässt in Verhältnisse blicken, in denen die Frau einen eigenen Verantwortungsbereich und eine entsprechend große Selbstständigkeit gegenüber dem Mann besitzt. Dass ihr die Hauptlast der Arbeit aufgebürdet wird und sie im Rat der Gemeinde (31,23) weder Sitz noch Stimme hat, wird für das Empfinden der damaligen Zeit durch die freie Verfügung über das Hauswesen und die damit verbundene ehrenvolle Stellung aufgewogen.

30,6 Dtn 4,2 **30,8-9** Sir 5,1-2; 1 Tim 6,8-10 **30,12** 20,9 S **30,16** 27,20 **30,17** 1,8 S; 20,20 S **30,21-23** Koh 10,5-7 **30,23** Gen 16,4-6 **30,25** 6,6-8 **31,3** Dtn 17,17 S **31,4** 20,1 S

dafür, dass die Armen zu ihrem Recht kommen.
6 Bier und Wein sind gut für den, der am Ende ist;
7 der mag sich betrinken und seinen Kummer verges-
sen. 8 Deine Sache aber ist es, für Recht zu sorgen.
Sprich für alle, die sich selbst nicht helfen können.
9 Sprich für die Armen und Schwachen, nimm sie
in Schutz und verhilf ihnen zu ihrem Recht!«

Lob der tüchtigen Frau

10 Eine tüchtige Frau ist das kostbarste Juwel, das
einer finden kann. 11 Ihr Mann kann sich auf sie ver-
lassen, sie bewahrt und mehrt seinen Besitz. 12 Ihr
ganzes Leben lang macht sie ihm Freude und ent-
täuscht ihn nie.
13 Sie sorgt dafür, dass sie immer Flachs und Wolle
hat; sie spinnt und webt mit fleißigen Händen. 14 Sie
schafft von überall her Nahrung herbei wie ein Han-
delsschiff aus fernen Ländern.
15 Sie steht schon auf, wenn es noch dunkel ist,
bereitet die Mahlzeiten vor und weist den Mägden
die Arbeit zu. 16 Sie schaut sich nach einem Stück
Land um, kauft es mit dem Geld, das sie selber ver-
dient hat, und bepflanzt es mit Reben.
17 Sie packt ihre Aufgaben energisch an und scheut
keine Mühe. 18 Sie merkt, dass ihre Mühe etwas ein-
bringt; darum arbeitet sie beim Schein der Lampe bis
spät in die Nacht. 19 In jeder freien Minute nimmt sie
die Spindel zur Hand.
20 Den Armen und Notleidenden gibt sie reichlich
und gern. 21 Schnee und Frost bereiten ihr keine Sor-
gen, weil sie für alle im Haus warme Kleidung bereit-
hält.
22 Sie macht sich schöne Decken; ihre Kleider sind
aus feinem Leinen und purpurroter Wolle.
23 Sie hat einen Mann, der von allen geachtet wird;
sein Wort gilt etwas im Rat der Gemeinde.
24 Sie fertigt Tücher und Gürtel an und verkauft sie
an Händler. 25 Als wohlhabende und angesehene
Frau blickt sie ohne Sorgen in die Zukunft.
26 Was sie redet, zeugt von Weisheit*; mit freund-
lichen Worten gibt sie Anweisungen und Ratschläge.
27 Alles, was im Haus geschieht, behält sie im Auge;
Müßiggang ist ihr unbekannt.
28 Ihre Kinder sind stolz auf sie und ihr Mann lobt
sie. 29 »Es gibt viele tüchtige Frauen«, sagt er; »aber
du bist die allerbeste!«
30 Anmut und Schönheit sind vergänglich und kein
Grund, eine Frau zu rühmen; aber wenn sie den
Herrn ernst nimmt, dann verdient sie Lob. 31 Ihre
Mühe darf nicht unbelohnt bleiben: Für das, was
sie leistet, soll die ganze Stadt sie ehren.

31,8-9 16,10 S **31,10-12** 12,4; 18,22 S **31,10-31** 14,1

KOHELET

Das hebräische Wort Kohelet bezeichnet einen »Versammlungsleiter« oder »Leiter eines philosophischen Kreises«. Das Buch stammt aus dem 3. Jahrhundert v. Chr., als Judäa Teil einer griechischen Provinz war und griechische Bildung auch unter den Juden mehr und mehr an Einfluss gewann. Der Verfasser verarbeitet die neuen Ideen und stellt sie in den Zusammenhang der alten hebräischen Weisheitslehre, die er an mehreren wichtigen Punkten kritisch hinterfragt. Nach Art der griechischen Wanderphilosophen belehrt er das Volk. Wahrscheinlich wurde seine Schrift neben dem Buch der Sprichwörter als Schulbuch in der Jerusalemer Tempelschule benutzt. Viele seiner Gedanken erscheinen auf den ersten Blick als negativ und niederdrückend, weil er im Leben und Treiben der Menschen keinen Sinn entdecken kann. Letztlich aber geht es ihm darum zu zeigen, dass nur Gott den Sinn aller Dinge kennt. Statt sich anzumaßen, allen Rätseln auf den Grund gehen zu können, sollte der Mensch darum in Ehrfurcht Gottes Entscheidungen anerkennen und voll Vertrauen und Freude das genießen, was Gott ihm zugeteilt hat. Statt über gestern und morgen zu spekulieren, sollte er bewusst im Heute leben. Alles andere darf er getrost Gott überlassen.

Inhaltsübersicht

ALLES IST VERGEBLICH, GOTT UNBEGREIFLICH (1,1–3,15)

1 In diesem Buch sind die Einsichten des Lehrers[a]
aufgeschrieben. Er war ein Sohn Davids und
König in Jerusalem.[b]

Alles ist schon einmal da gewesen

2 »Vergeblich und vergänglich!«, pflegte der Lehrer
zu sagen. »Vergeblich und vergänglich! Alles ist vergebliche Mühe.«[c]
3 Der Mensch müht und plagt sich sein Leben
lang, und was hat er davon? 4 Die Generationen
kommen und gehen;[d] und die Erde bleibt, wie sie
ist. 5 Die Sonne geht auf, sie geht unter und dann wieder von vorn, immer dasselbe. 6 Jetzt weht der Wind
von Norden, dann dreht er und weht von Süden, er
dreht weiter und immer weiter, bis er wieder aus der
alten Richtung kommt. 7 Alle Flüsse fließen ins Meer,
aber das Meer wird nicht voll. Das Wasser kehrt zu
den Quellen zurück – und wieder fließt es ins Meer.
8 Du bemühst dich, alles, was geschieht, in Worte
zu fassen, aber es gelingt dir nicht. Denn mit dem
Hören und Sehen kommst du nie an ein Ende.
9 Doch im Grunde gibt es überhaupt nichts Neues
unter der Sonne. Was gewesen ist, das wird wieder
sein; was getan wurde, das wird wieder getan.
10 »Sieh her«, sagen sie, »da ist etwas Neues!«
Unsinn! Es ist schon einmal da gewesen, lange bevor
wir geboren wurden. 11 Wir wissen nur nichts mehr
von dem, was die Alten taten. Und was wir heute
tun oder unsere Kinder morgen, wird auch bald vergessen sein.

Handeln, Wissen, Genießen – es führt zu nichts

12 Ich, der Lehrer,[e] war König über Israel und regierte
in Jerusalem. 13 Ich nahm mir vor, alle Dinge zu
ergründen und zu begreifen. Ich wollte herausfinden, was für einen Sinn alles hat, was in der Welt
geschieht. Doch was ist das für eine fruchtlose
Beschäftigung! Gott hat sie den Menschen gegeben,
damit sie sich mit ihr plagen.
14 Ich beobachtete alles, was Menschen auf der
Erde tun, und ich fand: Alles ist vergeblich. Es ist,
als jagtest du dem Wind nach. 15 Krummes kann nicht

a Hebräisch *Kohelet.* Das Wort *kohelet* ist von dem Wortstamm für »versammeln« abgeleitet und bezeichnet einen Menschen, der bestimmte Gemeindeversammlungen und philosophische Kreise oder Schulen leitet und in ihnen zu reden und zu lehren hat (vgl. 12,9).
b Vers 1 ist eine später hinzugefügte Überschrift und rückt das Buch in die Nähe des Vaters aller Weisen Israels, Salomo (vgl. 1 Kön 5,9-14).
c In zweimal zweifacher Steigerung und danach noch einmal Verwendung eines und desselben Wortes mit der Bedeutung »vergänglicher Hauch/ Windhauch/Nichtigkeit«.
d Der Mensch nimmt überall Veränderungen wahr (Verse 4-8); aber im Grunde ist es ein beständiger Kreislauf, der nichts Neues bringt. Das Beständige ist Gottes Sache, und das scheinbar Neue sollte der Mensch nicht zu ernst nehmen (Verse 9-10).
e Hebräisch *Kohelet;* siehe Anmerkung zu 1,1.

1,1 1,12; 12,9; Spr 1,1 **1,2** 12,8; Ijob 7,16; Ps 69,6; 62,10 **1,3** 2,11.18-23; 3,9; 5,15 **1,4-11** 3,14-15 **1,12** 1,1S **1,13** 3,10; 8,16-17 **1,14** 2,11; 4,4 **1,15** 7,13

gerade werden; was nicht da ist, kannst du nicht zählen.

16 Ich sagte zu mir selbst: »Ich weiß mehr als alle, die vor mir über Jerusalem geherrscht haben. Ich habe eine Fülle von Weisheit* und Erkenntnis gesammelt.« 17 Doch als ich darüber nachdachte, was das alles wert ist und was der Weise den uneinsichtigen Schwachköpfen voraushat, erkannte ich: Auch die Bemühung um Weisheit und Erkenntnis ist Jagd nach Wind. 18 Wer viel weiß, hat viel Ärger. Je mehr Erfahrung, desto mehr Enttäuschung.

2 Ich entschloss mich, das Leben zu genießen und glücklich zu sein. Aber ich merkte: Auch das ist vergeblich! 2 Das Lachen ist etwas für Narren, und die Freude – was bringt sie schon ein?

Lohnt es sich, etwas zu vollbringen?

3 Ich wollte am vollen Leben teilhaben wie die Menschen, die sich nicht um Weisheit und Einsicht kümmern; aber der Verstand sollte die Führung behalten. Ich trank Wein, um mich in Stimmung zu bringen, denn ich wollte erkunden, ob der Mensch während seiner kurzen Lebenstage irgendwo Glück finden kann.

4 Ich vollbrachte große Dinge: Ich baute mir Häuser und pflanzte Weinberge. 5 Ich legte Obstgärten an und pflanzte darin alle Arten von Fruchtbäumen. 6 Ich legte Teiche an, um die vielen aufwachsenden Bäume zu bewässern. 7 Ich kaufte mir zahlreiche Sklaven und Sklavinnen zu denen hinzu, die ich von meinem Vater geerbt hatte. Ich besaß mehr Rinder, Schafe und Ziegen als irgendjemand vor mir in Jerusalem. 8 Ich füllte meine Vorratskammern mit Silber und Gold aus den Schätzen der unterworfenen Könige und Länder. Ich hielt mir Sänger und Sängerinnen und nahm mir so viele Frauen, wie ein Mann sich nur wünschen kann.

9 So wurde ich mächtiger und reicher als alle, die vor mir in Jerusalem regiert hatten. Weil ich ein so großes Wissen besaß, 10 konnte ich mir alles verschaffen, was meinen Augen gefiel, und ich versagte mir keine Freude. Mit all meiner Mühe hatte ich es so weit gebracht, dass ich tatsächlich glücklich war.

11 Doch dann dachte ich über alles nach, was ich getan und erreicht hatte, und kam zu dem Ergebnis: Alles ist vergeblich und Jagd nach Wind. Es kommt nichts heraus bei aller Mühe, die sich der Mensch macht unter der Sonne.

Lohnt es sich, Wissen zu erwerben?

12 Ich wollte wissen, ob bei Weisheit* etwas anderes herauskommt als bei Unverstand und Torheit. Denn was wird der Mann tun, der mir auf dem Königsthron folgt? Bestimmt das, was man schon immer getan hat![a]

13 Es stimmt: Weisheit ist besser als Unwissenheit, so wie Licht besser ist als Finsternis. 14 Der Wissende sieht, wo er geht; der Unwissende tappt im Dunkeln. Aber ich erkannte auch: Beide trifft am Ende das gleiche Schicksal. 15 Wenn es mir also trotz meiner Weisheit genauso ergeht wie den Unverständigen, weshalb bemühe ich mich dann so sehr darum? Und ich sagte mir: Auch das ist vergeblich. 16 Kluge müssen doch genauso sterben wie die Dummen. Und man erinnert sich an die einen nicht länger als an die andern. Wie bald sind sie alle vergessen! 17 Da war mir das ganze Leben verleidet. Du kannst tun, was du willst, unter der Sonne – es ist doch alles vergeblich und Jagd nach Wind.

18 Auch der ganze Ertrag meiner Mühe war mir verleidet. Ich muss ja doch alles einem anderen überlassen, der nach mir kommt. 19 Wer weiß, ob der auch den Verstand hat, es sinnvoll zu gebrauchen. Trotzdem wird er über alles verfügen, was ich mir mit solcher Anstrengung durch mein großes Wissen erworben habe. Auch das ist vergebliche Mühe! 20 Da begann ich zu verzweifeln, weil ich mich für nichts und wieder nichts geplagt hatte. 21 Da müht sich jemand ab mit Klugheit und Geschick und erreicht etwas; aber dann muss er es einem vererben, der keinen Finger dafür krumm gemacht hat. Auch das ist vergeblich und ein großes Übel! 22 Was hat der Mensch am Ende von all seiner Anstrengung? 23 Nichts als Sorgen und Plagen hat er sein Leben lang, selbst in der Nacht kommen seine Gedanken nicht zur Ruhe. Auch das ist vergebliche Mühe!

Wer kann sein Leben genießen?

24 Es gibt für den Menschen nichts Besseres als essen und trinken und genießen, was er sich erarbeitet hat. Doch dieses Glück hängt nicht von ihm selbst ab: Es ist ein Geschenk Gottes.[b] 25 Denn wer hat zu essen oder hat Grund zur Freude ohne ihn?° 26 Den Menschen, an denen Gott Gefallen hat, gibt er Weisheit*, Wissen und Freude. Den anderen[c] aber gibt er die Beschäftigung, zu sammeln und anzuhäufen, um dann alles denen zu schenken, die ihm gefallen. Auch hier wieder: Vergebliche Mühe und Jagd nach Wind.

Gott hat alles im Voraus bestimmt

3 Alles, was auf der Erde geschieht, hat seine von Gott bestimmte Zeit:

2 geboren werden und sterben,
einpflanzen und ausreißen,
3 töten und Leben retten,

a Oder *was ist der Mann, der auf den König folgt, den sie schon längst eingesetzt haben?*
b Nicht einmal während seines Lebens ist der Mensch sicher, ob er über den Ertrag seines Tuns verfügen kann.
c Wörtlich *dem Sünder.* Das Wort enthält hier anscheinend keine moralische Wertung wie in der älteren Weisheitsliteratur.

1,16 2,9; 1 Kön 5,9-14 **1,17** 2,12; 8,16-17 **2,1** 2,3.10-11; 2,24-25 S; Weish 2,6 **2,2** Spr 14,13 **2,3** 2,1 S; Spr 20,1 S **2,7** 1 Kön 5,3; 8,62-63 **2,8** 1 Kön 5,1; 10,14-22; 2 Sam 19,36; 1 Kön 11,3 **2,9** 1,16; 1 Kön 10,23 **2,11** 1,3 S **2,12** 1,17; 2,18-19 **2,13-14** 10,2 **2,14** 9,2-3; Ijob 9,21-22 **2,15** 7,16 **2,16** Ps 49,11 **2,18-23** 1,3 S **2,18²2,18-19** 6,2; Ps 39,7 **2,21** Sir 11,18-19 **2,22-23** 5,16; 8,16-17; Ijob 7,1-2; 14,1 **2,24-25** 3,12-13.22; 5,17-18; 8,15; 9,7-9; 11,7-10 **2,26** Ijob 27,16-17; Spr 2,6; 13,22 **3,1** 3,17; 8,5-6; 9,11-12 **3,2** 7,17; Ijob 5,26; Spr 10,27

niederreißen und aufbauen,
4 weinen und lachen,
wehklagen und tanzen,
5 Steine werfen und Steine aufsammeln,
sich umarmen
und sich aus der Umarmung lösen,
6 finden und verlieren,
aufbewahren und wegwerfen,
7 zerreißen und zusammennähen,
schweigen und reden.
8 Das Lieben hat seine Zeit
und auch das Hassen,
der Krieg und der Frieden.

9 Was hat ein Mensch von seiner Mühe und Arbeit? 10 Ich habe die fruchtlose Beschäftigung gesehen, die Gott den Menschen auferlegt hat. 11 Gott hat für alles eine Zeit vorherbestimmt, zu der er es tut; und alles, was er tut, ist vollkommen. Dem Menschen hat er eine Ahnung von dem riesigen Ausmaß der Zeiträume[a] gegeben, aber von dem, was Gott in dieser unvorstellbar langen Zeit tut, kann der einzelne Mensch nur einen winzigen Ausschnitt wahrnehmen.

12 Ich bin zu der Erkenntnis gekommen: Das Beste, was der Mensch tun kann, ist, sich zu freuen und sein Leben zu genießen, solange er es hat. 13 Wenn er aber zu essen und zu trinken hat und genießen kann, was er sich erarbeitet hat, dann verdankt er das der Güte Gottes.

14 Ich habe erkannt: Alles, was Gott tut, ist unabänderlich für alle Zeiten. Der Mensch kann nichts hinzufügen und nichts davon wegnehmen. So hat es Gott eingerichtet, damit wir in Ehrfurcht zu ihm aufschauen. 15 Was in der Vergangenheit geschah und was in Zukunft geschehen wird, hat Gott lange zuvor festgelegt. Und die Zeit, die uns entschwunden ist, ist bei ihm nicht vergangen.

UNGERECHTIGKEITEN UND VERGEBLICHE MÜHE (3,16–6,12)

Unrecht in der Welt

16 Noch etwas habe ich in dieser Welt beobachtet: Wo Recht gesprochen und für Gerechtigkeit gesorgt werden sollte, da herrscht schreiendes Unrecht. 17 Da dachte ich: Letzten Endes ist es Gott selbst, der die Guten genauso wie die Bösen verurteilt. Denn er hat eine Zeit bestimmt für alles, was auf der Erde geschieht.[b]

18 Ich sagte mir: Gott will die Menschen prüfen. Sie sollen einsehen, dass sie von sich aus nicht anders sind als das Vieh. 19 Menschen und Tiere haben das gleiche Schicksal: Die einen wie die anderen müssen sterben. Sie haben beide den gleichen vergänglichen Lebensgeist. Nichts hat der Mensch dem Tier voraus; denn alles ist vergeblich und vergänglich. 20 Alles muss an den gleichen Ort. Aus dem Staub der Erde ist alles entstanden und zum Staub der Erde kehrt alles zurück. 21 Wer weiß schon, ob der Lebensgeist des Menschen in die Höhe steigt[c] und der Lebensgeist des Tieres in die Erde versinkt?

22 So habe ich eingesehen, dass der Mensch nichts Besseres tun kann, als den Ertrag seiner Arbeit zu genießen. Das hat Gott ihm zugeteilt. Wie sollte er sich auch freuen an dem, was erst nach ihm sein wird?

4 Ich habe auch gesehen, wie viel Ausbeutung es in dieser Welt gibt. Die Unterdrückten weinen, aber niemand trocknet ihre Tränen. Niemand hilft ihnen, denn ihre Unterdrücker haben die Macht. 2 Wie gut haben es die Toten! Ihnen geht es besser als den Lebenden. 3 Noch besser sind die dran, die gar nicht geboren wurden und die Ungerechtigkeit auf der Erde nicht sehen mussten.

Sinn und Unsinn der Arbeit

4 Auch das habe ich gesehen: Da plagen sich die Menschen und setzen alle ihre Fähigkeiten ein, um sich gegenseitig auszustechen. Auch das ist vergebliche Mühe und Jagd nach Wind. Letzten Endes kommt nichts dabei heraus. 5 Es heißt zwar: »Der Unbelehrbare legt seine Hände in den Schoß – und verhungert.« 6 Aber ich sage: Eine Hand voll Gelassenheit ist besser als beide Hände voll Mühe und Jagd nach Wind.

7 Ich habe noch etwas unter der Sonne gesehen, das ganz vergeblich ist: 8 Da lebt jemand ganz allein; er hat keinen Sohn und auch keinen Bruder. Trotzdem arbeitet er rastlos weiter und sein Besitz ist ihm nie groß genug. Für wen plage ich mich dann eigentlich und gönne mir selbst keine Freude? Auch das ist vergebliche Mühe, eine fruchtlose Beschäftigung!

Besser nicht allein!

9 Zwei sind allemal besser dran als einer allein. Wenn zwei zusammenarbeiten, bringen sie es eher zu etwas. 10 Wenn zwei unterwegs sind und hinfallen, dann helfen sie einander wieder auf die Beine. Aber wer allein geht und hinfällt, ist übel dran, weil niemand ihm helfen kann. 11 Wenn zwei beieinander schlafen, können sie sich gegenseitig wärmen. Aber wie soll einer allein sich warm halten? 12 Ein einzelner Mensch kann leicht überwältigt werden, aber zwei wehren den Überfall ab. Noch besser sind drei;

a *eine Ahnung ...:* wörtlich *die Ewigkeit ins Herz.* Das hebräische Wort für »Ewigkeit« bezeichnet die Erstreckung der Zeit bis in die fernste Vergangenheit oder Zukunft.
b Für alttestamentliches Denken steht Gott hinter *allem* Geschehen. Vom Teufel als Gegenspieler Gottes ist noch keine Rede; auch das Böse hängt auf geheimnisvolle Weise mit Gott zusammen; vgl. 1 Sam 16,14; Ijob 2,10. Davon, dass Gott das Unrecht bestraft, spricht der ›Lehrer‹ in 5,5; 7,17 und 11,9.
c Vielleicht eine volkstümliche Formulierung der griechischen Unsterblichkeitsvorstellung. Der ›Lehrer‹ bezweifelt sie. Auch von Auferstehungshoffnung ist bei ihm noch nichts zu entdecken; Glück und Erfüllung gibt es für ihn nur *vor* dem Tod (Vers 22).

3,7 Spr 15,23 **3,8** 9,1 **3,9** 1,3S **3,10** 1,13 **3,11** 7,14; Sir 39,16.20 **3,12-13** 2,24-25S **3,14** 6,10; 12,13S; Sir 18,4-6; 42,21 **3,15** 1,9 **3,16** 4,1; 5,7 **3,17** 3,1S **3,19** Ps 49,13.21 **3,20-21** 12,7; Gen 2,7; 3,19; Ps 103,14; 104,29; Weish 2,1-3; Sir 40,11 **3,22** 2,24-25S **4,1** 3,16S **4,2** Ijob 3,20-22 **4,3** 6,3-5; Ijob 3,11-19; Jer 20,14-18 **4,5** Spr 6,10-11S **4,6** Spr 15,16 **4,8** 5,9; Spr 27,20

es heißt ja: »Ein Seil aus drei Schnüren reißt nicht so schnell.«

Wankelmütige Volksgunst

[13] Es heißt: »Ein junger Mann, der arm ist, aber gelernt hat, sein Leben richtig zu führen, ist besser als ein alter, eigensinniger König, der keinen Rat mehr annimmt.« [14] Gut, den jungen Mann holten sie aus dem Gefängnis und setzten ihn auf den Thron, obwohl er in einer armen Familie geboren wurde, als der andere schon König war. [15] Aber ich habe beobachtet, dass das Volk sich immer auf die Seite des nächsten jungen Mannes stellt, der schon bereitsteht, um den Platz des anderen einzunehmen. [16] Alle Leute laufen ihm nach. Aber schon bald werden sie auch mit ihm unzufrieden sein und dem nächsten zujubeln. Auch hier gilt: Vergeblich und Jagd nach Wind!

Vom Verhalten Gott gegenüber

[17] Überlege, was du tust, wenn du zum Gotteshaus gehst. Du sollst dort zuhören und lernen, Gott zu gehorchen. Das ist besser, als wenn Dummköpfe nur Tiere zum Opfer* dorthin bringen. Sie bleiben unwissend und tun deshalb weiter Böses.

5 Überlege, bevor du Gott etwas sagst.[a] Sprich nicht alle Gedanken aus, die dir kommen. Denn Gott ist im Himmel und du bist auf der Erde; darum rede nicht mehr als nötig. [2] Es heißt doch: »Je mehr Pläne du im Kopf hast, desto schlimmer träumst du. Und je mehr Worte du machst, desto mehr Unsinn redest du.«

[3] Wenn du Gott etwas versprochen hast, dann erfülle dein Gelübde* so schnell wie möglich. Leichtfertige Leute, die ihr Versprechen nicht halten, kann Gott nicht ausstehen. [4] Keine Versprechungen machen ist besser als etwas versprechen und es dann nicht halten.

[5] Sieh dich vor, dass du nichts Unrechtes sagst. Hast du es doch getan, so behaupte nicht vor dem Priester, es sei dir nur so herausgerutscht. Oder willst du, dass Gott zornig auf dich wird und deine Arbeit misslingen lässt? [6] Viel Träumen führt zu viel Sinnlosigkeit, viele Worte auch.[b] Darum nimm Gott ernst![c]

Die Ausbeuter sind sich einig

[7] Wundere dich nicht, wenn du siehst, wie man die Armen auf dem Land unterdrückt und ihnen gerechtes Urteil verweigert. Denn ein Mächtiger deckt den anderen und beide deckt einer, der noch mächtiger ist. [8] Es wäre besser, wenn der König selbst sich um die Verhältnisse auf dem Land kümmern würde.[d]

Reichtum, der kein Glück bringt

[9] Wer am Geld hängt, bekommt nie genug davon. Wer Reichtum liebt, will immer noch mehr. Auch hier gilt: Alles vergeblich! [10] Je reicher jemand wird, desto mehr Leute wollen von seinem Reichtum leben. Welchen Nutzen hat er am Ende davon? Nur das Nachsehen. [11] Wer hart arbeitet, schläft gut, ob er viel oder wenig gegessen hat. Der reiche Faulenzer dagegen wälzt sich schlaflos im Bett, weil ihn der Magen drückt.

[12] Noch eine böse Sache habe ich beobachtet: dass einer, der seinen Reichtum ängstlich hütet, dennoch ins Elend gerät. [13] Ein einziges schlechtes Geschäft

a Der Abschnitt 4,17–5,6 warnt vor Unüberlegtheit beim Gottesdienst. 5,1 zielt auf das Gebet: Man soll genau überlegen, was man Gott gegenüber ausspricht, weil zwischen Gott und Mensch ein unaufhebbarer Abstand ist.

b Deutung unsicher. Vielleicht ist neben den Träumen an Wahrsagerei oder Orakelsprüche gedacht; vgl. Sir 34, 1-7.

c *Nimm Gott ernst* – darin gipfelt die Lehre des ›Lehrers‹. Nach hebräischem Formempfinden erhält diese Aussage durch die Stellung in der Mitte des Buches ein besonderes Gewicht. Angesichts der »Sinnlosigkeit« allen Strebens, die hier wie am Anfang und Ende des Buches betont wird (1,2; 12,8), gibt es für den Menschen nur eines, das nicht in Frage gestellt werden kann; vgl. 3,14.

d Die zweite Vershälfte ist nicht sicher zu deuten. Vermutlich spielt der ›Lehrer‹ auf die sozialen Verhältnisse seiner Zeit an.

Leute, die schwer arbeiten müssen, sind nach Meinung des ›Lehrers‹ glücklicher als reiche Leute, die vor lauter Sorgen nicht schlafen können. Und von dem, was einer »hier angehäuft hat, kann er nicht einmal eine Hand voll mitnehmen« (5,14).

4,17 1 Sam 15,22 S; Ps 40,7-9 S; Spr 15,8 S **5,1** Mt 6,7 **5,2** 10,14; Spr 10,19 **5,3-5** Num 30,3; Spr 20,25 **5,6** 12,13 S **5,7** 3,16 S **5,9** 4,8; Lk 12,15-21 **5,11** Sir 31,19-20

und schon ist alles verloren! Wenn der Mann einen Sohn hat, kann er ihm nichts mehr vererben. 14 Und überhaupt: Nackt, wie der Mensch auf die Welt gekommen ist, muss er wieder von ihr gehen. Von allem, was er hier angehäuft hat, kann er nicht einmal eine Hand voll mitnehmen. 15 Das ist doch eine ganz üble Sache: Der Mensch muss gehen, wie er gekommen ist; für nichts und wieder nichts hat er sich abgeplagt. 16 Sein Leben lang hat er sich nichts gegönnt und sich mit Ärger, Sorgen und Krankheit herumgeschlagen.

Dankbar genießen

17 Ich bin zu der Erkenntnis gekommen, dass wir Menschen in dem kurzen Leben, das Gott uns zugemessen hat, nichts Besseres tun können als essen und trinken und es uns wohl sein lassen bei aller Mühe, die wir haben. So hat Gott es für uns bestimmt. 18 Wenn Gott einen Menschen reich und wohlhabend werden lässt und ihm erlaubt, seinen Teil davon zu genießen und sich am Ertrag seiner Mühe zu freuen, dann ist das ein Gottesgeschenk! 19 Die Freude lässt ihn nicht mehr daran denken, wie kurz sein Leben ist.

Auch Reichtum bringt keine Sicherheit

6 Etwas Schlimmes habe ich in dieser Welt gesehen, das schwer zu ertragen ist: 2 Da ist jemand, den hat Gott zu Reichtum, Besitz und Ansehen kommen lassen; er hat alles, was ein Mensch sich wünschen kann. Aber Gott erlaubt ihm nicht, es zu genießen; irgendein Unbekannter wird sich ein gutes Leben damit machen. Auch hier gilt: Vergeblich! Das ist ganz unerträglich! 3 Mag einer auch hundert Kinder haben und ein hohes Alter erreichen – was hat er davon, wenn er nicht sein Leben genießen kann und am Ende nicht einmal ein anständiges Begräbnis bekommt?[a] Ich sage: Eine Fehlgeburt hat es besser als er! 4 Denn:

»Als ein Nichts kommt sie,
in die Nacht geht sie,
namenlos und vergessen.
5 Das Sonnenlicht sieht sie nicht,
was Leben ist, weiß sie nicht;
doch Ruhe hat sie gefunden.«

Jedenfalls mehr Ruhe als der andere, 6 der nichts von seinem Leben hat, und wenn er zweitausend Jahre alt würde! Am Ende kommen alle an den gleichen Ort.

7 Der Mensch müht sich ständig ab, um sich satt essen zu können. Was hilft's, er wird doch immer wieder hungrig! 8 Darin geht es den Weisen* nicht besser als den Unwissenden. Und was nützt es den Armen, wenn sie etwas wissen? Wissen macht nicht satt![b] 9 Gib dich zufrieden mit dem, was du hast, und verlange nicht nach allen möglichen anderen Dingen; denn das ist vergebliche Mühe und Jagd nach Wind.

Sich gegen Gott wehren ist nutzlos

10 Alles, was geschieht, ist vor langer Zeit bestimmt worden. Ehe ein Mensch auf die Welt kommt, steht schon fest, was aus ihm wird. Und mit seinem Schöpfer, der mächtiger ist als er, kann er nicht darüber streiten. 11 Je mehr Worte er dabei macht, desto vergeblicher sind sie und desto weniger kommt für ihn dabei heraus. 12 Überhaupt, wer kann einem Menschen sagen, was für ihn gut ist während der kurzen Tage seines vergänglichen Lebens, das flüchtig ist wie ein Schatten? Und wer kann ihm sagen, was nach ihm geschehen wird unter der Sonne?

ALTE WEISHEITEN, NEU GESEHEN (Kapitel 7–9)[c]

Über den Tod

7 »Ein guter Ruf ist besser als ein schönes Begräbnis«,[d] heißt es. Ich aber sage: Der Todestag ist besser als der Tag der Geburt.

2 In ein Trauerhaus gehen bringt mehr Gewinn als in ein Hochzeitshaus gehen; denn auf jeden Menschen wartet der Tod, und wer noch lebt, nehme sich das zu Herzen!

3 Weinen ist besser als Lachen. Ein trauriges Gesicht ist ein Zeichen für reiche Lebenserfahrung.

4 Der Narr geht am liebsten dorthin, wo es lustig zugeht; der Weise* geht lieber in ein Trauerhaus.

Über Wissen und Unverstand

5 Der Tadel eines weisen Menschen hilft dir mehr als alle Loblieder der Unwissenden – heißt es –, 6 denn das Lachen unverbesserlicher Narren ist wie das Prasseln brennender Dornen unter einem Kochtopf. Aber auch das ist vergebliche Mühe; 7 denn auch der Weise wird zum Narren, wenn man ihn erpresst, und Geschenke vernebeln seinen Verstand.

Über Geduld und Vorsicht

8 Mit Reden aufhören ist besser als mit Reden anfangen. Ruhig Blut bringt weiter als ein heißer Kopf.

9 Lass dich nicht aus der Ruhe bringen; nur Unverständige ärgern sich über alles.

a Ein ehrenvolles Begräbnis galt als glücklicher Abschluss eines erfüllten Lebens (Ijob 21,32-33); kein Begräbnis zu bekommen war eine schlimme Schande (Jes 14,19).
b Die zweite Vershälfte ist nicht sicher zu deuten.
c In dem Abschnitt 7,1–9,6 setzt sich der ›Lehrer‹ mit den Lehren der älteren Weisheit auseinander. Er misst die alte Spruchweisheit an der von ihm beobachteten Wirklichkeit.
d Wörtlich *besser als gutes Salböl* (das zum Einbalsamieren benutzt wurde).

5,14 Ijob 1,21 S **5,15** 1,3 S **5,16** 2,22-23 **5,17-18** 2,24-25 S **6,2** 2,18-19; Lk 12,20 **6,3-5** 4,3 S **6,10** 3,14 S; Ijob 9,1-35 **6,12** 3,22; Ps 144,4 **7,1** Spr 22,1 **7,7** Ex 23,8

[10] Frage nicht: »Warum war früher alles besser als
heute?« Damit verrätst du nur, dass du das Leben
noch nicht kennst.

Über Erfahrung und Besitz

[11] Wissen und Erfahrung sind ebenso viel wert wie
Besitz, ja, sie werfen sogar noch Gewinn ab. [12] Sie
geben genauso viel Sicherheit wie das Geld und sie
bringen noch mehr: Sie erhalten ihren Besitzer am
Leben.
[13] Aber vergiss nicht, dass es bei allem auf Gottes
Tun ankommt. Wer kann gerade biegen, was er
krumm gemacht hat? [14] Freu dich, wenn du einen
Glückstag hast. Und wenn du einen Unglückstag
hast, dann denke daran: Gott schickt dir beide,
und du weißt nicht, was als Nächstes kommt.

Die gesunde Mitte

[15] Während meines vergänglichen Lebens voll ver-
geblicher Mühe habe ich beobachtet: Es gibt Men-
schen, die nach Gottes Geboten leben und trotzdem
elend umkommen; aber andere, die Unrecht tun und
sich um Gott nicht kümmern, genießen ihr Leben
bis ins hohe Alter. [16] Deshalb ist mein Rat: Über-
treib es nicht mit der Rechtschaffenheit und be-
mühe dich nicht zu sehr um Wissen! Warum willst
du dich selbst zugrunde richten? [17] Schlag aber
auch nicht über die Stränge und bleib nicht in
der Unwissenheit! Warum willst du vor der Zeit
sterben? [18] Halte dich an die gesunde Mitte. Wenn
du Gott ernst nimmst, findest du immer den rech-
ten Weg.
[19] Wissen und Erfahrung helfen einem Menschen
mehr, als zehn Herrscher einer Stadt ihm helfen kön-
nen. [20] Aber kein Mensch auf der Erde ist so recht-
schaffen, dass er immer richtig handelt und nie einen
Fehler macht.
[21] Versuche nicht, alles mitzubekommen, was die
Leute reden. Was hast du davon, wenn du hörst,
wie deine Untergebenen über dich schimpfen?
[22] Du weißt doch, dass du selbst oft genug über ande-
re geschimpft hast.

Vergebliches Forschen

[23] Ich wollte weise werden; ich habe alles versucht,
um zur Einsicht zu kommen; aber sie blieb mir uner-
reichbar fern. [24] Der Sinn aller Dinge ist so fern und
so tief verborgen. Wer kann ihn ergründen? [25] Dann
wandte ich mich etwas anderem zu: Ich forschte und
beobachtete, um daraus meine Schlüsse zu ziehen
und zu einem Urteil zu kommen. Ich wollte wissen,
ob die Bosheit etwas mit fehlender Einsicht zu tun
hat und Unverstand mit Unverbesserlichkeit.
[26] Da ist zum Beispiel die Art von Frau, die noch
bitterer ist als der Tod. Von ihr sagt man: »Sie ist eine
Falle, ihre Liebe ist ein Fangnetz; ihre Arme, mit
denen sie dich umfängt, sind Fesseln. Ein Mann,
an dem Gott Gefallen hat, kann ihr entrinnen. Aber
wer Gott missfällt, den fängt sie ein.«
[27] Sieh dir an, was ich[a] herausgefunden habe; es ist
das Ergebnis vieler Einzelbeobachtungen – [28] das
heißt: Was ich eigentlich suchte, habe ich nicht
gefunden. Ich habe den Menschen gesucht, wie er
sein sollte, und unter Tausend habe ich *einen* gefun-
den, und das war keine Frau! – [29] Das Ergebnis mei-
nes ganzen Forschens war: Gott hat die Menschen
einfach und aufrichtig geschaffen, aber manche wol-
len alles kompliziert haben.

8 »Wissen macht das Gesicht freundlich und lässt
die strengen Falten verschwinden«, heißt es.
Aber wer hat dieses Wissen und kann alles richtig
erklären?

Auflehnung ist zwecklos

[2] Ich rate dir: Tu, was der König befiehlt, denn du
hast ihm vor Gott Treue geschworen. [3] Gib nicht
dem Wunsch nach, gegen ihn zu rebellieren. Lass
dich nicht auf eine so gefährliche Sache ein; denn
der König tut letzten Endes doch, was ihm gefällt.
[4] Er hat die Macht, seinen Willen durchzusetzen,
und kein Mensch kann ihn dafür zur Rechenschaft
ziehen.
[5] Wer Gottes Gebote befolgt, bleibt von Unglück
verschont, und wer Lebensweisheit hat, weiß, wann
und wie er handeln muss. [6] Denn alles, was
geschieht, hat seine von Gott bestimmte Zeit. Aber
es gibt ein schlimmes Geschick, das auf dem Men-
schen lastet: [7] Er weiß nicht, was ihn treffen wird,
und niemand sagt ihm, wie es geschehen wird.
[8] Den Wind kann er nicht aufhalten oder einsperren.
Ebenso wenig kann er seinen Todestag aufhalten. Im
Krieg wird kein Soldat entlassen, und wer schuldig
geworden ist, kann den Folgen seiner Schuld nicht
entgehen.

Warum geht es Verbrechern so gut?

[9] Noch etwas habe ich beobachtet. Ich habe unter-
sucht, was alles unter der Sonne geschieht, wenn
einige wenige die Macht besitzen und die anderen
darunter zu leiden haben. [10] Ich habe gesehen, wie
Verbrecher zum Gottesdienst in den Tempel
kamen,[b] während rechtschaffene Leute aus dem
Heiligtum vertrieben wurden und niemand in der
Stadt mehr an ihre guten Taten dachte.[c] Auch hier
gilt: Alles vergeblich!
[11] Dass die Strafe den Verbrecher nicht auf der Stel-
le ereilt, ermutigt viele dazu, Verbrechen zu bege-
hen. [12a] Manche haben schon hundert Schandtaten
verübt – und leben immer noch!

a Es folgt hier noch *sagte Kohelet;* vgl. Anmerkung zu 1,1.
b Die Personen, auf die hier angespielt wird, müssen den damaligen Lesern bekannt gewesen sein.
c Deutung unsicher.

7,11-12 Spr 3,14-18; 16,16 **7,13** 1,15 **7,14** 3,11; Ijob 2,10; Sir 11,14 **7,15** 8,14; 9,2; Ijob 12,6 S **7,16** 2,15 **7,17** 3,2 S **7,18** 12,13 S **7,19** Spr 24,5 **7,20** Jak 3,2 **7,26** Spr 5,3-6 S **8,3** Spr 20,2 **8,5-6** 3,1 S **8,8** 9,12 **8,11-12a** 9,3

a Der Hund gehörte zu den verachtetsten Tieren.
b Diese positive Einschätzung des Wissens findet sich in Spr 24,5; die zweite Vershälfte wird in Sir 13,22-23 eindrucksvoll entfaltet. Zeitlich steht Kohelet zwischen beiden.

Lohn und Strafe

12b Auch ich kenne das Sprichwort: »Wer Gott ernst
nimmt, dem geht es gut. 13 Aber wer Unrecht begeht,
hat kein Glück. Sein Leben ist kurz und flüchtig wie
ein Schatten, weil er Gott nicht ernst nimmt.«
14 Doch das ist Unsinn! In der Welt sieht es oft genug
ganz anders aus: Da sind Menschen, die immer das
Rechte tun, und es ergeht ihnen, wie es Verbrechern
gehen sollte. Und es gibt Verbrecher, denen es so gut
geht, als hätten sie immer das Rechte getan. Ich bleibe dabei: Alles vergeblich!
15 Darum soll sich der Mensch an die Freude halten. Er soll essen und trinken und sich freuen; das ist das Beste, was er bekommen kann unter der Sonne, während des kurzen Lebens, das Gott ihm schenkt.

Was von der Weisheit zu halten ist

16 Ich wollte herausfinden, was an der so genannten
Weisheit eigentlich dran ist. Darum habe ich dieses
mühselige Geschäft beobachtet, mit dem der
Mensch sich auf der Erde herumschlägt – Tag und
Nacht tut er kein Auge zu. 17 Und ich musste einsehen: Ein Mensch kann das, was Gott tut und geschehen lässt unter der Sonne, niemals in seinem Zusammenhang erfassen. Er mag noch so angestrengt danach suchen, den Zusammenhang der Dinge findet er nicht. Auch wenn ein Weiser* behauptet, ihn zu kennen – gefunden hat er nichts.

Alle trifft dasselbe Schicksal

9 Ich habe über alles nachgedacht und bin zu der
Einsicht gekommen, dass auch die Klugen und
Rechtschaffenen in allem, was sie tun, von Gott
abhängig sind. Nicht einmal, warum sie lieben oder
hassen, wissen sie. 2 Alle trifft das gleiche Schicksal,
ob sie nun Gottes Gebote befolgen oder sie übertreten, Gutes oder Böses tun, sich rein* halten oder sich beflecken, Gott Opfer* bringen oder nicht. Dem Schuldlosen ergeht es nicht besser als dem Verbrecher, der den Reinigungseid* scheuen muss.
3 Es ist zum Verzweifeln, dass auf alle ohne Unterschied dasselbe Ende wartet. Weil die Bösen nicht
auf der Stelle bestraft werden, ergreift sie Verblendung und sie treiben es noch schlimmer. Aber
zuletzt müssen alle sterben. 4 Solange ein Mensch
lebt, hat er noch Hoffnung, und ein lebender Hund[a]
ist immer noch besser als ein toter Löwe. 5 Die
Lebenden wissen wenigstens, dass sie einmal sterben müssen. Die Toten wissen überhaupt nichts mehr. Ihre Verdienste werden nicht belohnt; denn
niemand denkt mehr an sie. 6 Ganz gleich, ob sie
einst Liebe, Hass oder Eifersucht erregt haben, alles
ist aus und vorbei. Sie haben auf ewig keinen Anteil mehr an dem, was unter der Sonne geschieht.

Das Einzige, was dem Menschen übrig bleibt

7 Darum iss dein Brot und trink deinen Wein und sei
fröhlich dabei! So hat es Gott für die Menschen vorgesehen und so gefällt es ihm. 8 Nimm das Leben als
ein Fest: Trag immer frisch gewaschene Kleider und
sprenge duftendes Öl auf dein Haar! 9 Genieße jeden
Tag mit der Frau, die du liebst, solange das Leben dauert, das Gott dir unter der Sonne geschenkt hat, dieses vergängliche und vergebliche Leben. Denn das ist der Lohn für die Mühsal und Plage, die du hast
unter der Sonne. 10 Wenn sich dir die Gelegenheit
bietet, etwas zu tun, dann tu es mit vollem Einsatz. Denn du bist unterwegs zu dem Ort, von dem kein Mensch wiederkehrt. Wenn du tot bist, ist es zu Ende mit allem Tun und Planen, mit aller Einsicht und Weisheit.

Jeder seines Glückes Schmied?

11 Noch etwas habe ich erkannt unter der Sonne: Es sind nicht immer die Schnellsten, die das Rennen machen. Auch die tapfersten Krieger siegen nicht in jedem Kampf. Bildung ist keine Garantie für sicheren Broterwerb, Klugheit führt nicht unbedingt zu Reichtum und Können findet nicht immer Beifall. Denn schlechte Tage und schlimmes Geschick über-
fallen jeden. 12 Niemand weiß, wann seine Zeit
kommt. Wie Fische, die plötzlich ins Netz geraten, wie Vögel, über denen die Falle zuschlägt, so gehen die Menschen in die Schlinge. Der Tod ereilt sie, wenn sie am wenigsten daran denken.

Macht und Ohnmacht des Wissens

13 Noch etwas anderes habe ich gesehen unter der
Sonne, ein treffendes Beispiel dafür, wie Wissen ein-
geschätzt wird: 14 Da war eine kleine Stadt mit nur
wenigen Einwohnern. Ein mächtiger König rückte gegen sie an, schloss sie ein und ging mit Belage-
rungstürmen gegen ihre Mauern vor. 15 In dieser
Stadt lebte ein armer, aber sehr kluger Mann. Mit seiner Klugheit hätte er die Stadt retten können;
doch niemand dachte an ihn. 16 Und dann behauptet
man: »Wissen ist besser als Macht.«[b] Zugegeben, aber wenn einer arm ist, hält man ihn nicht für klug;
darum hört keiner auf seine Worte. 17 Es ist besser,
auf den ruhigen Rat eines weisen Menschen zu hören als auf das unverständige Geschrei eines Ober-
narren. 18 Wissen richtet etwas Besseres aus als Waffen – aber eine einzige falsche Entscheidung richtet alles Bessere zugrunde.

8,12b-13 Ps 37,17-20; Spr 3,33S; 10,27 **8,14** 7,15S **8,15** 2,24-25S **8,16-17** 1,13S; 1,17S; 2,22-23S **9,1** 3,8 **9,2-3** 2,14 **9,2** 7,15S **9,3** 8,11-12 **9,7-9** 2,24-25S **9,9** Spr 5,18-19 **9,11-12** 3,1S **9,12** 8,8 **9,16** Spr 24,5; Sir 13,22-23

EINZELNE WEISHEITSSPRÜCHE UND SCHLUSSBILANZ
(Kapitel 10–12)

Vermischte Lebensweisheiten

10 Eine tote Fliege bringt duftendes Öl zum Stin-
ken und ein bisschen Dummheit macht alles
Wissen und Ansehen eines Menschen zunichte.
2 Ein weiser Mensch trifft die richtige Entschei-
dung, aber der Unbelehrbare trifft stets daneben.
3 Seine Dummheit zeigt sich bei jedem Anlass und
alle sagen von ihm: »Der hat keinen Verstand.«
4 Wenn dein Vorgesetzter zornig auf dich ist, dann
gib nicht gleich deine Stelle auf. Wenn du ruhig
bleibst, wird er dir sogar große Fehler verzeihen.
5 Ich habe etwas Schlimmes gesehen unter der
Sonne, das sich die Mächtigen immer wieder
zuschulden kommen lassen: 6 Leute ohne Verstand
bekommen einflussreiche Stellungen, während
angesehene Bürger unbeachtet bleiben. 7 Ich habe
Sklaven hoch zu Ross gesehen, während Fürsten
zu Fuß gehen mussten.
8 Wer ein Loch gräbt, kann hineinfallen. Wer eine
Mauer einreißt, kann von einer Schlange gebissen
werden. 9 Wer im Steinbruch arbeitet, kann sich
dabei wehtun. Und wer Holz spaltet, ist in Gefahr,
sich zu verletzen.
10 Wenn die Axt stumpf geworden ist und du sie
nicht schärfst, dann musst du dich doppelt anstren-
gen. Richtig angewendete Weisheit* hat eben ihre
Vorteile. 11 Der Schlangenbeschwörer hat nichts
von seiner Kunst, wenn die Schlange beißt, ehe er
sie beschworen hat.
12 Was der Weise sagt, findet Zustimmung. Aber
Unverständige reden sich um Kopf und Kragen.
13 Am Anfang ist ihr Reden nur dummes Geschwätz,
aber am Ende tödliche Torheit. 14 Sie reden und
reden ohne Ende. Dabei weiß kein Mensch, was
geschehen wird. Und niemand sagt ihm, was sein
wird, wenn er einmal gestorben ist. 15 Das viele
Reden müsste den Unverständigen doch so müde
machen, dass er nicht mehr nach Hause gehen
kann![a]
16 Es steht schlimm um ein Land, wenn sein König
noch jung und unerfahren ist und die Minister schon
frühmorgens Festgelage halten. 17 Aber ein Land
kann sich glücklich preisen, wenn sein König fähig
ist, selbst zu entscheiden, und die Minister zur übli-
chen Zeit essen und trinken und sich dabei wie Män-
ner benehmen, die sich beherrschen können.
18 Wenn jemand zu faul ist, das Dach seines Hauses
auszubessern, dringt der Regen durch und bald
stürzt es ein.
19 Gut essen macht Freude, Wein trinken macht
lustig und Geld macht beides möglich.
20 Schimpf nicht auf den König, nicht einmal in
Gedanken! Schimpf nicht auf die Reichen, nicht ein-
mal in deinem Schlafzimmer! Wände haben Ohren
und deine Worte könnten Flügel bekommen.

Die Zukunft ist unberechenbar

11 Wirf dein Hab und Gut ins Meer; trotzdem
kann es sein, dass du es nach langer Zeit wieder
findest. 2 Bring dein Geld an allen möglichen Plätzen
in Sicherheit; trotzdem kann es sein, dass ein
Unglück über das Land kommt und alles verloren
geht.[b]
3 Wenn die Wolken voll sind, dann regnet es.
Gleichgültig, ob ein Baum nach Süden oder nach
Norden fällt: Wo er hinfällt, dort bleibt er liegen.
4 Wer immer nach dem Wind sieht und auf das pas-
sende Wetter wartet, der kommt weder zum Säen
noch zum Ernten.
5 Du weißt nicht, wann der Wind seine Richtung
ändert. Du siehst nicht, wie sich ein Kind im Mutter-
leib entwickelt. Genauso wenig verstehst du, was
Gott tut. 6 Arbeite am Morgen oder am Abend, ganz
wie du willst; denn du kannst nicht voraussehen,
welches von beiden Erfolg bringt – vielleicht sogar
beides!

»Denk an deinen Schöpfer, solange du noch jung bist, ehe die schlechten Tage kommen und die Jahre, die dir nicht gefallen werden.« (12,1)

a Die Deutung dieses Verses ist sehr unsicher; wörtlich *Die Mühe der Toren ermüdet ihn, der nicht zur Stadt zu gehen weiß.*
b Ob man nach menschlichem Urteil etwas Unsinniges tut (Vers 1) oder äußerste Vorsicht walten lässt – was dabei herauskommt, lässt sich nicht voraussagen. Vers 3 nennt Beispiele, wo Ursache und Wirkung klar erkennbar sind. Aber das hilft nicht immer dazu, die richtige Entscheidung zu treffen (Vers 4).

10,2 2,13-14 **10,5-7** Spr 30,21-23 **10,8** Spr 26,27S **10,11** Sir 12,13 **10,14** 5,2; 6,12 **10,16** Jes 3,4 **10,19** Ps 104,15 **11,3-6** 3,11 **11,5** 8,16-17; Joh 3,8

Genieße das Leben, solange du jung bist

7 Das Licht der Sonne sehen zu können bedeutet Glück und Freude. 8 Genieße froh jeden Tag, der dir gegeben ist! Auch wenn du noch viele vor dir hast – denk daran, dass die Nacht, die ihnen folgt, noch länger ist. Alles, was noch kommt, ist vergeblich. 9 Freu dich, junger Mensch! Sei glücklich, solange du noch jung bist! Tu, was dir Spaß macht, wozu deine Augen dich locken! Aber vergiss nicht, dass Gott für alles von dir Rechenschaft fordern wird. 10 Halte dir den Ärger von der Seele und die Krankheit vom Leib. Jugend und dunkles Haar sind so vergänglich.

12 Denk an deinen Schöpfer, solange du noch jung bist, ehe die schlechten Tage kommen und die Jahre, die dir nicht gefallen werden. 2 Dann verdunkeln sich dir Sonne, Mond und Sterne und nach jedem Regen kommen wieder neue Wolken. 3 Dann werden deine Arme, die dich beschützt haben, zittern und deine Beine, die dich getragen haben, werden schwach. Die Zähne fallen dir aus, einer nach dem anderen; deine Augen werden trüb 4 und deine Ohren taub. Deine Stimme wird dünn und zittrig.[a] 5 Das Steigen fällt dir schwer und bei jedem Schritt bist du in Gefahr, zu stürzen. Draußen blüht der Mandelbaum, die Heuschrecke frisst sich voll und die Kaperfrucht bricht auf; aber dich trägt man zu deiner letzten Wohnung. Auf der Straße stimmen sie die Totenklage* für dich an.

6 Genieße dein Leben, bevor es zu Ende geht, wie eine silberne Schnur zerreißt oder eine goldene Schale zerbricht, wie ein Krug an der Quelle in Scherben geht oder das Schöpfrad zerbrochen in den Brunnen stürzt. 7 Dann kehrt der Leib zur Erde zurück, aus der er entstanden ist, und der Lebensgeist geht zu Gott, der ihn gegeben hat.

8 »Vergeblich und vergänglich!«, war die Erkenntnis des Lehrers[b]. »Alles vergebliche Mühe.«[c]

Erstes Nachwort

9 Eins muss noch hinzugefügt werden: Der Lehrer[d] war ein Weiser, der ständig sein Wissen an das Volk weitergab. Er untersuchte viele Sprichwörter und prüfte sie auf ihren Wahrheitsgehalt. Er verfasste auch selbst viele Sprichwörter. 10 Er mühte sich, seinen Worten eine schöne Form zu geben, dabei aber ehrlich zu bleiben und die Wahrheit zu schreiben.

11 Die Worte weiser Lehrer wirken wie der spitze Stock, mit dem der Bauer seine Ochsen antreibt. Sprichwörter gleichen eingeschlagenen Nägeln: Sie bleiben fest sitzen. Sie sind eine Gabe Gottes, des einen großen Hirten.

Zweites Nachwort

12 Im Übrigen lass dich warnen, mein Sohn:[e] Es werden viel zu viele Bücher geschrieben und das viele Grübeln kann dich bis zur Erschöpfung ermüden.

13 Fassen wir alles zusammen, so kommen wir zu dem Ergebnis: Nimm Gott ernst und befolge seine Gebote! Das ist alles, worauf es für den Menschen ankommt. 14 Über alles, was wir tun, wird Gott Gericht halten, über die guten und die schlechten Taten, auch wenn sie jetzt noch verborgen sind.

a Die Verse 3-4 lauten wörtlich: *an dem Tag, wenn die Wächter des Hauses zittern und die starken Männer sich krümmen und die Müllerinnen nicht mehr arbeiten, weil sie zu wenige sind, und die durch die Fenster Sehenden sich verdunkeln* (Vers 4) *und die Türen zur Straße geschlossen werden, während das Geräusch der Mühle dünner wird und sich zur Vogelstimme erhebt und alle Töchter des Gesangs gedämpft werden.*
b Hebräisch *Kohelet;* siehe Anmerkung zu 1,1.
c Das Eingangswort wird noch einmal aufgenommen (vgl. 1,2 und Anmerkung dort). Mit diesem Satz schließt die Schrift des Lehrers. Zwei spätere Nachworte werden angeschlossen, das erste vermutlich als eine Empfehlung, das zweite als Beschwichtigung für Leser, denen die Ausführungen gefährlich erscheinen könnten.
d Hebräisch *Kohelet;* siehe Anmerkung zu 1,1.
e Siehe Anmerkung zu Spr 1,8.

11,7-10 2,24-25 S **12,7** 3,20-21 S **12,8** 1,2 S **12,13** 5,6; 7,18; Dtn 4,10; Spr 1,7 S

HOHESLIED

Die kleine Schrift ist eine Sammlung von Liebesliedern, in denen die beiden Liebenden ihre Empfindungen mit viel Poesie und ohne falsche Scham ausdrücken. Eine solche Sammlung mitten in der Bibel zu finden hat schon immer Erstaunen verursacht, und auch heute noch fühlen sich viele Leser peinlich berührt. Aber die Liebe zwischen Mann und Frau ist ein Geschenk Gottes, und ihr Ausdruck hat darum seinen Platz auch in der Bibel. Man kann das Hohelied verstehen als ein staunendes Echo auf den Schluss des Schöpfungsberichtes in Gen 2,23-25. Nach biblischem Verständnis ist die Liebe zwischen Mann und Frau aber auch ein Abbild der Verbindung zwischen Gott und seinem Volk (Jer 2,2; Ez 16; Hos 1–3) und zwischen Christus und seiner Gemeinde (Eph 5,25.31-32). Davon ausgehend wurde das Hohelied immer wieder auf die Beziehung zwischen Gott und seinem Volk Israel und zwischen Christus und der Kirche gedeutet. Jede Gliederung des Hohenliedes kann nur ein Versuch sein, weil der hebräische Text keine Angaben über die jeweiligen Sprecher enthält. Die Übersetzung benutzt unterschiedliche Versmaße oder Rhythmen, um den Charakter der Liedersammlung anzudeuten und etwas von der Schönheit des Originals erkennen zu lassen.

1 Das schönste aller Lieder, von Salomo.

Sei mein König!

SIE
2 Komm doch und küss mich!
Deine Liebe berauscht mich
mehr noch als Wein.

3 Weithin verströmen
deine kostbaren Salben
herrlichen Duft.

Jedermann kennt dich,[a]
alle Mädchen im Lande
schwärmen für dich!

4 Komm, lass uns eilen,
nimm mich mit dir nach Hause,
fass meine Hand!

Du bist mein König!
Deine Zärtlichkeit gibt mir
Freude und Glück.

Rühmen und preisen
will ich stets deine Liebe,
mehr als den Wein!

Mädchen, die schwärmen,
wenn dein Name genannt wird,
schwärmen zu Recht!

Das Mädchen vom Land

SIE
5–6 Schwarz gebrannt hat mich die Sonne,
schwarz wie Beduinenzelte,[b]
wie die Decken Salomos.
Trotzdem bin ich schön, ihr Mädchen
aus der Stadt Jerusalem!
Seht nicht so auf mich herunter,
weil ich dunkler bin als ihr.
Draußen muss ich alle Tage
meiner Brüder Weinberg hüten.
Doch für meinen eigenen Weinberg
– für mich selbst – kann ich nicht sorgen;
dafür bleibt mir keine Zeit!

Die Hirtin

SIE
7 Sag mir, Geliebter,
wo kann ich dich finden?
Wo ruhn deine Schafe
mittags, wenn's heiß wird?

Andere Hirten,
was sollen sie denken,
wenn ich nach dir frage,
überall suche?

a Wörtlich *Dein Name ist ein ausgegossenes Salböl.*
b Wörtlich *wie die Zelte Kedars.* Kedar ist ein Beduinenstamm der syrisch-arabischen Wüste. Die Zelte bestehen aus zusammengenähten Decken aus sehr dunklem Ziegenhaar (siehe Bilder Seite 67 und 468).

1,1 1 Kön 5,12 **1,2** 1,4; 4,10 **1,3** 1,12 **1,4** 1,2; 4,10

a *En-Gedi* (Ziegenquelle) ist eine Oase am Westufer des Toten Meeres von sprichwörtlicher Fruchtbarkeit.
b Wörtlich *Eine Narzisse (?) von Scharon bin ich.* Die Scharon-Ebene erstreckt sich längs der Mittelmeerküste zwischen Jafo und dem Karmelgebirge (Karte Seite 443) und hatte üppige Wiesen; vgl. 1 Chr 5,16; Jes 33,9.
c Der *Weinberg* ist (wie in 1,5-6) Sinnbild für das Mädchen. Vermutlich warnen sich die jungen Mädchen gegenseitig vor den jungen Männern, die mit frechen Füchsen verglichen werden.

ER
8 Musst du mich fragen,
du schönste der Frauen?
Du musst es doch wissen,
wo du mich findest!

Nimm deine Zicklein
und folge dem Schafsweg!
Dort wirst du mich treffen,
nah bei den Zelten.

Zwiesprache der Liebenden

ER
9 Prächtig und schön siehst du aus,
meine Freundin,
stolz wie die Stute an Pharaos Wagen!
10 Schmückende Kettchen umrahmen die Wangen
und deinen Hals zieren Schnüre mit Perlen.
11 Aber noch schöneren Schmuck sollst du haben:
silberne Perlen an Kettchen aus Gold!

SIE
12 Solange mein König mir nahe ist,
verbreitet mein Nardenöl seinen Duft.
13 Mein Liebster liegt bei mir, an meiner Brust,
er duftet wie würziges Myrrhenharz,
14 so kräftig wie Blüten vom Hennastrauch;
im Weinberg von En-Gedi wachsen sie.[a]

ER
15 Schön bist du, zauberhaft schön,
meine Freundin,
und deine Augen sind lieblich wie Tauben!

SIE
16 Stattlich und schön bist auch du, mein Geliebter!
Sieh, unser Lager ist blühendes Gras,
17 Balken in unserem Haus sind die Zedern
und die getäfelten Wände Zypressen.

Liebe sieht alles schöner

2 SIE
Eine Frühlingsblume bin ich,
wie sie in den Wiesen wachsen,[b]
eine Lilie aus den Tälern.

ER
2 Eine Lilie unter Disteln –
so erscheint mir meine Freundin
unter allen anderen Mädchen.

SIE
3 Wie ein Apfelbaum im Walde
ist mein Liebster unter Männern.
Seinen Schatten hab ich gerne,
um mich darin auszuruhen;
seine Frucht ist süß für mich.

Krank vor Liebe

SIE
4 Ins Festhaus hat mein Liebster mich geführt;
Girlanden zeigen an, dass wir uns lieben.
5 Stärkt mich mit Äpfeln, mit Rosinenkuchen,
denn Liebessehnsucht hat mich krank gemacht.
6 Sein linker Arm liegt unter meinem Kopf
und mit dem rechten hält er mich umschlungen.
7 Ihr Mädchen von Jerusalem, lasst uns allein!
Denkt an die scheuen Rehe und Gazellen:
Wir lieben uns, schreckt uns nicht auf!

Der Winter ist vorbei

SIE
8 Mein Freund kommt zu mir!
Ich spür's, ich hör ihn schon!
Über Berge und Hügel
eilt er herbei.
9 Dort ist er –
schnell wie ein Hirsch,
wie die flinke Gazelle.
Jetzt steht er vorm Haus!
Er späht durch das Gitter,
schaut zum Fenster herein.
10a Nun spricht er zu mir!

ER
10b Mach schnell, mein Liebes!
Komm heraus, geh mit!
11 Der Winter ist vorbei mit seinem Regen.
12 Es grünt und blüht, so weit das Auge reicht.
Im ganzen Land hört man die Vögel singen;
nun ist die Zeit der Lieder wieder da!
13 Sieh doch: Die ersten Feigen werden reif;
die Reben blühn, verströmen ihren Duft.
Mach schnell, mein Liebes!
Komm heraus, geh mit!
14 Verbirg dich nicht vor mir wie eine Taube,
die sich in einem Felsenspalt versteckt.
Mein Täubchen, zeig dein liebliches Gesicht
und lass mich deine süße Stimme hören!

DIE MÄDCHEN
15 Ach, fangt uns doch die Füchse,
die frechen, kleinen Füchse!
Sie wühlen nur im Weinberg,
wenn unsre Reben blühn.[c]

SIE
16 Nur mir gehört mein Liebster
und ich gehöre ihm!

1,12 1,3 **2,7** 8,4

Er findet seine Weide,
wo viele Blumen stehn.
17 Am Abend, wenn es kühl wird
und alle Schatten fliehn,
dann komm zu mir, mein Liebster!
Komm, eile wie ein Hirsch;
sei flink wie die Gazelle,
die in den Bergen[a] wohnt.

Nachtgedanken

3 SIE
Nachts lieg ich auf dem Bett und kann nicht schlafen.
Ich sehne mich nach ihm und suche ihn,
doch nirgends kann mein Herz den Liebsten finden.
2 Ich seh mich aufstehn und die Stadt durcheilen,
durch Gassen streifen, über leere Plätze –

a Wörtlich *in den Beter-Bergen.* Die Bedeutung des hebräischen Wortes *beter* ist unbekannt; vermutlich geht es dabei gar nicht um eine geographische Angabe, sondern es bezeichnet einen Duftstoff (wie in den Namen Myrrhenberg und Weihrauchhügel in 4,6).

Der Mann im Hohenlied freut sich an der Schönheit seiner Braut. Ihre Liebe macht ihn glücklich. Dieses Mädchen trägt den traditionellen Schmuck der jemenitischen Juden.

a Wörtlich *Libanonholz.* Hölzer aus dem Libanon galten als ausgezeichnetes Baumaterial (2 Chr 2,7-8).
b Siehe Sacherklärung und Karte Seite 16.
c *Amana, Senir* und *Hermon* bilden eine Berggruppe im Antilibanos, nördlich von Palästina. Hier werden die Berge sinnbildlich als Orte der Gefahr zu verstehen sein, vor denen die Geliebte gewarnt wird.

ich sehne mich nach ihm und suche ihn,
doch nirgends kann ich meinen Liebsten finden.
3 Die Wache greift mich auf bei ihrem Rundgang.
»Wo ist mein Liebster, habt ihr ihn gesehn?«
4 Nur ein paar Schritte weiter find ich ihn.
Ich halt ihn fest und lass ihn nicht mehr los;
ich nehm ihn mit nach Hause in die Kammer,
wo meine Mutter mich geboren hat.

5 Ihr Mädchen von Jerusalem, lasst uns allein!
Denkt an die scheuen Rehe und Gazellen:
Wir lieben uns, schreckt uns nicht auf!

Der Bräutigam kommt

DIE ZUSCHAUER
6 Was kommt dort herauf aus der Wüste?
Wie Rauchsäulen zieht es heran;
es duftet nach Weihrauch* und Myrrhe*,
nach allen Gewürzen der Händler.
7 Schaut hin! Das ist Salomos Sänfte,
geleitet von sechzig Beschützern,
von Israels tapfersten Helden,
8 im Kampfe erprobt und bewährt.
Das Schwert hat ein jeder am Gürtel
zum Schutz gegen nächtliche Schrecken.
9 Aus edelstem Holz[a] ließ der König
den tragbaren Thronsessel machen,
10 die Säulen mit Silber beschlagen,
die Lehne mit Gold überziehen.
Aus purpurnem Stoff sind die Kissen,
mit Liebe gewebt und bestickt
von Jerusalems Frauen und Mädchen.
11 Ihr Frauen von Zion, kommt her,
den König zu sehn und die Krone,
mit der seine Mutter ihn schmückte
zum heutigen Tag seiner Hochzeit,
dem Tag voller Freude und Glück.

Du bist schön, meine Freundin!

4 ER
Preisen will ich deine Schönheit,
du bist lieblich, meine Freundin!

Deine Augen sind wie Tauben,
flattern hinter deinem Schleier.
Wie die Herde schwarzer Ziegen
talwärts vom Berg Gilead[b] zieht,
fließt das Haar auf deine Schultern.
2 Weiß wie frisch geschorne Schafe,
wenn sie aus der Schwemme steigen,
glänzen prächtig deine Zähne,
keiner fehlt in seiner Reihe.
3 Wie ein scharlachrotes Band
ziehn sich deine feinen Lippen.
Wangen hinterm Schleier
schimmern rötlich wie die Scheibe
eines Apfels vom Granatbaum.
4 Wie der Turm des Königs David,
glatt und rund, geschmückt mit tausend
blanken Schilden, ragt dein Hals.
5 Deine Brüste sind zwei Zicklein,
Zwillingsjunge der Gazelle,
die in Blumenwiesen weiden.
6 Wenn die Schatten länger werden
und der Abend Kühle bringt,
komm ich zu dir, ruh auf deinem
Myrrhenberg und Weihrauchhügel.

7 Deine Schönheit will ich preisen!
Du bist lieblich, meine Freundin,
und kein Fehler ist an dir!

Geh mit mir!

ER
8 Komm, meine Braut, geh doch mit, lass die Berge!
Lass den gefahrvollen Libanon, komm!
Fort von dem Gipfel des Berges Amana,
fort vom Senir und vom ragenden Hermon,[c]
fort von den Lagerplätzen der Löwen,
fort von den Bergen der Panther, komm mit!

Liebeszauber

ER
9 Verzaubert hast du mich,
Geliebte, meine Braut!
Ein Blick aus deinen Augen
und ich war gebannt.
Sag, birgt er einen Zauber,
an deinem Hals der Schmuck?

10 Wie glücklich du mich machst
mit deiner Zärtlichkeit!
Mein Mädchen, meine Braut,
ich bin von deiner Liebe
berauschter als von Wein.
Du duftest süßer noch
als jeder Salbenduft.

11 Wie Honig ist dein Mund,
mein Schatz, wenn du mich küsst,
und unter deiner Zunge
ist süße Honigmilch.
Die Kleider, die du trägst,
sie duften wie der Wald
hoch auf dem Libanon.

3,3 5,7 **3,4** 8,2 **3,6** 8,5 **4,5** 7,4; Spr 5,19 **4,10** 1,2.4

Der Liebesgarten

ER
12–15 Meine Braut ist ein Garten
voll erlesener Pflanzen!
An Granatapfelbäumen
reifen köstliche Früchte.
Herrlich duften die Rosen
und die Blüten der Henna.
Narde*, Safran und Kalmus*,
alle Weihrauchgewächse,
Zimt und Aloë*, Myrrhe*,
alle Arten von Balsam
sind im Garten zu finden.
Eine Quelle entspringt dort
mit kristallklarem Wasser,
das vom Libanon herkommt.
Aber noch sind mir Garten
und Quelle verschlossen!

SIE
16 Kommt doch, ihr Winde,
durchweht meinen Garten!
Nordwind und Südwind,
erweckt seine Düfte!
Komm, mein Geliebter,
betritt deinen Garten!
Komm doch und iss
seine köstlichen Früchte!

5 ER
Ich komm in den Garten,
zu dir, meine Braut!
Ich pflücke die Myrrhe,
die würzigen Kräuter.
Ich öffne die Wabe
und esse den Honig.
Ich trinke den Wein,
ich trinke die Milch.
Esst, Freunde, auch ihr,
und trinkt euren Wein;
berauscht euch an Liebe!

Nachtgedanken

SIE
2a Ich lag im Schlaf, jedoch mein Herz blieb wach.
Da klopft's! Ich weiß: Mein Freund steht vor der Tür.

ER
2b »Mach auf, mein Schatz, mach auf, ich will zu dir!
Mein Täubchen, öffne doch, lass mich hinein!
Mein Haar ist nass vom Tau der kühlen Nacht.«

SIE
3 »Ich habe doch mein Kleid schon ausgezogen
und müsst es deinetwegen wieder anziehn.
Auch meine Füße habe ich gewaschen;
ich würde sie ja wieder schmutzig machen!«

4 Durchs Fenster an der Tür[a] greift seine Hand;
ich höre, wie sie nach dem Riegel sucht.
Mein Herz klopft laut und wild. Er ist so nah!
5 Ich springe auf und will dem Liebsten öffnen.
Als meine Hände nach dem Riegel greifen,
da sind sie feucht von bestem Myrrhenöl.
6 Schnell öffne ich die Tür für meinen Freund;
doch er ist fort, ich kann ihn nicht mehr sehn.
Mein Herz steht still, fast tötet mich der Schreck!
Ich suche meinen Freund, kann ihn nicht finden.
Ich rufe ihn, doch er gibt keine Antwort.

7 Die Wächter finden mich bei ihrem Rundgang.
Sie schlagen ohne Mitleid auf mich ein
und reißen mir den Umhang von den Schultern.

Helft mir suchen!

SIE
8 Ihr Mädchen alle, ich beschwöre euch:
Wenn euch mein Freund begegnet,
sagt ihm doch,
die Liebessehnsucht macht mich matt
und krank!

DIE MÄDCHEN
9 Beschreib ihn uns,
du schönste aller Frauen!
Wer ist es, den du suchst?
Was unterscheidet ihn
von anderen Männern,
dass du uns so beschwörst?

SIE
10 Mein Liebster ist blühend und voller Kraft,
nur einer von Tausenden ist wie er!
11 Sein schönes Gesicht ist so braun gebrannt,
sein Haar dicht und lockig und rabenschwarz.
12 Die Augen sind lebhaften Tauben gleich.
Ganz weiß sind die Zähne, als hätten sie
gebadet in Bächen von reiner Milch.
13 Die Wangen sind Beete voll Balsamkraut,
die herrlichsten Würzkräuter sprießen dort.°
Wie Lilien leuchtet sein Lippenpaar,
das feucht ist von fließendem Myrrhenöl.
14 Die Arme sind Barren aus rotem Gold,
mit Steinen aus Tarschisch* rundum besetzt.
Sein Leib ist ein Kunstwerk aus Elfenbein,
geschmückt mit Saphiren von reinster Art.
15 Die Beine sind marmornen Säulen gleich,
die sicher auf goldenen Sockeln stehn.
Dem Libanon gleicht er an Stattlichkeit,
den ragenden Zedern an Pracht und Kraft.

a Es kann sich um ein Lichtloch in der Tür oder in der Wand neben der Tür handeln. Solche Öffnungen waren mit einem Gitter versehen; vgl. 2,9.

5,7 3,3

a *Tirza* war eine Zeit lang die Hauptstadt des Nordreiches Israel (siehe Anmerkung zu 1 Kön 14,17).
b Deutung unsicher.
c Der Name wird auf der letzten Silbe betont. Es ist unsicher, ob dieses Wort die Herkunft bezeichnet (»Mädchen aus Schulam«) oder ob es ein Name, vielleicht auch Kosename, ist.
d Wörtlich *des Libanonturms.*

16 Sein Mund ist voll Süße, wenn er mich küsst –
ja, alles an ihm ist begehrenswert!
Seht, so ist mein Liebster und so mein Freund.
Nun wisst ihr's, ihr Mädchen Jerusalems!

6 DIE MÄDCHEN
Schnell, sag uns noch,
du schönste aller Frauen:
Wo ging dein Liebster hin?
Wir wollen mit dir gehn
und nach ihm suchen!
Wo könnte er denn sein?

SIE
2 Er ist in seinem Garten,
wo Balsamsträucher stehn,
wo er die Herde weidet
und schöne Lilien pflückt.
3 Nur mir gehört mein Liebster
und ich gehöre ihm!
Er findet seine Weide,
wo viele Blumen stehn.

Wie schön du bist!

ER
4 Schön wie Tirza[a] bist du, Freundin,
strahlend wie Jerusalem;
wie ein Trugbild in der Wüste
raubt dein Anblick mir den Atem.
5 Wende deine Augen von mir,
denn sie halten mich gefangen.

Wie die Herde schwarzer Ziegen
talwärts vom Berg Gilead* zieht,
fließt das Haar auf deine Schultern.
6 Deine Zähne glänzen prächtig.
Weiß sind sie wie Mutterschafe,
wenn sie aus der Schwemme steigen;
jedes kommt mit seinem Jungen,
keins ist unfruchtbar geblieben:
Keiner fehlt in seiner Reihe.
7 Deine Wangen hinterm Schleier
schimmern rötlich wie die Scheibe
eines Apfels vom Granatbaum.

8 Lass den König sechzig Frauen,
achtzig Konkubinen haben,
dazu Mädchen ohne Zahl!
9 Meine Liebe gilt nur einer:
meinem makellosen Täubchen!
Sie ist ihrer Mutter Liebling,
denn sie ist die einzige Tochter.
Sähen sie die andern Frauen,
Königinnen, Konkubinen,
alle würden sie besingen:

DIE FRAUEN
10 »Wer leuchtet so schön wie das Morgenrot,
so hell wie der Mond, wie der Sonne Strahl,
verwirrend wie Bilder im Wüstensand?«

Erwartung

ER
11 Ich ging hinunter in den Walnussgarten,
um mich am frischen Grün des Tals zu freuen,
des Weinstocks neue Triebe anzuschauen
und auch die ersten Blüten am Granatbaum.

SIE
12 Was ist mit mir? Ich kann mich kaum beherrschen,
obwohl ich doch aus edlem Hause stamme![b]

Der Hochzeitstanz

7 DIE MÄDCHEN UND FRAUEN
Komm, dreh dich im Hochzeitstanz,
Schulammít![c]
Komm, dreh dich im Tanze und lass dich sehn!

SIE
1b Was habt ihr davon, mich beim Tanz zu sehn?
Was ist denn Besonderes an Schulammít?

ER
2 Deine Füße sind zierlich
in den Schuhen, du Fürstin!
Und das Rund deiner Hüften
ist das Werk eines Künstlers!
3 Einer Schale, der niemals
edler Wein fehlen möge,
gleicht dein Schoß, süßes Mädchen!
Wie ein Hügel von Weizen
ist dein Leib, rund und golden
und von Lilien umstanden.
4 Deine Brüste sind herzig
wie zwei junge Gazellen.
5 Einem Elfenbeinturm gleich
ist dein Hals, schlank und schimmernd.
Deine Augen – zwei Teiche
nah beim Tore von Heschbon.
Deine Nase ist zierlich
wie der Vorsprung des Wachtturms[d]
an dem Weg nach Damaskus.
6 Wie das Karmelgebirge
ist dein Kopf, hoch und prächtig.
Voller Glanz ist dein Haupthaar;
in dem Netz deiner Locken
liegt ein König gefangen.

6,4 6,10 **6,10** 6,4 **6,11** 7,13

Die Erfüllung

ER
7 Du bist schön wie keine andere,
dich zu lieben macht mich glücklich!
8 Schlank wie eine Dattelpalme
ist dein Wuchs, und deine Brüste
gleichen ihren vollen Rispen.
9 Auf die Palme will ich steigen,
ihre süßen Früchte pflücken,
will mich freun an deinen Brüsten,
welche reifen Trauben gleichen.
Deinen Atem will ich trinken,
der wie frische Äpfel duftet,
10a mich an deinem Mund berauschen,
denn er schmeckt wie edler Wein …

SIE
10b … der durch deine Kehle gleitet,
dich im Schlaf noch murmeln lässt.

Nur ihm gehöre ich!

SIE
11 Nur ihm, meinem Liebsten, gehör ich
und mir gilt sein ganzes Verlangen!
12 Komm, lass uns hinausgehn, mein Liebster,
die Nacht zwischen Blumen verbringen!
13 Ganz früh stehn wir auf, gehn zum Weinberg
und sehn, ob die Weinstöcke treiben,
die Knospen der Reben sich öffnen
und auch die Granatbäume blühen.
Dort schenke ich dir meine Liebe!

Einladung

SIE
14 Kannst du den Duft der Liebesäpfel[a] spüren?
Vor unsrer Tür ist köstlich süßes Obst,
die allerbesten Früchte, alt und neu,
für dich, mein Liebster, sind sie aufbewahrt!

Wärst du doch mein Bruder!

8 SIE
Ich wünschte mir, dass du mein Bruder wärst,
den meine Mutter an der Brust genährt hat.
Dann dürfte ich dich unbekümmert küssen,
wenn ich dich draußen auf der Straße treffe,
und niemand würde dann die Nase rümpfen.
2 Ich nähm dich mit zum Hause meiner Mutter;
du könntest mich im Zärtlichsein belehren,
ich gäbe dir gewürzten Wein zu trinken
und meinen Most von Früchten des Granatbaums.
3 Sein linker Arm liegt unter meinem Kopf
und mit dem rechten hält er mich umschlungen.
4 Ihr Mädchen alle, ich beschwöre euch,
dass ihr uns nicht in unsrer Liebe stört!

DIE MÄDCHEN
5a Wer kommt dort herauf aus der Wüste,
gestützt auf den Arm ihres Liebsten?

Unüberwindlich wie der Tod

SIE
5b Hier unterm Apfelbaum
hab ich dich aufgeweckt,
wo deine Mutter dich
empfing und auch gebar.
6 Du trägst den Siegelring
an einer Schnur
auf deiner Brust.
So nimm mich an dein Herz!
Du trägst den Reif
um deinen Arm.
So eng umfange mich!

Unüberwindlich
ist der Tod:
Niemand entrinnt ihm,
keinen gibt er frei.
Unüberwindlich –
so ist auch die Liebe,
und ihre Leidenschaft
brennt wie ein Feuer.

7 Kein Wasser kann die Glut der Liebe löschen
und keine Sturzflut schwemmt sie je hinweg.
Wer meint, er könne solche Liebe kaufen,
der ist ein Narr, er hat sie nie gekannt!

Besorgte Brüder

IHRE BRÜDER
8 Noch ist unsre kleine Schwester
für die Liebe viel zu jung,
denn sie hat noch keine Brüste.
Kommt sie erst ins rechte Alter,
dass sie jemand freien will,
müssen ihre Brüder wachen.
9 Sperrt sie sich wie eine Mauer,
schmückt man sie mit Silberzinnen.
Gleicht sie einer offenen Pforte,
schließt man sie mit Zedernbalken.

SIE
10 Eine starke Mauer bin ich,
Türmen gleichen meine Brüste.

7,12 2,10 **7,13** 6,11 **8,2** 3,4 **8,4** 2,7; 3,5 **8,5a** 3,6

a Vgl. Gen 30,14-16 und Sacherklärung »Alraunfrucht«.

a Der Weinberg, in Vers 11 wohl zunächst wörtlich zu verstehen, wird in Vers 12 eine Anspielung auf Salomos Harem (1 Kön 11,3-4).
b Wörtlich *auf den Balsambergen;* vgl. Anmerkung zu 2,17.

Trotzdem will ich mich ergeben,
bitte meinen Freund um Frieden.

Glücklicher als Salomo

ER
11 Salomo hat einen Weinberg
auf dem Hang von Ba'al-Hamon.
Für die Ernte würde jeder
tausend Silberstücke zahlen;
darum wird er streng bewacht.
12 Salomo gönn ich die tausend,[a]
auch den Wächtern noch zweihundert –
ich hab meinen eigenen Weinberg!

Liebesruf

ER
13 Du Mädchen in den Gärten,
die Freunde warten schon:
Lass deine Stimme hören
und rufe mich zu dir!

SIE
14 Komm schnell zu mir, mein Liebster!
Komm, eile wie ein Hirsch;
sei flink wie die Gazelle,
die in den Bergen[b] wohnt.

Die Propheten

Jesaja
Jeremia
Klagelieder
Ezechiël
Daniel
Hosea
Joël
Amos
Obadja
Jona
Micha
Nahum
Habakuk
Zefanja
Haggai
Sacharja
Maleachi

Die Propheten bezeugen Gottes Größe und sein gerechtes Gericht über alles Unrecht.

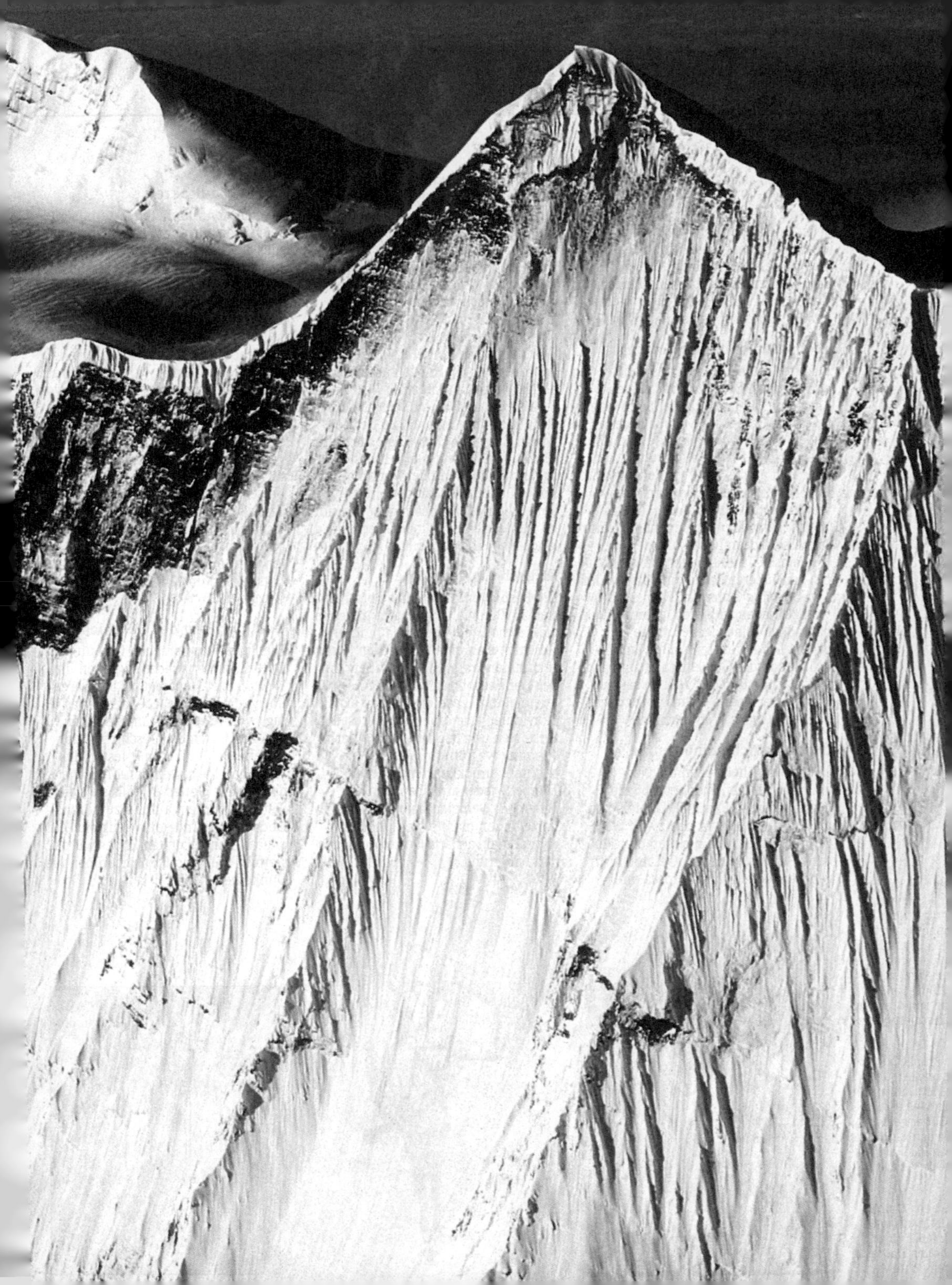

Die Propheten

Die letzten siebzehn Bücher des Alten Testaments bilden eine Gruppe, die man als »Die Propheten« bezeichnet. Jedes Buch steht unter dem Namen eines alttestamentlichen Propheten und enthält dessen Botschaft. Nach jüdischer Einteilung gehören die Klagelieder und das Buch Daniel nicht hierher, sondern zur Gruppe der »Schriften«.

Menschen mit einer Botschaft

Die Propheten kommen aus den verschiedensten Berufen und sozialen Schichten: Jeremia war der Sohn eines Priesters, Daniel ein Mann aus gehobenem Stand, Amos ein Landwirt. Aber alle waren sie von Gott berufen, seine Botschaft an das Volk von Juda und Israel auszurichten. Die Menschen waren nachlässig geworden, Gottes Weisungen waren nicht mehr die Norm im persönlichen Leben und dem der Gemeinschaft. Man wahrte zwar weithin den äußeren Schein und brachte im Tempel seine Opfer dar. Man suchte Gott zufrieden zu stellen, aber nur, um dann doch seine eigenen Wege zu gehen. Die Propheten sollten auf die Schäden in der Gemeinschaft aufmerksam machen und das Volk an seine Berufung erinnern, Gottes Volk zu sein, das nach Gottes Weisungen lebt.

Geschichtliche Einordnung

In unserer Bibel stehen die vier umfangreicheren Prophetenbücher – Jesaja, Jeremia, Ezechiël, Daniel, dazu die Klagelieder – vor den zwölf weniger umfangreichen, die man die »kleinen« Propheten nennt. Geschichtlich gehören jedoch Amos, Hosea und Micha mit Jesaja zusammen ins 8. Jahrhundert v. Chr., Nahum, Habakuk und Zefanja ins 7. Jahrhundert, Jeremia lebte am Ende des 7. und zu Beginn des 6. Jahrhunderts, Ezechiël und Obadja gehören ins 6. Jahrhundert. Auf sie folgen Haggai und Sacharja, danach kommt Maleachi.

Die Übersicht auf Seite 782/83 zeigt, wie das Auftreten der Propheten in die Geschichte des Vorderen Orients einzuordnen ist. Hier noch zusätzlich einige Vergleichsdaten: Zu Beginn des 8. Jahrhunderts v. Chr. schrieb Homer seine Ilias und Odyssee. Zu der Zeit war in China die Chou-Dynastie an der Macht. Am Ende des 6. Jahrhunderts begann Buddha mit der Verkündigung seiner Lehre. Die Zeit der alttestamentlichen Propheten geht zu Ende im »Goldenen Zeitalter« Griechenlands (500–400 v. Chr.).

Kritische Augenblicke

Die Propheten hatten ihre Botschaft stets in Zeiten auszurichten, in denen die Reiche Israel oder Juda in ihrer Geschichte an einen kritischen Punkt gekommen waren. Jesaja trat auf zur Zeit der Bedrohung durch die Assyrer, Jeremia und Ezechiël wirkten, als die Babylonier Juda eroberten, Jerusalem zerstörten und das Volk in die Verbannung wegführten. Als die Verbannten zurückkehrten, Stadt und Tempel wieder aufgebaut und das Leben der Gemeinschaft neu organisiert werden musste, verkündeten Haggai und Sacharja Gottes Zuspruch und Forderung.

Der Wirkungskreis

Die meisten Propheten traten im Südreich Juda auf. Ihr Wirken umspannt hier einen Zeitraum von 300 Jahren, beginnend etwa 150 Jahre vor der Zerstörung Jerusalems und endend in der Zeit, die auf die Rückkehr aus der babylonischen Verbannung 538 v. Chr. folgte.

Manche Propheten wirkten in anderen Ländern: Amos wurde ins Nordreich Israel gesandt, das 722 v. Chr. von den Assyrern ausgelöscht wurde. Im Nordreich beheimatet war Hosea. Ezechiël trat unter seinen aus Juda verschleppten Landsleuten in Babylonien auf. An diese richtet sich auch die Botschaft von Jes 40–55.

Fast alle Propheten hatten auch Gottesbotschaften an oder über die Nachbarvölker Judas und Israels auszurichten. Von manchen sind nur solche Botschaften überliefert (Nahum, Obadja).

Gott, der Herr der Geschichte

Die Propheten sprachen im Auftrag Gottes. Immer wieder beginnen ihre Worte: »Der Herr sagt...« Sie waren überzeugt von Gottes Macht: Was er sagt, würde er auch tun. Sie sahen in ihm den Herrn der Geschichte, der Gegenwart und Zukunft fest in der Hand hat. Sie sagten den Menschen das Gericht Gottes an, falls sie sich weigern würden, auf ihn zu hören. Doch oft verkündeten sie zugleich eine neue Zukunft: Letzten Endes würde Gottes Treue und Erbarmen über alle Dunkelheit siegen.

Krieg und Kriegsgefahr sind der Hintergrund vieler prophetischer Reden. Diese Leute aus Juda wurden gefangen, als König Sanherib von Assyrien Lachisch eroberte.

Die Propheten verkündeten Gottes Strafurteil über sein Volk, weil es fremde Götter verehrte, etwa den kanaanitischen Baal (hier als Gott des Krieges).

Relief aus Ninive: Soldaten schleifen die Mauer einer eroberten Stadt und tragen Beute weg.

JESAJA

Der Prophet Jesaja wirkte in Jerusalem, der Hauptstadt des Reiches Juda, zwischen 736 und 701 v. Chr. (Zu den in 1,1 genannten Königen siehe 2 Könige 15–20 und die geschichtliche Übersicht Seiten 782/83.) Während dieser Zeit begann das Assyrische Reich seine Macht im Westen bis zum Mittelmeer und im Süden zeitweilig bis nach Ägypten auszudehnen. Zusammen mit den übrigen Kleinstaaten des östlichen Mittelmeerraumes ist auch das Südreich Juda von dieser Expansionspolitik betroffen. Zunächst sucht es sich durch Anerkennung der assyrischen Oberherrschaft zu retten, später lässt es sich durch die Philister und Ägypter in antiassyrische Bündnisse hineinziehen. Die Botschaft Jesajas hält all diesen Absicherungsversuchen das bedingungslose Nein Gottes entgegen. Gott selbst würde dafür sorgen, dass der »Zionsberg«, mit dem er sich durch seinen Tempel verbunden hat, unangetastet bleibt (31,4-5). Sein Volk soll sich nicht auf eine letztlich doch vergebliche Bündnispolitik einlassen, sondern im Vertrauen auf Gottes Zusage stillhalten und ihn handeln lassen (7,4.9; 28,16; 30,15). Die erste Bewährungsprobe bringt der so genannte Syrisch-Efraïmitische Krieg (vgl. die Sacherklärung), in dem Juda durch Syrien und Nordisrael (Efraïm) in ein antiassyrisches Bündnis gezwungen werden sollte. Aber anstatt Gott zu vertrauen, ruft der König von Juda die Assyrer zu Hilfe. Jesaja sieht voraus, dass sie nicht nur als Helfer kommen werden (Kap 7–8).

Das Gegenstück dazu steht am Abschluss der Wirksamkeit Jesajas: Ganz Juda ist in der Hand der Assyrer, Jerusalem von deren Heer eingeschlossen. Jetzt, da dem König gar keine andere Wahl mehr bleibt, als auf Gottes Hilfe zu hoffen, wird Jerusalem in letzter Stunde gerettet (Kap 36–38). Die Assyrer sind für Jesaja zwar das Strafwerkzeug, durch das Gott seinem Volk eine empfindliche Lehre erteilt (10,5-6), zugleich aber sieht der Prophet in ihnen eine Weltmacht, die weit über das gottgewollte Ziel hinausschießt (10,7-15) und deshalb am Zion, dem von Gott gelegten Felsen, zerschellen muss (28,16; 31,9). Die Anordnung der überlieferten Jesajaworte entspricht nicht durchgehend der historischen Abfolge: Die Kapitel 22; 28–31; 36–38 führen in die letzte Wirkenszeit des Propheten (Belagerung Jerusalems 701 v. Chr.), 7,1–9,6 in seine Anfangszeit (Syrisch-Efraïmitischer Krieg 734/33 v. Chr.). Die wenigsten Texte lassen sich mit Sicherheit zeitlich einordnen; manche Stücke blicken schon auf die Zeit nach der Zerstörung Jerusalems 587 v. Chr. und nach der babylonischen Verbannung voraus (Kap 13–14; 21; 34–35) oder gar auf das Ende der Welt (11,1-10; Kap 24–27). Zwischen den Kapiteln 39 und 40 liegt ein tiefer Einschnitt. Von da an vernimmt man mit großer Wahrscheinlichkeit die Stimme eines anderen Propheten, dessen Worte namenlos überliefert und deshalb an die Prophetenworte Jesajas angefügt worden sind (siehe Einführung vor Kap 40).

Inhaltsübersicht

WORTE ÜBER JUDA UND JERUSALEM AUS JESAJAS FRÜHZEIT (Kapitel 1–12)

Buchüberschrift

1 In diesem Buch steht, was der HERR dem Prophe-
ten Jesaja, dem Sohn von Amoz, über das Land
Juda und die Stadt Jerusalem offenbart* hat. Jesaja
empfing diese Botschaften während der Zeit, als dort
nacheinander die Könige Usija, Jotam, Ahas und Hiskija regierten.

Israel kennt seinen Gott nicht mehr

2 Hört zu, Himmel und Erde![a] Hört, was der HERR
sagt: »Ich habe Kinder aufgezogen; und jetzt, wo
sie groß geworden sind, sagen sie sich von mir los!

1,2 Dtn 4,26 S; Jes 30,9

a Sie werden zu Zeugen eines unerhörten Vergehens aufgerufen. Auflehnung gegen den Vater ist im Altertum ein schweres Verbrechen; vgl. Dtn 21,18-21.

3 Jedes Rind kennt seinen Besitzer und jeder Esel die
Futterkrippe seines Herrn.[a] Israel aber will nicht
begreifen, wem es gehört; mein Volk nimmt keine
Vernunft an.«
4 Weh euch, ihr verbrecherisches und schuldbela-
denes Volk! Ihr seid eine üble Sippschaft, ganz aus
der Art geschlagen. Ihr habt den HERRN verlassen,
den heiligen Gott Israels verworfen, ihm den Rücken
gekehrt!
5 Seid ihr noch nicht genug geschlagen worden,
dass ihr immer noch widerspenstig seid? Ihr seid ja
schon krank an Leib und Seele. 6 Vom Scheitel bis
zur Sohle ist kein heiler Fleck mehr an euch, nur Beu-
len, blutige Striemen und frische Wunden. Niemand
hat sie gereinigt und verbunden, auch keine Salbe ist
darauf gekommen. 7 Euer Land ist verwüstet, eure
Städte sind verbrannt; Fremde verzehren vor euren
Augen die Ernte von euren Feldern. Alles ist zerstört,
als hätten wilde Horden bei euch gehaust.
8 Nur Jerusalem[b] ist übrig geblieben[c] wie ein
Schutzdach im Weinberg, wie eine Wächterhütte
im Gurkenfeld, eine ringsum belagerte Stadt. 9 Hätte
der HERR, der Herrscher der Welt,[d] nicht einen klei-
nen Rest von uns übrig gelassen, so wäre es uns wie
Sodom* und Gomorra ergangen!

Opfer ohne Gehorsam sind nutzlos

10 Ihr Machthaber von Sodom, hört, was der HERR
sagt! Du Volk von Gomorra, vernimm die Weisung
unseres Gottes![e]
11 »Was soll ich mit euren vielen Opfern*?«, fragt
der HERR. »Die Schafböcke, die ihr für mich ver-
brennt, und das Fett eurer Masttiere habe ich satt;
das Blut von Stieren, Lämmern und Böcken mag
ich nicht. 12 Wenn ihr zu meinem Tempel kommt,
zertrampelt ihr nur seine Vorhöfe*. Habe ich das
verlangt? 13 Lasst eure nutzlosen Opfer! Ich kann
euren Weihrauch nicht mehr riechen![f] Ihr feiert
den Neumond*, den Sabbat* und andere Feste; ich
kann sie nicht ausstehen, solange ihr nicht von
euren Verbrechen lasst. 14 Eure Neumondfeiern
und eure Feste hasse ich; sie sind mir lästig, ich kann
sie nicht mehr ertragen.
15 Wenn ihr im Gebet eure Hände zu mir aus-
streckt, blicke ich weg. Und wenn ihr mich auch
noch so sehr mit Bitten bestürmt, ich höre nicht dar-
auf; denn an euren Händen klebt Blut! 16 Wascht
euch, reinigt euch! Macht Schluss mit eurem üblen
Treiben; hört auf, vor meinen Augen Unrecht zu
tun! 17 Lernt Gutes zu tun, sorgt für Gerechtigkeit,
haltet die Gewalttätigen in Schranken, helft den
Waisen und Witwen zu ihrem Recht!«
18 Der HERR sagt: »Kommt her, lasst uns prüfen,
wer von uns Recht hat, ihr oder ich! Eure Verbre-
chen sind rot wie Blut, und doch könnten sie weiß
werden wie Schnee. Sie sind rot wie Purpur, und
doch könnten sie weiß werden wie reine Wolle –
19 wenn ihr mir nur gehorchen wolltet!° Dann könn-
tet ihr all die guten Dinge genießen, die das Land her-
vorbringt. 20 Aber wenn ihr euch weigert und wider-
spenstig bleibt, wird euch das Schwert vernichten.
Das sage ich, der HERR!«

Jerusalem ist Gottes Feind geworden

21 Wie konnte sie zur Hure werden, die Stadt, die frü-
her so treu war? Einst herrschte in ihr das Recht, ihre
Bewohner folgten Gottes Geboten; jetzt aber woh-
nen dort lauter Mörder! 22 Jerusalem, früher warst
du wie reines Silber, jetzt aber bist du nichts als silb-
rig glänzende Schlacke*! Früher warst du wie guter
Wein, jetzt aber ist der Wein verwässert! 23 Deine
Führer – Aufrührer sind sie, die mit Dieben unter
einer Decke stecken, scharf auf Geschenke und
Bestechungsgeld! Aber den Waisen verhelfen sie
nicht zu ihrem Recht und die Klagen der Witwen
hören sie gar nicht erst an.
24 Darum sagt der HERR, der Herrscher über die
ganze Welt,[g] der mächtige Gott Israels: »Ich bin vol-
ler Zorn auf euch, ich muss mir Luft verschaffen! Ich
werde euch eure Feindschaft vergelten! 25 Jetzt wen-
de ich mich gegen euch und greife ein! Alle Schla-
cke* unter euch werde ich ausschmelzen, damit
ihr reines Silber werdet. 26 Ich werde euch wieder zu-
verlässige Richter und Ratsherren geben, so wie ihr
sie am Anfang hattet. Dann nennt man Jerusalem wie-
der wie früher ›Stadt des Rechts‹ und ›treue Stadt‹.«
27 Ja, Rettung kommt für die Zionsstadt*, wenn
ihre Bewohner das Recht wieder achten, wenn sie
zum HERRN zurückgekehrt sind und ihm die Treue
halten. 28 Die Rebellen und Rechtsbrecher werden
vernichtet; alle, die den HERRN verlassen, werden
untergehen.
29 Ihr liebt eure heiligen Eichen* und umgebt sie
liebevoll mit Hecken. Von den Götzen, die ihr dort

a Unter dem »Herrn« von Vers 3 hat man in der alten Kirche Christus verstanden; so kamen Ochs und Esel an die Weihnachtskrippe. Sie wären demnach ernste Mahner!
b Wörtlich *die Tochter Zion**.
c Vielleicht stammt das Wort aus dem Jahr 701 v. Chr., als Juda verwüstet und Jerusalem durch den Assyrerkönig Sanherib belagert war (siehe Kap 36–37).
d Wörtlich *der HERR Zebaot**.
e Jerusalem wird hier mit den Städten gleichgesetzt, die als Inbegriff der Verdorbenheit galten (vgl. Sacherklärung »Sodom« sowie Gen 18,20 und die Vergleichsstellen dazu).
f Immer von neuem schärfen die Propheten dem Volk ein, dass die besten Opfer wertlos sind, solange die elementaren Rechte der Mitmenschen, insbesondere der Armen und der Schwachen, missachtet werden (siehe Vers 17 und Vergleichsstellen dazu).
g Wörtlich *der Herr, der HERR Zebaot**.

Gott weist sein Volk zurecht. Es hat sich gegen ihn aufgelehnt; deshalb muss es leiden. »Nur Jerusalem ist übrig geblieben wie ein Schutzdach im Weinberg, wie eine Wächterhütte im Gurkenfeld, eine ringsum belagerte Stadt.« (1,8)

1,5-9 2 Kön 18,13–19,36 **1,9** Gen 19,24-25; Röm 9,29 **1,10-20** 1 Sam 15,22; Jes 43,22-25; 58,1-12; Jer 6,20 S; Am 4,4-5 S; Hos 6,6 S; Ps 40,7-9 S; Mt 5,23-24 **1,10** Jer 23,14; Ez 16,48-50; Gen 18,20 S **1,17** 1,23; 3,11-15; Ex 22,21 S; Am 2,6 S; 5,24 **1,18** Ps 51,9 **1,21** Ez 16,15.24-26.28-35 **1,22** 1,25 S **1,23** 1,17 S **1,25** 1,22; Spr 25,4; Ez 22,18-21; Jes 48,10 S **1,26** Sach 8,3 **1,29** 17,10; 65,3; 66,17

verehrt, erwartet ihr neue Lebenskraft.[a] Es wird eine bittere Enttäuschung für euch werden! 30 Ihr werdet dastehen wie eine Eiche, die ihre Blätter verliert, wie eine Pflanzung, die kein Wasser mehr bekommt. 31 Wer glaubte, neue Stärke zu gewinnen, ist dann wie trockener Zunder, und was er tut, wird zum zündenden Funken. So geht alles in Flammen auf und niemand kann löschen.

Gottes künftige Friedensherrschaft vom Zionsberg aus

2 In einer Offenbarung* empfing Jesaja, der Sohn von Amoz, folgende Botschaft über Juda und Jerusalem:[b]

2 Es kommt eine Zeit, da wird der Berg, auf dem der Tempel des HERRN steht, unerschütterlich fest stehen und alle anderen Berge überragen. Alle Völker strömen zu ihm hin. 3 Überall werden die Leute sagen: »Kommt, wir gehen auf den Berg des HERRN, zu dem Haus, in dem der Gott Jakobs wohnt! Er soll uns lehren, was recht ist; was er sagt, wollen wir tun!«

Denn vom Zionsberg* in Jerusalem wird der HERR sein Wort ausgehen lassen. 4 Er weist die Völker zurecht und schlichtet ihren Streit. Dann schmieden sie aus ihren Schwertern Pflugscharen und aus ihren Speerspitzen Winzermesser. Kein Volk wird mehr das andere angreifen und niemand lernt mehr das Kriegshandwerk.

5 Auf, ihr Nachkommen Jakobs, lasst uns in dem Licht leben, das vom HERRN ausgeht!

Der Tag, an dem Gott seine Macht erweist

6 HERR, du hast dich von deinem Volk, den Nachkommen Jakobs, zurückgezogen. Denn ihr Land ist voll von fremden Bräuchen, überall gibt es Zauberer wie bei den Philistern*; es wimmelt bei ihnen von Ausländern. 7 Ihr Land ist voll von Silber und Gold und unzähligen Schätzen. Es ist voll von Pferden, und die Streitwagen* kann niemand zählen. 8 Und ihr Land ist voll von Götzen. Seine Bewohner beten Bildwerke an, die sie mit eigenen Händen gemacht haben. 9 Darum müssen sich alle bücken und werden erniedrigt. Vergib ihnen nicht, HERR!

10 Verkriecht euch zwischen Felsen, versteckt euch in Erdlöchern, wenn der HERR Schrecken verbreitet und seine Macht und Hoheit zeigt! 11 Der Tag kommt,[c] an dem es mit der Überheblichkeit der Menschen zu Ende ist und ihr Stolz gebrochen wird. Dann wird der HERR allein groß sein.

12 Der Tag kommt, an dem der HERR, der Herrscher der Welt,[d] Gericht halten wird über alles, was groß und stolz und überheblich ist; er wird es erniedrigen. 13 Er wird die mächtigen Zedern auf dem Libanon und die Eichen im Baschan* vernichten. 14 Er wird alle hohen Berge und Hügel einebnen, 15 jeden großen Turm und jede feste Mauer einreißen; 16 alle großen Schiffe, die weit über die Meere fahren,[e] und alle Prunkboote wird er zerstören. 17 Mit dem Hochmut der Menschen wird es aus sein und ihr Stolz wird erniedrigt. An diesem Tag wird der HERR allein groß sein 18 und alle falschen Götter werden verschwinden.

19 Die Menschen müssen sich in Felshöhlen und Erdlöchern verkriechen aus Angst vor dem HERRN und seiner Macht und Hoheit, wenn er aufsteht und die Erde in Schrecken versetzt! 20 An dem Tag wird jeder seine silbernen und goldenen Götterbilder, die er sich gemacht hat, den Fledermäusen und Ratten hinwerfen. 21 Die Menschen werden sich in Höhlen und Felsspalten verkriechen aus Angst vor dem HERRN und seiner Macht und Hoheit, wenn er aufsteht und die Erde in Schrecken versetzt.

22 Zählt doch nicht auf Menschen! Sie sind nichts als ein Hauch, und mehr sind sie auch nicht wert.

In Juda bricht jede Ordnung zusammen

3 Der HERR, der Herrscher über die ganze Welt,[f] nimmt den Bewohnern von Jerusalem und Juda[g] alles weg, worauf sie sich stützen und ihr Vertrauen setzen. Er nimmt ihnen jeden Vorrat an Brot und Wasser weg, 2 er nimmt ihnen Vorkämpfer und Krieger, Richter, Propheten und Wahrsager, Sippenoberhäupter, 3 Offiziere, Hofleute und Berater, Zauberer und Beschwörer.

4 Er gibt ihnen unreife Burschen als Herrscher, die mit Willkür regieren. 5 Dann fällt einer über den anderen her, jeder übervorteilt jeden. Junge rebellieren gegen die Alten, Nichtsnutze gegen geachtete Männer.

6 Die Männer in einer Sippe werden sich allesamt an einen unter ihnen klammern und sagen: »Du hast noch etwas anzuziehen. Sei du unser Anführer, bring Ordnung in dieses Chaos!« 7 Doch der wird sich wehren und sagen: »Ich bin doch kein Wunderdoktor! In meinem Haus ist nichts, weder Nahrung noch Kleidung. Ich lasse mich nicht zum Anführer machen!«

8 Ja, Jerusalem stürzt ins Chaos und Juda bricht zusammen; denn mit Wort und Tat beleidigen sie den HERRN, sie widersetzen sich öffentlich dem mächtigen Gott. 9 Ihr eigenes Verhalten klagt sie an: Sie sind parteiisch und bringen die Schutzlosen um ihr Recht. Wie die Leute von Sodom erzählen sie ohne jede Hemmung von ihren Verbrechen. Das Unglück, das sie nun trifft, haben sie sich selber zuzuschreiben!

a *Von den Götzen ...:* Der Satz ist hinzugefügt, um die folgenden Verse verständlich zu machen. Mit den heiligen Bäumen waren kultische Praktiken verbunden, die die natürliche Fruchtbarkeit steigern sollten; vgl. Jer 2,20; Hos 4,13-14 und die Sacherklärung »Aschera«.
b Im Gegensatz zu Kap 1 blickt der Prophet hier in eine Zukunft, in der Gott durch sein Wort vom Tempel in Jerusalem aus den Frieden in der Welt aufrichten wird.
c Ausgehend von einer Beschreibung der gegenwärtigen Lage (Götzendienst, Zauberei, Rüstungs- und Bündnispolitik) kündigt der Prophet das künftige Strafgericht an. Das Bild, das er zeichnet, weitet sich ihm aus zur Vision von einem letzten umfassenden Gericht über alle menschliche Überheblichkeit. Zum »Tag des HERRN« siehe Vergleichsstellen und Anmerkung zu Am 5,18.
d Wörtlich *der HERR Zebaot**.
e Wörtlich *alle Tarschisch-Schiffe;* siehe Sacherklärung »Tarschisch«.
f Wörtlich *Der Herr, der HERR Zebaot*;* entsprechend in Vers 15.
g Das Strafgericht über die Gesamtmenschheit (2,10-21) wird hier in seinen Auswirkungen auf Juda und Jerusalem beschrieben.

2,2-4 Mi 4,1-3 **2,2-3** 45,22-24; 18,7; 25,6; Jer 3,17; Ps 96,7-10 S; Sach 2,15 **2,3** (Berg des Herrn) 11,9; 24,23; 31,9; Ps 76,3 S; (Haus) Ps 122,1 **2,4** 9,4-6; Ps 46,10-11 S; Hos 2,20 S **2,5** 60,1-2 **2,6** 3,3; Lev 19,26 S **2,7** 31,1 **2,11-21** (Tag) Joël 3,3-4; 4,14-16 S; Am 5,18-20 S; Mk 13,24-27 par; Apg 17,31 **2,11-12** (überheblich) 10,12-14; 16,6; Hos 5,5 S; Am 6,8; Spr 29,23; Ez 31,10 S **2,20** 31,7 **2,22** 31,3; Ps 56,5 S; 39,5-7 S **3,1** Lev 26,26 **3,4** Koh 10,16 **3,9** Dtn 1,17 S; Gen 18,20 S

10 Denkt daran: Denen, die Gott gehorchen, geht
es gut; sie dürfen den Ertrag ihrer Arbeit genießen.
11 Doch wehe denen, die Gott missachten: Ihre Taten
fallen auf sie selbst zurück!

12 »Du mein armes Volk«, sagt der HERR, »Ausbeu-
ter herrschen über dich, Wucherer° saugen dich aus.
Deine Führer verführen dich, sie zeigen dir den fal-
schen Weg.«

13 Der HERR steht auf, um Gericht zu halten und
seinem Volk° Recht zu verschaffen. 14 Er macht den
Ratgebern und Führern seines Volkes den Prozess.
»Ihr habt meinen Weinberg[a] geplündert«, klagt er
sie an. »Eure Häuser habt ihr vollgestopft mit dem,
was ihr den Armen weggenommen habt. 15 Mit wel-
chem Recht unterdrückt ihr mein Volk und nutzt die
Wehrlosen aus?« Das sagt der HERR, der Herrscher
über die ganze Welt.

Schande statt Schönheit

16 Der HERR sagt: »Seht doch, wie hochnäsig[b] sie sind,
die Frauen Jerusalems! Sie recken ihre geschmückten
Hälse, werfen aufreizende Blicke nach allen Seiten
und trippeln mit zierlichen Schritten, damit ihre Fuß-
spangen klirren. 17 Deshalb werde ich ihnen den Kopf
entblößen und sie öffentlich der Schande preisgeben.«

18 Der Tag kommt, an dem der HERR ihnen allen
Schmuck wegnehmen wird: die Fußspangen, die
Sonnen und Halbmonde, die sie um den Hals tragen,
19 Ohrgehänge, Armbänder und Schleier, 20 Kopf-
putz, Fußkettchen und Brustbänder, Parfümfläsch-
chen und Amulette, 21 Fingerringe und Nasenringe,
22 Festkleider, Mäntel, Umschlagtücher, Täschchen
23 und Spiegel, feinste Leinenhemden, Kopftücher
und Halstücher.

24 Dann bekommen sie statt des Wohlgeruchs den
Gestank von Fäulnis, statt des Gürtels einen Strick,
statt kunstvoll geflochtener Haarpracht eine Glatze,
statt des Festkleids einen zerlumpten Sack, statt der
Schönheit die Schande eines Brandmals.

25 Jerusalem, deine Männer, sogar die stärksten
und besten, werden im Krieg erschlagen. 26 Deine
Tore werden widerhallen von Totenklagen*; du
wirst einer Frau gleichen, die ihre Kinder verloren
hat und einsam am Boden sitzt.

4 Dann werden sieben Frauen sich an einen
Mann klammern und zu ihm sagen: »Wir kön-
nen selbst für unser Essen sorgen, auch für unsere
Kleidung; wir wollen nur als deine Frauen gelten.
Heirate uns und nimm die Schande von uns, Witwen
und auch noch kinderlos zu sein!«

Hoffnung für die Übriggebliebenen

2 Es kommt eine Zeit, da wird der HERR das Land wie-
der fruchtbar machen. Alles wird wieder sprießen
und wachsen, und die Übriggebliebenen Israels kön-
nen stolz darauf sein. So wird ihre Ehre und ihr
Ruhm wiederhergestellt.

3 Die Überlebenden von Jerusalem, alle, die dann
noch auf dem Zionsberg* übrig sind, werden Gottes
heiliges* Volk genannt werden; Gott selbst hat ihre
Namen aufgeschrieben und sie zum Leben be-
stimmt. 4 Denn durch sein Strafgericht hat er die
Bewohner Jerusalems von allem Schmutz gereinigt
und die schwere Schuld aus der Stadt weggeschafft.

5 Über dem Zionsberg und allen, die sich dort ver-
sammeln, lässt dann der HERR das Zeichen seiner
Gegenwart erscheinen: tagsüber eine Wolke, nachts
dichten Rauch und flammendes Feuer.[c] Seine Herr-
lichkeit breitet er aus über der ganzen Stadt, 6 wie
ein Schutzdach gegen die Hitze der Sonne, wie eine
Zuflucht bei Regen und Sturm.

Gottes Volk – ein unfruchtbarer Weinberg

5 Hört mir zu! Ich singe euch das Lied meines
Freundes[d] von seinem Weinberg:

Auf fruchtbarem Hügel,
da liegt mein Stück Land,
2 dort hackt ich den Boden
mit eigener Hand,
ich mühte mich ab
und las Felsbrocken auf,
baute Wachtturm und Kelter,
setzte Reben darauf.
Und süße Trauben
erhofft ich zu Recht,
doch was dann im Herbst wuchs,
war sauer und schlecht.

3 Jerusalems Bürger,
ihr Leute von Juda,
was sagt ihr zum Weinberg,
was tätet denn ihr da?
4 Die Trauben sind sauer –
entscheidet doch ihr:
War die Pflege zu schlecht?
Liegt die Schuld denn bei mir?

5 Ich sage euch, Leute,
das tue ich jetzt:
Weg reiß ich die Hecke,
als Schutz einst gesetzt;
zum Weiden solln Schafe
und Rinder hinein!
Und die Mauer ringsum –
die reiße ich ein!
Zertrampelnden Füßen
geb ich ihn preis,
schlecht lohnte mein Weinberg
mir Arbeit und Schweiß!

a Das Bild von Israel als Weinberg Gottes wird in 5,1-7 breit ausgeführt.
b Vgl. 2,11-12 und Am 4,1.
c Wie am Anfang der Geschichte Israels, so wird auch am Ende die Nähe Gottes an sichtbaren Zeichen erkennbar sein (siehe Ex 13,21 und Vergleichsstellen).
d Der Prophet tritt hier als »Freund des Bräutigams« (Joh 3,29) auf, der in dessen Namen die Braut wegen ihrer Untreue anklagt. Der *Weinberg* ist Bild für die Braut und steht auch sonst häufig für Israel (siehe die Vergleichsstellen zu 5,1-7). Der Prophet, der in der Art eines ›Bänkelsängers‹ auftritt, kündigt ein harmloses Lied an, in dessen Verlauf sich die Zuhörer unversehens in der Rolle der Angeklagten finden, während der »Freund« des Sängers sich als der richtende Gott enthüllt. (Wie wörtlich Vers 5 gemeint ist, zeigt Vers 17.)

3,10-11 Spr 3,33 S **3,12** 1,17 S **3,14** 5,7 **3,16** Am 4,1 **4,3** 6,13; 10,21; 14,32 S; Mal 3,14 S **4,4** Jer 50,20 **4,5** Ex 19,9 S **5,1-7** 27,2-5; Ps 80,9-14; Jer 2,21 S; Mk 12,1-12 par

6 Ich will nicht mehr hacken,
das Unkraut soll sprießen!
Der Himmel soll ihm
den Regen verschließen!

7 Der Weinberg des HERRN[a]
seid ihr Israeliten!
Sein Lieblingsgarten,
Juda, seid ihr!
Er hoffte auf Rechtsspruch –
und erntete Rechtsbruch,
statt Liebe und Treue
nur Hilfeschreie!

Gott straft seine Verächter

8 Weh denen, die sich ein Haus nach dem andern hin-
stellen und ein Feld nach dem andern kaufen, bis kein
Grundstück mehr übrig ist und sie das ganze Land
besitzen! 9 Ich habe gehört, wie der HERR, der Herr-
scher der Welt,[b] geschworen hat: »Die vielen Gebäu-
de sollen verwüstet werden, die großen und schönen
Häuser leer stehen! 10 Ein Weinberg von zehn Morgen
bringt nur noch einen Eimer Wein, und zehn Zentner
Aussaat bringen nur einen Zentner Ertrag.«
11 Weh denen, die schon am Morgen hinter Bier
her sind und noch spät am Abend beim Wein in Hit-
ze geraten! 12 Laute und Harfe, Pauke und Flöte
erklingen bei ihren Gelagen, aber auf das Tun des
HERRN achten sie nicht, sie sehen nicht, dass er hin-
ter allem Geschehen steht.
13 Deshalb sagt der HERR: »Mein Volk muss in die
Verbannung, weil es nicht begreifen will. Die Ange-
sehenen müssen Hunger leiden und das ganze Volk
wird vor Durst verschmachten.«
14 Die Totenwelt* sperrt ihren Rachen weit auf,
hinabfahren müssen Reichtum und Pracht Jerusa-
lems, der ganze lärmende, johlende Haufen. 15 So
werden sie alle erniedrigt und müssen sich bücken.
Die Hochmütigen müssen die Augen zu Boden schla-
gen. 16 Der HERR, der Herrscher der Welt, erweist
seine Hoheit, denn er verschafft dem Recht wieder
Geltung. Der heilige Gott erweist sich als heilig,
denn er hält gerechtes Gericht. 17 Zwischen den
Trümmern der Stadt weiden die Schafe, und was
die Reichen in ihren Ruinen zurücklassen mussten,
das essen die umherziehenden Hirten auf.
18 Weh denen, die sich vor den Karren des
Unrechts spannen und ihre Schuld wie mit Wagen-
seilen hinter sich herziehen! 19 Sie sagen: »Er soll sich
beeilen und tun, was er vorhat, der heilige Gott
Israels! Er will uns bestrafen? Wir wollen endlich
etwas davon sehen!«
20 Weh denen, die Böses gut und Gutes böse nen-
nen, die aus Schwarz Weiß und aus Weiß Schwarz
machen, aus Sauer Süß und aus Süß Sauer!
21 Weh denen, die sich für weise und verständig
halten! 22 Helden sind sie – im Weintrinken, und
tüchtige Männer – im Mischen von scharfen Geträn-
ken. 23 Als Richter lassen sie sich bestechen: Schuldi-
ge sprechen sie frei und Unschuldige verurteilen sie.
24 Deshalb werden sie vergehen wie eine Pflanze,
deren Wurzeln verfaulen und deren Blüten verwel-
ken, wie dürres Gras oder Stoppeln auf dem Feld,
über das ein Feuer hinwegfegt. Sie haben das
Gesetz* verachtet, das der Herrscher der Welt, der
heilige Gott Israels, seinem Volk gegeben hat. Seine
Warnungen haben sie in den Wind geschlagen.

Das assyrische Heer bedroht Juda

25 Darum ist der HERR zornig auf sein Volk. Er reckt
seine Hand hoch und schlägt zu. Davon erzittern
die Berge, und auf den Straßen und Plätzen liegen
die Leichen wie Abfall. Trotzdem legt sein Zorn sich
nicht, noch ist seine Hand drohend erhoben.
26 Er stellt ein Feldzeichen auf für ein Volk° aus der
Ferne. Er pfeift, und schon kommen sie vom Ende
der Erde, sie haben es eilig. 27 Keiner der Krieger ist
erschöpft, keiner schleppt die Füße nach, keiner
nickt ein, hellwach sind sie alle. Die Gürtel sind fest-
geschnallt, kein Schuhriemen löst sich. 28 Die Pfeil-
spitzen sind geschliffen, die Bogen straff gespannt.
Die Hufe ihrer Pferde sind hart wie Kiesel, die Räder
ihrer Streitwagen* drehen sich wie der Wirbelwind.
29 Ihr Kriegsgeschrei ist wie das Brüllen eines Löwen,
wie das raue Gebrüll eines jungen Löwen; er knurrt,
packt seine Beute und schleppt sie weg. Und nie-
mand wagt es, sie ihm zu entreißen.
30 Der Tag kommt, an dem sie über das Land her-

Jesaja spricht von Israel als Gottes Weinberg (5,1-7). Gott hat die Steine aufgelesen, die besten Reben gepflanzt und Wache gehalten, als die Trauben reiften. Aber die Trauben waren sauer.

a wörtlich *des HERRN Zebaot**.
b Wörtlich *der HERR Zebaot**; entsprechend in den Versen 16 und 24.

5,7 1,1-7S **5,8** Lev 25,23-28; Mi 2,2 **5,11-12** 28,1.7; 56,12; Hos 4,18; Am 6,5-6; Spr 20,1S **5,16** 2,11.17 **5,19** Jer 17,15; Ps 14,1S **5,20** 32,5; Am 5,7.10; Mi 3,1-3 **5,21** Spr 3,7 **5,23** Spr 17,15S **5,26** 7,18.20; 10,5-6; Jer 5,15

fallen mit Getöse wie das Donnern des Meeres.
Wohin man auch blickt: überall erdrückende Fins-
ternis; schwarze Wolken verdunkeln das Tageslicht.

Jesaja berichtet über seine Berufung zum Propheten

6 Es war in dem Jahr, als König Usija starb.[a] Da sah
ich den Herrn; er saß auf einem sehr hohen
Thron. Der Saum seines Mantels füllte den ganzen
Tempel*.[b] 2 Er war umgeben von mächtigen Engeln.[c]
Jeder von ihnen hatte sechs Flügel; mit zweien
bedeckte er sein Gesicht, mit zweien den Leib,
zwei hatte er zum Fliegen. 3 Die Engel riefen einan-
der zu:

»Heilig, heilig, heilig ist der HERR,
der Herrscher der Welt,[d]
die ganze Erde bezeugt seine Macht!«

4 Von ihrem Rufen bebten die Fundamente des Tem-
pels und das Haus füllte sich mit Rauch. 5 Vor Angst
schrie ich auf: »Ich bin verloren! Ich bin unwürdig,[e]
den HERRN zu preisen, und lebe unter einem Volk,
das genauso unwürdig ist. Und ich habe den König
gesehen, den Herrscher der Welt!«

6 Da kam einer der mächtigen Engel zu mir geflo-
gen. Er hatte eine glühende Kohle, die er mit der Zan-
ge vom Altar genommen hatte. 7 Damit berührte er
meinen Mund und sagte: »Die Glut hat deine Lippen
berührt. Jetzt bist du von deiner Schuld befreit, deine
Sünde ist dir vergeben.«

8 Dann hörte ich, wie der Herr sagte: »Wen soll ich
senden? Wer ist bereit, unser Bote zu sein?«

Ich antwortete: »Ich bin bereit, sende mich!«

9 Da sagte er: »Geh und sag zu diesem Volk: ›Hört
nur zu, ihr versteht doch nichts; seht hin, so viel ihr
wollt, ihr erkennt doch nichts!‹[f] 10 Rede zu ihnen,
damit ihre Herzen verstockt werden, ihre Ohren ver-
schlossen und ihre Augen verklebt, sodass sie mit
ihren Augen nicht sehen, mit ihren Ohren nicht
hören und mit ihrem Verstand nicht erkennen. Ich
will nicht, dass sie zu mir umkehren und geheilt
werden.«

11 »Wie lange soll das dauern, Herr?«, fragte ich.

Der HERR antwortete: »Bis die Städte zerstört sind
und die Häuser leer stehen und das ganze Land zur
Wüste geworden ist. 12 Ich werde die Menschen fort-
schaffen und das Land wird leer und verlassen sein.
13 Und ist noch ein Zehntel übrig, so wird es ihnen
gehen wie den Trieben, die aus dem Stumpf einer
gefällten Eiche oder Terebinthe wachsen: Sie
werden abgefressen!«

Der Stumpf aber bleibt und aus dem Stumpf wird neues Leben sprossen zu Gottes Ehre.

Eine Glaubensprobe für Juda und Jerusalem

7 In Juda war Ahas, der Sohn von Jotam und Enkel
von Usija, König. Damals zogen Rezin, der
König von Syrien*, und Pekach, der Sohn von
Remalja, der König von Israel, gegen Jerusalem her-

Geflügelte Schlangen (Serafen) als Schutzmächte auf einer ägypt. Mumienhülle (links) und auf einem judäischen Siegel (rechts).

a 736 v. Chr. Aus dieser Datierung geht hervor, dass die Berufung Jesajas zum Propheten in engem zeitlichem Zusammenhang stand mit den politischen Ereignissen, die sich in Kap 7–8 spiegeln (siehe Anmerkungen dort).
b Jesaja schaut in seiner Vision den Herrn in unvorstellbarer Größe (vgl. 1 Kön 22,19): Der bloße Mantelsaum füllt schon das Tempelhaus.
c Wörtlich *von Serafen;* siehe Sacherklärung »Seraf« und vgl. die beiden Abb. unten.
d *der HERR …:* wörtlich *der HERR Zebaot*;* entsprechend in Vers 5.
e Vor dem heiligen Gott in seiner unermesslichen Majestät wird der Prophet sich der menschlichen Unzulänglichkeit und Unwürdigkeit bewusst; vgl. Ijob 4,17-19; Lk 5,8.
f Das ist, wie die im Jesajabuch überlieferte Botschaft des Propheten zeigt, nicht der Inhalt seiner Verkündigung, sondern ihre im folgenden Vers charakterisierte Wirkung. Jesaja kündigt die Katastrophe an, aber er ruft auch zur Umkehr (1,5.16-20; 7,9; 28,11-12.16). Er muss jedoch die bittere Erfahrung machen, dass man seine Warnung nicht hören *will* und eben deshalb auch nicht hören kann; vgl. 29,9a.

6,1 2 Kön 15,7 **6,2** 1 Kön 22,19 S **6,3** 8,2; 19,2; 57,12; Offb 4,8 **6,4** 4,5; 1 Kön 8,10-11; Offb 15,8 S **6,5** Ps 24,3-4; Lk 5,8; Ex 33,20 S **6,8** 1 Kön 22,20 **6,9-10** Ez 3,6-7; Mt 13,14-15 S **7,1** 2 Kön 16,5-9

an. Sie griffen die Stadt an, konnten sie aber nicht einnehmen.[a]

2 Im Königspalast wurde gemeldet, die syrischen Truppen stünden schon im Gebiet von Efraïm.[b] Der König zitterte und mit ihm das ganze Volk, wie Bäume, die vom Sturm geschüttelt werden.

3 Da gab der HERR dem Propheten Jesaja den Auftrag: »Nimm deinen Sohn Schear-Jaschub* mit und geh zu König Ahas hinaus, ans Ende der Wasserleitung beim oberen Teich*, auf die Straße, die zum Tuchmacherfeld führt!

4 Sag zu Ahas: ›Bleib ruhig, hab keine Angst! Werde nicht weich vor dem Zorn Rezins und Pekachs; sie sind nur qualmende Brennholzstummel. 5 Die Syrer unter Rezin und die Efraïmiten unter dem Sohn Remaljas planen zwar Böses gegen dich. Sie sagen: 6 Wir wollen nach Juda hinaufziehen, den Leuten dort Angst einjagen, das Land an uns bringen und als neuen König den Sohn Tabeals einsetzen!

7 Aber der HERR, der mächtige Gott, sagt: Das wird ihnen nicht gelingen! 8 Syrien ist nicht stärker als Damaskus und Damaskus nicht stärker als Rezin. Und das Reich der Leute von Efraïm? In 65 Jahren[c] wird es am Ende sein und das Volk wird nicht mehr bestehen. 9 Denn Efraïm ist nicht stärker als Samaria und Samaria nicht stärker als der Sohn Remaljas. Vertraut auf den HERRN! Wenn ihr nicht bei ihm bleibt, dann bleibt ihr überhaupt nicht!‹«[d]

Trotz des Unglaubens steht Gott zu seiner Zusage

10 Weiter ließ der HERR dem König sagen: 11 »Fordere doch als Bestätigung ein Zeichen vom HERRN, deinem Gott, ganz gleich, ob aus der Totenwelt* oder aus dem Himmel!«

12 Ahas antwortete: »Ich verlange kein Zeichen, ich will den HERRN nicht auf die Probe stellen.«

13 Da sagte Jesaja: »Hört, ihr vom Königshaus! Es reicht euch wohl nicht, dass ihr den Menschen zur Last werdet! Müsst ihr auch noch die Geduld meines Gottes auf die Probe stellen?[e] 14 Deshalb wird der Herr euch von sich aus ein Zeichen geben: Die junge Frau[f] wird schwanger werden und einen Sohn zur Welt bringen, den wird sie Immanuël (Gott steht uns bei) nennen. 15 Er wird Butter und Honig essen, bis er Gutes und Böses unterscheiden kann. 16 Noch bevor er alt genug ist, zwischen Gut und Böse zu unterscheiden, wird das Land der beiden Könige verwüstet sein, vor denen du jetzt Angst hast.

17 Aber der HERR wird für dich, dein Volk und deine Familie eine Unglückszeit kommen lassen, wie man sie seit der Trennung Israels von Juda nicht erlebt hat. Das wird durch den König von Assyrien* geschehen.«

Eine dunkle Zukunft

18 Der Tag kommt, an dem der HERR die Feinde herbeiholen wird. Er pfeift dem Fliegenschwarm an den Mündungen des Nils und dem Bienenschwarm in Assyrien* 19 und sie werden kommen und sich niederlassen in den Talschluchten und Felsspalten, in allen Dornenhecken, an allen Tränkstellen. 20 Wenn es so weit ist, wird der Herr den König von Assyrien in Dienst nehmen, von jenseits des Eufrats holt er ihn herbei. Er wird ihn als Schermesser benutzen, um euch das Kopfhaar abzuscheren, auch die Schamhaare und den Bart.

21 Wenn diese Zeit kommt, wird jeder nur noch eine Kuh und zwei Ziegen haben. 22 Aber die werden so viel Milch geben, dass die ganze Familie Butter essen kann. Wer dann noch im Land übrig geblieben ist, wird sich mit Butter und Honig ernähren.

23 Wenn diese Zeit kommt, wird man die Weinberge ungepflegt lassen müssen, sogar solche, die tausend Weinstöcke tragen, jeder ein Silberstück wert. Sie werden von Dornen und Disteln überwuchert. 24 Das ganze Land wird voller Dornen und Disteln sein, man wird höchstens noch mit Pfeil und Bogen dorthin gehen, um zu jagen. 25 Auch die Hügel, die jetzt noch mit der Hacke bestellt werden, wird niemand mehr betreten aus Angst vor den Dornen und Disteln. Rinder wird man dort weiden lassen und Schafe werden den Boden zertreten.

Der Assyrerkönig Asarhaddon (680–669 v. Chr.)

a Die beiden Könige wollen Ahas zwingen, sich an einem gegen die Assyrer gerichteten Bündnis zu beteiligen; vgl. 2 Kön 16,5-9. Zum ganzen Abschnitt siehe Sacherklärung »Syrisch-Efraïmitischer Krieg«.
b *Efraïm* steht hier, wie oft im Alten Testament, für das Nordreich Israel*.
c Das Nordreich ging schon nach 12 Jahren unter (2 Kön 17), doch wurden 671 v. Chr. unter dem Assyrerkönig Asarhaddon weitere Bevölkerungsteile umgesiedelt (Esra 4,2).
d *Vertraut auf …:* Das hebräische Zeitwort hat die Doppelbedeutung »glauben/vertrauen« und »Bestand haben«. Die Übersetzung sucht das Wortspiel nachzuahmen. Luther übersetzte: »Glaubt ihr nicht, so bleibt ihr nicht!« Diese Warnung richtet sich gegen den Plan, die Assyrer zum Einschreiten gegen Syrien und Nordisrael zu bewegen. Weil Ahas nicht Gott, sondern seinen eigenen Maßnahmen vertraut hat (vgl. Ex 14,13-14), wird er durch eben diese Maßnahmen ins Unglück gestürzt werden (Vers 17; zur »Trennung« dort siehe 1 Kön 12,19).
e Ahas gibt seiner Ablehnung einen frommen Anschein (Vers 12; vgl. Dtn 6,16), aber er will nur seine Pläne nicht durchkreuzen lassen.
f Die griechische Übersetzung hat hier das Wort für »Jungfrau«; in dieser Fassung wird der Vers in Mt 1,23 zitiert; siehe Sacherklärung »Immanuël«.

7,3 36,2 **7,9** 28,16; 30,15; 37,6; Ex 14,14 **7,11** Ri 6,17S; 1 Kön 13,3-5; Jer 44,29-30; Mk 8,11-13 par **7,14** Mt 1,23 **7,15.22** Ex 3,8S **7,16** 8,4S **7,18** 5,26S

Eilebeute-Raubebald

8 Der HERR sagte zu mir: »Nimm dir eine große
Tafel und schreib darauf in deutlich lesbarer
Schrift: *Eilebeute-Raubebald.*«
2 Ich zeigte die Tafel zwei zuverlässigen Zeugen,
dem Priester Urija und Secharja, dem Sohn von Jebe-
rechja. 3 Als ich dann mit meiner Frau, der Prophe-
tin*, schlief, wurde sie schwanger und brachte einen
Sohn zur Welt. Da befahl mir der HERR: »Nenne ihn
Eilebeute-Raubebald![a] 4 Denn bevor er Vater und
Mutter sagen kann, werden die Reichtümer von
Damaskus und die Schätze von Samaria dem König
von Assyrien* zur Beute fallen.«
5 Weiter sagte der HERR zu mir: 6 »Dieses Volk ver-
achtet das ruhig fließende Wasser des Schiloachka-
nals* und zieht Rezin und den Sohn von Remalja sei-
nem eigenen König vor.[b] 7 Darum lasse ich den König
von Assyrien auf sie los. Mit seiner ganzen Heeres-
macht wird er kommen, wie der breite, reißende
Eufratstrom, der immer höher steigt und über alle
Ufer tritt. 8 Dieser Strom wird in Juda eindringen
und es überfluten, bis das Wasser den Bewohnern
an den Hals reicht.«

Er wird seine Arme ausbreiten und dein Land in
seiner ganzen Weite bedecken, Immanuël.[c]

Vergebliche Pläne fremder Völker

9 Sammelt euch nur zum Angriff, ihr Völker! Ruft
zum Kampf auf, dass man es hört bis in die entlegens-
ten Winkel der Erde! Rüstet euch zum Krieg, nehmt
die Waffen zur Hand! Trotzdem wird der Schrecken
über euch kommen, panische Angst wird euch über-
fallen! 10 Schmiedet nur eure Pläne – sie werden ver-
eitelt! Beratet euch, so viel ihr wollt – es kommt
nichts dabei heraus; denn Gott steht uns bei!

Der Prophet wird gewarnt

11 Der HERR legte seine starke Hand auf mich und
warnte mich, dem Beispiel dieses Volkes zu folgen.
Er sagte: 12 »Du und alle, die auf dich hören, ihr müsst
nicht alles für eine Verschwörung halten, was dieses
Volk eine Verschwörung nennt![d] Wovor sie Angst
haben, davor müsst ihr euch nicht fürchten!
13 Ich, der Herrscher der Welt,[e] ich allein bin hei-
lig! Vor mir und keinem anderen sollt ihr erschre-
cken und euch fürchten! 14 Ich bin der heilige
Zufluchtsort, aber ich bin auch der Stein, an dem
man sich stößt; ich bin der Fels, der die beiden Rei-
che Israels zu Fall bringt; ich bin auch das Netz
und die Schlinge, in denen die Leute von Jerusalem
sich verstricken. 15 Viele werden stolpern und stür-
zen und sich die Knochen brechen; viele werden
in die Falle rennen und gefangen darin hängen blei-
ben.«

Schweigen und warten

16 Ich will Gottes Warnungen und Weisungen denen
anvertrauen, die auf mich hören, damit sie aufbe-
wahrt bleiben wie Geld in einem verschnürten Beu-
tel. 17 Der HERR hat sich vor den Nachkommen Jakobs
verborgen; aber ich will auf ihn warten und die Hoff-
nung nicht aufgeben. 18 Ich selbst und die Kinder, die
der HERR mir geschenkt hat, laufen als lebende Zei-
chen in Israel umher,[f] als Ankündigungen des Herr-
schers der Welt, der auf dem Zionsberg* wohnt.
19 Die Leute werden euch auffordern: »Befragt
doch die Geister der Verstorbenen, die Wahrsage-
geister, die euch flüsternd und murmelnd Auskunft
geben! Ein Volk kann sich doch Rat holen bei seinen
Göttern, die Lebenden können sich doch von den
Toten helfen lassen!«
20 Haltet euch an die Weisungen des HERRN und an
meine Warnungen! Das ist die einzig gültige Ant-
wort. Gegen Gottes Ankündigungen richten
Beschwörungen nichts aus!

Hoffnung für die Verzweifelten

21 Mutlos und hungrig streifen sie[g] durchs Land. Der
Hunger bringt sie in rasende Wut, sie verfluchen
ihren König und ihren Gott. Sie blicken nach oben,
22 sie starren auf die Erde; aber da ist nichts als er-
drückendes Dunkel, Verzweiflung und Finsternis,
in lichtlose Nacht sind sie hineingestoßen. 23 Wer
in solcher Nacht gefangen ist, der kann ihr nicht ent-
rinnen.[h]

Früher hat Gott Schande über das Land der
Stämme Sebulon und Naftali kommen lassen, in
Zukunft aber wird er diesen Landstrich am See zu
Ehren bringen, auch das Ostjordanland und das
Gebiet, wo die Fremden wohnen.

9 Das Volk, das im Dunkeln lebt, sieht ein großes
Licht; für alle, die im Land der Finsternis woh-
nen, leuchtet ein Licht auf. 2 HERR, du vermehrst
sie und schenkst ihnen große Freude. Sie freuen sich
vor dir wie bei der Ernte und wie beim Verteilen der
Kriegsbeute. 3 Wie damals, als du das Volk von den
Midianitern* befreit hast, zerbrichst du das Joch*
der Fremdherrschaft, das auf ihnen lastet, und den
Stock, mit dem sie zur Zwangsarbeit angetrieben
werden. 4 Die Soldatenstiefel, deren dröhnenden
Marschtritt sie noch im Ohr haben, und die blutbe-
fleckten Soldatenmäntel werden ins Feuer geworfen
und verbrannt.
5 Denn ein Kind ist geboren, der künftige König ist
uns geschenkt![i] Und das sind die Ehrennamen, die
ihm gegeben werden: umsichtiger Herrscher, mäch-
tiger Held, ewiger Vater, Friedensfürst. 6 Seine
Macht wird weit reichen und dauerhafter Frieden
wird einkehren. Er wird auf dem Thron Davids regie-

a Namen wurden im Altertum wegen ihrer Bedeutung gewählt; vgl. Gen 29,31–30,24. Für die Propheten konnten darum die Namen ihrer Kinder zum Bestandteil ihrer Botschaft werden; vgl. 7,3 und Hos 1,3-9.
b Offenbar gab es in Jerusalem eine (vielleicht starke) Gruppe, die statt des Königs Ahas den mit Rezin und Pekach (dem »Sohn Remaljas«) sympathisierenden »Sohn Tabeals« (7,6) auf den Thron bringen wollte.
c *Immanuël:* vgl. 7,14.
d Gemeint ist der Umsturzversuch, der in 7,6 erwähnt wird.
e Wörtlich *der HERR Zebaot**; entsprechend in Vers 18.
f Jesaja hat mit seiner Botschaft bei König und Volk kein Gehör gefunden. Deshalb schweigt er für eine Zeit lang in der Öffentlichkeit. Aber sein bloßes Dasein und die Namen seiner Kinder (7,3; 8,1-3) erinnern mahnend an seine früheren Ankündigungen.
g Der Prophet blickt hier auf das Nordreich Israel, und zwar auf dessen nördliche und östliche Gebiete, die dem Assyrerreich als Provinzen eingegliedert wurden (siehe 2 Kön 15,29 und Sacherklärung »Syrisch-Efraïmitischer Krieg«).
h Die Verse 20-23a sind nicht sicher zu deuten.
i Ein neuer König auf dem Thron Davids wird angekündigt, der der Fremdherrschaft ein Ende machen wird. Im folgenden Satz werden seine Ehrennamen genannt, wie sie nach altorientalischem Brauch in der Krönungsurkunde aufgeführt wurden. Das Wort blickt voraus auf eine Wiederherstellung des alten Davidsreiches. Die christliche Auslegung sieht darin

8,1 30,8; Hab 2,2 **8,2** Dtn 19,15 S **8,4** 7,16; 2 Kön 16,9; 17,3-6 **8,9** Sach 14,2 S **8,10** 7,7; Ps 33,10 **8,13** Mt 10,28 par **8,14-15** 28,13.16; Röm 9,33 S **8,18** 8,3; 20,1-3 **8,19-20** Lev 19,31 S **8,23b–9,1** Mt 4,12-16 **9,1** 60,1-2 **9,3** Ri 7,1-25 **9,5-6** 11,1-5; Ps 2,1-12; 110,1-2; Jer 23,5 S; Sach 9,9-10 **9,5** 7,14 **9,6** 2 Sam 7,12-13 S

ren und seine Herrschaft wird für immer Bestand haben, weil er sich an die Rechtsordnungen Gottes hält. Der *HERR*, der Herrscher der Welt,[a] hat es so beschlossen und wird es tun.

Gottes drohend erhobene Hand

7 Der Herr hat sein Urteil über das Reich Israel* gefällt, mit ganzer Härte hat es die Nachkommen Jakobs getroffen. 8 Die ganze Bevölkerung von Efraïm und alle Bewohner von Samaria haben es zu spüren bekommen. Und trotzdem blieben sie selbstherrlich und sagten in ihrem Übermut: 9 »Die Häuser aus Ziegelsteinen sind eingestürzt – was macht's, wir bauen sie mit Quadersteinen wieder auf! Die Balken aus dem Holz der Maulbeerfeigenbäume sind zerbrochen worden – was macht's, an ihrer Stelle setzen wir Zedernbalken ein!«

10 Aber der HERR ließ ihre Gegner° hochkommen, er stachelte ihre Feinde gegen sie auf: 11 im Osten die Syrer* und im Westen die Philister*. Sie fielen gierig über Israel her und rissen große Stücke aus ihm heraus.

Trotzdem legte Gottes Zorn sich nicht, seine Hand blieb drohend erhoben.

12 Die Leute von Israel änderten sich nicht. Obwohl der HERR, der Herrscher der Welt, sie so geschlagen hatte, fragten sie nicht nach seinem Willen. 13-14 Darum nahm der HERR ihnen an einem einzigen Tag ihre Sippenoberhäupter, ihre führenden Männer und die Lügenpropheten weg, so wie jemand einem Fisch Kopf und Schwanz abschneidet oder beim Riedgras Blätter und Kolben entfernt. 15 Die Führer dieses Volkes sind Verführer und die Geführten haben jede Richtung verloren. 16 Darum hat der Herr kein Erbarmen° mit ihren jungen Männern, er hat kein Mitleid mit den Witwen und Waisen, die sie hinterlassen. Denn sie alle miteinander sind abtrünnig und böse, sie reden wie Menschen, die Gott nicht ernst nehmen.

Trotz alledem legt sein Zorn sich nicht, noch ist seine Hand drohend erhoben.

17 Ihre Verkehrtheit greift um sich wie ein loderndes Feuer, das Dornen und Disteln verzehrt, das Dickicht des Waldes in Brand setzt und dicke Rauchwolken zum Himmel aufsteigen lässt. 18 Der Zorn des HERRN, des Herrschers der Welt, ist wie ein Feuer: Das Land verbrennt und das Volk wird ein Raub der Flammen. Keiner verschont den anderen. 19 Sie schnappen zu, ohne hinzusehen, und fressen, was sie können. Aber der Hunger bleibt, niemand wird satt. Jeder vernichtet den, der ihm beistehen könnte. 20 Manasse stürzt sich auf Efraïm, Efraïm auf Manasse und zusammen fallen sie über Juda her.[b]

Trotzdem legt Gottes Zorn sich nicht, noch ist seine Hand drohend erhoben.

Anklage gegen die Unterdrücker

10 Weh denen, die ihre Macht missbrauchen, um Verordnungen zu erlassen, die Menschen ins Unglück stürzen! 2 Sie bringen die Armen und Schwachen in meinem Volk um ihr Recht und plündern die Witwen und Waisen aus. 3 Der Tag des Gerichts kommt gewiss und das Unwetter aus der Ferne wird euch mit Sicherheit erreichen. Was wollt

einen prophetischen Hinweis auf den wahren »Friedensfürsten« Jesus Christus; vgl. Lk 1,32.

a Wörtlich *Der HERR Zebaot**; entsprechend in den Versen 12 und 18.

b Die Verse 7-20 enthalten einen Rückblick auf die Geschichte des Nordreiches Israel. Nicht alle Anspielungen lassen sich sicher deuten. Die Bedrängnis durch die Philister (Vers 11) führt zurück bis in die Zeit Sauls, während die Auseinandersetzungen mit den Syrern die ganze Geschichte des Nordreichs begleiteten. Die Verse 13-14 könnten sich auf den Umsturz Jehus beziehen (2 Kön 9-10). Vers 20 spielt auf Rivalitäten der beiden Hauptstämme des Nordreiches an; außerdem wird hier der Kriegszug gegen Juda 733 v. Chr. erwähnt; vgl. 7,1-9.

Szene auf einem assyrischen Relief: Frauen und Kinder werden von assyrischen Soldaten als Kriegsgefangene deportiert.

9,15 3,12 **10,2** 1,17S

ihr dann tun? Zu wem wollt ihr fliehen? Wo wollt ihr
dann eure Reichtümer lassen? 4 Ihr habt nur die
Wahl, ob ihr tot oder gefangen sein wollt!
Trotzdem legt Gottes Zorn sich nicht, noch ist
seine Hand drohend erhoben.

Assyrien geht zu weit!

5 Der HERR sagt: »Jetzt bekommt es Assyrien* mit mir
zu tun! Ich habe es benutzt, um mein Strafgericht zu
vollziehen. Assyrien war der Stock, mit dem ich mei-
nen Zorn zu fühlen gab. 6 Ich habe es gesandt, um ein
Volk[a] zu bestrafen, das sich von mir losgesagt und
meinen Zorn herausgefordert hat. Ich habe Assyrien
erlaubt, dieses Volk zu berauben und auszuplündern
und es zu zertreten wie Straßendreck.
7 Aber der König von Assyrien wollte mehr, er
schmiedete seine eigenen Pläne. Vernichten wollte
er, ganze Völker ausrotten, so viele wie möglich.
8 Er sagte sich: ›Alle Befehlshaber meiner Truppen
sind so mächtig wie Könige. 9 Eine Stadt nach der
anderen habe ich erobert: Kalne und Karkemisch,
Hamat und Arpad, Samaria und Damaskus. 10 Mit
meiner Macht habe ich Königreiche unterworfen,
die mehr Götter und Götterbilder haben als Jerusa-
lem und Samaria. 11 Ich habe Samaria und seine Göt-
ter vernichtet. Und ausgerechnet Jerusalem und
seine Götterbilder sollten diesem Schicksal entge-
hen?‹«
12 Aber der Herr sagt: »Erst will ich zu Ende führen,
was ich gegen Jerusalem und den Zionsberg* im Sinn
habe. Dann werde ich mit dem König von Assyrien
abrechnen, mit seiner überheblichen Selbstherrlich-
keit und dem Hochmut, mit dem er auf andere he-
rabsieht. 13 Dieser König hat es gewagt, zu sagen:
›Aus eigener Kraft habe ich das alles getan, durch
meine Klugheit habe ich es fertig gebracht. Die Gren-
zen zwischen den Völkern habe ich beseitigt, ihre
Vorräte geplündert und ihre Könige vom Thron
gestoßen wie ein Stier.° 14 Wie jemand ein Vogelnest
ausnimmt, so habe ich die Schätze der Völker
genommen. Wie jemand die Eier einsammelt, die
der Vogel verlassen hat, so habe ich alle Länder ein-
gesammelt. Da war keiner, der mit den Flügeln nach
mir schlug, keiner, der den Schnabel öffnete und
einen Piep von sich gab.‹«
15 Aber der HERR sagt: »Kann die Axt etwa angeben
gegenüber dem, der sie gebraucht? Oder kann die
Säge sich für wichtiger halten als den Zimmermann?
Das wäre ja, als ob der Stock den schwänge, der ihn
erhebt, als ob das tote Stück Holz den Mann
bewegte!«
16 Darum wird der HERR, der Herrscher über die
ganze Welt,[b] das reiche, satte Assyrien zum Hunger-
land machen. Unter seiner Pracht schwelt ein Brand,
der alles in Flammen aufgehen lässt. 17 Der heilige
Gott, das Licht Israels, wird zum Feuer, das die Dor-
nen und Disteln ergreift und an einem einzigen Tag
verzehrt. 18 Die prächtigen Wälder und Obstgärten
vernichtet es mit Stumpf und Stiel. Assyrien wird
dahinsiechen wie ein Sterbenskranker. 19 Von seinen
Wäldern werden nur ein paar Bäume übrig bleiben,
so wenige, dass ein Kind sie zählen kann.

Nur wenige bleiben übrig

20 Es kommt eine Zeit, da wird der Rest Israels, die
Überlebenden der Nachkommen Jakobs, sich nicht
mehr auf Assyrien stützen,[c] den Stock, der sie
geschlagen hat. Auf den HERRN werden sie sich stüt-
zen, an den heiligen Gott Israels werden sie sich hal-
ten und ihm treu bleiben. 21 Ein Rest wird zurückkeh-
ren; was übrig geblieben ist von den Nachkommen
Jakobs, kehrt um[d] zum starken Gott.
22 Israel, selbst wenn dein Volk so zahlreich wäre
wie der Sand am Meer, nur ein kleiner Rest wird
zurückkehren. Dein Untergang ist beschlossene
Sache; er kommt wie eine Flut und verschafft dem
Recht Geltung. 23 Der HERR, der Herrscher über die
ganze Welt, ist fest entschlossen, dich zu vernichten
vor den Augen aller Völker.

Keine Angst vor Assyrien!

24 Der HERR, der Herrscher über die ganze Welt, sagt
zu seinem Volk, das auf dem Zionsberg* wohnt:
»Habt keine Angst vor Assyrien*, auch wenn es
den Stock über euch schwingt und euch schlägt,
wie es früher die Ägypter[e] taten. 25 Nur noch einen
ganz kleinen Augenblick, dann kehrt sich mein Zorn
von euch ab und wendet sich gegen Assyrien.
26 Dann werde ich, der Herrscher der Welt,[f] strafend
die Geißel über die Assyrer schwingen, so wie ich
damals am Rabenfelsen auf die Midianiter* einge-
schlagen habe. Ich werde meinen Stock über das
Meer ausstrecken, wie ich es gegen die Ägypter
getan habe. 27 Wenn die Zeit gekommen ist, dann
wird die Last Assyriens von euren Schultern gleiten
und sein Joch* von eurem Nacken gerissen.«°

Der Feind rückt auf Jerusalem zu

28 Die Assyrer* überfallen Aja,[g] sie ziehen durch
Migron, lassen ihren Tross in Michmas, 29 marschie-
ren durch die Talschlucht, um in Geba zu übernach-
ten. Rama zittert vor Angst, Gibea, die Stadt Sauls,
ergreift die Flucht. 30 Schrei gellend, Gallim! Lau-
sche, Lajescha! Antworte,° Anatot! 31 Madmena
flieht, die Bewohner von Gebim laufen um ihr
Leben. 32 Schon steht der Feind in Nob und streckt
seine Hand aus nach Jerusalem und dem Zionsberg*!
33 Seht doch, wie der HERR, der Herrscher über die
ganze Welt, mit erschreckender Gewalt die Äste von
den Bäumen schlägt! Die größten Bäume werden

a Wie Vers 11 zeigt, ist damit an das Nordreich Israel (Samaria) gedacht. Auch dem Südreich (Jerusalem) soll durch die Assyrer eine ernste Lehre erteilt werden (Vers 12). Das erinnert an die Situation 701 v. Chr.; vgl. 36,18-20 mit 10,9-11 und 37,22-29 mit 10,12-14.
b Wörtlich *der Herr, der HERR Zebaot**; entsprechend in den Versen 23, 24 und 33.
c Wie das der König Ahas von Juda versucht hat (siehe 7,9 und Anmerkung dazu).
d Im Hebräischen steht in diesem Vers nur *ein* Zeitwort, dessen Doppelsinn die Übersetzung zum Ausdruck bringt.
e Vgl. Ex 5,14. Zu den Anspielungen in Vers 26 vgl. Ri 7,25; Ex 14,16.26.
f Wörtlich *der HERR Zebaot**.
g Geschildert wird der Anmarsch einer assyrischen Heeresgruppe von Norden auf Jerusalem zu, auf einem Nebenweg, was auf einen Überraschungsangriff hinweist. Lagebeschreibung und prophetische Vorwegnahme gehen fast untrennbar ineinander über. Es handelt sich nicht um den Angriff von 701 v. Chr., der von Südwesten aus erfolgte (36,2).

10,5-19 (gegen Assyrien) 10,24-27; 14,24-27; 30,27-33; 37,22-35; Mi 7,11-13; Nah 1,1–3,19; Zef 2,13-15 **10,5-6** 5,26; 7,20; Hab 1,12-13 **10,12-14** 2,12; 13,11 **10,20** 10,5; Hos 5,13 **10,21** 4,3-4; 7,3; Dtn 4,29-31 S **10,22-23** Röm 9,27-28 **10,22** Gen 22,17; (Rest) Jes 11,11; 37,32; Zef 3,12-13; Dtn 4,27 **10,26** Ri 7,25; Ex 14,16.26 **10,27** Jer 30,8 S

gefällt, die hochragenden niedrig gemacht. 34 Das
Dickicht des Waldes wird mit der Axt gelichtet, die
Pracht des Libanons sinkt zu Boden.

Der Friedenskönig und sein Reich

11 Ein Spross wächst aus dem Baumstumpf Isai,[a]
ein neuer Trieb schießt hervor° aus seinen
Wurzeln.
2 Ihn wird der HERR mit seinem Geist* erfüllen,
dem Geist, der Weisheit* und Einsicht gibt,
der sich zeigt in kluger Planung und in Stärke,
in Erkenntnis und Ehrfurcht vor dem HERRN.
3 Gott zu gehorchen ist ihm eine Freude.
Er urteilt nicht nach dem Augenschein
und verlässt sich nicht aufs Hörensagen.
4 Den Entrechteten verhilft er zum Recht,
für die Armen im Land setzt er sich ein.
Seine Befehle halten das Land in Zucht,
sein Urteilsspruch tötet die Schuldigen.
5 Gerechtigkeit und Treue umgeben ihn
wie der Gürtel, der seine Hüften umschließt.[b]

6 Dann wird der Wolf beim Lamm zu Gast sein,
der Panther neben dem Ziegenböckchen liegen;
gemeinsam wachsen Kalb und Löwenjunges
auf,°
ein kleiner Junge kann sie hüten.
7 Die Kuh wird neben dem Bären weiden
und ihre Jungen werden beieinander liegen;
der Löwe frisst dann Häcksel wie das Rind.
8 Der Säugling spielt beim Schlupfloch der
Schlange,
das Kleinkind steckt die Hand in die Höhle
der Otter.
9 Niemand wird Böses tun und Unheil stiften
auf dem Zion*, Gottes heiligem Berg.
So wie das Meer voll Wasser ist,
wird das Land erfüllt sein von Erkenntnis
des HERRN.
10 Wenn jene Zeit gekommen ist,
dann wird der Spross aus der Wurzel Isais
als Zeichen dastehen, sichtbar für die Völker;
dann kommen sie und suchen bei ihm Rat.
Von dem Ort, den er zum Wohnsitz nimmt,
strahlt Gottes Herrlichkeit* hinaus in alle Welt.

Die Heimkehr der Weggeführten

11 Wenn jene Zeit gekommen ist, wird der Herr noch
einmal[c] die Hand erheben: Dann wird er den Rest
seines Volkes befreien. Er wird alle zurückholen,
die übrig geblieben sind in Assyrien* und in Ägyp-
ten, in Äthiopien*, Elam*, Babylonien* und im syri-
schen Hamat und bis hin zu den fernsten Küsten.
12 Er stellt ein Feldzeichen auf, um diesen Völkern
anzuzeigen, was er tun will. Er sammelt die Ver-
sprengten Israels, die Verstreuten Judas holt er
zusammen. Aus allen Himmelsrichtungen bringt er
sie zurück, Männer und Frauen.[d]
13 Dann ist Schluss mit Efraïms[e] Neid und die
Feindseligkeit Judas hat ein Ende. Efraïm wird nicht
mehr neidisch sein auf Juda und Juda wird Efraïm
nicht mehr befeinden. 14 Gemeinsam stürmen sie
nach Westen, die Hänge hinab auf die Philister*,
und im Osten plündern sie die Wüstenstämme aus.
Edom* und Moab* nehmen sie in Besitz, und die
Ammoniter* unterwerfen sich ihnen.
15 Der HERR wird die Meereszunge östlich von
Ägypten für immer zum Verschwinden bringen.
Dem Eufrat droht er mit erhobener Hand; durch sei-
nen glühenden Atem zerreißt er ihn in sieben kleine
Rinnsale, sodass man zu Fuß hindurchgehen kann.
16 Dann wird es eine Straße geben für den Rest seines
Volkes, der in Assyrien überlebt hat,[f] genauso wie es
damals eine Straße gab, als Israel Ägypten verließ.

Ein Danklied

12 Am Tag deiner Rettung wirst du sagen:
»HERR, ich preise dich!
Du bist zornig auf mich gewesen;
doch nun hat sich dein Zorn gelegt,
und ich darf wieder aufatmen!«
2 Dann wirst du bekennen:
»Gott ist mein Helfer,
ich bin voll Vertrauen und habe keine Angst!

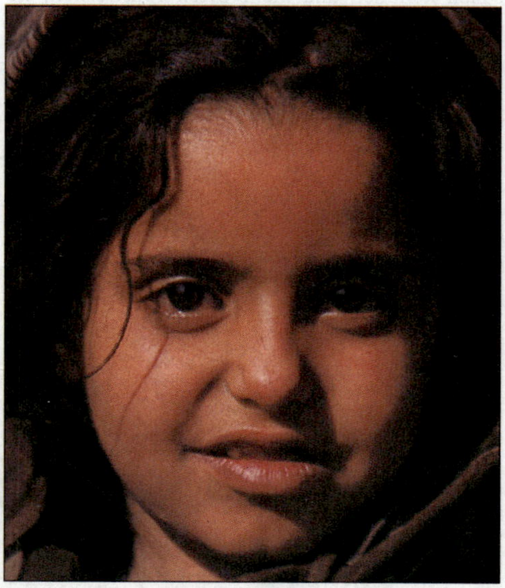

a Die Davidsdynastie gleicht einem gefällten Baum; aber aus dem Wurzelstock (Isai war der Vater Davids; 1 Sam 16,1) lässt Gott einen neuen Trieb sprossen: einen König des Davidshauses, der sich durch Gerechtigkeit und Gottesfurcht auszeichnet. Im Unterschied zu 9,5-6 spricht diese Vision von den inneren Bedingungen des Friedens, der zugleich eine Ausweitung auf die ganze Natur erfährt (Verse 6-9). Wie 9,5-6 weist auch dieser Text nach christlichem Verständnis auf den Friedenskönig Jesus Christus.
b Gemeint ist der Lendenschurz* als Unterkleidung.
c Hier wird weit vorausgeblickt auf eine letzte Sammlung der Zerstreuten, nachdem ein Teil der Verschleppten des Südreiches Juda in der Perserzeit zurückgekehrt ist (siehe Esra 1 und 8 und Seiten 926/27).
d Durch den Zusatz *Männer und Frauen* bringt die Übersetzung zum Ausdruck, dass *die Versprengten* Wiedergabe einer männlichen, *die Verstreuten* einer weiblichen Mehrzahlform ist.
e Zu *Efraïm* vgl. Anmerkung zu 7,2.
f Vgl. Sacherklärung »Exil«.

Jesaja blickt voraus auf einen König, der Gerechtigkeit und Frieden bringen wird, für die Menschen und für die ganze Natur. »Dann wird der Wolf beim Lamm zu Gast sein…; gemeinsam wachsen Kalb und Löwenjunges auf, ein kleiner Junge kann sie hüten… So wie das Meer voll Wasser ist, wird das Land erfüllt sein von Erkenntnis des Herrn.« (11,6.9)

11,1 Mi 5,1; Jer 23,5S; Offb 22,16 **11,2-5** 1 Kön 3,9-12.28; Ps 72,1-4.12-14 **11,2** 42,1; 61,1; 1 Sam 16,13; 2 Sam 23,2; Joh 1,32-34 **11,6-9** 65,25; Hos 2,20; Ez 34,25 **11,8** Gen 3,14-15 **11,9** 60,18; Jer 31,34S **11,10** 2,2-4; Röm 15,12 **11,11-12** 43,5-6S; Jer 3,18S; 23,3S; Ez 28,25S **11,11** 10,22S **11,12** 49,22 **11,13** 9,20; 1 Kön 12,19; Jer 3,18 **11,15** Ex 14,21 **11,16** 40,3-4S **12,2** Ex 15,2

Den HERRN will ich rühmen mit meinem Lied,
denn er hat mich gerettet.«

3 Voller Freude werdet ihr Wasser schöpfen
an Gottes reichen Quellen,
aus denen euch seine Hilfe strömt.
4 Und ihr werdet sagen an jenem Tag:
»Preist den HERRN!
Macht seinen Namen* überall bekannt!
Verkündet allen Völkern, was er getan hat;
sagt ihnen, wie unvergleichlich groß er ist.
5 Singt und spielt zur Ehre des HERRN!
Denn er hat gewaltige Taten vollbracht;
das soll die ganze Welt erfahren.
6 Freu dich und juble, du Zionsstadt*!
Denn er wohnt in deiner Mitte,
er, der große, heilige Gott Israels!«

DAS GERICHT GOTTES ÜBER DIE VÖLKER
(Kapitel 13–23)

Babylons Tage sind gezählt

13 In einer Offenbarung* empfing Jesaja, der
Sohn von Amoz, folgende Botschaft über
Babylon:[a]
2 Der HERR sagt: »Stellt ein Feldzeichen auf, oben
auf einer kahlen Höhe! Ruft die Freiwilligen auf,
winkt sie herbei, sie sollen sich bei den Stadttoren
melden! 3 Ich rufe alle zum Kampf, die sich mir zur
Verfügung gestellt haben. Meine tapferen Krieger
sollen kommen und mein Urteil vollstrecken, sie
alle, die mich mit ihren Jubelrufen ehren!«
4 Hört das dröhnende Getöse auf den Bergen!
Unzählbar die Menge der Menschen; aus vielen
Königreichen sind sie zusammengeströmt, ganze
Völker haben sich versammelt. Der HERR, der Herr-
scher der Welt,[b] mustert sein Heer! 5 Aus einem fer-
nen Land rücken sie heran, von dort, wo der Himmel
die Erde berührt: der HERR und seine Heeresmacht,
die sein Urteil vollstreckt und das große Weltreich
verwüstet.
6 Schreit vor Entsetzen, denn der Gerichtstag des
HERRN naht heran! Er kommt mit vernichtender
Gewalt vom gewaltigen Gott. 7 Da werden alle Hän-
de kraftlos, alle Herzen werden mutlos; 8 vor Schre-
cken sind die Menschen wie gelähmt. Von Krämp-
fen und Schmerzen überwältigt, winden sie sich
wie eine gebärende Frau. Hilflos starren sie einander
an, ihre Gesichter glühen.
9 Jetzt bricht er an, der Gerichtstag des HERRN, der
unerbittlich grausame Tag, mit wilder Wut und glü-
hendem Zorn. Er wird die Erde in eine Wüste ver-
wandeln und alle Schuldigen ausrotten. 10 Die Sterne
am Himmel funkeln nicht mehr, die Sternbilder sind
nicht mehr zu sehen; die Sonne wird dunkel, kaum
dass sie aufgegangen ist, und der Mond hört auf zu
scheinen.
11 »Ich strafe die ganze Erde, weil sie voll von Bos-
heit ist«, sagt der HERR. »Ich bestrafe die Verbrecher
für ihre Vergehen. Den Hochmut der Frechen zer-
breche ich, dem Übermut der Gewaltherrscher setze
ich ein Ende. 12 Von den Menschen lasse ich so weni-
ge übrig, dass sie seltener werden als Gold, seltener
noch als Gold aus Ofir*.«
13 Wenn der Tag kommt, an dem der HERR, der
Herrscher der Welt, seinem Zorn freien Lauf lässt,

a In 13,1–14,23 wird in visionären Bildern der Untergang einer Weltmacht geschildert, die erst nach den Assyrern aufgetreten ist und die 587 v. Chr. das Ende des Reiches Juda herbeigeführt hat (siehe Übersicht Seiten 448/49 und Sacherklärung »Babylonien«). Für den Propheten vollzieht sich im Untergang Babylons der »Gerichtstag des HERRN«, der in der Zukunftserwartung Israels eine wichtige Rolle spielt (siehe die Vergleichsstellen zu 2,11-21). In der Ausweitung des Gerichts in den Versen 9-12 kündigt sich schon hier die Erwartung eines allgemeinen Weltgerichtes an, die in Kap 24–25 voll entfaltet wird.
b Wörtlich *der HERR Zebaot**; entsprechend in Vers 13.

Weil das Volk nicht hören will, muss es in die Verbannung. Aber durch seine Propheten kündigt Gott auch an, dass er sein Volk wieder aus der Verbannung befreien wird. »Aus allen Himmelsrichtungen bringt er sie zurück ... Dann wird es eine Straße geben für den Rest seines Volkes, der in Assyrien überlebt hat, genauso wie es damals eine Straße gab, als Israel Ägypten verließ.« (11,12.16)

12,3 55,1 **12,6** 14,32S **13,1-22** (gegen Babylon) 14,4-23; 21,1-10; 47,1-15; Jer 50,1–51,64; Hab 1,1–3,19; Offb 17,1–18,24 **13,3** 5,26; Ri 5,2.9 **13,10** Joël 2,10S **13,11** Gen 6,5-7; Jes 10,12-14S

dann zittert der Himmel, die Erde bebt und löst sich
von ihren Fundamenten. 14 Wie aufgescheuchte
Gazellen, wie eine Herde, die kein Hirt zusammen-
hält, so fliehen alle Fremden davon, jeder zu seinem
Volk und in sein Heimatland. 15 Wer auf der Flucht
entdeckt wird, wird niedergestochen; wen man auf-
greift, erschlägt man mit dem Schwert. 16 Sie müssen
mit ansehen, wie man ihre Kinder zerschmettert,
ihre Häuser plündert und ihren Frauen Gewalt
antut.
17 Der HERR sagt: »Ich lasse die Meder[a] auf sie los,
die sich nicht mit Silber bestechen und nicht mit
Gold umstimmen lassen. 18 Ihre Pfeile strecken die
jungen Männer nieder, mit Kindern und Säuglingen
haben sie kein Mitleid, niemand wird verschont.«
19 Babylon, das Juwel der Königreiche, das
Schmuckstück der stolzen Chaldäer*, wird dasselbe
Schicksal erleiden wie die Städte Sodom* und
Gomorra, die Gott vernichtet hat. 20 Nie wieder wird
sich dort jemand ansiedeln, es bleibt unbewohnt für
alle Zeiten. Kein Nomade schlägt dort seine Zelte
auf, kein Hirt lässt seine Herde rasten. 21 Nur Wüsten-
tiere halten sich dort auf, die Häuser werden voll
sein von Eulen. Der Ort wird ein Wohnplatz der
Strauße und ein Tanzplatz der Böcke. 22 Hyänen
werden in den verlassenen Palästen heulen und
Schakale in den Ruinen der Lustschlösser. Babylons
Tage sind gezählt, bald schlägt seine letzte Stunde!

Der Sturz des Tyrannen

14 Der HERR wird sich über die Nachkommen
Jakobs erbarmen; er wird Israel noch einmal
erwählen und es in sein Land zurückbringen. Frem-
de werden Anschluss beim Volk Israel suchen und
finden.[b] 2 Andere Völker werden die verschleppten
Israeliten abholen und in ihr Land zurückbringen.
Dort im Land des HERRN werden sie den Leuten
von Israel als Sklaven und Sklavinnen dienen. Die
Israeliten werden die gefangen nehmen, die sie in
Gefangenschaft weggeführt haben; sie werden über
ihre früheren Unterdrücker herrschen.
3 Israel, der HERR wird deiner Sklaverei ein Ende
machen! Nach allen Leiden und Unruhen sollst du
wieder aufatmen können. Wenn das geschieht,
4 wirst du über den König von Babylonien* ein Spott-
lied singen:

»Der Unterdrücker nahm ein böses Ende,
mit seiner Schreckensherrschaft° ist es aus!
5 Der HERR zerbrach die Macht der Unheilstifter,
den Stock, den der Tyrann geschwungen hatte.
6 In blinder Wut schlug er damit die Völker,
versetzte ihnen grausam Schlag auf Schlag.
Er unterdrückte sie in wildem Zorn
und ließ sie alle rücksichtslos verfolgen.
7 Doch nun herrscht wieder Ruhe auf der Erde
und alle brechen laut in Jubel aus.
8 Selbst die Zypressen freuen sich darüber,
die Zedern jauchzen auf dem Libanon:
›Seit du gefallen bist und unten liegst,
kommt niemand mehr herauf, um uns zu fällen!‹

9 Die ganze Totenwelt* ist in Bewegung,
bereit, um dich gebührend zu empfangen.
Die Schatten stört man deinetwegen auf,
sie, die einst Herrscher auf der Erde waren.
Man schreckt die Könige der Völker hoch,
sie alle springen auf von ihren Thronen.
10 Da stehen sie und heißen dich willkommen,
der Chor der Schatten ruft dir spöttisch zu:
›Sieh da, nun bist auch du für immer hier,
ganz ohne Macht, genauso schwach wie wir!‹
11 Dahin ist nun die Pracht, die dich umgab,
dahin die rauschende Musik der Harfen,
hinunter in die dunkle Totenwelt.
Das Bett, auf dem du liegen darfst, sind Maden
und Würmer sind die Decke über dir.

12 Du Morgenstern, wie konnte es geschehen,
dass du vom hohen Himmel niederstürztest?
Du hast so viele Völker unterworfen,
jetzt liegst du selbst zerschmettert auf der Erde!
13 In deinem Herzen hattest du beschlossen:
›Ich steige immer höher, bis zum Himmel.
Dort oben will ich meinen Thron errichten,
ich will noch höher sein als Gottes Sterne.
Ich setze mich im Rat der Götter nieder,
im fernsten Norden, auf dem Götterberg*.
14 Ich steige höher, als die Wolken reichen,
dann endlich gleiche ich dem Allerhöchsten!‹
15 Doch in den Abgrund wurdest du geworfen,
bis auf den tiefsten Grund der Totenwelt!

16 Wer dich so liegen sieht, der starrt dich an,
noch glaubt er seinen Augen nicht zu trauen:
›Ist das der Mann, vor dem die Erde bebte,
der Königreiche aus den Angeln hob?

Gott benutzte Assyrien als Werkzeug, um die Völker zu bestrafen (10,5). Aber auch die Assyrer selbst sollen Gottes Gericht erfahren (14,25). Im Jahr 612 v. Chr. wurde ihre Hauptstadt Ninive von den Babyloniern und Medern erobert. Das assyrische Großreich stürzte zusammen.

a Zur Rolle der *Meder* siehe Anmerkung zu 21,2.
b Von der Öffnung des Gottesvolkes für Menschen anderer Völker spricht auch 56,3.6-8; vgl. 2,2-4; Sach 2,15; 8,20-23.

13,17 21,2; Jer 51,11 **13,19** Gen 19,24-25S **14,1** Sach 2,15; 8,20-23 **14,2** 49,22-26; 61,5; Sach 2,13 **14,4-23** 13,1-22S **14,13** Ps 48,3S

Die Assyrer

Die Assyrer lebten in der nördlichen Hälfte des heutigen Irak, zwischen Eufrat und Tigris. Die fruchtbaren Hügel und Ebenen dieses Gebietes stehen in scharfem Kontrast zur Wüste im Westen und den schroffen Gebirgen im Norden und Osten. Daher mussten die Assyrer ihr Land ständig gegen Überfälle verteidigen.

Geschichte

Die Assyrer waren überwiegend Semiten; ihre Sprache war mit der babylonischen eng verwandt. Sie bedienten sich auch desselben Schriftsystems, in dem keilförmige Schriftzeichen, mit einem Griffel in Tontafeln eingedrückt, Wörter oder Silben darstellen. Die assyrischen Königslisten zeigen, dass die Assyrer schon um 2300 v. Chr. ihr Land bewohnten. Um 1100 war Assyrien ein einflussreicher Staat im Mittleren Osten. Dann folgte eine Zeit des Verfalls. Doch etwa von 900 an gelang es einer Reihe tatkräftiger Könige, Assyrien zu einem mächtigen Reich auszubauen, dem so genannten Neuassyrischen Reich.

Kunst

Mit der politischen Macht wuchs auch der Wohlstand. Die biblischen Berichte und andere Quellen sowie die Reliefs, die die Wände assyrischer Paläste zierten, vermitteln den Eindruck, die Assyrer seien ein Volk von grausamen Kriegern gewesen (siehe dazu Seiten 506/07). Aber das Leben der Assyrer bestand nicht nur aus Kriegführen. Die Könige bauten in den wichtigsten Städten des Landes – in Ninive, Assur, Kalach – große Paläste und Tempel. Die Wände waren verziert mit Steinplatten, in die Flachreliefs eingemeißelt waren. Sie zeigen den König auf der Jagd oder im Umgang mit seinen Untertanen oder bei der Verehrung der Götter. Auch seine Siege sind darauf geschildert. Die Ausstattungsstücke waren mit herrlichen Elfenbeinschnitzereien verziert.

Bibliotheken

In der Palastbibliothek Assurbanipals und den königlichen Archiven wurden Tausende beschrifteter Tontafeln gefunden. Viele beziehen sich auf diplomatische Vorgänge und Verwaltungsakte. Es gibt aber auch juristische Dokumente sowie Wörterbücher und Wortlisten. In der assyrischen Literatur finden sich umfangreiche Epen über die Weltschöpfung und die Sintflut (vgl. Seite 37) sowie andere Göttergeschichten.

Religion

Assur, der Nationalgott der Assyrer, galt als König der Götter. Er und die anderen Götter – der Mondgott, der Sonnengott, der Wettergott, die Göttin der Liebe und des Krieges usw. –

Das Assyrische Reich auf dem Höhepunkt seiner Macht. Die Hauptstadt Ninive wurde 612 v. Chr. von den Babyloniern erobert.

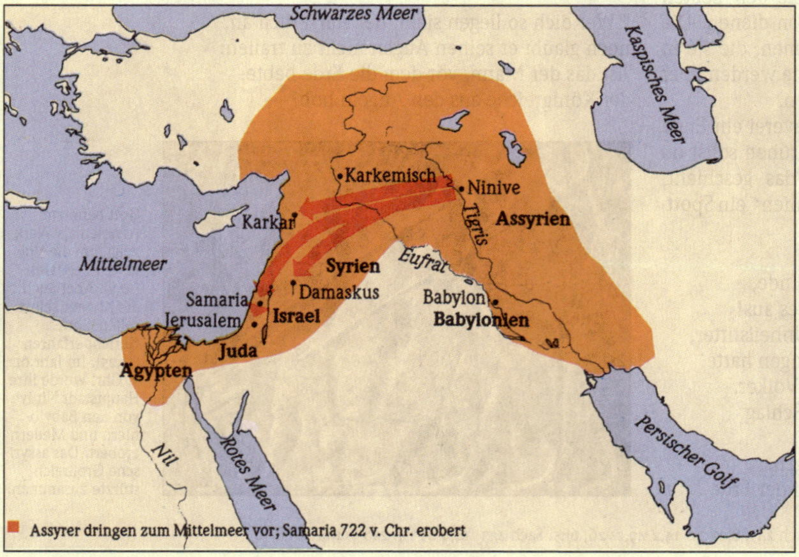

Der so genannte Taylor-Zylinder berichtet von Sanheribs Feldzug gegen Juda (der Text ist lückenhaft erhalten): »Hiskija von Juda jedoch … 46 seiner festen ummauerten Städte … belagerte und eroberte ich … Ihn selbst schloss ich gleich einem Käfigvogel in seiner Residenz Jerusalem ein.«

bestimmten das ganze Leben. Jede Stadt hatte einen Haupttempel, an dem die Lokalgottheit verehrt wurde. Am besonderen Tag dieses Gottes und den großen allgemeinen Festtagen drängte sich das Volk in den Straßen, um die Götterbilder zu sehen, die in Prozessionen durch die Stadt getragen wurden.

Die Welt der Geister und Dämonen wurde sehr ernst genommen. Man trug allerlei Amulette, um böse Geister abzuwehren, die Krankheit und Unglück brachten. Man glaubte an Vorzeichen und befragte Wahrsager. Man opferte auch den Toten. Doch Hoffnung auf ein Leben nach dem Tod gab es in der assyrischen Religion nicht.

Assyrien und Israel

In den biblischen Berichten werden Auseinandersetzungen mit den Assyrern erstmals für die Zeit der letzten Könige von Israel, das 8. Jahrhundert v. Chr., erwähnt. Es ist die Zeit, in der im Südreich Juda der Prophet Jesaja auftritt. Doch schon seit etwa 840 v. Chr. ist das Nordreich Israel von den Assyrern abhängig: Auf dem Obelisken aus schwarzem Stein, der die Siege König Salmanassars III. verzeichnet, ist König Jehu von Israel dargestellt, der dem Assyrerkönig Tribut entrichtet. Rund hundert Jahre später, 745 v. Chr., erneuert Tiglat-Pileser III. die Tributforderung an Israel. Bald darauf erobert er wichtige Städte und Landschaften des Nordreichs und führt deren Einwohner weg nach Assyrien. Um künftigen Aufständen vorzubeugen, hatten die Assyrer die Gewohnheit, die Bevölkerung besiegter Länder aus ihrer Heimat wegzuführen und anderswo anzusiedeln.

Als König Hoschea von Israel sich wieder von der assyrischen Oberherrschaft lossagt, wird die Hauptstadt Samaria von Salmanassar V. belagert und durch dessen Nachfolger Sargon II. 722 v. Chr. erobert. Jetzt werden weitere Bevölkerungsteile in die Gefangenschaft weggeführt und Fremde werden im Land angesiedelt. Sargon berichtet, er habe »27 280 Leute weggeführt samt ihren Streitwagen und den Göttern, auf die sie vertrauten«.

Assyrien und Juda

Juda hatte 734 v. Chr. Assyrien gegen Nordisrael um Hilfe angerufen und war dadurch selbst in die Abhängigkeit von Assyrien geraten. Als König Hiskija von Juda dennoch eine selbstständige politische Linie verfolgte, kam König Sanherib mit einem assyrischen Heer nach Juda. Er eroberte die Festung Lachisch und forderte Jerusalem zur Übergabe auf. Auf Rat des Propheten Jesaja blieb Hiskija standhaft; kurz darauf zogen die Assyrer überraschend ab.

Juda blieb jedoch in Abhängigkeit von den Assyrern, bis deren Herrschaft unter dem Ansturm der Babylonier zusammenbrach, die 612 v. Chr. die Hauptstadt Ninive eroberten.

Der assyrische König Assurbanipal. Haar und Bart sind gekräuselt, charakteristisch auch das verzierte Kopfband, wie Assyrer es trugen.

Eine Szene auf dem ›Schwarzen Obelisken‹ König Salmanassars III. zeigt Jehu von Israel (oder seinen Bevollmächtigten), der sich vor dem König verneigt.

Die Inschrift beginnt: »Der Tribut Jehus, des Sohnes Omris … Ich empfing von ihm Silber, Gold, eine Schale aus Gold …«

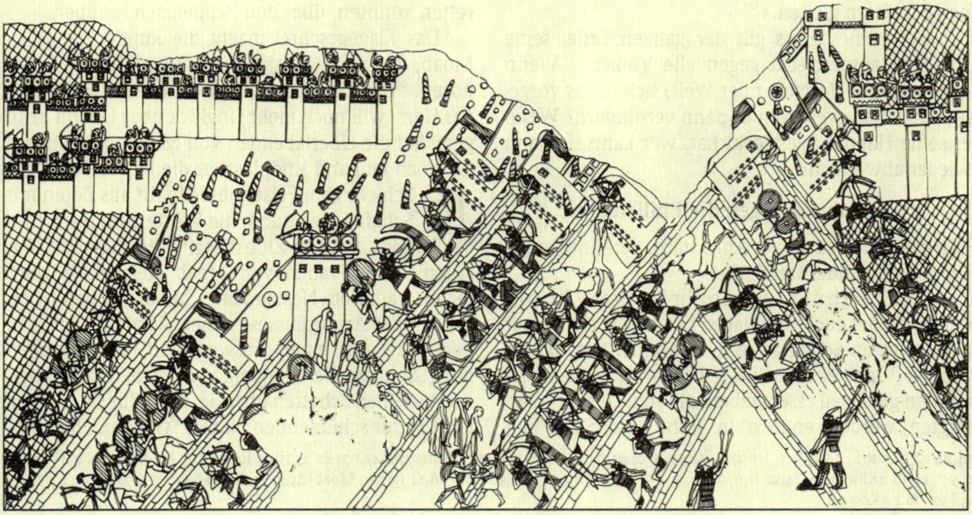

König Sanherib ließ die Belagerung von Lachisch in Juda in einer Reihe von Szenen abbilden. Sie finden sich, in Stein gemeißelt, an den Mauern seines Palastes in Ninive.

17 War er es, der die Welt zur Wüste machte,
der ganze Städte einfach ausradierte
und nie Gefangenen die Freiheit gab?‹
18 Die andern Herrscher setzt man prachtvoll bei,
in Ehren ruhen sie in ihrer Gruft.
19 Doch du liegst ohne Grab auf freiem Feld,
dort hingeworfen wie ein dürrer Zweig,
wie ein Kadaver, der zertreten wird,
bedeckt mit Kriegern, die das Schwert durchbohrte.
Mit denen, die in ihrer Steingruft liegen,
20 mit deinen Vätern, wirst du nie vereint!
Dein eigenes Land hast du zugrunde gehen,
dein eigenes Volk im Krieg verbluten lassen.
Darum soll deine Sippe von Verbrechern
in alle Ewigkeit vergessen sein!
21 Die Söhne dieses Königs müssen sterben;
sie sollen sühnen für die Schuld der Väter!
Lasst sie nicht noch einmal die Welt erobern
und auf der ganzen Erde Städte bauen!
Macht euch bereit und bringt sie alle um!«

22 Der HERR, der Herrscher der Welt,[a] sagt: »Ich wer-
de ihnen entgegentreten und Babylon mit Stumpf
und Stiel ausrotten, ich will ihnen weder Söhne noch
Erben lassen. 23 Ich mache Babylon zu einem großen
Sumpf, den die Reiher° in Besitz nehmen. Ich kehre
es aus mit eisernem Besen, sodass nichts mehr von
ihnen übrig bleibt. Das sage ich, der Herrscher der
Welt!«

Assyriens Macht wird zerbrochen

24 Der HERR, der Herrscher der Welt, hat geschwo-
ren: »Es bleibt dabei: Was ich geplant habe, trifft
ein; was ich beschlossen habe, wird ausgeführt!
25 Ich zerbreche die Macht Assyriens* in meinem
Land, auf meinen Bergen trete ich sie in den Staub.
Dann wird das Joch* der Assyrer vom Nacken mei-
nes Volkes verschwinden und ihre Last wird von sei-
nen Schultern gleiten.«
26 Gottes Beschluss gilt der ganzen Erde, seine
Hand ist ausgestreckt gegen alle Völker. 27 Wenn
der HERR, der Herrscher der Welt, sich etwas vorge-
nommen hat, wer kann es dann verhindern? Wenn
er seine Hand ausgestreckt hat, wer kann sie dann
wieder abwenden?

Drohung gegen die Philister

28 In dem Jahr, als König Ahas starb, verkündete der
Prophet folgende Botschaft:[b]
29 »Freut euch nicht zu früh, ihr Philister![c] Zwar ist
der Stock, der euch geschlagen hat, zerbrochen; aber
aus der toten Schlange geht eine Viper hervor und
aus der Viper ein Drache. 30 Die Ärmsten in Israel
werden genug zu essen haben; die vom Unglück Ver-
folgten werden endlich in Ruhe und Sicherheit
leben. Euch aber wird Gott vor Hunger umkommen
lassen, und was von euch noch übrig bleibt, das wird
der Drache umbringen.
31 Schreit Zeter und Mord, ihr Wächter an den
Toren! Ruft Ach und Weh, ihr Bewohner der Städte!
Lasst alle Hoffnung fahren, ihr Philister alle mitei-
nander! Aus dem Norden naht sich eine Rauchwol-
ke, ein geschlossenes Heer, von dem keiner zurück-
bleibt.°
32 Was soll man den Boten der Philister sagen?
Dies ist unsere Antwort:[d] ›Der HERR selbst hat den
Zionsberg* gegründet. Dort finden die Armen seines
Volkes sicheren Schutz!‹«

Moabs Untergang

15 Botschaft über Moab:[e]
Ar-Moab ist zerstört, vernichtet in einer
Nacht! Auch Kir-Moab ist zerstört, vernichtet in
einer Nacht! 2 Die Bewohner von Dibon gehen zu
ihrem Tempel hinauf und weinen an den Opferstät-
ten. Auf dem Nebo und in Medeba stimmt Moab das
Klagegeschrei an. Alle Köpfe sind kahl geschoren,
alle Bärte abgeschnitten. 3 Auf den Straßen laufen
alle im Sack* umher, auf den Dächern und Plätzen
klagen sie und lassen ihren Tränen freien Lauf. 4 In
Heschbon und Elale schreien die Leute um Hilfe,
bis nach Jahaz ist es zu hören. Darum schreien auch
die Krieger Moabs, aller Mut hat sie verlassen.
5 Ich bin zutiefst erschüttert und schreie um Hilfe
für Moab. Bis nach Zoar fliehen die Menschen, bis
nach Eglat-Schelischija. Andere schleppen sich unter
lautem Weinen den Aufstieg von Luhit hoch. Auf
dem Weg nach Horonajim schallt das Geschrei über
den Untergang. 6 Die Oase von Nimrim ist zur Wüste
geworden, das Gras ist verdorrt, die Pflanzen ver-
welkt, alles Grün ist verschwunden. 7 Darum tragen
alle ihre Habseligkeiten, die wenigen, die sie noch
retten konnten, über den Pappelbach hinüber.
8 Das Klagegeschrei macht die Runde überall in
Moab, bis nach Eglajim und Beer-Elim ist es zu
hören. 9 Der Fluss von Dimon ist rot von Blut; aber
der Herr[f] will noch mehr Unglück über Dimon brin-
gen: Auf die Überlebenden von Moab, die Letzten,
die noch im Land sind, lässt er die Löwen los.
16 Schickt vom Felsennest Moab[g] aus Boten mit
Schafböcken durch die Wüste zum Herrscher
des Landes, auf den Zionsberg![h] 2 Sie sollen zu ihm
sagen:[i] »Die Frauen von Moab gleichen Vögeln,
die man aus dem Nest gescheucht hat. An den Über-
gängen des Arnonflusses rennen sie ziellos hin und
her. 3 Zeig uns einen Ausweg, triff eine Entschei-
dung! Schütze die Gejagten, verbirg die Flüchtlinge!
Breite deinen Schatten über sie, mach für sie den hel-
len Tag zur schützenden Nacht. 4 Gib den Flüchtlin-

a Wörtlich *Der HERR Zebaot**; entsprechend in den Versen 23, 24 und 27.
b Das war wahrscheinlich 725 v. Chr. (2 Kön 16,20).
c Die *Philister,* Israels Erbfeinde, waren zugleich das Herz des Widerstandes gegen die Assyrer, unter deren Schutz sich Juda unter König Ahas gestellt hatte (siehe Anmerkung zu 7,9). Vielleicht ist in Vers 29 auf den Tod Tiglat-Pilesers III. angespielt, der 734/33 auf zwei Feldzügen den Philistern schwer zugesetzt hatte.
d Offenbar wollten die Philister – ähnlich wie die Syrer nach 7,1-6 – Juda für ein antiassyrisches Bündnis gewinnen. Die Antwort des Propheten liegt ganz auf der Linie von 7,9.
e Kap 15–16 enthalten Worte über Israels Nachbarvolk Moab (siehe Skizze Seite 894), die aus verschiedenen Zeiten stammen; vgl. Jer 48. Zu den Einzelheiten in Kap 15 siehe Sacherklärung »Moab«.
f Wörtlich *ich.*
g Wörtlich *vom Felsen,* hebräisch *Sela,* das hier wohl nicht als Ortsname gebraucht ist wie in 2 Kön 14,7.
h *Zionsberg:* wörtlich *Berg der Tochter Zion*.*
i Verdeutlichender Zusatz.

14,24-27 10,5-19 S **14,25** 9,3; Jer 30,8 **14,27** 8,10; 43,13 **14,28-32** (gegen Philister) Jer 47,1-7; Ez 25,15-17; Joël 4,4-7; Am 1,6-8; Zef 2,4-7; Sach 9,5-7 **14,28** 2 Kön 16,20 **14,32** 12,6; 28,16; 31,4-5; 24,23 S; Ps 20,3; 76,3 S **15,1–16,14** (gegen Moab) 25,10-12; Jer 48,1-47; Ez 25,8-11; Am 2,1-3; Zef 2,8-10 **16,1** 2 Kön 3,4

gen aus Moab Gastrecht bei dir, versteck sie vor
ihren Verfolgern!«
Die Unterdrückung wird einmal aufhören, die
Zerstörung ein Ende nehmen und die Verwüster
werden aus dem Land verschwinden. 5 Dann wird
ein Thron errichtet werden, dessen Fundament die
Treue ist. Und auf diesem Thron am Wohnsitz
Davids wird beständig einer regieren, der das Recht
kennt und ihm Geltung verschafft.[a]

Trauer um Moab

6 Wir haben gehört, wie hochmütig Moab* ist, wie
überheblich, eingebildet und vermessen.[b] Doch
seine ganze Prahlerei ist leeres Geschwätz. 7 Darum
muss Moab sein Schicksal beklagen; alle trauern den
Presskuchen aus Rosinen nach, die sie in Kir-Heres
bekamen; völlig niedergeschlagen sind sie und jam-
mern.
8 Die Gärten von Heschbon sind verwelkt, ver-
dorrt sind die Weinstöcke von Sibma, deren Wein
die Starken der Völker schwach machte. Bis nach
Jaser reichten ihre Ranken, bis in die Wüste verliefen
sie sich, sie wucherten bis zum Toten Meer.
9 Zusammen mit den Bewohnern von Jaser beweine
ich die Weinstöcke von Sibma. Mit meinen Tränen
tränke ich euch, Heschbon und Elale, denn über eure
Obsternte und Weinlese sind die Feinde mit Kriegs-
geschrei hereingebrochen. 10 Gesang und Freude
sind aus den Obstgärten verschwunden, in den
Weinbergen ist kein Jubeln und Jauchzen mehr zu
hören, in den Keltern presst niemand mehr Trauben
aus, die fröhlichen Rufe sind verstummt.°
11 Darum zittert mein Innerstes um Moab, mein
Herz klagt um Kir-Heres. 12 Selbst wenn sich Moab
noch so abmüht, Opfer* bringt und in seinem Heilig-
tum betet, es wird ihm nichts helfen.
13 Das sind die Worte, die der HERR vor langer Zeit
über Moab gesprochen hat. 14 Jetzt aber sagt er:
»Noch drei Jahre, keinen Tag mehr und keinen weni-
ger, dann wird man über Moabs Ruhm nur noch ver-
ächtlich lachen. Von seinen zahlreichen Bewohnern
wird nur ein winziger Rest überleben, und der zählt
nicht mehr.«

Mit Syrien und dem Nordreich Israel geht es bergab

17 Botschaft über Damaskus:
Bald ist Damaskus keine Stadt mehr, nur
noch ein Haufen von Schutt und Trümmern! 2 Ver-
lassen sind dann die Städte um Aroër;[c] in aller Ruhe
können die Herden dort lagern, denn niemand wird
sie stören. 3 Damaskus verliert sein Königtum und
Israel[d] seinen Schutz. Von Syrien* wird nicht mehr
übrig bleiben als von Israel. Das sagt der HERR, der
Herrscher der Welt.[e]
4 Zu der Zeit wird Jakob so viel an Gewicht verlie-
ren, dass von ihm nur noch Haut und Knochen blei-
ben. 5 Zu der Zeit wird es zugehen wie bei der Korn-
ernte: Der Schnitter rafft mit dem Arm die Ähren
zusammen und schneidet sie mit der Sichel ab. Dann
kommen die Armen aus der Stadt und lesen die letz-
ten Ähren auf wie in der Ebene Rafaïm vor Jerusa-
lem. 6 So wenig wird von Israel übrig bleiben. Es
wird einem Ölbaum gleichen, von dem man die
Früchte mit dem Stock abgeschlagen hat: noch zwei,
drei Oliven oben in der Spitze des Baumes, vier oder
fünf an den unteren Zweigen. Das sagt der HERR, der
Gott Israels.
7 Zu der Zeit werden die Menschen wieder den
Blick auf ihren Schöpfer richten und nach dem heili-
gen Gott Israels ausschauen. 8 Dann werden sie nicht
mehr auf die Götzenbilder, ihre eigenen Machwer-
ke, achten; ihre Altäre, geweihten Pfähle* und Räu-
cheraltäre* werden sie nicht mehr ansehen.
9 Zu der Zeit werden die befestigten Städte Israels
so verlassen sein wie die Wälder und Berggipfel
damals bei der Ankunft der Israeliten, leer gefegt
wie eine Wüste.
10 Israel, du hast deinen Gott vergessen, der dich
retten und schützen kann wie eine Felsenburg; du
denkst nicht mehr an ihn. Darum legst du Gärtchen
an für die fremden Götter und füllst sie mit fremden
Rankengewächsen zu ihrer Ehre. 11 Schon am Tag, an
dem du die Pflanzen setzt, schießen sie hoch; was du
morgens gesät hast, sprießt noch am selben Tag.[f]
Aber es wird dir nur Schmerz und Krankheit brin-
gen, gegen die nichts helfen kann.

Vergeblicher Ansturm der Völker

12 Hört! Völkermassen brausen heran,
sie tosen wie das rauschende Meer!
Nationen sind in Aufruhr,
sie toben wie das aufgewühlte Meer!
13 Sie brausen heran wie wütende Wogen.
Doch Gott bedroht sie, und sie weichen zurück[g]
wie Spreu, die der Wind auf den Bergen davonbläst,
wie trockene, ausgerissene Disteln,
die der Sturm übers Land wirbelt.
14 Am Abend noch herrscht helles Entsetzen –
bevor der Morgen graut, ist alles vorbei!
So geht es denen, die uns berauben wollen;
das ist das Schicksal aller, die zum Plündern
kommen!

Böse Nachricht für Äthiopien

18 Weh dem Land der schnellen Boote,° Äthio-
pien* an den Quellflüssen des Nils! 2 Dieses
Land schickt seine Abgesandten[h] den Strom hinab,
in Papyrusbooten gleiten sie über das Wasser.

a Was die Hilfe Suchenden der Verse 1-4 vom König in Jerusalem erhoffen, wird erst der künftige Friedenskönig einlösen können; vgl. 9,5-6; 11,1-10.
b Zur Selbstüberhebung als Ursache des göttlichen Strafgerichts siehe Ez 31,10 und Vergleichsstellen. Zu den Ortsnamen in den Versen 8-11 siehe Anmerkungen zu Jer 48,31-34.
c Keine der drei Städte dieses Namens liegt in der näheren oder ferneren Umgebung von Damaskus. Vielleicht gehört der Vers zu Kapitel 16.
d *Israel:* H *Efraïm* (vgl. Anmerkung zu 7,2 und Sacherklärung »Syrisch-Efraïmitischer Krieg«. Vers 3 will im Licht von Vers 4 verstanden werden (wo der Stammvater Jakob für das Nordreich Israel steht). Syrien und Nordisrael, die gegen Juda gemeinsame Sache gemacht haben, werden beide vom gleichen Schicksal getroffen (7,8-9; 2 Kön 16,9; 17,6).
e Wörtlich *der HERR Zebaot**.
f Siehe Sacherklärung »Tammus«.
g Götzendienerische Praktiken (Verse 10-11) können dem Nordreich Israel nicht helfen; aber Juda und Jerusalem stehen unter dem Schutz ihres Gottes; vgl. 7,4-9; 8,9-10. Was hier in visionärer Form geschaut wird, ist nach Kap 36–38 tatsächlich eingetroffen.
h Wieder einmal soll Juda in ein antiassyrisches Bündnis hineingezogen werden (20,5; vgl. 14,32; 39,1-2 und Anmerkung zu 7,1). *Äthiopien,* d.h. das Land am Nil südlich Ägyptens, hatte nach dem Ende des Neuen Reiches zeitweilig seinen Einfluss auf Ägypten ausgedehnt und kam dadurch in Berührung mit der assyrischen Macht; vgl. 37,9.

16,5 9,5-6; 11,1-5 **16,6** Ez 31,10 S **16,14** 21,16-17 **17,1-3** (gegen Damaskus) Jer 49,23-27; Am 1,3-5 **17,3** 7,8-9; 2 Kön 16,9 **17,5** Lev 19,9-10 S **17,10** 8,14; 1,29 S **17,12-13** Mi 4,11-13; Ps 46,4; 65,8 **17,14** 37,36; Ps 46,6

Geht heim, ihr schnellen Botschafter! Geht
zurück zu eurem Volk, zu den hoch gewachsenen
Menschen mit glänzender Haut, die weit und breit
gefürchtet sind, zurück zu dem starken und gewalt-
tätigen Volk, dessen Land von Strömen durchschnit-
ten wird!
3 Passt auf, ihr Bewohner der ganzen Erde, die ihr
die Länder bevölkert! Wenn ein Feldzeichen auf den
Bergen errichtet wird, blickt hin! Und wenn das
Signalhorn ertönt, horcht auf!
4 Denn der HERR hat zu mir gesagt: »Von meiner
Wohnstätte aus schaue ich zu und warte ab, ruhig
und unbewegt wie die glühende Mittagshitze, wie
eine Dunstwolke an einem heißen Sommertag.
5 Aber wenn der Weinstock aufgehört hat zu blühen,
wenn die Blüten zu Trauben werden, dann wird
das fruchtlose Holz mit dem Messer abgeschnitten,
die wilden Triebe werden abgerissen und wegge-
worfen. 6 So werden die Äthiopier weggeworfen;
sie bleiben liegen als Fraß für die Geier und Hyänen.
Im Sommer und auch noch im Winter haben die
daran zu fressen.«
7 Es kommt eine Zeit, da werden die hoch gewach-
senen Menschen mit glänzender Haut, die weit und
breit gefürchtet sind, da wird das starke und gewalt-
tätige Volk, dessen Land von Strömen durchschnit-
ten wird, dem HERRN, dem Herrscher der Welt,[a]
mit Geschenken huldigen. Sie werden zu der Stätte
kommen, wo sein Name wohnt,[b] zum Zionsberg*.

Verwirrung in Ägypten

19 Botschaft über Ägypten:[c]
Auf einer schnellen Wolke kommt der
HERR nach Ägypten gefahren! Die Götzen Ägyptens
zittern vor ihm, die Ägypter vergehen vor Angst.
2 Der HERR sagt: »Ich will sie gegeneinander aufsta-
cheln, bis einer den anderen angreift. Eine Stadt soll
gegen die andere kämpfen, ein Teil des Reiches
gegen den anderen Krieg führen. 3 Die Ägypter
werden den Kopf verlieren, ich bringe ihre Pläne
durcheinander. Sie werden bei ihren Götzen Rat
suchen und zu den Wahrsagern und Zauberern lau-
fen, zu denen, die die Geister der Toten befragen.
4 Ich will Ägypten in die Gewalt eines Tyrannen
geben, ein grausamer König[d] soll dort regieren!«
Das sagt der HERR, der Herrscher über die ganze
Welt.[e]
5 Das Wasser im Nil nimmt ab, der Strom versiegt
und trocknet aus. 6 Seine Arme fangen an zu stinken,
die Kanäle Ägyptens werden leer. Schilf und Ried-
gras werden schwarz, 7 auch die Binsen an der Mün-
dung des Nils. Das Saatland an seinen Ufern trocknet
aus, der Wind weht es fort, nichts bleibt übrig. 8 Die
Fischer jammern und klagen. Alle, die sonst ihre
Angeln oder Netze im Nil auswerfen, stehen ratlos
da. 9 Verzweifelt sind alle, die Flachs verarbeiten,
die Weber sind bleich vor Sorge.° 10 Sie° sind völlig
niedergeschlagen und die Lohnarbeiter sind ver-
zweifelt.
11 Die Fürsten von Zoan[f] – Dummköpfe sind sie!
Und die klugen Ratgeber des Pharaos – ihre Ratschlä-
ge zeugen nicht gerade von Einsicht! Sie sagen zum
Pharao: »Seit Generationen kennen wir uns aus; wir
stammen von den alten Königen ab.« Mit welchem
Recht behaupten sie das? 12 Pharao, wo sind sie denn,
deine Ratgeber? Sie sollen dir doch sagen, was der
HERR, der Herrscher der Welt,[g] über Ägypten
beschlossen hat – wenn sie es wissen!
13 Aber die Fürsten von Zoan haben keine Ahnung
und die von Memfis geben sich Täuschungen hin.
Sie, die Führer der Provinzen, führen Ägypten in
die Irre. 14 Der HERR hat ihr Denken so verwirrt, als
wären sie im Taumel eines Rausches. Dadurch brin-
gen sie Ägypten in Verwirrung bei allem, was es
unternimmt. Es taumelt wie ein Betrunkener, der
in seinem Erbrochenen herumtappt. 15 In Ägypten
wird niemand mehr etwas Rechtes zustande brin-
gen, weder Reiche noch Arme, weder Hohe noch
Niedrige.

Hoffnung für Ägypten

16 Es kommt eine Zeit, da werden die Ägypter
erschrecken wie Frauen; sie werden zittern vor
dem HERRN, dem Herrscher der Welt, der seine Hand
nach ihnen ausstreckt. 17 Das Land Juda wird für sie
zu einer schrecklichen Erinnerung. Jedes Mal, wenn
jemand den Namen Judas erwähnt, fahren sie
zusammen, sie zittern beim Gedanken an das, was
der HERR, der Herrscher der Welt, gegen sie beschlos-
sen hat.
18 Zu der Zeit wird es in Ägypten fünf Städte geben,
in denen die Leute Hebräisch sprechen und dem
HERRN, dem Herrscher der Welt, Treue schwören.
Eine von ihnen wird »Sonnenstadt«[h] heißen.
19 Zu der Zeit wird mitten in Ägypten ein Altar ste-
hen, der dem HERRN geweiht ist, und an der Grenze
ein Steinmal ihm zu Ehren. 20 Das Steinmal soll das
Land an den HERRN, den Herrscher der Welt, erin-
nern. Wenn die Ägypter unterdrückt werden und
zu ihm um Hilfe schreien, wird er ihnen einen Retter
senden, der für sie kämpft und sie befreit. 21 So wird
der HERR sich den Ägyptern zu erkennen geben, und
sie werden erkennen, wer er ist. Sie werden dann
ihn mit Mahlopfern* und Speiseopfern* ehren
und die Gelübde* halten, die sie ihm geben. 22 Der
HERR wird die Ägypter empfindlich strafen, um sie
dadurch zurechtzubringen. Sie werden sich zu ihm
hinwenden und er wird ihre Gebete erhören und
ihnen wieder aufhelfen.
23 Zu der Zeit wird eine Straße Ägypten mit Assy-

a Wörtlich *dem HERRN Zebaot**.
b *sein Name wohnt:* siehe Anmerkung zu Dtn 12,5.
c Sie richtet sich an die maßgebenden Männer in Juda und will sie warnen, ihre Hoffnungen auf die Großmacht im Süden zu setzen; vgl. 30,1-7; 31,1-3 und besonders 20,1-5.
d Sargon II. besiegte 720 v. Chr. die mit Gaza verbündeten Ägypter und empfing vom Pharao einen Tribut.
e Wörtlich *der Herr, der HERR Zebaot**.
f Die Stadt im östlichen Nildelta (siehe Anmerkung zu Ps 78,12) spielte zu jener Zeit neben Memfis (Vers 13) eine bedeutende Rolle.
g Wörtlich *der HERR Zebaot**; entsprechend in den Versen 16, 17, 18, 20 und 25.
h *Sonnenstadt* (griechisch: Heliopolis; ägyptisch: On): mit einigen Handschriften. Durch Änderung eines Buchstabens ist in H die abwertende Bezeichnung *Stadt der Zerstörung* entstanden. Die Stadt befindet sich an der Stelle, wo der Nil sich zum Delta gabelt. Judäer kamen mindestens seit dem 6. Jahrhundert in größerer Zahl nach Ägypten; vgl. Jer 24,8; 43,4-7. Hier wird die Erwartung ausgesprochen, dass sich die Ägypter in den genannten Städten der jüdischen Gemeinde anschließen werden.

18,4 Ps 33,13-14 **18,7** Ps 68,30-32; Zef 3,10; Apg 8,27-28 **19,1-15** (gegen Ägypten) Jer 46,2-26; Ez 29,1–32,32 **19,1** Ps 104,3 **19,5** Jer 51,36 **19,11-12** 1 Kön 5,10; Gen 41,8 **19,14** 1 Kön 22,20-22 **19,19-25** Ez 29,13-16 **19,20** Ri 2,16-18

rien* verbinden. Die Assyrer und die Ägypter werden sich gegenseitig besuchen und gemeinsam werden sie den HERRN verehren. 24 Dann wird Israel der Dritte im Bunde sein, zusammen mit Ägypten und Assyrien – ein Segen für die ganze Erde. 25 Der HERR, der Herrscher der Welt, wird sie segnen mit den Worten: »Gesegnet ist Ägypten, mein Volk! Gesegnet ist Assyrien, das ich geschaffen habe! Gesegnet ist Israel, mein Eigentum!«

Keine Hilfe von Ägypten und Äthiopien

20 1–2 Auf Befehl des Königs Sargon von Assyrien* rückte sein oberster Feldherr gegen die Stadt Aschdod vor, belagerte sie und nahm sie ein. Drei Jahre zuvor[a] hatte der HERR zu Jesaja, dem Sohn von Amoz, gesagt: »Leg dein Gewand[b] ab und zieh deine Sandalen aus!« Das hatte Jesaja getan und war im Hemd[c] und barfuß umhergelaufen.

In dem Jahr, als Aschdod erobert wurde, 3 ließ der HERR durch Jesaja verkünden: »Seit drei Jahren läuft mein Diener Jesaja im Hemd und barfuß umher als ein lebendes Zeichen und eine Ankündigung für das, was mit Ägypten und Äthiopien* geschehen wird. 4 Denn der König von Assyrien wird die Ägypter und die Äthiopier,[d] Junge und Alte, gefangen wegführen, im Hemd und barfuß, ja sogar mit bloßem Gesäß – welche Schande für die Ägypter! 5 Dann werden alle enttäuscht und entmutigt sein, die von Äthiopien Hilfe erwarteten und so große Stücke auf Ägypten hielten.«

6 Wenn das geschieht, werden die Philister* und die Leute von Juda sagen: »Sie sind unsere Hoffnung gewesen, zu ihnen sind wir um Schutz und Hilfe gelaufen, sie sollten uns vor dem König von Assyrien retten. Und was ist nun aus ihnen geworden! Wie sollte es da für uns noch Rettung geben?«

Eine Vision vom Untergang Babylons

21 Botschaft über Babylonien*, die »Wüste am Strom«:

Wie ein Wirbelwind, der über das Südland fegt, so kommt es heran aus der Wüste, aus dem Furcht erregenden Land! 2 Es ist grausig, was Gott mich sehen und hören ließ: »Elamiter*, zum Angriff! Meder,[e] schließt die Stadt ein! Die Räuber müssen rauben, die Verwüster müssen verwüsten! Dem Seufzen der Völker über Babylon will ich ein Ende machen!«[f]

3 Ich bin ganz verstört von dem, was ich höre; was ich sehen muss, erschüttert mich. Mein Leib ist von Krämpfen geschüttelt, Schmerzen überfallen mich wie die Wehen eine gebärende Frau. 4 Mir dreht sich's im Kopf, die Angst lässt mich schaudern. Die Abenddämmerung, auf deren erfrischende Kühle ich mich sonst immer freue, hat mir nichts als Schrecken gebracht.

5 Ich sehe: In Babylon deckt man den Tisch zum Festmahl, man breitet die Polster aus,° man isst und trinkt – plötzlich ein Schrei: »Aufstehen! Alle Offiziere zu den Waffen!«

6 Der Herr hat zu mir gesagt: »Stell einen Wachtposten auf! Er soll melden, was er sieht! 7 Wenn er Streitwagen* sieht, mit Pferden bespannt, eine Karawane° von Eseln und Kamelen, dann soll er aufpassen, ganz scharf aufpassen!«

8 Da rief der Wächter:° »Den ganzen Tag bin ich auf meinem Posten, Herr, jede Nacht halte ich Wache. 9 Achtung! Da kommen Truppen, Streitwagen* mit Pferdegespannen!« Und jemand verkündete: »Gefallen! Babylon ist gefallen! Alle seine Götzenbilder liegen zertrümmert am Boden!«

10 Du mein Volk, das geschlagen wurde wie Korn auf dem Dreschplatz, ich habe dir verkündet, was ich vom Herrscher der Welt,[g] dem Gott Israels, gehört habe.

Wann ist die Nacht vorüber?

11 Botschaft über Duma:[h]

Aus Seïr höre ich rufen: »Wächter, wie lange noch dauert die Nacht? Wann ist die Nacht vorüber?« 12 Und der Wächter antwortet: »Der Morgen kommt bestimmt, aber noch ist es Nacht! Wenn ihr noch einmal fragen wollt, dann kommt wieder!«

Unheil über Dedan und Kedar

13 Botschaft über Arabien:[i]

Ihr Männer von Dedan*, ihr müsst mit euren Karawanen in der Steppe übernachten, zieht euch ins Gestrüpp zurück!

14 Ihr Bewohner von Tema, sucht die Flüchtlinge aus Dedan auf, gebt ihnen zu essen! Bringt ihnen Wasser, sie kommen um vor Durst! 15 Sie sind auf der Flucht vor dem Ansturm des Krieges, vor dem gezückten Schwert und dem gespannten Bogen.

16 Der Herr hat zu mir gesagt: »In einem Jahr, keinen Tag mehr und keinen weniger, ist es mit dem Ruhm Kedars* vorbei. 17 Von seinen berühmten Bogenschützen werden nur ganz wenige übrig bleiben. Das sage ich, der HERR, der Gott Israels.«

Kein Grund zum Jubeln für Jerusalem

22 Botschaft über das Hinnom-Tal:[j]

Was ist euch in den Kopf gestiegen, ihr Bewohner von Jerusalem? Warum seid ihr alle auf die Dächer geklettert? 2 Was soll dieser Lärm in der Stadt, dieses ausgelassene Feiern, der Jubel über die Befreiung? Ist etwa ein einziger eurer Krieger im offenen Kampf erschlagen worden? 3 Nein, eure

a Wohl mit ägyptischer Unterstützung hatte sich König Jamani von Aschdod gegen die assyrische Oberherrschaft erhoben und auch Juda als Bundesgenossen zu gewinnen gesucht; vgl. 14,32. Jesajas Zeichenhandlung (siehe Anmerkung zu Jer 13,1) ist als Warnung an die Adresse Judas zu verstehen (Vers 5).
b *Gewand:* wörtlich *Sack**. Vielleicht trug der Prophet, um auf den Ernst der Lage hinzuweisen, die Trauerkleidung.
c *im Hemd:* wörtlich *nackt*, d.h. im Lendenschurz*.
d Zur Rolle der Äthiopier siehe Anmerkung zu 18,2.
e Wie in 13,17 sind es die Meder, von denen Babylon den Todesstoß erhalten soll (siehe Karte Seite 926; Elamiter siehe Seite 49). Seit der Zeit Nebukadnezzars traten sie als Rivalen um die Weltherrschaft hervor. Das Babylonierreich wurde dann allerdings von dem Perserkönig Kyrus zu Fall gebracht, nachdem er sich die Herrschaft über Medien angeeignet hatte.
f Das *Seufzen der Völker über Babylon* liegt zur Zeit Jesajas noch in der Zukunft (siehe Anmerkung zu 13,1).
g Wörtlich *vom HERRN Zebaot**.
h *Duma:* Lage unsicher. Es gibt eine Oase dieses Namens im nördlichen Arabien, östlich des Berglandes Seïr (Edom).
i *Dedan* und *Tema* sind Oasen weit südlich von Duma. Die Dedaniter lebten vom Karawanenhandel.
j *Hinnom-Tal:* Wiedergabe des verhüllenden Ausdrucks *Tal der Vision* (ebenso in Vers 5; vgl. dazu Jer 19,1-5). Zur Lage siehe Sacherklärung. Das folgende Wort spiegelt den Jubel in Jerusalem nach dem überraschenden Abzug der Assyrer

20,1-4 (Zeichen) 8,18; Jer 13,1-11 S; Ez 4,1–5,4 S **20,5** 18,1-2; 30,3 **21,1-10** 13,1-22 S **21,2** 13,17 **21,9** 46,1-2 S; Jer 51,8; Offb 18,2 S **21,13-17** Jer 49,28-33 **21,16-17** 16,14

Truppenführer haben sich aus dem Staub gemacht; aber sie wurden eingefangen, einer wie der andere, ohne dass auch nur ein Pfeil abgeschossen worden wäre. So weit sie auch geflohen waren, alle wurden gefangen genommen.

4 Darum sage ich: »Lasst mich allein mit meinem Schmerz und meinen Tränen! Lasst mich weinen und klagen über die verzweifelte Lage meines Volkes! Gebt es auf, mich trösten zu wollen! 5 Denn der HERR, der Herrscher über die ganze Welt,[a] hat Schrecken und Entsetzen und Zerbrechen über uns gebracht. Das Hinnom-Tal hallte wider vom Kriegslärm und Hilfeschreie schallten zum Zionsberg* hinauf. 6 Die Elamiter*, auf Streitwagen* mit Pferdegespannen, hielten ihre Köcher in der Hand, die Männer aus Kir nahmen ihre Schilde aus der Hülle.[b] 7 Jerusalems prächtige Täler waren voll von Pferden und Wagen, die Feinde bezogen ihre Posten vor den Toren, 8 Judas letzter Schutz lag schutzlos vor ihnen.«

An jenem Tag habt ihr im Waldhaus[c] nach euren Waffenvorräten geschaut. 9 In der Mauer der Davidsstadt* entdecktet ihr viele Risse! Im Unteren Teich stautet ihr das Wasser. 10 Ihr erfasstet alle Gebäude von Jerusalem in Listen. Einige Häuser musstet ihr abreißen, um die Stadtmauer zu befestigen. 11 Ihr legtet auch ein Sammelbecken an zwischen den beiden Mauern und leitetet das Wasser aus dem Alten Teich[d] hinein. Aber dass Gott seine Hand im Spiel haben könnte, habt ihr nicht bedacht; ihr hattet keinen Blick für ihn, der das Unglück seit langem vorbereitet hatte und geschehen ließ.

12 An jenem Tag[e] rief der HERR, der Herrscher über die ganze Welt, euch zum Weinen und Klagen auf, ihr solltet euch den Kopf kahl scheren und den Sack* anziehen. 13 Stattdessen jubelt ihr und feiert, ihr schlachtet Rinder und Schafe, ihr schmaust und bechert. »Lasst uns essen und trinken«, sagt ihr, »morgen sind wir tot!« 14 Der HERR, der Herrscher über die ganze Welt, hat zu mir gesprochen; er hat geschworen: »Diese Schuld vergebe ich ihnen nicht, sie werden sie ihr ganzes Leben lang nicht los!«

Worte über Schebna und Eljakim

15 Der HERR, der Herrscher über die ganze Welt, sagte zu mir: »Geh zu diesem Verwalter da, zu diesem Schebna, dem Palastvorsteher des Königs, und sage zu ihm: 16 ›Für wen hältst du dich eigentlich? Wer oder was gibt dir die Berechtigung, dir hier oben eine Grabkammer aushauen zu lassen und deine letzte Wohnung aus dem Felsen herauszumeißeln?‹[f] 17 Du hältst dich für einen starken Mann, aber der HERR wird dich mit einem Schlag niederstrecken. Er wird dich packen 18 und zusammenrollen wie Garn zu einem Knäuel und dich wie einen Ball wegschleudern in ein Land mit großen, weiten Ebenen. Dort wirst du sterben, dort ist auch die Endstation für deine Prunkwagen. Du bist eine Schande für das Königshaus! 19 Darum wird der König dich aus dem Amt jagen, er wird dich von deinem hohen Posten herunterholen.‹«

20 »Dann berufe ich meinen Diener Eljakim, den Sohn Hilkijas«, sagt der HERR. 21 »Ich ziehe ihm dein Amtsgewand an und lege ihm deinen Gürtel um; ich statte ihn mit allen Vollmachten aus, die du jetzt hast. Für die Bewohner von Jerusalem und das Volk von Juda wird er wie ein Vater sein. 22 Ich werde ihm den Schlüssel zum Palast der Nachkommen Davids übergeben. Wenn er die Türen öffnet, kann keiner sie zuschließen; wenn er zuschließt, kann keiner mehr öffnen. 23 Ich werde ihn in seiner Stellung festigen wie einen Pflock, der in die Wand eingeschlagen wird. Seine ganze Sippe wird an seiner Ehre teilhaben.

24 Aber diese Sippe mit allen Sprösslingen und Nebenzweigen wird sich mit ihrem vollen Gewicht an ihn hängen. Dann wird es ihm ergehen wie einem Pflock, an dem man das ganze Tongeschirr samt Schüsseln und Krügen aufhängt. 25 Der Pflock, der so fest in der Wand sitzt, wird unter dieser Last abbrechen, und alles, was an ihm hängt, wird zu Bruch gehen. Das sagt der HERR.«

Die Zerstörung von Tyrus und Sidon

23 Botschaft über Tyrus:[g]

Heult und klagt, ihr großen Seeschiffe![h] Tyrus ist zerstört, ihr habt keinen Hafen mehr! Bei der Heimfahrt von Zypern erreicht euch diese Nachricht. 2 Werdet stumm vor Entsetzen, ihr Bewohner der Küste, ihr Händler aus Sidon! Eure Aufkäufer überquerten das Meer;° 3 sie führten Korn aus Ägypten ein. Was am Nil gesät und geerntet wurde, brachte Sidon Gewinn; es wurde zum Marktplatz der Völker.

4 Vergeh vor Schmach und Schande, Sidon, und auch du, Tyrus, du Felsenfestung am Meer! Das Meer sagt zu euch: »Ich habe keine Kinder mehr, es ist, als hätte ich euch nie geboren. Ihr wart doch meine Söhne und Töchter, ich zog euch groß.«

5 Auch die Ägypter fangen an zu zittern, wenn sie erfahren, dass Tyrus zerstört ist.

6 Heult und klagt, ihr Bewohner der Küste, flieht doch hinüber nach Tarschisch in Spanien! 7 Was ist aus eurer Stadt geworden, die früher erfüllt war von brausendem Leben, Tyrus, in uralter Zeit gegründet, Ausgangsort so vieler Händler, die sich in fernen Ländern niederließen! 8 Früher hat Tyrus Königskronen ausgeteilt, seine Händler waren Fürsten, seine Kaufherren zählten zu den Großen der Erde. Wer hat seinen Untergang beschlossen? 9 Der

701 v. Chr. (siehe Kap 36–37; besonders 37,37).

a Wörtlich *der Herr, der HERR Zebaot*;* entsprechend in den Versen 12, 14 und 15.
b Es handelt sich um Hilfstruppen der Assyrer.
c *Waldhaus:* wahrscheinlich die »Libanonwald« genannte Halle beim königlichen Palast; vgl. 1 Kön 7,2.
d Zu den beiden Teichen siehe Sacherklärung »Schiloach«.
e Gemeint ist: Durch die Ereignisse jenes Tages (Vers 8b), d.h. der Belagerungszeit. Die Leute in Jerusalem haben Gottes Warnung nicht begriffen (Vers 11); anstatt umzudenken, genießen sie den gegenwärtigen Augenblick.
f Das taten nicht nur die Könige (siehe Bild Seite 391), sondern auch vornehme und einflussreiche Männer. Jesaja bestreitet *Schebna* das Recht dazu – vielleicht auch deshalb, weil dieser eine ägyptenfreundliche Politik vertrat. Weil er in 36,3 nur »Schreiber« genannt wird, hat man angenommen, dass Hiskija ihn degradiert und den ebenfalls dort genannten Eljakim als Palastvorsteher eingesetzt hat (Verse 19 und 20).
g Über Bedeutung und Schicksal der reichen phönizischen Handelsstadt spricht ähnlich der Prophet Ezechiël (Ez 26–28).
h Wörtlich *ihr Tarschisch-Schiffe;* ebenso in Vers 14; siehe Sacherklärung »Tarschisch«.

22,4 Jer 8,23 S **22,9.11** 7,3; 2 Kön 25,4 **22,12** Am 8,10 **22,13** 56,12; 1 Kor 15,32 **22,15.20** 36,3 **22,22** Mt 16,19; Offb 3,7 **23,1-16** (gegen Tyrus) Jer 25,22; Ez 26,1–28,19; 32,30; Joël 4,4-8; Am 1,9-10; Sach 9,1-4; Mt 11,21-22 par

HERR war es, der Herrscher der Welt![a] Er wollte die
ganze stolze Pracht zerschlagen und alle Großen
der Erde klein machen.
10 Ihr Bewohner von Tarschisch,[b] bewässert euer
Land wie die Bauern am Nil und baut Korn an; denn
in Tyrus werden keine Schiffe mehr gebaut![c] 11 Der
HERR hat seine Hand über das Meer ausgestreckt
und Königreiche erschüttert. Er hat befohlen, die
Burgen der Phönizier* zu zertrümmern. 12 Zur Stadt
Sidon hat er gesagt: »Es gibt nichts mehr zu feiern, du
geschändete Jungfrau! Flieht doch hinüber nach
Zypern, ihr Bewohner von Sidon; aber auch dort seid
ihr eures Lebens nicht sicher.«
13 Denkt an Babylonien*! Das Volk, das dort lebte,
existiert nicht mehr. Die Assyrer* haben Belage-
rungstürme errichtet, die Burgen in Trümmer gelegt
und das Land den Wüstentieren überlassen.[d]
14 Heult und klagt, ihr großen Seeschiffe! Tyrus ist
zerstört, ihr habt keinen Hafen mehr!
15 Die Zeit kommt, da wird man Tyrus vergessen,
siebzig Jahre lang, die ganze Lebenszeit eines Königs.
Wenn diese siebzig Jahre vorüber sind, wird es Tyrus
ergehen wie der Hure in dem bekannten Lied:

16 Auf, nimm deine Laute und zieh durch die Stadt,
spiel doch und sing deine Lieder!
Vielleicht, du vergessenes Hurenweib,
kommt deine Kundschaft dann wieder.

17 Nach siebzig Jahren wird der HERR sich um die
Stadt Tyrus kümmern. Dann kann sie ihr altes
Geschäft wieder aufnehmen und sich an alle König-
reiche der Welt verkaufen. 18 Aber was sie damit ver-
dient und gewinnt, wird dem HERRN gehören. Es
wird nicht angehäuft und im Kasten eingeschlossen,
sondern wird denen zugute kommen, die beim Hei-
ligtum des HERRN wohnen. Sie sollen sich davon
reichlich zu essen kaufen und prächtige Kleider.

DAS GERICHT ÜBER DIE GANZE ERDE UND ISRAELS ERLÖSUNG (Kapitel 24–27)

Die Ankündigung des Gerichts über Erde und Menschen

24 Der HERR verwüstet die Erde[e] und fegt sie
leer, er entstellt ihr Gesicht und zerstreut ihre
Bewohner. 2 Alle trifft das gleiche Los: Priester* und
Volk, Herrn und Diener, Herrin und Magd, Käufer
und Verkäufer, Gläubiger und Schuldner, den, der
ausleiht, und den, der borgt. 3 Völlig verwüstet wird
die Erde, vollständig leer geplündert. Der HERR selbst
hat dieses Urteil gefällt.
4 Alles auf der Erde verwelkt und verdorrt, die Erde
selbst vergeht und zerfällt, und mit der Erde vergeht
auch der Himmel.°[f] 5 Die Menschen haben die Erde
entweiht, sie haben Gottes Gebote übertreten, sein
Gesetz missachtet und den Bund* gebrochen, den
er für immer mit ihnen geschlossen hatte. 6 Darum
vernichtet sein Fluch die Erde und die Menschen
müssen büßen für ihre Schuld. Sie schwinden dahin,
nur ganz wenige bleiben übrig.
7 Der Weinstock verdorrt, mit dem Wein ist es aus,
die lustigen Zecher seufzen. 8 Verstummt ist der fröh-
liche Klang der Trommeln, zu Ende das Lärmen der
feiernden Menge, verklungen das jubelnde Spiel der
Harfen. 9 Man trinkt keinen Wein mehr unter fröhli-
chem Gesang, das Bier wird bitter im Mund der
Zecher. 10 Die Stadt[g] liegt in Trümmern, überall
herrscht Chaos. Die Häuser sind verschlossen, die
Zugänge verschüttet. 11 In den Gassen schreit man
nach Wein, von dem kein Tropfen mehr zu finden
ist. Die Freude ist untergegangen, der Jubel von
der Erde weggezogen. 12 Von der Stadt sind nur Rui-
nen geblieben, das Tor ist zerschlagen, ein Haufen
Schutt.
13 Auf der Erde, unter den Völkern, wird es dann so
aussehen wie nach der Olivenernte, wie bei der

a Wörtlich *Der HERR Zebaot* war es.*
b *Ihr Bewohner ...:* wörtlich *Du Tochter Tarschisch**.
c Weil Tyrus als wichtigster Handelspartner ausfällt, kann die Stadt Tarschisch (Tartessos in Spanien) nicht mehr vom Handel leben.
d Die Übersetzung dieses Verses (und damit auch der Bezug auf den Fall Babylons) ist ganz unsicher. Der Assyrerkönig Sanherib hat die Stadt Babylon 689 v. Chr. erobert und zerstört.
e Im Unterschied zu den vorangehenden Kapiteln wird in Kap 24–27 ein Gericht angekündigt, das die ganze Erde betrifft.
f Nach den folgenden Versen handelt es sich noch nicht um einen Weltuntergang im endgültigen Sinn. Erst von Vers 18 ab kommt das Ende in Sicht.
g Es ist nicht zu entscheiden, ob an eine bestimmte Stadt, etwa Babylon, gedacht ist oder ob die Aussage ganz allgemein von der städtischen Kultur gilt.

Jesaja verkündete Gottes Gericht über Tyrus, die reiche und angesehene Hafenstadt (23,1-16). Das Bronzerelief von den Toren des assyrischen Tempels in Balawat zeigt, wie der Assyrerkönig Salmanassar III. – etwa 100 Jahre vor der Zeit Jesajas – von Tyrus Tribut entgegennimmt.

23,15 Jer 25,11 **23,17** Offb 17,2 **24,4** 51,6; 2 Petr 3,10; Offb 20,11; Mk 13,31 par

Nachlese im Weinberg, wenn die Erntefreude vor-
über ist.

Vorschneller Jubel

14 Alle, die es überlebt haben, jubeln vor Freude und
besingen die Hoheit des HERRN. Über das Meer im
Westen jauchzen sie ihm zu; 15 sie ehren seinen
Namen im Osten, wo die Sonne aufgeht. An den
fernsten Küsten preisen sie ihn, den Gott Israels.
16 Vom Ende der Erde her hören wir sie singen: »Gebt
ihm die Ehre, er hat für Recht gesorgt!«

Ich aber rufe: »Was soll ich nur tun? Mir ist so
elend, ich kann nicht mehr!« Treulose kennen keine
Treue, Treubruch ist an der Tagesordnung! 17 Schre-
cken, Fallgrube und Fangnetz erwarten die Bewoh-
ner der Erde. 18 Wer vor den Schreckensschreien
flieht, fällt in die Grube. Und wer sich aus der Grube
retten kann, verstrickt sich im Netz.

Die Schleusen des Himmels öffnen sich,[a] die Fun-
damente der Erde beben. 19 Die Erde wankt und
schwankt, sie birst und reißt, sie bricht auseinander.
20 Sie taumelt wie ein Betrunkener, sie schaukelt wie
eine Nachthütte im Feld. Unter der Last ihrer Schuld
bricht sie zusammen und steht nie wieder auf.

21 Zu der Zeit wird der HERR abrechnen mit den
Mächten des Himmels und den Königen der Erde.
22 Sie werden zusammengetrieben wie Gefangene
und in einer Grube eingesperrt, im Kerker hinter
Schloss und Riegel gehalten. Nach langer Zeit
bekommen sie dann ihre Strafe. 23 Der bleiche Mond
wird rot vor Scham und die glühende Sonne bleich
vor Schande,[b] denn der HERR, der Herrscher der
Welt,[c] wird auf dem Zionsberg* und in Jerusalem
als König herrschen. Und die Ältesten* des Volkes
werden seine Macht und Hoheit sehen.

Ein Danklied für Gottes Eingreifen

25 HERR, du bist mein Gott!
Dich will ich preisen und deinen
Namen rühmen;
denn du hast Wunder vollbracht,
die du seit langem beschlossen hattest.
Was du planst, das führst du auch aus;
auf dich ist immer Verlass!

2 Die Stadt der Fremden, die dich nicht kannten,
hast du zu einem Haufen Schutt gemacht,
die starke Festung liegt in Trümmern,
ihre Paläste sind Ruinen geworden;
die Stadt wird niemals wieder aufgebaut.
3 Das Volk dieser Stadt, das so mächtig war
und andere Nationen unterdrückte,[d]
muss deine Macht nun anerkennen
und dich mit Furcht und Zittern ehren.[e]

4 Für alle, die arm und hilflos sind,
bist du eine Zuflucht in Zeiten der Not,
ein Schutzdach bei kalten Regengüssen,
ein Schatten bei heißer Sonnenglut.
Die Wut der Tyrannen zerstörte das Land
wie harte Regengüsse eine Mauer,
5 wie Sonnenglut den ausgedörrten Boden.
Du aber brachtest ihr Toben zum Schweigen.
Wie die Hitze gedämpft wird durch eine Wolke,
so dämpftest du ihr Siegesgeschrei.

Wenn Gott sein Werk vollendet

6 Hier auf dem Zionsberg[f] wird es geschehen:
Der HERR, der Herrscher der Welt,[g]
wird für alle Völker ein Festmahl geben
mit feinsten Speisen und besten Weinen,
mit kräftigen, köstlichen Speisen
und alten, geläuterten Weinen.
7 Hier wird er den Trauerflor zerreißen,
der allen Völkern das Gesicht verhüllt;
er wird das Leichentuch entfernen,
das über den Nationen liegt.
8 Den Tod wird er für immer vernichten
und von jedem Gesicht die Tränen abwischen.
Dann nimmt er die Schande von seinem Volk,
unter der es überall gelitten hat.
Der HERR, der mächtige Gott, hat es versprochen!
9 An jenem Tag wird man sagen:
»Er, der HERR, ist unser Gott!
Auf ihn hatten wir unsere Hoffnung gesetzt
und er hat uns die Rettung gebracht;
wir haben nicht vergeblich gehofft.
Nun können wir voll Freude singen,
weil er unser Retter ist!«

Das Ende Moabs

10 Die Hand des HERRN liegt schützend auf dem Zions-
berg.[h] Moab* aber wird im eigenen Land zertreten
wie Stroh in der Jauche. 11 Es rudert darin mit den
Armen wie ein Ertrinkender, der zu schwimmen ver-
sucht. Doch der HERR erniedrigt das hochmütige
Moab,[i] auch wenn es sich noch so geschickt wehrt.
12 Moabs hohe Mauern reißt er nieder; die Burg, die
niemand bezwingen kann, macht er dem Erdboden
gleich.

Die starke Stadt

26 Zu der Zeit wird man im Land Juda dieses Lied
singen:

»Fest und stark ist unsre Stadt!
Ihren Wall und ihre Mauer
hat der HERR zum Schutz errichtet.
2 Macht die Tore auf für alle,
die dem HERRN gehorsam folgen,

a Das deutet auf eine Wiederholung der Sintflut; vgl. Gen 7,11.
b Vermutlich: Weil sie, die als Götter verehrt wurden, ihrer Macht entkleidet werden. Der Schluss des Verses erinnert an Ex 24,9-11.
c Wörtlich *der HERR Zebaot**.
d Hier könnte an Babylon gedacht sein; vgl. 14,4-6.
e Der Vers ist nicht sicher zu deuten.
f Wörtlich *Auf diesem Berg*. Das verweist auf den Schluss von Kap 24, der hier seine Fortsetzung findet. Der König der ganzen Erde lädt alle Völker zum Festmahl anlässlich seiner Thronbesteigung. Und seinen Sieg vollendet er durch die Überwindung des Todes als des »letzten Feindes« (Verse 7-8; vgl. 1 Kor 15,26; Offb 21,4). Hier ist eine der seltenen Stellen, an der schon im Alten Testament die Gewissheit der Todesüberwindung aufleuchtet.
g Wörtlich *Der HERR Zebaot**.
h *Zionsberg:* verdeutlichende Wiedergabe; siehe Anmerkung zu Vers 6.
i Moabs Hochmut wird auch sonst angeprangert (16,6; Jer 48,29; Ez 25,9; Zef 2,10). Seine Bestrafung ist ein Beispiel für den Grundsatz von 2,11.

24,17-18 Jer 48,43-44; Am 5,19 **24,18** Gen 7,11 **24,23** 60,19; 14,32S; Ps 99,1-2; Ex 24,9-11 **25,4** 4,5-6 **25,6** 2,3S; Sach 14,16; Mt 8,11par; Offb 19,9 **25,8** 26,19S; Offb 7,17S **25,10-12** 15,1–16,14S **26,1** Ps 48,13-15 **26,2** Ps 118,19-20

die in Treue zu ihm halten,
3 sich durch nichts beirren lassen.
Heil und Frieden gibt er ihnen,
weil sie sich auf ihn verlassen.[a]

4 Setzt für immer das Vertrauen
auf den HERRN, der unser Gott ist,
unser Fels für alle Zeiten!
5 Tief erniedrigt hat er alle,
die in stolzer Höhe wohnten.
Ihre Stadt, sonst unbezwingbar,
hat er bis zum Grund zerschlagen
und sie in den Staub geworfen.
6 Arme und geringe Leute
dürfen nun die Stadt zertreten,
Menschen ohne eigene Macht.«

Gebet in der letzten Zeit

7 Allen, die auf dich hören, HERR,
bahnst du einen geraden Weg;
der Pfad, auf dem sie gehen,
führt geradeaus zum Ziel.
8 Auch dann, wenn du uns strafen musst,
warten wir voller Hoffnung auf dich.
Zu dir zu rufen, HERR, an dich zu denken,
das ist unser größtes Verlangen.
9 Bei Nacht sehnt sich mein Herz nach dir,
mit tiefer Sehnsucht schau ich nach dir aus.
Wenn du deine Urteile auf der Erde vollstreckst,
dann lernen die Menschen, das Recht zu achten.

10 Doch alle, die nicht auf dich hören wollen,
werden niemals lernen, was Recht ist,
wenn du sie straffrei ausgehen lässt.
Sogar in diesem Land, wo dein Recht gilt,
verdrehen sie es und tun weiter Unrecht;
sie sehen dich nicht in deiner Hoheit.
11 HERR, deine Hand ist drohend erhoben,
doch deine Feinde sehen es nicht.
Lass sie zu ihrer Beschämung erkennen,
wie leidenschaftlich du dein Volk verteidigst!
Das Feuer soll sie alle vernichten!

12 HERR, du wirst uns Frieden schenken;
denn auch alles, was wir bisher erreichten,
hast du selbst für uns getan.
13 HERR, unser Gott,
andere Herren haben über uns geherrscht,
doch du bist der Einzige, den wir rühmen!
14 Ihre Toten werden nicht wieder leben,
die Schatten stehen nie wieder auf.
Sie, die früher über uns herrschten,
hast du bestraft und ausgerottet
samt allem, was an sie erinnert.
15 Dein Volk aber hast du groß gemacht
und alle seine Grenzen ausgeweitet;
so erweist du deine Macht und Hoheit.

16 HERR, in der Bedrängnis suchen die Deinen
bei dir Hilfe;
wenn du strafst, kommen sie klagend zu dir.[b]
17 Wir liegen vor dir und schreien
wie eine Frau, die gebären soll,
wir krümmen und winden uns vor Schmerzen.
18 Wir liegen in Wehen wie eine Frau,
doch was wir gebären, ist nichts als Wind.
Befreiung können wir dem Land nicht bringen
und der Erde keine neue Hoffnung geben.

19 HERR, deine Toten werden wieder leben,
die Leichen meines Volkes werden auferstehen![c]
Ihr alle, die ihr in der Erde liegt,
wacht auf und jubelt vor Freude!

Du, HERR, bist wie der belebende Tau;
darum gibt die Erde die Toten heraus.

Das Strafgericht über Erde und Meer

20 Ihr Leute meines Volkes, geht in eure Häuser und
schließt die Türen hinter euch zu! Haltet euch für
kurze Zeit verborgen, bis das Strafgericht vorüber
ist! 21 Der HERR tritt schon aus seiner Wohnung her-
vor, um die Bewohner der Erde für ihre Vergehen
zu bestrafen. Die Erde deckt das Blut wieder auf,
das sie getrunken hat, sie verbirgt die Ermordeten
nicht länger.

27 Zu der Zeit wird der HERR abrechnen mit
dem Ungeheuer Leviatan*, der schnellen,

a Hier erweist sich die Macht des Vertrauens, mit der Juda früher nicht zu rechnen wagte – was zu seinem Untergang geführt hat (7,9; 8,6-8; 28,12-13; vgl. 1Sam 2,4.7-8).
b *wenn ...:* Deutung ganz unsicher.
c In größter Not wendet sich die betende Gemeinde an Gott und vergewissert sich seiner Macht und Hilfe durch die Erinnerung an frühere Erfahrungen Israels (Vers 12-15). Wahrscheinlich ist wie in Ez 37,1-14 bildlich von der Wiederbelebung, d.h. neuen Zukunft des Volkes die Rede.

»Es kommt eine Zeit, da wird der Herr das Volk Israel zusammenbringen... Die große Posaune wird ertönen, und alle werden kommen: die nach Assyrien Verbannten und die nach Ägypten Versprengten.« (27,12-13) Das Widderhorn (Schofar) wurde geblasen, um das Volk zum Gottesdienst zu versammeln.

26,4 8,14; Ps 18,3S **26,5** 25,2.12 **26,9** Ps 119,55S **26,13** Neh 9,36-37 **26,14** 26,19 **26,16** Hos 5,15 **26,19** Ez 37,1-14; Mk 12,26; Röm 14,8; Dan 12,2S **26,21** Mi 1,2-3; Ijob 16,18S **27,1** Ijob 26,12-13; Ps 74,14; Offb 13,1-2; 20,2

gewundenen Schlange, dem Drachen im Meer.[a] Mit
seinem scharfen, schweren, gewaltigen Schwert
bringt er das Ungeheuer um.

Das neue Lied vom Weinberg Gottes

2 An jenem Tage sagt der HERR zu euch:
»Ich habe einen wundervollen Weinberg;[b]
singt alle, singt ein Lied zu seinem Ruhm!
3 Ich selber bin sein Wächter, ich, der HERR,
und alle Augenblicke tränk' ich ihn.
Bei Tag und Nacht bewache ich den Weinberg,
damit ihm nichts und niemand schaden kann.
4 Mein heißer Zorn auf ihn ist abgekühlt.
Doch wenn ich Dornen oder Disteln finde,
dann gibt es einen schonungslosen Krieg,
sie werden ausgerissen und verbrannt.
5 So geht es allen Feinden meines Weinbergs,
wenn sie nicht bei mir Zuflucht suchen
und Frieden mit mir schließen wollen.
Ja, Frieden schließen sollten sie mit mir!«

Verbannung und Vergebung für die Nachkommen Jakobs

6 Es kommt eine Zeit, da werden die Nachkommen
Jakobs aufs Neue Wurzeln schlagen. Israel wird wie-
der blühen und gedeihen und die ganze Erde mit sei-
nen Früchten bedecken. 7 Ist Gott mit den Leuten
von Israel so hart verfahren wie mit denen, die hart
zu ihnen waren? Hat er von ihnen so viele getötet
wie von ihren Mördern? 8 Nein, nur die verdiente
Strafe hat er ihnen zugemessen, als er sie in die Ver-
bannung schickte. Sein heftiger Atem trieb sie fort,
blies sie davon wie der heiße, stürmische Ostwind.
9 Die Leute von Israel sollen ihre Götzenaltäre zu
Pulver zermahlen wie Kalksteine, die geweihten
Pfähle* und die Räucheraltäre* sollen sie nie wieder
errichten. Daran wird sich zeigen, dass ihre Verfeh-
lungen gesühnt sind, und so werden sie Vergebung
finden für ihre Schuld.
10 Die starke, befestigte Stadt ist ein verlassener
Ort geworden, einsam und menschenleer wie die
Steppe, ein Weideplatz für das Rindvieh. Dort lagern
die Herden und fressen das Gestrüpp kahl. 11 Die kahl
gefressenen Zweige verdorren, und Frauen, die
Brennholz suchen, brechen sie ab.

Wahrhaftig, dieses Volk hat nichts verstanden!
Darum hat sein Schöpfer, der es ins Leben rief, kein
Erbarmen mit ihm und gewährt ihm keine Gnade.
12 Aber es kommt eine Zeit, da wird der HERR das
Volk Israel zusammenbringen. Vom Eufrat bis zur
Grenze* Ägyptens sammelt er einen nach dem
andern ein wie ein Bauer, der seine Ähren ausklopft
und die Körner aufliest, damit keines verloren geht.
13 Die große Posaune* wird ertönen und alle werden
kommen: die nach Assyrien Verbannten[c] und die
nach Ägypten Versprengten. Nach Jerusalem
werden sie kommen, auf den heiligen Berg, und
werden sich niederwerfen vor dem HERRN.

WORTE ÜBER ISRAEL UND JUDA AUS JESAJAS SPÄTERER ZEIT

(Kapitel 28–35)

Unwetter über Samaria

28 Weh euch, betrunkene, vom Wein überwäl-
tigte Leute von Efraïm![d] Eure Stadt ist euer
ganzer Stolz; wie eine glänzende Krone liegt sie
auf der Anhöhe über dem fruchtbaren Tal, prächtig
wie die Blumenkränze auf euren Köpfen.[e] Aber
wie die welkenden Blumen wird sie fallen! 2 Denn
der Herr schickt einen Starken und Mächtigen; der
wird kommen wie ein Hagelgewitter, wie ein zerstö-
render Sturm, wie ein Wolkenbruch, dessen Wasser-
massen alles überfluten. Mit einer Handbewegung
reißt er alles zu Boden.
3 Dann wird sie von Füßen zertreten, die glänzen-
de Krone der betrunkenen Leute von Efraïm, 4 der
prächtige Kranz auf der Anhöhe über dem fruchtba-
ren Tal. Sie wird fallen wie die welkenden Blumen.
Es wird ihr ergehen wie einer frühen Feige, die
schon vor Beginn der Erntezeit reif geworden ist:
Der Erste, der sie entdeckt, pflückt sie und isst sie
auf.
5 Der Tag kommt, an dem der HERR, der Herrscher
der Welt,[f] für die Überlebenden seines Volkes eine
prachtvolle Krone sein wird und ein schmückender
Kranz. 6 Denen, die Recht zu sprechen haben, wird
er den richtigen Sinn für das Recht eingeben. Und
denen, die den Feind aus der Stadt vertreiben sollen,
wird er Mut und Kraft verleihen.

Wer nicht hören will ...

7 Sogar die Priester* und die Propheten* sind betrun-
ken und taumeln! Sie haben so viel Bier und Wein
getrunken, dass sie nicht mehr gerade stehen kön-
nen. Die Propheten taumeln, wenn sie eine Vision
haben; und die Priester schwanken, wenn sie ein
Gerichtsurteil aussprechen sollen. 8 Die Tische, an
denen sie ihre Gelage halten,[g] sind voll von dem,
was sie erbrochen haben; kein Platz ist sauber
geblieben.
9 Sie ärgern sich über mich und sagen:[h] »Der will
uns belehren? Er will uns beibringen, was Gottes
Wille ist?[i] Für wen hält er uns? Sind wir vielleicht
kleine Kinder, die eben von der Mutterbrust ent-
wöhnt worden sind? 10 Was soll dieses ewige ›La, la
– la, la. Ma, ma – ma, ma. Du da, pass auf‹?«[j]

a Der *Drache* (siehe Sacherklärung »Meer«) steht hier für das gottfeindliche Weltreich; vgl. 30,7 und Anmerkung zu 44,27.
b Zum *Weinberg* als Bild für Israel siehe 5,1-7.
c Siehe Sacherklärung »Exil«.
d Siehe Anmerkung zu 7,2.
e Samaria, die Stadt auf dem Berg mit ihrem Mauerkranz (1 Kön 16,24), wird mit den Blumenkränzen auf den Köpfen seiner trinkfreudigen Bewohner verglichen. Zu Jesajas Ankündigung siehe Kap 7 und 2 Kön 17,5-6.
f Wörtlich *der HERR Zebaot**.
g *an denen ...*: verdeutlichender Zusatz.
h Verdeutlichender Zusatz.
i Es geht um das Verhalten angesichts der Bedrohung durch die Assyrer (siehe 31,1-3 und Anmerkung zu 20,1-3). »Gottes Wille« in dieser Lage wird in Vers 12 ausgesprochen; er liegt auf derselben Linie wie 7,9; 28,16; 30,15.
j Deutung unsicher. Wahrscheinlich wird der Unterricht in einer Kleinkinderschule nachgeäfft. Der Spott über den Propheten, der vielleicht wie in Mi 2,6 auf die Eigenart ekstatischer Prophetenrede geht (siehe Sacherklärung »Prophet«), gibt den Anknüpfungspunkt für die Strafdrohung in Vers 11.

27,2-5 5,1-7S **27,7-8** Sach 1,15 **27,9** 17,8; 30,22 **27,12** 1 Kön 8,65; Jes 28,27 **27,13** 11,11-12; Hos 11,11 **28,1** 1 Kön 16,24 **28,2** 2 Kön 17,5-6 **28,7** 5,11-12S

11 Weil ihr nicht auf mich hören wollt,[a] wird der
HERR Ausländer zu euch schicken, deren Sprache
in euren Ohren wie dieses »La-la« klingen wird.
Durch sie wird er euch eine Lektion erteilen. 12 Er
hat zu euch gesagt: »Folgt meinem Rat, dann
bekommt ihr Ruhe vor euren Feinden! Schont doch
das erschöpfte Volk, dass es sich erholen kann. Ich
biete euch Sicherheit!«

Aber ihr wolltet nicht auf ihn hören. 13 Darum ist
nun dies die Antwort, die ihr vom HERRN zu hören
bekommt: »La, la – la, la. Ma, ma – ma, ma. Du
da, pass auf!« Bei jedem Schritt werdet ihr stolpern,
bis ihr hinfallt und euch die Knochen brecht. Ihr
werdet in die Falle laufen und in die Gefangenschaft
abgeführt werden.

Gegen die falsche Sicherheit

14 Ihr Selbstsicheren, die ihr hier in Jerusalem über
das Volk herrscht, hört, was der HERR euch sagen
lässt! 15 Ihr bildet euch ein, dass euch nichts gesche-
hen kann, weil ihr mit dem Tod und der Totenwelt*
einen Pakt geschlossen habt.[b] Ihr meint, die Kata-
strophe werde an euch vorübergehen, weil ihr euch
mit Lügen und Betrügereien abgesichert habt.

16 Darum sagt der HERR, der mächtige Gott: »Auf
dem Zionsberg* habe ich ein festes Fundament
gelegt, einen harten und kostbaren Eckstein, der
allen Anstürmen standhält. Auf ihm steht: ›Wer
dem HERRN vertraut, weicht nicht von der Stelle.‹[c]
17 Meine Messschnur ist das Recht und mein Senkblei
die Gerechtigkeit.«

Aber eure Lügenburg wird der Hagel zertrüm-
mern und das Wasser euer Versteck fortschwem-
men. 18 Euer Pakt mit dem Tod und der Totenwelt
ist dann null und nichtig. Wenn die Katastrophe
wie eine reißende Flut über euch kommt, gibt es
für euch keine Rettung mehr. 19 Morgen für Morgen
braust sie von neuem heran und auch in der Nacht
habt ihr keine Ruhe. Jedes Prophetenwort wird eine
neue Schreckensnachricht sein.

20 Es wird euch ergehen wie in dem Sprichwort:
»Das Bett ist zu kurz, um sich darin zu strecken;
die Decke zu schmal, um sich darin einzuwickeln.«
21 Wie damals am Berg Perazim und im Tal von Gi-
beon wird der HERR eingreifen.[d] Was er dann tut,
wird euch fremd und unverständlich erscheinen.
22 Hört auf, so hochmütig meine Warnung zu verla-
chen! Sonst werden eure Fesseln nur noch enger.
Der HERR, der Herrscher über die ganze Welt,[e] hat
mich wissen lassen, dass er entschlossen ist, das
Land völlig zu vernichten.

Gottes überlegenes Wissen

23 Hört mir gut zu, achtet auf das, was ich euch sage!
24 Wenn ein Bauer die Aussaat vorbereitet, pflügt er
dann jeden Tag seinen Acker? Zieht er immer wieder
dieselben Furchen und hört nicht auf, die Schollen
zu ebnen? 25 Nicht wahr, wenn er sie geebnet hat,
streut er Schwarzkümmel und Kreuzkümmel aus,
sät Weizen, Hirse und Gerste auf sein Feld und Din-
kel an die Ränder. 26 Sein Wissen hat er von Gott, der
ihn unterwiesen hat, wie er vorgehen soll.

27 Den Schwarzkümmel drischt er nicht mit dem
Dreschschlitten* aus, er fährt auch nicht mit einem
Wagenrad über den Kreuzkümmel. Nein, beide
klopft er mit dem Stock aus. 28 Das Brotgetreide
drischt er nicht endlos, sonst wird es ja zerquetscht.
Wenn er den Erntewagen mit den Zugtieren in
Bewegung setzt, gibt er Acht, dass das Korn nicht
platt gequetscht wird. 29 Auch dieses Wissen hat er
vom HERRN, dem Herrscher der Welt.[f] Gottes Pläne
sind zum Staunen, und er weiß genau, wie er sie
zum Ziel führt.[g]

Bedrohung und plötzliche Hilfe für Jerusalem

29 Der HERR sagt: »Weh dir, du Stadt, in der
mein Opferherd[h] steht, du Stadt, vor der einst
David sein Kriegslager aufschlug! Macht nur Jahr für
Jahr so weiter, lasst den Kreis eurer Feste immer wie-
der ablaufen! 2 Ich werde euch so zusetzen, dass ihr
nur noch wimmert und jammert. Dann soll eure
Stadt wirklich zu meinem Opferherd werden! 3 Ich
selbst werde rings um die Stadt mein Lager aufschla-
gen, sie mit Gräben und Wällen einschließen. 4 Dann
liegt ihr erniedrigt am Boden, eure Stimme klingt
dumpf, als käme sie tief unten aus der Erde; wie eine
Geisterstimme aus der Totenwelt* werdet ihr aus
dem Staub heraus wispern.

5 Doch wie Staub im Wind wird die Menge der
fremden Belagerer sein, wie davonwirbelnde Spreu
das Heer der mächtigen Angreifer. Denn ganz plötz-
lich,[i] ehe man sich's versieht, 6 greife ich für euch ein,
ich, der Herrscher der Welt,[j] mit Donnerschlägen
und dröhnendem Getöse, mit Wirbelsturm und Ge-
witter und wütendem Feuer. 7 Wie ein böser Traum,
wie eine nächtliche Erscheinung wird die Horde der
Völker sein, die gegen die Stadt meines Opferherdes
ausgezogen ist, sie belagert und bestürmt.

8 Ein Hungriger träumt davon, dass er sich satt isst,
und wenn er aufwacht, knurrt ihm der Magen. Ein
Durstiger träumt von Wasser, und wenn er auf-
wacht, hat er eine trockene Kehle und ist völlig
erschöpft. So wird es dieser Völkerhorde ergehen,
die über den Zionsberg* herfallen will.«

Heuchelei und Verblendung

9 Entsetzt euch und werdet vor Entsetzen starr! Seid
verblendet und werdet in Verblendung blind![k] Ihr
seid betrunken, aber nicht von Wein! Ihr schwankt

a Verdeutlichender Zusatz.
b Wohl ein Bild für die Absicherung durch politische Bündnisse (30,1-2). Aber allein die Zusage, mit der sich Gott an den Zionsberg gebunden hat, kann vor dem Untergang bewahren (Vers 16). Das Bild vom Fundamentstein erinnert an den Glauben, dass Gott für die Seinen ein rettender »Fels« ist (30,29; Ps 27,5). Jesaja aber folgert daraus: Wer *andere* Sicherungen sucht, wird untergehen!
c *weicht nicht ...:* Deutung unsicher; andere Übersetzung *wird ebenso standhalten.*
d Zu den beiden erwähnten Schlachten vgl. 2Sam 5,20 und Jos 10,10. Damals stand Gott auf der Seite seines Volkes – jetzt wird es umgekehrt sein!
e Wörtlich *Der Herr, der HERR Zebaot*.*
f Wörtlich *vom HERRN Zebaot*.*
g Gottes Eingreifen in die Geschichte erfolgt nicht blind, sondern wohl überlegt. Zum Vorgang des Dreschens vgl. das Bild Seite 387.
h Wörtlich *Weh dir, Ariël, Ariël.* Die Bedeutung von *Ariël* ist unsicher. Nach Ez 43,15 ist es am wahrscheinlichsten, dass es sich um den oberen Teil des Brandopferaltars* handelt, den Herd, auf dem die Opfer verbrannt wurden. Jerusalem ist dann als Zentrum des Gottesdienstes angesprochen.
i So plötzlich zogen die Assyrer von Jerusalem ab (37,36-37).
j Wörtlich *der HERR Zebaot*.*
k Hier wird der Prozess beschrieben, dessen Ergebnis in 6,9-10 vorweggenommen ist.

28,11 33,19; Jer 5,15 S **28,12** 7,9 S **28,16** 7,9 S; 14,32 S; Röm 9,33 S **28,22** 10,22-23 **29,1** Ez 43,15; 2 Sam 5,6-8 **29,3** Ez 4,1-3 **29,7** 17,14 **29,9-10** 6,9-10

hin und her, und das ohne Bier! 10 Der *HERR* hat einen Geist über euch kommen lassen, der euch in tiefsten Schlaf versetzt hat. Eure Augen – die Propheten* – hat er zugedrückt, und eure Köpfe – die Seher* – hat er verhüllt.

11 Was der Prophet geschaut und verkündet hat, ist für euch wie ein versiegeltes Buch.[a] Gibt man es einem Menschen, der lesen kann, und sagt zu ihm: »Hier, lies das!«, so antwortet er: »Ich kann nicht, es ist versiegelt.« 12 Und gibt man es einem Ungebildeten, so antwortet er: »Ich kann nicht lesen.«

13 Der Herr hat gesagt: »Dieses Volk da behauptet, mich zu ehren. Aber sie ehren mich nur mit Worten, mit dem Herzen sind sie weit weg von mir. Ihr ganzer Gottesdienst[b] ist sinnlos, denn er besteht nur in der Befolgung von Vorschriften, die Menschen sich ausgedacht haben. 14 Deshalb will ich auch weiterhin fremdartig und unverständlich an diesem Volk handeln. Dann wird die Weisheit seiner Weisen vergehen und von der Klugheit seiner Klugen wird nichts mehr übrig bleiben.«

15 Weh denen, die ihre Geheimpläne[c] machen, ohne mit dem HERRN zu rechnen, die ihr Spiel im Dunkeln treiben und denken: »Wer sieht uns denn? Wer merkt schon etwas davon?« 16 Sie bilden sich ein, sie könnten die Rollen vertauschen! Der Ton kann doch nicht so tun, als wäre er der Töpfer! Oder kann das Werk von seinem Schöpfer sagen: »Er hat mich nicht gemacht«? Kann das Tongefäß vom Töpfer sagen: »Er versteht nichts davon«?

Die Umkehrung der Verhältnisse

17 Nur noch ganz kurze Zeit,[d] dann verwandelt sich der abgeholzte Libanon in einen Obstgarten und der Obstgarten wird zu einem wahren Wald. 18 Dann werden selbst Taube hören, was aus dem Buch vorgelesen wird, und die Blinden kommen aus ihrer Nacht hervor und können sehen. 19 Für die Geringen wird der HERR eine Quelle ständig wachsender Freude sein, und die stets Benachteiligten werden jubeln über den heiligen Gott Israels.

20 Dann ist es aus mit den Unterdrückern und den frechen Spöttern. Ausgerottet werden alle, die Böses im Schilde führen, 21 alle, die andere zu Unrecht beschuldigen, die einen Richter daran hindern, Recht zu sprechen, und den, der Recht sucht, mit haltlosen Begründungen abweisen.

22 Darum sagt der HERR, der Abraham gerettet hat, zu den Nachkommen Jakobs: »Israel soll nicht länger enttäuscht werden und sich schämen müssen. 23 Wenn ihr seht, was ich in eurer Mitte tun werde, dann werdet ihr mich ehren, mich, den heiligen Gott Jakobs; ihr werdet alles tun, um mir, dem Gott Israels, nicht zu missfallen. 24 Dann kommen die, die ihren klaren Kopf verloren haben, wieder zur Einsicht und die Aufsässigen nehmen Vernunft an.«

Von Ägypten ist keine Hilfe zu erwarten

30 Der HERR sagt: »Weh euch, meine eigensinnigen Kinder! Ihr führt Pläne aus, mit denen ich nichts zu tun habe. Ihr schließt Bündnisse gegen meinen erklärten Willen. Damit häuft ihr Schuld auf Schuld. 2 Ohne mich um Rat zu fragen, lauft ihr nach Ägypten, um beim Pharao Schutz zu suchen[e] und euch im Schatten Ägyptens unterzustellen.

3 Doch ihr werdet eine große Enttäuschung erleben und gedemütigt wieder heimziehen, denn der Pharao kann euch nicht beschützen und Ägypten euch keine Zuflucht bieten. 4 Eure führenden Männer sind nach Zoan gegangen und eure Abgesandten sind bis nach Hanes[f] gekommen. 5 Aber sie werden enttäuscht, denn das Volk dort kann niemand nützen; es kann weder Hilfe noch Vorteil bieten, nur Schimpf und Schande kann es euch bringen!«

6 Der HERR sagt: »Schwer beladen ziehen Lasttiere durch das Südland,[g] eine Gegend voll von Gefahren und Schrecken, von knurrenden Löwen, giftigen Schlangen und fliegenden Drachen. Auf den Rücken der Esel und den Höckern der Kamele bringen eure Führer und Abgesandten Schätze und Geschenke zu einem Volk, das niemand nützen kann. 7 Die Hilfe Ägyptens ist nichts wert. Darum nenne ich es ›das unbewegliche Ungeheuer‹.«[h]

Ein Volk, das nur hören will, was ihm gefällt

8 Der HERR befahl mir: »Nimm eine Schreibtafel und schreib darauf vor den Augen dieser Leute mein Urteil über sie. Ritze es als Inschrift für alle Zeiten ein, es soll für immer erhalten bleiben. 9 Sie sind ein eigensinniges Volk. Meine Kinder wollen sie sein, aber sie sind Lügner; denn sie wollen nicht hören, was ich, der HERR, von ihnen verlange. 10 Zu den Sehern* sagen sie: ›Ihr sollt nichts sehen!‹, und zu den Propheten*: ›Ihr sollt keine Offenbarungen* haben! Sagt uns nicht, was recht ist, sondern was uns gefällt! Lasst uns doch unsere Illusionen! 11 Weicht von der Wahrheit ab und lasst uns in Ruhe mit eurem heiligen Gott Israels!‹

12 Deshalb sage ich, der heilige Gott Israels: ›Ihr wollt nicht hören, was ich euch sage, und verlasst euch auf Gewalt und Betrug. 13 Diese Schuld bleibt nicht ohne Folgen: Ihr gleicht einer hohen Mauer, die einen Riss bekommen hat. Er läuft immer tiefer und wird immer breiter, und plötzlich stürzt die ganze Mauer ein. 14 Es wird euch ergehen wie einem

a Wörtlich *eine versiegelte Buchrolle**.
b Vielleicht sprach Jesaja dieses Wort aus Anlass eines Bittgottesdienstes in äußerster Not; vgl. »weiterhin« in Vers 14.
c Möglicherweise handelt es sich um geheime Verhandlungen mit den Ägyptern (30,1-2).
d Der Abschnitt steht in keinem sachlichen und zeitlichen Zusammenhang mit dem Vorangehenden und dem in Kap 30 Folgenden.
e Nämlich gegen die heranziehenden Assyrer (vgl. 36,6; 37,9). Durch ihren Eigensinn, der sich nicht raten lassen will, stürzen die Leute von Juda sich selbst ins Verderben.
f Zu *Zoan* vgl. Anmerkung zu 19,11; *Hanes* ist südlich von Memfis in Oberägypten zu suchen.
g Der bequemere Weg nach Ägypten führte entlang der Küste, aber er ist durch die Assyrer versperrt (der Einfall von 36,1 erfolgte von der Küstenebene aus).
h Ägypten wird mehrfach mit dem Chaosdrachen verglichen, den Gott besiegt hat (siehe Anmerkung zu 27,1; vgl. Ez 29,3).

29,13 Mk 7,6-7 par **29,14** 28,21; 5,21; Jer 8,8-9; 1 Kor 1,19 **29,15** 30,1-2; Ps 14,1 S **29,16** 45,9 S **29,17** 32,15 **29,18** 35,5 S **29,21** 5,23 **29,22** Gen 12,12; 20,11; Jes 45,17; 54,4 **30,1-7** 20,1-6; 31,1-3; 36,6; Jer 2,18 S **30,1** 1,2 **30,3** 36,6 **30,7** Ez 29,3 **30,9** 1,2.4 **30,10** Jer 11,21-22 S; Hos 9,7b-8; Am 2,12 S; Mi 2,6 **30,14** Jer 19,1.10-11

Tontopf, der so gründlich zerschmettert wird, dass sich unter seinen Scherben kein Stück mehr findet, mit dem man Glut aus dem Ofen nehmen oder Wasser aus einer Pfütze schöpfen könnte.‹«

15 Der HERR, der heilige Gott Israels, hat zu euch gesagt: »Wenn ihr zu mir umkehrt und stillhaltet, dann werdet ihr gerettet. Wenn ihr gelassen abwartet und mir vertraut,[a] dann seid ihr stark.«

Aber ihr wollt ja nicht. 16 Ihr sagt: »Nein, auf Pferden wollen wir dahinfliegen!« Aber ihr werdet nicht fliegen, sondern fliehen. Ihr sagt: »Auf schnellen Rennern wollen wir reiten!« Aber eure Verfolger werden schneller rennen als ihr.

17 Tausend von euch werden fliehen, wenn sie einen einzigen Feind sehen; und wenn fünf euch bedrohen, werdet ihr alle davonlaufen. Von eurem stolzen Heer wird nichts übrig bleiben als eine leere Fahnenstange auf einem kahlen Hügel.

Gott will sich über sein Volk erbarmen

18 Trotzdem wartet der HERR sehnlich auf den Augenblick, an dem er sich euch wieder zuwenden kann. Er will seine Macht zeigen und sich über euch erbarmen, denn er ist ein Gott, der dem Recht Geltung verschafft. Wie glücklich sind alle, die ihre Hoffnung auf ihn setzen!

19 Ihr Bewohner Jerusalems, die ihr auf dem Zionsberg* wohnt, ihr müsst nicht länger weinen![b] Wenn ihr zum HERRN um Hilfe ruft, wird er euch sein Erbarmen zuwenden; sobald er euer Schreien vernimmt, gibt er euch Antwort. 20 Er wird euch reichlich Brot und Wasser geben, nicht so spärlich wie in der Zeit der Not und Bedrängnis. Er wird sich nicht länger vor euch verbergen; mit eigenen Augen werdet ihr ihn sehen, ihn, euren Lehrer.

21 Wenn ihr nach rechts oder links abbiegen wollt, werdet ihr hinter euch eine Stimme hören, die zu euch sagt: »Dies hier ist der Weg, dem ihr folgen sollt!« 22 Dann werdet ihr eure geschnitzten und gegossenen Götzenbilder samt ihrem silbernen oder goldenen Überzug als etwas Unreines* betrachten. »Weg damit!«, werdet ihr rufen und sie wie Abfall hinauswerfen.

23 Für die Saat auf euren Feldern wird der HERR euch Regen geben und der Ackerboden wird Korn hervorbringen, das euch reiche und kräftige Nahrung gibt. Zu der Zeit wird euer Vieh auf weiten Wiesengründen weiden. 24 Die Rinder und Esel, mit denen ihr die Felder pflügt, werden würziges Futter fressen, das man mit Worfschaufel* und Gabel gemischt und vor ihnen ausgebreitet hat.

25 Am Tag der großen Abrechnung, wenn die feindlichen Türme stürzen, werden auf allen Bergen und Hügeln Bäche voller Wasser fließen. 26 Dann wird der Mond so hell sein wie die Sonne und die Sonne wird siebenmal so hell scheinen – wie das Licht einer ganzen Woche an einem einzigen Tag. An diesem Tag wird der HERR die Wunden, die er seinem Volk geschlagen hat, verbinden und heilen.

Gott rechnet mit Assyrien ab

27 Der HERR kommt von ferne her,[c] er selbst kommt! Feuer und dichter Rauch zeigen, wie zornig er ist. Unheil strömt von seinen Lippen, seine Zunge ist eine lodernde Flamme. 28 Sein Atem tobt wie ein reißender Bach, dessen Wasser bis zum Hals reicht. Er schüttelt die Völker in seinem Sieb und wirft sie fort wie wertlose Spreu. Er legt ihnen einen Zaum ins Maul und leitet sie damit in die Irre.

29 Ihr aber werdet Lieder singen wie in der Nacht, in der ihr das Fest feiert.[d] Ihr werdet voll Freude sein wie die Festpilger, die unter Flötenspiel hinaufziehen zum Berg des HERRN, zu ihm, dem Felsen Israels.

30 Der HERR lässt seine gewaltige Stimme hören, er zeigt seinen starken Arm, wie er zuschlägt. Voller Zorn greift er ein, mit verzehrendem Feuer, mit Wolkenbruch und Unwetter und Hagelschlag. 31 Schrecken kommt über Assyrien*, wenn es seine Stimme hört und seinen Stock zu fühlen bekommt. 32 Bei jedem Stockhieb, den der HERR als Strafe über Assyrien verhängt hat, werden die Pauken und Zithern erklingen. Der HERR selbst hebt seine Hand zum Kampf gegen Assyrien.[e]

33 Seit langem schon ist der Verbrennungsplatz für den König bereit. Tief und breit ist die Feuerstelle und Holz ist massenhaft aufgeschichtet. Der Atem

Gott bleibt der Barmherzige. Die Zeiten der Not werden sein Volk lehren, zu ihm zurückzukehren. Dann werden alle glücklich sein. (30,18; 32,17-20)

a In anderer und doch ähnlicher Situation (36,1) wiederholt hier Jesaja seine Botschaft von 7,4.9. Zum Vertrauen auf eine Pferdestreitmacht siehe 31,1-3.
b Hier wird wahrscheinlich auf die Zeit nach der Heimkehr aus der Verbannung vorausgeblickt, die durch Armut und Entbehrung gekennzeichnet ist; vgl. Vers 20 mit Hag 1,6 und Neh 5,1-5. Deshalb wird die Heilszusage auch nicht mehr von einer Umkehr des Volkes abhängig gemacht (ebenso 40,2).
c Nach dem alten Glauben Israels kommt Gott vom Berg Sinai her, um seinem Volk zu helfen (Dtn 33,2; Ri 5,4; Hab 3,3). Die Fortsetzung in den Versen 31-33 zeigt, dass an die Belagerung Jerusalems durch die Assyrer (Kap 36–38) gedacht ist.
d Vermutlich handelt es sich um das Laubhüttenfest*.
e Der Vers ist nicht sicher zu deuten.

30,15 7,9S; Ps 62,2-3 **30,16** 31,1.3 **30,17** Dtn 32,30 **30,18** Hos 11,8S **30,19** 65,24S **30,27** Ri 5,4-5S **30,29** 8,14; Ps 18,3S **30,30** 33,3; Ps 29,3-9

des HERRN setzt es in Flammen wie ein Strom von brennendem Schwefel.

Ägypter und Assyrer sind nur Menschen

31 Weh denen, die nach Ägypten[a] gehen, um Hilfe zu holen! Sie verlassen sich auf die vielen Pferde und die zahlreichen Streitwagen*. Aber mit dem heiligen Gott Israels rechnen sie nicht. Sie befragen den HERRN nicht, ob er einverstanden ist.

2 Sie meinen, klug zu handeln;[b] aber auch er weiß, was er tut. Er lässt das Unglück hereinbrechen und nimmt seine Drohung nicht zurück. Er wendet sich gegen die ganze Bande von Unheilstiftern und gegen alle, die ihr helfen sollten.

3 Die Ägypter sind Menschen[c] und nicht Gott. Und ihre Pferde – Geschöpfe sind sie, nicht aber Leben schaffender Geist*. Wenn der HERR seine Hand ausstreckt, dann stürzt der Beschützer und der Beschützte mit ihm; alle beide gehen zugrunde.

4 Der HERR hat zu mir gesagt: »Ein Löwe, ob alt oder jung, verteidigt knurrend seine Beute gegen einen ganzen Trupp von Hirten, die man zusammengeholt hat, um ihn zu verjagen. Er lässt sich von ihrem Geschrei nicht erschrecken und von ihrem Lärm nicht einschüchtern. Genauso komme ich auf den Zionsberg* herab und verteidige ihn gegen alle Angreifer,[d] ich, der Herrscher der Welt.[e] 5 Wie ein Vogel über seinem Nest schwebt, um über seine Jungen zu wachen, so werde ich, der Herrscher der Welt, Jerusalem beschützen. Ich werde es schützen und befreien, verschonen und retten.«

6 Kommt zurück zum HERRN, ihr Leute von Israel! Ihr habt euch so weit von ihm entfernt. 7 Ihr habt euch silberne und goldene Götzenbilder gemacht, das ist eine schwere Sünde. Aber der Tag kommt, an dem ihr euch mit Abscheu von euren Machwerken abwenden werdet.

8 »Assyrien* wird fallen«, sagt der HERR, »das Schwert wird es vernichten; aber nicht das Schwert eines Menschen. Vor diesem Schwert werden die Assyrer fliehen und ihre jungen Krieger werden zur Fronarbeit* gezwungen. 9 Ihre starken Helden[f] lähmt der Schreck, ihre Heerführer lassen die Fahne im Stich.«

Das sagt der HERR, der Heim und Herd in Jerusalem hat, dessen Feuer auf dem Zionsberg brennt.

Eine gute Regierung und was sie bewirkt

32 Bald wird ein König kommen, der gerecht regiert, und seine Minister werden dem Recht Geltung verschaffen. 2 Jeder von ihnen wird dem Volk wohl tun wie ein windgeschützter Ort bei Stürmen, wie ein Schutzdach bei prasselndem Regen, wie ein Wasserlauf in einer ausgedörrten Gegend, wie der Schatten eines großen Felsen in der Wüste.

3 Dann werden alle Augen wieder klar sehen und alle Ohren wieder aufmerksam hören. 4 Die Herzen der Unbesonnenen kommen zur Einsicht und die Zungen der Stotternden können flink und deutlich reden. 5 Dann nennt man schändliche Dummköpfe nicht mehr vornehm und Schurken nicht mehr ehrlich.

6 Aus dem Mund eines unverbesserlichen Narren kommt nur Unsinn und aus seinem Herzen nichts als Unheil. Sein Tun ist schändlich und sein Reden beleidigt den HERRN. Den Hungernden gibt er nichts zu essen und den Durstigen nichts zu trinken. 7 Ein Schurke benutzt niederträchtige Mittel, um seine hinterlistigen Pläne auszuführen. Mit Lügen bringt er die Armen vor Gericht zu Fall, auch dann, wenn sie im Recht sind. 8 Doch ein redlicher Mensch macht redliche Pläne und nur für Redliches setzt er sich ein.

Warnung an die Frauen Jerusalems

9 Hört zu, ihr sorglosen Frauen und unbekümmerten Mädchen, hört, was ich euch zu sagen habe! 10 Noch gut ein Jahr, dann werdet ihr Unbekümmerten vor Angst zittern; denn die Weinlese kommt nicht und eine Ernte gibt es nicht.

11 Zittert, ihr Sorglosen! Bekümmert euch, ihr Unbekümmerten! Zieht eure Kleider aus, legt den Sack* an! 12 Schlagt euch vor Verzweiflung auf die Brüste! Trauert über die schönen Felder und fruchtbaren Weinstöcke! 13 Trauert um das Ackerland meines Volkes, das von Dornen und Disteln überwuchert wird. Trauert, weil die Freude aus den Häusern und die Fröhlichkeit aus der Stadt verschwindet!

14 Der Palast wird leer und verlassen dastehen und die lärmende Stadt wird totenstill. Burghügel und Wachtturm werden für immer zum Ruinenfeld, wo die wilden Esel sich wohl fühlen und die Herden grasen.

Veränderung durch Gottes Geist

15 So wird es bleiben, bis Gott seinen Geist[g] über uns ausgießt. Dann wird die Wüste zu einem Obstgarten und der Obstgarten wird zu einem wahren Wald. 16 Dann wird die Rechtsordnung Gottes überall gelten, in der Wüste und im Obstgarten; im ganzen Land werden Liebe und Treue zu Hause sein.

17 Wo aber Liebe und Treue herrschen, da bewirken sie Frieden und Wohlstand, Ruhe und Sicherheit. 18 Am Ort des Friedens wird mein Volk leben, in sicheren Wohnungen, an ruhigen, sorgenfreien Plätzen.

19 Den Wald der Feinde wird der Hagel niederschlagen[h] und ihre Stadt wird untergehen. 20 Ihr

a Auch dieses Wort stammt aus der Zeit der Bedrohung Jerusalems durch den Assyrerkönig Sanherib 701 v. Chr. (Kap 36–38). Zum Bündnis mit Ägypten vgl. 30,1-7 und Anmerkungen zu 28,9 und 28,15.
b Verdeutlichender Zusatz.
c *Menschen:* wörtlich *Fleisch**.
d Die Verse 8-9 zeigen: Auch dieses Wort gehört in die Situation der Belagerung Jerusalems durch Sanherib (Kap 36–38). Wie alle Prophetenworte ist es nicht zeitlos gültig. Schon ein Zeitgenosse Jesajas, Micha, verkündet die Verwüstung des Zionsberges (Mi 3,12), die durch das Verhalten der Leute von Juda schließlich unabwendbar wurde (Jer 26, besonders Vers 18).
e Wörtlich *der HERR Zebaot**, ebenso in Vers 5.
f *Ihre starken Helden:* wörtlich *Ihren Fels;* die Deutung ist unsicher.
g Im Unterschied zu Ez 36,26-27 und Joël 3,1-2 wirkt sich Gottes Geist nicht nur auf die Menschen, sondern auch und zunächst auf die Natur aus. Der »Geist Gottes« (siehe die Sacherklärung) ist eine lebensschaffende Macht.
h *Den Wald …:* Deutung unsicher.

31,1-3 30,1-7S **31,1** (Vertrauen nicht auf Waffen) 30,15-17; 7,9S; Dtn 17,16; Jos 24,12b; Ps 20,8S; Hos 1,7S **31,3** Sach 4,6 **31,4** 14,32S **31,5** 49,16S **31,7** 2,20 **31,8-9** 10,24-26; 30,30-33 **32,1** 11,1-5; Jer 23,5 **32,9** Am 6,1 **32,15** 29,17; 44,3; (Geist) Joël 3,1

aber, ihr könnt überall säen, es gibt reichlich Wasser;
eure Rinder und Esel könnt ihr frei umherlaufen las-
sen. Wie glücklich ihr seid!

Sichere Zeiten für den Zionsberg

33 Weh dir, Verwüster, der du noch nie verwüs-
tet worden bist, du Hinterlistiger, den noch
niemand hintergangen hat! Wenn du alles verwüstet
hast, wirst du selber verwüstet. Wenn du jeden hin-
tergangen hast, wirst du selbst ein Opfer der Hinter-
list.

2 HERR, wende uns dein Erbarmen zu!
Wir setzen unsere Hoffnung auf dich!
Sei jeden Morgen unser Schutz,
komm uns zu Hilfe in Zeiten der Not!

3 Wenn die Völker deine Stimme hören, HERR, dann
ergreifen sie die Flucht. Wenn du aufstehst, zerstie-
ben sie in alle Winde. 4 Dann stürzen wir uns auf die
Beute, wir fallen darüber her wie ein Schwarm von
Heuschrecken über alles Grün.
5 Der HERR ist mächtig und erhaben, denn er
wohnt hoch oben im Himmel. Er sorgt dafür, dass
auf dem Zionsberg* Recht und Treue zu finden sind.
6 Dann werdet ihr in Sicherheit leben, ihr Leute von
Jerusalem. Die ganze Fülle von Rettung, Weisheit,
Erkenntnis werdet ihr haben, und die Ehrfurcht
vor dem HERRN wird euer größter Reichtum sein.

Gott greift ein

7 Die Bewohner Jerusalems° laufen schreiend durch
die Straßen. Die Boten, die schon Frieden angekün-
digt haben, weinen verzweifelt. 8 Die Landstraßen
sind leer, kein Reisender wagt sich hinaus. Der feind-
liche Herrscher hat den Vertrag gebrochen und die
Urkunden° missachtet. Menschenleben zählen
nicht für ihn. 9 Auch das Land trauert und verdorrt,
der Libanon verwelkt vor Scham, die fruchtbare
Scharon-Ebene sieht aus wie eine Wüste, im
Baschan* und auf dem Karmel verlieren die Bäume
ihr Laub.
10 »Jetzt stehe ich auf«, sagt der HERR, »jetzt greife
ich ein und zeige mich in meiner ganzen Macht!
11 Was ihr euch ausdenkt, ist Heu, und was dabei her-
auskommt, ist Stroh. Und euer zorniges Schnauben
ist ein Feuer, das euch verbrennen wird. 12 Die Völ-
ker werden zu Pulver verbrannt, ins Feuer geworfen
wie abgehauenes Dornengestrüpp. 13 Ihr Völker alle,
fern und nah, hört, was ich tue, erkennt meine
Macht!«
14 Auf dem Zionsberg* erschrecken die Sünder;[a]
Zittern befällt alle, die Gott vergessen haben. »Wer
kann denn neben einem lodernden Feuer woh-
nen?«, fragen sie. »Wer hält es aus bei dieser Glut,
die nicht aufhört?«
15 Nur wer in allem tut, was recht ist, wer stets die
Wahrheit spricht, wer sich nicht durch Unterdrü-
ckung anderer bereichert, wer sich nicht durch
Geschenke kaufen lässt, wer nicht zuhört und mit-
macht, wo man Mordpläne ausheckt, wer nicht bei-
fällig zusieht, wo Unrecht geschieht.
16 Alle, die sich an diese Regel halten, werden auf
sicheren Höhen wohnen und in Bergfestungen
Zuflucht finden. Ausreichende Nahrung ist ihnen
sicher und auch an Wasser wird es ihnen nie fehlen.

»Der HERR ist unser König«

17 Einst werdet ihr Gott als König[b] sehen
in seiner ganzen Pracht und Schönheit;
eure Augen erblicken ein weites Land.
18 Nur noch Erinnerung ist dann,
was euch früher in Schrecken versetzte:
Wo sind sie denn, die Unterdrücker,
die Steuern und Tribut eintrieben
und eure Befestigungen kontrollierten?
19 Ihr müsst dieses anmaßende Volk
nicht mehr sehen,
diese Leute von unverständlicher Sprache
mit gestammelten Worten, die keiner begreift.

20 Richtet den Blick auf die Zionsstadt*,
in der wir unsere Feste feiern!
Seht Jerusalem, diesen sicheren Ort:
ein Zelt, das an seiner Stelle bleibt,
dessen Pflöcke niemand mehr ausreißt,
dessen Seile niemand mehr löst.
21-22 Dort wird der HERR seine Größe zeigen.
Der HERR selbst ist unser Herrscher,
er ist es, der uns führt.
Der HERR selbst ist unser König,
er ist es, der uns hilft.

Dann liegt die Zionsstadt an einem Strom[c]
mit mächtigen, breiten Armen.
Doch Rudergaleeren gibt es dort nicht,
kein feindliches Schiff darf darauf segeln.
23 Wenn sich trotzdem eines dort sehen lässt,
dann hängen die Taue schlaff herab;
sie können den Mast nicht aufrecht halten,
das Segel können sie nicht mehr spannen.
Seine Ladung fällt den Bewohnern zur Beute;
selbst Blinde und Lahme bekommen
reichlich davon ab.°
24 Kein Mensch im Land wird noch klagen,
er sei von Krankheit und Schwäche geplagt;
denn die Schuld des Volkes ist vergeben.

a Gottes Eingreifen für die Seinen (vgl. 31,4) weckt in ihnen nicht nur Frohlocken, sondern auch die bange Frage: Wer kann vor diesem Gott bestehen? Nicht das Volk als Ganzes wird gerettet; es kommt zu einer Scheidung.
b Gott selbst ist der König, der auf dem Zionsberg regiert und seinem Volk Frieden und Glück (Vers 24) schenkt.
c Was in Ps 46,5 (siehe Anmerkung dort) bildliche Überhöhung der Wirklichkeit ist, das wird hier als zukünftige Realität geschaut; vgl. Ez 47,1-12 und Vergleichsstellen dazu.

33,1 Hab 2,7-8 **33,3** 30,3 **33,5** 1,21; 5,7 **33,10** Ps 12,6 **33,14** Dtn 4,24S **33,15-16** Ps 15,1-5S **33,19** 28,11 **33,20** Ps 48 **33,21-22** Ps 47,6-10S; 46,5 **33,24** 35,5-6; Jer 31,34

a Ein Gericht über alle Völker wird angekündigt, das kosmische Dimensionen annimmt (Vers 4). Die Fortsetzung ab Vers 5 zeigt, dass dies visionäre Überhöhung ist. Es geht um die Abrechnung mit Israels südöstlichem Nachbarvolk Edom. Das Kapitel ist zusammenzusehen mit einer Reihe ähnlicher Worte bei Jeremia, Ezechiël, Obadja (siehe Vergleichsstellen). Warum Edom mit seiner Hauptstadt Bozra (Vers 6) eine so harte Strafe treffen soll, ist deutlicher als in Vers 8 ausgesprochen in Ps 137,7 und Obd 10-15.

b Man versteht das Kapitel am besten von seinem Ende her: Es schildert in visionären Farben die Heimkehr der Verbannten nach Jerusalem. Die Straße durch die Wüste, die Verwandlung der Wüste in blühendes Land, der Aufruf an die Verzagten, die Offenbarung der Herrlichkeit des Herrn – alle diese Motive, die von Kap 40 an wiederbegegnen, sind hier wie in einem großartigen Gemälde zusammengefasst.

Der Untergang Edoms

34 Kommt herbei, ihr Völker! Versammelt euch und hört zu! Alle Welt soll zuhören, die ganze Erde und alles, was auf ihr lebt! 2 Der HERR ist zornig auf alle Völker, sein Zorn wendet sich gegen die ganze Heeresmacht seiner Feinde.[a] Er hat sie alle unter den Bann* gestellt; sie sollen abgeschlachtet und vernichtet werden. 3 Die Getöteten bleiben unbegraben liegen, sie verwesen und stinken; von ihrem Blut zergehen die Berge. 4 Die Gestirne zerfallen und der Himmel rollt sich ein wie eine Buchrolle. Die Sterne fallen herab wie welkes Laub vom Weinstock, wie nicht ausgereifte, verkümmerte Feigen.

5 Im Himmel ist das Schwert des HERRN bereit zum Kampf. Da, es fährt nieder auf Edom*, auf das Volk, das der HERR vernichten will. 6 Es trieft von Blut, es ist bedeckt mit Fett, wie beim Schlachten von Lämmern und Böcken, wie vom Fett an den Nieren der Widder. Denn der HERR hält ein Opferfest in Bozra, eine Massenschlachtung im ganzen Land Edom. 7 Da fallen auch die Büffel, die Rinder und die starken Stiere. Der Boden ist von Blut durchtränkt, die Erde von Fett durchweicht. 8 Das ist der Vergeltungstag des HERRN, ein Jahr der Abrechnung mit den Feinden der Zionsstadt*.

9 Das Wasser der Bäche verwandelt sich in Pech und der Erdboden wird zu Schwefel. So wird das Edomiterland zu brennendem Pech, 10 das Tag und Nacht in Flammen steht und nicht gelöscht wird; unaufhörlich steigt der schwarze Qualm zum Himmel. Für alle Zeiten bleibt das Land verwüstet, niemand zieht mehr dort hindurch. 11 Uhus und Käuze nehmen es in Besitz, Eulen und Raben nisten dort. Der HERR misst das Land mit der Messschnur aus und grenzt es ab, damit es für immer wüst und unbewohnbar bleibt.

12 Unter den Vornehmen ist keiner mehr, den man zum König ausrufen könnte; von den führenden Männern ist keiner mehr da. 13 Dornenranken überwuchern die Paläste, Nesseln und Disteln wachsen in den Burgen. Schakale und Strauße bevölkern das Land. 14 Wildkatzen und Hyänen treffen sich dort, Bocksgeister* begegnen einander; selbst die Nachtgespenster finden sich dort ein und ruhen sich aus. 15 Die Pfeilschlange* hat dort ihr Nest, sie legt ihre Eier und brütet sie aus. Auch die Geier kommen und versammeln sich in Scharen.

16 Was ihr hier im Buch des HERRN lest, lässt sich nachprüfen: Keins von ihnen fehlt, sie alle sind beisammen. So hat es der HERR befohlen,° sein Geist hat sie zusammengeführt. 17 Er hat das Land unter sie durchs Los verteilt und jedem sein Gebiet mit der Messschnur abgegrenzt. Für immer ist es ihr Besitz, für alle Zeiten sollen sie dort wohnen.

»Die Steppe soll sich freuen, das dürre Land glücklich sein, die Wüste jubeln und blühen!« (35,1) Der Prophet schildert den Freudentag, an dem Gott kommt, um sein Volk zu befreien und nach Hause zu führen.

Die Heimkehr der Befreiten zum Zionsberg

35 Die Steppe soll sich freuen,
das dürre Land glücklich sein,
die Wüste jubeln und blühen![b]
2 Mit Blumen soll sie sich bedecken,
jauchzen und vor Freude schreien!
Herrlich wie der Libanon soll sie werden,
prächtig wie der Berg Karmel
und wie die Ebene Scharon.
Dann sieht das Volk die Herrlichkeit* des HERRN,
die Pracht und Hoheit unseres Gottes.

3 Macht die erschlafften Hände wieder stark,
die zitternden Knie wieder fest!
4 Ruft den verzagten Herzen zu:
»Fasst wieder Mut! Habt keine Angst!
Dort kommt euer Gott!
Er selber kommt, er will euch befreien;
er übt Vergeltung an euren Feinden.«

5 Dann können die Blinden wieder sehen
und die Tauben wieder hören.
6 Dann springt der Gelähmte wie ein Hirsch
und der Stumme jubelt vor Freude.
In der Wüste brechen Quellen auf
und Bäche ergießen sich durch die Steppe.
7 Der glühende Sand verwandelt sich zum Teich
und im dürren Land sprudeln Wasserquellen.
Wo jetzt Schakale ihr Lager haben,
werden dann Schilf und Riedgras wachsen.

8 Eine feste Straße wird dort sein,
den ›heiligen Weg‹ wird man sie nennen.
Wer unrein* ist, darf sie nicht betreten,
nur für das Volk des HERRN ist sie bestimmt.
Selbst Unkundige finden den Weg,
sie werden dort nicht irregehen.

34,4 Mk 13,25 par; Offb 6,13-14 **34,5-17** (gegen Edom) 63,1-6; Jer 49,7-22; Ez 25,12-14; 35,1-15; Am 1,11-12; Obd 1-14; Mal 1,2-5 **34,10** Offb 19,3S **35,1-2** 32,15; 41,19; 51,3; 55,12-13 **35,2** 40,5 **35,3** Hebr 12,12 **35,4** 40,9 **35,5** Mt 11,5S **35,6-7** 41,17-19 **35,8-10** 40,3-4S

9 Auf dieser Straße gibt es keine Löwen,
kein Raubtier ist auf ihr zu finden;
nur die geretteten Menschen gehen dort.
10 Sie, die der HERR befreit hat, kehren heim;
voll Jubel kommen sie zum Zionsberg*.
Aus ihren Augen strahlt grenzenloses Glück.
Freude und Wonne bleiben bei ihnen,
Sorgen und Seufzen sind für immer vorbei.

BELAGERUNG UND RETTUNG JERUSALEMS (Kapitel 36–39)

Die Assyrer ziehen vor Jerusalem

(2 Kön 18,13-25)

36 Im 14. Regierungsjahr Hiskijas fiel der assyri-
sche König Sanherib mit seinen Truppen in
das Land Juda ein und eroberte alle befestigten Städ-
te. 2 Von Lachisch aus[a] schickte er den Obermund-
schenk zu König Hiskija nach Jerusalem und gab
ihm ein starkes Heer mit. Vor der Stadt machte der
Obermundschenk Halt an der Wasserleitung beim
oberen Teich*, auf der Straße, die vom Tuchmacher-
feld kommt.[b] 3 Der Palastvorsteher Eljakim, der Sohn
von Hilkija, ging zu ihm hinaus und mit ihm der
Staatsschreiber Schebna[c] und der Kanzler Joach,
der Sohn von Asaf.
4 Der Obermundschenk sagte zu ihnen:
»Meldet Hiskija, was der große König, der König
von Assyrien*, ihm sagen lässt: ›Worauf vertraust
du eigentlich, dass du dich so sicher fühlst? 5 Meinst
du etwa, dass du mit leeren Worten gegen meine
Kriegsmacht und Kriegserfahrung antreten kannst?
Auf wen hoffst du, dass du es wagst, dich gegen
mich aufzulehnen? 6 Erwartest du etwa Hilfe von
Ägypten?[d] Du kannst dich genauso gut auf ein Schilf-
rohr stützen – es zersplittert und durchbohrt dir die
Hand. Der König von Ägypten hat noch jeden im
Stich gelassen, der sich auf ihn verlassen hat.
7 Oder willst du behaupten, dass ihr euch auf den
HERRN, euren Gott, verlassen könnt? Dann sag mir
doch: Ist er nicht eben der Gott, dessen Opferstätten
und Altäre du, Hiskija, beseitigt hast? Hast du nicht
den Leuten von Juda und Jerusalem befohlen, dass
sie nur noch auf dem Altar in Jerusalem Opfer dar-
bringen sollen?‹[e]
8 Mein Herr, der König von Assyrien, bietet dir fol-
gende Wette an: Er gibt dir zweitausend Pferde,
wenn du die Reiter dafür zusammenbringst. 9 Du
kannst es ja nicht einmal mit dem unbedeutendsten
Truppenführer meines Herrn aufnehmen. Du hoffst
nur auf Ägypten und seine Streitwagenmacht.
10 Im Übrigen lässt der König von Assyrien dir
sagen: ›Glaub nur nicht, ich sei gegen den Willen
des HERRN in dieses Land gekommen, um es in Schutt
und Asche zu legen! Der HERR selbst hat mir befoh-
len: Greif dieses Land an und verwüste es!‹«

Jerusalem wird zur Übergabe aufgefordert

(2 Kön 18,26-37; 19,1-8)

11 Da unterbrachen Eljakim, Schebna und Joach den
Obermundschenk und baten ihn: »Sprich doch bitte
aramäisch mit uns, wir verstehen es. Sprich nicht
hebräisch, die Leute auf der Stadtmauer hören uns
zu!«[f]
12 Aber der Obermundschenk erwiderte: »Hat
mich etwa mein Herr nur zu deinem Herrn und zu
dir gesandt? Nein, meine Botschaft gilt allen, die dort
oben auf der Stadtmauer sitzen und die bald zusam-
men mit euch den eigenen Kot fressen und den
eigenen Harn saufen werden!«
13 Darauf trat der Obermundschenk noch ein Stück
weiter vor und rief laut auf Hebräisch:
»Hört, was der große König, der König von Assy-
rien*, euch ausrichten lässt! So spricht der König:
14 ›Lasst euch von Hiskija nicht täuschen! Er kann
euch nicht retten. 15 Lasst euch auch nicht dazu über-
reden, auf den HERRN zu vertrauen! Glaubt Hiskija
nicht, wenn er sagt: Der HERR wird uns bestimmt ret-
ten und diese Stadt nicht in die Hand des Assyrer-
königs fallen lassen!
16 Hört nicht auf Hiskija, hört auf mich! So spricht
der König von Assyrien: Kommt heraus und ergebt
euch! Jeder darf von seinem Weinstock und seinem
Feigenbaum essen und Wasser aus seiner Zisterne
trinken, 17 bis ich euch in ein Land bringe, das ebenso
gut ist wie das eure. Dort gibt es Korn und Brot, Most
und Wein in Fülle.
18 Lasst euch von Hiskija nichts vormachen! Lasst
euch nicht einreden: Der HERR wird uns retten!
Haben etwa die Götter der anderen Völker ihre Län-
der vor mir retten können? 19 Wo sind jetzt die Götter
von Hamat und Arpad? Wo sind die Götter von Sefar-
wajim? Haben die Götter von Samaria es vor mir
beschützt? 20 Wer von allen Göttern hat sein Land
vor mir retten können? Und da soll ausgerechnet
der HERR, euer Gott, Jerusalem vor mir beschüt-
zen?‹«
21 Die Männer auf der Mauer blieben still und ant-
worteten nichts; so hatte König Hiskija es angeord-
net. 22 Eljakim, Schebna und Joach zerrissen ihr
Gewand, gingen zu Hiskija und berichteten ihm,
was der Obermundschenk gesagt hatte.
37 Als König Hiskija das hörte, zerriss auch er
sein Gewand, legte den Sack* an und ging
in den Tempel des HERRN. 2 Zugleich schickte er
den Palastvorsteher Eljakim, den Staatsschreiber
Schebna und die angesehensten Priester mit dem
Sack* bekleidet zum Propheten Jesaja, dem Sohn

a Siehe Anmerkungen zu 2 Kön 18,13 und 18,14. Kap 36–39 bilden (ähnlich wie Kap 52 im Jeremiabuch) einen geschichtlichen Anhang; sie stimmen weitgehend überein mit 2 Kön 18–20 (siehe die Angaben unter den Abschnittsüberschriften).
b An diesem offenbar strategisch wichtigen Punkt außerhalb der Stadtmauer hatte auch die Begegnung zwischen Jesaja und König Ahas (7,3) stattgefunden.
c Vgl. 22,15-25 und Anmerkung zu 22,16.
d Entsprechende Bemühungen spiegeln sich in 20,1-5; 30,1-7; 31,1-3.
e Siehe Anmerkung zu 2 Kön 18,22.
f Siehe Anmerkung zu 2 Kön 18,26.

35,10 51,11; 65,18-19; Offb 21,4 **36,2** 7,3 **36,3** 22,15.20 **36,6** 29,1-5; 30,1-7S **36,7** 2 Kön 18,4

von Amoz. 3 Sie sollten ihm im Namen des Königs sagen:

»Heute straft uns Gott für unsere Sünden; wir sind in Not und Schande geraten. Es geht uns wie Kindern, die im Mutterschoß stecken geblieben sind, weil die Mutter keine Kraft mehr zum Gebären hat. 4 Der Assyrerkönig hat seinen Obermundschenk hierher geschickt, um den lebendigen Gott zu verhöhnen. Wenn doch der HERR, dein Gott, hören wollte, wie dieser Fremde ihn lästert! Wenn er ihn doch strafen wollte für die Schmach, die er ihm angetan hat! Bete zum HERRN für die, die von seinem Volk übrig geblieben sind!«

5 Die Männer kamen zu Jesaja und überbrachten ihm diese Botschaft. 6 Jesaja antwortete ihnen:[a] »Sagt dem König: ›So spricht der HERR: Hab keine Angst! Lass dich nicht einschüchtern, wenn die Boten des Assyrerkönigs mich lästern und behaupten, ich könnte euch nicht retten. 7 Ich werde dafür sorgen, dass er seinen Plan aufgibt. Er wird eine Nachricht erhalten und schleunigst nach Hause zurückkehren. Dort werde ich ihn umbringen lassen.‹«

8 Sanherib, der König von Assyrien, stand inzwischen nicht mehr vor Lachisch, sondern kämpfte schon gegen die Festung Libna.[b] Dorthin kehrte der Obermundschenk zurück.

Sanherib prahlt – Hiskija betet

(2 Kön 19,9-19)

9 Der Assyrerkönig erfuhr, dass ein Heer unter der Führung des äthiopischen* Königs Tirhaka gegen ihn heranrückte.[c] Da schickte er Gesandte zu König Hiskija 10 und ließ ihm sagen:

»Verlass dich nicht zu sehr auf deinen Gott! Lass dir nicht von ihm einreden, dass Jerusalem niemals in meine Hand fallen wird. 11 Du weißt doch, was die Könige von Assyrien* mit den anderen Ländern gemacht haben. Sie haben sie alle verwüstet, und da willst ausgerechnet du dem Untergang entrinnen? 12 Denk doch an Gosan, an Haran und Rezef und an die Leute von Eden, die in Telassar wohnten. Haben ihre Götter meine Vorgänger daran hindern können, alle diese Städte dem Erdboden gleichzumachen? 13 Und wo sind die Könige, die in Hamat und Arpad, Sefarwajim, Hena und Awa regierten?«[d]

14 Die Abgesandten übergaben ihre Botschaft in einem Brief. Als Hiskija ihn gelesen hatte, ging er in den Tempel*, breitete ihn vor dem HERRN aus 15 und betete:

16 »Herrscher der Welt,° du Gott Israels, der über den Keruben* thronst! Du allein bist der Herr über alle Reiche der Welt. Du hast Himmel und Erde geschaffen. 17 Sieh doch, wie es uns ergeht! Höre doch, wie dieser Sanherib dich, den lebendigen Gott, verhöhnt!

18 Es ist wahr, HERR: Die Könige von Assyrien haben alle diese Länder vernichtet° 19 und ihre Götter ins Feuer geworfen. Aber es waren ja keine Götter, sondern nur Bilder aus Holz und Stein, von Menschen angefertigt. Deshalb wurden sie auch vernichtet.

20 HERR, unser Gott, rette uns vor diesem Assyrerkönig! Alle Königreiche der Welt sollen erkennen, dass du allein Gott bist!«

Gott spottet über den Assyrerkönig

(2 Kön 19,20-37)

21 Da ließ Jesaja, der Sohn von Amoz, dem König Hiskija ausrichten: »So spricht der HERR, der Gott Israels: ›Du hast zu mir um Hilfe gerufen gegen den Assyrerkönig Sanherib. 22-23 Ich will dir sagen, was ich mit ihm tun werde! So spreche ich zu ihm:

Die unbesiegte Zionsstadt*
nur Spott und Verachtung für dich hat!
Die Jungfrau Zion lacht dich aus,
die Zunge streckt sie dir heraus.[e]
Mit wem hast du dich eingelassen,
gegen wen, du Narr, dich aufgeblasen?
Mich, den heiligen Gott Israels, kennst du nicht
und doch schmähst du und höhnst du
mir ins Gesicht!
24 Wahrhaftig, du warst schlecht beraten,
als du so prahltest mit deinen Taten.
Durch Boten ließest du überall sagen:
Ich bin der Herr! Ich bestieg meinen Wagen,
hoch auf den Libanon fuhr ich im Trab,
die Tannen und Zedern dort holzte ich ab,
all seine Schlupfwinkel spürte ich auf
und nie kam ins Stocken mein Siegeslauf!
25 Ich grub mir Brunnen mit eigener Hand,
so schafft' ich mir Wasser im Feindesland.
Ich trockne sie aus, die ägyptischen Flüsse,
sie müssen versiegen vom Tritt meiner Füße!

26 So prahlst du. Hör zu jetzt und lass es dir sagen:
Ich hab's so beschlossen seit uralten Tagen;
ich hab es geplant, was jetzt ist geschehen,
drum mussten die Städte zugrunde gehen.
Nichts ist davon übrig als Trümmer nur,
von ihren Bewohnern blieb keine Spur.
27 Der Mut, sich zu wehren, war ihnen entfallen,
verschwunden die Kraft, drum erging's ihnen allen
wie Gras an einem trocknen Ort;
es sprießt – und schon ist es verdorrt.
28 Ich hab auch dich ganz fest in der Hand,
was immer du tust, ist mir vorher bekannt,
ob du stehst, liegst, kommst, gehst – alles sehe ich,
ich weiß genau, wie du tobst gegen mich.
29 Weil mir dein Geschwätz in die Ohren dringt,
schmück ich dir die Nase mit einem eisernen Ring,

a Vgl. die entsprechenden Zusagen 7,4-9; 28,16; 30,15; 31,4-5.
b Siehe Karte Seite 443.
c Sanherib wurde dadurch nur vorübergehend abgelenkt: In der Schlacht bei Elteke wurde das ägyptische Heer geschlagen.
d Die in den Versen 12-13 genannten Städte lagen im oberen Mesopotamien und in Nordsyrien.
e Wörtlich *sie schüttelt (höhnisch) den Kopf hinter dir her.*

37,6 7,9S **37,16** Ex 25,22S

ich lege dir meinen Zaum in das Maul
und zwing dich wie einen störrischen Gaul.
Den Weg, den du Prahlhans gekommen bist,
den bring ich zurück dich in kürzester Frist!

30 Dir, Hiskija, aber sage ich, was weiter geschehen
wird: In diesem Jahr und im folgenden werdet ihr
essen, was sich von selbst ausgesät hat; aber im drit-
ten Jahr könnt ihr wieder säen und ernten, Weinber-
ge anlegen und ihre Trauben essen. Daran wirst du
erkennen, dass man sich auf meine Zusage verlassen
kann und dass die assyrische Bedrohung vorbei ist.
31 Die Bewohner von Juda, die mit dem Leben davon-
gekommen sind, werden gedeihen wie Pflanzen, die
tiefe Wurzeln schlagen und reiche Frucht bringen.
32 Denn ein Rest wird übrig bleiben auf dem Zions-
berg in Jerusalem und das Land von neuem besie-
deln. Ich, der Herrscher der Welt,[a] sorge dafür in
meiner leidenschaftlichen Liebe zu meinem Volk.
33 Ich sage dir noch einmal, wie es dem Assyrer-
könig ergehen wird: Er wird nicht in diese Stadt ein-
dringen, ja, nicht einen einzigen Pfeil hineinschie-
ßen. Er wird nicht dazu kommen, eine Rampe gegen
ihre Mauer vorzutreiben und seine Männer im
Schutz der Schilde zum Angriff aufzustellen. 34 Auf
demselben Weg, auf dem er gekommen ist, wird er
wieder heimkehren. Er wird ganz bestimmt nicht
in die Stadt eindringen. Ich bin der HERR, ich sage
es! 35 Um meiner Ehre willen und meinem Diener
David zuliebe werde ich dieser Stadt beistehen und
sie retten!‹«
36 Darauf kam der Engel* des HERRN in das Lager
der Assyrer und tötete dort 185000 Mann. Als der
Morgen anbrach, lag alles voller Leichen. 37 Da ließ
König Sanherib zum Aufbruch blasen und zog ab.
Er kehrte in seine Heimat zurück und blieb in Nini-
ve. 38 Dort betete er eines Tages im Tempel seines
Gottes Nisroch. Da erschlugen ihn seine Söhne
Adrammelech und Sarezer mit dem Schwert. Sie
mussten in das Land Ararat fliehen. Sanheribs Sohn
Asarhaddon wurde sein Nachfolger auf dem Thron.

Gott erhört Hiskijas Gebet

(2 Kön 20,1-11)

38 Damals wurde Hiskija todkrank. Der Prophet
Jesaja, der Sohn von Amoz, kam zu ihm und
sagte: »Der HERR schickt mich zu dir und lässt dir
sagen: ›Bereite dich auf dein Ende vor! Du wirst
von diesem Krankenlager nicht wieder aufstehen.‹«
2 Hiskija drehte sich zur Wand und betete: 3 »Ach,
HERR, denk doch daran, dass ich dir immer treu war!
Ich habe dir mit ganzem Herzen gehorcht und stets
getan, was dir gefällt.«
Hiskija brach in Tränen aus und weinte laut.
4 Da erging das Wort des HERRN an Jesaja; er erhielt
den Befehl: 5 »Kehr um und sag zu Hiskija: ›Der
HERR, der Gott deines Ahnherrn David, lässt dir
sagen: Ich habe dein Gebet gehört und deine Tränen
gesehen. Ich gebe dir noch fünfzehn Jahre dazu
6 und werde dich und diese Stadt vor dem Assyrer-
könig retten; ich werde Jerusalem beschützen. 7 Ich
will dir ein Zeichen geben, an dem du erkennen
kannst, dass ich meine Zusage wahr mache: 8 Ich
lasse den Schatten auf der Treppe, die König Ahas
gebaut hat, um zehn Stufen zurückgehen.‹«
Und der Schatten ging um zehn Stufen zurück.

Das Gebet Hiskijas

9 Als König Hiskija von seiner Krankheit genesen
war, schrieb er folgendes Gebet nieder:[b]

10 »Ich sagte in meiner Not:
›Jetzt, im allerbesten Alter,
stehe ich am Tor der Totenwelt*
und darf mein Leben nicht zu Ende leben!
11 Hier, in der Welt der Lebenden,
darf ich den HERRN nicht länger sehen;[c]
dort, wo alles zu Ende ist,
erblicke ich keinen Menschen mehr.
12 Das Haus, in dem ich lebe, wird abgebrochen
und weggetragen wie ein Hirtenzelt.
Wie ein Weber, der sein Tuch einrollt,
so habe ich mein Leben ausgewebt;
nun wird es vom Webstuhl abgeschnitten.
Tag und Nacht fühle ich mein Ende nahen.
13 Morgens bin ich wie zerschlagen und denke:
Er zermalmt meine Knochen wie ein Löwe.
Ja, Tag und Nacht fühle ich mein Ende nahen.
14 Wie eine Schwalbe piepst meine Stimme,
mein Klagen tönt wie das Gurren der Taube.
Mit müden Augen starre ich zum Himmel.
Ich kann nicht mehr, Herr! Tritt du für mich ein!
15 Doch was richte ich mit Worten bei ihm aus?
Er hat getan, was er mir angekündigt hat.
In bitterem Leid verbring ich meine Jahre
und schleppe mich Schritt für Schritt dahin.
16 Ach, Herr,[d] erhalte mich am Leben!‹

17 Mein bitterer Schmerz hat sich in Glück
verwandelt!
In herzlicher Liebe hast du mich umfangen
und mein Leben vor dem Grab bewahrt;
denn alle meine Schuld hast du genommen
und sie weit hinter dich geworfen.[e]
18 Dort unten bei den Toten preist dich niemand;
wer tot ist, dankt dir nicht mit Liedern.[f]
Wer schon ins Grab gesunken ist,
hofft nicht mehr auf deine Treue.
19 Allein die Lebenden danken dir,
so wie ich dir heute danke.
Die Väter sagen es ihren Kindern:
Auf dich ist Verlass.

a Wörtlich *Der HERR Zebaot* (sorgt dafür ...).*
b Das Gebet Hiskijas erinnert an Klage- und Danklieder in den Psalmen.
c D.h. zum Tempel des Herrn kommen (siehe Ps 17,15; 42,3).
d Die Übersetzung übergeht hier einige hebräische Wörter, die keinen Sinn ergeben.
e Zum Zusammenhang von Krankheit und Schuld siehe Sacherklärung »Krankheit«.
f Vgl. Anmerkung zu 25,6 und zu Ps 16,10.

37,32 6,13; 10,22S **38,10** Ps 102,25 **38,12** Ijob 4,21; 2 Kor 5,1 **38,17** Ps 103,3-4; Mi 7,18-19 **38,18** Ps 6,6S **38,19** Dtn 4,9; Ps 22,31-32

20 Der HERR ließ sich erbitten und half mir!
Darum lasst uns singen
und ihn preisen vor seinem Tempel*,
solange wir leben.«°

Gott ist mit Hiskijas Politik nicht einverstanden

(2 Kön 20,12-19)

39 Als der babylonische* König Merodach-Baladan, der Sohn Baladans, davon hörte, dass Hiskija krank gewesen und wieder gesund geworden war, schickte er ihm ein Glückwunschschreiben und ließ ihm Geschenke überbringen. 2 Hiskija freute sich über die Gesandten und zeigte ihnen alles, was er besaß: Silber, Gold, Gewürze und kostbare Öle, seine Waffen, Rüstungen und Lebensmittelvorräte. Alle Schatzkammern, Geräte- und Vorratshäuser in seinem Palast und in seinem ganzen Reich ließ er sie sehen.[a]

3 Da kam der Prophet Jesaja zu König Hiskija und fragte ihn: »Was wollten diese Männer von dir? Woher kamen sie?«

»Sie sind von weit her zu mir gekommen, aus Babylon«, antwortete Hiskija.

4 »Was haben sie in deinem Palast gesehen?«, fragte Jesaja.

»Ich habe ihnen alle meine Vorräte und Schätze gezeigt«, sagte Hiskija. »Ich habe nichts vor ihnen geheim gehalten.«

5 Da sagte Jesaja: »Höre, was der HERR, der Herrscher der Welt,[b] dir sagen lässt: 6 ›Alle Schätze in deinem Palast, die deine Vorfahren zusammengetragen haben, werden eines Tages nach Babylon[c] weggeschafft werden, nichts davon bleibt zurück. 7 Auch von den Söhnen, die dir noch geboren werden, wird man einige nach Babylon verschleppen. Sie werden dort den König in seinem Palast bedienen müssen.‹«

8 Hiskija sagte: »Ich beuge mich unter die Entscheidung des HERRN.« Und er fügte hinzu: »Wenn nur wenigstens zu meinen Lebzeiten noch Frieden und Sicherheit herrschen!«

TROSTWORTE FÜR DIE VERBANNTEN IN BABYLONIEN (Kapitel 40–55)

Mit Kapitel 40 beginnen die Worte eines Propheten, dessen Name uns nicht überliefert ist. Man hat ihn Deutero-Jesaja (2. Jesaja) genannt, weil die Sammlung seiner Worte ohne eine ›Überschrift‹, wie sie sich in 1,1 findet, an das Buch der Prophetenworte Jesajas angehängt worden ist. Dieser ungenannte Prophet hat rund 180 Jahre nach dem 1. Jesaja unter den nach Babylonien verschleppten Judäern gewirkt und dem völlig niedergeschlagenen Volk das rettende Eingreifen Gottes und die baldige Heimkehr nach Jerusalem angekündigt.
In den Gottestaten, die er ansagt, wird neben dem Perserkönig Kyrus als dem von Gott beauftragten Befreier des Volkes (siehe zu Kyrus Seiten 924/25) eine zweite Gestalt genannt, der »Bevollmächtige des Herrn«, über dessen Auftrag und Schicksal in geheimnisvoll andeutenden Worten gesprochen wird (42,1-4; 49,1-6; 50,4-11; 52,13–53,12). Zum Teil spiegelt sich vermutlich in diesen Aussagen das Schicksal des ungenannten Propheten selbst. Während das Judentum sie nicht auf eine Einzelperson, sondern auf das Geschick des gesamten Volkes Israel bezieht, sehen die Christen darin mit den Zeugen des Neuen Testaments eine Vorausverkündigung der Erlösungstat, die Jesus Christus für alle Menschen vollbracht hat (vgl. Apg 8,29-35).

Gott bringt sein Volk zurück

40 »Tröstet, tröstet mein Volk!«, sagt euer Gott. 2 »Sprecht den Leuten aus Jerusalem Mut zu, sagt zu ihnen: ›Eure Gefangenschaft ist zu Ende! Eure Schuld ist abgebüßt! Ihr habt vom HERRN die volle Strafe für eure Vergehen empfangen; jetzt ist alles beglichen!‹«[d]

3 Hört, jemand[e] ruft: »Bahnt für den HERRN einen Weg durch die Wüste, baut eine Straße für unseren Gott! 4 Füllt die Täler auf, ebnet Berge und Hügel ein, räumt alle Hindernisse aus dem Weg! 5 Der HERR wird kommen in seiner ganzen Herrlichkeit und alle Menschen werden es sehen. Der HERR selbst hat das gesagt.«

6 Ich hörte eine Stimme sagen:[f] »Rede zu deinem Volk!«

»Was soll ich denn sagen?«, fragte ich. »Alle Menschen sind vergänglich wie das Gras. Auch wenn sie noch so gerecht und treu sind, es ergeht ihnen nicht anders als den Blumen auf der Wiese. 7 Das Gras verdorrt, die Blumen verwelken, wenn der HERR seinen

39,6 2 Kön 24,13 **39,7** Dan 1,3 **40,1** 61,1-2; 66,13 **40,2** 44,22; Jer 16,18 **40,3-4** 11,16; 35,8-9; 43,19; 49,11; 57,14; Mk 1,3 par **40,5** 35,2; 66,18 **40,6-8** 40,15; 51,12; Ps 90,5-6 S; 1 Petr 1,24-25

a Siehe Anmerkung zu 2 Kön 20,13.
b Wörtlich *der HERR Zebaot**.
c Siehe Anmerkung zu 2 Kön 20,18.
d *jetzt ist ...:* verdeutlichender Zusatz; *die volle Strafe:* wörtlich *das Doppelte.* Das ist nach israelitischem Recht die übliche Schadenersatzforderung; vgl. Ex 22,3.6.8. Nach der Botschaft der Propheten war die Katastrophe von 587 v. Chr. Gottes Antwort auf die Abwendung von ihm und seinen Geboten; vgl. 1,2-20; 5,1-7; Jer 1,13-16; 7,1-15. Jetzt, zwei bis drei Generationen danach, eröffnet Gott seinem Volk eine neue Zukunft.
e Der Prophet hört die Stimme eines himmlischen Herolds. Vorbereitet wird die Heimkehr des Volkes; aber man soll sehen, dass es Gott ist, der hier handelt. In Babylon wurden Götterbilder auf Prozessionsstraßen herumgeführt. Der Gott Israels dagegen führt sein *Volk* auf der Straße, die er für sich bauen lässt (Verse 10-11).
f Während in den Versen 1-2 in der Schwebe bleibt, wer angeredet ist, gilt die *Stimme* dem Propheten und erteilt ihm seinen Auftrag. Genauso vergänglich wie *Gras* und *Blumen* ist die Macht der *Menschen,* die Gottes Volk in ihrer Gewalt haben; vgl. 51,12.

glühenden Atem darüber wehen lässt. Ja, wie Gras
ist das Volk!«
8 Da sagte die Stimme: »Das Gras verdorrt, die Blu-
men verwelken; aber das Wort unseres Gottes bleibt
für immer in Kraft.«

Die Freudenbotschaft

9 Steig auf einen hohen Berg, du Freudenbotin Jeru-
salem! Ruf mit lauter Stimme deine Botschaft aus,
du Zionsstadt*! Tu es unbesorgt, hab keine Angst!
Sag den Städten Judas: »Euer Gott kommt! 10 Der
HERR, der mächtige Gott, kommt als Sieger und
herrscht mit starker Hand. Die Siegesbeute, sein
Volk, das er befreit hat, zieht vor ihm her. 11 Er führt
sein Volk wie ein guter Hirt, der die Lämmer auf sei-
nen Arm nimmt und an seiner Brust trägt und der die
Mutterschafe behutsam leitet.«

Der Schöpfer der Welt als Herr der Geschichte

12 Wer kann mit der hohlen Hand das Wasser des
Meeres abmessen, mit der Spanne seiner Hand den
Umfang des Himmels bestimmen? Wer kann den
Boden, der die Erde bedeckt, in Eimer abfüllen oder
die Berge und Hügel auf der Waage abwiegen? 13 Und
wer kann die Gedanken des HERRN abmessen? Wer
wird von ihm in seine Pläne eingeweiht? 14 Braucht
der Schöpfer der Welt jemand, der ihm Ratschläge
gibt und ihm auf die Sprünge hilft, der ihn über Recht
und Gerechtigkeit belehrt und ihm den richtigen
Weg zeigt?
15 Begreift doch: Für den HERRN sind die Völker
wie ein Tropfen am Eimer oder ein Stäubchen auf
der Waagschale; der ganze Erdkreis wiegt° für ihn
nicht mehr als ein Sandkorn. 16 Alles Wild auf dem
Libanon reicht nicht aus und alle seine Bäume geben
nicht genug Brennholz für ein Opfer*, das ihm ange-
messen wäre. 17 Alle Völker sind vor ihm wie nichts,
mit all ihrer Macht zählen sie für ihn nicht.
18 Mit wem wollt ihr Gott vergleichen? Gibt es
irgendetwas, das einen Vergleich mit ihm aushält?
19 Da machen sie Götterbilder: Der Gießer fertigt eine
Bronzefigur an und der Goldschmied beschlägt sie
mit Goldblech und Silberstreifen. 20 Der Auftrag-
geber° wählt als Sockel ein Stück Holz, das nicht
fault, und sucht sich einen geschickten Handwerker,
der das Bild darauf befestigt, sodass es nicht wackelt.
21 Begreift ihr denn nicht? Könnt ihr nicht hören?
Wird es euch nicht seit Urzeiten verkündet? Sagen es
euch nicht die Fundamente der Erde? 22 Gott thront
hoch über dem Erdkreis, sodass die Menschen für
ihn so klein wie Heuschrecken sind. Wie ein Tuch
hat er den Himmel ausgespannt, wie ein Zeltdach,
unter dem die Menschen wohnen. 23 Die Großen
und Mächtigen der Erde sind vor ihm nichts und
werden vernichtet. 24 Eben erst sind sie hochgekom-
men und schon ist es mit ihnen zu Ende; es ergeht
ihnen wie dem Keimling oder Setzling, der gerade
Wurzel schlägt: Der Gluthauch des HERRN bläst sie
an und sie verdorren; der Sturm trägt sie fort wie
Spreu.
25 »Mit wem also wollt ihr mich vergleichen? Wer
kann es mit mir aufnehmen?«, fragt der heilige Gott.
26 Seht doch nur in die Höhe! Wer hat die Sterne da

Mitten durch die Wüste will Gott sein Volk aus Babylonien, dem Land der Verbannung, in die Heimat zurückbringen. Und er gibt dem Volk die Zusage, dass es ihm auf dem langen, beschwerlichen Weg an nichts fehlen soll (41,17-20; 43,19-20; 49,9-11). Den Zweiflern begegnet er mit dem Hinweis auf seine unermessliche Schöpfermacht (40,21-31).

40,8 55,11; Ps 119,89; Mk 13,31 par **40,10** 42,16; 43,1-7; 48,20-21; 51,11-16; 62,11 **40,11** 46,3-4; 49,9; Ez 34,11-16 S **40,12-14** Ijob 38,1–40,2 **40,13** 1 Kor 2,16 **40,18-20** 46,1-8; 41,21-29 S; 44,9-20 S **40,18-26** Ps 96,5; Jer 51,15-19 **40,22** 42,5; 44,24; 45,12; Sach 12,1; Ps 104,2-3 **40,23** 2,11-12 S; Lk 1,51-52 **40,26** 45,12; Gen 1,14-19; Ps 147,4

a Die Gestirne galten den Babyloniern als schicksalsbestimmende göttliche Mächte (47,13). Israels Gott ist nicht nur mächtiger als die Götter der Feinde (46,1-8); er ist der Herr sogar über das scheinbar unerbittliche Schicksal.
b Die Verbannten in Babylonien, zwei Generationen nach der Zerstörung Jerusalems, empfinden ihr Geschick als unverdientes Unrecht; vgl. 40,2 und Anmerkung dazu.
c Gemeint ist: Flügel, wie sie der Adler hat – also mächtige, starke Flügel; vgl. Ps 103,5; 2 Kor 12,9.
d Die Leute von Juda haben den Untergang ihres Reiches als Niederlage ihres Gottes empfunden; vgl. 36,18-20. Im Bild eines Prozesses zwischen Gott und den Göttern macht der Prophet ihnen deutlich, dass ihr Gott der Herr der Geschichte ist (vgl. weiter 41,21-29 und Vergleichsstellen dazu). Wie einst die Assyrer und Babylonier (10,5-6; Hab 1,6), so ist auch der Perserkönig Kyrus, auf den die Verse 2-3 anspielen, sein Werkzeug (siehe 44,24–45,8).
e Gemeint ist der Perserkönig Kyrus; vgl. 44,28; 45,1.

oben geschaffen?[a] Er lässt sie alle aufmarschieren, das ganze unermessliche Heer. Jeden Stern ruft er einzeln mit Namen, und keiner bleibt fern, wenn er, der Mächtige und Gewaltige, ruft.

Gott gibt Kraft zum Durchhalten

27 Ihr Leute von Israel, ihr Nachkommen Jakobs, warum klagt ihr: »Der HERR kümmert sich nicht um uns;[b] unser Gott lässt es zu, dass uns Unrecht geschieht«?
28 Habt ihr denn nicht gehört? Habt ihr nicht begriffen? Der HERR ist Gott von Ewigkeit zu Ewigkeit, seine Macht reicht über die ganze Erde; er hat sie geschaffen! Er wird nicht müde, seine Kraft lässt nicht nach; seine Weisheit ist tief und unerschöpflich.
29 Er gibt den Müden Kraft und die Schwachen macht er stark.
30 Selbst junge Leute werden kraftlos, die Stärksten erlahmen.
31 Aber alle, die auf den HERRN vertrauen, bekommen immer wieder neue Kraft, es wachsen ihnen Flügel wie dem Adler.[c] Sie gehen und werden nicht müde, sie laufen und brechen nicht zusammen.

Der Gott Israels fordert die Götter heraus

41 Der HERR sagt: »Hört mir zu, lasst mich reden, ihr Völker, bis hin zu den Enden der Erde! Nehmt eure ganze Kraft zusammen! Die Götter sollen vortreten und mir antworten. Ich habe einen Rechtsstreit[d] mit ihnen; wir wollen ihn vor euch austragen.
2 Wer war es, der den Mann aus dem Osten[e] auftreten ließ, ihn, der überall siegt, wo er hinkommt? Er unterwirft sich die Völker und entthront ihre Könige, mit seinen Heeren treibt er sie vor sich her wie der Wind den Staub oder die Spreu.
3 Er jagt ihnen nach, seine Füße scheinen den Boden kaum zu berühren. Niemand kann ihm etwas anhaben.
4 Wer war es, der dies in Gang gesetzt hat? Der, der von Anfang an die Menschen ins Dasein ruft und die Geschicke der Völker lenkt! Ich war es,

»Mein Volk ist am Verdursten, sie suchen nach Wasser und finden keins; ihre Zunge klebt schon am Gaumen. Aber ich, der Herr, höre ihren Hilferuf… In der Steppe sollen sich Teiche bilden, aus dem ausgedörrten Boden soll Wasser hervorsprudeln.« (41,17-18) Im Bild: Ein plötzlicher Wolkenbruch hat ein Stück Wüste (im heutigen Jordanien) überflutet.

40,27 49,14; 50,1 **40,31** Ps 103,5; 2 Kor 12,9 **41,1** 41,21-29 **41,2** 45,1-5 S **41,4** 44,6 S

der HERR; ich bin der Erste, und bis zuletzt bin ich der
Herr der Geschichte!«[a]

Die Völker suchen Schutz

5 Die Bewohner der fernsten Länder sahen, was da
geschah, und zitterten vor Angst; sie machten sich
auf und kamen zusammen. 6 Sie helfen einander
und sprechen sich gegenseitig Mut zu. 7 Sie machen
ihr Götterbild fertig: Der Gießer glättet es mit dem
Hammer, dann sagt er zum Goldschmied: »Nur
zu!« Der Goldschmied hämmert den Belag auf und
sagt: »Das hält!« Und zuletzt befestigt einer das
Standbild mit Nägeln auf dem Podest, damit es nicht
wackelt.

Gott steht zu seinem erwählten Volk

8 Der HERR sagt: »Israel, du Volk Jakobs, das ich
erwählt habe, damit es mir dient, du Nachkommen-
schaft meines Freundes Abraham! 9 Du weißt: Aus
dem fernsten Winkel der Erde habe ich dich gerufen[b]
und herbeigeholt, ich habe zu dir gesagt: ›Du stehst
in meinem Dienst!‹ Ich habe dich erwählt und ich
habe dich auch jetzt nicht verstoßen.

10 Fürchte dich nicht, ich stehe dir bei! Hab keine
Angst, ich bin dein Gott! Ich mache dich stark, ich
helfe dir, ich schütze dich mit meiner siegreichen
Hand!

11 Alle, die gegen dich wüten, werden in Schimpf
und Schande dastehen; alle, die dir dein Lebensrecht
streitig machen, werden zugrunde gehen. 12 Du wirst
dich nach ihnen umsehen, aber sie nicht mehr fin-
den; alle deine Feinde verschwinden und werden
zu nichts. 13 Denn ich bin der HERR, dein Gott, ich
fasse dich bei der Hand und sage zu dir: Fürchte dich
nicht! Ich selbst, ich helfe dir!

14 Fürchte dich nicht, Israel, du Nachkommen-
schaft Jakobs! Auch wenn du so schwach und hilflos
bist wie ein Wurm, den man zertritt – ich, der HERR,
helfe dir; darauf gebe ich dir mein Wort. Ich, der hei-
lige Gott Israels, bin dein Befreier*. 15 Ich mache dich
zu einem Dreschschlitten* mit neuen, scharfen Zäh-
nen. Berge und Hügel wirst du dreschen und zu
Staub zermahlen; 16 mit der Worfschaufel* wirfst
du sie in die Luft, sodass der Sturm sie wie Spreu
davonträgt. Dann wirst du jubeln über das, was ich
getan habe; du wirst den heiligen Gott Israels prei-
sen, der dir geholfen hat.«

Gott führt sein Volk durch die Wüste

17 Der HERR sagt: »Mein Volk ist am Verdursten, sie
suchen nach Wasser und finden keins; ihre Zunge
klebt schon am Gaumen. Aber ich, der HERR, höre
ihren Hilferuf; ich, der Gott Israels, lasse sie nicht
im Stich! 18 Auf den steinigen Höhen lasse ich Wasser
hervorbrechen und im Wüstensand Quellen ent-
springen. In der Steppe sollen sich Teiche bilden,
aus dem ausgedörrten Boden soll Wasser hervorspru-
deln. 19 Mitten in der Wüste lasse ich Schatten spen-
dende Bäume aufwachsen: Zedern, Akazien, Myrten
und Ölbäume, Wacholder, Pinien und Zypressen.
20 Wenn sie das sehen, werden sie begreifen, dass
ich, der HERR, eingegriffen habe, und sie werden
erkennen: Der heilige Gott Israels hat dies alles
geschaffen.«

Die Götter sollen ihre Macht beweisen

21 Der HERR, der König Israels, sagt zu den Göttern
der Völker: »Stellt euch auf zum Prozess! Bringt eure
Beweise vor! 22 Lasst uns hören, was ihr vollbracht
habt! Erzählt es uns, wir lassen uns gerne belehren.
Oder sagt uns voraus, was ihr in Zukunft vollbringen
wollt! Dann werden wir euch glauben, wenn es ein-
trifft. 23 Sagt doch irgendetwas voraus, etwas Gutes
oder etwas Schlimmes, dann werden wir alle erken-
nen, dass ihr Götter seid, und werden Respekt vor
euch haben! 24 Aber ihr seid ja nichts und könnt auch
nichts. Wer euch liebt, ist mir verhasst.

25 Ich erweckte den Mann aus dem Osten° und er
machte sich auf; ich rief ihn beim Namen und er
kam.[c] Er tritt die Mächtigen in den Staub, er verfährt
mit ihnen wie der Töpfer, der den Ton mit den Füßen
stampft. 26 Wer hat das im Voraus angekündigt,
sodass wir sagen müssten: ›Er hat Recht gehabt‹?
Keiner von euch hat es angekündigt, keiner hat es
vorausgesagt, kein Wörtchen hat man von euch
gehört. 27 Ich allein, ich habe das den Leuten von
Jerusalem angekündigt und der Zionsstadt* den
Freudenboten mit dieser Nachricht geschickt.

28 Ich sehe mich um, da sind die Götter alle ver-
schwunden, und aus dem Kreis der Völker nimmt
sie keiner in Schutz. Niemand antwortet auf meine
Fragen. 29 Sie sind alle nichts,° die Götter, sie haben
nichts vorzuweisen. Und ihre Bilder haben schon
gar nichts zu bedeuten.«

Der Bevollmächtigte Gottes bringt Freiheit und Frieden

42 Der HERR hat gesagt: »Hier ist mein Bevoll-
mächtigter,[d] hinter dem ich stehe. Ihn habe
ich erwählt, ihm gilt meine Liebe, ihm gebe ich mei-
nen Geist*. Er wird die Völker regieren und ihnen
das Recht bringen. 2 Er schreit keine Befehle und
lässt keine Verordnungen auf der Straße ausrufen.
3 Das geknickte Schilfrohr zerbricht er nicht, den
glimmenden Docht löscht er nicht aus.[e] Er bringt
dem geschlagenen Volk das Recht, damit Gottes
Treue ans Licht kommt. 4 Er selbst zerbricht nicht
und wird nicht ausgelöscht. Er führt meinen Auftrag
aus und richtet unter den Völkern meine Rechtsord-

a *und bis zuletzt ...:* wörtlich *und bei den Letzten bin es noch ich.*
b Gedacht ist entweder an die Berufung Abrahams (Gen 12,1-9) oder an die Befreiung Israels aus Ägypten (Ex 1–14).
c Gemeint ist der Perserkönig Kyrus, dessen Heimat im Osten lag, der aber nach der Eroberung Mediens von Norden her nach Babylonien eindrang. Durch den Propheten hatte Gott dies im Voraus ankündigen lassen (44,24–45,8; die Reihenfolge der Worte im Jesajabuch entspricht nicht immer der geschichtlichen Abfolge). Im Prozess Gottes mit den Göttern der anderen Völker (siehe Anmerkung zu 41,1) dient ihm dies als Beweis für seine überlegene Macht: Er kennt die Geschichtsereignisse im Voraus, weil er sie selber herbeiführt (48,15).
d Zu dieser Gestalt siehe Einführung von Kap 40 (Seite 766) und Sacherklärung.
e Die beiden Bilder beschreiben die hoffnungslose Lage der Verbannten. Matthäus sieht in diesen Versen die helfende und rettende Liebe Jesu zu den Menschen angekündigt (Mt 12,18-21).

41,7 44,9-20 S **41,8-13** Jer 30,10-11 S **41,8** Ps 135,4; 2 Chr 20,7 S **41,10** 41,13-14; 43,1.5; 44,8; 51,7; 54,4 **41,14** 41,10 S; (Befreier) 43,14; 44,6.24; 48,17; 49,7.26; 54,5; 59,20; 60,16; 63,16 **41,18** 35,7; 43,19 **41,19** 35,1-2 S **41,21-29** 41,1-4; 43,9; 44,7; 48,3-5; 40,18-20 S **41,24** (nichts) 1 Sam 12,21; Ps 115,4-7 **41,25** 45,1-5 S **41,27** 52,7 **42,1-4** 49,1-6 S; Mt 12,18-21 **42,1** 51,4; Mt 3,17 S; (Geist) 1 Sam 16,13 S

nung auf. Noch an den fernsten Küsten warten sie
auf seine Weisung.«

Der Gott Israels rief den Perserkönig

5 Der HERR, der wahre und einzige Gott, hat den
Himmel geschaffen, wie ein Zelt hat er ihn ausge-
spannt; er hat die Erde ausgebreitet und Pflanzen
und Tiere auf ihr entstehen lassen; er hat den Men-
schen auf der Erde Leben und Geist gegeben. Er ist es
auch, der gesagt hat:[a]
6 »Ich, der HERR, habe dich berufen, damit du mei-
nen Auftrag ausführst. Ich stehe dir zur Seite und
rüste dich aus. Ich mache dich zum Friedensbringer
für die Menschen und zu einem Licht für alle Völker.
7 Die Gefangenen sollst du aus dem Dunkel des Ker-
kers holen und den blind gewordenen Augen das
Licht wiedergeben.«
8 Euch Israeliten aber sagt er: »Ich bin der HERR,
der mächtige und helfende Gott![b] Diese meine Ehre
lasse ich mir von niemand nehmen, meinen Ruhm
überlasse ich nicht den Götzen! 9 Was ich früher vor-
ausgesagt habe, ist eingetroffen. Nun kündige ich
Neues an. Ich sage es euch im Voraus, noch ehe es
eintrifft.«[c]

Die ganze Erde wird Gottes Sieg feiern

10 Singt alle dem HERRN ein neues Lied! Noch am
äußersten Ende der Erde preist seinen Sieg! Rühmt
ihn alle, die auf dem Meer fahren, und alles, was da-
rin lebt! Rühmt ihn, ihr Menschen der ganzen Erde!
11 Die Nomaden in der Steppe, die Leute von Kedar*,
sollen ihn mit Freudenrufen begrüßen, die Gebirgs-
bewohner von den Gipfeln ihrer Berge ihm zuju-
beln. 12 Sie alle sollen dem HERRN die Ehre geben;
auf der ganzen weiten Erde sollen sie ihn als Sieger
preisen.
13 Denn der HERR zieht aus wie ein Held, er führt
seine Scharen zum Kampf und feuert sie an. Er
erhebt das Kriegsgeschrei und wirft seine Feinde
zu Boden.

Gott kann nicht länger an sich halten

14 Der HERR sagt: »Lange habe ich geschwiegen, ich
habe an mich gehalten und nicht eingegriffen. Aber
jetzt stöhne ich wie eine Frau bei der Geburt, ich
keuche und ringe nach Luft. 15 Mit meinem glühend
heißen Atem dörre ich das Dickicht auf Bergen und
Hügeln hinweg; Ströme lasse ich versiegen und Seen
lege ich trocken.
16 Und dann nehme ich mein blindes Volk, das
Volk, das keinen Weg mehr sieht, an die Hand und
führe es. Das Dunkel, das vor ihm liegt, mache ich
hell und räume alle Hindernisse beiseite. Das werde
ich ganz sicher tun und mich nicht davon abbringen
lassen.
17 Aber alle, die sich auf Götzenbilder verlassen
und zu ihnen sagen: ›Ihr seid unsere Götter‹, sehen
sich dann im Stich gelassen und müssen die Flucht
ergreifen.«

Das Volk hat nichts gelernt ...

18 Macht eure Ohren auf, ihr Schwerhörigen! Macht
eure Augen auf, ihr Blinden, damit ihr etwas seht!
19 Ihr meint, der HERR sieht und hört nichts;[d] aber
wenn hier einer blind und taub ist, dann seid ihr
es, das Volk, das er zu seinem Diener erwählt und
zu seinem Boten bestimmt hat!
20 Ihr habt Augen zum Sehen und seht nichts, ihr
habt Ohren zum Hören und hört nichts. 21 Der HERR
hat euch in diese Lage gebracht, weil er über seiner
Rechtsordnung wacht; eure Bestrafung erweist die
Größe und Herrlichkeit seines Gesetzes*. 22 Nur des-
halb seid ihr jetzt beraubt und ausgeplündert, sitzt
gefangen in Kerkern und Erdlöchern, die Feinde
haben euch als Beute weggeschleppt, und niemand
befreit euch, niemand holt euch zurück!
23 Hat das keinen von euch zum Nachdenken
gebracht? Nimmt sich das niemand zu Herzen und
zieht eine Lehre daraus?
24 Wer hat denn das Volk Israel, die Nachkommen
Jakobs, an Räuber und Plünderer ausgeliefert? Der
HERR hat es getan, weil wir ihm ungehorsam gewe-
sen sind! Die Israeliten wollten nicht nach seinen
Weisungen leben und achteten nicht auf sein
Gesetz. 25 Da strafte er sie in seinem Zorn und ließ
sie die Schrecken des Krieges erfahren. Sein lodern-
der Zorn schloss sie ringsum ein und versengte sie;
aber sie kamen nicht zur Besinnung, sie haben
nichts begriffen.

... aber trotzdem gibt Gott sein Volk nicht preis

43 Jetzt aber sagt der HERR, der dich ins Leben
gerufen hat, Volk Israel, du Nachkommen-
schaft Jakobs:
»Fürchte dich nicht, ich habe dich befreit! Ich
habe dich bei deinem Namen gerufen, du gehörst
mir! 2 Musst du durchs Wasser gehen, so bin ich
bei dir; auch in reißenden Strömen wirst du nicht
ertrinken. Musst du durchs Feuer gehen, so bleibst
du unversehrt; keine Flamme wird dir etwas anha-
ben können. 3 Denn ich bin der HERR, dein Gott;
ich, der heilige Gott Israels, bin dein Retter. Ich gebe
Ägypten für dich als Lösegeld, den Sudan und Äthio-
pien[e] noch dazu. 4 Völker gebe ich für dich hin, ja die
ganze Welt, weil du mir so viel wert bist und ich dich
liebe.
5 Fürchte dich nicht, denn ich bin bei dir! Von
dort, wo die Sonne aufgeht, hole ich dich zurück;
von dort, wo sie untergeht, bringe ich die Zerstreu-

a Nach dem Inhalt zu schließen, richtete sich das folgende Wort ursprünglich an den Perserkönig Kyrus (vgl. 45,1-5). Doch hat sich daran später eine viel weiter gehende Hoffnung entzündet; vgl. 61,1-3; Lk 4, 18-19.
b *der mächtige ...:* wörtlich *das ist mein Name.* Über die in Ex 3,14-15 gegebene Deutung hinaus (»Ich-bin-da«) schließt der *Name* Gottes für den Propheten die Überlegenheit des Gottes Israels über alle Mächte und Götter ein.
c Wie die prophetische Botschaft vom Untergang Jerusalems in Erfüllung gegangen ist (Sach 1,2-6), so wird auch die jetzt angekündigte Befreiung des Volkes wirklich werden.
d *Ihr meint ...:* verdeutlichender Zusatz.
e *Äthiopien:* Hier Wiedergabe von *Seba* = Äthiopien/Eritrea; vgl. Gen 10,7; Ps 72,10.

42,5 40,22S **42,6-7** 45,1-5S **42,6** Lk 2,32S **42,9** 48,3-11 **42,10-12** Ps 96,1S; Jes 44,23S **42,13** 40,10; 45,1-2; Ex 15,3 **42,14** Hos 11,8 **42,16** 40,10S **42,18** 43,8 **42,19** 41,8-9; 43,10 **42,20** 6,10 **43,1a** Ex 1,1-7 **43,1b** 41,10S **43,2** Ex 14,21; Dan 3,24-27; Ps 66,12 **43,3** (Retter) 43,11; 45,15.21; 47,4; 49,26; 60,16; Lk 1,47 **43,5-6** 41,10S; 60,4S; 11,11-12S

ten meines Volkes zusammen. 6 Zum Norden sage ich: ›Gib sie heraus!‹, und zum Süden: ›Halte sie nicht zurück!‹ Zu den Enden der Erde sage ich: ›Lasst meine Söhne und Töchter aus der Fremde heimkehren![a] 7 Alle sollen zurückkehren, die ich zu meiner Ehre geschaffen und ins Leben gerufen, die ich zu meinem Eigentum erklärt habe!‹«[b]

Zeugen, die selbst nichts begriffen haben

8 Der HERR sagt: »Mein Volk soll vortreten – diese Leute, die Augen haben, aber nicht sehen, die Ohren haben, aber nicht hören! 9 Alle Völker sind zur Gerichtsverhandlung versammelt. Wer von ihren Göttern hat angekündigt, was jetzt geschieht? Oder hat vielleicht einer von ihnen früher einmal etwas angekündigt, das eingetroffen ist? Sie sollen ihre Zeugen beibringen, die es bestätigen können!«

10 »Meine Zeugen seid ihr«, sagt der HERR, »die Leute von Israel, das Volk, das ich erwählt und in meinen Dienst gestellt habe. Ihr werdet zu Zeugen meines Tuns, damit ihr mich kennen lernt und mir vertraut, damit ihr einseht, dass ich der eine und einzige Gott bin.[c]

Vor mir hat es keinen anderen Gott gegeben und auch nach mir wird keiner kommen. 11 Ich allein bin Gott, ich, der HERR; außer mir gibt es keinen Retter! 12 Ich habe angekündigt, dass ich euch retten will, und ihr alle habt es gehört. Ihr sollt bezeugen können, dass ich wahrhaftig Gott bin. Ich habe euch schon früher gerettet 13 und das werde ich auch in Zukunft tun. Ich bleibe derselbe. Keine Macht der Welt kann mir etwas aus der Hand reißen. Was ich tun will, kann niemand verhindern.«

Gott bereitet die Heimkehr seines Volkes vor

14 Der HERR, der heilige Gott Israels, euer Befreier*, sagt: »Euretwegen schicke ich den Eroberer gegen Babylon*. Die Bewohner der Stadt werden sich auf die Schiffe flüchten, auf denen sie jetzt noch ihre rauschenden Feste feiern; sie werden sich den Fluss hinabtreiben lassen.[d] 15 Ich bin der HERR, euer heiliger Gott, der Schöpfer Israels, euer König.«

16 Der HERR sagt: »Einst habe ich für mein Volk einen Weg durchs Meer gebahnt, mitten durch gewaltige Wassermassen. 17 Das mächtige Heer der Verfolger mit seinen Pferden und Streitwagen* habe ich in den Untergang geführt. Sie sanken zu Boden und standen nicht mehr auf; wie ein Docht verglimmt, so wurden sie ausgelöscht.

18 Daran denkt ihr, daran klammert ihr euch. Aber blickt doch nicht immer zurück! 19 Ich schaffe jetzt etwas Neues! Es kündigt sich schon an, merkt ihr das nicht?[e] Ich werde eine Straße durch die Wüste legen und lasse dort Ströme fließen, 20 damit mein erwähltes Volk unterwegs zu trinken hat.

Die Tiere der Steppe werden mich ehren, Schakale und Strauße mich preisen, weil ich Wasser durch das ausgedörrte Land fließen lasse. 21 Und auch das Volk, das ich mir erschaffen habe, wird mich rühmen und wird weitersagen, was ich getan habe.«

Gott antwortet auf die Vorwürfe seines Volkes

22 Der HERR sagt zu Israel, der Nachkommenschaft Jakobs: »Berufe dich nicht darauf, du hättest mich zu Gast geladen und dir Mühe gegeben, mich zu ehren. 23–24 Du hättest mir die Lämmer deiner Brandopfer dargebracht und mich mit deinen Opfermählern geehrt. Du hättest für mich die kostbaren Zutaten zum Salböl gekauft und mich mit dem Fett deiner Opfer* erfreut. Behaupte nur nicht, ich hätte dir eine schwere Last aufgeladen mit den Speiseopfern und dich geplagt mit den Räucheropfern, die ich von dir verlangt habe.

Im Gegenteil, du hast *mir* eine Last aufgeladen mit deinen Sünden und hast *mich* geplagt mit deinen verbrecherischen Taten! 25 Ich bin dir zu nichts verpflichtet.[f] Und trotzdem vergebe ich deine Schuld und denke nicht mehr an deine Verfehlungen – weil ich es so will!

26 Lass uns miteinander vor Gericht gehen! Klage mich an! Trag deine Sache vor und beweise, dass du im Recht bist! 27 Schon dein Stammvater Jakob[g] hat gesündigt, aber deine führenden Männer haben sich regelrecht gegen mich aufgelehnt. 28 Darum habe ich die Priester meines Heiligtums in den Schmutz getreten, ich habe die Nachkommen Jakobs in Acht und Bann getan und habe Schimpf und Schande über Israel kommen lassen.«

Gott gibt seinem Volk eine Zukunft

44 »Höre, mein Diener Jakob! Höre, Israel, den ich erwählt habe![h] 2 Ich, der HERR, dein Schöpfer, der dich im Mutterleib gebildet hat und dir seitdem beisteht, ich sage dir: Hab keine Angst, Jakob, mein Diener, Jeschurun*, mein Erwählter! 3 Wie ich strömenden Regen über das verdurstende Land ausgieße, so gieße ich meinen Lebensgeist aus über deine Nachkommen, sodass sie sich mehren durch meinen Segen. 4 Dann werden sie aufschießen wie Gras nach dem Regen, wie Pappeln an Wassergräben.«

5 Viele Menschen werden dann kommen und sich

a Nicht nur in Babylonien gibt es aus ihrer Heimat vertriebene Israeliten, sondern auch im oberen Mesopotamien (2 Kön 17,6) und in Ägypten (Jer 43,4-7).
b *die ich zu meinem ...:* wörtlich *die mit meinem Namen gerufen sind,* d.h. über denen der Name des HERRN (zum Zeichen der Besitzergreifung) ausgerufen ist.
c Bei der vom Propheten bildhaft vor Augen gerufenen Gerichtsverhandlung geht es, wie sich nun zeigt, allein um die (Blinden und Tauben; siehe 42,18) Zeugen. Sie, die alle Hoffnung aufgegeben haben (siehe Vergleichsstellen zu 40,27), sollen endlich begreifen, was für einen Gott sie haben.
d Die zweite Vershälfte ist nicht sicher zu deuten.
e Am Anfang der Geschichte Israels stand die Befreiung aus Ägypten mit der wunderbaren Rettung am Meer (Ex 14,21-28). Was jetzt angekündigt wird, ist eine Erneuerung jener grundlegenden Gottestat, durch die Israel zu einem Volk wurde: eine wirkliche Neuschöpfung Israels. Durch die Wüste (Vers 19) führt der direkte Weg von Babylon nach Jerusalem (siehe Karte Seite 926).
f Das Volk meint, Gott hätte es nicht so hart bestrafen dürfen, weil es ihm doch Opfer darbrachte! Vgl. Anmerkung zu 1,13.
g Der gleiche Vorwurf findet sich samt Begründung in Hos 12,4 (siehe Vergleichsstellen dort).
h Das Volk in der Verbannung wird hier mit seinem Stammvater *Jakob,* der den Namen *Israel** erhielt, in eins gesehen. Das gilt auch für andere Stellen in Jes 40–49,

43,7 42,8; 48,11 **43,8** 42,18 **43,9** 41,21-29 S **43,10** 41,8-9; 44,8 **43,11** 43,3 S **43,14** 41,14 S; 45,1-5 S **43,16-17** Ex 14,21-28 **43,18-21** Jer 23,7-8 **43,19** 40,3-4 S; 41,18; 65,17 S **43,22-25** 1,10-20 S **43,25** 48,11; 44,22 **43,27** Hos 12,4 S **44,2** 41,10 S **44,3** 32,15 S **44,5** 14,1; 55,5; Ps 87,4-7

dem Volk des HERRN anschließen.[a] »Ich gehöre dem HERRN«, wird der eine sagen und der andere schreibt es sich sogar auf die Hand. »Auch ich zähle jetzt zu den Nachkommen Jakobs«, sagt ein dritter und der vierte legt sich den Ehrennamen ›Israel‹ bei.[b]

Israel kann auf seinen Gott vertrauen

6 Der HERR, Israels König und sein Befreier*, der Herrscher der Welt,[c] sagt: »Ich bin der Erste und ich bin der Letzte; außer mir gibt es keinen Gott. 7 Wer ruft wie ich immer Neues ins Dasein? Er soll den Beweis antreten und mir alles der Reihe nach aufzählen, angefangen bei der Urzeit, als ich die Menschen schuf! Und was künftig geschehen wird, das soll er einmal vor allen hier erzählen!

8 Habt keine Angst, ihr Leute von Israel, lasst euch nicht verwirren! Habe ich nicht im Voraus angekündigt, was jetzt geschieht? Ihr habt es gehört, ihr seid meine Zeugen. Gibt es einen Gott außer mir? Gibt es außer mir einen, auf den man sich felsenfest verlassen kann? Ich kenne keinen.«

Die Blindheit der Götzenverehrer

9 Ohnmächtige Menschen sind alle, die Götzenbilder herstellen, und auch die schönen Bilder sind ohnmächtig. Fragt man ihre Verehrer, was die Götzen denn vollbracht haben, so müssen sie beschämt verstummen; denn von Taten haben sie nie etwas zu sehen und zu hören bekommen.

10 Wie kann jemand so töricht sein und sich einen Gott machen, sich ein Götterbild gießen lassen – ein Bild, das doch nicht helfen kann! 11 Die Handwerker, die es herstellen, sind ja auch nur Menschen. Deshalb werden alle, die von den Götzenbildern Hilfe erwarten, enttäuscht. Sie sollen doch einmal kommen und das Gegenteil beweisen! Sie werden mit Schrecken feststellen, dass sie verlassen sind, und werden beschämt abziehen müssen.

12 Der Schmied nimmt ein Stück Eisen und bearbeitet es in der Glut. Mit großen und kleinen Hämmern gibt er ihm die gewünschte Form. Er wendet seine ganze Kraft auf, und weil er darüber Essen und Trinken vergisst, ist er am Ende ganz erschöpft. 13 Der Holzschnitzer misst einen Block ab, zeichnet die Umrisse der Gestalt darauf und arbeitet sie mit dem Stecheisen heraus. Schließlich glättet er noch die Oberfläche. So schafft er ein Bild, das aussieht wie ein Mensch, wie ein Prachtstück von einem Mann. Das Bild wird in ein Haus gestellt und da bleibt es und rührt sich nicht.

14 Man wählt dafür eine Zeder oder eine besonders kräftige Eiche im Wald oder man zieht Lorbeerbäume, die der Regen groß und kräftig werden lässt. 15 Mit dem Holz dieser Bäume macht sich der Mensch ein Feuer, er wärmt sich daran oder backt Brot damit – und aus demselben Holz macht er sich ein Götterbild, vor dem er sich zu Boden wirft. 16 Den einen Teil des Holzes verbrennt er; auf dem Feuer brät er sich Fleisch und isst sich an dem Braten satt. Er sitzt am Feuer und sagt: »Ah, das wärmt! Was für ein schönes Feuer!« 17 Aus dem anderen Teil macht er sich einen Gott und wirft sich davor nieder. Er betet zu dem Holz und sagt: »Rette mich! Du bist doch mein Gott.«[d]

18 Die Götzenverehrer haben keinen Verstand. Ihre Augen sind verklebt, sodass sie nichts sehen; ihr Herz ist verschlossen, sodass sie nichts begreifen. 19 Wer sich ein Götzenbild macht, denkt nicht darüber nach, was er tut; sonst würde er zur Einsicht kommen und sagen: »Die Hälfte des Holzes habe ich verbrannt, über dem Feuer habe ich Fleisch gebraten und in der Glut mein Brot gebacken. Und da sollte ich aus der anderen Hälfte einen Götzen machen, mich vor einem Holzklotz niederwerfen?« 20 Genauso gut könnte er die Asche anbeten. Sein törichtes Herz hat ihn in die Irre geführt. Auf diesem Weg kann er sein Leben nicht retten. Er müsste zur Einsicht kommen und sagen: »Das ist doch Lug und Trug, was ich da in der Hand halte!«

Gott hat schon eingegriffen

21 Der HERR sagt: »Ihr Leute von Israel, ihr Nachkommen Jakobs, denkt daran: Ihr steht unter meinem Schutz. Ich habe euch geschaffen, ihr seid meine Schützlinge.[e] Und ich vergesse euch nicht! 22 Ich habe eure ganze Schuld vergeben; sie ist verschwunden wie der Nebel vor der Sonne. Wendet euch mir zu, denn ich werde euch befreien.«

23 Der Himmel soll jauchzen und die ganze Erde jubeln. Die Berge sollen in ein Freudengeschrei ausbrechen, der Wald und alle seine Bäume sollen darin einstimmen. Denn der HERR hat die Nachkommen Jakobs befreit, an Israel zeigt er seine Macht und Herrlichkeit.

Der Schöpfer der Welt als Herr der Geschichte

24 Höre, Israel, was dein Befreier* verkündet, er, der dich im Mutterleib geschaffen hat:

»Ich bin der HERR, der alles schafft und wirkt. Ich ganz allein habe den Himmel ausgespannt wie ein Zelt, ich habe die Erde ausgebreitet mit eigener Kraft. 25 Ich strafe die Voraussagen der Zeichendeuter Lügen und stelle die Wahrsager als Narren bloß. Ich mache die Weisen ratlos und zeige, dass ihr Wissen nichts wert ist. 26 Aber was meine Beauftragten voraussagen, das lasse ich eintreffen, und was meine Boten als meinen Plan verkünden, das führe ich aus.

Jetzt sage ich zu Jerusalem: ›Sei wieder bewohnt!‹; ich lasse es wieder erstehen aus seinen

---

an denen »Jakob« zur Verdeutlichung mit »Nachkommenschaft Jakobs« übersetzt ist; vgl. z. B. 40,27; 43,1; 49,5.

a Der Satz ist verdeutlichender Zusatz. Nachdem Israel als Staat untergegangen ist, kommt hier zum ersten Mal eine Öffnung des Gottesvolkes für Menschen anderer Völker in den Blick, wie sie dann in der Gemeinde des Neuen Testaments eine noch weiter gehende Verwirklichung finden wird (Apg 10,34-35; Röm 4,11-12; Gal 3,6-9).

b *Auch ich zähle …:* mit veränderten Vokalen; H *Der wird den Namen Jakobs ausrufen und der wird den Namen Israel ehrend nennen.*

c *der Herrscher der Welt:* wörtlich *der HERR Zebaot**.

d In der Frühzeit Israels sah man in Götzenbildern nicht, wie es hier geschieht, Beweise der Ohnmacht der Götter, sondern wirkende Sinnbilder ihrer Macht. Darum wurden Götzenbilder nicht verlacht, sondern verboten (Ex 34,17; Lev 19,4). Erst später begann man in Israel über die Torheit der Götzenverehrung zu spotten.

e *Schutz, Schützlinge:* Der Text spricht zweimal von Israel als Gottes *Knecht,* womit hier nicht das Dienst-, sondern das Schutzverhältnis gemeint ist.

44,6 41,4; 48,12; Offb 1,8S **44,7** 41,21-29S **44,8** 43,10; Ps 18,32 **44,9-20** 40,19-20; 41,7; Jer 10,3-5; Hab 2,18-19; Weish 13,1–15,17S **44,11** 42,17 **44,22** 43,25 **44,23** 42,10-12; 49,13; 55,12; 35,1-2; Ps 96,11-13 **44,24** 41,14S; 40,22S **44,25** 29,14S **44,26b** (Jerusalem) Sach 1,16S

Trümmern. Und zu den Städten Judas sage ich: ›Ihr werdet wieder aufgebaut!‹

27 Jetzt sage ich zum gefahrdrohenden Meer:[a] ›Trockne aus! Deine Fluten sollen versiegen!‹

28 Und jetzt sage ich zu Kyrus:[b] ›Ich mache dich zum Hirten meines Volkes.‹ Er wird alles ausführen, was ich will. Er wird befehlen:[c] ›Jerusalem wird wieder aufgebaut und der Tempel wird von neuem errichtet.‹«

Der Perserkönig Kyrus als Werkzeug Gottes

45 Der HERR sagt zu Kyrus,[d] den er gesalbt* und zum König eingesetzt hat:

»Ich habe dich bei der Hand genommen und stehe dir zur Seite. Ich unterwerfe dir die Völker und nehme ihren Königen die Macht; ich öffne dir Türen und Tore. 2 Ich selbst gehe vor dir her und beseitige alles, was dir im Weg steht. Die bronzenen Türen schlage ich in Stücke und zerbreche die eisernen Riegel. 3 Ich liefere dir die verborgenen Schätze und die versteckten Vorräte aus.

Daran sollst du erkennen, dass ich der wahre Gott bin, dass der HERR, der Gott Israels, dich beim Namen gerufen und in seinen Dienst gestellt hat. 4 Obwohl du mich nicht kennst, habe ich dich berufen und verleihe dir einen Ehrennamen; denn durch dich will ich meinem Diener und Schützling Israel helfen, der Nachkommenschaft Jakobs, die ich erwählt habe. 5 Ich bin der HERR, ich bin der Einzige, außer mir gibt es keinen Gott. Ich gebe dir die Macht, obwohl du nichts von mir weißt.

6 Überall auf der ganzen Erde sollen sie erkennen, dass ich allein Gott bin, ich, der HERR, und sonst keiner. 7 Ich mache das Licht und ich mache die Dunkelheit; Glück wie Unglück kommen von mir. Ich, der HERR, bin es, der dies alles vollbringt.

8 Öffne dich, Himmel! Sende Rettung auf die Erde herab wie Regen! Die Erde lasse Heil und Frieden aufsprießen! Dies bewirke ich, der HERR, der Schöpfer.«

Gott ist den Völkern keine Rechenschaft schuldig

9 Weh dem Menschen, der seinen Schöpfer zur Rechenschaft zieht![e] Aus Erde ist er gemacht; vor dem, der ihn geformt hat, ist er nicht mehr als eine Tonscherbe! Sagt vielleicht der Ton zum Töpfer: »Was machst du da?«? Hält er ihm vor: »Was du formst, ist misslungen!«? 10 Wer hat das Recht, zu einem Vater zu sagen: »Warum hast du gezeugt?«?

»Der Herr … hat die Erde fest gegründet; und er hat sie nicht geschaffen, damit sie leer und öde sein soll, sondern damit seine Geschöpfe auf ihr wohnen können.« (45,18)

a *Meer:* Gemeint ist wahrscheinlich die Weltmacht Babylonien. Sie wird mit dem »Urmeer« verglichen, das als Chaos der Schöpfung vorangeht und sie ständig bedroht (Ijob 38,8-11); siehe Sacherklärung »Meer«. Die Befreiung des Volkes aus Babylonien bekommt hier den Rang einer neuen Schöpfungstat; vgl. Anmerkung zu 43,19.

b Siehe Einführung vor Kap 40 und die Seite 926.

c Kyrus hat dann in der Tat ein entsprechendes Edikt erlassen (siehe Esra 1,2-4).

d Siehe Einführung vor Kap 40 und die Seite 926.

e Der folgende Abschnitt lässt noch erkennen, dass Gott nicht nur der Vorwurf gemacht wurde, er lasse sein Volk im Stich (40,27 und Vergleichsstellen). Offenbar wurde es von manchen auch als anstößig empfunden, dass er einen Fremden, ›Ungläubigen‹, zum Retter seines Volkes bestimmt hatte; vgl. Verse 4 und 13.

44,27 Jos 4,23 **44,28** 45,1-5 S **45,1-5** 41,2.5; 42,6-7; 43,14; 44,28; 45,13; 46,11; 48,14-15; Esra 1,1-4 **45,7** Am 3,6 S; 5,8 **45,9** 29,16; 64,7; Jer 18,6 S; Röm 9,20-21

Oder zu einer Frau: »Warum hast du in Geburtswe-
hen gelegen?«?
11 Der HERR, der heilige Gott Israels und sein
Schöpfer, sagt: »Ihr Völker wollt mich zur Rechen-
schaft ziehen? Ihr wollt mir vorhalten, dass ich mein
eigenes Volk bevorzuge?[a] Ihr wollt mir vorschrei-
ben, wie ich mit ihm, dem Werk meiner Hände, zu
verfahren habe?
12 Ich habe die Erde gemacht und die Menschen,
die darauf leben. Ich habe den Himmel ausgespannt
mit eigener Hand, ich bestimme den Sternen ihre
Bahn. 13 Ich bin es auch, der Kyrus erweckt hat und
ihm den Sieg gibt. Ich ebne ihm die Wege und breche
jeden Widerstand. Er wird meine Stadt Jerusalem
wieder aufbauen und mein verbanntes Volk heim-
kehren lassen – und er bekommt dafür keine Bezah-
lung und keine Geschenke!« Das sagt der HERR, der
Herrscher der Welt.[b]

Gott hilft seinem Volk

14 Der HERR sagt zur Zionsstadt*: »Die Leute aus
Ägypten und dem Sudan kommen zu dir und bringen
dir ihre Schätze; die hoch gewachsenen Äthiopier[c]
werden deine Sklaven, in Fesseln kommen sie her-
bei. Sie werfen sich vor dir nieder, beten zu deinem
Gott und bekennen: ›Nur bei dir ist Gott! Es gibt
sonst keinen, absolut keinen!‹«
15 Wahrhaftig, du bist ein Gott, der sich verbirgt,
du Gott Israels, der Retter!
16 Alle, die sich Götzenbilder machen, werden ent-
täuscht und gehen in Schmach und Schande zugrun-
de. 17 Euch aber, den Leuten von Israel, hilft der
HERR, er bringt euch die endgültige Rettung. Nie
und nimmer werdet ihr enttäuscht werden und
untergehen.

Einladung an alle Völker

18 Der HERR, der einzige Gott, hat Himmel und Erde
gemacht. Er hat die Erde fest gegründet; und er hat
sie nicht geschaffen, damit sie leer und öde sein soll,
sondern damit seine Geschöpfe auf ihr wohnen kön-
nen. Und dieser Gott sagt:
»Ich bin der HERR, es gibt keinen anderen Gott!
19 Ich habe mich nicht vor euch verborgen und mich
nicht in Dunkel gehüllt, ich habe geredet! Und ich
habe zu den Nachkommen Jakobs nicht gesagt:
›Sucht mich vergeblich!‹ Ich, der HERR, rede zu euch
von Hilfe und Rettung, und was ich ankündige, das
geschieht.
20 Kommt alle her, die ihr übrig geblieben seid, als
eure Völker untergingen![d] Kommt zur Gerichtsver-
sammlung! Wer Götterbilder aus Holz mit sich he-
rumträgt, hat keinen Verstand; er betet zu einem
Gott, der nicht helfen kann. 21 Beratet miteinander,
was ihr zu eurer Verteidigung vorbringen könnt!
Wer hat seit langem angekündigt, was nun gesche-
hen ist? War nicht ich es, der HERR? Es gibt keinen
Gott außer mir, keinen, der Hilfe und Rettung brin-
gen kann.
22 Kommt zu mir und lasst euch helfen, ihr Men-
schen der ganzen Erde! Denn nur ich bin Gott und
sonst keiner. 23 Ich schwöre bei mir selbst, und was
ich sage, das geschieht auch: Alle werden vor mir
auf die Knie fallen und feierlich bekennen:[e] 24 ›Nur
beim HERRN gibt es Rettung und sicheren Schutz.‹«[f]
Beschämt werden alle zum HERRN kommen, die
sich ihm widersetzt haben. 25 Alle Nachkommen
Jakobs aber finden bei ihm Rettung und werden
ihn voller Freude und Stolz dafür preisen.

Die hilflosen Götter und der helfende Gott

46 Gott Bel geht in die Knie,
Gott Nebo sinkt um;[g]
ihre Bilder werden weggeschleppt
auf dem Rücken des Lastviehs.
Ihr Leute von Babylon*,[h]
eure Götter sind aufgeladen,
das Vieh schleppt sich müde daran!
2 Die Götter sind umgesunken,
sind in die Knie gegangen;
sie können die eigene Last nicht retten,
müssen selber in die Gefangenschaft!

3 »Hört, Volk Israel, der ganze Rest, der von den
Nachkommen Jakobs übrig geblieben ist«, sagt der
HERR. »Ich habe euch getragen, seit es euch gibt;
ihr seid mir aufgeladen, seit ihr aus dem Mutterleib
kamt. 4 Und ich bleibe derselbe in alle Zukunft! Bis
ihr alt und grau werdet, bin ich es, der euch schleppt.
Ich habe es bisher getan und ich werde es auch künf-
tig tun. Ich bin es, der euch trägt und schleppt und
rettet!
5 Mit wem wollt ihr mich vergleichen? Gibt es
irgendjemand, den ihr mit mir auf eine Stufe stellen
könnt? 6 Da schütten sie Gold und Silber aus ihrem
Beutel, sie wiegen es ab und beauftragen den Gold-
schmied, dass er ihnen einen Gott daraus macht.
Vor dem werfen sie sich nieder, 7 sie heben ihn auf
ihre Schultern, sie tragen ihn feierlich umher, sie set-
zen ihn wieder auf seinen Platz – und da steht er
dann und rührt sich nicht. Wenn jemand um Hilfe
zu ihm ruft, antwortet er nicht; er rettet keinen
aus der Not. 8 Macht euch das einmal klar und nehmt
es euch zu Herzen! Kommt endlich zur Besinnung!«

Die Hilfe ist nahe

9 »Denkt an das, was ich früher getan habe!«, sagt der
HERR. »Ich allein bin Gott und sonst keiner, niemand
ist mir gleich. 10 Ich kündige an, was geschehen wird,
lange bevor es eintrifft. Und das sage ich euch: Wenn

a *Ihr Völker ... ziehen:* verdeutlichender Zusatz. *Ihr wollt mir vorhalten ...:* mit einer kleinen Textänderung, die der Zusammenhang nahe legt; wörtlich *Das Künftige fragt mich wegen meiner Söhne.*
b Wörtlich *der HERR Zebaot**.
c Im Hebräischen steht hier *Leute von Seba;* siehe Anmerkung zu 43,3.
d Hier wird auf eine künftige Völkerkatastrophe hingedeutet, die sich für den Blick des Propheten in den Eroberungen des Perserkönigs Kyrus schon abzuzeichnen beginnt.
e Dies wird in Phil 2,10-11 aufgenommen.
f Nach *beim HERRN* folgt noch *sagt man über mich.*
g *Bel* (= Marduk) und *Nebo* waren die babylonischen Hauptgötter (siehe die Sacherklärungen). Anstatt wie der Gott Israels (Verse 3-4) ihre Verehrer zu retten, sind sie für die Flüchtenden nur eine Last. Der beißende Spott der Verse 1-2 stellt eine prophetische Vorwegnahme dar: Er wird zu einem Zeitpunkt ausgesprochen, da die Israeliten noch unterdrückt sind und die beiden Götter als Garanten babylonischer Macht in feierlichen Prozessionen (vgl. Vers 7) umhergeführt werden.
h *Ihr Leute ...:* verdeutlichender Zusatz.

45,12 40,22S; 40,26S **45,13** 45,1-5S; 52,3S **45,14** 60,6 **45,15** 43,3S **45,16** 44,9-11 **45,18** (leer und öde) Gen 1,2 **45,19** 48,16; Jer 29,12-14; Mt 7,7par **45,20-21** 41,21-29S; 43,11 **45,23-24** Röm 14,11; Phil 2,10-11 **46,1-2** 21,9S; Jer 50,2 **46,3-4** Dtn 1,31; Hos 11,3; Ps 71,17-18 **46,5-8** 40,18-21; 44,9-20S **46,9** 43,16-17; 44,6S **46,10** 41,21-29S; Ps 115,3

ich etwas plane, dann wird es auch ausgeführt. Alles,
was ich mir vornehme, das tue ich auch. 11 Ich rufe
jetzt den Adler aus dem Osten, den Mann[a] aus fer-
nem Land, der meinen Plan ausführen wird. Ich
habe es angekündigt und es wird eintreffen; es ist
schon im Gang, ich führe es herbei.
12 Hört her, ihr Starrsinnigen! Ihr habt alle Hoff-
nung aufgegeben, weil ihr weit und breit keine Hilfe
seht. 13 Aber von mir kommt eure Rettung, sie ist ganz
nahe; meine Hilfe lässt nicht auf sich warten. Auf
dem Zionsberg* gebe ich euch einen neuen Anfang
und Israel mache ich zu meinem Schmuckstück!«

Der Prophet kündet den Sturz Babylons an

47 Der HERR sagt:
»Steig von deinem Thron herunter,
Babylon*, du stolze Jungfrau!
In den Staub musst du dich setzen,
niemand wird dich fortan nennen
›die verwöhnte zarte Dame‹.
2 Sklavenarbeit wird dein Los sein:
Bück dich nieder, dreh den Mühlstein.[b]
Weg den Schleier, weg die Schleppe!
Raff das Kleid hoch, geh durch Pfützen!
3 Jeder sehe deine Blöße,
offenbar sei deine Schande.
Ich, der HERR, will jetzt vergelten,
niemand soll mich daran hindern.«

4 Ja, der HERR ist unser Retter,
ihm gehorchen alle Mächte,[c]
er ist unser heiliger Gott.

5 »Hör, was ich, der HERR, dir sage:
Babylon, du musst ins Dunkel,
einsam in der Stille sitzen,
niemand wird dich künftig nennen
›Herrin vieler Königreiche‹.
6 Auf mein Volk war ich sehr zornig,
gab mein Land dem Feinde preis,
lieferte mein Volk dir aus.
Doch du hattest kein Erbarmen;
auch die hochbetagten Alten
hast du mitleidlos geschunden.
7 Und du sagtest: ›Ewig leb ich,
ewig bleibe ich die Herrin!‹
Dachtest nicht, was deine Taten
dir am Ende bringen würden.

8 Üppig lebst du, Wohlstand liebst du,
wiegst dich stets in Sicherheit.
Ja, du sagst: ›Ich bin die Größte!
Neben mir kommt keiner auf.
Niemals werd ich Witwe sein,

»Ruf doch deine Himmelsdeuter, die dir Horoskope stellen! Ob sie dich wohl retten können?« (47,13) So sagt Gott zu den Babyloniern. Mit all ihrer Magie und wissenschaftlich ausgearbeiteten Astrologie werden sie dem Strafgericht Gottes nicht entkommen. Dieser babylonische Grenzstein zeigt die Symbole verschiedener Götter, aus denen sich die Tierkreiszeichen entwickelt haben.

a Gemeint ist wieder der Perserkönig Kyrus (siehe 45,1-5 mit Vergleichsstellen).
b Siehe Sacherklärung und die Abbildung Seite 244.
c *Ja, der* HERR*...*: wörtlich *Unser Befreier*, der* HERR *Zebaot* ist sein Name.*

46,11 45,1-5S **46,12** 40,27 **47,1-15** 13,1-22S **47,6** Sach 1,15 **47,7** 37,24-25 **47,8-9** Zef 2,15; Offb 18,7-8

ohne Zahl sind meine Kinder!‹
9 Doch an einem Tag verlierst du,
was bis jetzt dein Ruhm und Stolz ist:
Du verlierst den Mann, die Kinder,
einsam, schutzlos stehst du da.
Nichts kann dich davor bewahren,
Zaubersprüche helfen nicht.
10 Doch du denkst noch: ›Ungestraft
bleiben meine bösen Taten;
es gibt keinen, der sie sieht.‹

Durch dein Wissen, deine Weisheit
ließt du dich zum Stolz verleiten,
sagtest: ›Ja, ich bin die Größte!
Neben mir kommt keiner auf!‹
11 Doch schon naht sich dir das Unglück!
Eh du dessen dich versiehst,
stürzt du plötzlich ins Verderben.
Du hast es nicht kommen sehen
und du kannst ihm nicht entrinnen,
nicht durch Zauber, nicht durch Opfer.
12 Stell dich hin, brauch deine Künste,
mit Beschwörungen versuch es!
Darin bist du ja geübt,
schon seit deiner Jugendzeit!
Sieh, ob sie dir helfen können,
um das Unheil abzuwenden!

13 Hast du dich nicht stets bemüht,
von den Sternen Rat zu holen?[a]
Ruf doch deine Himmelsdeuter,
die dir Horoskope stellen!
Ob sie dich wohl retten können?
14 Wie den Stoppeln geht es ihnen,
die im Nu das Feuer frisst:
Keiner kann sein Leben retten,
wenn der Feuersturm hereinbricht.
Das ist dann kein Lagerfeuer,
dran man sich die Hände wärmt,
nichts für eine traute Runde!

15 Wahrlich, schöne Stützen sind sie,
dieses ganze Händlervolk![b]
Seit der frühen Jugendzeit
hast du viel für sie getan.
Aber jetzt stehst du allein da:
Einer wie der andere taumelt
seines Weges – fort, nach Hause!
Da ist niemand, der dir hilft.«

Gott kündigt Israel Neues an

48 Hört, ihr Leute vom Volk Jakobs, ihr Nach-
kommen Judas! Ihr tragt den Ehrennamen
Israel*, ihr schwört beim Namen* des HERRN, ihr
bekennt euch zum Gott Israels – aber rechnet ihr
vielleicht ernsthaft mit ihm? 2 Gewiss, ihr habt euch
die Bewohner der Heiligen Stadt* genannt und im
Gott Israels euren Helfer gesehen, und das ist er
auch; sein Name ist: »der HERR, der Herrscher der
Welt«.[c] Hört also, was er euch sagt:
3 »Von jeher hatte ich euch angekündigt, was
geschehen würde; den Propheten hatte ich mein
Wort in den Mund gelegt und ihr konntet es hören.
Dann habe ich ganz plötzlich gehandelt und alles
traf ein. 4 Ich wusste, dass ihr starrsinnig seid; euer
Nacken ist unbeugsam wie Eisen und eure Stirn so
hart wie Stahl. 5 Deshalb habe ich euch das alles im
Voraus angekündigt, damit ihr nicht sagen könnt:
›Das hat mein Götze getan; mein Götzenbild aus
Holz und Metall hat das angeordnet.‹ 6 Ihr habt alles
gehört und ihr seht: Es ist eingetroffen. Wollt ihr das
nicht zugeben und öffentlich verkünden?

Aber von jetzt an kündige ich etwas Neues[d] an;
bisher war es verborgen und ihr habt nichts davon
gewusst. 7 Es war nicht schon immer da, eben erst
habe ich es geschaffen und in Gang gesetzt. Bis
zum heutigen Tag habt ihr nichts davon gehört –
sonst würdet ihr sagen: ›Wir haben es ja schon lange
gewusst!‹ 8 Nein, ihr habt nichts davon gewusst, ihr
habt nie etwas davon zu hören bekommen. Ich
kannte euch doch und wusste: Ihr seid durch und
durch treulos. Man nennt euch nicht umsonst
›Rebell vom Mutterleib an‹.
9 Aber weil ich mich mit euch verbunden habe und
die Ehre meines Namens auf dem Spiel steht,
bezwinge ich meinen Zorn und vernichte euch
nicht. 10 Im Schmelzofen des Leidens habe ich euch
geprüft, aber es kam kein Silber dabei heraus![e]
11 Nicht euretwegen, sondern einzig und allein mei-
netwegen schaffe ich euch Rettung. Soll ich mich
noch länger von den Völkern verhöhnen lassen?
Meine Ehre lasse ich mir von niemand nehmen!«

Gott hat den Perserkönig beauftragt

12 Der HERR sagt: »Höre, Israel, du Volk der Nach-
kommen Jakobs, das ich in meinen Dienst gestellt
habe! Ich bin der eine und einzige Gott, der Erste
und auch der Letzte. 13 Ich habe die Erde auf festen
Grund gestellt, ich habe den Himmel ausgespannt;
nur ein Wort von mir und sie standen da.
14 Kommt alle herbei, ihr Leute von Israel, und
hört! Wer außer mir hat angekündigt, was jetzt
geschieht? Der Mann, den ich liebe, vollstreckt mei-
nen Willen an Babylon* und lässt die Chaldäer*
meine Macht spüren. 15 Ich allein habe es vorherge-
sagt, ich habe ihn auch gerufen. Ich habe ihn herge-
holt und lasse sein Vorhaben gelingen.
16 Kommt her zu mir, hört, was ich euch sage! Von

a Siehe Anmerkung zu 40,26.
b Hier wird deutlich, dass das babylonische Reich auch eine wirtschaftliche Großmacht war (siehe Vergleichsstellen).
c Wörtlich *der HERR Zebaot**.
d Wieder werden wie in 43,16-21 die Gottestaten der Vergangenheit und die bevorstehende Befreiung des Volkes einander gegenübergestellt.
e Siehe Sacherklärung »Schlacke«.

47,10 Ps 14,1 S; (Stolz) Jer 9,22-23; Ez 28,3-5 **47,13** Dan 2,1-3 **47,15** Ez 27,36; Nah 3,16; Offb 18,15 **48,1** 65,9; Gen 49,1.8-12; 32,29 **48,2** Jer 7,4 **48,3-5** 41,21-29 S **48,4** Dtn 31,27; Ez 3,7 **48,6** 43,19-21 **48,8** 48,4 S **48,10** Jer 9,6; Sach 13,9; Mal 3,2-3; Jes 1,25 S; Spr 17,3 S; 1 Petr 1,7 **48,11** 48,9; 42,8; 43,25; Ps 115,1-2 S; Ez 36,20-23 S **48,12** 44,6 S **48,13** Ps 33,9 **48,14-15** 45,1-5 S **48,16** 45,19

Anfang an habe ich dies öffentlich angekündigt, und
seit es in Gang gekommen ist, habe ich meine Hand
im Spiel.«

Und jetzt hat der HERR, der mächtige Gott, mich
beauftragt und mir seinen Geist* gegeben.[a]

Steht eurem Glück nicht im Weg!

17 Der HERR, der heilige Gott Israels, euer Befreier*,
sagt: »Ich, der HERR, euer Gott, sage euch, was ihr
tun und wie ihr leben sollt. Meine Weisungen die-
nen zu eurem Besten. 18 Hättet ihr doch auf meine
Gebote geachtet! Dann würdet ihr jetzt Frieden
haben und es würde euch an nichts fehlen; euer
Wohlstand würde anschwellen wie ein Strom, er
würde sich ausbreiten wie die Wogen des Meeres.
19 Eure Nachkommen würden so unzählbar sein
wie der Sand und ich würde mich niemals von ihnen
abwenden und sie dem Untergang preisgeben!«

Vorblick auf den Auszug des Volkes Israel aus Babylonien

20 Brecht auf aus Babylon*! Verlasst das Land der
Chaldäer*, so schnell ihr könnt! Freut euch und
jubelt, macht überall bis ans Ende der Erde bekannt:
»Der HERR hat sein Volk, die Nachkommen Jakobs,
befreit!« 21 Er führt sie durch Wüsten, aber sie leiden
keinen Durst; denn er gibt ihnen zu trinken: Er spal-
tet Felsen und es strömt Wasser heraus.

22 »Wer sich gegen mich auflehnt«, sagt der HERR,
»findet keinen Frieden*, sondern stürzt sich ins
Unglück.«

Eine neue Aufgabe für den Bevollmächtigten Gottes

49 Hört her, ihr Menschen am Rand der Erde,
ihr Völker in der Ferne! Schon als ich noch
im Leib meiner Mutter war, hat der HERR mich in sei-
nen Dienst gerufen und meinen Namen bekannt
gemacht. 2 Er hat mir eine Zunge gegeben, die scharf
ist wie ein Schwert, und er hält seine schützende
Hand über mich. Er hat mich zu einem sicher treffen-
den Pfeil gemacht und verwahrt mich in seinem
Köcher. 3 Er hat zu mir gesagt: »Du bist mein Bevoll-
mächtigter*, Israel,[b] an dir will ich meine Herrlich-
keit sichtbar machen.«

4 Ich aber dachte: »Ich habe mich vergeblich abge-
müht. Ich habe meine ganze Kraft erschöpft und
nichts erreicht. Doch der HERR wird mir zu meinem
Recht verhelfen und meine Mühe belohnen.«

5 Und nun hat der HERR zu mir gesprochen, er, der
mich schon im Mutterleib dazu bestimmt hat, ihm
zu dienen und die Nachkommen Jakobs, das Volk
Israel, zu sammeln und zu ihm zurückzuführen.
Bei ihm bin ich angesehen, er gibt mir Kraft. 6 Er
hat zu mir gesagt: »Es ist zu wenig, dass du als mein
Bevollmächtigter nur die Stämme Israels wieder zu
Ansehen bringst und alle zurückführst, die von
den Nachkommen Jakobs übrig geblieben sind. Ich
mache dich auch zum Licht für die anderen Völker,
damit alle Menschen auf der Erde durch dich meine
rettende Hilfe erfahren.«

Wiederholte Zusage der Befreiung

7 Der HERR, der Befreier* Israels und sein heiliger
Gott, sagt zu dem Volk, das verachtet und von allen
verabscheut wird,° das den Tyrannen dienen muss:
»Könige werden mit ansehen, wie du befreit wirst,
und sie werden vor dir aufstehen. Fürsten werden
sich vor dir niederwerfen.«

Das wird geschehen, weil der HERR sein Wort hält,
weil der heilige Gott Israels dich erwählt hat.

Gott rettet seinen Bevollmächtigten und sein Volk

8 Der HERR sagt zu seinem Bevollmächtigten:[c] »Wenn
die Zeit kommt, dass ich mich über dich erbarme,
erhöre ich dich; wenn der Tag deiner Rettung da
ist, helfe ich dir. Ich bewahre dich vor dem Un-
tergang und mache dich zum Friedensbringer für
mein Volk. Du sollst das verödete Land wieder
bewohnbar machen und als bleibenden Besitz neu
verteilen. 9 Zu den Gefangenen wirst du sagen: ›Ihr
seid frei!‹, und zu denen, die im Dunkeln leben:
›Kommt ans Licht!‹

Es wird ihnen unterwegs an nichts fehlen, wie
den Schafen, die noch auf den kahlsten Höhen Wei-
de finden. 10 Sie werden weder Hunger noch Durst
leiden, die Glut der Sonne und der heiße Wüsten-
wind werden sie nicht quälen; denn ich führe sie
und bringe sie zu erfrischenden Quellen, weil ich
es gut mit ihnen meine. 11 Alle Berge, die ihnen im
Wege sind, ebne ich ein; feste Straßen schütte ich
für sie auf. 12 Seht doch, mein Volk kommt von weit
her: aus dem Norden, aus dem Westen[d] und aus dem
südlichsten Ägypten!«°

13 Freut euch, Himmel und Erde; jubelt, ihr Berge!
Denn der HERR hilft seinem Volk, er hat Erbarmen
mit den Unterdrückten.

Gott liebt sein Volk wie eine Mutter

14 Die Zionsstadt* klagt: »Der HERR hat mich verlas-
sen, mein Gott hat mich vergessen!«

15 Doch der HERR sagt: »Bringt eine Mutter es fer-
tig, ihren Säugling zu vergessen? Hat sie nicht Mit-
leid mit dem Kind, das sie in ihrem Leib getragen
hat? Und selbst wenn sie es vergessen könnte, ich
vergesse euch nicht!

16 Jerusalem, ich habe dich unauslöschlich in

a Wahrscheinlich gehört dieser Satz in den Zusammenhang von 49,1-6 (vgl. auch 61,1).
b Nach dem Zusammenhang handelt es sich bei dem Angeredeten um eine Einzelperson, die nach Vers 5 eine Aufgabe *an* Israel hat. Ob es sich um den Propheten selbst oder um eine andere Gestalt handelt, lässt sich nicht entscheiden. Der neue Auftrag, »Licht für die anderen Völker« zu sein (Vers 6), ist im Vollsinn erst durch Jesus Christus erfüllt worden.
c *zu seinem ...*: verdeutlichender Zusatz; vgl. 42,1-7.
d Offenbar von Babylon aus gesehen; vgl. 43,5-6 und Anmerkung dazu.

48,17 41,14S **48,18** Dtn 5,29 **48,19** Gen 22,17 **48,20** 40,10S; 52,11-12; Jer 51,45S **48,21** 41,17-20; Ex 17,6 **48,22** 57,21 **49,1-6** (Gottes Bevollmächtigter) 42,1-4; 50,4-11; 52,13–53,12 **49,1** Jer 1,5 **49,2** Offb 1,16S **49,6** 42,6; Lk 2,32S **49,7** 49,23; 60,10 **49,8** 2Kor 6,2 **49,9a** 42,7 **49,9b-10** 40,11S **49,11** 40,3-4S **49,13** 44,23S **49,14** 40,27S **49,15** 66,13; Jer 31,20S; Ps 27,10 **49,16** 31,5.9; 54,1-17S; Sach 1,14S

meine Hände eingezeichnet; deine Mauern sind mir stets vor Augen. 17 Die Leute, die dich wieder aufbauen werden,° sind schon unterwegs; die Feinde, die dich zerstört und verwüstet haben, müssen abziehen.

18 Sieh doch, was rings um dich her geschieht! Schon versammeln sich die Menschen, die in dir wohnen werden, sie kommen zu dir. So gewiss ich, der HERR, lebe: Du wirst dich über sie freuen und stolz auf sie sein, du wirst dich mit ihnen schmücken wie eine Braut mit dem Hochzeitsschmuck.

19 In Trümmern lagst du und dein Land ringsum war verwüstet und menschenleer; aber bald werden so viele kommen, dass du sie nicht mehr fassen kannst. Von denen, die dich zerstört haben, wird man weit und breit nichts mehr sehen. 20 Du warst wie eine kinderlose Frau; aber bald werden deine Kinder zu dir sagen: ›Uns ist es zu eng hier; schaff uns mehr Platz, damit wir wohnen können!‹

21 Dann wirst du fragen: ›Wer hat alle diese Kinder für mich geboren? Meine eigenen hat man mir geraubt, neue konnte ich nicht mehr gebären; ich war verbannt und verstoßen. Wer hat diese alle für mich großgezogen? Ich war doch ganz allein übrig geblieben. Wo kommen sie her?‹«

22 Der HERR, der mächtige Gott, sagt: »Sieh her, ich hebe die Hand und stelle mein Feldzeichen auf, sodass die Völker es sehen. Dann werden sie deine Söhne und Töchter auf ihre Arme und Schultern heben und herbeibringen. 23 Könige werden dich hüten, Fürstinnen werden dich wie Ammen versorgen. Mit dem Gesicht auf der Erde müssen sie dich ehren und dir den Staub von den Füßen küssen. Dann wirst du sehen, dass ich, der HERR, für dich da bin und dass niemand enttäuscht wird, der mir vertraut.«

24 »Kann man einem Starken seine Beute wegnehmen?«, fragst du. »Kann man die Opfer eines Tyrannen° aus dem Kerker befreien?«

25 Der HERR sagt: »Genau das wird geschehen: Die Gefangenen des Tyrannen werden befreit und dem Starken wird seine Beute entrissen. Ich selbst kämpfe gegen deine Feinde, ich selbst werde deine Kinder befreien. 26 Deine Unterdrücker sollen sich gegenseitig umbringen und in einem Blutrausch sich selbst vernichten. Dann werden alle Menschen erkennen: Ich, der HERR, der starke Gott Jakobs, bin dein Retter und dein Befreier*.«

Gott antwortet auf Klagen seines Volkes

50 Der HERR sagt: »Ihr behauptet, ich hätte Israel, eure Mutter, verstoßen. Zeigt mir doch die Scheidungsurkunde*! Ihr behauptet, ich hätte euch, meine Kinder, als Sklaven verkauft, wie man es tut, um seine Schulden zu tilgen. Zeigt mir doch den, dem ich etwas schuldig war! Nein, wegen eurer Schuld habe ich euch weggegeben, wegen eurer Verbrechen habe ich eure Mutter Israel weggeschickt!

2 Warum stellt sich mir keiner? Warum antwortet ihr nicht?

Ihr denkt, ich sei zu schwach, um euch zu helfen, mein Arm sei zu kurz, um euch zu befreien. Und doch brauche ich nur ein Wort zu sprechen, dann trocknet das Meer aus und die Ströme versiegen, sodass die Fische elend umkommen. 3 Ich kann den Himmel schwarz werden lassen, als trüge er ein Trauerkleid.«

Der Bevollmächtigte Gottes wird angefeindet

4 Gott, der HERR, hat meine Zunge in seinen Dienst genommen, er zeigt mir immer neu, was ich sagen soll, um die Müden zu ermutigen.[a] Jeden Morgen lässt er mich aufwachen mit dem Verlangen, ihn zu hören. Begierig horche ich auf das, was er mir zu sagen hat. 5 Er hat mir das Ohr geöffnet und mich bereitgemacht, auf ihn zu hören.

Ich habe mich nicht gesträubt und bin vor keinem Auftrag zurückgescheut. 6 Ich habe meinen Rücken hingehalten, wenn sie mich schlugen, und mein Kinn, wenn sie mir die Barthaare ausrissen. Ich habe mich von ihnen beschimpfen lassen und mein Gesicht nicht bedeckt, wenn sie mich anspuckten.[b]

Sie meinen, ich hätte damit mein Unrecht eingestanden;[c] 7 aber der HERR, der mächtige Gott, steht auf meiner Seite. Deshalb mache ich mein Gesicht hart wie einen Kieselstein und halte alles aus. Ich weiß, dass ich nicht unterliegen werde. 8 Ich habe einen Helfer, der meine Unschuld beweisen wird; er ist schon unterwegs. Wer wagt es, mich anzuklagen? Er soll mit mir vor den Richter treten! Wer will etwas gegen mich vorbringen? Er soll kommen! 9 Der HERR, der mächtige Gott, tritt für mich ein. Wer will mich da verurteilen? Alle, die mich beschuldigen, müssen umkommen; sie zerfallen wie ein Kleid, das von Motten zerfressen ist.

10 Wer von euch fragt nach dem HERRN, wer hört auf seinen Bevollmächtigten*? Er darf wissen: Auch wenn sein Weg durchs Dunkel führt und er nirgends ein Licht sieht – auf den HERRN kann er sich verlassen, sein Gott hält und führt ihn. 11 Zu euch aber, die ihr das Feuer schürt und Brandpfeile anzündet, sagt der HERR: »Ihr lauft in euer eigenes Feuer und werdet selbst von den Pfeilen getroffen, die ihr angezündet habt. Ihr bekommt meine Macht zu spüren; ich sorge dafür, dass ihr in Qualen endet.«

a Immer wieder spiegelt sich in den Worten des Propheten die Mut- und Hoffnungslosigkeit des in der Verbannung lebenden Volkes (40,27-31; 41,14; 42,3-4.22; 49,7.14; 51,7.12-13.21-22; 54,1).
b Es ist denkbar, dass der Prophet, der den Untergang Babylons ankündigte, deshalb von den Babyloniern verfolgt wurde; vielleicht hatte er auch Feinde im eigenen Volk. Christliche Ausleger sehen hier einen Hinweis auf die Passion Jesu (Joh 19,1; Mt 26,67; 27,30).
c *Sie meinen ...:* verdeutlichender Zusatz.

49,18 60,4-5 **49,19-20** 54,1-3; 60,22; Jer 31,38-40; Sach 2,5-9; 10,10 **49,21** 66,7-8 **49,22** 11,12; 60,4S **49,23** 60,16 **49,25** Mk 3,27 par **49,26** Ri 7,22; Jes 41,14S; 43,3S **50,1** 54,6-8; Dtn 24,1; Jes 43,24b-25 **50,2** 59,1; Jos 4,23 **50,4-11** 49,1-6S **50,6** Mk 14,65 par **50,7** Ez 3,8-9S **50,8-9** Röm 8,31-34

Das Gottesvolk wird wieder wachsen

51 Der HERR sagt: »Hört auf mich, alle, die ihr
euch bemüht, das Rechte zu tun, und nach
mir fragt! Seht doch auf den Felsen, aus dem ihr ge-
hauen seid, und auf den Brunnenschacht, aus dem
ihr gegraben seid! 2 Seht auf euren Stammvater Abra-
ham und auf eure Stammmutter Sara! Sie waren nur
ein einzelnes Menschenpaar, als ich sie rief; aber ich
habe sie gesegnet und ihre Nachkommen zu einem
großen Volk gemacht.«
3 Seid gewiss: Der HERR tröstet die Zionsstadt*, aus
den Trümmern lässt er sie neu erstehen. Das verwüs-
tete Land macht er zu einem Paradies; es wird blü-
hen und fruchtbar sein wie der Garten Eden*. Freu-
de und Jubel werden dort erschallen und ihr werdet
eurem Gott Danklieder singen.

Gott bringt seinem Volk immer währenden Frieden

4 Der HERR sagt: »Höre auf mich, mein Volk, achte
auf das, was ich sage! Ich lasse meine Weisung erge-
hen, meine Rechtsordnung richte ich auf als Licht für
die Völker.[a] 5 Ich bringe die Rettung, sie ist ganz
nahe; meine Hilfe ist schon unterwegs. Mein starker
Arm wird den Streit der Völker schlichten. Die ferns-
ten Länder setzen ihre Hoffnung auf mich und war-
ten, dass ich eingreife. 6 Blickt zum Himmel empor:
Er wird sich auflösen wie Rauch. Blickt auf die Erde
unter euren Füßen: Sie wird zerfallen wie ein altes
Kleid und ihre Bewohner werden dahinsterben
wie Fliegen.° Aber die Rettung, die ich bringe,
schafft immer währenden Frieden; nichts wird ihn
erschüttern.
7 Hört her, ihr Menschen in meinem Volk! Ihr
kennt meine Treue und tragt meine Gebote in eurem
Herzen. Habt keine Angst, wenn man euch ver-
höhnt; lasst euch nicht einschüchtern, wenn man
euch mit Spott überschüttet! 8 Eure Feinde werden
untergehen, wie ein Wollkleid zerfällt, wenn es
die Motten zerfressen. Aber der Frieden, den ich
bringe, besteht für immer; mein rettendes Eingreifen
bleibt wirksam für alle kommenden Generationen.«

Gott antwortet auf den Hilferuf seines Volkes

9 »Wach auf, HERR«, so ruft ihr, »wach auf! Zeig deine
Macht! Gebrauche sie wie in alten Zeiten! Du warst
es doch, der den Drachen Rahab* durchbohrt und
zerteilt hat. 10 Du warst es, der in der Urzeit die Flu-
ten des Meeres zurückgetrieben hat, sodass das tro-
ckene Land herauskam. Und du warst es, der mitten
im tiefsten Meer einen Weg bahnte, damit dein
befreites Volk hindurchziehen konnte.«
11 Ja, die Seinen, die der HERR befreit hat, kehren
heim; voll Jubel kommen sie zum Zionsberg*. Aus
ihren Augen strahlt grenzenloses Glück. Freude
und Wonne bleiben bei ihnen, Sorgen und Seufzen
sind für immer vorbei.
12 »Ich bin es«, sagt der HERR, »ich bin es, der
eurem Leiden ein Ende macht! Wie kommt ihr dazu,
euch vor Menschen zu fürchten, die doch sterben
müssen, die vergänglich sind wie Gras? 13 Habt ihr
euren Schöpfer vergessen, der euch erschaffen hat?
Es ist derselbe, der den Himmel ausgespannt und
die Erde auf festen Grund gestellt hat! Warum zittert
ihr dann immerzu vor dem Zorn eurer Unterdrü-
cker? Lasst sie wüten, so viel sie wollen – was kön-
nen sie euch anhaben? 14 In Kürze werden die Gefan-
genen befreit, sie sollen nicht im Kerker umkom-
men, sie sollen nicht verhungern. 15 Denn ich bin
der HERR, euer Gott; mein Name ist: ›der HERR, der
Herrscher der Welt‹.[b] Ich wühle das Meer auf, dass
seine Wogen brausen. 16 Ich spanne den Himmel
aus und stelle die Erde auf festen Grund. Und ich
sage den Bewohnern der Zionsstadt*: ›Ihr seid mein
Volk! Ihr sollt meine Weisungen verkünden und ich
halte meine schützende Hand über euch.‹«
17 Raff dich auf, Jerusalem; raff dich auf, steh auf!
Der HERR hat dich aus dem Becher seines Zorns trin-
ken lassen; du hast ihn bis zur Neige geleert und bist

»Habt ihr euren Schöpfer vergessen, der euch erschaffen hat? Es ist derselbe, der den Himmel ausgespannt und die Erde auf festen Grund gestellt hat!« (51,13)

a Gott rettet sein Volk nicht auf Kosten der übrigen Völker, sondern richtet eine umfassende Friedensordnung auf (Verse 5.6b.8b).
b Wörtlich *der HERR Zebaot**.

51,1 48,1; Dtn 32,18 **51,2** Gen 12,1-2; 17,15-19 **51,3** Gen 2,8-9; Jes 35,1-2 S **51,4-5** 42,1-4.6; 49,6; 2,4 S **51,5** 60,9 **51,6** 24,4 S; Ps 102,26-28; Jes 40,7-8 **51,9** Ps 74,12-14; 89,10-11 **51,10** Ex 14,21-22 **51,11** 35,10 S **51,12** 40,6-8 S; Ps 56,5 S **51,15-16** Jer 31,35-36 **51,17** Jer 25,15 S

dem Untergang entgegengetaumelt. 18 Keins von den
Kindern, die du geboren und großgezogen hattest,
stand dir bei, keins nahm dich bei der Hand und
stützte dich. 19 Ein doppeltes Unglück hat dich getrof-
fen, aber niemand hat Mitgefühl mit dir, niemand
tröstet dich:° Stadt und Land sind verwüstet, und
das Volk ist dahingerafft durch Hunger und Schwert!
Erschöpft brachen deine Kinder auf den Straßen
zusammen, an allen Straßenecken lagen sie und
konnten nicht weiter wie das Wild, das sich im Netz
verfangen hat. So schrecklich traf sie der grimmige
Zorn deines Gottes!
21 Doch nun höre, du Zionsstadt, die du taumelst
wie eine Betrunkene, aber nicht von Wein! 22 Höre,
was der HERR, dein Gott, dir sagt, dein Beschützer,
der für sein Volk eintritt: »Ich nehme dir den Becher
aus der Hand, du musst nicht länger den Wein mei-
nes Zornes trinken. 23 Ich gebe ihn stattdessen dei-
nen Unterdrückern, die zu dir sagten: ›Wirf dich nie-
der, damit wir über dich weggehen können!‹ Du
musstest dich vor ihnen niederlegen und sie gingen
über deinen Rücken wie über eine Straße.«

52 Wach auf, Jerusalem, wach auf! Raff dich auf!
Zieh deine prächtigsten Kleider an, du Heilige
Stadt! Künftig darf niemand mehr dich betreten,
der unbeschnitten* oder unrein* ist. 2 Schüttle den
Staub deiner Schande von dir ab und setze dich wie-
der auf deinen Thron! Der Strick um deinen Hals ist
gelöst, du bist keine Gefangene mehr! 3 Denn der
HERR sagt: »Als ich euch in die Sklaverei verkaufte,
habe ich kein Geld dafür genommen. Darum sollt
ihr nun auch ohne Lösegeld befreit werden.«

Gott befreit sein Volk aus Babylon

4 Der HERR, der mächtige Gott, sagt: »Am Anfang zog
mein Volk nach Ägypten und musste dort in der
Fremde leben. Später kamen die Assyrer* und haben
es ohne Grund unterjocht. 5 Und wie steht es jetzt?
Man hat sie wie Sklaven weggeführt und nichts
dafür bezahlt. Ihre Unterdrücker brüsten sich damit,
ununterbrochen schmähen sie mich und ziehen mei-
nen Namen in den Schmutz. 6 Deshalb werde ich
eingreifen, und mein Volk wird erkennen, wer ich
bin. Sie werden erfahren, dass ich zur Stelle bin!«

Gott kehrt mit seinem Volk zurück

7 Was für eine Freude! Über die Berge kommt der Sie-
gesbote herbeigeeilt! Er bringt gute Nachricht, er
verkündet Frieden und Rettung, er sagt zur Zions-
stadt*: »Dein Gott ist König der ganzen Welt!«
8 Horch, die Wächter der Stadt rufen laut, sie ju-
beln vor Freude; denn sie sehen mit eigenen Augen,
wie der HERR auf den Berg Zion zurückkehrt.[a]
9 Jubelt vor Freude, ihr Trümmer Jerusalems; denn
der HERR hat Erbarmen mit seinem Volk, er befreit
Jerusalem. 10 Er greift ein, er hat seinen heiligen
Arm vor den Augen aller Völker erhoben. Bis in
den letzten Winkel der Erde sehen sie, wie unser
Gott uns rettet.
11 Fort! Fort! Zieht weg von hier! Trennt euch von
allem, was unrein ist! Zieht weg aus dem fremden
Land, verlasst Babylon*! Macht euch rein*, denn
ihr tragt die Geräte für den Tempel des HERRN.[b]
12 Diesmal sollt ihr nicht in Hast und Eile ausziehen,
als müsstet ihr fliehen.[c] Der HERR, der Gott Israels,
geht vor euch her und er selbst beschließt euren Zug.

Er trug unsere Schuld[d]

13 Der HERR sagt: »Gebt Acht: Meinem Bevollmäch-
tigten* wird gelingen, wozu ich ihn bestellt habe;
er wird zu großem Ansehen und höchsten Ehren
gelangen. 14 Viele haben sich entsetzt von ihm abge-
wandt, so entstellt war er. Er hatte keine Ähnlichkeit
mehr mit einem Menschen. 15 Doch nun werden
viele Völker über ihn staunen,° sogar ihren Königen
wird es die Sprache verschlagen. Was niemals zuvor
geschehen ist, das erleben sie jetzt; wovon sie noch
nie etwas gehört haben, das sehen sie mit eigenen
Augen.«

53 Wer hätte geglaubt, was uns da berichtet wur-
de? Wer hätte es für möglich gehalten, dass
die Macht des HERRN sich auf solche Weise offenba-
ren würde? 2 Denn sein Bevollmächtigter wuchs auf
wie ein kümmerlicher Spross aus dürrem Boden. So
wollte es der HERR. Er war weder schön noch statt-
lich, wir fanden nichts Anziehendes an ihm. 3 Alle
verachteten und mieden ihn; denn er war von
Schmerzen und Krankheit gezeichnet. Voller
Abscheu wandten wir uns von ihm ab. Wir rechne-
ten nicht mehr mit ihm.
4 In Wahrheit aber hat er die Krankheiten auf sich
genommen, die für uns bestimmt waren, und die
Schmerzen erlitten, die wir verdient hatten. Wir
meinten, Gott habe ihn gestraft und geschlagen;
5 doch wegen unserer Schuld wurde er gequält und
wegen unseres Ungehorsams geschlagen. Die Strafe
für unsere Schuld traf ihn und wir sind gerettet. Er
wurde verwundet und wir sind heil geworden.
6 Wir alle waren wie Schafe, die sich verlaufen
haben; jeder ging seinen eigenen Weg. Ihm aber
hat der HERR unsere ganze Schuld aufgeladen.
7 Er wurde misshandelt, aber er trug es, ohne zu
klagen. Wie ein Lamm, wenn es zum Schlachten
geführt wird, wie ein Schaf, wenn es geschoren
wird, duldete er alles schweigend, ohne zu klagen.
8 Mitten in der Zeit seiner Haft und seines Gerichts-
verfahrens ereilte ihn der Tod. Weil sein Volk so gro-
ße Schuld auf sich geladen hatte, wurde sein Leben

a Vgl. Ez 11,23 und 43,1-9.
b Babylonien ist für die Israeliten ein Land, das durch Götzendienst befleckt ist und in dem keine Opfer dargebracht werden können. Zu den Tempelgeräten siehe 2 Kön 25,14-15.
c Wie beim Auszug aus Ägypten (Ex 12,11; 13,21).
d Das folgende ›Lied‹ (52,13–53,12) spricht in Andeutungen, die sich nach christlichem Verständnis erst durch den Blick auf das Leiden und Sterben Jesu in ihrem vollen Sinn enthüllen. Seine Aussagen haben den ersten Christen geholfen, Jesu Todesweg und dessen Gottgewolltheit zu verstehen (siehe die Vergleichsstellen).

52,1 Offb 21,2.27; Ez 44,9 **52,3** 45,13; 50,1; 52,5 **52,4** Gen 46,5-6; 2 Kön 17,6 **52,5-6** 48,11 S **52,5** 2 Kön 25,11 **52,7** 40,9-10; 41,27; Nah 2,1; Röm 10,15; Eph 6,15; (Gott ist König) Ps 47,6-10 S **52,8** 40,3-5; Ez 43,1-9 **52,10** Ps 98,1-3 **52,11** 48,20 S; 2 Kor 6,17; (Geräte) 2 Kön 25,14-15 **52,12** Ex 12,11; 13,21 **52,13–53,12** 49,1-6 S **52,15** Röm 15,21 **53,1** Joh 12,38; Röm 10,16 **53,3** Ps 22,7 **53,4** Mt 8,17 **53,5-6** 1 Petr 2,24-25 **53,6** 2 Kor 5,21 **53,7-8** Apg 8,32-33 **53,7** Mk 14,65 par; Joh 1,29; Offb 5,6

ausgelöscht. Wer von den Menschen dieser Generation macht sich darüber Gedanken? 9 Sie begruben ihn zwischen Verbrechern, mitten unter den Ausgestoßenen,[a] obwohl er kein Unrecht getan hatte und nie ein unwahres Wort aus seinem Mund gekommen war.

10 Aber der HERR wollte ihn leiden lassen und zerschlagen. Weil er sein Leben als Opfer für die Schuld der anderen dahingab, wird er wieder zum Leben erweckt und wird Nachkommen haben. Durch ihn wird der HERR das Werk vollbringen, an dem er Freude hat. 11 Nachdem er so viel gelitten hat, wird er wieder das Licht° sehen und sich an dessen Anblick sättigen. Von ihm sagt der HERR:[b]

»Mein Bevollmächtigter hat eine Erkenntnis gewonnen, durch die er, der Gerechte, vielen Heil und Gerechtigkeit* bringt. Alle ihre Vergehen nimmt er auf sich. 12 Ich will ihn zu den Großen rechnen, und mit den Mächtigen soll er sich die Beute teilen. Denn er ging in den Tod und ließ sich unter die Verbrecher zählen. So trug er die Strafe für viele und trat für die Schuldigen ein.«

Gott verwandelt die Schande Jerusalems in Ehre

54 »Freu dich, du Unfruchtbare,[c] die keine Kinder zur Welt gebracht hat! Juble laut, obwohl du nie in Wehen gelegen hast! Denn die verlassene Frau wird mehr Kinder haben als die, die mit dem Mann zusammenlebt.« Das sagt der HERR zur Zionsstadt*.

2 Mach dein Zelt größer! Spanne deine Zeltdecken aus, ohne zu sparen! Verlängere die Seile und schlag die Zeltpflöcke fest ein! 3 Denn nach Süden und Norden wirst du dich ausbreiten. Deine Kinder werden das Gebiet fremder Völker in Besitz nehmen und die verwüsteten Städte besiedeln.

4 Hab keine Angst! Du wirst nicht wieder enttäuscht, du brauchst dich nicht mehr zu schämen. An die Schande deiner Jugendzeit[d] und die Schmach deiner Witwenschaft wirst du bald nicht mehr denken. 5 Denn dein Schöpfer ist ja dein Ehemann – er heißt ›der HERR, der Herrscher der Welt‹.[e] Der heilige Gott Israels ist dein Befreier* – der Gott, dem die ganze Erde gehört!

6 Jerusalem, du bist wie eine Frau, die von ihrem Mann verlassen wurde und tief bekümmert ist; aber jetzt ruft er dich zurück.

»Kann denn jemand seine Jugendliebe verstoßen?«, sagt der HERR. 7 »Für eine kleine Weile habe ich dich verlassen, aber weil ich dich von Herzen liebe, hole ich dich wieder heim. 8 Als der Zorn in mir aufstieg,[f] habe ich mich für einen Augenblick von dir abgewandt. Aber nun will ich dir für immer gut sein. Das sage ich, der HERR, der dich befreit.

9 Zur Zeit Noachs schwor ich: ›Nie mehr soll das Wasser die Erde überfluten!‹ So schwöre ich jetzt: ›Nie mehr werde ich zornig auf dich sein und nie mehr dir drohen! 10 Berge mögen von ihrer Stelle weichen und Hügel wanken, aber meine Liebe zu dir kann durch nichts erschüttert werden und meine Friedenszusage wird niemals hinfällig.‹ Das sage ich, der HERR, der dich liebt.«

Gott macht Jerusalem herrlich und unbesiegbar

11 »Du heimgesuchte, verwüstete, preisgegebene Stadt! Ich gründe deine Mauern auf ein Fundament aus Lapislazuli,[g] ich bette ihre Steine in kostbaren, unzerstörbaren Mörtel. 12 Deine Mauerzinnen mache ich aus Rubin, deine Tore aus Karfunkelstein und die Mauern schmücke ich mit kostbaren Edelsteinen.[h]

13 Alle deine Bewohner werden meinen Willen kennen, ich selbst habe sie gelehrt, und sie werden in Glück und ungestörtem Frieden leben. 14 Mein Beistand wird dein Schutz sein. Du brauchst keine Not zu fürchten, Angst und Schrecken dürfen sich dir nicht nahen. 15 Wenn dich jemand angreifen will, kann er nicht auf meine Hilfe zählen; du wirst ihm den Untergang bereiten.

16 Der Schmied, der das Feuer anfacht, um eine Waffe zu schmieden, ist mein Geschöpf und genauso der Krieger, der mit dieser Waffe Tod und Verderben bringt. 17 Deshalb werden keine Waffen etwas gegen dich ausrichten können, und jede Anklage, die gegen dich erhoben wird, kannst du entkräften. Dies

»Her, wer Durst hat! Hier gibt es Wasser! Auch wer kein Geld hat, kann kommen!… Hört doch, kommt zu mir! Hört auf mich, dann werdet ihr leben!« (55,1.3)

a *mitten unter den Ausgestoßenen:* Dies ist im Zusammenhang der wahrscheinlichste Sinn; es kann aber auch übersetzt werden: *bei einem Reichen* bzw. *bei Reichen* (vgl. Mt 27,57-60).
b *Von ihm …:* verdeutlichender Zusatz.
c Angeredet ist die zerstörte und entvölkerte Stadt (Vers 11), der die Rückkehr und Vermehrung ihrer Bewohner angekündigt wird.
d Dabei könnte an die Sklaverei in Ägypten gedacht sein (Ex 1–2); die *Witwenschaft* weist auf die Wegführung der Bewohner nach Babylonien.
e Wörtlich *der HERR Zebaot**.
f Wegen Undank, Untreue und Ungehorsam, die von den Propheten immer wieder angeprangert worden waren (Sach 1,2-6).
g Lasurstein, ultramarinblaues Mineral.
h Was hier als Zukunft Jerusalems beschrieben wird, weist über den Wiederaufbau nach der Rückkehr aus der Verbannung weit hinaus. Die Vision des Propheten liefert dem Seher der Offenbarung die Farben für die Schilderung des ›himmlischen Jerusalems‹, mit dem Gott sein Schöpfungswerk vollendet (Offb 21,18-21).

53,9 1 Petr 2,22 **53,10** Mk 10,45 par; Gal 1,4; 1 Joh 2,2 **53,11b** Apg 3,14 S; Röm 5,18-19; 1 Kor 1,30 **53,12** Mk 15,27 par; Lk 22,37 **54,1-17** (Wende für Jerusalem) 62,1-12; 66,7-14; Joël 4,17; Sach 1,13-17; 2,5-9; 8,1-8; Jes 49,16 S; 60,1-22 S **54,1-3** 49,20-21 **54,1** Gal 4,27 **54,5** Hos 2,21; Jes 41,14 S **54,6** 50,1 **54,7-8** 60,10; Ps 30,6; Klgl 3,31-32 **54,9** Gen 9,8-17 **54,10** Ez 34,25 S **54,11-12** Tob 13,17; Offb 21,18-21 **54,13** Jer 31,34 S

Die Propheten

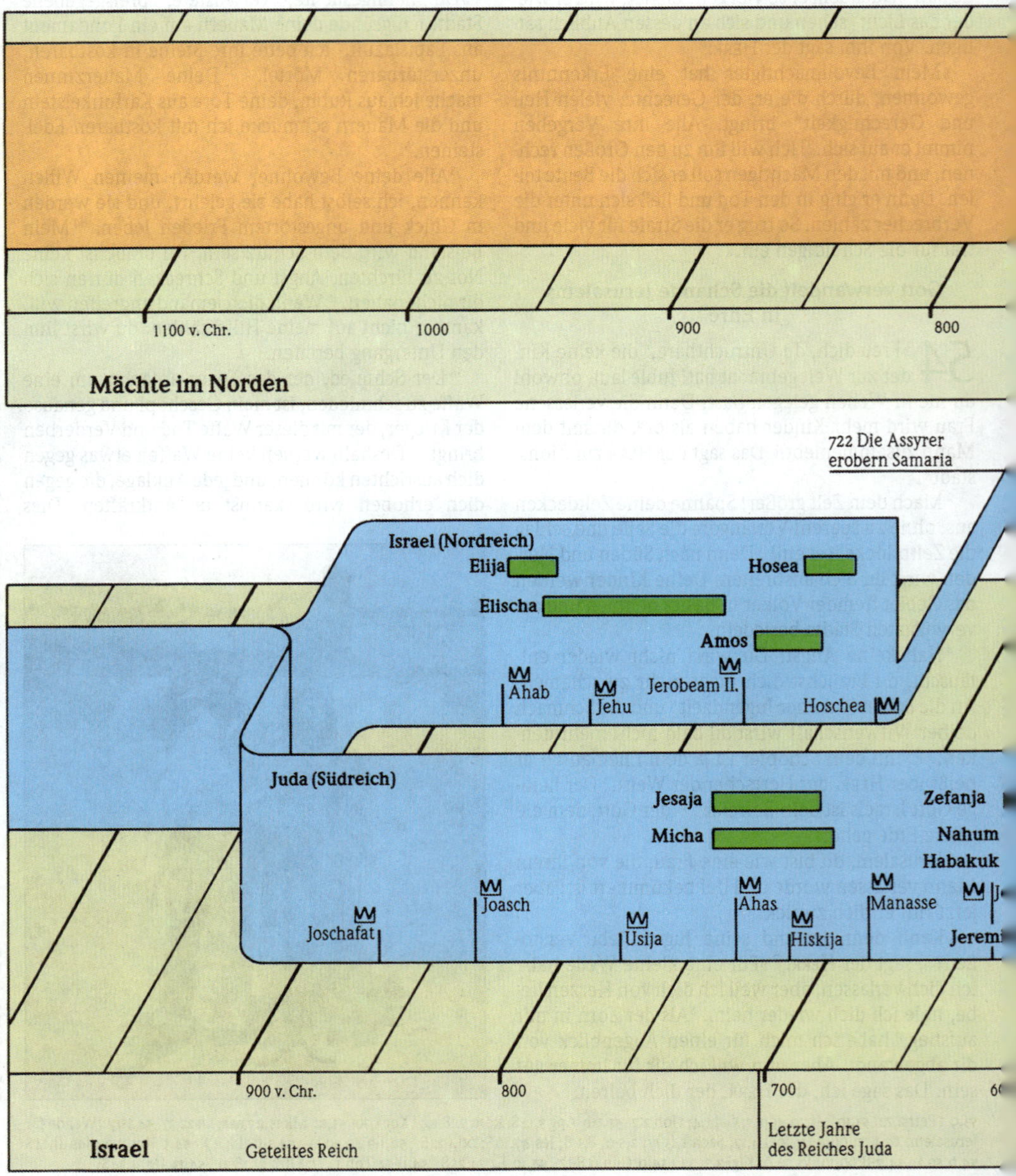

Die Geschichte Israels und der Weltmächte im Norden wird in dieser Übersicht auf »Bändern« dargestellt, unter denen ein »Zeitbalken« liegt. Um ein bestimmtes Datum zu finden (etwa, wann Jesaja erstmals als Prophet auftrat), ziehe man von dem betreffenden Punkt auf den Bändern eine Linie schräg nach unten, parallel zu den Jahrhundertlinien auf der Oberseite des Zeitbalkens. Die ungefähre Jahreszahl kann dann an der Vorderseite des Zeitbalkens abgelesen werden. (Vgl. auch die Übersicht auf den Seiten 448/49.)

Grün ist die Farbe der Propheten; die Länge der Streifen bezeichnet die in den biblischen Schriften bezeugte Zeit ihres Wirkens.

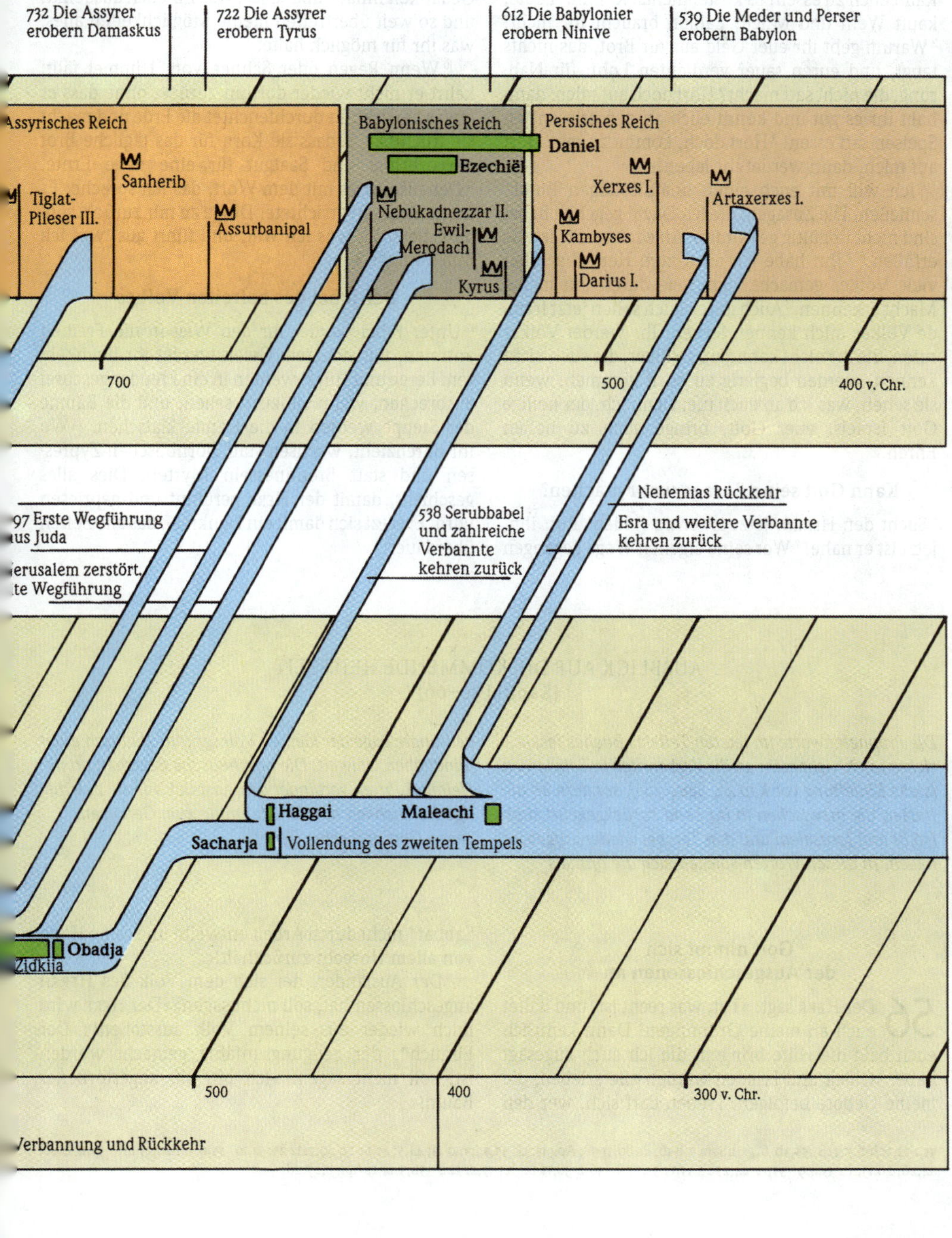

garantiere ich dem Volk, das mir dient; dies ist das Vorrecht, das ich euch gewähre für alle Zeit.«

Das sagt der HERR.

Der Bund mit David ist nicht hinfällig

55 »Her, wer Durst hat! Hier gibt es Wasser! Auch wer kein Geld hat, kann kommen! Kauft euch zu essen! Es kostet nichts! Kommt, Leute, kauft Wein und Milch! Zahlen braucht ihr nicht!
2 Warum gebt ihr euer Geld aus für Brot, das nichts taugt, und euren sauer verdienten Lohn für Nahrung, die nicht satt macht? Hört doch auf mich, dann habt ihr es gut und könnt euch an den erlesensten Speisen satt essen! 3 Hört doch, kommt zu mir! Hört auf mich, dann werdet ihr leben!

Ich will mit euch einen unauflöslichen Bund* schließen. Die Zusagen, die ich David gegeben habe, sind nicht ungültig geworden: An euch werde ich sie erfüllen.[a] 4 Ihn habe ich einst zum Herrscher über viele Völker gemacht, damit sie durch ihn meine Macht erkennen. 5 Auch durch euch sollen jetzt fremde Völker mich kennen lernen: Ihr werdet Völker rufen, die ihr nicht kennt; und Völker, die euch nicht kennen, werden begierig zu euch kommen, wenn sie sehen, was ich an euch tue. Denn ich, der heilige Gott Israels, euer Gott, bringe euch zu hohen Ehren.«

Kann Gott seine Zusage wahr machen?

6 Sucht den HERRN, jetzt ist er zu finden! Ruft ihn, jetzt ist er nahe! 7 Wer seine eigenen Wege gegangen ist und sich gegen den HERRN aufgelehnt hat, der lasse von seinen bösen Gedanken und kehre um zum HERRN, damit er ihm vergibt! Denn unser Gott ist reich an Güte und Erbarmen.

8 »Meine Gedanken – sagt der HERR – sind nicht zu messen an euren Gedanken und meine Möglichkeiten nicht an euren Möglichkeiten.[b] 9 So hoch der Himmel über der Erde ist, so weit reichen meine Gedanken hinaus über alles, was ihr euch ausdenkt, und so weit übertreffen meine Möglichkeiten alles, was ihr für möglich haltet.

10 Wenn Regen oder Schnee vom Himmel fällt, kehrt er nicht wieder dorthin zurück, ohne dass er etwas bewirkt: Er durchfeuchtet die Erde und macht sie fruchtbar, sodass sie Korn für das tägliche Brot hervorbringt und Saatgut für eine neue Ernte. 11 Genauso ist es mit dem Wort, das ich spreche: Es kehrt nicht unverrichteter Dinge zu mir zurück, sondern bewirkt, was ich will, und führt aus, was ich ihm auftrage.«

Der Jubel des befreiten Volkes

12 Unter Jubel werdet ihr den Weg in die Freiheit antreten, mit sicherem Geleit werdet ihr heimkehren. Berge und Hügel werden in ein Freudengeschrei ausbrechen, wenn sie euch sehen, und die Bäume der Steppe werden in die Hände klatschen. 13 Wo ihr durchzieht, wachsen statt Dornbüschen Zypressen und statt Brennnesseln Myrten. Dies alles geschieht, damit der HERR gerühmt und gepriesen wird. Er setzt sich damit ein Denkmal, das alle Zeiten überdauert.

AUSBLICK AUF DIE KOMMENDE HEILSZEIT
(Kapitel 56–66)

Die Prophetenworte im letzten Teil des Buches Jesaja richten sich nicht mehr an die Verbannten in Babylonien (siehe Einleitung vor Kap 40, Seite 766), sondern an die Judäer, die inzwischen in ihr Land zurückgekehrt sind (56,8) und Jerusalem und den Tempel wieder aufgebaut haben. In diesen Worten spiegelt sich die oftmals bedrängte Lage der kleinen Volksgruppe inmitten einer feindlichen Umwelt. Die prophetische Botschaft an die Heimgekehrten verbindet den Ausblick auf die zukünftige Herrlichkeit mit der Mahnung zum Gehorsam gegen Gott und seine Gebote.

Gott nimmt sich der Ausgeschlossenen an

56 Der HERR sagt: »Tut, was recht ist, und haltet euch an meine Ordnungen! Dann kann ich euch bald die Hilfe bringen, die ich euch zugesagt habe. 2 Glück und Frieden werden alle erleben, die meine Gebote befolgen. Freuen darf sich, wer den Sabbat* nicht durch Arbeit entweiht und seine Hand von allem Unrecht zurückhält!«

3 Der Ausländer, der sich dem Volk des HERRN angeschlossen hat, soll nicht sagen: »Der HERR wird mich wieder aus seinem Volk ausstoßen!« Der Eunuch*, der zeugungsunfähig gemacht worden ist, soll nicht sagen: »Ich bin ein abgestorbener Baum!«[c]

a Der *Bund* mit David war mit der Zusage verbunden, dass stets ein Nachkomme des großen Königs in Jerusalem herrschen sollte (2 Sam 7,16). Jetzt bekommt er einen neuen Inhalt: Es wird in Israel zwar nicht allezeit *Herrscher über viele Völker* geben, stets aber Zeugen der Macht seines Gottes. Gerade die jetzige Generation ist zu solchem Zeugendienst bestimmt - durch das, was Gott an ihr tun will (Vers 5 und Vergleichsstellen).

b Das Wort antwortet auf den Zweifel des Volkes an der *Macht* seines Gottes und will ursprünglich nicht sagen, dass Gottes *Gedanken* (seine Pläne und Absichten) für Menschen undurchschaubar sind; vgl. Vers 11 und 50,2.

c Mit den Anweisungen der Verse 3-7 wird die Befolgung der Gebote zur einzigen Voraussetzung für die Zugehörigkeit zum ›Gottesvolk‹. Nach Dtn 23,2-9 waren Ausländer weitgehend und Kastrierte streng von der Teilnahme am Gottesdienst Israels ausgeschlossen. Die Zulassung der Kastrierten ist wichtig für die im persischen Hofdienst stehenden Judäer, da die Perser dafür nur Eunuchen zuließen.

55,1 12,3; Joh 7,37 S **55,3b** 61,8; 2 Sam 7,8-16; Ps 89,31-38; Apg 13,34 **55,5** 43,10-13; 44,5; 45,14-17; 49,7.22-23; 52,10 **55,6** Jer 29,13-14 S **55,11** 40,8; 44,26; 48,13; Ps 33,4.9 **55,12** 44,23 S **55,13** 35,1-2 S **56,2** 58,13-14; Jer 17,21-22 S **56,3** 14,1; Apg 8,27-28

4 Der HERR sagt: »Wenn ein Kastrierter meinen heiligen Tag, den Sabbat*, beachtet und mein Gesetz* befolgt, 5 dann bekommt er in meinem Haus einen Gedenkstein, auf dem sein Name steht. Das wird die Erinnerung an ihn besser bewahren als Söhne und Töchter. So sorge ich dafür, dass sein Name niemals in Vergessenheit gerät.

6 Und wenn Ausländer sich meinem Volk anschließen, wenn sie mich lieben und mir gehorchen, den Sabbat nicht entweihen und das Gesetz des Bundes* befolgen, den ich mit Israel geschlossen habe, 7 dann dürfen sie in mein Heiligtum auf dem Zionsberg* kommen und die Festfreude meines Volkes teilen. Sie dürfen Brandopfer und Mahlopfer auf meinem Altar darbringen und ich werde an ihren Opfern* Freude haben. Mein Tempel soll eine Stätte sein, an der alle Völker zu mir beten können.«

8 Der HERR, der mächtige Gott, der die zerstreuten Israeliten in ihr Land zurückgebracht hat, sagt: »Ich will noch mehr Menschen herbeibringen und mit euch vereinen!«

Gegen die gewissenlosen Führer des Volkes

9 Der HERR sagt: »Ihr Völker, kommt und stürzt euch auf mein Volk wie Raubtiere auf ihre Beute! 10 Seine Führer haben versagt; sie sehen nicht die Gefahr, die ihm droht. Sie sind wie blinde Wächter, die nichts merken, wie stumme Wachhunde, die nicht bellen können. Sie liegen da und dösen; ihre Ruhe geht ihnen über alles. 11 Aber gierig sind sie wie Hunde, die nie satt werden. Das sind die rechten Hirten für meine Herde! Vom Aufpassen halten sie nichts. Sie sorgen nur für sich selbst und suchen ihren eigenen Vorteil. 12 Sie grölen:

›Kommt und trinkt, vergesst die Sorgen!
Auf, schafft Bier und Wein ins Haus!
Schwingt die Becher heut und morgen,
gießt sie voll und trinkt sie aus!‹«

Gegen den Götzendienst der Israeliten

57 Der HERR sagt: »Die wenigen, die noch das Recht achten und mir die Treue halten, gehen zugrunde und niemand macht sich etwas daraus; sie kommen um und keiner kümmert sich darum. Aber ich nehme sie hinweg, damit sie nicht länger unter der Gewalt des Unrechts leiden müssen. Sie gehen ein in meinen Frieden, 2 die ewige Ruhe wird ihnen zuteil. Das ist der Lohn ihrer Treue.

3 Ihr aber, ihr Götzendiener, empfangt euer Urteil! Ihr beleidigt mich mit eurer Zauberei und Hurerei*! 4 Und dann spottet ihr noch über mich, reißt euer großes Maul auf und streckt mir die Zunge heraus! Wisst ihr nicht, wen ihr da herausfordert, ihr Lügenbrut? 5 Unter jedem großen Baum hurt ihr zu Ehren eurer Götzen, und drunten in den Tälern, unter überhängenden Felsen, schlachtet ihr ihnen die eigenen Kinder![a] 6 Den Steinen im Bachbett opfert ihr Speise- und Trankopfer*; dafür werdet ihr jetzt unter ihnen begraben. Oder meint ihr im Ernst, dass ich mir das alles gefallen lasse?

7 Israel, du Hure! Auf jedem Berggipfel schlägst du dein Hurenlager auf und feierst deine Opfermähler*. 8 An der Innenseite deiner Türen und Türpfosten bringst du magische Zeichen an. Mich verlässt du und besteigst im Dienst fremder Götter deine Hurenlager; du liebst dieses schamlose Treiben und lässt dich dafür bezahlen.° 9 Dem Götzen Melech[b] opferst du kostbares duftendes Öl. Bis in die Totenwelt* schickst du deine Boten. 10 Alles versuchst du, um Rat und Hilfe zu finden. Du willst nicht einsehen, dass es vergebliche Mühe ist. Immer wieder schöpfst du neue Hoffnung.

11 Vor wem hast du denn solche Angst, dass du meinst, mich betrügen zu müssen? Nach mir fragst du nicht, um mich kümmerst du dich nicht. Ich habe lange Zeit schweigend zugesehen. Deshalb hast du gedacht, mit mir brauchtest du nicht mehr zu rechnen. 12 Aber ich werde aufdecken, was deine Taten wert sind. Alle deine Vorkehrungen werden dich nicht retten. 13 Schrei doch zu deinen Götzen, damit sie dir helfen! Ein Windhauch genügt, um sie wegzublasen.

Die aber, die von mir allein Hilfe erwarten, werden das Land Israel besitzen; sie werden auf meinem heiligen Berg wohnen.«

Gottes Hilfe für die Zerschlagenen

14 Der HERR sagt: »Ebnet den Weg! Bahnt die Straße! Schafft vor meinem Volk alle Hindernisse beiseite!«

15 Er, der hohe und erhabene Gott, der Heilige, dessen Thron ewig steht, sagt: »Ich wohne in der Höhe, in unnahbarer Heiligkeit. Aber ich wohne auch bei den Gedemütigten und Verzagten, ich gebe ihnen Hoffnung und neuen Mut! 16 Ich klage nicht länger an, ich lasse meinem Zorn nicht unbegrenzt freien Lauf. Sonst würde mein Volk, das ich doch geschaffen habe, völlig zugrunde gehen.

17 Ich war zornig und bestrafte sie, weil sie in ihrer Habgier schwere Schuld auf sich geladen hatten. Ich wandte mich von ihnen ab und ließ Unheil über sie hereinbrechen, das sie selbst verschuldet hatten. 18 Denn ich habe genau gesehen, wie sie es trieben.

Aber jetzt richte ich sie wieder auf und führe sie. Als Entschädigung für das, was sie erlitten haben, gebe ich ihnen Freude und Trost. 19 Ich sorge dafür, dass sie mich mit Lobliedern preisen können. Allen schenke ich Glück und Frieden: denen, die in der

a Die beiden Vorwürfe wurden schon von den vorexilischen Propheten erhoben (Ez 16,15-22; Jer 3,13; 7,31). Möglicherweise hatten die Judäer, die bei der Wegführung der Oberschicht 587 v. Chr. im Land geblieben waren, solche Bräuche auch weiterhin gepflegt. Vers 13b zeigt, dass sich im Volk eine Scheidung abzeichnet; vgl. auch Verse 20-21; 65,1-16; 66,5.
b *Melech* = »König«, ein kanaanitischer Gott.

56,4-5 Weish 3,14 **56,7** 1 Kön 8,41-43; Mk 11,17 par **56,8** 66,18b-19 **56,11** Ez 34,2 **56,12** 5,11-12 S **57,1-2** Weish 3,1-3; Dan 12,13 **57,3-8** Jer 2,20 S; Ez 16,16-21 **57,9** 1 Sam 28,6-7 **57,11** Ps 14,1 S **57,13b** Ps 37,9-11 **57,14** 40,3-4 S; 62,10 **57,15** 66,1-2; 61,1; Ps 113,5-9 **57,16** Jer 3,12 S **57,19** Eph 2,17

Nähe leben, und denen, die noch in der Ferne zer-
streut sind.[a] Ich mache alles wieder gut. Ich, der
HERR, sage es.
20 Die Menschen aber, die sich gegen mich aufleh-
nen, sind wie die unruhigen Meereswogen, die
Schlamm und Schmutz aufwühlen. 21 Wer nichts
von mir wissen will, findet keinen Frieden*, son-
dern stürzt sich ins Unglück.«
Das sagt mein Gott.

Hat unser Gottesdienst denn einen Sinn?

58 Der HERR sagt: »Rufe, so laut du kannst! Lass
deine Stimme erschallen wie eine Posaune!
Halte meinem Volk, den Nachkommen Jakobs, ihr
Unrecht und ihre Vergehen vor! 2 Sie fragen mich
Tag für Tag, warum ich sie solche Wege führe. Wie
ein Volk, das sich an das Recht hält und meine
Gebote befolgt, fordern sie von mir, dass ich zu ihrer
Rettung eingreife, und wünschen sich, dass ich
ihnen nahe bin. 3 ›Was für einen Sinn hat es‹, jam-
mern sie, ›dass wir Fasttage[b] abhalten und deinetwe-
gen Entbehrungen auf uns nehmen? Du beachtest es
ja gar nicht!‹
Darauf sage ich, der HERR: Seht doch, was ihr an
euren Fasttagen tut! Ihr geht euren Geschäften nach
und beutet eure Arbeiter aus. 4 Ihr fastet zwar, aber
ihr seid zugleich streitsüchtig und schlagt sofort
mit der Faust drein. Darum kann euer Gebet nicht
zu mir gelangen. 5 Ist das vielleicht ein Fasttag, wie
ich ihn liebe, wenn ihr auf Essen und Trinken ver-
zichtet, euren Kopf hängen lasst und euch im Sack*
in die Asche setzt? Nennt ihr das ein Fasten, das mir
gefällt?
6 Nein, ein Fasten, wie ich es haben will, sieht
anders aus! Löst die Fesseln der Gefangenen, nehmt
das drückende Joch* von ihrem Hals, gebt den Miss-
handelten die Freiheit und macht jeder Unterdrü-
ckung ein Ende! 7 Ladet die Hungernden an euren
Tisch,[c] nehmt die Obdachlosen in euer Haus auf,
gebt denen, die in Lumpen herumlaufen,[d] etwas
zum Anziehen und helft allen in eurem Volk, die Hil-
fe brauchen!
8 Dann strahlt euer Glück auf wie die Sonne am
Morgen und eure Wunden heilen schnell; eure guten
Taten gehen euch voran und meine Herrlichkeit*
folgt euch als starker Schutz. 9 Dann werdet ihr zu
mir rufen und ich werde euch antworten; wenn
ihr um Hilfe schreit, werde ich sagen: ›Hier bin ich!‹

a Nur ein Teil der Verschleppten war nach Jerusalem zurückgekehrt.
b Sie umfassten Klage, Schuldbekenntnis und Bitte um Gottes Hilfe. Siehe Sacherklärung »Bußfeier«. Zur Antwort Gottes siehe Jes 1,10-20 und die Vergleichsstellen dazu.
c Wörtlich *Brich dem Hungernden dein Brot.* Mit dem »Brotbrechen« (siehe Sacherklärung) wurde die häusliche oder festliche Mahlzeit eröffnet.
d *in Lumpen:* wörtlich *nackt;* vgl. Anmerkung zu 20,1-2.

»Steh auf, du trauernde Zionsstadt! Lass dein Gesicht hell strahlen, denn dein Licht kommt: Die Herrlichkeit des Herrn geht über dir auf wie die Sonne!« (60,1)

57,21 48,22 **58,5** (Fasttag) 2 Sam 12,16-17; Esra 10,6; Neh 1,4; 9,1; Est 4,3.16; Dan 9,3; 10,2-3; Joël 1,13-14; 2,15-17; Jona 3,5; Jdt 9,1 **58,6** Neh 5,1-13 **58,7** Dtn 15,7-8; Ez 18,7; Mt 25,35-36 **58,8** 52,12 **58,9** 65,24S

Wenn ihr aufhört, andere zu unterdrücken, mit dem Finger spöttisch auf sie zu zeigen und schlecht über sie zu reden, 10 wenn ihr den Hungernden zu essen gebt und euch den Notleidenden zuwendet, dann wird eure Dunkelheit hell werden, rings um euch her wird das Licht strahlen wie am Mittag. 11 Ich, der HERR, werde euch immer und überall führen, auch im dürren Land werde ich euch satt machen und euch meine Kraft geben. Ihr werdet wie ein Garten sein, der immer genug Wasser hat, und wie eine Quelle, die niemals versiegt. 12 Was seit langer Zeit in Trümmern liegt, werdet ihr wieder aufbauen;[a] auf den alten Fundamenten werdet ihr alles von neuem errichten. Man wird euch das Volk nennen, das die Lücken in den Stadtmauern schließt und die Stadt wieder bewohnbar macht.«

Der Segen der Sabbatheiligung

13 Der HERR sagt: »Achtet den Sabbat* als einen heiligen Tag, der mir gehört! Entehrt ihn nicht dadurch, dass ihr euren Beschäftigungen nachgeht. Entweiht ihn nicht durch Reisen oder durch Arbeit oder irgendwelche Geschäfte. Betrachtet ihn nicht als eine Last, sondern als einen Anlass zur Freude!

14 Dann werde ich selbst die Quelle eurer Freude sein. Über alle Hindernisse lasse ich euch triumphieren und ihr könnt den Ertrag des Landes genießen, das ich eurem Stammvater Jakob gegeben habe.«

Der HERR hat das gesagt.

Der Prophet erhebt Anklage gegen sein Volk

59 Meint ihr, der Arm des HERRN sei zu kurz, um euch zu helfen, oder der HERR sei taub und könne euren Hilferuf nicht hören?[b] 2 Nein, sondern wie eine Mauer steht eure Schuld zwischen euch und eurem Gott; wegen eurer Vergehen hat er sich von euch abgewandt und hört euch nicht! 3 An euren Händen klebt Blut, Unrecht befleckt eure Finger, und wenn ihr den Mund aufmacht, kommt Lüge und Betrug heraus.

4 Vor Gericht seid ihr nicht ehrlich; keiner fragt danach, ob wirklich Recht gesprochen wird. Ihr stützt eure Anklagen auf Lug und Trug. Ihr schmiedet Pläne, um andere ins Verderben zu stürzen. 5 Eure Anschläge sind so tödlich wie die Eier giftiger Schlangen: Wer davon isst, muss sterben, und wenn man eins zerdrückt, schlüpft eine Otter heraus. Was ihr tut, gleicht dem Gewebe der Spinnen: 6 Kleider und Decken kann man daraus nicht machen; aber lebende Beute wird darin gefangen und umgebracht.

7 Immerzu plant ihr Böses und brennt darauf, es auszuführen. Ihr habt keine Hemmungen, das Blut unschuldiger Menschen zu vergießen. Wo ihr geht, hinterlasst ihr Zerstörung und Verwüstung. 8 Um Glück und Frieden für andere kümmert ihr euch nicht; alle eure Taten sind Unrecht.

Wer krumme Wege geht, findet keinen Frieden*, sondern stürzt sich ins Unglück.

Schuldbekenntnis des Volkes

9 »Jetzt wissen wir, warum Gott uns nicht gegen unsere Feinde beisteht, weshalb wir von seiner Treue nichts merken. Wir hoffen auf Licht, aber rings um uns ist es dunkel. Wir warten darauf, dass es hell wird, aber da ist nichts als finstere Nacht. 10 Wie Blinde tasten wir uns an der Wand entlang. Am hellen Mittag stolpern wir, als hätte uns die Dunkelheit überfallen; in der Blüte unseres Lebens sind wir wie Tote. 11 Wir alle brummen wie aufgeschreckte Bären und gurren wie klagende Tauben. Wir warten sehnlichst darauf, dass Gott eingreift und uns von unseren Unterdrückern befreit; aber nichts geschieht.

12 HERR, wir haben uns vielfach gegen dich vergangen! Unsere Verfehlungen klagen uns an, wir kennen unsere Schuld. 13 Wir waren dir untreu und sind dir abtrünnig geworden, wir haben dir den Gehorsam verweigert. Wir haben unsere Mitmenschen erpresst und verleumdet. Wir haben gelogen und betrogen. 14 Von Recht und Gerechtigkeit ist nichts mehr bei uns zu finden. Ehrlichkeit und Redlichkeit sind auf dem Marktplatz nicht mehr gefragt. 15a Zuverlässigkeit gibt es nicht mehr. Wer sich vom Unrecht fern hält, dem spielen die anderen übel mit.«

Gott greift ein

15b Der HERR hat dies alles gesehen, und es missfällt ihm, dass es kein Recht mehr gibt. 16 Er wundert sich, dass niemand da ist, der dagegen einschreitet. Darum greift er mit eigener Hand ein und verschafft seinem Willen Geltung.[c]

17 Er zieht die Gerechtigkeit als Panzer an, und die rettende Macht ist sein Helm. Als Mantel trägt er den festen Entschluss und das brennende Verlangen, alles Unrecht zu bestrafen. 18 Seine Feinde bekommen seinen vollen Zorn zu spüren, selbst wenn sie am Ende der Erde wohnen. Er lässt ihre Taten auf sie selbst zurückfallen. 19 Überall in Ost und West wird man seinen Namen ehren und seine Macht anerkennen. Denn er kommt wie eine reißende Flut, die der Sturm herantreibt. 20 Doch für die Gemeinde auf dem Zionsberg* kommt er als Befreier*, für alle Nachkommen Jakobs, die umkehren und sich nicht länger gegen ihn auflehnen.

21 »Ich schließe mit ihnen einen Bund*«, sagt der HERR, »und gebe ihnen die feste Zusage: Mein Geist*, den ich dir, meinem Propheten*, gegeben habe, und die Worte, die ich dir anvertraut habe, werden bei dei-

a Der Vers gewährt Einblick in die Verhältnisse, die zu den Fasttagen mit ihren Bittgottesdiensten Anlass geben: Nach der Rückkehr aus Babylonien schreitet der Wiederaufbau nur mühsam voran; vgl. 61,1-4; Neh 1,3; 2,16-17.

b Das Kapitel entstammt derselben Situation wie 58,1-12. Auf den Hilferuf des Volkes antwortet der Prophet (ganz ähnlich wie dort) mit dem Aufweis dessen, woran es beim Volk fehlt. In den Versen 9-15 bekennt sich das Volk zu seiner Schuld. Wahrscheinlich vollzieht sich das Ganze im Rahmen eines der in 58,3 erwähnten »Fasttage«.

c Während zuvor davon die Rede war, dass den Schwachen im Volk ihr Recht verweigert wird (Verse 4-8 und 13-15), geht es jetzt um das Lebensrecht des gesamten Volkes, das von Feinden bedroht ist (Vers 18). Auch hier wird die Rettung an eine Umkehr des Volkes geknüpft (Vers 20).

58,11 Jer 31,12 **58,12** 61,4; Neh 2,16-17 **58,13** 56,2S **58,14** Ps 37,4 **59,1** 50,2 **59,3** 1,15 **59,4-8** Spr 1,10-19 **59,7-8** Röm 3,15-17 **59,9-15** Dan 9,4-19S **59,10** Dtn 28,29 **59,11** 38,14 **59,17** Eph 6,11-17S **59,20** 41,14S; Röm 11,26 **59,21** Dtn 18,15.18

a *du trauernde Zionsstadt**: verdeutlichender Zusatz.
b In der Gegenwart herrschen in Jerusalem Armut, Not, Bedrängnis, Trauer (57,15; 58,12; 59,1.9-11; 60,1-4; 62,1; vgl. die Bücher Esra, Nehemia und Haggai). Die künftige Wende ist einzig darin begründet, dass Gott selbst zu seinem Volk kommt. Zahlreiche Einzelheiten der Schilderung gehen in das Bild des ›himmlischen Jerusalems‹ in Offb 21 ein (siehe die Vergleichsstellen).
c Der wieder aufgebaute Tempel war im Vergleich zu seinem Vorgänger bescheiden ausgestattet (Hag 2,3). Die Namen in den Versen 6-7 bezeichnen arabische Stämme.
d *Schiffe …*: verdeutlichender Zusatz.
e Wörtlich *die Tarschisch-Schiffe:* siehe Sacherklärung »Tarschisch«.
f Zum Zustand der Stadtmauer vgl. Neh 1,3.
g *ihre Könige …*: mit veränderten Vokalen; H *und ihre hergetriebenen Könige*.
h Die Botschaft des Propheten klingt ganz ähnlich wie die an die Verbannten in Babylonien in 40,1-2; 51,11.14; aber die Erwähnung in Vers 3 zeigt, dass inzwischen die Rückkehr erfolgt ist. Doch auch weiterhin besteht Grund zur Trauer; vgl. Anmerkungen zu 58,12; 60,1-4.

nen Nachkommen lebendig bleiben und bei den
Nachkommen deiner Nachkommen, von einer Gene-
ration zur andern. Ich, der HERR, sage es.«

Die künftige Herrlichkeit Jerusalems

60 Der HERR sagt: »Steh auf, du trauernde Zions-
stadt![a] Lass dein Gesicht hell strahlen, denn
dein Licht kommt: Die Herrlichkeit* des HERRN geht
über dir auf wie die Sonne![b] 2 Auf der ganzen Erde
liegt Finsternis, die Völker tappen im Dunkel; doch
über dir strahlt dein Gott auf, der Glanz seiner Herr-
lichkeit geht über dir auf. 3 Alle Völker machen sich
auf zu dem Licht, das sich über dich ergießt, und ihre
Könige wollen den Glanz sehen, in dem du strahlst.
4 Sieh, was rings um dich her geschieht! Sieh, wie
sie sich versammeln und zu dir strömen! Deine
Söhne kommen aus der Ferne und deine Töchter
werden auf den Armen herbeigetragen. 5 Du wirst
es sehen und dich freuen, vor Glück wird dir das
Herz klopfen. Die Schätze der Völker werden zu
dir gebracht, ihre Reichtümer weit über das Meer
herbeigeschafft.
6 Karawanen von hoch beladenen Kamelen kom-
men aus Midian* und Efa. Die Leute aus Saba kom-
men mit Gold und Weihrauch und rühmen meine
mächtigen Taten. 7 Alle Schafe von Kedar* und die
prächtigen Schafböcke von Nebajot werden zu dir
getrieben und stehen dir zur Verfügung. Als Opfer*,
an denen ich Gefallen habe, kommen sie auf meinen
Altar, und ich werde meinen Tempel prächtig aus-
schmücken.[c]
8 Was kommt da wie Wolken übers Meer geflo-
gen, wie Tauben, die zu ihren Schlägen zurückkeh-
ren? Schiffe mit leuchtenden Segeln![d] 9 Die Völker
an den fernsten Küsten setzen ihre Hoffnung auf
mich, ihre Schiffe[e] bringen deine Kinder herbei
und dazu als Geschenke Silber und Gold. Das alles
geschieht, um den HERRN, deinen Gott, zu ehren,
und weil ich, der heilige Gott Israels, dich zu Ehren
bringen will.
10 Ausländer bauen deine Mauern wieder auf,[f] ihre
Könige stehen dir zu Diensten. In meinem Zorn habe
ich dich gestraft, aber nun habe ich wieder Erbarmen
mit dir und lasse dich meine Liebe spüren. 11 Deine
Tore werden nicht mehr geschlossen, bei Tag und
Nacht werden sie offen stehen, damit die Völker ihre
Reichtümer zu dir bringen können; ihre Könige
ziehen ihnen voran.[g] 12 Aber die Völker und Reiche,
die dir nicht dienen wollen, werden vollständig ver-
nichtet.
13 Die prächtigen Bäume des Libanongebirges
werden zu dir gebracht, Stämme von Wacholderbäu-
men, Pinien und Zypressen, um mein Heiligtum, den
Schemel meiner Füße, herrlich auszustatten. 14 Die
Söhne deiner Unterdrücker und alle, die dich ver-
spottet haben, beugen sich tief und werfen sich vor
dir nieder. Sie nennen dich: ›Zion, die Stadt, die
dem HERRN, dem heiligen Gott Israels, gehört‹.
15 Du sollst nicht länger die verlassene und ver-
hasste Stadt sein, die von allen gemieden wird; denn
ich mache dich wieder groß und prächtig, zum Ort
der Freude für alle kommenden Generationen.
16 Du wirst umhegt werden wie ein Säugling; du wirst
die Milch der Völker saugen, und Könige werden
dich an ihrer Brust nähren. Dann wirst du erkennen,
dass ich, der HERR, der starke Gott Jakobs, dein Ret-
ter und Befreier bin.
17 Statt Bronze bringe ich dir Gold, statt Eisen Sil-
ber, statt Holz Bronze und statt Steinen Eisen. Du
wirst nicht mehr unterdrückt und ausgebeutet, son-
dern Gerechtigkeit und Frieden werden regieren.
18 In deinem Land wird es keine Verbrechen mehr
geben, keine Zerstörung und Verwüstung. Deine
Mauern geben dir Schutz und deine Tore bringen
dir Ruhm.
19 In Zukunft brauchst du nicht mehr die Sonne als
Licht für den Tag noch den Mond als Licht für die
Nacht; denn ich, der HERR, dein Gott, werde für
immer dein Licht sein und dir mit meinem herrli-
chen Glanz leuchten. 20 Darum wird dein Licht nie-
mals untergehen wie die Sonne oder abnehmen
wie der Mond. Ich leuchte dir in alle Ewigkeit und
deine Trauer wird für immer ein Ende haben.
21 Dein Volk wird sich nach meinen Geboten rich-
ten und nie wieder wird es aus dem Land vertrieben.
Es wird gedeihen wie ein Garten, den ich selbst
gepflanzt habe; ich zeige an ihm meine Schöpfer-
macht, damit meine Herrlichkeit allen Völkern sicht-
bar wird. 22 Es wird wachsen und stark werden; noch
die kleinste Sippe wird tausend Glieder zählen.
Wenn die Zeit gekommen ist, werde ich dies unver-
sehens herbeiführen, ich, der HERR.«

Auftrag und Botschaft des Propheten

61 Der Geist* des HERRN hat von mir Besitz
ergriffen. Denn der HERR hat mich gesalbt*
und dadurch bevollmächtigt, den Armen gute Nach-
richt zu bringen. Er hat mich gesandt, den Verzwei-
felten neuen Mut zu machen, den Gefangenen zu
verkünden: »Ihr seid frei![h] Eure Fesseln werden
gelöst!« 2 Er hat mich gesandt, um das Jahr auszuru-
fen, in dem der HERR sich seinem Volk gnädig
zuwendet, um den Tag anzusagen, an dem unser
Gott mit unseren Feinden abrechnen wird.
Die Weinenden soll ich trösten 3 und allen Freude
bringen, die in der Zionsstadt* traurig sind. Sie sol-

60,1-22 (Herrlichkeit Jerusalems) 65,16b-25; Sach 14,1-11; Offb 21,9–22,5; Jes 49,16S; 54,1-17S **60,1-2** 9,1; Ps 27,1S; Offb 21,23 **60,3** 2,2.5; Offb 21,24 **60,4** 49,18.22; 62,10; 66,20; Bar 5,6 **60,5** 60,13; 66,12; Offb 21,26 **60,6** 1Kön 10,1-2; Ps 72,10.15 **60,7** Ez 27,21; Hag 2,7 **60,9** 51,5 **60,10** 61,5; 54,8 **60,11** Offb 21,25-26 **60,13** Hag 2,7.9; (Schemel) Klgl 2,1S **60,14** 14,2; Ez 48,35 **60,16** 49,23; 43,3S; 41,14S **60,17** 1Kön 10,21.27; 14,26-27 **60,18** 11,9 **60,19-20** Sach 14,6-7; Offb 21,23; 22,5 **60,22** 49,19-20; Jer 30,19S **61,1-2** Lk 4,18-19 **61,1** 42,1S; 57,15S **61,2** 63,4; 34,8 **61,3** 60,21; Ps 30,12

len sich nicht mehr Erde auf den Kopf streuen und im
Sack* umhergehen, sondern sich für das Freudenfest
schmücken und mit duftendem Öl salben; sie sollen
nicht mehr verzweifeln, sondern Jubellieder singen.
Die Leute werden sie mit prächtigen Bäumen ver-
gleichen, mit einem Garten, den der HERR gepflanzt
hat, um seine Herrlichkeit zu zeigen.
4 Ja, ihr werdet die zerstörten Städte wieder auf-
bauen, die über Generationen in Trümmern lagen.
5 Fremde werden euch die Arbeit abnehmen, Auslän-
der werden eure Herden weiden, euer Land bestel-
len und eure Weinberge pflegen. 6 Ihr werdet Pries-
ter* des HERRN sein und man wird euch »Diener
unseres Gottes« nennen. Der Reichtum der Völker
wird euch zur Verfügung stehen; alles wird euch
gehören.
7 Anstelle doppelter Schande und Schmach, die
eure Feinde euch zugefügt haben, werdet ihr von
deren Land einen doppelten Anteil bekommen und
eure Freude wird kein Ende haben.
8 Denn der HERR sagt: »Ich liebe Gerechtigkeit und
hasse gemeinen Raub.° Ich halte meinem Volk die
Treue und belohne es für seine Leiden; ich schließe
mit ihm einen unauflöslichen Bund* und sage ihm
für alle Zeiten meinen Schutz zu. 9 Ihre Nachkom-
men werden bei allen Völkern bekannt und geachtet
sein. Alle, die sie sehen, werden erkennen: Sie sind
das Volk, das ich gesegnet habe.«

Danklied der Gemeinde

10 »Wir freuen uns und jubeln über den HERRN, unse-
ren Gott! Er umgibt uns mit seiner Hilfe wie mit
einem Kleid, hüllt uns in seinen Schutz wie in einen
Mantel. Wir sind fröhlich wie ein Bräutigam, der sei-
nen Turban umbindet, wie eine Braut, die ihren
Hochzeitsschmuck anlegt. 11 Denn wie aus dem
Boden die Saat keimt und wächst, so lässt der HERR,
der mächtige Gott, unser Glück wachsen und mehrt
unseren Ruhm bei allen Völkern.«

Erinnert Gott an Jerusalem!

62 Wenn ich dich, Jerusalem, sehe, raubt es mir
die Ruhe, ich kann nicht schweigen. Ich muss
so lange zu Gott rufen, bis er dir hilft,[a] bis neues
Glück für dich aufstrahlt wie die Morgensonne oder
wie Fackelschein in der Nacht.
2 Alle Völker werden erfahren, wie der HERR für
dich alles zum Guten wendet; alle Könige werden
deine Pracht sehen. Der HERR wird dir einen neuen
Namen geben, mit dem sie dich von da an nennen.
3 Du wirst zur prächtigen Krone in der Hand deines
Gottes.
4 Du wirst nicht länger »die Verstoßene« genannt
oder dein Land »die verlassene Frau«. Nein, du wirst
»Gottes Liebling« heißen und dein Land »die glück-
lich Vermählte«! Denn der HERR wendet dir seine
Liebe wieder zu und vermählt sich mit deinem Land.
5 Wie ein junger Mann sich mit seinem Mädchen ver-
bindet, so wird sich dein Schöpfer[b] für immer mit dir
verbinden. Wie ein Bräutigam sich an seiner Braut
freut, so wird dein Gott Freude an dir haben.
6 Ich habe Wächter auf deine Mauern gestellt,
Jerusalem! Weder bei Tag noch bei Nacht soll ihr
Ruf verstummen. Ihr Wächter seid dazu bestimmt,
den HERRN an Jerusalem zu erinnern! Ihr dürft euch
keine Ruhe gönnen 7 und ihr dürft Gott keine Ruhe
lassen, bis er Jerusalem wiederhergestellt und so
herrlich gemacht hat, dass alle Welt es rühmt.
8 Der HERR hat geschworen, und er hat die Macht
es auszuführen: »Euer Korn sollen nicht mehr Fein-
de essen und euren Wein nicht mehr Fremde trin-
ken, die nicht dafür gearbeitet haben. 9 Wer die Ern-
te einbringt, soll auch das Brot essen, und wer die
Trauben liest, soll auch den Wein trinken. Ihr wer-
det davon im Vorhof* meines Tempels essen und
trinken und mich dabei preisen.«
10 Ihr Bewohner Jerusalems, zieht hinaus durch
die Tore eurer Stadt! Bahnt einen Weg für das heim-
kehrende Volk! Baut eine Straße, räumt die Steine
aus dem Weg! Richtet ein Zeichen auf, dass die Völ-
ker es sehen!
11 Auf der ganzen Erde lässt der HERR ausrufen:
»Sagt der Zionsstadt*: ›Deine Hilfe ist nahe! Der
HERR kommt, und er bringt das Volk mit, das er
befreit hat.‹«[c] 12 Es wird »Gottes heiliges Volk«
genannt werden, »das Volk, das der HERR gerettet
hat«. Du selbst aber heißt dann »die Stadt, die Gott
liebt«, »die Stadt, die er wieder angenommen hat«.

Das Gericht über Edom und alle Völker

63 »Wer kommt da vom Edomiterland,[d] in grell
gefärbter Kleidung aus der Stadt Bozra? Wer
bist du, der so stolz einherschreitet in seinem
Gewand, erfüllt von unbändiger Kraft?«
»Ich bin's, der Recht schafft und helfen kann!«
2 »Warum ist dein Gewand so rot gefleckt wie bei
einem, der in der Kelter* die Trauben zertritt?«
3 »Ganz allein trat ich die Kelter und niemand aus
den Völkern hat mir dabei geholfen. Ich habe sie alle
in meinem Zorn zerstampft wie Trauben, ihr Blut ist
auf mein Gewand gespritzt. 4 Ich sah, dass die Zeit
gekommen war, mein Volk zu befreien und alle
seine Feinde zu bestrafen. 5 Ich dachte, es würde
mir jemand helfen; aber als ich mich umsah, war kei-
ner bereit. Da habe ich mir selber geholfen; mein
Zorn gab mir die Kraft. 6 Ich trat die Völker nieder
und zerstampfte sie[e] in meinem Zorn, ihr Blut ließ
ich in die Erde fließen.«

a Zur Situation Jerusalems siehe Anmerkung zu 60,1.
b *dein Schöpfer:* vermutlicher Text; H *deine Kinder.*
c Hier zeigt sich, dass die Zusage von 40,9-10 noch nicht voll eingelöst ist (siehe auch 60,4).
d Edom* (siehe Skizze Seite 894) mit der Hauptstadt *Bozra* steht für die Feinde des Gottesvolkes (»Völker« in den Versen 3 und 6; vgl. Einführung zu Obadja, Seite 956). Da Edom für seinen Wein berühmt war und in seinem Namen das hebräische Wort für ›rot‹ anklingt (vgl. Gen 25,30), ergibt sich eine Anknüpfung für das Bild vom ›Keltertreter‹. Dieser kommt nach der Zukunftsvision des Propheten vom blutigen Schlachtfeld.
e *zerstampfte sie:* mit zahlreichen Handschriften; H *machte sie betrunken.*

61,4 58,12 **61,5** 60,10 **61,6** Ex 19,6; Offb 1,6S; Jes 60,5S **61,8** Ps 37,28; Hab 2,4; Jes 55,3S **62,1** Ps 137,5-6 **62,2** 62,12; 60,14S; Offb 2,17 **62,4** 54,6; 60,15; Hos 2,21-22 **62,6** 52,8 **62,8-9** 65,21-22 **62,9** Dtn 12,7.17-18 **62,10** 40,3-4S; 49,22S **62,11** 40,10S **63,1-6** 34,5-8; Joël 4,13; Offb 14,19-20; 19,13.15 **63,4** 61,2S

a In 63,7–64,11 haben wir ein Lied vor uns, wie es in den Klage- und Bittgottesdiensten nach der Zerstörung Jerusalems vom Volk gesungen worden sein wird (siehe Anmerkung zu 58,3). Vers 18 und 64,9-10 zeigen, dass es noch vor der Rückkehr und dem Wiederaufbau des Tempels verfasst wurde, also älter ist als die vorangehenden Kapitel. Wahrscheinlich hat man dieses Gebetslied auch noch später im Gottesdienst verwendet.
b *damals …:* verdeutlichender Zusatz; vgl. Vers 11.
c Angespielt wird auf die Aussetzung des neugeborenen Mose in einem Kästchen im Nil (Ex 2,1-10); für die folgenden Aussagen über Mose siehe die Vergleichsstellen.
d Wörtlich *Israel**.
e Hätte Gott sein Volk nicht davor bewahren können, dass es in den eigenen Untergang rennt? Der Beter hat auf diese Frage keine Antwort; umso eindringlicher appelliert er an Gottes Erbarmen mit seinem Volk.
f Wörtlich *über dem dein Name ausgerufen ist.*

Gebet des Volkes um Gottes Eingreifen

7 Ich denke an die Taten des HERRN,[a]
die seinen Ruhm verkünden,
an die Beweise seiner Güte,
die er Israel gegeben hat,
damals in alten Zeiten![b]
Unermesslich reich ist der HERR
an Liebe und Erbarmen.
8 Er sagte zu sich: »Mein Volk sind sie,
meine Kinder, die mich nicht enttäuschen
werden.«
Darum ist er uns zu Hilfe gekommen.
9 Er hat uns seinen Engel* gesandt
und unserer Not ein Ende gemacht;
denn unsere Bedrängnis machte ihm selber Not.
Er war voll Liebe und Erbarmen zu uns
und hat uns immer wieder gerettet –
wie ein Vater hat er für uns gesorgt
in so vielen Generationen.

10 Wir aber lehnten uns gegen ihn auf
und kränkten seinen Heiligen Geist*.
So machten wir ihn zu unserem Feind,
er selbst kämpfte gegen sein Volk.
11 Da dachten wir voll Sehnsucht an die alte Zeit,
als noch Mose in unserer Mitte war.
»Wo ist der Gott«, so klagten wir,
»der einst den großen Hirten seiner Herde
aus dem Wasser des Nilstroms gerettet hat?«[c]
Wo ist der Gott, der Mose ausgerüstet hat,
der seinen Heiligen Geist auf ihn gelegt hat
12 und ihm beistand mit seinem mächtigen Arm?
Der Gott, der das Meer zerteilte vor seinem Volk,
damit sein großer Name gepriesen wird
in alle Ewigkeit?
13 Der sie über den Meeresgrund führte,
ungefährdet, ohne zu stolpern,
so sicher, wie Pferde die Steppe durchqueren?
14 Wie ein Hirt seine Rinderherde führt,
sie zum Rastplatz bringt im geschützten Tal,
so führte der HERR durch seinen mächtigen Geist
sein Volk aus der Gefahr
und gab ihm Ruhe und Sicherheit.«

Ja, HERR, so hast du dein Volk geleitet,
damit dein herrlicher Name gepriesen wird!

15 HERR, sieh herab von deinem Himmel,
wo du in Heiligkeit und Hoheit thronst!
Wo ist deine brennende Liebe zu uns?
Wo ist deine unvergleichliche Macht?
Hast du kein Erbarmen mehr mit uns?
Wir spüren nichts davon, dass du uns liebst!

16 HERR, du bist doch unser Vater!
Abraham weiß nichts von uns,
auch Jakob[d] kennt uns nicht;
unsere Stammväter können uns nicht helfen.
Aber du, HERR, bist unser wahrer Vater!
»Unser Befreier* seit Urzeiten«
– das ist dein Name.

17 Warum hast du zugelassen,[e]
dass wir von deinem Weg abwichen?
Warum hast du uns so starrsinnig gemacht,
dass wir dir nicht mehr gehorchten?
Wende dich uns wieder zu!
Wir sind doch deine Diener,
wir sind doch das Volk, das dir gehört!
18 Es war nur für eine kurze Zeit,
dass wir das Land besitzen durften;
nun ist dein Heiligtum von den Feinden entweiht.
19 Es ist, als wärst du nie unser Herrscher gewesen
und als wären wir nicht das Volk,
das du zu deinem Eigentum erklärt hast.[f]

Reiß doch den Himmel auf und komm herab,
dass die Berge vor dir erbeben!
64 Komm plötzlich,
komm mit großer Macht,
wie die Flammen trockenes Reisig ergreifen
und das Wasser im Kessel zum Sieden bringen!
Deine Feinde sollen erfahren, wer du bist;
die Völker sollen vor Angst vergehen.
2 Vollbringe Taten, die uns staunen lassen
und noch unsere kühnste Erwartung übertreffen!
Komm herab, dass die Berge vor dir erbeben!
3 Noch nie hat man von einem Gott gehört,
der mit dir zu vergleichen wäre;
noch nie hat jemand einen Gott gesehen,
der so gewaltige Dinge tut
für alle, die auf ihn hoffen.

4 Du bist gut zu denen, die gern das Rechte tun,
die an deine Gebote denken und danach handeln.
Uns aber hat dein Zorn getroffen,
weil wir dir nicht gehorsam waren.
Hilf uns, rette uns!
5 Wir alle sind von Unrecht befleckt;
selbst unsere allerbesten Taten
sind unrein* wie ein schmutziges Kleid.
Wir sind wie verdorrtes Laub,
das der Sturmwind packt und fortwirbelt –
das ist die Strafe für unsere Schuld.
6 Niemand hat dich beim Namen gerufen
und bei dir Hilfe gesucht,
niemand kam zur Besinnung
und hielt sich an dich.
Denn du selbst hattest dich von uns abgewandt,

63,7 Ps 77,12-13 **63,8** Ex 6,7 **63,9** Ex 3,2.10; 14,19; Jes 63,16 **63,11** Ex 2,1-10; Num 11,17 **63,12-13** Ex 14,21-29S **63,15** 57,15; Hos 11,8S **63,16** Ex 4,22S; Jes 41,14S; Jer 3,4S **63,17** 6,9-10 **63,18** Ps 79,1S **64,6** Ps 34,22S

du gabst uns die Folgen unserer Sünden
am eigenen Leibe zu spüren.

7 Dennoch, HERR: Du bist unser Vater!
Wir sind der Ton, du bist der Töpfer;
wir alle sind von deiner Hand geschaffen.
8 Darum sei nicht so zornig auf uns;
trag es uns nicht für immer nach,
dass wir uns so schwer vergangen haben.
Wir alle sind dein Volk!
Sieh uns doch freundlich an!
9 Die Städte, die dir gehörten, sind verwüstet;
ein verlassener Trümmerhaufen
ist Jerusalem mit dem Zionsberg*.
10 Unser Tempel wurde ein Raub der Flammen,
die heilige und herrliche Stätte,
an der unsere Vorfahren dich priesen.
Zerstört ist alles, was uns lieb und wert war!

11 Kannst du das alles mit ansehen, HERR?
Rührt es dich gar nicht? Schweigst du dazu?
Lässt du uns vollends zugrunde gehen?

Belohnung der Treuen, Bestrafung der Treulosen

65 Der Herr sagt: »Ich war bereit, diesen Leuten zu helfen, aber niemand hat mich um Hilfe gebeten. Ich war für dieses Volk immer zu finden, aber niemand hat mich gesucht.° Obwohl keiner von ihnen meinen Namen rief,° sagte ich immerzu: ›Ja, ich höre!‹ 2 Die ganze Zeit über streckte ich einladend die Hände aus; aber dieses widerspenstige Volk will nichts von mir wissen.

Sie folgen ihren eigenen Gedanken und gehen beharrlich ihre eigenen verkehrten Wege. 3 Fortwährend beleidigen sie mich und reizen mich zum Zorn. In ihren heiligen Hainen opfern* sie den Götzen und verbrennen Weihrauch* auf Ziegelsteinen, 4 sie hocken in Gräbern und übernachten in Höhlen,° um die Toten zu befragen und sich von den Geistern Auskunft zu holen. Sie essen das Fleisch von Schweinen und anderen unreinen* Tieren.[a] 5 Sie sagen zu jedem, der ihnen begegnet: ›Halt, komm mir nicht zu nah! Ich bin mit heiligen* Dingen in Berührung gekommen und bringe dich in Gefahr!‹

Diese Leute haben meinen Zorn herausgefordert; er brennt wie ein Feuer, das nicht erlischt. 6 Ihre Vergehen werden nicht vergessen; sie sind sämtlich bei mir aufgeschrieben. Ich ruhe nicht, bis ich ihnen alles heimgezahlt habe, 7 ihre eigenen Verfehlungen und die ihrer Vorfahren dazu. Alle, die auf den Bergen und Hügeln Opfer dargebracht und mich damit beleidigt haben, werde ich bestrafen, wie es ihre Taten verdienen. Ich, der HERR, sage es.«

8 Weiter sagt der HERR: »Wenn jemand eine kümmerliche Weintraube findet, sagt man zu ihm: ›Wirf sie nicht weg, es ist noch etwas Gutes daran!‹ So will auch ich mein Volk nicht ganz vernichten; denn es gibt noch Menschen darin, die mir treu geblieben sind. 9 Es soll auch künftig Nachkommen Jakobs und Judas geben, denen das Land als Erbbesitz* zusteht. Die Menschen, die ich erwählt habe und die mir dienen, sollen auf meinen Bergen wohnen. 10 In der Scharon-Ebene werden sie ihre Schafe weiden und im Achor-Tal[b] ihre Rinder. Das ganze Land gebe ich meinem Volk, den Menschen, die nach mir fragen.

11 Ihr anderen aber habt mir den Rücken gekehrt und kommt nicht zu meinem heiligen Berg. Stattdessen deckt ihr den Schicksalsgöttern Gad und Meni* einen reichen Opfertisch und füllt ihnen die Krüge mit Wein. 12 Dafür wird euch euer Schicksal ereilen: Ich gebe euch den Feinden preis, die euch wie Opfertiere abschlachten werden. Ich habe gerufen, aber ihr habt nicht geantwortet; ich habe euch gewarnt, aber ihr habt nicht darauf gehört. Ihr habt es vorgezogen, mich zu beleidigen und zu tun, was mir missfällt.

13 Darum hört, was ich, der HERR, euch ankündige: Meine Diener, die mir treu geblieben sind, bekommen zu essen und zu trinken, ihr aber müsst Hunger und Durst leiden. Sie werden stolz und glücklich sein, ihr aber werdet in Schande gestürzt. 14 Sie werden jubeln vor Freude, aber ihr müsst schreien vor Qual und heulen vor Verzweiflung. 15 Ich werde euch töten, und die Menschen, die ich erwählt habe und die mir dienen, werden eure Namen als Fluchwort* verwenden. Ihnen aber gebe ich neue ehrenvolle Namen. 16a Wenn dann die Leute sich gegenseitig grüßen im Land, grüßen sie sich nur noch ›bei dem treuen Gott‹, und wenn sie schwören, schwören sie ›bei Gott, der Treue hält‹.«

Das erneuerte Jerusalem – die erneuerte Schöpfung

16b Der HERR sagt:
»Alle Not wird vergessen sein,
ich bereite ihr ein Ende.
17 Alles mache ich jetzt neu:
Einen neuen Himmel schaffe ich
und eine neue Erde.[c]
Dann sehnt sich niemand nach dem zurück,
was früher einmal gewesen ist;
kein Mensch wird mehr daran denken.

18 Freut euch und jubelt ohne Ende
über das, was ich nun schaffe!
Ich mache Jerusalem zur Stadt der Freude
und seine Bewohner erfülle ich mit Glück.
19 Ich selbst will an Jerusalem wieder Freude haben
und über mein Volk glücklich sein.

a Wahrscheinlich handelt es sich um Opfermahlzeiten aus dem Kult fremder Götter; vgl. 66,3.17. Da in den Versen 8-16 zwei Gruppen, die Götzendiener und die Gott Treugebliebenen, einander gegenübergestellt werden, kann man vermuten, dass die aus der Verbannung Zurückgekehrten im Land eine verwilderte religiöse Praxis vorfanden, wie sie ähnlich schon vor der Zerstörung Jerusalems von den Propheten bekämpft werden musste; vgl. Ez 8,7-18.

b Die beiden Ebenen am Mittelmeer und an der Nordwestspitze des Toten Meeres bezeichnen einen Umfang des Landes, der von der persischen Provinz Judäa nicht erreicht wurde.

c Anfang und Ende (Vers 25) dieser Heilsankündigung sprechen von einer neuen Schöpfung; in den Versen 18-24 ist dagegen nur von Jerusalem die Rede. Auch im letzten Buch der Bibel findet sich dieses Nebeneinander (Offb 21,1-2), nur dass das neue Jerusalem dort noch stärker in überirdisches Licht getaucht ist.

64,7 63,9.16; 45,9S **64,8** 63,8 **64,11** 63,15; Ps 74,10-11 **65,1-2** Röm 10,20-21 **65,3** 1,29S **65,4** Lev 19,31S; 11,7 **65,5a** Ez 44,19; 2Sam 6,6-7 **65,8** Gen 18,26-33 **65,9** 48,1 **65,12** 66,4; Jer 7,13S **65,15** Jer 24,9S; Offb 2,17 **65,16a** Jer 4,2 **65,16b-25** 60,1-22S **65,17** 43,18-19; 46,8; 66,22; Offb 21,1S **65,18-19** 35,10S

Niemand wird mehr weinen und klagen.
20 Es gibt keine Kinder mehr,
die nur ein paar Tage leben,
und niemand, der erwachsen ist,
wird mitten aus dem Leben gerissen.
Wenn jemand mit hundert Jahren stirbt,
wird man sagen: ›Er war noch so jung!‹
Selbst der Schwächste und Gebrechlichste
wird ein so hohes Alter erreichen.

21 Sie werden sich Häuser bauen
und auch darin wohnen können.
Sie werden Weinberge pflanzen
und selbst den Ertrag genießen.
22 Sie sollen nicht bauen und pflanzen
und sich lebenslang mühen,
nur damit andere den Gewinn davon haben.
Alt wie Bäume sollen sie werden,
die Menschen in meinem Volk,
und den Lohn ihrer Arbeit selbst genießen!

23 Sie werden sich nicht vergeblich abmühen.
Die Frauen gebären ihre Kinder nicht länger
für eine Zukunft voller Schrecken.
Sie sind mein Volk, ich segne sie;
darum werden sie mit ihren Kindern leben.
24 Noch ehe sie zu mir um Hilfe rufen,
habe ich ihnen schon geholfen.
Bevor sie ihre Bitte ausgesprochen haben,
habe ich sie schon erfüllt.
25 Wolf und Lamm werden dann gemeinsam weiden,
der Löwe frisst Häcksel wie das Rind,
und die Schlange nährt sich vom Staub der Erde.
Auf dem Zion*, meinem heiligen Berg,
wird keiner mehr Böses tun und Unheil stiften.
Ich, der HERR, sage es.«

Gott ist nicht irgendein Götze

66 Der HERR sagt: »Der Himmel ist mein Thron,
die Erde mein Fußschemel. Was für ein Haus
wollt ihr da für mich bauen?[a] Wo ist die Wohnung,
in der ich Raum finden könnte? 2 Ich, der HERR, habe
mit eigener Hand Himmel und Erde geschaffen,
durch mich ist alles entstanden, was es gibt. Aber
ich blicke freundlich auf die Verzagten, die sich
vor mir beugen, auf alle, die mit Furcht und Zittern
auf mein Wort achten.
3 Doch da schlachten sie für mich Rinder – und
zugleich[b] bringen sie Menschenopfer dar. Sie
schlachten für mich Schafe – und zugleich opfern
sie Hunde. Sie bringen mir Speiseopfer* – und
zugleich versprengen sie Schweineblut. Sie verbren-
nen für mich Weihrauch* – und zugleich opfern sie
den Götzen. Sie gehen ihre eigenen Wege und sind
begierig auf alles, was mir ein Gräuel ist. 4 Deshalb
bin ich begierig, sie ins Unglück zu stürzen und alles
über sie zu bringen, wovor sie zittern. Ich habe geru-
fen, aber keiner hat mir geantwortet; ich habe
gewarnt, aber niemand hat darauf gehört. Stattdes-
sen haben sie mich beleidigt und getan, was mir
missfällt.«

Trost für Jerusalem

5 Hört, was der HERR euch sagt, ihr alle, die ihr mit
Furcht und Zittern auf sein Wort achtet:
»Weil ihr zu mir haltet, werdet ihr von Leuten aus
eurem eigenen Volk gehasst und wie Ausgestoßene
behandelt.[c] Sie spotten: ›Der HERR soll doch seine
Zusagen wahr machen! Wir möchten gerne erleben,
wie ihr euch freut!‹ Aber sie täuschen sich!
6 Horcht, von der Stadt her schallt Kampfgetüm-
mel, vom Tempel* her Kriegslärm! Der HERR voll-
streckt das Strafgericht an seinen Feinden!
7-8 Hat man es schon erlebt, dass ein Kind geboren
wurde, bevor die Mutter in Wehen kam? Hat man
erlebt, dass ein Volk auf *einen* Schlag geboren, dass
ein menschenleeres Land an *einem* Tag bevölkert
wurde? Genau das wird geschehen: Die Mutter
Zion* wird Kinder bekommen, noch ehe sie etwas
davon merkt.[d] 9 Meint ihr, ich, der HERR, werde
etwas anfangen und nicht zu Ende führen? Werde
ich die Geburt einleiten und das Kind dann stecken
lassen, ich, euer Gott?
10 Freut euch mit der Zionsstadt, jubelt über ihr
Glück, ihr alle, die ihr sie liebt und denen ihr Leid
zu Herzen geht! 11 Sie wird euch teilgeben an der
Fülle ihrer Herrlichkeit; ihr werdet an ihrer Mutter-
brust saugen und mit Glück gesättigt werden. 12 Ich,
der HERR, verspreche: Ich schenke der Zionsstadt
Frieden und Wohlstand; der Reichtum der Völker
wird ihr zufließen wie ein nie versiegender Strom.
Ihr werdet an ihren Brüsten saugen, ihr werdet euch
fühlen wie Kinder, die auf dem Arm getragen und auf
den Knien gewiegt werden.
13 Ich werde euch trösten, wie eine Mutter tröstet.
Das Glück Jerusalems wird euch glücklich machen.
14 Wenn ihr das erlebt, werdet ihr voll Freude sein;
neuer Lebensmut wird in euch erwachen, so wie
im Frühling das frische Grün sprosst.«
Ja, der HERR zeigt seine rettende Macht an denen,
die ihm treu sind; aber seine Feinde bekommen sei-
nen Zorn zu spüren. 15 Denn der HERR kommt und
lässt Feuer auf sie herabfallen; sturmgepeitschte
Wolken sind seine Streitwagen*, feurige Blitze
schleudert er in seinem glühenden Zorn. 16 Mit dem
flammenden Schwert vollzieht er sein Strafgericht
auf der ganzen Erde; viele liegen erschlagen.
17 »Alle, die sich um eine Götzenpriesterin scharen
und an den Opferfeiern in den heiligen Hainen teil-
nehmen – sagt der HERR –, werden vernichtet, sie

a Der Wiederaufbau des Tempels nach der Rückkehr aus Babylonien (Esra 1–6; Hag 1–2) gibt Anlass zu dieser Erinnerung; vgl. 1 Kön 8,27; Apg 7,49-50.
b Offenbar haben Götzendiener wie die von 65,3-5 auch am Opferdienst im Tempel des HERRN teilgenommen.
c Die Spaltung im Volk, die sich hier abzeichnet, spiegelt sich auch in vielen Texten der späteren Psalmdichtung und Weisheitslehre (z. B. Ps 1; 73; Weish 2,12-20).
d Die Zusage an Jerusalem in den Versen 7-14 erinnert stark an Kap 54 und 60.

65,20 Sach 8,4-5 **65,21-22** 62,8-9; Dtn 28,30; Ps 128,2 **65,24** 30,19; 58,9 **65,25** 11,6-9 S; Gen 3,14 **66,1-2** 57,15 S **66,3** 57,5; 65,4 **66,4** 65,12 S **66,7-8** 49,20-21; 60,22 **66,10** Ps 122,6 **66,12** 60,5 S **66,13** 49,15 **66,15** Ps 50,3 S **66,16** Jer 25,30-31; Offb 19,15 **66,17** 1,29 S; Lev 11,1-23

alle, die Schweine, Mäuse und andere unreine* Tie-
re essen. 18a Ich weiß genau, was sie da treiben!«

Alle Völker ehren den Gott Israels

18b Der HERR sagt: »Die Zeit kommt, dass ich die Men-
schen aller Völker und Sprachen versammle. Sie alle
werden zu mir kommen und meine Herrlichkeit*
sehen. 19 Ich werde ein Zeichen unter ihnen aufrich-
ten und Boten zu ihnen senden – Menschen aus
allen Völkern, die sich mir angeschlossen haben.
Zu den fernsten Küsten sende ich meine Boten, nach
Tarschisch, Put und Lud, nach Meschech,° Tubal
und Jawan.[a] Unter den Völkern, die noch nichts
von mir gehört und meine herrlichen Taten nicht
gesehen haben, sollen sie meinen Ruhm bekannt
machen.
20 Wenn sie zurückkehren, werden sie alle eure
Brüder und Schwestern[b] mitbringen, die noch unter
den Völkern zerstreut sind. Auf Pferden, Maultieren
und Dromedaren, in Wagen und Sänften werden
dann aus aller Welt die Zerstreuten meines Volkes
zu meinem heiligen Berg nach Jerusalem gebracht
werden, als eine Opfergabe der Völker für mich,
den HERRN – so wie ihr Israeliten eure Speiseopfer*
in reinen* Gefäßen zu meinem Tempel* bringt.
21 Selbst aus den anderen Völkern werde ich Men-
schen als Priester* und Leviten* zum Dienst an mei-
nem Heiligtum bestimmen.
22 Wie der neue Himmel und die neue Erde, die ich
schaffe, durch meine Schöpfermacht für immer
bestehen bleiben, so werdet auch ihr als Volk nie-
mals untergehen. Ich, der HERR, sage es euch zu.
23 Jeden Neumond* und Sabbat* werden die
Bewohner der ganzen Erde zu meinem Heiligtum
kommen und sich vor mir, dem HERRN, niederwer-
fen. 24 Danach werden sie vor die Stadt hinausgehen[c]
und voller Abscheu die Leichen der Menschen
betrachten, die sich gegen mich aufgelehnt hatten.
Deren Qual nimmt kein Ende, sie brennen in ewi-
gem Feuer.«

a *Jawan* ist Jonien (= das von Griechen besiedelte Kleinasien mit den Ägäischen Inseln); zu den übrigen Namen siehe die Sacherklärungen.
b Wörtlich *Brüder**.
c Gemeint ist das Hinnom-Tal im Südwesten Jerusalems. Dort wurden in späterer Zeit ›unreine‹ Leichen hingeworfen, denen eine Bestattung versagt war; siehe Sacherklärung »Hinnom-Tal«.

Das Jesajabuch endet mit einer Vision des Tages, an dem Gott Gericht hält. »Mit dem flammenden Schwert vollzieht er sein Strafgericht auf der ganzen Erde; viele liegen erschlagen.« Gott wird einen neuen Himmel und eine neue Erde schaffen und sein Volk soll »niemals untergehen.« (66,16.22)

66,18b-19 2,2-3S; 55,5S; Sach 2,15; Jes 56,8 **66,20** 60,4S **66,22** 65,17S **66,23** Ps 96,7-10S **66,24** Jdt 16,17

JEREMIA

Jeremia wirkt in Jerusalem Ende des 7. und Anfang des 6. Jahrhunderts v. Chr. unter den Königen Joschija, Jojakim, Jojachin und Zidkija. Mit bitteren Worten geißelt er die Hinwendung Judas zu fremden Göttern und das Unrecht, das die Reichen im Volk den Armen antun. Er warnt die Bewohner Jerusalems vor ihrem falschen Sicherheitsgefühl, dessen Grund ein fast magisches Vertrauen auf Tempel und Gottesdienst ist. Der Prophet sieht das Ende unausweichlich kommen, wenn das Volk nicht zum Herrn zurückkehrt. Die assyrische Gefahr, die dem Reich Israel den Untergang brachte, scheint zwar endgültig vorbei, doch sieht Jeremia schon einen neuen »Feind aus dem Norden« heranziehen, der sich zunächst noch gar nicht mit Namen benennen lässt und der das Strafgericht Gottes an Juda und Jerusalem vollstrecken wird. Die Katastrophe bricht herein, als die Babylonier, die unter ihrem König Nebukadnezzar 597 v. Chr. zum ersten Mal vor Jerusalem erscheinen, zehn Jahre später Stadt und Tempel dem Erdboden gleichmachen und große Teile der Bevölkerung in die Verbannung nach Babylonien wegführen. Wie sonst bei keinem der Propheten erfahren wir bei Jeremia, wie es im Innern eines Mannes aussieht, der seinem Volk im Auftrag Gottes derart Furchtbares anzusagen hat. Das Leiden an seinem Volk, mit seinem Volk und unter seinem Volk hat ihn fast umgebracht, und das Leiden an seinem Gott, der ihm einen solchen Auftrag gab und ihm dieses Prophetendasein zumutete, hat ihn fast irrewerden lassen. Freilich durfte Jeremia auch ansagen, dass die gegenwärtige Katastrophe nicht das Ende aller Wege Gottes mit seinem Volk sein werde, ja, dass Gott einst einen »neuen Bund« mit dem Volk schließen und ihm dabei das Gesetz nicht mehr auf Steintafeln, sondern »in Herz und Gewissen schreiben« werde (31,31-34). Die christliche Gemeinde sieht in der Gestalt Jeremias nicht zuletzt einen Hinweis auf den »Propheten« Jesus aus Nazaret, der nicht nur ›an‹, ›mit‹ und ›unter‹ seinem Volk gelitten hat, sondern für sein Volk. Aufgrund seines Leidens und Sterbens ist, nach christlichem Bekenntnis, auch der »neue Bund« geschlossen worden, von dem Jeremia gesprochen hat.

Inhaltsübersicht

Das Buch Jeremia

1 In diesem Buch ist aufgeschrieben, was Jeremia
verkündet und erlebt hat. Er war der Sohn von
Hilkija und gehörte zur Priesterschaft von Anatot,
einem Dorf im Gebiet des Stammes Benjamin.
2 Das Wort des HERRN erging zum ersten Mal an
ihn im 13. Regierungsjahr des Königs Joschija von
Juda, des Sohnes Amons, 3 und es erging an ihn weiterhin
während der Regierungszeit von Joschijas
Sohn Jojakim und dann bis zum Ende der Regierungszeit
von Joschijas Sohn Zidkija, als im 5. Monat
von dessen elftem Regierungsjahr die Bevölkerung
Jerusalems in die Verbannung* geführt wurde.

DAS GERICHT GOTTES ÜBER JERUSALEM UND JUDA (1,4–25,14)

Jeremia wird zum Propheten berufen

4 Das Wort des HERRN erging an mich, er sagte zu mir:
5 »Noch bevor ich dich im Leib deiner Mutter entstehen
ließ, hatte ich schon meinen Plan mit dir. Noch
ehe du aus dem Mutterschoß kamst, hatte ich bereits
die Hand auf dich gelegt. Denn zum Propheten* für
die Völker habe ich dich bestimmt.«
6 Ich wehrte ab: »Ach, Herr, du mein Gott! Ich
kann doch nicht reden, ich bin noch zu jung!«

1,1 11,21-22 **1,2** 2 Kön 22,1–23,30 **1,3** 2 Kön 23,36–25,21 **1,5** Jes 49,1 **1,6-7** Ex 4,10-12; Ri 6,15-16

7 Aber der HERR antwortete mir: »Sag nicht: ›Ich
bin zu jung!‹ Geh, wohin ich dich sende, und ver-
künde, was ich dir auftrage! 8 Hab keine Angst vor
Menschen, denn ich bin bei dir und schütze dich.
Das sage ich, der HERR.«
9 Dann streckte der HERR seine Hand aus, berührte
meine Lippen und sagte: »Ich lege meine Worte in
deinen Mund. 10 Von heute an hast du Macht über
Völker und Königreiche.[a] Reiße aus und zerstöre,
vernichte und verheere, baue auf und pflanze an!«
11 Wieder erging das Wort des HERRN an mich, er
sagte: »Was siehst du, Jeremia?«
Ich antwortete: »Einen *Wacholderzweig*!«[b]
12 »Du hast richtig gesehen«, sagte der HERR, »ich
wache darüber, dass geschieht, was ich dir sage.«
13 Und noch einmal erging das Wort des HERRN an
mich, er sagte: »Was siehst du?«
Ich antwortete: »Einen dampfenden Kessel, des-
sen Rand sich von Norden her gegen mich neigt.«
14 »Du hast richtig gesehen«, sagte der HERR, »so
ergießt sich von Norden* her Unheil über alle
Bewohner dieses Landes. 15 Hör, was ich dir sage:
Ich rufe alle Völker des Nordens! Ihre Könige sollen
kommen und ihre Throne rings um die Mauern Jeru-
salems und um die Mauern aller anderen Städte in
Juda aufstellen. 16 Dann will ich mein Urteil über
die Leute von Juda sprechen und sie strafen für alles
Böse, das sie getan haben. Denn sie haben mich ver-
lassen und haben anderen Göttern geopfert; sie
haben sich Götzenbilder gemacht und sie angebetet.
17 Du aber mach dich bereit, tritt vor sie hin und
verkünde ihnen alles, was ich dir auftrage! Erschrick
nicht vor ihnen, sonst sorge ich dafür, dass du wirk-
lich vor ihnen erschrecken musst! 18 Ich gebe dir
Kraft, damit du dastehst wie eine Festung, wie eine
eiserne Säule, wie eine stahlharte Mauer. Das ganze
Land wirst du gegen dich haben, die Könige, die
Beamten, die Priester* und die Männer von Juda.
19 Sie werden gegen dich kämpfen, aber sie werden
dich nicht bezwingen, denn ich bin bei dir und
schütze dich. Das sage ich, der HERR.«

Israel, das treulose Volk

2 Das Wort des HERRN erging an mich, er sagte zu
mir: 2 »Geh und verkünde vor allen Leuten in
Jerusalem: ›So spricht der HERR: Ich erinnere mich,
Israel, wie vertrauensvoll du mir zugetan warst in
deiner Jugend, wie du mich liebtest in deiner Braut-
zeit. Du bist mir gefolgt in der Wüste, im Land, wo
nichts wächst. 3 Damals hast du mir allein gehört,
wie die erste Frucht* des Ackers. Wer sich an dir ver-
griff, machte sich schuldig und wurde bestraft!‹«
4 Hört das Wort des HERRN, ihr Nachkommen
Jakobs, all ihr Sippen Israels! 5 So spricht der HERR:
»Was hatten eure Vorfahren an mir auszusetzen,
dass sie sich von mir abwandten, nichtigen Götzen
nachliefen und so selbst zunichte wurden? 6 Sie frag-
ten nicht: ›Wo ist der HERR zu finden? Er hat uns
doch aus Ägypten herausgeführt und hat uns in der
Wüste sicher den Weg gewiesen, in dürren Steppen
und finsteren Schluchten, in einem Land, das nie-
mand bewohnt und niemand durchwandert.‹
7 Ja, ich war es, ich brachte euch in ein fruchtbares
Land, um euch mit all den Köstlichkeiten zu speisen,
die es hervorbringt. Aber kaum wart ihr dort, habt
ihr mein Land verdorben und mir mein Eigentum
zum Abscheu gemacht.
8 Eure Priester* fragten nicht nach mir; die Leute,
die Weisungen gaben, kannten mich nicht. Die Füh-
rer des Volkes lehnten sich gegen mich auf und die
Propheten* redeten im Namen Baals*. Alle beteten
zu Göttern, die nicht helfen können. 9 Darum muss
ich, der HERR, euch anklagen und auch gegen eure
Kinder und Enkel werde ich Klage erheben.
10 Fahrt doch übers Meer zu den Inseln im Westen
und seht euch dort um! Oder schickt eure Abgesand-
ten zu den Völkern des Ostens[c] und erkundigt euch,
ob irgendwo etwas Ähnliches geschehen ist! 11 Hat je
ein Volk seine Götter ausgewechselt? Und die sind
nicht einmal Götter! Mein Volk aber hat mich ausge-
tauscht gegen Götter, die ihm nicht helfen können;
und dabei hatte es doch meine ganze Herrlichkeit
gesehen.
12 Himmel, erschrick darüber«, sagt der HERR,
»schaudere, bebe vor Entsetzen! 13 Mein Volk hat
doppeltes Unrecht verübt: Mich, die Quelle frischen
Wassers, hat es verlassen und stattdessen gräbt es
sich Löcher für Regenwasser, die auch noch rissig
sind und das Wasser nicht halten.«

Selbstverschuldeter Sturz

14 Der HERR sagt: »Israel, du bist doch kein Sklave.
Und schon gar nicht ein geborener Sklave, für den
es keine Befreiung gibt! Wie konnte es dann so weit

a Gottes Wort bewirkt, was es sagt: Es bringt Tod und Leben, Untergang und neuen Anfang (Vers 10). Nicht nur Juda, sondern alle Völker der damaligen Welt sind betroffen.
b Im Hebräischen liegt in Vers 11-12 ein Wortspiel zwischen *schaked* (Mandelbaum) und *schoked* (wachend sein) vor. Der Mandelbaum blüht im Frühjahr als Erster und scheint im Winter sozusagen gar nicht »geschlafen« zu haben. Die Übersetzung versucht, das Wortspiel wiederzugeben. Die Verse 11 und 13 sprechen ebenso von visionären Erlebnissen wie der Vers 9.
c *zu den Inseln im Westen … zu den Völkern des Ostens:* wörtlich *zu den Inseln der Kittäer* … nach Kedar** (vgl. Jes 42,11; Ez 27,21).

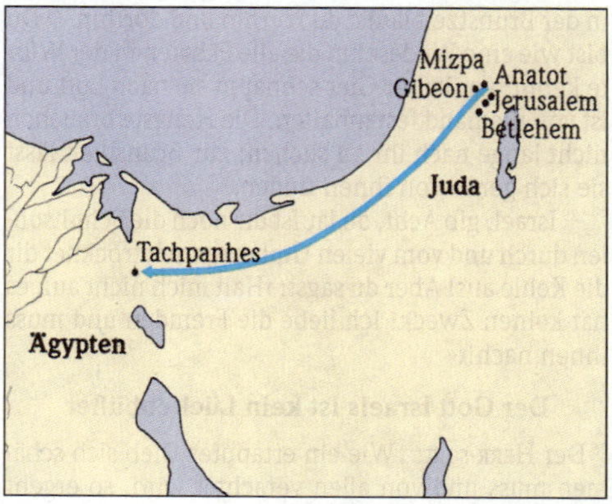

Jeremia lebte und lehrte die meiste Zeit seines Lebens in Jerusalem. Nach der Zerstörung der Stadt wurde er nach Ägypten verschleppt (Kap 42–44).

1,8 15,20; 30,11; 42,11 **1,9** Jes 6,7; Ez 2,8–3,3; Dan 10,16 **1,10** 1,5; 25,15-38; 46,1–51,64; Jes 42,1; (ausreißen – anpflanzen) Jer 18,7.9; 24,6; 31,28; 42,10; Am 9,15; Ez 36,36; Sir 49,7 **1,11** 24,3; Am 7,8; 8,2; Sach 4,2; 5,2 **1,14** (Norden) 4,6; 6,1.22; 10,22; 25,9; 46,20.24; 47,2; 50,3.41; Ez 38,15S **1,16** 2,13S **1,18-19** 15,20 **2,2** Dtn 2,7; Hos 2,17; 13,5 **2,3** Ex 23,19S **2,8** 5,31; 18,18; Klgl 4,13 **2,11** Röm 1,23S **2,13** 1,16; 2,17.19; 5,7.19; 16,11; 17,13

kommen? Warum haben deine Feinde dich niedergeworfen? 15 Brüllend wie hungrige Löwen fielen sie über dich her. Dein Land ist verwüstet, deine Städte sind verbrannt und menschenleer.[a] 16 Und nun werden auch noch die Ägypter, die Männer von Memfis und Tachpanhes, kommen und dir den Kopf kahl scheren![b]

17 Das hast du dir selbst zuzuschreiben, Volk Israel! Ich, der HERR, dein Gott, ging dir voraus und wollte dich führen, doch du hast dich von mir abgewandt. 18 Was nützt es dir jetzt, nach Ägypten zu laufen, um das Wasser des Nils zu trinken? Was nützt es dir jetzt, nach Assyrien* zu laufen, um das Wasser des Eufrats zu trinken? 19 Dich trifft die Strafe für deine eigene Bosheit; es rächt sich, dass du mir den Rücken gekehrt hast. Sieh doch ein, wie viel Leid und Unglück es bringt, dem HERRN, deinem Gott, davonzulaufen und ihn nicht mehr ernst zu nehmen!« Das sagt der HERR, der Herrscher über die ganze Welt.[c]

Juda ist dem Baals-Dienst verfallen

20 Der HERR sagt: »Von jeher wolltest du mir nicht dienen; es war dir eine Plage und lästige Pflicht. ›Ich will endlich frei sein‹, sagtest du – und legtest dich hin wie eine Hure auf jeder Anhöhe, unter jedem grünen Baum.[d]

21 Ich hatte dich als edle Rebe gepflanzt; du warst ein gutes, erlesenes Gewächs. Aber was ist nun aus dir geworden? Ich sehe nur noch die wuchernden Ranken eines verwilderten Weinstocks, den ich nicht mehr wieder erkenne.

22 Du kannst dich waschen, so viel du willst, selbst mit der schärfsten Lauge – der Schmutz deiner Schuld bleibt mir immer vor Augen«, sagt Gott, der Herr.

23 »Wie kannst du behaupten: ›Ich bin doch nicht schmutzig; mit den Baalen* hatte ich nichts zu schaffen!‹ Sieh doch dein Treiben im Tal;[e] mach dir klar, was du getan hast! Wie eine flinke junge Kamelstute in der Brunstzeit läufst du hierhin und dorthin. 24 Du bist wie eine Wildeselin, die alle Fährten in der Wüste kennt; vor lauter Gier schnappt sie nach Luft und ist von niemand festzuhalten. Die Hengste brauchen nicht lange nach ihr zu suchen; zur Brunstzeit lässt sie sich gerne von ihnen finden.

25 Israel, gib Acht, du läufst dir noch die Schuhsohlen durch und vom vielen Umherrennen trocknet dir die Kehle aus! Aber du sagst: ›Halt mich nicht auf, es hat keinen Zweck! Ich liebe die Fremden und muss ihnen nach!‹«

Der Gott Israels ist kein Lückenbüßer

26 Der HERR sagt: »Wie ein ertappter Dieb sich schämen muss und von allen verachtet wird, so ergeht es jetzt euch Leuten von Israel samt euren Königen und hohen Beamten, Priestern* und Propheten*! 27 Von mir habt ihr euch völlig abgewandt; aber zu Holzfiguren sagt ihr: ›Du bist mein Vater‹, zu Bildern aus Stein: ›Du bist die Mutter, die mich geboren hat.‹

Wenn euch jetzt das Unglück trifft, schreit ihr: ›HERR, komm und rette uns!‹ 28 Wo sind denn eure Götter, die ihr euch zurechtgemacht habt? *Sie* sollen kommen und zusehen, ob sie euch retten können! Sie sind ja so zahlreich; es gibt davon ebenso viele wie Städte in Juda!

29 Warum – sagt der HERR – klagt ihr *mich* an? Ihr wolltet doch von mir nichts mehr wissen! 30 Vergeblich habe ich euch geschlagen; ihr habt keine Lehre angenommen. Euer Schwert wütete unter den Propheten, die ich zu euch schickte, als wäre es ein hungriger Löwe!«

Juda hat seinen Gott vergessen

31 Der HERR sagt: »Volk Israel, achte auf das, was ich dir sage! Bin ich für dich denn eine Wüste gewesen oder ein Land, in dem es nie Tag wird? Warum sagst du: ›Wir wollen mit dir nichts mehr zu tun haben, wir kommen nicht wieder zu dir zurück‹?

32 Kann ein Mädchen seinen Schmuck vergessen oder die Braut den prächtigen Gürtel ihres Hochzeitskleides? Aber du hast mich vergessen, schon seit vielen, vielen Jahren!«

Baals-Dienst und verwilderte Rechtspflege

33 Der HERR sagt: »In der Jagd nach Liebhabern bist du unübertrefflich. Deshalb merkst du es gar nicht mehr, wenn du Verbrechen begehst. 34 Sogar das Blut unschuldiger Menschen klebt am Saum deiner Kleider, das Blut armer Leute – und du kannst dich nicht damit herausreden, dass du sie beim Einbruch ertappt hast![f]

Der Fluch all dieser Taten wird dich treffen! 35 Und da wagst du noch zu sagen: ›Ich bin frei von Schuld; der HERR ist ja gar nicht mehr zornig auf mich!‹[g] Darum mache ich dir den Prozess!«

Kein Bündnis kann Juda retten

36 Warum hast du es so eilig, den Bündnispartner zu wechseln? Ägypten hilft dir so wenig wie Assyrien*! 37 Auch von dort kommst du enttäuscht und ratlos zurück! Denn der HERR hat die Mächte verworfen, auf die du deine Hoffnung setzt. Du wirst mit ihnen kein Glück haben![h]

Juda begreift nicht die Schwere seines Vergehens

3 Der HERR sagt: »Wenn ein Mann seine Frau verstoßen hat und sie ist die Frau eines anderen geworden, dann darf er sie später nicht wieder als

a Im Jahr 721 v.Chr. hatten die Assyrer das Nordreich Israel vernichtet, 701 auch Juda schwer verwüstet (2 Kön 18).
b Gegen die Assyrer sucht man Hilfe bei den Ägyptern, gerät dadurch aber nur von einer Sklaverei in die andere, aus der dann eine erneute Hinwendung nach Assyrien helfen soll. Ein heilloses Bündnis löst das andere ab, bei denen, die den ›Bund‹ mit Gott verraten haben (Vers 17-19).
c Wörtlich *der Herr, der HERR Zebaot**.
d Die Verehrung der kanaanitischen Fruchtbarkeitsgötter auf Hügeln und unter heiligen Bäumen wird von den Propheten als »Hurerei« bezeichnet; vgl. die Sacherklärung sowie die Sacherklärungen »Baal« und »Aschera«.
e Vielleicht ist das Hinnom-Tal gemeint; vgl. die Sacherklärung sowie 7,31 und die Vergleichsstellen dort.
f Dies würde nach Ex 22,1 als Entschuldigung gelten, so dass keine Mordanklage erhoben wird.
g Vorübergehende Beruhigung der Weltlage wurde gedeutet als ein Nachlassen des Zornes Gottes.
h Siehe Anmerkung zu Vers 16.

2,15 4,7 **2,18** 2,36-37; 17,5; Jes 30,1-7S; Ez 29,6-7; Hos 5,13S **2,20** (Hurerei = Götzendienst) 2,23-25; 3,1-2.6.9.13; 13,27; Jes 1,21; 57,5-8; Ez 16,23; Hos 1,2S **2,21** (Weinstock) 5,10; 6,9; 12,10; Ps 80,9S; Ez 15,1-8S; Hos 10,1 **2,22** 17,1S **2,23** 7,31 **2,27** 3,4S; 3,9 **2,28** 11,12-13; Dtn 32,37-38 **2,30** 5,3S **2,34** Ex 22,1 **2,36-37** 2,18S **3,1-2** 2,20S **3,1** Dtn 24,1-4

seine Frau annehmen. Das Land, in dem so etwas geschieht, würde dadurch entweiht.[a] Du aber hast dich mit zahllosen Liebhabern abgegeben und willst zu mir zurück? 2 Auf welchem der Berge ringsum hast du nicht schon mit Männern gelegen? An den Wegen hast du gesessen und auf sie gewartet, wie die Araber an den Wüstenstraßen auf Beute lauern.

Du hast das Land entweiht durch deine Hurerei*. 3 Darum fiel auch kein Regen*, im Herbst nicht und auch nicht im Frühjahr. Aber wie eine richtige Hure hast du dich geweigert, deine Schande einzugestehen. 4 Ja, du wagtest es sogar, mir zu sagen: ›Du bist mein Vater; solange ich lebe, liebst du mich schon; 5 du wirst mir doch nicht für immer böse sein?‹

Das sagtest du und bliebst bei deinem verkommenen Treiben und brachtest es darin zur Meisterschaft.«

Die beiden ehebrecherischen Schwestern

6 Während der Zeit, als König Joschija regierte, sagte der HERR zu mir: »Hast du gesehen, was Israel,[b] diese treulose Frau, getan hat? Sie hat sich von mir abgewandt, ist auf jede Anhöhe gestiegen und hat sich unter jeden grünen Baum gelegt, um Unzucht* zu treiben. 7 Da dachte ich: ›Wenn sie genug davon hat, kehrt sie bestimmt wieder zu mir zurück.‹ Aber sie kehrte nicht zurück.

Ihre treulose Schwester Juda sah das mit an 8 und sie sah° auch, wie ich ihrer Schwester Israel als Strafe für ihr ehebrecherisches Treiben die Scheidungsurkunde* gab und sie wegschickte.[c] Aber das schreckte sie nicht ab. Im Gegenteil, sie fing selber an, Unzucht zu treiben. 9 Durch ihre schamlose Hurerei hat sie das Land entweiht. Steine und Holz hat sie angebetet und so Ehebruch getrieben.

10 Und nach all dem ist Juda, die treulose Schwester Israels, nicht wieder zu mir zurückgekehrt – mit dem Herzen nicht, nur mit leeren Worten.« Das sagt der HERR.

Für die Verbannten aus dem Reich Israel steht die Rückkehr offen

11 Der HERR sagte zu mir: »Das abtrünnige Israel[d] kann noch eher vor mir bestehen als das treulose Juda.«

12 Deshalb befahl er mir, in Richtung Norden zu rufen: »Der HERR sagt: ›Kehre wieder zurück, Israel, ich will nicht mehr zornig auf dich sein! Denn ich bin gütig und trage nicht ewig nach. 13 Doch sieh ein, dass du dich schuldig gemacht hast. Du bist mir untreu geworden, mir dem HERRN, deinem Gott, und bist den fremden Göttern nachgelaufen; unter jedem grünen Baum hast du dich ihnen hingegeben. Aber auf mich hast du nicht mehr gehört.‹«

Hoffnung für Juda über die Katastrophe hinaus

14 Der HERR sagt: »Kommt zurück, ihr davongelaufenen Kinder, denn nach wie vor gehört ihr mir! Aus jeder eurer Städte und Sippen werde ich einen oder zwei nehmen und sie zum Zionsberg* bringen.[e] 15 Da werde ich euch Hirten geben, wie ich sie haben will, die euch mit Einsicht und Verstand regieren.«

16 Und weiter sagt der HERR: »Wenn ihr euch dann wieder vermehrt und das ganze Land besiedelt, wird kein Mensch mehr fragen: ›Wo ist die Bundeslade* des HERRN?‹ Keinem kommt sie mehr in den Sinn. Niemand denkt mehr an sie, niemand vermisst sie und niemand macht eine neue. 17 Denn ganz Jerusalem ist dann mein Thron. Alle Völker kommen und versammeln sich dort bei mir. Sie werden nicht mehr tun, was ihr eigensinniges und böses Herz ihnen eingibt.

18 Ihr Leute von Juda werdet euch dann den Leuten von Israel anschließen und zusammen mit ihnen aus dem Land im Norden* zurückkehren in das Land, das ich euren Vorfahren als bleibenden Besitz gegeben habe.«

Judas Undank und Untreue

19 Der HERR sagte: »Ich war entschlossen, dir eine Ehrenstellung unter den Völkern zu geben. Ein herrliches Land, das herrlichste, das die Völker kennen, sollte für immer dir gehören. Und ich dachte, du würdest mich Vater nennen und dich nie von mir abwenden. 20 Aber wie eine Frau, die einen Liebha-

a Vgl. dazu Dtn 24,1-4.
b Mit *Israel* ist hier und in den Versen 10 und 11 das Nordreich gemeint.
c 722 v. Chr. wurde Samaria von den Assyrern erobert. Wie Hosea und Ezechiël stellt auch Jeremia das Verhältnis Gottes zu seinem Volk als eine Ehe dar und bezeichnet die Hinwendung Israels zu fremden Göttern als ›Ehebruch‹ (Vers 9; vgl. 2,2; 3,20; 5,7; 13,22.26-27).
d Gemeint ist das damals schon untergegangene Nordreich Israel*, dessen Oberschicht nach Assyrien (Vers 12: *in Richtung Norden*) ins Exil* geführt worden war.
e Der Text kündigt für einen Rest der Leute aus Israel und Juda (Vers 18) eine heilvolle Zukunft nach der assyrischen bzw. babylonischen Verbannung an. Dann wird man die Bundeslade, die wahrscheinlich bei der Zerstörung des Tempels 587 v. Chr. vernichtet wurde, nicht mehr vermissen (Vers 16).

Das treulose Gottesvolk erlag immer wieder der Versuchung, sich an der Verehrung fremder Götter zu beteiligen. (Das Bild zeigt die Reste eines kanaanitischen Heiligtums in Megiddo.) Jeremia vergleicht dieses Verhalten mit Ehebruch und Hurerei: »Du hast dich mit zahllosen Liebhabern abgegeben… Auf welchem der Berge ringsum hast du nicht schon mit Männern gelegen?« (3,1-2)

3,2 3,9; 2,7; Jes 24,5 **3,3** 5,24-25; 14,4; Dtn 28,23-24 **3,4** 2,27; 3,19; 31,9; Jes 63,16 **3,6** 1,2S; 2,20S **3,8** 2Kön 17,5-6; Dtn 24,1 **3,9** 2,27S **3,11** 23,13-14 **3,12** Ps 103,9S; Klgl 3,31-32 **3,13** 2,20S; 17,2-3; 1Kön 14,23; 2Kön 16,4; 17,10; Ez 6,13 **3,15** 10,21S **3,16** 2Makk 2,5-7 **3,17** (Thron) 14,21; 17,12; Ez 43,7; Offb 22,3; (Völker) Jer 12,16; Jes 2,2-3S **3,18** 16,15; 50,4; Jes 11,11-12S; Ez 37,15-28; Sach 10,6 **3,19** 3,4S; Ez 20,6

ber findet und ihrem Mann untreu wird, so hast du,
Israel, mir die Treue gebrochen.«

Klage Judas und Gottes Aufruf zur Umkehr

21 Auf den kahlen Höhen der Berge hört man klagen-
de Stimmen. Die Leute von Israel weinen und flehen
um Erbarmen. Sie haben den HERRN, ihren Gott, ver-
gessen und sind vom rechten Weg abgeirrt. 22 Der
HERR aber sagt: »Kommt zu mir zurück, ihr davonge-
laufenen Kinder, ich bringe alles zwischen euch und
mir wieder in Ordnung!«

Ja, HERR, wir kommen zu dir zurück, denn du bist
unser Gott! 23 Das Rufen und Schreien zu den Götzen
auf den Bergen und Hügeln[a] kann uns nicht helfen;
nur du, unser Gott, bringst Israel Hilfe. 24 Der
schändliche Baal* hat alles gefressen, was unsere
Vorfahren erworben hatten. So weit wir zurückden-
ken können, frisst er unsere Schafe und Rinder und
unsere Söhne und Töchter.[b] 25 In Schande liegen wir
da und Schmach bedeckt uns. Wir haben uns gegen
dich, unseren Gott, vergangen. So war es von jeher
und so ist es bis heute geblieben. Wir haben nicht
auf dich gehört.

4 »Wenn du umkehrst, Israel, dann darfst du zu
mir zurückkommen; wenn du deine abscheuli-
chen Götzen wegschaffst, dann sollst du bei mir wie-
der Geborgenheit finden. 2 Wenn du beim Schwören
sagst: ›So gewiss der HERR lebt‹, und dabei ehrlich
und rechtschaffen bist und zu deinem Wort stehst,
dann werden auch die anderen Völker von mir
Glück und Segen erwarten und werden stolz sein,
mich zu kennen.«

3 Ja, dies sagt der HERR dem Volk von Juda und den
Bewohnern Jerusalems: »Pflügt den Acker völlig um,
statt unter die Dornen zu säen! 4 Beschneidet* euch
so, wie es mir gefällt, nämlich an euren Herzen.[c]
Schafft weg, was euch von mir trennt. Sonst kommt
mein Zorn über euch und brennt wie ein Feuer.
Dann hilft kein Löschen mehr; ihr habt zu viel Böses
getan!«

Jeremia sieht schon den Feind heranziehen

5 Blast überall im Land das Signalhorn, ruft aus vol-
lem Hals, sagt zu den Leuten von Juda und Jerusa-
lem: »Sammelt euch! Bringt euch in Sicherheit!
Auf, los! Hinein in die befestigten Städte! 6 Stellt
Wegweiser auf: ›Nach Zion*!‹ Vorwärts! Bleibt
nicht stehen!« Denn der HERR sagt: »Ich bringe
Tod und Verderben über euch, ich führe den Feind
aus dem Norden* herbei!«

7 Der Völkerwürger[d] hat sich aufgemacht. Wie ein
Löwe hat er sich von seinem Lager erhoben, er ist
unterwegs, eure Heimat zu einem Trümmerfeld zu
machen, eure Städte zu zerstören und zu entvölkern.
8 Darum zieht den Sack* an, klagt und heult: »Der
HERR ist immer noch[e] zornig auf uns!«

9 »Der Tag kommt«, sagt der HERR, »da vergeht
dem König und seinen Beratern der Mut. Die Pries-
ter* sind entsetzt und die Propheten* verstört.
10 Sie werden° klagen: ›Herr, unser Gott, du hast die-
ses Volk und Jerusalem schwer betrogen! Du hast
Frieden angekündigt, aber jetzt haben wir das
Schwert im Nacken.‹[f]

11 Dann werde ich zu diesem Volk und zu Jerusa-
lem sagen: ›Ein Glutwind stürzt sich von den Bergen
der Wüste auf euch herab, kein Wind, mit dessen
Hilfe ihr nach dem Dreschen die Spreu vom Getreide
trennen könnt;[g] 12 dazu ist er zu heftig! Ein Sturm ist
es und er kommt auf meinen Befehl; denn ich will
jetzt das Gerichtsurteil über euch sprechen.‹«

Gibt es noch Rettung?

13 Seht doch: Wie Wetterwolken kommen die Feinde
heran! Ihre Streitwagen* gleichen einem heranbrau-
senden Sturm, ihre Pferde sind schneller als Adler. Es
ist aus mit uns, wir sind verloren!

14 Jerusalem, wasche deine Bosheit von deinem
Herzen ab, damit du gerettet wirst! Wie lange willst
du dich noch mit bösen Gedanken abgeben?

15 Hört doch: Boten bringen schlechte Nachrich-
ten aus Dan und dem Bergland von Efraïm! 16 Sie war-
nen die Völker ringsum. Sie sagen zu Jerusalem:
»Feinde aus einem fernen Land sind im Anmarsch
und erheben gegen die Städte von Juda ihr Kriegsge-
schrei.«

17 Die Feinde umstellen Juda und Jerusalem wie
Männer, die ein Feld bewachen. Der HERR schickt
sie, weil dieses Volk sich gegen ihn aufgelehnt hat.
18 Euer Tun und Treiben hat euch dies eingebracht,
ihr Leute von Juda! Eure Bosheit hat euch in dieses
bittere Leid gestürzt. Sie ist das Schwert, das euch
das Herz durchbohrt.

Jeremia muss Vernichtung ankündigen

19 Diese Qual in meinen Eingeweiden! Ich winde
mich vor Schmerzen. Mein Herz klopft, dass es fast
zerspringt. Ich kann nicht mehr schweigen! Ich höre
Kriegshörner* und Schlachtrufe. 20 Von überall her
meldet man Niederlagen und Zerstörungen, das gan-
ze Land wird verwüstet. Plötzlich sind unsere Zelte
umgestürzt, die Zeltdecken zerfetzt. 21 Wie lange
muss ich noch die Feldzeichen der Feinde sehen
und das Dröhnen ihrer Kriegshörner hören?

22 Der HERR sagt: »Mein Volk ist dumm und ver-
bohrt. Sie kennen mich nicht, unverständig wie Kin-
der sind sie, ohne Einsicht. Sie wissen genau, wie

a Siehe Anmerkung zu 2,20.
b Vgl. 7,31 und Vergleichsstellen.
c Eine Forderung, die wiederholt bei Jeremia erhoben wird (Jer 9,24-25; siehe auch Dtn 10,16; 30,6) und aus der im Neuen Testament bestimmte Konsequenzen gezogen werden; vgl. 1 Kor 7,19 und die Vergleichsstellen dazu.
d Gemeint ist der Babylonierkönig Nebukadnezzar.
e Siehe Anmerkung zu 2,35.
f Die Führer des Volkes sind der Verkündigung falscher Propheten aufgesessen; vgl. 14,13.
g *mit dessen Hilfe …:* wörtlich *zum Worfeln**.

3,23 14,8; Jes 43,3S **3,24** 7,31 **3,25** Esra 9,6-7 **4,2** 5,2; 12,16; 44,26 **4,3** Hos 10,12 **4,4** Dtn 10,16 **4,5** 4,19.21; 6,1; 51,27; Hos 5,8 **4,6** 1,14S **4,7** 2,15; 5,6; 25,38; 49,19; 50,44 **4,10** 14,13 **4,14** Jes 1,16 **4,19** 4,5S

man Böses tut, aber wie man Gutes tut, geht über ihren Verstand.«

23 Ich sah die Erde an – ein wüstes Chaos! Ich blickte zum Himmel hinauf – da leuchtete kein Stern mehr! 24 Ich sah hinüber zu den Bergen – sie wankten, und alle Hügel bebten. 25 Ich sah nach den Menschen – da war keiner mehr; auch die Vögel waren fortgeflogen. 26 Ich sah nach dem fruchtbaren Land – es war zur Wüste geworden, alle Städte lagen in Trümmern, zerstört durch den glühenden Zorn des HERRN.

27 Denn der HERR sagt: »Das ganze Land soll zur Wüste werden – aber völlig vernichten will ich es nicht.«[a] 28 Auch wenn die Erde darüber klagt und der Himmel sich vor Trauer verfinstert: Der HERR hat es gesagt und nimmt es nicht zurück; er hat seinen Beschluss gefasst und dabei bleibt es.

29 Vor dem Lärm der Reiter und Bogenschützen sind alle Bewohner des Landes geflohen, sie haben sich in Höhlen verkrochen,° im Dickicht versteckt, sind auf Felsen geklettert. Alle Städte sind verlassen, kein Mensch wohnt mehr darin.

30 Und was machst du, Jerusalem? Du bist schon dem Untergang geweiht und putzt dich noch mit leuchtend roten Kleidern heraus, behängst dich mit Goldschmuck und bemalst dir die Augenränder?[b] Das wird dir nichts mehr nützen. Deine Liebhaber haben dich satt; sie wollen dir jetzt ans Leben!

31 Ich höre einen Schrei wie von einer Frau, die zum ersten Mal in Wehen liegt. Es ist die Stimme der Zionsstadt*. Sie ringt nach Atem und schreit, verzweifelt streckt sie die Hände aus: »Hilfe! Sie bringen mich um!«

Zwiegespräch zwischen Gott und dem Propheten

5 Der HERR sagt: »Geht doch durch die Straßen Jerusalems und macht eure Augen auf; seht euch auf allen Plätzen um! Wenn ihr dort nur einen Einzigen findet, der das Rechte tut und auf den man sich verlassen kann, dann werde ich die Schuld der ganzen Stadt vergeben.[c] 2 Aber wenn in Jerusalem jemand bei meinem Namen schwört, dann ist es bestimmt ein Meineid!«

3 Doch dir, HERR, kommt es auf Treue und Zuverlässigkeit an! Du hast dieses Volk geschlagen, aber es hat sich nichts daraus gemacht. Du hast es fast vernichtet, aber es wollte nicht daraus lernen. Sie blieben bei ihrem Starrsinn und weigerten sich, zu dir umzukehren.

4 Ich hatte gedacht: Gewiss sind nur die einfachen Leute so; die handeln verkehrt, weil sie nicht wissen, was der HERR von ihnen erwartet und was in seinen Augen recht ist. 5 Ich muss die Gebildeten ansprechen, sie werden es bestimmt wissen. Aber gerade sie haben Gott den Gehorsam aufgekündigt und sich von ihm losgerissen, als wären seine Gebote nur eine lästige Fessel.

6 Der HERR sagt: »Darum wird dieses Volk von seinen Feinden vernichtet! Sie fallen über es her wie der Löwe aus dem Dickicht, sie packen es wie der Wolf aus der Steppe. Wie der Leopard lauern sie vor seinen Städten; jeder, der herauskommt, wird zerrissen. Denn zahllos sind die Vergehen dieses Volkes, es zeigt mir nur noch den Rücken.«

Vergebung ist nicht mehr möglich

7 Der HERR sagt: »Warum sollte ich euch vergeben? Ihr habt mich verlassen und bei Göttern geschworen, die gar keine Götter sind. Ich habe euch satt gemacht, aber ihr habt mir die Treue gebrochen und eure Zeit im Hurenhaus zugebracht.°[d] 8 Wie feiste, geile Hengste seid ihr geworden: Jeder wiehert nach der Frau des anderen.

9 Sollte ich das hingehen lassen«, sagt der HERR, »sollte ich an einem solchen Volk nicht Vergeltung üben? 10 Also hinauf in den Weinberg! Verwüstet ihn! – Aber vernichtet ihn nicht ganz! – Reißt die Ranken ab; mir gehören sie nicht! 11 Denn die Leute von Israel und von Juda haben sich völlig von mir abgewandt.« Das sagt der HERR.

Selbstsicherheit fordert das Gericht heraus

12 Die Leute von Juda nehmen den HERRN nicht ernst. »Mit ihm braucht niemand zu rechnen«, sagen sie. »Krieg und Hungersnot wird es nicht geben; die ganze Katastrophe findet nicht statt. 13 Was die Propheten* verkündet haben, wird sich als Wind erweisen. Was sie angedroht haben, soll sie selbst treffen; denn Gott hat gar nicht zu ihnen gesprochen.«

14 Aber der HERR, der Gott der ganzen Welt,[e] hat zu mir gesagt: »Weil die Leute von Juda so reden, sorge ich dafür, dass die Worte, die ich dir auftrage, zu einem Feuersturm werden, und dieses Volk mache ich zum Brennholz; der Feuersturm soll es fressen!

15 Sag zu ihnen: ›Ich führe von fern her ein Volk gegen euch heran. Ihr kennt seine Sprache nicht und versteht nicht, was diese Leute sagen. Niemand kann es besiegen. Es ist ein uraltes Volk von unerschöpflicher Kraft. 16 Aus den Köchern seiner Krieger kommen Tod und Verderben; sie alle sind im Kampf erprobt. 17 Dieses Volk wird alles fressen: eure Ernte und eure Vorräte, eure Söhne und Töchter, eure Schafe und Rinder, eure Weinstöcke und Feigenbäume. Es wird die befestigten Städte, auf die ihr vertraut, zerstören und ihre Bewohner mit dem Schwert erschlagen.‹«

a Vgl. 30,11; ferner 3,14-18; 4,1-2.
b Jerusalem hat den Ernst der Lage noch nicht begriffen. Wie eine Hure macht es sich zurecht für den Empfang der nächsten Kundschaft. Im Hintergrund steht die Auffassung des Propheten, dass auch Jerusalems Bündnispolitik Untreue gegen Gott und ›Ehebruch‹ ist; vgl. Anmerkung zu 3,8.
c Die Vergebungsbereitschaft Gottes ist weit größer, als Menschen es zu erbitten wagen; vgl. Gen 18,20-32. Gesucht wird letztlich der eine, um dessentwillen Gott bereit wäre, alle Schuld zu vergeben und zu vergessen; vgl. Ez 22,30.
d Siehe Anmerkung zu 3,8. Die Hinwendung zu den Göttern Kanaans hatte die Zerrüttung der sittlichen Ordnung im Gefolge; vgl. 5,8; 2,34.
e Wörtlich *der HERR, Gott Zebaot**.

4,27 5,10.18; 30,11; 46,28 **4,30** 30,14; Ez 23,22 **5,1** Gen 18,20-32; Ps 14,2-3; Ez 22,30 **5,2** 4,2 **5,3** 2,30; 7,28; 8,5; 15,7; Am 4,6-11; Zef 3,2; Sach 7,11 **5,5** Mi 3,1 **5,6** 4,7S **5,7** 2,13S **5,9** 5,29; 9,8 **5,10** 2,21S; 4,27S **5,12** Ps 14,1S **5,14** 20,9; 23,29 **5,15** 6,22; Dtn 28,49; Jes 28,11

Die Strafe entspricht dem Vergehen

18 »Aber auch dann will ich mein Volk nicht völlig
vernichten«, sagte der HERR zu mir. 19 »Und wenn
sie dich fragen: ›Weshalb hat der HERR uns all das
angetan?‹, so antworte ihnen: ›In eurem eigenen
Land habt ihr den HERRN, euren Gott, verlassen
und fremden Göttern gedient, deshalb dient nun
auch fremden Menschen in einem Land, das nicht
euch gehört.‹«

Ein unbelehrbares Volk

20 Der HERR sagte zu mir: »Verkünde den Nachkom-
men Jakobs, dem Volk von Juda: 21 ›Hört, was der
HERR sagt, ihr Leute ohne Einsicht und Verstand,
mit Augen, die nicht sehen, mit Ohren, die nicht
hören![a] 22 Wollt ihr mich nicht endlich ernst neh-
men? Wollt ihr nicht zittern und beben vor mir?

Ich habe dem Meer eine Grenze gesetzt, die es nie überschreiten kann. Einen Sandwall habe ich darum gelegt und alles Toben und Schäumen hilft ihm nichts; es kommt nicht darüber hinaus.

23 Doch ihr wollt nicht begreifen, ihr sperrt euch
gegen jede Einsicht. Ihr habt euch von mir abge-
wandt und seid davongelaufen. 24 Ihr dachtet nicht
daran, zu sagen: Wir wollen den HERRN, unseren
Gott, ehren, er schickt uns ja den Regen*, im Herbst
wie im Frühjahr, und sorgt dafür, dass das Korn auf
den Feldern zu seiner Zeit reif wird.

25 Um diesen Segen habt ihr euch durch eure Ver-
gehen gebracht; Dürre und Missernte sind die Fol-
gen eurer Schuld!‹«[b]

Skrupellose Jagd nach Bereicherung

26 Der HERR sagt: »In meinem Volk gibt es skrupellose
Leute. Wie Vogelfänger sich ducken und darauf lau-
ern, dass ihnen Vögel in die Netze gehen, so haben
sie Fallen gestellt, um Menschen zu fangen. 27 Wie
der Käfig des Vogelfängers voll ist von gefangenen
Vögeln, so sind ihre Häuser voll von unrecht erwor-
benem Gut.

Auf diese Weise sind sie groß und reich geworden,
28 dick und fett sind sie. Ihre Rücksichtslosigkeit
kennt keine Grenzen. Das Recht ist bei ihnen in
schlechten Händen: Sie setzen sich nicht für die Wai-
sen ein und verhelfen den Armen nicht zu dem, was
ihnen zusteht. 29 Und all das sollte ich hingehen las-
sen? Muss ich an einem solchen Volk nicht Vergel-
tung üben?«

Die Schuld der Propheten und Priester

30 Der HERR sagt: »Was in diesem Land geschieht, ist
unglaublich und empörend: 31 Die Propheten* reden
Lug und Trug, die Priester* suchen nur den eigenen
Vorteil,° und mein Volk hat es gerne so. Was aber
wollt ihr machen, wenn das Ende da ist?«

Jerusalem am Rand der Katastrophe

6 Flieht aus Jerusalem, ihr Leute von Benjamin![c]
In Tekoa blast das Signalhorn, gebt Rauchzei-
chen auf dem Berg von Bet-Kerem! Denn von Nor-
den* her naht Verderben und Untergang!

»Von Norden her naht Verderben und Untergang!« Der Prophet sieht schon die Babylonier im Anmarsch auf Jerusalem (6,1-8). Im Bild assyrische Bogenschützen hinter einem Schutzschild vor einer belagerten Stadt.

a Ein Thema, das im Alten Testament immer wieder auftaucht und auch im Neuen noch aktuell ist; vgl. 4,22; Jes 6,9-10; Mk 8,18.

b Die Worte 5,20-25 sind offenbar in einer Zeit gesprochen, in der es wegen mangelnden Regens (vgl. dazu Seite 276 NT) zu Missernten gekommen war; vgl. auch 3,3; 14,22; Dtn 11,14; Sach 10,1.

c Jeremia fordert seine Landsleute (vgl. 1,1), die sich zunächst hinter den Mauern Jerusalems in Sicherheit gebracht hatten (4,5-6), auf, die Stadt zu verlassen. Horn- und Rauchsignale sollen den weiteren Fluchtweg weisen: nach Süden, in die Schluchten und Höhlen des Gebirges Juda (zu Tekoa siehe Karte Seite 443).

5,18 4,27S **5,19** 16,10; 22,8; Dtn 29,23 **5,21** 4,22; Jes 6,9-10S; Mk 8,18 **5,22b** Ijob 38,8-11S **5,24-25** 3,3S; 14,22; Dtn 11,14; Sach 10,1 **5,26** Ps 10,9; Spr 1,11 **5,28** Ps 73,7 **5,29** 5,9S **5,30** 18,13; 23,14 **5,31** 2,8S **6,1** 4,5S; 1,14S

2 Jerusalem, du schöne, wohl behütete Stadt, jetzt ist dein Ende da! 3 Völkerhirten kommen zu dir mit ihren Herden,[a] sie schlagen rings um dich ihre Zelte auf. Jeder weidet seinen Teil ab und dann heißt es: 4 »Auf jetzt zum Kampf gegen die Stadt! Noch am Mittag schlagen wir los!« – »Zu spät! Die Zeit reicht nicht aus, es wird ja bald dunkel!« – 5 »Dann greifen wir eben bei Nacht an. Wir zerstören die Paläste Jerusalems!«

6 Der Herr, der Herrscher der Welt,[b] hat den Feinden befohlen: »Fällt die Bäume rings um die Stadt[c] und treibt eine Angriffsrampe* gegen sie vor; denn in ihr gibt es nichts als brutale Unterdrückung. Sie hat ihre Strafe verdient. 7 Wie aus einem Brunnen immer neues Wasser quillt, so bringt sie stets neue Bosheit hervor. Überall hört man nur von Gewalt und Misshandlung. Vor meinen Augen wird pausenlos geschlagen und gequält.

8 Jerusalem, lass dich doch warnen, sonst kehre ich dir den Rücken! Ich mache dich zur Wüste, zu einem Land, in dem niemand mehr wohnt!«

Das Maß ist voll

9 Der Herr, der Herrscher der Welt, sagte zu mir: »Wie man am Weinstock Nachlese hält, so soll auch an dem, was von Israel übrig geblieben ist, noch eine Nachlese gehalten werden. Wie die Hand des Winzers noch einmal alle Reben durchgeht, so wende auch du dich noch einmal diesem Volk zu!«

10 Ich aber sagte: »Wen soll ich denn noch ansprechen, wem ins Gewissen reden? Wer hört denn? Ihre Ohren sind zugewachsen,[d] sie können gar nicht hören! Was du mich ihnen sagen lässt, empfinden sie als Beschimpfung und ärgern sich darüber. 11 Dein Zorn ist auf mich übergesprungen; ich schaffe es nicht länger, ihn zurückzuhalten!«

Da sagte der Herr zu mir: »Dann gieß meinen Zorn über sie aus, sogar über die Kinder auf der Straße und die Heranwachsenden! Sag ihnen: Alle wandern in die Verbannung, Männer wie Frauen, auch die Alten und Hochbetagten! 12 Ihre Häuser und Äcker nehmen andere in Besitz; ihre Frauen werden eine Beute der Fremden. Denn ich erhebe meine Hand zum Schlag gegen die Bewohner dieses Landes«, sagt der Herr.

13 »Vornehme wie Geringe sind darauf aus, sich zu bereichern. Propheten* wie Priester* täuschen das Volk: 14 Sie tun so, als wären die Wunden meines Volkes nur leichte Schrammen. ›Alles steht gut‹, sagen sie, ›alles ist in Ordnung.‹

Aber nichts steht gut, nichts ist in Ordnung! 15 Sie müssten sich schämen wegen ihres schändlichen Treibens. Aber sie denken nicht daran; sie wissen gar nicht, was Schämen ist. Deshalb werden sie untergehen, zusammen mit allen anderen in Israel. Wenn ich komme und sie bestrafe, ist es aus mit ihnen.« Das sagt der Herr.

Die Folge der Halsstarrigkeit

16 Der Herr sagt: »Ich habe mein Volk gemahnt: ›Haltet an auf dem Weg, den ihr geht; seht euch um und fragt, wie es euren Vorfahren ergangen ist! Dann wählt den richtigen Weg und folgt ihm, so wird euer Leben Erfüllung finden!‹ Aber sie sagten: ›Wir wollen nicht.‹

17 Ich gab ihnen immer wieder Wächter, ich sagte zu ihnen: ›Achtet darauf, wenn sie das Alarmhorn* blasen!‹ Aber sie sagten: ›Das tun wir nicht.‹

18 Darum hört, ihr Völker, und gebt gut Acht,° was jetzt mit ihnen geschieht! 19 Die ganze Welt soll es hören: Ich bringe Unglück über dieses Volk; es ist die Folge ihrer eigenen Pläne. Meine Weisungen und Warnungen haben sie in den Wind geschlagen. 20 Was soll ich mit dem Weihrauch* aus Saba und den teuren Gewürzen aus irgendeinem fernen Land? Ich halte nichts von ihren Brandopfern*; mit ihren Mahlopfern* machen sie mir keine Freude! 21 Darum sage ich, der Herr: Ich lege diesem Volk jetzt Hindernisse in den Weg, es soll darüber stolpern und stürzen. Alle werden umkommen: Väter und Söhne, Nachbarn und Freunde.«

Der Feind aus dem Norden

22 Der Herr sagt: »Gebt Acht, ein großes Volk kommt aus seinem Land im fernen Norden, vom Ende der Erde macht es sich auf. 23 Seine Krieger kämpfen mit Bogen und Krummschwert, sie sind grausam und kennen kein Erbarmen. Auf Pferden reiten sie heran; es dröhnt wie das Tosen der Meeresbrandung. Sie sind bereit zum Angriff – zum Angriff auf dich, du Zionsstadt*!«

24 Die Bewohner Jerusalems sagen: »Wir haben gehört, was uns droht, und die Hände sind uns herabgesunken. Angst hat uns gepackt; es geht uns wie einer Frau, die von den Wehen überfallen wird.«

Der Herr sagte zu Jeremia: »Ich gab dir den Auftrag, mein Volk unnachgiebig zu prüfen … so wie Metalle geprüft werden.« (6,27)

a Nebukadnezzar mit seinen Verbündeten.
b Wörtlich *Der Herr Zebaot**; ebenso in Vers 9.
c Gott feuert die Feinde zu besonderer Rücksichtslosigkeit an; vgl. Dtn 20,19-20.
d *zugewachsen:* wörtlich *unbeschnitten;* vgl. 9,25.

6,3 4,17; 12,10; 25,34-36 **6,9** 2,21-22 S **6,12-15** 8,10-12 **6,14** 23,17; Ez 13,10; Mi 2,11 **6,16** 18,15; Ps 25,4 S; Mt 11,29 **6,17** Ez 3,17-21; 33,1-9 **6,19** 2,19 **6,20** 7,21-23; 14,12; Jes 1,10-20 S **6,22-24** 50,41-43 **6,22** 1,14 S; 5,15 S

25 »Geht ja nicht aufs Feld!«, rufen sie einander zu.
»Nur weg von der Straße! Die Feinde bringen euch
um! Schrecken überall!«[a]
26 Du, mein Volk,[b] zieh den Sack* an und wälze
dich in Asche! Stimm die Totenklage* an, so ver-
zweifelt wie beim Tod des einzigen Sohnes; denn
plötzlich ist der Feind da, der alles verwüstet!

Hartes Eisen und wertloses Silber

27 Der HERR sagte zu mir: »Ich gab dir den Auftrag,
mein Volk unnachgiebig[c] zu prüfen und über sein
Tun und Treiben ein Urteil zu fällen. Du solltest
die Menschen prüfen, so wie Metalle geprüft
werden.«
28 Das tat ich auch und ich bin zu dem Urteil
gekommen:[d] Dieses Volk ist hart wie Bronze und
Eisen. Alle sind sie Rebellen, Verleumder und Ver-
brecher!
29 Der Blasebalg fauchte, aber nichts kam aus dem
Ofen heraus. Alle Mühe war vergeblich: Das Blei ließ
sich nicht ausscheiden; reines Silber war nicht zu
gewinnen.[e] 30 »Wertloses Silber« werden sie das Volk
Israel nun nennen, denn der HERR hat es als wertlos
weggeworfen.

Gegen das falsche Vertrauen auf den Tempel

7 Das Wort des HERRN erging an Jeremia; er sagte
zu ihm: 2 »Geh, stell dich an den Eingang des
Tempels* und rufe: ›Hört zu, ihr Leute von Juda!
Hört alle her, die ihr durch diese Tore in den Tempel
geht, um den HERRN anzubeten! 3 So spricht der Gott
Israels, der Herrscher der Welt:[f] Ändert euer Leben
und Tun! Dann dürft ihr hier wohnen bleiben.[g]
4 Glaubt nicht, dass es euch etwas hilft, wenn ihr
ständig wiederholt: Dies ist der Tempel des HERRN,
dies ist der Tempel des HERRN, hier wohnt der HERR!
Damit betrügt ihr euch selbst!
5 Nein, ihr müsst euer Leben und Tun gründlich
ändern! Geht gerecht miteinander um; 6 nutzt nicht
Fremde, Waisen und Witwen aus; vergießt nicht das
Blut unschuldiger Menschen! Lauft nicht den frem-
den Göttern nach, die euch ins Unglück bringen!
7 Nur dann könnt ihr hier wohnen bleiben, in dem
Land, das ich euren Vorfahren als Erbbesitz* gege-
ben habe.
8 Seht doch ein, dass ihr euch selbst betrügt! 9 Ihr
stehlt und mordet, brecht die Ehe, schwört Meinei-
de, bringt dem Baal* eure Opfergaben* und verehrt
fremde Götter, die euch nichts angehen. 10 Und dann
kommt ihr und stellt euch hier in meinem Haus vor
mich hin und sagt: Uns kann nichts geschehen!
Dabei tut ihr weiterhin alles, was ich verabscheue.
11 Ist denn dieses Haus, das doch mein Eigentum ist,
in euren Augen ein Versteck für Räuber geworden?[h]
Gut, dann werde auch ich es so ansehen. Das sage
ich, der HERR.
12 Geht doch nach Schilo*, wo ich früher meinen
Tempel hatte, die Wohnstätte meines Namens![i] Seht
euch an, wie ich ihn verwüstet habe, weil die Leute
von Israel so viel Böses taten. 13 Ihr selbst treibt es
genauso schlimm. Dafür ziehe ich euch jetzt zur
Rechenschaft, ich, der HERR. Sooft ich auch zu euch
sprach – ihr habt nicht hingehört; wenn ich rief,
habt ihr nicht geantwortet.
14 Darum will ich jetzt mit dem Haus, das mein
Eigentum ist und auf das ihr euer Vertrauen setzt,
verfahren wie mit Schilo. Ich werde diesen Tempel,
in dem ich euch und euren Vorfahren nahe sein
wollte, genauso dem Erdboden gleichmachen.
15 Und euch will ich nicht mehr sehen; darum versto-
ße ich euch, wie ich euer Brudervolk, die Leute von
Efraïm*, verstoßen habe.‹«[j]

Jeremia darf nicht für sein Volk beten

16 »Du aber, Jeremia, hör auf, für dieses Volk zu
beten! Versuche nicht, bei mir für sie einzutreten,
dringe nicht in mich! Ich werde nicht auf dich hören.
17 Sieh doch selbst, wie sie es in den Städten in Juda
und auf den Straßen Jerusalems treiben! 18 Die Kinder
sammeln Brennholz, die Männer zünden Feuer an
und die Frauen kneten Teig und backen Kuchen
als Opfer für die Himmelskönigin*. Außerdem brin-
gen sie anderen Göttern Wein als Trankopfer* dar.
Das alles tun sie mir zum Trotz.
19 Aber bilden sie sich denn ein«, sagte der HERR,
»dass sie *mir* damit etwas antun? Sie schaden ja
nur sich selbst! Sie werden es noch erleben, wie
Unglück und Schande über sie kommen.«
20 Der HERR, der mächtige Gott, hat sein Urteil
gefällt, er sagt: »Ich gieße meinen Zorn über diesen
Tempel* aus. Er trifft die Menschen und die Tiere,
die Bäume und die Ernte auf dem Feld. Er brennt
wie ein Feuer, das niemand löschen kann.«

Ein Volk, das nicht hört

21 Der HERR, der Herrscher der Welt,[k] der Gott Israels,
sagt: »Warum verbrennt ihr mir Tiere als Brandop-
fer*? Tut sie zu den anderen dazu, die ihr für das
Opfermahl* schlachtet, esst das Fleisch doch auf![l]
22 Als ich eure Vorfahren aus Ägypten herausführte,
habe ich ihnen nicht befohlen, mir Brand- oder
Mahlopfer darzubringen. 23 Aber das habe ich zu
ihnen gesagt: ›Gehorcht mir und lebt nach den
Geboten, die ich euch gebe.[m] Dann wird es euch
gut gehen: Ich will euer Gott sein und ihr sollt mein
Volk sein.‹

a Siehe Anmerkung zu 20,3.
b Wörtlich *Du Tochter mein Volk.*
c *unnachgiebig:* wörtlich *(wie) eine Festung.*
d *Das tat ich …:* verdeutlichender Zusatz.
e Siehe Sacherklärung »Schlacke«.
f *der Herrscher der Welt:* wörtlich *der HERR Zebaot*.*
g Eine griechische Übersetzung und die lateinische Vulgata verstehen H im Sinn von *Dann werde ich hier bei euch wohnen bleiben.*
h Das Wort wird in Mk 11,17 im Munde Jesu wieder begegnen.
i *Wohnstätte …:* siehe Anmerkung zu Dtn 12,5. Das Heiligtum von Schilo (vgl. 1 Sam 1,3 und Vergleichsstellen dazu) war um 1050 v. Chr. (wahrscheinlich von den Philistern) zerstört worden.
j Eine andere Überlieferung über die Rede Jeremias im Tempel liegt in 26,1-6 vor. Dort wird auch berichtet, welche Folgen sein Auftreten für ihn hatte.
k Wörtlich *Der HERR Zebaot*.*
l Da Opfer, die nicht Ausdruck wirklichen Gehorsams sind, vor Gott keinen Wert haben, sollte man sich wenigstens die Brandopfer sparen, damit das Fleisch nicht sinnlos verbrannt wird!
m Die Opfergesetze hatten demnach nicht dasselbe Alter und Gewicht wie die religiös-sittlichen Weisungen. Auch Jesus wird Bestimmungen des Mose-Gesetzes außer Kraft setzen mit der Begründung »ursprünglich war es nicht so« (Mt 19,8).

6,25 20,3.10; 46,5; 49,29 **6,26** Am 8,10; Sach 12,10 **6,27-30** Ez 22,17-22 **6,28** 7,26 **6,29** Jes 1,25 S; Jer 17,1 S **7,3** 18,11 S; 26,13 **7,4** Ps 76,3 S **7,5-7** 22,3.17; Ex 22,20 S; 22,21 S; Dtn 19,10 **7,9** Hos 4,2; Ex 20,13-17; Jer 25,6 S **7,11** Mk 11,17 par **7,12** 26,9; Jos 18,1 S **7,13** 6,10; 7,25-26; 11,8; 13,10; 25,3; 26,5; 29,19; 35,14; 37,2 **7,15** 2 Kön 17,7-18 **7,16** 11,14; 14,11; 15,1 S; 18,20; 37,3-5; Gen 18,16-33; 20,7; 1 Kön 13,6; 2 Kön 19,4; Am 7,2.5 **7,17-18** 19,13; 44,17-19; Dtn 4,19 S **7,21-23** 6,20 S **7,22** Am 5,25 **7,23** 30,22 S; Ex 19,5; Lev 26,12; Dtn 26,17; Ez 11,20 S; Hos 2,25 S; Lev 18,5 S; Dtn 6,3

[24] Aber sie hörten nicht auf mich, sondern taten, was ihr böses und eigensinniges Herz ihnen eingab. Sie wandten sich von mir ab und kehrten mir den Rücken. [25] So war es schon damals, als ich eure Vorfahren aus Ägypten führte, und so ist es geblieben bis auf den heutigen Tag. Immer von neuem schickte ich euch meine Diener, die Propheten*; [26] aber niemand von euch kümmerte sich darum, niemand hörte auf mich. Ihr seid starrsinnig geblieben und habt es noch schlimmer getrieben als eure Vorfahren.

[27] Und du, Jeremia, wirst ihnen dies alles vorhalten, aber sie werden nicht auf dich hören; du wirst sie rufen und keine Antwort bekommen. [28] Dann sollst du ihnen sagen: ›Ihr seid das Volk, das auf den HERRN, seinen Gott, nicht gehört hat. Von Treue ist bei euch keine Rede mehr, gestorben ist sie!‹«

Tal des Mordens, Tal der Toten

[29] Ihr Leute von Jerusalem, schneidet euer Haar ab und werft es weg! Stimmt Trauerlieder an auf den kahlen Höhen! Der HERR empfindet für euch nur noch Zorn. Er hat euch fallen lassen und will von euch nichts mehr wissen.

[30] »So ist es«, sagt der HERR, »die Leute von Juda haben getan, was mich beleidigt. Sie haben ihre abscheulichen Götzenbilder im Tempel* aufgestellt und dadurch das Haus geschändet, das mein Eigentum ist. [31] Im Hinnom-Tal bauten sie die Opferstätte Tofet*, um dort ihre Söhne und Töchter als Opfer zu verbrennen. Das habe ich nicht befohlen; es ist mir auch nie in den Sinn gekommen, so etwas von ihnen zu verlangen.

[32] Deshalb ist der Tag nicht fern, an dem dieser Ort nicht mehr Tofet genannt wird oder Hinnom-Tal, sondern Mordtal. Sie werden dort die Toten begraben, weil es sonst nirgends mehr Platz dafür gibt. [33] Geier und Schakale werden sich über die Leichen dieses Volkes hermachen und niemand wird sie verscheuchen.

[34] Ich mache allem Jubel und aller Freude in den Städten von Juda und auf den Straßen Jerusalems ein Ende; den Jubelruf von Bräutigam und Braut wird man dort nicht mehr hören, denn das Land wird ein einziges Trümmerfeld sein.«

Die Gräber Jerusalems werden geschändet

8 »Wenn das geschieht«, sagt der HERR, »wird der Feind die Gebeine der Könige von Juda und ihrer hohen Beamten, die Gebeine der Priester* und der Propheten* und aller Bewohner Jerusalems aus ihren Gräbern holen. [2] Sie werden zerstreut umherliegen vor der Sonne, dem Mond und dem Sternenheer, vor den Göttern, die sie liebten und anbeteten, denen sie Opfer* darbrachten, bei denen sie Weisung suchten und nach denen sie ihr Leben ausrichteten. Niemand wird die Gebeine sammeln, um sie wieder ins Grab zu legen. Sie werden zerfallen und zum Dünger für die Äcker werden.«

Sterben ist besser als Überleben

[3] Der HERR, der Herrscher der Welt,[a] sagt: »Die Menschen, die ich übrig lasse von dieser bösen Generation, werde ich überallhin vertreiben und an jedem Ort werden sie lieber sterben wollen als leben.«

Beispiellose Halsstarrigkeit

[4] »Sag zu ihnen: ›So spricht der HERR: Wenn jemand hinfällt, steht er dann nicht schnell wieder auf? Wenn jemand vom Weg abkommt, kehrt er nicht gleich wieder um? [5] Warum bleibt Jerusalem bei seinen falschen Göttern und weigert sich, zu mir zurückzukehren?

[6] Ich habe genau gehört, was sie reden. Sie haben ihren Irrtum nicht erkannt. Niemand bereut seine Schlechtigkeit, niemand fragt sich: Was habe ich getan? Alle rennen auf ihrem Irrweg weiter wie Pferde, die sich in die Schlacht stürzen.

[7] Alle Zugvögel kennen ihre Ordnung und gehen und kommen zu der Zeit, die ich ihnen bestimmt habe: der Storch, die Taube, die Schwalbe, die Drossel. Nur mein Volk hält sich nicht an die Ordnungen, die ich ihm gegeben habe.‹«

Warnung an das verführte Volk und an seine Verführer

[8] Der HERR sagt: »Wie könnt ihr behaupten: ›Wir wissen Bescheid, wir haben doch das Gesetz* des HERRN‹?

Gewiss, ihr habt es, aber es ist durch seine Ausleger völlig verfälscht worden! [9] Diese Leute, die sich für weise halten, werden bestürzt und sprachlos dastehen, wenn das Unheil sie trifft und sie gefangen weggeführt werden. Sie haben mein Wort verachtet, und da wollen sie auf Weisheit* Anspruch erheben?[b]

[10] Ihre Frauen und ihre Äcker nehme ich ihnen weg und gebe sie anderen. Denn Vornehme wie Geringe sind darauf aus, sich zu bereichern. Propheten* wie Priester* täuschen das Volk: [11] Sie tun so, als wären die Wunden meines Volkes nur leichte Schrammen. ›Alles steht gut‹, sagen sie, ›alles ist in Ordnung.‹

Aber nichts steht gut, nichts ist in Ordnung! [12] Sie müssten sich schämen wegen ihres schändlichen Treibens. Aber sie denken nicht daran; sie wissen gar nicht, was Schämen ist. Deshalb werden sie untergehen, zusammen mit allen anderen in Israel. Wenn ich komme und sie bestrafe, ist es aus mit ihnen.« Das sagt der HERR.

a Wörtlich *Der HERR Zebaot**.
b Gottes Gesetz kann man mit haarspalterischer Genauigkeit auslegen und dennoch oder gerade dadurch den eigentlichen Willen Gottes verfehlen. Man kann sich auch unter Rückzug auf das geschriebene Gesetz dem Anspruch des lebendig ergehenden Prophetenwortes entziehen. Solches Verhalten führte auch zu den Auseinandersetzungen zwischen Jesus und den Gesetzeslehrern seiner Zeit.

7,24 9,13; 11,8; 16,12; 18,12 **7,25-26** 7,13S; 25,4S **7,26** 7,13S; 17,23; 19,15 **7,28** 5,3S **7,30** 32,34; Ez 8,5.10 **7,31** 3,24; 19,5-6; Lev 18,21S **7,34** 16,9; 25,10; 33,10-11; Bar 2,23; Offb 18,23 **8,1-2** Bar 2,24-25 **8,2** 19,13; Dtn 4,19S **8,5** 5,3S **8,10-12** 6,12-15

Keine falschen Hoffnungen!

13 »Will ich bei meinem Volk ernten«,[a] sagt der HERR, »so ist keine Traube und keine Feige zu finden und das Laub ist verwelkt. Darum habe ich dieses Volk aufgegeben; sollen die Fremden es doch zertreten!«

14 Die Leute in Juda sagen: »Was sitzen wir hier noch herum? Auf, los! Hinein in die befestigten Städte – auch wenn wir unser Leben dadurch nicht retten! Denn der HERR, unser Gott, hat unseren Tod beschlossen; er gibt uns vergiftetes Wasser zu trinken, weil wir vor ihm schuldig geworden sind. 15 Wir warteten darauf, dass sich alles noch zum Guten wenden würde, aber es kam nichts Gutes. Wir hofften auf eine Zeit, in der alle Wunden verheilen würden, aber nichts als Entsetzen ist gekommen: 16 Die Feinde stehen schon bei der Stadt Dan. Das Schnauben ihrer Pferde dringt bis zu uns herüber, von ihrem Wiehern zittert das Land. Sie kommen und werden alles vernichten: das offene Land und was darauf wächst, die Städte und ihre Bewohner.«

17 »Ja«, sagt der HERR, »ich lasse Giftschlangen auf euch los, gegen die keine Beschwörung hilft, und sie werden euch beißen!«

Jeremia leidet mit seinem Volk

18 Mein heiteres Gesicht verbirgt meinen Kummer. Er lastet auf mir und macht mich krank. 19 Aus dem ganzen Land höre ich mein Volk verzweifelt schreien: »Ist denn der HERR nicht mehr auf dem Zionsberg*? Wohnt unser König nicht mehr dort?«

Doch der HERR antwortet: »Warum haben sie mich mit ihren Götterbildern erzürnt, den fremden Götzen, die ihnen nichts helfen?«

20 Das Volk klagt: »Die Ernte ist vorüber, der Herbst vorbei und es ist keine Hilfe gekommen.«

21 Weil mein Volk zusammengebrochen ist, ist mein Herz zerbrochen. Trauer und Verzweiflung drücken mich nieder. 22 Gibt es denn in Gilead[b] keine Salbe mehr und ist dort kein Arzt zu finden? Gibt es für mein Volk[c] keine Heilung? Die Wunde will sich nicht schließen. 23 Wäre doch mein Kopf ein Brunnen, wären meine Augen Tränenquellen! Dann könnte ich Tag und Nacht weinen über die vielen aus meinem Volk, die erschlagen wurden!

Ein Volk, das Gott bestrafen muss

9 Wüsste ich nur einen Platz in der Wüste, eine Herberge für durchreisende Karawanen! Dann würde ich wegziehen von meinem Volk, ich würde es verlassen. Denn es ist eine Bande von Abtrünnigen; alle haben dem HERRN die Treue gebrochen.

2 »Ihre Zunge ist wie ein schussbereiter Bogen«, sagt der HERR. »Lüge ist Trumpf, die Wahrheit unterliegt. Sie begehen Verbrechen über Verbrechen; von mir wollen sie nichts wissen.

3 Darum seid auf der Hut vor euren Freunden und traut selbst eurem Bruder nicht! Denn der Bruder ist auch nicht besser als Jakob und betrügt euch bestimmt[d] und die Freunde reden nur schlecht über euch. 4 Jeder betrügt jeden, niemand sagt die Wahrheit. Sie sind Meister im Lügen und so ins Böse verstrickt, dass sie sich nicht mehr daraus lösen können. 5 Unterdrückung folgt auf Unterdrückung, Betrug auf Betrug.° Sie wollen mich nicht kennen.«

6 Deshalb sagt der HERR, der Herrscher der Welt:[e] »Wie Metall im Feuer geschmolzen und gereinigt wird, so werde ich mein Volk durch das Feuer des Gerichts schicken. Es bleibt mir nichts anderes übrig. 7 Ihre Worte sind wie tödliche Pfeile. Hinterhältig reden sie miteinander, täuschen Freundschaft und Wohlwollen vor, aber insgeheim stellen sie sich gegenseitig Fallen. 8 Sollte ich ein solches Volk nicht bestrafen«, sagt der HERR, »sollte ich an ihm nicht Vergeltung üben?«

Totenklage über Juda und Jerusalem

9 Ich will weinen über das Bergland, die Totenklage* singen über die Weideplätze in der Steppe; denn alles ist verbrannt und verwüstet. Kein Mensch ist mehr unterwegs, das Blöken der Herden ist verstummt, selbst die Vögel und wilden Tiere sind geflohen und lassen sich nicht mehr sehen.[f] 10 Der HERR sagt: »Jerusalem mache ich zum Trümmerhaufen, in dem die Schakale hausen. Die Städte in Juda mache ich zu Wüsten, in denen niemand mehr wohnt.«

11 Warum ist es so weit gekommen? Warum wird das Land verbrannt und verwüstet, sodass kein Mensch mehr hindurchzieht? Gibt es einen Weisen*, der das erklären kann, einen Propheten*, dem der HERR es offenbart hat und der es uns sagen kann?

12 Der HERR selbst gibt darauf die Antwort: »Sie halten sich nicht an meine Weisung, sie hören nicht auf das, was ich sage. 13 Vielmehr tun sie, was ihr böses und eigensinniges Herz ihnen eingibt: Sie laufen den Baalen* nach, wie sie es von ihren Vorfahren gelernt haben.

14 Darum sage ich, der Herrscher der Welt, der Gott Israels: ›Ich werde diesem Volk bittere Kost zu essen geben und Gift zu trinken. 15 Ich treibe sie fort zu fremden Völkern, von denen weder sie noch ihre Vorfahren etwas wussten; ich lasse Kriege gegen sie wüten, bis nichts mehr von ihnen übrig ist.‹

16 Darum sage ich, der Herrscher der Welt: ›Begreift, was die Stunde geschlagen hat: Ruft die

a Deutung unsicher.
b Das ostjordanische Bergland *Gilead** war offenbar bekannt für seine Heilkräuter und seine pharmazeutisch-ärztliche Kunst; vgl. 46,11.
c *mein Volk:* wörtlich *die Tochter mein Volk.*
d Wortspiel zwischen *Jakob* und *betrügen*; vgl. Anmerkung zu Gen 25,26.
e Wörtlich *der HERR Zebaot**; entsprechend in den Versen 14 und 16.
f Der Vers blickt auf die schon erfolgte Räumung der ländlichen Gebiete zurück. Bald werden auch Jerusalem und die anderen Städte Judas von den Feinden erobert und zerstört sein (Vers 10). Das ist so gewiss, dass man jetzt schon die Totenklage anstimmen kann (Verse 16-20).

8,13 Mk 11,12-14 par **8,14** 4,5; 9,14; 23,15 **8,15** 14,19 **8,17** Num 21,6 **8,22** 10,19S; 30,17; 33,6; 46,11 **8,23** 13,17; 14,17; 2 Kön 8,11-12; Jes 22,4; Klgl 3,48; Lk 19,41 **9,3** 12,6; Mi 7,5-6; Gen 25,26S; 27,36 **9,6** Jes 48,10S **9,7** Ps 12,3; 57,5 **9,8** 5,9 **9,10** 26,18 **9,13** 7,24S **9,14** 8,14S

Klagefrauen! Holt die Frauen herbei, die sich aufs
Weinen und Klagen verstehen!‹«[a]
17 Ja, schnellstens sollen sie kommen und über uns
das Klagelied anstimmen, damit unsere Augen von
Tränen überfließen! 18 Horcht, vom Zionsberg* hört
man schon die Klage:

»Ach, wir können es nicht fassen!
Schmach und Schande stürzte auf uns ein.
Alle unsere Häuser riss man ein.
Unser Land – wir mussten es verlassen!«

19 Auf denn, ihr Frauen, begreift, was der HERR gesagt
hat! Singt euren Töchtern das Klagelied vor, eine
Frau soll es der anderen beibringen:

20 »Durch die Fenster kam der Tod herein,
keins der Häuser hat er ausgelassen.
Unsere Kinder holt er auf den Straßen,
Burschen sammelt er vom Marktplatz ein.«

21 Auch das noch hat der HERR gesagt und hat mir
befohlen, es weiterzusagen: »Menschenleichen
werden wie Dünger auf den Äckern liegen. Wie
Getreidehalme unter der Sichel des Schnitters, so
werden die Menschen fallen, aber niemand wird
da sein, um sie aufzuheben.«

Worauf ein Mensch stolz sein darf

22 Der HERR sagt: »Der Weise soll sich nicht wegen
seiner Weisheit* rühmen, der Starke nicht wegen
seiner Stärke und der Reiche nicht wegen seines
Reichtums. 23 Grund sich zu rühmen hat nur, wer
mich erkennt und begreift, was ich will. Denn ich
bin der HERR, der Liebe, Recht und Treue auf der
Erde schafft! An Menschen, die sich danach richten,
habe ich Freude.«[b]

Gegen das Bündnis der Beschnittenen

24 »Der Tag kommt«, sagt der HERR, »an dem ich mit
allen Beschnittenen* abrechne:[c] 25 mit den Ägyptern
und den Leuten von Juda, mit den Edomitern*, den
Ammonitern*, den Moabitern* und mit den Stäm-
men in der Wüste, die sich ihre Schläfen kahl rasie-
ren.[d] Denn alle diese Völker – auch die Leute von
Israel – sind für mich unbeschnitten, weil sie ihr
Herz nicht beschnitten haben!«[e]

Der Gott Israels und die Götter der Völker

10 Volk Israel, höre, was der HERR zu dir sagt!
2 So spricht der HERR: »Folge nicht dem Bei-
spiel der anderen Völker! Sie mögen vor ungewöhn-
lichen Himmelserscheinungen erschrecken, du
sollst das nicht! 3 Ihre Vorstellungen und Bräuche
sind unsinnig: Da holt einer Holz aus dem Wald,
der Schnitzer macht einen Gott daraus. 4 Der wird
mit Silber und Gold verziert und auf einem Sockel
befestigt, damit er nicht umfällt. 5 Solche Götter ste-
hen da wie Vogelscheuchen im Gurkenfeld. Sie brin-
gen kein Wort heraus und müssen herumgetragen
werden, weil sie von allein nicht laufen können.
Habt keine Angst vor ihnen: Sie können euch nichts
Böses tun! Und etwas Gutes zu bewirken, sind sie
erst recht nicht imstande!«
6 HERR, niemand ist dir gleich! Du bist mächtig und
bekannt für deine Stärke. 7 Wer wollte dich nicht
fürchten und ehren, du König aller Völker? Darauf
hast du ein Recht, denn unter allen Weisen und
Königen der Welt kann niemand es mit dir aufneh-
men.
8 Allesamt sind sie dumm und unverständig, denn
bei ihren Göttern gibt es nichts zu lernen; die sind ja
selber nur Holz. 9 Der Holzschnitzer hat sie gemacht.
Mit Silberblech aus Tarschisch* und Gold aus Ufas
hat der Goldschmied sie überzogen. Dann bekamen
sie auch noch Kleider aus blauem und rotem Purpur-
stoff. Alle diese Götter sind das Werk kunstfertiger
Menschen. 10 Aber der HERR ist wirklich Gott, ein
Gott, der lebt, König von jeher und für alle kommen-
den Zeiten! Wenn er zornig wird, bebt die Erde; sei-
nem Unmut hält kein Volk stand.
11 Angesichts der fremden Götter sollt ihr Leute
von Israel sagen: »Die Götter, die weder Himmel

Wie schon Jesaja stellt auch Jeremia die leblosen Götzen (im Bild eine Baalsfigur) dem wirklichen, lebendigen Gott gegenüber: »Wie anders ist der Gott Israels! Er hat das Weltall geschaffen und das Volk Israel für immer zu seinem Eigentum gemacht.« (10,16)

a *die Frauen, die ...*: wörtlich *die weisen* Frauen.*
b Israel hat dies nicht erkannt und sich nicht entsprechend verhalten. So muss es nun die Folgen tragen.
c Eine Koalition gegen Babylonien unter diesem für Israel heiligen Zeichen seiner Erwählung mochte den Leuten von Juda als besonders erfolgversprechend erscheinen. Aber das Prophetenwort zerstört jede falsche Hoffnung.
d Bei manchen Beduinenstämmen gab es die Sitte, sich zu Ehren der Gottheit die Schläfen kahl zu rasieren (vgl. 25,23; 49,32). Deshalb das Verbot Lev 19,27 und der Brauch frommer Kreise in Israel, sich die Schläfenhaare besonders lang wachsen zu lassen.
e Vgl. Anmerkung zu 4,4.

9,21 14,16; 16,4; 25,33; Am 8,3 **9,22-23** Spr 21,30; Sir 10,22; 1 Kor 1,31S **9,25** 4,4 **10,3-5** Jes 44,9-20S **10,5** Ps 115,5 **10,6-7** 49,19; Ps 86,8-10; Jes 40,18 **10,10** Ps 18,8S; Ps 47,6-10S; Jer 4,26

noch Erde geschaffen haben, haben unter diesem Himmel auch nichts zu suchen und sollen von der Erde verschwinden!«

12 Der HERR hat die Erde geschaffen und dadurch seine Macht gezeigt: Das feste Land ist ein Werk seiner Weisheit, der Himmel darüber ein Beweis für sein überlegenes Können. 13 Wenn er es befiehlt, sammelt sich mit Donnergetöse das Wasser am Himmel, Wolken steigen am Horizont auf, Blitze öffnen dem Regen die Bahn und der Wind bricht aus seinen Kammern hervor.

14 Kein Mensch kann das begreifen, sprachlos vor Staunen steht jeder davor. Und alle, die Götterbilder gemacht haben, müssen sich ihrer Machwerke schämen; denn diese Bilder sind Betrug, kein Hauch von Leben ist in ihnen. 15 Wertlose Figuren sind sie, über die man spottet. Wenn der HERR Gericht hält, ist es aus mit ihnen. 16 Wie anders ist der Gott Israels![a] Er hat das Weltall geschaffen und das Volk Israel für immer zu seinem Eigentum gemacht. Sein Name ist »der HERR, der Herrscher der Welt«.[b]

Auf Jerusalems Bewohner wartet die Verbannung

17 Jerusalem, du belagerte Stadt, deine Bewohner sollen ihre Habseligkeiten zusammenpacken! 18 Denn so spricht der HERR: »Es ist so weit! Diesmal treibe ich die Menschen dieses Landes weg in die Verbannung. Sie sollen in eine Bedrängnis geraten, aus der es keinen Ausweg mehr gibt.«°

19 Jerusalem klagt: »Ich unglückliche Stadt, ich bin tödlich getroffen, meine Wunde wird nicht mehr heilen. Ich hatte mir eingebildet, mein Leiden sei nicht so schlimm, es ließe sich ertragen. 20 Doch jetzt ist mein Zelt verwüstet, alle Zeltstricke sind durchgeschnitten. Meine Kinder sehe ich nicht mehr; sie sind weggegangen. Niemand ist da, der mein Zelt wieder aufbaut und die Zeltdecken darüber spannt.«

21 So rächt sich der Unverstand der Hirten des Volkes. Sie haben sich nicht um den HERRN gekümmert, deshalb handelten sie ohne Einsicht und ihre Herde ging zugrunde.

22 Horcht! Lärm ist zu hören! Er kommt näher! Ein Tosen und Dröhnen aus dem Land im Norden*! Die feindlichen Heere rücken an! Sie machen die Städte in Juda zu öden Steinwüsten, zu einem Tummelplatz für Schakale!

Jeremia betet für sein Volk

23 HERR, ich sehe, dass der Mensch sein Geschick nicht selbst in der Hand hat. Nicht er ist's, der seinen Lebensweg bestimmt. 24 Strafe uns, HERR, aber bleibe gerecht; lass nicht deinem Zorn freien Lauf, denn das wäre unser Ende.

25 Dein Zorn soll die Völker treffen, die von dir nichts wissen wollen. Denn wie Raubtiere ihre Beute fressen, so haben sie dein Volk gefressen, bis nichts mehr übrig war, und sein Land haben sie zur Wüste gemacht.

Das Volk hat den Bund mit Gott gebrochen

11 Das Wort des HERRN erging an Jeremia; er sagte zu ihm: 2 »Sprich° zu den Leuten von Juda und den Bewohnern Jerusalems! Sag ihnen: ›Erfüllt die Verpflichtungen, die ich euch gegeben habe!‹

3 Sag zu ihnen: ›So spricht der HERR, der Gott Israels: Fluch über jeden Menschen, der sich nicht an die Bestimmungen meines Bundes* hält! 4 Ich habe ihn mit euren Vorfahren geschlossen, als ich sie aus Ägypten herausholte wie aus dem Feuer eines Schmelzofens. Damals sagte ich zu ihnen: Hört auf mich und haltet euch an die Verpflichtungen, die ich euch auferlege; dann seid ihr mein Volk und ich bin euer Gott. 5 Nur dann kann ich den Eid halten, den ich euren Vorfahren geschworen habe! Ich hatte ja versprochen, ihnen ein Land zu geben, das von Milch und Honig überfließt – das Land, in dem ihr heute lebt. Doch wenn ihr nicht hört, trifft euch der Fluch.‹«[c]

Ich antwortete: »Amen*, HERR!«[d]

6 Darauf sagte der HERR zu mir: »Verkünde in den Städten von Juda und auf den Straßen Jerusalems: ›Nehmt die Verpflichtungen ernst, die ich euch auferlegt habe, und erfüllt sie! 7 Denkt an eure Vorfahren: Als ich sie aus Ägypten herausführte, habe ich sie eindringlich ermahnt, auf mich zu hören, so wie ich mein Volk bis heute immer wieder ermahnte. 8 Aber sie dachten gar nicht daran; sondern sie alle taten, was ihr eigensinniges und böses Herz ihnen eingab. So musste ich alles wahr machen, was ich ihnen angedroht hatte für den Fall, dass sie meinen Bund brechen und sich nicht an seine Verpflichtungen halten!‹«

9 Und weiter sagte der HERR zu mir: »Die Leute von Juda und die Bewohner Jerusalems haben sich gegen mich verschworen: 10 Sie sind zu den Verfehlungen ihrer Vorfahren zurückgekehrt, die mir nicht gehorchen wollten; sie verehren fremde Götter. Die Leute von Israel und von Juda haben den Bund gebrochen, den ich mit ihren Vorfahren geschlossen habe.«[e]

11 Deshalb sagt der HERR: »Jetzt bringe ich ein Unglück über sie, dem sie nicht entrinnen können! Sie werden zu mir um Hilfe schreien, aber ich werde sie nicht hören. 12-13 Dann werden sie in den Städten von Juda und in Jerusalem zu den Göttern schreien, denen sie Opfer* dargebracht haben. Jede Stadt in Juda hat ja ihren eigenen Gott und in Jerusalem stehen an allen Ecken Altäre, auf denen sie dem schänd-

a *der Gott Israels:* wörtlich *Jakobs Anteil.*
b Wörtlich *der HERR Zebaot*.* Die Verse 12-16 sind in 51,15-19 noch einmal überliefert. Der ganze Abschnitt 10,1-16 macht den Eindruck, nicht in den konkreten Nöten von 9,1-25 und 10,17-25, sondern aus einem gewissen Abstand heraus formuliert zu sein.
c *Doch wenn ...:* verdeutlichender Zusatz in Wiederaufnahme von Vers 3.
d Die Verse 3-5 sind vor dem Hintergrund von Dtn 27,11-26 zu lesen. Mit seinem »Amen« anerkennt Jeremia die Verpflichtung, die auf seinem Volk liegt, und seine eigene prophetische Verpflichtung, das Volk zur Ernstnahme der Bundesordnung zurückzurufen.
e Der Bund ist gebrochen. Der Prophet hat das Verhängnis nicht aufhalten können und muss den Folgen ohnmächtig zusehen.

10,12 27,5; 32,17; Ps 121,2; Jes 40,22S **10,13** Ijob 38,22S **10,14** Jes 45,16 **10,16** Gen 1,1; Ex 19,5-6; Jer 50,34; Am 4,13 **10,19** 8,22S; 14,19; 15,18; 30,12.15 **10,21** 3,15; 23,1-4; 50,6; Ez 34,1-31; Sach 11,16-17; Mk 6,34 **10,22** 1,14S **10,23** Spr 16,1.9 **10,24** 30,11 **10,25** 12,14; 30,16; Ps 79,6-7 **11,3** Dtn 27,26 **11,4** 7,23S **11,5** Gen 12,7S; Ex 3,8S **11,8** 7,24S **11,11** 19,3 **11,12-13** 2,28

lichen Baal* Weihrauch opfern. Doch alle diese Göt-
ter werden sie nicht aus ihrer Not retten.
14 Du, Jeremia, sollst nicht mehr bei mir für dieses
Volk eintreten; unterlass alle Klage und Fürbitte!
Denn ich werde nicht mehr hören, wenn sie in
ihrem Unglück zu mir schreien!«

Israel, Gottes Ölbaum

15 »Das Volk, das ich liebe«, sagt der HERR, »treibt ein
böses Spiel. Was hat es in meinem Tempel* zu
suchen? Meint es, mit Opfern* das kommende
Unheil abwenden und bald schon wieder jubeln zu
können?«°
16 Einen üppig grünenden Ölbaum mit den besten
Früchten hat der HERR dich früher genannt. Doch
bald wird dich Schlachtlärm umgeben; dann legt
der HERR Feuer an dich und alle deine Äste verbren-
nen. 17 Der HERR, der Herrscher der Welt,[a] der dich
gepflanzt hat, hat deinen Untergang beschlossen.
Das ist die Folge deines Tuns, Volk von Israel und
von Juda! Du hast dem Baal* Opfer dargebracht
und damit den Zorn des HERRN herausgefordert!

Jeremia von seinen Mitbürgern bedroht[b]

18 Der HERR hat es mir gesagt, deshalb weiß ich jetzt
über ihre Absichten Bescheid. 19 Ich war wie ein zah-
mes, junges Lamm, das sich ohne Widerstand zum
Schlachten wegführen lässt; ich ahnte nicht, dass
sie etwas gegen mich planten. Sie sagten zueinander:
»Wir hauen den Baum um mitten in der Blüte! Wir
machen seinem Leben ein Ende, dann wird bald nie-
mand mehr an ihn denken!«
20 Aber du, HERR, du Herrscher der Welt, kennst
die geheimsten Gedanken und Wünsche der Men-
schen und du bist ein gerechter Richter. Dir habe
ich meinen Fall übergeben und bin voll Zuversicht:
Ich werde noch erleben, wie du an ihnen Vergeltung
übst![c]
21-22 Die Leute von Anatot wollen mich töten. »Hör
auf, dich als Prophet* aufzuspielen und im Namen
des HERRN zu reden«, sagen sie, »sonst bringen wir
dich um!«
Doch der HERR, der Herrscher der Welt, antwor-
tet: »Ich werde die Leute von Anatot zur Rechen-
schaft ziehen! Ihre jungen Männer werden durch
das Schwert umkommen und ihre Kinder durch
Hunger. 23 Das Volk dieser Stadt geht restlos unter,
wenn die Zeit der Abrechnung da ist und ich das
Unglück hereinbrechen lasse.«

Jeremia fragt – Gott antwortet[d]

12 HERR, du bist gerecht; wie könnte ich gegen
dich eine Anklage erheben! Aber ich muss
dich fragen, wie ich deine Gerechtigkeit erkennen
soll. Warum haben Menschen, die dein Gesetz*
missachten, immer Erfolg? Warum dürfen diese
Abtrünnigen in Ruhe und Sicherheit leben? 2 Du hast
sie gepflanzt und sie haben Wurzeln geschlagen; sie
wachsen und gedeihen und tragen Frucht. Ihr Mund
redet dauernd von dir, aber ihr Herz ist weit von dir
entfernt.
3 HERR, du siehst mich, du kennst mich, du weißt,
dass ich immer mit ungeteiltem Herzen auf deiner
Seite gestanden habe. Darum hole sie doch weg
wie Schafe und stelle sie für den Schlachttag bereit!
4 Wie lange soll das Land noch trauern und alles
Grün auf den Feldern verdorren? Wegen der
Schlechtigkeit seiner Bewohner gehen Tiere und
Vögel zugrunde. Diese Leute sagen von mir: »Was
der da behauptet, trifft niemals ein.«
5 Der HERR antwortete mir: »Wenn es dir schon zu
viel ist, mit Fußgängern Schritt zu halten, wie willst
du dann den Wettlauf mit Pferden bestehen? Und
wenn du dich nur im bewohnten Land sicher fühlst,
was willst du dann im Dickicht am Jordan machen?
6 Denn auch deine Brüder, alle deine Verwandten,
haben dich fallen lassen und haben voll eingestimmt
in das Geschrei gegen dich. Sei vorsichtig, wenn sie
dir freundlich kommen!«[e]

Zorn und bittere Trauer

7 Der HERR sagt: »Ich habe Israel aufgegeben. Mein
eigenes Volk habe ich verstoßen. Das Volk, das ich
von ganzem Herzen liebte, habe ich an seine Feinde
ausgeliefert. 8 Es ist mir fremd geworden, unheimlich
wie ein Löwe im Dickicht; genauso wie ein Löwe
brüllt es mich feindselig an. Darum ist es mir zuwider.
9 Ist das Land meines Volkes denn eine Hyänen-
höhle° geworden, über der die Geier kreisen? Auf,
bringt die wilden Tiere herbei, hier gibt es zu fres-
sen! 10 Fremde Hirten in großer Zahl sind mit ihren
Herden gekommen und haben meinen Weinberg
zugrunde gerichtet und meine Felder zertrampelt;
die herrlichen Felder haben sie in eine trostlose Wüs-
te verwandelt. 11 Traurig und öde liegt das Land vor
mir, weil niemand meine Warnungen ernst genom-
men hat.«
12 Über alle kahlen Höhen der Steppe kamen Ver-
wüster ins Land. Ein Krieg, den der HERR selber ent-
facht hat, verwüstet es vom einen Ende bis zum
andern; niemand bleibt da verschont. 13 Das Volk
hat Weizen gesät, aber Dornen musste es ernten.
Es hat sich abgeplagt, aber nichts erreicht; nun steht
es enttäuscht vor seinen Erträgen: Der glühende
Zorn des HERRN hat alles vernichtet.[f]

Juda und seine Nachbarvölker

14 Der HERR sagt: »Die unverschämten Nachbarvöl-
ker, die mein Eigentum angetastet haben, das Land,
das ich meinem Volk Israel[g] als bleibenden Besitz

a Wörtlich *Der HERR Zebaot*;* entsprechend in den Versen 20-22.
b Der Abschnitt 11,18-23 ist der erste in einer Reihe von Abschnitten, die in die persönliche Situation des Propheten Einblick geben (12,1-6; 15,10.15-21; 17,14-18; 18,18-23; 20,7-18). Sie sind bekannt unter dem Namen ›Klagen‹ oder ›Konfessionen Jeremias‹.
c Der Ruf nach Vergeltung ist mehr als verständlich und kommt wiederholt aus Jeremias Mund (12,1-3; 15,15; 17,18; 18,21-23; 20,12). Erst die Verkündigung Jesu (Mt 5,38-48) und sein Verhalten (Lk 23,34) werden endgültig andere Maßstäbe setzen.
d Vgl. Anmerkung zur Überschrift vor 11,18.
e Die Schroffheit, mit der Gott seinen Propheten anfasst, ergibt sich aus dem, was zwischen Gott und seinem Volk auf dem Spiel steht; vgl. 15,19-21; 45,1-5.
f Der Abschnitt Vers 7-13 ist wohl vor dem Hintergrund von 2 Kön 24,2-4 zu sehen.
g Mit *Israel* ist hier das Nordreich gemeint; vgl. Sacherklärung »Israel«.

11,14 7,16 S **11,19** Jes 53,7 **11,20** 17,10 S; 20,12; Ps 139,1 S; Weish 1,6-9 **11,21-22** (töten) 18,18.23; 20,1-2; 26,7-11.24; 32,2-3; 37,11–38,13; Jes 30,10 S; Mt 23,37 par **12,1** 15,18; 20,18; Hab 1,13; Ijob 12,6 S **12,2** Jes 29,13 **12,3** Ps 139,1.19 **12,6** 9,3 S **12,9** 7,33; 16,4; Dtn 28,26; Jes 56,9 **12,10** 6,3 S; 2,21 S **12,14** 10,25 S

gab – sie alle werde ich aus ihren Ländern vertrei-
ben.[a] Aber ebenso treibe ich auch das Volk von Juda
fort! 15 Danach werde ich mit allen diesen Völkern
wieder Erbarmen haben: Jedes wird in sein Land
und zu seinem Besitz zurückkehren.

16 Wenn die Nachbarn meines Volkes sich dann
von ganzem Herzen seinem Glauben anschließen,
wenn sie von ihm lernen, beim Schwören mich als
Zeugen anzurufen, so wie sie früher mein Volk dazu
verführt haben, sich auf Baal* zu berufen – wenn sie
also beim Schwören aus Überzeugung sagen: ›So
gewiss der HERR lebt!‹, dann werde ich ihnen von
neuem Glück und Gedeihen schenken und sie mit-
ten unter meinem Volk wohnen lassen. 17 Wenn eins
dieser Nachbarvölker sich jedoch weigert, auf mich
zu hören, werde ich es endgültig vertreiben und es
wird unweigerlich zugrunde gehen.« Das sagt der
HERR.

Jeremias Lendenschurz: ein prophetisches Zeichen

13 Der HERR sagte zu mir: »Geh, kaufe dir einen
neuen Lendenschurz*, einen aus Leinen,[b]
und trage ihn, aber sorge dafür, dass er niemals
mit Wasser in Berührung kommt!«

2 Ich kaufte den Lendenschurz und trug ihn, wie
der HERR es mir befohlen hatte.
3 Nach einiger Zeit erging das Wort des HERRN ein
zweites Mal an mich, er sagte: 4 »Geh mit dem Len-
denschurz zum Bach Fara[c] und verstecke ihn dort in
einem Felsspalt!«
5 Ich ging hin und tat es.
6 Lange Zeit danach sagte der HERR zu mir: »Geh
jetzt und hole den Lendenschurz wieder, den du
am Bach Fara versteckt hast!«
7 Ich ging hin und holte den Lendenschurz aus
dem Versteck. Er war verrottet und zu nichts mehr
zu gebrauchen.
8 Da erging das Wort des HERRN an mich, er sagte:
9 »Genauso will ich die ganze Pracht verrotten las-
sen, auf die Juda und Jerusalem so stolz sind! Das
sage ich, der HERR. 10 Dieses böse Volk weigert sich,
auf mich zu hören. In seinem Starrsinn läuft es frem-
den Göttern nach, bringt ihnen Opfer* und betet sie
an. Darum soll es wie dieser Lendenschurz werden,
der zu nichts mehr taugt!

11 So eng, wie ein Lendenschurz den Körper eines
Mannes umschließt, wollte ich Israel und Juda um
mich haben. Sie sollten das Volk sein, das mir Ehre
bringt und meinen Ruhm verkündet, aber sie haben
mir nicht gehorcht.«

Ein Scherzwort wird zum Gerichtswort[d]

12 Der HERR befahl mir: »Verkünde diesem Volk: ›So
spricht der HERR, der Gott Israels: Weinkrüge sind
dafür da, dass man sie füllt!‹ Wenn sie dir darauf ent-
gegnen: ›Das ist nichts Neues, natürlich füllt man
Weinkrüge mit Wein!‹, 13 dann gib ihnen zur Ant-
wort:

›So spricht der HERR: Ich werde die Menschen in
diesem Land bis zur Betrunkenheit füllen, die
Könige, die auf dem Thron Davids sitzen, die Pries-
ter* und die Propheten* und alle Bewohner Jerusa-
lems! 14 Wie Weinkrüge werde ich sie gegeneinander
schlagen, sodass einer am andern zerbricht, einer
am andern und die Eltern an ihren Kindern. Scho-
nungslos, ohne Mitleid und Erbarmen, werde ich
sie vernichten.‹«

Letzte dringliche Mahnung

15 Der HERR hat zu euch gesprochen; darum macht die
Ohren auf und seid nicht so überheblich! 16 Gebt dem
HERRN, eurem Gott, die Ehre, bevor die Nacht über
euch hereinbricht und eure Füße in der Dunkelheit
auf den Bergen stolpern! Ihr erwartet das Licht eines
neuen Tages, aber der HERR verwandelt es in Fins-
ternis, er bringt dunkle Nacht über euch!

17 Wenn ihr auf diese Warnung nicht hört, kann
ich mich nur noch in einen Winkel verkriechen
und eure Überheblichkeit beweinen. Meine Tränen
werden unaufhörlich fließen, weil das Volk des
HERRN in die Gefangenschaft abgeführt wird!

Ein Wort an König Jojachin

18 Der HERR sagte zu mir: »Befiehl dem König und sei-
ner Mutter:[e] ›Kommt herunter von eurem Thron und
setzt euch auf die Erde, denn eure stolze Krone ist
euch vom Kopf gefallen! 19 Die Städte im Süden von
Juda sind für euch verloren und keiner bringt sie
euch wieder. Ganz Juda wird weggeführt in die Ver-
bannung!‹«[f]

Jerusalem, die geschändete Frau

20 Jerusalem, sieh, was geschieht: Deine Feinde rü-
cken von Norden* heran! Was soll nun aus den Städ-
ten in Juda werden? Sie waren dir anvertraut wie
eine Herde prächtiger Schafe und du warst so stolz
auf sie! 21 Was wirst du sagen, wenn der HERR deine
Feinde als Herren über dich einsetzt, sie, die du
immer als deine Freunde betrachtet hast? Vor
Schmerz wirst du schreien wie eine Frau, die in
Wehen liegt!

22 Und wenn du fragst: »Warum trifft mich dieses
Unglück?«, dann lass dir sagen: Deine vielen Verge-
hen sind der Grund dafür, dass man dir jetzt das
Kleid hochhebt und dich vergewaltigt![g]

23 Der HERR sagt: »Kann ein Schwarzer seine Haut-
farbe wechseln oder ein Leopard sein geflecktes
Fell? Genauso wenig seid ihr fähig, das Gute zu

a Die Völker, durch die Gott das Gericht an Juda vollstreckte, waren von Anmaßung und Eroberungsgier getrieben und werden ihrerseits bestraft werden; vgl. Jes 10,5-19. Das Endziel aller Pläne Gottes ist jedoch das einträchtige Zusammenleben der Völker in gemeinsamer Hinordnung auf den Gott Israels (Verse 15-17). Vgl. auch die Anmerkung zu 1,10.
b Die Verkündung der Propheten ist oft von Zeichenhandlungen begleitet (siehe Vergleichsstellen). Sie dienen nicht nur der eindringlichen Veranschaulichung, sondern führen die Unwiderruflichkeit des Angekündigten vor Augen, das der Prophet in Gottes Auftrag sozusagen in Gang setzen muss.
c Ein Zufluss des Jordans, eine Stunde nördlich von Anatot. So mit der griechischen Übersetzung des Aquila; H *Eufrat.*
d Die Drohung knüpft wahrscheinlich an ein derbzweideutiges Scherzwort an: Trinker vergleichen sich mit Weinkrügen, die dazu da sind, mit Wein gefüllt zu werden. Die Situation ist vielleicht ähnlich der von Jes 28,7-8; vgl. ferner Jer 25,15-18.
e *Mutter:* siehe Sacherklärung »Königsmutter«.
f Die Verse 18-19 sind vor dem Hintergrund von 2 Kön 24,8-10 zu sehen.
g Jerusalem hat sich wie eine Hure benommen (vgl. 4,30 und Anmerkung dort) und soll sich nicht wundern, wenn es dementsprechend behandelt wird. Gott denkt nicht daran, die Stadt zu schützen; im Gegenteil (Verse 25-27).

12,15 46,26 S **12,16** 3,17 S; 4,2 S **13,1-11** (Zeichenhandlung) 19,1-13; 27,1-15; 32,1-15; 43,8-13; 51,59-64; Jes 20,1-5; Ez 4,1–5,4 S; Hos 1,2-9; 3,1-5 **13,10** 7,13 S; 25,6 S **13,11** 33,9 **13,13** 25,15 S; Ps 60,5; Jes 29,9-10; Ez 23,31-34 **13,16** Jes 5,30; 8,22; Am 8,9; Joh 12,35 **13,17** 4,19; 8,23 S **13,18** 2 Kön 24,8-17 **13,20** 1,14 S **13,21** 2 Kön 16,7; 20,13

tun; ihr habt euch viel zu sehr an das Böse gewöhnt!
24 Ich werde euch zerstreuen wie die Spreu, die der
Wüstenwind davonträgt!
25 So wird es dir ergehen, Jerusalem«, sagt der
HERR. »Ich selbst habe diese Strafe über dich ver-
hängt, weil du mich vergessen und auf falsche Götter
vertraut hast! 26 Ja, ich selber hebe dir das Kleid hoch,
hinauf bis über dein Gesicht! Sollen doch alle deine
Nacktheit sehen!
27 Ich habe genug von deinem ehebrecherischen
Treiben, von deinem geilen Lachen, von der scham-
losen Frechheit, mit der du mich hintergehst. Ich
kenne deine widerlichen Götzenbilder auf den
Hügeln draußen im Land! Wie lange noch soll das
so weitergehen, Jerusalem? Du wirst es büßen müs-
sen, dass du das alles nicht aufgeben willst!«

Eine Dürrekatastrophe (14,1–15,4)

14 Das Wort des HERRN erging an Jeremia, als
Antwort auf die Klagen wegen der Dürrekata-
strophe.[a]
2 Ganz Juda trauert, die Städte sterben, ihre
Bewohner hocken klagend auf dem Boden! Jerusa-
lem schreit um Hilfe. 3 Die Reichen schicken ihre
Diener zum Wasserholen, doch die finden keinen
Tropfen mehr in den Zisternen. Mit leeren Krügen
kommen sie zurück; enttäuscht und mutlos verhül-
len sie ihr Gesicht.
4 Auch die Bauern sind verzweifelt und verhüllen
ihr Gesicht. Der Ackerboden ist ausgedörrt, weil
kein Regen fällt. 5 Selbst die Hirschkuh lässt ihr Neu-
geborenes im Stich, weil sie kein Grün mehr findet.
6 Die Wildesel stehen auf kahlen Bergen und schnap-
pen nach Luft wie Schakale. Ihr Blick ist erloschen,
denn es gibt nichts mehr zu fressen.
7 »HERR, unsere Vergehen klagen uns an, aber hilf
uns doch um deiner Ehre willen! Oft haben wir uns
von dir abgewandt und gegen dich gesündigt. 8 Aber
du bist Israels einzige Hoffnung, du allein kannst uns
retten, wenn wir in Not sind! Warum tust du, als sei
dir unser Land gleichgültig – als wärst du ein Reisen-
der, der nur für eine Nacht absteigt? 9 Warum tust
du, als könntest du nicht helfen – als wärst du ein
Kriegsheld, den die Überraschung entwaffnet hat?
Du bist doch mitten unter uns, HERR! Wir sind dein
Volk, du hast uns zu deinem Eigentum erklärt![b] Ver-
lass uns nicht!«

Jeremia darf nicht für sein Volk beten

10 Aber der HERR sagte zu mir über dieses Volk: »Sie
laufen von einem zum andern, wie es ihnen gerade
passt; das ist so ihre Art. Ich habe keine Freude mehr
an ihnen. Ich sehe über ihre Vergehen nicht mehr
hinweg, sondern ziehe sie jetzt zur Rechenschaft.«
11 Weiter sagte der HERR zu mir: »Bete nicht für die-
ses Volk! Bitte mich nicht darum, dass ich der Not
ein Ende mache! 12 Sie können fasten und beten, so
viel sie wollen, ich höre sie nicht; auch mit Brandop-
fern* und Speiseopfern* können sie mich nicht
umstimmen. Ich bin entschlossen, sie durch Krieg,
Hunger und Pest zu vernichten.«
13 »Ach, HERR, du mein Gott«, erwiderte ich, »die
Propheten* sind schuld! Die reden ihnen ein: ›Es
gibt keinen Krieg und keine Hungersnot! Der HERR
hat versprochen, dass er diese Stadt immer schützen
will.‹«
14 Aber der HERR antwortete mir: »Diese Propheten
erzählen Lügen! Es ist nicht wahr, dass sie in mei-
nem Auftrag reden. Ich habe sie nicht geschickt,
ich habe kein Wort zu ihnen gesagt! Was sie für
Offenbarung* ausgeben, ist leeres Gerede; sie pro-
phezeien, was sie sich selbst ausgedacht haben!
15 Ich werde dir sagen, was ich mit diesen Lügen-
propheten tue, die euch einreden, dass das Land
von Krieg und Hungersnot verschont bleibt: Sie sel-
ber werden durch Krieg und Hunger umkommen!
16 Und genauso wird es den Leuten gehen, die sich
diese Prophezeiungen anhören. Ihre Leichen
werden auf den Straßen Jerusalems herumliegen
und die Leichen ihrer Frauen und Kinder dazu. Nie-
mand wird sie begraben. So bestrafe ich sie für ihren
Ungehorsam.«

Jeremia bekennt sich zur Schuld seines Volkes

17 Weiter sagte der HERR zu mir: »Lass sie wissen, wie
betroffen du bist! Sag zu ihnen: ›Ich weine Tag und
Nacht und kann nicht aufhören, denn über mein
geliebtes Volk[c] ist furchtbares Unglück hereingebro-

In Juda herrschte eine schreckliche Dürre. Tiere starben vor Hunger und Durst. Das Volk schrie zu Gott um Hilfe. Aber jetzt war es zu spät: Gott wollte nicht mehr hören (Kap 14–15).

a Dieser Satz ist Überschrift zu 14,2–15,4, hat aber speziell Gottes Antwort in den Versen 14,10-12.14-16; 15,1-4 im Auge.
b Siehe Anmerkung zu Jes 43,7.
c Wörtlich *über die jungfräuliche Tochter meines Volkes*; vgl. 31,21-22.

13,27 2,20 S **14,3-4** 2 Sam 15,30 **14,4** 3,3 S **14,7** 14,21 S **14,8** 3,23 S; 17,13 **14,11** 7,16 S **14,12** 6,20 S; 24,10 S **14,13-15** (Lügenpropheten) 6,14; 23,9-40; 27,9-10.14-18; 28,1–29,32; Klgl 2,14; Ez 13,1-16; 22,28 **14,16** 9,21 S **14,17** 8,23 S

chen, es ist unheilbar verwundet. 18 Gehe ich aufs
Feld hinaus, sehe ich die Leichen der Männer, die
im Kampf umkamen; kehre ich in die Stadt zurück,
finde ich Menschen, die dem Hungertod nahe sind.[a]
Priester* und Propheten* laufen im Land umher und
wissen keinen Rat.‹«

19 »HERR«, erwiderte ich, »hast du denn Juda ganz
fallen lassen, willst du vom Zionsberg* nichts mehr
wissen? Warum hast du uns so geschlagen, dass es
für uns keine Heilung mehr gibt? Wir warteten dar-
auf, dass alles wieder gut würde, aber es kam nichts
Gutes. Wir hofften auf Genesung, aber es wurde
immer schlimmer.

20 Wir wissen es, HERR, und geben es zu: Wir sind
vor dir schuldig geworden, wir und unsere Väter.
21 Aber jetzt geht es um die Ehre deines Namens*,
es geht um den Thron deiner göttlichen Herrlich-
keit*, der in dieser Stadt steht! Denk an den Bund*,
den du mit uns geschlossen hast, kündige ihn nicht
auf! 22 Unter den Göttern der anderen Völker gibt
es keinen, der es regnen lassen kann; und auch der
Himmel macht nicht den Regen! Du, HERR, unser
Gott, hast alles geschaffen, du allein bist unsere Hoff-
nung!«

Das Urteil ist gesprochen

15 Aber der HERR gab mir zur Antwort: »Selbst
wenn Mose und Samuel[b] vor mir stehen und
mich darum bitten würden, ich würde mich diesem
Volk nicht mehr zuwenden. Jag es fort; es soll mir
aus den Augen gehen![c] 2 Und wenn sie dich fragen:
›Wohin sollen wir gehen?‹, dann antworte ihnen:
›So spricht der HERR: Wer für die Pest bestimmt ist,
bekomme die Pest! Wer zum Tod durch das Schwert
bestimmt ist, laufe ins Schwert! Wer zum Hungertod
bestimmt ist, sterbe an Hunger! Wer zur Verban-
nung bestimmt ist, ziehe in die Verbannung!‹

3 Vier Schrecken lasse ich gegen dieses Volk los«,
sagt der HERR: »das Schwert, das die Menschen
umbringt, die Hunde, die die Leichen wegschleifen,
die Hyänen, die sie zerfleischen, und die Geier, die
den Rest auffressen, bis nichts mehr übrig ist! 4 Alle
Völker der Erde werden entsetzt sein, wenn sie es
sehen. Es ist die Strafe für das, was König Manasse,
der Sohn von Hiskija, in Jerusalem getan hat!«

Kein Mitleid mehr mit Jerusalem

5 »Jerusalem, wer wird noch Mitleid haben mit dir
und dich bedauern«, sagt der HERR, »wer wird dei-
netwegen einen Umweg machen, um zu fragen,
wie es dir geht? 6 Du hast nichts mehr von mir wissen
wollen und mir nur noch den Rücken gekehrt. Des-
halb erhob ich die Hand gegen dich und schlug dich
nieder. Ich war es müde, Erbarmen mit dir zu haben.

7 Mit den Leuten von Juda verfuhr ich wie einer,
der mit der Worfschaufel* das gedroschene Getreide
in die Luft wirft, sodass der Wind die Spreu davon-
trägt. Weil mein Volk sich nicht ändern wollte, ließ
ich es zugrunde gehen. 8 Ich ließ mehr Frauen zu
Witwen werden, als es Sandkörner am Meeres-
strand gibt. Mütter traf am hellen Mittag die Schre-
ckensnachricht vom Tod ihrer Söhne. Von einem
Augenblick zum andern kamen Angst und Entsetzen
über sie. 9 Der Frau, die sieben Söhnen das Leben
schenkte, ist nicht einer geblieben. Sie ist am Ende,
ihr stockt der Atem. Ihre Sonne ging unter mitten am
Tag. In Schande und völlig gebrochen steht sie nun
da. Aber auch alle, die bis jetzt noch übrig geblieben
sind vom Volk, werde ich dem Schwert ihrer Feinde
preisgeben.« Das sagt der HERR.

Jeremias Klage und Gottes Antwort[d]

10 Ich klagte: »Ich Unglücklicher, warum hat meine
Mutter mich geboren? Wohin ich auch komme, über-
all feinden sie mich an und setzen mir zu. Ich habe
von niemand Geld geborgt und auch niemand etwas
geliehen und trotzdem verwünschen sie mich alle.«

11 Darauf sagte der HERR: »Ich habe doch deine Fes-
seln gelöst[e] und deine Last erleichtert. Ich habe dafür
gesorgt, dass dein Feind dich anfleht in Zeiten der
Not und Verzweiflung.«

12 Weiter sagte der HERR:[f] »Kann man denn Eisen
zerbrechen, Eisen aus dem Norden, oder Bronze?[g]
13 Ihr Leute von Juda, euren ganzen Besitz gebe ich
zur Plünderung frei. Das ist der Lohn° für all das
Böse, das ihr überall in eurem Land begangen habt!
14 Ich mache euch zu Sklaven eurer Feinde,° ihr
müsst ihnen dienen in einem fernen, unbekannten
Land. Denn mein Zorn ist aufgelodert wie ein Feuer
und dieses Feuer wird euch verbrennen!«

15 Ich gab zur Antwort: »Du weißt alles, HERR;
denk an mich und hilf mir! Leg meinen Verfolgern
das Handwerk! Hab nicht so lange Geduld mit
ihnen, sonst gehe ich noch zugrunde! Du weißt
doch, dass sie mich deinetwegen beschimpfen.

16 Wenn du zu mir sprachst, habe ich jedes Wort
verschlungen. Deine Worte haben mein Herz mit
Glück und Freude erfüllt, denn ich bin doch dein
Eigentum, HERR, du Gott der ganzen Welt![h]

17 Ich kann nicht mit anderen Leuten fröhlich zu-
sammensitzen und mit ihnen lachen. Denn du hast
deine Hand auf mich gelegt und mich einsam
gemacht; dein Zorn über dieses Volk hat von mir
Besitz ergriffen. 18 Warum nimmt mein Leiden kein
Ende? Warum will meine Wunde nicht heilen? Ich
setze meine ganze Hoffnung auf dich; aber du lässt
mich im Stich wie ein Bach, der im Sommer ver-
siegt!«

a Die Hungersnot infolge der Dürre ist nur ein Vorbote weit schlimmeren Unheils. Gott ist entschlossen, sein Volk »durch Krieg, Hunger und Pest zu vernichten« (14,12). Das steht dem Propheten schon jetzt lebendig vor Augen.
b *Mose* und *Samuel* gelten als die großen Fürsprecher Israels (siehe Vergleichsstellen). Unter den Propheten wird später v. a. Jeremia als solcher gelten (2 Makk 15,14; vgl. Jer 7,16 und Vergleichsstellen).
c Das Volk hatte sich im Vorhof des Tempels zum Bittgottesdienst versammelt.
d Vgl. Anmerkung zur Überschrift vor 11,18.
e *deine Fesseln gelöst:* oder *dich gestärkt.* Der Vers ist insgesamt nicht sicher zu deuten.
f Verdeutlichender Zusatz.
g Es ist nicht deutlich, ob Vers 12 vom »Feind aus dem Norden« (vgl. 1,14-16; 6,22-23) oder von der Widerstandskraft des Propheten (vgl. 1,18-19; 15,20) oder von der Härte seiner Gegner (vgl. Vers 10-11) spricht.
h Wörtlich *du Gott Zebaot*.*

14,19 8,15; 10,19S **14,20** Dan 9,4-19 **14,21** 3,17S; (Gottes Ehre) 14,7; Ps 25,11; Jes 48,11S; Ez 20,9S; Dan 9,19 **14,22** 5,24-25S **15,1** 7,16S; (Mose und Samuel) Ps 99,6; Ex 32,11-14S; 34,9; Num 11,2; Dtn 9,18-19; 1Sam 7,8-9; 12,19.23; Sir 46,16-18 **15,2** 24,10S; Offb 13,10 **15,3** Ez 14,21 **15,4** 2Kön 21,1-16; 24,3-4 **15,7** 5,3S **15,10** 11,21-22S; 20,14S **15,11** 7,16S **15,12** 1,14S **15,14** 17,4; Dtn 4,24S **15,16** Ps 19,9; 119,111.131 **15,17** 16,8 **15,18** 12,1; Ijob 6,15-20

19 Da sagte der HERR zu mir: »Wenn du zu mir umkehrst, nehme ich dich wieder an und du sollst wieder mein Diener sein. Wenn du nicht mehr solchen Unsinn redest, sondern deine Worte abwägst, dann darfst du mein Mund sein.[a] Hör nicht auf die anderen, sondern sieh zu, dass sie auf dich hören!

20 Du wirst diesem Volk wie eine Mauer gegenüberstehen. Sie werden gegen dich anrennen, aber sie können dich nicht bezwingen. Denn ich stehe dir zur Seite, ich schütze dich, ich, der HERR. 21 Ich befreie dich aus der Hand deiner Feinde, ich reiße dich aus der Faust dieser Gewalttätigen!«

Jeremia kündet durch sein Verhalten das nahe Gericht an[b]

16 Das Wort des HERRN erging an mich, er sagte zu mir: 2 »Du sollst nicht heiraten und keine Söhne und Töchter haben in diesem Land! 3 Denn ich, der HERR, sage dir, was mit den Söhnen und Töchtern geschehen wird, die hier geboren werden, und ebenso den Müttern, die sie gebären, und den Vätern, die sie zeugen: 4 Sie werden an qualvollen Seuchen sterben und niemand wird da sein, der für sie die Totenklage* hält, niemand, der sie begräbt; ihre Leichen werden zum Dünger für die Äcker werden. Durch Krieg und Hunger werden sie umkommen, Geier und Schakale werden sie fressen!«

5 Weiter sagte der HERR zu mir: »Du sollst kein Trauerhaus betreten und jeder Trauerfeier fernbleiben! Sprich auch niemand dein Beileid aus! Denn ich, der HERR, habe diesem Volk meine Freundschaft entzogen, meine Liebe und mein Erbarmen. 6 Reiche und Arme in diesem Land werden sterben. Niemand wird sie begraben, niemand wird sie betrauern, niemand wird sich zum Zeichen der Trauer die Haut blutig ritzen oder den Kopf kahl scheren. 7 Und es wird niemand mehr da sein, der den Hinterbliebenen das Trauerbrot* spenden könnte, der denen den Trostbecher reichen könnte, die Vater oder Mutter verloren haben!

8 Auch ein Haus, in dem ein Fest gefeiert wird, sollst du nicht betreten! Setz dich nicht mit den Gästen zu Tisch, um mitzuessen und mitzutrinken! 9 Denn das sage ich, der Herrscher der Welt,[c] der Gott Israels: Ich mache allem Jubel und aller Freude in Juda ein Ende, den Jubelruf von Bräutigam und Braut wird man nicht mehr hören. Ihr werdet es selbst erleben und mit eigenen Augen sehen!

10 Wenn du all dies dem Volk ankündigst, werden sie dich fragen: ›Warum droht der HERR uns so großes Unheil an? Was haben wir denn Böses getan? Worin haben wir uns gegen den HERRN, unseren Gott, vergangen?‹

11 Dann sollst du ihnen antworten: ›Schon eure Vorfahren haben mich verlassen, sagt der HERR; sie sind fremden Göttern nachgelaufen, haben ihnen gedient und sie angebetet. Sie haben sich nicht um mich gekümmert und haben nicht auf meine Weisungen geachtet.

12 Ihr aber habt es noch weit schlimmer getrieben als sie. Ihr alle tut nur das, was euer eigensinniges und böses Herz euch eingibt, niemand hört auf mich. 13 Deshalb werde ich euch aus diesem Land forttreiben in ein Land, das ihr vorher nicht kanntet, ihr nicht und auch eure Vorfahren nicht. Dort werdet ihr fremden Göttern dienen müssen bei Tag und Nacht und ich werde kein Erbarmen mit euch haben!‹«[d]

Ausblick auf die Rückkehr aller Verschleppten

14 Der HERR sagt:[e] »Die Zeit wird kommen, wo sie in meinem Volk beim Schwören nicht mehr sagen: ›So gewiss der HERR lebt, der das Volk Israel herausgeführt hat aus Ägypten‹, 15 sondern: ›So gewiss der HERR lebt, der die Leute von Israel herausgeführt hat aus dem Land im Norden* und aus all den anderen Ländern, in die er sie vertrieben hatte.‹

Ja, ich werde sie zurückkehren lassen in das Land, das ich ihren Vorfahren gegeben habe.«

Kein Schuldiger wird entkommen

16 »Ich rufe viele Fischer herbei«, sagt der HERR, »die sollen die Leute von Juda wie Fische fangen. Und danach rufe ich viele Jäger, die Treibjagd auf sie machen und sie herunterholen von jedem Berg und jedem Hügel und sie hervorholen aus jedem Felsspalt.

17 Denn ich sehe genau, was sie treiben. Sie können sich nicht vor mir verstecken; ihre Schuld steht mir vor Augen. 18 Für diese Schuld werden sie mir voll und ganz[f] büßen; ich erlasse ihnen nichts. Sie haben mein Land entweiht mit ihren abscheulichen Götzen, die unrein* sind wie Leichen; überall haben sie ihre widerwärtigen Götterbilder hingestellt.«

Alle Völker erkennen den wahren Gott

19 Ich sagte: »HERR, du gibst mir Kraft, du beschützt mich, zu dir kann ich fliehen in Gefahr. Von den Enden der Erde werden die Völker zu dir kommen und werden sagen: ›Die Götter unserer Vorfahren sind nichts als Betrug; Luft sind sie, nicht einer von ihnen kann helfen. 20 Kein Mensch kann sich seine Götter selbst machen; was dabei herauskommt, sind keine Götter.‹«

a Vgl. Anmerkung zu 12,6. Nur unter der Bedingung, dass Jeremia »umkehrt«, wird die Berufung zum Prophetendienst (vgl. 1,9) noch einmal erneuert und soll noch einmal die Verheißung gelten, die ihm damals zuteil wurde; vgl. Vers 20 mit 1,8.18-19.
b Zu 16,1-13 vgl. Anmerkung zu 13,1.
c Wörtlich *so spricht der HERR Zebaot**.
d Das Volk wird mit dem bestraft, womit es sich schuldig gemacht hat; vgl. Vers 11.
e Die Verse 14-15 sind auch in 23,7-8 (und dort vermutlich im ursprünglicheren Zusammenhang) überliefert. Sie sind wohl hier eingefügt worden, damit bei der gottesdienstlichen Verlesung in der Synagoge inmitten der Unheilsdrohungen auch ein Ausblick auf das schließlich gewährte neue Heil eröffnet wird.
f *voll und ganz:* wörtlich *doppelt;* vgl. Jes 40,2 und die Anmerkung dort.

15,19 1,9 **15,20** 1,18-19; 1,8S **15,21** 26,24; 36,26; 38,9.13 **16,1-4** Ez 24,15-24; Mt 19,12; 1 Kor 7,26 **16,4** 9,21S **16,6** 22,18; 47,5; 48,37; Lev 19,27-28; Ez 24,16-17.22-23 **16,7** Tob 4,17S **16,8** 15,17 **16,9** 7,34S **16,10** 5,19S **16,11** 2,13S **16,12** 7,24S **16,14-15** 23,7-8; Jes 43,16-21 **16,15** 3,18S; 12,15; 24,6 **16,16** Ez 12,13; 17,20; Am 4,2; Hab 1,14-15 **16,17** 32,19; Ps 90,8; Ijob 34,21 **16,18** Lev 18,24-28; Ez 36,18; Jer 2,7 **16,19** 3,17; 10,8

21 »Ja«, antwortete der HERR, »diesmal lasse ich die Völker meine gewaltige Macht erfahren und sie werden erkennen, dass ich der HERR bin!«[a]

Tief sitzende Schuld, unabwendbare Strafe

17 Der HERR sagt: »Volk von Juda, deine Schuld ist in dein Herz geschrieben und auf die Hörner* deiner Altäre, so unauslöschlich wie eine Inschrift, die mit einem Meißel mit Diamantspitze in eine Steintafel gehauen wird.

2-3 Du kümmerst dich um deine Götzenaltäre und um deine geweihten Pfähle* unter den grünen Bäumen auf den Bergen und Hügeln im Land, als wären es deine eigenen Kinder. Du Volk von Berg- und Hügelpilgern![b] Ich gebe deinen ganzen Besitz und alle deine Opferstätten zur Plünderung frei. Das ist die Strafe für das Unrecht, das du überall in deinem Gebiet begangen hast.

4 Das Land, das ich dir als Erbbesitz* gegeben habe, wirst du verlassen müssen; das hast du dir selbst zuzuschreiben. Ich mache dich zum Sklaven deiner Feinde in einem fernen, unbekannten Land. Denn du hast meinen Zorn wie ein Feuer angefacht und dieses Feuer hört nie mehr auf zu brennen!«

Falsche und wahre Sicherheit

5 Der HERR sagt: »Fluch über alle, die sich von mir abwenden und stattdessen auf die Hilfe vergänglicher Menschen vertrauen! 6 Sie sind wie kümmerliche Sträucher in der Steppe, in steiniger Wüste, in ödem, unbewohnbarem Land. Sie werden niemals Glück erleben.

7 Doch Segen soll über alle kommen, die allein auf mich, den HERRN, ihr Vertrauen setzen! 8 Sie sind wie Bäume, die am Wasser stehen und ihre Wurzeln zum Bach hin ausstrecken. Sie fürchten nicht die glühende Hitze; ihr Laub bleibt grün und frisch. Selbst wenn der Regen ausbleibt, leiden sie keine Not. Nie hören sie auf, Frucht zu tragen.

9 Nichts ist so abgründig wie das menschliche Herz. Voll Unheil ist es; wer kann es durchschauen? 10 Ich, der HERR, sehe bis auf seinen Grund, ich kenne die geheimsten Wünsche der Menschen. Ich gebe jedem, was er aufgrund seiner Taten verdient hat.

11 Allen, die auf unrechtmäßige Weise zu Reichtum gekommen sind, geht es wie einem Vogel, der fremde Eier ausgebrütet hat und zusehen muss, wie die Jungen ihm davonlaufen: In den besten Jahren müssen sie alles hergeben und am Ende stehen sie mit leeren Händen da.«

Israels einzige Hoffnung

12 Ein herrlicher Thron, der von jeher alle Welt überragt, das ist unser Tempel*![c] 13 HERR, du bist die einzige Hoffnung Israels! Alle, die dich verlassen, werden vor Schande vergehen; sie werden verschwinden wie Namen, die man in den Staub schrieb. Denn sie haben dich, die Quelle frischen Wassers, verlassen!

Jeremias Hilferuf[d]

14 Heile du mich, HERR, dann werde ich wieder gesund! Hilf mir, dann ist mir wirklich geholfen! Du hast mir doch immer Grund gegeben, dich zu preisen.

15 Sie sagen zu mir: »Wo bleibt denn das Unglück, das der HERR angedroht hat? Es soll doch kommen!«

16 HERR, du weißt, ich habe mich nie geweigert, deine Aufträge auszuführen. Und eine Katastrophe habe ich schon gar nicht herbeigewünscht. Alles, was ich gesagt habe, weißt du genau. 17 Willst du mir jetzt Angst einjagen?[e] Du bist doch meine Zuflucht, wenn das Unglück kommt!

18 Bring Schande über alle, die mir nachstellen – aber nicht über mich! Ihnen soll der Schreck in die Glieder fahren – aber nicht mir! Bring den Unglückstag über sie und gib ihnen die volle Strafe, so wie sie es verdienen![f]

Der Sabbat gehört Gott

19 Der HERR befahl mir: »Stell dich an das Haupttor der Stadt,[g] durch das die Könige von Juda ein- und ausziehen, und auch an alle die anderen Tore 20 und ruf dort aus: ›Hört, was der HERR euch zu sagen hat, ihr Könige von Juda und ihr alle, die ihr durch diese Tore ein- und ausgeht, Leute von Juda und Bewohner Jerusalems!

21 So spricht der HERR: Wenn euch euer Leben lieb ist, dann hütet euch, am Sabbat* irgendeine Ware aufzuladen und mit ihr durch irgendeines dieser Tore zu kommen! 22 Nicht einmal aus eurem Haus sollt ihr etwas hinaustragen an diesem Tag. Am Sabbat muss jede Arbeit ruhen. Ihr sollt ihn als einen heiligen* Tag begehen, der ausschließlich mir gehört. So habe ich es schon euren Vorfahren befohlen, 23 aber sie haben nicht auf mich gehört und sich nicht darum gekümmert. Hartnäckig haben sie sich geweigert, mein Gebot zu beachten.

24 Folgt nicht ihrem schlechten Beispiel! Hört auf mich, unterlasst es, am Sabbat mit euren Waren bepackt durch die Tore dieser Stadt zu kommen, und begeht den Sabbat als einen heiligen Tag, der mir gehört und an dem alle Arbeit ruht!

25 Dann werden auch künftig Könige aus der Familie Davids auf Pferden und Wagen ein- und ausziehen durch diese Tore, ebenso ihre hohen Beamten, das Volk von Juda und die Bewohner Jerusalems. Für immer wird dann diese Stadt bewohnt bleiben. 26 Und auch künftig werden die Leute aus den Städ-

a Der »Prophet für die Völker« (1,5) lässt die Völkerwelt nicht aus dem Blick. Was Gott an Israel tut, geschieht vor den Augen und unter Einbeziehung aller Völker ringsum und soll sie alle zur Anerkennung des Gottes Israels führen; vgl. 1,10 und Anmerkung dort.
b Wörtlich *Du »Gebirgler« im freien Feld.*
c Dieses sehr dicht gefügte Bekenntnis wird unter anderem in Ps 93 (Verse 2 und 5) entfaltet.
d Vgl. Anmerkung zur Überschrift vor 11,18.
e Der Prophet hat sich in Gottes Auftrag um die Bekehrung des Volkes gemüht und die Katastrophe, die er ankündigen musste, wahrhaftig nicht herbeigewünscht (Vers 16). Nun aber scheint sie ganz auszubleiben, und das Volk – nach wie vor unbekehrt – triumphiert (Vers 15). Dieser Gott, der nicht zu seinem Wort zu stehen und seinen Propheten im Stich zu lassen scheint, jagt Jeremia Angst und Schrecken ein.
f Vgl. Ps 35,4 und Anmerkung zu Jer 11,20.
g Wörtlich *das Tor des Volkes.* Ein Tor dieses Namens ist sonst nicht erwähnt.

17,1 2,22; 6,29; 13,23 **17,2-3** 3,13S **17,4** 15,14S **17,5-8** Ps 1,1-6; 146,3-5; Spr 4,18-19 **17,7-8** Sir 34,14-20 **17,9** 7,24S **17,10** (kenne) 11,20S; (verdient) 21,14; 25,14; 32,19; Ijob 34,11; Ps 62,13; Ez 18,30; Hos 12,3; Sir 35,24 **17,12** 3,17S **17,13** 2,13S; 14,8; Ps 36,9-10 **17,14** Ps 6,3 **17,15** Jes 5,19; 2 Petr 3,3-4 **17,18** 11,18-20; 15,10; 18,18; 20,2.7-8.10; 26,8-9; 37,11-16; 38,4-6; Klgl 3,52 **17,21-22** Ex 20,8-10S **17,23** 7,26 **17,24** Gen 2,3 **17,25** 22,4

ten in Juda, aus den Dörfern rings um Jerusalem, aus
dem Land Benjamin, aus dem Hügelland, dem Gebir-
ge und dem Steppengebiet im Süden hierher zum
Tempel* kommen, um ihre Opfergaben* zu brin-
gen: Brandopfer und Mahlopfer, Speiseopfer und
Weihrauch* und Dankopfer.
27 Wenn ihr aber nicht auf mich hört, wenn ihr
den Sabbat behandelt wie jeden anderen Tag, an
dem ihr mit Lasten beladen durch die Tore Jerusa-
lems kommt, dann werde ich Feuer an diese Tore
legen, das wird die Paläste Jerusalems fressen und
niemand kann es löschen!‹«

Das Bild vom Töpfer: Gott gibt noch eine Chance

18 Das Wort des HERRN erging an mich, an Jere-
mia; er sagte zu mir: 2 »Geh hinunter zum
Haus des Töpfers! Dort wirst du hören, was ich dir
zu sagen habe.«
3 Ich ging hin und fand den Töpfer bei seiner
Arbeit an der Töpferscheibe. 4 Wenn ihm ein Gefäß
unter den Händen misslang, dann machte er aus
dem Ton ein anderes, ganz wie er es für richtig hielt.
5 Da erging das Wort des HERRN an mich, er sagte:
6 »Kann ich es mit euch Leuten von Israel nicht
genauso machen? Wie der Ton in der Hand des Töp-
fers, so seid ihr in meiner Hand.
7 Einmal sage ich zu einem Volk oder Königreich,
dass ich es ausreißen oder zerstören will. 8 Wenn
dann aber dieses Volk sich ändert und sein böses
Treiben lässt, tut es mir Leid und ich führe nicht
aus, was ich ihm angedroht habe. 9 Ein anderes
Mal sage ich zu einem Volk oder Königreich, dass
ich es aufbauen und fest einpflanzen will. 10 Wenn
dann aber dieses Volk tut, was mir missfällt, und
mir nicht gehorcht, dann lasse ich nichts von all
dem Guten kommen, das ich ihm versprochen hatte.
11 Sag also zu den Leuten von Juda und den Bewoh-
nern Jerusalems: ›So spricht der HERR: Ich mache
einen Plan gegen euch und bereite das Unglück
vor, das ich über euch bringen will. Kommt doch
zurück von eurem verkehrten Weg! Ändert euer
Leben und Tun!‹
12 Aber sie werden antworten: ›Daraus wird nichts!
Wir werden unsere eigenen Pläne ausführen und so
böse und starrsinnig sein, wie es uns gefällt!‹«

Unbegreifliche Abkehr von Gott

13 Deshalb sagt der HERR: »Erkundigt euch bei allen
Völkern! Wo hat man je dergleichen gehört? Was
das Volk Israel[a] getan hat, ist unglaublich und empö-
rend. 14 Kommt es jemals vor, dass der Schnee auf
den Gipfeln des Libanons schmilzt oder große
Ströme versiegen?[b] 15 Mein Volk aber hat mich ver-
gessen; es opfert* Göttern, die keine sind.
Von ihnen verführt, begann es, auf seinem Weg
zu stolpern, ja, seinen Weg zu verlassen und in die
Irre zu gehen. 16 Deshalb wird das Land so verwüstet,
dass alle, die vorbeikommen, sich entsetzen und sich
vor Furcht und Grauen schütteln. 17 Ich lasse Feinde
über mein Volk kommen, die es wegtreiben, wie ein
heftiger Ostwind den Staub davonweht. An dem
Tag, an dem das Unglück hereinbricht, kehre ich die-
sem Volk den Rücken; ich helfe ihm nicht!«

Todfeindschaft gegen Jeremia[c]

18 Da gibt es Leute, die sagen: »Los, wir müssen gegen
Jeremia etwas unternehmen! Er lügt! Nie wird unse-
ren Priestern* die Weisung ausgehen, unseren erfah-
renen Leuten guter Rat, unseren Propheten* das
Wort, das von Gott kommt! Wir drehen ihm einen
Strick aus seinen eigenen Worten, aber im Übrigen
geben wir nicht mehr Acht auf das, was er sagt!«
19 Gib du auf mich Acht, HERR! Hör doch, was
meine Gegner reden! 20 Soll denn Gutes mit Bösem
vergolten werden? Sie wollen mich in ihre Gewalt
bekommen. Dabei bin ich für sie eingetreten bei
dir, um deinen Zorn von ihnen abzuwenden; du
weißt es, HERR!
21 Deshalb lass ihre Kinder den Hungertod sterben!

Jeremia berichtet von einem Besuch beim Töpfer: »Wenn ihm ein Gefäß unter den Händen misslang, dann machte er aus dem Ton ein anderes, ganz wie er es für richtig hielt. Da erging das Wort des Herrn an mich, er sagte: ›Kann ich es mit euch Leuten von Israel nicht genauso machen?‹« (18,4-6)

a *das Volk Israel:* wörtlich *die Jungfrau Israel.*
b Der Vers ist nicht sicher zu deuten.
c Vgl. Anmerkung zur Überschrift vor 11,18.

17,27 39,8 **18,6** Ijob 10,8-9; Jes 45,9 S; Sir 33,13 **18.7.9** 1,10 S **18,8** 26,3; 42,10; Joël 2,14 S **18,11** 7,3; 36,3; 2 Kön 17,13; Sach 1,4 **18,12** 7,24 S; 22,21 **18,13** 5,30 **18,15** 2,32; 6,16 S **18,16** 19,8; 25,9; 29,18; 49,17; 50,13; 51,37 **18,18** 2,8 S; 17,18 S **18,20** 7,16 S

a Zu den Versen 21-23 vgl. 11,20 und Anmerkung dazu.
b Siehe Anmerkung zu 13,1.
c Wörtlich *der HERR Zebaot**; entsprechend in den Versen 11 und 15.
d Diese Androhung findet sich auch in Lev 26,29 und Ez 5,10. Sie ist offensichtlich wahr geworden (Klgl 2,20; 4,10; Bar 2,3; vgl. auch 2 Kön 6,28-29.
e ›Schrecken überall‹ muss eine immer wiederkehrende Wendung in Jeremias Gerichtsankündigungen gewesen sein (vgl. 6,25; 46,5; 49,29), sodass man dem Propheten spöttisch denselben Namen gab (20,10), den dieser hier in Gottes Auftrag Paschhur gibt.
f Zum ersten Mal fällt hier das Wort »Babylonien«: Der Babylonierkönig wird Gottes Urteil vollstrecken.
g Vgl. Anmerkung zur Überschrift vor 11,18.

Lass sie selber durch Feindeshand umkommen,
sodass ihre Frauen als kinderlose Witwen übrig blei-
ben! Die alten Männer soll die Pest holen und die
jungen sollen im Kampf fallen! 22 Aus ihren Häusern
soll man Hilfeschreie hören, wenn plötzlich plün-
dernde Soldaten eindringen! Denn diese Leute
haben es auf mich abgesehen; eine Grube haben
sie für mich gegraben und Fangnetze ausgelegt.
23 Du, HERR, kennst ihre Pläne; sie haben es darauf
abgesehen, mich zu töten. Dieses Verbrechen ver-
zeih ihnen nicht; diese Schuld vergiss ihnen nie! Lass
sie vor dir zusammenbrechen! Wenn du kommst,
um Gericht zu halten, dann rechne mit ihnen ab![a]

Der zerschlagene Krug[b]

19 Der HERR befahl Jeremia: »Kauf dir einen Was-
serkrug, wähle einige von den Ältesten* des
Volkes und von den angesehensten Priestern* als
Zeugen aus 2 und geh mit ihnen durchs Scherbentor
hinaus ins Hinnom-Tal*. Dort kündige ihnen an,
was ich dir sagen werde.
3 Das aber sollst du zu ihnen sagen: ›Ihr Könige
von Juda und ihr Bewohner Jerusalems, hört das
Wort, das der HERR euch ausrichten lässt! So spricht
der HERR, der Herrscher der Welt,[c] der Gott Israels:
Ich werde Unglück über diesen Ort bringen; es wird
so schrecklich sein, dass jedem, der die Nachricht
davon hört, die Ohren wehtun werden. 4 Denn mein
Volk hat mich verlassen. Sie haben diesen Ort ver-
dorben und entweiht durch die Opfer*, die sie ande-
ren Göttern dargebracht haben. Von diesen Göttern
haben sie früher nichts gewusst, auch ihre Vorfahren
und die Könige von Juda nicht. Sie haben an diesem
Ort das Blut unschuldiger Menschen vergossen. 5 Sie
haben auch einen Altar für den Baal* gebaut, um da-
rauf ihre Kinder als Opfer zu verbrennen. Das habe
ich nie befohlen; es ist mir niemals in den Sinn
gekommen, so etwas von ihnen zu verlangen.
6 Deshalb wird eine Zeit kommen, da wird man
diesen Ort nicht mehr Tofet* oder Hinnom-Tal nen-
nen, sondern Mordtal. 7 An diesem Ort will ich alle
Pläne der Leute von Juda und Jerusalem vereiteln.
Sie sollen durch das Schwert ihrer mordgierigen
Feinde umkommen und ihre Leichen werde ich
den Vögeln und wilden Tieren zum Fraß vorwerfen.
8 Ich werde diese Stadt so völlig zerstören, dass jeder
Mensch, der vorübergeht, erschrickt und sich ent-
setzt abwendet. 9 Erbarmungslose Feinde werden
die Stadt einschließen und belagern und die Belage-
rung wird so hart werden, dass die Leute in der Stadt
sich gegenseitig aufessen. Sogar ihre eigenen Kinder
werden sie dann essen.‹[d]
10 Wenn du das gesagt hast, dann zerschlage den
Krug vor den Augen deiner Begleiter! 11 Sag zu ihnen:
›So spricht der HERR, der Herrscher der Welt: Ich zer-
schlage dieses Volk und diese Stadt, wie man Tonge-
schirr in Scherben schlägt, sodass es sich nicht mehr
zusammenkitten lässt. Sogar im Tofet werden die
Toten begraben, weil es sonst nirgendwo mehr Platz
dafür gibt. 12 Ich will diese Stadt und ihre Bewohner
dem Tofet gleichmachen. Das sage ich, der HERR.
13 Die Häuser in Jerusalem, die Häuser der Könige
von Juda, alle Häuser, auf deren Dächern ihr zu
Ehren des Sternenheeres Weihrauch* verbrannt
und für andere Götter Trankopfer* ausgegossen
habt, alle diese Häuser sollen unrein* werden wie
der Platz Tofet.‹«

Jeremia wird misshandelt

14 Als Jeremia vom Tofet zurückkehrte, wo er im Auf-
trag des HERRN geredet hatte, begab er sich in den
Vorhof* des Tempels und verkündete allen Leuten:
15 »So spricht der HERR, der Herrscher der Welt, der
Gott Israels: ›Ich bringe über die Stadt Jerusalem
und die Städte in Juda all das Unglück, das ich ihnen
angedroht habe; denn sie haben sich hartnäckig
geweigert, auf meine Worte zu hören.‹«
20 Der Priester Paschhur, der Sohn Immers, war
damals Oberaufseher am Tempel. Als er den
Propheten Jeremia so reden hörte, 2 gab er Befehl,
ihn festzunehmen, zu schlagen und in den Block*
einzuschließen, der sich am oberen Benjamintor
im Tempelbezirk befand.
3 Am folgenden Morgen kam Paschhur zu Jeremia
und löste ihn aus dem Block. Da sagte Jeremia zu
ihm: »Der HERR nennt dich nicht mehr Paschhur,
sondern ›Schrecken überall‹.[e]
4 Höre, was er dir sagen lässt: ›Ich mache dich zum
Schrecken für dich selbst und alle deine Freunde. Du
musst mit eigenen Augen ansehen, wie sie durch das
Schwert ihrer Feinde fallen.
Ich liefere die Bewohner von ganz Juda an den
König von Babylonien* aus.[f] Er wird einen Teil
von ihnen nach Babylonien wegführen und die
anderen mit dem Schwert töten. 5 Den ganzen Reich-
tum dieser Stadt gebe ich den Feinden, allen Besitz
und alle Kostbarkeiten, auch die Schätze der Könige
von Juda. Sie werden geraubt und nach Babylonien
weggeschafft.
6 Auch du, Paschhur, wirst mit deiner ganzen
Familie nach Babylonien verschleppt. Dort wirst
du sterben und begraben werden, zusammen mit
deinen Freunden, die du mit deinen falschen Wei-
sungen ins Verderben geführt hast.‹«

Jeremia klagt Gott sein Leid[g]

7 Du hast mich verführt, HERR, und ich habe mich
verführen lassen; du hast mich gepackt und mir

18,22 17,18S; Ps 57,7 **19,1-13** 13,1-11S **19,3** 11,11; 25,18; 2 Kön 21,12 **19,5** 7,31S **19,8** 18,16S **19,9** Lev 26,29S **19,13** 8,2S; 32,28-29 **19,15** 7,26S **20,2** 29,26 **20,3** 6,25S **20,5** Jes 39,6

Gewalt angetan. Nun spotten sie immerzu über
mich, alle lachen mich aus. 8 Denn sooft ich in dei-
nem Auftrag rede, muss ich Unrecht anprangern.
»Verbrechen!«, muss ich rufen, »Unterdrückung!«
Und das bringt mir nichts als Spott und Hohn ein,
Tag für Tag.
9 Aber wenn ich mir sage: »Ich will nicht mehr an
Gott denken und nicht mehr in seinem Auftrag
reden«, dann brennt dein Wort in meinem Innern
wie ein Feuer. Ich nehme meine ganze Kraft zusam-
men, um es zurückzuhalten – ich kann es nicht.
10 Viele höre ich tuscheln, sie nennen mich schon
»Schrecken überall«. Die einen fordern: »Verklagt
ihn!« Die anderen sagen: »Ja, wir wollen ihn anzei-
gen!« Sogar meine besten Freunde warten darauf,
dass ich mir eine Blöße gebe. »Vielleicht bringen
wir ihn dazu, dass er etwas Unvorsichtiges sagt«,
flüstern sie, »dann können wir uns an ihm rächen!«
11 Doch du, HERR, stehst mir bei, du bist mein
mächtiger Beschützer! Deshalb kommen meine Ver-
folger zu Fall, sie richten nichts aus. Ihre Pläne miss-
lingen und sie müssen sich auslachen lassen. Diese
Schande bleibt für immer an ihnen hängen.
12 HERR, du Herrscher der Welt,[a] du kennst alle,
die dir die Treue halten! Du prüfst sie auf Herz und
Nieren. Lass mich sehen, wie du es meinen Feinden
heimzahlst; denn dir habe ich meine Sache anver-
traut.[b] 13 Singt dem HERRN und lobt ihn! Denn er ret-
tet den Armen aus der Gewalt seiner Feinde.
14 Verflucht sei der Tag, an dem ich geboren wur-
de, ausgelöscht der Tag, an dem meine Mutter mich
zur Welt brachte! 15 Verflucht sei der Mann, der mei-
nen Vater mit der Nachricht erfreute: »Ein Junge
ist's, du hast einen Sohn bekommen!« 16 Ausgelöscht
soll jener Tag sein wie die Städte, die der HERR ohne
Erbarmen zerstörte. Am Morgen sei er voll Klagen,
am Mittag voll Kriegslärm, 17 weil er mich nicht ster-
ben ließ im Mutterleib. Meine Mutter wäre mir dann
zum Grab geworden, sie wäre für immer schwanger
geblieben.
18 Warum musste ich den Mutterschoß verlassen,
um nichts als Elend und Kummer zu erleben und
in Schande zu enden!

Keine Rettung für Zidkija und Jerusalem

21 Das Wort des HERRN erging an Jeremia,
damals, als König Zidkija zwei Männer zu
ihm schickte – Paschur, den Sohn von Malkija,
und den Priester* Zefanja, den Sohn von Maase-
ja – und ihm sagen ließ:[c] 2 »Du weißt, dass Nebukad-
nezzar, der König von Babylonien*, den Kampf
gegen uns eröffnet hat. Frage doch den HERRN, was
geschehen wird, ob er vielleicht ein Wunder tut
wie in alten Zeiten[d] und Nebukadnezzar zum Abzug
zwingt.«
3 Jeremia gab dem König durch die beiden Abge-
sandten den Bescheid: 4 »So spricht der HERR, der
Gott Israels: ›Das Heer des Königs von Babylonien
hat euch eingeschlossen. Noch versuchen eure Trup-
pen, den Angreifern außerhalb der Mauern Wider-
stand zu leisten. Aber ich werde dafür sorgen, dass
sie sich in das Innere der Stadt zurückziehen müs-
sen.
5 Denn ich selbst kämpfe gegen euch mit starker
Hand und drohend erhobenem Arm und ihr sollt
die ganze Glut meines Zorns zu spüren bekommen!
6 Alles, was in dieser Stadt lebt – Menschen und
Vieh –, wird von einer verheerenden Pest heimge-
sucht werden. 7 Danach gebe ich Zidkija, den König
von Juda, und seine hohen Beamten in die Gewalt
Nebukadnezzars, des Königs von Babylonien, und
dazu alle Bewohner der Stadt, die bis dahin noch
nicht durch Pest, Krieg und Hunger umgekommen
sind. Das sage ich, der HERR. Ich gebe euch in die
Gewalt eurer Feinde, die euch töten wollen. Nebu-
kadnezzar wird euch alle mit dem Schwert umbrin-
gen, schonungslos, ohne Mitleid und Erbarmen.‹«
8 Den Leuten von Jerusalem aber musste Jeremia

Jeremia muss eine Botschaft ausrichten, die seinen Hörern schrill in den Ohren klingt. Immer wieder möchte er schweigen; aber die Botschaft Gottes brennt in ihm wie ein Feuer, das er nicht zurückhalten kann (20,9).

a Wörtlich *HERR Zebaot**.
b Vgl. 11,20 und Anmerkung dort.
c Seit dem in Kap 19–20 Berichteten sind etwa 10 Jahre vergangen. Paschhur ist nicht mit dem von 20,1 zu verwechseln; vgl. 38,1-3.
d Vgl. 2 Kön 19, 32-36.

20,9 5,14; 6,11; Ijob 32,18-20; Am 3,7-8; Jona 1,3 **20,10** 6,25 S; Mk 3,2 **20,12** 11,20 S **20,13** Ps 9,13 S **20,14** 15,10; Ijob 3,3 S **20,18** 12,1 S; Ijob 3,20 **21,1** (Zidkija) 1,3 S; (Zefanja) 29,25; 37,3; 52,24; 2 Kön 25,18; Sach 6,10 **21,2** (Nebukadnezzar) 25,9; 27,6; 29,1; 34,1; 37,1; 39,1; 43,10; (frage den Herrn) 1 Kön 22,5 S; (Wunder) 2 Kön 19,32-36 **21,4-7** 2 Kön 25,1-12 **21,5** Dtn 4,34 **21,7** 24,10 S; 32,5; 34,4-5; 13,14 **21,8-9** 38,2

ausrichten: »So spricht der *Herr*: ›Ich stelle euch vor
die Wahl zwischen Leben und Tod: 9 Wer in dieser
Stadt bleibt, wird durch Hunger oder Pest umkom-
men oder von den Feinden erschlagen werden;
wer aber die Stadt verlässt und sich den Babyloniern
ergibt, wird mit dem Leben davonkommen.
10 Denn ich bin entschlossen, Unglück über diese
Stadt zu bringen und ihr nicht zu helfen‹, sagt der
Herr. ›Sie wird in die Hand des Königs von Babylo-
nien fallen und er wird sie in Schutt und Asche
legen!‹«

Mahn- und Gerichtsworte an das Königshaus von Juda

11 Jeremia bekam den Auftrag, dem Königshaus von
Juda auszurichten:[a]
»Hört das Wort, das der Herr euch sagen lässt,
12 ihr Nachkommen Davids! So spricht der Herr:
›Beginnt euren Tag damit,[b] dass ihr gerechtes Urteil
sprecht und die Beraubten aus der Hand ihrer Unter-
drücker befreit! Sonst kommt mein Zorn über euch
und brennt wie ein Feuer, das niemand löschen
kann. Ihr habt zu viel Böses getan!
13 Passt auf‹, sagt der Herr, ›jetzt komme ich über
euch, die ihr dort unten auf eurem Felsen wohnt![c]
Ihr behauptet, kein Feind könne bis zu euch hinab-
steigen und bis in eure Gemächer vordringen. 14 Aber
ich, ich selber, werde kommen und euch zur Rechen-
schaft ziehen für all das, was ihr getan habt‹, sagt der
Herr. ›An den Wald von Zedernsäulen in euren
Palästen werde ich Feuer legen, das wird alles rings-
um vernichten!‹«

22 Der Herr gab Jeremia den Auftrag, in den
Palast des Königs von Juda hinunterzugehen
und zu rufen: 2 »Höre, was der Herr dir zu sagen
hat, du König von Juda, der auf dem Thron seines
Ahnherrn David sitzt; auch deine hohen Beamten
und das Volk, das dich in deinem Palast aufsucht,
sollen es hören!
3 So spricht der Herr: ›Sorgt für Gerechtigkeit und
befreit die Beraubten aus der Hand ihrer Unter-
drücker! Ihr sollt die Fremden, die bei euch woh-
nen, nicht ausbeuten und die Schutzlosigkeit der
Waisen oder Witwen nicht ausnutzen! Hört auf, in
diesem Land das Blut unschuldiger Menschen zu
vergießen!
4 Nur unter dieser Bedingung werden auch künftig
Könige, die auf Davids Thron sitzen, durch die Tore
dieses Palastes ein- und ausziehen, auf Pferden und
Wagen, sie und ihre hohen Beamten, und auch das
Volk wird weiterhin diesen Palast aufsuchen.
5 Wenn ihr aber nicht auf meine Weisungen hört,
dann wird dieser Palast zum Trümmerhaufen
werden; das schwöre ich, der Herr, bei mir selbst!‹«
6 Ja, der Herr sagt über den Palast des Königs von
Juda: »Wenn ich auch so viel Freude an dir habe wie
an den Eichen in Gilead* und an den Zedern auf dem
Libanon, trotzdem mache ich aus dir eine Wüste,
einen Trümmerhaufen, in dem niemand mehr
wohnt. 7 Ich schicke Männer zu dir, die dich zerstö-
ren werden. Sie werden mit ihren Äxten kommen
und deine herrlichen Zedernsäulen umhauen und
ins Feuer werfen.
8 Menschen aus vielen Völkern werden an den
Trümmern Jerusalems vorüberziehen und einander
fragen: ›Warum hat der Herr dieser großen Stadt
das alles angetan?‹ 9 Und dann wird man ihnen ant-
worten: ›Ihre Bewohner haben sich nicht an die Ver-
pflichtungen gehalten, die der Bund* mit dem
Herrn, ihrem Gott, ihnen auferlegt; sie haben frem-
de Götter verehrt und ihnen gedient.‹«

Aufruf zur Trauer über König Schallum[d]

10 Volk von Juda, trauere nicht um den König, der
gefallen ist; weine nicht wegen Joschija! Weine viel-
mehr um den anderen, den sie weggeführt haben,
denn er wird dieses Land nicht wiedersehen, in
dem er geboren wurde![e]
11 Der Herr sagt über Schallum, den König von
Juda, der seinem Vater Joschija auf dem Thron folgte
und der diese Stadt verlassen musste: »Schallum
wird nicht hierher zurückkehren. 12 Er wird sterben
an dem Ort, an den sie ihn verschleppt haben; dieses
Land wird er nicht wiedersehen!«

Gerichtswort gegen König Jojakim[f]

13 Weh dir! Du baust deinen Palast auf Unrecht und
stockst ihn auf, ohne dich um Gerechtigkeit zu küm-
mern. Du lässt die Leute für dich arbeiten und gibst
ihnen keinen Lohn. 14 Du sagst: »Ich baue mir einen
großen Palast mit geräumigen Zimmern im Oberge-
schoss!«

Du setzt Fenster ein, täfelst das Haus mit Zedern-
holz, malst es rot an. 15 Meinst du, du musst dich
dadurch als König erweisen, dass du Prachtbauten
aus Zedernholz errichtest wie andere Könige?

Hat dein Vater nicht auch gut gegessen und
getrunken und es sich wohl sein lassen? Aber er
regierte gerecht, weil er sich an die Weisungen Got-
tes hielt, und deshalb ging es ihm gut. 16 Den Schwa-
chen und Armen verhalf er zum Recht, deshalb
stand alles gut. »Wer so handelt, zeigt, dass er mich
kennt«, sagt der Herr.
17 Aber du siehst nur deinen eigenen Vorteil und
denkst an nichts anderes. Du vergießt das Blut
unschuldiger Menschen und unterdrückst dein Volk
mit harter Gewalt.
18 Darum sagt der Herr über König Jojakim, den
Sohn von Joschija: »Es wird für ihn keine Totenkla-

a Der Anfang von Vers 11 ist eine Überschrift, die sich auf Jer 21,11–23,8 bezieht.
b Die Gerichtssitzungen fanden in den frühen Morgenstunden statt (vgl. Ps 101,8; 2 Sam 15,2).
c Der Königspalast lag südlich unterhalb des Tempels; vgl. 22,1; 26,10; 36,12. Die Tempelanlage bildete einen natürlichen Schutz gegen feindliche Angriffe, die in der Regel von Norden her erfolgten. Mehr noch bedeutete der Glaube, damit von Gott selbst geschützt zu sein, der im Tempel wohnt.
d *Schallum* ist ein anderer Name für Joahas; vgl. 2 Kön 23,30-34.
e Joschija fiel im Kampf gegen Pharao Necho (2 Kön 23,29). Sein Sohn Schallum (= Joahas) wurde nach einer Regierungszeit von nur drei Monaten von Necho abgesetzt und nach Ägypten verschleppt. Dort starb er. (2 Kön 23,30-34; Ez 19,4)
f Anstelle von Schallum/Joahas machte Necho dessen Bruder Eljakim zum König und gab ihm den Namen Jojakim.

21,14 17,10 S **22,3** 7,5-7 S; 21,12 **22,4** 17,25 **22,5** 49,13 S **22,8** 5,19 S **22,13** Lev 19,13 **22,15** Sir 49,1-3 **22,17** 7,6; 26,23 **22,18** 16,6 S

ge* geben. Niemand wird rufen: ›Ach, Brüder, ach, Schwestern, warum musste er sterben!‹ Sie werden auch nicht klagen: ›Ach, unser Herrscher! Ach, seine Majestät!‹ 19 Er bekommt kein Begräbnis, er wird beseitigt wie ein toter Esel: Sie schleifen ihn weg und werfen ihn draußen vor den Toren Jerusalems hin.«[a]

Jerusalems Ende ist abzusehen

20 Der HERR sagt: »Steig auf den Gipfel des Libanons, du Volk von Jerusalem, und stimme das Klagegeschrei an![b] Klage laut auf der Hochebene von Baschan* und vom Abarim-Gebirge herab, denn alle deine Verbündeten wurden vernichtend geschlagen!

21 Ich hatte dich gewarnt, als dir noch keine Gefahr drohte. Aber du sagtest: ›Lass mich in Ruhe!‹ Das war deine Art; schon von Jugend an wolltest du nicht auf mich hören.

22 Wie deine Verbündeten, so werden auch deine eigenen Führer in die Gefangenschaft geführt; sie werden alle weggefegt wie von einem Sturm. So erntest du Schmach und Schande für all das Unrecht, das du getan hast. 23 Noch thronst du hoch wie auf dem Libanon und wohnst in Palästen aus Zedernholz. Wie wirst du stöhnen, wenn das Unglück über dich kommt; stöhnen und schreien wirst du wie eine Frau, die in Wehen liegt!«

Gottes Urteil über König Jojachin

24 Jeremia bekam den Auftrag, dem neuen König zu verkünden:° »So gewiss ich lebe, sagt der HERR, selbst wenn du, Konja,[c] Sohn Jojakims, ein Siegelring an meiner rechten Hand wärst, ich würde dich wegreißen. 25 Ich liefere dich an deine Feinde aus, die dir nach dem Leben stehen und vor denen du Angst hast, an Nebukadnezzar, den König von Babylonien*, und an seine Kriegsleute. 26 Ich werde dich und deine Mutter gewaltsam in ein fremdes Land schaffen. Dort müsst ihr beide sterben. 27 Eure Heimat werdet ihr nie wiedersehen, sosehr ihr euch danach sehnen werdet.«

28 Ist dieser Konja wirklich so wertlos wie ein zerbrochener Krug, den niemand mehr haben will? Warum werden er und seine Kinder weggenommen und fortgeschleudert in ein Land, das sie nicht kennen?[d]

29-30 Land, Land, Land! Höre das Wort, das der HERR sagt: »In der Liste der Könige schreibt unter den Namen dieses Mannes: ›Kinderlos. Hatte sein Leben lang nur Misserfolg.‹ Denn keinem seiner Nachkommen wird es gelingen, sich auf den Thron Davids zu setzen und wieder über Juda zu herrschen.«

Gott sammelt sein Volk und gibt ihm den rechten König

23 »Weh den führenden Männern meines Volkes, den Hirten, die meine Herde zugrunde gerichtet und auseinander getrieben haben! 2 Ich, der HERR, der Gott Israels, sage zu euch, den Hirten meines Volkes: ›Versprengt und auseinander getrieben habt ihr meine Schafe und habt euch nicht um sie gekümmert. Jetzt werde *ich* mich um *euch* kümmern: Ich werde euch zur Rechenschaft ziehen für eure bösen Taten!‹

3 Ich selbst werde den Rest meiner Schafe sammeln aus allen Ländern, in die ich sie versprengt habe. Ich werde sie zurückbringen an ihren Weideplatz; dort werden sie gedeihen und sich wieder vermehren. 4 Und ich werde ihnen Hirten geben, die wirklich für sie sorgen. Dann brauchen sie nichts mehr zu fürchten und vor nichts mehr zu erschrecken. Kein einziges Schaf geht dann noch verloren.« Das sagt der HERR.

5 »Der Tag kommt«, sagt der HERR, »an dem ich aus der Nachkommenschaft Davids einen Mann berufe, der dem Namen Davids wieder Ehre macht. Er wird als König verständig und gerecht regieren, weil er sich an die Weisungen Gottes hält. 6 Dann wird das Volk von Juda vor Feinden sicher sein und auch das Volk von Israel wird in Frieden leben. Dieser König wird den Namen tragen: ›Der HERR ist unsere Rettung!‹[e]

7 Ja, der Tag kommt«, sagt der HERR, »an dem sie beim Schwören nicht mehr sagen werden: ›So gewiss der HERR lebt, der das Volk Israel herausgeführt hat aus Ägypten‹, 8 sondern: ›So gewiss der HERR lebt, der die Leute von Israel herausgeführt hat aus dem Land im Norden* und aus all den anderen Ländern, in die er sie fortgetrieben hatte, und der sie zurückgebracht hat in ihr Land, damit sie dort wieder wohnen!‹«

Die Propheten sind nicht besser als alle anderen

9 Es folgen Worte Jeremias an die Propheten:[f]

Ich bin verstört und zittere am ganzen Leib, wie ein Betrunkener bin ich, wie vom Wein betäubt von dem, was der HERR, der heilige Gott, zu mir gesagt hat. 10 Das Land ist voll von Ehebrechern,[g] darum liegt ein Fluch auf ihm und es ist in Trauer versunken; die Weideplätze in der Steppe liegen vertrocknet da. Alle haben nur Böses im Sinn, im Unrechtun sind sie groß.

11 »Auch die Propheten* und die Priester* sind Schurken alle miteinander«, sagt der HERR; »sogar in meinem Tempel* stoße ich auf ihr schlimmes Treiben. 12 Deshalb werden sie auf ihrem Weg ausgleiten.

22,19 36,30 **22,21** 2,25; 18,12 **22,24-27** 13,18S **22,29-30** 1 Chr 3,17-24; Jer 36,30 **23,1-4** 10,21S **23,3** (zurückbringen) 24,6; 29,14; 30,3; 31,7-8; 32,37; 50,19-20; Dtn 30,3-5; Jes 11,11-12S **23,5** 30,9; 33,15.17; Jes 9,5-6S; Ez 34,23-24; 37,24; Mi 5,1; Sach 6,12 **23,6** 31,27-28; 33,7.14; 3,18S **23,7-8** 16,14-15S **23,9** 14,13-15S

a Die Drohung wird in 36,30 wiederholt, doch ist von einer solchen Entehrung des Königs sonst nichts bekannt; vgl. 2 Kön 24,6.

b Dem maßlosen Elend entspricht die Maßlosigkeit der Klage. Sie soll von den höchsten Höhen herab erfolgen, von denen man das Land Israel überblicken kann. Es ist die Zeit von 2 Kön 24,5-7.

c *Konja:* Kurzform von Jechonja = Jojachin; vgl. 2 Kön 24,6-12.

d Der Prophet kann es offenbar selbst noch nicht fassen, dass über Jojachin (Verse 24-27) das letzte Wort gesprochen sein soll. Doch dieses Wort wird durch ein weiteres, gleichartiges unterstrichen (Vers 30), das der Prophet nur mit großer innerer Anteilnahme weiterzugeben vermag (Vers 29). Die Liste der Nachkommen Jojachins (1 Chr 3,17-24) führt nach Mt 1,12-16 zu Jesus Christus.

e Bezugnahme auf den damals regierenden König aus der Nachkommenschaft Davids, der seinem Namen Zidkija (Meine Rettung ist der HERR) nicht gerecht wurde. Zidkija trieb Jerusalem vielmehr vollends in den Untergang; vgl. 2 Kön 24,17–25,21. Doch mit 23,5-6 gibt Gott das Versprechen, dass es einmal einen Mann aus Davids Nachkommenschaft geben wird, der diesem großen Namen gerecht wird (siehe Vergleichsstellen). Die Christen sehen diese Verheißung in Jesus erfüllt (Apg 2,36; Röm 1,3-4).

f Überschrift, die sich auf den ganzen Rest des Kapitels bis Vers 40 bezieht. Zur Sache siehe 14,13-15 und Vergleichsstellen dort.

g Das könnte hier noch im übertragenen Sinn gemeint sein (vgl. Anmerkung zu 3,8), in Vers 14 ist es buchstäblich zu verstehen.

In der Dunkelheit wird einer den andern mitreißen, bis sie alle am Boden liegen. Ich bringe Unheil über sie; die Zeit der Abrechnung kommt!« Das sagt der HERR.

Die Propheten Jerusalems sind schlimmer als die von Samaria

13 »Was ich mit den Propheten* Samarias erleben musste, war schon erschreckend genug!«, sagt der HERR. »Sie redeten im Namen des Götzen Baal* und führten mein Volk Israel in die Irre.

14 Aber was ich jetzt bei den Propheten Jerusalems sehe, ist unerhört: Sie begehen Ehebruch, sie lügen und betrügen. Sie bestärken gewissenlose Leute noch in ihrem Treiben, sodass niemand daran denkt, sein Leben zu ändern. Diese Propheten sind in meinen Augen genauso verkommen wie die Leute von Sodom*, und die Bewohner Jerusalems wie die Leute von Gomorra!

15 Deshalb sage ich, der Herrscher der Welt,[a] über die Propheten Jerusalems: Ich werde ihnen bittere Kost zu essen geben und Gift zu trinken, denn sie sind zu einem Seuchenherd geworden für das ganze Land!«

Die Propheten Jerusalems lügen

16 Der HERR, der Herrscher der Welt, sagt: »Hört nicht auf das, was die Propheten* euch verkünden! Sie halten euch zum Narren. Sie sagen euch, was ihr Herz ihnen eingibt, nicht was sie aus meinem Mund gehört haben.

17 Denen, die meine Warnungen nicht ernst nehmen, wagen sie zu verkünden: ›Der HERR sagt: Es wird euch blendend gehen‹, und selbst denen, die ihrem eigensinnigen und bösen Herzen folgen, sagen sie: ›Ihr habt nichts Schlimmes zu befürchten.‹

18 Keiner dieser Propheten hat je in meiner Ratsversammlung gestanden und von meinen Plänen gehört;[b] keiner hat erfasst, was ich will!«

19 Wie ein verheerender Sturm wird der Zorn des HERRN losbrechen und alle Schuldigen treffen. 20 Er wird nicht aufhören zu wüten, bis alles ausgeführt ist, was der HERR sich vorgenommen hat. Erst wenn es zu spät ist, werdet ihr zur Einsicht kommen und alles begreifen.

21 »Ich habe diese Propheten nicht geschickt«, sagt der HERR, »und doch sind sie losgelaufen; ich habe nicht zu ihnen gesprochen und doch reden sie und berufen sich dabei auf mich. 22 Wenn sie in meiner Ratsversammlung gestanden hätten, dann müssten sie meinem Volk doch verkünden, was ich gesagt habe; sie müssten es dazu anhalten, sein Leben und Tun zu ändern!«

23 Der HERR sagt: »Ich bin nicht der nahe Gott, über den ihr verfügen könnt, ich bin der ferne Gott, der über euch verfügt.[c] 24 Niemand kann sich so gut verstecken, dass ich ihn nicht doch entdecken würde. Es gibt keinen Ort im Himmel und auf der Erde, an dem ich nicht wäre!«

Weizen und Spreu unterscheiden!

25 Der HERR sagt: »Ich habe das Gefasel dieser Propheten* gehört. ›Ich hatte einen Traum, ich hatte einen Traum!‹, sagen sie und wollen damit das Volk glauben machen, dass sie in meinem Auftrag reden.[d] Aber alles, was sie vorbringen, ist Lug und Trug.

26 Wie lange soll das noch so weitergehen? Was haben diese Propheten damit im Sinn, dass sie Lügen verbreiten, ihre eigenen Hirngespinste? 27 Mit ihren Träumen, mit denen einer vor dem andern großtut, verfolgen sie nur *ein* Ziel: Mein Volk soll mich vergessen, genauso wie ihre Vorfahren mich vergaßen und sich dem Götzen Baal* zuwandten!

28 Der Prophet, der einen Traum hatte, kann auch nur seinen Traum erzählen; aber der, zu dem *ich* gesprochen habe, der wird zuverlässig mein Wort ausrichten. Man wird doch noch Weizen und Spreu unterscheiden können«, sagt der HERR. 29 »Mein Wort brennt wie Feuer. Es ist wie ein Hammer, der Felsen zerschlägt!

30 Darum passt auf«, sagt der HERR, »jetzt gehe ich vor gegen diese Propheten, gegen diese Leute, die einander die Worte aus dem Mund stehlen und noch behaupten, sie stammten von mir! 31 Jetzt gehe ich vor gegen die, die ihr eigenes Gerede für mein Wort ausgeben, 32 die sich auf Träume berufen und ihre Träume weitererzählen und mit solchem Unfug mein Volk irreleiten! Von mir haben sie keinen Auftrag bekommen; ich habe sie nicht geschickt! Sie bringen diesem Volk nichts als Schaden! Das sage ich, der HERR.«

Die »Last« des HERRN

33 Der HERR sagte zu mir: »Wenn ein Prophet* oder ein Priester* oder Leute aus dem Volk dich fragen: ›Was hat der HERR uns schon wieder als Last auferlegt?‹,[e] dann antworte ihnen: Der HERR sagt: ›Ihr seid eine Last, die *mir* auferlegt ist. Aber ich bin schon dabei, euch abzuwerfen!‹ 34 Jeden Propheten und Priester und jeden Mann aus dem Volk, der künftig noch fragt: ›Was hat der HERR uns auferlegt?‹, den werde ich zur Rechenschaft ziehen, ihn selbst und seine ganze Familie!«

35 Der HERR will, dass ihr stattdessen einander fragt: »Was hat der HERR *geantwortet*?«, oder »Was hat er *gesagt*?« 36 Die Frage »Was hat er uns auferlegt?« soll es bei euch nicht mehr geben. Wer künftig noch so fragt, legt sich damit selbst eine Last auf, denn er verkehrt den Sinn dessen, was der lebendige Gott, der Herrscher der Welt,[f] unser Gott, sagen will.

a Wörtlich *spricht der HERR Zebaot**; entsprechend in Vers 16.
b Prophetischer Offenbarungsempfang wird hier (und in Vers 22) in einem Rahmen vorgestellt, wie er Ijob 1,6; 2,1 gezeichnet ist; vgl. auch 1 Kön 22,19-22; Jes 6; Am 3,7-8; ferner Ijob 15,8.
c *über den ihr verfügen könnt* und *der über euch verfügt* sind verdeutlichende Zusätze.
d Im Unterschied zu früheren und späteren Zeugnissen der Bibel (z. B. Gen 28,12; Num 12,6; Mt 1,20) werden hier Offenbarungen und Weisungen, die im Traum empfangen wurden, sehr kritisch beurteilt. Jedenfalls kann dieser Ursprung noch nicht die göttliche Herkunft einer Botschaft beweisen; das entscheidet sich letztlich am Inhalt und an der Wirkung (Verse 27 und 29).
e Wörtlich *Was ist die Last/das Wort des HERRN?* Der hebräische Ausdruck bedeutet sowohl »Wort« als auch »Last«. Er wurde vielleicht Jeremia gegenüber bevorzugt gebraucht, weil seine Unheilsbotschaft als Last empfunden wurde.
f Wörtlich *der HERR Zebaot**.

23,13 3,11; Ez 16,44-52 **23,14** 5,30; Gen 18,20 S; Jes 1,10 **23,15** 8,14 **23,17** 6,14; 7,24 S **23,18** Ijob 1,6 S; 15,8; Am 3,7-8 **23,19** 30,23-24 **23,21** 14,14; 23,32 **23,22** 18,11 S **23,24** Ps 139,7-12 S **23,29** 5,14 S; Hebr 4,12 **23,32** 23,21 S

37 Fragt also den Propheten: »Was hat dir der HERR
geantwortet?«, oder »Was hat er *gesagt?*« 38 Für den
Fall aber, dass ihr weiter nach der Last fragt, die der
HERR euch auferlegt, sagt der HERR: 39 »Ich werde
euch wie etwas Lästiges wegwerfen,° weit weg von
mir, euch und die Stadt, die ich euren Vorfahren
und euch gegeben habe. 40 Ich bringe Schande über
euch, die für immer an euch hängen bleibt; niemals
mehr wird man aufhören, euch zu verhöhnen!«

Die Verbannten sind besser als die im Land Verbliebenen

24 Der HERR zeigte mir in einer Vision zwei Kör-
be voll Feigen, die vor dem Tempel* standen.
Es war in der Zeit, nachdem der Babylonierkönig
Nebukadnezzar König Jojachin von Juda, den Sohn
Jojakims, samt den hohen Beamten und den Bau-
und Metallhandwerkern aus Jerusalem weggeführt
und nach Babylonien* gebracht hatte.[a]
2 Die Feigen in dem einen Korb waren sehr gut,
wie die ersten reifen Feigen des Jahres; die in dem
andern aber waren so schlecht, dass man sie nicht
essen konnte.
3 Der HERR fragte mich: »Was siehst du, Jeremia?«
Ich antwortete: »Feigen! Die einen sind sehr gut,
die andern schlecht und ungenießbar.«
4 Da erging an mich das Wort des HERRN, er sagte
zu mir: 5 »Wie die Menschen Freude haben beim
Anblick der guten Feigen, so habe ich, der Gott
Israels, Freude beim Anblick der Leute aus Juda,
die ich nach Babylonien fortgetrieben habe. 6 Ich
werde mich ihnen wieder zuwenden und sie in die-
ses Land zurückholen; ich werde sie aufbauen und
nicht niederreißen, sie sollen neu eingepflanzt und
nicht mehr ausgerissen werden. 7 Ich gebe ihnen
ein verständiges Herz, damit sie mich erkennen
und begreifen, dass ich der HERR bin. Mit ganzem
Herzen werden sie zu mir umkehren. Sie werden
mein Volk sein und ich werde ihr Gott sein.
8 Aber mit König Zidkija von Juda und seinen
hohen Beamten und den restlichen Leuten Jerusa-
lems – ob sie nun im Land geblieben sind oder sich
in Ägypten niedergelassen haben[b] – werde ich tun,
was man mit Feigen macht, die zum Essen zu
schlecht sind, ich, der HERR! 9 Alle Völker der Erde
werden entsetzt sein, wenn sie das sehen. Überall,
wohin ich diese Leute zerstreue, werden sie mit
Hohn und Spott überschüttet werden; ihr Unglück
wird sprichwörtlich werden und wer jemand verflu-
chen will, wird sagen: ›Es soll dir gehen wie den Leu-
ten von Jerusalem!‹[c] 10 Ich lasse Krieg und Hunger
und Pest gegen sie wüten, bis sie ganz verschwun-
den sind aus dem Land, das ich ihren Vorfahren
und ihnen selbst gegeben hatte.«

Nach dreiundzwanzig Jahren erfolglosen Wirkens

25 Jojakim, der Sohn von Joschija, war das vierte
Jahr König von Juda und Nebukadnezzar das
erste Jahr König von Babylonien*, da erging das
Wort des HERRN an Jeremia, ein Wort für das ganze
Volk. 2 Der Prophet verkündete es dem Volk von

a Vgl. 2 Kön 24, 10-16.
b Manche Jerusalemer dürften sich beim Herannahen Nebukadnezzars 597 v. Chr. nach Ägypten abgesetzt haben.
c *ihr Unglück ...:* wörtlich *(ich mache sie) zum Unglück, zum Sprichwort und Fluchwort**.

Das Volk und die Könige von Juda führten ihr Unglück selbst herbei, weil sie Gottes Warnungen missachteten. Der Feind aus dem Norden – das war die Strafe Gottes. Im Bild ein Ausschnitt aus einem assyrischen Relief.

24,1 Am 8,2; Jer 21,2 S; 22,24-27 **24,3** 1,11 S **24,4-6** 29,11 S **24,6** 1,10 S; 23,3 S **24,7** 32,39; 31,34; Ez 36,26-27; Jer 30,22 S **24,9** 25,18; 26,6; 29,18.22; 49,13; Jes 65,15 **24,10** 14,12; 15,2; 21,7; 27,8; 29,17; Ez 6,11-12 S **25,1-2** 1,3 S; 36,1; 45,1; 46,2

Juda und allen Bewohnern Jerusalems und sagte zu
ihnen:[a]
3 »Seit dem 13. Regierungsjahr von Joschija, dem
Sohn Amons, dem König von Juda, bis heute, also
seit nunmehr 23 Jahren, ergeht das Wort des HERRN
an mich. Und ebenso lange höre ich nicht auf, euch
immer und immer wieder zu verkünden, was er sagt;
aber ihr hört nicht hin. 4 Immer wieder hat der Herr
seine Diener, die Propheten*, zu euch gesandt, aber
ihr habt sie nicht ernst genommen. 5 Der HERR befahl
mir, zu euch zu sagen: ›Kehrt um von euren verkehr-
ten Wegen, macht Schluss mit eurem bösen Tun,
dann könnt ihr in dem Land wohnen bleiben, das
ich euren Vorfahren und euch für alle Zeiten gege-
ben habe. 6 Lauft nicht den fremden Göttern nach,
dient ihnen nicht und betet sie nicht an! Reizt mich
nicht zum Zorn mit euren Götzenbildern,[b] sonst
bringe ich Unglück über euch!‹
7 ›Aber ihr habt nicht auf mich gehört‹, sagt jetzt
der HERR. ›Im Gegenteil: Mit euren Götzen habt
ihr meinen Zorn herausgefordert und euch damit
selbst ins Unglück gestürzt.‹
8 Deshalb sagt der HERR, der Herrscher der Welt:[c]
›Weil ihr nicht auf mein Wort gehört habt, 9 lasse ich
nun alle Völker des Nordens* kommen, an ihrer
Spitze meinen Bevollmächtigten* Nebukadnezzar,
den König von Babylonien. Sie sollen über euch
und euer Land herfallen, auch über eure Nachbarn
und ihre Länder. Ich gebe euch alle der Vernichtung
preis und eure Länder sollen für immer zum Trüm-
merfeld werden. Wer es sieht, wird aufschreien
und sich mit Entsetzen abwenden.
10 Ich mache allem Jubel und aller Freude bei euch
ein Ende; der Jubelruf von Bräutigam und Braut wird
nie mehr zu hören sein. Das Geräusch der Hand-
mühle am Morgen wird verstummen und abends
in den Häusern keine Lampe mehr brennen. 11 Alles
wird in Trümmern liegen. Siebzig Jahre lang werdet
ihr und eure Nachbarvölker dem König von Babylo-
nien unterworfen sein.[d]
12 Wenn aber die siebzig Jahre um sind‹, sagt der
HERR, ›werde ich den König von Babylonien und sein
Volk zur Rechenschaft ziehen für das, was *sie* an
Schuld auf sich geladen haben.[e] Dann soll *ihr* Land
für immer zu einem Trümmerfeld werden.
13 Ich lasse an ihnen in Erfüllung gehen, was ich
ihnen angedroht habe. Es ist aufgeschrieben in der
Buchrolle*, in der steht, was Jeremia in meinem Auf-
trag jedem einzelnen Volk angekündigt hat.[f] 14 Ja, auch
die Babylonier werden einst großen Völkern und
mächtigen Königen unterworfen sein. Ich zahle ihnen
die Verbrechen heim, die sie begangen haben!‹«

DAS GERICHT ÜBER DIE VÖLKER
(25,15-38; fortgesetzt in 46,1)

Vision vom Gericht Gottes über die Völker

15 Der HERR, der Gott Israels, hat zu mir gesagt:
»Nimm diesen Weinbecher aus meiner Hand. Er ist
gefüllt mit meinem Zorn. Gib ihn allen Völkern[g]
zu trinken, zu denen ich dich sende! 16 Sie sollen
ihn austrinken! Betrunken sollen sie in das Schwert
hineintaumeln, das ich unter ihnen wüten lasse.«
17 Da nahm ich den Becher und gab ihn allen Völ-
kern zu trinken, zu denen mich der HERR schickte.[h]
18 Zuerst mussten Jerusalem und die Städte in Juda –
samt ihren Königen und führenden Männern – trin-
ken, damit sie zu Trümmerfeldern würden, zu Stät-
ten des Grauens, von denen man sich mit Entsetzen
abwendet und deren Namen als Fluchwort* dienen,
wie es bis heute der Fall ist.
19 Dann kamen die anderen Völker an die Reihe
und mussten aus dem Becher trinken:[i] der Pharao,
der König Ägyptens, mit seinem ganzen Hof und sei-
nen Fürsten, mit all seinem Volk 20 und den Frem-
den, die in Ägypten leben; alle Könige des Landes
Uz;[j] alle Könige der Philisterstädte* Aschkelon,
Gaza, Ekron und des Restes von Aschdod; 21 alle Edo-
miter*, Moabiter* und Ammoniter*; 22 alle Könige
von Tyrus und Sidon und von den Ländern jenseits
des Meeres; 23 die Leute von Dedan*, Tema und
Bus und alle mit geschorenen Schläfen; 24 alle Könige
Arabiens und alle Könige der Wüstenstämme; 25 alle
Könige von Simri, Elam* und Medien*; 26 alle
Könige des Nordens, die nahen und die fernen, einer
nach dem andern. Ja, alle Reiche der Erde mussten
davon trinken. Als Letzter wird der König von Baby-
lonien[k] davon trinken.
27 Dann gab der HERR mir den Auftrag, den Völ-
kern auszurichten: »So spricht der HERR, der Herr-
scher der Welt,[l] der Gott Israels: ›Trinkt, berauscht
und erbrecht euch, bis ihr hinstürzt und nicht mehr
aufstehen könnt! Taumelt in das Schwert, das ich
unter euch wüten lasse!‹«
28 »Wenn sie sich aber weigern«, sagte er zu mir,
»den Becher aus deiner Hand anzunehmen und zu
trinken, dann sag ihnen: ›Der HERR, der Herrscher
der Welt, befiehlt euch: Ihr müsst trinken, ob ihr
wollt oder nicht! 29 Ich fange mit der Strafe an bei
der Stadt, die mein Eigentum ist. Meint ihr vielleicht,
ihr bleibt ungestraft? Nein, auch euch trifft die Stra-
fe! Ich rufe das Schwert gegen alle Bewohner der
Erde herbei. Das sage ich, der Herrscher der Welt.‹«

a Es ist das Jahr 605 v. Chr., in dem Nebukadnezzar bei Karkemisch über die Ägypter siegte und damit auch die Vorherrschaft über Palästina gewann. Nunmehr stand fest, wer der »Feind aus dem Norden« (1,14; 6,22) sein würde. Der Prophet zieht Bilanz und legt dar, was der Aufstieg Nebukadnezzars für Juda bedeutet (25,9).
b *mit euren Götzenbildern:* wörtlich *mit dem Werk eurer Hände;* so auch in Vers 7-8 *(Mit euren Götzen).*
c Wörtlich *der HERR Zebaot*.*
d Die Unterwerfung unter die Babylonier dauerte 597–538 v. Chr. *Siebzig* ist demnach als runde Zahl zu verstehen.
e Vgl. 12,14 und Anmerkung dort.
f Gemeint sind die Kap 46–51 unseres Jeremiabuches. Auf Babylonien beziehen sich die Kap 50–51.
g Vgl. 1,10 und Anmerkung dort.
h Der Abschnitt 25,15-29 berichtet von einer *Vision* Jeremias. Der Ausdruck *zu denen mich der Herr schickte* ist ebenso bildlich zu verstehen wie das Reichen des Bechers.
i Im Einzelnen vgl. Kap 46–51.
j Vgl. Ijob 1,1 und Anmerkung dort.
k *Babylonien:* wörtlich *Scheschak*, ein Geheimname für Babylon*.
l Wörtlich *der HERR Zebaot*;* entsprechend in den Versen 28, 29 und 32.

25,3 1,2S; 7,13S **25,4** 7,25-26; 11,7; 26,5; 29,19; 44,4 **25,5** 18,11S **25,6** 7,9; 11,10; 13,10; Ex 20,2-3S **25,9** 1,14S; 21,2S; 18,16 **25,10** 7,34S **25,11** 29,10; 2Chr 36,21; Dan 9,1-2; Sach 1,12; 7,5 **25,13** 46,1–51,64 **25,14** 17,10S; 27,7; 50,15; 51,6.24.56 **25,15** (Zornbecher) 13,13S; 49,12; 51,39; Ps 75,9; Klgl 4,21; Jes 51,17; Obd 16; Nah 3,11; Hab 2,15-16; Mk 10,38par **25,18** 24,9S **25,19** 46,2-26 **25,20** (Philister) 47,1-7S **25,21** (Edomiter) Jes 34,5-17S; (Moabiter) 48,1-47S; (Ammoniter) 49,1-6S **25,22** Jes 23,1-16S **25,23** 49,32S **25,24** 49,28-33 **25,25** 49,34-39 **25,26** 50,1–51,64 **25,29** 25,18; Ez 9,6; 1Petr 4,17

[30] »Weiter sollst du den Völkern ausrichten: ›Wie Gebrüll eines Löwen kommt die Stimme des HERRN aus der Höhe, wie Donner dröhnt sie von seiner heiligen Wohnung her. Sie schallt über das Land wie der Ruf der Keltertreter* und dringt zu allen Völkern,
[31] bis an den Rand der Erde! Denn allen Völkern macht der HERR den Prozess; alles, was Mensch heißt, zieht er vor Gericht und die Schuldigen übergibt er dem Schwert.‹«[a]

[32] Der HERR, der Herrscher der Welt, sagt: »Ein Sturm erhebt sich von den Enden der Erde; ein Volk um das andere wird vom Unglück ereilt.«

[33] Überall auf der Erde werden die Leichen der Menschen liegen, die der HERR erschlagen hat. Und es wird niemand mehr da sein, der um sie trauert, der sie zusammenträgt und bestattet. Sie werden zum Dünger für die Äcker.

[34] Heult, ihr Völkerhirten, schreit und wälzt euch im Staub, ihr Mächtigen; denn jetzt seid ihr an der Reihe, geschlachtet zu werden! Ihr werdet zerstreut! Ihr werdet hinfallen und zerbrechen wie ein kostbares Gefäß!
[35] Für die Hirten der Völker gibt es kein Entkommen.
[36] Ich höre schon ihren Hilfeschrei und ihr Jammern, denn der HERR vernichtet ihre Herden.
[37] Der Gluthauch seines Zornes senkt sich auf die saftigen Weiden und deckt sie zu mit dem Schweigen des Todes.[b]

[38] Ja, der HERR hat sich aufgemacht wie ein Löwe, der sein Dickicht verlässt. Alles Land ist zur Wüste geworden durch das furchtbare Schwert, durch den glühenden Zorn des HERRN.

GEGEN FALSCHE PROPHETEN
(Kapitel 26–29)

Jeremia wird vor Gericht gestellt und freigesprochen

26 Jojakim, der Sohn von Joschija, war erst kurze Zeit König über Juda, da erging das Wort des HERRN an Jeremia. Der HERR sagte zu dem Propheten:
[2] »Stell dich in den Vorhof* des Tempels[c] und verkünde allen, die aus den Städten in Juda dorthin

a Zur Zeit Jeremias ist Weltgeschichte zu einem Stück Welt*gericht* geworden – Erfahrungen, die ein letztes, umfassendes Weltgericht vorausahnen lassen; vgl. Dan 7; Mk 13.
b *und deckt sie ...*: verdeutlichender Zusatz.
c Zu den Versen 1-6 vgl. den Parallelbericht 7,1-15.

Den Leuten in Jerusalem erschien es undenkbar, dass Gott seine Stadt und seinen Tempel dem Untergang preisgeben könnte. Jeremia erinnert dagegen an die Zerstörung des früheren Tempels in Schilo (26,6). Im Bild die dortige Trümmerstätte.

25,30 Am 1,2S **25,33** 9,21S **25,34-36** 6,3 **25,38** 4,7S **26,1** 1,3S

zum Gottesdienst kommen, was ich dir jetzt auftrage. Lass nichts aus! 3 Vielleicht werden sie darauf hören und von ihren verkehrten Wegen umkehren. Dann wird es mir Leid tun und ich werde das Unglück nicht über sie bringen, das ich ihnen wegen ihrer bösen Taten angedroht habe.

4 Sag also zu ihnen: ›Der HERR warnt euch! Hört auf mich, sagt er, und haltet euch an die Weisungen, die ich euch gegeben habe! 5 Achtet auf das, was euch meine Propheten* verkünden! Ich habe immer neue zu euch gesandt; aber bisher habt ihr sie nie ernst genommen. 6 Wenn ihr nicht auf mich hört, verfahre ich mit diesem Tempel wie mit dem von Schilo*. Und eure Stadt werde ich so verwüsten, dass alle Völker der Erde ihren Namen als Fluchwort* benutzen werden!‹«

7 Die Priester*, die Propheten[a] und das ganze Volk hörten, was Jeremia im Vorhof des Tempels sagte. 8 Als er zu Ende geredet hatte, packten sie ihn und schrien: »Dafür musst du sterben! 9 Du wagst zu behaupten: ›Diesem Tempel wird es ergehen wie Schilo und diese Stadt wird völlig zerstört; niemand wird mehr hier leben!‹ Das sagst du nicht im Auftrag des HERRN!«[b]

Und das ganze Volk rottete sich im Vorhof des Tempels gegen Jeremia zusammen.

10 Als die führenden Männer von Juda hörten, was dort vorging, kamen sie vom Königspalast zum Tempel herauf und nahmen am Eingang des Neuen Tores zur Gerichtsverhandlung Platz. 11 Die Priester und Propheten erhoben vor ihnen und vor dem ganzen Volk Anklage gegen Jeremia und sagten: »Dieser Mann hat den Tod verdient, denn er hat sich angemaßt, als Prophet gegen unsere Stadt zu reden. Ihr habt es mit eigenen Ohren gehört.«

12 Jeremia verteidigte sich und sagte zu den Richtern und dem versammelten Volk: »Der HERR hat mich gesandt, um gegen diesen Tempel und diese Stadt all das zu sagen, was ihr gehört habt. 13 Ändert jetzt euer Leben und Tun und hört auf den HERRN, euren Gott! Dann wird es ihm Leid tun und er wird das Unglück nicht über euch bringen, das er euch angedroht hat.

14 Ich bin in eurer Hand; macht mit mir, was euch gut und recht erscheint. 15 Doch das sollt ihr wissen: Wenn ihr mich tötet, vergießt ihr das Blut eines Unschuldigen. Ihr ladet Blutschuld auf euch und auf diese ganze Stadt und ihre Bewohner. Denn es ist wirklich der HERR, der mich zu euch gesandt hat, um euch diese Warnung zu überbringen.«

16 Da sagten die Richter und das ganze Volk zu den Priestern und Propheten: »Dieser Mann hat nichts getan, was den Tod verdient, denn er hat wirklich im Namen des HERRN, unseres Gottes, zu uns gesprochen.«

17 Zuvor waren einige von den Ältesten* des Landes aufgestanden und hatten zur versammelten Menge gesagt: 18 »Zur Zeit, als König Hiskija über Juda regierte, wirkte hier der Prophet Micha aus Moreschet.[c] Er sagte zum ganzen Volk von Juda: ›So spricht der HERR, der Herrscher der Welt:[d] Der Berg Zion* wird umgepflügt wie ein Acker, Jerusalem wird zu einem Trümmerhaufen, der Tempelberg zu einem bewaldeten Hügel!‹

19 Haben etwa damals der König und das Volk von Juda den Propheten getötet? Haben sie nicht vielmehr dem HERRN gehorcht und versucht, seine Gunst wiederzugewinnen? Deshalb tat es dem Herrn Leid und er hat das Unglück nicht über sie gebracht, das er ihnen angedroht hatte.[e] Wir aber sind drauf und dran, durch großes Unrecht unser Leben in Gefahr zu bringen.«

Wie es Jeremia fast ergangen wäre

20 Es gab damals noch einen anderen Propheten, der im Auftrag des HERRN gegen Jerusalem und das Land Juda auftrat – ganz ähnlich wie Jeremia. Er hieß Urija, war ein Sohn von Schemaja und stammte aus Kirjat-Jearim. 21 Als König Jojakim und seine Heerführer und Minister hörten, was Urija sagte, wollte der König ihn umbringen lassen. Urija erfuhr davon, bekam Angst und floh nach Ägypten.

22 König Jojakim aber schickte Elnatan, den Sohn Achbors, mit einigen Männern dorthin. 23 Sie holten ihn aus Ägypten zurück und brachten ihn vor den König. Der ließ ihn mit dem Schwert hinrichten und seine Leiche auf dem Armenfriedhof verscharren.

24 Jeremia jedoch entging der Hinrichtung – aber nur, weil Ahikam, der Sohn Schafans, ihn beschützte und nicht zuließ, dass er der wütenden Menge ausgeliefert wurde.

Beugt euch unter das babylonische Joch!

27 Zidkija,° der Sohn von Joschija, war noch nicht lange König von Juda, da erging an mich, Jeremia, das Wort des HERRN, er sagte zu mir: 2 »Mach dir aus Hölzern und Stricken Joche* und leg sie dir auf den Nacken.[f] 3 Dann schicke sie den Königen von Edom*, Moab*, Ammon*, Tyrus und Sidon. Sag ihren Gesandten, die zu König Zidkija nach Jerusalem gekommen sind:[g]

4 ›Der Gott Israels, der Herrscher der Welt,[h] befiehlt euch, euren Königen auszurichten: 5 Ich bin es, der durch seine gewaltige Kraft und Macht die Erde geschaffen hat mit allen Menschen und Tieren, die darauf leben. Ich kann sie geben, wem ich will. 6 Jetzt gebe ich alle eure Länder in die Hand meines Bevollmächtigten*, des Königs Nebukadnezzar von Babylonien*; selbst die wilden Tiere habe ich

a Vgl. 14,13-15 und Vergleichsstellen dazu.
b In der Assyrergefahr waren Jerusalem und der Tempel durch ein Eingreifen Gottes verschont geblieben (701 v. Chr.; vgl. 2 Kön 19). Darauf mochte sich der Glaube gründen, Gott werde seinen Tempel *nie* irgendwelchen Feinden preisgeben, und die gegenteilige Behauptung konnte als Unglaube und Gotteslästerung ausgelegt werden. – Auch im Prozess Jesu werden kritische Äußerungen über den Tempel eine maßgebliche Rolle spielen (Mk 13,1-2; 14,57-58; Apg 6,13-14).
c Hiskija regierte 752–697 v. Chr. Micha ist bekannt durch das nach ihm benannte Prophetenbuch (siehe Seite 962). Das nachfolgend zitierte Wort entspricht Mi 3,12.
d Wörtlich *der HERR Zebaot**.
e Vgl. 2 Kön 18,5-7.
f Zu 27,1-15 vgl. Anmerkung zu 13,1.
g Die genannten Kleinstaaten planten, sich zusammen mit Juda von der babylonischen Oberherrschaft loszusagen.
h *der Herrscher …:* wörtlich *der HERR Zebaot**.

26,3 18,8S; 18,11S **26,5** 25,4S **26,6** 7,12.14; 24,9S **26,13** 18,8S; 18,11S **26,18** Mi 3,12 **26,19** 18,8S **26,22** (Elnatan) 36,12.25; (Achbor) 2 Kön 22,12 **26,23** 22,17 **26,24** 15,21S **27,1** 2 Kön 24,17-18 **27,5** 10,12S; Dan 4,14 **27,6** 21,2S; 28,14; Jdt 11,7

zu seinen Untertanen gemacht. 7 Alle Völker sollen
ihm dienen, ihm, seinem Sohn und seinem Enkel,
bis auch für sein eigenes Land die Zeit kommt, dass
es großen Völkern und mächtigen Königen unter-
worfen wird.
8 Will aber ein Volk oder Reich König Nebukad-
nezzar nicht dienen und den Nacken nicht unter
sein Joch beugen, so werde ich den König von Baby-
lonien gegen dieses Volk schicken, bis ich es durch
Schwert, Hunger und Pest völlig vernichtet habe.
Das sage ich, der HERR.
9 Hört nicht auf eure Propheten* und auf alle, die
mit Hilfe von Träumen, Totenbeschwörungen oder
Zauberei die Zukunft voraussagen wollen.[a] Sie reden
euch ein, dass ihr euch dem König von Babylonien
nicht unterwerfen müsst. 10 Aber sie lügen! Wenn
ihr auf sie hört, werdet ihr aus eurer Heimat vertrie-
ben; ich muss euch verstoßen und ihr werdet
zugrunde gehen.
11 Wenn aber ein Volk seinen Nacken unter das
Joch des Königs von Babylonien beugt und sich
ihm unterwirft, lasse ich es ungestört auf seinem hei-
matlichen Boden; es kann ihn bebauen und dort
wohnen bleiben. Das sage ich, der HERR.‹«
12 Dasselbe sagte Jeremia[b] auch zu Zidkija, dem
König von Juda: »Beugt euren Nacken unter das Joch
des Königs von Babylonien; unterwerft euch ihm
und seinem Volk. Dann bleibt ihr am Leben. 13 Oder
willst du mit deinem Volk umkommen durch
Schwert, Hunger oder Pest? Ein solches Ende hat
der HERR jedem Volk angedroht, das sich dem König
von Babylonien nicht unterwerfen will.
14 Hört nicht auf die Propheten, die zu euch sagen:
›Unterwerft euch doch nicht dem König von Babylo-
nien!‹ Sie führen euch ins Unglück. 15 Der HERR sagt:
›Ich habe sie nicht gesandt. Sie lügen, wenn sie
behaupten, in meinem Auftrag zu reden. Wenn ihr
auf sie hört, muss ich euch verstoßen. Ihr werdet
zugrunde gehen, ihr und die Propheten, die euch
belügen!‹«
16 Zu den Priestern* und dem ganzen Volk sagte
Jeremia: »So spricht der HERR: ›Hört nicht auf eure
Propheten, die euch einreden wollen, dass die heili-
gen Geräte des Tempels* bald aus Babylon zurückge-
bracht werden. Sie lügen euch an! 17 Hört nicht auf
sie! Unterwerft euch dem König von Babylonien,
dann bleibt ihr am Leben. Warum soll diese Stadt
ein Trümmerfeld werden?
18 Wären diese Leute wirklich Propheten, bei
denen das Wort des HERRN zu finden ist, dann wür-
den sie etwas anderes tun: Sie würden den HERRN,
den Herrscher der Welt,[c] bestürmen, dass er die
wenigen Schätze, die noch im Tempel, im Königspa-
last und in der Stadt geblieben sind, nicht auch noch
nach Babylon wegbringen lässt!‹
19–21 Noch sind sie hier: die beiden bronzenen Säu-
len, das große Bronzebecken, die Kesselwagen und
ein Rest der anderen Geräte; Nebukadnezzar, der
König von Babylonien, hat sie nicht mitgenommen,
als er Jojachin, den Sohn Jojakims, den König von
Juda, mit allen einflussreichen Leuten aus Juda und
Jerusalem nach Babylonien weggeführt hat. Aber
der HERR, der Herrscher der Welt, der Gott Israels,
sagt: ›Die Schätze, die im Tempel, im Königspalast
und in der Stadt übrig geblieben sind, 22 werden auch
noch nach Babylon gebracht; und dort werden sie
bleiben, bis ich selbst dafür sorge, dass sie hierher
zurückkommen.‹«[d]

Prophet steht gegen Prophet[e]

28 Im fünften Monat desselben Jahres – es war
das vierte Regierungsjahr von Zidkija – trat
der Prophet Hananja, der Sohn Asurs aus Gibeon,
Jeremia im Tempel* entgegen. Er sagte zu ihm in
Gegenwart der Priester und des Volkes: 2 »So spricht
der Gott Israels, der Herrscher der Welt: ›Ich zerbre-
che das Joch* des Königs von Babylonien*! 3 Noch
genau zwei Jahre, dann bringe ich alle heiligen Gerä-
te des Tempels*, die Nebukadnezzar von hier nach
Babylonien geschafft hat, an diesen Ort zurück.
4 Auch König Jojachin von Juda und alle anderen,
die aus Juda nach Babylonien verschleppt worden
sind, bringe ich zurück. Denn ich will das Joch des
Königs von Babylonien zerbrechen.‹ Das sagt der
HERR.«
5 Da antwortete der Prophet Jeremia dem Prophe-
ten Hananja vor den Priestern und dem ganzen Volk,
das im Tempel versammelt war: 6 »Amen*! Ich
wünschte, der HERR würde es tun! Er lasse deine
Worte in Erfüllung gehen und bringe die Geräte
des Tempels und alle Verschleppten aus Babylonien
hierher zurück! 7 Aber jetzt höre, was ich dir und
dem ganzen Volk zu sagen habe:
8 Auch die Propheten, die lange vor mir und dir
gelebt haben, sagten vielen Ländern und großen Rei-
chen nichts als Krieg, Unglück und Pest voraus.
9 Sagt aber ein Prophet Glück und Sieg voraus, so
bleibt abzuwarten, ob sein Wort in Erfüllung geht.
Erst daran erweist sich, dass er wirklich im Auftrag
des HERRN gesprochen hat.«
10 Da nahm Hananja das Joch vom Nacken Jeremi-
as und zerbrach es. 11 Dann erklärte er vor allen Leu-
ten: »So spricht der HERR: ›Ebenso nehme ich in zwei
Jahren, genau auf den Tag, das Joch, das König Nebu-
kadnezzar allen Völkern auferlegt hat, und zerbre-
che es.‹«
Jeremia ging weg. 12 Aber einige Zeit danach erging
das Wort des HERRN an Jeremia, er sagte zu ihm:
13 »Geh und richte Hananja aus: So spricht der HERR:
›Das Joch aus Holz hast du zerbrochen, aber dafür

a Zum Wirken falscher Propheten (Vers 9-10.14-18) vgl. 14,13-15 und Vergleichsstellen dazu.
b *Jeremia:* wörtlich *ich.*
c Wörtlich *den HERRN Zebaot**; entsprechend in den Versen 19-21 und in 28,2.14.
d Die Drohung ist wahr geworden (52,17-23). Auch die Andeutung, dass die Geräte einmal zurückkommen werden, hat sich erfüllt (Esra 1,7-11).
e Zum Wirken falscher Propheten vgl. 14,13-15 und Vergleichsstellen dazu.

27,8 24,10S **27,9-10** 14,13-15S **27,13** 24,10S **27,14-18** 14,13-15S **27,16** 2Chr 36,7.10 **27,19-21** (Geräte) 1Kön 7,15-50; 2Chr 36,18 **27,22** Esra 1,7-11 **28,1** 51,59-60 **28,3** 27,16S **28,4** 22,24-27 **28,8** 26,18; Jes 13,1–23,18; Am 1,3–2,16 **28,9** Dtn 18,22 **28,12** 42,7

kommt jetzt ein Joch aus Eisen. 14 Denn der Gott
Israels, der Herrscher der Welt, hat gesagt: Ein eiser-
nes Joch lege ich auf den Nacken aller Völker; sie
müssen sich Nebukadnezzar, dem König von Baby-
lonien, unterwerfen. Selbst die wilden Tiere werden
ihm untertan sein.‹«
15 Weiter sagte Jeremia zu ihm: »Hör gut zu,
Hananja! Der HERR hat dich nicht gesandt. Du hast
das Volk dazu verführt, auf Lügen zu vertrauen.
16 Deshalb sagt der HERR: ›Für dich ist kein Platz mehr
auf der Erde. Noch in diesem Jahr wirst du sterben,
denn du hast Auflehnung gegen den HERRN gepre-
digt.‹«
17 Und der Prophet Hananja starb im siebten
Monat desselben Jahres.

Jeremia schreibt an die Verschleppten und warnt vor falschen Hoffnungen

29 Der Prophet Jeremia schickte einen Brief von
Jerusalem nach Babylonien* an die Ältesten*
der Gemeinde, die noch übrig geblieben waren, und
an die Priester*, die Propheten* und alle anderen, die
Nebukadnezzar dorthin verschleppt hatte.[a] 2 Denn der
Babylonierkönig hatte den König Jojachin, seine Mutter,[b]
die Hofbeamten und die führenden Männer von Juda
und Jerusalem sowie die Bau- und Metallhandwerker
aus Jerusalem weggeführt.
3 Jeremia schickte den Brief durch Elasa, den Sohn
von Schafan, und Gemarja, den Sohn von Hilkija, die
von König Zidkija zu Nebukadnezzar nach Babylon
gesandt worden waren. Der Brief hatte folgenden
Wortlaut:
4 Der Gott Israels, der Herrscher der Welt,[c] sagt zu
allen, die er aus Jerusalem nach Babylonien wegfüh-
ren ließ:
5 »Baut euch Häuser und richtet euch darin ein! Legt
euch Gärten an, denn ihr werdet noch lange genug
dort bleiben,[d] um zu essen, was darin wächst! 6 Hei-
ratet und zeugt Kinder! Verheiratet eure Söhne und
Töchter, damit auch sie Kinder bekommen! Eure
Zahl soll zunehmen und nicht abnehmen. 7 Seid
um das Wohl der Städte besorgt, in die ich euch ver-
bannt habe, und betet für sie! Denn wenn es ihnen
gut geht, dann geht es auch euch gut.«[e]
8 Der Gott Israels, der Herrscher der Welt, sagt: »Lasst
euch nicht täuschen von den Propheten und Wahrsa-
gern, die unter euch sind. Verlasst euch nicht auf
diese Träumer, die das für euch träumen, was ihr
euch wünscht! 9 Sie behaupten, in meinem Auftrag
zu reden. Aber sie lügen euch an; ich habe sie nicht
gesandt.
10 Ich sage euch: Die Zeit des Babylonischen Reiches
ist noch nicht abgelaufen. Es besteht noch siebzig
Jahre.[f] Erst wenn die vorüber sind, werde ich euch
helfen. Dann werde ich mein Versprechen erfüllen
und euch heimführen; 11 denn mein Plan mit euch
steht fest: Ich will euer Glück und nicht euer
Unglück. Ich habe im Sinn, euch eine Zukunft zu
schenken, wie ihr sie erhofft. Das sage ich, der
HERR.[g]
12 Ihr werdet kommen und zu mir beten, ihr werdet
rufen und ich werde euch erhören. 13 Ihr werdet mich
suchen und werdet mich finden. Denn wenn ihr
mich von ganzem Herzen sucht, 14 werde ich mich
von euch finden lassen. Das sage ich, der HERR.
Ich werde alles wieder zum Guten wenden und euch
sammeln aus allen Völkern und Ländern, wohin ich
euch versprengt habe; ich bringe euch an den Ort
zurück, von dem ich euch weggeführt habe. Das sage
ich, der HERR.«
15 Ihr beruft euch darauf, dass der HERR euch auch in
Babylonien Propheten gegeben hat. 16 Doch lasst
euch von ihnen nicht irreführen! Denn von dem
Nachkommen Davids, der jetzt in Jerusalem
herrscht,[h] und von dem ganzen Volk dort, euren
Brüdern, die nicht in die Verbannung geführt wur-
den, 17 sagt Gott, der Herrscher der Welt:
»Ich bringe Krieg und Hunger und Pest über sie und
verfahre mit ihnen wie mit schlechten, ungenieß-
baren Feigen. 18 Ja, mit Schwert, Hunger und Pest
werde ich ihnen nachstellen und sie unter alle König-
reiche der Erde versprengen. Ich mache sie zum
abschreckenden Beispiel, alle werden sich mit Ent-
setzen von ihnen abwenden, sie mit Hohn über-
schütten und ihren Namen als Fluchwort* verwen-
den. 19 So bestrafe ich sie dafür, dass sie nicht auf
mich, den HERRN, gehört haben. Immer und immer
wieder habe ich meine Diener, die Propheten, zu
ihnen gesandt, aber sie haben° nicht gehört.
20 Ihr nun, die ich von Jerusalem weg in die Verban-
nung nach Babylonien geschickt habe, hört, was
ich, der HERR, euch sage!«
21 Über die beiden Propheten, Ahab, den Sohn von
Kolaja, und Zidkija, den Sohn von Maaseja,[i] die sich
auf den HERRN berufen, euch aber Lügen verkünden,
sagt der Gott Israels, der Herrscher der Welt:
»Ich liefere sie an den König Nebukadnezzar von
Babylonien aus. Er wird sie vor euren Augen töten.
22 Wenn dann jemand von euch, den nach Babylo-
nien Weggeführten, einen andern verfluchen will,
wird er sagen: ›Der HERR soll es dir ergehen lassen
wie Ahab und Zidkija, die der König von Babylonien
lebendig geröstet hat.‹ 23 Denn sie haben getan, was
in Israel als Schande gilt: Sie haben mit den Frauen
ihrer Landsleute die Ehe gebrochen und unter Beru-
fung auf mich Lügen geredet, die ich ihnen nicht in
den Mund gelegt habe. Ich, der HERR, weiß, was sie
getan haben, und trete als Zeuge gegen sie auf.«

a Der Brief wird an dieser Stelle wiedergegeben, weil auch er vor falschen Propheten warnt; vgl. Kap 28 und Vergleichsstellen zu 14,13-15. Auch der Rest von Kap 29 steht unter diesem Thema.
b *Mutter:* siehe Sacherklärung »Königsmutter«.
c Wörtlich *der HERR Zebaot*;* entsprechend in den Versen 8, 17, 21 und 25.
d *denn ihr werdet …:* verdeutlichender Zusatz.
e Zum ersten Mal begegnen hier die nüchternen Weisungen, die seitdem immer wieder gegeben und befolgt wurden, wo Menschen des Gottesvolkes in einer Welt leben mussten, die nicht ihre Heimat war, oder unter Herrschern, die letzlich nicht die ihren waren; vgl. Bar 1,11-12; Esra 6,10; 1 Makk 7,33; 1 Thess 4,11-12; 2 Thess 3,10-13; Röm 13,1-7; 1 Tim 2,1-3; Tit 3,1; 1 Petr 2,17.
f Vgl. 25,11 und Anmerkung dort.
g Den nach Babylonien Verschleppten wird auch in 24,4-6 Hoffnung gemacht. Vgl. darüber hinaus 32,37-40.
h Gemeint ist Zidkija; vgl. Anmerkung zu 23,6. Auf die Tatsache, dass in Jerusalem immerhin noch – wenn auch von Nebukadnezzars Gnaden – ein Nachkomme Davids regierte, dürften die Propheten in Babylonien große Hoffnungen gebaut haben.
i Von den beiden Propheten ist nicht mehr bekannt als das, was hier berichtet wird.

28,14 Dtn 28,48; 27,6 S **28,16** 29,32; Dtn 13,16 **29,1-2** 2 Kön 24,14-16; Jer 22,24-27 **29,3** 26,24; 2 Kön 22,4-20 **29,6** 30,19 S **29,7** Esra 6,10 S **29,8-9** 14,13-15 S **29,10** 25,11 S **29,11** 24,4-6; 31,17; 32,40 **29,12** Ps 50,15 **29,13-14** (suchen-finden) Dtn 4,29; 2 Chr 15,2; Jes 55,6; Hos 5,15 **29,14** (Wende) 30,3.18; 32,44; 33,7.26; 23,3 S **29,16-18** 24,3-10 **29,17-18** 24,10 S; 18,16 S; 24,9 S **29,19** 7,13 S; 25,4 S **29,22** 24,9 S **29,23** 23,9-40; 2 Sam 13,12 S; Jer 42,5

Im Jahr 597 v. Chr. hatte Nebukadnezzar einen Großteil der Oberschicht Jerusalems nach Babylonien wegführen lassen (2 Kön 24,14). Die Verschleppten hofften auf eine baldige Heimkehr; aber Jeremia muss ihnen in Gottes Auftrag sagen: Richtet euch auf eine lange Verbannungszeit ein! »Baut euch Häuser … Legt euch Gärten an … Heiratet und zeugt Kinder!« Das Babylonische Reich »besteht noch 70 Jahre«. (29,5-10)
Im Bild das gewaltige Ischtar-Tor von Babylon. Es war mit glasierten Ziegeln geschmückt, auf denen Löwen, Drachen und Stiere zu sehen waren – die Symbole der babylonischen Götter Ischtar, Marduk und Bel.

Ein Prophet aus Babylon reagiert auf Jeremias Brief

24 Der HERR befahl Jeremia, dem Propheten Sche-
maja aus Nehelam mitzuteilen: 25 »Der Gott Israels,
der Herrscher der Welt, lässt dir sagen: Du hast im
eigenen Namen, ohne einen Auftrag der Gemeinde,
einen Brief nach Jerusalem geschrieben, an den
Priester Zefanja, den Sohn von Maaseja, und an
alle Priester* und das ganze Volk. So hast du ge-
schrieben:«[a]
26 »Der HERR hat dich, Zefanja, zum Nachfolger
des Priesters Jojada gemacht. Du hast die Aufgabe,
dafür zu sorgen, dass jeder Verrückte, der zum Tem-
pel* kommt und sich als Prophet* ausgibt, in Block*
und Halseisen gelegt wird. 27 Warum bist du noch
nicht gegen Jeremia aus Anatot eingeschritten, der
sich bei euch als Prophet aufspielt? 28 Er hat sich
sogar angemaßt, uns nach Babylonien zu schreiben:
›Ihr müsst noch lange dort bleiben. Baut euch also
Häuser und richtet euch darin ein! Legt euch Gärten
an und esst, was darin wächst!‹«
29 Der Priester Zefanja hatte diesen Brief Jeremia
vorgelesen. 30 Darauf erging das Wort des HERRN an
Jeremia mit der Weisung: 31 »Sende eine Botschaft
an alle Verschleppten und teile ihnen mit, was ich
über Schemaja aus Nehelam beschlossen habe:
›Schemaja hat sich bei euch als Prophet ausgegeben,
obwohl ich ihn nicht gesandt habe. Er hat euch dazu
verleitet, auf Lügen zu vertrauen. 32 Darum will ich
ihn und seine Familie bestrafen. Weder er noch
irgendjemand von seinen Nachkommen wird erle-
ben, wie ich mein Volk in die Heimat zurückführe.
Das sage ich, der HERR. Denn er hat Auflehnung
gegen mich gepredigt.‹«

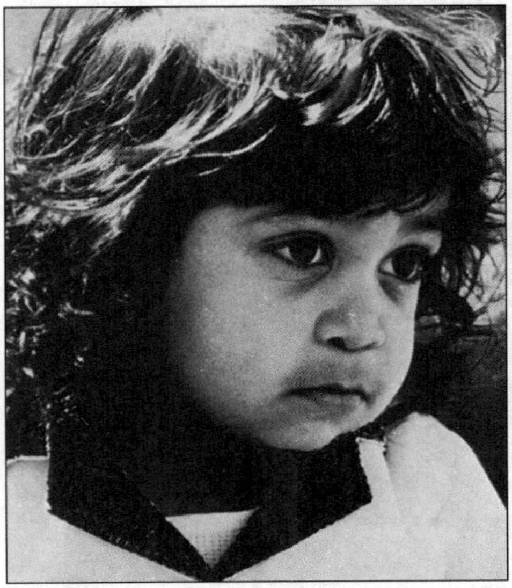

»Ihr Leute von Israel, verliert nicht den Mut… Ihr werdet zurückkehren in euer Land und dort in Frieden leben, sicher und ungestört.« (30,10)

KÜNFTIGES HEIL UND NEUER BUND
(Kapitel 30–33)

Jeremias Trostschrift (Kapitel 30–31)

30 Das Wort des HERRN erging an Jeremia;
2 der HERR, der Gott Israels, gab ihm den Auf-
trag: »Schreib alles, was ich dir gesagt habe, in ein
Buch;[b] 3 denn die Zeit kommt, in der ich für mein
Volk, die Leute aus Israel und aus Juda, alles wieder
zum Guten wende. Ich werde sie zurückbringen in
das Land, das ich ihren Vorfahren gegeben habe;
sie sollen es wieder in Besitz nehmen.«
4 Folgendes hat der HERR über Israel[c] und über
Juda gesagt; 5a so hat er gesprochen:

Durch Katastrophen hindurch zur Befreiung

5b Wir hören Angstschreie, Grauen befällt uns.
6 Fragt doch nach, seht euch um: Können Männer
Kinder gebären? Warum pressen sie dann die Hände
auf den Leib wie Frauen, die in Wehen liegen?
Warum sind ihre Gesichter so leichenblass?
7 Ja, das wird ein furchtbarer Tag sein, keinem ande-
ren gleich, eine Zeit der Not für die Nachkommen
Jakobs – doch sie werden aus dieser Not gerettet
werden!
8 »Denn es wird zugleich auch der Tag sein«, sagt
der HERR, der Herrscher der Welt,[d] »an dem ich das
Joch* von den Schultern der Nachkommen Jakobs
nehmen und zerbrechen werde, ihre Fesseln werde
ich zerreißen. Sie sollen nicht mehr Sklaven fremder
Herren sein, 9 sondern *mir* dienen, dem HERRN,
ihrem Gott, und dem Mann aus der Nachkommen-
schaft Davids, den ich als König über sie einsetzen
werde.[e]
10 Ihr Nachkommen Jakobs, habt keine Angst!«,
sagt der HERR. »Ihr steht unter meinem Schutz!
Ihr Leute von Israel, verliert nicht den Mut! Ich
hole euch und eure Kinder heraus aus dem fernen
Land, in dem man euch gefangen hält. Ihr werdet
zurückkehren in euer Land und dort in Frieden
leben, sicher und ungestört. 11 Ich, der HERR, bin
bei euch, ich helfe euch! Alle Völker, unter die
ich euch zerstreut habe, werde ich vernichten,
aber niemals euch! Euch strafe ich nur, wie ihr es
verdient habt, denn ungestraft kann ich euch nicht
lassen!«

a *Schemaja* macht sich zum Sprecher der Propheten in Babylonien, die Jeremia angegriffen hatten. Zu *Zefanja* siehe 21,1 und Vergleichsstellen dort.
b Das *Buch* hat die Form einer Buchrolle*. Gedacht ist bei *alles* vermutlich an die Zusagen Gottes, die in Kap 30–31 gesammelt sind. Die Sammlung stellte ursprünglich eine eigene kleine »Trostschrift« dar.
c Mit *Israel** ist in den Kap 30, 31 und 33 das Nordreich gemeint, dessen Bewohner hundert Jahre vor dem Wirken Jeremias nach Assyrien deportiert worden waren.
d Wörtlich *der HERR Zebaot**.
e Vgl. die Zusage in 23,5-6 und die Anmerkung dazu.

29,25 21,1S **29,26** 20,2 **29,31** 14,13-15S **30,2** 36,2.28; 51,59-60 **30,3** 23,3S **30,7-8** Dan 12,1 **30,7** Am 5,18-20S **30,8** 27,12; 28,10-14; Lev 26,13; Jes 10,27; 14,25; Ez 34,27 **30,9** Ex 19,6; Jer 23,5S; Hos 3,5 **30,10-11** 42,11; 46,27-28; Jes 41,8-13 **30,11** 4,27S; 10,24

Gott selbst wird die Wunden heilen

12 Der HERR sagt zur Zionsstadt*: »Du bist furchtbar
zugerichtet, deine Wunden sind tödlich; 13 und nie-
mand tut etwas für dich. Gegen deine eiternden
Wunden richtet keine Arznei etwas aus; sie sind
nicht mehr zu heilen. 14 Alle deine Liebhaber[a] haben
dich vergessen und kümmern sich nicht mehr um
dich. Denn ich schlug auf dich ein, als wäre ich dein
Feind. So hart habe ich dich bestraft wegen deiner
zahllosen Vergehen.
15 Warum beklagst du dich darüber, dass du so
zugerichtet wurdest? Wegen deiner großen Schuld,
wegen deiner zahllosen Vergehen musste ich dich
so bestrafen! 16 Doch alle, die dich gefressen haben
wie Raubtiere ihre Beute, werden selbst gefressen
werden. Alle deine Feinde werden in die Gefangen-
schaft geführt, und alle, die dich ausgeraubt und aus-
geplündert haben, werden selbst ausgeraubt und
ausgeplündert. 17 Sie sagen, ich hätte dich verstoßen:
›Das ist Jerusalem, die Stadt, nach der niemand mehr
fragt.‹ Darum werde ich dich wiederherstellen!«,
sagt der HERR. »Ich werde deine Wunden heilen!«

Wiederaufbau und Erneuerung des Königtums

18 Der HERR sagt: »Ich werde mit den Nachkommen
Jakobs Erbarmen haben und alles wieder zum Guten
wenden. Über den Bergen von Schutt sollen ihre
Städte neu erstehen, die Paläste an der alten Stelle
wieder aufgebaut werden. 19 Mein Volk soll sich wie-
der freuen können und Danklieder singen. Ich lasse
es wieder wachsen an Zahl und nicht mehr ab-
nehmen.
Ich bringe sie so zu Ehren, dass niemand sie mehr
verachtet. 20 Es wird mit ihnen wieder wie früher
sein: Unter meinem Schutz leben sie in Sicherheit;
wer sie angreift, den ziehe ich zur Rechenschaft.
21 Ihr Herrscher wird wieder einer aus ihrer Mitte
sein, einer aus ihrem eigenen Volk. Ich werde ihm
erlauben, in meine Nähe zu kommen. Denn wer
wollte das tun ohne meine Erlaubnis? Er würde
damit sein Leben aufs Spiel setzen!« Das sagt der
HERR.[b]

Die Zusage Gottes gilt

22 Der HERR sagt: »Ihr sollt von neuem mein Volk sein
und ich will euer Gott sein!«
23 Wie ein verheerender Sturm bricht der Zorn des
HERRN los und wird alle Schuldigen treffen. 24 Er wird
nicht aufhören zu wüten, bis alles ausgeführt ist, was
der HERR sich vorgenommen hat. Hinterher werdet
ihr einsehen, warum alles so kommen musste.

31 »Dann«, sagt der HERR, »werde ich wieder der
Gott aller Stämme Israels sein und sie werden
mein Volk sein.«

Die Verschleppten aus dem Nordreich dürfen heimkehren

2 Der HERR sagt: »Mein Erbarmen erweise ich allen,
die dem Schwert entronnen sind und in der Fremde[c]
leben. Israel[d] kehrt wieder in sein Land zurück, dort
wird es Ruhe finden!«
3 Von weit her ist der HERR seinem Volk erschie-
nen; er sagt: »Ich habe nie aufgehört, dich zu lieben.
Ich bin dir treu wie am ersten Tag, 4 Israel, meine
Geliebte![e] Ich gebe dir einen neuen Anfang, deine
Städte baue ich wieder auf. Leg die Trauer ab, nimm
wieder deine Tamburine und tanze im Festreigen
mit! 5 Pflanzt Reben auf den Bergen von Samaria!
Fürchtet nicht, dass Fremde die Früchte genießen!
6 Der Tag ist nicht fern, da wird man auf den Bergen
Efraïms rufen: ›Zieht hinauf zum Berg Zion*, zu dem
HERRN, unserem Gott!‹«[f]
7 Der HERR sagt: »Singt und jubelt! Freut euch mit
Israel, dem ersten aller Völker! Preist und dankt, sagt
es überall weiter: ›Der HERR hat geholfen!° Alle, die
von seinem Volk übrig geblieben sind, hat er
befreit.‹
8 Ja, ich, der HERR, hole sie heim aus den Ländern
des Nordens*, ich sammle sie von den Enden der
Erde. Blinde und Gelähmte bleiben nicht zurück,
auch die Schwangeren und Wöchnerinnen bringe
ich mit. Alle kehren zurück, eine mächtige Schar.
9 Weinend kommen sie herbei, sie vertrauen sich
meiner Leitung an. Ich führe sie auf gebahnten
Wegen, sodass niemand fällt, ich bringe sie in was-
serreiche Täler. Ich bin und bleibe Israels Vater
und Efraïm* ist mein erstgeborener Sohn!«
10 Ihr Völker, hört, was der HERR euch sagt; macht
es bis an die Enden der Erde bekannt: »Ich war es,
der Israel in alle Winde zerstreut hat; jetzt sammle
ich es wieder. Ich beschütze mein Volk wie ein Hirt
seine Herde. 11 Ich, der HERR, rette die Nachkommen
Jakobs, ich befreie sie aus der Gewalt des mächtigs-
ten aller Völker. 12 Sie kommen zum Berg Zion und
stimmen Jubellieder an. Sie freuen sich über meine
Gaben, über Korn, Wein und Öl, über Schafe und
Rinder. Sie blühen und gedeihen wie ein bewässer-
ter Garten, nie mehr werden sie zugrunde gehen.
13 Die Mädchen freuen sich und tanzen, Jung und
Alt sind fröhlich. Ich werde sie trösten; ich ver-
wandle ihre Trauer in Jubel, ihren Kummer in Freu-
de. 14 Meinen Priestern* gebe ich wieder die besten
Stücke von den Opfern* und mein Volk mache ich
satt mit meinen Gaben. Das sage ich, der HERR.«

a Vgl. 4,30 und Anmerkung sowie die Vergleichsstellen dort (ferner Klgl 1,2.19.
b Der König Israels spielt auch im Gottesdienst Israels eine besondere Rolle. Dieser darf sich kein fremder Herrscher in Israel anmaßen.
c *Fremde:* wörtlich *Wüste.* Bilder der grundlegenden Ereignisse aus Israels Vergangenheit, der Zeit des Auszugs aus Ägypten, mischen sich mit solchen der nahen Zukunft. Dem Volk wird ein neuer Anfang gewährt. Die Verbannten aus dem Nordreich sind allerdings nicht nach Israel zurückgekehrt; die heimkehrenden Judäer sind zu Erben dieser Verheißungen geworden.
d Siehe Anmerkung zu 30,4.
e Wörtlich *Jungfrau Israel!*
f Die Sonderheiligtümer des Nordreichs (1 Kön 12,26-33), die zum Teil schon König Joschija von Juda zerstört hatte (2 Kön 23,15-20), sollen nicht wieder erstehen.

30,12 10,19 S **30,14** 4,30 **30,16** 10,25; Jes 33,1 **30,17** 8,22 S **30,18** 29,13-14 **30,19** 29,6; Lev 26,9; Jes 60,22; Ez 36,10-11.37-38; 37,26 **30,21** Dtn 17,15; Sach 10,4; Ex 29,37 S **30,22** 7,23 S; 32,38 **30,23-24** 23,19-20 **31,1** 7,23 S **31,2-4** Hos 2,16-17 S **31,3** Dtn 33,2 S; Mal 1,2 S **31,6** 33,10-11; 50,4-5; 51,10; Ps 122,1 **31,7-8** 23,3 S **31,9** Ps 23,2-3; Jes 49,9-11; Jer 3,4 S; 31,20 **31,10** 23,3 S; Ez 34,11-16 S **31,11** Jes 43,3 S **31,12-13** Jes 35,10

Rahels Kinder kehren zurück

15 Der HERR sagt:[a] In Rama hört man Klagerufe und bitteres Weinen: Rahel weint um ihre Kinder und will sich nicht trösten lassen; denn sie sind nicht mehr da.[b]

16 Doch der HERR sagt zu ihr: »Hör auf zu klagen, lass das Weinen! Du sollst deine Kinder nicht umsonst großgezogen haben; sie kehren aus dem Land der Feinde zurück. 17 Es gibt Hoffnung für sie!«, sagt der HERR. »Deine Kinder kehren in die Heimat zurück!«

Die Heimkehr des verlorenen Sohnes

18 Der HERR sagt: »Ich habe wohl gehört, wie die Leute von Efraïm* klagen: ›Du hast uns geschlagen, HERR, und wir mussten geschlagen werden wie ein störrischer junger Stier. Doch jetzt lass uns zu dir zurückkehren, denn du, HERR, bist unser Gott! 19 Wir haben uns dir wieder zugewandt und bereuen, was wir getan haben. Wir sind zur Einsicht gekommen und raufen uns die Haare. Wir schämen uns bis ins Innerste wegen der Schuld, die wir leichtfertig auf uns luden und für die wir nun zu büßen haben.‹

20 Ist Efraïm denn nicht mein Lieblingssohn, das Kind, das ich über alles liebe?«, sagt der HERR. »Sooft ich seinen Namen erwähne, kommen meine Gedanken nicht mehr von ihm los. Und nun ist mein Innerstes völlig aufgewühlt: Ich *muss* mich über ihn erbarmen!«

Aufbruch in eine wunderbare Zukunft

21 Jungfrau Israel, überleg dir genau, wie der Weg verlief, auf dem du weggeführt worden bist! Stell Wegweiser auf und markiere die Straßen; denn auf ihnen sollst du jetzt heimkehren! Ja, kehre wieder heim in deine Städte! 22 Wie lange willst du noch zögern und dich sträuben, du widerspenstige Tochter? Der HERR schafft etwas völlig Neues auf der Erde: Sein Volk wird ihm in Treue zugetan sein.[c]

Auch das Geschick Judas wird sich wenden

23 Der HERR, der Herrscher der Welt,[d] der Gott Israels, sagte zu mir: »Auch für Juda wende ich alles wieder zum Guten. In den Städten und überall im Land wird es wieder heißen: ›Der HERR segne dich, du Land, dem Gott Heil und Frieden schenkt! Seid gesegnet, ihr Berge, die der HERR zu seinem Eigentum gemacht hat!‹

24 Dann werden die Städte in Juda wieder bevölkert sein; es wird wieder Bauern geben und Hirten, die mit ihren Herden durchs Land ziehen. 25 Allen, die vor Durst erschöpft sind, gebe ich zu trinken, allen, die von Hunger gequält sind, gebe ich reichlich zu essen!«

26 Darüber erwachte ich und fühlte mich frisch und gestärkt.[e]

Israel und Juda werden wiederhergestellt

27 »Die Zeit kommt«, sagt der HERR, »da werde ich in Israel und in Juda wieder Menschen und Tiere leben lassen. 28 Wie ich darüber gewacht habe, dass man diese Reiche ausriss und zerstörte, vernichtete und verheerte, so werde ich jetzt darüber wachen, dass sie wieder angepflanzt und aufgebaut werden.«

29 Dann werden sie auch aufhören zu sagen: »Die Väter haben unreife Trauben gegessen und die Söhne haben davon stumpfe Zähne bekommen.«[f] 30 Nur wer ein Verbrechen begeht, wird dafür sterben müssen, er ganz allein; nur wer die sauren Trauben isst, bekommt stumpfe Zähne davon, sonst niemand!

Gottes neuer Bund mit Israel

31 »Gebt Acht!«, sagt der HERR. »Die Zeit kommt, da werde ich mit dem Volk von Israel und dem Volk von Juda einen neuen Bund* schließen.[g] 32 Er wird nicht dem Bund gleichen, den ich mit ihren Vorfahren geschlossen habe, als ich sie bei der Hand nahm und aus Ägypten herausführte. Diesen Bund haben sie gebrochen, obwohl ich ihnen doch ein guter Herr gewesen war.

33 Der neue Bund, den ich dann mit dem Volk Israel schließen will, wird völlig anders sein: Ich werde ihnen mein Gesetz* nicht auf Steintafeln, sondern[h] in Herz und Gewissen schreiben. Ich werde ihr Gott sein und sie werden mein Volk sein«, sagt der HERR.

34 »Niemand muss dann noch seinen Nachbarn belehren oder zu seinem Bruder sagen: ›Lerne den HERRN kennen!‹ Denn alle werden dann wissen, wer ich bin, von den Geringsten bis zu den Vornehmsten. Das sage ich, der HERR. Ich will ihnen ihren Ungehorsam vergeben und nie mehr an ihre Schuld denken.«

Israel bleibt für immer das Volk Gottes

35 Der HERR hat die Sonne als Licht für den Tag bestimmt und den Mond und die Sterne als Lichter für die Nacht; er wühlt das Meer auf, dass seine Wel-

a Dieser Satz bezieht sich auf den gesamten Textabschnitt, zunächst redet der Prophet.
b *Rahel,* die Mutter Josefs und Benjamins und damit Ahnfrau der Hauptstämme des Nordreichs, war nach älterer Auffassung in der Nähe von Rama bestattet; siehe Sacherklärung »Rahelgrab«.
c Wörtlich *Die Frau wird den Mann umgeben.*
d Wörtlich *Der HERR Zebaot*;* entsprechend in Vers 35.
e Vielleicht eine Äußerung des Propheten, der aus visionärem Zustand ›erwacht‹.
f Zu diesem Vorwurf vgl. Ez 18. Mit der Rückführung schon der nächsten Generation in das Land Israel wird Gott selbst diese Strafform (vgl. Ex 20,5) außer Kraft setzen.
g Der Abschnitt, ein Herzstück der Verkündigung Jeremias und der Bibel überhaupt, erschließt sich beim Lesen der Vergleichsstellen zu den einzelnen Versen. Siehe auch Anmerkungen zu 11,5 und 11,10.
h *nicht auf …:* verdeutlichender Zusatz.

31,15 Mt 2,18 **31,17** 29,11 S **31,18** Klgl 5,21 **31,20** 31,3.9; Jes 49,15; 63,9; Klgl 3,31-32; Hos 11,1.8 **31,22** 33,3-9; Jes 48,6 **31,23** 29,13-14 S **31,27** 23,6 S; 4,25 **31,28** 1,10 S; 1,12; 32,42 **31,29** Ez 18,2; Ex 20,5-6 **31,30** Dtn 24,16 S **31,31-34** Hebr 8,8-12 **31,31** Lk 22,20 S **31,32** 11,10 **31,33-34** Hebr 10,16-17 **31,33** 32,40; Jes 51,7; Ez 36,26-27 S; Spr 7,3; Ex 24,12 S **31,34** (kennen) 24,7 S; Jes 11,9; Joh 6,45; (vergeben) 33,8; 50,20; Jes 33,24

len toben – »der *HERR*, der Herrscher der Welt« ist
sein Name. Er sagt: [36] »So gewiss ich dafür sorge, dass
diese Ordnungen niemals umgestoßen werden, so
gewiss sorge ich dafür, dass Israel für alle Zukunft
mein Volk bleibt und Bestand haben wird.«
[37] Der HERR sagt: »Sowenig ein Mensch die Weite
des Himmels messen oder die Fundamente der Erde
ergründen kann, sowenig kann ich das Volk Israel
verstoßen – trotz allem, was es getan hat.«

Jerusalem wird wieder aufgebaut

[38] »Die Zeit kommt«, sagt der HERR, »da wird Jerusa-
lem zu meiner Ehre wieder aufgebaut. Seine Mauer
verläuft zunächst wie früher vom Turm Hananel im
Nordosten zum Ecktor im Nordwesten.[a] [39] Doch von
dort läuft sie geradeaus weiter bis hin zum Gareb-
Hügel; erst dann biegt sie nach Süden ab in Richtung
Goa. [40] Im Süden wird das ganze Tal einbezogen, in
dem man die Toten begraben und die Opferasche
ausgeschüttet hat. Selbst dieses unreine* Gebiet[b]
und weiter die ganzen Hänge diesseits des Kidron-
bachs bis hinauf zum Pferdetor im Osten werden
dann mir geweiht und mein Eigentum sein. Und die-
ses Jerusalem wird nie mehr niedergerissen und ver-
nichtet werden!«

Jeremias Ackerkauf als ermutigendes Zeichen

32 Im zehnten Regierungsjahr von Zidkija, dem
König von Juda – es war das achtzehnte
Regierungsjahr Nebukadnezzars –, erging das Wort
des HERRN an Jeremia.[c] [2] Das Heer Nebukadnezzars
belagerte damals Jerusalem, der Prophet aber befand
sich als Gefangener im Wachthof am Königspalast.
[3] Der König hielt ihn dort gefangen, weil Jeremia
verkündet hatte:[d] »So spricht der HERR: ›Ich gebe
diese Stadt in die Gewalt des Königs von Babylo-
nien*; er wird sie erobern. [4] König Zidkija wird nicht
entkommen, sondern unweigerlich in die Hände des
Babylonierkönigs fallen. Er wird ihm Auge in Auge
gegenübertreten und ihm Rede und Antwort stehen
müssen. [5] Nebukadnezzar wird ihn nach Babylon
mitnehmen und dort wird er bleiben bis zu seinem
Tod.[e] Das sage ich, der HERR. Euer Kampf gegen
die Babylonier ist sinnlos!‹«
[6] Dort im Wachthof also erging das Wort des
HERRN an Jeremia. Er selbst berichtet darüber:
[7] Der HERR sagte zu mir: »Hanamel, der Sohn dei-
nes Onkels Schallum, wird zu dir kommen und dich
bitten: ›Kauf mir doch meinen Acker in Anatot[f] ab!
Ich bin in Schwierigkeiten und nach der gesetzli-
chen Vorschrift zur Erhaltung des Sippenbesitzes[g]
hast du die Pflicht, ihn zu erwerben.‹«
[8] Und wirklich, mein Vetter Hanamel kam zu mir
in den Wachthof, wie der HERR es angekündigt hatte,
und sagte: »Kauf mir doch meinen Acker in Anatot
im Gebiet von Benjamin ab! Dir als meinem nächs-
ten Verwandten steht das Besitzrecht zu und nach
dem Gesetz musst du dafür sorgen, dass er im Besitz
der Sippe bleibt.[h] Bitte, kauf ihn!«
Ich begriff, dass dies ein Befehl des HERRN war.
[9] Ich kaufte den Acker und gab meinem Vetter das
Geld: siebzehn Silberstücke*. [10] Der Kaufvertrag*
wurde ausgefertigt. Vor Zeugen wurde das Original
versiegelt und das Silber abgewogen.
[11] Den Kaufvertrag – und zwar das vorschrifts-
mäßig versiegelte Original zusammen mit der Ab-
schrift – [12] gab ich Baruch, dem Sohn von Nerija
und Enkel von Machseja.[i] Ich tat das in Gegenwart
meines Vetters und der Zeugen, die den Vertrag
unterschrieben hatten, und vor den Augen aller
Männer aus Juda, die sich im Wachthof aufhielten.
[13] Dann sagte ich zu Baruch vor ihnen allen: [14] »So
spricht der HERR, der Herrscher der Welt,[j] der Gott
Israels: ›Nimm diesen Kaufvertrag, das versiegelte
Original zusammen mit der Abschrift, und leg ihn
in ein Tongefäß, damit er lange unversehrt erhalten
bleibt. [15] Denn – so sagt der HERR, der Herrscher der

a Vgl. Zeichnung Seite 559.
b Das Hinnom-Tal; vgl. 7,31-32; 2 Kön 23,4.6
c Zu 32,1-15 vgl. Anmerkung zu 13,1.
d Vgl. 21,4-10; 34,2-5; 37,3-21.
e *bis zu seinem Tod:* wörtlich *bis ich mich seiner annehme.*
f Anatot, 4 km nordnordöstlich von Jerusalem, ist als Geburtsort Jeremias (1,1) der Ort, an dem seine Verwandten wohnen; vgl. 11,21 mit 12,6.
g Wörtlich *nach dem Recht der Auslösung;* siehe Sacherklärung »Löser«.
h *Dir als meinem ...:* wörtlich *Du hast das Besitzrecht und die Auslösung(spflicht);* siehe die vorige Anmerkung.
i Baruch ist Sekretär Jeremias; vgl. 36,4-32; 43,3; 45,1.
j Wörtlich *der HERR Zebaot*;* ebenso in den Versen 15 und 18.

Mit seinem Landkauf soll Jeremia bezeugen, dass es noch eine Zukunft für Israel gibt. Kaufverträge aus jener Zeit sind uns nur auf Tontafeln erhalten (also in anderer Form als in 32,10-14) – so etwa auf dieser babylonischen um 670 v. Chr., die einen Landkauf beurkundet.

31,35-36 33,20-21 **31,35** Gen 1,16-18 **31,37** Spr 30,4 S; Jes 40,12; 49,15 **31,38-40** Sach 14,10-11 **31,40** 7,31-32 **32,1** 1,3 S; 52,1.29 **32,2** 2 Kön 25,1-2; Jer 37,21; 38,28 **32,3-5** 34,2-5; 2 Kön 25,3-7 **32,5** 21,7 S **32,7-8** Lev 25,25 **32,12** 36,4-32; 43,3; 45,1

Welt, der Gott Israels: Eines Tages wird man wieder
Häuser und Äcker und Weinberge kaufen in diesem
Land.‹«
16 Nachdem ich Baruch den Kaufvertrag überge-
ben hatte, betete ich zum HERRN: 17 »Ach, Herr, mein
Gott, durch deine gewaltige Kraft und Macht hast du
Himmel und Erde geschaffen. Nichts ist dir unmög-
lich. 18 Du erweist den Menschen Liebe und Treue
über tausend Generationen hin, doch wenn sie
Schuld auf sich geladen haben, bestrafst du auch ihre
Kinder dafür.

Du großer, starker Gott – ›der HERR, der Herrscher
der Welt‹ ist dein Name: 19 Groß sind deine Pläne und
machtvoll deine Taten. Du achtest genau auf das,
was die Menschen treiben, und gibst jedem, was er
aufgrund seiner Taten verdient hat.
20 Damals in Ägypten und noch bis heute hast du
Staunen erregende Wunder getan, an uns wie an
anderen Völkern, sodass dein großer Name in aller
Welt bekannt geworden ist. 21 Unter Staunen erre-
genden Wundern hast du mit starker Hand und aus-
gestrecktem Arm dein Volk Israel aus Ägypten her-
ausgeführt; deine Feinde vergingen vor Angst und
Schrecken.
22 Du hast den Leuten von Israel dieses Land gege-
ben, das du ihren Vorfahren mit einem Eid zugesagt
hattest, dieses Land, das von Milch und Honig über-
fließt. 23 Als sie aber das Land in Besitz genommen
hatten, da hörten sie nicht mehr auf dich und küm-
merten sich nicht um deine Weisungen. Alles, was
du ihnen zu tun befohlen hattest – sie taten es nicht.
Da hast du schließlich all dieses Unheil über sie her-
einbrechen lassen.
24 Die Angriffsrampen*, über die die Babylonier
die Stadt erstürmen wollen, sind schon bis an die
Stadtmauern vorgetrieben. Bald wird Jerusalem fal-
len; die Waffen der Feinde zusammen mit Hunger
und Pest sorgen dafür. Es ist eingetroffen, was du
angedroht hast; du siehst es selbst. 25 Und doch,
HERR, mein Gott, hast du mir befohlen: ›Kauf dir
den Acker! Tu es im Beisein von Zeugen!‹ Dabei ist
Jerusalem schon so gut wie in der Hand der Babylo-
nier!«
26 Da erging an mich das Wort des HERRN, er sagte:
27 »Ich bin der HERR, der Gott aller Menschen. Sollte
mir etwas unmöglich sein? 28 Ich gebe jetzt diese
Stadt in die Hand der Babylonier und ihres Königs
Nebukadnezzar. 29 Seine Truppen werden in die
Stadt eindringen und sie in Brand stecken. Jerusalem
wird in Schutt und Asche sinken mit all den Häusern,
auf deren Dächern man zu Ehren Baals* Weihrauch
verbrannt und für fremde Götter Trankopfer* ausge-
gossen hat, um mich zu beleidigen.
30 Die Leute von Israel und von Juda haben von
jeher nur getan, was mir missfällt, durch ihr ganzes
Tun und Treiben haben sie meinen Zorn erregt.
31 Diese Stadt Jerusalem hat vom Tag ihrer Gründung
an bis heute meinen Zorn derart herausgefordert,
dass ich sie aus meinen Augen wegschaffen muss.
32 Ich muss es tun wegen all des Bösen, das die Leute
von Israel und von Juda, besonders aber ihre Könige
und hohen Beamten, ihre Priester* und Propheten*
und die Bewohner Jerusalems verübt haben.
33 Sie wandten sich völlig von mir ab. Wieder und
wieder sagte ich ihnen, was sie tun sollten; sie hör-
ten nicht darauf, sie nahmen keine Belehrung an.
34 Sie haben sogar im Tempel* ihre abscheulichen
Götzenbilder aufgestellt und dadurch das Haus
geschändet, das mein Eigentum ist. 35 Im Hinnom-
Tal* bauten sie die Opferstätte für Baal*, um dort
ihre Söhne und Töchter als Opfer zu verbrennen.[a]
Das habe ich nicht befohlen; es ist mir nie in den
Sinn gekommen, so etwas von ihnen zu verlangen.
Mit diesem abscheulichen Treiben haben sie ganz
Juda zum Götzendienst verführt.
36 Deshalb ist es nun so weit, dass ihr sagt: Diese
Stadt fällt in die Hand Nebukadnezzars, dafür wird
seine Heeresmacht sorgen zusammen mit Hunger
und Pest. Und trotzdem – von eben dieser Stadt sage
ich, der Herr, der Gott Israels: 37 Ich werde ihre
Bewohner wieder sammeln aus all den Ländern,
wohin ich sie in meinem glühenden Zorn verspren-
ge. Ich führe sie zurück und lasse sie in Frieden
und Sicherheit hier leben. 38 Sie sollen wieder mein
Volk sein und ich will ihr Gott sein. 39 Ich werde
ihr Denken und Tun auf ein einziges Ziel ausrichten:
mich jederzeit ernst zu nehmen, damit es ihnen und
ihren Nachkommen gut geht.
40 Mehr noch, für alle kommenden Zeiten schließe
ich einen Bund* mit ihnen und verpflichte mich: Ich
werde nicht mehr aufhören, ihnen Gutes zu tun, und
ich werde die Ehrfurcht vor mir in ihr Herz legen,
sodass sie sich nicht mehr von mir abwenden.
41 Dann wird es mir eine Freude sein, ihnen Gutes
zu tun; ich werde sie endgültig in dieses Land ein-
pflanzen, mit ganzem Herzen und mit aller Kraft
werde ich das tun. 42 Denn wie ich all dieses Unglück
über das Volk von Juda gebracht habe, so will ich
ihm auch das Gute bringen, das ich ihm versprochen
habe. Das sage ich, der HERR.
43 In diesem Land, von dem du und die anderen
sagen: ›Es ist den Babyloniern ausgeliefert und wird
zu einer Wüste werden, in der kein Mensch und kein
Stück Vieh mehr lebt‹, in diesem Land werden wie-
der Äcker gekauft werden. 44 Man wird Kaufverträge
ausstellen und versiegeln und Zeugen hinzurufen.
Überall hier im Land! Im Gebiet von Benjamin, in
Jerusalem und Umgebung und in allen Städten von
Juda, ob sie oben im Gebirge liegen oder im Hügel-
land oder in der Steppe im Süden! Denn ich werde

a *als Opfer zu verbrennen:* Dies ist höchstwahrscheinlich der ursprüngliche Sinn des hebräischen Konsonantentextes (vgl. 19,5); von H gedeutet als *dem Moloch* zu opfern.*

32,17 10,12S; Ijob 42,2S **32,18** Ex 20,5-6S **32,19** 16,17; 17,10S **32,20** Ps 78,43-52S **32,22** Gen 12,7S; Ex 3,8S **32,27** 32,17S **32,29** 19,13S; 2 Kön 25,1-11 **32,33** 5,3S **32,34** 7,30S **32,35** 7,31S **32,37** 23,3S **32,38** 7,23S **32,39** 24,7S **32,40** 29,11S; 31,33S **32,41** Zef 3,17; Jer 1,10S **32,44** 29,13-14S

für mein Volk alles wieder zum Guten wenden. Das sage ich, der HERR!«

Dem Ende wird ein neuer Anfang folgen

33 Als Jeremia im Wachthof gefangen gehalten wurde, erging das Wort des HERRN noch ein zweites Mal an ihn. Er sagte: 2 »Ich, der HERR, bewirke alles, was geschieht; was ich will, das wird Wirklichkeit. Mein Name ist ›Der HERR*‹. 3 Wende dich an mich und ich werde dir antworten! Ich werde dir große Dinge zeigen, von denen du nichts weißt und auch nichts wissen kannst.

4–5 Häuser wurden abgebrochen, sogar die Paläste der Könige von Juda, um die Mauern zu verstärken gegen die Angriffsrampen* der Babylonier und um ihren Angriffen besser standhalten zu können. Die anderen Häuser aber wurden mit den Leichen der Menschen gefüllt, die ich in meinem glühenden Zorn erschlagen hatte. Denn ich hatte mich von Jerusalem abgewandt, weil seine Bewohner so viel Böses getan haben.

Doch jetzt sage ich, der HERR, der Gott Israels: 6 ›Ich werde die Wunden Jerusalems verbinden und heilen. Ich stelle es wieder her und schenke ihm echten, dauerhaften Frieden. 7 Ja, ich werde für Juda und Israel[a] alles wieder zum Guten wenden und sie wieder zu dem machen, was sie einmal waren. 8 Ich werde den Leuten von Juda und den Leuten von Israel die Schuld vergeben, die sie auf sich geladen haben, ihren Ungehorsam, ihre Vergehen und ihre Auflehnung gegen mich! 9 Und Jerusalem wird für mich wieder ein Grund zur Freude sein, eine Stadt, die mir bei allen Völkern der Welt Ruhm und Ehre einbringt. Die Völker werden sprachlos sein vor Staunen, wenn sie hören, wie viel Glück und Wohlstand ich dieser Stadt schenke.‹«

10–11 Weiter sagte der HERR: »Ihr meint: ›Bald wird hier niemand mehr wohnen, in Jerusalem und in allen Städten von Juda; das ganze Land wird zur Wüste werden, in der kein Mensch und kein Stück Vieh mehr lebt.‹ Aber seid gewiss: Jubel und Freude kehren zurück! Der Jubelruf von Bräutigam und Braut wird wieder zu hören sein. Das Volk wird wieder Dankopfer* zu meinem Tempel* bringen und dabei singen: ›Dankt dem HERRN, dem Herrscher der Welt,[b] denn er ist gut zu uns! Seine Liebe hört niemals auf!‹ Denn ich werde für dieses Land alles wieder zum Guten wenden; ich mache es wieder zu dem, was es früher war.«

12 Weiter sagte der Herr, der Herrscher der Welt: »Dieses Land wird jetzt zu einer Wüste, in der kein Mensch und kein Stück Vieh mehr lebt. Doch danach werden alle Städte in Juda wieder ihr Weideland haben, auf dem Hirten mit ihren Herden lagern – 13 die Städte im Gebirge, im Hügelland und in der Steppe im Süden, im Gebiet von Benjamin und im Umkreis von Jerusalem. Überall wird es wieder Hirten geben, die ihre Schafe zählen. Das sage ich, der HERR.«

Der Bund mit David und Levi hat Bestand

14 »Die Zeit kommt«, sagt der HERR, »da lasse ich in Erfüllung gehen, was ich den Leuten von Israel und von Juda versprochen habe: 15 Ich werde aus der Nachkommenschaft Davids einen Mann berufen, der dem Namen Davids wieder Ehre macht. Er wird das Land gerecht regieren, weil er sich an meine Weisungen hält.[c] 16 Dann wird das Volk von Juda vor Feinden sicher sein und auch die Bewohner Jerusalems werden in Frieden leben. Jerusalem wird dann den Namen tragen: ›Der HERR ist unsere Rettung!‹«

17 Ja, so spricht der HERR:[d] »Stets wird einer von Davids Nachkommen König über Israel sein 18 und stets wird es Priester* aus dem Stamm Levi geben, die mir im Tempel Brandopfer* und Speiseopfer* darbringen und die Tiere für die Mahlopfer* schlachten!«[e]

19 Und das Wort des HERRN erging an Jeremia: 20 »Ich habe mit dem Tag und der Nacht einen Bund* geschlossen: Sie kommen und gehen zur festgesetzten Zeit. Sowenig ein Mensch diesen Bund außer Kraft setzen kann, 21 sowenig werde ich den Bund außer Kraft setzen, den ich mit David, meinem vertrauten Diener, geschlossen habe. Ihm habe ich zugesagt, dass stets einer seiner Nachkommen über sein Reich herrschen wird. Und auch mein Bund mit den Priestern aus dem Stamm Levi wird nicht außer Kraft gesetzt. 22 So unzählbar wie die Sterne am Himmel und so unmessbar wie den Sand am Meer werde ich die Nachkommen meines Dieners David machen und auch die Nachkommen Levis, die mir als Priester dienen.«[f]

23 Weiter sagte der HERR zu Jeremia: 24 »Hast du gehört, was gewisse Leute reden? Sie behaupten: ›Der HERR hat Juda und Israel verstoßen, die er sich doch selbst erwählt hatte.‹ So verachten sie mein Volk; in ihren Augen hat es aufgehört, ein Volk zu sein.

25 Doch ich sage dir: Ich habe mit dem Tag und der Nacht einen Bund geschlossen; ich habe dem Himmel und der Erde feste Ordnungen gegeben. 26 So gewiss ich dies getan habe und dazu stehe, so gewiss werde ich die Nachkommen Jakobs und die Nachkommen meines Dieners David nie verstoßen und so gewiss werden immer Männer aus der Nachkommenschaft Davids über die Nachkommen Abrahams, Isaaks und Jakobs herrschen. Denn ich werde Erbarmen haben mit meinem Volk und alles wieder zum Guten wenden!«[g]

a Siehe Anmerkung zu 30,4.
b Wörtlich *dem HERRN Zebaot**; entsprechend in Vers 12.
c Vgl. 23,6 und Anmerkung dort.
d Vgl. 2 Sam 7,12-16 und Anmerkung dort.
e Dem Königtum wird in auffälliger Parallelität das Priestertum beigeordnet. Beiden gleichermaßen gilt ein »Bund«, der so wenig außer Kraft gesetzt wird wie der Noach-Bund (Verse 19-21; vgl. Gen 8,22; anders Jer 31,36).
f Eine Verheißung, die in dieser Formulierung ursprünglich Abraham und seinen Nachkommen insgesamt gilt (Gen 15,5; 22,17).
g Das Heil ganz Israels liegt demnach in seiner Bindung an die Könige aus der Nachkommenschaft Davids. Die neue, endlose Folge der Könige hat es nicht gegeben. Die christliche Gemeinde sieht die Verheißung in dem ›Davidssohn‹ Jesus erfüllt (Röm 1,3-4; Apg 2,36).

33,1 32,2 S **33,3** 29,12; 31,22 S **33,6** 8,22 S **33,7** 23,6 S; 29,13-14 S **33,8** 31,34 S **33,9** 13,11 **33,10-11** 7,34 S; 29,13-14 S; 31,6 S; 1 Chr 16,34 S **33,15** 23,5 S **33,16** Jes 1,26; Sach 8,3; Bar 5,4; Jer 23,6 **33,17** 23,5 S; 2 Sam 7,12-13 S **33,18** Dtn 10,8 S **33,20-21** 31,35-36; Ps 89,35-38 **33,22** Gen 15,5; 22,17 **33,26** 29,13-14 S

WARNUNGEN AN KÖNIGE UND VOLK VON JUDA
(Kapitel 34–36)

Ein kleiner Lichtblick mitten im Untergang

34 Nebukadnezzar, der König von Babylonien*, hatte den Kampf gegen Jerusalem und die anderen Städte in Juda eröffnet. Er hatte nicht nur das ganze babylonische Heer aufgeboten, sondern auch noch die Truppen all der Völker und Reiche, die er sich unterworfen hatte.

Da erging das Wort des HERRN an Jeremia, er sagte zu ihm: 2 »Ich, der HERR, der Gott Israels, befehle dir: Geh zu Zidkija, dem König von Juda, und sage ihm: ›So spricht der HERR: Ich gebe diese Stadt in die Gewalt des Königs von Babylonien; er wird sie in Brand stecken. 3 Auch du selbst wirst ihm nicht entkommen. Seine Leute werden dich gefangen nehmen und dann werden sie dich nach Babylon schaffen.

4 Doch höre das Wort des HERRN, Zidkija, König von Juda! So spricht der HERR zu dir: Sie werden dich nicht umbringen! 5 Nein, in Frieden sollst du sterben. Und wie man beim Tod deiner Vorfahren, der früheren Könige von Juda, Feuer entzündet und Weihrauch verbrannt hat, so soll man es auch zu deiner Ehre tun. Das Volk soll dir die Totenklage* halten und rufen: Ach, unser Herrscher! Das sage ich, der HERR.‹«[a]

6 Der Prophet Jeremia überbrachte diese Botschaft Zidkija, dem König von Juda, in Jerusalem, 7 als das Heer des Babylonierkönigs den Kampf gegen Jerusalem und gegen Lachisch und Aseka[b] eröffnet hatte. Lachisch und Aseka waren damals die einzigen befestigten Städte in Juda, die noch nicht gefallen waren.

Jerusalem nimmt Gott nicht ernst

8 Wieder erging das Wort des HERRN an Jeremia, und dies war der Anlass:

König Zidkija hatte mit den Einwohnern Jerusalems ein feierliches Abkommen getroffen, dass alle hebräischen* Sklaven und Sklavinnen freizulassen seien.[c] 9 Niemand sollte mehr einen Mann oder eine Frau aus Juda, ein Mitglied des eigenen Volkes, als Sklaven* oder als Sklavin für sich arbeiten lassen. 10 Alle, die dem Abkommen zugestimmt hatten, die führenden Männer Jerusalems und alle anderen, die es betraf, hatten sich zunächst auch daran gehalten und die hebräischen Sklaven und Sklavinnen freigelassen. 11 Schon bald aber holten sie diese wieder zum Sklavendienst zurück.

12 Da erging das Wort des HERRN an Jeremia. Er erhielt den Auftrag, den Bewohnern Jerusalems Folgendes auszurichten:

13 »So spricht der HERR, der Gott Israels: ›Als ich eure Vorfahren aus Ägypten herausführte, wo sie als Sklaven gelebt hatten, da habe ich mit ihnen einen Bund* geschlossen und verfügt: 14 Alle sieben Jahre sollt ihr die Israeliten, die sich als Sklaven verkaufen mussten, wieder freigeben. Sechs Jahre sollen sie eure Sklaven sein, dann müsst ihr sie wieder freilassen. Doch eure Vorfahren haben nicht auf mich gehört und sich nicht daran gehalten. 15 Ihr nun hattet euch anders besonnen und getan, was ich für recht und gut erklärt habe. Ihr hattet die Freilassung eurer Brüder und Schwestern verfügt und euch vor mir im Tempel*, in meinem eigenen Haus, durch ein feierliches Abkommen dazu verpflichtet. 16 Jetzt aber habt ihr euch wieder anders besonnen: Die Menschen, die gerade in die Freiheit entlassen waren, habt ihr zurückgeholt und lasst sie erneut als eure Sklaven arbeiten. Damit habt ihr meine Ehre angetastet.

17 Darum sage ich euch: Weil ihr nicht auf mich gehört und die Freilassung eurer Brüder und Schwestern nicht durchgeführt habt, werde ich, der HERR, jetzt an *euch* eine Freilassung durchführen: Ich gebe euch frei für das Schwert, für die Pest und den Hunger! Alle Völker der Erde werden entsetzt sein, wenn sie sehen, was mit euch geschieht.

18–19 Die führenden Männer von Juda und Jerusalem, die Hofbeamten und Priester und alle anderen, die es betrifft, haben das Abkommen mit mir geschlossen, alle waren dabei, als der Stier in zwei Hälften zerteilt wurde, alle sind zwischen den Hälften hindurchgegangen.[d] Aber sie haben sich nicht an das Abkommen gehalten und sind den Verpflichtungen nicht nachgekommen, die sie vor mir übernommen hatten. Darum soll es ihnen nun ergehen wie jenem Stier. 20 Ich gebe sie in die Gewalt ihrer mordgierigen Feinde, und Geier und Schakale werden ihre Leichen fressen.

21 Auch König Zidkija und seine Minister liefere ich den Kriegsleuten des Königs von Babylonien* aus, die nur darauf warten, sie umzubringen. Das Heer des Babylonierkönigs ist zwar jetzt von euch abgezogen; 22 aber ich, der HERR, befehle ihm, zu dieser Stadt zurückzukehren.[e] Es soll Jerusalem belagern und erobern und in Schutt und Asche legen! Und die Städte in Juda mache ich zu einer Wüste, in der niemand mehr wohnt.‹«

Das Vorbild der Sippe Rechab

35 Während der Zeit, als in Juda König Jojakim, der Sohn von Joschija, regierte, erging das Wort des HERRN an Jeremia. Der HERR gab ihm den Auftrag: 2 »Geh zu den Männern der Sippe Rechab und lade sie ein, mit dir in einen der Versammlungsräume am Tempel* zu kommen. Dort setze ihnen Wein vor und fordere sie zum Trinken auf!«

a Zidkija ist in Babylon gestorben. Ob ihm ein Begräbnis nach dem hier geschilderten königlichen Zeremoniell zuteil wurde, ist nicht überliefert.
b *Lachisch* (siehe Bild Seite 747) liegt 50 km südsüdwestlich, *Aseka* 30 km südwestlich von Jerusalem (Karte Seite 443).
c Was eigentlich alle sieben Jahre fällig war (vgl. Vers 14; Ex 21,2-4 und Vergleichsstellen dort), wollte man unter dem Druck der Verhältnisse endlich einmal tun.
d Eine alte Form der Vertragsbesiegelung (Gen 15,9-10.17-18). Wer den Vertrag bricht, soll das Schicksal des zerteilten Tieres erleiden.
e Vgl. 37,3-10. Den Abzug der Belagerer mochten die Jerusalemer als einen ›Erfolg‹ ihrer frommen Aktion buchen. Nachdem sich dieser eingestellt hat, wird die Aktion rückgängig gemacht.

34,1 2 Kön 25,1-2 **34,2-3** 32,3-5 **34,5** 2 Chr 16,14; 21,19; Jer 22,18 S **34,8-9** 2 Kön 4,1; Neh 5,5.8 **34,14** Ex 21,2-4 S; Jer 7,13 S **34,21-22** 32,2.24; 37,3-10

3 Jeremia ging zu Jaasanja, dem Sohn von Jirmeja
und Enkel von Habazzinja, und holte ihn mit seinen
Brüdern und Söhnen und allen Mitgliedern der Sip-
pe Rechab 4 zum Tempel. Er führte sie in den Raum,
in dem sich die Schüler des Propheten* Hanan, des
Sohnes von Jigdalja, versammelten. Der Raum liegt
neben dem Raum der hohen Beamten und oberhalb
vom Raum des Torhüters* Maaseja, des Sohnes
Schallums. 5 Dort ließ Jeremia den Leuten der Sippe
Rechab volle Weinkrüge vorsetzen und Becher
geben und lud sie ein zu trinken.
6 Aber die Männer der Sippe Rechab sagten: »Wir
trinken keinen Wein! Unser Ahnherr Jonadab, der
Sohn Rechabs,[a] hat uns und unseren Nachkommen
für alle Zeit befohlen: ›Trinkt keinen Wein! 7 Ihr
dürft auch keine Häuser bauen, keine Felder bestel-
len und keine Weinberge anlegen und besitzen! Ihr
sollt für immer in Zelten wohnen bleiben; dann wer-
det ihr lange leben in diesem Land!‹[b]
8 Wir haben die Weisung unseres Ahnherrn zu
jeder Zeit und in allen Einzelheiten befolgt. Wir trin-
ken also keinen Wein, auch unsere Frauen, unsere
Söhne und unsere Töchter nicht. 9–10 Wir bauen uns
auch keine Häuser, sondern wohnen in Zelten.
Wir haben keine Weinberge, keine Felder, kein Saat-
gut. In allem halten wir uns genau an das, was unser
Ahnherr Jonadab uns befohlen hat.
11 Als Nebukadnezzar in das Land einfiel, beschlos-
sen wir jedoch, nach Jerusalem zu ziehen, um uns
vor dem Heer der Babylonier* und Syrer* in Sicher-
heit zu bringen. Nur deshalb sind wir jetzt hier in
Jerusalem.«
12 Da erging das Wort des Herrn an Jeremia, er
sagte zu ihm: 13 »Ich, der Herrscher der Welt,[c] der
Gott Israels, befehle dir: Geh und verkünde den Leu-
ten von Juda und Jerusalem: ›Der Herr sagt: Wollt
ihr euch nicht endlich dazu bewegen lassen, auf
mich zu hören? 14 Was Jonadab, der Sohn Rechabs,
seinen Söhnen befohlen hat, das haben sie eingehal-
ten: Er hat ihnen befohlen, keinen Wein zu trinken,
und sie trinken keinen Wein bis auf den heutigen
Tag. Sie haben die Anordnung ihres Ahnherrn
befolgt.

Ich aber habe euch wieder und wieder gesagt, was
ihr tun sollt; und ihr habt nicht auf mich gehört.
15 Immer von neuem habe ich meine Diener, die Pro-
pheten, zu euch gesandt und euch mahnen lassen:
Kehrt doch um von euren verkehrten Wegen, hört
auf, Böses zu tun, lauft nicht den fremden Göttern
nach und bringt ihnen keine Opfergaben*, dann
könnt ihr in dem Land wohnen bleiben, das ich euch
und euren Vorfahren gegeben habe! Aber ihr wolltet
nicht auf mich hören.
16 Die Nachkommen Jonadabs haben die Anord-
nung ihres Ahnherrn befolgt, aber ihr, das Volk
von Juda, habt auf mich nicht gehört. 17 Darum brin-
ge ich jetzt über euch, die Leute von Juda und die
Bewohner Jerusalems, all das Unglück, das ich euch
angedroht habe. Das sage ich, der Herrscher der
Welt, der Gott Israels. Ich hatte euch befohlen,
was ihr tun sollt; aber ihr habt nicht darauf gehört.
Ich hatte euch gerufen, aber ihr habt nicht geant-
wortet.‹«
18 Dann sagte Jeremia zu den Männern der Sippe
Rechab: »So spricht der Herrscher der Welt, der Gott
Israels: ›Ihr habt die Anordnung eures Ahnherrn
Jonadab befolgt; alles, was er euch befohlen hat,
habt ihr getan. 19 Deshalb wird es Jonadab, dem Sohn
Rechabs, nie an Nachkommen fehlen, die der Wei-
sung ihres Ahnherrn treu bleiben und mir auf ihre
Weise dienen!‹ Das sagt der Herr, der Herrscher
der Welt, der Gott Israels!«

Die Aufzeichnung der Worte Jeremias

36 Jojakim, der Sohn von Joschija, war das vierte
Jahr König über Juda, da erging das Wort des
Herrn an Jeremia.[d] Der Herr sagte zu ihm: 2 »Nimm
eine Buchrolle* und schreib alles hinein, was ich dir
über Israel[e] und Juda und alle anderen Völker gesagt
habe, von der Zeit des Königs Joschija bis zum heu-
tigen Tag. 3 Vielleicht werden die Leute von Juda
umkehren, wenn sie hören, welches Unheil ich über
sie bringen will. Vielleicht geben sie ihr verkehrtes
Leben auf und ich kann ihnen ihre Schuld verge-
ben.«
4 Jeremia rief Baruch, den Sohn von Nerija.[f] Er dik-
tierte ihm alles, was er während dieser ganzen Zeit
im Auftrag des Herrn verkündet hatte, und Baruch
schrieb es in die Buchrolle.

Über Jahrhunderte hatten die Rechabiter an den Ordnungen ihrer Vorfahren festgehalten: Sie tranken keinen Wein und lebten in Nomadenzelten wie dieser Beduine. »Sie haben die Anordnung ihres Ahnherrn befolgt«, sagt der Herr. »Ich aber habe euch wieder und wieder gesagt, was ihr tun sollt; und ihr habt nicht auf mich gehört.« (35,14)

a Ein entschiedener Verehrer des Gottes Israels in einer Zeit weit verbreiteter Baalsverehrung; vgl. 2 Kön 10,15-16.
b Vgl. Dtn 4,40. Die Rechabiter verbannen die Ernstnahme des Gesetzes, die allein den Verbleib im verheißenen Land garantieren konnte, mit der Beibehaltung der Lebensgewohnheiten der Wüstenzeit.
c Wörtlich *der Herr Zebaot**; entsprechend in den Versen 17-19.
d Es ist das Schicksalsjahr 605 v. Chr., in dem Nebukadnezzar bei Karkemisch über die Ägypter siegte; vgl. Anmerkung zu 25,2.
e Siehe Anmerkung zu 30,4.
f Siehe Anmerkung zu 32,12.

35,6 2 Kön 10,15-16 **35,11** 4,5; 8,14 **35,14** 7,13S **35,15** 25,4S **36,1** 25,1-2S **36,2** 1,2; 30,1-2S **36,3** 18,11S **36,4** 32,12S

5 Dann sagte Jeremia zu ihm: »Ich darf den Tempel* nicht mehr betreten.[a] 6 Deshalb geh du am nächsten Fasttag* hin und lies die Buchrolle allen Leuten vor, die im Tempel zusammenkommen. Nicht nur die Bürger von Jerusalem sollen es hören, sondern auch die Leute aus den Städten in Juda. 7 Vielleicht werden sie sich dann von ihrem verkehrten Weg abwenden und den HERRN um Gnade anflehen; denn er ist voller Zorn auf dieses Volk und hat ihm furchtbare Strafen angedroht.«

Baruch liest die Worte Jeremias öffentlich vor

8 Baruch tat, was ihm Jeremia befohlen hatte, und las die Worte des HERRN im Tempel* vor. 9 Es war im fünften Regierungsjahr des Königs Jojakim, im neunten Monat.[b] Alle Leute aus Jerusalem und aus den nahe gelegenen Städten von Juda waren damals zu einem Fasttag* im Tempel zusammengerufen worden. 10 Baruch las der versammelten Menge die Worte Jeremias im oberen Tempelhof vor. Er stand dabei in der Nähe des Neuen Tores, vor dem Raum, der Gemarja, dem Sohn des ehemaligen Staatsschreibers Schafan, gehörte.

11 Gemarjas Sohn Micha hörte alles, was Baruch aus der Buchrolle* vorlas, alle Worte, die der HERR durch Jeremia gesagt hatte. 12 Schnell ging er zum Königspalast hinab. Im Zimmer des Staatsschreibers waren gerade sämtliche Minister zu einer Sitzung versammelt. Außer dem Staatsschreiber Elischama waren dort Delaja, der Sohn von Schemaja, Elnatan, der Sohn Achbors, Gemarja, der Sohn Schafans, Zidkija, der Sohn von Hananja, und weitere hohe Beamte.

13 Micha berichtete ihnen, was Baruch dem Volk aus der Buchrolle vorgelesen hatte. 14 Die Minister schickten daraufhin Jehudi, um Baruch zu holen. – Jehudi war ein Sohn von Netanja, sein Großvater hieß Schelemja und sein Urgroßvater Kuschi. – Jehudi befahl Baruch: »Bring das Buch, aus dem du dem Volk vorgelesen hast, zu den Ministern!«

Baruch nahm die Buchrolle und ging hin.

15 Die Minister sagten zu Baruch: »Setz dich und lies uns das Buch vor!« Baruch setzte sich und las. 16 Als sie alles gehört hatten, schauten sie einander erschrocken an und sagten zu ihm: »Das müssen wir unbedingt dem König melden!«[c]

17 Dann sagten sie zu Baruch: »Woher hast du alle diese Worte, die du da aufgeschrieben hast?«°

18 Er antwortete ihnen: »Jeremia hat es mir Satz für Satz diktiert und ich habe nichts anderes getan, als seine Worte mit Tinte in diese Buchrolle geschrieben.«

19 Da gaben ihm die Minister den Rat: »Du und Jeremia, ihr müsst euch schnell verstecken! Niemand darf wissen, wo ihr seid!«

König Jojakim vernichtet die Rolle

20 Die Minister ließen die Buchrolle* im Zimmer des Staatsschreibers Elischama zurück und begaben sich zum König in den Palasthof. Sie berichteten ihm alles. 21 Der König schickte Jehudi, um die Rolle zu holen. Er holte sie aus dem Zimmer des Staatsschreibers Elischama und begann, sie vor dem König und den führenden Männern, die bei ihm versammelt waren, vorzulesen.

22 Der König wohnte damals im Winterhaus, denn es war der neunte Monat.[d] In einem Kohlenbecken vor ihm brannte ein Feuer. 23 Er hatte ein Messer zur Hand genommen, wie es die Schreiber zum Anspitzen der Federkiele benutzen, und immer, wenn Jehudi drei oder vier Spalten gelesen hatte, schnitt der König sie mit dem Messer von der Buchrolle ab und warf sie in die Flammen, bis schließlich die ganze Rolle vernichtet war.[e]

24 Keiner von den Zuhörern erschrak über die Worte, die aus der Buchrolle vorgelesen wurden, keiner zerriss seine Kleider, weder der König noch irgendeiner seiner Leute. 25 Elnatan, Delaja und Gemarja hatten zwar den König dringend gebeten, die Rolle nicht zu verbrennen, aber er hörte nicht auf sie. 26 Im Gegenteil, er gab seinem Sohn Jerachmeël sowie Seraja, dem Sohn Asriëls, und Schelemja, dem Sohn Abdeels, den Befehl, den Propheten Jeremia und seinen Sekretär Baruch zu verhaften. Der HERR aber hatte dafür gesorgt, dass man sie nirgends fand.

Jeremia diktiert seine Worte noch einmal

27 Nachdem König Jojakim die Buchrolle* verbrannt hatte, erging das Wort des HERRN an Jeremia: 28 »Nimm eine neue Rolle und lass alles darauf schreiben, was in der ersten Rolle stand!

29 Über Jojakim aber sollst du aufschreiben lassen: ›So spricht der HERR: Du hast die erste Rolle verbrannt und hast Jeremia vorgehalten: Wie kannst du schreiben lassen, der König von Babylonien* werde bestimmt kommen und dieses Land verwüsten und Menschen und Vieh daraus vertreiben?

30 Darum sage ich über dich, Jojakim, König von Juda: Keiner deiner Nachkommen wird dir auf dem Thron Davids folgen![f] Deinen Leichnam wird man draußen hinwerfen, wo er schutzlos der Hitze des Tages und der Kälte der Nacht ausgesetzt ist.[g] 31 Ich strafe dich, deine Nachkommen und alle deine Komplizen für eure Schuld. Über euch und über die Bewohner Jerusalems und alle Leute von Juda bringe ich all das Unglück, das ich ihnen angedroht habe; denn niemand von euch wollte auf mich hören.‹«

32 Da nahm Jeremia eine neue Buchrolle und gab sie seinem Schreiber Baruch. Dieser schrieb nach Jeremias Diktat noch einmal alles auf, was schon

a Die Feindschaft der Priester (vgl. 26,7-9; 20,1-6) machte ihm ein öffentliches Auftreten im Tempel inzwischen wohl unmöglich.
b November/Dezember; vgl. Seite 175.
c Es ist nicht anzunehmen, dass die Minister bislang nie etwas von Jeremias Verkündigung gehört hatten. Doch die thematische Zusammenstellung der Prophetenworte und ihre formelle Verlesung vor dem Hintergrund der augenblicklichen weltpolitischen Lage (vgl. Anmerkungen zu 36,1 und 25,2) mussten ihnen als eine ungeheure Herausforderung und wie ein Ultimatum erscheinen.
d Mitte November bis Mitte Dezember; vgl. Seite 175.
e Zur Spaltenanordnung auf Buchrollen vgl. die Abbildungen Seiten 4–6 und 28.
f Jojachin, der Sohn Jojakims, wurde zwar inthronisiert, aber drei Monate später nach Babylon deportiert (2 Kön 24,6.8-15).
g Vgl. 22,19 und Anmerkung dort.

36,5 20,1-6; 26,7-8 **36,10** 26,24 **36,12** (Elnatan) 26,22 **36,24** 2 Kön 22,11 **36,26** 15,21 S **36,28** 30,1-2 S **36,30** 22,19.30; 9,21 S **36,31** 7,13 S

in der Rolle stand, die König Jojakim ins Feuer geworfen hatte. Doch fügte Jeremia noch viele ähnliche Worte hinzu.[a]

DIE LEIDEN DES PROPHETEN JEREMIA (Kapitel 37–45)

Jeremia warnt König Zidkija vor falschen Hoffnungen

37 Der Babylonierkönig Nebukadnezzar hatte König Jojachin,[b] den Sohn Jojakims, abgesetzt und an seiner Stelle Zidkija, einen Bruder von Jojakim und[c] Sohn von Joschija, als König über das Land Juda eingesetzt.[d] 2 Aber weder König Zidkija noch seine Hofleute noch die Bewohner des Landes nahmen ernst, was der HERR ihnen durch Jeremia sagen ließ.

3 König Zidkija sandte Juchal, den Sohn von Schelemja, und den Priester* Zefanja, den Sohn von Maaseja, zum Propheten Jeremia mit dem Auftrag: »Bete doch für uns zum HERRN, unserem Gott!« 4–5 Die babylonischen Belagerer waren nämlich von Jerusalem abgezogen, denn sie hatten erfahren, dass ein Heer des Pharaos aus Ägypten gegen sie anrückte.[e]

Jeremia konnte sich damals noch frei bewegen; sie hatten ihn noch nicht ins Gefängnis geworfen.

6 Da erging das Wort des HERRN an den Propheten Jeremia als Antwort für die Abgesandten Zedekijas: 7 »So spricht der HERR, der Gott Israels: Geht wieder zum König von Juda, der euch hergeschickt hat, um mich zu fragen. Sagt ihm: ›Das Heer des Pharaos, das ausgezogen ist, um euch zu helfen, ist schon wieder auf dem Heimweg nach Ägypten. 8 Die Babylonier* kommen zurück. Sie werden diese Stadt angreifen, sie erobern und niederbrennen.

9 Ich, der HERR, warne euch: Redet euch nicht ein, die Babylonier würden endgültig abziehen. Sie werden *nicht* abziehen. 10 Selbst wenn ihr das ganze babylonische Heer in die Flucht schlagen könntet und nur ein paar Verwundete in ihren Zelten zurückblieben, sie würden aufstehen und diese Stadt niederbrennen!‹«

Jeremia kommt ins Gefängnis

11 Als das Heer der Belagerer von Jerusalem abgezogen und den Ägyptern entgegengezogen war, 12 wollte Jeremia die Stadt verlassen und ins Gebiet des Stammes Benjamin gehen, um mit seinen Verwandten eine Erbschaft zu teilen.[f]

13 Am Benjamintor[g] hielt der wachhabende Offizier ihn an. Es war Jirija, der Sohn von Schelemja und Enkel von Hananja. Er rief Jeremia zu: »Halt, du willst zu den Babyloniern* überlaufen!«

14 Jeremia entgegnete: »Das ist nicht wahr, ich bin kein Überläufer!«

Doch Jirija glaubte ihm nicht. Er nahm ihn fest und führte ihn vor die Minister. 15 Diese waren wütend auf Jeremia. Sie ließen ihn schlagen und in das Haus des Staatsschreibers Jonatan bringen, das man zum Gefängnis gemacht hatte. 16 Jeremia kam in einen gewölbten Keller, der vorher als Zisterne gedient hatte. Dort blieb er lange Zeit.

Jeremia bekommt Hafterleichterung

17 Eines Tages ließ König Zidkija den Propheten heimlich in seinen Palast holen und fragte ihn: »Hast du für mich eine Botschaft vom HERRN?«

Jeremia antwortete: »Ja, sie lautet: ›Du wirst an den König von Babylonien* ausgeliefert.‹«

18 Dann fragte Jeremia den König: »Welches Verbrechen habe ich an dir oder an deinen Hofleuten oder an diesem Volk begangen, dass ihr mich ins Gefängnis geworfen habt? 19 Wo sind denn jetzt eure Propheten*, die euch vorausgesagt haben, der König von Babylonien werde euch und dieses Land nicht überfallen?«[h]

20 Und er fügte hinzu: »Mein Herr und König, gewähre mir doch, worum ich dich jetzt bitte: Lass mich nicht in das Haus Jonatans zurückbringen. Das wäre mein sicherer Tod!«

21 Da gab König Zidkija den Befehl, sie sollten Jeremia im Wachthof gefangen halten. Dort bekam er als Tagesration einen kleinen Brotlaib aus der Bäckergasse, bis das Brot in der Stadt ganz ausging.

Jeremia soll zum Schweigen gebracht werden

38 Einige Beamte des Königs hörten, was Jeremia zu allen Kriegsleuten im Wachthof sagte. Es waren Schefatja, der Sohn Mattans, und Gedalja, der Sohn Paschhurs, sowie Juchal, der Sohn von Schelemja, und Paschhur, der Sohn von Malkija.

2 Jeremia hatte nämlich zu allen Männern gesagt: »So spricht der HERR: ›Wer in dieser Stadt bleibt, kommt um durch Schwert, Hunger oder Pest. Wer aber jetzt hinausgeht und sich den Babyloniern* ergibt, kommt mit dem Leben davon. 3 Macht euch nichts vor: Diese Stadt wird dem Heer des Königs von Babylonien in die Hände fallen; Nebukadnezzar wird sie erobern.‹ Das sagt der HERR.«

4 Die Beamten meldeten dies dem König und sagten: »Diesen Mann muss man töten! Wenn er so weiterredet, verlieren die Kriegsleute, die uns noch geblieben sind, und all die anderen Menschen in der Stadt den letzten Mut. Er sucht nicht das Wohl des Volkes, sondern seinen Untergang!«

5 »Macht mit ihm, was ihr wollt«, sagte der König. »Ich kann euch nicht daran hindern.«

a Die zweite Niederschrift der Worte Jeremias aus der Feder Baruchs bildet nach allgemeiner Auffassung den Grundstock der im Jeremiabuch gesammelten Prophetenworte. Fast allgemein hält man Baruch auch für den Verfasser der Berichte, die in Kap 36–45, ferner in 26; 19,1-20,6; 28–29; 51,59-64; 34,2-7 vorliegen.
b *Jojachin:* wörtlich *Konja;* vgl. 22,24.
c *einen Bruder ...:* verdeutlichender Zusatz; vgl. 2 Kön 23,34.
d Zu diesem Vers vgl. 2 Kön 24,8-17, zum folgenden 2 Kön 24,18-20.
e Beim Aufstand gegen die Babylonier durfte Zidkija ägyptischer Hilfe sicher sein. Ein ägyptisches Heer unter Pharao Hofra rückte denn auch gegen die Belagerer heran. Diese zogen von Jerusalem ab und den Ägyptern entgegen (Vers 11). Sie besiegten jedoch die Ägypter und nahmen danach die Belagerung wieder auf. Vor dem Hintergrund dieser Ereignisse spielt auch 34,8-22.
f Vermutlich besteht eine Beziehung zu dem (späteren!) Ackerkauf in 32,7-8.
g Ein Tor in der Nordmauer, das öfter erwähnt wird (20,2; 38,7-8; Sach 14,10).
h Zum Wirken der falschen Propheten siehe 14,13-15 und Vergleichsstellen dort.

37,1 2 Kön 24,17 **37,3** 21,1 S; 7,16 S **37,12** 32,7-8 **37,19** 14,13-15 S **38,2** 24,10 S **38,3** (Paschhur, Sohn Malkijas) 21,1

6 Da führten sie Jeremia zur Zisterne des Prinzen Malkija, die sich im Wachthof befand. Man ließ ihn an Stricken hinunter. In der Zisterne war kein Wasser, sondern nur Schlamm, in den Jeremia einsank.

Ein Ausländer rettet Jeremia

7–8 Im Königspalast gab es einen äthiopischen Eunuchen* namens Ebed-Melech. Als er hörte, dass sie Jeremia in die Zisterne geworfen hatten, verließ er sofort den Palast und suchte den König auf, der sich gerade am Benjamintor aufhielt. Ebed-Melech sagte zu ihm: 9 »Mein König, was diese Männer mit dem Propheten Jeremia gemacht haben, ist ein schweres Unrecht. Sie haben ihn in die Zisterne geworfen und lassen ihn dort unten elend verhungern. Es gibt ja ohnehin kaum noch Brot in der Stadt.«

10 Da befahl der König: »Nimm dreißig Männer mit und zieh ihn aus der Zisterne, bevor er stirbt!«

11 Ebed-Melech ging mit den Männern in den Königspalast und holte aus der Kleiderkammer des Vorratshauses abgetragene und zerrissene Kleider. Er ließ sie an Stricken zu Jeremia in die Zisterne hinunter 12 und rief ihm zu: »Lege die Lumpen unter deine Achseln, damit dir die Stricke nicht ins Fleisch schneiden.«[a]

Jeremia tat es. 13 Nun zogen sie ihn mit den Seilen hoch und holten ihn aus der Zisterne heraus. Von da an blieb Jeremia wieder im Wachthof.

Der König lässt den Propheten heimlich zu sich rufen

14 Eines Tages bestellte König Zidkija den Propheten Jeremia zum dritten Tempeltor.[b] Dort sagte er zu ihm: »Ich möchte wissen, was der Herr dir gesagt hat. Verschweige mir nichts!«

Nachrichten an den Befehlshaber der Stadt Lachisch, mit Tinte auf Tonscherben geschrieben, beleuchten die militärische Lage in Juda während des babylonischen Feldzugs, der 587 v. Chr. mit der Zerstörung Jerusalems endete (vgl. 34,7 und Erklärung dazu).

15 Jeremia antwortete: »Wenn ich dir die Wahrheit sage, lässt du mich umbringen; und wenn ich dir einen Rat gebe, hörst du doch nicht darauf.«

16 Da versicherte ihm der König unter vier Augen mit einem Eid: »So gewiss der HERR lebt, der uns das Leben gegeben hat, ich lasse dich nicht töten und liefere dich nicht den Männern aus, die dich umbringen wollen.«

17 Darauf sagte Jeremia zu Zidkija: »So spricht der Gott Israels, der Herrscher der Welt:[c] ›Wenn du aus der Stadt hinausgehst und dich den Heerführern des Königs von Babylonien* ergibst, dann wirst du gerettet und diese Stadt wird nicht in Brand gesteckt. Du bleibst am Leben mit deiner ganzen Familie. 18 Wenn du aber nicht hinausgehst, wird diese Stadt an die Babylonier ausgeliefert und niedergebrannt. Auch du wirst ihnen dann nicht entkommen.‹«

19 Der König antwortete: »Ich habe Angst vor unseren Leuten aus Juda, die zu den Babyloniern übergelaufen sind. Die Babylonier könnten mich an sie ausliefern und sie würden mir bestimmt übel mitspielen.«[d]

20 Jeremia versicherte: »Nein, man wird dich nicht an sie ausliefern! Hör doch auf das, was der HERR dir sagen lässt; dann geschieht dir nichts und du rettest dein Leben. 21 Weigerst du dich aber hinauszugehen, so wird geschehen, was mir der HERR gezeigt hat: 22 Ich sah, wie man alle Frauen, die im Palast des Königs von Juda zurückgeblieben waren, zu den Heerführern der Babylonier hinausbrachte. Und ich hörte sie klagen und über dich sagen: ›Verführt und betrogen haben sie ihn, seine guten Freunde![e] Jetzt, wo ihm das Wasser bis zum Hals geht, lassen sie ihn im Stich!‹«

23 Und Jeremia schloss: »Ja, alle deine Frauen und Kinder wird man zu den Babyloniern hinausführen, auch du selbst wirst ihnen nicht entrinnen. Sie werden dich gefangen nehmen und ihrem König übergeben. Diese Stadt aber wird niedergebrannt.«°

24 Da sagte Zidkija zu Jeremia: »Niemand darf erfahren, was wir hier miteinander gesprochen haben, sonst musst du sterben. 25 Wenn meine Minister von unserer Unterredung hören, werden sie zu dir kommen und dich ausfragen: ›Was hast du zum König gesagt und was hat er dir geantwortet? Verheimliche uns nichts, sonst bringen wir dich um!‹ 26 Dann sag ihnen nichts weiter als: ›Ich habe den König dringend gebeten, mich nicht in das Haus Jonatans[f] zurückzuschicken, weil ich dort sterben müsste.‹«

27 Tatsächlich kamen alle Hofleute zu Jeremia und fragten ihn aus. Er antwortete ihnen genau, wie der König es von ihm verlangt hatte. Da ließen sie ihn in Ruhe; denn von der Unterredung war sonst nichts bekannt geworden. 28 So blieb Jeremia im Wachthof bis zu dem Tag, an dem Jerusalem fiel.

a *damit dir ...:* verdeutlichender Zusatz.
b Ein Tor dieses Namens ist sonst nicht bekannt, seine Lage ungewiss.
c *der Herrscher der Welt:* wörtlich *der HERR Zebaot**.
d Mehr als vor den Babyloniern hat Zidkija Angst vor seinen politischen Gegnern, die aus Protest gegen seine Aufstandspolitik ins babylonische Lager übergegangen waren.
e Gemeint sind die politischen Ratgeber des Königs.
f Vgl. 37,15-16.

38,13 15,21 S **38,17** 21,9 **38,26** 37,15 **38,28** 37,21

Der Untergang Jerusalems[a]
(52,4-11)

39 Im neunten Regierungsjahr von Zidkija, dem
König von Juda, im zehnten Monat, erschien
Nebukadnezzar, der König von Babylonien*, mit
seinem ganzen Heer vor Jerusalem und begann mit
der Belagerung der Stadt. 2 Im elften Jahr Zidkijas,
am 9. Tag des 4. Monats, schlugen die Babylonier eine
Bresche in die Stadtmauer.[b]
3 Die babylonischen Heerführer hielten Einzug in
Jerusalem und richteten beim Mitteltor ihr Haupt-
quartier ein. Bei ihnen befanden sich auch Nergal-
Sarezer, Samgar-Nebu, der Palastvorsteher Sar-Se-
chim und noch ein anderer Nergal-Sarezer, der
oberste königliche Berater.
4 Als König Zidkija und seine Kriegsleute das
sahen, verließen sie bei Nacht die Stadt durch den
Torweg zwischen den beiden Mauern am königli-
chen Garten[c] und flohen in östlicher Richtung zur
Jordanebene. 5 Sofort nahmen babylonische Trup-
pen die Verfolgung auf und holten Zidkija in der Ebe-
ne bei Jericho ein. Er wurde gefangen genommen
und zu Nebukadnezzar nach Ribla[d] in der Provinz
Hamat gebracht.
Dort sprach ihm Nebukadnezzar selbst das Urteil.
6 Zidkija musste mit ansehen, wie man seine Söhne
abschlachtete. Auch alle führenden Männer von
Juda wurden dort hingerichtet. 7 Danach wurden
Zidkija die Augen ausgestochen. Mit Ketten gefesselt
wurde er nach Babylon gebracht.
8 In Jerusalem steckten die Babylonier den könig-
lichen Palast und alle anderen Häuser in Brand und
rissen die Stadtmauern ein. 9 Den Rest der Stadtbe-
völkerung, auch alle, die zu den Babyloniern überge-
laufen waren, führte Nebusaradan, der Befehlshaber
der Leibwache Nebukadnezzars, in die Verban-
nung* nach Babylonien. 10 Nur von der ärmsten
Schicht der Bevölkerung ließ er einen Rest in Juda
zurück, Leute, die gar keinen Besitz hatten. Ihnen
gab Nebusaradan Äcker und Weinberge.

Jeremias Befreiung

11 Für die Behandlung Jeremias hatte Nebukadnezzar
dem Befehlshaber der Leibwache, Nebusaradan, fol-
gende Anweisung mitgegeben: 12 »Sieh zu, dass du
den Mann findest! Nimm ihn in deine persönliche
Obhut und achte darauf, dass niemand ihm etwas
antut! Wenn er Wünsche äußert, erfülle sie ihm!«[e]
13-14 Darum gaben die führenden Männer des baby-
lonischen Heeres den Befehl, Jeremia aus dem
Wachthof zu holen – es waren der Oberbefehlshaber
Nebusaradan, der Palastvorsteher Nebuschasban,
der oberste königliche Berater Nergal-Sarezer und
die übrigen babylonischen Befehlshaber. Sie überga-
ben Jeremia an Gedalja, den Sohn Ahikams[f] und
Enkel Schafans, damit er ihn sicher nach Hause
geleite. So blieb Jeremia mitten unter dem Volk.

Verheißung an den Ausländer Ebed-Melech[g]

15 Als Jeremia noch im Wachthof gefangen gehalten
wurde, war an ihn das Wort des HERRN ergangen,
und er erhielt den Auftrag: 16 »Geh zu dem Äthio-
pier* Ebed-Melech und sage ihm: ›So spricht der
HERR, der Herrscher der Welt,[h] der Gott Israels: Jetzt
lasse ich in Erfüllung gehen, was ich dieser Stadt
angekündigt habe: Sie wird untergehen. Du selbst
wirst das miterleben, 17 aber dich werde ich retten,
wenn es so weit ist. Du wirst nicht den Leuten in
die Hände fallen, vor denen du dich fürchtest.
18 Ich sorge dafür, dass niemand dich umbringt. Du
sollst mit dem Leben davonkommen, weil du auf
mich, den HERRN, vertraut hast!‹«

Jeremia bleibt in Juda

40 Der HERR sprach wieder zu Jeremia,[i] nach-
dem dieser von Nebusaradan, dem Befehls-
haber der Leibwache, in Rama erkannt und freigelas-
sen worden war.
Jeremia befand sich dort mit gefesselten Händen
unter all den Leuten aus Jerusalem und Juda, die
als Gefangene nach Babylonien* gebracht werden
sollten.[j] 2 Doch der Befehlshaber der Leibwache ent-
deckte ihn, ließ ihn zu sich bringen und sagte zu ihm:
»Der HERR, dein Gott, hat diesem Land das Unheil im
Voraus angedroht, 3 das jetzt eingetroffen ist. Er hat
seine Drohung wahr gemacht. Weil ihr euch gegen
ihn verfehlt und nicht auf ihn gehört habt, musste
es so kommen. 4 Aber dir nehme ich jetzt die Fesseln
ab; du sollst frei sein. Wenn du mit mir nach Babylo-
nien gehen willst, dann komm mit; ich werde mich
um dich kümmern. Willst du nicht mitkommen, ist
es auch gut. Das ganze Land hier steht dir offen;
du kannst gehen, wohin du willst.«
5 Als Jeremia sich nicht sogleich entscheiden
konnte, sagte Nebusaradan zu ihm: »Kehr doch
zurück zu Gedalja, dem Sohn Ahikams[k] und Enkel
Schafans, den der König von Babylonien als Statthal-
ter über die Städte von Juda eingesetzt hat. Du
kannst bei ihm wohnen und so mitten unter deinem
Volk bleiben. Du musst es aber nicht; du kannst
gehen, wohin du willst!«
Nebusaradan machte Jeremia noch ein Geschenk
und gab ihm Verpflegung mit auf den Weg. 6 Jeremia
ging daraufhin zu Gedalja nach Mizpa[l] und lebte
mitten unter den Leuten, die im Land zurückgeblie-
ben waren.

Das Volk sammelt sich um Gedalja

7 Einige Truppenführer aus Juda waren mit ihren
Leuten noch im offenen Land verstreut. Sie hörten,

a Zu 39,1-10 vgl. 52,4-16 und 2 Kön 25,1-12.
b Damit war das Schicksal der Stadt besiegelt. Die Belagerung dauerte von Januar 588 bis August 587 v. Chr., also eineinhalb Jahre.
c Die Eroberung Jerusalems erfolgte von seiner schwächsten Stelle, d. h. von Norden her. Der König versucht durch ein Tor im Südosten zu entkommen.
d Stadt in Nordsyrien. Hier lag Nebukadnezzars Hauptquartier.
e Nebukadnezzar dürfte durch Überläufer erfahren haben, welche Haltung Jeremia eingenommen hatte.
f *Gedalja* wird später als Statthalter Nebukadnezzars über Juda in Erscheinung treten (Kap 40–41). Er ist der Sohn jenes *Ahikam,* der Jeremia zur Zeit Jojakims das Leben rettete (26,24).
g Zu diesem Abschnitt vgl. 38,7-13.
h Wörtlich *der HERR Zebaot**.
i Wörtlich *Das Wort, das vom HERRN an Jeremia erging.* Ein spezielles »Wort des HERRN« wird im Folgenden jedoch nicht mitgeteilt. Vielleicht soll mit der Formel an Jer 1,2-3 angeknüpft und nur allgemein der Beginn eines weiteren Zeitraums prophetischer Tätigkeit Jeremias gekennzeichnet werden.
j Nach seiner Befreiung (39,11-14) ist Jeremia offenbar doch in einen Gefangenentransport geraten, aus dem Nebusaradan ihn wieder herausholt. Zu *Rama* vgl. 31,15-16 und Anmerkung dort.
k Vgl. Anmerkung zu 39,13-14.
l *Mizpa* liegt 13 km nördlich von Jerusalem (siehe Karte Seite 443). Der Ort spielte in der Geschichte Israels öfter eine Rolle; vgl. Ri 20,1; 1 Sam 7,16;

39,1-10 52,4-16 **39,11-14** 40,1-5 **39,16** 38,7-13 **39,18** 45,5 **40,1-5** 39,11-14 **40,6** Ri 20,1 S **40,7-9** 2 Kön 25,22-24

dass der König von Babylonien* Gedalja, den Sohn
Ahikams, zum Statthalter über Juda eingesetzt und
ihm den ärmeren Teil der Bevölkerung unterstellt
hatte, der nicht nach Babylonien weggeführt wor-
den war, Männer, Frauen und Kinder. 8 Es waren
Jischmaël, der Sohn von Netanja, Johanan und Jona-
tan, die Söhne Kareachs, Seraja, der Sohn Tanhu-
mets, ferner die Söhne von Efai aus Netofa und Jaa-
sanja aus Maacha. Sie alle kamen daraufhin zu
Gedalja nach Mizpa.
9 Gedalja sagte zu ihnen: »Ich gebe euch mein
Wort: Ihr habt nichts zu befürchten, wenn ihr euch
den Babyloniern unterwerft! Bleibt im Land, dient
dem Babylonierkönig, und es wird euch gut gehen!
10 Ich selbst bleibe hier in Mizpa, um unsere Anliegen
den Babyloniern gegenüber zu vertreten. Geht in die
Städte ringsum und lasst euch dort nieder! Kümmert
euch um die Wein- und Obst- und Olivenernte und
legt davon Vorräte an!«[a]
11 Viele Leute aus Juda waren zu den Moabitern*,
Ammonitern*, Edomitern* oder in andere Länder
geflüchtet. Als sie erfuhren, dass der Babylonier-
könig einen Rest der Bevölkerung in Juda zurückge-
lassen und Gedalja zum Statthalter ernannt hatte,
12 kamen auch sie nach Juda zurück und meldeten
sich bei Gedalja in Mizpa. Sie ernteten Wein und
Obst in großer Menge.

Gedalja wird von Jischmaël ermordet

13 Eines Tages kamen Johanan, der Sohn Kareachs,
und die anderen Truppenführer, die im Land geblie-
ben waren, zu Gedalja nach Mizpa 14 und sagten zu
ihm: »Weißt du schon: Der Ammoniterkönig* Baalis
hat Jischmaël, den Sohn von Netanja, losgeschickt,
um dich zu ermorden!«[b] Aber Gedalja glaubte ihnen
nicht.
15 Johanan machte Gedalja sogar heimlich ein
Angebot; er sagte: »Ich werde Jischmaël umbringen
und niemand wird erfahren, wer das getan hat! Wir
dürfen nicht dulden, dass er dich tötet. Das hätte nur
zur Folge, dass alle, die sich um dich gesammelt
haben, wieder zerstreut werden und so auch noch
der letzte Rest von Juda zugrunde geht!«
16 Aber Gedalja antwortete: »Was du über
Jischmaël sagst, ist nicht wahr. Du wirst ihm nichts
zuleide tun!«

41 Im siebten Monat desselben Jahres kam
Jischmaël, der Sohn von Netanja und Enkel
von Elischama, in Begleitung von zehn anderen
Männern zu Gedalja nach Mizpa. Jischmaël gehörte
zur königlichen Familie und war einer der höchsten
Offiziere des Königs gewesen. Während sie alle mit-
einander aßen, 2 standen Jischmaël und seine Beglei-
ter auf, zogen ihre Schwerter und töteten Gedalja,
den der Babylonierkönig zum Statthalter für das
Land eingesetzt hatte.
3 Jischmaël brachte auch die anderen Männer aus
Juda um, die bei Gedalja in Mizpa waren, und eben-
so die babylonischen Kriegsleute, die er dort fand.

Jischmaël ermordet Pilger aus Samarien

4 Am folgenden Tag – noch hatte niemand erfahren,
dass Gedalja von Jischmaël ermordet worden war –
5 näherten sich Mizpa achtzig Männer. Zum Zeichen
der Trauer waren ihre Bärte abgeschnitten, ihre Klei-
der zerrissen, ihre Haut blutig geritzt. Sie kamen aus
Sichem, Schilo und Samaria und wollten nach Jeru-
salem, um Weihrauch* und andere Opfergaben
zum Tempel* des HERRN zu bringen.[c]
6 Jischmaël ging weinend aus Mizpa hinaus ihnen
entgegen und lud sie ein: »Kommt zu Gedalja, dem
Sohn Ahikams!« 7 Als die Männer aber in der Stadt
waren, wurden sie von Jischmaël und seinen Leuten
niedergemetzelt und ihre Leichen in eine Zisterne
geworfen.
8 Nur zehn von ihnen wurden verschont. Sie hat-
ten zu Jischmaël gesagt: »Töte uns nicht! Wir zeigen
dir, wo wir auf dem Feld Vorräte versteckt haben:
Weizen und Gerste, Öl und Honig.«
9 Die Zisterne, in die Jischmaël die Leichen der
Ermordeten werfen ließ, war dieselbe große° Zis-
terne, die König Asa von Juda hatte aushauen lassen,
als er gegen Bascha, den König von Israel, Krieg führ-
te.[d] Jetzt füllte Jischmaël, der Sohn von Netanja, sie
ganz mit Leichen.

Die Mitgeschleppten werden befreit

10 Den Rest der Bevölkerung von Mizpa und auch die
Töchter des Königs von Juda, alle, die Nebusaradan,
der Befehlshaber der Leibwache, in die Obhut
Gedaljas gegeben hatte,[e] nahm Jischmaël gefangen
und zog ab, um mit ihnen auf ammonitisches Gebiet
hinüberzugelangen.
11 Als Johanan, der Sohn Kareachs, und die ande-
ren Truppenführer hörten, was Jischmaël getan
hatte, 12 verfolgten sie ihn mit allen ihren Männern
und holten ihn beim großen Teich von Gibeon[f]
ein. 13 Die Leute, die Jischmaël aus Mizpa mitge-
schleppt hatte, freuten sich, als sie Johanan und
die anderen Truppenführer kommen sahen. 14 Sie
kehrten Jischmaël den Rücken und liefen zu Joha-
nan, dem Sohn Kareachs, über. 15 Jischmaël entkam
mit acht seiner Männer und ging zu den Ammoni-
tern*.

Aufbruch nach Ägypten

16 Johanan, der Sohn Kareachs, und die anderen
Truppenführer übernahmen nun die Verantwortung
für die Leute, die Jischmaël nach dem Mord an
Gedalja aus Mizpa weggeführt hatte und die sie
ihm bei Gibeon abgejagt hatten. Es waren Männer,

1 Kön 15,22. Jetzt wurde er Verwaltungssitz Gedaljas.

a Jerusalem war im August 587 v. Chr. gefallen. Vordringliche Sorge des Statthalters war es, von der Ernte des Jahres noch zu retten, was zu retten war; vgl. auch die folgenden Verse.
b Dem Ammoniterkönig wird die beginnende Neuordnung Judas nicht behagt haben. Die Motive Jischmaëls werden 41,1 greifbar: Der Mann aus der Nachkommenschaft Davids empfindet es offenbar als eine Schmach, dass die Geschicke Judas in die Hand eines ›Emporkömmlings‹ gelegt wurden.
c Der siebte Monat (= September/Oktober; vgl. Vers 1) ist traditionell der große Festmonat (siehe Seite 175), in dem offenbar auch Bewohner des Nordreichs nach Jerusalem pilgerten. Sie bleiben dem Brauch treu, obwohl der Tempel zerstört ist.
d Vgl. 1 Kön 15,16.22.
e Unter ihnen befinden sich auch Jeremia und Baruch.
f Der Ort liegt 9 km nordwestlich von Jerusalem (siehe Karte Seite 443). Bei dem »Teich« (vgl. 2 Sam 2,13) handelt es sich vielleicht um die eisenzeitliche Wasserversorgungsanlage der Stadt (siehe das Bild auf Seite 344).

41,1-3 2 Kön 25,25 **41,9** 1 Kön 15,16 **41,12** 2 Sam 2,13

Frauen und Kinder, und unter den Männern auch Hofbeamte und Kriegsleute.

17 Sie alle flohen nach Süden bis zur Herberge Kimhams bei Betlehem. Dort machten sie vorläufig Halt, um dann weiter nach Ägypten zu ziehen.[a] 18 Sie hatten Angst vor den Babyloniern*, denn Jischmaël hatte Gedalja ermordet, den der Babylonierkönig zum Statthalter für Juda eingesetzt hatte.

Warnung vor der Auswanderung nach Ägypten

42 Vor dem Aufbruch kamen alle Truppenführer, an ihrer Spitze Johanan, der Sohn von Kareach, und Asarja, der Sohn von Hoschaja, und ebenso alle Flüchtlinge von den Vornehmsten bis zu den Geringsten zum Propheten Jeremia. 2 Sie sagten zu ihm: »Erfülle doch unseren Wunsch und bete für uns zum HERRN, deinem Gott! Wir waren einmal viele; aber du siehst: Nur wenige sind von uns übrig geblieben.[b] 3 Bete für uns zum HERRN, deinem Gott, dass er uns sagt, wohin wir gehen und was wir tun sollen!«

4 Jeremia antwortete ihnen: »Gut, ich will eure Bitte erfüllen und zum HERRN, eurem Gott, beten. Ich werde euch alles sagen, was er mir antwortet; ich werde euch nichts verschweigen.«

5 Sie versicherten ihm: »Der HERR soll als unbestechlicher Zeuge gegen uns auftreten, wenn wir nicht genau das tun, was er uns durch dich befiehlt! 6 Ob sein Befehl uns gefällt oder nicht, wir werden unserem Gott, den wir durch dich befragen, gehorchen. Denn dann wird es uns gut gehen.«

7 Es dauerte zehn Tage, bis das Wort des HERRN an Jeremia erging. 8 Der Prophet rief Johanan, die Truppenführer und das ganze Volk zusammen, von den Vornehmsten bis zu den Geringsten, 9 und sagte zu ihnen: »Ihr habt mich gebeten, dem HERRN, dem Gott Israels, euer Anliegen vorzutragen. Hört, was er euch darauf antwortet:

10 ›Wenn ihr ruhig in diesem Land wohnen bleibt, werde ich euch einpflanzen und nicht ausreißen; ich werde euch aufbauen und nicht niederreißen. Denn es tut mir Leid, dass ich Unglück über euch bringen musste. 11 Ihr habt jetzt Angst vor dem König von Babylonien*. Aber ich, der HERR, sage euch: Ihr braucht keine Angst vor ihm zu haben; denn ich bin bei euch, ich werde euch aus seiner Hand retten. 12 Ich bringe ihn dazu, dass er Erbarmen mit euch hat und euch in eure Häuser zurückkehren lässt.‹

13 Aber ihr müsst dem HERRN, eurem Gott, gehorchen und dürft dieses Land nicht verlassen. 14 Ihr dürft nicht sagen: ›Wir wollen nach Ägypten ziehen, wo wir keine Kriegshörner* mehr hören, keine Kämpfe mehr miterleben und auch nicht mehr hungern müssen; dort wollen wir bleiben!‹ 15 Für diesen Fall lässt euch der HERR, der Herrscher der Welt,[c] der Gott Israels, sagen: ›Ihr Leute von Juda, die ihr noch übrig geblieben seid! Wenn ihr auf eurem Plan besteht und nach Ägypten auswandert, 16 dann wird der Krieg, dem ihr entgehen wollt, euch dort erreichen[d] und der Hunger, der euch Angst macht, euch dorthin verfolgen; ihr werdet in Ägypten umkommen. 17 Alle, die sich entschließen, nach Ägypten auszuwandern, werden dort durch Krieg, Hunger und Pest sterben. Keiner wird entkommen, niemand wird dem Unheil entrinnen, das ich über euch bringen werde.‹

18 Denn so spricht der HERR, der Herrscher der Welt, der Gott Israels: ›Wenn ihr nach Ägypten flieht, wird euch mein Zorn genauso treffen, wie er die Bewohner Jerusalems getroffen hat. Wer euch dann sieht, wird vor euch entsetzt sein. Alle werden über euch spotten und euren Namen als Fluchwort* verwenden. Dieses Land aber werdet ihr nie wiedersehen.‹«[e]

Die Warnung wird in den Wind geschlagen

43 Als Jeremia den Versammelten alles gesagt hatte, was der HERR ihm aufgetragen hatte, 2 sagten Asarja, Johanan und alle anderen, die ebenso anmaßend waren wie sie: »Du lügst! Durch dich spricht nicht der HERR, unser Gott, wenn du sagst, dass wir nicht nach Ägypten auswandern sollen. 3 Dein Schreiber Baruch hetzt dich gegen uns auf! Er will, dass wir den Babyloniern* in die Hände fallen, damit sie uns umbringen oder in ihr Land verschleppen.«

42 19 Da erwiderte Jeremia:[f] »Nein, der HERR ist es, der zu euch, dem Rest von Juda, gesagt hat: ›Geht nicht nach Ägypten!‹ Macht euch also nichts vor! Ich habe euch gewarnt. 20 Ihr setzt euer Leben aufs Spiel! Erst schickt ihr mich zum HERRN und sagt: ›Bete für uns zum HERRN, unserem Gott! Dann teile uns alles mit, was er dir sagt; wir werden uns danach richten.‹ 21 Nun aber wollt ihr nicht auf den HERRN hören und wollt nicht tun, was ich euch heute in seinem Auftrag gesagt habe. 22 Lasst es euch gesagt sein: In dem Land, wohin ihr auswandern wollt, werdet ihr durch Krieg, Hunger und Pest umkommen!«

43 4 Aber Johanan, die Truppenführer und das ganze Volk hörten nicht auf den Befehl des HERRN, im Land Juda zu bleiben. 5 Unter der Führung Johanans und der anderen Offiziere zogen sie nach Ägypten: die Leute aus Juda, die zuerst in die Nachbarländer geflohen und dann zurückgekehrt waren,[g] 6 Männer, Frauen und Kinder, außerdem die Töchter des Königs und alle übrigen Leute, die Nebusaradan,

a Sie verzweifeln an der Möglichkeit, den Babyloniern den Hergang erklären und ihre Unschuld glaubhaft machen zu können. Nach Ägypten hatten sich in der vorausliegenden Zeit schon viele aus Juda und Jerusalem abgesetzt; vgl. 24,8 und Anmerkung.
b Es ist eingetreten, wovon in Dtn 28,62 die Rede ist. Das Volk ist unsicher, ob es Gott überhaupt noch als ›seinen‹ Gott bezeichnen und in Anspruch nehmen darf. Alle Hoffnung hängt sich an Jeremia als Vermittler.
c Wörtlich *der HERR Zebaot**; ebenso in Vers 18.
d 568 v. Chr. wurde auch Ägypten von Nebukadnezzar erobert; vgl. 43,8-13; 46,13-26.
e Der Rest von Kap 42 ist zwischen Vers 3 und Vers 4 von Kap 43 eingefügt worden, weil es so der wahrscheinlich ursprünglichen Reihenfolge entspricht.
f Zur Umstellung siehe Anmerkung zu 42,18.
g Vgl. 40,11-12.

41,18 42,11 **42,1** 40,7-8.13 **42,2-4** 7,16S **42,2** Dtn 28,62 **42,5** 29,23 **42,7** 28,12 **42,10** 1,10S; 18,8S **42,11** 41,17-18; 1,8S **42,14** 4,5S; Num 14,3-4 **42,17** 24,10S; 44,14 **42,18** 24,9S **43,2** 42,1 **43,3** 32,12S **43,5-7** 2Kön 25,26

der Befehlshaber der Leibwache Nebukadnezzars, bei Gedalja in Mizpa zurückgelassen hatte.

Auch Jeremia und Baruch zwangen sie mitzugehen. 7 Gegen den Befehl des HERRN brachen sie auf und kamen nach Tachpanhes an der ägyptischen Grenze.[a]

Auch Ägypten bietet keine Zuflucht vor Nebukadnezzar

8 In Tachpanhes erging das Wort des HERRN an Jeremia, er sagte zu ihm: 9 »Nimm große Steine und lasse sie am Eingang des Regierungsgebäudes in den Lehmboden ein![b] Einige Männer aus Juda sollen als Zeugen dabei sein. 10 Zu ihnen sagst du: ›So spricht der HERR, der Herrscher der Welt,[c] der Gott Israels: Ich hole meinen Diener Nebukadnezzar, den König von Babylonien*, herbei. Ich werde auf diesen Steinen hier seinen Thron errichten und er wird darüber sein Prunkzelt aufspannen. 11 Er wird in Ägypten einfallen und es besiegen.[d] Die Ägypter werden durch Schwert oder Pest umkommen oder in die Verbannung geführt werden, jeder, wie es für ihn bestimmt ist.

12 Ich werde Feuer an die Tempel der ägyptischen Götter legen; ihre Bilder wird Nebukadnezzar verbrennen und wegführen. Wie ein Hirt die Läuse aus seinen Kleidern entfernt, so wird er die Götterbilder aus Ägypten beseitigen. Dann wird er es wieder verlassen, ohne dass ihm jemand in den Weg tritt. 13 Er wird die Obelisken von Heliopolis[e] zertrümmern und die Tempel der ägyptischen Götter niederbrennen.‹«

Die Entronnenen haben nichts gelernt

44 Das Wort des HERRN erging an Jeremia; der HERR gab ihm eine Botschaft an alle Leute aus Juda, die in Ägypten wohnten,[f] in Migdol, Tachpanhes, Memfis und im südlichen Teil des Landes. Jeremia musste ihnen ausrichten:

2 »So spricht der HERR, der Herrscher der Welt,[g] der Gott Israels: ›Ihr habt das Unglück miterlebt, das ich über Jerusalem und alle Städte in Juda gebracht habe. Heute sind sie nur noch verlassene Trümmerfelder. 3 Das haben ihre Bewohner durch ihr schlimmes Treiben verschuldet; denn sie haben fremde Götter verehrt, die niemand von euch früher gekannt hat, auch eure Vorfahren nicht. Sie haben ihnen Opfer* dargebracht und mich damit zum Zorn gereizt.

4 Immer wieder habe ich meine Diener, die Propheten*, zu euch geschickt mit der Mahnung: Tut doch nicht so etwas Abscheuliches, ich hasse es! 5 Aber ihr habt nicht darauf gehört und euch nicht von eurem bösen Tun abgewandt. Nein, ihr habt darauf beharrt, diesen Göttern Opfer darzubringen. 6 Darum habe ich meinem Zorn freien Lauf gelassen. Er wütete in den Städten von Juda und in den Straßen Jerusalems, sodass sie zu Trümmerfeldern und zu Schutthaufen wurden, wie sie es heute noch sind.‹

7–8 Deshalb fragt euch heute der HERR, der Herrscher der Welt, der Gott Israels: ›Habt ihr daraus nichts gelernt? Auch hier in Ägypten opfert ihr fremden Göttern[h] und reizt mich damit zum Zorn! Wollt ihr euch selbst ins Unglück stürzen und das Volk von Juda, Männer, Frauen, Kinder und Säuglinge, vollends bis auf den letzten Rest ausrotten? Mit eurem Tun bereitet ihr euch selbst den Untergang! Unter allen Völkern wird man über euch spotten und euren Namen als Fluchwort* verwenden.

9 Habt ihr denn alles vergessen, womit ihr mich in Juda und in den Straßen Jerusalems beleidigt habt, ihr und eure Vorfahren, eure Frauen, eure Könige und deren Frauen? 10 Bis auf den heutigen Tag seid ihr unverbesserlich geblieben. Ihr fürchtet euch nicht vor mir und haltet euch nicht an das Gesetz* und die Gebote, die ich euch und euren Vorfahren gegeben habe.‹

11 Deshalb sagt der HERR, der Herrscher der Welt, der Gott Israels: ›Ich bin entschlossen, Unglück über euch zu bringen und das Volk von Juda vollends zu vernichten. 12 Auch die Überlebenden, die darauf bestanden haben, nach Ägypten auszuwandern, bringe ich jetzt um. Sie alle, Vornehme wie Geringe, werden durch Krieg und Hunger sterben. Die Menschen werden es mit Entsetzen sehen, sie werden über euch spotten und euren Namen als Fluchwort verwenden. 13 Wie ich Jerusalem bestraft habe, so strafe ich jetzt die Leute aus Juda, die in Ägypten wohnen – mit Krieg, Hunger und Pest. 14 Niemand wird entrinnen oder überleben. Niemand wird nach Juda zurückkehren, obwohl sie sich danach sehnen, wieder dort zu wohnen. Nur einige wenige werden entkommen und dorthin zurückkehren.‹«

Gott behält das letzte Wort

15 Alle Männer, die wussten, dass ihre Frauen fremden Göttern Opfer darbrachten, und alle Frauen, die dabeistanden – es waren sehr viele –, und auch die Leute von Israel, die im südlichen Landesteil wohnten, sagten darauf zu Jeremia: 16 »Was du da als Botschaft des HERRN zu uns gesagt hast, wollen wir nicht hören! 17 Wir werden weiterhin treu die Gelübde* erfüllen, die wir der Himmelskönigin* gemacht haben. Wir werden ihr Räucheropfer* und Trankopfer* darbringen, so wie wir es früher in Jerusalem und in den Städten Judas getan haben, wir und unsere Vorfahren, auch die Könige und führenden Männer.

a Siehe Karte Seite 795.
b Siehe die Anmerkung zu 13,1.
c Wörtlich *der HERR Zebaot**.
d Siehe Anmerkung zu 42,16.
e *Heliopolis* (= Sonnenstadt; Stadt des Sonnengottes Re), etwa 10 km nördlich von Kairo, war bekannt für seine vielen großen Obelisken. Einer von ihnen ist bis heute erhalten; seine Höhe misst über 20 m.
f Nicht nur die jüngst angekommenen Flüchtlinge, sondern alle in Ägypten ansässigen Leute aus Juda; vgl. 24,8 und Anmerkung. *Migdol* liegt im äußersten Nordosten Ägyptens, *Tachpanhes* im östlichen Nildelta und *Memfis* etwa 20 km südlich vom heutigen Kairo.
g Wörtlich *der HERR Zebaot**; ebenso in den Versen 7-8, 11 und 25.
h In Ägypten sieht sich der Prophet bald gezwungen, dieselbe Arbeit von neuem zu beginnen, die ihm schon in Juda aufgetragen war. Das Volk verehrt fremde Götter – offenbar nicht die neuen, die es in Ägypten kennen gelernt hat, sondern immer noch die alten, die es schon in Juda verehrte; vgl. Vers 17.

43,8-13 13,1-11 S **43,10** 21,2 S **43,11-12** 46,13.25-26; Ez 29,19-20 S **44,3** 25,6 S **44,4** 25,4 S **44,7-8** 24,9 S **44,12** 24,9 S **44,14** 42,17 **44,17-19** 7,17-18 S

Die Babylonier

Das Babylonische Reich nahm den südlichen Teil des heutigen Irak ein: das Gebiet, das Eufrat und Tigris durchfließen, ehe sie in den Persischen Golf münden. Das Land ist flach, und als die Menschen gelernt hatten, mit dem Wasser der Ströme das Land fruchtbar zu machen, blühten hier die ersten Städte auf.

Alte Kultur

Babylonien ist eines der ältesten Kulturzentren des Mittleren Ostens. Mehr als tausend Jahre vor Abraham wohnten hier die Sumerer. Urkunden und Wortlisten aus jener Zeit sind erhalten geblieben. Sie stammen etwa von 3100 v.Chr. und sind in Keilschrift auf Tontafeln geschrieben.

Nördlich von den Sumerern wohnten die Akkader, ein semitisches Volk. In der Zeit kurz vor 2000 v.Chr. war Ur, der Herkunftsort Abrahams, die Hauptstadt eines mächtigen Reiches unter der 3. Dynastie von Ur.

Schrift

Aus der sumerischen Schrift entstand die babylonische Keilschrift, eine Entwicklung, in deren Verlauf aus einer Bilderschrift mit etwa 2000 Zeichen allmählich eine Silbenschrift mit rund 500 Zeichen wurde.

Handwerk und Kunst

Schon 2000 Jahre v.Chr. stellten Handwerker und Künstler im südlichen Zweistromland prächtige Schmuckgegenstände aus Gold und Silber sowie Waffen und Standbilder aus Kupfer und Bronze her. Hervorragende Beispiele dafür wurden in den Königsgräbern von Ur gefunden (vgl. Seite 51).

Babylon und Babylonisches Reich

Babylon war schon einmal um 1760 v.Chr. für kurze Zeit eine mächtige Stadt. Der berühmteste König jener Epoche war Hammurapi; von seinem Gesetzeswerk war schon die Rede (Seite 28). Rund 1200 Jahre später, unter König Nebukadnezzar II., kehrten Glanz und Herrlichkeit noch einmal zurück. Es war die Zeit des Neubabylonischen Reiches.

Im 8. Jahrhundert v.Chr. war das nördlich gelegene Assyrien die führende Macht im Mittleren Osten. Aber 614 v.Chr. wurde Assyrien von den Medern erobert. Die Meder verbündeten sich mit den Babyloniern, und zusammen nahmen sie 612 v.Chr. die assyrische Hauptstadt Ninive ein. Bald beherrschten die Babylonier das ganze Gebiet. Der ägyptische König Necho zog mit einem Heer zum Eufrat und griff die Babylonier 605 v.Chr. bei Karkemisch an. Er wurde aber von den Babyloniern unter Führung des späteren Königs Nebukadnezzar geschlagen und musste sich zurückziehen.

Oben: Sumerische Bilderschrift um 3100 v.Chr. Darunter: Griffel, mit dem keilförmige Zeichen in den Ton gedrückt wurden.

Links ein Grenzstein, auf dem ein babylonischer König mit Bogen und Pfeil abgebildet ist.

Das Babylonische Reich zwischen 612 v.Chr. (Eroberung Ninives durch König Nabopolassar) und 539 v.Chr. (Eroberung Babylons durch die Perser).

Die Babylonier unterwerfen Juda

Das babylonische Heer rückte nach Süden vor, und Jojakim, der König von Juda, hielt es für klug, sich Nebukadnezzar zu unterwerfen. Ein paar Jahre später aber kündigte er das Vasallenverhältnis auf. In seinem Todesjahr fielen die Babylonier in Juda ein und belagerten Jerusalem. Der neue König Jojachin ergab sich. Er und ein großer Teil der Bevölkerung Judas wurden nach Babylonien weggeführt. Ein Keilschrifttext nennt die Rationen, die Jojachin und seiner Familie in der Gefangenschaft zustanden. Die Belagerung Jerusalems ist mit Datum (15./16. März 597 v. Chr.) in die babylonischen Annalen eingegangen: »Im 7. Jahr, im Monat Kislew, bot der König von Akkad seine Truppen auf und zog nach Chattu (Syrien). Die Stadt von Juda griff er an. Am 2. Adar eroberte er die Stadt. Den König nahm er gefangen.« Zehn Jahre später lehnte sich Zidkija von Juda erneut gegen die Babylonier auf. Diesmal wurden Jerusalem und der Tempel zerstört; ein Großteil der noch vorhandenen Bevölkerung wurde nach Babylonien weggeführt.

Das Babylon Nebukadnezzars

Nebukadnezzar hat die Hauptstadt Babylon glanzvoll neu erstehen lassen. Sie war geschützt durch einen breiten Wassergraben und durch zwei im Abstand von 7 m parallel zueinander verlaufende Ziegelsteinmauern, zwischen denen zu Verteidigungszwecken (in Höhe der Brustwehr der Außenmauer) eine Straße geführt war. Von den neun großen Stadttoren ist das Ischtar-Tor – so genannt nach der Göttin Ischtar (= Astarte) – am bekanntesten (Bild Seite 825). Die Straße, die auf dieses Tor zuführte, war geschmückt mit Reihen einander abwechselnder Stier- und Drachenreliefs aus glasierten Ziegeln. Der Stier ist das Symbol des Gottes Bel, der Drache das Symbol von Marduk (biblisch: Merodach), dem obersten der babylonischen Götter.
Vom Ischtar-Tor führte eine Prozessionsstraße ins Zentrum der Stadt und zu den dortigen Tempeln. Über sie bewegte sich am Neujahrsfest die große Prozession, bei der die Götterbilder mitgeführt wurden. Die Mauern längs dieser Straße bestanden aus blau glasierten Ziegelsteinen mit Reliefs von Löwen aus rot, gelb und weiß glasierten Ziegeln. Der Löwe ist das Symbol der Göttin Ischtar.
In der Stadt gab es über 50 Tempel, einen großen Tempelturm (Zikkurat) und eine Zitadelle mit einer Reihe von Palästen.

Das Ende des Babylonischen Reiches

Trotz all seiner Macht und Herrlichkeit bestand das Neubabylonische Reich keine 100 Jahre, 539 v. Chr. fiel die Hauptstadt Babylon kampflos in die Hände des Perserkönigs Kyrus.

Priester versahen in den Tempeln den Dienst an den Hauptgöttern Babylons. Aber die Babylonier fürchteten auch Dämonen und böse Geister. Sie vergruben kleine Hundefiguren aus Ton unter ihren Türschwellen, um so die Geister abzuschrecken.

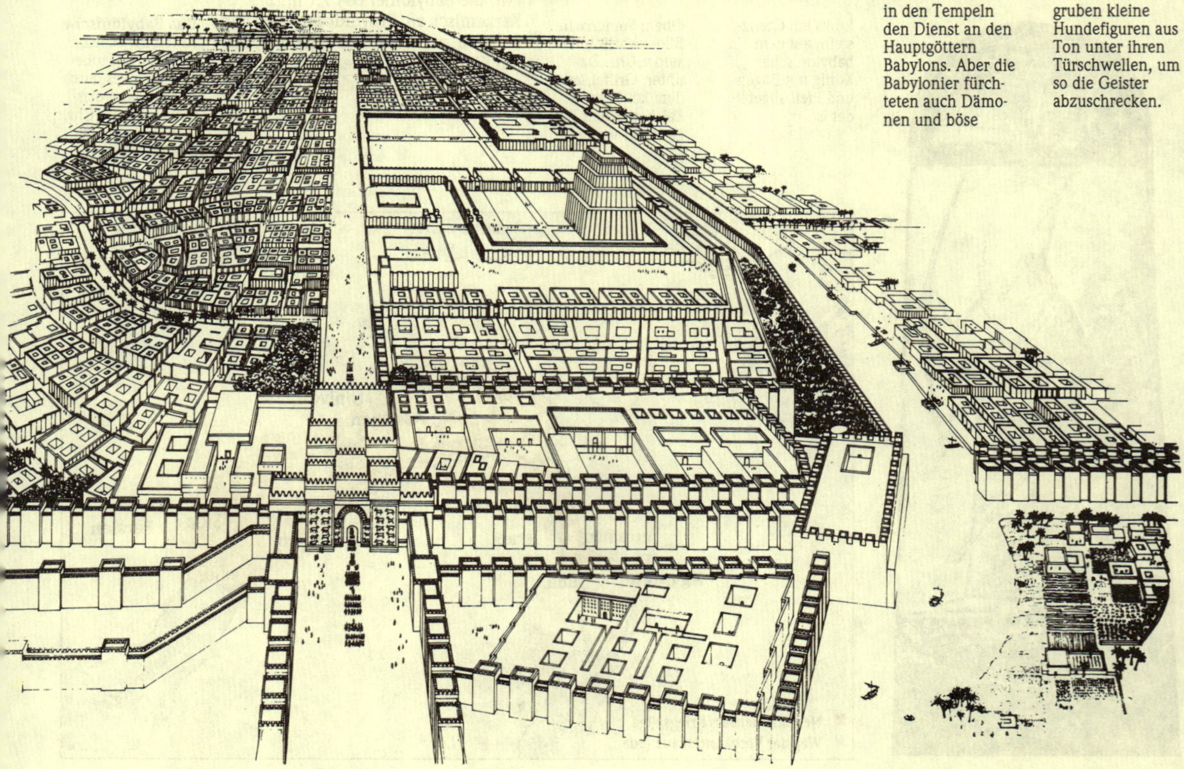

Diese Zeichnung vermittelt einen Eindruck von der Größe der Stadt Babylon zur Zeit Nebukadnezzars.

Ausgrabungen haben einige Mauern von Babylon freigelegt. Im Hintergrund ein wieder errichteter Tempel.

Unten links: Diese Tontafel, Teil der ›Babylonischen Chronik‹, berichtet über die Schlacht bei Karkemisch (605 v. Chr.) und über die Einnahme Jerusalems (597 v. Chr.).

Ungefähr 120 Löwen finden sich an den Mauern längs der großen Prozessionsstraße in Babylon.

Damals ging es uns gut, wir hatten Brot genug und litten keine Not. 18 Aber seit wir aufgehört haben, der Himmelskönigin Opfer darzubringen, fehlt es uns an allem und wir kommen durch Krieg und Hunger um.«[a] 19 Und die Frauen fügten hinzu: »Unsere Männer sind ganz damit einverstanden, dass wir der Himmelskönigin Räucheropfer und Trankopfer darbringen und ihr die Opferkuchen backen, die nach ihrem Bild geformt sind.«

20 Jeremia antwortete dem ganzen Volk, den Männern und Frauen: 21 »Eben diese Opfer haben euch ins Unglück gestürzt, die ihr in den Städten von Juda und in den Gassen Jerusalems dargebracht habt, ihr selbst, eure Vorfahren, eure Könige und führenden Männer und das ganze Volk! Dafür hat der HERR euch bestraft. 22 Er konnte euer abscheuliches Tun nicht mehr ertragen, deshalb wurde euer Land ein Trümmerfeld, menschenleer, ein Bild des Grauens, und sein Name muss als Fluchwort* dienen.

23 Das kommt davon, dass ihr der Himmelskönigin Opfer dargebracht habt. Ihr habt gegen den HERRN gesündigt und ihm nicht gehorcht; ihr habt euch nicht an sein Gesetz, seine Gebote und Mahnungen gehalten. Deshalb hat er euch in das Unglück gestürzt, das euch bis heute verfolgt.«

24 Dann sagte Jeremia zu dem ganzen Volk, besonders zu den Frauen: »Ihr Leute aus Juda, hört nun, was der HERR euch ankündigt. 25 So spricht der HERR, der Herrscher der Welt, der Gott Israels: ›Ihr seid Leute, die tun, was sie versprechen! Ihr sagt: Wir haben das Gelübde getan, der Himmelskönigin Räucheropfer und Trankopfer darzubringen, und wir wollen uns genau daran halten. Nun gut, haltet eure Versprechen und erfüllt eure Gelübde! 26 Aber hört auch, was ich, der HERR, euch sage, allen Leuten aus Juda, die jetzt in Ägypten leben! Ich schwöre bei meinem großen Namen: Keiner von euch soll mehr meinen Namen in den Mund nehmen und sagen: So gewiss Gott, der HERR, lebt! 27 Denn ich werde jetzt nicht mehr für euer Wohlergehen sorgen, sondern nur noch für euren Untergang. Alle Leute aus Juda, die in Ägypten leben, werden durch Krieg oder Hunger umkommen. 28 Nur wenige werden dem Schwert entrinnen und aus Ägypten in das Land Juda zurückkehren. Die werden dann einsehen, wessen Wort in Erfüllung geht, meins oder das eure![b]

29 Ich will euch auch ein Zeichen geben, an dem ihr erkennen könnt, dass ich euch hier in diesem Land strafe und meine Drohungen gegen euch wahr mache: 30 Ich werde den ägyptischen König Hofra an seine Todfeinde ausliefern, so wie ich damals Zidkija, den König von Juda, an seinen Todfeind Nebukadnezzar, den König von Babylonien, ausgeliefert habe.[c] Das sage ich, der HERR.‹«

Ein Trostwort für Baruch

45 Jojakim, der Sohn von Joschija, war das vierte Jahr König über Juda. Damals sagte Jeremia zu Baruch, dem Sohn von Nerija, der die Worte des Propheten nach dessen Diktat in die Buchrolle* geschrieben hatte:

2 »Der HERR, der Gott Israels, redet zu dir, Baruch, und sagt: 3 ›Du klagst: Ich Unglücklicher! Angst und Sorge drücken mich nieder und der HERR fügt immer neue Drohungen hinzu.[d] Ich bin erschöpft von Stöhnen und finde keine Ruhe mehr!‹

4 Im Auftrag des HERRN sage ich dir: ›So spricht der HERR: Sieh her, auf der ganzen Erde lege ich in Trümmer, was ich aufgebaut habe, und reiße aus, was ich eingepflanzt habe. 5 Und da willst du für dich ein Leben in Wohlstand und Sicherheit?[e] Verlange es nicht! Ich bringe Unglück über alle Menschen; dir aber gebe ich dein Leben als Beutestück, wohin du auch kommst. Das sage ich, der HERR.‹«

DAS GERICHT GOTTES ÜBER DIE VÖLKER (Kapitel 46–51)

46 Hier ist aufgeschrieben, was der HERR den Propheten Jeremia als Gerichtsbotschaft gegen die Völker verkünden ließ.[f]

Ägypten unterliegt in der Schlacht bei Karkemisch

2 Worte über Ägypten:

Als das Heer des Pharaos Necho, des Königs von Ägypten, bei Karkemisch am Eufrat stand und dort von Nebukadnezzar, dem König von Babylonien*, besiegt wurde – es war im vierten Jahr Jojakims, des Königs von Juda[g] –, verkündete Jeremia in Jerusalem:

3–4 »Ich höre die Kommandorufe der Ägypter:[h] ›Schilde aufnehmen! – Pferde anschirren! – Aufsitzen! – Helm auf! In Schlachtordnung antreten! – Lanzen bereitmachen! – Panzer anlegen! – Zum Kampf vorrücken!‹

5 Aber was muss ich sehen? Wie konnte es dazu kommen? Die Kriegsleute verlässt der Mut; sie weichen zurück! Selbst die Tapfersten können nicht standhalten; jeder flieht, so schnell er kann, ohne sich umzusehen! ›Schrecken überall‹, sagt der HERR. Auch der Schnellste kann nicht mehr entkommen, auch der Stärkste sich nicht mehr retten. Im Norden, am Ufer des Eufrats, stürzen sie hin und bleiben tot liegen.

a Auch Jeremias Gegner machen geschichtliche Erfahrungen geltend: Unter der langen Regierungszeit König Manasses (696–642 v. Chr.), der die Verehrung fremder Götter förderte (2 Kön 21,1-18), herrschten Frieden und Wohlstand; das Unheil begann mit König Joschija (639–609 v. Chr.), der die fremden Götter abschaffte; vgl. 2 Kön 22,1–23,30.
b 568 v. Chr. wurde Ägypten von Nebukadnezzar erobert. Welches Schicksal dabei die Juden in Ägypten erlitten, ist unbekannt.
c Pharao *Hofra* kam 569 v. Chr. bei innenpolitischen Machtkämpfen ums Leben.
d *Angst und Sorge ...:* wörtlich *Der HERR fügt Kummer zu meinem Leid.* Offenbar ist dabei an den Inhalt der aufgeschriebenen Worte gedacht.
e *ein Leben ...:* wörtlich *Großes/große Dinge.*
f Inhaltlich gehören die Kap 46–51 hinter 25,15-38; vgl. die Anmerkung zu 25,19 ferner 1,10 und Anmerkung dazu.
g Es ist das Jahr 605 v. Chr. Das Ereignis hatte einschneidende Bedeutung für die damalige Weltgeschichte wie auch für die Verkündigungstätigkeit Jeremias; vgl. 25,1-2; 36,1 und Anmerkungen dazu. Der Pharao hatte den Assyrern im Kampf gegen Nebukadnezzar beistehen wollen. Zur Lage von Karkemisch siehe Karte Seite 841.
h *Ich höre ...:* verdeutlichender Zusatz.

44,18 1 Makk 1,11 **44,21** 11,12-13 **44,22** 15,6 **44,23** 24,10 **44,26** 4,2 S; 49,13 S **44,30** 46,26; 39,5 **45,1** 25,1-2 S; 32,12 S **45,4** 1,10 S **45,5** 39,18; 43,6 **46,1** 1,10 **46,2** Jes 19,1-15 S; Jer 25,19; 25,1-2 S; 2 Kön 23,29 **46,5** 6,25 S

7 Wer braust da heran wie das Wasser eines rei-
ßenden Stromes, wie der Nil, der das Land überflu-
tet? 8 Das ist Ägypten. Es sagt: ›Ich will nach Norden
ziehen und das ganze Land überfluten. Ich will die
Städte vernichten samt allen ihren Bewohnern.
9 Auf, ihr Pferde! Ihr Streitwagen*, rast los! Die bes-
ten Truppen voran, die Schildträger aus Kusch und
Put und die Bogenschützen aus Lud!‹[a]
10 Aber dem HERRN gehört die Erde und am Tag der
Schlacht nimmt er Rache an den Ägyptern, seinen
Feinden![b] Da frisst sein Schwert, bis es satt ist, und
betrinkt sich an ihrem Blut! Der HERR, der Herrscher
über die ganze Welt,[c] will ein Schlachtfest halten im
Land des Nordens, am Ufer des Eufrats!
11 Armes Ägypten,[d] lauf ruhig hinauf bis ins Berg-
land von Gilead und hol dir dort Salbe! Aber alle Arz-
neien können dir nichts helfen; deine Wunde heilt
nicht mehr zu. 12 Die Völker haben erfahren, wie
sehr du gedemütigt wurdest; alle Welt hat dich
schreien hören. Deine Kriegsleute stürzten einer
über den andern und keiner kam mit dem Leben
davon.«

Die Babylonier dringen in Ägypten ein

13 Als Nebukadnezzar, der König von Babylonien*,
anrückte, um Ägypten zu erobern,[e] sprach der HERR
zum Propheten Jeremia und befahl ihm, diese Bot-
schaft zu verkünden:
14 »Sagt den Ägyptern, was auf sie zukommt; die
Leute in Migdol und Memfis und Tachpanhes[f] sollen
es wissen! Sagt ihnen: ›Macht euch zum Kampf
bereit; nehmt eure Waffen zur Hand! Denn all eure
Nachbarn fraß schon das Schwert!‹
15 Aber was sehe ich? Auch der mächtige Pharao
liegt schon am Boden? Ja, er hat nicht standhalten
können, denn der HERR war es, der ihm den Stoß ver-
setzte! 16 Der HERR ließ die Söldner des Pharaos stol-
pern und stürzen, einer fiel über den andern! Da rie-
fen sie sich zu: ›Los, gehen wir nach Hause, zurück
in die Länder, aus denen wir stammen, nur weg aus
diesem mörderischen Kampf! 17 Gebt dem Pharao
einen neuen Namen; nennt ihn:° Großmaul, dessen
Stunde vorüber ist!‹
18 ›So gewiss ich lebe‹, sagt der HERR, der König der
ganzen Welt, ›wie der Berg Tabor die umliegenden
Hügel überragt, wie der Karmel herausragt aus
dem Meer, so überragend an Macht ist der, der
gegen dich, Pharao, anrückt! 19 Packt eure Habselig-
keiten, ihr Ägypter, ihr müsst in die Verbannung!
Denn Memfis wird zur Wüste werden, zu einem
Trümmerfeld, in dem niemand mehr wohnt!‹
20 Wie eine prächtige junge Kuh ist Ägypten. Die
Stechfliege aus dem Norden* fällt über es her. 21 Da
laufen auch die Söldner davon, die in Ägypten ge-
mästet wurden wie die Kälber. Kein Einziger von
ihnen hält stand, wenn der HERR abrechnet und Ver-
derben über sie bringt.
22 Ägyptens Heer weicht zurück wie eine zischen-
de Schlange, sobald die Feinde mit Macht anrücken
und ihre Äxte schwingen wie Holzfäller. 23 Sie schla-
gen ganz Ägypten kahl, wie man ein Dickicht
abholzt. Zahlreicher sind sie als Heuschrecken; nie-
mand kann sie zählen. 24 Ägypten[g] ist mit Schande
bedeckt, preisgegeben dem Volk aus dem Norden.
25 Der Herrscher der Welt,[h] der Gott Israels, sagt:
›Jetzt rechne ich ab mit Amon, dem Gott von The-
ben,[i] mit Ägypten und all seinen Göttern und Köni-
gen, mit dem Pharao und allen, die sich auf ihn ver-
lassen! 26 Ich liefere sie ihren Todfeinden aus: dem
König Nebukadnezzar von Babylonien* und seinem
Heer!

Doch später soll Ägypten wieder bewohnt sein
wie in alten Zeiten.‹ Das sagt der HERR.«

Trostwort an Israel

27 »Aber ihr Nachkommen Jakobs, meines vertrauten
Dieners, habt keine Angst!«, sagt der HERR. »Ihr steht
unter meinem Schutz. Ihr Leute von Israel, verliert
nicht den Mut! Ich hole euch und eure Kinder heraus
aus dem fernen Land, in dem man euch gefangen
hält. Ihr werdet zurückkehren in euer Land und dort
in Frieden leben, sicher und ungestört.
28 Fürchtet euch nicht, ihr Nachkommen meines
Dieners Jakob«, sagt der HERR, »ihr steht unter mei-
nem Schutz. Ich bin bei euch! Alle Völker, unter
die ich euch zerstreut habe, werde ich vernichten,
aber niemals euch! Euch strafe ich nur, wie ihr es
verdient habt, denn ganz ungestraft kann ich euch
nicht lassen.«

Über die Philister

47 Noch bevor der Pharao die Stadt Gaza
eroberte, sprach der HERR zum Propheten
Jeremia und befahl ihm, über die Philister* folgende
Botschaft zu verkünden:
2 »So spricht der HERR: ›Wasser bricht von Nor-
den* herein. Es wird zu einem reißenden Strom,
der alles überflutet: das offene Land und was dort
wächst, die Städte und ihre Bewohner. Die Men-
schen klagen und schreien, 3 denn sie hören das
Stampfen der Pferde, das Rasseln der Streitwagen*,
das Rollen der Räder. Da kümmern selbst Eltern
sich nicht mehr darum, wo ihre Kinder bleiben; so
sehr hat die Angst sie gepackt. 4 Denn der Tag ist
gekommen, der allen Philistern den Untergang
bringt. Niemand wird übrig bleiben, der Tyrus und
Sidon künftig noch zu Hilfe kommen könnte.[j] Ich
selbst, der HERR, bin es, der die Philister vernichtet,

a Zu den Völkernamen siehe die Sacherklärungen.
b Dass die Ägypter hier als Feinde Gottes bezeichnet werden, wird damit zusammenhängen, dass vier Jahre zuvor Joschija im Kampf gegen sie gefallen war und damit das Reformwerk dieses Königs zum Erliegen kam; vgl. 2 Kön 22–23 und Anmerkung zu 2 Kön 23,29.
c Wörtlich *Der Herr, der HERR Zebaot**.
d Wörtlich *Jungfräuliche Tochter Ägypten.* Zur Fortsetzung vgl. Anmerkung zu 8,22.
e Siehe Anmerkung zu 42,16.
f Siehe Anmerkung zu 44,1
g Wörtlich *Die Tochter Ägypten.*
h Wörtlich *Der HERR Zebaot**.
i *Theben,* Stadt des ägyptischen Reichsgottes Amon, etwa 740 km südlich von Kairo.
j Die Philister hatten sich offenbar Tyrus und Sidon zur Waffenhilfe verpflichtet.

46,10 47,6; Ez 21,19-21 **46,11** 8,22 S **46,13** 43,11 S **46,17** Jes 30,7 **46,20.24** 1,14 S **46,25-26** 43,12 S; 44,30 **46,26** (wieder) 12,15; 48,47; 49,6.39; Jes 19,19-25 S **46,27-28** 30,10-11 **47,1-7** 25,20; Jes 14,28-32 S **47,2** 1,14 S **47,4** Dtn 2,23; Am 9,7; Zef 2,5

den Rest dieser Leute, die einst von der Insel Kreta kamen.‹«

5 Die Einwohner von Gaza trauern; sie haben sich den Kopf kahl geschoren. In Aschkelon ist jeder Freudenlaut verstummt. Ihr Nachkommen der Anakiter,° [a] wie lange werdet ihr noch trauern müssen und euch die Haut blutig ritzen? 6 Ach, Schwert des HERRN, willst du denn keine Ruhe geben? Kehr zurück in deine Scheide! Hör auf zu wüten, halt ein!

7 Aber wie könnte es Ruhe geben? Der HERR selbst gab ihm den Befehl, Aschkelon und das Gebiet an der Küste zu schlagen.

Moabs Ende ist gekommen (48,1-47)

48 Worte über Moab*:
So spricht der Herrscher der Welt,[b] der Gott Israels: »Wehe den Bewohnern von Nebo; ihre Stadt wird verwüstet. Schande kommt über Kirjatajim; es wird erobert. Moab, die sichere Festung,[c] wird eingenommen und geschleift; 2 mit seinem Ruhm ist es vorbei. In Heschbon[d] haben die Feinde den Plan gefasst, der Moab den Untergang bringt. ›Kommt‹, sagten sie, ›dieses Volk lassen wir von der Erde verschwinden!‹ Auch in deinen Mauern, Madmen,[e] wird bald Totenstille herrschen; die Heere, die dich vernichten, sind schon unterwegs!«

3 Horcht! Hilfegeschrei von Horonajim[f] her! Alles wird verwüstet, alles sinkt in Trümmer. 4 Mit Moab ist es zu Ende. Seine kleinen Kinder schreien laut. 5 Weinend ziehen die Überlebenden den Aufstieg nach Luhit hinauf. Am Abstieg von Horonajim hört man Menschen schreien in ihrer Not. 6 »Weg von hier!«, rufen sie. »Bringt euch in Sicherheit! Lauft in die Steppe und fristet dort euer Leben wie der Wacholderstrauch!«°

7 Moab, du hast dich auf deine Festungen und auf deine Vorräte verlassen, gerade deshalb wirst du erobert! Dein Gott Kemosch wird in die Verbannung geführt,[g] er und alle seine Priester und die führenden Männer! 8 Der Feind, der alles vernichtet, kommt über jede Stadt; keine entgeht ihrem Schicksal. Unten am Jordan und oben auf der Hochebene wird alles in Trümmer sinken. So hat der HERR es befohlen. 9 Setzt Moab einen Grabstein, denn mit ihm ist es aus!° Seine Städte werden zu Wüsten, in denen keiner mehr wohnt.

10 Fluch über alle, die nur halbherzig ausführen, was der HERR will! Fluch über jeden, der sein Schwert zurückhält vom Blutvergießen![h]

Mit Moabs Ruhe ist es vorbei

11 Nie wurde Moab* von Feinden angegriffen, nie musste sein Volk in Verbannung gehen. Es ist wie ein Wein, der ungestört lagern durfte, der nie umgefüllt wurde von einem Gefäß ins andere und der so seinen Geschmack und seinen Duft voll entfalten konnte.

12 »Deshalb ist jetzt der Tag nicht mehr fern«, sagt der HERR, »an dem ich Küfer nach Moab schicke, damit sie den Wein umfüllen. Sie leeren alle Krüge aus und schlagen sie in Stücke! 13 Moab wird von seinem Gott Kemosch genauso im Stich gelassen, wie Israel im Stich gelassen wurde von dem Stierbild in Bet-El,[i] auf das es seine Hoffnung setzte!«

14 Ihr Leute von Moab, wie könnt ihr sagen: »Wir sind tapfere Kriegsleute, Männer wie geboren zum Kampf«? 15 Die Feinde, die euer Land verwüsten und seine Städte erstürmen werden, sind schon im Anmarsch. Die besten eurer jungen Männer ziehen ihnen nur entgegen, um abgeschlachtet zu werden! Das sagt der König – »der HERR, der Herrscher der Welt«[j] ist sein Name.

16 Der Untergang Moabs steht nahe bevor; ganz schnell geht es mit ihm zu Ende. 17 Auf, ihr Nachbarn und alle seine Bekannten, stimmt die Totenklage an und sagt: »Unfassbar! Dieses mächtige Reich ist zerbrochen, dieses mächtige, ruhmvolle Reich!«

Die Botschaft der Flüchtlinge

18 Stadt Dibon,[k] steig herab von deiner stolzen Höhe und setz dich in den Staub! Denn die Feinde, die ganz Moab* verwüsten, ziehen zu dir hinauf und zerstören deine Befestigungen. 19 Ihr Leute von Aroër,[l] stellt euch an die Straße und schaut, was da kommt! Fragt die flüchtenden Männer und Frauen: »Was ist geschehen?« 20 Sie werden euch sagen: »Mit Moab ist es aus; es ist schmählich zusammengebrochen! Heult! Schreit! Lasst es auch die Leute am Arnon wissen: Moab ist vernichtet!«

21 Das Strafgericht brach herein über das Hochland nördlich des Arnontals: über Holon, Jahaz und Mefaat, 22 über Dibon, Nebo und Bet-Diblatajim, 23 über Kirjatajim, Bet-Gamul und Bet-Meon, 24 über Kerijot und Bozra[m] und alle übrigen Städte der Moabiter.

25 »Der stolzen Macht Moabs mache ich ein Ende!«, sagt der HERR.

Moab – Gegenstand verdienten Spottes

26-27 Gebt Moab* Wein zu trinken, bis es betrunken ist und sich erbrechen muss! Gegen den HERRN hat es sich groß aufgespielt; verspottet habt ihr Moabiter sein Volk Israel.[n] Sooft ihr von ihm spracht, habt ihr höhnisch den Kopf geschüttelt, als handle es sich um Leute, die beim Diebstahl ertappt worden sind. Darum sollt ihr nun selbst zum Gespött werden!

28 Volk von Moab, verlass deine Städte und richte dich zwischen Felsen ein! Du musst wie die Wildtauben leben, die an den Wänden gähnender Schluchten ihre Nester bauen!

a Vgl. 2 Sam 21,22 und Anmerkung dazu.
b Wörtlich *der HERR Zebaot**.
c Das Hochland von *Moab* erhebt sich auf der Ostseite des Toten Meeres wie eine uneinnehmbare Burg. *Nebo* liegt bei dem gleichnamigen Berg, *Kirjatajim* etwa 7 km südwestlich (Karte Seite 443).
d *Heschbon,* etwa 9 km nordöstlich von Nebo, scheint hier wie auch 49,3 zu Ammon gerechnet zu werden (anders 48,34.45). Hier hatten die Babylonier ihr Hauptquartier.
e Vermutlich Spottname (= Misthaufen) für die Stadt Dibon, etwa 30 km südlich von Nebo.
f *Horonajim* liegt ungefähr 70 km südlich von Nebo, *Luhit* (Vers 5) nochmals 13 km südöstlich davon.
g Sein Standbild wird nach Babylon geschafft.
h Vgl. Anmerkungen zu den Versen 26-27 und 31.
i Vgl. 1 Kön 12,28-29 und 2 Kön 17.
j Wörtlich *der HERR Zebaot**.
k Wörtlich *Tochter Dibon.* Vgl. Anmerkung zu Madmen in Vers 2.
l Abgelegene Ortschaft 5 km südöstlich von Dibon.
m Wahrscheinlich das Bezer von Dtn 4,43; Jos 20,8.
n Das Verhältnis Israel–Moab war durch Kriege und Gebietsansprüche schwer belastet. Nach Jos 13,15-23 sollte das ganze Gebiet nördlich des Arnons dem Stamm Ruben gehören (Karte Seite 275). Moabs Verhalten gegen Israel wird als Missachtung und Verhöhnung des Gottes Israels empfunden (siehe Vergleichsstellen).

47,5 16,6 S **47,6** 46,10 S **48,1-47** 25,21; Jes 15,1–16,14 S **48,2** Num 21,26 **48,7** Ri 11,24; Jer 49,3-4 **48,13** 50,2 S; 1 Kön 12,28-29 **48,26-27** 25,15 S; (aufgespielt) 48,42; 50,29; 51,5

Trauer um Moab

29 Wir kennen Moabs* maßlosen Hochmut; wie überheblich und vermessen ist dieses Volk, wie eingebildet auf seine Macht!

30 »Auch mir ist bekannt«, sagt der HERR, »wie sehr es von sich eingenommen ist. Ständig führt es das große Wort, aber seine Taten zeigen, dass nichts dahinter steckt.«

31 Über Moab stimme ich ein Klagelied an; ich schreie um Hilfe für dieses Volk, mich jammern die Leute von Kir-Heres.[a] 32 Volk von Sibma, um dich weine ich noch mehr als um das Volk von Jaser. Du bist wie ein Weinstock, dessen Ranken hinüberreichen bis ans Tote Meer und hinauf bis nach Jaser.°[b] Doch zur Zeit der Obsternte und der Weinlese kommen die Feinde über dich und verwüsten alles. 33 Dann ist es vorbei mit der Freude und dem Jubel in den Obst- und Weingärten Moabs. Kein Traubensaft fließt in die Bottiche, denn niemand tritt mehr die Kelter*, und statt der fröhlichen Rufe ist nur lautes Wehgeschrei zu hören.

34 Die Leute von Heschbon schreien um Hilfe; ihr Schreien dringt bis nach Elale und Jahaz; von Zoar bis nach Horonajim und Eglat-Schelischija ist es zu hören. Selbst die Oase von Nimrim wird zur Wüste.[c]

35 »Bald wird es in Moab niemand mehr geben, der auf den Altar* hinaufsteigt, um seinen Göttern zu opfern«, sagt der HERR, »ich mache dem ein Ende!«

36 Darum singe ich mein Klagelied über Moab, über die Leute von Kir-Heres. Es klingt traurig wie die Flöten, die man zum Begräbnis spielt. Denn alle Schätze, die Moab sich gesammelt hatte, sind verloren. 37 Zum Zeichen der Trauer ist jeder Kopf kahl geschoren, jeder Bart abrasiert, alle Hände sind voll blutiger Einschnitte, alle haben den Sack* angezogen. 38 Auf den flachen Dächern der Häuser und auf den Plätzen der Städte gibt es nur noch Klagen und Weinen.

Der HERR sagt: »Ich habe Moab zerbrochen wie einen Krug, den niemand haben will.«

39 Heult und schreit es hinaus: »Mit Moab ist es zu Ende! In seiner Schmach kehrt es allen den Rücken.« Alle Nachbarvölker werden es verspotten und sich entsetzt von ihm abwenden.

Das abschließende Urteil

40 So spricht der HERR: »Wie Adler kommen die Feinde herangeschossen und stürzen sich auf Moab*!«

41 Die Städte und Burgen werden erobert. An jenem Tag werden die tapfersten Männer Moabs Angst haben wie eine Frau, die in Wehen liegt. 42 Das Volk von Moab wird ausgelöscht, es wird von der Erde verschwinden, weil es sich gegen den HERRN groß aufgespielt hat.[d]

43 »Schrecken, Fallgrube und Fangnetz warten auf euch, ihr Bewohner von Moab«, sagt der HERR. 44 »Wem es gelingt, dem Schrecken zu entfliehen, der fällt in die Grube; wer es schafft, aus der Grube herauszukommen, verfängt sich im Netz. Das ist das Schicksal, das ich euch bereite, wenn ich mit euch abrechne!«

45 Flüchtlinge kommen nach Heschbon und suchen Schutz. Aber die Stadt steht in Flammen,[e] vom Palast König Sihons geht ein Feuer aus, das ganz Moab verzehrt, dieses Land voller Maulhelden, die Abhänge und die Höhen. 46 Weh dir, Moab, du Volk des Gottes Kemosch, dein Ende ist da! Deine Männer und Frauen werden in die Gefangenschaft weggeführt.

47 »Doch später werde ich für die Moabiter alles wieder zum Guten wenden«, sagt der HERR.

Hier enden die Gerichtsworte über Moab.

Über die Ammoniter

49 Worte über die Ammoniter*:
So spricht der HERR: »Warum hat Milkom,° der Gott der Ammoniter, sich das Gebiet des Stammes Gad angeeignet? Warum hat sein Volk die Städte dort in Besitz genommen? Als ob Israel keine Söhne und rechtmäßigen Erben mehr hätte![f] 2 Aber wartet«, sagt der HERR, »der Tag kommt, an dem ich gegen Rabba, die Hauptstadt der Ammoniter, Feinde heranführe! Rabba wird zum Schutthaufen werden und die umliegenden Orte wird das Feuer vernichten! Dann wird Israel die beerben, die ihm seinen Erbbesitz* raubten!«

3 Ihr Leute von Heschbon,[g] weint und klagt, denn die Stadt Ai[h] ist zur Wüste geworden! Schreit, ihr Bewohner der Städte, die zu Rabba gehören, legt den Sack* an, rennt klagend umher auf euren Feldern, denn euer Gott Milkom geht in die Verbannung[i] samt seinen Priestern und allen führenden Männern! 4 Rabba, du Stadt, die sich gegen den HERRN und sein Volk vergangen hat, was prahlst

a Angesichts des Schicksals von Moab mischen sich Stimmen des Hasses (Vers 10) und der Schadenfreude (Verse 26-27) mit solchen echter Betroffenheit und tiefen Mitgefühls. *Kir-Heres* (Karte Seite 443) ist die Hauptstadt von Moab.
b *Sibma* und *Jaser* liegen nordöstlich von Nebo. *Moab* war ein reiches Weinbaugebiet; deshalb die Bilder und Anspielungen hier und schon in den Versen 11-12 und 26-27.
c Zu *Heschbon* siehe Anmerkung zu Vers 2. *Elale* liegt in der Nähe, *Jahaz* 30 km südlich; die übrigen Orte liegen ganz im Süden Moabs.
d Vgl. Anmerkung zu den Versen 26-27.
e Zu *Heschbon* siehe Anmerkung zu Vers 2. Die Verse 45-46 spielen an auf Num 21,26-29. Zu ›Maulhelden‹ vgl. Verse 14 und 29-30.
f Die Ammoniter haben sich wahrscheinlich nach der Wegführung der Israeliten nach Assyrien (721 v. Chr.) das Gebiet des Stammes Gad (siehe Karte Seite 275) angeeignet.
g Zu *Heschbon* siehe Anmerkung zu 48,2.
h Vielleicht ist *Ar* zu lesen (vgl. Num 21,15); ein *Ai* im Ostjordanland ist sonst nicht bekannt.
i Siehe Anmerkung zu 48,7.

Nicht nur Juda und Jerusalem muss der Prophet den Untergang ankündigen, sondern auch anderen Völkern in seiner Nachbarschaft. Von blühenden Städten werden nur Trümmerhaufen übrig bleiben. (49,2.13.27)

48,37 16,6S **48,38** (Krug) 22,28 **48,40** 49,22 **48,42** 48,26-27S **48,43-44** Jes 24,17-18S **48,45-46** 48,2; Num 21,26-29 **48,47** 46,26S **49,1-6** 25,21; Ez 21,33-34; 25,1-7; Am 1,13-15; Zef 2,8-10 **49,1** Jos 13,24-28 **49,3-4** 48,2.7

du mit deinen fruchtbaren Tälern? Du vertraust auf deine Vorräte und sagst: »Wer kommt schon gegen mich an?«[a] 5 Der HERR, der Herrscher über die ganze Welt,[b] sagt: »Warte, von allen Seiten bringe ich Schrecken über dich. Deine Bewohner sollen in alle Richtungen zerstieben und niemand wird da sein, der sie noch einmal sammelt!

6 Doch später werde ich für die Ammoniter alles wieder zum Guten wenden«, sagt der HERR.

Edom ist mit seiner Weisheit am Ende (49,7-22)

7 Worte über Edom*:

So spricht der HERR, der Herrscher der Welt:[c] »Wo ist die Weisheit* von Teman[d] geblieben? Fällt den klugen Köpfen dort nichts mehr ein? Ist ihr Verstand eingerostet? 8 Ihr Kaufleute aus Dedan*, macht kehrt und flieht! Versteckt euch in Höhlen, denn ich bringe Verderben über die Nachkommen Esaus;[e] jetzt rechne ich mit ihnen ab! 9 Winzer werden über sie kommen, die für eine Nachlese nichts mehr übrig lassen; Diebe werden nachts bei ihnen eindringen und nach Herzenslust rauben und plündern.

10 Ich selber liefere die Nachkommen Esaus an ihre Feinde aus. Ich gebe ihre Schlupfwinkel preis; es hilft ihnen nichts, wenn sie sich verstecken. Alle Edomiter finden den Tod. Es wird keine Brüder oder Nachbarn mehr geben, die sagen könnten: 11 ›Lass deine Kinder bei mir, ich werde für sie sorgen; deine Frau kann sich auf meine Hilfe verlassen!‹«

12 »Hört gut zu, ihr Edomiter!«, sagt der HERR. »Aus dem Becher, der gefüllt ist mit meinem Zorn, müssen selbst Leute[f] trinken, die gar nicht dazu verurteilt waren. Und ausgerechnet ihr solltet davon verschont bleiben? Ihr kommt nicht ungestraft davon; ihr werdet ihn trinken! 13 Ich, der HERR, habe bei mir selbst geschworen: Eure Hauptstadt Bozra wird zum Bild des Grauens werden, zu einem Gegenstand des Spottes, zum Inbegriff der Verwüstung; ihr Name wird als Fluchwort* dienen. Auch die übrigen Städte Edoms sollen für immer zu Trümmerhaufen werden!«

Gott ruft die Völker zum Kampf gegen Edom

14 Der HERR hat mir gesagt, dass er einen Boten zu den Völkern gesandt hat mit dem Befehl: »Sammelt eure Heere zum Kampf gegen Edom*! Greift es an!«

15-16 Zu Edom aber sagt der HERR: »Du wohnst in Felsklüften und auf hohen Bergen; aller Welt jagst du Angst und Schrecken ein und hältst dich für den Größten. Dafür mache ich dich jetzt zum kleinsten der Völker; alle Welt wird dich verachten! Du kannst dein Nest so hoch bauen wie ein Adler, ich hole dich von dort herunter!« Das sagt der HERR.

Edom wird verwüstet

17 Der HERR sagt: »Edom* wird so verwüstet, dass jeder, der vorübergeht, erschrickt und sich entsetzt abwendet. 18 Wie Sodom* und Gomorra mit ihren Nachbarstädten wird es Edom ergehen: Es wird so völlig zerstört, dass niemand dort wohnen bleibt und kein Mensch sich dort aufhalten mag.

19 Wie ein Löwe aus dem Dickicht am Jordan heraufsteigt ins Weideland, so werde ich kommen, und augenblicklich werden alle Edomiter die Flucht ergreifen. Dann werde ich den Mann, den ich dazu bestimmt habe, als Herrscher über Edom einsetzen. Wer ist mir gleich, wer will Rechenschaft von mir fordern? Wo ist der Herrscher, der mir Widerstand leisten könnte?«

20 Hört also, was der HERR über Edom beschlossen hat, was mit den Leuten von Teman geschehen wird: Wie eine Viehherde wird man sie forttreiben, selbst die Kinder und Schwachen! Ihr eigenes Land wird sich entsetzen, wenn es das sieht. 21 Edom wird fallen! Von der Wucht seines Falls wird die Erde beben und das Klagegeschrei der Edomiter wird bis zum Roten Meer zu hören sein. 22 Wie Adler steigen die Feinde auf, kommen herangeschossen und stürzen sich auf Bozra. Da bekommen die tapfersten Männer Angst wie eine Frau, die in Wehen liegt.

Über Damaskus

23 Worte über Damaskus:[g]

Die Leute von Hamat und Arpad sind bestürzt; sie vergehen vor Angst wegen der Unglücksnachricht, die sie erhielten. Auch an der Küste herrscht tiefe Besorgnis; niemand kommt mehr zur Ruhe.[h] 24 Denn Damaskus hat den Mut verloren. Schon wendet sich sein Heer zur Flucht. Schmerz und Angst haben die Stadt ergriffen wie eine gebärende Frau. 25 Damaskus, die berühmte Stadt, die meine Freude war – man hätte sie einfach verlassen sollen!

26 »Nun aber werden ihre jungen Männer auf den Plätzen der Stadt tot niedersinken«, sagt der HERR, der Herrscher der Welt.[i] »An jenem Tag wird keiner der Verteidiger mit dem Leben davonkommen. 27 Ich werde Feuer an die Mauern von Damaskus legen, das wird die Paläste Ben-Hadads vernichten!«[j]

Über verschiedene arabische Stämme

28 Worte über den Nomadenstamm Kedar* und die sesshaften Stämme von Hazor, die König Nebukadnezzar von Babylonien* inzwischen besiegt hat:[k]

Der HERR gab den Babyloniern den Befehl: »Auf zum Kampf gegen Kedar! Überwältigt die Stämme des Steppenlandes im Osten!« 29 Ihre Zelte und ihre Herden wird man ihnen wegnehmen, ihre Zeltde-

a Auch hier das Selbstvertrauen und der Selbstruhm wie schon 48,2.7.26-27.
b Wörtlich *Der Herr, der HERR Zebaot**.
c Wörtlich *der HERR Zebaot**.
d Stadt in Edom, berühmt wegen der Weisheit ihrer Bewohner (vgl. Ijob 2,11; 15,18; Obd 8; Bar 3,22-23).
e Vgl. Gen 36,1-19.
f Das dürfte auf Jerusalem und Juda zu beziehen sein; doch vgl. 25,29.
g *Damaskus* war die Hauptstadt des Reiches der Syrer*.
h Die nordsyrischen Stadtstaaten *Hamat* und *Arpad* und die Städte am Mittelmeer sehen ihr eigenes Ende gekommen, sobald Damaskus gefallen ist.
i Wörtlich *der HERR Zebaot**; entsprechend in Vers 35.
j Verschiedene Könige von Damaskus hießen Ben-Hadad.
k Die Stämme der syrisch-arabischen Wüste wurden 599/98 v. Chr. von Nebukadnezzar ausgeplündert.

49,6 46,26S **49,7-22** 25,21; Jes 34,5-17S **49,12** 25,15S **49,13** (geschworen) 22,5; 44,26; 51,14; Am 4,2; 8,7; (Grauen) Jer 24,9S **49,17** 18,16S **49,18** 50,40; Gen 19,24-25 **49,19** 4,7S **49,22** 48,40 **49,23** 2 Kön 19,13; Jes 10,9 **49,24-27** Jes 17,1-3S **49,28-33** 25,24; Jes 21,13-17 **49,29** 6,25S

cken, ihren ganzen Hausrat und ihre Kamele, und
dazu rufen: »Schrecken überall!«
30 Den Leuten von Hazor ließ der HERR sagen:
»Flieht! Bringt euch schnellstens in Sicherheit! Hal-
tet euch in Höhlen versteckt! Nebukadnezzar hat
es auf euch abgesehen; sein Plan gegen euch steht
fest! 31 Ich selbst, der HERR, habe den Babyloniern
befohlen: ›Auf zum Kampf gegen dieses sorglose,
unbekümmerte Volk! Einsam lebt es für sich und
hat darum keine Städte, deren Tore man verriegeln
kann. 32 Holt euch ihre Kamele, holt euch ihre riesi-
gen Herden!‹

Ja, ich, der HERR, werde die Leute mit den kahl
geschorenen Schläfen[a] in alle Winde zerstreuen;
von allen Seiten lasse ich Unheil über sie kommen!
33 Hazor wird für immer zur Wüste, zu einem Tum-
melplatz für Schakale. Niemand wird dort wohnen
bleiben, kein Mensch sich dort aufhalten wollen.«

Über Elam

34 Zu Beginn der Regierungszeit von Zidkija, dem
König von Juda, sprach der HERR zum Propheten
Jeremia und befahl ihm, über die Elamiter* folgende
Botschaft zu verkünden:[b]
35 »Der HERR, der Herrscher der Welt sagt: ›Die
Stärke der Elamiter sind ihre Bogenschützen, aber
ich werde ihnen die Bogen zerbrechen! 36 Ich lasse
Stürme gegen sie los aus allen vier Windrichtungen
zugleich, und in alle Winde werden sie zerstreut!
Dann wird es kein einziges Volk mehr geben, bei
dem man nicht auf versprengte Elamiter stößt.
37 Ich werde dafür sorgen, dass sie vor ihren mordgie-
rigen Feinden den Mut verlieren. Ich bringe Unheil
über sie; sie sollen die Glut meines Zorns zu spüren
bekommen! Krieg lasse ich gegen sie wüten, bis
nichts mehr von ihnen übrig ist. 38 Den König von
Elam und seine Minister werde ich vernichten und
meinen eigenen Thron dort errichten!‹[c]
39 Doch später werde ich für die Elamiter alles wie-
der zum Guten wenden«, sagt der HERR.

Über Babylonien (50,1–51,58)

50 Der HERR sprach zum Propheten Jeremia und
befahl ihm, über Babylonien* und seine
Hauptstadt Babylon Folgendes zu verkünden:

Babyloniens Ende – Israels Heimkehr

2 Ruft es unter den Völkern aus, alle sollen es hören!
Schlagt es in allen Ortschaften an, macht es überall
bekannt! Verschweigt es nicht, damit alle es erfah-
ren: Babylon* ist gefallen![d] Sein Herr und Beschüt-
zer hat versagt: Der Gott Marduk liegt am Boden;
die abscheulichen Götzenbilder sind zertrümmert!
3 Von Norden* her rückt ein Volk heran, das Babylo-
nien zur Wüste macht.[e] Niemand mehr kann dort
leben; Menschen und Tiere ergreifen die Flucht
und verschwinden aus dem Land!
4 »Wenn es so weit ist«, sagt der HERR, »werden die
Leute aus Israel[f] und die Leute aus Juda gemeinsam
in ihr Land heimkehren.[g] Weinend werden sie kom-
men und meine Nähe suchen, die Nähe ihres Gottes.
5 Nach dem Weg zum Berg Zion* werden sie fragen;
dort liegt ihr Ziel. Sie werden zueinander sagen:
›Kommt, wir kehren wieder zum HERRN zurück
und wollen den Bund* mit ihm nie mehr vergessen!‹
6 Wie eine verlorene Herde war mein Volk. Seine
Hirten leiteten es in die Irre; sie führten es auf Berge,
auf denen es der Verführung erlag, mir den Rücken
zu kehren.[h] Von einem Berg zum andern zog es
und vergaß darüber seinen Lagerplatz. 7 Jeder, der
es fand, fiel über es her. ›Wir machen uns damit
nicht schuldig‹, sagten seine Feinde, ›denn diese
Leute haben sich gegen den HERRN vergangen, der
sie doch treu mit allem versorgte, was sie zum Leben
brauchten, und auf den ihre Vorfahren alle Hoff-
nung setzten!‹«

Bestrafung Babyloniens – Vergebung für Israels Rest

8 Der HERR sagt: »Ihr Ausländer alle, flieht aus Baby-
lon* und verlasst das Land, so schnell ihr könnt!
Drängt euch durch wie die Böcke in der Herde, dass
ihr noch rechtzeitig wegkommt! 9 Denn ich biete die
Heeresmacht großer Völker gegen Babylon auf; aus
dem Land im Norden* werden sie heranrücken
und die Stadt erobern. Sie verstehen ihr Handwerk:
keiner ihrer Pfeile verfehlt sein Ziel! 10 Ganz Babylo-
nien fällt in ihre Hand und sie werden es nach Her-
zenslust ausplündern!
11 Freut euch nur und jubelt, ihr Babylonier! Ihr
habt mein Volk und mein Land ausgeplündert.
Springt nur wie die Kälber und wiehert wie übermü-
tige Hengste! 12 Bald wird Babylon, eure Mutter, die

Dieses Bild eines verfallenen Hauses in Israel vermittelt nur eine schwache Vorstellung von der Verwüstung, die nach Jeremia die Stadt Babylon treffen sollte (50,39; 51,26).

a Siehe Anmerkung zu 9,25.
b Vielleicht hatte man zur Zeit Zidkijas in Juda die Hoffnung, die *Elamiter* (vgl. Karte Seite 49) könnten gegen Babylonien noch etwas ausrichten.
c Die Ansage liegt auf der Linie von 1,15; 43,10; 49,19 und meint die Herrschaftsübernahme durch Nebukadnezzar.
d Jeremia spricht vom Untergang Babylons in prophetischer Schau. Babylon fiel 539 v. Chr. in die Hände des Perserkönigs Kyrus (siehe Seiten 842 und 926).
e Wie Babylonien für die anderen Völker der »Feind aus dem Norden« war (vgl. 1,14 und Vergleichsstellen dazu), so soll es jetzt selbst einem »Feind aus dem Norden« erliegen (vgl. 50,9.41 und Anmerkung zu Jes 41,25).
f Siehe Anmerkung zu 30,4.
g Die Zusage sollte sich nur an den Leuten von Juda erfüllen (siehe Seite 864).
h Anspielung auf den Götzendienst; vgl. 2,20 und die Anmerkung und die Vergleichsstellen dort.

49,32 9,25; 25,23 **49,34-38** 25,25; Ez 32,24-25 **49,39** 46,26S **50,1–51,64** 25,26; Jes 13,1-22S **50,2** 48,13; 51,44; Jes 21,9S **50,3** 1,14S **50,4** 3,18S; 31,9 **50,5** 31,6S **50,6** 10,21S; 50,17; Sach 10,2 **50,8** 50,16; 51,45S

euch geboren hat, ganz erbärmlich dastehen. Ihr werdet das letzte der Völker sein und euer Land wird zur ausgedörrten Wüste. 13 Mein Zorn wird es völlig unbewohnbar machen, alles wird zur Wüste! Und eure Hauptstadt Babylon wird so zerstört, dass jeder, der vorbeikommt, vor Entsetzen aufschreit!«

14 Ihr Bogenschützen, geht rings um Babylon in Stellung! Schießt und spart nicht mit Pfeilen, denn diese Stadt hat sich gegen den HERRN vergangen![a] 15 Erhebt lautes Kriegsgeschrei von allen Seiten und greift an!

Seht! Babylon ergibt sich! Seine Türme stürzen ein! Seine Mauern fallen! Der HERR selbst will an dieser Stadt Vergeltung üben, darum gebt es ihr und verfahrt mit ihr, wie sie mit anderen verfuhr! 16 Lasst niemand am Leben, der noch einmal ein Feld bestellen oder die Ernte einbringen könnte! Alle aber, die nicht in diesem Land zu Hause sind, sollen vor dem Wüten des Schwertes fliehen und zu ihrem Volk und in ihre Heimat zurückkehren!

17 Israel war ein versprengtes Schaf, auf das die Löwen Jagd machten: Zuerst packte es der König von Assyrien* und machte sich über es her. Dann kam Nebukadnezzar, der König von Babylonien, nahm den Rest und zermalmte auch noch die Knochen.[b]

18 Darum sagt der HERR, der Herrscher der Welt,[c] der Gott Israels: »Jetzt ziehe ich den König von Babylonien und sein ganzes Land zur Rechenschaft, genauso wie ich den König von Assyrien zur Rechenschaft gezogen habe. 19 Israel aber bringe ich zurück an seinen Weideplatz. Es soll wieder weiden auf dem Karmel und auf der Hochebene von Baschan*, im Bergland von Efraïm und von Gilead* und es wird ihm an nichts mehr fehlen.[d] 20 Dann wird man vergeblich nach der Schuld Israels und nach den Sünden Judas suchen – sie sind nicht mehr da; denn ich habe denen die Schuld vergeben, die ich aus meinem Volk übrig lasse.«

Vergeltung für die Zerstörung des Tempels

21 Der HERR hat den Befehl gegeben: »Auf zum Kampf gegen das Land Meratajim, gegen die Bewohner von Pekod![e] Vollstreckt den Bann* an den Menschen und ihrem ganzen Besitz! Haltet euch genau an diesen Befehl!«

22 Schon ist das Land voll Kriegslärm, schon sinkt alles in Trümmer. 23 Babylon*, du Hammer, der die ganze Welt in Stücke schlug, jetzt liegst du selber zerschmettert am Boden, ein Bild des Grauens für alle Völker!

24 »Babylon, ich selbst habe dir eine Falle gestellt«, sagt der HERR, »und prompt bist du hineingelaufen. Ich habe dich gefangen und jetzt rechne ich mit dir ab; denn mit mir, dem HERRN, hast du dich angelegt!«[f]

25 Wie einer Waffen aus der Rüstkammer holt, so holt der HERR in seinem Zorn die Völker herbei. Er, der Herrscher über die ganze Welt,[g] hat Arbeit für sie im Land der Babylonier. 26 Er befiehlt ihnen: »Fallt über sie her von allen Seiten! Brecht ihre Vorratshäuser auf! Werft alles, was ihr findet, auf einen Haufen und vollstreckt daran den Bann; nichts darf übrig bleiben! 27 Bringt die jungen Männer um, führt sie ab wie junge Stiere zur Schlachtung! Weh über sie, der Tag der Abrechnung ist da!«

28 Horcht! Flüchtlinge aus Babylonien sind gekommen! Sie berichten auf dem Berg Zion*, wie der HERR, unser Gott, den Babyloniern vergilt, was sie mit seinem Tempel gemacht haben!

Die Vermessenheit Babylons wird bestraft

29 Bietet alle Bogenschützen auf gegen Babylon* und schließt den Belagerungsring! Niemand darf aus der Stadt entkommen! Zahlt ihr die Verbrechen heim, die sie begangen hat; verfahrt mit ihr genauso, wie sie mit anderen verfahren ist! Sie hat sich groß aufgespielt gegen den heiligen Gott Israels!

30 »Ja«, sagt der HERR, »die jungen Männer von Babylon werden auf den Plätzen der Stadt tot niedersinken; keiner der Verteidiger kommt mit dem Leben davon!

31 Babylon, du hochmütige Stadt«, sagt der HERR, der Herrscher über die ganze Welt, »der Tag ist gekommen, dass ich mit dir abrechne! 32 Du wirst stürzen und niemand hilft dir wieder auf. Ich lege Feuer an die Städte, die zu dir gehören; das wird das ganze Land ringsum vernichten!«

Gott erzwingt die Freilassung seines Volkes

33 So spricht der HERR, der Herrscher der Welt:[h] »Die Leute aus Israel und aus Juda werden unterdrückt. Das Volk, das sie gefangen weggeführt hat, will sie nicht wieder gehen lassen. 34 Doch an mir haben sie einen starken Anwalt – ›der HERR, der Herrscher der Welt‹ ist sein Name. Ich werde ihnen zum Recht verhelfen und der Erde wieder Ruhe verschaffen. Doch die Bewohner Babylons* will ich das Zittern lehren!«

35 »Tod den Babyloniern!«, sagt der HERR. »Tod ihren mächtigen Führern und weisen Ratgebern, allen Bewohnern der Hauptstadt Babylon! 36 Tod ihren Wahrsagern; was für Narren sind sie! Tod ihren Elitetruppen; sie sind vor Schrecken starr! 37 Tod ihren Pferden und Streitwagen*! Tod ihren fremden Söldnertruppen; sie vergehen vor Angst wie Frauen! Weg mit ihren Schätzen und Vorräten; sie werden alle geplündert! 38 Weg mit ihren Bewäs-

a Vgl. 25,12 und Anmerkung zu 12,14. Die Babylonier verstanden ihren Kampf gegen Israel – entsprechend der damals allgemeinen Auffassung (vgl. 48,26-27; 48,42; 49,4) – als Kampf gegen den Gott Israels.
b Zu Assyrien vgl. 2 Kön 17–19, zu Babylonien 2 Kön 24–25.
c Wörtlich *der HERR Zebaot**.
d Die Landschaften liegen alle im Gebiet des ehemaligen Nordreichs (siehe Karten Seite 443 und 275).
e *Meratajim* und *Pekod* sind Landschaften in Babylonien, die hier für das Land als Ganzes stehen. Ihre Namen erinnern an die hebräischen Wörter für »Empörung/Widerspenstigkeit« und »bestrafen«.
f Vgl. 51,34-40.
g *Er, der Herrscher ...*: wörtlich *Der Herr, der HERR Zebaot**; entsprechend in Vers 31.
h Wörtlich *der HERR Zebaot**; ebenso in Vers 34.

50,13 18,16 S **50,15** 25,14 S **50,17** 50,6 S **50,18** Jes 10,12 **50,19** 23,3 S; Ez 34,11-16 S **50,20** 31,34 S; Jes 4,4 **50,21** 51,3 S **50,23** 51,20; Jes 10,5 **50,26-27** 51,3 S **50,28** 51,11 **50,29** 25,14 S; 48,26-27 S; Offb 18,6 **50,34** 10,16 S; 51,36

serungskanälen; das ganze Land soll versteppen und verdorren!

Es ist ein Land voller Götzenbilder; ihre scheußlichen Fratzen haben den Babyloniern den Verstand geraubt! 39 Darum sollen jetzt Wildkatzen, Schakale und Strauße sich in ihrem Land tummeln, aber Menschen werden dort niemals mehr wohnen! 40 Wie es Sodom* und Gomorra und ihren Nachbarstädten erging, so wird es Babylonien ergehen«, sagt der HERR, »es wird so völlig zerstört, dass niemand dort wohnen bleibt und kein Mensch sich dort aufhalten mag!«

Der Feind aus dem Norden

41 Ein großes Volk kommt von Norden* her, mächtige Könige machen sich auf vom Ende der Erde.[a] 42 Ihre Krieger kämpfen mit Bogen und Krummschwert, sie sind grausam und kennen kein Erbarmen. Auf Pferden reiten sie heran; es dröhnt wie das Tosen der Meeresbrandung. Sie sind bereit zum Angriff; zum Angriff auf dich, Babylon*! 43 Als dein König die Nachricht davon erhielt, sind ihm die Hände herabgesunken! Angst hat ihn befallen, Schmerzen wie die Wehen einer gebärenden Frau!

44 »Wie ein Löwe aus dem Dickicht am Jordan heraufsteigt ins Weideland, so werde ich selber kommen«, sagt der HERR, »und augenblicklich werden alle Babylonier die Flucht ergreifen. Dann werde ich den Mann, den ich dazu bestimmt habe, als Herrscher über Babylonien einsetzen.[b] Wer ist mir gleich, wer will Rechenschaft von mir fordern? Wo ist der Herrscher, der mir Widerstand leisten könnte?«

45 Hört also, was der HERR über Babylon beschlossen hat, was mit den Bewohnern Babyloniens geschehen wird: Wie eine Viehherde wird man sie forttreiben, selbst die Kinder und Schwachen! Ihr eigenes Land wird sich entsetzen, wenn es das sieht! 46 Von dem Ruf »Babylon ist gefallen!« wird die Erde erzittern, und das Klagegeschrei der Besiegten wird zu allen Völkern durchdringen!

Das Gericht Gottes über Babylon

51 So spricht der HERR: »Ich lasse einen verheerenden Sturm losbrechen gegen die Stadt Babylon* und gegen alle, die in diesem Zentrum des Aufruhrs gegen mich[c] wohnen! 2 Ich schicke Fremde, die sollen das Volk von Babylon davonjagen, so wie der Wind die Spreu fortweht; sie sollen das ganze Land ausplündern. Wenn für Babylonien die Stunde geschlagen hat, wird es von allen Seiten zugleich angegriffen! 3 Ich gebe seinen Feinden den Befehl: ›Schießt die Bogenschützen nieder und all die stolzen gepanzerten Krieger! Habt kein Mitleid mit den jungen Männern von Babylon, vollstreckt den Bann* an seinem ganzen Heer!‹«

4 Dann wird Babylon übersät sein von Toten und auf allen Straßen werden Verwundete liegen. 5 Ja, Israel und Juda sind nicht im Stich gelassen von ihrem Gott, dem Herrscher der Welt![d] Babylonien hat sich schwer gegen ihn, den heiligen Gott Israels, vergangen! 6 Flieht aus Babylonien, ihr Leute von Israel und Juda, rettet euer Leben! Ihr sollt nicht mit umkommen, wenn dieses Land jetzt für seine Schuld bestraft wird! Denn die Zeit der Vergeltung ist da; jetzt zahlt der HERR den Babyloniern alles heim, was sie getan haben!

7 Babylon war ein goldener Becher in der Hand des HERRN. Mit seinem Wein machte es die ganze Welt betrunken; alle Völker verloren davon den Verstand.[e] 8 Plötzlich fällt der Becher zu Boden und zerbricht. Ihr Völker, haltet die Totenklage* für Babylon! Schafft Salbe herbei für seine Wunden, vielleicht heilen sie! 9 Aber die Abgesandten der Völker entgegnen: »Wir haben Babylon zu helfen versucht, doch ihm ist nicht mehr zu helfen! Überlasst es seinem Schicksal, wir kehren in unsere Heimat zurück. Dieses Strafgericht überschreitet jedes irdische Maß!«[f]

10 Die Leute aus Israel und Juda aber werden sagen: »Der HERR hat unser Recht wiederhergestellt![g] Kommt, wir wollen zum Berg Zion* gehen und dort erzählen, was der HERR, unser Gott, getan hat!«

Die Meder vollstrecken das Gericht Gottes

11 Der HERR hat den Königen von Medien* in den Sinn gegeben, gegen Babylonien* Krieg zu führen.[h] Sie sollen das Land vernichten. So vergilt er den Babyloniern, was sie mit seinem Tempel* gemacht haben. Ich höre schon die Kommandorufe der Meder:[i] »Pfeile bereitmachen! – Schilde aufnehmen! 12 Gebt das Zeichen zum Angriff auf die Mauern von Babylon! – Verstärkt den Belagerungsring! – Stellt überall Posten auf! – Legt Truppen in den Hinterhalt!«

Ja, der HERR führt durch, was er sich vorgenommen und den Babyloniern angedroht hat!

13 Volk von Babylon, du wohnst an den Ufern großer Ströme und bist unermesslich reich. Doch deine Zeit ist abgelaufen, du hast genug zusammengeraubt! 14 Der HERR, der Herrscher der Welt,[j] hat bei sich selbst geschworen: »Die Feinde werden in dein Land einfallen wie Heuschreckenschwärme und ihr Triumphgeschrei über dich erheben!«

15 Der HERR hat die Erde geschaffen und dadurch seine Macht gezeigt: Das feste Land ist ein Werk seiner Weisheit, der Himmel darüber ein Beweis seines

a Hier wird dieselbe Drohung, die in 6,22-24 Juda gegolten hatte, gegen Babylonien gewendet; vgl. Anmerkung zu 50,3.
b Gemeint ist der Perserkönig Kyrus; vgl. 50,3 und Jes 45,1-5.
c Zu dieser Benennung Babylons und zu den Versen 5-10 vgl. Anmerkung zu 50,14.
d Wörtlich *dem HERRN Zebaot**.
e Babylonien war ein Reich von beeindruckender Größe und Macht, dessen Faszination sich keiner entziehen konnte. Das Neue Testament lehrt, mit noch größeren Machtzusammenballungen zu rechnen, und mahnt, nicht deren Faszination zu erliegen (Offb 13; 14,6-13; vgl. 18,2; 17,2).
f *Dieses Strafgericht …*: wörtlich *Sein (Babylons) Gericht reicht bis an den Himmel und erhebt sich bis zu den Wolken.*
g Vgl. dazu die Verse 34-40.
h Die Meder und andere Völker, die Kyrus zuvor unterworfen hatte (vgl. Anmerkung zu 50,3), unterstützten ihn im Kampf gegen Babylonien.
i *Ich höre …*: verdeutlichender Zusatz.
j Wörtlich *Der HERR Zebaot**; ebenso in Vers 19.

50,39 Zef 2,14S; Offb 18,2S **50,40** 49,18S **50,41-43** 6,22-24 **50,41** 1,14S **50,44** 4,7S; (Mann) Jes 41,2.25; 45,1-5S **51,2** 15,7 **51,3** 50,21.26-27; Dtn 7,1-4S **51,5** 50,29S **51,6** 25,14S; 51,45S **51,8** 8,22S **51,10** 31,6S **51,11** Jes 13,17; Jer 50,28 **51,13** Offb 17,1 **51,14** 49,13S **51,15-19** 10,12-16

überlegenen Könnens. 16 Wenn er es befiehlt, sammelt sich mit Donnergetöse das Wasser am Himmel, Wolken steigen am Horizont auf, Blitze öffnen dem Regen die Bahn und der Wind bricht aus seinen Kammern hervor.

17 Kein Mensch kann das begreifen, sprachlos vor Staunen steht jeder davor. Und alle, die Götterbilder gemacht haben, müssen sich ihrer Machwerke schämen; denn diese Bilder sind Betrug, kein Hauch von Leben ist in ihnen. 18 Wertlose Figuren sind sie, über die man spottet. Wenn der HERR Gericht hält, ist es aus mit ihnen.

19 Wie anders ist der Gott Israels! Er hat das Weltall geschaffen und das Volk Israel für immer zu seinem Eigentum gemacht. »Der HERR, der Herrscher der Welt« ist sein Name.

Größe und Grenze der Macht Babyloniens

20 Der HERR sagt: »Die Babylonier* sind mein Hammer, meine Kriegswaffe, mit ihnen zerschlage ich Völker und Königreiche. 21 Mit ihnen zerschlage ich Pferde und Reiter, Wagen und Lenker, 22 Männer und Frauen, Greise, junge Leute und Kinder. 23 Mit ihnen zerschlage ich die Hirten samt ihren Herden, die Bauern samt ihren Zugtieren. Statthalter und Befehlshaber zerschlage ich mit ihnen.

24 Aber jetzt sollt ihr Leute von Israel mit eigenen Augen sehen, wie ich ihnen das Böse heimzahle, das sie an Jerusalem verübt haben![a]

25 Babylon, du Berg der Vernichtung, von dem Vernichtung ausgeht in alle Welt, pass auf, jetzt komme ich über dich!«, sagt der HERR. »Ich packe dich und stürze dich in die Tiefe! Ich mache aus dir einen Berg von Schutt und Asche! 26 Man soll keinen Stein mehr in dir finden, der noch einmal für eine Grundmauer oder als Eckstein* zu verwenden wäre; für alle Zeiten wirst du ein Schutthaufen sein!«

Jeremia schöpft Kraft und Trost aus dem Wissen, dass Gott allmächtig ist. »Wenn er es befiehlt, sammelt sich mit Donnergetöse das Wasser am Himmel, Wolken steigen am Horizont auf, Blitze öffnen dem Regen die Bahn und der Wind bricht aus seinen Kammern hervor … Er hat das Weltall geschaffen und das Volk Israel für immer zu seinem Eigentum gemacht.« (51,16.19)

Babylons Ende ist gekommen

27 Gebt das Zeichen zum Kampf gegen Babylon*, bei allen Völkern stoßt ins Kriegshorn*! Ruft die Völker auf zum heiligen Krieg! Bietet die Königreiche von Ararat, Minni und Aschkenas[b] zum Kampf auf! Bestellt die Offiziere, die die Truppen ausheben! Lasst Reiterscharen anrücken, zahlreich und grausam wie Heuschreckenschwärme! 28 Ruft die Völker auf zum heiligen Krieg! Die Könige von Medien* sollen sich rüsten, ihre Statthalter und Befehlshaber und die Völker, über die sie gebieten!

29 Da zittert und bebt die Erde, denn der Plan des HERRN geht jetzt in Erfüllung: Die Stadt Babylon und das ganze Land werden zu einer Wüste, in der kein Mensch mehr wohnt.

30 Die Verteidiger Babylons haben den Kampf schon aufgegeben. Die stärksten Krieger hocken in den Festungstürmen, haben keine Kraft mehr und vergehen vor Angst wie Frauen. Schon sind die Tore der Stadt erobert, viele Häuser stehen in Flammen. 31 Ein Bote nach dem andern kommt, um dem König von Babylon zu melden: »Die Feinde dringen von allen Seiten in die Stadt ein! – 32 Sie haben die Flussübergänge besetzt und die Verteidigungsanlagen in Brand gesteckt! – Unter unseren Männern ist Panik ausgebrochen!«

33 So spricht der HERR, der Herrscher der Welt,[c] der Gott Israels: »Wenn der Dreschplatz festgestampft wird, ist die Zeit des Dreschens nicht mehr fern. Das eine geschieht schon mit Babylon, das andere wird dann nicht lange auf sich warten lassen!«

Gott verhilft Jerusalem zu seinem Recht

34 Ich höre die Zionsstadt* klagen:[d] »Nebukadnezzar, der König von Babylonien*, hat mich vernichtet! Er hat mich leer gefressen und wie eine leere Schüssel stehen lassen. Er hat sich den Bauch mit meinen Leckerbissen voll geschlagen und mich dann von sich gestoßen. Wie ein Drache hat er mich verschlungen!«

35 Darum soll Jerusalem sagen: »Was sie mir angetan haben, soll der Stadt Babylon heimgezahlt werden! Für mein Blut, das geflossen ist, soll ganz Babylonien zur Rechenschaft gezogen werden!«

36 So spricht der HERR zur Zionsstadt: »Ich werde dir zum Recht verhelfen und den Babyloniern heimzahlen, was sie dir angetan haben. Den Eufrat lasse ich austrocknen, ich lasse seine Quellen versiegen. 37 Die Stadt Babylon soll zum Trümmerhaufen werden, zu einem Tummelplatz der Schakale, zum

a Siehe Anmerkung zu 50,14.
b Armenische Landschaften, die damals zu Medien oder Persien gehörten und bereits unter der Herrschaft von Kyrus standen; vgl. Anmerkung zu Vers 11.
c Wörtlich *der HERR Zebaot**; entsprechend in den Versen 57 und 58.
d Verdeutlichender Zusatz.

51,20 50,23 **51,24** 25,14S **51,26** Jes 28,16 **51,27** 4,5S **51,36** 50,34 **51,37** 18,16S

Bild des Grauens. Wer das sieht, wird sich mit Ent-
setzen abwenden. Kein Mensch soll dort mehr woh-
nen.
38 Lass die Babylonier nur brüllen wie die Löwen
und knurren wie Löwenjunge. 39 Für ihren Heißhun-
ger bereite ich ihnen ein Festmahl und mache sie
dabei betrunken! Sie sollen lustig werden und dann
einschlafen – für immer! Das sage ich, der HERR.
40 Wie Lämmer, wie Schaf- und Ziegenböcke führe
ich sie zur Schlachtung!«

Spott über den Sturz Babylons

41 Wie war das möglich? Babylon[a] ist gefallen, diese
weltberühmte Stadt! Wie konnte es dahin kommen?
Alle Völker sind entsetzt. 42 Das Meer ist nach Baby-
lon vorgedrungen und hat die Stadt unter seinen
donnernden Fluten begraben.[b] 43 Auch die anderen
Städte sind alle vernichtet! Babylonien ist zur Wüste
geworden, zu einer dürren Steppe, zu einem Land,
das niemand mehr bewohnt und niemand durch-
wandert!

Bel und die berühmte Mauer werden fallen

44 Der HERR sagt: »Jetzt rechne ich ab mit Bel*, dem
Gott von Babylon*! Ich zwinge ihn, alles, was er
geraubt und verschlungen hat, wieder auszubre-
chen. Die Völker werden nicht mehr zu ihm strö-
men, um ihm Opfer* zu bringen! Auch die Mauer[c]
von Babylon wird fallen!
45 Ihr, die ihr zu meinem Volk gehört, verlasst
diese Stadt! Bringt euer Leben in Sicherheit, denn
mein glühender Zorn wird sich über ihr entladen!«

Zuspruch für das verzagte Volk

46 Ihr Leute von Israel, verliert nicht den Mut! Fürch-
tet euch nicht wegen der schlimmen Nachrichten,
die im Land umlaufen! Wenn ihr heute die eine
Schreckensmeldung hört und morgen die nächste,
wenn überall brutale Gewalt herrscht und ein
Machthaber den andern verjagt,[d] 47 dann haltet euch
an das, was ich, der HERR, sage:
»Der Tag kommt, an dem ich mit den Götzen Baby-
lons abrechne! Babylonien* wird mit Schimpf und
Schande untergehen; überall werden Tote liegen!
48 Himmel und Erde und alles, was auf Erden lebt,
wird in Jubel ausbrechen, wenn von Norden* her
die Feinde anrücken und Babylonien vernichten!«

Gottes Beschluss steht fest

49 Babylons wegen sind Menschen in aller Welt gefal-
len, aber wegen der Gefallenen aus Israel° wird nun
Babylon* fallen! 50 Ihr aber aus dem Volk Israel, die
ihr mit dem Leben davongekommen seid, verlasst
Babylonien; verliert keine Zeit! Denkt in der Ferne
an den HERRN; vergesst Jerusalem nicht!
51 Ihr sagt zwar: »Der HERR hat uns enttäuscht! Alle
Völker haben uns verspottet und verhöhnt; wir müs-
sen uns schämen, dass Fremde in den heiligen Tem-
pel* des HERRN eindringen konnten.«
52 Doch der HERR antwortet: »Der Tag kommt, an
dem ich mit den Götzen Babylons abrechne; dann
wird ganz Babylonien voll sein vom Stöhnen tödlich
Verwundeter! 53 Und wenn Babylon auch bis in den
Himmel aufstiege, sich in unzugänglicher Höhe ver-
schanzte, die Feinde, die ich herbeirufe, würden es
dennoch zerstören!«

Kriegslärm und Todesschweigen beenden das Lärmen der Weltstadt Babylon

54 Horcht! Hilfegeschrei von Babylon* her; das ganze
Land sinkt in Trümmer! 55 Der HERR vernichtet Baby-
lon, er macht seinem lärmenden Treiben ein Ende.
Wie tobende, brüllende Meereswogen[e] 56 sind die
Feinde über die Stadt gekommen und verwüsten
alles. Babylons Soldaten werden gefangen genom-
men, ihre Bogen zerbrochen. Ein Gott der Vergel-
tung ist der HERR; er rechnet gründlich ab!
57 »Ich mache die mächtigen und klugen Führer
Babylons betrunken«, sagt der HERR, »alle seine Statt-
halter und Befehlshaber und seine Kriegsleute! Sie
sollen in einen Schlaf versinken, aus dem sie nicht
mehr erwachen!« Das sagt der König, der den Namen
trägt »Der HERR, der Herrscher der Welt«.

Noch einmal über Babylons Mauer

58 Der HERR, der Herrscher der Welt, sagt: »Die
gewaltige Mauer von Babylon wird bis auf den
Grund zerstört und seine stolzen Tore werden ver-
brannt!«
Ganze Völker haben sich vergeblich für dich
geplagt, es ist alles dem Untergang geweiht.

Der Auftrag Jeremias an Seraja

59-60 Alle diese Unheilsankündigungen gegen Baby-
lon* hatte Jeremia auf eine Buchrolle* geschrieben.
Als Zidkija, der König von Juda, in seinem vierten
Regierungsjahr nach Babylon reiste, begleitet vom
Oberquartiermeister Seraja, einem Sohn von Nerija
und Enkel von Machseja, gab Jeremia die Rolle Sera-
ja mit und erteilte ihm folgenden Auftrag:[f]
61 »Wenn du in Babylon angekommen bist, dann
verliest du alles, was in dieser Rolle steht, 62 und
anschließend sagst du: ›HERR, damit hast du selbst
dieser Stadt das Todesurteil gesprochen; kein
Mensch und kein Stück Vieh sollen mehr in ihr woh-
nen, sie soll für immer zu einer Wüste werden.‹

a Wörtlich *Scheschak* (siehe Anmerkung zu 25,26).
b Ein Bild für die Wucht des Angriffs, dem Babylon erlegen ist; vgl. Sacherklärung »Meer«.
c Zur Stadtmauer von Babylon siehe Seiten 842–843 und 825. Sie wurde 485 v. Chr. von König Xerxes I. geschleift.
d Solche Revolutionen sind nur ein Zeichen, dass das Ende der Weltmacht bevorsteht und die Befreiung kommt. Eine ähnliche Sicht wird in der neutestamentlichen Enderwartung eine Rolle spielen (Mk 13,7).
e Vgl. Vers 42 und Anmerkung dort.
f Siehe Anmerkung zu 13,1. Von einem Zuhörerkreis ist nicht die Rede; es geht um das laute Aussprechen der Drohungen an Ort und Stelle.

51,39 25,15S **51,44** 50,2S **51,45** 51,6.50; Jes 48,20; Sach 2,10; Offb 18,4; Jer 50,8.16 **51,48** Offb 18,20; Jer 50,3 **51,50** 51,45S; Ps 137,5-6 **51,51** Ps 79,1-4; Klgl 1,10; Jes 40,27S **51,53** Jes 14,13-15; Ijob 20,4-7 **51,56** 25,14S **51,57** 25,15S **51,58** Hab 2,13; Sir 14,19 **51,59-60** 28,1; 30,1-2S **51,61-64** 13,1-11S

63 Danach bindest du einen Stein an die Rolle und wirfst sie in den Eufrat. 64 Dabei rufst du: ›So wie diese Rolle wird die Stadt Babylon versinken und nicht wieder hochkommen wegen des Unheils, das der HERR über sie bringt! Mit Babylon ist es aus!‹«

Hier enden die Worte Jeremias.

Das Ende von König Zidkija[a]

(39,1-7; 2 Kön 24,18–25,7)

52 Zidkija war 21 Jahre alt, als er König wurde, und er regierte elf Jahre in Jerusalem. Seine Mutter hieß Hamutal; sie war eine Tochter von Jirmeja und stammte aus Libna. 2 Zidkija tat, was dem HERRN missfällt, genauso wie sein Bruder Jojakim. 3 Nun aber war das Maß voll. Der HERR war so zornig über die Bewohner von Jerusalem und Juda, dass er sie aus seinen Augen wegschaffen ließ.

Zidkija lehnte sich gegen Nebukadnezzar, den König von Babylonien*, auf. 4 Da erschien dieser im neunten Regierungsjahr von Zidkija mit allen seinen Truppen vor Jerusalem.[b] Rings um die Stadt ließ er einen Belagerungswall aufschütten. Am 10. Tag des 10. Monats begann die Belagerung 5 und sie dauerte bis ins elfte Regierungsjahr von Zidkija. 6 Zuletzt waren die Nahrungsmittel in der Stadt völlig aufgebraucht.

Am 9. Tag des 4. Monats im elften Jahr Zidkijas 7 schlugen die Babylonier eine Bresche in die Stadtmauer. Im Schutz der Dunkelheit gelang es König Zidkija und seinen Kriegsleuten, durch den Torweg zwischen den beiden Mauern am königlichen Garten die Stadt zu verlassen und den Belagerungsring zu durchbrechen. Sie flohen in östlicher Richtung zur Jordanebene.

8 Sofort nahmen babylonische Truppen die Verfolgung auf und holten Zidkija in der Ebene bei Jericho ein. Von seinen Kriegsleuten im Stich gelassen, 9 wurde er gefangen genommen und nach Ribla in der Provinz Hamat vor den König von Babylonien gebracht.

Nebukadnezzar selbst sprach ihm das Urteil. 10 Zidkija musste mit ansehen, wie man seine Söhne abschlachtete. Auch alle führenden Männer von Juda wurden dort hingerichtet. 11 Danach wurden Zidkija die Augen ausgestochen. Mit Ketten gefesselt nahm Nebukadnezzar ihn mit nach Babylon und warf ihn ins Gefängnis. Dort blieb er bis zu seinem Tod.

Die Zerstörung Jerusalems und das Schicksal der Bevölkerung

(39,8-10; 2 Kön 25,8-21)

12 Im 19. Regierungsjahr Nebukadnezzars, am 10. Tag des 5. Monats, traf Nebusaradan, der Befehlshaber der königlichen Leibwache, einer der engsten Vertrauten des Babylonierkönigs, in Jerusalem ein. 13 Er ließ den Tempel* des HERRN, den Königspalast und alle vornehmen Häuser Jerusalems niederbrennen. Auch alle anderen Häuser gingen in Flammen auf. 14 Seine Leute rissen die Mauern der Stadt ringsum nieder.

15 Nebusaradan ließ die restliche Stadtbevölkerung,° auch alle, die zu den Babyloniern übergelaufen waren, sowie den Rest der Handwerker gefangen wegführen. 16 Nur aus der ärmsten Schicht der Landbevölkerung ließ er eine Anzahl zurück, damit sie die Weinberge und Äcker bestellten.

17 Die Babylonier zertrümmerten die bronzenen Säulen, die vor dem Tempel des HERRN aufgestellt waren, und ebenso die Kesselwagen und das große Bronzebecken und schafften das ganze Metall nach Babylon. 18 Sie nahmen aus dem Tempel die Töpfe, Schaufeln und Messer mit, die Schalen zum Auffangen des Blutes und die Pfannen, alle Bronzegeräte, die für den Tempeldienst gebraucht worden waren. 19 Auch alle goldenen und silbernen Geräte des Tempels nahm Nebusaradan mit: die Schüsseln, Feuerbecken, Schalen und Töpfe, die Leuchter und die Schalen und die Kannen für das Trankopfer*.

20 Für die beiden Säulen, das große Becken, die zwölf Rinder, auf denen es ruhte, und die Kesselwagen° hatte König Salomo eine ungeheure Menge Bronze verarbeitet. 21 Die beiden Säulen waren neun Meter hoch. Ihr Umfang betrug sechs Meter. Sie waren innen hohl, der Metallmantel war acht Zentimeter dick. 22 Jede trug ein bronzenes Kapitell von zweieinhalb Meter Höhe. Die Kapitelle waren ringsum mit Bandgeflecht und Granatäpfeln aus Bronze verziert. 23 Hundert Granatäpfel waren an jedem Kapitell, sechsundneunzig davon waren von unten zu sehen.

24 Nebusaradan, der Befehlshaber der Leibwache, ließ den Obersten Priester* Seraja, seinen Stellvertreter Zefanja und die drei Torhüter* festnehmen. 25 In der Stadt fanden sich außerdem noch ein hoher Offizier, sieben Männer aus der nächsten Umgebung des Königs, der Beamte, der für die Musterung des Heeres verantwortlich war, und sechzig angesehene Männer aus dem Gebiet von Juda. Auch sie ließ Nebusaradan verhaften 26 und brachte sie zum babylonischen König nach Ribla in der Provinz Hamat. 27 Dort ließ Nebukadnezzar sie hinrichten.

So wurde das Volk von Juda aus seinem Land in die Verbannung* weggeführt.

28 Hier ist die Zahl der Weggeführten: In seinem siebten Regierungsjahr[c] führte Nebukadnezzar 3023 Männer aus Juda in die Gefangenschaft, 29 in seinem achtzehnten Regierungsjahr[d] 832 Einwohner von Jerusalem. 30 Im dreiundzwanzigsten Regierungsjahr[e] Nebukadnezzars brachte Nebusaradan,

a Kap 52 ist ein Anhang, dessen Inhalt fast wörtlich aus dem 2. Königsbuch übernommen wurde; vgl. die Verweise unter den Abschnittsüberschriften. Die Anmerkungen sind an den entsprechenden Stellen in 2 Kön zu finden.
b Zu den Versen 4-11 gibt es im Jeremiabuch die Parallele 39,1-7 (siehe die Anmerkungen dort).
c 598 v. Chr.; nach 2 Kön 24,12 war dies das achte Regierungsjahr Nebukadnezzars.
d 587 v. Chr.; nach 2 Kön 25,8; Jer 52,12 war dies das neunzehnte Regierungsjahr Nebukadnezzars.
e 582 v. Chr.

51,63-64 Offb 18,21 **52,3** 32,31 **52,4-11** 39,1-7 **52,11** 32,5 **52,12-16** 39,8-10 **52,17-23** 27,19-22; 1 Kön 7,15-50 **52,24** (Zefanja) 21,1S **52,28** 29,2 **52,29** 32,1

der Befehlshaber der Leibwache, nochmals 745 Männer aus Juda nach Babylonien. Insgesamt waren es 4600 Männer, die in die Verbannung nach Babylonien weggeführt wurden.

Grund für neue Hoffnung?

(2 Kön 25,27-30)

31 Als Ewil-Merodach König von Babylonien* wurde,
begnadigte er noch im selben Jahr König Jojachin
von Juda und holte ihn aus dem Gefängnis. Das
geschah im 37. Jahr der Gefangenschaft Jojachins, am
25. Tag des 12. Monats.
32 Der neue König behandelte Jojachin freundlich
und gab ihm eine Ehrenstellung unter den fremden
Königen, die wie Jojachin nach Babylon gebracht
worden waren. 33 Jojachin durfte seine Gefängnis-
kleidung ablegen und zeitlebens an der königlichen
Tafel speisen. 34 Auf Anordnung des Königs von
Babylonien wurde ihm bis zu seinem Tod täglich
alles geliefert, was er zu seinem Unterhalt brauchte.

52,31-34 22,24-30

KLAGELIEDER

Die in dem kleinen Buch vereinigten Klagelieder stammen aus der Zeit unmittelbar nach der Eroberung und Zerstörung Jerusalems durch die Truppen des Babylonierkönigs Nebukadnezzar im Jahr 587 v. Chr. (nur Kap 1 ist wahrscheinlich schon 597 entstanden). So unmittelbar wie sonst nirgends im ganzen Alten Testament tritt uns hier diese Katastrophe mit all ihren entsetzlichen Auswirkungen vor Augen. Der Dichter dieser Lieder sucht nach dem Sinn in diesem unbegreiflichen Geschehen und findet ihn auf der Linie der prophetischen Botschaft: Nicht der Gott Israels hat versagt, sondern das Volk hat durch eigene Schuld den Untergang herbeigeführt. Doch er vertraut darauf, dass Gott auch wieder Gnade walten lassen wird. Im jüdischen Gottesdienst werden die Klagelieder am Tag der Erinnerung an die Zerstörung des Tempels (im Juli/August) gelesen. Sie gehören in der hebräischen Bibel zusammen mit Rut, Hohelied, Kohelet und Ester zu den fünf Fest-Texten (»Festrollen«) und wurden erst in der griechischen Übersetzung hinter dem Jeremiabuch eingeordnet, weil man sie dem Propheten Jeremia zuschrieb.

Jerusalem, eine einsame Witwe

1 Ach, wie einsam ist die Stadt geworden,
die früher voller Menschen war!
Einst war sie bei allen Völkern geachtet,
jetzt gleicht sie einer schutzlosen Witwe.
Sie, die Herrin über viele Länder,
muss nun als Sklavin Frondienst* leisten.[a]

2 Sie weint und klagt die ganze Nacht,
Tränen laufen ihr über die Wangen.
Von den Liebhabern, die sie einst begehrten,
kommt nicht einer, um sie zu trösten.
Alle Freunde[b] sind ihr untreu geworden
und haben sich gegen sie gewandt.

3 Nach langer Zeit der Not und Bedrängnis
wurden die Leute von Juda weggeführt.
Die Verfolger trieben sie in die Enge
und setzten ihnen grausam zu.
Unter fremden Völkern müssen sie wohnen
und können nirgendwo Ruhe finden.

4 Die Wege zum Zionsberg* liegen verlassen;
sie trauern, weil niemand zum Fest kommt.
Die Tore der Stadt sind trostlose Trümmer,
die Priester des Tempels* seufzen vor Gram,
bedrückt sind die Mädchen, die früher dort sangen,
Jerusalem selbst leidet tödliche Qualen.

5 Die Feinde sind auf dem Gipfel des Glücks;
sie haben endlich erreicht, was sie wollten.
Der HERR hat der Stadt dieses Leid geschickt
als Strafe für ihre vielen Vergehen.
Ihre Kinder hat der Feind geraubt
und als Gefangene vor sich hergetrieben.

6 Die Zionsstadt hat all ihren Glanz verloren:
Ihre Führer sind wie hungernde Hirsche,
die nirgendwo ihre Weide finden
und kraftlos immer weiter fliehen,
weil der Jäger ihnen auf den Fersen bleibt.

7 Die Zionsstadt denkt zurück an die Tage,
als sie in höchste Bedrängnis geriet.
Sie denkt traurig an die verlorenen Schätze,
die sie seit uralter Zeit besaß.

Als ihr Volk in die Hand des Feindes fiel,
gab es weit und breit niemand, der ihr half.
Ihre Gegner schauten schadenfroh zu
und lachten, als sie unterging.

8 Sie hatte schwere Schuld auf sich geladen[c]
und sich selbst zum Gespött gemacht.
Wer sie früher verehrte, verachtet sie nun,
weil er sie nackt und schutzlos liegen sah.
Sie aber seufzt und stöhnt vor Scham
und wendet ihr Gesicht von ihnen ab.

9 Bei ihrem schlimmen Treiben bedachte
sie nicht,
dass sie ihre Unreinheit* nicht verbergen kann.[d]
Entsetzlich tief ist sie gefallen
und niemand ist da, der sie trösten will.

a Wahrscheinlich ist das Lied ein Echo auf die Ereignisse von 597 v. Chr., als ein Großteil der Oberschicht Jerusalems nach Babylonien weggeführt wurde (2 Kön 24,14-16). Nach Vers 4 ist der Tempel noch nicht zerstört. Der *Frondienst* ist Bild für die Tributpflicht (2 Kön 24,13).
b Anspielung auf die Bündnispolitik, vor der die Propheten gewarnt hatten (Jer 30,14; Ez 16,24-34). Nach Ez 19,8 standen 597 v. Chr. auch Israels Nachbarvölker auf der Seite der Babylonier (siehe Vers 17).
c Siehe Vergleichsstellen zu 1,18. Die Propheten hatten ganz konkret auf die Schuld Jerusalems hingewiesen (Jes 1 und 5; Jer 2 und 7; Mi 2-3).
d Wörtlich *am Saum ihres Kleides sichtbar.* So wie das Blut die menstruierende Frau verrät, ist Jerusalems verborgenes Unrecht durch die Bestrafung an den Tag gekommen (zur *Unreinheit* siehe Lev 15,19-24).

1,1 Jer 44,2; Jes 49,21 **1,2** Jer 30,14 **1,7** 2,16; 3,46 **1,8** 1,18 S

Nun schreit sie: »Sieh doch mein Elend, HERR!
Höre doch, wie die Feinde prahlen!«

10 Die Hand des Feindes hat zugegriffen
und alle ihre Schätze geraubt.
Hilflos musste sie es mit ansehen,
wie die Fremden ins Heiligtum eindrangen,
Fremde, denen der HERR doch verboten hatte,
mit seinem Volk dort vor ihn zu treten.[a]

11 Alle Bewohner der Zionsstadt stöhnen,
verzweifelt suchen sie nach Nahrung.
Sie geben ihren Schmuck für ein Stück Brot,
damit sie sich am Leben erhalten.
Laut klagt die Stadt: »HERR, sieh mich doch an!
Sieh doch, wie sehr man mich verachtet!«

12 Allen, die vorübergehen, ruft sie zu:
»Nichts dergleichen möge euch treffen!
Schaut her, wo gibt es solche Qualen,
wie ich sie jetzt erleiden muss?
Der HERR hat sie mir auferlegt
am Tag, an dem sein Zorn mich traf.
13 Von oben her schickte er Feuer auf mich,
das in mir wütete und mich bezwang.
Er spannte sein Netz aus, um mich zu fangen;
ich lief hinein und stürzte zu Boden.
Er hat mich völlig zugrunde gerichtet
und mich für alle Zukunft krank gemacht.
14 Alle meine Sünden hat er genommen;
ein Joch* hat er daraus gemacht,
das hat er mir auf den Nacken gelegt
und ich bin darunter zusammengebrochen.
Er hat mich den Feinden preisgegeben,
vor denen ich nicht standhalten konnte.
15 Meine Krieger, die ich bei mir hatte,
schob er mit einer Handbewegung fort.
Er rief die Feinde gegen mich zusammen,
um meine jungen Männer zu vernichten.
Wie man Trauben in der Kelter* zertritt,
so ließ er das Volk von Juda von ihnen
zertreten.
16 Darum fließen meine Tränen unaufhörlich,
ich weine mir die Augen aus dem Kopf.
Ich habe niemand, um mich zu trösten,
niemand, der mir Erleichterung bringt.
Meine Kinder haben keine Zukunft mehr,
die Übermacht der Feinde war zu groß.«

17 Die Zionsstadt streckt die Hände aus,
doch niemand ist da, der sie tröstet.
Der HERR hat die Nachbarvölker gerufen,
um sein Volk in die Enge zu treiben.
Jerusalem ist für sie eine Stadt,
auf die sie voller Abscheu blicken.

18 »Der HERR ist im Recht, wenn er mich straft;
denn ich habe mich seinem Wort widersetzt.
Ihr Völker alle, hört meine Klage!
Seht, welche Qualen ich erdulden muss:
Meine Mädchen und meine jungen Männer,
sie mussten fort in die Gefangenschaft!
19 Ich rief die Liebhaber, die mich einst begehrten,
doch sie ließen mich alle im Stich.
Meine Priester und die führenden Männer,
elend sind sie umgekommen in der Stadt,
weil sie nirgends etwas zu essen fanden,[b]
um sich am Leben zu erhalten.
20 HERR, sieh doch, wie verzweifelt ich bin,
wie es brennt in meinen Eingeweiden!
Das Herz dreht sich mir im Leibe um!
Wie konnte ich so widerspenstig sein?
Draußen[c] raubte mir das Schwert die Kinder,
drinnen raffte sie die Seuche hin.
21 Meine Feinde haben mich stöhnen gehört:
›Niemand ist da, um mich zu trösten!‹
Sie haben von meinem Unglück gehört
und sich gefreut, dass du mir das angetan hast.
Du hast dein Strafgericht über mich gebracht,
das du mir seit langem angekündigt hattest;
aber auch ihnen soll es ergehen wie mir!
22 Ihre Verbrechen sollen vor dein Gericht kommen;
zieh sie dafür zur Rechenschaft,[d]

Anlass für die Entstehung der »Klagelieder« war die Eroberung und Zerstörung Jerusalems durch die Babylonier (597 und 587 v. Chr.). Dieses Ereignis hat sich dem jüdischen Volk tief eingeprägt. Hier beten Juden an der so genannten Klagemauer in Jerusalem.

a Zu diesem Verbot vgl. Dtn 23,4.
b Während der Belagerung herrschte Hungersnot.
c Wahrscheinlich ist hier von Kämpfen im Süden des Landes die Rede; vgl. Jer 13,19.
d Zum Ruf nach Vergeltung vgl. Ps 137,7-9 und Anmerkung zu Jer 11,20.

1,10 Jer 52,17-23; 51,51 **1,18** 3,42; 5,16; Esra 9,7; Dan 9,4-14 **1,22** Jer 11,20

so wie du es mit mir getan hast
wegen meiner vielen Vergehen!
Ach, mein Stöhnen nimmt kein Ende,
mein Herz ist schon ganz krank davon.«

Gott hat wie ein Feind gehandelt

2 Ach, der Zorn des Herrn liegt auf der Zionsstadt[a]
wie eine schwere, dunkle Wolke.
Jerusalem, die Zierde Israels,
hat er vom Himmel auf die Erde gestürzt.
An seinem Gerichtstag nahm er keine
Rücksicht darauf,
dass Zion der Fußschemel seines Thrones[b] war.
2 Die Dörfer und Felder Israels
hat er schonungslos vernichtet.
Alle befestigten Städte in Juda
hat er zornig niedergerissen.
Dem Königreich und seinen Fürsten
hat er ein schändliches Ende bereitet.
3 In seinem Zorn hat er alles zerschlagen,
wodurch Israel stark und mächtig war.
Im Augenblick, als die Feinde kamen,
zog er die schützende Hand von uns zurück.
Er setzte Israel in Flammen
wie ein Feuer, das nach allen Seiten frisst.
4 Wie ein Feind hielt er den Bogen gespannt,
seine rechte Hand bereit zum Schuss;
so tötete er unsere blühende Jugend,
die ganze Freude unserer Augen.
Er goss seinen Zorn wie einen Feuerstrom
über das Heiligtum der Zionsgemeinde.

5 Der HERR hat uns behandelt wie ein Feind,
er hat Israel ganz vernichtet;
die schönen Paläste hat er zerstört,
die starken Burgen in Trümmer gelegt.
Nur noch seufzen und stöhnen kann
das Volk von Juda.
6 Er zertrat sein eigenes Land,
den blühenden Garten,
seine Stadt, in der er wohnen wollte,
die Stätte, an der wir zu ihm kamen;
sein Volk ließ er Festtag und Sabbat* vergessen.[c]
In seinem schrecklichen, glühenden Zorn
verstieß er den König und die Priester*.
7 Von seinem Altar* wollte er nichts wissen,
sein Heiligtum sah er mit Abscheu.
Die Mauern und Türme der Zionsstadt
übergab er in die Gewalt der Feinde.
In seinem Tempel jubelten die Fremden,
so wie wir es früher taten bei unseren Festen.

8 Es war die erklärte Absicht des HERRN,
die Mauern Jerusalems niederzureißen.
Er wollte sie bis auf den Grund zertrümmern
und hörte nicht auf, bis alles zerstört war.
Wall und Mauer lässt er trauern,
denn beide sind zu Schutt geworden.
9 Die Tore sind in die Erde versunken,
ihre festen Riegel schlug er in Stücke.
König und Fürsten sind in der Fremde,[d]
von den Priestern kommt keine Weisung mehr;
auch die Propheten[e] haben nichts zu sagen,
weil der HERR ihnen keine Botschaft mehr gibt.
10 Die erfahrenen Männer der Zionsstadt
sitzen trauernd am Boden und schweigen;
sie haben sich Erde auf den Kopf gestreut
und den Sack* um die Hüften gelegt.
Die jungen Mädchen von Jerusalem
lassen bekümmert die Köpfe hängen.

11 Von Tränen sind meine Augen ganz blind,
es brennt und tobt in meinen Eingeweiden,
Schmerz und Verzweiflung brechen aus mir heraus;
denn ich sah, wie mein Volk zugrunde ging.
Kinder und Säuglinge sah ich verschmachten,
draußen auf den Straßen der Stadt.
12 Gequält von Hunger und Durst
schrien sie laut nach ihren Müttern.
Wie Verwundete brachen sie zusammen,
draußen auf den Straßen der Stadt,
und in den Armen ihrer Mütter
taten sie den letzten Atemzug.

13 Jerusalem, du geliebte Stadt,
ich weiß nicht, was ich dir sagen soll!
Mit welchem Schicksal soll ich deins vergleichen,
um dich zu trösten, du Jungfrau Zion!
Dein Schaden ist unermesslich wie das Meer!
Kann dich noch jemand heilen?

14 Was deine Propheten dir als Zukunft ankündigten,
waren nur schöne, bunte Träume.[f]
Deine Schuld haben sie nicht aufgedeckt,
sonst hätten sie noch alles zum Guten
wenden können.
Mit ihren leeren Prophetensprüchen
haben sie dich betrogen und verführt.

15 Alle, die an dir vorüberkommen,
klatschen schadenfroh in die Hände.
Sie spotten und schütteln ihre Köpfe
über die Trümmer Jerusalems:
»Ist das die Stadt, die viel gerühmte,
die Krone der Schönheit, die Freude der Welt?«

16 Deine Feinde überschütteten dich mit Hohn,
weit rissen sie ihre Mäuler auf,
sie zischten und zeigten dir drohend die Zähne.

a *Zionsstadt:* wörtlich *Tochter Zion*;* ebenso statt *Jerusalem, Zionsgemeinde, Zionsstadt* in den Versen 4.8.10.13.18.
b Das ist nach 1 Chr 28,2 die Bundeslade, kann sich aber auch auf den ganzen Tempel oder Tempelberg beziehen. In diesem zweiten Lied spiegelt sich deutlich die endgültige Katastrophe von 587 v. Chr., bei der der Tempel nicht nur ausgeraubt (1,10), sondern auch niedergebrannt wurde (Vers 4; vgl. 7) und die Mauern der Stadt niedergerissen wurden (Vers 8).
c Sie konnten nicht mehr gefeiert werden, weil die Stätte der Feier zerstört war.
d Sie wurden ins Hauptquartier Nebukadnezzars nach Ribla in Nordsyrien gebracht (2 Kön 25,6.18-20).
e Dass Jeremia vor seiner Verschleppung nach Ägypten noch eine Weisung für die Überlebenden erhält (Jer 42,7), ändert nichts an der Tatsache, dass Gott jetzt schweigt (Ps 74,9; Ez 7,26; vgl. Am 8,11-12). Bei der Weisung durch Priester ist an die Orakelerteilung gedacht (siehe Sacherklärung »Los«).
f Gegen die Beschwichtigungsversuche falscher Propheten hatte Jeremia ständig zu kämpfen gehabt (siehe Jer 14,13-15 und Vergleichsstellen dazu).

2,1 1 Chr 28,2; Jes 60,13; 66,1; Ez 43,7 **2,4-5** Jes 63,10; Jer 21,5 **2,6** Ps 76,3 S; Hos 2,13 **2,9** Ps 74,9; Ez 7,26 **2,14** Jer 14,13-15 S **2,15** Jer 18,16 S; Ps 48,3; 50,2 **2,16** 1,7 S

»Die haben wir erledigt!«, sagten sie.
»Endlich ist der Tag gekommen,
auf den wir so lange gewartet haben!«

17 Der HERR hat seine Pläne ausgeführt,
er hat seine Drohungen wahr gemacht.
Seit langem hatte er es angekündigt,
nun hat er dich schonungslos zertrümmert.
Er ließ die Macht der Feinde triumphieren,
sie durften sich über dein Unglück freuen.

18 Jerusalem, lass deine Mauern schreien,
sie sollen zum Herrn um Erbarmen rufen!°
Lass deine Tränen fließen wie Bäche,
unaufhörlich, bei Tag und bei Nacht!
Gönne dir keine Ruhepause,
lass deine Augen nicht trocken werden!
19 Steh immer wieder auf in der Nacht
und bring deine Klage vor den Herrn!
Geh und suche seine Nähe,
schütte dein ganzes Herz bei ihm aus!
Streck ihm deine Hände entgegen;
flehe ihn an für deine Kinder,
die vor Hunger zusammenbrechen,
draußen an allen Straßenecken!

20 »Sieh doch, HERR, schau her zu mir!
Bedenke, wem du das alles antust!
Sollten Mütter ihre Kinder essen,[a]
die Kleinen, die sie auf Händen trugen?
Durfte man Priester und Propheten töten,
sogar in deinem Heiligtum?
21 Hingestreckt in den Staub der Gassen
liegen Kinder und alte Leute;
meine Mädchen und jungen Männer
sind dem Schwert zum Opfer gefallen.
Am Tag, an dem dein Zorn mich traf,
hast du sie mitleidslos hingeschlachtet.
22 Alle Schrecken, die mich überfielen,
riefst du wie zu einem Fest zusammen.
An jenem Tag, HERR, als dein Zorn losbrach,
blieb niemand verschont, ist keiner entkommen.
Die Kinder, die ich aufzog und umsorgte –
der Feind hat sie alle ausgelöscht.«

Hoffnung trotz tiefster Not

3 Ich bin der Mann,[b] der viel gelitten hat
unter den zornigen Schlägen des HERRN.
2 Ich bin es, den er vor sich hertrieb,
immer tiefer in die dunkelste Nacht.

a Was offenbar in der entsetzlichen Hungersnot während der Belagerung in Einzelfällen vorgekommen ist; vgl. Jer 19,9 und die Anmerkung dazu.
b Der Dichter des Liedes spricht von seinem eigenen Schicksal, um seinen Leidensgenossen Mut zu machen. Dabei gebraucht er Bilder, die nicht unbedingt wörtlich zu nehmen sind (z. B. das Gefängnis in Vers 7). Wenn man das Kapitel auf Jeremia und sein Schicksal beziehen will, muss man die Verse 4-21 durchgehend in der Vergangenheitsform wiedergeben; vgl. Anmerkung zu Vers 53.

Mit einer Witwe, die in der Katastrophe auf einen Schlag ihre Kinder verloren hat, vergleicht der Dichter der Klagelieder die Stadt Jerusalem. Er fordert sie auf, ihr Herz vor Gott auszuschütten: »Sieh doch, Herr, schau her zu mir!... Die Kinder, die ich aufzog und umsorgte – der Feind hat sie alle ausgelöscht.« (2,20-22)

2,17 Sach 1,6S **2,20** Lev 26,29S

a Deutung unsicher.
b Nach dem ergreifenden Aufruf zum geduldigen Vertrauen (Verse 22-23) geht der Dichter des Liedes auf einen Einwand ein, der sich am erlebten Unrecht entzündet (siehe 5,8).
c Siehe Anmerkung zu 1,8.

3 Immer nur mich traf seine Faust,
Tag für Tag, ohne einzuhalten.

4 Er lässt meine Haut und mein Fleisch zerfallen
und zerbricht mir alle meine Knochen.
5 Von allen Seiten schließt er mich ein,
er umstellt mich mit Bitterkeit und Qual.
6 In Finsternis lässt er mich wohnen
wie die, die schon seit langem tot sind.
7 Er hat mich ummauert und in Ketten gelegt,
aus diesem Gefängnis gibt es keinen Ausweg.

8 Ich kann um Hilfe schreien, so viel ich will –
mein Rufen dringt nicht durch bis an sein Ohr.
9 Er hat mir den Weg mit Steinen versperrt,
sodass ich ständig in die Irre gehe.
10 Wie ein Bär hat er mir aufgelauert,
wie ein Löwe in seinem Hinterhalt.

11 Er hat mich vom Weg heruntergezerrt,[a]
dann hat er mich zusammengeschlagen.
12 Er hat den Bogen auf mich angelegt
und mich als Ziel für seine Pfeile benutzt.
13 Pfeil auf Pfeil hat er abgeschossen
und mir den Rücken damit durchbohrt.
14 Die Leute meines Volkes lachen mich aus,
täglich singen sie ihr Spottlied über mich.

15 Er gab mir die bitterste Kost zu essen
und ließ mich bitteren Wermut trinken.
16 Er hat mich in den Staub gedrückt
und mich gezwungen, Kies zu kauen.
17 Das ruhige Leben hat er mir genommen;
ich weiß nicht mehr, was Glück bedeutet.
18 Ich habe keine Zukunft mehr,
vom HERRN ist nichts mehr zu erhoffen!

19 An all dieses rastlose Elend zu denken
ist Gift für mich und macht mich bitter.
20 Doch immer wieder muss ich daran denken
und bin erfüllt von Verzweiflung
und Schwermut.
21 Ich will mich an etwas anderes erinnern,
damit meine Hoffnung wiederkommt:
22 Von Gottes Güte kommt es,
dass wir noch leben.
Sein Erbarmen ist noch nicht zu Ende,
23 seine Liebe ist jeden Morgen neu
und seine Treue unfassbar groß.
24 Ich sage: Der HERR ist mein Ein und Alles;
darum setze ich meine Hoffnung auf ihn.
25 Der HERR ist gut zu denen, die nach ihm fragen,
zu allen, die seine Nähe suchen.
26 Darum ist es das Beste, zu schweigen
und auf die Hilfe des HERRN zu warten.

27 Für jeden Menschen ist es gut,
wenn er schon früh gelernt hat, Last zu tragen.
28 Wenn der HERR ihm etwas auferlegt,
soll er für sich allein bleiben und schweigen.
29 Er soll seinen Mund auf den Boden pressen –
vielleicht ist doch noch Hoffnung auf Hilfe!
30 Dem, der ihn schlägt, soll er die Backe hinhalten
und alle Schmach und Schande auf sich nehmen.
31 Der Herr verstößt uns nicht für immer.
32 Auch wenn er uns Leiden schickt,
erbarmt er sich doch wieder über uns,
weil seine Liebe so reich und groß ist.
33 Es macht ihm selbst keine Freude,
seinen Kindern Schmerz und Kummer zu bereiten.

34 Alle Gefangenen in unserem Land
wurden getreten und misshandelt;
35 unter den Augen des höchsten Gottes
wurden sie um ihr Recht gebracht;
36 Unschuldige wurden verurteilt –
und das soll der Herr nicht gesehen haben?[b]
37 Wer sonst spricht ein Wort und es geschieht?
Geschieht nicht alles auf seinen Befehl?
38 Wenn Glück oder Unglück über uns kommt,
hat nicht der Höchste es angeordnet?

39 Mit welchem Recht beklagt sich der Mensch
bei Gott?
Gegen seine Sünde soll er Klage erheben!
40 Lasst uns unser Leben überprüfen
und wieder umkehren zu dem HERRN!
41 Lasst uns die Hände zum Himmel strecken
und Herz und Sinn zum HERRN hinwenden!
42 Wir haben gesündigt[c] und dir, HERR, getrotzt
und du hast uns die Schuld noch nicht vergeben.

43 Du hast dich ganz in deinen Zorn gehüllt,
uns schonungslos gejagt und getötet.
44 In einer Wolke hast du dich versteckt,
damit kein Gebet dich erreichen konnte.
45 Wie Dreck hast du uns zusammengekehrt,
wie Abfall mitten unter den Völkern.
46 Alle unsere Feinde spotten über uns,
höhnisch reißen sie ihre Mäuler auf.
47 Schrecken und Entsetzen wurden unser Los,
Zusammenbruch und Untergang.

48 Meine Augen zerfließen in Tränen,
weil mein Volk zugrunde gegangen ist.
49 Wie ein Bach, der nie zur Ruhe kommt,
strömen meine Tränen, ohne zu versiegen,
50 bis der HERR sich vom Himmel herabneigt
und seinen Blick wieder auf uns richtet.
51 Es tut mir weh, wenn ich sehen muss,
wie es den Frauen in der Stadt ergeht.

3,6 Ps 88,12-13 **3,7** Ijob 19,8S **3,8** Ps 22,3 **3,10** Hos 13,7-8 **3,12-13** Ijob 6,4S **3,14** Ijob 30,9; Jer 20,7 **3,15** Jer 8,14S **3,22** Neh 9,31 **3,26** Ps 62,2 **3,30** Jes 50,6; Mt 5,39par **3,31-32** Jer 3,12S **3,37** Ps 33,9 **3,38** Am 3,6S **3,42** 1,18S **3,46** 1,7S **3,48** Jer 8,23S **3,50** Ps 102,20-21

[52] Sie haben mir nachgestellt wie einem Vogel,
obwohl ich niemandem Anlass gab,
mein Feind zu sein.
[53] Sie haben mich lebend in die Grube gestürzt
und einen Stein auf die Öffnung gewälzt.[a]
[54] Das Wasser stieg mir bis an die Kehle,
ich dachte schon, es sei aus mit mir.
[55] Da rief ich zu dir, HERR, um Hilfe;
aus der Tiefe der Grube schrie ich zu dir:
[56] »Verschließ dein Ohr nicht! Hör mein Flehen!«
Und du hast meinen Hilferuf gehört!
[57] Als ich zu dir schrie, bist du gekommen
und hast zu mir gesagt: »Hab keine Angst!«
[58] Du hast mich verteidigt und mir Recht
verschafft;
das Leben hast du mir gerettet.

[59] Du weißt, was sie mir angetan haben.
Stell mein Recht doch völlig wieder her!
[60] Du hast ihren ganzen Hass gesehen
und ihre finsteren Pläne gegen mich.
[61] Du hast gehört, wie sie mich schmähten
und ihre Pläne gegen mich berieten.
[62] Alles, was sie reden und denken,
ist gegen mich gerichtet, Tag für Tag.
[63] Behalte ihr Tun und Lassen fest im Auge!
Noch immer singen sie ihr Spottlied auf mich.
[64] Alles, was sie mir angetan haben,
HERR, zahl es ihnen heim, vergilt es ihnen!
[65] Verblende sie, verwirre ihren Sinn,
schleudere deinen Fluch gegen sie!
[66] Verfolge sie mit deinem ganzen Zorn
und fege sie von der Erde weg!

Jerusalems Belagerung und Fall

4 Ach, wie dunkel ist das Gold geworden,
das reine Gold hat seinen Glanz verloren,
die Edelsteine liegen auf der Straße:
[2] Die wertvollen Söhne der Zionsstadt*,
die man in Gold hätte aufwiegen müssen,
man behandelt sie wie wertlose Krüge,
wie Tongeschirr aus der Töpferwerkstatt![b]
[3] Selbst Schakalmütter folgen ihrem Instinkt
und geben ihren Jungen zu trinken;
doch die Frauen meines Volkes sind grausam,
gleichgültig wie Strauße in der Steppe.[c]
[4] Die Säuglinge leiden so großen Durst,
dass ihnen die Zunge am Gaumen klebt.
Die Kinder betteln um ein Stück Brot,
doch niemand ist da, ihren Hunger zu stillen.
[5] Sie, die früher nur Leckerbissen aßen,
verschmachten jetzt auf den Straßen der Stadt.
Früher legte man sie auf Purpurkissen,
jetzt wälzen sie sich in den Abfallhaufen.

[6] Die Schuld meines Volkes ist übergroß,
größer als die der Bewohner von Sodom,
deren Stadt ganz plötzlich unterging,
ohne dass eine Hand sich bewegte.
[7] Unsere Fürsten glänzten heller als der Schnee,
ihr Gesicht war reiner und weißer als Milch,
ihr Körper gesund und rot wie Korallen,
ihre Adern schimmerten blau wie Saphir.
[8] Jetzt sind sie schwärzer als Ruß geworden,
auf der Straße erkennt sie niemand mehr;
ihre Haut ist faltig und trocken wie Holz
und alle ihre Knochen kann man zählen.

[9] Die im Krieg Erschlagenen hatten es besser
als die anderen, die vor Hunger starben.
Vor Entkräftung brachen sie zusammen,
weil von den Feldern nichts mehr in die Stadt
hereinkam.
[10] Frauen, die sonst voll Zärtlichkeit waren,
kochten ihre eigenen Kinder[d]
und hielten ihre grauenvolle Mahlzeit
mitten im Untergang meines Volkes.

[11] Der HERR entfesselte seinen ganzen Zorn
und er ließ ihm freien Lauf.
Er zündete in der Zionsstadt ein Feuer an,
das alles niederbrannte bis auf den Grund.
[12] Keiner von den Königen der Erde,
kein Mensch in der Welt hätte je geglaubt,
dass eines Tages ein feindliches Heer
durch die Tore Jerusalems einziehen würde.
[13] Das Unheil kam durch die Schuld der Propheten,[e]
durch das Unrecht, das die Priester* begingen:
Sie sprachen das Todesurteil über Menschen,
die Gott gehorchten und schuldlos waren.

[14] Elend mussten sie[f] durch die Straßen irren,
schwankend und mit Blut besudelt;
niemand durfte sie berühren,
weil ihre Gewänder so blutig waren.
[15] »Vorsicht! Er ist unrein*!«, schrie man
ihretwegen.
»Geht ihm aus dem Weg! Berührt ihn nicht!«
So flohen sie und wussten nicht wohin.
Darum sagte man bei den fremden Völkern:
»Für sie ist kein Platz mehr unter uns!«
[16] Der HERR selber hat sie weggetrieben,
weil er sie nicht mehr sehen wollte.
Auf die Priester nahm man keine Rücksicht,
nicht einmal Greise wurden verschont.

[17] Unsere Augen spähten nach Rettung aus –
vergeblich, denn keine Rettung kam.
Wir warteten auf Hilfe von einem Volk,
das uns gar nicht helfen konnte.

a Das könnte, wie in manchen Psalmen (35,7; 69,15-16), bildlicher Ausdruck für die Anfeindung und Todesnot sein. Die Annahme, dass hier Jeremia von seiner Gefangenschaft spricht (Jer 38,6), bereitet im Blick auf den Rachewunsch der Verse 59-66 Schwierigkeiten. Denn die Feinde Jeremias sind mit dem Fall Jerusalems längst von der Strafe ereilt worden.
b Auch in diesem Lied spiegelt sich wie in Kap 2 die Lage in Jerusalem unmittelbar nach der Einnahme durch die Babylonier.
c Siehe die Sacherklärung »Strauß«.
d Vgl. 2,20 und Anmerkung dazu.
e Vgl. 2,14 und Anmerkung dazu.
f Die Deutung der Verse 14 und 15 ist unsicher; es ist unklar, auf wen sich *sie* bezieht. Gemeint sind vielleicht Propheten und Priester, die sich nicht davor schützen konnten, mit dem Blut Erschlagener in Berührung zu kommen, und deshalb wie Aussätzige (Lev 13,45) gemieden wurden, bevor man sie in die Fremde abführte (Vers 16).

3,52 Jer 17,18S **3,53** Jer 38,6 **3,54** Ps 69,2; Jona 2,6 **3,64** 1,21; Ps 137,8; 1Petr 2,23S **4,1** Ps 79,1 **4,6** Gen 18,20S; Ez 16,48 **4,10** Lev 26,29S **4,12** 2Sam 5,6 **4,13** 2,14; Jer 2,8S **4,15** Lev 13,45 **4,16** 2,20; 5,12

a Die Stadt war von den Babyloniern eingeschlossen. In Vers 19 wird die Flucht des Königs Zidkija von einem Beteiligten geschildert (vgl. 2 Kön 25,4-5); die *Steppe* ist demnach das Gebiet zwischen Wüste Juda und Jordan.
b Hier schimmern Würdetitel der Könige von Juda durch, die eigentlich nur Gott zustehen (vgl. 1 Sam 8,19-20). Zum Ende des Verses siehe 2 Kön 25,6-7).
c Zum Verhalten der Edomiter beim Fall Jerusalems siehe Ps 137,7 und das Buch Obadja (Seite 956); zum Zornbecher vgl. Jer 49,12. (Zu *Uz* siehe Sacherklärung.)
d Babylonische Besatzung. Wasser und Brennholz sind nicht mehr frei, sondern müssen bezahlt werden – an den Feind (Verse 4-5).
e Die eigenmächtige Bündnispolitik der Vergangenheit (siehe Vergleichsstellen) hat zum Untergang geführt.
f Die untergeordneten Beamten und Söldner der Babylonier.
g Dies waren Arbeiten für Sklaven und Frauen, die für einen Mann als entwürdigend galten.
h Man empfindet sich mitverantwortlich für die Schuld der Väter (vgl. Vers 7 und Anmerkung zu 1,8).
i Der Tempel liegt in Trümmern, wie es die Propheten vorausgesagt haben (Mi 3,12; Jer 7,14; 26,6).
j Das Volk hat sich so weit von Gott entfernt, dass die Umkehr von diesem selbst herbeigeführt werden muss; vgl. auch Jes 6,9-10 und Anmerkung dazu.

18 Die Feinde bewachten uns auf Schritt und Tritt,
wir konnten uns nicht mehr nach draußen wagen.[a]
Das Ende nahte, unsere Zeit war um –
ja, unser Ende war gekommen!
19 Die Verfolger jagten hinter uns her,
sie waren schneller als die Adler.
Auf den Bergen jagten sie uns nach,
in der Steppe lauerten sie uns auf.
20 Wir hatten gedacht, im Schutz unseres Königs
könnten wir unter den Völkern leben.
Doch er, von dem unser Leben abhing,[b]
der Erwählte des HERRN, ist nun gefangen.

21 Freut euch darüber, solange ihr könnt,
ihr Bewohner von Edom* und von Uz![c]
Auch ihr müsst den Becher des Zornes trinken,
ihr werdet taumeln und euch entblößen!
22 Dann ist deine Strafe vorbei, du Zionsstadt*;
noch einmal wird der HERR dich nicht wegführen.
Aber Edom zieht er dann zur Rechenschaft
und bestraft es für alle seine Verbrechen.

Bring uns wieder zu dir zurück!

5 HERR, vergiss nicht, was uns zugestoßen ist!
Sieh doch, wie sie uns schmähen
und beschimpfen!
2 Das Land, das du uns gabst, ist in fremder Hand,
Ausländer[d] wohnen in unseren Häusern.
3 Unsere Väter sind im Krieg gefallen
und unsere Mütter sind Witwen geworden.
4 Unser Wasser bekommen wir nur für Geld,
auch Brennholz müssen wir teuer bezahlen.
5 Der Feind sitzt uns ständig im Nacken;
wir sind erschöpft, doch wir dürfen nicht rasten.

6 Nach Ägypten streckten wir die Hand
zum Bündnis,
nach Assyrien, um uns satt zu essen.[e]
7 Unsere Väter sündigten – sie leben nicht mehr;
wir aber müssen nun die Folgen tragen.
8 Sklaven[f] sind Herren über uns geworden
und niemand befreit uns aus ihrer Gewalt.
9 Die Ernte zu holen ist lebensgefährlich,
weil Räuberbanden in der Steppe lauern.
10 Der Hunger quält uns und lässt uns fiebern,
unsere Körper glühen wie ein Ofen.
11 In Jerusalem und den Städten Judas
haben sie Frauen und Mädchen geschändet.
12 Führende Männer hat man aufgehängt
und den Alten keine Achtung erwiesen.
13 Junge Männer müssen die Handmühle* drehen
und Knaben schwere Holzlasten schleppen.[g]
14 Die Alten beraten nicht mehr im Stadttor,
die Jungen spielen nicht mehr auf der Laute.
15 Von Lebensfreude ist nichts mehr zu spüren,
statt froher Tänze gibt es nur noch Trauer.

16 Mit unserem Glanz ist es aus und vorbei:
Unsere Schuld[h] hat uns ins Unglück gestürzt!
17 Unsere Herzen sind schwach und krank geworden
und unsere Augen von Tränen trüb;
18 denn der Zionsberg* ist ein Trümmerfeld,[i]
ein Ort, an dem die Schakale hausen.

19 Du aber, HERR, bleibst König für immer,
dein Thron steht für alle Zeiten fest!
20 Willst du uns wirklich für immer vergessen
und fern von uns bleiben, solange wir leben?
21 HERR, bring uns wieder zurück zu dir,
damit wir uns wieder zu dir hinkehren![j]
Lass es uns ergehen wie in früheren Zeiten
und gib uns neues Leben!
22 Oder hast du uns ganz verstoßen?
Soll dein Zorn nie ein Ende nehmen?

4,19 2 Kön 25,4-5 **4,20** 2 Kön 25,6-7 **4,21** Jer 25,15; 49,12 **4,22** Jes 40,2; Ez 35,14-15 **5,6** Jes 30,2; Jer 2,18 S; 37,3-8; 2 Kön 16,7; Hos 7,11 S **5,7** Ex 20,5; Jer 31,29 **5,12** 2 Kön 25,19-21 **5,16** 1,18 S **5,18** Mi 3,12; Jer 7,14; 26,6 **5,19** Ps 102,13-15; 146,10 **5,21** Jer 31,18-19

Verbannung und Rückkehr

722 v. Chr. wurde Samaria von den Assyrern erobert. Die Bevölkerung des Nordreichs Israel wurde in die Verbannung weggeführt und ist nie wieder zurückgekehrt.

Die Warnungen der Propheten

Juda mit seiner Hauptstadt Jerusalem überlebte die assyrische Bedrohung. Das Volk fühlte sich sicher; niemals würde Gott seine Heilige Stadt in die Hand der Feinde fallen lassen. So weigerte sich das Volk, die Warnungen der Propheten ernst zu nehmen.

Eine neue Bedrohung

Die Babylonier besiegten die Assyrer und nahmen 612 v. Chr. deren Hauptstadt Ninive ein. Als die Ägypter den Assyrern zu Hilfe kommen wollten, wurden sie bei Karkemisch geschlagen. 604 v. Chr. wurden Syrien und die südlich angrenzenden Gebiete von den Babyloniern erobert. So stellten die Babylonier eine neue große Gefahr für Juda dar. Juda musste Tribut zahlen und Nebukadnezzar nahm Geiseln mit nach Babylon.
Dessen ungeachtet lehnte sich König Jojakim gegen die Babylonier auf. Er starb, bevor diese vor Jerusalem erschienen. Die Stadt wurde 597 v. Chr. von den Babyloniern besetzt; den neuen König, Jojachin, und viele vornehme Bürger des Landes nahm man als Gefangene mit nach Babylon.

Die Zerstörung Jerusalems

Zehn Jahre später, 588 v. Chr., stand das babylonische Heer erneut vor Jerusalem. König Zidkija von Juda hatte sich gegen die babylonische Oberherrschaft aufgelehnt. Diesmal wurde Jerusalem dem Erdboden gleichgemacht. Der Tempel, aller Schätze beraubt, blieb als ausgebrannte Ruine zurück. Viele der Einwohner fanden den Tod, andere wurden nach Babylonien weggeführt. Zu spät erkannte man, dass die Propheten die Wahrheit gesagt hatten.
Doch nachdem die Katastrophe hereingebrochen war, hatten die Propheten eine Botschaft der Hoffnung auszurichten: Gott hatte sein Volk für seine Vergehen gestraft, aber er liebte es immer noch. Die Verbannung sollte nicht das Ende sein: Das Volk sollte einmal zurückkehren dürfen.

Leben in Babylonien

Nach den Schrecken des Krieges, der Zerstörung ihrer Häuser und den Leiden eines über 1200 km langen Fußmarsches fanden viele der Verbannten das Leben in Babylonien ganz erträglich. Die Menschen aus Juda wurden in verschiedenen Städten und Dörfern und auch in der Hauptstadt Babylon selbst angesiedelt. Offenbar durften sie nach ihren eigenen Sitten und Gebräuchen leben und auch ihre eigene

Assyrische Soldaten schleppen Beute aus einer eroberten elamitischen Stadt.

Religion ausüben. Viele der Verbannten fingen an, sich in Babylonien so wohl zu fühlen, dass sie gar nicht mehr den Wunsch hatten, nach Juda zurückzukehren, selbst wenn sich eines Tages die Gelegenheit dazu böte.

Erlaubnis zur Rückkehr

Als der Perserkönig Kyrus 539 v. Chr. die Stadt Babylon eingenommen hatte, war es mit der babylonischen Herrschaft vorbei. Der neue Herrscher beschritt in der Politik neue Wege; zwangsweise umgesiedelte Volksgruppen durften in ihre Heimat zurückkehren.
538 gab Kyrus einen Erlass heraus, der es den Juden gestattete, nach Jerusalem heimzukehren und den Tempel wieder aufzubauen. Der König gab auch die Schätze heraus, die Nebukadnezzar aus dem Tempel geraubt hatte.

Gottes Volk

Nicht alle Juden hatten den Wunsch, nach Hause zurückzukehren. Doch die, die auf die Botschaft der Propheten gehört und den Verheißungen Gottes geglaubt hatten, fanden sich bereit, die lange Reise anzutreten, 50 oder 60 Jahre hatten sie ohne Tempel und Tempelgottesdienst leben müssen. Doch hatten sie dafür die Gewohnheit ausgebildet, in Gruppen zusammenzukommen, um Gottes Gesetz zu studieren. So haben wahrscheinlich die Synagogenversammlungen in der Zeit der Verbannung ihren Anfang genommen. Man stellte auch Regeln auf, die dem Volk helfen sollten, sich unter den Bedingungen der Fremde an Gottes Gebote zu halten.

Ein neuer Anfang

Ihre erste Aufgabe sahen die Heimkehrer darin, den Tempel wieder aufzubauen. Doch die Schwierigkeiten waren groß. Man musste ja auch die eigenen Häuser wieder aufbauen, und man war verhasst bei den Fremden, die sich inzwischen im Land angesiedelt hatten. Für 15 Jahre kam die Aufbauarbeit am Tempel zum Erliegen – bis die Propheten Haggai und Sacharja das Volk aufrüttelten, das Werk zu vollenden.
Unter dem Perserkönig Artaxerxes I. kamen zwei wichtige Männer nach Jerusalem. Esra, der königliche Beauftragte für das jüdische Gesetz, brachte eine zweite Gruppe von Heimkehrern mit. Seine Liebe zum Gesetz führte zu einer allgemein religiösen Erneuerung. Nehemia kam vom persischen Hof mit der königlichen Erlaubnis, den Wiederaufbau der Stadtmauern von Jerusalem in Gang zu bringen und aus Jerusalem wieder eine richtige Stadt zu machen. So wurde es den Heimkehrern möglich, sich erneut als Volk zu behaupten.

Im Gefangenenlager. Diese Szene von einem assyrischen Palastrelief aus Ninive (7. Jahrhundert v. Chr.) deutet an, wie das Leben in Babylonien für manche Leute aus Juda ausgesehen haben mag.

Gott versprach, sein Volk wieder in sein Land zurückzuführen. Von Nordgaliläa eröffnete sich den Heimkehrern ein erster Blick auf ihre Heimat.

Alt und Jung mussten die Heimat verlassen. Man konnte nur das Allernötigste mitnehmen. (Mauerrelief aus Ninive)

Unten: Eine jüdische Familie verlässt mit ihrer beweglichen Habe die Stadt Lachisch und geht in die Verbannung.

EZECHIËL

In dem Jahrzehnt zwischen 597 und 587 v. Chr. entschied sich das Schicksal Judas und Jerusalems. Seit 604 v. Chr. verfolgte der junge und dynamische Babylonierkönig Nebukadnezzar das Ziel, den syrisch-palästinischen Raum seiner Herrschaft zu unterwerfen. Als die Könige Judas sich mithilfe Ägyptens dem babylonischen Einfluss zu entziehen versuchten, erschien Nebukadnezzar 597 v. Chr. mit einem Heer vor Jerusalem und zwang die Stadt zur Übergabe. Er ließ König Jojachin zusammen mit einem Großteil der Oberschicht Jerusalems nach Babylonien in die Verbannung führen und setzte Jojachins Onkel Zidkija als babylonischen Vasallenkönig in Jerusalem ein (2 Könige 24,1-17).

Unter den Weggeführten befand sich auch der Priester Ezechiël. In Babylonien wurde er 593 v. Chr. zum Propheten berufen (Kapitel 1–3). Er wirkte ausschließlich unter den dortigen Verbannten, auch wenn ihm das Schicksal Jerusalems so deutlich vor Augen stand, als erlebte er es an Ort und Stelle mit. In seinem Auftreten lassen sich zwei Perioden unterscheiden:

In der Zeit von 593 bis 587 v. Chr., also bis zur endgültigen Eroberung und Zerstörung Jerusalems, verkündet er die Unabwendbarkeit des göttlichen Strafgerichts über die schuldbeladene Stadt. Er wendet sich damit gegen die trügerischen Hoffnungen der Verbannten, die sich einreden, dass Gott Jerusalem nicht preisgeben könne, und die deshalb mit ihrer baldigen Heimkehr rechnen (Kapitel 1–24).

Nach der Eroberung Jerusalems und der Zerstörung von Stadt und Tempel wandelt sich die Aufgabe des Propheten. Er ist nun gesandt, die Verzweifelten aufzurichten und zu trösten, sie auf ein neues Eingreifen Gottes vorzubereiten und das Fundament für den Wiederaufbau zu legen (Kapitel 33–48). Die künftige Schicksalswende schildert er unter dem großartigen Bild der Totenauferweckung (37,1-14).

Ezechiëls Botschaft ist geprägt von der Erfahrung der Erhabenheit und völligen Handlungsfreiheit Gottes. Gott steht dem Menschen als der ganz Andere, Heilige in undurchdringlichem Geheimnis gegenüber. Nicht aus Mitleid und Erbarmen, sondern um seiner eigenen Ehre und Herrlichkeit willen nimmt er sich seines Volkes an (36,22).

In den letzten Kapiteln des Buches entwirft Ezechiël ein Bild des neuen Israels, das ganz von priesterlichen Vorstellungen geprägt ist (Kapitel 40–48). Er versteht dieses Israel als heilige Gemeinde, abgesondert von den übrigen Völkern und um den Tempel als Mittelpunkt geschart. Viele Einzelzüge dieser großen Vision sind in das Bild des »neuen Jerusalems« eingegangen, das der Seher Johannes im letzten Buch der Bibel schaut (Offenbarung 21–22).

Inhaltsübersicht

EZECHIËLS BERUFUNG ZUM PROPHETEN (Kapitel 1–3)

Ezechiël schaut Gottes Herrlichkeit

1 1-3 Im dreißigsten Jahr, am 5. Tag des 4. Monats,
das ist im fünften Jahr, nachdem man König Joja-
chin in die Verbannung* geführt hatte,[a] erging das
Wort des HERRN zum ersten Mal an Ezechiël, den
Sohn des Priesters* Busi.[b] Dies geschah in Babylo-
nien* am Fluss Kebar*. Damals legte der HERR seine
Hand auf Ezechiël und nahm ihn in seinen Dienst.
Ezechiël berichtet:
Ich lebte unter den Verbannten aus Juda am Fluss
Kebar. An jenem Tag öffnete sich der Himmel und
ich hatte eine Vision.
4 Ich sah, wie der Sturm eine mächtige Wolke von
Norden herantrieb; sie war von einem hellen Schein
umgeben und Blitze zuckten aus ihr. Die Wolke
brach auf und aus ihrem Inneren leuchtete ein helles
Licht wie der Glanz von gleißendem Gold.
5 In dem Licht sah ich vier Gestalten, die wie Men-
schen aussahen, 6-12 doch hatte jede von ihnen vier

a Die zweite Zeitangabe führt in den Sommer 593 v. Chr.; das *30. Jahr* ist nicht zu deuten. Zu Jojachin vgl. 2 Kön 24,8-17.
b Oder *an den Sohn Busis, den Priester.*

1,1-3 2 Kön 24,10-16 **1,4** Ijob 38,1 S

Flügel. Sie hatten Menschenbeine mit Hufen wie
Stiere und ihr ganzer Körper funkelte wie blankes
Metall. Unter den Flügeln sah ich vier Menschen-
arme, je einen Arm unter einem Flügel. Mit zwei
von ihren Flügeln bedeckten sie ihren Leib, die bei-
den anderen hatten sie ausgespannt und mit den
Enden der ausgespannten Flügel berührten sie sich
gegenseitig.[a]

Jede der geflügelten Gestalten hatte vier Gesich-
ter: vorne das Gesicht eines Menschen, rechts das
Gesicht eines Löwen, links das Gesicht eines Stiers
und hinten das Gesicht eines Adlers. Sie konnten
sich in alle vier Richtungen bewegen, ohne sich
umzuwenden. Sie gingen, wohin der Geist* Gottes
sie trieb.

13 Zwischen den[b] geflügelten Gestalten war etwas,
das wie ein Kohlenfeuer aussah, und etwas wie Fa-
ckeln zuckte zwischen den Gestalten hin und her.
Das Feuer leuchtete hell und aus dem Feuer kamen
Blitze. 14 Die Gestalten liefen hin und her, dass es aus-
sah wie Blitze.[c]

15 Als ich genauer hinsah, erblickte ich neben jeder
der vier Gestalten ein Rad, das den Boden berührte.
16 Alle Räder waren gleich groß und funkelten wie
Edelsteine. In jedes Rad war ein zweites Rad im rech-
ten Winkel eingefügt, 17 sodass es nach allen vier
Richtungen laufen konnte, ohne vorher gedreht zu

Ezechiël hatte bei seiner Berufung zum Propheten eine Vision, die ihm Gottes Macht und Größe vor Augen führte. Er sah einen Sturm kommen und inmitten einer glänzenden Wolke vier geflügelte Wesen, die so etwas wie einen Thron trugen, auf dem eine lichte Gestalt zu erkennen war. »So zeigte sich mir der HERR in seiner strahlenden Herrlichkeit« (1,28).

werden. 18 Die Räder waren riesengroß und ihre Fel-
gen waren ringsum mit funkelnden Augen bedeckt –
ein Furcht erregender Anblick.

19 Wenn sich die geflügelten Gestalten fortbeweg-
ten, dann bewegten sich auch die Räder mit ihnen,
und wenn sich die Gestalten von der Erde erhoben,
hoben sich auch die Räder von der Erde. 20–21 *Ein*
Geist und *ein* Wille beherrschte alle vier. Wohin
sie auch gingen, die Räder gingen mit, denn sie wur-
den von den Gestalten gelenkt. Ganz gleich, ob die
geflügelten Gestalten sich bewegten oder stillstan-
den oder sich von der Erde erhoben – die Räder taten
dasselbe.

22 Über den Köpfen der vier Gestalten sah ich
etwas wie eine feste Platte, von der ein Schrecken
erregender Glanz ausging wie von einem Kristall.
Sie ruhte auf den Köpfen der Gestalten. 23 Unter
der Platte hielten die Gestalten je zwei ihrer Flügel
ausgespannt, mit deren Enden sie sich gegenseitig
berührten; mit den beiden anderen Flügeln bedeck-
ten sie ihren Leib.

24–25 Ich hörte das Rauschen der Flügel: Es dröhnte
wie die Brandung des Meeres, wie ein Heerlager,
wie die Donnerstimme des allmächtigen Gottes.
Wenn sie stillstanden und ihre Flügel sinken ließen,
hörte es nicht auf zu dröhnen, denn auch über der
Platte rauschte es laut.

26 Auf der Platte aber stand etwas, das aussah wie
ein Thron aus blauem Edelstein,[d] und darauf war
eine Gestalt zu erkennen, die einem Menschen
glich. 27 Oberhalb der Stelle, wo beim Menschen
die Hüften sind, sah ich etwas, das wie helles Gold
aussah, umgeben von Feuerflammen, und unterhalb
etwas wie loderndes Feuer. Die ganze Gestalt war
von einem Lichtkranz umgeben, 28a der wie ein
Regenbogen aussah, der nach dem Regen in den
Wolken erscheint.

So zeigte sich mir der HERR in seiner strahlenden
Herrlichkeit*.

Ezechiël wird zum Propheten berufen

28b Als ich diese Erscheinung sah, stürzte ich zu
2 Boden.[e] Darauf hörte ich jemand reden, 1 der
sagte zu mir: »Du Mensch, steh auf! Ich habe
dir etwas zu sagen.«

2 Da kam Geist in mich[f] und stellte mich auf die
Füße. Dann hörte ich ihn zu mir sagen: 3 »Du
Mensch, ich sende dich zu den Leuten von Israel.
Sie sind ein widerspenstiges Volk, das sich gegen
mich auflehnt. So haben es schon ihre Vorfahren
getan[g] und sie selbst sind nicht besser. Auch zu
den anderen Völkern[h] sende ich dich, 4 aber vor
allem zu diesem frechen und trotzigen Volk. Du
sollst zu ihnen sagen: ›So spricht der HERR, der mäch-
tige Gott …‹ 5 Auch wenn sie widerspenstig bleiben

a Die Gestalten bilden demnach miteinander ein Viereck. Ihre Aufgabe ist es, den Thron Gottes zu tragen (Verse 22 und 26). Sie begegnen in ähnlicher Form wieder in Offb 4,6-8.
b *Zwischen den:* mit G und der Parallele in 10,2.6-7; H *Das Aussehen der.*
c Die Aussage dieses Verses ist rätselhaft und schwer in das übrige Bild einzuordnen.
d Die Farbe erinnert an das Himmelsgewölbe (in Jes 66,1 der »Thron Gottes«; vgl. Ex 24,10). Zum Regenbogen in Vers 28a siehe Offb 4,2-3.
e Vgl. Jes 6,5 und Dan 8,17-18; Apg 9,4.
f Ob der Geist* Gottes oder der menschliche Lebensgeist gemeint ist oder beides miteinander, ist nicht zu entscheiden.
g Damit wird eine Bilanz der gesamten Geschichte Israels gezogen, von der Wüstengeneration an (siehe Ex 14,11-12 und Vergleichsstellen) bis in die jüngste Vergangenheit (Jes 1; Jer 2).
h Siehe Kap 25–32.

1,26 Ex 24,10; Offb 4,2-3 **1,28b** 3,23; Dan 8,17S; Apg 9,4 **2,2** 3,24 **2,3-5** 3,7.9.26-27; 12,2-3; 17,12; 20,8; 44,6 **2,5** 33,33

und nicht auf dich hören – sie sollen wenigstens wis-
sen, dass es einen Propheten* bei ihnen gibt.
6 Du Mensch, hab keine Angst vor ihnen und
ihren Spottreden! Du wirst unter ihnen leben wie
unter Skorpionen, wie mitten im Dorngestrüpp.
Aber du brauchst dich nicht vor ihnen zu fürchten.
7 Sag ihnen die Worte, die ich dir auftrage, ganz
gleich, ob sie auf dich hören oder nicht. Du weißt
ja, sie sind ein widerspenstiges Volk.
8 Du selbst aber, du Mensch, höre, was ich dir zu
sagen habe: Sei nicht trotzig wie dieses widerspens-
tige Volk! Mach deinen Mund auf und iss, was ich
dir gebe!«
9 Ich schaute auf und sah vor mir eine ausge-
streckte Hand, die eine Buchrolle* hielt. 10 Als die
Rolle geöffnet wurde, sah ich, dass sie auf beiden
Seiten[a] mit Klagen, Seufzern und Verzweiflungs-
schreien voll geschrieben war.

3 Er sagte zu mir: »Du Mensch, nimm diese Buch-
rolle und iss sie auf! Dann geh und sprich zu den
Leuten von Israel!«
2 Ich öffnete den Mund und er gab mir die Rolle zu
essen. 3 Er sagte: »Du Mensch, verspeise diese Buch-
rolle, die ich dir gebe! Fülle deinen Magen damit!«
Da aß ich die Rolle; in meinem Mund war sie süß
wie Honig.
4 Weiter sagte er zu mir: »Du Mensch, geh nun zu
den Leuten von Israel und verkünde ihnen die Wor-
te, die ich dir sage. 5 Ich sende dich nicht zu einem
fremden[a] Volk mit einer unverständlichen Sprache,
sondern zu deinem eigenen, dem Volk Israel.
6 Wenn ich dich zu fremden Völkern schicken wür-
de, deren Sprache du nicht verstehst – sie würden
auf dich hören. 7 Aber die Leute von Israel werden
nicht auf dich hören, denn sie wollen nicht auf *mich*
hören!
Sie alle haben eine eiserne Stirn und ein steiner-
nes Herz. 8 Aber ich mache dich ebenso hart wie
sie! Ich mache deine Stirn so eisern wie die ihre,
9 noch härter als Feuerstein, so hart wie Diamant.
Sie sind ein widerspenstiges Volk, aber erschrick
nicht vor ihnen, lass dir von ihnen keine Angst ein-
jagen!«
10 Weiter sagte er zu mir: »Du Mensch, hör gut zu
und merke dir alle Worte, die ich dir sage. 11 Dann
geh zu den Verbannten aus deinem Volk und sag
zu ihnen: ›So spricht der HERR, der mächtige Gott …‹
Kümmere dich nicht darum, ob sie darauf hören oder
sich abwenden.«
12 Dann nahm der Geist* des HERRN mich weg.
Hinter mir hörte ich den donnernden Ruf: »Geprie-
sen sei die Herrlichkeit* des HERRN in ihrer himm-
lischen Wohnung!« 13 Der Ruf war begleitet von
einem mächtigen Getöse: dem Rauschen der ausge-
spannten Flügel der vier Gestalten und dem Dröh-
nen der rollenden Räder. 14 Der Geist führte mich
weg und ich ging meinen Weg verstört und sehr
erregt; die Hand des HERRN lag schwer auf mir.
15 So kam ich zurück zu den Verbannten, die in Tel
Abib am Fluss Kebar lebten. Sieben Tage lang saß ich
dort starr und regungslos.

Der Prophet hat Israel zu warnen

(33,1-9)

16 Als die sieben Tage vergangen waren, erging das
Wort des HERRN an mich, er sagte: 17 »Du Mensch,
ich bestelle dich zum Wächter, der die Leute von
Israel vor drohender Gefahr zu warnen hat. Wenn
du eine Botschaft von mir vernimmst, musst du sie
ihnen weitersagen, damit sie wissen, was auf sie
zukommt.
18 Wenn ich dir ankündige, dass ein bestimmter
Mensch[b] wegen seiner schlimmen Taten sterben
muss, dann bist du dafür verantwortlich, dass er es
erfährt und die Gelegenheit bekommt, sich zu bes-
sern und sein Leben zu retten. Warnst du ihn nicht,
so wird er zwar sterben, wie er es verdient; aber dich
ziehe ich dafür zur Rechenschaft wie für einen
Mord. 19 Warnst du ihn und er hört nicht darauf, so
wird er ebenfalls sterben, du aber hast dein eigenes
Leben gerettet.
20 Auch wenn ein Mensch, der bisher stets das
Rechte getan hat, von mir auf die Probe gestellt wird,
den rechten Weg verlässt und Unrecht zu tun
beginnt, muss er sterben. Alles Gute, was er vorher
getan hat, zählt dann nicht mehr. Hast du ihn nicht
gewarnt, so werde ich dich für seinen Tod zur
Rechenschaft ziehen wie für einen Mord. 21 Hast
du ihn aber gewarnt und er hat es sich zu Herzen
genommen, so lasse ich ihn leben und auch du hast
dein Leben gerettet.«

Ezechiël soll die Belagerung Jerusalems ankündigen

22 Ich spürte, wie der HERR seine Hand auf mich legte.
Er befahl mir: »Steh auf und geh hinaus in die Ebene!
Dort will ich dir etwas sagen.«
23 Ich stand auf und ging. Als ich in die Ebene kam,
sah ich dort die Herrlichkeit* des HERRN. Sie sah
genauso aus, wie sie sich mir das erste Mal am Fluss
Kebar gezeigt hatte.
Ich stürzte zu Boden, 24 aber dann kam Geist in
mich[c] und stellte mich auf die Füße.
Dann sprach der HERR zu mir und sagte: »Du
Mensch, geh in dein Haus und schließ dich ein![d]
25 Dort wirst du wie mit Stricken gefesselt, sodass
du nicht mehr aus dem Haus gehen kannst. 26 Ich
lasse dir die Zunge am Gaumen kleben und mache
dich stumm. Du sollst die Leute von Israel nicht

a Das ist ungewöhnlich und deutet auf die bedrängende Fülle der göttlichen Botschaft, die Ezechiël verkünden soll. Obwohl er das Gericht anzusagen hat, schmeckt ihm die Rolle »süß« (3,2-3), weil sie Gottes Wort enthält (siehe Jer 15,16; Ps 119,103; vgl. auch Offb 10,8-10; 5,1).
b Anders als bei den früheren Propheten richtet sich Ezechiëls Auftrag nicht an das Volk als Ganzes, sondern an die Einzelnen in diesem Volk; vgl. Kap 18.
c Siehe Anmerkung zu 2,2.
d Vielleicht eine zeichenhafte Handlung, die auf die Belagerung Jerusalems vorausweist (vgl. Kap 4). Vers 25 könnte auf eine Verfolgung des Propheten deuten (vgl. Jer 20,2; 29,26); jedenfalls liegt ein anderer Sinn vor als in 4,8.

2,6 Jer 1,8.17 **2,7** 3,11.27 **3,1-3** Offb 10,9-10; Jer 15,16; Ps 119,103 **3,7** 2,3-5 S **3,8-9** Jes 50,7; Jer 1,18; 15,20 **3,17** 2 Kön 9,17; Hebr 13,17 **3,18** Gen 9,5 **3,20** 18,24 **3,22** 1,1-3; 3,14; 8,1; 33,22; 37,1; 40,1 **3,23** 1,1-28 **3,24a** 2,2 **3,26-27** 2,3-5 S; 7,3-4 S

mehr zurechtweisen können, dieses widerspenstige
Volk.
27 Sobald[a] ich aber mit dir rede, werde ich deine
Zunge lösen, damit du zu ihnen sagen kannst: ›So
spricht der HERR...‹ Wer es hören will, soll es hören;
wer es nicht hören will, muss die Folgen tragen. Sie
sind ein widerspenstiges Volk!«

DAS GERICHT GOTTES ÜBER JERUSALEM (Kapitel 4–24)

Jerusalem wird belagert werden

4 Weiter sagte der HERR: »Du Mensch! Nimm eine
Tontafel, lege sie vor dich hin und ritze den
Grundriss der Stadt Jerusalem darauf ein. 2 Dann
fang an, die Stadt zu belagern: Schütte einen Wall
auf, treibe Angriffsrampen gegen die Mauern vor,
lege befestigte Truppenlager an und setze von allen
Seiten her Rammböcke* an die Mauern.
3 Nimm eine Herdplatte[b] und stelle sie als eiserne
Mauer der Stadt gegenüber auf. Blicke die Stadt
feindlich an und belagere sie! So sollst du den Leuten
von Israel deutlich machen, was bevorsteht.«
4-5 Dann sagte der HERR: »Leg dich auf die linke
Seite und nimm die Schuld des Reiches Israel auf
dich! 390 Tage musst du so am Boden liegen, denn
so viele Jahre hat Israel Schuld auf sich geladen.
6 Dann lege dich 40 Tage lang auf die rechte Seite,
damit ich dir die Schuld des Reiches Juda auflade,
für jedes Jahr einen Tag.[c]
7 Lass dabei das belagerte Jerusalem nicht aus den
Augen! Drohe der Stadt mit der Faust und kündige
ihr in meinem Namen den Untergang an. 8 Ich fes-
sele dich mit Stricken, sodass du dich nicht von einer
Seite auf die andere wälzen kannst, bis du diese
schweren Tage überstanden hast.«

Die Not in der belagerten Stadt

9 Weiter sagte der HERR: »Nimm Weizen, Gerste,
Bohnen, Linsen, Hirse und Dinkel, mische alles
zusammen und backe daraus Brot! Das ist deine
Speise für die 390 Tage, in denen du auf der linken
Seite liegst. 10-11 Deine Tagesration beträgt 230
Gramm Brot und drei Becher Wasser.[d] Teile sie dir
ein und iss und trink zu festgesetzten Zeiten.«[e]

a Im Gegensatz zu 33,22 muss es sich hier um einen wiederholten Wechsel von Verstummenmüssen und Redenkönnen handeln.
b Die Eisenplatte ist Bild für die ›eiserne‹ Härte, mit der Gott gegen Jerusalem vorgeht (Jer 1,18-19).
c Die 390 Jahre führen in die Regierungszeit Davids bzw. Salomos. Demnach wäre an die Schuld Gesamtisraels, nicht des *Reiches Israel** (= Nordreiches) allein gedacht, und entsprechend wären die 40 Jahre für das Südreich Juda nicht als Zeit der Schuld, sondern der bevorstehenden Strafe zu verstehen; vgl. 29,11-13. Die Summe von 430 Jahren entspricht der Zeit, die Israel vor seiner Befreiung in Ägypten zugebracht hat (Ex 12,40-41).
d Hebräische Maßangaben: *20 Schekel** und *1/6 Hin**.
e Zur Deutung siehe Verse 16-17. Das Mischen will wohl sagen: Man wird die letzten Reste zusammenkratzen.

Der Prophet soll in seinem Haus bestimmte Handlungen ausführen, die auf das Schicksal Jerusalems vorausweisen: Er hantiert mit der Herdplatte (4,3) und backt Brot (4,12). Im Bild ein in Israel ausgegrabener Herd aus gebranntem Ton. Solche »Zeichenhandlungen« (vgl. die Sacherklärung) sind mehr als eine bloße Veranschaulichung der prophetischen Botschaft; sie führen die Unwiderruflichkeit des angedrohten Gerichts vor Augen.

4,1–5,4 (Zeichenhandlungen) 12,1-20; 21,23-29; 24,15-27; Jes 20,1-4S **4,2** 17,17; 21,27; 26,8-9

12 Dann sagte der HERR zu mir: »Backe das Brot wie
Gerstenfladen* und nimm als Brennmaterial vor
aller Augen Menschenkot. 13 Denn die Leute von
Israel werden Speisen essen müssen, die ich als
unrein* verboten habe, wenn ich sie unter die Völ-
ker verstreue.«[a]
14 Ich aber sagte: »Ach HERR, du mächtiger Gott,
ich habe von meiner Kindheit an bis heute nichts
gegessen, was unrein macht. Nie habe ich von einem
Tier gegessen, das verendet oder von Raubtieren
geschlagen worden ist, und nie habe ich verdorbenes
Fleisch angerührt.«
15 Da sagte er zu mir: »Gut, dann kannst du Kuh-
mist statt Menschenkot nehmen.«
16 Und er fuhr fort: »Du Mensch, ich lasse das Brot
in Jerusalem knapp werden. Sie werden es abwiegen
und auch das Wasser genau abmessen und beständig
in Sorge sein. 17 Die Bewohner Jerusalems werden
Mangel an Brot und Wasser haben und werden einer
nach dem anderen elend zugrunde gehen. Das ist die
Strafe für ihre Schuld.«

Das Strafgericht über Jerusalem

5 Dann sagte der HERR: »Du Mensch, nimm ein
scharfes Schwert! Schere dir damit den Kopf
kahl und schneide dir den Bart ab.
Teile die Haare auf der Waage in drei Teile. 2 Und
wenn die belagerte Stadt sturmreif ist, dann ver-
brenne das erste Drittel mitten in der Stadt,[b] zerhaue
das zweite Drittel mit dem Schwert draußen vor
ihren Toren und das letzte Drittel streue in den
Wind. Denn so werde ich ihre Bewohner mit gezoge-
nem Schwert wegtreiben.
3 Nur ganz wenige Haare sollst du retten und in
den Saum deines Gewandes einbinden. 4 Aber auch
von ihnen sollst du noch einmal einen Teil nehmen
und ins Feuer werfen. Das Feuer wird sich ausbrei-
ten und das ganze Volk Israel vernichten.
5 Sag zu den Leuten von Israel: ›So spricht der
HERR, der mächtige Gott: Diese belagerte Stadt ist
Jerusalem! Ich habe sie zum Mittelpunkt aller Län-
der gemacht, 6 aber sie lehnte sich gegen mich auf
und gehorchte mir nicht. Ihre Bewohner trieben es
schlimmer als alle Völker ringsum. Sie missachteten
meine Gebote und traten mein Gesetz* mit Füßen.
7 Ihr Leute von Jerusalem, hört, was ich, der mäch-
tige Gott, euch sage! Von meiner Rechtsordnung
wolltet ihr nichts wissen, aber hättet ihr euch doch
wenigstens nach den Gesetzen gerichtet, die bei
euren Nachbarvölkern gelten! Weil ihr noch wider-
spenstiger seid als sie, 8 sehe ich nun nicht länger zu.
Ich, der mächtige Gott, vollziehe an euch mein Straf-
gericht vor den Augen der fremden Völker.
9 Weil ihr euch mit den abscheulichen Götzen
abgegeben habt, strafe ich euch so furchtbar, wie
ich es noch nie getan habe und in aller Zukunft nicht
schlimmer tun kann. 10 Die Not wird so groß sein,
dass der Vater seinen Sohn aufisst und der Sohn sei-
nen Vater. Ich vollziehe mein Gericht an euch, und
den Rest, der die Katastrophe überlebt, zerstreue ich
in alle Winde.
11 Ihr habt meinen heiligen Tempel mit eurem
abscheulichen Götzendienst entweiht,[c] deshalb
habe ich keine Nachsicht, kein Erbarmen mit euch.
Ich werde Jerusalem kahl scheren! 12 Ein Drittel von
euch soll in der Stadt durch Pest und Hunger umkom-
men, ein weiteres Drittel vor der Stadt mit dem
Schwert erschlagen werden, den Rest aber zerstreue
ich in alle Winde; mit gezogenem Schwert treibe ich
sie vor mir her.
13 Ihr sollt meinen ganzen Zorn zu spüren bekom-
men; ich will meine Wut an euch stillen und euch
alle Untaten heimzahlen, damit ihr erkennt, dass
es mir ernst war mit meinen Warnungen.
14–15 Ich mache dich, Jerusalem, zu einem Trüm-
merhaufen, sodass alle Völker ringsum über dich
spotten; jeder Fremde, der vorbeigeht, wird dich ver-
höhnen. Die Nachbarvölker werden sich entsetzen
und es sich zur Warnung dienen lassen, wenn sie
sehen, wie hart ich dich in meinem Zorn bestrafe.
Ich habe es gesagt, der HERR, der mächtige Gott.
16–17 Ich schieße meine tödlichen Pfeile° gegen
euch ab, um euch zu vernichten, und ich sende euch
Hunger und wilde Tiere, denen eure Kinder zum
Opfer fallen; Seuche und Schwert lasse ich unter
euch wüten. Ich habe es gesagt, der HERR, der mäch-
tige Gott.‹«

Die Strafe für den Götzendienst Israels

6 Das Wort des HERRN erging an mich, er sagte:
2 »Du Mensch, schau in die Richtung, in der
die Berge Israels liegen, und kündige ihnen mein
Strafgericht an! 3 Sag zu ihnen: ›Ihr Berge Israels,
hört das Wort, das der HERR, der mächtige Gott, zu
euch sagt, zu euch Bergen und Hügeln mit euren
Tälern und Schluchten:
Ich, der mächtige Gott, lasse das Schwert gegen
euch los und zerstöre eure Götzenheiligtümer![d]
4–5 Eure Brandopferaltäre* werden abgerissen, eure
Räucheraltäre* in Stücke geschlagen. Die Leichen
der Erschlagenen werfe ich ihren Götzen vor die
Füße und verstreue ihre Gebeine rings um die Göt-
zenaltäre.
6 In ganz Israel liegen dann die Städte in Trüm-
mern, die Heiligtümer sind zerstört, die Altäre abge-
rissen und entweiht, die selbst gemachten Götzen-
bilder zerschlagen. 7 Überall werden die Erschlage-
nen unbestattet herumliegen und die Leute von
Israel werden erkennen, dass ich der HERR bin.

a Siehe Sacherklärung »Nahrungsvorschriften«; zur Unreinheit von Menschenkot siehe Dtn 23,13-15. Getrockneter Kuhmist ist das übliche Brennmaterial; das Zugeständnis in Vers 15 enthält demnach die Zusage, dass die Israeliten auch in der Fremde die Nahrungsvorschriften des Gesetzes befolgen können.
b D.h. an der entsprechenden Stelle auf der Tontafel von 4,1. Die Zeichenhandlungen spielen im Haus Ezechiëls (3,24).
c Eine Anschauung davon vermittelt 8,7-18.
d Das hat z.T. schon König Joschija eine Generation zuvor getan (2 Kön 23,15-20.24). Die Ankündigung zieht offenbar eine Bilanz der gesamten Unrechtsgeschichte Israels (ähnlich wie in Jer 2,20-22).

4,13 Hos 9,3-4 **4,14** Lev 17,15 S; Apg 10,12-14 **4,16** Lev 26,26 **5,5** 38,12 S **5,9** 7,20 S **5,10** Lev 26,29 S **5,11** 8,7-18 **5,12** 5,2; Lev 26,33 **5,13** 6,10 S **5,14-15** 22,4-5; Dtn 28,37; Jer 24,9 S **5,16-17** 6,11-12 S; Dtn 32,23-25 **6,2** 36,1 **6,4-6** Lev 26,30-31; Ez 7,20 S

8 Einen Rest des Volkes aber werde ich am Leben lassen und werde sie unter fremde Völker zerstreuen. 9 Dort werden sie an mich denken und begreifen, dass ich sie bestrafen musste, weil sie mir die Treue gebrochen und sich mit den Götzen eingelassen hatten. Sie werden sich vor sich selber ekeln, wenn sie daran denken, was für abscheuliche Dinge sie getrieben haben. 10 Dann werden sie erkennen, dass ich, der HERR, keine leeren Worte gemacht habe, als ich ihnen eine solche Strafe androhte.‹«

11 Weiter sagte der HERR, der mächtige Gott, zu mir: »Schlage zornig die Hände zusammen und stampfe mit dem Fuß auf den Boden! Rufe: ›Wehe den Leuten von Israel, denn ihr Treiben ist abscheulich!‹ Ich lasse sie durch Schwert, Hunger und Pest umkommen. 12 Wer nicht durch das Schwert der Feinde fällt, stirbt an der Pest; und wer der Pest entrinnt, geht am Hunger zugrunde. Ich bestrafe Jerusalem in meinem Zorn, 13 damit die Verbannten aus Juda[a] erkennen, dass ich der HERR bin. Die Erschlagenen werden rings um die Altäre und zwischen den Götzenbildern liegen, genau dort, wo sie den Opferrauch zu ihren Götzen aufsteigen ließen, auf allen Bergen und Hügeln und unter jedem dicht belaubten Baum. 14 Ich selbst wende mich gegen sie und verwüste ihr ganzes Land von der Steppe im Süden bis hinauf nach Ribla.° Sie sollen erkennen, dass ich der HERR bin!«

Das selbstverschuldete Ende ist da

7 Das Wort des HERRN erging an mich, er sagte: 2 »Du Mensch, höre, was ich, der HERR, den Bewohnern des Landes Israel zu sagen habe: ›Das Ende ist da![b] Über das ganze Land bricht das Ende herein! 3 Ich lasse jetzt meinen Zorn gegen euch wüten und es ist mit euch zu Ende. Ich bestrafe euch für eure Vergehen; die Folgen eures schändlichen Treibens sollen euch ereilen. 4 Ich werde weder Nachsicht noch Erbarmen mit euch haben. Euer Tun soll auf euch selbst zurückfallen;[c] das Verderben soll sich auswirken, das ihr mit eurem Götzendienst heraufbeschworen habt. Ihr sollt erkennen, dass ich der HERR bin!

5 Das sage ich euch, der HERR, der mächtige Gott: Ich bringe Unheil über euch, so furchtbar, wie man es noch nie erlebt hat! Es kommt unaufhaltsam! 6–7 Das Ende kommt, das Ende! Es bricht über euch herein, ihr Bewohner des Landes! Es lässt nicht auf sich warten. Wehklagen und nicht Jubel hört man dann auf den Bergen. 8 In Kürze werde ich meinen ganzen Zorn über euch ausschütten; ich bestrafe euch für eure Vergehen; die Folgen eures schändlichen Treibens sollen euch ereilen. 9 Ich werde weder Nachsicht noch Erbarmen mit euch haben; ihr werdet ernten, was ihr gesät habt. Dann werdet ihr erkennen, dass ich es bin, der HERR, der dies alles über euch hereinbrechen lässt.‹«°

Der Gerichtstag Gottes

10 Der Tag des Gerichts ist da! Unaufhaltsam bricht das Verderben herein. Denn Übermut und Gewalt haben überhand genommen, 11 Unrecht bringt immer neues Unrecht hervor. Aber von denen, die auf Gewalt und Unrecht setzen, wird nichts übrig bleiben, mögen sie noch so zahlreich sein und sich noch so aufspielen; mit ihrer Macht und Pracht hat es ein Ende.

12 Die Frist ist abgelaufen, der Tag des Gerichts ist da! Wer jetzt noch etwas kauft, soll sich nicht darüber freuen; und wer etwas verkaufen muss, soll ihm nicht nachtrauern. Denn der Zorn des HERRN kommt über diese ganze lärmende Menge. 13 Wer etwas verkaufen muss, braucht sich nicht nach dem Erlassjahr* zu sehnen, in dem es wieder an ihn zurückfällt; denn das erlebt er nicht mehr.[d] Die Schuld ist zu groß, niemand wird sein Leben retten können.

14 Man bläst Alarm, alles greift zu den Waffen, aber in die Schlacht zieht keiner; so schnell kommt der Zorn des HERRN über sie alle. 15 Schwert, Hunger und Pest werden unter ihnen wüten: Wer auf dem freien Feld ist, fällt durch das Schwert der Feinde, wer in der Stadt ist, wird von Hunger und Pest dahingerafft. 16 Wenn ein paar Versprengte auf die Berge entkommen, werden sie dort wie verängstigte Tauben sein; sie werden jammern über die schlimmen Folgen ihrer Schuld.

17 Von Schrecken gelähmt lassen alle die Hände sinken; vor Angst können sie das Wasser nicht mehr halten. 18 Sie ziehen den Sack* an und scheren sich den Kopf kahl. Sie zittern an allen Gliedern; ihre Gesichter sind verstört, weil solche Schande über sie hereinbricht. 19 Ihr Silber und Gold werfen sie auf die Straße wie Kehricht; es kann sie nicht retten am Gerichtstag des HERRN. Es ist wertlos geworden, sie können ihren quälenden Hunger nicht damit stillen.

Das ist die Strafe dafür, dass sie sich durch ihr Silber und Gold zur Auflehnung gegen den HERRN verführen ließen. 20 In ihrem Übermut haben sie daraus ihre abscheulichen Götzenbilder gemacht. Darum müssen sie es jetzt voll Ekel wegwerfen.

21 »Ich gebe ihre Schätze den Fremden zum Raub«, sagt der HERR, »den Feinden zur Beute. Die werden ihre Götzenbilder entweihen. 22 Ich wende mich von meinem Volk ab und lasse sogar mein eigenes Heiligtum entweihen. Räuber werden in den Tempel* eindringen, ihn schänden 23 und ein Blutbad anrichten.°

a Ezechiëls Botschaft richtet sich an die 597 v. Chr. nach Babylonien Verschleppten, die sich immer noch falsche Hoffnungen machen (12,1-3).
b Was 597 v. Chr. geschah, war nur ein Vorspiel. Ezechiël muss alle Illusionen zerstören (siehe Anmerkung zu 6,13).
c Ezechiël weist immer wieder darauf hin, dass Gott nicht willkürlich und im blinden Zorn straft: Der Mensch erntet, was er selbst gesät hat (siehe Vers 9 und die Vergleichsstellen zu den Versen 3-4).
d Deutung unsicher.

6,8 Jes 10,21-22 **6,9** 20,43S **6,10** 5,13; 17,21; 24,24; 33,33; 37,14; Jes 55,11S **6,11-12** (Schwert, Hunger, Pest) 5,12.16-17; 7,15; 12,16; 14,21; Jer 24,10S **6,13** Jer 3,13S; Hos 4,13 **7,3-4** (Folgen) 3,27; 7,8.16; 9,10; 11,21; 16,43.58; 22,31; 23,35.49; 33,10; 36,29; Hos 8,7S **7,10-27** (Gerichtstag) Am 5,18-20S **7,12-13** Lev 27,24; 1Kor 7,29-31 **7,15** 6,11-12S **7,16** 7,3-4S **7,17** Jes 13,7 **7,18** Jer 16,6S; Am 8,10 **7,19** Spr 11,4; Zef 1,18 **7,20** (Götzenbilder) 6,6; 8,3.12.17; 16,17; 20,7-8; Jes 2,8; Jer 8,19; Hos 8,4 **7,22** 2Kön 25,9.13-15

Denn das Land ist voll Mord und Totschlag und in
Jerusalem regiert Gewalt. 24 Deshalb rufe ich die
erbarmungslosesten Völker herbei, damit sie die
prächtigen Häuser in Besitz nehmen. Ich mache
ein Ende mit der Überheblichkeit ihrer Bewohner,
und alles, was ihnen heilig ist, wird entweiht.
25 Angst und Panik erfasst sie; jeder sucht sich zu
retten, aber es gibt keine Rettung. 26 Unglück türmt
sich auf Unglück, eine Schreckensnachricht jagt
die andere. Vergeblich suchen sie ein Gotteswort
beim Propheten; der Priester* hat keine Antwort,
die Ältesten* wissen keinen Rat. 27 Der König wird
von Entsetzen gepackt, er stimmt die Totenklage*
an und die Männer des Landes sind gelähmt vor
Schrecken.
Ich ziehe sie alle zur Rechenschaft für ihr schlimmes Treiben; ich verurteile sie so unbarmherzig, wie sie andere verurteilt haben. Sie sollen erkennen, dass ich der HERR bin!«

Ezechiël sieht den Götzendienst im Jerusalemer Tempel

8 Es war im sechsten Jahr unserer Verbannung*,
am 5. Tag des 6. Monats. Die führenden Männer
der aus Juda Weggeführten saßen bei mir in meinem
Haus. Da spürte ich, wie der HERR, der mächtige
Gott, seine Hand auf mich legte.
2 Als ich aufblickte, sah ich eine Gestalt, die aussah
wie ein Mann.° Von der Stelle, wo die Hüften sind,
nach unten sah sie aus wie Feuer, nach oben aber
strahlend wie helles Gold.[a] 3 Sie streckte etwas wie
eine Hand nach mir aus und packte mich an den Haaren. So hob mich der Geist* in meiner Vision weit
über die Erde empor und trug mich nach Jerusalem,
zum Eingang des nördlichen Stadttors.°[b] Bei diesem
Tor stand das Götzenbild, das den Zorn des HERRN
erregt.
4 Da sah ich den Gott Israels in seiner strahlenden
Herrlichkeit*, genau wie ich ihn in der Ebene am
Fluss Kebar gesehen hatte. 5 Er sagte zu mir: »Du
Mensch, sieh nach Norden!«
Ich blickte nach Norden und sah außerhalb des Tores einen Altar; am Toreingang stand ein Götzenbild.
6 »Du Mensch«, sagte der HERR, »siehst du, was sie
da treiben? Die Leute von Israel kümmern sich nicht
um meinen Tempel*; stattdessen verüben sie diesen
abscheulichen Götzendienst. Aber du wirst noch
Schlimmeres sehen.«
7 Er führte mich zum Eingangstor des äußeren
Tempelvorhofs;[c] dort sah ich ein Loch in der Mauer.
8 »Du Mensch«, befahl er mir, »durchbrich die
Mauer!« Ich tat es und stand vor einer Tür.
9 »Geh hinein«, sagte er, »und sieh, was sie dort
Abscheuliches treiben!«
10 Ich ging hinein und sah, dass man überall an den
Wänden die Bilder von unreinen* Tieren eingemeißelt hatte, die dem HERRN ein Gräuel sind. Das waren
die Götzen des Volkes Israel. 11 Vor diesen Bildern
standen siebzig Männer mit Räucherpfannen in
der Hand, von denen Weihrauchwolken aufstiegen.
Die siebzig gehörten zu den Ältesten* Israels,[d] auch
Jaasanja, der Sohn Schafans, war unter ihnen.
12 Der HERR fragte mich: »Du Mensch, siehst du,
was die führenden Männer Israels im Verborgenen
treiben? So machen sie es auch zu Hause, jeder vor
seinem Götzenschrein. Sie denken: ›Der HERR sieht
es nicht; er kümmert sich nicht mehr um unser
Land.‹[e] 13 Aber du wirst sehen, dass sie noch Schlimmeres tun.«
14 Darauf führte er mich zum Nordtor des inneren
Tempelvorhofs. Dort saßen Frauen und weinten
über den Tod des Gottes Tammus.[f] 15 Der HERR sagte
zu mir: »Du Mensch, siehst du das? Du wirst noch
Schlimmeres sehen.«
16 Er führte mich in den inneren Vorhof* des Tempels. Vor dem Eingang zum Tempelhaus, zwischen dem Brandopferaltar* und der Vorhalle, standen etwa fünfundzwanzig Männer. Sie blickten nach Osten, mit dem Rücken zum Tempel des HERRN, und warfen sich nieder, um die Sonne anzubeten.
17 Der HERR sagte zu mir: »Du Mensch, siehst du
das? Reicht es nicht, dass die Leute von Juda überall
im Land Götzen verehren und Unrecht tun? Müssen
sie mich auch noch damit reizen, dass sie es hier in
meinem Tempel tun? 18 Jetzt kenne ich keine Rücksicht mehr. Erbarmungslos und ohne Schonung werde ich gegen sie vorgehen. Auch wenn sie noch so sehr um Gnade flehen – ich höre sie nicht mehr.«

Das Gericht über Jerusalem

9 Dann rief der HERR vor meinen Ohren mit lauter Stimme: »Kommt herbei, die ihr das Strafgericht an Jerusalem vollstrecken sollt! Bringt euer Mordinstrument mit!«
2 Da kamen sechs Männer durch das nördliche
Tempeltor. Jeder hatte ein Schwert in der Hand
und mit ihnen kam ein siebter, der hatte ein leinenes
Priestergewand an. An seinem Gürtel hing eine
Schreibtafel. Sie kamen näher und blieben bei dem
bronzenen Altar[g] stehen.
3 Die strahlende Herrlichkeit* Gottes, nämlich der
Gott Israels in der Gestalt, wie er sich mir gezeigt
hatte, erhob sich von den geflügelten Gestalten,[h]
den Keruben*, und trat an den Eingang des Tempels*. Er rief dem Mann im Leinengewand mit
dem Schreibzeug zu: 4 »In Jerusalem gibt es noch
Menschen, die sich an dem abscheulichen Treiben
nicht beteiligt haben und die darüber Schmerz und

a Trotz der Ähnlichkeit mit der Gotteserscheinung in 1,27 kann es sich nur um einen Engel handeln (siehe Vers 4). Ezechiël wird in einer Vision nach Jerusalem entrückt, 14 Monate nach der Berufungsvision von Kap 1 (also im September 592 v. Chr.).
b Es entspricht dem »Schaftor« auf der Skizze Seite 559.
c Der Prophet wendet sich nach Süden, wo er zunächst das Tor des äußeren, dann (Vers 14) das Tor des inneren Tempelvorhofs passiert.
d Die Zahl 70 erinnert an die Ältesten, die in Ex 24,1 das Volk vor Gott vertreten; vgl. Num 11,16. Offenbar hat dieser Kreis auch noch unter dem Königtum eine gewisse Bedeutung behalten; vgl. Sacherklärung »Älteste«. Bei dem geschilderten Götzendienst handelt es sich vielleicht um die Verehrung einer ägyptischen Gottheit.
e Siehe Anmerkung zu 9,9.
f Siehe Sacherklärung und Jes 17,10-11.
g Der von König Ahas (2 Kön 16,14) von seinem Platz gerückte alte Brandopferaltar stand auf der Nordseite, der neu errichtete Altar auf der Südseite vor dem Tempelhaus. Das erwähnte Tempeltor ist dasselbe wie in 8,14.
h Gott erhebt sich von seinem Thron, der von Keruben (10,1) getragen wird; vgl. die Schilderung in 1,5-28.

7,24 Jes 2,11.17-18 **7,26** 1 Sam 28,6; Am 8,11-12; Klgl 2,9 **8,1** 14,1; 20,1; 3,22 S **8,3** DanZ C,36; Offb 1,10 S **8,4** 1,1-28 **8,10** Lev 11,1-47; Jer 7,30; Röm 1,23 **8,11** Ex 24,1; Num 11,16 **8,12** Ps 14,1 S **8,14** Dan 11,37 **8,16** Dtn 4,19 S; 2 Kön 23,5.11 **8,17** 7,20 S **8,18** 7,4; Jes 1,15 **9,3** 1,28; 8,4 **9,4** Offb 7,2-4

a Entweiht wird der Tempel durch Leichen, die nach Num 19,11; Lev 21,1 »unrein« sind (siehe Sacherklärung »rein«).
b Ezechiël reagiert auf das visionäre Zukunftsbild ganz entsprechend wie Amos in seiner Vision (Am 7,2.5). Zur prophetischen Fürbitte siehe Vergleichsstellen zu Jer 7,16.
c So wurde offenbar die Niederlage und erste Wegführung von 597 v. Chr. gedeutet; vgl. 8,12.
d Die geflügelten Gestalten von 9,3; zum Folgenden vgl. die Schilderung in Kap 1 (Verse 5-28).
e Zur Wolke als Zeichen der Gegenwart Gottes siehe 1 Kön 8,10-11 mit Vergleichsstellen.
f D.h. *Rundes* oder *Rollendes*.

Trauer empfinden. Geh durch die Stadt und mach
ihnen ein Zeichen an die Stirn!«
5 Ich hörte auch, wie er zu den sechs anderen
sagte: »Geht hinter ihm her durch die Stadt und
bringt ohne Schonung alle um: 6 alte Männer und
junge, Mädchen, Kinder und Frauen. Rührt aber nie-
mand an, der das Zeichen an der Stirn trägt! Beginnt
hier beim Tempel!«
Sie taten es und machten den Anfang mit den Äl-
testen*, die vor dem Tempel standen. 7 Und der HERR
sagte: »Füllt die Tempelhöfe mit Leichen; scheut
euch nicht, den Tempel zu schänden![a] Dann geht
in die Stadt und schlagt dort zu!«
8 Die Männer erschlugen alle, die im Tempelbe-
zirk waren – nur mich verschonten sie. Ich warf
mich nieder und schrie: »Ach HERR, du mächtiger
Gott, willst du in deinem Zorn über Jerusalem den
ganzen Rest deines Volkes ausrotten?«[b]
9 Er antwortete: »Die Leute von Israel und von
Juda haben schwere Schuld auf sich geladen; in Stadt
und Land haben sie gemordet und das Recht mit
Füßen getreten. Sie denken: ›Der HERR kümmert sich
nicht um unser Land,[c] er sieht uns ja nicht!‹ 10 Darum
schone ich sie nicht und habe kein Erbarmen mit
ihnen. Jetzt trifft sie die verdiente Strafe.«
11 Da kam der Mann mit dem Leinengewand und
dem Schreibzeug aus der Stadt zurück und meldete:
»Ich habe deinen Befehl ausgeführt.«

Feuer verzehrt Jerusalem

10 Ich blickte auf die Stelle über den Köpfen der
geflügelten Gestalten,[d] der Keruben*. Da sah
ich auf der festen Platte etwas, das aussah wie ein
Thron aus blauem Edelstein. 2 Die Gestalt auf dem
Thron befahl dem Mann in dem leinenen Priesterge-
wand: »Nimm aus dem Feuerbecken zwischen den
Keruben zwei Hände voll glühender Kohlen und
streue sie über die Stadt aus!«
Der Mann ging vor meinen Augen in den Raum
zwischen den Rädern der vier Keruben. 3 Diese stan-
den vom Tempelhaus gesehen auf der rechten Seite,
nach Süden zu. Der innere Vorhof* des Tempels war
ganz angefüllt von der Wolke der göttlichen Gegen-
wart.
4 Da erhob sich die Herrlichkeit* des HERRN von
ihrem Thron und trat auf die Schwelle des Tempel-
hauses. Die Wolke[e] erfüllte das ganze Haus und
der Vorhof leuchtete im Glanz der Herrlichkeit des
HERRN. 5 Das Rauschen der Kerubenflügel klang
wie die Donnerstimme Gottes, des Gewaltigen*; es
erfüllte auch den äußeren Vorhof des Tempels.
6 Als der Mann in dem leinenen Gewand auf
Befehl des HERRN in den Raum zwischen den Keru-
ben trat, 7 streckte einer von ihnen die Hand nach
dem Feuerbecken aus, das in der Mitte stand, und
legte die Glut in die Hände des Mannes. Der Mann
verließ damit den Tempel, um die glühenden Kohlen
über die Stadt auszustreuen.

Gott zieht aus seinem Tempel aus

8 Unter den Flügeln der Keruben* sah ich etwas, das
aussah wie Menschenarme. 9-10 Ich sah auch vier
Räder, neben jedem Kerub eines. Sie waren alle
gleich groß und funkelten wie Edelsteine. In jedes
Rad war ein zweites im rechten Winkel eingefügt,
11 sodass es nach allen vier Richtungen laufen konnte,
ohne vorher gedreht zu werden. Die Räder rollten
immer in der Richtung, die das jeweils vorderste ein-
schlug.
12-13 Es waren dieselben Räder, die ich in meiner
ersten Vision gesehen hatte. Sie wurden vor meinen
Ohren Galgal[f] genannt. Sie waren ringsum mit
Augen bedeckt, ebenso der Leib, die Arme und die
Flügel der Keruben. 14 Jeder Kerub hatte vier ver-
schiedene Gesichter. Beim ersten sah das Stierge-
sicht nach vorn, beim zweiten das Menschenge-
sicht, beim dritten das Löwengesicht und beim vier-
ten das Adlergesicht.
15 Jetzt begannen die Keruben sich zu erheben. Es
waren dieselben Gestalten, die ich am Fluss Kebar
geschaut hatte. 16-17 Wenn sie sich fortbewegten,
bewegten sich die Räder mit ihnen, und wenn sie
sich mit ihren Flügeln von der Erde erhoben, hoben
sich die Räder mit. Wenn sie anhielten, blieben auch
die Räder stehen. In allem wurden die Räder von den
Keruben gelenkt.
18 Die Herrlichkeit* des HERRN ging von der
Schwelle des Tempelhauses weg und nahm den Platz
über den Keruben ein. 19 Die Keruben breiteten ihre
Flügel aus und erhoben sich vor meinen Augen ein
Stück über den Boden und die Räder erhoben sich
mit. Dann verließ die Herrlichkeit des Gottes Israels
den Tempelbezirk, über den Keruben thronend,
durch das östliche Tor.
20 Ich erkannte deutlich die vier mächtigen Gestal-
ten wieder, die am Fluss Kebar vor meinen Augen
den Thron des Gottes Israels getragen hatten. 21 Jede
von ihnen hatte vier Gesichter und vier Flügel und
unter den Flügeln konnte ich ihre Menschenarme
erkennen. 22 Auch ihre Gesichter waren dieselben,
die ich am Fluss Kebar gesehen hatte. Wohin sie
auch gingen, immer blickte eins von ihren vier
Gesichtern geradeaus.

Die Überheblichkeit der in Jerusalem Zurückgebliebenen

11 Der Geist* nahm mich und brachte mich zum
östlichen Tor des Tempelbezirks. Vor dem Tor
waren fünfundzwanzig Männer versammelt. Ich
erkannte darunter zwei der führenden Männer der

9,8 11,13; Am 7,2.5 **9,9** Ps 14,1S **9,10** 5,11; 7,3-4S **10,1** 9,3; 1,22.26 **10,2** Offb 8,5 **10,4** (Wolke) Ex 40,34-35S; Jes 6,4 **10,5** Ps 29,3-9S **10,8-17** 1,5-21 **10,12-13** Offb 4,8 **10,18-19** 9,3; 11,22-23; 43,1-7

In einer Vision wurde Ezechiël nach Jerusalem versetzt: Die führenden Männer von Juda verehrten Götzenbilder, ausgerechnet im Tempel (8,7-13). Der Prophet sah, wie Gott aus dem Tempel und schließlich aus der Stadt auszog (10,19; 11,23) – damit waren Tempel und Stadt der Zerstörung preisgegeben. Das Undenkbare geschah vor seinem entsetzten Blick. Nicht lange danach legten die Babylonier Jerusalem in Schutt und Asche (587 v. Chr.).

Stadt, Jaasanja, den Sohn Assurs,[a] und Pelatja, den
Sohn von Benaja.
2 Der HERR sagte zu mir: »Du Mensch, das sind die
Männer, die in dieser Stadt schlimme Anschläge und
verderbliche Pläne aushecken! 3 Sie sagen: ›In nächs-
ter Zeit brauchen wir keine Häuser zu bauen! Die
Stadt ist der Topf und wir sind das Fleisch!‹[b] 4 Dar-
um musst du ihnen das Strafgericht ankündigen.«
5 Der Geist des HERRN nahm von mir Besitz und
der HERR befahl mir, den Leuten von Israel anzukün-
digen: »So spricht der HERR: ›Ich weiß, wie ihr redet
und was eure Pläne sind! 6 Ihr habt es auf dem Gewis-
sen, dass die Straßen dieser Stadt von Erschlagenen
bedeckt sind. 7 Deshalb sage ich, der HERR: Die
Erschlagenen auf euren Straßen sind das Fleisch im
Topf der Stadt; die Toten haben es besser als die
Lebenden![c] Euch aber hole ich heraus 8 und lasse
euch hinrichten. Ihr fürchtet das Schwert und durch
das Schwert sollt ihr sterben. Das sage ich, der mäch-
tige Gott.
9 Ich hole euch aus eurer Stadt heraus und gebe
euch in die Gewalt von Fremden. Durch sie vollziehe
ich an euch mein Strafgericht. 10 An der Grenze
Israels lasse ich euch mit dem Schwert hinrichten.
Ihr sollt erkennen, dass ich der HERR bin.
11 Ihr werdet nicht in dieser Stadt bleiben wie das
Fleisch im Topf. An der Grenze Israels werde ich
mein Gericht an euch vollziehen. 12 Ihr sollt erken-
nen, dass ich der HERR bin. Denn ihr habt meine Wei-
sungen nicht befolgt und euch nicht nach meinen
Geboten gerichtet, sondern habt nach den Gesetzen
eurer Nachbarvölker gelebt.‹«
13 Während ich diese Ankündigung aussprach,[d]
starb Pelatja, der Sohn von Benaja. Ich warf mich
zu Boden und rief laut: »Ach HERR, du mächtiger
Gott! Willst du den Rest Israels vollends vernich-
ten?«

Trost für die Verschleppten

14 Da erging das Wort des HERRN an mich, er sagte:
15 »Du Mensch, die Bewohner Jerusalems sagen über
deine Brüder und Verwandten und über alle Leute
von Israel, die in die Verbannung geführt worden
sind: ›Sie sollen bleiben, wo sie sind, weit weg
vom HERRN! Das Land gehört jetzt uns!‹
16 Deshalb sollst du verkünden: ›So spricht der
HERR, der mächtige Gott: Es stimmt, ich habe sie in
fremde Länder gebracht und unter die Völker zer-
streut und sie können mich dort nur noch aus der
Ferne in bescheidenen Gottesdiensten[e] verehren.
17 Aber ich, der mächtige Gott, werde sie aus den Völ-
kern, unter die sie zerstreut sind, sammeln und
ihnen das Land Israel zum Besitz geben. 18 Wenn
sie dorthin zurückkehren, werden sie das Land
von allem Götzendienst reinigen.
19 Ich werde ihnen ein neues Herz° und einen neu-
en Geist geben. Ich nehme das versteinerte Herz aus
ihrer Brust und schenke ihnen ein Herz, das lebt.
20 Dann werden sie nach meinen Weisungen leben,
auf meine Gebote achten und sie befolgen. Sie
werden mein Volk sein und ich werde ihr Gott sein.
21 Aber die verdiente Strafe wird alle treffen, die ihr
Herz an die Götzen gehängt haben und ihnen auf
die abscheuliche Weise dienen, die diesen Götzen
gefällt. Das sage ich, der HERR, der mächtige Gott.‹«

Gott verlässt Jerusalem

22 Die Keruben*, über denen die strahlende Herrlich-
keit* des Gottes Israels zu sehen war, bewegten ihre
Flügel[f] und zusammen mit ihnen erhoben sich die
Räder vom Boden. 23 So verließ die Herrlichkeit des
HERRN die Stadt in Richtung auf den Berg im Osten
Jerusalems.
24 Mich aber nahm der Geist* und brachte mich in
meiner Vision zurück nach Babylonien*. Dann ver-
schwand die Vision[g] 25 und ich berichtete den Ver-
bannten alles, was der HERR mir gezeigt hatte.

Den Verbannten wird die Wegführung der Zurückgebliebenen angekündigt

12 Das Wort des HERRN erging an mich, er sagte:
2 »Du Mensch, du lebst mitten unter einem
widerspenstigen Volk! Diese Leute[h] haben Augen
und sehen nicht, sie haben Ohren und hören nicht.
3 Deshalb schnüre dir ein Bündel, wie es Ver-
schleppte mit sich tragen, und geh damit vor aller
Augen von deinem Wohnort weg zu einem anderen
Ort. Vielleicht gehen ihnen die Augen auf, so wider-
spenstig sie auch sind.
4 Bring dein Bündel am hellen Tag aus dem Haus,
sodass alle es sehen, und gegen Abend, wenn die Hit-
ze nachlässt, zieh vor ihren Augen weg, wie jemand,
der in die Verbannung geführt wird. 5 Brich vor ihren
Augen von innen ein Loch in die Wand deines Hau-
ses und zwänge dich dadurch hinaus. 6 Nimm dein
Bündel auf die Schulter und geh in der Dunkelheit
fort. Verhülle dein Gesicht, damit du das Land nicht
siehst, das du verlassen musst.
So mache ich dich für die Leute von Israel zu
einem Zeichen, an dem sie sehen, was ihnen bevor-
steht.«
7 Ich machte genau, was der HERR mir befohlen
hatte. Ich schnürte mir ein Bündel, wie es Ver-
schleppte mit sich tragen, und brachte es am hellen
Tag aus dem Haus. Am Abend brach ich von innen
ein Loch in die Wand und zwängte mich durch das
Loch hinaus. Vor aller Augen hob ich das Bündel
auf die Schulter.

a Es handelt sich um eine andere Person als in 8,11.
b In den Topf kommen die Fleischstücke, nicht die ungenießbaren Teile eines geschlachteten Tieres. Die bei der ersten Wegführung 597 v. Chr. in Jerusalem Zurückgebliebenen drücken mit dem Sprichwort ihr Überlegenheitsgefühl gegenüber den Verschleppten aus.
c *die Toten ...:* verdeutlichender Zusatz.
d Dies geschieht im Rahmen der Vision, die Ezechiël von Babylonien nach Jerusalem geführt hatte (8,1-3; vgl. 11,1).
e Fern vom Tempel in Jerusalem waren Opfergottesdienste nicht möglich.
f Siehe Anmerkung zu 10,1. Vers 23 schildert einen Vorgang von ungeheurer Tragweite: Gott, der nach dem Glauben Israels im Allerheiligsten des Tempels seine irdische »Wohnung« hatte, verlässt Tempel und Stadt und gibt sie so der Zerstörung preis.
g Hier endet der Visionsbericht, der mit 8,1-3 begann.
h Den Verbannten in Babylonien soll Ezechiël in einer Zeichenhandlung (siehe Bildlegende Seite 868) vor Augen führen, was den in Jerusalem Zurückgebliebenen bevorsteht. Nach Jer 29 (Verse 8-10) machten sich die Verbannten Hoffnung auf eine baldige Rückkehr. Ezechiël muss ihnen sagen, dass auch die Zurückgebliebenen in die Verbannung müssen.

11,3-12 24,1-14 **11,10** 2 Kön 25,20-21 **11,12** 5,7-8 **11,13** 9,8 **11,15** 33,24 **11,17** 28,25 S **11,19** 36,26-27 S **11,20** (mein Volk – ihr Gott) 14,11; 34,30; 36,28; 37,23.27; Jer 7,23 S; Sach 8,8; 13,9 **11,21** 7,3-4 S; 7,20 S **11,22-23** 10,18-19 S; Dtn 31,17 **11,24** 8,3 **12,2** 2,3-5 S; Jes 6,9-10; Jer 5,21 **12,6** 24,24

8 Am anderen Morgen erging an mich das Wort des HERRN, er sagte: 9 »Du Mensch, die Leute von Israel, dieses widerspenstige Volk, haben dich doch gefragt: ›Was machst du da?‹ 10 Gib ihnen die Erklärung! Sag zu ihnen:

›Der HERR, der mächtige Gott, hat zu mir gesprochen! Was er mir aufgetragen hat, betrifft den König in Jerusalem und alle Leute von Israel, die dort leben. 11 Ich bin für euch ein Zeichen. So wie ich es vorgemacht habe, wird es den Leuten von Jerusalem ergehen. Alle müssen in die Verbannung*.

12 Ihr König aber wird in tiefster Dunkelheit sein Bündel auf die Schulter nehmen und die Stadt verlassen. Seine Männer werden die Mauer durchbrechen, um ihre Habseligkeiten hinauszubringen. Er wird sein Gesicht verhüllen, denn das Land Israels wird er nie wiedersehen.

13 Ich werde mein Fangnetz ausspannen, ihn einfangen und nach Babylonien bringen; aber er wird das Land nicht sehen können.[a] Dort wird er sterben. 14 Sein Gefolge und seine Kriegsleute werde ich in alle Winde zerstreuen, mit gezogenem Schwert werde ich sie auseinander treiben. 15 Ich zerstreue sie in fremde Länder und unter fremde Völker, damit sie erkennen, dass ich der HERR bin.

16 Nur wenige von ihnen sollen dem Schwert, dem Hunger und der Pest entrinnen, damit sie unter den Völkern erzählen können, mit was für abscheulichen Taten sie sich dieses Schicksal verdient haben. Sie sollen erkennen, dass ich der HERR bin!‹«

Die Leute in Jerusalem werden zittern

17 Das Wort des HERRN erging an mich, er sagte: 18 »Du Mensch, iss dein Brot und trink dein Wasser mit Zittern und Beben! 19 Und dann sag zu deinen verschleppten Landsleuten: ›So spricht der HERR, der mächtige Gott: Mit Zittern und Entsetzen werden die Leute, die in Jerusalem im Land Israel geblieben sind, ihr Brot essen und ihr Wasser trinken. Zur Strafe dafür, dass überall Unrecht und Gewalt herrschen, kommt die Vernichtung über das Land. 20 Die Städte veröden, die fruchtbaren Felder werden zur Wüste. Ihr sollt erkennen, dass ich der HERR bin!‹«

Gott macht keine leeren Worte

21 Das Wort des HERRN erging an mich, er sagte: 22 »Du Mensch, was reden die Leute bei euch im Land Israel? Sie sagen: ›Die Zeit kommt und geht und die Prophezeiungen treffen nie ein!‹[b]

23 Ich werde dafür sorgen, dass dieses Gerede in Israel ein Ende hat. Sag zu ihnen: ›So spricht Gott, der HERR: Die Zeit ist gekommen, dass alles eintrifft, was meine Propheten euch angedroht haben.

a Weil er von König Nebukadnezzar geblendet wird. Die Verse 12-13 beziehen sich auf den Ausbruch König Zidkijas aus dem belagerten Jerusalem, über den in 2 Kön 25,4-7 berichtet wird.
b Schon seit über 100 Jahren haben die Propheten den Untergang Jerusalems angekündigt – man hat sich daran gewöhnt und nimmt es nicht ernst. Aber jetzt gibt es keine Schonfrist mehr; vgl. 7,2.5-8.

Auf Gottes Befehl musste der Prophet zeichenhaft die Verschleppung der Bewohner Jerusalems vorausverkündigen. Er sollte ein Bündel schnüren, wie es Verbannte mit sich tragen, und sein Haus verlassen. Damit sollte er seinen Hörern die letzten Illusionen nehmen: »Alle müssen in die Verbannung« (12,11).

12,9 2,3-5 S **12,12-13** 17,20; 2 Kön 25,4-7 **12,16** 6,11-12 S; 14,22-23 **12,19** 4,16; 7,10-11 **12,22** 2 Petr 3,4; Hab 2,3 **12,24** 13,1-16

24 Künftig wird es im Volk Israel keine falschen Propheten mehr geben, die leere Träume erzählen und den Menschen nach dem Mund reden.

25 Ich, der HERR, rede; und was ich ankündige, das trifft ein. Es lässt nicht lange auf sich warten. Ich sage ein Wort und ich setze es in die Tat um, beides zu euren Lebzeiten, ihr widerspenstigen Leute! Das sage ich, der mächtige Gott.‹«

26 Noch einmal erging das Wort des HERRN an mich: 27 »Du Mensch, die Leute von Israel sagen über dich: ›Die Offenbarungen*, die er empfangen hat, betreffen nicht unsere Gegenwart, sondern eine ferne Zukunft.‹

28 Darum antworte ihnen: ›So spricht Gott, der HERR: Alles, was ich angekündigt habe, wird in Kürze geschehen. Wenn ich ein Wort sage, dann geschieht es auch. Das sage ich, der HERR.‹«

Das Ende der falschen Propheten

13 Das Wort des HERRN erging an mich, er sagte: 2 »Du Mensch, kündige den Propheten Israels, die nach ihrem eigenen Gutdünken prophezeien,[a] mein Strafgericht an! Sag zu ihnen: ›Hört das Wort des HERRN! 3 Das sagt Gott, der HERR, zu euch:

Weh euch falschen Propheten, die nicht nach mir fragen, sondern ihren eigenen Einfällen folgen, die prophezeien, was ihnen nicht offenbart worden ist!

4 Ihr Propheten seid zu Israels Totengräbern geworden![b] 5 Ihr seid nicht in die Bresche gesprungen, ihr habt nicht die Lücken in der Schutzmauer um mein Volk Israel aufgefüllt, damit es an meinem Gerichtstag bestehen kann.

6–7 Eure eigenen Hirngespinste schaut ihr, Lügen verkündet ihr! Ihr sagt: ›So spricht der HERR‹, wo ich euch doch gar nicht beauftragt und nicht zu euch gesprochen habe. Und da erwartet ihr auch noch, dass ich eure leeren Versprechen einlöse!

8 Darum sage ich, der mächtige Gott: Weil ihr Hirngespinste schaut und Lügen verkündet, sollt ihr mich kennen lernen, mich, den HERRN! 9 Ich werde gegen euch Lügenpropheten vorgehen. In der Versammlung meines Volkes habt ihr nichts mehr zu suchen, eure Namen werden aus den Listen der Sippen Israels getilgt, ihr werdet nie mehr ins Land Israel zurückkehren. Ihr sollt erkennen, dass ich der HERR bin!

10 Ihr habt mein Volk in die Irre geführt, ihr habt verkündet: Alles steht gut!, während es in Wirklichkeit gar nicht gut stand. Da baut sich mein Volk eine Mauer aus losen Steinen und ihr streicht Tünche darüber! 11–12 Wenn nun ein Platzregen kommt, wenn Hagelwetter niedergeht und der Sturm wütet, sodass die Mauer einfällt, wird man dann nicht über euch spotten: Wo ist der schöne Anstrich geblieben?

13 Darum sage ich, der mächtige Gott: Ich werde in meinem Zorn ein Unwetter schicken, Sturm, Hagel und Platzregen; 14 die Mauer, die ihr mit Tünche überstrichen habt, lasse ich einstürzen, sodass kein Stein auf dem andern bleibt und ihr selbst unter den Trümmern begraben werdet. Ihr sollt erkennen, dass ich der HERR bin!

15 Ich werde an der Mauer und an denen, die sie angestrichen haben, meinen ganzen Zorn auslassen. Dann werden sie° über euch spotten: Die Mauer ist hin, und von denen, die sie angestrichen haben, ist auch keiner mehr da! 16 Ja, keiner bleibt übrig von den Propheten, die Jerusalem eine herrliche Zukunft vor Augen gemalt haben, als es dicht vor dem Untergang stand. Das sage ich, der HERR, der mächtige Gott.‹«

Das Ende der magischen Praktiken

17 Weiter sagte der HERR: »Du Mensch, wende dich gegen die Frauen deines Volkes, die nach ihrem eigenen Gutdünken prophezeien, und kündige ihnen mein Strafgericht an! 18 Sag zu ihnen: ›Das sagt der HERR, der mächtige Gott, zu euch:

Weh euch Seelenfängerinnen, die ihr für jedes Handgelenk die passenden Zauberbänder näht und magische Schleier für jede Kopf- und Körpergröße! Ihr spielt mit dem Leben der Menschen in meinem Volk.[c] Und da meint ihr, ihr könntet euer eigenes Leben retten?

19 Bei euren Praktiken missbraucht ihr meinen Namen; für den Lohn von ein paar Hand voll Gerste oder ein wenig Brot liefert ihr schuldlose Menschen dem Tod aus und erhaltet solche am Leben, die ihn verdient hätten. Meinem Volk, das so gern auf Lügen hört, gaukelt ihr eine goldene Zukunft vor.

20–21 Darum werde ich, der mächtige Gott, euch die Zauberbänder vom Arm reißen und eure Zauberschleier zerfetzen. Ich jage euch eure Beute ab und rette die Menschenleben, die ihr verderben wollt. Ich befreie mein Volk aus eurer Gewalt, niemand soll euch mehr zum Opfer fallen. Ihr sollt erkennen, dass ich der HERR bin!

22 Ihr macht unschuldigen Leuten Angst, die von mir gar nichts zu befürchten haben; aber die Verbrecher ermutigt ihr und verhindert damit, dass sie ihr böses Treiben aufgeben und ihr Leben retten. 23 Deshalb soll es mit eurer verlogenen Wahrsagerei ein Ende haben. Ich werde mein Volk aus eurer Gewalt befreien. Ihr sollt erkennen, dass ich der HERR bin!‹«

Abrechnung mit den Götzendienern

14 Einige von den Ältesten* Israels kamen zu mir und wollten einen Bescheid von Gott haben. Sie setzten sich vor mich hin und warteten.

2 Da erging das Wort des HERRN an mich, er sagte: 3 »Du Mensch, diese Männer öffnen ihr Herz noch immer den Götzen und haben Gefallen an dem,

a Gemeint sind falsche Propheten, die das Volk unter Berufung auf Gott über die wahre Lage hinwegtäuschen (Verse 10-16). Mit ihnen hatte – z.T. gleichzeitig – auch Jeremia in Jerusalem zu kämpfen (siehe Jer 14,13-15 und Vergleichsstellen).
b *zu Israels Totengräbern:* wörtlich *wie Füchse in den Trümmern.* Das Bild ist vielleicht im Sinn von Neh 3,35 zu deuten.
c Durch ihre Zaubermittel verfügen die Wahrsagerinnen über Tod und Leben und greifen damit in Gottes Rechte ein. Gegen Bezahlung schützen sie Verbrecher und liefern Unschuldige ›auf Bestellung‹ dem Tod aus (Vers 19 und 22). An der Wirksamkeit dieser Praktiken hegt die Bibel hier wie andernorts keinen Zweifel (siehe Lev 19,26b.31 mit Vergleichsstellen und Apg 19,18-19).

13,2 12,24; 22,28; Jer 14,13-15 S **13,5** 22,30 S **13,9** 14,9 **13,10** Jer 6,14 S **13,18** Lev 19,26 S **13,22** 33,8; Jer 23,14 **14,1** 8,1; 20,1

was sie in Schuld verstrickt. Und da soll ich ihnen eine Auskunft erteilen?

4 Antworte ihnen: ›So spricht der HERR, der mächtige Gott: Wenn jemand aus dem Volk Israel das Herz den Götzen öffnet und Gefallen hat an dem, was ihn in Schuld verstrickt, und wenn er dann noch zu meinem Propheten kommt und einen Bescheid von mir erbittet,[a] dann bekommt er die Antwort, die er verdient hat – von mir, dem HERRN! 5 Dem ganzen Volk Israel, das sich von mir abgewandt und den Götzen zugewandt hat, werde ich damit eine Lehre erteilen.‹

6 Zu den Leuten von Israel aber sollst du sagen: ›So spricht der HERR, der mächtige Gott: Kehrt um und wendet euch ab von euren Götzen und von eurem abscheulichen götzendienerischen Treiben! 7 Wenn jemand aus dem Volk Israel oder von den Fremden, die bei euch leben, mir den Rücken kehrt, sein Herz den Götzen öffnet und Gefallen hat an dem, was ihn in Schuld verstrickt, und wenn er dann noch zu meinem Propheten kommt, um einen Bescheid von mir zu erbitten, dann bekommt er von mir persönlich eine Antwort, von mir, dem HERRN! 8 Ich wende mich gegen einen solchen Menschen, ich handle so an ihm, dass es eine Warnung für alle ist und man noch lange davon reden wird: Ich rotte ihn aus meinem Volk aus. Ihr sollt erkennen, dass ich der HERR bin!

9 Wenn aber der Prophet sich so weit verirrt, dass er in meinem Namen einen Bescheid erteilt, dann werde *ich* ihn in die Irre führen: Ich werde die Hand gegen ihn erheben und ihn aus meinem Volk Israel ausstoßen und vernichten. 10 Alle beide müssen die Folgen ihrer Schuld tragen: der Götzendiener, der fragt, und der Prophet, der antwortet. 11 Das soll den Leuten von Israel eine Warnung sein, dass sie nicht von mir weglaufen und sich nicht mehr unrein* machen durch ihre Verfehlungen. Sie sollen mein Volk sein und ich will ihr Gott sein. Das sage ich, der HERR, der mächtige Gott!‹«

Das Strafgericht über Jerusalem ist unabwendbar

12 Das Wort des HERRN erging an mich, er sagte: 13 »Du Mensch, angenommen, ein Volk vergeht sich gegen mich und bricht mir die Treue und ich schicke zur Strafe eine Hungersnot ins Land und Menschen und Tiere sterben daran. 14 Wenn dann die drei großen Männer Noach, Daniel[b] und Ijob unter diesem Volk lebten, so würden nur sie aufgrund ihrer Rechtschaffenheit ihr Leben retten. Das sage ich, der HERR, der mächtige Gott.

15 Oder angenommen, ich lasse zur Strafe Raubtiere in ein Land einfallen, die seine Bewohner töten, und das Land wird menschenleer wie eine Wüste, weil wegen der Lebensgefahr niemand mehr durchzuziehen wagt. 16 Wenn dann diese drei Männer dort lebten, könnten sie nicht einmal ihre Söhne und Töchter retten, sondern allein sich selbst – so gewiss ich, der HERR, lebe! Das ganze Land würde restlos entvölkert werden.

17 Oder angenommen, ich schicke zur Strafe Feinde in ein Land, die Menschen und Tiere niedermachen, 18 und diese drei Männer wären in diesem Land: Sie könnten nicht einmal ihre Söhne und Töchter retten, sondern allein sich selbst – so gewiss ich lebe, ich, der HERR!

19 Oder aber ich schicke zur Strafe die Pest in ein Land und vernichte in meinem glühenden Zorn Menschen und Tiere. 20 Wären dann die drei großen Männer Noach, Daniel und Ijob in diesem Land, sie könnten weder Söhne noch Töchter retten, so gewiss ich lebe, ich, der HERR! Nur ihr eigenes Leben könnten sie aufgrund ihrer Rechtschaffenheit retten.

21 Und nun sage ich, der HERR, der mächtige Gott: ›Wenn ich meine vier Geißeln – Hunger, Raubtiere, Krieg und Pest – auf Jerusalem loslasse, um Menschen und Tiere darin zu vernichten, meint ihr, dass dann jemand mit dem Leben davonkommt? 22 Doch, ich lasse einige übrig, Männer und Frauen, die werden aus der Stadt weggeführt und kommen zu euch. Ihr werdet sehen, was das für Leute sind und wie schlimm sie es treiben. Das wird euch trösten, wenn ihr über den Untergang Jerusalems trauert, über alles, was ich der Stadt angetan habe. 23 Diese Leute werden euch ein Trost sein, wenn ihr seht, wie gründlich verdorben sie sind! Denn ihr werdet daran erkennen, dass ich an Jerusalem nur die gerechte Strafe vollzogen habe. Das sage ich, der HERR, der mächtige Gott.‹«

Jerusalem als nutzloses Rebholz

15 Das Wort des HERRN erging an mich, er sagte: 2 »Du Mensch, was hat der Weinstock vor den wild wachsenden Rankengewächsen voraus? 3 Lässt sich aus seinem Holz irgendetwas Brauchbares herstellen? Kann man auch nur einen Pflock für die Wand daraus schnitzen, um etwas daran aufzuhängen?

4 Nun ist die Weinranke auch noch ins Feuer geworfen worden; die Enden sind schon verkohlt und die Mitte ist angesengt: Wozu kann man sie jetzt noch verwenden? 5 Schon als sie noch unversehrt war, war ihr Holz zu nichts zu gebrauchen; was lässt sich dann jetzt noch damit anfangen?

6 Darum sage ich, der HERR, der mächtige Gott: Der Weinstock Jerusalem ist für mich nicht mehr wert als ein gewöhnliches Rankengewächs. Das Holz des Weinstocks ist zum Verbrennen bestimmt und genauso gebe ich die Bewohner Jerusalems der Vernichtung preis. 7 Mit knapper Not sind sie dem Feuer entronnen,[c] aber das Feuer wird sie vollends

a Die Frager haben kein Gespür für die Unvereinbarkeit von Gott und Götzen. Sie behandeln damit Gott selbst wie irgendeinen Götzen und seinen Propheten wie einen beliebigen Wahrsager; vgl. Kap 13.
b Mit Daniel ist vermutlich nicht der Visionär gemeint, von dem das biblische Buch dieses Namens berichtet; siehe Sacherklärung »Daniel«. So wie in Jer 15,1 die Fürbitte Moses und Samuels, so kann hier die Gerechtigkeit der drei vorbildlichen Männer das übrige Volk nicht retten. In Jerusalem aber gibt es nicht einmal diese drei; vgl. Gen 18,23-33. Der Grundsatz »Nur die eigene Rechtschaffenheit rettet« wird in Kap 18 breit ausgeführt.
c Das bezieht sich auf die Niederlage von 597 v. Chr. (2 Kön 24,8-17). Vgl. Bildlegende Seite 878.

14,9 13,9 **14,11** 11,20 S **14,14** Gen 6,9; Ijob 1,1; Jer 15,1 **14,21** 6,11-12 S; Jer 15,3 **14,22-23** 12,16 **15,1-8** (Weinstock) Jer 2,21 S; Ez 17,5-10; 19,10-14

verzehren. Dann werdet ihr erkennen, dass ich der
Herr bin. Ich selbst wende mich gegen sie [8] und
mache ihr Land zu einer Wüste, weil sie mir untreu
geworden sind. Das sage ich, der Herr, der mächtige
Gott.«

Jerusalem, die treulose Frau (16,1-63)

16 Das Wort des Herrn erging an mich, er sagte:
[2] »Du Mensch, mache der Stadt Jerusalem
klar, was für abscheuliche Dinge sie tut! [3] Halte ihr
vor: ›So spricht der Herr, der mächtige Gott: Du bist
eine Kanaaniterin*; hier im Land wurdest du gebo-
ren. Dein Vater war ein Amoriter*, deine Mutter
eine Hetiterin*.[a]

[4] Und so erging es dir bei deiner Geburt: Deine
Nabelschnur wurde nicht ordentlich abgeschnitten,
du wurdest nicht gebadet und mit Salz abgerieben,
du wurdest nicht in Windeln gewickelt. [5] Niemand
kümmerte sich um dich, niemand hatte Mitleid mit
dir und versorgte dich. Du wurdest aufs freie Feld
geworfen, weil niemand dich haben wollte. So
erging es dir, als du geboren wurdest.

[6] Da kam ich vorüber und sah dich in deinem Blut
liegen und zappeln. Ich sagte zu dir: Du sollst leben!
Du sollst leben [7] und gedeihen!° Ich ließ dich aufblü-
hen wie eine Blume.[b] So wuchst du heran und wur-
dest groß und überaus schön. Die Brüste wurden
rund und das Schamhaar sprosste. Aber noch immer
warst du nackt und bloß.

[8] Wieder kam ich an dir vorüber und ich sah, dass
du zur Liebe reif warst. Da nahm ich dich zur Frau.
Ich breitete meinen Gewandsaum über dich zum
Zeichen, dass du mir gehören und nicht mehr nackt
und bloß sein solltest. Ich schwor dir Treue und

a Anspielung auf die Vergangenheit Jerusalems vor der Eroberung durch David (2Sam 5,6-9).
b Erst als Hauptstadt Israels unter David und Salomo ist Jerusalem zu seiner späteren Bedeutung erblüht. Das Bild vom Findelkind wird jedoch im Weiteren ohne konkreten Bezug auf die Geschichte Jerusalems entfaltet.

Weinberg und Weinstock sind beliebte Bilder für Israel bzw. Jerusalem (siehe Vergleichsstellen zu Jer 2,21). Die darin enthaltene Wertung wird in Kap 15 total umgekehrt: Statt des edlen Weins ist das nutzlose Holz der Vergleichspunkt. Jerusalem darf sich nicht einbilden, dass Gott ihm (gegenüber anderen Völkern) eine Vorzugsbehandlung zuteil werden lässt.

15,7 Am 4,11 **16,1-63** 23,1-49 **16,3** 16,45; Jos 15,63; Ri 19,10-13 **16,8** Rut 3,9

schloss den Bund fürs Leben mit dir, ich, der HERR.
So wurdest du mein.
9 Ich badete dich und wusch dir das Blut ab, salbte
dich mit Öl 10 und gab dir ein buntes Kleid und San-
dalen aus weichem Leder, ein Kopftuch aus feins-
tem Leinen und einen schön gewebten Mantel.
11 Ich legte dir Schmuck an: Armspangen, Halskette,
12 Nasenring, Ohrringe und einen kostbaren Stirn-
reif.
13 So warst du nun mit Gold und Silber geschmückt
und trugst Kleider aus den schönsten und erlesens-
ten Stoffen. Du hattest Gebäck aus feinstem Mehl
zu essen, das mit Honig und Öl bereitet war. Du
warst unaussprechlich schön und wurdest zur Köni-
gin. 14 Alle Welt rühmte deine Schönheit, die durch
meinen Schmuck erst vollkommen wurde‹, sagt
der HERR, der mächtige Gott!

Die Untreue Jerusalems: Götzendienst

15 ›Aber du vergaßt, dass du deine Schönheit und dei-
nen Ruhm mir verdanktest. Du wurdest übermütig
und locktest mit deinen Reizen jeden an, der vorbei-
kam. Jedem botest du dich an. 16 An den Plätzen, wo
man die Götzen verehrt, breitetest du deine bunten
Kleider aus und hurtest herum.[a] Dazu hätte es nie-
mals kommen dürfen.
17 Aus dem Silber und Gold, das ich dir geschenkt
hatte, machtest du dir Götzen und betrogst mich
mit ihnen. 18 Du zogst ihnen deine bunten Gewänder
an und opfertest ihnen den Weihrauch und das Öl,
das du von mir bekommen hattest. 19 Die Lecker-
bissen, die ich dir gegeben hatte, das feine Honig-
gebäck, brachtest du zu ihnen, um sie damit zu
erfreuen. So weit kam es‹, sagt der HERR, der mäch-
tige Gott.
20 ›Aber du hast noch Schlimmeres getan! Du hast
nicht nur mit den Götzen gehurt, sondern ihnen
auch noch die Söhne und Töchter zum Fraß vorge-
worfen, die du mir geboren hattest. 21 Du hast meine
Kinder geschlachtet und als Opfer für deine Götzen
verbrannt.[b] 22 So hast du es getrieben und hast ganz
vergessen, was ich für dich getan hatte, als du noch
nackt und zappelnd in deinem Blut auf der Erde
lagst.‹

Die Untreue Jerusalems: Bündnispolitik

23 ›Deine Schandtaten musst du büßen. Dafür stehe
ich ein, ich, der mächtige Gott. 24–25 Du hast auf
jedem freien Platz und an jeder Straßenecke dein
Hurenlager aufgeschlagen[c] und hast deine Schönheit
in den Schmutz gezogen. Du warst unersättlich und
hast vor jedem, der vorüberging, die Beine gespreizt.
26 Deine Nachbarn, die Ägypter mit dem großen
Glied, waren deine besten Freunde; mit ihnen hast
du gehurt, um mich zu kränken. 27 Da strafte ich dich
und nahm dir einen Teil von dem, was ich dir
geschenkt hatte. Ich gab dich der Gier der Philisterin-
nen*[d] preis, die dich hassten, die aber von deinem
schamlosen Treiben selber angewidert waren.
28 Doch du hattest noch nicht genug und gingst zu
den Assyrern*, um mit ihnen zu huren, und auch das
reichte dir noch nicht. 29 Darum triebst du es mit den
Babyloniern*, diesem Händlervolk; doch auch da
bekamst du nicht genug. 30 Du branntest darauf, dich
hinzugeben; an Schamlosigkeit warst du nicht mehr
zu übertreffen‹, sagt der HERR, der mächtige Gott.
31 ›An jeder Straßenecke und an jedem freien Platz
hast du dein Hurenlager aufgeschlagen. Aber du hast
dich nicht wie eine Hure für Geld hingegeben. 32 Du
hast deinen Ehemann mit fremden Männern betro-
gen, 33 und während man eine Hure bezahlt, hast
du deine Liebhaber noch mit Geschenken angelockt,
damit sie von überallher zu dir kamen. 34 Anderen
Frauen läuft man nach und gibt ihnen Geld, aber
dir läuft niemand nach und du zahlst auch noch
dafür. So sehr bist du aus der Art geschlagen.‹

Die verdiente Strafe

35 ›Jerusalem, du Hure! Höre das Wort des HERRN! So
spricht der HERR, der mächtige Gott: 36 Weil du dich
vor deinen Liebhabern und deinen ekelhaften Göt-
zenbildern nackt ausgezogen und den Götzen deine
Kinder geopfert hast, 37 rechne ich jetzt mit dir ab.
Ich rufe deine ganze Kundschaft zusammen, die
Männer, mit denen du gehurt hast, und auch die
anderen, die du nicht mochtest. Wenn sie von über-
allher zusammengelaufen sind, dann hebe ich vor
ihren Augen deine Kleider hoch und gebe dich der
Schande preis.
38 Ich verfahre mit dir, wie es das Gesetz für eine
Ehebrecherin und Mörderin vorschreibt. Weil du
meinen Zorn gereizt und meine Eifersucht geweckt
hast, verurteile ich dich zum Tod. 39 Ich liefere dich
ihnen aus, dass sie deine Hurenbude und deine Göt-
zenaltäre einreißen, dir deinen Schmuck nehmen,
dir die Kleider vom Leib reißen und dich nackt und
bloß liegen lassen.
40 Dann werden sie eine Gerichtsversammlung
einberufen. Sie werden dich steinigen* und deine
Leiche mit dem Schwert in Stücke hauen. 41 Alle
Frauen werden sehen, wie man das Urteil an dir
vollstreckt und deine Häuser niederbrennt. Aus ist
es dann mit deiner Hurerei, du kannst dir keine Lieb-
haber mehr kaufen!
42 Dann ist endlich mein Zorn und meine Eifer-
sucht gestillt; ich habe wieder Ruhe und muss mich
nicht mehr von dir kränken lassen. 43 Du warst
undankbar und vergaßest, was ich seit deiner Kind-
heit für dich getan hatte. Durch dein schamloses

a Hurerei ist hier wie bei Jeremia und Hosea Bild für die Zuwendung Israels zu anderen Göttern; siehe Sacherklärung »Hurerei«.
b Anspielung auf den Molochkult (siehe Sacherklärung »Moloch« und Lev 18,21 mit Vergleichsstellen).
c Von hier ab wird Hurerei zum Bild für die schon von Jesaja und Jeremia verurteilte Bündnispolitik. Der Übergang ist fließend, weil auch diese Politik als Abwendung von Gott gesehen wird; außerdem war sie mit Zugeständnissen an die Verehrung fremder Götter verbunden; vgl. 2 Kön 16,10-18 und Anmerkungen dazu.
d Das kann sich auf die Philisternot der Frühzeit (2 Sam 1,20) beziehen oder auf das Jahr 701 v. Chr., als Sanherib zur Strafe für das Paktieren mit Ägypten Teile Judas dem Philisterland zugeschlagen hatte.

16,15-19 7,20 S; Jer 2,20 S **16,17** Hos 8,4 **16,18** Hos 2,10 **16,20-21** 20,26; 23,37; Lev 18,21 S **16,26** 23,20; Jes 30,1-7 S **16,28-29** 23,12-18 **16,37** Hos 2,12 **16,38-40** 23,45-47; Lev 20,1-2.10 **16,41** 2 Kön 25,9 **16,43** 7,3-4 S

Treiben hast du mich herausgefordert. Jetzt musst du
die Folgen tragen. Das sage ich, der HERR, der mäch-
tige Gott.‹

›Du treibst es schlimmer als Sodom und Samaria!‹

44 ›Jerusalem, man wird dich verspotten mit dem
Sprichwort: Wie die Mutter, so die Tochter! 45 Du
bist um kein Haar besser als deine Mutter und deine
Schwestern – auch die scherten sich nicht um Mann
und Kinder.

Wie deine Schwestern, zwischen denen du
wohnst, hast du eine Hetiterin* zur Mutter und
einen Amoriter* zum Vater. 46 Deine größere
Schwester ist die Stadt Samaria im Norden mit ihren
Tochterstädten und deine kleinere Schwester die
Stadt Sodom* im Süden mit ihren Tochterstädten.
47 Alle Schändlichkeiten hast du den beiden nachge-
macht und sie darin in kurzer Zeit übertroffen.
48 So gewiss ich, der HERR, lebe: Deine Schwester
Sodom mit ihren Töchtern hat sich nicht so schänd-
lich benommen wie du und deine Töchter! 49 Sie war
eingebildet und lebte mit ihren Töchtern sorglos und
im Überfluss; um Arme und Unterdrückte kümmerte
sie sich nicht. 50 Sie war überheblich und beging
abscheuliche Verbrechen.[a] Als ich das sah, schaffte
ich sie weg.
51 Auch Samaria hat nicht die Hälfte deiner ab-
scheulichen Taten begangen. Du hast viel mehr
gesündigt als sie beide. Du hast es so schlimm getrie-
ben, dass deine beiden Schwestern neben dir gerade-
zu unschuldig dastehen. 52 Weil du viel schlimmer
warst als deine Schwestern und sie durch dein
schmutziges Treiben reingewaschen hast, musst du
dich schämen und deine ganze Schande tragen.‹

›Ich beschäme dich durch meine Treue!‹

53 ›Doch dann wende ich für Sodom und Samaria
alles wieder zum Guten und auch für dich, Jerusa-
lem, die du so tief gefallen bist wie sie! 54 Das tue
ich, damit du einsiehst, wie schändlich du gehandelt
hast. Du sollst dich schämen, dass du sogar noch ver-
dorbener warst als deine Schwestern und sie damit
entlastet hast. 55 Ihr alle drei samt euren Tochterstäd-
ten werdet wieder aufgebaut werden und blühen
wie früher.
56 In deinem Hochmut hast du über deine Schwes-
ter Sodom die Nase gerümpft, 57 aber jetzt wissen
alle, dass du nicht besser bist als sie. Wie du deine
Schwester Sodom verachtet hast, so verachten dich
jetzt alle deine Nachbarinnen, die Edomiterinnen°
und die Philisterinnen. 58 Du musst nun die Folgen
deines schamlosen Treibens und deiner abscheu-
lichen Verbrechen tragen. Das sage ich, der HERR,
der mächtige Gott.‹«

59–60 Weiter sagt der HERR, der mächtige Gott: »Wie
du mir, so ich dir! Du hast mir Treue geschworen und
sie nicht gehalten. Aber obwohl du den Bund*
gebrochen hast, den ich mit dir in deiner Jugend
geschlossen hatte, will ich zu meinem Wort stehen
und mit dir einen Bund für alle Zeiten schließen.
61 Du wirst darüber beschämt sein, wie schändlich
du gehandelt hast,[b] wenn ich dich über deine beiden
Schwestern stellen und sie dir als Töchter geben
werde. Das ist noch mehr, als ich dir einst zugesagt
hatte, als ich den Bund mit dir schloss.°
62 Wenn ich so handle, wirst du erkennen, dass ich
der HERR bin. 63 Ich nehme deine ganze Schuld von
dir, damit du in dich gehst und vor Scham ver-
stummst. Das sage ich, der HERR, der mächtige Gott.«

Das Gleichnis vom Weinstock und den Adlern

17 Das Wort des HERRN erging an mich, er sagte:
2 »Du Mensch, mache den Leuten von Israel
durch ein Gleichnis* deutlich, 3 was ich, der HERR,
der mächtige Gott, ihnen zu sagen habe:

Ein großer Adler mit mächtigen Flügeln und dich-
ten bunten Federn kam zum Libanon und brach den
Wipfel einer Zeder ab. 4 Er brachte ihn ins Krämer-
land in eine Händlerstadt.
5 Dann nahm er aus dem Boden Israels einen
Steckling und pflanzte ihn in ein wohlbewässer-
tes Feld neben einem Wassergraben.[c] 6 Der Adler
wollte, dass daraus ein üppig wuchernder, aber nied-
rig bleibender Weinstock werden sollte. Seine Wur-
zeln sollten unter den Flügeln des Adlers verbleiben
und seine Ranken sich ihm zuwenden. Und aus dem
Steckling wurde tatsächlich ein Weinstock mit kräf-
tigen Ranken.
7 Aber da war noch ein anderer Adler[d] mit großen
Flügeln und dichten Federn. Ihm streckte der Wein-
stock seine Ranken entgegen und ließ seine Wurzeln
zu dessen Land hinwachsen, damit er ihm Wasser
gäbe – weg von dem Land, in das er gepflanzt wor-
den war. 8 Dabei war er doch in gutes, wasserreiches
Land gepflanzt und hatte dort alles, was er brauchte,
um Ranken zu treiben und Frucht zu bringen und ein
prächtiger Weinstock zu werden.
9 Erzähl den Leuten von Israel dieses Gleichnis*
und dann sag zu ihnen: ›So spricht der HERR, der
mächtige Gott: Meint ihr, dass das gut geht? Wird
nicht der erste Adler die Trauben des Weinstocks
zerfetzen und seine Wurzeln ausreißen, sodass alle
seine Blätter verdorren? Es wird keine große Kraft
brauchen, um ihn aus dem Boden zu reißen. 10 Es
wird bestimmt nicht gut gehen! Wenn der glühend
heiße Ostwind kommt, wird der Weinstock auf
dem Feld, in das er gepflanzt worden ist, verdorren.
Völlig verdorren wird er.‹«

a Das Sündenregister Sodoms ist hier gegenüber Gen 18,20; 19,4-9 teils konkreter, teils umfassender; vgl. auch Jes 1,10.15-17. Zu Samaria vgl. die Propheten Hosea und Amos (Seiten 935 und 949).
b Jerusalem wird durch Gottes Güte beschämt sein, weil es weiß, wie unverdient sie ihm zuteil wurde.
c Der »Adler« Nebukadnezzar hatte 597 v. Chr. König Jojachin, den »Wipfel« der stolzen Davidsdynastie, ins »Krämerland« Babylonien verpflanzt und an seiner Stelle dessen Onkel Zidkija als König eingesetzt (Verse 12-13; 2 Kön 24,10-17).
d Der König von Ägypten, auf dessen Seite sich Zidkija schlug (Vers 15; 2 Kön 24,20b) – und auf dessen Hilfe er vergeblich hoffen wird (Vers 17; Jer 37,3-7).

16,45b 16,3S **16,48** Mt 10,15 **16,50** Gen 18,20S **16,51-52** Jer 3,11 **16,58** 7,3-4S **16,59-60** 16,8; 37,26S; Jer 31,33S **16,61-63** 16,54; 20,43S **17,4** 16,29 **17,5-10** 15,1-8S

Die Deutung des Gleichnisses: König Zidkijas Untreue

11 Darauf erging an mich das Wort des HERRN, er
sagte: 12 »Sag zu diesem widerspenstigen Volk: ›Habt
ihr begriffen, was dieses Gleichnis* bedeutet? Ich
will es euch erklären:
Der König von Babylonien* kam nach Jerusalem
und nahm den König und seine Minister mit sich
nach Babylon. 13 Er setzte an dessen Stelle einen
anderen aus der königlichen Familie als König ein,
schloss einen Vertrag mit ihm und ließ ihn Treue
schwören. Die führenden Männer nahm er mit,
14 um zu verhindern, dass der neue König seine
Befugnisse überschreite und sich über den Vertrag
hinwegsetze und ihn breche. 15 Trotzdem brach der
König den Vertrag und schickte Gesandte zum König
von Ägypten, damit er ihn mit Pferden und Streit-
wagen* und einem starken Heer unterstütze.
Wird das gut gehen? Kann einer, der Verträge
bricht, Erfolg haben? Wird er seiner Strafe ent-
gehen?
16 So gewiss ich, der HERR, lebe: In Babylon wird er
sterben, in der Stadt des Königs, der ihn eingesetzt
und dem er einen Eid geschworen hat – und dann
hat er trotzdem den Vertrag gebrochen! 17 Der Pha-
rao kommt ihm nicht mit seiner Heeresmacht zu Hil-
fe, wenn er belagert wird und die Angreifer einen
Wall um die Stadt aufschütten und Angriffsrampen*
gegen die Mauern vortreiben und viele Menschen
den Tod finden. 18 Er hat den Eid missachtet und
den Vertrag gebrochen; er gab sein Wort und hat
es nicht gehalten. Für ihn gibt es keine Rettung.‹
19 Der HERR, der mächtige Gott, sagt: ›So gewiss ich
lebe, das wird er mir büßen! Bei meinem Namen*
hat er geschworen und es nicht gehalten, *meinen*
Vertrag hat er gebrochen! 20 Deshalb spanne ich
mein Netz aus und fange ihn ein, ich bringe ihn nach
Babylon und stelle ihn dort vor mein Gericht, denn
mir ist er untreu geworden. 21 Seine Kriegsleute
werden davonlaufen und mit dem Schwert niederge-
macht werden; ihr Rest wird in alle Winde zerstreut.
Dann werdet ihr erkennen, dass ich geredet habe,
ich, der HERR!‹

Der künftige Herrscher auf dem Zionsberg

22 Der HERR, der mächtige Gott, sagt: ›Ich werde
einen zarten Spross aus dem Wipfel der hohen Zeder
brechen und ihn auf einem hoch ragenden Berg ein-
pflanzen. 23 Auf dem Berg in der Mitte Israels werde
ich ihn einpflanzen und er wird Zweige treiben und
Frucht tragen und zur prächtigen Zeder werden. In
ihren Zweigen werden alle Arten von Vögeln woh-
nen.[a] 24 Dann werden alle Bäume auf dem Feld
erkennen, dass ich, der HERR, den hohen Baum
erniedrigt und den niedrigen Baum erhöht habe,
den Baum mit saftigem Grün verdorren und den ver-
dorrten Baum von neuem grünen ließ. Ich, der HERR,
sage das und tue es auch.‹«

Niemand soll für die Schuld seiner Vorfahren büßen (18,1-32)

18 Das Wort des HERRN erging an mich, er sagte:
2 »Was habt ihr da für ein Sprichwort im Land
Israel? Ihr sagt: ›Die Väter essen unreife Trauben
und die Söhne bekommen davon stumpfe Zähne.‹[b]
3 So gewiss ich, der HERR, lebe: Niemand von euch,
niemand in Israel wird dieses Wort noch einmal wie-
derholen! 4 Ich habe das Leben jedes Einzelnen in
der Hand, das Leben des Sohnes so gut wie das Leben
des Vaters. Alle beide sind mein Eigentum. Nur wer
sich schuldig macht, muss sterben.
5 Nehmt den Fall eines Menschen, der stets das
Rechte tut und sich nichts zuschulden kommen
lässt:[c] 6 Er betet nicht zu den Götzen der Leute von
Israel und hält für sie auf den Bergen keine Opfer-
mähler. Er rührt keine fremde Frau an und keine
Frau, die gerade ihre Blutung hat. 7 Er beutet andere
nicht aus und gibt dem armen Schuldner sein Pfand
zurück. Er nimmt niemand etwas weg, sondern gibt
den Hungernden zu essen und den Frierenden[d]
etwas anzuziehen. 8 Er nimmt keinen Zins, wenn
er Geld ausleiht. Er unterstützt vor Gericht nicht
die ungerechte Sache, sondern fällt stets ein unpar-
teiisches Urteil. 9 Mit einem Wort: Er gehorcht mei-
nen Geboten und tut, was recht ist. Ein solcher
Mensch hat keine Schuld, er soll am Leben bleiben.
Das sage ich, der HERR, der mächtige Gott.
10 Nun kann es sein, dass dieser rechtschaffene
Mann einen missratenen Sohn hat, der Blut vergießt
oder sonst etwas von alldem tut, 11 was sein Vater
gemieden hat: auf den Bergen Opfermähler hält,
mit fremden Frauen schläft, 12 die Schutzlosen unter-
drückt und ausraubt, das Pfand nicht zurückgibt,
sich mit den Götzen einlässt und zu ihnen betet

Ezechiël übermittelte Gottes Botschaft nicht nur in zeichenhaften Handlungen, sondern auch in Gleichnissen. So verglich er die babylonischen und ägyptischen Könige mit großen Adlern und das Land Israel mit einem Weinstock (Kap 17).

a In Umkehrung des Bildes von Vers 3 wird hier ein Neuanfang angekündigt: Aus dem Stamm Davids (vgl. Jes 11,1) wird ein künftiger Friedenskönig hervorgehen (37,23-24).
b Das Sprichwort (siehe Jer 31,29) bringt die Empfindungen einer Generation zum Ausdruck, die für die Schuld der Vorfahren büßen muss. Demgegenüber wird in Kap 18 die unbestechliche Gerechtigkeit von Gottes Gerichtshandeln klargestellt. Der alte Grundsatz der Kollektivhaftung (vgl. Ex 20,5) ist damit außer Kraft gesetzt und die individuelle Verantwortung jedes Einzelnen aufgerichtet.
c Zu den Geboten, die im Folgenden als erfüllt bzw. nicht erfüllt aufgezählt werden, siehe die Vergleichsstellen.
d Wörtlich *den Nackten,* d.h. denen, die nur einen Lendenschurz*, aber kein Obergewand* haben.

17,12a 2,3-5S **17,12b** 2Kön 24,10-12.15-16 **17,13** 2Kön 24,17 **17,15** 2Chr 36,13 **17,16** 12,13; 2Kön 25,7 **17,17** 4,2S **17,20-21** 12,13-14 **17,22** Jes 11,1 **17,23** 20,40 **17,24** 21,30-31; 31,10S; 1Sam 2,7-8 **18,2-4** Jer 31,29-30; Dtn 24,16S **18,6** 7,20S; 22,9; Jes 57,7; Lev 18,19.20 **18,7** Ex 22,25-26; Jes 58,7 **18,8** Ex 22,24S; 23,6-8 **18,9** Lev 18,5S

a Wenn das wörtlich zu nehmen ist, handeln die Verse 3-9 vom Schicksal der Könige Joahas und Zidkija, die dieselbe Mutter hatten (2 Kön 23,31; 24,18). Joahas wurde 608 v. Chr. vom Pharao Necho nach Ägypten verschleppt (2 Kön 23,33-34) und Zidkija 587 v. Chr. von Nebukadnezzar nach Babylon (2 Kön 25,7). Da jedoch die umgebenden Prophetenworte sonst alle aus der Zeit vor 587 stammen, liegt es näher, an König Jojachin zu denken (2 Kön 24,8-15). Die Löwenmutter steht dann als Bild für die Davidsdynastie.

13 oder Geld gegen Zins leiht. Soll ein solcher Mensch am Leben bleiben? Nein! Wer solche Verbrechen begeht, muss getötet werden. Ihn trifft die gerechte Strafe.

14 Dieser verbrecherische Mensch hat vielleicht wieder einen Sohn, der die Untaten seines Vaters sieht und sich durch sein schlimmes Beispiel warnen lässt. 15 Er betet nicht zu den Götzen der Leute von Israel und hält für sie auf den Bergen keine Opfermähler; er rührt keine fremde Frau an; 16 er beutet niemand aus; er fordert kein Pfand, wenn er etwas ausleiht; er nimmt niemand etwas weg, sondern gibt den Hungernden zu essen und den Frierenden Kleidung; 17 er begeht kein Unrecht an den Schutzlosen und nimmt keinen Zins – mit einem Wort: Er gehorcht meinen Geboten und tut, was recht ist. Ein solcher Mensch muss nicht für die Schuld seines Vaters büßen; er soll am Leben bleiben. 18 Nur sein Vater, der andere erpresst und beraubt und seiner Familie ein schlechtes Beispiel gegeben hat, muss sterben.«

Jeder Mensch bereitet sich selbst sein Schicksal

19 »Ihr fragt, warum der Sohn nicht mit dem Vater bestraft wird? Weil er das Rechte getan und meine Gebote befolgt hat! Deshalb bleibt er am Leben. 20 Nur wer sich schuldig macht, muss sterben. Der Sohn soll nicht für den Vater büßen und der Vater nicht für den Sohn. Am Rechtschaffenen wird sich seine Rechtschaffenheit auswirken und am Verbrecher sein Verbrechen.

21 Wenn aber der Verbrecher umkehrt und das Böse lässt, das er getan hat, wenn er alle meine Gebote befolgt und das Rechte tut, bleibt auch er am Leben und muss nicht sterben. 22 All das Böse, das er früher getan hat, wird ihm nicht angerechnet. Weil er danach das Rechte getan hat, bleibt er am Leben. 23 Meint ihr, ich hätte Freude daran, wenn ein Mensch wegen seiner Vergehen sterben muss?«, sagt Gott, der Herr. »Nein, ich freue mich, wenn er von seinem falschen Weg umkehrt und am Leben bleibt!

24 Wenn aber der Rechtschaffene sich vom rechten Weg abwendet und Böses zu tun beginnt, dieselben Abscheulichkeiten wie der Verbrecher, soll er dann am Leben bleiben? Nein! All das Gute, das er früher getan hat, wird ihm nicht angerechnet. Weil er mir untreu geworden ist und Böses getan hat, muss er sterben.«

Gott gibt jedem noch eine Chance

25 »Nun behauptet ihr Israeliten: ›Der Herr tut uns Unrecht!‹ Hört her, ihr Leute von Israel: Bin *ich* es, der Unrecht tut? Seid es nicht vielmehr *ihr?*

26 Wenn ein Mensch, der immer das Rechte getan hat, sich davon abkehrt und Unrecht tut und daraufhin stirbt, dann stirbt er wegen des Unrechts, das er getan hat. 27 Und wenn ein Mensch, der immer Böses getan hat, sich davon abkehrt und das Rechte tut, dann rettet er dadurch sein Leben. 28 Wenn er zur Besinnung kommt und umkehrt, wenn er mit allem Unrecht Schluss macht, dann soll er am Leben bleiben und nicht sterben.

29 Und da sagen die Leute von Israel: ›Der Herr tut uns Unrecht!‹ Tue *ich* Unrecht, ihr Leute von Israel, oder tut es *ihr?* 30 Jeder Einzelne von euch bekommt das Urteil, das er mit seinen Taten verdient hat. Das sage ich, der Herr, der mächtige Gott!

Kehrt also um und macht Schluss mit allem Unrecht! Sonst verstrickt ihr euch immer tiefer in Schuld. 31 Trennt euch von allen Verfehlungen! Schafft euch ein neues Herz und eine neue Gesinnung! Warum wollt ihr unbedingt sterben, ihr Leute von Israel?

32 Ich habe keine Freude daran, wenn ein Mensch wegen seiner Vergehen sterben muss. Das sage ich, der Herr, der mächtige Gott. Also kehrt um, damit ihr am Leben bleibt!«

Klage über den Untergang der Könige von Juda

19 Der Herr befahl mir, ein Klagelied* über den Tod der Könige Israels anzustimmen:

2 »Ach, eure Mutter[a] war wie eine Löwin,
im Kreis der andern Löwen hoch geachtet,
umgeben von den Jungen, die sie großzog.
3 Ihr Liebling unter ihnen wurde mächtig,
ein junger Löwe, der auf Raub ausging,
und viele Menschen wurden seine Beute.
4 Die Völker zogen aus, als sie es hörten,
sie fingen ihn in einer tiefen Grube
und schleppten ihn mit Haken nach Ägypten.

5 Die Löwenmutter setzte ihre Hoffnung
auf einen andern ihrer jungen Löwen.
6 Auch dieser wurde mächtig, ging auf Raub aus
und viele Menschen wurden seine Beute.
7 Er drang in Städte und Paläste ein,
verlassen lagen sie, verwüstet ganz.
Voll Schrecken hörte jeder sein Gebrüll.
8 Da rief man alle Völker rings zusammen;
sie spannten ihre Jägernetze aus
und fingen ihn in einer tiefen Grube.
9 Sie zogen ihm den Haken durch die Nase,
sie spannten seinen Hals in einen Block
und brachten ihn nach Babylon* zum König.
Dort sperrten sie ihn ein in einem Zwinger.

18,19 Ex 20,5 **18,20** Dtn 24,16S **18,21-32** 33,10-20 **18,21-24** Jer 18,7-10 **18,24** 3,20 **18,30a** Jer 17,10S **18,31** 36,26S **19,3-4** 2 Kön 23,31-34 **19,5-9** 2 Kön 24,8-15

Nun wird man auf den Höhen Israels
sein mächtiges Gebrüll nie wieder hören.

10 Ach, eure Mutter war wie eine Rebe,
ein Weinstock,[a] dem es nicht an Wasser fehlte,
der Ranken trieb und reiche Früchte trug.
11 Die Ranken aber wurden stark und kräftig,
zu Holz, aus dem man Herrscherstäbe schnitzt.
Besonders eine wuchs zu stolzer Höhe,
sie streckte sich hinauf bis zu den Wolken.
Durch ihre vielen dicht belaubten Zweige
und ihre Größe fiel sie allen auf.
12 Doch eine harte Hand griff nach dem
Weinstock,
sie riss ihn aus dem Boden, warf ihn hin;
der heiße Ostwind ließ ihn bald verdorren.
Auch seine Früchte wurden abgerissen;
der hoch gewachsene Trieb vertrocknete,
am Ende wurde er ein Raub der Flammen.
13 Nun ist der Weinstock wieder eingepflanzt
und steht in einer wasserlosen Wüste.
14 Das Feuer kam von jenem hohen Trieb,
verzehrte alle Zweige und die Frucht.
Kein Zweig an ihm wird jemals stark genug,
um noch zu einem Herrscherstab zu taugen.«

Dies ist ein Klagelied – es bleibt nur noch die Klage.

Die Geschichte der Untreue Israels

20 Im siebten Jahr unserer Verbannung*, am
10. Tag des 5. Monats,[b] kamen einige von
den Ältesten* Israels zu mir und wollten einen
Bescheid von Gott haben. Sie setzten sich vor mich
hin und warteten.
2 Da erging das Wort des HERRN an mich, er sagte:
3 »Du Mensch, antworte den Ältesten Israels: ›So
spricht der HERR, der mächtige Gott: Ihr wollt einen
Bescheid von mir haben? So gewiss ich lebe, von
euch lasse ich mich nicht befragen, ich nicht!‹«
4 Und er befahl mir: »Du Mensch, du sollst sie
stattdessen zur Rechenschaft ziehen; hast du ver-
standen! Halte ihnen vor, wie schändlich ihre Vor-
fahren mir die Treue gebrochen haben. 5 Sag zu
ihnen:
›So spricht der HERR, der mächtige Gott: Als die
Israeliten in Ägypten waren, habe ich sie erwählt
und zu meinem Volk gemacht. Ich habe mich ihnen
zu erkennen gegeben und mich durch einen Eid mit
ihnen verbunden. Ich habe ihnen zugesagt: Ich bin
der HERR, euer Gott! 6 Und ich habe ihnen geschwo-
ren, sie aus Ägypten in ein Land zu führen, das ich
selbst für sie ausgesucht hatte, ein Land, das von
Milch und Honig überfließt und das an Herrlichkeit
alle anderen Länder übertrifft. 7 Gleichzeitig befahl
ich ihnen: Jeder von euch muss seine Götzenbilder
fortwerfen! Ihr habt mit den abscheulichen Göttern
Ägyptens nichts zu schaffen! Ich bin der HERR, euer
Gott!
8 Sie aber waren widerspenstig und gehorchten
mir nicht. Keiner warf seine Götzenbilder fort; sie
wollten sich nicht von den Göttern Ägyptens tren-
nen. Da hätte ich sie in meinem Zorn beinahe noch
in Ägypten vernichtet.[c] 9 Aber ich verschonte sie um
meiner selbst willen. Ich wollte nicht, dass mein
Name bei den Völkern, unter denen sie lebten, in
Verruf geriet. Denn ich hatte ja vor aller Welt mei-
nen Entschluss kundgegeben, mein Volk aus Ägyp-
ten wegzuführen. 10 So führte ich die Israeliten aus
Ägypten und brachte sie in die Wüste.
11 Dort gab ich ihnen meine Gebote und Ordnun-
gen, durch die der Mensch, wenn er sie befolgt, sein
Leben bewahrt. 12 Ich gab ihnen auch meinen Ruhe-
tag, den Sabbat*. Die Einhaltung der Sabbatruhe
sollte das sichtbare Zeichen sein für den Bund* zwi-
schen mir und meinem Volk. Alle sollten daran
erkennen, dass ich, der HERR, die Israeliten als mein
heiliges Volk für mich ausgesondert habe.
13 Aber auch in der Wüste gehorchten sie mir nicht.
Sie hielten sich nicht an meine Gebote und Ordnun-
gen, durch deren Befolgung der Mensch sein Leben

Ezechiëls Klagelied (Kap 19) nennt den König von Israel einen brüllenden Löwen, der eingefangen und gefesselt nach Babylon gebracht wird.

a Das Bild wechselt (vgl. 15,6), zugleich erfährt das Strafgericht eine Steigerung: Der Weinstock, dessen Ranken die einzelnen Könige sind, wird vollständig ausgerissen und in eine Wüste verpflanzt (Verse 12-13). Die hervorgehobene Ranke in den Versen 11 und 12 ist der letzte regierende König des Davidshauses, Zidkija, der den Untergang der ganzen Dynastie verschuldet hat (Vers 14).
b Im Sommer 591 v. Chr. (vgl. 1,1-3 und 24,1 mit Vergleichsstellen).
c Davon wird sonst nichts berichtet. Von einer Untreue schon in Ägypten spricht auch 23,3.

19,10 15,1-8S **20,1** 8,1; 14,1 **20,3-4** 14,3-4 **20,4** 16,2; 22,2; 23,36 **20,5-6** Ex 6,2-8; 3,8S **20,8** 7,20S; Ex 20,2-5 **20,9** 20,14.22.44; 36,20-23S **20,11** Lev 18,5S **20,12** 20,20; Ex 20,8-10S **20,13** 22,8S

bewahrt; sie schändeten den Sabbat auf die schlimm-
ste Weise.[a] Da hätte ich sie in meinem Zorn beinahe
in der Wüste vernichtet. 14 Aber ich verschonte sie
um meiner selbst willen. Ich wollte nicht, dass mein
Name bei den Völkern, vor deren Augen ich sie aus
Ägypten herausgeführt hatte, in Verruf geriet.
15 Allerdings schwor ich ihnen, dass ich sie nicht in
das Land bringen würde, das ich ihnen zugedacht
hatte, dieses Land, das an Herrlichkeit alle anderen
übertrifft und das von Milch und Honig überfließt.
16 Das sollte die Strafe dafür sein, dass sie immer noch
an ihren Götzen hingen[b] und deshalb meine Gebote
nicht befolgt und meinen Ruhetag entweiht hatten.
17 Doch verschonte ich sie und sah davon ab, sie in
der Wüste bis auf den letzten Mann zu vernichten.
18 Zu ihren Söhnen aber sagte ich in der Wüste:
Folgt nicht den Geboten, nach denen eure Väter
gelebt haben, und habt nichts zu schaffen mit ihren
Götzen! 19 Ich bin der HERR, euer Gott! Nach *meinen*
Geboten und Ordnungen sollt ihr leben! 20 Und ihr
sollt den Sabbat beachten als den Tag, der mir heilig
ist. Die Einhaltung der Sabbatruhe soll das Zeichen
sein für den Bund zwischen mir und euch. Alle sol-
len daran erkennen, dass ich, der HERR, euer Gott
bin.
21 Aber auch die Söhne gehorchten mir nicht. Sie
kümmerten sich nicht um meine Gebote und Ord-
nungen, durch deren Befolgung der Mensch sein
Leben bewahrt, und sie entweihten meinen Ruhe-
tag. Da hätte ich sie in meinem Zorn beinahe in
der Wüste vernichtet. 22 Aber ich hielt mich zurück
und verschonte sie um meiner selbst willen. Ich
wollte nicht, dass mein Name bei den Völkern, vor
deren Augen ich sie aus Ägypten herausgeführt
hatte, in Verruf geriet.
23 Aber ich schwor ihnen schon damals in der Wü-
ste, dass ich sie unter fremde Völker und in ferne Län-
der zerstreuen würde, 24 zur Strafe dafür, dass sie
meine Gebote nicht befolgt und meinen Ruhetag
entweiht hatten und immer noch an den Götzen
ihrer Väter hingen. 25 Außerdem gab ich ihnen
schlimme Gebote, deren Befolgung nicht zum
Leben, sondern zum Tod führen sollte. 26 Durch ihre
Opfergaben wurden sie unrein*, wenn sie mir alle
Erstgeburten* als Brandopfer darbrachten.[c] Das
befahl ich, damit sie sich entsetzen sollten. Sie soll-
ten erkennen, dass ich der HERR bin.‹«
27 Dann sagte der HERR: »Du Mensch, rede noch
weiter zu den Leuten von Israel; sag zu ihnen: ›So
spricht der HERR, der mächtige Gott: Noch mit etwas
anderem haben eure Vorfahren mich beleidigt und
mir die Treue gebrochen. 28 Als ich sie in das Land
brachte, das ich ihnen mit einem Eid zugesagt hatte,
reizten sie mich zum Zorn mit den Opfern*, die sie
auf jedem Berg und unter jedem grünen Baum dar-
brachten, ihren Mahlopfern, Räucheropfern und
Trankopfern.
29 Ich fragte sie: Was habt ihr da auf der Höhe zu
suchen? – Deshalb nennt man bis heute diese Opfer-
stätten Höhen.‹[d]
30 Darum sollst du zu den Leuten von Israel sagen:
›Hier ist die Antwort des HERRN: Ihr seid noch genau-
so treulos wie eure Vorfahren und lauft den abscheu-
lichen Götzen nach. 31 Bis heute bringt ihr ihnen eure
Opfergaben und macht euch damit unrein, sogar
eure Kinder opfert ihr ihnen als Brandopfer.[e] Und
da soll ich euch Auskunft geben, ihr Leute von
Israel? So gewiss ich lebe, ich, der HERR: Von euch
lasse ich mich nicht befragen!‹«

Gott macht einen neuen Anfang

32 »Aber das darf niemals wahr werden, was da als
Gedanke in euch aufgestiegen ist!«, sagt der HERR.
»Ihr sagt: ›Es bleibt uns nichts übrig, als zu werden
wie die anderen Völker und Göttern aus Holz und
Stein zu dienen!‹[f]
33 So gewiss ich lebe, ich, der HERR: Mit starker
Hand und hoch erhobenem Arm und mit mächtigem
Zorn werde ich mich als euer König erweisen! 34 Ich
werde euch aus den Ländern der Völker, unter die
ihr zerstreut worden seid, herausholen – mit starker
Hand und hoch erhobenem Arm und mächtigem
Zorn. Ich werde euch sammeln 35 und euch in die
Wüste zwischen den Völkern führen. Dort werde
ich euch vor mein Gericht stellen, Auge in Auge.
36 Ich werde euch zur Rechenschaft ziehen, so wie
ich eure Vorfahren in der Wüste Ägyptens zur
Rechenschaft zog. Das sage ich, der HERR, der mäch-
tige Gott.
37 Wie der Hirt seine Herde unter dem Hirtenstab
durchziehen lässt, so nehme ich mir euch vor,[g] damit
ihr wieder zu dem Volk werdet, das nach den Ord-
nungen meines Bundes* lebt. 38 Alle, die mir unge-
horsam waren und sich gegen mich aufgelehnt
haben, scheide ich aus meinem Volk aus. Ich hole
sie zwar aus den Ländern, in die sie verschleppt wor-
den sind, heraus; aber ins Land Israel werden sie
nicht kommen. Ihr sollt erkennen, dass ich der
HERR bin!«
39 Hört, ihr Leute von Israel, was der HERR, der
mächtige Gott, zu euch sagt: »Tut, was ihr wollt;
dient euren Götzen! Ihr werdet schon sehen, wie
es euch dann ergeht. Zuletzt aber werdet ihr wieder
auf mich hören und meinen heiligen Namen nicht
mehr durch Opfergaben* entweihen, die von eurem
Götzendienst verunreinigt sind. 40 Auf meinem heili-
gen Berg, auf dem hohen Berg mitten im Land Israel,
wird das ganze Volk Israel mir dienen. Dort werde
ich die vorgeschriebenen Opfergaben und Ernte-
abgaben gerne von euch annehmen.

a Vgl. Ex 16,26-29; Num 15,32-36. Zur Bedeutung des Sabbats für Ezechiël siehe 22,8 und Vergleichsstellen.
b Nach Num 14,20-23 ist es die Strafe für die Weigerung, im Vertrauen auf Gottes Hilfe das gut befestigte und stark verteidigte Land zu erobern. Die Verse 18-21 haben keine Entsprechung in den Berichten über die Wüstenzeit; man könnte an Vorgänge wie Num 17,6-14; 21,4-9; 25,1-13 denken.
c Das Gebot von Ex 13,2 wurde vielleicht tatsächlich zur Zeit Ezechiëls als Begründung für die Unsitte der Kinderopfer (siehe 16,21 und Vergleichsstellen) in Anspruch genommen.
d Der hebräische Name für die von den Landesbewohnern übernommenen Opferstätten (siehe Sacherklärung) wird hier durch ein Wortspiel erklärt, das im Deutschen nicht wiederzugeben ist.
e Vgl. Sacherklärung »Moloch«.
f Hier äußert sich tiefe Verzweiflung. Doch Gott wird sich als der König Israels erweisen (Verse 33-34). Freilich ist die Rettung verbunden mit Gericht (Verse 35-38).
g Also einzeln, einen um den anderen (18,4; zum Bild vgl. Lev 27,32-33).

20,14 20,9 S; Num 14,12-16 **20,15** Num 14,28-30 **20,23** Lev 26,33; Dtn 28,63-64 **20,26** 16,20-21 S **20,28** 6,13 S; Dtn 12,2 **20,33** Dtn 4,34; Jes 33,21-22 **20,36** Num 14,22-38 **20,37** Lev 27,32-33 **20,40** Ps 48,3; Ez 45,17–46,15; 44,30

41 Dann werden die Opfer, die ihr auf meinem
Altar verbrennt, mir Freude machen und ich werde
euch meine Liebe zuwenden. So wird es sein, wenn
ich euch aus den Ländern, in die ihr zerstreut wor-
den seid, herausgeholt habe. Denn vor den Augen
aller Völker werde ich euch wegführen und mich
so als der heilige Gott erweisen.
42 Ich bringe euch wieder in das Land, das ich
euren Vorfahren mit einem Eid zugesagt habe. Dann
werdet ihr erkennen, dass ich der HERR bin. 43 Ihr
werdet Ekel vor euch selbst empfinden, wenn ihr
daran denkt, wie schändlich ihr euch aufgeführt
und wie abscheulich ihr euch durch euer böses
Tun verunreinigt habt. 44 Ihr werdet erkennen, dass
ich der HERR bin, wenn ich so an euch handle, wie
ich es euch mit meinem Namen* verbürgt habe[a] –
und nicht, wie ihr es mit eurer Auflehnung und
euren bösen Taten verdient hättet, ihr Leute von
Israel! Das sage ich, der HERR, der mächtige Gott.«

Feuer und Schwert über Jerusalem

21 Das Wort des HERRN erging an mich, er sagte:
2 »Du Mensch, blicke drohend auf den Wald
im Süden[b] und kündige ihm mein Strafgericht an!
3 Sag zu ihm: ›So spricht der HERR, der mächtige Gott:
Ich werde ein Feuer in dir anzünden, das alle dei-
ne Bäume verzehrt, die grünen so gut wie die dür-
ren. Niemand kann es löschen und alle, die in dem
Wald leben, vom Süden bis zum Norden, werden
von den Flammen versengt. 4 Alle Welt soll erken-
nen, dass ich, der mächtige Gott, diesen Brand gelegt
habe. Er wird nicht erlöschen, bis alles niederge-
brannt ist.‹«
5 Ich erwiderte: »Ach HERR, mein Gott, sie werden
mir vorhalten, dass ich wieder einmal in Rätseln
rede!«
6 Da erging an mich das Wort des HERRN: 7 »Du
Mensch, blicke drohend in Richtung Jerusalem
und kündige dem Tempel* und dem ganzen Land
mein Strafgericht an! 8–9 Sag zum Land Israel: ›So
spricht der HERR: Ich sehe nicht länger zu! Ich ziehe
mein Schwert und vernichte alle deine Bewohner,
die Guten genauso wie die Bösen, vom Süden bis
zum Norden. 10 Alle Welt soll erkennen, dass ich,
der HERR, mein Schwert gezogen habe. Es wird nicht
in seine Scheide zurückkehren, bis alle Bewohner
des Landes vernichtet sind.‹
11 Du, Mensch, aber stöhne! Du sollst vor aller
Augen zusammenbrechen und vor Schmerz unauf-
hörlich stöhnen. 12 Und wenn sie dich fragen: ›Was
stöhnst du so?‹, dann antworte: ›Weil ich das Unheil
kommen sehe! Alle werden entsetzt und verzagt
sein; wie gelähmt lassen sie die Hände sinken und
können das Wasser nicht mehr halten. Der HERR,
der mächtige Gott, hat gesagt: Es wird mit Sicherheit
eintreffen!‹«

Ein Lied vom strafenden Schwert

13 Das Wort des HERRN erging an mich, er sagte: 14 »Du
Mensch, kündige den Leuten von Israel mein Straf-
gericht an! Sag zu ihnen: ›So spricht der HERR:

Das Schwert kommt über euch, das Schwert,
es ist bereit, die Klinge blitzt!
15–16 Zum Schlachten hat man es gewetzt,
es funkelt hell, es glänzt und blitzt.
Der Waffenschmied hat es geschärft,
dem Schlächter gebt es in die Hand!

Sagt nicht: Wir haben Grund, uns zu freuen; denn
unser König verlacht alle anderen Herrscher! 17–18 Ich
habe ihn geprüft: Dieser König wird keinen anderen
mehr verlachen!‹[c]
Du Mensch, schreie und heule laut! Schlag dir auf
die Hüften! Denn das Schwert richtet sich gegen
mein Volk und alle seine Führer. Alle ohne Aus-
nahme fallen ihm zum Opfer. 19–20 Schlag zornig die
Hände zusammen, du Mensch, und kündige mein
Strafgericht an:

›Das Schwert verdoppelt seine Wucht,
es wirbelt, kreist, die Schläge prasseln;
in allen Städten wütet es.
Die Leichen türmen sich empor,
den Tapfersten entfällt der Mut.
Der HERR hat dieses Schwert geschickt;
er hielt es lange wohl verwahrt,
für diesen Tag ist es bereit,
nun soll es treffen wie der Blitz.
21 Auf, Schwert, schlag drein, nach links,
nach rechts!
Gehorche, wie die Hand dich führt!

Ein assyrischer Soldat erhebt sein Schwert zum tödlichen Schlag. Der Prophet warnte die Leute von Juda: Gott hat sein Schwert gegen das Volk erhoben. Gewiss wird es treffen, wenn sie sich weiterhin weigern umzukehren (21,13-22).

a Nicht Gottes Liebe, sondern seine Heiligkeit und Ehre stehen für Ezechiël im Vordergrund (siehe Vergleichsstellen und die Anmerkung zu 36,23).
b Juda liegt von Babylonien aus »südlich« (Vers 7), weil man es auf dem Weg über Syrien von Norden her erreicht.
c *Sagt nicht …:* Der Text ist nicht sicher zu deuten.

20,41 28,25 S **20,43** 6,9; 16,61-63; 36,31-32; 39,26-27; 43,10 **20,44** 20,9 S **21,8-10** 21,14-16.19-21; 5,1-2 **21,11-12** 12,9; 24,18-19; Jer 4,19

22 Auch ich werde die Hände zusammenschlagen und
meinem Zorn freien Lauf lassen. Das sage ich, der
HERR.‹«

Das Los fiel auf Jerusalem

23 Das Wort des HERRN erging an mich, er sagte:
24 »Du Mensch, zeichne die beiden Wege auf, die
das Heer[a] des Königs von Babylonien* einschlagen
kann. Sie gehen beide vom selben Punkt aus. An
der Gabelung sollst du zwei Wegweiser aufstellen,
25 einen nach Rabba, der Hauptstadt der Ammoni-
ter*, den anderen nach Juda mit der als uneinnehm-
bar geltenden Stadt Jerusalem.[b]

26 Schon steht der babylonische König an der
Wegscheide und befragt das Orakel. Er schüttelt
die Pfeile, die ihm als Lose dienen, und beschaut
die Leber der Opfertiere.[c] 27 Jetzt hat er das Los ›Jeru-
salem‹ gezogen, mit der rechten Hand hält er es
hoch. Er ist entschlossen, mit seinem Heer gegen
die Stadt zu ziehen. Er wird das Kriegsgeschrei gegen
sie anstimmen, einen Wall um sie aufschütten,
Angriffsrampen* gegen ihre Mauern vortreiben
und die Tore mit Rammböcken* berennen.

28 Die Leute von Juda bilden sich ein, es sei ein
Lügenorakel, das ihm fälschlich Erfolg verheißt.
Denn man hat ihnen heilige Eide geschworen, dass
dies nicht geschehen werde.[d] Aber das Orakel
spricht die Wahrheit; es hat ihre Vergehen an den
Tag gebracht, damit sie endlich bestraft werden.

29 Darum sage ich, der HERR, der mächtige Gott, zu
den Leuten von Juda: ›Ihr seid überführt: Eure
Schuld ist aufgedeckt, euer Ungehorsam und eure
Auflehnung liegen offen zutage. Jetzt werdet ihr
mit harter Hand gepackt!‹

30–31 Zu dir aber, dem Herrscher Israels, dem eid-
brüchigen Schurken,[e] sagt der HERR, der mächtige
Gott: ›Der Tag der Abrechnung ist da! Herunter
mit Turban und Kronreif! Deine Herrschaft hat ein
Ende! Der Mächtige wird gestürzt, der Machtlose
erhöht! 32 In Trümmer lege ich Jerusalem, in Trüm-
mer, in Trümmer! Nie zuvor hat man so etwas
erlebt. Der Mann ist schon unterwegs, der in mei-
nem Auftrag das Strafgericht vollzieht.‹«

33 Weiter befahl mir der HERR: »Du Mensch, kün-
dige den Ammonitern[f] mein Strafgericht an; denn
mich, den mächtigen Gott, haben sie verhöhnt!
Sag ihnen in meinem Auftrag:

›Das Schwert kommt über euch, das Schwert,
es funkelt hell, es glänzt und blitzt,
zum Schlachten ist es ausgesandt!‹

34 Während eure Lügenorakel euch noch Rettung ver-
heißen, ist das Schwert schon an eure Hälse gesetzt,
ihr schändlichen Verbrecher! Der Tag der Abrech-
nung ist gekommen!

35 Doch dann zurück in deine Scheide, Schwert!
Auch mit dir, meinem Strafwerkzeug, will ich
abrechnen, im Land deiner Herkunft, an dem Ort,
an dem ich dich geschaffen habe.[g] 36 Ihr sollt meinen
ganzen Zorn zu spüren bekommen, wie ein verzeh-
rendes Feuer wird er euch treffen. Ich gebe euch in
die Hand roher Männer, die sich aufs Morden ver-
stehen. 37 Das Feuer soll euch verzehren; euer eige-
nes Land soll euer Blut trinken. Euer Andenken soll
völlig ausgelöscht werden. Ich habe es gesagt, ich,
der HERR.«

Jerusalem, die Stadt der Verbrecher

22 Das Wort des HERRN erging an mich, er sagte:
2 »Du Mensch, mach dich bereit, die Stadt der
Mörder[h] anzuklagen! Halte ihr vor, was für abscheu-
liche Verbrechen sie begangen hat. 3 Sag zu ihr:
›So spricht der HERR, der mächtige Gott: Du Stadt,
die in ihren Mauern das Blut Unschuldiger vergießt
und damit ihr Ende heraufbeschwört, die sich
unrein* macht durch ihre Götzenbilder! 4 Dein
Untergang ist nahe, du hast ihn selbst herbeigeführt!
Durch dein Blutvergießen hast du schwere Schuld
auf dich geladen, durch deine Götzenbilder bist du
mir zum Abscheu geworden!

Darum gebe ich dich der Schande preis, alle Völ-
ker werden über dich spotten, 5 alle nah und fern
werden sich über dich lustig machen. Berühmt bist
du durch deine Unreinheit, groß durch deine Ver-
brechen!

6 Deine führenden Männer missbrauchen ihre
Macht dazu, unschuldige Menschen umzubringen.
7 Deine Bewohner verachten Vater und Mutter, sie
unterdrücken die Fremden, die bei ihnen Schutz
gesucht haben, sie verweigern den Waisen und
Witwen ihr Recht. 8 Sie missachten mein Heiligtum
und schänden den Sabbat*. 9 Verleumder liefern un-
schuldige Menschen dem Tod aus. Auf den Bergen
werden Opfermähler für die Götzen gefeiert.

Die schlimmsten Untaten werden in deiner Mitte
verübt. 10 Da schläft man mit einer Frau des eigenen
Vaters und verkehrt mit Frauen während der Zeit
ihrer monatlichen Blutung. 11 Man treibt Ehebruch
mit der Frau des anderen, man macht sich nichts dar-
aus, mit der Schwiegertochter oder der Halbschwes-
ter, der Tochter des eigenen Vaters, zu schlafen.
12 Bestechliche Richter verurteilen Unschuldige
zum Tod. Geld wird gegen Zinsen verliehen und
die Notlage der Armen wird schamlos zum eigenen
Vorteil ausgenutzt. Mich aber habt ihr vergessen,
den HERRN, den mächtigen Gott!

13 Aber warte nur, du Verbrecherstadt, wenn ich
mit dir abrechne, voll Zorn über das Morden und
Betrügen in deiner Mitte! 14 Bildest du dir ein, du
könntest vor mir bestehen? Meinst du, du könntest

a Wörtlich *das Schwert.*
b Mit Juda haben sich offenbar auch die Ammoniter gegen die babylonische Herrschaft aufgelehnt. Nebukadnezzar bricht 589 v. Chr. zum Rachefeldzug auf. Wer wird zuerst an die Reihe kommen? Dem Propheten wird vorausblickend gezeigt, wie die Entscheidung ausfallen wird (2 Kön 25,1). Zur Lage von Rabba siehe Karte Seite 443.
c Der Zustand der Leber wurde bei den Babyloniern (wie bei den Römern) als Vorzeichen künftigen Geschehens gedeutet.
d Anspielung auf das Wirken der falschen Propheten; vgl. 13,6-7.10.16.
e Zidkija musste den Vasallenvertrag mit den Babyloniern im Namen seines Gottes beschwören (17,11-19).
f Auch sie entgehen nicht ihrer Strafe – und schließlich auch nicht die Babylonier, das Strafwerkzeug Gottes (Hab 1,5-11; 2,4-17; vgl. auch Jes 10,5-19).
g Das Wort bezieht sich offenbar auf die Babylonier als das Strafwerkzeug (»Schwert«) Gottes.
h Jerusalem wird hier ein umfassendes Sündenregister vorgehalten. Einmal mehr zieht Ezechiël eine vernichtende Gesamtbilanz; vgl. Kap 16; 20; 23.

21,27 2 Kön 25,1; Ez 4,2 S **21,30-31** 17,24 S **21,33-34** Jer 49,1-6 S **21,35-37** Jes 13,1-22 S **22,2-4** (Blutvergießen) 9,9; 24,6-7; 36,18; 7,20 S; Jes 1,15-16; 2 Kön 21,1-9.16; Nah 3,1 **22,6-7** Ex 20,13.12; 22,20-21; Jes 1,17 S **22,8** 20,13; 22,26; 23,38-39; 44,24; Lev 19,30 **22,9** Lev 19,16; Ez 6,13; 18,6 **22,10** Lev 18,8.19 **22,11** Lev 18,20.15.11 **22,12** Ex 23,7-8; 22,24 S

auch nur die Hand heben, wenn ich gegen dich vorgehe? Ich, der HERR, habe gesprochen, und was ich angekündigt habe, das werde ich tun. 15 Ich zerstreue deine Bewohner weit und breit in fremde Länder und setze deinen Verbrechen ein Ende. 16 Mag auch mein Ansehen unter den Völkern deswegen leiden:° Du sollst erkennen, dass ich der HERR bin!‹«

Israel als wertlose Schlacke

17 Das Wort des HERRN erging an mich, er sagte: 18 »Du Mensch, die Leute von Israel sind für mich wie die Schlacken geworden, die beim Ausschmelzen des Silbers anfallen, das wertlose Gemisch aus Kupfer, Zinn, Eisen und Blei. Schlacken sind sie, aber kein Silber![a]

19–20 Darum sage ich, der HERR, der mächtige Gott: ›Weil ihr wertlose Schlacken geworden seid, werde ich entsprechend mit euch verfahren. Wie man in einem Schmelzofen silberhaltiges Blei, Kupfer, Eisen und Zinn zusammenwirft und das Feuer darunter anfacht, so bringe ich euch in Jerusalem zusammen und lasse euch die Glut meines Zornes spüren. Jerusalem soll für euch zum Schmelzofen werden! 21 Ich entfache gegen euch das Feuer meines Zorns, darin sollt ihr geschmolzen werden! 22 Wie das Metallgemisch im Ofen sollt ihr geschmolzen werden! Ihr sollt erkennen, dass ich, der HERR, meinen glühenden Zorn über euch ausgegossen habe.‹«

Die führenden Schichten sind schuld am Untergang Judas

23 Das Wort des HERRN erging an mich, er sagte: 24 »Du Mensch, sag zum Land Israel: ›Du bist so unrein* geworden, dass ich in meinem Zorn keinen Regen mehr schicke. 25 Deine Herrscher° haben sich aufgeführt wie beutegierige Löwen: Sie raubten Schätze zusammen und mordeten. Wie viele Frauen haben sie zu Witwen gemacht!

26 Deine Priester* haben meine Gebote willkürlich ausgelegt und die Opfer*, die sie mir darbrachten, entweiht. Sie machten keinen Unterschied zwischen heiligen* und unheiligen Dingen, belehrten das Volk nicht über das, was unrein macht, und kümmerten sich nicht darum, wenn der Sabbat* geschändet wurde. So kam es dazu, dass die Leute von Israel mir ohne jede Ehrerbietung begegneten.

27 Deine Richter benahmen sich wie beutehungrige Wölfe; sie machten sich nichts daraus, Menschen umzubringen, um sich zu bereichern.

28 Deine Propheten aber deckten all dieses Unrecht mit beschwichtigenden Worten zu. Sie verkündeten trügerische Hirngespinste und sagten: So spricht der HERR, der mächtige Gott – wo ich doch gar nicht zu ihnen gesprochen hatte.

29 Deine angesehenen Leute verlegten sich auf Raub und Erpressung. Sie nutzten die Armen und Schutzlosen aus und verweigerten den Fremden ihr Recht.

30 Ich suchte überall nach einem, der in die Bresche springen und die Mauer um mein Volk vor dem Einsturz bewahren würde, damit ich es nicht vernichten müsste; aber ich fand keinen. 31 Da schüttete ich die Glut meines Zorns über sie aus und gab sie dem Untergang preis. Ihr eigenes Tun ließ ich auf sie zurückfallen.‹«

Das sagt der HERR, der mächtige Gott.

Die beiden Schwestern Samaria und Jerusalem (23,1-49)

23 Das Wort des HERRN erging an mich, er sagte: 2 »Du Mensch, da waren zwei Frauen, Töchter derselben Mutter. 3 Schon in ihrer Jugend, als sie noch in Ägypten waren, gaben sie sich Männern hin und ließen ihre jugendlichen Brüste drücken. 4 Die ältere Schwester hieß Ohola und die jüngere Oholiba.[b] Ohola ist Samaria und Oholiba Jerusalem. Sie

a Siehe Sacherklärung »Schlacke«.
b In beiden Namen steckt das hebräische Wort für »Zelt«, was an die nomadische Herkunft der Israeliten erinnert.

Israels Bündnispolitik, die stets zugleich eine Anerkennung fremder Götter einschloss, wird mit der Untreue einer Frau verglichen (Kap 23). Die beiden Schwestern, Israel und Juda, sind Gott vermählt; aber sie erwählen sich als »Liebhaber« die stattlichen assyrischen Offiziere. Die Israeliten vertrauen nicht auf ihren Gott, sondern lassen sich von der assyrischen Macht blenden.

22,16 36,20 **22,18-21** Jes 1,25S; Jer 6,29-30 **22,24** Dtn 11,16-17; Jer 14,2-4 **22,25-28** Zef 3,3-4 **22,25** 2 Kön 21,16 **22,26** Lev 10,10S; Ez 22,8S **22,28** Jer 14,13-15 **22,30** 13,5; Ps 106,23 **22,31** 7,3-4S **23,1-49** 16,1-63; Jer 3,6-10 **23,3** 20,8

wurden meine Frauen und gebaren mir Söhne und Töchter.

5 Ohola aber wurde mir untreu und ließ sich mit Liebhabern ein, den assyrischen Kriegern.[a] 6 Sie warf ihr Auge auf die in Purpur gekleideten Statthalter und Offiziere, allesamt schöne junge Männer hoch zu Ross. 7 Ihnen gab sie sich hin, der Elite Assyriens*, und verunreinigte sich mit ihren Götzen. 8 Auch von den Ägyptern ließ sie nicht;[b] die hatten es ja schon in ihrer Jugend mit ihr getrieben, sie hatten bei ihr gelegen und ihre jugendlichen Brüste gedrückt.

9 Deshalb gab ich sie in die Gewalt ihrer Liebhaber, der Assyrer, auf die sie so versessen war. 10 Die zogen sie nackt aus, nahmen ihr die Söhne und Töchter weg und erschlugen sie dann mit dem Schwert. So vollzogen sie das Strafgericht an ihr, als warnendes Beispiel für alle Frauen.

11 Obwohl Oholiba das Ende ihrer Schwester mit angesehen hatte, trieb sie es selber noch schlimmer. 12 Auch sie warf ihr Auge auf die assyrischen Krieger, diese prächtig gekleideten Statthalter und Offiziere, die schönen jungen Männer hoch zu Ross.[c] 13 Ich sah, wie sie sich mit ihnen verunreinigte; darin waren sich die beiden Schwestern völlig gleich.

14 Aber das war ihr nicht genug. Sie sah nämlich Wandbilder von Babyloniern*, eingeritzt und mit roter Farbe nachgezogen: 15 Bilder von Männern aus Chaldäa*, die prächtige Gürtel trugen und eine Binde um den Kopf, unter der ihr langes Haar hervorquoll, lauter Offizierstypen. 16 Als sie ihre Bilder sah, war sie sofort für sie entbrannt und schickte Boten zu ihnen nach Chaldäa.

17 Da kamen die Babylonier, schliefen mit ihr und machten sie dadurch unrein*. Aber als sie sich mit ihnen verunreinigt hatte, wandte sie sich sogleich wieder von ihnen ab.

18 Da wandte *ich* mich von *ihr* ab, wie ich mich schon von ihrer Schwester abgewandt hatte; denn sie hatte sich in aller Öffentlichkeit diesen Männern hingegeben.

19 Sie aber trieb es immer so weiter. Sie dachte an ihre Jugendzeit, wo sie sich den Ägyptern hingegeben hatte, 20 und bekam Sehnsucht nach ihren Freunden von damals,[d] den Männern, deren Glied so groß wird wie das eines Esels und deren Samenerguss so mächtig ist wie der eines Hengstes. 21 Sie wollte es wieder mit ihnen treiben wie in ihrer Jugend, als man in Ägypten ihre Brüste gedrückt hatte.«

Das Strafgericht über die jüngere Schwester

22 »Weil du es so getrieben hast, Oholiba, sage ich, der HERR, der mächtige Gott: Ich hetze deine früheren Liebhaber, von denen du dich abgewandt hast, gegen dich auf. Von allen Seiten sollen sie über dich herfallen, 23 die Männer aus Babylon* und alle Chaldäer*, die Männer aus Pekod, Schoa und Koa und dazu die Assyrer*,[e] lauter schöne junge Leute hoch zu Ross, Statthalter und Befehlshaber, Offiziere und Edelleute.

24 Mit ihrer Streitwagenmacht und einem riesigen, wohlbewaffneten Heer werden sie gegen dich anrücken; auf allen Seiten wirst du von einem Meer von Helmen, Rund- und Langschilden umgeben sein. Ich liefere dich an sie aus, damit sie dich nach ihrem Recht bestrafen.

25 Du hast mich zur Eifersucht gereizt, deshalb lasse ich ein schweres Strafgericht an dir vollziehen. Nase und Ohren werden sie dir abschneiden und deine Kinder mit dem Schwert umbringen. Alle deine Söhne und Töchter werden sie aus der Stadt herausführen und die Stadt in Flammen aufgehen lassen. 26 Sie werden dir die Kleider ausziehen und dir deinen Schmuck wegnehmen.

27 Ich setze dem schändlichen Treiben ein Ende, das du schon in Ägypten angefangen hast. Du sollst nicht mehr nach Männern Ausschau halten und dich nicht mehr nach den Ägyptern sehnen.

28 Denn das sage ich, der HERR, der mächtige Gott: Ich gebe dich in die Gewalt deiner früheren Liebhaber, von denen du dich abgewandt hast und die du jetzt verabscheust. 29 Du wirst ihre Rache zu spüren bekommen: Sie rauben dich völlig aus und lassen dich nackt und bloß liegen. Deine Scham wird entblößt, dein ganzes schändliches Treiben kommt an den Tag. 30 So wirst du dafür bestraft, dass du mit den Völkern herumgehurt und dich mit ihren Götzen verunreinigt hast.

31 Du bist dem schlimmen Beispiel deiner Schwester gefolgt, darum musst du denselben Becher austrinken wie sie. 32 Das sage ich, der HERR, der mächtige Gott: Den Becher deiner Schwester musst du leeren, den Riesenbecher; verspotten und verhöhnen wird man dich. 33 Vor Gram und Verzweiflung wirst du wie betrunken taumeln. Einen Becher voll Grauen und Entsetzen musst du leeren wie deine Schwester Samaria. 34 Bis auf den letzten Tropfen musst du ihn ausschlürfen und dir mit seinen Scherben die Brüste zerkratzen. Ich habe es gesagt, der HERR, der mächtige Gott.

35 Weil du mich vergessen und mir den Rücken gekehrt hast, musst du nun die Folgen deiner Untreue und deines schamlosen Treibens tragen. Das sage ich, der HERR, der mächtige Gott.«

Die beiden Schwestern als warnendes Beispiel

36 Der HERR sagte zu mir: »Du Mensch, mach dich bereit, Ohola und Oholiba zur Rechenschaft zu ziehen! Halte ihnen ihr schändliches Treiben vor!

a Siehe Hos 5,13 und Vergleichsstellen.
b Siehe Hos 7,11; 12,2; 2 Kön 17,4; zu Vers 9: 2 Kön 17,5-6.
c Siehe 2 Kön 16,7-18; zu den Versen 14-18: 2 Kön 20,12-18.
d Zur erneuten Zuwendung zu Ägypten vgl. 17,15; 2 Kön 24,1.20b sowie Jer 37,3-7.
e Sie kommen hier nur noch als Hilfstruppen der Babylonier in Betracht, die Jerusalem 587 v. Chr. den Untergang bereiten werden (2 Kön 25,1-12).

23,8 2 Kön 17,4 **23,9-10** 2 Kön 17,5-6 **23,12-13** 2 Kön 16,7-18 **23,14-18** 2 Kön 20,12-18 **23,19-21** 2 Kön 24,1.20b; Ez 17,15 **23,20** 16,26 **23,23-25** 2 Kön 25,1-12 **23,31-34** Jer 13,13 S **23,33** Jes 51,17 **23,35** 7,3-4 S

37 Ehebruch haben sie begangen, Blut klebt an ihren Händen: Sie haben mich mit ihren Götzen betrogen und haben ihnen auch noch die Kinder, die sie mir geboren hatten, zum Fraß hingeworfen.[a] 38–39 Und was der Gipfel ist: Noch am selben Tag, an dem sie den Götzen ihre Kinder geschlachtet hatten, kamen sie in mein Heiligtum. Mein Haus haben sie entweiht, und auch meinen Ruhetag, den Sabbat*, haben sie geschändet.

40 Außerdem haben sie Boten zu fremden Männern geschickt, damit sie von weit her zu ihnen kämen; sie haben sich für sie fein gemacht, sich gebadet, ihre Augen geschminkt und ihren Schmuck angelegt. 41 Dann haben sie sich auf einem weichen Ruhebett niedergelassen, vor dem ein gedeckter Tisch stand, und auf den Tisch haben sie Weihrauch und duftendes Öl gestellt – die Gaben, die ich ihnen geschenkt hatte.

42 Ringsum war alles erfüllt vom festlichen Stimmengewirr der Menge, die man aus der Wüste herbeigeholt hatte. Die Männer legten den beiden Schwestern Armspangen an und setzten ihnen kostbare Kronen auf. 43 Ich aber dachte: Ihre Schönheit ist verwelkt, und sie haben immer noch nicht genug von ihrer Hurerei![b] 44 Die Männer verkehrten mit ihnen, wie man mit Huren verkehrt; so schamlos trieben es Ohola und Oholiba.

45 Aber unbescholtene Männer werden über die beiden zu Gericht sitzen und sie verurteilen, wie man Ehebrecherinnen und Mörderinnen verurteilt; denn das sind sie. 46 Ich, der HERR, der mächtige Gott, befehle: ›Das Volk soll sich versammeln und dann werden die beiden der Menge zur Misshandlung und Ausplünderung preisgegeben. 47 Die ganze Versammlung soll sie durch Steinigung* hinrichten und ihre Leichen soll man noch mit dem Schwert zerstückeln. Ihre Söhne und Töchter soll man töten und ihre Häuser niederbrennen.‹

48 So mache ich, der HERR, eurem schändlichen Treiben ein Ende und zugleich gebe ich allen Frauen im Land eine Warnung, eurem schlimmen Beispiel nicht zu folgen. 49 Euch trifft die verdiente Strafe für eure Treulosigkeit; ihr müsst die Folgen eures Götzendienstes tragen. Ihr sollt erkennen, dass ich der HERR bin, der mächtige Gott.«

Jerusalem, der Topf auf dem Feuer

24 Im neunten Jahr unserer Verbannung*, am 10. Tag des 10. Monats, erging das Wort des HERRN an mich, er sagte: 2 »Du Mensch, schreib dir das Datum des heutigen Tages auf![c] Heute hat der König von Babylon* die Stadt Jerusalem eingeschlossen. 3 Deinen verbannten Landsleuten aber, diesem widerspenstigen Volk, sollst du ein Gleichnis* vortragen, sag zu ihnen: ›So spricht der HERR, der mächtige Gott:[d]

Den Topf aufs Feuer!
Wasser hinein!
4 Das Fleisch zerlegen!
Die Stücke in den Topf,
lauter gute Stücke
von Lende und Schulter!
Dazu Knochenstücke voller Mark!
5 Alles nur von ausgesuchten Schafen!
Unter dem Topf das Holz° aufschichten!
Tüchtig sieden lassen!
Die Knochen gut auskochen!‹

6 So spricht der HERR, der mächtige Gott: ›Weh der blutbefleckten Stadt![e] Weh dem rostigen Topf, dessen Rost nicht mehr zu entfernen ist! Ein Stück ums andere fischt man aus ihm heraus, ohne das Los zu werfen – wie es gerade kommt![f]

7 Du Stadt, in der unschuldige Menschen ermordet wurden! Auf dem nackten Felsen hat man Blut vergossen und es nicht einmal mit Erde bedeckt. 8 Es soll auch nicht zugedeckt werden, damit es nach Rache schreit. Es soll das Strafgericht über dich herbeirufen!‹

9–10 So spricht der HERR, der mächtige Gott: ›Weh der blutbefleckten Stadt! Ich schichte jetzt den Holzstoß auf, zünde das Feuer an und koche das Fleisch so lange, bis die Brühe ganz verkocht ist und die Knochen verkohlen.

11 Ich lasse den leeren Topf in der Glut, bis er selber glüht, damit der ganze Rost, alles, was ihn verunreinigt, ausgebrannt wird. 12 Aber das ist vergebliche Mühe: Er ist so über und über mit Rost bedeckt, dass auch die Feuersglut ihn nicht reinigen kann. 13 Ich wollte dich reinigen, Jerusalem, aber du warst nicht rein zu bekommen. Nun sollst du unrein* bleiben, damit ich meinen ganzen Zorn an dir stillen kann.

14 Ich sehe nicht mehr über deine Verbrechen hinweg; ich habe kein Mitleid mit dir, ich lasse mich nicht umstimmen. Dich trifft die verdiente Strafe für dein böses Tun.

Das sagt der HERR, der mächtige Gott.‹«

Ein Trauerfall als Zeichen für den Fall Jerusalems

15 Das Wort des HERRN erging an mich, er sagte: 16 »Du Mensch, ich nehme dir dein Liebstes, die Freude deiner Augen, durch einen jähen Tod. Aber du darfst keine Totenklage* halten und keine Tränen vergießen. 17 Sitze starr und reglos und stöhne; aber unterlass alle Trauerbräuche*: Behalte den Turban auf und lege die Schuhe nicht ab, verhülle nicht das

a Siehe 16,21 und Anmerkung dazu.
b Die Verse 42a und 43 sind nur vermutungsweise wiedergegeben.
c Es handelt sich um den 17. Dezember 589 v. Chr.
d Es folgt zunächst ein harmlos klingendes Lied, wie man es bei der Zubereitung einer Fleischmahlzeit gesungen haben mag. Erst die Fortsetzung enthüllt es als ein Bild des Strafgerichts über Jerusalem (Verse 9-10). Vgl. zu diesem Umschwung Jes 5,1-7.
e Vgl. die Abrechnung in 22,2-5.
f Die zweite Vershälfte ist nicht sicher zu deuten.

23,37 (Kinder) 16,20-21 S **23,38-39** 22,8 S **23,45-47** 16,38-40 S **23,49** 7,3-4 S **24,2** 2 Kön 25,1 **24,3-5** 11,3-11 **24,6-7** 22,2-5 S **24,8** Ijob 16,18 S **24,14** 7,3-4 S **24,17** Jer 16,6 S

Gesicht und iss nichts von dem Brot, das die Nachbarn dir bringen.«[a]

18-19 Am selben Abend starb meine Frau und am anderen Morgen verhielt ich mich so, wie der HERR es mir befohlen hatte. Die Leute fragten mich: »Warum machst du das? Was hat das zu bedeuten?« Und ich erklärte es ihnen.

20 Ich sagte zu ihnen: »Das Wort des HERRN ist an mich ergangen, er hat zu mir gesagt: 21 ›Sag zu den Leuten von Israel: So spricht der HERR, der mächtige Gott: Gebt Acht! Ich entweihe mein Heiligtum, auf das ihr so stolz seid, auf das ihr euer ganzes Vertrauen setzt, die Freude eurer Augen und das Ziel eurer Sehnsucht. Ich gebe es der Schändung und Vernichtung preis.[b] Eure Söhne und Töchter aber, die ihr in Jerusalem zurückgelassen habt,[c] werden durchs Schwert umkommen.

22 Dann werdet ihr genauso handeln wie Ezechiël jetzt: Ihr werdet euer Gesicht nicht verhüllen und kein Trauerbrot* von den Nachbarn annehmen. 23 Ihr werdet den Turban auf dem Kopf behalten und die Schuhe an den Füßen. Ihr werdet keine Totenklage halten und keine Tränen vergießen. Nur wortlos stöhnen werdet ihr, einer wie der andere; unter den Folgen eurer Verfehlungen werdet ihr dahinsiechen.

24 Mein Prophet Ezechiël ist ein Zeichen[d] für euch: Genauso wie er werdet ihr euch verhalten. Wenn es eintrifft, werdet ihr erkennen, dass ich der HERR bin, der mächtige Gott.‹«

25 Weiter sagte der HERR zu mir: »Du Mensch, an dem Tag, an dem ich den Leuten von Israel ihre Zuflucht, ihre Freude, das Ziel ihrer Sehnsucht nehme und ihre Söhne und Töchter dazu, 26 an jenem Tag wird ein Flüchtling zu dir kommen und dir darüber berichten.

27 Dann wird deine Zunge gelöst werden, du wirst mit ihm reden können und nicht länger stumm sein.[e] So mache ich dich für die Leute von Israel zu einem Zeichen, an dem sie erkennen, dass ich der HERR bin.«

DAS GERICHT GOTTES ÜBER DIE VÖLKER[f] (Kapitel 25–32)

Das Strafgericht über die Ammoniter

25 Das Wort des HERRN erging an mich, er sagte: 2 »Du Mensch, wende dich gegen die Ammoniter* und kündige ihnen mein Strafgericht an! 3 Sag zu ihnen:

›Hört das Wort, das der HERR sagt! So spricht der HERR, der mächtige Gott: Ihr höhnt und spottet über mein Heiligtum, weil es entweiht ist, über das Land Israel, weil es verwüstet ist, und über das Volk von Juda, weil es weggeschleppt ist.[g] 4 Deshalb gebe ich euer Land den Beduinen, die aus der Wüste im Osten kommen. Sie werden ihre Zelte und Pferche bei euch aufschlagen; sie werden die Früchte des Landes ernten und die Milch seiner Herden trinken. 5 Eure Hauptstadt Rabba mache ich zu einer Weide für Kamele und eure Städte und Dörfer zum Lagerplatz für Schafe und Ziegen. Ihr sollt erkennen, dass ich der HERR bin.

6 So spricht der HERR, der mächtige Gott: Mit hämischer Schadenfreude habt ihr Ammoniter zugesehen, wie das Land Israel verwüstet wurde; triumphierend habt ihr in die Hände geklatscht und mit den Füßen aufgestampft. 7 Deshalb gehe ich jetzt gegen euch vor und liefere euch an fremde Völker aus; ich vernichte euch vollständig. Ihr sollt erkennen, dass ich der HERR bin!‹«

Das Strafgericht über die Moabiter

8 So spricht der HERR, der mächtige Gott: »Die Moabiter° spotten und sagen: ›Dem Volk von Juda ist es nicht besser ergangen als den anderen Völkern!‹ 9 Deshalb gebe ich seinen Stolz, die befestigten Städte auf den Bergen Moabs, in die Hand der Feinde – Bet-Jeschimot, Baal-Meon und Kirjatajim.[h] 10 Ich gebe das ganze Land den Beduinen, die aus der Wüste im Osten kommen, genauso wie das Land der Ammoniter*. An die Ammoniter wird sich niemand mehr erinnern, 11 und auch an den Moabitern vollstrecke ich mein Strafgericht. Sie sollen erkennen, dass ich der HERR bin.«

Das Strafgericht über die Edomiter

12 So spricht der HERR, der mächtige Gott: »Die Edomiter* haben an den Leuten von Juda grausam Rache genommen und dabei schwere Schuld auf sich geladen.[i] 13 Deshalb gehe ich jetzt gegen sie vor, ich, der HERR; ich töte Menschen und Tiere und verwüste das ganze Land. Alle seine Bewohner werden durch das Schwert umkommen, in seinem ganzen Gebiet von Teman bis Dedan*. 14 Dieses Strafgericht vollstrecke ich an ihnen durch mein Volk Israel. Sie sollen durch die Leute von Israel meinen ganzen Zorn zu spüren bekommen. Sie sollen erkennen, dass ich an ihnen Rache nehme!«

Das sagt der HERR, der mächtige Gott.

Das Strafgericht über die Philister

15 So spricht der HERR, der mächtige Gott: »Die Philister* haben an Juda grausam Rache genommen. Voll Hass und aus uralter Feindschaft wollten sie es völlig vernichten. 16 Deshalb gehe ich jetzt gegen sie vor, ich, der HERR. Ich vernichte die Bewohner der Küstenebene, diese Leute aus Kreta, bis auf den letz-

a Zu den aufgezählten Trauerbräuchen siehe die Sacherklärung. Wie bei anderen Propheten (Hos 1; Jer 16,1-4) wird das persönliche Schicksal zu einem Stück prophetischer Botschaft.
b *Ich gebe es ...:* verdeutlichender Zusatz.
c Angeredet sind die Verbannten in Babylonien. Sie werden vom Fall Jerusalems so tief getroffen sein, dass sie nicht fähig sind, ihre Trauer in der üblichen Weise zu äußern.
d Siehe Bildlegende Seite 868.
e Darin liegt unausgesprochen die Ankündigung, dass Ezechiël – von dieser Stunde ab? – nicht mehr sprechen kann (siehe 33,21).
f Die Gerichtsankündigungen stehen in engem Zusammenhang mit dem Schicksal Jerusalems 587 v.Chr. und betreffen Völker, die sich zu Juda feindlich gestellt oder es im Stich gelassen haben; vgl. Skizze Seite 894.
g Offenbar sind die Ammoniter dem Strafgericht Nebukadnezzars entgangen; vgl. Anmerkung zu 21,25.
h Bet-Jeschimot liegt in der Jordansenke nordöstlich des Toten Meeres, die beiden anderen Orte sind auf der moabitischen Hochebene bzw. an deren westlichem Abhang zu suchen (Baal-Meon = Bet-Meon).
i Siehe 35,5-6; Obd 9-14; Ps 137,7. Zu Teman in Vers 13 siehe Anmerkung zu Jer 49,7; Dedan liegt weit südöstlich von Edom in der arabischen Wüste.

24,18-19 21,11-12S **24,22-23** Jer 16,6S; 7,3-4S **24,24** 12,6; 6,10S **24,26** 33,21 **25,1-7** Jer 49,1-6S **25,3** 25,8; 35,12; 36,1-3; Klgl 2,15-16 **25,8-11** Jes 15,1–16,14S **25,12-14** Jes 34,5-17S **25,12** 35,5-6S **25,15-17** Jes 14,28-32S

ten Rest. 17 Ich nehme Rache an ihnen und vollziehe
an ihnen ein schweres Strafgericht. Sie sollen erken-
nen, dass ich der HERR bin, wenn ich ihnen vergelte,
was sie meinem Volk angetan haben.«

Das Strafgericht über die mächtige Handelsstadt Tyrus

26 Im elften Jahr unserer Verbannung*, am ers-
ten Tag des Monats,[a] erging das Wort des
HERRN an mich, er sagte: 2 »Du Mensch, die Leute
von Tyrus jubeln vor Freude über den Fall Jerusalems
und rufen: ›Erobert ist die Stadt, die man das Tor der
Völker nennt! Uns wird jetzt ihr Reichtum zufallen!
Sie ist nur noch ein Trümmerhaufen.‹
3 Deshalb sage ich, der HERR, der mächtige Gott,
zu Tyrus: ›Du bekommst es jetzt mit mir zu tun!
Wie das Meer gegen deine Klippen brandet, so lasse
ich viele Völker gegen dich anstürmen. 4 Sie werden
deine Mauern schleifen und deine Türme niederrei-
ßen. Ich schwemme alle deine Erde weg, sodass nur
noch der nackte Fels aus dem Meer ragt.[b] 5 Darauf
werden die Fischer ihre Netze zum Trocknen ausle-
gen. Ich habe es gesagt, ich, der HERR. Die Völker
werden dich ausplündern 6 und auch deine Tochter-
städte auf dem Festland zerstören. Ihr sollt erken-
nen, dass ich der HERR bin.‹
7 Weiter sagt der HERR, der mächtige Gott, zu Tyrus:
›Ich führe Nebukadnezzar, den König von Babylo-
nien*, den mächtigsten aller Könige, von Norden
gegen dich heran.[c] Er kommt mit Pferden und Streit-
wagen* und mit einem riesigen Heer. 8 Er wird deine
Tochterstädte erobern und zerstören. Dann wird er
einen Wall gegen dich aufschütten, Angriffsrampen*
zu deinen Mauern vortreiben und Schutzdächer für
die angreifenden Truppen aufstellen. 9 Er wird deine
Mauern mit Rammböcken* erschüttern und deine
Türme mit eisernen Haken einreißen.
10 Eine Staubwolke wird dich bedecken, wenn er
mit seiner riesigen Streitwagenmacht gegen dich
heranrollt; wenn er durch die aufgebrochenen Tore
einfährt, werden vom Lärm der Hufe und Räder die
Mauern zittern. 11 Die Hufe seiner Pferde werden das
Pflaster deiner Straßen aufreißen; seine Männer
werden deine Bewohner mit dem Schwert erschla-
gen. Die prächtigen Säulen, auf die du so stolz bist,
werden bersten und in Trümmer sinken.
12 Die Feinde werden dich ausplündern und dir
alle deine Schätze rauben; sie werden deine Mauern
niederreißen, deine prächtigen Paläste zerstören
und Steine, Balken und Schutt ins Meer werfen.
13 Ich lasse deine festlichen Lieder verstummen, kein
Harfenklang wird mehr in dir zu hören sein. 14 Ich
mache dich zu einem nackten Felsen, auf dem die
Fischer ihre Netze zum Trocknen auslegen; du wirst
nicht wieder aufgebaut werden. Ich habe es gesagt,
der HERR, der mächtige Gott.‹«

Tyrus muss hinab ins Totenreich

15 So sagt der HERR, der mächtige Gott, zu Tyrus: »Die
Inseln im Meer werden beben, wenn du mit Donner-
getöse fällst. Ihre Bewohner werden zittern, wenn
sie das Wutgeschrei der Mörder hören und die
Todesschreie ihrer Opfer. 16 Alle Könige der Völker
am Meer werden von ihren Thronen steigen und
ihre prächtigen Gewänder ablegen. Gelähmt vor
Entsetzen werden sie sich auf die nackte Erde setzen
17 und die Totenklage* über dich anstimmen. Sie
werden sagen:

›Ach, du ruhmvolle Stadt,
Festung mitten im Meer,[d]
brausend von Leben erfüllt,
nun ist dein Untergang da!
Schrecken flößtest du ein
allen Bewohnern am Meer.
18 Jetzt sind die Inseln entsetzt,
Zittern befällt sie und Angst
bei deinem schrecklichen Sturz.‹

19 Höre, Tyrus, was ich, der mächtige Gott, dir sage:
Ich mache dich zur verwüsteten, menschenleeren
Stadt, ich führe die große Flut gegen dich heran, dass
du darin untergehst. 20 In die Totenwelt* musst du
hinunter, zu den längst Verstorbenen, in die tiefste
Tiefe zu den früher verwüsteten Städten; bei den
Schatten musst du hausen. Du wirst nie mehr
bewohnt werden, nie mehr wieder erstehen im Land
der Lebenden.° 21 Zum abschreckenden Beispiel
mache ich dich. Man wird dich suchen, aber nicht
mehr finden; dein Ende ist unwiderruflich für alle
Zeiten. Das sage ich, der HERR, der mächtige Gott.«

Klage über den Untergang des Prachtschiffs Tyrus

27 Das Wort des HERRN erging an mich, er sagte:
2 »Du Mensch, stimme ein Klagelied* an über
Tyrus, 3 die Stadt, die den Zugang zum Meer be-
herrscht[e] und mit vielen Völkern über das Meer
hin Handel treibt. Sag zu ihr: ›So spricht der HERR,
der mächtige Gott:

Tyrus, du warst so stolz auf deine Schönheit.
4 Ein Schiff warst du, ringsum vom Meer umgeben;
die Meister, die dich bauten, waren Künstler,
die dich zu einem wahren Schmuckstück machten.
5 Vom Hermon holten sie Zypressenholz,
um deinen Rumpf aus Planken wohl zu fügen.
Ein Zedernstamm vom hohen Libanon
war dir als Mastbaum aufrecht eingepflanzt.
6 Aus Baschan-Eichen[f] machten sie die Ruder,
aus Zypern kam das Buchsbaumholz fürs Deck.

a Der Name des Monats ist nicht überliefert. Es handelt sich um die Zeit kurz nach der Zerstörung Jerusalems 587 v. Chr.
b Die reiche und mächtige Handelsstadt Tyrus war auf einer der Küste vorgelagerten Felseninsel erbaut. Seit alter Zeit bestanden mit Israel freundschaftliche Beziehungen (1 Kön 5,15); noch unter dem letzten König Judas gab es eine Interessengemeinschaft (Jer 27,3). Aber Jerusalems Fall löst nach Vers 2 nicht Betroffenheit, sondern Befriedigung über das Verschwinden einer Handelskonkurrenz aus.
c Tatsächlich hat Nebukadnezzar die wegen ihrer Insellage schwer zu erobernde Stadt nach 587 v. Chr. jahrelang belagert (siehe die Anmerkung zu 29,17).
d Siehe Anmerkung zu 26,4.
e Als Umschlaghafen für das gesamte palästinisch-syrisch-arabische Hinterland hatte Tyrus eine einzigartige wirtschaftliche Machtstellung.
f Baschan (Karte Seite 16) war ein fruchtbares Wald- und Weidegebiet.

26,1–28,19 Jes 23,1-16S **26,2** 25,3S **26,7-14** 29,17-20 **26,7** Jer 1,14S **26,8** 4,2S **26,16** 28,19S **26,20** 32,18; Jes 14,9-11 **27,3b** 28,17

7 Als Segel diente Leinen aus Ägypten;
von weit her sah man darauf deine Farben.
Ein Sonnendach aus violettem Purpur,
das brachten deine Händler aus Elischa.[a]
8–9 Sidon und Arwad stellten Ruderknechte.
Die Ältesten* von Byblos sahen nach,
dass nirgends Wasser eindrang durch ein Leck.
Aus Tyrus kamen Männer voll Erfahrung
als deine Steuermänner und Matrosen.
Aus aller Herren Länder kamen Schiffe,
um ihre Waren bei dir einzutauschen.
10 Aus Put und Lud und Paras[b] kamen Krieger,
um dir zu helfen gegen deine Feinde.
Von deiner Reling blitzten Helm und Schild,
die hängten sie als Zierde daran auf.

11 Männer aus Arwad verstärkten die Kriegsleute auf
deinen Mauern, Männer aus Gammad verteidigten
deine Türme. Ihre runden Schilde hängten sie rings-
um an deine Mauerzinnen und machten deine
Schönheit damit vollkommen.
12 Reiche Handelsgüter hattest du anzubieten. Die
Stadt Tarschisch* kaufte deine Waren und lieferte
dir dafür Silber, Eisen, Zinn und Blei. 13 Die Griechen
und die Leute von Tubal und Meschech* brachten
dir als Tauschgüter Sklaven und Kupferwaren.
14 Die Bewohner von Bet-Togarma[c] schickten dir
Zug- und Reitpferde und Maultiere. 15 Die Leute
von Rhodos° und die Bewohner vieler Küsten trie-
ben Handel mit dir, sie brachten dir Elfenbein und
Ebenholz.
16 Die Edomiter° kauften aus deinem reichen
Angebot und lieferten dir dafür Edelsteine, Korallen,
bunte Stoffe und feines Leinen. 17 Juda und Israel
brachten dir als Tauschgüter Weizen, Hirse, Honig,
Öl und duftendes Harz. 18 Die Händler von Damas-
kus kauften aus deinem überreichen Warenangebot
und lieferten dir dafür Wein aus Helbon und Wolle
aus Zahar. 19 Die Leute von Wedan und Jawan im
Gebiet von Usal[d] brachten dir als Tauschgüter Eisen-
waren, Zimt und andere Gewürze.
20 Die Leute von Dedan* verkauften dir Stoffe für
Satteldecken. 21 Die Scheiche von Arabien und von
Kedar* trieben Handel mit dir, sie lieferten Schafe
und Ziegen. 22 Die Händler von Saba* und Ragma
waren für dich tätig und gaben dir für deine Waren
die kostbarsten duftenden Öle, alle Arten von Edel-
steinen und Gold. 23–24 Die Leute von Haran, Kanne
und Eden,° von Assur und Kilmad trieben Handel
für dich und lieferten dir prächtige Gewänder, Pur-
purmäntel, bunte Stoffe und Seile.
25 Seetüchtige Handelsschiffe[e] bildeten deine
Karawanen; sie brachten dir diese ganze Fülle von
Gütern und Waren. Du wurdest reich und mächtig
auf deiner Insel. 27 [f]Aber du wirst untergehen und
dann stürzt alles ins Meer, die Güter und Waren,
dein ganzer Reichtum und dazu deine Seeleute und
Schiffsbauleute, deine Händler und das ganze Aufge-
bot an Kriegsleuten, die dich verteidigen sollten.

26 Als Prachtschiff fuhrst du, Tyrus, übers Meer,
von Rudern angetrieben auf den Wogen.

»Das Wort des Herrn erging an mich, er sagte: ›Du Mensch, stimme ein Klagelied an über Tyrus, die Stadt, die den Zugang zum Meer beherrscht und mit vielen Völkern über das Meer hin Handel treibt!‹« (27,1-3) Tyrus ist im Lauf seiner Geschichte mehrfach erobert worden. Das Bild zeigt die heutige Stadt, die durch eine Landzunge mit dem Festland verbunden ist.

a Siehe Sacherklärung. Die in den Versen 8-9 genannten Orte waren phönizische Hafenstädte nördlich von Tyrus.
b *Paras:* wahrscheinlich Persien; zu *Put* und *Lud* siehe Sacherklärungen.
c Bet-Togarma ist im heutigen Armenien zu suchen.
d Jawan (Jonien) ist die griechisch besiedelte Westküste Kleinasiens; die übrigen Angaben sind nicht zu deuten. Die Verse 20-22 erwähnen arabische, die Verse 23-24 mesopotamische Stämme und Städte.
e Wörtlich *Tarschisch-Schiffe;* siehe Sacherklärung »Tarschisch«.
f Der Vers wurde umgestellt, da er als Beschreibung in breiter Prosa das mit Vers 26 beginnende Klagelied unterbricht.

27,17 1 Kön 5,24-25 **27,21-22** Jes 60,6-7 **27,25** 1 Kön 10,22

Da fasste dich der Sturm, brach dich in Stücke;
28 bis an die Küsten hört man mit Entsetzen,
wie die Ertrinkenden um Hilfe schreien.
29 Nun steigen die Matrosen von den Schiffen
und alle Ruderbänke leeren sich;
an Land geht jeder, der das Meer befuhr.
30–31 Sie alle hüllen sich in einen Sack*,
sie scheren sich das Haar und streuen Erde
auf ihren Kopf, sie wälzen sich im Staub.
Voll Trauer und Entsetzen klagen sie,
sie schreien laut, sie weinen, jammern, heulen;
32 sie singen dir das Totenklagelied*:

Wer konnte je mit Tyrus sich vergleichen,
der starken Stadt, von Wogen rings umspült?
33 Der Wohlstand vieler Völker kam zu dir
und mancher König wurde durch dich reich,
als noch dein Handel auf den Meeren blühte.
34 Nun aber ruhst du dort im tiefsten Meer,
zerschmettert bist du, tot sind deine Krieger,
dein Reichtum ist die Beute deiner Feinde.
35 Entsetzen packt die Völker an den Küsten
und ihren Herrschern sträuben sich die Haare,
in den Gesichtern malt sich Furcht und Grauen;
36 die Händler wenden sich mit Schaudern ab:
Du bist ein Bild des Jammers und des Schreckens,
für alle Zeiten ist's um dich geschehen!‹«

Gegen die Überheblichkeit des Königs von Tyrus

28 Das Wort des Herrn erging an mich, er sagte:
2 »Du Mensch, sag zum Herrscher von Tyrus:
›So spricht der Herr, der mächtige Gott: Du bildest
dir etwas ein auf deine große Macht. Du behauptest:
Ein Gott bin ich; wie ein Gott throne ich auf meiner
Insel mitten im Meer![a] Du hast dich zum Gott
erklärt, obwohl du doch nur ein Mensch bist.
3 Du bist zwar weiser als der berühmte Daniel,[b]
kein Geheimnis ist dir zu tief. 4–5 Durch deine Klug-
heit blühte dein Handel, du bist reich geworden
und hast deine Schatzkammern mit Gold und Silber
gefüllt. Aber dein Reichtum ist dir zu Kopf gestiegen;
du überhebst dich 6 und stellst dich Gott gleich.
Deshalb sage ich, der Herr:
7 Ich führe Feinde gegen dich heran, die erbar-
mungslosesten der Völker; dann hilft dir deine ganze
Weisheit* nichts mehr und deine Pracht wird in den
Schmutz getreten. 8 Du selbst musst hinunter zu den
Toten; in deiner Festung mitten im Meer wirst du
erschlagen.
9 Wenn deine Mörder auf dich eindringen, wirst
du dann auch noch sagen: Ein Gott bin ich? Du wirst
ihnen so hilflos ausgeliefert sein wie irgendein
Mensch. 10 Fremde erschlagen dich, du erleidest
einen schändlichen Tod. Ich habe es gesagt, der
Herr, der mächtige Gott.‹«

Nachruf zu Lebzeiten auf den König von Tyrus

11 Das Wort des Herrn erging an mich, er sagte: 12 »Du
Mensch, stimme die Totenklage* an über den König
von Tyrus! Sag zu ihm:
›So spricht der Herr, der mächtige Gott: Du warst
die Vollkommenheit selbst, voll Weisheit* und erle-
sener Schönheit. 13 In Eden*, dem Gottesgarten, leb-
test du. Dein Gewand war mit Edelsteinen aller Art
besetzt, mit Rubin, Topas, Jaspis, Chrysolith, Karne-
ol, Onyx, Smaragd, Karfunkel und Lapislazuli. Mit
Gold warst du geschmückt an dem Tag, an dem ich
dich erschuf. 14 Ich gab dich dem Wächter des Gar-
tens, dem Kerub* mit den ausgebreiteten Flügeln,
zum Gefährten;° du wohntest auf dem heiligen Göt-
terberg* mitten unter feurigen Steinen.
15 Vollkommen hattest ich dich geschaffen und du
bliebst es, bis du in Sünde fielst. 16 Deine ausgedehn-
ten Handelsgeschäfte verführten dich zu Erpressung
und Unterdrückung; so wurdest du schuldig. Da ver-
stieß ich dich vom Götterberg und der Wächter, der
Kerub, schaffte dich aus der Mitte der feurigen Stei-
ne weg.[c] 17 Deine Schönheit hatte dich überheblich
gemacht; aus lauter Eitelkeit hattest du deine Weis-
heit preisgegeben und warst zum Narren geworden.
Deshalb stürzte ich dich auf die Erde hinunter und
gab dich dem Spott der Könige preis.
18 Durch das Unrecht, das du bei deinen Handels-
geschäften begingst, bist du schuldig geworden
und hast deine Tempel entweiht. Darum habe ich
Feuer in deiner Stadt ausbrechen lassen und sie
niedergebrannt; wer jetzt vorbeikommt, findet
nur noch Schutt und Asche.[d] 19 Alle Völker ringsum
sind starr vor Entsetzen. Ein Bild des Schreckens
bist du geworden, für alle Zeiten ist es um dich ge-
schehen.‹«

Gegen die Stadt Sidon

20 Das Wort des Herrn erging an mich, er sagte:
21 »Du Mensch, wende dich gegen die Stadt Sidon
und kündige ihr mein Strafgericht an! 22 Sag zu ihr:
›So spricht der Herr, der mächtige Gott: Ich gehe
gegen dich vor, Sidon, ich werde an dir meine Macht
zeigen! Deine Bewohner sollen erkennen, dass ich
der Herr bin, wenn ich mein Strafgericht vollstrecke
und mich an dir als der heilige Gott erweise. 23 Ich
schicke die Pest in deine Mauern; deine Straßen
werden mit Erschlagenen bedeckt sein, wenn die
Feinde von allen Seiten in dich eindringen. Sie sollen
erkennen, dass ich der Herr bin.‹«

a Siehe Anmerkung zu 26,4. Zu der aufs Äußerste gesteigerten Selbstüberhebung vgl. Jes 14,13-14 und Gen 3,5 (siehe auch Ez 31,10 und Vergleichsstellen).
b Siehe Anmerkung zu 14,14.
c *und der Wächter ...*: mit veränderten Vokalen; H *und ich schaffte dich, du schützender Kerub, aus ... weg.*
d Die prophetische Totenklage ist ein Mittel der Zukunftsansage; sie betrauert als geschehen, was erst künftig eintreten wird.

27,35-36 28,19 S **28,2** Jes 14,13-14; Gen 3,5 **28,3** 14,14 **28,4-5** 28,12.17; 31,10 S **28,7** 30,11; 31,12; 32,12 **28,8** 26,20 **28,12** (Totenklage) 26,17; 27,2; 32,2; Am 5,1; (Vollkommenheit) Ez 28,3-5 **28,13** Gen 2,8 **28,14** Jes 14,13 **28,17** 27,3b **28,19** 26,16; 27,35-36; 32,10 **28,20-23** Jes 23,2-4.12; Joël 4,4; Mt 11,21-22 par

Israel wird vor Feinden sicher sein

24 »Die Leute von Israel«, sagt der HERR, »werden künftig nicht mehr unter den Nachbarvölkern zu leiden haben, die jetzt wie Dornen und Disteln für sie sind und ihnen voll Verachtung begegnen. Mein Volk soll erkennen, dass ich der HERR bin.

25 Ich, der HERR, der mächtige Gott, sage: ›Ich werde mich vor aller Welt als der heilige Gott erweisen und mein Volk aus den Völkern, unter denen es zerstreut worden ist, sammeln. Die Leute von Israel werden wieder in dem Land wohnen, das ich meinem Diener Jakob gegeben habe. 26 Dort sollen sie in Frieden und Sicherheit leben; sie können ungestört Häuser bauen und Weinberge anlegen. An den Völkern aber, die ihnen mit Verachtung begegnet sind, werde ich mein Strafgericht vollstrecken. Dann werden die Leute von Israel erkennen: Ich bin der HERR, ihr Gott!‹«

Das befristete Strafgericht über Ägypten

29 Im zehnten Jahr unserer Verbannung*, am 12. Tag des 10. Monats,[a] erging das Wort des HERRN an mich, er sagte: 2 »Du Mensch, wende dich gegen den Pharao, den König von Ägypten, und kündige ihm und seinem ganzen Land mein Strafgericht an. 3 Sag zu ihm:

›So spricht der HERR, der mächtige Gott: Du bekommst es mit mir zu tun, Pharao, du großes Krokodil,[b] das in seinen Nilarmen liegt und sagt: Mir gehört der Nil, ich habe ihn geschaffen! 4 Ich fange dich ein mit Haken,die sich in deine Kinnlade bohren. Ich ziehe dich heraus aus deinen Nilarmen samt den Fischen, die sich in deinem Schuppenpanzer verfangen.[c] 5 Ich schleudere dich in die Wüste samt allen deinen Fischen. Dort bleibst du liegen und niemand begräbt dich; ich werfe dich den Schakalen und Aasgeiern zum Fraß hin. 6 Alle Bewohner Ägyptens sollen erkennen, dass ich der HERR bin.

Ägypten, du hast den Leuten von Israel falsche Hoffnungen gemacht![d] Wie ein Stab aus Schilfrohr bist du für sie gewesen: 7 Wenn man sich darauf stützen will, splittert er, sodass man hinfällt° und sich auch noch den Arm daran aufreißt.

8 Deshalb sage ich, der mächtige Gott: Ich gebe dich Feinden preis, die deine Menschen und dein Vieh umbringen, 9 deine Städte in Trümmer legen und das ganze Land verwüsten. Die Ägypter sollen erkennen, dass ich der HERR bin.

Du, Pharao, hast gesagt: Mir gehört der Nil, ich habe ihn geschaffen! 10 Deshalb gehe ich jetzt gegen dich vor und gegen deinen Nil und das ganze Land. Ich werde Ägypten zu einem Trümmerfeld machen, von Migdol an nilaufwärts bis nach Syene[e] und weiter bis an die Grenze von Äthiopien. 11 In ganz Ägypten wird kein Mensch und kein Tier mehr leben; vierzig Jahre lang wird niemand dort wohnen. 12 Inmitten von Ländern, die selbst verwüstet sind, wird Ägypten diese ganze Zeit über eine Wüste sein und seine Städte werden als Trümmerhaufen daliegen. Seine Bewohner werde ich in fremde Länder und unter fremde Völker zerstreuen.

13 Doch das sage ich, der mächtige Gott: Wenn die vierzig Jahre um sind, werde ich die Ägypter aus den Völkern herausholen, unter denen sie als Verbannte leben. 14 Ich werde für sie alles zum Guten wenden; ich werde sie ins Land Patros bringen, nach dem oberen Ägypten, wo sie ursprünglich zu Hause waren. Dort sollen sie ein kleines Königreich bilden, 15 kleiner und schwächer als alle anderen Königreiche. Sie sollen sich nicht mehr über andere erheben. Ich vermindere ihre Zahl, damit sie nicht mehr über andere Völker herrschen.

16 Dann können sie den Leuten von Israel keine falschen Hoffnungen mehr machen. Mein Volk wird sich nicht mehr dazu verführen lassen, sein Vertrauen auf sie zu setzen und dadurch schuldig zu werden. Die Ägypter sollen erkennen, dass ich der HERR bin!‹«

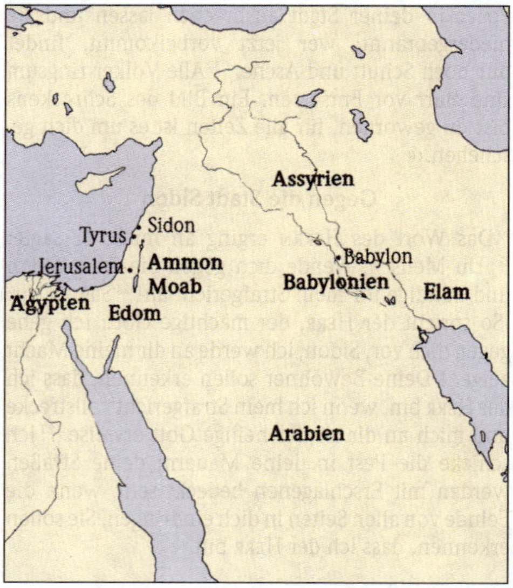

Ägypten als Lohn für Nebukadnezzar

17 Im 27. Jahr unserer Verbannung*, am 1. Tag des 1. Monats,[f] erging das Wort des HERRN an mich, er sagte: 18 »Du Mensch, König Nebukadnezzar von Babylon* hat sein Heer vor der Stadt Tyrus hart arbeiten lassen. Wie Fronarbeiter* haben seine Kriegsleute sich bei der Errichtung der Belagerungs-

a Anfang 587 v. Chr., etwa ein halbes Jahr vor dem Fall Jerusalems.
b Wie in 28,12-14 ein Bild, das an Urzeiten erinnert. Nach alten Erzählungen wurde Gottes Schöpfungstat als Sieg über den Chaosdrachen gefeiert (Ps 89,11 und Sacherklärung »Meer«). Auch an anderen Stellen wird Ägypten mit dieser gottfeindlichen Gestalt in Verbindung gebracht (siehe 32,2 und Anmerkung zu Jes 27,1). Zur Selbstüberhebung siehe Anmerkung zu 28,2.
c Es ist wohl an die Bewohner Ägyptens gedacht, die das Schicksal des Pharaos teilen sollen.
d Zu dieser Rolle Ägyptens vgl. 2 Kön 18,21; Jes 30,1-7; Jer 37,7.
e Syene ist das heutige Assuan; Migdol liegt im östlichen Nildelta.
f Das ist Ende April 571 v. Chr. Nebukadnezzar hat die Inselfestung Tyrus 13 Jahre lang belagert (wohl 585–572 v. Chr.). Erobern konnte er sie nicht (Vers 18), doch scheint sich die Stadt ihm unterworfen zu haben; vgl. auch 26,7-14.

Ezechiël lebte in der Verbannung in Babylonien und verkündete seinen Leidensgefährten die bevorstehende Zerstörung Jerusalems und eine neue Zukunft für Israel nach der Katastrophe. Zugleich hatte er Judas Nachbarvölkern und den großen Weltmächten Gottes Strafgericht anzukündigen.

28,24 34,30 **28,25** 11,17; 20,34-35.41; 34,12-13; 36,24; 37,21; 39,26-27; Jes 11,11-12 S **28,26** Jes 65,21-22 **29,1–32,32** Jes 19,1-15 S **29,3-5** 32,2-6 **29,3** 31,10 S **29,6** (erkennen) 30,8 S **29,6b-7** 2 Kön 18,21 S **29,13-16** Jes 19,19-25; Jer 46,26

werke blutig geschunden. Aber einen Lohn für ihre Mühe haben er und sein Heer von Tyrus nicht bekommen.

19 Deshalb sage ich, der mächtige Gott: ›Nebukadnezzar, der König von Babylon, bekommt dafür das Land Ägypten! Der ganze Reichtum der Ägypter soll ihm zufallen; seine Kriegsleute werden alles, was wertvoll ist, als Beute wegschleppen. 20 Nebukadnezzar hat in meinem Auftrag gehandelt, deshalb gebe ich ihm Ägypten als Lohn für seine Mühe.‹ Das sage ich, der HERR, der mächtige Gott.

21 Zur gleichen Zeit lasse ich auch Israel wieder stark und mächtig werden. Und dir, Ezechiël, gebe ich neuen Mut, als mein Prophet* zu den Leuten von Israel zu sprechen. Sie sollen erkennen, dass ich der HERR bin.«

Gottes Strafgericht über Ägypten

30 Das Wort des HERRN erging an mich, er sagte: 2 »Du Mensch, kündige mein Strafgericht an und sage: ›So spricht der HERR, der mächtige Gott: Schreit vor Entsetzen, ihr Ägypter; denn der Tag ist da, 3 der Tag der Abrechnung, an dem der HERR Gericht hält! Dunkel wie die Nacht ist dieser Tag, für viele Völker hat die Stunde geschlagen!

4 Das Schwert hält blutige Ernte in Ägypten, die Schätze des Landes werden weggeschleppt, seine Städte dem Erdboden gleichgemacht. Die Nachbarvölker im Süden sehen es und zittern vor Angst. 5 Zusammen mit den Ägyptern werden auch ihre Hilfstruppen niedergemacht, die Söldner aus Kusch*, Put*, Lud* und Kub und wo sie sonst noch herkommen, auch die Söldner aus den Reihen des Volkes, mit dem ich meinen Bund* geschlossen habe.‹[a]

6 Denn der HERR, der mächtige Gott, sagt: ›Alle Helfer Ägyptens werden fallen, seine ganze stolze Armee; von einem Ende des Landes bis zum andern liegen die Erschlagenen. 7 Wie die umliegenden Länder, die dieses Schicksal trifft, wird auch Ägypten zur Wüste werden und seine Städte liegen in Trümmern. 8 Die Ägypter werden erkennen, dass ich der HERR bin, wenn ich ihr Land niederbrenne und alle ihre Helfer vernichte.

9 An jenem Tag werde ich Boten auf Schiffen den Nil hinaufschicken, damit sie die Schreckensnachricht nach Äthiopien* bringen. Die Äthiopier werden zittern vor Angst. Der Untergang Ägyptens ist unabwendbar!‹

10 Der HERR, der mächtige Gott, sagt: ›So vernichte ich das stolze Heer der Ägypter durch mein Werkzeug, den Babylonierkönig* Nebukadnezzar. 11 Die erbarmungslosesten Völker führt er gegen Ägypten heran. Sie werden das Land verwüsten und es mit den Leichen der Ägypter und ihrer Söldner bedecken. 12 Ich werde den Nil trockenlegen und Ägypten in die Gewalt grausamer Menschen geben. Durch sie verwandle ich das blühende Land in eine Wüste. Ich habe es gesagt, der HERR, der mächtige Gott.‹

13 Der HERR, der mächtige Gott, sagt: ›Ich vernichte die Götzen Ägyptens; die falschen Götter schaffe ich aus Memfis fort. Es wird keinen Herrscher mehr in Ägypten geben und die Bewohner des Landes werden vor Angst vergehen.

14 Ich verwüste das Land Patros im oberen Ägypten, ich brenne Zoan nieder, ich vollstrecke das Strafgericht an No.[b] 15 Mein Zorn trifft die Festung Sin,[c] ich verwüste die prächtigen Paläste von No. 16 Ich setze ganz Ägypten in Brand. Sin windet sich in Krämpfen, in die Mauern von No werden Breschen geschlagen, Memfis wird in ständiger Angst leben. 17 Die jungen Männer von On[d] und Pi-Beset[e] werden erschlagen und die übrigen Bewohner in die Fremde verschleppt.

18 In Tachpanhes[f] wird der Tag zur Nacht, wenn ich dort die Joche* zerbreche, mit denen die Ägypter die Völker geknechtet haben; mit der stolzen Macht Ägyptens mache ich ein Ende. Eine dunkle Wolke wird das ganze Land bedecken und seine Frauen werden in die Fremde verschleppt. 19 Ich vollziehe mein Strafgericht an Ägypten und die Ägypter werden erkennen, dass ich der HERR bin.‹«

Die Macht des Pharaos wird gebrochen

20 Im elften Jahr unserer Verbannung*, am 7. Tag des 1. Monats,[g] erging das Wort des HERRN an mich, er sagte: 21 »Du Mensch, ich habe dem Pharao, dem König von Ägypten, den Arm gebrochen und ich sor-

Ezechiël verkündet Gottes Strafgericht über das stolze Ägypten mit seinen großen Städten und Tempelbauten. An der Stätte des alten Theben (= No; 30,14-15), der einst glanzvollen Hauptstadt, findet man noch heute die großen Tempel und stolzen Bauten von Luxor und Karnak auf dem östlichen Nilufer. Auf dem westlichen Ufer liegen die königlichen Tempel und die Königsgräber.

a Israelitische Söldner in Ägypten sind geschichtlich mehrfach bezeugt; vgl. auch Dtn 17,16. Kub wird sonst nirgends erwähnt.
b Zu Zoan vgl. Jes 19,11.13. *No* = No-Amon (griechisch Theben); siehe Nah 3,8.
c Entweder Saïs im westlichen Nildelta oder (wahrscheinlicher) der Hafen Pelusium im Osten des Deltas.
d Griechisch: Heliopolis (*On* mit veränderten Vokalen; H *Awen* = Unheil/Unrecht). Vgl. Anmerkung zu Jes 19,18.
e Griechisch: Bubastis.
f Vgl. Jer 43,7-11 und Karte Seite 795.
g Ende April 587 v.Chr., ein Vierteljahr vor dem Fall Jerusalems. Vers 21 könnte sich auf die gescheiterte Hilfsaktion für das belagerte Jerusalem beziehen (vgl. Jer 37,4-5 und Anmerkung dort).

29,19-20 30,10.24; 32,11; Jer 43,11-12S **30,2-3** Joël 4,14-16S **30,8** 30,19.25-26; 29,6.9.16; 32,15; Ex 14,4 **30,10** 29,19-20S **30,11** 28,7S **30,13** 29,19-20S **30,14** Nah 3,8 **30,18** Jer 43,7-11 **30,21** 2Kön 24,7

ge dafür, dass er nicht wieder zusammenwächst. Der
gebrochene Arm wird nicht geschient und verbun-
den; nie mehr wird der Pharao mit ihm das Schwert
führen.«
22 Und weiter sagte der HERR, der mächtige Gott:
»Der Pharao, der König von Ägypten, bekommt es
mit mir zu tun! Ich breche ihm die Arme, auch
den, der noch heil ist. Ich schlage ihm das Schwert
aus der Hand 23 und zerstreue die Ägypter in die Län-
der fremder Völker.
24 Aber die Arme des Königs von Babylon mache
ich stark; ihm gebe ich mein Schwert in die Hand.
Mit gebrochenen Armen wird sich der Pharao vor
ihm im Staub winden und stöhnen wie ein tödlich
Getroffener. 25 Ich mache die Arme des Königs von
Babylon stark, aber der Pharao muss seine Arme
kraftlos sinken lassen. Die Ägypter sollen erkennen,
dass ich der HERR bin, wenn ich dem König von
Babylon mein Schwert in die Hand gebe, damit er
es gegen sie gebraucht. 26 Und ich werde die Ägypter
in fremde Länder und unter fremde Völker zerstreu-
en. Sie sollen erkennen, dass ich der HERR bin.«

Ägypten, der gestürzte Weltenbaum

31 Im elften Jahr unserer Verbannung*, am 1. Tag
des 3. Monats,[a] erging das Wort des HERRN an
mich, er sagte: 2 »Du Mensch, sag zum Pharao, dem
König von Ägypten, mit seinem ganzen stolzen
Heer:
›Wie mächtig du bist! Womit kann ich dich ver-
gleichen? 3 Du bist wie eine prächtige Zeder auf
dem Libanon! Ihre mächtigen Zweige geben reich-
lich Schatten. Sie ist hoch gewachsen, ihr Wipfel
reicht bis in die Wolken. 4 Das Wasser, das aus der
Tiefe kommt, hat sie so groß gemacht; das Meer in
der Tiefe der Erde[b] speist die Quellen, die rings um
sie aufbrechen und das Feld bewässern.
5 Darum wurde sie größer als alle anderen Bäume
und breitete ihre mächtigen Äste weit aus. 6 Die

Mit der Zeder, der Königin unter den Bäumen des östlichen Mittelmeerraumes, wird das mächtige Ägypten verglichen – aber sie muss fallen (Kap 31).

a Ende Juni 587 v. Chr., wenige Wochen vor dem Fall Jerusalems.
b Diese Vorstellung (vgl. Vers 15) steht auch hinter Gen 7,11; 8,2.

30,24 29,19-20 S **30,25-26** 30,8 S **31,2-18** Dan 4,7-24

Vögel bauten in den Zweigen ihre Nester und das
Wild warf in ihrem Schutz seine Jungen. Ganze Völ-
ker wohnten in ihrem Schatten. 7 Schön war sie und
stattlich mit ihrer breiten Krone; denn ihre Wurzeln
hatten reichlich Wasser.
8 Keine andere Zeder war so prächtig wie sie, keine
Zypresse und keine Platane hatte so mächtige Äste;
nicht einmal die Bäume im Garten Gottes konnten
es mit ihr aufnehmen. 9 Ich hatte sie so schön ge-
macht, dass alle Bäume im Paradies[a] sie beneideten.
10 Doch nun sagt der HERR, der mächtige Gott: Weil
ihre Größe ihr zu Kopf gestiegen und sie überheblich
geworden ist,[b] 11 rufe ich einen mächtigen König her-
bei. Er wird seine Grausamkeit an ihr auslassen;
denn ich habe sie verstoßen. 12 Aus der Ferne kommt
ein erbarmungsloses Volk und fällt sie. Da liegt sie
dann auf den Bergen und die abgeschlagenen Äste
füllen die Täler und Schluchten. Die Völker, die in
ihrem Schatten gewohnt haben, ergreifen die
Flucht. 13 Die Vögel setzen sich achtlos auf den gefäll-
ten Stamm und über die Äste läuft das Wild.
14 Kein Baum, und stehe er noch so nah am Was-
ser, soll mehr so groß und mächtig werden, seinen
Wipfel in die Wolken strecken und sich stolz über
andere erheben. Jeder hohe Baum wird gefällt und
kommt in die Totenwelt*, genauso wie alle Men-
schen.
15 Der HERR, der mächtige Gott, sagt: An dem Tag,
an dem ich die Riesenzeder in die Totenwelt stürze,
trauert das Wasser in der Tiefe der Erde, die Flüsse
fließen nicht mehr und die Quellen versiegen. Auch
der Libanon trauert, alle Bäume in Feld und Wald
verdorren. 16 Wenn ich die Zeder mit gewaltigem
Krachen in die Totenwelt hinabstürze, zittern alle
Völker vor Angst. Drunten[c] aber freuen sich die
Prachtbäume, die Bäume des Libanons und alle
mächtigen Bäume, die am Wasser standen, und trös-
ten sich damit, dass auch die große Zeder ihr Schick-
sal teilt. 17 Auch alle ihre Helfer, die unter ihrem
Schatten gewohnt haben, müssen mit ihr hinunter
an den Ort, wo die Erschlagenen sind.
18 Du prächtige Zeder, wer kann sich an Größe und
Herrlichkeit mit dir vergleichen? Und doch musst du
mit all den prächtigen Bäumen in die Totenwelt hin-
unter. Dort liegst du dann in der Tiefe, bei den
Erschlagenen und Unbestatteten.[d] So ergeht es
dem Pharao und seinem ganzen großen Volk.‹ Das
sagt der HERR, der mächtige Gott.«

Der Pharao, der erlegte Drache

32 Im zwölften Jahr unserer Verbannung*, am
1. Tag des 12. Monats,[e] erging das Wort des
HERRN an mich, er sagte: 2 »Du Mensch, stimme die
Totenklage* an über den Pharao, den König von
Ägypten! Sag zu ihm:

›Von allen Königen warst du der größte,
du Drachenungetüm im weiten Meer!
Aus deiner Nase schossen Wasserstrahlen,°
mit deinen Füßen wühltest du im Schlamm,
dein Toben machte jedes Wasser trüb.‹

3 Und dann fahre fort: ›So spricht der HERR, der
mächtige Gott: Ich werde mein Fangnetz ausspan-
nen! Die Heere vieler Völker werde ich gegen dich
aufbieten, die werden dich in meinem Netz einfan-
gen und aus dem Meer ziehen. 4 Dann schleudere
ich dich auf das Land und werfe dich allen Raub-
vögeln und wilden Tieren der Erde zum Fraß hin.
5 Dein Leichnam wird die Berge bedecken und die
Täler ausfüllen; 6 dein Blut wird das Land tränken,
es wird von den Bergen herabströmen und die Bäche
anschwellen lassen. 7 Während ich das Strafgericht
an dir vollziehe, bedecke ich den Himmel mit düste-
ren Wolken, sodass Sonne, Mond und Sterne ver-
schwinden. 8 Deinetwegen mache ich alle hellen
Lichter am Himmel dunkel und breite Finsternis
über dein Land. Das sage ich, der HERR, der mächtige
Gott.
9 Viele Völker werden in Unruhe gestürzt werden,
wenn die Nachricht von deinem Fall zu ihnen
kommt – sogar Völker, von denen du noch nie
gehört hast. 10 Das Strafgericht, das ich an dir voll-
ziehe, wird sie mit Schauder erfüllen; ihre Könige
werden von Entsetzen geschüttelt, wenn sie mich
das Schwert schwingen sehen und deinen Unter-
gang erleben.
11 Denn das sage ich, der mächtige Gott: Der König
von Babylon wird mit seinem Heer gegen dich her-
anziehen. 12 Seinem Befehl gehorchen die erbar-
mungslosesten der Völker; durch sie vernichte ich
deine ganze stolze Heeresmacht. 13 Auch alles Vieh
im Land vernichte ich; kein Huf und kein Menschen-
fuß wird mehr an den Tränkstellen das Wasser trü-
ben. 14 Ruhig und ungestört wird der Nil in seinem
Bett dahinfließen, so glatt wie Öl. Das sage ich, der
mächtige Gott. 15 Ich fege Ägypten leer und mache
es zur Wüste, alle seine Bewohner erschlage ich.
Dann werden sie erkennen, dass ich der HERR bin.‹
16 Diese Totenklage werden die Frauen aller Völ-
ker anstimmen. Sie sollen Ägypten und sein stolzes
Heer wie einen Toten betrauern. Das sage ich, der
HERR, der mächtige Gott.«

Ägypten wird im Totenreich empfangen

17 Im zwölften Jahr unserer Verbannung*, am 15. Tag
des Monats,[f] erging das Wort des HERRN an mich, er
sagte: 18 »Du Mensch, singe im Voraus das Lied vom
Untergang der stolzen ägyptischen Heeresmacht!
Schicke sie mit diesem Lied hinunter an den Ort tief
unter der Erde, wo schon die Kriegsleute vieler an-

a Wie in 28,12-14 werden Züge der Paradieserzählung zur Schilderung menschlicher Größe und Vollkommenheit gebracht.
b Zu dieser immer wiederkehrenden Begründung siehe die Vergleichsstellen.
c Das Bild vom Empfang in der Totenwelt wird in 32,17-32 breit ausgemalt; vgl. auch Jes 14,9-11.
d Siehe Anmerkung zu 32,19.
e Anfang März 585 v. Chr. Zum Bild vom Drachen in Vers 2 siehe die Anmerkung zu 29,3.
f Der Name des Monats ist nicht überliefert; vgl. 32,1.

31,8-9 Gen 2,8-9 **31,10** 28,2-6; 29,3; Jes 2,11-12S; Jer 48,26-27S; Dan 5,20 **31,12** 28,7S **31,15-18** 32,17-32; Jes 14,9-11 **32,2-6** 29,3-5 **32,2** (Totenklage) 28,12S **32,3** 12,13 **32,7** Joël 2,10S **32,10** 28,19S **32,11** 29,19-20S **32,12** 28,7S **32,15** 30,8S **32,17-32** 31,15-18S

derer Völker ein unrühmliches Ende genommen
haben![a] Sag zu Ägypten:
19 ›Meinst du, du wärst schöner als andere und
würdest bevorzugt behandelt? Hinunter mit dir zu
den Toten! In die tiefste Tiefe zu denen, die kein
ordentliches Begräbnis bekommen haben![b] 20 Bei
den Erschlagenen und Hingerichteten sollst du lie-
gen mit deiner ganzen stolzen Heeresmacht! 21 Die
Helden, die schon drunten bei den Toten sind, sagen
über euch und eure Helfer: Sie sind also auch hier
unten angekommen! Da liegen sie nun, erschlagen
und unbestattet!
22-23 Da drunten erwartet dich Assur* mit seinem
ganzen Heer, lauter durchs Schwert erschlagene
Männer. Als sie noch lebten, haben sie die Völker
der Erde in Furcht und Schrecken versetzt; aber jetzt
liegen sie in der tiefsten Grube, der König in der
Mitte und rings um ihn seine Kriegsleute.
24-25 Da drunten erwartet dich Elam* mit seinem
ganzen stolzen Heer, lauter durchs Schwert erschla-
gene Männer. Als sie noch lebten, haben sie die Völ-
ker der Erde in Furcht und Schrecken versetzt; nun
liegen sie an dem Ort tief unter der Erde bei den
Erschlagenen, der König in der Mitte und rings um
ihn seine Kriegsleute. Niemand hat sie ordentlich
begraben und so liegen sie mitten unter den Erschla-
genen und müssen ihre Schande tragen zusammen
mit allen, die ein unrühmliches Ende genommen
haben.
26 Da drunten erwartet dich Meschech-Tubal* mit
seinem ganzen stolzen Heer. Als sie noch lebten,
haben sie die Völker der Erde in Furcht und Schrek-
ken versetzt; nun liegen sie erschlagen ohne ein
ordentliches Begräbnis bei den Toten, der König in
der Mitte und rings um ihn seine Kriegsleute. 27 Sie
haben keinen Ehrenplatz unter den Toten wie die
Helden der Vorzeit,° die nach dem Tod in der
Schlacht mit voller Rüstung in die Totenwelt*
gelangt sind; man begrub sie, das Schwert unter
den Kopf gelegt und vom Schild bedeckt.° Auch sie
verbreiteten Schrecken unter den Völkern.
28 Nun musst auch du, Ägypten, hinunter zu
denen, die vom Schwert erschlagen wurden und
kein ordentliches Begräbnis bekommen haben!
29 Auch Edom* erwartet dich drunten mit seinen
Königen und Fürsten, lauter tapfere Kämpfer, aber
in der Totenwelt liegen sie bei den Erschlagenen
und Hingerichteten, die kein ordentliches Begräbnis
bekommen haben. 30 Auch die Könige des Nordens
und alle Phönizier* erwarten dich. Sie haben als tap-
fere Kämpfer Furcht und Schrecken verbreitet, aber
sie mussten hinunter zu den Erschlagenen und Hin-
gerichteten und müssen ihre Schande tragen zusam-
men mit denen, die ein unrühmliches Ende genom-
men haben.‹

31 Sie alle wird der Pharao dort unten antreffen
und das wird ihn darüber trösten, dass sein ganzes
stolzes Heer verloren ist. Denn todgeweiht ist er
mit seiner ganzen Heeresmacht; das sage ich, der
HERR, der mächtige Gott.
32 Ich habe es zugelassen, dass er unter den Völkern
Furcht und Schrecken verbreitet hat; jetzt aber ist
sein Platz bei den Erschlagenen und Hingerichteten,
die kein ordentliches Begräbnis bekommen haben.
So ergeht es dem Pharao und seinem ganzen stolzen
Heer. Das sage ich, der HERR, der mächtige Gott.«

RETTUNG UND ERNEUERUNG ISRAELS
(Kapitel 33–39)

Der Prophet als Warner

33 Das Wort des HERRN erging an mich, er sagte:
2 »Du Mensch, sag zu den Leuten aus deinem
Volk: ›Der HERR sagt: Angenommen, ich schicke
Feinde gegen ein Land und die Männer des Landes
haben einen aus ihrer Mitte zum Wächter bestellt,
der drohende Gefahren melden soll. 3 Wenn dieser
Wächter die Feinde kommen sieht, hat er die Pflicht,
das Alarmhorn* zu blasen und die anderen zu
warnen.
4 Wenn jemand das Alarmsignal hört, sich aber
nicht warnen lässt und deshalb umkommt, dann
trägt die betreffende Person allein die Schuld.[c] 5 Sie
ist gewarnt worden, aber hat die Warnung in den
Wind geschlagen. Hätte sie die Warnung ernst
genommen, so wäre sie mit dem Leben davonge-
kommen.
6 Anders ist es, wenn der Wächter es versäumt hat,
Alarm zu blasen und die Leute zu warnen. Wenn
dann jemand durch Feinde umgebracht wird, ereilt
die betreffende Person damit zwar die Strafe für
das Unrecht, das sie begangen hat; aber den unzu-
verlässigen Wächter ziehe ich zur Rechenschaft
wie für einen Mord.‹
7 Du Mensch, dich habe ich als Wächter bestellt,
der die Leute von Israel vor drohender Gefahr war-
nen soll. Wenn du eine Botschaft von mir ver-
nimmst, musst du sie ihnen weitersagen, damit sie
wissen, was auf sie zukommt. 8 Wenn ich dir ankün-
dige, dass ein bestimmter Mensch wegen seiner
schlimmen Taten sterben muss, dann bist du dafür
verantwortlich, dass er gewarnt wird. Versäumst
du es, so wird er zwar sterben, wie er es verdient;
aber dich ziehe ich dafür zur Rechenschaft wie für
einen Mord. 9 Warnst du ihn, aber er hört nicht dar-
auf, so wird er ebenfalls sterben, wie er es verdient
hat; aber du hast dein Leben gerettet.

a *wo schon die Kriegsleute …:* wörtlich *zu denen, die in die Grube gefahren sind.* Damit wird hier nicht das allgemeine Todesschicksal bezeichnet; vgl. die folgende Anmerkung.
b *In die tiefste …:* wörtlich *Werde zu den Unbeschnittenen gelegt!* Hier und im Folgenden steht das Wort *unbeschnitten* (vgl. Sacherklärung »Beschneidung«) im weiteren Sinn für Menschen, die kein ordentliches Begräbnis erhalten. (In Israel kamen unbeschnittene Familienmitglieder nicht ins Familiengrab.) Dasselbe gilt für die *Ermordeten und Hingerichteten* und sogar für die im Kampf *(vom Schwert) Erschlagenen,* die unbestattet bleiben oder ins Massengrab geworfen werden (ab Vers 20-23).
c Siehe Anmerkung zu 3,18.

32,22-23 Jes 10,5-19S **32,24-25** Jer 49,34-38S **32,26-27** 27,13; 38,1–39,22; Gen 10,2 **32,29** Jes 34,5-17S **32,30** (Phönizier) Jes 23,1-16S **33,1-9** 3,16-21

10 Du Mensch, sag zu den Leuten von Israel:[a] ›Ihr habt allen Mut verloren und klagt: Unsere Schuld ist zu groß, an den Folgen unserer Verfehlungen gehen wir zugrunde, wir haben keine Zukunft mehr! 11 Aber der HERR, der mächtige Gott, sagt: So gewiss ich lebe, mir macht es keine Freude, wenn ein Mensch wegen seiner Vergehen sterben muss. Nein, ich freue mich, wenn er seinen falschen Weg aufgibt und am Leben bleibt. Darum kehrt um, kehrt schleunigst um! Warum wollt ihr in euer Verderben laufen, ihr Leute von Israel?‹

12 Du Mensch, sag auch das zu den Leuten aus deinem Volk: ›Wenn ein rechtschaffener Mensch anfängt, Unrecht zu tun, dann nützt ihm seine ganze frühere Rechtschaffenheit nichts – sie kann ihm nicht das Leben retten. Und wenn ein verbrecherischer Mensch anfängt, das Rechte zu tun, dann schaden ihm alle seine früheren Vergehen nichts – sie können ihn nicht das Leben kosten. 13 Wenn ich einem rechtschaffenen Menschen zusichere: Du wirst am Leben bleiben!, und er denkt: Nun bin ich sicher!, und beginnt Unrecht zu tun, dann zählt sein ganzer vorbildlicher Lebenswandel nicht mehr; weil er Unrecht getan hat, muss er sterben. 14 Und wenn ich zu einem verbrecherischen Menschen sage: Du musst sterben!, und er wendet sich vom Unrecht ab, 15 gibt dem armen Schuldner sein Pfand zurück, erstattet, was er widerrechtlich an sich gebracht hat, und hält sich an die Weisungen, die zum Leben führen, dann muss er nicht sterben. 16 Alles Unrecht, das er früher getan hat, zählt dann nicht mehr. Weil er jetzt das Rechte tut, soll er am Leben bleiben.

17 Ihr Leute von Israel behauptet: Der HERR tut uns Unrecht! Aber ihr selbst tut Unrecht! 18 Wenn ein Mensch, der früher vorbildlich gelebt hat, Unrecht zu tun beginnt, muss er dafür sterben. 19 Und wenn ein verbrecherischer Mensch sich von seinen Verbrechen abwendet und das Rechte tut, rettet er damit sein Leben. 20 Und da sagt ihr: Der HERR tut Unrecht! Nein, jeder bekommt von mir, was er mit seinen Taten verdient hat. Kommt zur Besinnung, ihr Leute von Israel!‹«

Ein Augenzeuge aus Jerusalem

21 Im zwölften Jahr unserer Verbannung*, am 5. Tag des 10. Monats, kam ein Mann aus Jerusalem zu mir, der den Untergang der Stadt überlebt hatte. Er brachte die Nachricht: »Die Stadt ist gefallen!«

22 Am Abend vorher hatte ich gespürt, wie sich die Hand des HERRN schwer auf mich legte. Als aber der Mann am Morgen bei mir eintrat, gab mir der HERR die Sprache wieder.[b] Von da an war meine Zunge gelöst und ich konnte wieder frei reden.

Die falsche Sicherheit der in Juda Zurückgebliebenen

23 Das Wort des HERRN erging an mich, er sagte: 24 »Du Mensch, die Leute, die in den zerstörten Städten im Land Israel geblieben sind, sagen: ›Abraham war nur einer und Gott gab ihm dieses Land zum Besitz. Wir sind viele, also gehört es uns erst recht!‹[c]

25 Darum sag zu ihnen: ›So spricht der HERR, der mächtige Gott: Ihr esst das Fleisch mit dem Blut*, betet Götzen an und mordet, und ausgerechnet euch soll ich das Land überlassen? 26 Ihr übt Faustrecht, begeht Ehebruch und tut, was mir verhasst ist, und euch soll das Land gehören?‹

27 Sag zu ihnen: ›So spricht der HERR, der mächtige Gott: Wer in den Ruinen haust, kommt durchs Schwert um; wer im offenen Land lebt, wird von wilden Tieren zerrissen; wer auf Berge und in Höhlen geflohen ist, stirbt an der Pest. 28 Ich mache das Land zur menschenleeren Einöde, ich verwüste seine ganze stolze Pracht. Ich mache die Berge Israels zu einer Wildnis, durch die niemand mehr durchzieht. 29 Ihr werdet erkennen, dass ich der HERR bin, wenn ich das Land zur Wüste mache wegen all der abscheulichen Taten, die ihr begangen habt!‹«

Der Prophet und seine Zuhörer

30 Der HERR sagte zu mir: »Du Mensch, die Leute aus deinem Volk reden über dich, wenn sie vor ihren Häusern beisammenstehen. Sie sagen zueinander: ›Wir wollen zum Propheten* gehen und hören, was der HERR zu ihm gesagt hat!‹ 31 Und dann kommen sie scharenweise zu dir, sitzen im Kreis um dich und hören, was du sagst; aber sie nehmen es nicht ernst.

Ihr Mund lobt dich überschwänglich, aber ihr Herz ist nur damit beschäftigt, wie sie sich skrupellos bereichern können. 32 Wie eingängige Musik klingen ihnen deine Worte, aber sie denken nicht daran, sie ernst zu nehmen. 33 Doch wenn dann deine Ankündigungen eintreffen – und das werden sie mit Sicherheit –, werden sie erkennen, dass ein Prophet unter ihnen gelebt hat.«

Gegen die schlechten Hirten Israels

34 Das Wort des HERRN erging an mich, er sagte: 2 »Du Mensch, kündige den führenden Männern in Israel das Strafgericht an. Sag zu ihnen: ›So spricht der HERR, der mächtige Gott: Weh euch! Ihr seid die Hirten[d] meines Volkes; aber anstatt für die Herde zu sorgen, habt ihr nur an euch selbst gedacht. 3 Die Milch der Schafe habt ihr getrunken,° aus ihrer Wolle habt ihr euch Kleider

a Zu den Versen 10-20 vgl. Kap 18 und Anmerkungen dazu.
b Wie in 24,25-27 angekündigt, beendet die Nachricht vom Fall Jerusalems im August 587 v. Chr. die Zeit des unfreiwilligen Verstummens für Ezechiël; vgl. Anmerkung zu 24,27. Vielleicht ist in Vers 21 das 11. Jahr gemeint; sonst hätte der Bote für den Weg eineinhalb Jahre gebraucht.
c Hier wird deutlich, dass auch bei der zweiten Wegführung von 587 v. Chr. nur ein Teil der Bevölkerung, vor allem die Oberschicht, nach Babylonien verschleppt worden ist (vgl. 2 Kön 25,12 und die Zahlen in Jer 52,28-30).
d »Hirt« (des Volkes oder der Völker) war im Alten Orient ein Würdetitel der Könige. Die Mehrzahl *Hirten* zeigt, dass hier mit dem Königtum in Israel und Juda insgesamt abgerechnet wird. Ezechiël führt in diesem Kapitel breit aus, was etwa gleichzeitig auch von Jeremia (23,1-6) ausgesprochen worden ist.

33,10-20 18,1-32 **33,10** 7,3-4S; 37,11 **33,11** Jes 55,7; Joël 2,12-13 **33,13-16** Jer 18,7-10 **33,21-22** 24,25-27 **33,21** 2 Kön 25,4 **33,22** 3,22S **33,24** 11,15; Jes 51,2S **33,25** Lev 17,10-14S **33,33** 2,5; 6,10S **34,1-6** Jer 10,21S

gemacht und die besten Tiere habt ihr geschlachtet.
Aber für einen guten Weideplatz habt ihr nicht
gesorgt.
4 War ein Tier schwach, so habt ihr ihm nicht
geholfen; war eins krank, so habt ihr es nicht
gepflegt. Wenn eins ein Bein gebrochen hatte, habt
ihr ihm keinen Verband angelegt. Die Verstreuten
habt ihr nicht zurückgeholt, die Verlorengegange-
nen nicht gesucht. Alle Tiere habt ihr misshandelt
und unterdrückt. 5 Weil meine Schafe keinen Hirten
hatten, verliefen sie sich und fielen den Raubtieren
zur Beute. 6 Sie irrten überall umher, auf Bergen
und Hügeln, denn niemand war da, der sie suchte,
niemand, der sich um sie kümmerte.
7 Darum, ihr Hirten, hört, was der HERR, sagt: 8 So
gewiss ich lebe, der HERR, der mächtige Gott: Ich
schaue nicht mehr länger zu! Meine Schafe wurden
geraubt und von wilden Tieren gefressen, weil sie
keinen Hirten hatten; denn meine Hirten haben
nur für sich selbst gesorgt und nicht für meine Herde.
9 Darum hört, ihr Hirten, was der HERR sagt! 10 So
spricht der HERR, der mächtige Gott:

Die Hirten meiner Schafe bekommen es mit mir zu tun, ich fordere meine Herde von ihnen zurück! Ich setze sie ab; sie können nicht länger meine Hirten sein; sie sollen nicht länger mein Volk ausbeuten! Ich reiße meine Schafe aus ihrem Rachen, sie sollen ihnen nicht länger zum Fraß dienen!‹

Der gute Hirt sorgt für seine Herde

11 ›Der HERR, der mächtige Gott, hat gesagt: Ich selbst
will jetzt nach meinen Schafen sehen und mich um
sie kümmern. 12 Wie ein Hirt seine Herde wieder

Die führenden Männer Israels (die ›Hirten‹) kümmerten sich nicht um das Gottesvolk (die ›Schafe‹). Deshalb sagt nun der Herr: »Ich will selber für meine Herde sorgen ... Ich will die Verlorengegangenen suchen und die Versprengten zurückbringen. Ich will mich um die Verletzten und Kranken kümmern und die Fetten und Starken in Schranken halten. Ich bin ihr Hirt« (34,15-16). Später sprach Jesus von sich als dem ›guten Hirten‹ (Joh 10,11).

zusammensucht, wenn sie auseinander getrieben
worden ist, so suche ich jetzt meine Schafe zusam-
men. Ich hole sie zurück von allen Orten, wohin
sie an jenem unheilvollen Tag[a] vertrieben wurden.
13 Aus fremden Ländern und Völkern hole ich sie
heraus; ich sammle sie und bringe sie in ihre Heimat
zurück. Die Berge und Täler Israels sollen wieder ihr
Weideland sein. 14 Ich lasse sie dort auf saftigen Wie-
sen grasen; auf den hohen Bergen Israels sollen sie
ihre Weide finden und sich lagern. 15 Ich will selber
für meine Herde sorgen und sie zu ihren Ruheplät-
zen führen. Das sage ich, der HERR, der mächtige
Gott.
16 Ich will die Verlorengegangenen suchen und die
Versprengten zurückbringen. Ich will mich um die
Verletzten und Kranken kümmern und die Fetten
und Starken in Schranken halten.° Ich bin ihr Hirt
und sorge für sie, wie es recht ist.
17 Ihr aber, meine Herde, sollt wissen: Ich selbst,
der HERR, der mächtige Gott, sorge jetzt für Recht;
ich nehme die schwachen Tiere vor den starken in
Schutz. Ihr Widder und Böcke, 18 ist es euch nicht
genug, das beste Gras zu fressen? Warum zertram-
pelt ihr den Rest? Ist es euch nicht genug, das klare
Wasser zu trinken? Warum wühlt ihr auch noch
den Schlamm vom Grund auf? 19 Meine Schafe müs-
sen fressen, was ihr zertrampelt habt, und trinken,
was ihr verschmutzt habt.
20 Darum sage ich, der HERR, der mächtige Gott:
Jetzt werde ich selbst die schwächeren Tiere vor
euch starken in Schutz nehmen! 21 Ihr habt sie mit
Schulter und Hinterteil beiseite gedrängt, mit euren
Hörnern gestoßen und weit von der Herde wegge-
trieben. 22 Aber jetzt komme ich meinen Schafen zu
Hilfe. Sie sollen nicht länger eurer Willkür ausgelie-
fert sein. Ich helfe den Schwachen gegen die Starken
und verschaffe ihnen ihr Recht.‹

Das Reich des Friedens

23 ›Ich setze über meine Herde einen einzigen Hirten
ein, der sie auf die Weide führen und für sie sorgen
wird: einen Nachkommen Davids, der meinem Die-
ner David gleicht.[b] Er wird ihr Hirt sein 24 und ich,
der HERR, werde ihr Gott sein. Der Mann, der mei-
nem Diener David gleicht, soll ihr Fürst[c] sein. Ich
habe es gesagt, der HERR, der mächtige Gott.
25 Ich schließe mit ihnen einen Bund* und verbür-
ge mich für Frieden und Sicherheit. Ich befreie das
Land von wilden Tieren, sodass sie sogar in der Wüs-
te sicher sind und in den Wäldern unbesorgt schlafen
können.
26 Ich mache das ganze Land rings um meinen
Berg fruchtbar. Ich schicke Regen zur rechten Zeit,
27 sodass ihre Bäume und ihre Felder reichen Ertrag
bringen.

a Der von den Propheten erwartete »Gerichtstag des Herrn« (siehe Jes 2,11-21 und Vergleichsstellen), der 587 v. Chr. über Juda hereingebrochen ist.
b *einen Nachkommen ...:* wörtlich *meinen Diener David;* entsprechend in Vers 24; vgl. Jer 23,5-6 und Anmerkung dazu.
c Der Königstitel, durch das Verhalten der Könige Judas belastet, wird offenbar bewusst vermieden (vgl. 37,25; 45,7-17).

34,5-6 Num 27,17 S **34,10** Jer 23,2 **34,11-16** Jes 40,11 S; 40,10 S; Ps 23,1-4 S **34,12-13** 28,25 S; Jer 23,3 S **34,17-22** 7,10-11; Jes 1,23; Ps 9,13 S **34,23-24** 37,22.24-25; Jer 3,18 S; 23,5 S; Hos 2,2; Offb 7,10 **34,25** 37,26; Jes 54,10; Jer 23,6; Hos 2,20; Lev 26,6 **34,26-27a** Lev 26,4

Sie werden in ihrem Land vor Feinden sicher sein.
Ich zerbreche ihr Sklavenjoch und entreiße sie der
Gewalt ihrer Unterdrücker. Dann werden sie erken-
nen, dass ich der HERR bin.
28 Weder fremden Völkern noch wilden Tieren
werden sie mehr zur Beute; ohne Angst und Sorgen
werden sie in ihrem Land wohnen. 29 Ich mache ihr
Land zu einem prächtigen Garten. Niemand von
ihnen wird mehr verhungern und die anderen Völ-
ker werden sie nicht mehr verspotten. 30 Dann
werden sie erkennen: Ich, der HERR, ihr Gott, bin
bei ihnen und sie, die Leute von Israel, sind mein
Volk. Das sage ich, der HERR, der mächtige Gott.
31 Ihr seid meine Herde, für die ich sorge, und ich
bin euer Gott. Das sage ich, der HERR, der mächtige
Gott.‹«

Gottes Strafgericht über die Edomiter

35 Das Wort des HERRN erging an mich, er sagte:
2 »Du Mensch, wende dich gegen das Berg-
land Seïr und kündige ihm mein Strafgericht an!
3 Sag zu ihm:
›So spricht der HERR, der mächtige Gott: Du
bekommst es mit mir zu tun! Ich gehe jetzt gegen
dich vor, du Bergland von Edom![a] Ich mache aus
dir eine menschenleere Wildnis. 4 Deine Städte lege
ich in Trümmer und verwüste das ganze Land. Du
sollst erkennen, dass ich der HERR bin!
5 Schon immer haben deine Bewohner das Volk
Israel mit ihrem Hass verfolgt, und als mein verhee-
rendes Strafgericht über die Leute von Juda herein-
brach, haben sie sie ohne Erbarmen ans Messer
geliefert.[b] 6 Jetzt geht es ihnen selber ans Leben, so
gewiss ich lebe, ich, der HERR! Sie haben hemmungs-
los Blut vergossen, jetzt wird ihr eigenes Blut von
ihnen gefordert.
7 Und dich, Bergland von Edom, mache ich zu
einer Wildnis, die keines Menschen Fuß mehr
betritt. 8 Das ganze Land, Berge wie Täler, bedecke
ich mit Erschlagenen. 9 Für alle Zeiten sollst du eine
Wüste sein; niemand soll mehr in deinen Städten
wohnen. Ihr Edomiter sollt erkennen, dass ich der
HERR bin.
10 Ihr habt gesagt: Die beiden Länder Israel und
Juda gehören jetzt uns, wir wollen sie in Besitz neh-
men! Aber ihr vergesst, dass es *mein* Land ist! 11 So
gewiss ich lebe, ich, der HERR: Ich lasse alles, was
ihr in eurem Zorn und eurem Hass den Leuten von
Juda angetan habt, auf euch zurückfallen. Ihr sollt
mich kennen lernen, wenn ich mein Strafgericht
an euch vollstrecke. 12 Ihr sollt zu spüren bekommen,
dass ich genau gehört habe, wie ihr euren Spott über
das Bergland Israels ausgegossen habt. Ihr habt
gesagt: Die Berge Israels sind verwüstet und entvöl-
kert; das ist ein gefundenes Fressen für uns! 13 So habt
ihr geprahlt und das Maul gegen mich aufgerissen.
Ich habe alles gehört.
14–15 Deshalb sage ich, der HERR, der mächtige Gott:
Du Bergland von Edom, du warst voll Schadenfreu-
de, weil der Erbbesitz* der Israeliten vom Feind ver-
wüstet wurde. Dafür werde ich nun genauso mit dir
verfahren: Verwüstet und entvölkert sollst du dalie-
gen, du Bergland Seïr und das ganze Land Edom!
Deine Bewohner sollen erkennen, dass ich der HERR
bin.‹«

Die Rückkehr der Verbannten nach Israel

36 »Du Mensch«, sagte der HERR, »kündige den
Bergen Israels an, was ich tun werde! Sag zu
ihnen: ›Ihr Berge Israels, hört das Wort des HERRN!
2 So spricht der HERR, der mächtige Gott: Der Feind
verhöhnt und verspottet euch und sagt: Die Berge,
die den Israeliten als Besitz für alle Zeiten zugespro-
chen waren, gehören jetzt uns!‹
3 Darum sprich als Prophet* und sag zu den Ber-
gen: ›Ihr seid verwüstet, von allen Seiten fallen sie
über euch her; die Nachbarvölker haben euch unter
sich aufgeteilt[c] und alle Welt spottet über euch.‹
4 Sag zu ihnen: ›Ihr Berge Israels, hört das Wort,
das der HERR sagt!‹
Der HERR, der mächtige Gott, spricht zu den Ber-
gen und Hügeln, zu den Schluchten und Tälern, zu
den Städten, die von Menschen verlassen in Trüm-
mern liegen – zu dem ganzen Land, das von den
Nachbarvölkern verhöhnt und ausgeplündert wird;
5 er sagt: ›In meinem brennenden Eifer werde ich
mit Edom und den übrigen Völkern abrechnen, weil
sie mein Land in Besitz genommen und ausgeplün-
dert haben, weil sie voll Schadenfreude und Verach-
tung sind!‹
6 Darum sprich als Prophet zum Land Israels, zu
den Bergen und Hügeln, den Schluchten und Tälern!
Sag ihnen, was ich in meinem Eifer für mein Land
und in meinem Zorn über die Völker, die es verspot-
ten, tun werde! 7 Denn das sage ich, der HERR, der
mächtige Gott; ich erhebe meine Hand und schwöre:
›Was die Völker ringsum euch angetan haben, soll
auf sie selbst zurückfallen. *Sie* müssen nun Spott
und Schande tragen!
8 Ihr aber, ihr Berge Israels, werdet wieder grünen
und Frucht tragen für mein Volk Israel, das nun bald
zurückkommt. 9 Ich greife ein und wende mich euch
zu; ihr sollt von neuem bepflanzt und besät werden.
10 Ich lasse die Menschen auf euch zahlreich werden.
Das ganze Volk Israel kommt zurück, die Städte sol-
len aus den Trümmern wieder aufgebaut und
bewohnt werden. 11 Ich lasse die Menschen und Tie-
re zahlreich werden, sie sollen fruchtbar sein und
sich vermehren. Ich mache euch bewohnt wie in frü-

a *Edom*:* wörtlich *Seïr;* so auch im Folgenden.
b Derselbe Vorwurf, noch konkreter ausgeführt, findet sich in Obd 14. Das Verhältnis zu Edom war von jeher spannungsvoll (Num 20,14-21; 2 Sam 8,13-14; 1 Kön 11,14-22; 22,48; 2 Kön 8,20-22; 14,7). Vom Verhalten der Edomiter bei und nach der Katastrophe von 587 v. Chr. sprechen auch 25,12 und Ps 137,7.
c Das hätten die Babylonier kaum zugelassen; aber dass Israels Nachbarn Gebietsansprüche erheben und sich Übergriffe erlauben, ist nur zu begreiflich. Wie in Kap 6 redet der Prophet die *Berge Israels* an; aber an die Stelle des dort angekündigten Strafgerichts tritt jetzt, nach dessen Eintreffen, die Zusage einer neuen Zukunft.

34,27b Jer 30,8S **34,29** 36,29-30 **34,30-31** 11,20S **34,31** Ps 100,3 **35,1-15** Jes 34,5-17S **35,5** Ps 137,7 **35,12** 25,3S **35,14-15** 7,3-4S **36,1-15** 6,1-7 **36,2-3** 25,3S; 35,10-15 **36,8** 28,25S **36,10-11** Jer 30,19S **36,11** Gen 1,28S

heren Zeiten und ich werde euch mehr Gutes erwei-
sen als jemals zuvor.
Daran werdet ihr erkennen, dass ich der HERR bin.
12 Ich lasse wieder Menschen auf euch wohnen, mein
Volk Israel. Sie werden euch in Besitz nehmen als
Erbland für immer und ihr werdet sie nie mehr ihrer
Kinder berauben.‹
13 Der HERR, der mächtige Gott, sagt zum Land
Israels: ›Sie verspotten dich als ein Land, das seine
Bewohner verschlingt und ihm die Kinder raubt.
14 Darum sage ich, der mächtige Gott: In Zukunft
wird das nicht mehr geschehen! 15 Die Völker sollen
dich nicht mehr verhöhnen dürfen, du wirst ihren
Spott nicht mehr ertragen müssen. Denn du wirst
dein Volk nie mehr kinderlos machen.[a] Das sage
ich, der HERR, der mächtige Gott.‹«

»Nicht euretwegen helfe ich euch!«

16 Das Wort des HERRN erging an mich, er sagte: 17 »Du
Mensch, als die Leute von Israel noch in ihrem Land
wohnten, haben sie es durch ihr Tun und Treiben
unrein* gemacht. Durch ihr Verhalten haben sie
sich vor mir genauso verunreinigt, wie eine Frau
durch die monatliche Blutung unrein wird.[b] 18 Sie
haben Unschuldige getötet und das Land mit ihren
Götzen geschändet.

Gottes Zorn wird nicht für immer auf seinem Volk lasten. »Ihr Berge Israels werdet wieder grünen und Frucht tragen für mein Volk Israel, das nun bald zurückkommt. Ich greife ein und wende mich euch zu; ihr sollt von neuem bepflanzt und besät werden« (36,8-9).

Deshalb schüttete ich meinen ganzen Zorn über
sie aus 19 und zerstreute sie unter fremde Völker
und in fremde Länder. Ich bestrafte sie, wie sie es
mit ihrem Tun und Treiben verdient hatten.
20 Aber wohin sie auch kamen, überall brachten sie
meinen heiligen Namen* in Verruf; denn die Leute
dort sagten: ›Sie sind das Volk des HERRN; aber er
hat nicht verhindern können, dass sie sein Land ver-
lassen mussten.‹ 21 Überall, wohin mein Volk kam,
reden die Leute so über mich. Das schmerzte mich,
dass die Leute von Israel meinen heiligen Namen
so in Verruf brachten.
22 Darum sollst du zu den Leuten von Israel sagen:
›So spricht der HERR, der mächtige Gott: Nicht euret-
wegen greife ich ein, ihr Leute von Israel, sondern
wegen meines heiligen Namens, den ihr überall in
Verruf gebracht habt, bei allen Völkern, zu denen
ihr gekommen seid. 23 Ich werde meinem großen
Namen, den ihr entehrt habt, wieder Ehre verschaf-
fen. Alle Völker sollen erkennen, dass ich der HERR
bin, wenn ich mich vor ihren Augen an euch als
der heilige Gott erweise. Das sage ich, der HERR,
der mächtige Gott.[c]
24 Ich hole euch heraus aus den Völkern, ich
sammle euch aus allen Ländern und bringe euch wie-
der in euer Land zurück. 25 Dort besprenge ich euch
mit reinem Wasser und wasche den ganzen Schmutz
ab, der durch den Umgang mit euren Götzen an euch
haftet.
26 Ich gebe euch ein neues Herz und einen neuen
Geist. Ich nehme das versteinerte Herz aus eurer
Brust und schenke euch ein Herz, das lebt. 27 Ich
erfülle euch mit meinem Geist* und mache aus euch
Menschen, die nach meinen Ordnungen leben, die
auf meine Gebote achten und sie befolgen. 28 Dann
dürft ihr für immer in dem Land wohnen, das ich
euren Vorfahren gegeben habe. Ihr werdet mein
Volk sein und ich werde euer Gott sein.
29 Ich sorge dafür, dass ihr nicht mehr unter den
Folgen eurer unreinen Taten leiden müsst. Ich wer-
de keine Hungersnot mehr über euch bringen. Ich
rufe das Korn herbei und lasse es wachsen und sich
mehren, 30 ich lasse die Früchte auf den Bäumen
reichlich gedeihen und alles, was auf den Feldern
wächst. Die anderen Völker sollen euch nicht mehr
als Hungerleider verspotten. 31 Wenn ihr dann an
euer schändliches Treiben von früher denkt, wird
es euch vor euch selber ekeln[d] wegen der abscheu-
lichen Untaten, die ihr begangen habt. 32 Denn das
müsst ihr wissen, ihr Leute von Israel: Ich tue das
nicht, weil ihr es verdient hättet. Ganz im Gegenteil,
ihr habt allen Grund, euch zu schämen! Das sage ich,
der HERR, der mächtige Gott.‹
33 Und auch das, sagt der HERR, der mächtige Gott:
›Wenn ich euch von eurer Schuld reingewaschen

a *kinderlos machen:* mit einigen Handschriften; H *straucheln lassen.*
b Zu diesem Vergleich siehe Lev 15,19.
c Das Volk hat es nicht verdient, aber um seiner eigenen Ehre willen gewährt Gott ihm eine neue Zukunft. Gottes Ehre, seine Heiligkeit, steht für Ezechiël an der Stelle, wo für Hosea (11,8-9) seine Liebe steht (vgl. Anmerkung zu 20,44), während beim zweiten Jesaja beide Motive nebeneinander begegnen (vgl. Jes 43,25 und 48,9.11 mit 43,4 und 49,15).
d Diese Reaktion entspricht genau der Betonung von Gottes Ehre in den Versen 20-23. Wenn Gott um seiner Ehre willen nicht anders kann, als das Volk zu begnadigen, das ihm doch Unehre macht – wie tief beschämt muss es dann sein!

36,13 Num 13,32 **36,17** Lev 18,24-25; 15,19 **36,18** 22,2-5S; Jer 16,18S **36,20-23** (Ehre des Namens) 20,9S; 39,25; Jes 48,11S; Jer 14,21S **36,23** 38,23S **36,24-27** 11,17-20 **36,24** 28,25S **36,25** Num 19,1-22; Sach 13,1; Hebr 10,22 **36,26-27** 11,19; 39,29; 18,31; Jer 31,33S **36,27** Joël 3,1S; Ez 37,24b **36,28** 11,20S **36,29** 7,3-4S **36,30** 34,26-29 **36,31** 20,43S

habe, werden auch eure Städte aus den Trümmern
wieder aufgebaut und von Menschen bewohnt
werden. 34–35 Die Felder sollen nicht länger verwüstet
daliegen, sondern von neuem bestellt werden. Wer
bei euch durchreist, wird sagen: Dieses Land war
eine Wüste, jetzt ist es wie der Garten Eden* gewor-
den! Die Städte lagen verlassen und in Trümmern,
jetzt sind sie bewohnt und gut befestigt!
36 Die Völker ringsum, die mein Strafgericht über-
lebt haben, sollen erkennen, dass ich, der HERR, das
Eingerissene wieder aufbaue und das Verwüstete
neu anpflanze. Ich, der HERR, habe das angekündigt
und ich führe es auch aus.‹
37 Auch das sagt der HERR, der mächtige Gott:
›Noch eine Bitte werde ich dann den Leuten von
Israel erfüllen: Ich will sie vermehren wie eine
Schafherde. 38 In den Städten, die jetzt noch in Trüm-
mern liegen, soll es von Menschen wimmeln wie
einst in Jerusalem von Opferschafen während der
großen Feste. Sie sollen erkennen, dass ich der
HERR bin!‹«

Gott erweckt das tote Israel zu neuem Leben

37 Ich spürte, wie der HERR seine Hand auf mich
legte. Er führte mich im Geist durch die Luft
und setzte mich mitten in der Ebene nieder. Der gan-
ze Boden war mit Totengebeinen bedeckt.
2 Der HERR führte mich überall herum und zeigte
mir die Gebeine. Es waren unzählige und sie waren
völlig ausgetrocknet.
3 Dann fragte er mich: »Du Mensch, können diese
Knochen wieder zu lebenden Menschen werden?«
Ich antwortete: »HERR, das weißt nur du!«
4 Und er fuhr fort: »Rede als Prophet* zu diesen
Gebeinen! Ruf ihnen zu: ›Ihr vertrockneten Kno-
chen, hört das Wort des HERRN! 5 So spricht der
HERR, der mächtige Gott, zu euch: Gebt Acht, ich
bringe Lebensgeist in euch und ihr werdet wieder
lebendig! 6 Ich lasse Sehnen und Fleisch auf euch
wachsen und überziehe euch mit Haut. Und dann
hauche ich euch meinen Lebensgeist ein, damit wie-
der Leben in euch kommt. Ihr sollt erkennen, dass
ich der HERR bin!‹«
7 Ich tat, was der HERR mir befohlen hatte. Wäh-
rend ich noch redete, hörte ich es rauschen. Die Kno-
chen rückten zueinander, so wie sie zusammenge-
hörten. 8 Ich sah, wie Sehnen und Fleisch darauf
wuchsen und sich eine Haut bildete. Aber es war
noch kein Lebensgeist in ihnen.
9 Da sagte der HERR zu mir: »Du Mensch, sprich als
Prophet zum Lebensgeist, sag zu ihm: ›So spricht der
HERR, der mächtige Gott: Komm aus allen vier Him-
melsrichtungen und hauche diese Toten an, damit
wieder Leben in sie kommt!‹«
10 Ich tat, was der HERR mir befohlen hatte. Da kam
der Lebensgeist in sie und sie wurden lebendig und
standen auf. Es war eine riesige Menschenmenge.
11 Dann sagte der HERR zu mir: »Du Mensch, diese
Totengebeine sind das Volk Israel.[a] Du hörst doch,
wie sie sagen: ›Unsere Gebeine sind vertrocknet,
unsere Hoffnung ist dahin; wir haben keine Zukunft
mehr!‹
12 Darum rede als Prophet zu ihnen und sage: ›So
spricht der HERR, der mächtige Gott: Gebt Acht,
ich öffne eure Gräber und hole euch, mein Volk, her-
aus; ich führe euch heim ins Land Israel. 13 Ihr werdet
erkennen, dass ich der HERR bin, wenn ich das tue –
wenn ich eure Gräber öffne und euch, mein Volk,
aus ihnen heraushole. 14 Ich gebe meinen Geist* in
euch, damit wieder Leben in euch kommt, und brin-
ge euch in euer Land zurück. Ihr sollt erkennen, dass
ich das angekündigt habe und dass ich tue, was ich
sage, ich, der HERR.‹«

Israel und Juda werden wieder ein Reich

15 Das Wort des HERRN erging an mich, er sagte: 16 »Du
Mensch, nimm einen Stab und schreibe darauf:
›Juda und die zu ihm gehörenden Leute von Israel‹.
Nimm einen zweiten Stab und schreibe darauf:
›Josef und das ganze übrige Volk Israel‹. 17 Dann
halte die beiden Stäbe so in der Hand, dass sie wie
ein einziger Stab aussehen.
18 Wenn deine Landsleute dich fragen, was das
bedeuten soll, 19 dann antworte ihnen: ›So spricht
der HERR, der mächtige Gott: Gebt Acht, ich nehme
den Herrscherstab Josefs, der im Besitz des Stammes
Efraïm ist, und füge ihn in meiner Hand mit dem
Herrscherstab Judas zu einem einzigen Stab zusam-
men. Ich verbinde die Stämme Israels[b] wieder mit
dem Stamm Juda.‹[c]
20 Du sollst die beschriebenen Stäbe vor aller
Augen in der Hand halten 21 und zu deinen Landsleu-
ten sagen: ›So spricht der HERR, der mächtige Gott:
Gebt Acht, ich hole die Leute von Israel aus den Völ-
kern, zu denen sie gehen mussten, heraus und brin-
ge sie von überall her in ihre Heimat zurück. 22 Dort
auf den Bergen Israels mache ich aus ihnen ein ein-
ziges Volk unter einem einzigen König. Sie sollen
nicht mehr zwei getrennte Völker sein und auch
nicht zwei getrennte Königreiche. 23 Sie werden sich
nicht mehr durch ihren Götzendienst und ihre
abscheulichen Untaten verunreinigen. Ich befreie
sie von ihrer Schuld und mache sie wieder rein*;
ich bringe sie von ihren Irrwegen zurück.° Sie
werden mein Volk sein und ich werde ihr Gott sein,
24 und der Nachkomme Davids, der meinem Diener
David gleicht,[d] wird ihr König sein. Sie alle werden
einen Hirten[e] haben.

a Nicht von der Auferstehung Einzelner, sondern von der Wiederbelebung des Volkes, vom Neubeginn jenseits des nationalen Endes, spricht diese großartige Vision. Ein Volk ohne Land, zerstreut in der Fremde, hat keine Zukunft mehr. Nur durch einen neuen göttlichen Schöpfungsakt gibt es noch eine Fortsetzung der Geschichte Israels über die Katastrophe hinaus.
b Mit *Israel** wird hier das Nordreich bezeichnet, in Vers 21 das gesamte Volk.
c Zur neuen Zukunft des Gottesvolkes gehört auch, dass die Trennung in das Nordreich Israel und das Südreich Juda (1 Kön 12) wieder aufgehoben wird.
d *der Nachkomme …:* wörtlich *mein Diener David.*
e Vgl. 34,23 und Anmerkung zu 34,2. Zum davidgleichen König siehe Jer 23,5-6 mit Anmerkung.

36,36 37,28; Jer 1,10 S **36,37-38** Jer 30,19 S **37,1** 3,22 S **37,9-10** Jes 26,19 S; (Lebensgeist) Gen 2,7; Ps 104,30 **37,11** 33,10 **37,12** 28,25 S **37,14** Joh 6,63 S; Ez 6,10 S **37,16** 1 Kön 12,19-21 **37,19** Gen 49,26.10 **37,21** 28,25 S **37,22** 34,23-24; Jes 11,12-13 **37,23** 36,25; 11,20 S **37,24a** 34,23-24 S

Sie werden nach meinen Weisungen leben und meine Gebote befolgen. 25 Sie werden wieder in dem Land leben, das ich meinem Diener Jakob gegeben habe und in dem ihre Vorfahren gelebt haben; für alle Zeiten werden sie dort leben, ihre Kinder und Enkel und alle kommenden Generationen. In alle Zukunft wird ein Fürst,[a] der meinem Diener David gleicht, über sie herrschen.

26 Ich schließe mit ihnen einen Bund* für alle Zeiten und verbürge ihnen Glück und Frieden. Sie sollen sich vermehren und zu einem großen Volk werden. Für immer wird mein Heiligtum[b] in ihrer Mitte sein; 27 ich will bei ihnen wohnen und ihr Gott sein und sie sollen mein Volk sein.

28 Wenn die Völker sehen, dass mein Heiligtum für alle Zeiten in ihrer Mitte ist, werden sie erkennen, dass ich der HERR bin, der Israel als sein heiliges Volk erwählt hat.‹«

Der zukünftige Feind des Gottesvolkes und seine Vernichtung (Kapitel 38–39)[c]

38 Das Wort des HERRN erging an mich, er sagte: 2 »Du Mensch, wende dich an Gog aus dem Land Magog,[d] den Großfürsten der Völker Meschech* und Tubal, und kündige ihm mein Strafgericht an. 3 Sag zu ihm:

›So spricht der HERR, der mächtige Gott: Du bekommst es mit mir zu tun, Gog, du Großfürst von Meschech und Tubal! 4 Ich lenke dich, ich ziehe dir Haken durch deine Kinnlade und hole dich herbei, und mit dir dein ganzes großes Heer, lauter gut gerüstete Reiter mit Langschilden, Rundschilden und Schwertern. 5–6 Die Kriegsleute vieler Völker folgen dir, Männer aus Gomer und Bet-Togarma[e] im äußersten Norden, Männer aus Persien, Äthiopien* und Libyen, gerüstet mit Helm und Schild. 7 Halte dich bereit mit der ganzen Heeresmacht, die sich bei dir versammelt hat, und halte sie fest im Griff!

8 Es werden zwar noch viele Jahre vergehen, aber dann werde ich dich holen und in das Land Israel rufen. Der Krieg hatte es entvölkert und lange Zeit lag es verwüstet und menschenleer doch inzwischen habe ich seine Bewohner aus fremden Völkern wieder dorthin zurückgebracht. Während sie sorglos und in Frieden in ihrem Land leben, 9 wirst du wie ein Gewittersturm über sie hereinbrechen; dein Reiterheer mit den Hilfstruppen aus vielen Völkern wird das ganze Land überschwemmen.‹

10 Der HERR, der mächtige Gott, sagt: ›Zu jener Zeit werden böse Gedanken aus deinem Herzen aufsteigen, du wirst einen heimtückischen Plan fassen 11 und sagen: Ich will in ein ungeschütztes Land einfallen, wo die Menschen sorglos und in Frieden leben; ihre Städte haben weder Mauern noch Tore! 12 Weil dich die reiche Beute lockt, wirst du über das Volk herfallen, das aus fremden Völkern heimgekehrt ist und die zerstörten Städte von neuem besiedelt hat. Es wohnt in dem Land, das den Nabel* der Erde bildet, und hat wieder reichen Besitz an Herden und wertvollen Dingen.

13 Die Händler aus Saba* und Dedan* und aus der fernen Stadt Tarschisch* werden zu dir sagen: Aha, du hast es auf Beute abgesehen! Du hast dein Riesenheer aufgeboten, um Gold und Silber und Vieh und alles, was Wert hat, wegzuschleppen! Du wirst einen großen Fang machen!‹

Von Gott gerufen – von Gott vernichtet

14 Darum rede als Prophet*, du Mensch, und sag zu Gog: ›So spricht der HERR, der mächtige Gott: Einst, wenn mein Volk Israel sorglos und in Frieden lebt, wirst du dich aufmachen° 15 und aus dem Land im äußersten Norden herbeikommen, gefolgt von deinen Reiterheeren aus vielen Völkern, einer riesigen Heeresmacht. 16 Du wirst mit ihr gegen mein Volk Israel heranziehen und das ganze Land überschwemmen. In der letzten Zeit wird das geschehen; dann lasse ich dich gegen mein Land heranziehen. Und alle Völker werden mich erkennen, wenn ich mich vor ihren Augen an dir, Gog, als der heilige Gott erweise.‹

17 Der HERR, der mächtige Gott, sagt zu dir: ›Du bist der Mann, auf den ich durch meine Knechte, die Propheten Israels, hingewiesen habe.[f] Durch sie habe ich schon lange angekündigt, dass ich dich gegen Israel heranführen werde.‹

18 Der HERR, der mächtige Gott, sagt: ›An dem Tag, an dem Gog in das Land Israel einfällt, wird mein Zorn mächtig auflodern. 19 Schon jetzt bin ich von Zorn erfüllt und schwöre: An diesem Tag soll das Land von einem schweren Erdbeben heimgesucht werden. 20 Menschen und Tiere werden vor mir zittern, selbst die Vögel in der Luft und die Fische im Meer. Die Berge brechen auseinander, die Felsen stürzen ins Tal und alle Mauern fallen ein.

21 Ich rufe gegen Gog alle Schrecken herbei,° in seinem Heer wird jeder gegen jeden das Schwert ziehen. Das sage ich, der HERR, der mächtige Gott. 22 Ich richte unter seinen Truppen ein Blutbad an, ich schicke die Pest unter sie, ich kämpfe gegen sie mit Hagel und sintflutartigem Regen, ich lasse Feuer und Schwefel auf sie fallen. 23 Vor den Augen vieler Völker will ich mich an ihm als mächtig und heilig erweisen. Die Völker sollen mich kennen lernen, alle Welt soll erkennen, dass ich der HERR bin.‹

39 Du Mensch aber sollst Gog mein Strafgericht ankündigen und zu ihm sagen: ›So spricht der HERR, der mächtige Gott: Du bekommst es mit mir zu tun, Gog, du Großfürst der Völker Meschech* und Tubal! 2 Ich lenke dich, ich schreibe dir deinen

a Siehe Anmerkung zu 34,24.
b In Kap 40-46 schaut Ezechiël den neuen Tempel in allen Einzelheiten.
c Die Kap 38–39 blicken über die Wiederherstellung Israels (38,8) hinaus in eine ferne Zukunft. Eine letzte, ins riesenhafte gesteigerte Bedrohung Israels wird von Gott, diesmal nicht als Strafgericht, herbeigeführt und überraschend in eine Abrechnung mit allen Feinden des Gottesvolkes verwandelt. 2 Kön 19,35 wiederholt sich hier in größerem Maßstab (vgl. Jes 8,9-10; Sach 14,1-15). In Offb 20,8-9 begegnen »Gog und Magog« (vgl. Vers 2) als Streitmacht des Satans.
d Es handelt sich bei Gog um eine weitere Erscheinungsform des »Feindes aus dem Norden«; siehe Verse 14-15 und Jer 1,14 mit Vergleichsstellen. Die Lage von Magog ist nicht bekannt.
e Gomer und Bet-Togarma sind Bergvölker im Innern Kleinasiens.
f Gedacht ist offenbar an die Prophetie Jeremias vom »Feind aus dem Norden« (siehe die Anmerkung zu 38,2).

37,24b 36,27 **37,25** (Jakob) Gen 35,12 **37,26-28** 43,7; 11,20S; Lev 26,11-12; Offb 21,3 **37,26** 34,25S; Jer 30,19S **37,28** 39,7 **38,2** 32,26-27S **38,4** 29,4; 39,1-2 **38,12** 5,5; Ri 9,37 **38,15** (Norden) 26,7; Jes 14,31; Jer 1,14S; Joël 2,20 **38,16** 38,23S **38,21** Ri 7,22; Sach 14,13 **38,23** Ex 14,4; Ez 20,41; 36,23; 38,16; 39,21 **39,2** 38,4S

Weg vor,[a] ich führe dich aus dem äußersten Norden
auf die Berge Israels. 3 Dort schlage ich dir den Bogen
aus der linken Hand und lasse dir die Pfeile aus der
rechten Hand fallen. 4 Auf den Bergen Israels wirst
du den Tod finden, du und dein ganzes Heer aus vie-
len Völkern. Den Raubvögeln und wilden Tieren
werfe ich dich zum Fraß hin! 5 Auf freiem Feld wirst
du fallen. Ich habe es gesagt, der HERR, der mächtige
Gott!
6 Ich lege Feuer an die Städte des Landes Magog
und an die Städte am Meer, in denen die Menschen
sorglos dahinleben. Sie sollen erkennen, dass ich der
HERR bin. 7 Ich erweise mich als der heilige Gott
inmitten meines Volkes Israel; nie mehr sollen die
Völker verächtlich über meinen heiligen Namen*
reden. Sie sollen erkennen, dass ich der HERR bin,
der sich in Israel als heilig erweist. 8 Gebt Acht, es
kommt, es geschieht! Das ist der Tag, den ich schon
lange angekündigt habe.‹
Das sagt der HERR, der mächtige Gott.«

Das Schlachtfeld wird aufgeräumt

9 »Wenn das geschieht«, sagt der HERR, »werden die
Leute in den Städten Israels hinausgehen und die
Waffen der Feinde auflesen, um damit Feuer zu
machen. Rund- und Langschilde, Bogen und Pfeile,
Speere und Lanzen werden sie sammeln und einen
Vorrat an Holz zusammenbringen, der für sieben
Jahre ausreicht. 10 Sie werden nicht mehr in den
Wald gehen und Holz sammeln oder Bäume fällen,
sie werden die Ausrüstung des Feindes zum Feuer-
machen verwenden. So wird der Feind, der Israel
ausplündern wollte, nun selber ausgeplündert; der
Räuber wird zum Beraubten. Das sage ich, der mäch-
tige Gott.«
11 »An jenem Tag«, sagt der HERR, »bestimme ich
für Gog im Land Israel einen Begräbnisplatz: das
Karawanental[b] östlich vom Toten Meer. Dort wird
man ihn und sein ganzes Heer begraben. Der Grab-
hügel wird so groß sein, dass er das ganze Tal ver-
sperrt und niemand mehr durchziehen kann. Das
Tal wird man ›Tal der Heeresmacht Gogs‹ nennen.
12–13 Die Leute von Israel werden alle Gefallenen dort
begraben, damit das Land wieder rein* wird.[c] Alle
Männer in Israel werden sieben Monate lang damit
zu tun haben. Dadurch gebe ich ihnen teil an mei-
nem Sieg und sie dürfen sich dessen rühmen. Das
sage ich, der mächtige Gott.
14 Nach Ablauf der sieben Monate wird man Leute
ausschicken, die das ganze Land nach unbegrabenen
Gebeinen absuchen, damit es vollends rein wird.
15 Wenn einer von ihnen irgendwo einen Menschen-
knochen entdeckt, richtet er daneben ein Zeichen
auf, damit die Totengräber kommen und ihn im
›Tal der Heeresmacht Gogs‹ begraben. – 16 Auch eine
Stadt wird nach dem Untergang der Heeresmacht
Gogs benannt werden.[d] – So werden sie das ganze
Land von den Überresten der toten Feinde reini-
gen.«
17 Auch das sagte der HERR, der mächtige Gott, zu
mir: »Du Mensch, sag zu den Raubvögeln und wil-
den Tieren: ›Kommt von überall her und versammelt
euch auf den Bergen Israels! Ich lade euch zum gro-
ßen Opfermahl*! Ihr bekommt Fleisch zu essen und
Blut zu trinken, so viel ihr wollt, 18 das Fleisch der
tapfersten Krieger und das Blut der edelsten Fürsten.
Sie sind die wohlgemästeten Schafe, Böcke und Stie-
re, die ich für mein Opfermahl schlachte. 19 Kommt
zum Mahl, das ich für euch bereitet habe! Fresst
euch voll mit Fett und berauscht euch am Blut!
20 Sättigt euch an meinem Tisch mit Pferden, Reitern
und Kriegsleuten!‹ Das sage ich, der HERR, der mäch-
tige Gott.«

Die Zukunft Israels

21 Der HERR sagt: »Wenn ich an Gog und seinem Heer
mein Strafgericht vollstrecke, werden alle Völker
meine Macht und Herrlichkeit sehen. 22 Und alle
im Volk Israel werden erkennen, dass ich der HERR,
ihr Gott, bin, und sie werden es nie mehr vergessen
in alle Zukunft.
23 Die anderen Völker aber werden begreifen, dass
mein Volk Israel aus eigener Schuld in die Verban-
nung musste.[e] Es war mir untreu geworden; deshalb
hatte ich mich von ihm abgewandt und es in die
Gewalt seiner Feinde gegeben, sodass alle seine
Kriegsleute erschlagen wurden. 24 Weil die Leute
von Israel sich durch ihre bösen Taten verunreinigt
hatten, habe ich mich von ihnen abgewandt und
sie dafür büßen lassen.
25 Jetzt aber – sagt der HERR, der mächtige Gott –
will ich für die Nachkommen Jakobs alles wieder
zum Guten wenden und mit dem ganzen Volk Israel
Erbarmen haben. Ich will nicht, dass mein heiliger
Name* noch länger entehrt wird. 26–27 Ich werde
sie aus den Ländern ihrer Feinde holen und wieder
in ihr eigenes Land bringen. So erweise ich mich
vor allen Völkern als der heilige Gott. Wenn sie dann
vor Feinden sicher in ihrem Land leben, werden sie
beschämt sein, wenn sie daran denken, wie treulos
sie gegen mich gewesen sind.
28 Ich habe sie aus ihrem Land weggeführt und
unter die Völker zerstreut; aber ich hole sie wie-
der zusammen und lasse niemand zurück. Daran
werden sie erkennen, dass ich der HERR, ihr Gott,
bin. 29 Ich werde meinen Geist* über das Volk Israel
ausgießen und dann werde ich mich nie mehr von
ihnen abwenden. Das sage ich, der HERR, der mäch-
tige Gott.«

a Das erinnert an Jes 10,5-6 und 37,29.
b Die Lage ist nicht sicher zu bestimmen.
c Zur Verunreinigung durch Leichen siehe Num 19,11-16.
d Der hebräische Text gibt der Stadt den Namen *Hamona,* was einen Anklang an *hamon* = »Menge, Heer« enthält. Das Tal heißt im Hebräischen entsprechend *Hamon-Gog.*
e Und nicht, weil sein Gott es nicht vor den Feinden schützen konnte.

39,7 36,23; 37,28 **39,8** 38,17 **39,9** Jes 9,4; Ps 46,10 **39,12-16** Num 19,11-16 **39,17-19** Offb 19,17-18; Jes 34,6 **39,21** 38,23S **39,25** 36,20-23S **39,26-27** 28,25S; 20,43S **39,29** Joël 3,1S

ZUKUNFTSVISION VOM NEUEN TEMPEL IM ERNEUERTEN LAND (Kapitel 40–48)

Der Prophet sieht die Tempelstadt

40 Im 25. Jahr unserer Verbannung*, am Jahres-
anfang, am 10. Tag des Monats – das war im
14. Jahr nach der Einnahme der Stadt Jerusalem[a] –,
spürte ich, wie der HERR seine Hand auf mich legte
und mich genau dorthin brachte. 2 In einer Vision
führte er mich ins Land Israel und setzte mich auf
einem sehr hohen Berg nieder.

Auf der Südseite des Berges sah ich etwas, das aus-
sah wie eine Art Stadt. 3 Am Tor stand ein Mann, der
wie Bronze glänzte.[b] In den Händen hielt er eine lei-
nene Messschnur und eine Messlatte.

4 Er sagte zu mir: »Du Mensch, mach deine Augen
und Ohren auf und merke dir genau, was ich dir zei-
ge! Denn dazu bist du hierher gebracht worden.
Berichte den Leuten von Israel alles, was du hier
siehst.«

Das Osttor des Tempelbezirks[c]

5 Ringsum war die ganze Anlage von einer Mauer
umschlossen. Der Mann maß die Mauer aus; sie
war eine Messlatte hoch und ebenso dick. Die Mess-
latte hatte eine Länge von 6 Ellen.[d]

6 Dann ging der Mann die Stufen hinauf, die zum
östlichen Toreingang führten, und maß die Tiefe der
vorderen Toröffnung aus: sie betrug eine Messlatte.
7–10 Im Inneren hatte das Tor auf beiden Seiten je
drei Nischen, die durch Pfeiler voneinander getrennt
waren. Der Mann maß die Nischen aus; sie waren
alle eine Messlatte breit und eine Messlatte tief.
Die Pfeiler zwischen den Nischen waren 5 Ellen
dick.

Die hintere Toröffnung war wie die vordere eine
Messlatte tief. An sie schloss sich nach innen, zum
Vorhof* des Tempels hin, noch eine Vorhalle an;
sie maß in der Länge 8 Ellen und die Mauer der Tor-
öffnung an ihrem Ende war 2 Ellen dick.

11–12 Die Nischen waren gegen den Tordurchgang
mit einer Mauer von einer Elle Höhe abgeschlossen.

Dann maß der Mann die Breite der Toröffnung:
Sie betrug 13 Ellen, nach Abzug des Raumes, den
die Türangeln einnahmen, waren es 10 Ellen. 13 Die
Entfernung von der Rückwand der Nischen auf der
linken Seite zur Rückwand der Nischen auf der rech-
ten Seite betrug 25 Ellen.

14 Die Vorhalle ragte mit zwei Torpfeilern in den
äußeren Vorhof hinein. Der Mann bestimmte die
Höhe der Pfeiler; sie betrug 60 Ellen.[e] 15 Die Gesamt-
länge des Tordurchgangs von der vorderen Toröff-
nung bis zur Ausgangstür am Ende der Vorhalle
betrug 50 Ellen.

16 In den Außenwänden der Nischen waren Fens-
teröffnungen, durch die Licht in den Tordurchgang
fiel. Auch die Vorhalle hatte Fenster. Die Pfeiler
waren mit eingeritzten Palmbäumen verziert.

Der äußere Vorhof und die beiden übrigen Tore

17 Dann führte mich der Mann durch das Tor in den
äußeren Vorhof* hinein. Dieser war ringsum von
dreißig nebeneinander liegenden Räumen umgeben
und vor diesen Räumen war der Boden mit Steinplat-
ten belegt.

18 Der Plattenbelag reichte so weit in den Vorhof
hinein wie die Torbauten. Dieses Steinpflaster und
überhaupt der ganze Vorhof lag niedriger als der
innere Vorhof.

19 Der Mann, der mich führte, maß den Abstand
von dem Tor, durch das wir eingetreten waren, bis
zu dem höher gelegenen Tor des inneren Vorhofs;
er betrug 100 Ellen*.

Nachdem die Ostseite ausgemessen war, gingen
wir auf die Nordseite.

20 Der Mann maß das Nordtor des äußeren Vor-
hofs. 21 Es war genau gleich gebaut wie das Osttor;
seine Länge betrug 50 Ellen und seine Breite 25 Ellen.
22 Auch die Vorhalle, die Fenster und die Palmverzie-
rungen waren gleich und auch hier führten sieben
Stufen zum Toreingang hinauf. 23 Wie das Osttor
führte auch das Nordtor zu einem höher gelegenen
Tor des inneren Vorhofs. Der Mann maß den
Abstand zwischen dem äußeren und dem inneren
Tor; er betrug 100 Ellen.

24–26 Dann führte er mich auf die Südseite und maß
das dort gelegene Tor aus. Alles entsprach genau den
beiden anderen Toren. Auch hier führten sieben Stu-
fen zum Toreingang und die Pfeiler waren mit einge-
ritzten Palmbäumen verziert, je ein Palmbaum auf
jedem Pfeiler. 27 Auch hier führte das Tor zu einem
höher gelegenen Tor des inneren Vorhofs; die Ent-
fernung zwischen den beiden Toren betrug 100
Ellen.

Die Tore des inneren Vorhofs

28–30 Dann führte der Mann mich durch das südliche
Tor in den inneren Vorhof*. Das Tor war gleich
gebaut wie die anderen Tore, mit Nischen, Pfeilern,
Vorhalle und Fenstern. Der Mann maß es aus und
auch in den Maßen stimmte das Tor genau mit den
anderen Toren überein. Es war 50 Ellen* lang und
25 Ellen breit.° 31 Die Vorhalle lag hier jedoch nicht
am Ausgang, sondern am Eingang des Tores und
war dem äußeren Vorhof zugekehrt. Die Pfeiler
waren mit eingeritzten Palmbäumen verziert und
acht Stufen führten zum Toreingang hinauf.

32–37 Dann führte der Mann mich auf die Ostseite
und vermaß das dort gelegene Tor, und anschließend

a 573 v. Chr. Möglicherweise hat das Datum symbolische Bedeutung: Nach Lev 25,9 wird am 10. Tag des 7. Monats (das ist der altisraelitische Neujahrsmonat) alle 50 Jahre das »Erlassjahr« ausgerufen (siehe Sacherklärung). Ist dies ein Hinweis darauf, dass die Verbannten nach weiteren 25 Jahren frei werden sollen?
b Also eine himmlische Lichtgestalt. Die »Stadt« ist der im Folgenden geschilderte Tempelkomplex; vgl. 42,16-20 und den Grundriss Seite 907.
c In 40,5–42,20 ist der hebräische Text oft schwer zu verstehen, sodass die Übersetzung stellenweise nur ein Versuch sein kann. Manche Einzelheit der Tempelanlage ist ungeklärt.
d *6 Ellen:* wörtlich *6 Großellen von je 1 Elle und 1 Handbreite.* Die Großelle hat eine Länge von ca. 52 cm, die normale Elle von ca. 46 cm. In der Übersetzung der Kap 40–48 sind die Längenmaße nicht in Meter umgerechnet, da die Grundzahl 50, die den ganzen Abschnitt beherrscht, offenbar eine symbolische Bedeutung hat (vgl. Lev 25,10 und Anmerkung zu 40,1).
e Außer in 41,8-11 und 43,14-17 werden in der Beschreibung sonst keine Höhenmaße genannt. Für den schwer zu verstehenden Vers gilt das in Anmerkung *a* Gesagte.

40,1 3,22S **40,2** 8,3; Sach 14,10 **40,3** Sach 2,5; Offb 21,15 **40,5–42,20** 1 Kön 6,1-38

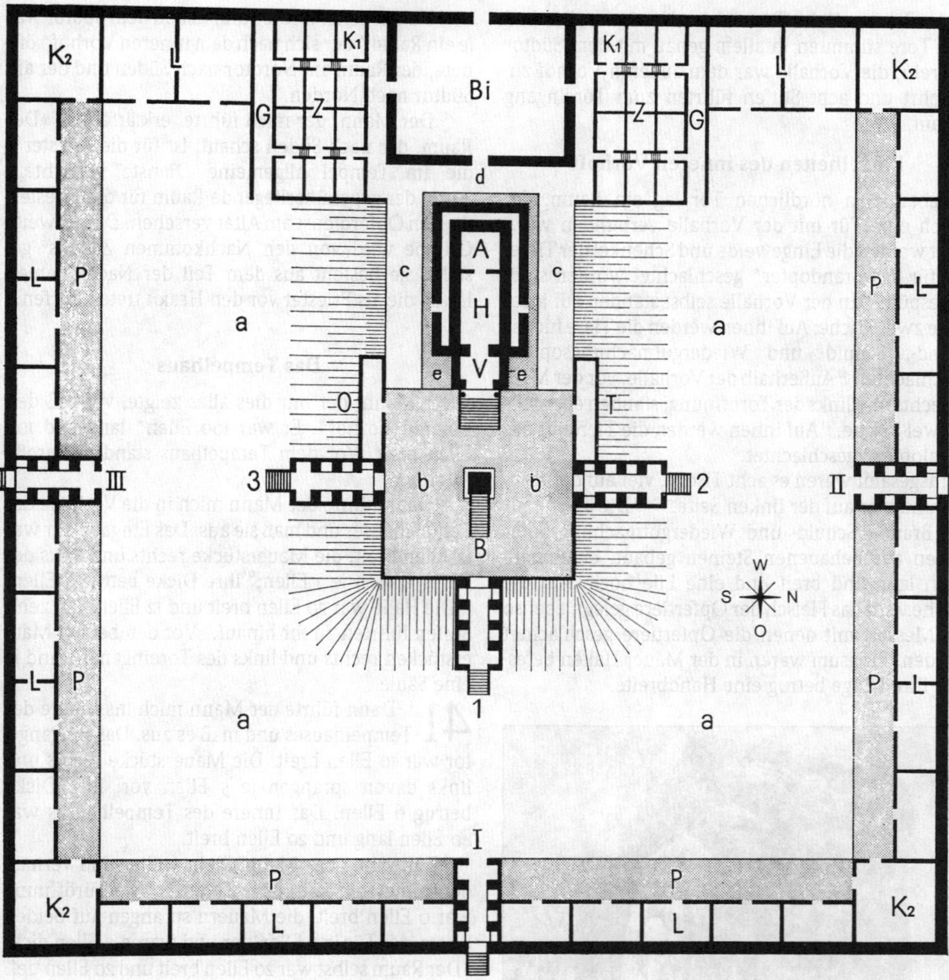

Vision des künftigen Tempels (Versuch einer Rekonstruktion)

I, II, III	Tore des äußeren Vorhofs	A	Allerheiligstes des Tempels (40,3-4)
1, 2, 3	Tore des inneren Vorhofs	Bi	Bau ohne Bestimmung (hebr. *binjan* = Gebäude; 41,12)
a	Äußerer Vorhof (40,17-27)	Z	Räume für die Priester (»Zellen«; 42,1-14)
b	Innerer Vorhof (40,28-46)	G	Gang als Zugangsweg zum Priesterbau (42,4.7-8)
c, d	Freier Raum um das Tempelgebäude (41,8-12)	T	Räume für Priester im allgemeinen Tempeldienst (40,44-45)
e	Terrasse des Tempelgebäudes (41,8-11)	O	Räume für Priester im Opferdienst (40,44-46)
L	Hallen für Tempelbesucher (»Laien«; 40,17)	K_1	Küchen für die Priester (46,19-20)
P	Pflaster vor den Hallen (40,17-18)	K_2	Küchen für Tempelbesucher (46,21-24)
B	Brandopferaltar (40,47; 43,13-17)		
V	Vorhalle des Tempelgebäudes (40,48-49)		
H	Hauptraum des Tempelgebäudes (»Heiligtum«; 41,1-2)		

vermaß er auch das Tor auf der Nordseite. Die beiden Tore stimmten in allem genau mit dem Südtor überein; die Vorhalle war dem äußeren Vorhof zugekehrt und acht Stufen führten zum Toreingang hinauf.

Einzelheiten des inneren Vorhofs

38 Neben dem nördlichen Tor lag ein Raum, der
durch eine Tür mit der Vorhalle verbunden war.[a]
Dort werden die Eingeweide und Schenkel der Tiere,
die für das Brandopfer* geschlachtet worden sind,
abgespült. 39 In der Vorhalle selbst standen auf jeder
Seite zwei Tische. Auf ihnen werden die Tiere für das
Brand-, Schuld- und Wiedergutmachungsopfer*
geschlachtet. 40 Außerhalb der Vorhalle, vor der Mau-
er rechts und links der Toröffnung, standen ebenfalls
je zwei Tische. 41 Auf ihnen werden die Tiere für das
Mahlopfer* geschlachtet.[b]

Insgesamt waren es acht Tische, vier auf der rech-
ten und vier auf der linken Seite. 42-43 Die Tische für
die Brand-, Schuld- und Wiedergutmachungsopfer waren aus behauenen Steinen gebaut, eineinhalb Ellen lang und breit und eine Elle hoch. Auf die Tische wird das Fleisch der Opfertiere gelegt, ebenso die Messer, mit denen die Opfertiere geschlachtet werden. Ringsum waren in der Mauer Haken befestigt; ihre Länge betrug eine Handbreite.

Der künftige Tempel, wie ihn Ezechiël in seiner Vision schaute, ist bis ins Einzelne beschrieben, sogar die Verzierungen sind nicht vergessen: »Geschnitzte Bilder von Keruben und Palmbäumen schmückten die Wände« (41,18). Der Palmbaum blieb auch später ein beliebtes jüdisches Symbol. Im Bild ein Gesimsstein von der um 200 n. Chr. erbauten Synagoge von Kafarnaum.

44 Neben dem Nordtor und neben dem Südtor war je ein Raum,° der sich nach dem inneren Vorhof* öffnete, der Raum am Nordtor nach Süden und der am Südtor nach Norden.

45 Der Mann, der mich führte, erklärte mir: »Der
Raum, der nach Süden schaut, ist für die Priester*,
die im Tempel allgemeine Dienste verrichten,
46 und der gegenüberliegende Raum für die Priester,
die den Opferdienst am Altar versehen. Diese zweite Gruppe wird von den Nachkommen Zadoks[c] gestellt; sie besteht aus dem Teil der Nachkommen Levis, die als Priester vor den HERRN treten dürfen.«

Das Tempelhaus

47 Der Mann, der mir dies alles zeigte, vermaß den inneren Vorhof*: Er war 100 Ellen* lang und 100 Ellen breit. Vor dem Tempelhaus stand der große Altar.[d]

48 Dann führte der Mann mich in die Vorhalle des
Tempelhauses und maß sie aus. Das Eingangstor war
14 Ellen breit, die Mauerstücke rechts und links des
Tores maßen je 3 Ellen;° ihre Dicke betrug 5 Ellen.
49 Die Halle war 20 Ellen breit und 12 Ellen tief; zehn
Stufen führten zu ihr hinauf.° Vor den beiden Mauerstücken rechts und links des Toreingangs stand je eine Säule.

41 1-2 Dann führte der Mann mich ins Innere des Tempelhauses und maß es aus. Das Eingangstor war 10 Ellen breit. Die Mauerstücke rechts und links davon sprangen je 5 Ellen vor; ihre Dicke betrug 6 Ellen. Das Innere des Tempelhauses war 40 Ellen lang und 20 Ellen breit.

3 Dann ging der Mann allein weiter und vermaß
den hintersten Raum des Tempels. Die Türöffnung
war 6 Ellen breit; die Mauern sprangen auf beiden
Seiten der Tür je 7 Ellen vor und waren 2 Ellen dick.
4 Der Raum selbst war 20 Ellen breit und 20 Ellen tief.
Der Mann, der mich hierher geführt hatte, sagte zu mir: »Dies ist das Allerheiligste*.«

Die Anbauten am Tempelhaus

5 Dann maß der Mann, der mich führte, die Dicke der
Tempelmauern; sie betrug 6 Ellen*. Auf drei Seiten
war das Tempelhaus mit einem Anbau von 4 Ellen
Breite umgeben. 6 Er bestand aus drei Stockwerken
mit je dreißig Kammern. Die Stockwerke waren
auf der Innenseite nicht in der Tempelmauer verankert, sondern ruhten auf nach oben zurückspringen-
den Mauerabsätzen. 7 So kam es, dass der Innen-
raum des Anbaus sich von Stockwerk zu Stockwerk verbreiterte; im untersten Stockwerk war er am schmalsten, im obersten Stockwerk am breitesten.

8-11 Die Außenmauer des Anbaus war 5 Ellen dick. Rings um den Anbau lief eine Terrasse von 6 Ellen

a Er ist in der Grundrissskizze Seite 907 nicht eingezeichnet (die Halle T ist eine der in Vers 44 erwähnten).
b Das Schlachten und Zerlegen der Opfertiere geschieht also nicht im innersten Bezirk des Heiligtums, dem »inneren Vorhof« mit dem Brandopferaltar. Zu den Opferarten siehe die Sacherklärung »Opfer«.
c Siehe Anmerkung zu 44,15.
d Der Brandopferaltar (B in der Grundrissskizze Seite 907).

40,46 44,15 **40,47** 43,13-17 **40,49** 1 Kön 7,15-22

Höhe; sie war 5 Ellen breit. Auf die Terrasse öffneten
sich die beiden Türen des Anbaus, eine im Norden
und eine im Süden.

An die Terrasse grenzte ringsum ein freier Raum
von 20 Ellen Breite. 12 Westlich vom Tempelhaus
lag angrenzend an diesen unbebauten Streifen ein
Gebäude;[a] es war innen 90 Ellen breit und 70 Ellen
tief. Seine Mauern waren 5 Ellen dick.

13–15a Nun maß der Mann, der mich hergeführt
hatte, den Gesamtumfang der Tempelanlage aus.
Die Länge von Tempelhaus und Anbau betrug 100
Ellen, ihre Breite einschließlich des unbebauten
Streifens zu beiden Seiten ebenfalls 100 Ellen. Der
Bau im Westen des Tempelhauses war 100 Ellen breit
und einschließlich des freien Platzes davor 100 Ellen
lang. Ebenso lang waren auch die terrassenförmig
gestuften Gebäude, die sich auf beiden Seiten neben
jenem Bau erhoben.

Schmuck und Ausstattung des Tempels

15b Alles wurde gemessen: das Innere des Tempelhau-
ses, die Vorhalle, 16 die vom Boden bis zu den Fens-
tern hinaufreichende Holzverkleidung, die Fenster
mit ihrem dreifach gestaffelten Rahmen, 17 die Wand
über dem Eingangstor und überhaupt das ganze
Tempelhaus von außen und innen. Alles hatte sein
genaues Maß.

18 Geschnitzte Bilder von Keruben* und Palmbäu-
men schmückten die Wände; immer abwechselnd
eine Palme und ein Kerub. Die Keruben hatten zwei
Gesichter; 19–20 der Palme auf der einen Seite wand-
ten sie ein Menschengesicht zu und der Palme auf
der anderen ein Löwengesicht.

Die ganze Wand des Tempelinneren vom Fußbo-
den bis über die Höhe der Türöffnung hinaus war
ringsum mit diesen Schnitzereien bedeckt.[b] 21 Die
Eingangstür des Tempelhauses hatte einen vierfach
abgestuften Türrahmen.

Vor dem Allerheiligsten* stand etwas,[c] das aussah
22 wie ein Altar aus Holz, 3 Ellen* hoch und je 2 Ellen
lang und breit.° An den vier Ecken hatte er Hörner*;
auch seine Seitenwände und der Sockel° waren aus
Holz. Der Mann, der mich führte, sagte zu mir: »Dies
ist der Tisch, der vor dem HERRN steht.«

23–24 Der Eingang des Tempelhauses und ebenso
der Eingang zum Allerheiligsten* war mit einer Dop-
peltür verschließbar; rechts und links waren hinter-
einander je zwei drehbare Türflügel angebracht.
25 Die Türen waren genau wie die Wände mit
geschnitzten Keruben und Palmen verziert. Außen
über dem Eingang der Vorhalle war ein hölzernes
Dach. 26 Die Seitenwände der Vorhalle waren von
Fenstern durchbrochen und mit geschnitzten Palm-
bäumen verziert.°

Die Räume für die Priester

42 Der Mann führte mich in den äußeren Vor-
hof* hinaus, und zwar auf die Nordseite.
Dort lag ein Gebäude[d] mit einzelnen Räumen, rechts
neben dem Bau hinter dem Tempel und dem freien
Platz vor diesem Bau. 2 Es war 100 Ellen* lang und
50 Ellen breit; der Zugang befand sich auf der Lang-
seite im Norden.

3 Der Bau stieß auf der einen Seite an den freien
Platz[e] auf der Rückseite des Tempels und auf der
anderen Seite an das Pflaster, das um den äußeren
Vorhof führt. Er erhob sich in drei terrassenförmig
gestuften Stockwerken.

4 Auf der Nordseite des Baus lief ein 10 Ellen breiter
Gang; auf dieser Seite waren auch die Eingänge.
Zum inneren Vorhof führte ein Durchgang, eine
Elle breit. 5–6 Weil der Bau terrassenförmig angelegt
war, wurden die Räume von Stockwerk zu Stock-
werk kleiner. Der Bau hatte keine Arkaden wie die
Hallen, die rings um den äußeren Vorhof lagen.
7–8 Den Gang auf der Eingangsseite begrenzte gegen
den äußeren Vorhof eine Mauer. Sie reichte 50 Ellen
weit in den äußeren Vorhof hinein und setzte sich
nach hinten in der Wand der Hallen am Rand dieses
Vorhofs fort. Das Gebäude selbst war 100 Ellen lang.
9 Der mauergesäumte Gang war vom äußeren Vorhof
aus zugänglich, und zwar von Osten.

10 Auch auf der Südseite grenzte an die Mauer des
äußeren Vorhofs ein Gebäude mit einzelnen Räu-
men, links neben dem Bau hinter dem Tempel und
dem freien Platz vor diesem Bau, 11 und auch hier
führte ein Gang an der Eingangsfront entlang. Das
Gebäude glich in allem dem auf der gegenüberlie-
genden Seite, 12 auch der Zugang war entsprechend
angelegt; ein von einer Mauer flankierter Gang
führte aus dem äußeren Vorhof zu den Eingangs-
türen, ebenfalls im Osten.

13 Der Mann sagte zu mir: »Die Räume dieser bei-
den Gebäude, die durch den freien Platz hinter dem
Tempel getrennt werden, sind für die Priester*
bestimmt, die im Tempel in nächster Nähe des
HERRN ihren Dienst tun. Hier an diesem heiligen
Ort essen sie von ihrem Anteil an den Opfergaben*
die Teile, die besonders heilig* sind.[f] Dorthin sollen
sie von ihrem Anteil an den Opfergaben alles brin-
gen, was besonders heilig ist: ihren Anteil an den
Speiseopfern, Schuldopfern und Wiedergutma-
chungsopfern; denn es ist ein heiliger Ort.

14 Wenn die Priester ihren Dienst im Heiligtum
verrichtet haben, dürfen sie anschließend nicht
sofort zum übrigen Volk in den äußeren Vorhof
gehen. Sie müssen zuvor in diesen Räumen die
Kleidung ablegen, in der sie dem HERRN genaht sind.
Kein Unbefugter darf damit in Berührung kommen.[g]

a Über seine Zweckbestimmung wird nirgends etwas gesagt (in der Grundrissskizze Seite 907 mit Bi bezeichnet).
b Die Mauern sind demnach im Inneren durchgehend mit Holz getäfelt.
c Im Tempel Salomos standen hier der mit Gold überzogene Räucheraltar und der Tisch für die geweihten Brote, an den hier die Bezeichnung *Tisch* (Vers 22) erinnert.
d In der Grundrissskizze mit Z bezeichnet, ebenso das entsprechende Gebäude auf der Südseite (Verse 10-12).
e Gemeint ist der Platz um den mit Bi bezeichneten Bau.
f Vgl. Num 18,8-10 und Lev 6,17-23 mit Vergleichsstellen.
g Vgl. Anmerkung zu 44,19.

42,7-8 40,17 **42,13** Num 18,8-10S **42,14** 44,19S

Sie dürfen erst unters Volk gehen, nachdem sie sich
umgezogen haben.«

Der Gesamtumfang des Tempelbezirks

[15]Als der Mann, der mich führte, den Tempel und
seine Vorhöfe* vermessen hatte, ging er mit mir
durch das Osttor nach draußen und maß den äuße-
ren Umfang des Tempelbezirks. [16-20] Der ganze
Bezirk war ringsum von einer Mauer umgeben.
Der Mann maß mit seiner Messlatte zuerst die Ost-
seite aus; sie war 500 Ellen* lang. Dann maß er die
drei übrigen Seiten; auch sie waren je 500 Ellen.
Die Mauer von 500 Ellen im Geviert bildet eine
Scheidewand zwischen der heiligen Stätte und
dem übrigen Land.

Gott kehrt in sein Heiligtum zurück

43 Dann führte der Mann mich zum östlichen
Tempeltor. [2] Dort sah ich die Herrlichkeit*
des Gottes Israels von Osten herankommen. Ein
Rauschen ging von ihr aus wie von der Brandung
des Meeres und ihr Glanz tauchte die ganze Umge-
bung in strahlendes Licht.
[3] Es war dieselbe Erscheinung, die ich am Fluss
Kebar gesehen hatte und dann noch einmal, als der
HERR sich aufmachte, um Jerusalem zu vernichten.[a]
Ich warf mich zu Boden, [4] während die Herrlich-
keit des HERRN durch das Osttor in den Tempel ein-
zog. [5] Da hob mich der Geist* von der Erde auf
und brachte mich in den inneren Vorhof* des Tem-
pels. Ich sah, dass die Herrlichkeit des HERRN das
ganze Tempelhaus füllte. [6] Der Mann, der mich
geführt hatte, stand neben mir. Aus dem Tempel
aber hörte ich eine Stimme, [7] die sagte:
»Du Mensch, hier ist der Ort, an dem mein Thron
steht und der Schemel, auf den ich meine Füße stelle!
Hier will ich für alle Zeiten in der Mitte des Volkes
Israel wohnen![b] Die Leute von Israel sollen meinen
heiligen Namen* nie mehr durch schändlichen Göt-
zendienst entehren und durch die Leichen ihrer
Könige, die sie in meiner Nähe bestatten.[c] [8] Ihre
Könige sollen ihre Paläste nicht mehr neben meinem
Tempel bauen, nie mehr Tür an Tür mit mir wohnen,
sodass nur eine Wand sie von mir trennt.
Die Abscheulichkeiten, die ihre Könige begingen,
haben meinen heiligen Namen geschändet. Deshalb
musste ich sie in meinem Zorn vernichten. [9]Aber
wenn die Leute von Israel keine Götzen mehr ver-
ehren und die Leichen ihrer Könige von mir fern
halten, werde ich von nun an für immer in ihrer
Mitte wohnen.
[10] Du aber, du Mensch, sollst den Leuten von Israel
den Tempel beschreiben, den du geschaut hast.
Wenn sie sich seine Ausmaße vergegenwärtigen,
werden sie sich schämen, dass sie mich früher so
sehr missachtet haben. [11] Und wenn ihnen ihre Ver-
gehen Leid tun, sollst du ihnen alles genau im Einzel-
nen schildern: das Aussehen des Tempelhauses,
seine Einrichtung und die Zugänge zu ihm. Zeichne
vor ihren Augen einen Plan und sag ihnen alle Vor-
schriften und Anordnungen für den Tempeldienst,
damit sie sie künftig genau befolgen.
[12] Die wichtigste Bestimmung aber ist: Der
gesamte Tempelbezirk auf dem Gipfel des Berges
ist mir geweiht. Selbst die Vorhöfe des Tempels sind
im höchsten Grade heilig*, genauso heilig wie das

Ezechiël hatte gesehen, wie Gott die Stadt und den Tempel verließ (10,19; 11,23). Jetzt sah er in seiner Vision die Herrlichkeit Gottes von Osten her zurückkehren. »Ihr Glanz tauchte die ganze Umgebung in strahlendes Licht« (43,2). Gott wohnt wieder bei seinem Volk.

a Siehe die Vergleichsstellen. Gott kehrt in der Vision des Propheten in den wieder errichteten Tempel zurück.
b Dieser Zug wird aufgenommen und weitergeführt in der Vision des neuen Jerusalems in Offb 22,3 (2. Vershälfte).
c *die sie …:* wörtlich *(nämlich) ihre Grabhügel.* Tempelbezirk und Königspalast waren vor der Zerstörung 587 v. Chr. nur durch eine Mauer getrennt gewesen. Der äußere Tempelvorhof war ursprünglich vielleicht sogar einfach der große Hof des Palastbezirks von 1 Kön 7,12. Die Königsgräber lagen in unmittelbarer Nähe (vgl. das Bild Seite 391).

43,2-4 1,1-28a; 8,4; 10,18-19 S **43,5** Ex 40,34-35 S **43,7** 37,26-28 S; (Thron) Jer 3,17 S; (Schemel) Klgl 2,1 S **43,10** 20,43 S

Innere des Tempelhauses. Dies ist das grundlegende Gesetz des Tempels.«

Der Brandopferaltar* und seine Einweihung

13 Hier sind die Maße des großen Altars:[a] Unten läuft ringsherum ein Graben, eine Elle* breit und eine Elle tief, eingefasst von einem Mauerrand, der eine halbe Elle breit ist. 14 Darüber erhebt sich der Altar in Stufen. Die unterste Stufe ist 2 Ellen hoch, dann springt die Altarwand um eine Elle zurück; die nächste Stufe ist 4 Ellen hoch und wieder springt die Wand eine Elle zurück.

15 Dann erhebt sich der Altar noch einmal 4 Ellen hoch; dieser Teil ist der Opferherd, an dessen Ecken die vier Hörner* aufgesetzt sind. 16 Der Opferherd ist viereckig, 12 Ellen lang und 12 Ellen breit, 17 die nächstuntere Stufe ist 14 Ellen lang und breit, ebenfalls viereckig. Der Graben ist eine Elle breit und der Mauerrand rings um den Graben eine halbe Elle. An der Ostseite führen Treppenstufen den Altar hinauf.

18 Der Herr, der mächtige Gott, sagte zu mir: »Du Mensch, hier sind die Bestimmungen für die Weihe des Altars: Wenn der Altar errichtet ist, auf dem die Brandopfer* dargebracht werden und an den das Blut der Opfertiere gesprengt wird, 19 sollst du den Priestern aus der Nachkommenschaft Zadoks, die den Opferdienst verrichten, einen Stier für das Sühneopfer* geben. 20 Mit dem Blut des Stieres sollst du die vier Hörner* des Altars, die vier Ecken seiner Stufen und den Mauerrand an seinem Fuß bestreichen, damit der Altar von jeder Befleckung durch Schuld gereinigt wird. 21 Danach soll der Stier an einem dafür bestimmten Platz außerhalb des Tempelbezirks verbrannt werden.

22 Am folgenden Tag sollst du einen fehlerfreien Ziegenbock als Schuldopfer* darbringen und sie sollen mit ihm genauso verfahren wie mit dem Stier am Tag zuvor, damit der Altar von jeder Befleckung durch Schuld gereinigt wird.
23–24 Anschließend sollst du einen Stier und einen Schafbock vor mich bringen, beides fehlerfreie Tiere. Die Priester sollen sie zerlegen und Salz auf die Stücke streuen und sie mir als Brandopfer darbringen.

25 Dieselben Opfer sollst du auch an den folgenden Tagen darbringen lassen. 26 Insgesamt sieben Tage lang sollen die Priester den Altar von aller Befleckung durch Schuld reinigen und ihn weihen. 27 Vom achten Tag ab können sie dann eure regelmäßigen Brandopfer und Mahlopfer* auf dem Altar darbringen. Wenn ihr so verfahrt, werde ich eure Opfergaben freundlich annehmen.«

Das sagt der Herr, der mächtige Gott.

Das verschlossene Osttor

44 Der Mann brachte mich wieder zum östlichen Tor des äußeren Vorhofs*. Es war jetzt geschlossen. 2 Der Herr sagte zu mir: »Dieses Tor soll geschlossen bleiben. Niemand darf hindurchgehen, nachdem der Herr, der Gott Israels, auf diesem Weg in den Tempel eingezogen ist. Es muss für immer verschlossen bleiben. 3 Der regierende Fürst[b] darf im Torbau Platz nehmen, wenn er seinen Anteil am Opfermahl* verzehrt. Er betritt ihn vom inneren Vorhof her durch die Vorhalle und verlässt ihn wieder auf demselben Weg.«

Der Prophet erhält Anweisungen von Gott

4 Nun führte mich der Mann durch das nördliche Tor in den inneren Vorhof* vor den Eingang des Tempels. Ich sah das ganze Tempelhaus von der Herrlichkeit* des Herrn erfüllt und warf mich zu Boden. 5 Der Herr sagte zu mir: »Du Mensch, mach deine Augen und Ohren auf und merke dir alles, was ich dir zu sagen habe. Du erfährst jetzt, was in meinem Tempel zu beachten ist, wer ihn betreten darf und wer nicht.«

Ausschluss von Fremden und Degradierung der Leviten

6 »Sag zu den Leuten von Israel, diesem widerspenstigen Volk: ›So spricht der Herr, der mächtige Gott: Es muss ein Ende damit haben, dass ihr mein Heiligtum entweiht, ihr Leute von Israel! 7 Ihr habt Fremde[c] in meinen Tempel gebracht, die nicht nur am Körper, sondern auch im Herzen unbeschnitten* waren. Sie standen dabei, während ihr mir das Fett und Blut der Opfertiere, meine Speise, dargebracht habt. Dadurch habt ihr gegen das Gesetz meines Bundes* verstoßen und mein Heiligtum geschändet. 8 Anstatt selbst die Dienste in meinem Heiligtum zu verrichten, habt ihr Fremde dazu angestellt und ihnen Dienste übertragen, die für mich getan werden!

9 Darum sage ich, der Herr, der mächtige Gott: Von jetzt an darf nie mehr ein Fremder, der am Körper und im Herzen unbeschnitten ist, mein Heiligtum betreten, niemand von den Fremden, die mitten unter euch leben. 10–11 Die Dienste, die sie bisher verrichtet haben, sollen die Leviten* übernehmen. Sie müssen künftig an den Toren des Tempelbezirks Wache halten und alle niederen Dienste an meinem Heiligtum verrichten. Außerdem sollen sie für die übrigen Israeliten die Opfertiere für die Brand- und Mahlopfer schlachten und den Leuten, die ein Opfer* darbringen, in allem zur Verfügung stehen.

a Der Brandopferaltar vor dem Tempelhaus (siehe 40,47).
b Vgl. Anmerkung zu 34,24.
c Aus Jos 9,27 geht hervor, dass Reste der kanaanitischen Landesbewohner Hilfsdienste am Heiligtum verrichtet hatten.

43,13-17 40,47 **43,15** (Opferherd) Jes 29,1 **43,21** Lev 16,27 **43,23-24** Lev 2,13 **43,26** Ex 29,35-37 **44,1-2** 43,4; Ps 24,7-10 **44,3** 46,2 **44,4** 43,5S **44,5** Ps 15,1-5S **44,6** 2,3-5S **44,7** Jes 52,1; Jer 4,4

So bestrafe ich die Leviten dafür, dass sie mir untreu wurden, als die Leute von Israel sich von mir abwandten und den Götzen nachliefen.[a] 12 Sie haben für das Volk Götzenopfer dargebracht und es so in schwere Schuld gestürzt. Deshalb habe ich meine Hand gegen sie erhoben und lasse sie ihre Vergehen büßen. Das sage ich, der HERR, der mächtige Gott.

13 Sie dürfen nicht mehr als Priester* vor mich treten; sie dürfen nicht mehr mit den besonders heiligen* Dingen in Berührung kommen. Sie müssen die Folgen ihrer abscheulichen Vergehen tragen 14 und alle niederen Dienste am Tempel verrichten.

15 Die Priester* aus der Nachkommenschaft Zadoks aber haben den Dienst an meinem Heiligtum treu versehen, als die Israeliten sich von mir abwandten. Deshalb sollen sie auch künftig meine Priester sein und mir das Fett und Blut der Opfertiere darbringen.[b] Das sage ich, der HERR, der mächtige Gott. 16 Sie allein dürfen den Dienst am Altar verrichten, nur sie dürfen in das Innere meines Tempels gehen und als Priester vor mich treten.‹«

Anweisungen für die Priester[c]

17–18 Weiter sagte der HERR: »Wenn die Priester* den inneren Vorhof* betreten, sollen sie leinene Kleider anziehen. Solange sie im inneren Bereich des Heiligtums Dienst tun, dürfen sie keine Kleidung aus Wolle auf dem Leib tragen, die Schweiß treibt. Sie sollen einen Turban aus Leinen und leinene Hosen anziehen und auch die Oberkleider sollen aus Leinen sein.

19 Bevor sie dann zum Volk in den äußeren Vorhof zurückkehren, müssen sie die Kleider, in denen sie den Priesterdienst verrichtet haben, wieder ausziehen und in den heiligen Räumen der Priester ablegen. Wenn das übrige Volk mit diesen heiligen Kleidern in Berührung kommt, bringt es sich in Gefahr.[d]

20 Die Priester sollen ihr Haar regelmäßig schneiden lassen; sie dürfen sich weder den Kopf kahl scheren noch die Haare frei wachsen lassen. 21 Wenn sie zum Dienst in den inneren Vorhof gehen, dürfen sie vorher keinen Wein trinken. 22 Sie dürfen weder eine Witwe noch eine geschiedene Frau heiraten, sondern nur ein unberührtes Mädchen aus dem Volk Israel. Auch die Witwe eines anderen Priesters dürfen sie heiraten.

23 Die Priester sollen das Volk unterweisen, damit es unterscheiden lernt zwischen gewöhnlichen Orten und meinem Heiligtum,[e] zwischen reinen* Dingen und unreinen. 24 Sie sollen als Richter Streitfälle entscheiden und sich dabei an meine Gesetze halten. Sie haben dafür zu sorgen, dass meine Feste zur rechten Zeit und in der richtigen Ordnung gefeiert werden und dass der Sabbat* nicht entweiht wird.

25 Sie dürfen nicht mit Toten in Berührung kommen und sich dadurch verunreinigen. Nur wenn der Vater oder die Mutter, ein Sohn oder eine Tochter, ein Bruder oder eine unverheiratete Schwester sterben, ist dieses Verbot aufgehoben. 26 Sie müssen dann aber nicht nur die übliche Zeit warten, bis sie wieder rein sind, sondern noch sieben Tage dazuzählen. 27 Dann dürfen sie wieder den inneren Vorhof betreten; aber bevor sie dort Priesterdienst verrichten, müssen sie erst noch ein Sühneopfer* für sich darbringen. Das sage ich, der mächtige Gott.

28 Die Priester dürfen keinen Grundbesitz haben. Ich selbst, der HERR, bin ihr Besitz. Ihr dürft ihnen keinen Anteil am Land Israels zuweisen; denn ich selbst bin ihr Anteil. 29 Für ihren Unterhalt bekommen sie ihren Teil von den Opfergaben*, den Speiseopfern, Sühneopfern und Wiedergutmachungsopfern; dazu alles, was mir geweiht worden ist. 30 Weiter gehört ihnen der beste Teil der ersten Früchte* und aller anderen Abgaben, die die Israeliten ans Heiligtum abliefern, auch das erste Brot von der neuen Ernte. Wenn die Israeliten diese Gaben ordnungsgemäß abliefern, wird Segen auf dem Land liegen.

31 Die Priester dürfen kein Fleisch von einem verendeten oder gerissenen Tier essen, weder von einem Vogel noch einem Wild noch einem Stück Vieh.«[f]

Der Anteil Gottes und des Fürsten an Israels Land

45 »Wenn ihr das Land von neuem unter euch verlost, sollt ihr ein Stück von 25000 Ellen* Länge und 20000° Ellen Breite[g] für mich aussondern. Dieses ganze Gebiet ist mir geweiht.

2–3 Davon sollt ihr nochmals die Hälfte, also ein Stück von 25000 auf 10000 Ellen, abtrennen. Dieses Stück Land ist heilig*; denn auf ihm befindet sich mein Heiligtum, diese hochheilige Stätte, ein umgrenzter Bezirk von je 500 Ellen Länge und Breite, der ringsum von einem 500 Ellen breiten Streifen Land umgeben ist. 4 Dieses heilige Gebiet von 25000 auf 10000 Ellen wird den Priestern* zur Nutzung überlassen, die in meinem Heiligtum, in meiner unmittelbaren Nähe, ihren Dienst verrichten. Sie dürfen darauf rings um mein Heiligtum ihre Häuser bauen.

5 Das verbleibende Stück Land von 25000 auf 10000 Ellen soll den Leviten*, die im Tempel die untergeordneten Dienste verrichten, als erblicher Grundbesitz zugesprochen werden. Darauf können sie ihre Siedlungen bauen.°

a Von einer besonderen Versündigung der Leviten wird sonst nicht gesprochen.
b Zadok spielt als Priester unter David eine führende Rolle (2 Sam 8,17; 1 Kön 1,8.39; 4,2-6); In der Abstammungsliste der Obersten Priester (1 Chr 5,30-40) taucht der Name gleich zweimal auf.
c Die einzelnen Vorschriften dieses Abschnitts berühren sich vielfältig mit den Ordnungen im Buch Levitikus (siehe die Vergleichsstellen).
d Unbefugte Berührung mit dem ›Heiligen‹ kann tödlich sein (vgl. 2 Sam 6,6-7; Ex 29,37 und Vergleichsstellen sowie Sacherklärung »heilig«).
e Siehe Sacherklärung »heilig«.
f Vgl. Lev 22,8. Nach Ex 22,30 gilt diese Vorschrift für das ganze Volk.
g Etwa 1,85 × 1 km. Zum Ellenmaß siehe Anmerkung zu 40,5.

44,12 7,20 S **44,13** 1 Chr 23,13 **44,14** 1 Chr 23,28-32 **44,15** 40,46; 48,10-12 **44,17-18** Ex 28,39-43; Lev 16,4 **44,19** 42,14; Lev 6,3-4; 16,23; Ex 29,37 S **44,20** Lev 21,5 **44,21** Lev 10,9 **44,22** Lev 21,13-14 **44,23** 22,26 S **44,24** Dtn 17,8-9; Ez 45,18-25; 22,8 S **44,25** Lev 21,1-4 **44,26** Num 19,11 **44,28** Num 18,20 S **44,29-30** Num 18,8-10 S **44,29** (geweiht) Lev 27,28-29; Num 18,14 **44,30** Num 15,20-21 **44,31** Lev 22,8; Ex 22,30 **45,1-8** 48,1-29 **45,1** Jos 14,1-5 **45,5** 44,10-14

6 Die Stadt Jerusalem aber erhält neben dem Landanteil, der für mich ausgesondert ist, ein Gebiet von 25000 auf 5000 Ellen. Menschen aus ganz Israel sollen hier ihren erblichen Grundbesitz haben.

7 Auf beiden Seiten schließt sich an das Gebiet der Stadt und das mir geweihte Gebiet der Grundbesitz des regierenden Fürsten, und zwar so weit nach Osten und Westen, wie auch der Landbesitz der einzelnen Stämme reicht.[a] 8 Dieses Stück Land und nicht mehr ist der Anteil des Fürsten am Landbesitz Israels. Die Herrscher meines Volkes sollen nicht länger mein Volk unterdrücken und ausbeuten.[b] Sie müssen das Land dem Volk Israel mit seinen Stämmen überlassen.«

Mahnung an die Herrscher Israels und das Volk

9 Der HERR, der mächtige Gott, sagt: »Schluss jetzt mit Gewalt und Unterdrückung, ihr Herrscher Israels! Achtet das Recht und regiert mit Gerechtigkeit! Hört auf, Menschen meines Volkes von Grund und Boden zu vertreiben! Das sage ich, der HERR.

10 Gebraucht ungefälschte Maße und Gewichte![c] 11 Bei den Hohlmaßen müssen das Efa als Getreidemaß und das Bat als Flüssigkeitsmaß genau gleich groß sein. Die Norm für alle Hohlmaße ist das Homer. Es gilt: 1 Homer = 10 Efa = 10 Bat. 12 Bei den Gewichten gilt: 20 Gera = 1 Schekel; 60 Schekel = 1 Mine.

13 Als Abgaben[d] sollt ihr an mein Heiligtum abführen: von Weizen und Gerste den sechzigsten Teil, 14 von Olivenöl den hundertsten Teil, 15 von euren Schaf- und Ziegenherden ein Tier von zweihundert. Aus dem ganzen Land müssen die Leute von Israel diese Abgaben liefern, damit sie mir als Speiseopfer, Brandopfer und Mahlopfer dargebracht werden. Auf diese Weise wird alles wieder ins Reine gebracht, was zwischen mir und dem Volk steht. Ich, der HERR, der mächtige Gott, ordne das an.

16 Jede Familie im Land ist zu dieser Abgabe verpflichtet. Der regierende Fürst soll die Gaben entgegennehmen; 17 er ist verantwortlich dafür, dass für das ganze Volk zu den vorgeschriebenen Zeiten – an den Festtagen, am Sabbat* und am Neumondstag* – die Opfer* dargebracht werden, die Brand-, Speise-, Trank- und Sühneopfer. Unter seiner Oberaufsicht bringen die Priester zwischen mir und dem Volk Israel alles wieder ins Reine.«

Die großen Feste und ihre Opfer

18 Weiter sagte der HERR, der mächtige Gott: »Am 1. Tag des 1. Monats[e] sollt ihr mir einen fehlerfreien Stier als Sühneopfer* darbringen, um das Heiligtum von der Befleckung durch Verfehlungen zu reinigen. 19 Mit dem Blut des Opfertieres bestreicht ein Priester* die Türpfosten des Tempelhauses, die vier Ecken des Altars und die Türpfosten am Osttor des inneren Vorhofs*. 20 Diese Handlung wird am 7. Tag desselben Monats wiederholt, um das Heiligtum von der Befleckung durch Verfehlungen zu reinigen, die unwissentlich und unbeabsichtigt begangen worden sind.

21 Am 14. Tag des 1. Monats sollt ihr sieben Tage lang das Passafest* feiern. Während dieser Zeit darf nur solches Brot gegessen werden, das ohne Sauerteig* zubereitet ist.

22 Zu Beginn des Festes soll der regierende Fürst einen Stier als Sühneopfer darbringen, um seine eigene Schuld und die Schuld des ganzen Volkes mir gegenüber ins Reine zu bringen. 23 Außerdem soll er mir an jedem der Festtage ein Brandopfer* dar-

a Nach Kap 48 wird das ganze Land in parallele Ost-West-Streifen von gleicher Höhe aufgeteilt.
b Neben das Interesse an der Reinhaltung des Gottesdienstes tritt hier ein soziales Interesse, wie es die Botschaft der Propheten durchgehend bestimmt (siehe auch Verse 9-12 und 46,18).
c Zu den folgenden Maßangaben siehe die Sacherklärungen »Efa« und »Schekel«.
d Im Unterschied zum »Zehnten« (vgl. Sacherklärung) und zu entsprechenden Abgaben für die Priesterschaft geht es hier um die Gaben, die als Opfer des Volkes Gott dargebracht werden sollen.
e Mitte März bis Mitte April.

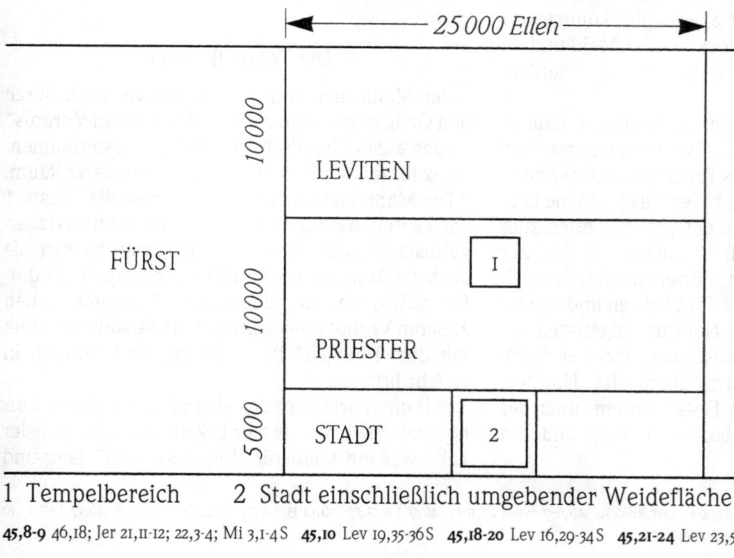

1 Tempelbereich 2 Stadt einschließlich umgebender Weidefläche

Die Skizze veranschaulicht die Aufteilung des Gebiets um Jerusalem nach der Zukunftsschau des Propheten (45,1-8)

45,8-9 46,18; Jer 21,11-12; 22,3-4; Mi 3,1-4 S **45,10** Lev 19,35-36 S **45,18-20** Lev 16,29-34 S **45,21-24** Lev 23,5-8; Num 28,16-25

bringen, täglich sieben Stiere und sieben Schafbö-
cke, lauter fehlerfreie Tiere, und dazu als Sühne-
opfer jeden Tag einen Ziegenbock. 24 Als Speise-
opfer* kommen auf jeden Stier und jeden Schafbock
1 Efa* (= 12 Kilo) Weizenmehl und 1 Hin* (= $3\frac{1}{2}$
Liter) Olivenöl.
25 Am 15. Tag des 7. Monats und während der daran
anschließenden Festwoche bringt der Fürst sieben
Tage lang genau dieselben Opfer dar.«

Die regelmäßigen Opfer

46 Der HERR, der mächtige Gott, sagte: »Das öst-
liche Tor des inneren Tempelvorhofs soll die
Woche über geschlossen bleiben und nur am Sab-
bat* und am Neumondstag* geöffnet werden.
2 An diesen Tagen betritt der regierende Fürst vom
äußeren Vorhof* her das Tor, durchschreitet dessen
Vorhalle und stellt sich an den Türpfosten des
Torausgangs. Von dort aus verfolgt er die Opfer-
handlungen der Priester*, die in seinem Auftrag
das Brandopfer* und das Mahlopfer* darbringen.
Danach wirft er sich auf der Schwelle des Tores
zur Anbetung nieder[a] und geht auf demselben Weg
wieder hinaus.
3 Die Leute aus dem Volk werfen sich an diesen
beiden Tagen draußen im äußeren Vorhof, am Ein-
gang desselben Tores, zur Anbetung vor dem HERRN
nieder.
4 Das Brandopfer, das der Fürst darbringen lässt,
umfasst am Sabbat sechs Schafe und einen Schaf-
bock, alles fehlerfreie Tiere. 5 Als Speiseopfer*
kommt zu dem Schafbock 1 Efa* (= 12 Kilo) Weizen-
mehl und zu den Schafen, so viel der Fürst geben
will, außerdem 1 Hin* (= $3\frac{1}{2}$ Liter) Olivenöl auf
jedes Efa. 6 Am Neumondstag besteht das Opfer aus
einem Stier, sechs Schafen und einem Schafbock,
alles fehlerfreie Tiere. 7 Als Speiseopfer kommen zu
dem Stier und dem Schafbock je 1 Efa Mehl und zu
den Schafen, so viel der Fürst geben will, außerdem
1 Hin Öl auf jedes Efa.
8 Wenn der Fürst zum Tempel kommt, nimmt er
den Weg zu seinem Platz im Osttor des inneren Vor-
hofs durch die Vorhalle des Tores und geht auf dem-
selben Weg wieder hinaus. 9 Wenn dagegen die Leu-
te aus dem ganzen Land an den großen Festen zum
Tempel kommen, um sich im äußeren Vorhof zur
Anbetung niederzuwerfen, dürfen sie den Tempel-
bezirk nicht durch dasselbe Tor betreten und wieder
verlassen. Wer durch das Nordtor eingetreten ist,
soll durch das Südtor hinausgehen, und wer durch
das Südtor eingetreten ist, durch das Nordtor.
10 Der Fürst soll an diesen Festen mitten unter der
Volksmenge den Tempelbezirk betreten und ihn
ebenso wieder verlassen.
11 Auch an den Festtagen kommt als Speiseopfer
auf einen Stier oder einen Schafbock je 1 Efa Mehl
und auf die Schafe, so viel der Fürst geben will,
außerdem 1 Hin Öl auf jedes Efa.
12 Will der Fürst irgendwann dem HERRN ein frei-
williges Opfer darbringen, ein Brand- oder Mahl-
opfer, dann soll man das Osttor des inneren Vorhofs
für ihn öffnen. Nachdem die Priester wie am Sabbat
das Opfer für ihn dargebracht haben, verlässt er das
Tor und es wird wieder geschlossen.
13 Jeden Tag muss dem HERRN am Morgen ein feh-
lerfreies einjähriges Schaf als Brandopfer darge-
bracht werden 14 und ebenso jeden Morgen als Spei-
seopfer $\frac{1}{6}$ Efa (= 2 Kilo) Mehl und $\frac{1}{3}$ Hin (= gut 1
Liter) Öl, das auf das Mehl gegossen wird. Diese Vor-
schrift über das Speiseopfer für den HERRN gilt für
alle Zukunft. 15 Das Schaf, das Mehl und das Öl sind
dem HERRN jeden Morgen, Tag für Tag, als regelmä-
ßiges Brandopfer darzubringen.«

Über den Grundbesitz des Fürsten

16 Der HERR, der mächtige Gott, sagte: »Wenn der
Fürst seinen Söhnen etwas von seinem Grundbesitz
schenkt, geht es für immer in deren Besitz über.
17 Schenkt er aber einem seiner Beamten etwas, so
gehört es diesem nur bis zum nächsten Erlassjahr*;
dann fällt es an den Fürsten zurück. Nur bei seinen
eigenen Söhnen begründet die Schenkung ein dau-
erndes Besitzrecht.
18 Der Fürst darf nicht Leuten aus dem Volk mit
Gewalt ihren erblichen Grundbesitz wegnehmen,
um ihn seinen Söhnen zu geben. Die Söhne müssen
aus seinem eigenen Grundbesitz ihren Teil bekom-
men. Mein Volk soll nicht in alle Winde zerstreut
werden. Niemand darf von seinem Grund und Boden
vertrieben und um sein Eigentum gebracht werden.«

Die Tempelküchen

19 Der Mann, der mich führte, brachte mich durch
den Gang neben dem Nordtor des inneren Vorhofs*
zu den auf der Nordseite gelegenen Priesterräumen.
Ganz hinten, im Westen, war ein besonderer Raum.
20 Der Mann sagte zu mir: »Hier kochen die Priester*
das Fleisch, das ihnen von den Sühne- und Wieder-
gutmachungsopfern zufällt, und hier backen sie
auch das Brot aus dem Mehl der Speiseopfer. Sie dür-
fen nichts, was von einem Opfer* stammt, in den
äußeren Vorhof hinausbringen, da sie sonst das Volk
mit dem Heiligen* in Berührung und dadurch in
Gefahr bringen.«[b]
21 Dann führte mich der Mann in den äußeren Vor-
hof und zeigte mir die vier Ecken des Hofes. In jeder
Ecke war ein kleinerer Hof, 22 40 Ellen* lang und

a Der »Fürst« hat eine Sonderstellung; aber Gott hat er sich in derselben Haltung zu nahen wie das Volk (Vers 3; vgl. 10).
b Siehe Anmerkung zu 44,19.

45,25 Lev 23,33-36; Num 29,12-38 **46,4-5** Num 28,9-10 **46,6-7** Num 28,11-13 **46,9** Ex 23,17 **46,13-15** Ex 29,38-42; Num 28,1-8 **46,17** Lev 25,10 **46,18** 45,8-9 S; 1 Kön 21,3 **46,20** 42,13; 44,29.19

30 Ellen breit. Alle vier waren genau gleich groß. 23 Rings um jeden dieser Höfe lief eine Steinmauer, an der auf der Innenseite Feuerstellen angelegt waren. 24 Der Mann sagte zu mir: »Hier sollen die Diener des Tempels das Fleisch für das Opfermahl des Volkes kochen.«

Der Strom, der vom Tempel ausgeht

47 Der Mann, der mich führte, brachte mich zur Eingangstür des Tempelhauses, die an der Ostseite angebracht ist. Dort sah ich unter der Türschwelle einen Wasserlauf entspringen; ein Stück weit floss er an der Eingangsseite des Tempels entlang nach Süden, dann bog er um und floss am Altar vor dem Tempel vorbei nach Osten.

2 Der Mann brachte mich durch die beiden nördlichen Tore aus dem Tempelbezirk und dann im Bogen zum äußeren Osttor. Da sah ich, wie das Wasser auf der südlichen Seite des Tores hervorquoll.

3 Mit seiner Messschnur ging der Mann ostwärts und maß eine Strecke von 1000 Ellen* ab. Dann ließ er mich durch das Wasser waten; es reichte mir bis an die Knöchel. 4 Er maß weitere 1000 Ellen ab, da reichte das Wasser mir schon bis an die Knie. Nach weiteren 1000 Ellen ging es mir bis zu den Hüften. 5 Als er noch einmal 1000 Ellen abgemessen hatte, verlor ich den Grund unter den Füßen. Das Wasser war zu einem Fluss geworden, den man nur noch schwimmend durchqueren konnte.

6 Der Mann sagte zu mir: »Du Mensch, hast du das gesehen?« Dann half er mir aus dem Wasser und führte mich ans Ufer. 7 Da sah ich auf beiden Seiten des Flusses eine große Zahl von Bäumen stehen.

8 Der Mann erklärte mir: »Der Fluss fließt immer weiter nach Osten, bis er in die Jordanebene kommt; dann ergießt er sich in das Tote Meer und macht das Salzwasser süß.

9 Der Fluss schenkt Leben:[a] Wo er hinkommt, gedeihen die Tiere, und das Tote Meer wimmelt von Fischen, weil sein Wasser gesund geworden ist. 10 Rings am Ufer des Meeres stehen Fischer; von En-Gedi bis En-Eglajim[b] breiten sie ihre Netze zum Trocknen aus. Es gibt dort so viele Fische und Fischarten wie im Mittelmeer. 11 Nur in den Sümpfen und Teichen am Meer bleibt das Wasser salzig, damit daraus Salz gewonnen werden kann.

12 Die Bäume, die an beiden Ufern des Flusses stehen, sind das ganze Jahr über grün und bringen immerfort Früchte, jeder nach seiner Art. Zwölfmal im Jahr lassen sich frische Früchte von ihnen ernten; denn die Bäume wachsen an dem Wasser, das aus dem Heiligtum des HERRN kommt. Die Früchte dienen als Nahrung und die Blätter als Heilmittel.«

Die Grenzen des neu zu verteilenden Landes

13-14 Der HERR, der mächtige Gott, sagte: »Die zwölf Stämme Israels sollen das Land von neuem als ständigen Besitz unter sich verteilen.[c] Jeder Stamm bekommt einen gleich großen Anteil; die Josefsstämme erhalten zwei Teile. Ich habe das Land euren Vorfahren mit einem Eid zugesagt; darum gebe ich es euch für immer zum Besitz.

15 Die Nordgrenze des Landes verläuft vom Mittelmeer über die Orte Hetlon, Lebo-Hamat, Zedad,° 16 Berota und Sibrajim, das an der Grenze zwischen Damaskus und Hamat liegt, nach Hazar-Enan° an der Grenze des Haurangebiets.[d] 17 Nördlich dieser Linie zwischen dem Mittelmeer und Hazar-Enan liegt das Gebiet von Hamat und von Damaskus.

18 Die Ostgrenze beginnt dort, wo das Gebiet von Damaskus an den Hauran grenzt. Sie folgt dem Jordan, der das Land Israel von der Landschaft Gilead*

Das Tote Meer enthält so viel Salz, dass kein Fisch darin leben kann, und nicht das geringste Grün gedeiht an seinem Südrand (im Bild). In Ezechiëls Vision (47,1-12) strömt Leben spendendes Wasser aus dem Tempel durch das Jordantal bis in das Salzmeer. Wo es hinkommt, gedeiht blühendes Leben, und das »Tote Meer« verdient nicht länger diesen Namen.

a Ohne Wasser gibt es kein Leben. Wenn vom Tempel ein Leben spendender Strom ausgeht, wird daran sinnfällig, dass Gott der Spender allen Lebens ist. Zugleich bedeutet es eine Wiederkehr paradiesischer Zustände (Gen 2,10). Dieselbe Erwartung findet sich bei anderen Propheten, bis hin zur Offenbarung (siehe die Vergleichsstellen).

b Vielleicht gegenüber von En-Gedi (Karte Seite 443) am Ostufer des Toten Meeres.

c Bei der neuen Landverteilung (vgl. Jos 13–19) werden auch die Stämme des Nordreiches einbezogen; vgl. 37,15-27.

d Die Nordgrenze ist damit (ähnlich wie in Num 34,7-9 und Jos 13,5-6) weit in den Libanon hinein vorgeschoben.

47,1-12 Joël 4,18; Sach 14,8; Ps 46,5; Offb 22,1-2 **47,3** 40,3 **47,13-14** 45,1 S; Jos 17,17; (zugesagt) Gen 12,7 S **47,15-20** Num 34,1-12

trennt, bis zum Toten Meer und endet bei Tamar an
dessen Südende.°
19 Die Südgrenze verläuft von Tamar nach Meri-
bat-Kadesch und folgt dann dem Bachtal, das die
Grenze* Ägyptens bildet, bis zum Mittelmeer.
20 Die Westgrenze ist die Mittelmeerküste, von der
ägyptischen Grenze bis hinauf nach Lebo-Hamat.
21 Dieses ganze Land sollt ihr unter die zwölf
Stämme Israels aufteilen. 22 Jede israelitische Familie
bekommt durchs Los ihren Landanteil zugewiesen,
aber ebenso die Familien der Fremden, die bei euch
leben. Die Fremden[a] sollen zusammen mit den Stäm-
men Israels an der Landverteilung teilnehmen. Sie
müssen den Israeliten in allem gleichgestellt
werden. 23 Im Gebiet des Stammes, in dem sie leben,
sollen sie ihren Anteil an Grund und Boden zugeteilt
bekommen. Das sage ich, der HERR.«

Die Aufteilung des Landes

48 Weiter bezeichnete der HERR den Landanteil
jedes einzelnen Stammes. Er sagte:
»Ganz im Norden des Landes liegt der Landanteil
des Stammes Dan. Er erstreckt sich entlang der Nord-
grenze auf der ganzen Breite von Westen nach
Osten. 2–7 Darauf folgen in südlicher Richtung,
jeweils als gleich große Streifen Land von der West-
grenze bis zur Ostgrenze, die Landanteile der
Stämme Ascher, Naftali, Manasse, Efraïm, Ruben
und Juda.
8 An das Gebiet Judas schließt nach Süden auf der
vollen Breite von West nach Ost der Landstreifen,
den ihr für mich aussondern sollt. In Nord-Süd-Rich-
tung misst er 25000 Ellen*. Mitten darin liegt der
Tempel.[b]
9 Das mir im Besonderen geweihte Stück misst in
Ost-West-Richtung 25000 Ellen und in Nord-Süd-
Richtung 10000 Ellen. 10–12 Es soll den Priestern*
zugewiesen werden, den Nachkommen Zadoks,
die sich nicht wie die Leviten* von mir abwandten,
als das Volk Israel mir untreu wurde. Ihnen gehört
deshalb von dem Land, das für mich ausgesondert
wird, ein eigenes Stück neben dem der Leviten; es
ist in besonderem Maße heilig*, denn in seiner Mitte
steht mein Heiligtum.
13 Die Leviten erhalten nördlich des Priesterlandes
einen Streifen von derselben Größe, 25000 Ellen auf
10000 Ellen. 14 Sie dürfen nichts davon verkaufen
oder durch Tausch weggeben. Es ist der Anteil des
Landes, den die Leute von Israel mir übergeben, so
wie sie mir von jeder Ernte die ersten Früchte* über-
geben. Deshalb darf nichts davon in andere Hände
übergehen.
15 Der Streifen von 5000 Ellen, der nach dem Land
der Priester und der Leviten noch übrig bleibt – auch
er in Ost-West-Richtung 25000 Ellen lang –, ist
gewöhnliches, nicht heiliges Land. Er gehört als
Wohngebiet und Weideland der Stadt Jerusalem,
die in seiner Mitte liegt.
16 Die Stadt bildet ein Quadrat von 4500 Ellen Sei-
tenlänge, 17 das ringsum von einem 250 Ellen breiten
Streifen Weideland umgeben ist. 18 Daran schließt
sich nach Westen und nach Osten je ein 10000 Ellen
langes Stück Land an, das auf der Nordseite an den
mir geweihten Bezirk grenzt. Von seinem Ertrag sol-
len die Menschen leben, die in der Stadt wohnen
und arbeiten, 19 Menschen aus allen Stämmen
Israels. Sie sollen dieses Land bestellen.
20 Das Land der Priester und der Leviten bildet
zusammen mit dem Stadtgebiet und dem zur Stadt
gehörenden Land ein Quadrat von 25000 Ellen Sei-
tenlänge. 21–22 Das Gebiet, das sich nach beiden Sei-
ten an dieses Mittelstück anschließt, nach Osten
bis zum Jordan und nach Westen bis zum Meer,
gehört dem regierenden Fürsten, also der ganze
Landstreifen zwischen dem Stammesgebiet von Juda
im Norden und dem von Benjamin im Süden, ausge-
nommen das Gebiet des Tempels, der Grundbesitz
der Leviten und der Besitz der Stadt.
23–28 Nach Süden schließen sich an diesen Land-
streifen auf der vollen Länge von Westen nach Osten
die Landanteile der Stämme Benjamin, Simeon, Issa-
char, Sebulon und Gad an. Die südliche Grenze des
Stammesgebiets von Gad fällt mit der Südgrenze des
Landes zusammen.
29 Dieses Land gehört dem Volk Israel als bleiben-
der Besitz und nach diesen Angaben sollt ihr es unter
die Stämme Israels aufteilen. Das sage ich, der HERR,
der mächtige Gott.«

Die Tore Jerusalems und sein neuer Name

30–31 Weiter sagte der HERR: »Dies sind die Tore der
Stadt; sie sind nach den Stämmen Israels benannt:
auf der Nordseite – sie misst 4500 Ellen* – sind es
drei Tore: das Ruben-Tor, das Juda-Tor, das Levi-
Tor;
32 auf der Ostseite – sie misst ebenfalls 4500 El-
len – sind es drei Tore: das Josef-Tor, das Benja-
min-Tor, das Dan-Tor;
33 auf der Südseite – auch sie misst 4500 Ellen –
sind es drei Tore: das Simeon-Tor, das Issachar-
Tor, das Sebulon-Tor;
34 und auf der Westseite – auch sie misst 4500
Ellen – sind es drei Tore: das Gat-Tor, das
Ascher-Tor und das Naftali-Tor.
35 Der Gesamtumfang der Stadt beträgt 18000
Ellen. Ihr Name soll künftig nicht mehr Jerusalem
lauten, sondern ›Der HERR ist da‹.«

a Es ist wohl an Menschen anderer Völker gedacht, die sich dem Glauben Israels angeschlossen haben (vgl. Jes 14,1; 56,6-8; Jer 12,16).
b Skizze Seite 913.

47,22-23 (Fremde) Lev 19,33-34; Dtn 23,8-9; Jes 14,1; 56,3.6-7 **48,8-19** 45,1-8 **48,10-12** 44,15-16 **48,14** (Früchte) Ex 23,19S **48,16** 48,30-35 **48,21-22** 45,7 **48,30-35** 37,26-28; 43,7; Jes 60,14; Offb 21,12-13

DANIEL

Das Buch Daniel gliedert sich in zwei deutlich unterschiedene Teile: Kapitel 1–6 erzählen von der Bewährung Daniels und seiner Freunde während der Verbannung in Babylonien (6./5. Jahrhundert v. Chr.); Kapitel 7–12 enthalten Visionen Daniels, die sich auf eine damals noch sehr ferne Zukunft beziehen (wie der Traum Nebukadnezzars in Kapitel 2, der somit eine Brücke zwischen den beiden Teilen schlägt).
Während in diesen Zukunftsvisionen zunächst die Aufeinanderfolge von vier großen Weltreichen in ganz groben Zügen angedeutet wird, geht die Schilderung beim vierten Weltreich so sehr ins Einzelne, dass die – ohne Namensnennung geschilderten – Vorgänge sich mit großer Sicherheit bekannten Personen der ersten Hälfte des 2. Jahrhunderts v. Chr. zuordnen lassen.
Besonders ein Schlüsselereignis wird wiederholt erwähnt: die Unterdrückung des jüdischen Glaubens und Entweihung des Tempels in Jerusalem, die unter dem Seleuzidenkönig Antiochus IV. Epiphanes 168–165 v. Chr. stattfand und den Aufstand der Makkabäer ausgelöst hat. Ganz offenkundig ist es das Ziel dieser Visionen, den verfolgten Judäern Mut zu machen durch den Ausblick auf das baldige Ende des Verfolgers und den Anbruch des Gottesreiches.
Für den Empfänger der Visionen stehen diese beiden Ereignisse in einem unmittelbaren Zusammenhang: Das Strafgericht Gottes über den anmaßenden König fällt zusammen mit dem Endgericht über das Böse insgesamt. Eine solche Raffung der Zeitperspektive lässt sich in der biblischen Prophetie immer wieder beobachten: Dem Blick der Seher in die Zukunft rückt das zeitlich weit Auseinanderliegende dicht zusammen. Das Buch Daniel steht deshalb in großer Nähe zum letzten Buch der Bibel, der Offenbarung an Johannes, die viele seiner Bilder und Motive aufnimmt und weiterführt. Im Licht der Johannesoffenbarung hat die Alte Kirche auch die Visionen Daniels gedeutet und das vierte Weltreich statt auf das Alexanderreich und seine Nachfolgereiche auf das Römische Reich und seine Erben bezogen.
Das berühmte Wort vom Kommen des Menschensohnes (»Menschen«) in 7,13 hat im Judentum dazu geführt, dass sich neben der Erwartung eines politischen Messias aus der Nachkommenschaft Davids, der das Großreich Israel wiederherstellen soll, die Erwartung eines vom Himmel kommenden Gottesgesandten herausbildete, der in Gottes Auftrag Gericht hält und das ewige Reich des Friedens und der Gerechtigkeit in einer erneuerten Schöpfung heraufführen wird. Diese an den Namen »Menschensohn« geknüpfte Erwartung findet in Jesus Christus ihre Erfüllung (vgl. u.a. Markus 2,10.27; 13,26; 14,62).
Das Buch Daniel ist im hebräischen Text nicht bei den Propheten eingeordnet, sondern zählt zu den so genannten ›Schriften‹, was darauf hindeutet, dass es erst spät unter die heiligen Schriften aufgenommen wurde. Wahrscheinlich ist es in der uns vorliegenden Form erst im 2. Jahrhundert v. Chr. abgefasst oder jedenfalls zusammengestellt worden.

Inhaltsübersicht

BEWÄHRUNG DANIELS UND SEINER FREUNDE IN BABYLON (Kapitel 1–6)

Daniel und seine Freunde am babylonischen Hof

1 Im dritten Regierungsjahr Jojakims, des Königs
von Juda, zog der babylonische König Nebukad-
nezzar mit einem Heer vor Jerusalem und belagerte
die Stadt. 2 Der HERR gab Jojakim in die Gewalt Nebu-
kadnezzars und auch ein Teil der heiligen Geräte fiel
dem Babylonierkönig in die Hände. Er ließ die Gerä-
te nach Babylonien[a] bringen und bewahrte sie in der
Schatzkammer beim Tempel seines Gottes auf.
3 Nebukadnezzar befahl seinem Palastvorsteher
Aschpenas, junge Israeliten aus der Verwandtschaft
des Königs und aus den vornehmen Familien für ihn
auszusuchen. 4 »Sie müssen gesund sein und gut aus-
sehen«, sagte er. »Außerdem müssen sie klug und

a *nach Babylonien:* wörtlich *in das Land Schinar**. Durch die Wahl des Namens wird vermutlich wie in Sach 5,11 eine Wertung ausgedrückt; er erinnert an die Überheblichkeit der Menschen in der Turmbaugeschichte Gen 11,1-9.

1,1-2 2 Chr 36,5-7 **1,3-4** 2 Kön 20,18

verständig sein und eine umfassende Bildung haben, damit sie zum Dienst in meinem Palast geeignet sind. Und dann sollen sie auch unsere Sprache und Schrift lernen.«

5 Drei Jahre lang sollten die jungen Leute ausgebildet werden, um dann in den Dienst des Königs zu treten. Der König ordnete an, dass sie jeden Tag Speisen und Wein von seiner eigenen Tafel bekamen.

6 Unter den ausgesuchten jungen Männern aus Juda waren auch Daniel, Hananja, Mischaël und Asarja. 7 Der Palastvorsteher gab ihnen babylonische Namen: Daniel nannte er Beltschazzar, Hananja Schadrach, Mischaël Meschach und Asarja Abed-Nego.[a]

Daniels Treue wird belohnt

8 Daniel war fest entschlossen, kein Essen und Trinken von der Tafel des Königs anzurühren, um nicht unrein* zu werden. Deshalb bat er den Palastvorsteher, nicht von den Speisen des Königs essen zu müssen. 9 Gott half ihm, sodass der Palastvorsteher ihn wohlwollend anhörte. 10 Allerdings sagte er zu Daniel: »Ich habe Angst vor meinem Herrn, dem König. Er hat selbst bestimmt, was ihr essen und trinken sollt. Wenn er feststellt, dass du und deine drei Freunde schlechter aussehen als die anderen jungen Leute, lässt er mir den Kopf abschlagen.«

11 Daniel wandte sich an den Aufseher, den der Palastvorsteher für ihn und seine drei Freunde bestimmt hatte. 12 »Mach doch einmal zehn Tage lang einen Versuch mit uns«, bat er ihn. »Lass uns Gemüse essen und Wasser trinken! 13 Danach vergleichst du unser Aussehen mit dem der andern jungen Leute, die ihr Essen von der Tafel des Königs bekommen. Und dann entscheidest du, was weiter geschehen soll!«

14 Der Aufseher war einverstanden und ging auf den Versuch ein. 15 Nach Ablauf der zehn Tage zeigte es sich, dass Daniel und seine Freunde sogar besser und kräftiger aussahen als die andern jungen Leute, die ihr Essen von der königlichen Tafel erhielten. 16 Da ließ er ihnen weiterhin Gemüse geben; den Wein und die für sie bestimmten Speisen stellte er weg.

17 Gott aber gab den vier jungen Männern Klugheit und Verstand, sodass sie alles begriffen und sich bald in jedem Wissensgebiet auskannten. Daniel besaß darüber hinaus die Fähigkeit, Träume und Visionen zu verstehen und zu deuten.

18 Am Ende der Zeit, die König Nebukadnezzar festgesetzt hatte, sollten ihm alle jungen Leute zur Prüfung vorgeführt werden. Als der Palastvorsteher sie zu ihm brachte 19 und er sich mit ihnen unterhielt, zeigte es sich, dass Daniel, Hananja, Mischaël und Asarja allen anderen überlegen waren. Sie wurden in den königlichen Dienst aufgenommen, 20 und sooft der König in schwierigen Fragen ihren Rat suchte, merkte er, dass sie zehnmal klüger waren als alle Gelehrten und Magier[b] in seinem ganzen Königreich.

21 Daniel blieb im königlichen Dienst bis ins erste Regierungsjahr des Königs Kyrus.

König Nebukadnezzar stellt seine Traumdeuter auf die Probe

2 In seinem zweiten Regierungsjahr hatte König Nebukadnezzar einen Traum, der ihn so beunruhigte, dass er nicht wieder einschlafen konnte. 2 Er ließ alle seine Gelehrten, Magier, Wahrsager und Sterndeuter rufen, damit sie ihm seinen Traum erklären sollten. Sie kamen und traten vor den König 3 und er sagte zu ihnen: »Ich habe einen Traum gehabt, der mich sehr beunruhigt. Ich möchte wissen, was es mit dem Traum auf sich hat.«

4 Sie erwiderten:° »Der König möge ewig leben! Er erzähle uns seinen Traum, dann werden wir ihm die Deutung sagen.«

5 Der König erwiderte: »Nein, ihr müsst mir auch den Traum sagen, nicht nur die Deutung! Ich bestehe darauf, sonst lasse ich euch in Stücke hauen und eure Häuser in Trümmer legen. 6 Wenn ihr mir aber beides, den Traum und die Deutung, sagen könnt, beschenke ich euch reich und erweise euch hohe Ehren. Also los, sagt es mir!«

7 Die Ratgeber des Königs wiederholten: »Wenn der König seinen ergebenen Dienern den Traum erzählt, werden wir ihm sagen können, was er bedeutet.«

8 »Ihr macht nur Ausflüchte, um Zeit zu gewinnen!«, fuhr der König sie an. »Ihr habt genau verstanden, dass es mir mit meiner Drohung ernst ist. 9 Ihr habt euch verabredet, mir eine lügenhafte Deutung aufzutischen.° Deshalb bleibt es dabei: Sagt mir den Traum und beweist mir damit, dass ihr fähig seid, ihn auch zu deuten!«

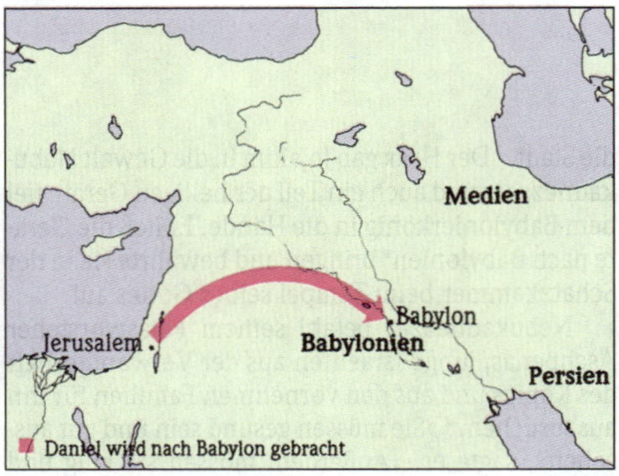

Daniel lebte in der Verbannung in Babylon. Mitten in der Hauptstadt des Feindes als Diener am Königshof bekannte er sich zum Gott Israels und bezeugte dessen Macht. Von einer allerersten Wegführung unter König Jojakim (1,1-2) weiß sonst nur noch 2 Chr 36,5-7.

a Zur Bedeutung des Namens Beltschazzar siehe Anmerkung zu 5,1; die übrigen Namen sind nicht sicher zu erklären. Namensänderung bedeutet Indienststellung (vgl. die Umbenennungen in 2 Kön 23,33-34 und 24,17).
b Die Babylonier waren bekannt für ihr astronomisches und mathematisches Wissen, aber auch Astrologie und magische Praktiken spielten in ihrer ›Weisheit‹ eine wichtige Rolle; vgl. 2,2-3.

1,8 Jdt 12,2; EstG C,28; (unrein) Lev 11,1-47 par; 17,10-12 **1,9** Gen 39,21 **1,21** 6,29; Esra 1,1 **2,1-3** Gen 41,8

10 Die Weisen Babyloniens antworteten: »Kein
Mensch auf der ganzen Erde kann diese Forderung
erfüllen. Und noch nie hat ein König, so groß und
mächtig er auch war, etwas Derartiges von seinen
Gelehrten, Wahrsagern und Sterndeutern verlangt.
11 Was der König fordert, ist unmöglich. Nur die Göt-
ter könnten dem König seinen Traum sagen; aber sie
wohnen nicht unter uns Menschen.«
12 Da packte den König die Wut und er befahl, alle
Weisen Babyloniens umzubringen. 13 Auch Daniel
und seine Freunde sollten getötet werden. 14 Als aber
Arioch, der Befehlshaber der königlichen Leibwa-
che, diesen Befehl ausführen wollte, sprach Daniel
ruhig und überlegen mit ihm. 15 Er ließ sich von
ihm den Grund für den strengen Befehl des Königs
sagen, 16 ging zum König und bat sich eine Frist
aus; dann wolle er ihm den Traum und seine Deu-
tung sagen.
17 Darauf ging er in sein Haus und erzählte alles
seinen drei Freunden. 18 Er forderte sie auf: »Fleht
den Gott des Himmels um Erbarmen an! Bittet ihn,
dass er mir das Geheimnis enthüllt, damit wir nicht
mit den übrigen Weisen Babyloniens umgebracht
werden!«
19 In einer nächtlichen Vision wurde Daniel der
Traum enthüllt. Da rühmte er den Gott des Himmels
20 und sagte:

»Gepriesen sei der Name* Gottes in alle Ewigkeit;
denn Gott verfügt über Macht und Weisheit.
21 Er verändert das Bestehende
und gibt allem seine Frist;
er setzt Könige ab und setzt Könige ein.
Er gibt den Weisen ihre Weisheit
und den Klugen ihren Verstand.
22 Er enthüllt, was tief verborgen ist,
er sieht, was im Dunkeln ist;
doch ihn selbst umstrahlt reinstes Licht.
23 Gott meiner Väter, dich rühme und preise ich!
Du hast mir Weisheit und Kraft verliehen.
Unser Gebet hast du erhört
und hast mir den Traum des Königs enthüllt.«

24 Darauf ging Daniel zu Arioch, der vom König den
Befehl hatte, die Weisen Babyloniens zu töten. Er
sagte zu ihm: »Bring die Weisen nicht um! Führe
mich zum König, ich werde ihm seinen Traum
deuten.«
25 Arioch brachte ihn sofort zum König und sagte:
»Ich habe unter den Leuten aus Juda einen Mann
gefunden, der dem König seinen Traum deuten
will.«
26 Der König fragte Daniel, der mit seinem babylo-
nischen Namen Beltschazzar hieß: »Kannst du mir
wirklich meinen Traum sagen und ihn deuten?«
27 Daniel erwiderte: »Kein Gelehrter, Magier,
Wahrsager oder Sterndeuter kann das vollbringen,
was der König verlangt. 28 Aber es gibt einen Gott
des Himmels, der das Verborgene enthüllt, und die-
ser Gott hat dir, König Nebukadnezzar, gezeigt, was
am Ende der Zeit geschehen wird.
Ich sage dir jetzt, was es mit deinem Traum auf
sich hat: 29 Du machtest dir auf deinem Lager Gedan-
ken über das, was künftig geschehen wird, und der
Gott, der alles weiß, hat dich im Traum einen Blick
in die Zukunft tun lassen. 30 Ich habe dieses Geheim-
nis nicht durch besondere Weisheit entdeckt, die ich
anderen Menschen voraus hätte, sondern Gott[a] hat
es mir enthüllt, damit du, König, es erfährst und
die Gedanken deines Herzens verstehst.
31 Du sahst im Traum ein riesiges Standbild vor dir
stehen. Sein Anblick war zum Erschrecken und blen-
dender Glanz ging von ihm aus. 32 Der Kopf war aus
reinem Gold, Brust und Arme waren aus Silber, der
Leib bis zu den Hüften war aus Bronze, 33 die Beine
waren aus Eisen und die Füße zum Teil aus Eisen
und zum Teil aus Ton. 34 Du blicktest noch auf das
Standbild, da löste sich von einem Felsen ein Stein
ohne Zutun eines Menschen, der traf die Füße aus
Eisen und Ton und zerschmetterte sie. 35 Auf einen
Schlag zerfielen Ton, Eisen, Bronze, Silber und Gold
zu Staub und wurden wie Spreu vom Wind davonge-
weht. Keine Spur blieb davon übrig. Der Stein aber,
der das Bild zermalmt hatte, wurde zu einem großen
Felsmassiv, das die ganze Erde ausfüllte.
36 Das war der Traum und nun will ich dem König
die Deutung geben: 37 Du, mein König, bist der
größte aller Könige. Der Gott des Himmels hat dir
Herrschaft, Macht und Ehre verliehen 38 und alles
in deine Hand gegeben, was auf der Erde lebt, die
Menschen, die Tiere des Feldes und die Vögel am
Himmel. Über sie alle hat er dich als Herrscher einge-
setzt – du bist das Haupt aus Gold.
39 Auf dein Reich wird ein anderes[b] folgen, das
nicht ganz so mächtig sein wird, und danach ein drit-
tes, das bronzene, das über die ganze Erde reicht.
40 Dann kommt ein viertes, das hart wie Eisen ist
und alles zerschmettert, was sich ihm in den Weg
stellt.
41–42 Aber es wird ein geteiltes Reich sein; deshalb
sind die Füße und Zehen teils aus Eisen, teils aus
Ton. Die eine Hälfte wird fest sein wie Eisen, die
andere zerbrechlich wie Ton. 43 Das Nebeneinander
von Eisen und Ton bedeutet: Die beiden Teilreiche
werden sich durch gegenseitige Heirat[c] zu verbinden
suchen; aber ihre Verbindung hat keinen Bestand, so
wie Eisen und Ton sich nicht miteinander verbinden
lassen.
44 Zur Zeit dieser beiden Königreiche aber wird der
Gott des Himmels sein Reich errichten,[d] das niemals

a Die Antwort Daniels erinnert an die Josefs vor dem Pharao (Gen 41,16).
b Vielleicht das medische Reich, das jedoch eher gleichzeitig mit dem babylonischen bestand. Die weiteren Reiche lassen sich auf das persische und das griechische deuten (vgl. 8,20-21). Die Teilung (Verse 41-42) trat nach dem Tod Alexanders d. Gr. ein, als sich im ägyptischen Raum das Ptolemäerreich, im syrisch-mesopotamischen das Seleuzidenreich bildete (siehe Seite 55 NT). Zur altkirchlichen Deutung siehe die Einführung auf Seite 917.
c Siehe Anmerkung zu 11,6 sowie 11,17.
d Dies ist nicht im Sinne irdischer Machtergreifung geschehen, nach dem Glauben der Alten Kirche hat es vielmehr im Wirken Jesu seinen unscheinbaren Anfang genommen.

2,21 4,14.22.29; 1 Sam 2,7; Ijob 12,13-21; Spr 2,6 **2,28** Gen 41,16 **2,37-38** Ez 26,7; Jer 28,14; Jdt 11,7 **2,43** 11,6.17 **2,44** 7,14.27; Lk 1,33; 1 Kor 15,24-28; Offb 11,15

untergehen wird; kein anderes Volk wird danach noch zur Herrschaft kommen und dieses Reich ablösen. Das Königreich Gottes beseitigt alle anderen Reiche, aber es selbst bleibt für alle Zeiten bestehen. 45 Dies hast du geschaut im Bild des Steines, der sich ohne menschliches Zutun aus dem Felsen löste und das Standbild aus Ton, Eisen, Bronze, Silber und Gold zermalmte. Ein mächtiger Gott hat den König wissen lassen, was künftig geschehen wird. Der Traum sagt die Wahrheit und seine Deutung ist zuverlässig.«

46 König Nebukadnezzar warf sich vor Daniel zu Boden und befahl seinen Dienern, ihm Speiseopfer* und Räucheropfer* darzubringen. 47 Er sagte zu Daniel: »Euer Gott ist wahrhaftig der Herr über alle Götter und Könige! Er kennt das Verborgene, sonst hättest du nicht dieses Geheimnis enthüllen können.«

48 Der König beschenkte Daniel reich und machte ihn zum Statthalter der Provinz Babylon* und zum ersten der königlichen Ratgeber. 49 Auf Daniels Bitte betraute der König Schadrach, Meschach und Abed-Nego, die drei Freunde Daniels, mit der Aufsicht über die Verwaltung der Provinz Babylon. Daniel selbst blieb am Königshof.

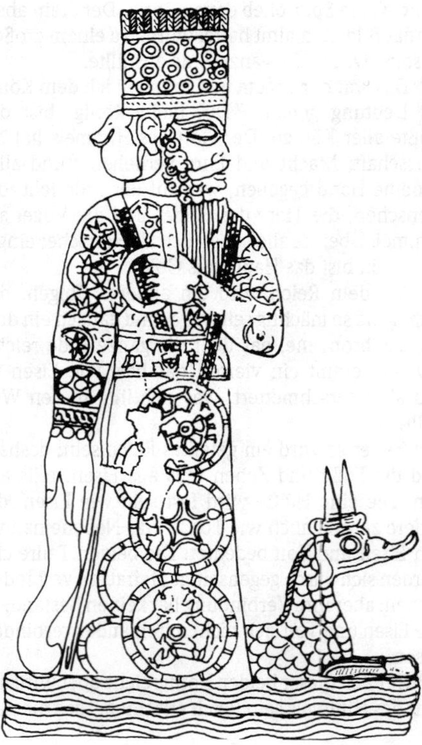

König Nebukadnezzar ließ sein großes goldenes Standbild aufstellen und befahl dem Volk, es zu verehren. Religion war diesem König wichtig. So ließ er Tempel für die Götter Marduk (hier im Bild) und Nabu wieder aufbauen. Die Statue in Dan 3 mag einen dieser Götter dargestellt haben.

Daniels Freunde verraten ihren Glauben nicht

3 König Nebukadnezzar ließ ein goldenes Standbild[a] anfertigen, dreißig Meter hoch und drei Meter breit,[b] und ließ es in der Ebene Dura in der Provinz Babylon* aufstellen. 2–3 Dann berief er sämtliche hohen Beamten seines Reiches zu einer Versammlung ein, die Provinzstatthalter, Militärbefehlshaber und Unterstatthalter, die Ratgeber, Schatzmeister, Richter, Polizeigewaltigen und alle hohen Beamten der Provinzen. Sie sollten an der Einweihung des Standbildes teilnehmen, das er errichtet hatte. Sie alle kamen zu der Einweihung und stellten sich vor dem Standbild auf.

4 Ein Herold rief mit lauter Stimme: »Ihr Leute aus allen Nationen, Völkern und Sprachen, hört diesen Befehl: 5 Wenn ihr den Klang der Hörner, Flöten und Pfeifen, der Harfen, Lauten, Dudelsäcke und aller anderen Instrumente hört, müsst ihr euch niederwerfen und das goldene Standbild anbeten, das König Nebukadnezzar aufrichten ließ. 6 Wer es nicht tut, wird auf der Stelle in den glühenden Ofen geworfen.«

7 Als die Instrumente ertönten, die Hörner, Flöten und Pfeifen, die Harfen, Lauten, Dudelsäcke und alle anderen, warfen sich die Leute aus allen Völkern, Nationen und Sprachen nieder und beteten das goldene Standbild an.

8 Einige Babylonier aber ergriffen die Gelegenheit, die Juden anzuzeigen. 9 Sie sagten zu Nebukadnezzar: »Der König möge ewig leben! 10 Du, König, hast doch den Befehl erlassen: ›Jeder, der den Klang der Hörner, Flöten und Pfeifen, der Harfen, Lauten, Dudelsäcke und aller anderen Instrumente hört, soll sich niederwerfen und das goldene Standbild anbeten. 11 Wer es nicht tut, soll auf der Stelle in den glühenden Ofen geworfen werden.‹ 12 Da sind aber einige Juden, denen du die Verwaltung der Provinz Babylon anvertraut hast: Schadrach, Meschach und Abed-Nego. Diese Männer haben deinen Befehl missachtet. Sie erweisen deinem Gott keine Ehre und beten das goldene Standbild, das du errichten ließest, nicht an.«

13 Nebukadnezzar tobte vor Wut und befahl, Schadrach, Meschach und Abed-Nego zu holen. Sie wurden ihm vorgeführt 14 und er fuhr sie an: »Stimmt das, was ich da gehört habe? Ihr wollt meinem Gott nicht die Ehre geben und sein goldenes Standbild nicht anbeten? 15 Wir werden es ja sehen! Wenn jetzt die Hörner, Flöten und Pfeifen, die Harfen, Lauten, Dudelsäcke und alle anderen Instrumente ertönen und ihr euch augenblicklich niederwerft und das Standbild anbetet, das ich habe machen lassen, dann soll die Sache erledigt sein. Wenn ihr es aber nicht tut, werdet ihr sofort in den glühenden Ofen ge-

a Nach Vers 12 handelt es sich um ein Götterbild; seine ungeheuren Ausmaße veranschaulichen jedoch die Macht des Königs, der mit der Verehrung des Bildes zugleich die Anerkennung seiner eigenen Herrschaft fordert.
b Hebräische (bzw. aramäische) Maßangabe *60* bzw. *6 Ellen**.

2,46 Apg 14,13.18 **2,47** Dtn 10,17; Ps 135,5 **3,6** Jer 29,22; Offb 13,15 **3,10** 6,13 **3,12** 2,49 **3,15** 2 Kön 18,34-35

worfen. Welcher Gott sollte euch dann vor mir
schützen?«
16 Schadrach, Meschach und Abed-Nego erwider-
ten dem König: »Wir haben es nicht nötig, dir etwas
darauf zu antworten. 17 Unser Gott, dem wir gehor-
chen, kann uns zwar aus dem glühenden Ofen und
aus deiner Gewalt retten; 18 aber auch wenn er das
nicht tut: Deinen Gott werden wir niemals vereh-
ren[a] und das goldene Standbild, das du errichtet hast,
werden wir nicht anbeten.«
19 Da geriet Nebukadnezzar noch mehr in Wut
und sein Gesicht verzerrte sich vor Zorn über Scha-
drach, Meschach und Abed-Nego. Er ließ den Ofen
siebenmal so stark heizen wie sonst. 20 Dann befahl
er seinen kräftigsten Kriegsleuten, die drei zu fesseln
und in den glühenden Ofen zu werfen.
21 Der Befehl wurde auf der Stelle ausgeführt und
man warf sie mit allen ihren Kleidern, mit Hosen,
Mänteln und Mützen, in den glühenden Ofen.
22 Weil der Ofen auf Befehl des Königs so stark
geheizt worden war, wurden die Männer, die die
drei hinaufbrachten, von den herausschlagenden
Flammen getötet. 23 Schadrach, Meschach und
Abed-Nego fielen gefesselt mitten in die Glut.[b]

Gott rettet die drei Freunde aus dem glühenden Ofen

24 König Nebukadnezzar aber erschrak, sprang auf
und fragte seine Minister: »Haben wir nicht drei
Männer gefesselt ins Feuer geworfen?«
»So ist es, König!«, erwiderten sie.
25 »Aber ich sehe doch vier im Feuer umherge-
hen!«, rief der König. »Sie sind frei von Fesseln
und die Flammen können ihnen nichts anhaben.
Der vierte sieht aus wie ein Engel!«[c]
26 Nebukadnezzar trat an die Tür des glühenden
Ofens und rief: »Schadrach, Meschach und Abed-
Nego, ihr Diener des höchsten Gottes, kommt her-
aus!«
Da kamen die drei aus dem Ofen. 27 Die Provinz-
statthalter, die Militärbefehlshaber, die Unterstatt-
halter und die Ratgeber des Königs liefen herbei
und überzeugten sich davon, dass die Flammen
ihnen nicht den geringsten Schaden zugefügt hatten.
Das Haar auf ihrem Kopf war nicht versengt, ihre
Kleidung war unversehrt, nicht einmal Brandgeruch
war an ihnen wahrzunehmen.
28 Da rief Nebukadnezzar: »Gepriesen sei der Gott
Schadrachs, Meschachs und Abed-Negos! Er hat sei-
nen Engel gesandt, um diese Männer zu retten, die
ihm gehorcht und auf ihn vertraut haben. Sie haben
sich meinem Befehl widersetzt und ihr Leben
gewagt, weil sie keinen anderen Gott verehren
und anbeten wollten außer dem ihren.
29 Darum erlasse ich den Befehl an alle Völker, an
die Menschen aus allen Nationen und Sprachen
in meinem Reich: ›Wer den Gott Schadrachs, Me-
schachs und Abed-Negos schmäht, wird in Stücke
gehauen und sein Haus wird in einen Schutthaufen
verwandelt. Denn es gibt keinen anderen Gott, der
aus solch einer Lage retten kann.‹«
30 Der König sorgte dafür, dass Schadrach,
Meschach und Abed-Nego eine noch höhere Stel-
lung in der Provinz Babylon* erhielten.

Ein weiterer Traum Nebukadnezzars

31 König Nebukadnezzar schrieb einen Brief an die
Menschen aller Nationen, Völker und Sprachen
auf der ganzen Erde. Er lautete:
Glück und Frieden euch allen! 32 Mit diesem
Schreiben möchte ich überall bekannt machen,
was für große Wunder der höchste Gott an mir getan
hat. 33 Seine Taten sind staunenerregend, seine Wun-
der unvergleichlich. Sein Reich bleibt für immer be-
stehen, seine Herrschaft nimmt kein Ende.
4 Ich, Nebukadnezzar, lebte glücklich und zufrie-
den in meinem Palast. 2 Eines Nachts lag ich auf
meinem Bett und hatte einen Traum, der mir meine
Ruhe raubte. Was meine Augen zu sehen bekamen,
stürzte mich in Angst und Schrecken. 3 Ich ließ alle
Weisen Babyloniens* rufen, damit sie mir den
Traum deuten sollten. 4 Sie alle kamen, die Gelehr-
ten, Magier, Wahrsager und Sterndeuter, und ich
erzählte ihnen meinen Traum; aber keiner konnte
mir die Deutung sagen.
5 Ganz zuletzt trat Daniel vor mich, der nach mei-
nem Gott Bel* den Namen Beltschazzar erhalten
hatte und vom Geist der heiligen Götter[d] erfüllt ist.
Ich sagte zu ihm: 6 »Beltschazzar, du bist der oberste
der königlichen Ratgeber. Ich weiß, dass du vom
Geist der heiligen Götter erfüllt bist und es kein
Geheimnis gibt, das du nicht enträtseln könntest.
Sag mir, was mein Traum bedeutet!«
7 Dann erzählte ich Beltschazzar den Traum:
»Während ich schlief, sah ich in der Mitte der Erde
einen hohen Baum stehen. 8 Er wurde immer größer
und mächtiger, sodass er zuletzt bis zum Himmel
reichte und noch von den äußersten Enden der Erde
zu sehen war. 9 Er trug dichtes Laub und reiche
Früchte. In seinem Schatten ruhten die Tiere; Vögel
nisteten in seinen Zweigen; und alles, was lebte,
bekam seine Nahrung von ihm.
10 Immer noch auf meinem Bett liegend, sah ich
einen Engel[e] vom Himmel herabsteigen. 11 Der rief
laut: ›Fällt den Baum und hackt seine Äste ab! Streift
das Laub von den Zweigen und streut die Früchte
überall umher! Die Tiere, die unter seinem Schatten
Schutz fanden, und die Vögel in seinen Zweigen

a Einem Juden war es verboten, das Bild eines Gottes anzubeten (Ex 20,4-5). Mit derselben Begründung verweigerten die Christen der ersten Jahrhunderte die Anbetung der Kaiserbilder; vgl. Offb 13,14-15.
b G fügt an dieser Stelle das Gebet Asarjas und den Gesang der drei Männer im Feuerofen ein, die in Ausgaben dieser Bibelübersetzung mit den ›Spätschriften des Alten Testaments‹ unter den Zusätzen zum Buch Daniel zu finden sind.
c Wörtlich *wie ein Sohn der Götter* (bzw. *Gottes*); vgl. die Sacherklärung »Gottessöhne«. In Vers 28 wird dafür das Wort *Engel* gebraucht.
d Dies ist die Sicht des heidnischen Königs. Zu seiner (nicht ganz zutreffenden) Namensdeutung siehe Anmerkung zu 5,1.
e Wörtlich *einen Wachenden, einen Heiligen.*

3,17 Dtn 4,20; Jes 43,2 **3,18** Ex 20,3-5 **3,25** Jes 43,2 **3,27** 6,24 **3,28** 6,23 **3,29** 2,47; 6,27 **3,33** 4,31; 6,27; 7,14.27; Ps 145,13 **4,1-4** 2,1-3 **4,5** 2,24-26; 5,11-12 **4,7-11** Ez 31,3-14

sollen fliehen. 12 Nur den Stumpf lasst in der Erde,
aber fesselt ihn mit eisernen und bronzenen Ket-
ten, damit er unten am Boden bleibt zwischen Gras
und Kräutern. Der Tau soll auf ihn fallen; wie das
Wild soll er im Gras liegen. 13 Statt eines Menschen-
verstandes soll ihm der Verstand eines Tieres ge-
geben werden. So sollen sieben Jahre über ihn hin-
gehen. 14 Dies ist im himmlischen Rat beschlossen
worden, damit alle Menschen erkennen: Der höchs-
te Gott ist Herr über die Reiche der Welt; er gibt die
Herrschaft, wem er will; den Geringsten unter den
Menschen kann er zum Herrscher über alle erhe-
ben.‹

15 Dies habe ich, König Nebukadnezzar, geträumt.
Und nun, Beltschazzar, sag mir, was es bedeutet!
Alle Weisen meines Reiches konnten es mir nicht
sagen; aber du kannst es, weil du vom Geist der hei-
ligen Götter erfüllt bist.«

16 Daniel, der auch Beltschazzar heißt, schwieg
eine Zeit lang ganz betroffen; seine Gedanken er-
schreckten ihn. Ich sagte zu ihm: »Beltschazzar, lass
dir nicht Angst machen von meinem Traum!«

Er aber erwiderte: »Mein Herr und König, was der
Traum ankündigt, das möge deine Feinde treffen!
17 Der Baum, den du gesehen hast, dieser große und
mächtige Baum, der bis zum Himmel reichte, 18 der
dichtes Laub hatte und reiche Früchte trug, in dessen
Schatten die Tiere ruhten und in dessen Zweigen die
Vögel nisteten und der allem, was lebt, Nahrung
bot – 19 dieser Baum bist du selbst, mein König![a]

Du wurdest groß und mächtig, deine Gewalt
reichte bis an den Himmel und deine Herrschaft
erstreckte sich bis an die äußersten Enden der Erde.
20 Dann aber sahst du den Engel[b] vom Himmel herab-
kommen, der befahl: ›Fällt den Baum, vernichtet
ihn! Nur den Stumpf lasst übrig und legt ihn in Ket-
ten;[c] er bleibe unten am Boden zwischen Gras und
Tieren und sei schutzlos dem Tau preisgegeben, sie-
ben Jahre lang!‹

21 Mein Herr und König, das bedeutet, dass der
höchste Gott sein Urteil über dich gesprochen hat.
22 Du wirst aus der Gemeinschaft der Menschen aus-
gestoßen werden und unter den wilden Tieren leben
müssen, du wirst Gras fressen wie ein Rind und nass
werden vom Tau, der vom Himmel fällt. Sieben Jah-
re werden so über dich hingehen, bis du erkennst:
Der höchste Gott allein ist Herr über alle Menschen
und er gibt die Herrschaft, wem er will.

23 Dass aber der Befehl erging, den Stumpf in der
Erde zu lassen, das bedeutet: Die Herrschaft wird
dir zurückgegeben werden, wenn du Gott[d] als den
höchsten Herrn anerkennst. 24 Lass dir deshalb
raten, mein König: Kehre dich ab vom Unrecht
und halte dich an das Recht; mach deine Verfehlun-
gen wieder gut, indem du den Armen Gutes tust.
Sonst wird dein Glück nicht von Dauer sein.«

25 Was Daniel mir angekündigt hatte, traf ein.
26 Ein Jahr später erging ich mich auf dem Dach mei-
nes Palastes in Babylon* 27 und sagte zu mir selbst:
»Diese großartige Stadt habe ich als meine Residenz
erbaut! Mit meiner gewaltigen Macht habe ich das
fertig gebracht und habe damit meiner Größe ein
Denkmal gesetzt!«

28 Ich hatte noch nicht ausgeredet, da ertönte eine
Stimme vom Himmel herab: »König Nebukadnez-
zar, hiermit wird dir die Herrschaft weggenommen!
29 Du wirst aus der Gemeinschaft der Menschen aus-
gestoßen und musst unter den wilden Tieren leben,
du wirst Gras fressen wie ein Rind, und das sieben
Jahre lang, bis du erkennst: Der höchste Gott allein
ist Herr über alle Menschen und er gibt die Herr-
schaft, wem er will.«

30 Sofort wurde dieses Urteil vollstreckt: Ich wurde
aus der Gemeinschaft der Menschen ausgestoßen,
aß Gras wie ein Rind und schlief unbedeckt im Frei-
en, sodass ich nass wurde vom Tau. Im Lauf der Zeit
wurden meine Haare so lang wie Adlerfedern und
meine Nägel wie Vogelkrallen.

31 Nach Ablauf der sieben Jahre aber erhob ich den
Blick zum Himmel. Da kehrte mein menschlicher
Verstand wieder zurück und ich sagte:

»Du höchster Gott, du Gott, der ewig lebt:
Ich preise dich, lobe und rühme dich!
Dein Reich bleibt für immer bestehen,
deine Herrschaft nimmt kein Ende.
32 Alle Bewohner der Erde sind vor dir wie nichts
und mit den Göttern des Himmels[e]
verfährst du nach Belieben.
Es gibt keinen, der dich zur Rechenschaft ziehen,
niemand, der dir vorhalten kann:
›Was tust du da?‹«

33 Im selben Augenblick bekam ich auch wieder
meine herrscherlichen Fähigkeiten, die den Ruhm
meines Königtums begründet hatten. Daraufhin
kamen meine Minister und die führenden Männer
zu mir und setzten mich wieder als König ein. Meine
Macht wurde noch größer als zuvor.

34 Ich, Nebukadnezzar, aber preise, rühme und
verherrliche nun den König, der im Himmel regiert.
Was er tut, ist gut und recht; er demütigt alle, die sich
überheben.

Die rätselhafte Schrift an der Wand

5 König Belschazzar[f] hatte die tausend mächtigs-
ten Männer seines Reiches zu einem Gastmahl
geladen. Er trank mit ihnen Wein, 2 und als er in
Stimmung kam, befahl er, die goldenen und silber-
nen Gefäße herbeizubringen, die sein Vater Nebu-
kadnezzar aus dem Tempel* in Jerusalem geraubt
hatte. Er wollte mit den geladenen Männern und sei-

a Wie in Ez 31 ist der Baum, der bis zum Himmel wächst, Bild für Selbstüberhebung irdischer Machthaber.
b Siehe Anmerkung zu Vers 10.
c Die Bilder der Verse 12-13 lassen besser als diese Deutung erkennen, dass der König vom Wahnsinn »gefesselt« werden und seinen gesunden Verstand verlieren soll. Weil etwas Derartiges von Nebukadnezzar nicht bekannt ist, hat man vermutet, dass hier von dessen Sohn Nabonid die Rede ist, der aus nicht mehr aufzuhellenden Gründen einige Jahre lang die Regierungsgeschäfte nicht führen konnte oder wollte; vgl. Anmerkung zu 5,1.
d Wörtlich *den Himmel.*
e Gemeint sind die Sterne, denen die babylonische Religion göttliche Macht zuschrieb.
f *Belschazzar* bedeutet »Bel* schütze den König« (in der Lutherbibel lautet der Name *Belsazar*). Daniels babylonischer Name Beltschazzar bedeutet dagegen: »Schütze sein Leben!« (Der angeredete Gott ist in diesem Fall nicht mit Namen genannt.) Belschazzar (oder in der bekannten Ballade von Heine: Belsazer) war ein Enkel Nebukadnezzars, Sohn des letzten babylonischen Königs Nabonid; er führte während einer jahrelangen Abwesenheit seines Vaters für ihn die Regierung. Vielleicht ist aber auch der Sohn und Nachfolger Nebukadnezzars, Ewil-Merodach, gemeint, der nach zweijähriger Regierungszeit ermordet wurde.

4,14 2,21S **4,24** Spr 19,17; Sir 3,30-31S **4,27-28** Spr 16,18; Ez 31,10S **4,31** 3,33S **4,32** Jes 40,17; Ijob 9,12 **4,34** Lk 1,51; 18,14 **5,2** 1,2; 2Kön 25,13-15

nen Frauen und Nebenfrauen daraus trinken. 3 Die
geraubten Gefäße wurden gebracht und alle tranken
daraus Wein. 4 Dabei priesen sie die Götter aus Gold,
Silber, Bronze, Eisen, Holz und Stein.
5 Plötzlich wurde eine Hand sichtbar, die etwas
auf die gekalkte Wand des Königspalastes schrieb.
Es war genau an der Stelle, auf die das volle Licht
des Leuchters fiel. Als der König die schreibende
Hand sah, 6 wurde er bleich und seine Gedanken
erschreckten ihn so sehr, dass ihn alle Kraft verließ[a]
und seine Knie zitterten.
7 Er rief laut, man solle die Weisen Babylons*, die
Wahrsager, Magier und Sterndeuter holen. Als sie
kamen, sagte er: »Wer die Schrift an der Wand lesen
und erklären kann, was sie bedeutet, wird in Purpur
gekleidet und bekommt eine goldene Ehrenkette um
den Hals. Er wird der drittmächtigste Mann in meinem Reich!«

a *ihn alle ...:* wörtlich *seine Hüftgelenke sich lösten.*

Auf solchen – im Verputz ausgesparten – Inschriften an den Mauern ihres Palastes rühmten sich die Babylonierkönige ihrer Taten. Die unheimliche Schrift an der Wand (5,5.25) ist Gottes Antwort darauf. *Mene mene tekel u-parsin wird* gedeutet als: »Gezählt, gewogen und zerteilt«. Gleichzeitig bezeichnen diese Wörter Geldeinheiten, und zwar mit absteigendem Wert, wie etwa: Mark, Groschen, Pfennig, oder: Zehner, Fünfer, Einser, womit ebenfalls ein vernichtendes Urteil ausgesprochen ist. Das Wort für »zerteilt« (parsin) erinnert zugleich an »Perser«.

5,4 Bar 6,3; Offb 9,20 S **5,7-8** 2,2-3; 4,4; Gen 41,8

8 Alle Weisen des Königs traten vor, aber sie konnten das Geschriebene nicht lesen und erst recht nicht seinen Sinn deuten. 9 Da erschrak König Belschazzar noch mehr und er wurde noch bleicher. Auch die geladenen Männer waren ratlos.

Daniel kündigt König Belschazzar den Untergang an

10 Die Mutter des Königs[a] hatte von draußen alles mitgehört, was der König und seine Gäste gesagt hatten. Sie kam herein und sagte zu ihrem Sohn: »Der König möge ewig leben! Du brauchst nicht zu erschrecken, du musst nicht so bleich werden! 11 Es gibt in deinem Reich einen Mann, der vom Geist der heiligen Götter[b] erfüllt ist. Zur Zeit deines Vaters Nebukadnezzar zeigte sich, dass in ihm so viel Erleuchtung und Einsicht und Weisheit sind, wie sie sonst nur die Götter haben. Dein Vater machte ihn zum ersten seiner Ratgeber, der Weisen, Wahrsager, Magier und Sterndeuter. 12 Er heißt Daniel, dein Vater gab ihm den Namen Beltschazzar. Er ist ungewöhnlich klug und kann Träume deuten, Rätsel lösen und die geheimnisvollsten Dinge erklären. Lass ihn rufen! Er wird dir sagen, was die Schrift bedeutet.«

13 Sofort wurde Daniel herbeigeholt und der König sagte: »Du bist also Daniel, einer von den Leuten, die mein Vater aus Juda hierher gebracht hat? 14 Ich habe gehört, dass du vom Geist der Götter erfüllt und mit ungewöhnlicher Weisheit und Einsicht begabt bist. 15 Ich habe meine Weisen und Wahrsager holen lassen, damit sie diese Schrift lesen und mir ihren Sinn deuten; aber sie können es nicht. 16 Über dich aber habe ich gehört, dass du die schwierigsten Fragen lösen und die verborgensten Geheimnisse enthüllen kannst. Wenn das wahr ist und du mir diese Schrift vorlesen und deuten kannst, wirst du in Purpur gekleidet und bekommst eine goldene Ehrenkette. Ich mache dich zum drittmächtigsten Mann in meinem Reich.«

17 Daniel antwortete dem König: »Deine Geschenke kannst du behalten oder einem anderen geben. Aber ich werde dir die Schrift vorlesen und dir sagen, was sie bedeutet. 18 Mein König, der höchste Gott hatte deinen Vater Nebukadnezzar zu einem mächtigen Herrscher gemacht und ihm Ehre und Ruhm gegeben. 19 Deshalb zitterten die Menschen aller Nationen, Völker und Sprachen vor ihm. Er konnte töten und am Leben lassen, wen er wollte. Er gewährte und entzog seine Gunst, ganz wie es ihm gefiel. 20 Als er aber stolz und hochmütig wurde, kam er um Thron und Herrscherwürde.[c] 21 Statt seines menschlichen Verstandes wurde ihm der Verstand eines Tieres gegeben und er wurde aus der Gemeinschaft der Menschen ausgestoßen. Er musste bei den Wildeseln leben und Gras fressen wie ein Rind. Er schlief unbedeckt im Freien, sodass er nass wurde vom Tau. Das dauerte so lange, bis er einsah: Der höchste Gott allein ist Herr über alle Menschen und er gibt die Herrschaft, wem er will.

22 Du aber, sein Sohn Belschazzar, hast dies alles gewusst und hast dich trotzdem nicht vor Überheblichkeit gehütet. 23 Du hast den höchsten Herrn herausgefordert und dir die heiligen Gefäße seines Tempels* bringen lassen, du hast mit deinen führenden Männern, deinen Frauen und Nebenfrauen daraus Wein getrunken und die Götzen aus Gold, Silber, Bronze, Eisen, Holz und Stein gepriesen, die weder sehen noch hören können und auch keinen Verstand haben. Dem Gott aber, der dein Leben in der Hand hat und dein ganzes Schicksal bestimmt, hast du die Ehre verweigert.

24 Deshalb hat er diese Hand geschickt und die Schrift an die Wand schreiben lassen. 25 Was da geschrieben steht, lautet: ›Mene mene tekel u-parsin.‹ 26 Das bedeutet: *Gezählt* hat Gott die Tage deiner Herrschaft – und ihr ein Ende gemacht. 27 *Gewogen* hat er dich – und dich zu leicht gefunden. 28 *Zerteilt* hat er dein Reich und es den Medern und Persern gegeben.«[d]

29 Belschazzar befahl, Daniel in Purpur zu kleiden und ihm eine goldene Halskette umzulegen, und erklärte ihn zum drittmächtigsten Mann in seinem Reich. 30 Noch in derselben Nacht aber wurde Belschazzar, der König der Babylonier, umgebracht

6 und der Meder Darius[e] übernahm die Herrschaft. Darius war damals 62 Jahre alt.

Daniels Rivalen stellen ihm eine Falle

2 Darius fand es zweckmäßig, das Reich in hundertzwanzig Provinzen einzuteilen und an die Spitze

Die assyrischen Könige hielten sich gefangene Löwen; wenn der König auf Löwenjagd ging, wurden die Türen der Zwinger geöffnet (Bild). Am Hof des babylonischen Königs musste Daniel dem sicheren Tod ins Auge sehen, als man ihn in die Löwengrube warf.

a Die Frauen nahmen nicht an den Gelagen der Männer teil; vgl. Est 1,9.
b Siehe die Anmerkung zu 4,5.
c Siehe 4,25-30.
d Siehe die Bildlegende auf Seite 923.
e Siehe Sacherklärung »Darius der Meder«.

5,11-12 2,48; 4,5-6; 1,7.17 **5,18** 2,37-38 **5,20-21** 4,25-30; Ez 31,10 S **5,29** 2,48; Gen 41,42-43 **6,1** 9,1-2; Jes 13,17 **6,2** Est 1,1

jeder Provinz einen Statthalter zu berufen. 3 Außerdem ernannte er drei Bevollmächtigte, denen die Statthalter Rechenschaft geben mussten, damit dem König kein Schaden entstand. Einer von den dreien war Daniel.

4 Es zeigte sich bald, dass Daniel den beiden anderen Bevollmächtigten und allen Statthaltern geistig weit überlegen war. Deshalb wollte der König ihn zum obersten Bevollmächtigten für das ganze Reich machen. 5 Da suchten die beiden anderen Bevollmächtigten und die Statthalter einen Vorwand, um Daniel anklagen zu können. Sie fanden aber nichts, was sie ihm vorwerfen konnten; denn er führte sein Amt treu und gewissenhaft. Sie konnten nicht die geringste Nachlässigkeit entdecken.

6 Da sagten sie: »Der einzige Punkt, wo wir ihn fassen können, ist seine Treue zum Gesetz* seines Gottes.«

7 So begaben sie sich alle miteinander eilig zum König und sagten: »König Darius, mögest du ewig leben! 8 Die Bevollmächtigten deines Reiches, die Militärbefehlshaber, die Statthalter, die Ratgeber und die Unterstatthalter sind übereingekommen, dass du folgenden Befehl erlassen und für seine strikte Befolgung sorgen sollst: ›Wer in den nächsten dreißig Tagen ein Gebet oder eine Bitte an irgendeinen Gott oder Menschen richtet außer an dich, unseren König, der soll zu den Löwen in die Grube geworfen werden.‹ 9 Gib diesem Verbot die Form eines offiziellen königlichen Erlasses, der nach dem Gesetz der Meder und Perser von niemand widerrufen werden kann.«

10 König Darius ließ den Befehl ausfertigen und unterschrieb ihn.

11 Daniel hatte im Obergeschoss seines Hauses Fenster in Richtung Jerusalem.[a] Dreimal täglich kniete er dort nieder, um Gott zu preisen und seine Bitten vor ihn zu bringen. Als er von dem königlichen Befehl erfuhr, ging er wie immer in sein Haus und kniete zur gewohnten Zeit am offenen Fenster nieder. 12 Da stürmten seine Feinde herein und fanden ihn, wie er zu seinem Gott betete und ihn anflehte.

13 Darauf gingen sie zum König und sagten: »Du hast doch einen schriftlichen Befehl erlassen, dass jeder, der in den nächsten dreißig Tagen von einem Gott oder Menschen etwas erbittet außer von dir, zu den Löwen in die Grube geworfen werden soll.«

»So ist es«, erwiderte der König, »und nach dem Gesetz der Meder und Perser gilt es unwiderruflich!«

14 Da berichteten sie dem König: »Daniel, der zu den Verschleppten aus Juda gehört, kümmert sich nicht um dich und dein Verbot, sondern betet wie bisher dreimal täglich zu seinem Gott.«

Gott schützt Daniel in der Löwengrube

15 Was der König da hörte, bedrückte ihn sehr und er überlegte, wie er Daniel retten könnte. Den ganzen Tag über suchte er nach einem Ausweg. 16 Aber bei Sonnenuntergang kamen die Ankläger wieder zu ihm und hielten ihm vor: »Du weißt, König: Es ist ein Gesetz der Meder und Perser, dass kein Erlass des Königs widerrufen werden kann.«

17 Nun musste König Darius den Befehl geben, Daniel herzubringen und in die Löwengrube zu werfen. Er sagte zu ihm: »Möge dein Gott, den du so treu verehrst, dich retten!«

18 Ein Stein wurde auf die Öffnung der Grube gewälzt und mit dem Siegel des Königs und seiner höchsten Beamten versiegelt, damit niemand den Stein wegrücken und Daniel helfen konnte.

19 Danach ging der König in seinen Palast. Er rührte an diesem Abend kein Essen an und versagte sich jede Unterhaltung.[b] Er konnte die ganze Nacht keinen Schlaf finden. 20 Beim ersten Morgengrauen stand er auf, lief zur Löwengrube 21 und rief schon von ferne voller Angst: »Daniel, du Diener des lebendigen Gottes, hat dich dein Gott, den du so treu verehrst, vor den Löwen retten können?«

22 Daniel antwortete: »O König, mögest du ewig leben! 23 Mein Gott sandte seinen Engel*[c] und verschloss den Löwen den Rachen, sodass sie mir nichts antun konnten. Denn er hat keine Schuld an mir gefunden und auch gegen dich, mein König, habe ich kein Unrecht begangen.«

24 Der König war überglücklich und befahl, Daniel aus der Löwengrube zu holen. Daniel wurde heraufgezogen. Er war völlig unverletzt geblieben, weil er seinem Gott vertraut hatte.

25 Der König aber befahl, die Männer, die Daniel angezeigt hatten, samt ihren Frauen und Kindern zu den Löwen hinunterzuwerfen. Sie hatten noch nicht den Boden berührt, da fielen schon die Löwen über sie her und zermalmten ihnen alle Knochen.

26 Darauf schrieb König Darius an die Menschen aller Nationen, Völker und Sprachen auf der ganzen Erde:

»Glück und Frieden euch allen! 27 Hiermit ordne ich an: In meinem gesamten Reich soll man den Gott Daniels fürchten und vor ihm zittern; denn er ist der lebendige, ewige Gott. Sein Reich ist unzerstörbar und seine Herrschaft nimmt kein Ende. 28 Er kann befreien und retten; am Himmel und auf der Erde sind die Zeichen seiner Macht zu sehen. Er hat Daniel aus dem Rachen der Löwen gerettet.«

29 Daniel aber wurde hoch geehrt während der Herrschaft des Königs Darius und auch unter der Herrschaft des Perserkönigs Kyrus.

a In der Verbannung hatten sich die Juden angewöhnt, ihre täglichen Gebete mit der Blickrichtung auf Jerusalem zu sprechen (vgl. 1 Kön 8,48-49; Tob 3,11). Von einem dreimaligen Gebet spricht auch Ps 55,18.
b *versagte sich ...:* wörtlich *ließ sich kein(e) ... bringen;* die Bedeutung des ausgelassenen Wortes ist unbekannt.
c Vgl. 3,25.28

6,9 Est 1,19 S **6,11** 1 Kön 8,48; Tob 3,11; Ps 55,18 **6,13-14** 3,10-12 **6,16** Est 1,19 S **6,21** 3,17 **6,23** 3,28 **6,24** 3,27 **6,26** 3,31 **6,27** 3,33 S **6,29** 1,21

Die Perser

Die Perser sind ein Nomadenvolk, das um 1000 v. Chr. aus Südrussland in den Iran (Persien) einwanderte. Sie siedelten sich östlich des Persischen Golfs an, in dem Gebiet, das noch heute »Farsistan« heißt. Der erste persische König, den wir aus der Geschichte kennen, ist Kyrus I. Er regierte um 640 v. Chr.

Kyrus der Große

Mit der Eroberung Babylons durch Kyrus II., den Großen – er ist der Enkel von Kyrus I. –, treten die Perser erstmals in das Blickfeld biblischer Geschichtsschreibung.
550 v. Chr. hatte Kyrus II. schon die Hauptstadt der Meder, Ekbatana, in seine Gewalt gebracht. Danach eroberte er im Westen das Gebiet der heutigen Türkei und drang ostwärts bis nach Indien vor. 540 war er so weit, dass er den Angriff auf das mächtige Babylonische Reich wagen konnte.

Die Eroberung Babylons

Der so genannten »Kyrus-Zylinder« (siehe Seite 535) bietet den eigenen Bericht des Königs über die Eroberung der Stadt. Sie fiel 539 v. Chr. kampflos in seine Hände. Die Perser hatten den Flusslauf des Eufrats verlegt, sodass ihre Truppen durch das trockengelegte Flussbett in die Stadt eindringen konnten.

Eine neue Politik

Die Assyrer und Babylonier hatten regelmäßig die Bevölkerung eines besiegten Landes vertrieben und in anderen Gebieten angesiedelt. Kyrus machte dies rückgängig; er erlaubte den Verbannten die Heimkehr in ihr Land. Selbst die Götterbilder, die nach Babylon geschafft worden waren, gab er wieder zurück.
So erhielten 538 v. Chr. auch die Juden die Erlaubnis, in ihre Heimat zurückzukehren und den Tempel wieder aufzubauen. Die Tempelschätze, die Nebukadnezzar geraubt hatte, durften sie mitnehmen.

Das Persische Reich

Die Bücher Esra, Nehemia, Ester und ein Teil des Buches Daniel berichten von Geschehnissen aus der Zeit des Königs Kyrus und seiner Nachfolger. Die persischen Könige breiteten ihr Reich weit über die Grenzen der vor-

Der Treppenaufgang am Zentralpalast in Persepolis ist reich mit Bildhauerarbeiten geschmückt. Sie zeigen, wie Menschen aus vielen Völkern dem persischen König Tribut entrichten.

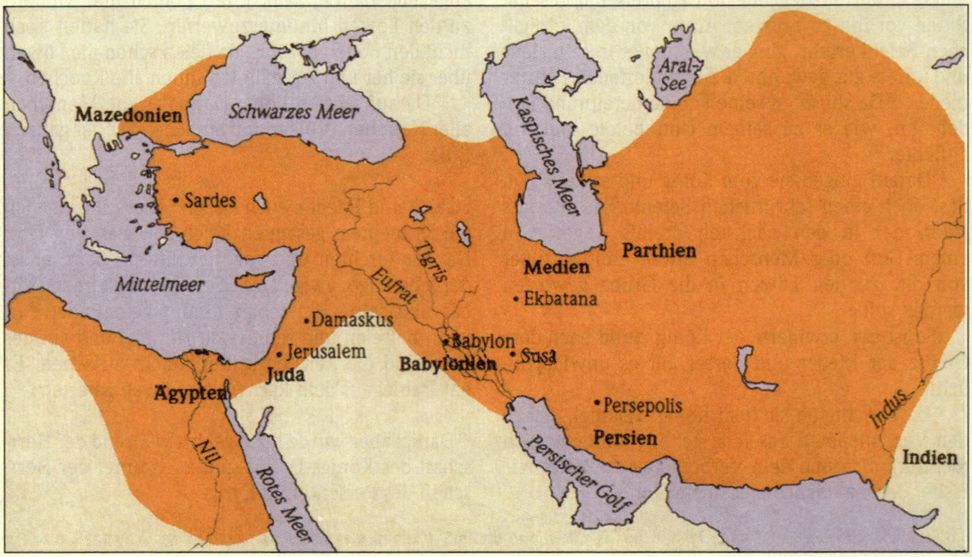

Das Persische Reich auf dem Höhepunkt seiner Macht. 539 v. Chr. eroberten die Perser zusammen mit den Medern die Stadt Babylon und traten damit das Erbe des Neubabylonischen Reiches an. Das Ende des Perserreiches wurde durch Alexander den Großen herbeigeführt (Schlacht bei Issus 333 v. Chr.).

hergehenden Großreiche aus. Im Osten erstreckte sich ihre Herrschaft bis nach Indien, im Westen umfasste sie Kleinasien so gut wie Ägypten. König Darius I. (522–486 v.Chr.) gründete Persepolis als Hauptstadt des Reiches. 513 v.Chr. eroberte er Mazedonien in Nordgriechenland. Sein Nachfolger, Xerxes I. (486–465), drang fast bis nach Athen vor, wurde aber in der Seeschlacht bei Salamis besiegt.
Trotz mancher Aufstände, vor allem in Ägypten und Kleinasien, hatte das Perserreich 200 Jahre Bestand. 333 v.Chr. dann setzte Alexander der Große über den Hellespont und in wenigen Jahren hatten die Griechen die Herrschaft über all die Länder errungen, die vordem im Perserreich zusammengefasst waren.

Weise Regierung

Weise Regierung und Verwaltung machten es den Persern möglich, auch weit entlegene Völker unter ihrer Herrschaft zu halten. Kyrus der Große teilte das Reich in Provinzen ein. Jede hatte einen Statthalter oder »Satrapen«, der dem persischen oder medischen Hochadel angehörte. Doch diesem unterstanden Beamte aus dem betreffenden Volk, die vieles selbstständig regelten. Den verschiedenen Völkern wurde zugestanden, nach ihren eigenen Gebräuchen zu leben und ihre eigene Religion zu haben. Das trug dazu bei, dass die persische Oberherrschaft nicht als Last empfunden wurde.
Darius I. (vgl. Esra 6) verbesserte dieses Regierungssystem noch. Er schuf u.a. auch eine Post zur schnellen Übermittlung wichtiger Nachrichten innerhalb des riesigen Reichsgebietes.
Dem Zusammenhalt des Reiches diente die Erhebung des Aramäischen zur offiziellen Diplomatensprache. Aramäisch war selbst im entlegenen Juda schon in assyrischer Zeit bekannt. »Sprich doch bitte aramäisch mit uns, wir verstehen es«, rufen die Beamten von König Hiskija dem assyrischen Unterhändler zu (2 Könige 18,26).

Kunst und Kultur

Die Größe des Reiches brachte großen Wohlstand mit sich. Kunst und Handwerk standen in Blüte. Das Buch Ester vermittelt uns einen Eindruck von der Prachtentfaltung am persischen Hof. Die Ruinen von Persepolis und Pasargadä geben eine Anschauung von der Großartigkeit persischer Städte. Mengen von goldenem Tafelgeschirr und Schmuck – z.B. im berühmten Oxus-Schatz – führen uns die Schönheit damaliger Luxusgüter und die Fähigkeit damaliger Künstler vor Augen.

Der Oxus-Schatz bietet hervorragende Beispiele für das Können persischer Kunsthandwerker und für den Reichtum des Landes.

An einem Felsen bei Bisutun, an der Straße von Bagdad nach Teheran, findet sich in einem riesigen Relief dieses Bild von König Darius I.

DIE VISIONEN DANIELS
(Kapitel 7–12)

Daniels erste Vision:
Die Weltreiche und das Gottesreich

7 Im ersten Regierungsjahr des babylonischen
Königs Belschazzar[a] hatte Daniel in der Nacht
im Traum eine Vision. Er schrieb auf, was er
geschaut hatte; 2 hier ist sein Bericht:

Ich sah in meiner nächtlichen Vision, wie aus den
vier Himmelsrichtungen die Winde bliesen und das
große Meer[b] aufwühlten. 3 Vier große Tiere stiegen
aus dem Meer; jedes hatte eine andere Gestalt.

4 Das erste Tier sah aus wie ein Löwe, hatte aber
Adlerflügel. Während ich es betrachtete, wurden
ihm die Flügel ausgerissen, es wurde aufgerichtet,
dass es auf zwei Füßen stand wie ein Mensch, und
es erhielt einen menschlichen Verstand.[c]

5 Das zweite Tier sah aus wie ein Bär. Es war halb
aufgerichtet und hatte zwischen seinen Zähnen drei
Rippenknochen. Es erhielt den Befehl: »Steh auf!
Friss dich voll mit Fleisch!«

6 Danach sah ich ein Tier, das aussah wie ein Panther. Es hatte vier Vogelflügel auf dem Rücken und
vier Köpfe. Ihm wurde große Macht gegeben.

7 Schließlich sah ich in meiner Vision ein viertes
Tier, das sah schreckenerregend aus und war sehr
stark. Es hatte große Zähne aus Eisen, mit denen es
alles zermalmte, und was es nicht hinunterschlingen
konnte, zertrat es mit den Füßen. Es war völlig verschieden von den anderen Tieren und hatte zehn
Hörner.

8 Während ich die Hörner beobachtete, brach ein
weiteres Horn zwischen ihnen hervor. Drei von den
vorigen Hörnern wurden seinetwegen ausgerissen.[d]
Das Horn hatte Menschenaugen und ein Maul, das
großmächtig prahlte.

9 Dann sah ich, wie Thronsessel aufgestellt wurden. Jemand, der uralt war,[e] setzte sich auf einen
von ihnen. Sein Gewand war weiß wie Schnee und
sein Haupthaar so weiß wie reine Wolle. Sein Thron
bestand aus lodernden Flammen und stand auf feurigen Rädern. 10 Ein Feuerstrom ging von ihm aus.
Abertausende standen zu seinem Dienst bereit und
eine unzählbare Menge stand vor ihm.

Richter setzten sich und Bücher wurden aufgeschlagen. 11 Ich sah, wie das Tier, dessen Horn so
prahlerisch dahergeredet hatte, getötet wurde. Sein
Körper wurde ins Feuer geworfen und völlig vernichtet. 12 Schon zuvor war den anderen Tieren ihre
Macht genommen worden; auf Tag und Stunde war
die ihnen zugemessene Frist bestimmt.

13 Danach sah ich in meiner Vision einen, der aussah wie der Sohn eines Menschen.[f] Er kam mit den
Wolken heran und wurde vor den Thron des Uralten
geführt. 14 Der verlieh ihm Macht, Ehre und Herrschaft, und die Menschen aller Nationen, Völker
und Sprachen unterwarfen sich ihm. Seine Macht
ist ewig und unvergänglich, seine Herrschaft wird
niemals aufhören.

Die Deutung der Vision

15 Ich war verwirrt und erschreckt von dem, was ich
sah. 16 Ich wandte mich an einen, der in der Nähe
stand, und bat ihn, mir zu erklären, was das alles

a Siehe die Anmerkung zu 5,1.
b Das aufgewühlte Meer (siehe Sacherklärung) erinnert an die gottfeindliche Chaosmacht.
c Das deutet auf eine Wandlung, wie sie in 4,25-33 von dem Babylonierkönig Nebukadnezzar ausgesagt wird. Bei den Sinnbildern der folgenden Reiche wird die gefräßige Raubtiernatur stärker betont. Es handelt sich offensichtlich um dieselben Reiche wie in 2,31-43 (siehe Anmerkung zu 2,39).
d Siehe die Deutung in den Versen 24-25 und Anmerkungen dazu.
e Gott selbst, der Gericht hält.
f D.h. nach biblischem Sprachgebrauch: wie ein Wesen von der Gattung Mensch. Die so bezeichnete Gestalt erhält im Frühjudentum und im Neuen Testament den Titel »Menschensohn« (siehe dazu die Sacherklärung). Nach der Deutung in Vers 27 steht diese Gestalt für das Gottesvolk Israel: Das Neue Testament sieht hier das Kommen Christi am Ende der Zeiten angekündigt, dessen Bezeichnung als »Menschensohn« auf diese Stelle zurückgeht (Mk 13,26; 14,62; Offb 1,13).

Einen Löwen mit Adlerflügeln sah Daniel in seiner Vision. Bei den Ausgrabungen in Nimrud, dem alten Kelach (Gen 10,11), fand man geflügelte Löwenfiguren mit Menschenkopf, geschnitzt aus Elfenbein.

7,1 5,1 **7,7** Offb 13,1 **7,8** 8,9; 11,36; Offb 13,5-6 **7,9** Ez 1,26.15-21; Ps 90,2; Offb 4,2 **7,10** Mal 3,16S; Offb 5,11 **7,12** 2,21 **7,13** Mk 13,26S; Offb 1,13S **7,14** 2,44S

bedeutete. Er sagte zu mir: 17 »Die vier großen Tiere
sind vier Weltreiche, die nacheinander auftreten
werden; 18 aber zuletzt wird das heilige Volk des
höchsten Gottes die Herrschaft ergreifen und sie
behalten bis in alle Ewigkeit.«

19 Ich wollte Genaueres erfahren über das vierte
Tier, das ganz anders war als die anderen, diese
schreckliche Bestie mit Zähnen aus Eisen und Kral-
len aus Bronze, die alles zermalmte und verschlang
und den Rest mit den Füßen zertrat. 20 Vor allem
wollte ich wissen, was die zehn Hörner auf seinem
Kopf bedeuten sollten und das elfte Horn, das zuletzt
hervorbrach und vor dem drei andere weichen muss-
ten – Menschenaugen hatte es und ein Maul, das
großmächtig prahlte, und es sah größer aus als die
übrigen Hörner. 21 Ich hatte beobachtet, wie dieses
Horn mit dem heiligen Volk Gottes Krieg führte
und es unterwarf; 22 aber dann kam der Uralte, um
Gericht zu halten, und die Herrschaft wurde seinem
Volk, den Heiligen des höchsten Gottes, übergeben.

23 Auf meine Frage bekam ich zur Antwort: »Das
vierte Tier bedeutet ein viertes Reich, das anders
ist als alle vorhergehenden. Es wird alle Völker der
Erde zermalmen, verschlingen und zertreten. 24 Die
Hörner bedeuten, dass zehn Könige[a] in diesem Reich
regieren werden, dann aber kommt ein elfter König
an die Macht, der sich von allen seinen Vorgängern
unterscheidet.[b]

Drei Könige wird er vom Thron stoßen.[c] 25 Er wird
verächtlich über Gott, den Höchsten, reden und das
heilige Volk des höchsten Gottes unterdrücken. Er
wird versuchen, das Gesetz* Gottes und die heiligen
Feste abzuschaffen.

Ein Jahr und zwei Jahre und ein halbes Jahr wird
das Volk Gottes in seine Gewalt gegeben. 26 Dann
aber tritt das himmlische Gericht zusammen und
nimmt ihm seine Macht; er wird endgültig ver-
nichtet.

27 Darauf wird der höchste Gott die Herrschaft
über die Völker der ganzen Erde seinem heiligen
Volk übertragen.[d] Dessen Reich soll alle anderen Rei-
che ablösen und ihre Macht und Größe in sich verei-
nen. Gott aber behält die Herrschaft in alle Ewigkeit,
alle Mächtigen der Erde werden ihm dienen und
gehorchen müssen.«

28 Hier endete meine Vision. Ich, Daniel, war so
erschrocken, dass alle Farbe aus meinem Gesicht
wich; aber ich behielt im Gedächtnis, was ich
geschaut hatte.

Eine zweite Vision: Der Zweikampf zwischen Widder und Ziegenbock

8 Im dritten Regierungsjahr des Königs Belschaz-
zar hatte ich, Daniel, wieder eine Vision.[e] 2 In
der Vision sah ich mich in der Residenzstadt Susa[f]
in der Provinz Elam*, und zwar in der Nähe des
Ulai-Kanals.

3 Als ich genauer hinsah, stand da am Wasser ein
Widder mit zwei mächtigen Hörnern. Das eine Horn
war größer als das andere, obwohl es erst nach dem
anderen gewachsen war.[g] 4 Ich sah, wie der Widder
mit den Hörnern nach Westen, Norden und Süden
stieß. Kein anderes Tier konnte sich gegen ihn
behaupten, niemand konnte es mit ihm aufnehmen.
Darum durfte er sich alles erlauben und wurde
immer mächtiger.

5 Während ich den Widder beobachtete, kam
plötzlich ein Ziegenbock von Westen. Er flog nur
so über die Erde, ohne den Boden zu berühren;
zwischen den Augen trug er ein einziges, starkes
Horn. 6–7 Als er bei dem Widder am Wasser angekom-
men war, stürzte er sich wutentbrannt auf ihn. Der
Zorn gab ihm solche Kraft, dass er dem Widder beide
Hörner abbrach. Der Widder konnte ihm nicht
standhalten; da ihm niemand zu Hilfe kam, warf
der Bock ihn zu Boden und zertrampelte ihn.

8 Der Ziegenbock wurde immer mächtiger, aber
auf dem Höhepunkt seiner Macht brach sein großes
Horn ab. An seiner Stelle wuchsen vier kräftige Hör-
ner, jedes nach einer anderen Himmelsrichtung.
9 Aus einem von ihnen kam ein weiteres Horn[h] her-
vor, zunächst ganz klein, aber dann wuchs es gewal-
tig nach Osten und auch nach Süden zum Heiligen
Land hin.[i]

10 Dann wuchs es bis zum Heer des Himmels hin-
auf, es warf einige von dem Heer und von den Ster-
nen auf die Erde und zertrat sie. 11 Sogar bis zum
Herrn des Himmelsheeres[j] drang es vor; es nahm
ihm das tägliche Abend- und Morgenopfer* weg
und entweihte sein Heiligtum. 12 In frevelhafter Wei-
se setzte es einen anderen Opferdienst an die Stelle
des täglichen Opfers und warf so die Wahrheit zu
Boden. Alles, was es unternahm, gelang ihm.[k]

13 Da hörte ich zwei Engel miteinander reden. Der
eine fragte: »Wie lange soll das dauern, was in der
Vision zu sehen war, dass die täglichen Opfer unter-
bunden werden und das Heiligtum durch frevelhafte
Entweihung verödet? Wie lange darf er ungestraft
die Macht des Himmels herausfordern?«

14 Ich hörte den anderen Engel antworten: »Zwei-
tausenddreihundert Mal wird kein Abend- und Mor-
genopfer dargebracht. Erst dann wird die Ordnung
des Heiligtums wiederhergestellt.«

Die Deutung der Vision vom Widder und vom Ziegenbock

15 Während ich über den Sinn dieser Vision nachgrü-
belte, sah ich plötzlich jemand dastehen, der wie ein
Mann aussah. 16 Und ich hörte über dem Ulai-Kanal

a Die zehn Könige des vierten Reiches gehören offenbar zum Geschlecht der Seleuziden (siehe Sacherklärung und Anmerkung zu 2,39).
b Die Aussagen über den elften König passen auf Antiochus IV. Epiphanes, der in seinem Reich eine Einheitsreligion einführen wollte und deshalb die gesetzestreuen Juden verfolgte (siehe 8,11-12; 11,31-36 und Anmerkungen).
c Antiochus gelangte an die Macht, nachdem sein Bruder und Vorgänger Seleukus IV. ermordet und zwei Rivalen verdrängt worden waren.
d Nur andeutungsweise hat sich dies in jener Zeit erfüllt im Aufstand der Makkabäer; vgl. Anmerkung zu 2,44.
e Siehe 7,1-2 und Anmerkung zu 5,1.
f Vgl. Est 1,2 und Karte Seite 926.
g Ein Hinweis auf das Perserreich (siehe Vers 20). Die Vision bezieht sich auf denselben Zeitraum wie die von Kap 7.
h Siehe 7,8 und Anmerkungen zu 7,24. Vers 10 deutet auf die Religionspolitik Antiochus' IV. (Sterne = Götter; vgl. 11,37; 1 Makk 1,41-43); zu Vers 11 vgl. 11,31).
i Wörtlich *zu (dem Land/Ort) der Zierde/Schönheit hin.*
j D.h. bis zu Gott, dem *Herrn* der Götter. Der Seleuzidenkönig Antiochus IV., auf den hier hingedeutet wird, hat durch seine Religionspolitik in den Kult zahlreicher antiker Götter eingegriffen; zum Ende des Verses vgl. 1 Makk 1 und die Sacherklärung »Scheusal, entsetzliches«.
k Die Übersetzung der Verse 12 und 13 ist teilweise unsicher.

7,18 Offb 20,4.6; 22,5 **7,25** 11,31-36; 8,14 S **7,26** 11,45 **7,27** 7,18 S; 2,44 S **7,28** 8,27 **8,1** 7,1 S **8,2** Neh 1,1; Est 1,2 **8,9** 7,8; 1 Makk 1,10.17; 3,37 **8,10** 11,37 **8,11-12** 12,11 S **8,14** 7,25; 12,11 S

eine Stimme, die ihm zurief: »Gabriel*! Erkläre ihm, was er geschaut hat!«

17 Der Engel Gabriel trat auf mich zu und ich erschrak darüber so sehr, dass ich zu Boden stürzte. Er sagte zu mir: »Du Mensch, du hast geschaut, was in der letzten Zeit[a] geschehen wird.«

18 Während er das sagte, lag ich wie betäubt am Boden, mit dem Gesicht zur Erde. Der Engel fasste mich bei der Hand und richtete mich auf. 19 Dann sagte er: »Ich enthülle dir jetzt, was geschehen wird, wenn das Strafgericht Gottes seinen abschließenden Höhepunkt erreicht. Denn es geht bei dem, was du geschaut hast, um die Zeit, in der das Ende kommt.

20 Der Widder mit den beiden Hörnern ist das Reich der Meder und Perser, 21 der zottige Ziegenbock das Reich der Griechen. Das große Horn zwischen den Augen des Ziegenbocks ist der erste König des Griechenreiches. 22 Dass das Horn abbricht und an seiner Stelle vier andere Hörner nachwachsen, bedeutet: Aus dem einen Reich werden vier Reiche entstehen,[b] die jedoch nicht so mächtig sind wie das eine.

23 Wenn die Zeit dieser Reiche zu Ende geht und das Maß ihrer Untaten voll ist, wird ein anmaßender und hinterlistiger König auftreten. 24 Seine Macht wird groß sein, aber nicht durch eigene Kraft. Alles, was er unternimmt, wird ihm gelingen. Mächtige Gegner wird er vernichten, er wird aber auch gegen das heilige Volk Gottes vorgehen und unerhörte Zerstörungen anrichten.

25 Er wird dabei so geschickt vorgehen, dass er mit seinen Täuschungen Erfolg hat. Er wird überheblich werden und viele ahnungslose Menschen umbringen. Aber weil er sich gegen den höchsten Herrn erhebt, wird er ohne menschliches Zutun[c] vernichtet werden. 26 Auch was du über die Abend- und Morgenopfer* gehört hast, wird eintreffen.

Halte geheim, was du geschaut hast; denn es betrifft eine ferne Zukunft.«

27 Ich, Daniel, war ganz zerschlagen und lag tagelang krank. Als ich wieder aufstehen konnte, nahm ich meinen Dienst beim König wieder auf; aber meine Vision ließ mir keine Ruhe, denn ich konnte sie immer noch nicht begreifen.

Daniel bittet Gott um Erbarmen und Erleuchtung

9 1-2 Inzwischen war der Meder Darius, der Sohn von Xerxes, König über das Babylonische Reich geworden.[d] In seinem ersten Regierungsjahr dachte ich darüber nach, was wohl die siebzig Jahre bedeuten, von denen ich in den Heiligen Schriften gelesen hatte. So lange nämlich sollte – nach einem Wort des HERRN an den Propheten Jeremia – Jerusalem in Trümmern liegen. 3 Ich fastete* und setzte mich im Sack* in die Asche. Dann wandte ich mich im Gebet an den HERRN, meinen Gott. 4 Vor ihm legte ich ein Bekenntnis unserer gemeinsamen Schuld ab und sagte:

»Ach HERR, du großer und Ehrfurcht gebietender Gott! Du stehst in unerschütterlicher Treue zu deinem Bund* und zu denen, die dich lieben und nach deinen Geboten leben. 5 Wir sind schuldig geworden, wir haben dir die Treue gebrochen, wir haben uns gegen dich aufgelehnt und deine Gebote und Weisungen nicht befolgt. 6 Wir haben nicht auf die Warnungen deiner Diener, der Propheten*, gehört, die in deinem Auftrag unseren Königen und führenden Männern, den Sippenoberhäuptern und dem ganzen Volk ins Gewissen geredet haben.

7 Du, HERR, hast zu deinem Bund gestanden, du bist im Recht, wenn du uns so hart gestraft hast. Wir aber müssen beschämt vor dir stehen, die Leute von Juda und Jerusalem und alle Israeliten nah und fern, die du wegen ihres Treubruchs verstoßen und unter die Völker zerstreut hast.

8 Ja, HERR, wir sind voller Scham, wir, unsere Könige und führenden Männer und unsere Sippenoberhäupter; 9 du aber, HERR, unser Gott, bist voll Erbarmen! Wir brauchen deine Vergebung, denn wir sind dir ungehorsam gewesen! 10 Wir haben nicht auf dich, den HERRN, unseren Gott, gehört, als du uns durch deine Diener, die Propheten, gewarnt und auf den rechten Weg zurückgerufen hast.

11 Ganz Israel hat sich gegen dich aufgelehnt und deine Gebote missachtet. Deshalb traf uns der Fluch, mit dem im Gesetzbuch* deines Dieners Mose jeder bedroht wird, der dir nicht gehorcht. 12 Du hast Unheil über Jerusalem gebracht, das unter dem Himmel seinesgleichen sucht; aber du hast damit nur wahr gemacht, was du unseren Königen und führenden Männern für den Fall unseres Ungehorsams angedroht hattest.

13 Was im Gesetzbuch Moses angedroht war, ist alles eingetroffen; denn wir sind nicht umgekehrt von unseren falschen Wegen, um dich, den HERRN, unseren Gott, wieder gnädig zu stimmen, wir haben uns nicht nach deiner zuverlässigen Weisung gerichtet. 14 Deshalb hast du, HERR, das angedrohte Unheil über uns hereinbrechen lassen. Wir haben nicht auf dich gehört, darum bist du, unser Gott, im Recht mit allem, was du gegen uns getan hast.

15 HERR, wir sind schuldig, wir waren dir ungehorsam! Aber du, unser Gott, bist es doch, der sein Volk durch seine starke Hand aus Ägypten herausgeführt hat! In aller Welt hast du dir dadurch einen Namen gemacht. 16 Immer von neuem hast du in der Vergangenheit deine Treue an uns erwiesen. Sei auch nun nicht länger zornig über deine Stadt Jerusalem und über den Zion*, deinen heiligen Berg!

a Für Daniel liegen die Ereignisse der Makkabäerzeit in ferner Zukunft. Mt 24,15 zeigt, dass seine Prophetie auch darüber hinaus Gültigkeit behielt.
b Nur zwei haben größere Bedeutung erlangt (siehe Anmerkung zu 2,39). Die Verse 23-26 meinen wieder Antiochus IV.
c Über das Ende Antiochus' IV. gibt es verschiedene Berichte (1 Makk 6,1-16; 2 Makk 1,11-17; 9,1-29).
d Siehe 6,1 und Sacherklärung »Darius der Meder«. Zu den 70 Jahren siehe die Anmerkung zu Vers 24.

8,16 (Gabriel) 9,21; Lk 1,19.26 **8,17** 10,8-9; Ez 1,28bS; Offb 1,17 **8,21-22** 11,3-4 **8,23-25** 8,9S; 11,21-45 **8,26** 8,11; (geheim) 12,4 **8,27** 7,28 **9,1-2** Jer 25,11S **9,3** Jes 58,5S **9,4-19** Esra 9,5-15; Neh 9,6-37; Jes 59,9-15; Jer 14,7-9.19-22; Bar 1,15–3,8; Tob 3,2-5 **9,4b** Dtn 7,9S **9,9** Ex 34,6S **9,11.13** (Fluch) Lev 26,14-39; Dtn 28,15-68 **9,15** Ex 12,51; Jer 32,20-21

Durch unsere Schuld und die Schuld unserer Vor-
fahren ist es so weit gekommen, dass alle Völker
ringsum über deine Stadt Jerusalem und über dein
Volk spotten. 17 Darum, unser Gott, höre mein
Gebet, höre mein demütiges Bitten! Blicke wieder
freundlich auf dein verwüstetes Heiligtum, tu es
um deiner eigenen Ehre willen!

18 Mein Gott, wende dich mir zu und höre mich!
Sieh doch, wie elend wir dran sind und wie es um
die Stadt steht, die dein Eigentum ist.[a] Wir wissen,
dass wir es nicht verdient haben. Wir vertrauen
nicht auf unsere Leistungen, sondern allein auf dein
großes Erbarmen. 19 Höre mich, HERR! Vergib uns!
Sieh unser Elend und greif ein! Lass uns nicht länger
warten! Tu es um deiner Ehre willen; denn du hast
doch deine Stadt und dein Volk zu deinem Eigentum
erklärt!«

Der Engel deutet Daniel das Geheimnis der siebzig Jahre

20 Während ich so vor dem HERRN meine Schuld und
die Schuld meines Volkes bekannte und meinen Gott
für seinen heiligen Berg, den Ort seines Heiligtums,
anflehte, 21 kam schon der Engel Gabriel*, den ich
vorher in meiner Vision gesehen hatte, in schnellem
Flug auf mich zu. Es war um die Zeit des Abend-
opfers*.

22 Er öffnete mir das Verständnis für das Prophe-
tenwort, über das ich nachgedacht hatte, und sagte
zu mir: »Daniel, ich will dir helfen, den Sinn jenes
Wortes zu verstehen. 23 Als du zu beten begannst,
gab Gott mir eine Antwort für dich; denn er liebt
dich. Ich bin hier, um sie dir mitzuteilen. Gib gut
Acht auf das, was ich dir zu sagen habe, damit du
die Vision verstehst!

24 Nicht siebzig *Jahre,* sondern siebzig *Jahr-
wochen*[b] müssen nach Gottes Plan vergehen, bis er
das Schicksal deines Volkes und der Heiligen Stadt*
wendet. Dann erst ist die Auflehnung gebüßt und die
Schuld vergeben. Dann bringt Gott alles für immer in
Ordnung. Dann lässt er das Prophetenwort in Erfül-
lung gehen und der Tempel* wird von neuem
geweiht.

25 Gib Acht, damit du es verstehst: Von dem Zeit-
punkt an, als das Wort erging, dass Jerusalem wieder
aufgebaut werden soll, vergehen sieben Jahrwochen
bis zu dem Zeitpunkt, an dem in Jerusalem von
neuem ein Oberhaupt[c] durch Salbung* eingesetzt
wird. Dann wird Jerusalem 62 Jahrwochen hindurch
wieder aufgebaut und befestigt sein und dabei
schwere Zeiten erleben.

26 Nach Ablauf dieser Zeit wird ein Gesalbter getö-
tet werden;[d] die Stadt und der Tempel werden durch
das Heer eines fremden Herrschers verwüstet, über
das jedoch die Vernichtung wie eine Flut herein-
bricht; und bis zum Ende wird es Krieg und Verwüs-
tung geben, wie es in Gottes Plan vorgesehen ist.
27 Der fremde Herrscher wird mit der Mehrheit des
Volkes ein festes Abkommen treffen, das eine Jahr-
woche lang Bestand hat.[e] In der Mitte dieser Woche[f]
wird er den Opferdienst im Tempel unterbinden und
den Altar eines fremden Götzen dort aufstellen, bis
ihn selbst die Vernichtung trifft, die in Gottes Plan
für ihn vorgesehen ist.«

Daniel wird auf eine abschließende Offenbarung vorbereitet

10 Im dritten Regierungsjahr des Perserkönigs
Kyrus erhielt Daniel, der auch Beltschazzar
heißt, eine Botschaft von Gott. Was ihm darin offen-
bart wurde, ist wahr und betrifft eine Zeit großer
Not. Daniel suchte den Sinn der Botschaft zu verste-
hen und in einer Vision wurde ihm das Verständnis
eröffnet. Er berichtet:

2 Damals trauerte ich, Daniel, drei Wochen lang
über das Schicksal meines Volkes. 3 Ich aß die ganze
Zeit über kein Fleisch und keine wohlschmeckenden
Speisen, trank keinen Wein und pflegte mein Ge-
sicht und mein Haar nicht mit Öl.

4 Am 24. Tag des 1. Monats stand ich am Ufer des
Tigris 5 und als ich aufblickte, sah ich einen Mann
in einem leinenen Gewand mit goldenem Gürtel.
6 Sein Leib funkelte wie ein Edelstein, sein Gesicht
leuchtete wie der Blitz und seine Augen brannten
wie Flammen. Seine Arme und Beine glänzten wie
polierte Bronze und seine Stimme klang wie das
Rufen einer vielstimmigen Menschenmenge.

7 Nur ich allein sah diese Erscheinung; meine
Begleiter sahen nichts. Doch packte sie ein großer
Schrecken, sie liefen davon und versteckten sich.
8 Ich blieb allein zurück. Beim Anblick der gewalti-
gen Erscheinung verließ mich alle Kraft und das Blut
wich aus meinem Gesicht. 9 Der Mann begann zu
sprechen und kaum waren die ersten Worte an mein

»Am 24. Tag des 1. Monats stand ich am Ufer des Tigris.« Ein Bote Gottes kam zu Daniel, um ihm zu offenbaren, »was im Buch der Wahrheit geschrieben steht« (10,4.20-21). Im Bild der Tigris bei Bagdad, der 80 km nördlich des alten Babylon gelegenen Stadt.

a *die dein ...:* wörtlich *über der dein Name ausgerufen ist;* entsprechend in Vers 19.
b *Nicht siebzig Jahre ...:* wörtlich *Siebzig Wochen.* Eine Jahrwoche zählt sieben Jahre. Dem Propheten Jeremia war gesagt worden, dass das Gottesvolk 70 Jahre lang den Babyloniern unterworfen sein werde. Aber nach dem, was Daniel erfuhr, sollte das nach 538 n. Chr. heimgekehrte Volk unter neue Fremdherrschaft geraten. Deshalb sinnt Daniel über das Geheimnis der »70 Jahre« nach, und in der Antwort, die er erhält, wird ihm ein neuer Zeitpunkt für die Rettung des Gottesvolkes offenbart.
c 516 v. Chr. wurde Jeschua als Oberster Priester eingesetzt (Sach 3,1). Das getötete Oberhaupt in Vers 26 ist vielleicht der 170 v. Chr. ermordete Oberste Priester Onias III. (2 Makk 3,1; 4,7.33-35); der *fremde Herrscher* ist wieder Antiochus IV.; vgl. 11,31.
d Hier folgt noch *und er wird nicht haben;* was, wird nicht gesagt.
e Andere Übersetzungsmöglichkeit: *Der Bund wird sich für die Mehrheit des Volkes eine Jahrwoche lang als stark erweisen.*
f Vgl. die Zeitangaben in 7,25; 8,14; 12,7.

9,17 Ez 36,20-23 S **9,18** Dtn 9,4-6; Röm 3,23-24 **9,19** Jer 14,21 S **9,21** 8,16 S; Num 28,3-8 **9,24** 9,1-2; 1 Makk 4,36-59 **9,25** Sach 3,1; 4,14 **9,26** 2 Makk 3,1; 4,7.33-35 **9,27** 12,11 S **10,1** 1,7.21 **10,5** 8,15; 12,5-6; Ez 9,2 **10,7** Apg 9,7 **10,8-10** 8,17 S

Ohr gedrungen, da stürzte ich ohnmächtig zu Boden
und blieb mit dem Gesicht zur Erde liegen.
10 Sogleich griff eine Hand nach mir und zog mich
hoch, sodass ich mich auf die Knie aufrichten und
mit den Händen aufstützen konnte.
11 Der Mann sagte zu mir: »Gott liebt dich, Daniel!
Steh auf und gib Acht auf das, was ich dir zu sagen
habe. Gott hat mich zu dir gesandt.«
Zitternd stand ich auf 12 und er sagte zu mir: »Hab
keine Angst, Daniel! Du hast dich vor deinem Gott
gebeugt, um Einsicht in seinen verborgenen Plan
zu erlangen; und schon am ersten Tag, als du damit
begannst, hat er dein Gebet erhört. So lange bin ich
schon unterwegs; 13 aber der Engelfürst des Perserrei-
ches[a] trat mir in den Weg und hat mich 21 Tage lang
aufgehalten. Dann kam Michael*, einer der höchs-
ten Engelfürsten, mir zu Hilfe, sodass ich mich dort
losmachen konnte. 14 Nun bin ich hier, um dir zu
sagen, wie es deinem Volk am Ende der Zeit ergehen
wird. Denn auch diese Vision handelt von einer fer-
nen Zukunft.«
15 Als er das sagte, schlug ich die Augen zu Boden
und konnte kein Wort herausbringen. 16 Da berührte
er, der aussah wie ein Mensch, meine Lippen und
ich konnte wieder reden. Ich sagte zu ihm: »Mein
Herr! Als ich dich in meiner Vision erblickte,[b] über-
fielen mich heftige Schmerzen und nahmen mir alle
Kraft. 17 Wie kann ich kleiner Mensch mit einem so
mächtigen Engel* sprechen? Der Atem stockt mir
und alle Kraft hat mich verlassen.«
18 Da berührte er, der aussah wie ein Mensch,
mich noch einmal und stärkte mich. 19 Dann sagte
er zu mir: »Hab keine Angst! Gott liebt dich. Frieden
sei mit dir! Sei stark und mutig!«
Ich fühlte mich so gestärkt, dass ich sagte: »Rede
jetzt! Du hast mir die Kraft gegeben, dich anzuhören.«
20–21 Er erwiderte: »Weißt du nun, warum ich zu
dir gekommen bin? Ich will dir offenbaren, was im
Buch der Wahrheit geschrieben steht. Wenn ich dich
verlasse, muss ich wieder mit dem Engelfürsten des
Perserreiches kämpfen; und wenn ich den besiegt
habe, muss ich gegen den Engelfürsten der Grie-
chen antreten. Niemand steht mir gegen sie bei
außer Michael*, dem Engelfürsten eures Volkes,
11 1 so wie auch ich ihm beistand im ersten Regie-
rungsjahr des Mederkönigs Darius.«[c]

Prophetischer Gang durch die Geschichte: Alexander der Große und sein Ende

2 Der Engel sagte:[d] »Jetzt will ich dir mitteilen, was
mit Sicherheit künftig geschehen wird. Noch drei
Könige werden über Persien regieren; danach kommt
ein vierter,[e] der reicher sein wird als alle seine Vor-
gänger. Wenn er durch seinen Reichtum zu großer
Macht gelangt ist, wird er sie gegen das Königreich
der Griechen aufbieten. 3 Dann wird ein großer Held
König von Griechenland[f] werden. Er wird mit großer
Macht regieren und alle seine Pläne ausführen. 4 Aber
kaum hat er sein Ziel erreicht, so bricht sein Reich
wieder auseinander und zerfällt in vier Teile, nach
den vier Himmelsrichtungen. Keines der Teilreiche
erreicht die Macht, die er in seiner Hand vereinigt
hatte, und nicht seine Nachkommen herrschen dort,
sondern das Erbe fällt anderen zu; sein Königshaus
wird vollständig ausgelöscht.

Die Rivalität zwischen Ptolemäer- und Seleuzidenreich

5 Der König des südlichen Reiches wird mächtig sein;
aber einer seiner Fürsten wird ihn an Macht über-
treffen und im nördlichen Teil[g] ein eigenes großes
Reich begründen.[h]
6 Nach einiger Zeit werden die beiden Reiche sich
verbünden und zur Besiegelung des Bündnisses wird
der König des Südens dem König des Nordens seine
Tochter zur Frau geben.[i] Aber sie wird ihren Einfluss

Alexander der Große in der Schlacht bei Issus (333 v.Chr.)

a Die Auseinandersetzungen der Völker werden hier als Auseinandersetzungen ihrer führenden »Engel« gesehen (vgl. 10,20–11,1 und Sacherklärung »Engelfürst«).
b Der Text kann auch so verstanden werden, dass es sich in Vers 16a und Vers 18 um eine zweite Gestalt neben der von Vers 4-6 und Vers 16b (und 19) handelt; dann ist – wörtlicher – zu übersetzen: *Da berührte einer, der aussah ... Ich sagte zu dem, der mir gegenüberstand ... Als ich die Vision sah ...*
c Das bezieht sich nach 9,1-2 auf die Befreiung der Verbannten aus der Gewalt der Babylonier. Zu Darius dem Meder siehe Sacherklärung.
d Verdeutlichender Zusatz; ebenso in 12,1. Es spricht immer noch der *Mann* von 10,5-6.
e Die folgenden Verse blicken auf das Auftreten Alexanders d. Gr., sein Weltreich und dessen Zerfall.
f *von Griechenland:* verdeutlichender Zusatz.
g *im nördlichen Teil:* verdeutlichender Zusatz.
h Damit sind die Reiche der Ptolemäer in Ägypten und der Seleuziden in Syrien und Mesopotamien begründet.
i Der Seleuzide Antiochus II. heiratete 254 v. Chr. die Tochter Ptolemäus' II.; doch nach seinem Tod verfällt diese der Rache von Antiochus' erster Frau. Etwa gleichzeitig stirbt 246 v. Chr. Ptolemäus II. Dessen Sohn Ptolemäus III. will seine Schwester rächen und erobert Antiochia mit der Hafenstadt Seleuzia (Vers 7).

10,13 (Michael) 10,20-21; 12,1; Jud 9; Offb 12,7 **10,14** 8,17 **10,16** Jer 1,9 S **10,18** 8,18 **10,19** (liebt dich) 9,23 **10,20-21** 10,13 S **11,1** 9,1-2 **11,3-4** 8,21-22; 1 Makk 1,1-6

verlieren und das Bündnis wird keinen Bestand haben. Sie selbst wird sterben müssen und ebenso die beiden, die diese Verbindung gestiftet haben, ihr Vater und ihr Mann.

7 Anstelle ihres Vaters wird einer ihrer Brüder[a] König werden. Er wird den König des Nordens angreifen, sein Heer besiegen und seine Hauptstadt erobern und ausplündern. 8 Die Götterbilder samt ihren kostbaren Geräten aus Silber und Gold wird er nach Ägypten mitnehmen, doch sonst nichts gegen den König des Nordens unternehmen. Nach einigen Jahren 9 wird der König des Nordens in das südliche Reich einfallen, aber dann wieder heimkehren.

10 Doch seine Söhne werden sich zum Krieg rüsten und große Truppenmassen zusammenbringen. Einer von ihnen[b] wird mit seinem Heer wie eine Sturmflut über den Gegner hereinbrechen und nachdem er seine Truppenmacht noch einmal verstärkt hat, wird er bis vor die befestigte Stadt kommen, die dem Südkönig gehört.

11 Da wird der König des Südens voller Wut gegen den König des Nordens in den Kampf ziehen und ihn trotz seiner Übermacht besiegen. 12 Von den feindlichen Kriegsleuten werden Zehntausende den Tod finden.

Dieser Sieg wird den König des Südens stolz und selbstsicher machen; aber er wird seine Überlegenheit nicht halten können. 13 Denn nach einigen Jahren wird der König des Nordens ein noch größeres Heer aufstellen und ihn angreifen.

14 Zu dieser Zeit werden sich viele gegen den König des Südens auflehnen. Sogar aus deinem eigenen Volk werden gewalttätige Leute sich gegen ihn erheben und damit eine Vision erfüllen; aber sie werden scheitern. 15 Der König des Nordens wird gegen eine stark befestigte Stadt anrücken, einen Wall aufschütten und sie belagern. Er wird sie einnehmen; das Heer des Südens wird nicht standhalten können, selbst die Elitetruppen sind nicht stark genug, um ihm zu widerstehen. 16 Der König des Nordens kann tun, was ihm gefällt, weil er nirgends mehr auf Widerstand trifft; er wird auch in das Heilige Land[c] eindringen und dort Verwüstungen anrichten.

17 Er wird den Plan fassen, sich mit dem Reich des Südens zu verbünden, um es in seine Gewalt zu bekommen. Zu diesem Zweck wird er dem König des Südens eine seiner Töchter zur Frau geben; aber er wird sein Ziel nicht erreichen. 18 Dann wird er sich den Inseln zuwenden und viele erobern; aber ein fremder Heerführer wird ihm entgegentreten und ihm seinen Übermut austreiben. 19 Darauf wird er die Städte seines eigenen Landes ausplündern müssen und dabei den Untergang finden.[d]

20 Sein Nachfolger[e] wird einen Steuereintreiber in das Heilige Land[f] schicken; aber nach kurzer Zeit wird er getötet werden, nicht im Krieg, sondern auf hinterhältige Weise.

Antiochus Epiphanes, der Feind des Gottesvolkes

21 Seinen Platz wird ein niederträchtiger Mensch einnehmen. Er hat keinen Anspruch auf das Königtum, aber er reißt es durch Intrigen an sich.[g] 22 Alle Heere, die in sein Land einfallen wollen, vernichtet er.

Auch ein Oberhaupt des Gottesvolkes[h] findet durch ihn den Untergang.[i] 23 Es hat seine Freundschaft gesucht, aber er hintergeht es, zieht gegen die Heilige Stadt und bringt sie in seine Gewalt, obwohl er nur eine kleine Truppe bei sich hat.

24 Unversehens fällt er in wohlhabende Landstriche ein, raubt sie aus und verteilt die Beute verschwenderisch unter seine Gefolgsleute. Keiner seiner Vorgänger hat je so etwas getan. Seine Pläne richten sich auch gegen die befestigten Städte. Aber das dauert nur eine Zeit lang.

25 Dann nimmt er alle seine Kraft zusammen und zieht mit einem großen Heer gegen den König des Südens,[j] der ein noch größeres Heer gegen ihn aufgestellt hat. Der König des Südens hat kein Glück, denn es werden Intrigen gegen ihn gesponnen. 26 Seine eigenen Vertrauten stürzen ihn; sein Heer zerstreut sich und viele finden den Tod.

27 Darauf verhandeln die beiden Könige miteinander, sie sitzen am selben Tisch, aber sie meinen es nicht ehrlich. Ihre Pläne gelingen nicht, weil die Zeit für das Ende noch nicht reif ist. 28 Der König des Nordens kehrt mit reicher Beute in sein Land zurück. Auf dem Weg dorthin aber führt er aus, was er sich gegen das Gottesvolk und seinen Glauben[k] vorgenommen hat.

29 Nach einer von Gott bestimmten Zeit zieht er von neuem mit einem Heer gegen das Reich des Südens; aber diesmal wird es nicht so enden wie beim ersten Mal. 30 Von Westen her treffen Schiffe ein und zwingen ihn durch Drohungen zur Umkehr. Darauf lässt er seinen Zorn am Gottesvolk und seinem Glauben aus.

Er verbündet sich mit denen im Volk, die ihrem Gott untreu geworden sind, 31 und schickt seine Truppen. Diese werden das Heiligtum[l] entweihen, die täglichen Opfer abschaffen und das entsetzliche Scheusal* dort aufstellen. 32 Er bringt die Menschen, die es mit dem Bund* Gottes und seinem Gesetz* nicht ernst nehmen, mit List und Tücke so weit, dass sie ihren Glauben preisgeben; aber die anderen, die ihrem Gott treu sind, bleiben fest und halten sich weiter an Gottes Gesetz.

33 Einsichtige Männer aus dem Volk werden viele auf den rechten Weg weisen. Dafür werden sie eine Zeit lang mit Feuer und Schwert verfolgt; man ver-

a Wörtlich *ein Spross aus ihren Wurzeln.*
b Antiochus III. unternahm verschiedene Feldzüge gegen Ägypten; 219 v. Chr. eroberte er die Hafenstadt Seleuzia bei Antiochia (vielleicht die »befestigte Stadt«) zurück, erlitt aber 217 v. Chr. bei Raphia eine empfindliche Niederlage (Vers 11). 200 v. Chr. besiegte er die Ägypter an den Jordanquellen und schloss sie 198 in der Stadt Sidon ein (Verse 13 und 15). Ein Teil der Juden hatte sich auf seine Seite geschlagen, aber sie wurden nicht dafür belohnt (Vers 14).
c wörtlich *das Land der Zierde;* ebenso in Vers 41 (vgl. 8,9).
d Antiochus III. betrieb eine ausgedehnte Heiratspolitik, wurde aber von den Römern um 190 v. Chr. in die Schranken gewiesen und fand bei einer Tempelplünderung in Elam 187 v. Chr. den Tod.
e Seleukus IV. Er schickte Heliodor nach Judäa (vgl. 2 Makk 3); später wurde er Opfer einer Verschwörung.
f *in das …:* wörtlich *in den Schmuck des Reiches.*
g Gemeint ist Antiochius IV. Epiphanes; vgl. Anmerkungen zu 7,24.
h *ein Oberhaupt …:* wörtlich *ein Fürst des Bundes*.*
i Vgl. Anmerkung zu 9,25.
j Die Verse 25-29 blicken auf zwei Feldzüge gegen Ptolemäus VI.; beim zweiten Mal wird Antiochus durch den römischen Legaten Popilius Laenas zur Umkehr gezwungen (Vers 30). Vgl. 1 Makk 1,17-64.
k *seinen Glauben:* wörtlich *den heiligen Bund*;* ebenso in Vers 30.
l Hier folgt noch *die Festung,* was keinen erkennbaren Sinn ergibt. (Zur späteren Befestigung des Tempelbezirks vgl. 1 Makk 4,60.)

11,6 2,43 **11,16** 8,9 S **11,17** 2,43 **11,20** 2 Makk 3,7-40 **11,21** 7,24; 8,23; 2 Makk 4,7; 1 Makk 1,10 **11,22b** 9,26 S **11,25-28** 1 Makk 1,16-24 **11,29-35** 8,24-25; 1 Makk 1,29-64 **11,31** 12,11 S **11,33** 12,3; 2 Makk 6,18–7,41

haftet sie und plündert ihren Besitz. 34 Während der Verfolgungszeit erfahren sie von gewisser Seite ein wenig Hilfe,[a] aber viele andere schließen sich ihnen nur dem Schein nach an. 35 Auch von ihnen selbst kommen einige zu Fall; denn das Volk Gottes muss geprüft werden, damit es am Ende rein und geläutert dasteht. Und noch ist das Ende nicht da.

36 Der König aber wird schalten und walten, wie er will. Er wird sich einbilden, er sei mächtiger als alle Götter; sogar über den höchsten Gott wird er verächtlich reden. Aber das kann er nur, solange Gott es im Zorn über sein Volk zulässt; denn es geschieht alles genau nach Gottes festem Plan.

37 Dieser König missachtet selbst die Götter,[b] die seine Vorfahren verehrten, auch den Lieblingsgott der Frauen[c] – jeden Gott ohne Ausnahme verachtet er, über jeden erhebt er sich. 38 Stattdessen verehrt er den Gott der Festungen, den seine Vorfahren noch nicht gekannt haben;[d] er wird ihm Gold, Silber, Edelsteine und andere Kostbarkeiten zum Geschenk machen. 39 Mithilfe dieses fremden Gottes wird er starke Festungen zu Fall bringen. Wer seinen Gott verehrt, den überhäuft er mit Ehren und gibt ihm Land und Herrschaft über viele Menschen.

40 Dann aber, wenn das Ende kommt,[e] wird der König des Südens ihn angreifen und der König des Nordens wird zurückschlagen mit Streitwagen* und Reitern und zahlreichen Schiffen. Er wird nach Süden vordringen, unaufhaltsam wie die Flut. 41 Das Heilige Land bringt er in seine Gewalt und von dessen Bewohnern werden Zehntausende° umkommen; aber die Edomiter* und Moabiter* und der Großteil der Ammoniter* werden verschont.

42–43 Auch Ägypten kann sich nicht vor seinem Zugriff retten; sein Gold und Silber und alle seine Schätze fallen ihm in die Hand. Selbst Libyen und Äthiopien* werden sich ihm unterwerfen. 44 Dann aber hört er, dass Feinde von Osten und Norden in sein Land eingefallen sind, und er wird wutentbrannt umkehren, um sie zu vernichten.

45 Aber wenn er gerade seine prächtigen Zelte zwischen dem Meer und dem Berg Zion[f] aufgeschlagen hat, wird ihn das Ende ereilen und niemand kann ihn retten.«

Michaels Eingreifen und die Auferstehung der Toten

12 »Zu jener Zeit«, sagte der Engel, »wird der große Engelfürst Michael* eingreifen und für dein Volk kämpfen. Es wird eine Zeit der Not und Bedrängnis sein, wie es sie seit Menschengedenken nicht gegeben hat. Aber dein Volk wird gerettet werden, alle, deren Namen im Buch Gottes geschrieben stehen.

2 Viele, die in der Erde schlafen, werden erwachen,[g] die einen zu ewigem Leben, die andern zu ewiger Schmach und Schande. 3 Die Einsichtigen werden leuchten wie der taghelle Himmel, und alle, die anderen den rechten Weg gezeigt haben, werden glänzen wie die Sterne für ewige Zeiten.«

4 Dann sagte er noch zu mir: »Halte geheim, was ich dir jetzt gesagt habe; schreibe es auf und versiegle das Buch, damit es in der letzten Zeit geöffnet wird! Viele werden ratlos umherirren; aber in diesem Buch wird Rat zu finden sein.«

Über den Zeitpunkt des Endes

5 In diesem Augenblick sah ich zwei weitere Männer, einen auf dieser, einen auf jener Seite des Tigrisstromes. 6 Der eine fragte den Mann in dem leinenen Gewand, der über dem Wasser des Stromes war: »Wie lange wird es dauern, bis diese erstaunlichen Ereignisse an ihr Ende gekommen sind?«

7 Der Mann über dem Wasser erhob beide Hände zum Himmel und schwor bei Gott, der ewig lebt: »Es dauert ein Jahr, zwei Jahre und ein halbes Jahr.[h] Wenn die Leiden von Gottes heiligem Volk ein Ende haben,[i] dann wird dies alles vollendet werden.«

8 Ich hörte seine Worte, konnte sie aber nicht begreifen. Deshalb fragte ich: »Mein Herr, wie wird das Ende aussehen?«

9 Er sagte: »Geh jetzt, Daniel! Was ich dir gesagt habe, soll bis zur letzten Zeit geheim und versiegelt bleiben. 10 Viele werden von Gott geprüft werden, damit Gottes Volk am Ende rein und geläutert dasteht; und die Treulosen, die sich von Gott abgewandt haben, werden bis zuletzt auf ihrer Untreue beharren. Sie werden nicht verstehen können, was ich dir offenbart habe, aber die Einsichtigen werden es verstehen.

11 Von dem Zeitpunkt an, wenn die täglichen Opfer unterbunden werden und das entsetzliche Scheusal* aufgestellt wird, dauert es 1290 Tage. 12 Freuen dürfen sich alle, die geduldig ausharren, bis 1335 Tage vergangen sind![j]

13 Du aber geh jetzt und leg dich zur Ruhe! Am Ende der Zeit wirst du auferstehen.[k] Dann wird dir das Leben zuteil, das Gott für alle bestimmt hat, die ihm treu geblieben sind.«[l]

a Der Aufstand der Makkabäer (1 Makk 2–4) wird hier sehr zurückhaltend bewertet.
b Andere Übersetzungsmöglichkeit: *den Gott …*
c Wahrscheinlich Tammus; siehe Sacherklärung.
d Diese Aussage lässt sich nicht sicher deuten.
e In prophetisch verkürzter Perspektive wird im Folgenden mit dem bevorstehenden Ende der Weltgeschichte gerechnet. Dem Ende geht eine letzte Eskalation von Gewalt und Unrecht voraus, der Gott selbst ein Ende machen wird (Vers 45; vgl. Jes 14,25; Ez 39,4 sowie die Einführung Seite 917).
f Wörtlich *Berg der heiligen Zierde.*
g Siehe Sacherklärung »auferstehen«.
h Also insgesamt dreieinhalb Jahre. In wechselnden Formen wird immer wieder diese Zeitspanne genannt; vgl. 7,25; 8,14; 9,27; 12,11. Die entsprechende Zeitangabe begegnet im Neuen Testament wieder als das Maß der letzten Verfolgungszeit (Offb 11,2 und Vergleichsstellen).
i Wörtlich *Wenn die Zerstörung der Hand* (= der Macht oder des Gebietes?) *des heiligen Volkes ein Ende hat.*
j Die Differenz in der Anzahl der Tage zeigt die Unsicherheit genauer Berechnung. Geduld und Standhaftigkeit sind gefordert.
k Vgl. Vers 2 und Sacherklärung »auferstehen«.
l G überliefert im Zusammenhang mit dem Danielbuch noch die Erzählungen von Daniel und Susanna, Daniel und Bel, Daniel und dem Drachen. Sie finden sich in Ausgaben dieser Bibelübersetzung mit den »Spätschriften des Alten Testaments« unter den *Zusätzen zum Buch Daniel* (Kap B–C).

11,34 1 Makk 2,1–4,61 **11,36** 7,8.25 **11,37** (Lieblingsgott) Ez 8,14 **11,45** 7,26 **12,1** 10,13 S; Mal 3,16 S; Mk 13,19 par **12,2** 12,13; Jes 26,19 S; 66,22-24; 2 Makk 7,9.14.36; 12,43-45; Weish 2,23–3,8; Mt 25,46 S **12,3** 11,33; Mt 13,43 **12,4** 8,26; Offb 22,10 **12,5-6** 10,5-6 **12,6** 8,13; Mk 13,3 par **12,7** 8,14 S; Offb 11,2 S **12,10** 11,35; Offb 22,11 **12,11** 8,11-14; 9,27; 11,31; Mk 13,14 par **12,13** 12,2 S

HOSEA

Hosea stammte aus dem Nordreich Israel, in dem er zwischen 750 und 722 v. Chr. als Prophet wirkte. Er hielt den führenden Kreisen in der Hauptstadt Samaria und am Reichsheiligtum in Bet-El vor, dass sie den Herrn, ihren Gott, verlassen hatten und die kanaanitischen Fruchtbarkeitsgötter verehrten (siehe Sacherklärung »Baal«). Für diese Abkehr von Gott benutzte er das kühne Bild des Ehebruchs. Die Strafe besteht darin, dass Gott sein treuloses Volk dem Verderben überlässt, das es durch eine eigenmächtige Politik selbst herbeigeführt hat (7,3-13). Trotzdem gibt es noch Hoffnung: Nachdem das Volk durch die Strafe geläutert ist, wird es wieder von seinem Gott angenommen (2,16-25). So verkündet der Prophet in einer Zeit des Ungehorsams, dass Gott sein Volk trotz allem liebt. Gott bringt es nicht über sich, sein einmal erwähltes Volk zu verstoßen, trotz aller Schuld, die Israel auf sich lädt (Kapitel 11).
Dieses Geschehen zwischen Gott und seinem Volk muss vom Propheten in seinem persönlichen Schicksal dargestellt werden. Wie andere Propheten ihre Ankündigungen durch zeichenhafte Handlungen unterstreichen (z. B. Jeremia 19 und 28; Ezechiël 45), so wird bei Hosea die eigene Ehe zu einem Stück seiner Botschaft (Kapitel 1 und 3). Solche prophetischen Zeichen sind nach der Auffassung des Alten Testaments mehr als bloße Bilder: Sie verbürgen die Wahrheit des verkündeten Wortes und bringen durch symbolische Vorwegnahme das Geschehen von Gott her in Gang.

Inhaltsübersicht

Buchüberschrift

1 In diesem Buch steht, was der Herr durch Hosea,
den Sohn von Beeri, verkünden ließ. Das Wort
des Herrn erging an Hosea während der Zeit, als
in Juda nacheinander die Könige Usija, Jotam, Ahas
und Hiskija regierten, während in Israel Jerobeam,
der Sohn von Joasch, König war.

ISRAEL HAT SEINEM GOTT DIE TREUE GEBROCHEN
(1,2–3,5)

Hoseas Kinder als leibhaftige Gerichtspredigt

2 Als der Herr zum ersten Mal zu Hosea sprach, sagte
er: »Heirate eine Hure und zeuge mit ihr Hurenkinder![a] Denn das ganze Land ist mir untreu geworden
und läuft wie eine Hure fremden Göttern nach.«
3 Hosea ging und heiratete Gomer, die Tochter
Diblajims. Sie wurde schwanger und gebar ihm
einen Sohn.

a *Hurenkinder* charakterisiert die Abstammung, nicht die Wesensart der Kinder.

Hoseas Ehe wird zum Gleichnis für seine Botschaft: Er muss eine Frau mit zweifelhaftem Lebenswandel heiraten, um den Israeliten ihre eigene Untreue Gott gegenüber vor Augen zu führen. Die Kinder aus dieser Ehe bekommen Namen, in denen sich das bevorstehende Strafgericht ankündigt (1,2-9).

1,1 Am 1,1S **1,2** 2,4-10; 3,1; 4,11-14; 5,3-4.7; Jer 2,20S

4 Da sagte der HERR zu Hosea: »Gib ihm den
Namen Jesreel![a] Denn es dauert nicht mehr lange,
bis ich das Blutbad, das König Jehu in Jesreel ange-
richtet hat, an seinen Nachkommen räche und
dem Königtum in Israel[b] ein Ende mache. 5 Eben
dort, in der Ebene Jesreel, werde ich an jenem Tag
das Heer Israels völlig vernichten.«

6 Gomer wurde zum zweiten Mal schwanger und
gebar eine Tochter.

Da sagte der HERR zu Hosea: »Gib ihr den Namen
›Kein Erbarmen‹; denn ich habe jetzt kein Erbarmen
mehr mit den Leuten von Israel; ich vergebe ihnen
ihre Schuld nicht mehr. 7 Doch mit den Leuten von
Juda werde ich Erbarmen haben und ihnen helfen,
denn ich bin der HERR, ihr Gott; aber ich helfe ihnen
nicht mit Kriegswaffen, Rossen und Reitern.«[c]

8 Als Gomer ihre Tochter ›Kein Erbarmen‹ nicht
mehr stillte, wurde sie zum dritten Mal schwanger
und gebar einen Sohn.

9 Der HERR sagte: »Gib ihm den Namen ›Nicht
mein Volk‹! Denn ihr seid nicht mehr mein Volk
und ich bin nicht mehr für euch da.«[d]

Israels Wiederannahme nach dem Gericht

2 Die Israeliten werden einmal so zahlreich
werden wie der Sand am Meer, der sich weder
zählen noch mit dem Hohlmaß messen lässt. Sie,
zu denen der HERR gesagt hatte: »Ihr seid nicht mein
Volk«, werden dann ›Söhne des lebendigen Gottes‹
genannt werden.

2 Die Leute von Juda und die Leute von Israel
werden aus dem ganzen Land zusammenkommen
und sich ein gemeinsames Oberhaupt wählen. Sie
werden das Land bedecken wie Gras, das aus dem
Boden sprießt. Das wird ein großer Tag sein, wenn
geschieht, was der Name Jesreel bedeutet: »Gott
sät«.[e]

3 Sagt zu euren Brüdern »Mein Volk!« und zu
euren Schwestern »Es gibt Erbarmen!«

Gott zieht das treulose Israel zur Rechenschaft

4 »Erhebt Anklage gegen eure Mutter Israel!«, sagt
der HERR. »Klagt sie an! Denn sie hat so gehandelt,
dass sie nicht mehr meine Frau sein kann und ich
nicht mehr ihr Mann. Sie soll die Zeichen ihrer Hure-
rei* aus ihrem Gesicht und von ihrer Brust ent-
fernen,[f] alles, was daran erinnert, dass sie mir die
Treue gebrochen hat. 5 Sonst werde ich ihr alle Klei-
der nehmen, sodass sie nackt und bloß ist wie am Tag
ihrer Geburt. Ich mache sie zu einer Wüste, zum
wasserlosen Land; ich lasse sie verdursten.

6 Mit ihren Kindern habe ich kein Erbarmen, weil
sie Kinder einer Hure sind. 7 Ihre Mutter hat es mit
anderen Männern getrieben und gesagt: ›Ich laufe
meinen Liebhabern nach. Sie geben mir, was ich
brauche: Brot und Wasser, Wolle und Flachs, Öl
und Wein.‹

8 Darum versperre ich ihr den Weg mit Dornenge-
strüpp und verbaue ihn mit einer Mauer. 9 Wenn sie
dann ihren Liebhabern nachläuft, kann sie sie nicht
erreichen; sie sucht sie, aber kann sie nicht finden.
Dann wird sie sagen: ›Ich will zu meinem ersten
Mann zurückkehren. Bei ihm ging es mir besser!‹
10 Sie wollte nicht wahrhaben, dass ich es gewesen
bin, der ihr Korn, Wein und Öl gab. Mit Silber und
Gold habe ich sie überhäuft – und sie hat es zu ihrem
Baal* getragen!

11 Darum nehme ich mein Korn und meinen Wein
wieder an mich, gerade dann, wenn sie die Ernte ein-
bringen will. Ich nehme ihr meine Wolle und mei-
nen Flachs, sodass sie nichts mehr anzuziehen
hat.[g] 12 Ich stelle sie nackt vor ihren Liebhabern an
den Pranger und keiner von ihnen kann sie aus mei-
ner Hand befreien.

13 Ich mache all ihren Freudenfesten ein Ende, den
Feiern am Neumond* und am Sabbat* und den gro-
ßen Festen im Jahreslauf. 14 Ich vernichte ihre Wein-
stöcke und Feigenbäume, von denen sie sagte: ›Das
ist der Lohn, den mir meine Liebhaber gegeben
haben!‹ Die Pflanzungen lasse ich verwildern; was
noch wächst, wird vom Wild abgefressen.

15 So bestrafe ich sie dafür, dass sie ihren Liebha-
bern, den Baalen, nachgelaufen ist, dass sie ihnen
Opfer* dargebracht und sich für sie mit Ohrringen
und Halsketten geschmückt hat – und mich hat sie
vergessen! Das sage ich, der HERR.«

Gottes Treue überwindet Israels Untreue

16 »Dann aber[h] will ich selbst sie umwerben. Ich wer-
de sie in die Wüste bringen und ihr zu Herzen reden.
17 Dort wird sie meine Liebe erwidern wie damals, als
sie jung war, als sie aus Ägypten kam. Danach werde
ich sie zurückbringen und ihr die Weinberge wieder-
geben, und das Achortal, das ›Unglückstal‹,[i] soll zu
einem Tor der Hoffnung werden.

18 Wenn das geschieht, wirst du mich deinen
Mann nennen – sagt der HERR zu Israel – und nicht
mehr deinen Baal.[j] 19 Ich werde dich dazu bringen,
dass du das Wort Baal nie mehr in den Mund
nimmst. 20 Und ich werde mit dem Wild, den Vögeln
und allen anderen Tieren eine Übereinkunft treffen,
dass sie dir keinen Schaden mehr tun. Ich zerbreche
alle Kriegswaffen und entferne sie aus deinem Land,
sodass du in Frieden und Sicherheit leben kannst.[k]
21 Ich schließe die Ehe mit dir für alle Zeiten; mein
Brautgeschenk für dich sind meine Hilfe und mein
Schutz, meine Liebe, mein Erbarmen 22 und meine

a Ähnlich wie bei Jesaja (8,1-3; 7,3) sind die Namen der Kinder Hoseas ein Bestandteil seiner Gerichtsbotschaft. Der Name *Jesreel* erinnert an die Umstände, unter denen König Jehu, der Urgroßvater Jerobeams II., an die Macht gekommen war (2 Kön 9–10; bes. 10,11).
b Im ganzen Buch Hosea ist mit *Israel* (siehe Sacherklärung) immer das Nordreich gemeint, das häufig nach dem größten Stamm auch *Efraïm* genannt wird.
c Siehe zu diesem Vorbehalt die Vergleichsstellen. So geschah es 701 v. Chr.; (2 Kön 19,32-37).
d *ich bin … für euch da:* Anspielung auf die Deutung des Gottesnamens in Ex 3,14.
e *Das wird …:* wörtlich *Groß ist der Tag von Jesreel.* Damit wird die Umkehrung von 1,4-5 angekündigt.
f Wahrscheinlich handelt es sich um Amulette, die im Zusammenhang mit der Verehrung anderer Götter stehen. Die »Liebhaber« (Vers 7) sind die Baale (siehe Sacherklärung; Mehrzahl wegen der vielen Kultbilder).
g Gott stellt – durch Natur- und Feindeinwirkungen (vgl. Vers 20) – klar, von wem die Gaben der Natur kommen.
h Überraschend kommt die Wende, aber nicht unmotiviert (siehe 11,8).
i Vgl. Jos 7 und Sacherklärung »Achortal«.
j Baal bedeutet »Herr, Besitzer«; es ist gleichzeitig Name des kanaanitischen Hauptgottes und die übliche Bezeichnung für »Ehemann«. Siehe weiter die Sacherklärung »Baal«.
k Die Umkehrung der Verse 11-14.

1,4 2 Kön 9,14–10,17; 17,3-6 **1,7** (nicht mit Waffen) Jes 31,1 S; Mi 5,9; Sach 4,6; 2 Kön 19,32-37; Spr 21,31 **1,9** Ex 3,14; Jer 7,23 S; Hos 2,25 **2,1** Gen 12,2 S; Röm 9,26 **2,2** Jer 3,18 S; Hos 1,4; 2,23-24 **2,3** 1,9.6 **2,4** 1,2 S **2,5** Ez 16,4-5; 23,29 **2,7** Jer 44,17-18 **2,9** Lk 15,17-18 **2,10** Dtn 7,12-13; Ez 16,17.19 **2,12** Ez 16,36-37 **2,13** Am 8,10 **2,16-17** 11,1-3; 12,10; 13,4-5; Jer 31,2-4 **2,17** Jos 7,26 S **2,20** Jes 11,6-9 S; 2,4 S **2,21** Jes 54,5-6

unwandelbare Treue. Du wirst erkennen, wer ich
bin – ich, der HERR.
23 Zu jener Zeit – sagt der HERR – werde ich die Bit-
ten des Himmels erhören und der Himmel die Bitten
der Erde. 24 Die Erde wird die Bitten von Korn, Wein
und Öl erhören und Korn, Wein und Öl die Bitten
von Jesreel.[a]
25 Ich will dich, Israel, wieder in dein Land ein-
säen. War dein Name zuvor ›Kein Erbarmen‹, so
werde ich mich jetzt über dich erbarmen. Warst du
zuvor ›Nicht mein Volk‹, so sage ich jetzt zu dir:
›Du bist mein Volk‹, und du antwortest: ›Du bist
mein Gott!‹«

Hosea veranschaulicht Gottes Gericht über Israel

3 Der HERR befahl mir: »Nimm dir nochmals eine
Frau und liebe sie[b] – eine Frau, die einen an-
deren Mann liebt und wegen Ehebruch verstoßen
ist! Denn genauso liebe ich die Leute von Israel,
obwohl sie sich anderen Göttern zuwenden und
Presskuchen aus Rosinen lieben.«[c]
2 Ich kaufte die Frau um fünfzehn Silberstücke*
und sechs Zentner Gerste[d] 3 und sagte zu ihr: »Für
eine lange Zeit wirst du jetzt im Haus bleiben und
dich mit keinem Mann einlassen und auch ich werde
nicht mit dir verkehren.«
4 Genauso wird es den Leuten von Israel ergehen:
Sie werden lange Zeit keinen König und keine füh-
renden Männer haben, keine Opferstätten, keine
geweihten Steinmale* und keine Orakel.[e] 5 Zuletzt
aber werden sie umkehren, sie werden sich dem
HERRN, ihrem Gott, zuwenden und ihrem König
aus der Nachkommenschaft Davids. Sie werden
dem HERRN voll Ehrfurcht dienen und alles Gute
allein von ihm erwarten. So geschieht es am Ende
der Zeit.

GERICHTSWORTE GEGEN ISRAEL UND SEINE FÜHRER
(Kapitel 4–10)

Die Priester als die Hauptschuldigen

4 Hört das Wort des HERRN, ihr Leute von Israel!
Der HERR erhebt Anklage gegen die Bewohner
des Landes, denn nirgends gibt es noch Treue und

a Der Name der Ebene *Jesreel* steht hier für das ähnlich klingende »Israel«; er klingt im folgenden Vers in *einsäen* an; vgl. 2,2.
b Wörtlich *Geh nochmals, liebe eine Frau.*
c Der Genuss von getrockneten Weinbeeren, die zu »Kuchen« zusammengepresst wurden, gehörte offenbar zum landesüblichen Baalskult.
d Hebräische Maßangabe *1 Homer und 1 Letech* (Letech = halbes Homer); 1 Homer = 10 Efa*.
e *keine Orakel:* wörtlich *weder Efod noch Terafim,* das sind Geräte, mit deren Hilfe in einer Art Losverfahren der Wille Gottes erfragt wurde (siehe Sacherklärung »Priesterschurz (2)«).

Religion und Sexualität waren unter den Völkern in Israels Nachbarschaft aufs Engste verbunden. Die Fruchtbarkeit des Landes sah man als Folge der stetig sich erneuernden »Hochzeit« von Himmel und Erde (Himmelsvater und Erdmutter), die sich im kultischen Geschehen sinnbildhaft-real vollzog: In der Vereinigung des Priesters als Vertreter des Gottes mit einer ›Geweihten‹ als Vertreterin der Göttin. Seit die Israeliten im Land Kanaan sesshaft geworden waren, standen sie in Versuchung, die religiösen Bräuche der früheren Landesbewohner nachzuahmen. Hosea kämpft leidenschaftlich gegen diese Verwechslung von Gottesdienst und Götzendienst (4,14). Im Bild die Göttin Ischtar (Astarte) in ihrem Tempel.

2,22 Jer 31,34 **2,25** 1,3-9; Röm 9,25; 1 Petr 2,10 **3,1** 1,2S **3,5** (König) Jer 23,5S

Liebe, niemand kennt Gott und seinen Willen. 2 Sie missbrauchen den Gottesnamen,[a] um andere zu verfluchen; sie verdrehen die Wahrheit, sie morden, stehlen, brechen die Ehe; ein Verbrechen reiht sich ans andere. 3 Deshalb vertrocknet das Land und seine Bewohner verdursten, auch die Tiere des Feldes und die Vögel; sogar die Fische verenden.

4 »Aber nicht das Volk soll man dafür zur Rechenschaft ziehen«, sagt der HERR. »Dein Volk hat allen Grund, die Priester* anzuklagen!

5 Ihr Priester werdet am helllichten Tag zu Fall kommen und die Propheten* werden mit euch fallen bei Nacht; ich lasse euch mit eurer ganzen Sippschaft zugrunde gehen.° 6 Denn mein Volk rennt in den Untergang, weil es den rechten Weg nicht kennt. Ihr habt euch geweigert, meine Weisungen weiterzugeben; darum weigere auch ich mich, euch noch länger als meine Priester gelten zu lassen. Ihr habt mein Gesetz* vergessen, darum werde ich eure Nachkommen vergessen.

7 Je zahlreicher sie wurden, die Priester, desto mehr haben sie gegen mich gesündigt. Deshalb entziehe ich ihnen ihre Ehrenstellung und stürze sie in Schimpf und Schande. 8 Sie mästen sich von den Sühneopfern* meines Volkes, deshalb sind sie so gierig nach seinen Verfehlungen.[b]

9 Darum wird es den Priestern ergehen wie dem Volk: Ich bestrafe sie für ihren Ungehorsam und lasse ihre Taten auf sie selbst zurückfallen. 10 Sie essen und werden nicht satt. Sie treiben Hurerei*, aber haben keine Nachkommen. So ergeht es ihnen, weil sie mir, dem HERRN, die Treue gebrochen haben.«

Der Götzendienst der Israeliten

11 Der HERR sagt: »Hurerei* und neuer Wein rauben den Verstand! 12 Mein Volk holt sich Rat bei seinen Götzenbildern aus Holz, seine Orakelstäbe sollen ihm Weisung geben. Es lässt sich vom Geist der Hurerei verführen und in die Irre locken. Treulos wenden sich alle von mir ab, von ihrem Gott, dem sie doch gehören. 13 Sie verbrennen Opfergaben* und halten Opfermähler* auf den Bergen und Hügeln, unter den Eichen, Pappeln und Terebinthen. In deren Schatten ist es so angenehm!

Daher kommt es, dass eure Töchter zu Huren werden und eure Schwiegertöchter die Ehe brechen. 14 Aber nicht sie ziehe ich zur Rechenschaft! Die Priester selbst gehen mit den Huren beiseite und schlachten Opfertiere zusammen mit den geweihten* Frauen. Kein Wunder, dass das unwissende Volk es ihnen nachmacht!

15 Aber wenn es auch die Leute von Israel so treiben und mir untreu werden: Ihr Leute von Juda sollt nicht dieselbe Schuld auf euch laden! Geht nicht zu den Heiligtümern von Gilgal oder Bet-El[c] und schwört dort nicht: ›So gewiss der HERR lebt!‹«

16 Israel ist wie eine störrische Kuh. Wie könnte der HERR es auf freiem Feld weiden lassen wie die fügsamen Lämmer? 17 Die Leute von Efraïm* haben sich mit den Götzen verbündet; ihnen ist nicht zu helfen. 18 Im Saufen und Huren sind sie groß; am schlimmsten treiben es ihre Führer. Aber es nimmt mit ihnen ein böses Ende.[d] 19 Ein Sturmwind fegt sie hinweg. Dann helfen ihnen ihre Opfer nichts mehr.

Die Schuld der Verantwortlichen

5 Der HERR sagt: »Hört her, ihr Priester*; hört her, ihr Sippenoberhäupter in Israel[e] und das ganze Königshaus: Euch ziehe ich zur Rechenschaft! Ihr habt die Israeliten ins Verderben gelockt. Ihr wart für sie wie eine Falle in Mizpa, wie ein Fangnetz auf dem Tabor, 2 wie eine tiefe Fanggrube in Schittim.°[f] Ihr alle werdet° dafür meine Strafe zu spüren bekommen.«

Israels Bestrafung ist unausweichlich

3 Der HERR sagt: »Ich kenne die Israeliten, die Leute von Efraïm*; was sie treiben, ist mir nicht verborgen. Sie haben sich beschmutzt durch Götzendienst und Hurerei*. 4 Sie haben sich so sehr darin verstrickt, dass sie nicht mehr fähig sind, zu mir, ihrem Gott, zurückzukehren. Sie sind vom Geist der Hurerei besessen. Mich, den HERRN, kennen sie nicht mehr.«

5 Der Hochmut der Leute von Israel zeugt gegen sie. Ihre eigene Schuld bringt ihnen den Untergang und genauso ergeht es den Leuten von Juda. 6 Sie können noch so viele Schafe und Rinder zum HERRN bringen, sie können ihn suchen, so viel sie wollen; sie werden ihn nicht finden; denn er hat sich von ihnen zurückgezogen. 7 Sie haben ihm die Treue gebrochen und Hurenkinder herangezogen.[g] Ihre Opferfeiern am Neumondstag* bringen ihnen nicht Erntesegen, sondern Vernichtung, ihnen und ihren Feldern!

Die feindlichen Brüder trifft dasselbe Geschick[h]

8 Der HERR sagt: »Stoßt ins Horn in Gibea! Blast Alarm in Rama! Gebt Warnsignale in Bet-Awen![i] Bietet die Männer von Benjamin auf! 9 Für Efraïm* kommt jetzt die Strafe; es wird zur Wüste werden. Ich, der HERR, kündige den Stämmen Israels an, was mit Sicherheit eintreffen wird.

10 Die Führer von Juda handeln wie Leute, die Grenzsteine verrücken. Mein Zorn wird über sie niedergehen wie ein Platzregen.

a *Sie missbrauchen ...:* verdeutlichender Zusatz.
b Sie profitieren von den Sühneopfern, von denen ihnen ein Anteil zufällt (vgl. Lev 7,6-7).
c Wörtlich *Bet-Awen* (Haus des Unheils/Unrechts): bewusste Umdeutung von Bet-El (Haus Gottes) unter Verwendung des Namens eines Nachbarortes (vgl. 5,8).
d Die Deutung des Verses ist unsicher.
e *ihr Sippenoberhäupter ...:* wörtlich *Haus Israel*;* der Zusammenhang lässt erkennen, dass die Verantwortlichen gemeint sind.
f Die drei in den beiden Versen genannten Orte besaßen wahrscheinlich Baalsheiligtümer.
g Wörtlich *fremde Kinder gezeugt.* Gemeint ist wohl, dass in Israel eine neue Generation heranwächst, an die der Glaube der Vorfahren nicht mehr unverfälscht, sondern vermischt mit heidnischen Riten und Vorstellungen weitergegeben wird. Die Fortsetzung wörtlich *Nun wird sie Neumond fressen samt ihren Landanteilen* (vgl. 2,13).
h Viele Ausleger vermuten als Hintergrund des folgenden Prophetenwortes die Ereignisse des »Syrisch-Efraïmitischen Krieges« (siehe die Sacherklärung).
i Die Orte folgen aufeinander in Süd-Nord-Richtung. Wahrscheinlich hat Juda im Verlauf des Syrisch-Efraïmitischen Krieges einen Gegenstoß nach Nordisrael (*Efraïm;* Vers 9) unternommen.

4,2 Jer 7,9 **4,3** Jer 12,4 **4,4** Jer 5,4-5 **4,6** Mal 3,7-8; Jer 2,8S; Ez 22,26 **4,8** Lev 7,6-7 **4,11** 1,2S; 4,18S **4,12** Jer 2,27 **4,13** Jer 3,13S; Dtn 12,2-3S **4,14** 9,1; 1 Kön 14,24S **4,15** Am 4,4-5; 5,5 **4,18** (Saufen) Jes 5,11-12S; Hos 4,11; 7,5 **5,1** 4,6S **5,3** 1,2S **5,4** Jer 13,23 **5,5** 7,10.16; Jes 2,11-12S **5,6** Am 8,11-12S **5,8** Jer 4,5S **5,10** Dtn 27,17S

11 Efraïm ist von Feinden bedrängt und das Recht wird mit Füßen getreten, weil sie dem Drecksgötzen Baal* nachgelaufen sind. 12 Ich, der HERR, bin für Efraïm wie ein Eitergeschwür und für Juda wie eine schwärende Wunde.

13 Als die beiden sahen, wie übel sie dran waren, wandten sich die Leute von Israel an den König von Assyrien*. Aber er kann euch nicht helfen, er kann eure Wunden nicht heilen! 14 Denn ich, der HERR, falle Efraïm und Juda an wie ein Löwe. Ich zerfleische sie und lasse sie liegen; wenn ich sie wegschleppe, kann niemand sie vor mir retten. 15 Ich ziehe mich von ihnen zurück, bis sie ihre Schuld eingestehen und sich mir wieder zuwenden. Die Not wird sie lehren, nach mir zu fragen.«

Ein Bußlied und Gottes Antwort darauf

6 »Kommt,
wir kehren um zum HERRN!
Hat er uns zerrissen,
wird er uns auch wieder heilen.
Hat er uns Wunden geschlagen,
wird er sie auch verbinden.
2 Zwei, drei Tage lässt er uns leiden,
dann gibt er uns neues Leben.
3 Kommt,
lasst uns alles daransetzen,
ihn und seine Wege zu erkennen!
So gewiss der Nacht ein Morgen folgt,
so gewiss zu seiner Zeit der Regen fällt,
der das ausgedörrte Land durchfeuchtet,
so gewiss kommt Er, um uns zu helfen!«

4 Der HERR antwortet: »Was soll ich nur mit dir tun, Efraïm*, und was mit dir, Juda? Eure Treue zu mir ist so flüchtig wie ein Morgennebel, sie vergeht so rasch wie der Tau vor der Sonne.[a] 5 Darum habe ich wieder und wieder durch meine Propheten* zugeschlagen und euch durch meine Gerichtsworte den Tod gebracht.

Was ich von euch verlange, ist klar wie der helle Tag:° 6 Treue will ich von euch und nicht, dass ihr mir Tiere schlachtet! Ihr sollt mir nicht Brandopfer* bringen, sondern erkennen, wer ich bin und was mir gefällt.«

Das Verbrechen regiert im Land

7 Der HERR sagt: »Bei der Stadt Adam°[b] haben sie meinen Bund* gebrochen; dort sind sie mir untreu geworden. 8 Gilead* ist eine Stadt voller Verbrecher, Blutspuren überall! 9 An der Straße nach Sichem liegen Priester* auf der Lauer wie eine Räuberbande; sie morden, sie begehen Verbrechen.

10 Entsetzliche Dinge sah ich in Israel: Die Leute von Efraïm* laufen fremden Göttern nach und beschmutzen sich damit. 11 Aber auch auf dich, Juda, wartet eine schreckliche Ernte, bevor[c] ich für mein Volk alles wieder zum Guten wende.

7 Wenn ich Israel heilen und zurechtbringen will, kommt nur die Schuld der Leute von Efraïm an den Tag. In Samaria gehen Diebe um, es herrscht Lug und Trug; draußen im Land plündern Räuberhorden. 2 Sie denken nicht daran, dass ich ihre Schandtaten im Gedächtnis behalte. Jetzt werden sie von ihren eigenen Taten eingekreist, die sie mir zum Trotz begangen haben.«

Königsmacher und Königsmörder

3 Der HERR sagt: »Hinterlistig laden sie den König und seine Minister zum Gelage und bringen sie in Feststimmung. 4 Treulos sind sie alle miteinander, ihre Leidenschaft glüht wie ein Ofen, den der Bäcker so kräftig geheizt hat, dass er nichts nachzulegen braucht, während er den Teig knetet und gehen lässt. 5 Am Krönungstag des Königs machen sie seine Minister betrunken und er selbst stößt unwissend mit seinen Verrätern an. 6 Die brennen darauf zu handeln; aber die Nacht über halten sie sich zurück. Erst am Morgen schlagen sie los.[d] 7 Ihre Zerstörungswut brennt wie ein loderndes Feuer; König um König fällt ihnen zum Opfer.[e] Aber niemand wendet sich an mich.«

Israel sucht Hilfe bei den Falschen

8 Der HERR sagt: »Efraïm* wandte sich um Hilfe an fremde Völker. Dabei ist es ihm ergangen wie einem Fladen, den man nicht umdreht und der deshalb verbrennt.[f] 9 Fremde saugen ihn aus, aber er merkt es nicht; sein Haar wird grau, aber er achtet nicht darauf. 10 Der Hochmut der Leute von Israel zeugt gegen sie. Sie kehren nicht um zu mir, dem HERRN, ihrem Gott; sie suchen nicht meine Nähe.

11 Efraïm ist dumm wie eine Taube. Erst ruft es die Ägypter zu Hilfe; dann wendet es sich an die Assyrer*.[g] 12 Wenn es so weitermacht, spanne ich mein Netz aus und fange den Vogel. Ich bestrafe die Leute von Efraïm, wie ich es ihnen in der Volksversammlung angedroht habe.

13 Weh, sie müssen es büßen, dass sie von mir weggeflohen sind! Es ist ihr Verderben, dass sie sich gegen mich aufgelehnt haben! Ich würde sie gerne retten, aber sie reden ja nur Lügen über mich. 14 Sie schreien zu mir um Hilfe, aber es kommt nicht von Herzen. Sie liegen da und heulen und machen sich Einschnitte,°[h] damit ich ihre Bitten um Korn und Wein höre; aber sie sind und bleiben aufsässig° gegen mich.

15 Ich hatte sie eingeübt und stark gemacht, aber sie haben nur Böses gegen mich im Sinn. 16 Sie wen-

a Die Bußstimmung der Verse 1-3 erweist sich für den Blick Gottes nur als flüchtige Anwandlung. Vers 6 zeigt, dass das Lied in Zusammenhang steht mit einer der üblichen Bußfeiern (siehe Sacherklärung und Jes 58,1-12).
b Am mittleren Jordan. Die Verse 7-9 beziehen sich auf Ereignisse zur Zeit Hoseas, die vielleicht in Zusammenhang stehen mit einer der zahlreichen Revolutionen (siehe Anmerkung zu 7,7; zu Gilead siehe 12,12; 2 Kön 15,25).
c *bevor:* wörtlich *wenn.*
d Die Verse 4-6 sind nicht sicher zu deuten.
e Hosea spricht nicht von einem Einzelfall. Zwischen 747 und 732 v. Chr. starb von fünf Königen des Nordreiches nur einer eines natürlichen Todes (2 Kön 15,10.14.25.30).
f *und der ...:* verdeutlichender Zusatz.
g Auch hier ist nicht von einem einmaligen Vorgang die Rede (siehe Vergleichsstellen).
h Sie fügen sich Wunden zu, um dem Gebet Nachdruck zu verleihen (vgl. 1 Kön 18,28).

5,13 2 Kön 15,19-20; 17,3-4; Hos 7,11; 8,9; 10,6; 12,2; 14,4 **5,14** 13,7-8 S **5,15** Jes 26,16; Jer 29,13-14 S **6,1-3** 1 Sam 2,6 S **6,1** 5,14 **6,4** 13,3 **6,5** 11,2; 12,11; Jer 25,4 S **6,6** 8,11-13; Jes 1,10-20 S; Mi 6,8; Mt 9,13; 12,7 **6,8** 12,12; 2 Kön 15,25 **6,10** 5,3-4 **7,5** 4,18 S **7,7** 2 Kön 15,10.14.25.30 **7,10** 5,5 S; Jer 5,3 S **7,11** 5,13 S; 2 Kön 17,4; Jer 2,18 S **7,14** 1 Kön 18,28 **7,16** 5,5 S

den sich um, doch nicht zu mir.[a] Wie ein verzogener Bogen sind sie, mit dem man das Ziel nicht trifft. Ihre führenden Männer werden durch das Schwert des Feindes fallen, weil sie mich in ihrer Überheblichkeit verspottet haben. Dafür wird man in Ägypten über sie spotten.«

Abrechnung mit Israel

8 Der HERR sagte zu mir: »Blase Alarm! Wie ein Adler stürzt sich der Feind auf mein Land.[b] Denn seine Bewohner haben meinen Bund* gebrochen und sich gegen mein Gesetz* aufgelehnt. 2 Sie schreien zwar: ›Mein Gott!‹ Und: ›Wir kennen dich doch! Wir sind doch dein Volk Israel!‹ 3 Aber Israel hat sein Glück verworfen und so wird jetzt der Feind über sie herfallen!

4 Sie setzen Könige ein, ohne von mir ermächtigt zu sein, und Minister, ohne mich zu fragen. Ihr Silber und Gold legen sie in Götzenbildern an – so ist es am sichersten verloren!

5 Ich verwerfe euren Stiergötzen,[c] ihr Leute von Samaria! Der Zorn über euch hat mich gepackt. Wie lange noch seid ihr unfähig, euch von diesem Schmutz zu reinigen? 6 Was hat so etwas in Israel zu suchen?° Dieses Bild ist kein Gott, ein Handwerker hat es gemacht, zu Kleinholz wird es zerhackt, euer Kalb!

7 Wer Wind sät, wird Sturm ernten: wer sich mit nichtigen Götzen abgibt, wird selbst vernichtet. Saat, die nicht Halme treibt, bringt keine Ähren; was doch noch wächst, werden Fremde verzehren.

8 Mit Israel ist es zu Ende. Seine Rolle unter den Völkern ist ausgespielt; 9 denn seine Führer haben bei den Assyrern* Hilfe gesucht. Ein Wildesel wahrt seine Unabhängigkeit, aber die Leute von Efraïm* suchen überall Freunde zu kaufen.[d]

10 Doch so viele Geschenke sie den Völkern auch anbieten, es hilft ihnen nichts. Ich werde sie zusammentreiben und dafür sorgen, dass sie dahinschwinden unter der Last, die der König von Assyrien ihnen auflegen wird.

11 O ja, Efraïm hat seine Altäre vervielfacht; aber sie dienen ihm nur dazu, neue Verfehlungen auf sich zu laden; es sind Altäre zum Sündigen![e] 12 Ich könnte ihnen die Weisungen meines Gesetzes* tausendmal aufschreiben, sie würden denken, es gehe sie nichts an. 13 Sie schlachten Opfertiere – für ihren Bauch; sie stürzen sich voll Gier auf das Fleisch des Opfermahls*. Solche Opfer mag ich nicht! Ich vergesse nicht, was sie Böses getan haben; ich werde sie jetzt bestrafen, wie sie es verdienen: Sie müssen wieder in die Sklaverei nach Ägypten zurückkehren!

14 Israel hat den Gott vergessen, dem es sein Dasein verdankt; es hat prächtige Paläste gebaut und Juda immer neue Festungen. Aber ich, der HERR, werfe Feuer in die Städte, dass es ihre Paläste verzehrt.«

Hoseas Auftritt am Erntefest

9 Ihr habt keinen Grund, euch so übermütig zu freuen, ihr Leute von Israel – keinen Grund, in Jubel auszubrechen wie die Fremden! Eurem Gott seid ihr untreu geworden, ihr habt euch auf allen Dreschplätzen* mit den fremden Göttern eingelassen. 2 Aber ihr werdet euren Ernteertrag nicht genießen können, das Korn, das Öl und den Wein!

3 Ihr müsst fort aus dem Land des HERRN! Die Leute von Efraïm* müssen nach Ägypten zurück oder in die Fremde nach Assyrien und müssen dort unreine Speisen essen. 4 Sie können dem HERRN dort nicht mehr Trankopfer* und Mahlopfer* darbringen, und die Nahrung, die sie dann zu sich nehmen, ist unrein* und macht jeden unrein, der davon isst – wie das Brot, das sich in einem Trauerhaus befindet.[f] – Das ist so, weil sie die ganze Ernte selbst verzehren und nichts davon in den Tempel* des HERRN bringen. – 5 Wie wollt ihr dann Feste feiern wie das heutige, den großen Festtag[g] des HERRN?

6 Die aber, die aus dem verwüsteten Land nach Ägypten flüchten, wird man dort mit offenen Armen aufnehmen – um sie zu begraben in Memfis.[h] Wo jetzt die silbernen Geräte glänzen, wird Unkraut wuchern, und Dorngestrüpp auf den Ruinen ihrer Häuser. 7 Die Zeit der Abrechnung ist gekommen; jetzt wird euch heimgezahlt! Ihr Leute von Israel werdet es am eigenen Leib zu spüren bekommen.

»Der Prophet* ist verrückt! Der Mann des Geistes ist von Geistern besessen!« So feindet ihr mich an in eurem Hass; aber euer Hass ist genauso groß wie eure Schuld. 8 Ihr Leute von Efraïm, ihr wendet euch gegen meinen Gott! Mir, seinem Propheten, stellt ihr Fallen, wo ich gehe und stehe; sogar im Haus meines Gottes bin ich nicht sicher. 9 Ihr seid so tief gesunken wie einst die Leute von Gibea.[i] Der HERR wird nicht darüber hinweggehen, er wird euch für eure Schuld zur Rechenschaft ziehen!

Israel einst und jetzt

10 Der HERR sagt: »Wie Trauben in der Wüste waren für mich die Israeliten, als ich ihnen zuerst begegnet bin. Wie die köstliche Frühfeige waren eure Vorfahren für mich. Aber kaum waren sie nach Baal-Pegor[j] gekommen, verbanden sie sich mit dem Schandgötzen und wurden so widerwärtig wie der, dem sie sich hingaben.

11 Efraïm* entflog mir wie ein Vogel, darum wird auch seine Macht und Herrlichkeit verfliegen: keine Geburt mehr, keine Schwangerschaft, nicht einmal eine Empfängnis! 12 Selbst wenn sie noch Kinder bekommen und großziehen, werde ich sie ihnen

a *doch nicht zu mir:* Deutung unsicher.
b *auf mein Land:* wörtlich *auf das Haus des HERRN.* Mit »Haus« ist hier nicht der Tempel gemeint; vgl. auch 9,15.
c Gemeint ist das Stierbild* in Bet-El (siehe die Vergleichsstellen zu diesem Vers). Jerobeam I. hatte Bet-El zum Reichsheiligtum gemacht und ein Stierbild aufstellen lassen (1 Kön 12,29).
d *Wildesel* bildet im Hebräischen ein Wortspiel mit dem Namen *Efraïm.*
e Eigentlich sind Altäre dazu da, um für Sünden Sühne zu schaffen; aber wenn man Opfer als Ersatz für Gehorsam ansieht (6,6; 10,1-2), ist das Gegenteil der Fall.
f Siehe Sacherklärung »Trauerbrot«.
g Das Laubhüttenfest (siehe Sacherklärung).
h Memfis war berühmt durch sein riesiges Gräberfeld.
i Wie in 10,9 Anspielung auf den Vorfall Ri 19,22-30.
j Die erste Begegnung Israels mit dem Baalskult (Num 25).

8,1 Jer 4,5S **8,2** 6,1-3 **8,4** 7,7S; 2,10; 13,2 **8,5-6** 1 Kön 12,28-29; Hos 10,5; 13,2 **8,6** Jes 44,9-20S **8,7** (ernten) 10,13; 12,15; 4,9; 7,2; Spr 22,8S; Ez 7,3-4S **8,9** 5,13S **8,11-13** 6,6S; 10,1-2; Am 4,4-5 **8,13** (Sklaverei in Ägypten) 9,6; Ex 20,2; Dtn 28,68 **8,14** Dtn 32,15; Am 2,5 **9,1** 1,2-3S **9,2** 2,11 **9,3-4** Ez 4,8; Ex 23,19 **9,7b-8** Jes 30,10S; Jer 29,26; 2 Kön 9,11; (besessen) Mk 3,21-22 **9,9** 10,9; Ri 19,22-30 **9,10** 2,17; Num 25,1-5

nehmen, bis keins mehr da ist. Und auch sie selbst
sind dem Untergang geweiht, wenn ich mich von
ihnen abwende. 13 Wie eine junge Palme, gepflanzt
auf fruchtbarem Grund, so war einst Efraïm für
mich, und dieses Efraïm muss nun seine Söhne
dem Schlächter ausliefern!«
14 HERR, wenn es sein muss, dann strafe sie wenigs-
tens nur mit unfruchtbarem Mutterschoß und ver-
siegten Brüsten!
15 »Schon in Gilgal[a] zeigte sich ihre ganze Ver-
ruchtheit; dort begann ich, ihr Feind zu werden.
Und wegen ihrer schlimmen Taten verjage ich sie
jetzt aus meinem Land.[b] Ich kann sie nicht mehr lie-
ben; denn ihre Führer sind allesamt Aufrührer.
16 Efraïm ist wie ein Baum, dessen Wurzel verdorrt
ist: Er bringt keine Frucht mehr. Und wenn ihre
Frauen noch Kinder bekämen, würde ich sie, ihre
Lieblinge, unbarmherzig töten.«
17 Mein Gott soll sie verstoßen, denn sie hören
nicht auf ihn! Als Flüchtlinge müssen sie umherirren
unter den Völkern.

Reiche Opfer, aber falsches Herz

10 Israel war wie ein üppiger Weinstock, der rei-
che Frucht trägt. Je reicher die Leute von Israel
wurden, desto reichere Opfer* brachten sie auf die
Altäre. Je mehr der Wohlstand im Land wuchs, umso
prächtiger schmückten sie die geweihten Stein-
male*. 2 Aber sie waren nur mit halbem Herzen beim
HERRN. Dafür trifft sie jetzt die Strafe: Der HERR
selbst reißt ihre Altäre nieder und zertrümmert ihre
Steinmale.

Nach der Katastrophe die Einsicht

3 Wenn es so weit ist, werden sie sagen: »Wir haben
keinen König mehr, weil wir den HERRN nicht ernst
genommen haben. Aber was kann ein König schon
für uns tun?«
4 Das kann ich euch sagen: Reden halten, Mein-
eide schwören und Bündnisse schließen ... Und
was sich Rechtsprechung nennt, ist so tödlich wie
Giftkraut im Getreidefeld!

Das Ende des Götzendienstes

5 Um den Stiergötzen von Bet-Awen[c] werden die
Bewohner Samarias zittern. Seine Verehrer werden
um ihn trauern, die Götzenpriester werden in Klage-
geheul ausbrechen. Denn seine Pracht[d] wird ihm
weggenommen, fortgeschafft wird sie. 6 Auch den
Stier selbst wird man nach Assyrien* bringen, als
Geschenk für den Assyrerkönig.
Die Leute von Efraïm* werden den Spott davon
haben, sie müssen scheitern mit ihren Plänen.
7 Die Stadt Samaria verschwindet, ihr König treibt
wie ein abgebrochener Zweig auf dem Wasser fort.
8 Verwüstet werden die Opferstätten, die Israel
zum Götzendienst verführt haben. Dornen und
Disteln werden die Altäre überwuchern. Dann
werden sie zu den Bergen sagen: »Stürzt auf uns!«,
und zu den Hügeln: »Begrabt uns!«
9 Der HERR sagt: »Seit den Tagen von Gibea[e] hast
du Schuld auf dich geladen, Israel! Seit damals haben
sich die Leute von Israel nicht geändert. Deshalb
werden diese Empörer genau dort in Gibea vom
Krieg heimgesucht. 10 Ich bin entschlossen, sie zu
bestrafen. Völkerscharen werde ich gegen sie auf-
bieten, weil sie doppelt schuldig geworden sind.«

Israel hat seinen Gott enttäuscht

11 Der HERR sagt: »Efraïm* war eine junge Kuh, die im
Dreschen[f] geübt war, sie tat es gerne. Als ich an ihr
vorbeikam und ihren kräftigen Nacken sah, wollte
ich sie zu einer schwereren Arbeit einspannen. Juda
sollte pflügen, Jakob eggen.
Ich sagte zu ihnen: 12 ›Sät nach dem Maß der
Gerechtigkeit, erntet nach dem Maß der Liebe!
Macht einen neuen Anfang wie der Bauer, der ein
neues, ausgeruhtes Stück Land unter den Pflug
nimmt![g] Es ist Zeit, dass ihr zu mir, dem HERRN,
kommt und fragt, was ich will. Dann komme ich
zu euch und werde Glück und Segen[h] auf euch reg-
nen lassen!‹ 13 Aber ihr habt Unrecht eingepflügt
und Verbrechen geerntet; ihr habt die Frucht eurer
Falschheit gegessen!
Weil ihr eurem eigenen Kopf folgen wolltet und
euch auf die Zahl eurer Krieger verlassen habt,
14 wird euer Volk Kriegslärm hören müssen und alle
eure Festungen werden zerstört. Es ergeht euch

»Weil ihr ... euch auf die Zahl eurer Krieger verlassen habt, wird euer Volk Kriegslärm hören müssen und alle eure Festungen werden zerstört« (10,13-14). Die abgebildeten Ruinen stammen aus einer späteren Zeit.

a Wahrscheinlich Anspielung auf die Einführung des Königtums in Israel (1 Sam 11,14-15; vgl. 15,13-23), in dem Hosea eine Wurzel der Auflehnung gegen Gott sieht (vgl. Hos 13,9-11).
b *aus meinem Land:* wörtlich *aus meinem Haus;* vgl. Anmerkung zu 8,1.
c *Bet-Awen* = Bet-El; vgl. Anmerkung zu 4,15. Zu Stiergötze vgl. Anmerkung zu 8,5.
d Wahrscheinlich ist an den Goldüberzug des Stierbildes gedacht.
e Siehe Anmerkung zu 9,9.
f Es handelt sich um eine leichte Arbeit (siehe Sacherklärung und Bild Seite 388).
g *Macht einen neuen ...:* wörtlich *Pflügt euch Neuland* (bzw. brachliegendes Land neu).
h *Glück und Segen:* wörtlich *Gerechtigkeit*.*

9,17 1 Sam 15,23; Gen 4,14 **10,1** Jer 2,21 S; Hos 8,11 **10,5** 8,5-6 S **10,6** 5,13 S **10,8** 4,13 S; 2 Kön 23,15-16; Lk 23,13 **10,9** 9,9 S **10,10** Jer 2,13 **10,13** 8,7 S; (Krieger) 1,7 S

wie der Stadt Bet-Arbel, die von Schalman zerstört wurde;[a] man zerschmetterte die Kinder und die Mütter dazu. 15 Das alles hat euch Bet-El eingebracht, wegen des schlimmen Götzendienstes, den ihr dort getrieben habt! Kaum dass die Sonne aufgegangen ist am Tag der Schlacht,[b] wird der König von Israel schon vernichtet sein.«

ISRAELS SCHULD UND GOTTES ERBARMEN
(Kapitel 11–14)

Gottes Liebe siegt über seinen Zorn

11 Der HERR sagt: »Als Israel noch jung war, gewann ich es lieb. Aus Ägypten rief ich es als meinen Sohn. 2 Immer wieder rief ich die Leute von Israel durch meine Propheten*, aber sie liefen von mir weg. Sie schlachteten Tiere für den Baal* und verbrannten Opfer* vor seinen Bildern. 3 Dabei war doch ich es, der Efraïm* die ersten Schritte gelehrt und es auf den Armen getragen hatte. Aber sie erkannten nicht, dass ich mich so um sie kümmerte.

4 Ich war zu ihnen wie jemand, der sein Rind schonend am Strick zieht und es leitet; mit Seilen der Liebe leitete ich sie. Ja, ich war zu ihnen wie die Landleute, die ihrem Rind das Joch* anheben, damit es leichter fressen kann, die sich sogar bücken, um ihm sein Futter hinzuhalten.

5 Deshalb hatten sie es nicht nötig, wieder nach Ägypten zurückzukehren; aber zur Strafe für ihren Undank werden nun die Assyrer* über sie herrschen. 6 In ihren Städten wird das Schwert wüten und alle Schwätzer vernichten, die eigensinnige Pläne schmieden.[c] 7 Mein Volk kehrt nicht um und hält an seiner Auflehnung gegen mich fest. Sie rufen zum Baal*, aber der kann ihnen nie und nimmer helfen![d]

8 Doch wie könnte ich dich aufgeben, Efraïm, wie dich im Stich lassen? Ich kann dich doch nicht vernichten, Israel, wie die Städte Adma und Zebojim*! Mein Entschluss hat sich mir umgedreht, mit aller Macht ist die Reue in mir entbrannt. 9 Ich kann meinem glühenden Zorn nicht freien Lauf lassen, ich kann Efraïm nicht noch einmal preisgeben!

Denn ich bin Gott und nicht ein Mensch; ich, der heilige Gott, komme, um dir zu helfen, und nicht, um dich zu vernichten. 10 Die Verbannten werden hinter mir herziehen. Wenn ich brülle wie ein Löwe, kommen sie zitternd über das Meer im Westen.[e] 11 Willig, mir zu gehorchen, kommen sie aus Ägypten und aus Assyrien*, so wie eine Taube herbeigeflogen kommt. Ich bringe sie wieder in ihre Heimat. Das sage ich, der HERR.«

Israel schlägt seinem Stammvater nach

12 Der HERR sagt: »Die Leute von Israel setzen mir zu mit ihrem Lügen und Betrügen und auch die Leute von Juda suchen immer noch etwas anderes neben mir, ihrem heiligen Gott.«

2 Die Leute von Efraïm* handeln so töricht wie jemand, der den Wind einfangen möchte, ja wie einer, der auch noch dem glühend heißen Ostwind nachjagt. Sie treiben es täglich schlimmer mit ihrem Lügen und Betrügen.° Sie schließen mit den Assyrern* ein Bündnis gegen die Ägypter und gleichzeitig bringen sie den Ägyptern das kostbarste Olivenöl als Geschenk.[f] 3 Aber auch die Leute von Juda zieht der HERR zur Rechenschaft. Alle Nachkommen Jakobs muss er bestrafen, wie sie es mit ihren bösen Taten verdient haben.

4 Ihrem Stammvater schlagen sie nach, der schon im Mutterleib seinen Bruder übervorteilte[g] und als Mann[h] mit Gott gekämpft hat. 5 Er kämpfte mit dem Engel Gottes und besiegte ihn, weil er ihm mit Bitten und Tränen zusetzte. In Bet-El erschien ihm Gott und sagte zu ihm: 6 »So gewiss ich der Gott bin, der alle Macht hat,[i] so wahr ich der HERR heiße: 7 Du wirst mit meiner Hilfe wieder hierher zurückkehren. Aber halte dich an die Liebe und an das Recht, hüte sie gut;[j] und setze deine Hoffnung immer auf mich, deinen Gott!«

8 Der HERR sagt:[k] »Ein Händlervolk bist du geworden, Efraïm, nach dem Vorbild der Kanaaniter*! Mit gefälschten Gewichtssteinen betrügst du die Leute. 9 Du sagst: ›Ich bin reich geworden und habe ein Vermögen verdient; daran ist doch nichts Schlechtes. Niemand kann mir Betrug vorwerfen!‹ 10 Aber ich bin der HERR, dein Gott, der dich aus Ägypten geführt hat! Du wirst wieder in einfachen Zelten wohnen müssen, wie du das jetzt nur noch während ein paar Festtagen[l] tust.«

11 Immer wieder redete ich zu den Propheten* und gab ihnen Offenbarungen; durch meine Propheten kündigte ich warnend die kommenden Ereignisse an. 12 Aber sie wollten nicht hören: Obwohl sie für den Götzendienst in Gilead[m] so schwer bestraft worden waren, opferten sie in Gilgal Stiere! Darum werden ihre Altäre zerstört; wie die Steinhaufen am Feldrand sollen sie werden.

13 Jakob aber floh ins Aramäerland*; Israel, der Gotteskämpfer,[n] wurde zum Sklaven wegen einer Frau; einer Frau zuliebe hütete er Schafe.[o] 14 Der HERR dagegen führte Israel durch einen Propheten aus Ägypten; durch einen Propheten hütete er sein Volk.

a Weder Ort noch Person sind uns bekannt.
b *am Tag …:* verdeutlichender Zusatz.
c Deutung unsicher.
d *zum Baal, aber …:* Deutung unsicher.
e In späterer Zeit gab es auch im Westen zerstreute Judengemeinden.
f Siehe Anmerkung zu 7,11.
g *übervorteilte:* Das hebräische Wort kann zugleich »betrügen« und »die Ferse halten« bedeuten. Der in Gen 25,26 erzählte Vorgang wird von Hosea als erster Betrugsversuch gedeutet (vgl. Jer 9,3).
h *als Mann:* Das hebräische Wort kann sowohl *in seiner Manneskraft* bedeuten wie *in seiner Schlechtigkeit.* Vers 5 stellt klar, dass Jakob (anders als in Gen 32,25-29) nicht durch seine Kraft gesiegt hat; die Verse 5b-7 nehmen den Traum von der Himmelstreppe in Gen 28,10-19 auf.
i *der Gott …:* wörtlich *Gott Zebaot*.*
j Das Wort *hüten* wird in Vers 13-14 wieder aufgenommen.
k Die Verse 8-10 unterbrechen den Zusammenhang und stellen wohl ein ursprünglich selbstständiges Prophetenwort dar.
l Während des Laubhüttenfestes (Lev 23,42-43); vgl. auch 2,16.
m Siehe Anmerkung zu 6,7-9; zu Gilgal vgl. 9,15.
n *der Gotteskämpfer:* verdeutlichender Zusatz (vgl. Vers 4 und die Namensdeutung in Gen 32,29).
o Jakobs Dienst für eine Frau wird hier zum Bild für die Untreue Israels gegenüber seinem Gott (für seine »Hurerei«; vgl. 2,4-15), vor der er es durch seine Propheten (vgl. Verse 11 und 14) vergeblich gewarnt hat.

10,15 10,5; 8,5-6 **11,1** Ex 4,22 S; Jer 31,20 S; Mt 2,15 **11,2** 2,15; 4,13; 6,5 S **11,3** Dtn 1,31; Hos 2,10 **11,8** 14,5; Jer 31,20; Jes 54,8; (Adma) Dtn 29,21-22 **11,10** 5,14; 13,7-8; Am 1,2 S **11,11** Jes 11,11-12 S **12,2** 7,11 S **12,3** Jer 17,10 S **12,4** Gen 25,26; 27,36; Jer 9,3 **12,5** Gen 32,25-30; 28,10-19 **12,7** Mi 6,8 **12,8** Am 8,5 S **12,10** 13,4; Ex 20,2; Lev 23,42-43 **12,11** 6,5 S **12,12** 6,8 S; 9,15 **12,13** Gen 29,1-30 **12,14** Ex 3,1-10; Dtn 34,10-12

Gott verspricht seinem Volk neues Leben, wenn es zu ihm zurückkehrt. »Ich will für Israel wie der Tau sein. Es wird blühen ...« (14,6).

15 Schwer beleidigt hat das Volk von Efraïm* sei-
nen Herrn. Deshalb wird er es ihm heimzahlen; es
muss die Folgen seiner unerhörten Untaten tragen.

Letzte Abrechnung mit Israel

13 Der HERR sagt: »Wenn Efraïm* redete, zitter-
ten alle; mächtig war dieser Stamm in Israel.
Aber dann ließ er sich mit dem Baal* ein und verfiel
dem Tod.[a] 2 Trotzdem luden die Leute von Efraïm
auch weiterhin Schuld auf sich: Sie machten aus
ihrem Silber Götzenbilder, ein Werk von Menschen-
händen. Sie sagten: ›Wer Gott Opfer* darbringen
will, muss die Stiere küssen!‹ 3 Darum werden sie
so rasch und spurlos untergehen, wie eine Morgen-
wolke sich auflöst, wie der Tau verdunstet, die Spreu
auf der Tenne vom Wind davongeblasen wird oder
der Rauch aus der Luke zieht.

4 Aber ich bin der HERR, euer Gott, der euch aus
Ägypten geführt hat! Für euch gibt es keinen ande-
ren Gott, und keiner kann euch helfen außer mir.
5 Ich war es, der euch in der ausgedörrten Wüste
am Leben erhalten hat.° 6 Doch als es euch immer
besser ging, wurdet ihr satt und überheblich und
ihr vergaßt mich. 7–8 Darum bin ich euer Feind ge-
worden: Wie ein Löwe oder Panther laure ich euch
auf; ich falle euch an wie eine Bärin, der man die Jun-
gen geraubt hat; ich zerfleische euch, ich reiße euch
in Stücke, ich verschlinge euch.

9 Es ist dein Untergang, Israel, dass du dich gegen
mich, deinen einzigen Helfer, gewandt hast. 10 Wo
ist denn nun dein König, der dir helfen und deine
Städte schützen sollte? Wo sind deine führenden
Männer? Ihr habt gefordert:[b] ›Gib uns einen König
und Männer, die uns regieren!‹ 11 Da gab ich euch
einen König im Zorn, und im Zorn nahm ich ihn wie-
der weg.

12 Ich vergesse die Schuld Efraïms nicht, sie ist
wohlverschnürt und gut aufbewahrt! 13 Wenn dann
der Tag der Entscheidung kommt, wird es ihm erge-
hen wie dem Kind im Mutterleib, das sich quer
gelegt hat und den Ausgang nicht findet. 14 Ich denke
nicht daran, euch vor dem Tod zu bewahren oder
aus der Totenwelt* loszukaufen. Tod, schicke deine
Seuchen aus! Totenwelt, zeige deine Macht![c] Ich
kenne kein Mitleid mehr.

15 Efraïm ist wie ein blühender Garten unter sei-
nen Bruderstämmen; aber die Feinde werden dar-
über herfallen wie der sengende Ostwind aus der
Wüste, der alle Quellen versiegen lässt. Ich selbst
schicke sie. Sie werden euch ausplündern und alle
eure Schätze wegschaffen.

14 Samaria wird dafür bestraft, dass es sich gegen
seinen Gott aufgelehnt hat. Die Männer fallen
im Kampf, die Kinder werden am Boden zerschmet-
tert und den schwangeren Frauen schlitzt man den
Leib auf.«

Gott überwindet Israels Auflehnung

2 Ihr Leute von Israel, kehrt um zum HERRN, eurem
Gott! Denn durch eure eigene Schuld seid ihr ins
Unglück gestürzt. 3 Wendet euch an den HERRN,
kommt zu ihm und sprecht: »Vergib uns unsere
Schuld! Nimm unsere Gabe an! Wir bringen dir nicht
Opfertiere, sondern unser Wort: 4 ›Wir suchen nicht
mehr Hilfe bei den Assyrern*, wir vertrauen nicht
mehr auf unsere Pferde und Streitwagen*, wir wol-
len nicht mehr das Machwerk unserer Hände als
unseren Gott anrufen![d] Denn du hast Erbarmen
mit dem, der keinen Beschützer hat.‹«

5 »Ich überwinde ihre Auflehnung gegen mich«,
sagt der HERR. »Ich wende ihnen meine Liebe zu,
obwohl sie es nicht verdient haben; ich will nicht
länger zornig auf sie sein. 6 Ich will für Israel wie
der Tau sein. Es wird blühen wie eine Lilie und seine
Wurzeln tief einsenken wie eine Zeder; 7 es wird sich
reich verzweigen wie ein prächtiger Ölbaum und
duften wie die Zedern auf dem Libanon. 8 Die Israe-
liten werden wieder in meinem Schatten wohnen,
sie werden Getreide aussäen, sie werden blühen
und gedeihen wie die berühmten Weinstöcke am
Abhang des Libanons.

9 Efraïm*, wozu brauchst du noch deine Götzen?°
Ich bin es, der eure Bitten hört und freundlich auf
euch blickt![e] Ich bin wie ein üppig grünender Baum;
von meinen Früchten könnt ihr leben.«

Ein Nachwort

10 Wer klug und einsichtig ist, der achte auf das, was
in diesem Buch geschrieben steht! Die Gebote des
HERRN weisen den Weg zu einem erfüllten Leben.
Wer sie befolgt, kommt ans Ziel; aber wer sich gegen
den HERRN auflehnt, kommt zu Fall.

a Vgl. Num 25,1-5; Hos 2,10; 2 Kön 15,29; zu den »Stieren« (Vers 2) siehe Anmerkung zu 8,5.
b Vgl. 1 Sam 8,5-6. Zu Vers 11 siehe 10,3.15 und 7,7.
c Die triumphierende Umkehrung findet sich bei Paulus in 1 Kor 15,55.
d Anspielungen auf 5,13; 1,7b; 8,5-6.
e Die beiden Zeitwörter enthalten im Hebräischen Anklänge an die Namen der Fruchtbarkeitsgöttinnen Anat und Aschera, sodass vielleicht zugleich die Aussage mitgehört werden soll: »Ich bin eure Anat und eure Aschera!«

12,15 8,7S **13,1** Lev 25,1-5 **13,2** 8,4; 8,5-6S **13,3** 6,4 **13,4** 12,10; Jes 45,21 **13,5-6** Dtn 8,11-20; 32,10.15 **13,7-8** 11,10S; Jer 4,7S **13,10-11** 1 Sam 8,5-9 **13,11** 10,3.15; 7,7 **13,14** 1 Kor 15,55 **14,1** 2 Kön 17,5-6; 15,16 **14,3** 6,6 **14,4** 5,13S; 1,7S; 8,5-6S **14,5** 11,8S **14,7-8** Ps 52,10 **14,9** 2,10.23-24 **14,10** Ps 1,1-6

JOËL

Das kleine Prophetenbuch kreist um ein einziges Thema: den »Gerichtstag des Herrn«, der in der Zukunftserwartung Israels eine zentrale Stelle einnimmt. Anlass ist eine schwere Heuschreckenplage, die von Joël als Vorzeichen dieses weltumspannenden Gottesgerichts erlebt wird (1,2–2,11). Auf die Klage des Volkes und seine Bereitschaft zur Umkehr antwortet Gott mit der Zusage, dass sein Volk vom Gericht verschont werden soll. Aber den übrigen Völkern steht der »Tag des Herrn« auch jetzt noch drohend bevor. Von dessen Vorzeichen und dessen Verlauf handeln in prophetischer Schau dann die Kapitel 3–4.

Wann Joël mit dieser Prophetie in Jerusalem auftrat, lässt sich aus seiner Schrift nicht mit Sicherheit entnehmen. Insbesondere ist nicht sicher zu entscheiden, ob er vor oder nach der babylonischen Verbannung von 587–538 v. Chr. gewirkt hat.
In der Zukunftsschau des Propheten spielt die Ausgießung des »Geistes« über das ganze Volk als Vorzeichen der Endvollendung eine wichtige Rolle (Kapitel 3). Die Apostelgeschichte (2,17-21) sieht diese Zusage im Pfingstwunder erfüllt.

Inhaltsübersicht

Buchüberschrift

1 In diesem Buch steht, was der HERR durch Joël,
den Sohn Petuëls, verkünden ließ.

Heuschrecken und Dürre suchen Juda heim

2 Hört her, ihr Alten und Erfahrenen, hört her, alle
Leute im Land! Ist so etwas Unerhörtes schon einmal
vorgekommen, zu euren Lebzeiten oder zur Zeit
eurer Vorfahren? 3 Erzählt es euren Kindern, damit
sie es ihren eigenen Kindern weitersagen und diese
wieder der folgenden Generation!
4 Heuschrecken[a] sind über die Felder hergefallen,
Schwarm auf Schwarm; alles haben sie kahl gefressen. Was die einen übrig ließen, haben die nächsten
verzehrt.[b] 5 Wacht auf, ihr Betrunkenen, und weint!
Heult, ihr Zecher alle, denn es wird keinen neuen
Wein geben! 6 Ein Heer, das unbesiegbar und nicht
zu zählen ist, hat unser Land überfallen. Sie haben
Zähne wie Löwen. 7 Unsere Weinstöcke haben sie
kahl gefressen und die Feigenbäume entlaubt, sogar
die Rinde haben sie abgenagt und nur das nackte
Holz übrig gelassen.
8 Weint und klagt wie eine Braut, die im Sack*
umhergeht, weil sie ihren Bräutigam verloren hat!
9-10 Die Felder sind verwüstet und ausgedörrt. Die
Ernte ist vernichtet; niemand bringt mehr Korn, Öl
und Wein als Speise- und Trankopfer* in den Tempel* des HERRN. Darum trauern die Priester, die
den Opferdienst für den HERRN versehen.
11 Klagt über euer Unglück, ihr Bauern und Weingärtner! Es gibt weder Weizen noch Gerste, die
ganze Ernte ist verloren. 12 Die Weinstöcke sind verdorrt, die Feigen- und Dattelbäume, die Granat- und
Apfelbäume und alle wild wachsenden Bäume im
Land sind entlaubt. Die ganze Freude der Menschen
welkt dahin.
13 Ihr Priester* am Altar* des HERRN, legt den
Sack* um die Hüften und klagt! Behaltet ihn auch
bei Nacht an! Es gibt keine Speise- und Trankopfer
mehr im Tempel eures Gottes. 14 Ruft einen Fasttag*
aus! Ordnet einen Bußgottesdienst an! Die Ältesten*
und das ganze Volk sollen sich im Tempel des HERRN,
eures Gottes, versammeln und zu ihm um Hilfe
rufen!

Klage des Propheten

15 Wehe, was steht uns bevor! Der Tag, an dem der
HERR Gericht hält,[c] ist nahe. Ein gewaltiges Strafgericht kommt von Gott, dem Gewaltigen*! 16 Mit
eigenen Augen mussten wir zusehen, wie unsere
Nahrung vernichtet wurde. Darum sind Freude
und Jubel im Haus unseres Gottes verstummt.
17 Die Saatkörner liegen vertrocknet unter den Erdschollen. Die Vorräte sind aufgebraucht, die Spei-

a Vgl. Ex 10,12-15 und Bild Seite 108.
b Im Hebräischen stehen hier vier verschiedene Bezeichnungen für Arten oder Wachstumsstadien der Heuschrecke.
c Die Heuschreckenplage (und Dürrekatastrophe; siehe Verse 17-20) wird vom Propheten als Vorbote des letzten Gerichts erlebt (vgl. die Einführung).

1,4 2,25; Am 4,9; 7,1-2; Ex 10,12-15; Dtn 28,38; Ps 105,34-35 **1,6** Offb 9,8 **1,11** Jer 14,4 **1,13** Jer 16,6S; Am 8,10 **1,14** Jes 58,5S **1,15** Am 5,18-20S **1,16** Dtn 16,11; Ps 118,24

cher verfallen; denn es gibt kein Korn mehr. 18 Brül-
lend irren die Rinder umher, weil sie kein Futter fin-
den, und sogar die Schafherden leiden Not.
19 Zu dir, HERR, rufe ich um Hilfe! Die Gluthitze hat
das Gras in der Steppe verzehrt und die Bäume auf
dem Feld versengt. 20 Auch die wilden Tiere schreien
zu dir; denn die Wasserläufe sind versiegt und das
Gras ist verdorrt.

Steht Gottes Gerichtstag bevor?

2 Blast das Alarmhorn auf dem Zion*, gebt Alarm
auf dem heiligen Berg des HERRN! Zittert, ihr
Bewohner des Landes! Der Tag, an dem der HERR
Gericht hält, ist nahe! 2 Dunkel wie die Nacht ist die-
ser Tag, verhangen mit düsteren Wolken. So plötz-
lich, wie das frühe Morgenlicht sich über die Berge
ausbreitet, fällt ein gewaltiges Heer von Feinden[a]
ins Land ein, das nicht zu zählen ist. Noch nie habt
ihr so etwas erlebt und nie wieder wird es das geben
in allen künftigen Generationen.
3 Vor ihnen her wütet Feuer und hinter ihnen
lodern die Flammen. Bevor sie kommen, ist das Land
blühend wie der Garten Eden*, und wenn sie vor-
übergezogen sind, liegt es so trostlos da wie die Wüs-
te. Nichts wird von ihnen verschont.
4 Sie sehen aus wie Pferde, sie rennen daher wie
Rosse in der Schlacht. 5 Wenn sie über die Berggipfel
springen, klingt es wie das Rasseln von Streitwa-
gen*, wie das Prasseln der Flammen, die ein Stoppel-
feld verzehren. Sie sind wie ein kampfbereites Heer.
6 Bei ihrem Anblick winden sich die Völker vor
Angst, alle Gesichter werden bleich. 7 Wie Sturm-
truppen greifen sie an und erklettern die Mauern.
Unbeirrbar gehen sie ihren Weg; keiner weicht
einen Schritt davon ab 8 oder kommt dem Neben-
mann in die Quere. Keine Waffe kann ihren Vor-
marsch aufhalten. 9 Sie überfallen die Stadt, erstür-
men die Mauern, klettern wie Diebe durch die Fens-
ter in alle Häuser.

Die ersten beiden Kapitel des Joëlbuches beschreiben einen fürchterlichen Heuschreckeneinfall – für den Propheten ein Bild des bevorstehenden göttlichen Strafgerichts.

10 Die Erde bebt und der Himmel zittert vor ihnen,
Sonne und Mond verfinstern sich und die Sterne
hören auf zu strahlen. 11 Der HERR selbst führt sie
an, er gibt ihnen mit Donnerstimme Befehle. Das
ganze riesengroße Heer vollstreckt seinen Willen.
Schrecklich ist der Tag, an dem der HERR eingreift.
Wer wird ihn überstehen?

Hoffnung auf Gottes Geduld

12 »Aber selbst jetzt noch könnt ihr zu mir umkeh-
ren«, sagt der HERR. »Wendet euch mir zu von gan-
zem Herzen, fastet*, weint und klagt! 13 Zerreißt eure
Herzen und nicht eure Kleider!«[b]
Ja, kehrt um zum HERRN, eurem Gott! Ihr wisst
doch: »Er ist voll Liebe und Erbarmen. Er hat Ge-
duld, seine Güte kennt keine Grenzen. Das Unheil,
das er androht – wie oft tut es ihm Leid!« 14 Vielleicht
tut es ihm auch diesmal Leid und er lässt auf euren
Feldern und Weinbergen wieder eine Ernte heran-
wachsen. Dann könnt ihr ihm, eurem Gott, wieder
Korn und Wein als Opfer* darbringen.

Appell an Gottes Erbarmen

15 Blast das Horn auf dem Zionsberg*! Ruft einen
Fasttag* aus, ordnet einen Bußgottesdienst an!
16 Versammelt das Volk und sorgt dafür, dass es rein*
vor den HERRN tritt! Vom Säugling bis zum Greis sol-
len alle zusammenkommen. Selbst die Brautleute
sollen aus der Hochzeitskammer kommen!
17 Die Priester*, die Diener des HERRN, sollen auf
dem Platz zwischen Tempel* und Altar[c] weinen
und beten: »HERR, hab Erbarmen mit deinem Volk!
Wir sind doch dein Eigentum! Tu uns nicht die
Schande an, dass fremde Völker über uns herrschen.
Lass nicht zu, dass Fremde über uns spotten und
sagen: ›Wo ist nun ihr Gott?‹«

Gott antwortet

18 Da erwacht im HERRN die brennende Liebe für sein
Land und das Erbarmen mit seinem Volk. 19 Er ant-
wortet ihnen: »Verlasst euch darauf: Ich gebe euch
so viel Korn, Wein und Öl, dass ihr euch daran satt
essen könnt. Ihr werdet den Völkern nicht mehr
zum Spott dienen. 20 Denn ich rette euch vor dem
Feind aus dem Norden*. Seine Vorhut treibe ich
ins Tote Meer und seine Nachhut ins Mittelmeer;[d]
sein ganzes übriges Heer jage ich in die Wüste, wo
es vernichtet wird. Die Leichen werden die Luft
mit ihrem Gestank erfüllen. So bestrafe ich ihn für
seine Prahlerei.«
21 Ihr Felder, habt keine Angst mehr, freut euch
und jubelt! Der HERR hat Großes getan. 22 Ihr Tiere
auf freiem Feld, habt keine Angst mehr! Die Weiden
in der Steppe sind wieder grün. Auch die Bäume

a Während Kap 1 von der Gegenwart sprach, geht jetzt der Blick in die Zukunft. In der Vision des Propheten werden die Heuschrecken zu einem unheimlichen und unbesiegbaren Feindesheer, das Gott selbst befehligt (Vers 11).
b Das Einreißen des Obergewandes war ein Ausdruck von Schrecken und Trauer (siehe Vergleichsstellen). Die zweite Vershälfte zitiert das Grundbekenntnis von Ex 34,6.
c Mit Blickrichtung zum Tempelhaus (1 Makk 7,36-37).
d Vgl. Ex 10,19. Der Feind aus dem Norden (siehe Jer 1,14 und Vergleichsstellen) ist hier ein Bild für das unheimliche Heuschreckenheer.

1,20 Ps 104,27-28 S **2,1** Jer 4,5 S; Am 5,18-20 S **2,3** 1,19; Am 7,4 **2,4-5** Offb 9,7-9 **2,9** Ex 10,6 **2,10** 3,3-4; 4,15; Jes 13,10; Ez 32,7-8; Am 8,9; Mk 13,24 par; Offb 6,12 **2,11** Ps 29,3-9 S; Jes 10,5-6; Ez 38,4 **2,12** Dtn 4,29; Ez 18,23 **2,13** (Kleider) 1 Kön 21,27; 2 Kön 19,1; Esra 9,3; Jer 41,5; 4,4 S; (voll Liebe) Ex 34,6 S **2,14** (Vielleicht) Am 5,15; Jona 3,9; Zef 2,3; Tob 13,8 **2,15** Jes 58,5 S **2,17** Ps 115,1-2 S **2,18** Sach 1,14 S; Hos 11,8 S **2,20** Jer 1,14 S; Jes 2,11-12 S

tragen wieder Frucht; Feigenbaum und Weinstock
bringen reichen Ertrag.
23 Ihr Bewohner des Zionsberges*, freut euch und
jubelt über den HERRN, euren Gott! Er erweist euch
seine Güte und schickt euch Regen* wie zuvor, Früh-
regen im Herbst und Spätregen im Frühjahr. 24 Auf
den Dreschplätzen häuft sich das Getreide und
in der Kelter laufen die Wannen über von Most
und Öl.
25 Der HERR sagt: »Ich habe mein großes Heer
gegen euch geschickt. Aber jetzt ersetze ich euch
die Ernten, die die Heuschreckenschwärme[a] ver-
nichtet haben. 26 Ihr werdet euch richtig satt essen
können. Dann werdet ihr mich, euren Gott, preisen,
weil ich solche Wunder für euch getan habe. Nie
mehr werden die anderen Völker über mein Volk
spotten. 27 Daran werdet ihr Leute von Israel erken-
nen, dass ich, der HERR, in eurer Mitte bin, dass ich
euer Gott bin und sonst keiner. Nie mehr[b] überlasse
ich mein Volk der Schande.«

Vorzeichen des Weltgerichts

3 Weiter sagt der HERR: »Es kommt die Zeit, da
werde ich meinen Geist* ausgießen über alle
Menschen.[c] Eure Männer und Frauen werden dann
zu Propheten*; Alte und Junge haben Träume und
Visionen. 2 Sogar über die Knechte und Mägde wer-
de ich zu jener Zeit meinen Geist ausgießen.
3–4 Dann ist der große und schreckliche Tag nahe,
an dem ich Gericht halte. Am Himmel und auf der
Erde werden seine Vorzeichen zu sehen sein: Men-
schen liegen erschlagen in ihrem Blut, Flammen und
Rauchwolken steigen auf; die Sonne verfinstert
sich und der Mond wird blutrot. 5 Aber alle, die sich
zu mir bekennen und meinen Namen* anrufen,
werden gerettet.«[d]
Dann wird geschehen, was der HERR angekündigt
hat: »Auf dem Zionsberg* in Jerusalem gibt es Ret-
tung[e] – und auch für alle, die unter die Völker zer-
streut sind; denn ich rufe sie zurück.«[f]

Bestrafung der Feinde des Gottesvolkes

4 Der HERR sagt: »Wenn die Zeit kommt, dass ich
für Juda und Jerusalem alles wieder zum Guten
wende, 2 werde ich alle Völker zusammenrufen und
sie in das Tal führen, das den Namen trägt ›Der HERR
richtet‹.[g] Dort ziehe ich sie zur Rechenschaft für das,
was sie meinem Volk Israel angetan haben, diesem
Volk, das mein Eigentum ist. Sie haben es unter
die Völker zerstreut, haben mein Land aufgeteilt
3 und seine Bewohner durchs Los unter sich verteilt.
Mit einem Jungen hat man da für die Nacht bei einer
Prostituierten bezahlt, ein Mädchen hat man für den
Wein eines Zechgelages verkauft.
4 Ihr Leute von Tyrus und Sidon und ihr Philister*
alle,[h] ihr wollt gegen mich vorgehen? Ihr wollt euch
an mir rächen? Ich habe vielmehr Grund, mich an
euch zu rächen! Im Handumdrehen lasse ich eure
Untaten auf euch zurückfallen. 5 Ihr habt mein Silber
und Gold weggenommen und meine kostbaren
Schätze in eure Paläste gebracht. 6 Die jungen Män-
ner aus Juda und Jerusalem habt ihr an die Griechen
verkauft und weit weg von ihrer Heimat in die Frem-
de geschafft.
7 Aber ich rufe sie von dort zurück und lasse eure
Untaten auf euch selbst zurückfallen. 8 Eure eigenen
jungen Leute, die Männer und auch die Mädchen,
werde ich dann den Leuten von Juda ausliefern

a Siehe zweite Anmerkung zu 1,4.
b Die Heuschreckenplage ist abgewendet, zugleich aber auch die weiter gehende Drohung von 2,1-11. Der »Gerichtstag des Herrn« ist an seinem Volk vorübergegangen, für immer. Doch das Gericht über die Völker steht noch bevor (Kap 3–4).
c D.h., wie die Fortsetzung zeigt, alle in Israel. Ganz Israel wird ein Volk von Propheten sein (vgl. Num 11,25-29), jeder wird durch göttliche Eingebung unmittelbar wissen, was bevorsteht und wo die Rettung zu finden ist (Verse 3-5; vgl. Apg 2,16-21).
d *sich zu mir bekennen und:* verdeutlichender Zusatz.
e Vgl. Jes 14,32 mit Vergleichsstellen; Obd 17; Ps 46 und 48.
f Vgl. Jes 49,22; 60,4; 66,20; Sach 10,8-12.
g Hebräisch *Joschafat.*
h Zeitlich ist das hier Geschilderte nicht sicher einzuordnen.

Gott verspricht, das Land wieder in einen fruchtbaren Garten zu verwandeln – für immer (2,21-25; 4,18).

2,23 Jer 5,24-25 S **2,25** 1,4 S **2,26** Dtn 8,10; Ez 36,13-15 **2,27** 4,17; Ez 34,30; Jes 12,6 **3,1-5** Num 11,25-29; Apg 2,17-21 **3,1** Num 11,25-29; 12,6; Ez 39,29 **3,3-4** Jes 2,11-20 S; Joël 2,10 S **3,5** (Zionsberg) 4,17; Obd 17 S **4,1** Jer 29,13-14 S; Hos 7,1

und die werden sie weit weg in die Fremde, an die
Leute von Saba*, verkaufen. Ich habe es gesagt,
ich, der HERR.
9 Ruft unter den Völkern aus: ›Rüstet euch zum
Kampf! Stellt eure Truppen auf! Lasst alle eure wehr-
fähigen Männer antreten und marschieren!
10 Schmiedet aus euren Pflugscharen Schwerter,
macht aus euren Winzermessern Speerspitzen!
Noch der Schwächste soll erklären: Ich kämpfe wie
ein Löwe! 11 Kommt her, ihr Völker, kommt von allen
Seiten!‹«[a]

Und wenn sie dort versammelt sind, dann lass,
HERR, deine starken Engel* gegen sie antreten!
12 »So sollen die Völker aufgeboten werden und in
das Tal mit dem Namen ›Der HERR richtet‹ ziehen.
Dort werde ich auf dem Richterstuhl sitzen und sie
zur Rechenschaft ziehen, alle die Völker ringsum.
13 Nehmt die Sichel, die Ernte ist reif! Tretet die Kel-
ter*, sie ist bis zum Rand gefüllt![b] Das Maß ist voll;
die Schuld der Völker ist riesengroß.«

Die künftige Herrlichkeit Judas und Jerusalems

14 Ich höre den Lärm riesiger Heere im Tal des
Gerichts. Der Tag ist nahe, an dem der HERR dort
mit den Völkern abrechnet. 15 Sonne und Mond ver-
finstern sich und die Sterne hören auf zu strahlen.
16 Wie Löwengebrüll, wie Donnergrollen schallt
vom Zionsberg* in Jerusalem die Stimme des HERRN
und lässt Himmel und Erde erzittern. Doch für sein
Volk Israel ist der HERR eine sichere Zuflucht und
eine schützende Burg. 17 »Dann – sagt der HERR –
werdet ihr erkennen, dass ich euer Gott bin. Auf
dem Zion wohne ich, meinem heiligen Berg, und
Jerusalem wird unantastbar sein; nie mehr werden
Fremde dort eindringen.«
18 Der HERR sagt: »Zu jener Zeit werden die Berge
von Wein triefen und die Hügel von Milch und die
Bäche Judas werden das ganze Jahr über Wasser füh-
ren. An meinem Tempel* wird eine Quelle entsprin-
gen, die auch noch das trockenste Tal[c] bewässert.
19 Ägypten und Edom* aber werden zur Wüste
werden als Strafe für die Verbrechen, die ihre Män-
ner in Juda begangen haben. Sie haben dort unschul-
dige Menschen getötet. 20 Aber Juda soll für alle Zei-
ten bewohnt bleiben und Jerusalem für immer
bestehen. 21 Ich erkläre ihre Bewohner für unschul-
dig, was ich früher nicht getan habe; niemand wird
ungestraft bleiben, der ihr Leben antastet.[d] Denn auf
dem Zionsberg wohne ich, der HERR!«

a Wie in Ez 38–39 und Sach 14 ruft Gott selbst die Völker zum Kampf gegen sein Volk – aber um dessen Feinde endgültig zu vernichten.
b Die Völkerwelt ist reif zum Gericht. Zum Bild vom Treten der *Kelter* siehe Sacherklärung und Jes 63,1-6.
c Wörtlich *das Tal Schittim.* Die Lage ist unbekannt; der Name deutet auf Akazien hin, die in Steppe und Wüste wachsen.
d *niemand wird ...:* verdeutlichender Zusatz.

4,10 Jes 2,4 **4,12** Ps 96,13 **4,13** Mt 13,30.39; Offb 14,14-20; (Kelter) Jes 63,1-6 **4,14-16** Jes 13,6-13; Ez 30,2-3; Obd 15a-17; Mal 3,19-21; Jes 2,11-21 S **4,14** 4,2 **4,15** 2,10 S **4,16** Am 1,2 S; Joël 3,5 S **4,17** Ps 76,3 S; Jes 54,1-17 S **4,18** Am 9,13; Jes 30,23.25; Ez 47,1-12 S **4,19** Am 1,11; Obd 10-11 **4,20-21** Jes 60,15; 65,18; Jer 17,25; Sach 14,10-11

AMOS

Der erste Prophet, dessen Worte uns in einem nach ihm benannten Buch überliefert sind, ist Amos aus einem Dorf in Juda. Nach seinen eigenen Angaben hat Gott ihn hinter der Herde weggeholt und als Prophet in das Nordreich Israel gesandt (7,15). Er trat dort etwa in der Mitte der langen und erfolgreichen Regierungszeit Jerobeams II. (786–746 v. Chr.) auf. Einer satten und selbstsicheren Gesellschaft samt ihren weltlichen und geistlichen Führern kündigte er das Strafgericht Gottes durch Krieg und Verbannung an. Nicht das Kräftespiel der Weltmächte gab ihm zu einer solchen Erwartung Anlass, sondern in Visionen hatte Gott ihm das Ende des Nordreiches gezeigt (Kapitel 7–9).

Amos verkündet nicht nur das kommende Gericht, sondern er nennt auch die Gründe, die es unabwendbar machen. Die Regierung Jerobeams II. hatte dem Nordreich eine Zeit wirtschaftlicher Blüte gebracht, die jedoch zu einer einschneidenden sozialen Umschichtung führte. Aufgrund einer hohen Steuerlast (5,11-12) sammelte sich der Grundbesitz zunehmend in den Händen einer einflussreichen Oberschicht, während die Landbevölkerung in Armut und Abhängigkeit geriet. Dies aber stand in Widerspruch zu allem, was Gottes Gesetz für die Ordnung des menschlichen Zusammenlebens fordert. Deshalb zieht Amos die neue Oberschicht in aller Schärfe wegen der Unterdrückung und Ausbeutung der Armen und Schwachen zur Rechenschaft (2,6-8; 3,9-10; 4,1; 6,1-7; 8,4-7). Er übt beißende Kritik an einem Gottesdienst, der zum Selbstbetrug wird, weil man gleichzeitig Gottes Forderung nach Gerechtigkeit und Brüderlichkeit mit Füßen tritt (5,21-24). Auch andere Völker werden von Amos an diesem Maßstab gemessen (1,3–2,3).

Inhaltsübersicht

Buchüberschrift

1 In diesem Buch steht, was Amos, einem Viehzüchter aus dem Dorf Tekoa, vom HERRN offenbart* worden ist. Er empfing die hier aufgeschriebenen Worte als Botschaft für das Reich Israel[a] zwei Jahre vor dem großen Erdbeben, als in Juda König Usija regierte und in Israel Jerobeam, der Sohn Joaschs.
2 Amos sagte:

Wie Löwengebrüll und Donnergrollen
schallt es vom Zionsberg* in Jerusalem her.
Dort wohnt der HERR,
im Zorn erhebt er die Stimme;
da vertrocknen die saftigen Weiden,
selbst der Wald auf dem Gipfel des Karmels[b]
verdorrt.

ANKÜNDIGUNG DES GERICHTS ÜBER DAS NORDREICH ISRAEL (1,3–6,14)

Israels Nachbarvölker haben Gottes Strafgericht zu erwarten …[c]

3 Hört, was der HERR sagt: »Die Leute von *Damaskus*
haben Verbrechen auf Verbrechen gehäuft.[d] Sie
haben Gilead* so grauenvoll verwüstet, als hätte
man es mit eisernen Dreschschlitten* gedroschen.[e]
Darum verschone ich sie nicht. 4 Ich lege Feuer an
die befestigten Paläste, die ihre Könige Hasaël und
Ben-Hadad gebaut haben. 5 Ich zerbreche die Riegel
an den Toren von Damaskus und gebe die Stadt
ihren Feinden preis,[f] auch die Herrscher von Bikat-
Awen (Unrechtstal) und Bet-Eden (Lusthausen) brin-

a Hier und im ganzen Buch Amos bezeichnet *Israel** das Nordreich mit der Hauptstadt Samaria (3,9) und dem Reichsheiligtum Bet-El (7,10.13). Amos stammt aus Juda (Karte Seite 443), tritt aber als Prophet im Nordreich Israel auf (7,12-15). Zum Erdbeben siehe 8,8 und Sach 14,5.
b Siehe die Karte Seite 16.
c Es gehört zum prophetischen Auftrag, den Völkern Gottes Strafgericht anzukündigen (vgl. Jes 13–21; Jer 46–51; Ez 25–32). Der Maßstab dafür ist bei Amos Gottes Forderung nach Gerechtigkeit und Menschlichkeit.

1,1 7,14-15; 8,8; Sach 14,5; 7,9-11; 2 Kön 14,23-29; 15,1-7; Jes 1,1; Hos 1,1 **1,2** Joël 4,16; Jer 25,30-31; 4,7 S; Hos 11,10; Ps 29,3-9 S; 76,3 S **1,3-5** Jes 9,11; 17,1-3 S **1,3** 2 Kön 10,32-33 **1,4** 2 Kön 13,3 **1,5** 9,7; 2 Kön 16,9

ge ich um. Die Bevölkerung von ganz Syrien* wird nach Kir[a] verschleppt. Das sage ich, der HERR.«

6 Hört, was der HERR sagt: »Die Leute von *Gaza* haben Verbrechen auf Verbrechen gehäuft. Sie haben ganze Dörfer entvölkert und ihre Bewohner an die Edomiter verkauft. Darum verschone ich sie nicht. 7 Ich lege Feuer an die Mauern von Gaza, damit es seine Prachtbauten verzehrt. 8 Auch die Herrscher von Aschdod und Aschkelon bringe ich um, die Stadt Ekron bekommt meine Hand zu spüren. Und der ganze Rest der Philister* wird auch umkommen. Das sage ich, der HERR.«

9 Hört, was der HERR sagt: »Die Leute von *Tyrus* haben Verbrechen auf Verbrechen gehäuft. Sie haben den Freundschaftsbund[b] mit Israel gebrochen und die Bewohner ganzer Dörfer an die Edomiter verkauft. Darum verschone ich sie nicht. 10 Ich lege Feuer an die Mauern von Tyrus, damit es seine Prachtbauten verzehrt.«

11 Hört, was der HERR sagt: »Die Leute von *Edom** haben Verbrechen auf Verbrechen gehäuft. Den Israeliten, die doch ihr Brudervolk[c] sind, haben sie erbarmungslos mit dem Schwert nachgestellt und den Hass immer aufs Neue geschürt. Darum verschone ich sie nicht. 12 Ich schicke Feuer in ihr Land, damit es die Prachtbauten von Bozra verzehrt.«

13 Hört, was der HERR sagt: »Die Leute von *Ammon** haben Verbrechen auf Verbrechen gehäuft. Als sie ihr Gebiet zu erweitern suchten, haben sie in der Landschaft Gilead sogar schwangeren Frauen den Leib aufgeschlitzt.[d] Darum verschone ich sie nicht. 14 Ich lege Feuer an die Mauern ihrer Hauptstadt Rabba, damit es die Prachtbauten verzehrt. Das Kriegsgeschrei dröhnt, wie ein brausender Sturm tobt die Schlacht, wenn das geschieht. 15 Der Ammoniterkönig muss mit allen führenden Männern in die Verbannung. Das sage ich, der HERR.«

2 Hört, was der HERR sagt: »Die Leute von *Moab** haben Verbrechen auf Verbrechen gehäuft. Sie haben die Gebeine des Edomiterkönigs zu Asche verbrannt. Darum verschone ich sie nicht. 2 Ich schicke Feuer in ihr Land, damit es die Prachtbauten von Kerijot verzehrt. Ihre Männer fallen in der tosenden Schlacht, unter dem Kriegsgeschrei und dem Lärm der Kriegshörner* ihrer Feinde. 3 Ihren Herrscher und alle führenden Männer bringe ich um. Das sage ich, der HERR.«

4 Hört, was der HERR sagt: »Die Leute von *Juda*[e] haben Verbrechen auf Verbrechen gehäuft. Sie haben mein Gesetz* missachtet, meine Gebote übertreten und sich von falschen Göttern verführen lassen, genau wie ihre Vorfahren. Darum verschone ich sie nicht. 5 Ich schicke Feuer in das Land, damit es die Prachtbauten Jerusalems verzehrt.«

... aber Israel erst recht!

6 Hört, was der HERR sagt: »Auch ihr Leute von *Israel*[f] habt Verbrechen auf Verbrechen gehäuft! Darum verschone ich euch nicht. Ihr verkauft ehrliche Leute als Sklaven*, nur weil sie ihre Schulden nicht bezahlen können, ja ihr verkauft einen Armen schon, wenn er euch eine Kleinigkeit wie ein Paar Sandalen schuldet. 7 Ihr giert sogar nach der Asche auf dem Kopf der Verzweifelten und wendet jeden Trick an, um die Schwachen um ihr Recht zu bringen. Vater und Sohn missbrauchen dasselbe Mädchen. Mit all dem befleckt ihr meinen heiligen Namen*. 8 Neben jedem Altar streckt ihr euch auf Kleidern aus, die ihr den Armen als Pfand abgenommen habt;[g] in euren Heiligtümern trinkt ihr Wein, den ihr als Ersatz für nicht bezahlte Schulden eingefordert habt.

9 Dabei habe ich doch euretwegen die Amoriter* vernichtet. Sie waren so groß wie Zedern und so stark wie Eichen, aber ich habe sie mit Stumpf und Stiel ausgerottet. 10 Ich habe euch aus Ägypten befreit und euch vierzig Jahre lang durch die Wüste geführt, bis ihr das Land der Amoriter in Besitz nehmen konntet. 11 Als meine Zeugen habe ich aus eurer Mitte Propheten* berufen und Männer, die sich mir geweiht haben. So ist es doch, ihr Leute von Israel!«, sagt der HERR. 12 »Aber meinen Geweihten* habt ihr Wein zu trinken gegeben[h] und den Propheten habt ihr verboten, in meinem Namen zu sprechen.

13 Ich werde euch bestrafen, dass ihr ächzt und stöhnt wie ein überladener Erntewagen.[i] 14-15 Auch der Schnellste kann dann nicht mehr entkommen, dem Stärksten nützt seine Kraft und dem Mutigsten sein Mut nichts. Die Bogenschützen werden überrannt, bevor sie einen Pfeil abschießen können, auch die Besatzung der Streitwagen* kann sich nicht mehr retten. 16 Selbst der Tapferste der Tapferen wird an jenem Tag alles wegwerfen und um sein Leben laufen. Das sage ich, der HERR.«

Das bevorzugte Volk

3 Hört her, ihr Leute von Israel! Ihr seid das Volk, das der HERR aus Ägypten herausgeführt hat. Er lässt euch sagen: 2 »Von allen Völkern der Erde habe ich euch allein ausgewählt. Deshalb wiegt eure Schuld so schwer und ich muss euch dafür zur Rechenschaft ziehen.«

Der Prophet hat keine Wahl

3 Gehen zwei Männer miteinander denselben Weg,
wenn sie sich nicht vorher getroffen haben?
4 Brüllt der Löwe im Wald,
wenn er kein Beutetier vor sich sieht?
Lässt der Junglöwe sein Knurren hören,

1,6-8 Jes 14,28-32S **1,9-10** Jes 23,1-16S **1,9** 1Kön 5,26 **1,11-12** Jes 34,5-17S; Gen 36,1.6-8 **1,13-15** Jer 49,1-6S **2,1-3** Jes 15,1–16,14S **2,6** 5,11-12; 8,4-6; Jes 1,17S; Mi 3,1-4 **2,8** Ex 22,25-26 **2,9** Num 13,27-33; 21,21-24 **2,10** Ex 20,2; Dtn 2,7; Hos 13,4-5 **2,11** Dtn 18,15; Hos 11,2 **2,12** 7,12-13; Jes 30,10S; Num 6,2-3 **2,14-16** 9,1 **3,1-2** 9,7-8 **3,1** 2,10 **3,2** Ex 19,5-6S

d Wörtlich *Wegen drei Verbrechen von Damaskus und wegen vier (verschone ich sie nicht).* Die Zahlen sind nicht wörtlich zu nehmen, sondern drücken eine anhaltende Steigerung des Unrechts aus; genannt wird jeweils nur das schlimmste. Dieselbe Formulierung auch in 1,6.9.11.13; 2,1.4.6.
e Vgl. 2Kön 10,32-33.
f *und gebe ...:* verdeutlichender Zusatz.

a Von dort sind sie einst nach Syrien eingewandert (9,7; vgl. 2Kön 16,9).
b Er bestand seit David und Salomo (1Kön 5,15.26).
c Nach Gen 36,1.6-8 waren die Stammväter der beiden Völker Brüder.
d Das war grausame Kriegspraxis (2Kön 8,12; 15,16; Hos 14,1).
e Von Nordisrael aus gesehen, zählt auch Juda zum »Ausland«.
f Die Hörer des Propheten haben voller Genugtuung der Abrechnung mit ihren Feinden gelauscht. Völlig überraschend sind sie nun selbst an der Reihe.
g Vgl. dagegen Ex 22,25-26.
h Was ihnen ausdrücklich untersagt ist (Num 6,3).
i Deutung unsicher.

wenn er kein Opfer in den Krallen hat?
5 Geht der Vogel ins Netz,
wenn kein Köder ausgelegt ist?
Schnappt die Falle zu,
wenn sich nichts darin gefangen hat?
6 Bläst man Alarm in der Stadt
und es fährt niemand zusammen?
Trifft ein Unglück die Stadt
und der HERR hat es nicht geschickt?[a]

7–8 Der Löwe brüllt –
wer fürchtet sich nicht?
Der HERR, der mächtige Gott, redet –
wer wird da nicht zum Propheten*?

Der HERR, der mächtige Gott, tut nichts, ohne dass er es zuvor seine Diener, die Propheten, wissen lässt.

Der Untergang Samarias

9 Der HERR sagt: »Lasst vor den Palästen in der Philisterstadt* Aschdod und in Ägypten ausrufen: ›Kommt, versammelt euch auf den Bergen rings um die Stadt Samaria und seid Zeugen dafür, wie dort Unterdrückung und Gewalt an der Tagesordnung sind! 10 Ihre Bewohner treten das Recht mit Füßen und häufen in ihren Häusern Schätze auf, die sie mit Raub und Mord an sich gebracht haben.‹

11 Deshalb kündige ich, der mächtige Gott, den Leuten von Samaria an: ›Feinde werden euer Land umzingeln, eure Befestigungen niederreißen und alle eure Häuser ausplündern. 12 Von den Israeliten, die in Samaria wohnen, wird genauso viel übrig bleiben wie von einem Lamm, das ein Löwe verschlingt. So wie ein Hirt gerade noch zwei Schenkelknochen oder einen Zipfel vom Ohr als Beweisstück[b] rettet, so werden die feinen Leute ›gerettet‹, die sich in Samaria auf ihren Luxusbetten räkeln.‹«[c]

13 Der HERR, der Gott und Herrscher der ganzen Welt,[d] sagt: »Hört her und verkündet es den Nachkommen Jakobs: 14 ›Der Tag kommt, an dem ich die Leute von Israel für ihre Verbrechen bestrafen werde. Dann zerstöre ich die Altäre des Heiligtums in Bet-El, ihre Hörner werden abgebrochen am Boden liegen.[e] 15 Ich lasse die prächtigen Häuser in Trümmer sinken, die Sommervillen und die Winterpaläste; die elfenbeingeschmückten und hoch aufgestockten[f] Bauten werden dem Erdboden gleichgemacht.‹ Das sage ich, der HERR.«

Gegen die reichen Frauen von Samaria

4 Hört, ihr Frauen von Samaria, gut genährt und schön wie Baschans* Kühe! Ihr unterdrückt die Schwachen und schindet die Armen. Ihr sagt zu euren Männern: »Los, schafft uns zu trinken herbei!«

2 Der HERR, der mächtige Gott, hat bei seinem heiligen Namen* geschworen: »Die Zeit kommt, dass man euch mit Fanghaken herausholen wird, die Letzten von euch mit Fischangeln. 3 Eine nach der andern müsst ihr durch die nächste Bresche in der Mauer hinaus und sie werden euch in Richtung Hermon° fortjagen. Das sage ich, der HERR!«

Religion und Verbrechen blühen

4 »Kommt zum Heiligtum von Bet-El – und sündigt![g] Kommt zum Heiligtum von Gilgal – und begeht Verbrechen! Feiert am ersten Festtag eure Mahlopfer* und am Tag darauf die Ablieferung eurer Zehnten*! 5 Lasst gesäuertes Brot als Dankopfer* in Rauch aufgehen und kündigt freiwillige Opfer an – so laut, dass alle es hören! So liebt ihr es doch, ihr Leute von Israel!« Das sagt der HERR, der mächtige Gott.

Israel ist unbelehrbar

6 Der HERR sagt: »Ich schickte euch eine Hungersnot, sodass es in euren Städten und Dörfern nichts mehr zu beißen gab. Das kam von mir! Trotzdem seid ihr nicht zu mir umgekehrt.

7 Ich hielt den Regen zurück, als die Felder ihn am nötigsten gebraucht hätten.[h] Über der einen Stadt ließ ich es regnen, auf die andere fiel nicht ein Tropfen. Das eine Feld stand prächtig, während auf dem andern alles verdorrte. 8 Von überall her schleppten die Leute sich halb verdurstet zu einer Stadt, die noch Wasser hatte; aber es reichte nicht für so viele. Trotzdem seid ihr nicht zu mir umgekehrt«, sagt der HERR.

9 »Ich schickte euch Mehltau und Kornbrand; die meisten eurer Gärten und Weinberge, eurer Feigenbäume und Ölbäume fraßen die Heuschrecken kahl. Trotzdem seid ihr nicht zu mir umgekehrt«, sagt der HERR.

10 »Ich schickte euch die Pest wie einst den Ägyptern.[i] Ich ließ eure jungen Männer im Kampf umkommen und gab eure Pferde den Feinden zur Beute. In euren Lagern ließ ich euch den Leichengestank in die Nase steigen. Trotzdem seid ihr nicht zu mir umgekehrt«, sagt der HERR.

11 »Ich ließ ganze Städte untergehen wie einst Sodom* und Gomorra, nur ein paar Menschen überlebten die Katastrophe – so wie ein angekohltes Holzscheit gerade noch aus dem Feuer gerissen wird. Trotzdem seid ihr nicht zu mir umgekehrt«, sagt der HERR.

12 »Jetzt aber komme ich selbst und ziehe euch zur Rechenschaft. Macht euch bereit, mir gegenüberzutreten, ihr Leute von Israel!«

a Damit wird eine allgemein anerkannte Überzeugung ausgesprochen. Das Ziel der Fragenkette liegt in der Fortsetzung: Wen Gott zum Propheten beruft, dem bleibt keine Wahl (7,15; vgl. Jer 20,7-9; 1 Kor 9,16).
b *als Beweisstück* (d.h. zur Rechenschaft für den Herdenbesitzer; vgl. Ex 22,12): verdeutlichender Zusatz.
c Wörtlich *die am Kopfende einer Couch oder am Fußende einer Damaszenerliege sitzen* – Möbelstücke, die damals den Gipfel des Luxus darstellten.
d Wörtlich *Der Herr HERR, Gott Zebaot**.
e Die abgebrochenen *Hörner** sind ein Bild dafür, dass Israel dem Untergang schutzlos preisgegeben ist: Die Hörner des Altars bieten dem Verfolgten, der sie ergreift, Schutz und werden mit dem sühnenden Opferblut bestrichen.
f Oder *zahlreichen*.
g Amos stellt die priesterliche Einladung auf den Kopf; man erwartet: »und entsündigt euch«, d.h., sorgt durch Opfer für Sühnung eurer Schuld. Den Grund für diese Umwertung nennt 5,21-24 (siehe auch 5,14-15 im Vergleich mit 5,4-5).
h *als die Felder ...*: wörtlich *als noch drei Monate waren bis zur Ernte*.
i Vgl. Ex 11,4-5; 12,29.

3,6 (geschickt) Jes 45,7; Klgl 3,37-38 **3,7-8** Jer 20,7-9; 1 Kor 9,16; 1 Kön 22,16-23 **3,9-12** 4,1-3; 6,1-7 **3,12** Ex 22,12; Am 6,4 **3,14** 2 Kön 23,15 S **3,15** 5,11-12; 6,8.11; 1 Kön 22,39 **4,1** 5,11-12; Jes 56,12 **4,2** Jer 49,13 S **4,4-5** 5,4-5.21-24; Hos 4,15 **4,6-12** Lev 26,14-39; Jer 5,3 S **4,7-8** Jer 3,3 S **4,9** Joël 1,4 S **4,10** Ex 9,3; Dtn 28,21-22 **4,11** Gen 19,24-25

Gott, der mächtige Schöpfer

13 Er hat die Berge geformt
und die Winde geschaffen.
Er verkündet den Menschen, was er vorhat.
Er lässt den Tag zur Nacht werden;
er schreitet über die höchsten Gipfel der Erde.
»Der HERR, der Gott der ganzen Welt«[a] ist sein
Name!

Gibt es noch Rettung für Israel?° [b]

5 (A) Hört die Totenklage*, die ich über euch
anstimme, ihr Leute von Israel:

2 Erschlagen liegt sie da,
die Jungfrau Israel,
und steht nie wieder auf!
Verlassen liegt sie da
in ihrem eignen Land
und niemand hilft ihr mehr!

3 Denn der HERR, der mächtige Gott, sagt: »Wenn aus
einer Stadt tausend Männer in den Kampf ziehen,
kehren nur hundert zurück, und wenn hundert aus-
ziehen, nur zehn. So wird es überall im ganzen Reich
Israel sein.«
(B) 4 Der HERR lässt den Leuten von Israel sagen:
»Kommt zu mir, dann bleibt ihr am Leben! 5 Geht
nicht nach Bet-El; denn Bet-El muss an den Bettel-
stab! Geht auch nicht nach Gilgal; denn Gilgal muss
an den Galgen! Und geht erst recht nicht über die
Grenze nach Beerscheba!«[c]
6 Kommt zum HERRN,[d] dann werdet ihr leben!
Sonst wird er wie Feuer über die Nachkommen
Josefs herfallen. Dieser Brand wird auch das Heilig-
tum von Bet-El[e] fressen; niemand kann ihn löschen.
(C) 7 Weh euch! Ihr tretet das Recht mit Füßen; ihr
verdreht es, dass es bitter wird wie Galle!

(D) 8 Er hat das Siebengestirn und den Orion
geschaffen.
Er lässt aus Dunkelheit Licht werden
und aus Licht wieder Dunkelheit.
Er ruft das Wasser aus dem Meer
und lässt es auf die Erde herabregnen.
»HERR« ist sein Name*!
9 Er vernichtet die Mächtigen
und zerstört ihre Festungen.

(C) 10 Weh euch! Ihr hasst jeden, der in der Gerichts-
versammlung die Wahrheit sagt und das Unrecht
anprangert! 13 °[f] Deshalb handelt jeder klug, der in
solch einer bösen Zeit schweigt und sich euch nicht
ans Messer liefert.
11-12 Ich kenne eure Vergehen, eure zahllosen Ver-
brechen! Ihr beutet die Armen aus und verlangt von
ihnen hohe Abgaben an Korn. Ihr verfolgt ehrbare
Bürger, nehmt Bestechungsgelder an und verweigert
den Schutzlosen ihr Recht. Aber die Strafe lässt nicht
auf sich warten:[g] Ihr werdet eure neuen Häuser aus
behauenen Steinen nicht bewohnen und den Wein
aus euren neu angelegten Weinbergen nicht trinken.
(B) 14 Kommt zurück zum Guten, kehrt euch ab
vom Bösen! Dann werdet ihr am Leben bleiben.
Dann wird der HERR, der Gott der ganzen Welt,[h]

Gott kümmert sich um die Armen. Es wiegt viel, wie einer mit dem anderen umgeht, zu Hause, auf dem Markt, im Geschäftsleben.

a Wörtlich *Der HERR, Gott Zebaot**.
b Zur Gliederung (A, B, C usw.) siehe Textanmerkung im Anhang.
c An den drei Orten befanden sich alte Heiligtümer. *Beerscheba* lag im südlichen Teil von Juda. Das Wort über *Gilgal* ist im Hebräischen ein Wortspiel, das über *Bet-El* (Haus Gottes) spielt mit der Verballhornung zu Bet-Awen (Haus des Unheils/Unrechts), die sich mehrfach bei Hosea findet (Hos 4,15; 5,8; 10,5).
d So lautet herkömmlicherweise die Aufforderung, zum Heiligtum zu gehen (siehe 4,4-5 und Anmerkung dazu). Amos macht mit schneidender Schärfe klar: An den erwähnten Heiligtümern ist Gott nicht zu finden.
e Das Reichsheiligtum des Nordreiches (7,13).
f Siehe Textanmerkung im Anhang.
g *Aber die Strafe ...*: verdeutlichender Zusatz.
h Wörtlich *der HERR, Gott Zebaot**; ebenso in Vers 15.

4,13 5,8-9; 9,5-6; 3,7-8; Mi 1,2-3 **5,1** Ez 28,12S **5,3** 6,9; Dtn 28,62 **5,4-5** 4,4-5S **5,6** 5,4.15 **5,7** 5,24; 6,12; 2,6S **5,8-9** 4,13; 9,5-6 **5,8** Ijob 9,9S; Jes 45,7 **5,11-12** 2,6S; 3,15S **5,14** Jer 7,1-11

wirklich bei euch sein, wie ihr behauptet. 15 Hasst das Böse, liebt das Gute! Sorgt vor Gericht dafür, dass Recht Recht bleibt! Vielleicht wird dann der HERR, der Gott der ganzen Welt, denen gnädig sein, die von den Nachkommen Josefs übrig bleiben.

(A) 16 Weil ihr das Recht mit Füßen tretet, kündigt der HERR, der Gott und Herrscher der ganzen Welt,[a] euch an:

»Auf allen Plätzen wird man Trauerlieder hören, in allen Gassen Weherufe. Die Landleute werden von den Feldern geholt, um die Toten zu beweinen; alle, die sich darauf verstehen, werden zur Totenklage* herbeigerufen. 17 Selbst die Weinberge, in denen sonst Freude und Jubel herrschten,[b] werden erfüllt sein von Klagegeschrei. Denn ich werde unter euch blutige Ernte halten. Das sage ich, der HERR!«

Israel wiegt sich in falscher Sicherheit

18 Weh euch, die ihr den Tag herbeisehnt, an dem der HERR eingreift! Was erwartet ihr denn von diesem Tag?[c] Finsternis wird er euch bringen und nicht Licht! 19 Es wird euch ergehen wie dem Mann, der vor einem Löwen davonläuft und auf einen Bären trifft, und wenn er glücklich das Haus erreicht hat und sich an die Wand lehnt, beißt ihn eine Schlange.

20 Der Tag des HERRN bringt Finsternis und nicht Licht, ein schwarzer Tag ist er; auch nicht einen Schimmer von Hoffnung lässt er euch.

Gottesdienst ersetzt nicht gerechtes Handeln

21 Der HERR sagt: »Ich hasse eure Feste und kann eure Feiern nicht ausstehen. 22 Eure Brandopfer und Speiseopfer* sind mir zuwider; das gemästete Vieh, das ihr für das Opfermahl* schlachtet, kann ich nicht mehr sehen. 23 Hört auf mit dem Geplärr eurer Lieder![d] Euer Harfengeklimper ist mir lästig!

24 Sorgt lieber dafür, dass jeder zu seinem Recht kommt! Recht und Gerechtigkeit sollen das Land erfüllen wie ein Strom, der nie austrocknet.

25 Habe ich von euch Israeliten während der vierzig Wüstenjahre vielleicht Mahlopfer und Speiseopfer verlangt?[e] 26 Habt ihr damals schon die Götzenbilder eures Himmelskönigs Sakkut und eures Sterngottes Kewan herumgetragen, wie ihr es jetzt tut?[f] 27 Ihr könnt euch darauf verlassen: Ich werde euch in die Verbannung[g] führen, noch über Damaskus hinaus.«

Das sagt der HERR, der Gott der ganzen Welt.[h]

Die Schuld der führenden Kreise

6 Weh euch, ihr Sorglosen auf dem Berg Zion*! Ihr Selbstsicheren auf dem Berg von Samaria! Ihr Vornehmen Israels, des ersten aller Völker, bei denen die Leute Rat und Hilfe suchen! 2 Geht doch in die Stadt Kalne, geht in die große Stadt Hamat und in die Philisterstadt Gat! Seid ihr vielleicht besser gerüstet als diese Königreiche? Oder ist euer Gebiet so viel kleiner als das ihre, dass ihr denkt, die Assyrer* werden sich nichts daraus machen?[i]

3 Ihr meint, das Unheil sei noch fern – dabei habt ihr ein System der Unterdrückung und Ausbeutung eingeführt! 4 Ihr räkelt euch auf euren elfenbeinverzierten Polsterbetten und esst das zarte Fleisch von Lämmern und Mastkälbern. 5 Ihr grölt zur Harfe und bildet euch ein, ihr könntet Lieder machen wie David.[j] 6 Ihr trinkt den Wein kübelweise und verwendet die kostbarsten Parfüme; aber dass euer Land[k] in den Untergang treibt, lässt euch kalt.

7 Deshalb sagt der HERR, der Gott der ganzen Welt:[l] »Ihr müsst als Erste in die Verbannung gehen und eure Gelage nehmen ein jähes Ende.«

Die Zerstörung Samarias

8 Der HERR, der Gott der ganzen Welt, sagt: »Der Hochmut[m] der Nachkommen Jakobs ist mir zuwider, ich hasse ihre prächtigen Paläste. Deshalb gebe ich Samaria dem Untergang preis mit allen seinen Bewohnern. Das habe ich, der mächtige Gott, bei mir selbst geschworen.

9 Wenn irgendwo in einem Haus noch zehn Menschen übrig geblieben sind – auch sie müssen sterben. 10 Und wenn im hintersten Winkel eines Hauses ein Überlebender sitzt und es kommt ein Verwandter, um die Toten zur Bestattung aus dem Haus zu holen, und fragt ihn: ›Lebt hier noch jemand außer dir?‹, und er antwortet: ›Niemand‹; dann wird der andere sagen: ›Pst! Erwähne nur nicht den Namen des HERRN, sonst merkt er, dass hier noch jemand lebt!‹«[n]

11 Der HERR wird einen Befehl geben und dann werden die Häuser und Paläste in Trümmer geschlagen, die großen wie die kleinen.

Die Strafe für Unrecht und Selbstüberhebung

12 Fährt man mit Ross und Wagen über Felsblöcke oder pflügt man mit Rindern das Meer?° Ihr aber habt das Recht in tödliches Gift verwandelt; und was ihr Gerechtigkeit nennt, ist bitter wie Galle.

13 Ihr bildet euch etwas darauf ein, dass ihr die Stadt Lo-Dabar erobert habt. Ihr prahlt: »Wir haben Karnajim[o] eingenommen, das haben wir aus eigener Kraft geschafft!« 14 Aber der HERR, der Gott der ganzen Welt, sagt: »Ich werde gegen euch Israeliten ein Volk aufbieten, das wird euer Land in Besitz nehmen und euch unterdrücken von Lebo-Hamat im Norden bis zum Toten Meer.«

a Wörtlich *der HERR, Gott Zebaot*, der Herr.*
b *in denen ...:* verdeutlichender Zusatz. Gemeint ist: bei der Weinlese.
c Der »Tag des HERRN« bedeutete nach herkömmlicher Erwartung: Sieg für Israel, Vernichtung für dessen Feinde (vgl. Ps 68 und Schlachten wie Jos 10,10-14; Ri 5 oder 7,19-22). Amos aber hat das Gericht gerade über Israel anzukündigen (siehe auch Anmerkung zu 2,6).
d Man hat dabei an gottesdienstliche Lieder wie die Psalmen zu denken!
e Amos hat offenbar ein anderes Bild von der Wüstenzeit als Lev 8–9; Num 7.
f Deutung unsicher.
g Siehe die Sacherklärung. Amos ist der erste Prophet, der die Verbannung Israels ankündigt (vgl. auch 7,11.17; 9,4) – zu einem Zeitpunkt, als die assyrische Praxis der Zwangsumsiedlung noch kaum in das Blickfeld Israels getreten war.
h Wörtlich *der HERR, Gott Zebaot*.*
i *Oder ist euer Gebiet ...:* wörtlich *Oder ist deren Gebiet etwa größer als das eure?*
j Deutung unsicher.
k *euer Land:* wörtlich *Josef*, d.h. die Josefsstämme als Kern des Nordreiches.
l Wörtlich *der HERR, Gott Zebaot*;* ebenso in den Versen 8 und 14.
m Selbstüberhebung fordert das Strafgericht Gottes heraus (3,15; Jes 2,11-12 und Vergleichsstellen).
n *sonst merkt ...:* verdeutlichender Zusatz.
o Die Namen der beiden Städte im nördlichen Ostjordanland klingen im Hebräischen wie »Nichts, Nichtigkeit« und »Hörner« (= Stärke, Kraft). Sie sind offenbar von Jerobeam II. zurückerobert worden (2 Kön 14,25).

5,15 Ps 34,15; Joël 2,14 S; Jes 10,22 S **5,16-17** Jer 9,16-21 **5,18-20** (Tag des HERRN) Jer 30,7-8; Ez 7,10-27; Joël 1,15; 2,1-11; 4,14-16 S; Zef 2,1-18; Mal 3,2-5 **5,21-24** Jes 1,10-20 S **5,24** 5,7 **5,25** Jer 7,22 **5,26** Apg 7,42-43 **5,27** 6,7; 7,11.17; 9,4; Hos 9,3-4; 2 Kön 17,6 **6,4** 3,12 **6,5-6** Jes 5,11-12 S **6,6** 2,8; 4,1 **6,8** 3,15; Jes 2,11-12 S **6,9** Jes 6,13 **6,12** 5,7 **6,13** Dtn 8,17; 2 Kön 14,25 **6,14** 2 Kön 17,5-6

VISIONEN UND AUSWEISUNG DES PROPHETEN (Kapitel 7–9)

Drei Visionen: Die Strafe ist unabwendbar

7 Hört, was der HERR, der mächtige Gott, mich schauen ließ: Ich sah, wie er einen Heuschreckenschwarm schuf. Es war nicht lange, nachdem das Gras für den König gemäht worden war; die Sommersaat ging gerade auf.[a] 2 Die Heuschrecken machten sich daran, alles Grün aufzufressen.

Da sagte ich: »HERR, du mächtiger Gott, vergib doch deinem Volk![b] Wie kann es sonst überleben? Es ist ja so klein!«

3 Dem HERRN tat es Leid und er sagte: »Gut, es soll nicht geschehen.«

4 Dann ließ der HERR, der mächtige Gott, mich etwas anderes sehen: Er rief eine Gluthitze herbei, die zehrte alles Wasser auf. Als sie anfing, auch das Ackerland zu verzehren, 5 sagte ich: »HERR, du mächtiger Gott, halt doch ein! Wie kann dein Volk sonst überleben? Es ist ja so klein!«

6 Dem HERRN tat es Leid und er sagte: »Gut, es soll nicht geschehen.«

7 Dann ließ der HERR mich wieder etwas anderes sehen: Er selbst stand auf einer Mauer aus Zinn und hielt einen Klumpen Zinn in der Hand.[c] 8 Er fragte mich: »Amos, was siehst du?«

»Einen Zinnklumpen«, antwortete ich.

Da sagte er: »Ja, ich werfe einen Zinnklumpen mitten in mein Volk Israel! Ich werde es jetzt nicht mehr verschonen.[d] 9 Die Opferstätten[e] der Nachkommen Isaaks und die Staatsheiligtümer Israels sollen verwüstet werden und gegen das Königshaus Jerobeams werde ich mit dem Schwert vorgehen.«

Amos wird aus dem Reich Israel ausgewiesen

10 Amazja, der oberste Priester* in Bet-El,[f] ließ Jerobeam, dem König des Reiches Israel,[g] melden: »Amos zettelt mitten in Israel eine Verschwörung gegen dich an! Was er redet, ist unerträglich. 11 Er hat gesagt: ›Jerobeam wird durchs Schwert umkommen und das Volk Israel wird aus seinem Land in ein anderes verschleppt.‹«

12 Zu Amos aber sagte Amazja: »Du Prophet*, flieh von hier und geh nach Juda! Rede dort als Prophet; sie werden dir dort sicher zu essen geben.[h] 13 Hier in Bet-El darfst du nicht mehr auftreten; denn dies ist ein Reichsheiligtum, das dem König von Israel gehört.«

14 Amos erwiderte: »Ich bin kein berufsmäßiger Prophet und gehöre auch zu keiner Prophetengemeinschaft*. Ich bin unabhängig; ich besitze Rinder und Maulbeerfeigenbäume*. 15 Aber der HERR hat mich von meiner Herde weggeholt und gesagt: ›Geh und rede als Prophet zu meinem Volk Israel!‹

16 So höre nun das Wort des HERRN! Du sagst: ›Rede nicht als Prophet gegen Israel; verkünde den Nachkommen Isaaks keine Drohbotschaften!‹ 17 Deshalb sagt der HERR: ›Deine Frau wird hier in der Stadt zur Hure gemacht, deine Söhne und Töchter werden im Krieg umkommen, dein Grundbesitz wird verteilt und du selbst wirst in der Fremde sterben, in einem unreinen* Land.‹ Denn das Volk Israel muss sein Land verlassen und in die Verbannung gehen.«

Erneute Vision vom kommenden Strafgericht

8 Noch etwas ließ der HERR, der mächtige Gott, mich sehen: einen Erntekorb voll Obst. 2 Er fragte mich: »Amos, was siehst du?«

Ich antwortete: »Einen Korb mit reifem Obst.«

Da sagte der HERR: »Ja, reif ist mein Volk – zum Gericht! Ohne Erbarmen will ich alles abernten. 3 Dann werden die Sängerinnen im Königspalast Klagelieder* anstimmen. An allen Orten liegen Leichen herum, niemand begräbt sie, überall Totenstille.«

Das sagt der HERR, der mächtige Gott.

Gegen Unrecht und Ausbeutung

4 Hört her, ihr Unterdrücker und Ausbeuter! Euer ganzes Tun zielt darauf ab, die Armen im Land zu ruinieren! 5 Ihr sagt: »Wann ist endlich das Neumondfest* vorbei, wann ist endlich der Sabbat* vorüber? Dann können wir unsere Speicher öffnen und Korn verkaufen, das Getreidemaß kleiner machen und das Gewicht, mit dem wir das Silber zur Bezahlung abwiegen, größer,[i] die Waagbalken verstellen 6 und sogar noch den Abfall mit Gewinn loswerden.«

Die Armen macht ihr zu euren Sklaven*, auch wenn sie euch nur ein Paar Sandalen schulden. 7 Aber der HERR, auf den ihr Nachkommen Jakobs so stolz seid, hat geschworen: »Nie werde ich ihnen diese Untaten verzeihen!«

8 Wen wundert es da, dass die Erde bebt und alle ihre Bewohner erschrecken? Sie hebt und senkt sich wie der Nil in Ägypten.

Der Tag des Gerichts: Gott schweigt

9 »An jenem Tag geht die Sonne am Mittag unter und am helllichten Tag wird es finster«, sagt der HERR, der mächtige Gott. 10 »Ich verwandle eure Freudenfeste in Leichenfeiern; statt fröhliche Lieder zu singen, werdet ihr weinen und klagen. Ihr werdet euch die Köpfe kahl scheren und den Sack* um die Hüften

a Ein besonders gefährlicher Zeitpunkt für einen Heuschreckeneinfall!
b *deinem Volk:* wörtlich *Jakob* (= Israel; vgl. Gen 32,29; 35,10); so auch in Vers 5.
c *Zinn* (und nicht Blei) ist durch neuere Forschungen eindeutig als Sinn des hebräischen Wortes erwiesen. Das Metall erinnert als Bestandteil der Bronzelegierung an Kriegswaffen und hat offenbar auch bei magischen Riten eine Rolle gespielt; es hat von daher die Bedeutung eines schlimmen Vorzeichens.
d Amos wagt nicht noch einmal, für das Volk zu bitten.
e Vgl. 4,4-5; 5,4-5.
f Das »Reichsheiligtum« Nordisraels (Vers 13; vgl. 1 Kön 12,26-32); zur Lage an der Südgrenze siehe Karte Seite 443.
g Es handelt sich um Jerobeam II. (siehe Zeittafel im Anhang sowie 2 Kön 14,23-29), nicht um den Begründer des Nordreiches Israel desselben Namens (vgl. 1 Kön 12).
h Zur Prophetie als Broterwerb vgl. Num 22,7.17-18; 1 Sam 9,6-7; 1 Kön 14,2-3; 2 Kön 4,42; Mi 3,5.11.
i Man hatte noch keine geprägten Münzen.

7,1-2 Joël 1,4 S **7,2b.5** Ex 32,11-13; Jer 7,16 S **7,4** Joël 1,17-20 **7,8** (siehst) Jer 1,11 S **7,10** 1 Kön 12,28-32; 2 Kön 14,23-29; Jer 38,4 **7,11** 5,27 S **7,12** (zu essen) Num 22,7.17-18; 1 Sam 9,6-7; 1 Kön 14,3; 2 Kön 4,42; Mi 3,5.11 **7,15** 1,1; 3,3-8; 2 Sam 7,8 **7,16** 2,12 **7,17** 5,27 S **8,1-3** 7,1-9; 9,1-4 **8,2** Jer 1,11 S; 24,1; Joël 4,13 S **8,3** 5,16-17; 6,10; Jer 9,21 S **8,4-6** 2,6-8 **8,5** Lev 19,35-36; Hos 12,8; Mi 6,10-11 **8,6b** 2,6 **8,8** 1,1; 9,5 **8,9** 5,18; Joël 2,10 S **8,10** Tob 2,6; Hos 2,13; Jer 16,6 S; 6,26 S

binden und so verzweifelt klagen wie beim Tod des
einzigen Sohnes. Das Ende dieses Tages wird bitter
und trostlos sein!«
11 Weiter sagt der HERR, der mächtige Gott: »Es
kommt die Zeit, da werde ich eine Not über das Land
kommen lassen, die schlimmer ist als Hunger und
Durst: Die Leute werden nicht nach Brot hungern
oder nach Wasser lechzen, sondern verzweifelt dar-
auf warten, von mir das rettende Wort zu hören.[a]
12 Sie werden im Land umherirren, vom Toten Meer
bis zum Mittelmeer und vom Norden bis zum Osten.
Überall werden sie nach einem Wort des HERRN fra-
gen, aber keines zu hören bekommen.«
13 »An jenem Tag werden selbst die blühenden jun-
gen Mädchen und die kräftigen jungen Männer ver-
durstet umsinken. 14 Sie werden fallen und nicht
mehr aufstehen – alle, die bei dem abscheulichen
Götzen von Samaria[b] schwören oder beim Pilgerweg
nach Beerscheba oder die sagen: ›So gewiss dein
Gott lebt, Dan!‹«

Eine letzte Vision: Niemand entrinnt dem Gericht

9 Ich sah den Herrn in Bet-El riesengroß am Altar
vor dem Tempel stehen. Er gab einem Engel*
den Befehl:[c] »Schlag auf die Kapitelle der Tempelsäu-
len, dass der ganze Bau bis in die Fundamente erzit-
tert! Zerschmettere die Säulen, dass sie diesen Leu-
ten auf den Kopf fallen! Und wer das überlebt, soll
durch das Schwert des Feindes umkommen. Nie-
mand wird sich retten können, niemand mit dem
Leben davonkommen.
2 Selbst wenn sie sich in der Totenwelt* vergra-
ben, ich werde sie von dort zurückholen; selbst
wenn sie in den Himmel hinaufsteigen, ich werde
sie von dort herunterholen. 3 Verstecken sie sich
auf dem Berg Karmel,[d] so werde ich sie auch dort aus-
findig machen; verbergen sie sich auf dem Meeres-
boden, so befehle ich der Seeschlange*, sie zu bei-
ßen. 4 Und wenn sie von ihren Feinden in die Ver-
bannung geführt werden, lasse ich sie dort mit
dem Schwert umbringen. Ich behalte sie im Auge,
aber nicht, um ihnen zu helfen, sondern um sie zu
vernichten.«

Gott der Schöpfer und Richter

5 Der HERR, der Herrscher über die ganze Welt:[e]
berührt er die Erde, so bebt sie,
sie hebt und senkt sich wie der Nil in Ägypten,
und überall trauern ihre Bewohner um die Opfer,
die unter den Trümmern begraben sind.
6 Er hat über der Erde das Himmelsgewölbe*
errichtet
und sich droben im Himmel seine Wohnung gebaut.
Er ruft das Wasser aus dem Meer
und lässt es auf die Erde herabregnen.
»HERR« ist sein Name!

Es gibt kein Sonderrecht für Israel

7 Der HERR sagt: »Meint ihr Israeliten, ihr wärt in
meinen Augen etwas Besseres als die Leute von
Kusch*, die am Ende der Welt wohnen?[f] Gewiss,
ich habe euch aus Ägypten herausgeführt, aber eben-
so die Philister* aus Kreta und die Syrer* aus Kir.[g]
8 Ich, der HERR, der mächtige Gott, sehe genau, was
man in Israel, diesem verdorbenen Königreich,
treibt. Deshalb lasse ich es spurlos von der Erde ver-
schwinden.
Aber ich werde die Nachkommen Jakobs nicht
völlig ausrotten, das verspreche ich, der HERR. 9 Ich
werde den Befehl geben, sie zu sichten. – Das wird
geschehen, wenn sie unter alle Völker zerstreut
werden. – Die Schuldigen werden ausgesiebt, so
wie man verunreinigtes Korn im Sieb schüttelt, bis
nur noch die Steine zurückbleiben. 10 Alle, die jetzt
so selbstsicher sagen: ›Du, HERR, wirst kein Unglück
an uns herankommen lassen‹, werden dann durch
das Schwert des Feindes umkommen.«

Die Wiederherstellung Israels nach der Katastrophe

11 Der HERR sagt: »Es kommt der Tag, an dem ich die
verfallene Hütte Davids[h] wieder aufrichten werde.
Ich maure die Risse zu und ziehe die eingestürzten
Mauern hoch, sodass das Haus Davids in alter Pracht
wieder ersteht. 12 Die Leute von Israel werden dann
den Überrest von Edom* in Besitz nehmen und
ebenso alle Nachbarländer, über denen einst mein
Name ausgerufen wurde.[i] Ich, der HERR, sage das
und werde es auch tun.
13 Es kommt eine Zeit – sagt der HERR –, da werden
die Schnitter schon zur Ernte antreten, kaum dass
der Pflüger seine Arbeit beendet hat, und an die
Weinlese schließt sich sogleich die nächste Aussaat.
Es wird so viele Trauben geben, dass ihr Saft die Ber-
ge und Hügel herabfließt. 14 Dann werde ich für mein
Volk alles wieder zum Guten wenden. Die Leute von
Israel werden die zerstörten Städte wieder aufbauen
und auch darin wohnen, sie werden Weinberge
anpflanzen und den Wein davon trinken, werden
Gärten anlegen und essen, was darin wächst. 15 Ich
werde mein Volk wieder in das Land einpflanzen,
das ich ihm gegeben habe, sodass es niemand mehr
herausreißen kann.«
Das sagt der HERR, euer Gott.

a Die wörtliche Übersetzung *Ich sende einen Hunger und Durst nach dem Wort des HERRN* klingt positiv: Jetzt endlich will das Volk hören. Aber dazu ist es zu spät! Es gibt nun kein »Wort des HERRN« mehr, keine priesterliche oder prophetische Weisung oder Tröstung (vgl. 1 Sam 3,1; 28,6; Spr 1,28; Ps 74,9; Hos 5,6; Mi 3,6-7).
b Gemeint ist wohl das Stierbild in Bet-El (Hos 8,5-6). Beërscheba im Süden Judas ist ein Wallfahrtsheiligtum *(Pilgerweg)*; Dan siehe 1 Kön 12,28-30.
c Wörtlich *Ich sah den Herrn am (*oder *auf dem) Altar stehen und er sprach: …*
d Siehe Anmerkung zu 1,2.
e Wörtlich *Der Herr, der HERR Zebaot* (berührt die Erde).*
f *die am Ende …:* verdeutlichender Zusatz.
g Eine Landschaft im Osten, deren Lage nicht sicher zu bestimmen ist; vgl. 1,5.
h Das Bild von *Hütte* und *Haus* lässt an die Dynastie (das »Königshaus«) Davids denken, an sein Reich nur als Folge (Vers 12).
i *Ausgerufen* zum Zeichen der Besitzergreifung. G versteht *Edom* als *Adam* (= Mensch/Menschen; gleiche Konsonanten); so kommt es zu dem Wortlaut in Apg 15,17.

8,11-12 1 Sam 3,1; 28,6; Spr 1,28; Ps 74,9; Hos 5,6; Mi 3,6-7 **8,14** Hos 8,5-6S; Am 5,5 **9,1** Jes 6,1; Am 2,14-16 **9,2** Ps 139,7-12S **9,4** 5,27S **9,5-6** 4,13; 5,8-9 **9,5** 8,8; Ps 104,32 **9,6** Ps 104,3 **9,7** 3,1-2; 1,5; Jer 47,4S **9,8** (nicht völlig) 5,15; Jer 4,27S **9,10** 6,3; Jer 7,4.10; Mi 2,7; 3,11 **9,11-12** Apg 15,16-18 **9,13** Lev 26,5; Joël 4,18 **9,14-15** Ez 36,33-36 **9,14** Jer 29,13-14S; 31,5; Jes 65,21-22; Hos 14,8 **9,15** Jer 24,6

OBADJA

Die kleine Prophetenschrift ist unter dem unmittelbaren Eindruck der Eroberung und Zerstörung Jerusalems 587 v. Chr. entstanden. Die Schilderung in den Versen 10-15 macht den Eindruck, dass hier ein Augenzeuge oder doch ein unmittelbarer Zeitgenosse spricht.
Das feindselige Verhalten des Nachbarvolkes Edom während und nach der Katastrophe bildet den Anlass für die prophetische Botschaft, die Obadja empfängt: Die Edomiter werden dasselbe Schicksal erleiden wie die Leute von Juda und Jerusalem, gegen die sie sich heimtückisch und schadenfroh vergangen haben. Wie tief die Überlebenden der Katastrophe durch die Übergriffe der Edomiter verletzt wurden, geht auch aus Ezechiël 25,12-14; 35,1-15 und Psalm 137,7 hervor. Obadja hat für die Geschlagenen und Niedergeschlagenen den Trost bereit: Der Berg Zion, jetzt ein Trümmerhaufen, wird einst eine sichere Zuflucht und unantastbar sein (Vers 17).

Buchüberschrift

1a Hier ist aufgeschrieben, was der HERR dem Prophe-
ten Obadja offenbart* hat.

Gottes Strafgericht über die Edomiter*

1b Der HERR, der mächtige Gott, hat sein Wort gegen
Edom* gesprochen, wir haben es gehört; durch
einen Boten ließ er unter den Völkern verkünden:
»Auf, wir ziehen gemeinsam gegen die Edomiter!
Auf zum Kampf!«
2 Zu Edom aber sagte der HERR: »Ich mache dich
zum letzten der Völker, alle werden dich verachten.
Du bildest dir ein, du seist unbesiegbar,[a] weil du in
Felsklüften wohnst, auf unzugänglicher Höhe.[b] Du
denkst: ›Mich kann keiner hier herunterholen!‹
4 Aber wenn du dein Nest auch so hoch anlegst wie
der Adler, wenn du es selbst zwischen die Sterne
am Himmel setzt – ich, der HERR, stürze dich in
die Tiefe.
5 Diebe und Räuber werden im Schutz der Nacht
bei dir eindringen und nach Herzenslust plündern,
Winzer werden über dich kommen, die für eine
Nachlese nichts übrig lassen. Was wird dir dann blei-
ben? 6 Dein ganzes Land[c] wird durchsucht, alle deine
versteckten Schätze werden aufgespürt. 7–8 Alle deine
Verbündeten lassen dich im Stich, deine eigenen
Freunde, die dein Brot essen,[d] fallen dir in den Rü-
cken, sie stellen dir Fallen.
An jenem Tag – sagt der HERR – werde ich den wei-
sen Leuten[e] in Edom den Garaus machen, sodass es
im Bergland Esaus niemand mehr gibt, der Rat weiß;
es gibt dann in Edom keinen Verstand mehr. 9–10 Die
tapferen Krieger aus Teman[f] werden von Angst
gepackt, deshalb wird keiner im Bergland Esaus
mit dem Leben davonkommen. Weil ihr euch mit
Mord und Gewalttat an euren Brüdern, den Nach-
kommen Jakobs, vergangen habt, werdet ihr Edomi-
ter mit Schande bedeckt und für immer ausgelöscht
werden.«
11 Ihr habt dabeigestanden, als Fremde[g] in Jerusa-
lem eindrangen und seine Bewohner unter sich ver-
losten, als sie Menschen und Besitz mit sich weg-
schleppten. Ihr habt mit ihnen gemeinsame Sache
gemacht!
12–13 Weidet euch nicht am Unglück eurer Brüder!
Seht nicht schadenfroh ihrem Untergang zu! Spottet
nicht über ihre Qualen! Nutzt ihre Niederlage nicht
aus, dringt nicht auch noch in die eroberte Stadt ein!
Wenigstens ihr solltet euch nicht an den Leiden der
Leute von Juda ergötzen, euch nicht an ihrem Eigen-
tum vergreifen, nachdem dieser entsetzliche Un-
glückstag über sie hereingebrochen ist, ein Tag des
Untergangs und der Verzweiflung. 14 Aber ihr stellt
euch sogar an den Fluchtwegen auf, ihr erschlagt
die Entkommenen oder liefert sie an ihre Verfolger
aus.
15b [h]Das alles wird auf euch selbst zurückfallen.
Was ihr euren Brüdern angetan habt, wird euch sel-
ber angetan!

Die Rettung Israels

15a »Der Tag ist nahe, an dem ich über alle Völker
Gericht halte«, sagt der HERR. 16 »Wie ihr Leute von
Juda auf meinem heiligen Berg aus dem Becher mei-
nes Zorns[i] trinken musstet, so werden dann die übri-
gen Völker ohne Ende daraus trinken müssen. Sie
sollen so spurlos verschwinden, als wären sie nie
gewesen.

a *Du bildest ...:* wörtlich *Der Übermut deines Herzens hat dich betrogen.*
b Das Stammland Edoms ist die schwer zugängliche Gebirgslandschaft auf der Ostseite des Grabens zwischen dem Toten Meer und dem Golf von Akaba.
c *Dein ganzes Land:* wörtlich *Esau;* vgl. Gen 36,1.
d *deine eigenen Freunde ...:* wörtlich *deine Freunde dein Brot* (vgl. Ps 41,10).
e Edom war wegen seiner Weisheit berühmt (Jer 49,7).
f Siehe Anmerkung zu Jer 49,7. Als Nachkommen Esaus und deshalb Brudervolk Israels (Verse 9-10) galten die Edomiter nach Gen 36.
g Die Truppen des Babylonierkönigs Nebukadnezzar (2 Kön 25).
h Umstellung mit Rücksicht auf den Zusammenhang.
i *aus dem Becher meines Zorns:* verdeutlichender Zusatz.

1-21 Jes 34,5-17S **4** Jes 14,13 **9-11** Joël 4,19; Ps 137,7; Klgl 4,21-22 **9-10** Am 1,11 **11** Joël 4,3; Nah 3,10 **12-13** Klgl 1,7 **15a-17** Joël 4,14-16S **16** Jer 25,15S

Obadja muss Gottes Gericht über Edom ankündigen. Die Lage der edomitischen Hauptstadt Sela ist nicht mehr sicher auszumachen. Manche vermuten, dass sie auf dem Plateau hoch über diesem Felsental lag, in dem später die Nabatäer ihre Hauptstadt Petra bauten mit kunstvoll aus dem roten Sandstein herausgehauenen Häusern.

a *Die Leute von Juda und Israel ...:* wörtlich *Das Haus Jakob und das Haus Josef werden ... und das Haus Esau* (= Edom*) *wie Stroh.*
b Deutung unsicher. Sarepta liegt zwischen Tyrus und Sidon.
c Sardes im westlichen Kleinasien (vgl. Offb 3,1). Dort gab es in der Perserzeit Verschleppte aus Judäa.

17 Aber für euch gibt es Rettung auf dem Berg Zion*; dieser Berg wird ein heiliger Ort sein. Ihr Nachkommen Jakobs werdet das Land der Völker in Besitz nehmen, die euch das eure geraubt hatten.
18 Die Leute von Juda und Israel werden dann wie Feuer sein und die Leute von Edom wie Stroh,[a] das vom Feuer verzehrt wird. Von den Nachkommen Esaus wird niemand sein Leben retten. Ich habe es gesagt, ich, der HERR.«
19 Die Judäer aus der Steppe im Süden werden dann das edomitische Bergland in Besitz nehmen und die Judäer aus dem westlichen Hügelland das Gebiet der Philister*, die übrigen Judäer aber das Gebiet von Efraïm mit der Stadt Samaria und die Leute von Benjamin das Bergland Gilead*.
20 Die Verschleppten aus dem Reich Israel werden das Land der Kanaaniter* bis hinauf nach Sarepta besetzen[b] und die Leute aus Jerusalem, die nach Sefarad[c] weggeführt worden sind, die Städte im Süden Judas.
21 Alle, die auf dem Berg Zion Zuflucht gefunden haben, werden über das edomitische Bergland herrschen. So wird der HERR seine Herrschaft antreten.

17 (Rettung auf dem Zion) Joël 3,5; 4,17; Jes 14,32S **18** Sach 12,6 **21** Jes 24,23; Ps 99,1-2

JONA

Das Buch nimmt unter den Prophetenbüchern eine Sonderstellung ein: Es besteht nicht aus einer Sammlung von Prophetenworten, sondern erzählt ein bemerkenswertes Ereignis aus dem Leben eines Propheten. Die Darstellung verrät durch ihren kunstvollen Aufbau, dass es ihr nicht einfach um Schilderung eines Geschehens, sondern um Vermittlung einer bestimmten Einsicht geht.
Jona bekommt den Auftrag, der Stadt Ninive, die für Israel den Inbegriff der Bosheit und Gottferne darstellt, das Strafgericht anzusagen. Er entzieht sich zunächst diesem Auftrag durch Flucht übers Meer, aber nicht etwa aus Angst vor den bösen Leuten von Ninive, sondern – wie sich am Ende herausstellt – weil er ihnen die Chance der Umkehr und Rettung nicht gönnt (4,2). Durch das, was er erlebt, soll Jona lernen, dass die Güte Gottes nicht auf Israel beschränkt ist, sondern allen gilt, die sich ihm reumütig zuwenden. Die überraschend bußfertigen Leute von Ninive, aber auch die frommen Seeleute stehen als Beispiel dafür, dass die Menschen außerhalb Israels nicht in Bausch und Bogen verdammenswert sind.
Von besonderer Aktualität war dieses Thema im 5./4. Jahrhundert v. Chr., als die jüdische Gemeinde sich aufgrund der Tätigkeit Esras und Nehemias (Seiten 534 und 545) immer mehr von anderen Völkern abschloss, während sich gleichzeitig Fremde dem Glauben Israels zuzuwenden begannen. Vielleicht ist die Geschichte damals aufgeschrieben worden, um zu bezeugen: Gott will alle Menschen retten, und sein Volk Israel (»Jona«) ist dazu berufen, die Einladung an alle auszurichten.
Berühmt geworden ist die Jonageschichte nicht wegen dieser ›Lehre‹, auf die sie am Ende hinausläuft, sondern durch den großen Fisch, in dessen Bauch der flüchtige Prophet drei Tage und drei Nächte verbringen muss. Jona im Fischbauch, das ist zum Bild geworden für eine Erfahrung, die seither Unzählige gemacht haben: dass Gott den Menschen in die Tiefen der Verzweiflung, ja an die Grenze des Todes führt, damit er sich aus dem Gefängnis der Vorurteile, aus engherziger Selbstabkapselung löst und zum lebensvollen Zeugen der weltumspannenden Liebe Gottes wandelt.
Seine eigentliche Sinnerfüllung fand, was Jona widerfuhr, in Tod und Auferstehung Jesu (vgl. Matthäus 12,40; zum »Jona-Zeichen« siehe Sacherklärung »Jona«). Jesus war es aber auch, der die Botschaft des Jonabuches von der grenzenlosen Vatergüte Gottes in seinem Umgang mit den Ausgestoßenen beispielhaft vorgelebt und in seiner Verkündigung voll entfaltet hat. Man vergleiche einmal den Jona des Schlusskapitels, der trotz allem auf der Bestrafung Ninives besteht, mit dem älteren Bruder im Gleichnis vom verlorenen Sohn (Lukas 15,11-32)!

Der Prophet flieht vor seinem Auftrag

1 Das Wort des HERRN erging an Jona, den Sohn von Amittai,[a] er sagte zu ihm: 2 »Geh nach Ninive*, der großen Stadt, und kündige ihr mein Strafgericht an! Ich kann nicht länger mit ansehen, wie böse die Leute dort sind.«

3 Jona machte sich auf den Weg, aber in die entgegengesetzte Richtung. Er wollte nach Tarschisch* in Spanien fliehen, um dem HERRN zu entkommen. In der Hafenstadt Jafo[b] fand er ein Schiff, das dorthin segeln sollte. Er bezahlte das Fahrgeld und stieg ein.

Der Hebräer wird von fremden Seeleuten beschämt

4 Da schickte der HERR einen Sturm aufs Meer, der war so heftig, dass das Schiff auseinander zu brechen drohte. 5 Die Seeleute hatten große Angst und jeder schrie zu seinem Gott um Hilfe. Um die Gefahr für das Schiff zu verringern, warfen sie die Ladung ins Meer.

Jona war nach unten gegangen, hatte sich hingelegt und schlief fest. 6 Der Kapitän kam zu ihm herunter und sagte: »Wie kannst du schlafen? Steh auf, rufe zu deinem Gott! Vielleicht hilft er uns und wir müssen nicht untergehen!«

7 Die Seeleute wollten durch das Los herausfinden, wer an ihrem Unglück schuld sei. Da fiel das Los auf Jona. 8 Sie bestürmten ihn mit Fragen: »Sag uns: Warum sind wir in diese Gefahr geraten? Wer bist du eigentlich? Was für Geschäfte treibst du? Zu welchem Volk gehörst du, wo ist deine Heimat?«

9 Jona antwortete: »Ich bin ein Hebräer* und verehre den HERRN, den Gott des Himmels, der Land und Meer geschaffen hat.«

a Von einem Propheten dieses Namens wird in 2 Kön 14,25b kurz und in anderem Zusammenhang berichtet. *Ninive* steht seit dem 8. Jh. v. Chr. für die assyrische Weltmacht, die das Gottesvolk in seiner Existenz und in seinem Glauben bedroht (vgl. die Seiten 746/47 und das Buch Nahum Seite 967).
b Siehe Karte Seite 16.

1,1 2 Kön 14,25 **1,2** Nah 1,1 **1,3** Ps 139,7-10 **1,4** Ps 107,23-26 **1,5** Apg 27,18 **1,6** Mk 4,38 par **1,7** Spr 16,33 **1,9** Gen 1,9-10

[10] Er sagte ihnen auch, dass er auf der Flucht vor
dem HERRN war. Da bekamen die Männer noch
mehr Angst und sie fragten ihn: »Wie konntest du
das tun? [11] Was sollen wir jetzt mit dir machen, damit
das Meer sich beruhigt und uns verschont?« Denn es
war inzwischen noch stürmischer geworden.
[12] Jona sagte: »Werft mich ins Meer, dann wird es
sich beruhigen. Ich weiß, dass dieser Sturm nur meinetwegen über euch gekommen ist.«
[13] Die Seeleute machten einen letzten Versuch,
durch Rudern das Land zu erreichen; doch sie schafften es nicht, denn der Sturm tobte immer heftiger.
[14] Da beteten sie zum HERRN: »HERR, strafe uns nicht,
wenn wir diesen Mann jetzt opfern müssen! Rechne
uns seinen Tod nicht als Mord an. Es war dein Wille,
und alles, was du willst, geschieht.«[a]
[15] Dann nahmen sie Jona und warfen ihn ins Meer.
Sofort wurde es ruhig.
[16] Da packte sie alle große Furcht vor dem HERRN.
Sie schlachteten ein Opfertier für ihn und machten
ihm Versprechen für den Fall ihrer Rettung.

Ein Gebet in höchster Not

2 Der HERR aber ließ einen großen Fisch kommen,
der verschlang Jona. Drei Tage und drei Nächte
lang war Jona im Bauch des Fisches. [2] Dort betete er
zum HERRN, seinem Gott:[b]

[3] »In meiner Not rief ich zu dir, HERR,
und du hast mir geantwortet.
Aus der Tiefe der Totenwelt* schrie ich zu dir
und du hast meinen Hilfeschrei vernommen.

[4] Du hattest mich mitten ins Meer geworfen,
die Fluten umgaben mich;
alle deine Wellen und Wogen
schlugen über mir zusammen.

[5] Ich dachte schon,
du hättest mich aus deiner Nähe verstoßen,
deinen heiligen Tempel* würde ich nie mehr
sehen.
[6] Das Wasser ging mir bis an die Kehle.
Ich versank im abgrundtiefen Meer,
Schlingpflanzen wanden sich mir um den Kopf.
[7] Ich sank hinunter bis zu den Fundamenten der
Berge
und hinter mir schlossen sich die Riegel der
Totenwelt*.
Aber du, HERR, mein Gott,
hast mich lebendig aus der Grube gezogen.
[8] Als mir die Sinne schwanden, dachte ich an dich
und mein Gebet drang zu dir in deinen heiligen
Tempel.
[9] Wer sich auf nichtige Götzen verlässt,
bricht dir die Treue.
[10] Ich aber will dir danken
und dir die Opfer* darbringen,
die ich dir versprochen habe;
denn du, HERR, bist mein Retter.«

[11] Da befahl der HERR dem Fisch, ans Ufer zu schwimmen und Jona wieder auszuspucken.

Die erfolgreiche Bußpredigt

3 Zum zweiten Mal erging das Wort des HERRN an
Jona, er sagte zu ihm: [2] »Geh nach Ninive*, der
großen Stadt, und rufe dort aus, was ich dir auftrage!«
[3] Diesmal gehorchte Jona dem HERRN und ging
nach Ninive. Die Stadt war ungeheuer groß; man
brauchte drei Tage, um vom einen Ende zum andern
zu kommen. [4] Jona ging eine Tagesreise weit in die
Stadt hinein, dann stellte er sich hin und rief: »Noch
vierzig Tage und Ninive ist ein Trümmerhaufen!«

Gott gab Jona den Auftrag, in die Stadt Ninive, die Hauptstadt Assyriens, zu gehen. Jona aber versuchte zu fliehen. Er ging zum Hafen von Jafo (im Bild das heutige Jaffa) und nahm ein Schiff, das ihn westwärts bringen sollte, so weit wie möglich weg von Ninive.

a Die heidnischen Seeleute nehmen Gott ernster, als dessen eigener Prophet es getan hat!
b Was folgt, ist ein Dankgebet nach geschehener Rettung mit vielen Anklängen an entsprechende Psalmen (siehe Vergleichsstellen). Zu Vers 1 siehe Mt 12,40.

1,12 2 Sam 24,17 **2,1** Mt 12,40 **2,3** Ps 120,1; Klgl 3,55 **2,4** Ps 42,8 S **2,5** Ps 31,23 **2,6** Ps 18,5; 69,2-3; Klgl 3,54 **2,7** Ps 40,3 **2,8** Ps 18,7 **2,9** Ps 31,7 **2,10** Ps 22,26 **3,1-2** 1,2 **3,4-5** Lk 11,30.32

5 Die Leute von Ninive setzten ihre Hoffnung auf
Gott. Sie beschlossen zu fasten*; und alle, Reiche
wie Arme, legten zum Zeichen der Reue den Sack*
an.
6 Jonas Botschaft war nämlich dem König von
Ninive gemeldet worden. Der stieg von seinem
Thron, legte den Königsmantel ab, zog den Sack an
und setzte sich in die Asche. 7 Er ließ in der ganzen
Stadt ausrufen: »Hört den Befehl des Königs und sei-
ner Minister: ›Niemand darf etwas essen oder trin-
ken, weder Mensch noch Rind noch Schaf! 8 Men-
schen und Vieh sollen den Sack anlegen und laut
zu Gott rufen. Alle sollen von ihrem bösen Weg
umkehren und aufhören, Unrecht zu tun. 9 Viel-
leicht[a] lässt Gott sich umstimmen. Vielleicht können
wir seinen schweren Zorn besänftigen und er lässt
uns am Leben.‹«
10 Gott sah, dass sie sich von ihrem bösen Treiben
abwandten. Da tat es ihm Leid, sie zu vernichten,
und er führte seine Drohung nicht aus.

Gottes Menschenliebe geht seinem Erwählten zu weit

4 Das gefiel Jona gar nicht und er wurde zornig.
2 Er sagte: »Ach HERR, genau das habe ich vermu-
tet, als ich noch zu Hause war![b] Darum wollte ich ja
auch nach Spanien fliehen. Ich wusste es doch: Du
bist voll Liebe und Erbarmen, du hast Geduld, deine
Güte kennt keine Grenzen. Das Unheil, das du
androhst, tut dir hinterher Leid. 3 Deshalb nimm
mein Leben zurück, HERR! Sterben will ich, das ist
besser als weiterleben!«
4 Aber der HERR fragte ihn: »Hast du ein Recht
dazu, so zornig zu sein?«

Gott entlarvt die Selbstsucht seines Erwählten

5 Jona verließ die Stadt in Richtung Osten. In einiger
Entfernung hielt er an und machte sich ein Laub-
dach. Er setzte sich darunter in den Schatten, um
zu sehen, was mit der Stadt geschehen würde.
6 Da ließ Gott, der HERR, eine Rizinusstaude[c] über
Jona emporwachsen, die sollte ihm Schatten geben
und seinen Ärger vertreiben. Jona freute sich riesig
über diese wunderbare Staude. 7 Aber früh am nächs-
ten Morgen schickte Gott einen Wurm. Der nagte
den Rizinus an, sodass er verdorrte. 8 Als dann die
Sonne aufging, ließ Gott einen heißen Ostwind kom-
men. Die Sonne brannte Jona auf den Kopf und ihm
wurde ganz elend. Er wünschte sich den Tod und
sagte: »Sterben will ich, das ist besser als weiter-
leben!«
9 Aber Gott fragte ihn: »Hast du ein Recht dazu,
wegen dieser Pflanze so zornig zu sein?«
»Doch«, sagte Jona, »mit vollem Recht bin ich zor-
nig und wünsche mir den Tod!«
10 Da sagte der HERR: »Schau her, du hast diese Stau-
de nicht großgezogen, du hast sie nicht gehegt und
gepflegt; sie ist in der einen Nacht gewachsen und
in der andern abgestorben. Trotzdem tut sie dir Leid.
11 Und mir sollte nicht diese große Stadt Ninive* Leid
tun, in der mehr als hundertzwanzigtausend Men-
schen leben, die rechts und links nicht unterscheiden
können,[d] und dazu noch das viele Vieh?«

a Der Vorbehalt entspricht prophetischer Verkündigung (siehe Joël 2,14 mit Vergleichsstellen). Reue und Umkehr begründen keinen Anspruch auf Verschonung.
b Erst hier wird der Grund für Jonas Flucht verraten. Es war nicht Angst vor der Größe des Auftrags. In der Fortsetzung kehrt Jona das Grundbekenntnis Israels zu Gottes Güte (Ex 34,6) geradezu als Vorwurf gegen Gott!
c Eine schnell wachsende Staude mit großen Blättern.
d Damit sind kaum Kinder gemeint, sondern die gesamte Einwohnerschaft als Menschen, die zum eigenen Urteilen noch nicht fähig sind.

3,5 Jes 58,5S **3,9** Joël 2,14S **3,10** Jer 18,7-8 **4,2** Ex 34,6S **4,3** 1Kön 19,4S **4,8-9** 4,3-4 **4,11** Weish 11,23-26

MICHA

Micha wirkte als Zeitgenosse Jesajas im letzten Drittel des 8. Jahrhunderts v. Chr. in Jerusalem. Er stammte vom Lande und übte harte Kritik an den unsozialen Verhältnissen in der Hauptstadt Judas. Die führenden Kreise, vor allem das Königshaus, aber auch die geistlichen Führer, haben in seinen Augen versagt (2,1-11; 3,1-11; 6,9-16).
Unerbittlich kündigt Micha das Ende Jerusalems und seines Tempels an (3,12). Ein volles Jahrhundert später kann sich darauf Jeremia berufen, der mit derselben, nunmehr noch dringlicheren Ankündigung vor seine Hörer tritt (Jeremia 26,18).
Erst jenseits der Katastrophe kann Micha seinem Volk eine glücklichere Zukunft ansagen. Sie steht in Verbindung mit einer Erneuerung von Davids Königtum, von der er in 5,1-3 andeutend spricht. Das Neue Testament sieht in dieser geheimnisvollen Ankündigung einen Hinweis auf den wahren Davidsnachkommen Jesus Christus (Matthäus 2,6).

Inhaltsübersicht

Buchüberschrift

1 In diesem Buch steht, was der HERR dem Prophe-
ten Micha aus dem Dorf Moreschet[a] über Sama-
ria und Jerusalem offenbart* hat. Das Wort des
HERRN erging an Micha zu der Zeit, als in Juda nach-
einander die Könige Jotam, Ahas und Hiskija re-
gierten.

Strafe für Samarias Götzendienst

2–3 Hört, alle Völker! Gebt Acht, ihr Bewohner der
ganzen Erde! Der HERR, der mächtige Gott, tritt als
Richter in eure Mitte. Er kommt aus seiner himm-
lischen Wohnung und schreitet über die höchsten
Gipfel der Erde. 4 Unter seinen Füßen werden die
Berge zu Tälern, sie schmelzen wie Wachs im Feuer,
fließen weg wie Wasser, das den Abhang hinab-
schießt. 5 Das alles geschieht, weil die Leute von
Israel gesündigt und dem HERRN nicht gehorcht
haben.

Aber wer hat Israel zur Sünde verleitet? Samaria![b]
Und wer Juda zum Götzendienst an den Opferstät-
ten? Jerusalem!

6 »Ich werde Samaria zerstören und seine Trüm-
mer ins Tal hinabstürzen«, sagt der HERR. »Ich
mache es dem Erdboden gleich; dort, wo es stand,
wird man Reben anpflanzen. 7 Alle seine Götzen-
bilder schlage ich in Stücke, alle Weihegaben der
Götzen werden verbrannt. Alles, was es von den
Fremden erworben hat, ist Lohn für seine Hurerei*,
und als Hurenlohn wird es den plündernden Fein-
den dienen.«

Auch Jerusalem bleibt nicht verschont

8 Deswegen packt mich das Entsetzen! Zum Zeichen
der Trauer gehe ich barfuß und halb nackt, ich heule
wie ein Schakal und wimmere wie der Vogel Strauß.
9 Samaria wird sich nicht mehr von diesem Schlag
erholen; er trifft auch Juda: Der Feind kommt bis
nach Jerusalem, in die Stadt meines Volkes.

10 Sprecht nicht davon in Gat, weint dort nicht
so laut![c] Wälzt euch voll Entsetzen im Staub von
Afra! 11 Flieht, ihr Bewohner von Schafir, nackt und
in Schande! Die Männer von Zaanan wagen es
nicht, ihre Stadt zu verlassen. Bet-Ezel ist von Weh-
klagen erfüllt, seine Mauern bieten niemand mehr
Schutz. 12 Die Bewohner von Marot zittern um ihr
Hab und Gut. Denn der HERR bringt Unheil über

a Wahrscheinlich bei Lachisch, 35 km südwestlich von Jerusalem.
b Es ist wohl an den dortigen Götzendienst gedacht (Vers 7; 1 Kön 16,31-33).
c Weil es die Philister* jenseits der Grenze hören und in Schadenfreude ausbrechen könnten. Im Unterschied zu der Zeit von 2 Sam 1,20 ist Gat hier in judäischem Besitz (vgl. 2 Chr 26,6). Die Verse 10-15 enthalten im Hebräischen zahlreiche Wortspiele mit den verschiedenen Ortsnamen, die im Deutschen nicht wiederzugeben sind. Die Orte liegen in Juda, sind aber fast alle nicht sicher zu lokalisieren.

1,1 Jes 1,1; 2 Kön 15,32–20,21; Jer 26,18 **1,2-3** 1 Kön 22,28; Jes 26,21; Am 4,13 **1,4** Ps 97,5 **1,7** Hos 8,4; 13,2; 4,14 **1,8** Ijob 30,29

Jerusalem und öffnet dem Feind den Zugang zu ganz
Juda.
13 Spannt die Pferde vor die Streitwagen*, ihr
Männer von Lachisch, und flieht! Bei euch nahm
die Sünde der Zionsstadt* ihren Anfang; bei euch fin-
den sich die sichtbaren Zeichen für den Ungehorsam
Israels.[a]
14 Ihr Leute von Juda, Moreschet im Gebiet von
Gat müsst ihr aufgeben; es ist ein Abschied für
immer. Auf Geschirr aus den Töpfereien[b] von Achsib
werden eure Könige nicht mehr zählen können.
15 Ihr Bewohner von Marescha, der HERR wird euch
einen schicken, der euch beerben wird – das
geschieht ja nicht zum ersten Mal! In der Höhle
von Adullam muss sich der König von Israel ver-
stecken.[c]
16 Schere dir den Kopf kahl, Jerusalem, dass er dem
kahlen Scheitel des Geiers gleicht! Traure über den
Verlust deiner geliebten Kinder! Denn deine Bewoh-
ner müssen fort in die Gefangenschaft.

Der unbequeme Mahner

2 Weh denen, die nachts wach liegen und Böses
ausbrüten, um es früh am Morgen auszuführen,
weil sie die Macht haben! 2 Wollen sie ein Stück
Land, so rauben sie es; gefällt ihnen ein Haus, so
nehmen sie es. Rücksichtslos unterdrücken sie die
Leute und nehmen ihnen ihr Eigentum weg. 3 Dar-
um sagt der HERR: »Auch ich denke mir Böses aus
gegen eure ganze Sippschaft! Ich lege euch ein Joch*
auf den Nacken, damit ihr den Kopf nicht mehr so
hoch tragen könnt. Es warten schlimme Zeiten auf
euch!«
4 Dann werden sie euch verspotten und euer Kla-
gegeschrei nachäffen:

»Unser Ende ist gekommen,
Gott gab Fremden unser Land.
Alles haben sie genommen,
nichts mehr blieb in unserer Hand!«

5 Wenn das Land neu verteilt wird, werdet ihr leer
ausgehen. In der Gemeinde des HERRN wird es nie-
mand geben, der für euch noch einen Acker aus-
misst.
6 »Hör auf mit dem Gesabber«, so sabbern diese
Leute.[d] »So darf ein Prophet nicht reden! Deine
Beschimpfung trifft uns nicht! 7 So spricht man nicht
zu den Nachkommen Jakobs. Der HERR verliert nicht
die Geduld mit uns,[e] das ist nicht seine Art!«
Was wollt ihr denn? Ich verkünde doch Gutes –
für den, der krumme Wege meidet!
8 Der HERR sagt: »Erst gestern wieder sind die füh-
renden Kreise in meinem Volk als Feinde gegen mich
aufgetreten! So macht ihr es: Wenn ein Schuldner
nichts ahnend an euch vorübergeht und keinen
Streit sucht, entreißt ihr ihm vor aller Augen sein
Letztes, das Obergewand*, und stellt ihn damit
bloß.[f] 9 Die Frauen treibt ihr vom heimatlichen Herd
und bringt ihre Kinder um das väterliche Erbe.[g]
10 Fort mit euch, in diesem Land findet ihr keine Ruhe
mehr! Denn ihr habt es mit euren Verbrechen
unrein* gemacht und werdet einen schrecklichen
Untergang erleben.«
11 Soll ich etwa den Mantel nach dem Wind hän-
gen, soll ich lügen, dass sich die Balken biegen, soll
ich prophezeien, dass es Wein und Bier in Strömen
regnet? Das wäre ein Prophet* nach dem Ge-
schmack dieses Volkes![h]

Zukünftige Rettung

12 Der HERR sagt: »Ich hole euch zusammen, ihr
Nachkommen Jakobs! Ich versammle alles, was
von Israel übrig geblieben ist; ich bringe euch zusam-
men wie Schafe im schützenden Pferch,° wie eine
Herde auf der Weide,° und es wird im Land nur so
wimmeln von Menschen.«
13 Ein starker Held wird sie anführen, mit ihm an
der Spitze brechen sie hervor. Der HERR ist dieser
Held, als ihr König zieht er ihnen voran.

Gegen die führenden Kreise und die falschen Propheten

3 Micha sagte: »Hört her, ihr Anführer der Nach-
kommen Jakobs, ihr Mächtigen Israels! Ihr
müsstet wahrhaftig das Recht kennen! 2-3 Aber ihr
hasst das Gute und liebt das Böse. Ihr behandelt
die Menschen meines Volkes wie das Schlachtvieh,
dem man die Haut abzieht, das Fleisch von den
Knochen reißt, die Knochen zerschlägt und sie samt
dem Fleisch in den Kessel wirft. So beutet ihr das
Volk aus! 4 Ihr werdet noch zum HERRN um Hilfe
schreien, doch er wird euch nicht hören. Er wird sich
von euch abwenden, weil ihr eure Macht so miss-
braucht habt.
5 Auch für eure Propheten* habe ich eine Bot-
schaft des HERRN! Sie verkünden Glück und Erfolg,
wenn man ihnen zu essen gibt, und drohen jedem
den Untergang an, der ihnen keine Geschenke
macht. Weil sie mein Volk irreführen, lässt der HERR
ihnen sagen: 6 ›Ich lasse die Sonne für euch unterge-
hen und Nacht über euch hereinbrechen, dass ihr im
Dunkeln tappt. Ihr könnt nicht mehr in die Zukunft
sehen und wartet vergeblich auf eine Offenbarung*.
7 Wenn ihr mich fragt, bekommt ihr keine Antwort
mehr. Dann müsst ihr Propheten und Wahrsager
euch schämen und euch wie Trauernde den Bart ver-
hüllen.‹

a Wahrscheinlich wird damit auf den Ausbau dieser Stadt zur Festung und die Stationierung einer Streitwagentruppe angespielt, womit nach der Auffassung des Propheten eine verhängnisvolle Politik eingeleitet wurde.
b *Geschirr aus ...:* wörtlich *die Häuser.* In 1 Chr 4,22-23 wird die wahrscheinlich mit Achsib identische Stadt Koseba genannt, aus der das Töpfergeschirr für den königlichen Hof kam.
c *In der Höhle ...:* wörtlich *Bis Adullam wird die Herrlichkeit Israels kommen;* vgl. 1 Sam 22,1; 2 Sam 23,13-14.
d Anspielung auf den Speichelfluss als Begleiterscheinung ekstatischer Prophetenrede (siehe Sacherklärung »Prophet«).
e Die Gegner berufen sich auf Ex 34,6. Die gleiche falsche Sicherheit in 3,11.
f Deutung unsicher; wörtlich *Gegenüber einem Obergewand entkleidet ihr der Ehre die, die im Gefühl der Sicherheit vorübergehen und vom Streit abgewandt sind.*
g *das väterliche Erbe:* Deutung unsicher: wörtlich *meine Zier für immer.*
h Micha wendet sich dagegen, dass dem Volk unter Berufung auf Gott eingeredet wird, es brauche Michas Warnungen nicht ernst zu nehmen.

1,13 5,9; 2 Chr 9,25; Jes 2,7; 30,16; 31,1 **1,16** Jer 7,29 **2,1** Ps 36,5 **2,2** Spr 24,15 **2,6** Jes 30,10 S **2,8** Ex 22,25-26 **2,9** 2 Kön 4,1 **2,11** Jer 6,14 S **2,12** Ez 34,15; 36,37-38 **2,13** Jes 42,13 **3,1-4** 2,1-3.8-9; 3,9-11; 6,12; Ps 14,4; 58,2-3; Am 2,6 S **3,4** Spr 1,28 S **3,5** 2,11; Am 7,12 S **3,6-7** Am 8,11-12 S

8 Mich aber hat der HERR stark gemacht und mit seinem Geist* erfüllt! Deshalb trete ich mutig für das Recht ein, ich halte den Leuten von Israel, den Nachkommen Jakobs, alle ihre Verbrechen vor.

9 Hört her, ihr Anführer der Nachkommen Jakobs, ihr Mächtigen Israels! Ihr tretet das Recht mit Füßen und verkehrt es in Unrecht. 10 Ihr baut Jerusalem prächtig aus, aber eure Häuser sind auf Mord und Totschlag gegründet. 11 Die Anführer lassen sich bestechen; die Priester* geben zu allem den Segen, wenn sie dafür bezahlt werden; die Propheten wahrsagen für Geld. Und dann sagt ihr noch: ›Der HERR ist mitten unter uns, uns kann nichts passieren!‹ Glaubt ihr wirklich, dass er euch helfen wird?

12 Nein, der Berg Zion* wird umgepflügt wie ein Acker, Jerusalem wird zu einem Trümmerhaufen, und wo jetzt der Tempel* steht, wird Gestrüpp wuchern.[a] Das ist die Strafe für eure Verbrechen!«

Gottes Frieden geht vom Zion aus[b]

4 (A) Es kommt eine Zeit, da wird der Berg, auf dem der Tempel des HERRN steht, unerschütterlich fest stehen und alle anderen Berge überragen. Die Völker strömen zu ihm hin. 2 Überall werden die Leute sagen: »Kommt, wir gehen auf den Berg des HERRN, zu dem Haus, in dem der Gott Jakobs wohnt! Er soll uns lehren, was recht ist; was er sagt, wollen wir tun!«

Denn vom Zionsberg* in Jerusalem wird der HERR sein Wort ausgehen lassen. 3 Er weist mächtige Völker zurecht und schlichtet ihren Streit, bis hin in die fernsten Länder. Dann schmieden sie aus ihren Schwertern Pflugscharen und aus ihren Speerspitzen Winzermesser. Kein Volk wird mehr das andere angreifen und niemand lernt mehr das Kriegshandwerk.[c] 4 Jeder wird in Frieden bei seinen Feigenbäumen und Weinstöcken wohnen, niemand braucht sich mehr zu fürchten. Der HERR, der Herrscher der Welt,[d] hat es gesagt.

5 Jetzt allerdings lebt noch jedes Volk im Vertrauen auf seinen eigenen Gott und nach dessen Weisungen. Wir aber vom Volk Israel gehen unseren Weg im Vertrauen auf den HERRN, unseren Gott; ihm und seinen Weisungen folgen wir. Und so bleibt es in alle Zukunft.

(B) 6 Der HERR sagt: »Der Tag wird kommen, an dem ich die verirrten und hinkenden Schafe meiner Herde von überall her zusammenhole. Ich habe Unglück über sie gebracht, 7 aber ich mache sie von neuem zu einem großen Volk. Ich, der HERR, werde dann für alle Zukunft auf dem Zionsberg ihr König sein. 8 Du Wachtturm für meine Herde, Berg Zion, du wirst das Königtum in seinem alten Glanz zurückkehren sehen! Jerusalem wird wieder Königsstadt sein!«

Gegenwärtige Bedrängnis und künftige Rettung[e]

(C) 9 Nun, Jerusalem:[f] Warum schreist du so? Hast du keinen König oder ist dein Ratgeber umgekommen, dass du dich krümmst wie eine gebärende Frau in den Wehen? 10 Krümme dich nur, du Zionsstadt*, und stöhne wie eine Frau in Wehen! Du musst jetzt aus deinen Mauern ausziehen und auf dem freien Feld wohnen; bis nach Babylon* wirst du zuletzt kommen. Aber dort wirst du gerettet, dort befreit dich der HERR aus der Gewalt deiner Feinde!

11 Nun, Jerusalem: Viele Völker sind gegen dich herangezogen, die dein Heiligtum schänden und sich an deinem Untergang weiden wollen. 12 Aber sie wissen nicht, was der HERR mit ihnen vorhat; sie merken nicht, dass er sie hier versammelt hat wie Garben, die man zum Dreschen auf der Tenne ausbreitet. 13 »Steh auf und drisch, du Zionsstadt*!«, sagt der HERR. »Ich mache dich stark; mit eisernen Hufen wirst du die vielen Völker zermalmen! Ihre Schätze wirst du erbeuten, um sie mir zu weihen, dem Herrn der ganzen Erde.«

14 Nun, du belagerte Stadt: Traure, ritze dir die Haut blutig! Feindliche Truppen haben uns einge-

Trotz furchtbarer Strafgerichte: Jerusalem bleibt die Stadt, der große Zusagen Gottes gelten und auf die sich die Hoffnungen der Völker richten (Kap 4 und 5). Im Bild ein Pilgerzug im damals noch jordanischen Teil Jerusalems, vor dem Damaskustor.

a Wie schockierend diese Botschaft für ihre Hörer war, kann man noch aus Jer 26,18 (mehr als 100 Jahre später) entnehmen.
b Zur Gliederung (A, B, C usw.) siehe Textanmerkung im Anhang.
c Vers 1-3 stimmt wörtlich mit Jes 2,2-4 überein. Zu Vers 4 vgl. Sach 3,10; zu Vers 5 vgl. Jes 2,5.
d Wörtlich *Der HERR Zebaot**.
e Siehe Anmerkung zur Überschrift vor 4,1.
f »Nun« auch in Vers 11 und 14. Es ist der Zeitpunkt ins Auge gefasst, in dem sich die Prophetie von 3,12 erfüllt hat.

3,8 Jes 61,1; 58,1 **3,10** Am 5,11-12 **3,11** 2,6-7; Jer 7,4.10; Am 9,10; 7,12 S **3,12** Jer 26,18 **4,1-3** Jes 2,2-4 **4,4** 1 Kön 5,5; 2 Kön 18,31; Sach 3,10 **4,6** Ez 34,12-16 **4,7** Jer 30,19 S; Ps 76,3 S; 99,1-2 **4,8** Jes 1,8 **4,9** Jes 33,21-22 **4,10** 2 Kön 24,15-16; 25,11 **4,11-13** Jes 17,12-14 **4,14** 2 Kön 18,17

schlossen. Sie werden dem Herrscher Israels mit
dem Stock ins Gesicht schlagen!

Der Retter kommt aus Betlehem[a]

5 (C) Doch dir, Betlehem im Gebiet der Sippe
Efrat, lässt der HERR sagen:[b] »So klein du bist
unter den Städten in Juda, aus dir wird der künftige
Herrscher über mein Volk Israel kommen. Sein
Ursprung liegt in ferner Vergangenheit, in den
Tagen der Urzeit.«[c]
2 Der HERR gibt sein Volk den Feinden preis, bis
eine Frau den erwarteten Sohn zur Welt bringt.
Dann werden die Verschleppten, die noch am Leben
sind, zu den anderen Israeliten zurückkehren. 3 Im
höchsten Auftrag des HERRN, seines Gottes, und
mit der Kraft, die der HERR ihm gibt, wird er die Leute
von Israel schützen und leiten. Sie werden in Sicher-
heit leben können, weil alle Völker der Erde seine
Macht anerkennen. 4–5 Er wird Frieden bringen und
uns vor den Assyrern* retten, wenn sie herkommen
und in unser Land einfallen.

Wenn die Assyrer in unser Land einfallen und unsere befestigten Städte in Besitz nehmen wollen, haben wir viele mächtige Bundesgenossen,[d] die wir gegen sie aufbieten. Sie werden Assyrien, das Land der Nachfahren Nimrods, erobern und alle seine Städte verwüsten.

Israels Rest unter den Völkern. Seine Reinigung[e]

(B) 6 Die Überlebenden aus den Nachkommen Ja-
kobs sind inmitten der Völker wie der Tau, den der
HERR schickt, wie der Regen, der auf die Pflanzen
fällt.[f] Sie warten nicht auf Menschenhilfe und set-
zen ihre Hoffnung nicht auf Menschen.
7 Die Überlebenden aus den Nachkommen Jakobs
sind inmitten der Völker wie der Löwe unter den Tie-
ren des Waldes, wie ein junger Löwe mitten in einer
Schafherde. Er wirft zu Boden und zerfleischt, was
in seine Fänge kommt, und niemand kann ihm etwas
entreißen.
8 Ja, HERR, erhebe deine Hand gegen deine Feinde
und vernichte sie!
(A) 9 Der HERR sagt: »Der Tag wird kommen, da
nehme ich eure Rosse weg und vernichte eure Streit-
wagen*, 10 ich zerstöre eure Städte und schleife eure
Festungen, 11 ich nehme euch die Zaubermittel und
Wahrsager. 12 Ich zerschlage eure Götzenbilder und
eure heiligen Steine*, damit ihr nicht mehr Dinge
anbeten könnt, die ihr selbst geschaffen habt. 13 Ich
reiße eure geweihten Pfähle* aus und zerstöre eure
Städte. 14 Aber auch die anderen Völker, die nicht
auf mich hören wollen, werden meinen schreckli-
chen Zorn zu spüren bekommen.«

Was Gott von seinem Volk erwartet

6 Hört, was der HERR mir befohlen hat: »Vertritt
meine Sache gegen mein Volk! Berge und Hügel
sollen die Zeugen sein.«
2 Ihr uralten Berge, ihr Fundamente, auf denen die
Erde ruht: Hört, was der HERR seinem Volk zu sagen
hat! Denn er zieht Israel zur Rechenschaft.
3 »Habe ich dir irgendetwas angetan, mein Volk?«,
fragt der HERR. »Habe ich etwa zu viel von dir ver-
langt? Bring deine Klage vor! 4 Ich habe dich aus
der Sklaverei in Ägypten befreit. Ich habe dir Mose,
Aaron und Mirjam als Führer gegeben. 5 Denk daran,
mein Volk, was der Moabiterkönig Balak gegen dich
im Schilde führte und was ihm der Seher Bileam ant-
worten musste! Denk an den Jordanübergang zwi-
schen Schittim und Gilgal![g] Dann wirst du erken-
nen, wie viel Gutes ich für dich getan habe!«
6 Ihr fragt: »Womit soll ich vor den HERRN treten,
diesen großen und erhabenen Gott? Was soll ich ihm
bringen, wenn ich mich vor ihm niederwerfe? Soll
ich einjährige Rinder als Opfer* auf seinem Altar ver-
brennen? 7 Kann ich ihn damit erfreuen, dass ich
ihm Tausende von Schafböcken und Ströme von
Olivenöl bringe? Soll ich meinen erstgeborenen
Sohn opfern,[h] damit er mir meine Schuld vergibt?«
8 Der HERR hat dich wissen lassen, Mensch, was
gut ist und was er von dir erwartet: Halte dich an
das Recht, sei menschlich zu deinen Mitmenschen
und lebe in steter Verbindung mit deinem Gott!

Strafe für das Unrecht in Jerusalem

9 Hört, was der HERR der Stadt zuruft![i] Lasst euch
warnen durch den Stock, der euch schlägt, und
durch den, der euch die Schläge geschickt hat!
10 »Wie lange noch häufen Verbrecher in dieser
Stadt Schätze in ihren Häusern auf, die sie durch
Betrug an sich gebracht haben?«, sagt der HERR.
»Wie lange beleidigen sie mich noch mit ihren
gefälschten Messgefäßen, die unter meinem Fluch
stehen? 11 Ich muss diese Stadt schuldig sprechen,°
weil ihre Händler falsche Gewichtssteine im Beutel
haben, 12 weil ihre Reichen brutale Ausbeuter sind,
weil alle ihre Bewohner lügen und betrügen!
13 Aber jetzt gehe ich daran,° euch zu schlagen, ich
richte euch zugrunde wegen eurer schlimmen Taten.
14 Ihr werdet nicht genug zu essen haben und ständig
von Hunger gequält sein. Was ihr in Sicherheit zu
bringen sucht, werdet ihr nicht retten können; und
was ihr rettet, gebe ich dem Schwert eurer Feinde
preis. 15 Ihr werdet säen, aber keine Ernte einbrin-
gen; ihr werdet Oliven auspressen, aber euch mit
dem Öl nicht salben; ihr werdet Wein keltern, aber
ihn nicht trinken.

a Siehe Anmerkung zur Überschrift vor 4,1.
b Die Wende, die zu den Ereignissen von 4,6-8.13 und dem Ergebnis von 4,1-4 führen soll, setzt ein mit dem Erscheinen des messianischen Königs aus der Sippe Davids, der Sippe Efrat; vgl. 1 Sam 17,12.
c Er ist streng genommen nicht »Davids *Sohn*« vgl. Mk 12,35-37; Joh 1,1-2.14. Vers 2 nimmt betont Bezug auf Jes 7,14.
d *viele mächtige ...:* wörtlich *sieben Hirten und acht Menschenfürsten.*
e Siehe Anmerkung zur Überschrift vor 4,1.
f Vgl. Gen 27, 28-29. Zu Vers 7 vgl. Gen 49,9-10.
g Vgl. Jos 3,15-16.
h Vgl. Gen 22,2 und Anmerkung zu Ez 20,25-26. Die Antwort Gottes entspricht der Einschätzung der Opfer bei anderen Propheten (siehe Hos 12,7 und Jes 1,10-20 mit Vergleichsstellen).
i Es folgen noch die schwer deutbaren Worte *Gelingen/Umsicht ist, wer deinen Namen sieht/respektiert.*

5,1 1 Sam 16,1; Jes 11,1 S; Mt 2,4-6; Joh 7,42 **5,2** Jes 7,14 **5,4-5** (Nimrod) Gen 10,8-12 **5,6** Hos 14,6; Jes 7,9 S **5,9-13** Jes 2,6-8 **5,9** 1,13; Jes 31,1 S; Sach 9,10 **6,1-8** Ps 50,4-15 **6,4** Ex 20,2; 4,13-16; 15,20-21 **6,5** Num 22,17-18; 23,7-8; 24,10; Jos 3,15-16; 4,19 **6,6-8** Ps 15,1-5 S; Jes 1,10-20 S **6,7** Ex 22,28; Ez 20,25-26 **6,8** Dtn 10,12; Hos 12,7 **6,10-11** Am 8,5 S **6,12** 3,1-4 **6,15** Am 5,11-12; Zef 1,13

16 Voll Eifer seid ihr dem schlimmen Beispiel der
Könige Omri und Ahab und der ganzen Ahabsfami-
lie gefolgt; alles habt ihr ihnen getreulich nachge-
macht.[a] Darum bringe ich Unglück über euch, über
die Stadt und alle ihre Bewohner. Die anderen Völ-
ker werden mit Fingern auf euch zeigen und sich ent-
setzt von euch abwenden. Ihr als mein Volk werdet
für sie zum Gespött.«

Klage des Propheten

7 Weh mir! Es ist mir ergangen wie einem Hun-
gernden, der im Spätherbst Weinstöcke und Fei-
genbäume absucht: Keine Traube mehr zu finden,
keine Spur mehr von den köstlichen Feigen! 2 Im
ganzen Land gibt es keinen redlichen Menschen
mehr, niemand, der Gott die Treue hält.

Sie schrecken nicht vor Mord und Totschlag
zurück und stellen sich gegenseitig Fallen. 3 Sie sind
voll Eifer, wenn es gilt, Böses zu tun; darauf verste-
hen sie sich. Die Beamten schrauben die Abgaben
in die Höhe; die Richter geben *dem* Recht, der ihnen
am meisten zahlt; die Mächtigen schalten nach ihrer
Willkür. So drehen sie gemeinsam dem Volk einen
Strick.[b] 4 Noch der Beste und Anständigste von
ihnen ist schlimmer als eine Dornenhecke.

Aber der Tag der Abrechnung ist da, eure Warner
haben ihn vorausgesagt. Dann werdet ihr nicht mehr
aus noch ein wissen.

5 Traut niemand, nicht dem Nachbarn, nicht dem
besten Freund! Hütet eure Zunge, selbst vor der
Frau, die ihr liebt! 6 Es ist so weit gekommen, dass
der Sohn verächtlich auf den Vater herabsieht, die
Tochter sich der Mutter widersetzt und die Schwie-
gertochter der Schwiegermutter. Ein Mann hat seine
Feinde jetzt im eigenen Haus.[c]

7 Ich aber schaue aus nach dem HERRN, ich warte
auf den Gott, der mir hilft. Mein Gott wird mein
Rufen erhören.

Trost für das geschlagene Volk

8 Jerusalem sagt:[d] »Sei nicht so schadenfroh, du
Feindin meines Volkes! Ich liege am Boden, aber
ich stehe wieder auf; ich sitze im Dunkeln, aber
der HERR ist mein Licht. 9 Ich hatte gegen ihn gesün-
digt, deshalb bekam ich seinen Zorn zu spüren. Aber
er wird mir auch wieder beistehen und mir zu mei-
nem Recht verhelfen. Er wird mich aus dem Dunkel
ins Licht führen; ich werde es erleben, dass er mich
rettet. 10 Meine Feindin wird es mit ansehen müssen
und ihr Triumph wird zuschanden. Sie hat gehöhnt:
›Wo ist denn der HERR, dein Gott?‹ Aber nun werde
ich mich an ihrem Unglück weiden. Sie wird zertre-
ten wie Kot auf der Straße.«

11 Ja, Jerusalem,[e] der Tag kommt, an dem deine
Mauern wieder aufgebaut und deine Grenzen ausge-
weitet werden. 12 Dann werden sie von überall her
zu dir kommen: von Assyrien* bis zu den Städten
Ägyptens und von Ägypten bis zum Eufrat, von
einem Meer bis zum andern und von einem Gebirge
bis zum andern. 13 Die Erde aber wird eine Wüste;
das ist die Folge der schlimmen Taten, die ihre
Bewohner begangen haben.

Gebet um die Wiederherstellung Israels

14 Sorge für dein Volk, HERR, wie der Hirt für seine
Herde! Wir sind doch dein Eigentum! Wir leben
auf engem Raum und auf kargem Boden, und rings-
um ist gutes Land. Führe uns, deine Herde, auf die
fetten Weiden von Baschan* und Gilead* wie in
alten Zeiten![f]

15 Vollbringe° Wundertaten wie damals, als du mit
deinem Volk aus Ägypten zogst! 16 Ohnmächtig sol-
len die Völker zuschauen müssen trotz all ihrer
Macht, es soll ihnen die Sprache verschlagen, Hören
und Sehen sollen ihnen vergehen, 17 sie sollen sich
auf dem Boden winden und Staub fressen wie die
Schlange. Zitternd sollen sie aus ihren Schlupfwin-
keln hervorkriechen und sich dir, HERR, unser Gott,
voll Furcht und Schrecken unterwerfen.

18 HERR, wo sonst gibt es einen Gott wie dich?
Allen, die von deinem Volk übrig geblieben sind,
vergibst du ihre Schuld und gehst über ihre Verfeh-
lungen hinweg. Du hältst nicht für immer an deinem
Zorn fest; denn Güte und Liebe zu erweisen macht
dir Freude. 19 Du wirst mit uns Erbarmen haben
und alle unsere Schuld wegschaffen; du wirst sie in
das Meer werfen, dort, wo es am tiefsten ist. 20 Den
Nachkommen Abrahams und Jakobs wirst du mit
Liebe und Treue begegnen, wie du es einst unseren
Vorfahren mit einem Eid zugesagt hast.

a Derselbe Vorwurf auch in 2 Kön 8,26-27 und 21,3.13.
b *So drehen ...:* Deutung unsicher; wörtlich *So haben sie es verflochten.*
c Ähnliche Klagen finden sich bei Jeremia (5,1; 8,13; 9,1-8). Zu den Versen 5-6 vgl. Mt 10,21.35-37.
d Verdeutlichender Zusatz. Die Verse 8-10 sind ein Vertrauenslied, das der Stadt in den Mund gelegt wird. Es erinnert an das ebenfalls aus der Zeit der Assyrernot (vgl. Vers 11) stammende Wort in Jes 8,21–9,4. Mit *Feindin* sind die umliegenden Völker gemeint.
e Verdeutlichender Zusatz.
f Das fruchtbare Ostjordanland wurde durch die Assyrer von Israel abgetrennt und kam auch nach der Rückkehr der Verbannten nicht wieder in dessen Besitz.

6,16 1 Kön 16,23-33; 21,1-16; 2 Kön 8,26-27; Zef 2,15 **7,2-3** 3,9-11; Jes 59,7-8 **7,2** Ps 14,3; Jer 5,1 **7,4b** (Warner) Ez 3,16-19 **7,5-6** Jer 9,3-4; Mk 13,12 par; Mt 10,35-36 par **7,7** Jes 8,17; Hab 2,1 **7,8** Obd 12-13; Ps 27,1 S **7,10** Ps 115,1-2 S **7,11-13** 5,4-5; Jes 10,5-19 S **7,14** Ps 23,1 S; Jer 50,19 **7,15** Ex 14,10-30 **7,17** Gen 3,14; Jes 2,19.21 **7,18** Jer 50,20; Ps 103,8-12; Ex 34,6 S **7,19** Jes 38,17 **7,20** Gen 22,16-18; 28,13-15; Lk 1,55.72-75

NAHUM

Vom letzten Drittel des 8. bis zum Ende des 7. Jahrhunderts v. Chr. war das Großreich Assyrien mit der Hauptstadt Ninive die führende Macht im Vorderen Orient (siehe Seiten 746/47). Mit den übrigen Kleinstaaten des palästinisch-syrischen Raums bekam auch Juda diese Macht zu spüren. Seine Könige mussten die assyrische Oberherrschaft anerkennen und hatten Tributzahlungen zu leisten. Als König Hiskija kurz vor 700 den Assyrern die Gefolgschaft aufkündigte, wurde sein ganzes Land verwüstet und Jerusalem entging zuletzt nur durch ein Wunder der Vernichtung (2 Könige 19,35). Auf dem Höhepunkt der assyrischen Machtentfaltung tritt in Juda der Prophet Nahum auf und kündigt in visionären Bildern das Ende des Völkerwürgers Assur an. Die Rettung Jerusalems unter Hiskija ist schon Vergangenheit (1,11); auch auf die Eroberung der oberägyptischen Hauptstadt Theben im Jahr 667 v. Chr. durch die Assyrer kann der Prophet zurückblicken (3,8). Vielleicht hat er unter König Manasse von Juda (696–642 v. Chr.) gewirkt, der den Assyrern auch auf religiösem Gebiet weit entgegengekommen ist (siehe Erklärung zu 2 Könige 21,3) und den Widerstand der Glaubenstreuen gegen diese Politik blutig unterdrückt hat (2 Könige 21,16; Jeremia 2,30). Ihnen hätte dann der Prophet mit seiner Botschaft Mut gemacht. Nicht nur der einleitende Psalm (1,2-8) würde gut zu dieser Situation passen, sondern auch die Formulierung von 1,1, die im Unterschied zu den Überschriften aller übrigen Prophetenbücher der Bibel von einer »Schrift« des Propheten spricht (siehe Erklärung zu 1,1). Das könnte darauf hindeuten, dass Nahum nicht öffentlich aufzutreten wagte, sondern seine Botschaft durch eine Flugschrift verbreitet hat. Im Jahr 612 v. Chr. haben die Babylonier und Meder der Stadt Ninive das Schicksal bereitet, das der Prophet – natürlich nicht in allen Einzelheiten – angekündigt hatte.

Buchüberschrift

1 Dieses Buch[a] enthält Prophetenworte gegen Ninive*, die Hauptstadt des Assyrerreiches.[b] Es ist darin aufgeschrieben, was der HERR dem Propheten Nahum aus dem Dorf Elkosch offenbart* hat.

Vertrauen auf Gottes rettende Macht

2 Der HERR ist ein Gott, der leidenschaftlich
über seine Ehre wacht.
Wer sich gegen ihn empört,
bekommt seinen ganzen Zorn zu spüren.
Wer sich ihm als Feind entgegenstellt,
den trifft sein harter, vergeltender Schlag.
3 Der HERR hat Geduld und wartet zu,[c]
doch er übersieht kein Unrecht;
an Macht zum Strafen fehlt es ihm nicht!

Im Toben des Sturmes schreitet er dahin;[d]
die Wolken sind der Staub,
den seine Füße aufgewirbelt haben.
4 Er herrscht das Meer an und es
trocknet aus,
die Ströme bringt er zum Versiegen,
die üppigen Weiden in Baschan* verdorren,
die Bäume auf dem Karmel sterben ab
und auf dem Libanon verwelkt die Blütenpracht.

5 Die Berge zittern vor ihm und die Hügel beben,
die Erde hebt sich bei seinem Anblick
und mit ihr alle, die darauf wohnen.
6 Wer kann bestehen, wenn er Gericht hält?
Wer kann seinen glühenden Zorn ertragen?
Der ergießt sich wie ein Feuerstrom
und sprengt die mächtigsten Felsen.

7 Doch für die Seinen ist der HERR voll Güte,
eine sichere Zuflucht in Zeiten der Not.
Er kennt alle, die bei ihm Schutz suchen.[e]
8 Durch eine gewaltige, reißende Flut
fegt er die überhebliche Stadt[f] von ihrem Platz
und seine Feinde treibt er fort,
hinunter ins Dunkel der Totenwelt*.[g]

9 Was macht ihr Pläne und rechnet nicht mit dem
HERRN? Er wird die Feinde so vernichtend schlagen,
dass sie nicht noch einmal aufstehen und euch
bedrängen. 10 Sie können sich zusammenballen wie
Dornen, die sich ineinander verflechten, sie können
sich Mut antrinken, so viel sie wollen: Das Feuer
wird sie fressen wie dürres Stroh.

a Im Unterschied zu anderen Prophetenbüchern spricht hier der hebräische Text ausdrücklich von einer schriftlichen Aufzeichnung (»Buch« oder »Schrift«; siehe die Einführung). Die Übersetzung verwendet dagegen auch bei den anderen Propheten das Wort »Buch«.
b *die Hauptstadt ...:* verdeutlichender Zusatz.
c Dass Gott das Böse und die Bösen scheinbar untätig gewähren lässt, hat den Frommen immer wieder schwere Rätsel aufgegeben (Hab 1; Ps 14,1 und Vergleichsstellen). Ähnlich wie Nahum antworten darauf Weish 11,23; 12,2 und 2 Petr 3,9.
d Der Prophet vergegenwärtigt sich Gottes Macht in Natur und Geschichte. Der Anfang von Vers 4 erinnert an das Geschehen bei der Schöpfung (siehe Sacherklärung

1,1 Jona 1,1-2; Jes 10,5-19 S **1,2-3a** Ex 20,5-6 **1,3a** Ex 34,6 S **1,3b** (Sturm) Ijob 38,1 S **1,4** Jes 50,2; 51,10; Am 1,2 **1,5** Ps 18,8 **1,6** Offb 6,17 S **1,7** Ps 18,3 S; 1,6

Die Macht der Assyrer wird endgültig gebrochen

11 Aus Ninive* stammt der Mann, der sich gegen den
HERRN auflehnte und Böses plante![a] 12 Aber der HERR
sagt zu seinem Volk: »Wenn eure Feinde auch noch
so zahlreich und gut gerüstet sind, es wird nichts von
ihnen übrig bleiben. Ich habe euch in Not und Ver-
zweiflung gestürzt, aber ich werde es nicht wieder
tun. 13 Ich werde euch vom Joch* der Fremdherr-
schaft befreien und die Last, unter der ihr stöhnt,
von euch nehmen.«
14 Über den feindlichen König aber hat der HERR
das Urteil gesprochen und gesagt: »Dein Grab ist
schon geschaufelt; für mich existierst du nicht mehr.
Deine Familie lasse ich aussterben; die Götterbilder
in deinem Tempel zerschlage ich.«

Vision vom Untergang Ninives

2 Seht, da kommt schon über die Berge der Sieges-
bote geeilt, der den Frieden ausruft! Feiert wie-
der eure Feste, ihr Leute von Juda, löst die Verspre-
chen ein, die ihr dem HERRN in der Not gegeben
habt! Nie mehr wird der grausame Feind in euer
Land einfallen, er ist völlig vernichtet. 2–3 Die Feinde
haben das Land verwüstet und die Weinstöcke abge-
hauen; aber der HERR wird Juda und Israel[b] in ihrer
alten Herrlichkeit wiederherstellen.
Schon zieht er heran, der dich zerschlagen wird,
Ninive*! Rüste dich nur! »Alle Mann auf Posten!
Die Schwerter umschnallen! Die Straße beobach-
ten!« 4 Da kommt der Feind: Rot bemalt sind Schilde
und Kleidung der Kämpfer, blitzend wie Feuer die
Streitwagen* und die Lanzen, die sie schwingen.
5 Auf den Straßen und Plätzen rasen die Streitwagen
daher und überholen einander – ein Anblick wie
Fackeln, wie zuckende Blitze.
6 In der Stadt bietet der König seine Getreuen auf,
sie rennen los, stürzen zur Mauer; schon errichtet
der Feind die Schutzdächer[c] für seine Sturmtruppen.
7 Die Tore zum Fluss springen auf; Panik ergreift die
Bewohner des Königspalastes. 8 Der König wird an
den Pranger gestellt,[d] der Königin reißt man die Klei-
der vom Leib, sie wird abgeführt; ihre Dienerinnen
schluchzen wie gurrende Tauben und schlagen ver-
zweifelt an ihre Brust.
9 Alle fliehen aus Ninive, wie das Wasser aus
einem Teich entweicht, wenn er abgelassen wird.[e]
»Bleibt doch, bleibt!«, ruft man ihnen nach, aber kei-
ner dreht sich um.
10 Plündert, greift zu, ihr Eroberer! Nehmt Silber
und Gold! Die Stadt ist voll von herrlichen Dingen,
von kostbaren Schätzen. 11 Wo man hinsieht, Ver-
heerung und Verwüstung, verzagte Herzen und
schlotternde Knie, schmerzgekrümmte Leiber und
aschfahle Gesichter.
12–13 Ninive, du warst wie eine Löwenhöhle, wie
das Versteck, in das sich der Löwe zurückzieht und
in dem er seine Jungen füttert, die dort ungestört auf-
wachsen. Der Löwe ging auf Raub, schleppte Beute
heran für seine Jungen, Beute für seine Löwinnen.
Er füllte alle Winkel seiner Höhle mit Beutegut.
Wo ist nun das Löwennest geblieben?
14 »Jetzt bekommst du es mit mir zu tun, du
Löwe!«, sagt der HERR, der Herrscher der Welt.[f]
»Ich werde dich mit all deiner Pracht° in Flammen
aufgehen lassen und deine Jungen wird das Schwert
niedermähen. Dein Beutegut wird aus deinem Land
weggeschafft und nie mehr wirst du Boten aussen-
den, die von deiner Macht und Größe künden.«

»Meer«) und beim Auszug aus Ägypten (Ps 106,9). Dann richtet sich der Blick auf Dürrekatastrophen; in Vers 5 ist an Erdbeben zu denken.
e Vernichtung für seine Feinde, Rettung für seine Getreuen – das wird vom »Gerichtstag des HERRN« erwartet (siehe Joël 4,14-16 und Vergleichsstellen; Am 5,18). Auf dem Zionsberg *(bei ihm)* weiß sich Israel geborgen (Ps 26,2-4; Obd 17; Jes 14,32).
f *die überhebliche Stadt:* wörtlich *sie* (d.h. Ninive*).
g *und seine Feinde ...:* wörtlich *und seine Feinde, Finsternis wird sie verfolgen.*

a Schon einmal mussten die Assyrer von Jerusalem abziehen (701 v.Chr.; 2 Kön 19,35); aber die Bedrohung dauert an.
b Wörtlich *Jakob und Israel;* unsicher ist, welcher Name welches der beiden Reiche bezeichnet.
c Siehe das Bild Seite 451.
d Wörtlich *Er ist hingestellt.*
e Deutung unsicher.
f Wörtlich *der HERR Zebaot*;* ebenso in 3,5.

Nahums Prophetie richtete sich gegen Ninive, die Hauptstadt von Assyrien. Ninive wurde 612 v.Chr. durch die Babylonier und Meder erobert; die Furcht und Schrecken verbreitende Macht der Assyrer war damit gebrochen. Archäologen haben ein Stück der Stadtmauer nachgebaut.

1,11 2 Kön 19,35 **1,13** Jes 9,3 **2,1** Jes 52,7S **2,2-3** 2 Kön 18,13.17

Die Strafe für das schuldbeladene Ninive

3 Weh der Stadt, die so viel Blut vergossen hat, die Meister ist in Lüge und Verstellung! Voll gestopft ist sie mit Raub und kann doch das Rauben nicht lassen. 2 Ihr Untergang naht mit Peitschenknall und Rädergerassel, galoppierenden Pferden, rasenden Wagen 3 und daherjagenden Reitern. Schwerter wie Flammen und blitzende Speere! Haufen von Gefallenen, man stolpert über die Leichen, sie sind nicht zu zählen! 4 Es geht an Ninive*, die Hure, die mit ihren Reizen und Zauberkünsten die Völker versklavt hat.[a]

5 »Jetzt rechne ich mit dir ab«, sagt der HERR, der Herrscher der Welt. »Ich hebe dir das Kleid hoch bis übers Gesicht, dass du nackt dastehst vor den Völkern und alle Königreiche deine Schande sehen. 6 Ich bewerfe dich mit Kot und stelle dich an den Pranger. 7 Alle, die dich sehen, werden sich von dir abwenden und sagen: ›Ninive ist verwüstet! Wer wird darüber trauern?‹ Niemand wird sich finden, der bereit ist, dich zu trösten.«

Ninives Schicksal ist besiegelt

8 Meinst du, es wird dir besser ergehen als der Stadt Theben,[b] die am Nilstrom lag und rings von Wasser geschützt war? 9 Unzählige Ägypter und Äthiopier* hatten sie verteidigt, dazu als Hilfstruppen die Leute von Put* und Lud*. 10 Trotzdem wurden ihre Bewohner in die Verbannung geführt. Ihre führenden Männer wurden gefesselt und durchs Los unter die Sieger verteilt, ihre Kinder an allen Straßenecken zerschmettert. 11 Auch du wirst den Zornbecher des HERRN leeren müssen und nicht mehr aus noch ein wissen; du wirst vergeblich Schutz suchen vor dem Feind.

12 Deine Grenzfestungen sind wie Feigenbäume und ihre Besatzungen wie die Früchte darauf: Schüttelt man den Baum, so fallen einem die Feigen in den Mund. 13 Die starken Männer sind zu Memmen geworden, dein Land ist dem Feind schutzlos preisgegeben, deine Festungen werden ein Raub der Flammen.

14 Auf, schöpfe Wasser als Vorrat für die Zeit der Belagerung! Verstärke deine Mauern! Stampfe den Lehm und forme Ziegelsteine! 15 Es wird dir nichts nützen, denn das Feuer verzehrt dich; deine Bewohner fallen durchs Schwert. Es bleibt genauso wenig von dir übrig wie von einem Saatfeld, in das ein Heuschreckenschwarm einfällt. Ihr könnt selber so zahlreich werden wie die Heuschrecken, es hilft euch nichts!

16 Deine Händler sind zahlreicher als die Sterne am Himmel, aber sie werden plötzlich verschwunden sein wie eine Heuschrecke, die soeben aus der Puppe geschlüpft ist – weg ist sie! 17 Deine Aufsichtsbeamten und Schreiber werden sich davonmachen wie ein Heuschreckenschwarm, der sich an einem kalten Tag auf einer Mauer niedergelassen hat: Sobald ihn der erste Sonnenstrahl wärmt, fliegt er fort; niemand weiß, wohin. Ja, wo sind sie geblieben?

18 Du König von Assyrien*, deine Minister schlafen den Todesschlaf, deine Generäle liegen erschlagen, deine Krieger haben sich zerstreut wie eine hirtenlose Herde auf den Bergen. 19 Dir kann niemand mehr helfen, von diesem Schlag erholst du dich nie! Wer von deinem Unglück hört, klatscht vor Freude in die Hände; denn es gibt niemand, der nicht deine Grausamkeit zu spüren bekam.

a Nicht nur durch brutale Macht, sondern auch durch Verlockungen haben die Assyrer ihr Reich gefestigt. Man kann an Maßnahmen denken, wie sie in Jes 39,1-2 von den Babyloniern berichtet werden; vgl. Ez 23,5-7.11-13.

b Im hebräischen Text steht der ägyptische Name *No-Amon*. Die bedeutende Königs- und Tempelstadt in Oberägypten wurden 667 v. Chr. von dem Assyrerkönig Assurbanipal erobert und ausgeplündert.

3,1 Ez 22,2 **3,4** Offb 17,1-2 **3,5** Jes 47,3 **3,8** Jer 46,25-26; Ez 30,14-16 **3,9** Ez 30,5 **3,10** Joël 4,3; Hos 10,14 **3,11** Jer 25,15 S **3,13** Jer 51,30 **3,15** Joël 1,4 S **3,16** Jes 47,15 S **3,18** 1 Kön 22,17

HABAKUK

Habakuk ist ein Prophet, der von Gottes Botschaft nicht wie andere unvorbereitet überfallen wird, sondern der darauf wartet und Gott mit Fragen und Bitten bestürmt. Er nimmt damit ein prophetisches Amt wahr, das bei anderen Propheten in der Fürbitte für ihr Volk seinen Ausdruck findet (siehe Amos 7,2.5 und Jeremia 7,16 mit den Vergleichsstellen dort).

Habakuk lebte zu der Zeit, als die Babylonier sich – nach dem Sieg über die Ägypter bei Karkemisch 605 v. Chr. – anschickten, ihr Weltreich zu errichten. Ihr rücksichtsloses Machtstreben wird für den Propheten zur ernsten Frage an Gottes Geschichtshandeln. Habakuk war in Jerusalem ein Zeitgenosse des Propheten Jeremia.

Buchüberschrift

1 Dieses Buch enthält die Worte, die der HERR dem
Propheten Habakuk offenbart* hat.

Klage des Propheten über das Unrecht im Land

2 Schon so lange, HERR, rufe ich zu dir um Hilfe und
du hörst mich nicht! Ich schreie: »Gewalt regiert!«,
und du greifst nicht ein![a] 3 Warum lässt du mich sol-
ches Unrecht erleben? Warum siehst du untätig zu,
wie die Menschen geschunden werden? Wo ich hin-
sehe, herrschen Gewalt und Unterdrückung, Ent-
zweiung und Streit. 4 Weil du nicht eingreifst, ist
dein Gesetz* machtlos geworden und das Recht
kann sich nicht mehr durchsetzen. Verbrecher
umzingeln den Unschuldigen und das Recht wird
verdreht.

Gottes Antwort: Die Babylonier kommen

5 Der HERR antwortet:[b] »Seht euch einmal um unter
den Völkern! Ihr werdet staunen! Es tut sich etwas,
ihr werdet es erleben. Wenn es euch jemand erzäh-
len würde, ihr würdet ihm nicht glauben.
6 Ich rufe die Babylonier*, dieses wilde, erbar-
mungslose Volk.[c] Sie ziehen über die Erde hin, um
Länder in Besitz zu nehmen, die ihnen nicht gehö-
ren. 7 Furcht und Schrecken verbreiten sie; sie neh-
men sich heraus zu bestimmen, was Recht ist.
8 Ihre Pferde sind schneller als Panther und wilder
als hungrige Wölfe. Ihre Reiterei sprengt daher,
kommt herangejagt aus weiter Ferne. Wie der Geier
sich auf den Fraß stürzt, 9 so stürzen sie sich in die
Schlacht. Keiner blickt zurück, sie sammeln Gefan-
gene ein wie Sand. 10 Mit Königen treiben sie ihr
Spiel, sie spotten über die hohen Würdenträger.
Festungen sind für sie kein Hindernis: Sie schütten
einen Belagerungswall auf und nehmen sie in Besitz.
11 Dann ziehen sie weiter; sie fegen dahin wie der
Sturm und machen sich schuldig. Die eigene Kraft ist
ihr Gott.«

Klage über die Schreckensherrschaft der Babylonier

12 HERR, bist du nicht unser Gott von jeher, ein heili-
ger Gott? Lass uns nicht sterben! Du, unser starker
Schutz, hast die Babylonier* gerufen, um dein Straf-
gericht zu vollstrecken. 13 Aber deine Augen sind zu
rein, als dass du Böses mit ansehen könntest. Du
kannst doch nicht zusehen, wie Menschen gequält
und misshandelt werden!
Warum lässt du diese Räuber gewähren?[d] Warum
greifst du nicht ein, wenn diese Verbrecher andere
verschlingen, die rechtschaffener sind als sie?
14 Warum lässt du zu, dass Menschen behandelt
werden, als wären sie Fische und andere Meerestie-
re, die keinen König haben, der sie beschützt?
15 Mit Angeln holen sie alle heraus und schleppen
sie mit Netzen davon. Wie Fischer über ihren Fang,
so jubeln sie über ihre Menschenbeute. 16 Und dann
bringen sie ihrem Fangnetz Opfergaben* und ver-
brennen vor ihm Weihrauch* wie für einen Gott,
zum Dank dafür, dass es ihnen so reiche Beute und
einen gedeckten Tisch beschert.
17 Dürfen sie denn immerfort mit dem Schwert°
wüten und ganze Völker erbarmungslos hinmor-
den?

Gottes Antwort: Das Recht bleibt der unverrückbare Maßstab

2 Ich sagte: »Ich stelle mich auf meinen Posten
und halte dort aus. Ich warte angespannt darauf,

a Die Antwort Gottes ab Vers 5 lässt an eine ganz bestimmte Situation denken: Nach dem Tod König Joschijas, der sich um Wahrung des Rechts und Reinigung des Gottesdienstes bemüht hatte, schlug König Jojakim (608–598 v. Chr.) einen genau entgegengesetzten Kurs ein; vgl. Jer 22,13-19.
b Verdeutlichender Zusatz.
c Die Babylonier sind, als neue Macht auf der Weltbühne, in Juda noch unbekannt. Sie werden wie früher die Assyrer (Jes 8,6-8; 10,5-6) als Gottes Strafwerkzeug angekündigt – und wie jene erliegen sie der Versuchung zur Selbstüberhebung (Verse 11-12; Jes 10,7-15; 14,13-14).
d Die Antwort Gottes in den Versen 5-11 ist zweischneidig: Wird hier nicht der Teufel durch Beelzebub ausgetrieben? Der Prophet appelliert an Gottes unbestechliche Gerechtigkeit.

1,4 Am 5,7 **1,6** 2 Kön 24,1-2.10; 25,1; Jes 13,1-22S **1,11** Jes 10,13 **1,12** Jes 10,5-6 **2,1** Mi 7,7

was der HERR mir sagen wird; ich warte begierig, was
er auf meine Fragen und Anklagen antworten wird.«
2 Und der HERR antwortete mir und sagte: »Was
ich dir jetzt enthülle, sollst du öffentlich auf Tafeln
schreiben, in deutlicher Schrift, damit alle es lesen
können![a] 3 Was ich da ankündige, wird erst zur vor-
bestimmten Zeit eintreffen. Die Botschaft spricht
vom Ende und täuscht nicht. Wenn das Angekün-
digte sich verzögert, dann warte darauf; es wird
bestimmt eintreffen und nicht ausbleiben. Schreibe
also:

4 ›Wer falsch und unredlich ist, geht zugrunde;
aber wer mir die Treue hält und das Rechte tut, rettet
sein Leben.[b] 5 Deshalb wird der prahlerische Räu-
ber,° der anmaßende Kraftprotz, sein Ziel nicht
erreichen – mag er seinen Rachen aufreißen wie
die Totenwelt* und so unersättlich sein wie der
Tod, mag er auch ein Volk nach dem andern ver-
schlingen.‹«

Drohworte gegen den Unterdrücker der Völker

6 Alle diese Völker werden ein Spottlied über den
Unterdrücker anstimmen und ihn mit spitzen Wor-
ten verhöhnen; sie werden sagen:

»Tod und Verderben über dich, weil du fremdes
Eigentum bei dir aufhäufst! Wie lange willst du es
noch so treiben? Völker behandelst du, als wären
sie deine Schuldner! 7 Aber ganz plötzlich werden
die Ausgebeuteten aufstehen und dir mit gleicher
Münze heimzahlen; der Räuber wird ausgeraubt!
8 Wie du die Völker ausgeplündert hast, so werden
die Völker dann dich ausplündern und du wirst
bestraft für die Blut- und Schreckensherrschaft, die
du in allen Städten und Ländern ausgeübt hast.

9 Tod und Verderben über dich, weil du mit unred-
lichen Mitteln deinen Besitz vermehrst! Das bringt
dir und deinen Nachkommen kein Glück. Du legst
dir ein unzugängliches Nest an wie der Adler[c] und
meinst, du seist sicher vor jedem Zugriff. 10 Aber
deine Pläne bringen nichts als Schande über dein
Königshaus. Du hast beschlossen, viele Völker zu
vernichten; damit hast du dein Leben verwirkt!
11 Sogar die Steine in der Mauer schreien dein
Unrecht heraus und die Sparren im Gebälk stimmen
mit ein.

12 Tod und Verderben über dich, weil du Städte mit
Blut baust und auf Unrecht gründest! 13 Hat nicht der
HERR, der Herrscher der Welt,[d] von dir gesagt: ›Gan-
ze Völker haben sich vergeblich für dich geplagt, es
ist alles dem Untergang geweiht‹? 14 Wie das Meer
voll Wasser ist, so wird die ganze Erde erfüllt werden
von Erkenntnis der Herrlichkeit* des HERRN.

15 Tod und Verderben über dich, weil du deinen
Nachbarvölkern den Wein deines Zorns einge-

a Alles Bisherige spielte zwischen dem Propheten und Gott. Jetzt soll Habakuk öffentlich hervortreten.
b *wer mir die Treue …:* wörtlich *der Rechtschaffene wird durch seine Treue am Leben bleiben.* Gott bestätigt feierlich, dass Recht Recht bleiben soll. Die Anwendung auf die aktuelle Lage bringt Vers 5. Die Einlösung der Zusage geschah im Untergang des babylonischen Reiches zwei Generationen später, 539 v. Chr. Paulus deutet die Aussage von Hab 2,4 in Röm 1,17; Gal 3,11 mit anderer Beziehung der Satzglieder: »Wer durch Vertrauen/Glauben vor Gott als gerecht gilt, wird leben.«
c Das ist bildlich zu verstehen. Nebukadnezzar hatte Babylon durch gewaltige Mauern geschützt; vgl. Jer 51,58 und Bilder Seite 842–43.
d Wörtlich *der HERR Zebaot*.

Habakuk konnte nicht verstehen, dass Gott die erbarmungslosen Babylonier zur Bestrafung seines eigenen Volkes herbeirief. Er rang um die Antwort. »Ich stelle mich auf meinen Posten und halte dort aus. Ich warte angespannt darauf, was der Herr mir sagen wird.« (2,1)

2,2 Jes 8,1S **2,3** 2Petr 3,9 **2,4** Am 5,14; Ez 18,5-9; Röm 1,17; Gal 3,11; Hebr 10,38 **2,6-17** Jes 13,1-22S **2,7-8** Jes 33,1; Sach 2,13 **2,9** Obd 4 **2,12** Jer 22,13; Mi 3,10 **2,13** zit Jer 51,58 **2,14** Jes 11,9 **2,15-16** Jer 25,15S

schenkt und dich an ihrer Ohnmacht und Schande
geweidet hast! 16 Meinst du vielleicht, das bringt dir
Ehre? Dir selbst wird nun eingeschenkt: Der HERR
gibt dir den Becher seines Zorns zu trinken und
stürzt dich vor aller Augen in die tiefste Schande.
17 Du hast den Libanon abgeholzt und sein Wild aus-
gerottet; das musst du jetzt büßen. Du wirst bestraft
für die Blut- und Schreckensherrschaft, die du in
allen Städten und Ländern ausgeübt hast.«

Die Ohnmacht der Götter Babylons

18 Was nützen Götterbilder aus Holz oder Metall,
angefertigt von Menschenhand? Sie sind nichts als
Lug und Trug. Wie kann jemand auf stumme Götzen
vertrauen, die er selbst hergestellt hat?
19 Tod und Verderben über den, der zu einem
Stück Holz sagt: »Wach auf!«, und zu einem toten
Stein: »Werde lebendig!« Prächtig sind sie mit Silber
und Gold überzogen, aber es ist kein Leben in ihnen
und Rat wissen sie nicht.
20 Der HERR aber ist in seinem heiligen Tempel*.
Werdet still, erweist ihm Ehre,[a] ihr Menschen der
ganzen Erde!

Habakuk schaut Gottes Eingreifen

3 Ein Gebet des Propheten Habakuk.[b]
2 HERR, von deinen Ruhmestaten habe ich gehört,
sie erfüllen mich mit Schrecken und Staunen.
Erneuere sie doch, jetzt, in unserer Zeit![c]
Lass uns noch sehen, wie du eingreifst!
Auch wenn du zornig bist – hab mit uns Erbarmen!

3 Gott kommt von Teman her,
der heilige Gott kommt vom Gebirge Paran.[d]
Seine Majestät überstrahlt den Himmel,
sein Glanz erfüllt die ganze Erde.
4 Rings um ihn leuchtet es wie Sonnenlicht,
nach allen Seiten strahlt es von ihm aus –
darin verbirgt sich seine große Macht.
5 Die Pest geht vor ihm her
und hinter ihm folgt die Seuche.
6 Setzt er den Fuß auf die Erde, so bebt sie;
blickt er die Heere der Völker an,
so erschrecken sie und stieben auseinander.
Die ewigen Berge zerbersten,
die uralten Hügel sinken zusammen;
so schreitet er seit grauer Vorzeit über die Erde.

7 Niedergeduckt vor drohendem Unheil
sehe ich die Zelte der Kuschiter,[e]
die Zeltdecken der Midianiter* zittern.
8 HERR, gegen wen ist dein Zorn gerichtet?
Gilt er den Fluten des Meeres, der Macht der Tiefe?
Wenn du ausziehst mit deinen Rossen,
dann bringen deine Wagen den Sieg.
9 Du ziehst deinen Bogen aus seiner Hülle,
mit Drohworten begleitest du die Pfeile.
Du spaltest die Erde und Ströme brechen hervor.
10 Die Berge sehen dich und erbeben
wie eine Frau, die in Wehen liegt.
Regengüsse prasseln hernieder,
die Wellen des Meeres tosen und türmen sich auf.
11 Sonne und Mond verstecken sich,
sie ziehen sich in ihr Haus zurück,
weil deine leuchtenden Pfeile schwirren
und dein blitzender Speer die Nacht erhellt.

12 Du schreitest über die Erde,
in deinem Zorn trittst du die Völker nieder.
13 Du bist ausgezogen, um deinem Volk zu helfen,
ihm und dem König, den du gesalbt* hast.
Das Dach hast du abgerissen vom Palast deines
Feindes,
dass nur noch kahle Mauern zum Himmel ragen.
14 Seine Heerführer wollten uns jagen,
sie stürmten heran wie ein Wirbelwind;
sie freuten sich schon bei dem Gedanken,
uns Arme in ihr Versteck zu schleppen,
uns zu verschlingen wie der Löwe seine Beute.[f]
Du aber durchbohrtest sie mit ihren eigenen Pfeilen.
15 Mit deinen Rossen bahntest du dir den Weg
durch die schäumenden Wogen des Meeres.[g]

16 Als ich die Kunde davon vernahm,
fuhr mir der Schreck in die Glieder,
meine Lippen fingen an zu zittern;
meine Knie wurden weich und gaben nach,
ich war am ganzen Leib wie zerschlagen.
Noch muss ich warten auf den Tag,
der dem Volk, das uns angreift, den Untergang
bringt.
17 Noch[h] gibt es keine Feigen oder Trauben,
noch sind keine Oliven zu ernten;
noch wächst kein Korn auf unseren Feldern
und die Schafhürden und Viehställe stehen leer –
18 und doch kann ich jubeln, weil der HERR mir hilft;
was er zugesagt hat, erfüllt mich mit Freude.
19 Der HERR, der mächtige Gott, gibt mir Kraft!
Er macht mich leichtfüßig wie die Gazelle
und lässt mich sicher über die Berge schreiten.

Dieses Lied ist auf Saiteninstrumenten zu begleiten.

a So rief man im Jerusalemer Tempel der anbetenden Gemeinde zu (Ps 11,4). Hier ist mit dem *Tempel* die himmlische Wohnung Gottes gemeint, und statt der Gemeinde sind alle Völker aufgerufen; vgl. Sach 2,17.
b Es folgt noch eine musikalisch-technische Angabe, die nicht zu deuten ist. Sie verweist wie das dreimalige »Sela« (Verse 3, 9, 13) darauf, dass das Gebet später im Gottesdienst verwendet wurde. Im Kern (Verse 3-15) handelt es sich um die Schilderung einer Vision, die dem Propheten Gottes Eingreifen gegen die Babylonier vor Augen führt.
c Wie es in 2,3 angekündigt wurde.
d D.h. aus der Richtung des Berges Sinai* (vgl. Dtn 33,2; Ri 5,4).
e Vgl. Anmerkung zu Num 12,1. Die Zelte der Nomaden liegen am Weg des zum Kampf Herbeieilenden.
f *wie der Löwe …:* verdeutlichender Zusatz.
g D.h. hier: durch das Heer der Feinde; die Aussage erinnert aber an Ex 15,8-10.
h Vgl. den Vorbehalt in 2,3. Vers 17 erinnert eher an eine Dürrekatastrophe als an Feindesnot und ist vielleicht später hinzugefügt worden, als das Gebet im Gottesdienst gesungen wurde.

2,17 Jes 14,8; 37,24 **2,18-19** Jes 44,9-20 S **2,20** Ps 11,4; Sach 2,17; Zef 1,7 **3,2** 2,3 **3,3-6** Ri 5,4-5 S **3,5** 2 Sam 24,13-15 **3,6** Ps 68,8-9; 104,32; Jes 17,12-14 **3,8-11** Ps 18,8-16; 77,17-20 **3,8** Ijob 38,8-11; Ps 68,18 **3,13** Ps 2,6; 110,1-2 **3,16** Jes 21,3-4; Hab 2,3 **3,18** Jes 61,10 **3,19a** Ps 18,34

ZEFANJA

Das Wirken des Propheten Zefanja fällt in die Regierungszeit König Joschijas von Juda (639–609 v. Chr.; siehe 1,1). Die Zustände, die er in Kapitel 1 und 3,1-8 anprangert, lassen darauf schließen, dass er noch vor dem Beginn des Reformwerkes auftrat, das Joschija – bei der Thronbesteigung erst 8 Jahre alt – von 628 ab und noch einschneidender nach der Auffindung des Gesetzbuches 622 v. Chr. (2 Könige 22–23) durchführte. Diese Zustände entsprechen der Verfassung, in der König Manasse mit seiner assyrienhörigen Politik das Land bei seinem Tod 642 v. Chr. zurückgelassen hatte (2 Könige 21). Das Auftreten Zefanjas fällt demnach in den Zeitraum zwischen dem Wirken der Propheten Nahum und Jeremia.

Buchüberschrift

1 In diesem Buch steht, was der HERR durch Zefanja verkünden ließ. Zefanja war ein Sohn von Kuschi und Enkel von Gedalja, seine weiteren Vorfahren waren Amarja und Hiskija. Das Wort des HERRN erging an ihn zu der Zeit, als in Juda König Joschija, der Sohn Amons, regierte.

Der Tag des Gerichts

2 »Ausrotten, völlig ausrotten werde ich alles, was auf der Erde lebt«, sagt der HERR. 3 »Ich rotte die Menschen aus und die Tiere, auch die Vögel unter dem Himmel und die Fische im Meer, alles, was die Menschen zum Götzendienst verführt hat.[a] Ja, ich werde alle Menschen vom Erdboden vertilgen.

4 Auch gegen Juda und Jerusalem strecke ich meine Hand aus! Den Götzendienst, der dort getrieben wird, rotte ich aus, sodass keine Spur mehr davon bleibt; an die Baalspriester und die Priester* überhaupt wird nichts mehr erinnern. 5 Ich vernichte alle, die nachts auf den Dächern ihrer Häuser das Sternenheer am Himmel anbeten,[b] ich vernichte auch die, die sich vor mir niederwerfen, aber zugleich bei dem Götzen Milkom° schwören. 6 Ich vernichte alle, die mir den Rücken kehren, die nicht nach meinen Weisungen fragen und nichts von mir wissen wollen.«

7 Werdet still vor dem HERRN, dem mächtigen Gott! Sein Gerichtstag naht. Der HERR bereitet ein Opfermahl* vor, die Feinde Judas sind schon als Gäste geladen.[c]

8 »An jenem Tag«, sagt der HERR, »rechne ich ab mit den führenden Männern des Landes und den Mitgliedern des Königshauses, ich rechne ab mit allen, die ausländische Kleidung tragen. 9 Nach dem Brauch der Fremden vermeiden sie es peinlichst, beim Betreten des Königspalastes auf die Schwelle zu treten,[d] aber sie machen sich kein Gewissen daraus, Schätze dorthin zu schleppen, die sie durch Gewalt und Betrug an sich gebracht haben.

10 An jenem Tag – sagt der HERR – wird man Kampfgeschrei hören vom Fischtor[e] her, Angstschreie aus der Neustadt und Schlachtlärm von den Hügeln. 11 Klagt und jammert, ihr Händler im Krämerviertel, denn für euch alle hat die letzte Stunde geschlagen!

12 Dann werde ich, der HERR, in alle Winkel Jerusalems mit der Lampe hineinleuchten und die selbstzufriedenen Leute aufspüren, die sorglos ihren Wohlstand genießen und denken: ›Der HERR tut ja doch nichts, weder Gutes noch Böses!‹ 13 Ihr Besitz wird geplündert, ihre Häuser werden dem Erdboden gleichgemacht. Die neuen Häuser, die sie sich gebaut haben, werden sie nicht bewohnen, und aus den neuen Weinbergen, die sie angelegt haben, werden sie nicht einen Tropfen trinken.«

14 Der große Tag des HERRN ist nahe, schnell rückt er heran. Hört ihr nicht die Schreckensrufe? Selbst die Tapfersten schreien um Hilfe!

15 Ein Tag des Gerichts ist dieser Tag, ein Tag voll Angst und Not, voll Sturm und Verwüstung, voll drohender schwarzer Wolken, ein finsterer Tag, 16 ein Tag, an dem sich Kampfgeschrei erhebt, an dem zum Sturm geblasen wird auf die befestigten Städte und hohen Türme. 17 Die Menschen werden vor Angst vergehen und wie Blinde umhertappen. Ihr Blut tränkt den Staub, ihre Eingeweide° liegen im Straßenkot.

Das alles bricht über sie herein, weil sie sich gegen den HERRN aufgelehnt haben. 18 Ihr Silber und Gold kann sie nicht retten, wenn der HERR Gericht hält.

1,1 2 Kön 22,1; Jer 1,2 **1,2-3** Gen 6,5-7 **1,4** 2 Kön 23,4-7 **1,5** Jer 19,13; 49,1; 2 Kön 23,13 **1,7** Hab 2,20 S **1,8** Am 5,18-20 S **1,12** Ps 14,1 S **1,13** Am 5,11-12 **1,14-18** Am 5,18-20 S **1,18** 3,8; Ez 7,19

a Gedacht ist an Götterbilder in Tiergestalt (Ex 20,4). Es gab in Israel die Erwartung eines göttlichen Strafgerichts über alle Völker, d.h. über die Feinde Israels (Joël 4,14-16 und Vergleichsstellen). Zefanja bezieht, für seine Hörer völlig unerwartet, Juda in das Gericht ein (Verse 4-13). Mit Vers 7 stellt er die traditionelle Erwartung geradezu auf den Kopf.

b Der Gestirnkult wurde von den Assyrern übernommen und deutet auf die Zeit der Abhängigkeit Judas unter König Manasse (2 Kön 21,3; vgl. Jer 19,13). *Milkom* ist der Gott der Ammoniter (1 Kön 11,5; 2 Kön 23,13).

c *die Feinde …:* wörtlich *er hat seine Geladenen geheiligt,* d.h. rein* gemacht für die Teilnahme an einer Opferhandlung.

d *Nach dem Brauch …:* wörtlich *Ich rechne ab mit allen, die über die Schwelle springen.* Der Sinn des Brauches ist unsicher.

e Siehe Skizze Seite 559; die genannten Stadtbezirke liegen im Nordwesten. An der Nordseite war Jerusalem am verwundbarsten, weil hier der natürliche Schutz fehlte.

Wie ein Feuersturm wird sein Zorn das Land verwüs-
ten und alle seine Bewohner unversehens vertilgen.

Vielleicht gibt es noch Rettung

2 Geht in euch, beugt euch vor dem HERRN, ihr
alle, die ihr so selbstsicher seid![a] 2 Beugt euch
rechtzeitig, bevor beim HERRN der Entschluss gereift
ist. Bedenkt, die Tage fliegen dahin wie Spreu vor
dem Wind. Kehrt um, bevor der Tag da ist, an dem
der HERR Gericht hält, der Tag, an dem er seinen glü-
henden Zorn über euch ausschüttet!

3 Euch aber, die ihr euch vor dem HERRN gebeugt
und nach seinen Geboten gelebt habt, sage ich: Wen-
det euch ganz dem HERRN zu, tut weiterhin, was vor
ihm recht ist, und bleibt demütig! Vielleicht[b] werdet
ihr dann verschont an dem Tag, an dem der HERR
sein Zorngericht vollstreckt.

Zefanja kündigte den Untergang der Nachbarvölker Israels an. Ihnen soll es ergehen wie Sodom und Gomorra: »Ihr Gebiet soll für immer zu einer Wüste voller Salzgruben werden« (2,9). Im Bild Salzfelsen am Südende des Toten Meeres.

Das Gericht über die Feinde Israels[c]

4 Gaza wird entvölkert, Aschkelon verwüstet, schon
um die Mittagszeit werden die Bewohner von Asch-
dod weggeführt; Ekron wird dem Erdboden gleich-
gemacht.

5 Euer Untergang naht, ihr Bewohner des Küsten-
landes, ihr Eindringlinge[d] aus Kreta! Denn der HERR
sagt über das ganze Philisterland:[e] »Ich werde dich
verwüsten, sodass niemand mehr in dir wohnt!
6–7 Das Küstenland wird zum Weidegebiet; Hirten
werden dort mit ihren Herden umherziehen und
sich nachts in den Häusern von Aschkelon lagern.
Das ganze Land der Philister* wird den Überleben-
den von Juda gehören.« Denn der HERR, ihr Gott,
wird Erbarmen mit ihnen haben und alles für sie
wieder zum Guten wenden.

8 Der HERR sagt: »Ich habe gehört, wie die Moabi-
ter* und Ammoniter* mein Volk verhöhnt und wie
sie prahlerisch verkündet haben, sie würden ihm
sein Land wegnehmen.[f] 9 Darum sage ich, der HERR,
der Herrscher der Welt,[g] der Gott Israels:

›So gewiss ich lebe, Moab und Ammon soll es
ergehen wie Sodom* und Gomorra: Ihr Gebiet soll
für immer zu einer Wüste voller Salzgruben werden,
zwischen denen nur Disteln wuchern. Die Überle-
benden meines Volkes werden die Moabiter und
Ammoniter ausplündern und ihr Land in Besitz neh-
men. 10 Das ist die Strafe dafür, dass sie in ihrem
Hochmut mein Volk verhöhnt, dass sie sich prahle-
risch über das Volk des HERRN, des Herrschers der
Welt, erhoben haben.‹«

11 In seiner Schrecken erregenden Majestät wird
der HERR gegen sie aufstehen. Er wird die Götter aller
Völker der Erde vernichten. Dann wird jedes Volk,
auch noch das fernste, in seinem Land dem HERRN
die Ehre geben und ihn anbeten.

12 »Auch ihr Äthiopier[h] werdet von meinem
Schwert dahingerafft«, sagt der HERR.

13 Der HERR wird seine Hand auch nach Norden
ausstrecken, er wird Assyrien* verwüsten und seine
Hauptstadt Ninive[i] in Trümmer legen. Die Stadt
wird zur menschenleeren Steppe werden, 14 Herden
werden dort lagern, Igel und Pelikan[j] zwischen den
umgestürzten Säulen Unterschlupf suchen. In den
leeren Fensterhöhlen kreischen Vögel, die Tür-
schwellen sind mit Trümmern bedeckt, das Getäfel
aus Zedernholz ist heruntergerissen. 15 So ergeht es
der stolzen Stadt, die sich für uneinnehmbar hält
und sich einbildet: »Mit mir nimmt es niemand
auf!« Zur Wüste wird sie, zum Lagerplatz wilder Tie-
re. Jeder, der vorbeigeht, verspottet sie und wendet
sich entsetzt von ihr ab.

a Die Deutung des Verses ist unsicher.
b Selbst denen, die Gott treu geblieben sind, kann der Prophet nur unter Vorbehalt die Rettung zusagen (vgl. Am 5,15; Joël 2,14; Jona 3,9).
c Trotz 1,7 wird auch den Feinden Israels das Strafgericht angekündigt; vgl. 1,2-3.
d Die Philister haben den Israeliten vor allem in der Frühzeit schwer zu schaffen gemacht. Hier wird ihnen das Wohnrecht im Land abgesprochen (anders urteilt Am 9,7).
e Wörtlich *über Kanaan, das Land der Philister.*
f *prahlerisch verkündet …:* wörtlich *gegen sein Gebiet großgetan haben.*
g Wörtlich *der HERR Zebaot*;* entsprechend in Vers 10.
h Sie sind hier vermutlich Hilfstruppen der Ägypter, die den schon geschwächten Assyrern gegen die Babylonier zu Hilfe kamen; vgl. 2 Kön 23,29.
i Hier trifft sich Zefanjas Botschaft mit der des etwas älteren Nahum (Nah 2-3).
j *Igel und Pelikan:* Identifizierung unsicher.

2,3 Joël 2,14 S **2,4-7** Jes 14,28-32 S **2,5** Jer 47,4 S **2,8-10** Jes 15,1–16,14 S; Jer 49,1-6 S **2,9b** Gen 19,24-25 **2,10** Jer 48,26-27 S **2,12** Jes 18,1-6; Ez 30,9 **2,13-15** Nah 1,1 S **2,14** Jes 13,21-22; 34,11; Jer 50,39 **2,15** Jes 47,8; Jer 18,16 S

Das Gericht über Jerusalem

3 In den Untergang stürzt die Stadt, die sich gegen den HERRN aufgelehnt hat, in der Unrecht und Gewalt herrschen! 2 Auf keine Warnung hat sie gehört, keine Mahnung ernst genommen. Sie suchte keine Hilfe bei ihrem Gott; sie hatte kein Vertrauen zum HERRN.

3 Ihre führenden Männer sind beutegierige Löwen, ihre Richter hungrige Wölfe, die von ihrem Raub nicht einen Knochen bis zum anderen Morgen übrig lassen. 4 Ihre Propheten* sind Schwätzer und Schwindler, ihre Priester* entweihen das Heiligtum und unterwerfen Gottes Gesetz* der eigenen Willkür.

5 Und all das treiben sie, obwohl der HERR mitten unter ihnen wohnt![a] Er tut kein Unrecht, seine Rechtsordnung bleibt in Geltung. Tag für Tag bestätigt er sie, so sicher jeden Morgen die Sonne aufgeht. Aber diese Leute schämen sich nicht, immer neues Unrecht zu begehen.

6 »Ich habe ganze Völker vernichtet«, sagt der HERR, »habe ihre Festungen zerstört, die Straßen veröden lassen und die Städte verwüstet, sodass niemand mehr darin wohnt. 7 Ich dachte, ihr würdet eine Lehre daraus ziehen! Dann würde eure Stadt nicht verwüstet werden wegen all der Untaten, für die ich euch zur Verantwortung ziehen muss. Aber ihr hattet nichts Eiligeres zu tun, als nun erst recht lauter Untaten zu begehen.

8 Deshalb macht euch darauf gefasst, dass ich eingreife«, sagt der HERR. »Wartet auf den Tag, an dem ich aufstehe und ein Ende mache! So sieht mein Strafgericht aus: Ich biete Völker und Reiche gegen euch auf – aber ich tue es, um dann über *sie* meinen ganzen glühenden Zorn auszugießen. Von der Leidenschaft, mit der ich um meine Ehre kämpfe, wird die ganze Erde verbrannt.«

Der gereinigte Rest Israels

9 »Dann aber – sagt der HERR – werde ich den Völkern neue, reine Lippen geben, sodass sie nicht mehr die Namen ihrer Götzen in den Mund nehmen, sondern[b] meinen Namen* im Gebet anrufen und ohne Ausnahme mir dienen. 10 Selbst noch aus dem fernen Äthiopien* werden sie – nämlich meine Anbeter, mein zerstreutes Volk – mir Opfergaben bringen.

11 An jenem Tag braucht ihr euch nicht mehr zu schämen, weil ihr euch gegen mich aufgelehnt und so viel Böses getan habt. Denn ich werde die Prahler und Angeber aus eurer Mitte entfernen, sodass es keine Überheblichkeit mehr gibt auf meinem heiligen Berg. 12–13 Nur ein Volk aus armen und demütigen Leuten[c] lasse ich dort als Überrest Israels wohnen, Menschen, die auf mich ihre ganze Hoffnung setzen. Sie werden kein Unrecht tun und weder lügen noch betrügen. Sie werden in Glück und Frieden leben, kein Feind wird sie aufschrecken.«

14 Freu dich, Israel! Jubelt, ihr Leute auf dem Zionsberg*! Singt und jauchzt aus vollem Herzen, ihr Bewohner Jerusalems! 15 Der HERR straft euch nicht länger, eure Feinde hat er weggejagt. Er selbst ist als Israels König mitten unter euch, deshalb braucht ihr nichts mehr zu fürchten.

16 An jenem Tag wird man Jerusalem Mut zusprechen und sagen: »Hab keine Angst, Stadt auf dem Zionsberg, lass die Hände nicht mutlos sinken! 17 Der HERR, dein Gott, ist in deinen Mauern, er ist mächtig und hilft dir. Er hat Freude an dir, er droht dir nicht mehr, denn er liebt dich; er jubelt laut, wenn er dich sieht.«

Die Heimkehr des zerstreuten Volkes

18 Der HERR sagt: »Ich nehme die Last der Schande von Jerusalem. Ich bringe alle zurück, die darüber trauern, dass sie in der Fremde leben müssen und nicht mehr an meinen Festen teilnehmen können.[d]

19 Dann rechne ich ab mit den Peinigern, die euch gequält haben. Ich sammle die Zerstreuten und sorge dafür, dass auch noch die Schwächsten wohlbehalten ans Ziel kommen. Ich verwandle ihre Schande in Ehre, auf der ganzen Erde wird man sie rühmen.

20 Zu jener Zeit werde ich euch sammeln und hierher bringen; ich mache euch hoch angesehen bei allen Völkern der Erde. Ich werde für euch alles wieder zum Guten wenden – ihr werdet es erleben! Das sage ich, der HERR.«

Das Gericht ist nicht das Letzte; ein Lied der Freude soll angestimmt werden. Gott wird sein Volk nach Hause bringen.

a Dass Gott in Jerusalem auf dem Zionsberg seine »Wohnung« hat (Ps 76,3), ist keine Sicherheitsgarantie für die Stadt, sondern Verpflichtung zu einem angemessenen Verhalten (Jer 7,1-15).

b *nicht mehr …:* verdeutlichender Zusatz.

c Das entspricht 2,1-3 (vgl. Jes 10,20-21; 57,15).

d Den Abschluss des kleinen Prophetenbuches bildet ein Trostwort aus einer späteren Zeit, als das Volk von Juda schon in die Verbannung geführt worden war.

3,1 Jes 1,21-23; Ez 22,2-12 **3,2** Jes 7,9S; Jer 5,3S **3,3-4** Ez 22,25-28 **3,4** Jer 2,8S **3,5** Ps 76,3S; Jer 7,4 **3,8** 1,18; Sach 14,2 **3,9** Jes 45,22-24 **3,10** Jes 18,7; Ps 68,32 **3,11** Jes 11,9 **3,14-15** Sach 2,14S **3,16-17** Jes 49,16; 60,16; 62,4.12; 65,19; Jer 32,41 **3,18** Ps 137,1 **3,19** Jes 11,11-12S; Ez 34,12-16 **3,20** Jes 60,3; Jer 29,13-14S

HAGGAI

Die Worte des Propheten Haggai sind genau datiert; sie fallen sämtlich in das zweite Regierungsjahr des Perserkönigs Darius I. (520 v. Chr.). Aus dem Esrabuch kennen wir die Zusammenhänge: 538 v. Chr. hatte der Perserkönig Kyrus den Verbannten in Babylonien die Rückkehr nach Jerusalem und den Wiederaufbau des zerstörten Tempels erlaubt (Esra 1). Die Heimgekehrten hatten das Werk umgehend in Angriff genommen, aber Existenzsorgen und politische Schwierigkeiten ließen es alsbald zum Stillstand kommen (Esra 3,8; 4,24). In dieser Lage treten die Propheten Haggai und Sacharja auf und bringen den Tempelbau von neuem in Gang (Esra 5,1-2; Sacharja 6,9-15; 8,9-13).

Haggais Botschaft richtet sich an die verantwortlichen Führer der Jerusalemer Gemeinde: den Bevollmächtigten des persischen Königs für Judäa, Serubbabel, und das geistliche Oberhaupt, den Obersten Priester Jeschua (siehe Vergleichsstellen zu 1,1).

Aufforderung zum Wiederaufbau des Tempels

1 Im zweiten Regierungsjahr des Königs Darius, am 1. Tag des 6. Monats,[a] gab der HERR dem Propheten Haggai eine Botschaft für Serubbabel, den Sohn Schealtiëls, den königlichen Bevollmächtigten in Juda, und für den Obersten Priester* Jeschua, den Sohn Jozadaks. 2–3 Der HERR ließ den Propheten Folgendes verkünden:

»So spricht der HERR, der Herrscher der Welt:[b] ›Dieses Volk behauptet, es sei noch zu früh, meinen Tempel* wieder aufzubauen.[c] 4 Aber es ist offenbar nicht zu früh, dass sie selbst in prächtigen Häusern wohnen, während mein Haus noch in Trümmern liegt!

5 Achtet doch einmal darauf, wie es euch ergeht! 6 Ihr habt reichlich Samen ausgesät und doch nur eine kümmerliche Ernte eingebracht. Das Korn reicht nicht zum Sattwerden und der Wein nicht für einen ordentlichen Schluck. Ihr müsst frieren, weil ihr nicht genug anzuziehen habt. Und das Geld, das einer für seine Arbeit bekommt, zerrinnt ihm zwischen den Fingern.‹

7 Deshalb sagt der HERR, der Herrscher der Welt: ›Merkt ihr denn nicht, weshalb es euch so schlecht geht? 8 Geht ins Gebirge, schlagt Holz und baut meinen Tempel! Daran habe ich Freude; damit ehrt ihr mich!

9 Ihr habt viel erhofft und wenig erreicht. Wenn ihr den Ertrag eurer Arbeit in eure Häuser brachtet, blies ich ihn fort.

Warum das alles? Ihr lasst mein Haus in Trümmern liegen und jeder denkt nur daran, wie er sein eigenes Haus baut! 10 Deshalb kommt vom Himmel weder Tau noch Regen für euch und die Erde lässt nichts mehr wachsen. 11 Deshalb habe ich diese Dürre über euer Land kommen lassen, über die Berge, die Kornfelder, die Weingärten und Olivenhaine, sodass nichts mehr gedeiht. Menschen und Tiere müssen darunter leiden, und was ihr unternehmt, will euch nicht mehr gelingen.‹«

Gott sagt den Bauwilligen seinen Beistand zu

12 Serubbabel, Jeschua und alle, die vom Volk von Juda übrig waren, nahmen sich zu Herzen, was der HERR, ihr Gott, ihnen durch Haggai sagen ließ. Sie erkannten, dass Gott den Propheten zu ihnen geschickt hatte, und erschraken darüber, dass sie den HERRN nicht gebührend geehrt hatten.

13 Da ließ der HERR ihnen durch seinen Boten Haggai sagen: »Ich stehe euch bei! Ich, der HERR, sage es.«

14–15a So machte der HERR den königlichen Bevollmächtigten Serubbabel, den Obersten Priester Jeschua und den Überrest des Volkes bereit, den Tempel* des HERRN, des Herrschers der Welt, ihres Gottes, wieder aufzubauen. Sie begannen mit der Arbeit am 24. Tag des 6. Monats.[d]

Die künftige Herrlichkeit des Tempels

15b Im zweiten Regierungsjahr des Königs Darius, 2 1 am 21. Tag des 7. Monats,[e] gab der HERR dem Propheten Haggai wieder eine Botschaft 2 für den königlichen Bevollmächtigten Serubbabel, den Obersten Priester* Jeschua und den Überrest des Volkes. Der Prophet sollte zu ihnen sagen:

a Ende August 520 v. Chr. Zur allgemeinen Lage siehe die vorstehende Einführung.
b Wörtlich *der HERR Zebaot**; entsprechend in den Versen 7 und 14.
c Zuerst muss die eigene Existenz gesichert werden! Missernten (Vers 6) scheinen diese Rangordnung zu erzwingen. Die Botschaft Gottes jedoch stellt die menschliche Logik genau auf den Kopf (Verse 9-11).
d Mitte September 520 v. Chr. (vgl. 1,1). Die in Esra 3,8; 4,24 erwähnten Arbeiten müssen demnach sehr bald stecken geblieben sein.
e Mitte Oktober 520 v. Chr.

1,1 Sach 1,1; Esra 5,1; (Serubbabel) Hag 1,12; 2,2.21; Esra 2,2aS; Sir 49,11; Mt 1,12; (Jeschua) Hag 1,12; 2,2; Esra 2,2aS; Sir 49,12 **1,4** 2Sam 7,2 **1,13** Jes 41,10 **1,14-15a** Sach 4,6-10a **2,2** 1,1S

3 »Wer von euch hat den Tempel* noch gesehen, bevor er zerstört wurde? Wie prächtig war er damals! Und wie kümmerlich ist das, was ihr jetzt entstehen seht! Es ist nichts, verglichen mit dem, was früher hier stand.

4 Aber jetzt sagt euch der HERR: ›Lasst euch nicht entmutigen! Ans Werk, Serubbabel, ans Werk, Jeschua, Sohn Jozadaks, du Oberster Priester! Ans Werk, ihr Leute von Juda! Ich stehe euch bei. Das sage ich, der HERR, der Herrscher der Welt.[a] 5 Ich habe euch meine Hilfe zugesagt, als ihr aus Ägypten gezogen seid, und diese Zusage gilt auch jetzt noch. Mein Geist* ist mitten unter euch, habt keine Angst![b]

6 Ich, der Herrscher der Welt, sage euch: Es dauert nicht mehr lange, dann werde ich die Welt in ihren Fundamenten erschüttern, Himmel und Erde, Land und Meer. 7 Ich werde alle Völker in Bewegung setzen, sodass sie ihre ganzen Schätze hierher bringen.[c] So sorge ich dafür, dass mein Haus prächtig geschmückt wird. 8 Denn mir, dem HERRN, gehört alles Silber und alles Gold. 9 Der neue Tempel wird den alten an Pracht weit übertreffen. Von dieser Stätte aus werde ich meinem Volk Frieden und Wohlstand schenken. Das sage ich, der HERR, der Herrscher der Welt.‹«

Dürfen die Leute von Samarien* am Tempel mitbauen?

10 Im zweiten Regierungsjahr des Königs Darius, am 24. Tag des 9. Monats,[d] erging das Wort des HERRN an den Propheten Haggai, er sagte zu ihm: 11 »Ich, der HERR, der Herrscher der Welt, befehle dir: Geh zu den Priestern* und lass dir eine Auskunft geben! Frage sie:

12 ›Wenn jemand Fleisch in seinem Gewandzipfel trägt, das mir geweiht ist und nur von den Priestern gegessen werden darf,[e] und er berührt mit dem Zipfel ein Stück Brot oder etwas Gekochtes oder Wein oder Öl oder irgendein anderes Nahrungsmittel:

a Wörtlich *der HERR Zebaot**; entsprechend in den Versen 6, 9, 11, 21, 23.
b Geist ist im alttestamentlichen Sinn nichts Innerliches, sondern schaffende Macht.
c Dieselbe Erwartung begegnet auch (in zeitlicher Nähe zu Haggai) in Jes 60,6-7.13.
d Mitte Dezember 520 v. Chr.
e *und nur …*: verdeutlichender Zusatz.

Haggai drängte seine Landsleute, den Tempel von Jerusalem wieder aufzubauen. Der neue Tempel geriet nicht so prachtvoll wie sein Vorgänger, der Tempel Salomos oder der spätere herodianische Bau (im Bild ein Modell des Letzteren). Konflikte gab es, weil die Samariter (siehe Sacherklärung) am Tempel mitbauen und am Opfergottesdienst teilnehmen wollten (Esra 4,1-3). Sie galten als »unrein« aufgrund der in 2 Kön 17,24-41 geschilderten Verhältnisse. Damit setzt sich Hag 2,10-14 auseinander.

2,3 Esra 3,12 **2,4-5** Sach 4,6 **2,7** Jes 60,6-7.13 **2,8** Ijob 41,3 **2,9** Sach 1,17 **2,10** 1,1; 2,1; Sach 1,1.7 **2,12** Num 18,8-10S

Wird das Berührte dadurch ebenfalls zu etwas Geweihtem?‹«

Haggai legte die Frage den Priestern vor und bekam die Antwort: »Nein.«

13 Dann fragte er die Priester im Auftrag des HERRN: »Wenn jemand, der einen Toten berührt hat und deshalb unrein* ist, etwas von diesen Dingen berührt: Wird das Berührte dadurch ebenfalls unrein?«

Die Priester antworteten: »Ja.«

14 Darauf erklärte Haggai: »Der HERR sagt: ›Dieses fremde Volk[a] ist in meinen Augen unrein. Deshalb ist auch alles, was sie tun, unrein und jeder Ort, an dem sie Opfer* darbringen, wird unrein.‹«

Der Gehorsam der Gemeinde wird Früchte tragen

15 Weiter sagte der HERR: »Jetzt passt auf! Achtet darauf, was von heute an geschieht! Wie war es denn, bevor ihr angefangen habt, die Mauern meines Tempels* wieder aufzubauen? 16 Damals gab es von einem Feld statt der erwarteten zwanzig Sack Korn nur zehn und von einem Weinberg statt der erwarteten fünfzig Krug Wein nur zwanzig. 17 Ich schickte euch Hagel, Mehltau und Getreidebrand und machte alle eure Arbeit zunichte. Trotzdem wolltet ihr euch mir nicht zuwenden.

18 Aber jetzt achtet darauf, was von heute an geschieht – vom 24. Tag des 9. Monats an,[b] dem Tag, an dem das Fundament für meinen Tempel gelegt wurde: 19 Zwar ist das Saatgut noch nicht ausgebracht und es gibt noch kein Anzeichen, dass die Weinstöcke, Feigen-, Granatapfel- und Ölbäume künftig Frucht tragen, aber von heute ab werde ich euer Land segnen und alles gedeihen lassen!«

Serubbabel als der künftige Heilskönig

20 Noch ein zweites Mal erging das Wort des HERRN am 24. Tag des Monats[c] an Haggai. 21 Er gab ihm eine Botschaft für Serubbabel, den königlichen Bevollmächtigten für Juda, die lautete: »Ich, der HERR, der Herrscher der Welt, werde Himmel und Erde in ihren Fundamenten erschüttern. 22 Ich stoße die Königsthrone um und mache der Herrschaft der Völker ein Ende; ich stürze die Streitwagen* samt ihren Fahrern um und werfe die Pferde zu Boden, sodass die Reiter mit dem Schwert übereinander herfallen.

23 An jenem Tag setze ich dich, Serubbabel, den Sohn Schealtiëls, zu meinem Bevollmächtigten* ein und mache dich zu meinem Siegelring; denn ich habe dich erwählt. Das sagt der HERR, der Herrscher der Welt.«

a Die Samariter; siehe Sacherklärung und Bild Seite 977. Zu Vers 13 vgl. Num 19,11.22.
b Siehe Anmerkung zu 2,10 und vgl. 1,14-15a.
c Am selben Tag wie Vers 10. Anknüpfend an die Verse 6-9 wird Serubbabel eine Schlüsselrolle für die kommende Heilszeit zugesprochen.

2,13 Num 19,11.22 **2,14** Esra 4,1-3 **2,15-19** 1,5-11; Sach 8,9-13 **2,17** Am 4,9 **2,18** Esra 3,10 **2,21** 1,1S; 2,6; Hebr 12,26 **2,22** Ex 15,1; Ri 7,21-22 **2,23** Jer 22,24

SACHARJA

Der Prophet Sacharja trat etwa gleichzeitig mit Haggai unter den aus Babylonien zurückgekehrten Judäern in Jerusalem auf, nach den datierten Worten zwischen 520 und 518 v. Chr. (1,7; 7,1). Mit seinen Visionen (1,7–6,8) kündete er den entmutigten Heimkehrern eine entscheidende Wende ihres Geschicks an und rief sie zur Abkehr von allem Unrecht auf. Er hat ihnen mit dieser Botschaft über eine innere Krise hinweggeholfen (Esra 5,1-2).

Eng verknüpft ist die angekündigte Wende mit dem Auftreten und dem Schicksal zweier Personen, eines weltlichen und eines geistlichen Repräsentanten (Priester und König; Kap 4). Der Prophet sah wohl zunächst wie Haggai in dem von der persischen Zentralregierung eingesetzten Statthalter Serubbabel den kommenden Heilskönig; und auch noch nach dem baldigen Abtreten Serubbabels von der geschichtlichen Bühne (unter Umständen, die uns nicht bekannt sind) erwartete er die Verwirklichung seiner Schau in naher Zukunft (6,9-15; zu dieser Erscheinung einer gerafften Zeitperspektive vgl. die Einführung zu Daniel Seite 917).

Mit Kapitel 9 werden wir in die Zeit nach dem Zug Alexanders des Großen im 4. Jahrhundert v. Chr. geführt (9,13). Die letzten Kapitel des Sacharjabuches sind demnach als eine prophetische Botschaft aus späterer Zeit an die Worte Sacharjas angeschlossen worden, wie dies ähnlich in Jes 40–66 geschehen ist. Sie handeln von dem künftigen Friedenskönig (9,9-10) und in schwer zu entschlüsselnden Andeutungen von dessen Leidensgeschick (Kapitel 11–13), um in Kapitel 14 mit einer Schau der Rettung und Erneuerung Jerusalems zu schließen.

Inhaltsübersicht

Aufruf zur Umkehr

1 Im zweiten Regierungsjahr des Königs Darius, im
8. Monat,[a] erging das Wort des HERRN an Sacharja, den Sohn von Berechja und Enkel von Iddo, den Propheten*:
2 »Ich, der HERR, bin sehr zornig gewesen über
eure Vorfahren. 3 Jetzt aber sollst du zu der gegenwärtigen Generation sagen: So spricht der HERR, der Herrscher der Welt:[b] Kehrt um und wendet euch mir wieder zu, denn ich will umkehren und mich euch wieder zuwenden – sagt der HERR, der
Herrscher der Welt. 4 Folgt nicht dem schlechten
Beispiel eurer Vorfahren! Ihnen ließ ich durch die früheren Propheten verkünden: ›So spricht der HERR, der Herrscher der Welt: Kehrt um von euren verkehrten Wegen, macht Schluss mit eurem bösen Tun!‹ Aber sie beachteten es nicht und hörten nicht auf mich.
5 Und wo sind eure Vorfahren geblieben? Auch
die Propheten leben nicht ewig; 6 aber meine Ankündigungen und meine Weisungen, die ich meine Diener, die Propheten, verkünden ließ – haben die sich nicht an euren Vorfahren ausgewirkt? Kehrten sie nicht um und mussten bestätigen: ›Der HERR, der Herrscher der Welt, hat ausgeführt, was er ins Auge gefasst hatte; er ist mit uns so verfahren, wie es unseren verkehrten Wegen und unserem bösen Tun entsprach‹?«

DIE VISIONEN SACHARJAS (1,7–6,8)

7 Im zweiten Regierungsjahr des Königs Darius, am
24. Tag des 11. Monats[c] – das ist der Monat Schebat* –, erging das Wort des HERRN an Sacharja, den Sohn von Berechja und Enkel von Iddo, den Propheten*. Er berichtet selbst:

Erste Vision: Neue Zukunft für Jerusalem

8 In der Nacht hatte ich eine Vision. Ich sah einen
Mann auf einem rotbraunen Pferd. Er hielt bei den

a Mitte Oktober bis Mitte November 520 v. Chr.
b Wörtlich *der HERR Zebaot**; entsprechend in der Fortsetzung und weiter in den Versen 12, 16 und 17.
c Mitte Februar 519 v. Chr.

1,1 Hag 1,1; Esra 5,1 **1,3** Mal 3,7 **1,4** zit Jer 25,5; 5,3S; 7,13S; 25,4S; Zef 2,1-3 **1,6** Jer 23,20; Klgl 1,18; 2,17 **1,7** 1,1; Hag 2,10

a *und mir ...:* verdeutlichender Zusatz.
b Dies ist bei Sacharja der Engel, der für Israel vor Gott eintritt (vgl. 3,1-7), im Unterschied zu dem Engel, der dem Propheten seine Visionen deutet (Vers 9). Für das übrige Alte Testament vgl. die Sacherklärung »Engel«.
c Wie Vers 12 zeigt, eine enttäuschende Nachricht. Sacharja wartet wie Haggai (Hag 2,6-7.21-22) auf die große Umwälzung, die Jerusalem zum Mittelpunkt der Völker machen soll.
d *wie groß ...:* wörtlich *wie breit und wie lang es sein wird.*
e Nur ein Teil der Verbannten war zurückgekehrt.
f Wörtlich *Der HERR Zebaot*;* entsprechend in den Versen 13 und 15.
g Deutung unsicher.
h Wie bei Ijob ist der Satan (siehe Sacherklärung) der Ankläger vor Gottes Thron. Jeschua hat Schuld auf sich geladen (was für eine, wird nicht gesagt); kann er noch Oberster Priester sein? Gott vergibt ihm und bestätigt ihn durch Neueinkleidung in seinem Amt.

Myrtenbäumen im Tal, hinter ihm sah ich andere
Reiter auf rotbraunen, fuchsroten und weißen Pferden.
9 Ich fragte den Engel*, der mit mir sprach und mir
meine Visionen erklärte:[a] »Herr, was sind das für
Reiter?« Er antwortete: »Du wirst es sogleich erfahren.« 10 Da sagte der Mann bei den Myrtenbäumen:
»Wir sind die Reiter, die der HERR ausgesandt hat,
um die Erde zu erkunden.«
11 Plötzlich sah ich den Engel des HERRN[b] zwischen
den Myrtenbäumen stehen. Die Reiter meldeten
ihm: »Wir haben die ganze Erde durchzogen. Überall herrscht Ruhe.«[c] 12 Da wandte er sich an den
HERRN und sagte: »HERR, du Herrscher der ganzen
Welt, schon siebzig Jahre lässt du nun Jerusalem
und die Städte von Juda deinen Zorn spüren. Wann
hast du endlich Erbarmen mit ihnen?«
13 Der HERR gab dem Engel, der mit mir redete,
eine freundliche, tröstliche Antwort. 14 Daraufhin
sagte der Engel zu mir: »Du sollst verkünden: ›So
spricht der HERR, der Herrscher der Welt: Ich bin voll
brennender Liebe zu Jerusalem und zum Berg Zion*;
15 aber den selbstherrlichen Völkern gilt mein glühender Zorn. Ich wollte meinem Volk durch sie
nur eine Lehre erteilen, aber sie haben es ins
Unglück gestürzt.
16 Darum soll Jerusalem jetzt von neuem meine
Liebe zu spüren bekommen. Mein Tempel* dort soll
wieder errichtet werden, die ganze Stadt wird neu
aufgebaut.‹ Das sagt der HERR, der Herrscher der
Welt.
17 Und weiter sollst du verkünden: ›So spricht der
HERR, der Herrscher der Welt: Es soll wieder Wohlstand und Überfluss herrschen in den Städten meines Volkes. Ich helfe der Gemeinde auf dem Zionsberg* wieder auf und Jerusalem soll wieder meine Stadt sein.‹«

Zweite Vision: Bestrafung der feindlichen Völker

2 Ich blickte auf und sah: Da waren vier Hörner*.
2 Ich fragte den Engel*, der mir alles erklärte:
»Was bedeuten diese Hörner?« Er antwortete: »Es sind die Mächte, die Juda, Israel und Jerusalem niedergeworfen und ihre Bewohner in alle Welt zerstreut haben.«
3 Darauf ließ mich der HERR vier Männer mit
Schmiedehämmern schauen 4 und ich fragte: »Wozu
sind die gekommen?« Der Engel antwortete mir:
»Sie sollen die Hörner abschlagen, die Juda zu Boden geworfen und sein Volk zerstreut haben. Sie sollen den Völkern, die sich gegen Juda erhoben haben, Furcht und Schrecken einjagen und ihre Macht zerschlagen.«

Dritte Vision: Jerusalem braucht keine Mauern mehr

5 Ich blickte auf und sah: Da war ein Mann mit einer
Messschnur in der Hand. 6 Ich fragte ihn: »Wohin
gehst du?«, und er antwortete: »Nach Jerusalem!
Ich will ausmessen, wie groß es werden muss und
wo seine Mauern verlaufen sollen.«[d]
7 Jetzt kam der Engel* dazu, der mir alles erklärte.
Er gab einem anderen Engel, der ihm entgegenkam,
8 den Befehl: »Jerusalem soll nicht durch Mauern eingeengt werden, sonst ist kein Platz darin für die vielen Menschen und Tiere! 9 Der HERR sagt: ›Ich selbst
werde für die Stadt eine Mauer aus Feuer sein und
ich will in meiner strahlenden Herrlichkeit* darin
wohnen.‹«

Aufruf zur Heimkehr und Trost für Jerusalem

10 »Auf, auf! Flieht aus dem Land im Norden!«, sagt
der HERR. »Denn wie die vier Winde habe ich euch
überallhin zerstreut. 11 Auf, rettet euch zum Zionsberg*, alle, die ihr noch in Babylonien* seid!«[e]
12 Der HERR, der Herscher der Welt,[f] will einen reichen Schatz einsammeln. Deshalb hat er mich zu
den fremden Völkern gesandt, die euch ausgeplündert haben.[g] Er sagt zu euch: »Wer euch antastet,
tastet meinen Augapfel an!« 13 Und er sagt: »Ich erhebe die Hand gegen diese Völker und dann werden sie von denen ausgeplündert, die bisher ihre Sklaven waren!«

Wenn das geschieht, werdet ihr erkennen, dass der HERR, der Herrscher der Welt, mich zu euch gesandt hat.
14 »Freut euch und jubelt, ihr Bewohner der Zionsstadt!«, sagt der HERR. »Ich komme und wohne mit-
ten unter euch. 15 Viele Völker werden sich dann zu
mir bekennen und mein Volk werden; ihr aber werdet die sein, in deren Mitte ich selber wohne.«
Wenn das geschieht, werdet ihr erkennen, dass
der HERR, der Herrscher der Welt, mich zu euch
gesandt hat. 16 In seinem heiligen Land wird Juda
zu seinem besonderen Eigentum werden und Jerusalem wird er wieder zu seiner Stadt erwählen.
17 Alle Welt werde still vor dem HERRN, denn er
kommt aus seiner heiligen Wohnung.

Vierte Vision: Der Oberste Priester Jeschua von Gott bestätigt

3 Darauf ließ der HERR mich den Obersten Priester* Jeschua sehen. Er stand vor dem Engel*
des HERRN und rechts von ihm stand der Satan*
und wollte ihn anklagen.[h]
2 Doch der HERR sagte zu ihm: »Schweig, Satan!
Ich verbiete dir, deine Anklage vorzubringen; denn

1,12 Jer 25,11 S **1,14** 3,2; 8,2; Jes 49,16 S; 54,6-8; Joël 2,18; Zef 3,16-17 S **1,15** Jes 47,6; 10,5-7 **1,16** 4,7; 8,3.9; 2,5-9; Hag 1,14-15; Jes 44,26; Jer 31,38 **1,17** Hag 2,9 **2,5** Ez 40,3 **2,6** 1,16 S **2,9** 9,8; Jes 60,19; Offb 21,3 **2,10** Jer 51,45 S **2,11** Obd 17 S **2,13** Hab 2,7-8; Jes 14,2 **2,14** 9,9; Jes 12,6; Ez 37,28; Zef 3,14 **2,15** 8,20-23; Jes 2,2-3 S **2,17** Hab 2,20 S **3,1** Hag 1,1 S; Ijob 1,6 S **3,2** 1,14 S

ich liebe Jerusalem. Ich habe doch diesen Jeschua wie ein brennendes Holzscheit aus dem Feuer gerettet!«

3 Jeschua stand da vor dem Engel in beschmutzten Kleidern. 4 »Zieht ihm die schmutzigen Kleider aus!«, sagte der HERR zu den dienenden Engeln, die vor ihm standen, und zu Jeschua sagte er: »Ich nehme die Schuld von dir und lasse dich in Festgewänder kleiden.« 5 Ich bat: »Setzt ihm auch einen reinen Turban auf!« Sie taten es und kleideten Jeschua neu ein, während der Engel des HERRN dabeistand.

6 Dann gab der Engel des HERRN Jeschua die feierliche Zusage: 7 »So spricht der HERR, der Herrscher der Welt:[a] ›Wenn du meine Gebote befolgst und meinen Dienst recht versiehst, wenn du in meinem Haus und in meinen Vorhöfen* über der Ordnung wachst, dann gebe ich dir das Recht, zusammen mit denen, die hier vor meinem Thron stehen, an der himmlischen Ratsversammlung teilzunehmen.‹«[b]

Zusage für die Zukunft

8 Weiter sagte der HERR: »Höre, Jeschua, du Oberster Priester*, und auch deine Mitpriester, die vor dir sitzen: Ihr seid die lebendige Bürgschaft dafür, dass ich meinen Bevollmächtigten*, den ›Spross* Davids‹ senden werde. 9 Seht den Stein, den ich vor Jeschua niedergelegt habe: ein einziger Stein und darauf sieben Augen![c] Jetzt werde ich selbst die Inschrift darauf anbringen, ich, der Herrscher der Welt. Ich werde die Schuld des Landes an einem einzigen Tag wegnehmen. 10 An jenem Tag – sagt der HERR, der Herrscher der Welt – werdet ihr euch gegenseitig einladen und in Frieden und Sicherheit die Früchte eurer Weinstöcke und Feigenbäume miteinander genießen.«

Fünfte Vision: Priester und König in der Heilszeit[d]

4 Wieder kam der Engel*, der jeweils mit mir sprach. Er rüttelte mich auf, wie man jemand aus dem Schlaf weckt, 2 und fragte mich: »Was siehst du?«

Ich antwortete: »Einen Leuchter aus Gold. Er trägt oben ein Ölbecken, an dessen Rand ringsum sieben Lichtschalen* angebracht sind. Und jede Schale hat sieben Schnäbel für die Dochte. 3 Links und rechts ragt über dem Leuchter je ein Ölbaum auf. 4 Was hat das zu bedeuten, Herr?«

5 »Verstehst du es nicht?«, fragte der Engel. »Nein, Herr«, erwiderte ich, 6a und er sagte: 10b »Die sieben Lichtschalen sind die Augen des HERRN, die alles sehen, was auf der Erde geschieht.«[e]

11–12 Ich fragte weiter: »Und was bedeuten die beiden Ölbäume rechts und links von dem Leuchter, die ihr Öl durch die beiden Goldröhren herabfließen lassen?«

13 »Verstehst du es nicht?«, fragte er, und als ich verneinte, 14 antwortete er mir: »Das sind die beiden Männer, die der Herr der ganzen Erde mit Öl gesalbt* und in seinen Dienst gestellt hat.«[f]

Ermutigung für Serubbabel

6b Dies ist das Wort des HERRN für Serubbabel: »Nicht durch menschliche Macht und Gewalt wird es dir gelingen,[g] sondern durch meinen Geist*! Das sage ich, der HERR, der Herrscher der Welt.[h] 7 Wie ein Berg türmen sich die Widerstände vor dir auf; aber ich werde sie wegschaffen. Du wirst den Schlussstein in den wieder aufgebauten Tempel* einsetzen und alle werden in Jubel ausbrechen.«

8 Weiter erging an mich das Wort des HERRN: 9–10a »Serubbabel hat den Grund für diesen Tempel gelegt und er wird ihn auch vollenden. Wer blickt hier verächtlich auf den kümmerlichen Beginn? Er wird sich noch mitfreuen, wenn er den Schlussstein in der Hand Serubbabels sieht!«

Wenn das geschieht, werdet ihr[i] erkennen, dass der HERR, der Herrscher der Welt,[j] mich zu euch gesandt hat.[k]

Sechste Vision: Bestrafung unentdeckter Unrechts

5 Als ich wieder aufblickte, sah ich: Da flog eine Buchrolle* durch die Luft; sie war ganz entrollt. 2 Der Engel* fragte mich: »Was siehst du?«, und ich antwortete: »Eine fliegende Buchrolle, zehn Meter lang und fünf Meter breit.«[l]

In einer Vision sah Sacharja einen goldenen Leuchter mit sieben Schalen; aus jeder Schale kamen sieben brennende Dochte (4,1-3). Im Bild ein moderner siebenarmiger Leuchter des Bildhauers Benno Elkan vor dem Parlament in Jerusalem.

a Wörtlich *der HERR Zebaot**; entsprechend in den Versen 9 und 10.
b D.h., Gott hört ihn, wenn er für die Gemeinde betet (Ps 99,6; Sir 35,20-21; Hebr 9,24).
c Wie in 4,10b die Augen Gottes (vgl. Offb 5,6)? Über die Bedeutung von Stein und Inschrift wird nichts gesagt. Vielleicht ist er für das Allerheiligste des neuen Tempels bestimmt und soll dort die verlorene Bundeslade ersetzen.
d 4,6b-10a findet sich im folgenden Abschnitt.
e Die Verse 5 und 6a finden ihre Fortsetzung offensichtlich in Vers 10b. Der dazwischen eingeschobene Abschnitt wird zum besseren Verständnis hinter Vers 14 abgedruckt.
f Rechts und links des allwissenden Gottes (Vers 10b) stehen zwei »Gesalbte«. Durch Salbung wurden Könige und Oberste Priester in ihr Amt eingesetzt. Die Vision deutet auf ein harmonisches Einverständnis von weltlicher und geistlicher Macht; vgl. 6,12-13.
g Es geht um die Vollendung des Tempelbaus (Hag 1,12-2,5; Esra 3,8).
h *Das sage ich …:* wörtlich *Das sagt der HERR Zebaot**.
i Wörtlich *wirst du* (Serubbabel?).
j Wörtlich *der HERR Zebaot**; entsprechend in 5,4.
k Die Verse 10b-14 finden sich im vorangehenden Abschnitt.
l Hebräische Maßangabe *20* bzw. *10 Ellen**.

3,4 Jes 6,7 **3,5** Ex 28,39 **3,7** Ps 99,6; Sir 35,20-21; Hebr 9,24 **3,8** 6,12; Jes 11,1S **3,9** 4,10b; Offb 5,6 **3,10** Mi 4,4S **4,2** Jer 1,11S; Ex 25,31-40 **4,10b** 2Chr 16,9 **4,14** 6,13; Ex 29,7; 1Sam 16,12-13 **4,6-7** Hag 2,4-5 **4,6** Hag 1,1S **4,9-10a** Esra 3,8-13; 6,14-16 **5,2** Jer 1,11S

3 Da sagte er zu mir: »Das ist der Fluch,[a] der in das ganze Land ausgeht. Auf der Rolle steht er geschrieben und wird alle ereilen, die gestohlen oder einen Meineid geschworen haben. Zu lange schon sind diese Vergehen unbestraft geblieben. 4 Der HERR, der Herrscher der Welt, sagt: ›Ich sende diesen Fluch in das Haus jedes Diebes und in das Haus eines jeden, der unter Anrufung meines Namens* einen Meineid schwört. Der Fluch setzt sich dort fest und zerstört das ganze Haus, die Balken samt den Steinen.‹«

Siebte Vision: Die Frau im Fass

5 Der Engel*, der mit mir redete, trat vor und sagte: »Blick auf und sieh, was da erscheint!«

6 »Was ist denn das?«, fragte ich und er antwortete: »Es ist ein Fass. Darin steckt das, worauf das ganze Land versessen ist.«[b] 7 Das Fass war mit einem Deckel aus Blei verschlossen; als er aufging, kam eine Frau zum Vorschein. 8 Der Engel sagte: »Das ist die Auflehnung gegen Gott«, stieß die Frau wieder hinein und schlug den bleiernen Deckel zu.

9 Dann sah ich, wie der Wind zwei Frauen mit Storchenflügeln dahertrug; die nahmen das Fass und flogen mit ihm davon.[c] 10 Ich fragte den Engel: »Wohin bringen sie die Frau?« 11 Er antwortete: »Ins Land Schinar*. Dort baut man ihr einen Tempel und stellt sie auf ein Podest.«

Achte Vision: Wagen zur Heimkehr für die in alle Welt Zerstreuten

6 Als ich noch einmal aufblickte, da sah ich: Zwischen den beiden bronzenen Bergen am Himmelseingang[d] kamen vier Wagen hervor. 2 Der erste wurde von rotbraunen Pferden gezogen, der zweite von schwarzen, 3 der dritte von weißen und der vierte von gescheckten, lauter kräftigen Tieren.

4 Ich fragte den Engel*, der mit mir sprach: »Was bedeutet das, Herr?« 5 Er antwortete: »Diese Gespanne sind die vier Winde des Himmels. Sie kommen eben vom Herrn der ganzen Erde, vor dem sie gestanden haben. 6 Das schwarze Gespann wird in das Land im Norden ziehen, das weiße hinter ihm her und das gescheckte in das Land im Süden.«

7 Die starken Pferde drängten ungeduldig vorwärts. Da sagte der Engel des HERRN: »Los! Durchzieht die Erde!« Und sie stürmten davon.[e]

8 Mir aber rief er zu: »Achte auf die, die nach Norden ziehen! Sie bringen meinen Geist* nach Babylonien*, damit er dort wirken kann.«[f]

Die stellvertretende Krönung des Priesters Jeschua

9 Das Wort des HERRN erging an mich, er sagte: 10 »Geh in das Haus von Joschija, dem Sohn von Zefanja! Dort findest du Heldai, Tobija und Jedaja, die soeben aus Babylonien* angekommen sind.[g] Sie haben dir etwas mitgebracht. 11 Nimm das Silber und Gold und mach daraus eine Krone! Setze sie dem Obersten Priester* Jeschua, dem Sohn Jozadaks, auf 12 und sage zu ihm:

›So spricht der HERR, der Herrscher der Welt:[h] Der Spross* Davids kommt und unter ihm wird es sprießen! Er wird meinen Tempel* bauen.[i] 13 Ja, er wird ihn wieder aufbauen, und voller Hoheit wird er von seinem Thron aus herrschen. Ein Priester* wird seinen Thron mit ihm teilen und beide werden gute Freunde sein. 14 Die Krone soll zur Erinnerung an Heldai,° Tobija und Jedaja und an die Gastfreundschaft von Joschija in meinem Tempel aufbewahrt werden. 15 Aus weiter Ferne werden Menschen kommen, um an meinem Tempel mitzubauen.‹«

Wenn das geschieht, werdet ihr erkennen, dass der HERR, der Herrscher der Welt, mich zu euch gesandt hat. Es wird mit Sicherheit eintreffen, wenn ihr auf den HERRN, euren Gott, hört und ihm gehorcht.

Die Visionen im ersten Teil des Buches Sacharja beziehen sich auf den Wiederaufbau Jerusalems und des Tempels nach der Rückkehr aus der babylonischen Verbannung. Im Bild die Teilansicht eines Modells von Jerusalem in der ersten Zeit nach der Rückkehr.

a Zum Fluch als wirkendem Wort siehe die Sacherklärung.
b Wörtlich *Das ist ihr Auge* (andere Überlieferung: *ihre Sünde*) *im ganzen Land.*
c Die »Auflehnung gegen Gott« hat Jerusalem den Untergang gebracht (1,2-6), und sie erweist auch noch in der Gegenwart ihre Macht (Verse 3-4; 8,16-17). Gott selbst muss eingreifen und sie wegschaffen (3,9).
d *am Himmelseingang:* verdeutlichender Zusatz.
e Die vier Wagen deuten auf die Heimholung des zerstreuten Israels aus allen Himmelsrichtungen.
f Deutung unsicher; wörtlich *Sie lassen meinen Geist nieder* (oder *ruhen*) *im Land des Nordens.* Da Gottes *Geist* seine wirkende Macht ist, ist anzunehmen, dass er dort *wirken* will, vermutlich unter den in Babylonien lebenden Judäern (z.B. um sie zur Heimkehr bereit zu machen).
g Das illustriert das Wirken des Gottesgeistes in Babylonien; vgl. Vers 8.
h Wörtlich *der HERR Zebaot*;* ebenso in Vers 15.
i Offenbar hat Serubbabel (= »Spross Babels«) die in ihn gesetzten Erwartungen (4,6b-10a; Hag 2,20-23) enttäuscht. An seiner Stelle wird nun ein anderer »Spross« (siehe Sacherklärung) angekündigt, und Jeschua soll stellvertretend für ihn gekrönt werden. Zu Vers 13 vgl. 4,11-14.

5,3 Dtn 27,14-26 **6,1-3** 1,8 **6,10** Jer 21,1S **6,11** 3,1-7 **6,12-13** 3,8; 4,6-10a; Hag 2,20-23 **6,12** Jer 23,5S **6,14** 4,11-14 **6,15a** Jes 60,10

ÜBER FASTEN UND TEMPELBAU (Kapitel 7–8)

Ist der Tag von Jerusalems Fall weiterhin als Trauertag zu begehen?

7 Es war im vierten Regierungsjahr des Königs
Darius, am 4. Tag des 9. Monats,[a] das ist der
Monat Kislew*. Da erging das Wort des HERRN an
den Propheten Sacharja. 2 Damals war eine Ab-
ordnung aus Bet-El nach Jerusalem gekommen; sie
bestand aus Sar-Ezer und Regem-Melech und dessen
Leuten. Sie kamen, um den Segen des HERRN zu
erbitten, 3 und legten den Priestern* am Tempel
des HERRN, des Herrschers der Welt,[b] und den Pro-
pheten* dort die Frage vor: »Sollen wir auch künftig
den Fast- und Trauertag im 5. Monat begehen, wie
wir es schon so viele Jahre tun?«
4 Da erging an mich das Wort des HERRN, des Herr-
schers der Welt, er sagte zu mir: 5 »Richte dem Volk
von Juda und den Priestern meine Antwort aus:
›Siebzig Jahre lang haltet ihr nun schon die Fast-
und Trauertage im 5. und 7. Monat.[c] Meint ihr, ihr
hättet da für *mich* gefastet? 6 Wenn ihr esst und
trinkt, tut ihr es doch auch für euch selbst!
7 Wisst ihr nicht, was ich durch die früheren Pro-
pheten verkünden ließ, als Jerusalem noch nicht zer-
stört war und als die Städte Judas, die Steppe im
Süden und das Hügelland im Westen noch bewohnt
waren?‹« 8 Und der HERR erinnerte mich daran, wie
er euren Vorfahren durch seine Propheten verkün-
den ließ:[d]
9 »So spricht der HERR, der Herrscher der Welt:
›Richtet gerecht und erweist einander Liebe und
Erbarmen, 10 unterdrückt nicht Witwen und Waisen,
Fremde* und Arme, und heckt nicht immer neue
Pläne aus, um einander zu schaden! Ihr seid doch
alle Brüder und Schwestern![e]
11 Aber sie wollten nicht darauf hören, sie stell-
ten sich taub und waren unwillig wie ein störri-
scher Esel. 12 Sie machten ihre Herzen so hart wie
Diamant und weigerten sich, auf die Worte und Wei-
sungen zu hören, die ich, der Herrscher der Welt,
ihnen durch meinen Geist* – durch den Mund der
früheren Propheten – sagen ließ. Deshalb traf sie
mein Zorn mit voller Wucht. 13 Es kam, wie es kom-
men musste: Sie hörten nicht, als ich rief, darum hör-
te auch ich nicht, als sie in der Not zu mir riefen.
14 Ich zerstreute sie unter ferne Völker, von denen
sie vorher nichts wussten, und ließ das Land hinter
ihnen öde und menschenleer liegen. Sie selbst sind
es, die das schöne Land zu einer Wüste gemacht
haben!‹«

Jerusalems künftiges Glück

8 Das Wort des HERRN, des Herrschers der Welt,[f]
erging, er sagte:
2 »So spricht der HERR, der Herrscher der Welt: Ich
bin voll brennender Liebe zur Zionsstadt*, ich setze
mich für sie ein und lasse ihre Feinde meinen Zorn
spüren.
3 So spricht der HERR: Ich kehre zum Berg Zion
zurück und werde mitten in Jerusalem wohnen.
Jerusalem wird dann ›Stadt der Treue‹ heißen und
der Berg, auf dem ich als Herrscher der Welt wohne,
der ›Heilige Berg‹.
4 So spricht der HERR, der Herrscher der Welt: Es
werden wieder alte Menschen auf den Plätzen der
Stadt sitzen, Männer und Frauen, den Stock in der
Hand, auf den sie sich beim Gehen stützen müs-
sen – ein so hohes Alter werden sie erreichen.
5 Und auf den Straßen wird es von spielenden Kin-
dern, Jungen und Mädchen, wimmeln.
6 So spricht der HERR, der Herrscher der Welt:
Wenn all das dem Überrest meines Volkes unmög-
lich erscheint, soll es dann auch für mich, den Herr-
scher der Welt, unmöglich sein?
7 So spricht der HERR, der Herrscher der Welt: Ja,
ich befreie die Menschen meines Volkes aus dem
Land im Osten und aus dem Land im Westen, 8 ich
bringe sie heim und lasse sie in Jerusalem wohnen.
Sie sollen mein Volk sein, und ich will ihr Gott sein
in unwandelbarer Treue.«

Rückblick und Ermutigung

9 So spricht der HERR, der Herrscher der Welt: »Lasst
nicht nach und packt zu! Denkt an die Worte, die ich
euch durch meine Propheten* sagen ließ[g] an dem
Tag, als der Grundstein für den Wiederaufbau mei-
nes Tempels* gelegt wurde: 10–11 ›Bis jetzt war all eure
Mühe vergeblich: Eure Arbeit brachte euch nichts
ein und euer Vieh ebenso wenig. Es gab keinen Frie-
den im Land: Wer die Stadt verließ, war vor Feinden
nicht sicher, und auch unter euch selbst stiftete ich
Streit. Aber von jetzt an zeige ich mich dem Überrest
meines Volkes von einer anderen Seite. Das sage ich,
der HERR, der Herrscher der Welt.
12 Denn die Saat des Friedens wird aufgehen! Der
Weinstock wird seine Frucht geben, der Boden sei-
nen Ertrag, der Himmel Tau und Regen – und ich
gebe das alles dem Rest meines Volkes zu Eigen.
13 Und wie ihr, die Leute von Juda und die Leute
von Israel, für die anderen Völker zum Inbegriff
eines Volkes geworden seid, das vom Fluch getroffen
ist, so werdet ihr durch das, was ich an euch tue, zum
Inbegriff des Segens werden.‹

a Anfang Dezember 518 v. Chr.
b Wörtlich *des HERRN Zebaot**; entsprechend in den Versen 4, 8-10 und 12.
c Im 5. Monat zur Erinnerung an die Zerstörung Jerusalems und des Tempels (2 Kön 25,8), im 7. Monat zur Erinnerung an die Ermordung von Gedalja (2 Kön 25,25). Zu den 70 Jahren vgl. 1,12.
d *Und der HERR ...:* wörtlich *Und das Wort des HERRN erging an Sacharja;* (vgl. 1,4). Das ist zugleich die erste Antwort auf die Anfrage (vgl. Jes 58,3-12 und Sach 8,16-17. Eine zweite Antwort folgt in 8,18-19; zu ihr gehören auch 8,1-8.14-17, die auf den Ton von 8,19 gestimmt sind: Die Fasttage werden zu Festtagen!
e Wörtlich *Brüder**.
f Wörtlich *Der HERR Zebaot**; entsprechend in den Versen 3, 6, 9-11, 14, 18 und 20-22.
g Was in den Versen 10-13 folgt, entspricht genau Hag 1,2-11; 2,15-19. Nach Esra 5,1-2 haben Haggai und Sacharja im gleichen Sinne gewirkt. Man muss deshalb annehmen, dass hier von einem Dritten auf das Wirken der beiden Propheten zurückgeblickt wird.

7,1 1,1.7 **7,3** 8,19; Jes 58,5 S; Jer 52,12-13 **7,5** Jer 25,11 S **7,8-10** Jes 1,17 S; Jer 7,5-7 **7,11** Jer 5,3 S; Ez 2,3-5 S **7,12** Jes 48,4 **7,13** Jes 1,15; Jer 11,11 **8,2** 1,14 S **8,3** Jes 2,3 S; 1,26 **8,4** Jes 65,20 **8,6** Ijob 42,2 S **8,7** Jes 11,11-12 S **8,8** Jer 24,7 S; Ez 11,20 S **8,9** Esra 3,10 **8,10-13** Hag 2,15-19 **8,13** Gen 22,18

Ja, so wird es geschehen. Habt also keine Angst,
packt zu!«
14 Ja, so spricht der HERR, der Herrscher der Welt:
»Als eure Vorfahren mich zum Zorn reizten, war ich
entschlossen, euch ins Unglück zu stürzen, und ich
ließ mich durch nichts davon abbringen. 15 Genauso
unverrückbar ist mein Entschluss, die Leute von
Jerusalem und Juda jetzt mit Gutem zu überschütten.
Habt also keine Angst! 16 Aber tut auch, was ich von
euch erwarte! Lügt eure Mitmenschen nicht an, fällt
im Gericht gerechtes Urteil zum Wohl aller, 17 sucht
nicht einander zu schaden und schwört keine Mein-
eide. Denn all dies ist mir verhasst.«
Das sagt der HERR.

Ende der Trauer und Zustrom der Völker

18 Das Wort des HERRN, des Herrschers der Welt,
erging an mich. 19 So spricht der HERR, der Herrscher
der Welt: »Die Fast- und Trauertage im vierten, fünf-
ten, siebten und zehnten Monat[a] werden für die
Leute von Juda zu Freudenfesten werden, die Klage
wird sich in Jubel verwandeln. Aber haltet mir die
Treue und behaltet das Wohl aller im Auge!«
20 So spricht der HERR, der Herrscher der Welt:
»Viele Völker und die Bewohner großer Städte
werden sich aufmachen, 21 sie werden sich gegensei-
tig aufsuchen und sagen: ›Kommt, wir wollen zum
HERRN gehen, dem Herrscher der Welt, um seinen
Segen zu erbitten und bei ihm Hilfe zu suchen! Ich
jedenfalls werde hingehen.‹ 22 Und so werden große
und starke Völker nach Jerusalem kommen, um
beim HERRN, dem Herrscher der Welt, Hilfe zu
suchen und seinen Segen zu erbitten.«
23 So spricht der HERR, der Herrscher der Welt: »Zu
jener Zeit wird man es erleben, dass zehn Männer
aus Völkern mit ganz verschiedenen Sprachen sich
an einen Juden hängen, seinen Gewandzipfel ergrei-
fen und sagen: ›Lasst uns mit euch nach Jerusalem
ziehen! Wir haben gehört, dass Gott auf eurer Seite
steht.‹«

DAS KÜNFTIGE HEIL JERUSALEMS (Kapitel 9–14)

Erweiterung Israels über die Grenzen des Davidsreiches hinaus

9 Prophetische Botschaft:
Das Wort des HERRN hat das Land Hadrach
erreicht,[b] es wohnt in Damaskus; denn auf den
HERRN richten sich die Blicke aller Menschen und
der Stämme Israels. 2 Es ist ins angrenzende Hamat
gelangt und es kommt bis nach Tyrus und Sidon,
wo die Leute so überaus klug sind. 3 Tyrus hat sich
mit mächtigen Mauern umgeben, es hat Berge von
Gold und Silber aufgehäuft; 4 aber der Herr wird
ihm seine Schätze wegnehmen und seine Mauern
ins Meer stürzen;[c] die Stadt wird zum Opfer der
Flammen.
5 Die Philister* in den Städten Aschkelon, Gaza
und Ekron werden davon hören und vor Angst ver-
gehen, weil sie nun keinen Beschützer mehr haben.
Der König wird aus Gaza verschwinden, Aschkelon
wird entvölkert, 6 in Aschdod werden Fremde ange-
siedelt. »Ich mache ein Ende mit der Überheblich-
keit der Philister«, sagt der HERR. 7 Er reißt ihnen
die blutigen Fleischstücke aus den Zähnen und das
Fleisch der Tiere, die er verabscheut.[d] Dann zählt
der Überrest der Philister zum Volk unseres Gottes,
sie werden zu einer Sippe in Juda, und die Leute von
Ekron werden so unter ihnen wohnen wie die
Jebusiter in Jerusalem.
8 »Ich selbst«, sagt der HERR, »stelle mich als
Wache vor mein Haus und meine Stadt, sodass kein
fremder Herrscher mit seinem Heer mehr dort ein-
fällt. Ich selbst kümmere mich jetzt um mein Volk.«

Der Friedenskönig zieht in Jerusalem ein

9 Freu dich, du Zionsstadt*!
Jubelt laut, ihr Bewohner Jerusalems!
Seht, euer König kommt zu euch!
Er bringt Gerechtigkeit,
Gott steht ihm zur Seite.[e]
Demütig ist er vor seinem Gott.
Er reitet auf einem Esel,
auf einem starken Eselshengst.[f]
10 Er schafft die Pferde und Streitwagen* ab
in Jerusalem und ganz Israel,
auch die Kriegsbogen werden zerbrochen.
Er stiftet Frieden unter den Völkern.
Von Meer zu Meer reicht seine Herrschaft,
vom Eufratstrom bis zu den Enden der Erde.

Was dem Einzug des Friedenskönigs vorangeht

11 »Hört«, sagt der HERR, »ich werde eure Gefangenen
aus dem Kerker holen, aus der wasserlosen Grube,[g]
so gewiss ich mit euch meinen Bund* geschlossen
und mit Opferblut besiegelt habe.[h] 12 Kehrt zurück
zur befestigten Stadt, ihr Gefangenen, eure Hoff-
nung wird nicht enttäuscht! Die Zusage gilt noch
immer: ›Ich werde euch voll[i] entschädigen.‹
13 Ich selbst werde gegen das Heer der Griechen
antreten: Die Männer von Juda sind mein Bogen,

a Im 4. Monat war 587 v. Chr. die erste Bresche in die Mauer Jerusalems geschlagen worden (2 Kön 25,3-4), in den 10. Monat fiel der Beginn der Belagerung (2 Kön 25,1); weiter siehe Anmerkung zu 7,5.
b Es geht nicht um Mission, sondern um Besitzergreifung (vgl. die Grenzen Israels nach Jos 13,1-6).
c *und seine Mauern …:* andere mögliche Übersetzung *und seine Macht/Streitmacht* (d. h. Flotte) *auf dem Meer zerschlagen.*
d Die Philister werden dem Gottesvolk voll eingegliedert. Bedingung dafür ist die Beachtung der Nahrungsvorschriften des Gesetzes (siehe Lev 11; 17,10-14 und Sacherklärungen »rein« und »Blut«. Zu *Jebusiter* vgl. Jos 15,63.
e *Gott steht …:* wörtlich *Er ist einer, dem geholfen wird;* die Wiedergabe im Neuen Testament (Mt 21,5) entspricht den alten Übersetzungen: *Er ist ein Helfer.*
f *auf einem starken …:* wörtlich *auf einem Hengst, dem Sohn einer Eselin.* Die alten Übersetzungen und Mt 21,5 haben *Hengst* als *Fohlen* gedeutet; *Sohn* bezeichnet im Hebräischen nicht das jugendliche Alter, sondern die Abstammung. Durch den Eselshengst gibt der König sich als der Friedenskönig zu erkennen, der Pferde und Streitwagen abschafft (Vers 10). Vgl. Mt 21,4-5!
g Wasserlose Zisternen wurden oft als zeitweiliges Gefängnis benutzt; vgl. Gen 37,20-24; Jer 37,7-9.
h Gedacht ist an den Bundesschluss von Ex 24,8.
i *voll:* wörtlich *doppelt.* Das ist nach israelitischem Recht die übliche Entschädigung; vgl. Ex 22,3.6.8.

8,16-17 7,8-10S **8,19** 7,3.5 **8,20-22** 2,15; Ps 96,7-10S **9,2-4** Jes 23,1-16S; Ez 28,3-5 **9,5-7** Jes 14,28-32S **9,7** Lev 17,10-14; 11,1-47par; Jos 15,63 **9,8** 2,9; Ez 34,25.27-28 **9,9** 2,14; Zef 3,14; Mt 21,5 **9,10** Mi 5,9S **9,11** Jes 61,1; Ex 24,8 **9,12** 10,8-9; Jes 40,2; 61,7 **9,13** 1 Makk 1,1-9; Dan 8,21-22S

die Männer von Efraïm meine Pfeile und die von
Jerusalem mein Schwert, das ich gegen die Feinde
schwinge.«[a]
14 Ja, der HERR wird über dem ausziehenden Heer
seines Volkes erscheinen: Sein Pfeil fährt dahin wie
der Blitz; donnernd stößt er ins Horn; er fegt einher
im Sturm aus dem Süden. 15 Der HERR, der Herrscher
der Welt,[b] wird sein Volk beschützen. Seine Krieger
werden die Schleudersteine auffangen° und zu
Boden treten, sie werden von Blut betrunken sein
wie von Wein, sie werden von Feindesblut über-
strömt sein wie Opferschalen, wie die Ecken des
Opferaltars.
16 An jenem Tag wird der HERR, der Gott Israels, die
Seinen retten, denn sie sind seine Herde. Wie fun-
kelnde Edelsteine werden sie das Land zieren.
17 Wie herrlich wird das sein! Die Kinder werden
zu blühenden jungen Leuten heranwachsen, weil
das Land so viel Korn und Wein hervorbringt.

Nur Gott schenkt Regen

10 Bittet den HERRN, dass er zur rechten Zeit[c] den
ersehnten Regen sendet! Denn der HERR ist es,
der die Wetterwolken zusammenballt; er gibt Regen
und lässt für alle etwas wachsen. 2 Befragt nicht die
Orakel, sie spenden euch falschen Trost; geht nicht
zu den Wahrsagern, sie erzählen euch lügnerische
Träume! Weil ihr das tut, seid ihr wie Schafe, die
umherirren und umkommen, weil sie keinen Hirten
haben.

Befreiung Judas und Heimkehr aller Israeliten

3 Der HERR sagt: »Ich bin voll Zorn auf die fremden
Hirten, die meine Herde unterdrücken, und auch
gegen die gewalttätigen Böcke in der Herde werde
ich vorgehen. Ich, der HERR, der Herrscher der Welt,
will mich um meine Herde, das Volk von Juda, küm-
mern. Ich mache es zu meinem Kriegsross,[d] wenn
ich jetzt zum Kampf antrete. 4 Aus meinem Volk
selbst kommen dann die Männer, die für es ›Eck-
stein‹ sind und ›Zeltpflock‹ und ›Kriegsbogen‹,[e]
und die fremden Unterdrücker müssen aus ihm ver-
schwinden. 5 Die Leute von Juda werden kämpfen
wie Helden und den Feind wie Straßendreck zertre-
ten, denn ich, der HERR, stehe ihnen bei. Die feind-
liche Reiterei wird an ihnen zuschanden.
6 Ich helfe nicht nur den Leuten von Juda, ich helfe
auch den Nachkommen Josefs,[f] den Leuten von
Israel*. Ich habe Erbarmen mit ihnen und lasse sie
in ihr Land zurückkehren; es soll alles wieder wie
früher sein, als ob ich sie nie verstoßen hätte. Denn
ich, der HERR, bin ihr Gott und höre ihren Hilferuf.
7 Dann werden die Männer Efraïms stark sein wie
Helden und voller Kampfeslust wie einer, der Wein
getrunken hat. Ihre Kinder werden jubeln, wenn sie
es sehen, und werden mich voll Freude preisen.
8 Ich werde allen Verbannten das Signal zur Heim-
kehr geben; denn ich will sie befreien. Mein Volk
soll wieder so zahlreich sein wie einst. 9 Wenn sie
sich mir wieder zuwenden, dort bei den Völkern,
unter die ich sie zerstreut habe, dann werden sie
es erleben, dass sie zusammen mit ihren Kindern
zurückkehren dürfen. 10 Ich lasse sie heimkehren
aus Ägypten und Assyrien und bringe sie in die Land-
schaft Gilead* und in den Libanon; aber nicht ein-
mal dort werden sie genug Raum haben.
11 Ich werde ihnen aus der Not helfen, ich werde
die Wogen des Meeres zurücktreiben und die
Nilarme versiegen lassen. Ich werde das stolze Assy-
rien[g] niederwerfen und die Macht Ägyptens bre-
chen. 12 Durch mich, den HERRN, wird mein Volk
stark sein; es wird im Vertrauen auf mich und nach
meinen Weisungen leben und bestehen. Das sage
ich, der HERR.«

Die Entmachtung der Völker und ihrer Herrscher

11 Öffne deine Tore, Libanon, damit das Feuer bei
dir eindringen und deine Zedern verzehren
kann! 2 Heult, ihr Zypressen, weil die Zedern ge-
stürzt, weil die mächtigsten der Bäume dahin sind!
Heult, ihr Eichen von Baschan*, weil der Sturm
den dichten Wald niedergelegt hat![h] 3 Hört, wie die
Völkerhirten klagen, weil ihre herrlichen Weiden
vernichtet sind! Hört, wie der Löwe brüllt, weil
sein Versteck, der Buschwald am Jordan, verwüstet
ist!

Eine Schafherde weidet bei Jerusalem. Gott sorgt sich um seine Herde, darum: »Weh dem Hirten, der keiner ist, der die Herde im Stich lässt!« (11,17)

a Überraschend sehen wir uns aus der Perserzeit (Kap 1–8) in die Zeit Alexanders d. Gr. und seiner Nachfolger versetzt, als Judäa unter griechischer Vorherrschaft stand und (wie einst zwischen Ägypten und Assyrien/Babylonien) zum Zankapfel zwischen dem Ptolemäer- und dem Seleuziden-reich geworden war (siehe Seite 54 NT).
b Wörtlich *Der HERR Zebaot*;* entsprechend in 10,3.
c Wörtlich *zur Zeit des Spätregens.* (Siehe Sacherklärung »Regen«.)
d Offenbar handelt es sich um dieselbe Situation wie in 9,11-15.
e *Eckstein* und *Zeltpflock* sind tragende bzw. haltende Elemente für Haus und Zelt. Wörtlich *Von ihm kommt der Eckstein, von ihm der Pflock, von ihm der Kriegsbogen.*
f Auch die Verbannten des Nordreiches Israel, die nach Assyrien umgesiedelt worden waren (Vers 10; 2 Kön 17,6), sollen zurückkehren; vgl. Jer 31.
g *Assyrien* steht hier für die Nachfolgereiche des alten Assyrischen Reiches in Mesopotamien, vorab für das Reich der Seleuziden (Assyrien = Syrien); entsprechend meint Ägypten das Reich der Ptolemäer (siehe zu 9,13).
h Die *mächtigsten der Bäume* stehen für die Völker, die von Gottes Gericht getroffen werden. Vers 3 sagt mit einem Bild, das 10,3 aufnimmt, dasselbe.

9,14 Ps 18,15 **9,16** Ps 74,1 S **9,17** Ps 144,12-13 **10,1** Jer 5,24-25 S **10,3** Jer 6,3; 23,1-4; Ez 34,2 **10,4** Jer 30,21 **10,6** Jer 3,18 S; 31,2-20 **10,8** Jes 11,11-12 S **10,10** Jes 49,19-20 S **10,11** Ex 14,21-22; Jes 11,15; 50,2 **11,3** Jer 23,1-2; 25,34-36

Eine Zukunftsvision: Der gute Hirt wird abgelehnt

4 Der HERR, mein Gott, sagte zu mir: »Weide die Scha-
fe, die zum Schlachten bestimmt sind! 5 Ihre Besitzer
töten sie und machen sich kein Gewissen daraus; sie
verkaufen sie und sagen: ›Gepriesen sei der HERR!
Wir haben ein gutes Geschäft gemacht!‹ Und auch
ihre Hirten gehen schonungslos mit der Herde um.«[a]
6 Der HERR sagt: »Auch ich werde die Bewohner
der Erde nicht mehr verschonen. Ich liefere jeden
der Hand seiner Mitmenschen und seines Königs
aus. Mögen diese die ganze Erde verwüsten, ich wer-
de niemand aus ihrer Hand retten.«
7 Ich folgte dem Befehl des HERRN und weidete die
Schafe, die von den Viehhändlern zum Schlachten
bestimmt waren.° Ich nahm mir zwei Hirtenstöcke,
den einen nannte ich »Freundschaft«, den andern
»Bruderschaft«, und damit weidete ich die Schafe.
8 Ich entfernte die drei schlechten Hirten in einem
einzigen Monat.[b] Aber ich verlor die Geduld mit den
Schafen, denn sie wollten nichts von mir wissen.
9 Ich sagte: »Ich will nicht mehr euer Hirte sein!
Wer unbedingt sterben will, soll eben sterben; wer
in die Irre gehen will, soll in die Irre gehen; und
der Rest mag sich gegenseitig auffressen.«
10 Darauf zerbrach ich den Stock mit Namen
»Freundschaft« und hob damit den Waffenstillstand
auf, den ich zugunsten Israels mit allen Völkern
ringsum geschlossen hatte. 11 Die Wirkung war sofort
zu spüren, und die Viehhändler,° die gesehen hat-
ten, wie ich den Stab zerbrach, erkannten, dass ich
im Auftrag des HERRN gehandelt hatte.[c]
12 Ich sagte zu ihnen: »Wenn ihr wollt, gebt mir
jetzt meinen Lohn, wenn nicht, verzichte ich dar-
auf.« Da zählten sie mir 30 Silberstücke ab[d] und
gaben sie mir. 13 Darauf sagte der HERR zu mir: »Diese
stolze Summe bin ich ihnen also wert! Wirf das
Silber dem Schmelzer hin!« Ich nahm die 30 Silber-
stücke und warf sie im Tempel* dem Mann hin,
der das Gold und das Silber einschmilzt.
14 Dann zerbrach ich meinen zweiten Stock mit
Namen »Bruderschaft« und hob damit den Bruder-
bund zwischen Juda und Israel[e] auf.
15 Weiter sagte der HERR zu mir: »Rüste dich noch
einmal als ein Hirt aus, aber spiele jetzt einen
schlechten Hirten! 16 Denn ich werde einen Völker-
hirten im Land auftreten lassen, der das Gegenteil
eines guten Hirten ist: Die Verirrten sucht er nicht;
auf die kläglichen Schreie der Bedrängten hört er
nicht; hat ein Tier das Bein gebrochen, so schient
er es nicht; er kümmert sich nicht darum, ob die Tie-
re Weide und Wasser haben. Die besten Tiere der
Herde schlachtet er für sich selbst und reißt ihnen
in seiner Gier sogar die Klauen auf.
17 Weh dem Hirten, der keiner ist, der die Herde im
Stich lässt! Der rechte Arm soll ihm abgehackt, das
rechte Auge ihm ausgestochen werden! Sein Arm
sei verkrüppelt, sein Auge sei erblindet!«

Gottes Schutz für Jerusalem

12 Prophetische Botschaft, Wort des HERRN über
Israel, Ausspruch des HERRN, der den Himmel
ausgespannt und die Erde fest verankert hat, der den
Lebensgeist im Innern der Menschen geformt hat:
2 So kommt es: Ich mache Jerusalem für alle Völ-
ker ringsum zu einer Taumelschale. Wenn sie sich
an ihm vergreifen wollen,[f] beginnen sie zu taumeln
wie jemand, der starken Wein getrunken hat.[g] –
Auch Juda wird mit betroffen sein, wenn sie Jerusa-
lem belagern. – 3 Ja, ich mache Jerusalem an jenem
Tag zu einem Hebestein für alle Völker: Wenn sie
ihn anzuheben versuchen, werden sie sich daran
die Hände wund reißen. Alle Völker der Erde
werden sich gegen Jerusalem zusammentun; 4 aber
ich lasse ihre Pferde scheuen und lasse panische
Angst über ihre Reiter kommen. Ja, ich werde die
Pferde aller Völker blind machen, sodass sie den
Weg nicht mehr finden. Ich wache darüber, dass
den Leuten von Juda kein Leid geschieht.
5 Die führenden Männer von Juda werden nach
Jerusalem blicken und sagen: »Die Leute von Jerusa-
lem sind stark, denn sie vertrauen fest auf den
HERRN, den Herrscher der Welt,[h] ihren Gott.« 6 Ich
werde den Anführern von Juda beistehen; für die
feindlichen Heere ringsum werden sie wie eine Scha-
le mit glühenden Kohlen mitten in einem Holzstoß
sein oder wie eine Fackel im Garbenhaufen. Jerusa-
lem aber wird für immer bestehen bleiben.
7 Der HERR wird die Leute von Juda *vor* denen von
Jerusalem aus der Hand der Feinde retten, damit die
Nachkommen Davids und die Bewohner Jerusalems
nicht zu stolz werden und auf Juda herabsehen.
8 Danach wird der HERR auch Jerusalem seine Hilfe
zuwenden und dessen Bewohner stärken. Der
Schwächste von ihnen wird so stark sein wie David,
und die Nachkommen Davids an ihrer Spitze sind
dann so stark wie Engel*, ja wie der Engel des
HERRN.

Reue des Volkes und Klage um den Durchbohrten

9 »Zu jener Zeit«, sagt der HERR, »da werde ich alle
Völker vernichten, die gegen Jerusalem angerückt
sind. 10 Die Nachkommen Davids und die Bewohner
Jerusalems aber werde ich mit einem reumütigen
Geist erfüllen, der sie dazu treibt, mich um Erbar-
men anzuflehen. Sie werden schuldbewusst zu mir
aufblicken wegen des Mannes,[i] den sie durchbohrt

a Der Prophet soll (offenbar innerhalb seiner Vision) zwei zeichenhafte Handlungen ausführen und damit zukünftiges Geschehen vorwegnehmen. In der Gegenwart hat die Herde (das Volk Israel) eine Mehrzahl von Hirten und Besitzern, was auf die Zeit nach dem babylonischen Exil deutet. Der Prophet spielt die ›Rolle‹ des kommenden idealen Königs (des Messias).
b Welcher spezielle Konflikt und welche drei Personen gemeint sind, lässt sich nicht mehr ermitteln.
c Weil auch die Schafe versagen, scheitert der »gute Hirt« und muss seine Mission aufgeben. Immerhin werden die »Viehhändler« (die Besitzer von Vers 5) erkennen, dass dieser Hirt von Gott beauftragt war.
d Wörtlich *wogen mir 30 Schekel* Silber ab* (etwa 350 g). 30 Silberstücke sind der durchschnittliche Preis eines Sklaven (Ex 21,32). Vgl. Mt 26,15; 27,9!
e »Israel« (= Nordisrael) ist in nachexilischer Zeit die samaritische Gemeinde, die sich zwischen 350 und 200 v. Chr. vollends von Jerusalem getrennt hat (siehe Sacherklärung »Samariter«).
f Eine Folge von 11,10!
g *Wenn sie sich …:* verdeutlichender Zusatz.
h Wörtlich *den HERRN Zebaot**.
i Offenbar geht es um den »guten Hirten« von Kap 11; vgl. auch 13,7. Das Neue Testament sieht darin einen Hinweis auf Jesu Tod (Joh 19,37; Offb 1,7).

11,12 Ex 21,32; Mt 26,15; 27,9 **11,14** Ez 37,15-24 **11,15-16** Ez 34,2-4 **12,1** Jes 40,22S **12,2** 14,2; Jer 25,15S **12,3** 14,3; Joël 4,9-13 **12,6** Obd 18 **12,9** Offb 20,9 **12,10** Joh 19,37S; Jer 6,26S

haben. Sie werden um ihn trauern, wie man um den einzigen Sohn trauert, sie werden weinen und klagen wie um einen Erstgeborenen.

11 Die Klage Jerusalems um ihn wird so groß sein wie die Klage um Hadad-Rimmon in der Ebene von Megiddo.[a] 12-13 Alle Sippen im Land werden an dieser Totenklage* teilnehmen, jede für sich, Männer und Frauen getrennt: die Sippe David, die Sippe Natan, die Sippe Levi, die Sippe Schimi 14 und alle übrigen Sippen im Land.

13 Zu jener Zeit wird in Jerusalem eine Quelle entspringen, die die Nachkommen Davids und die Bewohner der Stadt von der Befleckung durch Schuld und Ungehorsam reinigt.«

Reinigung des Landes von Götzen und falschen Propheten

2 Der HERR, der Herrscher der Welt,[b] sagt: »Zu jener Zeit werde ich jede Spur von Götzendienst aus dem Land entfernen, nicht einmal an die Namen der fremden Götter wird man sich noch erinnern.

Auch die Propheten, die von einem fremden Geist getrieben werden, müssen aus dem Land verschwinden. 3 Wenn noch einer als Prophet* auftritt, werden sein Vater und seine Mutter zu ihm sagen: ›Du hast dein Leben verwirkt, weil du unter Berufung auf den HERRN Lügen verkündet hast.‹[c] Und seine eigenen Eltern werden ihn mit dem Schwert durchbohren, bloß weil er als Prophet aufgetreten ist.

4 Zu jener Zeit werden sich die Propheten hüten, ihre Visionen öffentlich zu erzählen; sie werden nicht mehr im Prophetenmantel aus Ziegenhaar auftreten, um ihre trügerischen Botschaften zu verkünden. 5 Stellt man einen von ihnen zur Rede, so wird er sagen: ›Ich bin kein Prophet, ich bin ein Bauer! Schon in meiner Jugend hat mich jemand als Sklaven* erworben.‹ 6 Und wenn man ihn auf die Striemen[d] an seinem Leib hinweist, wird er sagen: ›Das ist von einer Schlägerei mit meinen Zechbrüdern!‹«

Das Volk – eine hirtenlose Herde

7 »Schwert, stürze dich auf meinen Hirten, auf den Mann, der mir nahe steht!«, sagt der HERR, der Herrscher der Welt. »Töte den Hirten, sodass die Schafe auseinander laufen![e] Sogar die Schwachen in der Herde werde ich nicht verschonen.

8 Das ganze Land wird getroffen werden«, sagt der HERR. »Zwei Drittel seiner Bewohner werden umkommen, nur ein Drittel wird überleben. 9 Aber auch dieser Rest muss durchs Feuer hindurch. Ich werde die Überlebenden reinigen, wie man Silber im Schmelzofen von Schlacken* reinigt; ich werde sie prüfen, wie man Gold im Feuer auf seine Echtheit prüft. Dann werden sie zu mir rufen und ich werde ihr Rufen hören. Ich werde zu ihnen sagen: ›Ihr seid mein Volk‹, und sie werden sagen: ›Du, HERR, bist unser Gott.‹«

Gott regiert die erneuerte Welt von Jerusalem aus

14 Der HERR sagt: »Mein Gerichtstag, der Tag des HERRN, kommt, da werden eure Feinde vor euren Augen die Beute verteilen, die sie euch abgenommen haben. 2 Alle Völker werde ich zum Kampf gegen Jerusalem versammeln. Sie werden die Stadt erobern, die Häuser plündern und die Frauen schänden. Von den Leuten in der Stadt wird die Hälfte in die Gefangenschaft geführt; nur der Rest darf in der Stadt bleiben.«

3 Dann aber, an jenem Tag, wird der HERR selbst gegen diese Völker in den Kampf ziehen,[f] wie er in früheren Zeiten für sein Volk gekämpft hat. 4 Er stellt sich auf den Ölberg*, der östlich von Jerusalem liegt, und der Berg wird sich von Osten nach Westen in zwei Teile spalten. Die eine Hälfte weicht nach Norden aus, die andere nach Süden, sodass ein breites Tal entsteht. 5 In dieses Tal zwischen meinen beiden Bergen werdet ihr fliehen und das Tal wird sich bis nach Azal[g] erstrecken; ihr werdet fliehen, wie eure Vorfahren zur Zeit des Königs Usija vor dem Erdbeben geflohen sind. Dann wird der HERR, unser Gott, in Jerusalem einziehen,[h] begleitet von allen seinen heiligen Engeln*.

6 An jenem Tag wird es kein Licht mehr geben, das wieder dunkel wird.[i] 7 Es wird dann ununterbrochen Tag sein, nicht abwechselnd Tag und Nacht; ja, auch am Abend bleibt es hell. Nur der HERR weiß, wann das eintrifft.

8 An jenem Tag wird in Jerusalem eine Quelle mit Leben spendendem Wasser entspringen; die eine Hälfte fließt in das Meer, das im Osten liegt, die andere in das Meer im Westen. Das Wasser wird im Winter wie im Sommer fließen und nie versiegen.

9 Dann wird der HERR über alle Völker der Erde König sein. Er allein wird Gott sein an jenem Tag, zu ihm allein werden die Völker beten. 10 Das ganze Land von Geba bis Rimmon südlich von Jerusalem verwandelt sich in eine Ebene, Jerusalem selbst aber bleibt erhöht und überragt das übrige Land.[j] Die Stadt erstreckt sich dann vom Benjamintor über das zugemauerte Tor bis zum Ecktor und vom Turm Hananel bis zu den königlichen Weinkeltern.[k] 11 Ihre Bewohner werden in Sicherheit leben und keine Vernichtung wird sie mehr bedrohen.

12 Die Völker aber, die gegen Jerusalem herangezogen sind, wird der HERR mit einer schrecklichen Krankheit schlagen. Ihr Fleisch verfault, während sie noch auf ihren Füßen stehen; die Augen in ihren Höhlen und die Zunge im Mund werden plötzlich verwesen. 13 An jenem Tag wird der HERR sie so sehr

12,11 2 Kön 5,18 **13,1** 14,8 S; Jes 12,3 **13,2b-3** Jer 14,13-15 S **13,7** Mk 14,27 par **13,9** Jes 48,10 S; Ez 11,20 S; Hos 2,25 **14,2** 12,3 S **14,3** 12,4; Ex 14,14; 23,27-28; Dtn 1,30-31; Ri 5,4-5; 7,7; Jes 42,13 **14,5** Am 1,1 **14,6-7** Jes 60,19-20 S **14,8** 13,1; Ez 47,1-12 S **14,9** Ps 96,7-10 S **14,10-11** Jer 31,38-40 **14,11** Jer 33,16 **14,12** 2 Kön 19,34-35 **14,13** Ez 38,21 S

a *Hadad-Rimmon* ist vielleicht der Ort, bei dem der letzte bedeutende König von Juda, Joschija, 609 v. Chr. gefallen ist (2 Kön 23,29), sodass man zu verstehen hätte: Klage um die Katastrophe von Hadad-Rimmon. Nach 2 Chr 25,20-25 ist die Klage um Joschija in Juda zum festen Brauch geworden.
b Wörtlich *Der HERR Zebaot**; entsprechend in Vers 7.
c Vgl. Jer 14,13-15 und Vergleichsstellen.
d Die Propheten dieses Typs haben sich in der Ekstase selbst Wunden beigebracht (1 Kön 18,28; vgl. 1 Sam 19,23-24).
e Die Ermordung des »guten Hirten« von Kap 11 (12,10) ist von Gott her gesehen ein Strafgericht über das Volk, das zur hirtenlosen Herde wird. Vgl. Mk 14,27!
f Dieselbe Erwartung auch in 12,3-4; Ez 38–39; Joël 4,9-13.
g *Azal* oder Jasol: ein Tal, das südwestlich von Jerusalem ins Kidrontal mündet.
h Das Tal ist also zugleich die Straße, auf der Gott einzieht.
i *das wieder …:* wörtlich *dessen Klarheiten sich zusammenziehen.*
j Das erinnert an Jes 2,2. Zu *Geba* nördlich von Jerusalem vgl. Karte Seite 443. *Rimmon* liegt 18 km nördlich von Beërscheba.
k Angegeben wird zuerst die Ost-West-, dann die Nord-Süd-Erstreckung (das Benjamintor ist wohl das Schaftor von Neh 3,1; vgl. die Zeichnung Seite 559). Die Stadt soll wieder ihre größte frühere Ausdehnung erhalten.

erschrecken, dass sie völlig verwirrt sind und einer
über den andern herfällt – 14 auch Juda über Jerusa-
lem. Dann werden die Schätze im Lager der feindli-
chen Völker eingesammelt: eine große Menge Gold,
Silber und kostbare Gewänder. 15 Die Pferde, Maul-
tiere, Kamele, Esel und alle anderen Tiere im Lager
wird der HERR mit derselben Krankheit schlagen
wie die Menschen.

Die Wallfahrt der Völker zum Berg Zion

16 Die Überlebenden aus den Völkern, die gegen Jeru-
salem herangezogen sind, werden von da an jedes
Jahr nach Jerusalem pilgern, um das Laubhütten-
fest* zu feiern und den HERRN, den Herrscher der
Welt,[a] als ihren König zu verehren. 17 Wenn ein Volk
sich weigert, zu kommen und dem HERRN, dem
König der Welt, Ehre zu erweisen, wird auf sein
Land kein Regen[b] fallen. 18-19 Wenn es aber die Ägyp-
ter sind, wird der HERR sie auf entsprechende Weise
strafen.[c] Es wird sie der gleiche Schlag treffen, mit
dem der HERR die Völker bestrafen wird, die nicht
nach Jerusalem zum Laubhüttenfest ziehen.
20 Auf den Schellen der Pferde wird dann eingeritzt
sein: »Dem HERRN geweiht«.[d] Die Kochtöpfe im
Tempel des HERRN werden so heilig* sein wie die
Schalen mit dem Opferblut vor dem Altar. 21 Alle
Kochtöpfe in Jerusalem und Juda werden dem HERRN
geweiht sein; die Menschen, die zum Tempel strö-
men, können sie nehmen und das Opferfleisch darin
kochen. Im Tempel des HERRN, des Herrschers der
Welt, wird es dann keinen Händler mehr geben.

a Wörtlich *den HERRN Zebaot**; entsprechend in Vers 21.
b Das Laubhüttenfest ist das Erntefest, bei dem Gott als Geber der Naturgaben geehrt wird. Es geht der Regenperiode unmittelbar voraus.
c *wird der HERR …*: verdeutlichender Zusatz. Der hebräische Text ist offenbar lückenhaft überliefert; die Ägypter müssten entsprechend durch das Ausbleiben der Nilüberschwemmung gestraft werden.
d Dies steht nach Ex 28,36 auf dem Stirnschild des Obersten Priesters. Entsprechend rücken gewöhnliche Kochtöpfe in den Rang »heiliger« Gefäße auf. Zum letzten Satz siehe Mk 11,15.

14,16 Ps 96,7-10 S; Ex 23,16 S **14,20** Ex 28,36; (Blutschalen) 1 Kön 7,40-45 **14,21** (Kochtöpfe) Ez 46,24; (Händler) Mk 11,15 par; Offb 21,26-27

MALEACHI

Maleachi heißt »mein Bote«; der eigentliche Name des Propheten ist uns unbekannt. Sein Buch enthält sechs Reden in Disputationsform. Eine vom Propheten vorgetragene These ruft jeweils den Einwand der Angesprochenen hervor und wird daraufhin begründet. Die nachdrückliche Betonung religiöser (1,6-14) und sittlicher (2,10-16) Forderungen knüpft an alte prophetische Tradition an.

In den Worten des Maleachibuches spiegeln sich Verhältnisse, die uns teils von dem Propheten Haggai, teils aus den Büchern Esra und Nehemia bekannt sind (Existenzsorgen, Mischehenfrage). Der Tempel ist wieder aufgebaut; ob der Prophet vor oder nach dem Wirken Esras und Nehemias aufgetreten ist, lässt sich nicht entscheiden.

Buchüberschrift

1 Dieses Buch enthält die prophetische Botschaft,
die der HERR dem Volk Israel durch Maleachi aus-
richten ließ.

Gott liebt sein Volk

2 »Ich liebe euch, ihr Leute von Israel«, hat der HERR
gesagt; aber ihr entgegnet: »Lieben? Davon merken
wir nichts!«[a]
Darauf antwortet der HERR: »Sind nicht Esau und
Jakob Brüder? Trotzdem liebe ich Jakob, 3 Esau aber
hasse ich. Ich habe das Erbland der Nachkommen
Esaus, das Bergland von Edom*, zur Wüste gemacht
und es den Schakalen überlassen.
4 Die Leute von Edom erklären zwar: ›Unsere
Städte sind zerstört, doch wir bauen sie wieder
auf!‹ Aber ich, der HERR, der Herrscher der Welt,[b]
sage: Sie sollen nur bauen, ich werde es wieder einreißen! Ihr Gebiet wird das gottverlassene Land heißen und sie selbst das Volk, das in alle Zukunft meinen Zorn zu spüren bekommt. 5 Mit eigenen Augen
werdet ihr es noch sehen und werdet dann sagen:
›Groß erweist sich der HERR über dem Gebiet
Israels!‹«

Die Nachlässigkeit beim Opferdienst beleidigt Gott

6 »Ein Sohn ehrt seinen Vater und ein Diener seinen
Herrn. Ihr nennt mich euren Vater, aber ihr ehrt
mich nicht! Ihr nennt mich euren Herrn, aber ihr
gehorcht mir nicht!« Das hat der HERR, der Herrscher
der Welt, zu euch Priestern* gesagt, weil ihr ihm
seine Ehre nehmt und ihn verächtlich behandelt.
Aber ihr entgegnet dem HERRN: »Womit haben
wir dich denn verächtlich behandelt?«
7 Darauf antwortet er: »Ihr habt auf meinem Altar
unreine* Gaben dargebracht und da fragt ihr noch:
›Womit haben wir dich verunreinigt?‹ Damit, dass
ihr sagt: ›Beim Tisch des HERRN kommt es nicht so
darauf an!‹ So macht ihr mich verächtlich.[c]
8 Ihr bringt mir als Opfer* ein blindes Tier[d] und
denkt: ›Das ist doch nicht schlimm!‹ Ihr bringt mir
ein lahmes oder krankes Tier und denkt: ›Das ist doch
nicht schlimm!‹ Versucht das doch einmal beim Statthalter! Meint ihr, dass ihr damit seine Gunst gewinnen könnt?«, sagt der HERR, der Herrscher der Welt.
9 Und nun kommt ihr mit so etwas zu Gott und bittet ihn, dass er uns seine Gnade erweist! So unsinnig
handelt ihr. Bildet ihr euch ein, dass der Herrscher
der Welt sich das gefallen lässt?
10 »Wenn doch nur jemand die Zugänge zu meinem Tempel* verschließen würde, damit ihr nicht
solche sinnlosen Opfer auf meinem Altar darbringt!
Ich kann euch nicht ausstehen – sagt der HERR, der
Herrscher der Welt –, ich nehme von euch keine
Opfer an!
11 Auf der ganzen Erde – von dort, wo die Sonne
aufgeht, bis dort, wo sie niedersinkt – wird mein
Name* unter den Völkern geehrt. An unzähligen
Orten werden mir würdige Opfergaben dargebracht.
Ja, mein Name steht in Ehren unter den Völkern –
sagt der HERR, der Herrscher der Welt.[e]
12 Ihr aber nehmt mir meine Ehre, denn ihr sagt:
›Den Tisch des HERRN kann man ruhig verunreinigen; da kommt es nicht so darauf an, was als Gabe
darauf gelegt wird!‹ 13 Und dann stöhnt ihr noch über
euren Dienst! Damit reizt ihr mich zum Zorn,° mich,
den Herrscher der Welt. Außer den lahmen und
kranken Tieren lasst ihr auch noch gestohlene Tiere
zum Opfer zu. Und das soll ich von euch annehmen,
ich, der HERR?

1,2 Dtn 7,7-8; Hos 11,1; Sach 1,14 S; (Esau) Gen 25,23-26 **1,3** Gen 36,9; Jes 34,5-17 S **1,6** Ex 20,12; Dtn 32,6 **1,8** Lev 22,19-20 S **1,10** Jes 1,10-20 S **1,13** Jes 43,22-24

a Die Heilsankündigungen der früheren Propheten (v.a. Jes 40–55; Haggai, Sacharja) hatten im Volk so hohe Erwartungen geweckt, dass der beschwerliche Alltag den aus Babylonien Heimgekehrten doppelt drückend erscheinen musste. Die Antwort Gottes verweist darauf, dass Judäa von der jüngsten Heimsuchung des Nachbarlandes Edom verschont geblieben ist (Vers 3). Es handelt sich offenbar um den nicht genau datierbaren Einbruch der Araber in das edomitische Stammland.
b Wörtlich *der HERR Zebaot**; entsprechend in den Versen 6, 8-11, 13, 14.
c *Beim Tisch …:* wörtlich *Der Tisch des HERRN, er ist verächtlich.*
d Das wird in Lev 22,17-25; Dtn 15,21; 17,1 ausdrücklich verboten. »Statthalter« verweist auf die Perserzeit.
e Das ist eine erstaunliche Aussage, für die keine Begründung gegeben wird. Ist daran gedacht, dass der Glaube der zerstreuten Juden auf Menschen anderer Völker ausstrahlt, wie es seit der Verbannung in Babylonien zunehmend geschah?

14 Wer ein Gelübde* ablegt und mir ein vollwerti-
ges männliches Tier aus seiner Herde verspricht,
mich aber hinterher darum betrügt und mir ein min-
derwertiges opfert, den trifft mein Fluch. Denn ich
bin der höchste König und alle Völker ehren meinen
Namen.«

Das sagt der HERR, der Herrscher der Welt.

Wahres und falsches Priestertum

2 »Deshalb spreche ich jetzt mein Urteil über euch
Priester*«, sagt der HERR, der Herrscher der
Welt.[a] 2 »Wenn ihr nicht meine Warnung zu Herzen
nehmt und meinem Namen* die Ehre gebt, werde
ich den Fluch* gegen euch schleudern und euch
Unglück schicken. Den Segen, den ihr euren Kin-
dern zusprecht, werde ich zum Fluch machen – ja,
ich mache das bestimmt, weil ihr meine Warnungen
ja doch nicht zu Herzen nehmt. 3 Ich stürze eure
Nachkommen ins Unglück. Ich schleudere euch
den Kot eurer Opfertiere ins Gesicht und ihr werdet
auf den Abfallhaufen geworfen, der sich von euren
Opferfesten angesammelt hat.

4 Dann werdet ihr erkennen: Ich, der HERR, der
Herrscher der Welt, habe dieses Urteil an euch voll-
streckt, damit mein Bund* mit den Nachkommen
von Levi weiterbestehen kann.

5 Darin besteht mein Bund mit ihnen: Ich gab
ihnen Leben und Wohlergehen und sie erwiesen
mir Ehre. Meine Nähe erfüllte sie mit Furcht und Zit-
tern. 6 Sie verkündeten dem Volk meine Weisungen
unverfälscht und gaben zuverlässig Auskunft; sie
versahen ihren Dienst in ganzer Treue und in engs-
ter Verbindung mit mir. So bewahrten sie viele Men-
schen davor, Schuld auf sich zu laden.

7 Denn das ist der Auftrag der Priester*: Sie sollen
mein Gesetz* verkünden und wer Rat sucht, soll bei
ihnen Rat finden; sie sind Botschafter des HERRN, des
Herrschers der Welt.

8 Ihr aber seid von meinem Weg abgewichen und
habt viele in die Irre geführt mit euren falschen Wei-
sungen.[b] So habt ihr den Bund gebrochen, den ich
mit den Nachkommen von Levi geschlossen habe.
Darum sage ich, der Herrscher der Welt: 9 Weil ihr
mein Gesetz missachtet und euch bei euren Weisun-
gen nach Rang und Stand der Menschen richtet, die
zu euch kommen, darum strafe auch ich euch mit
Verachtung; ihr sollt in Schande dastehen vor dem
ganzen Volk.«

Unerlaubte Ehen und Ehescheidungen

10 Haben wir nicht alle denselben Vater? Hat nicht
der eine Gott uns alle geschaffen? Warum handeln
wir dann treulos aneinander und entweihen so
den Bund*, den Gott mit unseren Vorfahren
geschlossen hat?

11 In Jerusalem und im ganzen Land ist Abscheuli-
ches geschehen: Männer von Juda haben Gott die
Treue gebrochen, sie haben Frauen geheiratet, die
fremde Götter verehren, und haben damit den Tem-
pel* des HERRN entweiht, den er liebt. 12 Wer so
etwas tut, dessen Nachkommen sollen aus dem Volk
Jakobs ausgerottet werden; er soll keine Söhne
haben, die ihm beistehen und für ihn eintreten
und dem HERRN, dem Herrscher der Welt, Opfer*
darbringen.

13 Aber noch etwas Zweites muss ich euch vor-
halten:

Ihr überschwemmt den Altar des HERRN mit Trä-
nen, ihr weint und schluchzt, weil der HERR eure
Opfer nicht annimmt und euch nicht hilft.

14 Und dann fragt ihr: »Warum das?«

Weil der HERR als Zeuge und Richter gegen euch
auftritt![c] Ihr habt eurer ersten Frau die Treue gebro-
chen, obwohl sie zu eurem eigenen Volk gehört,
dem Volk, mit dem der HERR seinen Bund geschlos-
sen hat. 15 Das tut keiner, in dem noch etwas von
der Gesinnung dieses Bundes lebt. Denn solch einem
Menschen liegt alles daran, Nachkommen hervorzu-
bringen, die zum Volk Gottes gehören.[d] Darum
hütet euch vor eigensüchtiger Gesinnung und ver-
stoßt nicht eure erste Frau!

16 Der HERR, der Gott Israels, der Herrscher der
Welt, sagt: »Ich hasse es, wenn einer seine Frau ver-
stößt. Wer so etwas tut, begeht ein Verbrechen.«[e]
Lasst euch also warnen! Keiner verstoße seine
Frau!

Gott sorgt bestimmt für Recht!

17 Hört, ihr werdet dem HERRN lästig mit eurem Gere-
de! Ihr fragt: »Mit was für einem Gerede?« Nun, ihr
sagt: »Jeder, der Böses tut, ist gut in den Augen des
HERRN, an solchen Leuten hat er Gefallen. Wo bleibt
er denn? Warum sorgt er nicht für Recht?«[f]

3 Dazu sagt der HERR, der Herrscher der Welt:[g]
»Gebt Acht! Ich sende meinen Boten, der mir
den Weg bahnen soll. Der Engel* meines Bundes,
nach dem ihr ausschaut, ist schon unterwegs.[h] Dann
werde ich, der Herr, auf den ihr wartet, ganz plötz-
lich in meinem Tempel* Einzug halten.«

2 Doch wer wird den Tag überleben, an dem der
HERR kommt? Wer kann vor dem HERRN bestehen,
wenn er erscheint? Er ist wie das Feuer im Schmelz-
ofen und wie die Lauge im Waschtrog. 3 Er macht es
wie einer, der Silber erhitzt, um Verunreinigungen
auszuschmelzen. Er reinigt die Nachkommen von
Levi, wie Gold oder Silber durchs Feuer gereinigt
wird, damit sie seinen Opferdienst recht versehen.
4 Dann werden die Opfer, die in Juda und Jerusalem
dargebracht werden, dem HERRN Freude machen
wie einst in alten Zeiten.

a Wörtlich *der HERR Zebaot**; entsprechend in den Versen 4, 7, 8, 12, 16.
b Vgl. 1,7-8.12-13; Lev 10,10-11.
c Es ist nicht deutlich, ob dies im Zusammenhang mit den zuvor getadelten »Mischehen« geschah (zu diesen vgl. Esra 9,2; Neh 13,23).
d *Das tut keiner …:* Deutung unsicher.
e Wörtlich *bedeckt sein Gewand mit Gewalt.* Das widerspricht der Regelung von Dtn 24,1 und nimmt die Stellung Jesu zur Ehescheidung vorweg (Mk 10,2-12).
f Dieselbe Frage wie in 1,2 (vgl. auch 3,13-15). Sie wird im Alten Testament immer von neuem laut (Ps 14,1 und Vergleichsstellen) und gewinnt in der Spätzeit zunehmend an Gewicht (vgl. Weish 2).
g Wörtlich *der HERR Zebaot**; entsprechend in den Versen 5, 7, 10, 11, 14, 17, 19, 21.
h Wer dies ist, wird hier nicht gesagt (vgl. Jes 40,3); siehe aber die Verse 23-24 und Vergleichsstellen dazu.

1,14 Lev 22,17-25 **2,2-6** Dtn 33,8-11 **2,4** Num 25,12-13 **2,5** Dtn 18,1-8 **2,7** Hos 4,4-6 **2,10** 1,6; Ijob 31,15; Eph 4,6 **2,11** Esra 9,1-2 S **2,16** Dtn 24,1; Mk 10,2-12 par **2,17** 3,13-14; Jes 40,27 **3,1** Mk 1,2 par; Lk 1,17.76 **3,2** 3,23-24 **3,3** Jes 48,10 S

5 Der HERR, der Herrscher der Welt, sagt: »Ich
komme zum Gericht und werde kurzen Prozess
machen mit allen, die mich nicht ehren: mit Zaube-
rern, Ehebrechern und Meineidigen, mit denen, die
ihren Arbeitern den Lohn vorenthalten, Witwen
und Waisen übervorteilen und den Fremden, die
bei euch leben, ihr Recht verweigern.«

Gott die Ehre geben macht nicht arm

6 »Nein, ich habe mich nicht geändert«, sagt der
HERR, »aber ihr habt euch auch nicht geändert. Ihr
seid immer noch die echten Söhne eures Stamm-
vaters Jakob![a] 7 Wie alle eure Vorfahren habt ihr
mir nicht gehorcht und meine Gebote nicht be-
folgt. Kehrt um zu mir, dann will auch ich zu euch
umkehren und euch helfen, ich, der HERR, der Herr-
scher der Welt.

Ihr fragt: ›Wovon sollen wir denn umkehren?‹
8 Nun, ist es in Ordnung, dass der Mensch Gott
beraubt? Ihr aber beraubt mich und fragt auch noch:
›Wo haben wir dich beraubt?‹ Ihr habt mir den
Zehnten* von euren Ernteerträgen und den Priester-
anteil der Opfer* nicht ordnungsgemäß übergeben.[b]
9 Ein Fluch liegt auf euch, weil das ganze Volk mich
betrügt.

10 Bringt den zehnten Teil eurer Erträge unver-
kürzt zu meinem Tempel*, damit meine Priester
nicht Hunger leiden. Habt keine Sorge, dass ihr dann
selber in Not kommt! Stellt mich auf die Probe«, sagt
der HERR, der Herrscher der Welt, »macht den Ver-
such, ob ich dann nicht die Fenster des Himmels
öffne und euch mit Segen überschütte! 11 Ich werde
auch die Schädlinge von euren Feldern und Wein-
bergen fern halten, damit sie die Ernte nicht verder-
ben. Das sage ich, der Herrscher der Welt! 12 Dann
werden euch alle Völker glücklich preisen, weil ihr
in einem so fruchtbaren Land wohnt.«

Treue findet zuletzt ihren Lohn

13 Der HERR sagt: »Was ihr da über mich redet, geht zu
weit! Ihr fragt: ›Was sagen wir denn über dich?‹ 14 Ihr
sagt doch: ›Es ist ganz vergeblich, dass wir Gott die
Treue halten. Was haben wir davon, dass wir seine
Gebote genau befolgen und uns in Demut vor ihm,
dem Herrscher der Welt, beugen? 15 Wir preisen die
Menschen glücklich, die sich frech und stolz gegen
den HERRN erheben! So böse sie sind, immer geht
es ihnen gut. Sie fordern Gott heraus, aber sie müs-
sen es nicht büßen.‹«

16 Der HERR hat aufmerksam zugehört, als die
Menschen, die ihm treu geblieben waren, so unter-
einander redeten. Er hat die Namen aller, die ihn
ernst nehmen und ehren, in ein Buch schreiben las-
sen, damit sie vor ihm in Erinnerung bleiben. 17 Und
er, der Herrscher der Welt, hat gesagt:

»An dem Tag, an dem ich eingreife, wird es sich
erweisen, dass sie mein persönliches Eigentum sind.
Ich werde sie verschonen wie ein Vater seinen
gehorsamen Sohn. 18 Dann werdet ihr wieder den
Unterschied sehen zwischen Bösen und Guten und
ihr werdet erleben, was es ausmacht, ob jemand
Gott gehorcht oder nicht. 19 Denn es kommt der
Tag, an dem mein Zorn wie loderndes Feuer brennt.
Dann werden alle Bösen, die mich voll Übermut ver-
achten, dahingerafft wie Stroh, das vom Feuer ver-
zehrt wird. Nichts bleibt von ihnen übrig, weder
Wurzeln noch Zweige. Das sage ich, der HERR, der
Herrscher der Welt.

20 Für euch aber, die ihr mir treu gewesen seid,
wird an diesem Tag die Sonne aufgehen. Sie wird
euer Recht an den Tag bringen und alle Wunden hei-
len.[c] Ihr werdet Freudensprünge machen wie Käl-
ber, die aus dem engen Stall auf die Weide gelassen

Maleachi schaut den kommenden Tag des Herrn – den Tag, an dem alles geprüft und gewogen wird. »Für euch aber, die ihr mir treu gewesen seid, wird an diesem Tag die Sonne aufgehen. Sie wird euer Recht an den Tag bringen und alle Wunden heilen.« (3,20)

a Zu *Jakob* vgl. Hos 12,4-7.13-14 und Vergleichsstellen zu Hos 12,4.
b Siehe die Vorschriften in Num 18,21-32 und 18,8-19. Der Gedankengang im Folgenden entspricht genau dem in Hag 1,5-8.
c *wird an diesem Tag ...:* wörtlich *wird die Sonne der Gerechtigkeit aufgehen und Heilung an ihren Flügeln.*

3,5 Lev 19,13S **3,6** Sach 1,2-3 **3,8** Num 18,8-10S; 18,21S; Neh 13,10 **3,9-11** Hag 1,5-8 **3,12** Jes 61,9 **3,14-15** 2,17; Ps 73,1-28S **3,16** Ex 32,32S; Jes 4,3; Dan 7,10; 12,1 **3,17** Ps 103,13; Ex 4,22S **3,18** Ps 1,1-6S **3,19-21** Joël 4,14-16S

a Wahrscheinlich steht der hier vorausgesetzte Generationenkonflikt in Zusammenhang mit dem Eindringen hellenistischer Kultur in Palästina (vgl. 1 Makk 1,11-15; 2 Makk 4,10-15). Elija setzt demnach das Gesetz Moses wieder in Kraft (Vers 22), aber nicht durch Zwang. Er kann von Gott gesandt werden, weil er einst nicht gestorben, sondern lebend in den Himmel aufgenommen worden ist (2 Kön 2,11). Das Neue Testament sieht im Täufer Johannes den wiedergekommenen Elija (Lk 1,17; Mt 11,14; 17,11-13).
b *Er wird beide …:* verdeutlichender Zusatz.

werden. 21 Dann werdet ihr alle zertreten, die sich gegen mich aufgelehnt haben. So mächtig sie jetzt sind, sie werden wie Staub unter euren Füßen sein an dem Tag, den ich herbeiführe.«

Das sagt der HERR, der Herrscher der Welt.

Gesetz und Propheten – eine Einheit

22 Der HERR sagt: »Denkt an das Gesetz* Moses, meines Bevollmächtigten*! Befolgt die Gebote und Ordnungen, die ich ihm am Berg Sinai* für das ganze Volk Israel gegeben habe!

23 Ich sende euch den Propheten* Elija, bevor der große und schreckliche Tag kommt, an dem ich, der HERR, Gericht halte. 24 Er wird das Herz der Eltern den Kindern zuwenden und das Herz der Kinder den Eltern.[a] Er wird beide miteinander versöhnen,[b] damit ich nicht das ganze Volk vernichten muss, wenn ich komme.«

3,20 Jes 60,1; Ps 36,10 **3,22** Dtn 4,10-14 **3,23-24** Sir 48,10-11 **3,23** Jes 2,11-21 S **3,24** Lk 1,17

Neues Testament: Die vier Evangelien und die Apostelgeschichte

Matthäus
Markus
Lukas
Johannes
Apostelgeschichte

Die Evangelien berichten von Jesus, dem »Sohn des Zimmermanns« (Mt 13,55).

Die vier Evangelien und die Apostelgeschichte

Was wir von Jesus wissen, beruht fast ausschließlich auf den Berichten der vier Evangelien nach Matthäus, Markus, Lukas und Johannes. Außerbiblisch wird Jesus nur beiläufig erwähnt bei den römischen Schriftstellern Tacitus, Plinius und Sueton und bei dem jüdischen Geschichtsschreiber Flavius Josephus. In der rabbinischen Literatur sind einige jüdische Traditionen über Jesus aufbewahrt. Sie spiegeln aber schon deutlich die Phase der Entfremdung zwischen Judentum und jungem Christentum und sind von entsprechend polemischer Art. Es gab auch noch weitere »Evangelien«, die Worte Jesu und Geschichten aus seiner Kindheit überliefern. Sie sind jedoch viel später entstanden als die vier oben genannten und wurden von den alten Christen mit diesen nie auf eine Stufe gestellt.

Die drei synoptischen Evangelien

Die Evangelien nach Matthäus, Markus und Lukas stimmen weitgehend überein, sodass man sie gern nebeneinander legt und miteinander vergleicht (Synopse = Zusammenschau). Unterschiede sind dadurch bedingt, dass dem einen Evangelisten mehr Quellen zur Verfügung standen als dem anderen. Sie sind auch dadurch bedingt, dass verschiedene Adressatenkreise eine unterschiedliche Auswahl und Akzentsetzung erforderlich machten. Die Evangelisten sind nicht unbeteiligte Berichterstatter, sondern gläubige, engagierte Verkündiger, die nicht zuletzt den Glaubensstandpunkt ihrer Gemeinden bezeugen und andere zum Glauben einladen oder im Glauben bestärken wollen.

Die Gute Nachricht gilt allen Menschen. Jesus sprach mit den einfachen Leuten auf dem Markt. Was er zu sagen hatte, veranschaulicht er oft durch Beispiele und Bilder aus dem Alltag der Bauern und Hirten. Seine engsten Begleiter waren Fischer. Das Bild rechts wurde in Hebron (Israel) aufgenommen.

Matthäus

Matthäus setzt sich mit dem Judentum seiner Zeit auseinander. Er stellt heraus, dass Jesus der im Alten Testament verheißene Messias und Davidssohn ist und dass das Gesetz Moses und alles, was die Propheten angekündigt haben, durch ihn seine Erfüllung und Vollendung gefunden hat. Jesus hat sich ausschließlich Israel zugewandt. Seine Ablehnung durch Israel jedoch hat zur Folge, dass nunmehr Menschen aus allen Völkern berufen werden, das Gottesvolk der Endzeit zu sein.

Markus

Das Markus-Evangelium ist mit seinen 16 Kapiteln (Mt: 28; Lk: 24) das kürzeste unter den drei synoptischen Evangelien. Es enthält viel weniger von dem, was Jesus *lehrte,* schildert dafür aber die *Taten* Jesu ausführlicher und lebendiger als die anderen. Einer wundersüchtigen und wundergläubigen Umwelt will der Evangelist zeigen, dass Jesus durch seine Wunder Besessenheit, Krankheit und Tod überwunden hat, dass solche Heilungen – und solches Heil – allerdings von einem Sohn Gottes kommen, der sich im Gehorsam gegen Gott auf dem Weg ans Kreuz befindet (Mk 10,45).

Lukas

Lukas weiß sich den Gebildeten der hellenistisch-römischen Welt verpflichtet. Er geht seine Aufgabe im Sinn antiker Geschichtsschreibung an und stellt das Auftreten Jesu in den Zusammenhang der weltgeschichtlichen Ereignisse seiner Zeit. Er unterstreicht die Armut und Anspruchslosigkeit, in der Jesus lebte und die er von seinen Jüngern fordert. Er stellt heraus, wie gerade verachtete Gruppen der Gesellschaft und schuldig gewordene Menschen die Zuwendung Jesu erfuhren. Er spricht mehr als die beiden anderen Evangelisten von der Freude, die das Kommen Jesu auslöste, und von dem Frieden, den er der Welt bringt. Lukas hat seinem Evangelium ein zweites Werk, die Apostelgeschichte, folgen lassen.

Johannes

Das Johannes-Evangelium unterscheidet sich erheblich von den drei anderen, älteren, Evangelien. Wie diese überliefert es Worte und Taten Jesu, doch ist es vor allem geprägt von den langen Reden, in denen Jesus den tiefen Heilssinn seines Redens und Tuns, ja seines Gekommenseins in diese Welt entfaltet. Dabei spielen Worte wie Licht, Leben, Weg, Hirt, Weinstock eine wichtige Rolle, die damals in bestimmten Kreisen zum Inbegriff religiöser Sehnsucht geworden waren. Gleich am Anfang des Evangeliums wird Jesus als »Das Wort« vorgestellt, durch das Gott die Welt schuf, das nun ein Mensch wurde und unter uns Wohnung nahm.

Apostelgeschichte

In der Apostelgeschichte zeichnet Lukas den Weg nach, den die Jesusbotschaft nahm, bis sie in der Welthauptstadt Rom anlangte. Er schildert Gründung und Wachstum der Jerusalemer Urgemeinde, die Mission in Judäa und Samarien, den Durchbruch zur Missionierung auch der nichtjüdischen Völker, die Missionsreisen, die Paulus im Dienst der ersten nichtjüdischen Gemeinde von Antiochia und dann auch selbstständig unternahm. Schließlich schildert er, wie Paulus verhaftet und als Gefangener nach Rom gebracht wurde, dort aber noch geraume Zeit ungehindert wirken konnte.

MATTHÄUS

Der Stammbaum, mit dem das Matthäus-Evangelium beginnt (1,1-17), sagt nicht nur etwas über die Herkunft Jesu, sondern verkündet zugleich dessen Anspruch: Er ist der von Gott versprochene Retter aus der Nachkommenschaft König Davids; in ihm vollendet sich die Geschichte Israels.

Jesus erscheint im Matthäus-Evangelium als der große Lehrer, der den Willen Gottes, wie er im Gesetz Moses niedergelegt ist, erst richtig aufdeckt und endgültig in Kraft setzt (Kap 5–7). Doch nicht minder ist er der Retter der Notleidenden, der sich der kranken, der dämonisch besessenen und der hungernden Menschen annimmt (Kap 8–9; 15,29-39). Das Gesetz Moses und alles, was die Propheten gesagt haben, ist in ihm zur Vollendung gekommen (1,22; 4,14 u.ö.; 5,17).

Jesus wusste sich ausschließlich zu Israel gesandt (10,5-6; 15,24), wurde jedoch von seinem Volk nicht anerkannt. Das tiefe Vertrauen, das ihm andererseits von Nichtjuden entgegengebracht wurde, bewegte ihn dazu, die Schranken zwischen dem erwählten Volk und den anderen Völkern zu durchbrechen (8,5-13; 15,21-28).

Aufgrund des Todes, den Jesus auf Betreiben seines eigenen Volkes erleidet (27,24-26), und seiner Auferstehung vom Tod kommt es schließlich zur Sammlung eines neuen Gottesvolkes aus allen Völkern der Welt (21,37-44; 28,18-19). Diesem Volk ist aufgetragen, alles zu befolgen, was Jesus gesagt hat (28,20), und Salz und Licht für die Welt zu sein (5,13-16).

Das Matthäus-Evangelium nahm unter den Evangelien stets den ersten Platz ein; lange Zeit galt es selbstverständlich als das älteste, und auch heute vertreten manche Ausleger noch diese Auffassung. Doch spricht vieles dafür, dass dem Evangelisten das Markus-Evangelium bereits vorlag und er darüber hinaus eine weitere schriftliche Quelle verwenden konnte, eine Sammlung von Jesusworten, deren Benutzung sich auch im Lukas-Evangelium nachweisen lässt.

Neben den Überlieferungen, die das Matthäus-Evangelium mit dem Markus- und Lukas-Evangelium gemeinsam hat, findet sich in ihm auch manches, was nur hier erhalten ist – darunter z.B. das Gleichnis vom Unkraut unter dem Weizen (13,24-30) oder die wichtigen Worte 16,17-19; 18,18.

Eine besondere Gabe des Matthäus-Evangelisten ist es, die verschiedenen Überlieferungen unter sachlichen Gesichtspunkten zu ordnen. So bietet er den größten Teil der Worte Jesu in großen Reden, deren bekannteste die Bergpredigt, Kap 5–7, ist (siehe ferner Kap 10; 13; 18; 23; 24–25).

Der Verfasser des Evangeliums nennt sich an keiner Stelle selbst. Die altkirchliche Überlieferung schreibt das Werk Matthäus, einem Mitglied des Zwölferkreises (vgl. 10,3), zu, der im Matthäus-Evangelium mit Levi, dem Zolleinnehmer von Kafarnaum, identifiziert wird (vgl. 9,9 mit Markus 2,14).

Inhaltsübersicht

HERKUNFT, GEBURT UND VORGESCHICHTE DES AUFTRETENS VON JESUS (1,1–4,22)

Jesus – Ziel und Erfüllung der Geschichte Israels

(Lk 3,23-38)

1 Dieses Buch berichtet über die Herkunft und Geschichte von Jesus Christus, dem Nachkommen Davids und Nachkommen Abrahams.[a]

2 Abraham zeugte Isaak.
Isaak zeugte Jakob.
Jakob zeugte Juda und seine Brüder.
3 Juda zeugte Perez und Serach;
die Mutter war Tamar.
Perez zeugte Hezron.
Hezron zeugte Ram.
4 Ram zeugte Amminadab.
Amminadab zeugte Nachschon.
Nachschon zeugte Salmon.
5 Salmon zeugte Boas;
die Mutter war Rahab.
Boas zeugte Obed;
die Mutter war Rut.
Obed zeugte Isai.
6 Isai zeugte den König David.

David zeugte Salomo;
die Mutter war die Frau Urijas.
7 Salomo zeugte Rehabeam.
Rehabeam zeugte Abija.
Abija zeugte Asa.
8 Asa zeugte Joschafat.
Joschafat zeugte Joram.
Joram zeugte Usija.
9 Usija zeugte Jotam.
Jotam zeugte Ahas.
Ahas zeugte Hiskija.
10 Hiskija zeugte Manasse.
Manasse zeugte Amon.
Amon zeugte Joschija.
11 Joschija zeugte Jojachin und seine Brüder.
Das war zu der Zeit, als die Bevölkerung von Jerusalem und Juda nach Babylonien in die Verbannung* weggeführt wurde.

12 Nach der Wegführung zeugte Jojachin Schealtiël.
Schealtiël zeugte Serubbabel.
13 Serubbabel zeugte Abihud.
Abihud zeugte Eljakim.
Eljakim zeugte Azor.
14 Azor zeugte Zadok.
Zadok zeugte Achim.
Achim zeugte Eliud.
15 Eliud zeugte Eleasar.
Eleasar zeugte Mattan.
Mattan zeugte Jakob.
16 Jakob zeugte Josef, den Mann von Maria.
Sie wurde die Mutter von Jesus, der Christus* genannt wird.[b]

17 Zusammengerechnet sind es vierzehn Generationen von Abraham bis David, vierzehn weitere von David bis zur Wegführung nach Babylonien und noch einmal vierzehn von dieser Zeit bis zu Christus.

Jesus – Gottessohn und Davidssohn

18 Mit der Zeugung von Jesus Christus verhielt es sich so: Seine Mutter Maria war mit Josef schon rechtsgültig verheiratet,[c] aber sie hatten die Ehe noch nicht vollzogen. Da stellte sich heraus, dass Maria ein Kind erwartete – durch die Wirkung des Heiligen Geistes*. 19 Josef, ihr Mann, war großmütig[d] und wollte sie nicht vor Gericht bringen. Deshalb hatte er vor, sich stillschweigend von ihr zu trennen.

20 Während er noch hin und her überlegte, erschien ihm im Traum der Engel* des Herrn und sagte zu ihm: »Josef, du Nachkomme Davids*, scheue dich nicht, Maria, deine Frau, zu dir zu nehmen! Denn das Kind, das sie erwartet, kommt vom Geist Gottes. 21 Sie wird einen Sohn zur Welt bringen; den sollst du Jesus nennen. Denn er wird sein Volk von aller Schuld befreien.«[e]

22 Dies alles geschah, damit in Erfüllung ging, was der Herr durch den Propheten* angekündigt hatte:[f] 23 »Die Jungfrau wird schwanger werden und einen Sohn zur Welt bringen, den werden sie Immanuël nennen.« Der Name bedeutet: »Gott steht uns bei«.

24 Als Josef erwachte, tat er, was der Engel des Herrn ihm befohlen hatte, und nahm seine Frau zu sich. 25 Er hatte aber keinen ehelichen Verkehr mit ihr, bis sie ihren Sohn geboren hatte. Und er gab ihm den Namen Jesus.

Jesus – von den Völkern erwartet und als König begrüßt

2 Jesus wurde in Betlehem in Judäa* geboren, zur Zeit, als König Herodes[g] das Land regierte. Bald nach seiner Geburt kamen Sterndeuter* aus dem Osten nach Jerusalem 2 und fragten: »Wo finden wir den neugeborenen König der Juden? Wir haben seinen Stern[h] aufgehen sehen und sind gekommen, um uns vor ihm niederzuwerfen.«

3 Als König Herodes das hörte, erschrak er und mit ihm ganz Jerusalem. 4 Er ließ alle führenden Priester* und Gesetzeslehrer* im Volk Gottes zu sich kommen und fragte sie: »Wo soll der versprochene Retter[i] geboren werden?«

a Wörtlich *Buch der Entstehung/Abstammung von Jesus Christus, dem Sohn Davids*, dem Sohn Abrahams**. Vers 1 bezieht sich zunächst auf den Abschnitt 1,2-25, dient aber zugleich als Überschrift für das ganze Buch »Die Gute Nachricht nach Matthäus«. Zu den Versen 2-17 siehe auch Sacherklärung »Stammbaum von Jesus«.
b In welchem Verhältnis Josef zu Jesus steht, wird in den Versen 18-25 ausgeführt: Er nimmt Jesus als sein Kind an und damit in die Nachkommenschaft Davids auf.
c *rechtsgültig verheiratet:* wörtlich *verlobt**.
d Wörtlich *gerecht*. Der Begriff schließt Verantwortung für den Mitmenschen, Liebe und Barmherzigkeit ein; siehe Sacherklärung »Gerechtigkeit«.
e Zur Bedeutung des Namens *Jesus* siehe die Sacherklärung.
f Unter Voranstellung dieses oder eines ähnlichen Satzes wird Matthäus immer wieder alttestamentliche Stellen zitieren, die er in Jesus Christus erfüllt sieht (›Erfüllungszitate‹; vgl. 2,15-18.23; 4,15-16; 8,17; 12,18-21; 13,35; 21,5; 27,9-10).
g Siehe Sacherklärung »Herodes (1)«.
h Zu diesem ›Stern‹ vgl. Num 24,17. Gleich zu Beginn wird sichtbar, dass der versprochene Retter von Menschen fremder Völker erkannt und anerkannt wird, im eigenen Volk aber Ablehnung und tödliche Feindschaft hervorruft (vgl. 8,10-11; 28,19).
i Wörtlich *der Christus**.

1,1 Apg 13,23; Röm 1,3-4; 2Tim 2,8; Mt 20,30-31 S **1,2** Gen 21,2-3; 25,26; 29,32–30,24 **1,3-6a** Rut 4,18-22 **1,3** Gen 38,29-30 **1,6b** 2Sam 12,24 **1,7-12** 1Chr 3,10-19 **1,11** 2Kön 24,8-16 **1,12** Hag 1,1 S **1,16** Lk 1,27 **1,18** Lk 1,35 **1,21** Lk 1,31 S; Apg 4,12; Ps 130,8 **1,23** *nach* Jes 7,14 **2,1** Lk 2,4-7 **2,2** 27,11 S

5 Sie antworteten: »In Betlehem in Judäa. Denn so hat der Prophet* geschrieben: 6 ›Du Betlehem im Land Juda! Du bist keineswegs die unbedeutendste unter den führenden Städten in Juda, denn aus dir wird der Herrscher kommen, der mein Volk Israel schützen und leiten soll.‹«
7 Daraufhin rief Herodes die Sterndeuter heimlich zu sich und fragte sie aus, wann sie den Stern zum ersten Mal gesehen hätten. 8 Dann schickte er sie nach Betlehem und sagte: »Geht und erkundigt euch genau nach dem Kind, und wenn ihr es gefunden habt, gebt mir Nachricht! Dann will ich auch hingehen und mich vor ihm niederwerfen.«
9 Nachdem sie vom König diesen Bescheid erhalten hatten, machten sich die Sterndeuter auf den Weg. Und der Stern, den sie schon bei seinem Aufgehen beobachtet hatten, ging ihnen voraus. Genau über der Stelle, wo das Kind war, blieb er stehen.
10 Als sie den Stern sahen, kam eine große Freude über sie. 11 Sie gingen in das Haus und fanden das Kind mit seiner Mutter Maria. Da warfen sie sich vor ihm zu Boden und ehrten es als König. Dann holten sie die Schätze hervor, die sie mitgebracht hatten, und legten sie vor ihm nieder: Gold, Weihrauch* und Myrrhe*.
12 In einem Traum befahl ihnen Gott, nicht wieder zu Herodes zu gehen. So zogen sie auf einem anderen Weg in ihr Land zurück.

Jesus – wie einst das Volk Israel Flüchtling in Ägypten

13 Nachdem die Sterndeuter* wieder gegangen waren, erschien dem Josef im Traum der Engel* des Herrn und sagte: »Steh auf, nimm das Kind und seine Mutter und flieh nach Ägypten! Bleib dort, bis ich dir sage, dass du wieder zurückkommen kannst. Herodes wird nämlich das Kind suchen, weil er es umbringen will.«
14 Da stand Josef auf, mitten in der Nacht, nahm das Kind und seine Mutter und floh mit ihnen nach Ägypten. 15 Dort lebten sie bis zum Tod von Herodes.
So sollte in Erfüllung gehen, was der Herr durch den Propheten* angekündigt hatte: »Aus Ägypten habe ich meinen Sohn gerufen.«[a]

Jesus – wie Mose dem Kindermord entkommen[b]

16 Als Herodes merkte, dass die Sterndeuter* ihn hintergangen hatten, wurde er sehr zornig. Er befahl, in Betlehem und Umgebung alle kleinen Jungen bis zu zwei Jahren zu töten. Das entsprach der Zeitspanne, die er aus den Angaben der Sterndeuter entnommen hatte.[c]
17 So sollte in Erfüllung gehen, was Gott durch den Propheten Jeremia angekündigt hatte: 18 »In Rama hört man Klagerufe und bitteres Weinen: Rahel

a Hosea spricht an der hier zitierten Stelle (Hos 11,1) von Israel und dessen Herausführung aus Ägypten. Für Matthäus jedoch tritt erst in Jesus Christus voll in Erscheinung, was ›Israel‹ eigentlich ist und sein soll.
b Vgl. Ex 1,22–2,10.
c Jesus ergeht es nicht anders als Mose. Nach einer jüdischen Überlieferung war auch der Kindermord in Ägypten (Ex 1,15-22) *verursacht* durch die Nachricht von der Geburt Moses und zielte auf dessen Leben.

»Sterndeuter aus dem Osten …«: Erst der Volksglaube hat sie zu »Königen« gemacht und ihre Zahl auf drei festgelegt. Das Erste dürfte durch Psalm 72,10.15 und Jesaja 60,3.6, das Zweite durch die Dreizahl der Geschenke bedingt sein. Seit dem 6. Jahrhundert kennt man auch die Namen: Kaspar, Melchior, Baltasar.

2,6 *nach* Mi 5,1 *und* 2 Sam 5,2; Joh 7,42 **2,11** Ps 72,10.15; Jes 60,6 **2,13** Ex 2,15 **2,15** *nach* Hos 11,1 **2,16** Ex 1,15-22 **2,18** *zit* Jer 31,15-16

weint um ihre Kinder und will sich nicht trösten lassen; denn sie sind nicht mehr da.«[a]

Jesus – der Nazoräer*

19 Als Herodes gestorben war, erschien dem Josef in Ägypten der Engel* des Herrn im Traum 20 und sagte: »Steh auf, nimm das Kind und seine Mutter und kehre in das Land Israel zurück; denn alle, die das Kind umbringen wollten, sind gestorben.«

21 Da stand Josef auf, nahm das Kind und seine Mutter und kehrte nach Israel zurück.

22 Unterwegs erfuhr Josef, dass in Judäa* Archelaus als Nachfolger seines Vaters Herodes König geworden war.[b] Da bekam er Angst, dorthin zu ziehen. Im Traum erhielt er eine neue Weisung und zog daraufhin nach Galiläa*. 23 Er kam in die Stadt Nazaret und ließ sich dort nieder.

So sollte in Erfüllung gehen, was Gott durch die Propheten angekündigt hatte: Der versprochene Retter wird Nazoräer genannt werden.[c]

Johannes der Täufer tritt auf

(Mk 1,2-6; Lk 3,1-6; Joh 1,19-23)

3 Damals trat der Täufer* Johannes in der Wüste von Judäa* auf und verkündete: 2 »Ändert euer Leben![d] Gott wird jetzt seine Herrschaft aufrichten und sein Werk vollenden!«[e]

3 Diesen Johannes hatte Gott schon durch den Propheten Jesaja angekündigt, der gesagt hat: »In der Wüste ruft einer: ›Macht den Weg bereit, auf dem der Herr kommt! Ebnet ihm die Straßen!‹«

4 Johannes trug ein Gewand aus Kamelhaaren und um die Hüften einen Ledergurt.[f] Seine Nahrung bestand aus Heuschrecken und Honig von wilden Bienen.[g] 5 Die Leute aus Jerusalem, aus ganz Judäa und der ganzen Jordangegend kamen zu ihm, 6 bekannten öffentlich ihre Sünden und ließen sich von ihm im Jordan taufen.

Der Täufer fordert zur Umkehr auf

(Lk 3,7-9)

7 Auch viele Pharisäer* und Sadduzäer* kamen, um sich von Johannes taufen zu lassen. Zu ihnen sagte er: »Ihr Schlangenbrut, wer hat euch gesagt, dass ihr dem bevorstehenden Gericht Gottes entgeht? 8 Zeigt durch euer Leben, dass ihr euch wirklich ändern wollt![h]

9 Ihr bildet euch ein, dass euch nichts geschehen kann, weil Abraham* euer Stammvater ist. Aber das sage ich euch: Gott kann Abraham aus diesen Steinen hier neue Nachkommen schaffen!

10 Die Axt ist schon angelegt, um die Bäume an der Wurzel abzuschlagen. Jeder Baum, der keine guten Früchte bringt, wird umgehauen und ins Feuer geworfen.«

Der Täufer weist auf Christus hin

(Mk 1,7-8; Lk 3,15-18; Joh 1,24-28)

11 Johannes sagte auch: »Ich taufe euch mit Wasser, damit ihr euer Leben ändert.[h] Aber der, der nach mir kommt, ist mächtiger als ich. Ich bin nicht einmal gut genug, ihm die Schuhe auszuziehen. Er wird euch mit dem Heiligen Geist* und mit dem Feuer des Gerichts taufen.[i]

12 Er hat die Worfschaufel* in seiner Hand. Er wird die Spreu vom Weizen scheiden und seinen Weizen in die Scheune bringen. Die Spreu wird er in einem Feuer verbrennen, das nie mehr ausgeht.«

Jesus lässt sich von Johannes taufen

(Mk 1,9-11; Lk 3,21-22; Joh 1,32-34)

13 Um diese Zeit kam Jesus von Galiläa* her an den Jordan, um sich von Johannes taufen zu lassen. 14 Johannes versuchte, ihn davon abzubringen, und sagte: »Ich müsste von *dir* getauft werden und du kommst zu mir?«

15 Aber Jesus antwortete: »Zögere nicht, mich zu taufen! Das ist es, was wir jetzt tun müssen. So eröffnen wir den Weg, auf dem der Wille Gottes ohne Abstriche erfüllt wird.«[j]

Da gab Johannes nach.

16 Sobald Jesus getauft war, stieg er aus dem Wasser. Da öffnete sich der Himmel, und er sah den Geist* Gottes wie eine Taube auf sich herabkommen. 17 Und eine Stimme aus dem Himmel sagte: »Dies ist mein Sohn*, ihm gilt meine Liebe, ihn habe ich erwählt.«[k]

Jesus wird auf die Probe gestellt

(Mk 1,12-13; Lk 4,1-13)

4 Danach führte der Geist* Gottes Jesus in die Wüste, wo er vom Teufel auf die Probe gestellt werden sollte.

2 Nachdem er vierzig Tage und Nächte gefastet* hatte, war er hungrig. 3 Da trat der Versucher an ihn heran und sagte: »Wenn du Gottes Sohn* bist, dann befiehl doch, dass die Steine hier zu Brot werden!«

4 Jesus antwortete: »In den Heiligen Schriften* steht: ›Der Mensch lebt nicht nur von Brot; er lebt von jedem Wort, das Gott spricht.‹«

5 Darauf führte der Teufel ihn in die Heilige Stadt*, stellte ihn auf den höchsten Punkt des Tempels* 6 und sagte: »Wenn du Gottes Sohn bist, dann spring doch hinunter; denn in den Heiligen Schriften

a Siehe Sacherklärung »Rahelgrab«.
b *Archelaus* führte nicht den Königstitel; das Reich von Herodes war unter seine Söhne aufgeteilt worden; siehe Sacherklärung »Herodes (2) bis (4)«.
c Ein Prophetenwort mit diesem Wortlaut ist nicht bekannt, siehe jedoch Sacherklärung »Nazoräer«.
d Siehe Sacherklärung »Umkehr«.
e *Gott wird jetzt …:* wörtlich *Die Königsherrschaft* der Himmel ist nahe herbeigekommen.*
f Die Kleidung des Täufers erinnert an die Propheten (vgl. Sach 13,4), speziell an Elija (2 Kön 1,8); siehe Sacherklärung »Elija« sowie Mt 11,14; 17,12.
g Die Nahrung armer Nomaden.
h Siehe Sacherklärung »Umkehr«.
i Siehe Sacherklärung »Täufer«.
j *Zögere nicht …:* wörtlich *Lass es sofort geschehen; denn so ist es geziemend für uns, alle Gerechtigkeit zu erfüllen.* Vgl. Sacherklärung »Taufe (2)«.
k Siehe Anmerkungen zu Mk 1,9.11.

2,20 Ex 4,19 **3,2** 4,17 S; Lk 3,3 **3,3** *nach* Jes 40,3 **3,4** 2 Kön 1,8 **3,7** 12,34; 23,33 **3,9** (Abraham) Lk 1,54-55 S; Joh 8,33.39; Röm 2,28-29 S; 4,12; 9,7 **3,10** 7,19 **3,11-12** 11,3; Dan 7,13-14 **3,11** Lk 3,16 S; Ps 51,9.12-14 S **3,15** 5,17 S; 28,19 S **3,16** (Himmel geöffnet) Jes 63,19; Ez 1,1-3; Joh 1,51; Apg 7,56; 10,11; Offb 4,1; 19,11 **3,17** Jes 42,1; Ps 2,7; Mt 12,18; 17,5 par; 21,37 par **4,1** Hebr 2,18; 4,15 **4,2** Ex 34,28; 1 Kön 19,8; Mt 6,16-17 S **4,4** *nach* Dtn 8,3; Joh 4,34 **4,6** *nach* Ps 91,11-12

steht: ›Deinetwegen wird Gott seine Engel* schicken und sie werden dich auf Händen tragen, damit du dich an keinem Stein stößt.‹«

7 Jesus antwortete: »In den Heiligen Schriften heißt es auch: ›Du sollst den Herrn, deinen Gott, nicht herausfordern.‹«

8 Zuletzt führte der Teufel Jesus auf einen sehr hohen Berg, zeigte ihm alle Reiche der Welt in ihrer Größe und Pracht 9 und sagte: »Dies alles will ich dir geben, wenn du dich vor mir niederwirfst und mich anbetest.«

10 Da sagte Jesus: »Weg mit dir, Satan*! In den Heiligen Schriften heißt es: ›Vor dem Herrn, deinem Gott, wirf dich nieder, ihn sollst du anbeten und niemand sonst.‹«[a]

11 Darauf ließ der Teufel von Jesus ab, und Engel kamen und versorgten ihn.

Jesus beginnt sein Wirken in Galiläa

(Mk 1,14-15; Lk 4,14-15)

12 Als Jesus hörte, dass man Johannes ins Gefängnis geworfen hatte,[b] zog er sich nach Galiläa* zurück. 13 Er blieb aber nicht in Nazaret, sondern nahm seinen Wohnsitz in Kafarnaum, einer Stadt am See Gennesaret*, im Gebiet der Stämme Sebulon und Naftali.

14 Das geschah, damit in Erfüllung ging, was Gott durch den Propheten Jesaja angekündigt hatte: 15 »Du Land von Sebulon und Naftali, am See gelegen und jenseits des Jordans, Galiläa der gottfernen Völker! 16 Das Volk, das im Dunkeln lebt, sieht ein großes Licht. Und für alle, die im finsteren Land des Todes wohnen, leuchtet ein Licht auf!«[c]

17 Von da an verkündete Jesus seine Botschaft: »Ändert euer Leben![d] Gott wird jetzt seine Herrschaft aufrichten und sein Werk vollenden!«[e]

Jesus beruft vier Fischer zu Jüngern

(Mk 1,16-20; Lk 5,1-11)

18 Als Jesus am See von Galiläa* entlangging, sah er zwei Brüder: Simon – bekannt unter dem Namen Petrus* – und Andreas. Sie warfen gerade ihr Netz aus, denn sie waren Fischer. 19 Jesus sagte zu ihnen: »Kommt, folgt mir! Ich mache euch zu Menschenfischern.« 20 Sofort ließen sie ihre Netze liegen und folgten ihm.

21 Als Jesus von dort weiterging, sah er zwei andere Brüder: Jakobus, den Sohn von Zebedäus, und seinen Bruder Johannes. Sie waren mit ihrem Vater im Boot und richteten die Netze her. Jesus rief sie, 22 und sofort verließen sie das Boot und ihren Vater und folgten ihm.

JESUS LEHRT: DIE BERGPREDIGT

(4,23–7,29)

Jesus lehrt und heilt, um ihn sammelt sich das Volk

(Mk 3,7-12; Lk 6,17-19)

23 Jesus zog durch ganz Galiläa*. Er lehrte in den Synagogen* und verkündete die Gute Nachricht*, dass Gott jetzt seine Herrschaft aufrichten und sein Werk vollenden wird.[f] Er heilte alle Krankheiten und Leiden im Volk. 24 Die Kunde von ihm verbreitete sich sogar in ganz Syrien.

Die Leute brachten alle zu Jesus, die an irgendwelchen Krankheiten oder Beschwerden litten, auch Besessene*, Epileptiker* und Gelähmte, und er machte sie gesund.

25 Große Menschenmengen aus Galiläa*, aus dem Gebiet der Zehn Städte*, aus Jerusalem und Judäa*

a Die Gottessohnschaft des versprochenen Retters erweist sich in seinem radikalen, selbstlosen Gottesgehorsam. Zu den Versen 8-9 vgl. als Gegenstück 28,16.18-20.
b Wörtlich *dass Johannes ausgeliefert worden war.* Durch das Wort *ausliefern* will Matthäus andeuten: Auch in dem Geschick, das der Täufer erleidet, ist er der Vorläufer von Jesus (vgl. 17,22; 20,18; 26,45 und 1 Kor 11,23) und von dessen Jüngern (vgl. 10,17.19.21; 24,9).
c Siehe Sacherklärung »Sebulon«.
d Siehe Sacherklärung »Umkehr«.
e *Gott wird jetzt ...:* wörtlich *Die Königsherrschaft* der Himmel ist nahe herbeigekommen.*
f *die Gute Nachricht, dass Gott ...:* wörtlich *die Gute Nachricht von der Königsherrschaft*.*

Vor seinem öffentlichen Auftreten geht Jesus in die Einsamkeit der Wüste. Dort wird er vom Versucher auf die Probe gestellt (4,1-10). Im Bild ein Stück der Gebirgswüste zwischen Judäa und dem Toten Meer.

4,7 *nach* Dtn 6,16 **4,10** *nach* Dtn 6,13; 5,9 **4,12** 14,3 **4,13** Joh 2,12 **4,15-16** *nach* Jes 8,23–9,1 **4,16** Lk 1,79 **4,17** 3,2; 4,23; 6,10; 10,7 **4,20.22** 8,21-22S **4,23** 9,35; 4,17S

und von der anderen Seite des Jordans zogen mit ihm.

5 Als Jesus die Menschenmenge sah, stieg er auf einen Berg[a] und setzte sich. Seine Jünger* traten zu ihm. 2a Dann begann er zu reden und lehrte sie, was Gott jetzt von seinem Volk verlangt.[b]

Wer sich freuen darf ... (Die Seligpreisungen)

(Lk 6,20-23)

2b Er sagte:

3 »Freuen dürfen sich alle,
die nur noch von Gott etwas erwarten[c] –
mit Gott werden sie leben in seiner neuen Welt.[d]

4 Freuen dürfen sich alle,
die unter dieser heillosen Welt leiden[e] –
Gott wird ihrem Leid ein Ende machen.

5 Freuen dürfen sich alle,
die unterdrückt sind und auf Gewalt verzichten –[f]
Gott wird ihnen die Erde zum Besitz geben.

6 Freuen dürfen sich alle,
die danach hungern und dürsten,
dass sich auf der Erde Gottes gerechter Wille durchsetzt –
Gott wird ihren Hunger stillen.

7 Freuen dürfen sich alle,
die barmherzig sind –
Gott wird auch mit ihnen barmherzig sein.

8 Freuen dürfen sich alle,
die im Herzen rein* sind –
sie werden Gott sehen.

9 Freuen dürfen sich alle,
die Frieden stiften –
Gott wird sie als seine Söhne und Töchter[g] annehmen.

10 Freuen dürfen sich alle,
die verfolgt werden, weil sie tun, was Gott will[h] –
mit Gott werden sie leben in seiner neuen Welt.

11 Freuen dürft ihr euch, wenn sie euch beschimpfen und verfolgen und verleumden, weil ihr zu mir gehört. 12 Freut euch und jubelt, denn bei Gott erwartet euch reicher Lohn. So haben sie die Propheten* vor euch auch schon behandelt.«

Die Aufgabe der Jünger

(Lk 14,34-35; 11,33)

13 »Ihr seid das Salz für die Welt. Wenn aber das Salz seine Kraft verliert, wodurch kann es sie wiederbekommen? Es ist zu nichts mehr zu gebrauchen. Es wird weggeworfen und die Menschen zertreten es.

14 Ihr seid das Licht für die Welt. Eine Stadt, die auf einem Berg liegt, kann nicht verborgen bleiben. 15 Auch zündet niemand eine Lampe* an, um sie dann unter einen Topf zu stellen. Im Gegenteil, man stellt sie auf den Lampenständer, damit sie allen im Haus Licht gibt. 16 Genauso muss auch euer Licht vor den Menschen leuchten: Sie sollen eure guten Taten sehen und euren Vater im Himmel preisen.«

Den Willen Gottes im Gesetz ganz ernst nehmen ...

(Lk 16,17)

17 »Denkt nicht, ich sei gekommen, um das Gesetz* und die Weisungen der Propheten* außer Kraft zu setzen. Ich bin nicht gekommen, um sie außer Kraft zu setzen, sondern um sie zu erfüllen und ihnen volle Geltung zu verschaffen.[i]

18 Ich versichere euch: Solange Himmel und Erde bestehen, wird kein i-Punkt und kein Komma im Gesetz gestrichen. Das ganze Gesetz muss erfüllt werden.[j] 19 Wer also ein noch so unbedeutendes Gebot für ungültig erklärt und die Menschen in diesem Sinne lehrt, wird in der neuen Welt Gottes[k] den letzten Platz einnehmen. Wer es aber befolgt und andere dazu anhält, wird in der neuen Welt Gottes hoch geachtet sein.

20 Ich sage euch: Ihr werdet niemals in Gottes neue Welt kommen, wenn ihr seinen Willen nicht besser erfüllt als die Gesetzeslehrer* und Pharisäer*.«

... beim Gebot, nicht zu morden

21 »Ihr wisst, dass unseren Vorfahren gesagt worden ist: ›Du sollst nicht morden! Wer einen Mord begeht, soll vor Gericht gestellt werden.‹

22 Ich aber sage euch:[l] Schon wer auf seinen Bruder oder seine Schwester[m] zornig ist, gehört vor Gericht. Wer zu seinem Bruder oder seiner Schwester sagt: ›Du Idiot‹, gehört vor das oberste Gericht. Und wer zu seinem Bruder oder seiner Schwester sagt: ›Geh zum Teufel‹, gehört ins Feuer der Hölle*.

23 Wenn du zum Altar gehst, um Gott deine Gabe zu bringen, und dort fällt dir ein, dass dein Bruder oder deine Schwester etwas gegen dich hat, 24 dann lass deine Gabe vor dem Altar liegen, geh zuerst hin und söhne dich aus. Danach komm und bring Gott dein Opfer*.

25 Einige dich mit deinem Gläubiger rechtzeitig, solange du noch mit ihm auf dem Weg zum Gericht bist. Sonst wird er dich dem Richter ausliefern und der wird dich dem Gerichtsdiener übergeben, damit er dich ins Gefängnis steckt. 26 Ich versichere dir: Dort kommst du erst wieder heraus, wenn du deine Schuld bis auf den letzten Pfennig bezahlt hast.«

a Wörtlich *auf den Berg.* Der Berg ist bei Matthäus der Ort, an dem Jesus den Vater offenbart und der Vater ihn (vgl. 4,8; 14,23; 15,29; 17,1; 28,16). Nach Lk 6,17 fand die ›Bergpredigt‹ am Fuß des Berges statt. Siehe Sacherklärung »Berg«.
b *was Gott jetzt ...:* verdeutlichender Zusatz.
c *die nur noch ...:* wörtlich *die Armen in Bezug auf den Geist;* siehe Sacherklärung »Seligpreisungen«.
d *mit Gott ...:* wörtlich *Ihrer ist die Herrschaft* der Himmel;* ebenso in Vers 10.
e *die unter ...:* wörtlich *die Trauernden;* siehe Sacherklärung »Seligpreisungen«.
f Die Verse 5 und 9 bedeuten eine Absage an die zelotische Bewegung; vgl. Seite 31 NT und die Sacherklärung »Zeloten«.
g Wörtlich *Söhne;* siehe die Sacherklärung.
h *weil sie tun ...:* wörtlich *um der Gerechtigkeit* willen.*
i Vgl. Verse 21-48 und Sacherklärung »Bergpredigt«.
j Doch hat sich Jesus selbst in wichtigen Einzelheiten über den Wortlaut des Mose-Gesetzes hinweggesetzt (vgl. Seiten 74/75 NT).
k Wörtlich *in der Königsherrschaft* der Himmel;* entsprechend in Vers 20.
l Was Mose im Auftrag Gottes der Generation am Sinai gesagt hat, wird im Folgenden teils vertieft, teils korrigiert und widerrufen. Hier meldet sich eine Autorität zu Wort, die noch über Mose steht; vgl. 11,27; 17,5; 28,18.
m *seinen Bruder oder seine Schwester:* In diesem und im folgenden Vers ist wörtlich jeweils nur von *Bruder* die Rede; siehe Sacherklärung »Bruder«.

5,1 14,23; 15,29; 17,1; 28,16 **5,3** Jes 57,15; 61,1 **5,4** Ps 126,5 **5,5** Mt 21,5; Ps 37,8-11 **5,7** 18,33; 25,35-46; Jak 2,13 **5,8** Ps 24,3-5 **5,9** Hebr 12,14 **5,10** 1 Petr 3,14 **5,11** Lk 6,22S **5,12** 2 Chr 36,16; Mt 23,30-31; Lk 11,47-49; 13,34; Apg 7,52; 1 Thess 2,15; Jak 5,10 **5,13** Mk 9,50 **5,14** Joh 8,12S **5,15** Mk 4,21par **5,16** Eph 5,8-9; Phil 2,15; 1 Petr 2,12 **5,17** 3,15; 7,12; 22,40; Röm 3,31 **5,18-19** Jak 2,10 **5,21** *zit* Ex 20,13; *nach* Lev 24,17 **5,22** 1 Joh 3,15 **5,24** 6,14-15S **5,25-26** Lk 12,58-59 **5,26** 18,34

... beim Gebot, die Ehe nicht zu brechen

(Lk 16,18)

27 »Ihr wisst, dass es heißt: ›Du sollst nicht die Ehe
brechen!‹[a] 28 Ich aber sage euch: Wer die Frau eines
anderen begehrlich ansieht, hat in seinem Herzen
schon die Ehe mit ihr gebrochen.
29 Wenn dich dein rechtes Auge zur Sünde ver-
führt, dann reiß es aus und wirf es weg! Es ist besser
für dich, du verlierst eines deiner Glieder, als dass du
ganz in die Hölle* geworfen wirst. 30 Und wenn dich
deine rechte Hand zur Sünde verführt, dann hau sie
ab und wirf sie weg! Es ist besser für dich, du verlierst
eines deiner Glieder, als dass du ganz in die Hölle
kommst.
31 Bisher hieß es: ›Wer sich von seiner Frau tren-
nen will, muss ihr eine Scheidungsurkunde* aus-
stellen.‹
32 Ich aber sage euch: Wer sich von seiner Frau
trennt, außer sie hat ihrerseits die Ehe gebrochen,[b]
der treibt sie in den Ehebruch. Und wer eine Ge-
schiedene heiratet, wird zum Ehebrecher.«

... beim Gebot, keinen Meineid zu schwören

33 »Ihr wisst auch, dass unseren Vorfahren gesagt
worden ist: ›Ihr sollt keinen Meineid schwören
und sollt halten, was ihr Gott mit einem Eid verspro-
chen habt.‹
34 Ich aber sage euch: Ihr sollt überhaupt nicht
schwören! Nehmt weder den Himmel zum Zeugen,
denn er ist Gottes Thron, 35 noch die Erde, denn sie
ist sein Fußschemel, und auch nicht Jerusalem, denn
es ist die Stadt des himmlischen Königs. 36 Nicht ein-
mal mit eurem eigenen Kopf sollt ihr euch für etwas
verbürgen; denn es steht nicht in eurer Macht, dass
auch nur ein einziges Haar darauf schwarz oder weiß
wächst.
37 Sagt einfach Ja oder Nein; jedes weitere Wort
stammt vom Teufel.«

... beim Gebot, nur maßvoll zu vergelten

(Lk 6,29-30)

38 »Ihr wisst, dass es heißt: ›Auge um Auge, Zahn um
Zahn.‹
39 Ich aber sage euch: Verzichtet auf Gegenwehr,
wenn euch jemand Böses tut!
Mehr noch: Wenn dich jemand auf die rechte Ba-
cke schlägt, dann halte auch die linke hin. 40 Wenn
jemand mit dir um dein Hemd prozessieren will,
dann gib ihm den Mantel* dazu. 41 Und wenn je-
mand dich zwingt, *eine* Meile* mit ihm zu gehen,
dann geh mit ihm zwei. 42 Wenn jemand dich um et-
was bittet, gib es ihm; wenn jemand etwas von dir
borgen möchte, sag nicht nein.«[c]

... beim Gebot, den Mitmenschen zu lieben

(Lk 6,27-28.32-36)

43 »Ihr wisst, dass es heißt: ›Liebe deinen Mitmen-
schen; hasse deinen Feind.‹[d]
44 Ich aber sage euch: Liebt eure Feinde und betet
für alle, die euch verfolgen. 45 So erweist ihr euch als
Kinder eures Vaters im Himmel. Denn er lässt seine
Sonne scheinen auf böse Menschen wie auf gute,
und er lässt es regnen auf alle, ob sie ihn ehren oder
verachten.
46 Wie könnt ihr von Gott eine Belohnung erwar-
ten, wenn ihr nur die liebt, die euch ebenfalls lie-
ben? Das tun auch die Betrüger![e] 47 Was ist denn
schon Besonderes daran, wenn ihr nur zu euresglei-
chen freundlich seid? Das tun auch die, die Gott
nicht kennen![f]
48 Nein, wie die Liebe eures Vaters im Himmel, so
soll auch eure Liebe sein: vollkommen und unge-
teilt.«[g]

Falsche und wahre Frömmigkeit ...

6 »Hütet euch, eure Frömmigkeit vor den Men-
schen zur Schau zu stellen! Denn dann habt
ihr keinen Lohn mehr von eurem Vater im Himmel
zu erwarten.«[h]

... beim Spenden für Bedürftige

2 »Wenn du also einem Bedürftigen etwas spendest,
dann häng es nicht an die große Glocke! Benimm
dich nicht wie die Scheinheiligen in den Synagogen*
und auf den Straßen. Sie wollen nur von den Men-
schen geehrt werden. Ich versichere euch: Sie haben
ihren Lohn schon kassiert.
3 Wenn du also etwas spendest, dann tu es so un-
auffällig, dass deine linke Hand nicht weiß, was die
rechte tut. 4 Dein Vater, der auch das Verborgene
sieht, wird dich dafür belohnen.«

... beim Beten

(Lk 11,2-4; Mk 11,25-26)

5 »Wenn ihr betet, dann tut es nicht wie die Schein-
heiligen! Sie beten gern öffentlich in den Syn-
agogen* und an den Straßenecken, damit sie von al-
len gesehen werden. Ich versichere euch: Sie haben
ihren Lohn schon kassiert.
6 Wenn du beten willst, dann geh in dein Zimmer,
schließ die Tür zu und bete zu deinem Vater, der im

a Siehe Sacherklärung »Ehebruch«.
b *außer sie hat ...:* wörtlich *abgesehen von einer Unzuchtssache;* siehe Sacherklärung »Unzuchtsklausel«.
c Siehe Sacherklärung »Bergpredigt«.
d Nur die erste Hälfte des Zitats findet sich im Alten Testament (Lev 19,18). Zur zweiten Hälfte siehe Sacherklärung »Bergpredigt (2)«.
e Wörtlich *die Zolleinnehmer**.
f Wörtlich *die Menschen der nichtjüdischen Völker;* siehe Sacherklärung »Heiden«.
g *Nein, wie die Liebe ...:* wörtlich *Ihr nun sollt vollkommen sein, wie euer himmlischer Vater vollkommen ist;* siehe Sacherklärung »Bergpredigt (3)«.
h Unter diesem Gesichtspunkt werden im Folgenden (Verse 2-4.5-15.16-18) die drei wichtigsten jüdischen Frömmigkeitsübungen – Almosengeben, Beten, Fasten – besprochen.

5,27 *zit* Ex 20,14 **5,28** Ijob 31,1; 2 Petr 2,14 **5,29-30** Mk 9,43-47 par **5,31** *nach* Dtn 24,1; Jes 50,1; Mt 19,7 par **5,32** 19,9 par; 1 Kor 7,10-11 **5,33-37** 23,16-22; Jak 5,12 **5,33** *nach* Lev 9,12 *und* Num 30,3 **5,34-35** Jes 66,1; Apg 7,49 **5,35** Ps 76,3 S **5,37** 2 Kor 1,17-19 **5,38** *zit* Ex 21,24 **5,39a** Röm 12,17 S **5,40** 1 Kor 6,7; Hebr 10,34 **5,43** *nach* Lev 19,18; Mk 12,31 S **5,44** Ex 23,4-5; Röm 12,20; 1 Petr 2,20-23; (betet) Apg 7,60 S **5,45** Eph 5,1 **5,48** Lev 19,2b **6,1** 23,5 S

Verborgenen ist. Dein Vater, der auch das Verborgene sieht, wird dich dafür belohnen.

7 Wenn ihr betet, dann leiert nicht Gebetsworte herunter wie die Heiden*. Sie meinen, sie könnten bei Gott etwas erreichen, wenn sie viele Worte machen.[a] 8 Ihr sollt es anders halten. Euer Vater weiß, was ihr braucht, bevor ihr ihn bittet. 9 So sollt ihr beten:[b]

Unser Vater im Himmel!
Mach deinen Namen* groß in der Welt.
10 Komm und richte deine Herrschaft* auf.
Verschaff deinem Willen Geltung,
auf der Erde genauso wie im Himmel.
11 Gib uns, was wir heute zum Leben brauchen.
12 Vergib uns unsere Schuld,
wie auch wir allen vergeben haben,
die an uns schuldig geworden sind.
13 Lass uns nicht in die Gefahr kommen,
dir untreu zu werden,
sondern rette uns aus der Gewalt des Bösen.

14 Wenn ihr den andern vergebt, was sie euch angetan haben, dann wird euer Vater im Himmel euch auch vergeben. 15 Wenn ihr aber den andern nicht vergebt, dann wird euer Vater euch eure Verfehlungen auch nicht vergeben.«[c]

... beim Fasten

16 »Wenn ihr fastet,* dann setzt keine Leidensmiene auf wie die Scheinheiligen. Sie machen ein saures Gesicht, damit alle Welt merkt, dass sie fasten. Ich versichere euch: Sie haben ihren Lohn schon kassiert.

17 Wenn du fasten willst, dann wasche dein Gesicht und kämme dich, 18 damit niemand es merkt als nur dein Vater, der im Verborgenen ist. Dein Vater, der auch das Verborgene sieht, wird dich dafür belohnen.«

Das Verhältnis zum Besitz

(Lk 12,33-34; 11,34-36)

19 »Sammelt keine Schätze hier auf der Erde! Denn ihr müsst damit rechnen, dass Motten und Rost sie zerfressen oder Einbrecher sie stehlen. 20 Sammelt lieber Schätze bei Gott. Dort werden sie nicht von Motten und Rost zerfressen und können auch nicht von Einbrechern gestohlen werden. 21 Denn euer Herz wird immer dort sein, wo ihr eure Schätze habt.

22 Aus dem Auge leuchtet das Innere des Menschen: Wenn dein Auge klar blickt, ist deine ganze Erscheinung hell; 23 wenn dein Auge durch Neid oder Habgier getrübt ist,[d] ist deine ganze Erscheinung finster. – Wie groß muss diese Finsternis sein, wenn statt des Lichtes in dir nur Dunkelheit ist!«

Ungeteilter Dienst

(Lk 16,13; 12,22-31)

24 »Niemand kann zwei Herren zugleich dienen. Er wird den einen vernachlässigen und den andern bevorzugen. Er wird dem einen treu sein und den andern hintergehen. Ihr könnt nicht beiden zugleich dienen: Gott und dem Geld.[e]

25 Darum sage ich euch: Macht euch keine Sorgen um euer Leben, ob ihr etwas zu essen oder zu trinken habt, und um euren Leib, ob ihr etwas anzuziehen habt! Das Leben ist mehr als Essen und Trinken, und der Leib ist mehr als die Kleidung!

26 Seht euch die Vögel an! Sie säen nicht, sie ernten nicht, sie sammeln keine Vorräte – aber euer Vater im Himmel sorgt für sie. Und ihr seid ihm doch viel mehr wert als Vögel!

27 Wer von euch kann durch Sorgen sein Leben auch nur um einen Tag verlängern?

28 Und warum macht ihr euch Sorgen um das, was ihr anziehen sollt? Seht, wie die Blumen auf den Feldern wachsen! Sie arbeiten nicht und machen sich

a Der römische Philosoph Seneca spricht vom »fatigare deos« (die Götter ermüden). Diese heidnische Art des Betens sollte jedoch nicht verwechselt werden mit bestimmten Formen des meditierenden Betens.
b Zum Folgenden siehe Sacherklärung »Vaterunser«.
c Die Verse 14-15 kommen nochmals auf Vers 12 zurück (siehe auch die Vergleichsstellen).
d Wörtlich *wenn aber dein Auge böse ist;* siehe Anmerkung zu Lk 11,35 und Sacherklärung »Bergpredigt (4)«.
e *Geld:* Im griechischen Text steht *Mamon;* siehe Sacherklärung »Mam(m)on«.

Die Sorglosigkeit, von der in 6,25-34 die Rede ist, wird vor allem denen erlaubt bzw. abverlangt, denen in der Nachfolge Jesu keine Zeit und Kraft für die eigene Daseinssicherung bleibt (vgl. 10,8-10).

6,8 6,32 par **6,9** Ez 36,23 **6,10** (Herrschaft) 4,17 S; (Wille) 7,21 S; 12,50 par; 18,14; 21,31; 26,39.42; Joh 6,38 S; Apg 21,14 **6,11** 6,24-34 par **6,12** Sir 28,2 **6,13** (Gefahr) 10,16-25; 24,3-28 par; (retten) Joh 17,15 S; 2 Tim 4,18; 2 Petr 2,9 **6,14-15** 5,24; Mk 11,25; Lk 6,37 **6,14** Eph 4,32 S **6,15** 18,35 S **6,16-17** (fasten) 4,2 par; 9,14-15 par; 17,21; Lk 2,37; 18,12; Apg 13,2-3; 14,23; 2 Kor 6,5; Jes 58,5 S **6,19** Jak 5,2-3 **6,20** Lk 12,33 S **6,24-34** 6,11 **6,25** Phil 4,6 S **6,26** 10,29-31 par

keine Kleider, [29] doch ich sage euch: Nicht einmal Salomo bei all seinem Reichtum war so prächtig gekleidet wie irgendeine von ihnen. [30] Wenn Gott sogar die Feldblumen so ausstattet, die heute blühen und morgen verbrannt werden, wird er sich dann nicht erst recht um euch kümmern? Habt ihr so wenig Vertrauen?

[31] Also macht euch keine Sorgen! Fragt nicht: ›Was sollen wir essen?‹ ›Was sollen wir trinken?‹ ›Was sollen wir anziehen?‹ [32] Mit all dem plagen sich Menschen, die Gott nicht kennen.[a] Euer Vater im Himmel weiß, dass ihr all das braucht. [33] Sorgt euch zuerst darum, dass ihr euch seiner Herrschaft* unterstellt und tut, was er verlangt, dann wird er euch schon mit all dem anderen versorgen.

[34] Quält euch also nicht mit Gedanken an morgen; der morgige Tag wird für sich selber sorgen. Es genügt, dass jeder Tag seine eigene Last hat.«

Nicht verurteilen
(Lk 6,37-38.41-42)

7 »Verurteilt nicht andere, damit Gott nicht *euch* verurteilt! [2] Denn euer Urteil wird auf euch zurückfallen, und ihr werdet mit demselben Maß gemessen werden, das ihr bei anderen anlegt.

[3] Warum kümmerst du dich um den Splitter im Auge deines Bruders oder deiner Schwester[b] und bemerkst nicht den Balken in deinem eigenen? [4] Wie kannst du zu deinem Bruder oder deiner Schwester sagen: ›Komm her, ich will dir den Splitter aus dem Auge ziehen‹, wenn du selbst einen ganzen Balken im Auge hast? [5] Scheinheilig bist du! Zieh doch erst den Balken aus deinem eigenen Auge, dann kannst du dich um den Splitter in einem anderen Auge kümmern!«[c]

Vorsicht ist erlaubt und geboten

[6] »Gebt das Heilige, das euch anvertraut ist, nicht den Hunden! Und eure Perlen werft nicht den Schweinen vor! Die trampeln doch nur darauf herum, und dann wenden sie sich gegen euch und reißen euch in Stücke.«[d]

Voll Vertrauen zu Gott beten
(Lk 11,9-13)

[7] »Bittet und ihr werdet bekommen! Sucht und ihr werdet finden! Klopft an und es wird euch geöffnet! [8] Denn wer bittet, der bekommt; wer sucht, der findet; und wer anklopft, dem wird geöffnet.

[9] Wer von euch würde seinem Kind einen Stein geben, wenn es um Brot bittet? [10] Oder eine Schlange, wenn es um Fisch bittet? [11] So schlecht ihr auch seid, ihr wisst doch, was euren Kindern gut tut, und gebt es ihnen. Wie viel mehr wird euer Vater im Himmel denen Gutes geben, die ihn darum bitten.«

Eine einfache Grundregel
(Lk 6,31)

[12] »Behandelt die Menschen so, wie ihr selbst von ihnen behandelt werden wollt – das ist es, was das Gesetz* und die Propheten* fordern.«

Abschließende Mahnung
(Lk 13,24)

[13] »Geht durch das enge Tor! Denn das Tor zum Verderben ist breit und ebenso die Straße, die dorthin führt. Viele sind auf ihr unterwegs. [14] Aber das Tor, das zum Leben führt, ist eng und der Weg dorthin schmal. Nur wenige finden ihn.«

Warnung vor falschen Propheten
(Lk 6,43-44)

[15] »Hütet euch vor den falschen Propheten![e] Sie sehen zwar aus wie Schafe, die zur Herde gehören, in Wirklichkeit sind sie Wölfe, die auf Raub aus sind.

[16] An ihren Taten sind sie zu erkennen. Von Dornengestrüpp lassen sich keine Weintrauben pflücken und von Disteln keine Feigen. [17] Ein gesunder Baum trägt gute Früchte und ein kranker Baum

Das Hauptproblem beim »schmalen Weg« und beim »engen Tor« ist nicht die größere Mühsal des Gehens bzw. Hindurchkommens (vgl. 11,28-29)! Es liegt vielmehr im *Finden* und sich *Sich-Einlassen* auf so einen Weg, auf so ein Tor. Im Johannes-Evangelium sagt Jesus: »*Ich* bin der Weg… *Ich* bin die Tür…« (Joh 14,6; 10,9). Im Bild eine Treppenstraße in der Jerusalemer Altstadt.

a *Menschen, die …:* wörtlich *die Menschen der nichtjüdischen Völker;* herkömmliche Übersetzung *Heiden**.
b Wörtlich *deines Bruders;* ebenso in Vers 4. Siehe Sacherklärung »Bruder«.
c Siehe Anmerkung zu Lk 6,42.
d Man soll die Gute Nachricht nicht Menschen ausrichten, die im Innersten nicht dafür bereit sind.
e Ihr Auftreten wird für die Zukunft angekündigt (siehe die Vergleichsstellen). In den frühen christlichen Gemeinden hat der *Prophet* eine wichtige Aufgabe; siehe Sacherklärung »Prophet (3)«.

6,29 1 Kön 10,1-25 **6,30** 14,31 S **6,32** 6,8 **6,33** 1 Kön 3,11-14 **6,34** Ex 16,4.19-20 **7,1** Jak 4,11-12; 1 Kor 4,5 **7,2** Mk 4,24; Röm 2,1; 14,10-12 **7,7** Jer 29,13-14 S; Mt 18,19; 21,22 par; Jak 1,5; Joh 15,16 S **7,11** Jak 1,17 **7,12** 5,17 S; Röm 13,8-10; Gal 5,14 **7,13-14** Lk 13,24 S **7,14** Apg 14,22 **7,15** (falsche Propheten) Dtn 13,2-4; Jer 14,13-15 S; Mt 24,11.24 par; Apg 20,29; 2 Kor 11,13-15; 2 Petr 2,1; 1 Joh 4,1 **7,16-18** 12,33 par **7,16** Jak 3,12 **7,17** Gal 5,19-23

schlechte. 18 Unmöglich kann ein gesunder Baum schlechte Früchte tragen und ein kranker gute. 19 Jeder Baum, der keine guten Früchte trägt, wird umgehauen und verbrannt werden.

20 An ihren Taten also könnt ihr die falschen Propheten erkennen.«

Warnung vor Selbsttäuschung

(Lk 6,46; 13,26-27)

21 »Nicht alle, die zu mir sagen ›Herr, Herr‹, werden in Gottes neue Welt[a] kommen, sondern nur die, die auch tun, was mein Vater im Himmel will.

22 Am Tag des Gerichts werden viele zu mir sagen: ›Herr, Herr! In deinem Namen haben wir prophetische Weisungen* verkündet, in deinem Namen haben wir böse Geister* ausgetrieben und viele Wunder getan.‹ 23 Und trotzdem werde ich das Urteil sprechen: ›Ich habe euch nie gekannt. Ihr habt versäumt, nach Gottes Willen zu leben; geht mir aus den Augen!‹«

Das Gleichnis vom Hausbau

(Lk 6,47-49)

24 »Wer diese meine Worte hört und sich nach ihnen richtet, wird am Ende dastehen wie ein kluger Mann, der sein Haus auf felsigen Grund baute. 25 Als dann die Regenflut kam, die Flüsse über die Ufer traten und der Sturm tobte und an dem Haus rüttelte, stürzte es nicht ein, weil es auf Fels gebaut war.

26 Wer dagegen diese meine Worte hört und sich nicht nach ihnen richtet, wird am Ende wie ein Dummkopf dastehen, der sein Haus auf Sand baute. 27 Als dann die Regenflut kam, die Flüsse über die Ufer traten, der Sturm tobte und an dem Haus rüttelte, fiel es in sich zusammen und alles lag in Trümmern.«

Die Wirkung der Bergpredigt

28 Als Jesus seine Rede beendet hatte, waren alle von seinen Worten tief beeindruckt. 29 Denn er lehrte wie einer, der Vollmacht von Gott hat – ganz anders als ihre Gesetzeslehrer.[b]

JESUS VOLLBRINGT WUNDER (8,1–9,34)

Jesus heilt einen Aussätzigen[c]

(Mk 1,40-45; Lk 5,12-16)

8 Jesus stieg vom Berg herab und zog weiter. Eine große Menschenmenge folgte ihm. 2 Da kam ein Aussätziger* zu ihm, warf sich vor ihm nieder und sagte: »Herr, wenn du willst, kannst du mich gesund[d] machen!«

3 Jesus streckte die Hand aus und berührte ihn. »Ich will«, sagte er, »sei gesund!« Im selben Augenblick war der Kranke von seinem Aussatz geheilt.

4 Jesus befahl ihm: »Sieh zu, dass du niemand etwas sagst, sondern geh zum Priester, lass dir von ihm deine Heilung bestätigen und bring das Opfer*, das Mose vorgeschrieben hat. Die Verantwortlichen sollen wissen, dass ich das Gesetz* ernst nehme.«[e]

Der Hauptmann von Kafarnaum

(Lk 7,1-10; 13,28-29; Joh 4,46-53)

5 Jesus kam nach Kafarnaum. Da trat ein Hauptmann*, ein Nichtjude,[f] an ihn heran und bat ihn um Hilfe: 6 »Herr«, sagte er, »mein Diener liegt gelähmt bei mir zu Hause und hat furchtbare Schmerzen!«

7 Jesus fragte ihn: »Soll ich etwa kommen und ihn gesund machen?«

8 Der Hauptmann erwiderte: »Herr, ich weiß, dass ich dir, einem Juden, nicht zumuten kann, mein Haus zu betreten. Aber sag nur ein Wort und mein Diener wird gesund. 9 Auch ich unterstehe höherem Befehl und kann meinen Soldaten Befehle erteilen. Wenn ich zu einem sage: ›Geh!‹, dann geht er; wenn ich zu einem andern sage: ›Komm!‹, dann kommt er; und wenn ich meinem Diener befehle: ›Tu das!‹, dann tut er's.«

10 Als Jesus das hörte, staunte er und sagte zu den Leuten, die ihm folgten: »Wahrhaftig, solch ein Vertrauen habe ich in Israel nirgends gefunden! 11 Doch ich sage euch: Viele werden kommen, aus Ost und West, und zusammen mit Abraham*, Isaak und Jakob in Gottes neuer Welt[g] zu Tisch sitzen. 12 Aber die Menschen, die bis jetzt das Anrecht darauf hatten, werden in die Dunkelheit hinausgestoßen. Dort gibt es nur noch Jammern und Zähneknirschen.«

13 Dann sagte Jesus zu dem Hauptmann: »Geh nach Hause! Wie du es im Vertrauen von mir erwartet hast, soll es geschehen.«

Zur selben Stunde wurde sein Diener gesund.

Jesus heilt die Schwiegermutter von Petrus und viele andere Kranke

(Mk 1,29-34; Lk 4,38-41)

14 Jesus ging in das Haus von Petrus und fand dort dessen Schwiegermutter mit Fieber im Bett. 15 Er berührte ihre Hand; da verließ sie das Fieber, und sie stand auf und bewirtete ihn.[h]

16 Am Abend brachten die Leute viele Besessene* zu Jesus. Mit seinem Wort trieb er die bösen Geister aus und heilte alle Kranken.

a Wörtlich *in die Königsherrschaft* der Himmel.*
b Siehe Sacherklärung sowie Seite 124 NT.
c Nachdem in Kap 5–7 die *Lehre* Jesu, des Messias, programmatisch vorgestellt wurde, folgen in Kap 8–9 programmatische *Taten* des Messias.
d Wörtlich *rein*;* ebenso in Vers 3 (auch für *geheilt*).
e *Die Verantwortlichen ...:* wörtlich *ihnen zur Bezeugung.* Der genauere Sinn ergibt sich aus 5,17; siehe Anmerkung zu Mk 1,44.
f *ein Nichtjude* sowie *einem Juden* in Vers 8 sind verdeutlichende Zusätze der Übersetzung. Gleich die zweite Tat gilt einem Nichtjuden. Matthäus unterstreicht die Bedeutung des Vorgangs durch die Verse 11-12 (vgl. Lk 7,9-10; 13,28-29).
g Wörtlich *in der Königsherrschaft* der Himmel.*
h Wörtlich *diente ihm;* siehe Anmerkung zu Mk 1,31.

7,19 3,10 par; Joh 15,2.6 **7,21** 6,10 S; (nur die) 7,24-27 par; 21,28-31; Röm 2,13; Jak 1,22-25; 2,14-26 **7,23** 25,12; 2 Tim 2,19 **7,24-27** 7,21 S **7,28-29** Mk 1,22 par **8,4** Lev 14,2-32; Mk 5,43 S; Lk 17,14 **8,11** Jes 25,6 **8,12** 13,42.50; 22,13; 24,51; 25,30 **8,13** 9,29; 15,28; 9,22 par; Lk 7,50 S **8,14** 1 Kor 9,5

17 Damit ging in Erfüllung, was Gott durch den
Propheten Jesaja angekündigt hatte:[a] »Er hat unsere
Leiden von uns genommen und unsere Krankheiten
weggeschafft.«

Jüngerschaft ohne Wenn und Aber

(Lk 9,57-62)

18 Als Jesus die vielen Menschen sah, die ihn um-
drängten, befahl er seinen Jüngern*, mit ihm auf
die andere Seite des Sees hinüberzufahren.
19 Da kam ein Gesetzeslehrer* zu ihm und sagte:
»Lehrer*, ich bin bereit, dir zu folgen, ganz gleich,
wohin du gehst!«
20 Jesus antwortete ihm: »Die Füchse haben ihren
Bau und die Vögel ihr Nest; aber der Menschen-
sohn* hat keinen Platz, wo er sich hinlegen und aus-
ruhen kann.«
21 Ein anderer, einer von den Jüngern, sagte zu
Jesus: »Herr, erlaube mir, dass ich erst noch hin-
gehe und meinen Vater begrabe.«
22 Aber Jesus sagte zu ihm: »Komm, folge mir!
Überlass es den Toten, ihre Toten zu begraben!«[b]

Im Sturm auf die Probe gestellt

(Mk 4,35-41; Lk 8,22-25)

23 Jesus stieg in das Boot und seine Jünger folgten
ihm. 24 Als sie auf dem See waren, kam ein schwerer
Sturm auf,[c] und die Wellen drohten das Boot unter
sich zu begraben. Aber Jesus schlief.
25 Die Jünger gingen zu ihm, weckten ihn und rie-
fen: »Rette uns, Herr, wir gehen unter!«
26 Jesus sagte zu ihnen: »Warum habt ihr solche
Angst? Ihr habt zu wenig Vertrauen!« Dann stand
er auf und sprach ein Machtwort zu dem Wind
und den Wellen. Da wurde es ganz still.
27 Die Leute aber fragten voller Staunen: »Was
muss das für einer sein, dass ihm sogar Wind und
Wellen gehorchen!«[d]

Die beiden Besessenen von Gadara

(Mk 5,1-20; Lk 8,26-39)

28 Auf der anderen Seite des Sees kam Jesus in das Ge-
biet von Gadara.[e] Dort liefen ihm zwei Männer aus
den Grabhöhlen entgegen. Sie waren von bösen
Geistern* besessen und so gefährlich, dass niemand
es wagte, jenen Weg zu benutzen.
29 Sie fingen an zu schreien: »Was hast du bei uns
zu suchen, du Sohn* Gottes? Bist du hergekommen,
um uns schon vor der Zeit[f] zu quälen?«
30 In der Ferne weidete eine große Schweine-
herde. 31 Die bösen Geister in den beiden Männern
baten Jesus: »Wenn du uns schon austreibst, dann
schick uns doch in die Schweineherde!«
32 »Geht!«, sagte Jesus; und die bösen Geister
kamen aus den beiden heraus und fuhren in die
Schweine. Da raste die ganze Herde das steile Ufer
hinab in den See, und alle ertranken im Wasser.[g]
33 Die Schweinehirten liefen davon und erzählten
in der Stadt, was sie erlebt hatten und dass die beiden
Besessenen aus der Gewalt der bösen Geister befreit
seien. 34 Da zogen alle Leute hinaus, um Jesus zu be-
grüßen. Doch als sie ihn sahen, baten sie ihn, ihr Ge-
biet zu verlassen.

Jesus heilt einen Gelähmten

(Mk 2,1-12; Lk 5,17-26)

9 Jesus stieg wieder ins Boot, fuhr über den See zu-
rück und ging in seine Stadt.[h] 2 Da brachten eini-
ge Männer einen Gelähmten auf einer Tragbahre zu
ihm.
Als Jesus sah, wie groß ihr Vertrauen war, sagte er
zu dem Gelähmten: »Mein Kind, fasse Mut! Deine
Schuld ist vergeben.«
3 Da dachten einige Gesetzeslehrer*: »Er lästert
Gott!«
4 Jesus wusste, was in ihnen vorging, und sagte:
»Warum habt ihr so böswillige Gedanken? 5 Was
ist leichter – zu sagen: ›Deine Schuld ist dir verge-
ben‹, oder: ›Steh auf und geh‹? 6 Aber ihr sollt sehen,
dass der Menschensohn* Vollmacht hat, hier auf der
Erde Schuld zu vergeben!«[i]
Und er sagte zu dem Gelähmten: »Steh auf, nimm
deine Bahre und geh nach Hause!« 7 Da stand er auf
und ging nach Hause.
8 Als die Leute das sahen, erschraken sie, und sie
priesen Gott, dass er den Menschen[j] solche Voll-
macht gegeben hat.

Jesus beruft Matthäus und isst mit den Zolleinnehmern

(Mk 2,13-17; Lk 5,27-32)

9 Jesus ging weiter und sah einen Zolleinnehmer* an
der Zollstelle sitzen. Er hieß Matthäus.[k] Jesus sagte
zu ihm: »Komm, folge mir!« Und Matthäus stand
auf und folgte ihm.
10 Als Jesus dann zu Hause[l] zu Tisch saß, kamen
viele Zolleinnehmer und andere, die einen ebenso
schlechten Ruf hatten, um mit ihm und seinen Jün-
gern* zu essen. 11 Die Pharisäer* sahen es und frag-
ten die Jünger: »Wie kann euer Lehrer* sich mit
den Zolleinnehmern und ähnlichem Volk an einen
Tisch setzen?«
12 Jesus hörte es und antwortete: »Nicht die Ge-
sunden brauchen den Arzt, sondern die Kranken!
13 Überlegt doch einmal, was es bedeutet, wenn Gott
sagt: ›Ich fordere von euch nicht, dass ihr mir irgend-
welche Opfer bringt, sondern dass ihr barmherzig
seid.‹

8,17 *nach* Jes 53,4 **8,20** 2 Kor 8,9 **8,21-22** (folge mir) 4,20 par; 4,22 par; 9,9 par; 19,21 par; Lk 5,11; Joh 1,43; 21,19-22 **8,26** Ps 89,10 S; Mt 14,30-32; 14,31 S **8,29** Mk 3,11 S; 1 Kor 15,24 **9,2** (vergeben) Mk 2,5 S; Ps 103,3 **9,6** Joh 5,36 **9,9** 8,21-22 S **9,10** 11,19 par; Lk 15,1-2; 19,7 **9,13** *nach* Hos 6,6; Mt 12,7

a Siehe Anmerkung zu 1,22.
b Im Rahmen der programmatischen Taten (Kap 8–9) zeigt Matthäus auch, was Nachfolge Jesu bedeutet. Die Verse 18-22 sprechen von der unerhörten Anforderung der Nachfolge, 23-27 von den Gefahren, die die Jünger bedrohen, durch Jesu Gegenwart aber gebannt werden.
c Wörtlich *entstand ein gewaltiges Beben im Meer.* Matthäus verwendet hier dasselbe Wort *(Erd-)Beben* wie in 24,7; 27,51.54; 28,2. Er deutet die Bedrohung der Jünger als ein endzeitliches Geschehen, in dem ihr Vertrauen zu Gott und zu Jesus sich bewähren muss.
d Siehe Anmerkung zu Mk 4,41.
e Eine nichtjüdische Stadt 10 km südöstlich des Sees Gennesaret.
f D.h. noch ehe Gott endgültig seine Herrschaft aufrichtet und alle dämonischen Mächte vernichtet; vgl. 12,28.
g Siehe Anmerkung zu Mk 5,13.
h Gemeint ist Kafarnaum; vgl. 4,13-16.
i Krankheit ist nach alttestamentlich-jüdischem Verständnis in der Regel die Folge von Sünden (vgl. Joh 9,2), Vergebung der Schuld demnach Voraussetzung der Heilung (Ps 103,3).
j Vgl. Mk 2,12. Matthäus lässt durchblicken, dass die Vollmacht Jesu, Sünden zu vergeben, in der Gemeinde weiterlebt.
k Ihm wird von der altkirchlichen Überlieferung dieses Evangelium zugeschrieben (vgl. die Einführung Seite 5 NT).
l Matthäus denkt wahrscheinlich an das Haus, das Jesus in Kafarnaum, »seiner Stadt« (9,1), als Standquartier diente; vgl. 4,13; 9,28; 13,1.36; 17,25.

Ich bin nicht gekommen, solche Menschen in Gottes neue Welt einzuladen,[a] bei denen alles in Ordnung ist, sondern solche, die Gott den Rücken gekehrt haben.«

Die Hochzeit hat begonnen[b]

(Mk 2,18-22; Lk 5,33-39)

14 Danach kamen die Jünger* des Täufers Johannes zu Jesus und fragten: »Wie kommt es, dass wir und die Pharisäer* regelmäßig fasten*, aber deine Jünger nicht?«

15 Jesus antwortete: »Können die Hochzeitsgäste mit Trauermienen herumsitzen, solange der Bräutigam unter ihnen ist? Die Zeit kommt früh genug, dass der Bräutigam ihnen entrissen wird; dann werden sie fasten.

16 Niemand flickt ein altes Kleid mit einem neuen Stück Stoff, sonst reißt das neue Stück wieder aus und macht das Loch nur noch größer. 17 Auch füllt niemand neuen Wein, der noch gärt, in alte Schläuche; sonst platzen die Schläuche, der Wein fließt aus und auch die Schläuche sind hin. Nein, neuen Wein füllt man in neue Schläuche, dann bleibt beides erhalten.«

Jesus heilt eine kranke Frau und erweckt ein Mädchen vom Tod[c]

(Mk 5,21-43; Lk 8,40-56)

18 Während Jesus ihnen das erklärte, kam einer der Gemeindevorsteher zu ihm, warf sich vor ihm nieder und sagte: »Meine Tochter ist gerade gestorben. Aber komm und leg ihr deine Hand auf, dann wird sie wieder leben!«

19 Jesus stand auf und folgte ihm. Auch seine Jünger* gingen mit.

20 Unterwegs trat eine Frau von hinten an Jesus heran und berührte eine Quaste* seines Gewandes. Sie litt seit zwölf Jahren an Blutungen 21 und sagte sich: »Wenn ich nur sein Gewand berühre, werde ich gesund.«

22 Jesus drehte sich um, sah die Frau und sagte: »Nur Mut, meine Tochter! Dein Vertrauen hat dir geholfen.« Im selben Augenblick war die Frau geheilt.

23 Jesus kam in das Trauerhaus. Als er die Flötenspieler für das Begräbnis und all die aufgeregten Menschen sah, 24 sagte er: »Hinaus mit euch! Das Mädchen ist nicht tot, es schläft nur.« Da lachten sie ihn aus.

25 Er ließ die Leute hinauswerfen, ging in den Raum, in dem das Mädchen lag, und nahm es bei der Hand; da stand es auf.

26 Die Nachricht davon verbreitete sich in der ganzen Gegend.

Jesus heilt zwei Blinde

27 Als Jesus von dort weiterging, liefen zwei Blinde hinter ihm her und riefen: »Du Sohn Davids,[d] hab Erbarmen mit uns!«

28 Als er ins Haus ging, folgten sie ihm, und er fragte sie: »Traut ihr mir zu, dass ich euch helfen kann?«

»Ja, Herr!«, antworteten sie.

29 Da berührte Jesus ihre Augen und sagte: »Was ihr in eurem Vertrauen von mir erwartet, soll geschehen.« 30 Da konnten sie sehen.

Jesus befahl ihnen streng: »Seht zu, dass es niemand erfährt!« 31 Sie aber gingen hinaus und erzählten von Jesus in der ganzen Gegend.

Jesus heilt einen Stummen. Unterschiedliche Reaktionen

32 Als die beiden gegangen waren, wurde ein Mann zu Jesus gebracht, der war stumm, weil ihn ein böser Geist* in seiner Gewalt hatte. 33 Kaum war der böse Geist ausgetrieben, fing der Stumme an zu reden, und alle riefen erstaunt: »So etwas hat es in Israel noch nie gegeben!«

34 Aber die Pharisäer* erklärten: »Er kann nur deshalb die bösen Geister austreiben, weil der oberste aller bösen Geister ihm die Macht dazu gibt.«

DIE AUSSENDUNG DER JÜNGER: ISRAEL MUSS SICH ENTSCHEIDEN

(9,35–12,50)

Die Aussendung der Jünger

(Mk 6,34.7; 3,13-19; Lk 10,2; 9,1; 6,12-16)

35 Jesus zog durch alle Städte und Dörfer. Er lehrte in den Synagogen* und verkündete die Gute Nachricht, dass Gott jetzt seine Herrschaft aufrichtet und sein Werk vollendet.[e] Er heilte alle Krankheiten und Leiden.

36 Als er die vielen Menschen sah, ergriff ihn das Mitleid, denn sie waren so hilflos und erschöpft wie Schafe, die keinen Hirten haben. 37 Darum sagte er zu seinen Jüngern*: »Hier wartet eine reiche Ernte, aber es gibt nicht genug Menschen, die helfen, sie einzubringen. 38 Bittet den Herrn, dem diese Ernte gehört, dass er die nötigen Leute schickt!«

10 Und er rief seine zwölf Jünger zu sich und gab ihnen die Vollmacht, böse Geister* auszutreiben und alle Krankheiten und Leiden zu heilen.[f]

2 Hier sind dieNamen dieser zwölf Apostel*:

Der erste von ihnen Simon, bekannt unter dem Namen Petrus*;

a *in Gottes neue ...:* wörtlich *zu rufen.*
b Siehe Anmerkungen zu Mk 2,18-22.
c Die von Jesus berichteten Totenerweckungen (vgl. noch Lk 7,11-15; Joh 11,1-44) sind Zeichen und Unterpfand der endgültigen Todesüberwindung, die in der Auferstehung Jesu geschehen ist (Joh 11,25-26).
d Siehe Sacherklärung. Die Bezeichnung spielt besonders im Matthäus-Evangelium eine Rolle (siehe 20,30-31 und die Vergleichsstellen dort).
e *die Gute Nachricht, dass ...:* wörtlich *die Gute Nachricht* von der Königsherrschaft*.*
f Nachdem die Lehre Jesu (Kap 5–7) und sein Tun (Kap 8–9) programmatisch vorgestellt wurden, wird im Folgenden die Aufgabe der zwölf Jünger umrissen (Kap 10 ist die zweite große Rede des Matthäus).

9,14 6,16-17 S; 11,18-19 par **9,15** 22,2; 25,10; Joh 2,1-12; 3,29; Offb 19,7 **9,20** Lev 15,25-27; Mt 14,36 par; Lk 6,19 **9,22** Lk 7,50 S; Mt 8,13 S **9,24** Joh 11,11-13 **9,25** Mk 5,41 S **9,27-30** 20,29-34 par **9,27** 20,30-31 S **9,29** 8,13 S **9,30** Mk 5,43 S **9,31** Mk 7,36 S **9,32-34** 12,22-24 par **9,34** 10,25; 12,24.27 par; Joh 8,48 S **9,35** 4,23 S **9,36** Mk 8,2 S; Sach 10,2 **10,2-4** Apg 1,13; Joh 1,40-44 **10,2** Lk 6,13 S

dann Andreas, der Bruder Simons;
Jakobus, der Sohn von Zebedäus, und sein Bruder
Johannes;
3 Philippus und Bartholomäus;
Thomas und der Zolleinnehmer* Matthäus;[a]
Jakobus, der Sohn von Alphäus, und Thaddäus;
4 Simon, der zur Partei der Zeloten gehört hatte,[b]
und Judas Iskariot, der Jesus später verriet.

Der Auftrag der Jünger
(Mk 6,7-13; Lk 9,2-6; 10,4-12)

5 Diese zwölf sandte Jesus aus mit dem Auftrag:
»Meidet die Orte, wo Nichtjuden wohnen, und geht
auch nicht in die Städte Samariens*, 6 sondern geht
zum Volk Israel,[c] dieser Herde von verlorenen Scha-
fen. 7 Verkündet ihnen: ›Jetzt wird Gott seine Herr-
schaft aufrichten und sein Werk vollenden!‹[d] 8 Heilt
die Kranken, weckt die Toten auf, macht die Aus-
sätzigen* rein und treibt die bösen Geister* aus!
Umsonst habt ihr alles bekommen, umsonst sollt
ihr es weitergeben. 9 Beschafft euch kein Reisegeld,
weder Goldstücke noch Silber- oder Kupfergeld!
10 Besorgt euch auch keine Vorratstasche, kein zwei-
tes Hemd,[e] keine Schuhe und keinen Wanderstock!
Denn wer arbeitet, hat ein Anrecht auf Unterhalt.[f]
11 Wenn ihr in eine Stadt oder in ein Dorf kommt,
dann findet heraus, wer es wert ist, euch in sein Haus
aufzunehmen. Bleibt dort, bis ihr weiterzieht.
12 Wenn ihr das Haus betretet, dann wünscht allen,
die darin wohnen, Frieden*! 13 Wenn sie es wert
sind, wird euer Friedenswunsch in Erfüllung gehen.
Andernfalls bleibt er wirkungslos.
14 Wo sie euch nicht aufnehmen und nicht anhö-
ren wollen, da geht aus dem Haus oder der Stadt
weg und schüttelt den Staub* von den Füßen. 15 Ich
versichere euch: Am Tag des Gerichts wird Gott
mit den Leuten von Sodom* und Gomorra mehr
Nachsicht haben als mit den Bewohnern einer sol-
chen Stadt.«

Drohende Verfolgungen

16 »Das muss euch klar sein: Ich sende euch wie Scha-
fe mitten unter Wölfe. Seid klug wie die Schlangen
und doch ohne Hinterlist wie die Tauben. 17 Nehmt
euch in Acht vor den Menschen! Sie werden euch
an die Gerichte ausliefern und in ihren Synagogen
auspeitschen*. 18 Auch vor Statthalter und Könige
werdet ihr um meinetwillen gestellt werden, um
auch vor ihnen, den Vertretern der nichtjüdischen
Völker,[g] als Zeugen für mich auszusagen.
19 Wenn sie euch an die Gerichte ausliefern, dann
macht euch keine Sorgen, was ihr sagen sollt oder
wie ihr es sagen sollt. Es wird euch im entscheiden-
den Augenblick schon eingegeben werden. 20 Nicht
ihr werdet dann reden, sondern der Geist* eures Va-
ters wird aus euch sprechen.
21 Ein Bruder wird den andern dem Henker auslie-
fern und ein Vater seine Kinder. Kinder werden sich
gegen ihre Eltern stellen und sie in den Tod schicken.
22 Alle werden euch hassen, weil ihr euch zu mir be-
kennt. Aber wer bis zum Ende standhaft bleibt, wird
gerettet.
23 Wenn sie euch in der einen Stadt verfolgen,
dann flieht in eine andere. Ich versichere euch: Ihr
werdet mit eurem Auftrag in den Städten Israels
nicht fertig werden, bis der Menschensohn*
kommt.[h]
24 Kein Schüler steht über seinem Lehrer und kein
Sklave über seinem Herrn. 25 Der Schüler kann froh
sein, wenn es ihm ergeht wie seinem Lehrer, und
der Sklave, wenn es ihm ergeht wie seinem Herrn.
Wenn sie schon den Hausherrn Oberteufel[i] nennen,
dann werden sie seine Leute erst recht so beschimp-
fen.«

Wen man fürchten muss
(Lk 12,2-9)

26 »Fürchtet euch nicht vor diesen Menschen! Was
verhüllt ist, wird offenbar werden, und was niemand
weiß, wird allen bekannt werden. 27 Was ich euch in
der Dunkelheit anvertraue, das sagt am hellen Tag
weiter, und was ich euch ins Ohr flüstere, das ruft
laut in der Öffentlichkeit aus.[j]
28 Fürchtet euch nicht vor denen, die nur den Leib,
aber nicht die Seele* töten können. Fürchtet euch
vor Gott, der Leib und Seele ins ewige Verderben
schicken kann.
29 Kauft man nicht zwei Spatzen für einen Gro-
schen? Und doch fällt nicht einmal ein Spatz auf
die Erde, ohne dass euer Vater es weiß. 30 Bei euch
aber ist sogar jedes Haar auf dem Kopf gezählt.

»Kauft man nicht zwei Spatzen für einen Groschen? Und doch fällt nicht einmal ein Spatz auf die Erde, ohne dass euer Vater es weiß.« (10,29)

a Siehe Anmerkung zu 9,9.
b Wörtlich *Simon, der Kananäer;* siehe Sacherklärung »Zeloten«.
c Der Auftrag wird strikt auf Israel begrenzt (siehe Einführung Seite 5 NT).
d *Jetzt wird Gott ...:* wörtlich *Nahe herbeigekommen ist die Königsherrschaft* der Himmel.*
e Siehe Sacherklärung »Hemd«.
f Vgl. 6,25-34 und das Bild Seite 12 NT.
g Wörtlich *vor ihnen und (damit) den Heiden*.*
h Die Ankündigung Jesu ist insofern in Erfüllung gegangen, als – nach urchristlichem Verständnis – im Untergang Israels in den Jahren 66–70 n. Chr. ein Stück Weltgeschichte zum Weltgericht geworden ist (vgl. 22,1-7; 23,35-36; Lk 21,20-24).
i Wörtlich *Beelzebul*.*
j Matthäus bezieht die Verse 26-27 auf das Wort Jesu, das öffentlich verkündet werden muss (anders Lk 12,2-3).

10,5-15 Lk 10,4-12 **10,5** Lk 10,33S **10,6** Jer 50,6; Mt 15,24; Apg 13,46 **10,7** 4,17S **10,10** 1 Kor 9,14; 1 Tim 5,18 **10,13** Lk 2,14S **10,14** Apg 13,51S **10,15** Gen 18,20; 19,1-29; Mt 11,24; Lk 10,12 **10,16** Lk 10,3 **10,17-22** 24,9-14 par; Joh 16,1-4 **10,17** Apg 5,40; 2 Kor 11,24 **10,18** Apg 24,1–26,32 **10,19-20** Lk 12,11-12S **10,21** Mt 10,35 par S **10,22** Lk 6,22S; Joh 15,18-19S **10,23** Apg 8,1; Mt 16,28 par **10,24-25** Joh 13,16S **10,25** 9,34S **10,26** Mk 4,22 par **10,28** Ps 56,5S; Hebr 10,31 **10,30** Lk 21,18

Neutestamentliche Zeitgeschichte auf einen Blick

Die blauen Streifen für die neutestamentlichen Schriften (im oberen Feld) bezeichnen in ihrer Länge nicht die Zeit der Entstehung dieser Schriften, sondern die Zeit der Ereignisse, von denen darin berichtet oder auf die darin Bezug genommen wird.

Die Unterbrechung des Streifens bei Matthäus und Lukas deutet darauf hin, dass die Lebenszeit Jesu von diesen Evangelien nicht durchgehend geschildert wird; zwischen Jesu Geburt und Kindheit und seinem öffentlichen Auftreten liegen Jahrzehnte. Markus und Johannes schildern nur die kurzen Jahre des öffentlichen Wirkens. Die »Offenbarung an Johannes« ist nicht eingezeichnet, weil die Geschehnisse, von denen sie in bildhafter Weise spricht, sich nicht 1:1 historischen Ereignissen zuordnen lassen.

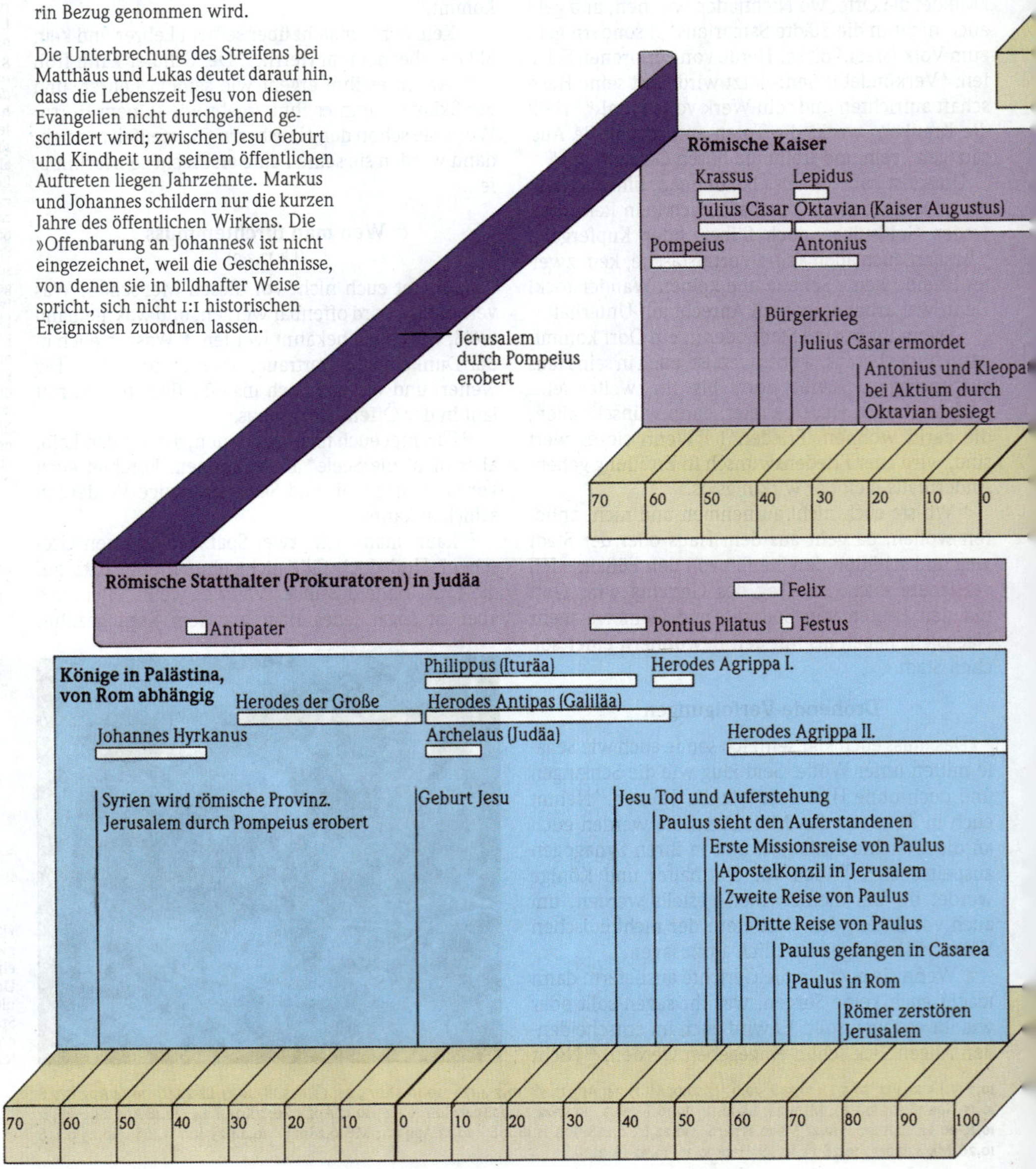

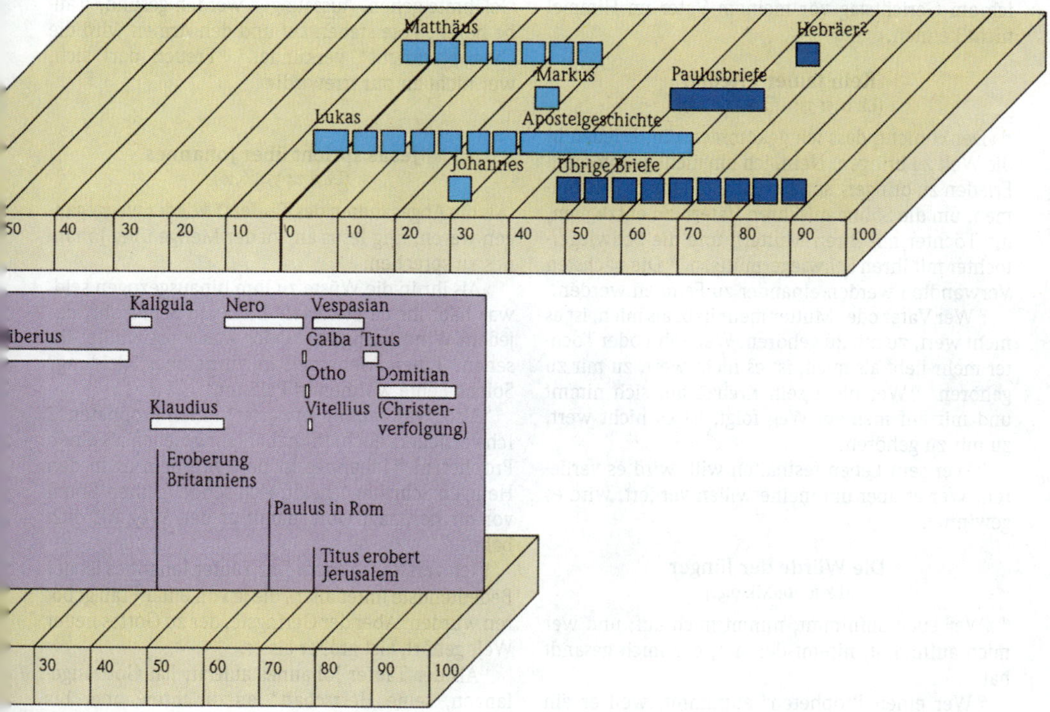
Matthäus
Hebräer?
Markus
Paulusbriefe
Lukas
Apostelgeschichte
Johannes
Übrige Briefe
50 40 30 20 10 0 10 20 30 40 50 60 70 80 90 100
Kaligula
Nero
Vespasian
iberius
Galba
Titus
Otho
Domitian
Klaudius
Vitellius
(Christen-
verfolgung)
Eroberung
Britanniens
Paulus in Rom
Titus erobert
Jerusalem
30 40 50 60 70 80 90 100

31 Habt also keine Angst: Ihr seid Gott mehr wert als
ein ganzer Schwarm Spatzen!
32 Wer sich vor den Menschen zu mir bekennt, zu
dem werde auch ich mich bekennen am Gerichtstag
vor meinem Vater im Himmel. 33 Wer mich aber vor
den Menschen nicht kennen will, den werde auch
ich am Gerichtstag vor meinem Vater im Himmel
nicht kennen.«

Kein fauler Frieden

(Lk 12,51-53; 14,26-27; 17,33)

34 »Denkt nicht, dass ich gekommen bin, Frieden in
die Welt zu bringen. Nein, ich bin nicht gekommen,
Frieden zu bringen, sondern Streit. 35 Ich bin gekom-
men, um die Söhne mit ihren Vätern zu entzweien,
die Töchter mit ihren Müttern und die Schwieger-
töchter mit ihren Schwiegermüttern. 36 Die nächsten
Verwandten werden einander zu Feinden werden.
37 Wer Vater oder Mutter mehr liebt als mich, ist es
nicht wert, zu mir zu gehören. Wer Sohn oder Toch-
ter mehr liebt als mich, ist es nicht wert, zu mir zu
gehören. 38 Wer nicht sein Kreuz* auf sich nimmt
und mir auf meinem Weg folgt, ist es nicht wert,
zu mir zu gehören.
39 Wer sein Leben festhalten will, wird es verlie-
ren. Wer es aber um meinetwillen verliert, wird es
gewinnen.«

Die Würde der Jünger

(Lk 10,16; Mk 9,41)

40 »Wer euch aufnimmt, nimmt mich auf; und wer
mich aufnimmt, nimmt den auf, der mich gesandt
hat.
41 Wer einen Propheten[a] aufnimmt, weil er ein
Prophet ist, wird auch wie ein Prophet belohnt.
Wer einen Gerechten[b] aufnimmt, weil er ein Ge-
rechter ist, wird auch wie ein Gerechter belohnt.
42 Und wer einem ganz unbedeutenden Menschen[c]
auch nur einen Schluck kaltes Wasser zu trinken
gibt – einfach weil er mein Jünger ist –, ich ver-
sichere euch, wer das tut, wird ganz gewiss nicht
leer ausgehen.«

Abschluss der Jüngerunterweisung

11 Diese Anweisungen gab Jesus seinen zwölf
Jüngern*. Als er die Rede beendet hatte, zog
er weiter, um in den Städten des Landes zu lehren,
was Gott jetzt von seinem Volk verlangt, und die
Gute Nachricht* zu verkünden.[d]

Die Anfrage des Täufers Johannes

(Lk 7,18-23)

2 Der Täufer* Johannes hatte im Gefängnis von den
Taten gehört, die Jesus als den versprochenen Retter
auswiesen;[e] darum schickte er einige seiner Jünger*
zu ihm. 3 »Bist du wirklich der, der kommen soll«,
ließ er fragen, »oder müssen wir auf einen anderen
warten?«
4 Jesus antwortete ihnen: »Geht zu Johannes und
berichtet ihm, was ihr hört und seht: 5 Blinde sehen,
Gelähmte gehen, Aussätzige* werden gesund,[f] Tau-
be hören, Tote stehen auf und den Armen wird die
Gute Nachricht* verkündet.[g] 6 Freuen darf sich,
wer nicht an mir irrewird!«

Jesus spricht über Johannes

(Lk 7,24-35; 16,16)

7 Als die Abgesandten des Täufers* wieder weggegan-
gen waren, fing Jesus an, zu der Menge über Johan-
nes zu sprechen:
»Als ihr in die Wüste zu ihm hinausgezogen seid,
was habt ihr da erwartet? Etwa ein Schilfrohr, das
jedem Wind nachgibt? 8 Oder was sonst wolltet ihr
sehen? Einen Menschen in vornehmer Kleidung?
Solche Leute wohnen in Palästen!
9 Also, was habt ihr erwartet? Einen Propheten*?
Ich versichere euch: Ihr habt mehr gesehen als einen
Propheten! 10 Johannes ist der, von dem es in den
Heiligen Schriften* heißt: ›Ich sende meinen Boten
vor dir her, sagt Gott, damit er den Weg für dich
bahnt.‹
11 Ich versichere euch: Der Täufer Johannes ist der
Bedeutendste unter allen, die je von einer Frau gebo-
ren wurden. Aber der Geringste, der zu Gottes neuer
Welt gehört,[h] ist größer als er.
12 Als der Täufer Johannes auftrat, hat Gott ange-
fangen, seine Herrschaft* aufzurichten; aber bis
heute stellen sich ihr Feinde in den Weg. Sie hindern
andere mit Gewalt daran, sich dieser Herrschaft zu
unterstellen. 13 Das Gesetz* und alle Propheten bis
hin zu Johannes haben angekündigt, was jetzt ge-
schieht. 14 Und ob ihr es wahrhaben wollt oder nicht:
Johannes ist tatsächlich der Prophet Elija*, dessen
Kommen vorausgesagt war.[i] 15 Wer Ohren hat, soll
gut zuhören!
16 Mit wem soll ich die Menschen von heute ver-
gleichen? Sie sind wie die Kinder, die auf dem Markt-
platz spielen. Die einen werfen den andern vor:
17 ›Wir haben euch Hochzeitslieder gespielt, aber
ihr habt nicht getanzt!‹ ›Wir haben euch Trauer-
lieder gesungen, aber ihr habt nicht geweint.‹[j]
18 Johannes ist gekommen, aß nicht und trank
nicht und die Leute sagen: ›Er ist von einem bösen
Geist* besessen.‹ 19 Der Menschensohn* ist gekom-
men, isst und trinkt und sie sagen: ›Seht ihn euch
an, diesen Vielfraß und Säufer, diesen Kumpan der
Zolleinnehmer* und Sünder!‹

10,33 Mk 8,38 par; 2 Tim 2,12 **10,34** Lk 2,14 S **10,35** Mi 7,6; Mt 10,21; 24,10; Mk 13,12 par; Lk 12,52-53 **10,37** Dtn 13,7-10; 33,9; Mt 19,29 par **10,38-39** 16,24-25 par; Lk 17,33; Joh 12,25-26 **10,40** 18,5 par; Joh 13,20; Gal 4,14 **11,2** 14,3; (Taten) 8,1–9,34; 11,19 **11,3** 3,11-12; Joh 1,15.27; 3,31; 11,27 **11,5** Jes 35,5-6; 29,18; 26,19; 61,1; Lk 4,18 **11,10** *nach* Mal 3,1 *und* Ex 23,20; Lk 1,76 S **11,14** 1 Kön 17,1 S; Mt 17,12-13 par; Lk 1,17; Joh 1,21 **11,18-19** 9,14 par; 6,16-17 S **11,19a** 9,10 S

a Siehe Anmerkung zu 7,15.
b Siehe Sacherklärung. Im vorliegenden Fall dürfte ein besonders bewährtes und angesehenes Gemeindeglied gemeint sein.
c Wörtlich *einem dieser Kleinen;* vgl. 18,6 und die Anmerkung dort.
d Wörtlich *zu lehren und zu verkünden.*
e Wörtlich *von den Werken des Christus*.*
f *gesund:* wörtlich *rein*.*
g Mit diesem Zitat aus Jesaja (vgl. Jes 35,5-6; 26,19; 61,1) wird der Anspruch erhoben, dass die Heilszeit angebrochen ist.
h Wörtlich *der Geringste in der Königsherrschaft* der Himmel.*
i Vgl. 3,4 und die Anmerkung dort.
j *nicht geweint:* wörtlich *euch nicht (auf die Brüste) geschlagen;* siehe Sacherklärung »Trauerbräuche«.

Aber die Weisheit* Gottes wird bestätigt durch die Taten,[a] die sie vollbringt.«

Wer nicht hören will ...

(Lk 10,13-15)

20 Dann begann Jesus mit harten Worten über die Orte zu sprechen, in denen er die meisten Wunder getan hatte und die Menschen hatten sich doch nicht geändert:[b]

21 »Weh dir, Chorazin! Weh dir, Betsaida! Wenn in Tyrus und Sidon die Wunder geschehen wären, die bei euch geschehen sind, die Leute dort hätten schon längst den Sack* umgebunden, sich Asche auf den Kopf gestreut und ihr Leben geändert. 22 Ich versichere euch: Am Tag des Gerichts wird es den Bewohnern von Tyrus und Sidon besser ergehen als euch!

23 Und du, Kafarnaum, meinst du, du wirst in den Himmel erhoben werden? In den tiefsten Abgrund* wirst du gestürzt! Wenn in Sodom* die Wunder geschehen wären, die bei dir geschehen sind, dann würde es heute noch stehen. 24 Ich versichere dir: Am Tag des Gerichts wird es Sodom besser ergehen als dir!«

Jesus und der Vater. Einladung zu erfülltem Leben

(Lk 10,21-22)

25 Danach rief Jesus: »Vater, Herr über Himmel und Erde, du hast angefangen, deine Herrschaft* aufzurichten.[c] Das hast du den Klugen und Gelehrten verborgen, aber den Unwissenden hast du es offenbar gemacht.[d] Dafür preise ich dich! 26 Ja, Vater, so wolltest du es haben!

27 Mein Vater hat mir alle Macht übergeben. Niemand kennt den Sohn*, nur der Vater, und niemand den Vater, nur der Sohn – und die, denen der Sohn ihn offenbaren will.[e]

28 Ihr plagt euch mit den Geboten, die die Gesetzeslehrer* euch auferlegt haben. Kommt alle zu mir; ich will euch die Last abnehmen![f] 29 Ich quäle euch nicht und sehe auf niemand herab. Stellt euch unter meine Leitung[g] und lernt bei mir; dann findet euer Leben Erfüllung. 30 Was *ich* anordne, ist gut für euch, und was *ich* euch zu tragen gebe, ist keine Last.«[h]

Jesus und der Sabbat

(Mk 2,23-28; Lk 6,1-5)

12 Damals ging Jesus an einem Sabbat* durch die Felder. Seine Jünger* hatten Hunger; darum fingen sie an, Ähren abzureißen und die Körner zu essen.

2 Als die Pharisäer* das sahen, sagten sie zu Jesus: »Da sieh dir an, was deine Jünger tun! Das ist nach dem Gesetz* am Sabbat verboten!«[i]

3 Jesus antwortete ihnen: »Habt ihr nicht gelesen, was David tat, als er und seine Männer hungrig waren? 4 Er ging in das Haus Gottes und aß mit ihnen von den geweihten Broten*, obwohl das verboten war – denn nur Priester dürfen davon essen.

5 Oder habt ihr nicht im Gesetz gelesen, dass die Priester auch am Sabbat im Tempel* arbeiten? Dadurch übertreten sie die Sabbatvorschriften; trotzdem werden sie nicht schuldig. 6 Und ich sage euch: Hier ist mehr als der Tempel!

7 Wenn ihr verstanden hättet, was mit dem Wort gemeint ist: ›Ich fordere von euch nicht, dass ihr mir irgendwelche Opfer[j] bringt, sondern dass ihr barmherzig seid‹, dann würdet ihr nicht Unschuldige verurteilen.

8 Der Menschensohn* ist Herr über den Sabbat; er hat zu bestimmen, was an diesem Tag getan werden darf.«[k]

Jesus heilt am Sabbat

(Mk 3,1-6; Lk 6,6-11)

9 Jesus ging weiter und kam in ihre Synagoge*. 10 Dort war ein Mann mit einer abgestorbenen Hand. Die Pharisäer* hätten Jesus gerne angezeigt und fragten ihn deshalb: »Ist es erlaubt, am Sabbat* zu heilen?«[l]

11 Jesus antwortete: »Stellt euch vor, einer von euch hat nur ein einziges Schaf und das fällt an einem Sabbat in eine Grube. Packt er dann nicht zu und holt es heraus? 12 Ein Mensch ist doch viel mehr wert als ein Schaf! Also ist es erlaubt, einem Menschen am Sabbat Gutes zu tun.«

13 Dann sagte er zu dem Mann: »Streck deine Hand aus!« Er streckte sie aus, und sie wurde so gesund wie die andere.

14 Da gingen die Pharisäer hinaus und beschlossen, dass Jesus sterben müsse.

Die erfüllte Zusage

(Mk 3,7-12; Lk 6,17-19)

15 Als Jesus davon hörte, zog er sich von dort zurück. Viele Menschen folgten ihm. Er heilte alle Kranken, 16 verbot ihnen aber nachdrücklich, öffentlich von ihm zu reden.

17 Damit sollte in Erfüllung gehen, was der Prophet Jesaja angekündigt hatte:

18 »Hier ist mein Bevollmächtigter*!
Ihn habe ich erwählt,
ihm gilt meine Liebe,
an ihm habe ich Freude.

a Wahrscheinlich wie in Vers 2 Bezugnahme auf Kap 8–9. In Jesus ist demnach die Weisheit Gottes in Person (Spr 8) erschienen (vgl. auch Verse 28-30 und die Anmerkung dort).
b *geändert:* siehe Sacherklärung »Umkehr«; ebenso zu Vers 21.
c *du hast angefangen ...:* verdeutlichender Zusatz.
d Siehe Anmerkung zu Lk 10,21.
e Die Verse 27-20 muten an wie ein Vorgriff auf das Ende des Evangeliums (28,18-20). Mit Kap 11 wird eine Art Zwischenbilanz gezogen.
f *Ihr plagt euch ...:* wörtlich *Auf zu mir, alle, die ihr euch plagt und schwere Lasten zu tragen habt, und ich werde euch Ruhe verschaffen.* Mit Plagen und Lasten ist die pharisäische Art der Gesetzesauslegung gemeint (23,4.23-24); vgl. auch Apg 15,10.
g *Stellt euch ...:* wörtlich *Nehmt mein Joch* auf euch.*
h Zu den Versen 28-30 vgl. Sir 6,23-31; 24,19-22; 51,23.26-27 sowie Mt 11,19 und die Anmerkung dort.
i Siehe Anmerkung zu Mk 2,24.
j Zu dem angeführten Wort aus Hos 6,6 vgl. Anmerkung zu 9,13; hier ist mit *Opfer* an die Einhaltung des Sabbatgebotes gedacht, wie es von den Pharisäern ausgelegt und praktiziert wurde.
k *er hat zu ...:* verdeutlichender Zusatz.
l Siehe Anmerkung zu Mk 3,2.

11,19b 11,2S **11,21** Jes 23,1-16S **11,23** 4,13; 9,1; Jes 14,13-15 **11,24** 10,15S **11,25** Jes 29,14; 1 Kor 1,18-29 **11,27** Joh 3,35S; 1,18; 10,15 **11,28** 23,4 par; Sir 24,19-22 **11,29** Jes 28,12; Jer 6,16 **11,30** 1 Joh 5,3 **12,1-8** Mk 2,27-28S **12,1** Dtn 23,25-26 **12,2** Ex 20,8-10S **12,3-4** 1 Sam 21,2-7; Lev 24,5-9 **12,5** Num 28,9-10 **12,7** 9,13S **12,9-14** Mk 2,27-28S **12,11-12** Lk 13,15-16 **12,11** Lk 14,5S **12,14** Mk 11,18S; Joh 7,1S **12,16** Mk 5,43S **12,17-21** *nach* Jes 42,1-4 **12,18** 3,17S; 28,19

Ihm gebe ich meinen Geist*.
Er wird den Völkern der Welt meine Rechtsordnung
verkünden.
19 Er streitet nicht und macht keinen Lärm,
er hält keine lauten Reden auf den Straßen.
20 Das geknickte Schilfrohr zerbricht er nicht,
den glimmenden Docht löscht er nicht aus.
So handelt er, bis er meiner Rechtsordnung zum Sieg
verholfen hat.
21 Auf ihn werden die Völker ihre Hoffnung setzen.«

Steht Jesus mit dem Teufel im Bund?

(Lk 11,14-23; 12,10; Mk 3,22-30)

22 Damals brachten sie einen Mann zu Jesus, der war
blind und stumm, weil er von einem bösen Geist*
besessen war. Jesus heilte ihn, und er konnte wieder
sprechen und sehen. 23 Darüber geriet die Menge in
große Erregung und alle fragten sich: »Ist er viel-
leicht der versprochene Sohn Davids?«[a]
24 Als die Pharisäer das hörten, widersprachen sie:
»Er kann die bösen Geister nur austreiben, weil
Beelzebul*, der oberste aller bösen Geister, ihm
die Macht dazu gibt!«
25 Jesus wusste, was sie dachten, und sagte zu ih-
nen: »Jeder Staat, dessen Machthaber einander be-
fehden, muss untergehen, und keine Stadt oder Fa-
milie, in der die Leute miteinander im Streit liegen,
kann bestehen. 26 Würde der Satan* sich selbst aus-
treiben, dann wäre er mit sich selbst zerstritten.
Wie könnte da seine Herrschaft bestehen?
27 Wenn ich die bösen Geister austreibe, weil ich
mit Beelzebul im Bund stehe,[b] wer gibt dann *euren*
Anhängern die Macht, sie auszutreiben?[c] Eure
eigenen Leute werden es sein, die euch das Urteil
sprechen!
28 Nein, ich treibe die bösen Geister mit Hilfe von
Gottes Geist* aus, und daran könnt ihr erkennen,
dass Gott schon angefangen hat, mitten unter euch
seine Herrschaft* aufzurichten.
29 Oder wie kann einer in das Haus eines Starken
eindringen und ihm seine Beute rauben, wenn er
den Starken nicht zuvor gefesselt hat? Dann erst
kann er sein Haus ausrauben!
30 Wer nicht für mich ist, der ist gegen mich, und
wer mir nicht sammeln hilft, der zerstreut. 31 Des-
halb sage ich euch: Jede Sünde und jede Gottes-
lästerung kann den Menschen vergeben werden;
aber wenn jemand den Geist Gottes beleidigt, gibt
es keine Vergebung. 32 Sogar wer den Menschen-
sohn* beschimpft, kann Vergebung finden. Wer
aber den Heiligen Geist beleidigt, wird niemals Ver-
gebung finden, weder in dieser Welt noch in der
kommenden.«

Worte offenbaren den Menschen – und werden gewogen

(Lk 6,43-45)

33 »Wenn ihr einen gesunden Baum habt, habt ihr
gute Früchte von ihm zu erwarten. Wenn ihr einen
kranken Baum habt, habt ihr schlechte Früchte
von ihm zu erwarten. An den Früchten ist zu erken-
nen, was der Baum wert ist.
34 Ihr Schlangenbrut! Wie könnt ihr Gutes reden,
wo ihr doch böse seid! Denn wovon das Herz voll
ist, davon redet der Mund. 35 Ein guter Mensch
bringt Gutes hervor, weil er im Innersten gut ist.
Ein schlechter Mensch kann nur Böses hervorbrin-
gen, weil er von Grund auf böse ist.
36 Aber das sage ich euch: Am Tag des Gerichts
werden die Menschen sich verantworten müssen
für jedes unnütze Wort, das sie gesprochen haben.
37 Aufgrund deiner eigenen Worte wirst du dann frei-
gesprochen oder verurteilt werden.«

Die Gegner fordern von Jesus einen Beweis

(Lk 11,16.29-32)

38 Darauf antworteten einige der Gesetzeslehrer*
und Pharisäer* und forderten: »Lehrer*, wir wollen
von dir ein Wunder sehen, das eindeutig beweist,
dass du von Gott beauftragt bist!«[d]
39 Jesus erwiderte: »Diese böse Generation, die
von Gott nichts wissen will,[e] verlangt einen Beweis,
aber es wird ihr keiner gegeben werden – ausgenom-
men das Wunder, das am Propheten Jona geschah.[f]
Den Beweis werden sie bekommen! 40 So wie Jona
drei Tage und drei Nächte im Bauch des Seeungeheu-
ers war, so wird auch der Menschensohn* drei Tage
und drei Nächte in der Tiefe der Erde verborgen sein.
41 Am Tag des Gerichts werden die Bewohner von
Ninive* aufstehen und diese Generation schuldig
sprechen; denn als Jona sie warnte, haben sie ihr
Leben geändert.[g] Und hier steht ein Größerer als
Jona!
42 Am Tag des Gerichts wird die Königin aus dem
Süden aufstehen und diese Generation schuldig spre-
chen; denn sie kam vom Ende der Welt, um die wei-
sen Lehren Salomos zu hören. Und hier steht ein
Größerer als Salomo!«

Warnung vor der Rückkehr des ausgetriebenen Geistes

(Lk 11,24-26)

43 »Wenn ein böser Geist* einen Menschen verlässt,
irrt er durch Wüsten und sucht nach einer Bleibe und
findet keine. 44 Dann sagt er sich: ›Ich gehe lieber
wieder in meine alte Behausung!‹ Er kehrt zurück
und findet alles leer, sauber und aufgeräumt.

a Siehe Anmerkung zu 9,27.
b Wörtlich *wenn ich die bösen Geister durch Beelzebul austreibe.*
c Dämonenaustreibung wurde auch im damaligen Judentum praktiziert.
d Wörtlich *wir wollen von dir ein Zeichen sehen.*
e Wörtlich *Eine böse und ehebrecherische Generation.* Das Wort *ehebrecherisch* ist hier im übertragenen Sinn zu verstehen; siehe Sacherklärung »Hurerei«.
f Wörtlich *es wird ... kein anderes Zeichen gegeben werden als das Zeichen des Propheten Jona* (siehe Sacherklärung »Jona«).
g *ihr Leben geändert:* siehe Sacherklärung »Umkehr«.

12,21 Röm 15,12 **12,22-24** 9,32-34 **12,23** 20,30-31S **12,24** 9,34S **12,28** Lk 17,21 **12,29** Jes 49,24-25 **12,30** Mk 9,40 par **12,31-32** 12,24 par **12,33** 7,16-18 **12,34** 3,7S **12,36-37** Jak 3,6-10 **12,38-39** 16,1-4 par **12,38** Joh 6,30S **12,40** Jona 2,1; Mt 27,63; 16,21 par **12,41** Jona 3,5 **12,42** 1 Kön 10,1-10

45 Darauf geht er hin und sucht sich sieben andere böse Geister, die noch schlimmer sind als er selbst, und sie kommen und wohnen dort. So ist dieser Mensch am Ende schlimmer dran als am Anfang.

Genauso wird es auch dieser bösen Generation ergehen.«

Die wahre Familie von Jesus

(Mk 3,31-35; Lk 8,19-21)

46 Während Jesus noch zu der Menschenmenge sprach, kamen seine Mutter und seine Brüder[a] dazu. Sie standen vor dem Haus und wollten ihn sprechen.

47 Einer aus der Menge sagte zu Jesus: »Deine Mutter und deine Brüder stehen draußen und wollen dich sprechen!«

48 Jesus antwortete ihm: »Wer ist meine Mutter? Wer sind meine Brüder?«

49 Dann streckte er seine Hand über seine Jünger* aus und sagte: »Das hier sind meine Mutter und meine Brüder! 50 Denn wer tut, was mein Vater im Himmel will, der ist mein Bruder, meine Schwester und meine Mutter.«

JESUS SPRICHT IN GLEICHNISSEN

(13,1-52)[b]

Jesus muss ins Boot steigen

(Mk 4,1-2; Lk 8,4)

13 Am selben Tag verließ Jesus das Haus und setzte sich ans Seeufer. 2 Es kamen so viele Menschen zusammen, dass er in ein Boot steigen und darin Platz nehmen musste. Die Menge blieb am Ufer stehen, 3a und er sagte ihnen vieles in Form von Gleichnissen*.

Das Gleichnis von der Aussaat

(Mk 4,2-9; Lk 8,5-8)

3b Er sagte: »Ein Bauer ging aufs Feld, um zu säen. 4 Als er die Körner ausstreute, fiel ein Teil von ihnen auf den Weg. Die Vögel kamen und pickten sie auf.

5 Andere Körner fielen auf felsigen Grund, der nur mit einer dünnen Erdschicht bedeckt war. Sie gingen rasch auf, weil sie sich nicht in der Erde verwurzeln konnten; 6 als aber die Sonne hochstieg, vertrockneten die jungen Pflanzen, und weil sie keine Wurzeln hatten, verdorrten sie.

7 Wieder andere Körner fielen in Dornengestrüpp, das bald das Getreide überwucherte und erstickte.

8 Andere Körner schließlich fielen auf guten Boden und brachten Frucht. Manche brachten hundert Körner, andere sechzig und wieder andere dreißig.«

9 Und Jesus sagte: »Wer Ohren hat, soll gut zuhören!«

Warum Jesus Gleichnisse gebraucht

(Mk 4,10-12.25; Lk 8,9-10.18; 10,23-24)

10 Die Jünger* kamen zu Jesus und fragten: »Warum sprichst du in Gleichnissen*, wenn du zu den Leuten redest?«

11 Jesus antwortete: »Euch hat Gott die Geheimnisse seines Planes erkennen lassen, nach dem er schon begonnen hat, seine Herrschaft in der Welt aufzurichten;[c] den anderen hat er diese Erkenntnis nicht gegeben. 12 Denn wer viel hat, dem wird noch mehr gegeben werden, sodass er übergenug haben wird. Wer aber wenig hat, dem wird auch noch das Wenige genommen werden, das er hat.

13 Aus diesem Grund rede ich in Gleichnissen, wenn ich zu ihnen spreche. Denn sie sehen zwar, aber erkennen nichts; sie hören zwar, aber verstehen nichts. 14 An ihnen erfüllt sich die Voraussage des Propheten Jesaja:

›Hört nur zu, ihr versteht doch nichts; seht hin, so viel ihr wollt, ihr erkennt doch nichts! 15 Denn dieses Volk ist im Innersten verstockt. Sie halten sich die Ohren zu und schließen die Augen, damit sie nur ja nicht sehen, hören und begreifen, sagt Gott. Sonst würden sie zu mir umkehren und ich könnte sie heilen.‹[d]

16 Ihr dagegen dürft euch freuen; denn eure Augen sehen und eure Ohren hören. 17 Ich versichere euch: Viele Propheten* und Gerechte* wollten sehen, was ihr jetzt seht, aber sie haben es nicht gesehen. Sie wollten hören, was ihr jetzt hört, aber sie haben es nicht gehört.«

Jesus erklärt das Gleichnis von der Aussaat

(Mk 4,13-20; Lk 8,11-15)

18 »Euch will ich also sagen, was das Gleichnis* vom Bauern und der Saat bedeutet.

19 Es gibt Menschen, die die Botschaft hören, dass Gott seine Herrschaft* aufrichten will; aber sie verstehen sie nicht. Dann kommt der Feind Gottes und nimmt weg, was in ihr Herz gesät worden ist. Bei ihnen ist es wie bei dem Samen, der auf den Weg fällt.

20 Bei anderen ist es wie bei dem Samen, der auf felsigen Grund fällt. Sie hören die Botschaft und nehmen sie sogleich mit Freuden an; 21 aber sie kann in ihnen keine Wurzeln schlagen, weil sie unbeständig sind. Wenn sie dieser Botschaft wegen in Schwierigkeiten geraten oder verfolgt werden, werden sie gleich an ihr irre.

22 Wieder bei anderen ist es wie bei dem Samen, der in das Dornengestrüpp fällt. Sie hören zwar die Botschaft; aber sie hat bei ihnen keine Wirkung, weil sie sich in ihren Alltagssorgen verlieren und sich vom Reichtum verführen lassen. Dadurch wird die Botschaft erstickt.

a Siehe Sacherklärung »Brüder und Schwestern von Jesus«.
b Kap 13, das Gleichniskapitel, stellt die dritte große Rede des Matthäus-Evangeliums dar (siehe die Einführung Seite 5 NT).
c *Euch hat Gott ...:* wörtlich *Euch ist es gegeben, zu erkennen die Geheimnisse der Königsherrschaft der Himmel.* Bei den *Geheimnissen* ist hier an all das zu denken, was Jesus in den Gleichnissen über die Herrschaft* Gottes lehrt.
d Gleichnisse wollen an sich das Verstehen erleichtern. Wer aber im Innersten nicht verstehen *will,* dem können gerade sie zu Rätselreden werden. Das *sollen* sie dann schließlich auch sein – damit der Forderung von 7,6 entsprochen wird. Die Verse 10-17 sind im Zusammenhang der Ablehnung zu sehen, die Jesus in seinem Volk erfuhr.

12,45 2 Petr 2,20 **12,50** 6,10 S **13,11** 11,25 **13,12** 25,29 S **13,14-15** *nach* Jes 6,9-10; Mk 4,12 S **13,17** 1 Petr 1,10-12 **13,22** 1 Tim 6,9-10

23 Bei anderen schließlich ist es wie bei dem Sa-
men, der auf guten Boden fällt. Sie hören und verste-
hen die Botschaft, und sie bringen dann auch Frucht:
manche hundertfach, andere sechzigfach und wie-
der andere dreißigfach.«[a]

Das Unkraut im Weizen

24 Dann erzählte Jesus der Volksmenge ein anderes
Gleichnis*:
»Mit der neuen Welt Gottes[b] ist es wie mit dem
Mann, der guten Samen auf seinen Acker gesät
hatte: 25 Eines Nachts, als alles schlief, kam sein
Feind, säte Unkraut zwischen den Weizen und ver-
schwand. 26 Als nun der Weizen wuchs und Ähren
ansetzte, schoss auch das Unkraut auf.
27 Da kamen die Arbeiter zum Gutsherrn und frag-
ten: ›Herr, du hast doch guten Samen auf deinen
Acker gesät, woher kommt das ganze Unkraut?‹
28 Der Gutsherr antwortete ihnen: ›Das hat einer
getan, der mir schaden will.‹
Die Arbeiter fragten: ›Sollen wir hingehen und
das Unkraut ausreißen?‹
29 ›Nein‹, sagte der Gutsherr, ›wenn ihr es aus-
reißt, könntet ihr zugleich den Weizen mit ausrei-
ßen. 30 Lasst beides wachsen bis zur Ernte! Wenn
es so weit ist, will ich den Erntearbeitern sagen: Sam-
melt zuerst das Unkraut ein und bündelt es, damit es
verbrannt wird. Aber den Weizen schafft in meine
Scheune.‹«[c]

Senfkorn und Sauerteig: Der entscheidende Anfang ist gemacht

(Lk 13,18-21; Mk 4,30-32)

31 Jesus erzählte ihnen noch ein anderes Gleichnis*:
»Wenn Gott jetzt seine Herrschaft* aufrichtet,
geht es ähnlich zu wie bei einem Senfkorn, das je-
mand auf seinen Acker gesät hat. 32 Es gibt keinen
kleineren Samen; aber was daraus wächst, wird grö-
ßer als alle anderen Gartenpflanzen. Es wird ein
richtiger Baum, sodass die Vögel kommen und in sei-
nen Zweigen ihre Nester bauen.«[d]
33 Noch ein Gleichnis erzählte er ihnen:
»Wenn Gott jetzt seine Herrschaft aufrichtet, ist
es wie mit dem Sauerteig*: Eine Frau mengte eine
Hand voll davon unter eine riesige Menge Mehl,[e]
und er machte den ganzen Teig sauer.«[f]

Noch einmal: Warum Gleichnisse?

(Mk 4,33-34)

34 Das alles erzählte Jesus der Menschenmenge in
Form von Gleichnissen*; er sagte ihnen nichts, ohne
Gleichnisse zu gebrauchen.[g]

Von Fischern, die ihren Fang aussortieren, spricht Jesus, um seinen Zuhörern klar zu machen, was am Ende der Zeit geschehen wird (13,47-50).

a Während das Gleichnis selbst (Verse 3b-9) die Zuversicht des Sämanns unterstreicht (und die Verkündiger der Guten Nachricht ermutigen kann), weist die Deutung auf die Beschaffenheit des Bodens hin (und nimmt die Hörer in die Pflicht).
b *der neuen Welt Gottes:* wörtlich *der Königsherrschaft* der Himmel.*
c Im Jüngerkreis Jesu sammeln sich gute und schlechte Menschen; vgl. 22,10. Die ›reine Gemeinde‹ herzustellen ist nicht Sache der Jünger, sondern erst und allein die Sache des Menschensohns; vgl. Verse 36-43.
d Zum Bild vom *Baum* siehe Anmerkung zu Mk 4,32.
e 20 kg; griechische Maßangabe *3 Sata* (1 Saton = ca. 13 l).
f Die Jünger dürfen nicht erschrecken und mutlos werden angesichts des Missverhältnisses, in dem Jesu ›Erfolg‹ zu dem steht, was die Menschen als neue Welt Gottes erwarten. Hinter Jesu Worten und Taten steht Gott selbst. Das wird sich zeigen, wann und wie Gott es will.
g Vgl. Anmerkung zu Vers 15.

13,30 3,12 par; Offb 14,14-15 **13,31** 17,20; Lk 17,6 **13,32** Ez 17,23 **13,33** 1 Kor 5,6; Gal 5,9 **13,34-35** 13,2-3.10-15

35 Damit sollte in Erfüllung gehen, was Gott durch
den Propheten* angekündigt hatte: »Ich will in
Gleichnissen reden, nur in Gleichnissen will ich
von dem sprechen, was seit der Erschaffung der Welt
verborgen ist.«[a]

Jesus erklärt das Gleichnis vom Unkraut

36 Dann schickte Jesus die Menschenmenge weg und
ging ins Haus. Seine Jünger* traten zu ihm und ba-
ten: »Erkläre uns doch das Gleichnis* vom Unkraut
auf dem Acker!«
37 Jesus antwortete: »Der Mann, der den guten Sa-
men aussät, ist der Menschensohn*,
38 und der Acker
ist die Welt. Der gute Same sind die Menschen, die
sich der Herrschaft* Gottes unterstellen. Das Un-
kraut sind die Menschen, die dem Bösen folgen.
39 Der Feind, der das Unkraut gesät hat, ist der Teufel.
Die Ernte ist das Ende der Welt und die Erntearbeiter
sind die Engel*.
40 Wie das Unkraut eingesammelt und verbrannt
wird, so wird es auch am Ende der Welt zugehen:
41 Der Menschensohn wird seine Engel aussenden
und sie werden aus seinem Herrschaftsgebiet alle
einsammeln, die Gott ungehorsam waren und ande-
re zum Ungehorsam verleitet haben.
42 Sie werden
sie in den glühenden Ofen werfen; dort gibt es nur
noch Jammern und Zähneknirschen.
43 Dann werden alle, die Gott gehorcht haben, in
der neuen Welt Gottes, ihres Vaters,[b] so hell strahlen
wie die Sonne.
Wer Ohren hat, soll gut zuhören!«

Der versteckte Schatz und die Perle

44 »Die neue Welt Gottes[c] ist mit einem Schatz zu ver-
gleichen, der in einem Acker vergraben war: Ein
Mensch fand ihn und deckte ihn schnell wieder
zu. In seiner Freude verkaufte er alles, was er hatte,
und kaufte dafür den Acker mit dem Schatz.
45 Wer die Einladung in Gottes neue Welt hört und
ihr folgt, handelt wie der Kaufmann,[d] der schöne
Perlen suchte:
46 Als er eine entdeckte, die besonders
wertvoll war, verkaufte er alles, was er hatte, und
kaufte sie.«

Das Gleichnis vom Netz

47 »Wenn Gott sein Werk vollendet, wird es sein wie
bei dem Netz,[e] das im See ausgeworfen wurde und
Fische aller Art einfing:
48 Als es voll war, zogen es
die Fischer an Land, setzten sich hin und sortierten
den Fang. Die guten Fische kamen in Körbe, die un-
brauchbaren wurden weggeworfen.
49 So wird es auch am Ende der Welt sein. Die En-
gel* Gottes werden kommen und die Menschen, die
Böses getan haben, von denen trennen, die getan ha-
ben, was Gott will.
50 Sie werden die Ungehorsamen
in den glühenden Ofen werfen; dort gibt es nur noch
Jammern und Zähneknirschen.«

Neue Gesetzeslehrer

51 »Habt ihr das alles verstanden?«, fragte Jesus seine
Jünger*, und sie antworteten: »Ja!«
52 Da sagte er zu ihnen: »So wird es denn künftig
neue Gesetzeslehrer geben, solche, die gelernt ha-
ben, was es mit der Herrschaft* Gottes auf sich
hat. Diese Gesetzeslehrer sind zu vergleichen mit ei-
nem Hausherrn, der aus seiner Vorratskammer Neu-
es und Altes herausholt.«[f]
53 Als Jesus diese Reihe von Gleichnissen* beendet
hatte, verließ er die Gegend am See.[g]

MACHTTATEN UND MAHNWORTE
(13,54–16,12)

Jesus in Nazaret
(Mk 6,1-6; Lk 4,16-30)

54 Jesus kam in seine Heimatstadt und lehrte in der
Synagoge*, und die Leute, die ihn hörten, waren
sehr verwundert.
»Woher hat er diese Weisheit«, fragten sie einan-
der, »und woher die Kraft, solche Wunder zu tun?
55 Ist er nicht der Sohn des Zimmermanns?[h] Ist nicht
Maria seine Mutter und sind nicht Jakobus, Josef, Si-
mon und Judas seine Brüder?[i]
56 Leben nicht auch
seine Schwestern alle hier bei uns? Woher hat er
dann das alles?«
57 Darum wollten sie nichts von ihm wissen.
Aber Jesus sagte zu ihnen: »Ein Prophet* gilt nir-
gends so wenig wie in seiner Heimat und in seiner
Familie.«
58 Weil sie ihm das Vertrauen verweigerten, tat er
dort nur wenige Wunder.

Was Herodes von Jesus denkt
(Mk 6,14-16; Lk 9,7-9)

14 Zu dieser Zeit hörte Herodes Antipas,[j] der
Fürst in jenem Teil des Landes, was sich die
Leute von Jesus erzählten.
2 »Das ist der Täufer* Jo-
hannes«, sagte er zu seinem Gefolge. »Er ist vom
Tod auferweckt worden, darum wirken solche Kräf-
te in ihm.«

Vom Tod des Täufers Johannes
(Mk 6,17-29)

3 Herodes hatte nämlich Johannes festnehmen und
gefesselt ins Gefängnis werfen lassen. Der Grund

a Vgl. Ps 78,2 (Psalmen wurden öfter auf Propheten zurückgeführt). Die von Jesus angesagte und in Jesus anbrechende neue Welt Gottes ist Sinn und Ziel der ganzen Schöpfung. Dieser von Anfang an verborgen vorhandene Sinn wird in den Gleichnissen aufgedeckt – für jeden, der verstehen kann und will.
b Wörtlich *in der Königsherrschaft* ihres Vaters.*
c Wörtlich *Die Königsherrschaft* der Himmel.*
d Wörtlich *Die Königsherrschaft* der Himmel ist gleich einem Kaufmann.*
e Wörtlich *Die Königsherrschaft* der Himmel ist gleich einem Netz.*
f Siehe Sacherklärung »Gesetzeslehrer«.
g *am See:* verdeutlichender Zusatz; vgl. die Verse 1 und 54.
h Das griechische Wort meint einen Handwerker, der Holz und Steine bearbeitet (also etwa ›Bauhandwerker‹).
i Siehe Sacherklärung »Brüder und Schwestern von Jesus«.
j Wörtlich *Herodes;* siehe Sacherklärung »Herodes (3)«.

13,35 *nach* Ps 78,2 **13,40** 7,19 S **13,41** 24,31 par **13,42** 8,12 S; Dan 3,6 S **13,43** Dan 12,3; Ri 5,31 **13,44** 19,29 par; Phil 3,7-14 **13,50** 8,12 S; Dan 3,6 S **13,52** Sir 39,1-3 **13,54** Joh 7,15 **13,55** Joh 6,42 **13,57** Joh 4,44 **14,2** 16,14 S **14,3-4** Lk 3,19-20

dafür war: Herodes hatte seinem Bruder Philippus die Frau, Herodias*, weggenommen und sie geheiratet. 4 Johannes hatte ihm daraufhin vorgehalten: »Das Gesetz* Gottes erlaubt dir nicht, sie zu heiraten.«

5 Herodes hätte ihn deshalb gerne getötet; aber er hatte Angst vor dem Volk, das Johannes für einen Propheten* hielt.

6 Als nun Herodes Geburtstag hatte, tanzte die Tochter von Herodias vor den Gästen. Das gefiel Herodes so gut, 7 dass er einen Eid schwor und ihr versprach, ihr alles zu geben, was sie sich wünschte.

8 Auf Anraten ihrer Mutter sagte das Mädchen: »Gib mir hier auf einem Teller den Kopf des Täufers Johannes!«

9 Der König wurde traurig, aber weil er vor allen Gästen einen Schwur geleistet hatte, befahl er, ihr den Wunsch zu erfüllen. 10 Er schickte den Henker ins Gefängnis; der enthauptete Johannes. 11 Sein Kopf wurde auf einem Teller hergebracht und dem Mädchen überreicht. Das gab ihn weiter an seine Mutter.

12 Die Jünger* von Johannes holten den Toten und begruben ihn. Danach gingen sie zu Jesus und berichteten ihm, was geschehen war.

Jesus macht mehr als fünftausend Menschen satt

(Mk 6,30-44; Lk 9,10-17; Joh 6,1-13)

13 Als Jesus das hörte, ging er von dort weg und fuhr mit dem Boot an eine einsame Stelle. Aber die Leute in den umliegenden Orten erfuhren es und folgten ihm auf dem Landweg.

14 Als Jesus aus dem Boot stieg, sah er eine große Menschenmenge vor sich. Da ergriff ihn das Mitleid und er heilte ihre Kranken.

15 Darüber wurde es Abend. Seine Jünger* kamen zu ihm und sagten: »Es ist schon spät und die Gegend hier ist einsam. Schick doch die Leute weg! Sie sollen in die Dörfer gehen und sich etwas zu essen kaufen!«

16 Jesus antwortete ihnen: »Warum sollen sie weggehen? Gebt doch *ihr* ihnen zu essen!«

17 Die Jünger hielten ihm entgegen: »Wir haben nur fünf Brote und zwei Fische hier.«

18 »Bringt sie mir her!«, sagte Jesus.

19 Er forderte die Leute auf, sich ins Gras zu setzen. Dann nahm er die fünf Brote und die zwei Fische, sah zum Himmel auf und sprach das Segensgebet darüber. Er brach die Brote in Stücke und gab sie den Jüngern, und die verteilten sie an die Menge.

20 Alle aßen und wurden satt, und sie füllten sogar noch zwölf Körbe mit dem Brot, das übrig blieb. 21 Etwa fünftausend Männer hatten an der Mahlzeit teilgenommen, dazu noch Frauen und Kinder.[a]

Jesus geht auf dem Wasser

(Mk 6,45-52; Joh 6,15-21)

22 Gleich darauf drängte Jesus die Jünger*, ins Boot zu steigen und ans andere Seeufer vorauszufahren. Er selbst wollte erst noch die Menschenmenge verabschieden. 23 Als er damit fertig war, stieg er allein auf einen Berg,[b] um zu beten. Als es dunkel wurde, war er immer noch dort.

24 Das Boot mit den Jüngern war inzwischen weit draußen auf dem See. Der Wind trieb ihnen die Wellen entgegen und machte ihnen schwer zu schaffen.

25 Im letzten Viertel der Nacht kam Jesus auf dem Wasser zu ihnen.[c] 26 Als die Jünger ihn auf dem Wasser gehen sahen, erschraken sie und sagten: »Ein Gespenst!«, und schrien vor Angst.

27 Sofort sprach Jesus sie an: »Fasst Mut! *Ich bin's*,[d] fürchtet euch nicht!«

28 Da sagte Petrus: »Herr, wenn du es bist, dann befiehl mir, auf dem Wasser zu dir zu kommen!«

29 »Komm!«, sagte Jesus.

Petrus stieg aus dem Boot, ging über das Wasser und kam zu Jesus. 30 Als er dann aber die hohen Wellen sah, bekam er Angst. Er begann zu sinken und schrie: »Hilf mir, Herr!«

31 Sofort streckte Jesus seine Hand aus, fasste Petrus und sagte: »Du hast zu wenig Vertrauen! Warum hast du gezweifelt?«[e] 32 Dann stiegen beide ins Boot, und der Wind legte sich.

33 Die Jünger im Boot warfen sich vor Jesus nieder und riefen: »Du bist wirklich Gottes Sohn*!«

Jesus heilt Kranke in Gennesaret

(Mk 6,53-56)

34 Sie überquerten den See und landeten bei Gennesaret*. 35 Die Bewohner des Ortes erkannten Jesus und verbreiteten die Nachricht von seiner Ankunft in der ganzen Umgebung. Daraufhin brachte man alle Kranken zu ihm 36 und bat ihn, ob sie nicht wenigstens eine Quaste* seines Gewandes berühren dürften. Und alle, die es taten, wurden gesund.

Falscher Gottesdienst

(Mk 7,1-13)

15 Damals kamen Pharisäer* und Gesetzeslehrer* aus Jerusalem zu Jesus und fragten ihn: 2 »Warum übertreten deine Jünger die Vorschriften, die von den früheren Gesetzeslehrern aufgestellt und dann weiterüberliefert worden sind? Warum waschen sie sich nicht die Hände vor dem Essen?«[f]

3 Jesus antwortete ihnen: »Und warum übertretet ihr das Gebot Gottes euren überlieferten Vorschriften zuliebe? 4 Gott hat gesagt: ›Ehre deinen Vater und deine Mutter!‹, und: ›Wer zu seinem Vater oder seiner Mutter etwas Schändliches sagt, wird mit dem

a Das um Jesus sich sammelnde Gottesvolk braucht nicht zu verhungern: Jesus ist weit mehr als die Propheten, durch die Gott früher gelegentlich die Seinen am Leben erhielt (vgl. besonders 2 Kön 4,42-44; ferner 1 Kön 17,8-16 und 2 Kön 4,1-7).
b Wörtlich *auf den Berg;* siehe Sacherklärung »Berg«.
c Damit wird von Jesus etwas gesagt, was ihn ganz in die Nähe Gottes rückt; vgl. Ijob 9,8.
d *Ich bin's:* siehe Anmerkung zu Joh 8,24.
e Diese Geschichte hilft, das Wagnis des Glaubens zu begreifen, und lehrt, in Anfechtung, Kleinglauben und Versagen mit der helfenden Gegenwart Jesu, des Herrn, zu rechnen.
f Es geht nicht um Hygiene, sondern um die kultische Reinheit; siehe Sacherklärung »Pharisäer«.

14,4 Ex 20,14; Lev 18,16; 20,21 **14,5** Joh 7,1 S; Mt 21,26 par **14,13-21** 15,32-39 par **14,14** Mk 8,2 S **14,23** 5,1 S; Lk 5,16 S **14,25** Ijob 9,8 **14,26** Lk 24,37 **14,31** 6,30 par; 8,26 par; 16,8; 17,20 par **14,33** 16,16 par; 27,54; Mk 15,39 S; Joh 1,34 S **14,36** 9,20 S **15,2** 23,25; Lk 11,38-39 **15,4** *zit* Ex 20,12; *nach* Ex 21,17

Tod bestraft.‹ 5 Ihr dagegen behauptet: ›Wenn jemand zu seinem Vater oder seiner Mutter sagt: Was ihr von mir bekommen müsstet, ist für Gott bestimmt[a] 6 – dann darf er seine Eltern nicht mehr damit ehren.‹ So habt ihr das Wort Gottes außer Kraft gesetzt mit euren Überlieferungen.

7 Ihr Scheinheiligen, treffend hat der Prophet Jesaja euch im Voraus beschrieben: 8 ›Dieses Volk ehrt mich nur mit Worten, sagt Gott, aber mit dem Herzen ist es weit weg von mir. 9 Ihr ganzer Gottesdienst ist sinnlos, denn sie lehren nur Gebote, die sich Menschen ausgedacht haben.‹«

Was unrein macht

(Mk 7,14-23)

10 Jesus rief die Menge hinzu und sagte: »Hört zu und versteht! 11 Nicht das macht den Menschen unrein*, was er durch den Mund in sich aufnimmt, sondern das, was aus seinem Mund herauskommt!«

12 Hinterher traten seine Jünger* zu ihm und sagten: »Weißt du, dass die Pharisäer* empört waren, weil du das gesagt hast?«

13 Jesus antwortete: »Alles, was mein Vater im Himmel nicht selbst gepflanzt hat, wird ausgerissen werden. 14 Lasst sie reden! Sie wollen Blinde führen und sind selbst blind. Wenn ein Blinder den andern führt, fallen beide in die Grube.«

15 Da sagte Petrus: »Erkläre uns doch, was du mit dem Wort von der Unreinheit gemeint hast!«

16 »Habt ihr auch noch nichts verstanden?«, erwiderte Jesus. 17 »Begreift ihr nicht, dass alles, was durch den Mund aufgenommen wird, in den Magen gelangt und dann vom Körper wieder ausgeschieden wird? 18 Was aber aus dem Mund herauskommt, kommt aus dem Herzen, und das macht den Menschen unrein. 19 Denn aus dem Herzen kommen die bösen Gedanken und mit ihnen Mord, Ehebruch, Unzucht, Diebstahl, falsche Zeugenaussagen und Beleidigungen. 20 Das ist es, was den Menschen unrein macht, aber nicht, dass er es unterlässt, sich vor dem Essen die Hände zu waschen.«

Das Vertrauen einer nichtjüdischen Frau

(Mk 7,24-30)

21 Jesus verließ die Gegend und zog sich in das Gebiet von Tyrus und Sidon zurück. 22 Eine kanaanitische[b] Frau, die dort wohnte, kam zu ihm und rief: »Herr, du Sohn Davids[c], hab Erbarmen mit mir! Meine Tochter wird von einem bösen Geist* sehr geplagt.«

23 Aber Jesus gab ihr keine Antwort. Schließlich drängten ihn die Jünger: »Sieh zu, dass du sie los wirst;[d] sie schreit ja hinter uns her!«

24 Aber Jesus sagte: »Ich bin nur zum Volk Israel, dieser Herde von verlorenen Schafen, gesandt worden.«[e]

25 Da warf die Frau sich vor Jesus nieder und sagte: »Hilf mir doch, Herr!«

26 Er antwortete: »Es ist nicht recht, den Kindern das Brot wegzunehmen und es den Hunden vorzuwerfen.«[f]

27 »Gewiss, Herr«, sagte sie; »aber die Hunde bekommen doch wenigstens die Brocken, die vom Tisch ihrer Herren herunterfallen.«

28 Da sagte Jesus zu ihr: »Du hast ein großes Vertrauen, Frau! Was du willst, soll geschehen.« Im selben Augenblick wurde ihre Tochter gesund.

Jesus heilt viele Menschen und macht über viertausend satt

(Mk 7,31–8,10)

29 Jesus ging von dort weg und kam an den See von Galiläa*. Er stieg auf einen Berg[g] und setzte sich. 30 Eine große Menschenmenge kam zu ihm mit Gelähmten, Verkrüppelten, Blinden, Stummen und vielen anderen Kranken. Die Leute legten sie vor seinen Füßen nieder und er heilte sie.

31 Alle staunten, als sie sahen, dass die Stummen sprachen, die Verkrüppelten wiederhergestellt wurden, die Gelähmten umherliefen und die Blinden sehen konnten. Laut priesen sie den Gott Israels.

32 Danach rief Jesus seine Jünger* zu sich und sagte:[h] »Die Menschen tun mir Leid. Seit drei Tagen sind sie hier bei mir und haben nichts zu essen. Ich will sie jetzt nicht hungrig nach Hause schicken, sie könnten sonst unterwegs zusammenbrechen.«

33 Aber die Jünger sagten: »Wo sollen wir hier in dieser unbewohnten Gegend genug Brot bekommen, um so viele satt zu machen?«

34 »Wie viele Brote habt ihr?«, fragte Jesus, und sie antworteten: »Sieben, und noch ein paar kleine Fische.« 35 Da forderte er die Leute auf, sich auf die Erde zu setzen.

36 Er nahm die sieben Brote und die Fische und sprach darüber das Dankgebet. Dann brach er die Brote in Stücke und gab sie seinen Jüngern; und die Jünger verteilten sie an die Menge.

37 Alle aßen und wurden satt, und sie füllten sogar noch sieben Körbe mit dem Brot, das übrig blieb. 38 Viertausend Männer hatten an der Mahlzeit teilgenommen, dazu noch Frauen und Kinder.

39 Dann schickte Jesus die Leute nach Hause, stieg in ein Boot und fuhr in das Gebiet von Magadan.[i]

Die Gegner fordern erneut einen Beweis

(Mk 8,11-13; Lk 12,54-56)

16 Die Pharisäer* und Sadduzäer* kamen zu Jesus, um ihn auf die Probe zu stellen. Sie verlangten von ihm ein Zeichen vom Himmel als Beweis dafür, dass er wirklich von Gott beauftragt sei.[j]

15,7-9 *nach* Jes 29,13 **15,11** Mk 7,15 S **15,14** 23,16.24; Lk 6,39; Röm 2,19 **15,19** Gal 5,19-21 S **15,22** 20,30-31 S **15,24** 10,6 S; Röm 15,8 **15,28** 8,13 S **15,29** 5,1 S **15,32-39** 14,13-21 par **15,32** Mk 8,2 S **16,1-4** Joh 6,30 S

a Wörtlich *ist Weihegabe;* Jesus weiß, dass man in bestimmten Situationen zwischen Gott und den engsten Angehörigen wählen und Gott mehr ehren muss als sie (vgl. 10,37; 8,21-22). Doch kann hier schwerer Missbrauch getrieben werden (siehe Sacherklärung »Korban«).
b Die Bezeichnung unterstreicht, dass die Frau nicht zum Gottesvolk Israel gehört; vgl. z. B. Esra 9,1.
c Siehe Sacherklärung. Die Bezeichnung spielt besonders im Matthäus-Evangelium eine Rolle (siehe 20,30-31 und die Vergleichsstellen dort). Hier wird sie sogar von einer Nichtjüdin gebraucht!
d Möglich ist auch die Übersetzung: *Tu ihr den Gefallen und dann lass sie gehen!*
e Vgl. 10,5-6 und die Einführung auf Seite 5 NT.
f Ein Wort, in dem sich die Selbsteinschätzung des damaligen Judentums den Nichtjuden gegenüber spiegelt. Das tiefe Vertrauen, das gerade Nichtjuden Jesus entgegenbringen (vgl. schon 8,5-10), bringt ihn dazu, die Schranken zwischen dem erwählten Volk und den anderen Völkern zeichenhaft zu durchbrechen, bis sie mit 21,43-44; 28,18-20 vollends fallen werden.
g Wörtlich *auf den Berg;* vgl. 5,1 und die Anmerkung dort. Jesus ist nicht nur der vollmächtige Lehrer, sondern auch der, der die Kranken heilt (Verse 30-31) und den Hungernden zu essen gibt (Verse 32-38).
h Zum Folgenden vgl. 14,13-21 und die Anmerkung zu 14,21.
i Eine Ortschaft dieses Namens ist nicht bekannt. Vielleicht ist Magdala gemeint (siehe Karte Seite 61 NT).
j Wörtlich *Sie ver-*

2 Aber Jesus antwortete ihnen:° »Wenn der Abendhimmel rot ist, dann sagt ihr: ›Morgen gibt es schönes Wetter.‹ 3 Und wenn der Morgenhimmel rot und trübe ist, sagt ihr: ›Heute gibt es Sturm.‹ Ihr könnt also das Aussehen des Himmels beurteilen und schließt daraus, wie das Wetter wird. Warum versteht ihr dann nicht auch, was die Ereignisse dieser Zeit ankündigen?[a]

4 Diese böse Generation, die von Gott nichts wissen will,[b] verlangt einen Beweis; aber es wird ihr keiner gegeben werden – ausgenommen das Wunder, das am Propheten Jona* geschah: Den Beweis werden sie bekommen!«[c]

Damit ließ er sie stehen und ging weg.

Unverständige Jünger

(Mk 8,14-21)

5 Als die Jünger* am anderen Seeufer ankamen, hatten sie vergessen, Brot mitzunehmen. 6 Jesus sagte zu ihnen: »Nehmt euch in Acht vor dem Sauerteig* der Pharisäer* und Sadduzäer*!«

7 Da sagten die Jünger zueinander: »Wir haben kein Brot mitgenommen!«

8 Jesus hörte es und sagte: »Was macht ihr euch Gedanken darüber, dass ihr kein Brot habt? Habt ihr so wenig Vertrauen? 9 Habt ihr immer noch nichts begriffen? Habt ihr vergessen, wie ich die fünf Brote unter fünftausend Menschen ausgeteilt habe? Und wie viele Körbe mit Resten ihr da eingesammelt habt? 10 Und dann die sieben Brote unter die viertausend – wie viele Körbe mit Resten waren es da? 11 Ihr müsstet doch merken, dass ich nicht von Broten spreche. Ich spreche vom Sauerteig der Pharisäer und Sadduzäer; davor nehmt euch in Acht!«

12 Da endlich verstanden sie, dass er nicht den Sauerteig gemeint hatte, der zum Brotbacken verwendet wird, sondern die Lehre der Pharisäer und Sadduzäer.

JESUS AUF DEM WEG NACH JERUSALEM

(16,13–20,34)

Du bist Christus! – Du bist Petrus!

(Mk 8,27-30; Lk 9,18-21)

13 Als Jesus in die Gegend der Stadt Cäsarea Philippi kam,[d] fragte er seine Jünger*: »Für wen halten die Leute den Menschensohn*?«

14 Die Jünger gaben zur Antwort: »Die einen halten dich für den wieder auferstandenen Täufer* Johannes, andere halten dich für den wiedergekommenen Elija*, und wieder andere meinen, du seist Jeremia oder sonst einer von den alten Propheten.«

15 »Und ihr«, wollte Jesus wissen, »für wen haltet ihr mich?«

16 Da sagte Simon Petrus: »Du bist Christus, der versprochene Retter,[e] der Sohn* des lebendigen Gottes!«

17 Darauf sagte Jesus zu ihm: »Du darfst dich freuen, Simon, Sohn von Johannes,[f] denn diese Erkenntnis hast du nicht aus dir selbst; mein Vater im Himmel hat sie dir gegeben.

18 Darum sage ich dir: Du bist Petrus*; und auf diesem Felsen werde ich meine Gemeinde bauen! Nicht einmal die Macht des Todes[g] wird sie vernichten können. 19 Ich werde dir die Schlüssel zu Gottes neuer Welt[h] geben. Was du hier auf der Erde für verbindlich erklären wirst, das wird auch vor Gott verbindlich sein; und was du hier für nicht verbindlich erklären wirst, das wird auch vor Gott nicht verbindlich sein.«[i]

20 Dann schärfte Jesus den Jüngern ein: »Sagt niemand, dass ich der versprochene Retter[j] bin!«

Jesus kündigt zum ersten Mal seinen Tod an

(Mk 8,31-33; Lk 9,22)

21 Von da an begann Jesus seinen Jüngern* zu eröffnen, was Gott mit ihm vorhatte: dass er nach Jerusalem gehen musste, dass er dort von den Ratsältesten*, den führenden Priestern* und den Gesetzeslehrern* vieles erleiden musste, dass er getötet werden und am dritten Tag auferweckt werden musste.

22 Da nahm Petrus ihn beiseite, fuhr ihn an und sagte: »Das möge Gott verhüten, Herr; nie darf dir so etwas zustoßen!«

23 Aber Jesus wandte sich von ihm ab und sagte: »Geh weg! Hinter mich, an deinen Platz,[k] du Satan*! Du willst mich von meinem Weg abbringen! Deine Gedanken stammen nicht von Gott, sie sind typisch menschlich.«

Jesus folgen heißt: ihm das Kreuz nachtragen

(Mk 8,34–9,1; Lk 9,23-27)

24 Dann sagte Jesus zu seinen Jüngern*: »Wer mir folgen will, muss sich und seine Wünsche aufgeben, sein Kreuz* auf sich nehmen und auf meinem Weg hinter mir hergehen.

25 Denn wer sein Leben retten will, wird es verlieren. Aber wer sein Leben um meinetwillen verliert, wird es gewinnen.

26 Was hat ein Mensch davon, wenn er die ganze Welt gewinnt, aber zuletzt sein Leben verliert? Womit will er es dann zurückkaufen?

27 Denn der Menschensohn* wird in der Herrlichkeit* seines Vaters mit seinen Engeln* kommen. Dann wird er allen vergelten nach ihrem Tun.

langten, er solle ihnen ein Zeichen vom Himmel vorzeigen.

a Siehe Anmerkung zu Lk 12,56.
b Wörtlich *Eine böse und ehebrecherische Generation.* Das Wort *ehebrecherisch* ist hier im übertragenen Sinn zu verstehen; siehe Sacherklärung »Hurerei«.
c Vgl. Anmerkung zu 12,39.
d Im äußersten Norden Israels gelegen (Karte Seite 61 NT).
e Wörtlich *Du bist der Christus*.*
f *Sohn von Johannes:* so die wahrscheinlichste Deutung von *Barjona* (vgl. Joh 1,42); für eine andere Deutung siehe Sacherklärung »Zeloten«.
g Wörtlich *die Tore der Totenwelt*.*
h Wörtlich *die Schlüssel der Königsherrschaft* der Himmel.*
i *für verbindlich erklären/für nicht verbindlich erklären:* wörtlich *binden/lösen.* Es geht um die Auslegung und Anwendung des Gotteswillens, wie er von Jesus verkündet worden ist (vgl. 7,24-27). Eingeschlossen ist die Vollmacht, aus der Gemeinde auszuschließen oder wieder in sie aufzunehmen (siehe 18,18 im dortigen Zusammenhang); vgl. Sacherklärung »Gesetzeslehrer«.
j Wörtlich *der Christus*.*
k Siehe Anmerkung zu Mk 8,33.

16,6 Lk 12,1 **16,7-9** Mk 6,52 **16,8** 14,31 S **16,9** 14,20 **16,10** 15,37 **16,14** 14,2; 17,10-11 S; 17,12-13 S; 21,11 S **16,16** 14,33 S **16,18** Lk 22,32; Joh 1,42; 21,15-17; Eph 2,20 **16,19** Lk 11,52 par; Mt 18,18; Joh 20,23 **16,20** Mk 9,9 S **16,21** Mk 8,31 S; Mt 28,6 S **16,24-25** 10,38-39 S **16,24** 1 Petr 2,21 **16,27** Mt 25,31 S; (vergelten) Jer 17,10 S; Mt 13,41-42; 25,31-46; Joh 5,29; Röm 2,6 S; Offb 22,12 S

28 Ich versichere euch: Einige von euch, die jetzt
hier stehen, werden noch zu ihren Lebzeiten sehen,
wie der Menschensohn seine Herrschaft antritt.«[a]

Drei Jünger sehen Jesus in Herrlichkeit (Die »Verklärung«)

(Mk 9,2-10; Lk 9,28-36)

17 Sechs Tage später nahm Jesus die drei Jünger*
Petrus, Jakobus und Johannes, den Bruder von
Jakobus, mit sich und führte sie auf einen hohen
Berg. Sonst war niemand bei ihnen.
2 Vor den Augen der Jünger ging mit Jesus eine
Verwandlung vor sich: Sein Gesicht leuchtete wie
die Sonne und seine Kleider wurden strahlend weiß.
3 Und dann sahen sie auf einmal Mose und Elija bei
Jesus stehen und mit ihm reden.[b]
4 Da sagte Petrus zu Jesus: »Wie gut, dass wir hier
sind, Herr! Wenn du willst, schlage ich hier drei Zel-
te auf, eins für dich, eins für Mose und eins für Elija.«
5 Während er noch redete, erschien eine leuchten-
de Wolke über ihnen, und eine Stimme aus der Wol-
ke sagte: »Dies ist mein Sohn*, ihm gilt meine Liebe,
ihn habe ich erwählt. Auf ihn sollt ihr hören!«[c]
6 Als die Jünger diese Worte hörten, warfen sie sich
voller Angst nieder, das Gesicht zur Erde. 7 Aber Jesus
trat zu ihnen, berührte sie und sagte: »Steht auf, habt
keine Angst!« 8 Als sie aufblickten, sahen sie nur
noch Jesus allein.
9 Während sie den Berg hinunterstiegen, befahl er
ihnen: »Sprecht zu niemand über das, was ihr gese-
hen habt, bis der Menschensohn* vom Tod aufer-
weckt ist.«

Elija und der Täufer Johannes

(Mk 9,11-13)

10 Die drei Jünger* fragten Jesus: »Warum behaupten
die Gesetzeslehrer*, dass vor dem Ende erst noch Eli-
ja* wiederkommen muss?«
11 Jesus sagte: »Gewiss, Elija kommt und wird das
ganze Volk Gottes wiederherstellen. 12 Aber ich sage
euch: Elija *ist* schon gekommen;[d] doch niemand hat
ihn erkannt, sondern sie haben mit ihm gemacht,
was sie wollten. So wird auch der Menschensohn*
durch sie zu leiden haben.«
13 Da verstanden die Jünger, dass er vom Täufer*
Johannes sprach.

Mangelndes Vertrauen

(Mk 9,14-29; Lk 9,37-43a)

14 Als sie zu der Volksmenge zurückkehrten, kam ein
Mann zu Jesus, warf sich vor ihm auf die Knie 15 und
sagte: »Herr, hab Erbarmen mit meinem Sohn! Er lei-
det an Epilepsie* und hat so furchtbare Anfälle, dass
er oft ins Feuer oder auch ins Wasser fällt. 16 Ich habe
ihn zu deinen Jüngern* gebracht, aber sie konnten
ihn nicht heilen.«
17 Da sagte Jesus: »Was seid ihr doch für eine ver-
kehrte Generation, die Gott nichts zutraut! Wie lan-
ge soll ich noch bei euch aushalten und euch ertra-
gen? Bringt den Jungen her!«
18 Jesus sprach ein Machtwort zu dem bösen
Geist*, der den Jungen in seiner Gewalt hatte, und
er verließ ihn. Der Junge war von da an gesund.
19 Später kamen die Jünger allein zu Jesus und frag-
ten ihn: »Warum konnten wir den bösen Geist nicht
austreiben?«
20 »Weil ihr Gott nicht genug vertraut«, sagte Je-
sus. »Ich versichere euch: Wenn euer Vertrauen
auch nur so groß ist wie ein Senfkorn, dann könnt
ihr zu dem Berg da sagen: ›Geh von hier nach dort‹,
und er wird es tun. Dann wird euch nichts mehr un-
möglich sein.«[e]

Jesus kündigt zum zweiten Mal seinen Tod an

(Mk 9,30-32; Lk 9,43-45)

22 Als Jesus und die Jünger* wieder alle in Galiläa*
beisammen waren, sagte er zu ihnen: »Bald wird

a Siehe Anmerkung zu Mk 9,1.
b Das kennzeichnet den Rang Jesu und beglaubigt seine Behauptung von 5,17.
c Hierzu und zu Vers 9 vgl. Mk 9,7.9 und die Anmerkungen dort.
d Vgl. 3,4 und die Anmerkung dort.
e Einige Handschriften fügen hinzu (Vers 21): *Doch diese Art von bösen Geistern kann nur durch Gebet und Fasten ausgetrieben werden* (vgl. Mk 9,29).

Als Ort der ›Verklärung‹ Jesu (17,1-8) gilt nach der Überlieferung der Berg Tabor. Der breit gestreckte Bergrücken liegt 10 km östlich von Nazaret im südlichen Galiläa (siehe Karte Seite 60).

16,28 Mk 9,1S **17,1** 26,37 par; Mk 5,37 par; 13,3 **17,2-8** 2 Petr 1,16-18; Offb 1,16 **17,5** 3,17S; Dtn 18,15 **17,9** Mk 9,9S **17,10-11** Mal 3,23-24; Sir 48,10; Mt 16,14S **17,12-13** 11,14S **17,17** Mk 9,19S **17,20** 21,21 par; 13,31S; 14,31S **17,22-23** Mk 8,31S; Mt 28,6S

Die Juden zur Zeit Jesu

In den Tagen Jesu war Jerusalem mit seinem Tempel der Mittelpunkt des religiösen und politischen Lebens. Dieses Bild vom alten Tempelbezirk, auf dem jetzt der so genannte Felsendom steht, stammt vom Ende des 19. Jahrhunderts.

Seit der Rückkehr aus der babylonischen Gefangenschaft lebten die Juden in Palästina unter fremder Oberherrschaft, zunächst unter persischer, dann unter griechischer. Die griechischen Herrscher Ägyptens und Syriens stritten ständig um dieses kleine, aber wichtige Stück Land, das zwischen ihren Herrschaftsgebieten lag.
Unter Führung der Makkabäer konnten die Juden zwar für kurze Zeit die Unabhängigkeit erringen, doch im Jahre 63 v. Chr. hielt der Römer Pompeius mit seinem Heer in Jerusalem Einzug. Die Römer blieben im Land, überall stationierten sie ihre Truppen, und die Juden hatten erneut unter fremder Herrschaft zu leben (vgl. Seiten 172/173 NT).

Der König der Juden

Zu der Zeit, als Jesus geboren wurde, hatten die Juden zwar auch einen König; es war Herodes der Große, der von 37–4 v. Chr. regierte. Doch war er von den Römern eingesetzt worden und ihnen treu ergeben. Außerdem war er seiner Herkunft nach ein Nichtjude (Idumäer = Edomiter). So konnte er nicht einmal durch seinen großartigen Tempelneubau beim Volk Beliebtheit erlangen.
Herodes der Große starb, kurz nachdem Jesus geboren war. Sein Reich wurde unter drei seiner Söhne aufgeteilt. Archelaus bekam Judäa, Samarien und Idumäa. Doch herrschte er so grausam, dass die Römer ihn 6 n. Chr. absetzten und sein Gebiet durch einen Präfekten bzw. Prokurator selbst verwalteten. Von 26–36 war dies Pontius Pilatus.
Ein anderer Herodes-Sohn, Herodes Antipas, erhielt Galiläa und Peräa. Er war es, der den Täufer Johannes enthaupten ließ. Auch in der Leidensgeschichte Jesu wird er genannt: Jesus wurde während des Prozesses von Pilatus zu ihm geschickt.
Herodes Antipas wurde 39 n. Chr. abgesetzt. Sein Neffe Herodes Agrippa trat die Nachfolge an. Dieser Agrippa und sein Sohn (Agrippa II.) spielen in der Apostelgeschichte eine Rolle.
Der dritte Herodes-Sohn, der einen Teil vom Reich seines Vaters erbte, hieß Philippus. Er erhielt das Gebiet nordöstlich von Galiläa. Cäsarea Philippi war seine Residenzstadt.

Religionsparteien

Die Evangelien kennen eine Anzahl religiöser »Parteien« im damaligen Judentum. Viele aus den alten, vornehmen und wohlhabenden Priestergeschlechtern und entsprechend viele Mitglieder im jüdischen Rat (Sanhedrin) waren *Sadduzäer*. Sie hatten politisch große Macht und großes Ansehen, waren jedoch beim einfachen Volk nicht beliebt. Gegenüber neueren theologischen Entwicklungen und Anpassungen in der religiösen Praxis verhielten sie sich abweisend. Als Heilige Schrift galten ihnen allein die fünf Bücher Mose.
Weit mehr Rückhalt im Volk hatten die *Pharisäer*, die sich bemühten, das Gesetz Moses gerade auch dadurch ernst zu nehmen, dass sie es durch Auslegung neuen Gegebenheiten anpassten,

um es wirklich erfüllbar zu machen. Die Pharisäer waren auch insofern »moderner« als die Sadduzäer, als sie z.B. an die Existenz von Engeln, vor allem aber an eine künftige Auferstehung der Toten glaubten. Jesus und die jungen Gemeinden standen den Pharisäern in mancher Hinsicht näher als den anderen jüdischen Gruppierungen. Doch brachen in der Frage nach der rechten Art der Gesetzeserfüllung und der Heilsbedeutung des Gesetzes überhaupt unüberbrückbare Gegensätze auf.

Die *Essener,* die wir vor allem aus ihrer klosterähnlichen Niederlassung in Qumran am Toten Meer kennen, hatten kaum Einfluss auf das Leben des einfachen Volkes.

Extremisten

Nicht jeder war bereit, die römische Herrschaft hinzunehmen. Die *Zeloten* meinten, es Gott und dem Volk Gottes schuldig zu sein, die Römer mit Waffengewalt aus dem Land zu treiben. Einer der Jünger Jesu namens Simon (nicht Petrus) hatte dieser Richtung angehört. Die Zeloten standen hinter den Aufständen, die 70 n.Chr. zur Zerstörung Jerusalems durch die Römer führten.

Der Messias

Unter dem Druck der Fremdherrschaft wuchs im Volk die Sehnsucht nach dem Messias, dem gottgesandten idealen Herrscher der Endzeit aus der Nachkommenschaft König Davids, von dem die Propheten gesprochen hatten. Die meisten erwarteten ihn als mächtigen Krieger, der die Herrschaft der Römer beenden, die Ehre Israels wiederherstellen und beständigen, umfassenden Frieden schaffen werde. Das Auftreten Jesu entsprach so wenig den verbreiteten Erwartungen, dass nur wenige in ihm den Messias erkannten.

Griechisch-römische Einflüsse

Viele Juden lebten außerhalb ihrer Heimat, und Griechenland oder Rom lag ihnen oft näher als Jerusalem und Judäa. Paulus wurde z.B. in Tarsus in Kleinasien geboren.

Doch auch in der Heimat selbst war der Einfluss griechischer und römischer Kultur groß. Im Norden des Landes gab es Städte, die ihrer ganzen Anlage und der politischen Verfassung nach griechisch waren. Gebildete Juden beherrschten die griechische Sprache genauso wie ihre aramäische Muttersprache oder das alte Hebräisch. Man war vertraut mit griechischem Denken und griechischer Wissenschaft, speziell mit griechischer Medizin.

Kaufleute aus vielen Ländern zogen über die gut ausgebauten Straßen des Römerreiches und trafen auf den Märkten mit jüdischen Kaufleuten zusammen.

Das Herodeion in der Nähe von Betlehem war eine der Festungen, die Herodes der Große erbauen ließ.

In neutestamentlicher Zeit lebten die Juden unter römischer Besatzung. Als Jesus öffentlich wirkte, war Tiberius (14–37 n.Chr.) Kaiser des Römischen Reiches.

der Menschensohn* nach dem Willen Gottes an die
Menschen ausgeliefert. 23 Sie werden ihn töten, doch
am dritten Tag wird er auferweckt werden.«
Da wurden sie sehr traurig.

Über die Tempelsteuer

24 Als sie nach Kafarnaum zurückgekehrt waren, ka-
men die Kassierer der Tempelsteuer* zu Petrus und
fragten ihn: »Zahlt euer Lehrer* nicht das Doppel-
Silberstück als Tempelsteuer?«
25 »Doch!«, sagte Petrus.
Als er dann ins Haus hineinging, fragte ihn Jesus,
noch bevor Petrus etwas von dem Vorfall erzählen
konnte: »Was meinst du, Simon? Von wem nehmen
die Könige der Erde Zölle oder Steuern? Von ihren
eigenen Söhnen oder von ihren Untertanen?«
26 »Von den Untertanen«, antwortete Petrus.
Jesus sagte: »Das heißt also, dass die Söhne nichts
zu zahlen brauchen! 27 Aber wir wollen sie nicht un-
nötig verärgern. Geh an den See und wirf die Angel
aus. Nimm den ersten Fisch, den du fängst, und
öffne ihm das Maul. Du wirst darin ein Vierfach-Sil-
berstück finden. Nimm es und bezahle damit die
Steuer für mich und für dich!«

Anweisungen für das Gemeindeleben (18,1-35)[a]

Gegen die Geltungssucht

(Mk 9,33-37; Lk 9,46-48)

18 Um diese Zeit kamen die Jünger* zu Jesus und
fragten ihn: »Wer ist in der neuen Welt Got-
tes[b] der Größte?«
2 Da rief Jesus ein Kind herbei, stellte es in ihre
Mitte 3 und sagte: »Ich versichere euch: Wenn ihr
euch nicht ändert und den Kindern gleich werdet,
dann könnt ihr in Gottes neue Welt überhaupt nicht
hineinkommen. 4 Wer es auf sich nimmt, vor den
Menschen so klein und unbedeutend dazustehen
wie dieses Kind, ist in der neuen Welt Gottes der
Größte. 5 Und wer einen solchen Menschen[c] in mei-
nem Namen aufnimmt, nimmt mich auf.«

Verführer und Verführungen

(Mk 9,42-48; Lk 17,1-3a)

6 »Wer dagegen einen dieser kleinen, unbedeuten-
den Menschen,[d] die zu mir halten und mir ver-
trauen,[e] an mir irrewerden lässt, käme noch gut
weg, wenn er mit einem Mühlstein* um den Hals
im Meer versenkt würde, dort, wo es am tiefsten ist.
7 Wehe der Welt*, in der Menschen an mir irre-
werden. Das muss zwar so kommen; aber wehe
dem, der dazu beiträgt!
8 Wenn deine Hand oder dein Fuß dich zur Sünde
verführen, dann hau sie ab und wirf sie weg. Es ist
besser für dich, mit nur einer Hand oder einem
Fuß ewig bei Gott zu leben, als mit beiden Händen
und Füßen ins ewige Feuer geworfen zu werden.
9 Und wenn dich dein Auge zur Sünde verführt,
dann reiß es aus und wirf es weg. Es ist besser für
dich, mit nur einem Auge ewig bei Gott zu leben,
als mit beiden Augen in das Feuer der Hölle* gewor-
fen zu werden.«

Sorge um die Verlorengehenden

(Lk 15,3-7)

10 »Hütet euch davor, einen dieser kleinen, unbedeu-
tenden Menschen überheblich zu behandeln. Denn
ich versichere euch: Ihre Engel* haben immer Zu-
gang zu meinem Vater im Himmel![f]
12 Was meint ihr: Was wird ein Mann tun, der hun-
dert Schafe hat, und eines davon hat sich verlaufen?
Wird er nicht die neunundneunzig allein im Berg-
land weitergrasen lassen und wird losziehen und
das verirrte suchen? 13 Und wenn er es dann fin-
det – ich versichere euch: Er wird sich über das eine
Schaf mehr freuen als über die neunundneunzig, die
sich nicht verlaufen haben.
14 Genauso ist es mit eurem Vater im Himmel: Er
will nicht, dass einer dieser kleinen, unbedeutenden
Menschen verloren geht.«[g]

Regelung bei Verstößen gegen Gottes Gebot

(Lk 17,3b)

15 »Wenn dein Bruder – und das gilt entsprechend für
die Schwester[h] – ein Unrecht begangen hat,[i] dann
geh hin und stell ihn unter vier Augen zur Rede.
Wenn er mit sich reden lässt, hast du ihn zurückge-
wonnen.
16 Wenn er aber nicht auf dich hört, dann geh wie-
der hin, diesmal mit ein oder zwei anderen; denn je-
de Sache soll ja aufgrund der Aussagen von zwei oder
drei Zeugen entschieden werden.
17 Wenn er immer noch nicht hören will, dann
bring die Angelegenheit vor die Gemeinde. Wenn
er nicht einmal auf die Gemeinde hört, dann be-
handle ihn wie einen Ungläubigen oder Betrüger.[j]
18 Ich versichere euch: Was ihr hier auf der Erde für
verbindlich erklären werdet, das wird auch vor Gott
verbindlich sein; und was ihr hier für nicht verbind-
lich erklären werdet, das wird auch vor Gott nicht
verbindlich sein.[k]

a Kap 18 stellt die vierte der großen Reden des Matthäus-Evangeliums dar (siehe Einführung Seite 5 NT). In ihm sind Überlieferungen gesammelt, die das christliche Gemeindeleben bestimmen sollen.
b Wörtlich *in der Königsherrschaft* der Himmel;* entsprechend in den Versen 3 und 4.
c Wörtlich *ein solches Kind.* Gemeint sind die »unbedeutenden« Jesusjünger von Vers 4; vgl. Vers 6; 10,42.
d Wörtlich *einen von diesen Kleinen.* ›Diese Kleinen‹ ist Bezeichnung für die Jünger; vgl. 10,42.
e *die zu mir …:* wörtlich *die an mich glauben*.*
f Einige Handschriften fügen hinzu (Vers 11): *Denn der Menschensohn* ist gekommen, um die Verlorenen zu retten* (vgl. Lk 19,10).
g Das Gleichnis, das in Lk 15,1-7 gegen die Pharisäer und Gesetzeslehrer gerichtet ist, wird hier an die Jünger adressiert.
h *und das gilt …:* verdeutlichender Zusatz; siehe Sacherklärung »Bruder«.
i Viele Handschriften fügen nach *Unrecht* ein: *gegen dich,* wahrscheinlich unter dem Einfluss von Mt 18,21 und Lk 17,4.
j Wörtlich *wie einen Heiden* oder Zolleinnehmer*.*
k Vgl. Anmerkung zu 16,19. Die Vollmacht, die 16,19 Petrus zugesprochen wird, wird hier der versammelten Gemeinde zugesprochen.

17,24 Ex 30,13-14 **18,1** Lk 22,24 **18,3** 19,14 par **18,4** 23,12 **18,5** 10,40 par S **18,8-9** 5,29-30 **18,10-14** Joh 10,11-15 **18,14** 6,10 S; Sir 18,13 **18,15** Lev 19,17; Sir 19,13-17; Gal 6,1 **18,16** (Zeugen) Dtn 19,15 S; Joh 8,17; 2 Kor 13,1; 1 Tim 5,19; Hebr 10,28 **18,17** Tit 3,10 **18,18** 16,19 S

19 Aber auch das versichere ich euch: Wenn zwei
von euch auf der Erde gemeinsam um irgendetwas
bitten, wird es ihnen von meinem Vater im Himmel
gegeben werden. 20 Denn wo zwei oder drei in mei-
nem Namen zusammenkommen, da bin ich selbst in
ihrer Mitte.«[a]

Unbegrenzte Bereitschaft zur Vergebung

(Lk 17,4)

21 Da wandte sich Petrus an Jesus und fragte ihn:
»Herr, wenn mein Bruder oder meine Schwester[b]
an mir schuldig wird, wie oft muss ich ihnen verzei-
hen? Siebenmal?«
22 Jesus antwortete: »Nein, nicht siebenmal, son-
dern siebzigmal siebenmal!«

Das Gleichnis vom hartherzigen Schuldner

23 Jesus fuhr fort: »Macht euch klar, was es bedeutet,
dass Gott angefangen hat, seine Herrschaft aufzu-
richten! Er handelt dabei wie jener König,[c] der mit
den Verwaltern seiner Güter abrechnen wollte.
24 Gleich zu Beginn brachte man ihm einen Mann,
der ihm einen Millionenbetrag schuldete. 25 Da er
nicht zahlen konnte, befahl der Herr, ihn zu verkau-
fen, auch seine Frau und seine Kinder und seinen
ganzen Besitz, und den Erlös für die Tilgung der
Schulden zu verwenden. 26 Aber der Schuldner warf
sich vor ihm nieder und bat: ›Hab doch Geduld mit
mir! Ich will dir ja alles zurückzahlen.‹ 27 Da bekam
der Herr Mitleid; er gab ihn frei und erließ ihm auch
noch die ganze Schuld.
28 Kaum draußen, traf dieser Mann auf einen Kol-
legen, der ihm einen geringen Betrag schuldete. Den
packte er an der Kehle, würgte ihn und sagte: ›Gib
zurück, was du mir schuldest!‹ 29 Der Schuldner fiel
auf die Knie und bettelte: ›Hab Geduld mit mir!
Ich will es dir ja zurückgeben!‹ 30 Aber sein Gläubiger
wollte nichts davon hören, sondern ließ ihn ins Ge-
fängnis werfen, bis er die Schuld beglichen hätte.
31 Als das seine anderen Kollegen sahen, konnten
sie es nicht fassen. Sie liefen zu ihrem Herrn und er-
zählten ihm, was geschehen war. 32 Er ließ den
Mann kommen und sagte: ›Was bist du für ein bö-
ser Mensch! Ich habe dir die ganze Schuld erlassen,
weil du mich darum gebeten hast. 33 Hättest du nicht
auch Erbarmen haben können mit deinem Kolle-
gen, so wie ich es mit dir gehabt habe?‹ 34 Dann
übergab er ihn voller Zorn den Folterknechten
zur Bestrafung, bis er die ganze Schuld zurückge-
zahlt haben würde.
35 So wird euch mein Vater im Himmel auch be-
handeln, wenn ihr eurem Bruder oder eurer Schwes-
ter nicht von Herzen verzeiht.«

Jesus bricht auf nach Judäa

(Mk 10,1)

19 Als Jesus diese Rede beendet hatte, ging er von
Galiläa* weg und kam in das judäische Gebiet
auf der anderen Seite des Jordans.[d] 2 Sehr viele Men-
schen folgten ihm dorthin und er heilte sie.

Über Ehescheidung und Ehelosigkeit

(Mk 10,2-12)

3 Da kamen einige Pharisäer* zu ihm und versuch-
ten, ihm eine Falle zu stellen. Sie fragten ihn: »Ist
es erlaubt, dass ein Mann seine Frau aus jedem belie-
bigen Grund wegschickt?«
4 Jesus antwortete: »Habt ihr nicht gelesen, was in
den Heiligen Schriften* steht? Dort heißt es, dass
Gott am Anfang den Menschen als Mann und Frau
geschaffen hat. 5 Und er hat gesagt: ›Deshalb verlässt
ein Mann Vater und Mutter, um mit seiner Frau zu
leben. Die zwei sind dann eins, mit Leib und Seele.‹
6 Sie sind also nicht mehr zwei, sondern eins. Und
was Gott zusammengefügt hat, sollen Menschen
nicht scheiden.«
7 Die Pharisäer fragten: »Wie kann Mose dann
vorschreiben: Der Mann soll der Frau eine Schei-
dungsurkunde* ausstellen und sie wegschicken?«
8 Jesus antwortete: »Mose hat euch die Eheschei-
dung nur zugestanden, weil ihr euer Herz gegen Gott
verhärtet habt – und damit eure Hartherzigkeit ans
Licht kommt.[e] Aber das war ursprünglich nicht so.
9 Darum sage ich euch: Wer sich von seiner Frau
trennt und eine andere heiratet, begeht Ehebruch
– ausgenommen den Fall, dass sie ihrerseits die
Ehe gebrochen hat.«[f]
10 Da sagten seine Jünger* zu ihm: »Wenn es zwi-
schen Mann und Frau so steht, sollte man lieber gar
nicht heiraten.«
11 Aber Jesus antwortete: »Was ich jetzt sage, kön-
nen nicht alle verstehen, sondern nur die, denen
Gott das Verständnis gegeben hat. 12 Es gibt verschie-
dene Gründe, warum jemand nicht heiratet. Man-
che Menschen sind von Geburt an eheunfähig, man-
che – wie die Eunuchen – sind es durch einen späte-
ren Eingriff geworden. Noch andere verzichten von
sich aus auf die Ehe, weil sie ganz davon in Anspruch
genommen sind, dass Gott jetzt seine Herrschaft*
aufrichtet.[g] Das sage ich für die, die es verstehen
können.«[h]

Jesus und die Kinder

(Mk 10,13-16; Lk 18,15-17)

13 Damals wollten einige Leute ihre Kinder zu Jesus
bringen, damit er ihnen die Hände auflege und für

a Die Verse 19-20 kommen noch einmal auf die Situation von Vers 16 zurück. Sie mahnen, es möglichst nicht zum Letzten (Verse 17-18) kommen zu lassen, und zeigen einen Weg dazu auf.
b Wörtlich *mein Bruder;* entsprechend in Vers 35. Vgl. dazu Sacherklärung »Bruder«.
c *»Macht euch klar …:* wörtlich *Deshalb ist die Königsherrschaft* der Himmel einem König gleich geworden.*
d Vermutlich will Matthäus sagen, dass Jesus Galiläa verließ und durch das Ostjordanland nach Judäa zog.
e *weil ihr euer Herz …:* wörtlich *auf eure Hartherzigkeit hin.* Zu *Hartherzigkeit* siehe Sacherklärung »Scheidungsurkunde«.
f Wörtlich *außer wegen Unzucht;* siehe Sacherklärung »Unzuchtsklausel«.
g Im Griechischen steht in allen drei Fällen das verachtungsvolle Wort »Eunuchen« (siehe Sacherklärung). Möglicherweise haben Gegner Jesu ihn selbst und einige seiner Jünger wegen ihrer Ehelosigkeit so genannt.
h Die hier verteidigte Lebensform einzelner Jünger ist nicht jedermanns Sache und sollte nicht unbesonnen propagiert werden (vgl. 1 Kor 7,1-7).

18,19 7,7S **18,20** 28,20 **18,22** Gen 4,24 **18,23** 25,19 **18,27** Lk 7,42 **18,33** 5,7S **18,34** 5,26 **18,35** 6,12.15; Jak 2,13; Eph 4,32; Kol 3,13 **19,4** Gen 1,27 **19,5** *zit* Gen 2,24; Eph 5,31 **19,7** 5,31S **19,9** 5,32par

sie bete; aber die Jünger* fuhren sie an und wollten
sie wegschicken.
14 Da sagte Jesus: »Lasst doch die Kinder! Hindert
sie nicht, zu mir zu kommen; denn für Menschen
wie sie steht Gottes neue Welt[a] offen.«[b]
15 Dann legte er den Kindern segnend die Hände
auf und zog von dort weiter.

Die Gefahr des Reichtums

(Mk 10,17-27; Lk 18,18-27)

16 Da kam ein Mann zu Jesus und fragte ihn: »Leh-
rer*, was muss ich Gutes tun, um das ewige Leben
zu bekommen?«
17 Jesus antwortete: »Warum fragst du mich, was
gut ist? Es gibt nur Einen, der gut ist! Wenn du bei
ihm leben willst, dann befolge seine Gebote.«
18 »Welche Gebote?«, fragte der Mann.
Jesus antwortete: »Du sollst nicht morden, nicht
die Ehe brechen, nicht stehlen, nichts Unwahres
über deinen Mitmenschen sagen; 19 ehre deinen Va-
ter und deine Mutter, und liebe deinen Mitmen-
schen wie dich selbst!«
20 »Ich habe alle diese Gebote befolgt«, erwiderte
der junge Mann. »Was muss ich sonst noch tun?«
21 Jesus sagte zu ihm: »Wenn du in der Liebe zu
deinen Mitmenschen vollkommen und ungeteilt
sein willst,[c] dann geh, verkaufe alles, was du besitzt,
und gib das Geld den Armen, so wirst du bei Gott
einen unverlierbaren Besitz haben. Und dann komm
und folge mir!«
22 Als der junge Mann das hörte, ging er traurig
weg; denn er hatte großen Grundbesitz.
23 Da sagte Jesus zu seinen Jüngern*: »Ich versi-
chere euch: Ein Reicher wird nur schwer in die neue
Welt Gottes[d] kommen. 24 Ich sage es noch einmal:
Eher kommt ein Kamel durch ein Nadelöhr als ein
Reicher in Gottes neue Welt.«[e]
25 Als die Jünger das hörten, waren sie entsetzt und
fragten: »Wer kann dann überhaupt gerettet
werden?«
26 Jesus sah sie an und sagte: »Wenn es auf die
Menschen ankommt, ist es unmöglich, aber für Gott
ist alles möglich.«[f]

Der Lohn für die, die alles aufgegeben haben

(Mk 10,28-31; Lk 18,28-30)

27 Darauf sagte Petrus zu Jesus: »Du weißt, wir haben
alles stehen und liegen lassen und sind dir gefolgt.
Was haben wir davon?«
28 Jesus antwortete: »Ich versichere euch: Wenn
Gott die Welt erneuert und der Menschensohn*
auf seinem Herrscherthron Platz nimmt, dann wer-
det auch ihr, die ihr mir gefolgt seid, auf zwölf Thro-
nen sitzen und über die zwölf Stämme Israels Ge-
richt halten. 29 Wer auch immer um meinetwillen
Häuser oder Brüder oder Schwestern oder Vater oder
Mutter oder Kinder oder Felder zurücklässt, wird das
alles hundertfach wiederbekommen und dazu das
ewige Leben.
30 Aber viele, die jetzt vorn sind, werden dann am
Schluss stehen, und viele, die jetzt die Letzten sind,
werden schließlich die Ersten sein.«[g]

Die Arbeiter im Weinberg

20 »Wenn Gott sein Werk vollendet, wird es
sein wie bei dem Weinbergbesitzer,[h] der früh
am Morgen auf den Marktplatz ging, um Leute zu
finden und für die Arbeit in seinem Weinberg anzu-
stellen. 2 Er einigte sich mit ihnen auf den üblichen
Tageslohn von einem Silberstück*, dann schickte
er sie in den Weinberg.
3 Um neun Uhr ging er wieder auf den Marktplatz
und sah dort noch ein paar Männer arbeitslos he-
rumstehen. 4 Er sagte auch zu ihnen: ›Ihr könnt in
meinem Weinberg arbeiten, ich will euch angemes-
sen bezahlen.‹ 5 Und sie gingen hin.
Genauso machte er es mittags und gegen drei Uhr.
6 Selbst als er um fünf Uhr das letzte Mal zum Markt-
platz ging, fand er noch einige herumstehen und
sagte zu ihnen: ›Warum tut ihr den ganzen Tag
nichts?‹
7 Sie antworteten: ›Weil uns niemand eingestellt
hat.‹
Da sagte er: ›Geht auch ihr noch hin und arbeitet
in meinem Weinberg!‹
8 Am Abend sagte der Weinbergbesitzer zu seinem
Verwalter: ›Ruf die Leute zusammen und zahl allen
ihren Lohn! Fang bei denen an, die zuletzt gekom-
men sind, und höre bei den ersten auf.‹
9 Die Männer, die erst um fünf Uhr angefangen
hatten, traten vor und jeder bekam ein Silberstück.
10 Als nun die an der Reihe waren, die ganz früh an-
gefangen hatten, dachten sie, sie würden entspre-
chend besser bezahlt, aber auch sie bekamen jeder
ein Silberstück.
11 Da murrten sie über den Weinbergbesitzer 12 und
sagten: ›Diese da, die zuletzt gekommen sind, haben
nur eine Stunde lang gearbeitet, und du behandelst
sie genauso wie uns? Dabei haben wir den ganzen
Tag über in der Hitze geschuftet!‹
13 Da sagte der Weinbergbesitzer zu einem von ih-
nen: ›Mein Lieber, ich tue dir kein Unrecht. Hatten
wir uns nicht auf ein Silberstück geeinigt? 14 Das hast
du bekommen, und nun geh! Ich will nun einmal
dem Letzten hier genauso viel geben wie dir! 15 Ist
es nicht meine Sache, was ich mit meinem Eigentum
mache? Oder bist du neidisch, weil ich großzügig
bin?‹«

a Wörtlich *die Königsherrschaft* der Himmel.*
b Nicht Leistung und Verdienst (was es bei Kindern noch nicht gibt) entscheiden über die Zulassung zu Gottes neuer Welt, sondern allein die Bereitschaft, sich alles schenken zu lassen.
c Wörtlich *Wenn du vollkommen sein willst.* Die »Vollkommenheit« bezieht sich wie in 5,48 auf die radikale Verwirklichung des Liebesgebots, das in Vers 19 an letzter Stelle als Inbegriff aller zu erfüllenden Gebote genannt wurde. Vgl. Sacherklärung »Bergpredigt (3)«.
d Wörtlich *in die Königsherrschaft* der Himmel;* in Vers 24 wörtlich *in die Königsherrschaft Gottes.*
e Vgl. Lk 12,15; 16,19 und die Anmerkungen dort.
f Das ist kein ›billiger‹ Trost. Hinter der Antwort steht letztlich die blutige Wirklichkeit des Kreuzes (vgl. 20,28; 26,28).
g Die Verheißungen der Verse 28-29 sollen die Jünger nicht selbstsicher und überheblich machen. Gott ist unberechenbar gütig! Das wird illustriert durch das nachfolgende Gleichnis (20,1-15), an dessen Ende die Aussage von Vers 30 wiederkehrt (20,16).
h Wörtlich *Die Königsherrschaft* der Himmel ist gleich einem Hausherrn.*

19,14 18,3 **19,18-19** *zit* Ex 20,12-16 *und* Lev 19,18 **19,19** (liebe) Mk 12,31S **19,21** Lk 12,33S; Mt 8,21-22S **19,22** Ps 62,11 **19,26** Ijob 42,2S **19,28** 25,31S; (auch ihr) Lk 22,30; 1 Kor 6,2; Offb 3,21 **19,29** 10,37par **19,30** 20,16S **20,8** Lev 19,13; Dtn 24,15

16 Jesus schloss: »So werden die Letzten die Ersten
sein und die Ersten die Letzten.«

Jesus kündigt zum dritten Mal seinen Tod an

(Mk 10,32-34; Lk 18,31-34)

17 Jesus war auf dem Weg nach Jerusalem. Da rief er
einmal die zwölf Jünger* allein zu sich und sagte zu
ihnen: 18 »Hört zu! Wir gehen nach Jerusalem. Dort
wird der Menschensohn* nach dem Willen Gottes
an die führenden Priester* und die Gesetzeslehrer*
ausgeliefert werden. Sie werden ihn zum Tod verur-
teilen 19 und den Fremden übergeben, die Gott nicht
kennen,[a] damit sie ihren Spott mit ihm treiben, ihn
auspeitschen und ans Kreuz* nageln. Doch am drit-
ten Tag wird er vom Tod auferweckt werden.«

Nicht herrschen, sondern dienen

(Mk 10,35-45; Lk 22,24-27)

20 Damals ging die Mutter der beiden Söhne von Ze-
bedäus zusammen mit ihren Söhnen zu Jesus hin
und warf sich vor ihm nieder, weil sie ihn um etwas
bitten wollte.
21 »Was möchtest du denn?«, fragte Jesus.
Sie sagte: »Ordne doch an, dass meine beiden
Söhne rechts und links neben dir sitzen, wenn du
deine Herrschaft angetreten hast!«
22 Jesus sagte zu den beiden Söhnen: »Ihr wisst
nicht, was ihr da verlangt. Könnt ihr den Kelch trin-
ken, den ich trinken werde?«[b]
»Das können wir!«, antworteten sie.
23 Jesus erwiderte: »Ihr werdet tatsächlich den
gleichen Kelch trinken wie ich, aber ich kann nicht
darüber verfügen, wer rechts und links neben mir
sitzen wird. Auf diesen Plätzen werden die sitzen,
die mein Vater dafür bestimmt hat.«
24 Die anderen zehn Jünger* hatten das Gespräch
mit angehört und ärgerten sich über die beiden Brü-
der. 25 Darum rief Jesus alle zwölf zu sich her und
sagte: »Ihr wisst: Die Herrscher der Völker, die Gro-
ßen in der Welt, unterdrücken ihre Leute und lassen
sie ihre Macht spüren. 26 Bei euch muss es anders
sein! Wer unter euch groß sein will, soll euer Diener
sein, 27 und wer an erster Stelle stehen will, soll euch
Sklavendienste leisten.
28 Auch der Menschensohn* ist nicht gekommen,
um sich bedienen zu lassen, sondern um zu dienen
und sein Leben als Lösegeld für alle Menschen hin-
zugeben.«

Jesus heilt zwei Blinde

(Mk 10,46-52; Lk 18,35-43)

29 Als Jesus mit seinen Jüngern* Jericho verließ,
folgte ihm eine große Menschenmenge. 30 Am Stra-
ßenrand saßen zwei Blinde. Sie hörten, dass Jesus
vorbeikam, und riefen laut: »Herr, du Sohn Davids,[c]
hab Erbarmen mit uns!«
31 Die Leute fuhren die beiden an, sie sollten still
sein; aber die schrien nur noch lauter: »Herr, du
Sohn Davids, hab Erbarmen mit uns!«
32 Jesus blieb stehen, rief die beiden zu sich und
fragte sie: »Was wollt ihr? Was soll ich für euch tun?«
33 »Herr«, sagten sie, »wir möchten sehen kön-
nen.«
34 Jesus hatte Erbarmen mit ihnen und berührte ih-
re Augen. Sofort konnten sie sehen und folgten ihm.

AUSEINANDERSETZUNGEN IN JERUSALEM (Kapitel 21–23)

Jesus zieht in Jerusalem ein

(Mk 11,1-11; Lk 19,28-40; Joh 12,12-19)

21 Kurz vor Jerusalem kamen sie zu der Ort-
schaft Betfage am Ölberg*. Dort schickte Je-
sus zwei Jünger* fort 2 mit dem Auftrag: »Geht in
das Dorf da drüben! Gleich am Ortseingang findet
ihr eine Eselin und ihr Junges angebunden. Bindet
beide los und bringt sie zu mir! 3 Und wenn jemand
etwas sagt, dann antwortet: ›Der Herr braucht sie.‹
Dann wird man sie euch sofort geben.«
4 Damit sollte in Erfüllung gehen, was der Pro-
phet* angekündigt hatte:[d]

5 »Sagt der Zionsstadt*:
Dein König kommt jetzt zu dir!
Er verzichtet auf Gewalt.[e]
Er reitet auf einem Esel
und auf einem Eselsfohlen,
dem Jungen eines Lasttiers.«

6 Die beiden Jünger gingen hin und taten, was Jesus
ihnen befohlen hatte. 7 Sie brachten die Eselin und
ihr Junges und legten ihre Kleider darüber, und Jesus
setzte sich darauf. 8 Viele Menschen aus der Menge
breiteten ihre Kleider als Teppich auf die Straße, an-
dere rissen Zweige von den Bäumen und legten sie
auf den Weg.
9 Die Menschenmenge, die Jesus vorauslief und
ihm folgte, rief immer wieder: »Gepriesen sei der
Sohn Davids*! Heil dem, der im Auftrag des Herrn
kommt! Gepriesen sei Gott in der Höhe!«
10 Als Jesus in Jerusalem einzog, geriet alles in gro-
ße Aufregung. »Wer ist dieser Mann?«, fragten die
Leute in der Stadt.
11 Die Menge, die Jesus begleitete, rief: »Das ist der
Prophet* Jesus aus Nazaret in Galiläa*!«

a *den Fremden …:* siehe Anmerkung zu Mk 10,33.
b Zu *Kelch* vgl. 26,39 und die Anmerkung zu Mk 14,36.
c Vgl. 20,30-31 und Vergleichsstellen dort sowie Sacherklärung.
d Siehe Sach 9,9 und Anmerkung dort.
e Jesus ist das Gegenbild zu den Zeloten (siehe Sacherklärung).

20,16 19,30 par; Lk 13,30 **20,17-19** Mk 8,31 S **20,19** 27,26-31; 28,6 S **20,21** 19,28 **20,22** 26,39 par; Joh 18,11 **20,23** Apg 12,2 **20,26-27** 23,11 S **20,28** Mk 10,45 S **20,29-34** 9,27-30 **20,30-31** (Sohn Davids) 1,1 S; 9,27; 12,23; 15,22; 21,9.15; 22,41-46 par; Mk 11,10; Lk 1,32.69; 2,11; Joh 7,42; Offb 5,5 **21,5** *nach* Jes 62,11 *und* Sach 9,9; Mt 5,5 **21,7-11** 1 Kön 1,38-40 **21,8** 2 Kön 9,13 **21,9** Ps 118,26; 148,1; Mt 20,30-31 S **21,11** 16,14 par; 21,46; 26,68 par; Lk 7,16 S

a Siehe Jer 7,11 und den dortigen Zusammenhang!
b Vgl. 20,30-31 und die Vergleichsstellen dort sowie die Sacherklärung.
c Siehe Ps 8,3 und Anmerkung dort. Vgl. 18,1-4; 19,13-14.
d Ort am Osthang des Ölbergs, 3 km östlich von Jerusalem. Er ist vielleicht der regelmäßige Übernachtungsort Jesu während seines letzten Jerusalemaufenthalts gewesen.
e Der eigenartige Vorfall ist im Licht der Verse 33-41 zu verstehen; vgl. auch Lk 13,6-9.

Jesus im Tempel

(Mk 11,15-19; Lk 19,45-48; Joh 2,13-17)

12 Jesus ging in den Tempel* und trieb alle Händler
und Käufer hinaus. Er stieß die Tische der Geldwechsler* und die Stände der Taubenverkäufer um.
13 Dazu sagte er ihnen: »In den Heiligen Schriften* steht, dass Gott erklärt hat: ›Mein Tempel soll eine Stätte sein, an der die Menschen zu mir beten können!‹ Ihr aber macht eine Räuberhöhle daraus!«[a]
14 Dann kamen dort im Tempel Blinde und Gelähmte zu ihm, und er machte sie gesund.
15 Die führenden Priester* und die Gesetzeslehrer* sahen die Wunder, die Jesus tat, und sie hörten, wie die Kinder im Tempel laut riefen: »Gepriesen sei der Sohn Davids!«[b] Da wurden sie wütend
16 und fragten Jesus: »Hörst du, was die da rufen?«

Jesus sagte zu ihnen: »Gewiss! Habt ihr denn nie gelesen, was in den Heiligen Schriften* steht: ›Du, Gott, sorgst dafür, dass die Unmündigen und die kleinen Kinder dich preisen‹?«[c]
17 Damit ließ er sie stehen, ging aus der Stadt hinaus und übernachtete in Betanien.[d]

Der Feigenbaum: Vorzeichen des Gerichts über Israel. Aufruf zum Vertrauen

(Mk 11,12-14.20-25)

18 Früh am nächsten Morgen kehrte Jesus nach Jerusalem zurück. Unterwegs bekam er Hunger.
19 Als er einen Feigenbaum am Straßenrand sah, ging er hin; aber er fand nichts als Blätter daran. Da sagte er zu dem Baum: »Du sollst niemals mehr Frucht tragen!« Und sofort verdorrte der Baum.[e]
20 Voller Staunen sahen es die Jünger* und fragten: »Wie konnte der Baum so plötzlich verdorren?«
21 Jesus antwortete ihnen: »Ich versichere euch: Wenn ihr Vertrauen zu Gott habt und nicht zweifelt, könnt ihr nicht nur tun, was ich mit diesem Feigenbaum getan habe. Ihr könnt dann sogar zu diesem Berg sagen: ›Auf, stürze dich ins Meer!‹, und es wird geschehen.
22 Wenn ihr nur Vertrauen habt, werdet ihr alles bekommen, worum ihr Gott bittet.«

Woher hat Jesus die Vollmacht?

(Mk 11,27-33; Lk 20,1-8)

23 Jesus ging wieder in den Tempel. Während er dort die Menschen lehrte, traten die führenden Priester*

Jesus schickt seine Jünger aus, um eine Eselin für ihn zu holen (21,2). Die Wahl dieses Reittiers stellt allen vor Augen, was für ein König hier in Jerusalem einzieht: »Er verzichtet auf Gewalt«, wie es der Prophet Sacharja (9,9) angekündigt hatte.

21,13 *nach* Jes 56,7; Jer 7,11 **21,14** 11,5-6; 15,29-31; 2 Sam 5,8 **21,15-16** 11,25 S **21,15** 20,30-31 S **21,16** *nach* Ps 8,3 **21,19** Lk 13,6 **21,21** 17,20; Lk 17,6 **21,22** 7,7 S

und die Ältesten* des Volkes an ihn heran und frag-
ten: »Woher nimmst du das Recht, hier so aufzutre-
ten? Wer hat dir die Vollmacht dazu gegeben?«[a]
24 Jesus antwortete: »Auch ich will euch eine Frage
stellen. Wenn ihr sie mir beantwortet, werde ich
euch sagen, mit welchem Recht ich so handle.
25 Sagt mir: Woher hatte der Täufer* Johannes den
Auftrag, zu taufen? Von Gott oder von Menschen?«
Sie überlegten: »Wenn wir sagen ›Von Gott‹, wird
er uns fragen: Warum habt ihr dann Johannes nicht
geglaubt? 26 Wenn wir aber sagen ›Von Menschen‹,
dann haben wir die Menge gegen uns, weil alle über-
zeugt sind, dass Johannes ein Prophet* war.« 27 So
sagten sie zu Jesus: »Wir wissen es nicht.«
»Gut«, erwiderte Jesus, »dann sage ich euch auch
nicht, wer mich bevollmächtigt hat.«

Das Gleichnis von den beiden Söhnen

28 Dann sagte Jesus: »Was meint ihr zu folgender Ge-
schichte? Ein Mann hatte zwei Söhne. Er sagte zu
dem einen: ›Mein Sohn, geh und arbeite heute im
Weinberg!‹ 29 ›Ich will nicht‹, erwiderte der Sohn;
später aber überlegte er es sich und ging doch.
30 Dasselbe sagte der Vater auch zu seinem anderen
Sohn. ›Ja, Herr‹, antwortete der, ging aber nicht.
31 Wer von den beiden hat nun nach dem Willen
des Vaters gehandelt?«
»Der Erste«, antworteten sie.
Da sagte Jesus: »Ich versichere euch: Die Zollein-
nehmer* und die Prostituierten werden eher in die
neue Welt Gottes[b] kommen als ihr.
32 Der Täufer Johannes ist gekommen und zeigte
euch, was ihr jetzt tun müsst, um Gottes Willen zu
erfüllen;[c] aber ihr habt ihm nicht geglaubt. Die Zoll-
einnehmer und die Prostituierten haben ihm ge-
glaubt! Aber ihr – nicht einmal als ihr das saht, habt
ihr euch besonnen und ihm Glauben geschenkt.«

Das Gleichnis von den bösen Weinbergspächtern

(Mk 12,1-12; Lk 20,9-19)

33 »Hört ein anderes Gleichnis*:
Ein Grundbesitzer legte einen Weinberg[d] an,
machte einen Zaun darum, baute eine Weinpresse
und errichtete einen Wachtturm. Dann verpachtete
er den Weinberg und verreiste.
34 Zur Zeit der Weinlese schickte er seine Boten zu
den Pächtern, um den Ertrag abholen zu lassen.
35 Die Pächter aber packten die Boten, verprügelten
den einen, schlugen einen anderen tot, und wieder
einen anderen steinigten* sie. 36 Noch einmal
schickte der Besitzer Boten, mehr als beim ersten
Mal; doch mit denen machten sie es genauso.
37 Schließlich schickte er seinen Sohn, weil er
dachte: ›Vor meinem Sohn werden sie Respekt ha-
ben.‹ 38 Aber als die Pächter den Sohn kommen sa-
hen, sagten sie zueinander: ›Das ist der Erbe! Wir
bringen ihn um und nehmen seine Erbschaft, den
Weinberg, in Besitz.‹ 39 So packten sie ihn, stießen
ihn aus dem Weinberg hinaus und töteten ihn.
40 Was wird nun der Besitzer des Weinbergs mit
den Pächtern machen, wenn er selbst kommt?«,
fragte Jesus.
41 Sie sagten: »Er wird diesen Verbrechern ein
schreckliches Ende bereiten und den Weinberg an-
deren anvertrauen, die ihm zur Erntezeit seinen Er-
trag pünktlich abliefern!«
42 Jesus sagte zu ihnen: »Ihr habt ja wohl gelesen,
was in den Heiligen Schriften* steht:

›Der Stein, den die Bauleute als wertlos weggewor-
fen haben,
ist zum Eckstein* geworden.
Der Herr hat dieses Wunder vollbracht,
und wir haben es gesehen.‹

43 Darum sage ich euch: Das Vorrecht, Gottes Volk
unter Gottes Herrschaft zu sein, wird euch entzogen.
Es wird einem Volk gegeben, das tut, was dieser Be-
rufung entspricht.[e]
44 Wer auf diesen Stein stürzt, wird zerschmettert,
und auf wen er fällt, den zermalmt er.«
45 Die führenden Priester* und die Pharisäer*
merkten, dass die beiden Gleichnisse auf sie ge-
münzt waren. 46 Sie hätten Jesus gerne festgenom-
men, wagten es aber nicht, weil die Menge ihn für
einen Propheten* hielt.

Das Gleichnis vom Hochzeitsfest. Das hochzeitliche Kleid

(Lk 14,16-24)

22 Darauf erzählte ihnen Jesus noch ein weite-
res Gleichnis*:
2 »Gott hat angefangen, seine Herrschaft aufzu-
richten, und er handelt wie jener König,[f] der seinem
Sohn die Hochzeit ausrichtete:[g]
3 Er schickte seine Diener aus, um die gelade-
nen Gäste zum Fest zu bitten; aber sie wollten nicht
kommen.[h]
4 Darauf schickte er noch einmal andere Diener zu
den Geladenen und ließ ihnen sagen: ›Hört! Ich habe
mein Festessen vorbereitet, meine Ochsen und
meine Mastkälber sind geschlachtet, alles steht be-
reit. Kommt zur Hochzeitsfeier!‹
5 Sie aber kümmerten sich nicht darum, sondern
gingen ihren Geschäften nach. Einer ging auf seine
Felder, ein anderer in seinen Laden. 6 Manche pack-
ten sogar die Diener des Königs, trieben ihren Spott
mit ihnen und töteten sie.
7 Da wurde der König zornig und schickte seine

a Die Frage bezieht sich vor allem auf Jesu Eingriff in die Abwicklung des Tempelmarktes (siehe Vers 12 und die Sacherklärung »Geldwechsler«).
b Wörtlich *in die Königsherrschaft* Gottes.*
c *ist gekommen und zeigte ...:* wörtlich *kam auf dem Weg der Gerechtigkeit.*
d »Weinberg« ist im Alten Testament ein geläufiges Bild für das Volk Israel (siehe Jesaja 5,1-2 und die Vergleichsstellen dort). Im Folgenden wird ein Abriss der Geschichte Israels gegeben, der auf die ständige Ablehnung der Propheten anspielt und auch schon die Tötung Jesu mit einbezieht.
e *Das Vorrecht ...:* wörtlich *Die Königsherrschaft* Gottes wird von euch weggenommen und einem Volk gegeben werden, das ihre* (der Königsherrschaft) *Früchte bringt.* Siehe Anmerkung zu Mk 12,9; vgl. Mt 28,18-20.
f Wörtlich *Die Königsherrschaft* der Himmel ist gleich geworden einem König.*
g Siehe Anmerkungen zu Mk 2,18-22.
h Diese Hochzeit (= Heilszeit) ist von Gott seit langem ins Auge gefasst. Schon die Propheten waren in dieser Sache zu Israel gesandt. Darauf und auf die Aussendung der Zwölf zu Jesu Lebzeiten (Kap 10) dürfte sich Vers 3 beziehen. Der folgende Vers spricht von der Mission der Juden in Palästina unmittelbar nach Pfingsten; vgl. 23,34-36; Apg 1-12.

21,26 14,5 **21,28-31** 7,21 S **21,28** Lk 15,11 **21,32** Lk 7,29-30 **21,33** Jes 5,1-7 S **21,35** 22,6 **21,39** Hebr 13,12 **21,41** 22,7 **21,42** *zit* Ps 118,22-23 **21,44** Jes 8,14-15; Dan 2,34-35.44-45 **21,46** 21,11 S; 26,4-5 **22,2** 9,15 S **22,6** 21,35 par; 23,37 par **22,7** 21,41 par

Heere. Er ließ die Mörder umbringen und ihre Stadt
niederbrennen.[a]
8 Dann sagte er zu seinen Dienern: ›Die Vorberei-
tungen zum Fest sind getroffen, aber die geladenen
Gäste waren es nicht wert, daran teilzunehmen.
9 Geht jetzt hinaus auf die Landstraßen und ladet alle
zur Hochzeit ein, die euch begegnen!‹[b]
10 Die Diener gingen hinaus auf die Straßen und
brachten alle mit, die sie fanden – schlechte und gute
Leute. So wurde der Hochzeitssaal voll.
11 Als nun der König kam, um sich die Gäste anzu-
sehen, entdeckte er einen, der nicht hochzeitlich ge-
kleidet war. 12 Er sprach ihn an: ›Wie bist denn du
hier hereingekommen? Du bist ja gar nicht hochzeit-
lich angezogen.‹[c] Der Mann hatte keine Entschuldi-
gung. 13 Da befahl der König seinen Dienern: ›Bindet
ihm Hände und Füße und werft ihn hinaus in die
Finsternis! Dort gibt es nur noch Jammern und Zäh-
neknirschen.‹
14 Denn viele sind berufen«, schloss Jesus, »aber
nur wenige von ihnen sind erwählt.«

Die Frage nach der Steuer für den Kaiser

(Mk 12,13-17; Lk 20,20-26)

15 Daraufhin beschlossen die Pharisäer*, Jesus mit ei-
ner verfänglichen Frage in die Falle zu locken.
16 Sie schickten ihre Jünger* zu Jesus und auch ei-
nige Parteigänger von Herodes;[d] die sagten zu ihm:
»Lehrer*, wir wissen, dass es dir nur um die Wahr-
heit geht. Du lehrst klar und deutlich, wie wir nach
Gottes Willen leben sollen. Denn du lässt dich nicht
von Menschen beeinflussen, auch wenn sie noch so
mächtig sind. 17 Nun sag uns deine Meinung: Ist es
nach dem Gesetz* Gottes erlaubt, dem römischen
Kaiser Steuer zu zahlen, oder nicht?«
18 Jesus erkannte ihre böse Absicht und sagte: »Ihr
Scheinheiligen, ihr wollt mir doch nur eine Falle stel-
len! 19 Zeigt mir eins von den Geldstücken, mit denen
ihr die Steuer bezahlt.«
Sie gaben ihm eine Silbermünze*, 20 und er fragte:
»Wessen Bild und wessen Name sind denn hier auf-
geprägt?«
21 »Das Bild und der Name des Kaisers«, antworte-
ten sie.

Da sagte Jesus: »Dann gebt dem Kaiser, was dem
Kaiser gehört, – aber gebt Gott, was Gott gehört!«
22 Solch eine Antwort hatten sie nicht erwartet. Sie
ließen Jesus in Ruhe und gingen weg.

Werden die Toten auferstehen?

(Mk 12,18-27; Lk 20,27-40)

23 Noch am selben Tag kamen Sadduzäer* zu Jesus.
Die Sadduzäer bestreiten, dass die Toten auferste-
hen* werden. 24 »Lehrer*«, sagten sie, »Mose hat an-
geordnet: ›Wenn ein verheirateter Mann kinderlos
stirbt, dann muss sein Bruder die Witwe heira-
ten und dem Verstorbenen Nachkommen ver-
schaffen.‹[e]
25 Nun gab es hier einmal sieben Brüder. Der ältes-
te heiratete und starb kinderlos. 26 Darauf heiratete
der zweite die Witwe, starb aber auch kinderlos;
und dem dritten erging es nicht anders. So war es
bei allen sieben. 27 Zuletzt starb auch die Frau.
28 Wie ist das nun bei der Auferstehung der Toten:
Wem von den sieben soll die Frau dann gehören? Sie
war ja mit allen verheiratet!«
29 »Ihr denkt ganz falsch«, antwortete Jesus. »Ihr
kennt weder die Heiligen Schriften* noch wisst
ihr, was Gott in seiner Macht tun kann. 30 Wenn
die Toten auferstehen, werden sie nicht mehr heira-
ten, sondern sie werden leben wie die Engel* im
Himmel.
31 Was aber die Auferstehung der Toten überhaupt
betrifft: Habt ihr nicht gelesen, was Gott euch in den
Heiligen Schriften gesagt hat? Er sagt dort: 32 ›Ich bin
der Gott Abrahams, der Gott Isaaks und der Gott Ja-
kobs.‹ Und er ist doch nicht ein Gott von Toten, son-
dern von Lebenden!«[f]
33 Die ganze Menschenmenge, die zugehört hatte,
war tief beeindruckt von dem, was Jesus da lehrte.

Das wichtigste Gebot

(Mk 12,28-31; Lk 10,25-28)

34 Als die Pharisäer* erfuhren, dass Jesus die Saddu-
zäer zum Schweigen gebracht hatte, kamen sie bei
Jesus zusammen. 35 Einer von ihnen, ein Gesetzes-
lehrer*, stellte Jesus eine Falle. Er fragte ihn:
36 »Lehrer*, welches ist das wichtigste Gebot des Ge-
setzes*?«
37 Jesus antwortete: »›Liebe den Herrn, deinen
Gott, von ganzem Herzen, mit ganzem Willen und
mit deinem ganzen Verstand!‹ 38 Dies ist das größte
und wichtigste Gebot. 39 Aber gleich wichtig ist ein
zweites: ›Liebe deinen Mitmenschen wie dich
selbst!‹
40 In diesen beiden Geboten ist alles zusammenge-
fasst, was das Gesetz und die Propheten* fordern.«

a Hier kommt die Zerstörung Jerusalems durch die Römer (70 n.Chr.) in den Blick; vgl. schon 21,40-41.
b Das dürfte sich auf die Berufung der nichtjüdischen Völker beziehen (28,18-20). Aber auch unter ihnen gibt es noch eine Scheidung (Verse 10-14).
c Siehe Offb 3,4.5.18; 19,8 (vgl. auch Gal 3,27; Kol 3,10).
d Siehe Sacherklärung »Herodes, Parteigänger von«.
e Vgl. Dtn 25,5-6 und Gen 38,8 sowie Sacherklärung »Schwagerehe«.
f Wenn Gott sich nach den Namen der Urväter nennt, so beweist das, dass sie bei ihm leben und für die Auferstehung bestimmt sind.

Die römische Kopf- und Grundsteuer zu zahlen empfanden fromme Kreise, vor allem die Zeloten, als Verrat an Gott und der Gottesherrschaft, wie sie sie verstanden (vgl. dazu 22,15-22). Im Bild eine Münze mit dem Kopf des Kaisers Augustus.

22,9 28,18-20 **22,13** 8,12S **22,21** Röm 13,7 **22,23** Lk 20,27S **22,24** *nach* Dtn 25,5-6 *und* Gen 38,8 **22,32** *zit* Ex 3,6 **22,37** *nach* Dtn 6,4-5 **22,39** *zit* Lev 19,18; Mk 12,31S **22,40** Mt 7,12S

Davids Sohn oder Davids Herr?[a]

(Mk 12,35-37; Lk 20,41-44)

41 Da die Pharisäer* nun einmal versammelt waren, stellte Jesus auch ihnen eine Frage. 42 Er sagte zu ihnen: »Was denkt ihr über den versprochenen Retter?[b] Wessen Sohn ist er?«

Sie antworteten: »Der Sohn Davids*.«

43 Da sagte Jesus: »Wie kann David ihn dann, vom Geist* Gottes erleuchtet, ›Herr‹ nennen? Denn David sagt ja:

44 ›Gott, der Herr, sagte zu meinem Herrn:
Setze dich an meine rechte Seite!
Ich will dir deine Feinde unterwerfen,
sie als Schemel unter deine Füße legen.‹

45 Wenn also David ihn ›Herr‹ nennt, wie kann er dann sein Sohn sein?«

46 Keiner konnte ihm darauf eine Antwort geben. Und von dem Tag an wagte es auch niemand mehr, ihm noch irgendeine Frage zu stellen.

Rede über die Ausleger des Gesetzes (Kapitel 23)

Der Unterschied zwischen Lehre und Vorbild

(Mk 12,38-39; Lk 20,45-46; 11,43.46)

23 Darauf wandte sich Jesus an die Menschenmenge und an seine Jünger* 2 und sagte:

»Die Gesetzeslehrer* und die Pharisäer* sind die berufenen Ausleger des Gesetzes*, das Mose euch gegeben hat.[c] 3 Ihr müsst ihnen also gehorchen und tun, was sie sagen. Aber nach ihrem Verhalten dürft ihr euch nicht richten; denn sie selber tun gar nicht, was sie lehren. 4 Sie schnüren schwere, kaum tragbare Lasten zusammen und laden sie den Menschen auf die Schultern, aber sie selbst machen keinen Finger krumm, um sie zu tragen.

5 Alles, was sie tun, tun sie nur, um von den Leuten gesehen zu werden. Sie tragen auffällig breite Gebetsriemen* und besonders lange Quasten* an ihren Kleidern. 6 Bei Festmählern sitzen sie auf den Ehrenplätzen und beim Gottesdienst in der vordersten Reihe. 7 Sie haben es gern, wenn die Leute sie auf der Straße respektvoll grüßen und sie als ›ehrwürdiger Lehrer‹[d] anreden.

8 Aber ihr sollt euch nicht ›ehrwürdiger Lehrer‹ nennen lassen; denn ihr seid untereinander alle Brüder und Schwestern,[e] und nur *einer* ist euer Lehrer. 9 Auch sollt ihr hier auf der Erde keinen von euch ›Vater‹ nennen;[f] denn nur einer ist euer Vater: der im Himmel.

10 Ihr sollt euch auch nicht ›Lehrmeister‹* nennen lassen, denn auch Lehrmeister ist bei euch nur einer: Christus*, der versprochene Retter.

11 Wer unter euch am größten ist, soll euer Diener sein. 12 Denn wer sich selbst groß macht, wird von Gott gedemütigt, und wer sich selbst gering achtet, wird von ihm zu Ehren gebracht.«

Sieben Weherufe über die Gesetzeslehrer und Pharisäer

(Lk 11,39-42.44.47-48.52)

13 »Weh euch Gesetzeslehrern* und Pharisäern*! Ihr Scheinheiligen! Ihr versperrt den Zugang zur neuen Welt Gottes[g] vor den Menschen. Ihr selbst geht nicht hinein und ihr hindert alle, die hineinwollen.[h]

15 Weh euch Gesetzeslehrern und Pharisäern! Ihr Scheinheiligen! Ihr reist um die halbe Welt, um auch nur einen einzigen Anhänger zu gewinnen, und wenn ihr einen gefunden habt, dann macht ihr ihn zu einem Anwärter der Hölle*, der doppelt so schlimm ist wie ihr.

16 Weh euch! Ihr wollt andere führen und seid selbst blind. Ihr sagt: ›Wer beim Tempel* schwört, ist nicht an den Schwur gebunden; nur wer beim Gold im Tempel schwört, muss seinen Schwur halten.‹ 17 Töricht und blind seid ihr! Was ist denn wichtiger: das Gold oder der Tempel, durch den das Gold erst heilig wird? 18 Ihr sagt auch: ›Wenn einer beim Altar schwört, braucht er seinen Schwur nicht zu halten, nur wenn er beim Opfer* auf dem Altar schwört.‹ 19 Ihr Verblendeten! Was ist wichtiger: die Opfergabe oder der Altar, der das Opfer erst heilig macht? 20 Wer beim Altar schwört, der schwört doch zugleich bei allem, was darauf liegt, 21 und wer beim Tempel schwört, der schwört damit auch bei Gott, der dort wohnt. 22 Und wenn einer beim Himmel schwört, dann schwört er beim Thron Gottes und bei Gott, der darauf sitzt.

23 Weh euch Gesetzeslehrern und Pharisäern! Ihr Scheinheiligen! Ihr gebt Gott den zehnten* Teil von allem, sogar noch von Gewürzen wie Minze, Dill und Kümmel; aber um das Wichtigste an seinem Gesetz*, um Gerechtigkeit, Barmherzigkeit und Treue, darum kümmert ihr euch nicht. Dies solltet ihr tun, ohne das andere zu lassen! 24 Ihr wollt die Menschen führen und seid selbst blind. Die winzigste Mücke fischt ihr aus dem Becher, aber Kamele schluckt ihr unbesehen hinunter.

25 Weh euch Gesetzeslehrern und Pharisäern! Ihr Scheinheiligen! Ihr reinigt sogar noch das Äußere von Becher und Schüssel.[i] Aber was darin ist, habt ihr euch in eurer Gier zusammengestohlen.[j] 26 Ihr blinden Pharisäer! Sorgt zuerst dafür, dass es mit dem Inhalt des Bechers seine Richtigkeit hat, dann wird auch sein Äußeres rein*.

a Siehe Anmerkungen zu Mk 12,35-37.
b Wörtlich *über den Christus**.
c *Die Gesetzeslehrer …*: wörtlich *Auf dem Lehrstuhl Moses sitzen die Gesetzeslehrer und die Pharisäer.*
d *ehrwürdiger Lehrer:* wörtlich *Rabbi**; ebenso in Vers 8.
e Wörtlich *Brüder;* siehe Sacherklärung »Bruder«.
f Manche geachteten Gesetzeslehrer wurden so genannt.
g Wörtlich *zur Königsherrschaft* der Himmel;* vgl. dagegen 16,19!
h Einige Handschriften fügen hinzu (Vers 14): *Weh euch Gesetzeslehrern und Pharisäern! Ihr Scheinheiligen! Ihr sprecht lange Gebete, um einen guten Eindruck zu machen. In Wahrheit aber seid ihr Betrüger, die schutzlose Witwen um ihren Besitz bringen. Ihr werdet einmal besonders streng bestraft werden* (vgl. Mk 12,40; Lk 20,47).
i Damals war es unter den Gesetzeslehrern strittig, ob ein Gefäß, das von innen *gereinigt* worden war, auch noch von außen gereinigt werden musste.
j Siehe Mk 12,40 und Anmerkung dort.

22,41-46 20,30-31 S **22,44** *nach* Ps 110,1; Mk 12,36 S **22,46** Mk 12,34; Lk 20,40 **23,3** Röm 2,21-23 **23,5** 6,1; Ex 13,9; Dtn 6,8; 22,12 S **23,6** Lk 14,7 **23,8** Joh 13,13 **23,11** 20,26-27 par; Mk 9,35 par; Lk 9,48 **23,12** Ps 75,8 S; Mt 18,4; Lk 14,11; 18,14; 1,52 S **23,16-22** 5,33-37 S **23,16** 15,14 S **23,21** 1 Kön 8,13 **23,23** Lev 27,30; Lk 18,12; Mi 6,8; Sach 7,8-10; Mt 9,13; 12,7; 22,34-40 **23,24** 15,14 S **23,25** Mk 7,4 **23,26** Joh 9,40

27 Weh euch Gesetzeslehrern und Pharisäern! Ihr Scheinheiligen! Ihr seid wie weiß angestrichene Gräber,[a] die äußerlich schön aussehen; aber drinnen sind Totengebeine und alles mögliche Ungeziefer, das unrein macht. 28 So seid ihr: Von außen hält man euch für fromm, innerlich aber steckt ihr voller Heuchelei und Ungehorsam gegen Gott.

29 Weh euch Gesetzeslehrern und Pharisäern! Ihr Scheinheiligen! Ihr baut den Propheten* wunderschöne Grabmäler und schmückt die Gräber der Gerechten*. 30 Und ihr sagt: ›Hätten wir zur Zeit unserer Vorfahren gelebt, wir hätten uns nicht daran beteiligt, die Propheten umzubringen!‹ 31 Damit gebt ihr selbst zu, dass ihr von Prophetenmördern abstammt. 32 Macht nur das Maß eurer Väter voll! 33 Ihr Nattern, ihr Schlangenbrut! Wie wollt ihr der Höllenstrafe* entgehen?«

Die Strafe wird kommen

(Lk 11,49-51)

34 »Hört gut zu! Ich[b] werde euch Propheten,[c] weise Männer und echte Gesetzeslehrer* schicken. Ihr werdet einige von ihnen töten, andere ans Kreuz bringen, wieder andere in euren Synagogen auspeitschen* und von Stadt zu Stadt verfolgen. 35 So stellt ihr euch in eine Reihe mit euren Vorfahren und werdet zur Rechenschaft gezogen werden für die Ermordung aller Gerechten*, von Abel* an bis hin zu Secharja, dem Sohn von Berechja, den ihr zwischen Tempelhaus und Brandopferaltar* umgebracht habt.[d] 36 Ich versichere euch: Diese Generation wird die Strafe für alle diese Schandtaten bekommen.«[e]

Klage über Jerusalem

(Lk 13,34-35)

37 »Jerusalem, Jerusalem, du tötest die Propheten und steinigst* die Boten, die Gott zu dir schickt. Wie oft wollte ich deine Bewohner um mich scharen, wie eine Henne ihre Küken unter die Flügel nimmt! Aber ihr habt nicht gewollt. 38 Deshalb wird Gott euren Tempel* verlassen, und er wird verwüstet daliegen. Ich sage euch, ihr werdet mich erst wiedersehen, wenn ihr rufen werdet: ›Heil dem, der im Auftrag des Herrn kommt!‹«[f]

REDE ÜBER ENDZEIT UND WELTGERICHT (Kapitel 24–25)

Ankündigung der Zerstörung des Tempels

(Mk 13,1-2; Lk 21,5-6)

24 Jesus verließ den Tempel* und wollte weggehen. Da kamen seine Jünger* zu ihm und wiesen ihn auf die Prachtbauten der Tempelanlage hin. 2 Aber Jesus sagte: »Ihr bewundert das alles? Ich sage euch, hier wird kein Stein auf dem andern bleiben. Alles wird bis auf den Grund zerstört werden.«

Der Anfang vom Ende

(Mk 13,3-8; Lk 21,7-11)

3 Dann ging Jesus auf den Ölberg* und setzte sich dort nieder. Nur seine Jünger* waren bei ihm. Sie traten zu ihm und fragten ihn: »Sag uns, wann wird das geschehen, und woran können wir erkennen, dass du wiederkommst und das Ende der Welt da ist?«[g]

4 Jesus sagte zu ihnen: »Seid auf der Hut und lasst euch von niemand täuschen! 5 Viele werden unter meinem Namen auftreten und von sich behaupten: ›Ich bin der wiedergekommene Christus*!‹ Damit werden sie viele irreführen.

6 Erschreckt nicht, wenn nah und fern Kriege ausbrechen! Es muss so kommen, aber das ist noch nicht das Ende. 7 Ein Volk wird gegen das andere kämpfen, ein Staat den andern angreifen. In vielen Ländern wird es Hungersnöte und Erdbeben geben. 8 Das alles ist erst der Anfang vom Ende – der Beginn der Geburtswehen.«

Die Verfolgung der Jünger

(Mk 13,9-13; Lk 21,12-19)

9 »Dann werden sie euch an die Gerichte ausliefern, euch misshandeln und töten. Die ganze Welt wird euch hassen, weil ihr euch zu mir bekennt. 10 Wenn es so weit ist, werden viele vom Glauben abfallen und sich gegenseitig verraten und einander hassen. 11 Zahlreiche falsche Propheten[h] werden auftreten und viele von euch irreführen. 12 Und weil der Ungehorsam gegen Gottes Gesetz überhand nimmt, wird die Liebe bei den meisten von euch erkalten. 13 Wer aber bis zum Ende standhaft bleibt, wird gerettet.

14 Aber die Gute Nachricht*, dass Gott schon angefangen hat, seine Herrschaft* aufzurichten, wird in der ganzen Welt verkündet werden. Alle Völker sollen sie hören. Danach erst kommt das Ende.«

Die letzte Schreckenszeit

(Mk 13,14-23; Lk 21,20-24; 17,23-24.37)

15 »Im Buch des Propheten Daniel ist die Rede von einem ›entsetzlichen Scheusal‹* – wer das liest, überlege sich, was es bedeutet! Wenn ihr das ›entsetzliche Scheusal‹ im Heiligtum stehen seht, 16 dann sollen die Bewohner Judäas* in die Berge fliehen. 17 Wer gerade auf dem Dach ist, soll keine Zeit damit verlieren, erst noch seine Sachen aus dem Haus zu holen.[i] 18 Wer gerade zur Arbeit auf dem Feld ist, soll nicht zurückgehen, um noch sein Obergewand* mitzunehmen, das er am Wegrand abgelegt hat.[j]

a Gräber wurden weiß getüncht, um nicht durch versehentliche Berührung mit ihnen ›unrein‹ zu werden.
b Vgl. Lk 11,49 sowie Mt 11,19.28-30 und Anmerkungen.
c Siehe Anmerkung zu 7,15.
d Vers 35 wörtlich: *So kommt auf euch das gerechte Blut, das auf der Erde ausgeschüttet wurde: vom Blut des gerechten Abel bis zum Blut Secharjas* ... Secharja war nach 2 Chr 24,20-22 ein Sohn des Priesters Jojada. Ein *Sohn von Berechja* war der bekannte Prophet Sacharja; doch wird von ihm nicht berichtet, dass er ein solches Ende nahm.
e Die Drohung hat sich in der Sicht des Matthäus-Evangeliums mit dem Untergang Jerusalems 70 n. Chr. erfüllt.
f Vgl. Ps 118,26. Gemeint ist die Wiederkunft Christi zum Gericht.
g Siehe Anmerkung zu Mk 13,4.
h Siehe Anmerkung zu 7,15.
i Siehe Anmerkung zu Mk 13,15.
j Siehe Anmerkung zu Mk 13,16.

23,28 Lk 16,15 **23,30** 5,12 S **23,33** 3,7 S **23,34** 13,52; 1 Thess 2,15 S **23,35** Gen 4,8-10; 2 Chr 24,21 **23,37** 22,6 S; 5,12 S **23,38** 1 Kön 9,7-8; Ez 10,18-19 S **23,39** *zit* Ps 118,26 **24,2** Lk 19,44 **24,5** 24,24 par; 2 Thess 2,9-10; 1 Joh 2,18 **24,9-14** 10,17-22; Joh 16,1-4 **24,9** Lk 6,22 S **24,10** 1 Tim 4,1; Mt 10,35 par S **24,11** 7,15 S **24,12** 2 Tim 3,1-5 **24,13** Offb 14,12 S **24,14** 28,19 S **24,15** Dan 12,11 S **24,17-18** Lk 17,31

19 Besonders hart wird es die Frauen treffen, die gerade ein Kind erwarten oder einen Säugling stillen. 20 Bittet Gott, dass ihr nicht im Winter oder an einem Sabbat* fliehen müsst. 21 Denn was dann geschieht, wird furchtbarer sein als alles, was jemals seit Beginn der Welt geschehen ist oder in Zukunft noch geschehen wird. 22 Wenn Gott diese Schreckenszeit nicht abkürzen würde, dann würde kein Mensch gerettet werden. Er wird sie aber denen zuliebe abkürzen, die er erwählt hat.

23 Wenn dann jemand zu euch sagt: ›Seht her, hier ist Christus*, der versprochene Retter!‹, oder: ›Dort ist er!‹ – glaubt ihm nicht. 24 Denn es werden so manche mit dem Anspruch auftreten, der versprochene Retter oder ein Prophet zu sein. Sie werden sich durch große und Aufsehen erregende Wunder ausweisen und würden damit sogar die von Gott Erwählten irreführen, wenn das möglich wäre.

25 Denkt daran, dass ich es euch vorausgesagt habe! 26 Wenn also die Leute zu euch sagen: ›Draußen in der Wüste ist er‹,[a] dann geht nicht hinaus! Oder wenn sie sagen: ›Er ist hier und hält sich in einem Haus verborgen‹, dann glaubt ihnen nicht! 27 Denn der Menschensohn* wird für alle sichtbar kommen, wie ein Blitz, der von Ost nach West über den Himmel zuckt. 28 Er wird so sicher zu sehen sein wie die Geier, die hoch über einem verendenden Tier kreisen.«[b]

Der Weltrichter kommt

(Mk 13,24-27; Lk 21,25-28)

29 »Doch sofort nach dieser Schreckenszeit wird sich die Sonne verfinstern und der Mond wird nicht mehr scheinen, die Sterne werden vom Himmel fallen und die Ordnung des Himmels wird zusammenbrechen.[c]

30 Dann wird der Menschensohn* für alle sichtbar am Himmel erscheinen. Dies ist das Zeichen, dass das Ende da ist.[d] Die Völker der ganzen Welt werden jammern und klagen, wenn sie den Menschensohn auf den Wolken des Himmels mit göttlicher Macht und Herrlichkeit* kommen sehen.[e]

31 Dann wird die Posaune* ertönen und der Menschensohn wird seine Engel* in alle Himmelsrichtungen ausschicken, damit sie von überall her die Menschen zusammenbringen, die er erwählt hat.«

Das Gleichnis vom Feigenbaum

(Mk 13,28-31; Lk 21,29-33)

32 »Lasst euch vom Feigenbaum eine Lehre geben: Wenn der Saft in die Zweige schießt und der Baum Blätter treibt, dann wisst ihr, dass der Sommer bald da ist. 33 So ist es auch, wenn ihr dies alles geschehen seht:[f] Dann wisst ihr, dass das Ende unmittelbar bevorsteht. 34 Ich versichere euch: Diese Generation wird das alles noch erleben.[g]

35 Himmel und Erde werden vergehen, aber meine Worte vergehen nicht; sie bleiben gültig für immer und ewig.«

Das Ende kommt überraschend

(Mk 13,32; Lk 17,26-27.30.34-35; 12,39-40)

36 »Doch den Tag und die Stunde, wann das Ende da ist, kennt niemand, auch nicht die Engel* im Himmel – nicht einmal der Sohn*. Nur der Vater kennt sie.

37 Wenn der Menschensohn* kommt, wird es sein wie zur Zeit Noachs*. 38 Damals vor der großen Flut aßen die Menschen und tranken und heirateten, wie sie es gewohnt waren – bis zu dem Tag, an dem Noach in die Arche* ging. 39 Sie begriffen nicht, was ihnen drohte, bis dann die Flut hereinbrach und sie alle wegschwemmte.

So wird es auch sein, wenn der Menschensohn kommt. 40 Zwei Männer werden dann zusammen auf dem Feld arbeiten: Der eine wird angenommen, der andere zurückgelassen. 41 Zwei Frauen werden zusammen Korn mahlen: Die eine wird angenommen, die andere zurückgelassen. 42 Darum seid wachsam! Denn ihr wisst nicht, an welchem Tag euer Herr kommen wird.

43 Macht euch doch das eine klar: Wenn ein Hausherr im Voraus wüsste, zu welcher Nachtstunde der Dieb kommt, würde er aufbleiben und den Einbruch verhindern. 44 Darum seid jederzeit bereit; denn der Menschensohn wird zu einer Stunde kommen, wenn ihr es nicht erwartet.«

Der verantwortungsbewusste Diener

(Lk 12,42-46)

45 »Wer von euch ist nun der treue und kluge Diener, dem sein Herr den Auftrag gegeben hat, die übrige Dienerschaft zu beaufsichtigen und jedem pünktlich seine Tagesration auszuteilen? 46 Ein solcher Diener darf sich freuen, wenn der Herr zurückkehrt und ihn bei seiner Arbeit findet. 47 Ich versichere euch: Der Herr wird ihm die Verantwortung für alle seine Güter übertragen.

48 Wenn er aber ein schlechter Mensch ist und sich sagt: ›So bald kommt mein Herr nicht zurück‹, 49 und anfängt, die ihm unterstellten Diener zu schlagen und mit Säufern Gelage zu halten, 50 dann wird sein Herr an einem Tag und zu einer Stunde zurückkehren, wenn der Diener überhaupt nicht damit rechnet. 51 Er wird diesen Diener in Stücke hauen und dorthin bringen lassen, wo die Scheinheiligen ihre Strafe verbüßen. Dort gibt es nur noch Jammern und Zähneknirschen.«

a Nach verbreiteter Vorstellung sollte sich der Messias dadurch ausweisen, dass er das Volk in die Wüste führte, wo sich die Wunder der Mosezeit wiederholen sollten; vgl. Apg 21,38.
b Hier wird ein Sprichwort zitiert, das wörtlich lautet: *Wo das Aas liegt, da sammeln sich die Geier;* vgl. Lk 17,37.
c Der Vers schildert den Anbruch des Gerichtstages (siehe Vergleichsstellen).
d *Dann wird …:* wörtlich *Und dann wird das Zeichen des Menschensohnes am Himmel erscheinen.*
e Vgl. Dan 7,13-14. Doch geht die Ansage über den Danieltext hinaus. Dort erscheint der Menschensohn *nach* dem Gericht, das *Gott* hält (Dan 7,9-12). Hier erscheint er selbst als der Richter in göttlicher Vollmacht – vor allem aber als Retter der Seinen (Vers 31).
f Gemeint sind wahrscheinlich die in den Versen 15-28 genannten Ereignisse.
g Vgl. die Anmerkungen zu 10,23 und Mk 9,1. Zur Verkürzung der Zeitperspektive siehe Einführung zum Buch Daniel (Seite 917).

24,21 Dan 12,1; Offb 7,14 **24,24** 24,5 S; 7,15 S; Apg 5,36-37; 21,38; Offb 13,13-14 **24,27** Mk 13,26 S; Lk 17,24; 1 Thess 5,1-2; Jak 5,7-8; 2 Petr 3,4; Mt 25,31 S **24,28** Ijob 39,30; Offb 19,17-18 **24,29** Joël 2,10 S; Jes 34,4 S; Hag 2,6.21; 2 Petr 3,10.12 **24,30** Sach 12,10-14; Mk 13,26 S **24,31** 13,41; 1 Kor 15,52; 1 Thess 4,16 **24,34** 16,28 par **24,35** Jes 40,8 **24,36** Apg 1,7 **24,37-39** Gen 6,11-13; 7,7-13; 2 Petr 3,6 **24,42.44** 25,13 S **24,43** 1 Thess 5,2; 2 Petr 3,10; Offb 3,3; 16,15 **24,45-47** 25,21-23 **24,48** 2 Petr 3,4 **24,50** 25,13 S **24,51** 8,12 S

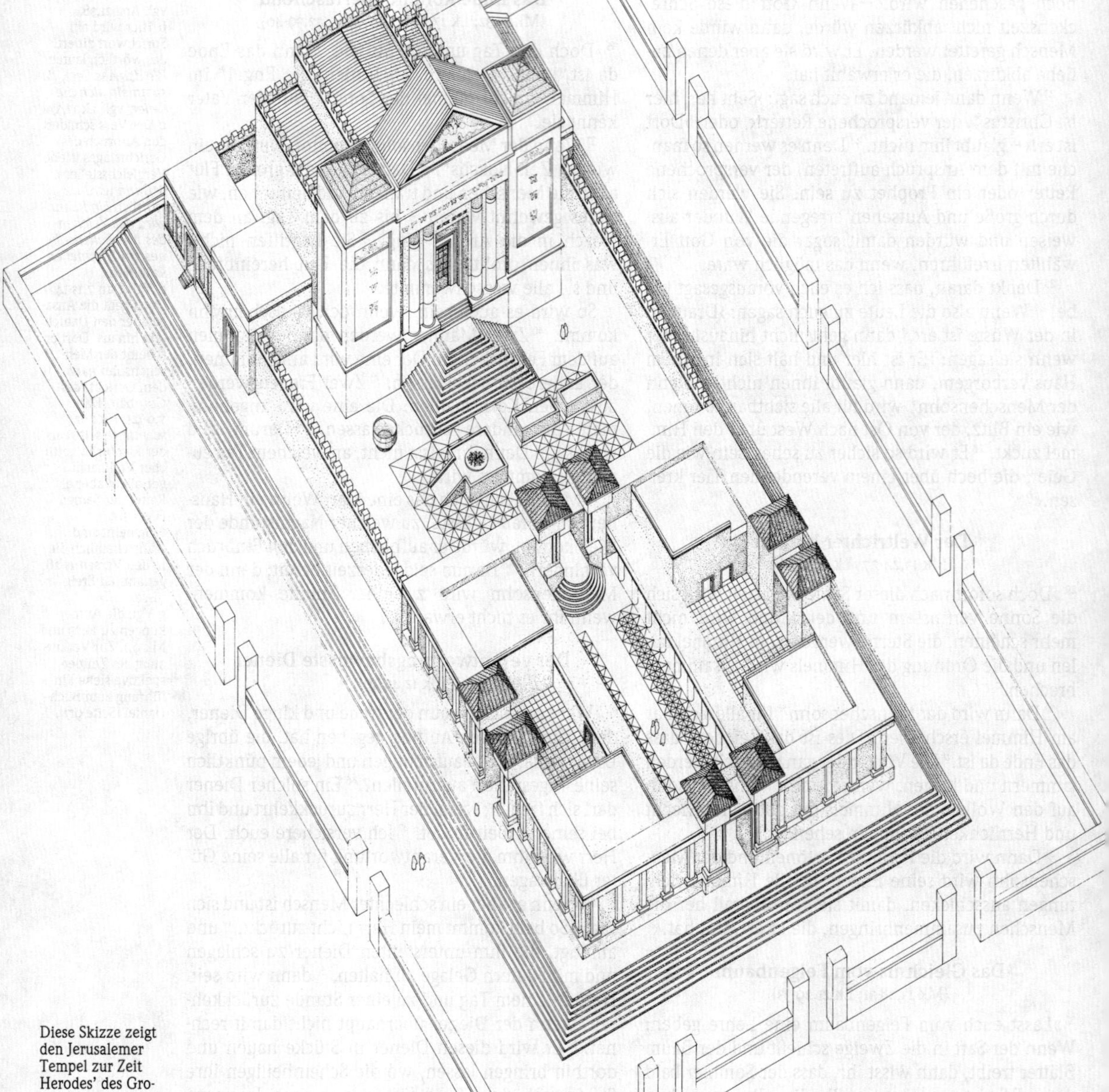

Diese Skizze zeigt den Jerusalemer Tempel zur Zeit Herodes' des Großen. Im Jahr 70 n. Chr. wurde er durch die Römer zerstört. »Hier wird kein Stein auf dem andern bleiben«, hatte Jesus gesagt (Mt 24,2).

Das Gleichnis von den Brautjungfern

25 »Wenn Gott sein Werk vollendet, wird es zugehen wie in der folgenden Geschichte:

Zehn Brautjungfern[a] gingen mit ihren Lampen* hinaus, dem Bräutigam entgegen, um ihn zu empfangen.[b] 2 Fünf von ihnen handelten klug, die anderen fünf gedankenlos. 3 Die Gedankenlosen nahmen nur ihre gefüllten Lampen mit, 4 während die Klugen auch noch Öl zum Nachfüllen mitnahmen.

5 Weil der Bräutigam sich verspätete, wurden sie alle müde und schliefen ein. 6 Mitten in der Nacht ertönte der Ruf: ›Der Bräutigam kommt, geht ihm entgegen!‹ 7 Die zehn Brautjungfern standen auf und brachten ihre Lampen in Ordnung.

8 Da baten die Gedankenlosen die anderen: ›Gebt uns von eurem Öl etwas ab, denn unsere Lampen gehen aus.‹ 9 Aber die Klugen sagten: ›Ausgeschlossen, dann reicht es weder für uns noch für euch. Geht doch zum Kaufmann und holt euch welches!‹ 10 So machten sich die fünf auf den Weg, um Öl zu kaufen.

Inzwischen kam der Bräutigam. Die fünf Klugen, die darauf vorbereitet waren, gingen mit ihm hinein zum Hochzeitsfest, und die Türen wurden geschlossen.

11 Schließlich kamen die anderen nach und riefen: ›Herr, Herr, mach uns auf!‹ 12 Aber der Bräutigam wies sie ab und sagte: ›Ich versichere euch, ich kenne euch nicht!‹[c]

13 Darum seid wachsam, denn ihr wisst weder Tag noch Stunde im Voraus!«

Das Gleichnis vom anvertrauten Geld

(Lk 19,12-27)

14 »Es ist wie bei einem Mann, der verreisen wollte. Er rief vorher seine Diener zusammen und vertraute ihnen sein Vermögen an. 15 Dem einen gab er fünf Zentner Silbergeld,[d] dem anderen zwei Zentner und dem dritten einen, je nach ihren Fähigkeiten. Dann reiste er ab.

16 Der erste, der die fünf Zentner bekommen hatte, steckte sofort das ganze Geld in Geschäfte und konnte die Summe verdoppeln. 17 Ebenso machte es der zweite: Zu seinen zwei Zentnern gewann er noch zwei hinzu. 18 Der aber, der nur einen Zentner bekommen hatte, vergrub das Geld seines Herrn in der Erde.

19 Nach langer Zeit kam der Herr zurück und wollte mit seinen Dienern abrechnen. 20 Der erste, der die fünf Zentner erhalten hatte, trat vor und sagte: ›Du hast mir fünf Zentner anvertraut, Herr, und ich habe noch weitere fünf dazuverdient; hier sind sie!‹

21 ›Sehr gut‹, sagte sein Herr, ›du bist ein tüchtiger und treuer Diener. Du hast dich in kleinen Dingen als zuverlässig erwiesen, darum werde ich dir auch Größeres anvertrauen. Komm zum Freudenfest deines Herrn!‹

a *Wenn Gott sein Werk vollendet ...:* wörtlich *Dann wird die Königsherrschaft* der Himmel zehn Jungfrauen gleichen, die gingen ...*
b Es ist wohl vorausgesetzt, dass das Hochzeitsfest (Vers 10) im Haus der Braut stattfindet.
c Zu den Versen 11-12 vgl. 7,21-23. Zum Thema ›Hochzeit‹ siehe die Sacherklärung.
d Wörtlich *fünf Talente* (siehe Sacherklärung »Zentner«). »Silbergeld« ist sinngemäß ergänzt. Geld wurde damals wegen der noch unregelmäßigen Prägung und des unterschiedlichen Gewichts der Einzelstücke gewogen.

Öllampen, wie sie die Brautjungfern im Gleichnis bei sich haben (25,1), waren die übliche Beleuchtung im Israel der biblischen Zeit. Die älteren Lampen waren offene Tonschalen mit einer schnauzenförmigen Einkerbung am Rand, in der der Docht lag. Die hier abgebildeten Lampen aus dem 4. Jahrhundert n. Chr. sind oben geschlossen und kunstvoll verziert.

25,1 Lk 12,35-36 **25,10** 9,15 S **25,11-12** Lk 13,25 **25,12** 7,23 **25,13** 24,42.44 par.50 par; Mk 13,33.35; Lk 21,36 **25,14-15** Mk 13,34 **25,15** Röm 12,6 **25,19** 18,23 **25,21-23** 24,45-47 par; Lk 16,10

22 Dann kam der mit den zwei Zentnern und sagte:
›Du hast mir zwei Zentner gegeben, Herr, und ich
habe noch einmal zwei Zentner dazuverdient.‹
23 ›Sehr gut‹, sagte der Herr, ›du bist ein tüchtiger
und treuer Diener. Du hast dich in kleinen Dingen
als zuverlässig erwiesen, darum werde ich dir auch
Größeres anvertrauen. Komm zum Freudenfest dei-
nes Herrn!‹
24 Zuletzt kam der mit dem einen Zentner und
sagte: ›Herr, ich wusste, dass du ein harter Mann
bist. Du erntest, wo du nicht gesät hast, und sam-
melst ein, wo du nichts ausgeteilt hast. 25 Deshalb
hatte ich Angst und habe dein Geld vergraben. Hier
hast du zurück, was dir gehört.‹
26 Da sagte der Herr zu ihm: ›Du unzuverlässiger
und fauler Diener! Du wusstest also, dass ich ernte,
wo ich nicht gesät habe, und sammle, wo ich nichts
ausgeteilt habe? 27 Dann hättest du mein Geld
wenigstens auf die Bank bringen sollen, und ich
hätte es mit Zinsen zurückbekommen!
28 Nehmt ihm sein Teil weg und gebt es dem, der
die zehn Zentner hat! 29 Denn wer viel hat, soll noch
mehr bekommen, bis er mehr als genug hat. Wer
aber wenig hat, dem wird auch noch das Letzte weg-
genommen werden. 30 Und diesen Taugenichts werft
hinaus in die Dunkelheit draußen! Dort gibt es nur
noch Jammern und Zähneknirschen.‹«

Wonach der Weltrichter urteilt

31 »Wenn der Menschensohn* in seiner Herrlichkeit
kommt, begleitet von allen Engeln*, dann wird er
auf seinem Herrscherthron Platz nehmen. 32 Alle Völ-
ker der Erde werden vor ihm versammelt werden,
und er wird die Menschen in zwei Gruppen teilen,
so wie ein Hirt die Schafe von den Böcken trennt.
33 Die Schafe wird er auf seine rechte Seite stellen
und die Böcke auf seine linke Seite.
34 Dann wird der König zu denen auf seiner rech-
ten Seite sagen: ›Kommt her! Euch hat mein Vater
gesegnet. Nehmt Gottes neue Welt[a] in Besitz, die
er euch von allem Anfang an[b] zugedacht hat.
35 Denn ich war hungrig und ihr habt mir zu essen ge-
geben; ich war durstig und ihr habt mir zu trinken
gegeben; ich war fremd und ihr habt mich bei euch
aufgenommen; 36 ich war nackt und ihr habt mir et-
was anzuziehen gegeben; ich war krank und ihr habt
mich versorgt; ich war im Gefängnis und ihr habt
mich besucht.‹
37 Dann werden die, die den Willen Gottes getan
haben, fragen: ›Herr, wann sahen wir dich jemals
hungrig und gaben dir zu essen? Oder durstig und
gaben dir zu trinken? 38 Wann kamst du als Fremder
zu uns und wir nahmen dich auf, oder nackt und wir
gaben dir etwas anzuziehen? 39 Wann warst du
krank oder im Gefängnis und wir besuchten dich?‹
40 Dann wird der König antworten: ›Ich versichere
euch: Was ihr für einen meiner geringsten Brüder
oder für eine meiner geringsten Schwestern[c] getan
habt, das habt ihr für mich getan.‹
41 Dann wird der König zu denen auf seiner linken
Seite sagen: ›Geht mir aus den Augen, Gott hat euch
verflucht! Fort mit euch in das ewige Feuer, das für
den Teufel und seine Engel vorbereitet ist! 42 Denn
ich war hungrig, aber ihr habt mir nichts zu essen ge-
geben; ich war durstig, aber ihr habt mir nichts zu
trinken gegeben; 43 ich war fremd, aber ihr habt mich
nicht aufgenommen; ich war nackt, aber ihr habt
mir nichts anzuziehen gegeben; ich war krank und
im Gefängnis, aber ihr habt euch nicht um mich ge-
kümmert.‹
44 Dann werden auch sie ihn fragen: ›Herr, wann
sahen wir dich jemals hungrig oder durstig, wann
kamst du als Fremder, wann warst du nackt oder
krank oder im Gefängnis – und wir hätten uns nicht
um dich gekümmert?‹
45 Aber er wird ihnen antworten: ›Ich versichere
euch: Was ihr an einem von meinen geringsten Brü-
dern oder an einer von meinen geringsten Schwes-
tern[d] zu tun versäumt habt, das habt ihr an mir ver-
säumt.‹
46 Auf diese also wartet die ewige Strafe. Die ande-
ren aber, die den Willen Gottes getan haben, emp-
fangen das ewige Leben.«

LEIDEN, TOD UND AUFERSTEHUNG VON JESUS (Kapitel 26–28)

Der Beschluss, Jesus zu töten

(Mk 14,1-2; Lk 22,1-2; Joh 11,45-53)

26 Als Jesus diese seine letzte Rede beendet
hatte, sagte er zu seinen Jüngern: 2 »Wie ihr
wisst, ist übermorgen das Passafest*. Dann wird
der Menschensohn* ausgeliefert und ans Kreuz ge-
nagelt werden.«[e]
3 Da kamen die führenden Priester* und die Ältes-
ten* des Volkes im Palast des Obersten Priesters Ka-
japhas zusammen. 4 Sie fassten den Beschluss, Jesus
heimlich zu verhaften und umzubringen.
5 »Aber auf keinen Fall darf es während des Festes
geschehen«, sagten sie, »sonst gibt es einen Aufruhr
im Volk.«

Eine Frau ehrt Jesus vor seinem Sterben[f]

(Mk 14,3-9; Joh 12,1-8)

6 Jesus war in Betanien bei Simon, dem Aussätzi-
gen*, zu Gast. 7 Während des Essens trat eine Frau
an Jesus heran. Sie hatte ein Fläschchen mit sehr
wertvollem Salböl; das goss sie Jesus über den Kopf.

a Wörtlich *die Königsherrschaft**.
b Wörtlich *seit der Erschaffung der Welt;* vgl. dazu auch 13,35 und die Anmerkung dort.
c Wörtlich *für einen von diesen meinen geringsten Brüdern* (siehe Sacherklärung »Bruder«). Die Stellen 10,40-42; 12,48-50; 28,10 legen nahe, an die Jünger Jesu zu denken, die in der ganzen Welt die Verkündigung auszurichten haben (24,14; 28,18-19) und weltweit verfolgt und misshandelt werden (24,9). Dennoch ist wohl eher an alle Menschen in Not und Verlassenheit gedacht, mit denen sich der Weltrichter hier identifiziert; vgl. 5,7 und schon Spr 19,17.
d Wörtlich *Was ihr an einem dieser Geringsten;* vgl. Vers 40 und die Anmerkung dort.
e Vgl. Mk 14,1 und die Anmerkung dort.
f Siehe Anmerkungen zu Mk 14,3-9.

25,29 13,12; Mk 4,25 par **25,30** 8,12 S **25,31-46** 16,27 S **25,31** Dtn 33,2; Sach 14,5; Mt 16,27 par; 19,18; 24,27 S; Joh 5,22 S; 1 Thess 3,13; 2 Thess 1,7; Jud 14 **25,35-36** Jes 58,7 **25,40.45** Spr 14,21 S; Mt 10,40.42 **25,41** Offb 19,20 S; (Engel des Teufels) Offb 12,7.9 **25,46** Dan 12,2; Joh 5,29; Röm 2,8; Jak 2,13 **26,2** Mk 8,31 S **26,3** Lk 3,2; Joh 11,49; 18,13.24; Apg 4,6 **26,4-5** 21,46 par **26,6-7** Lk 7,37-38

8 Die Jünger* sahen es und waren empört. »Was soll diese Verschwendung?«, sagten sie. 9 »Dieses Öl hätte man teuer verkaufen und das Geld den Armen geben können!«

10 Jesus hörte das und sagte: »Warum bringt ihr die Frau in Verlegenheit? Sie hat eine gute Tat an mir getan. 11 Arme wird es immer bei euch geben; aber mich habt ihr nicht mehr lange bei euch.

12 Sie hat dieses Salböl auf meinen Körper gegossen und hat ihn damit für das Begräbnis vorbereitet. 13 Ich versichere euch: Überall in der Welt, wo in Zukunft die Gute Nachricht* verkündet wird, wird auch berichtet werden, was sie getan hat. Ihr Andenken wird immer lebendig bleiben.«

Judas wird zum Verräter

(Mk 14,10-11; Lk 22,3-6)

14 Darauf ging Judas Iskariot, einer aus dem Kreis der Zwölf*, zu den führenden Priestern* 15 und sagte: »Was gebt ihr mir, wenn ich ihn euch in die Hände spiele?«

Sie zahlten ihm dreißig Silberstücke.[a]

16 Von da an suchte Judas eine günstige Gelegenheit, Jesus zu verraten.

Vorbereitungen zum Passamahl

(Mk 14,12-16; Lk 22,7-13)

17 Am ersten Tag der Festwoche, während der ungesäuertes Brot* gegessen wird, kamen die Jünger* zu Jesus und fragten: »Wo sollen wir für dich das Passamahl* vorbereiten?«

18 Er antwortete: »Geht zu einem Mann in der Stadt – er nannte ihnen den Namen – und richtet ihm aus: ›Unser Lehrer* sagt: Die Stunde meines Todes ist nah. Bei dir will ich mit meinen Jüngern das Passamahl feiern.‹«

19 Die Jünger taten, was Jesus ihnen aufgetragen hatte, und bereiteten das Passamahl vor.

Jesus feiert mit den Zwölf das Abschiedsmahl

(Mk 14,17-26; Lk 22,14-23)

20 Als es Abend geworden war, setzte sich Jesus mit den Zwölf* zu Tisch. 21 Während der Mahlzeit sagte er: »Ich versichere euch: Einer von euch wird mich verraten.«

22 Sie waren bestürzt, und einer nach dem andern fragte ihn: »Du meinst doch nicht mich, Herr?«

23 Jesus antwortete: »Der soeben mit mir das Brot in die Schüssel getaucht hat, der ist es, der wird mich verraten. 24 Der Menschensohn* muss zwar sterben, wie es in den Heiligen Schriften* angekündigt ist. Aber wehe dem Menschen, der den Menschensohn verrät! Er wäre besser nie geboren worden!«

25 Da fragte Judas, der ihn verraten wollte: »Du meinst doch nicht etwa mich, Rabbi*?«

»Doch«, antwortete Jesus, »dich!«

26 Während der Mahlzeit nahm Jesus ein Brot, sprach das Segensgebet darüber, brach es in Stücke und gab es seinen Jüngern[b] mit den Worten: »Nehmt und esst, das ist mein Leib!«

27 Dann nahm er den Becher, sprach darüber das Dankgebet, gab ihnen auch den und sagte: »Trinkt alle daraus; 28 das ist mein Blut, das für alle Menschen vergossen wird zur Vergebung ihrer Schuld. Mit ihm wird der Bund[c] in Kraft gesetzt, den Gott jetzt mit den Menschen schließt.

29 Ich sage euch: Von jetzt an werde ich keinen Wein mehr trinken, bis ich ihn neu mit euch trinken werde, wenn mein Vater sein Werk vollendet hat!«[d]

30 Dann sangen sie die Dankpsalmen[e] und gingen hinaus zum Ölberg*.

Jesus sagt das Versagen von Petrus voraus

(Mk 14,27-31)

31 Unterwegs sagte Jesus zu ihnen: »Heute Nacht werdet ihr alle an mir irrewerden, denn es heißt: ›Ich werde den Hirten töten und die Schafe der Herde werden auseinander laufen.‹ 32 Aber wenn ich vom Tod auferweckt worden bin, werde ich euch vorausgehen nach Galiläa.«[f]

33 Petrus widersprach ihm: »Selbst wenn alle andern an dir irrewerden – ich niemals!« 34 Jesus antwortete: »Ich versichere dir: In dieser Nacht, bevor der Hahn kräht, wirst du mich dreimal verleugnen und behaupten, dass du mich nicht kennst.«

35 Da sagte Petrus: »Und wenn ich mit dir sterben müsste, ich werde dich ganz bestimmt nicht verleugnen!«

Das Gleiche sagten auch alle anderen Jünger*.

Jesus betet im Garten Getsemani

(Mk 14,32-42; Lk 22,39-46)

36 Dann kam Jesus mit seinen Jüngern* zu einem Grundstück, das Getsemani* hieß. Er sagte zu ihnen: »Setzt euch hier! Ich gehe dort hinüber, um zu beten.«

37 Petrus und die beiden Söhne von Zebedäus nahm er mit. Angst und tiefe Traurigkeit befielen ihn, 38 und er sagte zu ihnen: »Ich bin so bedrückt, ich bin mit meiner Kraft am Ende. Bleibt hier und wacht mit mir!«

39 Dann ging er noch ein paar Schritte weiter, warf sich nieder, das Gesicht zur Erde, und betete: »Mein Vater, wenn es möglich ist, erspare es mir, diesen Kelch trinken zu müssen![g] Aber es soll geschehen, was *du* willst, nicht was ich will.«

40 Dann kehrte er zu den Jüngern zurück und sah, dass sie eingeschlafen waren. Da sagte er zu Petrus:

a Siehe Sacherklärung. Das ist ein Spottgeld (siehe Ex 21,32); vgl. 27,9-10 und die Anmerkung dort.
b Die Gemeinschaft der Jünger* wird gestiftet und lebt durch die Lebenshingabe Jesu.
c Jesu Tod wird zur Grundlage eines Bundes zwischen Gott und den Menschen, der den Sinaibund ablöst (vgl. Ex 24,8). Durch das Reichen des Bechers werden die Jünger in den Bund hineingenommen. Siehe auch Sacherklärung »Bund«.
d *wenn mein Vater ...:* wörtlich *in der Königsherrschaft* meines Vaters.*
e Nach dem Passamahl werden die Psalmen 114 bis 118 gesungen.
f Vgl. Mt 28,7.16.
g *erspare es mir ...:* wörtlich *dann gehe dieser Kelch an mir vorüber.* Zu *Kelch* siehe Anmerkung zu Mk 10,38.

26,11 Dtn 15,11 **26,14-16** Joh 11,57; 13,2 **26,15b** Sach 11,12; Ex 21,32 **26,20-25** Joh 13,2.21-30 **26,23** Ps 41,10 **26,24** Jes 53,8-9; Lk 24,26-27; Mt 18,7par **26,26-28** 1 Kor 10,16; 11,23-26 **26,28** Mk 14,24S **26,30** Lk 22,39S **26,31** *nach* Sach 13,7; Mt 26,56par; Joh 16,32 **26,32** 28,7.10.16 **26,34-35** Lk 22,34-35; Joh 13,36-38 **26,36-46** Lk 5,16S; Hebr 5,7-8 **26,39** 20,22par; Joh 18,11; Hebr 10,9; Mt 6,10S

»Konntet ihr nicht eine einzige Stunde mit mir wach
bleiben? 41 Bleibt wach und betet, damit ihr in der
kommenden Prüfung nicht versagt. Der Geist in
euch ist willig, aber eure menschliche Natur ist
schwach.«[a]
42 Noch einmal ging Jesus weg und betete: »Mein
Vater, wenn es nicht anders sein kann und ich die-
sen Kelch trinken muss, dann geschehe dein Wille!«
43 Als er zurückkam, schliefen sie wieder; die Au-
gen waren ihnen zugefallen.
44 Zum dritten Mal ging Jesus ein Stück weit weg
und betete noch einmal mit den gleichen Worten.
45 Als er dann zu den Jüngern zurückkam, sagte er:
»Schlaft ihr denn immer noch und ruht euch aus?
Die Stunde ist da; jetzt wird der Menschensohn*
an die Menschen, die Sünder, ausgeliefert. 46 Steht
auf, wir wollen gehen. Er ist schon da, der mich
verrät!«

Jesus wird verhaftet

(Mk 14,43-50; Lk 22,47-53; Joh 18,3-12)

47 Noch während Jesus das sagte, kam Judas, einer
der Zwölf*, mit einem großen Trupp von Männern,
die mit Schwertern und Knüppeln bewaffnet waren.
Sie waren von den führenden Priestern* und den Äl-
testen* des Volkes geschickt worden.
48 Der Verräter hatte mit ihnen ein Erkennungszei-
chen ausgemacht: »Wem ich einen Begrüßungskuss
gebe, der ist es. Den nehmt fest!«
49 Judas ging sogleich auf Jesus zu und sagte: »Sei
gegrüßt, Rabbi*!«, und er küsste ihn so, dass alle
es sehen konnten.
50 Jesus sagte zu ihm: »Freund, komm zur Sache!«
Darauf traten die Bewaffneten heran, packten Jesus
und nahmen ihn fest.
51 Einer von den Jüngern* zog sein Schwert, hieb
auf den Bevollmächtigten des Obersten Priesters*
ein und schlug ihm ein Ohr ab. 52 Aber Jesus befahl
ihm: »Steck dein Schwert weg; denn alle, die zum
Schwert greifen, werden durch das Schwert umkom-
men.[b] 53 Weißt du nicht, dass ich nur meinen Vater
um Hilfe zu bitten brauche, und er schickt mir sofort
mehr als zwölf Legionen* Engel? 54 Aber wie soll sich
dann erfüllen, was in den Heiligen Schriften* ange-
kündigt ist? Es *muss* doch so kommen!«
55 In jener Stunde sagte Jesus zu denen, die ihn
festgenommen hatten: »Warum rückt ihr hier mit
Schwertern und Knüppeln an, um mich gefangen
zu nehmen? Bin ich denn ein Verbrecher? Täglich
saß ich im Tempel* und lehrte die Menschen; da
habt ihr mich nicht festgenommen. 56 Aber das alles
ist so gekommen, damit in Erfüllung geht, was die
Propheten* in ihren Schriften angekündigt haben.«
Da verließen ihn alle seine Jünger und flohen.

Jesus vor dem jüdischen Rat

(Mk 14,53-65; Lk 22,54-55.63-71; Joh 18,12-14.19-24)

57 Die Männer, die Jesus verhaftet hatten, brachten
ihn zum Obersten Priester* Kajaphas, wo schon
die Gesetzeslehrer* und Ratsältesten* versammelt
waren. 58 Petrus folgte Jesus in weitem Abstand
und kam bis in den Innenhof des Palastes. Dort
setzte er sich zu den Dienern, um zu sehen, wie
die Sache ausgehen würde.
59 Die führenden Priester* und der ganze Rat* ver-
suchten, Jesus durch falsche Zeugenaussagen zu be-
lasten,[c] damit sie ihn zum Tod verurteilen könnten.
60 Aber das gelang nicht, obwohl eine ganze Reihe
von Zeugen auftrat. Schließlich kamen zwei 61 und
sagten: »Dieser Mann hat behauptet: ›Ich kann
den Tempel* Gottes niederreißen und ihn in drei Ta-
gen wieder aufbauen!‹«[d]
62 Da stand der Oberste Priester auf und fragte Je-
sus: »Hast du nichts zu sagen zu dem, was diese bei-
den gegen dich vorbringen?«
63 Aber Jesus schwieg.
Der Oberste Priester sagte: »Ich nehme von dir
einen Eid bei dem lebendigen Gott und fordere dich
auf, uns zu sagen: Bist du Christus, der versprochene
Retter,[e] der Sohn* Gottes?«
64 Jesus antwortete: »Ja! Aber ich sage euch, von
jetzt an gilt: Ihr werdet den Menschensohn* sehen,
wie er an der rechten Seite des Allmächtigen sitzt
und auf den Wolken des Himmels kommt!«[f]
65 Da zerriss der Oberste Priester sein Gewand[g]
und sagte: »Das ist eine Gotteslästerung! Was brau-
chen wir noch Zeugen? Ihr habt es selbst gehört,
wie er Gott beleidigt hat. 66 Wie lautet euer Urteil?«
»Er hat den Tod verdient!«, riefen sie.
67 Dann spuckten sie ihm ins Gesicht und schlugen
ihn mit Fäusten. Andere gaben ihm Ohrfeigen 68 und
höhnten: »He, Christus, du versprochener Retter, du
bist doch ein Prophet! Sag uns: Wie heißt der, der
dich gerade schlug?«

Petrus verleugnet Jesus

(Mk 14,66-72; Lk 22,56-62; Joh 18,15-18.25-27)

69 Petrus saß noch immer draußen im Hof, als eine
Dienerin auf ihn zukam und sagte: »Du warst doch
auch mit Jesus aus Galiläa* zusammen!«
70 Petrus stritt es vor allen Leuten ab und sagte:
»Ich weiß nicht, wovon du redest!«
71 Dann ging er in die Torhalle hinaus. Dort sah ihn
eine andere Dienerin und sagte zu denen, die herum-
standen: »Der da war mit Jesus aus Nazaret[h] zusam-
men!«
72 Und wieder stritt Petrus es ab und schwor: »Ich
kenne den Mann überhaupt nicht!«

a *eure menschliche Natur:* wörtlich *das Fleisch**.
b Das ist im Licht von Gen 9,5-6 zu sehen; vgl. ferner Mt 5,38-48 und dort die Anmerkung zu Vers 42.
c Nach Matthäus (vgl. dagegen Mk 14,55) hatte die Behörde von vornherein die Absicht, mit ›falschen‹ Zeugenaussagen ihr Ziel zu erreichen.
d Siehe Anmerkung zu Mk 14,58.
e Wörtlich *Bist du der Christus*;* entsprechend in Vers 68.
f Siehe Anmerkung zu Mk 14,62.
g Das Einreißen des Gewandes war ursprünglich Zeichen leidenschaftlicher Erregung vor allem bei Trauer und Schmerz. Zur Zeit Jesu ist es schon zu einer Art Ritus geworden. Richter hatten ihr Gewand einzureißen, wenn sie eine Lästerung anhören mussten oder jemand einer Lästerung überführt hatten.
h Wörtlich *mit Jesus, dem Nazoräer**.

26,41 Eph 6,18; 1 Petr 5,8; Mt 6,13 **26,42** Mt 6,10 S **26,44** 2 Kor 12,8 **26,45** Joh 12,23; 13,1; 17,1 **26,52** Gen 9,5-6 **26,56** (angekündigt) Lk 24,44 S; (verließen) Mt 26,31 S **26,61** Joh 2,19 S **26,63** Mk 14,61 S; 15,39 S **26,64** Mk 12,36 S; 13,26 S **26,65** (zerriss) Joël 2,13 S; (Gotteslästerung) Lev 24,16; Joh 10,33; 19,7 **26,67** Jes 50,6; 53,5; Mt 27,30 **26,68** 21,11 S

73 Kurz darauf traten die Umstehenden zu Petrus
und sagten: »Natürlich gehörst du zu denen. Das
merkt man doch schon an deiner Aussprache!«
74 Petrus aber schwor: »Gott soll mich strafen,
wenn ich lüge! Ich kenne den Mann nicht!«
In diesem Augenblick krähte ein Hahn, 75 und Pe-
trus erinnerte sich daran, dass Jesus zu ihm gesagt
hatte: »Bevor der Hahn kräht, wirst du mich dreimal
verleugnen und behaupten, dass du mich nicht
kennst.«
Da ging er hinaus und begann, bitter zu weinen.

Jesus wird an Pilatus ausgeliefert

(Mk 15,1; Lk 23,1; Joh 18,28)

27 Früh am Morgen schließlich fassten die füh-
renden Priester* und die Ältesten* des Volkes
einmütig den Beschluss, Jesus hinrichten zu lassen.
2 Sie ließen ihn fesseln; dann nahmen sie ihn mit
und übergaben ihn dem römischen Statthalter Pila-
tus.[a]

Judas bereut seinen Verrat und erhängt sich

(Apg 1,16-20)

3 Als der Verräter Judas erfuhr, dass Jesus hingerich-
tet werden sollte, packte ihn die Reue und er brachte
die dreißig Silberstücke* zu den führenden Pries-
tern* und den Ratsältesten* zurück.
4 Er sagte zu ihnen: »Ich habe eine schwere Schuld
auf mich geladen; ein Unschuldiger wird getötet und
ich habe ihn verraten.«
»Was geht das uns an?«, antworteten sie. »Das ist
deine Angelegenheit!«
5 Da warf Judas das Geld in den Tempel*, lief fort
und erhängte sich.
6 Die führenden Priester nahmen das Geld an sich
und sagten: »An diesem Geld klebt Blut; es ist nach
dem Gesetz* verboten, solches Geld in den Tempel-
schatz zu tun.« 7 Sie berieten sich und beschlossen,
davon den Töpferacker zu kaufen und als Friedhof
für Ausländer zu benutzen. 8 Noch heute heißt da-
rum dieses Stück Land ›Blutacker‹.
9 So ging in Erfüllung, was der Prophet Jeremia an-
gekündigt hatte: »Sie nahmen die dreißig Silberstü-
cke, die Summe, die er den Leuten von Israel wert
war, 10 und kauften davon den Töpferacker, so wie
es der Herr mir gesagt hatte.«[b]

Jesus vor Pilatus

(Mk 15,2-5; Lk 23,2-5; Joh 18,29-38)

11 Jesus stand vor dem Statthalter*. Der fragte ihn:
»Bist du der König der Juden?«
»Du sagst es!«, gab Jesus zur Antwort. 12 Aber als
die führenden Priester* und die Ratsältesten* ihn
beschuldigten, schwieg er.
13 Darum fragte Pilatus ihn: »Hörst du nicht, was
sie alles gegen dich vorbringen?«

a Zu »Statthalter« vgl. die Sacherklärung. Todesurteile bedurften zumindest der Bestätigung durch den Statthalter, dem auch ihre Vollstreckung vorbehalten war.
b In den Versen 9-10 mischen sich Motive aus Jeremia (Jer 18,2-3; 32,8-9) mit dem Zitat aus Sacharja (Sach 11,12-13), auf das schon in 26,15 angespielt wurde. Sie sind das letzte der matthäischen ›Erfüllungszitate‹; vgl. Anmerkung zu 1,22.

Heute wie zur Zeit Jesu gibt es auf dem Ölberg Gras- und Baumflächen, wo man sich ungestört aufhalten kann. Irgendwo an den unteren Hängen dieses Berges lag der Garten Getsemani (26,36).

26,75 26,34 par **27,3** 26,15 **27,6** Dtn 23,19 **27,9-10** *nach* Sach 11,12-13 *und* Jer 32,8-9 **27,9** Lk 23,47; Apg 3,14 S **27,11** (König der Juden) 2,2; 27,29 par; 27,37 par; 27,42 par; Mk 15,9.12; Joh 1,49; 12,13; 18,33.39; 19,15.19.21 **27,12-14** Mk 14,61 S

14 Aber Jesus gab ihm auf keine einzige Frage mehr eine Antwort. Darüber war der Statthalter sehr erstaunt.

Das Todesurteil

(Mk 15,6-15; Lk 23,13-25; Joh 18,39–19,16)

15 Es war üblich, dass der römische Statthalter* zum Passafest* einen Gefangenen begnadigte, den das Volk bestimmen durfte. 16 Damals gab es einen berüchtigten Gefangenen, der Jesus Barabbas hieß. 17 Als nun die Volksmenge versammelt war, fragte Pilatus: »Wen soll ich euch freigeben: Jesus Barabbas oder Jesus, den angeblichen Retter?«[a] 18 Denn er wusste genau, dass man ihm Jesus nur aus Neid ausgeliefert hatte.

19 Während Pilatus auf dem Richterstuhl saß, ließ seine Frau ihm ausrichten: »Lass die Hände von diesem Gerechten*! Seinetwegen hatte ich letzte Nacht einen schrecklichen Traum.«

20 Inzwischen hatten die führenden Priester* und die Ratsältesten* das Volk überredet, es solle für Barabbas die Freilassung und für Jesus den Tod verlangen.

21 Der Statthalter fragte noch einmal: »Wen von den beiden soll ich euch herausgeben?«

»Barabbas!«, schrien sie.

22 »Und was soll ich mit Jesus machen, eurem so genannten Retter?«, fragte Pilatus weiter.

»Kreuzigen*!«, riefen alle.

23 »Was hat er denn verbrochen?«, fragte Pilatus.

Aber sie schrien noch lauter: »Kreuzigen!«

24 Als Pilatus merkte, dass seine Worte nichts ausrichteten und die Erregung der Menge nur noch größer wurde, nahm er Wasser und wusch sich vor allen Leuten die Hände. Dabei sagte er: »Ich habe keine Schuld am Tod dieses Mannes. Das habt ihr zu verantworten!«

25 Das ganze Volk schrie: »Wenn er unschuldig ist, dann komme die Strafe für seinen Tod auf uns und unsere Kinder!«[b]

26 Da ließ Pilatus ihnen Barabbas frei und gab den Befehl, Jesus mit der Geißel* auszupeitschen* und zu kreuzigen.

Die Soldaten verspotten Jesus

(Mk 15,16-20; Joh 19,2-3)

27 Die Soldaten des Statthalters* brachten Jesus in den Palast[c] und versammelten die ganze Mannschaft um ihn. 28 Sie zogen ihm seine Kleider aus und hängten ihm einen roten Soldatenmantel um, 29 flochten eine Krone aus Dornenzweigen und drückten sie ihm auf den Kopf. Sie gaben ihm einen Stock in seine rechte Hand, warfen sich vor ihm auf die Knie und machten sich über ihn lustig. »Hoch lebe der König der Juden!«, riefen sie. 30 Dann spuckten sie ihn an, nahmen ihm den Stock wieder weg und schlugen ihn damit auf den Kopf.

31 Nachdem sie so ihren Spott mit ihm getrieben hatten, nahmen sie ihm den Soldatenmantel ab, zogen ihm seine eigenen Kleider wieder an und führten ihn hinaus, um ihn ans Kreuz* zu nageln.

Jesus am Kreuz

(Mk 15,21-32; Lk 23,26-43; Joh 19,17-27)

32 Unterwegs trafen sie einen Mann aus Zyrene namens Simon. Den zwangen sie, für Jesus das Kreuz* zu tragen.

33 So kamen sie an die Stelle, die Golgota heißt, das bedeutet »Schädelplatz«. 34 Dort gaben sie Jesus Wein mit einem Zusatz, der bitter war wie Galle; aber als er davon gekostet hatte, wollte er ihn nicht trinken.

35 Sie nagelten ihn ans Kreuz und losten dann untereinander seine Kleider aus. 36 Danach setzten sie sich hin und bewachten ihn. 37 Über seinem Kopf hatten sie ein Schild angebracht, auf dem der Grund für seine Hinrichtung geschrieben stand: »Dies ist Jesus, der König der Juden!«

38 Mit Jesus zusammen wurden zwei Verbrecher gekreuzigt, einer rechts und einer links von ihm. 39 Die Leute, die vorbeikamen, schüttelten den Kopf und verhöhnten Jesus: 40 »Du wolltest den Tempel niederreißen und in drei Tagen wieder aufbauen! Wenn du Gottes Sohn* bist, dann befrei dich doch und komm herunter vom Kreuz!«

41 Genauso machten sich die führenden Priester* und die Gesetzeslehrer* und Ratsältesten* über Jesus lustig. 42 »Anderen hat er geholfen«, spotteten sie, »aber sich selbst kann er nicht helfen! Wenn er der König von Israel ist, soll er vom Kreuz herunterkommen, dann werden wir ihm glauben. 43 Er hat doch auf Gott vertraut; der soll ihm jetzt helfen, wenn ihm etwas an ihm liegt. Er hat ja behauptet: ›Ich bin Gottes Sohn.‹«

44 Genauso beschimpften ihn auch die beiden Verbrecher, die zusammen mit ihm gekreuzigt worden waren.

Jesus stirbt

(Mk 15,33-41; Lk 23,44-49; Joh 19,28-30)

45 Um zwölf Uhr mittags verfinsterte sich der Himmel über dem ganzen Land. Das dauerte bis um drei Uhr.[d] 46 Gegen drei Uhr schrie Jesus: »Eli, eli, lema sabachtani?« – das heißt: »Mein Gott, mein Gott, warum hast du mich verlassen?«[e]

47 Einige von denen, die dabeistanden und es hörten, sagten: »Der ruft nach Elija!« 48 Einer lief schnell nach einem Schwamm, tauchte ihn in Essig*, steckte ihn auf eine Stange und wollte Jesus trinken lassen.

a *den angeblichen Retter:* wörtlich *der Christus* genannt wird.* So auch in Vers 22 *(eurem so genannten Retter).*
b *Wenn er ...:* wörtlich *Sein Blut komme auf uns ...;* siehe Anmerkung zu Lev 20,9. Mehr als die anderen Evangelien gibt Matthäus dem damaligen jüdischen Volk und seiner Führung die Schuld am Tod Jesu. Pilatus willigte demnach in die Hinrichtung erst ein (Vers 26), nachdem das anwesende Volk die volle Verantwortung dafür übernommen hatte. Zu den Versen 24-25 siehe Vergleichsstellen.
c Wörtlich *in das Prätorium*.*
d Die Dunkelheit kündigt den Gerichtstag Gottes an (Am 8,9-10). Jesu Tod hat mit dem Letzten Gericht zu tun, sofern durch ihn die Sünde der Welt aufgedeckt und gerichtet, aber auch überwunden wird.
e Vgl. Ps 22,2. Der ganze Psalm wurde für die Jünger eine wichtige Hilfe, den Todesweg Jesu zu verstehen; vgl. 27,35-39.43 und die Vergleichsstellen dazu.

27,19 Lk 23,47S **27,24** Dtn 21,6-8S **27,25** Jer 26,15; Apg 5,28; Mt 21,37-41; 22,7 **27,26-31** 20,19 **27,28** Lk 23,11 **27,29** 27,11S **27,30** 26,67S **27,34** Ps 69,22 **27,35** Ps 22,19 **27,37** 27,11S **27,38** Jes 53,12 **27,39** Ps 22,8; 109,25 **27,40** Joh 2,19S; Mk 15,39S **27,42** 27,11S **27,43** Ps 22,9; Weish 2,16-20; Mk 15,39S **27,45** Am 8,9 **27,46** *zit* Ps 22,1 **27,48** Ps 69,22

Die Evangelien berichten, wie Jesus von Pontius Pilatus, dem römischen Präfekten von Judäa, verurteilt wurde. 1961 entdeckten Archäologen bei der Ausgrabung des römischen Theaters von Cäsarea am Meer diese Steintafel, auf der Pontius Pilatus als »Praefectus Iudaeae«, Präfekt von Judäa, bezeichnet wird. Bisher gibt es keine weitere außerbiblische Erwähnung von Pilatus.

49 Aber die anderen riefen: »Lass das! Wir wollen sehen, ob Elija kommt und ihm hilft.«

50 Doch Jesus schrie noch einmal laut auf und starb.

51 Da zerriss der Vorhang* vor dem Allerheiligsten im Tempel von oben bis unten. Die Erde bebte, Felsen spalteten sich 52 und Gräber brachen auf. Viele Tote aus dem Volk Gottes[a] wurden auferweckt 53 und verließen ihre Gräber. Später, als Jesus vom Tod auferweckt worden war, kamen sie in die Heilige Stadt* und wurden dort von vielen Leuten gesehen.[b]

54 Als der römische Hauptmann und die Soldaten, die Jesus bewachten, das Erdbeben und alles andere miterlebten, erschraken sie sehr und sagten: »Er war wirklich Gottes Sohn!«[c]

55 Es waren auch viele Frauen da, die alles aus der Ferne beobachteten. Sie waren Jesus seit der Zeit seines Wirkens in Galiläa* gefolgt und hatten für ihn gesorgt; 56 darunter waren Maria aus Magdala, Maria, die Mutter von Jakobus und Josef, sowie die Mutter der beiden Söhne von Zebedäus.

Jesus wird ins Grab gelegt

(Mk 15,42-47; Lk 23,50-56; Joh 19,38-42)

57 Am Abend kam ein reicher Mann aus Arimathäa; er hieß Josef und war gleichfalls ein Jünger* von Jesus geworden. 58 Er ging zu Pilatus und bat ihn, den Leichnam von Jesus freizugeben. Da befahl Pilatus, ihn auszuliefern.

59 Josef nahm den Toten, wickelte ihn in ein neues Leinentuch 60 und legte ihn in sein eigenes Grab, das in einen Felsen gehauen und noch unbenutzt war. Dann rollte er einen schweren Stein vor den Grabeingang und ging fort.

61 Maria aus Magdala und die andere Maria blieben dort und setzten sich dem Grab gegenüber nieder.

Die Grabwache

62 Am nächsten Tag – es war der Sabbat* – kamen die führenden Priester* und die Pharisäer* miteinander zu Pilatus 63 und sagten: »Herr, uns ist eingefallen, dass dieser Schwindler, als er noch lebte, behauptet hat: ›Nach drei Tagen werde ich vom Tod auferweckt werden.‹ 64 Gib deshalb Anweisung, das Grab bis zum dritten Tag zu bewachen! Sonst könnten seine Jünger* kommen, die Leiche stehlen und dann dem Volk erzählen: ›Er ist vom Tod auferweckt worden.‹ Dieser letzte Betrug wäre dann noch schlimmer als alles andere vorher.«

65 »Da habt ihr eine Wache«, sagte Pilatus. »Geht und sichert das Grab, so gut ihr könnt.«

66 Sie gingen also zum Grab und versiegelten den Stein, der den Eingang zur Grabkammer verschloss. Die Wache half ihnen dabei und blieb am Grab zurück.

Die Frauen am leeren Grab

(Mk 16,1-8; Lk 24,1-12; Joh 20,1-18)

28 Als der Sabbat vorüber und der Sonntag* angebrochen war,[d] kamen Maria aus Magdala und die andere Maria, um nach dem Grab zu sehen. 2 Da bebte plötzlich die Erde, denn der Engel* des Herrn kam vom Himmel herab, trat an das Grab, rollte den Stein weg und setzte sich darauf.[e] 3 Er leuchtete wie ein Blitz und sein Gewand war schneeweiß. 4 Als die Wächter ihn sahen, zitterten sie vor Angst und fielen wie tot zu Boden.

5 Der Engel sagte zu den Frauen: »*Ihr* braucht keine Angst zu haben! Ich weiß, ihr sucht Jesus, der ans Kreuz* genagelt wurde. 6 Er ist nicht hier, er ist auferweckt worden, so wie er es angekündigt hat. Kommt her und seht die Stelle, wo er gelegen hat! 7 Und jetzt geht schnell zu seinen Jüngern* und sagt ihnen: ›Gott hat ihn vom Tod auferweckt! Er geht euch voraus nach Galiläa*, dort werdet ihr ihn sehen.‹[f] Ihr könnt euch auf mein Wort verlassen.«

8 Erschrocken und doch voller Freude liefen die Frauen vom Grab weg. Sie gingen schnell zu den Jüngern, um ihnen die Botschaft des Engels zu überbringen.

9 Da stand plötzlich Jesus selbst vor ihnen und sagte: »Seid gegrüßt!«

Die Frauen warfen sich vor ihm nieder und umfassten seine Füße.

10 »Habt keine Angst!«, sagte Jesus zu ihnen. »Geht und sagt meinen Brüdern,[g] sie sollen nach Galiläa gehen. Dort werden sie mich sehen.«[h]

Der Bericht der Wache

11 Während die Frauen noch auf dem Weg waren, liefen einige von den Wächtern in die Stadt und meldeten den führenden Priestern*, was geschehen war. 12 Diese fassten zusammen mit den Ratsältesten* einen Beschluss: Sie gaben den Soldaten viel Geld 13 und schärften ihnen ein: »Erzählt allen: ›In der Nacht, während wir schliefen, sind seine Jünger* gekommen und haben den Toten gestohlen.‹ 14 Wenn der Statthalter* von der Geschichte erfährt, werden wir mit ihm sprechen. Ihr habt nichts zu befürchten!«

15 Die Wächter nahmen das Geld und taten, wie man sie gelehrt hatte. So kam diese Geschichte auf und wird bei den Juden bis heute weitererzählt.

a Wörtlich *Viele Leiber der entschlafenen Heiligen**.
b Die Zeichen verkünden: Der Tempel wird untergehen (Vers 51a); Gottes neue Welt bricht herein, die Zeit der Totenauferstehung hat begonnen (Vers 51b-53).
c Nichtjuden erkennen, was hier geschah. Das hat seine Vorgeschichte (vgl. 2,1-12; 8,5-13; 15,21-28) und seine Folgen (28,18-19). Zu *Gottes Sohn* siehe Sacherklärung.
d Nach jüdischer Auffassung ist jeweils mit Sonnenuntergang der alte Tag beendet und es beginnt ein neuer Tag. Nach Matthäus gehen die Frauen also bereits am Samstagabend zum Grab und werden dort Zeugen seiner Öffnung durch Engelhand (vgl. dagegen Mk 16,4; Lk 24,2).
e Nach Matthäus werden die Frauen Zeugen, wie das Grab von Engelhand geöffnet wird; vgl. dagegen Mk 16,4; Lk 24,2.
f Vgl. 26,32; 28,16.
g Mit den *Brüdern* sind an dieser Stelle die Jünger gemeint; vgl. 12,48-50; 25,40.
h Vgl. 28,16-20. Jesus ist wirklich auferstanden, doch nicht, um in altvertrauter Weise da zu sein. Er muss den Seinen erst nach und nach die Augen dafür öffnen, was seine Auferstehung bedeutet: für ihn, für sie, für die Welt (vgl. auch Joh 20,14-18).

27,51 Ex 26,31-33; 2Chr 3,14; Hebr 10,19-20 **27,54** 14,33S; 26,63; Mk 15,39S **27,55-56** Lk 8,2-3S **27,57-58** Dtn 21,22-23 **27,63** 12,40 **27,64** 28,13 **27,66** Dan 6,18 **28,6** (angekündigt) 12,40; 16,21par; 17,23par; 20,19par **28,7** 26,32S; Mk 14,28 **28,10** 12,50par; Joh 20,17S **28,13** 27,64

Jesus zeigt sich seinen Jüngern

16 Die elf Jünger* gingen nach Galiläa* auf den Berg, zu dem Jesus sie bestellt hatte.[a] 17 Als sie ihn sahen, warfen sie sich vor ihm nieder, doch einige hatten auch Zweifel.

18 Jesus trat auf sie zu und sagte: »Gott hat mir unbeschränkte Vollmacht im Himmel und auf der Erde gegeben.

19 Darum geht nun zu allen Völkern der Welt und macht die Menschen zu meinen Jüngern und Jüngerinnen![b]

Tauft* sie im Namen des Vaters und des Sohnes* und des Heiligen Geistes*, 20 und lehrt sie, alles zu befolgen, was ich euch aufgetragen habe.

Und das sollt ihr wissen: Ich bin immer bei euch, jeden Tag, bis zum Ende der Welt.«[c]

a Vgl. 28,7.10; 26,32. Zum ›Berg‹ siehe 5,1 und Anmerkung.
b *macht zu Jüngern und Jüngerinnen:* Im Griechischen steht ein Tätigkeitswort *in die Schule nehmen/belehren.* Es ist von dem Hauptwort *Schüler/Jünger** abgeleitet, hier aber sicher nicht nur auf männliche »Schüler/Jünger« zu beziehen.
c In den Worten des Auferstandenen (Verse 18-20) ist zugleich noch einmal alles zusammengefasst, was dem Matthäus-Evangelium wichtig ist (siehe Vergleichsstellen).

28,16 5,1S; 26,32S **28,17** 14,31S **28,18** Dan 7,13-14; Joh 3,35S **28,19** (alle Völker) 10,5-6; 21,41.43; 24,14; Mk 16,15; Lk 24,47; (Taufe) Mt 3,15; Mk 16,16; Apg 2,38; 8,36; 1 Kor 1,13-16; Eph 4,5; Röm 6,3-4S; (Vater, Sohn, Geist) 2 Kor 13,13 **28,20a** 5,2–7,27; 11,28-30 **28,20b** 1,23; 18,20

DALMATIEN
ILLYRIEN
MYSIEN
THRAZIEN
ITALIEN
Rom
Tres-Tabernä
Forum Appii
Puteoli
Pompei
Via Appia
MAZEDONIEN
Via Egnatia
Philippi
Beröa
Thessalonich
Troas
LESBOS
Mitylene
ACHAJA
Delphi
Athen
Korinth
Kenchreä
GRIECHENLAND
Rhegion
SIZILIEN
Syrakus
MALTA
KRETA
Kaloi-Limenes
(Guthafen)
MITTELMEER
Zyrene
ZYRENE
0
100
200
300
Kilometer

Die Welt des Neuen Testaments

Die griechische Welt

Viele Ideen, die unserer heutigen Welt das Gepräge geben, z.B. Freiheit und Demokratie, gehen zurück auf die griechischen Philosophen des 5. Jahrhunderts v.Chr. Auch die moderne Wissenschaft, z.B. Mathematik, Medizin, Architektur, hat den alten Griechen Entscheidendes zu verdanken.
An vielen Orten rings um das Mittelmeer treffen wir noch auf ihre Spuren: Theater, Tempel, Rennbahnen, Sportschulen (Gymnasien). Wir halten auch heute Olympische Spiele ab. Wir lesen die Werke der großen griechischen Dichter und führen ihre Stücke auf. Wir stehen voller Bewunderung vor dem herrlichen Parthenon-Tempel auf der Akropolis von Athen. Wenn es uns nach 2000 Jahren so ergeht, können wir uns leicht vorstellen, welche Faszination die Griechen in den letzten vorchristlichen Jahrhunderten auf die Völker rings um das Mittelmeer ausgeübt und welch ungeheuren Einfluss sie gehabt haben müssen.

Das goldene Zeitalter

Die unter dem Namen Homers überlieferten Dichtungen Ilias und Odyssee, die wahrscheinlich um 700 v.Chr. entstanden sind, geben manche Einblicke in die frühe Geschichte und Kultur Griechenlands. Aber das »goldene« oder klassische Zeitalter Griechenlands ist die Zeit von etwa 500–340 v.Chr. Der Stadtstaat von Athen stellte in diesen Jahren eine Musterdemokratie dar, in der jeder Bürger die öffentlichen Angelegenheiten mitgestaltete. Doch erbitterte Kriege der griechischen Städte untereinander schwächten das Land und ließen es nicht zur Einheit finden.

Alexander der Große

338 v.Chr. errang König Philipp von Mazedonien die Oberherrschaft über ganz Griechenland. Sein Sohn und Nachfolger Alexander besiegte 334 die Perser in Kleinasien und begann danach mit der Eroberung Syriens und Ägyptens. Hier gründete er die berühmte Stadt Alexandria. Schließlich unterwarf er die östlichen Gebiete des Perserreiches und drang bis nach Indien vor. Er starb 323 in Babylon im Alter von 33 Jahren.
Seine Generäle teilten das Reich unter sich. Sie setzten das Werk Alexanders fort und machten die griechische Sprache und Zivilisation überall in der von ihnen beherrschten Welt heimisch. Ptolemäus und seine Nachfolger herrschten von Alexandria aus über Ägypten, Seleukus und seine Nachfolger vom syrischen Antiochia über das östliche Reichsgebiet. Palästina lag zwischen den Zentren der Macht und wurde zum Schauplatz ständiger Kriege zwischen Ptolemäern und Seleuziden, die das Gebiet jeweils für sich beanspruchten.

Ausbreitung griechischer Kultur

Zwar hatte die griechische Kultur zur Zeit Alexanders ihren Höhepunkt bereits überschritten, dennoch trat sie mit seinen Eroberungen einen Siegeszug durch den ganzen vorderen und

Der Parthenon von Athen ist eines der Wunder der antiken Welt. Im Bild eine Reitergruppe vom Fries des Tempels (heute im Britischen Museum, London).

mittleren Osten an. Die so genannte hellenistische Zeit hatte begonnen. Griechisch wurde überall zur Sprache der gebildeten Schichten und ihrer Schriftsteller und zugleich zur allgemeinen Umgangssprache. Die griechische Baukunst veränderte das Gesicht der Städte. Gymnasien für die körperliche und geistige Erziehung der männlichen Jugend, Theater für die Aufführung von Schauspielen, großartige Tempel, Straßen und Plätze wurden angelegt. In Alexandria entstand eine griechische Übersetzung des Alten Testaments für den Bedarf der zahlreichen griechisch sprechenden Juden. Die Schriften des Neuen Testaments wurden in Griechisch abgefasst.

Der griechische Einfluss in Rom und in Palästina

146 v. Chr. zerstörten die Römer Korinth und richteten danach über ganz Griechenland ihre Herrschaft auf. Der Einfluss griechischer Sprache und Kultur wurde dadurch aber nicht geringer. Griechische Sklaven kamen in die Häuser römischer Familien, nicht wenige von ihnen als Ärzte, Lehrer oder Verwalter. Die Römer eigneten sich viel von griechischer Denk- und Lebensweise an und lernten die griechische Sprache. Die römischen Götter wurden der griechischen Götterwelt angeglichen und die griechischen Götter mit lateinischen Namen belegt: Aus Zeus wurde Jupiter, aus Poseidon Neptun, aus Ares Mars.

Griechische Anschauungen und Gebräuche bestimmten in neutestamentlicher Zeit auch weitgehend das Leben in Palästina. Südöstlich des Sees Gennesaret lag z. B. das so genannte Gebiet der Zehn Städte (Dekapolis).

Dort waren zehn Städte, die nach griechischem Vorbild angelegt waren und sich nach griechischer Art verwalteten, zu einem Städtebund zusammengefasst. Die Wirksamkeit Jesu erstreckte sich bis in dieses Gebiet.

Die Griechen stellten künstlerisch hervorragend gestaltete Töpferware her. Im Bild eine besonders schön bemalte Tonvase.

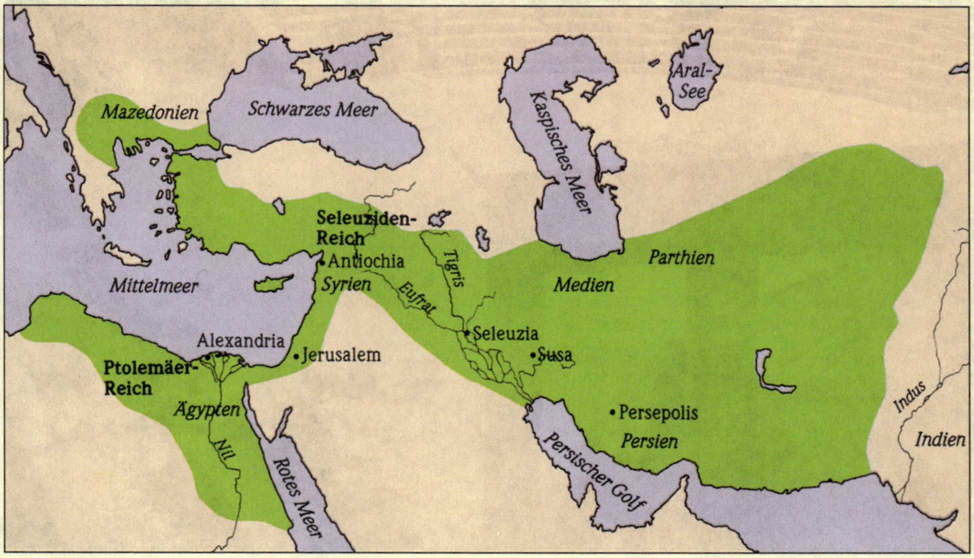

Griechisches Weltreich um 275 v. Chr., etwa 50 Jahre nach dem Tod Alexanders des Großen.

Paulus und seine Mitarbeiter brachten die Gute Nachricht von Christus bis ins griechische Mutterland. Sie kamen nach Philippi und Thessalonich und bis nach Athen und Korinth.

Die ›Trireme‹, ein Kriegsschiff mit drei übereinander liegenden Ruderdecks und einem mächtigen Rammeisen am Bug. Es hatte 170 Ruderer und 26 Soldaten an Bord.

Griechische Theater fassten eine riesige Zahl von Besuchern. Aufführungen fanden nur an zehn Tagen im Jahr statt, als Teil der religiösen Feste. Die Menschen hielten sich an den Spieltagen den ganzen Tag über im Theater auf. Im Bild das Theater von Epidaurus.

MARKUS

Tod und Auferstehung Jesu, nach 1 Korinther 15,3-5 der eigentliche Inhalt der Guten Nachricht, haben ihre ›Vorgeschichte‹. Markus hat sie bis zum Auftreten des Täufers Johannes zurückverfolgt und setzt dort mit seiner Darstellung ein. Er will berichten, »wie die Gute Nachricht von Jesus Christus, dem Sohn Gottes, ihren Anfang nahm« (1,1). Die Worte und Taten des irdischen Jesus, der Weg, den er gegangen ist von seiner Taufe bis zu seinem Tod am Kreuz, das alles ist wichtig für Menschen, die bekennen, dass dieser Jesus jetzt als Gottes Sohn an der rechten Seite Gottes sitzt und als Menschensohn zum Gericht erscheinen wird. Das Erzählen von seinen Worten und Taten ist für sie ein Weg, ihm selbst zu begegnen und in dieser Begegnung Maßstäbe für ihr Leben zu gewinnen. Die Darstellung seines Weges gibt die Möglichkeit, ihm auf diesem Weg nachzufolgen.

Zu der Zeit, als Markus schrieb, sahen manche Christen in Jesus vor allem den Wundertäter, den himmlischen Herrn, dem alle Mächte untertan sind. So sieht es auch Markus; Jesus spricht nicht nur von der anbrechenden Gottesherrschaft (1,14-15), durch seine Machttaten bricht sie jetzt schon herein (1,21-28). Doch Markus sieht noch darüber hinaus: Jesu Worte und Taten rufen Widerspruch hervor; den Zeichen der anbrechenden Gottesherrschaft begegnen gerade die maßgeblichen Kreise mit Befremden, ja mit Feindschaft (3,22). Der Weg des von Gott versprochenen Retters endet im Tod (3,6)! Jesus hat das vorausgesehen und vorausgesagt (8,31; 9,31; 10,33-34), und wer sein Jünger sein will, darf sich nicht scheuen, diesen Weg mitzugehen (8,34-38)!

Jesu Tod und Auferstehung eröffnen in der Tat den Zugang zum wahren Leben, zur neuen Welt Gottes. Auf dem Weg dahin geschehen Zeichen und Wunder. Doch soll nicht darüber gesprochen werden, ehe nicht das entscheidende Wunder, die Auferstehung Jesu von den Toten, geschehen ist (vgl. 1,34; 1,45 und die Erklärungen dort)! Jesus ist der versprochene Retter. Doch soll er nicht öffentlich bekannt gemacht werden, bevor nicht durch seinen Tod am Kreuz jede falsche Hoffnung zerstört ist (8,29-31)! Das Bekenntnis des Hauptmanns unter dem Kreuz (15,39) ist das erste vollgültige Bekenntnis zu Jesus, weil es unter dem Kreuz und angesichts des Gekreuzigten abgelegt wurde. Heil und Heilung der Welt, wie die christliche Gemeinde sie erfahren hat und der Welt vermitteln muss, sind in Jesu Tod begründet, sie sind Teilhabe an dem Leben der Auferstehung, das aus diesem Tod erwächst und das nur dort zu haben ist, wo man sich mit Jesus auf den Weg des Kreuzes begibt.

Markus ist nicht der Erste, der über das Leben des irdischen Jesus nachgedacht und es zum Gegenstand der Verkündigung gemacht hat (vgl. z.B. Apostelgeschichte 10,37-40). Doch ist er nach der Meinung der meisten heutigen Ausleger der Erste gewesen, der mündliche und auch schriftliche Überlieferungen über den irdischen Jesus in solchem Umfang sammelte und in einem Buch unter dem Leitwort »Gute Nachricht/Evangelium« zusammenfasste (1,1.14.15). Dies ist eine bahnbrechende Tat gewesen, vor allem wenn es zutrifft, dass Matthäus und Lukas das Markus-Evangelium zur Grundlage ihrer Evangelien-Schriften gemacht haben.

Markus hat seine Schrift für Christen aus der nichtjüdischen Welt verfasst. Man schließt das u.a. daraus, dass er sich bemüht, jüdische Gepflogenheiten und aramäische Wörter zu erklären (z.B. 7,3-4; 15,34).

Markus – er nennt sich in seiner Schrift nirgends selbst mit Namen – wird von der altkirchlichen Überlieferung mit dem Johannes Markus aus Apostelgeschichte 12,12; 13,5; 15,36-39 gleichgesetzt, der in Philemon 24 und Kolosser 4,10 als Mitarbeiter von Paulus, in 1 Petrus 5,13 als Mitarbeiter von Petrus genannt wird.

Inhaltsübersicht

DER ANFANG DER GUTEN NACHRICHT (1,1-13)

Wie es anfing

1 In diesem Buch ist aufgeschrieben, wie die Gute
Nachricht von Jesus Christus*, dem Sohn* Got-
tes, ihren Anfang nahm.°

Johannes der Täufer tritt auf und kündigt Christus an

(Mt 3,1-12; Lk 3,1-18; Joh 1,19-28)

2 Es begann, wie es im Buch des Propheten Jesaja[a] an-
gekündigt wurde:

»›Ich sende meinen Boten vor dir her‹, sagt Gott,
›damit er den Weg für dich bahnt.‹
3 In der Wüste[b] ruft einer:
›Macht den Weg bereit, auf dem der Herr kommt!
Ebnet ihm die Straßen!‹«

4 Dies traf ein, als der Täufer* Johannes in der Wüste
auftrat und den Menschen verkündete: »Kehrt um
und lasst euch taufen, denn Gott will euch eure
Schuld vergeben!«[c]
5 Aus dem ganzen Gebiet von Judäa* und aus Jeru-
salem strömten die Leute in Scharen zu ihm hinaus,
bekannten öffentlich ihre Sünden und ließen sich
von ihm im Jordan taufen.
6 Johannes trug ein Gewand aus Kamelhaaren und
um die Hüften einen Ledergurt; er lebte von Heu-
schrecken und dem Honig wilder Bienen.
7 Er kündigte an: »Nach mir kommt der, der mäch-
tiger ist als ich. Ich bin nicht einmal gut genug, mich
zu bücken und ihm die Schuhe aufzubinden. 8 Ich
habe euch mit Wasser getauft; er wird euch mit
dem Heiligen Geist* taufen.«[d]

Jesus lässt sich taufen und wird auf die Probe gestellt

(Mt 3,13–4,11; Lk 3,21-22; 4,1-13; Joh 1,32-34)

9 Zu dieser Zeit geschah es: Jesus kam aus Nazaret in
Galiläa* zu Johannes und ließ sich von ihm im Jor-
dan taufen.[e] 10 Als er aus dem Wasser stieg, sah er,
wie der Himmel aufriss und der Geist* Gottes wie
eine Taube auf ihn herabkam. 11 Und eine Stimme
aus dem Himmel sagte zu ihm: »Du bist mein Sohn*,
dir gilt meine Liebe, dich habe ich erwählt.«[f]
12 Gleich danach trieb der Geist Gottes Jesus in die
Wüste. 13 Dort blieb er vierzig Tage und wurde vom
Satan* auf die Probe gestellt.[g] Er lebte mit den wil-
den Tieren zusammen, und die Engel* Gottes ver-
sorgten ihn.[h]

JESUS WIRKT IN GALILÄA (1,14–8,26)

Jesus beginnt sein Wirken

(Mt 4,12-17; Lk 4,14-15)

14 Nachdem man Johannes ins Gefängnis geworfen
hatte,[i] kam Jesus nach Galiläa* zurück und verkün-
dete im Auftrag Gottes: 15 »Es ist so weit: Jetzt wird
Gott seine Herrschaft aufrichten und sein Werk voll-
enden.[j] Ändert euer Leben[k] und glaubt dieser guten
Nachricht!«

Jesus beruft vier Fischer zu Jüngern

(Mt 4,18-22; Lk 5,1-11)

16 Als Jesus am See von Galiläa* entlangging, sah er
Simon und seinen Bruder Andreas, wie sie gerade
ihr Netz auswarfen; sie waren Fischer. 17 Jesus sagte
zu ihnen: »Kommt, folgt mir! Ich mache euch zu
Menschenfischern.« 18 Sofort ließen sie ihre Netze
liegen und folgten ihm.
19 Als Jesus ein kleines Stück weiterging, sah er Ja-
kobus, den Sohn von Zebedäus, und seinen Bruder
Johannes. Sie saßen gerade im Boot und besserten
die Netze aus. 20 Jesus rief sie, und sie ließen ihren
Vater Zebedäus mit den Gehilfen im Boot zurück
und folgten ihm.

Jesus zeigt seine Macht

(Lk 4,31-37)

21 Sie gingen weiter und kamen miteinander nach Ka-
farnaum, und gleich am Sabbat* ging Jesus in die
Synagoge*. Dort sprach er zu den Versammelten.
22 Sie waren von seinen Worten tief beeindruckt;
denn er lehrte wie einer, der Vollmacht von Gott
hat – ganz anders als die Gesetzeslehrer*.[l]
23 In ihrer Synagoge war ein Mann, der von einem
bösen Geist* besessen war. Er schrie: 24 »Was haben
wir mit dir zu schaffen, Jesus von Nazaret? Du bist
doch nur gekommen, um uns zu vernichten! Ich
weiß genau, wer du bist: Du bist der, der an Gottes
Heiligkeit teilhat!«[m]
25 Drohend sagte Jesus zu dem bösen Geist:
»Schweig und fahr aus von diesem Menschen!«
26 Da zerrte der Geist den Mann hin und her und fuhr
aus mit lautem Geschrei.
27 Die Leute erschraken alle und fragten einander:
»Was hat das zu bedeuten? Er hat eine ganz neue Art
zu lehren – wie einer, dem Gott Vollmacht gegeben
hat! Er befiehlt sogar den bösen Geistern und sie ge-
horchen ihm.«
28 Wie ein Lauffeuer verbreitete sich die Kunde
von Jesus ringsum in Galiläa*.

a Dem Wort aus Jes 40,3 ist in Vers 2 Mal 3,1 (siehe auch Ex 23,20) vorangestellt.
b Siehe Sacherklärung.
c *den Menschen verkündete …:* wörtlich *verkündete die Taufe der Umkehr* zur Vergebung der Sünden.*
d Zu den Versen 6-8 siehe Mt 3,4.11 und die Anmerkungen dort.
e Die Taufe ist für Jesus der erste Schritt auf dem Weg zum Kreuz (vgl. 10,38); siehe auch Sacherklärung »Taufe (2)«.
f Bei Markus wird diese Offenbarung Jesus allein zuteil. Das entspricht der Tatsache, dass das hier angesprochene Geheimnis der Person Jesu erst aufgrund seiner Auferstehung öffentlich verkündigt wurde.
g Vgl. Mt 4,3-10.
h *Er lebte …:* Jesus ist der neue Adam (vgl. Gen 3), der die Versuchung besteht und das verlorene Paradies zurückbringt; vgl. Jes 11,6-8.
i Wörtlich *Nachdem Johannes ausgeliefert worden war.* Durch das Wort *ausliefern* will Markus andeuten: Auch in dem Geschick, das der Täufer erleidet, ist er der Vorläufer von Jesus (vgl. 9,31; 10,33; 14,41; 1 Kor 11,23) und von dessen Jüngern (vgl. 13,9.11.12).
j *Es ist so weit …:* wörtlich *Erfüllt ist die Zeit und nahe herbeigekommen ist die Königsherrschaft* Gottes.*
k Siehe Sacherklärung »Umkehr«.
l Die Vollmacht der neuen Lehre erweist sich für Markus vor allem in Jesu Taten, nicht zuletzt in der Heilung von dämonischer Besessenheit (vgl. 1,39; 3,15; 6,13).
m *der, der an Gottes …:* wörtlich *der Heilige Gottes;* siehe Sacherklärung »Heiliger«.

1,1 3,11; 14,61; 15,39; (Anfang) Hebr 2,3; Apg 10,37-40 **1,2** *nach* Mal 3,1 *und* Ex 23,20; Lk 1,76 S **1,3** *nach* Jes 40,3 **1,6** 2 Kön 1,8 **1,8** Ps 51,9.12-14 S **1,11** Ps 2,7; Jes 42,1; Mk 9,7 par; 12,6 par; 2 Petr 1,17 **1,13** (Tiere) Jes 11,6-8 S; (Engel) 1 Kön 19,5; Ps 91,11-13 **1,14** 6,17-18 **1,18.20** Mt 8,21-22 S **1,22** Mt 7,28-29; Joh 7,46 **1,24** 3,11 S

Jesus heilt die Schwiegermutter von Petrus und viele andere Menschen
(Mt 8,14-17; Lk 4,38-41)

29 Sie verließen die Synagoge* und gingen in das Haus von Simon und Andreas. Auch Jakobus und Johannes kamen mit.

30 Die Schwiegermutter Simons lag mit Fieber im Bett, und gleich, als sie ins Haus kamen, sagten sie es Jesus. 31 Er ging zu ihr, nahm sie bei der Hand und richtete sie auf. Das Fieber verließ sie, und sie bereitete für alle das Essen.[a]

32 Am Abend, nach Sonnenuntergang,[b] brachten die Leute alle Kranken und alle Besessenen* zu Jesus. 33 Die ganze Stadt hatte sich vor dem Haus versammelt. 34 Jesus heilte viele Menschen von allen möglichen Krankheiten und trieb viele böse Geister aus. Er ließ die bösen Geister nicht zu Wort kommen; denn sie wussten genau, wer er war.[c]

Jesus zieht durch Galiläa
(Lk 4,42-44)

35 Am nächsten Morgen verließ Jesus lange vor Sonnenaufgang die Stadt und zog sich an eine abgelegene Stelle zurück. Dort betete er.

36 Simon und seine Gefährten zogen ihm nach 37 und fanden ihn. »Alle suchen dich«, sagten sie.

38 Jesus antwortete: »Wir wollen jetzt weitergehen, in die umliegenden Dörfer. Ich muss auch dort die Gute Nachricht* verkünden, denn dazu bin ich gekommen.«

39 So zog Jesus durch ganz Galiläa*, verkündete in den Synagogen* die Gute Nachricht und trieb die bösen Geister* aus.

Jesus heilt einen Aussätzigen
(Mt 8,1-4; Lk 5,12-16)

40 Einmal kam ein Aussätziger* zu Jesus, warf sich vor ihm auf die Knie und bat ihn um Hilfe. »Wenn du willst«, sagte er, »kannst du mich gesund[d] machen.«

41 Jesus hatte Mitleid mit ihm, streckte die Hand aus und berührte ihn. »Ich will«, sagte er, »sei gesund!« 42 Im selben Augenblick verschwand der Aussatz und der Mann war geheilt.

43 Sofort schickte Jesus ihn weg und befahl ihm streng: 44 »Sag ja niemand ein Wort davon,[e] sondern geh zum Priester, lass dir deine Heilung bestätigen und bring die Opfer*, die Mose zur Wiederherstellung der Reinheit vorgeschrieben hat. Die Verantwortlichen sollen wissen, dass ich das Gesetz* ernst nehme.«[f]

45 Aber der Mann ging weg und fing überall an, von Jesus und seiner Botschaft zu erzählen und davon, wie er geheilt worden war. Jesus konnte sich bald in keiner Ortschaft mehr sehen lassen. Er hielt sich draußen in unbewohnten Gegenden auf;[g] doch die Leute kamen von überall her zu ihm.

Jesus heilt einen Gelähmten
(Mt 9,1-8; Lk 5,17-26)

2 Einige Tage später kam Jesus nach Kafarnaum zurück, und bald wusste jeder, dass er wieder zu Hause[h] war. 2 Die Menschen strömten so zahlreich zusammen, dass kein Platz mehr blieb, nicht einmal draußen vor der Tür. Jesus verkündete ihnen die Botschaft Gottes.

3 Da brachten vier Männer einen Gelähmten herbei, 4 aber sie kamen wegen der Menschenmenge nicht bis zu Jesus durch. Darum stiegen sie auf das flache Dach, gruben die Lehmdecke auf und beseitigten das Holzgeflecht, genau über der Stelle, wo Jesus war. Dann ließen sie den Gelähmten auf seiner Matte durch das Loch hinunter.

5 Als Jesus sah, wie groß ihr Vertrauen war, sagte er zu dem Gelähmten: »Mein Kind, deine Schuld ist vergeben!«

6 Da saßen aber einige Gesetzeslehrer*, die dachten bei sich: 7 »Was nimmt der sich heraus! Das ist eine Gotteslästerung! Nur Gott kann den Menschen ihre Schuld vergeben, sonst niemand!«

a Wörtlich *und sie diente ihnen.* Das griechische Wort bezeichnet oft den Tischdienst; vgl. Lk 10,40; Joh 2,7; Apg 6,2.
b D.h., nachdem der Sabbat vorbei war.
c Immer wieder wird Jesus verbieten, seine Hoheit und Macht öffentlich bekannt zu machen – nicht nur den Dämonen (siehe noch 3,11-12), sondern auch den geheilten Menschen (1,44; 5,43; 7,36), ja sogar seinen Jüngern (8,30; 9,9). Erst Kreuz und Auferstehung zeigen wirklich, wer er ist.
d *gesund:* wörtlich *rein*;* entsprechend in den Versen 41 *(gesund)* und 42 *(geheilt).*
e Siehe 1,34 und die Anmerkung dort.
f *Die Verantwortlichen …:* wörtlich *ihnen zur Bezeugung.* Wer von Aussatz genesen war, musste dies zunächst vom Priester *bestätigen* lassen (so verdeutlicht die Übersetzung; wörtlich nur *sondern geh hin, zeige dich dem Priester*). »Rein« wurde man erst danach durch die verschiedenen Riten und Opfer, die in Lev 14,1-32 beschrieben sind.
g Jesus liegt nicht daran, durch Wunder berühmt zu werden. Das hängt mit dem zusammen, was in der Anmerkung zu 1,34 gesagt ist.
h Wörtlich *im Haus.* Gedacht ist wahrscheinlich an das Haus von Simon und Andreas (1,29); es dürfte Jesus in Kafarnaum als Standquartier gedient haben (vgl. 9,33).

Vier Fischer vom See Gennesaret folgten dem Ruf Jesu: »Kommt, folgt mir!« (1,17) Noch heute wird auf dem See Fischfang betrieben. Schon vor Sonnenaufgang sind die Fischer bei der Arbeit.

1,31 5,41S **1,35** Lk 5,16S **1,39** Mt 4,23 **1,44** 5,43S; Lev 14,2-32; Lk 17,14 **1,45** 7,36S **2,5** Lk 5,20; 7,48

8 Jesus erkannte sofort, dass sie das dachten, und fragte sie: »Was macht ihr euch da für Gedanken? 9 Was ist leichter – diesem Gelähmten zu sagen: ›Deine Schuld ist dir vergeben‹, oder: ›Steh auf, nimm deine Matte und geh umher‹? 10 Aber ihr sollt sehen, dass der Menschensohn* die Vollmacht hat, hier auf der Erde Schuld zu vergeben!«[a]

Und er sagte zu dem Gelähmten: 11 »Ich befehle dir: Steh auf, nimm deine Matte und geh nach Hause!« 12 Der Mann stand auf, nahm seine Matte und ging vor aller Augen weg.

Da waren sie alle außer sich; sie priesen Gott und sagten: »So etwas haben wir noch nie erlebt!«

Jesus beruft Levi und isst mit den Zolleinnehmern

(Mt 9,9-13; Lk 5,27-32)

13 Dann ging Jesus wieder hinaus an den See. Alle kamen zu ihm und er sprach zu ihnen. 14 Als er weiterging, sah er einen Zolleinnehmer* an der Zollstelle sitzen: Levi, den Sohn von Alphäus. Jesus sagte zu ihm: »Komm, folge mir!«

Und Levi stand auf und folgte ihm.

15 Als Jesus dann in seinem Haus[b] zu Tisch saß, waren auch viele Zolleinnehmer dabei und andere, die einen ebenso schlechten Ruf hatten. Sie alle aßen zusammen mit Jesus und seinen Jüngern*. – Was die Zahl der Jünger betrifft: Es waren inzwischen viele, die sich Jesus angeschlossen hatten.

16 Die Gesetzeslehrer* von der Partei der Pharisäer* sahen, wie Jesus mit diesen Leuten zusammen aß. Sie fragten seine Jünger: »Wie kann er sich mit den Zolleinnehmern und ähnlichem Volk an einen Tisch setzen?«

17 Jesus hörte es und er antwortete ihnen: »Nicht die Gesunden brauchen den Arzt, sondern die Kranken. Ich bin nicht gekommen, solche Menschen in Gottes neue Welt einzuladen,[c] bei denen alles in Ordnung ist, sondern solche, die Gott den Rücken gekehrt haben.«

Die Hochzeit hat begonnen

(Mt 9,14-17; Lk 5,33-39)

18 Es war an einem Tag, an dem die Jünger* des Täufers Johannes und die Pharisäer* fasteten. Da kamen Leute zu Jesus und fragten ihn: »Wie kommt es, dass die Jünger des Täufers und die Jünger der Pharisäer regelmäßig fasten*, aber deine Jünger fasten nicht?«

19 Jesus antwortete: »Können die Hochzeitsgäste fasten, während der Bräutigam unter ihnen ist? Unmöglich können sie das, solange er bei ihnen ist![d] 20 Die Zeit kommt früh genug, dass der Bräutigam ihnen entrissen wird; dann werden sie fasten, immer an jenem Tag.[e]

21 Niemand flickt ein altes Kleid mit einem neuen Stück Stoff; sonst reißt das neue Stück wieder aus und macht das Loch nur noch größer.

22 Auch füllt niemand neuen Wein, der noch gärt, in alte Schläuche; sonst sprengt der Wein die Schläuche, der Wein ist hin und die Schläuche auch. Nein, neuer Wein gehört in neue Schläuche!«[f]

Jesus und der Sabbat

(Mt 12,1-8; Lk 6,1-5)

23 An einem Sabbat* ging Jesus durch die Felder. Seine Jünger* fingen unterwegs an, Ähren abzureißen und die Körner zu essen.

24 Die Pharisäer* sagten zu Jesus: »Da sieh dir an, was sie tun! Das ist nach dem Gesetz* am Sabbat verboten!«[g]

25 Jesus antwortete ihnen: »Habt ihr nie gelesen, was David tat, als er und seine Männer hungrig waren und etwas zu essen brauchten? 26 Er ging in das Haus Gottes und aß von den geweihten Broten*, damals, als Abjatar[h] Oberster Priester* war. Nach dem Gesetz dürfen doch nur die Priester dieses Brot essen – und trotzdem aß David davon und gab es auch seinen Begleitern!«

27 Jesus fügte hinzu: »Gott hat den Sabbat für den Menschen geschaffen, nicht den Menschen für den Sabbat.[i] 28 Also ist der Menschensohn* Herr auch über den Sabbat; er hat zu bestimmen, was an diesem Tag getan werden darf.«[j]

Jesus heilt am Sabbat

(Mt 12,9-14; Lk 6,6-11)

3 Wieder einmal ging Jesus in eine Synagoge*. Dort war ein Mann mit einer abgestorbenen Hand. 2 Die Pharisäer* hätten Jesus gerne angezeigt; darum beobachteten sie genau, ob er es wagen würde, ihn am Sabbat* zu heilen.[k]

3 Jesus sagte zu dem Mann mit der abgestorbenen Hand: »Steh auf und stell dich in die Mitte!«

4 Darauf fragte er die anderen: »Was darf man nach dem Gesetz* am Sabbat tun? Gutes oder Böses? Einem Menschen das Leben retten oder ihn umkommen lassen?«

Er bekam keine Antwort. 5 Da sah er sie zornig der Reihe nach an. Zugleich war er traurig, weil sie so engstirnig und hartherzig waren.

Dann sagte er zu dem Mann: »Streck deine Hand aus!« Er streckte sie aus und sie wurde wieder gesund.

6 Da gingen die Pharisäer hinaus. Sie trafen sich sogleich mit den Parteigängern von Herodes[l] und sie beschlossen miteinander, dass Jesus sterben müsse.

a Siehe die Anmerkung zu Mt 9,6.
b Es ist nicht zu entscheiden, wessen *Haus* gemeint ist: das von Levi oder das von Simon und Andreas, das Jesus in Kafarnaum als Standquartier diente (vgl. 2,1 und die Anmerkung dort).
c *in Gottes neue Welt einzuladen:* wörtlich *zu rufen.*
d Siehe Sacherklärung »Hochzeit«.
e *immer* ist verdeutlichender Zusatz. Gedacht ist wahrscheinlich an ein regelmäßiges Fasten am Karfreitag oder wöchentlich jeweils am Freitag als dem Todestag von Jesus.
f Das mit Jesus gekommene Neue soll man nicht unbedingt in altüberkommene Formen pressen wollen.
g Das Abreißen der Ähren ist nach pharisäischem Verständnis Erntearbeit, die nach Ex 34,21 am Sabbat verboten ist.
h Nach 1 Sam 21,2 hieß der Priester Ahimelech; Abjatar war einer seiner Söhne (1 Sam 22,20).
i Das vertraten auch jüdische Gesetzeslehrer – doch nur bezogen auf die Frage, ob Hilfe in Lebensgefahr am Sabbat erlaubt sei.
j *er hat zu bestimmen …:* verdeutlichender Zusatz.
k »Heilen« wäre eine Art ärztlicher Hilfeleistung, und die wäre nach pharisäischem Verständnis am Sabbat nur bei Lebensgefahr erlaubt.
l Siehe Sacherklärung »Herodes, Parteigänger von«.

2,10 Joh 5,36 **2,14** Mt 8,21-22S **2,15** Mt 9,10S **2,17** Lk 19,10S **2,18** Mt 6,16-17S; Mt 11,18-19par **2,19** Mt 9,15S **2,23-28** 2,27-28S **2,23** Dtn 23,25-26 **2,24** Ex 20,8-10 **2,25-26** 1 Sam 21,2-7; Lev 24,5-9 **2,27-28** (Sabbatkonflikt) Mt 12,1-8par; 12,9-14par; Lk 13,10-17; 14,1-6; Joh 5,1-18; 7,21-24; 9,1-16 **2,27** Dtn 5,14 **3,1-6** 2,27-28S **3,6** Joh 7,1S

Das Land der Bibel zur Zeit des Neuen Testaments

a Siehe 1,34 und die Anmerkung dort.
b Wörtlich *auf den Berg;* siehe Sacherklärung »Berg«.
c Wörtlich *er gab ihnen den Beinamen Boanerges, das bedeutet Donnersöhne.*
d Wörtlich *Simon, der Kananäer;* siehe Sacherklärung »Zeloten«.
e Siehe Anmerkung zu 2,1.
f *Hier gilt ...:* wörtlich *Sondern.*
g Siehe Sacherklärung »Brüder und Schwestern von Jesus«.

Zustrom zu Jesus am See von Galiläa
(Mt 4,23-25; 12,15-21; Lk 6,17-19)

7 Jesus zog sich mit seinen Jüngern* an den See zu-
rück. Viele Menschen aus Galiläa* folgten ihm.
Auch aus Judäa* 8 und aus Jerusalem, aus Idumäa
und dem Gebiet auf der anderen Seite des Jordans
und aus der Gegend der Städte Tyrus und Sidon ka-
men viele zu Jesus. Sie hatten von seinen Taten ge-
hört und wollten ihn sehen.
9 Jesus wies seine Jünger an, ein Boot für ihn be-
reitzuhalten; denn die Menge war so groß, dass sie
ihn fast erdrückte. 10 Weil er schon so viele geheilt
hatte, stürzten sich alle Kranken auf ihn und wollten
ihn berühren. 11 Menschen, die von bösen Geistern*
besessen waren, warfen sich vor ihm nieder, sobald
sie ihn sahen, und schrien: »Du bist der Sohn* Got-
tes!« 12 Aber Jesus verbot ihnen nachdrücklich, ihn
bekannt zu machen.[a]

Jesus beruft den Kreis der Zwölf
(Mt 10,1-4; Lk 6,12-16)

13 Dann stieg Jesus auf einen Berg[b] und rief von sei-
nen Jüngern* die zu sich, die er für eine besondere
Aufgabe vorgesehen hatte. Sie kamen zu ihm,
14 und er setzte sie ein als die Zwölf*.° Sie sollten
ständig bei ihm sein. Sie sollten dann auch von
ihm ausgesandt werden, um die Gute Nachricht*
zu verkünden, 15 und sollten die Vollmacht bekom-
men, die bösen Geister* auszutreiben.
16 Die zwölf, die Jesus dafür bestimmte, waren:

Simon, dem er den Namen Petrus* gab;
17 Jakobus und sein Bruder Johannes, die er Donner-
söhne[c] nannte;
18 dazu Andreas,
Philippus,
Bartholomäus,
Matthäus,
Thomas,
Jakobus, der Sohn von Alphäus,
Thaddäus,
Simon, der zur Partei der Zeloten gehört hatte,[d]
19 und Judas Iskariot, der Jesus später verriet.

Steht Jesus mit dem Teufel im Bund?
(Mt 12,22-32; Lk 11,14-23; 12,10)

20 Dann ging Jesus nach Hause.[e] Wieder strömte eine
so große Menge zusammen, dass er und seine Jün-
ger* nicht einmal zum Essen kamen. 21 Als das seine
Angehörigen erfuhren, machten sie sich auf den
Weg, um ihn mit Gewalt wegzuholen, denn sie sag-
ten sich: »Er muss verrückt geworden sein.«
22 Einige Gesetzeslehrer*, die aus Jerusalem ge-
kommen waren, sagten: »Er ist von Beelzebul* be-
sessen! Der oberste aller bösen Geister gibt ihm die
Macht, die Geister auszutreiben.«
23 Da rief Jesus die Gesetzeslehrer zu sich und er-
klärte ihnen die Sache durch Bilder: »Wie kann der
Satan* sich selbst austreiben? 24 Ein Staat muss doch
untergehen, wenn seine Machthaber einander be-
fehden. 25 Eine Familie muss zerfallen, wenn ihre
Glieder miteinander im Streit liegen. 26 Würde also
der Satan gegen sich selbst aufstehen und mit sich
selbst im Streit liegen, dann müsste er ja untergehen;
er würde sich selbst das Ende bereiten!
27 Hier gilt eine ganz andere Regel, als ihr meint:[f]
Niemand kann in das Haus eines Starken eindringen
und ihm seine Beute rauben, wenn er den Starken
nicht zuvor gefesselt hat. Dann erst kann er sein
Haus ausrauben!
28 Das versichere ich euch: Alles kann den Men-
schen vergeben werden, jede Sünde, auch jede
Gotteslästerung, wie schlimm sie auch sei. 29 Wer
aber den Heiligen Geist* beleidigt, für den gibt es
keine Vergebung; er ist auf ewig schuldig gewor-
den.«
30 Das sagte Jesus, weil sie behauptet hatten: »Er ist
von einem bösen Geist besessen.«

Die Angehörigen von Jesus
(Mt 12,46-50; Lk 8,19-21)

31 Inzwischen waren die Mutter und die Brüder[g] von
Jesus angekommen. Sie standen vor dem Haus und
schickten jemand, um ihn herauszurufen.
32 Rings um Jesus saßen die Menschen dicht ge-
drängt. Sie gaben die Nachricht an ihn weiter:
»Deine Mutter und deine Brüder° stehen draußen
und fragen nach dir!«
33 Jesus antwortete: »Wer sind meine Mutter und
meine Brüder?« 34 Er sah auf die Leute, die um ihn
herumsaßen, und sagte: »Das hier sind meine Mut-
ter und meine Brüder! 35 Wer tut, was Gott will,
der ist mein Bruder, meine Schwester und meine
Mutter!«

Jesus spricht zum Volk in Gleichnissen
(Mt 13,1-3; Lk 8,4)

4 Wieder einmal war Jesus am See und wollte zu
den Menschen sprechen. Es hatte sich aber eine
so große Menge versammelt, dass er sich in ein Boot
setzen und ein Stück vom Ufer abstoßen musste.
Die Menge blieb am Ufer, 2a und Jesus erklärte ih-
nen vieles von seiner Botschaft mit Hilfe von Gleich-
nissen*.

3,11 1,1 S; 1,24 par; 5,7 par; Lk 4,41 **3,12** 1,34 par **3,15** 6,12-13 par; 16,17 **3,16-19** Apg 1,13; Joh 1,40-44 **3,21** Joh 7,5; 8,48 **3,22** Mt 9,34 S; Joh 8,48 S **3,27** Jes 49,24-25 **3,31** 3,21 **3,35** Mt 6,10 S **4,1** 3,9

Das Gleichnis von der Aussaat

(Mt 13,3-9; Lk 8,5-8)

2b Unter anderem sagte er: 3 »Hört zu! Ein Bauer ging aufs Feld, um zu säen. 4 Als er die Körner ausstreute, fiel ein Teil von ihnen auf den Weg. Da kamen die Vögel und pickten sie auf.

5 Andere Körner fielen auf felsigen Grund, der nur mit einer dünnen Erdschicht bedeckt war. Sie gingen rasch auf, weil sie sich nicht in der Erde verwurzeln konnten; 6 aber als die Sonne hochstieg, vertrockneten die jungen Pflanzen, und weil sie keine Wurzeln hatten, verdorrten sie.

7 Wieder andere Körner fielen in Dornengestrüpp, das bald die Pflanzen überwucherte und erstickte, sodass sie keine Frucht brachten.

8 Andere Körner schließlich fielen auf guten Boden; sie gingen auf, wuchsen und brachten Frucht. Manche brachten dreißig Körner, andere sechzig, wieder andere hundert.«

9 Und Jesus sagte: »Wer Ohren hat, soll gut zuhören!«

Warum Jesus Gleichnisse gebraucht

(Mt 13,10-17; Lk 8,9-10)

10 Als Jesus mit dem Kreis der Zwölf* und den anderen Jüngern* allein war, wollten sie wissen, warum er in Gleichnissen* sprach.

11 Jesus sagte: »Euch hat Gott seinen geheimnisvollen Plan erkennen lassen, nach dem er schon begonnen hat, seine Herrschaft in der Welt aufzurichten;[a] aber die Außenstehenden erfahren von alledem nur in Gleichnissen.

12 Es heißt ja: ›Sie sollen hinsehen, so viel sie wollen, und doch nichts erkennen; sie sollen zuhören, so viel sie wollen, und doch nichts verstehen, damit sie nicht zu Gott umkehren und er ihnen ihre Schuld vergibt!‹«[b]

Jesus erklärt das Gleichnis von der Aussaat

(Mt 13,18-23; Lk 8,11-15)

13 Jesus fragte die Zwölf* und die anderen Jünger*:[c] »Versteht ihr dieses Gleichnis* denn nicht? Wie wollt ihr dann all die anderen Gleichnisse verstehen?

14 Der Bauer, der die Samenkörner ausstreut, sät die Botschaft Gottes aus. 15 Manchmal fallen die Worte auf den Weg. So ist es bei den Menschen, die die Botschaft zwar hören, aber dann kommt sofort der Satan* und nimmt weg, was in ihr Herz gesät wurde.

16 Bei anderen ist es wie bei dem Samen, der auf felsigen Grund fällt. Sie hören die Botschaft und nehmen sie sogleich mit Freuden an; 17 aber sie kann in ihnen keine Wurzeln schlagen, weil diese Leute unbeständig sind. Wenn sie wegen der Botschaft in Schwierigkeiten geraten oder verfolgt werden, werden sie gleich an ihr irre.

18 Wieder bei anderen ist es wie bei dem Samen, der in das Dornengestrüpp fällt. Sie hören zwar die Botschaft, 19 aber sie verlieren sich in ihren Alltagssorgen, lassen sich vom Reichtum verführen und leben nur für ihre Wünsche. Dadurch wird die Botschaft erstickt und bleibt wirkungslos.

20 Bei anderen schließlich ist es wie bei dem Samen, der auf guten Boden fällt. Sie hören die Botschaft, nehmen sie an und bringen Frucht, manche dreißigfach, andere sechzigfach, wieder andere hundertfach.«[d]

Vom Verstehen der Guten Nachricht

(Lk 8,16-18)

21 Jesus fuhr fort:[e] »Ist die Lampe* etwa dazu da, um sie unter einen Topf oder unters Bett zu stellen? Nein, sie wird auf den Lampenständer gestellt! 22 So soll alles, was jetzt noch an Gottes Botschaft verborgen ist, ans Licht kommen, und was jetzt noch an ihr unverständlich ist, soll verstanden werden.[f] 23 Wer Ohren hat, soll gut zuhören!«

24 Er fügte hinzu: »Achtet auf das, was ich euch sage! Nach dem Maß eures Zuhörens wird Gott euch Verständnis geben, ja noch über das Maß eures Zu-

Gerasa, rund 60 km südöstlich vom See Gennesaret gelegen (5,1), gehörte zum Verband der Zehn Städte (Dekapolis), einer Handels- und Verteidigungsgemeinschaft freier, meist ostjordanischer Städte. Was von Gerasa übrig geblieben ist, lässt noch heute die einst wohlhabende Stadt erkennen.

a *Euch hat Gott …:* wörtlich *Euch ist das Geheimnis der Königsherrschaft Gottes gegeben.* Das *Geheimnis* – so lässt Markus erkennen – besteht darin, dass die Herrschaft* Gottes in den Worten und Taten von Jesus schon hereinbricht (vgl. 1,27; 2,5-7), dass sie sich trotz äußerlicher Schwäche und Unscheinbarkeit durchsetzt (vgl. 4,1-9.26-32) und gerade das Leiden und Sterben von Jesus dabei die entscheidende Rolle spielt (vgl. 8,31; 9,2.7; 15,39).

b Siehe die Anmerkung zu Mt 13,15. Jesus musste dieselbe bittere Erfahrung machen wie der Prophet Jesaja und bringt sie mit Worten aus der Berufungsgeschichte jenes Propheten zum Ausdruck (vgl. Jes 6,9-10 und die Anmerkung dort).

c *Jesus fragte …:* wörtlich *Und er sagt(e) zu ihnen;* vgl. Vers 10.

d Siehe die Anmerkung zu Mt 13,23.

e Im Folgenden werden besonders die Jünger in die Pflicht genommen: Die Botschaft Jesu *will* verstanden und in die Welt hinausgetragen werden. Darum sollen die, denen Verstehen gegeben ist (Vers 11), gut zuhören!

f *an Gottes Botschaft* und *an ihr:* verdeutlichende Zusätze.

4,11 Mt 11,25 **4,12** *nach* Jes 6,9-10; Joh 12,40; Apg 28,26-27 **4,19** 1 Tim 6,9-10 **4,21** Mt 5,15 par **4,22** Mt 10,26 par **4,24** Mt 7,2 par

hörens hinaus! 25 Denn wer viel hat, dem wird noch
mehr gegeben werden, aber wer wenig hat, dem
wird auch noch das wenige genommen werden,
das er hat.«

Das Gleichnis von der selbstwachsenden Saat

26 Zu den versammelten Menschen[a] sagte Jesus:
»Mit der neuen Welt Gottes[b] ist es wie mit dem
Bauern und seiner Saat: Hat er gesät, 27 so geht er
nach Hause, legt sich nachts schlafen, steht morgens
wieder auf – und das viele Tage lang.
Inzwischen geht die Saat auf und wächst; der Bau-
er weiß nicht wie. 28 Ganz von selbst lässt der Boden
die Pflanzen wachsen und Frucht bringen. Zuerst
kommen die Halme, dann bilden sich die Ähren
und schließlich füllen sie sich mit Körnern.
29 Sobald das Korn reif ist, schickt der Bauer die
Schnitter, denn es ist Zeit zum Ernten.«[c]

Das Gleichnis vom Senfkorn: Der entscheidende Anfang ist gemacht

(Mt 13,31-32.34-35; Lk 13,18-19)

30 »Wie geht es zu, wenn Gott seine Herrschaft* auf-
richtet?«, fragte Jesus. »Womit können wir das ver-
gleichen? 31 Es ist wie beim Senfkorn: Wenn es in
die Erde gesät wird, ist es der kleinste Same, den es
gibt. 32 Aber ist es einmal gesät, so geht es auf und
wird größer als alle anderen Gartenpflanzen. Es
treibt so große Zweige, dass die Vögel in seinem
Schatten ihre Nester bauen.«[d]
33 Jesus erzählte den Leuten noch viele ähnliche
Gleichnisse*, damit sie ihn besser verstehen konn-
ten, und verkündete ihnen so die Botschaft Gottes.
34 Nie sprach er zu ihnen, ohne Gleichnisse zu ge-
brauchen. Aber wenn er mit seinen Jüngern* allein
war, erklärte er ihnen alles.

Im Sturm auf die Probe gestellt

(Mt 8,18.23-27; Lk 8,22-25)

35 Am Abend jenes Tages sagte Jesus zu seinen Jün-
gern*: »Kommt, wir fahren zum anderen Ufer hin-
über!« 36 Die Jünger verabschiedeten die Leute; dann
stiegen sie ins Boot, in dem Jesus noch saß, und fuh-
ren los. Auch andere Boote fuhren mit.
37 Da kam ein schwerer Sturm auf, sodass die Wel-
len ins Boot schlugen. Das Boot füllte sich schon mit
Wasser, 38 Jesus aber lag hinten im Boot auf dem Sitz-
kissen und schlief. Die Jünger weckten ihn und rie-
fen: »Lehrer*, kümmert es dich nicht, dass wir un-
tergehen?«
39 Jesus stand auf, sprach ein Machtwort zu dem
Sturm und befahl dem tobenden See: »Schweig! Sei
still!« Da legte sich der Wind und es wurde ganz still.
40 »Warum habt ihr solche Angst?«, fragte Jesus.
»Habt ihr denn immer noch kein Vertrauen?«
41 Da befiel sie große Furcht und sie fragten sich:
»Wer ist das nur, dass ihm sogar Wind und Wellen
gehorchen!«[e]

Der Besessene von Gerasa

(Mt 8,28-34; Lk 8,26-39)

5 Auf der anderen Seite des Sees kamen sie in das
Gebiet von Gerasa.[f]
2 Als Jesus aus dem Boot stieg, lief ihm aus den
Grabhöhlen ein Mann entgegen, der von einem bö-
sen Geist* besessen war. 3 Er hauste dort in den
Grabhöhlen und niemand konnte ihn bändigen,
nicht einmal mit Ketten. 4 Schon oft hatte man ihn
an Händen und Füßen gefesselt, aber jedes Mal hatte
er die Ketten zerrissen. Kein Mensch wurde mit ihm
fertig. 5 Er war Tag und Nacht in den Grabhöhlen
oder auf den Bergen und schrie und schlug mit Stei-
nen auf sich ein.
6 Schon von weitem sah er Jesus, rannte auf ihn
zu, warf sich vor ihm nieder 7 und schrie: »Jesus,
du Sohn* des höchsten Gottes, was habe ich mit
dir zu schaffen? Ich beschwöre dich bei Gott, quäle
mich nicht!« 8 Denn Jesus hatte dem bösen Geist* be-
fohlen, aus dem Mann auszufahren.
9 Nun fragte Jesus ihn: »Wie heißt du?«
Er antwortete: »Legion*. Wir sind nämlich viele!«
10 Und er flehte Jesus an: »Vertreib uns nicht aus die-
ser Gegend!«
11 In der Nähe weidete eine große Schweineherde
am Berghang. 12 Die bösen Geister baten: »Schick
uns doch in die Schweine!«
13 Jesus erlaubte es ihnen. Da kamen sie heraus aus
dem Mann und fuhren in die Schweine, und die Her-
de raste das steile Ufer hinab in den See und ertrank.
Es waren etwa zweitausend Tiere.[g]
14 Die Schweinehirten liefen davon und er-
zählten in der Stadt und in den Dörfern, was ge-
schehen war. Die Leute wollten es mit eigenen
Augen sehen. 15 Sie kamen zu Jesus und sahen den
Mann, der von einer ganzen Legion böser Geister
besessen gewesen war: Er saß da, ordentlich angezo-
gen und bei klarem Verstand. Da befiel sie große
Furcht. 16 Die Augenzeugen berichteten ihnen aus-
führlich, was an dem Besessenen geschehen war,
und sie erzählten auch die Geschichte mit den
Schweinen. 17 Darauf forderten die Leute Jesus auf,
ihr Gebiet zu verlassen.
18 Als Jesus ins Boot stieg, bat ihn der Geheilte: »Ich
möchte bei dir bleiben!«
19 Aber Jesus erlaubte es ihm nicht, sondern sagte:
»Geh zurück zu deinen Angehörigen und erzähl
ihnen, was Gott an dir getan und wie er mit dir Er-
barmen gehabt hat.«
20 Der Mann gehorchte und ging. Er zog durch das
Gebiet der Zehn Städte* und verkündete überall,[h]
was Jesus[i] an ihm getan hatte. Und alle staunten.

4,25 Mt 25,29 S **4,27** Jak 5,7 **4,29** Joël 4,13; Offb 14,14-15 **4,32** Ez 17,23 **4,39** Ps 89,10 S; Mk 6,51 **5,7** 3,11 S

a Verdeutlichender Zusatz. Aus Vers 33 darf geschlossen werden, dass die Gleichnisse in den Versen 26-32 wieder (wie das Gleichnis in den Versen 3-9) an die versammelte Menschenmenge gerichtet sind.
b Wörtlich *Mit der Königsherrschaft* Gottes.*
c Die Sorg- und Tatenlosigkeit des Bauern hängt mit der Natur der Sache zusammen. Auch der Jünger soll nicht ängstlicher Betriebsamkeit verfallen: Ist der Same der Botschaft gesät, so ist alles Weitere *Gottes* Sache.
d Mit dem Bild vom *Baum* und seinen *Vögeln* wird auf die bildhafte Ankündigung der Herrschaft Gottes bei den Propheten angespielt; vgl. Dan 4,9.17-18; Ez 17,23. Bei den *Vögeln* ist wohl speziell an die nichtjüdischen Völker zu denken. Siehe auch Anmerkung zu Mt 13,33.
e Zu diesem Bericht siehe Sacherklärung »Meer«. Die Frage ist vor dem Hintergrund des alttestamentlichen Glaubens zu sehen, dass letztlich Gott allein die Macht hat, das Meer zu bändigen (Ps 89,10; 107,28-29).
f Die Stadt Gerasa liegt im nichtjüdischen »Gebiet der Zehn Städte« (vgl. Karte Seite 61 NT).
g Die Dämonen zieht es zu den – nach jüdischem Verständnis ›unreinen‹ – Schweinen.
h Damit überschreitet er den Auftrag von Vers 19. Doch Jesu ›Schweigegebote‹ (siehe 1,34 und die Anmerkung dort) werden noch öfter durchbrochen (1,45; 7,36); seine Vollmacht *kann* einfach nicht verborgen bleiben.
i Vom *Herrn* (d.h. Gott) erzählen (Vers 19) heißt von *Jesus* erzählen (und umgekehrt). Der Mann wird zum ersten Missionar unter Nichtjuden (vgl. 13,10).

Jesus heilt eine kranke Frau und erweckt ein Mädchen vom Tod

(Mt 9,18-26; Lk 8,40-56)

21 Jesus fuhr wieder ans andere Seeufer zurück. Bald hatte sich eine große Menschenmenge um ihn versammelt.

Noch während Jesus am See war, 22 kam ein Synagogenvorsteher* namens Jaïrus, sah ihn, warf sich vor ihm nieder 23 und bat ihn dringlich: »Meine kleine Tochter ist todkrank. Komm doch und leg ihr die Hände auf, damit sie gerettet wird und am Leben bleibt!«

24 Da ging Jesus mit ihm.

Eine große Menschenmenge folgte Jesus und umdrängte ihn. 25 Es war auch eine Frau dabei, die seit zwölf Jahren an Blutungen litt. 26 Sie war schon bei den verschiedensten Ärzten gewesen und hatte viele Behandlungen über sich ergehen lassen. Ihr ganzes Vermögen hatte sie dabei ausgegeben, aber es hatte nichts genützt; im Gegenteil, ihr Leiden war nur schlimmer geworden.

27 Diese Frau hatte von Jesus gehört; sie drängte sich in der Menge von hinten an ihn heran und berührte sein Gewand. 28 Denn sie sagte sich: »Wenn ich nur sein Gewand anfasse, werde ich gesund.« 29 Im selben Augenblick hörte die Blutung auf, und sie spürte, dass sie ihre Plage los war.

30 Jesus bemerkte, dass heilende Kraft von ihm ausgegangen war, und sofort drehte er sich in der Menge um und fragte: »Wer hat mein Gewand berührt?«

31 Die Jünger* sagten: »Du siehst, wie die Leute sich um dich drängen, und da fragst du noch: ›Wer hat mich berührt?‹«

32 Aber Jesus blickte umher, um zu sehen, wer es gewesen war. 33 Die Frau zitterte vor Angst; sie wusste ja, was mit ihr vorgegangen war. Darum trat sie vor, warf sich vor Jesus nieder und erzählte ihm alles.

34 Jesus sagte zu ihr: »Meine Tochter, dein Vertrauen hat dir geholfen. Geh in Frieden* und sei frei von deinem Leiden!«

35 Während Jesus noch sprach, kamen Boten aus dem Haus des Synagogenvorstehers und sagten zu Jaïrus: »Deine Tochter ist gestorben. Du brauchst den Lehrer* nicht weiter zu bemühen.«

36 Jesus hörte mit an, was sie redeten, und sagte zu dem Synagogenvorsteher: »Erschrick nicht, hab nur Vertrauen!« 37 Er ließ niemand weiter mitkommen außer Petrus, Jakobus und dessen Bruder Johannes.

38 Als sie zum Haus des Synagogenvorstehers kamen, sah Jesus schon die aufgeregten Menschen und hörte das laute Klagegeschrei. 39 Er ging ins Haus und sagte: »Was soll der Lärm? Warum weint ihr? Das Kind ist nicht tot – es schläft nur.«

40 Da lachten sie ihn aus. Er aber warf sie alle hinaus, nahm nur den Vater des Kindes und die Mutter und die drei Jünger mit sich und ging in den Raum, in dem das Kind lag. 41 Er nahm es bei der Hand und sagte: »Talita kum!« Das heißt übersetzt: »Steh auf, Mädchen!«

42 Das Mädchen stand sofort auf und ging umher. Es war zwölf Jahre alt.

Alle waren vor Entsetzen außer sich. 43 Aber Jesus schärfte ihnen nachdrücklich ein, es niemand weiterzuerzählen.[a]

Dann sagte er: »Gebt dem Kind etwas zu essen!«

Jesus in Nazaret

(Mt 13,53-58; Lk 4,16-30)

6 Von dort ging Jesus in seine Heimatstadt. Seine Jünger* begleiteten ihn.

2 Am Sabbat* sprach er in der Synagoge*, und viele, die ihn hörten, waren sehr verwundert. »Wo hat er das her?«, fragten sie einander. »Was ist das für eine Weisheit, die ihm gegeben ist? Und erst die Wunder, die durch ihn geschehen! 3 Ist er nicht der Zimmermann,[b] der Sohn von Maria, der Bruder von Jakobus, Joses, Judas und Simon?[c] Und leben nicht auch seine Schwestern hier bei uns?«

Darum wollten sie nichts von ihm wissen.

4 Aber Jesus sagte zu ihnen: »Ein Prophet* gilt nirgends so wenig wie in seiner Heimat, bei seinen Verwandten und in seiner Familie.«

5 Deshalb konnte er dort auch keine Wunder tun; nur einigen Kranken legte er die Hände auf und heilte sie. 6a Er wunderte sich, dass die Leute von Nazaret ihm das Vertrauen verweigerten.

Die Aussendung der Zwölf

(Mt 10,1.5-14; Lk 9,1-6)

6b Jesus ging in die umliegenden Dörfer und sprach dort zu den Menschen. 7 Dann rief er die Zwölf[d] zu sich; er gab ihnen die Vollmacht, die bösen Geister* auszutreiben, und sandte sie zu zweien[e] aus. 8 Er befahl ihnen, nichts mit auf den Weg zu nehmen außer einem Wanderstock; kein Brot, keine Vorratstasche und auch kein Geld. 9 »Sandalen dürft ihr anziehen«, sagte er, »aber nicht zwei Hemden übereinander!«[f]

10 Weiter sagte er: »Wenn jemand euch aufnimmt, dann bleibt in seinem Haus, bis ihr von dem Ort weiterzieht.[g] 11 Wenn ihr in einen Ort kommt, wo die Leute euch nicht aufnehmen und euch auch nicht anhören wollen, dann zieht sogleich weiter und schüttelt den Staub von den Füßen, damit sie gewarnt sind.«[h]

12 Die Zwölf machten sich auf den Weg und forderten die Menschen auf, ihr Leben zu ändern.[i] 13 Sie

a Siehe 1,34 und Anmerkung dort sowie Anmerkung zu Mt 9,18-26. Vor der endgültigen Todesüberwindung, wie sie in Tod und Auferstehung Jesu geschehen wird, soll von der Erweckung des Mädchens nicht gesprochen werden (vgl. auch 9,9).
b Siehe die Anmerkung zu Mt 13,55.
c Siehe Sacherklärung »Brüder und Schwestern von Jesus«.
d Vgl. 3,13-15 und Sacherklärung »Zwölf«.
e So ist die Möglichkeit gegenseitiger Hilfeleistung gegeben. Vor allem aber geht es um die Glaubhaftigkeit des Zeugnisses (Dtn 19,15).
f Dies war bei wohlhabenden Leuten üblich; siehe Sacherklärung »Hemd«.
g Wehrlosigkeit und Anspruchslosigkeit weisen die Zeugen als glaubwürdig aus; vgl. die z.T. noch weiter gehenden Forderungen in Mt 10,9-10; Lk 9,3; 10,4.
h *damit sie …:* wörtlich *ihnen zur Bezeugung;* siehe Sacherklärung »Staub«. Eine Abweisung der Boten wird nicht ohne Folgen bleiben; vgl. Mt 11,20-24.
i *ihr Leben zu ändern:* siehe Sacherklärung »Umkehr«.

5,25 Lev 15,25-27 **5,27** Mt 9,20 S **5,34** Lk 7,50 S **5,39** Joh 11,11-13 **5,41** 1,31 par; 9,27; Apg 9,41 **5,43** 1,44 par; 3,12 par; 7,36; Mt 9,30; Lk 8,56; Mk 9,9 S **6,2** Joh 7,15 **6,3** Joh 6,42 **6,4** Joh 4,44 **6,13** Jak 5,14

trieben viele böse Geister aus und salbten viele Kranke mit Öl[a] und heilten sie.

Was das Volk und Herodes von Jesus denken

(Mt 14,1-2; Lk 9,7-9)

14 Inzwischen hatte auch König Herodes[b] von Jesus gehört; denn überall redete man von ihm. Die einen sagten: »Der Täufer* Johannes ist vom Tod auferweckt worden, darum wirken solche Kräfte in ihm.« 15 Andere meinten: »Er ist der wiedergekommene Elija*«; wieder andere: »Er ist ein Prophet wie die Propheten* der alten Zeit.«

16 Herodes aber war überzeugt, dass er der Täufer Johannes sei. »Es ist der, dem ich den Kopf abschlagen ließ«, sagte er, »und jetzt ist er vom Tod auferweckt worden.«

Vom Tod des Täufers Johannes

(Mt 14,3-12)

17 Herodes hatte nämlich Johannes festnehmen und gefesselt ins Gefängnis werfen lassen. Der Grund dafür war: Herodes hatte seinem Bruder Philippus die Frau, Herodias*, weggenommen und sie geheiratet. 18 Johannes hatte ihm daraufhin vorgehalten: »Das Gesetz* Gottes erlaubt dir nicht, die Frau deines Bruders zu heiraten.«

19 Herodias war wütend auf Johannes und wollte ihn töten, konnte sich aber nicht durchsetzen. 20 Denn Herodes wusste, dass Johannes ein frommer und heiliger Mann war; darum wagte er nicht, ihn anzutasten. Er hielt ihn zwar in Haft, ließ sich aber gerne etwas von ihm sagen, auch wenn er beim Zuhören jedes Mal in große Verlegenheit geriet.

21 Aber dann kam für Herodias die günstige Gelegenheit. Herodes hatte Geburtstag und veranstaltete ein Festessen für seine hohen Regierungsbeamten, die Offiziere und die angesehensten Bürger von Galiläa*. 22 Dabei trat die Tochter von Herodias[c] als Tänzerin auf. Das gefiel Herodes und den Gästen so gut, dass der König zu dem Mädchen sagte: »Wünsche dir, was du willst; du wirst es bekommen.« 23 Er schwor sogar: »Ich gebe dir alles, was du willst, und wenn es mein halbes Königreich wäre!«

24 Das Mädchen ging hinaus zu seiner Mutter und fragte: »Was soll ich mir wünschen?«

Die Mutter sagte: »Den Kopf des Täufers Johannes.«

25 Schnell ging das Mädchen wieder hinein zum König und verlangte: »Ich will, dass du mir sofort auf einem Teller den Kopf des Täufers Johannes überreichst!«

26 Der König wurde sehr traurig; aber weil er vor allen Gästen einen Schwur geleistet hatte, wollte er die Bitte nicht abschlagen. 27 Er schickte den Henker und befahl ihm, den Kopf von Johannes zu bringen.

Der Henker ging ins Gefängnis und enthauptete Johannes. 28 Er brachte den Kopf auf einem Teller herein, überreichte ihn dem Mädchen, und das Mädchen gab ihn seiner Mutter.

29 Als die Jünger* des Täufers erfuhren, was geschehen war, holten sie den Toten und legten ihn in ein Grab.

Jesus macht fünftausend Menschen satt

(Mt 14,13-21; Lk 9,10-17; Joh 6,1-13)

30 Die Apostel* kehrten zu Jesus zurück und berichteten ihm, was sie alles in seinem Auftrag getan und den Menschen verkündet hatten.[d] 31 Jesus sagte zu ihnen: »Kommt jetzt mit, ihr allein! Wir suchen einen ruhigen Platz, damit ihr euch ausruhen könnt.« Denn es war ein ständiges Kommen und Gehen, sodass sie nicht einmal Zeit zum Essen hatten.

a Das beliebte Heil- und Wundmittel wird zum sinnfälligen Zeichen für die Hilfe, die den Kranken von Jesus her zuteil wird (vgl. Jak 5,14).
b Herodes Antipas; siehe Sacherklärung »Herodes (3)«.
c In den wichtigsten Handschriften steht *seine Tochter Herodias.* Doch der Zusammenhang erfordert zwingend die Deutung: *seine Tochter, die der Herodias.*
d Vgl. Vers 12-13.

Die Menschen seiner Heimatstadt begegneten Jesus mit Misstrauen und Ablehnung (6,1-6). Zur Zeit Jesu war Nazaret ein ganz unbedeutender Ort, aus dem man keinesfalls den Messias erwartete (vgl. Joh 1,46). Heute ist Nazaret eine Stadt von mehr als 30000 Einwohnern.

6,14-15 8,28S **6,15** Lk 7,16S **6,17-18** Lk 3,19-20 **6,18** Ex 20,14; Lev 18,16; 20,21 **6,23** Est 5,3S **6,30** Lk 10,17

32 So stiegen sie in ein Boot und fuhren an eine einsame Stelle. 33 Aber die Leute sahen sie abfahren und erzählten es weiter. So kam es, dass Menschen aus allen Orten zusammenliefen und noch früher dort waren als Jesus und die Zwölf*.

34 Als Jesus aus dem Boot stieg, sah er die vielen Menschen. Da ergriff ihn das Mitleid, denn sie waren wie Schafe, die keinen Hirten haben.[a] Darum sprach er lange zu ihnen.

35 Als es Abend wurde, kamen die Jünger* zu Jesus und sagten: »Es ist schon spät und die Gegend hier ist einsam. Schick doch die Leute weg! 36 Sie sollen in die Höfe und Dörfer ringsum gehen und sich etwas zu essen kaufen!«

37 Jesus erwiderte: »Gebt doch *ihr* ihnen zu essen!«

Die Jünger sagten: »Da müssten wir ja losgehen und für *zweihundert* Silberstücke* Brot kaufen!«

38 Jesus fragte sie: »Wie viele Brote habt ihr denn bei euch? Geht, seht nach!«

Sie sahen nach und sagten: »Fünf, und zwei Fische.«

39 Da ließ er die Jünger dafür sorgen, dass sich alle in Tischgemeinschaften im grünen Gras niedersetzten. 40 So lagerten sich die Leute in Gruppen zu hundert und zu fünfzig.

41 Dann nahm Jesus die fünf Brote und die zwei Fische, sah zum Himmel auf und sprach das Segensgebet darüber. Er brach die Brote in Stücke und gab die Stücke den Jüngern, damit sie sie an die Leute verteilten. Auch die zwei Fische ließ er an alle austeilen.

42 Und sie aßen alle und wurden satt. 43 Sie füllten sogar noch zwölf Körbe mit dem, was von den Broten übrig blieb. Auch von den Fischen wurden noch Reste eingesammelt. 44 Fünftausend Männer hatten an der Mahlzeit teilgenommen.[b]

Jesus geht über das Wasser[c]

(Mt 14,22-33; Joh 6,16-21)

45 Gleich darauf drängte Jesus seine Jünger*, ins Boot zu steigen und nach Betsaida ans andere Seeufer vorauszufahren. Er selbst wollte erst noch die Menschenmenge verabschieden. 46 Als er damit fertig war, ging er auf einen Berg,[d] um zu beten.

47 Bei Einbruch der Dunkelheit war Jesus allein an Land und das Boot mitten auf dem See. 48 Jesus sah, dass seine Jünger beim Rudern nur mühsam vorwärts kamen, weil sie gegen den Wind ankämpfen mussten. Deshalb kam er im letzten Viertel der Nacht zu ihnen.[e] Er ging über das Wasser und wollte an ihnen vorübergehen.

49 Als die Jünger ihn auf dem Wasser gehen sahen, meinten sie, es sei ein Gespenst, und schrien auf. 50 Denn sie sahen ihn alle und waren ganz verstört. Sofort sprach er sie an: »Fasst Mut! *Ich* bin's,[f] fürchtet euch nicht!« 51 Dann stieg er zu ihnen ins Boot und der Wind legte sich.

Da gerieten sie vor Entsetzen ganz außer sich. 52 Denn sie waren durch das Wunder mit den Broten nicht zur Einsicht gekommen; sie waren im Innersten verstockt.

Jesus heilt Kranke in Gennesaret

(Mt 14,34-36)

53 Sie überquerten den See und landeten bei Gennesaret*. 54 Als sie aus dem Boot stiegen, erkannten die Leute Jesus sofort. 55 Sie liefen in die ganze Gegend und brachten die Kranken auf ihren Matten immer an den Ort, von dem sie hörten, dass Jesus dort sei. 56 Wohin er auch kam, in Städte, Dörfer oder Höfe, überall legte man die Kranken hinaus auf die Plätze und bat ihn, dass sie nur die Quaste* seines Gewandes berühren dürften. Und alle, die es taten, wurden gesund.

Gottes Gebot und menschliche Überlieferung

(Mt 15,1-9)

7 Eines Tages versammelten sich die Pharisäer* bei Jesus und dazu noch eine Anzahl Gesetzeslehrer*, die von Jerusalem gekommen waren. 2 Sie sahen, dass einige seiner Jünger* mit unreinen* Händen aßen, das heißt, dass sie die Hände vor dem Essen nicht nach der religiösen Vorschrift gewaschen hatten.

3 Denn die Pharisäer und auch alle anderen Juden richten sich nach den Vorschriften, die von den früheren Gesetzeslehrern aufgestellt und dann weiterüberliefert worden sind:[g] Sie essen nichts, wenn sie sich nicht vorher mit einer Hand voll Wasser die Hände gewaschen haben. 4 Wenn sie vom Markt kommen, essen sie nicht, bevor sie sich nicht ganz im Wasser untergetaucht haben. So befolgen sie noch eine Reihe von anderen überlieferten Vorschriften: über die Reinigung von Bechern, Krügen, Kupferschüsseln und Sitzpolstern.[h]

5 Daher fragten die Pharisäer und Gesetzeslehrer Jesus: »Warum richten sich deine Jünger nicht nach den Vorschriften, die von den früheren Gesetzeslehrern aufgestellt und uns überliefert worden sind? Warum essen sie mit unreinen Händen?«

6 Jesus antwortete ihnen: »Euch Scheinheilige hat der Prophet Jesaja treffend im Voraus beschrieben! In seinem Buch heißt es ja: ›Dieses Volk ehrt mich nur mit Worten, sagt Gott, aber mit dem Herzen ist es weit weg von mir. 7 Ihr ganzer Gottesdienst

a Das Bild wird im Alten Testament oft gebraucht (Num 27,17; 1 Kön 22,17; Jer 10,21; Ez 34,5). In Jesus erfüllt sich die Zusage Gottes, dass er selbst sich um sein Volk kümmern werde (Ez 34,7-31). Jesus *spricht* zu den Menschen (wörtlich: *er lehrte sie*) und gibt ihnen zu *essen* (Verse 35-44).
b Siehe die Anmerkung zu Mt 14,21.
c Siehe die Anmerkungen zu Mt 14,22-33.
d Wörtlich *auf den Berg;* siehe Sacherklärung »Berg«.
e Die Zeit vor dem Morgen ist die Zeit der Hilfe Gottes (vgl. Ps 46,6; Jes 17,14).
f Siehe Anmerkung zu Joh 8,24.
g Siehe Sacherklärung »Pharisäer«.
h Das geschah in Ausweitung von Vorschriften wie Lev 15,1-12.19-24.

6,32-44 8,1-10 par **6,34** 8,2S **6,46** Lk 5,16S **6,48** Ijob 9,8; Lk 24,28; (vorübergehen) Ex 33,19; 34,6; 1 Kön 19,11; (Zeitpunkt) Ex 14,24; Ps 46,6; Jes 17,14 **6,49** Lk 24,37 **6,51** 4,39 par **6,52** 8,16-21 par **6,56** Mt 9,20S **7,2-4** Mt 23,25; Lk 11,38-39; Kol 2,21-22 **7,6-7** *nach* Jes 29,13

ist sinnlos, denn sie lehren nur Gebote, die sich Menschen ausgedacht haben.‹ 8 Das Gebot Gottes schiebt ihr zur Seite und haltet euch stattdessen an Vorschriften, die von Menschen stammen.«

9 Jesus fuhr fort: »Sehr geschickt bringt ihr es fertig, das Gebot Gottes außer Kraft zu setzen, um eure überlieferte Vorschrift zur Geltung zu bringen!

10 Mose hat bekanntlich gesagt: ›Ehre deinen Vater und deine Mutter!‹, und: ›Wer zu seinem Vater oder seiner Mutter etwas Schändliches sagt, wird mit dem Tod bestraft.‹[a]

11 Ihr dagegen behauptet: Wenn jemand zu seinem Vater oder seiner Mutter sagt: Korban* – das heißt: Was ihr von mir bekommen müsstet, ist für Gott bestimmt –, 12 dann braucht er für seine Eltern nichts mehr zu tun. Ja, ihr erlaubt es ihm dann nicht einmal mehr.

13 So setzt ihr das Wort Gottes außer Kraft und ersetzt es durch eure Überlieferungen. Dafür gibt es noch viele andere Beispiele.«

Was unrein macht

(Mt 15,10-20)

14 Dann rief Jesus die Menge wieder zu sich und sagte: »Hört mir alle zu und begreift! 15 Nichts, was der Mensch von außen in sich aufnimmt, kann ihn unrein* machen. Nur das, was aus ihm herauskommt, macht ihn unrein!«[b]

17 Als Jesus sich von der Menge in ein Haus zurückgezogen hatte, fragten ihn seine Jünger*, wie er das gemeint habe. 18 Er antwortete: »Seid ihr denn auch so unverständig? Begreift ihr das nicht? Alles, was der Mensch von außen in sich aufnimmt, kann ihn nicht unrein machen, 19 weil es nicht in sein Herz, sondern nur in den Magen gelangt und dann vom Körper wieder ausgeschieden wird.« Damit erklärte Jesus alle Speisen für rein.

20 »Aber das«, fuhr er fort, »was aus dem Menschen selbst herauskommt, das macht ihn unrein! 21 Denn aus ihm selbst, aus seinem Herzen, kommen die bösen Gedanken und mit ihnen Unzucht, Diebstahl und Mord; 22 Ehebruch, Habsucht und Niedertracht; Betrug, Ausschweifung und Neid; Verleumdung, Überheblichkeit und Unvernunft. 23 All das kommt aus dem Inneren des Menschen und macht ihn unrein.«

Das Vertrauen einer nichtjüdischen Frau

(Mt 15,21-28)

24 Jesus ging von dort weg in das Gebiet von Tyrus.[c] Er zog sich in ein Haus zurück und wollte, dass niemand von ihm erfuhr.[d] Aber er konnte nicht verborgen bleiben.

25 Schon hatte eine Frau von ihm gehört, deren Tochter von einem bösen Geist* besessen war. Sie kam und warf sich Jesus zu Füßen. 26 Sie war keine Jüdin, sondern war in dieser Gegend zu Hause.[e] Sie bat ihn, den bösen Geist aus ihrer Tochter auszutreiben.

27 Aber Jesus sagte zu ihr: »Zuerst müssen die Kinder satt werden. Es ist nicht recht, ihnen das Brot wegzunehmen und es den Hunden vorzuwerfen.«[f]

28 »Herr«, entgegnete sie, »aber auch die Hunde bekommen ja die Brocken, die die Kinder unter den Tisch fallen lassen.«

29 Jesus sagte zu ihr: »Das war ein Wort! Geh nach Hause; der böse Geist ist aus deiner Tochter ausgefahren.«

30 Die Frau ging nach Hause und fand ihr Kind aufs Bett geworfen; der böse Geist war ausgefahren.

Jesus heilt einen Taubstummen

(Mt 15,29-31)

31 Jesus verließ wieder das Gebiet von Tyrus und zog über Sidon zum See von Galiläa*, mitten ins Gebiet der Zehn Städte.* 32 Dort brachten sie einen Taubstummen zu ihm mit der Bitte, ihm die Hände aufzulegen.

33 Jesus führte ihn ein Stück von der Menge fort[g] und legte seine Finger in die Ohren des Kranken; dann berührte er dessen Zunge mit Speichel.[h] 34 Er blickte zum Himmel empor, stöhnte und sagte zu dem Mann: »Effata!« Das heißt: »Öffne dich!«

35 Im selben Augenblick konnte der Mann hören; auch seine Zunge löste sich und er konnte richtig sprechen.

36 Jesus verbot den Anwesenden, es irgendjemand weiterzusagen; aber je mehr er es ihnen verbot, desto mehr machten sie es bekannt.[i] 37 Die Leute waren ganz außer sich und sagten: »Wie gut ist alles, was er gemacht hat: Den Gehörlosen gibt er das Gehör und den Stummen die Sprache!«[j]

Jesus macht viertausend Menschen satt

(Mt 15,32-39)

8 Damals waren wieder einmal viele Menschen bei Jesus versammelt, und sie hatten nichts zu essen. Da rief Jesus die Jünger* zu sich und sagte: 2 »Die Leute tun mir Leid. Seit drei Tagen sind sie hier bei mir und haben nichts zu essen. 3 Wenn ich sie jetzt hungrig nach Hause schicke, werden sie unterwegs zusammenbrechen; denn sie sind zum Teil von weit her gekommen.«

4 Die Jünger gaben zu bedenken: »Wo soll jemand hier in dieser unbewohnten Gegend das Brot hernehmen, um all diese Menschen satt zu machen?«

a Vgl. Ex 20,12; 21,17.
b Einige Handschriften fügen hinzu (Vers 16): *Wer Ohren hat, soll gut zuhören!*
c Siehe die Karte Seite 61 NT.
d Siehe 1,45 und die Anmerkung dort.
e Wörtlich *Die Frau war eine Griechin, Syrophönizierin der Abstammung nach.*
f Siehe die Anmerkung zu Mt 15,26.
g Siehe 1,45 und die Anmerkung dort.
h Dem Speichel schrieb man heilende und Dämonen abwehrende Kraft zu.
i Vgl. 1,34; 5,20 und die Anmerkungen dort.
j Vgl. Gen 1,31; Sir 39,16; Jes 35,5-6. Solche Anerkennung erfährt Jesus in nichtjüdischem Land (siehe Vers 31)! Vgl. schon 5,20 und schließlich 13,10.

7,10 *zit* Ex 20,12; *nach* Ex 21,17 **7,15** Apg 10,15; 1Tim 4,4; Tit 1,15 **7,21-22** Gal 5,19-21S **7,33** 8,23 **7,36** (Verbot) 5,43S; (Weitersagen trotz Verbot) 1,45par; Mt 9,31 **7,37** Sir 39,16; Jes 35,5-6 **8,1-10** 6,32-44par **8,2** 6,34par; Mt 9,36; Num 27,17S

5 »Wie viele Brote habt ihr?«, fragte Jesus, und sie
sagten: »Sieben!« 6 Da forderte er die Leute auf, sich
auf die Erde zu setzen.
Dann nahm er die sieben Brote, sprach darüber
das Dankgebet, brach sie in Stücke und gab sie sei-
nen Jüngern zum Austeilen. Die Jünger verteilten
sie an die Menge.
7 Außerdem hatten sie ein paar kleine Fische. Jesus
segnete sie und ließ sie ebenfalls austeilen.
8 Die Leute aßen und wurden satt und füllten sogar
noch sieben Körbe mit dem Brot, das übrig blieb.[a]
9 Es waren etwa viertausend Menschen.
Dann schickte Jesus sie nach Hause, 10 stieg mit sei-
nen Jüngern in ein Boot und fuhr in die Gegend von
Dalmanuta.[b]

Die Pharisäer fordern einen Beweis

(Mt 16,1-4)

11 Jetzt kamen die Pharisäer* zu Jesus und begannen,
mit ihm zu streiten. Sie wollten ihn auf die Probe
stellen und verlangten von ihm ein Zeichen vom
Himmel als Beweis dafür, dass er wirklich von Gott
beauftragt sei.[c]
12 Jesus stöhnte und sagte: »Wieso verlangt diese
Generation einen Beweis? Ich versichere euch:
Diese Generation bekommt nie und nimmer einen
Beweis!«
13 Damit ließ er sie stehen, stieg wieder ins Boot
und fuhr ans andere Seeufer.

Unverständige Jünger

(Mt 16,5-12)

14 Die Jünger* hatten vergessen, Brot zu besorgen;
nur ein einziges hatten sie bei sich im Boot. 15 Jesus
warnte sie: »Nehmt euch in Acht vor dem Sauerteig
der Pharisäer und vor dem Sauerteig von Herodes!«[d]
16 Da sagten sie zueinander: »Wir haben kein
Brot!«
17 Jesus hörte es und sagte zu ihnen: »Was macht
ihr euch Sorgen darüber, dass ihr kein Brot habt?
Versteht ihr immer noch nichts? Begreift ihr denn
gar nichts? Seid ihr genauso verstockt wie die ande-
ren?[e] 18 Ihr habt doch Augen, warum seht ihr nicht?
Ihr habt doch Ohren, warum hört ihr nicht?
Erinnert ihr euch nicht daran, 19 wie ich die fünf
Brote unter fünftausend Menschen ausgeteilt habe?
Wie viele Körbe mit Resten habt ihr da eingesam-
melt?«
»Zwölf«, sagten sie.
20 »Und als ich die sieben Brote unter viertausend
Menschen ausgeteilt habe, wie viele Körbe mit Res-
ten waren es da?«
»Sieben«, antworteten sie; 21 und Jesus sagte: »Be-
greift ihr denn immer noch nichts?«

Jesus heilt einen Blinden

22 Als sie nach Betsaida kamen, brachten die Leute
einen Blinden und baten Jesus, den Mann zu be-
rühren.
23 Jesus nahm ihn bei der Hand und führte ihn aus
dem Ort hinaus.[f] Er spuckte ihm in die Augen,[g] legte
ihm die Hände auf und fragte: »Kannst du etwas er-
kennen?«
24 Der Blinde blickte auf und sagte: »Ja, ich se-
he die Menschen; sie sehen aus wie wandelnde
Bäume.«
25 Noch einmal legte ihm Jesus die Hände auf die
Augen. Danach blickte der Mann wieder auf – und
war geheilt. Er konnte jetzt alles ganz deutlich er-
kennen.
26 Jesus befahl ihm: »Geh nicht erst nach Betsaida
hinein, sondern geh gleich nach Hause!«

JESUS AUF DEM WEG NACH JERUSALEM (8,27–10,52)

Petrus spricht aus, wer Jesus ist

(Mt 16,13-20; Lk 9,18-21)

27 Jesus zog mit seinen Jüngern* weiter in die Dörfer
bei Cäsarea Philippi.[h] Unterwegs fragte er sie: »Für
wen halten mich eigentlich die Leute?«
28 Die Jünger gaben zur Antwort: »Einige halten
dich für den wieder auferstandenen Täufer* Johan-
nes, andere halten dich für den wiedergekommenen
Elija, und noch andere meinen, du seist einer von
den alten Propheten.«[i]
29 »Und ihr«, wollte Jesus wissen, »für wen haltet
ihr mich?«
Da sagte Petrus: »Du bist Christus*, der verspro-
chene Retter!«
30 Aber Jesus schärfte ihnen ein, mit niemand dar-
über zu reden.[j]

Jesus kündigt zum ersten Mal seinen Tod an

(Mt 16,21-23; Lk 9,22)

31 Danach begann Jesus den Jüngern* klar zu ma-
chen, was Gott mit ihm vorhatte: dass der Men-
schensohn* vieles erleiden und von den Ratsältes-
ten*, den führenden Priestern* und den Gesetzes-
lehrern* verworfen[k] werden müsse, dass er getötet
werden und nach drei Tagen auferstehen müsse.
32 Jesus sagte ihnen das ganz offen.
Da nahm Petrus ihn beiseite, fuhr ihn an und
wollte ihm das ausreden. 33 Aber Jesus wandte sich
um, sah die anderen Jünger und wies Petrus scharf

a Siehe die Anmerkung zu Mt 14,21.
b Eine Ortschaft dieses Namens ist nicht bekannt. Vielleicht ist – wie auch in Mt 15,39 – Magdala gemeint.
c Wörtlich *verlangten von ihm ein Zeichen vom Himmel.*
d Siehe Sacherklärungen »Sauerteig«, »Pharisäer« und »Herodes, Parteigänger von«.
e Zu den Versen 16-18 vgl. 4,11-12!
f Vgl. 1,45 und Anmerkung dort.
g Dem Speichel wurde Heilkraft zugeschrieben, besonders bei Augenkrankheiten.
h Siehe die Anmerkung zu Mt 16,13.
i Vgl. schon 6,14-15 sowie Sacherklärung »Elija«.
j Siehe die Anmerkung zu 1,34.
k Gemeint ist: *als unbrauchbar verworfen* im Sinn von Ps 118,22.

8,11-12 Mt 12,38-40 par **8,11** Joh 6,30S **8,15** Lk 12,1 **8,16-18** 6,52 **8,18** Jer 5,21 **8,19** 6,43 par **8,20** 8,8 par **8,23** 7,33; Joh 9,6 **8,28** 6,14-15 par; 9,11-12 par; Lk 7,16S **8,29** Mt 14,33S; Joh 1,49; 10,24-25; 11,27 **8,30** 9,9 par S **8,31** 9,30-32 par; 10,32-34 par; Mt 12,40

Eine der Jordanquellen liegt nahe bei Cäsarea Philippi. Hier im Norden Galiläas bekannte sich Petrus zu Jesus: »Du bist Christus, der versprochene Retter!« (8,29)

zurecht. »Geh weg!«, sagte er. »Hinter mich, an dei-
nen Platz, du Satan*![a] Deine Gedanken stammen
nicht von Gott, sie sind typisch menschlich.«

Jesus folgen heißt: ihm das Kreuz nachtragen

(Mt 16,24-28; Lk 9,23-27)

34 Dann rief Jesus die ganze Menschenmenge hinzu
und sagte: »Wer mir folgen will, muss sich und seine
Wünsche aufgeben, sein Kreuz* auf sich nehmen
und auf meinem Weg hinter mir hergehen.
35 Denn wer sein Leben retten will, wird es verlie-
ren. Aber wer sein Leben wegen mir und wegen der
Guten Nachricht* verliert, wird es retten.
36 Was hat ein Mensch davon, wenn er die ganze
Welt gewinnt, aber zuletzt sein Leben verliert?
37 Womit will er es dann zurückkaufen?
38 Die Menschen dieser schuldbeladenen Genera-
tion wollen von Gott nichts wissen. Wenn jemand
nicht den Mut hat, sich vor ihnen[b] zu mir und mei-
ner Botschaft zu bekennen, dann wird auch der
Menschensohn* keinen Mut haben, sich zu ihm
zu bekennen, wenn er in der Herrlichkeit seines Va-
ters mit den heiligen Engeln* kommt!«
9 Und er fügte hinzu: »Ich versichere euch: Einige
von euch, die jetzt hier stehen, werden noch zu
ihren Lebzeiten sehen, wie Gottes Herrschaft*
machtvoll aufgerichtet wird.«[c]

Drei Jünger sehen Jesus in Herrlichkeit (Die »Verklärung«)

(Mt 17,1-9; Lk 9,28-36)

2 Sechs Tage später nahm Jesus die drei Jünger* Pe-
trus, Jakobus und Johannes mit sich und führte sie
auf einen hohen Berg. Sonst war niemand bei ihnen.
Vor den Augen der Jünger ging mit Jesus eine Ver-
wandlung vor sich: 3 Seine Kleider strahlten in einem
Weiß, wie es niemand durch Waschen oder Bleichen
hervorbringen kann. 4 Und dann sahen sie auf ein-
mal Elija und dazu Mose[d] bei Jesus stehen und mit
ihm reden.
5 Da sagte Petrus zu Jesus: »Wie gut, dass wir hier
sind, Rabbi*! Wir wollen drei Zelte aufschlagen, eins
für dich, eins für Mose und eins für Elija.« 6 Er wusste
nämlich nicht, was er sagen sollte, denn er und die
beiden andern waren vor Schreck ganz verstört.
7 Da kam eine Wolke und warf ihren Schatten
über sie, und eine Stimme aus der Wolke sagte: »Dies
ist mein Sohn*, ihm gilt meine Liebe; auf ihn sollt ihr
hören!«[e] 8 Dann aber, als sie um sich blickten, sahen
sie niemand mehr, nur Jesus allein war noch bei
ihnen.
9 Während sie den Berg hinunterstiegen, befahl
ihnen Jesus, mit niemand über das zu sprechen,
was sie gesehen hatten, bevor nicht der Menschen-
sohn* vom Tod auferstanden wäre.[f]
10 Dieses Wort griffen sie auf und diskutierten dar-
über, was denn das heiße, vom Tod auferstehen.

Vom Kommen des Propheten Elija

(Mt 17,10-13)

11 Die drei Jünger* fragten Jesus: »Warum behaupten
die Gesetzeslehrer*, dass vor dem Ende erst noch Eli-
ja wiederkommen muss?«
12 Jesus sagte: »Gewiss, Elija kommt zuerst, um das
ganze Volk Gottes wiederherzustellen.[g] Aber war-
um heißt es dann noch in den Heiligen Schriften*,
dass der Menschensohn* vieles erleiden muss und
verachtet sein wird? 13 Doch ich sage euch: Elija*
ist schon gekommen, und auch mit ihm haben sie
gemacht, was sie wollten. So ist es ja auch über ihn
geschrieben.«[h]

Jesus heilt ein besessenes Kind und mahnt Vertrauen an

(Mt 17,14-20; Lk 9,37-43)

14 Als sie zu den anderen Jüngern* zurückkamen, fan-
den sie diese im Streit mit einigen Gesetzeslehrern*
und umringt von einer großen Menschenmenge.
15 Sobald die Menschen Jesus sahen, gerieten sie in
Aufregung; sie liefen zu ihm hin und begrüßten ihn.
16 Jesus fragte sie: »Was streitet ihr mit meinen Jün-
gern?«
17 Ein Mann aus der Menge gab ihm zur Antwort:
»Lehrer*, ich habe meinen Sohn zu dir gebracht; er
ist von einem bösen Geist* besessen, darum kann er
nicht sprechen. 18 Immer wenn dieser Geist ihn
packt, wirft er ihn zu Boden. Schaum steht dann
vor seinem Mund, er knirscht mit den Zähnen und
sein ganzer Körper wird steif. Ich habe deine Jünger
gebeten, den bösen Geist auszutreiben, aber sie
konnten es nicht.«
19 Da sagte Jesus zu allen, wie sie dastanden: »Was
ist das für eine Generation, die Gott nichts zutraut!
Wie lang soll ich noch bei euch aushalten und euch
ertragen? Bringt den Jungen her!«
20 Sie brachten ihn zu Jesus. Sobald der böse Geist
Jesus erblickte, zerrte er das Kind hin und her; es fiel
hin und wälzte sich mit Schaum vor dem Mund auf
der Erde.
21 »Wie lange hat er das schon?«, fragte Jesus.
»Von klein auf«, sagte der Vater, 22 »und oft hat
der böse Geist ihn auch schon ins Feuer oder ins
Wasser geworfen, um ihn umzubringen. Hab doch
Erbarmen mit uns und hilf uns, wenn du kannst!«
23 »Was heißt hier: ›Wenn du kannst‹?«, sagte Je-
sus. »Wer Gott vertraut, dem ist alles möglich.«

a *Hinter mich* gibt das griechische Wort wieder, das in 1,17.20; 8,34 (vgl. Mt 4,19; 10,38; 16,24) die vom Jünger geforderte Gefolgschaft ausdrückt (dort mit *folgen* übersetzt); *an deinen Platz* ist verdeutlichender Zusatz.
b *Die Menschen …:* wörtlich *Wenn jemand sich scheut, sich vor dieser ehebrecherischen und sündigen Generation (zu mir … zu bekennen).* Das Wort *ehebrecherisch* ist hier im übertragenen Sinn zu verstehen; siehe Sacherklärung »Hurerei«.
c Das Wort, das sich ursprünglich gewiss auf die Endvollendung bezog, hat Markus wohl auf die Offenbarung des Auferstandenen bezogen (16,7), von deren Herrlichkeit drei der Jünger schon etwas im Voraus erfahren durften (Verse 2-9).
d Zu Elija siehe Sacherklärung. Mose ist Vorausverkünder und Vorbild dessen, was in Jesus Wirklichkeit wurde (siehe Dtn 18,15 mit der Anmerkung und die Anspielung darauf in Vers 7).
e Die Stimme, die sich in 1,11 noch an Jesus allein richtete, offenbart dessen Hoheit nun den drei vertrauten Jüngern.
f Siehe die Anmerkung zu 1,34. Die Offenbarung der Herrlichkeit Jesu (Verse 2-7) steht in unmittelbarem Zusammenhang mit der Ansage seines Leidens (8,31). Sie ist eine Art Vorwegnahme der Herrlichkeit des Auferstandenen, über die die Jünger erst nach Ostern sprechen sollen.
g Vgl. Mal 3,23-24; Sir 48,10.
h Anspielung auf den Täufer Johannes und sein Schicksal (vgl. Mt 17,13).

8,34 Mt 10,38 par; 1 Petr 2,21 **8,35** Mt 10,39 par; Joh 12,25 **8,38** Mt 10,33 par **9,1** 13,30 par; Mt 10,23; Joh 21,23 **9,7** 1,11 S; Dtn 18,15 **9,9** 8,30 par; 5,43 S **9,11-12** 8,28 S **9,13** Mt 11,14 S; Lk 1,17 S; (geschrieben) 1 Kön 19,2.10 **9,19** Num 14,27; Dtn 32,5.20; Jes 65,2 **9,23** Ijob 42,2 S

24 Da rief der Vater: »Ich vertraue ihm ja – und
kann es doch nicht! Hilf mir vertrauen!«
25 Jesus sah, dass immer mehr Leute zusammenlie-
fen; da sagte er drohend zu dem bösen Geist: »Du
stummer und tauber Geist, ich befehle dir: Fahr
aus aus diesem Kind und komm nie wieder zurück!«
26 Der Geist schrie anhaltend und zerrte den Jun-
gen wie wild hin und her, dann fuhr er aus ihm
aus. Der Junge lag wie leblos am Boden, sodass die
Leute schon sagten: »Er ist tot.« 27 Aber Jesus nahm
ihn bei der Hand und richtete ihn auf, und er stand
auf.
28 Als Jesus später im Haus war, fragten ihn seine
Jünger: »Warum konnten wir den bösen Geist nicht
austreiben?«
29 Er gab ihnen zur Antwort: »Nur durch Gebet[a]
können solche Geister ausgetrieben werden.«

Jesus kündigt zum zweiten Mal seinen Tod an
(Mt 17,22-23; Lk 9,43-45)

30 Sie gingen von dort weiter und zogen durch Gali-
läa*. Jesus wollte nicht, dass es bekannt wurde,[b]
31 denn ihm lag daran, seinen Jüngern* zu erklären,
was ihm bevorstand.
Er sagte zu ihnen: »Der Menschensohn* wird
nach dem Willen Gottes an die Menschen ausgelie-
fert werden, und sie werden ihn töten. Doch drei Ta-
ge nach seinem Tod wird er auferstehen.«
32 Die Jünger wussten mit dem, was Jesus da sagte,
nichts anzufangen;[c] aber sie scheuten sich, ihn zu
fragen.

»Wer in meinem Namen solch ein Kind aufnimmt...« (9,37). Jesu Sorge gilt den Geringen und Rechtlosen unter den Menschen. Der Jünger muss solche Menschen ernster nehmen als sich selbst und ihnen dienen.

Wer ist der Größte?
(Mt 18,1-5; Lk 9,46-48)

33 Sie kamen nach Kafarnaum. Im Haus angelangt,[d]
fragte Jesus seine Jünger*: »Worüber habt ihr euch
unterwegs gestritten?«
34 Sie schwiegen, denn sie hatten sich gestritten,
wer von ihnen wohl der Größte wäre.
35 Da setzte Jesus sich hin, rief die Zwölf* zu sich
und sagte zu ihnen: »Wer der Erste sein will, der
muss der Letzte von allen werden und allen anderen
dienen!«
36 Und er winkte ein Kind heran, stellte es in ihre
Mitte, nahm es in seine Arme und sagte zu ihnen:
37 »Wer in meinem Namen solch ein Kind aufnimmt,
nimmt mich auf. Und wer mich aufnimmt, nimmt
nicht nur mich auf, sondern gleichzeitig den, der
mich gesandt hat.«

Wer nicht gegen uns ist, ist für uns
(Lk 9,49-50; Mt 10,42)

38 Johannes sagte zu Jesus: »Lehrer*, wir haben da
einen Mann gesehen, der hat deinen Namen dazu
benutzt, böse Geister* auszutreiben. Wir haben ver-
sucht, ihn daran zu hindern, weil er nicht zu uns ge-
hört.«
39 »Lass ihn doch!«, sagte Jesus. »Wer meinen Na-
men gebraucht, um Wunder zu tun, kann nicht im
nächsten Augenblick schlecht von mir reden.
40 Wer nicht gegen uns ist, ist für uns!
41 Wer euch nur einen Schluck Wasser zu trinken
gibt, weil ihr zu Christus* gehört – ich versichere
euch, ein solcher Mensch wird ganz gewiss seinen
Lohn erhalten!«

Warnung vor jeder Art von Verführung
(Mt 18,6-9; Lk 17,1-2)

42 »Wer einen dieser kleinen, unbedeutenden Men-
schen,[e] die mir vertrauen, an mir irrewerden lässt,
der käme noch gut weg, wenn er mit einem Mühl-
stein* um den Hals ins Meer geworfen würde.
43 Wenn deine Hand dich zur Sünde verführt,
dann hau sie ab! Es ist besser für dich, mit nur einer
Hand ewig bei Gott zu leben, als mit beiden Händen
in die Hölle* zu kommen, in das Feuer, das nie aus-
geht.[f]
45 Und wenn dein Fuß dich zur Sünde verführt,
dann hau ihn ab! Es ist besser für dich, mit nur einem
Fuß ewig bei Gott zu leben, als mit beiden Füßen in
die Hölle geworfen zu werden.[f]
47 Und wenn dein Auge dich zur Sünde verführt,
dann reiß es aus! Es ist besser für dich, mit nur einem
Auge in die neue Welt Gottes[g] zu kommen, als mit
beiden Augen in die Hölle geworfen zu werden,

a Viele Handschriften fügen ein: *und Fasten.*
b Vgl. 1,45 und die Anmerkung dort.
c Siehe die Anmerkung zu 8,17.
d Vgl. 2,1 und die Anmerkung dort.
e Vgl. Mt 18,6 und die Anmerkung dort.
f Einige Handschriften fügen hinzu (Vers 44 bzw. 46): *wo die Qual nicht aufhört und das Feuer nicht ausgeht* (vgl. Vers 48).
g Wörtlich *in die Königsherrschaft* Gottes.*

9,27 5,41 S **9,30-32** 8,31 S **9,33-34** Lk 22,24 **9,35** 10,43-44 par **9,37** Mt 10,40 par; Joh 13,20 **9,40** Mt 12,30 par **9,43** Mt 5,30 **9,47** Mt 5,29

48 wo die Qual nicht aufhört und das Feuer nicht ausgeht.«

Ein ernstes Wort an die Jünger
(Mt 5,13; Lk 14,34-35)

49 »Zu jeder Opfergabe gehört das Salz und zu jedem von euch das Feuer des Leidens, das euch reinigt und bewahrt.[a]

50 Salz ist etwas Gutes; wenn es aber seine Kraft verliert, wodurch wollt ihr sie ihm wiedergeben? Zeigt, dass ihr die Kraft des Salzes in euch habt: Haltet Frieden untereinander!«

Jesus bricht auf nach Judäa
(Mt 19,1-2)

10 Dann brach Jesus von dort auf und zog nach Judäa* und in das Gebiet auf der anderen Seite des Jordans.[b] Auch dort versammelten sich viele Menschen bei ihm, und wie immer sprach er zu ihnen.

Über die Ehescheidung
(Mt 19,3-12)

2 Da kamen einige Pharisäer* und versuchten, ihm eine Falle zu stellen. Sie fragten ihn: »Ist es einem Mann erlaubt, seine Frau wegzuschicken?«

3 Jesus antwortete mit der Gegenfrage: »Was hat Mose euch denn für eine Vorschrift gegeben?«

4 Sie erwiderten: »Mose hat erlaubt, dass ein Mann seiner Frau eine Scheidungsurkunde* ausstellen und sie dann wegschicken kann.«

5 Da sagte Jesus: »Mose hat euch diese Vorschrift nur gegeben, weil ihr euer Herz gegen Gott verhärtet habt – und damit eure Hartherzigkeit ans Licht kommt.[c]

6 Gott hat am Anfang den Menschen als Mann und Frau geschaffen. 7 Deshalb verlässt ein Mann Vater und Mutter, um mit seiner Frau zu leben. 8 Die zwei sind dann eins, mit Leib und Seele. Sie sind also nicht mehr zwei, sondern eins. 9 Und was Gott zusammengefügt hat, das sollen Menschen nicht scheiden.«

10 Als sie dann im Haus waren, baten die Jünger* Jesus wieder um eine Erklärung, 11 und er sagte zu ihnen: »Wer sich von seiner Frau trennt und eine andere heiratet, begeht Ehebruch gegenüber seiner ersten Frau. 12 Und auch umgekehrt: Eine Frau, die sich von ihrem Mann trennt und einen andern heiratet, begeht Ehebruch.«

Jesus und die Kinder
(Mt 19,13-15; Lk 18,15-17)

13 Einige Leute wollten ihre Kinder zu Jesus bringen, damit er sie berühre; aber seine Jünger* fuhren sie an und wollten sie wegschicken.

14 Als Jesus es bemerkte, wurde er zornig und sagte zu den Jüngern: »Lasst die Kinder doch zu mir kommen und hindert sie nicht daran; denn für Menschen wie sie steht Gottes neue Welt[d] offen. 15 Ich versichere euch: Wer sich Gottes neue Welt nicht schenken lässt wie ein Kind, wird niemals hineinkommen.«[e]

16 Dann nahm er die Kinder in die Arme, legte ihnen die Hände auf und segnete sie.

Die Gefahr des Reichtums
(Mt 19,16-26; Lk 18,18-27)

17 Als Jesus weitergehen wollte, kam ein Mann zu ihm gelaufen, warf sich vor ihm auf die Knie und fragte: »Guter Lehrer*, was muss ich tun, um das ewige Leben zu bekommen?«

18 Jesus antwortete: »Warum nennst du mich gut? Nur einer ist gut: Gott![f] 19 Und seine Gebote kennst du doch: Du sollst nicht morden, nicht die Ehe brechen, nicht stehlen, nichts Unwahres über deinen Mitmenschen sagen, niemand berauben; ehre deinen Vater und deine Mutter!«

20 »Lehrer«, erwiderte der Mann, »diese Gebote habe ich von Jugend an alle befolgt.«

21 Jesus sah ihn an; er gewann ihn lieb[g] und sagte zu ihm: »Eines fehlt dir: Geh, verkauf alles, was du hast, und gib das Geld den Armen, so wirst du bei Gott einen unverlierbaren Besitz haben. Und dann komm und folge mir!«[h]

22 Der Mann war enttäuscht über das, was Jesus ihm sagte, und ging traurig weg; denn er hatte großen Grundbesitz.

23 Jesus sah seine Jünger* der Reihe nach an und sagte: »Wie schwer haben es doch die Besitzenden, in die neue Welt Gottes[i] zu kommen!«

24 Die Jünger erschraken über seine Worte, aber Jesus sagte noch einmal: »Ja, Kinder, es ist sehr schwer, dort hineinzukommen! 25 Eher kommt ein Kamel durch ein Nadelöhr als ein Reicher in Gottes neue Welt.«[j]

26 Da gerieten die Jünger völlig außer sich. »Wer kann dann überhaupt gerettet werden?«, fragten sie einander.

27 Jesus sah sie an und sagte: »Wenn es auf die Menschen ankommt, ist es unmöglich, aber nicht, wenn es auf Gott ankommt. Für Gott ist alles möglich.«[k]

Der Lohn für die, die alles aufgegeben haben
(Mt 19,27-30; Lk 18,28-30)

28 Da sagte Petrus zu Jesus: »Du weißt, wir haben alles stehen und liegen lassen und sind dir gefolgt.«

29 Jesus antwortete: »Ich versichere euch: Niemand bleibt unbelohnt, der um meinetwillen und

a Wörtlich *Jeder wird mit Feuer gesalzen werden.* Die Deutung ist unsicher; die meisten Ausleger sehen das Wort im Zusammenhang mit Lev 2,13; Ez 43,24. Zu *Feuer* vgl. Lk 12,49-53 und 1 Petr 1,6-7.
b Vgl. Mt 19,1 und die Anmerkung dort.
c *weil ihr …:* wörtlich *auf eure Hartherzigkeit hin.* Zu *Hartherzigkeit* siehe Sacherklärung »Scheidungsurkunde«.
d *Gottes neue Welt:* wörtlich *die Königsherrschaft* Gottes;* ebenso in Vers 15.
e Siehe zu Mt 19,14.
f Das Wort zeigt, wie sehr es Jesus um die Ehre des Vaters geht. Und vorbei an der Erfüllung des Willens seines Vaters, wie er im Gesetz Moses offenbart ist, führt für ihn kein Weg zum ›ewigen Leben‹ (Vers 19).
g *gewann ihn lieb:* Das griechische Wort kann hier auch eine konkrete Äußerung der Liebe bedeuten: *er umarmte/küsste/liebkoste ihn.*
h Das ›ewige Leben‹ ist nicht schon da gewonnen, wo man Gebote erfüllt hat, sondern erst da, wo man sich in der Nachfolge Jesu ganz auf das Angebot des Lebens einlässt, das Gott in Jesus gemacht hat.
i Wörtlich *in die Königsherrschaft* Gottes;* ebenso in Vers 25.
j Vgl. Lk 12,15; 16,19 und die Anmerkungen dort.
k Siehe die Anmerkung zu Mt 19,26.

9,48 Jes 66,24S **9,49** Lev 2,13S **9,50** (Frieden) Lk 2,14S; 1 Thess 5,13; 1 Kor 7,15S; (untereinander) 9,33-34 **10,3-4** Dtn 24,1S **10,6** Gen 1,27 **10,7-8** *zit* Gen 2,24 **10,11-12** Mt 5,32S **10,15** Mt 18,3 **10,19** Ex 20,12-16 **10,21** Mt 19,21S **10,22** Ps 62,11 **10,27** Ijob 42,2S **10,29** Mt 10,37par

Leben und Verkündigung Jesu

Die Evangelien – keine modernen ›Biografien‹

Den Evangelien geht es nicht um eine vollständige äußere Lebensbeschreibung Jesu, sie sind auch nicht an der inneren Entwicklung seiner Person interessiert. Schon die schriftlichen und mündlichen Überlieferungen, die ihnen zugrunde liegen, verdanken sich anderen Interessen.
Für die Jünger Jesu und die ersten Gemeinden war Jesus der, durch den Gott sein letztes, entscheidendes Wort gesprochen hatte und der bald als Menschensohn wiederkommen würde, um das Endgericht abzuhalten. Seine Worte wurden gesammelt, seine Taten und wichtige Ereignisse seines Lebens überliefert, um an ihnen Maßstäbe für das eigene Verhalten zu haben: um Entscheidungshilfen zu gewinnen in den Auseinandersetzungen mit einer z.T. ganz anders denkenden und lebenden Umwelt.
Die Sammlung und Zusammenordnung dieser Worte und Taten erfolgte darum auch oft eher unter sachlichen, thematischen und nicht so sehr chronologischen Gesichtspunkten. Von dem ›Lebenslauf‹ Jesu im engeren Sinn war eigentlich nur eines wichtig zu wissen: Seine entscheidende Phase begann mit der Taufe im Jordan und endete nach einer kurzen Zeit öffentlichen Wirkens (vor allem in Galiläa) am Kreuz vor den Toren Jerusalems (Markus-Evangelium). Wichtig zu wissen war darüber hinaus, dass Jesus von *Gott* her in diese Welt gekommen war und dass das Kreuz keineswegs das Ende seines Lebens bedeutete. Das eine, Jesu Herkunft von Gott, wird in den Kindheitsgeschichten des Matthäus- und Lukas-Evangeliums sowie im Vorwort des Johannes-Evangeliums behandelt; das andere, das Erscheinen des vom Tod auferstandenen Herrn, wird in den Ostergeschichten aller vier Evangelien dargestellt.

Betlehem, die Stadt, in der Jesus geboren wurde.

Die Zeit Jesu

Jesus tritt auf in einer Zeit und Umgebung, in der man auf die Vollendung der Geschichte durch Gott wartete (vgl. Seiten 30/31). Die Anschauungen darüber, wie man sich auf das kommende Heil vorzubereiten habe, wie man ihm den Weg bahnen, vielleicht sein Kommen beschleunigen könne, waren unterschiedlich. Allgemein verbreitet war das Bestreben frommer Kreise, sich von weniger frommen Menschen abzusondern, um die Vorschriften des Mose-Gesetzes besser einhalten zu können.
Besonders ernsthaft in dieser Hinsicht war das Bemühen der einflussreichen Gruppe der Pharisäer. Es galt, nicht nur die sittlichen Forderungen des Gesetzes zu erfüllen, sondern auch die rituellen Gesetze – z.B. das der Sabbatheiligung und die Reinheitsvorschriften, etwa bezüglich des Umgangs mit Nichtjuden – streng einzuhalten. Durch unbedingten Gehorsam gegenüber einem jeden Buchstaben des Gesetzes und durch die Absonderung von solchen, die das Gesetz weniger ernst nahmen, sollte das Kommen der Gottesherrschaft vorbereitet werden.
Von der kommenden Gottesherrschaft erwarteten sich alle Frommen die Vernichtung des römischen Weltreiches. Nicht Menschen sollten die Weltherrschaft innehaben und schon gar nicht ein ›unreines‹ heidnisches Volk, sondern Gott und sein Messias. Der großen Wende, die Gottes Herrschaftsantritt für die Welt bedeuten würde, meinten vor allem die Zeloten (= Eiferer) vorarbeiten zu sollen, indem sie die im Land befindlichen Römer aus dem Untergrund bekämpften und eigene Landsleute, die mit den Römern zusammenarbeiteten, hinterhältig umbrachten.

So befand sich die Zeit und Umwelt, in der Jesus auftrat, gerade wegen ihrer drängenden Sehnsucht nach dem Heil schaffenden Eingreifen Gottes in einem heillosen Zustand. Das jüdische Volk war gespalten in Gruppen, die sich gegenseitig wegen mangelnden Ernstes und mangelnder Konsequenz das künftige Heil absprachen und das gegenwärtige Leben schwer machten. Dazu drohte am Horizont ständig eine bewaffnete Auseinandersetzung mit der Weltmacht Rom, eine Auseinandersetzung, bei der Israel, rein menschlich betrachtet, nur unterliegen konnte.

Die Verkündigung Jesu

Vor diesem Hintergrund verkündete Jesus, dass Gottes neue Welt tatsächlich in Kürze in Erscheinung treten werde, ja, dass sie in seinem Reden und Tun bereits hereinbreche (Markus 1,15; Lukas 10,23-24; 11,20; 17,21).
Jesu Tun wird Matthäus 11,5 mit Worten Jesajas so zusammengefasst: »Blinde sehen, Gelähmte gehen, Aussätzige werden gesund, Taube hören, Tote stehen auf ...« Zu Jesu Taten gehört aber ebenso, dass er sich zu den Armen und Leidenden hält (Lukas 6,20-26; Matthäus 4,23-24), sich den aus religiösen Gründen gesellschaftlich Verachteten und Gemiedenen, den Zolleinnehmern und ähnlich gering geschätzten Gruppen, zuwendet (Markus 2,13-17), dass er schuldig gewordenen Menschen nicht etwa die Strafe Gottes ansagt, sondern Gottes Liebe bezeugt und Gottes Verzeihung zuspricht (Markus 2,1-12; Lukas 7,36-50), dass er die Heilssehnsucht und Glaubensbereitschaft von Nichtisraeliten erkennt, anerkennt und sich auch dieser Verachteten annimmt (Matthäus 8,5-13;15,21-28). Im Zusammenhang dieser Ansage von der anbrechenden Herrschaft Gottes fordert Jesus zu radikaler Umkehr auf (Markus 1,15). Sie besteht nicht zuletzt darin, auf das zu achten und sich nach dem zu richten, was Gott jetzt durch Jesus tut. Sie besteht darin, die Feindschaft zum religiös-politischen Gegner abzubauen, sich der Armen und Schwachen im Volk anzunehmen, sich des Umgangs mit wirklichen und vermeintlichen Sündern nicht zu schämen, sondern Konsequenzen daraus zu ziehen, dass Gott sich ihrer in Jesus angenommen und ihnen verziehen hat (Lukas 15). Umkehr besteht darin, Gott von ganzem Herzen zu lieben und ihm zu vertrauen sowie den Mitmenschen zu lieben wie sich selbst und ihm zu verzeihen (Markus 12,28-34; Lukas 6,36-38). Auch und gerade der Feind darf davon nicht ausgeschlossen werden (Lukas 6,27-35).
So hat Jesus in vielem genau das Gegenteil von dem getan und zu tun gefordert, was den Frommen seiner Zeit notwendig schien, um sich auf das Kommen der Gottesherrschaft vorzubereiten oder dieser Herrschaft den Weg zu ebnen. Das Gebot der Gottes- und Nächstenliebe wird hier derart zur Mitte des Mose-Gesetzes und zum Maßstab seiner Auslegung, dass Jesus nicht nur in einigen Punkten gegen die verbreitete pharisäische Auslegung (Markus 2,23-24; 3,2-4; 7,1-5), sondern in Einzelheiten auch gegen den Buchstaben des Gesetzes selbst verstößt (Markus 7,14-15.19; 10,2-9; Matthäus 5,33-37). Zugleich erhebt er den Anspruch, in letzter Stunde und mit letzter Autorität zu sprechen (Matthäus 5,21-22.27-28.31-32.33-34.38-39.43-44; 7,24-27; Lukas 12,8-9). Dies führt zum tödlichen Konflikt mit den führenden Kreisen des damaligen Judentums.
Auf der Basis seiner Verkündigung der kommenden – und schon ankommenden – Herrschaft Gottes hat Jesus ganz Israel sammeln und erneuern wollen. In diesem Zusammenhang ist die Einsetzung des Zwölferkreises zu verstehen (Markus 3,13-19; Matthäus 10,5-7). Nach Ostern und aufgrund der Verwerfung Jesu durch die führenden Kreise des damaligen Judentums wurden die Zwölf zum Fundament der Kirche aus Juden *und Nichtjuden*.

Jesus wurde von Johannes im Jordan getauft.

Das öffentliche Wirken Jesu hat sich zu einem großen Teil in den Städten und Dörfern rund um den See Gennesaret abgespielt.

um die Gute Nachricht* weiterzusagen etwas aufgibt. Wer dafür irgendetwas zurücklässt – Haus oder Brüder oder Schwestern oder Mutter oder Vater oder Kinder oder Felder –, 30 wird das Zurückgelassene hundertfach neu bekommen: zunächst noch in dieser Welt* Häuser und Brüder und Schwestern und Mütter und Kinder und Felder,[a] wenn auch mitten in Verfolgungen, und in der kommenden Welt das ewige Leben.

31 Aber viele, die jetzt vorn sind, werden dann am Schluss stehen, und viele, die jetzt die Letzten sind, werden schließlich die Ersten sein.«[b]

Jesus kündigt zum dritten Mal seinen Tod an

(Mt 20,17-19; Lk 18,31-34)

32 Sie waren unterwegs nach Jerusalem; Jesus ging ihnen voran. Alle, die dabei waren, wunderten sich; die Jünger* aber hatten Angst.

Wieder nahm Jesus die Zwölf* beiseite und machte ihnen klar, was bald mit ihm geschehen werde. 33 »Hört zu!«, sagte er. »Wir gehen jetzt nach Jerusalem. Dort wird der Menschensohn* nach dem Willen Gottes den führenden Priestern* und den Gesetzeslehrern* ausgeliefert werden. Sie werden ihn zum Tod verurteilen und den Fremden übergeben, die Gott nicht kennen.[c] 34 Die werden ihren Spott mit ihm treiben, ihn anspucken, auspeitschen und töten; doch nach drei Tagen wird er vom Tod auferstehen.«

Nicht herrschen, sondern dienen

(Mt 20,20-28; Lk 22,24-27)

35 Da gingen Jakobus und Johannes, die Söhne von Zebedäus, zu Jesus hin und sagten zu ihm: »Lehrer*, wir möchten, dass du uns eine Bitte erfüllst!«

36 »Was möchtet ihr denn?«, fragte sie Jesus. »Was soll ich für euch tun?«

37 Sie sagten: »Wir möchten, dass du uns rechts und links neben dir sitzen lässt, wenn du deine Herrschaft angetreten hast!«

38 Jesus sagte zu ihnen: »Ihr wisst nicht, was ihr da verlangt! Könnt ihr den Kelch trinken, den ich trinke? Könnt ihr die Taufe auf euch nehmen, mit der ich getauft werde?«[d]

39 »Das können wir!«, sagten sie.

Jesus erwiderte: »Ihr werdet tatsächlich den gleichen Kelch trinken wie ich und mit der Taufe getauft werden, die mir bevorsteht. 40 Aber ich kann nicht darüber verfügen, wer rechts und links neben mir sitzen wird. Auf diesen Plätzen werden die sitzen, die Gott dafür bestimmt hat.«

41 Die anderen zehn hatten das Gespräch mit angehört und ärgerten sich über Jakobus und Johannes. 42 Da rief Jesus alle zwölf zu sich her und sagte: »Ihr wisst: Die Herrscher der Völker, ihre Großen, unterdrücken ihre Leute und lassen sie ihre Macht spüren. 43 Bei euch muss es anders sein! Wer von euch groß sein will, soll euer Diener sein, 44 und wer der Erste sein will, soll allen anderen Sklavendienste leisten.

45 Auch der Menschensohn* ist nicht gekommen, um sich bedienen zu lassen, sondern um zu dienen und sein Leben als Lösegeld für alle Menschen hinzugeben.«

Jesus heilt einen Blinden

(Mt 20,29-34; Lk 18,35-43)

46 Sie kamen nach Jericho. Als Jesus die Stadt wieder verließ, gefolgt von seinen Jüngern* und einer großen Menschenmenge, saß da am Straßenrand ein Blinder und bettelte. Es war Bartimäus, der Sohn von Timäus.

47 Als er hörte, dass es Jesus von Nazaret war, der da vorbeikam, fing er an, laut zu rufen: »Jesus, Sohn Davids*! Hab Erbarmen mit mir!«

48 Viele fuhren ihn an, er solle still sein; aber er schrie nur noch lauter: »Sohn Davids, hab Erbarmen mit mir!«

49 Da blieb Jesus stehen und sagte: »Ruft ihn her!«

Einige liefen zu dem Blinden hin und sagten zu ihm: »Fasse Mut, steh auf! Jesus ruft dich!«

50 Da warf der Blinde seinen Mantel ab, sprang auf und kam zu Jesus.

51 »Was willst du?«, fragte Jesus. »Was soll ich für dich tun?«

Der Blinde sagte: »Rabbuni*, ich möchte wieder sehen können!«

52 Jesus antwortete: »Geh nur, dein Vertrauen hat dir geholfen!«

Im gleichen Augenblick konnte er sehen und folgte Jesus auf seinem Weg.

AUSEINANDERSETZUNGEN IN JERUSALEM (Kapitel 11–12)

Jesus zieht in Jerusalem ein[e]

(Mt 21,1-11; Lk 19,28-40; Joh 12,12-19)

11 Kurz vor Jerusalem kamen sie zu den Ortschaften Betfage und Betanien am Ölberg*. Dort schickte Jesus zwei seiner Jünger* fort 2 mit dem Auftrag: »Geht in das Dorf da drüben! Gleich am Ortseingang werdet ihr einen jungen Esel angebunden finden, auf dem noch nie ein Mensch geritten ist. Bindet ihn los und bringt ihn her! 3 Und wenn je-

a Die Gemeinschaft der christlichen Gemeinde kommt in den Blick (vgl. Apg 2,44-46; 4,32-35). In ihr wird schon etwas gegenwärtig sein von dem Geist und der Lebensfülle der erwarteten neuen Welt Gottes.
b Siehe die Anmerkung zu Mt 19,30.
c *den Fremden, die Gott nicht kennen:* wörtlich *den Nichtjuden;* herkömmliche Übersetzung *Heiden**.
d Die Taufe, von der Jesus hier spricht, ist die Konsequenz seiner Taufe im Jordan (vgl. die Anmerkung zu 1,9). Zu *Kelch* vgl. Anmerkung zu 14,36.
e Siehe die Anmerkungen zu Mt 21,1-11.

10,31 Mt 20,16 S **10,32-34** 8,31 S **10,34** 15,15-20 par **10,38** Lk 12,50; Mk 14,36 par; Joh 18,11 **10,39** Apg 12,2 **10,43-44** Mt 23,11 S **10,45** Jes 53,12; 1 Kor 6,20; 7,23; Gal 1,4 S; 1 Petr 1,18-19 **10,47-48** Mt 20,30-31 S **10,52** Lk 7,50 S

mand fragt: ›Warum macht ihr das?‹, dann antwortet: ›Der Herr braucht ihn und wird ihn gleich wieder zurückschicken.‹«
4 Die beiden gingen hin und fanden tatsächlich
den jungen Esel draußen auf der Straße an einem
Hoftor angebunden. Als sie ihn losmachten, 5 sagten
ein paar Leute, die dort standen: »Was tut ihr da?
Warum bindet ihr den Esel los?« 6 Da sagten sie,
was Jesus ihnen aufgetragen hatte, und die Leute ließen sie machen.
7 Die beiden Jünger brachten den Esel zu Jesus und
legten ihre Kleider über das Tier, und Jesus setzte
sich darauf. 8 Viele Menschen breiteten ihre Kleider
als Teppich auf die Straße. Andere rissen Zweige von den Büschen auf den Feldern und legten sie auf den Weg.
9 Die Menschen, die Jesus vorausliefen und die
ihm folgten, riefen immer wieder: »Gepriesen sei
Gott! Heil dem, der in seinem Auftrag kommt!
10 Heil der Herrschaft unseres Vaters David, die jetzt
anbricht! Gepriesen sei Gott in der Höhe!«
11 So zog Jesus nach Jerusalem hinein und ging in
den Tempel*. Dort sah er sich alles an.[a] Doch weil es schon spät geworden war, verließ er die Stadt wieder und ging nach Betanien,[b] zusammen mit dem Kreis der Zwölf*.

Israel – ein Feigenbaum ohne Früchte

(Mt 21,18-19)

12 Als sie Betanien am nächsten Morgen wieder verließen, bekam Jesus Hunger. 13 Da sah er in einiger
Entfernung einen Feigenbaum, der schon Blätter trug. Er ging hin, um zu sehen, ob nicht Früchte an ihm wären. Aber er fand nichts als Blätter, denn es war nicht die Jahreszeit für Feigen.
14 Da sagte Jesus zu dem Feigenbaum: »Von dir soll
nie mehr jemand Feigen essen!« Seine Jünger konnten es hören.[c]

Jesus im Tempel[d]

(Mt 21,12-17; Lk 19,45-48; Joh 2,13-17)

15 In Jerusalem ging Jesus wieder in den Tempel*.
Dort begann er, die Händler und Käufer hinauszujagen. Er stieß die Tische der Geldwechsler* und die
Stände der Taubenverkäufer um 16 und ließ nicht
zu, dass jemand irgendetwas durch den Vorhof des Tempels trug.
17 Dazu sagte er ihnen: »Steht nicht in den Heiligen
Schriften*, dass Gott erklärt hat: ›Mein Tempel soll eine Stätte sein, an der alle Völker zu mir beten können‹? Ihr aber habt eine Räuberhöhle daraus gemacht!«

a In welchem Sinn und mit welchem Ergebnis dies geschieht, ist aus den Versen 12-17 zu entnehmen.
b Siehe die Anmerkung zu Mt 21,17.
c Vgl. Vers 20 und dazu die Anmerkung zu Mt 21,19.
d Siehe die Anmerkungen zu Mt 21,12-17.

Der verdorrte Feigenbaum erinnert an das, was sich zwischen Betanien und Jerusalem abgespielt hat (11,12-14 und 11,20). Hinter dem vordergründigen Vorgang verbirgt sich ein tieferer Sinn: Der unfruchtbare Feigenbaum steht als Bild für das Volk, das Gottes Ruf nicht hört und den von Gott gesandten Retter abweist (vgl. 12,1-12 und Lk 13,6-9).

11,8 2 Kön 9,13 **11,9** Ps 118,26 S **11,10** Ps 148,1; Mt 20,30-31 S **11,13** Lk 13,6 **11,17** *zit* Jes 56,7 *und* Jer 7,11

18 Als das die führenden Priester* und die Gesetzeslehrer* hörten, suchten sie nach einer Möglichkeit, Jesus umzubringen. Sie fürchteten seinen Einfluss, denn die Volksmenge war tief beeindruckt von dem, was er sagte.

19 Am Abend verließ Jesus mit seinen Jüngern* wieder die Stadt.

Vorzeichen des Gerichts über Israel. Grundlagen der Jüngerexistenz

(Mt 21,20-22; 6,14)

20 Früh am nächsten Morgen kamen sie wieder an dem Feigenbaum vorbei. Er war bis in die Wurzel abgestorben. 21 Da erinnerte sich Petrus und sagte zu Jesus: »Rabbi*, sieh, der Feigenbaum, den du verflucht hast, ist verdorrt!«

22 Jesus antwortete: »Habt Vertrauen zu Gott! 23 Ich versichere euch: Wenn jemand zu diesem Berg sagt: ›Auf, stürze dich ins Meer!‹, und hat keinerlei Zweifel, sondern vertraut fest darauf, dass es geschieht, dann geschieht es auch.

24 Deshalb sage ich euch: Wenn ihr Gott um irgendetwas bittet, müsst ihr nur darauf vertrauen, dass er eure Bitte schon erfüllt hat,[a] dann *wird* sie auch erfüllt.

25 Aber wenn ihr betet, sollt ihr euren Mitmenschen vergeben, falls ihr etwas gegen sie habt, damit euer Vater im Himmel auch euch die Verfehlungen vergibt.«[b]

Woher hat Jesus die Vollmacht?

(Mt 21,23-27; Lk 20,1-8)

27 Dann gingen sie wieder nach Jerusalem hinein. Als Jesus dort im Tempel* umherging, kamen die führenden Priester*, die Gesetzeslehrer* und die Ratsältesten* zu ihm 28 und sagten: »Woher nimmst du das Recht, hier so aufzutreten? Wer hat dir die Vollmacht dazu gegeben?«[c]

29 Jesus erwiderte: »Ich habe nur *eine* Frage an euch. Die beantwortet mir, dann werde ich euch sagen, mit welchem Recht ich so handle. 30 Sagt mir: Woher hatte der Täufer* Johannes den Auftrag, zu taufen? Von Gott oder von Menschen?«

31 Sie überlegten: »Wenn wir sagen ›Von Gott‹, wird er fragen: ›Warum habt ihr dann Johannes nicht geglaubt?‹ 32 Aber können wir etwa sagen ›Von Menschen‹?« Dafür hatten sie zu viel Angst vor der Menge; denn alle waren überzeugt, dass Johannes wirklich ein Prophet* war. 33 So sagten sie zu Jesus: »Wir wissen es nicht.«

»Gut«, erwiderte Jesus, »dann sage ich euch auch nicht, wer mich bevollmächtigt hat.«

Das Gleichnis von den bösen Weinbergspächtern

(Mt 21,33-46; Lk 20,9-19)

12 Dann wandte sich Jesus mit einem Gleichnis* an sie. Er sagte:

»Ein Mann legte einen Weinberg[d] an, machte einen Zaun darum, baute eine Weinpresse und errichtete einen Wachtturm. Dann verpachtete er den Weinberg und verreiste.

2 Zur gegebenen Zeit schickte er einen Boten zu den Pächtern, um seinen Anteil am Ertrag des Weinbergs abholen zu lassen. 3 Die Pächter aber verprügelten den Boten und ließen ihn unverrichteter Dinge abziehen.

4 Der Besitzer schickte einen zweiten, dem schlugen sie den Kopf blutig und behandelten ihn auf die schimpflichste Weise.

5 Da schickte er einen weiteren Boten. Den brachten sie sogar um. Und so machten sie es noch mit vielen anderen, die er schickte: Die einen wurden misshandelt, die anderen umgebracht.

6 Schließlich blieb ihm nur noch sein eigener Sohn, dem seine ganze Liebe galt. Den schickte er zu den Pächtern, weil er sich sagte: ›Vor meinem Sohn werden sie Respekt haben.‹

7 Aber die Pächter sagten zueinander: ›Das ist der Erbe! Wir bringen ihn um, dann gehört seine Erbschaft, der Weinberg, uns!‹ 8 So töteten sie ihn und warfen die Leiche aus dem Weinberg hinaus.

9 Was wird nun der Besitzer des Weinbergs tun? Er wird selbst kommen, die Pächter töten und den Weinberg anderen anvertrauen.[e] 10 Ihr kennt ja wohl die Stelle in den Heiligen Schriften*, wo es heißt:

›Der Stein, den die Bauleute als wertlos
weggeworfen haben,
ist zum Eckstein* geworden.
11 Der Herr hat dieses Wunder vollbracht,
und wir haben es gesehen.‹«

12 Die führenden Priester*, die Gesetzeslehrer* und die Ratsältesten* hätten Jesus gerne festgenommen; denn sie merkten, dass das Gleichnis auf sie gemünzt war. Aber sie hatten Angst vor der Menge. So ließen sie ihn unbehelligt und gingen weg.

Die Frage nach der Steuer für den Kaiser

(Mt 22,15-22; Lk 20,20-26)

13 Einige Pharisäer* und dazu einige Parteigänger von Herodes[f] wurden nun zu Jesus geschickt, um ihm eine verfängliche Frage zu stellen.

a Möglich ist ebenso die Übersetzung: *dass er eure Bitte erfüllen wird.*
b Einige Handschriften fügen hinzu (Vers 26): *Wenn ihr anderen nicht vergebt, wird euer Vater im Himmel euch eure Verfehlungen auch nicht vergeben* (vgl. Mt 6,15).
c Siehe die Anmerkung zu Mt 21,23.
d Siehe die Anmerkung zu Mt 21,33.
e Die Berufung eines neuen Gottesvolkes aus den Völkern der ganzen Welt auf der Grundlage der Auferweckung Jesu (Verse 10-11) kommt in den Blick.
f Siehe die Anmerkung zu 8,15.

11,18 12,12 par; 14,1-2 par **11,23** Lk 17,6 par **11,24** Mt 7,7S **11,25** Mt 7,1 par **11,32** Mt 14,5 **12,1** Jes 5,1-7S **12,6** 1,11 S **12,10-11** *zit* Ps 118,22-23 **12,12** 11,18S

14 Sie kamen zu ihm und sagten: »Lehrer*, wir wis-
sen, dass es dir nur um die Wahrheit geht. Du lässt
dich nicht von Menschen beeinflussen, auch wenn
sie noch so mächtig sind, sondern sagst uns klar
und deutlich, wie wir nach Gottes Willen leben sol-
len. Ist es nach dem Gesetz* Gottes erlaubt, dem rö-
mischen Kaiser Steuer zu zahlen, oder nicht?[a] Sollen
wir es tun oder nicht?«
15 Jesus erkannte ihre Scheinheiligkeit und sagte:
»Ihr wollt mir doch nur eine Falle stellen! Gebt mir
eine Silbermünze*; ich will sie mir ansehen.«
16 Sie gaben ihm eine und er fragte: »Wessen Bild
und wessen Name sind denn hier aufgeprägt?«
»Das Bild und der Name des Kaisers«, antworte-
ten sie.
17 Da sagte Jesus: »Dann gebt dem Kaiser, was dem
Kaiser gehört – aber gebt Gott, was Gott gehört!«[b]
Solch eine Antwort hatten sie nicht von ihm er-
wartet.

Werden die Toten auferstehen?[c]

(Mt 22,23-33; Lk 20,27-40)

18 Dann kamen Sadduzäer* zu Jesus. Die Sadduzäer
bestreiten, dass die Toten auferstehen* werden.
19 »Lehrer*«, sagten sie, »Mose hat uns die Vor-
schrift gegeben: ›Wenn ein Mann stirbt und eine
Frau hinterlässt, aber kein Kind, dann muss sein Bru-
der die Witwe heiraten und dem Verstorbenen
Nachkommen verschaffen.‹
20 Nun gab es einmal sieben Brüder. Der älteste
heiratete und starb kinderlos. 21 Darauf heiratete
der zweite die Witwe, starb aber auch kinderlos.
Beim dritten war es genauso. 22 Alle sieben heirateten
sie und starben ohne Nachkommen. Zuletzt starb
auch die Frau.
23 Wie ist das nun bei der Auferstehung der To-
ten – wenn es eine gibt? Wem von den Männern
soll die Frau dann gehören? Sie war ja mit allen
sieben verheiratet!«
24 Jesus erwiderte: »Liegt euer Fehler nicht darin,
dass ihr weder die Heiligen Schriften* kennt noch
wisst, was Gott in seiner Macht tun kann? 25 Wenn
die Toten auferstehen, werden sie nicht mehr heira-
ten, sondern sie werden leben wie die Engel* im
Himmel.
26 Was aber die Sache mit den Toten überhaupt be-
trifft, dass sie nämlich auferweckt werden: Habt ihr
nie im Buch Moses die Geschichte vom brennenden
Dornbusch gelesen und wie Gott dort zu Mose sagt:
›Ich bin der Gott Abrahams, der Gott Isaaks und der
Gott Jakobs‹? 27 Gott ist doch nicht ein Gott von To-
ten, sondern von Lebenden! Ihr seid also ganz und
gar im Irrtum.«

Das wichtigste Gebot

(Mt 22,34-40; Lk 10,25-28)

28 Ein Gesetzeslehrer* hatte dieser Auseinander-
setzung zugehört. Er war davon beeindruckt, wie Je-
sus den Sadduzäern* geantwortet hatte, und so
fragte er ihn: »Welches ist das wichtigste von allen
Geboten des Gesetzes?«[d]
29 Jesus sagte: »Das wichtigste Gebot ist dieses:
›Höre, Israel! Der Herr ist unser Gott, der Herr und
sonst keiner. 30 Darum liebt ihn von ganzem Herzen
und mit ganzem Willen, mit ganzem Verstand und
mit aller Kraft.‹ 31 Das zweite ist: ›Liebe deinen Mit-
menschen wie dich selbst!‹ Es gibt kein Gebot, das
wichtiger ist als diese beiden.«
32 Da sagte der Gesetzeslehrer zu Jesus: »Du hast
vollkommen Recht, Lehrer*! Es ist so, wie du sagst:
Nur einer ist Gott, und es gibt keinen Gott außer
ihm. 33 Ihn zu lieben von ganzem Herzen, mit gan-
zem Verstand und mit aller Kraft und unsere Mit-
menschen zu lieben wie uns selbst, das ist viel wich-
tiger als alle die Brandopfer und anderen Opfer*, die
wir ihm darbringen.«
34 Jesus fand, dass der Gesetzeslehrer vernünftig
geantwortet hatte, und sagte zu ihm: »Du bist nicht
weit weg von der neuen Welt Gottes.«[e]
Von da an wagte es niemand mehr, ihn noch et-
was zu fragen.

Davids Sohn oder Davids Herr?

(Mt 22,41-46; Lk 20,41-44)

35 Nach diesen Auseinandersetzungen im Tempel
stellte Jesus zuletzt selbst eine Frage an alle.[f] Er
sagte: »Wie können die Gesetzeslehrer* behaupten,
dass der versprochene Retter[g] ein Sohn Davids* ist?
36 David selbst sagte doch, erleuchtet vom Heiligen
Geist*:

›Gott, der Herr, sagte zu meinem Herrn:
Setze dich an meine rechte Seite!
Ich will dir deine Feinde unterwerfen,
sie als Schemel unter deine Füße legen.‹

37a David selbst nennt ihn also ›Herr‹ – wie kann er
dann sein Sohn sein?«[h]

Jesus warnt vor den Gesetzeslehrern

(Mt 23,1.6-7.14; Lk 20,45-47)

37b Die Menschenmenge hörte Jesus gerne zu. 38 Als er
zu ihnen redete, warnte er sie:[i]
»Nehmt euch in Acht vor den Gesetzeslehrern*!
Sie zeigen sich gern in ihren Talaren und lassen sich
auf der Straße respektvoll grüßen. 39 Beim Gottes-
dienst sitzen sie in der vordersten Reihe, und bei

a Siehe Bildlegende Seite 38 NT.
b Jesus lässt sich auf das Entweder-oder nicht ein. Israel ist seinem Gott mehr und anderes schuldig als einen Aufstand gegen Rom. Wie lebenswichtig die Frage für das damalige Judentum war, zeigt sich darin, dass sie als erste in der Reihe der Streitgespräche (Verse 13-34) erscheint. Im Jahre 70 n. Chr. wurde Jerusalem von den Römern zerstört.
c Im zweiten der Streitgespräche geht es um eine Frage, die zugleich den Endpunkt des Weges Jesu und das grundlegende Bekenntnis der Jünger Jesu nach Ostern betrifft. Siehe die Anmerkungen zu Mt 22,23-33.
d Die dritte und letzte Frage an Jesus betrifft die Mitte des Gesetzes*.
e Wörtlich *von der Königsherrschaft* Gottes.*
f *Nach diesen …:* wörtlich *Jesus antwortete, lehrend im Tempel*.* Nachdem die Fragen der Gegner verstummt sind (Vers 34), kommt Jesus auf das Messias-Thema zu sprechen. Mit dem Titel »Sohn Davids« (vgl. Sacherklärung) verbanden sich kurzschlüssig-politische Erwartungen.
g Wörtlich *dass der Christus*.*
h David selbst gibt also zu verstehen, dass man mit »Davidssohn« das Geheimnis und die Bedeutung der Person des Messias noch keineswegs zureichend erfasst hat (vgl. Apg 2,29-36; Röm 1,3-4; Mt 1,18-25).
i Die Jünger erfahren hier zugleich, wie es bei ihnen *nicht* zugehen darf (Verse 38-40; vgl. die Parallele Mt 23,1.6-12) und an welchen Menschen sie Maß zu nehmen haben (Verse 41-44).

12,17 Röm 13,7 **12,18** Lk 20,27 S **12,19** *nach* Dtn 25,5-6 *und* Gen 38,8 **12,26** *zit* Ex 3,6 **12,29-30** *zit* Dtn 6,4-5 **12,31** *zit* Lev 19,18; Mt 5,43; 19,19; Röm 13,9; Gal 5,14; Jak 2,8 **12,32** Lk 20,39 **12,33** Jes 1,10-20 S **12,34** Mt 22,46; Lk 20,40 **12,35-37** Mt 20,30-31 S **12,36** *nach* Ps 110,1; Dan 7,13-14; Apg 2,33 S; 2,34-35; 1 Kor 15,24.27; Hebr 8,1 S **12,38-39** Lk 11,43

Festmählern nehmen sie die Ehrenplätze ein. 40 Sie sprechen lange Gebete, um einen guten Eindruck zu machen; in Wahrheit aber sind sie Betrüger, die schutzlose Witwen um ihren Besitz bringen.[a] Sie werden einmal besonders streng bestraft werden.«

Das Opfer der Witwe

(Lk 21,1-4)

41 Dann setzte sich Jesus im Tempel* in der Nähe des Schatzhauses hin und beobachtete, wie die Besucher des Tempels Geld in die Opferkästen warfen. Viele wohlhabende Leute gaben großzügig. 42 Dann kam eine arme Witwe und steckte zwei kleine Kupfermünzen hinein – zusammen so viel wie ein Groschen.[b]

43 Da rief Jesus seine Jünger* zu sich heran und sagte zu ihnen: »Ich versichere euch: Diese arme Witwe hat mehr gegeben als alle anderen. 44 Die haben alle nur etwas von ihrem Überfluss abgegeben. Sie aber hat alles hergegeben, was sie selbst dringend zum Leben gebraucht hätte.«

DIE REDE ÜBER DAS ENDE DER WELT (Kapitel 13)

Ankündigung der Zerstörung des Tempels

(Mt 24,1-2; Lk 21,5-6)

13 Als Jesus danach den Tempel* verließ, sagte einer seiner Jünger* zu ihm: »Lehrer*, sieh doch nur diese gewaltigen Steine und diese prachtvollen Gebäude!«

2 Da sagte Jesus: »Du bewunderst diese mächtigen Bauten? Hier wird kein Stein auf dem andern bleiben. Alles wird bis auf den Grund zerstört werden!«

Der Anfang vom Ende

(Mt 24,3-8; Lk 21,7-11)

3 Dann ging Jesus auf den Ölberg*. Dort setzte er sich dem Tempel gegenüber nieder. Petrus, Jakobus, Johannes und Andreas waren bei ihm. Sie fragten ihn: 4 »Sag uns, wann wird das geschehen? Und woran können wir erkennen, dass das Ende von allem bevorsteht?«[c]

5 Jesus sagte zu ihnen: »Seid auf der Hut und lasst euch von niemand täuschen! 6 Viele werden unter meinem Namen auftreten und von sich behaupten: ›*Ich* bin es!‹[d] Damit werden sie viele irreführen.

7 Erschreckt nicht, wenn nah und fern Kriege ausbrechen. Es muss so kommen, aber das ist noch nicht das Ende. 8 Ein Volk wird gegen das andere kämpfen, ein Staat den andern angreifen. In vielen Ländern wird es Erdbeben und Hungersnöte geben. Das ist aber erst der Anfang vom Ende – der Beginn der Geburtswehen.«

Die Verfolgung der Jünger

(Mt 24,9-14; Lk 21,12-19)

9 »Was euch angeht, so seid darauf gefasst, dass sie euch an die Gerichte ausliefern und in den Synagogen* auspeitschen werden. Auch vor Statthaltern und Königen werdet ihr stehen um meinetwillen, um auch vor ihnen als Zeugen für mich auszusagen; 10 denn nach Gottes Plan muss die Gute Nach-

Die Zeitgenossen Jesu bewunderten die Tempelanlage, die König Herodes prachtvoll ausgebaut hatte (13,1-2). 70 n. Chr. wurde sie von den Römern zerstört. Auf dem riesigen Tempelplatz stehen heute eine Moschee und der ebenfalls islamische ›Felsendom‹ mit der großen Kuppel.

a Indem sie ihnen Rechtshilfe anboten und sich diese teuer bezahlen ließen?
b *ein Groschen:* wörtlich *zwei Lepta, das ist ein Quadrans.* Lepton ist die griechische Bezeichnung für die kleinste jüdische Kupfermünze; Quadrans drückt den Geldwert in römischer Währung aus (= 1/4 As).
c Wie in der Frage, so wird auch in der Antwort (Verse 5-36) zwischen der Zerstörung Jerusalems und dem Ende der Welt nicht scharf unterschieden, vielmehr das eine als Vorausbild des anderen verstanden und eins in den Farben des anderen geschildert.
d Siehe Anmerkung zu Joh 8,24.

12,41 2Kön 12,10 **12,44** 2Kor 8,12 **13,2** Lk 19,44 **13,8** Jes 19,2 **13,9-13** Mt 10,17-22S

richt* allen Völkern verkündet werden, bevor das Ende kommt.

11 Wenn sie euch verhaften und an die Gerichte ausliefern, dann macht euch keine Sorgen, wie ihr euch verteidigen sollt. Sagt, was euch in dem Augenblick eingegeben wird. Denn nicht ihr werdet dann reden, sondern der Heilige Geist* wird aus euch sprechen.

12 Ein Bruder wird den andern dem Henker ausliefern und ein Vater seine Kinder. Kinder werden sich gegen ihre Eltern stellen und sie in den Tod schicken. 13 Alle Menschen werden euch hassen, weil ihr euch zu mir bekennt. Aber wer bis zum Ende standhaft bleibt, wird gerettet werden.«

Die letzte Schreckenszeit

(Mt 24,15-28; Lk 21,20-24; 17,23)

14 »In den Heiligen Schriften* ist die Rede von einem ›entsetzlichen Scheusal*‹ – wer das liest, überlege sich, was es bedeutet! Wenn ihr dieses ›entsetzliche Scheusal‹ dort stehen seht, wo es nicht stehen darf,[a] dann sollen die Bewohner Judäas* in die Berge fliehen. 15 Wer gerade auf dem Dach ist, soll keine Zeit damit verlieren, erst noch etwas aus dem Haus zu holen.[b] 16 Wer gerade zur Arbeit auf dem Feld ist, soll nicht zurückgehen, um noch sein Obergewand* mitzunehmen, das er am Wegrand abgelegt hat.[c]

17 Besonders hart wird es die Frauen treffen, die gerade ein Kind erwarten oder einen Säugling stillen. 18 Bittet Gott, dass es dann nicht gerade Winter ist! 19 Denn was in jenen Tagen geschieht, wird furchtbarer sein als alles, was jemals geschah, seit Gott die Welt erschuf, und als alles, was bis dahin noch geschehen wird. 20 Wenn der Herr diese Schreckenszeit nicht abkürzen würde, dann würde kein Mensch gerettet werden. Er wird sie aber abkürzen – denen zuliebe, die er erwählt hat.

21 Wenn dann jemand zu euch sagt: ›Seht her, hier ist Christus*, der versprochene Retter!‹, oder: ›Dort ist er!‹ – glaubt ihm nicht! 22 Denn es werden so manche mit dem Anspruch auftreten, der versprochene Retter oder ein Prophet zu sein. Sie werden sich durch Aufsehen erregende Wunder ausweisen und würden damit sogar die von Gott Erwählten irreführen, wenn das möglich wäre.

23 Darum seid auf der Hut! Ich habe euch alles vorausgesagt.«

Der Weltrichter kommt[d]

(Mt 24,29-31; Lk 21,25-28)

24 »Aber dann, nach dieser Schreckenszeit, wird sich die Sonne verfinstern und der Mond wird nicht mehr scheinen, 25 die Sterne werden vom Himmel fallen und die Ordnung des Himmels wird zusammenbrechen.

26 Dann kommt der Menschensohn* auf den Wolken mit göttlicher Macht und Herrlichkeit*, und alle werden ihn sehen. 27 Er wird die Engel* in alle Himmelsrichtungen ausschicken, um von überall her die Menschen zusammenzubringen, die er erwählt hat.«

Das Gleichnis vom Feigenbaum

(Mt 24,32-35; Lk 21,29-33)

28 »Lasst euch vom Feigenbaum eine Lehre geben: Wenn der Saft in die Zweige schießt und der Baum Blätter treibt, dann wisst ihr, dass der Sommer bald da ist. 29 So ist es auch, wenn ihr dies alles geschehen seht:[e] Dann wisst ihr, dass das Ende unmittelbar bevorsteht. 30 Ich versichere euch: Diese Generation wird das alles noch erleben.

31 Himmel und Erde werden vergehen, aber meine Worte vergehen nicht; sie bleiben gültig für immer und ewig.«

Das Ende kommt überraschend

(Mt 24,36; 25,13-15; 24,42.44; Lk 19,12-13; 12,38-40)

32 »Doch den Tag oder die Stunde, wann das Ende da ist, kennt niemand, auch nicht die Engel* im Himmel – nicht einmal der Sohn*. Nur der Vater kennt sie.

33 Seht zu, dass ihr wach bleibt! Denn ihr wisst nicht, wann der Zeitpunkt da ist. 34 Es ist wie bei einem Mann, der verreist. Er verlässt sein Haus und überträgt seinen Dienern die Verantwortung. Jedem weist er seine Aufgabe zu, und dem Türhüter befiehlt er, wachsam zu sein.

35 So sollt auch ihr wach bleiben, weil ihr nicht wisst, wann der Hausherr kommen wird: am Abend, um Mitternacht, beim ersten Hahnenschrei oder wenn die Sonne aufgeht. 36 Wenn er kommt, soll er euch nicht im Schlaf überraschen! 37 Was ich euch vier Jüngern* hier sage, das gilt für alle: Bleibt wach!«

LEIDEN, TOD UND AUFERSTEHUNG VON JESUS (Kapitel 14–16)

Pläne gegen Jesus

(Mt 26,1-5; Lk 22,1-2; Joh 11,45-53)

14 Es waren noch zwei Tage bis zum Passafest[f] und dem Fest der Ungesäuerten Brote. Die führenden Priester* und die Gesetzeslehrer* suchten nach einer Möglichkeit, Jesus heimlich zu verhaften und umzubringen.

2 »Auf keinen Fall darf es während des Festes geschehen«, sagten sie, »sonst gibt es einen Aufruhr im Volk.«

a *In den Heiligen Schriften …:* wörtlich *Wenn ihr das »Scheusal«, das Verwüstung/Verödung hervorruft, dort stehen seht, wo es nicht darf – der Lesende merke auf.*
b Das flache *Dach* mit einem eventuell darauf gebauten Obergemach ist durch eine Treppe außen an der Mauer zu erreichen.
c *zur Arbeit* und *das er am Wegrand abgelegt hat:* verdeutlichende Zusätze.
d Siehe die Anmerkungen zu Mt 24,29-35.
e Gemeint sind wahrscheinlich die in den Versen 14-23 genannten Ereignisse.
f D. h. Mittwoch der Passionswoche; siehe Sacherklärung »Passafest«.

13,11 Lk 12,11-12 S **13,12** Mt 10,35 par S **13,13** Joh 15,21; Offb 14,2 S **13,14** Dan 12,11 S **13,15-16** Lk 17,31 **13,19** Dan 12,1; Offb 7,14 **13,22** Mt 24,24 S; Joh 6,30 S **13,24-25** Mt 24,29 S **13,26** Dan 7,13; Mt 24,27 S; 26,64 par; 1 Kor 15,23; 1 Thess 4,15-16; 2 Thess 2,1; Offb 1,7 **13,27** Mt 13,41 **13,30** 9,1 S **13,31** Jes 40,8 **13,32** Apg 1,7 **13,33.35** Mt 25,13 S **13,34** Mt 25,14-15 par **14,1-2** 11,18 S

a Siehe die Anmerkung zu Mt 21,17.
b Ein ungewöhnliches Zeichen der Liebe und Verehrung. An sich war es allenfalls üblich, dass der *Gastgeber* seinem Gast *vor* dem Mahl Öl zur Salbung darreichte oder ihn durch einen Sklaven die Füße salben ließ.
c Die Salbung wird von Jesus als prophetische Zeichenhandlung (siehe die Sacherklärung) gedeutet. Sie kündigt seinen sicheren Tod an.
d Siehe die Anmerkungen zu Mt 26,20-30.

Eine Frau ehrt Jesus vor seinem Sterben

(Mt 26,6-13; Joh 12,1-8)

3 Jesus war in Betanien[a] bei Simon, dem Aussätzi-
gen*, zu Gast. Während des Essens kam eine Frau
herein. Sie hatte ein Fläschchen mit reinem, kostba-
rem Nardenöl*. Das öffnete sie und goss Jesus das Öl
über den Kopf.[b]

4 Einige der Anwesenden waren empört darüber.
»Was soll diese Verschwendung?«, sagten sie zuein-
ander. 5 »Dieses Öl hätte man für mehr als dreihun-
dert Silberstücke* verkaufen und das Geld den Ar-
men geben können!« Sie machten der Frau heftige
Vorwürfe.

6 Aber Jesus sagte: »Lasst sie in Ruhe! Warum
bringt ihr sie in Verlegenheit? Sie hat eine gute Tat
an mir getan. 7 Arme wird es immer bei euch geben
und ihr könnt ihnen helfen, sooft ihr wollt. Aber
mich habt ihr nicht mehr lange bei euch.

8 Sie hat getan, was sie jetzt noch tun konnte: Sie
hat meinen Körper im Voraus für das Begräbnis ge-
salbt.[c] 9 Ich versichere euch: Überall in der Welt,
wo in Zukunft die Gute Nachricht* verkündet wird,
wird auch berichtet werden, was sie getan hat. Ihr
Andenken wird immer lebendig bleiben.«

Diese Olivenbäume im Garten Getsemani sind Jahrhunderte alt. In dem stillen Garten vor den Mauern Jerusalems durchlitt Jesus in Einsamkeit die Angst vor seinem Tod. »Vater, es soll geschehen, was du willst, nicht was ich will.« (14,36)

Judas wird zum Verräter

(Mt 26,14-16; Lk 22,3-6)

10 Darauf ging Judas Iskariot, einer aus dem Kreis der
Zwölf*, zu den führenden Priestern*, um ihnen Je-
sus in die Hände zu spielen. 11 Sie freuten sich dar-
über und versprachen ihm Geld.

Von da an suchte Judas eine günstige Gelegenheit,
Jesus zu verraten.

Vorbereitungen zum Passamahl

(Mt 26,17-19; Lk 22,7-13)

12 Es kam der erste Tag der Festwoche, während der
ungesäuertes Brot* gegessen wird, der Tag, an dem
die Passalämmer geschlachtet werden. Da fragten
die Jünger* Jesus: »Wo sollen wir für dich das Passa-
mahl* vorbereiten?«

13 Jesus schickte zwei von ihnen mit dem Auftrag
weg: »Geht in die Stadt! Dort werdet ihr einen Mann
treffen, der einen Wasserkrug trägt. Folgt ihm, 14 bis
er in ein Haus hineingeht, und sagt dem Hausherrn
dort: ›Unser Lehrer* lässt fragen: Welchen Raum
kannst du mir zur Verfügung stellen, dass ich dort
mit meinen Jüngern das Passamahl feiere?‹ 15 Dann
wird er euch ein großes Zimmer im Obergeschoss
zeigen, das mit Polstern ausgestattet und schon zur
Feier hergerichtet ist. Dort bereitet alles für uns vor.«

16 Die beiden gingen in die Stadt. Sie fanden alles
so, wie Jesus es ihnen gesagt hatte, und bereiteten
das Passamahl vor.

Jesus feiert mit den Zwölf das Abschiedsmahl[d]

(Mt 26,20-30; Lk 22,14-23)

17 Als es Abend geworden war, kam Jesus mit den
Zwölf* dorthin. 18 Während der Mahlzeit sagte er:
»Ich versichere euch: Einer von euch wird mich ver-
raten – einer, der jetzt mit mir isst.«

19 Sie waren bestürzt, und einer nach dem andern
fragte ihn: »Du meinst doch nicht mich?«

20 Jesus antwortete: »Einer von euch zwölf wird es
tun; einer, der sein Brot mit mir in dieselbe Schüssel
taucht. 21 Der Menschensohn* muss zwar sterben,
wie es in den Heiligen Schriften* angekündigt ist.
Aber wehe dem Menschen, der den Menschensohn
verrät! Er wäre besser nie geboren worden!«

22 Während der Mahlzeit nahm Jesus ein Brot,
sprach das Segensgebet darüber, brach es in Stücke
und gab es ihnen mit den Worten: »Nehmt, das ist
mein Leib!«

23 Dann nahm er den Becher, sprach darüber das
Dankgebet, gab ihnen auch den, und alle tranken
daraus. 24 Dabei sagte er zu ihnen: »Das ist mein Blut,
das für alle Menschen vergossen wird. Mit ihm wird

14,3 Lk 7,37-38 **14,7** Dtn 15,11 **14,10** 3,19 par; Joh 12,4 S **14,12** Ex 12,15-20 S; 12,1-14 S **14,17-21** Joh 13,2.21-30 **14,18** Ps 41,10 **14,23-24** 1 Kor 10,16; 11,23-25 **14,24** Ex 24,8; Jer 31,31; Hebr 7,22; 9,15-20

der Bund* in Kraft gesetzt, den Gott jetzt mit den
Menschen schließt.
25 Ich sage euch: Ich werde keinen Wein mehr trin-
ken, bis ich ihn neu trinken werde an dem Tag, an
dem Gott sein Werk vollendet hat!«[a]
26 Dann sangen sie die Dankpsalmen[b] und gingen
hinaus zum Ölberg*.

Jesus sagt das Versagen von Petrus voraus

(Mt 26,31-35)

27 Unterwegs sagte Jesus zu ihnen: »Ihr werdet alle
an mir irrewerden, denn es heißt: ›Ich werde den
Hirten töten und die Schafe werden auseinander lau-
fen.‹ 28 Aber wenn ich vom Tod auferweckt worden
bin, werde ich euch vorausgehen nach Galiläa*.«[c]
29 Petrus widersprach ihm: »Selbst wenn alle an-
dern an dir irrewerden – ich nicht!«
30 Jesus antwortete: »Ich versichere dir: Heute, in
dieser Nacht, bevor der Hahn zweimal kräht, wirst
du mich dreimal verleugnen und behaupten, dass
du mich nicht kennst.«
31 Da sagte Petrus noch bestimmter: »Und wenn
ich mit dir sterben müsste, ich werde dich ganz be-
stimmt nicht verleugnen!«
Das Gleiche sagten auch alle andern.

Jesus betet im Garten Getsemani

(Mt 26,36-46; Lk 22,39-46)

32 Sie kamen zu einem Grundstück, das Getsemani*
hieß. Jesus sagte zu seinen Jüngern*: »Bleibt hier sit-
zen, während ich beten gehe!«
33 Petrus, Jakobus und Johannes nahm er mit.
Angst und Schrecken befielen ihn, 34 und er sagte
zu ihnen: »Ich bin so bedrückt, ich bin mit meiner
Kraft am Ende. Bleibt hier und wacht!«
35 Dann ging er noch ein paar Schritte weiter und
warf sich auf die Erde. Er betete zu Gott, dass er ihm,
wenn es möglich wäre, diese schwere Stunde erspa-
re. 36 »Abba*, Vater«, sagte er, »alles ist dir möglich!
Erspare es mir, diesen Kelch trinken zu müssen![d]
Aber es soll geschehen, was *du* willst, nicht was
ich will.«
37 Dann kehrte er zu den Jüngern zurück und sah,
dass sie eingeschlafen waren. Da sagte er zu Petrus:
»Simon, du schläfst? Konntest du nicht eine einzige
Stunde wach bleiben?«
38 Dann sagte er zu ihnen allen: »Bleibt wach und
betet, damit ihr in der kommenden Prüfung nicht
versagt. Der Geist in euch ist willig, aber eure
menschliche Natur ist schwach.«[e]
39 Noch einmal ging Jesus weg und betete mit den
gleichen Worten wie vorher. 40 Als er zurückkam,

a *an dem Tag…:* wörtlich *in der Königsherrschaft* Gottes.*
b Nach dem Passamahl werden die Psalmen 114 bis 118 gesungen.
c Vgl. 16,7.
d Wörtlich *Nimm diesen Kelch von mir.* Jesus trinkt ihn anstelle der schuldbeladenen Menschen, die ihn eigentlich trinken müssten (vgl. Ps 75,9; Jes 51,17.21-22; Jer 25,15; Offb 14,9-10). Auch das im Frühjudentum bekannte Bild vom Becher des Märtyrertodes (»Leidenskelch«) klingt an.
e *eure menschliche Natur:* wörtlich *das Fleisch*.*

Nach der Gefangennahme brachte man Jesus zum Haus des Obersten Priesters (14,53). Die abgebildeten Steinstufen führen vom Kidrontal zum Westhügel Jerusalems. Sie stammen aus römischer Zeit. Vielleicht wurde Jesus über diese Stufen geführt.

14,26 Lk 22,39 S **14,27** *nach* Sach 13,7; Mk 14,50-52; Joh 16,32 **14,28** 16,7 par **14,30-31** Lk 22,33-34; Joh 13,36-38 **14,32-42** Lk 5,16 S; Hebr 5,7-8 **14,35** Joh 12,27 **14,36** 10,38 S; Röm 8,15 S; Mt 6,10 S; Hebr 10,9 **14,38** Mt 25,13 S; Eph 6,18; Hebr 2,18

schliefen sie wieder. Die Augen waren ihnen zuge-
fallen, und sie wussten nicht, was sie ihm antworten
sollten.
41 Als Jesus das dritte Mal zurückkam, sagte er zu
ihnen: »Schlaft ihr denn immer noch und ruht euch
aus? Genug jetzt, die Stunde ist da! Jetzt wird der
Menschensohn* an die Menschen, die Sünder, aus-
geliefert. 42 Steht auf, wir wollen gehen; er ist schon
da, der mich verrät.«

Jesus wird verhaftet

(Mt 26,47-56; Lk 22,47-53; Joh 18,3-12)

43 Noch während Jesus das sagte, kam Judas, einer
der Zwölf*, mit einem Trupp von Männern, die
mit Schwertern und Knüppeln bewaffnet waren.
Sie waren von den führenden Priestern*, den Ge-
setzeslehrern* und den Ratsältesten* geschickt
worden.
44 Der Verräter hatte mit ihnen ein Erkennungszei-
chen ausgemacht: »Wem ich einen Begrüßungskuss
gebe, der ist es. Den nehmt fest und führt ihn unter
Bewachung ab!«
45 Judas ging sogleich auf Jesus zu, begrüßte ihn
mit »Rabbi*!« und küsste ihn so, dass alle es sehen
konnten. 46 Da packten sie Jesus und nahmen ihn
fest. 47 Aber einer von denen, die dabeistanden, zog
sein Schwert, hieb auf den Bevollmächtigten des
Obersten Priesters* ein und schlug ihm ein Ohr ab.
48 Jesus sagte zu den Männern: »Warum rückt ihr
hier mit Schwertern und Knüppeln an, um mich ge-
fangen zu nehmen? Bin ich denn ein Verbrecher?
49 Täglich war ich bei euch im Tempel und lehrte
die Menschen, da habt ihr mich nicht festgenom-
men. Aber was in den Heiligen Schriften* angekün-
digt wurde, muss in Erfüllung gehen.«
50 Da verließen ihn alle seine Jünger* und flohen.
51 Ein junger Mann folgte Jesus; er war nur mit ei-
nem leichten Überwurf bekleidet. Ihn wollten sie
auch festnehmen; 52 aber er riss sich los, ließ sein
Kleidungsstück zurück und rannte nackt davon.[a]

Jesus vor dem jüdischen Rat

(Mt 26,57-68; Lk 22,54-55.63-71; Joh 18,12-14.19-24)

53 Sie brachten Jesus zum Obersten Priester*. Dort
versammelten sich alle führenden Priester und alle
Ratsältesten und Gesetzeslehrer. 54 Petrus folgte Je-
sus in weitem Abstand und kam bis in den Innenhof
des Palastes. Dort saß er bei den Dienern und
wärmte sich am Feuer.
55 Die führenden Priester und der ganze Rat* ver-
suchten, Jesus durch Zeugenaussagen zu belasten,
damit sie ihn zum Tod verurteilen könnten; aber
es gelang ihnen nicht. 56 Es sagten zwar viele falsche
Zeugen gegen Jesus aus, aber ihre Aussagen stimm-
ten nicht überein.
57 Dann traten einige auf und behaupteten: 58 »Wir
haben ihn sagen hören: ›Ich werde diesen Tempel*,
der von Menschen erbaut wurde, niederreißen und
werde in drei Tagen einen anderen bauen, der nicht
von Menschen gemacht ist.‹«[b] 59 Aber auch ihre Aus-
sagen widersprachen einander.
60 Da stand der Oberste Priester auf, trat in die
Mitte und fragte Jesus: »Hast du nichts zu sagen zu
dem, was diese beiden gegen dich vorbringen?«
61 Aber Jesus schwieg und sagte kein Wort.
Darauf fragte der Oberste Priester ihn: »Bist
du Christus, der versprochene Retter, der Sohn*
Gottes?«[c]
62 »Ich bin es«, sagte Jesus, »und ihr werdet den
Menschensohn* sehen, wie er an der rechten Seite
des Allmächtigen sitzt und mit den Wolken des Him-
mels kommt!«[d]
63 Da zerriss der Oberste Priester sein Gewand und
sagte: »Was brauchen wir noch Zeugen? 64 Ihr habt
es selbst gehört, wie er Gott beleidigt hat. Wie lautet
euer Urteil?«
Einstimmig erklärten sie, er habe den Tod ver-
dient.
65 Einige begannen, Jesus anzuspucken. Sie war-
fen ihm ein Tuch über den Kopf, sodass er nichts se-

Jesus wusste, dass selbst Petrus ihn im Stich lassen würde. In der Nacht, als Jesus verhört wurde, leugnete der Jünger dreimal, Jesus zu kennen. »In diesem Augenblick krähte der Hahn.« (14,72)

a Die ersten Leser des Evangeliums haben möglicherweise gewusst, von wem die Rede ist.
b Ein Wort dieser Art ist nach Joh 2,19 im Zusammenhang der Tempelreinigung gefallen (vgl. auch Apg 6,14). Im Judentum gab es die Hoffnung, dass in der Heilszeit der Tempel in Herrlichkeit neu erbaut werden würde. Die ›drei Tage‹ deuten auf die Auferstehung Jesu. Der auferstandene, erhöhte Herr wird den Tempel ersetzen bzw. überflüssig machen.
c Wörtlich *Bist du Christus*, der Sohn des Gepriesenen.*
d Die, die jetzt über Jesus zu Gericht sitzen, werden ihn als den Erhöhten (vgl. 12,36-37 und die Anmerkung dort) und in der Vollmacht des Menschensohns zum Gericht Erscheinenden (Dan 7,13-14; vgl. Mt 24,30 und die Anmerkung dort) wiedersehen.

14,49 Lk 24,46 S **14,50** 14,27 **14,56** Dtn 19,15 S; Ps 35,11 **14,58** Joh 2,19 S **14,61** (schwieg) Jes 53,7; Mk 15,3-5 par; Joh 19,9; (Sohn Gottes) 15,39 S **14,62** 12,36 S; 13,26 S **14,63-64** Mt 26,65 S **14,65** Jes 50,6; 53,5; Lk 7,16 S

hen konnte; dann schlugen sie ihn mit Fäusten und
sagten: »Wer war es? Du bist doch ein Prophet*!«
Dann nahmen ihn die Gerichtspolizisten* vor und
gaben ihm Ohrfeigen.

Petrus verleugnet Jesus

(Mt 26,69-75; Lk 22,56-62; Joh 18,15-18.25-27)

66 Petrus war noch immer unten im Hof. Eine Diene-
rin des Obersten Priesters* kam vorbei. 67 Als sie Pe-
trus am Feuer bemerkte, sah sie ihn genauer an und
meinte: »Du warst doch auch mit dem Jesus aus Na-
zaret zusammen!«

68 Petrus stritt es ab: »Ich habe keine Ahnung; ich
weiß überhaupt nicht, wovon du redest!« Dann ging
er hinaus in die Vorhalle. In dem Augenblick krähte
ein Hahn.

69 Die Dienerin entdeckte Petrus dort wieder und
sagte zu den Umstehenden: »Der gehört auch zu ih-
nen!« 70 Aber er stritt es wieder ab.

Kurz darauf fingen die Umstehenden noch einmal
an: »Natürlich gehörst du zu denen, du bist doch
auch aus Galiläa*!«

71 Aber Petrus schwor: »Gott soll mich strafen,
wenn ich lüge! Ich kenne den Mann nicht, von
dem ihr redet.«

72 In diesem Augenblick krähte der Hahn zum
zweiten Mal, und Petrus erinnerte sich daran, dass
Jesus zu ihm gesagt hatte: »Bevor der Hahn zweimal
kräht, wirst du mich dreimal verleugnen und be-
haupten, dass du mich nicht kennst.«

Da fing er an zu weinen.

Jesus vor Pilatus

(Mt 27,1-2.11-14; Lk 23,1-5; Joh 18,28-38)

15 Früh am Morgen schließlich trafen die führen-
den Priester zusammen mit den Ratsältesten
und Gesetzeslehrern – also der ganze jüdische
Rat* – die Entscheidung: Sie ließen Jesus fesseln,
führten ihn ab und übergaben ihn dem Statthalter Pi-
latus.[a]

2 Pilatus fragte Jesus: »Bist du der König der Ju-
den?«

»Du sagst es«, gab Jesus zur Antwort.

3 Die führenden Priester brachten viele Beschuldi-
gungen gegen ihn vor. 4 Pilatus fragte ihn: »Willst du
dich nicht verteidigen? Du hast ja gehört, was sie dir
alles vorwerfen.«

5 Aber Jesus sagte kein einziges Wort. Darüber war
Pilatus erstaunt.

Das Todesurteil

(Mt 27,15-26; Lk 23,13-25; Joh 18,39–19,16)

6 Es war üblich, dass Pilatus zum Passafest* einen
Gefangenen begnadigte, den das Volk bestimmen
durfte.

7 Damals war gerade ein gewisser Barabbas im Ge-
fängnis, zusammen mit anderen, die während eines
Aufruhrs einen Mord begangen hatten. 8 Die Volks-
menge zog also zu Pilatus und bat für Barabbas um
die übliche Begnadigung.

9 Pilatus erwiderte: »Soll ich euch nicht den König
der Juden freigeben?« 10 Ihm wurde nämlich immer
klarer, dass die führenden Priester* Jesus nur aus
Neid an ihn ausgeliefert hatten.

11 Doch die führenden Priester redeten auf die Leu-
te ein, sie sollten fordern, dass er ihnen lieber Ba-
rabbas freigebe.

12 Da versuchte es Pilatus noch einmal und fragte
sie: »Was soll ich dann mit dem anderen machen,
den ihr den König der Juden nennt? Was wollt ihr?«

13 »Kreuzigen*!«, schrien sie.

14 »Was hat er denn verbrochen?«, fragte Pilatus.

Aber sie schrien noch lauter: »Kreuzigen!«

15 Um die Menge zufrieden zu stellen, ließ Pilatus
ihnen Barabbas frei und gab den Befehl, Jesus mit
der Geißel* auszupeitschen und zu kreuzigen.

Die Soldaten verspotten Jesus

(Mt 27,27-31; Joh 19,2-3)

16 Die Soldaten brachten Jesus in den Innenhof des
Palastes, der dem Statthalter* als Amtssitz diente,[b]
und riefen die ganze Mannschaft zusammen. 17 Sie
hängten ihm einen purpurfarbenen Mantel um,
flochten eine Krone aus Dornenzweigen und setzten
sie ihm auf.

18 Dann fingen sie an, ihn zu grüßen: »Hoch lebe
der König der Juden!« 19 Sie schlugen ihn mit einem
Stock auf den Kopf, spuckten ihn an, knieten vor
ihm nieder und huldigten ihm wie einem König.

20 Nachdem sie so ihren Spott mit ihm getrieben
hatten, nahmen sie ihm den Mantel wieder ab, zo-
gen ihm seine eigenen Kleider wieder an und führten
ihn hinaus, um ihn ans Kreuz* zu nageln.

Jesus am Kreuz[c]

(Mt 27,32-44; Lk 23,26-43; Joh 19,17-27)

21 Sie zwangen einen Mann, der gerade vorbeiging,
für Jesus das Kreuz* zu tragen. Es war Simon aus Zy-
rene, der Vater von Alexander und Rufus,[d] der ge-
rade vom Feld in die Stadt zurückkam.

22 Sie brachten Jesus an die Stelle, die Golgota
heißt, das bedeutet übersetzt »Schädelplatz«. 23 Dort
wollten sie ihm Wein mit einem betäubenden Zusatz
zu trinken geben; aber Jesus nahm nichts davon.

24 Sie nagelten ihn ans Kreuz und verteilten dann
untereinander seine Kleider. Durch das Los be-
stimmten sie, was jeder bekommen sollte. 25 Es war
neun Uhr morgens, als sie ihn kreuzigten. 26 Als
Grund für seine Hinrichtung hatte man auf ein
Schild geschrieben: »Der König der Juden!«

a Siehe die Anmerkung zu Mt 27,2.
b Wörtlich *in den Hof, das ist das Prätorium**.
c Siehe die Anmerkungen zu Mt 27,32-44.
d Markus spricht offensichtlich von Männern, die der christlichen Gemeinde bekannt sind. Rufus ist vielleicht der gleiche wie in Röm 16,13.

14,72 14,30 par **15,2** Mt 27,11 S **15,3-5** 14,61 S **15,9** Mt 27,11 S **15,17** Lk 23,11 **15,18** Mt 27,11 S **15,19** 14,65 S **15,21** Röm 16,13 **15,24** Ps 22,19 **15,26** Mt 27,11 S

27 Zugleich mit Jesus kreuzigten sie zwei Verbre-
cher, einen links und einen rechts von ihm.[a]
29 Die Leute, die vorbeikamen, schüttelten den
Kopf und verhöhnten Jesus: »Ha! Du wolltest den
Tempel niederreißen und in drei Tagen einen neuen
bauen! 30 Dann befreie dich doch und komm herun-
ter vom Kreuz!«
31 Genauso machten sich die führenden Priester*
und die Gesetzeslehrer* über ihn lustig. »Anderen
hat er geholfen«, spotteten sie, »aber sich selbst kann
er nicht helfen! 32 Wenn er der versprochene Retter[b]
ist, der König von Israel, dann soll er doch jetzt vom
Kreuz herunterkommen! Wenn wir das sehen,
werden wir ihm glauben.«
Auch die beiden, die mit ihm gekreuzigt waren,
beschimpften ihn.

Jesus stirbt[c]

(Mt 27,45-56; Lk 23,44-49; Joh 19,28-30)

33 Um zwölf Uhr mittags verfinsterte sich der Himmel
über dem ganzen Land. Das dauerte bis um drei Uhr.
34 Gegen drei Uhr schrie Jesus: »Eloï, eloï, lema sa-
bachtani?« – das heißt übersetzt: »Mein Gott, mein
Gott, warum hast du mich verlassen?«
35 Einige von denen, die dabeistanden und es hör-
ten, sagten: »Der ruft nach Elija!« 36 Einer holte
schnell einen Schwamm, tauchte ihn in Essig*,
steckte ihn auf eine Stange und wollte Jesus trinken
lassen. Dabei sagte er: »Lasst mich machen! Wir wol-
len doch sehen, ob Elija kommt und ihn herunter-
holt.«
37 Aber Jesus schrie laut auf und starb.
38 Da zerriss der Vorhang* vor dem Allerheiligsten
im Tempel von oben bis unten. 39 Der römische
Hauptmann aber, der dem Kreuz* gegenüberstand
und miterlebte, wie Jesus aufschrie und starb, sagte:
»Dieser Mensch war wirklich Gottes Sohn*!«[d]
40 Auch einige Frauen waren da, die alles aus der
Ferne beobachteten, unter ihnen Maria aus Magdala
und Maria, die Mutter von Jakobus dem Jüngeren
und von Joses, sowie Salome. 41 Schon während sei-
nes Wirkens in Galiläa* waren sie Jesus gefolgt
und hatten für ihn gesorgt. Außer ihnen waren noch
viele andere Frauen da, die mit Jesus nach Jerusalem
gekommen waren.

Jesus wird ins Grab gelegt

(Mt 27,57-61; Lk 23,50-56; Joh 19,38-42)

42 Weil es ein Freitag war, der Vorbereitungstag für
den Sabbat*, und weil es schon Abend wurde,
43 wagte Josef von Arimathäa, zu Pilatus zu gehen
und ihn um den Leichnam von Jesus zu bitten. Josef
war ein hoch geachtetes Ratsmitglied* und einer von
denen, die auch darauf warteten, dass Gott seine
Herrschaft* aufrichte.
44 Pilatus war erstaunt zu hören, dass Jesus schon
gestorben sei.[e] Er ließ sich daher von dem Haupt-
mann Bericht erstatten und fragte ihn, ob es sich
so verhalte. 45 Als der Hauptmann es ihm bestätigte,
überließ er Josef den Leichnam.
46 Josef kaufte ein Leinentuch, nahm Jesus vom
Kreuz und wickelte ihn in das Tuch. Dann legte er
ihn in ein Grab, das in einen Felsen gehauen war,
und rollte einen Stein vor den Grabeingang.
47 Maria aus Magdala und Maria, die Mutter von
Joses, sahen sich genau an, wo Jesus bestattet wor-
den war.

Die Frauen am leeren Grab

(Mt 28,1-8; Lk 24,1-12; Joh 20,1-13)

16 Am Abend, als der Sabbat* vorbei war, kauf-
ten Maria aus Magdala und Maria, die Mutter
von Jakobus, und Salome wohlriechende Öle, um
den Toten damit zu salben. 2 Ganz früh am Sonntag-
morgen*, als die Sonne gerade aufging, kamen sie
zum Grab.
3 Unterwegs hatten sie noch zueinander gesagt:
»Wer wird uns den Stein vom Grabeingang wegrol-
len?« 4 Denn der Stein war sehr groß. Aber als sie hin-
sahen, bemerkten sie, dass er schon weggerollt wor-
den war.
5 Sie gingen in die Grabkammer hinein und sahen
dort auf der rechten Seite einen jungen Mann in ei-
nem weißen Gewand sitzen.[f]
Sie erschraken sehr. 6 Er aber sagte zu ihnen:
»Habt keine Angst! Ihr sucht Jesus aus Nazaret, der
ans Kreuz* genagelt wurde. Er ist nicht hier; Gott
hat ihn vom Tod auferweckt! Hier seht ihr die Stelle,
wo sie ihn hingelegt hatten. 7 Und nun geht und sagt
seinen Jüngern*, vor allem Petrus: ›Er geht euch
nach Galiläa* voraus. Dort werdet ihr ihn sehen, ge-
nau wie er es euch gesagt hat.‹«[g]
8 Da verließen die Frauen die Grabkammer und
flohen. Sie zitterten vor Entsetzen und sagten nie-
mand ein Wort. Solche Angst hatten sie.[h]

Die Erscheinungen des Auferstandenen[°i]

9 Nachdem Jesus früh am Sonntag* auferstanden
war, zeigte er sich zuerst Maria aus Magdala, die
er von sieben bösen Geistern* befreit hatte. 10 Sie
ging und berichtete es denen, die früher mit Jesus zu-
sammen gewesen waren und die jetzt trauerten und
weinten. 11 Als sie hörten, dass Jesus lebe und Maria
ihn gesehen habe, glaubten sie es nicht.
12 Danach zeigte sich Jesus in fremder Gestalt zwei
von ihnen, die zu einem Ort auf dem Land unter-
wegs waren. 13 Sie kehrten um und erzählten es
den anderen, aber die glaubten ihnen auch nicht.
14 Schließlich zeigte sich Jesus den Elf, während
sie beim Essen waren. Er machte ihnen Vorwürfe,

a Einige Handschriften fügen hinzu (Vers 28): *So ging in Erfüllung, was in den Heiligen Schriften* vorausgesagt war: »Er wurde unter die Verbrecher gezählt«* (vgl. Lk 22,37 und Jes 53,12).
b Wörtlich *der Christus**.
c Siehe die Anmerkung zu Mt 27,45-56.
d Ein Nichtjude erkennt und bekennt, wer Jesus eigentlich war. Und er erkennt und bekennt es unterm Kreuz! Damit ist das Markus-Evangelium an sein Ziel und Ende gekommen (vgl. 1,1; 1,9; 1,34; 16,8 und die Anmerkungen dort).
e Gekreuzigte hingen oft tagelang am Kreuz, ehe sie starben.
f Nach jüdischer Ausdrucksweise handelt es sich um einen Engel; vgl. Tob 5,4-5; 2 Makk 3,26.33; Apg 1,10; 10,30.
g Vgl. 14,28.
h Mit dem Bericht von der Entdeckung des leeren Grabes und der von einem Engel verkündeten Auferstehungsbotschaft schloss wahrscheinlich das Werk von Markus, das ausdrücklich den ›Anfang‹ der Guten Nachricht darstellen wollte (1,1) und in der Darstellung des Todes Jesu am Kreuz sein inneres Ziel und Ende erreichte (vgl. 15,39 und die Anmerkung dort). Das Erscheinen des Auferstandenen ist der Punkt, von dem aus alles geschrieben wurde, der selbst aber nicht mehr Gegenstand der Darstellung ist.
i Der Abschnitt Verse 9-20 fehlt in den ältesten und wichtigsten Handschriften. Er bringt eine Zusammenfassung der Erscheinungsberichte vor allem des Lukas- und des Johannes-Evangeliums (siehe die Vergleichsstellen; vgl. die Anmerkung zum Bibeltext im Anhang).

15,27 Jes 53,12 **15,29-32** Ps 22,8; 109,25 **15,29** Joh 2,19 S **15,33** Am 8,9 **15,34** *zit* Ps 22,2 **15,36** Ps 69,22 **15,38** Ex 26,31-33; 2 Chr 3,14; Hebr 10,19-20 **15,39** 1,1 S; 1,11 S; Mt 27,11 S **15,40-41** Lk 8,2-3 S **16,6** 8,31 S **16,7** 14,28 par **16,9-10** Joh 20,14-18 **16,10-11** Lk 24,9-11 **16,12-13** Lk 24,13-35 **16,14-16** Lk 24,36-49; Joh 20,19-23

weil sie gezweifelt hatten und denen nicht glauben
wollten, die ihn nach seiner Auferstehung gesehen
hatten.
[15] Dann sagte er zu ihnen: »Geht in die ganze Welt
und verkündet die Gute Nachricht* allen Men-
schen![a] [16] Wer zum Glauben* kommt und sich tau-
fen* lässt, wird gerettet. Wer nicht glaubt, den wird
Gott verurteilen.
[17] Die Glaubenden aber werden an folgenden Zei-
chen zu erkennen sein: In meinem Namen werden
sie böse Geister* austreiben und in unbekannten
Sprachen* reden. [18] Wenn sie Schlangen anfassen
oder Gift trinken, wird ihnen das nicht schaden,
und Kranke, denen sie die Hände auflegen, werden
gesund.«
[19] Nachdem Jesus, der Herr, ihnen dies gesagt
hatte, wurde er in den Himmel aufgenommen und
setzte sich an die rechte Seite Gottes. [20] Die Jünger
aber gingen und verkündeten überall die Gute
Nachricht. Der Herr half ihnen dabei und bekräftigte
die Botschaft durch die Wunder, die er geschehen
ließ.

a *allen Menschen:* wörtlich *jedem Geschöpf* oder *der ganzen Schöpfung.* Nach jüdischem Sprachgebrauch ist damit die Menschenwelt gemeint. Dafür spricht auch der folgende Vers.

16,15-16 Mt 28,19 **16,16** Apg 2,38 **16,17** (böse Geister) Apg 8,7; 16,18; (Sprachen) Apg 2,4; 10,46; 19,6; 1 Kor 12,10; 14,1-40 **16,18** (Schlangen) Lk 10,19; Apg 28,5; Ps 91,13; (Kranke) Apg 4,30; 5,16; 8,7; Jak 5,14-15 **16,19** Lk 24,50-51; Apg 1,9; Mk 12,36S **16,20** Hebr 2,4

Jüdisches Familienleben

In biblischer Zeit war die Familie etwas Größeres, Umfassenderes, als sie es heute in der Regel ist. Ein Mann oder eine Frau gehörten nicht nur zum Volk Israel, sondern zu einem der zwölf Stämme dieses Volkes. Innerhalb dieses Stammes waren sie eingebunden in eine bestimmte Sippe. Selbst die kleinste Familieneinheit umfasste neben Eltern und Kindern noch Großeltern, Onkel, Tanten, Neffen und Nichten.
Der Großvater hatte die entscheidende Autorität. Bei seinem Tod ging sie auf seinen ältesten Sohn über. Die Frau war solchen Autoritäten untergeordnet, nahm dabei aber dennoch oft eine beachtliche Stellung ein (vgl. nur Sprichwörter 31).
Vor dem Hintergrund allgemeiner Unterordnung und einer verbreiteten Verachtung der Frau im Judentum der neutestamentlichen Zeit hat Jesus durch sein Verhalten gegenüber Frauen einen neuen Maßstab gesetzt.

Eltern und Kinder

In Israel begann die Erziehung zu Hause, in der Familie. Grundlage aller Erziehung war das gemeinsame Ernstnehmen Gottes und seines Gesetzes; ihr Ziel bestand darin, Gott und dem, was er für Israel getan hatte, immer besser zu entsprechen. Die Eltern unterwiesen ihre Kinder selbst und wurden ihrerseits durch die Leviten, in späterer Zeit durch die Gesetzeslehrer, unterwiesen.
Über die religiöse Unterweisung hinaus wurden die Kinder auch in grundlegenden praktischen Dingen unterrichtet. Manche erlernten Mathematik oder Geometrie und wurden als Buchhalter oder als Architekten tätig. Viele lernten lesen und schreiben. Die Mädchen konnten spinnen und weben, Korn malen und Brot backen. Was die Familie an Kleidung brauchte, wurde zu Hause hergestellt.
Bis zur Zeit Salomos und auch noch danach war das Arbeits- und Berufsleben in Israel nicht sehr differenziert. Von den großen Städten abgesehen, lebten die Menschen als Bauern (s. auch Seite 276 NT). Die Kinder mussten auf die Schafe und Ziegen aufpassen. Die Väter brachten den Söhnen bei, wie man pflügt, sät und die Ernte einbringt. Oft vermittelten sie ihnen auch speziellere Kenntnisse: wie man ein Haus baut, Holz bearbeitet oder Leder herstellt.

Feste

Besondere Gelegenheiten brachten Abwechslung in das Einerlei des Alltags. So die Feier der religiösen Feste, die allemal eine Familienangelegenheit waren. Teils wurden diese Feste zu Hause mit einer besonderen Familienzusammenkunft gefeiert, teils auch

Das Schaf ist so etwas wie ein Familienmitglied und wird von den Kindern versorgt (vgl. 2Sam 12,1-6).

Von frühester Zeit an haben die Frauen Wolle gesponnen und gewebt, um die Kleider für die Familie herzustellen. Auf dem Bild unten weben Mädchen einen Bodenteppich.

so, dass die Familie zu einem der religiösen Zentren, d.h. in späterer Zeit nach Jerusalem, wallfahrtete – was oft eine Fußreise von mehreren Tagen bedeutete.

Geburt

Die Geburt eines Kindes wurde mit besonderen Bräuchen und Zeremonien gefeiert. Besonders groß war die Freude, wenn ein Junge geboren war; durch ihn pflanzte sich der Name der Familie fort. Eine große Familie galt als Zeichen für Gottes Segen. Der Name wurde mit Sorgfalt ausgewählt. Oft hatte es mit ihm eine besondere Bewandtnis, so z.B. im Falle Isaaks (Genesis 21,1-7). Jungen wurden acht Tage nach der Geburt beschnitten, zum Zeichen ihrer Zugehörigkeit zum Volk Gottes.

Hochzeit

Eine Hochzeit war noch mehr als heute Anlass zu einem großen Fest. Der Heiratsvertrag wurde schon bei der Verlobung verbindlich aufgesetzt. Der Bräutigam hatte dem Vater der Braut einen ›Brautpreis‹ zu zahlen. Das konnte durch Übereignung von Vieh geschehen oder dadurch, dass der Bräutigam eine bestimmte Zeit für seinen künftigen Schwiegervater arbeitete. Als Gegengabe brachte die Braut am Hochzeitstag eine Mitgift mit. Am Hochzeitstag holten der Bräutigam und seine Freunde die Braut in ihrem elterlichen Haus ab und geleiteten sie in das Haus des Bräutigams oder dessen Elternhaus. Dort waren schon die Familie und weitere Freunde und Bekannte zum Hochzeitsfest versammelt. Das Fest konnte eine ganze Woche lang dauern.

Tod und Begräbnis

Auch die Zeit der Trauer nach einem Todesfall und Begräbnis dauerte sieben Tage. Es scheint, dass Israel bis in die Zeit der babylonischen Verbannung hinein nicht an ein eigentliches Weiterleben nach dem Tod glaubte und ebenfalls nicht an eine Auferstehung der Toten. So musste der Tod, vor allem jeder vorzeitige Tod, als ein tragisches Ereignis empfunden werden. Die Angehörigen und Freunde weinten und klagten laut und gaben ihrer Trauer oft dadurch Ausdruck, dass sie ihre Kleider zerrissen und sich Asche auf den Kopf streuten.
An einzelnen Stellen meldet sich freilich schon im Alten Testament eine Ahnung davon, dass die Lebensgemeinschaft mit Gott, die im Gottesdienst erfahren wurde, auch durch den Tod nicht aufgehoben werden kann (Psalm 73,23-26). Im 2.Jh. v.Chr., in einer Zeit blutiger Glaubensverfolgung, kommt es schließlich zu dem Bekenntnis, dass Gott einst die Toten auferwecken und den Tod endgültig beseitigen wird (Jesaja 25,8; Daniel 12,1-3).

Normalerweise lebten in biblischer Zeit die Familien in einfachen, einstöckigen Häusern, die aus sonnengetrockneten Lehmziegeln gebaut wurden – ähnlich wie dieses Haus in Haran.

Dieser orientalische Jude arbeitet an der Ausschmückung eines Heiratsvertrags.

Eine jüdische Familie hat sich versammelt, um ein religiöses Fest zu feiern.

LUKAS

Im Vorwort seines Evangeliums gibt Lukas nach Art eines antiken Geschichtsschreibers Rechenschaft über die Absicht, die er mit seinem Werk verfolgt, und über die Weise seines Vorgehens (1,1-4). Er möchte die »Zuverlässigkeit der Lehre« nachweisen, die in den Gemeinden seiner Zeit über Jesus und das in ihm geschenkte Heil vorgetragen wird. Zu dem Zweck hat er die Jesusüberlieferung bis in ihre ersten Anfänge zurückverfolgt und will sie in sachgerechter Abfolge darbieten. In seiner Arbeit weiß er sich zahlreichen Vorgängern verpflichtet, möchte sie jedoch an Gründlichkeit und in der Breite des erfassten Materials übertreffen. Theophilus, dem er das Werk widmet (siehe auch Apostelgeschichte 1,1), ist uns nicht näher bekannt. Vermutlich handelt es sich um einen einflussreichen Mann, der zugleich für die Anerkennung und Verbreitung des Buches sorgen konnte.
Lukas stellt das Auftreten Jesu bewusst in den Zusammenhang der weltgeschichtlichen Ereignisse seiner Zeit (2,1-2; 3,1-2). Nach langen Jahren blutiger Kriege und Bürgerkriege hatte Kaiser Augustus der damaligen Welt Frieden und Ordnung gebracht und wurde von vielen mit z. T. religiöser Inbrunst als der große Friedensbringer, als Heiland und Retter der Welt gefeiert. Jesus tritt nicht in Konkurrenz zu den politischen Aufgaben der Mächtigen seiner Zeit, doch hat er dieser und aller Zeit einen Frieden und eine Rettung zu bringen, die tiefer gründen und umfassender sind als alles, was römische Kaiser oder sonst eine menschliche Macht in dieser Hinsicht anbieten können.
Mehr als im Matthäus- oder Markus-Evangelium ist bei Lukas von diesem Frieden die Rede, den Jesus in die Welt bringt (2,14 und Vergleichsstellen), und von der Freude, die sein Kommen auslöste (1,14; 2,10; 24,41.52). Wie Jesus selbst arm und anspruchslos lebte, so verlangt er dies auch von seinen Jüngern. Mit seiner Verkündigung der Gottesherrschaft ist unlöslich der Ruf verbunden: »Freut euch, ihr Armen! Ihr werdet mit Gott leben in seiner neuen Welt. Aber weh euch, ihr Reichen! Ihr habt euren Anteil schon kassiert« (6,20.24; siehe ferner 16,19 und Erklärung dort). Lukas stellt heraus, wie gerade auch verachtete Gruppen der damaligen jüdischen Gesellschaft und schuldig gewordene Menschen die Zuwendung Jesu erfuhren (2,8-12; 7,36–8,3; 15,8-32; 18,9-14; 19,1-10; 23,39-43).
Seinen Weg in den Tod hat Jesus sehr bewusst angetreten; nach der Voraussage des Gesetzes und aller Propheten musste er ihn gehen, um so seine Herrschaft als Herr und Retter der Welt anzutreten (9,31 und Erklärung dort). Von 9,51 an zielt Jesu Weg auf die Erhöhung zu dem Platz an der rechten Seite Gottes. Lukas ist der einzige Evangelist, der diese Erhöhung in die Darstellung einbezieht, ja sie zum feierlichen Abschluss seines Werkes gestaltet (24,50-53).
Wie Lukas in seinem Vorwort darlegt (1,1-4), konnte er bei der Abfassung seines Werkes auf Arbeiten anderer Männer zurückgreifen. Wahrscheinlich hat ihm das Markus-Evangelium vorgelegen und die weitere schriftliche Quelle, die vermutlich auch Matthäus schon benutzte (siehe die Einführung zum Matthäus-Evangelium). Darüber hinaus hat aber gerade Lukas sehr viel aufbewahrt, was sich bei keinem der anderen Evangelisten findet; darunter z. B. das Gleichnis vom verlorenen Sohn (15,11-32), die Beispielerzählung vom Pharisäer und Zolleinnehmer (18,9-14), der Bericht von der Einkehr Jesu bei Zachäus (19,1-10).
Lukas hat seinem Evangelium ein zweites Werk folgen lassen: die Apostelgeschichte, in der er den Siegeszug der Jesusbotschaft bis ins Herz der damaligen Welt, d. h. bis nach Rom, darstellt. Das Lukas-Evangelium und seine Fortsetzung, die Apostelgeschichte, wird von der altkirchlichen Überlieferung dem Arzt Lukas, einem Mitarbeiter des Apostels Paulus (vgl. Kolosser 4,14; Philemon 24; 2 Tim 4,11), zugeschrieben. Aus dem Evangelium selbst oder der Apostelgeschichte ergibt sich für diese Festlegung kein sicherer Anhalt.

Inhaltsübersicht

VORWORT (1,1-4)

Lukas schreibt an Theophilus

1 Schon viele haben versucht, die Ereignisse zusammenhängend darzustellen, die Gott unter uns geschehen ließ und mit denen er seine Zusagen eingelöst hat.

2 Diese Ereignisse sind uns überliefert in den Berichten der Augenzeugen, die von Anfang an alles miterlebt hatten und die den Auftrag erhielten, die Botschaft Gottes weiterzugeben.

3 So habe auch ich mich dazu entschlossen, all diesen Überlieferungen bis hin zu den ersten Anfängen sorgfältig nachzugehen und sie für dich, verehrter Theophilus, in der rechten Ordnung und Abfolge niederzuschreiben.

4 Du sollst dadurch die Zuverlässigkeit der Lehre erkennen, in der du unterwiesen wurdest.

GEBURT UND KINDHEIT VON JOHANNES DEM TÄUFER UND JESUS (1,5–2,52)

Die Geburt des Täufers Johannes wird angekündigt

5 Zu der Zeit, als König Herodes* über das jüdische Land herrschte, lebte ein Priester* namens Zacharias, der zur Priestergruppe Abija gehörte. Auch seine Frau stammte aus einer Priesterfamilie; sie hieß Elisabet. 6 Beide führten ein Leben, das Gott gefiel; sie richteten sich in allem nach den Geboten und Anweisungen des Herrn. 7 Sie waren aber kinderlos, denn Elisabet konnte keine Kinder bekommen; außerdem waren sie auch schon sehr alt.[a]

8 Einmal hatte Zacharias wieder Dienst am Tempel* in Jerusalem, weil die Priestergruppe, zu der er gehörte, gerade an der Reihe war. 9 Es war unter den Priestern üblich, die einzelnen Dienste durch das Los* zu verteilen. An einem bestimmten Tag fiel Zacharias die Aufgabe zu, das Räucheropfer* darzubringen. So ging er in das Innere des Tempels, 10 während das ganze versammelte Volk draußen betete.

11 Da erschien ihm plötzlich der Engel* des Herrn. Der Engel stand an der rechten Seite des Altars, auf dem der Weihrauch verbrannt wurde. 12 Als Zacharias ihn sah, erschrak er und bekam große Angst. 13 Aber der Engel sagte zu ihm:

»Hab keine Angst, Zacharias! Gott hat dein Gebet erhört. Deine Frau Elisabet wird dir einen Sohn gebären, den sollst du Johannes nennen.[b]

14 Dann wirst du voll Freude und Jubel sein, und noch viele andere werden sich freuen über seine Geburt. 15 Denn er ist vom Herrn zu großen Taten berufen.

Als Gottgeweihter* wird er keinen Wein und auch sonst keinen Alkohol trinken. Schon im Mutterleib wird der Geist* Gottes ihn erfüllen, 16 und er wird viele aus dem Volk Israel zum Herrn, ihrem Gott, zurückführen.

17 Er wird dem Herrn als Bote vorausgehen, im gleichen Geist und mit der gleichen Kraft wie der Prophet Elija. Seine Aufgabe wird es sein, das Herz der Eltern den Kindern zuzuwenden und alle Ungehorsamen auf den rechten Weg zurückzubringen. So wird er dem Herrn ein Volk zuführen, das auf sein Kommen vorbereitet ist.«

18 Zacharias sagte zu dem Engel: »Woran soll ich erkennen, dass es wirklich so kommen wird? Ich bin doch ein alter Mann, und meine Frau ist auch schon in vorgeschrittenen Jahren.«

19 Der Engel antwortete: »Ich bin Gabriel*, der vor Gottes Thron steht.[c] Gott hat mich zu dir gesandt, um dir diese gute Nachricht zu bringen. 20 Was ich gesagt habe, wird zur gegebenen Zeit eintreffen.

Aus übervollem Herzen stimmte Maria ein Loblied an: »Gott richtet die Unterdrückten auf. Den Hungernden gibt er reichlich zu essen.« (1,52-53)

a Siehe Sacherklärung »Geburtsgeschichten«.
b Siehe Sacherklärung »Namensgebung«.
c Er ist einer der sieben »Thronengel«; vgl. Tob 12,15; Offb 8,2.

1,3 Apg 1,1 **1,5** 1 Chr 24,7-18 Nr. 8 **1,7** Gen 25,21S **1,8** 1 Chr 24,19 **1,9** Ex 30,7-8 **1,11-17** Ri 13,3-5 **1,12** 1,29; 2,9; Ri 6,22; 13,22; Dan 8,17S **1,13** 1,30; 2,10; Ri 6,23; Dan 10,12.19 **1,15** Num 6,3-4S; Lk 7,33; 1,35 **1,17** Mal 3,1.23-24; Mt 17,10-11S; 11,14S **1,18** Gen 17,17; 18,11-12; Lk 1,34 **1,19** Dan 8,16S

Aber weil du mir nicht geglaubt hast, wirst du so lan-
ge stumm sein und nicht mehr sprechen können, bis
es eingetroffen ist.«
21 Das Volk wartete draußen auf Zacharias und
wunderte sich, dass er so lange im Tempel blieb.
22 Als er schließlich herauskam, konnte er nicht zu ih-
nen sprechen. Da merkten sie, dass er im Tempel
eine Erscheinung gehabt hatte. Er gab ihnen Zeichen
mit der Hand und blieb auch weiterhin stumm.
23 Als seine Dienstwoche im Tempel beendet war,
ging Zacharias nach Hause. 24 Bald darauf wurde
seine Frau Elisabet schwanger und zog sich fünf Mo-
nate lang völlig zurück. Sie sagte: 25 »Das hat der Herr
an mir getan! Wegen meiner Kinderlosigkeit haben
mich die Leute verachtet; aber er hat sich um mich
gekümmert und die Schande von mir genommen.«[a]

Die Geburt des Retters Jesus wird angekündigt

26 Als Elisabet im sechsten Monat war, sandte Gott
den Engel Gabriel* nach Nazaret in Galiläa* 27 zu ei-
nem jungen Mädchen mit Namen Maria. Sie war
noch unberührt[b] und war verlobt* mit einem Mann
namens Josef, einem Nachkommen Davids.
28 Der Engel kam zu ihr und sagte: »Sei gegrüßt,
Maria, der Herr ist mit dir; er hat dich zu Großem
ausersehen!«
29 Maria erschrak über diesen Gruß und überlegte,
was er bedeuten sollte.
30 Da sagte der Engel zu ihr: »Hab keine Angst, du
hast Gnade bei Gott gefunden! 31 Du wirst schwanger
werden und einen Sohn gebären. Dem sollst du den
Namen Jesus* geben. 32 Er wird groß sein und wird
›Sohn des Höchsten‹ genannt werden. Gott, der
Herr, wird ihn auf den Thron seines Ahnherrn David
erheben, 33 und er wird für immer über die Nach-
kommen Jakobs regieren. Seine Herrschaft wird
nie zu Ende gehen.«
34 Maria fragte den Engel: »Wie soll das zugehen?
Ich bin doch mit keinem Mann zusammen!«
35 Er antwortete: »Gottes Geist* wird über dich
kommen, seine Kraft wird das Wunder vollbringen.[c]
Deshalb wird auch das Kind, das du zur Welt bringst,
heilig und Sohn* Gottes genannt werden.
36 Auch Elisabet, deine Verwandte, bekommt
einen Sohn – trotz ihres Alters. Sie ist bereits im
sechsten Monat, und es hieß doch von ihr, sie könne
keine Kinder bekommen. 37 Für Gott ist nichts un-
möglich.«
38 Da sagte Maria: »Ich gehöre dem Herrn, ich bin
bereit.[d] Es soll an mir geschehen, was du gesagt
hast.«
Darauf verließ sie der Engel.

Maria besucht Elisabet

39 Bald danach machte sich Maria auf den Weg und
eilte zu einer Stadt im Bergland von Judäa. 40 Dort
ging sie in das Haus von Zacharias und begrüßte Eli-
sabet.
41 Als Elisabet ihren Gruß hörte, hüpfte das Kind in
ihrem Leib. Da wurde sie vom Geist* Gottes erfüllt
42 und rief laut:
»Gesegnet bist du von Gott, auserwählt unter al-
len Frauen, und gesegnet ist die Frucht deines Lei-
bes! 43 Wie komme ich zu der Ehre, dass die Mutter
meines Herrn mich besucht? 44 Ja, das bist du; denn[e]
in dem Augenblick, als dein Gruß an mein Ohr
drang, machte das Kind einen Freudensprung in mei-
nem Leib. 45 Du darfst dich freuen, denn du hast ge-
glaubt, dass sich erfüllen wird, was der Herr dir an-
kündigen ließ.«

Maria preist Gott (Der Lobgesang Marias: Magnificat)

46 Maria aber sprach:
»Mein Herz preist den Herrn,
47 alles in mir jubelt vor Freude
über Gott, meinen Retter![f]
48 Ich bin nur seine geringste Dienerin,
und doch hat er sich mir zugewandt.
Jetzt werden die Menschen mich glücklich preisen
in allen kommenden Generationen;
49 denn Gott hat Großes an mir getan,
er, der mächtig und heilig ist.
50 Sein Erbarmen hört niemals auf;
er schenkt es allen, die ihn ehren,
von einer Generation zur andern.
51 Jetzt hebt er seinen gewaltigen Arm
und fegt die Stolzen weg samt ihren Plänen.
52 Jetzt stürzt er die Mächtigen vom Thron
und richtet die Unterdrückten auf.
53 Den Hungernden gibt er reichlich zu essen
und schickt die Reichen mit leeren Händen fort.
54 Er hat an seinen Diener Israel gedacht
und sich über sein Volk erbarmt.
55 Wie er es unsern Vorfahren versprochen hatte,
Abraham* und seinen Nachkommen
für alle Zeiten.«

56 Maria blieb etwa drei Monate bei Elisabet und
kehrte dann wieder nach Hause zurück.

Der Täufer Johannes wird geboren

57 Als für Elisabet die Zeit der Entbindung gekommen
war, gebar sie einen Sohn. 58 Die Nachbarn und
Nachbarinnen und die Verwandten hörten es und

a Zur Kinderlosigkeit als »Schande« vgl. Gen 16,5; 30,1; 1Sam 1,6.11.
b Wörtlich *zu einer Jungfrau (die war verlobt);* ebenso steht *Jungfrau* für *junges Mädchen* am Versende. Hier wird schon angespielt auf Jes 7,14 in der Fassung der griechischen Übersetzung, also auf das Prophetenwort, das hinter Vers 31 steht (vgl. Mt 1,22-23).
c Vgl. Mt 1,23 und Anmerkung zu Jes 7,14.
d Wörtlich *Siehe (ich bin) die Sklavin des Herrn.*
e *Ja, das ...:* verdeutlichender Zusatz.
f Maria preist Gott für das, was er an ihr persönlich getan hat (Verse 46-50), und für das, was mit dem Kommen des Messias nunmehr in Gang gesetzt ist (Verse 51-55).

1,24 Gen 21,1-2; Ri 13,24; 1Sam 1,19-20 **1,25** Gen 21,6-7; 30,23 **1,26** Dan 8,16S **1,27** Mt 1,16 **1,28** Ri 6,12; Rut 2,4 **1,29** 1,12S **1,30** 1,13S **1,31** Gen 16,11; 17,19; Ri 13,3; Jes 7,14; Mt 1,21S; Lk 2,21; 1,59 **1,32** Jes 9,6; 2Sam 7,16; Mt 20,30-31S **1,33** Dan 2,44S **1,34** 1,18S **1,35** Mt 1,18; Lk 4,18S **1,37** Ijob 42,2S **1,45** Gen 15,6 **1,46-55** 1Sam 2,1-10 **1,47** Hab 3,18; Jes 43,3S **1,50** Ps 103,8.17 **1,51** Dtn 5,15; 26,8 **1,52** Ps 75,8S; Mt 23,12S; Jak 4,6.10 **1,53** Ps 107,9; 34,11; Lk 6,21 **1,54-55** Mi 7,20S; Ps 98,3; Gen 17,7

freuten sich mit, dass Gott so großes Erbarmen mit ihr gehabt hatte.

59 Als das Kind acht Tage alt war und beschnitten* werden sollte, kamen sie alle dazu. Sie wollten es nach seinem Vater Zacharias nennen.

60 Aber die Mutter sagte: »Nein, er soll Johannes heißen!«

61 Sie wandten ein: »Warum denn? In deiner ganzen Verwandtschaft gibt es keinen, der so heißt.«

62 Sie fragten den Vater durch Zeichen, wie der Sohn heißen solle. 63 Zacharias ließ sich eine Schreibtafel geben und schrieb: »Er heißt Johannes.« Und sie wunderten sich alle.[a] 64 Im selben Augenblick konnte Zacharias wieder sprechen, und sofort fing er an, Gott zu preisen.

65 Da ergriff alle, die aus der Nachbarschaft gekommen waren, ehrfürchtiges Staunen, und im ganzen Bergland von Judäa* sprachen die Leute über das, was geschehen war. 66 Alle, die davon hörten, dachten darüber nach und fragten sich: »Was wird aus dem Kind einmal werden?« Denn es war offensichtlich, dass der Herr etwas Besonderes mit Johannes vorhatte.

Dank für die bevorstehende Rettung. Vorblick auf den Auftrag von Johannes (Der Lobgesang von Zacharias: Benedictus)

67 Erfüllt vom Geist* Gottes sprach der Vater des Kindes prophetische Worte:

68 »Gepriesen sei der Herr, der Gott Israels;
denn er ist uns zu Hilfe gekommen
und hat sein Volk befreit!
69 Einen starken Retter hat er uns gesandt,
einen Nachkommen seines Dieners David*!

70 So hat er es durch seine heiligen Propheten*
schon seit langem angekündigt:
71 Er wollte uns retten vor unseren Feinden,
aus der Gewalt all derer, die uns hassen.
72 Er wollte unseren Vorfahren Erbarmen erweisen
und die Zusagen seines heiligen Bundes*
nicht vergessen,
den er mit ihnen geschlossen hatte.
73 Schon unserem Ahnvater Abraham*
hat er mit einem Eid versprochen,
74-75 uns aus der Macht der Feinde zu befreien,
damit wir keine Furcht mehr haben müssen
und unser Leben lang ihm dienen können
als Menschen, die ganz ihrem Gott gehören
und tun, was er von ihnen verlangt.

76 Und du, mein Kind –
ein Prophet des Höchsten wirst du sein;
du wirst dem Herrn vorausgehen,
um den Weg für ihn zu bahnen.
77 Du wirst dem Volk des Herrn verkünden,
dass nun die versprochene Rettung kommt,
weil Gott ihnen ihre Schuld vergeben will.

78 Unser Gott ist voll Liebe und Erbarmen;
er schickt uns den Retter,
das Licht, das von oben kommt.
79 Dieses Licht leuchtet allen, die im Dunkeln sind,
die im finsteren Land des Todes leben;
es wird uns führen und leiten,
dass wir den Weg des Friedens* finden.«

Das Leben des Täufers Johannes bis zu seinem Auftreten

80 Johannes wuchs heran und nahm zu an Verstand. Später zog er sich in die Wüste zurück bis zu dem Tag, an dem er unter dem Volk Israel offen mit seinem Auftrag hervortreten sollte.

Jesus, der Retter, wird geboren ...

2 Zu jener Zeit ordnete Kaiser Augustus* an, dass alle Menschen in seinem Reich gezählt und für die Steuer erfasst werden sollten. 2 Diese Zählung war die erste und wurde durchgeführt, als Quirinius* Statthalter der Provinz Syrien war. 3 Und alle gingen hin, um sich einschreiben zu lassen, jeder in die Heimatstadt seiner Vorfahren.

4 Auch Josef machte sich auf den Weg. Aus Galiläa*, aus der Stadt Nazaret, ging er nach Judäa* in die Stadt Davids, nach Betlehem. Denn er stammte aus der Familie von König David.

5 Dorthin ging er, um sich einschreiben zu lassen, zusammen mit Maria, seiner Verlobten*; die war schwanger.

6 Während sie dort waren, kam für Maria die Zeit der Entbindung. 7 Sie gebar ihren Sohn, den Erstgeborenen, wickelte ihn in Windeln und legte ihn in eine Futterkrippe im Stall. Denn in der Herberge hatten sie keinen Platz gefunden.

... von Engeln verkündet ...

8 In jener Gegend waren Hirten auf freiem Feld, die hielten Wache bei ihren Herden in der Nacht. 9 Da trat der Engel* des Herrn zu ihnen, und die Herrlichkeit* des Herrn umstrahlte sie, und sie fürchteten sich sehr.

10 Aber der Engel sagte zu ihnen: »Habt keine Angst! Ich habe eine große Freudenbotschaft für euch und für das ganze Volk. 11 Heute ist euch der Retter geboren worden, in der Stadt Davids: Christus*, der Herr! 12 Und dies ist das Zeichen, an dem

a Vgl. 1,13 und Sacherklärung »Namensgebung«.

1,59 Gen 17,12-13 **1,60.63** 1,13 **1,64** 1,20 **1,68** Ps 41,14; 72,18; 111,9; Lk 4,18-21; 7,16; 19,44 **1,69** Ps 132,17; Mt 20,30-31 S **1,70** Röm 1,2; Jes 9,1-6; Mi 5,1-3 **1,71** Ps 106,10 **1,72** Ps 106,45; 105,8-9; Lev 26,42 **1,73** Gen 22,16-18; Mi 7,20 **1,74-75** Tit 2,12.14 **1,76** Mal 3,1; Mt 11,10 par; Mk 1,2 par **1,77** Jer 31,34 S **1,78** Ex 34,6 S; Mal 3,20 S **1,79** Jes 9,1.5; 42,6-7; Mt 4,16; (Frieden) Lk 2,14 S **1,80** Ri 13,24-25; 1 Sam 2,26; Lk 2,40.52 **2,4-7** Mt 2,1; Joh 7,42 **2,9** 1,12 S **2,10** 1,13 S **2,11** (Davids) Mt 20,30-31 S; (Retter) Lk 22,67 S; Apg 5,31; 13,23; Joh 4,42; 1 Joh 4,14; 2 Petr 1,11 S

ihr ihn erkennt: Ihr werdet ein neugeborenes Kind
finden, das liegt in Windeln gewickelt in einer Fut-
terkrippe.«[a]
13 Und plötzlich war bei dem Engel ein ganzes
Heer von Engeln, all die vielen, die im Himmel Gott
dienen; die priesen Gott und riefen:

14 »Groß ist von jetzt an Gottes Herrlichkeit
im Himmel;
denn sein Frieden[b] ist herabgekommen
auf die Erde zu den Menschen,
die er erwählt hat und liebt!«[c]

... von Hirten bekannt gemacht

15 Als die Engel in den Himmel zurückgekehrt waren,
sagten die Hirten zueinander: »Kommt, wir gehen
nach Betlehem und sehen uns an, was da geschehen
ist, was Gott uns bekannt gemacht hat!«
16 Sie liefen hin, kamen zum Stall und fanden Ma-
ria und Josef und bei ihnen das Kind in der Futter-
krippe. 17 Als sie es sahen, berichteten sie, was ihnen
der Engel von diesem Kind gesagt hatte. 18 Und alle,
die dabei waren, staunten über das, was ihnen die
Hirten erzählten. 19 Maria aber bewahrte all das Ge-
hörte in ihrem Herzen und dachte viel darüber nach.
20 Die Hirten kehrten zu ihren Herden zurück und
priesen Gott und dankten ihm für das, was sie gehört
und gesehen hatten. Es war alles genauso gewesen,
wie der Engel es ihnen verkündet hatte.

Jesus erhält seinen Namen und wird im Tempel Gott geweiht

21 Nach acht Tagen war es Zeit, das Kind beschnei-
den* zu lassen. Es bekam den Namen Jesus* – so
wie es der Engel des Herrn angeordnet hatte, noch
ehe Maria das Kind empfing.
22 VierzigTage nach der Geburt war die Zeit der
Unreinheit* für Mutter und Kind vorüber, die im Ge-

a Windeln und Futterkrippe sind die Kennzeichen dieses ›Retters‹. Eine herbe Korrektur jüdischer wie nichtjüdischer Heils- und Heilandserwartungen jener (und aller) Zeit. Als entscheidendes Kennzeichen wird noch das Kreuz hinzukommen (Apg 2,36; 4,10; 5,30).
b Lukas ist am Thema ›Frieden‹ mehr interessiert als die anderen Evangelisten; siehe die Vergleichsstellen.
c *denn sein Frieden ...:* wörtlich *auf der Erde Frieden den Menschen des Wohlgefallens.* Siehe Sacherklärung »Menschen des (göttlichen) Wohlgefallens«.

»... und legte ihn in eine Futterkrippe im Stall. Denn in der Herberge hatten sie keinen Platz gefunden«. (2,7) Die armselige Unterkunft lässt schon ahnen, auf wessen Seite dieser Retter, Heiland und Friedensbringer einmal stehen wird (vgl. 6,20-21.24.25). Das Bild zeigt einen Winkel in einem Gehöft in Bethlehem.

2,14 (jetzt) Offb 11,17; 12,10; 19,6; (Frieden) Jes 57,19; Lk 1,79; 10,5-6 par; 12,51 par; 19,38.42; 24,36; Apg 10,36 S; Mk 9,50 S; Joh 14,27 S **2,19** 2,51 **2,21** 1,31 S **2,22-24** Lev 12,1-4.7-8

setz* Moses festgelegt ist. Da brachten die Eltern das
Kind in den Tempel nach Jerusalem, um es Gott zu
weihen*. 23 Denn im Gesetz Gottes heißt es: »Wenn
das erste Kind, das eine Frau zur Welt bringt, ein
Sohn ist, soll es dem Herrn gehören.«
24 Zugleich brachten sie das Reinigungsopfer*,
wie es im Gesetz des Herrn vorgeschrieben ist: ein
Paar Turteltauben oder zwei junge Tauben.

Simeon und Hanna erkennen den Retter und machen ihn bekannt (Der Lobgesang Simeons: Nunc dimittis)

25 Damals lebte in Jerusalem ein Mann namens Sime-
on. Er war fromm, hielt sich treu an Gottes Gesetz*
und wartete auf die Rettung Israels. Er war vom
Geist* Gottes erfüllt, 26 und der hatte ihm die Gewiss-
heit gegeben, er werde nicht sterben, bevor er den
von Gott versprochenen Retter[a] mit eigenen Augen
gesehen habe.
27 Simeon folgte einer Eingebung des Heiligen
Geistes und ging in den Tempel*. Als die Eltern das
Kind Jesus dorthin brachten und es Gott weihen woll-
ten, wie es nach dem Gesetz üblich war, 28 nahm Si-
meon das Kind auf die Arme, pries Gott und sagte:

29 »Herr, nun kann ich in Frieden sterben,
denn du hast dein Versprechen eingelöst!
30–31 Mit eigenen Augen habe ich es gesehen:
Du hast dein rettendes Werk begonnen,
und alle Welt wird es erfahren.
32 Allen Völkern sendest du das Licht,
und dein Volk Israel bringst du zu Ehren.«

33 Der Vater von Jesus und seine Mutter wunderten
sich über das, was Simeon von dem Kind sagte.
34–35 Simeon segnete sie und sagte zur Mutter Maria:
»Dieses Kind ist von Gott dazu bestimmt, viele in
Israel zu Fall zu bringen und viele aufzurichten.[b]
Es wird ein Zeichen Gottes sein, gegen das sich viele
auflehnen werden. So sollen ihre innersten Ge-
danken an den Tag kommen. Du aber wirst um
dieses Kind viele Schmerzen leiden müssen; wie
ein scharfes Schwert werden sie dir ins Herz schnei-
den.«
36 In Jerusalem lebte auch eine Prophetin* namens
Hanna, eine Tochter Penuëls aus dem Stamm
Ascher. Sie war schon sehr alt. Sieben Jahre war
sie verheiratet gewesen, 37 und seit vierundachtzig
Jahren war sie Witwe. Sie verließ den Tempel nicht
mehr und diente Gott Tag und Nacht mit Fasten und
Beten.[c] 38 Auch sie kam jetzt hinzu und pries Gott. Sie
sprach über das Kind zu allen, die auf die Rettung Je-
rusalems warteten.

Die Rückkehr nach Nazaret

39 Als Maria und Josef alles getan hatten, was das Ge-
setz* des Herrn vorschreibt, kehrten sie mit Jesus
nach Galiläa* in ihre Heimatstadt Nazaret zurück.
40 Das Kind wuchs heran und wurde kräftig. Es hatte
ein ungewöhnliches Verständnis für den Willen Got-
tes, und Gottes Liebe ruhte sichtbar auf ihm.

a Wörtlich *den Christus* des Herrn.*
b Siehe Sacherklärung »Menschen des (göttlichen) Wohlgefallens«.
c 7 Jahren der Ehe stehen 12 × 7 Jahre geistlich geprägter Witwenschaft gegenüber.

Israel war in seiner Frühzeit vornehmlich ein Volk von Hirten gewesen. David selbst hatte diese Tätigkeit ausgeübt. Zur Zeit des Neuen Testaments jedoch waren Hirten manchmal genauso verachtet wie die Zolleinnehmer. Die Verkündigung an die Hirten (2,8-12) zeigt, wem Gottes Heil zuerst und vor allem gilt. Im Bild die Hirtenfelder in der Nähe von Bethlehem.

2,23 *nach* Ex 13,2 **2,25** 1,6 **2,26** 2,11 S **2,30-31** Jes 52,10; Lk 10,23-24 **2,32** Jes 49,6 S; 46,13 **2,33** Jes 8,14-15; 28,16; 1 Petr 2,8 **2,34** Röm 9,33 S **2,35** Joh 19,25 **2,37** 1 Tim 5,5; Mt 6,16-17 S **2,38** 2,25; 23,51; 24,21 **2,40** 1,80 S

Gottes Sohn, der kommende Lehrer Israels (Der zwölfjährige Jesus im Tempel)

41 Die Eltern von Jesus gingen jedes Jahr zum Passafest* nach Jerusalem. 42 Als Jesus zwölf Jahre alt war, nahmen sie ihn zum ersten Mal mit.[a]

43 Nach den Festtagen machten die Eltern sich wieder auf den Heimweg, während der junge Jesus in Jerusalem blieb. Seine Eltern wussten aber nichts davon. 44 Sie dachten, er sei irgendwo unter den Pilgern. Sie wanderten den ganzen Tag und suchten ihn dann abends unter ihren Verwandten und Bekannten. 45 Als sie ihn nicht fanden, kehrten sie am folgenden Tag nach Jerusalem zurück und suchten ihn dort.

46 Endlich am dritten Tag entdeckten sie ihn im Tempel*. Er saß mitten unter den Gesetzeslehrern*, hörte ihnen zu und diskutierte mit ihnen. 47 Alle, die dabei waren, staunten über sein Verständnis und seine Antworten.[b]

48 Seine Eltern waren ganz außer sich, als sie ihn hier fanden. Die Mutter sagte zu ihm: »Kind, warum hast du uns das angetan? Dein Vater und ich haben dich überall gesucht und große Angst um dich ausgestanden.«

49 Jesus antwortete: »Warum habt ihr mich denn gesucht? Habt ihr nicht gewusst, dass ich im Haus meines Vaters[c] sein muss?«[d]

50 Aber sie verstanden nicht, was er damit meinte.

51 Jesus kehrte mit seinen Eltern nach Nazaret zurück und gehorchte ihnen willig. Seine Mutter aber bewahrte das alles in ihrem Herzen.

52 Jesus nahm weiter zu an Jahren wie an Verständnis, und Gott und die Menschen hatten ihre Freude an ihm.

VORBEREITUNGEN FÜR DAS AUFTRETEN VON JESUS (3,1–4,13)

Johannes der Täufer* tritt auf

(Mt 3,1-6; Mk 1,2-6; Joh 1,19-23)

3 Es war im fünfzehnten Regierungsjahr des Kaisers Tiberius*. Pontius Pilatus war Statthalter* von Judäa, Herodes Antipas[e] regierte in Galiläa, sein Bruder Philippus[f] in Ituräa und Trachonitis, Lysanias regierte in Abilene. 2 Die Obersten Priester* waren Hannas und Kajaphas.

Johannes, der Sohn von Zacharias, hielt sich noch in der Wüste auf. Dort erging an ihn der Ruf Gottes. 3 Da machte er sich auf, durchzog die ganze Gegend am Jordan und verkündete: »Kehrt um[g] und lasst euch taufen*, denn Gott will euch eure Schuld vergeben!« 4 Schon im Buch des Propheten Jesaja steht: »In der Wüste ruft einer: ›Macht den Weg bereit, auf dem der Herr kommt! Ebnet ihm die Straßen! 5 Füllt alle Täler auf, tragt Berge und Hügel ab, beseitigt die Windungen und räumt die Hindernisse aus dem Weg! 6 Dann wird alle Welt sehen, wie Gott die Rettung bringt.‹«[h]

Der Täufer fordert radikale Umkehr

(Mt 3,7-10)

7 Die Menschen kamen in Scharen zu Johannes, um sich von ihm taufen* zu lassen. Er hielt ihnen vor: »Ihr Schlangenbrut, wer hat euch gesagt, dass ihr dem bevorstehenden Gericht Gottes entgeht? 8 Zeigt durch eure Taten, dass ihr es mit der Umkehr* ernst meint!

Ihr bildet euch ein, dass euch nichts geschehen kann, weil Abraham* euer Stammvater ist. Aber das sage ich euch: Gott kann Abraham aus diesen Steinen hier neue Nachkommen schaffen!

9 Die Axt ist auch schon angelegt, um die Bäume an der Wurzel abzuschlagen. Jeder Baum, der keine guten Früchte bringt, wird umgehauen und ins Feuer geworfen.«

10 Die Menschen fragten Johannes: »Was sollen wir denn tun?« 11 Seine Antwort war: »Wer zwei Hemden hat, soll dem eins geben, der keines hat. Und wer etwas zu essen hat, soll es mit jemand teilen, der hungert.«[i]

12 Auch Zolleinnehmer* kamen und wollten sich taufen lassen; sie fragten ihn: »Lehrer*, was sollen wir tun?« 13 Seine Antwort war: »Verlangt nicht mehr, als festgesetzt ist!«

14 Auch Soldaten fragten ihn: »Was sollen denn *wir* tun?« Die Antwort war: »Beraubt und erpresst niemand, sondern gebt euch mit eurem Sold zufrieden!«

Der Täufer weist auf Christus hin

(Mt 3,11-12; Mk 1,7-8; Joh 1,25-28)

15 Das Volk war voll Erwartung und fragte sich, ob Johannes vielleicht der versprochene Retter[j] sei. 16 Da erklärte er allen:

»Ich taufe euch mit Wasser. Es kommt aber der, der mächtiger ist als ich. Ich bin nicht einmal gut genug, ihm die Schuhe aufzubinden. Er wird euch mit dem Heiligen Geist* und mit dem Feuer des Gerichts taufen.[k]

17 Er hat die Worfschaufel* in seiner Hand, um die Spreu vom Weizen zu scheiden und den Weizen in seine Scheune zu bringen. Die Spreu wird er in einem Feuer verbrennen, das nie mehr ausgeht.«

a Mit dreizehn Jahren wird der junge Israelit verantwortlich für das Halten der Gebote.
b Die Vollmacht Jesu (vgl. 4,22.32) wird hier zum ersten Mal spürbar.
c Wörtlich *in dem (, was) meines Vaters (ist).*
d Das Sohnesbewusstsein Jesu meldet sich erstmals zu Wort (vgl. 3,22), und zum ersten Mal gebraucht Jesus dieses »muss« , das sein weiteres Leben bestimmen wird (vgl. 4,43; 9,22; 13,33; 17,25; 19,5; 22,37; 24,26.44).
e Wörtlich *Herodes;* siehe Sacherklärung »Herodes (3)«.
f Siehe Sacherklärung »Herodes (4)«.
g Siehe Sacherklärung »Umkehr«.
h Vgl. Jes 40,3-5. Das Heil geht alle Welt an. Vgl. schon 2,14; 2,30-31 und später 4,16-27; 24,47; Apg 1,8.
i Siehe Anmerkung zu 16,19.
j Wörtlich *der Christus*.
k Wörtlich *mit Feuer* (siehe Sacherklärung »Täufer«).

2,41 Ex 12,1-14 S; 12,15-20 S **2,49** Joh 2,16 **2,51** Phil 2,6-8; Hebr 5,8; Eph 6,1; Kol 3,20; Lk 2,19 **2,52** 1,80 S **3,2** 1,80 **3,3** Apg 13,24; 19,4; Lk 24,47 **3,4-6** *nach* Jes 40,3-5 **3,7** Mt 3,7 S; Lk 21,5-36 **3,8** Mt 3,9 S **3,9** Mt 7,19 **3,16** (Geist) Ps 51,9.12-14 S; Apg 1,5; 11,16; 19,2-4; 13,25; Lk 4,18 S

18 Mit diesen und vielen anderen Worten rüttelte Johannes das Volk auf und verkündete ihm die Gute Nachricht* vom Kommen des versprochenen Retters.

Das Wirken des Täufers geht zu Ende

(Mt 14,3-4; Mk 6,17-18)

19 Johannes tadelte auch den Fürsten Herodes,[a] weil er Herodias, die Frau seines Bruders, geheiratet und auch sonst viel Unrecht getan hatte. 20 Deswegen ließ Herodes ihn ins Gefängnis werfen und lud zu allem anderen auch noch diese Schuld auf sich.

Jesus lässt sich taufen

(Mt 3,13-17; Mk 1,9-11; Joh 1,32-34)

21 Zusammen mit dem ganzen Volk hatte auch Jesus sich taufen* lassen. Gleich darauf, während er betete,[b] öffnete sich der Himmel. 22 Der Heilige Geist* kam sichtbar auf ihn herab, anzusehen wie eine Taube.[c] Und eine Stimme sagte vom Himmel her: »Du bist mein Sohn*, dir gilt meine Liebe, dich habe ich erwählt.«

Jesus – Ziel und Erfüllung der Geschichte Israels und der Menschheit

23 Als Jesus sein Werk begann, war er etwa dreißig Jahre alt. Er galt als Sohn Josefs.[d]

Josef war ein Sohn Elis; 24 seine weiteren Vorfahren waren: Mattat, Levi, Melchi, Jannai, Josef,
25 Mattitja, Amos, Nahum, Hesli, Naggai, 26 Mahat, Mattitja,
Schimi, Josech, Joda, 27 Johanan, Resa, Serubbabel, Schealtiël,
Neri, 28 Melchi, Addi, Kosam, Elmadam, Er, 29 Joschua,
Eliëser, Jorim, Mattat, Levi, 30 Simeon, Juda, Josef,
Jonam, Eljakim, 31 Melea, Menna, Mattata, Natan, David,
32 Isai, Obed, Boas, Salmon, Nachschon, 33 Amminadab, Admin,
Arni, Hezron, Perez, Juda, 34 Jakob, Isaak, Abraham,
Terach, Nahor, 35 Serug, Regu, Peleg, Eber, Schelach,
36 Kenan, Arpachschad, Sem, Noach, Lamech, 37 Metuschelach, Henoch,
Jered, Mahalalel, Kenan, 38 Enosch, Set, Adam – und Adam stammte von Gott.

Jesus wird auf die Probe gestellt

(Mt 4,1-11; Mk 1,12-13)

4 1-2 Vom Heiligen Geist* erfüllt, ging Jesus vom Jordan weg. Vierzig Tage lang wurde er vom Geist in der Wüste umhergetrieben und vom Teufel auf die Probe gestellt. Die ganze Zeit hindurch aß er nichts, sodass er schließlich sehr hungrig war.

3 Da sagte der Teufel zu ihm: »Wenn du Gottes Sohn* bist, dann befiehl doch diesem Stein hier, dass er zu Brot wird!«

4 Jesus antwortete: »In den Heiligen Schriften* steht: ›Der Mensch lebt nicht nur von Brot.‹«

5 Darauf führte ihn der Teufel hinauf und zeigte ihm auf einen Blick alle Reiche der Welt 6 und sagte: »Ich will dir die Macht über alle diese Reiche in ihrer ganzen Größe und Pracht geben. Sie ist mir übertragen worden und ich kann sie weitergeben, an wen ich will. 7 Alles soll dir gehören, wenn du dich vor mir niederwirfst und mich anbetest.«

8 Aber Jesus sagte: »In den Heiligen Schriften heißt es: ›Vor dem Herrn, deinem Gott, wirf dich nieder, ihn sollst du anbeten und niemand sonst!‹«

9 Dann führte ihn der Teufel nach Jerusalem, stellte ihn auf den höchsten Punkt des Tempels* und sagte: »Wenn du Gottes Sohn bist, dann spring doch hinunter; 10 denn in den Heiligen Schriften steht: ›Deinetwegen wird Gott seine Engel* schicken, dass sie dich beschützen.‹ 11 Und: ›Sie werden dich auf Händen tragen, damit du dich an keinem Stein stößt.‹«

12 Jesus antwortete ihm: »Es heißt in den Heiligen Schriften auch: ›Du sollst den Herrn, deinen Gott, nicht herausfordern.‹«

13 Als der Teufel mit all dem Jesus nicht zu Fall bringen konnte, ließ er ihn vorläufig[e] in Ruhe.

JESUS IN GALILÄA (4,14–9,50)

Jesus beginnt sein Wirken in Galiläa

(Mt 4,12-17; Mk 1,14-15)

14 Erfüllt mit der Kraft des Heiligen Geistes* kehrte Jesus nach Galiläa* zurück. Die Kunde von ihm verbreitete sich in der ganzen Gegend. 15 Er lehrte in den Synagogen* und alle sprachen mit höchster Achtung von ihm.

Jesus wird in Nazaret abgelehnt

(Mt 13,53-58; Mk 6,1-6)

16 So kam Jesus auch nach Nazaret, wo er aufgewachsen war.[f] Am Sabbat* ging er wie immer in die Synagoge*. Er stand auf, um aus den Heiligen Schriften* vorzulesen, 17 und der Synagogendiener reichte ihm die Buchrolle* mit den Worten des Propheten Jesaja. Jesus rollte sie auf und wählte die Stelle aus, an der es heißt:[g]

18 »Der Geist* desHerrn hat von mir Besitz ergriffen,[h] weil der Herr mich gesalbt* und bevollmäch-

a Siehe Sacherklärung »Herodes (3)«.
b Vgl. 5,16 und Anmerkung dort.
c Siehe Anmerkung Mk 1,11.
d Zum Folgenden siehe Sacherklärung zu »Stammbaum Jesu«.
e D.h. bis 22,3.31.
f Die folgende Geschichte hat für Lukas maßgebliche Bedeutung. Im Aufriss seines Evangeliums steht sie dort, wo bei Matthäus die Bergpredigt steht.
g Das Wort der folgenden Lesung (vgl. Jes 61,1-2; 58,6) ist mit Jesus in Erfüllung gegangen (Vers 21). Das entfaltet Lukas durch sein ganzes Evangelium und die Apostelgeschichte.
h Vgl. 1,35; 3,16.22; 4,1; 5,17; 10,21; 24,49; Apg 1,2.5.8; 2,4.17.18.33.38.

3,19-20 Mk 6,17-18 par **3,21** 5,16S; Mt 3,16S **3,22** 4,18S; Mt 3,17S **3,23** Gen 41,46; 2 Sam 5,4; Num 4,3 **3,27** 1 Chr 3,17; Esra 3,2 **3,31-33** Rut 4,18-22; 1 Chr 2,1-14 **3,31** (Natan) 2 Sam 5,14 **3,33-38** Gen 29,35; 25,19-26; 11,10-20; 5,1-32 **4,1-2** Hebr 4,15; Lk 4,18S **4,4** *zit* Dtn 8,3 **4,6** Mt 28,18 **4,8** *nach* Dtn 6,13; 5,9 **4,10-11** *nach* Ps 91,11-12 **4,12** *nach* Dtn 6,16 **4,14** 4,18S **4,18-19** *nach* Jes 61,1-2 *und* 58,6; Lk 7,22 par **4,18** (Geist) 1,35; 3,16 par; 3,22 par; 4,1 par; 4,14; 10,21; 24,49; Apg 1,2.5.8; 2,4.17.18.33.38

tigt hat. Er hat mich gesandt, den Armen gute Nach-
richt* zu bringen, den Gefangenen zu verkünden,
dass sie frei sein sollen, und den Blinden, dass sie se-
hen werden. Den Misshandelten soll ich die Freiheit
bringen, 19 und das Jahr ausrufen, in dem der Herr
sich seinem Volk gnädig zuwendet.«[a]

20 Jesus rollte das Buch wieder zusammen, gab es
dem Synagogendiener zurück und setzte sich. Alle
in der Synagoge blickten gespannt auf ihn.
21 Er begann und sagte: »Heute, da ihr dieses Pro-
phetenwort aus meinem Mund hört, ist es unter
euch in Erfüllung gegangen.«
22 Alle spendeten seiner Rede Beifall und staunten
über die Botschaft von Gottes rettender Gnade. Aber
sie wunderten sich, so etwas aus seinem Mund zu
hören, und sagten zueinander: »Ist das nicht der
Sohn Josefs?«
23 Da sagte Jesus zu ihnen: »Sicher werdet ihr mir
jetzt mit dem Sprichwort kommen: ›Arzt, hilf dir
selbst! Wenn du in Kafarnaum so große Dinge getan
hast, wie wir gehört haben, dann tu sie auch hier in
deiner Vaterstadt!‹ 24 Aber ich versichere euch: Kein
Prophet* gilt etwas in seiner Heimat.
25 Ja, ich muss euch noch mehr sagen: Zur Zeit
des Propheten Elija lebten viele Witwen in Israel,
damals, als es dreieinhalb Jahre lang nicht regnete
und im ganzen Land große Hungersnot herrschte.
26 Trotzdem wurde Elija zu keiner von ihnen ge-
schickt, sondern zu einer Witwe in Sarepta im
Gebiet von Sidon. 27 Und zur Zeit des Propheten
Elischa gab es viele Aussätzige* in Israel; aber kei-
ner von ihnen wurde geheilt, nur der Syrer Naa-
man.«[b]
28 Als die Menschen in der Synagoge das hörten,
wurden sie wütend. 29 Sie sprangen auf und trieben
Jesus aus der Stadt hinaus, bis an den Rand des Ber-
ges, auf dem Nazaret liegt. Dort wollten sie ihn hin-
unterstürzen.
30 Aber Jesus ging mitten durch die Menge hin-
durch und zog weiter.[c]

Jesus hielt sich nach seiner Taufe vierzig Tage lang in der Wüste Juda auf. Dort wurde er vom Teufel auf die Probe gestellt: »Wenn du Gottes Sohn bist, dann befiehl doch diesem Stein hier, dass er zu Brot wird!« (4,3)

Jesus zeigt seine Macht

(Mk 1,21-28)

31 Jesus ging hinunter nach Kafarnaum, einer Stadt in
Galiläa*. Dort sprach er jeweils am Sabbat* in der
Synagoge*, 32 und die Menschen waren sehr beein-
druckt; denn er redete wie einer, den Gott dazu er-
mächtigt hat.
33 In der Synagoge war ein Mann, der von einem
bösen Geist* besessen war. Der schrie laut: 34 »Lass
uns in Ruhe, Jesus von Nazaret! Was hast du bei
uns zu suchen? Du bist doch nur gekommen, um
uns zu vernichten! Ich weiß genau, wer du bist:
Du bist der, der an Gottes Heiligkeit teilhat!«[d]
35 Drohend sagte Jesus zu dem bösen Geist:
»Schweig und fahr aus von diesem Menschen!« Da
schleuderte der Geist den Mann in die Mitte der Syn-
agoge und fuhr aus, ohne ihm einen Schaden zuzu-
fügen.
36 Die Leute erschraken alle und sagten zueinan-
der: »Was für eine Wortgewalt! Mit Vollmacht und
Kraft gibt er den bösen Geistern einen Befehl und
sie fahren aus!«
37 So kam es, dass man bald in der ganzen Gegend
von Jesus sprach.

Jesus heilt die Schwiegermutter von Petrus und viele andere Menschen

(Mt 8,14-17; Mk 1,29-34)

38 Jesus verließ die Synagoge* und ging in das Haus
Simons. Dessen Schwiegermutter lag mit hohem Fie-
ber im Bett, und die Leute im Haus baten Jesus, ihr zu
helfen. 39 Jesus trat zu ihr hin, bedrohte das Fieber,
und es verschwand. Sofort stand sie auf und bereite-
te für alle das Essen.[e]
40 Als die Sonne unterging,[f] brachten alle Leute ih-
re Kranken zu Jesus, Männer und Frauen mit den
verschiedensten Leiden. Jedem Einzelnen legte Jesus
die Hände auf und heilte sie. 41 Von vielen Besesse-
nen* fuhren böse Geister aus, die schrien: »Du bist
der Sohn* Gottes!« Aber Jesus drohte ihnen und ließ
sie nicht weiterreden; denn sie wussten, dass er der
versprochene Retter[g] war.

a Das vom Mose-Gesetz vorgesehene »Erlassjahr« (Lev 25,10), schon bei Jesaja ein Bild für die letzte Befreiungstat Gottes und die umfassende Neuordnung der Verhältnisse durch ihn, ist in Jesus angebrochen.
b In den Versen 23-27 nimmt Jesus das negative Ergebnis seiner Bemühungen um Israel vorweg und deutet an, dass das Heil an die nichtjüdischen Völker übergehen könnte. (Lukas weiß, dass es schließlich so gekommen ist; vgl. 24,47; Apg 10; 28,16-28.)
c In den Versen 28-30 finden manche Ausleger den Lebensausgang Jesu geheimnisvoll vorgebildet: Der zur Hinrichtung Geführte lebt und geht seinen Weg weiter – zu allen Völkern der Welt.
d *der, der an Gottes …:* wörtlich *der Heilige Gottes;* siehe Sacherklärung »Heiliger«.
e Siehe Anmerkung zu Mk 1,31.
f D.h., nachdem die Sabbatruhe vorbei war.
g Wörtlich *der Christus**.

4,19 Lev 25,10 **4,22** Joh 6,42 **4,24** Joh 4,44 **4,25-26** 1 Kön 17,1.8-16 **4,27** 2 Kön 5,1-14 **4,30** 13,32-33; Joh 7,30 **4,31** Mt 4,13 **4,32** Mt 7,28-29 **4,34** Mk 3,11 S **4,40** Mk 5,41 S **4,41** Mk 3,11 S

10 Er schaute sie alle der Reihe nach an und sagte zu
dem Mann: »Streck deine Hand aus!« Er tat es und
sie wurde wieder gesund.
11 Die Gesetzeslehrer und die Pharisäer packte eine
unsinnige Wut und sie berieten miteinander, was sie
gegen Jesus unternehmen könnten.

Jesus wählt die zwölf Apostel aus

(Mt 10,1-4; Mk 3,13-19)

12 Damals geschah Folgendes: Jesus ging auf einen
Berg,[a] um zu beten. Die ganze Nacht hindurch
sprach er im Gebet mit Gott.[b]
13 Als es Tag wurde, rief er seine Jünger* zu sich
und wählte aus ihnen zwölf aus, die er auch Apostel*
nannte. 14-16 Es waren:

Simon, dem er den Namen Petrus* gab,
und dessen Bruder Andreas;
dazu Jakobus,
Johannes,
Philippus,
Bartholomäus,
Matthäus,
Thomas,
Jakobus, der Sohn von Alphäus,
Simon, genannt der Zelot*,
Judas, der Sohn von Jakobus,
und Judas Iskariot, der Jesus später verriet.

DIE PREDIGT AM BERG (6,17-49)[c]

Die Schar der Zuhörenden: die Apostel, die Jünger und das Volk

(Mt 4,23-25; 12,15-16; Mk 3,7-12)

17 Jesus stieg mit den Aposteln* den Berg hinunter.
Auf einem ebenen Platz hatte sich eine große Menge
seiner Jünger versammelt, Männer und Frauen,[d]
und dazu noch viele Menschen aus dem ganzen jüdischen Land und aus Jerusalem und aus dem Küstengebiet von Tyrus und Sidon.
18 Sie wollten ihn hören und sich von ihren Krankheiten heilen lassen. Menschen, die von bösen Geistern* besessen waren, wurden von ihnen befreit.
19 Alle wollten Jesus berühren, denn es ging heilende
Kraft von ihm aus und machte sie alle gesund.

Wer sich freuen darf ... Seligpreisungen und Weherufe

(Mt 5,1-12)

20 Jesus blickte auf die große Schar seiner Jünger*, die
Männer und Frauen, und sagte:

»Freut euch, ihr Armen!
Ihr werdet mit Gott leben in seiner neuen Welt.[e]
21 Freut euch, die ihr jetzt Hunger habt!
Gott wird euch satt machen.
Freut euch, die ihr jetzt weint!
Bald werdet ihr lachen.

22 Freuen dürft ihr euch, wenn euch die Leute hassen,
ja, wenn sie euch aus ihrer Gemeinschaft ausstoßen
und beschimpfen und verleumden,[f] weil ihr euch
zum Menschensohn* bekennt! 23 Freut euch und
springt vor Freude, wenn das geschieht; denn Gott
wird euch reich belohnen. Mit den Propheten*
haben es die Vorfahren dieser Leute auch so gemacht.[g]

24 Aber weh euch, ihr Reichen!
Ihr habt euren Anteil schon kassiert.
25 Weh euch, die ihr jetzt satt seid!
Ihr werdet hungern.
Weh euch, die ihr jetzt lacht!
Ihr werdet weinen und klagen.

26 Weh euch, wenn euch alle Leute loben; denn genauso haben es ihre Vorfahren mit den falschen Propheten gemacht.«

Die Feinde lieben

(Mt 5,38-47; 7,12)

27 »Euch, die ihr mir zuhört, sage ich: Liebt eure Feinde; tut denen Gutes, die euch hassen; 28 segnet die,
die euch verfluchen, und betet für alle, die euch
schlecht behandeln.[h]
29 Wenn dich jemand auf die Backe schlägt, dann
halte ihm auch die andere Backe hin. Wenn dir jemand den Mantel* wegnimmt, dann gib ihm noch
das Hemd dazu.
30 Wenn jemand dich um etwas bittet, dann gib es
ihm; und wenn jemand dir etwas wegnimmt, dann
fordere es nicht zurück.
31 Behandelt die Menschen so, wie ihr selbst von
ihnen behandelt sein wollt.
32 Warum erwartet ihr von Gott eine Belohnung,
wenn ihr nur die liebt, die euch auch lieben? Das
tun sogar die Menschen, die nicht nach dem Willen
Gottes fragen.[i] 33 Warum erwartet ihr von Gott eine
Belohnung, wenn ihr nur die gut behandelt, die euch
auch gut behandeln? Das tun auch die hartgesottensten Sünder. 34 Warum erwartet ihr von Gott eine Belohnung, wenn ihr nur denen etwas leiht, von denen
ihr wisst, dass sie es euch zurückgeben werden? Ausleihen, um es auf Heller und Pfennig zurückzubekommen, das tun auch die Sünder gegenüber ihresgleichen!
35 Nein, eure Feinde sollt ihr lieben! Tut Gutes und
leiht, ohne etwas zurückzuerwarten! Dann be-

a Wörtlich *auf den Berg;* siehe Sacherklärung »Berg«.
b Siehe Anmerkung zu 5,16.
c Siehe Sacherklärung »Bergpredigt«.
d *Männer und Frauen* ist verdeutlichender Zusatz; ebenso in Vers 20. Das Lukas-Evangelium unterscheidet deutlich zwischen dem engen Jüngerkreis der Zwölf* oder *Apostel** und einem weiteren Kreis von Jüngern, zu dem auch Frauen gehören (vgl. 8,1-3 und Sacherklärung »Jünger«). Auch auf dem Weg nach Jerusalem ab 9,51 wird Jesus von Frauen begleitet (vgl. 23,49). Wenn Lukas in diesem Teil seines Evangeliums von *Jüngern* spricht, sind sie in der Regel mitgemeint. Die Übersetzung erinnert daran von Fall zu Fall durch den Zusatz *Männer und Frauen,* trägt aber auch der Tatsache Rechnung, dass bestimmte Aussagen sich ausschließlich an einen männlichen Adressatenkreis richten (z.B. 14,26; 18,29). Sie vermeidet den Begriff »Jüngerin«, weil Lukas selbst ihn im Evangelium nie gebraucht (vgl. dagegen Apg 9,36).
e Wörtlich *Euch gehört die Königsherrschaft* Gottes.*
f *ausstoßen ...:* Die im Griechischen verwendeten Ausdrücke lassen an den Ausschluss aus der Synagogengemeinschaft denken.
g Um Jesus sammeln sich die *Armen.* Sie dürfen sich schon jetzt freuen über die Umkehrung der Verhältnisse, die Gott herbeiführen wird (Verse 20-21.24.25).
h Den »Armen«, die sich um *Jesus* sammeln (Vers 27), ist der Weg revolutionärer Gewaltanwendung abgeschnitten.
i *die Menschen, die ...:* wörtlich *die Sünder.*

6,11 Joh 7,1 S **6,12** 5,16 S **6,13** 9,10 par; 11,49; 17,5; 22,14; 24,10; Apg 1,2.21-22.26; 2,42 **6,14-16** Apg 1,13; Joh 1,40-44 **6,19** Mt 9,20 S **6,20** Jak 2,5 **6,21** Offb 7,16-17; Jer 31,25; Ps 126,5; Jes 61,3 **6,22** Mt 5,11; 10,22; 24,9 par; Joh 15,18-19 S; 16,2; Apg 5,41; 1 Petr 4,14 **6,23** Mt 5,12 S **6,24** Mt 19,23-24 par; Jak 5,1 **6,25** 1 Kor 4,8 **6,26** Jak 4,4; Jer 5,31 **6,27-28** Mt 5,44 S **6,29** Röm 12,17 S **6,32-34** 14,12-13 S **6,35** Lev 25,35-37

kommt ihr reichen Lohn: Ihr werdet zu Kindern des Höchsten. Denn auch er ist gut zu den undankbaren und schlechten Menschen.«

Niemand verurteilen

(Mt 5,48; 7,1-2; Mk 4,24)

36 »Werdet barmherzig, so wie euer Vater barmherzig ist![a]

37 Verurteilt nicht andere, dann wird Gott auch euch nicht verurteilen. Sitzt über niemand zu Gericht, dann wird Gott auch über euch nicht zu Gericht sitzen.

Verzeiht, dann wird Gott euch verzeihen. 38 Schenkt, dann wird Gott euch schenken; ja, er wird euch so überreich beschenken, dass ihr gar nicht alles fassen könnt. Darum gebraucht anderen gegenüber ein reichliches Maß;[b] denn Gott wird bei euch dasselbe Maß verwenden.«

Gegen blinde und überhebliche Besserwisserei

(Mt 7,3-5; 15,14; 10,24-25)

39 Jesus machte ihnen auch in Bildern deutlich, wovor sie sich hüten sollen; er sagte:[c]

»Kein Blinder kann einen Blinden führen, sonst fallen beide in die Grube.[d] 40 Kein Schüler steht *über* seinem Lehrer. Und wenn er ausgelernt hat, soll er *wie* sein Lehrer sein.[e]

41 Warum kümmerst du dich um den Splitter im Auge deines Bruders oder deiner Schwester[f] und bemerkst nicht den Balken in deinem eigenen? 42 Wie kannst du zu deinem Bruder oder deiner Schwester sagen: ›Komm her, Bruder; komm her, Schwester; ich will dir den Splitter aus dem Auge ziehen‹, und merkst gar nicht, dass du selbst einen ganzen Balken im Auge hast? Scheinheilig bist du! Zieh doch erst den Balken aus deinem eigenen Auge, dann kannst du dich um den Splitter in einem anderen Auge kümmern!«[g]

Der Baum und die Früchte

(Mt 7,16-20; 12,33-35)

43 »Ein gesunder Baum trägt keine schlechten Früchte und ein kranker Baum trägt keine guten. 44 An den Früchten ist zu erkennen, was jeder Baum wert ist. Von Disteln kann man ja auch keine Feigen pflücken und von Dornengestrüpp keine Weintrauben ernten.

45 Ein guter Mensch bringt Gutes hervor, weil er im Herzen gut ist. Aber ein schlechter Mensch kann nur Böses hervorbringen, weil er von Grund auf böse ist. Denn wovon das Herz voll ist, davon redet der Mund!«

Das Gleichnis vom Hausbau

(Mt 7,21.24-27)

46 »Was nennt ihr mich immerzu ›Herr‹, wenn ihr doch nicht tut, was ich sage?

47 Wer zu mir kommt und meine Worte hört und sich nach ihnen richtet – ich werde euch zeigen, wem er gleicht: 48 Er gleicht einem Menschen, der ein Haus baute und dabei tief grub und die Fundamente auf Felsgrund legte. Als das Hochwasser kam, prallten die Fluten gegen das Haus, aber es blieb stehen, weil es so fest gebaut war.

49 Wer dagegen meine Worte hört und sich nicht nach ihnen richtet, ist wie ein Mensch, der sein Haus einfach auf das Erdreich stellte, ohne ein Fundament. Als die Fluten dagegen prallten, fiel es sofort in sich zusammen und alles lag in Trümmern.«

Der Hauptmann von Kafarnaum

(Mt 8,5-13; Joh 4,46-53)

7 Nachdem Jesus das alles vor den Ohren des versammelten Volkes gesagt und seine Rede beendet hatte, ging er nach Kafarnaum. 2 Dort lebte ein Hauptmann*, ein Nichtjude.[h] Er hatte einen Diener, den er sehr schätzte; der war schwer krank und lag im Sterben.

3 Als der Hauptmann von Jesus hörte, schickte er einige von den jüdischen Ortsvorstehern zu ihm. Sie sollten ihn bitten, zu kommen und seinem Diener das Leben zu retten.

4 Die Männer kamen zu Jesus und baten ihn dringend: »Der Mann ist es wert, dass du ihm hilfst. 5 Er liebt unser Volk. Er hat uns sogar die Synagoge* gebaut.«[i]

6 Jesus ging mit ihnen. Als er nicht mehr weit vom Haus entfernt war, schickte der Hauptmann ihm Freunde entgegen und ließ ihm ausrichten: »Herr, bemühe dich doch nicht! Ich weiß, dass ich dir, einem Juden, nicht zumuten kann, mein Haus zu betreten. 7 Deshalb hielt ich mich auch nicht für würdig, selbst zu dir zu kommen. Sag nur ein Wort und mein Diener wird gesund! 8 Auch ich unterstehe höherem Befehl und kann meinen Soldaten Befehle erteilen. Wenn ich zu einem sage: ›Geh!‹, dann geht er; wenn ich zu einem andern sage: ›Komm!‹, dann kommt er; und wenn ich meinem Diener befehle: ›Tu das!‹, dann tut er's.«

9 Als Jesus das hörte, wunderte er sich über ihn. Er drehte sich um und sagte zu der Menge, die ihm folgte: »Wahrhaftig, solch ein Vertrauen habe ich nicht einmal in Israel gefunden!«

10 Als die Boten des Hauptmanns in das Haus zurückkamen, war der Diener gesund.

a Siehe Sacherklärung »Bergpredigt«.
b Verdeutlichender Zusatz im Blick auf den Zusammenhang.
c *Jesus machte ...:* wörtlich *Er sagte aber auch ein Gleichnis* zu ihnen.*
d Blind ist jeder, der nicht bei Jesus gelernt hat. Er ist ungeeignet, andere zu führen. Das gilt auch für die Jünger Jesu untereinander.
e Der Jünger Jesu ist an das Maß seines Lehrers, Jesus, gebunden.
f Wörtlich *deines Bruders;* ebenso in Vers 42. Siehe Sacherklärung »Bruder«.
g Liebloses Verurteilen anderer und selbstgerechtes Herumbessernwollen an ihnen ist gerade in religiös engagierten Kreisen zu finden. Bei den Jüngern Jesu soll es dergleichen nicht geben.
h *ein Nichtjude:* verdeutlichender Zusatz. Ebenso *einem Juden* in Vers 6.
i Bei Lukas tritt die fromme Sinnesart des Heiden stark hervor (siehe auch Verse 6-7), auf die gerade die beteiligten Juden lobend hinweisen – Einzelheiten, die auch für das Verhältnis Juden–Nichtjuden in den christlichen Gemeinden (vgl. Apg 10–11) Bedeutung haben konnten.

6,37 Mt 6,14-15S **6,38** Mk 4,24 **6,39** Mt 15,14S **6,40** Mt 23,8-10; Joh 13,13-16 **6,46-49** Mt 7,21S **6,46** Mal 1,6

Jesus macht einen Toten lebendig

11 Bald darauf ging Jesus nach Naïn.[a] Seine Jünger, die Männer und Frauen,[b] und noch viele Leute folgten ihm. 12 Als sie in die Nähe des Stadttores kamen, wurde gerade ein Toter zur Bestattung hinausgetragen. Es war der Sohn einer Witwe, ihr einziger. Zahlreiche Bewohner der Stadt begleiteten die Mutter.

13 Als der Herr die Witwe sah, ergriff ihn das Mitleid und er sagte zu ihr: »Weine nicht!«

14 Dann trat er näher und berührte die Bahre; die Träger blieben stehen. Er sagte zu dem Toten: »Du junger Mann, ich befehle dir: Steh auf!«

15 Da richtete der Tote sich auf und fing an zu reden, und Jesus gab ihn seiner Mutter zurück.

16 Alle wurden von Furcht gepackt; sie priesen Gott und riefen: »Ein großer Prophet* ist unter uns aufgetreten![c] Gott selbst ist seinem Volk zu Hilfe gekommen!«[d]

17 Die Kunde von dem, was Jesus getan hatte, verbreitete sich im ganzen jüdischen Land und in allen angrenzenden Gebieten.

Die Anfrage des Täufers Johannes

(Mt 11,2-6)

18 Johannes hörte durch seine Jünger* von all diesen Ereignissen. Er rief zwei von ihnen zu sich 19 und schickte sie zum Herrn mit der Frage: »Bist du wirklich der, der kommen soll, oder müssen wir auf einen anderen warten?«

20 Die beiden kamen zu Jesus und sagten zu ihm: »Der Täufer* Johannes hat uns zu dir geschickt, um dich zu fragen: ›Bist du wirklich der, der kommen soll, oder müssen wir auf einen anderen warten?‹«

21 Jesus heilte damals gerade viele Leute von Krankheiten und schlimmen Leiden; er befreite Menschen von bösen Geistern* und gab vielen Blinden das Augenlicht.

22 Er antwortete den Boten: »Geht zurück zu Johannes und berichtet ihm, was ihr hier gesehen und gehört habt: Blinde sehen, Gelähmte gehen, Aussätzige* werden gesund,[e] Taube hören, Tote stehen auf und den Armen wird die Gute Nachricht* verkündet.[f] 23 Freuen darf sich, wer an mir nicht irrewird!«

Jesus spricht über den Täufer

(Mt 11,7-19)

24 Als die Boten des Täufers* wieder weggegangen waren, fing Jesus an, zu der Menge über Johannes zu sprechen:

»Als ihr zu ihm in die Wüste hinausgezogen seid, was habt ihr da erwartet? Etwa ein Schilfrohr, das jedem Windzug nachgibt? 25 Oder was sonst wolltet ihr sehen? Einen Menschen in vornehmer Kleidung? Leute mit prächtigen Kleidern, die im Luxus leben, wohnen in Palästen!

26 Also, was habt ihr erwartet? Einen Propheten*? Ich versichere euch: Ihr habt mehr gesehen als einen Propheten! 27 Johannes ist der, von dem es in den Heiligen Schriften* heißt: ›Ich sende meinen Boten vor dir her, sagt Gott, damit er den Weg für dich bahnt.‹

28 Ich versichere euch: Johannes ist der Bedeutendste unter allen, die je von einer Frau geboren wurden. Aber der Geringste, der miterlebt, wie Gott jetzt seine Herrschaft* aufrichtet, ist größer als er.

29 Das ganze Volk, das Johannes zuhörte, sogar die Zolleinnehmer*, unterwarfen sich dem Urteil Gottes und ließen sich von Johannes taufen. 30 Nur die Pharisäer* und die Gesetzeslehrer* missachteten die Rettung, die Gott ihnen zugedacht hatte, und lehnten es ab, sich von Johannes taufen zu lassen.

Jesus wurde gelegentlich von Pharisäern zum Essen eingeladen (7,36; 11,37; 14,1). Wohlhabende Juden folgten bei Gastmählern der griechisch-römischen Sitte: Man lag auf Polstern im Halbkreis oder in einem offenen Viereck um einen Tisch, von dessen freier Seite her die Speisen aufgetragen wurden. Im Bild eine Darstellung aus Pompeji.

a Siehe die Karte Seite 61 NT.
b *die Männer und Frauen:* verdeutlichender Zusatz; siehe Anmerkung zu 6,17.
c Für die Endzeit wurde die Erneuerung des Prophetentums erwartet. Jesus erfüllt diese Erwartung; vgl. 7,39; 13,13; 24,19 sowie 9,35.
d Es bestätigt sich, was Zacharias prophetisch geschaut hat (1,68; doch vgl. 19,44).
e *gesund:* wörtlich *rein**.
f Zu den Versen 21-22 vgl. 4,17-19; zu Vers 22 vgl. Anmerkung zu Mt 11,5.

7,12 1 Kön 17,17 **7,15** 1 Kön 17,22-23 **7,16** (Prophet) Mt 21,11 S; Mk 6,15 par; Lk 7,39; 24,19; Joh 6,14 S; Lk 1,68 S **7,22** Mt 11,5 S **7,27** *nach* Mal 3,1 *und* Ex 23,20; Lk 1,76 S **7,29-30** Mt 21,32 **7,29** 3,7.12

31 Mit wem soll ich die Menschen von heute vergleichen? Was für ein Bild passt auf sie? 32 Sie sind wie die Kinder, die auf dem Marktplatz herumsitzen und sich gegenseitig vorwerfen: ›Wir haben euch Hochzeitslieder gespielt, aber ihr habt nicht getanzt!‹ – ›Wir haben euch Trauerlieder gesungen, aber ihr habt nicht geweint!‹

33 Der Täufer Johannes ist gekommen, aß kein Brot und trank keinen Wein, und ihr sagt: ›Er ist von einem bösen Geist* besessen.‹ 34 Der Menschensohn* ist gekommen, isst und trinkt, und ihr sagt: ›Seht ihn euch an, diesen Vielfraß und Säufer, diesen Kumpan der Zolleinnehmer und Sünder!‹

35 Aber die Weisheit Gottes wird bestätigt durch alle, die für sie offen sind.«[a]

Jesus, der Pharisäer und die Prostituierte

36 Ein Pharisäer[b] hatte Jesus zum Essen eingeladen. Jesus ging in sein Haus und legte* sich zu Tisch.

37 In derselben Stadt lebte eine Frau, die als Prostituierte bekannt war.[c] Als sie hörte, dass Jesus bei dem Pharisäer eingeladen war, kam sie mit einem Fläschchen voll kostbarem Salböl. 38 Weinend trat sie an das Fußende des Polsters, auf dem Jesus lag, und ihre Tränen fielen auf seine Füße. Mit ihren Haaren trocknete sie ihm die Füße ab, bedeckte sie mit Küssen und salbte sie mit dem Öl.

39 Als der Pharisäer, der Jesus eingeladen hatte, das sah, sagte er sich: »Wenn dieser Mann wirklich ein Prophet* wäre, wüsste er, was für eine das ist, von der er sich da anfassen lässt! Er müsste wissen, dass sie eine Hure ist.«

40 Da sprach Jesus ihn an: »Simon, ich muss dir etwas sagen!«

Simon sagte: »Lehrer*, bitte sprich!«

41 Jesus begann: »Zwei Männer hatten Schulden bei einem Geldverleiher, der eine schuldete ihm fünfhundert Silberstücke, der andere fünfzig. 42 Weil keiner von ihnen zahlen konnte, erließ er beiden ihre Schulden. Welcher von ihnen wird ihm wohl dankbarer sein?«

43 Simon antwortete: »Ich nehme an: der, der ihm mehr geschuldet hat.«

»Du hast Recht«, sagte Jesus.

44 Dann wies er auf die Frau und sagte zu Simon: »Sieh diese Frau an! Ich kam in dein Haus und du hast mir kein Wasser für die Füße gereicht; sie aber hat mir die Füße mit Tränen gewaschen und mit ihren Haaren abgetrocknet. 45 Du gabst mir keinen Kuss zur Begrüßung, sie aber hat nicht aufgehört, mir die Füße zu küssen, seit ich hier bin. 46 Du hast meinen Kopf nicht mit Öl gesalbt, sie aber hat mit kostbarem Öl meine Füße gesalbt.

47 Darum sage ich dir: Ihre große Schuld ist ihr vergeben worden. Eben deshalb hat sie mir so viel Liebe erwiesen.[d] Wem wenig vergeben wird, der zeigt auch nur wenig Liebe.«

48 Dann sagte Jesus zu der Frau: »Deine Schuld ist dir vergeben!«

49 Die anderen Gäste fragten einander: »Was ist das für ein Mensch, dass er sogar Sünden vergibt?«

50 Jesus aber sagte zu der Frau: »Dein Vertrauen hat dich gerettet. Geh in Frieden*!«

Verkündigung der Botschaft im ganzen Land. Die Zwölf und viele Frauen begleiten Jesus

8 In der nun folgenden Zeit zog Jesus von Stadt zu Stadt und von Dorf zu Dorf. Überall verkündete er die Gute Nachricht*, dass Gott jetzt seine Herrschaft aufrichten und sein Werk vollenden werde.[e]

Dabei begleiteten ihn ständig die Zwölf* 2 und einige Frauen, die er von bösen Geistern* befreit und von Krankheiten geheilt hatte. Es waren Maria aus Magdala, aus der er sieben böse Geister ausgetrieben hatte, 3 Johanna, die Frau von Chuzas, einem Beamten in der Verwaltung des Fürsten Herodes,[f] sowie Susanna; dazu kamen noch viele andere Frauen. Sie alle sorgten aus ihren eigenen Mitteln für Jesus und den Kreis der Zwölf.[g]

Das Gleichnis von der Aussaat

(Mt 13,1-9; Mk 4,1-9)

4 Eine große Menschenmenge sammelte sich um Jesus, aus allen Orten strömten die Leute zu ihm. Da erzählte er ihnen ein Gleichnis*:

5 »Ein Bauer ging aufs Feld, um seinen Samen zu säen. Als er die Körner ausstreute, fiel ein Teil von ihnen auf den Weg. Dort wurden sie zertreten und von den Vögeln aufgepickt. 6 Andere Körner fielen auf felsigen Boden. Sie gingen auf, vertrockneten dann aber, weil sie nicht genug Feuchtigkeit hatten. 7 Wieder andere Körner fielen mitten in Dornengestrüpp, das wuchs mit auf und erstickte das Korn. 8 Andere Körner schließlich fielen auf guten Boden, gingen auf und brachten hundertfache Frucht.«

Darauf rief Jesus: »Wer Ohren hat, soll gut zuhören!«

Jesus erklärt das Gleichnis von der Aussaat

(Mt 13,10-23; Mk 4,10-20)

9 Die Jünger* fragten Jesus, was dieses Gleichnis* bedeute. 10 Jesus antwortete: »Euch hat Gott die Geheimnisse seines Planes erkennen lassen, nach dem er schon begonnen hat, seine Herrschaft in der Welt aufzurichten;[h] die anderen bekommen davon nur in Gleichnissen zu hören. Sie sollen sehen und doch nichts erkennen, sie sollen hören und doch nichts verstehen.

a *durch alle …:* wörtlich *vonseiten aller ihrer Kinder.* In Jesus hat sich Gottes »Weisheit« (vgl. Spr 8; Sir 4,11-19) der Welt zugewandt.
b Vgl. die Sacherklärung. Lukas weiß von Pharisäern, die Jesus offen, ja wohlwollend gegenüberstanden (vgl. 11,37; 13,31; 14,1).
c *als Prostituierte bekannt:* wörtlich *eine Sünderin;* ebenso in Vers 39 für *Hure.*
d *Eben deshalb …:* wörtlich *weil sie viel Liebe erwiesen hat.* Die Liebe ist Ausdruck der Dankbarkeit, nicht Ursache der Vergebung: »Du siehst, dass ihr vergeben ist, weil (= daran, dass) sie so viel Liebe erweist.« Die offenbar schon früher von Jesus zugesprochene Vergebung wird jetzt (Vers 48) noch einmal in aller Öffentlichkeit bestätigt.
e *Überall verkündete …:* wörtlich *ausrufend und als Gute Nachricht verkündigend die Königsherrschaft* Gottes.*
f Siehe Sacherklärung »Herodes (3)«.
g Frauen spielen im Lukas-Evangelium eine größere Rolle als in den anderen Evangelien. Schon in Kap 1–2 steht *Maria* im Mittelpunkt (in Mt 1–2 Josef). Vgl. sodann 7,11-17.36-50; 24,8-10; Apg 1,14.
h *Euch hat Gott …:* wörtlich *Euch ist es gegeben, zu erkennen die Geheimnisse der Königsherrschaft Gottes.* Als die *Geheimnisse* (Mehrzahl!) lassen sich im Zusammenhang der »Guten Nachricht nach Lukas« erkennen: dass die Herrschaft* Gottes in den Worten und Taten von Jesus schon in unsere Welt hereinbricht (10,23-24; 11,20; 17,20-21), die Identität von Jesus als »Christus« (9,20; 10,21-22) und nicht zuletzt der Leidensweg, den er nach dem Willen Gottes gehen »muss« (9,22.30-31).

7,33-34 Mt 9,14 par **7,33** 1,15 **7,34** Mt 9,10 S **7,36** 11,37; 14,1 **7,37-38** Mk 14,3 par **7,39** 7,16 S **7,42** Mt 18,27 **7,44** Gen 18,4; 1 Tim 5,10 **7,48** Mk 2,5 S **7,50** 8,48 par; 17,19; 18,42 par; Apg 3,16; Mt 8,13 S **8,2-3** 23,49 par; 23,55-56 par; 24,10; Mk 16,1 par; Joh 19,25; Apg 1,14 **8,10** Mk 4,12 S

11 Das Gleichnis will Folgendes sagen:

Der Samen ist die Botschaft Gottes. 12 Bei manchen, die sie hören, geht es wie bei dem Samen, der auf den Weg fällt. Der Teufel kommt und nimmt weg, was in ihr Herz gesät worden ist. Er will nicht, dass sie die Botschaft annehmen und gerettet werden.

13 Bei anderen ist es wie bei dem Samen, der auf felsigen Boden fällt. Sie hören die Botschaft und nehmen sie mit Freuden an. Aber sie sind Menschen ohne Wurzel: Eine Zeit lang halten sie sich an die Botschaft; aber wenn sie auf die Probe gestellt werden, fallen sie ab.

14 Wieder bei anderen ist es wie bei dem Samen, der in das Dornengestrüpp fällt. Sie hören zwar die Botschaft, aber dann gehen sie davon und ersticken in ihren Alltagssorgen, in Reichtum und Vergnügungen und bringen keine Frucht.

15 Bei anderen schließlich ist es wie bei dem Samen, der auf guten Boden fällt. Sie nehmen die Botschaft mit gutem und willigem Herzen an, bewahren sie und bringen durch Standhaftigkeit Frucht.«[a]

Zuhören und weitersagen

(Mk 4,21-25)

16 »Niemand[b] zündet eine Lampe* an und deckt sie dann mit einem Topf zu oder stellt sie unters Bett. Im Gegenteil, sie wird auf einen Lampenständer gestellt, damit alle, die das Haus betreten, das Licht sehen können.

17 So verhält es sich auch mit der Botschaft Gottes:[c] Es gibt nichts Verborgenes an ihr, das nicht ans Licht kommen wird; nichts Geheimes, das nicht bekannt und öffentlich verkündet werden wird.

18 Gebt also Acht, dass ihr richtig zuhört! Denn wer viel hat, dem wird noch mehr gegeben werden, und wer wenig hat, dem wird auch noch das Wenige genommen werden, das er zu haben meint.«

Die Angehörigen von Jesus

(Mt 12,46-50; Mk 3,31-35)

19 Die Mutter und die Brüder[d] von Jesus wollten ihn besuchen, konnten aber wegen der Menge nicht bis zu ihm durchkommen. 20 Es wurde ihm ausgerichtet: »Deine Mutter und deine Brüder stehen da hinten und wollen dich besuchen.«

21 Aber Jesus sagte: »Meine Mutter und meine Brüder sind die, die Gottes Botschaft hören und danach handeln.«

Im Sturm auf die Probe gestellt

(Mt 8,18.23-27; Mk 4,35-41)

22 Während dieser Zeit geschah es einmal, dass Jesus mit seinen Jüngern* in ein Boot stieg und zu ihnen sagte: »Wir fahren ans andere Ufer!« So fuhren sie ab.

23 Unterwegs schlief Jesus ein. Plötzlich kam ein Sturm auf, ein Fallwind von den Bergen.[e] Das Wasser schlug ins Boot und sie waren in großer Gefahr.

24 Die Jünger gingen zu Jesus, weckten ihn und riefen: »Herr, Herr, wir gehen unter!«

Jesus stand auf und sprach ein Machtwort zu dem Wind und den Wellen. Da hörten sie auf zu toben und es wurde ganz still.

25 Zu den Jüngern aber sagte er: »Wo ist euer Vertrauen?«

Sie waren erschrocken und sehr erstaunt und sagten zueinander: »Wer ist das nur, dass er sogar dem Wind und den Wellen befiehlt, und sie gehorchen ihm!«[f]

Der Besessene von Gerasa[g]

(Mt 8,28-34; Mk 5,1-20)

26 Sie fuhren weiter und erreichten das Gebiet von Gerasa, das Galiläa* gegenüber am anderen Seeufer liegt. 27 Als Jesus aus dem Boot stieg, lief ihm ein Mann aus jener Stadt entgegen. Er war von bösen Geistern* besessen. Kleider trug er schon lange nicht mehr; er war auch nicht im Haus festzuhalten, sondern lebte in den Grabhöhlen.

28 Als er Jesus sah, schrie er auf, warf sich vor ihm zu Boden und rief: »Was hast du bei mir zu suchen, Jesus, du Sohn* des höchsten Gottes? Bitte, quäle mich nicht!«

29 Jesus hatte nämlich dem bösen Geist befohlen, aus dem Besessenen auszufahren. Dieser Geist hatte den Mann schon lange in seiner Gewalt. Man hatte den Besessenen zwar immer wieder wie einen Gefangenen an Händen und Füßen gefesselt, aber jedes Mal hatte er die Ketten zerrissen und war von dem bösen Geist in die Wildnis getrieben worden.

30 Jesus fragte ihn: »Wie heißt du?«

Er antwortete: »Legion*.« Es waren nämlich viele böse Geister in den Mann gefahren. 31 Die baten Jesus, er solle sie nicht in den Abgrund* verbannen.

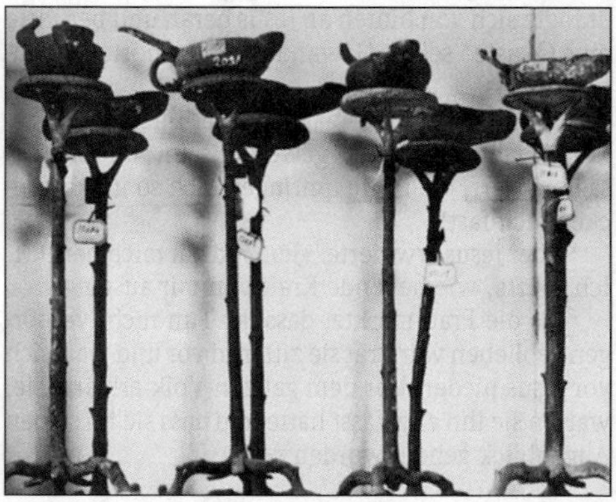

Wer eine Lampe anzündet, stellt sie »auf einen Lampenständer, damit alle, die das Haus betreten, das Licht sehen können« (8,16). Diese auf Ständer gesetzten römischen Lampen wurden in Pompeji gefunden.

a Siehe Anmerkung zu Mt 13,23.
b Siehe Anmerkung zu Mk 4,21.
c Verdeutlichender Zusatz, ebenso im folgenden Satz *an ihr*.
d Siehe Sacherklärung »Brüder und Schwestern von Jesus«.
e Winde, die von Westen, vom Mittelmeer her, durch die Berge Galiläas auf eine Höhe von 600–1000 m hochgedrückt werden, »fallen« dann auf den See hinab, der 209 m unter dem Meeresspiegel liegt.
f Siehe Anmerkung zu Mk 4,41.
g Siehe Anmerkungen zu Mk 5,1-20.

8,14 1 Tim 6,9-10 **8,16** 11,33 par **8,17** 12,2 par **8,18** Mt 25,29 S **8,21** 11,28 **8,24** Ps 89,10 S **8,25** Mt 14,31 S **8,28** Mk 3,11 S

32 In der Nähe weidete eine große Schweineherde auf dem Berg, und die bösen Geister baten ihn, in die Schweine fahren zu dürfen. Jesus erlaubte es ihnen. 33 Da kamen sie heraus aus dem Mann und fuhren in die Schweine, und die Herde raste das steile Ufer hinab in den See und ertrank.

34 Als die Schweinehirten das sahen, liefen sie davon und erzählten in der Stadt und in den Dörfern, was geschehen war. 35 Die Leute wollten es selbst sehen. Sie kamen zu Jesus und fanden den Mann, aus dem die bösen Geister ausgefahren waren, zu seinen Füßen sitzen. Er war ordentlich angezogen und bei klarem Verstand. Da befiel sie große Furcht.

36 Die Augenzeugen erzählten ihnen, wie der Besessene geheilt worden war. 37 Darauf bat die gesamte Bevölkerung von Gerasa und Umgebung, Jesus möge ihr Gebiet verlassen; so sehr fürchteten sie sich. Da stieg er ins Boot, um zurückzufahren.

38 Der Mann, aus dem die bösen Geister ausgefahren waren, bat Jesus, mit ihm gehen zu dürfen. Aber Jesus schickte ihn weg und sagte: 39 »Geh nach Hause und erzähl, was Gott für dich getan hat!« Der Mann zog durch die ganze Stadt und machte überall bekannt, was Jesus für ihn getan hatte.

Jesus heilt eine kranke Frau und erweckt ein Mädchen vom Tod

(Mt 9,18-26; Mk 5,21-43)

40 Als Jesus ans andere Seeufer zurückkam, empfing ihn die Volksmenge voll Freude; alle hatten auf ihn gewartet. 41 Da trat ein Mann namens Jaïrus auf ihn zu. Er war der Synagogenvorsteher* am Ort. Er warf sich vor Jesus nieder und bat ihn, doch in sein Haus zu kommen; 42 seine etwa zwölfjährige Tochter, sein einziges Kind, lag nämlich im Sterben.

Unterwegs umdrängten die Leute Jesus so, dass sie ihn fast erdrückten. 43 Es war auch eine Frau dabei, die seit zwölf Jahren an Blutungen litt. Niemand hatte ihr bisher helfen können, obwohl sie ihr ganzes Vermögen an Ärzte ausgegeben hatte. 44 Sie drängte sich von hinten an Jesus heran und berührte eine Quaste* seines Gewandes. Sofort hörte die Blutung auf.

45 Jesus fragte: »Wer hat mich berührt?«

Niemand wollte es gewesen sein, und Petrus sagte: »Herr, die Leute umringen dich so und erdrücken dich fast!«

46 Aber Jesus erwiderte: »Jemand hat mich berührt. Ich spürte, wie heilende Kraft von mir ausging.«

47 Als die Frau merkte, dass ihr Tun nicht verborgen geblieben war, trat sie zitternd vor und warf sich vor Jesus nieder. Vor dem ganzen Volk erklärte sie, warum sie ihn angefasst hatte und dass sie im selben Augenblick geheilt worden war.

48 Jesus sagte zu ihr: »Meine Tochter, dein Vertrauen hat dir geholfen. Geh in Frieden*!«

49 Während Jesus noch sprach, kam ein Bote aus dem Haus des Synagogenvorstehers und sagte zu Jaïrus: »Deine Tochter ist gestorben. Bemühe den Lehrer* nicht weiter!«

50 Jesus hörte es und sagte zu Jaïrus: »Hab keine Angst! Fass nur Vertrauen, dann wird sie gerettet!«

51 Als er zum Haus kam, ließ er nur Petrus, Johannes und Jakobus mit hineingehen und dazu den Vater des Kindes und die Mutter.

52 Drinnen weinten alle und trauerten um das Mädchen. Jesus sagte: »Weint nicht! Es ist nicht tot, es schläft nur.« 53 Da lachten sie ihn aus, denn sie wussten, es war tot.

54 Aber Jesus nahm es bei der Hand und rief: »Mädchen, steh auf!« 55 Da kehrte wieder Leben in das Mädchen zurück und es stand sofort auf; und Jesus ließ ihm etwas zu essen geben.

56 Die Eltern waren fassungslos. Jesus aber befahl ihnen, es niemand weiterzusagen.

Die Aussendung der Zwölf

(Mt 10,1.5-15; Mk 6,7-13)

9 Jesus rief die Zwölf[a] zusammen und gab ihnen Kraft und Vollmacht, alle bösen Geister* auszutreiben und Krankheiten zu heilen. 2 Er sandte sie aus mit dem Auftrag, das Kommen der Herrschaft* Gottes zu verkünden und die Kranken gesund zu machen.

3 Er sagte zu ihnen: »Nehmt nichts auf den Weg mit, keinen Wanderstock, keine Vorratstasche, kein Brot, kein Geld und auch kein zweites Hemd! 4 Wenn jemand euch aufnimmt, dann bleibt in seinem Haus, bis ihr von dort weiterzieht. 5 Wo sie euch nicht aufnehmen wollen, da verlasst den Ort und schüttelt den Staub* von den Füßen, damit die Bewohner gewarnt sind.«[b]

6 Die Zwölf machten sich auf den Weg und wanderten durch die Dörfer. Sie verkündeten überall die Gute Nachricht* und heilten die Kranken.

Herodes ist ratlos

(Mt 14,1-2; Mk 6,14-16)

7 Herodes Antipas,[c] der Fürst in jenem Teil des Landes, hörte von all diesen Vorgängen. Er wusste nicht, was er davon halten sollte. Denn manche Leute sagten: »Der Täufer* Johannes ist vom Tod auferweckt worden.« 8 Andere meinten, Elija* sei aus dem Himmel zurückgekommen, und wieder andere, einer der alten Propheten* sei auferstanden.

9 Herodes aber sagte: »Johannes habe ich doch selber den Kopf abschlagen lassen. Wer ist dann der, von dem ich solche Dinge höre?«

Darum wollte Herodes Jesus kennen lernen.

a Siehe 6,13 und Sacherklärung »Apostel«.
b Zu den Versen 3-5 siehe Anmerkungen zu Mk 6,9-11.
c Wörtlich *Herodes;* siehe Sacherklärung »Herodes (3)«.

8,43-44 Mt 9,20S **8,46** 6,19 **8,48** 7,50S **8,52** Joh 11,11-13 **8,54** Mk 5,41S **8,56** Mk 5,43S **9,1-6** 10,1-12 **9,2** 11,2S **9,3** 22,35 **9,5** Apg 13,51S **9,7-8** Mk 8,28S **9,8** Mt 16,14S **9,9** 23,8

Jesus macht fünftausend Menschen satt
(Mt 14,13-21; Mk 6,30-44; Joh 6,1-13)

10 Die Apostel* kamen zurück und berichteten Jesus,
was sie getan hatten. Darauf zog er sich mit ihnen in
Richtung Betsaida zurück.[a] 11 Sobald die Leute das
merkten, folgten sie ihm. Jesus wies sie nicht ab, son-
dern sprach zu ihnen über das Kommen der Herr-
schaft* Gottes und heilte alle, die Hilfe brauchten.
12 Darüber wurde es Abend, und die Zwölf* kamen
und sagten zu ihm: »Schick doch die Leute weg! Sie
sollen in die Dörfer und Höfe ringsum gehen, damit
sie dort übernachten können und etwas zu essen be-
kommen. Hier sind wir ja in einer ganz einsamen
Gegend.«
13 Aber Jesus sagte zu ihnen: »Gebt doch ihr ihnen
zu essen!«
Sie antworteten: »Wir haben nur fünf Brote und
zwei Fische; wir müssten erst losgehen und für die-
ses ganze Volk zu essen kaufen!« 14 Es waren nämlich
an die fünftausend Männer versammelt.
Jesus sagte zu seinen Jüngern*: »Sorgt dafür, dass
die Leute sich hinsetzen, in Tischgemeinschaften
von je etwa fünfzig.« 15 Die Jünger taten es und alle
setzten sich.
16 Dann nahm Jesus die fünf Brote und die zwei
Fische, sah zum Himmel auf und sprach das Segens-
gebet darüber. Er brach die Brote in Stücke, zerteilte
auch die Fische und gab alles den Jüngern, damit sie
es an die Menge austeilten.
17 Und die Leute aßen und wurden alle satt. Was
sie an Brotstücken übrig ließen, wurde eingesam-
melt: Es waren zwölf volle Körbe.[b]

Petrus spricht aus, wer Jesus ist, und Jesus kündigt zum ersten Mal seinen Tod an
(Mt 16,13-23; Mk 8,27-33)

18 Einmal hatte sich Jesus zum Gebet zurückgezogen[c]
und nur seine Jünger* waren bei ihm. Da fragte er
sie: »Für wen halten mich eigentlich die Leute?«
19 Die Jünger gaben zur Antwort: »Einige halten
dich für den wieder auferstandenen Täufer* Johan-
nes, andere für den wiedergekommenen Elija*,
und wieder andere meinen, einer der alten Prophe-
ten* sei auferstanden.«
20 »Und ihr«, wollte Jesus wissen, »für wen haltet
ihr mich?«
Petrus antwortete: »Für Christus*, den von Gott
versprochenen Retter!« 21 Da verbot er ihnen streng,
es irgendjemand zu sagen,[d] 22 und fügte hinzu: »Der
Menschensohn* muss vieles erleiden und muss von
den Ratsältesten*, den führenden Priestern* und
den Gesetzeslehrern* verworfen werden,[e] er muss
getötet und am dritten Tag auferweckt werden.«

Jesus folgen heißt ihm das Kreuz nachtragen
(Mt 16,24-28; Mk 8,34–9,1)

23 Dann wandte sich Jesus an alle und sagte: »Wer mir
folgen will, muss sich und seine Wünsche aufgeben,
muss Tag für Tag sein Kreuz* auf sich nehmen und
auf meinem Weg hinter mir hergehen.
24 Denn wer sein Leben retten will, wird es verlie-
ren. Wer aber sein Leben um meinetwillen verliert,
gerade der wird es retten. 25 Was hat ein Mensch da-
von, wenn er die ganze Welt gewinnt, aber zuletzt
sich selbst verliert oder sich doch schweren Schaden
zufügt?
26 Wenn jemand nicht den Mut hat, sich zu mir
und meiner Botschaft zu bekennen, dann wird auch
der Menschensohn* keinen Mut haben, sich zu ihm
zu bekennen, wenn er in seiner Herrlichkeit kommt
und in der Herrlichkeit des Vaters und der heiligen
Engel*.
27 Doch ich versichere euch: Einige von euch, die
jetzt hier stehen, werden noch zu ihren Lebzeiten se-
hen, wie Gottes Herrschaft* sich durchsetzt!«[f]

Drei Jünger sehen Jesus in Herrlichkeit (Die »Verklärung«)
(Mt 17,1-9; Mk 9,2-10)

28 Etwa acht Tage nachdem Jesus das gesagt hatte,
nahm er Petrus, Johannes und Jakobus mit sich
und stieg auf einen Berg,[g] um zu beten.[h]
29 Während er betete, veränderte sich sein Gesicht
und seine Kleider wurden leuchtend weiß. 30 Und
dann standen auf einmal zwei Männer neben ihm
und redeten mit ihm. Es waren Mose und Elija.
31 Sie erschienen in himmlischem Glanz und spra-
chen mit ihm über das Ende, das er nach Gottes Plan
in Jerusalem nehmen sollte.[i]
32 Petrus und die zwei anderen Jünger waren in tie-
fen Schlaf gefallen. Als sie aufwachten, sahen sie Je-
sus in seinem himmlischen Glanz und die zwei Män-
ner, die bei ihm standen. 33 Als die beiden von Jesus
weggehen wollten, sagte Petrus zu Jesus: »Wie gut,
dass wir hier sind, Herr! Wir wollen drei Zelte auf-
schlagen, eins für dich, eins für Mose und eins für
Elija. – Er wusste nicht, was er da redete.«
34 Noch während Petrus das sagte, kam eine Wol-
ke und warf ihren Schatten auf Jesus und auf Mose
und Elija. Die drei wurden ganz eingehüllt von der
Wolke,[j] und die Jünger bekamen Angst. 35 Eine Stim-
me aus der Wolke sagte: »Dies ist mein Sohn*, ihn
habe ich erwählt; auf ihn sollt ihr hören!«[k]
36 Nachdem die Stimme das gesagt hatte, war nur
noch Jesus allein zu sehen.
Die drei Jünger behielten dies alles für sich und er-
zählten damals niemand, was sie gesehen hatten.

9,10-17 15,32-39 par **9,10** 6,13S; 10,17 **9,13-14** Num 11,21-22 **9,18** 5,16S **9,19** Mk 8,28S **9,20** Mk 8,29S; Lk 22,67 **9,21** Mk 9,9S **9,21-22** Mk 8,31S; Lk 17,25; 24,6-7 **9,23-24** Mt 10,38-39S; Lk 14,27 **9,23** 1 Petr 2,21 **9,26** 12,9 par; 2 Tim 1,8; 2,12 **9,27** Mk 9,1S **9,28-29** 5,16S **9,29-36** 2 Petr 1,16-18 **9,31** 24,25-27.44-46; Apg 26,22-23 **9,32** Joh 1,14 **9,35** Mt 3,17S; (hören) Dtn 18,15S **9,36** 9,21 par

a Siehe die Karte Seite 61 NT.
b Siehe Anmerkung zu Mt 14,21.
c Vgl. 5,16 und Anmerkung dort.
d Siehe Anmerkung zu Mt 16,20.
e Gemeint ist *als unbrauchbar verworfen* im Sinn von Ps 118,22.
f Vgl. Mk 9,1 und Anmerkung dort. Lukas denkt wahrscheinlich an die Ausbreitung der Kirche, wie er sie in der Apostelgeschichte darstellt.
g Wörtlich *auf den Berg;* siehe Sacherklärung »Berg«.
h Vgl. 5,16 und Anmerkung dort.
i Die Vertreter des Gesetzes (Mose) und der Propheten (Elija) sprechen mit Jesus über das Thema von Vers 22. Im Tod Jesu wird sich alles erfüllen, was das Gesetz und die Propheten vorausgesagt haben (vgl. 24,25-27.44-46; Apg 26,22-23).
j Nach anderem Verständnis des nicht eindeutigen Textes hüllt die Wolke auch die Jünger ein.
k Siehe Anmerkung zu Mk 9,7.

Jesus heilt ein besessenes Kind. Die Hilflosigkeit der Jünger
(Mt 17,14-18; Mk 9,14-27)

37 Als Jesus mit den drei Jüngern* am nächsten Tag
den Berg hinunterstieg, kamen ihm viele Menschen
entgegen. 38 Aus der Menge rief ein Mann ihm zu:
»Lehrer*, ich bitte dich, sieh nach meinem Sohn!
Er ist mein einziges Kind. 39 Ein böser Geist* packt
ihn, lässt ihn plötzlich aufschreien, zerrt ihn hin
und her, bis ihm der Schaum vor dem Mund steht,
und lässt ihn kaum wieder los; er richtet ihn noch zugrunde.
40 Ich habe deine Jünger gebeten, den bösen
Geist auszutreiben, aber sie konnten es nicht.«
41 Jesus antwortete: »Was seid ihr doch für eine
verkehrte Generation, die Gott nichts zutraut! Wie
lange soll ich noch bei euch aushalten und euch ertragen? Bring deinen Sohn hierher!«
42 Als der Junge kam, riss ihn der böse Geist zu
Boden und zerrte ihn hin und her. Jesus sprach
ein Machtwort zu dem bösen Geist, machte den
Jungen gesund und gab ihn seinem Vater zurück.
43a Da erschraken alle sehr über die Macht und Größe
Gottes.

Jesus kündigt zum zweiten Mal seinen Tod an
(Mt 17,22-23; Mk 9,30-32)

43b Während die Menge staunte über all das, was Jesus tat, sagte er zu seinen Jüngern*:
44 »Merkt euch
gut, was ich sage: Bald wird der Menschensohn*
den Menschen ausgeliefert werden.«
45 Aber sie verstanden nicht, was er damit sagen
wollte. Gott hatte es ihnen verborgen; sie sollten
es noch nicht begreifen. Doch sie fürchteten sich
auch, Jesus danach zu fragen.

Wer ist der Größte?
(Mt 18,1-5; Mk 9,33-37)

46 Unter den Jüngern* kam die Frage auf, wer von ihnen der Größte sei.
47 Jesus kannte ihre Gedanken. Er nahm ein Kind,
stellte es neben sich
48 und sagte zu ihnen: »Wer dieses Kind in meinem Namen aufnimmt, nimmt mich
auf. Und wer mich aufnimmt, nimmt den auf, der
mich gesandt hat. Also: Wer unter euch der Allergeringste ist, der ist groß.«

Der direkte Weg von Galiläa nach Jerusalem führt durch Samarien. Aber wegen der Feindschaft zwischen Juden und Samaritern wählten die Festpilger oft den Umweg über das Jordantal. Samariter verweigern auch Jesus die Unterkunft – doch er weist es weit von sich, sich dafür zu rächen (9,52-55). Im Bild ein Tal mit Terrassenfeldern in Samarien.

9,41 Mk 9,19 S **9,43b-45** 9,21-22 S **9,45** 18,34 **9,46-48** 22,24-26 **9,48** Mt 10,40 S; 22,26 par

Wer nicht gegen euch ist, ist für euch
(Mk 9,38-40)

49 Darauf sagte Johannes zu Jesus: »Herr, wir haben einen Mann gesehen, der hat deinen Namen dazu benutzt, böse Geister* auszutreiben. Wir haben versucht, ihn daran zu hindern, weil er sich dir nicht anschließt so wie wir.«

50 »Lasst ihn doch!«, sagte Jesus. »Wer nicht gegen euch ist, der ist für euch.«

JESUS AUF DEM WEG NACH JERUSALEM (9,51–19,27)

Jesus macht sich auf den Weg und wird abgewiesen

51 Als der von Gott bestimmte Zeitpunkt näher rückte, an dem Jesus in den Himmel aufgenommen werden sollte,[a] fasste er fest in den Blick, was auf ihn zukam, und machte sich auf den Weg nach Jerusalem.[b]

52 Jesus schickte Boten vor sich her. Die kamen in ein Dorf in Samarien* und wollten eine Unterkunft für ihn bereitmachen. 53 Aber die Dorfbewohner weigerten sich, Jesus aufzunehmen, weil er auf dem Weg nach Jerusalem war.

54 Als seine Jünger* Jakobus und Johannes das hörten, sagten sie zu Jesus: »Herr, sollen wir befehlen, dass Feuer vom Himmel fällt und sie vernichtet?«

55 Jesus wandte sich nach ihnen um und wies sie zurecht.[c] 56 So zogen sie in ein anderes Dorf.

Jüngerschaft ohne Wenn und Aber
(Mt 8,19-22)

57 Unterwegs sagte jemand zu Jesus: »Ich bin bereit, dir zu folgen, ganz gleich, wohin du gehst!« 58 Jesus antwortete ihm: »Die Füchse haben ihren Bau und die Vögel ihr Nest; aber der Menschensohn* hat keinen Platz, wo er sich hinlegen und ausruhen kann.«

59 Zu einem anderen sagte Jesus: »Komm, folge mir!« Er aber antwortete: »Herr, erlaube mir, dass ich erst noch hingehe und meinen Vater begrabe.« 60 Jesus sagte zu ihm: »Überlass es den Toten, ihre Toten zu begraben! Du aber geh hin und verkünde, dass Gott jetzt seine Herrschaft* aufrichten will!«

61 Ein anderer sagte: »Herr, ich will ja gerne mit dir gehen, aber lass mich erst noch von meiner Familie Abschied nehmen!« 62 Jesus sagte zu ihm: »Wer seine Hand an den Pflug legt und zurückschaut, den kann Gott nicht gebrauchen, wenn er jetzt seine Herrschaft aufrichten will.«

Die Aussendung der Siebzig
(Mt 9,37-38; 10,16.5-15)

10 Danach bestimmte der Herr weitere siebzig Boten[d] und sandte sie zu zweien aus. Sie sollten vor ihm her in alle Städte und Ortschaften gehen, durch die er kommen würde.

2 Er sagte zu ihnen: »Hier wartet eine reiche Ernte, aber es gibt nicht genug Menschen, die helfen, sie einzubringen. Bittet den Herrn, dem diese Ernte gehört, dass er die nötigen Leute schickt!

3 Und nun geht! Ich sende euch wie Lämmer mitten unter Wölfe. 4 Nehmt keinen Geldbeutel mit, keine Vorratstasche und keine Schuhe. Und bleibt unterwegs nicht stehen, um jemand zu begrüßen.

5 Wenn ihr in ein Haus kommt, sagt zuerst: ›Frieden* sei mit diesem Haus!‹ 6 Wenn dort jemand wohnt, der für diesen Frieden bereit ist, wird euer Wunsch an ihm in Erfüllung gehen; andernfalls bleibt er wirkungslos. 7 Bleibt in diesem Haus und esst und trinkt, was euch angeboten wird; denn wer arbeitet, hat ein Anrecht auf Lohn. Geht nicht von einem Haus zum andern.

8 Wenn ihr in eine Stadt kommt und sie euch aufnehmen, dann esst, was euch angeboten wird. 9 Heilt die Kranken in der Stadt und sagt den Leuten: ›Gott richtet jetzt seine Herrschaft* bei euch auf!‹

10 Aber wenn ihr in eine Stadt kommt und niemand euch aufnehmen will, dann geht hinaus auf die Straßen der Stadt und ruft: 11 ›Sogar den Staub* eurer Stadt, der sich an unsere Füße geheftet hat, wischen wir ab und lassen ihn euch da. Aber das sollt ihr wissen: Gott richtet jetzt seine Herrschaft auf!‹

12 Ich sage euch: Am Tag des Gerichts wird es den Menschen von Sodom* besser ergehen als den Leuten einer solchen Stadt.«

Wer nicht hören will …
(Mt 11,20-24; 10,40)

13 »Weh dir, Chorazin! Weh dir, Betsaida! Wenn in Tyrus und Sidon die Wunder geschehen wären, die bei euch geschehen sind, die Leute dort hätten schon längst den Sack* umgebunden, sich Asche auf den Kopf gestreut und ihr Leben geändert.[e] 14 Am Tag des Gerichts wird es den Bewohnern von Tyrus und Sidon besser ergehen als euch!

15 Und du, Kafarnaum, meinst du, du wirst in den Himmel erhoben werden? In den tiefsten Abgrund* wirst du gestürzt!

16 Wer auf euch hört, hört auf mich. Wer euch abweist, weist mich ab. Wer aber mich abweist, weist den ab, der mich gesandt hat.«

a Jesus ist dazu bestimmt, in die himmlische Herrlichkeit aufgenommen zu werden (24,50-51; Apg 1,9) und von dort her seine Herrschaft anzutreten (Apg 2,32-26; 5,31; Röm 1,3-4).

b *fasste er …:* wörtlich *machte er sein Gesicht hart/fest* (vgl. Jes 50,7!), *um nach Jerusalem zu gehen.* Der Weg dorthin führt durch den Tod (24,26), den Jesus in Jerusalem vonseiten seiner Gegner erleiden wird (13,33-34). Entschlossen tritt er diesen Weg an (Jes 50,5-9).

c Einige Handschriften fügen hinzu: *Er sagte: »Ihr wisst nicht, was für ein Geist da aus euch spricht! 56 Der Menschensohn* ist nicht gekommen, um Menschenleben zu vernichten, sondern um sie zu retten!«*

d Im Unterschied zu den Zwölf in 9,1-6. Statt *siebzig* haben viele Handschriften hier und in Vers 17 *zweiundsiebzig.* Diese Zahl entspricht der Anzahl aller Völker der Erde nach der griechischen Übersetzung von Gen 10 (H *siebzig*). Aber wenn an eine Sendung an die Völker gedacht wäre, kämen immer zwei Völker auf ein Botenpaar. Die Zahl *siebzig* entspricht dagegen der Anzahl der Ältesten Israels in Ex 24,1.9; Num 11,16.24. Dies passt dazu, dass die Boten von Jesus hier nur zum Volk Israel gesandt werden. Zu den Versen 1-11 siehe Anmerkungen zu Mk 6,7-11.

e *ihr Leben geändert:* siehe Sacherklärung »Umkehr«.

9,50 11,23 par **9,51** Mk 10,1; Lk 9,31; (Himmel) 24,50-51; Apg 9,1.22 **9,52** 10,33 S **9,54** 2 Kön 1,10.12 **9,59-60** Mt 8,21-22 S **9,61** 1 Kön 19,20-21 **9,62** 11,2 S; Phil 3,13 **10,1-12** 9,1-6 par **10,4** 22,35; 2 Kön 4,29 **10,5-6** 2,14 S **10,7** 1 Tim 5,18; 1 Kor 9,6-14 **10,9.11** 11,2 S **10,11** Apg 13,51 S **10,12** Mt 10,15 S **10,13-14** (Tyrus und Sidon) Jes 23,1-16 S **10,15** Jes 14,13-15 **10,16** Mt 10,40 S

Die Rückkehr der Siebzig

17 Die Siebzig[a] kamen zurück und berichteten voller Freude: »Herr, sogar die bösen Geister* gehorchen uns, wenn wir uns auf deinen Namen berufen!«

18 Jesus sagte zu ihnen: »Ich sah den Satan* wie einen Blitz vom Himmel fallen. 19 Ja, es ist wahr:[b] Ich habe euch Vollmacht gegeben, auf Schlangen und Skorpione zu treten und die ganze Macht des Feindes zunichte zu machen. Er wird euch nicht das Geringste antun können. 20 Aber nicht darüber sollt ihr euch freuen, dass euch die bösen Geister gehorchen. Freut euch lieber darüber, dass eure Namen bei Gott aufgeschrieben sind!«

Grund zu Freude und Jubel

(Mt 11,25-27; 13,16-17)

21 Damals wurde Jesus vom Geist Gottes[c] mit jubelnder Freude erfüllt und rief: »Vater, Herr über Himmel und Erde, du hast angefangen, deine Herrschaft* aufzurichten.[d] Das hast du den Klugen und Gelehrten verborgen, aber den Unwissenden hast du es offenbar gemacht.[e] Dafür preise ich dich! Ja, Vater, so wolltest du es haben!

22 Mein Vater hat mir alle Macht übergeben. Niemand kennt den Sohn*, nur der Vater, und niemand den Vater, nur der Sohn – und die, denen der Sohn ihn offenbaren will.«

23 Dann wandte sich Jesus zu seinen Jüngern, den Männern und Frauen,[f] und sagte: »Ihr dürft euch freuen, dass Gott euch die Augen gab, zu sehen und zu verstehen, was hier geschieht.[g] 24 Ich sage euch: Viele Propheten* und Könige wollten sehen, was ihr jetzt seht, aber sie haben es nicht gesehen. Sie wollten hören, was ihr jetzt hört, aber sie haben es nicht gehört.«

Das wichtigste Gebot

(Mt 22,34-40; Mk 12,28-31)

25 Da kam ein Gesetzeslehrer* und wollte Jesus auf die Probe stellen; er fragte ihn: »Lehrer*, was muss ich tun, um das ewige Leben zu bekommen?«

26 Jesus antwortete: »Was steht denn im Gesetz*? Was liest du dort?«

27 Der Gesetzeslehrer antwortete: »Liebe den Herrn, deinen Gott, von ganzem Herzen, mit ganzem Willen und mit aller deiner Kraft und deinem ganzen Verstand! Und: Liebe deinen Mitmenschen wie dich selbst!«

28 »Du hast richtig geantwortet«, sagte Jesus. »Handle so, dann wirst du leben.«

Das Beispiel des barmherzigen Samariters*

29 Aber dem Gesetzeslehrer* war das zu einfach,[h] und er fragte weiter: »Wer ist denn mein Mitmensch*?«

30 Jesus nahm die Frage auf und erzählte die folgende Geschichte:

»Ein Mann ging von Jerusalem nach Jericho hinab. Unterwegs überfielen ihn Räuber. Sie nahmen ihm alles weg, schlugen ihn zusammen und ließen ihn halb tot liegen.

31 Nun kam zufällig ein Priester denselben Weg. Er sah den Mann liegen und ging vorbei. 32 Genauso machte es ein Levit*, als er an die Stelle kam: Er sah ihn liegen und ging vorbei.

33 Schließlich kam ein Reisender aus Samarien*. Als er den Überfallenen sah, ergriff ihn das Mitleid. 34 Er ging zu ihm hin, behandelte seine Wunden mit Öl und Wein und verband sie. Dann setzte er ihn auf sein eigenes Reittier und brachte ihn in das nächste Gasthaus, wo er sich weiter um ihn kümmerte.

35 Am anderen Tag zog er seinen Geldbeutel heraus, gab dem Wirt zwei Silberstücke* und sagte: ›Pflege ihn! Wenn du noch mehr brauchst, will ich es dir bezahlen, wenn ich zurückkomme.‹«

36 »Was meinst du?«, fragte Jesus. »Wer von den dreien hat an dem Überfallenen als Mitmensch gehandelt?«

37 Der Gesetzeslehrer antwortete: »Der ihm geholfen hat!«

Jesus erwiderte: »Dann geh und mach du es ebenso!«

Jesus bei Maria und Marta

38 Als Jesus mit seinen Jüngern* weiterzog, kam er in ein Dorf.[i] Dort nahm ihn eine Frau namens Marta gastlich auf.

39 Sie hatte eine Schwester mit Namen Maria, die setzte sich zu Füßen des Herrn nieder und hörte ihm zu.

40 Marta dagegen war voll damit beschäftigt, das Essen vorzubereiten.

Schließlich trat Marta vor Jesus hin und sagte: »Herr, kümmert es dich nicht, dass mich meine Schwester die ganze Arbeit allein tun lässt? Sag ihr doch, dass sie mir helfen soll!«

41 Der Herr antwortete ihr: »Marta, Marta, du machst dir viele Sorgen und verlierst dich an vielerlei, 42 aber nur *eins* ist nötig. Maria hat die richtige Wahl getroffen. Sie hat sich für ein Gut entschieden,[j] das ihr niemand wegnehmen kann.«

a Siehe Anmerkung zu Vers 1.
b Wörtlich *Siehe.* In Vers 19 wird etwas nachgetragen, was in Vers 9 nicht ausdrücklich zur Sprache kam; vgl. 9,1.
c Siehe Anmerkungen zu 4,17.18.
d *du hast angefangen …:* verdeutlichender Zusatz.
e Das bezieht sich auf die Gottesherrschaft, wie sie in Wort und Tat von Jesus (Verse 23-24) und in Wort und Tat der Jünger (Verse 1-12.17-20) schon hereinbricht.
f *den Männern und Frauen* ist verdeutlichender Zusatz; siehe Anmerkung zu 6,17.
g *Ihr dürft euch …:* wörtlich *Selig die Augen, die sehen, was ihr seht.* Das Wort ist im Licht der vorausgehenden Stellen 8,10 und 10,21-22 zu lesen.
h Wörtlich *er wollte sich* (d.h. seine Frage) *rechtfertigen.*
i Nach Joh 11,1; 12,1-3 müsste es Betanien gewesen sein.
j *die richtige Wahl …:* wörtlich *den guten Anteil erwählt.* Anspielung auf Ps 16,5-6 nach G. Im Hintergrund ist Lk 10,23-24 mitzuhören. – Vergleichbare Spannungen wie hier werden in 5,15-16; Apg 6,1-4 sichtbar.

10,17 9,10 par **10,18** Jes 14,12; Joh 12,31; Offb 12,9 **10,19** Mk 16,18S; Dtn 8,15 **10,20** Offb 3,5S **10,21** 4,18S **10,22** Mt 11,27S **10,24** 2,30-31; 1 Petr 1,10-12 **10,25** 18,18 par **10,27** *nach* Dtn 6,5 *und* Lev 19,18; Mk 12,31S **10,28** Lev 18,5; Röm 10,5; Gal 3,12; Mt 19,17; Joh 13,17 **10,33** (Samarien) 9,52; 17,11.16; Mt 10,5; Joh 4,9.39-40; Apg 1,8; 8,1.5.14-17.28; 9,31 **10,38** Joh 11,1-2; 12,1-3 **10,39** 8,21; 11,28; Apg 16,14 **10,39-40** 8,14.18; 12,22.29-31 **10,39-42** Apg 6,1-4 **10,42** Ps 119,57

Der Kreis der Zwölf

Jesus setzte einen Kreis von zwölf Männern ein, die »ständig bei ihm sein« sollten Markus 3,14-15). Wer waren diese Zwölf, deren Zahl genau der Anzahl der Stämme und Stammväter Israels entspricht? Wenn wir die Angaben alle vier Evangelien zusammennehmen, erhalten wir folgendes Bild:

Die Drei

Simon Petrus, sein Bruder Andreas und ein weiteres Brüderpaar, Jakobus und Johannes, waren Fischer vom See Gennesaret. Petrus, Jakobus und Johannes bildeten innerhalb der Zwölf den Kreis der engsten Vertrauten. So waren sie Zeugen der Verklärung Jesu auf dem Berg; sie durften dabei sein, als Jesus die Tochter von Jaïrus vom Tod erweckte; sie waren es auch, die Jesus zuletzt im Garten Getsemani in unmittelbarer Nähe haben wollte.

Petrus

Petrus, entschluss- und tatenfreudig von Natur, war tonangebend im Kreis der Zwölf und der Sprecher der anderen. Er legte bei Cäsarea Philippi das Bekenntnis ab, dass Jesus der von Gott versprochene Retter sei, und Jesus sagte ihm darauf: »Du bist Petrus; und auf diesem Felsen werde ich meine Gemeinde bauen!« (Matthäus 16,17-18)
Bei der Gefangennahme Jesu zog Petrus sein Schwert und schlug dem Bevollmächtigten des Obersten Priesters ein Ohr ab. Petrus hatte auch versichert, er sei bereit, mit Jesus zu sterben. Aber bald danach leugnet er, Jesus überhaupt gekannt zu haben. Der Vorfall hat ihn tief beschämt und sein stolzes Selbstvertrauen gebrochen. Der auferstandene Herr übertrug ihm die Sorge für seine ›Schafe‹ (Johannes 21,15-17).
Als der Jüngerkreis am Pfingsttag vom Heiligen Geist erfüllt wurde, war es Petrus, der nach Apostelgeschichte 2,14-36 als Erster mutig in aller Öffentlichkeit die Wahrheit über Jesus verkündete. Er wurde zum führenden Mann der Jerusalemer Urgemeinde.
Petrus war auch der Erste, der die Schranke des Judentums durchbrach und auf Gottes Weisung hin einen Nichtjuden in die Kirche aufnahm (Apostelgeschichte 10).

Andreas

Andreas war der Bruder von Petrus. Petrus ist durch ihn zu Jesus geführt worden. Zunächst ist Andreas ein Jünger des Täufers Johannes gewesen (Johannes 1,35-42).

Jakobus und Johannes

Jakobus war einer der Ersten, die ihren Glauben an Jesus mit dem Tod bezahlen mussten. Er wurde unter König Herodes Agrippa I. hingerichtet (Apostelgeschichte 12,1-2). Er und sein Bruder Johannes erhielten von Jesus den Namen »Boanerges/Donnersöhne«, was vielleicht mit ihrem stürmischen und ehrgeizigen Charakter zusammenhängt (vgl. Lukas 9,54; Markus 9,38; 10,35-40).
Viele setzten Johannes mit dem Jünger gleich, »den Jesus besonders lieb hatte« (Johannes 13,23 u.ö.). Dann wäre er es gewesen, der beim letzten Abendmahl neben Jesus saß und der nach Jesu letztem Willen die Mutter Jesu in sein Haus aufnehmen sollte.
Johannes hatte neben Petrus einen besonderen Anteil an der Führung der Jerusalemer Urgemeinde (Galater 2,9).

Die sieben weniger Bekannten

Über sieben Mitglieder des Zwölferkreises wissen wir nur sehr wenig.
Philippus brachte Natanaël mit zu Jesus (Johannes 1,45-46). Wie Andreas und Petrus stammte er aus Betsaida am See Gennesaret. Er spielt eine Rolle im Bericht über die Speisung der 5000 Menschen (Johannes 6,5-7) und im Zusammenhang der Abschiedsreden Jesu (Johannes 14,8-10).
Bartholomäus wird nur bei der Berufung des Zwölferkreises erwähnt. In der späteren Überlieferung wird er oft mit Natanaël gleichgesetzt.
Matthäus (Levi) gab den Gewinn bringenden, beim Volk aber verachteten Beruf eines Zolleinnehmers auf, um mit Jesus zu gehen (Matthäus 9,9).
Alle unsere Kenntnisse über *Thomas*, genannt »Zwilling«, haben wir aus dem Johannes-Evangelium. Er war nicht begeistert, sich mit Jesus in Lebensgefahr zu begeben, als dieser nach Betanien ging, um Lazarus vom Tod zu erwecken (Johannes 11,16). Ähnlich wie Philippus brachte er in der Abschiedsstunde Jesus gegenüber das tiefe Nichtverstehen der Jünger zum Ausdruck (Johannes 14,5). Den Auferstandenen wollte er erst mit eigenen Augen sehen und legte dann das Bekenntnis ab: »Mein Herr und mein Gott« (Johannes 20,24-28).
Über *Jakobus*, den Sohn von Alphäus, über *Thaddäus* und über *Simon*, der vorher zur Partei der Zeloten gehört hatte, wissen wir nichts Näheres.

Judas Iskariot

Was war Judas, der Verräter Jesu, für ein Mann? Für den Beinamen »Iskariot« gibt es drei Deutungsmöglichkeiten: »Mann aus Kariot« oder »Sikarier« (Dolchmann = Mitglied einer radikalen Gruppierung nach Art der Zeloten) oder »Heuchler/Verräter«. Nach dem Johannes-Evangelium verwaltete Judas das Geld des Jüngerkreises und bereicherte sich dabei selbst. Die Salbung Jesu durch Maria von Betanien kritisiert er als Verschwendung. Nach ihm hätte die Salbe verkauft und das Geld für die Armen ausgegeben werden müssen.
Wurde Judas zum Verräter, weil Jesus nicht die Hoffnungen erfüllte, die sich für Judas (und viele Zeitgenossen) mit dem Messiastitel verbanden? Judas hat Jesus jedenfalls an die führenden Priester verraten und sich den Verrat bezahlen lassen. Er sorgte dafür, dass die Häscher Jesus finden und festnehmen konnten. Nach Jesu Verurteilung bereute er seine Tat und nahm sich das Leben.
Die Männer, die Jesus zu seinen Jüngern machte, waren keine reichen Leute oder Männer von Ansehen und Einfluss. Es waren Menschen mit durchschnittlicher Bildung, durchschnittlichen Fähigkeiten und mit den unterschiedlichsten Charaktereigenschaften. Aber genau diesen Menschen hat Jesus den Auftrag gegeben, seine Botschaft bekannt zu machen.

Fünf der zwölf Jünger stammten aus Städten und Dörfern rings um den See Gennesaret. Vier von ihnen waren Fischer. Noch heute wird am See Gennesaret Fischfang betrieben; diese Boote liegen im Hafen von Tiberias.

Über das Beten
(Mt 6,9-13; 7,7-11)

11 Einmal hatte sich Jesus zum Gebet zurückgezogen.[a] Als er es beendet hatte, bat ihn einer der Jünger*: »Herr, sag uns doch, wie wir beten sollen! Johannes hat es seine Jünger auch gelehrt.«

2 Jesus antwortete: »Das soll euer Gebet sein:[b]

Vater!
Mach deinen Namen* groß in der Welt!
Komm und richte deine Herrschaft* auf!
3 Gib uns jeden Tag, was wir zum Leben brauchen.
4 Vergib uns unsere Verfehlungen,
denn auch wir vergeben allen,
die an uns schuldig geworden sind.
Und lass uns nicht in die Gefahr kommen, dir untreu zu werden.«

5 Dann sagte Jesus zu seinen Jüngern: »Stellt euch vor, einer von euch geht mitten in der Nacht zu seinem Freund und bittet ihn: ›Lieber Freund, leih mir doch drei Brote! 6 Ich habe gerade Besuch von auswärts bekommen und kann ihm nichts anbieten.‹

7 Würde da der Freund im Haus wohl rufen: ›Lass mich in Ruhe! Die Tür ist schon zugeschlossen und meine Kinder liegen bei mir im Bett. Ich kann nicht aufstehen und dir etwas geben‹?

8 Ich sage euch, wenn er auch nicht gerade aus Freundschaft aufsteht und es ihm gibt, so wird er es doch wegen der Unverschämtheit jenes Menschen tun und ihm alles geben, was er braucht.

9 Deshalb sage ich euch: Bittet und ihr werdet bekommen! Sucht und ihr werdet finden! Klopft an und es wird euch geöffnet! 10 Denn wer bittet, der bekommt; wer sucht, der findet; und wer anklopft, dem wird geöffnet.

11 Ist unter euch ein Vater, der seinem Kind eine Schlange geben würde, wenn es um einen Fisch bittet? 12 Oder einen Skorpion, wenn es um ein Ei bittet? 13 So schlecht ihr auch seid, ihr wisst doch, was euren Kindern gut tut, und gebt es ihnen. Wie viel mehr wird der Vater im Himmel denen den Heiligen Geist* geben, die ihn darum bitten.«[c]

Steht Jesus mit dem Teufel im Bund?[d]
(Mt 12,22-30; Mk 3,22-27)

14 Jesus heilte einen Stummen, der von einem bösen Geist* besessen war. Als der böse Geist von ihm ausgefahren war, konnte der Mann wieder sprechen. Die Menge staunte, 15 aber einige sagten: »Er kann die bösen Geister nur austreiben, weil Beelzebul*, der oberste aller bösen Geister, ihm die Macht dazu gibt.«

16 Andere wollten Jesus auf die Probe stellen und verlangten von ihm ein Zeichen vom Himmel als Beweis dafür, dass er wirklich von Gott beauftragt sei.[e]

17 Jesus wusste, was sie dachten, und sagte zu ihnen: »Jeder Staat, dessen Machthaber einander befehden, muss untergehen, und alle Häuser sinken in Trümmer. 18 Wenn nun der Satan* mit sich im Streit läge – und das behauptet ihr ja, wenn ihr sagt, ich würde die bösen Geister mit Hilfe von Beelzebul austreiben –, wie könnte da seine Herrschaft bestehen?

19 Und wenn ich die bösen Geister austreibe, weil ich mit Beelzebul im Bund stehe, wer gibt dann *euren* Leuten die Macht, sie auszutreiben? Eure eigenen Leute werden es sein, die euch das Urteil sprechen!

20 Nein, ich treibe die bösen Geister mit dem Finger Gottes[f] aus, und daran könnt ihr sehen, dass Gott schon angefangen hat, mitten unter euch seine Herrschaft* aufzurichten.

21 Solange ein Starker, mit Waffen gut ausgerüstet, seinen Palast bewacht, ist sein Besitz in Sicherheit. 22 Sobald aber ein Stärkerer kommt, der ihn besiegt, nimmt der ihm alle Waffen weg, auf die er sich verließ, und verteilt die Beute, die er bei sich aufgehäuft hat.

23 Wer nicht für mich ist, der ist gegen mich, und wer mir nicht sammeln hilft, der zerstreut.«

Warnung vor der Rückkehr des ausgetriebenen Geistes
(Mt 12,43-45)

24 »Wenn ein böser Geist* einen Menschen verlässt, irrt er durch Wüsten und sucht nach einer Bleibe. Wenn er keine findet, sagt er sich: ›Ich gehe lieber wieder in meine alte Behausung!‹ 25 Er kehrt zurück und findet alles sauber und aufgeräumt.

26 Darauf geht er hin und sucht sich sieben andere böse Geister, die noch schlimmer sind als er selbst, und sie kommen und wohnen dort. So ist dieser Mensch am Ende schlimmer dran als am Anfang.«

Wer sich freuen darf ...

27 Als Jesus das sagte, rief eine Frau aus der Menge: »Die Frau darf sich freuen, die dich geboren und aufgezogen hat!«

28 Aber Jesus erwiderte: »Mehr noch dürfen die sich freuen, die Gottes Wort hören und danach leben!«[g]

Jesus verweigert den gewünschten Beweis
(Mt 12,38-42)

29 Als immer mehr Menschen bei Jesus zusammenströmten, sagte er: »Diese Generation ist eine böse

a Vgl. Anmerkung zu 5,16.
b Siehe Sacherklärung »Vaterunser«.
c Im Bittgebet darf und soll es um alles gehen, was in den Versen 2-4 auf kürzeste Formeln gebracht ist. Doch vor allem muss es den Jüngern darum gehen, den Geist ihres Herrn zu empfangen; vgl. 4,17-18 und Anmerkungen dort.
d Siehe Anmerkungen zu Mt 12,22-30.
e *als Beweis ...:* verdeutlichender Zusatz.
f Anspielung auf den Sieg Moses über die ägyptischen Zauberer, die im Wunder wirkenden Stock Moses den *Finger Gottes* erkannten; vgl. Ex 8,15.
g Das Kompliment der Frau, orientalisch formuliert, gilt Jesus. Jesus aber lenkt von seiner Person ab auf die Sache, die ihm wichtig ist (vgl. auch 6,46 sowie Mk 10,18 und Anmerkung dort).

11,1 5,16S **11,2** (Herrschaft Gottes) 4,43; 9,2.62; 10,9 par.11; 11,20 par; 17,21; 19,11; Apg 1,6-8; 28,23S **11,3** 12,22-32 par **11,4** Mt 6,14-15S; Mt 6,13S **11,7-8** 18,5 **11,9** Mt 7,7S **11,14-15** Mt 9,32-34 **11,15** Mt 9,34S **11,16** Joh 6,30S **11,20** 11,2 **11,21** Jes 49,24 **11,23** 9,50 par **11,26** 2 Petr 2,20 **11,27-28** 8,19-21 par **11,29-30** Joh 6,30S

Generation. Sie verlangt einen Beweis,[a] aber es wird ihr keiner gegeben werden. Ausgenommen das Wunder, das an Jona* geschah – den Beweis wird sie bekommen! 30 Wie nämlich Jona für die Leute von Ninive* zu einem ›Beweis‹ wurde, so wird es der Menschensohn* für diese Generation werden.

31 Am Tag des Gerichts wird die Königin aus dem Süden aufstehen und die Menschen dieser Generation schuldig sprechen; denn sie kam vom Ende der Welt, um die weisen Lehren Salomos zu hören. Und hier steht ein Größerer als Salomo!

32 Am Tag des Gerichts werden die Bewohner von Ninive aufstehen und diese Generation schuldig sprechen; denn als Jona sie warnte, haben sie ihr Leben geändert.[b] Und hier steht ein Größerer als Jona!«

Jesus als das Licht sehen, empfangen und festhalten

(Mt 5,15; 6,22-23)

33 »Niemand zündet eine Lampe* an, um sie dann zu verstecken oder unter einen Topf zu stellen. Im Gegenteil, sie kommt auf den Lampenständer, damit alle, die das Haus betreten, das Licht sehen können.[c]

34 Dein Auge vermittelt dir das Licht. Ist dein Auge gut, so bist du ganz von Licht durchdrungen; ist es schlecht, so bist du voller Finsternis. 35 Gib also Acht, dass das Licht in dir nicht Finsternis ist!

36 Wenn du nun ganz vom Licht durchdrungen bist und nichts mehr an dir finster ist, dann wirst du ganz und gar im Licht sein – so wie du es bist, wenn der Lichtstrahl der Lampe dich trifft.«[d]

Weherufe über die Pharisäer und die Gesetzeslehrer

(Mt 23,1-36)

37 Jesus hatte gerade aufgehört zu sprechen, da lud ihn ein Pharisäer* zum Essen ein.[e] Jesus ging zu ihm ins Haus und setzte sich zu Tisch.

38 Der Pharisäer war überrascht, als er sah, dass Jesus sich vor dem Essen die Hände nicht wusch.[f]

39 Da sagte der Herr zu ihm: »So seid ihr Pharisäer! Ihr reinigt sogar noch das Äußere von Becher und Schüssel.[g] Aber ihr selbst seid in eurem Innern voll von Raub und Schlechtigkeit. 40 Was seid ihr doch unverständig! Hat Gott, der das Äußere gemacht hat, nicht auch das Innere gemacht? 41 Gebt den Armen, was in den Schüsseln ist, und alles ist euch rein*!

42 Weh euch Pharisäern! Ihr gebt Gott den zehnten* Teil von allem, sogar noch von Gewürzen wie Minze und Raute und von jedem Gartenkraut. Aber ihr kümmert euch nicht um das Recht eurer Mitmenschen und die Liebe zu Gott. Dies solltet ihr tun, ohne das andere zu vernachlässigen!

43 Weh euch Pharisäern! Ihr liebt die Ehrenplätze im Gottesdienst und lasst euch auf der Straße gern respektvoll grüßen.

44 Weh euch! Ihr seid wie unkenntlich gewordene Gräber, über die die Menschen nichts ahnend hinweggehen und dadurch unrein* werden.«[h]

45 Einer der Gesetzeslehrer* sagte: »Lehrer*, damit beleidigst du auch uns!«

46 Jesus antwortete: »Weh auch euch Gesetzeslehrern! Ihr ladet den Menschen kaum tragbare Lasten auf, macht aber selbst keinen Finger krumm, um sie zu tragen.[i]

47 Weh euch! Ihr baut wunderschöne Grabmäler für die Propheten*, die von euren Vorfahren umgebracht worden sind. 48 Damit bezeugt ihr öffentlich, dass ihr mit den Taten eurer Vorfahren einverstanden seid: Sie haben die Propheten umgebracht und ihr baut die Grabmäler.

49 Deshalb hat die Weisheit* Gottes ja auch über euch gesagt:[j] ›Ich werde ihnen Propheten und Apostel* senden; sie aber werden einige von ihnen töten und die anderen verfolgen. 50 So kommt es dahin, dass diese Generation zur Rechenschaft gezogen wird für die Ermordung aller Propheten seit der Erschaffung der Welt, 51 von Abel* bis hin zu Secharja,[k] der zwischen Brandopferaltar* und Tempelhaus umgebracht worden ist.‹

Ich versichere euch: Diese Generation wird für das alles zur Rechenschaft gezogen werden.

52 Weh euch, ihr Gesetzeslehrer! Ihr habt den Schlüssel weggenommen, der die Tür zur Erkenntnis[l] öffnet. Ihr selbst seid nicht hineingegangen, und ihr habt alle gehindert, die hineinwollten.«

53 Nachdem Jesus das Haus verlassen hatte, ließen die Gesetzeslehrer und die Pharisäer ihn nicht mehr aus den Augen und achteten genau auf alles, was er sagte. 54 Sie lauerten darauf, eine verfängliche Äußerung aus seinem Mund zu hören.

Warnung vor Scheinheiligkeit

(Mt 10,26-27)

12 Inzwischen waren Tausende von Menschen zusammengekommen, so viele, dass sie einander auf die Füße traten. Jesus wandte sich zuerst seinen Jüngern zu, den Männern und Frauen;[m] er sagte zu ihnen: »Nehmt euch in Acht vor dem Sauerteig* der Pharisäer* – ich meine: Lasst euch nicht von ihrer Scheinheiligkeit anstecken!

2 Was verhüllt ist, wird offenbar werden, und was niemand weiß, wird allen bekannt werden. 3 Deshalb lasst auch ihr euch warnen: Was ihr in der Dunkelheit gesagt habt, werden alle am hellen Tag zu hören bekommen. Was ihr jemand hinter verschlossener Tür ins Ohr geflüstert habt, wird laut in der Öffentlichkeit ausgerufen werden.«

a Vgl. Vers 16.
b *ihr Leben geändert:* siehe Sacherklärung »Umkehr«.
c Das Bildwort von der Lampe auf dem Lampenständer erscheint in verschiedenen Zusammenhängen (vgl. 8,16; Mt 5,15; Mk 4,21). Hier ist es von den Versen 29-32 her gesehen und auf Jesus und seine Verkündigung bezogen (vgl. 10,23). Entsprechend spricht Vers 34 von einem Sehvermögen, das sich auf das so verstandene *Licht* bezieht, und von dessen Folgen für den inneren Menschen.
d Vom Licht Jesu ganz erhellt wird sein, wer der Mahnung der Verse 34-35 nachkommt.
e Siehe Anmerkung zu 7,36.
f Es geht nicht um Hygiene, sondern um die kultische Reinheit* (vgl. Mk 7,2-3).
g Siehe Anmerkung zu Mt 23,25.
h *und dadurch unrein werden:* verdeutlichender Zusatz; vgl. Num 19,16 sowie Mt 23,27 und Anmerkung dort.
i Sie wissen Auslegungsmöglichkeiten des Gesetzes, die ihnen die Last erleichtern.
j *über euch* ist verdeutlichender Zusatz. Jesus spricht etwas aus, was so in keiner der biblischen Weisheitsschriften überliefert ist. Zur Weisheit als redender Person vgl. Spr 1,20-33; 8,1-34; Sir 24,1-22; Weish 7,27; Lk 7,35. Zu den *Propheten* im folgenden Satz siehe Sacherklärung »Prophet (3)«.
k Zu *Secharja* siehe Anmerkung zu Mt 23,35.
l Gemeint ist die rechte Erkenntnis der Hl. Schriften, die den Zugang zu Gott erschließt (anders Mt 16,19).
m *den Männern und Frauen:* verdeutlichender Zusatz; ebenso in Vers 4 (siehe Anmerkung zu 6,17).

11,30 Jona 2,1.11; 1,2 **11,31** 1 Kön 10,1-10 **11,32** Jona 3,5 **11,33** 8,16 par **11,34** Apg 26,18; 2 Kor 4,6 **11,35** 2 Kor 6,14; Eph 5,8.14; 1 Thess 5,5 **11,37** 7,36 S **11,38-39** Mk 7,2-4 S **11,41** 12,33 S **11,42** Mt 23,23 S **11,43** 20,46 par **11,46** Apg 15,10-11 **11,47-48** Mt 5,12 S **11,51** Gen 4,8-10; 2 Chr 24,21 **11,52** Mt 16,19 **11,54** 20,20 par **12,1** Mk 8,15 par **12,2** 8,17

Aufforderung zu furchtlosem Bekennen
(Mt 10,28-33; 12,32)

4 »Euch, meinen Freunden, den Männern und Frau-
en, sage ich: Fürchtet euch nicht vor Menschen! Sie
können nur den Leib töten, aber darüber hinaus
können sie euch nichts anhaben. 5 Ich will euch sa-
gen, wen ihr fürchten sollt: Fürchtet den, der nicht
nur töten kann, sondern auch noch die Macht hat,
euch ins ewige Verderben zu schicken. Ja, ich sage
euch, den sollt ihr fürchten!
6 Kauft man nicht fünf Spatzen für zwei Gro-
schen? Und doch kümmert sich Gott um jeden Ein-
zelnen von ihnen. 7 Doch bei euch ist sogar jedes
Haar auf dem Kopf gezählt. Habt keine Angst: Ihr
seid Gott mehr wert als ein ganzer Schwarm Spat-
zen!
8 Ich sage euch: Wer sich vor den Menschen zu
mir bekennt, zu dem wird sich auch der Menschen-
sohn* am Gerichtstag bekennen vor den Engeln*
Gottes. 9 Wer mich aber vor den Menschen nicht
kennen will, den wird auch der Menschensohn
nicht kennen am Gerichtstag vor den Engeln Gottes.
10 Wer den Menschensohn beschimpft, kann Ver-
gebung finden. Wer aber den Heiligen Geist* belei-
digt, wird keine Vergebung finden.[a]
11 Wenn sie euch vor die Synagogengerichte*
schleppen und vor andere Richter und Machthaber,
dann macht euch keine Sorgen darüber, wie ihr euch
verteidigen oder was ihr sagen sollt. 12 Denn der Hei-
lige Geist wird euch in dem Augenblick eingeben,
was ihr sagen müsst.«

Gegen die Sorge um Reichtum und Lebenssicherung

13 Ein Mann in der Menge wandte sich an Jesus:
»Lehrer*, sag doch meinem Bruder, er soll mit mir
das Erbe teilen, das unser Vater uns hinterlassen
hat!«[b]
14 Jesus antwortete ihm: »Freund, ich bin nicht
zum Richter für eure Erbstreitigkeiten bestellt!«
15 Dann sagte er zu allen: »Gebt Acht! Hütet euch
vor jeder Art von Habgier! Denn der Mensch ge-
winnt sein Leben nicht aus seinem Besitz, auch
wenn der noch so groß ist.«[c]
16 Jesus erzählte ihnen dazu eine Geschichte:
»Ein reicher Grundbesitzer hatte eine besonders
gute Ernte gehabt. 17 ›Was soll ich jetzt tun?‹, über-
legte er. ›Ich weiß gar nicht, wo ich das alles unter-
bringen soll! 18 Ich hab's‹, sagte er, ›ich reiße meine
Scheunen ab und baue größere! Dann kann ich das
ganze Getreide und alle meine Vorräte dort unter-
bringen 19 und kann zu mir selbst sagen: Gut ge-
macht! Jetzt bist du auf viele Jahre versorgt. Gönne
dir Ruhe, iss und trink nach Herzenslust und genieße
das Leben!‹
20 Aber Gott sagte zu ihm: ›Du Narr, noch in dieser
Nacht werde ich dein Leben von dir zurückfordern!
Wem gehört dann dein Besitz?‹«
21 Und Jesus schloss: »So steht es mit allen, die für
sich selber Besitz aufhäufen, aber bei Gott nichts be-
sitzen.«

Die vielen Sorgen und die einzige Sorge
(Mt 6,25-34)

22 Dann sagte Jesus zu seinen Jüngern, den Männern
und Frauen:[d] »Darum sage ich euch:[e] Macht euch
keine Sorgen um euer Leben, ob ihr etwas zu essen
habt, und um euren Leib, ob ihr etwas anzuziehen
habt! 23 Das Leben ist mehr als Essen und Trinken,
und der Leib ist mehr als die Kleidung!
24 Seht euch die Raben an! Sie säen nicht und ern-
ten nicht, sie haben weder Scheune noch Vorrats-
kammer. Aber Gott sorgt für sie. Und ihr seid ihm
doch viel mehr wert als die Vögel!
25 Wer von euch kann durch Sorgen sein Leben
auch nur um einen Tag verlängern? 26 Wenn ihr
nicht einmal so eine Kleinigkeit zustande bringt,
warum quält ihr euch dann mit Sorgen um all die an-
deren Dinge?
27 Seht euch die Blumen auf den Feldern an, wie
sie wachsen! Sie arbeiten nicht und machen sich
keine Kleider, doch ich sage euch: Nicht einmal Sa-
lomo bei all seinem Reichtum war so prächtig geklei-
det wie irgendeine von ihnen. 28 Wenn Gott sogar die
Feldblumen so ausstattet, die heute blühen und mor-
gen verbrannt werden, dann wird er sich erst recht
um euch kümmern. Habt doch mehr Vertrauen!
29 Zerbrecht euch also nicht den Kopf darüber, was
ihr essen und trinken werdet. 30 Mit all dem plagen
sich Menschen, die Gott nicht kennen.[f] Euer Vater
weiß, was ihr braucht. 31 Sorgt euch nur darum, dass
ihr euch seiner Herrschaft* unterstellt, dann wird er
euch schon mit dem anderen versorgen.
32 Sei ohne Angst, du kleine Herde! Euer Vater ist
entschlossen, euch seine neue Welt[g] zu schenken!«

Reichtum bei Gott
(Mt 6,19-21)

33 »Verkauft euren Besitz und schenkt das Geld den
Armen![h] Verschafft euch Geldbeutel, die kein Loch
bekommen, und sammelt Reichtümer bei Gott, die
euch nicht zwischen den Fingern zerrinnen und
nicht von Dieben gestohlen und von Motten zerfres-
sen werden. 34 Denn euer Herz wird immer dort sein,
wo ihr eure Schätze habt.«[i]

a Das Wort richtet sich eher an Außenstehende (vgl. Mt 12,32). Vorausgeblickt wird auf die Zeit nach Pfingsten: Der auf Erden lebende Jesus – auch wenn ihm die Vollmacht des *Menschensohnes* eigen ist – mag von ihnen noch verkannt und gelästert werden, doch das Kommen des *Geistes* wird ihn von Gott her bestätigen in einer Eindeutigkeit, die jede weitere Lästerung unverzeihlich macht.
b *das unser Vater …:* verdeutlichender Zusatz.
c Abgesehen davon, dass festgehaltener Reichtum in sozialer Hinsicht Unrecht sein kann (vgl. 16,19 und Anmerkung dort), verstellt er den Blick dafür, wo in Wahrheit Reichtum und Leben zu finden sind; vgl. auch Verse 33-34 und 18,22-25.
d *den Männern und Frauen:* verdeutlichender Zusatz; siehe Anmerkung zu 6,17.
e Die Verse 22-34 ziehen für die Jünger die Folgerung aus 13-21 (siehe Anmerkung zu Vers 15, außerdem die Bildlegende Seite 12 NT).
f *Menschen, die …:* wörtlich *die Völker der Welt;* siehe Sacherklärung »Heiden«.
g *seine neue Welt:* wörtlich *die Königsherrschaft**.
h Siehe Anmerkung zu 16,19.
i Siehe Anmerkung zu 12,15.

12,5 Hebr 10,31 **12,7** 21,18 **12,9** 9,26 par **12,10** Mk 3,28-29 par **12,11-12** 21,14-15 par; Mt 10,19-20; Mk 13,11; Apg 4,8 **12,15** 18,22-25 par; 1 Tim 6,9-10 **12,19-20** Ps 49,21; Sir 11,19 **12,20** Weish 15,8 **12,21** 12,33 **12,22-32** 11,3 **12,24** Ps 147,9 **12,27** (Salomo) 1 Kön 10,1-29 **12,28** Mt 14,31 S **12,32** Jes 41,14; Lk 22,29 **12,33** 11,41; 18,22 par; Apg 2,45; 4,32-37

Bereit für Gottes neue Welt und das Kommen des Menschensohnes

(Mt 24,43-51)

35 »Haltet euch bereit[a] und lasst eure Lampen nicht
verlöschen! 36 Seid wie Diener und Dienerinnen,[b]
die auf ihren Herrn warten, der auf einer Hochzeit
ist. Wenn er dann spät zurückkommt und an die
Tür klopft, können sie ihm sofort aufmachen.
37 Sie dürfen sich freuen, wenn der Herr sie bei sei-
ner Ankunft wach und dienstbereit findet. Ich versi-
chere euch: Er wird sich die Schürze umbinden, sie
zu Tisch bitten und sie selber bedienen.
38 Vielleicht kommt er erst um Mitternacht oder
sogar noch später. Freude ohne Ende ist ihnen ge-
wiss, wenn er sie dann wachend antrifft!
39 Macht euch das eine klar: Wenn ein Hausherr
im Voraus wüsste, zu welcher Stunde der Dieb
kommt, würde er den Einbruch verhindern. 40 So
müsst auch ihr jederzeit bereit sein; denn der Men-
schensohn* wird zu einer Stunde kommen, wenn
ihr es nicht erwartet.«

Die besondere Verantwortung der Apostel

(Mt 24,45-51)

41 Petrus fragte: »Herr, bezieht sich der Vergleich
mit dem Hausherrn auf alle oder nur auf uns Apos-
tel*?«[c]
42 Der Herr antwortete: »Wer ist denn wohl der
treue und kluge Verwalter, dem sein Herr den Auf-
trag geben wird, die Dienerschaft zu beaufsichtigen
und jedem pünktlich die Tagesration auszuteilen?
43 Er darf sich freuen, wenn sein Herr zurückkehrt
und ihn bei seiner Arbeit findet. 44 Ich versichere
euch: Sein Herr wird ihm die Verantwortung für alle
seine Güter übertragen.
45 Wenn er sich aber sagt: ›So bald kommt mein
Herr nicht zurück‹, und anfängt, die Diener und Die-
nerinnen zu schlagen, üppig zu essen und sich zu be-
trinken, 46 dann wird sein Herr an einem Tag und zu
einer Stunde zurückkehren, wenn er überhaupt
nicht damit rechnet. Er wird ihn in Stücke hauen
und ihn dorthin bringen lassen, wo die Treulosen ih-
re Strafe verbüßen.
47 Der Diener, der die Anweisungen seines Herrn
kennt und sie nicht bereitwillig befolgt, wird hart be-
straft. 48 Ein Diener, der den Willen seines Herrn
nicht kennt und etwas tut, wofür er Strafe verdient
hätte, wird besser davonkommen. Wem viel gege-
ben worden ist, von dem wird auch viel verlangt.
Je mehr einem Menschen anvertraut wird, desto
mehr wird von ihm gefordert.«

Zeit der Entscheidung, Zeit der Entzweiung

(Mt 10,34-36)

49 »Ich bin gekommen, um auf der Erde ein Feuer zu
entzünden, und ich wollte, es stünde schon in hellen
Flammen. 50 Aber ich muss noch eine Taufe auf mich
nehmen[d] – hätte ich sie doch schon hinter mir![e]
51 Meint ihr, ich sei gekommen, um Frieden in die
Welt zu bringen? Nein, nicht Frieden, sage ich euch,
sondern Entzweiung. 52 Denn so wird es von nun an
zugehen: Wenn fünf Menschen in einer Familie zu-
sammenleben, werden drei gegen zwei stehen und
zwei gegen drei. 53 Der Vater wird gegen den Sohn
sein und der Sohn gegen den Vater. Die Mutter wird
gegen die Tochter sein und die Tochter gegen die
Mutter. Die Schwiegermutter wird gegen die
Schwiegertochter sein und die Schwiegertochter ge-
gen die Schwiegermutter.«[f]

Letzte Gelegenheit, sein Leben in Ordnung zu bringen

(Mt 16,2-3; 5,25-26)

54 Jesus wandte sich wieder der Volksmenge zu und
sagte: »Wenn ihr eine Wolke im Westen aufsteigen
seht, sagt ihr gleich: ›Es wird regnen‹, und dann reg-
net es auch. 55 Wenn ihr merkt, dass Südwind weht,
sagt ihr: ›Es wird heiß werden‹, und so geschieht es
auch.
56 Ihr Scheinheiligen! Das Aussehen von Himmel
und Erde könnt ihr beurteilen und schließt daraus,
wie das Wetter wird. Warum versteht ihr dann nicht,
was die Ereignisse dieser Zeit ankündigen?[g]
57 Könnt ihr denn nicht von selbst erkennen, wor-
auf es jetzt ankommt? 58 Es ist, wie wenn du von dei-
nem Gläubiger vor Gericht geschleppt wirst. Dann
gibst du dir doch auch Mühe, die Sache mit ihm in
Ordnung zu bringen, solange du noch mit ihm auf
dem Weg bist. Wenn du erst einmal vor Gericht
stehst, wird dich der Richter dem Gefängniswärter
übergeben, und der bringt dich ins Gefängnis.
59 Ich sage dir: Dort kommst du erst wieder heraus,
wenn du deine Schuld bis auf den letzten Pfennig be-
zahlt hast!«

Wenn ihr euch nicht ändert ...

13 Um diese Zeit kamen einige Leute zu Jesus
und erzählten ihm von den Männern aus Ga-
liläa*, die Pilatus töten ließ, als sie gerade im Tempel
Opfer* darbrachten; ihr Blut vermischte sich mit
dem Blut ihrer Opfertiere.
2 Jesus sagte zu ihnen: »Meint ihr etwa, dass sie
einen so schrecklichen Tod fanden, weil sie schlim-
mere Sünder waren als die anderen Leute in Galiläa?

a Wörtlich *Eure Hüften seien gegürtet.* So lautet bei wörtlicher Übersetzung die Anweisung für die Nacht vor dem Auszug aus Ägypten in Ex 12,11!
b Wörtlich *wie Menschen.*
c *Apostel:* verdeutlichender Zusatz. Dabei ist zugleich an diejenigen zu denken, die später in der Nachfolge der Apostel die Gemeinden leiten.
d Siehe Anmerkung zu Mk 10,38.
e Vers 49 meint den endgültigen Anbruch der Gottesherrschaft, die Erneuerung der Welt im Feuer des Gerichts und des neuschaffenden Geistes Gottes (vgl. 3,16). Beides wird mit Apg 2 seinen Anfang nehmen. Vers 50 spricht von dem Leiden in Jerusalem, dem Jesus nicht ausweichen kann und will; vgl. 9,51 und Anmerkung dort.
f Die Erfahrungen von Mi 7,6 werden sich in letzter Schärfe wiederholen.
g Die Worte und Taten von Jesus sind Vorzeichen der anbrechenden Gottesherrschaft. Wer sie nicht ernst nimmt, verfällt dem Gericht (Verse 57-59; vgl. 10,13-15), dessen Vorzeichen schon zu sehen sind (13,1-5).

12,35-36 Mt 25,1 **12,36** Offb 3,20 **12,39-40** Mt 24,43S; 25,13S **12,42-44** 19,17-19 par; 16,10 **12,46** Offb 21,8 **12,47** Jak 4,17 **12,50** Mk 10,38S **12,51** 2,14S **12,52-53** 14,26 par; 21,16 par **12,53** Mi 7,6 **12,58** Mt 18,34

3 Nein, ich sage euch: Wenn ihr euch nicht ändert,[a]
werdet ihr alle genauso umkommen!
4 Oder denkt an die achtzehn, die der Turm am
Teich Schiloach* unter sich begrub! Meint ihr, dass
sie schlechter waren als die übrigen Einwohner Jeru-
salems? 5 Nein, ich sage euch: Ihr werdet alle genau-
so umkommen, wenn ihr euch nicht ändert!«[b]

Eine letzte Gnadenfrist

6 Dann erzählte ihnen Jesus folgendes Gleichnis*:
»Ein Mann hatte in seinem Weinberg einen Fei-
genbaum gepflanzt. Er kam und suchte Früchte an
ihm und fand keine. 7 Da sagte er zu seinem Wein-
gärtner: ›Hör zu: Drei Jahre sind es nun schon, dass
ich herkomme und an diesem Feigenbaum nach
Früchten suche und keine finde. Also hau ihn um,
was soll er für nichts und wieder nichts den Boden
aussaugen!‹
8 Aber der Weingärtner sagte: ›Herr, lass ihn doch
dieses Jahr noch stehen! Ich will den Boden rundher-
um gut auflockern und düngen. 9 Vielleicht trägt der
Baum dann im nächsten Jahr Früchte. Wenn nicht,
dann lass ihn umhauen!‹«

Jesus heilt eine Frau am Sabbat

10 Einmal sprach Jesus am Sabbat* in einer Sy-
nagoge*. 11 Nun war dort eine Frau, die schon acht-
zehn Jahre lang von einem bösen Geist* geplagt
wurde, der sie krank machte. Sie war verkrümmt
und konnte sich nicht mehr aufrichten.
12 Als Jesus sie sah, rief er sie zu sich und sagte zu
ihr: »Frau, du sollst deine Krankheit los sein!«

Jeden Sabbat ging Jesus in die Synagoge. Dabei konnte es zu Konflikten kommen (13,14-17). Dieses Säulenkapitell in Kafarnaum gehörte zu einer um 200 n. Chr. erbauten Synagoge. Ganz oben sieht man einige jüdische Symbole: den siebenarmigen Leuchter, ein Widderhorn (Schofar) und ein Kohlenbecken.

13 Und er legte ihr die Hände auf. Sofort richtete sie
sich auf und pries Gott.
14 Da griff der Synagogenvorsteher* ein. Er ärgerte
sich, dass Jesus die Frau ausgerechnet am Sabbat ge-
heilt hatte, und sagte zu der Menge: »Die Woche hat
sechs Tage zum Arbeiten. Also kommt an einem
Werktag, um euch heilen zu lassen, aber nicht am
Sabbat.«[c]
15 Der Herr erwiderte ihm: »Ihr Scheinheiligen! Je-
der von euch bindet doch am Sabbat seinen Ochsen
oder Esel von der Futterkrippe los und führt ihn zur
Tränke. 16 Aber diese Frau hier, die eine Tochter
Abrahams* ist – achtzehn Jahre lang hielt sie der Sa-
tan* gebunden, und sie sollte nicht an einem Sabbat
von dieser Fessel befreit werden dürfen?«
17 Als Jesus das sagte, mussten alle seine Gegner
sich geschlagen geben. Aber die ganze große Menge
freute sich über all die wunderbaren Taten, die Jesus
vollbrachte.

Senfkorn und Sauerteig: Der entscheidende Anfang ist gemacht

(Mt 13,31-33; Mk 4,30-32)

18 Dann sagte Jesus: »Wie geht es zu, wenn Gott seine
Herrschaft* aufrichtet? Womit kann ich das verglei-
chen?
19 Es ist wie bei dem Senfkorn, das jemand in sei-
nem Garten in die Erde steckte. Es ging auf und
wuchs und wurde zu einem Baum, und die Vögel
bauten ihre Nester in seinen Zweigen.«[d]
20 Noch einmal fragte Jesus: »Womit kann ich das
vergleichen, wenn Gott seine Herrschaft aufrichtet?
21 Es ist wie mit dem Sauerteig*: Eine Frau mengte
eine Hand voll davon unter eine riesige Menge
Mehl,[e] und er machte den ganzen Teig sauer.«

Die enge Tür – die verschlossene Tür: Aufruf zu rechtzeitigem Handeln

(Mt 7,13-14.22-23; 8,11-12)

22 Jesus zog weiter auf dem Weg nach Jerusalem. Un-
terwegs sprach er in Städten und Dörfern.
23 Einmal fragte ihn jemand: »Herr, werden nur
wenige gerettet?«
Jesus antwortete: 24 »Die Tür zu Gottes neuer Welt
ist eng; kämpft darum, dass ihr Einlass findet! Denn
viele, sage ich euch, werden sich am Ende darum be-
mühen, aber es nicht mehr schaffen.[f]
25 Wenn der Hausherr aufsteht und die Tür ab-
schließt, werdet ihr draußen stehen und klopfen
und rufen: ›Herr, mach uns auf!‹ Doch er wird euch
antworten: ›Ich weiß nicht, wo ihr herkommt!‹
26 Dann werdet ihr sagen: ›Wir haben doch mit dir
zusammen gegessen und getrunken und du hast auf
den Straßen unserer Stadt gelehrt.‹

a *ändert:* siehe Sacherklärung »Umkehr«; ebenso zu Vers 5.
b Die Bluttat des Statthalters und das Unglück am Schiloachteich, deren Opfer nach dem Vergeltungsdenken jener Zeit besonders schwere Schuld auf sich geladen haben müssen, kann Jesus nur als Vorzeichen des Gerichts sehen, das auf *alle* wartet, wenn sie nicht umkehren (vgl. Vers 56 und Anmerkung dort; ferner 19,41-44).
c Siehe Anmerkung zu Mk 3,2.
d Zum Bild vom *Baum* siehe Anmerkung zu Mk 4,32.
e Siehe Anmerkung zu Mt 13,33.
f *zu Gottes neuer Welt; am Ende; mehr:* verdeutlichende Zusätze.

13,3 Ps 7,13 **13,6** Mk 11,13 par **13,8-9** 2 Petr 3,9.15 **13,10-17** Mk 2,27-28 S **13,14** Ex 20,9-10 **13,15-16** 14,5 S **13,16** (Tochter Abrahams) 19,9; 1,54-55; 3,8; Mt 3,9 S **13,17** Ex 34,10 **13,18** 11,2 S **13,19** Mt 13,31 S; Ez 17,23 **13,22** 9,51 **13,24** 1 Kor 9,25; Kol 1,29; 1 Tim 6,12 **13,25** Mt 25,11-12

27 Aber er wird euch antworten: ›Ich weiß nicht, wo ihr herkommt. Ihr habt es allesamt versäumt, das Rechte zu tun, geht mir aus den Augen!‹

28 Da werdet ihr dann jammern und mit den Zähnen knirschen, wenn ihr Abraham*, Isaak, Jakob und alle Propheten in Gottes neuer Welt[a] seht, doch ihr selbst seid ausgeschlossen. 29 Aus Ost und West, aus Nord und Süd werden die Menschen kommen und in Gottes neuer Welt zu Tisch sitzen.

30 Seid darauf gefasst: Es gibt solche, die jetzt noch zu den Letzten zählen; die werden dann die Ersten sein. Und andere zählen jetzt zu den Ersten, die werden dann die Letzten sein.«[b]

Jesus muss bis nach Jerusalem kommen

31 Da kamen einige Pharisäer* zu Jesus und warnten ihn:[c] »Verlass diese Gegend und geh anderswo hin; Herodes[d] will dich töten!«

32 Jesus antwortete: »Geht und sagt diesem Fuchs*: ›Ich treibe böse Geister* aus und heile Kranke heute und morgen; erst am dritten Tag werde ich am Ziel sein.[e] 33 Aber heute und morgen und auch am Tag danach muss ich meinen Weg noch fortsetzen; denn es ist undenkbar, dass ein Prophet* außerhalb von Jerusalem umgebracht wird.‹«

Klage über Jerusalem
(Mt 23,37-39)

34 »Jerusalem, Jerusalem, du tötest die Propheten* und steinigst* die Boten, die Gott zu dir schickt! Wie oft wollte ich deine Bewohner um mich scharen, wie eine Henne ihre Küken unter die Flügel nimmt! Aber ihr habt nicht gewollt.

35 Deshalb wird Gott euren Tempel* verlassen. Ich sage euch, ihr werdet mich erst wiedersehen, wenn ihr rufen werdet: ›Heil dem, der im Auftrag des Herrn kommt!‹«[f]

Jesus zu Tisch mit Pharisäern
(14,1-24)

Kritik an ihrer Gesetzesauslegung: Heilung am Sabbat

14 An einem Sabbat* ging Jesus zum Essen in das Haus eines der führenden Pharisäer,[g] und die dort versammelten Männer beobachteten ihn genau.

2 Auf einmal stand vor Jesus ein Mann, der an Wassersucht litt. 3 Jesus fragte die Gesetzeslehrer* und Pharisäer: »Ist es nach dem Gesetz* Gottes erlaubt, am Sabbat Kranke zu heilen, oder nicht?«

4 Sie gaben ihm keine Antwort.[h] Da berührte Jesus den Kranken, machte ihn gesund und ließ ihn gehen. 5 Dann sagte er zu den Anwesenden: »Wenn einem von euch ein Kind in den Brunnen fällt oder auch nur ein Rind, holt er es dann nicht auf der Stelle heraus, auch wenn es gerade Sabbat ist?«

6 Sie wussten nicht, was sie dagegen vorbringen sollten.

Kritik an ihrer Selbsteinschätzung: Wer bekommt die Ehrenplätze?

7 Jesus hatte beobachtet, wie die zum Essen Geladenen die Ehrenplätze für sich aussuchten. Das nahm er zum Anlass, sie in einem Bild darauf hinzuweisen, welche Regeln an Gottes Tisch gelten.[i]

8 »Wenn dich jemand zu einem Hochzeitsmahl[j] einlädt, dann setz dich nicht gleich auf den Ehrenplatz. Es könnte ja sein, dass eine noch vornehmere Person eingeladen ist. 9 Der Gastgeber, der euch beide geladen hat, müsste dann kommen und dich auffordern, den Ehrenplatz abzutreten. Dann müsstest du beschämt auf dem untersten Platz sitzen.

10 Setz dich lieber auf den letzten Platz, wenn du eingeladen bist. Wenn dann der Gastgeber kommt, wird er zu dir sagen: ›Lieber Freund, komm, nimm weiter oben Platz!‹ So wirst du vor allen geehrt, die mit dir eingeladen sind.

11 Denn alle, die sich selbst groß machen, werden von Gott gedemütigt, und alle, die sich selbst gering achten, werden von ihm zu Ehren gebracht.«

Kritik an ihrem berechnenden Wesen: Wer ist einzuladen?

12 Dann wandte sich Jesus an den Gastgeber: »Wenn du ein Essen gibst, am Mittag oder am Abend, dann lade nicht deine Freunde ein, deine Brüder und Verwandten oder die reichen Nachbarn. Sie laden dich dann nur wieder ein, und du hast deinen Lohn gehabt.

13 Nein, wenn du ein Essen gibst, dann lade Arme, Verkrüppelte, Gelähmte und Blinde ein![k] 14 Dann darfst du dich freuen, weil sie es dir nicht vergelten können; denn Gott selbst wird es dir vergelten, wenn er die vom Tod erweckt*, die getan haben, was ihm gefällt.«

Warnung, Gottes Einladung auszuschlagen: Gleichnis vom großen Festmahl
(Mt 22,1-10)

15 Einer von den Gästen griff dieses Wort auf und sagte zu Jesus: »Ja, freuen dürfen sich alle, die mit zu Tisch sitzen werden in Gottes neuer Welt!«[l]

16 Doch Jesus antwortete ihm mit einem Gleichnis*; er sagte:

»Ein Mann hatte viele Leute zu einem großen Essen eingeladen. 17 Als die Stunde für das Mahl da war, schickte er seinen Diener, um die Gäste zu bitten:

a Wörtlich *in der Königsherrschaft* Gottes;* ebenso im folgenden Vers.
b Zu den Versen 28-30 vgl. 3,8 und Anmerkung zu 4,27.
c Siehe Anmerkung zu 7,36.
d Siehe Sacherklärung »Herodes (3)«.
e Oder *vollendet sein* (vgl. Hebr 2,10; 5,9). Die unbestimmte Zeitangabe *am dritten Tag* enthält einen verschlüsselten Hinweis auf die Auferstehung von Jesus (vgl. 9,22; 18,33; 24,7.46).
f Siehe Anmerkung zu Mt 23,39.
g Siehe Anmerkung zu 7,36.
h Siehe Anmerkung zu Mk 3,2.
i *Das nahm er ...:* wörtlich *Er sagte zu ihnen ein Gleichnis*.*
j Mit der Wahl dieses Wortes werden die Verse 8-11 durchsichtig auf die »Hochzeit« hin, von der Mt 9,15; 22,2; 25,10; Offb 19,7.9 die Rede ist (siehe Anmerkung zu Mt 9,15). Es geht um mehr als um eine Anstandsregel (Spr 25,6-7), es geht um die Themen von Lk 1,51-52; 22,24-27; Mt 18,1.
k Das entspricht dem Handeln und Willen Gottes (vgl. Vers 21 sowie 16,19 und Anmerkung). Es entspricht auch der Mahnung Jesu, sich vor dem Streben nach irdischer Belohnung zu hüten (6,32-34).
l Wörtlich *in der Königsherrschaft* Gottes.* Vgl. 13,29; Jes 25,6; Offb 19,9.

13,27 2 Tim 2,19 **13,30** Mt 20,16 S **13,35** Ez 10,18-19 S; *zit* Ps 118,26 **14,1-6** Mk 2,27-28 S **14,1** 7,36 S **14,5** 13,15-16; Mt 12,11 **14,7** 20,46 par **14,8-10** Spr 25,7 **14,11** Mt 23,12 S **14,12-13** 6,32-34 par; Dtn 14,29; Spr 14,21 S **14,15** 13,29 par

›Kommt! Alles ist hergerichtet!‹ 18 Aber einer nach dem andern begann, sich zu entschuldigen.

Der erste erklärte: ›Ich habe ein Stück Land gekauft, das muss ich mir jetzt unbedingt ansehen; bitte, entschuldige mich.‹

19 Ein anderer sagte: ›Ich habe fünf Ochsengespanne gekauft und will gerade sehen, ob sie etwas taugen; bitte, entschuldige mich.‹

20 Ein dritter sagte: ›Ich habe eben erst geheiratet, darum kann ich nicht kommen.‹

21 Der Diener kam zurück und berichtete alles seinem Herrn. Da wurde der Herr zornig und befahl ihm:[a] ›Lauf schnell auf die Straßen und Gassen der Stadt und hol die Armen, Verkrüppelten, Blinden und Gelähmten her!‹

22 Der Diener kam zurück und meldete: ›Herr, ich habe deinen Befehl ausgeführt, aber es ist immer noch Platz da.‹

23 Der Herr sagte zu ihm: ›Dann geh auf die Landstraßen und an die Zäune draußen vor der Stadt, wo die Landstreicher sich treffen,[b] und dränge die Leute hereinzukommen, damit mein Haus voll wird!‹«

24 Jesus schloss: »Das sollt ihr wissen: Von den zuerst geladenen Gästen kommt mir niemand an meinen Tisch!«[c]

Was Jesus von denen verlangt, die ihm folgen wollen

(Mt 10,37-38)

25 Als Jesus wieder unterwegs war, zog eine große Menge Menschen hinter ihm her. Er wandte sich nach ihnen um und sagte: 26 »Wer sich mir anschließen will, muss bereit sein, mit Vater und Mutter zu brechen, ebenso mit Frau und Kindern, mit Brüdern und Schwestern; er muss bereit sein, sogar das eigene Leben aufzugeben. Sonst kann er nicht mein Jünger* sein. 27 Wer nicht sein Kreuz* trägt und mir auf meinem Weg folgt, kann nicht mein Jünger sein.

28 Wenn jemand von euch ein Haus bauen will, setzt er sich doch auch zuerst hin und überschlägt die Kosten. Er muss ja sehen, ob sein Geld dafür reicht. 29 Sonst hat er vielleicht das Fundament gelegt und kann nicht mehr weiterbauen. Alle, die das sehen, werden ihn dann auslachen und werden sagen: 30 ›Dieser Mensch wollte ein Haus bauen, aber er kann es nicht vollenden.‹

31 Oder wenn ein König gegen einen anderen König Krieg führen will, wird er sich auch zuerst überlegen, ob er mit zehntausend Mann stark genug ist, sich den zwanzigtausend des anderen entgegenzustellen. 32 Wenn nicht, tut er besser daran, dem Gegner Unterhändler entgegenzuschicken, solange er noch weit weg ist, und die Friedensbedingungen zu erkunden.«

33 Jesus schloss: »Niemand von euch kann mein Jünger sein, wenn er nicht zuvor alles aufgibt, was er hat.«

Ein ernstes Wort an die Jünger

(Mt 5,13; Mk 9,50)

34 »Salz ist etwas Gutes; wenn es aber seine Kraft verliert, wie kann es sie wiederbekommen? 35 Selbst für den Acker oder den Misthaufen taugt es nicht mehr[d] und wird weggeworfen. Wer Ohren hat, soll gut zuhören!«

Das verlorene Schaf

(Mt 18,12-14)

15 Eines Tages waren wieder einmal alle Zolleinnehmer* und all die anderen, die einen ebenso schlechten Ruf hatten, bei Jesus versammelt und wollten ihn hören. 2 Die Pharisäer* und die Gesetzeslehrer* murrten und sagten: »Er lässt das Gesindel zu sich! Er isst sogar mit ihnen!«[e] 3 Da erzählte ihnen Jesus folgendes Gleichnis*:

4 »Stellt euch vor, einer von euch hat hundert Schafe und eines davon verläuft sich. Lässt er dann nicht die neunundneunzig allein in der Steppe weitergrasen und sucht das verlorene so lange, bis er es findet? 5 Und wenn er es gefunden hat, dann freut er sich, nimmt es auf die Schultern 6 und trägt es nach Hause. Dort ruft er seine Freunde und Nachbarn zusammen und sagt zu ihnen: ›Freut euch mit mir, ich habe mein verlorenes Schaf wiedergefunden!‹

7 Ich sage euch: Genauso ist bei Gott im Himmel mehr Freude über einen Sünder, der ein neues Leben anfängt,[f] als über neunundneunzig andere, die das nicht nötig haben.«

Das verlorene Geldstück

8 »Oder stellt euch vor, eine Frau hat zehn Silberstücke* und verliert eins davon. Zündet sie da nicht eine Lampe* an, fegt das ganze Haus und sucht in allen Ecken, bis sie das Geldstück gefunden hat? 9 Und wenn sie es gefunden hat, ruft sie ihre Freundinnen und Nachbarinnen zusammen und sagt zu ihnen: ›Freut euch mit mir, ich habe mein verlorenes Silberstück wiedergefunden!‹

10 Ich sage euch: Genauso freuen sich die Engel* Gottes über einen einzigen Sünder, der ein neues Leben anfängt.«

Der Vater und seine zwei Söhne

11 Jesus erzählte weiter:

»Ein Mann hatte zwei Söhne. 12 Der jüngere sagte: ›Vater, gib mir den Teil der Erbschaft, der mir zusteht!‹ Da teilte der Vater seinen Besitz unter die beiden auf.

a Unter den Erstgeladenen (Verse 17-20) sind die pharisäischen Frommen und die Gesetzeslehrer zu verstehen, die religiös und gesellschaftlich maßgebliche Schicht des damaligen Judentums. Zur Berufung der Armen und Bettler (Vers 21) vgl. 16,19 und Anmerkung dort. Vers 23 weist voraus auf die Berufung der nichtjüdischen Völker; vgl. Anmerkung zu 4,27.
b *draußen vor der Stadt ...:* verdeutlichender Zusatz.
c Vgl. 22,30; Apg 28,23-28.
d Selbst als Düngemittel ist es unbrauchbar, ja es verdirbt sogar den Kompost.
e Zu den Versen 1-2 vgl. 5,29-30; 7,34; 19,7.
f *ein neues Leben anfängt:* siehe Sacherklärung »Umkehr«; ebenso zu Vers 10.

14,21 14,13 **14,24** 22,30 **14,26** 12,51-53; 18,29 par; Mt 10,37S **14,27** Mt 10,38-39S **14,33** 9,62 **15,1-2** Mt 9,10S **15,3-7** Joh 10,11-15 **15,4** Ez 34,11.16 **15,11** Mt 21,28

[13] Nach ein paar Tagen machte der jüngere Sohn seinen ganzen Anteil zu Geld und zog weit weg in die Fremde. Dort lebte er in Saus und Braus und verjubelte alles.

[14] Als er nichts mehr hatte, brach in jenem Land eine große Hungersnot aus; da ging es ihm schlecht.
[15] Er hängte sich an einen Bürger des Landes, der schickte ihn aufs Feld zum Schweinehüten. [16] Er war so hungrig, dass er auch mit dem Schweinefutter zufrieden gewesen wäre; aber er bekam nichts davon.

[17] Endlich ging er in sich und sagte: ›Mein Vater hat so viele Arbeiter, die bekommen alle mehr, als sie essen können, und ich komme hier um vor Hunger. [18] Ich will zu meinem Vater gehen und zu ihm sagen: Vater, ich bin vor Gott und vor dir schuldig geworden; [19] ich bin es nicht mehr wert, dein Sohn zu sein. Nimm mich als einen deiner Arbeiter in Dienst!‹

[20] So machte er sich auf den Weg zu seinem Vater.

Er war noch ein gutes Stück vom Haus entfernt, da sah ihn schon sein Vater kommen, und das Mitleid ergriff ihn. Er lief ihm entgegen, fiel ihm um den Hals und überhäufte ihn mit Küssen.

[21] ›Vater‹, sagte der Sohn, ›ich bin vor Gott und vor dir schuldig geworden, ich bin es nicht mehr wert, dein Sohn zu sein!‹

[22] Aber der Vater rief seinen Dienern zu: ›Schnell, holt die besten Kleider für ihn, steckt ihm einen Ring an den Finger und bringt ihm Schuhe! [23] Holt das Mastkalb und schlachtet es! Wir wollen ein Fest feiern und uns freuen! [24] Denn mein Sohn hier war tot, jetzt lebt er wieder. Er war verloren, jetzt ist er wiedergefunden.‹ Und sie begannen zu feiern.

[25] Der ältere Sohn war noch auf dem Feld. Als er zurückkam und sich dem Haus näherte, hörte er das Singen und Tanzen. [26] Er rief einen der Diener herbei und fragte ihn, was denn da los sei. [27] Der sagte: ›Dein Bruder ist zurückgekommen und dein Vater hat das Mastkalb schlachten lassen, weil er ihn gesund wiederhat.‹

[28] Der ältere Sohn wurde zornig und wollte nicht ins Haus gehen. Da kam der Vater heraus und redete ihm gut zu. [29] Aber der Sohn sagte zu ihm: ›Du weißt doch: All die Jahre habe ich wie ein Sklave für dich geschuftet, nie war ich dir ungehorsam. Was habe ich dafür bekommen? Mir hast du nie auch nur einen

Jeder Hirt freut sich, wenn er ein verlaufenes Schaf gesund wiederhat. So – sagt Jesus – freut sich Gott über jeden Menschen, der wieder zu ihm zurückfindet (15,1-7). Nur die übrigen ›Schafe‹, die brav dem Hirten gefolgt sind, können dem Irregegangenen manchmal nicht verzeihen … (15,29-30). Im Bild ein Araberhirt vor dem heutigen Betlehem.

15,13 Spr 29,3 **15,24** Eph 2,5

Ziegenbock gegeben, damit ich mit meinen Freunden feiern konnte. 30 Aber der da, dein Sohn, hat dein Geld mit Huren durchgebracht; und jetzt kommt er nach Hause, da schlachtest du gleich das Mastkalb für ihn.‹

31 ›Mein Sohn‹, sagte der Vater, ›du bist immer bei mir, und dir gehört alles, was ich habe. 32 Aber jetzt mussten wir doch feiern und uns freuen! Denn dein Bruder war tot und ist wieder am Leben. Er war verloren und ist wiedergefunden.‹«

Vom Umgang mit Geld: Die Geschichte vom untreuen Verwalter

16 Dann wandte sich Jesus seinen Jüngern zu, den Männern und Frauen,[a] und erzählte ihnen folgende Geschichte:

»Ein reicher Mann hatte einen Verwalter, der ihn betrog. Als sein Herr davon erfuhr, 2 ließ er ihn rufen und stellte ihn zur Rede: ›Was muss ich von dir hören? Leg die Abrechnung vor, du kannst nicht länger mein Verwalter sein!‹

3 Da sagte sich der Mann: ›Was soll ich machen, wenn mein Herr mir die Stelle wegnimmt? Für schwere Arbeiten bin ich zu schwach, und zu betteln schäme ich mich. 4 Ich weiß, was ich tun werde: Ich muss mir Freunde verschaffen, die mich in ihre Häuser aufnehmen, wenn ich hier entlassen werde.‹

5 So rief er nacheinander alle zu sich, die bei seinem Herrn Schulden hatten. Er fragte den Ersten: ›Wie viel schuldest du meinem Herrn?‹

6 ›Hundert Fässer Olivenöl‹, war die Antwort.

›Hier ist dein Schuldschein‹, sagte der Verwalter; ›setz dich hin und schreib fünfzig!‹

7 Einen anderen fragte er: ›Wie steht es bei dir, wie viel Schulden hast du?‹

›Hundert Sack Weizen‹, war die Antwort.

›Hier ist dein Schuldschein, schreib achtzig!‹«

8 Jesus, der Herr, lobte den betrügerischen Verwalter wegen seines klugen Vorgehens.[b] Denn in der Tat: Die Menschen dieser Welt* sind, wenn es ums Überleben geht,[c] viel klüger als die Menschen des Lichtes.

9 »Ich sage euch«, forderte Jesus seine Jünger auf, »nutzt das leidige Geld[d] dazu, durch Wohltaten Freunde zu gewinnen. Wenn es mit euch und eurem Geld zu Ende geht, werden sie euch in der neuen Welt Gottes in ihre Wohnungen aufnehmen.«

Vom Umgang mit Geld: Zuverlässigkeit, wie Jesus sie versteht

(Mt 6,24)

10 Jesus fuhr fort: »Wer in kleinen Dingen zuverlässig ist, wird es auch in großen sein, und wer in kleinen unzuverlässig ist, ist es auch in großen.

11 Wenn ihr also im Umgang mit dem leidigen Geld nicht zuverlässig seid,[e] wird euch niemand das wirklich Wertvolle anvertrauen. 12 Wenn ihr mit dem nicht umgehen könnt, was euch gar nicht gehört, wie soll Gott euch dann schenken, was er euch als Eigentum zugedacht hat?[f]

13 Kein Diener kann zwei Herren zugleich dienen. Er wird den einen vernachlässigen und den anderen bevorzugen. Er wird dem einen treu sein und den anderen hintergehen. Ihr könnt nicht beiden zugleich dienen: Gott und dem Geld.«[g]

Vom Umgang mit Geld: Der Spott der Pharisäer

14 Das alles hatten die Pharisäer* mit angehört. Weil sie geldgierig waren, lachten sie über Jesus. 15 Er aber sagte zu ihnen: »Vor den Menschen stellt ihr euch so hin, als führtet ihr ein Leben, das Gott gefällt; aber Gott sieht euch ins Herz. Was bei den Menschen Eindruck macht, das verabscheut Gott.«

Das Gesetz Moses und die neue Zeit. Am Beispiel der Ehe ...

(Mt 11,12-13; 5,18.32)

16 »Bisher gab es nur das Gesetz* und die Weisungen der Propheten*. Diese Zeit ist mit dem Täufer* Johannes abgeschlossen. Seitdem wird die Gute Nachricht* verkündet, dass Gott seine Herrschaft* aufrichtet, und alle drängen herbei und wollen in die neue Welt Gottes eingelassen werden.[h]

17 Doch eher werden Himmel und Erde vergehen, als dass auch nur ein Komma im Gesetz ungültig wird. 18 Das bedeutet zum Beispiel:[i] Wer sich von seiner Frau trennt und eine andere heiratet, begeht Ehebruch. Und wer eine Geschiedene heiratet, wird zum Ehebrecher.«

... und am Beispiel des Besitzes (Der reiche Mann und der arme Lazarus)

19 »Es war einmal ein reicher Mann, der immer die teuerste Kleidung trug und Tag für Tag im Luxus lebte.[j]

20 Vor seinem Haustor lag ein Armer, der hieß Lazarus. Sein Körper war ganz mit Geschwüren bedeckt. 21 Er wartete darauf, dass von den Mahlzeiten des Reichen ein paar kümmerliche Reste für ihn abfielen. Er konnte sich nicht einmal gegen die Hunde wehren, die seine Wunden beleckten.

22 Der Arme starb und die Engel* trugen ihn an den Ort, wo das ewige Freudenmahl gefeiert wird; dort erhielt er den Ehrenplatz an der Seite Abrahams.[k]

Auch der Reiche starb und wurde begraben. 23 In der Totenwelt* litt er große Qualen. Als er aufblickte, sah er in weiter Ferne Abraham, und Lazarus auf dem Platz neben ihm. 24 Da rief er laut: ›Vater

a *den Männern und Frauen:* verdeutlichender Zusatz; siehe Anmerkung zu 6,17.
b Der Mann ist auch in Jesu Augen ein Betrüger, doch sein klarer Blick für die eigene Lage und die Entschlossenheit, mit der er sich in letzter Stunde noch eine Zukunft zu sichern weiß, sind vorbildlich.
c *wenn es ums Überleben geht:* wörtlich *gegenüber ihrer Generation/unter ihresgleichen,* d.h. so, wie man dort sein Überleben zu sichern sucht. Was das für die *Menschen des Lichts* bedeutet, zeigt Vers 9.
d Wörtlich *den ungerechten Mamon*;* ebenso in Vers 11.
e »Zuverlässig« wird im Sinne Jesu mit Geld dann umgegangen, wenn man es für die Armen verwendet (vgl. 16,19 und Anmerkung dort).
f Jesus will sagen, dass das *Geld* den Notleidenden zusteht *(gehört)*; vgl. Vers 9. Das zugedachte *Eigentum* ist das ewige Leben; bei dem *wirklich Wertvollen* könnte zudem an den Dienst der Verkündigung der Guten Nachricht* gedacht sein (vgl. 2 Tim 2,15).
g *Geld:* im griechischen Text steht *Mamon*; vgl. Vers 9.
h Vers 16 wörtlich: *Das Gesetz und die Propheten (reichen) bis Johannes. Von da an wird die Königsherrschaft Gottes verkündet und jeder dringt (gewalttätig) in sie ein.*
i Verdeutlichender Zusatz.
j Die soziale Seite der Botschaft Jesu tritt im Lukas-Evangelium besonders stark hervor; vgl. 1,51-53; 3,11; 6,20-21.24-25; 11,41; 12,33; 14,21; 16,9-12; 19,8.
k *trugen ihn ...:* wörtlich *trugen ihn fort an die Brust Abrahams*;* siehe Sacherklärung »liegen«.

16,8 Eph 5,8 **16,9** 12,33 par **16,10** 19,17-19 par **16,11** 12,42.48 **16,15** Mt 23,28 **16,18** Mk 10,11 par; 1 Kor 7,10-11

Abraham, hab Erbarmen mit mir! Schick mir doch
Lazarus! Er soll seine Fingerspitze ins Wasser tau-
chen und meine Zunge ein wenig kühlen, denn das
Feuer hier brennt entsetzlich.‹

25 Aber Abraham sagte: ›Mein Sohn, denk daran,
dass du schon zu Lebzeiten das dir zugemessene
Glück erhalten hast, Lazarus aber nur Unglück. Da-
für kann er sich nun hier freuen, während du Qualen
leidest. 26 Außerdem liegt zwischen uns und euch ein
riesiger Graben. Selbst wenn jemand wollte, könnte
er nicht zu euch kommen, genauso wie keiner von
dort zu uns gelangen kann.‹

27 Da bat der reiche Mann: ›Vater Abraham, dann
schick Lazarus doch wenigstens in mein Elternhaus!
28 Ich habe noch fünf Brüder. Er soll sie warnen, da-
mit sie nicht auch an diesen schrecklichen Ort kom-
men!‹

29 Doch Abraham sagte: ›Deine Brüder haben das
Gesetz* Moses und die Weisungen der Propheten*.
Sie brauchen nur darauf zu hören.‹

30 Der Reiche erwiderte: ›Vater Abraham, das ge-
nügt nicht! Aber wenn einer von den Toten zu ihnen
käme, dann würden sie ihr Leben ändern.‹[a]

31 Abraham sagte: ›Wenn sie auf Mose und die Pro-
pheten nicht hören, dann lassen sie sich auch nicht
überzeugen, wenn jemand vom Tod aufersteht.‹«

Vom gegenseitigen Verhalten in der Jüngergemeinschaft

(Mt 18,6-7.15.21-22; Mk 9,42)

17 Jesus wandte sich wieder seinen Jüngern
zu, den Männern und Frauen,[b] und sagte zu
ihnen:

»Es ist unvermeidlich, dass Menschen an mir irre-
werden. Aber wehe dem, der dazu beiträgt! 2 Es wäre
besser für ihn, er würde mit einem Mühlstein* um
den Hals ins Meer geworfen, als dass er auch nur
einen dieser kleinen, unbedeutenden Menschen,
die zu mir halten,[c] an mir irremacht. 3 Seid wachsam
gegen euch selbst!

Wenn dein Bruder – und das gilt entsprechend für
die Schwester[d] – ein Unrecht begangen hat, dann
stell ihn zur Rede, und wenn er es bereut, dann ver-
zeih ihm. 4 Selbst wenn er siebenmal am Tag an dir
schuldig wird, sollst du ihm verzeihen, wenn er
kommt und sagt: ›Es tut mir Leid!‹«

Von der Macht des Gottvertrauens

(Mt 17,20)

5 Die Apostel* sagten zum Herrn: »Stärke doch unser
Vertrauen zu Gott!«

6 Der Herr antwortete: »Wenn euer Vertrauen
auch nur so groß wäre wie ein Senfkorn, dann könn-
tet ihr zu dem Maulbeerbaum* dort sagen: ›Zieh
deine Wurzeln aus der Erde und verpflanze dich
ins Meer!‹, und er würde euch gehorchen.«

Kein Anspruch auf besondere Anerkennung

7 »Stellt euch vor, jemand von euch hat einen Skla-
ven* und der kommt vom Pflügen oder Schafehüten
nach Hause. Wird er wohl gleich als Erstes zu ihm sa-
gen: ›Bitte, komm und setz dich zu Tisch‹?

8 Gewiss nicht! Er wird ihm sagen: ›Mach mir das
Essen fertig, binde dir die Schürze um und bediene
mich bei Tisch! Wenn ich fertig bin, kannst du auch
essen und trinken.‹

9 Wird er sich etwa bei dem Sklaven bedanken,
weil der getan hat, was ihm befohlen war?

10 So ist es auch mit euch. Wenn ihr alles getan
habt, was Gott euch befohlen hat, dann sagt: ›Wir
sind Diener, weiter nichts; wir haben nur getan,
was uns aufgetragen war.‹«

Der dankbare Samariter

11 Auf dem Weg nach Jerusalem zog Jesus durch das
Grenzgebiet von Samarien und Galiläa.[e] 12 Als er in
ein Dorf ging, kamen ihm zehn Aussätzige* entge-
gen. Sie blieben in gehörigem Abstand stehen
13 und riefen laut: »Jesus! Herr! Hab Erbarmen mit
uns!«

14 Jesus sah sie und befahl ihnen: »Geht zu den
Priestern und lasst euch eure Heilung bestätigen!«[f]
Und als sie unterwegs waren, wurden sie tatsäch-
lich gesund.

15 Einer aus der Gruppe kam zurück, als er es
merkte. Laut pries er Gott, 16 warf sich vor Jesus nie-
der, das Gesicht zur Erde, und dankte ihm. Und das
war ein Samariter*.

17 Jesus sagte: »Sind nicht alle zehn gesund[g] gewor-
den? Wo sind dann die anderen neun? 18 Ist keiner
zurückgekommen, um Gott die Ehre zu erweisen,
nur dieser Fremde hier?«

19 Dann sagte er zu dem Mann: »Steh auf und geh
nach Hause, dein Vertrauen hat dich gerettet.«

Wann richtet Gott seine Herrschaft auf?

20 Einige Pharisäer* fragten Jesus, wann die Herr-
schaft* Gottes anbrechen werde.

Jesus antwortete: »Ihr dürft nicht nach Vorzei-
chen ausschauen 21 und an allen möglichen Orten
nach ihr suchen! Denn schon jetzt, mitten unter
euch, richtet Gott seine Herrschaft auf!«[h]

Vom Kommen des Menschensohnes

(Mt 24,26-27.37-41; 10,39; 24,28)

22 Dann sagte Jesus zu den Jüngern, den Männern
und Frauen:[i] »Es wird die Zeit kommen, wo ihr euch
danach sehnt, auch nur einen Tag unter der Herr-

a *ihr Leben ändern:* siehe Sacherklärung »Umkehr«.
b *den Männern und Frauen:* verdeutlichender Zusatz; siehe Anmerkung zu 6,17.
c *dieser kleinen ...:* wörtlich *dieser Kleinen;* vgl. Mt 18,6; Mk 9,42.
d *und das gilt entsprechend ...:* verdeutlichender Zusatz; siehe Sacherklärung »Bruder«.
e So der wahrscheinliche Sinn. Wörtlich *mitten durch Samarien* und Galiläa*.*
f Wörtlich *zeigt euch den Priestern;* vgl. Lev 14,1-32.
g Wörtlich *rein*.*
h Wörtlich *Denn siehe, das Reich Gottes ist unter euch.* Das muss im Licht von 11,20; Mt 12,28 verstanden werden; vgl. auch 10,21 und Anmerkung dort. Zwar wird sich der in Jesus gemachte Anfang erst in der Zukunft vollenden, doch hängt für den Menschen alles daran, diesen geringen Anfang ernst zu nehmen; vgl. 12,8-9.
i *den Männern und Frauen:* verdeutlichender Zusatz; siehe Anmerkung zu 6,17.

16,25 6,20-21.24-25; 1,51-53 **16,29** 2 Tim 3,16 **17,5** 6,13S; Mt 14,31S **17,6** Mk 11,23 par; 4,31 par **17,10** 1 Kor 9,16-17 **17,11** 13,22S **17,12** Lev 13,45-46
17,14 5,14S **17,16** 10,33S **17,19** 7,50S **17,21** 11,2S; 10,17-18; 16,16

schaft des Menschensohnes* zu erleben. Aber es wird euch nicht vergönnt sein.[a]

23 Sie werden zu euch sagen: ›Schaut doch hierher!‹, oder: ›Schaut dorthin!‹ Aber geht nicht hin und gebt nichts darauf. 24 Wenn sein Tag da ist, wird der Menschensohn kommen wie ein Blitz, der mit einem Schlag den ganzen Horizont ringsum erhellt.

25 Aber zuvor muss er noch vieles erleiden und von den Menschen dieser Generation verworfen[b] werden.

26 Wenn der Menschensohn kommt, wird es genauso sein wie zur Zeit Noachs*: 27 Die Menschen aßen und tranken und heirateten, wie sie es gewohnt waren – bis zu dem Tag, an dem Noach in die Arche* ging. Dann kam die Flut und vernichtete sie alle.

28 Und es wird auch genauso sein wie in den Tagen Lots*: Sie aßen und tranken, sie kauften und verkauften, bestellten das Land und bauten Häuser, wie sie es gewohnt waren. 29 An dem Tag aber, an dem Lot die Stadt Sodom* verließ, fiel Feuer und Schwefel vom Himmel und vernichtete sie alle. 30 Ganz genauso wird es an dem Tag sein, an dem der Menschensohn erscheint.

31 Wer an jenem Tag gerade auf dem Dach ist und seine Sachen unten im Haus liegen hat, soll keine Zeit damit verlieren, erst noch hineinzugehen, um sie zu holen.[c] Und wer gerade auf dem Feld ist, soll nicht einmal mehr zurückschauen, um sein Haus noch einmal zu sehen.[d] 32 Denkt an Lots Frau! 33 Wer sein Leben retten will, wird es verlieren, und wer es verliert, wird es retten.

34 Ich sage euch: Zwei Männer werden in jener Nacht auf einem Bett schlafen: Der eine wird angenommen, der andere zurückgelassen. 35 Zwei Frauen werden zusammen Korn mahlen: Die eine wird angenommen, die andere zurückgelassen.«[e]

37 Die Jünger fragten: »Wo wird das geschehen, Herr?«

Jesus antwortete ihnen: »Wo Aas liegt, da sammeln sich die Geier.«[f]

Das Gleichnis vom Richter und der Witwe

18 Mit einem Gleichnis* zeigte Jesus seinen Jüngern, den Männern und Frauen,[g] dass sie immer beten müssen und darin nicht nachlassen dürfen. Er erzählte:

2 »In einer Stadt lebte ein Richter, der nicht nach Gott fragte und alle Menschen verachtete. 3 In der gleichen Stadt lebte auch eine Witwe. Sie kam immer wieder zu ihm gelaufen und bat ihn: ›Verhilf mir zu meinem Recht!‹

4 Lange Zeit wollte der Richter nicht, doch schließlich sagte er sich: ›Es ist mir zwar völlig gleichgültig, was Gott und Menschen von mir halten; 5 aber weil die Frau mir lästig wird, will ich dafür sorgen, dass sie ihr Recht bekommt. Sonst kratzt sie mir noch die Augen aus.‹«

6 Und der Herr fuhr fort: »Habt ihr gehört, was dieser korrupte Richter sagt? 7 Wird dann nicht Gott erst recht seinen Erwählten zu ihrem Recht verhelfen, wenn sie Tag und Nacht zu ihm schreien?[h] Wird er sie etwa lange warten lassen? 8 Ich sage euch: Er wird ihnen sehr schnell ihr Recht verschaffen.

Aber wird der Menschensohn*, wenn er kommt, auf der Erde überhaupt noch Menschen finden, die in Treue auf ihn warten?«

Die Beispielgeschichte von dem Pharisäer und dem Zolleinnehmer

9 Dann wandte sich Jesus einigen Leuten zu, die voller Selbstvertrauen meinten, in Gottes Augen untadelig dazustehen, und deshalb für alle anderen nur

a In den schweren Prüfungen, denen die Jünger entgegengehen (vgl. 21,12-19), werden auch sie sehnsuchtsvoll in die Zukunft schauen und müssen sich vor Täuschungen hüten (Vers 23).
b Gemeint ist: als unbrauchbar *verworfen* im Sinn von Psalm 118,22.
c Siehe Anmerkung zu Mk 13,15.
d Wörtlich *soll nicht zurückschauen.*
e Einige Handschriften fügen hinzu (Vers 36): *Von zwei Männern, die auf dem Feld arbeiten, wird der eine angenommen, der andere zurückgelassen.*
f Die Frage nach dem ›Wo‹ war schon in den Versen 21 und 23 abgewiesen worden. Das Geschehen lässt sich nicht räumlich eingrenzen.
g *den Männern und Frauen:* verdeutlichender Zusatz; siehe Anmerkung zu 6,17.
h Vgl. 17,20-37. Es ist also das Gebet um das endgültige Kommen der Gottesherrschaft gemeint (vgl. 11,2). Ihm wird Erhörung zugesagt (Verse 6-8a). Doch ist die Frage, ob am Ende noch Menschen da sein werden, die ernsthaft mit dem Kommen des Menschensohns rechnen (Vers 8b).

»Wenn sein Tag da ist, wird der Menschensohn kommen wie ein Blitz, der mit einem Schlag den ganzen Horizont ringsum erhellt«. (17,24)

17,23 Mk 13,21 par **17,24** Mt 24,27S **17,25** 9,21-22S **17,28-29** Gen 19,24-25 **17,31** Mk 13,15-16 par **17,32** Gen 19,26 **17,33** Mt 10,38-39S **17,37** Ijob 39,30 **18,1** Röm 12,12; Eph 6,18; Phil 4,6; Kol 4,2; 1 Thess 5,17 **18,5** 11,7-8 **18,8** Mt 24,27S

Verachtung übrig hatten. Er erzählte ihnen folgende
Geschichte:
10 »Zwei Männer gingen hinauf in den Tempel*,
um zu beten, ein Pharisäer* und ein Zollein-
nehmer*.
11 Der Pharisäer stellte sich vorne hin und betete
leise bei sich: ›Gott, ich danke dir, dass ich nicht
so bin wie die anderen Menschen, alle diese Räuber,
Betrüger und Ehebrecher, oder auch wie dieser Zoll-
einnehmer hier! 12 Ich faste* zwei Tage in der Woche
und gebe dir den vorgeschriebenen Zehnten* sogar
noch von dem, was ich bei anderen einkaufe!‹[a]
13 Der Zolleinnehmer aber stand ganz hinten und
getraute sich nicht einmal, zum Himmel aufzubli-
cken. Er schlug sich zerknirscht an die Brust und
sagte: ›Gott, hab Erbarmen mit mir, ich bin ein sün-
diger Mensch!‹«
14 Jesus schloss: »Ich sage euch, der Zolleinnehmer
ging aus dem Tempel in sein Haus hinunter als einer,
den Gott für gerecht* erklärt hatte – ganz im Unter-
schied zu dem Pharisäer. Denn alle, die sich selbst
groß machen, werden von Gott gedemütigt, und alle,
die sich selbst gering achten, werden von ihm zu Eh-
ren gebracht.«

Jesus und die Kinder

(Mt 19,13-15; Mk 10,13-16)

15 Einige Leute wollten auch ihre kleinen Kinder zu
Jesus bringen, damit er sie berühre. Als die Jünger*
es sahen, fuhren sie die Leute an und wollten sie
wegschicken.
16 Doch Jesus rief die Kinder zu sich und sagte:
»Lasst die Kinder zu mir kommen und hindert sie
nicht, denn für Menschen wie sie steht Gottes neue
Welt[b] offen.[c] 17 Ich versichere euch: Wer sich Gottes
neue Welt nicht schenken lässt wie ein Kind, wird
niemals hineinkommen.«

Die Gefahr des Reichtums[d]

(Mt 19,16-22; Mk 10,17-22)

18 Ein einflussreicher Mann fragte Jesus: »Guter Leh-
rer*, was muss ich tun, um das ewige Leben zu be-
kommen?«
19 Jesus antwortete: »Warum nennst du mich gut?
Nur einer ist gut, Gott! 20 Und seine Gebote kennst
du doch: Du sollst nicht die Ehe brechen, nicht mor-
den, nicht stehlen, nichts Unwahres über deinen
Mitmenschen sagen; ehre deinen Vater und deine
Mutter!«
21 »Diese Gebote habe ich von Jugend an alle be-
folgt«, erwiderte der Mann.
22 Als Jesus das hörte, sagte er zu ihm: »Eines fehlt
dir noch: Verkauf alles, was du hast, und verteil das
Geld an die Armen, so wirst du bei Gott einen unver-
lierbaren Besitz haben. Und dann komm und folge
mir!«
23 Als der Mann das hörte, wurde er sehr traurig,
denn er war überaus reich.
24 Jesus sah ihn so dastehen und sagte: »Wie
schwer haben es doch die Besitzenden, in die neue
Welt Gottes[e] zu kommen! 25 Eher kommt ein Kamel
durch ein Nadelöhr als ein Reicher in Gottes neue
Welt.«
26 Als die Leute das hörten, fragten sie Jesus: »Wer
kann dann überhaupt gerettet werden?«
27 Er antwortete: »Was für die Menschen unmög-
lich ist, das ist für Gott möglich.«

Der Lohn für die, die alles aufgegeben haben

(Mt 19,23-30; Mk 10,23-31)

28 Da sagte Petrus: »Du weißt, wir haben unser Eigen-
tum aufgegeben und sind dir gefolgt.«
29 Jesus wandte sich seinen Jüngern* zu und sagte:
»Ich versichere euch: Niemand bleibt unbelohnt, der
irgendetwas aufgibt, um die Gute Nachricht* ver-
künden zu können, dass Gott jetzt seine Herrschaft*
aufrichtet. Wer dafür etwas zurücklässt – Haus,
Frau, Geschwister oder Eltern oder Kinder –, 30 wird
schon in dieser Welt* ein Vielfaches davon wieder-
bekommen und in der kommenden Welt das ewige
Leben.«

Jesus kündigt zum dritten Mal seinen Tod an

(Mt 20,17-19; Mk 10,32-34)

31 Jesus nahm die Zwölf* beiseite und sagte zu ihnen:
»Hört zu! Wir gehen nach Jerusalem. Dort wird alles
in Erfüllung gehen, was die Propheten* über den
Menschensohn* geschrieben haben: 32 Er wird den
Fremden ausgeliefert werden, die Gott nicht ken-
nen.[f] Er wird verspottet und beleidigt und ange-
spuckt werden. 33 Sie werden ihn auspeitschen und
töten, doch am dritten Tag wird er auferstehen.«
34 Die Zwölf verstanden kein Wort. Was Jesus
sagte, blieb ihnen verborgen; sie wussten nicht, wo-
von er sprach.

Jesus heilt einen Blinden

(Mt 20,29-34; Mk 10,46-52)

35 Als Jesus in die Nähe von Jericho kam, saß dort ein
Blinder am Straßenrand und bettelte. 36 Er hörte die
Menge vorbeiziehen und fragte, was da los sei.
37 Er erfuhr, dass Jesus aus Nazaret[g] vorbeikomme.
38 Da rief er laut: »Jesus, Sohn Davids![h] Hab Erbar-
men mit mir!«
39 Die Leute, die Jesus vorausgingen, fuhren ihn
an, er solle still sein; aber er schrie nur noch lauter:
»Sohn Davids, hab Erbarmen mit mir!«

a Aus Vorsicht für den Fall, dass der Verkäufer die Abgabe des Zehnten versäumt hat.
b Wörtlich *die Königsherrschaft* Gottes;* ebenso im folgenden Vers.
c Siehe Anmerkung zu Mt 19,14.
d Siehe Anmerkungen zu Mk 10,17-31.
e Wörtlich *in die Königsherrschaft* Gottes;* ebenso im folgenden Vers.
f *den Fremden …:* siehe Anmerkung zu Mk 10,33.
g Wörtlich *Jesus, der Nazoräer*.*
h Vgl. 1,26-33.

18,12 Mt 6,16-17; Lk 11,42 par **18,13** 5,8; Ps 51,3.5 **18,14** Ps 51,19; Mt 23,12 S **18,17** Mt 18,3 **18,18** 10,25 par **18,20** Ex 20,12-16 **18,22** 12,33 S; Mt 8,21-22 S **18,27** Ijob 42,2 S **18,29** 14,26 S; 9,59-62 **18,31-34** 9,21-22 S **18,31** 9,51 **18,34** 9,45; 24,45 **18,38-39** Mt 20,30-31 S

Gleichnisse und Wunder Jesu

Die Gesetzeslehrer zur Zeit Jesu lebten in bestimmten Traditionen der Schriftauslegung und -anwendung und beriefen sich bei ihren Entscheidungen auf die Meinung einflussreicher Lehrer vor ihnen. Jesus dagegen lebt aus dem Wissen, dass Gott jetzt seine Herrschaft aufrichten will. Seine Worte und Taten wollen deutlich machen, was das heißt. Für das, was er sagt und tut, kann Jesus sich letztlich nur auf die Autorität des kommenden Gottes selbst berufen. Sie ist es auch, die in seinem Reden und Tun unmittelbar aufleuchtet. Reden und Tun gehören dabei eng zusammen: »Die Leute erschraken alle und fragten einander: ›Was hat das zu bedeuten? Er hat eine ganz neue Art zu lehren – wie einer, dem Gott Vollmacht gegeben hat! Er befiehlt sogar den bösen Geistern, und sie gehorchen ihm.‹« (Markus 1,27)

Der Lehrer

Jesus bedient sich der unterschiedlichsten Mittel und Wege, um die Botschaft zu verkünden und ihre Konsequenzen aufzuzeigen: Er spricht zum Volk unter freiem Himmel und sucht es auf in den Synagogen. Er diskutiert mit den Gesetzeslehrern auf der Grundlage der heiligen Schriften des Alten Testaments. Er hat auch Zeit für das Gespräch mit Einzelnen. Viel Zeit und Sorgfalt verwendet er auf die besondere Unterweisung im engeren Jüngerkreis.

Beliebt war damals die Methode, eine Lehre in Form von Gleichnissen vorzutragen oder in Beispielerzählungen darzulegen. Treffende Gleichnisse zu finden galt als Zeichen großer Weisheit. Gleichnisse fordern das Verstehen-Wollen der Hörer heraus und fördern ihr Verstehen-Können. Jesus war ein Meister des Gleichniserzählens. Viele seiner Gleichnisse beziehen sich auf die anbrechende Gottesherrschaft und die Vollendung der Welt. Sie überreden oder zwingen die Hörer nicht, sondern stellen ihnen die Entscheidung anheim.

Die meisten Gleichnisse Jesu sind uns bei Matthäus und Lukas überliefert.

Der Überwinder von Krankheit und Tod

Jesus hat sich besonders den Kranken zugewandt. Viele Menschen wurden durch ihn von körperlichem und geistig-seelischem Siechtum befreit. Er hat Blinden das Augenlicht und Tauben das Gehör wiedergegeben. Viele Krankheiten wurden von den Men-

Jesus teilte aus, was ein Junge gerade zum Essen bei sich hatte: fünf kleine Brote und zwei Fische. Es reichte aus, um fünftausend Menschen zu sättigen.

Gleichnisse Jesu

	Matthäus	Markus	Lukas
Lampe unter dem Topf	5,14-15	4,21	8,16; 11,33
Haus auf Fels und auf Sand	7,24-27		6,47-49
Neuer Flicken auf altem Kleid	9,16	2,21	5,36
Neuer Wein in alten Schläuchen	9,17	2,22	5,37-38
Der zuversichtliche Sämann	13,3-8	4,3-8	8,5-8
Unkraut im Weizen	13,24-30		
Das Senfkorn	13,31-32	4,30-32	13,18-19
Der Sauerteig	13,33		13,20-21
Der Schatz im Acker	13,44		
Die kostbare Perle	13,45-46		
Das Fischnetz	13,47-48		
Das verlorene Schaf	18,12-13		15,4-6
Der hartherzige Schuldner	18,23-34		
Die Arbeiter im Weinberg	20,1-16		
Die beiden Söhne	21,28-31		
Die bösen Weinbergspächter	21,33-41	12,1-9	20,9-16
Das königliche Hochzeitsmahl	22,2-14		
Das große Festmahl			14,16-24
Der Feigenbaum	24,32	13,28	21,29-30
Die zehn Brautjungfern	25,1-13		
Das anvertraute Geld	25,14-30		19,12-27
Das Weltgericht	25,31-46		
Die selbstwachsende Saat		4,26-29	
Zwei Schuldner			7,41-43
Der barmherzige Samariter			10,30-37
Der bittende Freund			11,5-8
Der reiche Gutsbesitzer			12,16-21
Wachsame Diener			12,35-40
Der zuverlässige Diener			12,42-48
Der unfruchtbare Feigenbaum			13,6-9
Der bescheidene Gast			14,7-11
Vom Hausbau und Kriegführen			14,28-33
Die verlorene Münze			15,8-10
Der Vater und seine zwei Söhne			15,11-32
Der untreue Verwalter			16,1-8
Lazarus und der Reiche			16,19-31
Der Diener, der seine Pflicht zu tun hat			17,7-10
Der Richter und die Witwe			18,2-5
Der Pharisäer und der Zolleinnehmer			18,10-14

schen damals auf die Macht böser Geister zurückgeführt oder als Besessenheit durch solche Geister gedeutet. Jesus bricht die Herrschaft der Mächte, die den Menschen körperlich und geistig-seelisch zugrunde richten.
Selbst drei Fälle von Totenerweckung werden überliefert.
Die außergewöhnlichen Taten Jesu wollen als ›Zeichen‹ dafür genommen werden, dass Gott seine Herrschaft in dieser Welt aufrichten will und sie jetzt schon – durch Jesus und in ihm – aufrichtet. Das Verständnis der Wunder als ›Zeichen‹ wird besonders im Johannes-Evangelium herausgestellt: In ihnen wird die Herrlichkeit Jesu offenbar, die nichts anderes ist als Gottes eigene Herrlichkeit.
In ihrer Eigenschaft als ›Zeichen‹ weisen alle Wunder über sich selbst hinaus. Dies gilt nicht zuletzt für Wunder von der Art der Stillung des Seesturms oder der Verwandlung von Wasser in Wein auf der Hochzeit von Kana.
Freilich müssen wir oft erst die Sprache solcher ›Zeichen‹ entschlüsseln, um zu erfahren, was sie damals zu sagen hatten und uns auch heute noch sagen wollen.
Gewiss hätte Jesus noch mehr und weit eindrucksvollere Wunder wirken können. Doch hat er das Ansinnen, sich durch *Schauwunder* Erfolg zu verschaffen, zurückgewiesen. Dies wären die Mittel und Wege des Teufels gewesen, nicht die Mittel und Wege Gottes (vgl. Matthäus 4,5-7).

Wunder und Zeichen Jesu

	Matthäus	Markus	Lukas	Johannes
Heilungen				
Ein Aussätziger	8,2-3	1,40-42	5,12-13	
Der Diener eines Hauptmanns	8,5-13		7,1-10	4,46-53
Die Schwiegermutter von Petrus	8,14-15	1,30-31	4,38-39	
Die zwei Besessenen von Gadara	8,28-34	5,1-15	8,26-35	
Ein Gelähmter	9,2-7	2,3-12	5,18-25	
Eine Frau mit Blutungen	9,20-22	5,25-29	8,43-44	
Zwei Blinde	9,27-29			
Ein stummer Besessener	9,32-33			
Ein Mann mit gelähmter Hand	12,10-13	3,1-5	6,6-10	
Ein Besessener, der blind und stumm war	12,22		11,14	
Die Tochter einer nichtjüdischen Frau	15,21-28	7,24-30		
Ein epileptischer Junge	17,14-18	9,14-27	9,37-42	
Zwei Blinde	20,29-34			
Der blinde Bartimäus		10,46-52	18,35-43	
Der Besessene in der Synagoge		1,23-26	4,33-35	
Ein Taubstummer		7,31-35		
Der Blinde von Betsaida		8,22-26		
Die verkrümmte Frau			13,11-13	
Der Wassersüchtige			14,1-4	
Zehn Aussätzige			17,11-14	
Der Bevollmächtigte des Obersten Priesters			22,50-51	
Der Kranke am Teich Betesda				5,1-9
Der Blindgeborene				9,1-7
Auferweckung von Toten				
Die Tochter von Jaïrus	9,18-25	5,22-42	8,41-55	
Der Sohn einer Witwe in Naïn			7,11-15	
Lazarus				11,1-44
Andere Zeichen				
Stillung des Seesturms	8,23-27	4,35-41	8,22-25	
Der Gang über das Wasser	14,25	6,48		6,19
Die Speisung der 5000 Menschen	14,15-21	6,35-44	9,12-17	6,5-13
Die Speisung der 4000 Menschen	15,32-38	8,1-9		
Das Geldstück im Fischmaul	17,24-27			
Der verdorrte Feigenbaum	21,18-19	11,12-20		
Der reiche Fischfang			5,4-7	
Die Hochzeit von Kana				2,1-11
Der reiche Fischfang				21,1-11

Jesus schickte den Blindgeborenen zum Teich Schiloach, damit er sich dort wasche. »Als er zurückkam, konnte er sehen« (Joh 9,7).

40 Jesus blieb stehen und ließ ihn zu sich holen. Als
er herangekommen war, fragte ihn Jesus: 41 »Was soll
ich für dich tun?«

Er antwortete: »Herr, ich möchte wieder sehen
können!«

42 Jesus sagte: »Du sollst sehen können! Dein Ver-
trauen hat dich gerettet.«

43 Sofort konnte der Blinde sehen. Er pries Gott
und folgte Jesus. Und das ganze Volk, das dabei
war, rühmte Gott.

Jesus und Zachäus

19 Jesus ging nach Jericho hinein und zog durch
die Stadt.

2 In Jericho lebte ein Mann namens Zachäus. Er
war der oberste Zolleinnehmer* in der Stadt und
war sehr reich. 3 Er wollte unbedingt sehen, wer die-
ser Jesus sei. Aber er war klein und die Menschen-
menge versperrte ihm die Sicht. 4 So lief er voraus
und kletterte auf einen Maulbeerfeigenbaum*, um
Jesus sehen zu können; denn dort musste er vorbei-
kommen.

5 Als Jesus an die Stelle kam, schaute er hinauf und
redete ihn an: »Zachäus, komm schnell herunter, ich
muss heute dein Gast sein!«

6 Zachäus stieg schnell vom Baum und nahm Jesus
voller Freude bei sich auf.

7 Alle sahen es und murrten; sie sagten: »Bei einem
ausgemachten Sünder ist er eingekehrt!«[a]

8 Aber Zachäus wandte sich an den Herrn und
sagte zu ihm: »Herr, ich verspreche dir, ich werde
die Hälfte meines Besitzes den Armen geben. Und
wenn ich jemand zu viel abgenommen habe, will
ich es ihm vierfach zurückgeben.«[b]

9 Darauf sagte Jesus zu ihm: »Heute ist dir und dei-
ner ganzen Hausgemeinschaft die Rettung zuteil ge-
worden! Auch du bist ja ein Sohn Abrahams*.[c] 10 Der
Menschensohn* ist gekommen, um die Verlorenen
zu suchen und zu retten.«

Jesus kündigt seinen Weggang und seine Wiederkunft an (Das Gleichnis vom anvertrauten Geld)

(Mt 25,14-30)

11 Alle Leute hatten gehört, was Jesus zu Zachäus
sagte. Deshalb und weil Jesus nun auch schon nahe
bei Jerusalem war, meinten sie, die neue Welt Got-
tes[d] werde in allernächster Zukunft[e] anbrechen. Dar-
um fügte Jesus noch ein Gleichnis* hinzu. 12 Er
sagte:

»Ein Mann von königlicher Herkunft reiste in ein
fernes Land. Dort wollte er sich zum König über sein
eigenes Volk und Land einsetzen lassen und danach
zurückkehren.[f]

13 Bevor er abreiste, rief er zehn seiner Diener, gab
jedem ein Pfund Silberstücke[g] und sagte zu ihnen:
›Treibt Handel damit und macht etwas daraus, bis
ich komme!‹

14 Aber seine Landsleute konnten ihn nicht leiden.
Deshalb schickten sie Boten hinter ihm her, die er-
klären sollten: ›Wir wollen diesen Mann nicht als
König haben!‹

a Vgl. 15,1-2 und die Anmerkung dort.
b Siehe Anmerkung zu 16,19.
c Vgl. 13,16 und 1,54-55.73.
d Wörtlich *die Königsherrschaft* Gottes.*
e Sie deuten die »Zeichen der Zeit« (vgl. 12,56 und Anmerkung dort) falsch. Im Folgenden stellt Jesus klar: 1. Die Vollendung kommt nicht in naher Zukunft; 2. an die Stelle der Erfüllung jüdisch-nationaler Erwartungen tritt das allgemeine Endgericht; 3. in die neue Welt Gottes werden nur solche eingehen, die sich in der Zeit der Abwesenheit des Herrn bewährt haben (vgl. Apg 1,6-8).
f Anspielung auf damalige Verhältnisse: Die landeseigenen Könige konnten ihre Herrschaft nur antreten, wenn sie von Rom ermächtigt bzw. in Rom dazu eingesetzt wurden; zur Sache selbst vgl. 9,51 und Anmerkung *a* dort.
g Wörtlich *gab ihnen zehn Minen.* Damit ist eine (abgewogene) Geldmenge gemeint, die etwa einem Gewicht von 600 g entspricht.

Der meistbenutzte Pilgerweg von Galiläa nach Jerusalem führte durch das Jordantal über Jericho. Dort heilt Jesus einen Blinden und kehrt im Haus des Oberzolleinnehmers Zachäus ein (18,35–19,10). Im Bild die Quelle, die Jericho zu einer Oase in der Wüste macht.

18,42 7,50 S **19,7** Mt 9,10 S **19,8** Ex 21,37; Ez 33,14-16 **19,9** 13,16 S; Apg 16,31 **19,10** Ez 34,16; Lk 5,32 par; 1 Tim 1,15 **19,11** 24,21; 11,2 S **19,12-13** Mk 13,34; Apg 1,11; 2,33-36 **19,14** Apg 4,17; 5,28; 13,44-46; 28,25-28

15 Als er nun König geworden war, kam er zurück
und ließ die Diener rufen, denen er das Geld anver-
traut hatte. Er wollte sehen, was sie damit erwirt-
schaftet hatten.
16 Der erste kam und berichtete: ›Herr, dein Pfund
Silberstücke hat zehn weitere Pfund eingebracht.‹
17 ›Sehr gut‹, sagte sein Herr, ›du bist ein tüchtiger
Diener. Weil du in so kleinen Dingen zuverlässig
warst, mache ich dich zum Herrn über zehn Städte.‹
18 Der zweite kam und berichtete: ›Herr, dein
Pfund Silberstücke hat fünf weitere Pfund einge-
bracht.‹
19 Der Herr sagte zu ihm: ›Dich mache ich zum
Herrn über fünf Städte.‹
20 Ein dritter aber kam und sagte: ›Herr, hier hast
du dein Pfund Silberstücke zurück. Ich habe es im
Tuch verwahrt und immer bei mir getragen.[a] 21 Ich
hatte Angst vor dir, weil du ein strenger Mann bist.
Du hebst Geld ab, das du nicht eingezahlt hast,[b] und
du erntest, was du nicht gesät hast.‹
22 Zu ihm sagte der Herr: ›Du Nichtsnutz, du hast
dir selbst das Urteil gesprochen. Du wusstest also,
dass ich ein strenger Mann bin, dass ich abhebe,
was ich nicht eingezahlt habe, und ernte, was ich
nicht gesät habe. 23 Warum hast du dann mein Geld
nicht wenigstens auf die Bank gebracht? Dort hätte
ich es bei meiner Rückkehr mit Zinsen wiederbe-
kommen.‹
24 Dann sagte er zu den Umstehenden: ›Nehmt
ihm sein Pfund ab und gebt es dem, der die zehn er-
wirtschaftet hat.‹
25 Sie wandten ein: ›Herr, der hat doch schon
zehn!‹
26 Aber der König erwiderte: ›Ich sage euch, wer
viel hat, soll noch mehr bekommen. Wer aber wenig
hat, dem wird auch noch das Letzte weggenommen
werden.
27 Nun aber zu meinen Feinden, die mich nicht als
König haben wollten! Bringt sie her und macht sie
vor meinen Augen nieder!‹«

AUSEINANDERSETZUNGEN IN JERUSALEM (19,28–21,4)

Jesus kommt nach Jerusalem

(Mt 21,1-11; Mk 11,1-11; Joh 12,12-19)

28 Nachdem Jesus dieses Gleichnis* erzählt hatte,
zog er weiter, hinauf nach Jerusalem.
29 In der Nähe der Ortschaften Betfage und Beta-
nien[c] am Ölberg* schickte er zwei seiner Jünger*
fort 30 mit dem Auftrag: »Geht in das Dorf da drüben!
Am Ortseingang werdet ihr einen jungen Esel ange-
bunden finden,[d] auf dem noch nie ein Mensch gerit-
ten ist. Bindet ihn los und bringt ihn her! 31 Und
wenn euch jemand fragt: ›Warum bindet ihr den Esel
los?‹, dann antwortet: ›Der Herr braucht ihn.‹«
32 Die beiden gingen hin und fanden alles so, wie
Jesus es ihnen gesagt hatte. 33 Als sie den Esel losban-
den, fragten die Besitzer: »Warum bindet ihr den
Esel los?«
34 »Der Herr braucht ihn«, antworteten sie 35 und
brachten ihn zu Jesus. Sie legten ihre Kleider über
das Tier und ließen Jesus aufsteigen. 36 Während er
einherritt, breiteten die anderen Jünger ihre Kleider
als Teppich auf die Straße.
37 Als Jesus dann an die Stelle kam, wo der Weg den
Ölberg hinunterführt nach Jerusalem, brach die gan-
ze Menge der Jünger, die Männer und Frauen,[e] in
lauten Jubel aus. Sie priesen Gott für all die Wunder,
die sie miterlebt hatten. 38 Sie riefen:
»Heil dem König, der im Auftrag des Herrn
kommt! Gott hat Frieden* bereitet im Himmel!
Ihm in der Höhe gehört alle Ehre!«[f]
39 Ein paar Pharisäer* riefen aus der Menge: »Leh-
rer*, bring doch deine Jünger zur Vernunft!«
40 Jesus antwortete: »Ich sage euch, wenn sie
schweigen, dann werden die Steine schreien!«[g]

Jesus weint über Jerusalem

41 Als Jesus sich der Stadt näherte und sie vor sich lie-
gen sah, weinte er 42 und sagte: »Wenn doch auch du
heute erkannt hättest, was dir Frieden* bringt! Aber
Gott hat dich blind dafür gemacht.[h]
43 Darum kommt jetzt über dich eine Zeit, da
werden deine Feinde einen Wall rings um dich auf-
werfen, dich belagern und von allen Seiten einschlie-
ßen. 44 Sie werden dich und deine Bewohner völlig
vernichten und keinen Stein auf dem andern lassen.[i]
Denn du hast den Tag nicht erkannt, an dem Gott dir
zu Hilfe kommen wollte.«

Jesus im Tempel[j]

(Mt 21,12-17; Mk 11,15-19; Joh 2,13-17)

45 Jesus ging in den Tempel* und fing an, die Händler
hinauszujagen. 46 Dazu sagte er ihnen: »In den Heili-
gen Schriften* steht, dass Gott erklärt hat: ›Mein
Tempel soll eine Stätte sein, an der die Menschen
zu mir beten können!‹ Ihr aber habt eine Räuber-
höhle daraus gemacht!«
47 Jesus lehrte jeden Tag im Tempel.[k] Die führen-
den Priester*, die Gesetzeslehrer* und auch die Äl-
testen* des Volkes suchten nach einer Möglichkeit,
ihn zu töten; 48 aber sie wussten nicht, wie sie es an-
fangen sollten. Denn das Volk war dauernd um ihn
und wollte sich keines seiner Worte entgehen lassen.

a Wörtlich *habe es im Schweißtuch aufbewahrt,* d.h. im Nackentuch, das gegen die Sonne schützte und in dem man sein Geld bei sich trug.
b *Du hebst ...:* eine sprichwörtliche Wendung für »(hohe) Zinsgewinne machen«.
c Siehe Anmerkung zu Mt 21,17.
d Siehe Sach 9,9 und Anmerkung.
e *die Männer und Frauen:* verdeutlichender Zusatz; siehe Anmerkung zu 6,17.
f Wörtlich *Im Himmel Frieden und Ehre in den Höhen.* Der Ruf ist ein Gegenstück zu dem Ruf der Engel in 2,14.
g Vgl. Hab 2,11. Die Trümmer Jerusalems werden für den Wahrheitsanspruch des Messias Jesus Zeugnis ablegen (vgl. dazu die Fortsetzung).
h *Gott hat dich ...:* wörtlich *es wurde verborgen vor deinen Augen.* Die unpersönliche, passivische Redeweise dient der ehrfürchtig scheuen Umschreibung von Gottes Handeln. Mit *auch* am Versanfang wird auf die Jüngerschar hingewiesen (vgl. Verse 37-38). Vgl. noch 12,56; 13,1-5 und Anmerkungen dort.
i Jesus blickt voraus auf die Katastrophe des Jahres 70 n. Chr.; vgl. auch 21,10-22.
j Siehe Anmerkungen zu Mt 21,12-17.
k Vgl. 2,46-47; 20,1; 21,37; 22,53.

19,17-19 12,42-44 par; 16,10 **19,26** Mt 25,29 S **19,30** 23,53 **19,35-38** 1 Kön 1,38-40 **19,36** 2 Kön 9,13 **19,37** 2,20; 24,52-53 **19,38** *zit* Ps 118,26; Lk 2,14 S **19,40** Hab 2,11; Lk 19,44; 21,5-6.20-24 **19,41-44** 21,20-24 **19,41** Jer 8,23 S **19,42** Dtn 32,28-29; Lk 2,14 S; (blind) Apg 28,26-27; Röm 11,8.10 **19,44** 21,6 par; (Hilfe) 1,68 S **19,46** *nach* Jes 56,7; Jer 7,11; Lk 5,16 **19,47** 21,37; Mt 26,55 par; Joh 18,20; 7,1 S; Mk 11,18 S **19,48** 20,19 par; 21,38; 22,2 par

Die Frage nach dem Auftraggeber

(Mt 21,23-27; Mk 11,27-33)

20 Eines Tages lehrte Jesus wieder im Tempel und verkündete dem Volk die Gute Nachricht*. Da kamen die führenden Priester*, die Gesetzeslehrer* und auch die Ratsältesten* 2 und fragten: »Sag uns, woher nimmst du das Recht, hier so aufzutreten? Wer hat dir die Vollmacht dazu gegeben?«[a]

3 Jesus antwortete ihnen: »Auch ich will euch eine Frage stellen. Sagt mir: 4 Woher hatte der Täufer* Johannes den Auftrag, zu taufen? Von Gott oder von Menschen?«

5 Sie überlegten: »Wenn wir sagen ›Von Gott‹, dann wird er fragen: Warum habt ihr dann Johannes nicht geglaubt? 6 Wenn wir aber sagen ›Von Menschen‹, dann wird uns das Volk steinigen*, denn alle sind überzeugt, dass Johannes ein Prophet* war.«

7 So sagten sie zu Jesus, dass sie es nicht wüssten. 8 »Gut«, erwiderte Jesus, »dann sage ich euch auch nicht, wer mich bevollmächtigt hat.«

Das Gleichnis von den bösen Weinbergspächtern

(Mt 21,33-46; Mk 12,1-12)

9 Darauf wandte sich Jesus wieder dem Volk zu und erzählte ihm dieses Gleichnis*:

»Ein Mann legte einen Weinberg[b] an. Den verpachtete er und verreiste dann für längere Zeit.

10 Zum gegebenen Zeitpunkt schickte er einen Boten zu den Pächtern, um seinen Anteil am Ertrag des Weinbergs abholen zu lassen. Aber die Pächter verprügelten den Boten und ließen ihn unverrichteter Dinge abziehen.

11 Der Besitzer schickte einen zweiten, aber auch den verprügelten sie, behandelten ihn auf die schimpflichste Weise und schickten ihn mit leeren Händen weg.

12 Er sandte auch noch einen dritten. Den schlugen die Pächter blutig und jagten ihn ebenfalls davon.

13 Da sagte der Besitzer des Weinbergs: ›Was soll ich tun? Ich werde meinen Sohn schicken, dem meine ganze Liebe gilt; vor dem werden sie wohl Respekt haben.‹

14 Aber als die Pächter ihn kommen sahen, sagten sie zueinander: ›Das ist der Erbe! Wir bringen ihn um, dann gehört seine Erbschaft, der Weinberg, uns.‹ 15 So stießen sie ihn aus dem Weinberg hinaus und töteten ihn.

Was wird nun der Besitzer des Weinbergs mit ihnen machen? 16 Er wird kommen und diese bösen Pächter töten[c] und wird den Weinberg anderen anvertrauen.«[d]

Als die Leute das hörten, sagten sie: »Das darf nicht geschehen!«

17 Jesus schaute sie an und sagte: »Was bedeutet denn dieses Wort in den Heiligen Schriften*:

›Der Stein, den die Bauleute als wertlos
weggeworfen haben,
ist zum Eckstein* geworden‹?

18 Wer auf diesen Stein stürzt, wird zerschmettert, und auf wen er fällt, den zermalmt er!«

19 Die Gesetzeslehrer* und die führenden Priester* hätten Jesus am liebsten auf der Stelle festgenommen; denn sie merkten, dass das Gleichnis* auf sie gemünzt war. Aber sie hatten Angst vor dem Volk.

Die Frage nach der Steuer für den Kaiser

(Mt 22,15-22; Mk 12,13-17)

20 Die Gesetzeslehrer* und die führenden Priester* ließen Jesus jetzt nicht mehr aus den Augen. Sie schickten Spitzel zu ihm, die so tun sollten, als ob es ihnen nur um die gewissenhafte Befolgung des Gesetzes* ginge. Die sollten Jesus bei einem verfänglichen Wort ertappen, damit sie ihn an den römischen Statthalter* ausliefern könnten.

21 Diese Leute legten Jesus die Frage vor: »Lehrer*, wir wissen, dass du die richtige Lehre hast. Du lässt dich auch nicht von Menschen beeinflussen, selbst wenn sie noch so mächtig sind, sondern sagst uns klar und deutlich, wie wir nach Gottes Willen leben sollen. 22 Sag uns: Ist es uns nach dem Gesetz* Gottes erlaubt, dem römischen Kaiser Steuer zu zahlen, oder nicht?«[e]

23 Jesus durchschaute ihre Hinterlist und sagte zu ihnen: 24 »Zeigt mir eine Silbermünze* her! Wessen Bild und Name ist denn hier aufgeprägt?«

»Das Bild und der Name des Kaisers«, antworteten sie.

25 Da sagte Jesus: »Dann gebt dem Kaiser, was dem Kaiser gehört – aber gebt Gott, was Gott gehört!«[f]

26 So konnten sie ihn vor dem Volk nicht zu einer verfänglichen Aussage verleiten. Sie waren von seiner Antwort so überrascht, dass sie nichts mehr zu sagen wussten.

Werden die Toten auferstehen?[g]

(Mt 22,23-33; Mk 12,18-27)

27 Dann kamen einige Sadduzäer* zu Jesus. Die Sadduzäer bestreiten, dass die Toten auferstehen* werden.

28 »Lehrer*«, sagten sie, »Mose hat uns die Vorschrift gegeben: ›Wenn ein Mann stirbt und er hat eine Frau, ist aber kinderlos, dann muss sein Bruder die Witwe heiraten und dem Verstorbenen Nachkommen verschaffen.‹

a Siehe Anmerkung zu Mt 21,23.
b Siehe Anmerkung zu Mt 21,33.
c Vgl. 19,40-44 und Anmerkung dort.
d Siehe Anmerkung zu 4,27; ferner 14,23-24 und dort die Anmerkungen zu Vers 21 und 24.
e Siehe Bildlegende Seite 38 NT.
f Siehe Anmerkung zu Mk 12,17.
g Siehe Anmerkungen zu Mk 12,18 (Überschrift) und Mt 22,23-33.

20,6 Mt 14,5 **20,9** Jes 5,1-7S **20,10-12** 2 Chr 36,15-16 **20,13** 3,22S **20,17** *zit* Ps 118,22 **20,18** Dan 2,34-35.44-45; 1 Petr 2,8S **20,19** 19,48S **20,20** 11,53-54 **20,25** Röm 13,7 **20,27** Mt 3,7; 16,1.6.11-12; 22,23par; Apg 4,1-2; 5,17; 23,6-8 **20,28** *nach* Dtn 25,5-6 *und* Gen 38,8

29 Nun gab es einmal sieben Brüder. Der älteste heiratete und starb kinderlos. 30 Darauf heiratete der zweite die Witwe, 31 darauf der dritte. Und so alle sieben: Sie heirateten die Frau, hinterließen keine Kinder und starben.
32 Zuletzt starb auch die Frau.
33 Wie ist das nun mit dieser Frau bei der Auferstehung der Toten? Wem von den Männern soll sie dann gehören? Sie war ja mit allen sieben verheiratet!«
34 Jesus antwortete: »Heiraten ist eine Sache für diese gegenwärtige Welt. 35 Die Menschen aber, die Gott auferstehen lässt und die in seiner kommenden Welt leben dürfen, werden nicht mehr heiraten.[a] 36 Sie können dann ja auch nicht mehr sterben und brauchen nicht mehr für Nachkommen zu sorgen.[b] Weil sie vom Tod auferstanden sind, sind sie wie die Engel: Sie sind Söhne und Töchter Gottes![c]
37 Dass Gott aber wirklich die Toten auferwecken wird, das hat Mose schon bei der Begegnung am Dornbusch deutlich zu verstehen gegeben, als er den Herrn dort den ›Gott Abrahams, den Gott Isaaks und den Gott Jakobs‹ nannte. 38 Gott ist doch kein Gott von Toten, sondern von Lebenden! Für ihn sind alle lebendig.«
39 Einige Gesetzeslehrer* sagten dazu: »Lehrer, das war eine gute Antwort.« 40 Die Sadduzäer wagten es nämlich nicht mehr, ihm noch irgendeine weitere Frage zu stellen.

Davids Sohn oder Davids Herr?[d]

(Mt 22,41-46; Mk 12,35-37)

41 Nun wandte Jesus sich an sie alle und fragte: »Wie lässt sich behaupten, der versprochene Retter[e] müsse ein Sohn Davids* sein? 42 David selbst sagt doch im Buch der Psalmen:

›Gott, der Herr, sagte zu meinem Herrn:
Setze dich an meine rechte Seite!
43 Ich will dir deine Feinde unterwerfen,
sie als Schemel unter deine Füße legen.‹

44 David nennt ihn also ›Herr‹ – wie kann er dann sein Sohn sein?«

Jesus warnt vor den Gesetzeslehrern[f]

(Mk 12,37-40; Mt 23,1.6-7.14)

45 Vor dem ganzen versammelten Volk warnte Jesus seine Jünger, die Männer und Frauen:[g]
46 »Nehmt euch in Acht vor den Gesetzeslehrern*! Sie zeigen sich gern in ihren Talaren und fühlen sich geschmeichelt, wenn sie auf der Straße respektvoll gegrüßt werden. Beim Gottesdienst sitzen sie in der vordersten Reihe und bei Festmählern nehmen sie die Ehrenplätze ein. 47 Sie sprechen lange Gebete, um einen guten Eindruck zu machen; in Wahrheit aber sind sie Betrüger, die schutzlose Witwen um ihren Besitz bringen. Sie werden einmal besonders streng bestraft werden.«

Das Opfer der Witwe

(Mk 12,41-44)

21 Jesus blickte auf und sah, wie reiche Leute ihre Geldspenden in den Opferkasten warfen. 2 Er sah auch eine arme Witwe, die steckte zwei kleine Kupfermünzen hinein.
3 Da sagte er: »Ich versichere euch: Diese arme Witwe hat mehr gegeben als alle anderen. 4 Die haben alle nur etwas von ihrem Überfluss abgegeben. Sie aber hat alles hergegeben, was sie selbst dringend zum Leben gebraucht hätte.«

ÜBER DEN UNTERGANG JERUSALEMS UND DAS ENDE DER WELT (21,5-38)

Ankündigung der Zerstörung des Tempels

(Mt 24,1-2; Mk 13,1-2)

5 Einige Leute dort im Tempel* unterhielten sich über den Bau – über die herrlichen Steine und die Ausstattung mit kostbaren Weihegeschenken. 6 Da sagte Jesus: »Alles, was ihr da seht, wird bis auf den Grund zerstört werden. Es kommt die Zeit, dass kein Stein auf dem andern bleiben wird.«[h]

Die Zerstörung des Tempels bedeutet noch nicht das Ende der Welt

(Mt 24,3-6; Mk 13,3-7)

7 Da fragten sie ihn: »Lehrer*, wann wird das geschehen, und woran können wir erkennen, dass es so weit ist?«[i]
8 Jesus antwortete: »Seid auf der Hut und lasst euch nicht täuschen! Viele werden unter meinem Namen auftreten und von sich behaupten: ›*Ich* bin es![j] Jetzt ist es so weit!‹ Lauft ihnen nicht nach! 9 Erschreckt auch nicht, wenn ihr von Krieg und Aufruhr hört. Das muss so kommen, aber dann kommt noch nicht sofort das Ende.«

Vorzeichen des Weltendes

(Mt 24,7-8; Mk 13,8)

10 Dann sagte er zu ihnen:[k] »Ein Volk wird gegen das andere kämpfen, ein Staat den andern angreifen. 11 Schwere Erdbeben wird es geben und in vielen Ländern Hungersnöte und Seuchen. Noch Schrecklicheres wird geschehen, und am Himmel werden gewaltige Zeichen zu sehen sein.«

a Als Leugner der Auferstehung sahen die Sadduzäer ein Fortleben allein durch die Zeugung neuen Lebens in der Ehe garantiert.
b *und brauchen …:* verdeutlichender Zusatz.
c Wörtlich *Sie sind Söhne Gottes;* siehe Sacherklärung »Engel«. Die *Töchter* sind sinngemäß hinzugefügt; vgl. Vers 33 sowie Weish 5,5; Röm 8,29; 1 Joh 3,1-2.
d Siehe Anmerkungen zu Mk 12,35-37.
e Wörtlich *der Christus*.
f Siehe Anmerkungen zu Mk 12,37b-40.
g *die Männer und Frauen:* verdeutlichender Zusatz; siehe Anmerkung zu 6,17.
h Vgl. 19,40-44 und Anmerkungen dort.
i Die Frage bezieht sich auf die Tempelzerstörung. Mit den Versen 8-9 warnt Jesus davor, in der Zeit bis dahin falschen Messiassen aufzusitzen oder mit dem Ende des Tempels schon das Ende der Welt für gekommen zu halten.
j Vgl. Anmerkung zu Joh 8,24.
k In den Versen 10-11 ist von den Schrecken die Rede, die dem Weltende vorausgehen (vgl. Verse 25-26).

20,36 Weish 5,5; 1 Joh 3,1-2 **20,37** Ex 3,2.6 **20,39** Mk 12,32 **20,40** Mt 22,46 S **20,41-44** Mt 20,30-31 S **20,42-43** *nach* Ps 110,1; Mk 12,36 S **20,46** 11,43 par; 14,7 **21,1** 2 Kön 12,10 **21,4** 2 Kor 8,12 **21,6** 19,44 **21,7-24** 17,22-24 **21,10** Mk 13,8 S

Ein Wort an die Jüngergemeinschaft

(Mt 24,9-14; Mk 13,9-13)

12 »Aber bevor dies alles geschieht, werden sie euch verfolgen und festnehmen. Weil ihr zu mir gehört, werdet ihr an die Synagogengerichte* ausgeliefert und ins Gefängnis geworfen werden. Vor Könige und Statthalter werden sie euch stellen.

13 Das wird euch Gelegenheit bieten, als Zeugen für mich auszusagen. 14 Verzichtet aber bewusst darauf, im Voraus festzulegen, wie ihr eure Sache vertreten wollt! 15 Ich selbst werde euch Worte eingeben, die keiner von euren Gegnern zu widerlegen weiß; ich werde euch eine Weisheit schenken, der niemand widerstehen kann.

16 Sogar eure Eltern werden euch ausliefern, eure Geschwister, Verwandten und Freunde. Einige von euch werden getötet werden. 17 Alle Menschen werden euch hassen, weil ihr euch zu mir bekennt. 18 Aber nicht ein Haar von eurem Kopf wird verloren gehen. 19 Haltet durch, dann werdet ihr das wahre Leben gewinnen!«

Über die Zerstörung Jerusalems

(Mt 24,15-22; Mk 13,14-20)

20 »Wenn ihr Jerusalem von feindlichen Heeren eingeschlossen seht, dann seid gewiss: Seine Zerstörung steht bevor.[a] 21 Dann sollen die Bewohner Judäas* in die Berge fliehen! Wer in der Stadt ist, soll sie schnell verlassen, und die Leute vom Land sollen nicht in die Stadt gehen! 22 Denn dann kommen die Tage der Vergeltung, an denen alles in Erfüllung geht, was in den Heiligen Schriften* vorausgesagt ist.

23 Weh den Frauen, die dann gerade ein Kind erwarten oder einen Säugling stillen. Denn das ganze Land wird in schreckliche Not kommen, weil Gott über dieses Volk Gericht hält. 24 Die Menschen werden mit dem Schwert erschlagen oder als Gefangene in die ganze Welt verschleppt werden. Jerusalem wird von den Völkern, die Gott nicht kennen,[b] verwüstet werden und wird in Trümmern liegen, bis die Zeit der Völker abgelaufen ist.«[c]

Der Weltrichter kommt[d]

(Mt 24,29-32; Mk 13,24-27)

25 »Unheil kündende Zeichen werden zu sehen sein an der Sonne, am Mond und an den Sternen, und auf der Erde werden die Völker zittern und nicht mehr aus und ein wissen vor dem tobenden Meer und seinen Wellen. 26 Die Menschen werden halb tot vor Angst darauf warten, was für Katastrophen die Erde noch heimsuchen werden. Denn die ganze Ordnung des Himmels wird zusammenbrechen.

27 Dann kommt der Menschensohn* auf einer Wolke mit göttlicher Macht und Herrlichkeit, und alle werden ihn sehen.

28 Wenn ihr die ersten Anzeichen von alldem bemerkt, dann richtet euch auf und erhebt freudig den Kopf: Bald werdet ihr gerettet!«

Das Gleichnis vom Feigenbaum

(Mt 24,33-35; Mk 13,28-31)

29 Jesus gebrauchte einen Vergleich; er sagte: »Seht den Feigenbaum an oder die anderen Bäume! 30 Wenn die ersten Blätter herauskommen, dann erkennt ihr daran, dass der Sommer bald da ist. 31 So ist es auch, wenn ihr diese Anzeichen seht. Dann wisst ihr, dass die neue Welt Gottes[e] anbricht.

32 Ich versichere euch: Diese Generation wird das alles noch erleben. 33 Himmel und Erde werden vergehen, aber meine Worte vergehen nicht; sie bleiben gültig für immer und ewig.«

Wach bleiben!

34 »Seht euch vor! Lasst euch nicht vom Rausch umnebeln oder von den Alltagssorgen gefangen nehmen! Sonst werdet ihr von jenem Tag unvorbereitet überrascht wie von einer Falle, die zuschlägt. 35 Denn er kommt plötzlich über alle, die auf der Erde leben.

36 Bleibt wach und hört nicht auf zu beten, damit ihr alles, was noch kommen wird, durchstehen und zuversichtlich vor den Menschensohn* treten könnt!«

Jesus, der Lehrer des Volkes

37 Jeden Tag lehrte Jesus im Tempel*. Am Abend ging er dann auf den Ölberg* und blieb die Nacht über dort. 38 Früh am Morgen war schon wieder das ganze Volk im Tempel versammelt und wollte ihn hören.

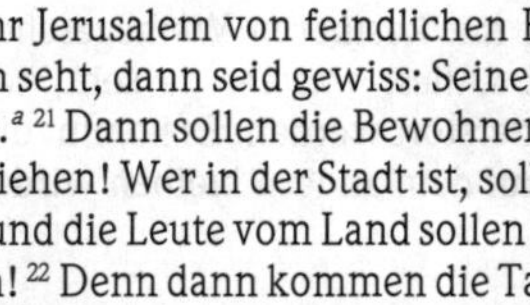

Jesus sah, wie eine arme Witwe zwei kleine Kupfermünzen in den Opferkasten legte. So gering ihre Gabe zu sein schien, sie hatte »mehr gegeben als alle anderen« (21,3).

a Vgl. 19,40-44 und Anmerkungen dort.
b Herkömmliche Übersetzung: *von den Heiden**.
c Im letzten Gericht (Verse 25-27) werden auch sie sich zu verantworten haben.
d Siehe Anmerkungen zu Mt 24,29-35.
e Wörtlich *die Königsherrschaft* Gottes*.

21,12-19 Mt 10,17-22S **21,12** (vor Könige) Apg 12,1-4; 18,12-17; 24,1–26,29 **21,14-15** 12,11-12S; Apg 6,10 **21,16** Mt 10,35S **21,18** 1Sam 14,45; Lk 12,7par **21,19** 17,33; Offb 13,10 **21,20-24** 19,41-44 **21,22** Dtn 32,35; Jer 5,29; Ez 9,1; Dan 9,26; Hos 9,7; Mi 3,12; Lk 11,49-51par **21,24** Jer 25,11-14 **21,25** Mt 24,29S; Ps 46,3-4; Weish 5,22 **21,27** Mk 13,26S **21,32** Mk 9,1S **21,33** Jes 40,8 **21,34-35** 17,26-30par; 1Thess 5,1-3 **21,36** Mt 25,13S; Offb 6,17 **21,37** 19,47; (Ölberg) 22,39S

LEIDEN, TOD UND AUFERSTEHUNG VON JESUS (Kapitel 22–24)

Pläne gegen Jesus

(Mt 26,1-5; Mk 14,1-2; Joh 11,45-53)

22 Es war kurz vor dem Fest der Ungesäuerten Brote*, dem Passafest*. 2 Die führenden Priester* und die Gesetzeslehrer* suchten nach einer Möglichkeit, Jesus zu beseitigen, aber so, dass es kein Aufsehen erregte; denn sie hatten Angst vor dem Volk.

Judas wird zum Verräter

(Mt 26,14-16; Mk 14,10-11)

3 Da fuhr der Satan* in Judas,[a] der auch Iskariot genannt wird. Judas war einer aus dem Kreis der Zwölf*. 4 Er ging zu den führenden Priestern* und den Hauptleuten der Tempelwache* und besprach mit ihnen, wie er ihnen Jesus in die Hände spielen könnte.

5 Sie freuten sich und boten ihm eine Geldsumme an. 6 Judas war einverstanden. Er suchte von da an eine günstige Gelegenheit, Jesus zu verraten, ohne dass das Volk etwas merkte.

Vorbereitungen zum Passamahl

(Mt 26,17-19; Mk 14,12-16)

7 Es kam nun der Tag, von dem an ungesäuertes Brot* gegessen wurde und an dem die Passalämmer geschlachtet werden mussten. 8 Jesus gab Petrus und Johannes den Auftrag: »Geht und bereitet das Passamahl* für uns vor!«

9 »Wo willst du es vorbereitet haben?«, fragten sie.

10 Er sagte: »Hört zu! Wenn ihr in die Stadt kommt, werdet ihr einen Mann treffen, der einen Wasserkrug trägt. Folgt ihm in das Haus, in das er geht, 11 und sagt zum Hausherrn dort: ›Unser Lehrer* lässt dich fragen: Welchen Raum kannst du zur Verfügung stellen, dass ich dort mit meinen Jüngern* das Passamahl feiere?‹ 12 Er wird euch ein großes Zimmer im Obergeschoss zeigen, das mit Polstern ausgestattet ist. Dort bereitet alles vor.«

13 Die beiden gingen und fanden alles so, wie Jesus es ihnen gesagt hatte, und sie bereiteten das Passamahl vor.

Jesus feiert mit den Aposteln das Abschiedsmahl

(Mt 26,20-29; Mk 14,17-25; 1 Kor 11,23-25)

14 Als die Stunde gekommen war, setzte sich Jesus zu Tisch und die Apostel* mit ihm. 15 Er sagte: »Ich habe mich sehr danach gesehnt, dieses Passamahl* mit euch zu feiern, bevor ich leiden muss. 16 Denn ich sage euch: Ich werde es erst wieder feiern, wenn das, worauf jedes Passamahl hinweist, in der neuen Welt Gottes[b] zur Erfüllung gekommen ist.«

17 Dann nahm er den Becher mit Wein, sprach darüber das Dankgebet und sagte: »Nehmt diesen Becher und teilt ihn unter euch! 18 Denn ich sage euch: Ich werde erst wieder Wein trinken, wenn die neue Welt Gottes da ist.«

19 Dann nahm Jesus ein Brot, sprach darüber das Dankgebet, brach es in Stücke und gab es ihnen mit den Worten: »Das ist mein Leib, der für euch geopfert wird.[c] Tut das immer wieder, damit unter euch gegenwärtig ist, was ich für euch getan habe!«[d]

20 Ebenso nahm er nach dem Essen den Becher mit Wein und sagte: »Dieser Becher ist Gottes neuer Bund*, der in Kraft gesetzt wird durch mein Blut, das für euch vergossen wird.[e]

21 Aber ihr müsst wissen: Der Verräter sitzt hier mit mir am gleichen Tisch. 22 Der Menschensohn* muss zwar den Weg gehen, der ihm bestimmt ist; aber wehe dem Menschen, der ihn verrät.«

23 Da fingen sie an, einander zu fragen, wer von ihnen es wohl sei, der so etwas tun würde.

Wer ist der Größte?

(Mt 20,25-28; 19,28; Mk 10,42-45)

24 Es kam unter ihnen auch ein Streit darüber auf, wer von ihnen als der Größte zu gelten habe.

25 Da sagte Jesus zu ihnen: »Die Könige üben Macht über ihre Völker aus, und die Tyrannen lassen sich sogar noch ›Wohltäter des Volkes‹ nennen. 26 Bei euch muss es anders sein! Der Größte unter euch muss wie der Geringste werden und der Führende wie einer, der dient. 27 Wer ist denn größer: der am Tisch sitzt oder der bedient? Natürlich der am Tisch! Aber ich bin unter euch wie der Diener.

28 Ihr habt mit mir durchgehalten in allen Prüfungen, die ich zu bestehen hatte. 29 Dafür werde ich euch an der Herrschaft beteiligen, die mein Vater mir übertragen hat. 30 Wenn ich meine Herrschaft angetreten habe,[f] werdet ihr an meinem Tisch essen und trinken und über die zwölf Stämme Israels herrschen.«

Jesus und Simon Petrus

(Joh 13,36-38)

31 »Simon, Simon! Pass gut auf! Gott hat dem Satan* erlaubt, euch auf die Probe zu stellen und die Spreu vom Weizen zu scheiden. 32 Aber ich habe für dich gebetet, dass dein Glaube an mich nicht aufhört. Wenn du dann wieder zu mir zurückgefunden hast, musst du deine Brüder und Schwestern[g] im Glauben an mich stärken!«[h]

33 Petrus antwortete: »Herr, ich bin bereit, mit dir ins Gefängnis zu gehen, ja mit dir zu sterben!«

a Vgl. 4,13 und Anmerkung dort.
b Wörtlich *in der Königsherrschaft* Gottes;* ebenso in Vers 18.
c Siehe Anmerkung zu Mt 26,26.
d Wörtlich *Tut das zu meinem Gedenken.* In der Sprache der Bibel bedeutet »Gedenken« nicht ein bloßes Erinnern, sondern zugleich das Gegenwärtigwerden des Erinnerten.
e Vgl. Jer 31,31 und Anmerkung zu Mt 26,27.
f Vgl. 9,51 und Anmerkung dort.
g Wörtlich *deine Brüder;* vgl. Anmerkung zu 6,17.
h Vgl. Vers 62. Petrus wird der Erste sein, dem der Auferstandene begegnet (24,34). Danach ist er für die erste Zeit der führende Mann der Urgemeinde (Apg 1,13-15; 2,14-37.38).

22,1 Ex 12,15-20 S; 12,1-14 S **22,2** 19,47-48; Mk 11,18 S **22,3** 4,13; 10,18; 22,31.53; Joh 12,4 S **22,7** Ex 12,6 **22,14** 6,13 S **22,20** (neuer Bund) Jer 31,31-34; Ex 24,6-8; Röm 11,27; 1 Kor 11,25; 2 Kor 3,6; Gal 4,24; Hebr 8,6 S **22,21-23** Joh 13,2.21-30 **22,24-26** 9,46-48 par **22,26** Mt 23,11 S **22,27** Joh 13,4-5.12-17 **22,29** 12,32 **22,30** Mt 19,28 S **22,31** 22,3 S; Ijob 1,6-12; 2,1-6 **22,32** Mt 16,18 S; Lk 22,62; 24,34 **22,33-34** Mk 14,30-31 par

34 Jesus antwortete: »Ich sage dir, Petrus, noch ehe heute der Hahn kräht, wirst du mich dreimal verleugnen und behaupten, dass du mich nicht kennst.«

Von jetzt ab wird für die Jünger alles anders

35 Dann fragte Jesus die Apostel*: »Als ich euch ohne Geldbeutel, Vorratstasche und Schuhe auf den Weg schickte, habt ihr da an irgendetwas Mangel gehabt?«

»Nein, an nichts«, sagten sie.

36 Jesus erwiderte: »Von jetzt ab gilt etwas anderes: Wer einen Geldbeutel hat, soll ihn mitnehmen, und wer eine Vorratstasche hat, ebenso! Wer nichts hat als sein Obergewand*, soll es verkaufen und sich ein Schwert dafür beschaffen. 37 Denn ich sage euch, es muss an mir in Erfüllung gehen, was in den Heiligen Schriften* steht: ›Er wurde unter die Verbrecher gezählt.‹[a] Mit mir geht es jetzt zu Ende.«

38 Die Apostel sagten: »Herr, da haben wir zwei Schwerter!«

Jesus antwortete: »Ihr versteht mich nicht.«[b]

Jesus betet im Garten Getsemani

(Mt 26,36-46; Mk 14,32-42)

39 Jesus ging wie gewohnt zum Ölberg* und seine Jünger* folgten ihm. 40 Als er dort war, sagte er zu ihnen: »Betet darum, dass ihr in der kommenden Prüfung nicht versagt.«

41 Dann ging er allein weiter. Einen Steinwurf von ihnen entfernt kniete er nieder und betete: 42 »Vater, wenn es dein Wille ist, dann erspare es mir, diesen Kelch trinken zu müssen.[c] Aber dein Wille soll geschehen, nicht der meine!«

43 Da erschien ihm ein Engel* vom Himmel und gab ihm Kraft. 44 In seiner Todesangst betete Jesus noch angespannter und sein Schweiß tropfte wie Blut auf den Boden.[d]

45 Als er sich vom Gebet erhob und wieder zu den Jüngern kam, schliefen sie; so erschöpft waren sie vor Kummer. 46 »Wie könnt ihr schlafen?«, sagte er zu ihnen. »Steht auf und betet, damit ihr in der kommenden Prüfung nicht versagt!«

Jesus wird verhaftet

(Mt 26,47-56; Mk 14,43-50; Joh 18,3-11)

47 Noch während Jesus das sagte, kam ein Trupp von Männern, voran Judas, einer von den Zwölf*. Er ging auf Jesus zu und wollte ihm den Begrüßungskuss geben. 48 Aber Jesus sagte zu ihm: »Judas, mit einem Kuss willst du den Menschensohn* verraten?«

49 Da merkten auch die Jünger*, was bevorstand, und fragten: »Herr, sollen wir mit dem Schwert zuschlagen?« 50 Und einer von ihnen hieb auf den Bevollmächtigten des Obersten Priesters* ein und schlug ihm das rechte Ohr ab.

51 Aber Jesus sagte: »Halt! Hört auf!« Er berührte das Ohr und heilte den Mann.

52 Dann wandte er sich an die führenden Priester*, die Hauptleute der Tempelwache* und die Ratsältesten*, die ihn festnehmen wollten: »Warum rückt ihr hier mit Schwertern und Knüppeln an; bin ich denn ein Verbrecher? 53 Täglich war ich bei euch im Tempel* und ihr seid nicht gegen mich vorgegangen. Aber jetzt ist eure Stunde gekommen. Jetzt haben die dunklen Mächte Gewalt über mich.«[e]

Petrus verleugnet Jesus

(Mt 26,57-58.69-75; Mk 14,53-54.66-72; Joh 18,12-18.25-27)

54 Sie nahmen Jesus fest, führten ihn ab und brachten ihn in das Haus des Obersten Priesters*. Petrus folgte ihnen in weitem Abstand. 55 Im Hof war ein Feuer angezündet. Viele saßen darum herum, und Petrus setzte sich mitten unter sie.

56 Eine Dienerin bemerkte ihn im Schein des Feuers, sah ihn genauer an und sagte: »Der da war auch mit ihm zusammen!«

57 Aber Petrus stritt es ab: »Frau, ich kenne ihn überhaupt nicht!«

58 Bald darauf wurde ein Mann auf ihn aufmerksam und sagte: »Du gehörst doch auch zu denen!«

Aber Petrus widersprach: »Mensch, ich habe nichts mit ihnen zu tun!«

59 Etwa eine Stunde später bestand ein anderer darauf und sagte: »Kein Zweifel, der war auch mit ihm zusammen, er ist doch auch aus Galiläa*.«

60 Aber Petrus stritt es ab: »Mensch, ich weiß überhaupt nicht, wovon du sprichst!«

Und sofort, während er noch redete, krähte ein Hahn.

61 Der Herr drehte sich um und sah Petrus an. Da fiel Petrus ein, was er zu ihm gesagt hatte: »Bevor heute der Hahn kräht, wirst du mich dreimal verleugnen und behaupten, dass du mich nicht kennst.«

62 Und er ging hinaus und begann, bitter zu weinen.

Jesus wird verspottet und geschlagen

(Mt 26,67-68; Mk 14,65)

63 Die Männer, die Jesus bewachten, trieben ihren Spott mit ihm. 64 Sie warfen ihm ein Tuch über den Kopf, sodass er nichts sehen konnte; dann schlugen sie ihn und riefen: »Du bist doch ein Prophet! Sag uns: Wer war es, der dich gerade schlug?« 65 Und noch viele andere Schmähungen musste er sich gefallen lassen.

a Vgl. Jes 53,12. Jesus steht der Tod bevor. Die Feindschaft gegen ihn wird sich auch gegen die Jünger richten. Darauf müssen sie sich einstellen; mehr will auch das Wort vom Schwert (Vers 36b) nicht sagen.
b Wörtlich *Es ist genug.* Dies bezieht sich nicht auf die Anzahl der *Schwerter;* Jesus bricht damit das Gespräch ab und weist die Antwort der Apostel zurück.
c *erspare es mir ...:* wörtlich *nimm diesen Kelch von mir*. Zu *Kelch* siehe Anmerkung zu Mk 14,36.
d Die Verse 43-44 fehlen in wichtigen Handschriften und gehören vermutlich nicht zum ursprünglichen Text.
e Vgl. 4,13 und Anmerkung dort.

22,34 22,61 par **22,35** 9,3 par; 10,4 **22,36** Mt 10,34 **22,37** *nach* Jes 53,12 **22,39-46** 5,16 S **22,39** 21,37; Mt 26,30 par; Joh 18,1-2 **22,42** Mk 10,38 S; Mt 6,10 S; Joh 12,27-28 **22,53** 19,47 S; 22,3 S **22,61** 22,34; Mk 14,30 par **22,64** 7,16 S

Jesus vor dem jüdischen Rat

(Mt 27,1; 26,57.63-65; Mk 15,1; 14,53.61-64; Joh 18,19-24)

66 Als es Tag wurde, versammelten sich die Ältesten*
des Volkes, dazu die führenden Priester* und die Ge-
setzeslehrer*, und ließen Jesus vor ihre Ratsver-
sammlung bringen. 67 Sie forderten ihn auf: »Wenn
du Christus* bist, der versprochene Retter, dann
sag es uns!«
Jesus antwortete: »Wenn ich es euch sage, werdet
ihr mir nicht glauben, 68 und wenn ich euch etwas
frage, werdet ihr keine Antwort geben.[a] 69 Aber
von nun an wird der Menschensohn* an der rechten
Seite des allmächtigen Gottes sitzen!«[b]
70 Da riefen sie alle: »Dann bist du also der Sohn*
Gottes?«
Er antwortete: »Ihr sagt es: Ich bin's.«
71 Darauf erklärten sie: »Was brauchen wir noch
eine Zeugenaussage? Wir haben es selbst aus seinem
Mund gehört!«

Jesus vor Pilatus

(Mt 27,2.11-14; Mk 15,1-5; Joh 18,28-38)

23 Alle standen auf und brachten Jesus zu Pila-
tus. 2 Dort erhoben sie Anklage gegen ihn;
sie sagten: »Wir haben festgestellt, dass dieser Mann
unser Volk aufhetzt![c] Er sagt, wir sollen keine Steu-
ern mehr an den Kaiser zahlen,[d] und er sei Christus,
der König, den Gott uns als Retter zu schicken ver-
sprach.«[e]
3 Pilatus fragte ihn: »Bist du der König der Juden?«
»Du sagst es«, gab Jesus zur Antwort.
4 Pilatus erklärte darauf den führenden Priestern*
und der versammelten Volksmenge: »Ich sehe kei-
nen Grund, diesen Menschen zu verurteilen.«
5 Aber sie drängten weiter: »Mit seiner Lehre wie-
gelt er das Volk auf im ganzen jüdischen Land. Ange-
fangen hat er in Galiläa* und jetzt ist er bis hierher
gekommen.«

Jesus vor Herodes Antipas

6 Als Pilatus das Wort »Galiläa« hörte, fragte er, ob
der Mann aus Galiläa* sei. 7 Es wurde ihm bestätigt,
dass Jesus aus dem Herrschaftsbereich von Herodes[f]
stamme. Da ließ Pilatus ihn zu Herodes bringen, der
zu dieser Zeit ebenfalls in Jerusalem war.
8 Herodes freute sich sehr, als er Jesus sah; denn er
wollte ihn schon lange einmal kennen lernen. Er
hatte viel von ihm gehört und hoffte nun, selbst
eines seiner Wunder mitzuerleben. 9 Er stellte ihm
viele Fragen, aber Jesus gab keine Antwort.
10 Die führenden Priester* und die Gesetzesleh-
rer* stellten sich hin und brachten schwere Beschul-
digungen gegen Jesus vor. 11 Aber Herodes und seine
Soldaten hatten nur Spott für ihn übrig. Zum Hohn
ließ Herodes ihm ein Prachtgewand anziehen und
schickte ihn in diesem Aufzug zu Pilatus zurück.[g]
12 Herodes und Pilatus hatten sich früher gehasst,
aber an diesem Tag wurden sie Freunde.

Pilatus erklärt Jesus für unschuldig

13 Pilatus ließ die führenden Priester, die anderen
Mitglieder des jüdischen Rates* und das Volk zusam-
menrufen 14 und erklärte vor ihnen allen: »Ihr habt
mir diesen Menschen gebracht und behauptet, er
wiegle das Volk auf. Nun, ich habe ihn in eurem Bei-
sein verhört und von den Anklagen, die ihr gegen
ihn vorgebracht habt, keine einzige bestätigt gefun-
den. 15 Aber auch Herodes hat nichts herausgefun-
den; er hat ihn ja zu uns zurückgeschickt. Ich stelle
also fest: Dieser Mensch hat nichts getan, worauf
die Todesstrafe steht. 16 Deshalb lasse ich ihn jetzt
auspeitschen* und gebe ihn frei.«[h]

Das Todesurteil

(Mt 27,15-26; Mk 15,6-15; Joh 18,39–19,16)

18 Aber sie alle miteinander schrien laut: »Weg mit
ihm! Gib uns Barabbas frei!«
19 Barabbas hatte sich an einem Aufruhr in der
Stadt beteiligt und einen Mord begangen; deshalb
saß er im Gefängnis.
20 Pilatus wollte dagegen Jesus freilassen und rede-
te auf die Leute ein. 21 Doch alle schrien: »Ans Kreuz*
mit ihm, ans Kreuz!«
22 Pilatus versuchte es ein drittes Mal und sagte zu
ihnen: »Was hat er denn verbrochen? Ich habe bei
ihm kein Vergehen entdeckt, auf das die Todesstrafe
steht. Deshalb lasse ich ihn jetzt auspeitschen* und
gebe ihn frei.«
23 Sie aber setzten ihm weiter zu und forderten mit
lautem Geschrei, dass Jesus gekreuzigt werden
müsse.
Und ihr Geschrei zeigte Wirkung. 24 Pilatus ent-
schied, dass sie ihren Willen haben sollten. 25 Den,
der wegen Aufruhr und Mord im Gefängnis saß
und um den sie gebeten hatten, ließ er frei, Jesus aber
gab er ihrem Willen preis.

Jesus auf dem Weg zur Hinrichtung

(Mt 27,32; Mk 15,21; Joh 19,17)

26 Sie führten Jesus zur Hinrichtung. Unterwegs hiel-
ten die Soldaten einen Mann aus Zyrene mit Namen
Simon an, der gerade vom Feld in die Stadt zurück-
kam. Ihm luden sie das Kreuz* auf,[i] damit er es hin-
ter Jesus hertrage.
27 Eine große Volksmenge folgte Jesus, darunter
auch viele Frauen, die sich auf die Brüste schlugen[j]
und laut weinten.
28 Aber er drehte sich zu ihnen um und sagte: »Ihr
Frauen von Jerusalem! Klagt nicht um mich! Klagt

a Eine Diskussion würde nichts nützen. Am entscheidenden Punkt würden die Gegner die Antwort verweigern (vgl. 20,3-7.41-44).
b Vgl. 9,51 und Anmerkung dort.
c Vgl. 19,48 sowie 20,6.19.26; 22,2.
d Vgl. dagegen 20,19-26.
e *den Gott uns …:* verdeutlichender Zusatz; siehe Sacherklärung »Christus«. Trotz 22,67-70 unterstellen sie, dass Jesus sein Königtum politisch-national verstehe; vgl. dagegen schon Mk 12,35-37 und Anmerkungen dort.
f Gemeint ist Herodes Antipas; siehe Sacherklärung »Herodes (3)«.
g Er verhöhnt dadurch Jesu Königsanspruch.
h Einige Handschriften fügen hinzu (Vers 17): *Weil es so üblich war, musste Pilatus ihnen an jedem Passafest* einen Gefangenen freigeben;* vgl. Mk 15,6; Mt 27,15.
i Siehe Anmerkung zu Mt 27,32.
j *auf die Brüste:* verdeutlichender Zusatz; siehe Sacherklärung »Trauerbräuche«.

22,67 9,20; Mk 8,29 S; Joh 4,25 S; Apg 5,42 S; Jer 38,15 **22,69** Mk 12,36 S **22,70** Mt 14,33 S, Lk 1,32.35 **23,2** 20,20-26 par **23,3** Mt 27,11 S **23,7** 3,1 **23,8** 9,9; 13,31-33 **23,11** Mk 15,17 par **23,12** Ps 2,1-2 **23,18-25** Apg 3,13-14 **23,28** 19,41-44

um euch selbst und um eure Kinder![a] 29 Denn bald kommt die Zeit, dass die Menschen sagen werden: ›Glücklich die Frauen, die keine Kinder bekommen können! Glücklich der Schoß, der nie geboren hat, und die Brüste, die nie gestillt haben!‹ 30 Die Leute werden dann zu den Bergen sagen: ›Stürzt auf uns!‹, und zu den Hügeln: ›Begrabt uns!‹[b] 31 Denn wenn schon das grüne Holz vom Feuer erfasst wird, wie wird es dann erst dem dürren ergehen?«[c]

32 Zusammen mit Jesus wurden auch zwei Verbrecher zur Hinrichtung geführt.[d]

Jesus am Kreuz

(Mt 27,33-44; Mk 15,22-32; Joh 19,17-27)

33 Als sie zu der Stelle kamen, die »Schädel« genannt wird, nagelten die Soldaten Jesus ans Kreuz* und mit ihm die beiden Verbrecher, den einen links von Jesus, den anderen rechts.

34 Jesus sagte: »Vater, vergib ihnen! Sie wissen nicht, was sie tun.«°

Dann losten die Soldaten untereinander seine Kleider aus. 35 Das Volk stand dabei und sah bei der Hinrichtung zu.

Die Ratsmitglieder* verhöhnten Jesus: »Anderen hat er geholfen; jetzt soll er sich selbst helfen, wenn er wirklich der ist, den Gott uns zum Retter bestimmt hat!«[e]

36 Auch die Soldaten machten sich lustig über ihn. Sie gingen zu ihm hin, reichten ihm Essig* 37 und sagten: »Hilf dir selbst, wenn du wirklich der König der Juden bist!« 38 Über seinem Kopf hatten sie eine Aufschrift angebracht: »Dies ist der König der Juden.«

39 Einer der Verbrecher, die mit ihm gekreuzigt worden waren, beschimpfte ihn: »Bist du denn nicht der versprochene Retter?[f] Dann hilf dir selbst und uns!«

40 Aber der andere wies ihn zurecht und sagte: »Nimmst du Gott immer noch nicht ernst? Du bist doch genauso zum Tod verurteilt wie er, 41 aber du bist es mit Recht. Wir beide leiden hier die Strafe, die wir verdient haben. Aber der da hat nichts Unrechtes getan!«

42 Und zu Jesus sagte er: »Denk an mich, Jesus, wenn du deine Herrschaft antrittst!«[g]

43 Jesus antwortete ihm: »Ich versichere dir, du wirst noch heute mit mir im Paradies* sein.«[h]

Jesus stirbt[i]

(Mt 27,45-56; Mk 15,33-41; Joh 19,28-30)

44–45 Es war schon etwa zwölf Uhr mittags, da verfinsterte sich die Sonne und es wurde dunkel im ganzen Land bis um drei Uhr. Dann riss der Vorhang* vor dem Allerheiligsten im Tempel mitten durch, 46 und Jesus rief laut: »Vater, ich gebe mein Leben in deine Hände!«[j] Mit diesen Worten starb er.

47 Als der römische Hauptmann, der die Aufsicht hatte,[k] dies alles geschehen sah, pries er Gott und sagte: »Wahrhaftig, dieser Mensch war unschuldig, er war ein Gerechter!«[l]

48 Auch all die Leute, die nur aus Schaulust zusammengelaufen waren, schlugen sich an die Brust und kehrten betroffen in die Stadt zurück, nachdem sie gesehen hatten, was da geschah.

49 Alle Freunde von Jesus aber standen weit entfernt,[m] auch die Frauen, die seit der Zeit seines Wirkens in Galiläa* mit Jesus gezogen waren. Die Frauen sahen dies alles mit an.

Jesus wird ins Grab gelegt

(Mt 27,57-61; Mk 15,42-47; Joh 19,38-42)

50 Es war auch ein Mann da namens Josef. Obwohl Mitglied des jüdischen Rates*, war er ein vorbildlicher und gerechter Mensch; 51 er hatte den Beschlüssen und dem Vorgehen der anderen Ratsmitglieder nicht zugestimmt. Er stammte aus der jüdischen Stadt Arimathäa und lebte in der Erwartung, dass Gott seine Herrschaft aufrichten und sein Werk vollenden werde.[n]

52 Dieser Mann nun ging zu Pilatus und bat ihn um den Leichnam von Jesus. 53 Dann nahm er den Toten vom Kreuz, hüllte ihn in ein Leinentuch und legte ihn in ein Grab, das in einen Felsen gehauen war. Noch nie war jemand darin bestattet worden. 54 Das geschah am Freitag, unmittelbar vor Beginn des Sabbats*.

55 Die Frauen, die zusammen mit Jesus aus Galiläa* gekommen waren, folgten Josef. Sie sahen das Grab und waren dabei, als der Leichnam von Jesus hineingelegt wurde. 56 Dann kehrten sie in die Stadt zurück und beschafften sich wohlriechende Salböle. Doch den Sabbat verbrachten sie in Ruhe, wie das Gesetz* es vorschreibt.

Die Frauen am leeren Grab

(Mt 28,1-8; Mk 16,1-8; Joh 20,1-2.11-13)

24 Am Sonntagmorgen* dann, in aller Frühe, nahmen die Frauen die wohlriechenden Öle, die sie sich beschafft hatten, und gingen zum Grab. 2 Da sahen sie, dass der Stein vom Grabeingang weggerollt war. 3 Sie gingen hinein, doch der Leichnam von Jesus, dem Herrn, war nicht mehr da.

4 Während sie noch ratlos dastanden, traten plötzlich zwei Männer in strahlend hellem Gewand zu ihnen.[o] 5 Die Frauen fürchteten sich und wagten sie nicht anzusehen; sie blickten zu Boden.

Die beiden sagten zu ihnen: »Was sucht ihr den Lebenden bei den Toten? 6 Er ist nicht hier; Gott hat ihn vom Tod auferweckt! Erinnert euch an das, was er euch schon in Galiläa* gesagt hat: 7 ›Der Menschensohn* muss den Menschen, den Sündern, aus-

a Vgl. 19,40-44 und Anmerkungen dort.
b Vgl. Hos 10,8; Offb 6,16.
c Der schuldigen Stadt droht ein schlimmeres Schicksal als dem unschuldigen Gerechten, den man nun töten wird.
d Vgl. Jes 53,12. Jesus lebt die mit 3,21 eingegangene Solidarität mit den Sündern bis zum Letzten.
e *wenn er …:* wörtlich *wenn er der Christus* Gottes ist, der Erwählte.*
f Wörtlich *der Christus*.*
g Vgl. 9,51 und Anmerkungen dort.
h Der Verbrecher teilt Jesu Leiden und Sterben im Bewusstsein eigener Schuld (Vers 41) und als Zeuge für Jesus (Vers 42). Der ›Lohn‹ von Offb 2,7 bleibt ihm nicht vorenthalten (vgl. ferner Joh 11,25-27).
i Siehe Anmerkungen zu Mt 27,45-56.
j Vgl. Ps 31,6. Der Psalmvers ist das Abendgebet des frommen Juden (vgl. noch 5,16 und Anmerkung dort).
k *der die Aufsicht hatte:* verdeutlichender Zusatz.
l Vgl. Verse 4.14-15.22.41 und Apg 3,14; 7,52; 22,14.
m Die Formulierung spielt auf Ps 38,12; 88,9 an.
n *und lebte …:* wörtlich *er wartete immerzu auf die Königsherrschaft* Gottes.*
o Gemeint sind Engel; siehe Anmerkung zu Mk 16,5.

23,29 21,23 par; Jer 16,1-4 **23,30** Hos 10,8; Offb 6,16 **23,31** 1 Petr 4,17 **23,33** Jes 53,12 **23,34** Apg 7,60 S; Ps 22,19 **23,35.36.39** Ps 22,8; 109,35; Lk 2,11 S **23,36** Ps 69,22 **23,37-38** Mt 27,11 S **23,42** Mk 10,37 par **23,44-45** Mt 24,29 S; 27,51 S **23,46** *nach* Ps 31,6; Apg 7,59 **23,47** Apg 3,14 S **23,49** 8,2-3 S Ps 38,12; 88,9.19 **23,50-51** 2,25 **23,53** 19,30 par **23,55** 8,2-3 S **23,56** Ex 20,8-10 **24,4-6** Apg 1,10-11 **24,6-7** 9,21-22 S

geliefert und ans Kreuz* genagelt werden und am dritten Tag vom Tod auferstehen.‹«

8 Da erinnerten sich die Frauen an seine Worte. 9 Sie verließen das Grab und gingen zu den Elf und allen Übrigen, die bei ihnen waren, und berichteten ihnen alles. 10a Es waren Maria aus Magdala und Johanna und Maria, die Mutter von Jakobus, sowie die anderen Frauen, die mit ihnen am Grab gewesen waren.

Petrus am leeren Grab

(Joh 20,3-10)

10b Als die Frauen den Aposteln* sagten, was sie erlebt hatten, 11 hielten die es für leeres Gerede und wollten ihnen nicht glauben.[a] 12 Nur Petrus stand auf und lief zum Grab. Er schaute hinein und sah dort nichts als die Leinenbinden liegen. Darauf ging er wieder zurück und fragte sich verwundert, was da wohl geschehen war.

Jesus begleitet zwei Jünger auf dem Weg nach Emmaus

13 Am selben Tag gingen zwei, die zu den Jüngern* von Jesus gehört hatten, nach dem Dorf Emmaus*, das zwölf Kilometer von Jerusalem entfernt lag.[b] 14 Unterwegs unterhielten sie sich über alles, was geschehen war.

15 Als sie so miteinander sprachen und alles hin und her überlegten, kam Jesus selbst hinzu und ging mit ihnen. 16 Aber sie erkannten ihn nicht; sie waren wie mit Blindheit geschlagen.

17 Jesus fragte sie: »Worüber redet ihr denn so erregt unterwegs?«

Da blieben sie stehen und blickten ganz traurig drein, 18 und der eine – er hieß Kleopas – sagte: »Du bist wohl der Einzige in Jerusalem, der nicht weiß, was dort in diesen Tagen geschehen ist?«

19 »Was denn?«, fragte Jesus.

»Das mit Jesus von Nazaret«, sagten sie. »Er war ein Prophet*; in Worten und Taten hat er vor Gott und dem ganzen Volk seine Macht erwiesen. 20 Unsere führenden Priester* und die anderen Ratsmitglieder* haben ihn zum Tod verurteilt und ihn ans Kreuz* nageln lassen. 21 Und wir hatten doch gehofft, er sei der erwartete Retter, der Israel befreien soll!

Aber zu alledem ist heute auch schon der dritte Tag, seitdem dies geschehen ist![c] 22 Und dann haben uns auch noch einige Frauen, die zu uns gehören, in Schrecken versetzt. Sie waren heute früh zu seinem Grab gegangen 23 und fanden seinen Leichnam nicht mehr dort. Sie kamen zurück und erzählten, sie hätten Engel* gesehen, die hätten ihnen gesagt, dass er lebt.

24 Einige von uns sind gleich zum Grab gelaufen und haben alles so gefunden, wie es die Frauen erzählten. Nur ihn selbst sahen sie nicht.«

25 Da sagte Jesus zu ihnen: »Was seid ihr doch schwer von Begriff! Warum rafft ihr euch nicht endlich auf zu glauben, was die Propheten gesagt haben? 26 *Musste* der versprochene Retter[d] nicht dies alles erleiden und auf diesem Weg zu seiner Herrschaft gelangen?«[e]

27 Und Jesus erklärte ihnen die Worte, die sich auf ihn bezogen, von den Büchern Moses und der Propheten angefangen durch die ganzen Heiligen Schriften*.[f]

Jesus gibt sich den beiden Jüngern zu erkennen

28 Inzwischen waren sie in die Nähe von Emmaus gekommen. Jesus tat so, als wollte er weitergehen. 29 Aber sie ließen es nicht zu und sagten: »Bleib doch bei uns! Es geht schon auf den Abend zu, gleich wird es dunkel!« Da folgte er ihrer Einladung und blieb bei ihnen.

30 Als er dann mit ihnen zu Tisch saß, nahm er das Brot, sprach das Segensgebet darüber, brach es in Stücke und gab es ihnen.[g] 31 Da gingen ihnen die Augen auf und sie erkannten ihn. Aber im selben Augenblick verschwand er vor ihnen.

32 Sie sagten zueinander: »Brannte es nicht wie ein Feuer in unserem Herzen, als er unterwegs mit uns sprach und uns den Sinn der Heiligen Schriften* aufschloss?« 33 Und sie machten sich sofort auf den Rückweg nach Jerusalem.

Als sie dort ankamen, waren die Elf mit allen Übrigen versammelt 34 und riefen ihnen zu: »Der Herr ist wirklich auferweckt worden! Er hat sich Simon gezeigt!«[h]

35 Da erzählten sie ihnen, was sie selbst unterwegs erlebt hatten und wie sie den Herrn erkannten, als er das Brot brach und an sie austeilte.

Jesus zeigt sich dem ganzen Jüngerkreis in Jerusalem

(Joh 20,19-29)

36 Während die beiden noch erzählten, stand plötzlich der Herr selbst mitten unter ihnen. Er grüßte sie: »Frieden* sei mit euch!«[i]

37 Sie erschraken und fürchteten sich; denn sie meinten, einen Geist zu sehen.

38 Aber er sagte: »Warum seid ihr so erschrocken? Warum kommen euch solche Gedanken? 39 Schaut mich doch an, meine Hände, meine Füße, dann erkennt ihr, dass ich es wirklich bin! Fasst mich an und überzeugt euch; ein Geist hat doch nicht Fleisch und Knochen wie ich!«

a Der Osterglaube der Apostel – und damit der Kirche – ruht nicht auf der Nachricht der Frauen, auch nicht auf der Tatsache des leeren Grabes (vgl. Vers 12), sondern darauf, dass der Auferstandene selbst sich den Aposteln offenbarte (vgl. Verse 34.36-43; Apg 1,21-22; 10,41).
b Griechische Maßangabe *60 Stadien**.
c Dahinter steht die volkstümliche Vorstellung, dass der Lebensgeist eines Verstorbenen noch bis zu drei Tagen den Leichnam umschwebt und eventuell in ihn zurückkehren kann.
d Wörtlich *der Christus**.
e Vgl. 9,31.51 und Anmerkungen dort.
f Erst im Licht der Auferstehung und durch die Unterweisung des Auferstandenen geht den Jüngern auf, wie sehr das ganze Alte Testament von Jesus spricht.
g Vgl. 9,16; 22,19.
h Die Erscheinung vor Simon Petrus war die erste und hatte maßgebliche Bedeutung (vgl. Mk 16,7; 1 Kor 15,4-5a).
i Vgl. 2,14; 19,38 und Anmerkungen dort.

24,9-11 Mk 16,10-11 **24,10a** 8,2-3S; 6,13S **24,13-35** Mk 16,12-13 **24,16** Joh 20,14-15; 21,4 **24,19** 7,16S; Apg 2,22 **24,21** 1,68; 2,38S; 19,11 **24,24** 24,12; Joh 20,3-10 **24,26** Apg 14,22 **24,27** 24,44S **24,28** Mk 6,48; Offb 3,20 **24,30** 9,16; 22,19 **24,34** 1 Kor 15,5 **24,36-39** Mk 16,14-16 **24,36** 1 Kor 15,5; Lk 2,14S **24,37** Mk 6,49par

40 Während er das sagte, zeigte er ihnen seine Hän-
de und seine Füße.
41 Als sie es in ihrer Freude und Verwunderung
noch immer nicht fassen konnten, fragte er: »Habt
ihr etwas zu essen hier?« 42 Da gaben sie ihm ein
Stück gebratenen Fisch, 43 und er nahm es und aß
es vor ihren Augen.

Die letzten Worte von Jesus

44 Dann sagte er zu ihnen:[a] »Als ich noch mit euch zu-
sammen war, habe ich euch gesagt: ›Alles, was im
Gesetz*, in den Schriften der Propheten* und in
den Psalmen über mich steht, muss in Erfüllung ge-
hen.‹« 45 Und er half ihnen, die Heiligen Schriften*
richtig zu verstehen.
46 »Hier steht es geschrieben«, erklärte er ihnen:
»Der versprochene Retter[b] muss leiden und sterben
und am dritten Tag vom Tod auferstehen. 47 Und
den Menschen aller Völker muss verkündet werden,
dass ihnen um seinetwillen Umkehr* zu Gott und
Vergebung der Schuld angeboten wird. In Jerusalem
muss der Anfang gemacht werden. 48 Ihr seid Zeugen
geworden von allem, was geschehen ist, und sollt es
überall bezeugen!
49 Ich aber werde den Geist*, den mein Vater ver-
sprochen hat, zu euch herabsenden. Wartet hier in
der Stadt, bis das eintritt und ihr mit der Kraft von
oben gestärkt werdet.«

Jesus wird in den Himmel aufgenommen

50 Darauf führte Jesus sie aus der Stadt hinaus nach
Betanien. Dort erhob er die Hände, um sie zu seg-
nen. 51 Und während er sie segnete, entfernte er sich
von ihnen und wurde zum Himmel emporgehoben.[c]
52 Sie aber warfen sich vor ihm nieder.[d] Dann
kehrten sie voller Freude nach Jerusalem zurück.
53 Sie verbrachten ihre ganze Zeit im Tempel* und
priesen Gott.

a Das nun folgende »Testament Jesu« (Verse 44-49) erschließt sich am besten durch Beachten der Vergleichsstellen.
b Wörtlich *Der Christus**.
c Damit ist das Ziel erreicht, auf das hin Jesus seit 9,51 (vgl. Anmerkungen dort) unterwegs war.
d Damit geschieht zum ersten und einzigen Mal im Lukas-Evangelium das, was Jesus 4,7 dem Teufel verweigerte, weil es Gott allein gebührt (4,8). Nun wird es dem erhöhten Herrn zuteil (vgl. dazu Phil 2,6-11).

24,40 Joh 20,20 **24,41-43** 24,30-31; Joh 21,5.10; Apg 10,41 **24,44** 24,27; (Gesetz) Joh 5,46S; (Propheten) Jes 52,13–53,12; (Psalmen) Ps 22,2.8-9.16.19; 69,5.10.22 **24,45** 24,27.32 **24,46** 22,67S; (geschrieben) Mk 14,49par; 1Kor 15,3-4; Apg 3,18; 17,2-3; 28,23 **24,47** Apg 2,38; 5,31; 11,18; 17,30-31; 20,21; (Anfang) Apg 1,8; Röm 15,19 **24,48-49** Apg 5,32; Joh 15,26-27 **24,48** Apg 1,8S **24,49** 4,18S **24,50** Sir 50,20-21 **24,51** 9,51 Apg 1,9; 3,21; Mk 16,19; **24,52** Apg 1,12 **24,53** Apg 2,46; 5,12

JOHANNES

Von den vier Evangelien ist das vierte das weitaus eigenständigste. Abgesehen von dem Bericht über das Leiden und Sterben Jesu (Kap 18–19) findet man nur wenige Stücke, die es mit den drei anderen gemeinsam hat. Andererseits bringt es einige Berichte, die die anderen nicht enthalten: z.B. den über die Hochzeit in Kana (2,1-12), über das Gespräch mit Nikodemus (3,1-21) oder mit der Frau aus Samarien (4,1-12), über die Heilung des Gelähmten am Teich Betesda (5,1-18) und des Blindgeborenen (9,1-41). Verglichen mit den anderen Evangelien schildert das vierte nur wenige Ereignisse aus dem Leben Jesu; diesen aber misst es eine große Bedeutung bei, zumal die meisten von ihnen Ausgangspunkte für eine vertiefende Belehrung durch Jesus sind.

Das Vorwort (1,1-18) zeigt in dichterisch geformter Sprache Jesus als das ewige Wort Gottes, das Mensch wurde und unter den Menschen Wohnung nahm – das Licht und die sichtbare Gegenwart der Treue Gottes. Damit wird angedeutet, unter welchem Blickwinkel das vierte Evangelium Jesus bezeugt. Er ist es, in dem die Sehnsucht der Menschheit ihre Antwort und Erfüllung findet. So sind die »Ich-bin-Worte« Jesu zu verstehen (4,25-26: der versprochene Retter; 6,35: das Brot, das Leben schenkt; 8,12: das Licht der Welt; 10,7: die Tür; 10,11: der gute Hirt; 11,25: die Auferstehung und das Leben; 14,6: der Weg, der zu Wahrheit und Leben führt; 15,1: der Weinstock). Am Schluss wird ausgesprochen, zu welchem Zweck dieses Evangelium geschrieben wurde (20,31): Es soll das Vertrauen der Leser zu Jesus als den Retter wecken oder stärken, damit sie durch dieses Vertrauen das wahre Leben haben.

Der Verfasser nennt sich nirgendwo selbst. Im Nachtrag wird er mit dem »Jünger, den Jesus besonders lieb hatte« identifiziert, der wiederholt im Evangelium genannt wird. Seit dem 2. Jahrhundert gibt es Zeugen, die in ihm den Jünger Johannes sehen. In neuerer Zeit wollte man das Evangelium auch einem anderen Johannes, dem »Ältesten« (vgl. 2 Johannes), zuschreiben. Mit Sicherheit lässt sich die Frage nach dem Verfasser nicht entscheiden: Der Zeuge tritt bewusst und wohl auch gewollt hinter seiner Aussage zurück.

Inhaltsübersicht

JESUS, DAS EWIGE WORT; DER TÄUFER UND DIE ERSTEN JÜNGER (Kapitel 1)

Jesus Christus – Gottes Wort von Ewigkeit her

1 Am Anfang[a] war das Wort*.
Das Wort war bei Gott,
und in allem war es Gott gleich.
2 Von Anfang an war es bei Gott.
3 Alles wurde durch das Wort geschaffen;
und ohne das Wort ist nichts entstanden.[b]
4 In ihm war das Leben,
und dieses Leben war das Licht
für die Menschen.
5 Das Licht strahlt in der Dunkelheit,
aber die Dunkelheit hat sich ihm verschlossen.

6 Es trat einer auf, den Gott gesandt hatte; er hieß
Johannes. 7 Er sollte Zeuge sein für das Licht und alle
darauf hinweisen, damit sie es erkennen und anneh-
men.[c] 8 Er selbst war nicht das Licht; er sollte nur auf
das Licht hinweisen. 9 Das wahre Licht, das in die
Welt gekommen ist und nun allen Menschen leuch-
tet, ist Er, der das Wort ist.[d]

1,1-2 17,5; 1Joh 1,1-2; Gen 1,1–2,4a; Phil 2,6 **1,3** 1,10; 1Kor 8,6; Kol 1,16.17; Weish 9,1; Hebr 1,2 **1,4** 5,26; 8,12S **1,6** Mk 1,4 par **1,8** 1,20 **1,9** 8,12S

a Anspielung auf Gen 1,1.
b Wörtlich *und ohne es entstand auch nicht eines, was entstanden ist.* Aufgrund einer anderen Satzeinteilung, die von den frühen Kirchenvätern bevorzugt wurde, ergibt sich die Übersetzung *... auch nicht eines. Was entstanden ist* – (Vers 4) *in ihm war das Leben (dafür).* Doch meint *Leben* im Johannes-Evangelium immer »Leben in voller

Johannes erkennt in Jesus den Sohn des ewigen Vaters, der als Mensch in die Welt kam, um den Menschen das Licht des wahren Lebens zu bringen (1,9-10; vgl. 8,12). Aber nicht erst jetzt, sondern schon von der Schöpfung her ist er »das Licht« (1,3-4), in dem wir nicht nur die äußere Welt sehen, sondern auch uns selbst verstehen können.

10 Er, das Wort, war schon immer in der Welt,
die Welt ist durch ihn geschaffen worden,
und doch erkannte sie ihn nicht.
11 Er kam in seine eigene Schöpfung,
doch seine Geschöpfe, die Menschen,
wiesen ihn ab.[a]
12 Aber allen, die ihn aufnahmen
und ihm Glauben* schenkten,
verlieh er das Recht,
Kinder Gottes zu werden.
13 – Das werden sie nicht durch natürliche Geburt
oder menschliches Wollen und Machen, sondern
weil Gott ihnen ein neues Leben gibt. –

14 Er, das Wort, wurde ein Mensch,
ein wirklicher Mensch von Fleisch und Blut.[b]
Er lebte unter uns,
und wir sahen seine Macht und Hoheit,
die göttliche Hoheit,
die ihm der Vater gegeben hat,
ihm, seinem einzigen Sohn*.
Gottes ganze Güte und Treue
ist uns in ihm begegnet.

15 Johannes trat als Zeuge für ihn auf und rief: »Das ist
der, von dem ich sagte: ›Nach mir kommt einer, der
über mir steht; denn bevor ich geboren wurde, war
er schon da.‹«

16 Aus seinem Reichtum hat er uns beschenkt,
uns alle mit grenzenloser Güte überschüttet.

17 Durch Mose gab Gott uns das Gesetz*, in Jesus
Christus aber ist uns seine Güte und Treue begegnet.
18 Kein Mensch hat Gott jemals gesehen. Nur der
Eine, der selbst Gott ist[c] und mit dem Vater in engs-
ter Gemeinschaft steht, hat uns gesagt und gezeigt,
wer Gott ist.

Die Zeugenaussage des Täufers

(Mt 3,1-12; Mk 1,1-8; Lk 3,1-18)

19 Die führenden Männer[d] aus Jerusalem schickten
Priester und Leviten* zu Johannes. Die sollten ihn
fragen: »Wer bist du?«
Da machte Johannes seine Zeugenaussage; 20 er
wich der Antwort nicht aus, sondern bezeugte mit
aller Deutlichkeit: »Ich bin nicht der versprochene
Retter[e].«
21 »Wer bist du dann?«, fragten sie ihn. »Bist du
Elija?«
»Nein, der bin ich auch nicht.«
»Bist du der erwartete Prophet*?«
»Nein.«
22 »Sag uns, wer du bist«, forderten sie. »Die Män-
ner, die uns geschickt haben, verlangen eine Ant-
wort von uns. Was sagst du selbst von dir?«
23 Johannes antwortete: »Der Prophet Jesaja hat
von mir gesprochen. Ich bin die Stimme, die in der
Wüste ruft: ›Macht den Weg bereit, auf dem der Herr
kommt!‹«
24 Unter den Abgesandten waren auch Pharisäer*.
25 Sie fragten Johannes: »Wenn du weder der ver-
sprochene Retter bist noch Elija und auch nicht der
Prophet, warum taufst* du dann die Leute?«
26 Johannes antwortete: »Ich taufe nur mit Was-
ser. Aber mitten unter euch steht schon der, den
ihr nicht kennt: 27 er, der nach mir kommt. Ich bin
nicht gut genug, ihm die Schuhe aufzubinden.«
28 Das ereignete sich in Betanien auf der anderen
Seite des Jordans,[f] wo Johannes taufte.

Das Gotteslamm

29 Als Johannes am nächsten Tag Jesus auf sich
zukommen sah, sagte er: »Seht dort das Opferlamm*
Gottes, das die Schuld der ganzen Welt wegnimmt.
30 Von ihm habe ich gesprochen, als ich sagte: ›Nach
mir kommt einer, der über mir steht; denn bevor ich
geboren wurde, war er schon da.‹ 31 Auch ich kannte
ihn vorher nicht. Aber eben deshalb bin ich gekom-
men und habe mit Wasser getauft*, damit er in Israel
bekannt wird.«
32 Johannes machte dazu folgende Zeugenaussage:
»Ich sah, dass der Geist* Gottes wie eine Taube vom
Himmel auf ihn kam und bei ihm blieb. 33 Vorher
wusste ich nicht, dass er es war. Aber Gott, der mir
den Auftrag gab, mit Wasser zu taufen, hatte zu
mir gesagt: ›Wenn du einen siehst, auf den sich der
Geist niederlässt und bei dem er bleibt, dann weißt
du: Das ist der, der mit dem Heiligen Geist tauft.‹[g]
34 Das habe ich gesehen«, sagte Johannes, »und ich
verbürge mich dafür, dass dieser der Sohn* Gottes
ist.«

Die ersten Jünger

35 Am nächsten Tag stand Johannes an derselben Stel-
le, und zwei von seinen Jüngern* waren bei ihm.
36 Als er Jesus vorbeigehen sah, sagte er: »Seht dort
das Opferlamm* Gottes.« 37 Die beiden hörten es
und gingen Jesus nach.
38 Jesus drehte sich um, sah, dass sie ihm folgten,
und fragte: »Was sucht ihr?«
Sie antworteten: »Wo wohnst du, Rabbi*?« – Rab-
bi bedeutet Lehrer.
39 »Kommt, dann werdet ihr es sehen!«, antwor-
tete er. Sie gingen mit ihm, sahen, wo er wohnte,
und verbrachten den Rest des Tages mit ihm. Es
war ungefähr vier Uhr nachmittags.
40 Der eine von den beiden, die Johannes reden
gehört hatten und Jesus gefolgt waren, war Andreas,
der Bruder von Simon Petrus. 41 Als er bald darauf sei-

1,10 17,25 **1,12** 1 Joh 3,1 S; Gal 3,26; 4,5; Eph 1,5 **1,13** 3,5-6; 1 Petr 1,23 **1,14** Gal 4,4; Phil 2,7; 1 Tim 3,16; Hebr 2,14; 1 Joh 4,2; Bar 3,38; Sir 24,7-22; (sahen) 1 Joh 1,1-3; (Güte) Ex 34,6 S **1,15** 1,30 **1,17** 7,19; Ex 31,18 **1,18** 6,46; 14,8-9; 1 Joh 4,12; 1 Tim 6,16; Ex 33,20 S; Mt 11,27 **1,21** (Elija) Mt 11,14 S; (Prophet) Joh 6,14 S **1,23** *nach* Jes 40,3 **1,28** 10,40 **1,29** (Opferlamm) 1,36; 1 Joh 2,2; Jes 53,6-7; 1 Petr 1,19; Offb 5,6 **1,30** 1,15 **1,32** Mk 1,10 par **1,34** (Sohn Gottes) 1,49; 5,19.23; 10,36; 11,27; 20,31; 5,18 S; Mt 3,17 S; 27,54 S; Apg 9,20 **1,36** 1,29 S **1,40-42** Mk 1,16-18 par **1,41** 4,25 S

Gemeinschaft mit Gott«, »ewiges Leben« und nicht das naturhaft-biologische Leben.
c Wörtlich *damit alle durch ihn zum Glauben* kommen.*
d *der das Wort ist:* verdeutlichender Zusatz. Im Griechischen ist *Wort* grammatisch kein Neutrum, sondern männlich: *der Logos.* Das *Wort* ist deshalb von Anfang an als Person kenntlich.

a Andere Deutung: *Er kam in sein eigenes Land, doch sein eigenes Volk wies ihn ab;* vgl. Sir 24,7-11.
b *Er, das Wort …:* wörtlich *Das Wort wurde Fleisch** (vgl. Sacherklärung »Gnosis«).
c *Nur der Eine …:* wörtlich *Der einzigartige Gott.* Das griechische Wort für »einzig-artig« wird auch im Sinn von »einzig-geboren« verwendet, was aber im Zusammenhang mit »Gott« nicht passt. Deshalb haben viele Handschriften statt »Gott« das Wort »Sohn« verwendet (vgl. 3,18; siehe auch Sacherklärung »eingeboren«).
d *die führenden Männer:* wörtlich *die Juden.* Bei Johannes wird diese Bezeichnung mit verschiedenen Bedeutungen verwendet. Die Übersetzung verdeutlicht, wer im jeweiligen Zusammenhang damit gemeint ist. Johannes wählt jedoch die umfassende Bezeichnung, weil die ablehnende Haltung »der Juden« bei ihm beispielhaft für den Widerstand der gottfeindlichen »Welt« gegen Jesus steht (siehe eingehender Sacherklärung »Juden«).
e Wörtlich *der Christus*.*
f Die Lage dieses Ortes ist unbekannt; nicht zu verwechseln mit dem gleichnamigen Ort nahe Jerusalem (vgl. 11,1).
g Siehe Sacherklärung »Täufer«.

nen Bruder Simon traf, sagte er zu ihm: »Wir haben
den Messias gefunden, den versprochenen Retter.«[a]
42 Dann brachte er ihn zu Jesus.
Jesus sah ihn an und sagte: »Du bist Simon, der
Sohn von Johannes. Du wirst einmal Kephas
genannt werden.« Kephas ist das hebräische* Wort
für Petrus* (Fels).

Philippus und Natanaël

43 Am Tag darauf wollte Jesus nach Galiläa* aufbre-
chen. Er traf Philippus und forderte ihn auf: »Komm,
folge mir!« 44 Philippus stammte wie Andreas und
Petrus aus Betsaida.[b]
45 Philippus wiederum traf Natanaël und sagte zu
ihm: »Wir haben den gefunden, über den Mose im
Gesetz* geschrieben hat und den die Propheten*
angekündigt haben. Es ist Jesus aus Nazaret, der
Sohn Josefs.«
46 »Kann aus Nazaret etwas Gutes kommen?«,
fragte Natanaël.
Philippus antwortete: »Komm mit und überzeuge
dich selbst!«
47 Als Jesus Natanaël kommen sah, sagte er: »Da
kommt ein wahrer Israelit, ein Mann ohne Falsch-
heit.«
48 Natanaël fragte ihn: »Woher kennst du mich?«
Jesus antwortete: »Bevor Philippus dich rief, habe
ich dich unter dem Feigenbaum gesehen.«
49 Da sagte Natanaël: »Rabbi*, du bist der Sohn*
Gottes! Du bist der König von Israel!«
50 Jesus sagte: »Glaubst du das jetzt, weil ich dir
sagte, dass ich dich unter dem Feigenbaum sah?
Du wirst noch viel größere Dinge erleben.«
51 Und er fuhr fort: »Amen*, ich versichere euch:
Ihr werdet den Himmel offen sehen und erleben,
wie die Engel Gottes zum Menschensohn* herab-
und von ihm zum Himmel hinaufsteigen!«[c]

DAS ÖFFENTLICHE WIRKEN VON JESUS (Kapitel 2–12)

Die Hochzeit in Kana

2 Am dritten Tag[d] wurde in Kana[e] in Galiläa* eine
Hochzeit gefeiert. Die Mutter von Jesus war
dabei, 2 und auch Jesus war mit seinen Jüngern*
dazu eingeladen.
3 Als der Weinvorrat zu Ende war, sagte seine Mut-
ter zu ihm: »Sie haben keinen Wein mehr!«
4 Jesus erwiderte ihr: »Frau,[f] das ist meine Sache,
nicht deine! Meine Stunde ist noch nicht gekom-
men.«
5 Da wandte sich seine Mutter an die Diener und
sagte: »Tut alles, was er euch befiehlt!«
6 Im Haus standen sechs Wasserkrüge aus Stein,
von denen jeder etwa hundert Liter[g] fasste. Man
brauchte sie wegen der Reinigung*, die das Gesetz*
vorschreibt.
7 Jesus sagte zu den Dienern: »Füllt diese Krüge
mit Wasser!« Sie füllten sie bis an den Rand. 8 Dann
befahl er ihnen: »Jetzt nehmt eine Probe davon und
bringt sie dem Mann, der für das Festessen verant-
wortlich ist.«
Sie brachten ihm eine Probe, 9 und er kostete das
Wasser, das zu Wein geworden war. Er wusste nicht,
woher dieser Wein kam; nur die Diener, die das Was-
ser geschöpft hatten, wussten es. Er rief den Bräuti-
gam zu sich 10 und sagte: »Jeder bringt doch zuerst
den guten Wein auf den Tisch, und wenn die Gäste
schon reichlich getrunken haben, folgt der schlech-
tere. Aber du hast den guten Wein bis zuletzt aufge-
hoben!«
11 So vollbrachte Jesus in Kana in Galiläa sein erstes
Wunderzeichen* und offenbarte seine Herrlich-
keit*. Und seine Jünger kamen zum Glauben* an
ihn. 12 Danach ging er mit seiner Mutter, seinen Brü-
dern* und seinen Jüngern nach Kafarnaum hinunter
und blieb einige Tage dort.

Jesus im Tempel

(Mt 21,12-13; Mk 11,15-17; Lk 19,45-46)

13 Als das Passafest* näher kam, ging Jesus hinauf
nach Jerusalem. 14 Im Vorhof des Tempels* sah er
die Händler, die dort Rinder, Schafe und Tauben ver-
kauften;[h] auch die Geldwechsler* saßen dort an
ihren Tischen.
15 Da machte er sich aus Stricken eine Peitsche und
trieb sie alle aus dem Tempelbezirk, mitsamt ihren
Rindern und Schafen. Er fegte das Geld der Wechsler
zu Boden und warf ihre Tische um. 16 Den Tauben-
verkäufern befahl er: »Schafft das hier weg! Macht
aus dem Haus meines Vaters keine Markthalle!«
17 Seinen Jüngern* kam das Wort aus den Heiligen
Schriften* in den Sinn: »Die Liebe zu deinem Haus
wird mich noch umbringen.«[i]
18 Die führenden Männer[j] fragten ihn: »Woran
können wir erkennen, dass du so etwas tun darfst?
Gib uns ein Wunderzeichen als Beweis!«
19 Jesus antwortete ihnen: »Reißt diesen Tempel
nieder, und in drei Tagen werde ich ihn wieder auf-
bauen!«
20 Sie hielten ihm entgegen: »Für den Bau dieses
Tempels wurden sechsundvierzig Jahre gebraucht!
Und du willst ihn in drei Tagen wieder aufbauen?«
21 Mit dem Tempel meinte Jesus aber seinen Leib.
22 Als er vom Tod auferstanden war, erinnerten sich
seine Jünger an dieses Wort. Da glaubten sie den Hei-
ligen Schriften und dem, was Jesus damals gesagt
hatte.

a Wörtlich *den Messias, das heißt übersetzt Christus**.
b Siehe Karte Seite 60 NT.
c Dieser Vers ist eine Anspielung auf die Erzählung in Gen 28,10-17.
d Wahrscheinlich gerechnet vom Tag des Aufbruchs nach Galiläa 1,43.
e Siehe Karte Seite 60 NT.
f Die Anrede *Frau* ist nicht respektlos (vgl. 4,21; 8,10; 20,13.15), aber der Mutter gegenüber doch ungewöhnlich (auch in 19,26): Sie lässt erkennen, wie radikal sich Jesus an den Willen seines Vaters im Himmel gebunden weiß, sodass selbst die engsten familiären Beziehungen zurücktreten müssen (vgl. auch Mk 3,31-35; Lk 11,27-28).
g Griechische Maßangabe *2 bis 3 Metreten* (= je ca. 40 l).
h Die Tiere wurden für die Mahlopfer gebraucht (siehe Sacherklärung »Opfer«), das Geld zur Entrichtung der Tempelsteuer.
i Wörtlich *wird mich verzehren/fressen* (nach Ps 69,10).
j Wörtlich *Die Juden;* vgl. Anmerkung zu 1,19.

1,42 Mt 10,2; 16,18 S **1,45** (Gesetz) Dtn 18,15; (Propheten) Jes 9,5; 42,1-4; Ez 34,23; Mi 5,1-3 **1,49** 1,34 S; 12,13 **1,51** Mt 3,16 S **2,4** (Stunde) 7,6.30; 8,20; 12,23; 13,1; 17,1 **2,6** Mk 7,3-4 **2,11** (Wunderzeichen) 2,23; 3,2; 4,54; 6,26; 11,47.48; 20,30; Apg 2,22 S; Röm 15,19 **2,12** Mt 4,13 **2,13** (Passafest) 6,4; 11,55; 12,1.12; Ex 12,1-14 S **2,16** Lk 2,49 **2,19** Mk 14,58 par; 15,29 par; Apg 6,14 **2,22** 12,16; 14,26; Lk 24,6-8.27

Jesus kennt die Menschen

23 Während sich Jesus am Passafest* in Jerusalem aufhielt, kamen viele zum Glauben* an ihn, weil sie die Wunder sahen, die er vollbrachte. 24 Aber Jesus traute ihnen nicht und hielt sich ihnen gegenüber zurück, weil er sie alle durchschaute. 25 Über die Menschen brauchte ihm niemand etwas zu sagen, denn er kannte das menschliche Herz bis auf den Grund.

Jesus und Nikodemus

3 Einer von den Pharisäern* war Nikodemus, ein Mitglied des jüdischen Rates*. 2 Eines Nachts kam er zu Jesus und sagte zu ihm: »Rabbi*, wir wissen, dass Gott dich gesandt und dich als Lehrer bestätigt hat. Nur mit Gottes Hilfe kann jemand solche Wunder vollbringen, wie du sie tust.«

3 Jesus antwortete: »Amen*, ich versichere dir: Nur wer von oben her[a] geboren wird, kann Gottes neue Welt zu sehen bekommen.«

4 »Wie kann ein Mensch geboren werden, der schon ein Greis ist?«, fragte Nikodemus. »Er kann doch nicht noch einmal in den Mutterschoß zurückkehren und ein zweites Mal auf die Welt kommen!«

5 Jesus sagte: »Amen, ich versichere dir: Nur wer von Wasser und Geist* geboren wird, kann in Gottes neue Welt hineinkommen.[b] 6 Was Menschen zur Welt bringen, ist und bleibt von menschlicher Art. Von geistlicher Art kann nur sein, was vom Geist Gottes geboren wird. 7 Wundere dich also nicht, dass ich zu dir sagte: ›Ihr müsst alle von oben her geboren werden.‹ 8 Der Wind weht, wo es ihm gefällt. Du hörst ihn nur rauschen, aber du weißt nicht, woher er kommt und wohin er geht. So geheimnisvoll ist es auch, wenn ein Mensch vom Geist geboren wird.«[c]

9 »Wie ist so etwas möglich?«, fragte Nikodemus.

10 Jesus antwortete: »Du bist ein anerkannter Lehrer Israels und weißt das nicht? 11 Amen, ich versichere dir: Wir sprechen über Dinge, die wir kennen, und bezeugen das, was wir gesehen haben. Aber keiner von euch ist bereit, auf unsere Aussage zu hören. 12 Wenn ich zu euch über die irdischen Dinge rede und ihr mir nicht glaubt, wie werdet ihr mir dann glauben, wenn ich über die himmlischen Dinge mit euch rede?«[d]

Ohne Glauben an Jesus kein Leben

13 Niemand ist in den Himmel hinaufgestiegen als nur der eine, der vom Himmel herabgekommen ist, der Menschensohn*. 14 Mose richtete in der Wüste den Pfahl mit der bronzenen Schlange auf. Genauso muss auch der Menschensohn erhöht[e] werden, 15 damit alle, die sich im Glauben ihm zuwenden,[f] durch ihn ewiges Leben bekommen.

16 Gott hat die Menschen[g] so sehr geliebt, dass er seinen einzigen Sohn[h] hergab. Nun werden alle, die sich auf den Sohn Gottes verlassen, nicht zugrunde gehen, sondern ewig leben.

17 Gott sandte den Sohn nicht in die Welt, um die Menschen zu verurteilen, sondern um sie zu retten. 18 Wer sich an den Sohn Gottes hält, wird nicht verurteilt. Wer sich aber nicht an ihn hält, ist schon verurteilt, weil er Gottes einzigen Sohn nicht angenommen hat.

19 So geschieht die Verurteilung: Das Licht ist in die Welt gekommen, aber die Menschen liebten die Dunkelheit mehr als das Licht; denn ihre Taten waren schlecht. 20 Jeder, der Böses tut, hasst das Licht und bleibt im Dunkeln, damit seine schlechten Taten nicht offenbar werden. 21 Aber wer der Wahrheit* gehorcht, kommt zum Licht; denn das Licht macht offenbar, dass er mit seinen Taten Gott gehorsam war.

Jesus und der Täufer

22 Danach ging Jesus mit seinen Jüngern* in das Gebiet von Judäa*. Dort verbrachte er einige Zeit mit ihnen und taufte*. 23 Auch Johannes taufte in Änon, nicht weit von Salim,[i] denn dort gab es reichlich Wasser. Immer noch kamen Leute zu ihm und er taufte sie; 24 denn er war zu jener Zeit noch nicht im Gefängnis.

25 Einmal stritten sich einige Jünger von Johannes mit einem anderen Juden darüber, welche Taufe den höheren Rang habe.[j] 26 Sie kamen deshalb zu Johannes und sagten zu ihm: »Rabbi*, der Mann, der dich am anderen Jordanufer aufsuchte und auf den du als Zeuge hingewiesen hast, der tauft jetzt auch und alle gehen zu ihm!«

27 Johannes antwortete: »Kein Mensch kann sich etwas nehmen, auch nicht das Geringste, wenn Gott es ihm nicht gegeben hat. 28 Ihr könnt selbst bestätigen, dass ich sagte: ›Ich bin nicht der versprochene Retter,[k] sondern ich bin nur vor ihm hergesandt worden.‹ 29 Wer die Braut bekommt, ist der Bräutigam. Der Freund* des Bräutigams[l] steht dabei, und wenn er den Bräutigam jubeln hört, ist er voller Freude. Genauso geht es jetzt mir: An meiner Freude fehlt nichts mehr. 30 Sein Einfluss muss wachsen, meiner muss abnehmen.«

Gottes Sohn bringt das Leben

31 Er, der von oben kommt, steht über allen. Wer von der Erde stammt, gehört zur Erde und redet aus irdischer Sicht. Er aber, der vom Himmel kommt,

a *von oben her:* So die wahrscheinlichere Deutung, weil diese Geburt durch den Heiligen Geist (Vers 8) bewirkt wird. Andere übersetzen *von neuem.* So auch das Miss(!)verständnis des Nikodemus.

b Das *Wasser* weist auf die christliche Taufe hin, die nach biblischem Verständnis mit dem Empfang des Heiligen Geistes verbunden ist (siehe Sacherklärung »Taufe«).

c Im griechischen Text liegt ein Wortspiel vor, denn »Wind« und »Geist« werden hier durch dasselbe Wort ausgedrückt.

d Mit den *irdischen Dingen* ist die Situation des Menschen und die Notwendigkeit der »Geburt von oben her« gemeint. Mit den himmlischen Dingen deutet Jesus an, was er über den Weg in die himmlische Herrlichkeit sagen wird (vgl. 8,12; 12,32; 14,2-3.6; 17,24).

e Vgl. Vers 13 und die Anmerkung zu 12,32.

f *die sich ...:* wörtlich *die an ihn glauben*.* Wegen der Missverständlichkeit dieses Ausdrucks wird »glauben an« auch in den Versen 16 und 18 umschrieben mit *sich verlassen auf, sich halten an, annehmen.*

g Wörtlich *die Welt* (siehe Sacherklärung).

h Siehe Sacherklärung »eingeboren(er Sohn)«.

i Siehe Karte Seite 61 NT.

j *welche Taufe ...:* wörtlich *über die Reinigung*;* vgl. auch Sacherklärung »Täufer«.

k Wörtlich *der Christus*.*

l Der »Freund des Bräutigams«, als den der Täufer sich hier bezeichnet, war einer der beiden Brautführer, die bei Brautwerbung und Hochzeit Vertrauenspersonen waren.

2,23 2,11 S; (Glauben) 4,41.53; 7,31; 8,30; 10,42; 11,45; 12,11.42 **3,1** (Nikodemus) 7,50; 19,39 **3,2** Mk 12,14 par; (Wunder) 2,11 S **3,3** 1,13 **3,6** 6,63 **3,11** 3,32; 8,26 **3,12** 14,1-5; Weish 9,16-17 **3,13** Spr 30,4 **3,14** Num 21,9; (erhöht) Joh 12,32-34 S **3,15** 20,31 **3,16** 3,36; 5,24 S; 1 Joh 4,9-10; Röm 8,32 **3,17** 12,47 **3,18** 5,22 S **3,19** 8,12 S **3,20** Eph 5,11-13 **3,24** Mk 1,14 par; 6,17 par **3,26** 1,29-34 **3,28** 1,20 **3,29** Mk 2,19 par; Mt 9,15 S **3,31** 8,23; 1 Joh 4,5

a Wörtlich *Wer an den Sohn glaubt**.
b Siehe Karte Seite 61 NT. Zur Einschätzung der Samariter durch die Juden siehe Sacherklärung »Samariter«.
c *Lebendiges Wasser* ist ursprünglich Quellwasser im Unterschied zu Wasser aus einer Zisterne; hier geht es um »Wasser, das Leben gibt«. Im Johannes-Evangelium ist dies ein Bild für den Heiligen Geist*; vgl. 7,39.

Die Menschen kamen zu Jesus mit allen nur denkbaren Problemen. Das Gespräch mit der samaritischen Frau (Kapitel 4) zeigt deutlich Jesu Bereitschaft zu helfen. Manche Frommen waren schockiert darüber, dass Jesus sich mit solchen Menschen einließ: mit einer Frau (Vers 27), einer Nichtjüdin, einer Person mit einem anstößigen Lebenswandel.

32 bezeugt das, was er dort gesehen und gehört hat.
Doch keiner hört auf ihn.
33 Wer auf ihn hört, bestätigt damit, dass Gott die
Wahrheit sagt. 34 Der von Gott Gesandte spricht ja
die Worte Gottes, denn Gott gibt ihm seinen Geist*
in grenzenloser Fülle.
35 Der Vater liebt den Sohn* und hat alles in seine
Hand gegeben. 36 Wer sich an den Sohn hält,[a] hat das
ewige Leben. Wer nicht auf den Sohn hört, wird niemals das Leben finden; er wird dem Zorngericht Gottes nicht entgehen.

Jesus und die Frau aus Samarien

4 Jesus erfuhr, dass die Pharisäer* auf ihn aufmerksam wurden, weil er mehr Anhänger
gewann und taufte als Johannes. – 2 Er selbst taufte
übrigens nicht; das taten seine Jünger*. – 3 Deshalb
verließ Jesus Judäa* und ging zurück nach Galiläa*.
4 Dabei musste er durch Samarien* ziehen.
5 Unterwegs kam er in die Nähe des Dorfes Sychar,[b]
das nicht weit von dem Feld entfernt liegt, das Jakob
einst seinem Sohn Josef vererbt hatte. 6 Dort befand
sich der Jakobsbrunnen. Jesus war von dem langen
Weg müde geworden und setzte sich an den Brunnen. Es war gegen Mittag.
7 Da kam eine samaritische Frau zum Wasserholen. Jesus sagte zu ihr: »Gib mir einen Schluck Wasser!« 8 Seine Jünger waren ins Dorf gegangen, um
etwas zu essen zu kaufen.
9 Die Frau antwortete: »Du bist ein Jude und ich
bin eine Samariterin. Wie kannst du mich da um
etwas zu trinken bitten?« – Die Juden vermeiden
nämlich jeden Umgang mit Samaritern*.
10 Jesus antwortete: »Wenn du wüsstest, was Gott
den Menschen schenken will und wer es ist, der dich
jetzt um Wasser bittet, dann hättest du *ihn* um Wasser gebeten und er hätte dir lebendiges Wasser gegeben.«[c]
11 »Herr, du hast doch keinen Eimer«, sagte die
Frau, »und der Brunnen ist tief. Woher willst du
dann das lebendige Wasser haben? 12 Unser Stammvater Jakob hat uns diesen Brunnen hinterlassen.
Er selbst, seine Söhne und seine ganze Herde tranken daraus. Du willst doch nicht sagen, dass du mehr
bist als Jakob?«
13 Jesus antwortete: »Wer dieses Wasser trinkt,
wird wieder durstig. 14 Wer aber von dem Wasser
trinkt, das ich ihm geben werde, wird nie mehr
Durst haben. Ich gebe ihm Wasser, das in ihm zu
einer Quelle wird, die bis ins ewige Leben weitersprudelt.«
15 »Herr, gib mir von diesem Wasser«, bat die
Frau, »dann werde ich keinen Durst mehr haben
und muss nicht mehr hierher kommen, um Wasser
zu schöpfen.«

3,32 3,11 **3,35** 5,20; 10,17; 13,3; 14,10; 17,2; Mt 11,27; 28,18 **3,36** 3,16S **4,1-2** 3,22 **4,5** Gen 33,14; 48,22 **4,9** Lk 10,33S **4,10** 7,37 **4,12** 8,53 **4,13-14** 7,37; 6,35 **4,15** 6,34

16 Jesus sagte zu ihr: »Geh und bring deinen Mann her!«

17 »Ich habe keinen Mann«, sagte die Frau.

Jesus erwiderte: »Es stimmt, wenn du sagst: ›Ich habe keinen Mann.‹ 18 Fünfmal warst du verheiratet, und der, mit dem du jetzt zusammenlebst, ist nicht dein Mann. Da hast du die Wahrheit gesagt.«

19 »Herr, ich sehe, du bist ein Prophet*«, sagte die Frau. 20 »Unsere Vorfahren verehrten Gott auf diesem Berg.[a] Ihr Juden dagegen behauptet, dass Jerusalem der Ort ist, an dem Gott verehrt werden will.«

21 Jesus sagte zu ihr: »Glaube mir, Frau, es kommt die Zeit, da werdet ihr den Vater weder auf diesem Berg noch in Jerusalem anbeten. 22 Ihr Samariter betet zu Gott, aber ihr kennt ihn nicht; doch wir kennen ihn, denn die Rettung für alle Menschen kommt von den Juden. 23-24 Aber die Stunde kommt, ja sie ist schon gekommen,[b] da wird der Heilige Geist*, der Gottes Wahrheit* enthüllt, Menschen befähigen, den Vater an jedem Ort anzubeten. Gott ist ganz anders als diese Welt*, er ist machtvoller Geist, und alle, die ihn anbeten wollen, müssen vom Geist der Wahrheit erfüllt sein. Von solchen Menschen will der Vater angebetet werden.«

25 Die Frau sagte zu ihm: »Ich weiß, dass der Messias kommen wird, der versprochene Retter.[c] Wenn er kommt, wird er uns alles sagen.«

26 Jesus antwortete: »Er spricht mit dir; *ich* bin es.«[d]

27 In diesem Augenblick kehrten seine Jünger zurück. Sie wunderten sich, ihn im Gespräch mit einer Frau anzutreffen.[e] Aber keiner fragte ihn: »Was willst du von ihr?«, oder: »Worüber redest du mit ihr?«

28 Die Frau ließ ihren Wasserkrug stehen, ging ins Dorf und sagte zu den Leuten: 29 »Da ist einer, der mir alles gesagt hat, was ich getan habe. Kommt mit und seht ihn euch an! Ist er vielleicht der versprochene Retter?«[f] 30 Da gingen sie alle hinaus zu Jesus.

31 Inzwischen forderten die Jünger ihn auf: »Rabbi*, iss doch etwas!«

32 Aber er antwortete: »Ich lebe von einer Nahrung, die ihr nicht kennt.«

33 Da fragten sie einander: »Hat ihm vielleicht jemand etwas zu essen gebracht?«

34 Jesus sagte zu ihnen: »Meine Nahrung ist, dass ich dem gehorche, der mich gesandt hat, und sein Werk vollende. 35 Ihr denkt, wie es im Sprichwort heißt: ›Zwischen Saat und Ernte liegen vier Monate!‹ Aber ich sage euch: Macht die Augen auf und seht euch die Felder an! Das Korn ist schon reif für die Ernte. 36 Er, der sie einbringt, erhält schon jetzt seinen Lohn und sammelt Frucht für das ewige Leben. Er freut sich zur gleichen Zeit wie der, der gesät hat.[g]

37 Aber das andere Sprichwort, das trifft zu: ›Einer sät und ein anderer erntet.‹ 38 Denn ich habe euch zum Ernten auf ein Feld geschickt, auf dem ihr nicht gearbeitet habt. Andere haben sich vor euch dort abgemüht, ihr braucht ihre Arbeit nur weiterzuführen.«

39 Viele Samariter in jenem Ort kamen zum Glauben* an Jesus, weil die Frau bezeugt hatte: »Er hat mir alles gesagt, was ich getan habe.« 40 Als sie nun bei Jesus eintrafen, baten sie ihn zu bleiben, und er verbrachte zwei Tage bei ihnen.

41 Da kamen noch viel mehr von ihnen zum Glauben aufgrund seiner Worte. 42 Sie erklärten der Frau: »Jetzt glauben wir nicht länger wegen deiner Erzählung, sondern weil wir ihn selbst gehört haben. Wir wissen jetzt, dass er wirklich der Retter der Welt ist.«

Jesus heilt den Sohn eines königlichen Beamten

43 Nachdem Jesus zwei Tage dort geblieben war, verließ er die Gegend und ging weiter nach Galiläa*. 44 Er selbst hatte gesagt: »Kein Prophet* gilt etwas in seiner Heimat.« 45 Als er nun nach Galiläa kam, nahmen ihn die Leute freundlich auf. Sie waren nämlich beim Passafest* in Jerusalem gewesen und hatten alles gesehen, was er dort während der Feiertage getan hatte.

46 In Galiläa kam Jesus auch wieder nach Kana, wo er das Wasser zu Wein gemacht hatte. Damals lebte in Kafarnaum ein königlicher Beamter, dessen Sohn war krank. 47 Als er hörte, dass Jesus von Judäa* nach Galiläa gekommen war, ging er zu ihm und bat ihn: »Komm doch nach Kafarnaum und mach meinen Sohn gesund; er liegt im Sterben.«

48 Jesus sagte zu ihm: »Ihr alle glaubt mir nur, wenn ihr Aufsehen erregende Wunder seht.«

49 Der Beamte bat ihn: »Herr, komm doch mit mir, bevor mein Kind stirbt!«

50 »Geh ruhig heim«, sagte Jesus zu ihm, »dein Sohn lebt!«

Er glaubte dem Wort, das Jesus zu ihm gesagt hatte, und ging.[h] 51 Schon unterwegs kamen ihm seine Diener entgegen und berichteten: »Dein Sohn lebt!« 52 Er fragte sie, seit wann es ihm besser gehe, und sie antworteten: »Gestern Mittag um ein Uhr hat das Fieber aufgehört.«

53 Da erkannte der Vater, dass es genau zu der Stunde geschehen war, als Jesus zu ihm sagte: »Dein Sohn lebt!« Er kam zum Glauben* an Jesus, er und seine ganze Hausgemeinschaft.

54 Dieses zweite Wunderzeichen* vollbrachte Jesus, als er von Judäa wieder nach Galiläa gekommen war.

4,19 9,17; Mt 21,46 **4,20** Dtn 12,5-14 **4,22** Jes 2,3; Obd 17; Röm 9,4 **4,23-24** 3,3-8; 2 Kor 3,17; Phil 3,3 **4,25** 1,41; 7,26.31; 10,24; 11,27; Lk 22,67S **4,26** 9,37 **4,34** 6,38; 8,28; 10,18; 12,49-50; 14,31; 15,10; 17,4 **4,35** Mt 9,37 **4,37** Mi 6,15 **4,41** 2,23S **4,42** Lk 2,11S **4,44** Mk 6,4 par **4,46-53** Mt 8,5-13 par **4,46** 2,1-11 **4,48** 6,30S **4,53** 2,23S **4,54** 2,11S

a Damit ist der Berg Garizim in unmittelbarer Nähe von Sychar gemeint (vgl. Anmerkung zu Dtn 27,4).
b Die Verse 23-24 von hier ab wörtlich: *dass die wahren Anbeter den Vater in Geist und Wahrheit anbeten; denn solche sucht auch der Vater als seine Anbeter. Gott ist Geist, und die, die ihn anbeten wollen, müssen ihn in Geist und Wahrheit anbeten.* Die wörtliche Wiedergabe ist jedoch missverständlich, weil die beiden wichtigsten Begriffe (*Geist* und *Wahrheit;* vgl. die Sacherklärungen) bei Johannes Bedeutungen haben, die im heutigen Deutsch ungebräuchlich sind. Die Übersetzung entfaltet den beabsichtigten Sinn.
c Wörtlich *der Messias kommen wird, der Christus* genannt wird.*
d Vgl. Anmerkung zu 8,24.
e Für einen Juden, besonders einen Rabbi, war es nicht üblich, sich mit einer Frau zu unterhalten.
f Wörtlich *der Christus*?*
g Der Vater ist der, *der gesät hat,* Jesus der, der schon jetzt die Ernte einbringen und das Werk des Vaters vollenden darf (vgl. Vers 34). Die Verse 37-38 schauen voraus auf die Jüngergeneration zur Zeit der Abfassung des Johannes-Evangeliums.
h Der Glaube, der bereit ist, in einer Frage auf Leben und Tod Jesus und seinem Wort allein zu glauben und zu gehorchen, und die Erfahrung, die man mit solchem Glauben macht (Vers 51-53a), führen schließlich zur Vollgestalt des Glaubens und ermöglichen auch anderen diese Vollgestalt (Vers 53b), die Anteil am wahren Leben gibt (vgl. 5,24-26).

Nahrung und Kleidung

Die biblischen Berichte umfassen einen Zeitraum von rund 2000 Jahren und handeln nicht nur von Israeliten, sondern auch von Ägyptern, Kanaanitern, Assyrern, Babyloniern und Persern und schließlich auch noch von Griechen und Römern. Doch zweierlei war allen diesen Völkern gemeinsam: Sie lebten in demselben heißen Klima und fertigten ihre Kleidung aus denselben Materialien: aus Wolle und Leinen – wobei es für die Reichen freilich besonders feines Leinen, ja sogar auch Seide gab.

Alltagskleidung

Die Kleidung des einfachen Volkes beschränkte sich auf das Notwendigste. Bei der Arbeit trug man einen Hüftschurz oder kurzen Rock und darüber ein einfaches Kleid mit Öffnungen für den Kopf und die Arme. Bei Männern reichte dieses Kleid bis zu den Waden; die Kleider der Frauen waren länger und oft mit Stickereien verziert. Männer wie Frauen trugen einen Gürtel, einen gewebten Stoffstreifen aus dem gleichen Material wie das Kleid.

Überdies hatte jeder einen wollenen ›Mantel‹, der nachts zugleich als Schlafdecke diente. Es handelt sich um ein großes, fast quadratisches Tuch, das über die Schultern gehängt wurde und seitlich Schlitze für die Arme hatte. Eine Mütze oder ein Stück Tuch schützte den Kopf vor der Sonneneinstrahlung. Wer es sich leisten konnte, trug Ledersandalen.

Kleidung zu besonderen Anlässen

Besondere Gelegenheiten oder Verhältnisse fanden Ausdruck in einer entsprechenden Kleidung. Bei Hochzeiten oder anderen Festen z. B. waren die Kleider bunt und schön verziert. Reiche Leute am Hof und vor allem Könige und Königinnen hatten Kleider aus den allerfeinsten Stoffen und schmückten sich mit kostbaren Armreifen, Ohrgehängen, Halsbändern, Fingerringen und Fußspangen.

Essen

In alter Zeit, als es noch keine Spezialisierung und Mechanisierung der Arbeit gab, verbrachte man überall viel Zeit damit, die tägliche Nahrung zuzubereiten. Jeder Haushalt hatte seine eigene kleine Handmühle (vgl. das Bild Seite 244 AT). Hier wurde täglich Gerste, Dinkel oder Weizen für den Brotbedarf des Tages gemahlen. Das Mehl vermengte man mit Wasser, manchmal auch mit Öl. Damit der Teig aufging, wurde ihm jeweils ein Rest vom – durchsäuerten – Brotteig des Vortages beigegeben. Die Brote hatten etwa die Größe und Form heutiger Pfannkuchen und wurden in einfachen Lehmöfen gebacken.

Brot war die Hauptnahrung für Arm und Reich. Aus der Milch von Schafen und Ziegen gewann man Dickmilch und Käse. Je nach Jahreszeit gab es Früchte und frisches Gemüse: Weintrauben, Feigen, Oliven (aus denen auch Öl gepresst wurde), Granatäpfel und Mandeln; Bohnen, Erbsen, Linsen, Zwiebeln, Porree, Melonen und Gurken. Zum Süßen der Speisen wurde Honig verwendet.

In alttestamentlicher Zeit wurde in Israel nicht viel Fleisch gegessen, von Festen und besonderen Gelegenheiten abgesehen. Wohl fing man Vögel und Fische. Die Nahrung des einfachen

Dieser sumerische Fürst aus Ur (etwa 2600 v. Chr.) trägt ein kunstvoll gezotteltes Fell.

Im alten Ägypten trugen wohlhabende Leute Röcke und Kleider aus feinem, fast durchsichtigem Leinen. Beliebt waren Perücken, Make-up und feinster Schmuck (vgl. Seite 100 AT).

Diese Gruppe syrischer Gesandter in Ägypten (15. Jahrhundert v. Chr.) trägt eine weiße Tunika und darüber, kunstvoll gewickelt, den Hüftschurz.

Volkes war in der Regel sehr bescheiden. Anders verhielt es sich natürlich mit den Hofkreisen. Um Geschmack und Abwechslung in die Speisen zu bringen, verwendete man mancherlei Kräuter und Gewürze, z.B. Kümmel, Dill, Zimt und Minze. Seit den Tagen des Auszugs aus Ägypten hielten sich die Israeliten an bestimmte Speisegesetze, nach denen sich die Juden auch heute noch richten (vgl. Seite 158 AT).

Trinken

Obwohl oftmals gesundheitsgefährdend, war Wasser das normale Getränk. Jede Familie hatte zudem ihre Ziege; aus der Milch wurden Käse und Dickmilch bereitet. Zur Zeit der Weinlese gab es Traubensaft. Auch selbst gemachter Wein stand bei besonderen Anlässen zur Verfügung.

Die Hauptmahlzeit

Die Hauptmahlzeit wurde in der Regel abends eingenommen. Sie bestand meist aus Brot und gekochtem Gemüse. Morgens gab es nichts oder höchstens eine kleine Stärkung. Mittags aß man Brot mit Oliven, dazu auch etwas Käse oder Früchte. Bei den Reichen dagegen gab es sehr aufwändige Mahlzeiten mit verschiedenen Gängen.

Unten links: Eine Frau bäckt Brotfladen in einem traditionellen Lehmofen.

Obst und Gemüse in einem Basar in der Altstadt von Jerusalem. Nicht alle Erzeugnisse, die man hier sieht, gab es schon in biblischer Zeit.

Assyrer aus dem 8. Jahrhundert v. Chr. mit sorgfältig gekräuseltem Haar und Bart. Der Saum des Rocks ist mit Fransen verziert.

Die Griechen kleideten sich mit einem einfachen Tuch, das entsprechend geheftet und gerafft zur Tunika wurde. Frauen bevorzugten für ihre Tunika oft leuchtende Farben.

Die Römer trugen eine einfache Tunika (kurz geschneidert für Männer, etwas länger für Frauen). Bei offiziellen Anlässen trug der Mann zusätzlich die Toga, die Frau die Palla. Toga und Palla waren eine große weiße Decke, die wie ein Schal um die Schultern geschlagen wurde. Die Frauen benutzten ihre Palla außerhalb des Hauses auch als Kopftuch, wie es die Sitte verlangte.

Die Heilung am Teich Betesda

5 Bald darauf war ein jüdisches Fest und Jesus ging
hinauf nach Jerusalem. 2 Am Schaftor in Jerusa-
lem befindet sich ein Teich mit fünf offenen Hallen.
Auf Hebräisch* wird er Betesda genannt. 3 Eine gro-
ße Anzahl von Kranken lag ständig in den Hallen:
Blinde, Gelähmte und Menschen mit erstorbenen
Gliedern.[a]
5 Unter ihnen war auch ein Mann, der seit acht-
unddreißig Jahren krank war. 6 Jesus sah ihn dort lie-
gen. Er erkannte, dass der Mann schon lange unter
seiner Krankheit litt, und fragte ihn: »Willst du
gesund werden?«
7 Der Kranke antwortete: »Herr, ich habe keinen,
der mir in den Teich hilft, wenn das Wasser sich
bewegt. Wenn ich es allein versuche, ist immer
schon jemand vor mir da.«
8 Jesus sagte zu ihm: »Steh auf, nimm deine Matte
und geh!« 9 Im selben Augenblick wurde der Mann
gesund. Er nahm seine Matte und konnte wieder
gehen.
Der Tag, an dem dies geschah, war ein Sabbat*.
10 Einige von den führenden Männern[b] sagten des-
halb zu dem Geheilten: »Heute ist Sabbat, da darfst
du deine Matte nicht tragen!«
11 Er antwortete: »Der Mann, der mich geheilt hat,
sagte zu mir: ›Nimm deine Matte und geh!‹«
12 Da fragten sie ihn: »Wer ist es, der dir so etwas
befohlen hat?« 13 Aber er konnte keine Auskunft dar-
über geben; denn Jesus hatte den Ort wegen der vie-
len Menschen schon wieder verlassen.
14 Später traf Jesus ihn im Tempel und sagte: »Hör
zu! Du bist jetzt gesund. Tu nichts Unrechtes mehr,
sonst wird es dir noch schlimmer ergehen.«
15 Der Geheilte ging fort und berichtete den füh-
renden Männern, dass es Jesus war, der ihn gesund
gemacht hatte. 16 Da begannen sie, Jesus zu verfol-
gen, weil er an einem Sabbat geheilt hatte.
17 Jesus aber sagte zu ihnen: »Mein Vater ist stän-
dig am Werk und deshalb bin ich es auch.«
18 Daraufhin waren sie noch fester entschlossen,
ihn zu töten. Denn Jesus setzte nicht nur die Sabbat-
vorschriften außer Kraft, er behauptete sogar, dass
Gott sein Vater[c] sei, und stellte sich so mit Gott auf
eine Stufe.

Die Vollmacht des Sohnes

19 Jesus erwiderte auf ihre Vorwürfe: »Amen*, ich
versichere euch: Der Sohn* kann nichts von sich
aus tun; er kann nur tun, was er den Vater tun sieht.
Was der Vater tut, genau das tut auch der Sohn.
20 Der Vater liebt den Sohn und zeigt ihm alles,
was er selber tut. Er wird ihm noch größere Taten
zeigen, sodass ihr staunen werdet. 21 Denn wie der
Vater die Toten auferweckt und ihnen das Leben
gibt, so gibt auch der Sohn das Leben, wem er will.
22 Auch seine ganze richterliche Macht hat der
Vater dem Sohn übergeben; er selbst spricht über
niemand das Urteil. 23 Denn alle sollen den Sohn
ebenso ehren wie den Vater. Wer den Sohn nicht
ehrt, ehrt auch den Vater nicht, der ihn gesandt hat.
24 Amen, ich versichere euch: Alle, die auf mein
Wort hören und dem glauben, der mich gesandt
hat, haben das ewige Leben. Sie kommen nicht mehr
vor Gottes Gericht; sie haben den Tod schon hinter
sich gelassen und das unvergängliche Leben
erreicht.
25 Amen, ich versichere euch: Die Stunde kommt –
ja, sie ist schon da –, dass die Toten die Stimme des
Gottessohnes hören werden, und wer sie hört, wird
leben. 26 Wie der Vater der Geber des Lebens ist, so
hat er auch dem Sohn Macht verliehen, Leben zu
geben. 27 Und er hat dem Sohn die Macht verliehen,
Gericht zu halten, weil er der Menschensohn* ist.
28 Wundert euch nicht darüber! Die Stunde
kommt, da werden alle Toten in den Gräbern seine
Stimme hören 29 und ihre Gräber verlassen. Alle,

Unter einer mittelalterlichen Kirchenruine entdeckte man Überreste der Anlagen um den ›Teich Betesda‹ (5,2).

a Viele spätere Handschriften fügen hinzu: *Sie warteten darauf, dass das Wasser Wellen schlug; [4]denn von Zeit zu Zeit kam ein Engel Gottes und brachte das Wasser in Bewegung. Wer als Erster in das bewegte Wasser hineinging, wurde gesund, ganz gleich, welche Krankheit er hatte.*
b Wörtlich *Die Juden,* ebenso in Vers 15; vgl. Anmerkung zu 1,19.
c Wörtlich *sein eigener Vater;* d.h. Vater in der herausgehobenen Bedeutung von 1,18.

5,8-9 Mk 2,10-11 par **5,9** (Sabbat) 5,16.18; 7,21-22; 9,14; Mk 2,27-28S **5,10** Ex 20,8-10S; Jer 17,21-22 **5,13** 6,15; 11,54; 12,36b; Mt 8,18; 13,36 **5,14** 8,11; Mt 12,45par; Jak 5,16 **5,18** 7,1S; (Gott sein Vater) 3,35; 8,16.19; 10,17-18.29-38; 14,8-11.20.28; 15,9-10; 16,27-28; 17,1-26; 1,34S **5,19** 1,34S **5,20** 3,35S **5,21** 11,25 **5,22** (Jesus als Richter) 3,18; 5,27.30; 9,39; 12,47-48; 1Joh 2,28; Apg 10,42S; Jud 14-15 **5,23** Phil 2,10-11 **5,24** (ewiges Leben) 3,16S; 8,51; 10,28; 11,25-26; 14,6; 17,2; 20,31; 1Joh 2,25; 3,14; 5,11; (Gericht) 5,22S **5,26** 1,4

die Gutes getan haben, werden auferstehen*, um das Leben zu empfangen, und die Böses getan haben, um verurteilt zu werden.

30 Ich kann nichts von mir aus tun, sondern entscheide als Richter so, wie ich den Vater entscheiden höre. Meine Entscheidung ist gerecht, denn ich setze nicht meinen eigenen Willen durch, sondern den Willen dessen, der mich gesandt hat.«

Zeugen für Jesus

31 »Wenn ich für mich selbst als Zeuge auftreten wollte, hätte meine Aussage keine Beweiskraft. 32 Es gibt einen anderen Zeugen, der für mich aussagt, und ich weiß, dass er die Wahrheit über mich sagt.

33 Ich meine damit nicht Johannes.[a] Ihr habt Boten zu ihm geschickt und er ist als Zeuge für die Wahrheit eingetreten. 34 Ich brauche aber keinen Menschen als Zeugen; auf Johannes verweise ich nur, weil ich möchte, dass ihr gerettet werdet. 35 Johannes war wie eine brennende Lampe, ihr aber wolltet nichts weiter, als eine Zeit lang an seinem Licht eure Freude haben.[b]

36 Ich habe ein Zeugnis auf meiner Seite, das die Aussage von Johannes weit übertrifft: die Taten meines Vaters, die ich in seinem Auftrag vollenden soll. Sie sprechen für mich und bestätigen, dass mein Vater mich gesandt hat.

37 Der Vater selbst, der mich gesandt hat, hat mit diesen Taten für mich ausgesagt. Ihr habt seine Stimme niemals gehört und seine Gestalt nie gesehen. 38 Auch sein Wort in den Heiligen Schriften nützt euch nichts mehr – weil ihr dem, den er gesandt hat, keinen Glauben schenkt. 39 Ihr forscht doch in den Heiligen Schriften* und seid überzeugt, in ihnen das ewige Leben zu finden – und gerade sie weisen auf mich hin. 40 Aber ihr seid nicht bereit, zu mir zu kommen und so das ewige Leben zu haben.

41 Ich bin nicht darauf aus, von Menschen geehrt zu werden. 42 Außerdem kenne ich euch; ich weiß, dass in euren Herzen keine Liebe zu Gott ist. 43 Ich bin im Auftrag meines Vaters gekommen, doch ihr weist mich ab. Wenn aber jemand in seinem eigenen Auftrag[c] kommt, werdet ihr ihn aufnehmen. 44 Wie könntet ihr denn auch zum Glauben* an mich kommen? Ihr legt ja nur Wert darauf, einer vom andern bestätigt zu werden. Aber die Anerkennung bei Gott, dem Einen, zu dem ihr euch bekennt,[d] die sucht ihr nicht.

45 Ihr braucht aber nicht zu denken, dass ich euch bei meinem Vater verklagen werde. Mose klagt euch an, derselbe Mose, auf dessen Fürsprache ihr hofft. 46 Wenn ihr Mose wirklich glaubtet, dann würdet ihr auch mir glauben; denn er hat über mich geschrieben. 47 Da ihr aber seinen geschriebenen Worten nicht glaubt, wie könnt ihr dann meinen gesprochenen glauben?«

Jesus macht mehr als fünftausend Menschen satt

(Mt 14,13-21; Mk 6,30-44; Lk 9,10-17)

6 Danach fuhr Jesus über den See von Galiläa*, der auch See von Tiberias heißt. 2 Eine große Menge Menschen folgten ihm, weil sie seine Wunder an den Kranken gesehen hatten. 3 Jesus stieg auf einen Berg[e] und setzte sich mit seinen Jüngern*. 4 Es war kurz vor dem jüdischen Passafest*.

5 Jesus blickte auf und sah die Menschenmenge auf sich zukommen. Er wandte sich an Philippus: »Wo können wir Brot kaufen, damit alle diese Leute zu essen bekommen?« 6 Das sagte er, um Philippus auf die Probe zu stellen; er selbst wusste schon, was er tun würde.

7 Philippus antwortete: »Zweihundert Silberstücke* wären nicht genug, um so viel zu kaufen, dass jeder auch nur einen Brocken abbekommt.«

8 Andreas, ein anderer Jünger, der Bruder von Simon Petrus, sagte: 9 »Hier ist ein Junge, der hat fünf Gerstenbrote und zwei Fische. Aber was ist das schon bei so einer Menschenmenge?«

10 »Sorgt dafür, dass die Leute sich setzen«, sagte Jesus. Es gab viel Gras an dem Ort. Sie setzten sich; ungefähr fünftausend Männer waren da. 11 Jesus nahm die Brote, sprach darüber das Dankgebet und verteilte sie an die Menge. Mit den Fischen tat er dasselbe, und alle hatten reichlich zu essen.

12 Als sie satt waren, sagte er zu seinen Jüngern: »Sammelt die Brotreste auf, damit nichts verdirbt.« 13 Sie taten es und füllten zwölf Körbe mit den Resten. So viel war von den fünf Gerstenbroten übrig geblieben.

14 Als die Leute das Wunder sahen, das Jesus vollbracht hatte, sagten sie: »Das ist wirklich der Prophet*, der in die Welt kommen soll!«

15 Jesus merkte, dass sie drauf und dran waren, ihn mit Gewalt zu ihrem König zu machen. Deshalb zog er sich wieder auf den Berg zurück, ganz für sich allein.

Jesus geht über das Wasser

(Mt 14,22-33; Mk 6,45-52)

16 Als es Abend geworden war, gingen seine Jünger* zum See hinunter. 17 Sie stiegen in ein Boot, um über den See nach Kafarnaum zurückzufahren. Es wurde Nacht und Jesus war immer noch nicht zu ihnen gekommen. 18 Das Wetter war sehr stürmisch und das Wasser schlug hohe Wellen.

19 Die Jünger hatten eine Strecke von etwa fünf Kilometern[f] zurückgelegt, da sahen sie plötzlich

a *Ich meine ...:* verdeutlichender Zusatz.
b Die Zeugenaussage des Täufers hat die Hörer zwar vorübergehend innerlich bewegt, ist aber von ihnen nicht wirklich aufgenommen worden; sonst wären sie von ihr zu Jesus geführt worden.
c Nicht im Auftrag Gottes zu reden war ein Vorwurf, den Jeremia wiederholt den Lügenpropheten gemacht hatte (vgl. Jer 14,14; 23,25; 29,9.24-25.31). Im Übrigen siehe Mk 13,21f.
d Wörtlich *bei dem alleinigen Gott;* vgl. Dtn 6,4.
e Wörtlich *auf den Berg*.*
f Griechische Maßangabe *25 bis 30 Stadien*.*

5,30 4,34S **5,33-34** 1,19.15.34 **5,36** 4,34; 10,25.38; 14,10-11; 15,24 **5,37** Ex 20,19; Dtn 4,12 **5,38** 16,9S **5,39** 2 Tim 3,15-16; Lk 24,27.44; 1 Petr 1,10-11 **5,41** 7,18S **5,44** 12,43 **5,46** Dtn 18,15.18; Lk 24,27.44; Apg 3,22; 7,37 **5,47** Lk 16,31 **6,2** 2,23S **6,3** Mt 5,1S **6,4** 2,13S **6,8** (Andreas) 1,40; 12,22; Mk 1,16 par; 13,3 **6,11** 21,9.13 **6,14** (Prophet) Dtn 18,15.18; Lk 7,16S; Joh 1,21; 4,19; 7,40; 9,17 **6,15** 5,13S

Jesus, wie er über das Wasser ging und sich ihrem
Boot näherte. Die Angst packte sie.
20 Aber Jesus sagte: »Habt keine Angst, *ich* bin's!«[a]
21 Sie wollten ihn zu sich ins Boot nehmen. Aber
da waren sie auch schon am Ufer, dort, wo sie hin-
wollten.

Jesus ist das Brot, das Leben gibt

22 Die Volksmenge, die am anderen Ufer geblieben
war, erinnerte sich am nächsten Tag, dass nur ein
einziges Boot am Ufer gelegen hatte. Die Leute wuss-
ten, dass Jesus nicht ins Boot gestiegen war und seine
Jünger* ohne ihn abgefahren waren.
23 Es legten aber andere Boote, die von Tiberias
kamen, nahe bei dem Ort an, wo der Herr das Dank-
gebet gesprochen und die Menge das Brot gegessen
hatte. 24 Als die Leute nun sahen, dass Jesus nicht
mehr da war und seine Jünger auch nicht, stiegen
sie in diese Boote. Sie fuhren nach Kafarnaum und
wollten Jesus dort suchen.
25 Sie fanden ihn tatsächlich auf der anderen Seite
des Sees und fragten ihn: »Rabbi*, wann bist du hier-
her gekommen?«
26 Jesus antwortete: »Amen*, ich versichere euch:
Ihr sucht mich nicht, weil ihr meine Wunder als Zei-
chen verstanden habt, sondern weil ihr von dem
Brot gegessen habt und satt geworden seid.
27 Bemüht euch nicht um vergängliche Nahrung, son-
dern um wirkliche Nahrung, die für das ewige Leben
vorhält. Diese Nahrung wird euch der Menschen-
sohn* geben, denn ihn hat Gott, der Vater, als sei-
nen Gesandten bestätigt.«
28 Da fragten sie ihn: »Was müssen wir denn tun,
um Gottes Willen zu erfüllen?«
29 Jesus antwortete: »Gott verlangt nur eins von
euch: Ihr sollt den anerkennen,[b] den er gesandt
hat.«
30 Sie erwiderten: »Gib uns einen Beweis für deine
Bevollmächtigung! Lass uns ein eindeutiges Wun-
derzeichen* sehen, damit wir dir glauben.[c] 31 Unse-
re Vorfahren aßen das Manna* in der Wüste. In
den Heiligen Schriften* heißt es von Mose:[d] ›Er
gab ihnen Brot *vom Himmel* zu essen.‹«
32 Jesus entgegnete: »Amen, ich versichere euch:
Nicht Mose hat euch das Brot vom Himmel gegeben,
sondern mein Vater gibt euch das wahre Brot vom
Himmel. 33 Das wahre Brot Gottes ist das, das vom
Himmel herabsteigt und der Welt das Leben gibt.«
34 »Herr«, sagten sie, »gib uns immer von diesem
Brot!«
35 »*Ich* bin das Brot, das Leben schenkt«,[e] sagte
Jesus zu ihnen. »Wer zu mir kommt, wird nie mehr
hungrig sein. Wer sich an mich hält,[f] wird keinen
Durst mehr haben.
36 Aber ich habe es euch bereits gesagt: Obwohl ihr
meine Taten gesehen habt, schenkt ihr mir keinen
Glauben. 37 Alle, die mein Vater mir gibt, werden
zu mir kommen, und niemand, der zu mir kommt,
wird von mir abgewiesen. 38 Ich bin vom Himmel
gekommen, nicht um zu tun, was *ich* will, sondern
um zu tun, was der will, der mich gesandt hat.
39 Und er will von mir, dass ich niemand von denen
verliere, die er mir gegeben hat. Vielmehr soll ich sie
alle am letzten Tag zum Leben erwecken*. 40 Mein
Vater will, dass alle, die den Sohn* sehen und sich
an ihn halten,[g] ewig leben. Ich werde sie am letzten
Tag vom Tod auferwecken.«
41 Die Zuhörenden[h] murrten, weil er gesagt hatte:
»Ich bin das Brot, das vom Himmel gekommen ist.«
42 Sie sagten: »Wir kennen doch seinen Vater und
seine Mutter! Er ist doch Jesus, der Sohn Josefs!
Wie kann er behaupten: ›Ich komme vom Him-
mel‹?«
43 Jesus sagte zu ihnen: »Was murrt ihr? 44 Nur die
können zu mir kommen, die der Vater, der mich
gesandt hat, zu mir führt. Und ich werde alle, die
zu mir kommen, am letzten Tag vom Tod auferwe-
cken. 45 In den Schriften der Propheten* heißt es:
›Alle werden von Gott unterwiesen sein.‹ Wer den
Vater hört und von ihm lernt, kommt zu mir.
46 Nicht, dass je ein Mensch den Vater gesehen hätte.
Nur der Eine, der von Gott gekommen ist, hat den
Vater gesehen.
47 Amen, ich versichere euch: Wer sich an mich
hält,[i] hat das ewige Leben. 48 *Ich* bin das Brot, das
Leben schenkt. 49 Eure Vorfahren aßen das Manna
in der Wüste und sind trotzdem gestorben. 50 Hier
aber ist das Brot, das vom Himmel herabkommt,
damit, wer davon isst, *nicht* stirbt. 51 *Ich* bin das
lebendige Brot, das vom Himmel gekommen ist.
Wer von diesem Brot isst, wird ewig leben. Das
Brot, das ich geben werde, ist mein Leib.[j] Ich gebe
ihn hin, damit die Menschen zum Leben gelangen
können.«
52 Das löste unter den Zuhörern einen heftigen
Streit aus. »Wie kann dieser Mensch uns seinen
Leib, sein Fleisch, zu essen geben?«, fragten sie.
53 Jesus sagte zu ihnen: »Amen, ich versichere
euch: Ihr habt keinen Anteil am Leben, wenn ihr
das Fleisch des Menschensohns nicht esst und sein
Blut nicht trinkt. 54 Wer mein Fleisch isst und mein
Blut trinkt, hat das ewige Leben, und ich werde
ihn am letzten Tag vom Tod erwecken. 55 Denn mein
Fleisch ist die wahre Nahrung, und mein Blut ist der
wahre Trank. 56 Wer mein Fleisch isst und mein Blut
trinkt, bleibt mit mir verbunden und ich mit ihm.
57 Der Vater, von dem das Leben kommt, hat mich
gesandt, und ich lebe durch ihn. Genauso wird jeder,
der mich isst, durch mich leben.

a Vgl. Anmerkung zu 8,24.
b Wörtlich *an den glauben**.
c Nach der Meinung des damaligen Judentums musste der versprochene Retter sich durch zweifelsfreie Wunder ausweisen. Seine Wunder mussten noch größer sein als die, die beim Auszug aus Ägypten geschehen waren. Als das größte Wunder beim Auszug galt die tägliche Gabe des Manna (Vers 31; vgl. Ex 16).
d *von Mose* ist im Blick auf Vers 32 hinzugefügt. Die Heiligen Schriften selbst kennen nur Gott als Geber des Manna, doch spielt in der jüdischen Auslegung Mose als Vermittler eine wichtige Rolle.
e *Ich bin:* siehe Sacherklärung »Ich-bin-Worte«; ebenso zu den Versen 48 und 51. In Jesus ist in der Tat das Mannawunder übertroffen: Das Essen von Manna bewahrte nicht vor dem Tod; aber die Verbindung mit ihm bringt ewiges Leben.
f Wörtlich *Wer an mich glaubt**.
g Wörtlich *an ihn glauben*;* ebenso in Vers 47.
h Wörtlich *Juden,* ebenso in Vers 52; vgl. Anmerkung zu 1,19.
i Wörtlich *Wer glaubt**.
j Wörtlich *mein Fleisch;* die Doppeldeutigkeit dieses Wortes gibt den Anstoß zu dem folgenden Wortwechsel. Johannes hat keinen Bericht über die Einsetzung des Abendmahls, nimmt aber die Überlieferung davon hier und in den folgenden Versen auf.

6,23 6,11 **6,26** 2,11 S **6,30** 4,48; Mt 12,38 par; Mk 8,11 par; 13,22 par; 1 Kor 1,22 **6,31** *nach* Ps 78,24 **6,34** 4,15 **6,35** 4,13-14; 6,48-58; 7,37 **6,36** 20,29; 16,9 S **6,37** 17,2.24 **6,38** 4,34 S; Mk 14,36 par **6,39** 10,28; 17,12; 18,9 **6,40** 5,24 S **6,42** Mk 6,3 par **6,45** *nach* Jes 54,13 **6,46** 1,18 S **6,48** 6,35 **6,53-58** Mk 14,22-24 par; 1 Kor 10,16 **6,56** 15,4-5 S

58 Das also ist das Brot, das vom Himmel herabge-
kommen ist. Es ist etwas ganz anderes als das Brot,
das eure Vorfahren gegessen haben. Sie sind gestor-
ben, wer aber dieses Brot isst, wird ewig leben.«
59 Dies sagte Jesus in der Synagoge* von Kafar-
naum, so lehrte er dort die Menschen.

Worte, die zum ewigen Leben führen

60 Als sie das hörten, sagten viele, die sich Jesus ange-
schlossen hatten: »Was er da redet, geht zu weit! So
etwas kann man nicht mit anhören!«
61 Jesus wusste schon von sich aus, dass sie murr-
ten, und sagte zu ihnen: »Daran nehmt ihr Anstoß?
62 Wartet doch, bis ihr den Menschensohn* dorthin
zurückkehren seht, wo er vorher war! 63 Gottes
Geist* allein macht lebendig; alle menschlichen
Möglichkeiten richten nichts aus.[a] Die Worte, die
ich zu euch gesprochen habe, sind von diesem Geist
erfüllt und bringen das Leben. 64 Doch einige von
euch haben keinen Glauben*.«
Jesus kannte nämlich von Anfang an die, die ihn
nicht annehmen würden, und wusste auch, wer
ihn verraten würde. 65 Und er fügte hinzu: »Aus die-
sem Grund habe ich zu euch gesagt: Nur die können
zu mir kommen, die der Vater dazu fähig macht.«
66 Als sie das hörten, wandten sich viele seiner
Anhänger von ihm ab und wollten nicht länger mit
ihm gehen.
67 Da fragte Jesus die Zwölf*: »Und ihr, was habt
ihr vor? Wollt ihr mich auch verlassen?«
68 Simon Petrus antwortete ihm: »Herr, zu wem
sonst sollten wir gehen? Deine Worte bringen das
ewige Leben. 69 Wir glauben und wissen, dass du
der bist, in dem Gott uns begegnet.«[b]
70 Jesus antwortete ihm: »Euch zwölf habe ich
doch selber ausgewählt. Trotzdem ist einer von euch
ein Teufel!« 71 Er meinte Judas, den Sohn von Simon
Iskariot. Judas war es, der Jesus später verriet – einer
aus dem Kreis der Zwölf.

Jesus und seine Brüder

7 Danach zog Jesus in Galiläa* umher. Er hielt sich
von Judäa* fern, weil die führenden Männer[c]
dort ihn töten wollten.
2 Das jüdische Laubhüttenfest* stand vor der Tür.
3 Da sagten seine Brüder* zu ihm: »Du solltest nicht
hier bleiben, sondern nach Judäa gehen, damit deine
Anhänger dort die großen Taten zu sehen bekom-
men, die du tust. 4 Wenn jemand bekannt werden
möchte, versteckt er sich nicht. Wenn du schon sol-
che Taten vollbringst, dann sorge auch dafür, dass
alle Welt davon erfährt!« 5 Denn nicht einmal seine
Brüder schenkten ihm Glauben.
6 Jesus sagte zu ihnen: »Meine Zeit ist noch nicht
da. Für euch dagegen passt jede Zeit.[d] 7 Euch kann
die Welt* nicht hassen; aber mich hasst sie, weil
ich als Zeuge gegen sie bestätige, dass ihr Tun böse
ist. 8 Zieht doch ihr zu diesem Fest hinauf! Ich gehe
nicht zum Fest, weil meine Zeit noch nicht da ist.«
9 Das sagte er zu ihnen und blieb in Galiläa.

Jesus in Jerusalem

10 Nachdem seine Brüder* zum Fest nach Jerusalem
hinaufgegangen waren, kam Jesus nach; aber er
zeigte sich nicht in der Öffentlichkeit.
11 Die führenden Männer[e] suchten ihn unter den
Festbesuchern. »Wo ist er?«, fragten sie. 12 In der
Volksmenge wurde viel über ihn geflüstert. »Der
Mann ist gut«, meinten einige. Andere entgegneten:
»Nein, er ist ein Volksverführer.« 13 Aber niemand
sprach offen über ihn, weil sie Angst vor ihren füh-
renden Männern hatten.
14 Die Hälfte der Festwoche war schon vorüber, da
ging Jesus hinauf in den Tempel und lehrte das Volk.
15 Die Leute waren sehr erstaunt und sagten: »Er hat
doch keinen Lehrer gehabt. Wie kommt es, dass er
die Heiligen Schriften* so gut kennt?«
16 Jesus ging darauf ein und sagte: »Meine Lehre
habe ich nicht selbst ausgedacht. Ich habe sie von
Gott, der mich gesandt hat. 17 Wer bereit ist, Gott
zu gehorchen, wird merken, ob meine Lehre von
Gott ist oder ob ich meine eigenen Gedanken vortra-
ge. 18 Wer seine eigenen Gedanken vorträgt, dem
geht es um die eigene Ehre. Wer aber die Ehre dessen
sucht, der ihn gesandt hat, ist vertrauenswürdig.
Man kann ihm keinen Betrug vorwerfen. 19 Mose
hat euch doch das Gesetz* gegeben. Aber niemand
von euch hält sich daran. Ihr wollt mich sogar
töten!«
20 Die Menge antwortete: »Du bist wohl von
einem bösen Geist* besessen! Wer will dich töten?«
21 Jesus antwortete: »Ich habe hier in Jerusalem
eine einzige Tat vollbracht und ihr nehmt alle
Anstoß daran.[f] 22 Ihr beschneidet* eure Söhne,
wenn es sein muss, auch am Sabbat*, weil Mose
angeordnet hat, dass eure Kinder am achten Tag
beschnitten werden sollen.[g] – Aber eigentlich haben
schon die Stammväter die Beschneidung eingeführt
und nicht erst Mose. – 23 Ein Junge wird also auch
am Sabbat an einem Teil seines Körpers beschnitten,
damit die Vorschriften Moses nicht verletzt werden.
Wie könnt ihr euch dann über mich aufregen, weil
ich am Sabbat einen ganzen Menschen gesund
gemacht habe? 24 Urteilt nicht nach dem äußeren
Eindruck, sondern wie es wirklich dem Gesetz ent-
spricht!«

Ist er der versprochene Retter?

25 Einige Leute in Jerusalem sagten: »Seht euch das
an! Ist das nicht der, den sie töten wollten? 26 Er redet

a *Alle menschlichen …:* wörtlich *das Fleisch* ist zu nichts zu gebrauchen.* Das gilt auch für den Menschensohn, solange er »im Fleisch« ist (1,14), deshalb die Aufforderung in Vers 62 (vgl. dazu 16,7 im Zusammenhang mit 14,25-26).
b Wörtlich *dass du der Heilige* Gottes bist;* »heilig« bezeichnet hier die engste Beziehung zu Gott.
c Wörtlich *die Juden;* vgl. Anmerkung zu 1,19.
d Das irdische Leben Jesu ist in allen Einzelheiten vom Vater festgelegt und zielt auf die entscheidende Stunde seines Sterbens (17,1). Wer dagegen zur »Welt« gehört, kann über seine Zeit frei verfügen.
e Wörtlich *Die Juden,* ebenso in den Versen 13 und 15 *(Leute);* vgl. Anmerkung zu 1,19.
f Es handelt sich um die Heilung des Kranken am Teich Betesda, die an einem Sabbat geschah (vgl. 5,5-9).
g *wenn es sein muss* und *am achten Tag…:* verdeutlichende Zusätze; vgl. Lev 12,3.

6,63 3,5-8; 1 Kor 15,45; 2 Kor 3,6 **6,64** 13,11; 16,9 S **6,65** 6,44 **6,67-69** Mk 8,27-30 par **6,69** Mk 1,24 par **6,71** 12,4 S **7,1** 5,18; 7,19-20.25; 8,37.40; 11,53; Mk 3,6 par; 6,19 par **7,2** Ex 23,16 S **7,5** 16,9 S **7,6** 2,4 S **7,7** 15,18-19 S **7,11** 11,56 **7,13** 9,22 S **7,15** Mk 6,2 par; Lk 2,47 **7,16** 12,49; 14,10 **7,18** 8,50; 5,41; 12,43 **7,19** 1,17; Röm 2,17-24 **7,20** 8,48 S **7,22** Lev 12,3; Gen 17,9-14 S **7,25** 7,1 S **7,26** 4,25 S

in aller Öffentlichkeit und keiner verbietet es ihm! Sollten die Ratsmitglieder* zu der Überzeugung gekommen sein, dass er der versprochene Retter[a] ist? 27 Aber wenn der Retter eines Tages auftritt, wird keiner wissen, woher er kommt.[b] Und die Herkunft dieses Menschen kennen wir doch alle!«

28 Jesus aber, der gerade im Tempel* lehrte, rief mit lauter Stimme: »Wisst ihr wirklich, wer ich bin und woher ich komme? Ich bin nicht im eigenen Auftrag gekommen. Aber der, der mich gesandt hat, ist glaubwürdig. Und den kennt ihr nicht. 29 Ich kenne ihn, denn ich komme von ihm und er hat mich gesandt.«

30 Da wollten sie ihn festnehmen. Aber keiner konnte Hand an ihn legen, denn seine Stunde war noch nicht gekommen. 31 Viele in der Menge kamen zum Glauben* an ihn und sagten: »Kann der versprochene Retter, wenn er kommt, mehr Wunderzeichen* tun, als dieser Mann getan hat?«

Jesus kündigt seinen Weggang an

32 Die Pharisäer* hörten, dass die Leute so über Jesus redeten. Auf ihre Veranlassung schickten die führenden Priester* einige Gerichtspolizisten* aus, die ihn verhaften sollten.

33 Jesus sagte: »Nur noch kurze Zeit bin ich bei euch, dann kehre ich zu dem zurück, der mich gesandt hat. 34 Ihr werdet mich suchen, aber nicht finden; denn wo ich dann bin, dorthin könnt ihr nicht kommen.«

35 Die Leute[c] sagten unter sich: »Wohin wird er gehen, dass wir ihn nicht finden können? Will er ins Ausland reisen und dort den Nichtjuden seine Lehre vortragen? 36 Was soll das heißen, wenn er sagt: ›Ihr werdet mich suchen, aber nicht finden‹? Und: ›Wo ich dann bin, dorthin könnt ihr nicht kommen‹?«

Lebendiges Wasser im Überfluss

37 Am letzten Festtag,[d] dem Höhepunkt des ganzen Festes, trat Jesus vor die Menge und rief: »Wer durstig ist, soll zu mir kommen und trinken – 38 jeder, der mir vertraut! Denn in den Heiligen Schriften* heißt es: ›Aus seinem Innern wird lebendiges Wasser strömen.‹«[e]

39 Jesus meinte damit den Geist* Gottes, den die erhalten sollten, die ihn im Glauben* annehmen. Damals war der Geist noch nicht gekommen, weil Jesus noch nicht in Gottes Herrlichkeit aufgenommen war.

Meinungsverschiedenheiten

40 Als die Leute in der Menge dieses Wort von Jesus hörten, sagten einige: »Er ist wirklich der Prophet*, der kommen soll!« 41 Andere meinten: »Er ist der versprochene Retter!«[f] Wieder andere sagten: »Der Retter kommt doch nicht aus Galiläa*! 42 In den Heiligen Schriften* steht, dass er von David abstammt und aus Betlehem kommt, dem Dorf, in dem David lebte.«

43 Die Menge war also geteilter Meinung über ihn. 44 Einige hätten ihn am liebsten festgenommen; aber niemand konnte Hand an ihn legen.

Der Unglaube der Verantwortlichen

45 Die Gerichtspolizisten* kehrten wieder zurück. Die führenden Priester* und die Pharisäer* fragten sie: »Warum habt ihr ihn nicht mitgebracht?«

46 Die Männer antworteten: »So wie dieser Mensch hat noch keiner gesprochen.«

47 »Ihr habt euch also auch von ihm hinters Licht führen lassen!«, sagten die Pharisäer. 48 »Gibt es denn unter den Mitgliedern des Rates* oder den Pharisäern einen Einzigen, der seinen Anspruch ernst nimmt?[g] 49 Die Menge tut es. Sie kennt Gottes Gesetz* nicht und steht deshalb unter seinem Fluch.«[h]

50 Da sagte Nikodemus, der selbst Pharisäer und Ratsmitglied war und der Jesus früher einmal aufgesucht hatte: 51 »Ist es nach unserem Gesetz möglich, einen Menschen zu verurteilen, ohne dass wir ihn verhört haben? Erst muss doch festgestellt werden, ob er sich strafbar gemacht hat.«

52 »Du kommst anscheinend auch aus Galiläa[i]«, erwiderten sie. »Lies die Heiligen Schriften* genauer, dann wirst du sehen, dass der erwartete Prophet° nicht aus Galiläa kommt.«

Jesus und die Ehebrecherin[j]

8 53 Dann gingen sie alle nach Hause. 1 Jesus aber ging zum Ölberg*. 2 Am nächsten Morgen kehrte er sehr früh zum Tempel* zurück.

Alle Leute dort versammelten sich um ihn. Er setzte sich und sprach zu ihnen über den Willen Gottes.

3 Da führten die Gesetzeslehrer* und Pharisäer* eine Frau herbei, die beim Ehebruch ertappt worden war. Sie stellten sie in die Mitte 4 und sagten zu Jesus: »Lehrer*, diese Frau wurde ertappt, als sie gerade Ehebruch* beging. 5 Im Gesetz* schreibt Mose uns vor, dass eine solche Frau gesteinigt* werden muss. Was sagst du dazu?«[k]

6 Mit dieser Frage wollten sie ihm eine Falle stellen, um ihn anklagen zu können. Aber Jesus bückte sich nur und schrieb mit dem Finger auf die Erde. 7 Als sie nicht aufhörten zu fragen, richtete er sich auf und sagte zu ihnen: »Wer von euch noch nie eine Sünde begangen hat, soll den ersten Stein auf sie werfen!« 8 Dann bückte er sich wieder und schrieb auf die Erde.

7,27 9,29 **7,28-29** 8,14.55; 17,8.25 **7,30** 7,44; 2,4S **7,31** 2,23S; 4,25S **7,33** 13,33 **7,34** 8,21; 13,36 **7,37** Lev 23,36; Joh 4,10.14; Offb 22,17 **7,39** 14,16S **7,40** 6,14S **7,42** Jes 11,1; Mi 5,1; Mt 20,30-31S **7,44** 7,30 **7,50** 3,1S **7,51** Dtn 1,16-17; 17,6 **8,5** Dtn 22,22-24; Lev 20,10 **8,6** Mk 12,13par **8,7** Dtn 17,7; 13,10

a Wörtlich *der Christus**; ebenso in Vers 31.
b Zum Messiasbild bestimmter Gruppen in Israel gehörte es, dass dieser unbekannter Herkunft sein und plötzlich aus der Anonymität hervortreten werde.
c Wörtlich *die Juden;* vgl. Anmerkung zu 1,19.
d Siehe Sacherklärung »Laubhüttenfest«, auch zu 8,12.
e Im Alten Testament findet sich keine Stelle mit diesem Wortlaut, man kann aber vermuten, dass an Stellen wie Num 20,8 und Ez 47,1-12 gedacht ist; vgl. auch 1 Kor 10,4.
f Wörtlich *der Christus**.
g Wörtlich *der an ihn glaubt**.
h Diese Aussage spiegelt die Geringschätzung der Pharisäer für die Landbevölkerung wider, die sich nicht an die ausführlichen Gesetzesauslegungen hielt und deshalb nach pharisäischer Überzeugung den Anbruch der Gottesherrschaft verzögerte.
i Galiläa galt als die »Gegend der gottfernen Völker« (Mt 4,15), in der man es mit der Beobachtung des Gesetzes nicht so genau nahm wie in Judäa. Siehe Sacherklärung.
j Der Abschnitt 7,53–8,11 ist sehr alt, hat aber ursprünglich nicht zum Johannes-Evangelium gehört. In vielen Handschriften fehlt er ganz, in anderen ist er an unterschiedlichen Stellen eingeordnet.
k Das Gesetz schrieb vor, dass in einem solchen Fall nicht nur die Frau, sondern auch der Mann hingerichtet werden sollte (Lev 20,10; Dtn 22,22).

9 Als sie das hörten, zog sich einer nach dem andern zurück; die Älteren gingen zuerst. Zuletzt war Jesus allein mit der Frau, die immer noch dort stand.

10 Er richtete sich wieder auf und fragte sie: »Frau, wo sind sie geblieben? Ist keiner mehr da, um dich zu verurteilen?«

11 »Keiner, Herr«, antwortete sie.

Da sagte Jesus: »Ich verurteile dich auch nicht. Du kannst gehen; aber tu diese Sünde nicht mehr!«

Jesus ist das Licht der Welt

12 Jesus sprach weiter zu den Leuten: »*Ich* bin das Licht für die Welt.[a] Wer mir folgt, tappt nicht mehr im Dunkeln, sondern hat das Licht und mit ihm das Leben.«

13 Die Pharisäer* sagten zu ihm: »Jetzt trittst du als Zeuge in eigener Sache auf. Was du sagst, hat keine Beweiskraft!«

14 »Was ich sage, ist wahr«, entgegnete Jesus, »selbst wenn ich mein eigener Zeuge bin. Ich weiß nämlich, woher ich gekommen bin und wohin ich gehe. Ihr aber wisst nicht, woher ich komme und wohin ich gehe. 15 Ihr urteilt und *ver*urteilt nach menschlichen Maßstäben; *ich* verurteile niemand.

16 *Wenn* ich aber ein Urteil fälle, dann ist es auf die Wahrheit gegründet und gültig; denn ich stehe damit nicht allein da. Es ist mein Urteil und das meines Vaters, der mich gesandt hat. 17 In eurem Gesetz* heißt es, dass die übereinstimmende Aussage von zwei Zeugen gültig ist. 18 Ich bin mein eigener Zeuge, und auch der Vater, der mich gesandt hat, tritt für mich als Zeuge auf.«

19 »Wo ist denn dein Vater?«, fragten sie ihn.

Jesus antwortete: »Ihr kennt weder mich noch meinen Vater. Wenn ihr mich kennen würdet, würdet ihr auch meinen Vater kennen.«

20 Das alles sagte Jesus, als er im Tempel* lehrte. Es geschah in der Halle, wo die Kästen für die Geldspenden aufgestellt waren. Und keiner konnte ihn festnehmen; denn seine Stunde war noch nicht gekommen.

Wo ich hingehe, dorthin könnt ihr nicht kommen

21 Jesus sagte noch einmal zu ihnen: »Ich werde fortgehen. Dann werdet ihr vergeblich nach mir suchen und in eurem Unglauben[b] zugrunde gehen. Wo ich hingehe, dorthin könnt ihr nicht kommen.«

22 Die Leute[c] meinten: »Wenn er sagt: ›Wo ich hingehe, dorthin könnt ihr nicht kommen‹ – heißt das, dass er Selbstmord begehen will?«

23 Jesus antwortete: »Ihr seid von hier unten, aber ich komme von oben. Ihr gehört zu dieser Welt*, aber ich bin nicht von dieser Welt. 24 Ich habe es euch ja gesagt, dass ihr in eurem Unglauben zugrunde gehen werdet. *Ich* bin der, an dem sich alles entscheidet.[d] Wenn ihr das nicht glauben wollt, werdet ihr in eurem Unglauben zugrunde gehen.«

25 »Du? Wer bist du denn?«, fragten sie ihn.

Jesus antwortete: »Was rede ich überhaupt noch zu euch?[e] 26 Ich hätte zwar vieles *über* euch zu sagen und allen Grund, euch zu verurteilen; aber der, der mich gesandt hat, steht zu seinen Zusagen; und ich sage der Welt nur das, was ich bei ihm gehört habe.«

27 Sie verstanden nicht, dass Jesus vom Vater sprach. 28 Deshalb sagte er zu ihnen: »Wenn ihr den Menschensohn* erhöht[f] habt, werdet ihr es begreifen: *Ich* bin der, an dem sich alles entscheidet. Dann werdet ihr auch erkennen, dass ich nichts von mir aus tue, sondern nur das sage, was der Vater mich gelehrt hat. 29 Er, der mich gesandt hat, steht mir zur Seite und lässt mich nicht allein; denn ich tue stets, was ihm gefällt.«

30 Als Jesus das sagte, kamen viele zum Glauben* an ihn.

Freiheit oder Sklaverei

31 Jesus sagte zu den Juden, die zum Glauben an ihn gekommen waren: »Wenn ihr bei dem bleibt, was ich euch gesagt habe, und euer Leben darauf gründet,[g] seid ihr wirklich meine Jünger*. 32 Dann werdet ihr die Wahrheit* erkennen und die Wahrheit wird euch frei machen.«

33 »Wir stammen von Abraham* ab«, antworteten sie ihm, »und wir haben nie jemand als Sklaven gedient. Was meinst du, wenn du sagst: ›Ihr werdet frei werden‹?«

34 Jesus sagte zu ihnen: »Amen*, ich versichere euch: Wer sündigt, ist ein Sklave der Sünde. 35 Ein Sklave gehört nicht für immer zur Familie. Nur der Sohn gehört für immer dazu. 36 Wenn der Sohn* euch frei macht, dann seid ihr wirklich frei.

37 Ich weiß wohl, dass ihr von Abraham abstammt. Trotzdem versucht ihr, mich zu töten, weil ihr mein Wort nicht in euch wohnen und wirken lasst. 38 Ich rede von dem, was mein Vater mir gezeigt hat. Ihr aber tut, was *euer* Vater euch gesagt hat.«

39 Sie wandten ein: »Unser Vater ist Abraham!«

Jesus erwiderte: »Wenn ihr wirklich Abrahams Kinder wärt, würdet ihr in seinem Sinne handeln. 40 Alles, was ich getan habe, war, euch die Wahrheit weiterzugeben, wie ich sie von Gott gehört habe. Ihr aber versucht, mich zu töten. So etwas hat Abraham nicht getan.[h] 41 Ihr handelt wie euer wirklicher Vater!«

»Wir sind nicht im Ehebruch[i] gezeugt«, erwiderten sie. »Wir haben nur den einen Vater: Gott.«

8,11 5,14 **8,12** (Licht) 1,5.9-10; 3,19; 9,5; 12,46; 1 Joh 2,8; Jes 49,6; (Licht–Dunkel) 1,5; 9,4; 11,9-10; 12,35-36.46; 1 Joh 1,5-7; Eph 5,8-14 **8,13** 5,31-32 **8,14** 7,28-29 **8,17** Dtn 19,15 S; Mt 18,16 S **8,18** 5,36-37; 1 Joh 5,9 **8,19** 5,18 S **8,20** 2,4 S **8,21** 7,33-34 **8,23** 3,31 **8,24** 13,19 **8,26** 3,17; 8,15; 12,47 **8,28** 12,32-34 S; 4,34 S **8,30** 2,23 S **8,31** 15,8; 14,15 **8,33** Mt 3,9 S **8,34** Röm 6,16.20; 2 Petr 2,19 **8,35** Ex 21,2 **8,36** 2 Kor 3,17 S **8,37.40** 7,1 S **8,41** (einen Vater) Dtn 32,6; Jes 63,16 S

a *Ich bin:* siehe Sacherklärung »Ich-bin-Worte«.
b *eurem Unglauben:* wörtlich *eurer Sünde.*
c Wörtlich *die Juden;* vgl. Anmerkung zu 1,19.
d Wörtlich *Ich bin;* ebenso in Vers 28. Jesus verwendet hier die Formel, mit der im Alten Testament Gott von sich selbst spricht und sich seinem Volk gegenüber als den Retter und Herrn der Welt bezeichnet (Jes 41,4; 43,10 u.a.).
e *überhaupt* gibt eine griechische Wendung wieder, die wörtlich lautet *(was) den Anfang/das Prinzip (betrifft).* Der ganze Satz kann als Frage oder als Ausruf verstanden werden.
f Jesus spricht von seiner Kreuzigung; vgl. Anmerkung zu 12,32.
g *Wenn ihr bei dem ...:* wörtlich *Wenn ihr in meinem Wort bleibt.*
h Abraham ist das überragende Beispiel für einen Menschen, der auf Gottes Wort hört und ihm vertraut (Gen 15,3; Röm 4,3.18.21; Hebr 11,8-19). Die Gegner Jesu können sich nach Meinung des Johannes-Evangeliums nur der natürlichen Abstammung nach auf Abraham berufen (vgl. Gal 3,7).
i Zum bildhaften Sinn vgl. Sacherklärung »Hurerei«.

42 Jesus sagte zu ihnen: »Wäre Gott wirklich euer
Vater, dann würdet ihr mich lieben. Denn ich bin
von Gott zu euch gekommen. Ich kam nicht in eige-
nem Auftrag, sondern er hat mich gesandt.
43 Warum versteht ihr denn nicht, was ich sage?
Weil ihr unfähig seid, mein Wort aufzunehmen.
44 Ihr seid Kinder des Teufels, der ist euer Vater,
und ihr wollt nur ausführen, wonach ihm der Sinn
steht. Er ist von Anfang an ein Mörder gewesen
und hat niemals etwas mit der Wahrheit zu tun
gehabt, weil es in ihm keine Wahrheit gibt. Wenn
er lügt, so entspricht das seinem Wesen; denn er
ist ein Lügner und alle Lüge stammt von ihm.
45 Gerade weil ich die Wahrheit sage, glaubt ihr mir
nicht.
46 Wer von euch kann mir eine Sünde nachwei-
sen? Wenn ich die Wahrheit sage, warum glaubt
ihr mir dann nicht? 47 Wer Gott zum Vater hat, hört,
was Gott sagt. Aber ihr hört es nicht, weil ihr ihn
nicht zum Vater habt.«

Jesus und Abraham

48 Die Juden erwiderten: »Wir haben doch Recht! Du
bist ein Samariter* und bist von einem bösen Geist*
besessen.«
49 »Ich bin nicht besessen«, sagte Jesus, »ich erwei-
se nur meinem Vater Ehre; aber ihr verachtet mich.
50 Ich selbst suche keine Ehre für mich. Ein anderer
sucht sie, und er ist der Richter. 51 Amen*, ich versi-
chere euch: Wer sich nach meinem Wort richtet,
wird in Ewigkeit nicht sterben.«
52 Da sagten sie: »Jetzt sind wir sicher, dass ein bö-
ser Geist aus dir spricht. Abraham* ist gestorben, die
Propheten* sind gestorben, und du sagst: ›Wer sich
nach meinem Wort richtet, wird in Ewigkeit nicht
sterben.‹ 53 Unser Vater Abraham ist tot. Du willst
doch nicht etwa behaupten, dass du mehr bist als
Abraham? Auch die Propheten sind gestorben. Für
wen hältst du dich eigentlich?«
54 Jesus antwortete: »Wenn ich mich selbst ehren
wollte, hätte diese Ehre keinen Wert. Mein Vater
ehrt mich, von dem ihr sagt, er sei euer Gott. 55 Ihr
habt ihn nie wirklich erkannt, ich aber kenne ihn.
Ich wäre ein Lügner wie ihr, wenn ich behauptete,
ihn nicht zu kennen. Ich kenne ihn und gehorche
seinem Wort. 56 Euer Vater Abraham jubelte darüber,
dass er mein Kommen erleben sollte.[a] Er erlebte es
und war glücklich!«
57 Da sagten sie zu ihm: »Du bist noch keine fünf-
zig Jahre alt und willst Abraham gesehen haben?«
58 Jesus erwiderte: »Amen, ich versichere euch:
Ich bin – bevor Abraham überhaupt geboren wur-
de.«[b]
59 Da hoben sie Steine auf und wollten ihn töten.
Aber Jesus brachte sich in Sicherheit und verließ
den Tempel.

Jesus heilt einen Blindgeborenen

9 Im Vorbeigehen sah Jesus einen Mann, der von
Geburt blind war. 2 Die Jünger* fragten Jesus:
»Rabbi*, wer ist schuld, dass er blind geboren wur-
de? Wer hat hier gesündigt, er selbst oder seine
Eltern?«[c]

a Diese Aussage bezieht sich auf das Lachen Abrahams über die Verheißung eines Sohnes (Gen 17,16-17).
b Die Antwort von Jesus enthält eine Anspielung auf Ex 3,14; vgl. außerdem die Anmerkung zu Vers 24.
c Zu dem vorausgesetzten Zusammenhang von Sünde und Krankheit siehe Sacherklärung »Krankheit«.

Im Teich Schiloach sollte der Blinde sein Gesicht waschen, damit er geheilt würde (9,7). Das Wasser dieses Teiches fließt heute wie zur Zeit Jesu durch den Tunnel, den König Hiskija schlagen ließ (s. Bild Seite 527 AT). Jesus will aber auch den geistlich Erblindeten die Augen öffnen, sodass sie ebenfalls sagen können: »Ich war blind, und jetzt kann ich sehen.« (9,25)

8,42 1 Joh 5,1 **8,44** 1 Joh 3,2; 2,4; Weish 2,24; Gen 3,1-5 **8,46** 2 Kor 5,21; 1 Joh 3,5 S **8,47** 10,27; 18,37 **8,48** 4,9; (böser Geist) 7,20; 10,20; Mk 3,21-22 par **8,50** 7,18 S **8,51** 5,24 S **8,53** 4,12 **8,55** 7,28-29; 4,34 S **8,58** 1,1-2; 17,5 **8,59** 11,8 S **9,2** Ex 20,5; Ez 18,20; Lk 13,2.4

3 Jesus antwortete: »Weder er ist schuld noch
seine Eltern. Er ist blind, damit Gottes Macht an
ihm sichtbar wird. 4 Solange es Tag ist, müssen wir
die Taten Gottes vollbringen, der mich gesandt
hat. Es kommt eine Nacht, in der niemand mehr wir-
ken kann. 5 Solange ich in der Welt bin, bin ich das
Licht der Welt.«

6 Als Jesus dies gesagt hatte, spuckte er auf den
Boden und rührte einen Brei mit seinem Speichel[a]
an. Er strich den Brei auf die Augen des Mannes
7 und befahl ihm: »Geh zum Teich Schiloach* und
wasche dir das Gesicht.«

Schiloach bedeutet: der Gesandte. Der Mann ging dorthin und wusch sein Gesicht. Als er zurückkam, konnte er sehen.

8 Da sagten seine Nachbarn und die Leute, die ihn
vorher als Bettler gekannt hatten: »Ist das nicht der
Mann, der immer an der Straße saß und bettelte?«
9 Einige meinten: »Das ist er.« Andere sagten: »Nein,
er ist es nicht; er sieht ihm nur ähnlich.«

Der Mann selbst bestätigte: »Ich bin es!«

10 »Wieso kannst du auf einmal sehen?«, fragten
sie ihn.

11 Er antwortete: »Der Mann, der Jesus heißt,
machte einen Brei, strich ihn auf meine Augen und
sagte: ›Geh zum Teich Schiloach und wasche dein
Gesicht.‹ Ich ging hin, und als ich mich gewaschen
hatte, konnte ich sehen.«

12 »Wo ist er?«, fragten sie ihn.

Er antwortete: »Ich weiß es nicht.«

Die Pharisäer verhören den Geheilten

13 Sie brachten den Mann, der blind gewesen war,
vor die Pharisäer*. 14 Der Tag, an dem Jesus den Brei
gemacht und den Blinden geheilt hatte, war ein Sab-
bat*. 15 Auch die Pharisäer fragten ihn, wie er sehend
geworden sei.

Er erzählte ihnen: »Der Mann strich einen Brei auf meine Augen, ich wusch mein Gesicht, und jetzt kann ich sehen.«

16 Einige von den Pharisäern sagten: »Wenn er das
getan hat, kann er nicht von Gott kommen, weil er
die Sabbatvorschriften nicht einhält.« Andere aber
sagten: »Wie kann jemand ein Sünder sein, der sol-
che Wunder vollbringt?« Die Meinungen waren
geteilt.

17 Da befragten sie den Geheilten noch einmal:
»Was hältst denn *du* von ihm? Du bist doch der,
den er sehend gemacht hat.«

»Er ist ein Prophet*!«, antwortete der Mann.

18 Die Pharisäer[b] wollten ihm aber nicht glauben,
dass er blind gewesen war und nun sehen konnte.
Sie riefen seine Eltern 19 und verhörten sie: »Ist das
euer Sohn? Besteht ihr darauf, dass er blind geboren
wurde? Wie ist es dann möglich, dass er jetzt sehen
kann?«

20 Die Eltern antworteten: »Wir wissen, dass er
unser Sohn ist und blind geboren wurde. 21 Aber
wir haben keine Ahnung, auf welche Weise er
sehend wurde oder wer ihn sehend gemacht hat.
Fragt ihn selbst! Er ist alt genug, um selbst zu antwor-
ten.«

22 Sie sagten das, weil sie vor den führenden Män-
nern Angst hatten. Diese hatten nämlich beschlos-
sen, alle aus der Synagogengemeinde* auszuschlie-
ßen, die sich zu Jesus als dem versprochenen Retter[c]
bekennen würden. 23 Aus diesem Grund sagten seine
Eltern: »Er ist alt genug. Fragt ihn selbst!«

24 Die Pharisäer ließen den Blindgeborenen ein
zweites Mal rufen und forderten ihn auf: »Gib Gott
die Ehre! Wir wissen, dass dieser Mensch ein Sün-
der ist!«

25 »Ob er ein Sünder ist oder nicht, das weiß ich
nicht«, entgegnete der Mann, »aber eins weiß ich:
Ich war blind, und jetzt kann ich sehen.«

26 »Was hat er mit dir gemacht?«, fragten sie. »Wie
hat er dich sehend gemacht?«

27 »Das habe ich euch schon erzählt«, sagte er,
»aber ihr habt ja nicht zugehört. Warum wollt ihr
es noch einmal hören? Möchtet ihr vielleicht auch
seine Jünger* werden?«

28 Da beschimpften sie ihn und sagten: »*Du* bist
ein Jünger dieses Menschen! Wir aber sind Jünger
von Mose. 29 Wir wissen, dass Gott zu Mose gespro-
chen hat. Aber von diesem Menschen wissen wir
nicht einmal, woher er kommt.«

30 Der Geheilte antwortete: »Das ist wirklich selt-
sam! Ihr wisst nicht, woher er kommt, und mich
hat er sehend gemacht! 31 Wir wissen doch alle, dass
Gott das Gebet von Sündern nicht hört. Er hört nur
auf die, die ihn ehren und seinen Willen befolgen.
32 Seit die Welt besteht, hat noch niemand von einem
Menschen berichtet, der einen Blindgeborenen
sehend gemacht hat. 33 Käme dieser Mann nicht
von Gott, so wäre er dazu nicht fähig gewesen.«

34 Sie erwiderten: »Du bist ja schon von deiner
Geburt her ein ausgemachter Sünder,[d] und dann
willst du uns belehren?«

Und sie warfen ihn hinaus.

Die Blindheit der Pharisäer

35 Als Jesus hörte, dass sie ihn aus der Synagogenge-
meinde* ausgeschlossen hatten, suchte er ihn auf
und fragte ihn: »Willst du ganz zum Menschensohn*
gehören?«[e]

36 Der Mann antwortete: »Herr, wenn du mir
sagst, wer es ist, will ich es tun.«

37 Jesus sagte: »Er steht vor dir und spricht mit dir.«

a Vgl. Mk 7,33 und Anmerkung dort.
b Wörtlich *Die Juden*, ebenso in Vers 22 *(führende Männer)*; vgl. Anmerkung zu 1,19.
c Wörtlich *als dem Christus**.
d *Sünder:* vgl. Anmerkung zu Vers 2.
e Wörtlich *Glaubst* du an den Menschensohn?*

9,3 11,4 **9,4** 5,17 **9,5** 8,12S **9,6** Mk 8,23S **9,8** Apg 3,10 **9,14** 5,9S **9,16** 7,43; 10,19 **9,17** 6,14S **9,22** 7,13; 12,42; 19,38; 20,19; 16,2 **9,29** 7,27 **9,31** Ps 66,18; Spr 15,29; Jes 1,15 **9,33** 3,2 **9,37** 4,26

38 »Herr, ich will dir allein gehören!«,[a] sagte der Mann und warf sich vor Jesus nieder.

39 Jesus sagte: »Ich bin in diese Welt* gekommen, damit die Blinden sehend und die Sehenden blind werden. Darin vollzieht sich das Gericht.«

40 Einige Pharisäer*, die in der Nähe standen, hörten das und sagten: »Soll das etwa heißen, dass wir auch blind sind?«

41 Jesus antwortete: »Wenn ihr blind wärt, würde euch keine Schuld angerechnet. Weil ihr aber sagt: ›Wir können sehen‹, bleibt eure Schuld bestehen.«

Vom Hirten und seinen Schafen

10 Jesus sagte: »Amen*, ich versichere euch: Wer den Schafstall nicht durch die Tür betritt, sondern auf einem anderen Weg eindringt, ist ein Räuber und ein Dieb.

2 Der Schafhirt geht durch die Tür hinein; 3 der Wächter am Eingang öffnet ihm. Die Schafe erkennen seine Stimme; er ruft die, die ihm gehören, einzeln beim Namen und führt sie ins Freie. 4 Wenn sie alle draußen sind, geht er vor ihnen her und sie folgen ihm, weil sie seine Stimme kennen. 5 Einem anderen Menschen werden sie niemals folgen. Im Gegenteil: Sie werden vor ihm davonlaufen, weil sie seine Stimme nicht kennen.«

6 Dieses Gleichnis* erzählte Jesus, aber seine Zuhörer verstanden nicht, was er ihnen damit sagen wollte.

Jesus – die Tür

7 Darum begann Jesus noch einmal: »Amen*, ich versichere euch: *Ich* bin die Tür zu den Schafen.[b] 8 Alle, die vor mir gekommen sind, sind Räuber und Diebe,[c] doch die Schafe haben nicht auf sie gehört.

9 *Ich* bin die Tür für die Schafe. Wer durch mich hineingeht, wird gerettet. Er wird ein- und ausgehen und Weideland finden. 10 Der Dieb kommt nur, um die Schafe zu stehlen, zu schlachten und ins Verderben zu stürzen. Ich aber bin gekommen, um ihnen das Leben zu geben, Leben im Überfluss.«

Jesus – der gute Hirt[d]

11 »*Ich* bin der gute Hirt.[e] Ein guter Hirt ist bereit, für seine Schafe zu sterben.

12 Einer, dem die Schafe nicht selbst gehören, ist kein richtiger Hirt. Darum lässt er sie im Stich, wenn er den Wolf kommen sieht, und läuft davon. Dann stürzt sich der Wolf auf die Schafe und jagt die Herde auseinander. 13 Wer die Schafe nur gegen Lohn hütet, läuft davon; denn die Schafe sind ihm gleichgültig.

14 *Ich* bin der gute Hirt. Ich kenne meine Schafe und sie kennen mich, 15 so wie der Vater mich kennt und ich ihn kenne. Ich bin bereit, für sie zu sterben.

16 Ich habe noch andere Schafe, die nicht zu diesem Schafstall gehören;[f] auch die muss ich herbeibringen. Sie werden auf meine Stimme hören, und alle werden in *einer* Herde unter *einem* Hirten vereint sein.

17 Der Vater liebt mich, weil ich bereit bin, mein Leben zu opfern, um es aufs Neue zu erhalten. 18 Niemand kann mir das Leben nehmen. Ich gebe es aus freiem Entschluss. Es steht in meiner Macht, es zu geben, und auch in meiner Macht, es wieder an mich zu nehmen. Damit erfülle ich den Auftrag meines Vaters.«

19 Wegen dieser Rede waren die Leute[g] wieder geteilter Meinung über Jesus. 20 Viele von ihnen sagten: »Er ist von einem bösen Geist* besessen. Er ist verrückt! Warum hört ihr ihm überhaupt zu?« 21 Aber andere meinten: »So redet kein Besessener! Kann ein böser Geist etwa blinde Menschen sehend machen?«

Jesus wird abgelehnt

22 Es war im Winter, als in Jerusalem das Fest zur Erinnerung an die Wiedereinweihung des Tempels[h] gefeiert wurde. 23 Jesus ging im Tempel in der Salomohalle* umher. 24 Da umringten ihn die Leute und fragten: »Wie lange willst du uns noch hinhalten? Sag es uns frei heraus: Bist du der versprochene Retter?«[i]

25 Jesus antwortete: »Ich habe es euch schon gesagt,[j] aber ihr wollt mir nicht glauben. Die Taten, die ich im Auftrag meines Vaters vollbringe, sprechen für mich. 26 Aber ihr gehört nicht zu meinen Schafen, darum glaubt ihr mir nicht.

27 Meine Schafe hören auf mich. Ich kenne sie und sie folgen mir. 28 Ich gebe ihnen das ewige Leben und sie werden niemals umkommen. Niemand kann sie mir aus den Händen reißen, 29 weil niemand sie aus den Händen meines Vaters reißen kann. Er schützt die, die er mir gegeben hat; denn er ist mächtiger als alle.° 30 Der Vater und ich sind untrennbar eins.«

31 Da hoben die Leute wieder Steine auf, um ihn zu töten. 32 Jesus aber sagte zu ihnen: »Viele gute Taten habe ich vor euren Augen getan, die meine Verbundenheit mit dem Vater bezeugen. Für welche davon wollt ihr mich steinigen*?«

33 Sie gaben ihm zur Antwort: »Wir steinigen dich nicht wegen einer guten Tat, sondern weil du ein Gotteslästerer bist. Du bist nur ein Mensch und gibst dich als Gott aus.«

34 Jesus antwortete: »In eurem eigenen Gesetz* heißt es doch: ›Ich habe zu euch gesagt: Ihr seid Götter.‹[k] 35 Und was in den Heiligen Schriften* steht, ist unumstößlich, das wissen wir.

a Wörtlich *Herr, ich glaube**.
b *Ich bin ...:* siehe Sacherklärung »Ich-bin-Worte«; ebenso zu den folgenden Versen.
c Die ohne Gottes Auftrag den Menschen Kenntnis von Gott und Rettung bringen wollten.
d Das Bild vom Hirten wird im Alten Testament häufig gebraucht: für Gott (Ps 23,1; Jes 40,11), für den von Gott eingesetzten König (Ps 78,70-72; Ez 37,24) oder für die Verantwortlichen des Volkes (Jer 10,21; 23,1-4; Ez 34,11-16).
e *Ich bin ...:* siehe Sacherklärung »Ich-bin-Worte«; ebenso zu den folgenden Versen.
f Die Sendung Jesu, zunächst auf Israel beschränkt, umfasst die ganze Welt.
g Wörtlich *die Juden,* ebenso in den Versen 24 und 31; vgl. Anmerkung zu 1,19.
h Es handelt sich um die Wiedereinweihung des Tempels* im Jahr 165 v.Chr. nach seiner Entweihung durch Antiochus IV. Epiphanes (siehe Vergleichsstellen zu diesem Vers).
i Wörtlich *der Christus**.
j Direkt sagt Jesus es bei Johannes nirgendwo, doch indirekt erhebt er den Anspruch auf vielfache und unüberhörbare Weise; siehe Vergleichsstellen.
k Vgl. Ps 82,6. Die jüdische Auslegung wandte diesen Satz auf alle Israeliten an.

9,39 5,22S **9,40** Mt 15,14S **9,41** 15,22 **10,4** 10,27; Offb 14,4 **10,6** 16,25 **10,8** Jer 23,1-2 **10,9** 14,6; Ps 23,2; Ez 34,14 **10,11** (Hirt) Ps 23,1S; Mt 18,12-14; Hebr 13,20; Offb 7,17; (sterben) Joh 15,13S **10,14** 10,27; 2 Tim 2,19 **10,16** 11,52; Jes 56,8; 66,18b-19; Ez 34,23-24; 1 Petr 2,25 **10,17** 3,35S; 5,18S **10,18** 4,34S **10,19** 9,16 **10,20** 8,48S **10,22** 2 Makk 1,9S **10,23** Apg 3,11S **10,24** 4,25S **10,25** 5,36S **10,26** 16,9S **10,27** 10,3.14; 8,47 **10,28** 5,24S; 6,39S **10,30** 5,18S; 17,21 **10,31** 11,8S **10,33** Lev 24,16; Mk 14,64par **10,34** *zit* Ps 82,6

Gott nannte also die, an die er sein Wort richtete, Götter. 36 Mich aber hat der Vater bevollmächtigt und in die Welt gesandt. Wie könnt ihr da behaupten, ich lästere Gott, wenn ich sage, dass ich sein Sohn* bin?

37 Wenn das, was ich tue, nicht die Taten meines Vaters sind, braucht ihr mir nicht zu glauben. 38 Sind sie es aber, dann solltet ihr wenigstens diesen Taten glauben, wenn ihr mir selbst schon nicht glauben wollt. An ihnen müsste euch doch aufgehen, dass der Vater in mir lebt und ich im Vater lebe.«

39 Von neuem versuchten sie, Jesus festzunehmen, aber er entkam ihnen. 40 Er überquerte den Jordan und ging an die Stelle zurück, wo Johannes früher getauft hatte. Er blieb dort, 41 und viele kamen zu ihm und sagten: »Johannes hat keine Wunder getan; aber alles, was er über diesen Menschen gesagt hat, entspricht der Wahrheit.«

42 Viele von denen, die dort waren, kamen zum Glauben an ihn.

Lazarus stirbt

11 Lazarus aus Betanien[a] war krank geworden – aus dem Dorf, in dem Maria und ihre Schwester Marta wohnten. 2 Maria war es, die später die Füße des Herrn mit dem kostbaren Öl übergossen und dann mit ihrem Haar getrocknet hat; deren Bruder war der erkrankte Lazarus.

3 Da ließen die Schwestern Jesus mitteilen: »Herr, dein Freund ist krank.«

4 Als Jesus das hörte, sagte er: »Diese Krankheit führt nicht zum Tod. Sie dient dazu, die Herrlichkeit* Gottes offenbar zu machen; denn durch sie wird der Sohn* Gottes zu seiner Herrlichkeit gelangen.«[b]

5 Jesus liebte Marta und ihre Schwester und Lazarus. 6 Aber als er die Nachricht erhielt, dass Lazarus krank sei, blieb er noch zwei Tage an demselben Ort. 7 Erst dann sagte er zu seinen Jüngern*: »Wir gehen nach Judäa* zurück!«

8 Sie antworteten: »Rabbi*, kürzlich erst hätten dich die Leute dort[c] beinahe gesteinigt*. Und nun willst du zu ihnen zurückkehren?«

9 Jesus sagte: »Der Tag hat zwölf Stunden. Wenn jemand am hellen Tag wandert, stolpert er nicht, weil er das Tageslicht sieht. 10 Lauft ihr aber in der Nacht umher, so stolpert ihr, weil das Licht nicht mehr bei euch ist.«[d]

11 Danach sagte Jesus zu seinen Jüngern: »Unser Freund Lazarus ist eingeschlafen. Aber ich werde hingehen und ihn aufwecken.«

12 Sie antworteten: »Herr, wenn er schläft, dann geht's ihm bald besser.«

13 Jesus hatte jedoch von seinem Tod gesprochen; sie aber meinten, er rede nur vom Schlaf. 14 Da sagte Jesus ihnen ganz offen: »Lazarus ist tot. 15 Und euretwegen bin ich froh, dass ich nicht bei ihm war. So wird euer Glaube gefestigt. Aber gehen wir jetzt zu ihm!«

16 Thomas, der auch Zwilling genannt wird, sagte zu den anderen Jüngern: »Auf, gehen wir mit Jesus und sterben mit ihm!«

Jesus ist das Leben. Lazarus wird vom Tod auferweckt

17 Als Jesus nach Betanien kam, lag Lazarus schon vier Tage im Grab.

18 Das Dorf war keine drei Kilometer[e] von Jerusalem entfernt, 19 und viele Leute aus der Stadt[f] hatten Marta und Maria aufgesucht, um sie zu trösten.

20 Als Marta hörte, dass Jesus kam, ging sie ihm entgegen vor das Dorf, aber Maria blieb im Haus. 21 Marta sagte zu Jesus: »Herr, wenn du hier gewesen wärst, hätte mein Bruder nicht sterben müssen. 22 Aber ich weiß, dass Gott dir auch jetzt keine Bitte abschlägt.«

23 »Dein Bruder wird auferstehen*«, sagte Jesus zu Marta.

24 »Ich weiß«, erwiderte sie, »er wird auferstehen, wenn alle Toten lebendig werden, am letzten Tag.«

25 Jesus sagte zu ihr: »*Ich* bin die Auferstehung und das Leben.[g] Wer mich annimmt, wird leben, auch wenn er stirbt, 26 und wer lebt und sich auf mich verlässt, wird niemals sterben, in Ewigkeit nicht.[h] Glaubst du mir das?«

Auch der auferweckte Lazarus musste später wieder sterben. Jesus aber sagt: »Ich bin die Auferstehung und das Leben. Wer mich annimmt, wird leben, auch wenn er stirbt, und wer lebt und sich auf mich verlässt, wird niemals sterben.« (11,25) Im Bild Frauen am Eingang des so genannten Lazarusgrabes in Betanien.

a Siehe Karte Seite 61 NT.
b *denn durch sie ...:* wörtlich *damit durch sie der Sohn Gottes verherrlicht wird.* Die Aussage hat einen doppelten Sinn: Die Verherrlichung geschieht in der Auferweckung von Lazarus (vgl. Verse 25-26), diese aber wird zum Anlass für die weitergehende Verherrlichung von Jesus, die in seinem Tod und in seiner Auferweckung geschieht (vgl. Verse 46-53; 13,31-32; 17,1.2.5).
c *die Leute dort:* wörtlich *die Juden;* vgl. Anmerkung zu 1,19.
d In Vers 9 spricht Jesus von sich: Sein Tag ist noch nicht abgelaufen (vgl. Anmerkung zu 7,6). In Vers 10 warnt er die Jünger vor innerem Schaden, wenn sie sich jetzt von ihm, dem *Licht,* trennen sollten.
e Griechische Maßangabe *15 Stadien**.
f Wörtlich *viele von den Juden;* vgl. Anmerkung zu 1,19.
g *Ich bin ...:* siehe Sacherklärung »Ich-bin-Worte«.
h *Wer mich annimmt* und *(wer) sich auf mich verlässt:* wörtlich *Wer/wer an mich glaubt**.

10,36 1,34S **10,39** 7,30; 8,20 **10,40** 1,28 **10,41** 1,29-34; 3,27-28 **10,42** 2,23S **11,1-2** 12,1-3; Lk 10,38-39 **11,4** 9,3; 17,1S **11,8** 8,59; 10,31 **11,9-10** 12,35-36; 8,12S **11,9** 9,4 **11,11** Mk 5,39par **11,16** Mk 14,31par; (Thomas) Joh 20,24S **11,24** 5,29; Dan 12,2S **11,25** 5,21.24S; 8,51

27 Sie antwortete: »Ja, Herr, ich glaube, dass du der versprochene Retter[a] bist, der Sohn* Gottes, der in die Welt kommen soll.«

28 Nach diesen Worten ging Marta zu ihrer Schwester zurück, nahm sie beiseite und sagte zu ihr: »Unser Lehrer* ist hier und will dich sehen!« 29 Als Maria das hörte, stand sie schnell auf und lief zu ihm hinaus.

30 Jesus selbst war noch nicht in das Dorf hineingegangen. Er war immer noch an der Stelle, wo Marta ihn getroffen hatte. 31 Die Leute aus Jerusalem,[b] die bei Maria im Haus waren, um sie zu trösten, sahen, wie sie aufsprang und hinauseilte. Sie meinten, Maria wolle zum Grab gehen, um dort zu weinen, und folgten ihr.

32 Als Maria zu Jesus kam und ihn sah, warf sie sich vor ihm nieder. »Herr, wenn du hier gewesen wärst, hätte mein Bruder nicht sterben müssen«, sagte sie zu ihm.

33 Jesus sah sie weinen; auch die Leute, die mit ihr gekommen waren, weinten. Da wurde er zornig und war sehr erregt.[c] 34 »Wo habt ihr ihn hingelegt?«, fragte er.

»Komm und sieh es selbst, Herr!«, sagten sie.

35 Jesus fing an zu weinen. 36 Da sagten die Leute: »Er muss ihn sehr geliebt haben!« 37 Aber einige meinten: »Den Blinden hat er sehend gemacht. Hätte er nicht verhindern können, dass Lazarus stirbt?«

38 Aufs Neue wurde Jesus zornig. Er ging zum Grab. Es bestand aus einer Höhle, deren Zugang mit einem Stein verschlossen war.

39 »Nehmt den Stein weg!«, befahl er.

Marta, die Schwester des Toten, wandte ein: »Herr, der Geruch! Er liegt doch schon vier Tage im Grab.«

40 Jesus sagte zu ihr: »Ich habe dir doch gesagt, dass du die Herrlichkeit* Gottes sehen wirst, wenn du nur Glauben hast.« 41 Da nahmen sie den Stein weg.

Jesus blickte zum Himmel auf und sagte: »Vater, ich danke dir, dass du meine Bitte erfüllst. 42 Ich weiß, dass du mich immer erhörst. Aber wegen der Menschenmenge, die hier steht, spreche ich es aus – damit sie glauben, dass du mich gesandt hast.«

43 Nach diesen Worten rief er laut: »Lazarus, komm heraus!« 44 Der Tote kam heraus; seine Hände und Füße waren mit Binden umwickelt und sein Gesicht war mit einem Tuch verhüllt.

Jesus sagte: »Nehmt ihm das alles ab und lasst ihn nach Hause gehen!«

Einer soll für das Volk sterben

45 Viele Leute aus der Stadt,[d] die zu Maria gekommen waren und alles miterlebt hatten, kamen zum Glauben* an Jesus. 46 Aber einige von ihnen gingen zu den Pharisäern* und berichteten ihnen, was er getan hatte.

47 Da beriefen die führenden Priester mit den Pharisäern eine Sitzung des Rates* ein und sagten: »Was sollen wir machen? Dieser Mann tut viele Wunder. 48 Wenn wir ihn so weitermachen lassen, werden sich ihm noch alle anschließen.[e] Dann werden die Römer einschreiten und uns auch noch den Rest an Verfügungsgewalt über Tempel und Volk entziehen.«

49 Kajaphas, einer von ihnen, der in jenem Jahr[f] der Oberste Priester* war, sagte: »Ihr begreift rein gar nichts! 50 Seht ihr nicht, dass es euer Vorteil ist, wenn einer für alle stirbt und nicht das ganze Volk vernichtet wird?«

51 Das sagte er aber nicht aus sich selbst, sondern als der Oberste Priester in jenem Jahr sprach er aus prophetischer Eingebung, und so sagte er voraus, dass Jesus für das jüdische Volk sterben werde – 52 und nicht nur für dieses Volk, sondern auch, um die in aller Welt verstreut lebenden Kinder Gottes zusammenzuführen.

53 Von diesem Tag an waren die führenden Männer fest entschlossen, Jesus zu töten. 54 Er zeigte sich deshalb nicht mehr in der Öffentlichkeit,[g] sondern ging von dort weg in die Gegend am Rand der Wüste, in eine Ortschaft namens Efraïm.[h] Dort blieb er mit seinen Jüngern*.

55 Es war kurz vor dem jüdischen Passafest*, und viele Bewohner aus dem ganzen Land zogen nach Jerusalem hinauf. Sie wollten sich vor dem Fest nach den vorgeschriebenen Regeln reinigen*. 56 Sie suchten Jesus überall, und als sie im Tempel beisammenstanden, fragten sie einander: »Was meint ihr? Zum Fest wird er doch sicher kommen!«

57 Die führenden Priester und Pharisäer hatten aber angeordnet: »Jeder, der seinen Aufenthaltsort kennt, soll es melden!« Denn sie wollten ihn verhaften.

Eine Frau ehrt Jesus vor seinem Sterben

(Mt 26,6-13; Mk 14,3-9)

12 Sechs Tage vor dem Passafest* kam Jesus wieder nach Betanien, dem Ort, wo Lazarus wohnte, den er vom Tod auferweckt hatte. 2 Die Geschwister hatten Jesus zu Ehren ein Festessen vorbereitet. Marta trug auf, während Lazarus mit Jesus und den anderen zu Tisch lag*. 3 Maria aber nahm eine Flasche[i] mit reinem, kostbarem Nardenöl, goss es Jesus über die Füße und trocknete diese mit ihrem Haar. Das ganze Haus duftete nach dem Öl.

4 Judas Iskariot, einer von den Jüngern*, der Jesus später verriet, sagte: 5 »Warum wurde dieses Öl nicht für dreihundert Silberstücke[j] verkauft und das Geld

a Wörtlich *der Christus**.
b Wörtlich *die Juden,* ebenso in den Versen 33 und 36; vgl. Anmerkung zu 1,19.
c Der Zorn Jesu richtet sich gegen den mangelhaften Glauben, der sich im Weinen der Anwesenden äußert.
d Wörtlich *viele Juden;* vgl. Anmerkung zu 1,19.
e Wörtlich *werden noch alle an ihn glauben**.
f Kajaphas war Oberster Priester in den Jahren 18–36. Seine Worte (Vers 50) bekommen für den Christen eine ganz andere Bedeutung als für ihn selbst.
g Wörtlich *öffentlich unter den Juden;* vgl. Anmerkung zu 1,19.
h Wahrscheinlich lag dieser Ort etwa 20 km nordöstlich von Jerusalem am Rand der Wüste.
i *eine Flasche:* wörtlich *1 Litra* (= ca. 325 g).
j Das war der Arbeitslohn für ein ganzes Jahr. Siehe Sacherklärung »Silberstück«.

11,27 4,25S; 1,34S **11,37** 9,6-7 **11,38** 20,1; Mk 15,46par **11,42** 12,30 **11,44** 20,6-7 **11,45** 2,23S **11,47-48** 2,11S; Mk 14,1-2par; Apg 4,16 **11,49-50** 18,14 **11,52** 10,16S **11,53** 7,1S **11,54** 5,13S **11,55** 2,13S; 2Chr 30,17-18 **11,56** 7,11 **12,1-3** 11,1-2 **12,2** Lk 10,40 **12,3** Lk 7,37-38 **12,4** (Judas) 6,71; 13,2.27; 18,2

an die Armen verteilt?« 6 Er sagte das nicht etwa,
weil er ein Herz für die Armen hatte, sondern weil
er ein Dieb war. Er verwaltete die gemeinsame Kasse
und griff oft zur eigenen Verwendung hinein.
7 Jesus sagte: »Lass sie in Ruhe! Nach Gottes Wil-
len hat sie dieses Öl für den Tag meines Begräbnisses
aufbewahrt.« 8 Und an alle Jünger gewandt, fügte er
hinzu: »Arme wird es immer bei euch geben, aber
mich habt ihr nicht mehr lange bei euch.«

Lazarus in Gefahr

9 Die große Menge der Leute in Jerusalem[a] hatte
inzwischen gehört, dass Jesus in Betanien sei, und
sie gingen dorthin. Sie kamen nicht nur seinetwe-
gen, sondern auch weil sie Lazarus sehen wollten,
den Jesus vom Tod auferweckt hatte.
10 Da beschlossen die führenden Priester*, auch
Lazarus zu töten; 11 denn seinetwegen gingen viele
Juden dorthin und kamen zum Glauben* an Jesus.

Jesus zieht in Jerusalem ein

(Mt 21,1-11; Mk 11,1-11; Lk 19,28-40)

12 Am nächsten Tag hörte die große Menge, die zum
Passafest* gekommen war, Jesus sei auf dem Weg
nach Jerusalem. 13 Da nahmen sie Palmzweige,
zogen ihm entgegen vor die Stadt und riefen laut:
»Gepriesen sei Gott! Heil dem, der in seinem Auftrag
kommt! Heil dem König Israels!«
14 Jesus aber fand einen jungen Esel und setzte sich
darauf, so wie es schon in den Heiligen Schriften*
heißt:

15 »Fürchte dich nicht, du Zionsstadt*!
Sieh, dein König kommt!
Er reitet auf einem jungen Esel.«

16 Damals verstanden seine Jünger* dies alles noch
nicht; aber als Jesus in Gottes Herrlichkeit aufge-
nommen war, wurde ihnen bewusst, dass dieses
Schriftwort sich auf ihn bezog und dass die Volks-
menge ihn dementsprechend empfangen hatte.[b]
17 Als Jesus Lazarus aus dem Grab gerufen und vom
Tod auferweckt hatte, waren viele dabei gewesen
und hatten es als Zeugen weitererzählt. 18 Aus diesem
Grund kam ihm jetzt eine so große Menschenmenge
entgegen. Sie alle hatten von dem Wunder gehört,
das er vollbracht hatte.
19 Die Pharisäer* aber sagten zueinander: »Da seht
ihr doch, dass wir so nicht weiterkommen! Alle Welt
läuft ihm nach!«

Vertreter der nichtjüdischen Welt suchen Jesus

20 Unter denen, die zum Fest nach Jerusalem gekom-
men waren, um Gott anzubeten, befanden sich auch
einige Nichtjuden.[c] 21 Sie gingen zu Philippus, der
aus Betsaida in Galiläa* stammte, und sagten zu

Das Dorf Betanien (11,1) liegt am Ölberg, nur wenige Kilometer von Jerusalem entfernt. Es war die Heimat von Maria und Marta. Nach Mk 14,3-9 wurde Jesus hier kurz vor seiner Passion im Haus Simons des Aussätzigen von einer Frau gesalbt.

a Wörtlich *Die große Menge der Juden;* vgl. Anmerkung zu 1,19.
b Alle Evangelien weisen darauf hin, dass viele der Worte und Taten Jesu nicht verstanden oder missverstanden wurden (vgl. Mk 9,32); erst seine Auferstehung ruft die Erinnerung wach und hilft zum richtigen Verständnis.
c Wörtlich *Griechen;* damit sind Menschen aus nichtjüdischen Völkern gemeint, die den einen Gott Israels verehrten und sich untereinander auf Griechisch verständigten.

12,7 19,40 **12,8** Dtn 15,11 **12,9.11** 11,43.45; 2,23S **12,13** *zit* Ps 118,26; (König) Joh 1,49S; 6,15; Mt 27,11S **12,15** *zit* Sach 9,9 **12,16** 2,22; 17,1S **12,19** 11,48 **12,21** 1,44

ihm: »Herr, wir möchten gerne Jesus kennen lernen.«

22 Philippus sagte es Andreas, und die beiden gingen zu Jesus.

23 Er antwortete ihnen: »Die Stunde ist gekommen! Jetzt wird die Herrlichkeit des Menschensohns* sichtbar werden.

24 Amen*, ich versichere euch: Das Weizenkorn muss in die Erde fallen und sterben, sonst bleibt es allein. Aber wenn es stirbt, bringt es viel Frucht.

25 Wer sein Leben liebt, wird es verlieren. Wer aber sein Leben in dieser Welt gering achtet, wird es für das ewige Leben bewahren. 26 Wer mir dienen will, muss mir auf meinem Weg folgen, und wo ich bin, werden dann auch die sein, die mir gedient haben. Sie alle werden von meinem Vater geehrt werden.«

Jesus spricht von seinem Tod

27 »Mir ist jetzt sehr bange. Was soll ich tun? Soll ich sagen: ›Vater, lass diese Stunde an mir vorbeigehen‹? Aber ich bin ja in diese Stunde gekommen, um sie durchzustehen. 28 Vater, bring du deinen Namen jetzt zu Ehren!«

Da sagte eine Stimme vom Himmel: »Das habe ich bisher getan, ich werde es auch jetzt tun.«

29 Die Menge, die dort stand, hörte die Stimme, und einige sagten: »Es hat gedonnert!« Andere meinten: »Ein Engel hat mit ihm gesprochen.«

30 Aber Jesus sagte zu ihnen: »Diese Stimme wollte nicht mir etwas sagen, sondern euch. 31 Jetzt wird Gericht gehalten über diese Welt*. Jetzt wird der Herrscher* dieser Welt gestürzt. 32 Ich aber werde von der Erde erhöht werden,[a] und dann werde ich alle zu mir ziehen.« 33 Mit diesem Wort deutete er an, welche Todesart er erleiden würde.

34 Die Menge wandte ein: »Das Gesetz* sagt uns, dass der versprochene Retter[b] in alle Ewigkeit bleiben wird. Wie kannst du dann sagen, dass der Menschensohn* erhöht werden muss? Wer ist überhaupt dieser Menschensohn?«

35 Jesus antwortete: »Das Licht wird noch kurze Zeit unter euch sein. Geht euren Weg, solange es hell ist, damit die Dunkelheit euch nicht überfällt! Wer im Dunkeln geht, weiß nicht, wohin der Weg führt. Haltet euch an[c] das Licht, solange ihr es habt! Dann werdet ihr Menschen, die ganz vom Licht erfüllt sind.«[d]

Die Menge lehnt Jesus ab

36b Nachdem Jesus das gesagt hatte, ging er fort und verbarg sich vor ihnen. 37 Obwohl er sich durch so große Wunderzeichen* vor ihnen ausgewiesen hatte, schenkten sie ihm keinen Glauben.

38 Aber es sollte so kommen, wie es der Prophet Jesaja vorausgesagt hatte: »Herr, wer hat unserer Botschaft geglaubt? Wem ist die Macht des Herrn sichtbar geworden?« 39 Sie konnten nicht glauben, weil Jesaja auch das vorausgesagt hat: 40 »Gott hat ihre Augen geblendet und ihre Herzen verschlossen. So kommt es, dass sie mit ihren Augen nicht sehen und mit ihrem Verstand nichts begreifen und nicht zu mir, dem Herrn, kommen, damit ich sie heile.«

41 Jesaja sprach hier von Jesus. Er konnte das sagen, weil er dessen Herrlichkeit* geschaut hatte.[e]

42 Es gab sogar unter den Ratsmitgliedern* viele, die zum Glauben an Jesus gekommen waren, aber wegen der Pharisäer* bekannten sie sich nicht öffentlich dazu; denn sie wollten nicht aus der Synagogengemeinde* ausgeschlossen werden. 43 Der Beifall von Menschen war ihnen wichtiger als die Anerkennung von Gott.

Jesus ruft zur Entscheidung auf

44 Jesus rief laut: »Wer mich annimmt,[f] nimmt nicht mich an, sondern den, der mich gesandt hat. 45 Wer mich sieht, sieht den, der mich gesandt hat. 46 Ich bin als Licht in die Welt gekommen, damit alle, die mich annehmen, nicht im Dunkeln bleiben.

47 Wer hört, was ich sage, und sich nicht danach richtet, den verurteile ich nicht; denn ich bin nicht als Richter in die Welt gekommen, sondern als Retter. 48 Wer mich ablehnt und nicht annimmt, was ich sage, hat seinen Richter schon gefunden: Die Worte, die ich gesprochen habe, werden ihn am letzten Tag verurteilen.

49 Was ich euch gesagt habe, stammt nicht von mir; der Vater, der mich gesandt hat, hat mir aufgetragen, was ich zu sagen und zu reden habe. 50 Und ich weiß, dass das, was er mir aufgetragen hat, euch ewiges Leben bringt. Für alle meine Worte gilt also: Ich sage euch genau das, was der Vater mir gesagt hat.«

DIE ABSCHIEDSREDEN AN DIE JÜNGER (Kapitel 13–17)

Jesus wäscht seinen Jüngern die Füße

13 Das Passafest* stand bevor. Jesus wusste, dass für ihn die Stunde gekommen war, diese Welt zu verlassen und zum Vater zu gehen. Er hatte die Menschen, die in der Welt zu ihm gehörten, immer

a *erhöht:* Im Johannes-Evangelium spricht Jesus von seiner bevorstehenden Kreuzigung so, dass deutlich wird: In ihr vollzieht sich seine Aufnahme in die Herrlichkeit Gottes (vgl. 12,23; 13,31), in die Machtstellung bei Gott, aus der heraus er der Welt das Leben Gottes schenken kann (3,14-15; vgl. 17,1-2). Siehe auch Sacherklärung »Erhöhung«.
b Wörtlich *der Christus**.
c Wörtlich *Glaubt* an…*
d *Menschen, die …:* wörtlich *Söhne des Lichtes.*
e Vorausgesetzt ist hier, dass der Prophet in Jes 6,1-4 zugleich mit der Herrlichkeit* Gottes auch die des ewigen Wortes Gottes gesehen hat (vgl. 1,14; 17,5) und in Jes 6,9-10 auch schon von Jesus und seinem Auftrag spricht.
f *mich annimmt:* wörtlich *an mich glaubt*;* entsprechend in Vers 46.

12,23 2,4S **12,24** 1Kor 15,36 **12,25** Mt 10,38-39S **12,26** 14,3; 17,24; Mt 10,24-25; Mk 10,44-45par **12,27** 12,23; Mk 14,34-36par **12,28** 17,1S; (Stimme) Mk 1,11par; 9,7par **12,30** 11,42 **12,31** 14,30; 16,11 **12,32-34** (erhöht) 3,14; 8,28; 18,32 **12,34** Ps 89,37; 110,4; Ez 37,25 **12,35-36a** 7,33; 8,12S **12,36b** 5,13S **12,37** 16,9S **12,38** *nach* Jes 53,1; Röm 10,16 **12,40** *nach* Jes 6,10; Mk 4,12S **12,41** Jes 6,1-3 **12,42** 2,23S; 9,22S **12,43** 7,18S **12,45** 14,9 **12,46** 8,12S **12,47** 3,17; 5,22S **12,49** 7,16-17 **12,50** 4,34S **13,1** 2,4S

geliebt. Jetzt gab er ihnen einen letzten und äußersten Beweis seiner Liebe.

2 Jesus aß mit seinen Jüngern* zu Abend. Der Teufel hatte Judas, dem Sohn von Simon Iskariot, schon den Gedanken eingegeben, Jesus zu verraten. 3 Jesus wusste, dass der Vater ihm alles in die Hand gegeben hatte. Er wusste, dass er von Gott gekommen war und bald wieder zu Gott zurückkehren würde. 4 Da stand er vom Tisch auf, legte sein Obergewand* ab, band sich ein Tuch um 5 und goss Wasser in eine Schüssel. Dann fing er an, seinen Jüngern die Füße zu waschen und sie mit dem Tuch abzutrocknen.[a]

6 Als er zu Simon Petrus kam, sagte der: »Du, Herr, willst *mir* die Füße waschen?«

7 Jesus antwortete ihm: »Was ich tue, kannst du jetzt noch nicht verstehen, aber später wirst du es begreifen.«

8 Petrus widersetzte sich: »Niemals sollst *du mir* die Füße waschen, in Ewigkeit nicht!«

Jesus antwortete: »Wenn ich dir nicht die Füße wasche, hast du keinen Anteil an mir und an dem, was ich bringe.«

9 Da sagte Simon Petrus: »Herr, dann nicht nur die Füße, sondern auch die Hände und den Kopf!«

10 Jesus erwiderte: »Wer vorher gebadet hat, ist am ganzen Körper rein und braucht sich nur noch die Füße zu waschen.[b] Ihr seid alle rein – bis auf einen.« 11 Jesus wusste, wer ihn verraten würde. Deshalb sagte er: »Ihr seid alle rein, bis auf einen.«

12 Nachdem Jesus ihnen die Füße gewaschen hatte, zog er sein Oberkleid wieder an und kehrte zu seinem Platz am Tisch zurück.

»Begreift ihr, was ich eben getan habe?«, fragte er sie. 13 »Ihr nennt mich Lehrer* und Herr. Ihr habt Recht, das bin ich. 14 Ich bin euer Herr und Lehrer, und doch habe ich euch soeben die Füße gewaschen. So sollt auch ihr euch gegenseitig die Füße waschen. 15 Ich habe euch ein Beispiel gegeben, damit auch ihr so handelt, wie ich an euch gehandelt habe.

16 Amen*, ich versichere euch: Ein Diener ist nicht größer als sein Herr und ein Bote nicht größer als sein Auftraggeber. 17 Das wisst ihr jetzt; freuen dürft ihr euch, wenn ihr auch danach handelt!

18 Ich meine nicht euch alle. Ich weiß, wen ich erwählt habe; aber was die Heiligen Schriften* vorausgesagt haben, muss eintreffen: ›Einer, der mein Brot isst, tritt nach mir.‹ 19 Ich sage euch dies jetzt, bevor es eintrifft, damit ihr nicht an mir irrewerdet, wenn es dann so kommt, sondern im Glauben daran festhaltet: *Ich* bin der, an dem sich alles entscheidet.[c]

20 Amen, ich versichere euch: Wer einen Menschen aufnimmt, den ich gesandt habe, nimmt mich auf. Und wer mich aufnimmt, nimmt den auf, der mich gesandt hat.«

Jesus und sein Verräter

(Mt 26,20-25; Mk 14,17-21; Lk 22,21-23)

21 Als Jesus das gesagt hatte, wurde er sehr traurig und sagte ihnen ganz offen: »Amen*, ich versichere euch: Einer von euch wird mich verraten.«

22 Seine Jünger* sahen sich ratlos an und fragten sich, wen er meinte. 23 Der Jünger, den Jesus besonders lieb hatte, saß neben ihm.[d] 24 Simon Petrus gab ihm durch ein Zeichen zu verstehen: »Frag du ihn, von wem er spricht!« 25 Da rückte er näher an Jesus heran und fragte: »Herr, wer ist es?«

26 Jesus sagte zu ihm: »Ich werde ein Stück Brot in die Schüssel tauchen, und wem ich es gebe, der ist es.« Er nahm ein Stück Brot, tauchte es ein und gab es Judas, dem Sohn von Simon Iskariot.

27 Sobald Judas das Brot genommen hatte, nahm der Satan* ihn in Besitz. Jesus sagte zu ihm: »Beeile dich und tu, was du tun musst!«

28 Keiner von den Übrigen am Tisch begriff, was Jesus ihm da gesagt hatte. 29 Weil Judas das Geld verwaltete, dachten manche, Jesus habe ihn beauftragt, die nötigen Einkäufe für das Fest zu machen, oder er habe ihn angewiesen, den Armen etwas zu geben.

30 Nachdem Judas das Stück Brot gegessen hatte, ging er sofort hinaus. Es war Nacht.[e]

Das neue Gebot

31 Als Judas gegangen war, sagte Jesus: »Jetzt gelangt der Menschensohn* zu seiner Herrlichkeit, und durch ihn wird die Herrlichkeit* Gottes offenbar. 32 Wenn aber der Menschensohn die Herrlichkeit Gottes sichtbar gemacht hat, dann wird Gott ihm dafür auch seine eigene Herrlichkeit schenken. Und das wird bald geschehen. 33 Ich bin nicht mehr lange bei euch, meine Kinder. Ihr werdet mich suchen; aber ich muss euch jetzt dasselbe sagen, was ich früher schon den anderen[f] gesagt habe: Wo ich hingehe, dorthin könnt ihr nicht kommen.

34 Ich gebe euch jetzt ein neues Gebot: Ihr sollt einander lieben! Genauso wie ich euch geliebt habe, sollt ihr einander lieben![g] 35 An eurer Liebe zueinander werden alle erkennen, dass ihr meine Jünger* seid.«

Jesus und Petrus

(Mt 26,31-35; Mk 14,27-31; Lk 22,31-34)

36 »Herr, wohin willst du gehen?«, fragte ihn Simon Petrus.

Jesus antwortete: »Wo ich hingehe, dorthin kannst du mir jetzt nicht folgen, aber später wirst du nachkommen.«

a Das Waschen der Füße galt als eine so demütigende Handlung, dass man es nicht einmal von einem jüdischen Sklaven verlangen konnte. Andererseits konnte es ein Ausdruck tiefster Zuneigung gegenüber dem Vater oder dem Lehrer sein.
b Siehe Sacherklärung »Fußwaschung«.
c Wörtlich *Ich bin;* vgl. Anmerkung zu 8,24.
d Wörtlich *lag an der Brust Jesu;* siehe Sacherklärung »legen«.
e Diese Zeitangabe hat vor allem symbolischen Sinn: Nacht ist die Zeit, in der ›die Dunkelheit‹ ihre Macht ausübt (vgl. 9,41; 11,10; 12,35; Lk 22,53).
f Wörtlich *den Juden;* vgl. 7,33-35 und Anmerkung zu 1,19.
g Jesus kann diese Liebe befehlen, weil er sie vorgelebt hat und weil die Verbindung mit ihm sie möglich macht.

13,2 12,4S; Lk 22,3 **13,3** 3,35S **13,4-5** Lk 12,37 **13,10** 15,3 **13,11** 6,64.70-71 **13,12-14** Mt 23,8-12; Mk 10,41-45 par; Lk 22,27; 1 Tim 5,10 **13,15** Phil 2,5S **13,16** 15,20; Mt 10,24-25; Lk 6,40 **13,18** *nach* Ps 41,10; Joh 17,12 **13,19** 14,29; 16,4; 8,24 **13,20** Mk 9,37S **13,23** 19,26; 20,2; 21,7.20 **13,27** 12,4S **13,29** 12,6 **13,31-32** 17,1S **13,33** 7,33-36 **13,34** (neues Gebot) 15,12.17; 1 Joh 2,7-8; 3,11.23; 4,11.21; 2 Joh 5-6 **13,35** 1 Joh 3,14 **13,36** 8,14; 21,19

Die letzte Woche in Jesu Leben

Anfang April – wahrscheinlich im Jahr 30 – kam Jesus mit seinen Jüngern nach Jerusalem zur Feier des Passafestes. Er hatte viele Anhänger beim einfachen Volk, aber auch mächtige Feinde in den maßgeblichen Kreisen der Priester und der Gesetzeslehrer. Diese warteten auf eine Gelegenheit, Jesus aus dem Weg zu räumen, mussten jedoch darauf achten, dass sie damit nicht Unruhen im Volk auslösten. Zur Zeit Jesu konnte es in Jerusalem leicht zu Unruhen kommen – besonders im Zusammenhang mit den großen Festen, zu denen viele Pilger in der Stadt zusammenströmten. Die Römer verstärkten an solchen Tagen regelmäßig ihre Truppen, um mögliche Aufstände sofort niederschlagen zu können.
Die Evangelisten berichten ausführlich über die letzte Woche des Lebens Jesu. Dennoch gibt es manche Unklarheit über den genauen Hergang der Ereignisse. Vor allem ist schwer zu entscheiden, ob das Abschiedsmahl Jesu mit seinen Jüngern am Vorabend des Passafestes stattgefunden hat, an dem auch das jüdische Passamahl gehalten wurde (so Matthäus, Markus und Lukas), oder ob es schon einen Tag früher stattfand (so Johannes; vgl. 18,28). Damit hängt unmittelbar die Frage zusammen, ob Jesus am ersten Passafesttag (so nach Matthäus, Markus und Lukas) oder am Tag davor (so Johannes) gekreuzigt wurde.
Jedenfalls war der Tag der Kreuzigung ein Freitag. Kreuzabnahme und Bestattung mussten in Eile geschehen, damit man die Sabbatruhe nicht verletzte. Nach jüdischer Auffassung bedeutet der Sonnenuntergang jeweils das Ende eines Tages; der Sabbat beginnt also am Freitag, sobald die Sonne untergegangen ist.
Die folgende Übersicht bietet nur eine unter verschiedenen Möglichkeiten, die Ereignisse in einen zeitlichen Rahmen einzuordnen.

Die letzte Woche Jesu in Jerusalem begann mit seinem Einzug in die Stadt. Das Bild zeigt Christen, die in Jerusalem den Palmsonntag feiern.

Anfang der Woche

- Jesus zieht in Jerusalem ein. Das Volk jubelt ihm zu; die Stadt gerät in Aufruhr (alle vier Evangelien).
- Jesus geht in den Tempel und verlässt danach wieder die Stadt, um in Betanien zu übernachten (Markus).
- Am nächsten Tag (so Markus) kehrt Jesus zum Tempel zurück. Er vertreibt die Händler und Geldwechsler aus dem Tempelbezirk (Matthäus, Markus, Lukas).
- Die Nacht verbringt Jesus (wieder) in Betanien (Matthäus, Markus).

Mitte der Woche

- Am nächsten Tag (so Markus; zumindest nach Lukas handelt es sich um einen längeren Zeitraum) ist Jesus in öffentliche Auseinandersetzungen mit seinen Gegnern verwickelt. Er belehrt seine Jünger über die bevorstehende Zerstörung des Tempels und das Ende der Welt (Matthäus, Markus, Lukas).
- Am Mittwoch (so Matthäus und Markus) versammeln sich die führenden Priester und Gesetzeslehrer, um über die Festnahme Jesu zu beraten und zu beschließen (Matthäus, Markus, Lukas).
- Am selben Tag wird Jesus in Betanien von einer Frau durch Salbung mit kostbarem Öl geehrt. Jesus: »Sie hat meinen Körper im Voraus für das Begräbnis gesalbt« (Matthäus und Markus; nach Johannes fand dies statt, bevor Jesus in Jerusalem einzog).
- Am selben Tag macht Judas Iskariot den führenden Priestern das Angebot, ihnen zu helfen, Jesus an einem abgelegenen Ort zu verhaften (Matthäus, Markus, Lukas).

Donnerstag

- Jesus beauftragt zwei Jünger, in einem Haus in der Stadt alles für die Feier des Passamahles vorzubereiten (Matthäus, Markus, Lukas).
- Als Jesus und seine Jünger abends zum Mahl versammelt sind, wäscht Jesus den Jüngern die Füße (Johannes).
- Jesus weiß, dass einer der Jünger ihn verraten wird (alle vier Evangelien). Während der Mahlzeit geht Judas Iskariot weg, um den Verrat auszuführen (Johannes).
- Durch seine Worte über Brot und Wein gibt Jesus dem traditionellen Passamahl einen neuen Inhalt (Matthäus, Markus, Lukas); er stiftet es um zum ›Mahl des Herrn‹ (1 Korinther 11).
- Jesus sagt voraus, dass Petrus ihn noch vor Morgengrauen ›verleugnen‹ wird (alle vier Evangelien).
- Jesus sucht die Jünger auf seinen Tod und die Zeit seiner Abwesenheit vorzubereiten (Lukas und Johannes).
- Jesus und die Jünger verlassen das Haus und die Stadt und erreichen Getsemani am Fuß des Ölbergs (alle vier Evangelien).
- Jesus betet in der Einsamkeit, wissend, was auf ihn zukommt (Matthäus, Markus, Lukas).
- Ein Trupp bewaffneter Männer erscheint, um Jesus festzunehmen. Judas zeigt ihnen Jesus (alle vier Evangelien).

Freitag

- Noch in der Nacht wird Jesus zum Haus des Obersten Priesters gebracht (alle vier Evangelien). Er wird von Hannas verhört (Johannes). Er wird vom jüdischen Rat unter Vorsitz des Obersten Priesters Kajaphas verhört (Matthäus, Markus, Johannes; nach Lukas fand dies erst nach Tagesanbruch statt).
- Petrus folgt Jesus bis in den Hof des Obersten Priesters, leugnet dort aber, Jesus je gekannt zu haben (alle vier Evangelien).
- Nach Tagesanbruch fällt der Rat die Entscheidung, Jesus dem römischen Präfekten Pontius Pilatus zu übergeben (alle vier Evangelien).
- Judas bereut seine Tat und nimmt sich das Leben (Matthäus).
- Pilatus kommt zu dem Ergebnis, dass Jesus unschuldig ist, doch der jüdische Rat besteht auf der Hinrichtung Jesu (alle vier Evangelien).
- Pilatus schickt Jesus zu Herodes Antipas, dem Landesfürsten von Galiläa, der gerade in Jerusalem weilt (Lukas).
- Mit Hilfe eines Volkstumultes bringen die jüdischen Führer Pilatus so weit, in Jesu Hinrichtung einzuwilligen (alle vier Evangelien).
- Jesus wird gegeißelt und von den römischen Soldaten verhöhnt (Matthäus, Markus, Johannes).
- Wie es Brauch ist, muss Jesus den Querbalken des Kreuzes selbst zur Richtstätte tragen. Dort wird er mit zwei anderen Gefangenen gekreuzigt. Über seinem Kopf wird – wie üblich – eine Aufschrift befestigt, die den Grund für die Hinrichtung angibt: »Der König der Juden« (alle vier Evangelien). Etwa um 3 Uhr stirbt Jesus (Matthäus, Markus, Lukas).
- Josef von Arimathäa erhält von Pilatus die Erlaubnis, Jesu Leichnam vom Kreuz abzunehmen. Josef tut es (nach Johannes zusammen mit Nikodemus) und bestattet ihn in einem nahe gelegenen Felsengrab (alle vier Evangelien).

Sonntag

Die Ereignisse des Ostersonntags sind nicht einheitlich überliefert. Wenn wir die vier Evangelien zusammennehmen, ergibt sich folgendes Bild:

- In der Frühe des Sonntagmorgens kommen Frauen zum Grab Jesu (Matthäus, Markus, Lukas; Johannes spricht hier und in allem Folgenden nur von Maria aus Magdala), um Jesu Leichnam zu salben (so Markus und Lukas), oder einfach, um nach dem Grab zu sehen (Matthäus).
- Sie finden den Stein vom Grabeingang weggerollt (nach Matthäus werden sie Zeugen des Vorgangs) und das Grab leer (alle vier Evangelien).
- Aus dem Mund eines (Matthäus, Markus) bzw. zweier Engel (Lukas) erfahren sie von der Auferweckung Jesu und erhalten Aufträge für die Jünger (Matthäus, Markus).
- Jesus selbst erscheint den Frauen am Grab und erteilt einen Auftrag für die Jünger (Johannes) bzw. wiederholt den Auftrag des Engels (Matthäus).
- Die Frauen berichten ihr Erlebnis den Jüngern (Matthäus, Lukas, Johannes), die ihnen aber nicht glauben (Lukas).
- Petrus (nach Johannes auch der Jünger, den Jesus besonders geliebt hatte) läuft zum Grab und findet die Nachricht der Frauen bestätigt (Lukas, Johannes).
- Im weiteren Verlauf des Tages erscheint Jesus zwei Jüngern, die sich auf dem Weg nach Emmaus befinden (Lukas). Zuvor ist er Petrus erschienen (Lukas), danach den in Jerusalem versammelten Jüngern (Lukas, Johannes).
- Markus (16,7) und Matthäus (28,7.10) lassen erkennen, dass wesentliche Erscheinungen Jesu in Galiläa stattgefunden haben. Von diesen ist in Matthäus 28,16-20 und Johannes 21 die Rede.

Links: Dies könnte der Weg sein, auf dem Jesus von Jerusalem und dem Tempel durch das Kidrontal nach Getsemani gezogen ist.

Unten: Diese in den Fels gehauene Grabanlage bei Betfage zeigt, wie das Grab Jesu ausgesehen haben könnte. Mit der runden Steinplatte wurde die Öffnung verschlossen.

37 »Herr, warum kann ich jetzt nicht mitkom-
men?«, fragte Petrus. »Ich bin bereit, für dich zu ster-
ben!«
38 »Für mich sterben?«, erwiderte Jesus. »Amen*,
ich versichere dir: Bevor der Hahn kräht, wirst du
mich dreimal verleugnen und behaupten, dass du
mich nicht kennst.«

Jesus ist der Weg zum Vater

14 Dann sagte Jesus zu allen:[a] »Erschreckt nicht,
habt keine Angst! Vertraut auf Gott und ver-
traut auch auf mich![b]
2 Im Haus meines Vaters gibt es viele Wohnungen,
und ich gehe jetzt hin, um dort einen Platz für euch
bereitzumachen. Sonst hätte ich euch doch nicht mit
der Ankündigung beunruhigt, dass ich weggehe.[c]
3 Und wenn ich gegangen bin und euch den Platz
bereitet habe, dann werde ich zurückkommen und
euch zu mir nehmen, damit auch ihr seid, wo ich
bin.
4 Den Weg zu dem Ort, an den ich gehe, den kennt
ihr ja.«
5 Thomas sagte zu ihm: »Herr, wir wissen nicht
einmal, wohin du gehst! Wie sollen wir dann den
Weg dorthin kennen?«
6 Jesus antwortete: *»Ich* bin der Weg, denn ich bin
die Wahrheit und das Leben.[d] Einen anderen Weg
zum Vater gibt es nicht. 7 Wenn ihr mich kennt, wer-
det ihr auch meinen Vater kennen. Schon jetzt kennt
ihr ihn und habt ihn gesehen.«
8 Philippus sagte zu ihm: »Herr, zeige uns den
Vater! Mehr brauchen wir nicht.«
9 Jesus antwortete: »Nun bin ich so lange mit euch
zusammen gewesen, Philippus, und du kennst mich
immer noch nicht? Wer mich gesehen hat, hat den
Vater gesehen. Wie kannst du dann sagen: ›Zeige
uns den Vater‹? 10 Glaubst du nicht, dass du in mir
dem Vater begegnest?
Was ich zu euch gesprochen habe, das stammt
nicht von mir. Der Vater, der immer in mir ist, voll-
bringt durch mich seine Taten. 11 Glaubt mir: Ich lebe
im Vater und der Vater in mir. Wenn ihr mir nicht
auf mein Wort hin glaubt, dann glaubt mir wegen
dieser Taten.
12 Amen*, ich versichere euch: Wer im Glauben
mit mir verbunden bleibt, wird die gleichen Taten
vollbringen, die ich tue. Ja, er wird noch größere
Taten vollbringen, denn ich gehe zum Vater.[e]
13 Wenn ihr dann in meinem Namen, unter Beru-
fung auf mich, um irgendetwas bittet, werde ich es
tun. So wird durch den Sohn die Herrlichkeit* des
Vaters offenbar werden. 14 Ja, wenn ihr mich um
etwas bittet und euch dabei auf mich beruft, werde
ich eure Bitte erfüllen.«

Jesus verspricht den Heiligen Geist

15 »Wenn ihr mich liebt, werdet ihr meine Gebote
befolgen. 16 Und ich werde den Vater bitten, dass
er euch an meiner Stelle einen anderen Helfer* gibt,
der für immer bei euch bleibt, 17 den Geist der Wahr-
heit*. Die Welt* kann ihn nicht bekommen, weil sie
ihn nicht sehen kann und nichts von ihm versteht.
Aber ihr kennt ihn, denn er wird bei euch bleiben
und in euch leben.
18 Ich lasse euch nicht wie Waisenkinder allein; ich
komme wieder zu euch. 19 Es dauert noch eine kurze
Zeit, dann wird die Welt mich nicht mehr sehen.
Aber ihr werdet mich dann sehen, und ihr werdet
leben, weil ich lebe.
20 Wenn dieser Tag kommt, werdet ihr erkennen,
dass ich in meinem Vater lebe und dass ihr in mir
lebt und ich in euch. 21 Wer meine Gebote annimmt
und sie befolgt, der liebt mich wirklich. Und wer
mich liebt, den wird mein Vater lieben. Auch ich
werde ihn lieben und ihm meine Herrlichkeit offen-
baren.«
22 Judas – nicht der Judas Iskariot – sagte: »Warum
willst du deine Herrlichkeit nur uns zeigen und nicht
der Welt?«
23 Jesus antwortete ihm: »Wer mich liebt, wird
sich nach meinem Wort richten; dann wird ihn mein
Vater lieben, und wir werden zu ihm kommen und
bei ihm wohnen. 24 Wer mich nicht liebt, richtet
sich nicht nach meinen Worten – und dabei kom-
men doch die Worte, die ihr gehört habt, nicht
von mir, sondern von meinem Vater, der mich
gesandt hat.
25 Ich habe euch dies gesagt, solange ich noch bei
euch bin. 26 Der Vater wird euch in meinem Namen
den Helfer senden, der an meine Stelle tritt, den Hei-
ligen Geist*. Der wird euch alles Weitere lehren und
euch an alles erinnern, was ich selbst schon gesagt
habe.
27 Zum Abschied gebe ich euch den Frieden[f], *mei-*
nen Frieden, nicht den Frieden, den die Welt gibt.
Erschreckt nicht, habt keine Angst! 28 Ihr habt
gehört, wie ich zu euch sagte: ›Ich verlasse euch
und werde wieder zu euch kommen.‹ Wenn ihr mich
wirklich liebtet, würdet ihr euch freuen, dass ich
zum Vater gehe; denn er ist größer als ich.
29 Ich habe euch das alles im Voraus gesagt, damit
euer Glaube festbleibt, wenn es dann eintrifft. 30 Ich
werde nicht mehr viel mit euch reden, weil der Herr-
scher* dieser Welt schon auf dem Weg ist. Er hat
keine Macht über mich, 31 aber die Welt soll erken-
nen, dass ich den Vater liebe. Darum handle ich
so, wie es mir mein Vater aufgetragen hat.
Und nun steht auf! Wir wollen gehen!«

a Der Satz ist verdeutlichender Zusatz.
b *Vertraut auf* (beide Male): wörtlich *Glaubt* an.*
c *und ich gehe jetzt hin ...:* wörtlich *wenn es nicht so wäre, hätte ich euch dann gesagt, dass ich hingehe, um euch einen Platz zu bereiten?*
d *denn ich bin ...:* wörtlich *und die Wahrheit* und das Leben.* Siehe Sacherklärung »Ich-bin-Worte«.
e Erst nach der Auferstehung wird Jesus sein Werk in vollem Umfang durch die Jünger tun: Die Kräfte des göttlichen Lebens werden die ganze Völkerwelt erreichen und »die zerstreuten Kinder Gottes zusammenführen« (11,52).
f Bei Johannes ist Frieden immer an die Person Jesu gebunden. Siehe Sacherklärung.

13,38 18,27 **14,3** 12,26S **14,5** (Thomas) 20,24S **14,6** 10,9; Hebr 10,20 **14,9** 12,45; 1,18S **14,10** 3,35S **14,11** 5,18S; 5,36S **14,13** 15,16S; 17,1S **14,15** (Gebote) 14,21.23; 15,10; 1Joh 5,3; 2Joh 6 **14,16** 7,39; 14,26; 15,26; 16,7.13; 20,22; 1Joh 3,24; 4,13; Apg 1,4; 2,4 **14,17** 1Kor 2,10-16 **14,19** 16,16 **14,20** 5,18S **14,23** Offb 3,20 **14,24** 7,16 **14,26** 14,16S **14,27** 16,33; 20,19.21; Lk 2,14S **14,29** 13,19 **14,30** 12,31S **14,31** 4,34S

Jesus ist der wahre Weinstock[a]

15 »*Ich* bin der wahre Weinstock,[b] und mein
Vater ist der Weinbauer. 2 Er entfernt jede
Rebe an mir, die keine Frucht bringt; aber die
fruchttragenden Reben reinigt er, damit sie noch
mehr Frucht bringen. 3 Ihr seid schon rein geworden
durch das Wort, das ich euch verkündet habe.
4 Bleibt mit mir vereint, dann werde auch ich mit
euch vereint bleiben. Nur wenn ihr mit mir vereint
bleibt, könnt ihr Frucht bringen, genauso wie eine
Rebe nur Frucht bringen kann, wenn sie am Weinstock bleibt.

5 *Ich* bin der Weinstock und ihr seid die Reben.
Wer mit mir verbunden bleibt, so wie ich mit ihm,
bringt reiche Frucht. Denn ohne mich könnt ihr
nichts ausrichten. 6 Wer nicht mit mir vereint bleibt,
wird wie eine abgeschnittene Rebe fortgeworfen
und vertrocknet. Solche Reben werden gesammelt
und ins Feuer geworfen, wo sie verbrennen.

7 Wenn ihr mit mir vereint bleibt und meine Worte in euch lebendig sind, könnt ihr den Vater um
alles bitten, was ihr wollt, und ihr werdet es bekommen. 8 Die Herrlichkeit* meines Vaters wird ja
dadurch sichtbar, dass ihr reiche Frucht bringt und
euch so als meine Jünger* erweist.

9 So wie der Vater mich liebt, habe ich euch meine
Liebe erwiesen. Bleibt in dieser Liebe! 10 Wenn ihr
meine Gebote befolgt, dann bleibt ihr in meiner Liebe, so wie ich die Gebote meines Vaters befolgt habe
und in seiner Liebe bleibe. 11 Ich habe euch dies
gesagt, damit meine Freude euch erfüllt und an eurer Freude nichts mehr fehlt.

12 Dies ist mein Gebot: Ihr sollt einander so lieben,
wie ich euch geliebt habe. 13 Niemand liebt mehr als
einer, der sein Leben für seine Freunde opfert. 14 Ihr
seid meine Freunde, wenn ihr mein Gebot befolgt.[c]

15 Ich nenne euch nicht mehr Diener; denn ein
Diener weiß nicht, was sein Herr tut. Vielmehr
nenne ich euch Freunde; denn ich habe euch alles
gesagt, was ich von meinem Vater gehört habe.
16 Nicht ihr habt mich erwählt, sondern ich habe
euch erwählt. Ich habe euch dazu bestimmt, reiche
Frucht zu bringen, Frucht, die Bestand hat. Darum
gilt auch: Alles, was ihr vom Vater in meinem
Namen, unter Berufung auf mich, erbittet, wird er
euch geben.

17 Dieses eine Gebot gebe ich euch: Ihr sollt einander lieben!«[d]

Der Hass der Welt

18 »Wenn die Welt* euch hasst, dann denkt daran,
dass sie mich zuerst gehasst hat. 19 Die Welt würde
euch als ihre Kinder lieben, wenn ihr zu ihr gehören
würdet. Aber ich habe euch aus der Welt herausgerufen und ihr gehört nicht zu ihr. Aus diesem Grund
hasst euch die Welt.

20 Denkt an das, was ich euch gesagt habe: Kein
Diener ist größer als sein Herr. Wie sie mich verfolgt
haben, werden sie auch euch verfolgen. Und so viel
oder so wenig sie sich nach meinem Wort gerichtet haben, werden sie sich auch nach dem euren
richten.

21 Das alles werden sie euch antun, weil ihr euch
zu mir bekennt. Sie kennen nämlich den nicht, der
mich gesandt hat. 22 Sie hätten keine Schuld, wenn
ich nicht gekommen wäre und zu ihnen gesprochen
hätte. So aber haben sie keine Entschuldigung mehr.
23 Wer mich hasst, der hasst auch meinen Vater. 24 Sie
hätten keine Schuld, wenn ich nicht Taten unter
ihnen vollbracht hätte, die noch kein Mensch getan
hat. Doch sie haben diese Taten gesehen und hassen
mich trotzdem, mich und meinen Vater. 25 Aber das
muss so sein, damit in Erfüllung geht, was in ihrem
Gesetz* steht: ›Ohne jeden Grund haben sie mich
gehasst.‹

26 Der Helfer* wird kommen, der an meine Stelle
tritt. Es ist der Geist der Wahrheit*, der vom Vater
kommt. Ich werde ihn zu euch senden, wenn ich

Eine gute Traubenernte setzt voraus, dass der Weinstock »gereinigt« worden ist (15,2). Jede Rebe wird zurückgeschnitten bis zum Stamm, der ihr zuführt, was sie braucht, um zu wachsen und Frucht zu tragen. Abgestorbene Reben werden ganz entfernt und verbrannt. Jesus benutzt das Bild vom Weinstock, um seinen Jüngern zu zeigen: »Nur wenn ihr mit mir vereint bleibt, könnt ihr Frucht bringen« (15,4).

a Weinstock, Rebe oder Weinberg sind in der Bibel häufig gebrauchte Bilder für Israel, das erwählte Volk (vgl. Ps 80,9-12; Jes 5,1-7; Jer 2,21; Hos 10,1; Mt 21,33-41.45).
b *Ich bin ...:* siehe Sacherklärung »Ich-bin-Worte«.
c Der Gehorsam ist nicht die Vorbedingung für die Freundschaft, sondern ihr Erweis.
d Vgl. Anmerkung zu 13,34.

15,1 Ps 80,9-12 **15,2** Mt 3,10 par **15,3** 13,10 **15,4-5** (vereint) 15,7.10; 6,56; 1 Joh 2,6.28; 3,6.24 **15,5** 2 Kor 3,5; 4,7 **15,6** Mt 7,19 **15,7** 15,16S **15,8** 17,1S **15,9** 5,18S **15,10** 14,15S; 4,34S **15,11** 16,22.24; 17,13; 20,20; 1 Joh 1,4 **15,12** 13,34S **15,13** 10,11; 1 Joh 3,16; Röm 5,8 **15,16** (Bitte) 14,13; 15,7; 16,23-24; (Erhörung) 1 Joh 3,22; 5,14-15; Mt 7,7S **15,17** 13,34S **15,18-19** 7,7; 16,32-33; 17,14; 1 Joh 3,13 **15,20** 13,16S **15,21** 16,3 **15,22** 9,41 **15,23** 5,23; Lk 10,16 **15,24** 5,36S **15,25** *nach* Ps 69,5; 35,19 **15,26** 14,16S

beim Vater bin, und er wird als Zeuge über mich aussagen. 27 Und auch ihr werdet meine Zeugen sein, denn ihr seid von Anfang an bei mir gewesen.

16 Ich habe euch dies gesagt, damit ihr nicht an mir irrewerdet. 2 Sie werden euch aus den Synagogengemeinden* ausschließen. Es wird sogar so weit kommen, dass alle, die euch töten, es als einen Opferdienst zur Ehre Gottes verstehen. 3 Das alles werden sie euch antun, weil sie weder mich noch den Vater erkannt haben. 4a Aber ich habe es euch gesagt. Wenn es eintrifft, werdet ihr an meine Worte denken.«

Die Aufgabe des Heiligen Geistes

4b »Ich habe euch dies alles zu Anfang nicht gesagt, weil ich ja bei euch war. 5 Jetzt gehe ich zu dem, der mich gesandt hat. Doch niemand von euch fragt mich, wohin ich gehe. 6 Ihr seid nur traurig, weil ich euch dies alles gesagt habe. 7 Aber glaubt mir, es ist gut für euch, dass ich fortgehe; denn sonst wird der Helfer* nicht zu euch kommen. Wenn ich aber fortgehe, dann werde ich ihn zu euch senden und er wird meine Stelle einnehmen.[a]

8 Wenn er kommt, wird er gegen die Welt* auftreten. Er wird den Menschen zeigen, was Sünde ist und was Gerechtigkeit und was Gericht. 9 Die Sünde besteht darin, dass sie mich ablehnen.[b] 10 Die Gerechtigkeit besteht darin, dass Gott mir Recht gibt; denn ich gehe zum Vater und ihr werdet mich nicht mehr sehen. 11 Das Gericht aber besteht darin, dass der Herrscher* dieser Welt schon verurteilt ist.

12 Ich hätte euch noch vieles zu sagen, doch das würde euch jetzt überfordern. 13 Aber wenn der Helfer kommt, der Geist der Wahrheit*, wird er euch anleiten, in der vollen Wahrheit zu leben.°

Was er euch sagen wird, hat er nicht von sich selbst, sondern er wird euch nur sagen, was er hört. Er wird euch jeweils vorbereiten auf das, was auf euch zukommt.[c] 14 Er wird meine Herrlichkeit* sichtbar machen; denn was er an euch weitergibt, hat er von mir. 15 Alles, was der Vater hat, gehört auch mir. Darum habe ich gesagt: Was der Geist an euch weitergibt, hat er von mir.«

Abschied und Wiedersehen

16 »Es dauert noch eine kurze Zeit, und ihr werdet mich nicht mehr sehen. Dann wird wieder eine kurze Zeit vergehen, und ihr werdet mich wiedersehen.«

17 Unter seinen Jüngern* erhob sich die Frage: »Wie sollen wir das verstehen – und das andere Wort: ›Ich gehe zum Vater‹? 18 Was bedeutet ›eine kurze Zeit‹? Wir verstehen nicht, was er sagt.«

19 Jesus wusste schon, dass sie ihn fragen wollten. Darum sagte er zu ihnen: »Ich habe gesagt: ›Es dauert noch eine kurze Zeit, und ihr werdet mich nicht mehr sehen. Dann wird wieder eine kurze Zeit vergehen, und ihr werdet mich wiedersehen.‹ Darüber macht ihr euch nun Gedanken?

20 Amen*, ich versichere euch: Ihr werdet jammern und weinen, und die Welt wird sich freuen. Ihr werdet traurig sein; doch ich sage euch: Eure Trauer wird sich in Freude verwandeln. 21 Wenn eine Frau ein Kind zur Welt bringt, leidet sie Angst und Schmerzen; aber wenn das Kind geboren ist, denkt sie nicht mehr daran, was sie ausgestanden hat, und ist nur noch glücklich, dass ein Mensch zur Welt gekommen ist. 22 So wird es auch mit euch sein: Jetzt seid ihr voll Angst und Trauer. Aber ich werde euch wiedersehen. Dann wird euer Herz voll Freude sein, und diese Freude kann euch niemand nehmen.[d]

23 Wenn dieser Tag kommt, werdet ihr mich nichts mehr fragen. Amen, ich versichere euch: Der Vater wird euch dann alles geben, worum ihr ihn bittet, weil ihr es in meinem Namen tut und euch auf mich beruft. 24 Bisher habt ihr nichts in meinem Namen erbeten. Bittet, und ihr werdet es bekommen, damit eure Freude vollkommen und ungetrübt ist.«

Der Sieg über die Welt

25 »Ich habe euch dies alles in Andeutungen gesagt, die euch rätselhaft erscheinen müssen. Die Stunde kommt, dass ich nicht mehr in Rätseln zu euch rede, sondern offen und unverhüllt zu euch über den Vater spreche.[e] 26 Dann werdet ihr ihn unter Berufung auf mich bitten. Ich sage aber nicht, dass *ich* dann den Vater für euch bitten werde; 27 denn der Vater liebt euch. Er liebt euch, weil ihr mich liebt und nicht daran zweifelt,[f] dass ich von Gott gekommen bin. 28 Ich bin vom Vater in die Welt gekommen. Jetzt verlasse ich die Welt wieder und gehe zum Vater.«

29 Da sagten seine Jünger* zu ihm: »Nun sprichst du offen zu uns, nicht mehr in Rätseln. 30 Jetzt haben wir verstanden, dass du alles weißt. Du weißt schon vorher, was man dich fragen möchte. Darum glauben wir, dass du von Gott gekommen bist.«

31 Jesus erwiderte: »Ihr meint, ihr glaubt? Jetzt schon? 32 Die Stunde kommt, ja, sie ist schon da, dass man euch auseinander treiben wird. Jeder wird nur noch an sich denken, und mich werdet ihr allein lassen. Trotzdem bin ich nicht allein, weil mein Vater bei mir ist.

33 Dies alles habe ich euch gesagt, damit ihr in meinem Frieden* geborgen seid. In der Welt* wird man euch hart zusetzen, aber verliert nicht den Mut: Ich habe die Welt besiegt!«

a Erst der Heilige Geist erschließt den Jüngern, was Jesus ihnen gesagt hat, und macht es für die Zukunft wirksam (Vers 13).
b Wörtlich: *dass sie nicht an mich glauben**.
c Wörtlich *Er wird euch die kommenden (Dinge) verkünden.*
d Am Tag der Auferstehung geschieht das Wiedersehen, und mit diesem Tag beginnt auch die unvergängliche Freude der Jünger; vgl. 20,20.
e Dieses Sprechen Jesu geschieht durch den »Helfer«, den Heiligen Geist.
f *und nicht …:* wörtlich *und glaubt**.

15,27 1,14; 1Joh 1,2; 4,14; Apg 1,8S **16,2** 9,22; Apg 26,9-11 **16,3** 15,21 **16,4a** 13,19S **16,7** 14,16S **16,8** Apg 24,25 **16,9** 5,38; 6,36.64; 7,5; 10,26; 12,37 **16,11** 12,31S **16,13** 14,16S; 1Joh 2,27 **16,14** 17,1S **16,15** 17,10 **16,16** 14,19 **16,22** 15,11S **16,23** 15,16S **16,24** 15,11S **16,25** Mt 13,34 **16,27** 14,21 **16,32** Mk 14,27par; 14,50par; Sach 13,7 **16,33** 14,27; 1Joh 5,4

Jesus betet für seine Jünger

17 Als Jesus diese Rede beendet hatte, blickte er zum Himmel auf und sagte:

»Vater, die Stunde ist gekommen! Setze deinen Sohn* in seine Herrlichkeit ein, damit der Sohn deine Herrlichkeit* offenbar machen kann. 2 Du hast ihm ja die Macht über alle Menschen gegeben, damit er denen, die du ihm anvertraut hast, ewiges Leben schenkt. 3 Und das ewige Leben besteht darin, dich zu erkennen, den einzig wahren Gott, und den, den du gesandt hast, Jesus Christus.

4 Ich habe deine Herrlichkeit auf der Erde sichtbar gemacht; denn ich habe die Aufgabe erfüllt, die du mir übertragen hast. 5 Vater, gib mir nun wieder die Herrlichkeit, die ich schon bei dir hatte, bevor die Welt geschaffen wurde!

6 Ich habe dich[a] den Menschen bekannt gemacht, die du aus der Welt* ausgesondert und mir anvertraut hast. Dir haben sie schon immer gehört, und du hast sie mir gegeben. Sie haben sich nach deinem Wort gerichtet 7 und wissen jetzt, dass alles, was du mir gegeben hast, von dir stammt. 8 Ich habe ihnen die Worte weitergesagt, die du mir gegeben hast, und sie haben sie aufgenommen. Sie haben erkannt, dass ich wirklich von dir komme, und sind zum Glauben gekommen, dass du mich gesandt hast.

9 Für sie bete ich. Ich bete nicht für die Welt*, sondern für die Menschen, die du mir gegeben hast; denn sie gehören dir. 10 Alles, was mir gehört, gehört auch dir, und dein Eigentum ist auch mein Eigentum. Durch sie wird meine Herrlichkeit sichtbar. 11 Ich bin jetzt auf dem Weg zu dir. Ich bleibe nicht länger in der Welt, aber sie bleiben in der Welt.

Heiliger* Vater, bewahre sie in deiner göttlichen Gegenwart, die ich ihnen vermitteln durfte,[b] damit sie eins sind, so wie du und ich eins sind. 12 Solange ich bei ihnen war, habe *ich* sie in deiner göttlichen Gegenwart beschützt und bewahrt. Keiner von ihnen ist verloren gegangen, nur der eine, der verloren gehen musste, damit die Voraussage der Heiligen Schriften* in Erfüllung ging.

13 Und jetzt bin ich auf dem Weg zu dir. Ich sage dies alles, solange ich noch bei ihnen in der Welt bin, damit meine Freude ihnen in ganzer Fülle zuteil wird. 14 Ich habe ihnen dein Wort weitergesagt. Deshalb hasst sie die Welt, denn sie gehören nicht zu ihr, ebenso wie ich nicht zu ihr gehöre.

15 Ich bitte dich nicht, sie aus der Welt wegzunehmen, aber sie vor dem Bösen in Schutz zu nehmen. 16 Sie gehören nicht zu dieser Welt, so wie ich nicht zu ihr gehöre. 17 Lass sie in deiner göttlichen Wirklichkeit leben und weihe sie dadurch zum Dienst. Dein Wort erschließt diese Wirklichkeit.[c] 18 Ich sende sie in die Welt, wie du mich in die Welt gesandt hast. 19 Ich weihe mein Leben für sie zum Opfer, damit sie in deiner göttlichen Wirklichkeit leben und zum Dienst geweiht sind.

20 Ich bete nicht nur für sie, sondern auch für alle, die durch ihr Wort von mir hören und zum Glauben* an mich kommen werden. 21 Ich bete darum, dass sie alle eins seien, so wie du in mir bist, Vater, und ich in dir. So wie wir sollen auch sie in uns eins sein, damit die Welt glaubt, dass du mich gesandt hast. 22 Ich habe ihnen die gleiche Herrlichkeit gegeben, die du mir gegeben hast, damit sie eins sind, so wie du und ich. 23 Ich lebe in ihnen und du lebst in mir; so sollen auch sie vollkommen eins sein, damit die Welt erkennt, dass du mich gesandt hast und dass du sie, die zu mir gehören, ebenso liebst wie mich.

24 Vater, du hast sie mir gegeben, und ich will, dass sie mit mir dort sind, wo ich bin. Sie sollen meine Herrlichkeit sehen, die du mir gegeben hast, weil du mich schon liebtest, bevor die Welt geschaffen wurde.

25 Vater, du bist gerecht. Die Welt hat dich nicht erkannt; aber ich kenne dich, und diese hier haben erkannt, dass du mich gesandt hast. 26 Ich habe ihnen gezeigt, wer du bist,[d] und werde es weiter tun. So wird die Liebe, die du zu mir hast, auch sie erfüllen und ich werde in ihnen leben.«

LEIDEN, TOD UND AUFERSTEHUNG VON JESUS (Kapitel 18–20)

Jesus wird verhaftet

(Mt 26,47-56; Mk 14,43-50; Lk 22,47-53)

18 Nachdem Jesus dies gesagt hatte, brach er mit seinen Jüngern* auf. Sie überquerten den Kidronbach[e]. Auf der anderen Seite befand sich ein Garten, und Jesus ging mit seinen Jüngern hinein. 2 Der Verräter Judas kannte diesen Ort gut, denn Jesus war dort oft mit seinen Jüngern zusammen gewesen. 3 Er nahm also die Soldaten der römischen Besatzung[f] und einige Gerichtspolizisten*, die von den führenden Priestern* und den Pharisäern* mitgeschickt wurden, und kam dorthin. Die Männer waren bewaffnet und trugen Fackeln und Laternen.

4 Im vollen Wissen um alles, was nun mit ihm geschehen würde, ging Jesus hinaus aus dem Garten, ihnen entgegen, und fragte sie: »Wen sucht ihr?« 5 »Jesus von Nazaret!«,[g] antworteten sie.

»*Ich* bin es!«,[h] sagte Jesus. Der Verräter Judas stand bei ihnen.

6 Als Jesus zu ihnen sagte: »*Ich* bin es«, wichen sie zurück und fielen zu Boden. 7 Jesus fragte sie noch einmal: »Wen sucht ihr?«

a Wörtlich *deinen Namen;* vgl. Vers 11 und die Anmerkung dazu.
b Wörtlich *bewahre sie in deinem Namen*, den du mir gegeben hast;* so auch im folgenden Vers.
c Wörtlich *Heilige sie in deiner Wahrheit, dein Wort ist die Wahrheit;* siehe Sacherklärung »Wahrheit«.
d *gezeigt, wer du bist:* wörtlich *deinen Namen bekannt gemacht* (siehe Anmerkung zu Vers 11).
e Der Kidronbach verläuft zwischen Jerusalem im Westen und dem Ölberg im Osten (siehe Bilder Seite 160/61).
f *die Soldaten …:* wörtlich *die Kohorte.* Damit ist offenbar die Truppe gemeint, die ständig auf der Burg Antonia stationiert war und die nach dem Rang ihres Kommandanten (siehe Vers 12 und Sacherklärung »Hauptmann«) genau diese Stärke besaß.
g *von Nazaret:* wörtlich *den Nazoräer*;* ebenso in Vers 7.
h *Ich bin es:* siehe Anmerkung zu 8,24.

17,1 2,4S; (Herrlichkeit) 11,4; 12,16.23.41; 13,31-32; 14,13; 15,8; 16,14; 17,10.22.24 **17,2** 3,35S; 5,24S; Mt 28,18 **17,3** 1Joh 5,20; Weish 15,3 **17,4** 4,34S **17,5** 1,1-2; 8,58; 17,24 **17,10** 16,15 **17,11** 10,30; 17,21-23; Gal 3,28 **17,12** 6,39S; 13,18 **17,13** 15,11S **17,14** 15,18S **17,15** Mt 6,13S; 1Joh 5,18; 2Thess 3,3 **17,18** 20,21 **17,19** Hebr 10,10 **17,21-23** 17,11S; 5,18S **17,24** 12,26; 17,5 **17,25** 8,55; Mt 11,25-27 **18,1-2** Mk 14,32par; Lk 22,39S **18,2** 12,4S

»Jesus von Nazaret!«, antworteten sie.
8 »Ich habe euch gesagt, *ich* bin es«, sagte Jesus.
»Wenn ihr also mich sucht, dann lasst diese hier
gehen.« 9 So bestätigte sich, was Jesus früher gesagt
hatte: »Von denen, die du mir gegeben hast, Vater,
habe ich keinen verloren.«
10 Simon Petrus hatte ein Schwert. Er zog es, holte
gegen den Bevollmächtigten des Obersten Priesters*
aus und schlug ihm das rechte Ohr ab. Der Bevoll-
mächtigte hieß Malchus.
11 Jesus sagte zu Petrus: »Steck dein Schwert weg!
Diesen Kelch[a] hat mein Vater für mich bestimmt.
Muss ich ihn dann nicht trinken?«

Jesus wird Hannas vorgeführt
(Mt 26,57-58; Mk 14,53-54; Lk 22,54)

12 Die römischen Soldaten mit ihrem Kommandanten
und die Gerichtspolizisten* verhafteten Jesus, fessel-
ten ihn 13 und brachten ihn zuerst zu Hannas. Han-
nas war der Schwiegervater von Kajaphas, der in
jenem Jahr das Amt des Obersten Priesters* ausüb-
te.[b] 14 Kajaphas war es, der den Ratsmitgliedern[c]
klargemacht hatte, dass es von Vorteil sei, wenn
ein Einziger für das ganze Volk sterbe.

Petrus verleugnet Jesus
(Mt 26,69-70; Mk 14,66-68; Lk 22,55-57)

15 Simon Petrus und ein anderer Jünger* folgten
Jesus. Der andere Jünger war mit dem Obersten
Priester* gut bekannt, deshalb konnte er mit Jesus
bis in den Innenhof des Hauses gehen.
16 Petrus blieb draußen am Tor stehen. Der andere
Jünger, der Bekannte des Obersten Priesters, kam
wieder zurück, verhandelte mit der Pförtnerin und
nahm dann Petrus mit hinein.
17 Die Pförtnerin fragte Petrus: »Bist du nicht auch
ein Jünger von diesem Menschen?«
»Nein, das bin ich nicht«, antwortete Petrus.
18 Es war kalt. Die Diener des Obersten Priesters
und die Gerichtspolizisten* hatten deshalb einen
Stoß Holzkohlen angezündet, standen um das Feuer
herum und wärmten sich.
Petrus ging hin, stellte sich zu ihnen und wärmte
sich auch.

Hannas verhört Jesus

19 Der Oberste Priester* fragte Jesus nach seinen Jün-
gern* und nach seiner Lehre.
20 Jesus antwortete: »Ich habe immer offen vor
aller Welt gesprochen. Ich habe in den Synagogen*
und im Tempel* gelehrt, wo sich alle Juden treffen,
und habe niemals etwas im Geheimen gesagt.
21 Warum fragst du dann *mich*? Frag doch die Leute,
die meine Worte gehört haben! Sie wissen es.«
22 Als Jesus das sagte, schlug ihn einer der Gerichts-
polizisten* ins Gesicht und sagte: »Wie kannst du es
wagen, so mit dem Obersten Priester zu sprechen?«
23 Jesus erwiderte ihm: »Wenn ich etwas Unrech-
tes gesagt habe, dann weise es mir nach! Bin ich aber
im Recht, warum schlägst du mich?«
24 Hannas schickte darauf Jesus in Fesseln zum
Obersten Priester Kajaphas.

Petrus verleugnet Jesus noch einmal
(Mt 26,71-75; Mk 14,69-72; Lk 22,58-62)

25 Simon Petrus stand noch immer beim Feuer und
wärmte sich. Da sagten die anderen zu ihm: »Bist
du nicht auch einer von seinen Jüngern*?«
Petrus erwiderte: »Nein, ich bin es nicht!«
26 Ein Diener des Obersten Priesters*, ein Ver-
wandter des Mannes, dem Petrus das Ohr abgeschla-
gen hatte, sagte: »Ich habe dich doch mit eigenen
Augen bei ihm in dem Garten gesehen!«
27 Wieder stritt Petrus es ab, und in diesem Augen-
blick krähte ein Hahn.

Jesus vor Pilatus
(Mt 27,1-2.11-14; Mk 15,1-5; Lk 23,1-5)

28 Die führenden Priester[d] brachten Jesus am frühen
Morgen von Kajaphas zum Palast des römischen
Statthalters*.[e] Sie selbst gingen nicht in den Palast
hinein, weil sie nicht unrein* werden wollten.[f]
Sonst hätten sie nicht am Passamahl* teilnehmen
können.
29 Pilatus kam zu ihnen heraus und fragte: »Wel-
che Anklage erhebt ihr gegen diesen Mann?«
30 Sie antworteten: »Wenn er kein Verbrecher
wäre, hätten wir ihn dir nicht übergeben.«
31 »Nehmt *ihr* ihn doch«, sagte Pilatus, »und verur-
teilt ihn nach eurem eigenen Gesetz*!«
»Wir dürfen ja niemand hinrichten!«[g], erwiderten
sie. 32 So ging in Erfüllung, was Jesus gesagt hatte, als
er von der Art seines Todes sprach.
33 Pilatus ging in den Palast zurück und ließ Jesus
vorführen. »Bist du der König der Juden?«[h], fragte
er ihn.
34 Jesus antwortete: »Bist du selbst auf diese Frage
gekommen, oder haben dir andere von mir erzählt?«
35 Pilatus erwiderte: »Bin ich etwa ein Jude? Dein
eigenes Volk und die führenden Priester[i] haben dich
mir übergeben. Was hast du getan?«
36 Jesus sagte: »Mein Königtum stammt nicht von
dieser Welt*. Sonst hätten meine Leute dafür
gekämpft, dass ich den Juden nicht in die Hände
falle. Nein, mein Königtum ist von ganz anderer
Art!«
37 Da fragte Pilatus ihn: »Du bist also doch ein
König?«

a Siehe Anmerkung zu Mk 14,36.
b Amtierender Oberster Priester war Kajaphas (von 18-36 n. Chr.). Hannas hatte das Amt von 6-15 n. Chr. innegehabt; dann hatten die Römer ihn abgesetzt. Er war aber immer noch der starke Mann im Hintergrund.
c Wörtlich *den Juden;* vgl. Anmerkung zu 1,19.
d Wörtlich *Sie;* vgl. 18,3; 19,6.
e *Palast ...:* wörtlich *Prätorium*;* ebenso in Vers 33.
f Jede nichtjüdische Wohnung galt als unrein und wurde deshalb gemieden (vgl. Mt 8,8; Apg 11,3).
g Todesurteile auszusprechen und zu vollstrecken hatte die römische Besatzungsmacht sich selbst vorbehalten.
h Diese Frage nimmt vermutlich den wichtigsten Anklagepunkt auf. Pilatus kann den Königstitel nur politisch missverstehen.
i Mit dem *Volk* sind dessen Vertreter im Rat, die Ratsältesten*, gemeint. Sie werden im Folgenden nicht mehr erwähnt, während die *führenden Priester** als Verhandlungspartner mit Pilatus mehrfach genannt sind (19,6.15b.21). Darüber hinaus bleiben die jeweiligen Sprecher unbestimmt; die Übersetzung setzt für »sie« oder »die Juden« (so wörtlich in 18,38b; 19,7.12.14) die im Zusammenhang wahrscheinlichsten Akteure ein. Zu diesem Verfahren und zum Hintergrund der Darstellung der Ereignisse bei Johannes siehe Sacherklärung »Juden«.

18,9 6,39 S **18,10** Lk 22,36.38 **18,11** 12,27; Mk 10,38 par; 14,36 par **18,13** 18,24; Lk 3,2 **18,14** 11,49-50 **18,15-16** Mk 14,54 par **18,20** 7,26.14; 6,59; Mt 4,23 par; Mk 14,49 par; Apg 26,26 **18,22** 19,3; Apg 23,2 **18,26** 18,10 **18,32** 12,32-33 S; Mt 20,19 **18,36** 6,15 **18,37** 19,12 S; 8,47; 3,32-33; 1 Joh 4,6; 1 Tim 6,13

Jesus antwortete: »Ja, ich bin ein König. Ich wurde
geboren und bin in die Welt gekommen, um die
Wahrheit* offenbar zu machen und als Zeuge für
sie einzutreten. Wem es um die Wahrheit geht, der
hört auf mich.«
38a »Wahrheit«, meinte Pilatus, »was ist das?«

Das Todesurteil

(Mt 27,15-31; Mk 15,6-20; Lk 23,13-25)

38b Pilatus ging wieder zu den führenden Priestern*
hinaus und sagte zu ihnen: »Ich sehe keinen Grund,
ihn zu verurteilen. 39 Es ist aber üblich, dass ich euch
jedes Jahr zum Passafest* einen Gefangenen frei-
lasse. Soll ich euch den König der Juden freigeben?«
40 Sie schrien: »Nein, den nicht! Wir wollen Ba-
rabbas!« Barabbas aber war ein Straßenräuber.

19 Da ließ Pilatus Jesus abführen und auspeit-
schen*. 2 Die Soldaten flochten aus Dornen-
zweigen eine Krone und setzten sie Jesus auf. Sie
hängten ihm einen purpurfarbenen Mantel um,
3 traten vor ihn hin und riefen: »Hoch lebe der König
der Juden!« Dabei schlugen sie ihm ins Gesicht.
4 Darauf ging Pilatus noch einmal zu ihnen hinaus
und sagte: »Ich bringe ihn euch hier heraus, damit
ihr seht, dass ich keinen Grund zu seiner Verurtei-
lung finden kann.«
5 Als Jesus herauskam, trug er die Dornenkrone
und den purpurfarbenen Mantel. Pilatus sagte zu
ihnen: »Da, seht ihn euch an, den Menschen!«[a]
6 Als die führenden Priester* und die Gerichtspoli-
zisten* ihn sahen, schrien sie im Chor: »Kreuzigen*!
Kreuzigen!«

Pilatus sagte zu ihnen: »Nehmt ihn doch und kreu-
zigt ihn selbst! Ich finde keinen Grund, ihn zu verur-
teilen.«
7 Sie hielten ihm entgegen: »Wir haben ein Gesetz
und nach diesem Gesetz muss er sterben, denn er hat
sich zu Gottes Sohn* erklärt.«
8 Als Pilatus das hörte, bekam er noch mehr Angst.
9 Er ging in den Palast[b] zurück und fragte Jesus:
»Woher kommst du?«

Aber Jesus antwortete ihm nicht.
10 Pilatus sagte zu ihm: »Willst du nicht mit mir
reden? Vergiss nicht, dass ich die Macht habe, dich
freizugeben, aber auch die Macht, dich ans Kreuz
zu bringen!«
11 Jesus antwortete: »Du hättest keine Macht über
mich, wenn Gott es nicht zugelassen hätte. Darum
liegt die größere Schuld bei denen, die mich dir aus-
geliefert haben.«
12 Wegen dieser Worte versuchte Pilatus noch ein-
mal, ihn freizulassen. Aber die Wortführer der Juden
schrien: »Wenn du ihn freilässt, bist du kein Freund*
des Kaisers! Wer sich als König ausgibt, stellt sich
gegen den Kaiser!«
13 Als Pilatus das hörte, ließ er Jesus herausführen.
Er setzte sich auf den Richterstuhl an der Stelle,
die Steinpflaster heißt, auf Hebräisch*: Gabbata.
14 Es war der Tag vor dem Passafest, etwa zwölf
Uhr mittags.

Pilatus sagte zu den anwesenden Juden: »Da habt
ihr euren König!«
15 Sie schrien: »Weg mit ihm! Ans Kreuz!«

Pilatus fragte sie: »Euren König soll ich kreuzigen
lassen?«

Die führenden Priester antworteten: »Unser ein-
ziger König ist der Kaiser in Rom!« 16a Da lieferte Pila-
tus ihnen Jesus aus und gab ihn frei zur Kreuzigung.

Jesus am Kreuz

(Mt 27,32-44; Mk 15,21-32; Lk 23,26-43)

16b Die Soldaten übernahmen Jesus. 17 Er trug selber
sein Kreuz* aus der Stadt hinaus, bis zum so genann-
ten Schädelplatz – auf Hebräisch* heißt er Golgota.

Pilatus ließ den Angeklagten Jesus im Aufzug eines Spottkönigs dem Volk vorführen (19,5): »Da, seht ihn euch an, den Menschen!« Seit dem Mittelalter wird dieser Vorgang mit diesem römischen Bogen in Verbindung gebracht, der davon den Namen Ecce-homo-Bogen (*Ecce homo* = Seht den Menschen) erhalten hat.

a So wie viele Aussagen bei Johannes hat auch dieser Satz eine vordergründige Bedeutung: Pilatus sieht nur den erbärmlichen, lächerlichen Menschen, der niemandem gefährlich werden kann, aber zugleich spricht er, ihm selbst nicht bewusst, aus: Jesus, dieser Gemarterte und scheinbar Ohnmächtige, ist der einzig wahre Mensch.

b Wörtlich *ins Prätorium**.

19,4 18,38; Lk 23,4 **19,6** 18,31 **19,7** 5,18; Mk 14,61-64 par; Lev 24,16 **19,9** Mk 14,60-61 par; 15,5 par **19,12** 18,37; Lk 23,2; Apg 17,7

[18] Dort nagelten sie Jesus ans Kreuz und mit ihm noch
zwei andere, den einen links, den anderen rechts
und Jesus in der Mitte.
[19] Pilatus ließ ein Schild am Kreuz anbringen; dar-
auf stand: »Jesus von Nazaret,[a] der König der Juden«.
[20] Der Ort, wo Jesus gekreuzigt wurde, war nicht
weit von der Stadt entfernt, deshalb lasen viele Juden
diese Aufschrift. Sie war in hebräischer, lateinischer
und griechischer Sprache abgefasst.
[21] Die führenden Priester* sagten zu Pilatus:
»Schreib nicht: ›Der König der Juden‹, sondern dass
dieser Mann behauptet hat: ›Ich bin der König der
Juden.‹«
[22] Pilatus sagte: »Was ich geschrieben habe, habe
ich geschrieben.«
[23] Nachdem die Soldaten Jesus ans Kreuz genagelt
hatten, nahmen sie seine Kleider und teilten sie in
vier Teile. Jeder erhielt einen Teil. Das Untergewand
aber war in einem Stück gewebt und hatte keine
Naht. [24] Die Soldaten sagten zueinander: »Wir wol-
len es nicht zerreißen; das Los soll entscheiden,
wer es bekommt.« So traf ein, was in den Heiligen
Schriften* vorausgesagt war: »Sie haben meine Klei-
der unter sich verteilt. Mein Gewand haben sie ver-
lost.« Genau das taten die Soldaten.
[25] Nahe bei dem Kreuz, an dem Jesus hing, stan-
den seine Mutter und deren Schwester sowie Maria,
die Frau von Klopas, und Maria aus Magdala. [26] Jesus
sah seine Mutter dort stehen und neben ihr den Jün-
ger*, den er besonders lieb hatte. Da sagte er zu sei-
ner Mutter: »Frau,[b] er ist jetzt dein Sohn!« [27] Und zu
dem Jünger sagte er: »Sie ist jetzt deine Mutter!« Von
da an nahm der Jünger sie bei sich auf.

Jesus stirbt

(Mt 27,45-56; Mk 15,33-41; Lk 23,44-49)

[28] Jesus wusste, dass nun alles zu Ende gebracht war.
Aber damit die Voraussagen der Heiligen Schriften*
vollends ganz in Erfüllung gingen, sagte er: »Ich
habe Durst!«
[29] In der Nähe stand ein Gefäß mit Essig*. Die Sol-
daten tauchten einen Schwamm hinein, steckten ihn
auf einen Ysopstängel* und hielten ihn Jesus an die
Lippen.
[30] Jesus nahm davon und sagte: »Jetzt ist alles voll-
endet.« Dann ließ er den Kopf sinken und gab sein
Leben in die Hände des Vaters zurück.[c]

Jesus wird die Seite durchstochen

[31] Es war Freitag, der Vorbereitungstag für den Sab-
bat*. Die führenden Priester[d] wollten nicht, dass
die Gekreuzigten den Sabbat über am Kreuz* hän-
gen blieben. Darum baten sie Pilatus, ihnen die
Beine brechen und die Toten dann wegschaffen zu
lassen. Der kommende Sabbat war außerdem ein
ganz besonders hoher Feiertag.
[32] Die Soldaten gingen hin und brachen die Beine
der beiden Männer, die mit Jesus zusammen gekreu-
zigt worden waren. [33] Als sie zu Jesus kamen, merk-
ten sie, dass er schon tot war. Darum brachen sie
seine Beine nicht. [34] Aber einer der Soldaten stach
ihm mit seinem Speer in die Seite. Da kam Blut
und Wasser heraus.[e]
[35] Der Jünger*, der dies gesehen hat, hat es
bezeugt. Was er sagt, ist wahr, und er weiß, dass
er die Wahrheit sagt. Deshalb könnt auch ihr euren
Glauben darauf gründen. [36] Das geschah, damit ein-
traf, was in den Heiligen Schriften* vorausgesagt
war: »Sie werden ihm keinen Knochen brechen.«
[37] Und an einer anderen Stelle heißt es: »Sie werden
auf den blicken, den sie durchbohrt haben.«

Jesus wird ins Grab gelegt

(Mt 27,57-61; Mk 15,42-47; Lk 23,50-56)

[38] Als das geschehen war, bat Josef aus Arimathäa
Pilatus um die Erlaubnis, den Leichnam vom Kreuz*
abnehmen zu dürfen. Josef war ein Jünger* von
Jesus, aber nur heimlich, weil er vor den führenden
Männern[f] Angst hatte. Pilatus überließ ihm den
Toten, und Josef ging und nahm ihn vom Kreuz ab.
[39] Auch Nikodemus, der Jesus anfangs einmal bei
Nacht aufgesucht hatte, kam dazu; er brachte unge-
fähr hundert Pfund[g] Myrrhenharz* mit Aloë*. [40] Die
beiden nahmen den Leichnam von Jesus und wickel-
ten ihn mit den Duftstoffen in Leinenbinden, wie es
der jüdischen Begräbnissitte entspricht.
[41] Nahe bei der Stelle, wo Jesus gekreuzigt worden
war, befand sich ein Garten. Darin war eine neue
Grabkammer, in der noch niemand gelegen hatte.
[42] Dort hinein legten sie Jesus, weil es für die Juden
der Vorbereitungstag auf den Sabbat* war und das
Grab in der Nähe lag.

»Kreuzigen! Kreuzigen!«, schrie die Menge. »Da lieferte Pilatus ihnen Jesus aus und gab ihn frei zur Kreuzigung.« (19,6.16) Diese Szene wurde nachgestellt für den Fernsehfilm ›Jesus von Nazaret‹.

a *von Nazaret:* wörtlich *der Nazoräer**.
b Zu dieser Anrede vgl. 2,4 und die Anmerkung dazu.
c *gab sein Leben ...:* wörtlich *übergab den Geist.*
d Wörtlich *Die Juden;* vgl. Anmerkung zu 18,35.
e *Blut* steht für die erlösende Kraft des Todes Jesu, *Wasser* für den Geist und das Leben, die der Erhöhte schenkt (vgl. auch Sacherklärung »Gnosis«).
f Wörtlich *vor den Juden;* vgl. Anmerkung zu 1,19 bzw. 18,35.
g Wörtlich *100 Litra* (1 Litra = ca. 325 g). Es handelt sich um eine ungewöhnlich große Menge, die eine sehr hohe Ehrung zum Ausdruck bringt.

19,24 *nach* Ps 22,19 **19,25** Mk 15,40-41 par; Lk 8,2-3 S **19,26** 13,23 S **19,28** *nach* Ps 22,16 **19,29** Ps 69,22 **19,31** Dtn 21,22-23 **19,34** 1 Joh 5,6 **19,35** 21,24 **19,36** *nach* Ps 34,20-21; Ex 12,46 **19,37** *nach* Sach 12,10; Offb 1,7 **19,38** 9,22 S **19,39** 3,1 S **19,40** 11,44

Das leere Grab

(Mt 28,1-8; Mk 16,1-8; Lk 24,1-12)

20 Am Tag nach dem Sabbat[a] kam Maria aus Magdala in aller Frühe zum Grab, als es noch dunkel war. Sie sah, dass der Stein vom Eingang des Grabes entfernt war. 2 Da lief sie zu Simon Petrus und zu dem Jünger*, den Jesus besonders lieb hatte, und berichtete ihnen: »Sie haben den Herrn aus dem Grab genommen und wir wissen nicht, wohin sie ihn gelegt haben!«

3 Petrus und der andere Jünger machten sich auf den Weg zum Grab. 4 Sie liefen miteinander los, aber der andere Jünger lief schneller als Petrus und war als Erster am Grab. 5 Er beugte sich vor und sah die Leinenbinden liegen, aber er ging nicht hinein.

6 Als Simon Petrus nachkam, ging er sofort in die Grabkammer. Er sah die Leinenbinden 7 und das Tuch, mit dem sie Jesus das Gesicht bedeckt hatten. Dieses Tuch lag nicht bei den Binden, sondern war getrennt davon zusammengelegt.

8 Nun ging auch der andere Jünger hinein, der zuerst am Grab angekommen war. Er sah alles und kam zum Glauben. 9 Denn sie hatten die Heiligen Schriften* noch nicht verstanden, in denen doch steht, dass Jesus vom Tod auferstehen muss.

10 Danach gingen die beiden Jünger nach Hause zurück.

Jesus zeigt sich Maria aus Magdala

(Mt 28,9-10; Mk 16,9-11)

11 Maria stand noch draußen vor dem Grab und weinte. Dabei beugte sie sich vor und schaute hinein. 12 Da sah sie zwei weiß gekleidete Engel*. Sie saßen an der Stelle, wo Jesus gelegen hatte, einer am Kopfende und einer am Fußende.

13 »Frau, warum weinst du?«, fragten die Engel.

Maria antwortete: »Sie haben meinen Herrn fortgetragen und ich weiß nicht, wo sie ihn hingelegt haben!«

14 Als sie sich umdrehte, sah sie Jesus dastehen. Aber sie wusste nicht, dass es Jesus war. 15 Er fragte sie: »Frau, warum weinst du? Wen suchst du?«

Sie dachte, er sei der Gärtner, und sagte zu ihm: »Herr, wenn du ihn fortgenommen hast, dann sag mir, wo du ihn hingelegt hast. Ich will hingehen und ihn holen.«

16 »Maria!«, sagte Jesus zu ihr.

Sie wandte sich ihm zu und sagte: »Rabbuni*!« Das ist hebräisch* und heißt: Mein Lehrer!

17 Jesus sagte zu ihr: »Halte mich nicht fest![b] Ich bin noch nicht zum Vater zurückgekehrt.[c] Aber geh zu meinen Brüdern[d] und sag ihnen von mir: ›Ich kehre zurück zu meinem Vater und eurem Vater, zu meinem Gott und eurem Gott.‹«

18 Maria aus Magdala ging zu den Jüngern* und verkündete: »Ich habe den Herrn gesehen!« Und sie richtete ihnen aus, was er ihr aufgetragen hatte.

Jesus zeigt sich seinen Jüngern

(Mk 16,14-18; Lk 24,36-49)

19 Es war Abend geworden an jenem Sonntag*. Die Jünger* waren beisammen und hatten aus Angst vor den führenden Juden[e] die Türen abgeschlossen. Da kam Jesus, trat in ihre Mitte und sagte: »Frieden* sei mit euch!«

20 Dann zeigte er ihnen seine Hände und seine Seite. Als die Jünger den Herrn sahen, kam große Freude über sie.

21 Noch einmal sagte Jesus zu ihnen: »Frieden sei mit euch! Wie der Vater mich gesandt hat, so sende ich nun euch.«

22 Dann hauchte er sie an[f] und sagte: »Empfangt den Heiligen Geist*! 23 Wenn ihr jemand die Vergebung seiner Schuld zusprecht, ist die Schuld auch von Gott vergeben. Wenn ihr die Vergebung verweigert, bleibt die Schuld bestehen.«

Jesus zeigt sich Thomas

24 Als Jesus kam, war Thomas, genannt der Zwilling, einer aus dem Kreis der Zwölf, nicht dabei gewesen. 25 Die anderen Jünger* erzählten ihm: »Wir haben den Herrn gesehen!«

Thomas sagte zu ihnen: »Niemals werde ich das glauben! Da müsste ich erst die Spuren von den Nägeln an seinen Händen sehen und sie mit meinem

Viele Menschen zweifeln wie Thomas an der Auferstehung Jesu. Thomas musste Jesus sehen, dann erst konnte er glauben. Ihm sagte Jesus: »Freuen dürfen sich alle, die mich nicht sehen und trotzdem glauben!« (20,29)

a Siehe Sacherklärung »Sonntag«.
b Weniger wahrscheinlich ist die Übersetzung *Berühre mich nicht!* Vorausgesetzt ist vermutlich eine Begrüßungsgeste wie die in Mt 28,9.
c Die Auferstehung ist unvollendet, solange der Auferstandene nicht zum Vater zurückgekehrt ist. Von dorther wird er sich dann den Seinen neu mitteilen und ihnen den Geist schenken (Verse 19-23; vgl. 16,7-11). Ihn anders haben und festhalten zu wollen ist den Jüngern verwehrt.
d Damit sind hier die Jünger gemeint.
e Wörtlich *vor den Juden;* vgl. Anmerkung zu 1,19.
f Der griechische Ausdruck erinnert an die Erschaffung des ersten Menschen (Gen 2,7) und deutet damit an, dass durch den Heiligen Geist der neue Mensch geschaffen wird (vgl. 3,5).

20,2 13,23 S **20,6-7** 19,40; 11,44 **20,9** 1 Kor 15,4 S **20,14** 21,4; Lk 24,16 **20,17** (Brüder) Röm 8,29; Hebr 2,11-12 **20,19** 9,22 S; 14,27 S **20,20** 15,11 S **20,21** 17,18 **20,22** 14,16 S **20,23** Mt 16,19 S **20,24** (Thomas) 11,16; 14,5; 20,26-28; 21,2

Finger fühlen und meine Hand in seine Seitenwunde
legen – sonst nicht!«
26 Eine Woche später waren die Jünger wieder im
Haus versammelt und Thomas war bei ihnen. Die
Türen waren abgeschlossen. Jesus kam, trat in ihre
Mitte und sagte: »Frieden* sei mit euch!«
27 Dann wandte er sich an Thomas und sagte: »Leg
deinen Finger hierher und sieh dir meine Hände an!
Streck deine Hand aus und lege sie in meine Seiten-
wunde! Hör auf zu zweifeln und glaube*!«
28 Da antwortete Thomas: »Mein Herr und mein
Gott!«
29 Jesus sagte zu ihm: »Du glaubst, weil du mich
gesehen hast. Freuen dürfen sich alle, die mich nicht
sehen und trotzdem glauben!«

Der Zweck dieses Buches

30 Jesus tat vor den Augen seiner Jünger* noch viele
andere Wunderzeichen*, die nicht in diesem Buch
stehen. 31 Was aber in diesem Buch steht, wurde auf-
geschrieben, damit ihr festbleibt in dem Glauben,[a]
dass Jesus der versprochene Retter[b] ist, der Sohn*
Gottes. Wenn ihr das tut,[c] habt ihr durch ihn das
Leben.

EIN NACHTRAG: PETRUS UND DER LIEBLINGSJÜNGER (Kapitel 21)

Jesus zeigt sich sieben Jüngern am See von Tiberias

21 Später zeigte sich Jesus seinen Jüngern* noch
einmal am See von Tiberias. Das geschah so:
2 Einige von ihnen waren dort am See beisam-
men – Simon Petrus, Thomas, der auch Zwilling
genannt wurde, Natanaël aus Kana in Galiläa*, die
Söhne von Zebedäus und zwei andere Jünger.
3 Simon Petrus sagte zu den anderen: »Ich gehe
fischen!«

»Es wurde schon Morgen, da stand Jesus am Ufer.« (21,4) Die Jünger erkannten ihn erst, als er Brot und Fische unter sie verteilte (vgl. 6,11).

»Wir kommen mit«, sagten sie. Gemeinsam gin-
gen sie zum See und stiegen ins Boot; aber während
der ganzen Nacht fingen sie nichts.
4 Es wurde schon Morgen, da stand Jesus am Ufer.
Die Jünger wussten aber nicht, dass es Jesus war. 5 Er
redete sie an: »Kinder, habt ihr nicht ein paar
Fische?«
»Nein, keinen einzigen!«, antworteten sie.
6 Er sagte zu ihnen: »Werft euer Netz an der rech-
ten Bootsseite aus! Dort werdet ihr welche finden.«
Sie warfen das Netz aus und fingen so viele Fische,
dass sie das Netz nicht ins Boot ziehen konnten.
7 Der Jünger, den Jesus besonders lieb hatte, sagte
zu Petrus: »Es ist der Herr!«
Als Simon Petrus das hörte, warf er sich das Ober-
gewand* über, band es hoch und sprang ins Wasser.
Er hatte es nämlich zum Arbeiten abgelegt. 8 Die
anderen Jünger ruderten das Boot an Land – es
waren noch etwa hundert Meter[d] – und zogen das
Netz mit den Fischen hinter sich her.
9 Als sie an Land gingen, sahen sie ein Holzkohlen-
feuer mit Fischen darauf, auch Brot lag dabei. 10 Jesus
sagte zu ihnen: »Bringt ein paar von den Fischen, die
ihr gerade gefangen habt!«
11 Simon Petrus ging zum Boot und zog das Netz an
Land. Es war voll von großen Fischen, genau hun-
dertdreiundfünfzig. Aber das Netz riss nicht,
obwohl es so viele waren.
12 Jesus sagte zu ihnen: »Kommt her und esst!«
Keiner von den Jüngern wagte zu fragen: »Wer
bist du?« Sie wussten, dass es der Herr war.
13 Jesus trat zu ihnen, nahm das Brot und verteilte
es unter sie, ebenso die Fische.
14 Dies war das dritte Mal, dass sich Jesus seinen
Jüngern zeigte, seit er vom Tod auferstanden war.

Jesus und Petrus

15 Nachdem sie gegessen hatten, sagte Jesus zu Simon
Petrus: »Simon, Sohn von Johannes, liebst du mich
mehr, als die hier mich lieben?«
Petrus antwortete: »Ja, Herr, du weißt, dass ich
dich liebe.«
Jesus sagte zu ihm: »Sorge für meine Lämmer!«
16 Ein zweites Mal sagte Jesus zu ihm: »Simon,
Sohn von Johannes, liebst du mich?«
»Ja, Herr, du weißt, dass ich dich liebe«, antwor-
tete er.
Jesus sagte zu ihm: »Leite meine Schafe!«
17 Ein drittes Mal fragte Jesus: »Simon, Sohn von
Johannes, liebst du mich?«
Petrus wurde traurig, weil er ihn ein drittes Mal
fragte: »Liebst du mich?« Er sagte zu ihm: »Herr,
du weißt alles, du weißt auch, dass ich dich liebe.«
Jesus sagte zu ihm: »Sorge für meine Schafe!
18 Amen*, ich versichere dir: Als du jung warst, hast

a Wörtlich *damit ihr glaubt**; nach anderen Handschriften *damit ihr zum Glauben* kommt*.
b Wörtlich *der Christus**.
c Wörtlich *Wenn ihr das glaubt**.
d Griechische Maßangabe *200 Ellen**.

20,29 1 Petr 1,8 **20,30** 2,11 S; 1,14 **20,31** 1,34 S; 3,15 S; 1 Joh 5,13 **21,2** 1,41-42; 20,24 S; 1,45-46; Mk 1,19-20 **21,4** 20,14; Lk 24,16 **21,6** Lk 5,47 **21,7** 13,23 S; Mt 14,29 **21,11** Lk 5,6 **21,13** 6,11; Mk 6,41 par; 8,6 par **21,15-17** (meine Schafe) 10,14-16; Apg 20,28; 1 Petr 5,2 **21,18** 2 Petr 1,14

du deinen Gürtel selbst umgebunden und bist gegangen, wohin du wolltest; aber wenn du einmal alt bist, wirst du deine Hände ausstrecken, und ein anderer wird dich binden und dich dorthin bringen, wohin du *nicht* willst.«

19 Mit diesen Worten deutete Jesus an, mit welchem Tod Petrus einst Gott ehren werde. Dann sagte Jesus zu ihm: »Komm, folge mir!«

Petrus und der andere Jünger

20 Petrus drehte sich um und sah hinter sich den Jünger*, den Jesus besonders lieb hatte. Es war derselbe, der während des letzten Mahles neben Jesus gesessen und ihn gefragt hatte: »Herr, wer wird dich verraten?«

21 Als Petrus ihn sah, fragte er Jesus: »Herr, was geschieht denn mit dem?«

22 Jesus antwortete ihm: »Wenn ich will, dass er so lange lebt, bis ich wiederkomme, was geht das *dich* an? Du sollst mir folgen!«

23 Deswegen verbreitete sich in der Gemeinde[a] das Gerücht, dass der andere Jünger nicht sterben werde. Aber Jesus hatte nicht gesagt, dass er nicht sterben werde, sondern: »Wenn ich will, dass er so lange lebt, bis ich wiederkomme, was geht *dich* das an?«

Schlusswort zum gesamten Buch

24 Dieser Jünger* ist es, der alles bezeugt, was in diesem Buch steht. Er selbst hat es niedergeschrieben, und wir wissen, dass er die Wahrheit sagt.

25 Es gibt noch vieles andere, was Jesus getan hat. Wenn alles einzeln aufgeschrieben würde – ich denke, die ganze Welt könnte die Bücher nicht fassen, die dann geschrieben werden müssten.

a Wörtlich *unter den Brüdern.*

21,19 13,36 **21,20** 13,23S **21,24** 19,35 **21,25** 20,30

Die römische Welt

Nach der Legende ist die Stadt Rom 753 v. Chr. gegründet worden. 510 v. Chr. wurde König Tarquinius vertrieben und Rom wurde eine Republik. Die entscheidenden Gremien waren die Volksversammlung und der Senat. Die Regierungsgewalt wurde für jeweils ein Jahr zwei Konsuln übertragen. 264 v. Chr. beherrschte Rom den größten Teil Italiens und begann den Krieg gegen Karthago. 146 v. Chr. wurde Karthago zerstört, und die Römer gingen daran, alle Völker rings um das Mittelmeer ihrer Herrschaft zu unterwerfen.

Römische Kultur

Durch die Griechen wurden unserer Welt die Grundlagen demokratischer Staatsverfassung und die Grundlagen von Medizin, Naturwissenschaft, Kunst und Philosophie vermittelt. Was die Römer uns als Erbe hinterlassen haben, ist mehr praktischer Natur. Ihre Stärke lag auf dem Gebiet der Rechtsordnung und Verwaltung. Von ihrem Geist zeugen hervorragend ausgebaute Straßen und Wasserleitungen, zentrale Heizungsanlagen in den Häusern und die großartigen öffentlichen Bäder. Zur römischen Zivilisation gehören auch die spektakulären Sport- und Unterhaltungsveranstaltungen: Wagenrennen und blutige Gladiatorenkämpfe in riesigen Amphitheatern, z. B. dem Kolosseum in Rom.

Das römische Weltreich

Nach und nach übernahmen die Römer auch die Herrschaft über Griechenland und den von Griechen beherrschten östlichen Teil der damaligen Welt. 146 v. Chr. wurde Korinth zerstört, 86 v. Chr. Athen endgültig niedergeworfen. Der Einfluss griechischer Sprache und Kultur blieb jedoch unter römischer Herrschaft ungebrochen.
Im 1. Jahrhundert v. Chr., in dem Julius Cäsar Gallien unterwarf, eroberte Pompeius Syrien und Palästina und besetzte 63 v. Chr. Jerusalem.
Durch das Geschick und die Tatkraft Oktavians ging schließlich die lange Zeit der Kriege und Bürgerkriege zu

Das Forum im Zentrum von Rom, wie es heute aussieht. Im Hintergrund der Triumphbogen des Titus und das Kolosseum.

Ende. Oktavian erhielt den Ehrennamen ›Augustus‹ und vereinigte alle Macht in seiner Hand. Mit ihm beginnt die Zeit der römischen ›Kaiser‹. Das Zeitalter des Friedens, das Augustus heraufführte, brachte überall im Reich Sicherheit in Handel und Verkehr und ein neues Aufblühen der Wirtschaft mit sich. Unter seiner Regierung wurde Jesus geboren.

Das Leben in der Hauptstadt

Die Reichen führten in Rom ein aufwendiges Leben. Sie wohnten in großen Häusern mit Marmorsäulen, herrlichen Mosaikfußböden und freskengeschmückten Innenräumen. Sie fanden sich häufig in den öffentlichen Bädern ein und gingen ins Theater. Eine römische Mahlzeit konnte aus sieben und mehr Gängen bestehen, darunter ausgesuchte Leckerbissen wie gefüllte Mäuse oder gekochte Flamingos.
Die Armen lebten recht erbärmlich in schlecht gebauten Wohnblocks. Sie hatten keine Heizungsanlagen und mussten öffentliche Waschgelegenheiten aufsuchen. Brot oder Getreidegrütze bildete ihre Hauptnahrung, hinzu kamen Kräuter, ein paar Oliven oder etwas Gemüse. Die öffentlichen Sport- und Unterhaltungsveranstaltungen sollten sie von ihrem Elend ablenken.

Unter römischer Besatzung

Die Römerherrschaft wirkte sich in den besetzten Ländern in mancher Hinsicht günstig aus. Die Römer sorgten für Recht und Ordnung und für stabile politische Verhältnisse. Sie legten vorzügliche Straßen an und errichteten großartige öffentliche Bau-

Modell eines römischen Kriegsschiffes.

Links: Römisches Mosaik mit einer Begebenheit aus dem Leben des griechischen Helden Odysseus.

Szene aus dem römischen Familienleben: Eine Mutter badet ihren Säugling.

Links: Die Soldaten der römischen Legionen hatten die Aufgabe, die Grenzen des riesigen Imperiums zu sichern.

Wagenrennen waren ein sehr beliebter Sport in der römischen Welt.

Reste des Apollo-Tempels in Pompeji.

Rechts: Römischer Aquädukt (Wasserleitung) bei Tarragona. Er ist 32 Meter hoch.

Vornehme römische Häuser waren oft mit Wandmalereien und Mosaikfußböden ausgestattet. Diese Villa in Herculaneum blieb beim Ausbruch des Vesuvs im Jahr 79 n. Chr. für die Nachwelt erhalten, weil die ganze Stadt (wie auch das benachbarte Pompeji) unter einer dicken Schicht aus Asche und Lava begraben wurde.

ten, z. B. Verwaltungsgebäude, Markthallen, Bäder, Theater und Sportstätten. In dem weit abgelegenen Judäa standen die meisten Menschen dennoch der römischen Herrschaft ausgesprochen feindselig gegenüber. Für sie war es unerträglich, dass ihr Land besetztes Gebiet sein sollte. Vielerlei Steuern wurden erhoben: Einkommensteuer, Nährmittelsteuer, Steuer bei Kauf und Verkauf von Land oder anderem Eigentum, Steuer bei Ein- und Ausfuhr von Waren (Zölle). Das Eintreiben der Steuern wurde Privatunternehmern übertragen, die möglichst viel Gewinn erzielen wollten. Steuereinnehmer galten daher als Räuber und Betrüger und wurden von ihren Landsleuten gehasst und verachtet.

Das römische Heer

Das römische Heer bestand zum größten Teil aus Freiwilligen, die sich auf 20 Dienstjahre verpflichten mussten. Zur Ausrüstung eines Soldaten gehörten der eiserne Helm, der Brustpanzer und Sandalen, deren Sohlen mit Eisennägeln beschlagen waren. Jeder hatte ein Schwert, einen Speer und einen großen ovalen, lederbespannten Holzschild. Viele Soldaten lagen in festen Garnisonen. Auf dem Marsch wurden ihnen 30 km und mehr pro Tag abverlangt. Dabei hatten sie ihre Waffen und Werkzeuge, Kochtöpfe und Verpflegung selbst zu tragen.
Eine Abteilung Soldaten überwachte die Kreuzigung Jesu. Römische Soldaten waren es auch, die Paulus davor bewahrten, von der Menge gelyncht zu werden.

Paulus im Römischen Reich

Der von Rom weltweit geschaffene Friede, das gute Straßennetz und die Verkehrsmittel machten es den Christen möglich, die Botschaft von Jesus innerhalb weniger Jahre in allen Ländern des östlichen Mittelmeerraumes zu verbreiten. Paulus besaß das römische Bürgerrecht, und mehr als einmal konnte er sich gegen Willkür wehren, indem er dieses Sonderrecht geltend machte. Als Paulus daran zweifeln musste, vor jüdischen Gerichten zu seinem Recht zu kommen, appellierte er an den Kaiser und wurde nach Rom gebracht, damit der Prozess dort geführt werden konnte.

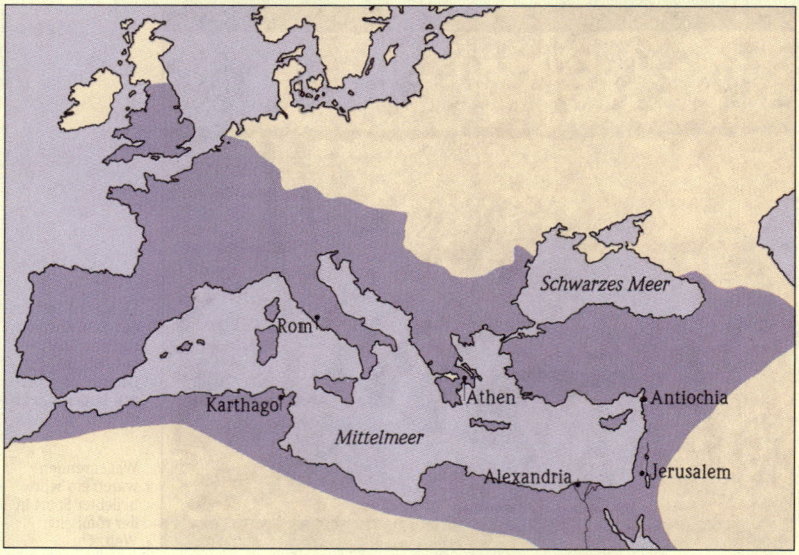

Das Römische Reich erreichte seine größte Ausdehnung unter Kaiser Trajan (98–117 n. Chr.).

APOSTELGESCHICHTE

Im Vorwort (1,1-3) gibt sich das Buch als Fortsetzung des Lukas-Evangeliums zu erkennen. Es stammt vom selben Verfasser und ist gleichfalls Theophilus gewidmet (siehe die Einführung zu Lukas, Seite 90 NT). Lukas knüpft zunächst noch einmal an die Zeit an, in der der Auferstandene seinen Jüngern erschien, und nennt noch einmal die Weisungen und Verheißungen, die den Jüngern in dieser Zeit zuteil wurden (1,3-11). Sie sind knapp zusammengefasst in 1,8: »Ihr werdet mit dem Heiligen Geist erfüllt werden, und dieser Geist wird euch die Kraft geben, überall als meine Zeugen aufzutreten: in Jerusalem, in ganz Judäa und Samarien und bis ans äußerste Ende der Erde.« Diese Ankündigung dient Lukas als Leitfaden für seine Darstellung; er will zeigen, wie sie sich Punkt um Punkt erfüllt hat.

Grundlegend wichtig ist das Kommen des Geistes. Er bringt das große Werk in Gang (2,4) und bewirkt seine stetige Ausweitung.

Zugleich sind es aber auch bestimmte Menschen und Menschengruppen, die in den verschiedenen Phasen maßgebliche Bedeutung erlangen: Zunächst, noch ehe der Geist kommt, wird der Zwölferkreis (siehe Lukas 6,13) wiederhergestellt (1,15-26). Damit wird der Anspruch Jesu auf Israel erneuert und die Grundlage neu befestigt, auf der das Israel der Zukunft ruhen soll. Der Kreis der zwölf Apostel tritt nach Pfingsten vor allem als Führungsgremium der Jerusalemer Urgemeinde in Erscheinung. Innerhalb dieses Gremiums spielt Petrus die entscheidende Rolle.

Die Phase der Mission »in ganz Judäa und Samarien« steht in engem Zusammenhang mit der Gruppe der Griechisch sprechenden Juden in der Jerusalemer Urgemeinde, besonders ihren sieben führenden Männern (6,5-15). In der Verfolgung, die wegen Stephanus über die Gemeinde hereinbricht, sind vor allem sie es, die aus Jerusalem fliehen müssen und dabei die Botschaft Jesu zu den Juden in anderen Städten Palästinas und Syriens tragen (8,1.4; 11,19). Unter diesen Verkündigern ragt besonders Philippus hervor, der das Volk von Samaria für den Glauben an Jesus gewinnt (8,5-13).

Das Tor zur Mission unter den nichtjüdischen Völkern »bis ans äußerste Ende der Erde« wird dadurch aufgestoßen, dass Petrus den Hauptmann Kornelius als ersten Nichtjuden in die Gemeinde aufnimmt (Kap 10). Der Geist Gottes gab hierzu den Anstoß (10,44-48), und unmittelbar davor hatte Jesus selbst sich schon den Mann bereitgestellt, dem er die Durchführung dieser Aufgabe zugedacht hatte: Paulus (9,1-31).

Ausgangspunkt für die Mission unter den Völkern der Welt ist die Gemeinde von Antiochia mit ihren »Propheten und Lehrern« (11,20-26; 13,1-3). Von hier wird Paulus ausgesandt und er arbeitet zunächst in enger Bindung an diese Gemeinde (Kap 13–14).

Nach drei großen missionarischen Vorstößen nach Kleinasien und Griechenland (Kap 13–14; 15,36–18,22; 18,23–19,20) tritt er dann den Weg an, den auch Jesus gegangen ist, den Weg nach Jerusalem (19,21–21,16). Doch gelingt es den Juden dort nicht, Paulus zu töten. Vielmehr haben ihre Mordabsichten am Ende nur die Folge, dass Paulus nach Rom geschafft wird (25,9-12) und dann dort, im Mittelpunkt der damaligen Welt, die Botschaft Gottes verkünden kann (28,16.30-31).

Die Apostelgeschichte ist eigentlich eine urchristliche Kirchengeschichte, wobei Kirchengeschichte ganz als Missionsgeschichte verstanden ist. Das Werk bietet uns wichtige Informationen über Art und Inhalt urchristlicher missionarischer Verkündigung vor Juden (13,16-41) und Nichtjuden (17,22-31), über das urchristliche Gemeindeleben (2,42-47; 4,32-35), über Konflikte innerhalb der jungen Christenheit und die Art, wie sie gelöst wurden (6,1-7; 15,1-41), über das Werden kirchlicher Dienste und Ämter, die in nachapostolischer Zeit große Bedeutung erlangen sollten (6,1-6; 14,23; 20,17-35). Wie ein roter Faden läuft durch diese Kirchen- und Missionsgeschichte schließlich die Auseinandersetzung mit dem Judentum jener Zeit (vgl. 13,5 und die Erklärung dort). Im Blick auf die Auferweckung Jesu vom Tod muss die junge Kirche den Anspruch erheben, die Erfüllung bzw. die einzig legitime Fortsetzung des Judentums zu sein (26,2-8.20-23). Da dieser Anspruch bei den meisten Juden auf heftige Ablehnung stößt und mit Drohung und Gewalt beantwortet wird, kommt es zu einer immer weitergehenden Scheidung, bis mit 28,25-28 feststeht, dass der Kirche aus den nichtjüdischen Völkern die Zukunft gehören wird.

Wie bei seinem Evangelium (vgl. dort 1,1-3), so konnte Lukas auch bei der Apostelgeschichte auf schriftliche und mündliche Überlieferungen zurückgreifen. Viele Ausleger sehen z.B. in den Stücken, die in der Wir-Form abgefasst sind, den Bericht eines Augenzeugen verarbeitet. Für die Stationen und die wichtigsten Ereignisse der Paulusreisen wird es knappe schriftliche Aufzeichnungen gegeben haben. Die Wiedergabe der Missionsreden, die Petrus und Paulus gehalten haben, beruhen auf urchristlichen Predigttraditionen, die bis in die Zeit der ersten Anfänge zurückreichen.

Inhaltsübersicht

VOM LUKAS-EVANGELIUM ZUR APOSTELGESCHICHTE (Kapitel 1)

Lukas schreibt die Fortsetzung

1 Verehrter Theophilus, in meiner ersten Schrift[a]
habe ich alles berichtet, was Jesus tat und lehrte,
von Anfang an 2 bis zu dem Tag, an dem er in den
Himmel aufgenommen wurde. Zuvor gab er den
Aposteln* Anweisungen für die Zukunft. Er hatte
sie früher mit dem Beistand des Heiligen Geistes*
ausgewählt. 3 Nach seinem Leiden und Sterben hatte
er sich ihnen wiederholt gezeigt und ihnen die
Gewissheit gegeben, dass er lebte. Während vierzig
Tagen kam er damals zu ihnen und sprach mit ihnen
darüber, wie Gott seine Herrschaft aufrichten und
sein Werk vollenden werde.[b]

Jesus nimmt Abschied von seinen Jüngern

(Lk 24,47-52)

4 Als Jesus wieder einmal bei ihnen war und mit
ihnen aß, schärfte er ihnen ein: »Bleibt in Jerusalem
und wartet auf den Geist*, den mein Vater verspro-
chen hat. Ich habe euch sein Kommen angekündigt,
als ich euch sagte: 5 ›Johannes hat mit Wasser
getauft*, aber ihr werdet schon bald mit dem Geist
Gottes getauft werden.‹«
6 Die Versammelten fragten Jesus: »Herr*, wirst
du dann die Herrschaft* Gottes in Israel wieder auf-
richten?«
7 Jesus antwortete: »Mein Vater hat festgelegt, wel-
che Zeiten bis dahin noch verstreichen müssen und
wann es so weit ist. Ihr braucht das nicht zu wissen.
8 Aber ihr werdet mit dem Heiligen Geist erfüllt
werden, und dieser Geist wird euch die Kraft geben,
überall als meine Zeugen aufzutreten: in Jerusalem,
in ganz Judäa* und Samarien* und bis ans äußerste
Ende der Erde.«[c]
9 Während er das sagte, wurde er vor ihren Augen
emporgehoben. Eine Wolke nahm ihn auf, sodass sie
ihn nicht mehr sehen konnten.
10 Als sie noch wie gebannt nach oben starrten und
hinter ihm hersahen, standen plötzlich zwei weiß
gekleidete Männer[d] neben ihnen. 11 »Ihr Galiläer*«,
sagten sie, »warum steht ihr hier und schaut nach
oben? Dieser Jesus, der von euch weg in den Himmel
aufgenommen wurde, wird auf dieselbe Weise wie-
derkommen, wie ihr ihn habt weggehen sehen!«

Jesus wurde »vor ihren Augen emporgehoben. Eine Wolke nahm ihn auf« (1,9). Im Bild der Ölberg bei Jerusalem. Am Ende des Lukas-Evangeliums (vgl. 24,50-53) wurde zusammengefasst, was sachlich aufs Engste zusammengehört: die Auferstehung Jesu und seine Erhöhung an die Seite Gottes (vgl. Lk 9,51). In Apg 1,3 wird nun berichtet, dass die Erscheinungen des Auferstandenen sich über einen längeren Zeitraum erstreckten.

a Gemeint ist »Die Gute Nachricht nach Lukas« (Lukas-Evangelium), die in der Anordnung der biblischen Schriften durch »Die Gute Nachricht nach Johannes« von der Apostelgeschichte als ihrer Fortsetzung getrennt ist.
b Wörtlich *sprach über das, was mit der Königsherrschaft* Gottes zusammenhängt.*
c Lukas schildert, wie sich diese Voraussage Punkt um Punkt erfüllt hat (vgl. Kap 2; 3–7; 8; 10–28).
d Vgl. Lk 24,4 und Anmerkung zu Mk 16,5.

1,1 Lk 1,1-4 **1,2** Lk 24,50-53; (ausgewählt) Lk 6,13 S; (Geist) Lk 4,18 S **1,3** Lk 24,13-52; (vierzig Tage) Ex 24,18 S; (Herrschaft) Apg 28,23 S **1,4** 11,16; Joh 14,16 S **1,5** Lk 3,16 par **1,6** Lk 11,2 S; 24,21 **1,7** Mk 13,32 par **1,8** 1,21-22; 2,32; 3,15; 4,33; 5,32; 10,39; 13,31; Lk 24,48; Joh 15,27 S **1,9** Lk 24,51; Mk 16,19; 1 Petr 3,22 **1,11** Lk 21,27; Offb 1,7

Die Lücke im Apostelkreis wird geschlossen

12 Darauf kehrten sie vom Ölberg* nach Jerusalem zurück. Das ist ein Weg von etwa einer halben Stunde.[a] 13 Dort gingen sie in das Obergemach des Hauses, wo sie von nun an beisammenblieben.

Es waren: Petrus,[b] Johannes, Jakobus und Andreas, Philippus und Thomas, Bartholomäus und Matthäus, Jakobus, der Sohn von Alphäus, und Simon, der zur Partei der Zeloten* gehört hatte, und schließlich Judas, der Sohn von Jakobus. 14 Auch die Frauen waren dabei und Maria, die Mutter von Jesus, sowie seine Brüder.

Sie alle waren einmütig beieinander und beteten beharrlich um das Kommen des Heiligen Geistes*.[c]

15 Einmal während dieser Zeit stand Petrus auf und ergriff das Wort – es waren etwa hundertundzwanzig Menschen versammelt.

16 »Liebe Brüder«,[d] sagte er, »was in den Heiligen Schriften* über Judas vorausgesagt worden ist, musste eintreffen. Dort hat der Geist Gottes durch David von dem Verräter gesprochen, der den Männern den Weg wies, die Jesus verhaften sollten. 17 Der Verräter gehörte zu uns Aposteln* und hatte denselben Auftrag empfangen wie wir. 18 Mit dem Geld, das er als Belohnung für seine böse Tat erhielt, kaufte er sich ein Landgut. Dort stürzte er so schlimm, dass sein Leib aufplatzte und die Eingeweide heraustraten. 19 Alle Bewohner von Jerusalem hörten davon, und sie nannten das Grundstück in ihrer Sprache Hakeldamach, das bedeutet ›Blutacker‹.

20 Im Buch der Psalmen steht es geschrieben: ›Sein Gehöft soll leer stehen; niemand soll es bewohnen.‹ Dort wird aber auch gesagt: ›Sein Amt soll ein anderer übernehmen.‹ 21 Wir brauchen also einen Ersatz für ihn. Es muss einer von den Männern sein, die mit uns Aposteln zusammen waren während der ganzen Zeit, in der Jesus, der Herr*, unter uns gelebt und gewirkt hat – 22 angefangen von seiner Taufe* durch Johannes bis zu dem Tag, an dem er in den Himmel aufgenommen wurde. Einer von denen, die das alles miterlebt haben, soll mit uns zusammen Zeuge dafür sein, dass Jesus vom Tod auferstanden* ist.«

23 Die Versammelten schlugen zwei Männer vor: Josef, der auch Barsabbas genannt wurde und den Beinamen Justus trug,[e] und Matthias. 24 Dann beteten sie: »Herr, du kennst die Menschen durch und durch. Zeige uns, welchen von diesen beiden du ausgewählt hast! 25 Judas hat uns verlassen, um dorthin zu gehen, wohin er gehört. Wer von ihnen soll an seiner Stelle das Apostelamt übernehmen?«

26 Sie ließen das Los* zwischen den beiden entscheiden und es fiel auf Matthias. Darauf wurde er als Zwölfter in den Kreis der Apostel aufgenommen.[f]

DIE ANFANGSZEIT DER KIRCHE IN JERUSALEM: URGEMEINDE (Kapitel 2–5)

An Pfingsten kommt der Heilige Geist

2 Als das Pfingstfest* kam, waren wieder alle, die zu Jesus hielten,[g] versammelt. 2 Plötzlich gab es ein mächtiges Rauschen, wie wenn ein Sturm vom Himmel herabweht. Das Rauschen erfüllte das ganze Haus, in dem sie waren. 3 Dann sahen sie etwas wie Feuer, das sich zerteilte, und auf jeden ließ sich eine Flammenzunge nieder. 4 Alle wurden vom Geist* Gottes erfüllt[h] und begannen in anderen Sprachen[i] zu reden, jeder und jede, wie es ihnen der Geist Gottes eingab.

5 Nun lebten in Jerusalem fromme Juden[j] aus aller Welt, die sich hier niedergelassen hatten. 6 Als sie das mächtige Rauschen hörten, strömten sie alle zusammen. Sie waren ganz verwirrt, denn jeder hörte die Versammelten, die Apostel* und die anderen, in seiner eigenen Sprache reden.

7 Außer sich vor Staunen riefen sie: »Die Leute, die da reden, sind doch alle aus Galiläa*! 8 Wie kommt es, dass jeder von uns sie in seiner Muttersprache reden hört? 9 Wir kommen aus Persien, Medien* und Elam*, aus Mesopotamien, aus Judäa* und Kappadozien, aus Pontus und aus der Provinz Asien*, 10 aus Phrygien und Pamphylien, aus Ägypten, aus der Gegend von Zyrene in Libyen und sogar aus Rom. 11 Wir sind geborene Juden und Fremde, die sich der jüdischen Gemeinde angeschlossen haben,[k] Insel- und Wüstenbewohner.[l] Und wir alle hören sie in unserer eigenen Sprache die großen Taten Gottes verkünden!«

12 Erstaunt und ratlos fragten sie einander, was das bedeuten solle. 13 Andere machten sich darüber lustig und meinten: »Die Leute sind doch betrunken!«

Die Pfingstpredigt des Apostels Petrus

14 Da stand Petrus auf und die elf anderen Apostel* mit ihm, und er rief laut: »Ihr Juden[m] aus aller Welt und alle Bewohner Jerusalems! Lasst euch erklären, was hier vorgeht; hört mich an! 15 Die Leute hier sind nicht betrunken, wie ihr meint; es ist ja erst neun Uhr früh. 16 Nein, hier geschieht, was Gott durch den Propheten Joël angekündigt hat:

a Wörtlich *ein Sabbatweg,* d. h. die Strecke, die man am Sabbat* gehen darf.
b Vgl. Lk 22,32 und die Anmerkung dort.
c *beteten beharrlich …:* wörtlich *harrten einmütig aus im Gebet.* Zum Inhalt des Gebets vgl. Vers 8 sowie Lk 3,21-22; 11,13.
d Wörtlich *Männer, Brüder.*
e Barsabbas bedeutet vermutlich »Sohn von Sabbas«; Justus = lateinisch »der Gerechte«.
f Siehe Einführung.
g Wörtlich *alle.*
h Damit erfüllt sich, was Lk 3,16; 24,49; Apg 1,5 angekündigt wurde. Vgl. noch Lk 12,49-50 und die Anmerkung dort.
i Siehe Sacherklärung »Sprachen, unbekannte«. Wie vor allem die Verse 5-11 zeigen, geht es um mehr als um das Reden in unbekannten Sprachen. Gottes Geist sorgt für *verständliche* Rede!
j *fromme Juden:* wörtlich *Juden, fromme Männer.*
k *Fremde, die sich …:* wörtlich *Proselyten**. Vgl. Vers 5. Die *nicht* jüdische Welt ist hier noch nicht betroffen.
l Wörtlich *Kreter und Araber.*
m Wörtlich *Männer, Juden.*

1,12 Lk 6,13 S; 24,52 **1,13** Lk 6,14-16 **1,14** Lk 8,2-3 S **1,16** Ps 41,10 **1,18-19** Mt 27,3-8; 2 Chr 21,15 **1,20** *nach* Ps 69,26; *zit* Ps 109,8 **1,21-22** Lk 1,2; 3,21; 24,51; Joh 15,27 **1,26** Lk 1,9; Spr 16,33 **2,1** Ex 23,16 S **2,3-4** Lk 3,16 **2,4** (Geist Gottes) 4,31; 6,3.5; 7,55; 8,17; 10,44; 11,15.24; 15,8; 19,2.6; (andere Sprachen) 4,31; 10,45-46; 19,6; 1 Kor 12,10; 14,2-12 **2,12-13** 1 Kor 14,23 **2,13** 26,24-26

17 ›Wenn die letzte Zeit anbricht, sagt Gott, dann gieße ich über alle Menschen meinen Geist* aus. Männer und Frauen in Israel werden dann zu Propheten*. Junge Leute haben Visionen und die Alten prophetische Träume. 18 Über alle, die mir dienen, Männer und Frauen, gieße ich zu jener Zeit meinen Geist aus und sie werden als Propheten reden.

19 Danach lasse ich erschreckende Zeichen erscheinen, unten auf der Erde und droben am Himmel:[a] Menschen liegen erschlagen in ihrem Blut, Flammen und Rauchwolken steigen auf; 20 die Sonne verfinstert sich und der Mond wird blutrot. So kündigt sich der große Tag des Herrn an, dem niemand entrinnen kann. 21 Wer sich dann zum Herrn* bekennt und seinen Namen anruft, wird gerettet.‹

22 Ihr Männer von Israel, hört, was ich euch zu sagen habe! Jesus von Nazaret[b] wurde von Gott bestätigt durch die machtvollen und Staunen erregenden Wunder, die Gott durch ihn unter euch vollbracht hat; ihr wisst es selbst. 23 Den habt ihr durch Menschen, die das Gesetz* Gottes nicht kennen, ans Kreuz* schlagen und töten lassen. So hatte Gott es nach seinem Plan im Voraus bestimmt. 24 Und genau den hat Gott aus der Gewalt des Todes befreit und zum Leben erweckt*; denn der Tod konnte ihn unmöglich gefangen halten.

25 Schon David hat von ihm gesprochen und ihn sagen lassen:

›Ich hatte den Herrn immer vor Augen.
Er stand mir zur Seite,
darum fühlte ich mich sicher.
26 Das erfüllte mein Herz mit Freude
und ließ mich jubelnd singen.
Selbst im Grab ruht mein Leib voll Hoffnung.
27 Ich bin gewiss:
Du, Herr, lässt mich nicht bei den Toten;
du gibst deinen treuen Diener nicht der Verwesung preis.
28 Du hast mir den Weg zum Leben gezeigt;
in deiner Nähe werde ich froh
und glücklich sein.‹

29 Liebe Brüder,[c] ich darf ganz offen zu euch über unseren großen Vater David sprechen: Er starb und wurde begraben, und sein Grab ist noch heute bei uns zu sehen. 30 Aber er war ein Prophet, und Gott hatte ihm feierlich zugesagt, einer seiner Nachkommen werde auf Gottes Thron sitzen. 31 David sah also voraus, was Gott vorhatte, und seine Worte beziehen sich auf die Auferstehung des versprochenen Retters.[d] Von *diesem* gilt, dass Gott ihn nicht bei den Toten ließ und sein Körper nicht der Verwesung anheim fiel.

32 Diesen Jesus also hat Gott vom Tod auferweckt; wir alle sind dafür Zeugen. 33 Er wurde zu dem Ehrenplatz an Gottes rechter Seite erhoben und erhielt von seinem Vater die versprochene Gabe, den Heiligen Geist*, damit er ihn über uns ausgießt. Was ihr hier seht und hört, sind die Wirkungen dieses Geistes!

34 Nicht David ist ja in den Himmel aufgenommen worden; vielmehr sagt er selbst:

›Gott, der Herr, sagte *zu meinem Herrn:*[e]
35 Setze dich an meine rechte Seite!
Ich will dir deine Feinde unterwerfen,
sie als Schemel unter deine Füße legen.‹

36 Alle Menschen in Israel sollen also an dem, was sie hier sehen und hören,[f] mit Gewissheit erkennen: Gott hat diesen Jesus, den ihr gekreuzigt habt,[g] zum Herrn* und Christus* gemacht.«

Die Wirkung der Predigt

37 Dieses Wort traf die Zuhörer mitten ins Herz und sie fragten Petrus und die anderen Apostel*: »Brüder, was sollen wir tun?«

38 Petrus antwortete: »Kehrt jetzt um[h] und lasst euch taufen auf Jesus Christus; lasst seinen Namen über euch ausrufen und bekennt euch zu ihm – jeder und jede im Volk![i] Dann wird Gott euch eure Schuld vergeben und euch seinen Heiligen Geist* schenken. 39 Denn was Gott versprochen hat, ist für euch und eure Kinder bestimmt und für alle, die jetzt noch fern sind und die der Herr, unser Gott, hinzurufen wird.«[j]

40 Noch mit vielen anderen Worten beschwor und ermahnte sie Petrus. Und er sagte zu ihnen: »Lasst euch retten vor dem Strafgericht, das über diese verdorbene Generation hereinbrechen wird!«

41 Viele nahmen seine Botschaft an und ließen sich taufen. Etwa dreitausend Menschen wurden an diesem Tag zur Gemeinde hinzugefügt.

Das Leben der Gemeinde

42 Sie alle widmeten sich eifrig dem, was für sie als Gemeinde wichtig war: Sie ließen sich von den Aposteln* unterweisen, sie hielten in gegenseitiger Liebe zusammen, sie feierten das Mahl des Herrn,[k] und sie beteten gemeinsam.

43 Alle Menschen in Jerusalem wurden von ehrfürchtiger Scheu ergriffen; denn Gott ließ durch die Apostel viele Staunen erregende Wunder geschehen.

44 Alle, die zum Glauben gekommen waren, bildeten eine enge Gemeinschaft und taten ihren ganzen Besitz zusammen.[l] 45 Von Fall zu Fall verkauften sie

a Mit dem Kommen des Geistes hat die Endzeit begonnen (Vers 17). Doch sind die in den Versen 19-20 genannten *Zeichen* erst unmittelbar vor der Wiederkunft des Herrn zu erwarten; vgl. Lk 21,11.25-28.
b Wörtlich *Jesus, der Nazoräer**.
c Wörtlich *Männer, Brüder*.
d Wörtlich *des Christus**.
e Vgl. schon Lk 20,41-44. Jetzt hat der ›Davidssohn‹ Jesus seine Herrschaft angetreten; vgl. Lk 9,51 und Anmerkungen dort.
f *an dem, was ...:* verdeutlichender Zusatz.
g *ihr:* vgl. 3,13-15.
h Siehe Sacherklärung »Umkehr«.
i *lasst euch taufen ...:* wörtlich *Und es lasse sich jeder von euch taufen auf den Namen von Jesus Christus* (vgl. Sacherklärung »Taufe«). Der griechische Text enthält eine Anspielung auf Vers 21 *(bekennen)* und eine Beziehung zu Jak 2,7 *(Namen ausrufen)*. – Angeredet sind die anwesenden Männer (Verse 22.29), doch ist hier zweifellos das ganze *Volk* im Blick.
j Gott wird auch die *nicht* jüdischen Völker »hinzurufen«; vgl. Kap 10–28.
k Für das *Mahl* des Herrn* wird hier und in Vers 46 der Ausdruck *Brotbrechen* verwendet. Es handelt sich um eine der ältesten Bezeichnungen für die Feier des Abendmahls bzw. Eucharistischen Mahls in der Gemeinde. Die eröffnende Handlung des Brotbrechens (vgl. Mk 14,22par) steht hier für das ganze Mahl. Vgl. Lk 16,19; Mk 10,30 und Anmerkungen dort.
l Vgl. Lk 16,19; Mk 10,30 und Anmerkungen dort.

2,17-21 *zit* Joël 3,1-5 **2,19-20** Lk 21,10-11.25-26 **2,21** 2,36; 9,14.21; 22,16; Röm 10,13; Phil 2,11 **2,22** Lk 24,19; Joh 2,11 S **2,23** 4,28 **2,24** Lk 24,5-6; Apg 4,2 S **2,25-28** *zit* Ps 16,8-11 **2,29** 1 Kön 2,10; Apg 13,36 **2,30** *nach* 2 Sam 7,16; 7,12-13 S **2,31** Lk 22,67 S; Ps 16,10 **2,32** 1,8 S **2,33** (rechte Seite) 5,31-32; 7,55-56; Mk 12,36 S; 14,62 par; 16,19; Röm 8,34; Eph 1,20; Kol 3,1; (ausgießt) 2,17-18; 10,45; Röm 5,5; Tit 3,6 **2,34-35** *zit* Ps 110,1 **2,37** 16,30; Lk 3,10.12.14 **2,38** 3,19; Lk 3,3; Mt 28,19 S **2,39** Jes 57,19; Eph 2,17 **2,40** 2,21; Dtn 32,5 **2,41** (Gemeinde wächst) 2,47; 4,4; 5,14; 6,7; 11,21.24; 12,24; 14,1; 16,5; 21,20 **2,44-45** Lk 12,33 S

Grundstücke und Wertgegenstände und verteilten den Erlös unter die Bedürftigen in der Gemeinde. 46 Tag für Tag versammelten sie sich einmütig im Tempel*, und in ihren Häusern hielten sie das Mahl des Herrn und aßen gemeinsam, mit jubelnder Freude und reinem Herzen. 47 Sie priesen Gott und wurden vom ganzen Volk geachtet.

Der Herr aber führte ihnen jeden Tag weitere Menschen zu, die gerettet werden sollten.

Ein Gelähmter wird geheilt

3 Einmal gingen Petrus und Johannes in den Tempel*. Es war drei Uhr, die Zeit für das Nachmittagsgebet. 2 Am Schönen Tor[a] des Tempelvorhofs saß ein Mann, der von Geburt an gelähmt war. Jeden Tag ließ er sich dorthin tragen und bettelte die Leute an, die in den Tempel gingen.

3 Als er Petrus und Johannes sah, wie sie gerade durch das Tor gehen wollten, bat er sie um eine Gabe. 4 Die beiden blickten ihn fest an und Petrus sagte: »Sieh uns an!«

5 Der Gelähmte tat es und erwartete, dass sie ihm etwas geben würden. 6 Aber Petrus sagte: »Gold und Silber habe ich nicht; doch was ich habe, will ich dir geben. Im Namen von Jesus Christus aus Nazaret:[b] Steh auf und geh umher!« 7 Und er fasste den Gelähmten bei der rechten Hand und half ihm auf.

Im gleichen Augenblick erstarkten seine Füße und Knöchel; 8 mit einem Sprung war er auf den Beinen und ging umher. Er folgte Petrus und Johannes in den Vorhof des Tempels, lief umher, sprang vor Freude und dankte Gott mit lauter Stimme.

9 Das ganze Volk dort sah, wie er umherging und Gott dankte. 10 Sie erkannten in ihm den Bettler, der sonst immer am Schönen Tor gesessen hatte. Und sie staunten und waren ganz außer sich über das, was mit ihm geschehen war.

Petrus spricht im Tempel

11 Das ganze Volk im Tempel* beobachtete, wie der Geheilte sich eng an Petrus und Johannes hielt, und alle folgten ihnen voll Staunen in die Salomohalle*.

12 Petrus aber sagte zu dem Volk, das dort zusammengeströmt war:

»Ihr Männer von Israel, warum staunt ihr? Was starrt ihr uns so an? Denkt nur nicht, wir hätten aus eigener Kraft oder durch unsere Frömmigkeit erreicht, dass der Mann hier gehen kann! 13 Nein, der Gott unserer Vorfahren, der Gott Abrahams, Isaaks und Jakobs, hat Jesus, seinen Bevollmächtigten*, durch dieses Wunder verherrlicht[c] – denselben Jesus, den ihr an Pilatus ausgeliefert und vor seinem Richterstuhl preisgegeben habt, obwohl Pilatus ihn freilassen wollte. 14 Den Heiligen* und Gerechten* habt ihr abgelehnt und lieber die Freigabe eines Mörders verlangt. 15 So habt ihr den, der euch das Leben bringen sollte,[d] getötet. Doch Gott hat ihn vom Tod auferweckt*; dafür sind wir Zeugen. 16 Das Vertrauen auf diesen Jesus hat dem Mann, der hier steht und den ihr alle kennt, Kraft gegeben. Der Name* von Jesus hat in ihm Glauben geweckt und ihm die volle Gesundheit geschenkt, die ihr an ihm seht.

17 Ich weiß wohl, meine Brüder: Ihr habt so gehandelt, ihr und eure Führer, weil ihr es nicht besser gewusst habt. 18 Aber Gott selbst hat gewollt, dass der versprochene Retter[e] leiden sollte. Durch alle Propheten* hat er es im Voraus angekündigt, und auf diese Weise ließ er es jetzt in Erfüllung gehen. 19 Geht also in euch und kehrt um, damit Gott eure Schuld auslöscht! 20 Auch für euch will er die Heilszeit anbrechen lassen und den Retter senden, den er im Voraus für euch bestimmt hat. Jesus ist dieser Retter, 21 doch muss er den Platz im Himmel einnehmen, bis wirklich auch *alles* eingetroffen ist, was Gott schon vor langer Zeit durch seine heiligen Propheten angekündigt hat.[f]

22 Mose hat nämlich gesagt: ›Einen Propheten wie mich wird der Herr, euer Gott, aus euren Brüdern berufen. Auf ihn sollt ihr hören und alles befolgen, was er euch sagt. 23 Wer nicht auf diesen Propheten hört, wird aus dem Volk Gottes ausgestoßen.‹[g] 24 Und auch alle Propheten – angefangen mit Samuel und dann der Reihe nach alle, die ihm folgten – haben von all dem gesprochen, was in unserer Zeit in Erfüllung gehen soll.

25 Euch als den Nachkommen der Propheten gilt, was sie angekündigt haben; euch gilt auch der Bund*, den Gott mit euren Vorfahren geschlossen hat, als er zu Abraham sagte: ›Durch deinen Nachkommen[h] werde ich alle Völker der Erde segnen.‹[i] 26 Euch zuerst hat Gott nun seinen Bevollmächtigten* gesandt, nachdem er ihn vom Tod auferweckt hat.[j] Durch ihn sollt ihr gesegnet werden, wenn ihr euch von euren bösen Taten abkehrt – jeder und jede im Volk!«

Petrus und Johannes vor dem jüdischen Rat

4 Während Petrus und Johannes noch zum Volk sprachen, traten ihnen die Priester* mit dem Befehlshaber der Tempelwache* und die Sadduzäer* entgegen. 2 Sie waren aufgebracht, weil die Apostel* sich herausnahmen, das Volk zu lehren und am Beispiel von Jesus die Auferstehung* der Toten zu verkünden.[k] 3 Darum nahmen sie die bei-

a Das Tor, das vom Vorhof der Frauen in den der Männer führte; vgl. Seite 243 NT.
b *aus Nazaret:* wörtlich *dem Nazoräer**.
c *durch dieses Wunder:* verdeutlichender Zusatz. Es könnte auch an die »Verherrlichung« von Jesus durch seine Erhöhung zu Gott gedacht sein (vgl. 2,36; Lk 24,26), die in jedem Fall die grundlegende Voraussetzung für das geschehene Heilungswunder darstellt.
d Wörtlich *den Anführer des Lebens.*
e Wörtlich *der Christus*;* entsprechend in Vers 20.
f Aus der Fortsetzung geht hervor, was gemeint ist: Ganz Israel muss mit Jesus Christus bekannt gemacht und zur Entscheidung ihm gegenüber aufgerufen werden (Verse 22-24 und 26); aber auch zu allen nichtjüdischen Völkern muss die Botschaft hinausgetragen werden (Vers 25).
g Vgl. Dtn 18,15.19 und Anmerkung dort sowie Lk 9,35; Apg 7,37.
h Vgl. Gal 3,16 und Anmerkung dort.
i Vgl. Gen 12,3 und Vergleichsstellen. Petrus unterstreicht, dass der Segen ›des‹ Nachkommen, Christus, selbstverständlich zunächst dem Volk Israel gilt.
j Diese ›Sendung‹ vollzieht sich im Wirken der Apostel; vgl. Lk 10,16; 2 Kor 5,20.
k Siehe Bildlegende unten.

2,46 Lk 24,53S **3,1** (Petrus und Johannes) 4,1-23; 8,14; Lk 22,8; Gal 2,9; (Zeit) 10,3.30 **3,2** 14,8 **3,6** (im Namen) 3,16; 4,7.10; 8,12; 16,18; 19,13 **3,8** 14,10; Joh 5,9 **3,11** 5,12; Joh 10,23 **3,13** 7,32; Ex 3,15S; (verherrlicht) Joh 17,1S; (ausgeliefert) Lk 23,1-5.13-25 **3,14** (Heiliger) Lk 1,35; (Gerechter) Apg 7,52; 22,14; Lk 23,47; Mt 27,19; 1 Petr 3,18; 1 Joh 2,1; Jes 53,11b **3,15** 1,8S **3,16** Lk 7,50S **3,17** Lk 23,34; 1 Tim 1,13 **3,18** Lk 22,67S; 24,44S **3,19** 2,38 **3,21** 1 Kor 15,25 **3,22-23** *nach* Dtn 18,15.19 **3,25** *nach* Gen 12,3; Gal 3,8 **4,1-2** (Sadduzäer) Lk 20,27S **4,2** 23,6-9; (Auferstehung) 3,15.26; 2,24; 4,33; 13,30-31; 17,18; 23,8; 26,8.23

a Zu *Hannas* und *Kajaphas* siehe Joh 18,13 und die Anmerkung dort. *Johannes* und *Alexander* sind uns nicht näher bekannt.
b *aus Nazaret:* wörtlich *dem Nazoräer**.
c Vgl. 3,13-15.

den fest und brachten sie bis zum nächsten Tag ins
Gefängnis; es war nämlich schon Abend.
4 Aber viele, die die Apostel gehört hatten, kamen
zum Glauben, und die Gemeinde wuchs so stark an,
dass allein die Zahl der Männer bei fünftausend lag.
5 Am nächsten Tag kamen in Jerusalem die führen-
den Priester*, die Ratsältesten* und die Gesetzesleh-
rer* zusammen, 6 dazu der Oberste Priester* Hannas
mit Kajaphas, Johannes, Alexander[a] und all den
anderen, die zur Familie des Obersten Priesters
gehörten.
7 Sie ließen die Apostel vorführen und fragten sie:
»Woher hattet ihr die Kraft, diesen Mann zu heilen?
In wessen Namen habt ihr es getan?«
8 Petrus antwortete ihnen, erfüllt vom Heiligen
Geist*: »Führer des Volkes und seine Ältesten!
9 Wir werden hier vor Gericht gestellt, weil wir
einem Kranken geholfen haben, und wir sollen
Rechenschaft geben, wodurch er geheilt worden
ist. 10 Nun, ihr und das ganze Volk Israel sollt es wis-
sen: Es geschah im Namen von Jesus Christus aus
Nazaret,[b] eben dem, den ihr gekreuzigt habt[c] und
den Gott vom Tod auferweckt* hat! Durch die Kraft
seines Namens* steht der Mann hier gesund vor
euch. 11 Auf diesen Jesus bezieht sich das Wort in
den Heiligen Schriften*: ›Der Stein, den die Bauleute
weggeworfen haben, weil sie ihn für unbrauchbar
hielten, ist zum Eckstein* geworden.‹ 12 Jesus Chris-
tus und sonst niemand kann die Rettung bringen.
Auf der ganzen Welt hat Gott keinen anderen
Namen bekannt gemacht, durch den wir gerettet
werden könnten.«
13 Die Mitglieder des jüdischen Rates* waren über-
rascht, mit welcher Sicherheit Petrus und Johannes
sich verteidigten, obwohl sie offenkundig keine
Gelehrten waren, sondern einfache Leute. Es war
ihnen schnell klar, dass die beiden zur Gefolgschaft
von Jesus gehörten, 14 und den Mann, der geheilt
worden war, sahen sie bei ihnen stehen. So konnten
sie nichts gegen ihre Aussagen vorbringen.
15 Sie schickten Petrus und Johannes aus dem Sit-
zungssaal, berieten sich 16 und sagten zueinander:
»Was sollen wir mit ihnen machen? Dass ein eindeu-
tiges Wunder durch sie geschehen ist, können wir
nicht leugnen. Ganz Jerusalem hat davon gehört.
17 Aber damit nicht noch mehr Leute im Volk davon
erfahren« – das war ihr Beschluss –, »wollen wir
ihnen mit Nachdruck verbieten, zu irgendeinem
Menschen unter Berufung auf diesen Namen zu
sprechen.«
18 Sie riefen also die beiden wieder herein und ver-
boten ihnen streng, die Botschaft von Jesus noch

Die führenden Priester – aus ihren Reihen wurde auch der Befehlshaber der Tempelwache genommen – sind in der Regel Sadduzäer. Als solche wollen sie im Tempel keine Reden dulden, in deren Mitte die Auferstehung der Toten steht (4,1-2). Das Bild zeigt einen Teil des Tempelvorhofs. Die Gebäude aus sehr viel späterer Zeit erinnern an die Hallen, die den Vorhof umgaben.

4,4 2,41 S; Lk 9,14 **4,7** Lk 20,2 **4,8** 2,4 S **4,10** 3,6 S **4,11** *zit* Ps 118,22; Lk 20,17 par; 1 Petr 2,4-7 **4,12** Mt 1,21; 1 Kor 3,11 **4,13** Lk 21,15 **4,15** 5,34-35 **4,16** Joh 11,47

weiter in der Öffentlichkeit zu verbreiten und unter Berufung auf seinen Namen vor dem Volk als Lehrer aufzutreten.

[19] Aber Petrus und Johannes erwiderten ihnen: »Entscheidet selbst, ob es vor Gott recht ist, euch mehr zu gehorchen als ihm! [20] Wir können nicht verschweigen, was wir gesehen und gehört haben!«

[21] Da drohten sie ihnen noch einmal und ließen sie dann gehen. Mit Rücksicht auf das Volk wagten sie nicht, sie zu bestrafen; denn alle priesen Gott für das, was geschehen war. [22] Der Mann, der auf so wunderbare Weise geheilt wurde, war nämlich von Geburt an über vierzig Jahre lang gelähmt gewesen.

Die Gemeinde betet um Kraft

[23] Nach ihrer Freilassung gingen Petrus und Johannes zu der versammelten Gemeinde und erzählten dort, was die führenden Priester* und Ratsältesten* zu ihnen gesagt hatten. [24] Darauf beteten alle miteinander einmütig zu Gott:

»Herr, du hast Himmel, Erde und Meer geschaffen und alles, was lebt. [25] Durch den Heiligen Geist* hast du unseren Vater David, deinen Diener, sagen lassen:

›Was soll das Toben der Völker?
Wozu schmieden die Menschen im Land
vergebliche Pläne?
[26] Die Könige der Erde haben sich aufgelehnt,
die Machthaber haben sich verbündet
gegen den Herrn und seinen Christus*.‹

[27] Tatsächlich haben sie sich hier in Jerusalem verbündet gegen Jesus, deinen heiligen Bevollmächtigten*, den du zum Retter bestimmt hast:[a] Herodes[b] und Pontius Pilatus, Menschen aus den fremden Völkern und Menschen aus dem Volk Israel.[c] [28] Aber sie konnten nur vollziehen, was du in deiner Macht schon längst geplant und vorherbestimmt hattest.[d]

[29] Höre nun, Herr, wie sie uns drohen! Gib uns, deinen Dienern und Dienerinnen,[e] die Kraft, deine Botschaft mutig und offen zu verkünden! [30] Hilf uns dabei! Strecke deine Hand aus und heile Kranke! Und lass Staunen erregende Wunder geschehen durch den Namen* deines heiligen Bevollmächtigten Jesus!«

[31] Als sie geendet hatten, bebte die Erde an ihrem Versammlungsort. Alle wurden vom Heiligen Geist erfüllt und verkündeten die Botschaft Gottes ohne Furcht.

Brüderliches Teilen in der Gemeinde

[32] All die vielen Menschen, die zum Glauben an Jesus gefunden hatten, waren ein Herz und eine Seele. Niemand von ihnen betrachtete etwas von seinem Besitz als persönliches Eigentum; alles, was sie besaßen, gehörte ihnen gemeinsam.

[33] Mit großer Kraft und bestätigt durch Wundertaten[f] bezeugten die Apostel* Jesus als den auferstandenen Herrn*, und für alle sichtbar lag großer Segen auf der ganzen Gemeinde.

[34] Es gab unter ihnen niemand, der Not leiden musste.[g] Denn die in der Gemeinde, die Grundstücke oder Häuser besaßen, verkauften sie, wenn es an etwas fehlte,[h] brachten den Erlös herbei [35] und legten ihn vor den Füßen der Apostel nieder. Das wurde dann unter die Bedürftigen verteilt.

[36] So machte es auch Josef, ein Levit* aus Zypern, den die Apostel Barnabas nannten, das heißt »der Mann, der anderen Mut macht«.[i] [37] Er verkaufte seinen Acker, brachte das Geld und legte es den Aposteln zu Füßen.

Hananias und Saphira belügen den Heiligen Geist

5 Auch ein Mann namens Hananias und seine Frau Saphira verkauften ein Stück Land. [2] Hananias behielt mit Wissen seiner Frau einen Teil des Geldes zurück; das Übrige brachte er und legte es den Aposteln* zu Füßen.

[3] Doch Petrus sagte zu ihm: »Hananias, warum hast du dein Herz dem Satan* geöffnet? Warum belügst du den Heiligen Geist* und behältst einen Teil vom Erlös deines Feldes für dich? [4] Du hättest ja das Land behalten können, und nachdem du es verkauft hattest, auch das Geld. Warum hast du dich auf dieses falsche Spiel eingelassen? Du hast nicht Menschen, sondern Gott belogen!«

[5] Als Hananias diese Worte hörte, brach er zusammen und starb. Ein gewaltiger Schrecken packte alle, die davon erfuhren. [6] Ein paar junge Leute standen auf, wickelten den Toten in ein Tuch, trugen ihn hinaus und begruben ihn.

[7] Etwa drei Stunden später kam seine Frau. Sie wusste noch nicht, was geschehen war. [8] Petrus fragte sie: »Sag mir, habt ihr das Feld zu diesem Preis verkauft?«

»Ja«, antwortete sie, »zu diesem Preis.«

[9] Da sagte Petrus: »Warum habt ihr euch verabredet, den Geist des Herrn herauszufordern? Ich sage dir: Vor der Tür stehen schon die Leute, die deinen Mann begraben haben. Sie werden auch dich hinaustragen!«

[10] Im selben Augenblick fiel sie vor seinen Füßen zu Boden und starb. Die jungen Leute kamen herein, sahen sie tot daliegen, trugen sie hinaus und begruben sie neben ihrem Mann.

[11] Ein gewaltiger Schrecken packte die ganze Gemeinde und alle, die davon hörten.

a Wörtlich *den du gesalbt hast;* siehe Sacherklärung »Christus«.
b Siehe Sacherklärung »Herodes« (3).
c Vgl. Lk 23,1.6-12.
d Vgl. 2,23; Lk 24,26-27.44-46.
e Wörtlich *deinen Dienern;* doch vgl. die Verse 23-24 und 31 sowie 2,3-4.11.17-18.
f Wörtlich *Mit großer Kraft.* Das schließt das Zeugnis durch Taten ein; vgl. Vers 10; 3,12-16.
g Damit erfüllt sich die Verheißung von Dtn 15,4-5. Vgl. auch Lk 4,19; Apg 2,44 und Anmerkungen dort.
h *wenn es an etwas fehlte:* verdeutlichender Zusatz. Dass der Verkauf jeweils von Fall zu Fall, bei bestehenden Notlagen, erfolgte, geht aus 2,44-45 und auch aus der Nennung der Einzelfälle in 4,36-37 und 5,1-11 hervor.
i Die erste Tat eines Mannes, der bald eine wichtige Rolle spielen wird (vgl. 9,27; 11,22-26.30; 13,1-4; 15,2.35). Vgl. dazu Lk 16,10-12 und Anmerkung dort.

4,24 Ps 146,6 **4,25** *zit* Ps 2,1-2 **4,27** Lk 23,6-12 **4,28** 2,23 **4,31** 2,4S **4,32-37** Lk 12,33S; 14,33 **4,33** 1,8S **4,34** Dtn 15,4 **4,36-37** 9,27S **5,2** 4,35 **5,3** Joh 13,2 **5,9** 1 Kor 10,9

Das Ansehen der Gemeinde wächst

12 Durch die Apostel* geschahen viele Staunen erregende Wunder unter dem Volk. Die ganze Gemeinde war Tag für Tag einmütig in der Salomohalle* beisammen. 13 Das Volk sprach voller Lob von ihnen, doch eine heilige Scheu hielt die Außenstehenden davon ab, sich zu ihnen zu gesellen. 14 Umso mehr führte der Herr selbst ihnen Menschen zu, die zum Glauben gekommen waren, eine große Zahl von Männern und Frauen.

15 Die Leute trugen die Kranken auf die Straße und legten sie dort auf Betten und Matten. Wenn Petrus vorbeiging,[a] sollte wenigstens sein Schatten auf einige von ihnen fallen. 16 Auch aus der Umgebung von Jerusalem brachten die Leute Kranke und solche, die von bösen Geistern* besessen waren, und alle wurden gesund.[b]

Die Apostel werden verhaftet und vor den Rat gestellt

17 Der Oberste Priester* und sein ganzer Anhang, die Partei der Sadduzäer*, wurden neidisch und beschlossen einzugreifen. 18 Sie ließen die Apostel* verhaften und ins öffentliche Gefängnis werfen.

19 Doch in der Nacht öffnete der Engel* des Herrn die Gefängnistore, führte die Apostel heraus und sagte zu ihnen: 20 »Geht in den Tempel* und verkündet dem Volk die Botschaft von dem Leben, das Jesus gebracht hat!«

21 Die Apostel gehorchten, gingen früh am Morgen in den Tempel, stellten sich hin und lehrten das Volk.

Der Oberste Priester und sein Anhang hatten inzwischen den jüdischen Rat* samt allen Ältesten* des Volkes Israel zu einer Sitzung zusammengerufen. Sie schickten in das Gefängnis, um die Apostel vorführen zu lassen. 22 Aber die Diener, die sie hinschickten, konnten die Apostel dort nicht finden. Sie kamen zurück und berichteten: 23 »Wir fanden das Gefängnis ordnungsgemäß verschlossen und vor allen Türen standen die Wachen. Aber als wir aufschlossen, war niemand darin.«

24 Der Befehlshaber der Tempelwache* und die führenden Priester* waren ratlos und konnten sich das nicht erklären. 25 Da kam einer und berichtete: »Die Männer, die ihr ins Gefängnis gesperrt habt, stehen im Tempel und lehren das Volk!« 26 Der Befehlshaber ging mit der Tempelwache hin, um sie zu holen. Sie vermieden es aber, Gewalt anzuwenden; denn sie hatten Angst, das Volk würde sie steinigen*.

27 Sie brachten die Apostel vor den jüdischen Rat und der Oberste Priester verhörte sie. 28 Er sagte: »Wir haben euch deutlich genug befohlen, nicht mehr unter Berufung auf diesen Namen* vor dem Volk als Lehrer aufzutreten. Und was habt ihr getan? Ganz Jerusalem ist voll von dem, was ihr lehrt! Ihr macht uns für den Tod dieses Menschen verantwortlich und wollt die Strafe Gottes über uns bringen!«[c]

29 Aber Petrus und die anderen Apostel antworteten: »Gott muss man mehr gehorchen als den Menschen. 30 Der Gott unserer Vorfahren hat Jesus vom Tod auferweckt*, eben den, den ihr ans Kreuz* gebracht und damit zu einem von Gott Verfluchten erklärt habt.[d] 31 Und er hat ihn als Bringer des Lebens[e] und Retter der Menschen auf den Ehrenplatz an seiner rechten Seite erhoben. Damit gibt er dem Volk Israel die Gelegenheit umzukehren*, damit ihm seine Schuld vergeben wird. 32 Das alles haben wir zu bezeugen und durch uns bezeugt es der Heilige Geist*, den Gott denen gegeben hat, die ihm gehorchen.«

Der Pharisäer Gamaliël rät zum Zuwarten

33 Als die Ratsmitglieder das hörten, wurden sie zornig und wollten die Apostel töten. 34 Da meldete sich im Rat ein Pharisäer namens Gamaliël* zu Wort, ein Gesetzeslehrer*, der beim ganzen Volk in hohem Ansehen stand.[f] Er verlangte, dass die Angeklagten vorübergehend aus dem Saal gebracht werden, 35 und sagte dann zu dem versammelten Rat:

»Ihr Männer aus Israel, seid vorsichtig und überlegt euch gut, wie ihr mit diesen Leuten verfahren wollt. 36 Vor einiger Zeit trat Theudas* auf und behauptete, eine besondere Sendung zu haben. Etwa vierhundert Männer schlossen sich ihm an; aber dann fand er den Tod, seine Anhänger liefen auseinander und alles war zu Ende. 37 Danach kam zur Zeit der Volkszählung der Galiläer Judas* und rief zum Aufstand auf. Er brachte eine stattliche Schar von Anhängern zusammen; aber auch er kam um, und alle, die ihm gefolgt waren, wurden auseinander getrieben.

38 Darum rate ich euch: Geht nicht gegen diese Leute vor! Lasst sie laufen! Wenn das, was sie wollen und was sie da angefangen haben, nur von Menschen kommt, löst sich alles von selbst wieder auf. 39 Kommt es aber von Gott, dann könnt ihr nichts gegen sie machen. Wollt ihr am Ende als Leute dastehen, die gegen *Gott* kämpfen?«

Die Ratsmitglieder gaben Gamaliël Recht. 40 Sie riefen die Apostel wieder herein, ließen sie auspeitschen* und verboten ihnen, weiterhin von Jesus zu sprechen und unter Berufung auf seinen Namen* öffentlich aufzutreten. Dann ließen sie sie frei.

41 Die Apostel gingen aus dem Rat weg und waren voller Freude, weil Gott sie für wert gehalten hatte, für den Namen* von Jesus zu leiden. 42 Unbeirrt lehr-

a Vgl. Lk 22,32 und Anmerkung dort.
b Die Heilungen, die durch die Apostel geschehen, bestätigen, dass Jesus von den Toten auferweckt ist. In ihnen zeigt sich die Macht des Auferstandenen; vgl. Lk 4,40 und Apg 3,15-16; 4,10.29-30.33.
c *Ihr macht uns ...:* wörtlich *Ihr seid entschlossen, (die Strafe für) das (vergossene) Blut dieses Menschen über uns zu bringen* (vgl. Anmerkung zu Lev 20,9). Das ist eine Unterstellung; vgl. vielmehr Mt 27,25 und Anmerkung dort, ferner Lk 23,34; Apg 5,31-32.
d *den ihr ans Kreuz ...:* wörtlich *den ihr ermordet habt, indem ihr ihn ans Holz hängtet.* Damit wird auf das Verfluchtsein eines Gehängten nach Dtn 21,23 angespielt; vgl. auch Gal 3,13.
e Wörtlich *als Anführer;* vgl. 3,15.
f Es handelt sich um Gamaliël I.; nach 22,3 war Paulus einst sein Schüler.

5,12 2,43; 3,11S **5,14** 2,41S **5,15-16** 19,11-12 **5,17** Lk 20,27S **5,19** 12,7-10 **5,22-24** 12,18-19 **5,26** Lk 20,19; 22,2 **5,28-29** 4,17-19 **5,28** Mt 27,25 **5,31** Lk 2,11S; Apg 2,33S **5,32** 1,8S **5,34** 22,3 **5,36** 21,38 **5,37** Lk 2,2; 13,1-2 **5,39** 2Makk 7,19; Weish 12,13-14 **5,40** 4,18; 5,28; Mt 10,17 **5,41** Lk 6,22-23; 1Petr 4,13

ten sie Tag für Tag im Tempel* und in den Häusern und verkündeten die Gute Nachricht* von Jesus, dem versprochenen Retter.[a]

AUSBREITUNG DER GUTEN NACHRICHT IN JUDÄA UND SAMARIEN (6,1–9,31)

Sieben Helfer für die Apostel

6 Die Gemeinde wuchs und die Zahl der Jünger und Jüngerinnen[b] wurde immer größer. Da kam es – um eben diese Zeit – zu einem Streit zwischen den Griechisch sprechenden Juden in der Gemeinde und denen mit hebräischer* Muttersprache.[c] Die griechische Gruppe beschwerte sich darüber, dass ihre Witwen bei der täglichen Verteilung von Lebensmitteln benachteiligt würden.[d]

2 Da riefen die Zwölf* die ganze Gemeinde zusammen und sagten: »Es geht nicht an, dass wir die Verkündigung der Botschaft Gottes vernachlässigen und uns um die Verteilung der Lebensmittel kümmern. 3 Darum, liebe Brüder, wählt aus eurer Mitte sieben Männer[e] aus, die einen guten Ruf haben und vom Geist* Gottes und von Weisheit erfüllt sind. Ihnen wollen wir diese Aufgabe übertragen. 4 Wir selbst werden uns auch weiterhin mit ganzer Kraft dem Gebet und der Verkündigung der Botschaft Gottes widmen.«

5 Alle waren mit dem Vorschlag einverstanden. Sie wählten Stephanus, einen Mann voll lebendigen Glaubens und erfüllt vom Heiligen Geist; außerdem Philippus, Prochorus, Nikanor, Timon, Parmenas und Nikolaus, einen Nichtjuden aus der Stadt Antiochia, der zum Judentum übergetreten war.[f] 6 Diese sieben brachten sie zu den Aposteln. Die beteten für sie und legten ihnen die Hände auf.[g]

7 Die Botschaft Gottes aber breitete sich weiter aus. Die Zahl der Glaubenden[h] in Jerusalem stieg von Tag zu Tag. Auch viele Priester* folgten dem Aufruf zum Glauben.

Stephanus wird verhaftet

8 In der Kraft, die Gott ihm schenkte, vollbrachte Stephanus große und Staunen erregende Wunder. 9 Da traten Leute aus verschiedenen jüdischen Gemeinden gegen ihn auf und verwickelten ihn in ein Streitgespräch. Es waren Männer aus der Synagoge* der Freigelassenen[i] und den Synagogen der Juden aus Zyrene und Alexandria sowie derer aus Zilizien und der Provinz Asien*. 10 Aber sie waren der Weisheit und dem Geist nicht gewachsen, die aus Stephanus sprachen.

11 Darauf stifteten sie eine Anzahl Männer dazu an, dass sie überall verbreiten sollten: »Wir haben ihn Dinge sagen hören! Er hat Mose und Gott gelästert!« 12 Damit brachten sie das Volk, die Ratsältesten* und die Gesetzeslehrer* gegen ihn auf. Dann ergriffen sie Stephanus und schleppten ihn vor den jüdischen Rat*.

13 In der Ratsversammlung ließen sie falsche Zeugen auftreten, die behaupteten: »Dieser Mann hält ununterbrochen Reden gegen diese heilige Stätte und gegen das Gesetz*. 14 Wir haben selbst gehört, wie er sagte: ›Jesus von Nazaret[j] wird diesen Tempel* niederreißen und die Ordnungen ändern, die Mose uns im Auftrag Gottes übergeben hat.‹«[k]

15 Alle im Rat blickten gespannt auf Stephanus. Sie sahen, dass sein Gesicht leuchtete wie das eines Engels*.

Die Rede von Stephanus vor dem jüdischen Rat (7,1-53)

7 Der Oberste Priester* fragte: »Stimmt das, was diese Männer gegen dich vorbringen?«

2a Stephanus antwortete:[l]

Erinnerung an den Bund Gottes mit Abraham

2b »Brüder und Väter, hört mich an! Gott im Glanz seiner Herrlichkeit* erschien unserem Ahnvater Abraham*, als er noch in Mesopotamien lebte und noch nicht nach Haran gezogen war. 3 Er sagte zu ihm: ›Verlass deine Heimat und deine Sippe und zieh in das Land, das ich dir zeigen werde!‹ 4 Da verließ Abraham das Land der Chaldäer* und zog nach Haran. Nachdem dann sein Vater gestorben war, brachte Gott ihn hierher in dieses Land, in dem ihr heute lebt. 5 Doch gab er ihm darin keinen Grundbesitz, nicht einen Fußbreit. Er versprach ihm nur, ihm das Land zum Besitz zu geben, ihm und seinen Nachkommen. Dabei war Abraham damals noch kinderlos!

6 Über Abrahams Nachkommen aber sagte Gott: ›Sie werden als Fremde in einem Land leben, das ihnen nicht gehört; vierhundert Jahre lang wird man sie hart behandeln und zu Sklavendiensten zwingen. 7 Aber ich – sagte Gott – werde das Volk, das sie unterdrückt, bestrafen, und dann werden sie von dort wegziehen und mir hier an diesem Ort Opfer* darbringen und mich anbeten.‹

8 Gott schloss mit Abraham einen Bund*, dessen Zeichen die Beschneidung* ist. Auf der Grundlage dieses Bundes zeugte Abraham seinen Sohn Isaak und beschnitt ihn am achten Tag nach der Geburt; und so zeugte und beschnitt auch Isaak seinen Sohn Jakob und Jakob seine zwölf Söhne, unsere Stammväter.«

5,42 (Retter) Lk 22,67 S; Apg 2,31; 3,18; 8,5; 9,22; 17,3; 18,5.28; 26,23 **6,1** 2,45; 4,35 **6,3** 1 Tim 3,8-13 **6,6** (Hände auflegen) 9,17; 13,2-3; 14,23; 1 Tim 4,14; 5,22; 2 Tim 1,6 **6,7** 2,41 S **6,10** 6,3; Lk 21,15 **6,11-13** Mk 14,55-59 par; Apg 21,28 S **6,14** Joh 2,19 S **7,3** *zit* Gen 12,1; Hebr 11,8-10 **7,4** Gen 11,31; 12,4 **7,5** Gen 12,7 S **7,6-7** *zit* Gen 15,13-14 *und* Ex 3,12 **7,8** Gen 17,9-14 S; 21,2-3; 25,26; 29,31–30,24; 35,16-18

a Wörtlich *dem Christus**.
b Wörtlich ist nur von *Jüngern* die Rede. Lukas verwendet die Mehrzahl »Jünger« von dieser Stelle an wiederholt als Bezeichnung für die Christen insgesamt, die Gemeinde; dabei sind Männer und Frauen gemeinsam im Blick (siehe Sacherklärung »Jünger«).
c *den Griechisch sprechenden …:* wörtlich *den Hellenisten und den Hebräern;* siehe Sacherklärung »Hellenisten«.
d Ein solcher Zustand berührt den Kern urchristlichen Gemeindelebens (vgl. 2,44; 4,34 und die Anmerkungen dort).
e Siehe die Sacherklärungen »Diakon« und »Hellenisten«.
f *einen Nichtjuden …:* wörtlich *einen Proselyten**.
g Dies wird für die Zukunft die Form, in der ein besonderes Amt (1 Tim 4,14; 2 Tim 1,6) oder eine bestimmte Aufgabe (13,2-3) übertragen wird.
h Wörtlich *der Jünger**.
i Es handelt sich wahrscheinlich um freigelassene Nachkommen der Juden, die Pompeius 63 v. Chr. als Kriegsgefangene nach Rom mitgenommen hatte.
j *von Nazaret:* wörtlich *der Nazoräer**.
k Zum ersten Teil der Anklage vgl. Mk 14,58 und Anmerkung. Zum zweiten Teil vgl. Mt 5,20-48 und die Ausführungen Seite 74/75 NT.
l Die nun folgende breite Einlassung auf die Geschichte Israels soll zeigen, dass sich im Tod Jesu und der Verfolgung seiner Jünger nur das erfüllt, was in dieser Geschichte schon angelegt war. Im Mittelpunkt der Rede steht das Geschick Moses, das als Vorausdarstellung des Geschicks Jesu begriffen wird (Verse 25.35-43).

Josef und die Übersiedlung nach Ägypten

9 »Jakobs Söhne, unsere Stammväter, waren jedoch eifersüchtig auf ihren Bruder Josef und verkauften ihn als Sklaven nach Ägypten. Aber Gott war mit Josef 10 und half ihm aus allen Schwierigkeiten. Er schenkte ihm Weisheit und verschaffte ihm Ansehen beim Pharao, dem König von Ägypten. So vertraute der Pharao ihm die Verwaltung ganz Ägyptens und die Aufsicht über die königlichen Güter an.

11 Da kam eine Hungersnot und brachte große Bedrängnis über ganz Ägypten und über das Land Kanaan*, und unsere Vorfahren hatten nichts mehr zu essen. 12 Als Jakob hörte, dass es in Ägypten noch Getreide gab, schickte er seine Söhne, unsere Stammväter, dorthin. 13 Als sie noch ein zweites Mal dorthin kamen, gab sich Josef seinen Brüdern zu erkennen, und der Pharao erfuhr, aus welcher Familie Josef stammte.

14 Josef lud dann seinen Vater Jakob ein, mit der gesamten Familie, insgesamt 75 Personen,[a] nach Ägypten überzusiedeln. 15 So kam Jakob nach Ägypten. Dort starb er auch, er und seine Söhne, unsere Stammväter. 16 Nach ihrem Tod wurden sie nach Sichem überführt und dort in dem Familiengrab bestattet, das Abraham* von der Sippe Hamors durch Kauf erworben hatte.«

Moses Rettung und sein Einsatz für das unterdrückte Volk

17 »Dann kam die Zeit, dass Gott das Versprechen einlösen wollte, das er einst Abraham gegeben hatte. Die Nachkommen Jakobs waren inzwischen in Ägypten zu einem großen Volk geworden. 18 Da kam ein neuer König an die Macht, der von Josef nichts mehr wusste. 19 Nach einem heimtückischen Plan wollte er unser Volk ausrotten. Er zwang unsere Vorfahren, ihre neugeborenen Kinder auszusetzen; keines sollte am Leben bleiben. 20 In dieser Zeit wurde Mose geboren, ein Kind, an dem Gott Gefallen hatte. Drei Monate lang konnte er in seinem Elternhaus verborgen gehalten werden. 21 Als er dann ausgesetzt werden musste, rettete ihn die Tochter des Pharaos und ließ ihn als ihren eigenen Sohn aufziehen. 22 Er studierte alle Wissenschaften der Ägypter und wurde ein wortmächtiger und tatkräftiger Mann.

23 Als Mose vierzig Jahre alt war, fasste er den Entschluss, sich um seine Brüder, die Israeliten, zu kümmern. 24 Er wurde Zeuge, wie ein Israelit von einem Ägypter geschlagen wurde. Da griff er ein, zahlte es dem Ägypter heim und schlug ihn tot.

25 Er dachte, seine Brüder, die Israeliten, würden begreifen, dass Gott sie durch ihn befreien wollte; aber sie begriffen es nicht. 26 Am nächsten Tag nämlich kam er gerade dazu, als zwei Israeliten miteinander stritten. Er wollte sie versöhnen und sagte: ›Hört her, ihr seid doch Brüder! Warum schlagt ihr einander?‹ 27 Aber der eine, der angefangen hatte, stieß Mose beiseite und fragte: ›Wer hat dich zum Aufseher und Richter über uns eingesetzt? 28 Willst du mich auch umbringen wie gestern den Ägypter?‹

29 Als Mose das hörte, floh er aus Ägypten und lebte als Fremder im Land Midian*. Dort wurden ihm zwei Söhne geboren.«

Moses Berufung und Auszug Israels aus Ägypten. Hinweis auf Christus und Offenbarung des Gesetzes

30 »Wieder waren vierzig Jahre vergangen, und Mose war eines Tages in der Wüste am Berg Sinai*. Da erschien ihm ein Engel* in einem brennenden Dornbusch. 31 Mose wunderte sich über den brennenden Busch; er wollte hingehen und ihn genauer ansehen. Doch da hörte er die Stimme des Herrn: 32 ›Ich bin der Gott deiner Vorfahren, der Gott Abrahams, Isaaks und Jakobs.‹ Mose zitterte vor Angst und wagte nicht hinzuschauen. 33 Der Herr aber sagte: ›Zieh deine Schuhe aus, denn du stehst auf heiligem Boden! 34 Ich habe genau gesehen, wie mein Volk in Ägypten misshandelt wird, und habe sein Stöhnen gehört; ich bin gekommen, um es zu retten. Deshalb geh jetzt, ich schicke dich nach Ägypten!‹

35 Eben den Mose, den die Israeliten abgelehnt und zu dem sie gesagt hatten: ›Wer hat dich zum Aufseher und Richter eingesetzt?‹, eben den schickte Gott ihnen als Anführer und Befreier – durch den Engel, der ihm im Dornbusch erschienen war. 36 Genau dieser Mose führte sie in die Freiheit. Er vollbrachte Staunen erregende Wunder, zuerst in Ägypten, dann am Roten Meer* und dann vierzig Jahre lang in der Wüste.

37 Genau dieser Mose ist es auch, der zu den Israeliten sagte: ›Einen Propheten wie mich wird Gott aus euren Brüdern berufen.‹[b]

38 Er war es auch, der in der Wüste, als das Volk am Berg Sinai versammelt war, als Vermittler auftrat zwischen dem Engel, der auf dem Berg zu ihm sprach, und zwischen unseren Vorfahren. Er empfing Weisungen, die zum Leben führen, damit er sie an uns weitergebe.«

Ungehorsam des Volkes in der Wüste

39 »Aber unsere Vorfahren wollten Mose nicht gehorchen, sondern lehnten sich gegen ihn auf. Sie waren

a Die Zahl 75 findet sich in der griechischen Übersetzung von Gen 46,27; in G werden in der Liste von Gen 46 fünf zusätzliche Namen aufgeführt.
b Vgl. 3,22-23 und Anmerkung dort.

7,9 Gen 37,11.28; 39,2.21 **7,10** Gen 41,37-44 **7,11-12** Gen 41,54; 42,1-2.5 **7,13** Gen 45,1.3.16 **7,14-15** Gen 45,9-10.18; 46,6-7.27 **7,16** (Grab) Gen 23,3-16; 33,19; 49,29-30; 50,13; Jos 24,32; Hebr 11,22 **7,17-18** Ex 1,7-8 **7,19** Ex 1,15-19.22 **7,20-21** Ex 2,2-10; Hebr 11,23 **7,23-29** Ex 2,11-15; Hebr 11,24-27 **7,29** Ex 2,15.21-22; 18,4 **7,30-34** Ex 3,1-10 **7,35** Ex 3,2; 2,14 **7,36** (Wunder) Ex 7,3; 14,21-29; 15,25; 16,1–17,13; Num 20,2-11; (vierzig) Num 14,33 **7,37** 3,22-23S **7,38** Ex 19,1–20,17; Apg 7,53S **7,39** Num 14,3-4; Neh 9,17

mit ihrem Herzen schon wieder auf dem Weg zurück nach Ägypten, 40 als sie zu Aaron* sagten: ›Mach uns Götter, die uns voranziehen! Denn was aus diesem Mose geworden ist, der uns aus Ägypten herausgeführt hat – niemand weiß es.‹ 41 So machten sie sich damals ein Stierbild*, brachten ihm Opfer* und feierten ein Fest zu Ehren ihres selbst gemachten Götzen.

42 Da wandte sich Gott von ihnen ab und lieferte sie noch anderen Götzen aus. Er ließ es zu, dass sie die Sterne am Himmel anbeteten, wie das im Buch der zwölf Propheten[a] nachzulesen ist. Dort sagt Gott: ›Habt ihr Israeliten etwa *mir* zu Ehren Opfertiere geschlachtet und andere Opfer dargebracht die vierzig Jahre in der Wüste? 43 Nein, das Zelt des Götzen Moloch* habt ihr mitgeführt und den Stern eures Götzen Räfan[b] – Bilder, die ihr euch gemacht hattet, um sie anzubeten. Deshalb werde ich euch in die Verbannung führen, noch über Babylon* hinaus!‹«

Der Irrtum des Tempelbaus

44 »Unsere Vorfahren hatten in der Wüste das Heilige Zelt*; es war angefertigt aufgrund der Weisung Gottes an Mose und nach dem Modell, das Mose von Gott gezeigt worden war. 45 Die folgende Generation brachte dieses Zelt mit, als sie unter der Führung von Josua das Land in Besitz nahm, aus dem Gott die früheren Bewohner vor ihnen vertrieb. Jede neue Generation übernahm das Zelt von der vorhergehenden, bis zur Zeit Davids.

46 David gewann Gottes Gunst und bat Gott darum, ihn für das Zeltheiligtum der Nachkommen Jakobs einen festen Platz finden zu lassen. 47 Salomo aber maßte sich an, Gott ein *Haus* zu bauen.[c]

48 Der höchste Gott wohnt jedoch nicht in Häusern, die von Menschen gemacht sind! Durch den Propheten Jesaja hat er gesagt: 49 ›Der Himmel ist mein Thron, die Erde mein Fußschemel. Was für ein Haus wollt ihr da für mich bauen? Wo ist die Wohnung, in der ich Raum finden könnte? 50 Habe ich nicht mit eigener Hand Himmel und Erde geschaffen?‹«

Anklage gegen die Ankläger

51 »Ihr widerspenstiges Volk, am Körper seid ihr beschnitten*, aber euer Herz ist unbeschnitten, und eure Ohren sind verschlossen für Gottes Botschaft!

Ständig widersetzt ihr euch dem Geist* Gottes, ihr genauso wie damals eure Vorfahren! 52 Gibt es einen einzigen Propheten*, den sie nicht verfolgt haben? Sie haben die Boten Gottes umgebracht, die das Kommen des einzig Gerechten* angekündigt hatten. Den habt ihr nun verraten und ermordet!

53 Gott hat euch durch Vermittlung von Engeln* sein Gesetz* gegeben; aber ihr habt es nicht befolgt!«[d]

Stephanus wird gesteinigt

54 Bei diesen Worten gerieten die Mitglieder des jüdischen Rates* über Stephanus in solche Wut, dass sie mit den Zähnen knirschten. 55 Stephanus aber blickte zum Himmel empor, vom Heiligen Geist* erfüllt; er sah Gott im Glanz seiner Herrlichkeit* und Jesus an seiner rechten Seite 56 und rief: »Ich sehe den Himmel offen und den Menschensohn* an der rechten Seite Gottes stehen!«

57 Als sie das hörten, schrien sie laut auf und hielten sich die Ohren zu. Alle miteinander stürzten sich auf Stephanus 58 und schleppten ihn vor die Stadt, um ihn zu steinigen*. Die Zeugen legten ihre Oberkleider vor einem jungen Mann namens Saulus* ab, damit er sie bewachte.

59 Während sie ihn steinigten, bekannte sich Stephanus zu Jesus, dem Herrn*,[e] und rief: »Herr Jesus, nimm meinen Geist auf!« 60 Dann fiel er auf die Knie und rief laut: »Herr, strafe sie nicht für diese Schuld!«

Mit diesen Worten starb er.

8 1a Saulus aber war völlig einverstanden mit dieser Hinrichtung.

Die Gemeinde wird verfolgt

1b An diesem Tag begann für die Gemeinde in Jerusalem eine harte Verfolgung. Alle, die zu ihr gehörten, zerstreuten sich über Judäa* und Samarien*; nur die Apostel* blieben in Jerusalem zurück.[f] 2 Ein paar fromme Männer begruben Stephanus und hielten eine große Totenklage* für ihn.

3 Saulus aber wollte die Gemeinde vernichten. Er durchsuchte die Häuser und ließ Männer und Frauen ins Gefängnis werfen.

Die Botschaft kommt nach Samarien

4 Die über das Land zerstreuten Christen zogen umher und verkündeten die Botschaft Gottes. 5 Unter ihnen war auch Philippus. Er kam nach Samaria, der Hauptstadt von Samarien*, und verkündete, dass in Jesus der versprochene Retter gekommen sei.[g]

6 Die Menge schenkte dem, was Philippus sagte, durchweg die größte Aufmerksamkeit; denn alle hörten von den Wundern, die er vollbrachte, und wurden auch selbst Augenzeugen davon. 7 Mit lautem Geschrei fuhren aus vielen Besessenen böse Geister*

a Wörtlich *im Buch der Propheten.* Gemeint sind die zwölf »kleinen Propheten« (Hosea bis Maleachi), die im hebräischen Text zu einem einzigen »Buch« zusammengefasst sind. Das Zitat findet sich in Am 5,25-27.
b Das Prophetenwort aus Am 5,25-27 ist hier nach G zitiert, wo die Götzen mit anderen Namen erscheinen als in H. *Räfan* ist fehlerhafte Wiedergabe des hebräischen *Kewan**.
c Der Tempelbau Salomos war demnach eine sträfliche Verirrung; vgl. 17,24, ferner Mk 14,58; Joh 4,19-24.
d Damit hat Stephanus beide Anklagepunkte von 6,14 entschieden zurückgewiesen und die Juden selbst in beiden Punkten massiv beschuldigt.
e *bekannte sich zu Jesus:* wörtlich *rief Jesus an,* im Griechischen eine Anspielung auf 2,21; siehe auch Vergleichsstellen dort.
f Aus 8,4-5; 9,26-28.30; 11,18-22 darf man schließen, dass vor allem der Griechisch sprechende Gemeindeteil fliehen musste.
g Wörtlich *und verkündete ihnen den Christus*.* Damit hat der zweite der in 1,8 genannten Missionsabschnitte begonnen.

7,40-41 Ex 32,1-8 **7,44** Ex 25,9 S **7,45** Jos 3,14-17; 18,1; 2 Chr 1,3; 5,5 **7,46** 2 Sam 7,1-2; Ps 132,1-5 **7,47** 2 Sam 7,5-7; 1 Kön 6,1-38 **7,48** 17,24 S **7,49-50** *zit* Jes 66,1-2 **7,51** Ex 32,9; 33,5; Jer 4,4 S; Röm 2,28-29; Ez 2,2-5 S **7,52** Mt 5,12 S; (Gerechter) Apg 3,14 S **7,53** (durch Engel) 7,38; Gal 3,19; Hebr 2,2 **7,55-56** Mt 3,16 S; Lk 12,8-9 **7,58** 22,20 **7,59** Lk 23,46; Ps 31,6 **7,60** Lk 23,34; 6,28 par **8,1b** 8,4-5; 11,19 **8,3** (Saulus als Verfolger) 9,1-2.13.21; 22,4-5; 26,9-11; 1 Kor 15,9; Gal 1,13; Phil 3,6; 1 Tim 1,13 **8,5** 6,5; 5,42 S **8,7** Lk 9,1 par; Mk 16,17 S

aus, und viele Gelähmte und Verkrüppelte wurden
geheilt.[a] 8 In der ganzen Stadt herrschte große Freude.
9 Nun lebte dort in der Stadt seit einiger Zeit ein
Mann namens Simon*, der sich mit Magie befasste
und mit dem Anspruch auftrat, ein ganz Großer zu
sein. Das ganze Volk von Samaria war von ihm hell-
auf begeistert. 10 Bis jetzt war *er* es gewesen, der alle
Aufmerksamkeit auf sich gezogen hatte, und alle
Leute, von den einfachsten bis zu den gebildetsten,
sagten von ihm: »Er ist die Kraft Gottes, die die Gro-
ße genannt wird!« 11 Dass er so im Mittelpunkt der
Aufmerksamkeit stand, hatte seinen Grund; denn
durch seine Zauberkünste hatte er die Menschen
im Lauf der Zeit regelrecht um den Verstand
gebracht.
12 Als nun Philippus die Botschaft von der anbre-
chenden Herrschaft* Gottes verkündete und von
Jesus Christus und der Macht seines Namens*,
glaubten die Leute ihm und ließen sich taufen*,
Männer wie Frauen. 13 Auch Simon kam zum Glau-
ben. Nach seiner Taufe schloss er sich eng an Phi-
lippus an und konnte nicht genug staunen über die
großen, machtvollen Wunder, die durch ihn ge-
schahen.

Die Getauften empfangen den Heiligen Geist

14 Die Apostel* in Jerusalem hörten, dass die Leute
in Samarien* die Botschaft Gottes angenommen
hatten. Deshalb schickten sie Petrus und Johannes
dorthin.
15 Die beiden kamen in die Stadt Samaria und bete-
ten zu Gott, dass er den Getauften seinen Geist*
schenke. 16 Denn die Menschen waren zwar im
Namen von Jesus, dem Herrn, getauft* worden, aber
der Heilige Geist* war noch auf keinen von ihnen
herabgekommen.
17 Nach dem Gebet legten Petrus und Johannes den
Getauften die Hände auf, und sie wurden vom Heili-
gen Geist erfüllt.[b]

Der Magier Simon wird zurechtgewiesen

18 Als Simon sah, dass die Menschen den Heiligen
Geist* empfingen, wenn die Apostel* ihnen die
Hände auflegten, bot er Petrus und Johannes Geld
an 19 und sagte: »Verleiht doch auch mir diese Fähig-
keit! Ich möchte, dass jeder, dem ich die Hände auf-
lege, den Heiligen Geist empfängt!«
20 Aber Petrus sagte zu ihm: »Zur Hölle mit dir und
deinem Geld! Meinst du vielleicht, du könntest kau-
fen, was Gott schenkt? 21 Du gehörst nicht mehr zu
uns, für dich ist kein Platz in der Gemeinde, weil
du dich Gott nicht aufrichtig zuwendest. 22 Kehr
um und gib deine Falschheit auf! Bete zum Herrn,
dass er dir vielleicht deine bösen Absichten verzeiht!
23 Ich sehe, du bist voller Verkehrtheit und ganz ins
Böse verstrickt!«

a Vgl. 5,16 und Anmerkung dort.
b Erst die Gabe des Gottesgeistes bewirkt die volle Eingliederung in die Kirche; vgl. auch 19,6. In 10,44 wird sie unvermittelt gewährt – woraufhin die Gemeinde auch die Taufe nicht mehr verweigern darf (10,47-48).

Durch die Verfolgung der Jesusjünger und ihre Vertreibung aus Jerusalem kommt die Botschaft des Auferstandenen auch nach Samarien (8,4-8). Die Hauptstadt Samaria (Sebaste, wie sie zu Ehren von Kaiser Augustus genannt wurde) kam durch Alexander den Großen unter den Einfluss griechischer Kultur und wurde von Herodes dem Großen stark erweitert und zu einer der prächtigsten Städte seines Reiches ausgebaut. Im Bild Überreste der Säulenstraße, die im Südteil quer durch die ganze Stadt führte und zum Teil von Läden gesäumt war (sie stammt in der erhaltenen Gestalt aus der Zeit um 200 n. Chr.).

8,12 (Herrschaft) 28,23S; (Name) 3,6S **8,14** 3,1S **8,16-17** 19,1-6 **8,18** 6,6S

24 Da bat Simon die Apostel: »Betet *ihr* für mich
zum Herrn, dass die Strafen nicht über mich kom-
men, die ihr mir angedroht habt!«
25 Petrus und Johannes blieben noch in Samaria,
bezeugten Jesus als den Herrn* und sagten den Men-
schen die Botschaft Gottes; dann kehrten sie nach
Jerusalem zurück. Unterwegs verkündeten sie die
Gute Nachricht* in vielen Dörfern Samariens.

Philippus und der Eunuch aus Äthiopien

26 Der Engel* des Herrn aber sagte zu Philippus:
»Mach dich auf den Weg und geh nach Süden, zu
der Straße, die von Jerusalem nach Gaza hinab-
führt!« Diese Straße wird kaum von jemand be-
nutzt.[a] 27 Philippus machte sich auf den Weg und
ging dorthin.
Da kam in seinem Reisewagen ein Äthiopier*
gefahren. Es war ein hoch gestellter Mann, der
Finanzverwalter der äthiopischen Königin, die den
Titel Kandake führt, ein Eunuch.[b] Er war in Jerusa-
lem gewesen, um den Gott Israels anzubeten.[c]
28 Jetzt befand er sich auf der Rückreise. Er saß in sei-
nem Wagen und las im Buch des Propheten Jesaja.
29 Der Geist* Gottes sagte zu Philippus: »Lauf hin
und folge diesem Wagen!« 30 Philippus lief hin und
hörte, wie der Mann laut aus dem Buch des Prophe-
ten Jesaja las. Er fragte ihn: »Verstehst du denn, was
du da liest?«
31 Der Äthiopier sagte: »Wie kann ich es verstehen,
wenn mir niemand hilft!« Und er forderte Philippus
auf, zu ihm in den Wagen zu steigen.
32 Die Stelle, die er gerade gelesen hatte, lautete:
»Wie ein Lamm, wenn es zum Schlachten geführt
wird, wie ein Schaf, wenn es geschoren wird, so dul-
dete er alles schweigend, ohne zu klagen. 33 Er wurde
aufs tiefste erniedrigt; aber mitten in seiner Erniedri-
gung wurde das Urteil gegen ihn aufgehoben. Wer
wird je seine Nachkommen zählen können? Denn
von der Erde weg wurde sein Leben emporge-
hoben.«
34 Der Mann aus Äthiopien fragte: »Bitte, sag mir
doch: Um wen geht es hier eigentlich? Meint der
Prophet sich selbst oder einen anderen?«
35 Da ergriff Philippus die Gelegenheit und verkün-
dete ihm, von dem Prophetenwort ausgehend, die
Gute Nachricht* von Jesus.
36 Unterwegs kamen sie an einer Wasserstelle
vorbei, und der Äthiopier sagte: »Hier gibt es Was-
ser! Spricht etwas dagegen, dass ich getauft
werde?«[d] 38 Er ließ den Wagen anhalten. Die beiden
stiegen ins Wasser hinab, Philippus und der Äthio-
pier, und Philippus taufte ihn.[e]
39 Als sie aus dem Wasser herausstiegen, wurde
Philippus vom Geist des Herrn gepackt und wegge-
führt, und der Äthiopier sah ihn nicht mehr. Von
Freude erfüllt setzte er seine Reise fort.
40 Philippus tauchte danach in Aschdod auf. Von
dort zog er nach Cäsarea[f] und verkündete unter-
wegs in allen Städten, durch die er kam, die Gute
Nachricht.

Die Bekehrung von Saulus*

9 Saulus verfolgte die Jünger und Jüngerinnen[g]
des Herrn* weiterhin voller Wut und mit schwe-
ren Drohungen. Er ging zum Obersten Priester*
2 und ließ sich Briefe an die jüdischen Gemeinden
in Damaskus geben. Darin wurde ihm die Vollmacht
erteilt, auch dort nach Anhängern der neuen Lehre[h]
zu suchen und sie gegebenenfalls – Männer wie
Frauen – festzunehmen und nach Jerusalem zu
schaffen.
3 Auf dem Weg nach Damaskus, kurz vor der Stadt,
umstrahlte ihn plötzlich ein Licht vom Himmel. 4 Er
stürzte zu Boden und hörte eine Stimme: »Saul, Saul,
warum verfolgst du mich?«
5 »Wer bist du, Herr?«, fragte Saulus.
Die Stimme sagte: »Ich bin Jesus, den du ver-
folgst![i] 6 Aber steh auf und geh in die Stadt! Dort
wirst du erfahren, was du tun sollst.«
7 Den Männern, die Saulus begleiteten, verschlug
es die Sprache. Sie hörten zwar die Stimme, aber sie
sahen niemand. 8 Saulus stand von der Erde auf und
öffnete die Augen – aber er konnte nichts mehr
sehen. Da nahmen sie ihn an der Hand und führten
ihn nach Damaskus. 9 Drei Tage lang war er blind
und aß nichts und trank nichts.
10 In Damaskus lebte ein Jünger namens Hananias.
Dem erschien der Herr und sagte: »Hananias!«
»Ja, Herr«, antwortete er.
11 Der Herr sagte: »Steh auf, geh in die Gerade Stra-
ße in das Haus von Judas und frag nach Saulus aus
Tarsus.[j] Er ist dort und betet. 12 In einer Vision hat
er gesehen, wie ein Mann namens Hananias zu
ihm kommt und ihm die Hände auflegt, damit er wie-
der sehen kann.«
13 Hananias antwortete: »Herr, ich habe von vie-
len Seiten gehört, wie viel Böses dieser Mann in Jeru-
salem deiner Gemeinde[k] angetan hat. 14 Und jetzt ist
er hier und hat von den führenden Priestern* die
Vollmacht, alle zu verhaften, die sich zu deinem
Namen* bekennen.«
15 Aber der Herr sagte: »Geh nur hin! Gerade ihn
habe ich als mein Werkzeug ausgesucht. Er wird
meinen Namen den nichtjüdischen Völkern und
ihren Herrschern bekannt machen[l] und auch dem
Volk Israel. 16 Und ich will ihm zeigen, wie viel
nun *er* für das Bekenntnis zu meinem Namen leiden
muss.«

8,24 Ex 9,27-28 **8,27** Jes 18,7S **8,32-33** *nach* Jes 53,7-8 **8,35** Lk 24,27 **8,36** (Taufe) Mt 28,19S **8,39** 1Kön 18,12 **8,40** 21,8 **9,1-22** 22,5-16; 26,12-28; Gal 1,15-16 **9,1** 8,3S **9,3** (Licht) Hab 3,3-4; 1Tim 6,18; 2Kor 4,4.6 **9,4** Ez 1,28S **9,5** 1Kor 15,8 **9,8** 13,11 **9,12** Mk 8,23-25 **9,15** 22,21; 23,11; 26,1; 27,24; Röm 1,5S **9,16** 20,23; Lk 21,12; 2Kor 11,23-28

a Wörtlich *Diese ist einsam.* Vielleicht soll damit auf das Unerwartete der sogleich zu schildernden Begegnung aufmerksam gemacht werden.
b Im griechischen Text wird er auch in den Versen 34, 36, 38 und 39 *Eunuch** genannt. Die Verse 36 und 38 berichten, wie ein Eunuch als Vollmitglied in die christliche Gemeinde aufgenommen wird, so wie später auch die »Heiden«* in Kap 10.
c Er hielt sich also zur jüdischen Gemeinde, war als Eunuch* jedoch gehindert, sich ihr anzuschließen (Dtn 23,2).
d Einige Handschriften fügen hinzu (Vers 37): *Philippus sagte: »Du kannst getauft werden, wenn du von ganzem Herzen glaubst.« »Ja«, antwortete er, »ich glaube, dass Jesus Christus der Sohn Gottes ist.«* (Siehe Sacherklärung »Taufe«.)
e Die Schranke von Dtn 23,2-3 ist gefallen; die Verheißung aus Jes 56,3-5 und Weish 3,14 hat sich erfüllt.
f Siehe die Karte Seite 61 NT.
g Siehe Anmerkung zu 6,1.
h Wörtlich *nach solchen, die von dem Weg sind.* »Der Weg« ist eine der ältesten Kurzbezeichnungen für das, was im Namen von Jesus verkündet und von den Christen als Grundlage und Richtschnur ihres Lebens angenommen wurde. Sie findet sich auch in 18,25-26; 19,9.23; 22,4; 24,14.22.
i Die Verfolgung der Gemeinde trifft den erhöhten Herrn selbst; vgl. Mt 25,40 und Anmerkung.
j Tarsus in Zilizien (siehe Karte Seite 193 NT) ist der Geburtsort von Paulus; vgl. 11,25; 21,39; 22,3.
k Wörtlich *deinen Heiligen**.
l Paulus wird maßgeblichen Anteil an der Verkündigung unter den Völkern der Welt haben; vgl. 1,8 und Anmerkung.

17 Da ging Hananias in jenes Haus. Er legte Saulus die Hände auf und sagte: »Bruder Saul, der Herr hat mich geschickt – Jesus, der dir unterwegs erschienen ist. Du sollst wieder sehen können und mit dem Heiligen Geist* erfüllt werden.«

18 Im selben Augenblick fiel es Saulus wie Schuppen von den Augen und er konnte wieder sehen. Er stand auf und ließ sich taufen*. 19a Dann aß er etwas und kam wieder zu Kräften.

Saulus verkündet Jesus in Damaskus

19b Saulus war erst ein paar Tage bei den Jüngern und Jüngerinnen[a] in Damaskus, 20 da ging er auch schon in die Synagogen* und verkündete dort Jesus als den Sohn* Gottes. 21 Alle, die ihn hörten, waren außer sich und sagten: »Ist das nicht der, der in Jerusalem alle verfolgt hat, die sich zu Jesus bekannt haben? Er ist doch eigens hergekommen, um auch hier die Anhänger dieses Menschen festzunehmen und den führenden Priestern* auszuliefern!«

22 Aber Saulus trat nur umso entschiedener auf und brachte die Juden in Damaskus völlig aus der Fassung, indem er aus den Heiligen Schriften nachwies, dass Jesus der versprochene Retter[b] ist.

23 Nach einiger Zeit beschlossen die Juden, Saulus zu töten;[c] 24 aber er erfuhr davon. Um ihn in die Hand zu bekommen und beseitigen zu können, stellten sie sogar bei Tag und Nacht Wachen an die Stadttore. 25 Da ließen ihn seine Jünger eines Nachts in einem Korb die Stadtmauer hinunter und verhalfen ihm so zur Flucht.

Saulus in Jerusalem. Seine Abreise nach Tarsus

26 Saulus kam nach Jerusalem und wollte sich dort den Jüngern und Jüngerinnen anschließen. Aber sie hatten noch immer Angst vor ihm; sie konnten es nicht glauben, dass er wirklich einer der Ihren geworden war.

27 Da nahm Barnabas[d] die Sache in die Hand und brachte ihn zu den Aposteln*. Er erzählte ihnen, wie Saulus auf dem Weg nach Damaskus den Herrn* gesehen und der Herr zu ihm gesprochen hatte. Er schilderte ihnen auch, wie mutig Saulus dann in Damaskus im Namen von Jesus aufgetreten und für diesen Namen* eingetreten war. 28 Von da an ging Saulus bei den Aposteln in Jerusalem aus und ein. Mit ihnen zusammen trat er offen und mutig für Jesus und seinen Namen ein.

29 Vor allem sprach und diskutierte Saulus mit den Griechisch sprechenden Juden. Die aber wollten ihn umbringen. 30 Als seine Glaubensbrüder das erfuhren, brachten sie ihn in die Hafenstadt Cäsarea hinab, damit er von dort nach Tarsus fahren konnte.

Petrus besucht die Gemeinden und kommt nach Lydda und Joppe. Wunder an Äneas und Tabita

31 Die Gemeinde in ganz Judäa*, Galiläa* und Samarien* erlebte nun eine friedliche Zeit. Sie festigte sich und machte Fortschritte in einem gottgefälligen Leben. Der Heilige Geist* stand ihr bei und ließ die Zahl der Glaubenden ständig zunehmen.

32 Petrus[e] durchzog das ganze Land und besuchte die einzelnen Gemeinden. Dabei kam er auch zu den Christen[f] in Lydda.

33 Dort sah er einen Menschen – er hieß Äneas –, der seit acht Jahren das Bett nicht mehr verlassen konnte; er war gelähmt. 34 »Äneas«, sagte Petrus zu ihm, »Jesus Christus hat dich geheilt. Steh auf und mach dein Bett!«

Im selben Augenblick konnte Äneas aufstehen.[g] 35 Alle Bewohner von Lydda und der ganzen Scharon-Ebene sahen ihn gesund umhergehen und nahmen Jesus als den Herrn* an.

36 In Joppe wohnte eine Jüngerin[h] mit Namen Tabita. Ihr griechischer Name war Dorkas; beides bedeutet »Gazelle«. Sie hatte viel Gutes getan und den Armen geholfen. 37 Nun aber war sie krank geworden und gestorben. Sie wurde gewaschen und im Obergemach aufgebahrt.

38 Von Joppe war es nicht weit nach Lydda, und als sie in Joppe erfuhren, dass Petrus gerade dort war, schickten sie zwei Männer zu ihm und ließen ihn bitten, so schnell wie möglich zu kommen.

39 Petrus ging sofort mit, und als er in Joppe ankam, führten sie ihn in das Obergemach. Die Witwen der Gemeinde drängten sich um ihn und zeigten ihm unter Tränen die vielen Kleider und Mäntel, die Dorkas für sie gemacht hatte, als sie noch unter ihnen lebte.

40 Petrus aber schickte sie alle aus dem Zimmer, kniete nieder und betete. Dann wandte er sich der Toten zu und sagte: »Tabita, steh auf!« Sie öffnete die Augen, und als sie Petrus erblickte, setzte sie sich auf. 41 Er reichte ihr die Hand und half ihr auf die Füße. Dann rief er die Witwen und die ganze Gemeinde herein und gab ihnen Dorkas lebendig zurück.[i]

42 Die Nachricht verbreitete sich im ganzen Ort und viele kamen zum Glauben an Jesus als den Herrn.

43 Petrus blieb längere Zeit in Joppe; er wohnte bei einem Gerber namens Simon.

a Siehe Anmerkung zu 6,1; ebenso zu Vers 26.
b Wörtlich *der Christus*; aus den Heiligen Schriften** ist verdeutlichender Zusatz.
c Schon beginnt sich auch die Voraussage von Vers 16 zu erfüllen.
d Vgl. 4,36-37 und Anmerkung dort.
e Vgl. Lk 22,32 und Anmerkung dort. Zu Lydda (und Joppe; Vers 36) siehe die Karte Seite 61 NT.
f Wörtlich *den Heiligen**; entsprechend in Vers 41 für *die ganze Gemeinde.*
g Vgl. 5,16 und Anmerkung dort.
h Lukas gebraucht hier das Wort zum einzigen Mal in seiner weiblichen Form; vgl. Anmerkung zu 6,1.
i Zu den Versen 36-41 vgl. Mk 5,35-43 und Anmerkung zur Überschrift vor Mt 9,18. Siehe ferner Apg 5,16 und Anmerkung dort.

9,17 6,6S **9,20** 17,2S; Lk 22,70S **9,21** 8,1; 9,13-14 **9,22** 5,42S **9,23-25** 2 Kor 11,32-33 **9,26-27** Gal 1,18 **9,27** (Barnabas) 4,36-37; 11,22-26.30; 12,25; 13,1-4.7.43-51; 14,12.20; 15,2-12.22.35-39; 1 Kor 9,6S **9,29** 6,9 **9,30** 9,11; Gal 1,21 **9,40** Mk 5,40-41par **9,43** 10,6.32

DIE GUTE NACHRICHT KOMMT ZU DEN NICHTJUDEN (10,1–15,35)

Kornelius in Cäsarea hat eine Vision

10 In Cäsarea[a] lebte Kornelius, ein Hauptmann*, der zum so genannten Italischen Regiment gehörte. 2 Er glaubte an Gott und hielt sich mit seiner ganzen Hausgemeinschaft* zur jüdischen Gemeinde.[b] Er tat viel für Not leidende Juden und betete regelmäßig.[c]

3 An einem Nachmittag gegen drei Uhr hatte er eine Vision. Er sah deutlich, wie ein Engel* Gottes bei ihm eintrat, und hörte, wie er zu ihm sagte: »Kornelius!«

4 Erschrocken blickte er den Engel an und fragte: »Warum kommst du, Herr?«[d]

Der Engel antwortete: »Gott hat genau bemerkt, wie treu du betest und wie viel Gutes du den Armen tust,[e] und er will dich dafür belohnen. 5 Darum schicke jetzt Boten nach Joppe und lass einen gewissen Simon zu dir bitten, der den Beinamen Petrus* trägt. 6 Er ist zu Gast bei einem Gerber Simon, der sein Haus unten am Meer hat.«[f]

7 Als der Engel wieder fortgegangen war, rief Kornelius zwei Diener und einen frommen Soldaten aus seinem persönlichen Gefolge. 8 Er erzählte ihnen, was er erlebt hatte, und schickte sie nach Joppe.

Petrus in Joppe hat eine Vision

9 Am nächsten Tag, als die Boten von Kornelius Joppe schon fast erreicht hatten, begab sich Petrus um die Mittagszeit auf das flache Dach des Hauses, um zu beten. 10 Da bekam er Hunger und wollte essen. Während das Essen zubereitet wurde, hatte er eine Vision.

11 Er sah den Himmel geöffnet und es kam daraus etwas auf die Erde herab, das sah aus wie ein großes Tuch, das an vier Ecken gehalten wird. 12 Darin befanden sich alle Arten von vierfüßigen Tieren, Kriechtieren und Vögeln. 13 Eine Stimme rief: »Auf, Petrus, schlachte und iss!«

14 Aber Petrus antwortete: »Auf keinen Fall, Herr! Noch nie habe ich etwas Verbotenes oder Unreines gegessen.«

15 Doch die Stimme forderte ihn ein zweites Mal auf und sagte: »Was Gott für rein* erklärt hat, das erkläre du nicht für unrein!« 16 Und noch ein drittes Mal erging an Petrus dieselbe Aufforderung. Gleich danach wurde das Tuch samt Inhalt wieder in den Himmel hinaufgehoben.

Die Boten von Kornelius bei Petrus in Joppe

17 Während Petrus noch ratlos darüber nachdachte, was die Vision bedeuten sollte,[g] hatten sich schon die Boten aus Cäsarea zu Simons Haus durchgefragt und standen unten vor dem Tor. 18 »Ist hier ein Simon mit dem Beinamen Petrus* zu Gast?«, riefen sie.

19 Petrus grübelte noch über den Sinn seiner Vision, da sagte ihm der Geist* Gottes: »Drei Männer wollen zu dir! 20 Geh hinunter und folge ihnen ohne Bedenken; ich habe sie geschickt.«

21 Da ging er hinunter und sagte zu ihnen: »Ich bin der, den ihr sucht. Was führt euch zu mir?«

22 »Wir kommen vom Hauptmann* Kornelius«, sagten sie. »Er führt ein vorbildliches Leben und hält sich zur jüdischen Gemeinde; alle Juden bei uns reden nur das Beste über ihn.[h] Ein heiliger Engel* hat ihm aufgetragen, dich in sein Haus einzuladen und zu hören, was du zu sagen hast.«

23a Darauf ließ Petrus die Männer herein, bewirtete sie und gab ihnen ein Nachtquartier.

Petrus bei Kornelius in Cäsarea

23b Am anderen Morgen machte sich Petrus mit ihnen auf den Weg; einige Brüder aus Joppe begleiteten ihn. 24 Am Tag darauf kamen sie in Cäsarea an. Kornelius hatte seine Verwandten und die engsten Freunde zusammengerufen und erwartete sie.

a Siehe die Karte Seite 61 NT.
b *hielt sich ...:* wörtlich *fürchtete Gott,* d.h., er gehörte zu den sog. Gottesfürchtigen*; entsprechend in Vers 22.
c Vgl. Lk 7,5, ferner Lk 5,16 und Anmerkung dort.
d Die Sendung des Engels zu einem Nichtjuden eröffnet eine neue Phase in der Geschichte, die mit Lk 1,11-12.26-29 begonnen hat.
e Vgl. Lk 5,16; 16,19; 10,25-28 und Anmerkungen dort.
f Vgl. 9,43.
g Vgl. Vers 4 und Anmerkung dort.
h Vgl. Lk 7,4-5.

Nach dem Pfingstfest brachten Jesu Jünger die Gute Nachricht zuerst nur zu ihren jüdischen Volksgenossen. Aber dann begann Petrus zu begreifen, »dass Gott keine Unterschiede macht. Er liebt alle Menschen, ganz gleich, zu welchem Volk sie gehören, wenn sie ihn nur ernst nehmen«. (10,34-35)

10,1-2 27,1.3 **10,3** 3,1 **10,6** 9,43 **10,11** Mt 3,16S **10,12-14** Lev 11,1-47; Ez 4,14 **10,15** Mk 7,15S **10,19** (sagte der Geist) 11,12; 13,2.4; 15,28; 16,6; 22,22-23; 21,4.11

25 Als Petrus durchs Hoftor trat, kam ihm Kornelius entgegen und warf sich vor ihm nieder. 26 Doch Petrus zog ihn hoch und sagte: »Steh auf, ich bin auch nur ein Mensch!«[a] 27 Er sprach noch weiter mit ihm und betrat dabei das Haus.

Als er die vielen Leute sah, 28 sagte er zu ihnen: »Ihr wisst, dass ein Jude nicht mit einem Nichtjuden verkehren und vollends nicht sein Haus betreten darf.[b] Aber mir hat Gott gezeigt, dass ich keinen Menschen als unrein* oder unberührbar betrachten soll. 29 Deshalb bin ich eurer Einladung ohne Widerrede gefolgt. Aber jetzt möchte ich doch gern erfahren, warum ihr mich gerufen habt!«

30 Kornelius antwortete: »Es war vor drei Tagen, ungefähr zur selben Zeit wie jetzt. Ich betete hier im Haus zur Gebetszeit um drei Uhr nachmittags, als plötzlich ein Mann in leuchtendem Gewand vor mir stand 31 und sagte: ›Kornelius, Gott hat deine Gebete erhört und er will dir das Gute vergelten, das du den Armen getan hast. 32 Schicke darum Boten nach Joppe und lass Simon mit dem Beinamen Petrus* zu dir bitten! Er ist zu Gast beim Gerber Simon unten am Meer!‹ 33 Da habe ich sofort zu dir geschickt, und ich freue mich, dass du gekommen bist. Nun sind wir alle hier vor Gott versammelt und bereit zu hören, was der Herr dir aufgetragen hat.«

Petrus predigt vor den Nichtjuden im Haus von Kornelius

34 Petrus begann zu sprechen:

»Wahrhaftig, jetzt begreife ich, dass Gott keine Unterschiede macht! 35 Er liebt alle Menschen, ganz gleich, zu welchem Volk sie gehören, wenn sie ihn nur ernst nehmen und tun, was vor ihm recht ist. 36 Seinem Volk Israel hat er die Botschaft verkünden lassen, dass er Frieden* gestiftet hat durch Jesus Christus – aber dieser Jesus Christus ist ja der Herr über *alle*![c]

37 Ihr habt sicherlich erfahren, was sich im jüdischen Land zugetragen hat, beginnend in Galiläa*, nachdem Johannes zur Taufe aufgerufen hatte. 38 Ihr wisst von Jesus aus Nazaret, den Gott zum Retter bestimmt und mit seinem Geist* und seiner Kraft erfüllt hat. Wo er hinkam, tat er Gutes und heilte alle, die der Teufel in seiner Gewalt hatte; denn Gott stand ihm bei. 39 Wir können alles bezeugen, was er im jüdischen Land und in Jerusalem getan hat.

Die Juden töteten ihn, sie hängten ihn ans Kreuz*, an das Fluchholz.[d] 40 Aber Gott hat ihn am dritten Tag vom Tod auferweckt* und ihn sichtbar erscheinen lassen – 41 nicht vor dem ganzen Volk, sondern vor den Zeugen, die er im Voraus dazu bestimmt hatte. Wir, die Apostel*, sind diese Zeugen; wir haben mit Jesus gegessen und getrunken, nachdem er von den Toten auferstanden war.[e] 42 Und uns gab Jesus den Auftrag, dem Volk Israel zu verkünden und zu bezeugen, dass er von Gott zum Richter über die Lebenden und die Toten eingesetzt ist.

43 Alle Propheten* haben von ihm gesprochen; sie bezeugen, dass durch die Macht seines Namens* alle Menschen die Vergebung ihrer Schuld empfangen sollen, alle, die auf ihn vertrauen.«[f]

Der Heilige Geist kommt noch vor der Taufe auf die Nichtjuden herab

44 Petrus hatte noch nicht zu Ende gesprochen, da kam der Heilige Geist* auf alle herab, die bei Kornelius versammelt waren und die Botschaft hörten.

45 Die Christen jüdischer Herkunft, die mit Petrus aus Joppe gekommen waren, gerieten außer sich vor Staunen, dass Gott nun auch über die Nichtjuden seinen Geist ausgegossen hatte.[g] 46 Sie hörten nämlich, wie die Versammelten in unbekannten Sprachen* redeten und Gott priesen.

Darauf sagte Petrus zu seinen Begleitern: 47 »Diese Leute haben genau wie wir den Heiligen Geist empfangen. Wer kann ihnen da noch die Taufe* verweigern?«[h] 48 Und er befahl, sie im Namen* von Jesus Christus zu taufen.

Danach baten sie ihn, noch ein paar Tage bei ihnen zu bleiben.

Petrus rechtfertigt sich vor der Gemeinde in Jerusalem

11 Die Apostel* und die Brüder in Judäa* hörten, dass auch die Nichtjuden die Botschaft Gottes angenommen hatten. 2 Als nun Petrus nach Jerusalem zurückkehrte, machten sie ihm Vorwürfe: 3 »Du bist zu Leuten gegangen, die nicht zu unserem Volk gehören! Du hast sogar mit ihnen gegessen!«[i]

4 Da erzählte ihnen Petrus ausführlich, was geschehen war:

5 »Als ich eines Tages in Joppe betete, hatte ich eine Vision. Ich sah etwas vom Himmel herabkommen, das sah aus wie ein großes Tuch, das an den vier Ecken gehalten wird. Es kam bis zu mir herunter. 6 Als ich genau hinschaute, sah ich darin alle Arten von vierfüßigen und wilden Tieren, von Kriechtieren und Vögeln. 7 Dann hörte ich auch eine Stimme, die sagte: ›Auf, Petrus, schlachte und iss!‹ 8 Aber ich sagte: ›Auf gar keinen Fall, Herr! Ich habe noch nie in meinem Leben etwas Verbotenes oder Unreines gegessen.‹ 9 Doch die Stimme von oben forderte mich ein zweites Mal auf und sagte: ›Was Gott für rein* erklärt, das erkläre du nicht für unrein!‹ 10 Und noch ein drittes Mal erging an mich dieselbe Aufforderung. Danach wurde alles wieder in den Himmel hinaufgezogen.

a Solche Form der Huldigung ist Menschen gegenüber unangebracht; vgl. Lk 24,52 und Anmerkung dort.
b Vgl. Mt 8,7-8; Lk 7,6-7.
c Vgl. Lk 2,10-14 und Anmerkungen dort; ferner Eph 2,11-22.
d Vgl. 5,30 und Anmerkung dort.
e Vgl. Lk 24,30.41-43; Joh 21,12-13.
f Vgl. 13,38-39; Röm 1,16; 3,22; 10,11-12.
g Vgl. 2,11 und Anmerkung dort.
h Vgl. 8,17 und Anmerkung dort.
i Vgl. 10,27-29 und Sacherklärung »rein«.

10,25-26 14,13-15; Offb 19,10 **10,28** 10,15; Gal 2,12 **10,30** 3,1; 1,10; Lk 24,4 **10,34** Röm 2,11 S **10,36** (Frieden) Röm 3,25-26; 5,1; 2 Kor 5,18-20; Eph 2,14-17; Kol 1,20; Lk 2,14 S **10,37** Lk 4,44 **10,38** Lk 4,18 S; 13,16; Joh 3,2 **10,39** 1,8 S **10,41** Lk 24,41-43 S **10,42** (Richter) 17,31; Joh 5,22 S; Röm 14,9; 2 Tim 4,1; 1 Petr 4,5; 2 Kor 5,10 S **10,43** Lk 24,44 S; (Vergebung) Jer 31,34 S; Apg 13,38; 26,18; Lk 1,77 **10,44-46** 2,4 S **10,45** (ausgegossen) 2,33 S **10,47** 8,36 **11,3** 10,28 S

11 In diesem Augenblick kamen drei Männer vor dem Haus an, in dem wir waren, Boten, die man aus Cäsarea zu mir geschickt hatte. 12 Der Geist* Gottes befahl mir, ihnen ohne Widerrede zu folgen. So ging ich mit. Die sechs Brüder, die ich hierher mitgebracht habe, begleiteten mich. Wir kamen nach Cäsarea und betraten das Haus des Mannes, der nach mir geschickt hatte.

13 Er erzählte uns, er habe den Engel in seinem Haus stehen gesehen, der ihm sagte: ›Schick jemand nach Joppe und lass Simon zu dir bitten, den mit dem Beinamen Petrus*! 14 Was er dir zu sagen hat, wird dir die Rettung bringen, dir und deiner ganzen Hausgemeinschaft*.‹

15 Ich hatte aber noch kaum begonnen, zu ihnen zu sprechen, da kam der Heilige Geist* auf sie herab, genauso wie damals am Anfang auf uns. 16 Mir fiel sofort das Wort ein, das der Herr* gesagt hatte: ›Johannes hat mit Wasser getauft, aber ihr werdet mit dem Geist Gottes getauft werden.‹

17 Da war mir klar: Gott hatte ihnen das gleiche Geschenk gegeben wie damals uns, als wir zum Glauben an Jesus Christus, den Herrn, gekommen waren. Wie hätte *ich* mich da Gott in den Weg stellen können?«

18 Als die Apostel und die anderen das hörten, gaben sie ihren Widerstand auf. Sie priesen Gott und sagten: »Also hat Gott auch den Nichtjuden den Weg eröffnet, zu ihm umzukehren und das wahre Leben zu gewinnen.«

Die Gemeinde in Antiochia

19 Die von der Gemeinde, die in der Verfolgungszeit nach der Ermordung von Stephanus aus Jerusalem geflohen waren, kamen zum Teil bis nach Phönizien*, Zypern und Antiochia.[a] Sie verkündeten die Botschaft Gottes zunächst nur unter den Juden. 20 Aber einige von ihnen, die aus Zypern und Zyrene stammten, kamen nach Antiochia und verkündeten dort auch den Nichtjuden die Gute Nachricht* von Jesus, dem Herrn*. 21 Gott stand ihnen zur Seite, sodass viele Menschen zum Glauben kamen und Jesus als den Herrn annahmen.

22 Die Gemeinde in Jerusalem hörte davon, und die Apostel* schickten Barnabas nach Antiochia.[b] 23 Als er hinkam und sah, was Gott dort gewirkt hatte, freute er sich. Er machte allen Mut und bestärkte sie in ihrem Vorsatz, dem Herrn treu zu bleiben. 24 Denn Barnabas war ein tüchtiger Mann, erfüllt mit dem Heiligen Geist* und mit lebendigem Glauben.

Gott führte der Gemeinde immer mehr Menschen zu. 25 Barnabas aber ging nach Tarsus, um Saulus* zu suchen; 26 und als er ihn gefunden hatte, nahm er ihn mit nach Antiochia. Ein ganzes Jahr lang wirkten beide gemeinsam in der Gemeinde und unterwiesen viele Menschen im Glauben.

Hier in Antiochia kam für die Jünger und Jüngerinnen[c] zum ersten Mal die Bezeichnung »Christen« auf.[d]

Ihre Fürsorge für die Gemeinde in Jerusalem

27 Während dieser Zeit kamen Propheten* von Jerusalem nach Antiochia. 28 Einer von ihnen, Agabus, trat vor die versammelte Gemeinde und sagte auf Eingebung des Heiligen Geistes* voraus, dass eine große Hungersnot über die ganze Erde kommen werde – wie sie dann auch tatsächlich unter der Regierung des Kaisers Klaudius* eintraf.[e]

29 Da beschloss die Gemeinde in Antiochia,[f] den Brüdern und Schwestern[g] in Judäa* nach Kräften zu helfen – entsprechend dem, was die Einzelnen in der Gemeinde erübrigen konnten. 30 Sie schickten ihre Spende durch Barnabas und Saulus an die Gemeindeältesten* in Jerusalem.

Jakobus wird hingerichtet, Petrus gefangen genommen

12 Um diese Zeit ließ König Herodes[h] verschiedene Mitglieder der Gemeinde von Jerusalem festnehmen und schwer misshandeln. 2 Jakobus, den Bruder von Johannes, ließ er enthaupten. 3 Als er merkte, dass dies den Juden gefiel, ging er noch einen Schritt weiter und ließ auch Petrus gefangen nehmen – gerade in den Tagen des Passafestes*.

4 Petrus wurde ins Gefängnis gebracht; zu seiner Bewachung wurden vier Gruppen zu je vier Soldaten abgestellt, die einander ablösen sollten. Herodes wollte ihm nach dem Fest vor allem Volk den Prozess machen.

5 So saß Petrus also streng bewacht im Gefängnis. Die Gemeinde aber betete Tag und Nacht inständig für ihn zu Gott.

Petrus wird aus dem Gefängnis befreit

6 In der Nacht, bevor Herodes ihn vor Gericht stellen wollte, schlief Petrus zwischen zwei der Wachsoldaten, mit Ketten an sie gefesselt. Vor der Tür der Zelle waren die zwei anderen als Wachtposten aufgestellt.

7 Plötzlich stand da der Engel* des Herrn, und die ganze Zelle war von strahlendem Licht erfüllt. Der Engel weckte Petrus durch einen Stoß in die Seite und sagte: »Schnell, steh auf!« Da fielen Petrus die Ketten von den Händen. 8 Der Engel sagte: »Leg den Gürtel um und zieh die Sandalen an!« Petrus tat es, und der Engel sagte: »Wirf dir den Mantel um und komm mit!«

9 Petrus folgte ihm nach draußen. Er wusste nicht, dass es Wirklichkeit war, was er da mit dem Engel

a Siehe Karten Seite 61 und 52/53 NT.
b Vgl. schon 8,14. Zu Barnabas vgl. 4,36-37 und Anmerkung.
c Wörtlich *für die Jünger;* siehe Anmerkung zu 6,1.
d *Christen* (wörtlich *Christianer*) ist zunächst Bezeichnung im Mund von Außenstehenden (vgl. 26,28), dann auch im Mund der Betroffenen selbst (1 Petr 4,16). Zur gängigen Selbstbezeichnung der Christen wurde es erst in nachneutestamentlicher Zeit.
e Klaudius regierte 41–54 n. Chr. Auch aus anderen Überlieferungen wissen wir für diese Zeit von großen Hungersnöten, besonders auch in Palästina.
f Wörtlich *beschlossen die Jünger;* siehe Anmerkung zu 6,1.
g Wörtlich *den Brüdern*.*
h Agrippa I., genannt *Herodes,* ein Enkel von Herodes dem Großen; siehe Sacherklärung »Herodes (5)«.

11,14 16,31 **11,15** 2,4 **11,16** Lk 3,16 S **11,18** (Nichtjuden) 13,48; 14,15.27; 15,4.12.22-29; 17,12; 18,5-11; 19,8-10; 20,21; 21,19; 26,20 **11,19** 8,1b-4 **11,21** 2,41 S **11,22** 9,27 S **11,23** (machte Mut) 13,43; 14,22; 15,32; 16,40; 18,23; 20,1.28-31 **11,25** 9,30 **11,27** (Propheten) 13,1; 15,32; 21,9-10 **11,30** 12,25; Röm 15,26 S **12,2** Mk 10,35-40 par **12,4** 4,3; 5,18 **12,5** 1,14; 2,42; 6,4; Jak 5,16 **12,7-10** 5,19

erlebte; er meinte, er hätte eine Vision. 10 Sie kamen ungehindert am ersten der Wachtposten vorbei, ebenso am zweiten, und standen schließlich vor dem eisernen Tor, das in die Stadt führte. Das Tor öffnete sich von selbst. Sie traten hinaus und gingen die Straße entlang, doch als Petrus in die nächste einbog, war der Engel plötzlich verschwunden.

11 Als Petrus zu sich kam, sagte er: »Es ist also wirklich wahr! Der Herr hat seinen Engel geschickt, um mich vor Herodes zu retten und vor dem zu bewahren, was das jüdische Volk sich erhofft hat!«

12 Als ihm das klar geworden war, ging er zu dem Haus, das Maria gehörte, der Mutter von Johannes mit dem Beinamen Markus. Dort waren viele Christen versammelt und beteten immer noch für seine Freilassung. 13 Petrus klopfte an das Hoftor, und die Dienerin Rhode kam, um zu hören, wer draußen sei. 14 Als sie Petrus an der Stimme erkannte, vergaß sie vor Freude, das Tor zu öffnen; sie rannte ins Haus und meldete, Petrus stehe draußen. 15 »Du bist nicht ganz bei Verstand!«, sagten die im Haus. Und als Rhode darauf bestand, meinten sie: »Das ist sein Schutzengel*!«

16 Petrus aber klopfte und klopfte, bis sie schließlich aufmachten. Als sie ihn sahen, gerieten sie außer sich. 17 Er bat mit einer Handbewegung um Ruhe und erklärte ihnen, wie ihn Gott aus dem Gefängnis befreit hatte. »Berichtet das Jakobus[a] und allen anderen Brüdern und Schwestern!«,[b] sagte er. Dann verließ er Jerusalem.

18 Als es Tag wurde, gab es bei der Wachmannschaft eine große Aufregung, weil Petrus verschwunden war. 19 Herodes ließ überall nach ihm suchen, aber vergeblich. Darauf verhörte er die Soldaten. Er befand sie für schuldig und ließ sie hinrichten.

Danach begab sich Herodes von Jerusalem hinab nach Cäsarea in seine Hauptresidenz.

Der Tod von Herodes Agrippa I.

20 König Herodes lag im Streit mit den Bürgern von Tyrus und Sidon, und sein Zorn über sie war groß. Nun hatten sie eine Abordnung geschickt und um eine friedliche Beilegung des Konflikts gebeten. Den königlichen Palastverwalter Blastus hatten sie dafür gewonnen, beim König ein Wort für sie einzulegen. Die Bürger von Tyrus und Sidon waren nämlich für ihre Lebensmittelversorgung auf Lieferungen aus dem Gebiet des Königs angewiesen.

21 An dem Tag, an dem die Beilegung des Streits feierlich verkündet werden sollte, nahm Herodes in der Pracht seiner königlichen Gewänder auf der Tribüne Platz und hielt in öffentlicher Volksversammlung eine Rede an die Abordnung aus Tyrus und Sidon. 22 Das Volk von Cäsarea aber rief laut: »So redet ein Gott, nicht ein Mensch!«

23 Im selben Augenblick schlug ihn der Engel* des Herrn – weil er sich als einen Gott feiern ließ, anstatt dem wahren Gott die Ehre zu geben.[c] Der König wurde von Würmern zerfressen und starb.[d]

24 Die Botschaft Gottes aber breitete sich aus und die Zahl der Glaubenden nahm immer mehr zu.

Die erste Missionsreise von Paulus (12,25–14,28)

Barnabas und Saulus von der Gemeinde in Antiochia ausgesandt

25 Nachdem Barnabas und Saulus die Geldspende in Jerusalem übergeben hatten, kehrten sie nach Antiochia zurück. Sie brachten Johannes mit dem Beinamen Markus aus Jerusalem mit.

13 In der Gemeinde von Antiochia gab es eine Reihe von Propheten* und Lehrern*; es waren Barnabas, Simeon, genannt »der Schwarze«, Luzius von Zyrene, Manaën, der zusammen mit dem Fürsten Herodes[e] erzogen worden war, und Saulus.

2 Als sie einmal für einige Zeit fasteten* und sich ganz dem Gebet widmeten,[f] sagte ihnen der Heilige Geist*: »Gebt mir Barnabas und Saulus für die besondere Aufgabe frei, zu der ich sie berufen habe!«

3 Nach einer weiteren Zeit des Fastens und Betens legten sie den beiden die Hände auf[g] und ließen sie ziehen.

Barnabas und Saulus auf Zypern

4 So wurden Barnabas und Saulus vom Heiligen Geist* ausgesandt und auf den Weg geschickt.[h] Sie gingen hinab nach Seleuzia und reisten von dort mit dem Schiff zur Insel Zypern. 5 Als sie in die Stadt Salamis kamen, verkündeten sie die Botschaft Gottes in den jüdischen Synagogen.[i] Als Helfer hatten sie noch Johannes Markus bei sich.

6 Dann durchzogen sie die ganze Insel und kamen nach Paphos. Dort trafen sie einen Juden namens Barjesus*, der war ein Magier* und falscher Prophet. 7 Er gehörte zum Gefolge des römischen Statthalters* der Insel, Sergius Paulus, einem gebildeten Mann. Der Statthalter hatte Barnabas und Saulus rufen lassen und wollte die Botschaft Gottes hören. 8 Aber Elymas, wie Barjesus sich auch nannte – das bedeutet »Magier« –, trat ihnen entgegen und suchte mit allen Mitteln zu verhindern, dass der Statthalter der Botschaft glaubte.

9 Saulus – mit seinem römischen Namen heißt er übrigens Paulus[j] – sah den Magier scharf an; erfüllt vom Heiligen Geist, 10 sagte er zu ihm: »Du Sohn des Teufels, du bist voll List und Tücke und kämpfst gegen alles Gute. Willst du nicht endlich aufhören, die klaren Absichten Gottes zu durchkreuzen?

a Gemeint ist Jakobus, der »Bruder des Herrn«, dem von jetzt an die führende Rolle in der Gemeinde von Jerusalem zufällt (vgl. 15,13; 21,18; Gal 1,19; 2,9.12).
b Wörtlich *den Brüdern**.
c Vgl. dagegen 10,26; 14,15.
d Vgl. 2 Makk 9,5-12. Solche ›Gottmenschen‹ können Gott in der Durchführung seiner Pläne nicht hindern; vgl. die Verse 11 und 24.
e Herodes Antipas; siehe Sacherklärung »Herodes (3)«.
f Wörtlich *dem Herrn (gottesdienstlich) dienten.*
g Vgl. 6,6 und Anmerkung dort.
h Siehe die Karte auf der folgenden Seite.
i Siehe Sacherklärung. Die Juden sind und bleiben die ersten Adressaten der Botschaft (9,20; 13,14-16; 14,1; 16,13; 17,2.10.17; 18,4.19-21; 19,8; 28,17.23). Erst wenn deren Verweigerung offenkundig wird, wenden sich die Missionare den Nichtjuden zu (13,44-47; 17,4; 18,6; 28,24-28) und gründen unabhängige Gemeinden (18,7; 19,9).
j Wörtlich *Saulus, auch Paulus.* Von hier an wird in der Apostelgeschichte nur noch der Name Paulus verwendet; siehe Sacherklärung »Saulus«.

12,12 (Markus) 12,25; 13,5.13; 15,37; Kol 4,10; 2 Tim 4,11; Phlm 24; 1 Petr 5,13 **12,18-19** 5,22-24 **12,22** Ez 28,2 **12,23** 2 Makk 9,5-12 **12,24** 2,41 S **12,25** 9,27 S; 11,29-30; 12,12 S **13,1** 11,27 S **13,2** 10,19 S; 9,15 S; Gal 1,15-16 **13,3** Mt 6,16-17 S; Apg 6,6 S **13,4** 10,19 S **13,5** 17,2 S; 12,12 S **13,8** 2 Tim 3,8

11 Der Herr wird dich dafür bestrafen: Du sollst blind
sein und für einige Zeit das Sonnenlicht nicht mehr
sehen!«

Im selben Augenblick fand sich der Magier in die
tiefste Dunkelheit getaucht. Er tappte umher und
suchte einen, der ihn an der Hand führte.
12 Als der Statthalter sah, was geschehen war, kam
er zum Glauben; denn er war tief beeindruckt
davon, wie mächtig sich die Lehre von Jesus, dem
Herrn*, erwiesen hatte.[a]

Die Predigt in der Synagoge von Antiochia in Pisidien

13 Paulus und seine Begleiter bestiegen in Paphos ein
Schiff und fuhren nach Perge in Pamphylien. Dort
trennte sich Johannes Markus von ihnen und kehrte
nach Jerusalem zurück. 14 Die beiden anderen zogen
von Perge weiter nach Antiochia in Pisidien.

Am Sabbat* gingen sie dort in die Synagoge* und
setzten sich unter die Zuhörer. 15 Nach der Lesung
aus dem Gesetz* und den Schriften der Propheten*
ließen die Synagogenvorsteher* den Gästen sagen:
»Brüder, wenn ihr dem Volk ein ermutigendes Wort
zu sagen habt, dann sprecht!«[b]
16 Da stand Paulus auf, bat mit einer Handbewe-
gung um Ruhe und begann:

»Ihr Männer aus dem Volk Israel und ihr anderen,
die ihr den Glauben Israels teilt,[c] hört mich an![d]
17 Der Gott unseres Volkes, der Gott Israels, hat
unsere Vorfahren erwählt und hat sie zu einem gro-
ßen Volk gemacht, während sie als Fremde in
Ägypten lebten. Mit hoch erhobenem Arm führte
er sie aus Ägypten heraus, 18 und vierzig Jahre lang
ertrug er sie° in der Wüste. 19 Er vernichtete vor
ihnen sieben Völker im Land Kanaan* und gab
ihnen ihr Land zum Besitz. 20 Das war etwa 450 Jah-
re, nachdem unsere Vorfahren nach Ägypten gekom-
men waren.

Dann gab er ihnen Richter bis zur Zeit des Prophe-
ten Samuel. 21 Von da an wollten sie einen König
haben, und Gott gab ihnen Saul, den Sohn von Kisch
aus dem Stamm Benjamin. Nach vierzigjähriger
Herrschaft aber 22 verstieß er Saul und erhob David
zu ihrem König. Ihm stellte er das Zeugnis aus:
›David, den Sohn von Isai, habe ich erwählt, einen
Mann, der mir gefällt. Er wird alles ausführen, was
ich will.‹ 23 Und einen der Nachkommen von eben
diesem David hat Gott nun seinem Volk Israel als
Retter gesandt, wie er es versprochen hatte, nämlich
Jesus.
24 Vor ihm her hatte Johannes alle im Volk Israel
dazu aufgerufen, sie sollten umkehren* und sich tau-
fen* lassen. 25 Als Johannes am Ende seines Wirkens
stand, sagte er zu den Leuten: ›Ich bin nicht der, für
den ihr mich haltet. Aber *nach* mir kommt der
Erwartete; ich bin nicht einmal gut genug, ihm die
Schuhe aufzubinden.‹
26 Liebe Brüder,[e] ihr Nachkommen Abrahams*,
und ihr anderen hier, die ihr den Glauben Israels
teilt: Jetzt hat Gott *uns,* die wir hier versammelt
sind, die Botschaft von dieser Rettung gesandt!
27 Denn die Bewohner Jerusalems und ihre führen-
den Männer haben Jesus nicht erkannt. Sie haben
ihn verurteilt, aber mit diesem Urteil haben sie nur
die Ankündigungen der Propheten* in Erfüllung

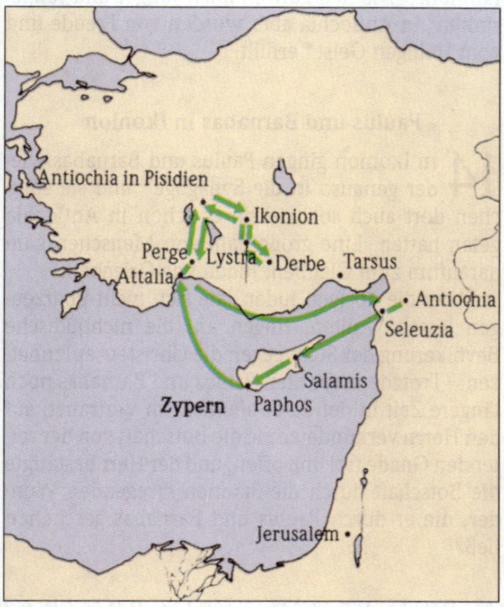

Die erste Reise des Apostels Paulus: nach Zypern und in das Gebiet der heutigen Türkei.

Der erste Ort, den Paulus aufsucht, war Salamis auf Zypern. Man hat die damalige Stadt teilweise ausgegraben; diese schönen Säulen wurden wieder aufgerichtet.

a Die Bekehrung des Statthalters hat besonderes Gewicht in einer Zeit, in der die Gegner die Jesusbewegung immer wieder als staatsgefährdend darzustellen suchen; vgl. schon Lk 23,1-25.47; ferner Apg 16,19-21; 17,6-7; 24,5 sowie Joh 19,12.
b Siehe die Ausführungen Seite 244/45.
c Wörtlich *und ihr Gottesfürchtigen*;* ebenso in Vers 26.
d Die Rede holt ähnlich weit aus wie die in Kap 7, rückt aber nicht die Gestalt Moses in den Mittelpunkt, sondern – wie in Kap 2 – die Verheißung an David und Davids eigenes Zeugnis; vgl. Verse 22-23.32-37.
e Wörtlich *Männer, Brüder;* ebenso in Vers 38.

13,11 9,8 **13,13** 12,12S **13,15** 15,21 **13,17** Ex 1,7; Dtn 5,15 **13,18** Ex 16,35; Dtn 29,4 **13,19** Dtn 7,1; Jos 14,1 **13,20** Ri 2,16; 1Sam 3,20 **13,21** 1Sam 8,5.19; 10,21-24; 11,15 **13,22** 1Sam 16,1.12; *nach* 1Sam 13,14 **13,23** Jer 23,5S; Mt 1,1S; Lk 2,11S **13,24** Lk 3,3 **13,25** Lk 3,15-16.19-20 **13,27** 3,17-18

gehen lassen, die jeden Sabbat vorgelesen werden.
28 Sie forderten nämlich von Pilatus seine Hin-
richtung, obwohl sie kein todeswürdiges Verbre-
chen an ihm gefunden hatten. 29 Und nachdem sie
alles getan hatten, was in den Heiligen Schriften*
über Jesus vorhergesagt ist, nahmen sie ihn vom
Kreuz und legten ihn ins Grab. 30 Aber Gott hat ihn
vom Tod auferweckt*, 31 und als Auferstandener
zeigte er sich während vieler Tage den Männern,
die mit ihm von Galiläa* nach Jerusalem gekommen
waren. Diese sind heute seine Zeugen vor dem Volk
Israel.

32 Und wir verkünden euch nun also die gute
Nachricht, dass Gott seine Zusagen eingelöst hat!
Was er unseren Vorfahren versprochen hatte, 33 das
hat er für uns, die Nachkommen, in Erfüllung gehen
lassen. Er hat Jesus vom Tod auferweckt, und damit
ist eingetreten, was beispielsweise im zweiten Psalm
geschrieben steht, wo Gott sagt: ›Du bist mein Sohn,
heute habe ich dich dazu gemacht!‹[a]

34 Dass er ihn mit der Auferweckung aber *für
immer* dem Tod und der Verwesung entrissen hat
– und mit ihm auch uns[b] –, das stellt er klar mit
den Worten: ›Ich gebe euch die heiligen und unver-
gänglichen Gaben, die ich David versprochen habe.‹
35 Darum sagt auch David in einem anderen Psalm:
›Du gibst deinen Heiligen nicht der Verwesung
preis.‹

36 David selbst hatte nur eine Aufgabe an seiner
eigenen Generation zu erfüllen. Dann ist er nach
Gottes Willen gestorben, wurde neben seinen Vor-
fahren beigesetzt und fiel der Verwesung anheim.
37 Doch der, den Gott vom Tod auferweckt hat, der
fiel nicht der Verwesung anheim.

38 Und durch diesen Jesus – das sollt ihr wissen,
Brüder – wird euch die Vergebung eurer Schuld
angeboten! Das Gesetz* Moses hatte nicht die Kraft,
eure Schuld wegzunehmen; 39 aber wer von euch
Jesus vertraut, wird vor Gott als gerecht* bestehen
können.

40 Gebt also Acht, dass nicht eintrifft, was im Buch
der zwölf Propheten[c] gesagt wird: 41 ›Schaut her, ihr
Verächter, wundert euch und geht zugrunde! Denn
in euren Tagen werde ich etwas tun – wenn es euch
jemand erzählte, ihr würdet es ihm nicht glauben!‹«

42 Als Paulus und Barnabas aus der Synagoge gin-
gen, wurden sie gebeten, am folgenden Sabbat
weiter über diese Sache zu sprechen. 43 Doch schon
gleich nach dem Gottesdienst kamen viele mit
Paulus und Barnabas mit, Juden und Leute, die
zum Judentum übergetreten waren.[d] Die beiden
sprachen zu ihnen und redeten ihnen zu, die ange-
botene Gnade Gottes zu ergreifen und an ihr festzu-
halten.

Konflikt mit den Juden, Hinwendung zu den Nichtjuden

44 Am nächsten Sabbat* war fast die ganze Stadt in
der Synagoge* versammelt, um die Botschaft Gottes
zu hören. 45 Als die Juden den großen Andrang sahen,
wurden sie eifersüchtig.[e] Ständig widersprachen sie
dem, was Paulus sagte, und stießen Lästerungen
gegen Jesus aus.

46 Schließlich erklärten Paulus und Barnabas frei
und offen: »Euch musste als Ersten die Botschaft Got-
tes verkündet werden. Aber weil ihr nichts davon
wissen wollt und euch damit als unwürdig erweist,
das ewige Leben zu empfangen, wenden wir uns
jetzt an die Nichtjuden. 47 Dazu haben wir vom
Herrn den Auftrag erhalten; denn er hat gesagt:
›Ich mache dich zum Licht für die anderen Völker,
damit alle bis ans Ende der Erde durch dich meine
rettende Hilfe erfahren.‹«[f]

48 Als die Nichtjuden das hörten, brachen sie in
Jubel aus. Sie wollten gar nicht mehr aufhören, Gott
für seine rettende Botschaft zu preisen. Und alle, die
für das ewige Leben bestimmt waren, kamen zum
Glauben.

49 Die Botschaft Gottes verbreitete sich in der gan-
zen Gegend. 50 Aber die Juden hetzten vornehme
Frauen, die sich zur jüdischen Gemeinde hielten,[g]
und die führenden Männer der Stadt gegen Paulus
und Barnabas auf. Die beiden wurden festgenom-
men, aus der Stadt ausgewiesen und mussten die
Gegend verlassen.

51 Vor der Stadt schüttelten sie den Staub* von
ihren Füßen, ihnen zur Warnung, und gingen nach
Ikonion. 52 Die neu gewonnenen Jünger und Jünge-
rinnen[h] in Antiochia aber wurden von Freude und
vom Heiligen Geist* erfüllt.

Paulus und Barnabas in Ikonion

14 In Ikonion gingen Paulus und Barnabas wie-
der genauso in die Synagoge* und sie spra-
chen dort auch so, wie sie es schon in Antiochia
getan hatten. Eine große Zahl von Menschen kam
daraufhin zum Glauben, Juden wie Griechen.[i]

2 Aber die übrigen Juden, die sich nicht überzeu-
gen lassen wollten, fingen an, die nichtjüdische
Bevölkerung der Stadt gegen die Christen[j] aufzuhet-
zen. 3 Trotzdem konnten Paulus und Barnabas noch
längere Zeit in der Stadt bleiben. Im Vertrauen auf
den Herrn verkündeten sie die Botschaft von der ret-
tenden Gnade frei und offen, und der Herr bestätigte
die Botschaft durch die Staunen erregenden Wun-
der, die er durch Paulus und Barnabas geschehen
ließ.

a Die Auferweckung findet man hier angekündigt, wenn man – mit Paulus und der ganzen Urkirche – sogleich die Erhöhung an die Seite Gottes hinzudenkt und diese als Einsetzung des verheißenen Davidsnachkommen in seine Herrschaft versteht; vgl. Lk 9,51; 24,51.52; Apg 1,3; 2,34 mit Anmerkungen.
b *und mit ihm ...:* verdeutlichender Zusatz im Blick auf das *euch* im folgenden Zitat.
c Wörtlich *bei den Propheten;* vgl. Anmerkung zu 7,42. Das Zitat aus Hab 1,5 (nach G) deutet die Möglichkeit an, dass das jüdische Volk das in Jesus angebotene Heil abweisen könnte, während Menschen aus den anderen Völkern danach greifen; vgl. hier Verse 44-48 und 28,23-28.
d *Leute, die ...:* wörtlich *gottesfürchtige Proselyten*.* In Vers 26 war nur von *Gottesfürchtigen** die Rede; vielleicht sind jetzt beide Gruppen gemeint.
e Möglicherweise ist zu übersetzen *packte sie (heiliger) Eifer;* vgl. 21,20; 22,3; Gal 1,14.
f Das Wort aus Jes 49,6 gilt zunächst für Jesus (vgl. Lk 2,32), wird aber hier auf seine Boten, speziell auf Paulus bezogen (vgl. Apg 22,21; 26,17-18).
g Wörtlich *die gottesfürchtigen* (Frauen).*
h Wörtlich *Jünger;* siehe Anmerkung zu 6,1.
i *Griechen:* nämlich Gottesfürchtige* aus der griechischen Bevölkerung der Stadt (vgl. 13,16).
j Wörtlich *gegen die Brüder.*

13,28 Lk 23,4.14-15.21-23; 23,47S **13,29** Lk 23,50-56par; 24,44S **13,30** 4,2S **13,31** 1,8S **13,33** *nach* Ps 2,7; Röm 1,3-4 **13,34** *nach* Jes 55,3 **13,35** *nach* Ps 16,10 **13,36** 2,29 **13,38** 10,43 **13,39** Röm 4,25; 10,4 **13,43** 2,41S; 11,23S **13,44** 17,2S **13,46** (als Ersten) 3,26; 18,6; Röm 1,16; 2,9 **13,48** 11,18S **13,51** 18,6; Lk 9,5par

4 So kam es, dass die Stadt schließlich in zwei
Lager gespalten war: die einen hielten zu den Juden,
die andern zu den Aposteln*. 5 Die feindlich ge-
sinnte Gruppe – Nichtjuden ebenso wie Juden samt
den beiderseitigen führenden Männern – bereitete
einen Anschlag gegen Paulus und Barnabas vor. Sie
wollten an den beiden ihre Wut auslassen und sie
steinigen*.
6 Aber Paulus und Barnabas merkten, was sie
vorhatten. Sie flohen nach Lystra und dann weiter
nach Derbe, zwei Städten in Lykaonien. 7 Dort und
in der weiteren Umgebung verkündeten sie die Gute
Nachricht*.

Paulus und Barnabas in Lystra

8 In Lystra sahen Paulus und Barnabas einen Mann
sitzen, der seit seiner Geburt gelähmt war. Seine
Füße waren kraftlos; er hatte in seinem ganzen
Leben noch keinen Schritt getan. 9 Er hörte zu, wie
Paulus die Gute Nachricht* verkündete.
Paulus blickte ihn an, und als er merkte, dass der
Gelähmte das feste Vertrauen hatte, geheilt zu
werden, 10 sagte er laut: »Steh auf, stell dich aufrecht
auf deine Beine!« Da sprang der Mann auf und ging
umher.
11 Als die Volksmenge sah, was Paulus getan hatte,
riefen alle in ihrer lykaonischen Sprache: »Die Göt-
ter haben Menschengestalt angenommen und sind
zu uns herabgestiegen!«[a] 12 Sie nannten Barnabas
Zeus* und Paulus nannten sie Hermes* – weil er
das Wort geführt hatte. 13 Der Priester aus dem
Zeus-Tempel vor der Stadt brachte Stiere und Blu-
menkränze ans Stadttor und wollte zusammen mit
der Menge den beiden Opfer* darbringen.
14 Als die Apostel* merkten, was da vor sich ging,
zerrissen sie ihre Kleider, stürzten sich in die Menge
und riefen: 15 »Ihr Männer, was macht ihr da? Wir
sind doch Menschen genauso wie ihr! Mit unserer
Botschaft wollen wir euch ja gerade dazu aufrufen,
dass ihr euch *abwendet* von all diesen Göttern, die
gar keine sind, und euch dem lebendigen Gott
zuwendet – dem Gott, der Himmel, Erde, Meer
und alles, was lebt, geschaffen hat![b] 16 Bis jetzt hat
er alle Völker außer den Juden ihre eigenen Wege
gehen lassen. 17 Und doch hat er sich auch ihnen
schon immer zu erkennen gegeben: *Er* ist es doch,
der euch Wohltaten erweist! *Er* gibt euch den Regen
und lässt die Ernte reifen! *Er* gibt euch zu essen und
macht euch froh und glücklich!«
18 Doch auch damit konnten sie die Leute kaum
davon abbringen, ihnen zu opfern.
19 Aber dann kamen Juden aus Antiochia in Pisi-
dien und aus Ikonion. Sie brachten die Menge auf
ihre Seite und bewarfen Paulus mit Steinen. Darauf
schleiften sie ihn aus der Stadt hinaus; denn sie hiel-
ten ihn für tot. 20 Doch als die Christen[c] sich um ihn
drängten, kam er wieder zu sich, stand auf und ging
ganz offen in die Stadt zurück.
Am nächsten Tag machte er sich mit Barnabas auf
den Weg nach Derbe.

Besuch der Gemeinden auf der Rückreise von Derbe aus

21 In Derbe verkündeten Paulus und Barnabas die
Gute Nachricht* und konnten viele Menschen als
Jünger und Jüngerinnen für Jesus gewinnen.[d] Dann
traten sie die Rückreise an. Sie kamen wieder nach
Lystra und dann nach Ikonion und schließlich nach
dem pisidischen Antiochia. 22 Überall machten sie
den Christen Mut und ermahnten sie, unbeirrt am
Glauben festzuhalten. »Der Weg in Gottes neue
Welt«,[e] sagten sie zu ihnen, »führt uns durch viel
Not und Verfolgung. So ist es der Wille Gottes.«[f]
23 In jeder Gemeinde setzten sie Gemeindeälteste*
ein und stellten sie und alle, die zum Glauben an den
Herrn* gekommen waren, mit Gebet und Fasten*
unter dessen Schutz.
24 Sie zogen dann weiter durch Pisidien nach Pam-
phylien. 25 Sie verkündeten die Botschaft Gottes in
Perge und gingen hinunter ans Meer nach Attalia.
26 Von dort kehrten sie mit dem Schiff zum Ausgangs-
punkt ihrer Reise, nach Antiochia in Syrien, zurück.
Hier waren sie der Gnade Gottes anbefohlen worden
für das Werk, das sie nun vollendet hatten.
27 Nach ihrer Ankunft riefen sie die ganze Gemein-
de zusammen und berichteten, was Gott alles durch
sie getan hatte und dass er den Nichtjuden die Tür
zum Glauben geöffnet habe.
28 Paulus und Barnabas blieben nun für längere
Zeit bei den Brüdern und Schwestern in Antiochia.[g]

Das »Apostelkonzil« und seine Beschlüsse (15,1-35)

Müssen die Nichtjuden auf das Gesetz verpflichtet werden?

15 Damals kamen einige Christen aus Judäa*
nach Antiochia und erklärten den Brüdern:
»Ihr könnt nicht gerettet werden, wenn ihr euch
nicht beschneiden* lasst, wie es das Gesetz* Moses
vorschreibt!«[h]
2 Paulus und Barnabas bestritten das und hatten
eine heftige Auseinandersetzung mit ihnen. Die Brü-
der beschlossen deshalb, Paulus und Barnabas und
einige andere aus der Gemeinde nach Jerusalem zu
senden. Sie sollten den Aposteln* und Gemeinde-
ältesten* dort die Streitfrage vorlegen.
3 Paulus und Barnabas wurden von der Gemeinde
feierlich verabschiedet. Sie zogen durch Phönizien*
und Samarien* und erzählten überall in den Ge-

a Die griechische Religion kennt viele Geschichten vom Erscheinen von Göttern in Menschengestalt.
b Nichtjüdische Menschen mussten erst zu dem *einen* Gott bekehrt werden, wie er auch vom Judentum verkündet wurde; vgl. 17,22-30; 26,20; 1 Thess 1,9.
c Wörtlich *die Jünger;* ebenso in Vers 22; siehe Anmerkung zu 6,1.
d Wörtlich *zu Jüngern machen;* siehe Anmerkung zu 6,1.
e Wörtlich *in die Königsherrschaft* Gottes.*
f Das ergibt sich aus den jüngsten Erfahrungen (ähnlich 1 Thess 3,4), steht aber in einem weiteren Zusammenhang; vgl. Lk 24,26; 21,12-19; 12,8-9.
g Wörtlich *bei den Jüngern;* siehe Anmerkung zu 6,1.
h Vgl. Vers 5. Wer Christ werden will, muss erst einmal Jude werden – mit allen Konsequenzen.

14,5 14,19; 2 Tim 3,11 **14,6** Mt 10,23 **14,8** 3,2 **14,11** 8,10; 12,21-22; 28,6 **14,13-15** 10,25-26; Dan 2,46 **14,15** Ps 96,5S; 1 Kor 8,4-6 **14,16** 17,30 **14,17** Ps 147,8; Jer 5,24 **14,19** (Paulus verfolgt) 14,5; 13,50; 17,13; 2 Kor 11,25 **14,22** 11,23S; 1 Thess 3,4 **14,26** 13,1-2 **14,27** 11,18S **15,1-2** Gal 2,1-10; 5,2

meinden, wie die Nichtjuden Jesus als den Herrn* angenommen hatten. Bei allen Brüdern und Schwestern[a] lösten sie damit große Freude aus.

4 Als sie nach Jerusalem kamen, wurden sie von der ganzen Gemeinde und den Aposteln und Gemeindeältesten freundlich aufgenommen. Sie berichteten ihnen, was Gott alles durch sie unter den Nichtjuden getan hatte.

5 Aber einige von der Richtung der Pharisäer*, die Christen geworden waren, standen auf und erklärten: »Man muss sie beschneiden und von ihnen fordern, dass sie das Gesetz* Moses befolgen!«

Petrus: Gott hat schon entschieden!

6 Daraufhin fand eine weitere Versammlung statt:[b] Die Apostel* und die Gemeindeältesten* traten zusammen, um vor der gesamten Gemeinde die Frage zu erörtern. 7 Als die Diskussion heftig wurde, stand Petrus auf und sagte:

»Liebe Brüder,[c] ihr wisst doch: Gott hat schon seit langem unter euch seinen Willen kundgegeben. Er hat entschieden, dass die Menschen der anderen Völker durch mich die Gute Nachricht* hören und zum Glauben kommen sollten. 8 Und er, der ins Herz sieht, hat diesen Menschen ein gutes Zeugnis ausgestellt: Er hat ihnen genauso wie uns den Heiligen Geist* geschenkt.[d] 9 In keinem Punkt hat er einen Unterschied gemacht zwischen ihnen und uns. Sie sind rein, weil er sie durch den Glauben im Herzen rein gemacht hat.[e]

10 Warum also fordert ihr Gott heraus und wollt diesen Menschen eine Last auferlegen, die weder unsere Vorfahren noch wir selbst tragen konnten? 11 Es ist doch allein die Gnade Gottes, auf die wir unser Vertrauen setzen und von der wir unsere Rettung erwarten – wir genauso wie sie!«

12 Aus der ganzen Versammlung kam kein Wort des Widerspruchs und alle hörten aufmerksam zu, als nun Paulus und Barnabas noch eingehender berichteten, was für Staunen erregende Wunder Gott durch sie unter den Nichtjuden vollbracht hatte.

Jakobus macht sich zum Anwalt der nichtjüdischen Christen

13 Als die beiden geendet hatten, stand Jakobus[f] auf und sagte:

»Hört mir zu, liebe Brüder! 14 Simon hat uns gezeigt, wie Gott selbst von Anfang an darauf bedacht war, aus den Nichtjuden Menschen zu sammeln, die sein Volk sind und ihn ehren. 15 Das stimmt mit den Worten der Propheten* überein, denn bei ihnen heißt es:

16 ›Danach werde ich mich euch zuwenden, sagt der Herr, und die verfallene Hütte Davids wieder aufbauen. Aus den Trümmern werde ich sie von neuem errichten.[g] 17 Das werde ich tun, damit auch die übrigen Menschen nach mir fragen, alle Völker, die doch von jeher mein Eigentum sind. Ich, der Herr, werde tun, 18 was ich seit Urzeiten beschlossen habe.‹

19 Darum bin ich der Ansicht, wir sollten den Menschen aus den anderen Völkern, die sich Gott zuwenden, nicht eine unnötige Last auferlegen. Wir sollten sie nicht dazu verpflichten, das ganze jüdische Gesetz* zu befolgen, 20 sondern sie nur in einem Schreiben auffordern, dass sie kein Fleisch von Tieren essen, die als Opfer für die Götzen geschlachtet worden sind, denn es ist unrein*; weiter sollen sie sich vor Blutschande hüten, kein Fleisch von Tieren essen, deren Blut* nicht vollständig ausgeflossen ist, und kein Tierblut genießen. 21 Denn diese Vorschriften Moses[h] sind seit alten Zeiten in jeder Stadt bekannt; jeden Sabbat* wird ja überall in den Synagogen* aus dem Gesetz vorgelesen.«

Beschluss und Brief an die nichtjüdischen Christen

22 Darauf beschlossen die Apostel* und die Gemeindeältesten* zusammen mit der ganzen Gemeinde, Männer aus ihrer Mitte auszuwählen und mit Paulus und Barnabas nach Antiochia zu schicken. Sie bestimmten dafür Judas mit dem Beinamen Barsabbas und Silas, zwei führende Leute der Gemeinde, 23 und gaben ihnen folgendes Schreiben mit:

»Die Apostel und die Gemeindeältesten, eure Brüder, grüßen ihre Brüder und Schwestern[i] nichtjüdischer Abstammung in Antiochia, Syrien und Zilizien.

24 Wir haben erfahren, dass einige aus unserer Gemeinde mit ihren Äußerungen Verwirrung und Niedergeschlagenheit unter euch verbreitet haben. Sie hatten aber keinerlei Auftrag von uns.

25 Nachdem wir nun in dieser Frage zu einer einhelligen Auffassung gekommen sind, haben wir beschlossen, ausgewählte Männer unserer Gemeinde zu euch zu schicken. Sie kommen zusammen mit unseren geliebten Brüdern Barnabas und Paulus, 26 die im Dienst für Jesus Christus, unseren Herrn*, ihr Leben aufs Spiel gesetzt haben. 27 Unsere Abgesandten Judas und Silas werden euch alles auch noch mündlich mitteilen und erläutern.

28 Vom Heiligen Geist* geleitet, haben wir nämlich beschlossen,[j] euch keine weitere Last aufzuladen außer den folgenden Einschränkungen, die unbedingt von euch zu beachten sind:

29 Esst kein Fleisch von Tieren, die als Opfer für die Götzen geschlachtet wurden; genießt kein Blut; esst

a *Brüder und Schwestern* steht für ein einziges griechisches Wort, dessen Mehrzahlform nicht nur, wie herkömmlich übersetzt, die »Brüder« bezeichnet, sondern je nach Zusammenhang auch die Gesamtheit der Gemeinde aus Männern und Frauen (siehe Sacherklärung »Bruder«).
b Verdeutlichender Zusatz; ebenso im Folgenden *vor der gesamten Gemeinde* (vgl. Verse 12 und 22).
c Wörtlich *Männer, Brüder;* entsprechend in Vers 13.
d Vgl. Kap 10, besonders 10,44-48.
e Die Unreinheit des Nichtjuden (siehe Sacherklärung »rein«) galt demnach unter den Juden als entscheidendes Hindernis. *Deshalb* wurde die Beschneidung und die Befolgung des Gesetzes – auch und gerade seiner Reinheitsvorschriften – gefordert!
f Zu *Jakobus* siehe Anmerkung zu 12,17 und Sacherklärung.
g Wiederhergestellt wurde die *Hütte* (= Herrschaft) Davids in der Erhebung des Davidnachkommen Jesus auf Gottes Thron (vgl. 2,22-36); aber auch das Wirken der Apostel galt zunächst dem im Zustand des »Verfalls« befindlichen Israel (vgl. 1,6-8; 2,39; 3,26; 5,31).
h Sie finden sich sämtlich in Lev 17,8–18,18 und werden dort auch für die »Fremden« – zunächst die in Israel lebenden – verbindlich gemacht (siehe Sacherklärung »Blutschande« und die Vergleichsstellen zu Vers 20).
i Siehe Anmerkung zu Vers 3; ebenso für Vers 32.
j Wörtlich *Dem Heiligen Geist und uns schien es gut.*

15,7-8 10,44-45 **15,9** 10,34-35 **15,10** 15,19; Lk 11,46; Mt 11,28-30 **15,11** 13,38; Gal 2,16; 3,10-12; Eph 2,5-8 **15,16-17** *nach* Am 9,11-12 **15,18** *nach* Jes 45,21 **15,19** Gal 5,3 **15,20** 15,29; 21,25; (Opferfleisch) 1 Kor 8,1-13; 10,23-33; (Blutschande) Lev 18,6-18; (ausgeflossen) Lev 17,15 S; (Tierblut) Lev 17,10-14 S **15,21** 13,15 **15,22** (Silas/Silvanus) 15,40; 16,19; 17,4.10.14-15; 18,5; 1 Thess 1,1 S 15,24 **15,24** Gal 1,7 S **15,29** 15,20 S

kein Fleisch von Tieren, deren Blut nicht vollständig
ausgeflossen ist; und hütet euch vor Blutschande.[a]
Wenn ihr euch vor diesen Dingen in Acht nehmt,
tut ihr recht. Lebt wohl!«

30 Die beiden Abgesandten gingen mit Paulus und
Barnabas nach Antiochia. Vor der versammelten
Gemeinde übergaben sie den Brief. 31 Als er vorgele-
sen wurde, freuten sich alle über den ermutigenden
Bescheid. 32 Judas und Silas, die selbst Propheten
waren,[b] sprachen lange mit den Brüdern und
Schwestern, machten ihnen weiter Mut und stärk-
ten sie. 33 Sie blieben noch einige Zeit dort; dann wur-
den sie von der Gemeinde herzlich verabschiedet,
um nach Jerusalem zurückzukehren.[c]
35 Paulus und Barnabas blieben in Antiochia.
Zusammen mit vielen anderen unterwiesen sie die
Gemeinde und verkündeten den Menschen in der
Stadt die Botschaft Gottes.

PAULUS MISSIONIERT IN KLEINASIEN UND GRIECHENLAND (15,36–19,20)

Die zweite Missionsreise von Paulus (15,36–18,22)

Aufbruch und Trennung von Barnabas

36 Nach einiger Zeit sagte Paulus zu Barnabas: »Lass
uns noch einmal alle die Orte besuchen, in denen
wir die Botschaft Gottes verkündet haben! Wir wollen
sehen, wie es den Brüdern und Schwestern[d] geht!«
37 Barnabas wollte Johannes Markus mitnehmen,
38 aber Paulus lehnte es ab, noch einmal mit ihm
zusammenzuarbeiten; denn er hatte sie auf der vor-
hergehenden Reise in Pamphylien im Stich gelassen
und die Zusammenarbeit abgebrochen.
39 Es kam zu einer heftigen Auseinandersetzung,
und Paulus und Barnabas trennten sich. Barnabas
fuhr mit Markus nach Zypern, 40 Paulus aber wählte
sich Silas als Begleiter.
Die Brüder und Schwestern beteten für Paulus,
dass Gottes Gnade ihn begleite, und er machte sich
auf den Weg. 41 Er zog durch Syrien und Zilizien[e]
und stärkte die Gemeinden im Glauben.

Paulus gewinnt Timotheus. Bekanntgabe des Beschlusses von Jerusalem

16 Paulus kam auch wieder nach Derbe und nach
Lystra. In Lystra lebte ein Jünger* mit Namen
Timotheus. Seine Mutter, selbst Christin, war jüdi-
scher Herkunft, der Vater dagegen Grieche.
2 Timotheus stand bei den Brüdern und Schwes-
tern in Lystra und Ikonion in gutem Ruf. 3 Paulus
wollte ihn gern als seinen Begleiter auf die Reise mit-
nehmen. Mit Rücksicht auf die Juden in der Gegend
beschnitt er ihn; denn sie wussten alle, dass sein
Vater ein Grieche war.[f]
4 In allen Städten, durch die sie kamen, übergaben
sie den Gemeinden die Vorschriften, die die Apos-
tel* und Gemeindeältesten* in Jerusalem erlassen
hatten, und sie ermahnten sie, danach zu leben.
5 So wurden die Gemeinden in ihrem Glauben gefes-
tigt, und täglich schlossen sich ihnen weitere Men-
schen an.

Paulus in Troas: Der Ruf nach Europa

6 Danach zogen sie weiter durch Phrygien und die
Landschaft Galatien*; denn der Heilige Geist*
erlaubte ihnen nicht,[g] in der Provinz Asien* die Bot-
schaft Gottes zu verkünden.
7 Als sie, westwärts ziehend, an die Grenze von
Mysien kamen, wollten sie von dort in das nördlich
gelegene Bithynien weiterziehen. Aber auch das ließ
der Geist, durch den Jesus sie leitete, nicht zu. 8 So
zogen sie an Mysien vorbei und gingen ans Meer
hinunter nach Troas.[h]
9 Dort in Troas hatte Paulus in der Nacht eine Visi-
on: Er sah einen Mann aus Mazedonien vor sich ste-
hen, der bat ihn: »Komm zu uns herüber nach Maze-
donien und hilf uns!«
10 Darauf suchten wir[i] sofort nach einem Schiff,
das uns nach Mazedonien mitnehmen konnte. Denn
wir waren sicher, dass Gott uns gerufen hatte, den
Menschen dort die Gute Nachricht* zu bringen.

Paulus in Philippi: Die Bekehrung von Lydia

11 Wir fuhren von Troas auf dem kürzesten Weg zur
Insel Samothrake und am zweiten Tag erreichten
wir Neapolis. 12 Von dort gingen wir landeinwärts
nach Philippi, einer Stadt im ersten Bezirk Mazedo-
niens, einer Ansiedlung von römischen Bürgern.[j]
Wir hielten uns einige Tage dort auf 13 und warteten
auf den Sabbat*.
Am Sabbat gingen wir vor das Tor an den Fluss*.
Wir vermuteten dort eine jüdische Gebetsstätte und
fanden sie auch. Wir setzten uns und sprachen zu
den Frauen, die zusammengekommen waren.
14 Auch eine Frau namens Lydia war darunter; sie
stammte aus Thyatira[k] und handelte mit Purpurstof-
fen. Sie hielt sich zur jüdischen Gemeinde.[l] Der Herr
öffnete ihr das Herz, sodass sie begierig aufnahm,
was Paulus sagte. 15 Sie ließ sich mit ihrer ganzen
Hausgemeinschaft*, ihren Angehörigen und Dienst-
leuten, taufen*.

a Zum Sinn der genannten Bestimmungen siehe Sacherklärung »Blutschande«.
b Wie die *Propheten** der Gemeinde in Antiochia; vgl. 13,1.
c Zahlreiche Handschriften fügen – wohl mit Rücksicht auf Vers 40 – hinzu (Vers 34): *Silas beschloss dazubleiben und Judas kehrte allein zurück.*
d Siehe Anmerkung zu Vers 3; entsprechend für Vers 40 und 16,2.
e Siehe Karte Seite 198 NT.
f Zur Beschneidung* des Mitarbeiters siehe Sacherklärung »Timotheus«.
g Möglicherweise waren es äußere Schwierigkeiten, die für die Missionare zum Fingerzeig des Geistes wurden. Der Geist Gottes und Jesu (Vers 7) führt sie nach Europa (Verse 9-10).
h Die ausgebauten Straßen führten im Norden (an der Küste entlang) und im Süden (über Pergamon) um Mysien herum. Die Route auf der beigegebenen Farbkarte »Reisen des Apostels Paulus« ist an diesem Punkt nicht ganz korrekt.
i In der Wir-Form berichten die Abschnitte 16,10-17; 20,5-15; 21,1-18 und 27,1-28,16. Manche Ausleger sehen hier den Bericht eines Augenzeugen verarbeitet.
j Wörtlich *einer (römischen) Kolonie**.
k Siehe Karte Seite 372 NT.
l Wörtlich *war eine Gottesfürchtige**.

15,32 11,27 S; 11,23 S **15,37** 12,12 S **15,38** 13,13 **15,40** (Silas) 15,22 S; (Gnade) 14,26 **16,1** 14,6; (Timotheus) 17,14-15; 18,5; 19,22; 20,4; 1 Kor 4,17 S
16,2 Phil 2,20.22 **16,4** 15,20-29 **16,5** 2,41 S **16,6** 18,23; 10,19 S **16,14** 17,4 S **16,15** (taufen) 8,36; 16,33; 18,8; 19,5

a Zu den Versen 16-18 vgl. Lk 4,33-35.41.
b Siehe Anmerkung zu 17,6.
c Vgl. Vers 12 sowie 13,12 und Anmerkung dort.
d Vgl. 4,24.31.
e Wörtlich *Ihr Herren.* Das verwendete Wort meint im Zusammenhang göttliche »Herren« (vgl. 1 Kor 8,5). Der Gefängniswärter hält die Missionare offensichtlich für Götter; vgl. 10,25-26; 14,11.15 und Anmerkungen dort. Er will zunächst wohl nur wissen, wie er sich nun vor ihrem Zorn retten kann. Paulus und Silas verkünden ihm darauf die Rettung, auf die allein es ankommt.

Darauf lud sie uns ein und sagte: »Wenn ihr über-
zeugt seid, dass ich treu zum Herrn* stehe, dann
kommt in mein Haus und nehmt dort Quartier!«
Sie drängte uns, die Einladung anzunehmen.

Paulus treibt einen Wahrsagegeist aus ...

16 Auf dem Weg zur Gebetsstätte der Juden trafen wir
eines Tages eine Sklavin*, aus der redete ein Geist,
der die Zukunft wusste. Mit ihren Prophezeiungen
brachte sie ihren Besitzern viel Geld ein. 17 Die Frau
lief hinter Paulus und uns anderen her und rief:
»Diese Leute sind Diener des höchsten Gottes! Sie
zeigen euch den Weg zur Rettung.«
18 Das ging viele Tage so, bis Paulus es nicht länger
anhören konnte. Er drehte sich um und sagte zu dem
Geist: »Ich befehle dir im Namen von Jesus Christus:
Fahre von ihr aus!«[a]
Im gleichen Augenblick fuhr der Wahrsagegeist
von ihr aus.

... und muss mit Silas ins Gefängnis

19 Die Besitzer der Sklavin sahen sofort, dass mit dem
Geist auch ihre Hoffnung auf Gewinn ausgefahren
war. Sie packten Paulus und Silas und schleppten
sie zum Marktplatz vor das städtische Gericht.
20 Sie stellten sie vor die beiden Stadtobersten[b] und
erklärten: »Diese Menschen hier stiften Unruhe in
unserer Stadt. Juden sind sie; 21 sie wollen Sitten ein-
führen, die gegen unsere Ordnung sind und die wir
als römische Bürger nicht annehmen dürfen.«[c]
22 Auch die Volksmenge war aufgebracht und ver-
langte ihre Bestrafung.

Die Stadtobersten ließen Paulus und Silas die Klei-
der vom Leib reißen und gaben Befehl, sie mit Stö-
cken zu prügeln. 23 Nachdem man ihnen viele Schlä-
ge verabreicht hatte, brachte man sie ins Gefängnis.
Dem Gefängniswärter wurde eingeschärft, sie sicher
zu verwahren. 24 Er sperrte sie daraufhin in die hinterste
Zelle und schloss ihre Füße in den Block*.

Befreiung der Gefangenen und Bekehrung des Gefängniswärters

25 Um Mitternacht beteten Paulus und Silas und prie-
sen Gott in Lobgesängen. Die anderen Gefangenen
hörten zu. 26 Da gab es plötzlich ein gewaltiges Erd-
beben.[d] Die Mauern des Gefängnisses schwankten,
alle Türen sprangen auf und die Ketten fielen von
den Gefangenen ab.
27 Der Gefängniswärter fuhr aus dem Schlaf. Als er
die Türen offen stehen sah, zog er sein Schwert und
wollte sich töten; denn er dachte, die Gefangenen
seien geflohen.
28 Aber Paulus rief, so laut er konnte: »Tu dir nichts
an! Wir sind alle noch hier.«
29 Der Wärter rief nach Licht, stürzte in die Zelle
und warf sich zitternd vor Paulus und Silas nieder.
30 Dann führte er sie hinaus und fragte: »Ihr Herren,
Götter oder Boten der Götter![e] Was muss ich tun, um
gerettet zu werden?«
31 Sie antworteten: »*Jesus* ist der Herr*! Erkenne
ihn als Herrn an und setze dein Vertrauen auf *ihn,*
dann wirst du gerettet und die Deinen mit dir!«
32 Und sie verkündeten ihm und allen in seinem Haus
die Botschaft Gottes.

Der Esel ist das Reit- und Lasttier der einfachen Leute. Wir erfahren nirgends, dass Paulus auf seinen Reisen solche Hilfsmittel hätte benutzen können.

Die zweite Reise des Apostels Paulus: auf dem Landweg durch Kleinasien nach Griechenland und von dort über Ephesus nach Cäsarea mit dem Schiff.

16,16 19,24 **16,17** 19,15; Lk 4,34.41 **16,18** 3,6 S **16,20** 17,6 **16,22b-23** 1 Thess 2,2; 2 Kor 11,25 **16,25** DanZ A,3 **16,27** 12,18-19 **16,30-31** 2,37; 11,14; Joh 6,28-29

33 Der Gefängniswärter nahm Paulus und Silas noch in derselben Nachtstunde mit sich und wusch ihre Wunden. Dann ließ er sich mit seiner ganzen Hausgemeinschaft*, seiner Familie und seinen Dienstleuten, taufen*. 34 Anschließend führte er die beiden hinauf ins Haus und lud sie zu Tisch. Er und alle die Seinen waren überglücklich, dass sie zum Glauben an Gott[a] gefunden hatten.

Entschuldigung der Richter und Abschied von Philippi

35 Als es Tag geworden war, schickten die Stadtobersten die Amtsdiener zum Gefängniswärter mit der Weisung: »Lass die beiden Männer frei und sorge dafür, dass sie das Stadtgebiet verlassen!«[b]
36 Der Gefängniswärter berichtete es Paulus und sagte: »Die Stadtobersten haben mir befohlen, euch freizulassen und wegzuschicken. Verlasst also das Gefängnis und die Stadt; geht im Frieden Gottes!«
37 Aber Paulus wandte sich an die Amtsdiener und sagte: »Die Stadtobersten haben uns öffentlich prügeln lassen, ohne Prozess und richterliches Urteil. Dabei besitzen wir das römische Bürgerrecht*! Auch noch ins Gefängnis haben sie uns gesteckt. Und jetzt wollen sie uns heimlich abschieben? Das kommt nicht in Frage! Sie sollen persönlich herkommen und uns freilassen.«
38 Die Amtsboten meldeten das den Stadtobersten. Als diese hörten, dass Paulus und Silas römische Bürger seien, erschraken sie. 39 Sie kamen selbst und entschuldigten sich. Dann führten sie die beiden aus dem Gefängnis und baten sie, die Stadt zu verlassen.
40 Vom Gefängnis aus gingen Paulus und Silas zu Lydia. Dort trafen sie die Brüder und Schwestern[c] und machten ihnen Mut. Danach verließen sie die Stadt.

Der Konflikt in Thessalonich

17 Über Amphipolis und Appollonia kamen Paulus und Silas nach Thessalonich.[d]
Dort gab es eine jüdische Gemeinde, 2 und nach seiner Gewohnheit ging Paulus in ihre Synagoge*. An drei aufeinander folgenden Sabbaten* sprach er zu den Versammelten. Er ging von den Heiligen Schriften* aus, 3 half ihnen, sie zu verstehen, und wies ihnen daraus nach, dass der versprochene Retter[e] leiden und sterben und danach vom Tod auferstehen* musste. »Und dieser versprochene Retter«, sagte Paulus, »ist Jesus. Den verkündige ich euch.«
4 Von den Juden ließen sich nur wenige überzeugen; aber von den Griechen, die sich zur jüdischen Gemeinde hielten,[f] schloss sich eine große Anzahl Paulus und Silas an, darunter auch viele einflussreiche Frauen.
5 Da wurden die Juden von Eifersucht gepackt.[g] Sie holten sich ein paar Männer, die auf dem Markt herumlungerten und zu allem fähig waren, brachten mit ihrer Hilfe einen Volksauflauf zustande und versetzten die ganze Stadt in Aufregung. Mit der Volksmenge zogen sie vor das Haus Jasons[h] und wollten Paulus und Silas herausholen, um sie vor die Volksversammlung zu stellen.
6 Als sie die beiden dort nicht fanden, schleppten sie Jason und einige andere Brüder vor die Stadtobersten[i] und riefen: »Die Leute, die in der ganzen Welt Unruhe stiften, sind in unsere Stadt gekommen! 7 Jason hat sie in sein Haus aufgenommen. Allesamt verletzen sie die Gesetze des Kaisers und behaupten, ein anderer sei König, nämlich Jesus.«[j]
8 Mit diesen Worten versetzten sie die Volksmenge und die Stadtobersten in große Aufregung. 9 Jason und die anderen Christen mussten eine Kaution stellen,[k] bevor man sie wieder freiließ.

Kurzer Aufenthalt in Beröa

10 Noch in der Nacht brachten die Brüder Paulus und Silas auf den Weg nach Beröa. Auch dort gingen die beiden bei der ersten Gelegenheit in die Synagoge*.
11 Die Juden in Beröa waren aufgeschlossener als die in Thessalonich. Sie nahmen die Botschaft mit großer Bereitwilligkeit auf und studierten täglich die Heiligen Schriften*, um zu sehen, ob das, was Paulus sagte, auch zutraf. 12 Viele von ihnen kamen zum Glauben, auch viele einflussreiche Griechen, Frauen wie Männer.
13 Als die Juden von Thessalonich erfuhren, dass Paulus auch in Beröa die Botschaft Gottes verkündete, kamen sie und brachten mit ihren Hetzreden auch hier die Volksmenge gegen ihn auf. 14 Deshalb schickten die Brüder Paulus schnell weiter, hinunter zur Küste. Silas und Timotheus blieben in Beröa.
15 Die Brüder, die Paulus das Geleit gaben, brachten ihn bis nach Athen, dann kehrten sie zurück. Für Silas und Timotheus gab Paulus ihnen die Anweisung mit, sie sollten so bald wie möglich nachkommen.

Paulus in Athen

16 Während Paulus in Athen auf die beiden wartete, war er im Innersten empört, weil die Stadt voll von Götzenbildern war. 17 Er redete in der Synagoge* zu den Juden und zu denen, die sich zur jüdischen Gemeinde hielten,[l] und er sprach jeden Tag mit den Leuten, die er auf dem Marktplatz antraf.
18 Darunter waren auch Philosophen der epikureischen und stoischen Richtung,[m] die mit ihm diskutierten. Einige von ihnen meinten: »Was will dieser Schwätzer eigentlich?« Andere sagten: »Er scheint irgendwelche fremden Götter zu verkünden.« Pau-

a Vgl. 14,15 und Anmerkung dort.
b *und sorge dafür ...:* verdeutlichender Zusatz im Blick auf Vers 37; entsprechend im folgenden Vers.
c Siehe Anmerkung zu 15,3.
d Thessalonich ist Hauptstadt der römischen Provinz Mazedonien.
e Wörtlich *der Christus*;* ebenso im folgenden Satz.
f Wörtlich *von den gottesfürchtigen* Griechen.*
g Siehe Anmerkung zu 13,45.
h Hier hatten die Missionare offenbar Unterkunft gefunden.
i Lukas verwendet hier ein anderes griechisches Wort als in 16,20.35. Im Unterschied zu der römischen Kolonie* Philippi handelt es sich in Thessalonich nicht um römische Beamte (die sog. Duumviri, ein Zweimännerkollegium, Präsidenten des Senats und oberste Stadtrichter), sondern um eine entsprechende einheimische Behörde.
j Vgl. 13,12 und Anmerkung dort.
k Falls man die Unruhestifter doch noch (oder in Zukunft noch einmal) bei ihnen antrifft, verfällt das Geld der Staatskasse.
l Wörtlich *und den Gottesfürchtigen*.*
m Die zwei maßgeblichen philosophischen Richtungen jener Zeit. In geistig-kultureller Hinsicht war Athen auch unter römischer Herrschaft Mittelpunkt der damaligen Welt geblieben.

16,33 16,15S **16,37** 22,25-29; 23,27 **16,40** 11,23S **17,1-9** 1Thess 2,1-2 **17,2** (Synagoge) 9,20; 13,5.14.44; 14,1; 16,13; 17,10.17; 18,5.26; 19,8-9; 28,17 **17,3** 5,42S; Lk 24,44S **17,4** (zur jüd. Gemeinde) 13,50; 16,14; 17,17 **17,5** Röm 16,21 **17,6** 16,20 **17,7** Lk 23,2; Joh 19,12 **17,11** Joh 5,39 **17,12** 11,18S **17,13** 14,5.19; 1Thess 2,14-16 **17,17** 17,2S; 17,4S **17,18** 1Kor 1,22; Apg 4,2S

lus hatte ihnen nämlich die Gute Nachricht* von Jesus und der Auferstehung[a] verkündet.

19 Sie nahmen ihn mit sich zum Areopag* und wollten Näheres erfahren. »Uns interessiert deine Lehre«, sagten sie. 20 »Manches klingt sehr fremdartig und wir würden gerne genauer wissen, was es damit auf sich hat.« 21 Denn die Athener und die Fremden in Athen kennen keinen besseren Zeitvertreib, als stets das Allerneueste in Erfahrung zu bringen und es weiterzuerzählen.

Paulus spricht auf dem Areopag

22 Paulus trat in die Mitte des Areopags* und sagte:

»Ihr Männer von Athen! Ich sehe, dass es euch mit der Religion sehr ernst ist. 23 Ich bin durch eure Stadt gegangen und habe mir eure heiligen Stätten angesehen. Dabei habe ich auch einen Altar entdeckt mit der Inschrift: ›Für einen unbekannten Gott‹.[b] Was ihr da verehrt, ohne es zu kennen, das mache *ich* euch bekannt.

24 Es ist der Gott, der die Welt geschaffen hat und alles, was darin lebt.[c] Als Herr über Himmel und Erde wohnt er nicht in Tempeln, die ihm die Menschen gebaut haben. 25 Er ist auch nicht darauf angewiesen, von den Menschen versorgt zu werden; denn er selbst gibt ihnen das Leben und alles, was sie zum Leben brauchen.

26 Er hat aus einem einzigen Menschen die ganze Menschheit hervorgehen lassen, damit sie die Erde bewohnt. Für jedes Volk hat er im Voraus bestimmt, wie lange es bestehen und in welchen Grenzen es leben soll.

27 Und er hat gewollt, dass die Menschen ihn suchen, damit sie ihn vielleicht ertasten und finden könnten. Denn er ist ja jedem von uns ganz nahe. 28 Durch ihn leben wir doch, regen wir uns, sind wir! Oder wie es einige eurer Dichter ausgedrückt haben: ›Wir sind sogar von seiner Art.‹[d]

29 Wenn wir Menschen aber von Gottes Art sind, dann dürfen wir nicht meinen, die Gottheit gleiche den Bildern aus Gold, Silber und Stein, die von Menschen mit ihrer Erfindungskraft und Kunstfertigkeit geschaffen wurden![e]

30 Nun, Gott ist bereit, mit Nachsicht über das hinwegzusehen, was ihr bisher aus reiner Unwissenheit getan habt. Jetzt aber fordert er alle Menschen überall auf, umzudenken und einen neuen Anfang zu machen.[f] 31 Denn er hat einen Tag festgesetzt, an dem er über die ganze Menschheit ein gerechtes Gericht halten will, und zwar durch den Mann, den er dazu bestimmt hat. Ihn hat er vor aller Welt dadurch ausgewiesen, dass er ihn vom Tod auferweckt* hat.«

Geteiltes Echo auf die Rede

32 Als sie Paulus von der Auferstehung* reden hörten, lachten ihn einige aus; andere sagten: »Darüber musst du uns ein andermal mehr erzählen.«

33 Als Paulus darauf die Versammlung verließ, 34 schlossen sich ihm ein paar Männer an und kamen zum Glauben, darunter Dionysius, der dem Areopag* angehörte, außerdem eine Frau namens Damaris.

Paulus in Korinth

18 Danach verließ Paulus Athen und ging nach Korinth. 2 Dort traf er einen Christen jüdischer Abkunft[g] aus Pontus. Er hieß Aquila und war mit seiner Frau Priszilla vor kurzem aus Italien angekommen; denn Kaiser Klaudius* hatte alle Juden aus Rom ausweisen lassen.[h]

Paulus fand Aufnahme bei den beiden, 3 und weil er dasselbe Handwerk ausübte wie sie, blieb er bei ihnen und arbeitete dort. Sie waren nämlich Zeltmacher*.

4 An jedem Sabbat* sprach Paulus in der Synagoge* und versuchte, Juden und Griechen zu überzeugen. 5 Als Silas und Timotheus aus Mazedonien nachkamen, konnte Paulus sich ganz seiner eigentlichen Aufgabe widmen.[i] Er bezeugte den Juden, dass Jesus der versprochene Retter[j] ist.

6 Als sie ihm aber widersprachen und Lästerungen gegen Jesus ausstießen, schüttelte er den Staub* aus seinen Kleidern und sagte: »Ihr habt es euch selbst zuzuschreiben, wenn ihr verloren geht.[k] Mich trifft keine Schuld. Von jetzt ab werde ich mich an die Nichtjuden wenden.«

7 Er verließ die Synagoge und sprach von nun an im Haus von Titius Justus, einem Griechen, der sich zur jüdischen Gemeinde hielt;[l] das Haus lag direkt neben der Synagoge.

8 Der Synagogenvorsteher* Krispus kam zum Glauben an Jesus als den Herrn* und mit ihm seine ganze Hausgemeinschaft*. Viele in Korinth, die davon erfuhren, kamen ebenfalls zum Glauben und ließen sich taufen*.

9 Der Herr sagte in einer nächtlichen Vision zu Paulus: »Hab keine Angst, sondern verkünde unbeirrt die Gute Nachricht*! 10 Ich bin bei dir! Niemand kann dir etwas anhaben; denn mir gehört ein großes Volk in dieser Stadt.«

11 So blieb Paulus eineinhalb Jahre in Korinth, verkündete die Botschaft Gottes und sagte den Menschen, wie sie dieser Botschaft gemäß leben sollten.[m]

a *Auferstehung:* griechisch *anastasis.* Die Zuhörer halten Jesus und die »Anastasis« für ein Götterpaar.
b Man baute Altäre ›für unbekannte Götter‹, weil man nicht den Zorn von Gottheiten auf sich ziehen wollte, die man zufällig nicht kannte und deshalb auch nicht gebührend verehrte.
c Vgl. 14,15 und Anmerkung dort.
d Ein Wort des griechischen Dichters Aratus (aus dem 3. Jh. v. Chr.).
e Eher gleicht sie den *Menschen,* da diese nach dem Bild Gottes geschaffen wurden (vgl. Gen 1,27).
f *umzudenken und ...:* wörtlich etwa »umzusinnen«; vgl. Sacherklärung »Umkehr«.
g Wörtlich *einen Juden.* Dass Aquila und Priszilla Christen sind, geht aus den Versen 18 und 26 hervor (siehe weiter die Vergleichsstellen zu Vers 2). Es gibt keinen Hinweis darauf, dass erst Paulus sie für den Glauben gewonnen hätte.
h Eine Judenverfolgung in Rom ist für das Jahr 49 n. Chr. bezeugt.
i Die beiden hatten offenbar aus den mazedonischen Gemeinden eine finanzielle Unterstützung für Paulus mitgebracht (vgl. 2 Kor 11,8-9).
j Wörtlich *der Christus*.*
k *Ihr habt es ...:* wörtlich *Euer Blut auf euren Kopf;* vgl. 2 Sam 1,16 und Anmerkung dort.
l *einem Griechen ...:* wörtlich *einem Gottesfürchtigen*.*
m *verkündete ...:* wörtlich *lehrte unter ihnen die Botschaft Gottes;* vgl. Sacherklärung »Lehrer«.

17,24 7,48; 1 Kön 8,27 S **17,25** Ps 50,9-13 **17,26** Dtn 32,8; Ijob 12,23 **17,27** Jer 29,13-14 S; Weish 13,6-9 **17,29** 19,26; Jes 44,9-20 S; Weish 13,10-19 S **17,30** 14,16; Weish 11,23 S; Röm 2,4 S **17,31** 10,42 S **18,2** (Aquila) 18,18.26; Röm 16,3; 1 Kor 16,19; 2 Tim 4,19 **18,3** (arbeitete) 20,33-34; 1 Kor 4,12; 9,12-18; 1 Thess 2,9; 2 Thess 3,7-9 **18,5** 5,42 S **18,6** 13,51 S; 13,46 S; 20,26 **18,8** 16,15 S **18,9-10** 1 Kor 2,3-4; Jes 41,10 S; Jer 1,8 S

Paulus vor dem Statthalter Gallio

12 Damals war Gallio Statthalter* der römischen Pro-
vinz Achaia*. Die Juden rotteten sich zusammen
und schleppten Paulus vor seinen Richterstuhl.
13 »Dieser Mann«, sagten sie, »überredet die Leute,
Gott auf eine Weise zu verehren, die gegen das
Gesetz[a] verstößt.«

14 Paulus wollte gerade mit seiner Verteidigung
beginnen, da erklärte Gallio: »Wenn es sich um ein
Verbrechen oder einen heimtückischen Anschlag
handeln würde, wäre es meine Pflicht, euch Juden
anzuhören. 15 Aber weil es hier um Streitfragen über
religiöse Lehren und Autoritäten und um euer eige-
nes Gesetz* geht, müsst ihr die Angelegenheit schon
unter euch abmachen. Ich mag in solchen Fragen
nicht den Richter spielen.« 16 Und er trieb sie von sei-
nem Richterstuhl weg.

17 Das Volk aus Korinth aber, das dabeistand,[b]
packte den Synagogenvorsteher Sosthenes und ver-
prügelte ihn unter Gallios Augen; doch der küm-
merte sich überhaupt nicht darum.

Die dritte Missionsreise von Paulus (18,23–21,16)

Reise nach Jerusalem, Antiochia und wieder nach Kleinasien

18 Paulus blieb noch eine Zeit lang bei den Brüdern
und Schwestern[c] in Korinth, dann verabschiedete
er sich, um nach Syrien zu fahren. Priszilla und Aqui-
la fuhren mit. Bevor sie in Kenchreä[d] an Bord gin-
gen, ließ sich Paulus wegen eines Gelübdes das Haar
abschneiden.[e]

19 Sie kamen nach Ephesus; dort ließ Paulus Priszil-
la und Aquila zurück.[f] Er selbst ging in die Synago-
ge* und sprach zu den Juden. 20 Sie baten ihn, doch
länger zu bleiben, aber er ging nicht darauf ein.
21 »Wenn Gott es will, werde ich zu euch zurückkom-
men«, sagte er und nahm Abschied.

22 Er fuhr mit dem Schiff bis Cäsarea und ging von
dort zu Fuß nach Jerusalem hinauf. Nach einem kur-
zen Besuch bei der Gemeinde reiste er weiter nach
Antiochia.

23 Auch hier blieb er nicht lange. Er zog durch
Galatien* und Phrygien[g] und stärkte alle Jünger
und Jüngerinnen[h] in ihrem Glauben.

Apollos in Ephesus und Korinth

24 Inzwischen kam nach Ephesus ein Jude, der Apol-
los hieß und aus Alexandria* stammte. Er war ein
gebildeter, wortgewandter Mann und kannte sich
bestens in den Heiligen Schriften* aus. 25 Er war
auch in der christlichen Lehre[i] unterrichtet worden,
sprach von Jesus mit großer innerer Begeisterung
und unterrichtete zuverlässig über sein Leben und
seine Lehre; er kannte jedoch nur die Taufe, wie
sie Johannes geübt hatte.[j]

26 Dieser Apollos nun trat in der Synagoge* von
Ephesus auf und sprach dort frei und offen von Je-
sus. Priszilla und Aquila hörten ihn, luden ihn zu
sich ein und erklärten ihm die christliche Lehre
noch genauer.

27 Als Apollos dann nach Achaia[k] gehen wollte,
bestärkten ihn die Christen in Ephesus[l] in diesem
Vorsatz und gaben ihm einen Empfehlungsbrief
mit. Darin baten sie die Brüder und Schwestern in
Korinth,[m] sie möchten ihn freundlich aufnehmen.

Tatsächlich konnte er den Glaubenden dort mit
seiner besonderen Gabe viel helfen. 28 In öffentli-
chen Streitgesprächen widerlegte er die Juden mit
schlagenden Argumenten und bewies ihnen aus
den Heiligen Schriften*, dass Jesus der versprochene
Retter[n] ist.

Paulus in Ephesus. Begegnung mit Johannesjüngern

19 Während Apollos in Korinth war, kam Paulus
auf dem Weg über das kleinasiatische Hoch-
land nach Ephesus. Er traf dort einige Jünger*
2 und fragte sie: »Habt ihr den Heiligen Geist* emp-
fangen, als ihr zum Glauben gekommen seid?«

Sie antworteten: »Nein. Wir haben noch nicht
einmal gehört, dass es so etwas wie einen Heiligen
Geist gibt.«

3 »Was für eine Taufe* habt ihr denn empfangen?«

»Die Taufe, die auf Johannes zurückgeht«, sagten
sie.[o]

4 Daraufhin erklärte ihnen Paulus: »Johannes hat
das Volk zur Umkehr aufgefordert; seine Taufe
war das Siegel auf die Bereitschaft, ein neues Leben
anzufangen.[p] Doch sagte er allen, sie müssten, um
gerettet zu werden, ihr Vertrauen auf den setzen,
der nach ihm komme: auf Jesus.«

5 Als sie das hörten, ließen sie sich im Namen von
Jesus, dem Herrn, taufen*, zur Übereignung an ihn.
6 Dann legte Paulus ihnen die Hände auf und der Hei-
lige Geist* kam auf sie herab. Sie redeten in unbe-
kannten Sprachen* und mit prophetischen Worten.
7 Es waren etwa zwölf Männer.

Paulus wirkt über zwei Jahre lang in Ephesus

8 In den nächsten drei Monaten ging Paulus regelmä-
ßig in die Synagoge*. Dort verkündete er frei und
offen, dass Gott schon angefangen hat, durch Jesus
seine Herrschaft aufzurichten.[q] Er setzte sich mit
Einwänden auseinander und suchte die Zuhörenden
zu überzeugen.

a In der Anklage liegt eine gezielte Zweideutigkeit; der Statthalter soll einen Verstoß gegen das *römische* Gesetz vermuten und zum Eingreifen veranlasst werden; vgl. 13,12 und Anmerkung dort. Doch Gallio durchschaut das Spiel.
b Wörtlich *Alle aber (packten).*
c Siehe Anmerkung zu 15,3.
d Der Osthafen von Korinth.
e Das Abschneiden des Haares erfolgte in der Regel am Ende der Zeitspanne, für die sich jemand verpflichtet hatte, als Nasiräer* zu leben. Über Anlass und Art des Gelübdes, das Paulus übernommen hatte, erfahren wir nichts Näheres.
f Priszilla wird (von 18,2 abgesehen) immer an erster Stelle, vor ihrem Mann, genannt (Vers 26; Röm 16,3; 2 Tim 4,19); sie muss eine herausragende Rolle gespielt haben.
g Siehe Karten Seite 52/53 NT und 202 NT.
h Wörtlich *alle Jünger;* siehe Anmerkung zu 6,1.
i Wörtlich *im Weg des Herrn;* entsprechend in Vers 26 *Weg Gottes.* Siehe Anmerkung zu 9,2.
j Also nicht die Taufe »im bzw. auf den Namen von Jesus«; siehe Sacherklärungen »Täufer« und »Taufe«.
k D.h. nach Korinth; vgl. 1 Kor 1,12; 3,4-6.22; 4,6; siehe Sacherklärung »Achaia«.
l Wörtlich *die Brüder.*
m Wörtlich *die Jünger;* siehe Anmerkung zu 6,1.
n Wörtlich *der Christus*.*
o Siehe Sacherklärung »Täuferjünger«.
p Wörtlich *Johannes taufte eine Taufe der Umkehr* für das Volk.* Im nächsten Satz ist *um gerettet zu werden* verdeutlichender Zusatz.
q *dass Gott schon …:* wörtlich *das über die Königsherrschaft* Gottes.*

18,13 21,28 S **18,14-15** 23,29; 25,18-20; Joh 18,31 **18,21** Jak 4,15 S **18,23** 11,23 S **18,24** (Apollos) 19,1; 1 Kor 1,12; 3,4-6; 4,6; 16,12; Tit 3,13 **18,25** 19,3-4 **18,26** 17,2 S; 18,2 S **18,28** 5,42 S **19,2a** 8,16; 2,38 **19,3-4** 18,25; Lk 3,3-4.16-17 **19,6** 2,4 S; 2,17-18 **19,8** 28,23 S

9 Aber einige verschlossen sich der Botschaft und wollten nichts von ihr wissen. Als sie die neue Lehre[a] vor der ganzen Versammlung verspotteten, kehrte Paulus ihnen den Rücken und löste die Jünger und Jüngerinnen[b] aus der Synagogengemeinde.

Von nun an sprach er täglich im Lehrsaal eines Griechen namens Tyrannus. 10 Er tat dies zwei Jahre lang, sodass alle in der Provinz Asien*, Juden und Griechen, die Botschaft Gottes hörten.

Überwindung von religiösen Scharlatanen, Befreiung aus magischen Bindungen

11 Gott ließ durch Paulus ganz ungewöhnliche Dinge geschehen. 12 Die Leute nahmen sogar seine noch schweißfeuchten Kopf- und Taschentücher und legten sie den Kranken auf. Dann verschwanden die Krankheiten und die bösen Geister* fuhren von den Besessenen aus.

13 Auch manche Juden, die als Dämonenbeschwörer durchs Land zogen, gebrauchten bei ihren Beschwörungen den Namen von Jesus, dem Herrn*. Sie sagten zu den bösen Geistern: »Ich beschwöre euch bei dem Jesus, den Paulus verkündet!« 14 Das versuchten einmal auch die sieben Söhne eines gewissen Skevas, eines führenden jüdischen Priesters.[c] 15 Aber der böse Geist in dem Kranken erwiderte: »Ich kenne Jesus und ich kenne auch Paulus. Aber wer seid ihr?« 16 Der Besessene fiel über sie her und schlug sie allesamt zu Boden. Blutend und halb nackt mussten sie aus dem Haus fliehen. 17 Die Geschichte wurde in ganz Ephesus bekannt. Juden wie Nichtjuden erschraken und sie ehrten und priesen den Namen von Jesus, dem Herrn.

18 Viele von denen, die zum Glauben gekommen waren, kamen jetzt und gaben offen zu, dass auch sie früher Zauberkünste getrieben hatten. 19 Eine beträchtliche Anzahl von ihnen brachte ihre Zauberbücher und verbrannte sie öffentlich. Man schätzte, dass die verbrannten Bücher 50000 Silberstücke* wert waren.

20 So erwies die Botschaft Gottes ihre Macht und breitete sich immer weiter aus.

PAULUS BEZEUGT DIE GUTE NACHRICHT IN JERUSALEM UND ROM (19,21–28,31)

Der Entschluss zur Reise

21 Nach all diesen Ereignissen entschloss sich Paulus, über Mazedonien und Griechenland nach Jerusalem zu reisen. »Danach«, sagte er, »muss ich auch Rom besuchen.«[d]

22 Zwei seiner Helfer, Timotheus und Erastus, schickte er nach Mazedonien voraus. Er selbst blieb noch eine Weile in der Provinz Asien*.

Gefährliche Unruhen in Ephesus

23 In dieser Zeit kam es wegen der neuen Lehre[e] zu schweren Unruhen in Ephesus. 24 Es gab dort nämlich einen Silberschmied namens Demetrius, der silberne Nachbildungen vom Tempel der Göttin Artemis* verkaufte; das brachte ihm und den Handwerkern, die er beschäftigte, einen schönen Gewinn.

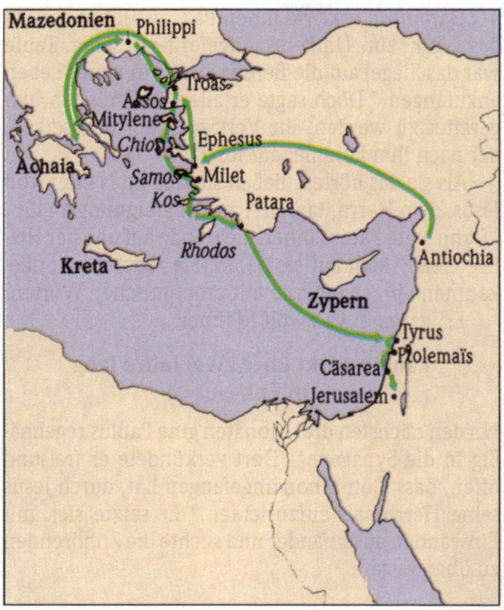

Die dritte Reise des Apostels Paulus

Ephesus, Hauptstadt der Provinz Asien, Stadt des berühmten Artemis-Tempels (19,23-41; im Bild ein Tempel, der Kaiser Hadrian geweiht war). Magische Praktiken, in der Antike weit verbreitet, waren hier so sehr zu Hause, dass man Zauberbücher geradezu als ›ephesinische Schriften‹ bezeichnete (19,18-19). Die Stadt wurde zum Ausstrahlungspunkt der Christusbotschaft für die ganze Provinz Asien (19,10); von hier aus wurden die Gemeinden von Kolossä, Laodizea und Hiërapolis gegründet.

a Wörtlich *den Weg;* siehe Anmerkung zu 9,2.
b Wörtlich *die Jünger;* siehe Anmerkung zu 6,1.
c Magier und Geisterbeschwörer jüdischer Herkunft standen in der damaligen Welt in hohem Ansehen (vgl. 13,6-7). Zu *Skevas* siehe Sacherklärung.
d Wie 1,8 den Inhalt der ganzen Apostelgeschichte, so gibt dieser Vers den Inhalt ihres letzten großen Abschnitts (19,21–28,31) an. Im ersten Versteil liegt ein Anklang an Lk 9,51.
e Wörtlich *wegen des Weges;* siehe Anmerkung zu 9,2.

19,9 9,2S **19,12** 5,15; Lk 6,19 **19,13** 3,6S; Lk 9,49-50 **19,15** 16,17 **19,20** 2,41S **19,21** (Rom) 23,11S; Röm 1,10-11.13; 15,22-24 **19,22** 2Tim 4,20S **19,23** 2Kor 1,8S **19,24** 16,16

Die Apostelgeschichte berichtet, wie sich die Gute Nachricht ausgebreitet hat: von Jerusalem aus zuerst nach Samaria (1); dann hinaus in die große nichtjüdische Welt des römischen Reiches. In Antiochia in Syrien (2) wurden die Anhänger Jesu erstmals als »Christen« (Christianer) bezeichnet (11,27). Von dort aus brachten Paulus und Barnabas die Gute Nachricht nach Zypern und ins Innere von Kleinasien, das Gebiet um Antiochia in Pisidien (3). Auf seiner nächsten Reise stieß Paulus zusammen mit Timotheus über Kleinasien bis in das nördliche Griechenland vor; in Neapolis (4), der Hafenstadt nahe Philippi, ging er an Land. Dann reiste Paulus weiter nach Süden, um in den großen Städten Athen (5: Markt; 6: Akropolis) und Korinth die Gute Nachricht zu verkünden.

25 Dieser Demetrius rief alle, die in diesem Gewerbe tätig waren, zusammen und sagte: »Männer, ihr wisst: Unser ganzer Wohlstand hängt davon ab, dass wir diese Nachbildungen herstellen. 26 Und ihr werdet erfahren haben, dass dieser Paulus den Leuten einredet: ›Götter, die man mit Händen macht, sind gar keine Götter.‹ Er hat mit seinen Reden nicht nur hier in Ephesus Erfolg, sondern fast überall in der Provinz Asien*.

27 Es besteht aber nicht nur die Gefahr, dass er unseren Geschäftszweig in Verruf bringt, nein, auch die Achtung vor dem Tempel der großen Göttin Artemis wird schwinden! Es wird noch dahin kommen, dass die Göttin ihr Ansehen vollständig einbüßt – sie, die heute in der ganzen Provinz Asien und überall in der Welt verehrt wird!«

28 Als die Männer das hörten, wurden sie wütend und riefen: »Groß ist die Artemis von Ephesus!«

29 Die ganze Stadt geriet in Aufruhr und die Leute stürmten ins Theater. Gaius und Aristarch, Reisegefährten von Paulus aus Mazedonien, wurden von der Menge gepackt und mit dorthin geschleppt. 30 Paulus selbst wollte sich der Menge stellen, aber die Jünger* ließen ihn nicht aus dem Haus. 31 Auch einige hohe Beamte der Provinz, die ihm freundlich gesinnt waren, warnten ihn durch Boten davor, sich im Theater sehen zu lassen.

32 Unter den dort Zusammengeströmten herrschte die größte Verwirrung. Alle schrien durcheinander und die meisten wussten nicht einmal, worum es ging. 33 Die Juden schickten Alexander nach vorn und einige aus der Menge erklärten ihm den Anlass. Alexander winkte mit der Hand und wollte vor dem Volk eine Verteidigungsrede für die Juden halten.[a] 34 Aber als die Leute merkten, dass er Jude war, schrien sie ihn nieder und riefen zwei Stunden lang im Chor: »Groß ist die Artemis von Ephesus!«

35 Schließlich gelang es dem Verwaltungsdirektor der Stadt,[b] die Menge zu beruhigen. »Männer von Ephesus«, rief er, »in der ganzen Welt weiß man doch, dass unsere Stadt den Tempel und das vom Himmel gefallene Standbild[c] der großen Artemis hütet. 36 Das wird kein Mensch bestreiten! Beruhigt euch also und lasst euch zu nichts hinreißen! 37 Ihr habt diese Männer hergeschleppt, obwohl sie weder den Tempel beraubt noch unsere Göttin beleidigt haben. 38 Wenn Demetrius und seine Handwerker Anklage wegen Geschäftsschädigung gegen jemand erheben wollen, dann gibt es dafür Gerichte und Behörden. Dort können sie ihre Sache vorbringen. 39 Wenn ihr aber irgendwelche anderen Forderungen habt, muss das auf einer ordentlich einberufenen Volksversammlung geklärt werden. 40 Was heute geschehen ist, kann uns leicht als Rebellion ausgelegt werden. Es gibt keinen Grund für diesen Aufruhr; wir können ihn durch nichts rechtfertigen.«[d]

Mit diesen Worten löste er die Versammlung auf.

Reise durch Mazedonien und Griechenland und Rückkehr nach Troas

20 Als der Tumult sich gelegt hatte, rief Paulus die Gemeinde zusammen. Er machte den Jüngern und Jüngerinnen[e] noch einmal Mut und verabschiedete sich von ihnen, um nach Mazedonien zu reisen. 2 Dort besuchte er überall die Gemeinden und stärkte sie durch seine Worte.

Schließlich kam er nach Griechenland 3 und blieb drei Monate dort. Dann wollte er mit einem Schiff nach Syrien fahren. Weil aber die Juden während der Schiffsreise einen Anschlag auf ihn machen wollten,[f] entschloss er sich, wieder den Landweg über Mazedonien zu nehmen.

4 Auf dieser Reise begleiteten ihn sieben Vertreter der Gemeinden: aus Beröa Sopater, der Sohn von Pyrrhus, aus Thessalonich Aristarch und Sekundus, aus Derbe Gaius, weiter Timotheus und schließlich aus der Provinz Asien* Tychikus und Trophimus.

5 Diese beiden fuhren nach Troas voraus und erwarteten uns dort. 6 Wir anderen bestiegen nach dem Passafest* in Philippi ein Schiff und stießen nach fünftägiger Fahrt in Troas zu ihnen. Wir blieben dort eine Woche.

Abschied in Troas. Tod und Auferweckung von Eutychus

7 Am Sonntagabend kamen wir zum Mahl des Herrn[g] zusammen. Paulus sprach zu den Versammelten, und weil er zum letzten Mal mit ihnen zusammen war – denn er wollte am nächsten Tag weiterreisen –, dehnte er seine Rede bis Mitternacht aus.

8 In unserem Versammlungsraum im obersten Stock brannten zahlreiche Lampen. 9 Auf der Fensterbank saß ein junger Mann mit Namen Eutychus. Als Paulus so lange sprach, schlief er ein und fiel drei Stockwerke tief aus dem Fenster. Als sie ihn aufhoben, war er tot.

10 Paulus aber ging hinunter, legte sich auf ihn, umfasste ihn und sagte: »Macht euch keine Sorgen, er lebt!« 11 Dann ging er wieder hinauf. Er brach das Brot, teilte es aus und aß es mit ihnen. Danach sprach er noch lange mit ihnen und verabschiedete sich erst, als die Sonne aufging.

12 Den jungen Mann aber brachten sie gesund nach Hause und alle waren von großer Freude erfüllt.

a Da diese die Verehrung der Göttin gleichfalls ablehnten, bestand Gefahr, dass der Volkszorn auch gegen sie losbrach. Alexander ist vermutlich ein Mitglied des Synagogenvorstands.
b Seine Aufgabe war es unter anderem, die Volksversammlung der Stadt einzuberufen.
c Eine Herkunft unmittelbar vom Himmel wurde in der Antike von vielen Götterbildern und heiligen Steinen behauptet.
d Im Hintergrund steht die Furcht vor der römischen Ordnungsmacht, deren Vorhandensein und Einschreiten von den jungen Gemeinden oft als wohltuend empfunden worden ist (vgl. 16,35-39; 18,12-17; 21,31-40; 22,22-29; 23,10.12-35; 27,1-3.42-44; 28,16.30).
e Wörtlich *den Jüngern;* siehe Anmerkung zu 6,1.
f *während der Schiffsreise:* verdeutlichender Zusatz. Vielleicht handelt es sich um ein Schiff mit jüdischen Pilgern, die zum Passafest (vgl. Vers 6) nach Jerusalem wollten. Vermutlich wollte man ihn auf dem Schiff von Mitreisenden umbringen lassen.
g Wörtlich *um das Brot zu brechen* (vgl. Vers 11); siehe Anmerkung zu 2,42. Zu *Sonntagabend* siehe Sacherklärung »Sonntag«.

19,26 17,29S **19,29** (Aristarch) 20,4; 27,2; Kol 4,10; Phlm 24 **20,1** 11,23S **20,4** (Gaius und Aristarch) 19,29S; (Timotheus) 16,1S; (Tychikus) Eph 6,21S; (Trophimus) Apg 21,29S **20,7** 2,42.46 **20,10** 1Kön 17,21

Ephesus war die Hauptstadt der römischen Provinz »Asien«, die den westlichen Teil Kleinasiens umfasste. Durch ihr Artemis-Heiligtum war die Stadt weithin berühmt. Für Paulus war dieses Zentrum wirtschaftlichen und kulturellen Lebens so wichtig, dass er sich mehr als zwei Jahre lang dort aufhielt (19,10). Nun nimmt er zum letzten Mal Abschied von der Gemeinde, die er in der Stadt gegründet hat (20,17-38). Zur Erinnerung an das Wirken des Apostels in Ephesus hat man diesem römischen Torbogen den Namen ›Paulusbogen‹ gegeben.

Von Troas nach Milet

13 Wir alle außer Paulus bestiegen ein Schiff und fuh-
ren nach Assos. Dort sollten wir Paulus an Bord neh-
men. Er hatte es so angeordnet, weil er die Strecke zu
Fuß gehen wollte. 14 Als er in Assos zu uns stieß, fuh-
ren wir gemeinsam nach Mitylene. 15 Von da aus ging
es am nächsten Tag weiter bis in die Nähe von Chios.
Am Tag darauf legten wir in Samos an und noch
einen Tag später erreichten wir Milet.

Abschiedsrede an die Ältesten der Gemeinde von Ephesus

16 Paulus hatte beschlossen, an Ephesus vorbeizufah-
ren, um nicht zu viel Zeit zu verlieren. Er wollte so
schnell wie möglich weiterkommen, um bis Pfings-
ten* in Jerusalem zu sein.
17 Von Milet aus schickte er jedoch den Ältesten*
der Gemeinde in Ephesus eine Nachricht und ließ
sie bitten, zu ihm zu kommen. 18 Als sie eingetroffen
waren, sagte Paulus zu ihnen:[a]
»Ihr wisst, wie ich von dem Tag an, als ich die Pro-
vinz Asien* betrat, bei euch gelebt habe. 19 Mit
selbstloser Hingabe habe ich mich für den Herrn*
eingesetzt und ihm gedient, manchmal unter Tränen
und unter schweren Prüfungen, die ich zu bestehen
hatte, wenn die Juden mich verfolgten. 20 Ich habe
euch nichts verschwiegen, was für euch wichtig
ist, wenn ich in der Öffentlichkeit oder in euren
Hausgemeinden sprach.[b] 21 Juden wie Nichtjuden
habe ich beschworen, zu Gott umzukehren und ihr
Vertrauen auf Jesus, unseren Herrn, zu setzen.
22 Seht, ich gehe jetzt nach Jerusalem – gefesselt
vom Heiligen Geist* und als sein Gefangener. Ich
weiß nicht, wie es mir dort ergehen wird; 23 aber
das weiß ich: In jeder Stadt, in die ich komme, kün-
digt der Heilige Geist mir an, dass in Jerusalem Ver-
folgung und Fesselung auf mich warten. 24 Doch was
liegt schon an meinem Leben! Wichtig ist nur, dass
ich bis zum Schluss den Auftrag erfülle, den mir
Jesus, der Herr, übertragen hat: die Gute Nachricht*
zu verkünden, dass Gott sich über die Menschen
erbarmt hat.
25 Seht, ich weiß, dass ich jetzt zum letzten Mal
unter euch bin. Ihr und alle, denen ich die Botschaft
von der anbrechenden Herrschaft* Gottes gebracht
habe, ihr werdet mich nicht wiedersehen. 26 Des-
halb erkläre ich heute feierlich vor euch: Mich trifft
keine Schuld, wenn einer von euch verloren geht.
27 Ich habe euch nichts vorenthalten, sondern euch
die Heilsabsicht Gottes unverkürzt verkündet.
28 Gebt Acht auf euch selbst und auf die ganze Her-
de, die der Heilige Geist eurer Aufsicht und Leitung
anvertraut hat! Seid treue Hirten der Gemeinde, die
Gott durch das Blut* seines eigenen Sohnes* für sich
erworben hat! 29 Denn ich weiß, wenn ich nicht
mehr unter euch bin, werden gefährliche Wölfe
bei euch eindringen und unter der Herde wüten.
30 Aus euren eigenen Reihen werden Männer auftre-
ten und mit ihren verkehrten Lehren die Jünger und
Jüngerinnen[c] zu verführen suchen, sodass sie nicht
mehr dem Herrn, sondern *ihnen* folgen. 31 Darum
gebt Acht und denkt daran, dass ich mich drei Jahre
lang bei Tag und Nacht, oft unter Tränen, um jeden
und jede in der Gemeinde bemüht habe.
32 Nun stelle ich euch unter den Schutz Gottes und
unter die Botschaft seiner rettenden Gnade. Durch
sie wird er eure Gemeinde im Glauben reifen lassen
und ihr das ewige Erbe schenken, gemeinsam mit
allen anderen, die er zu seinem heiligen* Volk
gemacht hat.
33–34 Noch etwas: Ihr wisst, dass ich nie Unterstüt-
zung angenommen habe. Weder Geld noch Kleider
habe ich je von jemand erbeten. Mit diesen meinen
Händen habe ich erarbeitet, was ich und meine
Begleiter zum Leben brauchten. 35 Überhaupt habe
ich euch mit meiner Lebensführung gezeigt, dass
wir hart arbeiten müssen, um auch den Bedürftigen
etwas abgeben zu können. Wir sollen uns immer an
das erinnern, was Jesus, der Herr, darüber gesagt
hat. Von ihm stammt das Wort: ›Auf dem Geben liegt
mehr Segen als auf dem Nehmen.‹«[d]
36 Nachdem Paulus geendet hatte, kniete er
zusammen mit allen nieder und betete. 37 Als es an
den Abschied ging, brachen alle in lautes Weinen
aus, umarmten und küssten ihn. 38 Am meisten
bedrückten sie seine Worte: »Ihr werdet mich
nicht wiedersehen.« Dann begleiteten sie ihn
zum Schiff.

Von Milet nach Tyrus. Paulus wird gewarnt

21 Nachdem wir uns von ihnen losgerissen hat-
ten, fuhren wir ab, kamen auf direktem Weg
nach Kos, erreichten am nächsten Tag Rhodos und
dann Patara.[e] 2 Dort fanden wir ein Schiff, das nach
Phönizien* fuhr, und gingen an Bord. 3 Als Zypern in
Sicht kam, steuerten wir südlich an der Insel vorbei
mit Kurs auf Syrien. In Tyrus musste das Schiff die
Ladung löschen und wir gingen an Land.
4 Wir suchten die Jünger* am Ort auf und blieben
eine Woche bei ihnen. Vom Heiligen Geist* getrie-
ben, warnten sie Paulus vor der Reise nach Jerusa-
lem. 5 Als unser vorgesehener Aufenthalt zu Ende
ging, begleiteten sie uns mit ihren Frauen und Kin-
dern bis vor die Stadt. Am Strand knieten wir mit
ihnen nieder und beteten. 6 Dann verabschiedeten
wir uns und bestiegen das Schiff, während sie nach
Hause zurückkehrten.

a Die Rede stellt zugleich eine Art Testament für alle dar, auf denen nach dem Weggang des Apostels die Verantwortung für die Gemeinden ruhen wird. Die Sorgen und Mahnungen des Apostels sind in vielem denen ähnlich, die sich auch in den Briefen an Timotheus und Titus finden.
b Paulus unterscheidet die öffentlichen Missionsveranstaltungen (vgl. 19,9-10) von den Gemeindeversammlungen in den Privathäusern von Christen (2,46; 5,42; 20,7-11).
c Wörtlich *die Jünger;* siehe Anmerkung zu 6,1.
d Das Wort ist in den Evangelien nicht überliefert, vgl. aber Lk 6,20-21.24-25; 16,10-12.19 und Anmerkungen (ferner 1 Tim 6,5; Tit 1,11 und 1 Petr 5,2).
e Siehe Karte Seite 202 NT.

20,17 18,21 **20,18** 18,19-20; 19,10 **20,21** 11,18S; 16,31; 26,18; 1 Thess 1,9-10 **20,22-23** 10,19S **20,23** 21,4.11; 9,16 **20,24** 21,13; Phil 1,21; 2 Tim 4,7 **20,25** 28,23S **20,26** 18,6 **20,28-31** 11,23S **20,28** 1 Petr 2,25; 5,2 **20,29** Mt 7,15S; Joh 10,12 **20,30** 1 Joh 2,19; Gal 4,17 **20,31** 19,8.10; 1 Thess 2,11-12; 2 Kor 11,28 **20,32** 26,18; 1 Thess 5,23-24; 2 Thess 1,11-12 **20,33-34** 18,3S **20,35** Mt 10,8; Sir 4,31 **20,38** 20,25 **21,4** 20,23; 21,11 **21,5** 20,36

Von Tyrus nach Cäsarea. Warnung durch den Propheten Agabus

7 Von Tyrus fuhren wir nach Ptolemaïs; dort war
unsere Schiffsreise zu Ende. Wir besuchten die Brü-
der und Schwestern[a] am Ort und blieben einen Tag
bei ihnen.
8 Am anderen Morgen gingen wir zu Fuß weiter
und erreichten Cäsarea. Dort kehrten wir im Haus
des Evangelisten* Philippus ein. Er war einer aus
dem Kreis der Sieben[b] 9 und hatte vier Töchter, die
ehelos geblieben waren und die Gabe hatten, pro-
phetische Weisungen* zu verkünden.
10 Nach einigen Tagen kam aus Judäa* ein Pro-
phet* namens Agabus. 11 Er trat in unsere Mitte,
nahm Paulus den Gürtel ab, fesselte sich damit die
Hände und die Füße und sagte: »So spricht der
Heilige Geist*: ›Den Mann, dem dieser Gürtel
gehört, werden die Juden in Jerusalem genauso fes-
seln und ihn den Fremden ausliefern, die Gott nicht
kennen.‹«[c]
12 Als wir das hörten, flehten wir und ebenso die
Brüder und Schwestern am Ort[d] Paulus an, nicht
nach Jerusalem zu gehen. 13 Er aber sagte: »Warum
weint ihr und macht mir das Herz schwer? Ich bin
bereit, mich in Jerusalem nicht nur fesseln zu lassen,
sondern auch für Jesus, den Herrn*, zu sterben.«
14 Da Paulus sich nicht umstimmen ließ, gaben wir
nach und sagten: »Wie der Herr es will, so soll es
geschehen!«

Empfang in Jerusalem. Rücksicht auf das Misstrauen der gesetzestreuen Christen

15 Nach diesen Tagen in Cäsarea machten wir uns
wieder reisefertig und zogen hinauf nach Jerusalem.
16 Einige Jünger* aus Cäsarea begleiteten uns. Sie
brachten uns zu einem Mann namens Mnason aus
Zypern, bei dem wir unterwegs ein Nachtquartier
fanden;[e] er war ein Jünger aus der Anfangszeit.
17 Bei der Ankunft in Jerusalem wurden wir von
den Brüdern und Schwestern[f] herzlich aufgenom-
men. 18 Am nächsten Tag ging Paulus mit uns zu Jako-
bus*. Auch alle Ältesten* der Gemeinde waren ver-
sammelt. 19 Paulus begrüßte sie und gab einen aus-
führlichen Bericht über das, was Gott durch seinen
Dienst als Verkünder der Guten Nachricht* bei
den Nichtjuden vollbracht hatte.
20 Als sie das hörten, priesen sie Gott. Doch dann
sagten sie zu Paulus: »Du siehst, lieber Bruder, wie
es hier steht. Wir haben Tausende von Juden, die
Jesus als den Herrn* angenommen haben, und sie
alle halten sich weiterhin streng an das Gesetz*
Moses. 21 Man hat ihnen erzählt, du würdest allen
Juden, die unter den fremden Völkern leben, den
Abfall von Mose predigen. Du würdest sie auffor-
dern, ihre Kinder nicht mehr zu beschneiden* und
nicht länger nach den Vorschriften des Gesetzes zu
leben.[g]
22 Was sollen wir machen? Sie werden sicher
erfahren, dass du hier bist. 23 Deshalb solltest du
unserem Rat folgen. Wir haben hier vier Männer,
die das Gelübde* auf sich genommen haben, eine
Zeit lang keinen Wein zu trinken und sich das Haar
nicht schneiden zu lassen.[h] 24 Die Zeit ihres Gelübdes
läuft in diesen Tagen aus. Kümmere dich um diese
Männer, bereite dich mit ihnen zusammen auf die
abschließende gottesdienstliche Feier im Tempel*
vor und übernimm die anfallenden Kosten.[i] Dann
werden alle erkennen, dass die Berichte über dich
falsch sind und dass auch du sehr wohl nach dem
Gesetz Moses lebst.
25 Was die Nichtjuden angeht, die Christen gewor-
den sind, so haben wir ja schon eine Entscheidung
getroffen. Wir haben ihnen geschrieben, sie sollen
weder Fleisch vom Götzenopfer* essen noch Blut
genießen, kein Fleisch von Tieren essen, deren Blut
nicht vollständig ausgeflossen ist, und sich vor Blut-
schande hüten.«[j]
26 Paulus folgte dem Rat, den Jakobus und die Äl-
testen ihm gegeben hatten. Er kümmerte sich um
die vier Männer, begann gleich am nächsten Tag
mit den Vorbereitungen und ging zu den Priestern
und meldete ihnen, dass die Zeit ihres Gelübdes
abgelaufen sei. Nach der üblichen Frist von sieben
Tagen sollte dann für jeden von ihnen das vorge-
schriebene Opfer dargebracht werden.

Paulus wird im Tempel verhaftet

27 Die sieben Tage waren fast vorüber, da sahen
Juden aus der Provinz Asien* Paulus im Tempel*.
Sie hetzten das Volk auf, packten Paulus 28 und
schrien: »Männer von Israel, zu Hilfe! Das ist der
Verräter, der überall unter allen Menschen Lehren
verbreitet, die gegen unser Volk und gegen das

Diese griechische Inschrift war an der Schranke zwischen dem äußeren und inneren Vorhof des Tempels angebracht und bedrohte jeden Nichtjuden mit dem Tod, der es wagte, den inneren Vorhof zu betreten (vgl. 21,27-30; 24,6).

a Siehe Anmerkung zu 15,3.
b Gemeint ist der in 6,3-6 erwähnte Kreis (vgl. Sacherklärung »Hellenisten«). Vielleicht ist Philippus der Gründer der Gemeinde in Cäsarea (siehe 8,40).
c *den Fremden …:* herkömmliche Übersetzung *den Heiden**. Die Formulierung ist die gleiche wie in Lk 18,32.
d Wörtlich *die Einheimischen.*
e Oder *bei dem wir* (in Jerusalem) *wohnen sollten.*
f Siehe Anmerkung zu 15,3.
g Vgl. dagegen 16,3. Doch führte ein Grundsatz wie Gal 6,15 gewiss dazu, dass auch Juden die Beschneidung unterließen, und Paulus wird gegen eine solche Entwicklung natürlich nicht eingeschritten sein.
h *die das Gelübde …:* wörtlich *die ein Gelübde auf sich genommen haben.* Aus dem Zusammenhang geht hervor, dass es sich um das Nasiräergelübde gehandelt haben muss; siehe Sacherklärung »Nasiräer«.
i Wörtlich *und übernimm die Kosten für sie, damit sie sich den Kopf scheren lassen können.* Siehe dazu Sacherklärung »Nasiräer«.
j Vgl. 15,28-29 und Sacherklärung »Blutschande«.

21,8 6,5; 8,5-13.26-40 **21,9** 2,17; 11,27 S **21,10** 11,28 **21,11** 10,19 S; 20,23; 21,33; Röm 15,31 **21,13** 20,24 **21,14** Mt 6,10 S **21,18** (Jakobus) 12,17; 15,13; Gal 1,19; Jak 1,1 S **21,19** 11,18 S **21,21** (beschneiden) 16,3; Gal 3,25.28; 5,2 **21,23-24** (Gelübde) Num 6,1-21 **21,25** 15,20 S **21,26** 1 Kor 9,19-23 **21,28** 6,13; 18,13; 24,6

a Vgl. 20,4.
b Bei den *Toren* muss es sich um die zwischen dem Vorhof der Frauen und dem äußeren Vorhof handeln; vgl. die Ausführungen Seite 243 NT.
c Sie war in der Burg Antonia stationiert, die im Nordwesten unmittelbar an den äußeren Tempelvorhof angrenzte.
d Vgl. 19,40 und Anmerkung dort.
e Vgl. 5,34 und Anmerkung dort.
f *die Lehre der Christen:* wörtlich *diesen Weg;* siehe Anmerkung zu 9,2.
g Wörtlich *Jesus, der Nazoräer**.
h *das Wort ...:* wörtlich *eine Stimme zu hören.* Da Paulus Jesus bisher nicht gesehen hat, ist an die im Folgenden (Verse 17-21) geschilderte Vision und Beauftragung zu denken.

Gesetz* und gegen diesen Tempel gerichtet sind!
Jetzt hat er sogar Griechen in den Tempel mitge-
bracht und diesen heiligen Ort entweiht!«
29 Sie hatten nämlich Paulus vorher in der Stadt
mit Trophimus[a] aus Ephesus zusammen gesehen
und dachten, er hätte ihn auch in den Tempel mitge-
nommen.
30 In Windeseile sprach es sich in der Stadt herum
und das Volk lief zusammen. Sie packten Paulus,
zerrten ihn aus dem Heiligtum, aus dem inneren
Vorhof, hinaus, und sofort wurden die Tore hinter
ihm geschlossen.[b]
31 Die Menge stürzte sich auf Paulus und wollte ihn
schon umbringen, da wurde dem Kommandanten
der römischen Garnison[c] gemeldet: »Ganz Jerusa-
lem ist in Aufruhr!«
32 Sofort nahm er seine Soldaten
samt ihren Hauptleuten* und eilte zu der Volksmen-
ge.[d] Als die Leute den Kommandanten und die Solda-
ten kommen sahen, ließen sie davon ab, auf Paulus
einzuschlagen.
33 Der Kommandant ging auf Paulus zu, nahm ihn
fest und ließ ihn mit zwei Ketten fesseln. Dann
wollte er von den Umstehenden wissen, wer der
Mann sei und was er getan habe.
34 Aber in der Men-
ge schrien die einen dies, die andern jenes. Weil der
Kommandant bei dem Tumult nichts Sicheres her-
ausbekommen konnte, befahl er, Paulus in die
Kaserne zu bringen.
35 Am Aufgang zur Kaserne kam die Menge Paulus
gefährlich nahe, sodass die Soldaten ihn tragen
mussten.
36 Denn das ganze Volk lief hinterher und
schrie: »Weg mit ihm!«

Paulus darf zum Volk sprechen

37 Bevor Paulus in die Kaserne geführt wurde, sagte er
zu dem Kommandanten: »Darf ich ein Wort mit dir
reden?«
»Du sprichst griechisch?«, erwiderte der Kom-
mandant.
38 »Dann bist du also nicht der Ägypter*,
der vor einiger Zeit den Aufstand angezettelt und
die viertausend bewaffneten Terroristen in die Wüs-
te hinausgeführt hat?«
39 Paulus antwortete: »Ich bin ein Jude aus Zili-
zien, ein Bürger der bekannten Stadt Tarsus. Ich
habe eine Bitte an dich: Erlaube mir, zum Volk zu
sprechen.«
40 Der Kommandant war einverstanden. Paulus
stand auf der Freitreppe und bat die Menge mit einer
Handbewegung um Ruhe. Es wurde sehr still und er
begann auf Hebräisch* zu reden.

Paulus schildert seine Vergangenheit als Christenverfolger

22 »Liebe Brüder und Väter, hört, was ich euch
zu meiner Verteidigung zu sagen habe!«
2 Als sie hörten, dass er auf Hebräisch* zu ihnen
sprach, wurden sie noch stiller und Paulus konnte
weiterreden:
3 »Ich bin ein Jude aus Tarsus in Zilizien, aber auf-
gewachsen bin ich hier in Jerusalem. Mein Lehrer
war Gamaliël[e] . Bei ihm erhielt ich eine sorgfältige
Ausbildung im Gesetz* unserer Vorfahren, und ich
trat ebenso leidenschaftlich für den Gott Israels
ein, wie ihr alle es heute tut.
4 Ich bekämpfte die Lehre der Christen[f] bis aufs
Blut. Männer und Frauen nahm ich fest und ließ
sie ins Gefängnis werfen.
5 Der Oberste Priester*
und der ganze jüdische Rat* können das bestätigen.
Ich ließ mir von ihnen sogar Briefe an die jüdi-
schen Brüder in den Synagogen* von Damaskus
geben. Darin wurde mir die Vollmacht erteilt, auch
dort die Menschen, die zu Jesus hielten, festzuneh-
men und sie in Ketten nach Jerusalem zu bringen,
damit sie dort bestraft würden.«

Paulus schildert seine Berufung durch Christus und seine Sendung zu den nichtjüdischen Völkern

6 »Doch dann geschah es: Auf dem Weg nach Damas-
kus, kurz vor der Stadt, umstrahlte mich plötzlich
gegen Mittag ein blendend helles Licht vom Him-
mel.
7 Ich stürzte zu Boden und hörte eine Stimme
zu mir sagen: ›Saul, Saul, warum verfolgst du mich?‹
8 ›Wer bist du, Herr?‹, fragte ich und die Stimme
sagte: ›Ich bin Jesus von Nazaret,[g] den du verfolgst!‹
9 Meine Begleiter sahen wohl das Licht, hörten aber
nicht die Stimme, die mit mir redete.
10 Ich fragte: ›Herr, was soll ich tun?‹
Der Herr* sagte: ›Steh auf und geh nach Damas-
kus! Dort wirst du alles erfahren, was Gott dir zu
tun bestimmt hat.‹
11 Von dem hellen Lichtstrahl war ich blind gewor-
den und musste mich von meinen Begleitern nach
Damaskus führen lassen.
12 Dort lebte ein frommer Mann, Hananias, der
sich streng an das Gesetz* hielt und bei allen Juden
in der Stadt in gutem Ruf stand.
13 Er suchte mich auf,
trat zu mir und sagte: ›Bruder Saul, du sollst wieder
sehen!‹ Im gleichen Augenblick wurden meine
Augen geöffnet und ich sah ihn vor mir stehen.
14 Er sagte: ›Der Gott unserer Vorfahren hat dich
dazu erwählt, seinen Heilsplan kennen zu lernen
und den einzig Gerechten* zu sehen und aus seinem
Mund das Wort zu hören, das dich auf den Weg
weist.[h]
15 Denn du sollst vor allen Menschen für
ihn eintreten und allen bezeugen, was du gesehen
und gehört hast.
16 Was zögerst du noch? Steh auf
und lass dich taufen*! Bekenne dich zum Namen*
von Jesus und lass dir deine Sünden abwaschen!‹

21,29 (Trophimus) 20,4; 2 Tim 4,20 **21,36** 22,22; Lk 23,18; Joh 19,15 **21,38** 5,36-37 **22,3** 21,39; 5,34 **22,4-5** 8,3S **22,6-16** 9,1-22; 26,12-18 **22,6-7** 9,3S **22,14** (Gerechter) 3,14S **22,16** 2,21

17 Als ich dann wieder nach Jerusalem zurückge-
kehrt war und hier im Tempel* betete,[a] hatte ich
eine Vision. 18 Ich sah den Herrn, der sagte zu mir:
›Verlass Jerusalem auf dem schnellsten Weg, denn
die Leute hier werden dir nicht glauben, wenn du
für mich eintrittst.‹
19 ›Herr‹, sagte ich, ›aber gerade sie müssten mir
doch glauben; denn sie wissen ja, wie ich früher in
den Synagogen* deine Anhänger festnehmen und
auspeitschen* ließ. 20 Auch als dein Zeuge Stephanus
gesteinigt* wurde, war ich dabei; ich war mit al-
lem einverstanden und bewachte die Kleider seiner
Mörder.‹
21 Doch der Herr sagte: ›Geh, ich will dich weit
hinaus zu fremden Völkern senden!‹«

Paulus löst einen Tumult aus und stellt sich unter den Schutz des römischen Bürgerrechts

22 Bis dahin hatte die Menge Paulus ruhig zugehört.
Aber jetzt, bei diesem letzten Satz, fingen sie alle
an zu schreien: »Weg mit ihm! So einer muss von
der Erde verschwinden! Es gehört sich nicht, dass
er lebt!« 23 Sie tobten, rissen sich die Kleider vom
Leib und warfen Staub in die Luft.[b]
24 Der Kommandant befahl, Paulus in die Kaserne
zu bringen. Er wollte ihn unter Peitschenhieben ver-
hören lassen, um herauszubringen, warum die
Juden so wütend auf ihn waren. 25 Als die Soldaten
ihn schon festbinden wollten, sagte Paulus zu dem
Hauptmann*, der die Ausführung überwachte:
»Dürft ihr denn einen römischen Bürger auspeit-
schen*, noch dazu ohne ein ordentliches Gerichts-
verfahren?«[c]
26 Der Hauptmann lief zum Kommandanten und
sagte: »Weißt du, was du da tust? Der Mann hat
das römische Bürgerrecht*!«
27 Der Kommandant ging selbst zu Paulus und
fragte ihn: »Bist du wirklich römischer Bürger?«
Paulus bestätigte es, 28 und der Kommandant sagte
zu ihm: »Ich musste für mein Bürgerrecht viel Geld
bezahlen.«
Paulus erwiderte: »Ich besitze es von Geburt an!«
29 Die Männer, die ihn verhören sollten, ließen
sofort von ihm ab, und der Kommandant bekam es
mit der Angst zu tun, weil er einen römischen Bürger
hatte fesseln lassen.

Paulus vor dem jüdischen Rat

30 Am folgenden Tag machte der Kommandant einen
weiteren Versuch, herauszubringen, was die Juden
so gegen Paulus aufgebracht hatte. Er ließ ihm die
Ketten abnehmen, gab Befehl, die führenden Pries-
ter* und den ganzen jüdischen Rat* zusammenzuru-
fen, und stellte Paulus vor die Versammlung.

23 Paulus richtete den Blick fest auf die Versam-
melten und erklärte: »Brüder, ich habe
immer so gehandelt, dass ich mir vor Gott nicht
das mindeste vorzuwerfen habe, und das bis zum
heutigen Tag!«
2 Der Oberste Priester* Hananias[d] befahl den
dabeistehenden Dienern, Paulus auf den Mund zu
schlagen. 3 Da sagte Paulus zu ihm: »Dich wird *Gott*
schlagen, du übertünchte Wand![e] Du willst nach
dem Gesetz über mich richten und lässt mich *gegen*
alles Gesetz schlagen?«
4 Die Diener sagten: »Wie, du wagst den Obersten
Priester Gottes zu beleidigen?«
5 Paulus entschuldigte sich und sagte: »Ich habe
nicht gewusst, Brüder, dass er der Oberste Priester
ist. Ich weiß wohl, dass in den Heiligen Schriften*
steht: ›Ihr sollt ein Oberhaupt eures Volkes nicht ver-
fluchen.‹«
6 Da Paulus wusste, dass die Anwesenden teils
Sadduzäer*, teils Pharisäer* waren, rief er in die
Versammlung hinein: »Brüder, ich bin ein Pharisäer[f]
und komme aus einer Pharisäerfamilie. Ich stehe
hier vor Gericht, nur weil ich daran glaube, dass
die Toten auferstehen!«[g]
7 Damit spaltete er den Rat in zwei Lager, denn
Sadduzäer und Pharisäer fingen sofort an, miteinan-
der zu streiten. 8 Die Sadduzäer leugnen nämlich die
Auferstehung* der Toten und sie bestreiten auch,
dass es Engel* und andere unsichtbare Wesen gibt.
Die Pharisäer dagegen bekennen sich zum Glauben
an beides. 9 So kam es zu einer lautstarken Auseinan-
dersetzung.
Schließlich traten einige Gesetzeslehrer* aus der
Gruppe der Pharisäer vor und erklärten: »Wir kön-
nen dem Mann nichts vorwerfen. Vielleicht hat ja
tatsächlich ein Geist zu ihm gesprochen oder ein
Engel!«[h]
10 Der Tumult wurde am Ende so heftig, dass der
Kommandant fürchtete, sie könnten Paulus in Stü-
cke reißen. So ließ er aus der Kaserne eine Abteilung
Soldaten kommen, die ihn herausholten und wieder
dorthin zurückbrachten.[i]
11 In der folgenden Nacht aber trat der Herr* zu
Paulus und sagte zu ihm: »Nur Mut! Wie du hier in
Jerusalem für mich eingetreten bist, so musst du es
auch in Rom tun.«

Eine Verschwörung gegen Paulus

12 Am nächsten Morgen taten sich eine Anzahl Juden
zu einem Anschlag gegen Paulus zusammen.[j] Sie
schworen, nichts zu essen und zu trinken, bis sie
ihn umgebracht hätten. 13 Mehr als vierzig Männer
beteiligten sich an dieser Verschwörung.
14 Sie gingen zu den führenden Priestern* und den
Ratsältesten* und weihten sie ein: »Wir haben feier-

a Vgl. Lk 3,21-22; 9,29-31; 10,9-16.30-32.
b Zeichen wütender Empörung, in denen sich möglicherweise die Entschlossenheit ausdrückt, Paulus zu steinigen (vgl. 7,58).
c Siehe Anmerkung zu 19,40.
d Er bekleidete das Amt etwa 47–59 n. Chr. und wurde zu Beginn des jüdischen Aufstands gegen Rom als Römerfreund von Zeloten* ermordet.
e Ein Bild für Scheinheiligkeit; vgl. Mt 23,27.
f Gamaliel I., der Lehrer von Paulus (vgl. 22,3), war ein berühmter Gesetzeslehrer der pharisäischen Richtung.
g Vgl. 4,2 und Anmerkung dort, ferner 24,21; 26,5-8.
h Das ist ein Stich gegen die Sadduzäer, die an derlei nicht glauben (Vers 8).
i Vgl. 19,40 und Anmerkung dort.
j Ihr Vorhaben wird die Geschehnisse auslösen, in deren Verlauf Paulus dann schließlich nach Rom gelangt – genau wie der Herr es eben zuvor gesagt hat (Vers 11).

22,17 9,26 **22,20** 7,58; 8,1 **22,21** 9,15 S **22,22** 21,36 S **22,25** 16,37 S **23,1** 24,16 S **23,2-3** Mt 23,27-28; Joh 18,22-23; Lev 19,15 **23,5** *zit* Ex 22,27 **23,6** (Pharisäerfamilie) 26,5; Phil 3,5; Gal 1,14; Apg 24,21 **23,8** Lk 20,27 S; Apg 4,2 S **23,11** 18,9; (Rom) 19,21; 27,24; 28,23 **23,12** 9,23

a *an seinem Amtssitz …:* wörtlich *im Prätorium* des Herodes.*
b Schmeichelworte eines Anwalts des Obersten Priesters und seines Anhangs; beim Volk war Felix weithin verhasst.
c Wörtlich *der Sekte der Nazoräer*.*
d Vgl. 17,6 (und dagegen 17,5), ferner 13,12 und Anmerkung.
e Vgl. dagegen 21,27-30. Auf Entweihung des Tempels stand die Todesstrafe.
f Das heißt: Du wirst dich in jüdischen Angelegenheiten auskennen und in dieser Sache wirklich *Recht* sprechen können.
g Der Zeitraum ist überschaubar; nichts ist geschehen, was die Anklage rechtfertigte.

lich geschworen, nichts zu essen und zu trinken, bis
wir Paulus getötet haben. 15 Geht also jetzt im Namen
des ganzen jüdischen Rates* zum Kommandanten
und fordert ihn auf, euch Paulus noch einmal vorzu-
führen; ihr wolltet seinen Fall noch genauer untersu-
chen. Wir halten uns dann bereit und bringen ihn
um, noch bevor er hier eintrifft.«

16 Aber ein Neffe von Paulus, der Sohn seiner
Schwester, hörte von dem geplanten Anschlag. Er
ging in die Kaserne und erzählte Paulus davon.
17 Der rief einen von den Hauptleuten* und sagte
zu ihm: »Bring diesen jungen Mann zum Komman-
danten! Er hat eine wichtige Nachricht für ihn.«

18 Der Hauptmann brachte ihn zum Kommandan-
ten und sagte: »Der Gefangene Paulus hat mich rufen
lassen und mich gebeten, diesen jungen Mann zu dir
zu führen. Er soll eine wichtige Nachricht für dich
haben.«

19 Der Kommandant nahm den jungen Mann bei-
seite und fragte ihn: »Was hast du mir zu berichten?«

20 Da erzählte er: »Die Juden wollen dich bitten,
Paulus morgen noch einmal vor ihren Rat* zu brin-
gen, damit sie ihn noch genauer verhören können.
21 Aber du darfst ihnen nicht glauben, denn mehr
als vierzig Männer planen einen Anschlag. Sie alle
haben geschworen, erst wieder zu essen und zu trin-
ken, wenn sie Paulus getötet haben. Sie halten sich
bereit und warten nur darauf, dass du ihn herausfüh-
ren lässt.«

22 Der Kommandant sagte: »Verrate keinem, dass
du mir davon erzählt hast!« Dann ließ er den jungen
Mann gehen.

Paulus wird zum Statthalter nach Cäsarea gebracht

23 Der Kommandant rief zwei Hauptleute* und
befahl ihnen: »Sorgt dafür, dass zweihundert Solda-
ten sich für heute Abend um neun Uhr zum
Abmarsch nach Cäsarea bereitmachen, dazu siebzig
Reiter und noch zweihundert Leichtbewaffnete.
24 Besorgt ein paar Reittiere für Paulus und bringt
ihn sicher zum Statthalter* Felix!«

25 Dann schrieb er folgenden Brief:

26 »Klaudius Lysias grüßt den hochverehrten Statthal-
ter Felix.
27 Den Mann, den ich dir sende, hatten die Juden
ergriffen und wollten ihn töten. Als ich erfuhr, dass
er römischer Bürger* ist, ließ ich ihn durch meine
Soldaten in Sicherheit bringen. 28 Weil ich heraus-
bekommen wollte, weshalb sie ihn verfolgen, brachte
ich ihn vor ihren Rat*. 29 Aber es stellte sich heraus,
dass er nichts getan hat, worauf Todesstrafe oder
Gefängnis steht. Ihre Vorwürfe beziehen sich nur
auf strittige Fragen des jüdischen Gesetzes*.
30 Nun wurde mir gemeldet, dass ein Anschlag gegen
ihn geplant ist, deshalb schicke ich ihn umgehend zu
dir. Ich habe auch die Kläger angewiesen, ihre Sache
gegen ihn bei dir vorzutragen.«

31 Die Soldaten übernahmen Paulus und brachten ihn
befehlsgemäß noch in der Nacht bis nach Antipatris.
32 Am nächsten Tag kehrten die Fußtruppen nach
Jerusalem in die Kaserne zurück, während die Reiter
Paulus weitergeleiteten. 33 Sie brachten ihn nach
Cäsarea und übergaben den Brief und den Gefange-
nen dem Statthalter Felix.

34 Der Statthalter las den Brief und fragte Paulus,
aus welcher Provinz er stamme. »Aus Zilizien«, sagte
Paulus.

35 Felix erklärte: »Ich werde dich verhören, sobald
deine Ankläger auch hier sind.« Dann befahl er, Pau-
lus an seinem Amtssitz, in dem von Herodes erbau-
ten Palast,[a] gefangen zu halten.

Die führenden Juden klagen Paulus an

24 Nach fünf Tagen kam der Oberste Priester*
Hananias mit einigen Ratsältesten* und
dem Anwalt Tertullus nach Cäsarea. Sie erhoben
beim Statthalter* Felix Anklage gegen Paulus.
2-3 Als man Paulus gerufen hatte, begann Tertullus
seine Anklagerede:

»Hochverehrter Felix! Dein Verdienst ist es, dass
wir schon so lange in Frieden leben. Deiner Umsicht
verdanken wir auch eine ganze Reihe von wichtigen
Reformen in unserem Land. Das erkennen wir in
tiefer Dankbarkeit an, wo und wann immer sich
die Gelegenheit bietet.[b] 4 Ich will aber jetzt deine
kostbare Zeit nicht unnötig in Anspruch nehmen
und bitte dich, uns für einen Augenblick freundlich
anzuhören.

5 Wir haben festgestellt, dass dieser Paulus so
gefährlich ist wie die Pest. Als Haupträdelsführer
der Nazarener-Sekte[c] stiftet er die Juden in der gan-
zen Welt zum Aufruhr an.[d] 6a Er hat auch versucht,
den Tempel* zu entweihen.[e] Dabei haben wir ihn
festgenommen. ° 8b Wenn du ihn verhörst, wird er
dir gegenüber alles zugeben müssen, was wir ihm
vorwerfen.«

9 Die anderen Juden schlossen sich der Anklage an
und bestätigten alles.

Paulus verteidigt sich vor dem Statthalter

10 Mit einem Zeichen forderte der Statthalter* Paulus
zum Reden auf, und der begann:

»Weil ich weiß, dass du seit vielen Jahren in die-
sem Land der oberste Richter bist,[f] gehe ich voll
Zuversicht daran, mich zu verteidigen. 11 Wie du
leicht nachprüfen kannst, bin ich erst vor zwölf
Tagen nach Jerusalem gekommen, um dort im Tem-
pel* anzubeten.[g] 12 Niemand hat gesehen, dass ich

23,27 21,30-36; 16,37S **23,28** 22,30 **23,29** 18,14-15; 26,31; 28,18 **24,1** 23,2 **24,5** 17,6 **24,6a** 21,28S

1 Platz im alten Ephesus (Kap 19).

2 Die Göttin Artemis. Antike Nachbildung des Originals, das im Artemis-Tempel von Ephesus verehrt wurde (19,23-41).

3 In der Nähe von Milet (20,17).

4 Römische Wasserleitung bei Cäsarea (23,23-35; 24-27).

5 Die Appische Straße (Via Appia); auf ihr legte Paulus das letzte Wegstück nach Rom zurück (28,14-15).

6 Das Kolosseum in Rom, von 70–80 n. Chr. erbaut. Es erinnert an die großen Christenverfolgungen des 3. und 4. Jahrhunderts, bei denen viele Christen u. a. bei grausamen Zirkusspielen umgebracht wurden.

diskutiert oder die Leute aufgehetzt hätte, weder im
Tempel noch in den Synagogen* noch sonst wo in
der Stadt. 13 Für das, was mir hier vorgeworfen wird,
gibt es keinerlei Beweise.
14 Das allerdings bekenne ich offen vor dir: Ich
diene dem Gott unserer Vorfahren in der Weise,
wie es jener neuen Richtung entspricht,[a] die sie als
Sekte bezeichnen. Doch genau auf diese Weise diene
ich ihm wirklich! Ich erkenne alles an, was im
Gesetz* Moses und in den Prophetenbüchern steht.
15 Ich habe die gleiche feste Hoffnung auf Gott wie
sie, nämlich dass er die Toten auferwecken* wird,
die Guten wie die Bösen.[b] 16 Und aus diesem Grund
bemühe auch ich mich, immer ein reines Gewissen
zu haben vor Gott und den Menschen.[c]
17 Nach vielen Jahren im Ausland war ich nun nach
Jerusalem zurückgekommen. Ich wollte Geldspen-
den für mein Volk übergeben[d] und Gott Opfer*
darbringen.[e] 18-19 Da sahen mich einige Juden aus
der Provinz Asien* im Tempel, als ich mich gerade
auf ein Opfer vorbereitete; ich hatte keine Anhänger
um mich gesammelt, es gab auch keinen Aufruhr.
Diese Leute sollten jetzt eigentlich hier sein und ihre
Klage vorbringen, wenn sie mir etwas vorzuwerfen
haben!
20 Du kannst aber auch diese Männer hier fragen,
was für ein Vergehen sie mir im Verhör vor dem Rat*
der Juden denn nachweisen konnten. 21 Es könnte
höchstens der eine Satz sein, den ich dem versam-
melten Rat zurief: ›Ich stehe heute vor eurem
Gericht, weil ich glaube, dass die Toten auferste-
hen.‹«
22 Felix, der über die christliche Lehre[f] ziemlich
genau Bescheid wusste, ließ die Verhandlung abbre-
chen und sagte: »Der Fall wird entschieden, sobald
der Kommandant Lysias aus Jerusalem eintrifft.«
23 Er ließ Paulus wieder abführen, befahl aber dem
Hauptmann*, dem Gefangenen einige Erleichterun-
gen zu gewähren. Seine Freunde[g] sollten die Erlaub-
nis haben, ihn zu versorgen.

Felix und Drusilla bei Paulus. Verschleppung des Prozesses

24 Einige Tage später erschien Felix zusammen mit
seiner Frau Drusilla, einer Jüdin,[h] in seinem Amts-
sitz und ließ Paulus aus dem Gefängnis zu sich brin-
gen; denn er wollte noch mehr über den Glauben an
Jesus Christus erfahren. 25 Als aber Paulus zuletzt von
einem Leben nach Gottes Geboten, von der Züge-
lung der Leidenschaften und vom kommenden
Gericht Gottes sprach, wurde es Felix unbehaglich
und er sagte: »Für diesmal ist es genug, du kannst
jetzt gehen! Wenn ich wieder Zeit habe, lasse ich
dich holen.«
26 Er hoffte auch im Stillen, von Paulus Beste-
chungsgelder zu bekommen. Darum ließ er ihn
von Zeit zu Zeit rufen und unterhielt sich mit
ihm.
27 Als Felix zwei Jahre später durch Porzius Festus
abgelöst wurde, wollte er den Juden noch einen
Gefallen tun und ließ Paulus im Gefängnis.

Wiederaufnahme des Verfahrens unter Festus. Paulus appelliert an den Kaiser in Rom

25 Drei Tage nach seinem Amtsantritt zog Fes-
tus von Cäsarea nach Jerusalem hinauf.
2 Die führenden Priester* und die angesehensten
Männer des jüdischen Volkes erneuerten bei ihm
ihre Anklage gegen Paulus, und sie erbaten sich
von ihm 3 als besonderes Zeichen seiner Gunst, dass
er den Gefangenen wieder nach Jerusalem verlegen
lasse. Sie planten nämlich einen Anschlag und woll-
ten ihn unterwegs töten.[i]
4 Doch Festus erklärte, Paulus werde in Cäsarea
bleiben. Er selbst kehre bald wieder dorthin zurück.
5 »Eure Bevollmächtigten«, sagte er, »können ja mit-
kommen und ihre Anklage vorbringen, wenn der
Mann wirklich das Recht verletzt hat.«
6 Festus blieb noch eine gute Woche in Jerusalem
und reiste dann nach Cäsarea zurück. Gleich am
nächsten Tag eröffnete er die Gerichtsverhandlung
und ließ Paulus vorführen. 7 Als er erschien, umstell-
ten ihn die Juden aus Jerusalem und brachten viele
schwere Anklagen gegen ihn vor, konnten sie aber
nicht belegen.
8 Paulus verteidigte sich: »Ich habe mich weder
gegen das Gesetz* der Juden noch gegen den Tem-
pel* noch gegen den Kaiser vergangen.«
9 Festus wollte den Juden nun doch den Gefallen
tun und fragte Paulus: »Willst du nicht nach Jeru-
salem gehen, damit dort in meinem Beisein über
diese Punkte verhandelt und entschieden werden
kann?«
10 Aber Paulus erwiderte: »Ich stehe hier vor dem
kaiserlichen Gericht,[j] und vor ihm muss mein Fall
entschieden werden.[k] Ich habe mich gegen die Juden
in keiner Weise vergangen, wie du selbst genau
weißt. 11 Wäre ich im Unrecht und hätte etwas getan,
worauf die Todesstrafe steht, so wäre ich sofort
bereit zu sterben. Da aber feststeht, dass ihre Ankla-
gen falsch sind, kann mich niemand bloß aus Gefäl-
ligkeit an sie ausliefern. Ich verlange, dass mein Fall
vor den Kaiser kommt!«[l]
12 Festus besprach sich mit seinen Beratern und
entschied dann: »Du hast an den Kaiser appelliert,
darum sollst du vor den Kaiser gebracht werden.«

a *in der Weise ...:* wörtlich *entsprechend dem Weg;* siehe Anmerkung zu 9,2.
b Auch die Auferstehungshoffnung verbindet Paulus mit dem Judentum. In dieser Sache sind die *Sadduzäer* die Außenseiter.
c In diesem Zusammenhang heißt das: Ich halte mich an die staatlichen Gesetze und Ordnungen.
d Zum ersten und einzigen Mal wird hier in der Apostelgeschichte die Geldspende der nichtjüdischen Gemeinden erwähnt, die Paulus mit nach Jerusalem brachte (Röm 15,25-26; Gal 2,10).
e Vgl. 21,24.26.
f Wörtlich *über den Weg;* siehe Anmerkung zu 9,2.
g D.h. die Christen von Cäsarea; vgl. 21,8-14.
h Die Prinzessin aus der Herodes-Dynastie war die dritte Frau von Felix.
i Das Spiel von 23,15 beginnt von vorn.
j Der Statthalter vertritt die richterliche Macht des Kaisers. Da Paulus eines politischen Vergehens angeklagt ist (Aufruhr), ist die römische Behörde die einzig zuständige.
k Das *muss* deutet an, dass es so dem Willen Gottes entspricht – weil Paulus nach Rom kommen soll; vgl. 19,21; 23,11.
l Siehe Sacherklärung »Bürger«.

24,14 (Richtung) 9,2S **24,15** Dan 12,2S; Apg 4,2S; 23,6 **24,16** 23,1; 2 Kor 1,12; 1 Kor 4,4; 2 Tim 1,3 **24,17** 11,29-30 **24,18-19** 24,27-28 **24,21** 24,15S **24,22** 23,26 **24,23** 27,3; 28,16.30 **24,24** 9,15S **24,25** 17,32 **24,27** 25,9 **25,2** 24,1 **25,3** 23,12-15 **25,7** 24,5-6.13 **25,9** 24,27 **25,11-12** (Kaiser) 23,11; 25,21.25; 28,19

Festus informiert König Agrippa über den Fall Paulus

13 Einige Zeit später kamen König Agrippa[a] und seine Schwester Berenike nach Cäsarea, um Festus zu besuchen. 14 Nach einigen Tagen brachte Festus den Fall Paulus zur Sprache:

»Mein Vorgänger Felix hat mir hier einen Gefangenen hinterlassen. 15 Als ich nach Jerusalem kam, erhoben die führenden Priester* und die jüdischen Ratsältesten* Anklage gegen ihn und drängten mich, ihn zu verurteilen. 16 Aber ich machte ihnen klar, dass es bei uns Römern nicht üblich ist, einen Angeklagten – nur um jemand einen Gefallen zu tun – abzuurteilen, bevor er sich nicht persönlich gegenüber seinen Anklägern verteidigen konnte.[b]

17 Als sie dann hierher kamen, habe ich sofort eine Verhandlung angesetzt und den Mann vorführen lassen. 18 Aber die Anklagen, die seine Gegner vorbrachten, gingen gar nicht auf irgendeinen Rechtsbruch, wie ich bis dahin vermuten musste. 19 Alles drehte sich vielmehr um religiöse Streitfragen und um einen Toten namens Jesus, von dem Paulus behauptet, er lebe.

20 Da ich mich auf solche Fragen nicht genügend verstehe, fragte ich ihn, ob er nicht lieber nach Jerusalem gehen wolle, damit dort über diese Punkte verhandelt und entschieden wird. 21 Aber Paulus legte dagegen Beschwerde ein: Er wolle vor den Kaiser gebracht werden und bis dahin in Haft bleiben. Also gab ich Befehl, ihn weiter in Haft zu halten, bis ich ihn zum Kaiser schicken kann.«

22 Agrippa sagte zu Festus: »Ich würde den Mann gern einmal kennen lernen.«

»Morgen sollst du dazu Gelegenheit haben«, sagte Festus.

Paulus wird König Agrippa vorgeführt

23 Agrippa und Berenike erschienen also am nächsten Tag in ihrer ganzen fürstlichen Pracht und betraten, begleitet von hohen römischen Offizieren und den maßgebenden Persönlichkeiten der Stadt, den Audienzsaal. Festus gab den Befehl, und Paulus wurde hereingeführt. 24 Darauf sagte Festus:

»König Agrippa! Meine verehrten Gäste! Hier seht ihr den Mann, dessentwegen mich alle Juden sowohl in Jerusalem als auch hier in dieser Stadt bestürmt haben. Sie schrien, er dürfe nicht länger am Leben bleiben. 25 Ich musste jedoch feststellen, dass er nichts getan hat, worauf die Todesstrafe steht. Da er selbst an den Kaiser appelliert hat, habe ich beschlossen, ihn nach Rom zu schicken.

26 Ich habe allerdings kaum etwas Stichhaltiges, was ich meinem Herrn, dem Kaiser, schreiben könnte. Deshalb stelle ich euch den Mann vor, besonders dir, König Agrippa, damit ich durch ein neues Verhör einige Anhaltspunkte für meinen Brief bekomme. 27 Denn es erscheint mir unsinnig, einen Gefangenen nach Rom zu schicken, ohne eine Aufstellung der Anklagepunkte mitzugeben.«

Die Rede von Paulus vor König Agrippa

26 Agrippa sagte zu Paulus: »Du hast die Gelegenheit, in eigener Sache zu sprechen.«

Paulus machte eine Handbewegung und begann seine Verteidigungsrede:

2 »König Agrippa! Ich freue mich, dass ich mich heute vor dir gegen die Angriffe der Juden verteidigen kann, 3 vor allem, weil du dich in ihren Gebräuchen und religiösen Streitfragen auskennst. Bitte, hör mich geduldig an!

4 Mein Leben, wie ich es seit meiner Jugend unter meinem Volk und in Jerusalem geführt habe, ist allen Juden von Anfang an bekannt. 5 Sie kennen mich von früher her und können, wenn sie wollen, bezeugen, dass ich nach der strengsten Richtung unserer Religion gelebt habe. Ich war nämlich Pharisäer*.[c] 6 Und wenn ich jetzt vor Gericht stehe, dann nur deshalb, weil ich fest auf die Zusage vertraue, die Gott unseren Vorfahren gegeben hat.

7 Unser Zwölfstämmevolk Israel dient Gott unablässig bei Tag und Nacht in der Hoffnung, endlich die Erfüllung dieser Zusage zu erleben. Und ich, König Agrippa, werde um derselben Hoffnung willen ausgerechnet von Juden angeklagt! 8 Warum wollt ihr Juden es denn nicht glauben, dass Gott tatsächlich einen Toten auferweckt hat?[d]

9 Anfangs allerdings hatte auch ich gemeint, ich müsste dem Bekenntnis zu Jesus von Nazaret[e] mit allen Mitteln entgegentreten. 10 Das habe ich in Jerusalem auch getan. Ausgestattet mit einer Vollmacht der führenden Priester* brachte ich viele Christen[f] ins Gefängnis und gab meine Stimme gegen sie ab, wenn sie zum Tod verurteilt wurden. 11 In allen Synagogen* habe ich immer wieder versucht, sie durch Auspeitschen* dahin zu bringen, dass sie ihrem Glauben abschwören. Mein Hass war so groß, dass ich sie sogar noch über die Grenzen des Landes hinaus verfolgen wollte.

12 In dieser Absicht reiste ich im Auftrag der führenden Priester und mit ihrer Vollmacht nach Damaskus. 13 Auf dem Weg dorthin, mein König, umstrahlte mich und meine Begleiter mitten am Tag ein Licht vom Himmel, heller als die Sonne. 14 Wir stürzten alle zu Boden und ich hörte eine Stimme auf Hebräisch* rufen: ›Saul, Saul, warum verfolgst du mich? Es ist sinnlos, dass du gegen mich ankämpfst!‹[g]

15 ›Wer bist du, Herr?‹, fragte ich, und der Herr* sagte: ›Ich bin Jesus, den du verfolgst. 16 Doch steh auf, denn ich bin dir erschienen,[h] um dich in meinen Dienst zu stellen. Du sollst bezeugen, was du heute

a Herodes Agrippa II.; siehe Sacherklärung »Herodes (6)«.
b Vgl. 19,40 und Anmerkung dort.
c Zu Vers 5-8 vgl. 23,6.
d Was Paulus (und die Christen) von den Pharisäern unterscheidet, ist das Bekenntnis, dass die erwartete endzeitliche Totenauferstehung (verstanden als Inbegriff allen von Israel je erwarteten Heils) in Jesus bereits *begonnen* hat.
e *zu Jesus …:* wörtlich *zum Namen* von Jesus, dem Nazoräer*.*
f Wörtlich *viele der Heiligen*.*
g Wörtlich *Es ist schwer für dich, gegen den Stachel auszuschlagen.* Zu diesem Vergleich mit einem störrischen Zugtier siehe Sacherklärung »Ochsenstachel«.
h Vgl. 1 Kor 9,1; 15,8; Gal 1,15-16.

25,14 24,27 **25,18-19** 18,14-15 S **25,22-23** Lk 23,8; 21,12 S **26,5** 23,6 S **26,6-8** 4,2 S; 24,15; 28,20 **26,9-11** 8,3 S **26,12-18** 9,1-22; 22,5-16

gesehen hast und was ich dir noch zeigen werde. 17 Ich werde dich beschützen vor den Juden und auch vor den Nichtjuden, zu denen ich dich sende. 18 Gerade ihnen sollst du die Augen öffnen, damit sie aus der Finsternis ins Licht[a] kommen, aus der Gewalt des Satans* zu Gott. Denn wenn sie auf mich vertrauen, wird ihnen ihre Schuld vergeben und sie erhalten ihren Platz unter denen, die Gott zu seinem heiligen* Volk gemacht hat.‹

19 Ich habe mich, König Agrippa, dem nicht widersetzt, was diese Erscheinung vom Himmel mir befohlen hatte. 20 Zuerst in Damaskus und Jerusalem und später in ganz Judäa und bei den nichtjüdischen Völkern rief ich die Menschen dazu auf, umzukehren*, sich Gott zuzuwenden und durch ihre Lebensführung zu zeigen, dass es ihnen mit der Umkehr ernst ist.

21 Einzig deswegen haben mich die Juden im Tempel* ergriffen und zu töten versucht.

22 Aber bis heute hat Gott mir geholfen, und so stehe ich als sein Zeuge vor den Menschen, den hoch gestellten wie den ganz einfachen. Ich verkünde nichts anderes, als was die Propheten* und Mose angekündigt haben: 23 Der versprochene Retter,[b] sagten sie, muss leiden und sterben und wird als der Erste unter allen Toten auferstehen*, um dem jüdischen Volk und allen Völkern der Welt das rettende Licht zu bringen.«[c]

Die Reaktion von Festus und Agrippa auf die Rede

24 Als Paulus sich auf diese Weise verteidigte, rief Festus ihm zu: »Du bist verrückt geworden, Paulus! Das viele Studieren hat dich um den Verstand gebracht!«

25 Paulus aber antwortete: »Hochverehrter Festus, ich bin nicht verrückt. Was ich sage, ist wahr und vernünftig. 26 Der König weiß, wovon ich rede, und mit ihm kann ich frei und offen darüber sprechen. Ich bin überzeugt, dass ich ihm auch gar nichts Neues sage; denn die Sache hat sich ja nicht irgendwo im Winkel abgespielt. 27 König Agrippa, glaubst du den Ankündigungen der Propheten*? Ich weiß, du glaubst ihnen!«

28 Agrippa erwiderte: »Es dauert nicht mehr lange und du überredest mich noch dazu, dass ich selber Christ werde!«

29 »Ob es nun kurz oder lang dauert«, sagte Paulus, »ich bete zu Gott, dass nicht nur du, sondern alle, die mich hier hören, mir gleich werden – die Fesseln natürlich ausgenommen.«

30 Darauf standen der König, der Statthalter*, Berenike und die anderen auf 31 und gingen hinaus. »Der Mann verdient weder den Tod noch das Gefängnis«, war das einmütige Urteil.

32 Und Agrippa sagte zu Festus: »Der Mann könnte freigelassen werden, wenn er nicht an den Kaiser appelliert hätte.«

Paulus als Gefangener auf dem Weg nach Rom

27 Als unsere Abreise nach Italien beschlossen war, übergab man Paulus und einige andere Gefangene einem Hauptmann* namens Julius aus einem syrischen Regiment, das den Ehrennamen ›Kaiserliches Regiment‹ trug.[d]

2 Wir[e] gingen an Bord eines Schiffes aus Adramyttion,[f] das die Häfen an der Küste der Provinz Asien* anlaufen sollte, und fuhren ab. Der Mazedonier Aristarch aus Thessalonich begleitete uns.

3 Am nächsten Tag erreichten wir Sidon. Julius war Paulus gegenüber sehr entgegenkommend[g] und erlaubte ihm, seine Glaubensgenossen[h] dort zu besuchen und sich bei ihnen zu erholen.

4 Als wir von dort weiterfuhren, hatten wir Gegenwind; darum segelten wir auf der Ostseite um Zypern herum. 5 Zilizien und Pamphylien[i] ließen wir rechts liegen und erreichten schließlich Myra in Lyzien.

6 Dort fand der Hauptmann ein Schiff aus Alexandria, das nach Italien fuhr,[j] und brachte uns an Bord. 7 Viele Tage lang machten wir nur wenig Fahrt und kamen mit Mühe bis auf die Höhe von Knidos. Dann zwang uns der Wind, den Kurs zu ändern. Wir hielten auf die Insel Kreta zu, umsegelten Kap Salmone 8 und erreichten mit knapper Not einen Ort, der Kaloi Limenes (Guthäfen) heißt, nicht weit von der Stadt Lasäa.

Paulus im Seesturm

9 Wir hatten inzwischen viel Zeit verloren. Das Herbstfasten[k] war vorbei und die Schifffahrt wurde gefährlich. Deshalb warnte Paulus seine Bewacher. 10 »Ich sehe voraus«, sagte er, »dass eine Weiterfahrt zu großen Schwierigkeiten führen wird. Sie bringt nicht nur Ladung und Schiff in Gefahr, sondern auch das Leben der Menschen an Bord.«

11 Aber der Hauptmann* hörte mehr auf den Steuermann und den Kapitän als auf das, was Paulus sagte. 12 Außerdem war der Hafen zum Überwintern nicht sehr geeignet. So waren die meisten dafür, wieder in See zu stechen und zu versuchen, noch bis nach Phönix zu kommen. Dieser ebenfalls auf Kreta gelegene Hafen ist nach Westen hin offen und man konnte dort den Winter zubringen.

13 Als ein leichter Südwind einsetzte, nahmen die Seeleute es für ein günstiges Zeichen. Die Anker wurden gelichtet, und das Schiff segelte so dicht wie

a *Licht* ist in dieser letzten großen Paulusrede, die Lukas mitteilt, ein Leitbegriff; siehe die Verse 13.23; vgl. dazu Lk 1,78-79; 2,32.
b Wörtlich *Der Christus**.
c Vgl. 3,26; 13,47 und Anmerkungen dort. Zu *Licht* vgl. Vers 18 und Anmerkung.
d *aus einem syrischen …:* wörtlich *von der Kaiserlichen Kohorte.* Hilfstruppen, bestehend aus Soldaten der jeweiligen Region, wurden öfter mit dem Ehrentitel »Kaiserliche« ausgezeichnet.
e Vgl. 16,10 und Anmerkung dort.
f Siehe die Karte auf der folgenden Seite; dort ist auch die im Folgenden beschriebene Route eingezeichnet.
g Siehe Anmerkung zu 19,40.
h Wörtlich (aus der Sicht des Römers gesprochen) *seine Freunde.*
i Vgl. auch die Karte Seite 52/53 NT.
j Siehe die Ausführungen Seite 218/219 NT.
k Gemeint ist der »Versöhnungstag« Ende September/Anfang Oktober; siehe Sacherklärung.

26,18 (Licht) 1 Thess 5,4-5; 2 Kor 4,6; Kol 1,13; Eph 5,8; 1 Petr 2,9; Jes 42,7.16; (zu Gott) Apg 14,15; (Schuld) 10,43 S; (Volk) 1 Kor 1,2; 6,11 **26,20** 9,19-20.28-29; 11,18 S **26,22** Lk 24,44 S **26,23** 5,42 S; 1 Kor 15,23; Jes 49,6; Apg 11,18 S **26,26** Joh 18,20 S **26,28** 11,26 **26,31** 23,29 S **26,32** 25,11-12 S **27,2** 19,29 S **27,3** 24,23 S **27,9-10** 1 Kor 11,26

möglich an der Küste Kretas entlang. 14 Aber bald brach aus der Richtung der Insel ein Sturm los, der gefürchtete Nordost, 15 und riss das Schiff mit. Da es unmöglich war, Kurs zu halten, ließen wir uns einfach treiben.

16 Im Schutz der kleinen Insel Kauda war der Sturm etwas weniger heftig und wir konnten mit einiger Mühe das Beiboot[a] einholen. 17 Danach legten die Seeleute zur Sicherung ein paar Taue fest um das ganze Schiff. Um nicht in die Große Syrte[b] verschlagen zu werden, brachten sie den Treibanker[c] aus und ließen das Schiff dahintreiben.

18 Der Sturm setzte dem Schiff stark zu, deshalb warf man am nächsten Tag einen Teil der Ladung ins Meer. 19 Am Tag darauf warfen die Seeleute eigenhändig die Schiffsausrüstung[d] über Bord.

20 Tagelang zeigten sich weder Sonne noch Sterne[e] am Himmel. Der Sturm ließ nicht nach, und so verloren wir am Ende jede Hoffnung auf Rettung. 21 Niemand wollte mehr etwas essen.

Da erhob sich Paulus und sagte: »Ihr hättet auf meine Warnung hören und im Hafen bleiben sollen. Dann wäre uns dies erspart geblieben. 22 Doch jetzt bitte ich euch: Lasst den Mut nicht sinken! Alle werden am Leben bleiben, nur das Schiff geht verloren. 23 In der vergangenen Nacht erschien mir nämlich ein Engel* des Gottes, dem ich gehöre und dem ich diene, 24 und sagte zu mir: ›Hab keine Angst, Paulus! Du musst vor den Kaiser treten, und auch alle anderen, die mit dir auf dem Schiff sind, wird Gott deinetwegen retten.‹ 25 Also seid mutig, Männer! Ich vertraue Gott, dass alles so kommen wird, wie er es zu mir gesagt hat. 26 Wir werden an einer Insel stranden.«

27 Wir trieben nun schon die vierzehnte Nacht im Sturm auf dem Mittelmeer. Gegen Mitternacht vermuteten die Seeleute Land in der Nähe. 28 Sie warfen ein Lot aus und kamen auf 37 Meter Wassertiefe. Etwas später waren es nur noch 28 Meter.[f] 29 Sie fürchteten, auf ein Küstenriff aufzulaufen, darum warfen sie vom Heck vier Anker aus und wünschten sehnlichst den Tag herbei.

30 Aber noch in der Dunkelheit versuchten die Seeleute, das Schiff zu verlassen. Unter dem Vorwand, auch vom Bug aus Anker auswerfen zu wollen, brachten sie das Beiboot zu Wasser. 31 Doch Paulus warnte den Hauptmann* und die Soldaten: »Wenn die Seeleute das Schiff verlassen, habt ihr keine Aussicht auf Rettung mehr.« 32 Da hieben die Soldaten die Taue durch und ließen das Beiboot davontreiben.

33 Noch bevor der Tag anbrach, forderte Paulus alle auf, doch etwas zu essen. »Ihr wartet nun schon vierzehn Tage auf Rettung«, sagte er, »und habt die ganze Zeit über nichts gegessen. 34 Ich bitte euch deshalb, esst etwas; das habt ihr nötig, wenn ihr überleben wollt. Niemand von euch wird auch nur ein Haar von seinem Kopf verlieren.«

35 Dann nahm Paulus ein Brot, sprach darüber vor allen ein Dankgebet, brach das Brot in Stücke und fing an zu essen. 36 Da bekamen sie alle wieder Mut und aßen ebenfalls. 37 Wir waren insgesamt 276 Leute auf dem Schiff.

38 Als alle satt waren, warfen sie die Getreideladung über Bord, um das Schiff zu erleichtern.

a Es war für An- und Ablegemanöver unerlässlich und wurde im Schlepp mitgeführt. Bei Sturm war es besonders gefährdet und gefährdete auch das Schiff.
b Gebiet mit gefährlichen Sandbänken vor der afrikanischen Küste.
c Eine große Holzplanke, die durch Gewichte unten und eine leere Tonne oben senkrecht im Wasser gehalten wurde und die Fahrtgeschwindigkeit des Schiffes abbremste. Andere Deutung: *holten das Hauptsegel ein,* wofür es allerdings reichlich spät gewesen wäre.
d Reserverahen und Takelwerk.
e Zu einer Zeit, die noch keinen Kompass kannte, waren sie die einzige Orientierungsmöglichkeit der Seefahrer.
f Griechische Maßangabe *20* bzw. *15 Armspannen* (= je 1,85 m).

Paulus wird als Gefangener nach Rom gebracht.

27,18 Jona 1,5 **27,24** 23,11 S **27,26** 28,1 **27,34** Lk 12,7 **27,35** Lk 22,19

Schiffbruch

39 Bei Tagesanbruch sahen die Seeleute eine Küste, die ihnen unbekannt war. Doch entdeckten sie eine Bucht mit einem flachen Strand und wollten versuchen, das Schiff dort auf Grund zu setzen. 40 Sie kappten die Ankertaue, ließen die Anker im Meer zurück und machten zugleich die Steuerruder klar. Dann hissten sie das Vordersegel, und als das Schiff im Wind wieder Fahrt machte, hielten sie auf die Küste zu.

41 Sie liefen jedoch auf eine Sandbank auf. Der Bug rammte sich so fest ein, dass das Schiff nicht wieder flottzumachen war, und das Hinterdeck zerbrach unter der Wucht der Wellen.

42 Da beschlossen die Soldaten, alle Gefangenen zu töten, damit keiner durch Schwimmen entkommen könne. 43 Aber der Hauptmann* wollte Paulus retten und verhinderte es. Er befahl den Schwimmern, sie sollten als Erste über Bord springen und das Land zu erreichen suchen; 44 die Übrigen sollten sich Planken und anderen Wrackteilen anvertrauen. So kamen alle unversehrt an Land.

Auf der Insel Malta

28 Nach unserer Rettung erfuhren wir, dass die Insel Malta hieß. 2 Die Eingeborenen – keine Griechen[a] – waren überaus freundlich zu uns. Sie machten ein offenes Feuer und holten uns alle dorthin; denn es hatte angefangen zu regnen und es war kalt.

3 Paulus raffte ein Bündel Reisig zusammen und warf es in die Flammen. Da schoss eine Schlange heraus und biss sich an seiner Hand fest; die Hitze hatte sie aufgescheucht.

4 Die Eingeborenen sahen die Schlange an seiner Hand und sagten: »Der Mann muss ein Mörder sein: Aus dem Meer hat er sich gerettet, aber jetzt fordert die Rachegöttin sein Leben.« 5 Doch Paulus schüttelte die Schlange ins Feuer und es geschah ihm nichts.

6 Die Leute warteten darauf, dass er langsam anschwellen oder plötzlich tot umfallen würde. Nachdem sie ihn aber eine Zeit lang beobachtet hatten und nichts dergleichen geschah, änderten sie ihre Meinung und sagten, er sei ein Gott.[b]

7 In der Nähe der Stelle, an der wir uns befanden, hatte der Angesehenste unter den Leuten der Insel, Publius, seine Besitzungen. Er nahm uns freundlich auf und wir waren für drei Tage seine Gäste.

8 Sein Vater hatte die Ruhr und lag mit Fieber im Bett. Paulus ging zu ihm ins Zimmer, betete über ihm, legte ihm die Hände auf und machte ihn gesund. 9 Darauf kamen auch alle anderen Kranken der Insel und ließen sich heilen.[c] 10 Sie überschütteten uns mit ehrenvollen Geschenken, und bei der Abfahrt brachten sie uns alles, was wir für die Reise brauchten.

Von Malta nach Rom

11 Nach drei Monaten fuhren wir mit einem Schiff weiter, das in einem Hafen von Malta überwintert hatte. Es kam aus Alexandria und trug an seinem Bug als Schiffszeichen das Bild der Dioskuren.[d]

12 Wir kamen nach Syrakus, wo wir drei Tage blieben. 13 Von dort ging es weiter nach Rhegion. Am Tag darauf kam Südwind auf und wir brauchten nur zwei Tage bis Puteoli. 14 In der Stadt fanden wir Christen,[e] die uns einluden, eine Woche bei ihnen zu bleiben.

Und dann kamen wir nach Rom. 15 Die Christen dort hatten von unserer Ankunft in Puteoli gehört und kamen uns bis Tres-Tabernae (Drei Tavernen) entgegen, einige sogar bis Forum Appii (Appiusmarkt). Als Paulus sie sah, dankte er Gott und wurde voller Zuversicht.[f]

Paulus in Rom. Begegnung mit den Juden der Stadt

16 In Rom bekam Paulus die Erlaubnis, sich eine Privatunterkunft zu suchen. Er hatte nur einen Soldaten als Wache.

17 Nach drei Tagen lud er die führenden Juden der Stadt ein.[g] Als sie alle versammelt waren, sagte er: »Liebe Brüder! Obwohl ich nichts gegen unser Volk oder das Gesetz* unserer Vorfahren getan habe, wurde ich in Jerusalem festgenommen und an die Römer ausgeliefert. 18 Die Römer haben mich verhört und wollten mich freilassen, weil sie keinen Grund fanden, mich zum Tod zu verurteilen. 19 Doch weil die Juden dagegen protestierten, blieb mir nur der Ausweg, an den Kaiser zu appellieren. Ich hatte dabei aber nicht die Absicht, mein Volk anzuklagen. 20 Das wollte ich euch sagen und darum habe ich euch hergebeten. Ich bin gefangen, weil ich das verkünde, worauf ganz Israel hofft.«[h]

21 Sie antworteten ihm: »Uns hat niemand aus Judäa* über dich geschrieben; es ist auch kein Bruder gekommen, der uns offiziell oder privat etwas Belastendes über dich mitgeteilt hätte. 22 Wir würden aber gern deine Ansichten hören, denn wir haben erfahren, dass die Glaubensrichtung, zu der du gehörst, überall auf Widerspruch stößt.« 23 So verabredeten sie sich für ein andermal.

Am festgesetzten Tag kamen noch mehr von ihnen zu Paulus in seine Unterkunft. Er erklärte und bezeugte ihnen, dass Gott angefangen hat, seine Herrschaft* aufzurichten. Er wies sie auf die Ankündigungen im Gesetz Moses und in den Schriften der

a *Die Eingeborenen …:* wörtlich *Die Barbaren,* was ursprünglich nur die Nichtgriechen, dann aber auch den Bildungsstand bezeichnet.
b Vgl. Lk 10,19; Mk 16,18 sowie Apg 14,11 und Vergleichsstellen dort.
c Vgl. 5,16 und Anmerkung dort.
d *trug an seinem Bug …:* wörtlich *gekennzeichnet mit Dioskuren.* Die Dioskuren (= Zeus-Söhne) Kastor und Pollux galten als Beschützer der Schifffahrt.
e Wörtlich *Brüder;* ebenso im folgenden Vers.
f Paulus war vorher gewiss nicht mutlos gewesen; vgl. 27,23-26.33-36. Die Bemerkung stellt vielmehr den römischen Christen ein gutes Zeugnis aus; vgl. Röm 1,8-12.
g Vgl. 13,5 und Anmerkung dort.
h Vgl. 23,6; 24,15; 26,5-8.

28,2 2 Kor 11,27 **28,5** Mk 16,18 S **28,6** 14,11 **28,16** 24,23 S **28,18** 23,29 S **28,19** 25,11-12 S **28,20** (Israel hofft) 23,6; 24,15; 26,6-8 **28,22** 24,14 **28,23** (Herrschaft) 28,31; 1,3; 8,12; 19,8; 20,25; Lk 11,2 S

Propheten* hin, um sie für Jesus zu gewinnen – den
ganzen Tag über, vom Morgen bis zum Abend. 24 Die
einen ließen sich von seinen Worten überzeugen,
die andern schenkten ihm keinen Glauben. 25 Sie
konnten sich darüber nicht einig werden und so gin-
gen sie weg.

Paulus sagte noch zu ihnen: »Ich sehe, es ist wahr,
was der Heilige Geist* durch den Propheten Jesaja
zu euren Vorfahren gesagt hat:

26 ›Geh zu diesem Volk und sage: Hört nur zu, ihr
versteht doch nichts; seht hin, so viel ihr wollt, ihr
erkennt doch nichts! 27 Denn dieses Volk ist im
Innersten verstockt. Sie halten sich die Ohren zu
und schließen die Augen, damit sie nur ja nicht
sehen, hören und begreifen, sagt Gott. Sonst würden
sie zu mir umkehren und ich könnte sie heilen.‹«[a]

28 Paulus fügte hinzu: »Ich muss euch sagen, Gott
hat dieses Heil jetzt den anderen Völkern[b] angebo-
ten. Und die werden hören!«[c]

Paulus verkündet die Botschaft Gottes ungehindert in der Hauptstadt der Welt

30 Volle zwei Jahre lang blieb Paulus in seiner Miet-
wohnung und konnte dort alle empfangen, die ihn
aufsuchen wollten. 31 Ihnen allen verkündete er,
wie Gott jetzt seine Herrschaft* aufrichtet, und
lehrte sie alles über Jesus Christus, den Herrn* – frei
und offen und völlig ungehindert.[d]

a Vgl. Jes 6,9-10 und die Verwendung desselben Zitats in Mt 13,10-17; Mk 4,10-12; Lk 8,9-10; Joh 12,40; Röm 11,8.
b Herkömmliche Übersetzung *den Heiden**.
c Vgl. 13,5 und Anmerkung dort. Damit gehört die Zukunft endgültig der Kirche aus den nichtjüdischen Völkern; vgl. Lk 4,23-30 und dort die Anmerkungen zu den Versen 27 und 30; ferner Mt 21,43-44; 28,18-20. – Zahlreiche Handschriften fügen hinzu (Vers 29): *Als Paulus das gesagt hatte, gingen die Juden weg und stritten heftig miteinander.*
d Mit der Verkündigung des Evangeliums im Mittelpunkt der nichtjüdischen Welt hat sich die Ankündigung von 1,8 (siehe Anmerkung dort) erfüllt und ist Lukas ans Ziel seiner Darstellung gelangt. Wie der Prozess gegen Paulus ausging, erfahren wir nicht. Manche Ausleger nehmen an, Paulus sei freigesprochen worden und habe sein Missionswerk noch einmal aufnehmen können. Den Tod fand er nach kirchlicher Überlieferung in Rom im Zusammenhang mit der Verfolgung unter Kaiser Nero (64 n. Chr.)

28,26-27 *nach* Jes 6,9-10; Mk 4,12 S **28,28** Lk 3,6; Apg 13,46 S **28,31** 28,23 S

Straßen und Verkehr

Für die Sicherheit des Römischen Reiches war es wichtig, dass Truppen schnell verlegt und wichtige Meldungen durch Boten rasch übermittelt werden konnten. Die Straßen, die die Römer zu diesem Zweck bauten, waren von hoher Qualität. Manche von ihnen lassen sich heute noch quer durch Europa verfolgen. Anders als beim späteren Straßenbau verlaufen diese Römerstraßen so gerade wie nur möglich. Aus Sicherheitsgründen nützen sie oft den Kamm von Höhenzügen aus und meiden waldreiche Niederungen.

Ein ganzes Netz von Straßen

Die Straßenbefestigung bestand aus verschiedenen Schichten. Zuerst kam eine Lage aus Sand oder Kalkmörtel, dann eine Schicht Zement mit Steinen vermengt, dann ein Gemisch aus Kies und Sand, obenauf schließlich eine Lage von großen, glatten Steinen, die an den Rändern fest aneinander anschlossen und mit Mörtel verfugt waren. Das Regenwasser wurde in Straßengräben rechts und links abgeleitet.

Die Via Appia, die von Rom über Capua nach Brundisium (Brindisi) verlief, war die erste Straße dieser Art. Im Lauf der Zeit entstand ein Straßennetz durch alle Länder rings um das Mittelmeer: von Frankreich, Spanien und England im Westen über den Balkan, Griechenland und die Türkei bis nach Syrien und Palästina im Osten.

Reisende und Transportmittel

Auf den Straßen waren Leute verschiedenster Art unterwegs: Soldaten, Kaufleute, Beamte, Handwerker und auch die Bauern der jeweiligen Gegend. Arme Leute benutzten den Esel als Reit- und Transporttier. Reiche ritten auf Pferden oder fuhren in Wagen oder Kutschen. Die Bauern hatten ihre ochsenbespannten Karren mit Holzrädern.

Auf einsamen Wegstrecken mussten die Reisenden damit rechnen, von Räubern überfallen zu werden. Auch Paulus blieben entsprechende Erfahrungen nicht erspart (vgl. 2 Korinther 11,26). Wenn man in den Gasthäusern am Weg übernachten musste, war man oft vor Dieben nicht sicher. Im Winter zu reisen war besonders beschwerlich; Schnee und Überschwemmungen machten die Straßen zum Teil unpassierbar. Mit einer Reise wartete man am besten bis zum Frühling.

Seereisen

Seereisen unterblieben im Winter fast ganz. Die günstigste Zeit für die Schifffahrt lag zwischen Mai und September. Von November bis März verließ kein Schiff seinen Hafen; das Risiko, in den Stürmen Schiffbruch zu erleiden, war zu groß. Auf seinem Weg nach Rom geriet Paulus in einen frühen Herbststurm und das Schiff sank vor der Insel Malta (Apostelgeschichte 27,9-44). Den größten Teil der Romreise machte der Apostel an Bord von

Oben das Modell eines römischen Handelsschiffs. Das Gemälde aus Ostia (links) zeigt ein Schiff, das gerade beladen wird.

Die einfachen Leute benutzten seit Jahrtausenden Esel, um von einem Ort zum anderen zu kommen und Lasten zu transportieren. Das Bild wurde in Aleppo in Syrien aufgenommen.

Getreideschiffen, wie sie damals von Staats wegen zwischen Alexandria und Italien verkehrten, um die Bevölkerung Italiens mit ägyptischem Getreide zu versorgen. Solche Schiffe waren bis zu 60m lang. Das Schiff, mit dem Paulus vor Malta Schiffbruch erlitt, hatte 276 Personen an Bord. Andere Schiffe haben sogar 600 Menschen auf einmal befördert.

Die meisten Schiffe hatten nur einen einzigen Mast mit einem einzigen großen Segel, das bei starkem oder ungünstigem Wind gerefft werden konnte. Diese Schiffe wählten Routen, bei denen sie die vorherrschenden Windrichtungen am besten ausnutzen konnten. Die viel leichter gebauten Kriegsschiffe wurden durch eine große Zahl von Ruderern angetrieben.

Paulus auf Reisen

Paulus reiste viel zu Land, und zwar durch Gebiete, die heute zur mittleren und westlichen Türkei und zu Griechenland gehörten. Er machte auch viele Seereisen: von Antiochia über Zypern nach Attalia und zurück; von Troas nach Nordgriechenland; von Korinth nach Ephesus und weiter nach Cäsarea; schließlich von Cäsarea über Kreta nach Rom.

Dieses Stück einer römischen Straße zwischen Philippi und Neapolis gehörte zur Via Egnatia.

Wer besser gestellt war, reiste in der pferdebespannten Kutsche.

Die Briefe

Römer
1 Korinther
2 Korinther
Galater
Epheser
Philipper
Kolosser

1 Theassalonicher
2 Thessalonicher
1 Timotheus
2 Timotheus
Titus
Philemon
Hebräer

Jakobus
1 Petrus
2 Petrus
1 Johannes
2 Johannes
3 Johannes
Judas

»Ich halte geradewegs auf das Ziel zu, um den Siegespreis zu gewinnen. Dieser Preis ist das ewige Leben, zu dem Gott mich durch Jesus Christus berufen hat.« (Philipper 3,14)

Die Briefe

Die Sammlung beginnt mit 13 Briefen, die in ihrer Anschrift Paulus als Absender nennen. Es folgt der Hebräerbrief, dessen Verfasser namentlich nicht in Erscheinung tritt. Danach kommen der Jakobusbrief, zwei Petrusbriefe, drei Johannesbriefe und der Judasbrief. (Diese Reihenfolge entspricht den heutigen griechischen Urtextausgaben und weicht deshalb vom Hebräer- bis zum Judasbrief von der Reihenfolge der Lutherbibel ab.)

Die Empfänger

Ein Teil der Briefe richtet sich an eine einzelne Gemeinde oder an Gemeinden eines bestimmten Gebietes. Solche Briefe geben uns Einblick in das Leben der Gemeinden in bestimmten Städten oder Gegenden.
Einige Briefe richten sich an Gemeinden im heutigen Griechenland, so an die in Korinth, Philippi und Thessalonich. Andere wenden sich an Gemeinden in Kleinasien, der heutigen Türkei. Ephesus liegt an der Westküste, Kolossä weiter landeinwärts und das Gebiet der Galater ganz im Inneren Kleinasiens. Der erste Petrusbrief ist an Christen im nördlichen und westlichen Kleinasien adressiert. Der Hebräer- und der erste Johannesbrief haben keine, der Jakobus- und der Judasbrief sehr allgemeine Adressatenangaben.
Bei fünf Briefen werden als Empfänger Einzelpersonen genannt, nämlich Timotheus (zwei Briefe) und Titus, die Mitarbeiter von Paulus, die er in Ephesus bzw. auf Kreta zurückgelassen hatte, damit sie das Gemeindeleben dort auf Zukunft hin ordnen; Philemon, der Freund von Paulus, dem sein Sklave Onesimus davongelaufen war; schließlich Gaius, der Adressat des dritten Johannesbriefes.

Die Zeit

Die Briefe des Neuen Testaments sind großenteils in der zweiten Hälfte des ersten christlichen Jahrhunderts entstanden. Der älteste ist der 1. Thessalonicherbrief, den Paulus im Jahr 50, also etwa 20 Jahre nach Jesu Tod, verfasste. Diese Tatsache kann uns einen Eindruck vermitteln, wie schnell sich die Gute Nachricht von Palästina über Kleinasien bis nach Europa verbreitete. Die Kapitel 13–28 der Apostelgeschichte berichten von dieser Ausbreitung der Botschaft und geben uns damit wichtige Hintergrundinformationen für das Verständnis vor allem der Paulusbriefe.
In den Briefen wird sehr oft das Alte Testament zitiert. Das hängt nicht nur damit zusammen, dass die Gemeinden zu einem großen Teil aus ehemaligen Juden bestanden, sondern vor allem damit, dass das Alte Testament die Heilige Schrift der Juden wie der Christen darstellte und aus ihr die Rechtmäßigkeit christlicher Glaubensstandpunkte nachgewiesen werden musste.
Überhaupt entstanden viele der Probleme, die in den Briefen verhandelt werden, daraus, dass die Gemeinden sich aus ehemaligen Juden und aus Nichtjuden zusammensetzten und jüdisches Erbe und das Neue der christlichen Botschaft noch keineswegs zu einem spannungsfreien Miteinander gefunden hatten.

Die Orte

Die verschiedenen Städte, die in den Briefen eine Rolle spielen, sind auf den Landkarten zu finden, die über die Reisen von Paulus und die Ausbreitung der Kirche informieren (Seiten 193, 198, 202, 215 NT). Die christliche Botschaft gelangte zunächst nach Syrien, von dort nach Zypern und Kleinasien und von dort über das Ägäische Meer nach Nord- und Südgriechenland. Dies ist entscheidend das Werk des Apostels Paulus, das er in wenig mehr als 20 oder 30 Jahren vollbrachte. Die Anfänge der Kirche auf Kreta liegen für uns im Dunkeln, ebenso die der Gemeinde in Rom, an die Paulus den Römerbrief schrieb.

Echte Briefe

In der griechisch-römischen Welt kannte man echte Briefe mit persönlichen Adressaten und daneben in Briefform abgefasste Abhandlungen, die sich an eine breitere Öffentlichkeit wandten. Die meisten Briefe des Neuen Testaments sind von der ersten Art. Sie gelten persönlichen Adressaten oder Adressatenkreisen. Sie gehen ein auf deren Anfragen und Probleme und versuchen, in konkreten Situationen zu raten, zu mahnen und zu helfen. Entsprechend dem Brauch der Zeit wurden längere Briefe in der Regel diktiert, wobei der Verfasser manchmal noch mit eigener Hand eine Bemerkung oder einen Gruß hinzusetzte (vgl. 1 Korinther 16,21-24; Galater 6,11-18) oder der Schreiber sich zu erkennen gab (vgl. Römer 16,22).

Das römische Tintenfass und die Feder stammen aus dem 1. Jahrhundert n. Chr., aus der Zeit, als Paulus seine Briefe diktierte.

RÖMER

Weil die Briefe des Apostels Paulus bei ihrer Sammlung der Länge nach geordnet wurden, steht an erster Stelle der Brief an die Gemeinde in Rom. Doch nicht nur dem Umfang nach, sondern auch wegen seines Inhalts gebührt ihm dieser Platz. Wir besitzen im Römerbrief eine Art Vermächtnis des Apostels und Summe seiner Theologie. Immer wieder sind im Lauf der Geschichte Impulse zur Erneuerung der Kirche von diesem Brief ausgegangen.

Im Unterschied zu den meisten anderen Paulusbriefen richtet sich der Römerbrief an eine Gemeinde, die der Apostel nicht selbst gegründet hat und die er auch nicht persönlich kennt. Sie ist ihm wichtig als Zeugin der Christusoffenbarung in der Hauptstadt des Römischen Reiches und als Stützpunkt auf dem Weg zu einem neuen Missionsfeld im Westen (15,23-24). Mit seinem Brief führt er sich bei ihr ein und entfaltet seine ›Theologie‹, d.h. seine Sicht von der Bedeutung Jesu Christi für die ganze Menschheit. Geschrieben wurde der Brief vermutlich in Korinth im Winter 55/56 n.Chr.

Für Paulus steht fest, dass ohne die Gnade Gottes, die Christus gebracht hat, alle Menschen dem Strafgericht Gottes und damit dem ewigen Tod verfallen sind. In 1,18–3,20 sucht er das nachzuweisen, und zwar in auffälliger Hartnäckigkeit nicht nur für die ›Heiden‹, die nichtjüdischen Völker, sondern ebenso für das Volk der Juden. Denn an der Frage, ob auch die Juden Jesus Christus als Erlöser nötig haben, entscheidet sich für ihn das Verständnis des Evangeliums als der Guten Nachricht von Jesus Christus überhaupt. Wenn für die Juden der Weg der Gesetzeserfüllung zum Ziel führt, dann ist die Gnade nur ein Lückenbüßer für Versager und es sind diejenigen im Recht, die darauf bestehen, die Christen nichtjüdischer Herkunft müssten ins Judentum eingegliedert werden. (Mit diesem Standpunkt hat sich Paulus, wahrscheinlich kurz zuvor, aus aktuellem Anlass auseinander gesetzt; siehe Einführung zum Galaterbrief Seite 278 NT).

Für Paulus wäre damit die Sendung Christi nicht nur missverstanden, sondern völlig um ihren Sinn gebracht. Deshalb zeigt er auf, dass die Gemeinde Jesu Christi nicht nur ein entgrenztes Judentum, sondern etwas völlig Neues ist: In Christus steht der von Adam her todverfallenen Menschheit der »zweite Adam« als Anfang und Urbild einer neuen Menschheit gegenüber (5,12-21). Solche Neuschöpfung kann nicht durch menschliche Leistung herbeigeführt werden; darum hat auch das Gesetz von Christus her seine Rolle ausgespielt (10,4). Paulus geht nun aber noch weiter und zeigt, dass das Gesetz diesem Neuanfang sogar im Weg steht, weil es den Menschen immer tiefer in die Sünde verstrickt (Kap 7). Sein wahres Leben kann der Mensch sich nicht verdienen, er kann es nur als reines Geschenk von Gott empfangen (3,21-30).

Das Neue, das Christus bringt, ist nun freilich das ganz Alte, nämlich das seit Urzeiten Angekündigte. Schon bevor Israel das Gesetz erhielt, bekam sein Stammvater Abraham die Zusage, die nun in Christus eingelöst wird, und wurde selbst zum Urbild reinen Empfangens (Kap 4). So wird Abraham zugleich zum Vater des Volkes aus allen Völkern, das sich in der Gemeinde Jesu Christi sammelt. Trotzdem bleibt es für Paulus ein schweres Rätsel, dass gerade das von Gott erwählte Volk der Juden sich mehrheitlich von dieser Sammlung ausschließt. Mit dieser Frage ringt er in den Kapiteln 9–11.

Im Schlussteil des Briefes geht er u.a. auf Spannungen ein, die sich in der römischen Gemeinde aus dem Zusammenleben von Christen jüdischer und solchen nichtjüdischer Herkunft ergaben (Kap 14–15).

Inhaltsübersicht

BRIEFEINGANG UND BRIEFTHEMA
(1,1-17)

Paulus im Dienst der Guten Nachricht

1 Diesen Brief schreibt Paulus, der Jesus Christus
dient, zum Apostel* berufen und dazu erwählt,
Gottes Gute Nachricht* bekannt zu machen.
2 Diese Gute Nachricht hat Gott durch seine Pro-
pheten* in den Heiligen Schriften* schon lange
angekündigt. 3-4 Es ist die Botschaft von seinem
Sohn*, Jesus Christus, unserem Herrn*.

Als Mensch geboren, ist er ein Nachkomme des
Königs David*.
Durch die Kraft des Heiligen Geistes* als Erster vom
Tod erweckt*, ist ihm die Macht übertragen, die
ihm als Sohn Gottes zusteht.

5 Er hat mich bevollmächtigt, sein Apostel zu sein.
Mein Auftrag ist es, zur Ehre seines Namens Men-

schen aus allen Völkern[a] dafür zu gewinnen, dass
sie sich Gott im Gehorsam unterstellen und ihm ver-
trauen. 6 Zu ihnen gehört auch ihr. Denn Gott hat
euch in die Gemeinschaft mit Jesus Christus berufen.
7 Dieser Brief ist für alle in Rom, die Gott liebt und
dazu berufen hat, ihm als sein heiliges* Volk zu
gehören.[b] Gnade und Frieden* sei mit euch von
Gott, unserem Vater, und von Jesus Christus, dem
Herrn!

Paulus möchte nach Rom kommen

8 Als Erstes danke ich[c] meinem Gott durch Jesus
Christus für euch alle; denn in der ganzen Welt
erzählen sie von eurem Glauben. 9 Gott selbst, dem
ich durch die Verbreitung der Guten Nachricht*
von seinem Sohn* mit ganzer Hingabe diene, kann
mir bezeugen: In meinen Gebeten denke ich stets
an euch 10 und bitte Gott immer darum, dass er es
mir doch endlich einmal erlaubt, euch zu besuchen.
11 Ich sehne mich danach, bei euch zu sein und euch
etwas von dem weiterzugeben, was mir der Geist*
Gottes geschenkt hat. Ich möchte euch damit in
eurem Glauben stärken. 12 Oder besser gesagt: Ich
möchte in eurer Mitte zusammen mit euch ermutigt
werden durch den gegenseitigen Austausch über
unseren gemeinsamen Glauben.
13 Ich kann euch versichern, liebe Brüder und
Schwestern:[d] Ich hatte schon oft einen Besuch bei
euch geplant, nur bin ich bis jetzt immer daran
gehindert worden. Wie bei den anderen Völkern
wollte ich auch bei euch Menschen für Christus
gewinnen. 14 Ich bin die Botschaft von Christus
allen Menschen schuldig: solchen aus hochkulti-
vierten wie aus unzivilisierten Völkern, Gebildeten
wie Unwissenden. 15 Darum war ich schon immer
bereit, auch euch in Rom die Gute Nachricht zu ver-
künden.

Die Gute Nachricht bringt allen Rettung

16 Zur Guten Nachricht* bekenne ich mich offen und
ohne Scheu. In ihr ist die Kraft Gottes am Werk und
rettet alle, die der Botschaft glauben und sie im Ver-
trauen annehmen – an erster Stelle die Menschen
aus dem jüdischen Volk und dann auch die aus den
anderen Völkern.[e]
17 In der Guten Nachricht macht Gott seine
Gerechtigkeit* offenbar: seine rettende Treue, die
selbst für das aufkommt, was er vom Menschen for-
dert. Nur auf den vertrauenden Glauben* kommt es
an, und alle sind zu solchem Glauben aufgerufen.[f] So
steht es ja in den Heiligen Schriften*: »Wer durch
Glauben vor Gott als gerecht gilt, wird leben.«[g]

a Das griechische Wort bezeichnet speziell die nichtjüdischen Völker; vgl. Sacherklärung »Heiden«.
b *und dazu berufen ...:* wörtlich *den berufenen Heiligen**.
c Bei antiken Briefen war es üblich, zunächst etwas Positives über die Person des Empfängers zu sagen. Paulus tut dasselbe, aber in der Form des Danks an Gott.
d *Brüder und Schwestern* steht für ein einziges griechisches Wort, das als Mehrzahlform nicht nur, wie herkömmlich übersetzt, die »Brüder« bezeichnet, sondern auch je nach Zusammenhang die gesamte Gemeinde aus Männern und Frauen (siehe dazu Sacherklärung »Bruder«).
e *die aus den anderen Völkern:* wörtlich *die Griechen* . Gemeint sind die nichtjüdischen Völker, deren sprachliches Einheitsband damals das Griechische war; ebenso in 2,9-10; 3,9 und 3,29.
f *In der Guten Nachricht ...:* wörtlich *In ihr wird die Gerechtigkeit Gottes offenbart aufgrund des Glaubens und für den Glauben.*
g Siehe Hab 2,4 und Anmerkung dazu (vgl. Gal 3,11; Hebr 10,38). Dieses Thema entfaltet Paulus dann in 3,21–8,39.

Schon lange hatte Paulus einen Besuch in Rom geplant. Nicht nur in den Provinzen des Reiches, sondern auch in der Hauptstadt möchte er die Gute Nachricht verkünden (1,13-15). Obwohl das alte Forum in Rom jahrhundertelang als Steinbruch benutzt worden ist, lässt sich auch heute noch etwas von dem alten Glanz erahnen.

1,1 Apg 9,3-15; 26,16; Gal 1,15-16 **1,2** 3,21; 1 Petr 1,10-12 **1,3-4** Apg 13,33; (Nachkomme Davids) Mt 1,1 S **1,5** Apg 9,15 S; Röm 11,13; 15,15-19; Gal 2,7.9; Eph 3,2; 1 Tim 2,7 **1,8** 16,19; 1 Thess 1,8 **1,10** 15,23.32; Apg 19,21 **1,13** 15,22 **1,16** 2 Tim 1,8; 1 Kor 1,18.24; (an erster Stelle) Apg 13,46 S **1,17** 3,21-30; 4,1-25; 10,4-13; Gal 3,9-12; Phil 3,9; (Schriften) *nach* Hab 2,4; Gal 3,11; Hebr 10,38

DIE GANZE MENSCHHEIT IST SCHULDIG (1,18–3,20)

Die Menschen haben Gottes Strafgericht verdient

18 Alle Menschen sind nämlich dem Gericht Gottes
verfallen und dieses Gericht beginnt schon offenbar
zu werden. Sein heiliger Zorn wird[a] vom Himmel
herab alle treffen, die Gott nicht ehren und seinen
Willen missachten.[b] Mit ihrem verkehrten Tun ver-
dunkeln sie die offenkundige Wahrheit Gottes.
19 Denn was Menschen von Gott wissen können,
ist ihnen bekannt. Gott selbst hat ihnen dieses Wis-
sen zugänglich gemacht. 20 Weil Gott die Welt
geschaffen hat, können die Menschen sein unsicht-
bares Wesen, seine ewige Macht und göttliche Ma-
jestät mit ihrem Verstand an seinen Schöpfungswer-
ken wahrnehmen.

Sie haben also keine Entschuldigung. 21 Obwohl
sie Gott kannten, ehrten sie ihn nicht als Gott und
dankten ihm nicht. Ihre Gedanken liefen ins Leere
und in ihren unverständigen Herzen wurde es fins-
ter. 22 Sie gaben sich für besonders gescheit aus und
wurden dabei zu Narren: 23 An die Stelle des ewigen
Gottes in seiner Herrlichkeit* setzten sie Bilder von
sterblichen Menschen und von Vögeln und vierfü-
ßigen und kriechenden Tieren. 24 Darum lieferte
Gott sie ihren Begierden aus und gab sie der Aus-
schweifung preis, sodass sie ihre eigenen Körper
schänden.

25 Sie tauschten den wahren Gott gegen ein Lügen-
gespinst ein, sie haben die Geschöpfe geehrt und
angebetet anstatt den Schöpfer – gepriesen sei er
in Ewigkeit, Amen! 26 Darum lieferte er sie schänd-
lichen Leidenschaften aus. Ihre Frauen vertausch-
ten den natürlichen Geschlechtsverkehr mit dem
widernatürlichen. 27 Ebenso gaben die Männer
den natürlichen Verkehr mit Frauen auf und ent-
brannten in Begierde zueinander. Männer treiben
es schamlos mit Männern.[c] So empfangen sie am
eigenen Leib den gebührenden Lohn für die Ver-
irrung ihres Denkens.

28 Weil sie es verwarfen, Gott zu erkennen, über-
ließ er sie ihrem untauglichen Verstand, sodass sie
alles Verwerfliche tun. 29 Es findet sich bei ihnen jede
Art von Unrecht, Niedertracht, Gier, Gemeinheit.
Sie sind voll Neid, sie morden, streiten, betrügen
und stellen einander Fallen. Sie reden gehässig über
andere 30 und verleumden sie. Sie verachten Gott,
sind gewalttätig, überheblich und prahlerisch. Sie
sind erfinderisch im Bösen. Sie wollen sich ihren
Eltern nicht unterordnen. 31 Unverständig sind sie
und unzuverlässig, lieblos und ohne Erbarmen.
32 Dabei kennen sie genau den Willen Gottes[d] und
wissen, dass alle, die so etwas tun, vor seinem
Gericht den Tod verdient haben. Trotzdem tun sie
es und ermuntern mit ihrem Beifall auch noch ande-
re, die so handeln.

Für alle gilt der gleiche Maßstab

2 Aber auch du, Mensch, der du dieses Treiben
missbilligst:[e] du hast keine Entschuldigung.
Wenn du solche Leute verurteilst, sprichst du damit
dir selbst das Urteil; denn du handelst genauso wie
sie. 2 Wir wissen: Über die Menschen, die all dies
Böse tun, wird Gott ein unbestechliches Gericht
halten. 3 Wie wollt ihr da der Strafe entgehen, wo
ihr doch genau das tut, was ihr an den anderen
verurteilt?[f] 4 Missachtet ihr die große Güte, Nach-
sicht und Geduld, die Gott euch bis jetzt erwiesen
hat? Seht ihr nicht, dass er euch durch seine Güte
zur Umkehr bewegen will? 5 Aber ihr kommt nicht
zur Einsicht und wollt euch nicht ändern. Damit
häuft ihr ständig noch mehr Schuld auf und bereitet
euch selbst das Verderben, das am Tag der Abrech-
nung über euch hereinbricht – an dem Tag, an
dem Gott sich als Richter offenbart und gerechtes
Gericht hält.

6 Dann wird Gott alle Menschen belohnen oder
bestrafen, wie sie es mit ihren Taten verdient haben.
7 Den einen gibt er unvergängliches Leben in Ehre
und Herrlichkeit – es sind die, die sich auf das ewige
Ziel hin ausrichten und unermüdlich das Gute tun.
8 Die anderen trifft sein vernichtendes Gericht – es
sind die, die nur an sich selbst denken, sich den Ord-
nungen Gottes widersetzen und dem Unrecht fol-
gen. 9-10 Über alle, die Böses tun, lässt Gott Not und
Verzweiflung hereinbrechen. Denen aber, die das
Gute tun, wird Gott ewige Herrlichkeit, Ehre und
Frieden* schenken. Dies beides gilt in erster Linie
für die Juden, aber ebenso auch für die Menschen
aus den anderen Völkern. 11 Denn Gott ist ein unpar-
teiischer Richter.

12 Da sind die einen, die das Gesetz* Gottes nicht
kennen: Wenn sie Unrecht tun, werden sie auch
ohne dieses Gesetz verloren gehen. Und da sind
die anderen, denen Gott sein Gesetz schriftlich gege-
ben hat: Wenn sie Unrecht tun, werden sie aufgrund
eben dieses Gesetzes verurteilt werden. 13 Denn es
genügt nicht, das Gesetz zu *hören*, um vor Gott als
gerecht bestehen zu können. Nur wer auch *tut*,
was das Gesetz verlangt, wird bei Gott Anerkennung
finden.

14 Auch wenn die anderen Völker das Gesetz Got-
tes nicht haben, gibt es unter ihnen doch Menschen,

a *Alle Menschen …:* wörtlich *Denn der Zorn Gottes wird offenbart. Er wird …*
b Mit der Illusion, dass der Mensch vor Gott aus eigener Kraft bestehen könne, räumt Paulus in 1,18–3,20 auf. Sein Blick richtet sich zunächst auf die nichtjüdische Menschheit.
c Paulus widerspricht der griechischen Anschauung, die darin sogar eine höherwertige Form der Liebe sah; vgl. Lev 18,22; 20,13.
d Vgl. 1,18-20 und 2,14-15.
e Vers 1-16 zielt bereits auf die Juden, die ab Vers 17 formell angesprochen sind.
f Vgl. Verse 21-24.

1,18 2,5.8; Eph 5,6S **1,19-20** Apg 17,27-28; 1Kor 1,21; Ijob 12,7-10; Ps 19,2-5; Weish 13,1-9 **1,21** Eph 4,17-19 **1,22** 1Kor 1,19-20 **1,23** Dtn 4,16-18; Ps 106,20; Jer 2,11; Weish 11,15S **1,24-32** Weish 14,22-26 **1,27** 1Kor 6,9 **1,29** Gal 5,19-21S **2,1** Mt 7,2 **2,4** Apg 17,30S; 2Petr 3,9.15 **2,6** Mt 16,27S; 2Kor 5,10S; Eph 6,8 **2,11** Apg 10,34; Eph 6,9; Kol 3,25; 1Petr 1,17; Jak 2,1S **2,13** Mt 7,21S

die aus natürlichem Empfinden heraus tun, was das
Gesetz verlangt. Ohne das Gesetz zu kennen, tragen
sie es also in sich selbst. 15 Ihr Verhalten beweist, dass
ihnen die Forderungen des Gesetzes ins Herz
geschrieben sind, und das zeigt sich auch an der
Stimme ihres Gewissens und an den Gedanken,
die sich gegenseitig anklagen oder auch verteidigen.
16 Dies alles kommt ans Licht, wenn Gott durch Jesus
Christus Gericht halten und das Innerste der Men-
schen aufdecken wird. So bezeugt es die Gute Nach-
richt, die mir anvertraut ist.

Das jüdische Volk macht keine Ausnahme

17 Wie steht es denn mit euch Juden? Ihr führt euren
Namen als Ehrennamen,[a] ihr gründet euer Vertrau-
en auf das Gesetz* und ihr seid stolz auf eure beson-
dere Beziehung zu Gott. 18 Aus dem Gesetz kennt ihr
seinen Willen und könnt beurteilen, was in jeder
Lage das Rechte ist. 19 Ihr wisst euch berufen, die
Blinden zu führen und denen, die im Dunkeln sind,
das Licht zu bringen, 20 die Unverständigen zu er-
ziehen und die Unwissenden zu belehren; denn
mit dem Gesetz habt ihr in vollendeter Form
alles, was der Mensch über Gott und seinen Willen
wissen muss.

21 Ihr belehrt also andere – aber euch selbst belehrt
ihr nicht. Ihr predigt: »Stehlt nicht« – und stehlt
selbst.[b] 22 Ihr sagt: »Brecht nicht die Ehe« – und tut
es selbst. Ihr verabscheut die Götzenbilder – und
bereichert euch am Handel mit ihnen.[c] 23 Ihr seid
stolz auf das Gesetz; aber ihr lebt nicht danach
und macht Gott Schande. 24 So steht es in den Heili-
gen Schriften*: »Durch euch kommt der Name Got-
tes bei den Völkern in Verruf.«

25 Auch die Beschneidung* nützt euch nur, wenn
ihr das Gesetz befolgt. Wenn ihr es übertretet, steht
ihr in Wahrheit den Unbeschnittenen gleich.
26 Wenn aber nun Unbeschnittene nach den Vor-
schriften des Gesetzes leben – werden sie dann nicht
von Gott den Beschnittenen gleichgestellt?[d] 27 So
kommt es dahin, dass Unbeschnittene einst über
euch Juden das Urteil sprechen werden. Solche näm-
lich, die das Gesetz Gottes befolgen, während ihr es
übertretet, obwohl ihr es schriftlich habt und
beschnitten seid.

28 Beim Judesein geht es nicht um äußerliche
Merkmale und bei der Beschneidung nicht um den
äußeren, körperlichen Vollzug. 29 Die wahren Juden
sind die, die es innerlich sind, und die wahre
Beschneidung ist die Beschneidung des Herzens,
die nicht nach dem Buchstaben des Gesetzes erfolgt,
sondern durch den Geist* Gottes. Juden in diesem
Sinn suchen nicht den Beifall der Menschen, aber
sie werden bei Gott Anerkennung finden.

Im Alter von dreizehn Jahren wird ein jüdischer Junge zum »Sohn des Gesetzes«. Weil sie Gottes Gesetz kennen, haben die Juden den anderen Völkern etwas voraus, sagt Paulus. Aber Juden wie Nichtjuden sind »in der Gewalt der Sünde« (3,9). Nur Gott selbst kann uns daraus befreien. Das hat er durch Jesus Christus getan.

Auseinandersetzung mit Einwendungen

3 Was hat dann das jüdische Volk den anderen
Völkern voraus? Bedeutet es überhaupt noch
etwas, zum Volk der Beschneidung* zu gehören?
2 Doch, in jeder Hinsicht eine ganze Menge! Ers-
tens hat Gott ihnen sein Wort[e] anvertraut. 3 Es
stimmt zwar, dass einige dieses Vertrauen ent-
täuscht haben. Aber kann das Gottes Treue
aufheben? 4 Auf keinen Fall! Vielmehr wird sich am
Ende herausstellen, dass Gott zuverlässig ist, die
Menschen aber samt und sonders versagt haben.
So steht es in den Heiligen Schriften*: »Es wird sich
erweisen, Herr, dass deine Worte zuverlässig sind;
du wirst Recht behalten, wenn dich jemand zur
Rechenschaft ziehen will.«
5 Wenn aber unsere Untreue die Treue Gottes erst
richtig ins Licht setzt, was dann? Ist Gott dann nicht
ungerecht, wenn er uns vor sein Gericht stellt? Ich
rede eben, wie Menschen reden. 6 Aber das kann
nicht sein! Wie könnte er sonst die ganze Welt rich-
ten? 7 Du sagst: »Wenn durch mein Versagen die
Zuverlässigkeit Gottes erst voll zur Geltung kommt
und sein Ruhm vergrößert wird, dann darf er mich
doch nicht als Sünder verurteilen!« 8 Nun, dann
könnten wir auch gleich sagen: »Tun wir doch
Böses, damit Gutes dabei herauskommt!« Einige
verleumden mich und unterstellen mir solche
Grundsätze. Sie werden der verdienten Strafe nicht
entgehen![f]

Das Ergebnis: Kein Mensch kann vor Gott bestehen

9 Also wie steht es nun mit den Juden? Drücke ich
mich um eine klare Auskunft?° Durchaus nicht!
Ich habe eindeutig klargestellt, dass die Menschen
aus dem jüdischen Volk genauso wie die aus den
anderen Völkern in der Gewalt der Sünde sind.
10 So heißt es auch in den Heiligen Schriften*:

a Die Juden wissen sich als Gottes erwähltes Volk (9,4; Jes 48,1). Durch Gesetz und Beschneidung (Vers 25) sehen sie sich über die anderen Völker hinausgehoben.
b Das gilt nicht für alle; aber dass es vorkommt, trifft den Stolz der Juden auf ihre Vorzugsstellung und bezieht auch sie in das allgemeine Urteil von 1,18 ein; vgl. 3,9.
c Deutung unsicher; wörtlich *und begeht Tempelraub.*
d Paulus spricht hier und im Folgenden letztlich schon von dem, was erst durch Christus möglich wird (4,9-12; Kap 6).
e Wörtlich *seine Worte* , d.h. seine Gebote und Zusagen in den Heiligen Schriften. Dies wird entfaltet (und damit das *Erstens* fortgeführt) in 9,4-5. Auch das folgende Problem (Vers 3-4) wird in Kap. 9(–11) weiterbehandelt werden.
f Die Fragen von Vers 5-8 wird Paulus in Kap. 6 eingehend beantworten; vgl. 6,1 mit Vers 8.

2,16 1 Kor 4,5 **2,17** 9,4; Jes 48,1 **2,19** Mt 15,14 S **2,21** Mt 23,3-4; Joh 7,19 **2,24** *nach* Jes 52,5 **2,25** 1 Kor 7,19; Gal 5,3 **2,29** 9,6; Phil 3,2-3; Kol 2,11; Jer 4,4 S **3,2** 9,4; Ps 147,19-20 **3,3-4** 9,6; 11,29; 2 Tim 2,13; Num 23,19 **3,4** *nach* Ps 51,6 **3,10-12** *zit* Ps 14,1-3

»Kein Mensch kann vor Gott als gerecht bestehen;
11 kein Mensch hat Einsicht und fragt nach Gottes
Willen.
12 Alle haben den rechten Weg verlassen;
verdorben sind sie alle, ausnahmslos.
Niemand ist da, der Gutes tut, nicht einer.
13 Ihre Worte bringen Tod und Verderben,
von ihren Lippen kommen böse Lügen,
tödlich wie Natterngift sind ihre Reden.
14 Nur Fluch und Drohung quillt aus ihrem Mund.
15 Rücksichtslos opfern sie Menschenleben.
16 Wo sie gehen, hinterlassen sie Trümmer
und Elend.
17 Was zum Frieden* führt, ist ihnen unbekannt.
18 Sie wissen nichts von Gottesfurcht.«

19 So steht es im Buch des Gesetzes*. Wir wissen
aber: Was das Gesetz sagt, das gilt für die, denen
das Gesetz gegeben ist.[a] Niemand kann sich also
herausreden. Die ganze Menschheit ist vor Gott
schuldig. 20 Denn das steht fest: Mit Taten, wie sie
das Gesetz verlangt, kann kein Mensch vor Gott
als gerecht* bestehen. Durch das Gesetz lernen
wir erst die ganze Macht der Sünde kennen.

GOTTES WEG ZUR RETTUNG: VERTRAUENDER GLAUBE (3,21–4,25)

Gott selbst hat eingegriffen

21 Jetzt aber ist die Gerechtigkeit* Gottes, nämlich
seine rettende Treue, offenbar geworden: Er hat
einen Weg zum Leben eröffnet, der nicht über das
Gesetz* führt[b] und doch in Übereinstimmung steht
mit dem, was das Gesetz und die Propheten bezeu-
gen. 22 Dieser Weg besteht im Glauben*, das heißt
im Vertrauen auf das, was Gott durch Jesus Christus
getan hat.

Alle erfahren Gottes rettende Treue, die in diesem
Glauben stehen.[c] Es gibt hier keinen Unterschied:
23 Alle sind schuldig geworden und haben die Herr-
lichkeit verloren, in der Gott den Menschen
ursprünglich geschaffen hatte. 24 Ganz unverdient,
aus reiner Gnade, lässt Gott sie vor seinem Urteil
als gerecht bestehen – aufgrund der Erlösung, die
durch Jesus Christus geschehen ist.

25 Ihn hat Gott als Sühnezeichen aufgerichtet
vor aller Welt.
Sein Blut*, das am Kreuz vergossen wurde,
hat die Schuld getilgt – und das wird wirksam
für alle, die es im Glauben annehmen.
Damit hat Gott seine Gerechtigkeit unter Beweis
gestellt,
nachdem er früher die Verfehlungen
der Menschen ungestraft hingehen ließ,
26 in der Zeit seiner Geduld.[d]

Ja, jetzt in unserer Zeit erweist Gott seine Gerechtig-
keit als Treue zu sich selbst und zu seinen Men-
schen: Er verschafft seinem Rechtsanspruch Geltung
und schafft selber die von den Menschen schuldig
gebliebene Gerechtigkeit, und das für alle, die einzig
und allein auf das vertrauen, was er durch Jesus
getan hat.[e]

27 Gibt es da noch irgendeinen Grund, sich mit
etwas zu rühmen? Nein, alles Rühmen* ist ausge-
schlossen! Durch welches Gesetz? Etwa durch das
Gesetz der Werke, das vom Menschen Leistungen
fordert? Nein, sondern durch das Gesetz des Glau-
bens, das den Menschen zum Vertrauen einlädt![f]

28 Denn für mich steht fest: Allein aufgrund des
Glaubens nimmt Gott Menschen an und lässt sie
vor seinem Urteil als gerecht bestehen. Er fragt dabei
nicht nach Leistungen, wie das Gesetz sie fordert.

29 Oder ist Gott nur ein Gott für Juden? Ist er nicht
auch für Menschen aus den anderen Völkern da?
Ganz gewiss ist er das! 30 Gott ist der Eine und Einzi-
ge, darum gilt auch: Beschnittene* wie Unbeschnit-
tene nimmt er aufgrund des Glaubens an.

31 Setze ich etwa durch den Glauben das Gesetz
außer Kraft? Im Gegenteil: Gerade so bringe ich es
zur Geltung!

Das Beispiel Abrahams

4 Wie war es denn bei unserem leiblichen Stamm-
vater Abraham?[g] Wird von ihm nicht gesagt,
dass er »Gnade gefunden« hat? 2 Wenn er, wie man
sagt, aufgrund seiner Gehorsamsleistungen als
gerecht anerkannt wurde, hat er Grund, sich zu rüh-
men* – aber nicht vor Gott! 3 Wie heißt es denn in
den Heiligen Schriften*? »Abraham vertraute Gott
und glaubte seiner Zusage,[h] und dies rechnete Gott
ihm als Gerechtigkeit* an.«

4 Nun, einem Arbeiter, der Leistungen erbracht
hat, wird sein Lohn nicht als etwas Unverdientes
angerechnet, sondern als etwas, worauf er Anspruch
hat. 5 Wenn dagegen ein Mensch vor Gott keine Leis-
tungen vorzuweisen hat, aber er vertraut auf den,
der die Gottlosen annimmt, dann wird ihm sein
Glaube* als Gerechtigkeit angerechnet.

6 Im gleichen Sinn preist David die Menschen
glücklich, denen Gott Gerechtigkeit anrechnet,
obwohl sie keine guten Werke vorzuweisen haben:

7 »Freuen dürfen sich alle,
denen der Herr ihr Unrecht vergeben
und ihre Verfehlungen zugedeckt hat!

a Also müssen die vorstehenden Zitate von Juden sprechen.
b Wörtlich *Jetzt aber ist unabhängig vom Gesetz Gottes Gerechtigkeit offenbar geworden* (vgl. Anmerkung zu 1,17).
c *Dieser Weg besteht …:* wörtlich *nämlich die Gerechtigkeit Gottes durch den Glauben, der sich auf Jesus Christus gründet, für alle, die glauben.* Mit »Jesus Christus« ist hier nicht die Person gemeint, auf die sich der Glaube richtet; es handelt sich um einen abkürzenden Ausdruck für das mit dieser Person verbundene Heilshandeln Gottes. Ebenso am Ende der Versgruppe 25-26 (vgl. die folgende Anmerkung).
d Paulus zitiert hier offenbar ein geprägtes christliches Bekenntnis (und kommentiert es durch den Hinweis auf den *Glauben*). In diesem Traditionsstück wird *Gerechtigkeit** verstanden als Eigenschaft des Richters, der für begangene Verfehlungen Sühne* fordern muss; Paulus selbst fasst den Begriff im Folgenden weiter.
e *Er verschafft …:* wörtlich *sodass er selbst gerecht ist und gerecht macht den, der aus dem Glauben/aufgrund des Glaubens an Jesus (lebt).*
f Entweder gebraucht Paulus das Wort *Gesetz* hier in dem formalen Sinn von »Gesetzmäßigkeit/Regel« oder er denkt daran, dass der Glaube als Vertrauen im Alten Testament schon vor und neben dem Leistungs-Gesetz seinen Ort hat (vgl. Kap 4!).
g Abraham*, der Stammvater der Juden, ist für sie der Garant ihrer Erwählung (Gen 12,1-3).
h Gott sagte dem kinderlosen Abraham einen Sohn zu (Gen 15,1-6); vgl. Verse 17-22.

3,13 *zit* Ps 5,10 *und* 140,4 **3,14** *nach* Ps 10,7 **3,15-17** *zit* Jes 59,7-8 **3,18** *nach* Ps 36,2 **3,20** Gal 2,16; 3,22; Ps 130,3; Ijob 4,17 S; (Macht der Sünde) Röm 4,15 S **3,21-22** 1,17 S **3,23** Weish 2,23 **3,24** Eph 2,8; Tit 3,4-7 **3,25-26** (Blut) Mk 14,24 par; Eph 1,7 S; 1 Joh 1,7 S; Hebr 9,12 S **3,27** 8,2 **3,28** Gal 2,16 **3,30** Dtn 6,4; Gal 3,20 **3,31** Mt 5,17 **4,2** Jak 2,21 **4,3** *zit* Gen 15,6; Gal 3,6; Jak 2,23 **4,6-8** *zit* Ps 32,1-2

a Weil im Hebräischen das Wort für Land auch *Erde* bedeuten kann, wurde die Landzusage von Gen 12,7 im Frühjudentum in diesem Sinne verstanden; vgl. Sir 44,21.
b Siehe zu diesem Gedanken die Vergleichsstellen.
c *Denn dass Gott …:* Zusatz, der den folgenden Satz verdeutlicht.
d Der Geist bezeugt uns Gottes Liebe (8,16.39) und er lässt sie zugleich wirksam werden in der Liebe zu anderen; vgl. Gal 5,22.

8 Freuen dürfen sich alle,
denen der Herr die Schuld nicht anrechnet!«

9 Gilt das nur für Beschnittene oder auch für Unbeschnittene? Ich habe schon gesagt: Abrahams Glaube wurde ihm von Gott als Gerechtigkeit angerechnet. 10 Unter welchen Umständen geschah dies? War er damals schon beschnitten, oder war er es noch nicht? Er war es noch nicht! 11 Die Beschneidung* erhielt Abraham erst als Bestätigung. Durch sie wurde besiegelt, dass Gott ihn schon vor seiner Beschneidung um seines Glaubens willen angenommen hatte.

So ist Abraham der Vater aller geworden, die Gott vertrauen, ohne beschnitten zu sein – und denen dieses Vertrauen als Gerechtigkeit angerechnet wird. 12 Er ist aber genauso der Vater der Beschnittenen, sofern sie nicht nur wie Abraham beschnitten sind, sondern auch in dessen Spuren gehen und Gott so vertrauen wie unser Vater Abraham, als er noch nicht beschnitten war.

Es kommt nur auf den vertrauensvollen Glauben an

13 Dasselbe gilt für die Zusage, die Gott Abraham und seinen Nachkommen gab: sie sollten die ganze Erde zum Besitz erhalten.[a] Diese Zusage erfolgte nicht auf der Grundlage des Gesetzes*, sondern auf der Grundlage der Gerechtigkeit*, die Gott dem Glauben* zuspricht. 14 Wenn die Erde denen als Besitz versprochen wäre, die das Gesetz befolgen, wäre der Glaube entwertet und die Zusage hätte ihren Sinn verloren. 15 Das Gesetz führt aber in Wirklichkeit zu Gottes Strafgericht; denn nur wo kein Gesetz ist, gibt es auch keine Übertretungen.[b]

16 Deshalb hat Gott alles auf den Glauben gestellt, damit alles auf Gnade beruht. Auf diese Weise gilt die Zusage unverbrüchlich für alle Nachkommen Abrahams, nicht nur für die, die nach den Ordnungen des Gesetzes leben, sondern auch für alle, die wie Abraham der Zusage Gottes glauben. So ist Abraham der Vater von uns allen. 17 Denn Gott hat zu ihm gesagt: »Ich habe dich zum Vater vieler Völker gemacht.«

Abraham hatte Gott vor Augen und glaubte ihm, der die Toten lebendig macht und das Nichtseiende ins Dasein ruft. 18 Obwohl nichts mehr zu hoffen war, hielt er an der Hoffnung fest und vertraute darauf, dass Gott ihn zum Vater vieler Völker machen werde. Denn Gott hatte zu ihm gesagt: »Deine Nachkommen werden so zahlreich sein wie die Sterne.«

19 Abraham, fast hundertjährig, wusste genau, dass seine Lebenskraft aufgezehrt und der Mutterschoß Saras erstorben war. Trotzdem wurde er nicht schwach im Glauben 20 und zweifelte nicht an der Zusage Gottes, vielmehr wurde sein Glaube nur umso fester. Er gab Gott die Ehre 21 und war felsenfest davon überzeugt: Was Gott zusagt, das kann er auch tun. 22 Darum wurde ihm sein Glaube als Gerechtigkeit angerechnet.

23 Dass er angerechnet wurde, ist aber nicht nur wegen Abraham gesagt, 24 sondern auch wegen uns. Auch uns wird Gott einst den Glauben als Gerechtigkeit anrechnen, so gewiss wir auf Ihn vertrauen, der Jesus, unseren Herrn*, aus dem Tod auferweckt* hat. 25 Er gab ihn dahin, um unsere Vergehen zu sühnen, und hat ihn zum Leben erweckt, damit wir vor ihm als gerecht bestehen können.

ÜBERWINDUNG VON SÜNDE UND GESETZ. NEUES LEBEN AUS DEM GEIST
(Kapitel 5–8)

Gottes Liebe als Grund unserer Hoffnung

5 Nachdem wir nun aufgrund des Glaubens* bei Gott angenommen sind, haben wir Frieden* mit Gott. Das verdanken wir Jesus Christus, unserem Herrn*. 2 Er öffnete uns den Weg des Vertrauens und damit den Zugang zur Gnade Gottes, in der wir jetzt festen Stand gewonnen haben. Nun haben wir Grund, uns zu rühmen*, weil wir die gewisse Hoffnung haben, dass Gott uns an seiner Herrlichkeit* teilnehmen lässt.

3 Mehr noch: Wir rühmen uns sogar der Leiden, die wir für Christus auf uns nehmen müssen. Denn wir wissen: Durch Leiden lernen wir Geduld, 4 durch Geduld kommt es zur Bewährung, durch Bewährung festigt sich die Hoffnung. 5 Unsere Hoffnung aber wird uns nicht enttäuschen. Denn dass Gott uns liebt, ist uns unumstößlich gewiss.[c] Seine Liebe ist ja in unsere Herzen ausgegossen durch den Heiligen Geist*, den er uns geschenkt hat.[d]

6 Diese Liebe zeigt sich darin, dass Christus sein Leben für uns hingegeben hat. Zur rechten Zeit, als wir noch in der Gewalt der Sünde waren, ist er für uns gottlose Menschen gestorben. 7 Nun wird sich kaum jemand finden, der für einen Gerechten stirbt; allenfalls opfert sich jemand für einen Wohltäter. 8 Wie sehr Gott uns liebt, beweist er uns damit, dass Christus für uns starb, als wir noch Sünder waren.

4,11 Gen 17,9-14; Gal 3,7; Röm 2,28-29 S **4,12** Mt 3,9 S **4,13** Gen 12,7; 22,17; Sir 44,21 **4,14** Gal 3,18 **4,15** 3,20; 5,13.20; 7,7-13; Gal 3,19 **4,17** *zit* Gen 17,5; 2 Kor 1,9 S **4,18** *zit* Gen 15,5 **4,19-20** Gen 17,1-6; Hebr 11,11 **4,21** Gen 18,14; Lk 1,37 **4,22** 4,3 S **4,25** Jes 53,4-5.10; Röm 8,32-34; 1 Kor 15,17 **5,1** 8,32-34; (Frieden) Apg 10,36 S **5,2** (Gnade) 6,14; 2 Kor 6,1; 12,9; Eph 2,5-8; (Herrlichkeit) Röm 8,17-18; 1 Kor 2,7; 2 Kor 3,18; 4,17; Kol 1,27; 3,4; 1 Thess 2,12; 2 Tim 2,10; 1 Petr 1,7; 4,13-14; 5,10 **5,3-5** Jak 1,2-3.12; 1 Petr 1,5-7 **5,5** Hebr 6,18-19; Röm 8,39 S; (ausgegossen) Apg 2,33 S **5,6-7** 1 Petr 3,18 **5,6** 1 Kor 15,3 **5,8** Joh 3,16 S

9 Wenn wir aber jetzt bei Gott angenommen sind, weil Christus sein Leben für uns gab, dann werden wir durch ihn erst recht aus dem kommenden Strafgericht gerettet werden. 10 Als wir Gott noch als Feinde gegenüberstanden, hat er uns durch den *Tod* seines Sohnes mit sich versöhnt. Dann werden wir als mit Gott Versöhnte nun erst recht durch das *Leben* seines Sohnes vor dem Verderben gerettet werden. 11 Darauf hoffen wir – ja noch mehr: Wir rühmen uns damit, dass wir Gott auf unserer Seite haben. Das verdanken wir Jesus Christus, unserem Herrn, der uns die Versöhnung mit Gott gebracht hat.

Christus überwindet die Sünde Adams und ihre Folgen

12 Deshalb gilt: Wie die Sünde durch einen einzigen Menschen in die Welt kam, so auch die Überwindung der Sünde.[a] Die Sünde dieses einen brachte den Tod mit sich, und alle verfielen dem Tod, weil sie auch alle selbst sündigten.[b] 13 Die Sünde war schon in der Welt, bevor das Gesetz* durch Mose verkündet wurde; aber solange es kein Gesetz gibt, wird Sünde nicht als Übertretung angerechnet. 14 Trotzdem herrschte der Tod schon in der Zeit von Adam* bis Mose über die Menschen, auch wenn sie nicht wie Adam* gegen einen ausdrücklichen Befehl Gottes verstoßen hatten. Mit seinem Ungehorsam ist Adam* das genaue Gegenbild zu dem Anderen, der kommen sollte.

15 Doch die rettende Gnade ist nicht einfach das Gegenstück der begangenen Sünde. Die Verfehlung des *einen* Menschen hat allen übrigen den Tod gebracht. Das wird mehr als aufgewogen durch die Gnade Gottes und das Geschenk, das allen durch die Liebestat des *einen* Menschen Jesus Christus zuteil wird. 16 Dieses Gnadengeschenk und das Gericht über die Schuld des *einen* sind überhaupt nicht vergleichbar. Das Gericht hat es mit der Verfehlung eines Einzigen zu tun und führt zur Verurteilung. Die Gnade hat es mit einer Unzahl von Verfehlungen zu tun und führt zur Gerechtsprechung.[c] 17 Durch die Verfehlung des *einen* kam – dieses *einen* wegen – der Tod zur Herrschaft über die Menschen. Umso mehr werden durch den *einen* Jesus Christus alle die im ewigen Leben zur Herrschaft gelangen,[d] die die überreiche Gnade Gottes und das Geschenk der Gerechtsprechung empfangen!

18 Also: Durch die Gebotsübertretung des *einen* Menschen kam es dazu, dass alle verurteilt wurden. Ebenso bewirkt die Gehorsamstat des *einen,* dass alle für gerecht erklärt werden und leben. 19 Weil ein Einziger ungehorsam war, sind alle zu Sündern geworden. Ebenso werden alle vor Gott zu Gerechten, weil der *eine* gehorsam war.

20 Das Gesetz ist nachträglich hinzugekommen, damit die Macht der Sünde sich in Gesetzesübertretungen entfalten sollte.[e] Wo aber die Sünde ihr volles Maß erreicht hatte, da wuchs die Gnade über alles Maß hinaus. 21 Wie die Sünde ihre Macht ausübte, indem sie den Tod brachte, so wird die Gnade ihre Macht ausüben, indem sie uns vor Gott bestehen lässt und zum ewigen Leben führt. Das verdanken wir Jesus Christus, unserem Herrn*.

Durch Christus befreit zu einem neuen Leben

6 Was folgt nun daraus? Sollen wir ruhig weitersündigen, damit die Gnade sich noch mächtiger entfalten kann?[f] 2 Unmöglich! Die Sünde hat kein Anrecht mehr an uns, für sie sind wir tot[g] – wie könnten wir dann noch weiter in der Sünde leben? 3 Ihr müsst euch doch darüber im Klaren sein, was bei der Taufe mit euch geschehen ist. Wir alle, die »in Jesus Christus hinein«[h] getauft wurden, sind damit in seinen Tod hineingetauft, ja hineingetaucht[i] worden. 4 Durch diese Taufe wurden wir auch zusammen mit ihm begraben.[j] Und wie Christus durch die Lebensmacht Gottes, des Vaters, vom Tod auferweckt* wurde, so ist uns ein neues Leben geschenkt worden, in dem wir nun auch *leben* sollen.

5 Denn wenn wir mit seinem Tod verbunden wurden, dann werden wir auch mit seiner Auferstehung verbunden sein. 6 Das gilt es also zu begreifen: Der alte Mensch, der wir früher waren, ist mit Christus am Kreuz gestorben. Unser von der Sünde beherrschtes Ich ist damit tot und wir müssen nicht länger Sklaven der Sünde sein. 7 Denn wer gestorben ist, kann nicht mehr sündigen; er ist von der Herrschaft der Sünde befreit.

8 Wenn wir nun mit Christus gestorben sind, werden wir – davon sind wir überzeugt – auch zusammen mit ihm leben. 9 Wir wissen ja, dass Christus vom Tod auferweckt wurde und nie mehr stirbt. Der Tod hat keine Macht mehr über ihn. 10 Mit seinem Tod hat Christus der Sünde ein für alle Mal gegeben, was sie zu fordern hat; mit seinem Leben aber gehört er Gott. 11 Genauso müsst ihr von euch selbst denken: Ihr seid tot für die Sünde, aber weil ihr mit Jesus Christus verbunden seid, lebt ihr für Gott.

12 Lasst also nicht zu, dass euer sterblicher Leib von der Sünde beherrscht wird. Gehorcht nicht seinen Begierden! 13 Stellt eure Glieder und alle eure Fähigkeiten nicht länger in den Dienst der Sünde, die sie als Waffen gegen das Gute benutzt. Stellt euch vielmehr in den Dienst Gottes als Menschen, die gewissermaßen schon von den Toten auferstanden

a *so auch ...*: verdeutlichender Zusatz. Paulus greift den abgebrochenen Satz erst in Vers 18 wieder auf.
b Paulus sieht die Todverfallenheit der Menschen begründet in der Macht der Sünde, der alle ohne Ausnahme erliegen. Er spricht von einem Schicksalszusammenhang, dem sich keiner aus eigener Kraft entziehen kann; vgl. Anmerkung zu Ps 51,7.
c Als Angebot, das der Mensch annehmen oder ablehnen kann. Die Gnade wirkt nicht – wie die Sünde – zwingend, sondern versucht, den Menschen für sich zu gewinnen.
d Sie nehmen an der Weltherrschaft Gottes teil (siehe die Vergleichsstellen), eine Umwandlung der Erwartung, dass das Gottesvolk über die anderen Völker herrschen wird (Dan 7,27).
e Siehe 4,15 und Vergleichsstellen.
f Mit diesem Missverständnis hat Paulus immer wieder zu kämpfen (3,5-8; Gal 2,17).
g *Die Sünde hat ...*: wörtlich *Wir sind der Sünde gestorben.*
h Zu dieser Formel vgl. Sacherklärung »Taufe«.
i *ja hineingetaucht:* verdeutlichender Zusatz; die Taufe erfolgte durch Untertauchen.
j Mit einem anderen Bild sagt dasselbe Vers 6.

5,11 5,1S **5,12** Gen 2,17; 3,19; Röm 7,9-10 **5,13** 4,15S **5,14** 1 Kor 15,21-22.45-49 **5,17** (zur Herrschaft) Dan 7,27; Weish 3,8; Mt 19,28; 1 Kor 4,8; 6,2-3; 2 Tim 2,12; Offb 1,6S **5,20** 4,15S **5,21** 6,23 **6,1** 3,5-8.31 **6,2** 6,6; 7,4 **6,3-4** Gal 3,27; Kol 2,12; Tit 3,5; 1 Petr 3,21 **6,4** 2 Kor 5,14-15.17; Gal 6,15; Kol 3,1-5.10 **6,5** Phil 3,10-11 **6,6** Gal 5,24S **6,10** Hebr 9,27S **6,11** Gal 2,19; 1 Petr 2,24 **6,13** 12,1S

a Paulus denkt wahrscheinlich an die Unterweisung, die im Zusammenhang mit der Taufe gegeben wurde; vgl. Sacherklärung »Lehrer«.
b *und führt ...:* wörtlich *zur Heiligung.* Auch in Vers 22 *(Lebensführung ...)* spricht der Text wörtlich von »Heiligung«; siehe Sacherklärung »heilig«.
c Siehe Anmerkung zu 1,13; ebenso für Vers 4.
d Wörtlich *Durch den* (am Kreuz hingegebenen) *Leib von Christus.*
e Wörtlich *noch im Fleisch* waren.*
f Wörtlich *hätte ich.* Paulus spricht in den Versen 7-25 in der 1. Person, redet aber nicht nur von sich persönlich, sondern beschreibt die Situation des Menschen ohne Christus.

Paulus schildert in Kap 7 (ab Vers 7) die Geschichte vom Sündenfall als Geschichte jedes Menschen. Vorausgesetzt ist, dass die Sünde, d.h. der Hang zum eigenmächtigen ›Habenwollen‹ (Begehrlichkeit, Begierde), in der Tiefe jedes Menschenherzens schlummert und durch das Verbot – entgegen dessen Absicht – geweckt wird. Paulus schildert, was für Folgen es hat, wenn das Gesetz zu diesem Hang hinzutritt: Der Mensch gerät in einen ausweglosen Zwiespalt von Wollen und Tun.

sind, damit Gott eure Glieder und Fähigkeiten als
Waffen im Kampf für das Gute gebrauchen kann.
14 Die Sünde *wird* nicht Herr werden über euch!
Denn ihr lebt nicht mehr unter dem Gesetz*, sondern unter der Gnade.

Entweder versklavt an die Sünde oder frei zum Tun des Guten

15 Wie steht es nun also? Können wir ruhig sündigen,
weil das Gesetz* uns nicht mehr verurteilt, sondern
die Gnade Gottes uns von unserer Schuld freispricht? Auf keinen Fall! 16 Ihr wisst doch: Wem ihr
euch als Sklaven unterstellt, dem müsst ihr dienen.
Entweder ihr wählt die Sünde; dann werdet ihr sterben. Oder ihr wählt den Gehorsam; dann werdet ihr
vor dem Gericht Gottes bestehen können. 17 Gott sei
gedankt! Früher wart ihr Sklaven der Sünde; aber
jetzt gehorcht ihr von Herzen der Lehre, die für euch
verbindlich geworden ist.[a] 18 Ihr seid vom Sklavendienst der Sünde befreit und als Sklaven in den
Dienst der Gerechtigkeit gestellt, das heißt in den
Dienst des Guten, das Gott will.
19 Ich rede sehr menschlich vom »Sklavendienst«
der Gerechtigkeit – ich gebrauche dieses Bild, weil
euer Verständnis noch schwach ist. Früher hattet
ihr eure Glieder und alle eure Fähigkeiten in den
Dienst der Ausschweifung und Zügellosigkeit
gestellt. Ihr führtet ein Leben, das Gott nicht gefallen
konnte. So stellt jetzt umgekehrt eure Glieder und
Fähigkeiten in den Dienst des Guten und führt euer
Leben als Menschen, die Gott gehören.[b]
20 Solange ihr Sklaven der Sünde wart, wart ihr
dem Guten gegenüber frei. 21 Was kam dabei heraus?

Ihr schämt euch jetzt, wenn ihr daran denkt; denn
was ihr damals getan habt, führt am Ende zum
Tod. 22 Aber jetzt seid ihr vom Dienst der Sünde frei
geworden und dient Gott. Was dabei herauskommt,
ist eine Lebensführung, durch die ihr euch als Gottes
heiliges* Volk erweist, und am Ende erwartet euch
ewiges Leben.
23 Der Lohn, den die Sünde zahlt, ist der Tod. Gott
aber schenkt uns unverdient, aus reiner Gnade, ewiges Leben durch Jesus Christus, unseren Herrn*.

Freiheit vom Gesetz

7 Brüder und Schwestern,[c] ihr kennt doch das
Gesetz* und wisst: Es hat für einen Menschen
nur Geltung, solange er lebt. 2 Eine verheiratete Frau
zum Beispiel ist durch das Gesetz an ihren Mann
gebunden, solange er lebt. Wenn der Mann stirbt,
gilt für sie das Gesetz nicht mehr, das sie an ihn bindet. 3 Wenn sie sich also zu Lebzeiten ihres Mannes
mit einem anderen einlässt, nennt man sie zu Recht
eine Ehebrecherin. Stirbt aber der Mann, so ist sie
frei von dem Gesetz, das sie an ihren Mann bindet.
Sie begeht keinen Ehebruch, wenn sie sich einem
anderen hingibt.
4 So steht es auch mit euch, meine Brüder und
Schwestern! Weil ihr mit Christus gestorben seid,[d]
seid ihr dem Gesetz gegenüber tot. Ihr gehört jetzt
nicht mehr dem Gesetz, sondern Christus, der
vom Tod erweckt* worden ist. Darum können
wir nun so leben, dass unser Tun für Gott Frucht
bringt.
5 Als wir noch unserer selbstsüchtigen Natur folgten,[e] war unser ganzes Verhalten beherrscht von
den sündigen Leidenschaften, die durch das Gesetz
in uns geweckt wurden. Wir lebten so, dass unser
Tun nur dem Tod Gewinn brachte. 6 Aber jetzt stehen
wir nicht mehr unter dem Gesetz; wir sind tot für das
Gesetz, das uns früher gefangen hielt. So dienen wir
Gott in einem neuen Leben, das sein Geist* in uns
schafft, und nicht mehr auf die alte Weise nach
dem Buchstaben des Gesetzes.

Die Sünde missbraucht das Gesetz

7 Behaupte ich damit, dass Gesetz* und Sünde dasselbe sind? Das ganz gewiss nicht! Aber ohne
das Gesetz hätten wir Menschen[f] die Sünde nie kennen gelernt. Die Begehrlichkeit wäre nicht in
uns erwacht, wenn das Gesetz nicht gesagt hätte:
»Du sollst nicht begehren!« 8 Die Sünde machte
sich das Gebot zunutze und stachelte mit seiner Hilfe
alle Begierden in uns an. Ohne das Gesetz ist die
Sünde tot. 9 Einst kannten wir das Gesetz noch
nicht. Damals *lebten* wir; aber als das Gebot kam,

6,14 Gal 5,18; 1Joh 3,6; Röm 5,2 S **6,16** Joh 8,34 S **6,17** Joh 8,32 **6,18** 1Petr 2,24 **6,21** 7,5; 8,6.13; Gal 6,8; Jak 1,14-15; Weish 1,12 **6,23** 5,21 **7,2** 1Kor 7,39 **7,4** 6,4; Gal 2,19 **7,5** 6,21 S **7,6** 8,2-4; 2Kor 3,6 **7,7-13** 4,15 S **7,7** *nach* Dtn 5,21; Gen 2,16-17; 3,6 **7,8** 1Kor 15,56

lebte die Sünde auf 10 und wir mussten sterben. Das Gebot, das uns das Leben erhalten sollte, brachte uns den Tod. 11 Denn die Sünde benutzte es für ihre Zwecke: sie täuschte uns Leben vor und tötete uns – eben durch das von ihr missbrauchte Gebot. 12 Es bleibt also dabei: Das Gesetz ist der heilige Wille Gottes, und die Gebote sind heilig, gerecht und gut.

13 Hat dann etwa das Gute, das Gesetz, unseren Tod bewirkt? Auf keinen Fall! Die Sünde war schuld; sie hat das gute Gesetz benutzt, um uns den Tod zu bringen. So sollte sie ihr wahres Gesicht zeigen und sich durch den Missbrauch des Gesetzes in ihrer ganzen Verworfenheit enthüllen.

Die Ohnmacht des guten Willens

14 Es steht außer Frage: Das Gesetz* ist »geistlich«, es kommt von Gott. Wir aber sind »fleischlich«, das heißt schwache Menschen, der Macht der Sünde ausgeliefert. 15 Wir sind uns nicht im Klaren darüber, was wir anrichten. Wir tun nämlich nicht, was wir eigentlich wollen, sondern das, was wir verabscheuen. 16 Wenn wir aber das Böse, das wir tun, gar nicht tun wollen, dann beweist das, dass wir dem Gesetz zustimmen und seine Forderungen als berechtigt anerkennen. 17 Nicht wir sind es also, die das Böse tun, vielmehr tut es die Sünde, die sich in uns eingenistet hat.

18 Wir wissen genau: In uns selbst, so wie wir der Sünde ausgeliefert sind,[a] lebt nicht die Kraft zum Guten. Wir bringen es zwar fertig, uns das Gute vorzunehmen; aber wir sind zu schwach, es auszuführen. 19 Wir tun nicht das Gute, das wir wollen, sondern gerade das Böse, das wir nicht wollen. 20 Wenn wir aber tun, was wir gar nicht wollen, dann verfügen nicht wir selbst über uns, sondern die Sünde, die sich in uns eingenistet hat.

21 Wir finden demnach unser Leben von folgender Gesetzmäßigkeit bestimmt: Ich will das Gute tun, bringe aber nur Böses zustande. 22 In meinem Innern stimme ich dem Gesetz Gottes freudig zu. 23 Aber in meinen Gliedern, in meinem ganzen Verhalten, sehe ich ein anderes Gesetz am Werk. Dieses Gesetz liegt im Streit mit dem Gesetz, das ich innerlich bejahe, und macht mich zu seinem Gefangenen. Es ist das Gesetz der Sünde, das in meinen Gliedern regiert und mir mein Verhalten diktiert.

24 Ich unglückseliger Mensch! Wer rettet mich aus dieser tödlichen Verstrickung?[b]

25 Gott sei gedankt durch Jesus Christus, unseren Herrn*: Er hat es getan!

Nun diene also ich, ein und derselbe Mensch, mit meinem bewussten Streben dem Gesetz Gottes, aber mit meinen Gliedern dem Gesetz der Sünde.[c]

Der Geist Gottes überwindet die Sünde

8 Vor dem Gericht Gottes gibt es also keine Verurteilung mehr für die, die mit Jesus Christus verbunden sind. 2 Denn dort, wo Jesus Christus ist, gilt: Du bist befreit von dem Gesetz*, das von der Sünde missbraucht wird und zum Tod führt. Denn du stehst jetzt unter dem Gesetz, in dem der Geist* Gottes wirkt, der zum Leben führt.[d]

3 Das Gesetz konnte uns Menschen kein Leben bringen, weil es gegen unsere selbstsüchtige Natur[e] nicht ankam. Deshalb sandte Gott seinen Sohn* in der leiblichen Gestalt von uns selbstsüchtigen, der Sünde verfallenen Menschen[f] und ließ ihn sterben als Opfer für die Sündenschuld. So machte er der Sünde den Prozess eben dort, wo sie ihre Macht entfaltet hatte: in der menschlichen Natur.[g] 4 Als Folge davon kann jetzt die Forderung des Gesetzes von uns erfüllt werden, so gewiss unser Leben nicht mehr von unserer selbstsüchtigen Natur bestimmt wird, sondern vom Geist Gottes.[h]

5 Wenn wir von unserer selbstsüchtigen Natur bestimmt werden, liegt uns an dem, was unsere Natur will; wenn wir vom Geist Gottes bestimmt werden, liegt uns an dem, was der Geist Gottes will. 6 Was unsere selbstsüchtige Natur will, führt zum Tod. Was der Geist Gottes will, führt zum Leben, zu Heil und Frieden*. 7 Denn unser selbstsüchtiger Wille lehnt sich gegen Gott auf. Er gehorcht seinen Geboten nicht; er kann es gar nicht. 8 An denen, die Gefangene ihrer selbstsüchtigen Natur sind, kann Gott unmöglich Gefallen finden.

9 Ihr aber seid nicht mehr von eurer eigenen Natur bestimmt, sondern vom Geist, so gewiss der Geist Gottes in euch Wohnung genommen hat. Wer diesen Geist – den Geist von Christus – nicht hat, gehört auch nicht zu ihm.

10 Wenn nun also Christus durch den Geist in euch lebt, dann bedeutet das: Euer Leib ist zwar wegen der Sünde dem Tod verfallen, aber der Geist erfüllt euch mit Leben, weil Christus die Sünde besiegt hat und ihr deshalb bei Gott angenommen seid.[i] 11 Mehr noch: Der Geist, der in euch lebt, ist ja der Geist dessen, der Jesus vom Tod auferweckt* hat. Dann wird derselbe Gott, der Jesus Christus vom Tod auferweckt hat, auch euren todverfallenen Leib lebendig machen. Das bewirkt er durch seinen Geist, der schon jetzt in euch lebt.

Nicht mehr Sklaven, sondern Kinder

12 Brüder und Schwestern![j] Wir stehen also nicht mehr unter dem Zwang, unserer selbstsüchtigen Natur zu folgen. 13 Wenn ihr nach eurer eigenen Natur lebt, werdet ihr sterben. Wenn ihr aber in

a *so wie wir ...:* wörtlich *das heißt in unserem* (bzw. meinem) *Fleisch*.*
b Wörtlich *Wer wird mich aus diesem Leib des Todes retten?* Wie Kap 8 zeigt, geht es nicht um Befreiung vom Leib, sondern von einer Grundverfassung des menschlichen Lebens, in der der Leib zum Werkzeug der Sünde geworden ist.
c Diese Aussage ist mit dem Vorangehenden schwer vereinbar. Manche Ausleger halten sie für einen späteren Zusatz, andere stellen sie vor Vers 24.
d Nach Paulus handelt es sich um dasselbe Gesetz, das jetzt unter einem neuen Vorzeichen steht. Vers 2 wörtlich *Denn das Gesetz des Geistes des Lebens in Christus Jesus hat dich befreit von dem Gesetz der Sünde und des Todes.* Viele Ausleger verstehen allerdings *Gesetz* beim ersten Vorkommen *(Gesetz des Geistes)* im Sinn von *Regel/Ordnung;* vgl. Anmerkung zu 3,27.
e Wörtlich *gegen das Fleisch*.* Entsprechend wird auch in den Versen 4-13 das Wort *Fleisch* durch *unsere (selbstsüchtige) Natur* wiedergegeben.
f *in der leiblichen ...:* wörtlich *in der Gestalt des Fleisches* der Sünde.*
g *eben dort, wo ...:* wörtlich *im Fleisch*.*
h Der Geist befreit den Menschen vom Zwang der Begierde (vgl. Bildlegende Seite 232), weil er ihm mit der Liebe Gottes (Vers 15; vgl. 5,5) eben das schenkt, was alles Begehren stillt.
i *weil Christus ...:* wörtlich *wegen der Gerechtigkeit*;* vgl. 3,21-24.
j Siehe Anmerkung zu 1,13.

7,10 Lev 18,5S **7,12** 1Tim 1,8 **7,15** Gal 5,17 **7,18** Gen 8,21; Phil 2,13 **7,23** Gal 5,17 **7,24** 1Kor 15,57 **8,1** 1,18; 5,1.9 **8,2** 7,7-11; 3,27 **8,3** Gal 4,4; Phil 2,7-8; 2Kor 5,21 **8,4** 6,22; 7,4; Gal 5,16.25 **8,6** 6,21S **8,9** 1Kor 3,16S; 2,16 **8,10** Gal 2,20; 1Joh 3,24 **8,11** 2Kor 4,14 **8,12** 6,18 **8,13** Gal 6,8; Eph 4,22-24

der Kraft des Geistes euren selbstsüchtigen Willen tötet, werdet ihr leben.[a]

14 Alle, die sich vom Geist Gottes führen lassen, die sind Gottes Söhne und Töchter.[b] 15 Der Geist, den Gott euch gegeben hat, ist ja nicht ein Sklavengeist, sodass ihr wie früher in Angst leben müsstet. Es ist der Geist, den ihr als seine Söhne und Töchter habt. Von diesem Geist erfüllt rufen wir zu Gott: »Abba*! Vater!« 16 So macht sein Geist uns im Innersten gewiss, dass wir Kinder Gottes sind. 17 Wenn wir aber Kinder sind, dann sind wir auch Erben, und das heißt: wir bekommen teil am unvergänglichen Leben des Vaters, genauso wie Christus und zusammen mit ihm. Wie wir mit Christus leiden, sollen wir auch seine Herrlichkeit mit ihm teilen.

Die ganze Schöpfung wartet auf unsere endgültige Befreiung

18 Ich bin überzeugt: Was wir in der gegenwärtigen Zeit noch leiden müssen, fällt überhaupt nicht ins Gewicht im Vergleich mit der Herrlichkeit, die Gott uns zugedacht hat und die er in der Zukunft offenbar machen wird. 19 Die ganze Schöpfung[c] wartet sehnsüchtig auf den Tag, an dem die Kinder Gottes vor aller Augen in dieser Herrlichkeit offenbar werden. 20 Denn alles Geschaffene ist der Sinnlosigkeit ausgeliefert, versklavt an die Vergänglichkeit,[d] und das nicht durch eigene Schuld, sondern weil Gott es so verfügt hat. Er gab aber seinen Geschöpfen die Hoffnung, 21 dass auch sie eines Tages von der Versklavung an die Vergänglichkeit befreit werden und teilhaben an der unvergänglichen Herrlichkeit, die Gott seinen Kindern schenkt.

22 Wir wissen, dass die ganze Schöpfung bis jetzt noch stöhnt und in Wehen liegt wie eine Frau bei der Geburt. 23 Aber auch wir selbst, die doch schon als Anfang des neuen Lebens – gleichsam als Anzahlung[e] – den Heiligen Geist* bekommen haben, stöhnen ebenso in unserem Innern. Denn wir warten sehnsüchtig auf die volle Verwirklichung dessen, was Gott uns als seinen Kindern zugedacht hat: dass unser Leib von der Vergänglichkeit erlöst wird.

24 Wir sind gerettet, aber noch ist alles Hoffnung. Eine Hoffnung, die sich schon sichtbar erfüllt hat, ist keine Hoffnung. Ich kann nicht erhoffen, was ich vor Augen habe. 25 Wenn wir aber auf etwas hoffen, das wir noch nicht sehen können, dann heißt das, dass wir beharrlich danach Ausschau halten.

Der Beistand des Geistes und die Gewissheit unserer Rettung

26 Aber ebenso wie wir seufzt und stöhnt auch der Geist* Gottes, der uns zu Hilfe kommt. Wir sind schwache Menschen und unfähig, unsere Bitten in der rechten Weise vor Gott zu bringen. Deshalb tritt sein Geist für uns ein mit einem Stöhnen, das sich nicht in Worte fassen lässt.[f] 27 Und Gott, vor dem unser Innerstes offen liegt, weiß, was sein Geist in unserem Innern ihm sagen will. Denn so, wie es vor Gott angemessen ist, legt er Fürsprache ein für die, die Gott als sein Eigentum ausgesondert hat.[g]

28 Was auch geschieht,[h] das eine wissen wir: Für die, die Gott lieben, muss alles zu ihrem Heil dienen. Es sind die Menschen, die er nach seinem freien Entschluss berufen hat. 29 Sie alle, die Gott im Voraus ausgewählt hat, die hat er auch dazu bestimmt, seinem Sohn* gleich zu werden. Nach dessen Bild sollen sie alle gestaltet werden, damit er der Erstgeborene unter vielen Brüdern und Schwestern[i] ist. 30 Und wenn Gott sie dazu bestimmt hat, dann hat er sie auch berufen, und wenn er sie berufen hat, dann hat er sie auch für gerecht* erklärt, und wenn er sie für gerecht erklärt hat, dann steht auch fest, dass sie an seiner Herrlichkeit teilhaben.

Nichts kann uns trennen von der Liebe Gottes

31 Was bleibt zu alldem noch zu sagen? Gott selbst ist *für* uns, wer will sich dann *gegen* uns stellen? 32 Er hat seinen eigenen Sohn* nicht verschont, sondern hat ihn für uns alle in den Tod gegeben. Wenn er uns aber den Sohn geschenkt hat, wird er uns dann noch irgendetwas vorenthalten? 33 Wer kann die Menschen anklagen, die Gott erwählt hat? Gott selbst spricht sie frei. 34 Wer kann sie verurteilen? Christus ist für sie gestorben, ja noch mehr: Er ist vom Tod erweckt* worden. Er hat seinen Platz an Gottes rechter Seite. Dort tritt er für uns ein.

35 Kann uns noch irgendetwas von Christus und seiner Liebe trennen? Etwa Leiden, Angst und Verfolgung, Hunger oder Kälte, Gefahren für Leib und Leben oder gar die Hinrichtung? 36 Es ergeht uns wirklich so, wie es in den Heiligen Schriften* steht: »Weil wir zu dir, Herr, gehören, sind wir ständig in Todesgefahr. Wir werden angesehen wie Schafe, die zum Schlachten bestimmt sind.«

37 Aber mitten in alldem triumphieren wir als Sieger mit Hilfe dessen, der uns so sehr geliebt hat. 38 Ich bin ganz sicher, dass nichts uns von seiner Liebe trennen kann: weder Tod noch Leben, weder Engel noch Dämonen[j] noch andere gottfeindliche Mächte, weder Gegenwärtiges noch Zukünftiges, 39 weder Himmel noch Hölle.[k] Nichts in der ganzen Welt[l] kann uns jemals trennen von der Liebe Gottes, die uns verbürgt ist in Jesus Christus, unserem Herrn*.

a *Wenn ihr aber …:* wörtlich *Wenn ihr durch den Geist die Taten des Leibes tötet.* Paulus spricht vom Leib, wie er unter der Herrschaft der Sünde steht, also in dem Sinn, in dem er sonst von »Fleisch« spricht.
b Paulus spricht in den Versen 14 und 15 von *Söhnen,* in 16-17 von *Kindern.* Vgl. Sacherklärung »Söhne«.
c Nicht nur der Mensch muss leiden, die ganze Schöpfung leidet unter der Todverfallenheit, die der Mensch verschuldet hat. Aber was mit Christus seinen Anfang nahm, gibt auch den Geschöpfen neue Hoffnung.
d *versklavt an …:* verdeutlichende Vorwegnahme aus Vers 21.
e Der Geist ist Anfang und Bürgschaft des ewigen Lebens (2 Kor 1,22; 5,5; Eph 1,13-14), weil mit ihm schon jetzt dessen Kräfte in den Glaubenden wirken (siehe hier Verse 2.6.10-13).
f Paulus spricht vom geistgewirkten Gebet (im Sinn von 1 Kor 14,16-18; aber ohne den dortigen Vorbehalt).
g *für die …:* wörtlich *für die Heiligen*.*
h Zusatz, der den Rückbezug auf die Verse 18-23 verdeutlicht.
i Siehe Anmerkung zu 1,13.
j Wörtlich *Gewalthaber;* auch mit den *Engeln* sind hier wahrscheinlich gottfeindliche Engelmächte gemeint; siehe Sacherklärung »Engel«.
k Wörtlich *weder Höhe noch Tiefe.* Wahrscheinlich sind kosmische Mächte gemeint, die man mit den Gestirnen bzw. Planeten verbunden sah.
l Wörtlich *Kein anderes Geschaffenes.*

8,14 1 Joh 3,1 S **8,15** Gal 4,5-7; Mk 14,36 **8,17** Gal 4,7; Röm 5,2 S **8,18** 2 Kor 4,17; Weish 3,4-6 **8,19** Kol 3,4; 1 Joh 3,2 **8,20** Gen 3,17-19 **8,23** 2 Kor 1,22 S **8,24** 2 Kor 5,7; Hebr 11,1 **8,25** 2 Kor 4,18 **8,29** Kol 1,18 **8,30** 2 Thess 2,13-14 **8,31-34** Jes 50,8-9 **8,32** 5,8; Joh 3,16 S **8,34** 4,25; Apg 2,33 S; (tritt ein) Hebr 7,25 S **8,36** *zit* Ps 44,23; 1 Kor 15,30-31; 2 Kor 4,11 **8,37** 1 Joh 5,4-5 **8,38** (Mächte) Eph 1,21 S; 1 Kor 3,22; 15,24; 1 Petr 3,22 **8,39** 5,5; Eph 1,4; 2,4; 2 Thess 2,16 S; Joh 3,16 S

GOTTES WEG MIT SEINEM VOLK ISRAEL (Kapitel 9–11)

Sind die Zusagen Gottes an sein Volk Israel ungültig geworden?

9 Für das, was ich jetzt sage,[a] rufe ich Christus als Zeugen an. Es ist die Wahrheit; ich lüge nicht. Auch mein Gewissen bezeugt es, das vom Heiligen Geist* bestätigt wird: 2 Ich bin tieftraurig und es quält mich unablässig, 3 wenn ich an meine Brüder und Schwestern[b] denke, die Menschen aus meinem Volk. Wenn es möglich wäre, würde ich es auf mich nehmen, selbst an ihrer Stelle verflucht und für immer von Christus getrennt zu sein. 4 Sie sind doch Israel, das von Gott erwählte Volk.[c] Ihnen gehört das Vorrecht, Kinder Gottes zu sein. Ihnen offenbarte er seine Herrlichkeit*. Mit ihnen hat er wiederholt seinen Bund* geschlossen. Ihnen hat er sein Gesetz* gegeben und die Ordnungen für den Opferdienst zu seiner Verehrung. Ihnen hat er das künftige Heil versprochen. 5 Sie sind die Nachkommen der von Gott erwählten Väter,[d] und zu ihnen zählt nach seiner menschlichen Herkunft auch Christus, der versprochene Retter.[e] Dafür sei Gott, der Herr über alles, in Ewigkeit gepriesen![f] Amen.

Gott trifft eine Auswahl

6 Es kann keine Rede davon sein, dass dies alles nicht mehr gilt und also das Wort Gottes ungültig geworden ist. Aber nicht alle Israeliten gehören wirklich zu Israel,[g] 7 und nicht alle leiblichen Nachkommen Abrahams* sind als solche schon Abrahams Kinder. Gott sagte zu Abraham: »Durch *Isaak* gebe ich dir die Nachkommen, die ich dir versprochen habe.« 8 Das heißt: Nicht die natürliche Abstammung von Abraham, sondern erst die göttliche Zusage macht zu echten Abrahamskindern und damit zu Kindern Gottes. 9 Denn es war eine göttliche Zusage, mit der die Geburt Isaaks angekündigt wurde: »Nächstes Jahr um diese Zeit komme ich wieder, dann hat Sara einen Sohn.«

10 Das wird bestätigt durch ein zweites Beispiel: Rebekka war von unserem Vorfahren Isaak mit Zwillingen schwanger, mit Esau und Jakob. 11–12 Die beiden Kinder waren noch nicht geboren und keines von beiden hatte irgendetwas Gutes oder Böses getan. Da sagte Gott zu ihrer Mutter Rebekka: »Der Ältere muss dem Jüngeren dienen.« Damit stellte er klar, dass es allein von seinem freien Entschluss abhängt, wenn er einen Menschen erwählt. Es kommt dabei nicht auf menschliche Leistungen, sondern nur auf den göttlichen Ruf an. 13 Dasselbe geht aus der anderen Stelle hervor, wo Gott sagt: »Ich liebe Jakob, Esau aber hasse ich.«

Gott verteilt sein Erbarmen nach freiem Ermessen

14 Folgt daraus, dass Gott ungerecht ist? Keineswegs! 15 Er sagte ja zu Mose: »Es liegt in meiner freien Entscheidung, wem ich meine Gnade erweise; es ist allein meine Sache, wem ich mein Erbarmen schenke.« 16 Es kommt also nicht auf den Willen und die Anstrengung des Menschen an, sondern einzig auf Gott und sein Erbarmen. 17 So verfährt er auch mit dem Pharao*, dem er seine Gunst entzieht, indem er zu ihm sagt:[h] »Nur deshalb habe ich dich als König eingesetzt, um an dir meine Überlegenheit zu beweisen und meinen Namen in der ganzen Welt bekannt zu machen.« 18 Gott verfährt also ganz nach seinem freien Willen: Mit den einen hat er Erbarmen, die andern macht er starrsinnig, sodass sie ins Verderben laufen.

19 Vielleicht wird mir jemand entgegenhalten: »Warum zieht uns dann Gott für unser Tun zur Rechenschaft? Wenn er bestimmt, dann kann doch niemand dagegen ankommen!« 20 Du Mensch, vergiss nicht, wer du bist! Du kannst dir doch nicht herausnehmen, Gott zu kritisieren! Sagt vielleicht ein Gebilde aus Ton zu seinem Bildner: »Warum hast du mich so gemacht?« 21 Und hat ein Töpfer nicht das Recht, aus einem Tonklumpen zwei ganz verschiedene Gefäße zu machen: eines, das auf der Festtafel zu Ehren kommt, und ein anderes als Behälter für den Abfall?

22 Du kannst also Gott nicht anklagen, wenn er an den Gefäßen seines Zorns sein Gericht vollstrecken und seine Macht erweisen will; aber selbst sie, die zum Untergang bestimmt waren, hat er mit großer Geduld ertragen. 23 So handelt er, damit er an den Gefäßen seines Erbarmens zeigen kann, wie unerschöpflich reich seine Herrlichkeit* ist – an ihnen, die er im Voraus zum Leben in seiner Herrlichkeit bestimmt hat. 24 Das sind wir, die er berufen hat – nicht nur aus dem jüdischen Volk, sondern auch aus den anderen Völkern.[i]

25 Das ist schon beim Propheten Hosea angekündigt, durch den Gott im Blick auf die anderen Völker sagt: »Ich werde die, die nicht mein Volk sind, ›mein Volk‹ nennen und die Ungeliebten ›Geliebte‹. 26 Und dieselben Leute, zu denen ich gesagt hatte: ›Ihr seid nicht mein Volk‹, werden dann ›Kinder des lebendigen Gottes‹ genannt werden.«

27 Über das Volk Israel aber sagt Jesaja das prophetische Wort: »Selbst wenn die Israeliten so zahlreich

a Paulus greift in Kap 9–11 die Frage von 3,1-4 auf. Wenn Israel sich der Liebe Gottes in Christus verschließt und auf dem Weg des Gesetzes beharrt (9,31-32), muss Gott es dann nicht verstoßen (11,1)? Aber wäre dann nicht seine Zusage an Abraham hinfällig geworden? Wer könnte sich dann noch auf Gottes Wort verlassen (9,6)? Darum muss für Paulus die Ablehnung Christi durch sein eigenes Volk zur schweren Anfechtung werden.
b Siehe Anmerkung zu 1,13.
c *Israel, das …:* wörtlich *Israeliten.* Im Gegensatz zu anderen Bezeichnungen ist der Name »Israel« mit der grundlegenden Erwählungszusage verbunden; vgl. Gen 32,29; Dtn 6,4.
d Gemeint sind die Vorfahren (vor allem Abraham, Isaak, Jakob), denen Gott seine Heilszusagen gegeben hatte; vgl. Kap 4; 15,8; Ex 3,15.
e Wörtlich *auch der Christus*.*
f Möglich ist auch die Übersetzung *Er* (Christus) *ist Gott über alle, für immer und ewig gepriesen.*
g Der erste Versuch einer Antwort: Israel und Israel sind nicht dasselbe. Wer wirklich zu seinem Volk gehört, das bestimmt Gott allein (9,6-29), und zwar nach dem Maßstab, den er in Christus setzt (9,30–11,10).
h *So verfährt …:* wörtlich *Denn die Schrift sagt zum Pharao*;* vgl. Ex 9,16.
i *anderen Völkern:* herkömmliche Übersetzung *Heiden*;* ebenso im Folgenden.

9,3 Ex 32,32 **9,4** (Kinder Gottes) Ex 4,22 S; (Herrlichkeit) Ex 16,7 S; (Bund) Gen 17,9-10; Ex 24,8; Dtn 28,69 S; (Gesetz) Ex 20,1–24,18; (Opferdienst) Lev 1,1–9,24; (künftiges Heil) Jes 9,5-6 S; Jer 31,34 S **9,5** (Christus) Mt 1,1 S **9,6** 3,3-4 S; 2,28-29 **9,7** Mt 3,9 S; *zit* Gen 21,12 **9,8** Gal 4,23; 3,7 **9,9** *zit* Gen 18,10.14 **9,10-12** Gen 25,21-23; Röm 11,6 **9,13** *zit* Mal 1,2-3 **9,15** *zit* Ex 33,19 **9,16** Eph 2,8 **9,18** Ex 4,21; 1 Petr 2,8 **9,20** Jes 45,9 S **9,21** Jer 18,4-6; Weish 15,7; 2 Tim 2,20 **9,22** 2 Makk 6,14-15; Weish 12,2-18 **9,24** 10,12 **9,25** *nach* Hos 2,25; 1 Petr 2,10 **9,26** *zit* Hos 2,1 **9,27-28** *nach* Jes 10,22-23

wären wie der Sand am Meer, nur ein kleiner Rest wird gerettet. 28 Der Herr wird sein Rettungswerk auf der Erde endgültig und doch mit Einschränkung ausführen.« 29 Es ist so, wie Jesaja es vorausgesagt hat: »Hätte der Herr, der Herrscher der Welt, nicht einen kleinen Rest von uns Israeliten übrig gelassen, so wäre es uns wie Sodom* und Gomorra ergangen.«

An Jesus Christus scheiden sich die Wege

30 Was folgt daraus? Es ist offenbar so: Menschen aus den anderen Völkern, die sich gar nicht darum bemüht hatten, haben das Ziel erreicht, vor Gott als gerecht* zu bestehen. Sie haben es dadurch erreicht, dass sie in vertrauendem Glauben* angenommen haben, was Gott für sie getan hat.[a] 31 Das Volk Israel aber, das mit aller Kraft danach strebt, auf dem Weg der Gesetzeserfüllung vor Gott als gerecht zu bestehen, hat das vom Gesetz* in Aussicht gestellte Ziel nicht erreicht. 32 Warum nicht? Weil sie den Weg des Glaubens abwiesen und meinten, ihre Gehorsamsleistungen müssten sie ans Ziel bringen. Sie kamen zu Fall an dem ›Stein des Anstoßes‹, 33 von dem Gott sagt: »Auf dem Zionsberg* lege ich ein festes Fundament, einen Stein, an dem sie sich stoßen, einen Felsblock, an dem sie zu Fall kommen. Aber wer auf ihn vertraut, wird nicht zugrunde gehen.«

Der Glaube als Weg zur Rettung für alle

10 Liebe Brüder und Schwestern,[b] mein Herzenswunsch und meine Bitte an Gott ist, dass die Angehörigen meines Volkes gerettet werden. 2 Ich kann ihnen bezeugen, dass sie sich mit brennendem Eifer für die Sache Gottes einsetzen. Aber ihr Eifer beruht nicht auf der richtigen Einsicht. 3 Sie begreifen nicht, dass Gott selbst eingegriffen hat, damit Menschen vor ihm als gerecht bestehen können. Deshalb suchen sie durch eigene Anstrengungen Gerechtigkeit zu erringen, anstatt sich Gott zu unterwerfen, der in *seiner* Gerechtigkeit*, nämlich seiner heilschaffenden Treue, für sie gehandelt hat. 4 Denn seit Christus ist das Gesetz nicht mehr der Weg zum Heil.[c] Vielmehr gilt jetzt: Alle, die im Glauben* auf Christus vertrauen, werden vor dem Gericht Gottes als gerecht anerkannt werden.

5 Wenn es darum geht, auf der Grundlage des Gesetzes vor Gott als gerecht zu bestehen, gilt, was Mose schreibt: »Wer die Gebote befolgt, gewinnt dadurch das Leben.« 6 Ganz anders spricht die Stimme, die dazu aufruft, auf der Grundlage vertrauenden Glaubens vor Gott als gerecht zu bestehen; sie sagt: »Ihr braucht nicht zu fragen: ›Wer steigt für uns in den Himmel hinauf?‹« – als müsste man Christus erst von dort herabholen. 7 »Auch nicht: ›Wer steigt für uns in die Totenwelt* hinab?‹« – als müsste man Christus aus dem Tod zurückholen. 8 Nein, die Stimme sagt: »Das Wort, das von Gott kommt, ist euch ganz nahe; es ist in eurem Mund und in eurem Herzen.« Das ist das Wort vom Glauben, das wir verkünden.

9 Wenn ihr also mit dem Mund bekennt: »Jesus ist der Herr*«, und im Herzen glaubt, dass Gott ihn vom Tod auferweckt* hat, werdet ihr gerettet. 10 Wer mit dem Herzen glaubt, wird von Gott als gerecht anerkannt; und wer mit dem Mund bekennt, wird im letzten Gericht gerettet. 11 So steht es ja in den Heiligen Schriften*: »Wer ihm glaubt und auf ihn vertraut, wird nicht zugrunde gehen.« 12 Das gilt ohne Unterschied für Juden und Nichtjuden. Sie alle haben ein und denselben Herrn: Jesus Christus.[d] Aus seinem Reichtum schenkt er allen, die sich zu ihm als ihrem Herrn bekennen, ewiges Leben. 13 Es heißt ja auch: »Alle, die sich zum Herrn bekennen und seinen Namen anrufen, werden gerettet.«

Israel hat die Botschaft gehört und abgelehnt

14 Sie können sich aber nur zu ihm bekennen, wenn sie vorher zum Glauben* gekommen sind. Und sie können nur zum Glauben kommen, wenn sie die Botschaft gehört haben. Die Botschaft aber können sie nur hören, wenn sie ihnen verkündet worden ist. 15 Und sie kann ihnen nur verkündet werden, wenn Boten mit der Botschaft ausgesandt worden sind.

Aber genau das ist geschehen! Es ist eingetroffen, was vorausgesagt war: »Welche Freude ist es, wenn die Boten kommen und die Gute Nachricht* bringen!« 16 Doch nicht alle sind dem Ruf der Guten Nachricht gefolgt. Schon der Prophet Jesaja sagt: »Herr, wer hat schon unserer Botschaft Glauben geschenkt?«

17 Der Glaube kommt also aus dem Hören der Botschaft; die Botschaft aber gründet in dem Auftrag, den Christus gegeben hat. 18 Haben sie vielleicht die Botschaft nicht gehört? Aber natürlich haben sie die Botschaft gehört; in den Heiligen Schriften* heißt es ja: »Ihr Ruf ging über die ganze Erde, bis hin zu ihren äußersten Grenzen war er zu hören.«

19 Ich frage weiter: Hat vielleicht das Volk Israel die Botschaft nicht verstanden? O doch! Der erste Zeuge dafür ist Mose, wenn er sagt: »Ich will euch Israeliten eifersüchtig machen auf ein Un-Volk, sagt Gott. Ich reize euch zum Zorn über ein Volk ohne Einsicht.«[e] 20 Jesaja aber wagt sogar zu sagen: »Ich ließ mich finden von denen, die mich nicht suchten, sagt Gott. Ich habe mich denen gezeigt, die nicht nach mir fragten.« 21 Über Israel dagegen heißt es an derselben Stelle: »Tag für Tag habe ich einladend

a *die sich gar nicht darum bemüht …:* wörtlich *die nicht der Gerechtigkeit* nachjagen, haben die Gerechtigkeit erlangt, nämlich die Gerechtigkeit aufgrund des Glaubens.*
b Siehe Anmerkung zu 1,13.
c Wörtlich *Denn Christus ist das Ende des Gesetzes.* Die sprachlich ebenfalls mögliche Übersetzung *Ziel des Gesetzes* ist im Zusammenhang nicht nahe liegend.
d *Jesus Christus* ist zur Verdeutlichung hinzugefügt. Im gesamten Zusammenhang, auch in dem Zitat in Vers 13, ist »Herr« als Hoheitstitel für Jesus gebraucht.
e Die Eifersucht auf die von Gott angenommenen Nichtjuden (vgl. 11,11.14) beweist für Paulus, dass Israel sehr wohl begriffen hat, worum es bei der Guten Nachricht geht.

9,29 *zit* Jes 1,9 **9,33** *nach* Jes 8,14 *und* 28,16; 1 Petr 2,6-8; Lk 2,34 **10,1** 9,1-3 **10,3** 1,17 **10,4** Gal 3,24-25 **10,5** *zit* Lev 18,5; Lk 10,28S **10,6-8** *nach* Dtn 30,12-14 **10,9** 1 Kor 12,3S **10,11** *zit* Jes 28,16; Röm 9,33 **10,12** 3,22.30 **10,13** *nach* Joël 3,5 **10,15b** *zit* Jes 52,7 **10,16** *nach* Jes 53,1; Joh 12,38 **10,17** Joh 17,20 **10,18** *zit* Ps 19,5 **10,19** *zit* Dtn 32,21; Röm 11,11 **10,20** *nach* Jes 65,1; Röm 9,30 **10,21** *zit* Jes 65,2

die Hände ausgestreckt nach einem Volk, das mir nicht gehorcht und mir ständig widerspricht.«

Nur ein Rest hat die Botschaft angenommen

11 Ich frage nun:[a] Hat Gott sein eigenes Volk verstoßen? Das kann nicht sein! Ich selbst bin ja ein Israelit, ein Nachkomme Abrahams aus dem Stamm Benjamin. 2 Gott hat das Volk, das er von Anfang an erwählt hatte, nicht verstoßen. Ihr wisst doch, was in den Heiligen Schriften* von Elija berichtet wird, der sich bei Gott über dieses Volk beklagte. 3 »Herr!«, sagte er, »sie haben deine Propheten umgebracht und deine Altäre niedergerissen. Ich allein bin übrig geblieben, und nun wollen sie mich auch noch töten!«

4 Was gab Gott ihm zur Antwort? »Siebentausend Männer habe ich mir übrig behalten, die alle den Götzen Baal* nicht angebetet haben.« 5 So ist es auch jetzt: Aus Gnade hat Gott einen Rest ausgewählt. 6 Wenn aber aus Gnade, dann gibt nicht mehr das menschliche Tun den Ausschlag. Sonst wäre die Gnade nicht wirklich Gnade.

7 Wie steht es also? Das jüdische Volk als Ganzes hat nicht erreicht, worum es sich so sehr abmüht: die Anerkennung bei Gott. Nur die haben dieses Ziel erreicht, die Gott aus seinem Volk ausgewählt hat. Die Übrigen hat er starrsinnig gemacht, 8 wie es in den Heiligen Schriften* vorhergesagt ist: »Gott hat ihren Geist verdunkelt, sodass sie mit ihren Augen nicht sehen und mit ihren Ohren nicht hören, bis zum heutigen Tag.« 9 Und David sagt: »Ihre Opfer[b] sollen ihnen zur Schlinge und zum Fallstrick werden, zum Verderben und zum Strafgericht. 10 Lass sie blind werden, damit sie nichts mehr sehen. Beuge ihren Rücken für immer unter das Sklavenjoch!«

Juden und Nichtjuden sollen gemeinsam zum Ziel kommen

11 Ich frage nun: Haben die Juden sich an Christus gestoßen, um für immer zu Fall zu kommen? Gewiss nicht! Es ist vielmehr so: Weil sie Gottes Rettungsangebot ablehnten, wurde es den anderen Völkern gebracht, und das soll dazu führen, dass die Juden auf die anderen eifersüchtig werden und es ihnen gleichtun wollen. 12 Schon ihr Nein brachte der Welt reichen Gewinn, und dass sie bis auf den kleinen Rest ausgefallen sind, wurde für die anderen Völker eine Quelle des Segens. Wie groß wird dann erst der Segen für die Welt sein, wenn das Volk Israel in seiner Gesamtheit zu Gottes Rettungstat Ja sagt!

13 Den Nichtjuden unter euch aber sage ich: Es stimmt, dass mein Auftrag als Apostel* den nichtjüdischen Völkern gilt, und ich danke Gott dafür, dass es so ist. 14 Denn vielleicht kann ich durch meine Missionsarbeit die Angehörigen meines eigenen Volkes eifersüchtig machen und so wenigstens einige von ihnen retten. 15 Schon ihre Verstoßung hat der übrigen Welt die Versöhnung mit Gott gebracht, was wird dann erst ihre Wiederannahme bringen? Nicht weniger als die Auferstehung der Toten!

Das Bild vom Ölbaum: Warnung an die Nichtjuden

16 Wenn das erste Brot von der neuen Ernte Gott geweiht worden ist, gilt alles Brot von dieser Ernte als geweiht. Wenn die Wurzeln des Baumes Gott geweiht sind, sind es auch die Zweige.[c]

17 Nun sind einige Zweige an dem edlen Ölbaum ausgebrochen worden, und unter die übrigen wurdet ihr als neue Zweige eingepfropft. Obwohl ihr von einem wilden Ölbaum stammt, habt ihr jetzt Anteil an den guten Säften des edlen Ölbaums. 18 Darum überhebt euch nicht über die Zweige, die ausgebrochen wurden. Ihr habt keinen Grund, euch etwas einzubilden! Nicht ihr tragt die Wurzel, sondern die Wurzel trägt euch.

19 Ihr werdet vielleicht sagen: »Die Zweige sind ausgebrochen worden, um uns Platz zu machen!« 20 Gewiss, aber sie wurden ausgebrochen, weil sie nicht glaubten. Und ihr gehört nur dazu, weil ihr glaubt – und wenn ihr im Glauben* beharrt. Seid also nicht überheblich, sondern bedenkt, mit wem ihr es zu tun habt! 21 Wenn Gott schon die Juden nicht verschont hat, obwohl sie die natürlichen Zweige sind, dann wird er euch bestimmt nicht verschonen.

22 Ihr seht hier die Güte und zugleich die Strenge Gottes. Streng ist er zu denen, die sich von ihm abwenden. Gütig ist er zu euch – wenn ihr euch nur bewusst bleibt, dass ihr allein von seiner Güte lebt; sonst werdet ihr auch ausgehauen. 23 Aber auch die Juden werden wieder eingepfropft, wenn sie die Einladung zum Glauben nicht länger abweisen. Gott hat sehr wohl die Macht dazu. 24 Er hat euch als Zweige eines wilden Ölbaums ganz gegen die natürliche Ordnung in den edlen Ölbaum eingepfropft. Dann kann er erst recht die Juden als die natürlichen Zweige wieder in ihren eigenen Baum einpfropfen.

Zuletzt wird ganz Israel gerettet

25 Meine Brüder und Schwestern,[d] ich muss euch jetzt mit Gottes geheimnisvollem Plan bekannt machen.[e] Wenn ihr euch auf eure eigene Klugheit verlasst, könnt ihr leicht zu falschen Schlüssen kommen. Gott hat verfügt, dass ein Großteil des jüdischen Volkes sich gegen die Einladung zum Glauben* verhärtet. Aber das gilt nur so lange, bis alle, die er aus den anderen Völkern[f] erwählt hat, den Weg zum Heil gefunden haben. 26 Wenn das gesche-

a Paulus versucht hier eine zweite Antwort (vgl. Anmerkung zu 9,6): Die Abkehr Israels von Christus ist nicht endgültig; sie hat – als vorläufige – in Gottes Plan sogar ihren ganz bestimmten Sinn (Verse 11-12.15.28).
b Wörtlich *Ihr Tisch.* Paulus denkt möglicherweise an die Opfer im Tempel (*Tisch* = Opfertisch, Altar), die durch den Opfertod von Jesus ihren Sinn verloren haben.
c Die Bilder vom Erstlingsbrot (Num 15,19-21) und der Wurzel beziehen sich auf die in 9,5 erwähnten Stammväter Israels; vgl. Vers 28.
d Siehe Anmerkung zu 1,13.
e Paulus bezieht sich auf eine Offenbarung, die ihm zuteil geworden ist: Wenn die Vollzahl der berufenen Nichtjuden zum Glauben gefunden hat, und d.h., unmittelbar bevor Christus wiederkommt (Vers 26), wird sich ganz Israel ihm zuwenden. Paulus erwartet das in naher Zukunft (13,11).
f *anderen Völkern:* herkömmliche Übersetzung *Heiden*.*

11,1 Phil 3,5; 2 Kor 11,22; Gal 1,13-14; Apg 22,3 **11,2** 11,29; Ps 94,14; Jer 31,37 **11,3-4** *zit* 1 Kön 19,10.14.18 **11,5** 9,27 **11,6** 4,5; Gal 3,18 **11,7** 9,31 **11,8** *nach* Jes 29,10 *und* Dtn 29,3; Mk 4,12S **11,9-10** *nach* Ps 69,23-24 *und* 35,8 **11,11** 9,32; 10,19; Apg 13,46 **11,13** 1,5S **11,16** Num 15,19-21 **11,17** Eph 2,11-13 **11,18** Joh 4,22 **11,20** 1 Kor 10,12 **11,25** Mt 24,14; Joh 10,16 **11,26-27** *nach* Jes 59,20-21; 27,9; Jer 31,33-35

hen ist, dann wird das ganze Volk Israel gerettet
werden, wie es in den Heiligen Schriften* vorherge-
sagt ist: »Vom Zionsberg* wird der Retter kommen
und alle Auflehnung gegen Gott von den Nachkom-
men Jakobs nehmen. 27 Dann werde ich ihnen ihre
Verfehlungen vergeben, sagt Gott; und so erfüllt sich
der Bund*, den ich mit ihnen geschlossen habe.«
28 Im Blick auf die Gute Nachricht* gilt: Sie sind
Gottes Feinde geworden, damit die Botschaft zu
euch kommen konnte. Im Blick auf ihre Erwählung
gilt: Sie bleiben die von Gott Geliebten, weil sie die
Nachkommen der erwählten Väter sind. 29 Denn
Gott nimmt seine Gnadengeschenke nicht zurück,
und eine einmal ausgesprochene Berufung widerruft
er nicht. 30 Ihr aus den anderen Völkern habt Gott
früher nicht gehorcht; aber weil *sie* ungehorsam
waren, hat Gott jetzt *euch* sein Erbarmen geschenkt.
31 Genau entsprechend gehorchen sie Gott *jetzt*
nicht, weil er *euch* sein Erbarmen schenken wollte;
und so werden künftig auch *sie* Erbarmen finden.
32 Gott hat alle ohne Ausnahme dem Ungehorsam
ausgeliefert, weil er sich über alle erbarmen will.

Lobpreis der wunderbaren Weisheit Gottes

33 Wie unergründlich tief ist Gottes Reichtum,
wie tief seine Weisheit und seine Voraussicht!
Wie unerforschlich sind seine Gerichtsurteile,
wie unbegreiflich seine Führungen!
34 Denn wer hat die Gedanken des Herrn erkannt,
oder wer ist sein Ratgeber gewesen?
35 Wer hat ihm je ein Geschenk gemacht,
sodass er etwas dafür fordern könnte?
36 *Von* Gott kommt alles,
durch Gott lebt alles,
zu Gott geht alles.
Ihm gehört die Herrlichkeit* für immer und ewig!
Amen.

FOLGERUNGEN AUS DEM GESCHENK DER GNADE FÜR DAS LEBEN DER CHRISTEN (12,1–15,13)

Unser Leben als Gottesdienst

12 Brüder und Schwestern,[a] weil Gott so viel
Erbarmen mit euch gehabt hat, bitte und
ermahne ich euch: Stellt euer ganzes Leben Gott
zur Verfügung![b] Bringt euch Gott als lebendiges
Opfer dar, ein Opfer völliger Hingabe, an dem er
Freude hat. Das ist für euch der »vernunftgemäße«[c]
Gottesdienst. 2 Passt euch nicht den Maßstäben die-
ser Welt* an. Lasst euch vielmehr von Gott umwan-
deln, damit euer ganzes Denken erneuert wird.
Dann könnt ihr euch ein sicheres Urteil bilden, wel-
ches Verhalten dem Willen Gottes entspricht, und
wisst in jedem einzelnen Fall, was gut und gottgefäl-
lig und vollkommen ist.

Gaben und Dienste in der Gemeinde

3 In der Vollmacht, die Gott mir als Apostel* gegeben
hat,[d] wende ich mich an jeden Einzelnen von euch.
Niemand soll sich über andere erheben und höher
von sich denken, als es angemessen ist. Bleibt be-
scheiden und sucht das rechte Maß! Durch den Glau-
ben* hat jeder von euch seinen besonderen Anteil an
den Gnadengaben bekommen. Daran hat jeder den
Maßstab, nach dem er sich einschätzen soll.[e]
4 Denkt an den menschlichen Leib: Er bildet ein
lebendiges Ganzes und hat doch viele Teile, und
jeder Teil hat seine besondere Funktion. 5 So ist es
auch mit uns: Als Menschen, die zu Christus gehö-
ren, bilden wir alle ein unteilbares Ganzes; aber
als Einzelne stehen wir zueinander wie Teile mit
ihrer besonderen Funktion.
6 Wir haben ganz verschiedene Gaben, so wie
Gott sie uns in seiner Gnade zugeteilt hat. Einige
sind befähigt, Weisungen* für die Gemeinde von
Gott zu empfangen; was sie sagen, muss dem
gemeinsamen Bekenntnis entsprechen. 7 Andere
sind befähigt, praktische Aufgaben in der Gemeinde
zu übernehmen; sie sollen sich treu diesen Aufgaben
widmen. Wer die Gabe hat, als Lehrer* die Gemein-
de zu unterweisen, gebrauche sie. 8 Wer die Gabe
hat, andere zu ermahnen und zu ermutigen, nutze
sie. Wer Bedürftige unterstützt, soll sich dabei nicht
in Szene setzen. Wer in der Gemeinde eine Verant-
wortung übernimmt, soll mit Hingabe bei der Sache
sein. Wer sich um Notleidende kümmert, soll es
nicht mit saurer Miene tun.

Weisungen für ein Leben aus der Liebe

9 Die Liebe darf nicht geheuchelt sein. Verabscheut
das Böse, tut mit ganzer Kraft das Gute! 10 Liebt ein-
ander von Herzen als Brüder und Schwestern,[f] und
ehrt euch gegenseitig in zuvorkommender Weise.
11 Werdet im Eifer nicht nachlässig, sondern lasst
euch vom Geist* Gottes entflammen. Dient in allem
Christus, dem Herrn*. 12 Seid fröhlich als Menschen
der Hoffnung, bleibt standhaft in aller Bedrängnis,
lasst nicht nach im Gebet. 13 Sorgt für alle in der
Gemeinde,[g] die Not leiden, und wetteifert in der
Gastfreundschaft.
14 Wünscht denen, die euch verfolgen, Gutes. Segnet
sie,[h] anstatt sie zu verfluchen. 15 Freut euch mit den
Fröhlichen und weint mit den Traurigen. 16 Seid alle

a Siehe Anmerkung zu 1,13.
b Hier beginnt der letzte Teil des Briefes: Aus der Vergebung der Schuld und der festen Hoffnung auf die Überwindung des Todes (Kap 3–8) fließen die Kräfte für ein erneuertes Leben (vgl. Kap 6). An die Stelle eines Gottesdienstes, der Gott durch Opfer versöhnen soll, tritt das Opfer des täglichen Gehorsams als Antwort auf die von Gott schon gewährte Versöhnung.
c Paulus greift die zu seiner Zeit verbreitete Kritik am »äußerlichen« Opfergottesdienst mit seinen Tieropfern auf. Er stellt ihm aber nicht eine rein geistige Gottesverehrung entgegen, wie sie damals in bestimmten Kreisen unter diesem Schlagwort (wörtlich »logos-gemäß«) propagiert wurde, sondern den Gottesdienst des tätigen Lebens – womit er andere Formen des Gottesdienstes natürlich nicht ausschließen will.
d Wörtlich *Durch die Gnade* (= Gnadengabe des Apostelamtes), *die mir gegeben wurde.*
e *Durch den Glauben ...:* wörtlich *jeder, wie Gott (ihm) das Maß des Glaubens zugemessen hat.* Paulus spricht von den Gaben des Geistes; vgl. 1 Kor 12–14. Weil der Geist den Menschen über sich hinaushebt und auch ganz verschiedene Gaben austeilt, besteht die Gefahr falscher Selbsteinschätzung und gegenseitigen Auftrumpfens.
f Wörtlich *In der Bruderliebe* (bzw. *Geschwisterliebe*) *zueinander seid herzlich;* vgl. Sacherklärung »Bruder«.
g *alle in der Gemeinde:* wörtlich *die Heiligen*.*
h Siehe das Jesuswort Mt 5,44. Zu den Versen 17 und 19 vgl. Mt 5,39.

11,29 11,2; 15,8; 3,3-4 S **11,32** 3,22-24; Gal 3,22 **11,33** Ijob 11,7; Ps 139,17 **11,34** Ijob 15,8; Jes 40,13 **11,35** Ijob 41,3 **11,36** 1 Kor 8,6 **12,1** 6,13; 1 Petr 2,5 **12,2** Eph 4,22-24; 1 Thess 5,21 **12,3** Mk 10,43 par; 1 Kor 12,11.28; Eph 4,7 **12,4-5** 1 Kor 12,27 S **12,6-8** 1 Kor 12,4-11; 14,12; 1 Petr 4,10 **12,9** 2 Kor 6,6; 8,24; 1 Tim 1,5; 1 Petr 1,22 S; 1 Kor 13,4-7 **12,10** Gal 5,13; 6,3; Eph 4,2; Phil 2,3; Joh 13,14-15 **12,12** Lk 18,1 S **12,13** Hebr 13,2 S **12,14** Mt 5,44 S **12,15** Ijob 30,25; 1 Kor 12,26; 2 Kor 11,29 **12,16** 1 Kor 1,10-11 S; 8,1; (Verachteten) 1 Kor 1,26-28 S

miteinander auf Einigkeit bedacht. Strebt nicht hoch
hinaus, sondern haltet Gemeinschaft mit den Verach-
teten.[a] Verlasst euch nicht auf eure eigene Klugheit.
17 Wenn euch jemand Unrecht tut, dann zahlt es
niemals mit gleicher Münze heim. Seid darauf
bedacht, vor den Augen aller Menschen bestehen
zu können. 18 So weit es möglich ist und auf euch
ankommt, lebt mit allen in Frieden. 19 Nehmt keine
Rache, holt euch nicht selbst euer Recht, meine Lie-
ben, sondern überlasst das Gericht Gott. Er sagt ja in
den Heiligen Schriften:[b] »Ich bin der Rächer, ich
habe mir das Gericht vorbehalten, ich selbst werde
vergelten.« 20 Handelt vielmehr nach dem Wort:
»Wenn dein Feind hungrig ist, dann gib ihm zu
essen, und wenn er Durst hat, gib ihm zu trinken.
Dann wird es ihm bald Leid tun, dein Feind zu
sein.«[c] 21 Lass dich nicht vom Bösen besiegen, son-
dern überwinde es durch das Gute!

Weisungen für das Verhalten gegenüber staatlichen Organen

13 Alle ohne Ausnahme müssen sich den Trä-
gern der Staatsgewalt unterordnen. Denn es
gibt keine staatliche Macht, die nicht von Gott
kommt. Die jeweiligen Amtsträger sind von ihm
eingesetzt.[d] 2 Wer sich also gegen die staatliche
Ordnung auflehnt, widersetzt sich der Anordnung
Gottes, und wer das tut, zieht sich damit die Verur-
teilung im Gericht Gottes zu.
3 Vor den staatlichen Machthabern müssen sich
nicht die fürchten, die Gutes tun, sondern nur die,
die Böses tun. Wenn du also ohne Angst vor der
Staatsgewalt leben willst, dann tu, was recht ist,
und sie wird dich dafür loben. 4 Denn die staatliche
Macht steht im Dienst Gottes, um dich zum Tun
des Guten anzuspornen. Wenn du aber Böses tust,
musst du dich vor ihr fürchten. Ihre Vertreter tragen
nicht umsonst das Schwert. Sie stehen im Dienst
Gottes und vollstrecken sein Urteil an denen, die
Böses tun. 5 Darum müsst ihr euch der Staatsgewalt
unterordnen, nicht nur aus Furcht vor dem Gericht
Gottes, sondern auch, weil euer Gewissen euch dazu
anhält.
6 Deshalb zahlt ihr ja auch Steuern. Denn die
Staatsbeamten handeln als Beamte Gottes, wenn
sie beharrlich darauf bestehen. 7 Gebt also jedem,
was ihr ihm schuldig seid! Wem Steuern zustehen,
dem zahlt Steuern, wem Zoll zusteht, dem zahlt Zoll.
Wem Respekt[e] zusteht, dem erweist Respekt, und
wem Ehre zusteht, dem erweist Ehre.

Das Liebesgebot als Summe der Gebote Gottes

8 Bleibt niemand etwas schuldig – außer der Schuld,
die ihr niemals abtragen könnt: der Liebe, die ihr ei-
nander erweisen sollt. Wer den Mitmenschen liebt,
hat alles getan, was das Gesetz* fordert. 9 Ihr kennt
die Gebote: »Brich nicht die Ehe, morde nicht,
beraube niemand, blicke nicht begehrlich auf das,
was anderen gehört.« Diese Gebote und alle anderen
sind in dem *einen* Satz zusammengefasst: »Liebe dei-
nen Mitmenschen wie dich selbst.« 10 Wer liebt, fügt
seinem Mitmenschen nichts Böses zu. Also wird
durch die Liebe das ganze Gesetz erfüllt.

Leben im Licht des kommenden Tages

11 Macht Ernst damit – und das erst recht, weil ihr
wisst, was die Stunde geschlagen hat! Es ist Zeit für
euch, aus dem Schlaf aufzuwachen. Denn unsere
endgültige Rettung ist nahe;[f] sie ist uns jetzt näher
als damals, als wir zum Glauben kamen. 12 Die Nacht
geht zu Ende, bald ist es Tag. Deshalb wollen wir
alles ablegen, was zur Finsternis gehört, und wollen
uns mit den Waffen des Lichtes rüsten. 13 Wir wollen
so leben, wie es zum hellen Tag passt. Keine Sauf-
und Fressgelage, keine sexuellen Ausschweifungen,
keine Streitigkeiten und Rivalitäten! 14 Lasst Jesus
Christus, den Herrn, euer ganzes Leben bestim-

Diese Marmorstatue eines römischen Konsuls ist gleichsam ein Symbol der selbstbewussten staatlichen Macht. Paulus ruft die Christen zur Unterordnung unter die staatliche Gewalt auf (13,1-7). Im Staat sieht er eine Ordnungsmacht, die in Gottes Auftrag für Recht sorgt. Er kennt noch nicht den »totalen« Staat moderner Diktaturen; aber auch gegenüber einer Staatsmacht, die die Christen verfolgt (Offb 13), würde er vermutlich die Erfüllung der staatsbürgerlichen Pflichten im Sinn der Verse 6-7 fordern.

a Wörtlich *lasst euch herabziehen zu den Niedrigen.* Das kann auch »sächlich« auf *niedrige Dienste* bezogen werden.
b Vgl. Dtn 32,35 und Anmerkung.
c Vgl. Anmerkung zu Spr 25,22.
d Damit ist der staatlichen Macht kein Freibrief ausgestellt, sie wird vielmehr umgekehrt in die Pflicht genommen: Ihre Gewalt ist nur eine übertragene. Im Übrigen siehe die Bildlegende unten.
e Wörtlich *Furcht.* An dieser Stelle ist wohl kaum an die Gott geschuldete Furcht gedacht, wie dies in 1 Petr 2,17 der Fall ist.
f Vgl. Eph 5,14-17; Phil 4,4-5; 1 Thess 5,5-9.

12,17 Spr 20,22 S; 1 Kor 6,7; 1 Thess 5,15; 1 Petr 3,9 **12,18** Mk 9,50 S **12,19** *nach* Dtn 32,35 (Anmerkung); Mt 5,39 **12,20** *zit* Spr 25,21-22; Mt 5,44 par **13,1-7** Tit 3,1; 1 Petr 2,13-17; Apg 5,29 **13,1** Spr 8,15-16 **13,3** 1 Petr 2,14; 3,13 **13,7** Mk 12,17 par **13,8-10** 1 Kor 13,1-13; 16,14 S **13,9** *zit* Dtn 5,17-21; *zit* Lev 19,18; Mk 12,31 S **13,10** Mt 7,12 S **13,11-12** 1 Thess 5,5-8; 1 Joh 2,8; Eph 5,14-16; 6,11.13; 1 Kor 15,34 **13,13** Eph 5,18; Lk 21,34

men,[a] und hätschelt nicht eure alte selbstsüchtige Natur,[b] damit die Begierden keine Macht über euch gewinnen.

Die »Starken« und die »Schwachen« dienen demselben Herrn

14 Haltet Gemeinschaft mit denen, die einen schwachen Glauben haben! Streitet nicht mit ihnen über unterschiedliche Auffassungen! 2 Die einen sind überzeugt, dass ihr Glaube ihnen erlaubt, *alles* zu essen. Die anderen haben Angst, sich zu versündigen, und essen lieber nur Pflanzenkost.[c] 3 Wer Fleisch isst, soll die anderen nicht verachten; aber wer kein Fleisch isst, soll die anderen auch nicht verurteilen, denn Gott hat sie ja in seine Gemeinschaft aufgenommen. 4 Wie kommst du dazu, den Sklaven oder die Sklavin eines anderen zur Rechenschaft zu ziehen? Es geht nur ihren Herrn etwas an, ob sie stehen oder fallen. Sie werden aber stehen bleiben; denn ihr Herr hat die Macht, sie aufrecht zu halten.

5 Die einen beachten an bestimmten Tagen besondere Regeln;[d] für die anderen sind alle Tage gleich. Es kommt nur darauf an, dass jeder nach seiner festen Überzeugung handelt. 6 Wer besondere Regeln beachtet, tut es für den Herrn*, für Christus. Auch wer alles isst, tut es für den Herrn; denn er dankt ja Gott für das, was er isst. Und auch wer nur Pflanzenkost isst, tut es für den Herrn und dankt Gott dafür.

7 Niemand von uns lebt für sich selbst und niemand stirbt für sich selbst. 8 Wenn wir leben, leben wir für den Herrn, und wenn wir sterben, sterben wir für den Herrn. Wir gehören dem Herrn im Leben und im Tod. 9 Denn Christus ist gestorben und wieder lebendig geworden, um Herr zu sein über alle, Tote wie Lebende.

10 Warum verurteilst du dann deinen Bruder oder deine Schwester?[e] Und du, warum verachtest du sie? Wir werden alle einmal vor Gott stehen und von ihm gerichtet werden. 11 In den Heiligen Schriften* heißt es ja: »So gewiss ich, der Herr, lebe: Alle werden vor mir auf die Knie fallen, alle werden Gott die Ehre geben.« 12 So wird also jeder Einzelne von uns sich für sein eigenes Tun verantworten müssen.

Rücksicht der »Starken« auf die »Schwachen«

13 Hören wir also auf, uns gegenseitig zu verurteilen! Seid vielmehr kritisch gegen euch selbst, wenn ihr euch im Glauben stark fühlt, und vermeidet alles, was einem Bruder oder einer Schwester[f] Anstoß bereiten oder sie zu Fall bringen kann. 14 Gewiss, ich bin davon überzeugt und kann mich dafür auf Jesus, den Herrn*, berufen:[g] Es gibt nichts, was aus sich heraus unrein* ist und deshalb nicht gegessen werden darf.[h] Aber wenn jemand etwas für unrein hält, dann ist es für die betreffende Person tatsächlich unrein. 15 Wenn du also deinen Bruder oder deine Schwester bloß wegen einer Speise in Verwirrung stürzt und im Glauben irremachst, dann lebst du nicht mehr in der Liebe. Bring nicht durch dein Essen den Bruder oder die Schwester ins Verderben, für die Christus gestorben ist!

16 Bringt das Gute, was Gott euch geschenkt hat, nicht in Verruf. 17 Denn wo Gott seine Herrschaft aufrichtet, geht es nicht um Essen und Trinken, sondern um ein Leben unter der rettenden Treue Gottes und in Frieden* und Freude,[i] wie es der Heilige Geist* schenkt. 18 Wer Christus mit einem solchen Leben dient, gefällt Gott und wird von den Menschen geachtet.

19 Wir wollen also alles daransetzen, dass wir in Frieden miteinander leben und einander in unserem Glauben fördern. 20 Ihr als Gemeinde seid Gottes Werk – zerstört es nicht wegen einer Essensfrage! Gewiss, alles ist rein*; aber es ist schlimm, wenn jemand etwas mit schlechtem Gewissen isst und dadurch zu Fall kommt. 21 Deshalb tust du gut daran, kein Fleisch zu essen und keinen Wein[j] zu trinken und auch sonst alles zu unterlassen, was deinen Bruder oder deine Schwester[k] zu Fall bringen könnte.

22 Wenn du einen starken Glauben hast, dann habe ihn für dich selbst, als eine Sache zwischen dir und Gott. Freuen darf sich, wer seiner Sache sicher ist und sich nicht selbst verurteilen muss. 23 Wer aber beim Essen ein schlechtes Gewissen hat, *ist* schon verurteilt. Denn er handelt nicht so, wie es dem Glauben*, dem Vertrauen auf Jesus Christus, entspricht. Und alles Tun, das nicht aus dem Glauben kommt, ist Sünde.

Dem Beispiel folgen, das Christus gegeben hat

15 Wenn wir einen starken Glauben haben, ist es unsere Pflicht, die anderen in ihren Schwächen mitzutragen, anstatt selbstgefällig nur an uns zu denken. 2 Jeder von uns soll seinem Mitmenschen zu Gefallen leben, natürlich im guten Sinn, und das heißt so, dass damit die Gemeinschaft gefördert und die Gemeinde aufgebaut wird.[l] 3 Auch Christus hat ja nicht sich selbst zu Gefallen gelebt, sondern so, wie es in den Heiligen Schriften* vorhergesagt war: »Die Schmähungen, mit denen man dich, Gott, lästert, sind auf mich gefallen.«

4 Was in den Heiligen Schriften steht, wurde im Voraus aufgeschrieben, damit wir den Nutzen davon haben.[m] Es soll uns zum geduldigen Ertragen anleiten und uns Mut machen, an der gewissen Hoffnung auf die endgültige Erlösung festzuhalten. 5 Gott, der

a Wörtlich *Zieht den Herrn* Jesus Christus an;* vgl. Gal 3,27; Eph 4,24; Kol 3,9-10.
b Wörtlich *und sorgt nicht für das Fleisch*.*
c Aus Rücksicht auf die Nahrungsvorschriften* des jüdischen Gesetzes. Bemerkenswert, dass Paulus *beiden* Seiten ins Gewissen redet.
d Gedacht ist offenbar an den Sabbat* und an jüdische Fasttage*.
e Wörtlich *deinen Bruder*.*
f Wörtlich *dem Bruder*;* entsprechend zweimal in Vers 15.
g Mt 15,11. Zum Folgenden siehe Vers 23.
h *und deshalb ...:* verdeutlichender Zusatz.
i Wörtlich *Die Königsherrschaft* Gottes ist nicht Essen und Trinken, sondern Gerechtigkeit* und Frieden und Freude.*
j Wenn vom Wein ein Trankopfer für die Götter dargebracht worden war, entstand dasselbe Problem wie beim Opferfleisch; vgl. Sacherklärung »Nahrungsvorschriften«.
k Wörtlich *deinen Bruder*.*
l Denselben Grundsatz macht Paulus in 1 Kor 8,1 und 10,23-24 geltend.
m Wörtlich *zu unserer Belehrung;* vgl. Sacherklärung »Lehrer«.

14,5 Gal 4,10 **14,6** 1 Tim 4,3-5 **14,7-9** 2 Kor 5,14-15; Gal 2,19-20 **14,10** 2,6 S **14,11** *nach* Jes 49,18 *und* 45,23; Phil 2,10-11 **14,12** Gal 6,5 **14,13** 1 Kor 10,32 **14,14** Mk 7,15 S **14,15** 1 Kor 8,11-13 **14,17** Gal 5,22-24 **14,21** 1 Kor 8,13 **15,1** 14,1-2; 1 Kor 10,23-24; Gal 6,2 **15,2** 1 Kor 8,1b S **15,3** *nach* Ps 69,10 **15,4** 1 Kor 10,11; 2 Tim 3,16 **15,5** Phil 2,2-5

Geduld und Mut schenkt, gebe euch, dass ihr alle in der gleichen Gesinnung miteinander verbunden seid, so wie es Jesus Christus gemäß ist. 6 Dann werdet ihr alle einmütig und wie aus einem Mund den Gott und Vater unseres Herrn Jesus Christus preisen.

Alle werden gemeinsam Gott preisen

7 Lasst einander also gelten und nehmt euch gegenseitig an, so wie Christus euch angenommen hat. Das dient zum Ruhm und zur Ehre Gottes.

8 Denn das sage ich: Christus ist ein Diener der Juden[a] geworden, um Gottes *Treue*[b] zu bezeugen. Durch ihn hat Gott die Zusagen eingelöst, die er ihren Vorfahren gegeben hatte. 9 Die anderen Völker aber haben Grund, Gott für sein *Erbarmen* zu rühmen, wie es schon in den Heiligen Schriften* heißt: »Dafür will ich dich, Herr, preisen unter den Völkern und deinen Ruhm besingen.«

10 Es heißt dort auch: »Jubelt, ihr Völker, zusammen mit Gottes erwähltem Volk!« 11 Und weiter: »Preist den Herrn, alle Völker; alle Nationen sollen ihn rühmen!« 12 Und der Prophet Jesaja sagt: »Es kommt der Spross aus der Wurzel Isais,[c] er steht auf, um über die Völker zu herrschen. Auf ihn werden Menschen aller Völker ihre Hoffnung setzen.«

13 Ich bitte Gott, auf den sich unsere Hoffnung gründet, dass er euch in eurem Glauben mit aller Freude und allem Frieden* erfüllt, damit eure Hoffnung durch die Kraft des Heiligen Geistes* immer stärker und unerschütterlicher wird.

REISEPLÄNE DES APOSTELS UND BRIEFSCHLUSS (15,14–16,27)

Warum Paulus so offen schreibt

14 Liebe Brüder und Schwestern,[d] ich bin ganz sicher: Ihr seid von allem guten Willen erfüllt und seid euch voll bewusst, was Gott für euch getan hat. Darum könnt ihr euch auch selbst gegenseitig ermahnen.

15 Ich habe in diesem Brief zum Teil sehr deutliche Worte gebraucht; aber ich habe den ganzen Brief nur geschrieben, um euch in Erinnerung zu rufen, was die Grundlagen unseres Glaubens sind.[e] Und dazu bin ich bevollmächtigt durch den Auftrag, den Gott mir gegeben hat. 16 Denn er hat mich dazu berufen, Jesus Christus zu dienen und ihn unter den nichtjüdischen Völkern zu verkünden. Gleichsam als Priester im Dienst der Guten Nachricht* arbeite ich darauf hin, dass die Menschen dieser Völker eine Opfergabe für Gott werden – eine Gabe, die Gott Freude macht, weil sie durch den Heiligen Geist* selbst heilig* gemacht worden ist.

17 Wenn ich darauf vor Gott stolz sein kann, dann nur, weil Jesus Christus mich in seinen Dienst genommen hat. 18 Ich nehme mir nicht heraus, die Botschaft auf eigene Verantwortung zu verkünden. Christus selbst hat durch mich, durch mein Reden und Tun, bewirkt, dass Menschen aus allen Völkern sich Gott im Gehorsam unterstellt haben. 19 Er selbst erwies hier seine Macht, in Staunen erregenden Wundern und durch das Wirken des Heiligen Geistes*.

So war es mir möglich, von Jerusalem aus in weitem Bogen bis nach Illyrien die Gute Nachricht von Christus zu verbreiten.[f] 20 Dabei war es mir stets eine Ehrensache, die Botschaft nur dort zu verkünden, wo man noch nichts von Christus gehört hatte. Ich wollte nicht auf einem Fundament aufbauen, das ein anderer gelegt hat. 21 Vielmehr richtete ich mich nach dem Wort in den Heiligen Schriften*: »Gerade die sollen ihn kennen lernen, denen noch nichts von ihm gesagt worden ist. Eben die sollen zur Einsicht kommen, die noch nie etwas davon gehört haben.«

Paulus will nach Rom kommen

22 Weil mich diese Aufgabe ganz ausgefüllt hat, war ich bisher immer verhindert, zu euch zu kommen. 23 Jetzt finde ich in diesen Gegenden kein neues Missionsfeld mehr;[g] es ist aber seit vielen Jahren mein Wunsch, euch zu besuchen, 24 wenn ich nach Spanien reise. So hoffe ich nun, dass ich euch auf dem Weg dorthin sehen kann und von euch für die Weiterreise mit allem Nötigen ausgestattet werde. Doch vorher möchte ich mich eine Weile an eurer Gemeinschaft stärken.

25 Zunächst gehe ich jetzt nach Jerusalem, um der Gemeinde dort[h] Hilfe zu bringen. 26 Die Christen in Mazedonien und Achaia haben nämlich beschlossen, für die Armen der dortigen Gemeinde Geld zu sammeln. 27 Sie haben sich freiwillig dazu entschlossen, und sie stehen ja auch in deren Schuld. Als Angehörige der anderen Völker haben sie am geistlichen Reichtum der Christen in Jerusalem Anteil bekommen; dafür müssen sie ihnen nun auch mit irdischen Gütern aushelfen.

28 Wenn ich diese Angelegenheit zum Abschluss gebracht und ihnen den Ertrag der Sammlung ordnungsgemäß übergeben habe, möchte ich auf dem Weg über euch nach Spanien reisen. 29 Ich weiß, wenn ich zu euch komme, werde ich euch die ganze Fülle des Segens mitbringen, den Christus schenkt.

30 Brüder und Schwestern,[i] im Namen unseres Herrn* Jesus Christus und bei der Liebe, die der Heilige Geist* schenkt, bitte ich euch inständig: Betet

15,8 Mt 15,24; Apg 3,25-26 **15,9** 11,30; *zit* Ps 18,50 **15,10** *nach* Dtn 32,43 **15,11** *zit* Ps 117,1 **15,12** *nach* Jes 11,10 (vgl. 11,1) **15,15-16** 1,5 S **15,16** Phil 2,17 S **15,18** 2 Kor 3,5 **15,19** 2 Kor 12,12 S; Mk 16,17-18 **15,20** 2 Kor 10,15-16; 1 Kor 3,10-12 **15,21** *nach* Jes 52,15 **15,22-24** 1,9-13 **15,25** Apg 19,21; 20,22; 24,17 **15,26** Apg 11,30; 1 Kor 16,1; 2 Kor 8,4; 9,1-2.12; Gal 2,10 **15,27** 1 Kor 9,4.11.14; Gal 6,6 **15,30** 2 Kor 1,11; Eph 6,19; Kol 4,3-4; 1 Thess 5,25; 2 Thess 3,1-2 **15,30** 2 Kor 1,11; Eph 6,19; Kol 4,3-4; 1 Thess 5,25; 2 Thess 3,1-2

a Jesu Sendung galt zunächst Israel; vgl. 1,16; 2,9 und Mt 10,5-6; 15,24. Der übernächste Satz denkt an die Zusage von Gen 12,2-3 und Vergleichsstellen; vgl. Röm 4; Gal 3.
b *Treue* und *Erbarmen* (in Vers 9) bilden im Alten Testament ein festes Begriffspaar, mit dem häufig das heilschaffende Handeln Gottes zusammenfassend beschrieben wird (wobei die Übersetzung statt *Erbarmen* in der Regel »Güte« oder »Liebe« verwendet; vgl. Ex 34,6; Ps 98,3; Mi 7,20; für das Neue Testament vgl. Joh 1,14.17).
c Der erwartete und in Jesus erschienene Messias (nach Jes 11,10).
d Siehe Anmerkung zu 1,13.
e *aber ich habe …:* wörtlich *wie um euch zu erinnern.* Das griechische Wort für »erinnern« bezieht sich auf die Wiederholung bekannter Überlieferungen; Paulus denkt hier also nicht nur an die vorstehenden Ermahnungen, sondern an den Inhalt des gesamten Briefes.
f Vgl. zu den Missionsreisen des Apostels die Skizzen auf den Seiten 193, 198, 202. Illyrien grenzt nördlich an Mazedonien, wo Paulus mehrere Gemeinden gegründet hat.
g Paulus sieht seinen Auftrag erfüllt, wenn in den Hauptorten eines Gebietes christliche Gemeinden entstanden sind. Nach Mk 13,10 muss die Gute Nachricht vor der Wiederkunft Jesu auf der ganzen Welt (d.h. für Paulus: im ganzen Römischen Reich) verkündet werden.
h *der Gemeinde dort:* wörtlich *den Heiligen**; entsprechend in Vers 26 und für *Gläubigen* in Vers 31.
i Siehe Anmerkung zu 1,13.

für mich zu Gott! Setzt euch in euren Gebeten zusammen mit mir dafür ein, 31 dass ich vor den Nachstellungen der Ungläubigen in Judäa gerettet werde und dass meine Hilfe für Jerusalem von den Gläubigen dort gut aufgenommen wird.[a] 32 Dann kann ich, wenn Gott es will, voll Freude zu euch kommen und mich bei euch von den Mühen erholen.

33 Gott, der Frieden* schenkt, sei mit euch allen! Amen*.

Empfehlung für Phöbe und persönliche Grüße

16 Ich empfehle euch unsere Schwester Phöbe; sie ist Diakonin* der Gemeinde in Kenchreä.[b] 2 Nehmt sie auf im Namen des Herrn*, wie es sich für Christen[c] gehört. Gebt ihr jede Hilfe, die sie braucht. Sie selbst hat vielen geholfen, auch mir.

3 Grüßt[d] Priska und ihren Mann Aquila, meine Mitarbeiter im Dienst für Jesus Christus. 4 Unter Einsatz ihres Lebens haben sie mich vor dem Tod gerettet. Nicht nur ich schulde ihnen dafür Dank, sondern auch alle nichtjüdischen Gemeinden. 5 Grüßt auch die Gemeinde, die sich in ihrem Haus versammelt.

Grüßt meinen lieben Epänetus. Er war der Erste, der in der Provinz Asien* zum Glauben kam.[e] 6 Grüßt Maria, die sich so viel für euch abgemüht hat. 7 Grüßt Andronikus und Junia,[f] meine jüdischen Landsleute, die mit mir gefangen waren. Sie nehmen unter den Aposteln* einen hervorragenden Platz ein und sind schon vor mir Christen geworden.

8 Grüßt meinen lieben Ampliatus, mit dem ich durch den Herrn* verbunden bin. 9 Grüßt Urbanus, unseren Mitarbeiter im Missionsdienst, und meinen lieben Stachys. 10 Grüßt Apelles, der sich als Christ bewährt hat. Grüßt die Leute im Haus von Aristobul. 11 Grüßt meinen Landsmann Herodion und die Christen im Haus von Narzissus. 12 Grüßt Tryphäna und Tryphosa, die sich tatkräftig für die Gemeinde einsetzen, und die liebe Persis, die sich im Dienst des Herrn so viel abgemüht hat.

13 Grüßt Rufus, den erwählten Christen, und seine Mutter, die auch für mich zu einer Mutter geworden ist. 14 Grüßt Asynkritus, Phlegon, Hermes, Patrobas, Hermas und die Brüder und Schwestern[g] bei ihnen. 15 Grüßt Philologus und Julia, Nereus und seine Schwester sowie Olympas und alle Christen,[h] die sich bei ihnen versammeln.

16 Grüßt euch gegenseitig mit dem Friedenskuss*! Alle Gemeinden, die sich zu Christus bekennen, lassen euch grüßen.

Eine dringliche Mahnung

17 Ich bitte euch sehr, meine Brüder und Schwestern: Nehmt euch in Acht vor denen, die Spaltungen hervorrufen und etwas anderes lehren, als was ihr gelernt habt. Sie wollen euch von eurem Glauben abbringen. Geht ihnen aus dem Weg! 18 Solche Menschen dienen nicht Christus, unserem Herrn*, sondern nur ihrem eigenen aufgeblähten Ich.[i] Mit schönen Worten und einschmeichelnden Reden führen sie arglose Menschen in die Irre.

19 Von euch hört man überall, dass ihr euch im Gehorsam Gott unterstellt habt. Deshalb freue ich mich über euch. Ich möchte aber, dass ihr mit Klugheit das Gute wählt und mit Entschiedenheit euch vom Bösen abwendet. 20 Es dauert nicht mehr lange, bis Gott, der uns Frieden* schenkt, euch den endgültigen Sieg über den Satan* geben wird.

Die Gnade unseres Herrn Jesus Christus sei mit euch!

Grüße aus der Umgebung von Paulus

21 Mein Mitarbeiter Timotheus lässt euch grüßen, ebenso grüßen euch meine Landsleute Luzius, Jason und Sosipater.

22 Ich, Tertius, der diesen Brief nach Diktat niedergeschrieben hat,[j] grüße euch als einer, der mit euch durch den Herrn* verbunden ist.

23 Es grüßt euch Gaius, mein Gastgeber und der Gastgeber der ganzen Christenheit.[k] Es grüßen euch Erastus, der Stadtkämmerer, und der Bruder Quartus.°[l]

Abschließendes Lobgebet

25 Preis und Dank sei Gott!
Er hat die Macht, euch in eurem Glaubensstand
zu festigen.
So bezeugt es die Gute Nachricht*,
die ich verkünde,
die Botschaft von Jesus Christus.
Sie offenbart den geheimen Plan,
der seit Urzeiten verborgen gehalten,
26 jetzt aber enthüllt worden ist.
Auf Befehl des ewigen Gottes
ist er in prophetischen Schriften[m]
bekannt gemacht worden,
damit alle Völker sich Gott im Gehorsam
unterstellen und ihm vertrauen.
27 Ihm, dem allein weisen Gott,
gehört die Herrlichkeit* durch Jesus Christus
in Ewigkeit! Amen.

a Die Besorgnis war nur zu begründet (siehe Apg 21,27-36 und 21,20-24).
b Kenchreä ist der Osthafen von Korinth, Phöbe wahrscheinlich die Überbringerin des Briefes.
c Wörtlich *für die Heiligen**.
d Die folgende Grußliste enthält die Namen von Personen, mit denen Paulus in Kleinasien und Griechenland in Verbindung stand und die jetzt offenbar in Rom sind. Will Paulus damit andeuten, dass er zur römischen Gemeinde nicht als ein Unbekannter und Uneingeführter kommt?
e Wörtlich *Er ist die Erstlingsgabe der Provinz Asien für Christus;* siehe Sacherklärung »Erstling«.
f Es handelt sich mit großer Wahrscheinlichkeit um einen Frauennamen; siehe Sacherklärung »Junia«.
g Siehe Anmerkung zu 1,13; ebenso für Vers 17.
h Wörtlich *alle Heiligen**.
i Wörtlich *sondern ihrem Bauch;* vgl. Phil 3,19.
j Paulus diktiert, wie im Altertum üblich, seine Briefe einem Schreiber.
k Er hat ein offenes Haus für alle durchreisenden Christen.
l Zu Vers 24 siehe die Anmerkungen zum Bibeltext im Anhang.
m Falls die abschließenden Verse nachträglich hinzugefügt wurden, wird hier vermutlich schon auf Schriften des in Entstehung befindlichen Neuen Testaments hingewiesen; »prophetisch« sind sie, sofern sie die Erfüllung der prophetischen Voraussagen in Jesus Christus bezeugen.

15,31 Apg 21,11; 1 Thess 2,14-15 **16,1** Apg 18,18 **16,3** Apg 18,2S **16,5** (Hausgemeinde) 1 Kor 16,19; Kol 4,15; Phlm 2; (der Erste) 1 Kor 16,15 **16,13** Mk 15,21 **16,16** (Friedenskuss) 1 Kor 16,20; 2 Kor 13,12; 1 Thess 5,26; 1 Petr 5,14 **16,17** 2 Thess 3,6; Tit 3,9-10; Mt 7,15S; 2 Joh 10 **16,18** Phil 3,19; Kol 2,4 **16,19** 1,8 **16,21** 1 Kor 4,17S **16,23** 2 Tim 4,20S **16,25** Eph 1,9; 3,4-5; Kol 1,26

Gottesdienst zur Zeit des Neuen Testaments

Seit der Zeit Salomos, vor allem aber seit der Reform König Joschijas (2. Könige 22–23) war der Tempel in Jerusalem der gottesdienstliche Mittelpunkt Israels.

Der Tempel von Herodes

Nach der Rückkehr aus der babylonischen Gefangenschaft war der Tempel in den alten Maßen und in der alten Bauweise wieder aufgebaut worden. Dieser Tempel wurde von Herodes dem Großen (37–4 v. Chr.) durch einen gewaltigen Neubau ersetzt, dessen Gesamtanlage die heute noch vorhandene, z. T. durch Untermauerung künstlich hergestellte Plattform von 500 × 300 m bedeckte. Die entscheidenden Räume des eigentlichen Tempelhauses – Heiligtum und Allerheiligstes – behielten freilich die Maße des salomonischen Tempels bei (vgl. 1. Könige 6,14-20).
Im Unterschied zu anderen Tempeln befand sich im Allerheiligsten des Jerusalemer Tempels kein Bild der Gottheit. Zur Zeit Salomos stand hier lediglich die Bundeslade mit den Gesetzestafeln. Doch ging sie bei der Zerstörung des Tempels durch die Babylonier 587 v. Chr. verloren. Das Allerheiligste galt als der Ort der Gegenwart Gottes inmitten seines Volkes. Es war von dem davor gelegenen Raum, dem Heiligtum, durch einen Vorhang getrennt, der nach dem Bericht von Markus 15,38 (und Parallelen) beim Tod Jesu von oben bis unten zerriss.

Die Tempelvorhöfe

Unmittelbar um das Tempelgebäude herum lag der Vorhof der Priester. In ihm stand, östlich vor dem Eingang des Tempelhauses, der Brandopferaltar. Um den Vorhof der Priester herum und von diesem nur durch eine Brustwehr getrennt, lag der Vorhof der Männer Israels. Östlich an diesen schloss sich der Vorhof der Frauen Israels an. Der ganze Komplex war von einem weiteren, sehr großen Vorhof umgeben, der auch für Nichtjuden offen stand. Die inneren Vorhöfe zu betreten war Nichtjuden dagegen bei Todesstrafe verboten. Der große äußere Vorhof war von einer Mauer umgeben, an der entlang nach innen zu offene Hallen verliefen, die durch eine doppelte, auf der Südseite sogar durch eine vierfache Säulenreihe gegliedert waren. In diesen Hallen versammelte man sich, um auf die Unterweisung der Gesetzeslehrer zu hören.
An den hohen Festen – vor allem am Passafest – strömten Pilger aus aller Welt in Jerusalem zusammen und brachten ihre Opfergaben zum Tempel, z. B. das Lamm für das Passamahl. Jeder erwachsene jüdische Mann hatte jährlich auch einen Geldbetrag für den Unterhalt des Tempels beizusteuern. Um den Festpilgern den Kauf von Opfertieren und die Bezahlung der Tempelsteuer in der dafür festgelegten Währung zu ermöglichen, waren in einem abgegrenzten Bereich des äußeren Vorhofs mit Billigung der Tempelbehörde entsprechende Verkaufs- und Geldwechselstände eingerichtet (vgl. Markus 11,15 und die Parallelen). Von den vierundzwanzig Priestergruppen (vgl. 1 Chronik 24,7-19) hatte jede nach einer festen Ordnung zweimal im Jahr für je eine Woche den Opferdienst im Jerusalemer Tempel zu versehen. Die Aufgaben für die einzelnen Tage wurden durch das Los bestimmt. Bei der großen Zahl der Priester hatte jeder höchstens einmal in seinem Leben das Glück, das Räucheropfer im Inneren des Tempelhauses darbringen zu dürfen (vgl. Lukas 1,8-10). Für den Tempelgottesdienst gab es auch eigens ausgebildete Sänger und Musikanten.

Freie Nachbildung des herodianischen Tempels mit den inneren Vorhöfen.

Ein Rabbi in Tunis beim Studium des Gesetzes.

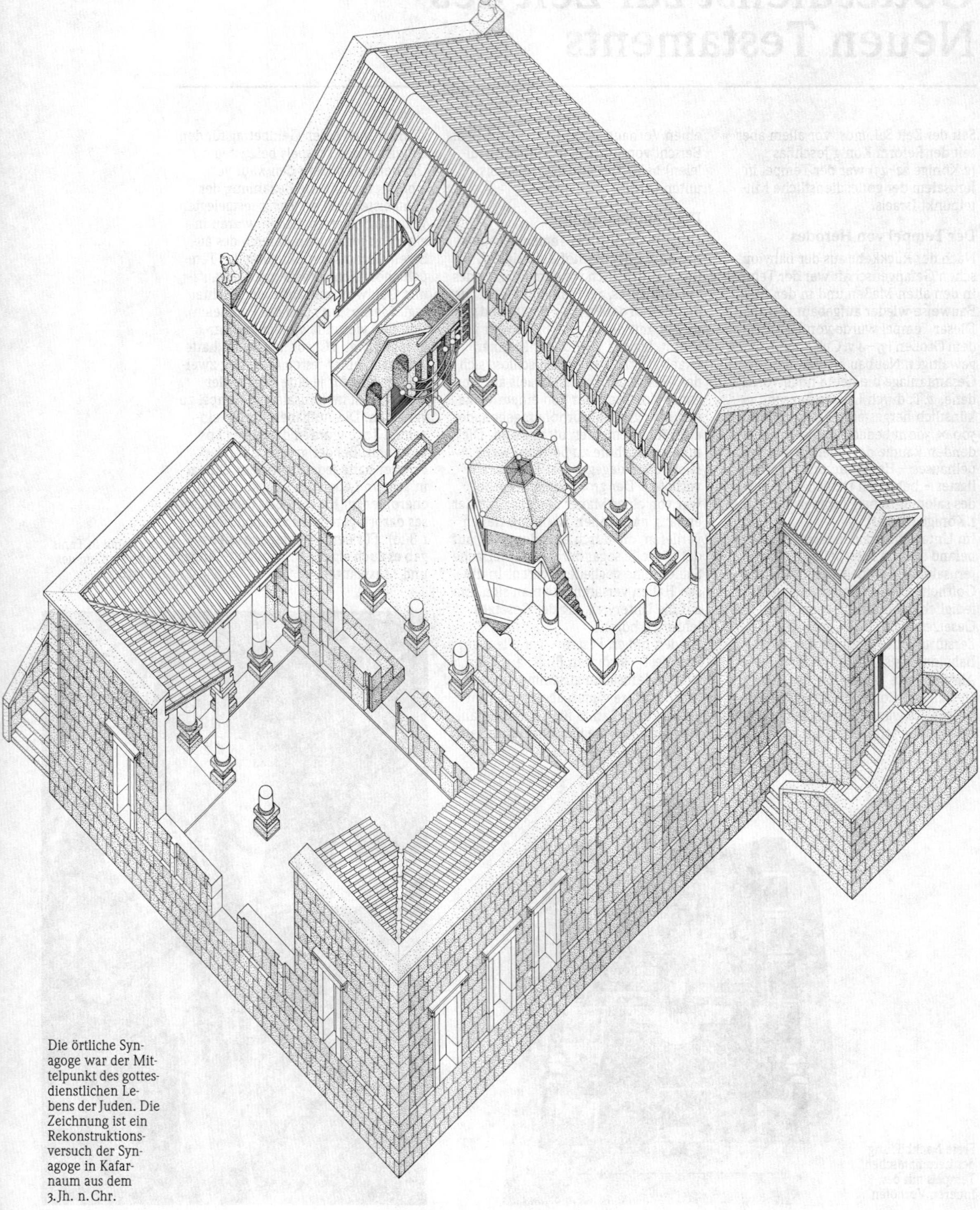

Die örtliche Synagoge war der Mittelpunkt des gottesdienstlichen Lebens der Juden. Die Zeichnung ist ein Rekonstruktionsversuch der Synagoge in Kafarnaum aus dem 3. Jh. n. Chr.

Die Synagoge

Aus der Zeit der babylonischen Verbannung, als die Juden fern von Jerusalem und dem Tempel leben mussten, stammt der Brauch, sich in ›Synagogen‹ (von griech. *synagoge* = Versammlung) zu gemeinsamem Gottesdienst einzufinden. Die Synagogen waren Stätten der Unterweisung im Gesetz Moses und nahmen als solche auch die Aufgaben einer Elementarschule wahr: Die Jungen mussten lesen lernen, um sich mit den Büchern des Gesetzes beschäftigen zu können. Die rechte Auslegung des Gesetzes wurde diskutiert und durch Auswendiglernen angeeignet und weitergegeben. Auch bei Jesus und seinen Jüngern finden wir synagogale Lehrmethoden (Gleichnisse, Streitgespräche in Frage und Gegenfrage).

In neutestamentlicher Zeit war es für die Juden in Israel und überall in der Welt die Regel, am Sabbat (= Samstag) den Synagogengottesdienst zu besuchen. Auch Jesus hielt sich daran und nutzte die Gelegenheit, um den Versammelten seine Verkündigung und Lehre vorzutragen (z.B. Lukas 4,16-21). Synagogen waren im Idealfall so angelegt, dass die Gemeinde in Richtung Jerusalem schaute. In der Mitte des Raumes stand ein hölzernes Lesepult. Die Schriftrollen wurden seitlich in einem hölzernen Schrein aufbewahrt. Frauen saßen, von den Männern getrennt, hinter einem Vorhang oder einer Zwischenwand, in späterer Zeit auf Emporen.

Der Synagogengottesdienst bestand aus Psalmengesang (ohne instrumentale Begleitung), Gebet (stehend verrichtet) und Schriftlesung (der Vorleser steht). Der verlesene Abschnitt wurde ausgelegt (dabei sitzt der, der die Auslegung gibt). Es wurde jeweils ein Abschnitt aus dem Gesetz Moses (Bücher Genesis bis Deuteronomium) und den Büchern der Propheten gelesen. Jeder erwachsene Israelit, der des Lesens kundig war, konnte vom Synagogenvorsteher aufgefordert werden, die Lesung vorzutragen und eine Auslegung dazu zu geben (vgl. Lukas 4,16-21; Apostelgeschichte 13,15).

Gesetzeslehrer

Letztlich war das Volk allerdings angewiesen auf berufsmäßige Lehrer, die ›Gesetzeslehrer‹. Sie beherrschten die hebräische Sprache, in der das Gesetz geschrieben war, während die meisten Juden zur Zeit des Neuen Testaments das Hebräische nicht mehr verstanden. Sie waren darin ausgebildet, die Vorschriften des Mosegesetzes auf die Situationen des Alltags anzuwenden. Die Gesetzeslehrer waren daher die bevorzugten Schriftausleger im Synagogengottesdienst und unterwiesen darüber hinaus das Volk sowohl in den Synagogen des Landes als auch am Tempel in Jerusalem.

Christliche Zusammenkünfte

Das Leben der jungen Christengemeinden vollzog sich in Zusammenkünften der verschiedensten Art. Die Jerusalemer Urgemeinde löste sich keineswegs vom Tempel. Vielmehr waren die Hallen des äußeren Vorhofs für sie ein wichtiger Versammlungsort, an dem die Christen um ihre jüdischen Glaubensbrüder warben (Lukas 24,53; Apostelgeschichte 2,46a; 3; 5,12-14).

Das ›innere‹ Leben der Gemeinde vollzog sich jedoch vornehmlich in Privathäusern. Gemeinsame Mahlzeiten bildeten oft den Rahmen. Man sang Psalmen und Hymnen, betete und las in den Heiligen Schriften des Alten Testaments. Hinzu kamen jedoch Berichte über die Worte und Taten Jesu, und in den Gesprächen und ›Predigten‹ ging es vor allem um den Nachweis, dass das Alte Testament in Jesus seine Erfüllung gefunden hat, sowie um die Anwendung der Weisungen Jesu auf das tägliche Leben. Oft wird mit der gemeinsamen Mahlzeit die Feier des Abendmahles eng verbunden gewesen sein. Das Teilen des Brotes im Abendmahl, Zeichen des neuen Bundes zwischen Gott und den Menschen, bestimmte Inhalt und Form urchristlichen Gemeindelebens (Apostelgeschichte 2,42-47).

Die geschilderte Form häuslicher Zusammenkünfte bildete auch den Rahmen christlicher Versammlungen in den von Paulus gegründeten Gemeinden Kleinasiens und Griechenlands. Was für ein überreiches Leben sich bei diesen Zusammenkünften entfaltete – und auch welche Probleme sich dabei einstellten –, lässt sich vor allem dem ersten Korintherbrief des Apostels entnehmen (11,17-34; 12; 14). In den Paulusbriefen (und an anderen Stellen des Neuen Testaments) ist uns auch manches an Hymnen und formulierten Glaubensbekenntnissen dieser frühen Zeit erhalten geblieben (Römer 1,3-4; 1 Korinther 15,3-7; Philipper 2,6-11; Kolosser 1,15-20; 1 Timotheus 3,16). Der normale Versammlungstag der Christen war nicht mehr der Sabbat, sondern der Tag der Auferstehung Jesu, der Sonntag (Apostelgeschichte 20,7; Offenbarung 1,10). In jüdischer Umgebung – und in der weiten griechisch-römischen Welt ohnehin – war dieser Tag ein gewöhnlicher Arbeitstag. Die Zusammenkünfte mussten daher in der Frühe oder abends stattfinden.

Den Kern christlicher Gemeinden bildeten oft Menschen, denen der Synagogengottesdienst geläufig war, weil sie zuvor als Juden oder als interessierte Nichtjuden daran teilgenommen hatten (Apostelgeschichte 13,42-43; 14,1; 17,4). So ist es nicht verwunderlich, dass die christlichen Gemeinden auf bewährte Formen des synagogalen Gottesdienstes zurückgriffen. Standen dort die Verlesung von Gesetz und Propheten im Mittelpunkt, so wurde nun in der christlichen Versammlung die Verlesung der Apostelbriefe und der Evangelien zur Hauptsache und den Abschluss der christlichen Versammlung bildete die Feier des Abendmahls.

Ein jüdischer Junge gilt ab seinem 13. Geburtstag als erwachsener Mann. Er ist ein ›Bar Mizwa‹, ein ›Sohn des Gesetzes‹. Seit dem 15. Jh. wird dieser Tag mit einem besonderen Gottesdienst gefeiert, in dem der Junge zum ersten Mal einen Abschnitt aus dem Gesetz vortragen darf.

1 KORINTHER

In eineinhalbjähriger Tätigkeit hatte Paulus in der Hafenstadt Korinth eine blühende Gemeinde gegründet (Apg 18,1-17). Die Stadt Korinth war ein bedeutender Umschlagplatz zwischen Ost und West mit einer bunt gemischten Bevölkerung und einem starken sozialen Gefälle; ihre Sittenlosigkeit war sprichwörtlich. Etwa drei Jahre sind seit der Abreise des Apostels vergangen, und mancherlei Probleme haben sich für die junge Gemeinde ergeben. Rivalisierende Gruppen haben sich gebildet (Kap 1–4), grobe sittliche Missstände sind eingerissen (Kap 5–6). Es herrscht Unsicherheit über Fragen der Ehe und Ehelosigkeit, der Teilnahme am gesellschaftlichen Leben (Kap 7–10); im Gottesdienst herrschen unwürdige Zustände (Kap 11–14); die Auferstehung der Toten wird geleugnet (Kap 15). Alle diese Probleme haben offenbar dieselbe Wurzel: Als das Wesentliche am Glauben gelten einer Mehrheit der Korinther die Wirkungen des Heiligen Geistes, die in außerordentlichen Erscheinungen wie dem sog. Zungenreden (einem ekstatischen Reden in unbekannten Sprachen) erfahren werden und dem Einzelnen das Gefühl geben, von den Einschränkungen und Zwängen dieser Welt befreit zu sein und schon an der kommenden neuen Schöpfung Gottes teilzuhaben. Eine Auferstehung erscheint deshalb gar nicht mehr nötig, und über moralische Bedenken ist man im Gefühl der Gotterfülltheit hoch erhaben. »Alles ist erlaubt« (6,12; 10,23) heißt die Parole und man bestätigt sich die eigene gottähnliche Freiheit, indem man sich bewusst über die sittlichen Ordnungen hinwegsetzt. Eine theologische Rechtfertigung dafür findet man offenbar in tiefsinnigen Spekulationen (1,17–3,1).

Paulus antwortet im Ersten Korintherbrief auf Anfragen aus der Gemeinde und spricht Missstände an, die ihm zu Ohren gekommen sind. Wo es nötig ist, greift er auch energisch in das chaotische Treiben ein und holt die Schwärmer zurück auf den Boden der Wirklichkeit.

In der Nachfolge Christi und seines Apostels haben sie nicht sich und ihr vermeintlich göttliches Ich zu pflegen, nicht auf ihre Freiheit und ihr Recht zu pochen, sondern ihre Freiheit in Verantwortung für den Mitmenschen zu gebrauchen (6,12; Kap 9) und ihre Geistesgaben zum Aufbau der Gemeinde einzusetzen (Kap 12–14). Als grundlegenden Maßstab hält Paulus ihnen das Kreuz Christi entgegen, an dem alle menschliche Selbstherrlichkeit zerbricht (1,17-25).

Geschrieben hat Paulus den Brief in Ephesus (16,8), wohl im Frühjahr 55 oder 56 n. Chr. In der unmittelbaren Folgezeit erfuhren die Spannungen zwischen Paulus und der Gemeinde durch Einmischung von außen eine dramatische Zuspitzung, die sich im Zweiten Korintherbrief spiegelt.

Inhaltsübersicht

BRIEFEINGANG
(1,1-9)

Eingangsgruß

1 Paulus, nach dem Willen Gottes zum Apostel* von Jesus Christus berufen, und der Bruder Sosthenes schreiben diesen Brief 2 an die Gemeinde Gottes in Korinth, an alle, die durch die Verbindung mit Jesus Christus für Gott ausgesondert und zu seinem heiligen Volk berufen[a] sind. Darüber hinaus gilt unser Brief allen, die sich zu Jesus Christus, unserem gemeinsamen Herrn*, bekennen und seinen Namen* anrufen, wo sie auch sind.

3 Gnade und Frieden* sei mit euch von Gott, unserem Vater, und von Jesus Christus, dem Herrn!

a *zu seinem heiligen ...:* wörtlich *berufene Heilige**.

1,1 Apg 18,17 **1,2** Apg 18,1-18

Dank für das Wirken des Geistes in der Gemeinde

4 Ich danke[a] meinem Gott immerzu dafür, dass er euch durch Jesus Christus seine Gnade geschenkt hat. 5 Durch sie seid ihr reich geworden an allem, was aus der Gemeinschaft mit Jesus Christus erwächst, an jeder Art von geistgewirktem Wort und von geistlicher Erkenntnis*.

6 Weil die Botschaft von Christus zum festen Grund eures Glaubens geworden ist, 7 fehlt euch keine von den Gaben, die der Geist* Gottes schenkt. Und so wartet ihr voll Zuversicht darauf, dass Jesus Christus, unser Herr*, kommt und vor aller Welt offenbar wird.

8 Er wird euch auch helfen, bis zum Ende fest auf diesem Grund zu stehen, sodass euch an seinem Gerichtstag niemand anklagen kann. 9 Gott selbst hat euch dazu berufen, für immer mit seinem Sohn* Jesus Christus, unserem Herrn, verbunden zu sein, und er ist treu: Er steht zu seinem Wort.

SPALTUNGEN IN DER GEMEINDE (1,10–4,21)

Spaltungen in der Gemeinde durch Personenkult

10 Brüder und Schwestern,[b] im Namen von Jesus Christus, unserem Herrn*, rufe ich euch auf: Seid einig! Bildet keine Gruppen, die sich gegenseitig bekämpfen! Haltet in gleicher Gesinnung und Überzeugung zusammen!

11 Durch Leute aus dem Haus von Chloë[c] habe ich erfahren, dass es unter euch Auseinandersetzungen gibt. 12 Ich meine damit, dass ihr euch alle irgendeiner Gruppe zurechnet. Die einen sagen: »Ich gehöre zu Paulus!« Die andern: »Ich gehöre zu Apollos!«, oder auch: »Ich gehöre zu Petrus!« Und wieder andere erklären: »Ich gehöre zu Christus!«[d]

13 Christus lässt sich doch nicht zerteilen! Ist vielleicht Paulus für euch am Kreuz* gestorben? Oder wurdet ihr auf seinen Namen getauft*?

14 Ich danke Gott, dass ich außer Krispus und Gaius niemand von euch getauft habe, 15 sonst würdet ihr am Ende noch sagen, dass ihr auf *meinen* Namen getauft worden seid!

16 Doch, ich habe auch noch Stephanas und seine Hausgemeinschaft* getauft. Aber ich kann mich nicht erinnern, dass ich sonst noch irgendjemand getauft hätte. 17a Denn Christus hat mich nicht beauftragt zu taufen, sondern die Gute Nachricht* zu verkünden.[e]

Der eine und einigende Grund: die Botschaft vom Kreuz

17b Die Gute Nachricht* darf ich aber nicht mit Worten tiefsinniger Weisheit verkünden; denn sonst verliert der Tod, den Christus am Kreuz* gestorben ist, seinen ganzen Sinn.

18 Die Botschaft, dass für alle Menschen am Kreuz die Rettung vollbracht ist,[f] muss denen, die verloren gehen, als barer Unsinn erscheinen. Wir aber, die gerettet werden, erfahren darin Gottes Kraft. 19 Gott hat doch gesagt: »Ich will die Weisheit der Weisen zunichte machen und die Klugheit der Klugen verwerfen.«

20 Wo bleiben da die Weisen? Wo die Kenner der Heiligen Schriften*? Wo die gewandten Diskussionsredner dieser Welt*? Was für diese Welt als größter Tiefsinn gilt, das hat Gott als reinen Unsinn erwiesen. 21 Denn obwohl die Weisheit Gottes sich in der ganzen Schöpfung zeigt, haben die Menschen mit ihrer Weisheit Gott nicht erkannt. Darum beschloss er, durch die Botschaft vom Kreuzestod, die der menschlichen Weisheit als Torheit erscheint, alle zu retten, die diese Botschaft annehmen.

22 Die Juden fordern von Gott sichtbare Machterweise; die Griechen suchen in allen Dingen einen Sinn, den die Vernunft begreift.[g] 23 Wir aber verkün-

a Siehe Anmerkung zu Röm 1,8.
b *Brüder und Schwestern* steht für ein einziges griechisches Wort, das als Mehrzahlform nicht nur, wie herkömmlich übersetzt, die »Brüder« bezeichnet, sondern auch je nach Zusammenhang die gesamte Gemeinde aus Männern und Frauen (siehe dazu Sacherklärung »Bruder«).
c Es ist nicht zu erkennen, ob es sich bei ihr um eine Christin handelt.
d Die Korinther treiben eine Art ›Personenkult‹. Die Fortsetzung ab Vers 17b zeigt, dass dahinter eine Verschiebung des Interesses vom Gekreuzigten auf eine fromme Spekulation steht, die sich mit einem geistlichen Hochgefühl verbindet, dessen Auswirkungen Paulus entgegentritt (6,12-20; Kap 8–10).
e Das Taufen überließ Paulus demnach in der Regel seinen Begleitern.
f Wörtlich *Denn das Wort vom Kreuz.*
g Wörtlich *Die Juden fordern Zeichen, die Griechen suchen Weisheit.*

Korinth lag auf der schmalen Landzunge, die das nördliche Griechenland mit der südlichen Halbinsel verbindet. Es war ein Knotenpunkt des Handels, der Menschen aus vielen Ländern anzog. Zur Zeit des Apostels Paulus war die Stadt berüchtigt für ihre Sittenlosigkeit. Die Probleme der jungen Gemeinde müssen unter anderem auf diesem Hintergrund gesehen werden.

1,5 2 Kor 8,7 **1,7** 2 Thess 1,7; Tit 2,13 **1,8** Phil 1,10 S; 1 Thess 5,23 S **1,9** 1 Thess 5,24 **1,10** Eph 4,2-6; Phil 2,2; Joh 17,21-23 **1,11** 3,3; 11,18; 2 Kor 12,20 **1,12** 3,4; (Apollos) Apg 18,24 S **1,14** (Krispus) Apg 18,8; (Gaius) Röm 16,23 **1,16** (Stephanas) 16,15.17 **1,18** 2 Kor 4,3; Röm 1,16 S **1,19-20** 3,18-20; Röm 1,22; Mt 11,25 **1,19** *nach* Jes 29,14 **1,21** Röm 1,19-20 **1,22** Joh 6,30 S; Apg 17,18.32 **1,23** Gal 3,1; 5,11

den den gekreuzigten Christus als den von Gott versprochenen Retter.[a] Für Juden ist das eine Gotteslästerung*, für die anderen barer Unsinn. 24 Aber alle, die von Gott berufen sind, Juden wie Griechen, erfahren in dem gekreuzigten Christus Gottes Kraft und erkennen in ihm Gottes Weisheit.

25 Gott erscheint töricht – und ist doch weiser als Menschenweisheit. Gott erscheint schwach – und ist doch stärker als Menschenkraft.

Nach welchem Maßstab Gott Menschen erwählt

26 Schaut doch euch selbst an, Brüder und Schwestern![b] Wen hat Gott denn da berufen? Es gibt ja nicht viele unter euch, die nach menschlichen Maßstäben klug oder einflussreich sind oder aus einer angesehenen Familie stammen. 27 Gott hat sich vielmehr in der Welt die Einfältigen und Machtlosen ausgesucht, um die Klugen und Mächtigen zu demütigen. 28 Er hat sich die Geringen und Verachteten ausgesucht, die nichts gelten, denn er wollte die zu nichts machen, die in der Welt etwas ›sind‹. 29 Niemand soll sich vor Gott rühmen* können.

30 Euch aber hat Gott zur Gemeinschaft mit Jesus Christus berufen. Mit ihm hat er uns alles geschenkt: Er ist unsere Weisheit – die wahre Weisheit, die von Gott kommt. Durch ihn können wir vor Gott als gerecht* bestehen. Durch ihn hat Gott uns zu seinem heiligen* Volk gemacht und von unserer Schuld befreit. 31 Es sollte so kommen, wie es in den Heiligen Schriften* steht: »Wer sich mit etwas rühmen will, soll sich mit dem rühmen, was der Herr getan hat.«

Paulus erinnert an sein erstes Auftreten

2 Brüder und Schwestern,[c] als ich zu euch kam und euch Gottes verborgenen Plan zur Rettung der Menschen verkündete, habe ich euch doch nicht mit tiefsinniger Weisheit und geschliffener Redekunst zu beeindrucken versucht. 2 Ich hatte mir vorgenommen, unter euch nichts anderes zu kennen als Jesus Christus, und zwar Jesus Christus, den Gekreuzigten. 3 Als schwacher Mensch trat ich vor euch und zitterte innerlich vor Angst. 4 Mein Wort und meine Botschaft wirkten nicht durch Tiefsinn und Überredungskunst, sondern weil Gottes Geist* sich darin mächtig erwies. 5 Euer Glaube sollte sich nicht auf Menschenweisheit gründen, sondern auf die Kraft Gottes.

Die tiefe Weisheit in der Botschaft vom Kreuz

6 Auch wir[d] verkünden tiefsinnige Weisheit – für alle, die dafür reif sind. Aber das ist nicht die Weisheit dieser Welt* und auch nicht die ihrer Machthaber, die zum Untergang bestimmt sind. 7 Vielmehr verkünden wir Gottes geheimnisvolle Weisheit, die bis jetzt verborgen war.

Schon bevor Gott die Welt erschuf, hatte er den Plan gefasst, uns an seiner Herrlichkeit* Anteil zu geben. 8 Aber keiner von den Machthabern dieser Welt konnte Gottes weisheitsvollen Plan durchschauen. Sonst hätten sie den Herrn*, der die Herrlichkeit Gottes teilt, nicht ans Kreuz* gebracht.[e] 9 Es heißt ja in den Heiligen Schriften*: »Was kein Auge jemals gesehen und kein Ohr gehört hat, worauf kein Mensch jemals gekommen ist, das hält Gott bereit für die, die ihn lieben.«

10 Uns hat Gott dieses Geheimnis enthüllt durch seinen Geist*, den er uns gegeben hat. Denn der Geist erforscht alles, auch die geheimsten Absichten Gottes. 11 Wie die Gedanken eines Menschen nur seinem eigenen Geist bekannt sind, so weiß auch nur der Geist Gottes, was in Gott vorgeht. 12 Wir haben aber nicht den Geist dieser Welt erhalten, sondern den Geist, der von Gott kommt. Darum können wir erkennen, was Gott uns geschenkt hat.

13 Davon reden wir nicht in Worten, wie sie menschliche Weisheit lehrt, sondern in Worten, die der Geist Gottes eingibt. Von dem, was Gott uns durch seinen Geist offenbart, reden wir so, wie sein Geist es uns lehrt.[f]

14 Menschen, die sich auf ihre natürlichen Fähigkeiten verlassen, lehnen ab, was der Geist Gottes enthüllt. Es kommt ihnen unsinnig vor. Sie können nichts damit anfangen, weil es nur mit Hilfe des Geistes beurteilt werden kann. 15 Wer dagegen den Geist hat, kann über alles urteilen, aber nicht von jemand beurteilt werden, der den Geist nicht hat. 16 Es heißt ja in den Heiligen Schriften*: »Wer kennt den Geist des Herrn? Wer will sich herausnehmen, ihn zu belehren?« Und das ist der Geist, den wir empfangen haben: der Geist von Christus, dem Herrn.[g]

Der Personenkult beweist: Die Gemeinde ist noch nicht reif

3 Zu euch, Brüder und Schwestern,[h] konnte ich bisher nicht reden wie zu Menschen, die von Gottes Geist* erfüllt sind. Ich musste euch behandeln wie Menschen, die sich von ihrer selbstsüchtigen Natur leiten lassen[i] und im Glauben noch Kinder sind. 2 Darum gab ich euch Milch, nicht feste Nahrung, weil ihr die noch nicht vertragen konntet.

Auch jetzt könnt ihr das noch nicht; 3 denn ihr steht immer noch im Bann eurer selbstsüchtigen Natur. Ihr rivalisiert miteinander und streitet euch. Das beweist doch, dass ihr nicht aus dem Geist Gottes lebt, sondern eurer selbstsüchtigen Natur folgt und so handelt wie alle anderen Menschen auch! 4 Wenn die einen sagen: »Ich gehöre zu Paulus«,

a Wörtlich *verkündigen den gekreuzigten Christus**.
b Siehe Anmerkung zu 1,10.
c Siehe Anmerkung zu 1,10.
d *wir:* Paulus könnte an seine Mitarbeiter oder an alle Christen denken; vielleicht spricht er aber auch nur von sich selbst. Die Mehrzahl wurde gebraucht, um die Autorität des Sprechenden hervorzukehren, aber auch umgekehrt dazu, sie bescheiden zurückzunehmen.
e Bei den *Machthabern dieser Welt* hier und in Vers 6 denkt Paulus an die politischen Machthaber – jüdische wie römische –, die zu Werkzeugen in der Hand dämonischer Mächte wurden, als sie Jesus ans Kreuz brachten.
f Möglich ist auch die Übersetzung: *Wir deuten das Wirken des Geistes für Menschen, die vom Geist erfüllt sind.*
g *dem Herrn:* verdeutlichender Zusatz. Paulus bezieht den Begriff *Herrn* im Zitat (aus Jes 40,13) auf Christus. Zu Christus als geisterfülltem Vermittler des Geistes Gottes vgl. Röm 8,9.
h Siehe Anmerkung zu 1,10.
i Wörtlich *wie Fleischliche;* entsprechend in Vers 3 (vgl. Sacherklärung »Fleisch«).

1,25 2 Kor 13,4 **1,27-28** Röm 12,16; Jak 2,5; Lk 1,51-53 **1,29** Eph 2,9 S **1,31** *nach* Jer 9,22-23; (rühmen) 1,29; 4,7; 2 Kor 1,12; 10,17; 11,30; 12,5; Eph 2,9 **2,2** Gal 6,14 S **2,3** 2 Kor 10,1.10 **2,4** 1 Thess 1,5 **2,7** (Plan) Röm 16,25 S; (Herrlichkeit) Röm 5,2 S **2,9** *nach* Jes 52,15 *und* 64,3 *und* Sir 1,10 **2,12** Röm 8,15 **2,16** Röm 11,34 **3,2** Hebr 5,12-13; 1 Petr 2,2 **3,3-4** 1,10-11 S; Gal 5,19-20

und die andern: »Ich gehöre zu Apollos« – seid ihr da
nicht immer noch die ›alten‹ Menschen?

Alle arbeiten am gleichen Werk

5 Nun, was ist denn Apollos? Und was ist Paulus?
Gottes Helfer sind sie, durch die ihr zum Glauben
gekommen seid. Jeder von uns beiden hat von Gott
seine besondere Aufgabe bekommen. 6 Ich habe
gepflanzt, Apollos hat begossen;[a] aber Gott hat es
wachsen lassen. 7 Es zählt also nicht, wer pflanzt
oder wer begießt; es kommt alles auf Gott an, der
es wachsen lässt.
8 Wir beide arbeiten an demselben Werk: der, der
pflanzt, und der, der begießt; doch wird Gott jeden
nach seinem persönlichen Einsatz belohnen.

Die Gemeinde als Bau und die Verantwortung der Bauleute

9 Wir sind also Gottes Mitarbeiter,[b] ihr aber seid Got-
tes Ackerland. Oder mit einem anderen Bild: Ihr seid
Gottes Bau. 10 Nach dem Auftrag, den Gott mir gege-
ben hat, habe ich wie ein umsichtiger Bauleiter das
Fundament gelegt. Andere bauen nun darauf weiter.
Aber jeder soll sehen, wie er weiterbaut!
11 Das Fundament ist gelegt: Jesus Christus. Nie-
mand kann ein anderes legen. 12–13 Es wird auch nicht
verborgen bleiben, was jemand darauf baut, ob
Gold, Silber oder wertvolle Steine, ob Holz, Schilf
oder Stroh. Am Tag des Gerichts wird sich erweisen,
ob es Bestand hat. Dann wird die Feuerprobe
gemacht: Das Werk eines jeden wird im Feuer auf
seinen Wert geprüft. 14 Wenn das, was ein Mensch
gebaut hat, die Probe besteht, wird er belohnt.
15 Wenn es verbrennt, wird er bestraft. Er selbst wird
zwar gerettet, aber so, wie jemand gerade noch aus
dem Feuer gerissen wird.
16 Wisst ihr nicht, dass ihr als Gemeinde der Tem-
pel Gottes seid und dass der Geist* Gottes in euch
wohnt? 17 Wer den Tempel Gottes zugrunde richtet,
wird dafür von Gott zugrunde gerichtet. Denn der
Tempel Gottes ist heilig, und dieser Tempel seid ihr.

Es gibt keinen Grund zur Verherrlichung von Menschen

18 Niemand soll sich etwas vormachen! Wenn es wel-
che unter euch gibt,[c] die sich nach den Maßstäben
dieser Welt* für weise halten, müssen sie erst töricht
werden nach diesen Maßstäben, um wirklich weise
zu sein. 19 Was die Menschen für Tiefsinn halten, ist
in den Augen Gottes Unsinn. In den Heiligen Schrif-
ten* heißt es: »Gott fängt die Klugen im Netz ihrer
eigenen Schlauheit.« 20 Und es heißt auch: »Der Herr
kennt die Gedanken der Weisen und weiß, wie sinn-
los sie sind.«

a Vgl. 4,15. Apollos kam erst nach Korinth, als Paulus wieder abgereist war (Apg 19,1).
b Paulus denkt auch weiterhin an sich und Apollos, wie schon in den Versen 5-8 (vgl. 1,12).
c Paulus wendet sich nicht gegen Apollos (mit dem er nach 16,12 ein gutes Einverständnis sucht), sondern gegen den Kult, den eine bestimmte Gruppe mit seiner Person (Vers 21) und seiner Lehre treibt. Er sieht darin einen Verrat an der Botschaft vom Gekreuzigten (vgl. 1,17b-25) und eine Verengung, die den ›ganzen Christus‹ preisgibt (vgl. 1,13). Darum erinnert er mit seinem *Euch gehört alles* an die ganze Weite, die durch Christus eröffnet ist.

Die Christen in Korinth fühlen sich durch den Besitz des Geistes reich: Sie meinen, durch ihre Erkenntnis (3,18-20) und ihre Geist-Erfahrungen (Kap 14) schon der himmlischen Welt teilhaftig zu sein. Für Paulus ist dagegen die Gegenwart von der Teilhabe am Leiden des Gekreuzigten bestimmt: »Wir stehen da wie die Verbrecher, die zum Tod in der Arena verurteilt sind.« (4,9; vgl. 2 Kor 4,10)
Die Römer liebten solche Spiele, in denen vor einer großen Zuschauerkulisse Gladiatoren auf Leben und Tod gegeneinander kämpften.

3,6 Apg 18,4.11.24-28 **3,8** 4,5 **3,9** Mk 4,2-9 par; Eph 2,20-21; 1 Petr 2,4-6 **3,11** Jes 28,16; Apg 4,11-12 **3,13-15** 2 Kor 5,10 S **3,15** Jud 23 **3,16** 6,19; 2 Kor 6,16; 1 Petr 2,5 **3,18** 4,10 **3,19** *nach* Ijob 5,12-13; 1 Kor 1,20 **3,20** *zit* Ps 94,11

21 Darum soll sich niemand etwas auf einen Menschen einbilden und mit dem von ihm bevorzugten Lehrer prahlen. Euch gehört doch alles, 22 ob es nun Paulus ist oder Apollos oder Petrus;[a] euch gehört die ganze Welt, das Leben und der Tod, die Gegenwart und die Zukunft. Alles gehört euch, 23 ihr aber gehört Christus, und Christus gehört Gott.

Nur Christus steht ein Urteil über Paulus zu

4 Ihr seht also, wie ihr von uns denken müsst: Wir sind Menschen, die im Dienst von Christus stehen und Gottes Geheimnisse zu verwalten haben.

2 Von Verwaltern wird verlangt, dass sie zuverlässig sind. 3 Aber für mich zählt dabei nicht, wie ich von euch oder von irgendeinem menschlichen Gericht beurteilt werde.[b] Auch ich selbst maße mir kein Urteil an. 4 Mein Gewissen ist zwar rein, aber damit bin ich noch nicht freigesprochen, denn mein Richter ist der Herr*.

5 Urteilt also nicht vorzeitig, bevor Christus kommt, der das Verborgene ans Licht bringen und die geheimsten Gedanken enthüllen wird. Dann wird Gott das Lob austeilen, so wie jeder und jede es verdient.

Was Paulus erleiden muss, soll die Gemeinde zur Besinnung bringen

6 Brüder und Schwestern,[c] ich habe von Apollos und mir gesprochen. An unserem Beispiel wollte ich euch zeigen, was der Grundsatz bedeutet: »Nicht über das hinausgehen, was geschrieben steht!«[d] Niemand soll sich wichtig machen und den von ihm bevorzugten Lehrer gegen den eines anderen ausspielen.

7 Wer gibt dir denn das Recht, dir etwas einzubilden? Kommt nicht alles, was du hast, von Gott? Wie kannst du dann damit angeben, als hättest du es von dir selbst?

8 Aber ihr seid ja schon satt. Ihr seid ja schon reich. Ihr seid schon mit Christus zur Herrschaft gelangt – ohne mich. Wenn es doch schon so weit wäre, dann könnte ich mit euch herrschen!

9 Es kommt mir so vor, als hätte Gott uns Apostel* den allerletzten Platz angewiesen. Wir stehen da wie die Verbrecher, die zum Tod in der Arena verurteilt sind. Ein Schauspiel sind wir für die ganze Welt, für Engel* und Menschen.

10 Wir sind die Einfältigen, weil wir uns zu Christus halten, aber ihr seid durch Christus klug. Wir sind schwach, aber ihr seid stark. Ihr seid geehrt, und wir sind verachtet. 11 Bis zu diesem Augenblick leiden wir Hunger und Durst, wir gehen in Lumpen und werden geschlagen, heimatlos ziehen wir von Ort zu Ort. 12 Wir arbeiten hart für unseren Unterhalt. Wir werden verflucht, aber wir segnen. Wir werden verfolgt, aber wir geben nicht auf. 13 Wir werden beschimpft, aber wir antworten freundlich. Wir sind zum Abschaum der ganzen Welt geworden, zum Auswurf der Menschheit – bis zu dieser Stunde!

Paulus als Vater und Vorbild der Gemeinde

14 Ich sage das nicht, um euch zu beschämen. Ich möchte euch nur auf den rechten Weg bringen. Ihr seid doch meine geliebten Kinder! 15 Selbst wenn ihr in eurem Christenleben Tausende von Erziehenden hättet, so habt ihr doch nicht eine Vielzahl von Vätern. Als ich euch die Gute Nachricht* brachte, habe ich euch gezeugt als Menschen, die zu Jesus Christus gehören, und bin so euer Vater geworden.

16 Darum bitte ich euch: Nehmt mich zum Vorbild! 17 Weil mir daran liegt, habe ich Timotheus zu euch geschickt. Als Christ ist er mein geliebtes Kind, und ich kann mich auf ihn verlassen. Er wird euch daran erinnern, wie ich selbst lebe und welche Weisungen ich euch für euer Leben mit Christus gegeben habe. Es sind dieselben, die ich überall den Gemeinden einpräge.

18 Einige von euch machen sich wichtig und sagen: »Er selbst traut sich ja nicht her!« 19 Aber ich werde sehr bald zu euch kommen, wenn der Herr es zulässt. Dann werde ich sehen, was an den Worten dieser Wichtigtuer dran ist, ob auch Kraft dahinter steht. 20 Denn wo Gott seine Herrschaft* aufrichtet, tut er das nicht durch Gerede, sondern durch den Erweis seiner Kraft. 21 Was ist euch lieber? Soll ich mit dem Stock zu euch kommen oder mit Liebe und Nachsicht?

SCHWERE MISSSTÄNDE IN DER GEMEINDE (Kapitel 5–6)

Ein beschämender Fall

5 Überhaupt hört man ganz schlimme Dinge von euch! Es soll da einen Fall von Unzucht geben, wie er nicht einmal unter den Menschen vorkommt, die Gott nicht kennen:[e] dass nämlich einer mit seiner Stiefmutter zusammenlebt. 2 Und darauf seid ihr noch stolz und gebt es als Zeichen eurer christlichen Freiheit aus![f] Ihr solltet vielmehr traurig sein und den, der so etwas getan hat, aus eurer Gemeinschaft ausstoßen!

3 Ich selbst bin zwar körperlich fern, aber im Geist unter euch; und im Geist bei euch anwesend, habe

a Wörtlich *Kephas**.
b Hier wird deutlich, dass es in Korinth Kritik an Paulus gab. Sie richtete sich gegen eine scheinbar mangelnde geistliche ›Vollmacht‹ (vgl. 4,18; 9,1-2; 2 Kor 10,1-2.10).
c Siehe Anmerkung zu 1,10.
d Zielt Paulus auf die Neigung der Korinther, die eigene Weisheit über das Wort der Schrift zu stellen? Denkt er vielleicht direkt an die Schriftzitate in 3,19-20?
e *Menschen, die Gott nicht kennen:* herkömmliche Übersetzung *Heiden**.
f So die wahrscheinlichste Deutung; wörtlich *Und da seid ihr aufgeblasen.* Paulus verkündete die Freiheit vom Gesetz (Röm 7,4; Gal 2,19; 5,1). In Korinth glaubten manche, diese Freiheit auch durch Missachtung moralischer Normen zur Schau stellen zu müssen (6,12; 10,23). Zu Vers 1 vgl. Lev 18,8.

3,22 Röm 8,38 **3,23** Röm 14,7-9; 1 Kor 15,28 **4,1** 2,7 **4,2** Lk 12,42 **4,4** Apg 24,16 S **4,5** 3,8; Röm 2,16 **4,7** Gal 6,3 **4,8** (Herrschaft) Röm 5,17 S **4,9** Röm 8,36; Hebr 10,33 **4,10-13** 2 Kor 11,23-29 S **4,10** 3,18 **4,12** Apg 18,3 S; Lk 6,28; Röm 12,14 **4,15** Gal 4,19 **4,16** 11,1; Phil 3,17; 4,9; 1 Thess 1,6; 2 Thess 3,7.9; 2 Tim 3,10; Tit 2,7; 1 Petr 5,3 **4,17** (Timotheus) 16,10; 2 Kor 1,1.19; Röm 16,21; Phil 2,19; 1 Thess 3,2.6; Hebr 13,23; Apg 16,1 S **4,19** Jak 4,15 S **4,21** 2 Kor 13,2 S **5,1** Lev 18,8 S **5,2** 6,12; 10,23 **5,3** Kol 2,5

ich schon das Urteil gesprochen über den, der so etwas Schlimmes getan hat. 4–5 Wenn ihr zusammenkommt und ich im Geist dabei bin und auch Jesus, unser Herr*, mit seiner Kraft gegenwärtig ist, dann soll dieser Mensch im Namen von Jesus, unserem Herrn, dem Satan* übergeben werden. Der soll an seinem Körper die verdiente Strafe vollziehen, damit er als einer, der von Gott den Heiligen Geist* empfangen hat,[a] am Gerichtstag des Herrn doch noch gerettet wird.

6 Euer Rühmen* ist wahrhaftig unangebracht! Ihr wisst, dass ein klein wenig Sauerteig* genügt, um den ganzen Teig sauer zu machen. 7 Reinigt euch also! Entfernt den alten Sauerteig, damit ihr wieder ein frischer, ungesäuerter Teig seid! Denn das seid ihr doch, seit Christus als unser Passalamm* geopfert wurde.[b] 8 Lasst uns darum auch entsprechend feiern: nicht mit Brot aus dem alten Sauerteig der Sünde und Schlechtigkeit, sondern mit dem ungesäuerten Brot der Reinheit und Rechtschaffenheit.

9 In meinem früheren Brief[c] habe ich euch geschrieben, ihr sollt nichts mit Menschen zu tun haben, die Unzucht treiben. 10 Natürlich dachte ich dabei nicht an Menschen, die außerhalb der Gemeinde stehen, genauso wenig, wenn ich euch vor dem Umgang mit Geldgierigen, Räubern und Götzenanbetern gewarnt habe. Sonst müsstet ihr ja diese Welt* überhaupt verlassen.

11 Ich schreibe euch darum jetzt ausdrücklich: Ihr sollt mit niemand Umgang haben, der sich Bruder nennt und trotzdem Unzucht treibt oder am Geld hängt oder Götzen verehrt, der ein Verleumder, Trinker oder Räuber ist. Mit solch einem sollt ihr auch nicht zusammen essen.

12 Warum sollen wir über die Außenstehenden zu Gericht sitzen? Eure Aufgabe ist es, die eigenen Leute zur Rechenschaft zu ziehen. 13 Über die draußen wird Gott Gericht halten. Entfernt also den Bösen aus eurer Mitte!

Ebenso beschämend: Gerichtsverfahren unter Christen

6 Wenn jemand von euch mit einem Mitchristen Streit hat, wie kann er da vor ungläubige Richter gehen, anstatt die Gemeinde[d] entscheiden zu lassen? 2 Ihr wisst doch, dass die Gemeinde Gottes einst die Welt richten wird. Und da seid ihr nicht fähig, Bagatellfälle zu entscheiden? 3 Wisst ihr nicht, dass wir sogar über Engel* zu Gericht sitzen werden? Dann werden wir doch auch Alltagsstreitigkeiten beurteilen können! 4 Und ihr lasst solche Fälle von Außenstehenden entscheiden, die in der Gemeinde nichts zu sagen haben!

5 Ich sage dies, damit ihr euch schämt. Hat denn unter euch niemand so viel Verstand und kann einen Streit unter Brüdern und Schwestern[e] schlichten? 6 Müsst ihr wirklich gegeneinander prozessieren, und das auch noch vor Ungläubigen?

7 Es ist schon schlimm genug, dass ihr überhaupt Prozesse gegeneinander führt. Warum lasst ihr euch nicht lieber Unrecht tun? Warum lasst ihr euch nicht lieber übervorteilen? 8 Stattdessen tut ihr selbst Unrecht und übervorteilt andere, und das unter Brüdern und Schwestern![f]

9 Denkt daran: Für Menschen, die Unrecht tun, ist kein Platz in Gottes neuer Welt![g] Täuscht euch nicht: Menschen, die Unzucht treiben oder Götzen anbeten, die die Ehe brechen oder als Männer mit Knaben oder ihresgleichen verkehren, 10 Diebe, Wucherer, Trinker, Verleumder und Räuber werden nicht in Gottes neue Welt kommen.

11 Manche von euch gehörten früher dazu. Aber ihr seid reingewaschen und Gott hat euch zu seinem heiligen* Volk gemacht, zu Menschen, die vor seinem Urteil als gerecht* bestehen können. Das ist geschehen, als ihr Jesus Christus, dem Herrn*, übereignet worden seid[h] und den Geist* unseres Gottes empfangen habt.

Auch der Körper gehört Gott

12 Ihr sagt:[i] »Mir ist alles erlaubt!« Mag sein, aber nicht alles ist gut für euch. Alles ist mir erlaubt; aber das darf nicht dazu führen, dass ich meine Freiheit an irgendetwas verliere.

13 Ihr sagt: »Die Nahrung ist für den Magen und der Magen für die Nahrung. Gott wird ja doch allen beiden ein Ende machen.« Aber unser Körper ist deshalb noch lange nicht für die Unzucht da, sondern für den Herrn*, der auch der Herr über unseren Körper ist.[j] 14 Denn so wie Gott Christus, den Herrn, vom Tod auferweckt* hat, so wird er durch seine Kraft auch uns vom Tod auferwecken.

15 Wisst ihr nicht, dass ihr samt eurem Körper Glieder am Leib* von Christus seid? Kann ich die Glieder von Christus einfach zu Gliedern von Prostituierten machen? Das darf nicht sein! 16 Ihr müsst doch wissen, dass jemand, der sich mit einer Prostituierten einlässt, mit ihr ein einziger Leib wird. In den Heiligen Schriften* heißt es ja: »Die zwei sind dann *ein* Leib.«[k] 17 Aber wer sich mit dem Herrn verbindet, ist mit ihm *ein Geist.*

18 Hütet euch vor der Unzucht! Alle anderen Sünden, die ein Mensch begehen kann, betreffen nicht seinen Körper. Wer aber Unzucht treibt, vergeht sich an seinem eigenen Leib.

19 Wisst ihr nicht, dass euer Leib ein Tempel des Heiligen Geistes* ist, der in euch wohnt? Gott hat

a Wörtlich *damit der Geist.*
b Vor dem ›Fest der ungesäuerten Brote‹, das an die Passanacht anschließt, musste aller alte Sauerteig entfernt werden (Ex 12,15; 13,7). Das Blut des Passalammes bewahrte die Israeliten in Ägypten vor dem Tod (Ex 12,12-13).
c Dieser Brief ist uns nicht erhalten.
d Wörtlich *die Heiligen*,* ebenso bei *Gemeinde Gottes* in Vers 2.
e Wörtlich *zwischen dem Bruder* (hinzuzudenken *und seinem Bruder*).
f Siehe Anmerkung zu 1,10.
g Wörtlich *Menschen, die …, werden Gottes Königsherrschaft* nicht erben;* entsprechend in Vers 10.
h *Das ist geschehen, als …:* wörtlich *durch den Namen des Herrn Jesus Christus.* Bei der Taufe*, an die auch das Wort *reingewaschen* erinnert, wurde dieser *Name* über dem Täufling ausgerufen (vgl. Apg 2,38; Jak 2,7).
i *Ihr sagt:* verdeutlichender Zusatz; ebenso in Vers 13. Im Folgenden setzt sich Paulus mit einem Schlagwort auseinander, das in bestimmten Gruppen in Korinth eine große Rolle spielte (vgl. 10,23).
j Das Geschlechtsleben ist nach Paulus nicht der geeignete Ort, die christliche »Freiheit« unter Beweis zu stellen.
k An der angeführten Stelle aus Gen 2,24 bezeichnet *ein Leib* (wörtlich *ein Fleisch*) die leiblich-seelische Gemeinschaft im umfassenden Sinn. Im Fall der Unzucht verkümmert sie zu einer rein »fleischlichen« Verbindung, die aber nach Paulus gerade nicht bagatellisiert werden darf.

5,4-5 3,15; 1 Tim 1,20 **5,6** Gal 5,9 **5,7** (Entfernt den Sauerteig) Ex 12,15; 13,7; (Passalamm) Joh 1,29 S **5,11** 6,9-10 S; 2 Thess 3,6; Tit 3,10; 2 Joh 10 **5,13** Dtn 13,6 **6,2** Röm 5,17 S **6,3** Jud 6 S **6,7** Röm 12,17 S; Mt 5,39-40 **6,9-10** 15,50; Gal 5,19-21 S **6,11** (früher) Tit 3,3-7; (reingewaschen) Hebr 9,14; 1 Joh 1,7; Eph 5,26 S **6,12** 10,23; 8,9; Gal 5,13 S **6,13** 1 Thess 4,3 **6,14** 2 Kor 4,14; Röm 8,11; 6,4; 1 Kor 15,15.20; Kol 1,18 **6,15** 12,27 **6,16** *zit* Gen 2,24 **6,17** Röm 8,9-11 **6,19** 3,16 S

euch seinen Geist gegeben und ihr gehört nicht mehr
euch selbst. 20 Er hat euch freigekauft und als sein
Eigentum erworben. Macht ihm also Ehre an eurem
Leib!

ÜBER EHE UND EHELOSIGKEIT
(Kapitel 7)

Ehe, Ehelosigkeit und Ehescheidung

7 Nun aber zu dem, was ihr geschrieben habt! Ihr
sagt:[a] »Das Beste ist es, wenn ein Mann über-
haupt keine Frau berührt.«[b]
2 Ich dagegen sage: Damit ihr nicht der Unzucht
verfallt, soll jeder Mann seine Ehefrau haben und
jede Frau ihren Ehemann.
3 Der Mann soll der Frau die eheliche Pflicht leis-
ten und ebenso die Frau dem Mann. 4 Die Frau ver-
fügt nicht über ihren Körper, sondern der Mann;
ebenso verfügt der Mann nicht über seinen Körper,
sondern die Frau. 5 Entzieht euch einander nicht –
höchstens wenn ihr euch einig werdet, eine Zeit lang
auf den ehelichen Verkehr zu verzichten, um euch
dem Gebet zu widmen. Aber danach sollt ihr wieder
zusammenkommen; sonst verführt euch der Satan*,
weil ihr ja doch nicht enthaltsam leben könnt.
6 Was den zeitweisen Verzicht angeht,[c] so sage ich
das als Zugeständnis, nicht als bindende Vorschrift.
7 Allerdings wäre es mir lieber, wenn alle ehelos leb-
ten wie ich. Aber Gott gibt jedem Menschen seine
besondere Gnadengabe. Den einen gibt er diese,
den andern eben andere.
8 Den Unverheirateten und den Verwitweten sage
ich: Es ist am besten, wenn sie meinem Vorbild fol-
gen und allein bleiben. 9 Aber wenn ihnen das zu
schwer fällt, sollen sie heiraten. Das ist besser, als
wenn sie von unbefriedigtem Verlangen verzehrt
werden.
10 Für die Verheirateten dagegen habe ich eine ver-
bindliche Vorschrift. Sie stammt nicht von mir, son-
dern von Christus, dem Herrn:[d] Eine Frau darf sich
von ihrem Mann nicht trennen. 11 Hat sie sich von
ihm getrennt, so soll sie unverheiratet bleiben oder
sich wieder mit ihrem Mann aussöhnen. Ebenso
wenig darf ein Mann seine Frau fortschicken.
12 Im Übrigen sage ich, nicht der Herr: Wenn ein
Christ eine ungläubige Frau hat, die weiterhin bei
ihm bleiben will, soll er sich nicht von ihr trennen.
13 Dasselbe gilt für eine Christin, die einen ungläubi-
gen Mann hat: Wenn er bei ihr bleiben will, soll sie
sich nicht von ihm trennen. 14 Sie wird durch die Ehe
mit ihm nicht befleckt, denn der ungläubige Mann
wird durch die Verbindung mit ihr rein. Das Entspre-
chende gilt für einen christlichen Mann mit einer
ungläubigen Frau. Sonst müsstet ihr auch eure Kin-
der als befleckt betrachten, aber in Wirklichkeit sind
sie doch rein.[e]
15 Wenn aber der ungläubige Teil auf der Trennung
besteht, dann gebt ihn frei. In diesem Fall ist der
christliche Teil, Mann oder Frau, nicht an die Ehe
gebunden. Gott hat euch zu einem Leben im Frie-
den* berufen. 16 Weißt du denn, Frau, ob du deinen
Mann zum Glauben führen und dadurch retten
kannst? Oder weißt du, Mann, ob dir das bei deiner
Frau gelingt?

Nicht nach Veränderungen streben

17 Grundsätzlich sollen alle sich nach dem Maß rich-
ten, das der Herr* ihnen zugeteilt hat; das will sagen:
Alle sollen an dem Platz bleiben, an dem sie waren,
als Gott sie berief. Diese Anweisung gebe ich in allen
Gemeinden.
18 Wenn einer beschnitten war, als er berufen wur-
de, soll er nicht versuchen, die Beschneidung* rück-
gängig zu machen. Wenn er unbeschnitten war, soll
er sich nicht beschneiden lassen. 19 Es ist vor Gott völ-
lig gleichgültig, ob einer beschnitten ist oder nicht.
Es kommt nur darauf an, dass er nach Gottes Gebo-
ten lebt.
20 Alle sollen Gott an dem Platz dienen, an dem
sein Ruf sie erreicht hat. 21 Warst du Sklave* oder
Sklavin, als Gott dich rief, so mach dir nichts daraus!
Wenn dir allerdings die Freilassung angeboten wird,
dann nutze ruhig die Gelegenheit.[f] 22 Grundsätzlich
gilt: Die, die bei ihrer Berufung Sklaven oder Sklavin-
nen waren, sind Freigelassene des Herrn*. Und ent-
sprechend sind die, die bei ihrer Berufung Freie
waren, Sklaven und Sklavinnen des Herrn.
23 Christus hat für euch bezahlt und euch freige-
kauft, sodass ihr jetzt ihm gehört. Darum macht euch
nicht zu Sklaven menschlicher Maßstäbe!
24 Ihr alle, Brüder und Schwestern,[g] sollt also an
dem Platz bleiben, an dem ihr wart, als Gott euch
berief, und ihr sollt diesen Platz so ausfüllen, wie
es Gott gefällt.

Besser ist es, frei zu sein für den Herrn

25 Wie sollen sich nun aber die unverheirateten jun-
gen Leute[h] verhalten? Ich habe dafür keine Anwei-
sung des Herrn*, doch sage ich euch meine Meinung
als einer, den der Herr in seinem Erbarmen als ver-
trauenswürdig erachtet und in seinen Dienst genom-
men hat.
26 Ich meine also, dass es wegen der bevorstehen-
den Notzeit[i] das Beste ist, wenn jemand unverheira-

a *Ihr sagt:* verdeutlichender Zusatz; vgl. Anmerkung zu 6,12.
b Hier kommt offenbar eine andere Gruppe zu Wort, die genau entgegengesetzt denkt wie die in 6,12-20 angesprochene.
c Verdeutlichender Zusatz. Viele Ausleger beziehen das Wort *Zugeständnis* auf Vers 2, d.h. auf die Ehe selbst.
d Vgl. Mt 5,32 und 19,9.
e Vers 14 wörtlich *Denn der ungläubige Mann wird geheiligt durch die Frau und die ungläubige Frau durch den Bruder; sonst wären ja eure Kinder unrein, sie sind aber doch heilig.* Paulus sagt nicht, in welchem Sinn der ungläubige Teil bzw. die (ungetauften) Kinder *heilig* sind; im strengen Sinn, in dem die Christen als »Heilige« (siehe Sacherklärung) gelten, können sie es nicht sein. Offenbar wehrt er die Befürchtung ab, der christliche Partner werde durch den nichtchristlichen verunreinigt (siehe Sacherklärungen »rein« und »Mischehe«).
f Paulus drückt sich sehr verkürzt aus. Je nachdem, was als (notwendige) Ergänzung hinzugedacht wird, ergibt sich die gegenteilige Deutung: *Auch wenn sich dir die Gelegenheit bietet, frei zu werden, bleibe lieber im Sklavenstand.*
g Siehe Anmerkung zu 1,10.
h Wörtlich *die Jungfrauen;* vgl. aber Vers 27 und 28.
i Paulus, der mit dem baldigen Weltende rechnet (Vers 29), erwartet eine Zeit schwerer Bedrängnisse, wie sie nach damals verbreiteter Überzeugung dem Ende vorangehen muss (vgl. 10,13; Apg 14,22; 1 Thess 3,3-4), als die ›Geburtswehen‹ der neuen Welt (Mt 24,8).

6,20 7,23; Röm 13,14; 1 Petr 1,18-19 **7,2** 1 Thess 4,3-4 **7,3** Eph 5,21-29 **7,7** Mt 19,11-12; (Gnadengabe) 1 Kor 12,11 S **7,9** 1 Tim 5,14 **7,10-11** Mt 5,32 S **7,14** Röm 11,16 **7,15** (im Frieden) 14,33; Röm 12,18; 14,19; Hebr 12,14; Kol 1,20; 3,15; 2 Kor 13,11; Joh 14,27 S **7,16** 1 Petr 3,1 **7,18** 1 Makk 1,15; Gal 5,1 **7,19** Röm 2,25-29; Gal 5,6 **7,22** Phlm 16; Eph 6,6 **7,23** 6,20 S **7,25** 1 Tim 1,12 **7,26** Jer 16,1-4; Apg 14,22; 1 Thess 3,3-4

tet bleibt. 27 Wenn du eine Frau hast, dann versuche nicht, dich von ihr zu trennen. Aber wenn du keine hast, so bemühe dich auch nicht darum, eine zu finden. 28 Heiratest du trotzdem, so ist das keine Sünde, und wenn die junge Frau[a] heiratet, sündigt sie nicht. Ich möchte euch nur die Belastungen ersparen, die jetzt in der Endzeit auf die Eheleute zukommen.

29 Denn ich mache euch darauf aufmerksam, Brüder und Schwestern:[b] Die Tage dieser Welt* sind gezählt. Darum gilt für die Zeit, die uns noch bleibt:[c] Auch wer verheiratet ist, muss innerlich so frei sein, als wäre er unverheiratet. 30 Wer traurig ist, lasse sich nicht von seiner Trauer gefangen nehmen, und wer fröhlich ist, nicht von seiner Freude. Kauft ein, als ob ihr das Gekaufte nicht behalten würdet, 31 und geht so mit der Welt um, dass ihr nicht darin aufgeht. Denn die gegenwärtige Welt wird nicht mehr lange bestehen.

32 Ich möchte, dass ihr frei seid von falschen Sorgen. Wenn einer unverheiratet ist, sorgt er sich, so zu leben, wie es dem Herrn gefällt. 33 Aber wenn einer verheiratet ist, sorgt er sich um die Dinge der Welt, nämlich wie er seiner Frau gefällt. 34 So zieht es ihn nach zwei Seiten. Ebenso ist es mit der Frau: Wenn sie unverheiratet ist, ist sie darum besorgt, mit ihrem ganzen Tun und Denken dem Herrn zu gehören. Wenn sie dagegen verheiratet ist, sorgt sie sich um die Dinge der Welt, nämlich wie sie ihrem Mann gefällt.

35 Ich sage das nicht, um euch zu bevormunden, sondern weil ich euch helfen will. Denn ich möchte, dass ihr ein anständiges Leben führt und beharrlich und ungeteilt dem Herrn dient.

Rat für Verlobte und Witwen

36 Wenn nun einer meint, er begehe ein Unrecht an seiner Verlobten, wenn er sie nicht heiratet, und wenn sein Verlangen nach ihr zu stark ist, dann sollen die beiden ruhig heiraten. Es ist keine Sünde. 37 Wer aber innerlich so fest ist, dass er nicht vom Verlangen bedrängt wird und sich ganz in der Gewalt hat, der soll sich nicht von dem Entschluss abbringen lassen, seine Verlobte nicht zu berühren. 38 Wer seine Verlobte heiratet, handelt gut; aber wer sie nicht heiratet, handelt noch besser.

39 Eine Frau ist gebunden, solange ihr Mann lebt. Wenn er stirbt, ist sie frei, und sie kann heiraten, wen sie will. Nur darf die neue Bindung ihre Verbundenheit mit dem Herrn* nicht beeinträchtigen.[d] 40 Sie wird jedoch glücklicher sein, wenn sie unverheiratet bleibt. Das ist nur meine Meinung, aber ich glaube, dass auch ich den Geist* Gottes habe.

ÜBER DEN UMGANG MIT GÖTZENOPFERFLEISCH – GRENZEN CHRISTLICHER FREIHEIT (8,1–11,1)

Liebe steht über Erkenntnis

8 Nun zur nächsten Frage! Was ist von dem Fleisch von Tieren zu halten, die als Opfer für die Götzen geschlachtet worden sind?[e]

Grundsätzlich ist es schon richtig:[f] »Wir alle haben ›Erkenntnis‹.« Aber Erkenntnis allein macht überheblich. Nur Liebe baut die Gemeinde auf. 2 Wer meint, etwas ›erkannt‹ zu haben, hat noch lange nicht erkannt, worauf es bei der Erkenntnis ankommt. 3 Wer aber Gott liebt, ist von *ihm* erkannt, und *so* hat er die richtige Erkenntnis.[g]

4 Was also das Essen von Opferfleisch* betrifft: Es ist ganz richtig, was ihr sagt: »Es gibt überhaupt keine Götzen«, und: »Es gibt keinen Gott außer dem Einen«. 5 Denn wenn es auch so genannte Götter gibt im Himmel und auf der Erde – es gibt ja unzählige Götter, unzählige ›Herren‹ –, 6 so gilt doch für uns das Bekenntnis:

Einer ist Gott:
der Vater,
von dem alles kommt
und zu dem wir unterwegs sind.
Und *einer* ist der Herr*:
Jesus Christus,
durch den alles geschaffen ist
und durch den wir das neue Leben erhalten.

7 Aber nicht alle haben sich diese ›Erkenntnis‹ schon ganz zu Eigen gemacht.[h] Manche sind aus Gewohnheit noch in ihren alten Vorstellungen befangen. Wenn sie Opferfleisch essen, tun sie es in der Meinung, dass sie damit tatsächlich den Götzen anerkennen, dem das Opfer dargebracht wurde. Darum belastet es ihr schwaches Gewissen.

8 Nun liegt es auf keinen Fall an einem Nahrungsmittel, wie wir vor Gott dastehen. Wenn wir Bedenken haben, davon zu essen, sind wir vor Gott nicht weniger wert; und wenn wir davon essen, sind wir vor ihm nicht mehr wert. 9 Gebt aber Acht, dass nicht die Freiheit, die euer Verhalten bestimmt, die Schwachen in der Gemeinde zu Fall bringt.

10 Angenommen, du hast die ›Erkenntnis‹ und nimmst im Tempel eines Götzen an einem Opfermahl* teil.[i] Dort sieht dich jemand, der sich diese Erkenntnis noch nicht zu Eigen gemacht hat. Wird das diesen Schwachen nicht ermutigen, gegen die Überzeugung seines Gewissens vom Opferfleisch zu essen? 11 Der Schwache geht also durch deine

a Wörtlich *die Jungfrau.*
b Siehe Anmerkung zu 1,10.
c Die folgende Anweisung, echte Freiheit (im Gegensatz zu der Parole in 6,12) einzuüben, ist auch ohne die von Paulus gemachte Voraussetzung bedenkenswert.
d *Nur darf …:* wörtlich *Nur (geschehe es) im Herrn.*
e Siehe dazu Sacherklärung »Opferfleisch«. Solches Fleisch wurde auch außerhalb der Tempel angeboten (10,25-27).
f Wörtlich *Wir wissen.* Im Folgenden nimmt Paulus einen Satz auf, mit dem die angesprochenen Kreise in Korinth ihre überlegen-freizügige Haltung begründeten (dasselbe gilt für die Aussagen in Vers 4). *Erkenntnis* ist das Zauberwort dieser offenbar gnostisch infizierten Christen (siehe Sacherklärungen »Erkenntnis« und »Gnosis«), das von Paulus im Folgenden kritisch beleuchtet wird.
g *und so hat er …:* verdeutlichender Zusatz. Von Gott *erkannt* sein bedeutet nach biblischem Sprachgebrauch, von ihm erwählt und geliebt sein. Nur wer Gottes Liebe erfahren hat und darüber selbst zu einem Liebenden geworden ist, »erkennt« richtig.
h Im gleichen Sinn wie in den folgenden Versen äußert sich Paulus in Röm 14.
i Offenbar geschieht dies, um die ›christliche Freiheit‹ zur Schau zu stellen; vgl. 5,2; 6,2. Solche Opfermähler, zu denen man sich gegenseitig einlud, waren Teil des gesellschaftlichen Lebens.

7,28 Lk 21,23 **7,29-31** Ez 7,12-13; Röm 13,11-13; 1 Petr 4,7; Phil 4,5 S **7,33** Lk 14,20 **7,39** Röm 7,2-3 **8,1b** 13,1-7; 16,14; Röm 15,1-2 **8,3** 12,13; Gal 4,9 **8,4** Dtn 6,4 **8,5** 10,19-20 **8,6** 12,5-6; Eph 4,5-6; Kol 1,16; Joh 1,3 **8,7-12** 10,23-33 **8,9** Gal 5,13 S

Erkenntnis zugrunde. Dabei ist er doch dein Bruder, für den Christus gestorben ist!

12 Ihr versündigt euch an Christus, wenn ihr euch so an euren Brüdern und Schwestern[a] versündigt und ihr schwaches Gewissen misshandelt. 13 Wenn ein Nahrungsmittel dazu führt, dass jemand in der Gemeinde schuldig wird, will ich nie mehr Fleisch essen, in Ewigkeit nicht! Denn ich will nicht, dass mein Bruder oder meine Schwester[b] verloren geht!

Paulus als Vorbild: Verzicht um der Liebe willen

9 Nehmt euch ein Beispiel an mir![c] Bin ich nicht frei? Bin ich nicht Apostel*? Habe ich nicht Jesus, unseren Herrn*, gesehen? Seid nicht ihr die Frucht meines Wirkens für den Herrn? 2 Auch wenn andere mich nicht als Apostel anerkennen – für euch bin ich es! Meine Beglaubigung als Apostel seid ihr selbst, weil ihr zum Glauben an den Herrn* gekommen seid.

3 Hier ist meine Antwort an die Leute, die Kritik an mir üben: 4 Hätte ich nicht Anspruch darauf, für meinen Dienst als Apostel Essen und Trinken zu bekommen? 5 Hätte ich nicht das Recht, eine Christin als Ehefrau auf meine Reisen mitzunehmen, wie es die anderen Apostel tun und die Brüder des Herrn und auch Petrus?[d] 6 Sind ich und Barnabas die Einzigen, die mit ihrer Hände Arbeit für ihren Unterhalt aufkommen müssen? 7 Wer zieht denn schon auf eigene Kosten in den Krieg? Wer pflanzt einen Weinberg, ohne von seinen Trauben zu essen? Wer hütet Schafe, ohne von ihrer Milch zu trinken?

8 Ich berufe mich nicht nur auf das, was allgemein üblich ist. Das Gesetz* Gottes sagt dasselbe. 9 Im Gesetzbuch Moses steht geschrieben: »Einem Ochsen, der zum Dreschen* eingespannt wird, darfst du das Maul nicht zubinden.« Geht es Gott vielleicht um die Ochsen, 10 oder meint er nicht vielmehr *uns* bei allem, was er sagt?

So ist es: Von uns ist hier die Rede, um unseretwillen steht es geschrieben. Wer pflügt und erntet, muss damit rechnen können, selbst einen Teil vom Ertrag zu bekommen. 11 Ich habe geistliche Gaben, den Samen der Botschaft Gottes, unter euch ausgesät. Ist es zu viel verlangt, wenn ich dafür natürliche Gaben ernte, nämlich was ich zum Leben brauche?[e] 12 Andere nehmen dieses Recht in Anspruch und lassen sich von euch versorgen. Habe ich nicht einen viel größeren Anspruch darauf?

Und doch habe ich von meinem Recht keinen Gebrauch gemacht. Ich nehme alle Mühen und Entbehrungen auf mich, um der Guten Nachricht* von Christus kein Hindernis in den Weg zu legen.[f] 13 Ihr wisst, dass die Priester, die im Tempel* Dienst tun, ihren Lebensunterhalt von den Einkünften des Tempels bekommen; und wer am Altar den Opferdienst verrichtet, bekommt einen Teil von den Opfergaben. 14 Genauso hat es Jesus, der Herr*, für uns angeordnet:[g] Wer die Gute Nachricht verbreitet, soll davon leben können. 15 Aber ich habe von diesem Recht nie irgendwelchen Gebrauch gemacht.

Ich schreibe das auch nicht, damit ich künftig in den Genuss davon komme. Eher sterben als das! Meinen Ruhm soll mir niemand nehmen! 16 Denn wenn ich die Gute Nachricht verkünde, habe ich noch keinen Grund, mich zu rühmen*. Ich kann ja gar nicht anders – weh mir, wenn ich sie nicht weitergebe! 17 Nur wenn ich sie aus eigenem Antrieb verkünden würde, könnte ich dafür einen Lohn erwarten. Aber ich tue es nicht freiwillig, sondern weil ich mit einem Amt betraut bin.

18 Worin besteht also mein Lohn? Mein Lohn ist, dass ich die Gute Nachricht ohne Entgelt verbreite und auf das verzichte, was mir dafür zusteht.

Frei zum Dienst an allen

19 Obwohl ich also frei und von niemand abhängig bin, habe ich mich zum Sklaven aller gemacht,[h] um möglichst viele für Christus zu gewinnen.

20 Wenn ich mit Juden zu tun hatte, lebte ich wie ein Jude, um sie für Christus zu gewinnen. Unter ihnen, die von der Befolgung des Gesetzes* das Heil erwarten, lebte auch ich nach den Vorschriften des Gesetzes, obwohl ich selbst das Heil nicht mehr vom Gesetz erwarte – und das nur, um sie für Christus zu gewinnen.

21 Wenn ich dagegen mit Menschen zu tun hatte, die nichts vom Gesetz wissen, lebte auch ich nicht nach dem Gesetz, obwohl ich doch vor Gott nicht gesetzlos lebe; ich stehe ja unter dem Gesetz, das Christus gegeben hat[i] – und auch das tat ich, um sie für Christus zu gewinnen.

22 Und wenn ich mit Menschen zu tun hatte, deren Glaube noch schwach war, wurde ich wie sie und machte von meiner Freiheit keinen Gebrauch – nur um sie für Christus zu gewinnen.

Ich stellte mich allen gleich, um überall wenigstens einige zu retten. 23 Das alles tue ich für die Gute Nachricht*, damit ich selbst Anteil bekomme an dem, was sie verspricht.

Verzicht für ein großes Ziel

24 Ihr wisst doch, dass an einem Wettlauf viele teilnehmen; aber nur einer bekommt den Preis, den Siegeskranz*. Darum lauft so, dass ihr den Kranz gewinnt![j] 25 Alle, die an einem Wettkampf teilnehmen wollen, nehmen harte Einschränkungen auf sich. Sie tun es für einen Siegeskranz, der vergeht.

9,1-2 15,8S; 2 Kor 10,7-8; 11,5S; Gal 1,1 **9,2** (Beglaubigung) 4,15; 2 Kor 3,1-3; 10,13 **9,4** Mt 10,10par; 2 Thess 3,9 **9,6** (Barnabas) Apg 9,27S; Gal 2,1.9.13; (Unterhalt) Apg 18,3S **9,9** *zit* Dtn 25,4; 1 Tim 5,18 **9,11** Röm 15,27S **9,12b** Apg 20,33-34; 2 Kor 11,9 **9,13** Num 18,8-10S **9,15** Apg 18,3S **9,16** Jer 20,9 **9,19-22** 10,32-33; (gewinnen) 2 Kor 5,11S **9,20** Apg 16,3; 21,20-26 **9,22** 2 Kor 11,29 **9,24-25** (Wettlauf) Phil 3,12-14; 2 Tim 2,5; 4,7; Hebr 12,1; (Siegeskranz) 2 Tim 4,8; Jak 1,12; 1 Petr 5,4; Offb 2,10; 3,11

a Siehe Anmerkung zu 1,10.
b Wörtlich *mein Bruder.*
c Paulus verzichtet nicht nur auf den Gebrauch einer »Freiheit«, sondern sogar auf einen rechtmäßigen Anspruch, der ihm als Apostel zusteht. Dieser Gedanke führt mit einem Sprung in die Auseinandersetzung um die apostolische Vollmacht zurück (siehe 4,3 und Anmerkung).
d Wörtlich *Kephas**.
e Wörtlich *Wenn wir* (= ich) *Geistliches unter euch ausgesät haben, ist es da etwas Großes, wenn wir von euch Fleischliches ernten?*
f Das erfährt eine Zuspitzung in 2 Kor 11,9-12.
g Bei der Jüngeraussendung Lk 10,7f.
h Hier wird 9,1 fortgeführt.
i Paulus versteht darunter das Liebesgebot; vgl. Gal 6,2 im dortigen Zusammenhang.
j Der Grundsatz »Nur der vertrauende Glaube rettet« (Röm 1,17) darf nicht so missverstanden werden, als liege am Tun des Menschen nichts – nur dass das Tun des Menschen nun ganz in Gottes eigenes Tun hineingenommen ist (Phil 1,6.10-11; 2,12-13; Eph 2,10). Natürlich gewinnt im Wettkampf des Christenlebens nicht nur einer den Preis (nämlich das ewige Leben).

Aber auf uns wartet ein Siegeskranz, der unvergänglich ist.

26 Darum laufe ich wie einer, der das Ziel erreichen will. Darum kämpfe ich wie ein Faustkämpfer, der nicht danebenschlägt. 27 Ich treffe mit meinen Schlägen den eigenen Körper, sodass ich ihn ganz in die Gewalt bekomme. Ich will nicht anderen predigen und selbst versagen.

Warnung vor Selbstsicherheit: Taufe und Mahl des Herrn sind keine Garantie

10 Ich will, dass ihr euch klarmacht, Brüder und Schwestern,[a] 2 wie es unseren Vorfahren nach dem Auszug aus Ägypten ergangen ist. Sie waren alle unter der Wolke und gingen alle durch das Meer. Sie alle wurden durch die Wolke und das Wasser des Meeres auf Mose getauft. 3 Alle aßen auch dieselbe geistliche Speise 4 und tranken denselben geistlichen Trank. Sie tranken ja aus dem geistlichen Felsen, der mit ihnen ging, und dieser Felsen war Christus.[b] 5 Trotzdem verwarf Gott die meisten von ihnen und ließ sie in der Wüste sterben.

6 Alle diese Ereignisse sind uns als warnendes Beispiel gegeben. Wir sollen unser Verlangen nicht auf das Böse richten, so wie sie es taten, als sie ihren Gelüsten folgten. 7 Betet auch keine Götzen an, wie es ein Teil von ihnen getan hat – es heißt ja in den Heiligen Schriften*: »Sie setzten sich zum Essen und Trinken nieder und danach tanzten sie vor dem goldenen Stier.« 8 Wir wollen auch nicht Unzucht treiben wie ein Teil von ihnen; damals starben an einem Tag dreiundzwanzigtausend. 9 Wir wollen Christus nicht herausfordern wie ein Teil von ihnen; sie kamen durch Schlangen um. 10 Murrt auch nicht wie ein Teil von ihnen, die Mose und Aaron Vorwürfe machten; der Todesengel vernichtete sie.

11 Dies alles geschah mit ihnen in vorausdeutender Weise. Es ist zu unserer Warnung aufgeschrieben worden; denn wir leben in der letzten Zeit. 12 Du meinst sicher zu stehen? Gib Acht, dass du nicht fällst! 13 Die Proben, auf die euer Glaube bisher gestellt worden ist, sind über das gewöhnliche Maß noch nicht hinausgegangen.[c] Aber Gott ist treu und wird nicht zulassen, dass die Prüfung über eure Kraft geht. Wenn er euch auf die Probe stellt, sorgt er auch dafür, dass ihr sie bestehen könnt.

Teilnahme am Götzenopfer und am Mahl des Herrn sind unvereinbar

14 Meine Lieben, haltet euch also von Götzendienst fern! 15 Ihr seid doch verständige Leute; beurteilt selbst, was ich sage. 16 Denkt an den Becher, über dem wir beim Mahl des Herrn* das Dankgebet sprechen: Gibt er uns nicht teil an dem Blut*, das Christus für uns vergossen hat? Denkt an das Brot, das wir austeilen: Gibt es uns nicht teil an seinem Leib? 17 Es ist nur ein einziges Brot. Darum bilden wir alle, auch wenn wir viele sind, einen einzigen Leib*; denn wir essen alle von dem einen Brot.

18 Seht doch, wie es bis heute beim Volk Israel ist! Alle, die vom Fleisch der Opfertiere essen, kommen in engste Verbindung mit Gott, dem das Opfer* dargebracht wurde.[d] 19 Will ich damit sagen, dass das Opferfleisch* etwas bedeutet? Oder dass der Götze, dem das Opfer dargebracht wurde, etwas bedeutet? 20 Nein! Aber was die Götzenverehrer opfern, das opfern sie nicht Gott, sondern den Dämonen*. Ich möchte aber nicht, dass ihr euch mit Dämonen verbindet.

21 Ihr könnt nicht aus dem Becher des Herrn trinken und zugleich aus dem Becher der Dämonen. Ihr könnt nicht am Tisch des Herrn essen und am Tisch der Dämonen. 22 Oder wollen wir den Herrn herausfordern? Sind wir etwa stärker als er?

Abschließende Stellungnahme: Liebe geht vor Freiheit

23 Ihr sagt: »Alles ist erlaubt!«[e] Mag sein, aber nicht alles ist deshalb auch schon gut. Alles ist erlaubt, aber nicht alles fördert die Gemeinde. 24 Ihr sollt nicht an euch selbst denken, sondern an die anderen.

25 Ihr könnt jedes Fleisch essen, das auf dem Markt verkauft wird. Es ist nicht nötig, dass ihr eine Gewissenssache daraus macht und nachforscht, woher das Fleisch kommt.[f] 26 Denn es heißt: »Dem Herrn gehört die ganze Erde mit allem, was darauf lebt.«

27 Auch wenn Ungläubige euch zum Essen einladen und ihr die Einladung annehmen wollt, könnt ihr essen, was euch angeboten wird. Es ist nicht nötig, dass ihr aus Gewissensgründen nachforscht, woher das Fleisch kommt. 28 Nur wenn euch dort jemand sagt: »Das Fleisch ist von einem Opfer«, dann esst nicht davon. Unterlasst es mit Rücksicht auf die Person, die euch darauf hingewiesen hat, und mit Rücksicht auf das Gewissen. 29 Ich meine nicht euer Gewissen, sondern das ihre.

Ein fremdes Gewissen darf sich allerdings nicht zum Richter über meine Freiheit machen. 30 Ich genieße das Opferfleisch mit Dank gegen Gott. Niemand hat das Recht, mich zu tadeln, wenn ich etwas esse, wofür ich Gott danke.[g]

31 Ich sage also: Ob ihr esst oder trinkt oder sonst etwas tut, so tut alles zur Ehre Gottes. 32 Lebt so, dass ihr für niemand ein Glaubenshindernis seid, weder

a Siehe Anmerkung zu 1,10. Die Fortsetzung lautet wörtlich *dass unsere Väter alle unter der Wolke waren …*
b Vgl. dazu Sacherklärung »geistlich«.
c Für die Endzeit werden schwere Prüfungen erwartet; vgl. 7,26 und Anmerkungen dort.
d Wörtlich *in engste Verbindung mit dem Altar.* »Altar« ist hier ehrfurchtsvolle Umschreibung für Gott.
e Schon zum zweiten Mal greift Paulus das korinthische Schlagwort auf (siehe 6,12).
f Siehe Anmerkung zu 8,1.
g Die Verse 28.29a sprechen vom Gewissen des Nichtchristen, der das Essen nicht als Zeichen christlicher Freiheit, sondern als Beweis für die Vereinbarkeit von christlichem Gottesglauben und heidnischer Vielgötterei missverstehen müsste. Die Verse 29b.30 scheinen dagegen vom Gewissen eines »schwachen« Christen zu sprechen, das sich nicht zum Richter über die Freiheit eines anderen machen darf. Die Sätze sind im Zusammenhang schwer einzuordnen; vgl. auch 8,7-13.

10,1 Ex 14,19-22; Weish 19,7 **10,3** Ex 16,13-21; 16,31 S **10,4** Ex 17,6 S **10,5** Num 14,29-30 **10,6** Num 11,4.34 **10,7** *zit* Ex 32,6 **10,8** Num 25,1-9 **10,9** Num 21,5-6 **10,10** Num 17,6-15; Ex 14,11-12 S; (Todesengel) Weish 18,20.22.25 **10,11** 7,31; Röm 15,4 **10,12** Gal 6,1 **10,13** Jak 1,13-14; 1 Thess 5,24 **10,14** 1 Joh 5,21 **10,16** 11,24-25 **10,17** 12,27 S **10,18** Lev 19,5-8 **10,19** 8,4 **10,21** 2 Kor 6,15-16 **10,23** 6,12; 8,7-12 **10,24** 10,32; 13,5; Röm 15,1-2; Phil 2,4 **10,26** *zit* Ps 24,1; 89,12 **10,28** 8,7 **10,30** Röm 14,6; 1 Tim 4,3-4 **10,31** Kol 3,17; 1 Petr 4,11 **10,32** Röm 14,13

für Juden noch für Nichtjuden noch für die Gemeinde Gottes. 33 Macht es so wie ich: Ich nehme in allem Rücksicht auf alle. Ich suche nicht meinen eigenen Vorteil, sondern den Vorteil aller anderen, damit sie gerettet werden.

11 Nehmt mich zum Vorbild, so wie ich Christus zum Vorbild nehme!

MISSSTÄNDE IM GOTTESDIENST
(11,2-34)

Vom Verhalten der Frauen beim Gottesdienst

2 Ich muss euch dafür loben, dass ihr immer an mich denkt und die Anweisungen befolgt, die ich euch weitergegeben habe. 3 Ich muss euch aber auch noch dies sagen:

Jeder Mann ist unmittelbar Christus unterstellt, die Frau aber dem Mann; und Christus ist Gott unterstellt.° 4 Ein Mann, der im Gottesdienst öffentlich betet oder Weisungen* Gottes verkündet, entehrt sich selbst, wenn er dabei seinen Kopf bedeckt. 5 Eine Frau, die im Gottesdienst öffentlich betet oder Weisungen Gottes verkündet, entehrt sich selbst, wenn sie dabei ihren Kopf *nicht* bedeckt. Es ist genauso, als ob sie kahl geschoren wäre. 6 Wenn sie keine Kopfbedeckung trägt, kann sie sich gleich die Haare abschneiden lassen. Es ist doch eine Schande für eine Frau, sich die Haare abschneiden oder den Kopf kahl scheren zu lassen. Dann soll sie auch ihren Kopf verhüllen.

Zur Zeit des Apostels Paulus trugen Frauen, die etwas auf sich hielten, ein Kopftuch – ähnlich wie die hier abgebildeten arabischen Frauen aus Gaza. Die Christen sollten, meint Paulus, ihre Freiheit nicht missbrauchen, indem sie diese Sitte verachten (11,5-16). Es ist jedoch bemerkenswert, dass Paulus der Frau genau wie dem Mann das öffentliche Wort zugesteht.

7 Der Mann dagegen soll seinen Kopf nicht bedecken; denn der Mann ist das Abbild Gottes und spiegelt die Herrlichkeit* Gottes wider. In der Frau spiegelt sich die Herrlichkeit des Mannes. 8 Der Mann wurde nicht aus der Frau geschaffen, sondern die Frau aus dem Mann. 9 Der Mann wurde auch nicht für die Frau geschaffen, wohl aber die Frau für den Mann. 10 Deshalb muss die Frau ein Zeichen der Unterordnung und zugleich der Bevollmächtigung auf dem Kopf tragen. Damit genügt sie der Ordnung, über die die Engel* wachen.[a]

11 Vor dem Herrn* gibt es jedoch die Frau nicht ohne den Mann und den Mann nicht ohne die Frau. 12 Zwar wurde die Frau aus dem Mann geschaffen; aber der Mann wird von der Frau geboren. Und beide kommen von Gott, der alles geschaffen hat.

13 Urteilt selbst: Gehört es sich für eine Frau, im Gottesdienst ein Gebet zu sprechen, ohne dass sie eine Kopfbedeckung trägt? 14 Schon die Natur lehrt euch, dass langes Haar für den Mann eine Schande ist, 15 aber eine Ehre für die Frau. Die Frau hat langes Haar erhalten, um sich zu verhüllen.

16 Falls aber jemand mit mir darüber streiten möchte, kann ich nur eines sagen: Weder ich noch die Gemeinden Gottes kennen eine andere Sitte im Gottesdienst.

Wie das Mahl des Herrn gefeiert werden soll

17 Wenn ich schon einmal Anweisungen gebe: Ich kann es nicht loben, dass eure Gemeindeversammlungen den Aufbau der Gemeinde nicht fördern, sondern beeinträchtigen. 18 Erstens[b] wurde mir berichtet, dass es unter euch Spaltungen gibt,[c] wenn ihr zusammenkommt. Ich glaube, dass dies mindestens teilweise zutrifft. 19 Es *muss* ja auch zu Spaltungen unter euch kommen, damit offenbar wird, wer sich bei euch im Glauben bewährt.

20 Wenn ihr zusammenkommt, feiert ihr in Wirklichkeit gar nicht das Mahl* des Herrn. 21 Denn bevor das gemeinsame Mahl beginnt, fangen die Anwesenden schon einmal an zu essen, was sie mitgebracht haben; und wenn dann die später Kommenden hungrig eintreffen, sind die Ersten schon betrunken.[d] 22 Könnt ihr denn nicht zu Hause essen und trinken? Oder verachtet ihr die Gemeinde Gottes und wollt die unter euch beschämen, die nichts haben? Was soll ich dazu sagen? Soll ich euch loben? In diesem Punkt lobe ich euch nicht!

23 Ich nämlich habe als Überlieferung, die vom Herrn* kommt, empfangen, was ich euch weitergegeben habe:

In der Nacht, in der Jesus, der Herr, ausgeliefert wurde, nahm er Brot, 24 sprach darüber das Dankge-

a Wörtlich *Deshalb muss die Frau eine Vollmacht auf dem Kopf haben wegen der Engel**. Die Kopfbedeckung gilt hier zunächst als Zeichen der *Unterordnung* unter den Mann (Vers 3). Die Einhaltung dieser Ordnung ist nach Paulus die Voraussetzung *(Bevollmächtigung)* dafür, dass die Frau im Gottesdienst öffentlich auftreten darf.
b Der zweite Punkt sind offenbar die in Kap 12–14 angesprochenen Missstände.
c Vgl. 1,10-12.
d *Denn bevor ...:* wörtlich *Denn jeder nimmt beim Essen sein eigenes Mahl vorweg, und so ist der eine hungrig, der andere betrunken.* Die Übersetzung verdeutlicht im Blick auf Vers 33 (»wartet aufeinander«). Die später Kommenden sind offenbar die Ärmeren, die noch arbeiten müssen und wenig mitzubringen haben.

10,33 9,19-22 **11,1** 4,16S **11,3** Eph 5,23; Gen 3,16 **11,7** Gen 1,26-27 **11,8-9** Gen 2,18-23; 1Tim 2,13 **11,18** 1,10-11S **11,22** Jak 2,5-6 **11,23-25** 10,16; Mk 14,22-24 par

bet, brach es in Stücke und sagte: »Das ist mein Leib,
der für euch geopfert wird. Tut das immer wieder,
damit unter euch gegenwärtig ist, was ich für euch
getan habe!«[a]
25 Ebenso nahm er nach dem Essen den Becher
und sagte: »Dieser Becher ist Gottes neuer Bund*,
der durch mein Blut* in Kraft gesetzt wird. Tut
das, sooft ihr von ihm trinkt, damit unter euch
gegenwärtig ist, was ich für euch getan habe!«

26 Jedes Mal also, wenn ihr dieses Brot esst und von
diesem Becher trinkt, verkündet ihr damit die Ret-
tung, die durch den Tod des Herrn geschehen ist,
bis er wiederkommt.
27 Wer daher auf unwürdige Weise[b] das Brot des
Herrn isst und von seinem Becher trinkt, macht sich
am Leib und am Blut des Herrn schuldig. 28 Darum
sollt ihr euch prüfen, bevor ihr das Brot esst und
von dem Becher trinkt. 29 Denn wenn ihr esst und
trinkt ohne Rücksicht darauf, dass ihr es mit dem
Leib des Herrn zu tun habt,[c] zieht ihr euch durch
euer Essen und Trinken Gottes Strafgericht zu.
30 Das ist ja auch der Grund, weshalb viele von euch
schwach und krank sind und nicht wenige sind sogar
gestorben.
31 Wenn wir uns selbst zur Rechenschaft ziehen
würden, müsste der Herr uns nicht auf diese Weise
richten. 32 Wenn er es aber tut, dann geschieht es,
um uns zurechtzuweisen, damit wir nicht im letzten
Gericht zusammen mit der ungläubigen Welt* verur-
teilt werden.
33 Meine Brüder und Schwestern,[d] wenn ihr also
zusammenkommt, um das Mahl des Herrn zu feiern,
dann wartet aufeinander. 34 Wer zu großen Hunger
hat, soll vorher zu Hause essen. Sonst bringen eure
Versammlungen euch nur Bestrafung ein.
Alles Weitere werde ich regeln, wenn ich komme.

ÜBER DIE GABEN DES HEILIGEN GEISTES (Kapitel 12–14)

Von den Fähigkeiten, die Gottes Geist schenkt

12 Brüder und Schwestern! Ich komme nun
zu den Fähigkeiten, die der Geist* Gottes
schenkt, und sage euch, was ihr darüber wissen
müsst.
2 Ihr erinnert euch: Als ihr noch Ungläubige wart,
seid ihr vor den stummen Götzen in Ekstase ge-
raten.[e] 3 Darum muss ich euch vor allem eines sagen:
Wenn Gottes Geist von einem Menschen Besitz
ergriffen hat, kann dieser nicht sagen: »Jesus sei ver-
flucht!« Umgekehrt kann niemand sagen: »Jesus ist
der Herr*!«, wenn nicht der Heilige Geist in ihm
wirkt.
4 Es gibt verschiedene Gaben, doch ein und der-
selbe Geist teilt sie zu. 5 Es gibt verschiedene
Dienste, doch ein und derselbe Herr macht dazu
fähig. 6 Es gibt verschiedene Wunderkräfte, doch
ein und derselbe Gott schenkt sie – er, der alles in
allen wirkt.[f] 7 Doch an jedem und jeder in der
Gemeinde zeigt der Heilige Geist seine Wirkung in
der Weise und mit dem Ziel, dass alle etwas davon
haben.
8 Die einen befähigt der Geist dazu, Gottes weis-
heitsvolle Pläne zu enthüllen; andere lässt er erken-
nen, was in einer schwierigen Lage getan werden
soll. 9 Derselbe Geist gibt den einen besondere Glau-
benskraft und den anderen die Kraft, zu heilen.
10 Der Geist ermächtigt die einen, Wunder zu tun;
andere macht er fähig, Weisungen* Gottes zu ver-
künden. Wieder andere können unterscheiden,
was aus dem Geist Gottes kommt und was nicht.
Die einen befähigt der Geist, in unbekannten Spra-
chen* zu reden; anderen gibt er die Fähigkeit, das
Gesagte zu deuten.[g]
11 Aber das alles bewirkt ein und derselbe Geist. So
wie er es will, teilt er jedem und jeder in der Gemein-
de die eigene Fähigkeit zu.

Das Bild vom Körper und seinen Teilen: Niemand hat seine Fähigkeiten für sich allein

12 Der Körper des Menschen ist einer und besteht
doch aus vielen Teilen. Aber all die vielen Teile gehö-
ren zusammen und bilden einen unteilbaren Orga-
nismus. So ist es auch mit Christus: mit der Gemein-
de, die sein Leib* ist.[h] 13 Denn wir alle, Juden wie
Griechen, Menschen im Sklavenstand wie Freie,
sind in der Taufe* durch denselben Geist* in den
einen Leib, in Christus, eingegliedert und auch alle
mit demselben Geist erfüllt worden.
14 Ein Körper besteht nicht aus einem einzigen
Teil, sondern aus vielen Teilen. 15 Wenn der Fuß
erklärt: »Ich gehöre nicht zum Leib, weil ich nicht
die Hand bin« – hört er damit auf, ein Teil des Kör-
pers zu sein? 16 Oder wenn das Ohr erklärt: »Ich
gehöre nicht zum Leib, weil ich nicht das Auge
bin« – hört es damit auf, ein Teil des Körpers zu sein?
17 Wie könnte ein Mensch hören, wenn er nur aus
Augen bestünde? Wie könnte er riechen, wenn er
nur aus Ohren bestünde? 18 Nun aber hat Gott im
Körper viele Teile geschaffen und hat jedem Teil sei-
nen Platz zugewiesen, so wie er es gewollt hat.
19 Wenn alles nur ein einzelner Teil wäre, wo bliebe

a Wörtlich *Tut das zu meinem Gedenken* (ebenso in Vers 25). In der Sprache der Bibel bedeutet »Gedenken« nicht ein bloßes Erinnern, sondern zugleich das Gegenwärtigwerden des Erinnerten.
b Paulus meint mit *unwürdig* die in den Versen 20-22 beschriebenen Zustände.
c *ohne Rücksicht …:* wörtlich *ohne den Leib richtig zu beurteilen.* Paulus denkt wohl im Blick auf Vers 22 zugleich an die Solidarität innerhalb der Gemeinde als dem »Leib des Herrn« (vgl. 12,12).
d Siehe Anmerkung zu 1,10; ebenso für 12,1.
e Die Ekstase und verwandte Erscheinungen sind keine eindeutigen Wirkungen von Gottes Geist; es muss ein wesentliches Unterscheidungsmerkmal hinzukommen.
f Die Betonung derselben Quelle für alle Gaben richtet sich gegen das Überlegenheitsgefühl bestimmter Geistbegabter (Ekstatiker).
g Auf diese beiden Gaben kommt Paulus in Kap 14 zu sprechen, weil in Verbindung damit in Korinth Probleme aufgetreten sind.
h Wörtlich *So ist auch Christus.*

11,25 Lk 22,20S **12,2** Gal 4,8 **12,3** 1 Joh 4,2-3; Röm 10,9; Phil 2,11 **12,4-11** 12,27–14,40; Röm 12,6-8; Eph 4,4 **12,7** 14,26S **12,10** Apg 2,4S **12,11** 7,7; Röm 12,3; Eph 4,7; 1 Petr 4,10 **12,12** 12,27S **12,13** Gal 3,27-28S

da der Leib? 20 Aber nun gibt es viele Teile, und alle
gehören zu dem einen Leib.
21 Das Auge kann nicht zur Hand sagen: »Ich brau-
che dich nicht!« Und der Kopf kann nicht zu den
Füßen sagen: »Ich brauche euch nicht!« 22 Gerade
die Teile des Körpers, die schwächer scheinen, sind
besonders wichtig. 23 Die Teile, die als unansehnlich
gelten, kleiden wir mit besonderer Sorgfalt und die
unanständigen mit besonderem Anstand. 24 Die edle-
ren Teile haben das nicht nötig. Gott hat unseren Kör-
per zu einem Ganzen zusammengefügt und hat dafür
gesorgt, dass die geringeren Teile besonders geehrt
werden. 25 Denn er wollte, dass es keine Uneinigkeit
im Körper gibt, sondern jeder Teil sich um den ande-
ren kümmert. 26 Wenn irgendein Teil des Körpers lei-
det, leiden alle anderen mit. Und wenn irgendein Teil
geehrt wird, freuen sich alle anderen mit.
27 Ihr alle seid zusammen der Leib* von Christus,
und als Einzelne seid ihr Teile an diesem Leib. 28 So
hat Gott in der Gemeinde allen ihre Aufgabe zuge-
wiesen. Da gibt es erstens die Apostel*, zweitens
die, die prophetische Weisungen* erteilen, drittens
die, die zum Lehren befähigt sind.[a] Dann kommen
die, die Wunder tun oder heilen können, die Dienste
oder Leitungsaufgaben übernehmen oder in unbe-
kannten Sprachen* reden.[b] 29 Nicht alle sind Apos-
tel, nicht alle erteilen prophetische Weisungen,
nicht alle sind zum Lehren befähigt. Nicht alle kön-
nen Wunder tun, 30 nicht alle Kranke heilen, nicht
alle in unbekannten Sprachen reden, nicht alle diese
Sprachen deuten. 31a Bemüht euch aber um die höhe-
ren Geistesgaben!

Nichts geht über die Liebe (Das »Hohelied der Liebe«)

31b Ich zeige euch jetzt etwas, das noch weit wichtiger
ist als alle diese Fähigkeiten.

13 Wenn ich die Sprachen aller Menschen spreche
und sogar die Sprache der Engel,[c]
aber ich habe keine Liebe –[d]
dann bin ich doch nur ein dröhnender Gong
oder eine lärmende Trommel.
2 Wenn ich prophetische Eingebungen* habe
und alle himmlischen Geheimnisse weiß
und alle Erkenntnis* besitze,
wenn ich einen so starken Glauben habe,
dass ich Berge versetzen kann,
aber ich habe keine Liebe –
dann bin ich nichts.
3 Und wenn ich all meinen Besitz verteile
und den Tod in den Flammen auf mich nehme,°
aber ich habe keine Liebe –
dann nützt es mir nichts.

4 Die Liebe ist geduldig und gütig.
Die Liebe eifert nicht für den eigenen Standpunkt,
sie prahlt nicht und spielt sich nicht auf.
5 Die Liebe nimmt sich keine Freiheiten heraus,
sie sucht nicht den eigenen Vorteil.
Sie lässt sich nicht zum Zorn reizen
und trägt das Böse nicht nach.
6 Sie ist nicht schadenfroh,
wenn anderen Unrecht geschieht,
sondern freut sich mit,
wenn jemand das Rechte tut.
7 Die Liebe gibt nie jemand auf,
in jeder Lage vertraut und hofft sie für andere;
alles erträgt sie mit großer Geduld.

8 Niemals wird die Liebe vergehen.
Prophetische Eingebungen hören einmal auf,
das Reden in Sprachen* des Geistes verstummt,
auch die Erkenntnis wird ein Ende nehmen.
9 Denn unser Erkennen ist Stückwerk,
und unser prophetisches Reden ist Stückwerk.
10 Wenn sich die ganze Wahrheit enthüllen wird,
ist es mit dem Stückwerk vorbei.

11 Einst, als ich noch ein Kind war,
da redete ich wie ein Kind,
ich fühlte und dachte wie ein Kind.
Als ich dann aber erwachsen war,
habe ich die kindlichen Vorstellungen abgelegt.
12 Jetzt sehen wir nur ein unklares Bild
wie in einem trüben Spiegel;
dann aber schauen wir Gott von Angesicht.
Jetzt kennen wir Gott nur unvollkommen;
dann aber werden wir Gott völlig kennen,
so wie *er* uns jetzt schon kennt.

13 Auch wenn alles einmal aufhört –
Glaube, Hoffnung und Liebe nicht.
Diese drei werden immer bleiben;[e]
doch am höchsten steht die Liebe.

Zur Beurteilung des »Redens in unbekannten Sprachen« (Zungenreden)

14 Bemüht euch also darum, dass euch die Liebe geschenkt wird!
Von den Gaben des Geistes* wünscht euch beson-
ders die Fähigkeit, prophetische Weisungen* zu ver-
künden. 2 Wenn du in unbekannten Sprachen*
redest, sprichst du nicht zu Menschen, sondern zu
Gott. Niemand versteht dich. Durch die Wirkung
des Geistes redest du geheimnisvolle Worte. 3 Wenn
du aber prophetische Weisungen empfängst, kannst
du sie an andere weitergeben. Du kannst damit
die Gemeinde aufbauen, ermutigen und trösten.

a Siehe Sacherklärung »Lehrer«.
b Bezeichnend ist, dass Paulus das ›Sprachenreden‹ an die letzte Stelle setzt, das Erteilen ›prophetischer Weisungen‹ aber an die zweite; vgl. Kap 14.
c Ob die *Sprache der Engel** das geistgewirkte Reden im Sinne von 14,2 ist oder noch darüber hinausweist (vgl. 2 Kor 12,3-4) – in jedem Fall wird seiner Überschätzung entgegengetreten.
d Auch die im Folgenden gepriesene *Liebe* ist Geistesgabe, nicht menschliche Leistung. Sie fließt aus der Liebe Gottes und Christi (Röm 5,5).
e Sie sind die grundlegenden und entscheidenden Dimensionen christlicher Existenz; vgl. 1 Thess 1,3; 5,8; Gal 5,5-6; Hebr 10,22-24. Sie haben Bestand und bleiben gültig – auch wenn Glaube und Hoffnung einst ins Schauen münden werden; vgl. 2 Kor 5,7; Röm 8,24-25.

12,26 Röm 12,15; 2 Kor 11,29 S **12,27** 6,15; 10,17; 12,12; Röm 12,4-5; Eph 1,23 S **12,28** 12,8-10; Eph 4,11-12 **12,31a** 14,1 **13,1-7** 8,1 S; Röm 13,8-10 **13,1** 2 Kor 12,3-4 **13,2** 12,8; Mt 7,22; 17,20 **13,3** Mk 10,21 par; Dan 3,19-20 **13,8** 14,1-5 **13,12** 2 Kor 5,7; Röm 8,24; 1 Joh 3,2 **13,13** 1 Thess 1,3; 5,8; Gal 5,5-6; Kol 1,4-5; Hebr 10,22-24 **14,1b** (Weisungen) 12,10 **14,2** (Sprachen) Apg 2,4 S

4 Wenn jemand in unbekannten Sprachen spricht,
hat niemand sonst etwas davon. Wer prophetische
Weisungen gibt, dient der ganzen Gemeinde.
5 Ich wünschte, dass ihr alle in Sprachen des Geis-
tes reden könntet; aber noch lieber wäre es mir, ihr
alle könntet prophetische Weisungen verkünden.
Das hat mehr Gewicht, als in unbekannten Sprachen
zu reden, außer es gibt jemand gleich die Deutung
dazu, damit die Gemeinde etwas davon hat.

6 Was nützt es euch, Brüder und Schwestern,[a]
wenn ich zu euch komme und in unbekannten Spra-
chen rede? Ihr habt nur etwas davon, wenn ich euch
göttliche Wahrheiten enthülle oder Erkenntnisse*
bringe oder Weisungen von Gott oder Lehren wei-
tergebe.

7 Denkt an die Musikinstrumente, an die Flöte
oder die Harfe. Wenn sich die einzelnen Töne nicht
deutlich unterscheiden, ist keine Melodie zu erken-
nen. 8 Und wenn die Trompete kein klares Signal
gibt, wird keiner zu den Waffen greifen. 9 Bei euch
ist es genauso: Wenn ihr mit eurer Stimme undeutli-
che Laute von euch gebt, kann niemand verstehen,
was ihr sagt. Ihr sprecht dann in den Wind.

10 Oder denkt an die vielen Sprachen in der Welt!
Jedes Volk hat seine eigene. 11 Wenn ich nun die Spra-
che eines anderen Menschen nicht kenne, kann er
sich nicht mit mir verständigen, und mir geht es
genauso mit ihm.

12 Das gilt auch für euch. Wenn ihr schon so gro-
ßen Wert auf die Gaben des Geistes legt, dann
bemüht euch um die, die dem Aufbau der Gemeinde
dienen.[b] An solchen Gaben sollt ihr reich werden.
13 Wer also in unbekannten Sprachen spricht, soll
um die Gabe bitten, das Gesprochene auch deuten
zu können. 14 Wenn ich in solchen Sprachen rede,
betet der Geist, der von mir Besitz ergriffen hat, aber
mein Verstand ist untätig,[c] und niemand hat etwas
davon.

15 Was folgt daraus? Ich will beides tun: mit dem
Geist beten und mit dem Verstand beten. Ich will
mit dem Geist singen und auch mit dem Verstand.
16 Wenn du Gott nur in der Sprache des Geistes
rühmst, wie können dann andere, die diese Sprache
nicht verstehen, auf dein Gebet mit »Amen«* ant-
worten? Sie wissen ja gar nicht, was du gesagt hast.
17 Die anderen werden nicht in ihrem Glauben geför-
dert, auch wenn du ein noch so schönes Gebet
sprichst.

18 Ich danke Gott, dass ich mehr als ihr alle in Spra-
chen des Geistes rede. 19 Aber in der Gemeindever-
sammlung spreche ich lieber fünf verständliche
Sätze, um die anderen im Glauben zu unterweisen,
als zehntausend Wörter, die niemand versteht.

20 Brüder und Schwestern, seid nicht Kinder dem
Verstand nach! In der Schlechtigkeit sollt ihr wie
kleine Kinder sein, aber im Denken müsst ihr
erwachsen sein. 21 Im Buch des Gesetzes* heißt es:
»Ich werde zu diesem Volk in unbekannten Spra-
chen reden und in fremden Worten, sagt der Herr.
Aber auch dann werden sie nicht auf mich hören.«
22 Das Reden in Sprachen des Geistes ist also gar nicht
für die Glaubenden bestimmt, sondern für die
Ungläubigen – es ist ein Zeichen des Gerichts über
ihren Unglauben. Bei den prophetischen Botschaf-
ten ist es umgekehrt: Sie sind nicht für die Ungläubi-
gen bestimmt, sondern für die Glaubenden oder die,
die zum Glauben kommen sollen.[d]

23 Stellt euch vor, die ganze Gemeinde versammelt
sich und alle fangen an, in unbekannten Sprachen zu
reden. Wenn nun Neulinge oder Ungläubige herein-
kommen, werden sie euch bestimmt für verrückt
erklären. 24 Nehmt dagegen an, ihr alle verkündet
prophetische Weisungen. Wenn dann ein Neuling,
der noch nicht glaubt, hereinkommt, wird ihn alles,
was er hört, von seiner Schuld überzeugen. Er wird
sich von allen zur Rechenschaft gezogen sehen.
25 Seine geheimen Gedanken kommen ans Licht. Er
wird sich niederwerfen, wird Gott anbeten und
bekennen: »Wahrhaftig, Gott ist mitten unter euch!«

Die Ordnung bei der Gemeindeversammlung

26 Was folgt daraus für euch, Brüder und Schwestern?
Wenn ihr zum Gottesdienst zusammenkommt, kann
jeder und jede etwas dazu beitragen:[e] ein Lied vor-
singen oder eine Lehre vortragen oder eine Offenba-
rung weitergeben oder in unbekannten Sprachen*
reden oder die Deutung dazu geben. Aber alles muss
dem Aufbau der Gemeinde dienen.

27 In unbekannten Sprachen sollen zwei oder
höchstens drei sprechen, aber der Reihe nach, und
jemand soll die Deutung geben. 28 Wenn niemand
da ist, der es deuten kann, sollen die Betreffenden
schweigen. Sie sollen dann für sich zu Hause reden,
wo nur sie selbst und Gott es hören.

29 Auch von denen, die prophetische Weisungen*
verkünden können, sollen nur zwei oder drei spre-
chen. Die andern, die diese Fähigkeit haben, sollen
das Gesagte beurteilen. 30 Vielleicht erhält von die-
sen andern, die dabeisitzen, jemand eine Botschaft,
während gerade einer spricht; dann soll der Erste
aufhören. 31 Ihr könnt doch alle der Reihe nach spre-
chen. Dann werden alle etwas lernen und alle
werden ermutigt werden. 32 Die prophetisch Begab-
ten werden von ihren Eingebungen nicht überwäl-
tigt, sondern haben es selbst in der Hand, wann
und wie sie sie weitergeben. 33 Gott liebt doch nicht
die Unordnung, sondern er schafft Frieden*!

Wie es bei allen christlichen Gemeinden[f] üblich
ist, 34 sollen die Frauen in euren Versammlungen

a Siehe Anmerkung zu 1,10; ebenso für die Verse 20, 26 und 39.
b Der Nutzen für die Gemeinde wurde schon in 8,1; 10,23 als Kriterium genannt.
c Er kann sehr wohl bei vollem Bewusstsein sein; aber er versteht nicht, was er selbst sagt.
d *oder die ...:* verdeutlichender Zusatz im Blick auf die Verse 24-25.
e Wir schauen hier in das reiche gottesdienstliche Leben der Korinther hinein, das Paulus lediglich in geordnete Bahnen lenken möchte.
f Wörtlich *bei allen Gemeinden der Heiligen**.

14,4 14,26 S **14,5** Num 11,29 **14,16** 2 Kor 1,20 **14,20** Eph 4,14 **14,21** *nach* Jes 28,11-12 **14,23** Apg 2,13 **14,25** Joh 4,17-19; Jes 45,14 **14,26** 12,8-10; (Aufbau der Gemeinde) 8,1; 12,7; 14,4.12; Eph 4,11-13 **14,29** 1 Thess 5,21 **14,33** 7,15 S **14,34** Gen 3,16 **14,34-35** 11,3; Eph 5,22; 1 Tim 2,11-12

schweigen. Sie dürfen nicht lehren, sondern sollen sich unterordnen, wie es auch das Gesetz* vorschreibt. 35 Wenn sie etwas wissen wollen, sollen sie zu Hause ihren Ehemann fragen. Denn es schickt sich nicht für eine Frau, dass sie in der Gemeindeversammlung spricht.[a] 36 Ist denn die Botschaft Gottes von euch in die Welt ausgegangen? Oder ist sie nur zu euch gekommen?

37 Wer von euch meint, die Prophetengabe zu besitzen oder vom Geist Gottes erfüllt zu sein, muss auch einsehen, dass meine Anweisungen vom Herrn kommen. 38 Wer das nicht anerkennt, wird auch von Gott nicht anerkannt.

39 Meine Brüder und Schwestern, bemüht euch also um die Gabe der prophetischen Rede, hindert aber auch niemand daran, in unbekannten Sprachen zu reden. 40 Nur soll alles anständig und geordnet zugehen.

ÜBER DIE AUFERSTEHUNG DER TOTEN (Kapitel 15)

Christus wurde vom Tod auferweckt …

15 Brüder und Schwestern,[b] ich erinnere euch an die Gute Nachricht*, die ich euch verkündet habe. Ihr habt sie angenommen; sie ist der Grund, auf dem ihr im Glauben steht. 2 Durch sie werdet ihr gerettet, wenn ihr sie unverfälscht festhaltet – und zwar dem Wortlaut entsprechend, in dem ich sie euch übermittelt habe. Anderenfalls wärt ihr vergeblich zum Glauben gekommen!

3 Ich habe an euch weitergegeben, was ich selbst als Überlieferung empfangen habe, nämlich als Erstes und Grundlegendes:[c]

Christus ist für unsere Sünden gestorben, wie es in den Heiligen Schriften* vorausgesagt war,
4 und wurde begraben.
Er ist am dritten Tag vom Tod auferweckt worden, wie es in den Heiligen Schriften vorausgesagt war, 5 und hat sich Petrus[d] gezeigt, danach dem ganzen Kreis der Zwölf*.
6 Später sahen ihn über fünfhundert Brüder auf einmal; einige sind inzwischen gestorben, aber die meisten leben noch.
7 Dann erschien er Jakobus und schließlich allen Aposteln*.
8 Ganz zuletzt ist er auch mir erschienen, der »Fehlgeburt«.[e] 9 Ich bin der geringste unter den Aposteln, ich verdiene es überhaupt nicht, Apostel zu sein; denn ich habe die Gemeinde Gottes verfolgt. 10 Aber durch Gottes Gnade bin ich es dennoch geworden, und sein gnädiges Eingreifen ist nicht vergeblich gewesen. Ich habe viel mehr für die Gute Nachricht gearbeitet als alle anderen Apostel. Doch nicht mir habe ich das zuzuschreiben – die Gnade Gottes hat durch mich gewirkt.

11 Mit den anderen Aposteln bin ich in dieser Sache völlig einig. Wir alle verkünden die Gute Nachricht genau so, wie ich es gerade angeführt habe, und genau so habt ihr sie auch angenommen.

… deshalb werden auch wir auferweckt werden

12 Das also ist unsere Botschaft: Gott hat Christus vom Tod auferweckt.[f] Wie können dann einige von euch behaupten, dass die Toten nicht auferstehen* werden?[g]

13 Wenn es keine Auferstehung der Toten gibt, dann ist auch Christus nicht auferweckt worden. 14 Und wenn Christus nicht auferweckt worden ist, dann hat weder unsere Verkündigung einen Sinn noch euer Glaube. 15 Wir wären dann als falsche Zeugen für Gott entlarvt; denn wir hätten gegen die Wahrheit bezeugt, dass er Christus vom Tod auferweckt hat – den er doch gar nicht auferweckt hat, wenn wirklich die Toten nicht auferweckt werden.

16 Wenn die Toten nicht auferweckt werden, ist auch Christus nicht auferweckt worden. 17 Ist aber Christus nicht auferweckt worden, so ist euer ganzer Glaube vergeblich. Eure Schuld ist dann nicht von euch genommen, 18 und wer im Vertrauen auf Christus gestorben ist, ist dann verloren. 19 Wenn wir nur für das jetzige Leben auf Christus hoffen, sind wir bedauernswerter als irgendjemand sonst auf der Welt.

20 Nun aber *ist* Christus vom Tod auferweckt worden, und als der erste Auferweckte gibt er uns die Gewähr, dass auch die übrigen Toten auferweckt werden.[h] 21 Durch einen Menschen kam der Tod. So kommt auch durch einen Menschen die Auferstehung vom Tod. 22 Alle Menschen gehören zu Adam*, darum müssen sie sterben; aber durch die Verbindung mit Christus wird ihnen das neue Leben geschenkt werden.

Die Vollendung steht noch aus

23 Doch das alles geschieht zu seiner Zeit und in seiner vorbestimmten Ordnung: Als Erster[i] wurde Christus vom Tod auferweckt. Wenn er wiederkommt, werden die auferweckt, die zu ihm gehören. 24 Dann ist das Ende da: Christus übergibt die Herr-

a Paulus setzt in 11,5 voraus, dass Frauen im Gottesdienst öffentlich auftreten. Das Verbot in Kap 14 steht jedoch in Einklang mit 1 Tim 2,11-12. Es fällt auf, dass die Verse 34-35 in einigen Handschriften ganz am Ende des Kapitels stehen. Dies ist ein Hinweis darauf, dass es sich um eine später angebrachte Randnotiz handelt, die nachträglich in den Text des Briefes aufgenommen wurde.
b Siehe Anmerkung zu 1,10.
c Paulus zitiert ein Überlieferungsstück, in dem die *Gute Nachricht** in knappster Form zusammengefasst ist. Sündenvergebung und Totenauferstehung sind die zentralen Aussagen der Botschaft – zwei Brennpunkte einer Ellipse, von denen keiner weggenommen werden kann, ohne das Ganze zunichte zu machen (Verse 16-18). In Korinth gab es Unsicherheit über den zweiten Punkt (Vers 12).
d Wörtlich *Kephas**.
e Paulus spielt wohl darauf an, dass er zunächst seine Bestimmung (vgl. Gal 1,15) verfehlt hatte.
f Siehe Sacherklärung »Auferstehung«.
g Vielleicht haben die Betreffenden nicht die Auferstehung geleugnet, sondern aufgrund ihrer Geist-Erfahrungen gemeint, »unsere Auferstehung sei bereits geschehen« (2 Tim 2,18). Dies würde zu 4,8 passen. Paulus sieht den Glauben an die Auferstehung insgesamt in Frage gestellt.
h Wörtlich *Nun aber ist Christus von den Toten auferweckt worden als Erstling* der Entschlafenen.* Vgl. 6,14 und Vergleichsstellen dort. Zu den Versen 21-22 vgl. Verse 45-49 und Röm 5,12-21.
i Wörtlich *Als Erstling**.

15,2 15,17; 2 Kor 6,1; Gal 3,4; 1 Thess 3,5; Gal 2,2S **15,3a** 11,23 **15,3b** (vorausgesagt) Jes 53,5-12 **15,4** Apg 2,24-31; Mt 12,40; Joh 20,9 **15,5** Lk 24,34.36 par **15,7** Lk 24,50 **15,8** 9,1; Gal 1,15-16; Apg 9,3-6 **15,9-10** Gal 1,13-14; Eph 3,8; 1 Tim 1,12-16 **15,10** 2 Kor 11,23 **15,11** Gal 2,6-9 **15,15** Apg 1,8S **15,17** 15,2S; Röm 4,25S **15,20** 6,14S **15,21-22** Gen 3,17-19; Röm 5,12-21 **15,23** 1 Thess 4,16-17 **15,24** Röm 8,38S

schaft Gott, dem Vater, nachdem er alles vernichtet
hat, was sich gegen Gott erhebt und was Macht und
Herrschaft beansprucht.
25 Denn Christus muss so lange herrschen, bis er
alle Feinde unter seinen Füßen hat. 26 Als letzten
Feind vernichtet er den Tod. 27 Denn es heißt in
den Heiligen Schriften*:[a] »Alles hat Gott ihm unter-
worfen.«
Wenn hier gesagt wird, dass *alles* ihm unterwor-
fen ist, dann ist natürlich der nicht eingeschlossen,
der ihm alles unterworfen hat. 28 Wenn aber alles
Christus unterworfen sein wird, dann unterwirft
auch er selbst, der Sohn*, sich dem Vater, der ihm
alles unterworfen hat. Dann ist Gott allein der Herr
– über alles und in allem.

Aufruf zur Besinnung

29 Überlegt einmal: Was machen denn die unter
euch, die sich für ungetauft Verstorbene taufen* las-
sen? Wenn die Toten gar nicht auferweckt* werden,
welchen Sinn hat es dann, dass sie sich für sie taufen
lassen?
30 Und warum begebe ich mich stündlich in
Lebensgefahr? 31 Brüder und Schwestern,[b] täglich
sehe ich dem Tod ins Auge. Das ist die Wahrheit,
so gewiss ihr durch Jesus Christus mein Ruhm* seid
vor Gott! 32 In Ephesus habe ich mit wilden Tieren
gekämpft.[c] Wenn ich keine Hoffnung hätte, hätte
ich mir das ersparen können!
Wenn die Toten nicht auferweckt werden, dann
halten wir uns doch lieber an das Sprichwort:
»Lasst uns essen und trinken, denn morgen sind
wir tot!«
33 Macht euch nichts vor! »Schlechter Umgang ver-
dirbt gute Sitten.« 34 Werdet wieder nüchtern und
lebt, wie es Gott gefällt. Ich muss zu eurer Schande
sagen: Einige von euch kennen Gott nicht.

Wie sollen wir uns die Auferstehung vorstellen?

35 Aber vielleicht fragt jemand: »Wie soll denn das
zugehen, wenn die Toten auferweckt* werden?
Was für einen Körper werden sie dann haben?«
36 Wie kannst du nur so fragen! Wenn du einen
Samen ausgesät hast, muss er zuerst sterben, damit
die Pflanze leben kann. 37 Du säst nicht die ausge-
wachsene Pflanze, sondern nur den Samen, ein Wei-
zenkorn oder irgendein anderes Korn. 38 Gott aber
gibt jedem Samen, wenn er keimt, den Pflanzenkör-
per, den er für ihn bestimmt hat. Jede Samenart
erhält ihre besondere Gestalt. 39 Auch die Lebewesen
haben ja nicht alle ein und dieselbe Gestalt. Men-
schen haben eine andere Gestalt als Tiere, Vögel
eine andere als Fische.

Die Christen in Korinth machten sich Gedanken über die Auferstehung der Toten. »Wie soll denn das zugehen, wenn die Toten auferweckt werden? Was für einen Körper werden sie dann haben?« (15,35) Paulus antwortet, dass der neue Leib völlig anders sein wird als der alte – so verschieden wie das Samenkorn und die ausgewachsene Pflanze.

a Wie in Hebr 2,6-8 wird Ps 8,7 auf Christus bezogen.
b Siehe Anmerkung zu 1,10.
c Das ist wahrscheinlich nicht wörtlich gemeint, sondern ein Bild für eine extrem gefährliche Situation. Wie in 2 Kor 1,8-9 ist vielleicht auf die Ereignisse von Apg 19,23-40 angespielt.

15,25 Ps 110,1; Mk 12,36 S **15,26** Offb 1,18; 20,14; 21,4 **15,27** *zit* Ps 8,7 **15,28** Röm 11,36 **15,30-31** Röm 8,36 S **15,32** *zit* Jes 22,13; 2 Kor 1,8 S **15,34** Röm 13,11-12 **15,36-37** Joh 12,24

40 Außer den Körpern auf der Erde aber gibt es auch noch solche am Himmel. Die Himmelskörper haben eine andere Schönheit als die Körper auf der Erde, 41 und unter ihnen leuchtet die Sonne anders als der Mond, der Mond wieder anders als die Sterne. Auch die einzelnen Sterne unterscheiden sich voneinander durch ihren Glanz.

42 So könnt ihr euch auch ein Bild von der Auferstehung der Toten machen. Was in die Erde gelegt wird, ist vergänglich; aber was zum neuen Leben erweckt wird, ist unvergänglich. 43 Was in die Erde gelegt wird, ist armselig; aber was zum neuen Leben erweckt wird, ist voll Herrlichkeit. Was in die Erde gelegt wird, ist hinfällig; aber was zum neuen Leben erweckt wird, ist voll Kraft. 44 Was in die Erde gelegt wird, war von natürlichem Leben beseelt; aber was zu neuem Leben erwacht, wird ganz vom Geist* Gottes beseelt sein.

Wenn es einen natürlichen Körper gibt, muss es auch einen vom Geist beseelten Körper geben. 45 Es heißt ja in den Heiligen Schriften*: »Der erste Mensch Adam wurde von natürlichem Leben beseelt.«[a] Christus dagegen, der letzte Adam, wurde zum Geist, der lebendig macht.

46 Aber zuerst kommt die Natur, dann der Geist, nicht umgekehrt. 47 Der erste Adam wurde aus Erde gemacht; er ist Erde. Der zweite Adam stammt vom Himmel.[b] 48 Die irdischen Menschen sind wie der irdische Adam, die himmlischen Menschen wie der himmlische Adam. 49 So wie wir jetzt dem Menschen gleichen, der aus Erde gemacht wurde, so werden wir künftig dem gleichen, der vom Himmel gekommen ist.

Die Verwandlung der Lebenden und der letzte Sieg

50 Brüder und Schwestern,[c] das ist ganz sicher: Menschen aus Fleisch und Blut können nicht in Gottes neue Welt gelangen.[d] Ein vergänglicher Körper kann nicht unsterblich werden.

51 Ich sage euch jetzt ein Geheimnis: Wir werden nicht alle sterben,[e] wir werden aber alle verwandelt werden. 52 Das geschieht in einem Augenblick, so schnell, wie jemand mit der Wimper zuckt, sobald die Posaune* das Ende ankündigt.

Die Posaune gibt das Signal, dann werden die Verstorbenen zu unvergänglichem Leben erweckt*, und wir, die dann noch am Leben sind, bekommen den neuen Körper. 53 Unser vergänglicher Körper, der dem Tod verfallen ist, muss in einen unvergänglichen Körper verwandelt werden, über den der Tod keine Macht hat.

54 Wenn das geschieht, wenn das Vergängliche mit Unvergänglichkeit überkleidet wird und das Sterbliche mit Unsterblichkeit, dann wird das Prophetenwort wahr:

»Der Tod ist vernichtet!
Der Sieg ist vollkommen!
55 Tod, wo ist dein Sieg?
Tod, wo ist deine Macht?«

56 Die Macht des Todes kommt von der Sünde. Die Sünde aber hat ihre Kraft aus dem Gesetz.[f] 57 Dank sei Gott, dass er uns durch Jesus Christus, unseren Herrn*, den Sieg schenkt!

58 Darum, meine lieben Brüder und Schwestern, werdet fest und unerschütterlich in eurem Glauben und tut stets euer Bestes für die Sache des Herrn. Ihr wisst, dass der Herr euren Einsatz belohnen wird.

SAMMLUNG FÜR JERUSALEM UND BRIEFSCHLUSS
(Kapitel 16)

Die Sammlung für die Urgemeinde

16 Ich komme jetzt zu der Geldsammlung für die Gemeinde in Jerusalem.[g] Ihr müsst es so halten, wie ich es auch den Gemeinden in Galatien* gesagt habe: 2 Jeden Sonntag legt ihr bei euch zu Hause etwas auf die Seite, so viel jeder oder jede entbehren kann. Bewahrt es auf; dann muss nicht erst gesammelt werden, wenn ich komme. 3 Nach meiner Ankunft werde ich die Brüder, die ihr aussucht, mit Empfehlungsschreiben nach Jerusalem schicken, damit sie eure Spende übergeben. 4 Wenn es sich empfiehlt, dass ich selbst mitkomme, werden wir gemeinsam reisen.

Die Pläne des Apostels

5 Ich komme über Mazedonien zu euch. Dort werde ich nur durchreisen, 6 bei euch dagegen möchte ich, wenn möglich, eine Zeit lang bleiben, vielleicht sogar den Winter über. Dann könnt ihr mich für die Weiterreise mit allem Nötigen ausstatten. 7 Ich möchte euch diesmal nicht nur flüchtig auf der Durchreise besuchen. Ich hoffe, dass ich einige Zeit bei euch verbringen kann, wenn der Herr* es erlaubt.

8 Ich habe vor, noch bis Pfingsten in Ephesus[h] zu bleiben. 9 Hier steht mir die Tür weit offen für ein erfolgreiches Wirken, und ich muss mich mit vielen Gegnern auseinander setzen.

10 Wenn Timotheus zu euch kommt, dann seht darauf, dass ihr ihn nicht entmutigt. Denn er arbeitet genau wie ich für den Herrn. 11 Niemand soll ihn ver-

a Wörtlich lautet das Zitat aus Gen 2,7: *Der (erste) Mensch (Adam) wurde eine lebende Seele.* Demgemäß spricht Paulus in Vers 44 von einem *seelischen Körper* und einem *geistigen Körper.* Vers 46 lautet wörtlich *Aber nicht zuerst der geistige (Körper), sondern der seelische, danach (erst) der geistige.*
b *Adam:* im Unterschied zu Vers 45 steht hier beide Male im Griechischen wörtlich *Mensch* (vgl. Anmerkung zu Gen 3,20). In Vers 48 wörtlich nur *Die Irdischen/Himmlischen ... der Irdische/Himmlische.*
c Siehe Anmerkung zu 1,10; ebenso für Vers 58.
d Wörtlich *die Königsherrschaft* Gottes erben.*
e Paulus rechnet damit, dass ein Teil der Gemeinde die Wiederkunft Jesu noch erleben wird; vgl. 7,29; Röm 13,11; 1 Thess 4,15-17.
f Zu dieser stark komprimierten Aussage vgl. Röm 6,23; 5,13; 7,7-13.
g Wörtlich *für die Heiligen*.* Zur *Geldsammlung* vgl. Gal 2,10. Ausführlicher spricht davon 2 Kor 8-9.
h Von diesem Ort aus schreibt Paulus den Brief; vgl. Vers 19.

15,43 Phil 3,21 **15,45-49** 15,21-22S **15,45** Joh 6,63; 2 Kor 3,6 **15,52** 1 Thess 4,15-17 **15,53** 2 Kor 5,4 **15,54** *nach* Jes 25,8 **15,55** *nach* Hos 13,14 **15,56** Röm 4,15S; 6,23 **15,57** Röm 7,24 **15,58** 16,13S; 2 Chr 15,7 **16,1** Röm 15,26S **16,5** Apg 19,21; 2 Kor 1,16 **16,6** Röm 15,24 **16,7** Jak 4,15S **16,8-9** Apg 19,8-10 **16,10** 4,17S

achten. Verabschiedet ihn in gutem Einvernehmen
und gebt ihm, was er braucht, damit er zu mir
zurückkommen kann. Ich erwarte ihn zusammen
mit den Brüdern, die bei ihm sind.
12 Dem Bruder Apollos[a] habe ich lange zugeredet,
mit den Brüdern zusammen zu euch zu reisen, aber
er wollte jetzt einfach nicht. Wenn es ihm besser
passt, wird er kommen.

Abschließende Ermahnungen und Grüße

13 Seid wachsam! Steht im Glauben fest! Seid mutig
und stark! 14 Alles, was ihr tut, soll von der Liebe
bestimmt sein.
15 Ihr wisst, Brüder und Schwestern:[b] Die Stepha-
nas-Familie war die erste bei euch in Achaia*, die
zum Glauben kam,[c] und sie hat sich ganz für den
Dienst an der Gemeinde[d] zur Verfügung gestellt.
Ich bitte euch: 16 Ordnet euch solchen Menschen
unter! Begegnet allen mit Achtung, die in der
Gemeinde mitarbeiten und Aufgaben übernehmen.
17 Ich freue mich, dass Stephanas, Fortunatus und
Achaikus bei mir sind.[e] Sie haben mich dafür ent-
schädigt, dass ihr nicht alle hier sein könnt. 18 Sie
haben mich aufgemuntert, so wie sie es auch mit
euch getan haben. Solche Menschen sollt ihr achten.
19 Die Gemeinden der Provinz Asien* lassen euch
grüßen. Das Ehepaar Aquila und Priska und die
Gemeinde, die sich in ihrem Haus versammelt, grü-
ßen vielmals euch alle, mit denen sie durch den
Herrn* verbunden sind. 20 Alle Brüder und Schwes-
tern lassen euch grüßen.

Grüßt euch gegenseitig mit dem Friedenskuss*!

Eigenhändiges Schlusswort

21 Zum Schluss mein persönlicher Gruß! Ich, Paulus,
schreibe ihn mit eigener Hand.[f]
22 Wer den Herrn* verachtet, soll verflucht sein,
dem Gericht Gottes übergeben!
Maranata* – Unser Herr, komm!
23 Die Gnade des Herrn Jesus sei mit euch!
24 Meine Liebe gilt euch allen. Durch Jesus Chris-
tus sind wir miteinander verbunden.

a Vgl. 1,12 und Vergleichsstellen.
b Siehe Anmerkung zu 1,10.
c Wörtlich *ist die Erstlingsgabe Achaias;* siehe Sacherklärung »Erstling«; zu *Familie* siehe Sacherklärung »Hausgemeinschaft«.
d Wörtlich *an den Heiligen**.
e Sind sie nach den Leuten Chloës (1,11) bei Paulus eingetroffen? Vermutlich sind sie es, die den Brief mit den Anfragen der Korinther (vgl. 7,1; 8,1) überbrachten und nun mit dem Antwortbrief des Apostels nach Korinth zurückkehren.
f Siehe Anmerkung zu Röm 16,22.

16,12 Apg 18,24S **16,13** 15,58; Eph 6,10; Ps 31,25 **16,14** 8,1S; Röm 12,9S; 13,8-10; Joh 13,34S **16,15** 1,16; Röm 16,5 **16,19** Apg 18,2S; Röm 16,5S **16,20** Röm 16,16S **16,21** Gal 6,11; Kol 4,18; 2 Thess 3,17; Phlm 19 **16,22** Gal 1,8-9; (komm) Offb 22,20

2 KORINTHER

Der Erste Korintherbrief zeigte eine blühende, aber innerlich gefährdete Gemeinde. Schon bald nach seiner Abfassung muss in Korinth etwas geschehen sein, was zur offenen Krise führte. Was Paulus der Gemeinde zu sagen hatte, wurde um seine Wirkung gebracht durch das Auftreten judenchristlicher Missionare, die bei seinen alten Gegnern Gehör fanden. Sie suchten den Nachweis zu führen, dass Paulus, der ja in der Tat unter den Aposteln eine Sonderstellung einnahm (1 Korinther 15,8-10; Galater 1,15–2,16), kein rechtmäßiger Apostel sei. Paulus sah sich veranlasst, persönlich von Ephesus nach Korinth zu kommen. Bei dieser Gelegenheit gab es einen Zwischenfall, der für ihn eine schwere Demütigung bedeutete (2,5; 7,12). Bei seiner Abreise stellte er einen baldigen weiteren Besuch in Aussicht (1,15-16), schrieb dann aber stattdessen von Ephesus aus »unter Tränen« einen Brief (2,4), den er durch Titus überbringen ließ. Weil er dessen Rückkehr nicht erwarten konnte, reiste er ihm über Troas nach Mazedonien entgegen (2,13), wo er mit ihm zusammentraf. Titus brachte ihn die ersehnte Nachricht vom Sinneswandel der Korinther (7,5-6).

Aus dem Anfang des Zweiten Korintherbriefes spricht die tiefe Freude und Dankbarkeit des Apostels über diese Wendung der Dinge (1,1–2,13; das wird wieder aufgenommen in 7,5-16). In der Folge herrschen jedoch wieder andere Stimmungen vor, und in den letzten Kapiteln (10–13) rechnet Paulus, ganz im Gegensatz zur Versöhnlichkeit des Eingangs, in leidenschaftlicher Schärfe mit seinen Gegnern ab. Man muss annehmen, dass Paulus noch während der Abfassung des Briefes (nach 7,5-6) neue und diesmal schlechte Nachrichten aus Korinth erhalten hat. Manche Ausleger vermuten auch, dass in Kap 10–13 der in 2,4 erwähnte ›Tränenbrief‹ erhalten geblieben ist. Er könnte bei der Sammlung der Paulusbriefe entgegen der zeitlichen Abfolge ans Ende gestellt worden sein, weil Paulus hier in unerhört eindringlicher Form von seiner apostolischen Sendung und seiner persönlichen Begnadung spricht.
Im Mittelteil des Briefes (Kap 8–9) wirbt der Apostel, wie schon in 1 Korinther 16, für die Sammlung zugunsten der Gemeinde in Jerusalem, die ihm so sehr am Herzen liegt.

Inhaltsübersicht

DER APOSTEL RECHTFERTIGT SEIN VERHALTEN (1,1–2,13)

Eingangsgruß

1 Paulus, Apostel* von Jesus Christus nach dem Willen Gottes, und der Bruder Timotheus schreiben diesen Brief an die Gemeinde Gottes in Korinth und zugleich an alle Christen[a] in der Provinz Achaia*.
2 Gnade und Frieden* sei mit euch von Gott, unserem Vater, und von Jesus Christus, dem Herrn*!

Paulus dankt Gott für Trost und Ermutigung

3 Gepriesen sei der Gott und Vater unseres Herrn* Jesus Christus! Er ist ein Vater, dessen Erbarmen unerschöpflich ist, und ein Gott, der uns nie verzweifeln lässt.[b] 4 Auch wenn ich[c] viel durchstehen muss, gibt er mir immer wieder Mut. Darum kann ich auch anderen Mut machen, die Ähnliches durchstehen müssen. Ich kann sie trösten und ermutigen, so wie Gott mich selbst getröstet und ermutigt hat.

a Wörtlich *an alle Heiligen**.
b Die Abweichung von der üblichen Briefform (siehe Anmerkung zu Röm 1,8) weist auf die besonderen Umstände der Abfassung des Briefes hin (siehe Einführung).
c Wörtlich *wir* (so durchgehend bis Vers 14 und ab 2,14 auf weite Strecken in diesem Brief). Wahrscheinlich handelt es sich hier um eine bekannte Stilform (vgl. Anmerkung zu 1 Kor 2,6). Die Schärfe der Aussagen wird deutlicher, wenn sie – von eindeutigen Ausnahmen wie 5,20 abgesehen – in der Ich-Form wiedergegeben werden.

1,1 1 Kor 4,17S **1,3** Eph 1,3; 1 Petr 1,3

5 Ich leide mit Christus und in seinem Dienst in reichem Maß. Aber ebenso reich sind der Trost und die Ermutigung, die mir durch ihn geschenkt werden. 6 Wenn ich leide, so geschieht es, damit ihr Mut bekommt und zur Rettung gelangt. Und wenn ich getröstet werde, so geschieht es, damit ihr den Mut bekommt, die gleichen Leiden wie ich geduldig zu ertragen.

7 Ich bin voller Zuversicht, wenn ich an euch denke; denn ich weiß: Wie ihr meine Leiden teilt, so habt ihr auch teil an dem Trost und der Ermutigung, die mir geschenkt werden.

8 Ihr sollt wissen, Brüder und Schwestern,[a] dass ich in der Provinz Asien* in einer ausweglosen Lage war. Was ich zu ertragen hatte, war so schwer, dass es über meine Kraft ging. Ich hatte keine Hoffnung mehr, mit dem Leben davonzukommen, 9 ja, ich war ganz sicher, dass das Todesurteil über mich gesprochen war.

Aber das geschah, damit ich nicht auf mich selbst vertraue, sondern mich allein auf Gott verlasse, der die Toten zum Leben erweckt*. 10 Und er hat mich ja auch vor dem sicheren Tod gerettet – und wird es auch künftig tun. Ich setze die feste Hoffnung auf ihn: Er wird mich auch in Zukunft aus Todesgefahr retten.

11 Dazu helfen auch eure Gebete für mich, und aus vielen Herzen wird dann der Dank für meine gnädige Bewahrung vielstimmig zu Gott aufsteigen.

Warum Paulus nicht nach Korinth kam

12 Wenn ich mich mit etwas rühme*, dann mit dem, was mir auch mein Gewissen bezeugt: Mein Verhalten überall in der Welt und besonders bei euch war stets bestimmt von völliger Ehrlichkeit und Selbstlosigkeit, wie es dem Willen Gottes entspricht. Ich ließ mich nicht von eigennütziger Klugheit leiten, sondern vom Wirken der Gnade Gottes.

13 Auch was ich in meinen Briefen schreibe, meine ich genau so, wie ihr es lesen und verstehen könnt. Ich hoffe, dass ihr es vollends ganz verstehen werdet. 14 Zum Teil habt ihr mich ja schon verstanden, nämlich dass ihr auf mich stolz sein dürft, so wie ich auf euch[b] – an dem Tag, an dem Jesus, unser Herr*, kommt.

15 Im Vertrauen auf all das hatte ich den Plan gefasst, zuerst zu euch zu kommen,[c] damit ich euch zweimal besuchen und euch zweimal die Gnade Gottes bringen könnte. 16 Ich wollte über euch nach Mazedonien reisen und von dort wieder zu euch zurückkehren, damit ihr mich für die Reise nach Judäa[d] mit allem Nötigen ausrüstet.

17 War ich leichtfertig, als ich mir das vorgenommen habe? Oder mache ich meine Pläne nach Menschenart, sodass mein Ja auch ein Nein sein kann? 18 Gott ist mein Zeuge: Kein Wort, das ich euch sage, ist Ja und Nein zugleich!

19 Denn Jesus Christus, der Sohn* Gottes, den Silvanus, Timotheus und ich bei euch verkündet haben, war nicht Ja und Nein zugleich. In ihm ist das reine Ja Wirklichkeit geworden. 20 Mit ihm sagt Gott Ja zu allen seinen Zusagen. Von ihm gedrängt und ermächtigt sprechen wir darum auch das Amen* zur Ehre Gottes.

21 Gott hat uns zusammen mit euch auf diesen festen Grund gestellt: auf Christus. Er hat uns gesalbt 22 und uns sein Siegel aufgedrückt.[e] Er hat seinen Geist* in unser Herz gegeben als Anzahlung auf das ewige Leben, das er uns schenken will.[f]

23 Ich rufe Gott als Zeugen an; er soll mich zur Rechenschaft ziehen, wenn ich nicht die Wahrheit sage! Nur um euch zu schonen, bin ich nicht wieder[g] nach Korinth gekommen. 24 Denn ich betrachte mich nicht als Richter über euren Glauben. Meine Aufgabe ist es doch, zu eurer Freude beizutragen! Im Glauben steht ihr ja fest.

Der »Tränenbrief« und seine Absicht

2 Ich war fest entschlossen: Ich wollte nicht noch einmal zu euch kommen und euch nur wieder traurig machen. 2 Denn wenn ich euch traurig mache, bleibt mir ja niemand, der mich wieder froh machen kann. 3 Genau das habe ich euch in meinem Brief geschrieben.[h] Ich wollte nicht kommen und erleben, dass die mich traurig machen, die mir eigentlich Freude bereiten sollten. Denn ich bin ganz sicher: Euch allen macht es Freude, wenn ihr mir Freude machen könnt.

4 Ich war sehr bedrückt und niedergeschlagen und habe euch unter vielen Tränen geschrieben. Aber ich wollte euch nicht betrüben. Ihr solltet vielmehr sehen, wie sehr ich gerade euch liebe.

Paulus bittet die Gemeinde, seinem Gegner zu verzeihen

5 Wenn einer von euch jemand Kummer bereitet hat, so hat er ihn nicht mir bereitet, sondern euch allen. Oder doch einem großen Teil von euch, damit ich nicht übertreibe. 6 Er ist genug gestraft mit dem, was die Mehrheit von euch über ihn verhängt hat. 7 Jetzt ist es an der Zeit, dass ihr ihm verzeiht und ihn ermutigt, damit er nicht in Verzweiflung getrieben wird.

8 Ich bitte euch also: Beschließt, ihn wieder in Liebe anzunehmen! 9 Mit meinem Brief wollte ich eure Treue erproben und sehen, ob ihr meinen Anweisungen in allem Folge leistet. 10 Wem ihr verzeiht, dem verzeihe ich auch. Wenn ich hier überhaupt

1,5 4,10 S; Ps 34,20 **1,6-7** 4,15.17 **1,8** 4,8; Apg 19,23; 1 Kor 15,32 **1,9b** Röm 4,17; Hebr 11,12.19 **1,10** 2 Tim 4,18 **1,11** Röm 15,30 S **1,12** (rühme) 1 Kor 1,31 S; (Gewissen) Apg 24,16 S; Hebr 13,18; (Verhalten) 2 Kor 2,17 S; (Klugheit) 1 Kor 1,17.19; 2,13 **1,14** Phil 2,16 S **1,16** 1 Kor 16,5-6 **1,17** 1 Kor 4,18-19 **1,19** Apg 18,5 **1,20** 1 Kor 14,16; Offb 3,14 **1,22** 5,5; Röm 8,11.23; Eph 1,13-14; 4,30 **1,23** 13,2 S **1,24** 4,5; 1 Petr 5,3 **2,1** 1 Kor 4,21; 2 Kor 12,21 **2,3** 13,10 **2,4** 7,8 **2,6** 7,11 **2,7** Kol 3,13 **2,9** 7,12.15

a *Brüder und Schwestern* steht für ein einziges griechisches Wort, das als Mehrzahlform nicht nur, wie herkömmlich übersetzt, die »Brüder« bezeichnet, sondern auch je nach Zusammenhang die gesamte Gemeinde aus Männern und Frauen (siehe dazu Sacherklärung »Bruder«).
b Wörtlich *dass ich euer Ruhm bin, so wie auch ihr der meine;* vgl. Sacherklärung »rühmen«.
c *zuerst:* Bei einem überraschenden Zwischenbesuch, bei dem es zu schweren Auseinandersetzungen kam (darauf nimmt Paulus in 2,1-11 Bezug), hatte Paulus offenbar seine baldige Rückkehr nach Korinth zugesagt, um von dort nach Mazedonien weiterzureisen; vgl. den ursprünglichen Plan in 1 Kor 16,5. Die Fortsetzung im Text lautet wörtlich *damit ihr eine zweite Gnade empfangt.*
d Vgl. 1 Kor 16,3-4; Apg 21.
e Salbung* (vgl. 1 Joh 2,20.27 und Anmerkungen) und Versiegelung sind Bilder für die Taufe und weisen insbesondere auf den mit ihr verbundenen Empfang des Heiligen Geistes hin (siehe Sacherklärung »Taufe«).
f Siehe Anmerkung zu Röm 8,23.
g Wörtlich *nicht mehr.* Paulus war demnach inzwischen schon in Korinth gewesen. Es ist nicht zu erkennen, ob es sich dabei um den geplanten ersten Besuch von Vers 15-16 handelt oder um einen ungeplanten Zwischenbesuch wegen alarmierender Nachrichten.
h In einem nicht erhaltenen Brief nach dem hier vorausgesetzten Besuch (vgl. Einführung). In Vers 5 spielt Paulus auf einen Zwischenfall während dieses Besuches an.

etwas zu verzeihen hatte, so habe ich es um euretwil-
len vor Christus getan. 11 Der Satan* soll uns nicht
überlisten. Wir wissen doch genau, was für Absich-
ten er verfolgt!

Paulus wartete sehnlichst auf Nachricht

12 Ich war bis nach Troas gekommen und verkündete
dort die Gute Nachricht* von Christus. Der Herr
hatte mir die Tür geöffnet für ein erfolgreiches Wir-
ken; 13 aber ich war unruhig, weil mein Mitarbeiter
Titus nicht eintraf.[a] Darum nahm ich Abschied und
reiste nach Mazedonien.[b]

DER GROSSARTIGE AUFTRAG DES APOSTELS (2,14–7,16)

Paulus als Apostel im Dienst von Christus

14 Ich[c] danke Gott, dass er mich immer im Triumph-
zug[d] von Christus mitführt und seine rettende Bot-
schaft durch mich an allen Orten bekannt macht,
wie einen Wohlgeruch, der sich ausbreitet.[e] 15 Von
mir geht der Wohlgeruch der Botschaft von Christus
aus, und das zur Ehre Gottes. Er erreicht die, die
gerettet werden, und die, die verloren gehen. 16 Für
die Verlorengehenden ist es ein tödlicher Duft, an
dem sie sterben. Für die, die gerettet werden, ist es
ein Duft, der sie zum Leben führt.

Wer ist einer solchen Aufgabe gewachsen? 17 Viele
verbreiten die Botschaft Gottes, wie man ein
Geschäft betreibt. Ich dagegen verkünde sie völlig
uneigennützig. Ich rede als einer, der Christus dient.
Was ich sage, kommt von Gott, dem ich mich verant-
wortlich weiß.

Die Gemeinde als Empfehlungsbrief für Paulus

3 Fange ich schon wieder an, mich selbst anzu-
preisen? Oder brauche ich vielleicht Empfeh-
lungsschreiben an euch oder von euch, wie gewisse
Leute sie nötig haben? 2 Ihr selbst seid mein Empfeh-
lungsbrief! Er ist in mein Herz geschrieben und alle
können ihn sehen und lesen. 3 Für alle ist sichtbar:
Ihr seid ein Brief von Christus, ausgefertigt und über-
bracht durch meinen Dienst als Apostel*.

Dieser Brief ist nicht mit Tinte geschrieben, son-
dern mit dem Geist* des lebendigen Gottes. Er steht
nicht auf Steintafeln,[f] sondern in den Herzen von
Menschen.

Paulus als Diener des neuen Bundes

4 So viel Selbstvertrauen habe ich vor Gott, weil
Christus mich in seinen Dienst gestellt hat. 5 Ich
meine nicht, dass ich einem solchen Auftrag aus eige-
ner Kraft gewachsen bin und mir irgendetwas selbst
zuschreiben kann. Gott ist es, der mir die Fähigkeit
dazu geschenkt hat.

6 Er hat mich fähig gemacht, ihm zu dienen durch
die Bekanntmachung seines neuen Bundes*. Dieser
Bund unterscheidet sich dadurch von dem früheren
Bund, dass Gott jetzt nicht ein geschriebenes
Gesetz* gibt, sondern seinen Geist*. Der Buchstabe
des Gesetzes führt zum Tod; der Geist aber führt zum
Leben.

Der neue Bund führt zum Leben

7 Der Dienst, der Mose übertragen wurde, galt dem
Gesetz*, das mit Buchstaben in steinerne Tafeln ein-
gegraben war. Obwohl dieser Dienst den Menschen
den Tod brachte, war der Glanz auf dem Gesicht
Moses so stark, dass die Israeliten ihn nicht ertragen
konnten. Und das war doch nur ein vergänglicher
Glanz!

Wenn also schon der Dienst, der den Menschen
den Tod brachte, mit so viel Herrlichkeit ausgestattet
gewesen ist, 8 wie herrlich muss dann erst der Dienst
sein, der sie durch den Geist* zum Leben führt!
9 Wenn schon der Dienst, der den Menschen die
Verurteilung brachte, Gottes Herrlichkeit* aus-
strahlte, wie viel mehr wird dann der Dienst die
Herrlichkeit Gottes ausstrahlen, der ihnen den
Freispruch bringt!

10 Verglichen mit diesem überwältigenden Glanz
ist jener andere Glanz gar nichts. 11 Schon das, was
vergehen muss, hat Gottes Herrlichkeit ausgestrahlt.
Wie viel mehr wird dann die Herrlichkeit Gottes von
dem ausstrahlen, was für immer besteht!

Der neue Bund führt zur Freiheit

12 Weil ich eine so große Hoffnung habe, kann ich frei
und offen auftreten. 13 Ich brauche es nicht wie Mose
zu machen, der sein Gesicht jedes Mal mit einem
Tuch bedeckte. Denn die Israeliten sollten nicht
sehen, dass der Glanz wieder verschwand.[g]

14 Aber sie wurden ja auch mit Blindheit geschla-
gen. Wenn sie die Schriften des Alten Bundes lesen,
liegt für sie bis heute immer noch dieselbe Decke
über deren Worten, und es wird ihnen nicht klar,
dass dieser Bund durch Christus an sein Ende gekom-
men ist. 15 Auch über ihrem Verstand liegt bis heute
eine Decke, wenn sie die Schriften Moses lesen.
16 Aber was für Mose galt, gilt auch für sie alle: »Wenn
er sich dem Herrn zuwendet, wird die Verhüllung
weggenommen.«

17 Der Herr aber, von dem dieses Wort spricht,
nämlich Jesus Christus,[h] wirkt durch seinen Geist*.

a Paulus hatte Titus mit einem Brief nach Korinth gesandt und wartete auf Antwort.
b Der abgebrochene Bericht wird in 7,5 wieder aufgenommen.
c *ich:* wörtlich *wir* (und so weiter bis 6,12); siehe Anmerkung zu 1,4.
d Im alten Rom wurde der siegreiche Feldherr dadurch geehrt, dass er, gefolgt von seinen Truppen, auf dem Triumphwagen durch die Stadt geführt wurde, ihm voraus Kriegsgefangene und Beutestücke – vielleicht sieht Paulus sich als überwundenen ehemaligen Gegner (vgl. 1 Kor 15,9-10; Apg 9,4-6.15-16). An den Brauch, dabei wohlriechende Essenzen zu versprühen, knüpft möglicherweise die Fortsetzung an.
e *seine rettende ...:* wörtlich *den Wohlgeruch seiner Erkenntnis ... offenbar macht.* Zu *Erkenntnis* vgl. 4,6.
f Auf Steintafeln stand das Mosegesetz (Ex 24,12); im ›Neuen Bund‹ soll es anders sein (Jer 31,33; Ez 36,26). Das überraschend angeschlagene Thema verrät, dass die Gegner gesetzestreue Judenchristen waren.
g Dieser Satz enthält eine Deutung von Paulus, die über das im Alten Testament Berichtete hinausgeht; vgl. Ex 34,29-35.
h *von dem ...:* verdeutlichender Zusatz; zur Deutung der alttestamentlichen Aussage auf Jesus Christus vgl. Sacherklärung »Herr«.

2,11 1 Petr 5,8 **2,13** (Titus) 7,6.13-14; 8,6.16-18.22-23; 12,18; Gal 2,1.3; 2 Tim 4,10; Tit 1,4 **2,15** 1 Kor 1,18 **2,17** 4,2; Phil 1,15-17; 1 Thess 2,3.5.10 **3,1** 5,12; 10,12; Apg 18,27 **3,2** 1 Kor 9,1-2 S **3,3b** Jer 31,33 S **3,5** Röm 15,18 **3,6** Lk 22,20 S; Röm 7,6 S; Joh 6,63 **3,7** Ex 34,29-30 **3,9** Gal 3,10; Röm 8,2.33 **3,13** Ex 34,33-35 **3,14-15** Röm 10,4; 11,7-8; Eph 2,15 **3,14** Jes 6,10; Röm 11,25 **3,16** *nach* Ex 34,34 **3,17** Röm 8,2; Gal 5,1.13.18; Joh 8,32.36

Und wo der Geist des Herrn ist, da ist Freiheit.[a]
18 Wir alle sehen in Christus mit unverhülltem
Gesicht die Herrlichkeit* Gottes wie in einem Spie-
gel. Dabei werden wir selbst in das Spiegelbild ver-
wandelt und bekommen mehr und mehr Anteil an
der göttlichen Herrlichkeit. Das bewirkt der Herr
durch seinen Geist.

Der Apostel hat nichts zu verbergen

4 Gott hat sich über mich erbarmt und mir diesen
Dienst übertragen. Darum verliere ich nicht den
Mut. 2 Ich meide alle dunklen Machenschaften. Ich
handle nicht hinterhältig und verdrehe nicht das
Wort Gottes. Vielmehr verkünde ich offen die un-
verfälschte Wahrheit der Guten Nachricht* in
Verantwortung vor Gott. Das ist meine ›Empfeh-
lung‹, und das werden alle erkennen, die ihr Gewis-
sen prüfen.
3 Wenn die Gute Nachricht, die ich verkünde,
glanzlos und verhüllt erscheint,[b] so ist sie das nur
für die Menschen, die verloren gehen. 4 Der Satan,
der Herrscher dieser Welt,[c] hat sie mit Blindheit
geschlagen, sodass sie der Guten Nachricht nicht
glauben. Und so können sie auch deren hellen Glanz
nicht sehen – den Glanz, in dem Christus aufleuch-
tet, der das Bild Gottes ist.
5 Denn ich verkünde nicht mich selbst, sondern
Jesus Christus als den Herrn*. Ich selbst komme
nur als euer Diener in Betracht, und das bin ich, weil
ich Christus diene. 6 Gott hat einst gesagt: »Licht
strahle auf aus der Dunkelheit!« So hat er auch sein
Licht in meinem Herzen aufleuchten lassen und
mich zur Erkenntnis seiner Herrlichkeit* geführt,
der Herrlichkeit Gottes, wie sie aufgestrahlt ist in
Jesus Christus.

Der Dienst des Apostels in Schwachheit und Leiden

7 Ich trage diesen Schatz in einem ganz gewöhnli-
chen, zerbrechlichen Gefäß.[d] Denn es soll deutlich
sichtbar sein, dass das Übermaß an Kraft, mit dem
ich wirke, von Gott kommt und nicht aus mir selbst.
8 Ich bin von allen Seiten bedrängt, aber ich werde
nicht erdrückt. Ich weiß oft nicht mehr weiter, aber
ich verzweifle nicht. 9 Ich werde verfolgt, aber Gott
lässt mich nicht im Stich. Ich werde niedergeworfen,
aber ich komme wieder auf.
10 Ich erleide fortwährend das Sterben, das Jesus
durchlitten hat, an meinem eigenen Leib. Aber das
geschieht, damit auch das Leben, zu dem Jesus aufer-
weckt worden ist, an mir sichtbar wird. 11 Denn als
Lebender bin ich ständig für Jesus dem Tod ausgelie-
fert, damit auch das Leben, das Jesus hat, an meinem
todverfallenen Körper offenkundig wird. 12 So wirkt
nun also der Tod in mir, das Leben aber in euch.
13 Ich bin erfüllt vom Geist des Vertrauens, von
dem in den Heiligen Schriften* gesagt wird: »Ich ver-
traute auf Gott, darum redete ich.« Genauso vertraue
auch ich auf Gott, und darum rede ich auch und ver-
künde die Gute Nachricht.[e] 14 Gott hat Jesus, den
Herrn*, vom Tod auferweckt*, und ich weiß, dass
er mich genauso wie Jesus auferwecken und zusam-
men mit euch vor seinen Thron stellen wird.
15 Ich tue ja das alles für euch! Die Botschaft von Got-
tes Gnade soll immer mehr Menschen erreichen, und
der Dank dafür soll überströmen zur Ehre Gottes.

Die Hoffnung des Apostels auf die künftige Herrlichkeit

16 Darum verliere ich nicht den Mut. Die Lebens-
kräfte, die ich von Natur aus habe, werden aufgerie-
ben; aber das Leben, das Gott mir schenkt, erneuert
sich jeden Tag. 17 Die Leiden, die ich jetzt ertragen
muss, wiegen nicht schwer und gehen vorüber. Sie
werden mir eine Herrlichkeit bringen, die alle Vor-
stellungen übersteigt und kein Ende hat. 18 Ich baue
nicht auf das Sichtbare, sondern auf das, was jetzt
noch niemand sehen kann. Denn was wir jetzt
sehen, besteht nur eine gewisse Zeit. Das Unsichtba-
re aber bleibt ewig bestehen.
5 Wir wissen ja: Wenn das irdische Zelt, in dem
wir jetzt leben, nämlich unser Körper, abgebro-
chen wird, hat Gott eine andere Behausung für uns
bereit: ein Haus im Himmel, das nicht von Men-
schen gebaut ist und das in Ewigkeit bestehen bleibt.
2 Weil wir das wissen, stöhnen wir und sehnen
uns danach, mit dieser himmlischen Behausung
umkleidet zu werden; 3 denn wir wollen ja nicht
nackt dastehen, wenn wir den irdischen Körper

Am Apostel wird etwas von der Herrlichkeit Christi sichtbar. Aber »ich trage diesen Schatz in einem ganz gewöhnlichen, zerbrechlichen Gefäß«, bekennt Paulus (4,6-7). Diese Tonkrüge aus römischer Zeit dienten vermutlich zur Aufbewahrung von Wein oder Öl.

a Zur Verbindung von Geistempfang und Freiheit vgl. Röm 8 und Gal 5,18. Im Folgenden erreicht die Gegenüberstellung mit Mose ihren Höhepunkt: Jeder Christ erlebt nun, was einst Mose vorbehalten war.
b Man hat Paulus vorgeworfen, dass seine Botschaft vom Gekreuzigten (1 Kor 1,17-25) nichts von der herrlichen Freiheit spüren lasse, die der Geist verleiht (siehe Einführung zu 1 Kor). Paulus zeigt, wie unbegründet der Vorwurf ist; aber er besteht darauf, dass diese Freiheit nicht zu einem Triumphgefühl berechtigt, sondern an die Erfahrung des ›Kreuzes‹, des Leidens um Christi willen, gebunden ist (Verse 7-12; 1 Kor 1,26-29; 4,8-13).
c *Der Satan ...:* wörtlich *Der Gott dieser Welt*;* siehe Sacherklärung »Satan«.
d Wörtlich *in einem Tongefäß.*
e *und verkünde ...:* verdeutlichender Zusatz.

3,18 4,6; Röm 5,2S **4,1** 3,4.6 **4,2** 2,17S; 3,1; 6,4 **4,3** 1 Kor 1,18 **4,4** (Satan) 1 Kor 2,6; Eph 2,2; Joh 12,31S; (Bild Gottes) Kol 1,15; Hebr 1,3 **4,5** 1,24 **4,6** Gen 1,3; 2 Kor 3,18; 1 Petr 2,9 **4,8** 1,8; 7,5; 11,23-29S **4,10** 1,5; Gal 6,17; Röm 6,8; Phil 3,10-11; Kol 1,24; 1 Petr 4,13 **4,11** Röm 8,36S **4,12** Kol 1,24 **4,13** *nach* Ps 116,10 **4,14** 1 Kor 6,14S **4,17** Röm 5,2S **4,18** Hebr 11,1S **5,1** 2 Petr 1,14 **5,2** Röm 8,22-23.26

ablegen müssen. 4 Ja, wir sind bedrückt und stöhnen, solange wir noch in diesem Körper leben; wir wollen aber nicht von unserem sterblichen Körper befreit werden, sondern in den unvergänglichen Körper hineinschlüpfen. Was an uns vergänglich ist, soll vom Leben verschlungen werden.[a]

5 Wir werden auch an dieses Ziel gelangen, denn Gott selbst hat in uns die Voraussetzung dafür geschaffen:[b] Er hat uns ja schon als Anzahlung auf das ewige Leben seinen Geist* gegeben.[c]

6 Deshalb bin ich in jeder Lage zuversichtlich. Ich weiß zwar: Solange ich in diesem Körper lebe, bin ich vom Herrn* getrennt. 7 Wir leben ja noch in der Zeit des Glaubens, noch nicht in der Zeit des Schauens. 8 Ich bin aber voller Zuversicht und würde am liebsten sogleich von meinem Körper getrennt und beim Herrn zu Hause sein.

9 Weil ich mich danach sehne, setze ich aber auch alles daran, zu tun, was ihm gefällt, ob ich nun in diesem Körper lebe oder zu Hause bin beim Herrn. 10 Denn wir alle müssen vor Christus erscheinen, wenn er Gericht hält. Dann wird jeder Mensch bekommen, was er verdient, je nachdem, ob er in seinem irdischen Leben Gutes getan hat oder Schlechtes.

Gottes Friedensangebot in Christus

11 Im Bewusstsein, dass ich dem Herrn* Rechenschaft schuldig bin, suche ich Menschen zu gewinnen.[d] Vor Gott habe ich nichts zu verbergen. Ich hoffe, dass auch ihr zu dieser Einsicht kommt, wenn ihr euer Gewissen befragt.

12 Ich preise mich nicht schon wieder selbst an.[e] Vielmehr möchte ich euch zeigen, dass ihr Grund habt, auf mich stolz zu sein.[f] Dann wisst ihr auch, wie ihr die zum Schweigen bringen könnt, die auf äußere Vorzüge stolz sind, aber im Innern haben sie nichts vorzuweisen.

13 Wenn mich der Geist* ergreift und in ekstatische Zustände[g] versetzt – das gibt es auch bei mir[h] –, dann geht das nur Gott etwas an. Wenn ich dagegen bei klarem Verstand bin, dann geht das *euch* an, und ich bin es *euch* zugute!

14 Denn die Liebe, die Christus uns erwiesen hat, bestimmt mein ganzes Handeln. Ich halte mir stets vor Augen: Einer ist für alle in den Tod gegangen, also sind sie alle gestorben. 15 Weil er für sie gestorben ist, gehört ihr Leben nicht mehr ihnen selbst, sondern dem, der für sie gestorben und zum Leben erweckt* worden ist.

16 Darum beurteile ich von jetzt an niemand mehr nach menschlichen Maßstäben. Auch Christus nicht, den ich einst so beurteilt habe.[i] 17 Wenn also ein Mensch zu Christus gehört, ist er schon »neue Schöpfung«. Was er früher war, ist vorbei; etwas ganz Neues hat begonnen.

18 Das alles aber kommt von Gott. Obwohl ich sein Feind war, hat er sich durch Christus mit mir ausgesöhnt und mir den Auftrag gegeben, seine Versöhnungsbotschaft zu verbreiten. 19 So lautet diese Botschaft: In Christus hat Gott selbst gehandelt und hat die Menschen mit sich versöhnt. Er hat ihnen ihre Verfehlungen vergeben und rechnet sie nicht an. Diese Versöhnungsbotschaft lässt er unter uns verkünden.

20 Uns Aposteln* hat Christus den Auftrag und die Vollmacht gegeben, diese Botschaft überall bekannt zu machen. Ja, Gott selbst ist es, der durch uns die Menschen ruft. So bitten wir im Auftrag von Christus: »Bleibt nicht Gottes Feinde! Nehmt die Versöhnung an, die Gott euch anbietet!«[j]

21 Gott hat Christus, der ohne Sünde war, an unserer Stelle als Sünder verurteilt, damit wir durch ihn vor Gott als gerecht* bestehen können.

6 Als Gottes Mitarbeiter rufe ich euch also auf: Gebt Acht, dass ihr die Gnade Gottes nicht vergeblich empfangt! 2 Gott sagt: »Wenn die Zeit kommt, dass ich mich über euch erbarme, erhöre ich euch; wenn der Tag eurer Rettung da ist, helfe ich euch.« *Jetzt* ist die Zeit der Gnade! *Jetzt* ist der Tag der Rettung!

Der Apostel im Dienst der Versöhnungsbotschaft

3 Weil mir diese Botschaft anvertraut ist, sehe ich darauf, dass mein Verhalten in jeder Hinsicht einwandfrei ist; denn ich möchte nicht, dass der Dienst, der mir aufgetragen ist, in Verruf kommt.

4 Meine »Empfehlung« ist es, dass ich mich in allem als Diener Gottes erweise:

Mit großer Geduld ertrage ich Sorgen, Nöte und Schwierigkeiten. 5 Ich werde geschlagen, ich werde eingesperrt, sie hetzen das Volk gegen mich auf. Ich arbeite mich ab, ich verzichte auf Schlaf und Nahrung.

6 Ich empfehle mich weiter durch ein einwandfreies Leben, durch Erkenntnis*, durch Geduld und durch Freundlichkeit, durch Wirkungen des Heiligen Geistes* und durch aufrichtige Liebe, 7 durch das Verkünden der Wahrheit und durch die Kraft, die von Gott kommt. Meine Waffe für Angriff und Verteidigung ist, dass ich tue, was vor Gott und vor Menschen recht ist.

8 Es macht mir nichts aus, ob ich geehrt oder beleidigt werde, ob man Gutes über mich redet oder Schlechtes. Ich werde als Betrüger verdächtigt und bin doch ehrlich. 9 Ich werde verkannt und bin doch anerkannt. Ich bin ein Sterbender und doch lebe ich.

a Während für das griechische Denken durch den Tod des Leibes die unsterbliche Seele frei wird, kann Paulus sich ein Leben der Seele ohne Leib nicht vorstellen.
b *Wir werden …:* wörtlich *Der uns aber dazu vorbereitet hat, ist Gott.*
c Siehe Anmerkung zu Röm 8,23.
d Wörtlich *zu beschwatzen.* Offenbar wurde Paulus dieser Vorwurf gemacht; vgl. Gal 1,10.
e Siehe 3,1 und Anmerkung dazu.
f Wörtlich *euch meiner zu rühmen**; entsprechend im nächsten Satz.
g Vgl. Kap 12 und 1 Kor 14,5-19.
h *das gibt es …:* verdeutlichender Zusatz. Paulus hat mit Gegnern zu tun, die sich auf entsprechende Erlebnisse berufen.
i Den Korinthern erscheinen die außerordentlichen Geistwirkungen wichtig; aber nach eben diesem Maßstab gottgewirkter Machtentfaltung hat Paulus früher den Gekreuzigten beurteilt – und deshalb abgelehnt; vgl. 1 Kor 1,22-23.
j *Bleibt nicht …:* wörtlich *Lasst euch versöhnen mit Gott.*

5,4 1 Kor 15,53-54 **5,5** 1,22 S **5,7** 1 Kor 13,12 S **5,8** Phil 1,23 **5,10** 1 Kor 3,13-15; 4,5; 2 Kor 11,15; Röm 2,6 S; 2 Thess 1,7-10; Apg 10,42 S **5,11** 1 Kor 4,1-5; (gewinnen) 4,2; 6,4; 1 Kor 9,22; Röm 1,13 **5,12** 3,1; Phil 2,16 S **5,13** 1 Kor 14,18-19 **5,14** Eph 3,19 **5,15** Röm 6,3-4; 7,4; 14,7-9 **5,17** (Neues) Röm 6,4 S; Eph 4,24; Offb 21,5 **5,18** Röm 5,10; Eph 2,16 **5,19** Röm 3,24-26; Kol 1,20 **5,21** Joh 8,46 S; Hebr 4,15 S; Röm 8,3 S **6,2** *zit* Jes 49,8; Lk 4,19-21 **6,4** 4,2 S **6,5-10** 11,23-29 S **6,6** Röm 12,9 S **6,7** 10,4-5 S **6,9** 4,10-11

Ich werde misshandelt und doch komme ich nicht um. 10 Ich erlebe Kummer und bin doch immer fröhlich. Ich bin arm wie ein Bettler und mache doch viele reich. Ich besitze nichts und habe doch alles.

Paulus wirbt um die Gemeinde

11 Meine Lieben in Korinth, ich habe kein Blatt vor den Mund genommen! Ich habe euch mein Herz weit geöffnet. 12 Es stimmt nicht, dass ihr keinen Platz darin habt. Ihr habt nur euer eigenes Herz zugemacht. 13 Ich spreche zu euch als zu meinen Kindern. Begegnet mir so, wie ich euch begegne! Öffnet auch ihr eure Herzen weit!

Warnung vor schädlichen Einflüssen[a]

14 Macht keine gemeinsame Sache mit Ungläubigen![b] Wie passen denn Gerechtigkeit und Ungerechtigkeit zusammen? Was hat das Licht mit der Finsternis zu tun? 15 Ist Christus in Einklang zu bringen mit dem Teufel?[c] Haben Glaubende etwas mit Ungläubigen gemeinsam? 16 Haben Götzenbilder etwas im Tempel Gottes zu suchen?

Und das sind wir doch: der Tempel des lebendigen Gottes! Denn Gott hat gesagt: »Ich will bei ihnen wohnen und mitten unter ihnen leben. Ich will ihr Gott sein und sie sollen mein Volk sein.« 17 Deshalb sagt er auch: »Zieht weg von hier, trennt euch von ihnen! Berührt nichts Unreines! Dann werde ich euch meine Liebe zuwenden. 18 Ich will euer Vater sein und ihr sollt meine Söhne und Töchter sein. Das sagt der Herr, der Herrscher der ganzen Welt.«

7 Uns, meine Lieben, gelten diese Zusagen! Wir wollen uns darum von allem reinigen, was Körper und Geist beschmutzt. Wir wollen Gott ernst nehmen und uns bemühen, vollends ganz sein heiliges* Volk zu werden.

Weiteres Werben um die Gemeinde

2 Gebt mir Raum in euren Herzen! Ich habe doch keinem von euch Unrecht getan! Ich habe niemand zugrunde gerichtet oder ausgebeutet!

3 Ich sage das nicht, um euch zu verurteilen. Ich habe euch ja schon gesagt, dass ich euch in meinem Herzen trage. Ihr seid in Tod und Leben so untrennbar mit mir verbunden, wie wir es mit Christus im Sterben und Leben sind.[d] 4 Ich habe volles Vertrauen zu euch, ich bin sogar stolz auf euch. Trotz aller Not bin ich zuversichtlich und voll überschwänglicher Freude.

Titus ist gekommen: Ende der Sorgen für Paulus

5 Auch als ich nach Mazedonien kam,[e] fand ich keine Ruhe. Von allen Seiten stürmte es auf mich ein: von außen Feinde, von innen Sorgen. 6 Doch Gott, der die Niedergeschlagenen ermutigt, gab mir durch die Ankunft von Titus neuen Mut.

7 Es war aber nicht nur seine Ankunft – noch viel mehr bedeutet es für mich, dass ihr Titus so ermutigt habt. Er hat mir erzählt, wie gern ihr mich sehen wollt, wie sehr ihr das Vorgefallene bedauert[f] und wie rückhaltlos ihr bereit seid, euch auf meine Seite zu stellen. Das hat mich noch glücklicher gemacht.

Heilsamer Schmerz durch den »Tränenbrief«

8 Ich habe euch durch meinen Brief wehgetan; aber ich bedaure es nicht, dass ich ihn geschrieben habe. Als ich hörte, wie hart er euch zuerst getroffen hat, tat es mir zwar Leid, 9 aber jetzt freue ich mich darüber. Natürlich nicht deshalb, weil mein Brief euch Schmerz bereitet hat, sondern weil dieser Schmerz euch zur Besinnung gebracht hat. Es war ein Schmerz, wie Gott ihn haben will. Deshalb war es nicht zu eurem Schaden, dass ich euch so geschrieben habe. 10 Denn der Schmerz, wie Gott ihn haben will, ruft eine Reue hervor, die niemand je bereut; denn sie führt zur ewigen Rettung. Der Schmerz, wie ihn die Menschen dieser Welt* empfinden, führt dagegen zum ewigen Tod.

11 Meine Worte haben euch einen Schmerz bereitet, wie Gott ihn haben will. Seht doch, welchen Gewinn euch das gebracht hat! Wie viel guten Willen zeigt ihr jetzt! Wie eifrig seid ihr bemüht, eure Unschuld zu beweisen! Der Unwille über den Schuldigen, die Furcht vor meinem Zorn, die Sehnsucht nach meiner Gegenwart und der Eifer, den Schuldigen zu bestrafen – das alles ist daraus erwachsen. Damit habt ihr gezeigt, dass ihr in dieser Sache unschuldig seid.

12 Es ging mir also bei meinem Brief nicht um den, der Unrecht getan hat, oder um mich, dem Unrecht geschehen ist. Ihr solltet Gelegenheit bekommen, vor Gott zu beweisen, dass ihr voll zu mir steht. 13a So ist es geschehen und das hat mir wieder Mut gegeben.

Paulus freut sich für und mit Titus

13b Aber noch viel mehr als über diese Ermutigung habe ich mich gefreut über die Freude, mit der Titus von euch zurückkam. Er war ganz glücklich, weil ihr alle so freundlich zu ihm gewesen seid. 14 Ich hatte euch vor ihm gerühmt[g] und ihr habt mich nicht enttäuscht. So wie ich euch gegenüber immer die Wahrheit gesagt habe, so hat sich nun auch das, was ich Titus gegenüber von euch gerühmt habe, als Wahrheit erwiesen.

15 Jetzt liebt er euch noch mehr als zuvor. Er hat ja erlebt, wie ihr ihn mit Angst und Bangen aufnahmt und wie bereitwillig ihr euch meinen Anordnungen

a Überraschend kommt Paulus auf das Thema von 1 Kor 10,14-22 zurück. Mit 7,2 führt er den Gedankengang von 6,11-13 weiter.
b Wörtlich *Zieht nicht mit Ungläubigen zusammen am fremden Joch*.*
c *Teufel:* wörtlich *Beliar* (von hebräisch *belijaal* = Bosheit, Verderben). Die Bezeichnung findet sich sonst nicht in der Bibel, war aber im damaligen Judentum verbreitet.
d *dass ich euch in meinem Herzen ...:* wörtlich *dass ihr in meinem Herzen seid zum Mitsterben und Mitleben.* Mitzuhören ist 4,10-11.
e Hier wird der Gedankengang von 2,13 wieder aufgenommen. (Für *ich* in den Versen 5-7, 9 Ende, 13, 14b wörtlich *wir* ; siehe Anmerkung zu 1,4.)
f Siehe Vers 11 und 2,5-6. Zu dem *Brief* in Vers 8 vgl. 2,4.
g Titus hatte also die Korinther vorher noch nicht persönlich gekannt.

6,10 (reich) Phil 4,12-13 **6,13** 1 Kor 4,14 **6,16b** 1 Kor 3,16 S; *nach* Lev 26,12; Ez 37,26-28 S **6,17** *nach* Jes 52,11 **6,18** *nach* 2 Sam 7,14 *und* Jes 43,6 **7,2** 6,13; 12,17 **7,3** 6,11; Phil 1,7 **7,5** 2,13; 4,8 **7,6** 1,3-4; 2,13 S **7,8** 2,4 **7,12** 2,9 **7,14** 8,24 **7,15** (gefügt) 2,9

gefügt habt. 16 Ich bin froh, dass ich mich in allem auf euch verlassen kann.

DIE SAMMLUNG FÜR DIE GEMEINDE IN JERUSALEM (Kapitel 8–9)

Erinnerung und Ermunterung

8 Ich will euch berichten, Brüder und Schwestern,[a] was Gottes Gnade in den Gemeinden in Mazedonien bewirkt hat. 2 Sie hatten viel zu leiden[b] und haben es nicht nur standhaft ertragen; vielmehr wurde ihre Freude im Glauben nur umso stärker und führte trotz ihrer großen Armut zu einer erstaunlichen Hilfsbereitschaft.

3 Ihr könnt es mir glauben: Sie spendeten, so viel sie konnten, ja noch mehr, und sie taten es ohne Aufforderung. 4 Sie haben sich mir geradezu aufgedrängt und darum gebeten, sich an diesem Werk der Gnade Gottes beteiligen zu dürfen – an dieser Hilfeleistung, in der die Verbundenheit mit der Gemeinde in Jerusalem[c] zum Ausdruck kommt.[d] 5 Sie taten dabei noch mehr, als ich gehofft hatte: Sie schenkten sich selbst, zuerst dem Herrn* und dann, dem Willen Gottes gemäß, auch mir.

6 Deshalb habe ich Titus zugeredet, dass er sich bei euch um diese Sache kümmert. Er hat ja schon früher bei euch damit angefangen. Nun soll er euch helfen, dieses Werk der Gnade auch zu Ende zu bringen. 7 Ihr habt alles im Überfluss: Glauben, kraftvolles Wort, Erkenntnis*, guten Willen und die gegenseitige Liebe, die ich euch vorgelebt und unter euch geweckt habe. Ich möchte, dass euer Beitrag zu diesem Gnadenwerk ebenso reich wird.

8 Ich gebe euch keinen Befehl. Ich sage euch nur, wie hilfsbereit andere sind, um euch dadurch anzuspornen. Ich möchte erproben, wie ernst es euch mit eurer Liebe ist. 9 Ihr wisst ja, was Jesus Christus, unser Herr*, in seiner Liebe für euch getan hat. Er war reich und wurde für euch arm; denn er wollte euch durch seine Armut reich machen.

10 Ich gebe euch nur meinen Rat. Ich meine, es ist zu eurem eigenen Besten, dass ihr euch an der Sammlung beteiligt. Ihr habt euch ja schon im vorigen Jahr dazu entschlossen und habt auch schon damit angefangen. 11 Bringt das Begonnene jetzt zum guten Ende, damit die Ausführung nicht hinter dem Vorsatz zurückbleibt.

Natürlich immer entsprechend dem, was ihr habt! 12 Wenn der gute Wille da ist, ist er willkommen mit dem, was jemand hat, nicht mit dem, was jemand nicht hat. 13 Ihr sollt nicht selbst Mangel leiden, damit andern geholfen wird. Vielmehr soll es zu einem Ausgleich kommen. 14 Im Augenblick habt ihr mehr als die andern. Darum ist es nur recht, dass ihr denen helft, die in Not sind. Wenn dann einmal ihr in Not seid und sie mehr haben als ihr, sollen sie euch helfen. So kommt es zu einem Ausgleich zwischen euch.

15 In den Heiligen Schriften* heißt es: »Wer viel gesammelt hatte, hatte nicht zu viel, und wer wenig gesammelt hatte, hatte nicht zu wenig.«

Die Helfer bei der Sammlung

16 Ich danke Gott dafür, dass er Titus den gleichen Eifer für euch ins Herz gegeben hat, den ich für euch habe. 17 Titus hat nicht nur meinen Vorschlag angenommen; er war noch viel eifriger und hatte schon von sich aus beschlossen, zu euch zu reisen.

18 Mit ihm schicke ich den Bruder, der wegen seines Wirkens für die Gute Nachricht* bei allen Gemeinden in hohem Ansehen steht. 19 Und nicht nur das: Die Gemeinden haben ihn auch dazu bestimmt, mich zu begleiten, wenn ich diese Liebesgabe überbringe – die Gabe, die ich jetzt einsammle zur Ehre Gottes und zum Zeichen meines guten Willens.[e] 20 So soll vermieden werden, dass man mich verdächtigt, wenn ich eine so große Summe allein verwalte. 21 Es liegt mir daran, dass alles einwandfrei zugeht, nicht nur vor dem Herrn, sondern auch vor den Menschen.

22 Ich schicke noch einen anderen Bruder mit ihnen. Ich habe ihn oft erprobt, und jedes Mal war er sehr eifrig. Jetzt ist er noch viel eifriger als sonst, eine so hohe Meinung hat er von euch. 23 Titus ist mein Gefährte und mein Mitarbeiter im Dienst an euch. Die anderen Brüder kommen im Auftrag der Gemeinden[f] und sind Menschen, die Christus Ehre machen. 24 Zeigt ihnen, dass eure Liebe echt ist, und beweist den anderen Gemeinden, dass ich euch zu Recht gelobt habe.

Nochmals zur Sammlung

9 Ich brauche euch über den Liebesdienst für die Gemeinde in Jerusalem[g] ja nicht mehr ausführlich zu schreiben. 2 Ich weiß, dass ihr helfen wollt. Ich habe euch schon bei den Mazedoniern gelobt: »Die Brüder und Schwestern[h] in Korinth und Umgebung sammeln seit dem vorigen Jahr!« Euer Eifer hat die meisten von ihnen angesteckt.

3 Ich schicke jetzt die Brüder zu euch; denn ich will nicht enttäuscht werden, weil ich euch gelobt und erklärt habe: »Sie haben schon gesammelt.« 4 Wie stehe ich da, wenn dann Leute von Mazedonien mit mir kommen und feststellen, dass es gar nicht so ist! Wie werde ich mich schämen müssen – und erst ihr selbst!

a Siehe Anmerkung zu 1,8. Auch in Kap 8 wechseln im griechischen Text »wir« und »ich«; siehe Anmerkung zu 1,4 (wörtlich *ich* nur in den Versen 3.8.10).
b Vielleicht im Zusammenhang mit dem, was Paulus selbst dort nach 7,4.5 erlebt hat.
c Wörtlich *mit den Heiligen**.
d Siehe Röm 15,26 und Vergleichsstellen dort.
e Paulus löst mit der Sammlung sein Versprechen von Gal 2,10 ein.
f In Apg 20,4 werden eine Reihe von Abgesandten der Gemeinden namentlich genannt, die Paulus nach Jerusalem begleiten.
g Wörtlich *für die Heiligen**; ebenso in Vers 12.
h Siehe Anmerkung zu 1,8.

8,1-5 Röm 15,26S **8,6** 2,13S **8,7** 1Kor 1,5; 2Kor 9,11 **8,9** Phil 2,6-7; Mt 8,20par **8,10** (Rat) 1Kor 7,25 **8,12** Mk 12,43par **8,15** *zit* Ex 16,18 **8,23** 2,13S **8,24** Röm 12,9S; 2Kor 7,14 **9,1** 8,4 **9,3** 8,22; 8,24S

5 Darum hielt ich es für nötig, die Brüder zu bitten, dass sie mir vorausreisen und die angekündigte Spende einsammeln, damit sie dann wirklich bereitliegt. Sie soll eine echte Spende sein: eine Gabe des Dankes[a] und nicht eine Gabe des Geizes.

Gott gibt, damit wir geben können

6 Denkt daran: Wer spärlich sät, wird nur wenig ernten. Aber wer mit vollen Händen sät, auf den wartet eine reiche Ernte. 7 Jeder soll so viel geben, wie er sich in seinem Herzen vorgenommen hat. Es soll ihm nicht Leid tun und er soll es auch nicht nur geben, weil er sich dazu gezwungen fühlt. Gott liebt fröhliche Geber!

8 Er hat die Macht, euch so reich zu beschenken, dass ihr nicht nur jederzeit genug habt für euch selbst, sondern auch noch anderen reichlich Gutes tun könnt. 9 Dann gilt von euch, was in den Heiligen Schriften* steht: »Großzügig gibt er den Bedürftigen; seine Wohltätigkeit wird in Ewigkeit nicht vergessen werden.«[b]

10 Gott, der dem Sämann Saatgut und Brot gibt, wird auch euch Samen geben und ihn wachsen lassen, damit eure Wohltätigkeit eine reiche Ernte bringt. 11 Er wird euch so reich machen, dass ihr jederzeit freigebig sein könnt. Dann werden viele Menschen Gott wegen der Gaben danken, die wir ihnen von euch übergeben.

12 Dieser Liebesdienst soll ja nicht nur die Not der Gemeinde in Jerusalem lindern, sondern darüber hinaus viele Menschen zum Dank gegen Gott bewegen. 13 Wenn ihr euch in dieser Sache bewährt, werden die Brüder und Schwestern in Jerusalem Gott dafür preisen. Sie werden ihm danken, dass ihr so treu zur Guten Nachricht* von Christus steht und so selbstverständlich mit ihnen und mit allen teilt.[c] 14 Und weil sie sehen, dass Gott euch in so überreichem Maß seine Gnade erwiesen hat, werden sie für euch beten und sich nach euch sehnen.

15 Lasst uns Gott danken für sein unsagbar großes Geschenk!

DER APOSTEL WIRBT UM DIE GEMEINDE (Kapitel 10–13)

Paulus verteidigt sich gegen Angriffe

10 Ich, Paulus, muss jetzt von mir selbst reden.[d] Ich bin angeblich kleinlaut, wenn ich bei euch bin, aber aus der Ferne spiele ich den starken Mann.[e] Ich bitte euch bei der Güte und Freundlichkeit, die Christus uns erwiesen hat: 2 Zwingt mich nicht, meine Stärke zu zeigen, wenn ich komme!

a Paulus gebraucht ein Wortspiel; das entsprechende, hier zweimal hintereinander gebrauchte griechische Wort kann sowohl »Spende« als auch »Segen, Segens-, Dankesgabe, reichliche Gabe« bedeuten.

b *seine Wohltätigkeit …:* wörtlich *seine Gerechtigkeit bleibt in Ewigkeit.* »Gerechtigkeit« hat in neutestamentlicher Zeit unter anderem den Sinn von »Mildtätigkeit« angenommen. Der zitierte Psalm (112,9) spricht ursprünglich allgemeiner von der Treue zu Gott und seinen Weisungen.

c Paulus möchte mit seiner Sammlung das Band der Einheit zwischen Christen jüdischer und nichtjüdischer Herkunft stärken; vgl. Gal 2,7-10.

d *muss jetzt …:* verdeutlichender Zusatz. In den Versen 3-6 und 12-18 für *ich* wörtlich *wir*; dazwischen Wechsel zwischen Ich- und Wir-Form, ohne dass Paulus in das Wir jemand anderen einbeziehen würde (in Vers 9 wörtlich *ich*, in Vers 11 *wir*!). Vgl. Anmerkung zu 1,4.

e Vgl. Vers 10 und 1 Kor 2,3. Paulus nimmt noch einmal die Auseinandersetzung mit seinen Gegnern auf (siehe die Einführung).

Paulus spornt die Christen in Korinth an, großzügig zu helfen, wo andere Not leiden. »Wer mit vollen Händen sät, auf den wartet eine reiche Ernte.« (9,6)

9,6 Spr 11,24; 19,17; 28,27 **9,7** (fröhliche Geber) Sir 35,11 **9,9** *nach* Ps 112,9 **9,11** 8,7 **10,2** 13,10

Ich habe keine Angst vor denen, die mir menschliche Schwächen und mangelnde geistliche Vollmacht vorwerfen.[a] 3 Ich bin zwar nur ein Mensch, aber ich kämpfe nicht nach Menschenart. 4 Meine Waffen in diesem Kampf sind nicht die eines schwachen Menschen, sondern die mächtigen Waffen Gottes. Mit ihnen zerstöre ich feindliche Festungen: Ich bringe falsche Gedankengebäude zum Einsturz 5 und reiße den Hochmut nieder, der sich der wahren Gotteserkenntnis entgegenstellt. Jeden Gedanken, der sich gegen Gott auflehnt, nehme ich gefangen und unterstelle ihn dem Befehl von Christus. 6 Ich stehe bereit, alle Widersetzlichen zu bestrafen, sobald ihr als Gemeinde zum vollen Gehorsam gefunden habt.

7 Seht doch den Tatsachen ins Auge! Wenn jemand bei euch den Anspruch erhebt, zu Christus zu gehören,[b] darf er nicht übersehen: Ich gehöre zu Christus genauso wie er. 8 Ich könnte sogar noch mehr für mich in Anspruch nehmen und die Vollmacht ausspielen, die der Herr* mir gegeben hat. Damit würde ich mich bestimmt nicht übernehmen.

Aber ich erhielt meinen Auftrag, um euch als Gemeinde aufzubauen, und nicht, um euch zugrunde zu richten. 9 Es soll nicht so aussehen, als ob ich euch mit meinen Briefen einschüchtern wollte. 10 Sie sagen ja schon: »Die Briefe, die er schreibt, sind gewichtig und kraftvoll; aber wenn er persönlich bei uns ist, macht er eine erbärmliche Figur, und was er sagt, hat keine Kraft.«

11 Wer so denkt, dem sage ich: Genau so, wie meine Briefe auf euch wirken, werde ich handeln, wenn ich zu euch komme.

Wo Paulus von den Leiden spricht, die er im Dienst der Guten Nachricht auf sich genommen hat, wird auch die Gefährdung durch Räuber erwähnt (11,26). Ein Tummelplatz von Wegelagerern war damals diese Passstraße über das Taurus-Gebirge, die sog. Zilizische Pforte, die in die Provinz Zilizien führt. Tarsus, die Geburtsstadt von Paulus, gehörte zu dieser Provinz.

Gegen den Selbstruhm der eingedrungenen Missionare

12 Ich wage allerdings nicht, mich mit denen in eine Reihe zu stellen, die sich selbst anpreisen.[c] Ich kann mich selbstverständlich nicht mit ihnen messen. Sie sind so unverständig, dass sie ihre eigenen Maßstäbe aufrichten und sich an sich selbst messen.

13 Ich dagegen rühme* mich nicht ohne Maß. Gott hat mich mit der Guten Nachricht* bis zu euch gelangen lassen. Das ist der Maßstab, nach dem ich mich beurteile. 14 Ich brauche meine Leistung nicht zu übertreiben, denn ich bin ja tatsächlich mit der Guten Nachricht von Christus auch bis zu euch gekommen!

15 Ich verliere also nicht das Maß und prahle nicht mit der Arbeit, die andere getan haben. Ich hoffe vielmehr, dass euer Glaube wächst und ich dann noch weit mehr Ruhm ernten werde – und zwar nach dem Maßstab, der für *mich* gilt. 16 Statt nach einem fremden Maßstab mit einer Arbeit zu prahlen, die andere schon vor mir getan haben, werde ich dann die Gute Nachricht noch weit über Korinth hinaus verkünden.

17 In den Heiligen Schriften* heißt es: »Wer sich mit etwas rühmen will, soll sich mit dem rühmen, was der Herr getan hat.«[d] 18 Als bewährt gilt, wer vom Herrn gelobt wird, und nicht, wer sich selbst anpreist.

Paulus und die falschen Apostel

11 Wenn ihr mir[e] doch erlauben würdet, einmal den Verrückten zu spielen – aber das erlaubt ihr ja gern – und mich selbst anzupreisen! 2 Wache ich doch ebenso eifersüchtig über euch wie Gott selbst. Ihr seid für mich wie eine Tochter, die ich für *einen* Mann bestimmt und mit ihm verlobt habe, um sie ihm unberührt zuzuführen, nämlich Christus.

3 Eva wurde durch die klugen Lügen der Schlange verführt. Ich fürchte, dass eure Gedanken genauso verwirrt werden und ihr Christus nicht mehr rein und ungeteilt liebt. 4 Ihr lasst es euch gefallen, wenn jemand kommt und euch einen anderen Jesus verkündet als den, den ich euch gebracht habe. Ihr lasst euch gerne einen anderen Geist* geben als den, den ihr zuerst empfangen habt, und nehmt eine andere Gute Nachricht* an als die, die ihr von mir gehört habt.[f]

5 Ich bin überzeugt, dass ich euren Überaposteln* in nichts nachstehe. 6 Vielleicht bin ich kein Meister im Reden, aber in der Erkenntnis* nehme ich es mit jedem auf. Das habe ich euch gegenüber zu jeder Zeit und in jeder Lage bewiesen.

a *die mir menschliche …:* wörtlich *die meinen, wir lebten nach dem Fleisch*.* Gedacht ist an Vorwürfe, wie sie aus 4,2 und 10,10 hervorgehen.
b Die judenchristlichen Missionare konnten sich vielleicht auf Beziehungen zum irdischen Jesus berufen. Paulus hält dem seine Berufung durch den Auferstandenen entgegen (Gal 1,11-12).
c Vgl. 3,1. Paulus argumentiert im Folgenden genau wie in 3,2-3 und 1 Kor 9,1-2.
d Gemeint ist hier: »was der Herr *durch ihn* getan hat«; vgl. Röm 15,17-18.
e Die Verteidigungsrede in Kap 11–12, in der Paulus den *Verrückten* zu spielen vorgibt, ist nicht in der autoritativen Wir-Form, sondern durchgehend in der Ich-Form gehalten; vgl. Anmerkung zu 1,4.
f Vgl. Gal 1,6-9. Die Gegner verbreiten nicht irgendwelche falschen Lehren, sondern stellen die Botschaft vom Gekreuzigten in Frage; vgl. Einführung zu 1 Kor.

10,4 (Waffen Gottes) 6,7; Röm 13,12; Eph 6,13-17; 1 Thess 5,8 **10,5** Jes 2,12-17 **10,6** 2,9 **10,8b** 13,10 **10,11** 13,1-2 **10,12** 3,1 S **10,13** Röm 12,3; Gal 2,7 **10,15-16** Röm 15,20 **10,17** *nach* Jer 9,22-23; 1 Kor 1,31 S **10,18** 1 Kor 4,4-5 **11,1** 11,19 **11,2** Eph 5,25-27 **11,3** Gen 3,1-5.13 **11,4** Gal 1,6-9 **11,5** 12,11; 1 Kor 15,10; Gal 2,6.9 **11,6** 1 Kor 2,6-16

[7] Oder war es vielleicht unrecht von mir, dass ich euch die Gute Nachricht ohne jede Gegenleistung verkündete?[a] Ich habe mich selbst erniedrigt, um euch zu erhöhen! [8] Für meinen Dienst an euch habe ich mich von anderen Gemeinden bezahlen lassen; ich habe sie um euretwillen beraubt. [9] Solange ich bei euch war, bin ich niemand zur Last gefallen, wenn ich in Not war. Denn die Brüder, die aus Mazedonien kamen, brachten mir, was ich brauchte.[b] Ich habe nichts von euch in Anspruch genommen.

So werde ich es auch in Zukunft halten. [10] Ich verspreche euch bei Christus, der die Wahrheit ist und der in mir lebt: Meinen Ruhm in diesem Punkt wird mir niemand in der ganzen Provinz Achaia* nehmen! [11] Warum bestehe ich darauf? Etwa weil ich euch nicht liebe? Gott weiß, wie es damit steht!

[12] Wenn ich auch in Zukunft nichts von euch annehme, so hat das einen anderen Grund: Den Gefallen tue ich euren Überaposteln nicht! Sie warten nur auf die Gelegenheit, mich zu sich herabzuziehen und sich noch ungehinderter anpreisen zu können.[c]

[13] In Wirklichkeit sind sie falsche Apostel*; sie sind Betrüger, die sich nur für Apostel von Christus ausgeben. [14] Das braucht euch nicht zu wundern. Sogar der Satan* verstellt sich und gibt sich für einen Engel[d] aus! [15] Es ist also nichts Besonderes, wenn auch seine Helfer sich verstellen und sich als Diener Gottes ausgeben. Aber am Ende ergeht es ihnen, wie sie es mit ihren Taten verdient haben.

Was Paulus vorzuweisen hat

[16] Ich wiederhole: Niemand soll glauben, ich sei nicht ganz bei Verstand! Aber wer es meint, soll mich dann eben so nehmen, damit ich mich auch ein klein wenig anpreisen kann. [17] Was ich jetzt sage, ist nicht im Sinne des Herrn* gesagt. Ich spreche wie ein Unzurechnungsfähiger, wenn ich mich darauf einlasse, mich zu rühmen*. [18] Aber weil so viele sich auf ihre Vorzüge berufen, will ich es auch einmal tun.

[19] Ihr seid ja so vernünftig, dass ihr die Verrückten gerne ertragt. [20] Ihr duldet es, wenn euch jemand unterdrückt, euch ausbeutet und einfängt, euch verachtet und ins Gesicht schlägt. [21] Ich muss zu meiner Schande gestehen: Dazu war ich zu schwach!

Ich rede jetzt wirklich wie ein Verrückter: Womit andere prahlen, damit kann ich auch prahlen. [22] Sie sind echte Hebräer*? Das bin ich auch. Sie sind Israeliten? Das bin ich auch. Sie sind Nachkommen Abrahams*? Das bin ich auch. [23] Sie dienen Christus? Ich rede im Wahnsinn: Ich diene ihm noch viel mehr!

Ich habe härter für Christus gearbeitet. Ich bin öfter im Gefängnis gewesen, öfter geschlagen worden. Häufig war ich in Todesgefahr. [24] Fünfmal habe ich von den Juden die neununddreißig Schläge bekommen. [25] Dreimal wurde ich von den Römern mit Stöcken geprügelt, einmal wurde ich gesteinigt*. Ich habe drei Schiffbrüche erlebt; das eine Mal trieb ich eine Nacht und einen Tag auf dem Meer.

[26] Auf meinen vielen Reisen haben mich Hochwasser und Räuber bedroht. Juden und Nichtjuden haben mir nachgestellt. Es gab Gefahren in Städten und in Einöden, Gefahren auf hoher See und Gefahren bei falschen Brüdern. [27] Ich hatte Mühe und Not und oftmals schlaflose Nächte. Ich war hungrig und durstig, oft hatte ich tagelang nichts zu essen. Ich fror und hatte nichts Warmes anzuziehen.

[28] Ich könnte noch vieles aufzählen; aber ich will nur noch eins nennen: die Sorge um alle Gemeinden, die mir täglich zu schaffen macht. [29] Wenn irgendwo jemand schwach ist, bin ich es mit ihm. Und wenn jemand an Gott irrewird, brennt es mich wie Feuer.

[30] Wenn schon geprahlt werden muss, will ich mit meiner Schwäche prahlen. [31] Der Gott und Vater unseres Herrn* Jesus – gepriesen sei er in Ewigkeit – weiß, dass ich nicht lüge.

[32] Als ich in Damaskus war, stellte der Bevollmächtigte des Königs Aretas* Wachen an die Stadttore, um mich zu verhaften. [33] Aber durch das Fenster eines an die Stadtmauer gebauten Hauses wurde ich in einem Korb hinuntergelassen und entkam.

Hohe Offenbarungen – und was wirklich zählt

12 Ihr zwingt mich dazu, dass ich mein Selbstlob noch weiter treibe. Zwar hat niemand einen Nutzen davon; trotzdem will ich jetzt von den Visionen und Offenbarungen[e] sprechen, die vom Herrn* kommen.

[2] Ich kenne einen mit Christus verbundenen Menschen, der vor vierzehn Jahren in den dritten Himmel* versetzt wurde. Ich bin nicht sicher, ob er körperlich dort war oder nur im Geist; das weiß nur Gott. [3–4] Jedenfalls weiß ich, dass diese Person ins Paradies* versetzt wurde, ob körperlich oder nur im Geist, das weiß nur Gott. Dort hörte sie geheimnisvolle Worte, die kein Mensch aussprechen kann.[f]

[5] Im Blick auf diese Person will ich prahlen.[g] Im Blick auf mich selbst prahle ich nur mit meiner Schwäche. [6] Wollte ich aber für mich selbst damit prahlen, so wäre das kein Anzeichen, dass ich den Verstand verloren hätte; ich würde ja die reine Wahrheit sagen. Trotzdem verzichte ich darauf; denn jeder soll mich nach dem beurteilen, was er

a Vgl. dazu 1 Kor 9,3-18.
b Vgl. Phil 4,15-18.
c *Sie warten nur …:* wörtlich *Sie suchen einen Anlass, damit sie in dem, worin/womit sie sich rühmen, so wie wir* (= ich) *gefunden werden.*
d Wörtlich *für einen Engel* des Lichts.* Paulus kennt auch böse Engel; vgl. 12,7.
e Darauf legten die Gegner des Apostels besonderen Wert (5,12-13). Im Folgenden spricht Paulus in bewusst verhüllender Form von sich selbst.
f Vielleicht auch: *aussprechen darf;* vermutlich ist beides gemeint. Auch die christliche Mystik kennt diese Erfahrung. Zu überirdischen Sprachen vgl. 1 Kor 13,1 und Anmerkung dazu.
g Wörtlich *mich rühmen*.*

11,7 12,13; 1 Kor 9,12-18 **11,8-9** Phil 4,15-18 **11,10** 1 Kor 9,15-18 **11,12** 11,5; 12,11 **11,13** Phil 3,2; Offb 2,2 **11,15** Röm 2,6 S **11,22** Röm 11,1 S **11,23-29** (Leiden des Apostels) 1 Kor 4,11-13; 2 Kor 4,8-12; 6,5-10; 2 Tim 3,11 **11,23b** 1 Kor 15,10; (Gefängnis) Apg 16,23; Eph 3,1 S; 2 Kor 6,5 **11,24** Dtn 25,3; Mt 10,17 **11,25** Apg 16,22; 14,19 S **11,26** (nachgestellt) Apg 9,23-25; 14,5 **11,27** 6,5 **11,29** 1 Kor 9,22; Gal 6,2 **11,30** 1 Kor 1,31 S **11,31** 1,23 **11,32-33** Apg 9,24-25 **12,5-6** 11,16.30

an mir sieht und mich reden hört, und nicht höher
von mir denken.
7 Ich habe unbeschreibliche Dinge geschaut. Aber
damit ich mir nichts darauf einbilde, hat Gott mir
einen »Stachel ins Fleisch« gegeben: Ein Engel des
Satans[a] darf mich mit Fäusten schlagen,[b] damit ich
nicht überheblich werde.
8 Dreimal habe ich zum Herrn gebetet, dass der
Satansengel von mir ablässt. 9 Aber der Herr hat zu
mir gesagt: »Du brauchst nicht mehr als meine Gna-
de. Je schwächer du bist, desto stärker erweist sich
an dir meine Kraft.«[c]
Jetzt trage ich meine Schwäche gern, ja, ich bin
stolz darauf, weil dann Christus seine Kraft an mir
erweisen kann. 10 Darum freue ich mich über meine
Schwächen, über Misshandlungen, Notlagen, Ver-
folgungen und Schwierigkeiten. Denn gerade wenn
ich schwach bin, dann bin ich stark.

Paulus sorgt sich um die Korinther

11 Jetzt habe ich mich wirklich wie ein Unzurech-
nungsfähiger aufgeführt! Aber ihr habt mich ja dazu
gezwungen. Es wäre doch eigentlich *eure* Sache
gewesen, meine Vorzüge herauszustreichen! Auch
wenn ich nichts bin, euren Überaposteln* stehe
ich in keiner Weise nach. 12 Unter schwierigen
Umständen, in großer Geduld, sind durch mich Stau-
nen erregende, machtvolle Wunder geschehen: die
Zeichen, an denen man den Apostel erkennt.
13 Habe ich euch in irgendeinem Punkt schlechter
behandelt als die übrigen Gemeinden? Ich weiß nur,
dass ich euch nicht mit der Forderung nach Unter-
halt zur Last gefallen bin. Verzeiht mir dieses
Unrecht!
14 Jetzt will ich zum dritten Mal zu euch kommen
und auch diesmal werde ich keine Ansprüche er-

a Siehe Anmerkung zu 11,14.
b Anspielung auf ein körperliches Leiden, eine in Phasen wiederkehrende seelische Erkrankung oder schwere Versuchung?
c Auch den eigenen Geist-Erfahrungen gegenüber bleibt für Paulus die Botschaft vom Gekreuzigten der Maßstab (1 Kor 1,17b-25).

»Nehmt meine Worte zu Herzen und lasst euch wieder auf den rechten Weg bringen. Seid einer Meinung und lebt in Frieden miteinander. Dann wird Gott, der uns seine Liebe und seinen Frieden schenkt, bei euch sein.« (13,11) Im Bild ein Sonnenuntergang an der Küste des Peloponnes in der Nähe von Korinth.

12,7 Gal 4,13-14; Ijob 2,6-7; Num 33,55 **12,9** Phil 4,13; Jes 40,29-31; (Gnade) Röm 5,2S **12,11** 11,5S **12,12** (Wunder) Röm 15,19; Apg 13,6-12; 14,8-10; 16,16-18; 19,11-16; 20,7-12; 28,3-6 **12,13** 11,7-9

heben. Euch selbst möchte ich, nicht euer Geld! Schließlich sollen nicht die Kinder für ihre Eltern sorgen, sondern die Eltern für ihre Kinder. 15 Euch zugute würde ich gerne alles hergeben, auch mein eigenes Leben. Es kann doch nicht sein, dass ihr mich umso weniger liebt, je mehr ich euch liebe!

16 Nun gut, das gebt ihr zu, dass ich euch nicht zur Last gefallen bin. Aber vielleicht war ich listig und hinterhältig? 17 Vielleicht habe ich euch durch einen meiner Boten ausgebeutet?[a] 18 Ich schickte euch Titus und den anderen Bruder. Wollt ihr behaupten, dass Titus euch ausgebeutet hat? Handelten wir nicht beide im gleichen Geist? Gingen wir nicht in denselben Spuren?

19 Ihr denkt vielleicht schon lange, dass ich mich wie ein Angeklagter vor euch verteidige. Aber ich rede vor Gott als einer, der Christus gehört. Ich tue das alles zu eurem Besten, meine Lieben!

20 Denn ich habe Angst, dass ich euch bei meiner Ankunft nicht so antreffe, wie ich euch haben möchte – und dass dann auch ihr mich anders findet, als ihr mich haben wollt. Ich befürchte, dass ich Streit und Rivalität vorfinde, Wutausbrüche, Intrigen, Beleidigungen, Verleumdungen, Überheblichkeit und Unordnung.

21 Ich möchte nicht, dass mich Gott nochmals vor euch demütigt, wenn ich jetzt zu euch komme.[b] Ich möchte nicht traurig sein müssen über die vielen, die früher gesündigt haben und die sich immer noch nicht abgekehrt haben von ihrem schmutzigen, unzüchtigen, ausschweifenden Leben.

Letzte Warnungen und Grüße

13 Ich besuche euch jetzt zum dritten Mal. Denkt an den Grundsatz: »Aufgrund von zwei oder drei Zeugenaussagen wird der Schuldspruch gefällt.« 2 Für die von euch, die früher gesündigt haben, und für alle anderen wiederhole ich jetzt aus der Ferne, was ich schon während meines zweiten Besuches[c] angekündigt habe: Wenn ich das nächste Mal komme, gibt es keine Schonung!

3 Da habt ihr dann den gewünschten Beweis dafür, dass Christus durch mich spricht. Christus ist euch gegenüber nicht schwach, sondern erweist unter euch seine Kraft. 4 Als er am Kreuz* starb, war er schwach. Aber jetzt lebt er durch Gottes Kraft. Auch ich[d] bin mit Christus schwach. Aber ich werde mit ihm leben und mich stark erweisen euch gegenüber aus Gottes Kraft.

5 Anstatt *mich* zu prüfen, prüft lieber euch selbst, ob ihr überhaupt noch im Glauben steht! Tretet *ihr* den Beweis an, dass ihr euch bewährt habt, statt von mir einen zu verlangen![e] Ihr müsst ja doch an euch selbst erkennen können, ob Jesus Christus noch in eurer Mitte ist. Wenn er es nicht ist, dann habt *ihr* versagt! 6 Ich hoffe nur, ihr werdet noch einsehen, dass *ich* jedenfalls *nicht* versagt habe.

7 Ich bete zu Gott, dass ihr keinerlei Böses und Verwerfliches tut. Nicht, damit ich dann dastehe als der, der Recht behalten und sich durchgesetzt hat! Nein, wenn nur ihr das Gute tut, will ich gern auch weiterhin wie ein Schwächling und Versager dastehen. 8 Denn ich kann ja nichts *gegen* die Wahrheit der Guten Nachricht* ausrichten, sondern nur *für* sie. 9 Deshalb freue ich mich, wenn ich schwach bin und ihr stark seid. Genau darum bete ich zu Gott: Ich bitte ihn, dass er euch wieder zurechtbringt.

10 Dies alles schreibe ich euch, solange ich noch fern von euch bin. Ich möchte nicht streng mit euch umgehen müssen, wenn ich komme. Die Vollmacht, die der Herr* mir gab, habe ich nicht bekommen, um die Gemeinde zu zerstören, sondern um sie aufzubauen.

11 Im Übrigen, Brüder und Schwestern,[f] freut euch! Nehmt meine Worte zu Herzen und lasst euch wieder auf den rechten Weg bringen. Seid einer Meinung und lebt in Frieden miteinander. Dann wird Gott, der uns seine Liebe und seinen Frieden* schenkt, bei euch sein.

12 Grüßt einander mit dem Friedenskuss*! Die ganze Gemeinde hier[g] lässt euch grüßen.

13 Die Gnade unseres Herrn Jesus Christus und die Liebe Gottes und die Gemeinschaft stiftende Kraft des Heiligen Geistes[h] sei mit euch allen!

a Im Zusammenhang mit der Geldsammlung für Jerusalem (Kap 8–9; vgl. 8,16-24).
b Eine Demütigung wäre es für Paulus, wenn er diesmal seine Stärke zeigen (1,23) und seine Vollmacht zum Strafen gebrauchen müsste (10,8; 13,10). Zum Ende des Verses siehe 1 Kor 5-6.
c Auf diesen Besuch blickt 1,23-2,5 zurück.
d *ich:* wörtlich *wir* (ebenso in Vers 7-9 und 19); siehe Anmerkung zu 1,4.
e *statt von mir …:* verdeutlichender Zusatz, ebenso zu Beginn des Verses *Anstatt mich zu prüfen* und *lieber.*
f Siehe Anmerkung zu 1,8.
g Wörtlich *Alle Heiligen* (lassen).*
h Wörtlich *die Gemeinschaft des Heiligen Geistes*,* womit sowohl die Verbindung *mit* dem Geist wie die vom Geist gestiftete Verbindung *untereinander* angesprochen ist.

12,15 Phil 2,17 **12,17** 7,2 **12,18** 2,13S **12,20** 1,23; 10,2; 1 Kor 1,10-11S **12,21** 13,2 **13,1** Mt 18,16S **13,2** 1,23; 10,11; 12,20; 13,10; 1 Kor 4,21 **13,4** 1 Kor 1,25; 2 Kor 12,9-10 **13,5** Röm 8,9-13 **13,7-9** 4,5 **13,10** 13,2S; 10,8 **13,11** 1 Kor 7,15S; Joh 14,27S **13,12** Röm 16,16S **13,13** Mt 28,19

Arbeit und Berufe

Der Bauer

In den Ländern, die in der Bibel eine Rolle spielen, war zu jener Zeit der verbreitetste Beruf der des Bauern. Als die Israeliten sich in Kanaan festsetzten, erhielt jede Familie – ausgenommen die Familien des Stammes Levi – ein Stück Land, auf dem sie einige Schafe und Ziegen, vielleicht auch ein paar Rinder halten konnte. An den steinigen Berghängen legte man Terrassen an, auf denen Ölbäume, Feigenbäume und Weinstöcke gepflanzt wurden. Hier wurde auch Getreide angebaut und Gemüse gezogen. Jede Familie versorgte sich selbst.

Die bäuerliche Bevölkerung lebte ständig in der Sorge, der Regen könnte ausbleiben und der ›Schirokko‹, der heiße Wüstenwind aus dem Osten, könnte den Boden völlig austrocknen. Noch mehr gefürchtet waren die Wanderheuschrecken. Wo ihre Schwärme sich niederließen, blieb kein grünes Blatt übrig. Immer wieder kamen auch feindliche Heere ins Land. Dann war es nicht nur um die Ernte des Jahres geschehen, die Soldaten nahmen auch das Vieh weg und hackten die wertvollen Bäume um.

Zwischen Oktober und Januar fiel nach langer Trockenzeit der sog. Frühregen. Dann pflügte der Bauer und säte Getreide und Flachs (für die Herstellung von Leinen). Der Winterregen – von Januar bis März – bot die besten Voraussetzungen, um Erbsen, Linsen, Melonen und Gurken zu säen. Die Flachs- und Gerstenernte begann im März und April, die Weizenernte im Mai. Ab Juni wurden die Weinstöcke beschnitten. Weinlese und Feigenernte fielen in den August und September. Zuletzt kam die Olivenernte.

Die Kornähren wurden bündelweise gefasst und mit Handsicheln abgeschnitten. Dann wurden sie gedroschen: Rinder zogen einen hölzernen ›Dreschschlitten‹ über sie hin (Bild Seite 388 AT). Das gedroschene Getreide warf man mit der Worfschaufel in die Luft, damit der Wind die Spreu davontragen konnte. Die Weintrauben und Oliven mussten nach der Ernte gekeltert bzw. ausgepresst werden. So gab es das ganze Jahr hindurch viel Arbeit, an der sich alle Familienmitglieder beteiligten.

Der Steinmetz

Im Verlauf der Zeit kam es zu anspruchsvollen Bauvorhaben, die nicht mehr mit den üblichen sonnengetrockneten Lehmziegeln, sondern in Stein auszuführen waren. Zur Zeit König Salomos schickte König Hiram von Tyrus Steinmetzen und Zimmerleute, die israelitische Männer in diesen Handwerkszweigen ausbildeten. Die Steinblöcke mussten mit Hämmern und Holzkeilen vom Fels abgesprengt werden. Dann wurden sie mit Steinsägen und Meißeln weiterbearbeitet. Die Häuser hatten meist ein Fundament aus unbehauenen Feldsteinen, lehmverputzte Wände aus luftgetrockneten Ziegeln und ein Dach aus Ästen, das mit Lehm und Stroh abgedichtet war. Doch wurden Stadtmauern und Stadttore aus schweren, grob behauenen Bruchsteinen und Palastbauten aus sorgfältig behauenen Quadern errichtet. Steinmetzen stellten aber auch alltägliche Gebrauchsgegenstände, z.B. Mühlsteine, her.

Der Zimmermann

Durch die Jahrtausende haben Zimmerleute im Grunde immer die gleichen Werkzeuge benutzt. Schon im alten Ägypten waren es Bohrer, Beil, Stemmeisen, Ahle und Säge. Zimmerleute und Steinmetzen arbeiteten Hand in Hand. Zimmerleute waren sowohl für das grobe Balkenwerk

Einfache Häuser werden noch heute im Vorderen Orient aus Lehmziegeln gebaut, die in der Sonne gehärtet werden.

Bauern pflügen mit Ochsengespannen ein Stück Land, auf dem Olivenbäume stehen.

Rechts: Wenn das Getreide geerntet und gedroschen ist, wird das Korn geworfelt und gesiebt.

zuständig als auch für die feinen Holzvertäfelungen und Schnitzarbeiten im Innern der Paläste und des Tempels. Sie stellten freilich auch ganz gewöhnliche Dinge her: Möbel, Jochhölzer, Karren, Pflüge und Dreschschlitten.

Kleiderherstellung

Die nötige Kleidung wurde zunächst im eigenen Haus angefertigt. Im ganzen Zeitraum, von dem die Bibel berichtet, haben die Frauen Wolle und Flachs gesponnen und die Stoffe gewebt, aus denen sie selbst die Kleidung für ihre Familien nähten. Doch gab es auch auf diesem Gebiet spezialisierte Handwerker. Der Walker reinigte die Wolle, bevor sie versponnen wurde, und machte die Tuche, die frisch vom Webstuhl kamen, geschmeidig. Bestimmte Städte in Israel wurden zu Zentren des Stoffefärbens. Wolle hat schon von Natur aus verschiedene Farbtöne, doch die Färber schufen weitere Möglichkeiten, einschließlich des beliebten Rot und Blau und des kostbaren Purpur.

Werkzeugherstellung

In den Bergen und Hügeln Israels wurde Kupfer und Eisen gewonnen. Aus diesen Metallen wurde eine ganze Reihe von Waffen und Werkzeugen hergestellt. Kupfer, mit etwas Zinn vermischt, ergab als weit härteres Metall die Bronze. Das noch bessere Eisen war bis zu Davids Zeiten selten in Israel; die Philister hüteten das Geheimnis seiner Verarbeitung.
In der Gold- und Silberbearbeitung konnten die Israeliten es nicht aufnehmen mit den Kunsthandwerkern Ägyptens und Phöniziens oder etwa mit denen in Sumer, die die Schätze der Königsgräber von Ur (um 2600 v. Chr.) geschaffen haben.

Der Töpfer

Die Töpfer stellten Töpfe, Tiegel, Krüge und Schalen her – als Koch- und Speisegeschirr wie für die Aufbewahrung von Vorräten aller Art. Ferner stellten sie Öllampen her, Tonöfen fürs Brotbacken und Spielzeug für die Kinder.
Der Ton konnte einfach mit der Hand geformt werden, aber schon in alttestamentlicher Zeit wurde auch die Töpferscheibe benutzt. Die Israeliten glasierten ihre Töpferware nicht, und die Verzierung war sehr einfach: eine umlaufende Kerbe oder eine rote oder schwarze Linie. Die Töpferware der Kanaaniter und Philister – und natürlich die der Griechen – war dagegen prächtig verziert, oft mit Menschen- und Tierdarstellungen. In neutestamentlicher Zeit waren Form und Verzierung der Töpferwaren von ganz besonderem Reichtum.

Andere Berufe und Fertigkeiten

Auch Jagd und Fischfang wurden gepflegt. Der Fischfang im See Gennesaret entwickelte sich in neutestamentlicher Zeit zu einem wichtigen Erwerbszweig. Ein wichtiger Beruf war auch der des Gerbers; Leder wurde gebraucht für Riemen und Sandalen, für Zelte und für Wasser- und Weinschläuche.
Seit König Salomos Zeiten gab es in Israel Elfenbeinschnitzer, die mit ihren Werken das Innere der Königspaläste verzierten. Sie hatten ihr Handwerk von den Phöniziern gelernt. Seit jener Zeit beherrschte man auch die Kunst des Schneidens und Polierens von Edelsteinen und die Kunst der Glasherstellung.
Die Verwaltung des Landes erforderte schließlich sachkundige, geübte ›Schreiber‹, die die Aufgabe von Sekretären und Regierungsbeamten wahrnehmen konnten.

Steinmetzarbeit: Das Herausbrechen und Bearbeiten von Steinen ist ein sehr altes Handwerk. Die Steinblöcke, mit denen König Herodes die riesige Plattform für seinen Tempelneubau schuf, waren rund 1,5 m hoch und bis zu 5 m lang.

Von frühester Zeit an haben die Menschen Tongefäße verwendet. Der Stil, den die Töpfer in den verschiedenen Zeiten entwickelten, gibt den Archäologen Anhaltspunkte für die Datierung ihrer Funde. Die Bilder zeigen Töpferware aus biblischer Zeit.

GALATER

Der Rundbrief nach Galatien (wahrscheinlich ist an die Landschaft Galatien im Nordteil der gleichnamigen römischen Provinz zu denken, also an die Gegend des heutigen Ankara) verdankt seine Entstehung der brennenden Sorge des Apostels um die dortigen Gemeinden. Paulus hatte sie vermutlich auf der zweiten Missionsreise gegründet und einige Zeit später wieder besucht (Apostelgeschichte 16,6; 18,23). Bald danach erfuhr er, dass judenchristliche Wanderprediger dorthin gekommen waren, die seine ›gesetzesfreie‹ Mission unter Nichtjuden in Frage stellten und die Christen nichtjüdischer Herkunft zur Beschneidung und zur Befolgung des Mose-Gesetzes zu überreden suchten. Aufgrund dieser Nachricht schrieb Paulus dann wohl zwischen 54 und 56 n. Chr. von Ephesus aus den leidenschaftlichen Brief, in dem er für die reine und unverfälschte christliche Botschaft kämpft und um den Bestand seiner Gemeinden ringt.

Für Paulus steht hier nicht weniger als das Ganze der ›Guten Nachricht‹ von Jesus Christus auf dem Spiel. Wenn das Gesetz für die Annahme bei Gott noch eine Bedeutung hat, dann ist Christus vergeblich gestorben und es gibt keine Hoffnung auf Rettung. Der Weg der Gesetzesbefolgung und der Weg des reinen Vertrauens auf Gottes rettende Liebe stehen nicht im Verhältnis gegenseitiger Ergänzung, nach dem Schema: Ich tue, was ich kann, und den Rest überlasse ich der Gnade – sie schließen sich vielmehr rundweg aus (3,10-12). Wer vor Gott auf das eigene Tun setzt, der wird auch dabei behaftet: Wer sich beschneiden lässt, der »verpflichtet sich damit, das ganze Gesetz zu befolgen« (5,3). Warum das? Weil Gott nicht ›etwas‹ vom Menschen will, sondern den ganzen Menschen. Kein Mensch leistet von sich aus den vollen Gehorsam; deshalb will Gott durch Christus den ganzen Menschen neu schaffen (6,15), sodass dieser von sich sagen kann: Nun »lebe in Wirklichkeit nicht mehr ich, sondern Christus lebt in mir« (2,20).

Paulus legt Wert auf den Nachweis, dass ihm diese Botschaft nicht nur direkt von Christus offenbart (1,11-12), sondern dass sie auch von den maßgebenden Führern des Judenchristentums in Jerusalem anerkannt worden ist (1,15–2,10). Wie im Römerbrief entfaltet er seine Auffassung von den Glaubenden als den wahren Abrahamsnachkommen und von der Untauglichkeit des Gesetzes (Kap 3). Aber während er im Römerbrief den Zusammenhang herausarbeitet zwischen Gesetz, Sünde und Tod, betont er hier den Gesichtspunkt der Sklaverei, in die das Gesetz den Menschen bringt, und er stellt ihr die großartige Freiheit gegenüber, die Gott uns durch Christus schenkt (Kap 4–5). So wurde der Galaterbrief zum wichtigsten Zeugnis des Neuen Testaments für echte christliche Freiheit und Mündigkeit.

Inhaltsübersicht

AUTORITÄT UND VERKÜNDIGUNG DES APOSTELS (Kapitel 1–2)

Ein ungewöhnlicher Briefeingang

1 Diesen Brief schreibt Paulus, der Apostel*. Ich
schreibe ihn als einer, der seinen Auftrag nicht
von Menschen erhalten hat, auch nicht durch
menschliche Vermittlung, sondern von Jesus Chris-
tus und von Gott, dem Vater, der Jesus vom Tod auf-
erweckt* hat. 2 Zusammen mit allen Brüdern und
Schwestern,[a] die bei mir sind, schreibe ich an die
Gemeinden in Galatien*.
3 Gnade und Frieden* sei mit euch von Gott, unse-
rem Vater, und von Jesus Christus, dem Herrn*, 4 der
sein Leben für unsere Sünden hingegeben hat. Das
tat er, um uns aus der gegenwärtigen Welt* zu
befreien, die vom Bösen beherrscht wird. So war
es der Wille unseres Gottes und Vaters – 5 ihm gehört
die Herrlichkeit* für alle Ewigkeit! Amen.

a *Brüder und Schwestern* steht für ein einziges griechisches Wort, das als Mehrzahlform nicht nur, wie herkömmlich übersetzt, die »Brüder« bezeichnet, sondern auch je nach Zusammenhang die gesamte Gemeinde aus Männern und Frauen (siehe dazu Sacherklärung »Bruder«).

1,1 1 Kor 9,1-2S **1,4** (Leben gegeben) 2,20; 2 Kor 5,21; Eph 5,2; 1 Tim 2,6; Tit 2,14; Hebr 9,28S; Mk 10,45S; Joh 1,29S; (vom Bösen) 1 Joh 5,19

Es gibt nur die eine Gute Nachricht

6 Ich wundere mich über euch![a] Gott hat euch durch die Gute Nachricht* dazu berufen, dass ihr unter der Gnade steht, die Christus gebracht hat. Und nun kehrt ihr ihm so schnell den Rücken und wendet euch einer *anderen* Guten Nachricht zu! 7 Es gibt in Wirklichkeit gar keine andere; es gibt nur gewisse Leute, die unter euch Verwirrung stiften. Sie wollen die Gute Nachricht von Christus in ihr Gegenteil verkehren.

8 Aber nicht einmal ich selbst oder ein Engel* vom Himmel darf euch eine Gute Nachricht bringen, die der widerspricht, die ich euch gebracht habe. Wer es tut, soll verflucht sein, dem Gericht Gottes übergeben! 9 Ich habe es euch schon früher eingeschärft und wiederhole es jetzt: Wer euch eine andere Gute Nachricht bringt als die, die ihr angenommen habt, soll verflucht sein, dem Gericht Gottes übergeben!

10 Will ich jetzt wieder Menschen beschwatzen – oder gar Gott selbst?[b] Oder rede ich etwa Menschen nach dem Mund? Ich gehöre Christus und diene ihm – wie kann ich da noch den Beifall der Menschen suchen!

Die von Paulus verkündete Gute Nachricht kommt direkt von Christus

11 Das müsst ihr wissen, Brüder und Schwestern:[c] Die Gute Nachricht*, die ich verkünde, ist kein Menschenwort. 12 Ich habe sie nicht von irgendeinem Menschen übernommen und bin auch von keinem Menschen darüber belehrt worden. Ich habe sie dadurch empfangen, dass Gott mich Jesus als den von ihm bestätigten Retter schauen ließ.[d]

13 Ihr habt doch gehört, wie entschieden ich früher für die jüdische Religion eingetreten bin. Über alles Maß hinaus verfolgte ich die Gemeinde Gottes und tat alles, um sie zu vernichten. 14 In meiner Treue zum Gesetz* übertraf ich viele meiner Altersgenossen in meinem Volk. Leidenschaftlicher als die anderen setzte ich mich für die Befolgung der strengen Vorschriften ein, die die früheren Gesetzeslehrer* aufgestellt haben.

15 Aber dann kam es ganz anders.[e] Gott hatte mich ja schon vom Mutterleib an ausgesondert und in seiner Gnade berufen. Und so gefiel es ihm jetzt, 16 mir seinen Sohn* zu zeigen, damit ich ihn unter den nichtjüdischen Völkern bekannt mache. Als mir diese Offenbarung zuteil wurde, fragte ich nicht erst Menschen um Rat. 17 Ich ging auch nicht nach Jerusalem zu denen, die schon vor mir Apostel* waren, sondern begab mich nach Arabien[f] und kehrte dann wieder nach Damaskus zurück.

18 Erst drei Jahre später ging ich nach Jerusalem, um Petrus[g] kennen zu lernen. Ich blieb zwei Wochen bei ihm. 19 Von den anderen Aposteln sah ich damals keinen, nur Jakobus, den Bruder des Herrn*. 20 Was ich euch hier schreibe, ist die reine Wahrheit; Gott weiß es.

21 Dann ging ich nach Syrien und Zilizien. 22 Den christlichen Gemeinden in Judäa blieb ich persönlich unbekannt. 23 Sie hatten nur gehört: »Der Mann, der uns verfolgte, verkündet jetzt den Glauben, den er früher ausrotten wollte!« 24 Und sie dankten Gott dafür, dass er dies an mir bewirkt hatte.

Die maßgebenden Leute in der Urgemeinde erkennen Paulus an

2 Erst vierzehn Jahre später ging ich wieder nach Jerusalem, diesmal mit Barnabas; auch Titus nahm ich mit. 2 Ich ging aufgrund einer göttlichen Weisung und trug dort vor, was ich als Gute Nachricht* bei den nichtjüdischen Völkern verkünde.

Das tat ich vor der versammelten Gemeinde und auch noch in besonderen Zusammenkünften vor ihren maßgebenden Leuten. Denn ich war in Sorge, meine Missionsarbeit könnte nicht anerkannt werden und meine ganze Mühe vergeblich sein, die künftige wie die bisherige.[h] 3 Aber nicht einmal mein Begleiter Titus, ein Grieche, wurde gezwungen, sich beschneiden[i] zu lassen.

4 Es waren allerdings falsche Brüder eingedrungen, wie sie sich damals auch anderswo in den Gemeinden eingeschlichen hatten.[j] Sie wollten sich

Paulus suchte in Jerusalem das Gespräch über das Gesetz mit den maßgeblichen Männern der dortigen Gemeinde (Kap 2).

a Zu diesem ungewöhnlichen Briefeingang vgl. Anmerkung zu 2 Kor 1,3.
b Die Gegner werfen Paulus vor, er verkünde die Freiheit vom Gesetz (vgl. Kap 3) nur, um den Menschen einen bequemen Weg zu weisen, und so *beschwatze* er sie. Er wolle vielleicht Gott selbst *beschwatzen*, das von ihm gegebene Gesetz* nicht mehr so ernst zu nehmen!
c Siehe Anmerkung zu 1,2.
d Wörtlich *Ich habe sie empfangen durch Offenbarung des Jesus Christus*, d. h. dadurch, dass Gott mir Jesus (als den) Christus* geoffenbart hat.
e Wörtlich *Aber.*
f Gemeint ist wahrscheinlich das Gebiet der Nabatäer* südlich von Damaskus.
g Paulus gebraucht hier (und in 2,9.11.14) die Namensform *Kephas**.
h *meine Missionsarbeit …:* wörtlich *dass ich ins Leere laufe oder gelaufen bin.*
i Die Beschneidung* war der Prüfstein für die Stellung zum jüdischen Gesetz; vgl. 5,1-6. Wenn sie den Christen nichtjüdischer Herkunft als ›heilsnotwendig‹ aufgezwungen würde, wäre für Paulus seine Missionsarbeit *vergeblich* gewesen (Vers 2).
j *wie sie sich damals …:* wörtlich *die sich eingeschlichen hatten.* Paulus fasst hier ihr damaliges Auftreten in Jerusalem und ihr früheres in anderen Gemeinden zusammen (vgl. Apg 15,1.24).

1,7 5,8.10; 2,4; Apg 15,1.24 **1,8-9** (verflucht) 1 Kor 5,2-5; 16,22 **1,10** 1 Thess 2,4-6 **1,13** Apg 8,3 S **1,14** Apg 23,6 S **1,15** Jes 49,1 S **1,16** Apg 9,3-5; 9,15 S; 1 Kor 15,10 **1,18** Apg 9,26-28 **1,19** 1 Kor 15,7 **1,21** Apg 9,30 **2,1-10** Apg 15,1-29 **2,1** (Barnabas) 1 Kor 9,6 S; (Titus) 2 Kor 2,13 S **2,2** (vergeblich) 1 Kor 15,2 S; Gal 4,11; Phil 2,16 **2,4** 1,7 S; (Freiheit) Gal 5,1.13; 1 Kor 9,21

zu Richtern über die Freiheit machen, die wir durch
Jesus Christus haben, und uns wieder unter das
Gesetz* zwingen. 5 Aber ich habe ihnen nicht einen
Augenblick nachgegeben. Die Gute Nachricht sollte
euch unverfälscht erhalten bleiben!
6 Dagegen machten mir die maßgebenden Leute in
der Gemeinde keinerlei Auflagen. – Was sie früher
einmal waren, interessiert mich im Übrigen nicht;
bei Gott gibt es keine Rangunterschiede.[a] – 7 Ganz
im Gegenteil: Sie erkannten, dass Gott mich beauf-
tragt hat, die Gute Nachricht den nichtjüdischen Völ-
kern[b] zu bringen, so wie er Petrus beauftragt hat, sie
den Juden zu bringen. 8 Denn Gott wirkte durch Pe-
trus bei seiner Missionsarbeit unter den Juden und
hat ihn so als Apostel* für die Juden bestätigt. Und
er wirkte auch durch mich in meiner Missionsarbeit
unter den Nichtjuden und hat mich so als Apostel für
die anderen Völker bestätigt.
9 Die maßgebenden Leute, die als »die Säulen*«
gelten, Jakobus, Petrus und Johannes, erkannten,
dass Gott mir diesen Auftrag anvertraut hat. So
gaben sie mir und Barnabas die Hand zum Zeichen
der Gemeinschaft. Wir einigten uns, dass Barnabas
und ich unter den anderen Völkern die Gute Nach-
richt verkünden sollten und sie unter den Juden.
10 Sie machten nur zur Bedingung, dass wir die ver-
armte Gemeinde in Jerusalem[c] unterstützten. Dar-
um habe ich mich auch wirklich bemüht.

Eine notwendige Klarstellung

11 Als Petrus später in Antiochia war, stellte ich ihn
öffentlich zur Rede, weil sein Verhalten unent-
schuldbar war. 12 Zuerst nämlich nahm er zusammen
mit den nichtjüdischen Brüdern und Schwestern[d] an
den gemeinsamen Mahlzeiten teil. Aber dann ka-
men Leute aus dem Kreis um Jakobus, die das jüdi-
sche Gesetz* streng befolgen. Da zog sich Petrus
von den gemeinsamen Mahlzeiten zurück und aß
aus Furcht vor ihnen nicht mehr mit den Nichtjuden.
13 Auch die anderen Juden in der Gemeinde blie-
ben gegen ihre Überzeugung den gemeinsamen
Mahlzeiten fern, sodass sogar Barnabas angesteckt
wurde und genau wie sie seine Überzeugung ver-
leugnete.
14 Als ich sah, dass sie damit die Wahrheit der
Guten Nachricht* preisgaben, sagte ich zu Petrus
vor der ganzen Gemeinde:
»Obwohl du ein Jude bist, hast du bisher die Vor-
schriften des jüdischen Gesetzes nicht beachtet und
hast wie ein Nichtjude gelebt. Warum zwingst du
dann jetzt durch dein Verhalten die nichtjüdischen
Brüder und Schwestern, so wie Juden nach den Vor-
schriften des Gesetzes zu leben?«[e]
15 Es stimmt, wir sind von Geburt Juden und nicht
Sünder wie die Angehörigen der anderen Völker.
16 Aber wir wissen, dass kein Mensch deshalb vor
Gott als gerecht* bestehen kann, weil er das Gesetz
befolgt. Nur die finden bei Gott Anerkennung, die in
vertrauendem Glauben* annehmen, was Gott durch
Jesus Christus für uns getan hat.[f] Deshalb haben
auch wir unser Vertrauen auf Jesus Christus gesetzt,
um durch das Vertrauen auf ihn bei Gott Anerken-
nung zu finden und nicht durch Erfüllung des Geset-
zes; denn mit Taten, wie sie das Gesetz verlangt,
kann kein Mensch vor Gott bestehen.

Gesetz und Gnade

17 Auch wir als Juden suchen also durch Christus vor
dem Urteil Gottes zu bestehen, und damit geben wir
zu, dass wir genauso Sünder sind wie die Menschen
der anderen Völker. Soll das heißen, dass es nicht
mehr auf gut und böse ankommt und demnach
Christus der Sünde Vorschub leistet?[g] Auf keinen
Fall! 18 Vielmehr mache ich mich selbst zum Sün-
der, nämlich zum Übertreter des Gesetzes*, wenn
ich durch mein Verhalten das Gesetz zuerst für
ungültig erkläre und es dann doch wieder in Geltung
setze.
19 Das Gesetz hat nichts mehr von mir zu fordern:
Es hat mir den Tod gebracht, deshalb bin ich für das
Gesetz tot[h] und lebe jetzt für Gott. Weil ich aber mit
Christus am Kreuz gestorben bin, 20 lebe in Wirklich-
keit nicht mehr ich, sondern Christus lebt in mir. Das
Leben, das ich jetzt noch in diesem vergänglichen
Körper lebe, lebe ich im Vertrauen auf den Sohn*
Gottes, der mir seine Liebe erwiesen und sein Leben
für mich gegeben hat.
21 Ich weise die Gnade Gottes nicht zurück. Wenn
wir vor Gott damit bestehen könnten, dass wir das
Gesetz erfüllen, dann wäre ja Christus vergeblich
gestorben!

GLAUBE ALS FREIHEIT VOM GESETZ (3,1–5,12)

Der unbegreifliche Rückfall der Gemeinde

3 Ihr unvernünftigen Galater! Welcher Dämon hat
euch um den Verstand gebracht? Habe ich euch
nicht Jesus Christus, den Gekreuzigten,[i] in aller
Deutlichkeit vor Augen gestellt?
2 Ich möchte euch nur eines fragen: Hat Gott euch
seinen Geist* gegeben, weil ihr das Gesetz* befolgt
habt oder weil ihr die Botschaft gehört und ange-
nommen habt, dass es vor Gott auf den vertrauenden
Glauben* ankommt?[j]

a *bei Gott gibt es …:* wörtlich *Gott schaut nicht auf die Person.* Die christlichen Autoritäten in Jerusalem waren *früher* Jünger des irdischen Jesus bzw. Mitglieder seiner Familie; siehe Vers 9 und Sacherklärung »Säulen«.
b Herkömmliche Übersetzung *den Heiden**; entsprechend in Vers 9.
c Wörtlich *die Armen.*
d Wörtlich *mit den Nichtjuden* (herkömmliche Übersetzung *Heiden**); entsprechend in den Versen 14 und 15.
e Dazu wären sie gezwungen, wenn sie weiterhin mit den jüdischen Christen Gemeinschaft halten wollten. Es geht hier um die Reinheits-, speziell Nahrungsvorschriften des Gesetzes, von deren Beachtung für gesetzestreue Juden die Möglichkeit der Tischgemeinschaft abhängt (vgl. Sacherklärungen »rein« und »Blut«).
f *Nur die finden …:* wörtlich *sondern nur durch den Glauben, der sich auf Jesus Christus richtet.* Gemeint ist hier und im folgenden Satz nicht die persönliche Beziehung zu Jesus, sondern (wie in Röm 3,22.26) in Kurzform das mit seinem Namen verbundene Heilshandeln Gottes.
g *dass es nicht mehr …:* wörtlich *dass Christus ein Diener der Sünde ist?* Befürchtungen, die sich einstellen, wenn die Befolgung des Gesetzes nicht mehr der Heilsweg ist; vgl. Röm 3,8.30-31; 6,1.
h *Das Gesetz hat …:* wörtlich *Ich bin durch das Gesetz dem Gesetz gestorben.*
i Vgl. 1 Kor 1,17b-25.
j *oder weil ihr die Botschaft …:* wörtlich *oder (habt ihr ihn) aus der Botschaft vom Glauben (empfangen)?*

2,6 Jak 2,1S **2,7** Röm 1,5S **2,10** Röm 15,26S **2,12** Apg 11,3 **2,16** 3,10-12; Röm 3,20S; 3,21-30 **2,19** 6,14; Röm 7,6; 6,2-4.11 **2,20** Röm 8,10-11; Gal 1,4S **3,2-5** 4,6; Röm 8,9-16; 2 Kor 3,6.17

3 Warum begreift ihr denn nicht? Was der Geist Gottes in euch angefangen hat,[a] das wollt ihr jetzt aus eigener Kraft zu Ende führen? 4 Ihr habt so große Dinge erlebt – war das alles vergeblich? Es kann nicht vergeblich gewesen sein! 5 Gott gibt euch seinen Geist und lässt Wunder bei euch geschehen – tut er das, weil ihr das Gesetz befolgt oder weil ihr die Botschaft vom Glauben gehört und angenommen habt?

Die Gute Nachricht gründet in der Zusage an Abraham

6 Von Abraham* heißt es doch in den Heiligen Schriften*: »Er vertraute Gott und glaubte seiner Zusage, und dies rechnete Gott ihm als Gerechtigkeit* an.«[b] 7 Ihr seht also, wer die echten Nachkommen Abrahams sind: Es sind die Menschen, die der Zusage Gottes glauben. 8 In den Heiligen Schriften ist auch vorausgesehen, dass Gott die nichtjüdischen Völker aufgrund des Glaubens* annehmen werde. Deshalb wird dort Abraham im Voraus die Gute Nachricht* verkündet: »Durch dich werden alle Völker der Erde gesegnet werden.«[c] 9 Daraus geht hervor, dass alle, die Gott glauben und ihm vertrauen, zusammen mit dem glaubenden Abraham gesegnet werden.

Das Gesetz führt nicht zum Leben

10 Die anderen dagegen, die durch Erfüllung des Gesetzes* vor Gott als gerecht* bestehen wollen, leben unter einem Fluch. Denn es heißt in den Heiligen Schriften*: »Fluch über jeden, der nicht alle Bestimmungen im Buch des Gesetzes genau befolgt!«

11 Es ist offenkundig: Wo das Gesetz regiert, kann niemand vor Gott als gerecht bestehen. Denn es heißt ja auch: »Wer durch Glauben* vor Gott als gerecht gilt, wird leben.« 12 Beim Gesetz jedoch geht es nicht um Glauben und Vertrauen; vom Gesetz gilt: »Wer seine Vorschriften befolgt, wird dadurch leben.«

13 Christus hat uns von dem Fluch losgekauft, unter den uns das Gesetz gestellt hatte. Denn er hat an unserer Stelle den Fluch auf sich genommen. Es heißt ja in den Heiligen Schriften: »Wer am Holz hängt, ist von Gott verflucht.« 14 So sollte durch Jesus Christus der Segen, der Abraham* zugesagt wurde, zu allen Völkern[d] kommen, damit wir alle durch vertrauenden Glauben den Geist* erhalten, den Gott versprochen hat.[e]

Gottes Zusage ist älter als das Gesetz

15 Brüder und Schwestern,[f] ich nehme einen Vergleich aus dem täglichen Leben. Wenn ein Mensch ein Testament[g] aufgesetzt hat und es rechtsgültig geworden ist, kann niemand sonst es für ungültig erklären oder etwas hinzufügen. 16 So ist es auch mit den Zusagen, die Gott Abraham und seinem Nachkommen gemacht hat. Er sagt übrigens nicht: »und dein*en* Nachkommen«, als ob viele gemeint wären, sondern er sagt ausdrücklich: »dein*em* Nachkommen«,[h] und er meint damit Christus.

17 Ich will damit Folgendes sagen: Das Testament, das Gott rechtskräftig ausgefertigt hat, kann nicht außer Kraft gesetzt werden durch das Gesetz*, das erst 430 Jahre später erlassen wurde. Es kann die Zusage nicht aufheben. 18 Gott hat ein großartiges Erbe ausgesetzt. Wenn sein Empfang von der Befolgung des Gesetzes abhinge, dann wäre es nicht mehr ein Geschenk der freien Zusage. Gott aber hat Abraham aus reiner Gnade diese Zusage gemacht.

Die Herrschaft des Gesetzes ist befristet

19 Was für einen Sinn hat dann das Gesetz*? Es ist hinzugefügt worden, damit die Macht der Sünde in den Gesetzesübertretungen sichtbar wird.[i] Es sollte auch nur so lange gelten, bis der Nachkomme Abrahams da wäre, an dem die Zusage in Erfüllung geht. Im Übrigen ist das Gesetz durch Engel gegeben und von einem Vermittler überbracht.[j] 20 Es braucht aber keinen Vermittler, wenn eine einzige Person handelt; und Gott ist doch Einer.

21 Steht dann das Gesetz in Widerspruch zu den göttlichen Zusagen? Keineswegs! Es wurde ja nicht ein Gesetz erlassen, das zum Leben führen kann. Nur dann könnten die Menschen durch Erfüllung des Gesetzes vor Gott als gerecht* bestehen. 22 In den Heiligen Schriften* heißt es aber, dass die gesamte Menschheit in der Gewalt der Sünde ist. Was Gott zugesagt hat, sollten die Menschen geschenkt bekommen aufgrund des Glaubens*, nämlich des Vertrauens auf das, was Gott durch Jesus Christus getan hat.[k] Alle, die darauf vertrauen, sollen es bekommen.

23 Bevor uns Gott diesen Weg des Glaubens geöffnet hat, waren wir unter der Aufsicht des Gesetzes in das Gefängnis der Sünde eingeschlossen.[l] Das sollte so lange dauern, bis Gott den vertrauenden Glauben als Weg in die Freiheit bekannt machen würde, 24 und das heißt: bis Christus kam. So lange war das Gesetz unser Aufseher; es war für uns wie der Sklave, der die Kinder mit dem Stock zur Ordnung anhält. Denn nicht durch das Gesetz, sondern einzig und allein durch vertrauenden Glauben sollten wir vor Gott als gerecht bestehen.

25 Jetzt ist der Weg des Glaubens geöffnet; darum sind wir nicht mehr unter dem Aufseher mit dem Stock.

3,6 *zit* Gen 15,6; Röm 4,3 **3,7** Röm 4,11-12 **3,8** *nach* Gen 12,3 **3,10** *zit* Dtn 27,26; Jak 2,10 S **3,11** Röm 3,20 S; *nach* Hab 2,4; Röm 1,17 S **3,12** *zit* Lev 18,5; Lk 10,28 S **3,13** 2 Kor 5,21 S; *zit* Dtn 21,23 **3,14** 2 Kor 1,22 S **3,16** *nach* Gen 12,7; 17,7-8 **3,17** Ex 12,40 **3,18** Röm 4,14; 11,6 **3,19** Röm 4,15 S; (Engel) Apg 7,53 S **3,21** Röm 7,13; 8,2 **3,22** Röm 3,9-30; 11,32 **3,24-25** Röm 10,4

a Paulus bezieht sich auf reale Wirkungen des Geistes (Vers 5: *Wunder;* vgl. 1 Kor 12,4-11), die die Galater an sich erfahren haben.
b Das wird in Röm 4 breit entfaltet.
c Vgl. Gen 12,3 und Anmerkung dazu.
d Wörtlich *zu den (nichtjüdischen) Völkern;* herkömmliche Übersetzung *Heiden*.*
e Und der Geist verbürgt das ewige Leben; siehe Anmerkung zu Röm 8,23.
f Siehe Anmerkung zu 1,2.
g Das griechische Wort bedeutet zugleich *Bund*.*
h Das griechische Hauptwort steht der grammatischen Form nach in der Einzahl: »Same« = Nachkommenschaft. Paulus spielt auf die Landverheißung von Gen 12,7 an und deutet sie wie in Röm 4,13 als Zusage eines viel umfassenderen »Erbes«. Im ganzen weiteren Zusammenhang steht diese Stelle aus der Abrahamsgeschichte im Hintergrund; vgl. das Stichwort »Erbe« in 3,18-19; 4,1-7.
i Vgl. Röm 3,20; 4,15; 5,20; 7,7-13.
j Der *Vermittler* Mose erscheint hier als Unterhändler, der die Gruppe der *Engel* (vgl. Sacherklärung) gegenüber dem Volk vertritt. Die Zusage ist dem Gesetz darin überlegen, dass sie direkt von dem *einen* Gott an Abraham ergeht.
k *aufgrund des Glaubens ...:* wörtlich *aufgrund des Glaubens, der sich auf Jesus Christus richtet;* vgl. Anmerkung zu 2,16.
l Die Forderung des Gesetzes führt nicht zum Tun des Guten, sondern zur Mehrung der Sünde (Vers 19) und damit in den Tod (Röm 7,10; 1 Kor 15,56). Hier betont Paulus den Gedanken der Unfreiheit (auch 4,5-10; 5,1).

Statt Sklaven des Gesetzes Kinder Gottes

26 Ihr alle seid jetzt mündige Söhne und Töchter[a] Got-
tes – durch den Glauben* und weil ihr in engster
Gemeinschaft mit Jesus Christus verbunden seid.
27 Denn als ihr in der Taufe* Christus übereignet
wurdet, habt ihr Christus angezogen wie ein
Gewand.[b] 28 Es hat darum auch nichts mehr zu
sagen, ob ein Mensch Jude ist oder Nichtjude, ob
im Sklavenstand oder frei, ob Mann oder Frau.
Durch eure Verbindung mit Jesus Christus seid ihr
alle zu *einem* Menschen geworden.[c]
29 Wenn ihr aber zu Christus gehört, seid ihr auch
Abrahams* Nachkommen und bekommt das Erbe,
das Gott Abraham versprochen hat.

4 Nun sage ich: Solange der rechtmäßige Erbe
minderjährig ist, unterscheidet er sich in
nichts von einem Sklaven*, auch wenn ihm in Wirk-
lichkeit alles gehört. 2 Bis zu dem Zeitpunkt, den der
Vater im Testament festgelegt hat, ist er von Vor-
mündern und Vermögensverwaltern abhängig.
3 So standen auch wir früher als Unmündige unter
der Herrschaft der Mächte dieser Welt.[d] 4 Als aber
die Zeit gekommen war, sandte Gott seinen Sohn*.
Der wurde als Mensch geboren[e] und dem Gesetz*
unterstellt, 5 um alle zu befreien, die unter der Herr-
schaft des Gesetzes standen. Durch ihn wollte
Gott uns als seine mündigen Söhne und Töchter an-
nehmen.
6 Weil ihr nun Gottes Söhne und Töchter seid, gab
Gott euch den Geist* seines Sohnes ins Herz. Der
ruft aus uns: »Abba*! Vater!« 7 Du bist also nicht län-
ger Sklave, sondern mündiger Sohn und mündige
Tochter, und wenn du das bist, dann bist du nach
Gottes Willen auch Erbe: Du bekommst, was Gott
Abraham versprochen hat.[f]

Paulus sorgt sich um die Gemeinde

8 Ganz anders war es damals, als ihr Gott noch nicht
gekannt habt: Wie Sklaven dientet ihr Göttern, die
gar keine sind. 9 Jetzt habt ihr Gott erkannt, besser
gesagt: Gott hat *euch* erkannt.[g] Wie könnt ihr dann
wieder zu diesen schwachen und armseligen Mäch-
ten zurückkehren? Wollt ihr von neuem ihre Skla-
ven sein? 10 Ihr meint, ihr müsst auf bestimmte Tage,
Monate, Festzeiten, Jahre achten und euch danach
richten. 11 Ihr macht mir Sorgen! Soll meine ganze
Arbeit an euch vergeblich gewesen sein?
12 Ich bitte euch, liebe Brüder und Schwestern:[h]
Werdet wie ich, weil ich ja auch wie ihr geworden
bin – nämlich frei vom Gesetz*.[i] Ihr habt mir nie
eine Kränkung zugefügt. 13 Ihr wisst doch noch,
wie ich zum ersten Mal bei euch war und euch die
Gute Nachricht* brachte. Ich war krank, 14 und mein
Zustand stellte euch auf eine harte Probe. Trotzdem
habt ihr mich nicht verachtet oder verabscheut. Im
Gegenteil, ihr habt mich wie einen Engel* Gottes
aufgenommen, ja wie Jesus Christus selbst.
15 Damals habt ihr euch glücklich gepriesen. Wo ist
das nun geblieben? Ich kann euch bezeugen: Wenn
es möglich gewesen wäre, hättet ihr euch sogar die
Augen ausgerissen[j] und sie mir gegeben. 16 Bin ich
jetzt euer Feind geworden, weil ich euch die Gute
Nachricht unverfälscht bewahren will?
17 Ihr werdet von Leuten umworben, die es nicht
gut mit euch meinen. Sie wollen euch nur von mir
und von Christus trennen,[k] damit ihr *sie* umwerbt.
18 Dagegen ist es gut, wenn ihr im guten Sinne *mich*
umwerbt, und das nicht nur, wenn ich bei euch bin.
19 Meine Kinder, ich leide noch einmal Geburts-
wehen um euch, bis Christus in eurer Mitte Gestalt
angenommen hat! 20 Könnte ich nur bei euch sein
und so zu euch reden, dass es euch ins Herz dringt!
Ich bin ratlos, was ich mit euch machen soll.

Die beiden Söhne Abrahams

21 Ihr wollt euch dem Gesetz* unterwerfen. Ich frage
euch: Hört ihr nicht, was das Gesetz sagt? 22 Im Buch
des Gesetzes steht: Abraham* hatte zwei Söhne,
einen von der Sklavin* Hagar und einen von der frei-
en Frau Sara. 23 Der Sohn der Sklavin verdankte sein
Leben den menschlichen Kräften,[l] der Sohn der Frei-
en verdankte es der Zusage Gottes.
24 Diese Erzählung hat einen tieferen Sinn: Die
beiden Mütter bedeuten zwei verschiedene Ordnun-
gen Gottes. Die eine Ordnung, für die Hagar steht,
wurde am Berg Sinai* erlassen und bringt Sklaven
hervor. 25 Das Wort Hagar bezeichnet nämlich den
Berg Sinai in Arabien. Er entspricht dem jetzigen
Jerusalem; denn dies lebt mit seinen Kindern in
der Sklaverei.
26 Das Jerusalem dagegen, das im Himmel bereit-
steht, ist frei. Das ist unsere Mutter! 27 Von ihr heißt
es: »Freu dich, du Unfruchtbare, obwohl du keine
Kinder zur Welt bringst! Juble laut, obwohl du nicht
in Wehen kommst! Denn die verlassene Frau hat
viele Kinder, mehr als die, die den Mann hat.«
28 Brüder und Schwestern,[m] ihr verdankt wie Isaak
euer Leben der Zusage Gottes. 29 Aber schon damals
verfolgte der Sohn, der aus menschlichen Kräften
geboren wurde, den andern, der sein Leben vom
Geist* Gottes hatte. So ist es auch jetzt. 30 Aber was
steht in den Heiligen Schriften*? »Jage die Sklavin
und ihren Sohn fort; denn der Sohn der Sklavin darf
nicht mit dem Sohn der Freien zusammen erben.«
31 Begreift doch, Brüder und Schwestern: Wir sind
nicht Kinder der Sklavin, sondern der Freien!

a *mündige Söhne und Töchter:* wörtlich *Söhne;* entsprechend in 4,5-7. Paulus schließt die Frauen ein (siehe Sacherklärung »Bruder«), spricht aber von »Söhnen« wegen der Parallele zu Christus als dem »Sohn« und weil Töchter nur in Ausnahmefällen erbberechtigt waren.
b Das Bild vom *Gewand* bezeichnet hier nicht eine äußerliche Veränderung, sondern ein neues Sein: Der Mensch ist, was er trägt.
c Vgl. das Bild von der Gemeinde als dem Leib* von Christus (1 Kor 12,13; Röm 12,4-5) und als dem *einen* neuen Menschen (Kol 3,10-11; Eph 2,15-16).
d Wörtlich *der Elemente* (= Grundkräfte) *der Welt.* Gedacht ist an die Abhängigkeit von Schicksalsmächten wie den Gestirnen (vgl. Vers 10 sowie Sacherklärung »Märkte«.
e Wörtlich *wurde von einer Frau geboren.*
f *Du bekommst …:* verdeutlichender Zusatz in Anlehnung an 3,29.
g Das heißt: »euch erwählt«; vgl. 1 Kor 8,2-3.
h Siehe Anmerkung zu 1,2.
i *nämlich frei …:* verdeutlichender Zusatz; vgl. 1 Kor 9,21.
j Der Ausdruck ist bildlich und besagt nicht, dass Paulus eine Augenkrankheit hatte.
k Wörtlich *Sie wollen euch ausschließen.*
l *verdankte …:* wörtlich *wurde nach Art des Fleisches* gezeugt.*
m Siehe Anmerkung zu 1,2; ebenso für Vers 31.

3,26 Joh 1,12S **3,27-28** Röm 6,3; (keine Unterschiede) Röm 10,12; 1 Kor 12,13; Kol 3,11 **4,3** Eph 1,21S **4,4** Joh 1,14S **4,6** Röm 8,15S **4,7** Röm 8,17 **4,8** 1 Kor 8,4-6; 12,2 **4,9** Kol 2,20 **4,10** Kol 2,16S **4,11** 2,2; Phil 2,16 **4,12** 1 Kor 9,19-21 **4,13** Apg 16,6 **4,17** 1,7S **4,19** 1 Thess 2,11S **4,22** Gen 16,15; 21,3 **4,23** Röm 9,7-9; 4,17-21; Gen 17,18-19 **4,24** Ex 19,3–24,18; Gal 3,23; 4,1; 5,1; (Hagar) Gen 16,1 **4,26** Hebr 12,22; Offb 21,2 **4,27** *zit* Jes 54,1 **4,29** Gen 21,9 **4,30** *zit* Gen 21,10

Lasst euch eure Freiheit nicht nehmen!

5 Christus hat uns befreit; er will, dass wir jetzt auch frei *bleiben*. Steht also fest und lasst euch nicht wieder ins Sklavenjoch einspannen!

2 Ich, Paulus, sage euch mit aller Deutlichkeit: Wenn ihr euch beschneiden* lasst, dann wird Christus und alles, was er gebracht hat, für euch nutzlos sein.[a] 3 Ich sage noch einmal mit Nachdruck jedem, der sich beschneiden lässt: Er verpflichtet sich damit, das ganze Gesetz* zu befolgen. 4 Wenn ihr wirklich vor Gott als gerecht* bestehen wollt, indem ihr das Gesetz befolgt, habt ihr euch von Christus losgesagt und die Gnade vertan.

5 Wir dagegen leben aus der Kraft des Heiligen Geistes[b] und setzen alles auf Glauben* und Vertrauen, und so erwarten wir das Ziel, auf das wir hoffen dürfen: dass wir vor Gott als gerecht bestehen und das Heil erlangen werden. 6 Wo Menschen mit Jesus Christus verbunden sind, zählt nicht, ob jemand beschnitten ist oder nicht. Es zählt nur der vertrauende Glaube, der sich in tätiger Liebe auswirkt.

7 Ihr kamt so gut voran! Wer hat euch aufgehalten, dass ihr der Wahrheit nicht mehr folgen wollt? 8 Das, was man euch da einreden will, kommt nicht von Gott, der euch berufen hat. 9 Denkt daran: »Ein klein wenig Sauerteig* macht den ganzen Teig sauer.« 10 Weil ich mit Christus, dem Herrn*, rechne, bin ich zuversichtlich, dass ihr zur gleichen Überzeugung kommen werdet. Die, die euch irremachen,[c] werden ihr Urteil empfangen, ganz gleich, wer sie sind.

11 Meine Brüder und Schwestern,[d] wenn ich selbst fordern würde, dass Christen sich beschneiden lassen müssen, wie manche mir unterstellen:[e] Warum werde ich dann noch verfolgt? Dann wäre ja der Stein des Anstoßes beseitigt, dass wir allein durch das gerettet werden, was am Kreuz* für uns geschehen ist. 12 Wenn die Leute, die euch aufhetzen, schon so viel Wert aufs Beschneiden legen, dann sollen sie sich doch gleich kastrieren lassen!

BEFREIT ZUR LIEBE
(5,13–6,10)

Leben in Liebe aus der Kraft des Geistes

13 Gott hat euch zur Freiheit berufen, meine Brüder und Schwestern! Aber missbraucht eure Freiheit nicht als Freibrief zur Befriedigung eurer selbstsüchtigen Wünsche,[f] sondern dient einander in Liebe. 14 Das ganze Gesetz* ist erfüllt, wenn dieses eine Gebot befolgt wird: »Liebe deinen Mitmenschen wie dich selbst.« 15 Wenn ihr einander wie wilde Tiere kratzt und beißt, dann paßt nur auf, dass ihr euch nicht gegenseitig verschlingt!

16 Ich will damit sagen: Lebt aus der Kraft, die der Geist* Gottes gibt; dann müsst ihr nicht euren selbstsüchtigen Wünschen folgen. 17 Die menschliche Selbstsucht kämpft gegen den Geist Gottes und der Geist Gottes gegen die menschliche Selbstsucht: Die beiden liegen im Streit miteinander, sodass ihr von euch aus das Gute nicht tun könnt, das ihr doch eigentlich wollt. 18 Wenn ihr euch aber vom Geist Gottes führen lasst, dann steht ihr nicht mehr unter dem Gesetz, das euch diesem Widerspruch ausliefert.[g]

19 Was die menschliche Selbstsucht hervorbringt, ist offenkundig, nämlich: Unzucht, Verdorbenheit und Ausschweifung, 20 Götzenanbetung und magische Praktiken, Feindschaft, Streit und Rivalität, Wutausbrüche, Intrigen, Uneinigkeit und Spaltungen, 21 Neid, Trunk- und Fresssucht und noch vieles dergleichen. Ich warne euch, wie ich es schon früher getan habe: Menschen, die solche Dinge tun, werden nicht erben, was Gott versprochen hat; für sie ist kein Platz in Gottes neuer Welt.[h]

22 Der Geist Gottes dagegen lässt als Frucht eine Fülle von Gutem wachsen, nämlich: Liebe, Freude und Frieden, Geduld, Freundlichkeit und Güte, Treue, 23 Bescheidenheit und Selbstbeherrschung. Gegen all dies hat das Gesetz nichts einzuwenden. 24 Menschen, die zu Jesus Christus gehören, haben ja doch ihre selbstsüchtige Natur[i] mit allen Leidenschaften und Begierden ans Kreuz* genagelt.

Die Last teilen

25 Wenn wir nun durch Gottes Geist* ein neues Leben haben, dann wollen wir auch aus diesem Geist unser Leben führen. 26 Wir wollen nicht mit unseren vermeintlichen Vorzügen voreinander großtun, uns damit gegenseitig herausfordern oder einander beneiden.

6 Brüder und Schwestern,[j] auch wenn jemand unter euch in Sünde fällt, müsst ihr zeigen, dass der Geist Gottes euch leitet. Bringt einen solchen Menschen mit Nachsicht wieder auf den rechten Weg. Passt aber auf, dass ihr dabei nicht selbst zu Fall kommt!

2 Helft einander, eure Lasten zu tragen. So erfüllt ihr das Gesetz, das Christus uns gibt.[k] 3 Wer sich dagegen einbildet, besser zu sein als andere, und es doch gar nicht ist, betrügt sich selbst. 4 Jeder und jede von euch soll das eigene Tun überprüfen, ob es vor Gott bestehen kann. Ob sie etwas an sich zu rühmen* haben, das lesen sie dann an sich selber

a Die Rettung durch Christus braucht und verträgt keine ›Ergänzung‹. Wer nicht *alles* von Christus erwartet, der muss *alles* durch das Gesetz erringen (Vers 3).
b Was das bedeutet, wird in den Versen 16-26 entfaltet.
c Durch die im folgenden Vers erwähnte Behauptung; vgl. die Anmerkung dort sowie 1 Kor 9,20.
d Siehe Anmerkung zu 1,2; ebenso für Vers 13.
e *wie manche mir …:* verdeutlichender Zusatz. Vielleicht missdeuten die Gegner des Apostels böswillig eine Handlungsweise wie die in Apg 16,3 berichtete.
f Gegen das Missverständnis der christlichen Freiheit hat Paulus auch in Korinth zu kämpfen (1 Kor 6,12; 10,23; vgl. 1 Petr 2,16).
g *das euch diesem …:* verdeutlichender Zusatz. Den Zusammenhang zwischen Gesetz und »Fleisch« (so wörtlich in den Versen 13.16.17.19 für *selbstsüchtige Wünsche/menschliche Selbstsucht*) erörtert Paulus ausführlich in Röm 7,7-25.
h *werden nicht …:* wörtlich *werden die Königsherrschaft* Gottes nicht erben.*
i Wörtlich *ihr Fleisch*.*
j Siehe Anmerkung zu 1,2.
k Wörtlich *das Gesetz von Christus,* d.h. das Liebesgebot; vgl. 5,14; Joh 13,34.

5,1 2,4; 4,5.9; 5,3.13 **5,3** 3,10-12; Röm 2,25; Jak 2,10 S **5,5** 2,16 S; Röm 8,4 **5,6** 3,28; 6,15; 1 Kor 7,19 **5,8** 1,6-7 **5,9** 1 Kor 5,6 **5,10** 1,7 S **5,11** 6,12; 1 Kor 1,23 **5,13** 1 Kor 6,12; 10,23-24; 1 Petr 2,16 **5,14** *zit* Lev 19,18; Mk 12,31 S **5,16** 5,25; Röm 8,2-13 **5,17** Röm 7,13-23 **5,18** Röm 6,14; 7,4 **5,19-21** Mk 7,21-22; 1 Kor 6,9-10; Röm 1,28-32; Eph 5,3-5; Kol 3,5-8; 1 Tim 1,9-10; 2 Tim 3,2-4; 1 Petr 4,3 **5,22** Eph 5,9 **5,24** 2,19; 6,14; Röm 6,6; Kol 3,5; 1 Joh 3,6 **5,25** 5,16; Röm 8,4; 1 Kor 6,19 **5,26** Phil 2,3; Röm 12,10 S **6,1** Mt 18,15; Jak 5,19; 1 Kor 10,12 **6,2** 2 Kor 11,29 **6,3** 1 Kor 4,7

ab und nicht an anderen, über die sie sich erheben.
5 Jeder wird genug an dem zu tragen haben, was er
selbst vor Gott verantworten muss.
6 Wer im christlichen Glauben unterwiesen wird,
soll dafür seinem Lehrer von allem etwas abgeben,
was zum Leben nötig ist.
7 Macht euch nichts vor! Gott lässt keinen Spott
mit sich treiben. Jeder Mensch wird ernten, was er
gesät hat. 8 Wer auf den Boden der menschlichen
Selbstsucht[a] sät, wird von ihr den Tod ernten. Wer
auf den Boden von Gottes Geist sät, wird von ihm
unvergängliches Leben ernten.
9 Wir wollen nicht müde werden zu tun, was gut
und recht ist. Denn wenn die Zeit da ist, werden
wir auch die Ernte einbringen; wir dürfen nur nicht
aufgeben. 10 Solange wir also noch Zeit haben, wol-
len wir allen Menschen Gutes tun, besonders denen,
die mit uns durch den Glauben verbunden sind.

EIGENHÄNDIGER SCHLUSS
(6,11-18)

Letzte Mahnung: Das Kreuz als Maßstab

11 Ihr seht die großen Buchstaben, mit denen ich euch
jetzt eigenhändig schreibe![b]
12 Diese Leute drängen euch zur Beschneidung*,
weil sie damit vor Menschen gut dastehen wollen.
Sie tun es nämlich nur, damit sie für ihr Bekenntnis
zum gekreuzigten Christus* nicht von den Juden[c]
verfolgt werden.[d] 13 Sie treten zwar für die Beschnei-
dung* ein und sind auch beschnitten, aber nicht ein-
mal sie selbst befolgen das Gesetz* in vollem Um-
fang.[e] Ihr sollt euch nur deshalb beschneiden lassen,
damit sie das vorweisen und sich damit rühmen*
können.
14 Ich aber will sonst nichts vorweisen als allein
das Kreuz* unseres Herrn* Jesus Christus und mich
mit nichts anderem rühmen. Weil er am Kreuz
gestorben ist, ist für mich die Welt* gekreuzigt und
ich bin gekreuzigt für die Welt. 15 Darum hat es keine
Bedeutung mehr, beschnitten zu sein, und auch
keine, unbeschnitten zu sein. Was allein zählt, ist:
durch Christus neu geschaffen sein.
16 Allen bei euch, die sich an diesen Grundsatz hal-
ten, schenke Gott seinen Frieden* und sein Erbar-
men, ihnen und dem ganzen Israel Gottes.[f]
17 Künftig soll mir niemand mehr in dieser Sache
das Leben schwer machen! Durch die Wundnarben
an meinem Körper bin ich als Eigentum von Jesus
ausgewiesen.
18 Die Gnade unseres Herrn Jesus Christus sei mit
euch.[g]

a Wörtlich *auf das Fleisch**.
b Vgl. 1 Kor 16,21 sowie Röm 16,22 und Anmerkung dort.
c *von den Juden:* verdeutlichender Zusatz.
d Indem man das Bekenntnis zu Christus mit der Beachtung des jüdischen Gesetzes verband, konnte man hoffen, der Verfolgung vonseiten fanatischer Juden (vgl. 1 Thess 2,14-16) zu entgehen.
e *in vollem Umfang:* verdeutlichender Zusatz.
f Wahrscheinlich denkt Paulus hier an die Christen allgemein. Zu ihrer Bezeichnung als *Israel Gottes* vgl. 3,29; 4,28-29; Phil 3,3.
g Wörtlich *sei mit eurem Geist.* Wahrscheinlich liegt eine hebräische Ausdrucksweise zugrunde, die mit »Geist« den ganzen Menschen bezeichnet.

6,5 Röm 14,12 **6,6** Röm 15,27S **6,7** Ijob 4,8S **6,8** Röm 8,6.13 **6,9** 2 Thess 3,13 **6,10** (allen) 1 Thess 3,12; 2 Petr 1,7; (besonders) Gal 5,6.13-14; Röm 12,10; 14,15; 1 Kor 8,1S; 2 Kor 8,7-8; 1 Thess 4,9; Joh 13,34S; 1 Petr 1,22S **6,11** 1 Kor 16,21S **6,12** 5,2.11 **6,14** 1 Kor 1,23.29.31; 2,2; Gal 2,19 **6,15** 5,6S; (neu geschaffen) 2 Kor 5,17S **6,17** 2 Kor 4,10S; 11,24-25

EPHESER

In Ephesus, der bedeutenden Hafenstadt in Kleinasien, hat Paulus zwei bis drei Jahre gewirkt (Apostelgeschichte 19,8-10; 20,31). Die Apostelgeschichte erzählt von großen Erfolgen; aber aus den Briefen des Apostels kann man erkennen, dass er dort auch einige Wochen oder Monate im Gefängnis war und in äußerster Gefahr schwebte (1Korinther 15,32; 2Korinther 1,8-10; Philipper 1,12-26).

Der vorliegende Brief lässt im Unterschied zu anderen Paulusbriefen kaum etwas von der Lage und den Problemen der angeschriebenen Gemeinde und den Sorgen des Apostels erkennen. Selbst persönliche Bekanntschaft zwischen Absender und Empfänger scheint er nicht vorauszusetzen (1,15; 3,2). Da in wichtigen alten Handschriften die beiden Wörter »in Ephesus« (1,1) fehlen, hat man schon vermutet, dass es sich hier vielleicht um ein Rundschreiben an verschiedene kleinasiatische Gemeinden handelt.

Inhaltlich ist der Brief ein tiefsinniges Lehrschreiben von der Kirche als dem »Leib Christi«, das Gedanken des Briefes an die Kolosser aufgreift und weiterführt.

Geschichtlich betrachtet zeigt sich die Kirche als das neue, universale Gottesvolk aus Juden und Nichtjuden, deren Trennung durch das Kreuz Christi aufgehoben wurde (Kap 2). Aber damit ist zugleich das Ziel der Weltschöpfung in greifbare Nähe gerückt: die Vereinigung des gesamten Alls mit seinem göttlichen Ursprung unter Christus als dem Haupt (1,9-10). Solcher Versöhnung des ganzen Kosmos ist durch Christi Tod am Kreuz der Weg bereitet. Doch ihr stehen bis jetzt noch entgegen die gottfeindlichen Mächte – der Natur, des Schicksals –, die man als Götter verehrt oder als Dämonen fürchtet. Christus hat mit seiner Auferstehung und Erhöhung (Philipper 2,9) grundsätzlich den Sieg über sie errungen; aber nur wer sich Christus anschließt, ist ihrer Gewalt entnommen. Auch die Christen sind es nicht automatisch, sondern nur, wenn sie die ›neue Schöpfung‹, die sie in Verbindung mit Christus, dem Haupt, schon sind, sich auch entfalten lassen im Tun des Guten (2,10; Kap 4–5). Noch steht ihnen die letzte Entscheidung bevor (6,10-20), auch wenn von Gott her alles längst entschieden ist.

Inhaltsübersicht

DIE FÜLLE DER GNADE UND WEISHEIT IN CHRISTUS (Kapitel 1–3)

Eingangsgruß

1 Paulus, Apostel* von Jesus Christus durch den Willen Gottes, schreibt diesen Brief an alle in Ephesus, die Gott für sich ausgesondert hat° und die durch Jesus Christus zum Glauben an ihn gekommen sind.
2 Gnade und Frieden* sei mit euch von Gott, unserem Vater, und von Jesus Christus, dem Herrn*!

Gottes Liebe in Christus

3 Gepriesen sei unser Gott,
der Gott und Vater unseres Herrn* Jesus Christus!
Denn durch Christus hat er uns Anteil gegeben
an der Fülle der Gaben seines Geistes*
in der himmlischen Welt.[a]
4 Schon bevor er die Welt erschuf,
hat er uns vor Augen gehabt
als Menschen, die zu Christus gehören;
in ihm hat er uns dazu erwählt,[b]
dass wir heilig* und fehlerlos vor ihm stehen.
Aus Liebe 5 hat er uns dazu bestimmt,
seine Söhne und Töchter zu werden[c] –
durch Jesus Christus und im Blick auf ihn.
Das war sein Wille und so gefiel es ihm,
6 damit der Lobpreis seiner Herrlichkeit
erklingt:
der Lobpreis der Gnade, die er uns erwiesen hat
durch Jesus Christus, seinen geliebten Sohn*.

a Was das bedeutet, erläutert der ganze Abschnitt bis Vers 14; es ist nicht nur das Anrecht auf das künftige Leben im Himmel gemeint (2,6-7).
b *hat er uns vor Augen ...:* wörtlich *hat er uns in ihm (Christus) erwählt.*
c *hat er uns dazu ...:* wörtlich *hat er uns im Voraus zur Sohnschaft bestimmt;* vgl. Anmerkung zu Gal 3,26.

1,1 (Ephesus) Apg 18,19-21; 19,1 **1,3** 2,6 **1,4** (fehlerlos) 5,27S **1,5** Joh 1,12S **1,6** Mt 3,17S

[7] Durch dessen Blut* sind wir erlöst:
Unsere ganze Schuld ist uns vergeben.
So zeigte Gott uns den Reichtum seiner Gnade.
[8] In seiner überströmenden Güte
schenkte er uns Einsicht
und ließ uns seine Wege erkennen.
[9] Er hielt sein Geheimnis vor allen verborgen;
niemand erfuhr etwas von seinem Plan,
den er durch Christus ausführen wollte.
Uns aber hat er bekannt gemacht,
[10] wie er nach seiner Absicht
die Zeiten zur Erfüllung bringt:
Alles im Himmel und auf der Erde
wollte er zur Einheit zusammenführen
unter Christus als dem Haupt.[a]

[11] Durch Christus
haben wir Anteil bekommen am künftigen Heil.
Dazu hat Gott uns von Anfang an bestimmt
nach seinem Plan und Willen –
er, der alle Dinge bewirkt.
[12] Denn ein Lobpreis seiner Herrlichkeit
sollen wir sein – wir alle,
die wir durch Christus von Hoffnung erfüllt sind!

[13] Durch Christus
hat Gott auch euch sein Siegel aufgedrückt:
Er hat euch den Heiligen Geist gegeben,
den er den Seinen versprochen hatte –
nachdem ihr zuvor das Wort der Wahrheit*
gehört hattet,
die Gute Nachricht*, die euch die Rettung bringt,
und ihr zum Glauben gekommen seid.
[14] Dieser Geist ist das Angeld[b] dafür,
dass wir auch alles andere erhalten,
alles, was Gott uns versprochen hat.
Gott will uns die Erlösung schenken,
das endgültige, volle Heil –
und das alles wird geschehen
zum Lobpreis seiner Herrlichkeit.

Dank und Bitte

[15] Weil das so ist und weil ich von eurem Glauben
und eurer Liebe gehört habe – dem Glauben, der
durch Jesus, den Herrn*, in euch lebt, und der Liebe
zu allen Christen[c] –, [16] darum danke ich Gott uner-
müdlich für euch, wenn ich in meinen Gebeten an
euch denke. [17] Und ich bitte den Gott unseres Herrn

a In Zeit und Raum bringt Christus die Vollendung: Die Geschichte kommt an ihr Ziel; die Mächte im Kosmos (Vers 21) und die Völker in der Welt (2,11-22), die sich von Gott getrennt haben, werden unter Christi Herrschaft *(Christus als Haupt)* zu ihm zurückgeführt.
b Siehe Anmerkung zu Röm 8,23.
c Wörtlich *zu allen Heiligen**.

Ephesus war zur Zeit von Paulus eine reiche Großstadt, Sitz des römischen Statthalters der Provinz Asien, ein Zentrum hellenistischer Kultur und Umschlagplatz für den Handel zwischen Ost und West. Paulus nutzte die strategisch günstige Lage der Stadt für seine Mission; er blieb zwei Jahre dort, »sodass alle in der Provinz Asien, Juden und Griechen, die Botschaft Gottes hörten« (Apg 19,10). Im Bild die Prunkstraße und das große Theater.

1,7 (Blut) 2,13; Kol 1,20; 1 Kor 10,16; Röm 3,25-26 S **1,10** 1,22; Kol 1,16.20 **1,13-14** 2 Kor 1,22 S

Jesus Christus, den Vater, dem alle Macht und Herrlichkeit gehört, euch durch seinen Geist* Weisheit und Einblick zu geben, sodass ihr ihn und seine Heilsabsicht erkennen könnt. 18 Er öffne euch das innere Auge, damit ihr seht, welche Hoffnung er euch gegeben, zu welch großartigem Ziel er euch berufen hat. Er lasse euch erkennen, wie reich er euch beschenken will und zu welcher Herrlichkeit er euch in der Gemeinschaft der heiligen Engel[a] bestimmt hat. 19 Ihr sollt begreifen, wie überwältigend groß die Kraft ist, mit der er an uns, den Glaubenden, wirkt.

Es ist dieselbe gewaltige Kraft, 20 mit der er an Christus gewirkt hat, als er ihn vom Tod auferweckte* und in der himmlischen Welt an seine rechte Seite setzte. 21 Dort thront jetzt Christus über allen unsichtbaren Mächten* und Gewalten,[b] über allem, was irgend Rang und Namen hat, in dieser Welt und auch in der kommenden.

22 Alles hat Gott ihm unterworfen; ihn aber, den Herrn über alles, gab er der Gemeinde zum Haupt. 23 Die Gemeinde ist sein Leib*: Er, der alles zur Vollendung führen wird, lebt in ihr mit seiner ganzen Fülle.

Vom Tod zum Leben

2 Auch ihr habt an diesem Leben teil. In der Vergangenheit wart ihr tot;[c] denn ihr wart Gott ungehorsam und habt gesündigt. 2 Ihr habt nach der Art dieser Welt* gelebt und euch jener Geistesmacht unterworfen, die ihr Reich zwischen Himmel und Erde hat und von dort her ihre Herrschaft über diese Welt ausübt.[d] Sie wirkt noch jetzt als Geist der Verführung in den Menschen, die sich Gott nicht unterstellen. 3 So wie sie haben wir alle früher gelebt. Wir haben uns von unseren selbstsüchtigen Wünschen leiten lassen und getan, was unsere Triebe und Sinne verlangten.[e] Darum waren wir wie alle anderen Menschen nach unserer ganzen Wesensart dem Strafgericht Gottes verfallen.

4 Aber Gott ist reich an Erbarmen. Er hat uns seine ganze Liebe geschenkt. 5 Durch unseren Ungehorsam waren wir tot; aber er hat uns mit Christus zusammen lebendig gemacht. – Bedenkt: Aus reiner Gnade hat er euch gerettet! – 6 Er hat uns mit Jesus Christus vom Tod auferweckt und zusammen mit ihm in die himmlische Herrschaft eingesetzt. 7 In den kommenden Zeiten soll das enthüllt werden. Dann soll der unendliche Reichtum seiner Gnade sichtbar werden: die Liebe, die Gott uns durch Jesus Christus erwiesen hat.

8 Eure Rettung ist wirklich reine Gnade, und ihr empfangt sie allein durch den Glauben*. Ihr selbst habt nichts dazu getan, sie ist Gottes Geschenk. 9 Ihr habt sie nicht durch irgendein Tun verdient; denn niemand soll sich mit irgendetwas rühmen* können. 10 Wir sind ganz und gar Gottes Werk. Durch Jesus Christus hat er uns so geschaffen, dass wir nun Gutes tun können. Er hat sogar unsere guten Taten im Voraus geschaffen, damit sie nun in unserem Leben Wirklichkeit werden.

Durch Christus geeint

11 Denkt daran, was ihr früher gewesen seid! Ihr gehörtet ja zu den Völkern, die von den Juden die »Unbeschnittenen« genannt werden – dabei haben sie selbst doch nur die Beschneidung*, die von Menschen vollzogen wird. 12 Jedenfalls wart ihr damals von Christus getrennt. Ihr wart Fremde und gehörtet nicht zur Gemeinde Israels. Die Zusagen, die Gott bei seinen Bundschließungen gemacht hatte, galten für euch nicht. Ohne Hoffnung und ohne Gott lebtet ihr in der Welt. 13 Damals wart ihr fern von Gott, jetzt aber seid ihr ihm nahe durch die Verbindung mit Jesus Christus, durch das Blut*, das er vergossen hat.

14 Christus ist es, der uns allen den Frieden* gebracht und Juden und Nichtjuden zu einem einzigen Volk verbunden hat. Er hat die Mauer eingerissen, die die beiden trennte und zu Feinden machte. Denn durch sein Sterben 15 hat er das jüdische Gesetz* mit seinen zur Trennung führenden Vorschriften beseitigt.[f]

So hat er Frieden gestiftet. Er hat die getrennten Teile der Menschheit mit sich verbunden und daraus den einen neuen Menschen geschaffen. 16 Durch seinen Tod am Kreuz* hat er die beiden – als in *einem* Leib*, der Gemeinde, vereinigte – zur Aussöhnung mit Gott gebracht. In seiner Person, durch seinen Tod, hat er alle Feindschaft für immer getötet.

17 Und dann kam er und hat diesen Frieden allen verkündet:[g] euch, die ihr fern wart, und ebenso denen, die nahe waren. 18 Durch ihn dürfen wir beide, Juden und Nichtjuden, in *einem* Geist vor Gott, den Vater, treten.

19 Ihr Menschen aus den anderen Völkern seid also nicht länger Fremde und Gäste. Ihr habt Bürgerrecht im Himmel zusammen mit den heiligen Engeln[h], ihr seid Gottes Hausgenossen.

20 Denn ihr seid ja in den Bau eingefügt, dessen Fundament die Apostel* und Propheten* bilden, und der Eckstein* im Fundament ist Jesus Christus. 21 Durch ihn wird der ganze Bau zusammengehalten, durch ihn, den Herrn*, wächst er auf zu einem heiligen Tempel.

a Wörtlich *Heiligen;* nach dem Zusammenhang bezieht sich das Wort hier nicht auf die Christen.
b *über allen unsichtbaren ...:* wörtlich *über jeder Macht und Gewalt und Kraft und Herrschaft.*
c *Auch ihr habt ...:* wörtlich *Auch euch, die ihr tot wart.* Der Satz bricht hier ab; der Gedanke wird in Vers 5 fortgesetzt: *hat Gott lebendig gemacht.*
d *und euch jener Geistesmacht ...:* wörtlich *(gelebt) gemäß dem Herrscher, der seine Macht im Luftbereich ausübt.* Die Macht des Bösen wirkt nach der hier zugrunde liegenden Anschauung nicht von unten (»Hölle«) her, sondern aus dem Zwischenbereich von Himmel und Erde. Von dort her nimmt sie Einfluss auf die Menschen, indem sie den »Zeitgeist« negativ bestimmt. – Erst über diesem Zwischenreich sind die (guten) »Mächte« zu suchen, die zur himmlischen Welt gehören, aber ebenfalls Christus unterworfen werden (vgl. 1,21; 3,10 sowie Sacherklärung »Mächte«).
e *haben uns von unseren ...:* wörtlich *(haben gelebt) in den Begierden unseres Fleisches*, ausführend die Strebungen des Fleisches und der lüsternen Gedanken.*
f Damit hat auch die Beschneidung (Vers 11) keine Bedeutung mehr.
g Nämlich durch die Apostel*, in deren Verkündigung der gekreuzigte und auferstandene Christus selbst gegenwärtig ist (vgl. Apg 3,26; 2 Kor 5,20; Mt 28,18-20).
h Wörtlich *Heiligen;* vgl. die Anmerkung zu 1,18.

1,20 (rechte Seite) Apg 2,33S **1,21** (über allen Mächten) 6,12; Kol 1,13.20; 2,9-10.15.20; Röm 8,38S; Gal 4,8-9 **1,22** (Haupt) 1,10; 4,15; 5,23; Kol 1,18; 2,19 **1,23** (Leib) 2,16; 4,4-16.25; 5,30; Kol 1,18; 2,19; 3,15; 1 Kor 12,27S **2,1** Röm 5,12; Kol 2,13 **2,2** 6,12S; 2 Kor 4,4S **2,3** Kol 3,7S; 5,6S **2,4** Röm 8,39S **2,5** Kol 2,13; Röm 3,24 **2,6** 1,3; Kol 2,12; 3,3-4 **2,8** Gal 2,16S **2,9** Röm 3,28; 2 Tim 1,9; Tit 3,5; 1 Kor 1,31S **2,11-13** Röm 11,17 **2,11** Röm 2,28-29S; Gal 5,6S **2,12** Röm 9,4; 1 Thess 4,13S **2,13** 1,7S **2,14** (Frieden) 2,16; 4,3; Apg 10,36S; (ein Volk) Eph 4,1-6; 1 Kor 12,13; Gal 3,28 **2,15a** Kol 2,14 **2,15b** (neuen Menschen) 2 Kor 5,17S **2,16** 1,23S; 2 Kor 5,18S **2,17** Jes 57,19; Apg 2,39 **2,19** 3,6S **2,20** Offb 21,14; Mt 16,18; 1 Kor 3,10-11 **2,21** 1 Kor 3,16S

22 Weil ihr zu Christus gehört, seid auch ihr als Bausteine in diesen Tempel eingefügt, in dem Gott durch seinen Geist* wohnt.

Der besondere Auftrag des Apostels

3 Deshalb bete ich, Paulus, für euch zu Gott.[a] Ich bin im Gefängnis, weil ich Jesus Christus diene. Für euch, die Menschen aus den anderen Völkern,[b] leide ich dies alles. 2 Ihr habt gehört, wie Gott mich für seinen Plan in Dienst genommen und mir den Auftrag gegeben hat, die Gute Nachricht* euch, den Nichtjuden, zu verkünden. 3 Durch Offenbarung[c] hat er mir das Geheimnis enthüllt, von dem ich soeben schon in Kürze gesprochen habe.[d]

4 Wenn dieser Brief bei euch vorgelesen wird, könnt ihr aus ihm entnehmen, welch tiefe Einsicht Gott mir geschenkt hat – Einsicht in den geheimnisvollen Plan, den er mit Christus verfolgt. 5 Frühere Generationen kannten dieses Geheimnis noch nicht; aber jetzt hat Gott es seinen Aposteln* und Propheten* durch seinen Geist* enthüllt. 6 Dies ist das Geheimnis: Durch Jesus Christus bekommen die nichtjüdischen Völker Anteil am Heil, sind ein Teil am Leib* von Christus, sind mit einbezogen in die Zusagen Gottes für sein Volk.

Dies wird öffentlich bekannt gemacht und kommt zur Wirkung[e] durch die Gute Nachricht*, 7 in deren Dienst ich stehe. In seiner Gnade hat Gott mir meinen Auftrag gegeben und damit an mir seine Macht gezeigt. 8 Gerade mir, dem Geringsten von allen, die er in sein heiliges Volk berief,[f] hat er diesen Auftrag anvertraut, den anderen Völkern die Gute Nachricht von dem unergründlichen Reichtum zu bringen, der uns durch Christus geschenkt wird.

9 Ich sollte ans Licht bringen, ° wie Gott seinen verborgenen Plan verwirklicht. Er, der alles geschaffen hat, hat diesen Plan vor aller Zeit gefasst und als sein Geheimnis bewahrt. 10 Jetzt macht er ihn den Mächten und Gewalten in der himmlischen Welt[g] durch seine Gemeinde bekannt: An ihr und durch sie sollen sie seine Weisheit in ihrem ganzen Reichtum erkennen. 11 So entspricht es Gottes ewigem Plan, den er durch Jesus Christus, unseren Herrn*, ausgeführt hat.

12 Weil wir uns auf diesen Herrn verlassen, dürfen wir zuversichtlich und vertrauensvoll vor Gott treten. 13 Darum bitte ich euch: Lasst euch nicht irremachen durch das, was ich leiden muss. Es geschieht zu eurem Besten, damit ihr an der Herrlichkeit Anteil bekommt, die für euch bestimmt ist.

Paulus betet für die Gemeinde

14 Deshalb knie ich vor Gott nieder und bete zu ihm. Er ist der Vater, 15 der alle Wesen[h] in der himmlischen und in der irdischen Welt beim Namen gerufen hat und am Leben erhält. 16 Ich bitte ihn, dass er euch aus dem Reichtum seiner Herrlichkeit* beschenkt und euch durch seinen Geist* innerlich stark macht. 17 Ich bitte ihn, dass Christus durch den Glauben* in euch lebt und ihr fest in seiner Liebe wurzelt und auf sie gegründet seid. 18 Ich bitte ihn, dass ihr zusammen mit der ganzen Gemeinschaft der Glaubenden[i] begreifen lernt, wie unermesslich reich euch Gott beschenkt.[j] 19 Ihr sollt die Liebe erkennen, die Christus zu uns hat und die alle Erkenntnis* übersteigt. So werdet ihr immer umfassender Anteil bekommen an der ganzen Fülle des Lebens mit Gott.[k]

20 Gott kann unendlich viel mehr an uns tun, als wir jemals von ihm erbitten oder uns ausdenken können. So mächtig ist die Kraft, mit der er in uns wirkt. 21 Ihm gehört die Ehre in der Gemeinde und durch Jesus Christus in allen Generationen, für Zeit und Ewigkeit! Amen*.

DAS NEUE LEBEN AUS DER GNADE
(Kapitel 4–6)

Die Einheit der Kirche

4 Nun bitte ich euch als einer, der für den Herrn* im Gefängnis ist: Lebt so, wie es sich für Menschen gehört, die Gott in seine Gemeinde berufen hat. 2 Erhebt euch nicht über andere, sondern seid immer freundlich. Habt Geduld und sucht in Liebe miteinander auszukommen. 3 Bemüht euch darum, die Einheit zu bewahren, die der Geist* Gottes euch geschenkt hat. Der Frieden*, der von Gott kommt, soll euch alle miteinander verbinden!

4 Ihr alle seid ja *ein* Leib*, in euch allen lebt *ein* Geist, ihr alle habt die *eine* Hoffnung, die Gott euch gegeben hat, als er euch in seine Gemeinde berief. 5 Es gibt für euch nur *einen* Herrn*, nur *einen* Glauben und nur *eine* Taufe*. 6 Und ihr kennt nur den *einen* Gott, den Vater von allem, was lebt. Er steht über allen. Er wirkt durch alle und in allen.

7 Jeder und jede von uns hat einen eigenen Anteil an den Gaben erhalten, die Christus in seiner Gnade ausgeteilt hat. 8 Von ihm heißt es in den Heiligen Schriften*:

»Er ist in den Himmel hinaufgestiegen
und hat gefangen genommen, was uns gefangen hielt.[l]
Er hat den Menschen Gaben ausgeteilt.«

a Wörtlich *Deshalb ich Paulus.* Der Satz wird in Vers 14 wieder aufgenommen.
b *die Menschen ...:* traditionelle Übersetzung *die Heiden*;* entsprechend in Vers 8 und für *nichtjüdische Völker* in Vers 6 (*den Nichtjuden* in Vers 2 ist verdeutlichender Zusatz).
c Gedacht ist an die Christuserscheinung 1 Kor 15,8; vgl. Gal 1,15-16.
d Nämlich in 2,14-22.
e *Dies wird ...:* verdeutlichender Zusatz.
f Wörtlich *dem geringsten von allen Heiligen*.*
g Vgl. Anmerkung zu 2,2.
h Wörtlich *jede Vaterschaft,* was eine zusammengehörige Gruppe von *Wesen* wie Sippe, Volk bzw. entsprechende Gruppierungen bei den Engeln* bezeichnet.
i Wörtlich *zusammen mit allen Heiligen*.*
j *wie unermesslich ...:* wörtlich *was die Länge und die Breite und die Höhe und die Tiefe ist.* Damit wird bildhaft die Fülle des geschenkten Heils umschrieben.
k Vgl. 1,23; Kol 2,9-10.
l Bei seinem Aufstieg über alle Himmel hat Christus die uns versklavenden Mächte überwunden; vgl. 2,2 und Anmerkung dort sowie Sacherklärung »Mächte«.

2,22 1 Petr 2,5; 1 Kor 3,17 **3,1** (Gefängnis) 4,1; 6,20; Phil 1,7.12; Kol 4,18; Phlm 1.9; 2 Kor 11,23 S **3,2** Röm 1,5 S **3,3** Gal 1,12 **3,6** (Geheimnis) 2,14.18-19; Kol 1,26-27; Röm 16,25-26 **3,7-8** (dem geringsten) 1 Kor 15,9-10 S **3,12** Hebr 10,19 S **3,13** Kol 1,24 **3,17** Kol 2,7; Eph 5,2 S **3,18-19** Kol 2,2 **3,19** 5,2 S; 2 Kor 5,14 **4,1** 3,1 S **4,2** Kol 3,12-13 **4,3** 2,14-16; Kol 3,14-15 **4,4** (Leib) 1,23 S; (Geist) 2,18 **4,5** (ein Herr) 1 Kor 8,6; Joh 10,16 **4,6** 1 Kor 12,6; Apg 17,28 **4,7** 1 Kor 12,11 S **4,8** *nach* Ps 68,19

9 Wenn es heißt: »Er ist hinaufgestiegen«, dann setzt
das voraus, dass er zuerst herabgekommen ist. 10 Er
ist auf die Erde herabgekommen und dann wieder
hinaufgestiegen. Dabei hat er alle Himmel* unter
sich gelassen und durchdringt jetzt das ganze All
samt allem, was darin lebt, mit seiner göttlichen
Macht.
11 Und auch die versprochenen »Gaben«[a] hat er
ausgeteilt: Er hat die einen zu Aposteln* gemacht,
andere zu Propheten*, andere zu Evangelisten*,
wieder andere zu Hirten und Lehrern* der Gemein-
de. 12 Deren Aufgabe ist es, die Glaubenden[b] zum
Dienst bereitzumachen, damit die Gemeinde, der
Leib* von Christus, aufgebaut wird.
13 So soll es dahin kommen, dass wir alle die einen-
de Kraft des *einen* Glaubens und der *einen* Erkennt-
nis des Sohnes* Gottes an uns zur Wirkung kommen
lassen und darin eins werden – dass wir alle zusam-
men den vollkommenen Menschen bilden, der
Christus ist,[c] und hineinwachsen in die ganze Fülle,
die Christus in sich umfasst.
14 Wir sind dann nicht mehr wie unmündige Kin-
der, die kein festes Urteil haben und auf dem Meer
der Meinungen umhergetrieben werden wie ein
Schiff von den Winden. Wir fallen nicht auf das fal-
sche Spiel herein, mit dem betrügerische Menschen
andere zum Irrtum verführen.
15 Vielmehr stehen wir fest zu der Wahrheit, die
Gott uns bekannt gemacht hat, und halten in Liebe
zusammen. So wachsen wir in allem zu Christus
empor, der unser Haupt ist. 16 Von ihm her wird
der ganze Leib zu einer Einheit zusammengefügt
und durch verbindende Glieder zusammengehalten
und versorgt. Jeder einzelne Teil erfüllt seine Aufga-
be, und so wächst der ganze Leib und baut sich durch
die Liebe auf.

Das neue Leben der Christen

17 Das aber sage ich euch im Auftrag des Herrn* mit
allem Nachdruck: Ihr dürft nicht mehr wie die
Menschen leben, die Gott nicht kennen und des-
halb[d] von ihrem verkehrten Denken in die Irre ge-
führt werden. 18 Ihr Verstand ist verdunkelt und sie
haben keinen Zugang mehr zum wahren Leben, zu
Gott. Das kommt von ihrer Unwissenheit und ih-
rem verhärteten Herzen. 19 Aus ihrer inneren Leere
heraus überlassen sie sich dem Laster. Sie treiben
jede Art von Unzucht und sind von unersättlicher
Habgier.
20 Ihr wisst, dass sich ein solches Leben nicht mit
dem verträgt, was ihr über Christus gelernt habt.
21 Ihr habt doch von ihm gehört, ihr seid über ihn
unterrichtet worden und habt an Jesus den Maßstab
für euer eigenes Leben.
22 Legt also eure frühere Lebensweise ab! Ja, legt
den ganzen alten Menschen ab, der seinen Begier-
den folgt! Die betrügen ihn nur und führen ihn ins
Verderben. 23 Lasst euch in eurem Denken erneuern
durch den Geist*, der euch geschenkt ist. 24 Zieht
den neuen Menschen an,[e] den Gott nach seinem
Bild geschaffen hat und der gerecht und heilig* lebt
aus der Wahrheit Gottes, an der nichts trügerisch ist.

Was bedeutet das im Einzelnen?

25 Legt das Lügen ab und sagt zueinander die Wahr-
heit; denn wir alle sind Glieder am Leib* von
Christus.
26 Versündigt euch nicht, wenn ihr in Zorn gera-
tet! Versöhnt euch wieder und lasst die Sonne nicht
über eurem Zorn untergehen. 27 Gebt dem Versucher
keine Chance!
28 Wer vom Diebstahl gelebt hat, muss jetzt damit
aufhören. Er soll seinen Lebensunterhalt durch eige-
ne Arbeit verdienen und zusehen, dass er auch noch
etwas für die Armen übrig hat.
29 Lasst ja kein giftiges Wort über eure Lippen
kommen! Seht lieber zu, dass ihr für die anderen,
wo es nötig ist, ein gutes Wort habt, das weiterhilft
und denen wohl tut, die es hören.
30 Beleidigt nicht durch euer Verhalten den Heili-
gen Geist*! Er ist wie ein Siegel, das Gott euch aufge-
drückt hat, und er verbürgt[f] euch die endgültige Erlö-
sung. 31 Weg also mit aller Verbitterung, mit Aufbrau-
sen, Zorn und jeder Art von Beleidigung! Schreit
einander nicht an! Legt jede feindselige Gesinnung
ab! 32 Seid freundlich und hilfsbereit zueinander
und vergebt euch gegenseitig, was ihr einander ange-
tan habt, so wie Gott euch durch Christus vergeben
hat, was ihr *ihm* angetan habt.
5 Nehmt also Gott zum Vorbild! Ihr seid doch
seine geliebten Kinder! 2 Euer ganzes Leben soll
von der Liebe bestimmt sein. Denkt daran, wie
Christus uns geliebt und sein Leben für uns gegeben
hat, als eine Opfergabe, an der Gott Gefallen hatte.

Leben im Licht

3 Weil ihr Gottes heiliges Volk seid,[g] schickt es sich
nicht, dass bei euch von Unzucht, Ausschweifung
und Habgier auch nur gesprochen wird. 4 Es passt
auch nicht zu euch, gemeine, dumme oder schlüpfri-
ge Reden zu führen. Benutzt eure Zunge lieber, um
Gott zu danken! 5 Ihr müsst wissen: Wer Unzucht
treibt, ein ausschweifendes Leben führt oder von
Habgier erfüllt ist – und Habgier ist eine Form von
Götzendienst[h] –, für den ist kein Platz in der neuen
Welt, in der Christus zusammen mit Gott herrschen
wird.[i]

a Zum Verständnis der Ämter als Geistes- oder Gnadengaben (Charismen) siehe 1 Kor 12,4-11 und 12,27-30.
b Wörtlich *die Heiligen**.
c In Christus findet die von Gott geschaffene Menschheit ihre Vollendung. Er ist das himmlische Urbild des wahren Menschen, so wie Adam das Urbild des gefallenen Menschen darstellt; vgl. Röm 5,12-21; 1 Kor 15,47-49.
d Wörtlich *wie die Nichtjuden* (die sog. *Heiden**) *leben, die* ... – Jetzt werden aus 2,1-10 die Folgerungen gezogen.
e Siehe Sacherklärung »Gewand«.
f Siehe Anmerkung zu Röm 8,23.
g Wörtlich *Für Heilige**.
h Weil die Gier nach Besitz den Menschen ganz in Beschlag nehmen kann (Mt 6,24; 19,21-22; Lk 12,16-21).
i Wörtlich *in der Königsherrschaft* von Christus und Gott.*

4,9 Joh 3,13 **4,11** 1 Kor 12,28 **4,12** 1 Kor 14,26 S **4,13** Kol 1,28 **4,14** 1 Kor 14,20 **4,15** 1,22 S **4,16** (Einheit) 2,21-22; 4,13; Kol 2,19 **4,17-18** Röm 1,21; 1 Petr 1,14 **4,22** Kol 3,9; Röm 8,13 **4,23** Röm 12,2 **4,24** Kol 3,10; 2 Kor 5,17 S; Gen 1,26-27 **4,25** 1,23 S **4,28** 1 Thess 4,11 S **4,29** 5,4; Kol 4,6; Jak 3,10 **4,30** 2 Kor 1,22 S; Jes 63,10 **4,32** Mt 6,14-15 S; 18,22-35; Kol 3,13 **5,1** Mt 5,45.48; Joh 1,12 S **5,2** (Liebe) 3,17-19; 4,15-16; Phil 2,2; Kol 2,2; 3,14; Gal 6,10 S; (Leben gegeben) Gal 1,4 S **5,3-5** Gal 5,19-21 S **5,4** 4,29 S

6 Lasst euch nicht durch leeres Geschwätz verfüh-
ren! Genau diese Dinge sind es, mit denen die Men-
schen, die Gott nicht gehorchen wollen, sich sein
Strafgericht zuziehen. 7 Mit solchen Leuten dürft
ihr nichts zu tun haben!

8 Auch ihr gehörtet einst zur Finsternis, ja, ihr wart
selbst Finsternis, aber jetzt seid ihr Licht, weil ihr mit
dem Herrn* verbunden seid. Lebt nun auch als Men-
schen des Lichts! 9 Aus dem Licht erwächst als Frucht
jede Art von Güte, Rechtschaffenheit und Treue.
10 Fragt immer, was dem Herrn gefällt! 11 Beteiligt
euch nicht an dem finsteren Treiben, das keine
Frucht hervorbringt. Im Gegenteil, deckt es auf!
12 Man muss sich schämen, auch nur zu nennen,
was manche heimlich tun. 13 Wenn es aber vom
Licht, das ihr ausstrahlt,[a] aufgedeckt wird, kommt
es ans Licht. 14 Und was ans Licht kommt, wird selbst
Licht. Darum singen wir:[b]

»Wach auf, du Schläfer!
Steh auf vom Tod!
Und Christus, deine Sonne,
geht für dich auf.«

15 Darum achtet genau auf eure Lebensweise! Lebt
nicht wie Unwissende, sondern wie Menschen, die
wissen, worauf es ankommt. 16 Nutzt die Zeit; denn
wir leben in einer bösen Welt*. 17 Seid also nicht
uneinsichtig, sondern begreift, was der Herr von
euch erwartet.

18 Betrinkt euch nicht; denn zu viel Wein verführt
zu einem liederlichen Lebenswandel. Lasst euch lie-
ber vom Geist* Gottes erfüllen! 19 Ermuntert einan-
der mit Psalmen und Lobliedern, wie der Geist sie
euch eingibt. Singt und spielt Christus, dem Herrn,
von ganzem Herzen. 20 Dankt Gott, dem Vater, zu
jeder Zeit für alles im Namen unseres Herrn Jesus
Christus.[c]

Gegenseitige Unterordnung: Männer und Frauen

21 Ordnet euch einander unter, wie es die Ehrfurcht
vor Christus verlangt.[d]

22 Ihr Frauen, ordnet euch euren Männern unter,
so wie ihr euch dem Herrn* unterordnet. 23 Denn
der Mann steht über der Frau, so wie Christus über
der Gemeinde steht. Christus als dem Haupt ver-
dankt die Gemeinde, die sein Leib* ist, ihre Rettung.
24 Wie nun die Gemeinde Christus untergeordnet ist,
so müssen auch die Frauen sich ihren Männern in
allem unterordnen.

25 Ihr Männer, liebt eure Frauen[e] so, wie Christus
die Gemeinde geliebt hat! Er hat sein Leben für sie
gegeben, 26 um sie rein und heilig* zu machen im
Wasser der Taufe und durch das dabei gesprochene
Wort.[f] 27 Denn er wollte sie als seine Braut in makel-
loser Schönheit vor sich stellen, ohne Flecken und
Falten oder einen anderen Fehler, heilig und voll-
kommen.

28 So müssen auch die Männer ihre Frauen lieben
wie ihren eigenen Körper. Denn ein Mann, der seine
Frau liebt, liebt sich selbst. 29 Niemand hat doch je
seinen eigenen Körper gehasst; im Gegenteil, er
ernährt und pflegt ihn. So tut es auch Christus mit
der Gemeinde, 30 die sein Leib* ist.[g] Und wir alle
sind doch Teile an diesem Leib.

31 Ihr kennt das Wort: »Deshalb verlässt ein Mann
Vater und Mutter, um mit seiner Frau zu leben. Die
zwei sind dann eins, mit Leib und Seele.« 32 In die-
sem Wort liegt ein tiefes Geheimnis. Ich beziehe
die Aussage auf Christus und die Gemeinde. 33 Es gilt
aber auch für euch: Jeder von euch muss seine Frau
so lieben wie sich selbst. Die Frau aber soll ihren
Mann achten.

Kinder und Eltern

6 Ihr Kinder, gehorcht euren Eltern, wie es der
Gemeinschaft mit dem Herrn* entspricht; denn
so ist es recht. 2 »Du sollst deinen Vater und deine
Mutter ehren« ist das erste und grundlegende der
Gebote, die das Verhalten der Menschen unterein-
ander betreffen.[h] Darum folgt ihm auch eine Zusage:
3 »Dann wird es dir gut gehen und du wirst lange
leben auf dieser Erde.«

4 Ihr Väter,[i] behandelt eure Kinder nicht so, dass
sie widerspenstig werden! Erzieht sie mit Wort
und Tat so, wie es dem Herrn gemäß ist.

Sklaven und Herren

5 Ihr Sklaven* und Sklavinnen, gehorcht euren irdi-
schen Herren und Herrinnen![j] Ehrt und fürchtet
sie. Dient ihnen so aufrichtig, als dientet ihr Chris-
tus. 6 Tut es nicht nur äußerlich, um euch bei ihnen
einzuschmeicheln. Betrachtet euch vielmehr als
Sklaven von Christus, die den Willen Gottes gerne
tun. 7 Tut eure Arbeit mit Lust und Liebe, als Leute,
die nicht Menschen dienen, sondern dem Herrn*.
8 Denkt daran: Der Herr wird jeden für seine guten
Taten belohnen, gleichgültig ob jemand Sklave ist
oder frei.

9 Ihr Herren und Herrinnen, behandelt eure Skla-
ven und Sklavinnen im gleichen Geist! Lasst das
Schelten und Drohen! Denkt daran, dass sie einen
Herrn im Himmel haben, der auch euer Herr ist.
Und der ist ein unparteiischer Richter.

a *das ihr ausstrahlt:* verdeutlichender Zusatz nach der wahrscheinlichsten Deutung. Durch das Beispiel eines »Lebens aus dem Licht« kommen die in der Finsternis Lebenden zum Bewusstsein ihres Tuns und wenden sich möglicherweise selber dem Licht zu (Vers 14).
b Wahrscheinlich ein Stück aus einem urchristlichen Tauflied.
c Zu Vers 19-20 vgl. Kol 3,16-17.
d Die folgenden Anweisungen 5,22–6,9 (vgl. auch Kol 3,18–4,1; 1 Petr 2,18–3,7; Tit 2,1-10) lehnen sich formal an Lehrtraditionen der hellenistischen Umwelt an, die aber vom Christusglauben her eine innere Umwandlung erfahren, wie es die generelle Weisung Vers 21 ahnen lässt.
e Die Mahnung an die *Männer,* ihre *Frauen zu lieben,* ist in der Antike ganz ungewöhnlich und wird daher im Folgenden besonders eingehend begründet.
f Wörtlich *um sie heilig zu machen, sie reinigend im Bad des Wassers durch das Wort;* vgl. die Sacherklärung »Taufe«.
g *die sein Leib ist:* verdeutlichender Zusatz.
h *die das Verhalten …:* verdeutlichender Zusatz.
i *Väter:* mögliche, aber weniger wahrscheinliche Übersetzung *Eltern.*
j Wörtlich *Ihr Sklaven, gehorcht euren irdischen Herren* (ebenso in Vers 9). Die Mehrzahlformen im Griechischen schließen die Frauen ein; vgl. Sacherklärung »Sklaven«.

5,6 2,3; Kol 3,6; Röm 1,18S **5,8** Kol 3,7S; Apg 26,18; Joh 8,12S **5,9** Gal 5,22-23 **5,14** Röm 13,11-12S; Jes 60,1 **5,15-16** Kol 4,5 **5,18** Röm 13,13 **5,19-20** Kol 3,16-17 **5,21** 1 Petr 5,5 **5,22-24** Kol 3,18; 1 Petr 3,1-6; Tit 2,3-5 **5,23** 1,22-23; 1 Kor 11,3 **5,25-33** Kol 3,19; 1 Petr 3,7; Tit 2,6 **5,25** Gal 1,4S **5,26** Tit 3,5; 1 Kor 6,11S; Hebr 10,22; 1 Petr 3,21 **5,27** 1,4; Kol 1,22; Phil 1,10; 2 Kor 11,2 **5,30** 1,23S **5,31** *zit* Gen 2,24 **5,32** Offb 19,7 **6,1** Kol 3,20 **6,2-3** *nach* Dtn 5,16 **6,4** Kol 3,21 **6,5-8** Kol 3,22-25; 1 Tim 6,1-2a; Tit 2,9-10; 1 Petr 2,18-21 **6,6** 1 Kor 7,22 **6,8** 2 Kor 5,10S **6,9** Kol 4,1; Jak 2,1S

Die Waffen Gottes

10 Noch ein letztes Wort: Werdet stark durch die Verbindung mit dem Herrn*! Lasst euch stärken von seiner Kraft! 11 Legt die Waffen an, die Gott euch gibt, dann können euch die Schliche des Teufels nichts anhaben. 12 Denn wir kämpfen nicht gegen Menschen. Wir kämpfen gegen unsichtbare Mächte* und Gewalten, gegen die bösen Geister,[a] die diese finstere Welt* beherrschen. 13 Darum greift zu den Waffen Gottes! Wenn dann der schlimme Tag[b] kommt, könnt ihr Widerstand leisten, jeden Feind niederkämpfen und siegreich das Feld behaupten.

14 Seid also bereit! Legt die Wahrheit als Gürtel um und die Gerechtigkeit als Panzer an. 15 Bekleidet euch an den Füßen mit der Bereitschaft, die Gute Nachricht* vom Frieden mit Gott zu verkünden. 16 Vor allem haltet das Vertrauen auf Gott als Schild vor euch, mit dem ihr alle Brandpfeile des Satans* abfangen könnt. 17 Die Gewissheit eurer Rettung sei euer Helm und das Wort Gottes das Schwert, das der Geist* euch gibt.

18 Betet dabei zu jeder Zeit und bittet Gott in der Kraft seines Geistes. Seid wach und hört nicht auf, für alle Gläubigen[c] zu beten. 19 Betet auch für mich, dass Gott mir die rechten Worte in den Mund legt und ich das Geheimnis der Guten Nachricht freimütig bekannt machen kann. 20 Auch jetzt im Gefängnis bin ich ein Botschafter in ihrem Dienst. Betet darum, dass ich aus ihr die Kraft gewinne, sie mutig und offen zu verkünden, wie es mein Auftrag ist.

Grüße und Wünsche

21 Ihr sollt aber auch etwas über mich erfahren, damit ihr wisst, wie es mit mir steht. Tychikus, der geliebte Bruder und treue Sachwalter im Dienst des Herrn*, wird euch alles erzählen. 22 Ich schicke ihn eben deshalb zu euch, damit er euch von mir berichtet und euch Mut macht.

23 Allen Brüdern und Schwestern[d] wünsche ich den Frieden und die Liebe und das unerschütterliche Vertrauen, die von Gott, dem Vater, kommen und von Jesus Christus, dem Herrn*.

24 Die Gnade Gottes sei mit allen, die unseren Herrn Jesus Christus lieben, und schenke ihnen unvergängliches Leben!

a Wörtlich *die bösen Geister im Himmel.* Es sind die unteren Bereiche des »Himmels« gemeint; vgl. 2,2 und Anmerkung dort.
b Für die Entscheidungszeit vor dem Ende dieser Welt werden besonders harte Prüfungen erwartet (vgl. 1 Kor 10,13).
c Wörtlich *für alle Heiligen*.*
d Vgl. Anmerkung zu Phil 1,12.

6,10 1 Kor 16,13 S **6,11-17** 2 Kor 10,4 S; Jes 59,17; Weish 5,17-20 **6,11** Jak 4,7 **6,12** 2,2; 1,21 S; 1 Petr 5,8-9 **6,13** Röm 13,12 **6,14** Jes 11,5 **6,15** Jes 52,7 S **6,17** Hebr 4,12 S **6,18-19** 3,14; Kol 4,2-4; Lk 18,1 S; Röm 15,30 S **6,19** Apg 4,29 **6,20** 3,1 S **6,21** (Tychikus) Apg 20,4; Kol 4,7-8; 2 Tim 4,12

PHILIPPER

Zwischen Paulus und der Gemeinde in Philippi bestand ein besonders herzliches persönliches Verhältnis. Sie war die erste Christengemeinde, die der Apostel auf europäischem Boden gegründet hatte (Apostelgeschichte 16,11-40), und zeitweilig die einzige, von der er finanzielle Unterstützung annahm (Philipper 4,15-16; 2 Korinther 11,7-9). Die Entstehung des Philipperbriefs hängt aufs engste mit dieser besonderen Beziehung zwischen Apostel und Gemeinde zusammen: Paulus bedankt sich mit ihm für eine Spende, die er aus Philippi empfangen hat (4,10-18). Aber noch ein weiterer Anlass ist aus dem Brief zu entnehmen: Der Apostel sitzt in Untersuchungshaft und er lässt die besorgte Gemeinde teilnehmen an seinem Ergehen und am Stand seines Prozesses (Kap 1). Des Weiteren ist der Brief zugleich ein ›Schutzbrief‹ für seinen Überbringer Epaphroditus. Nach dem Willen der Gemeinde hätte dieser dem gefangenen Paulus als persönlicher Diener zur Verfügung stehen sollen; aber er zeigte sich offenbar der Belastung nicht gewachsen und wird deshalb von Paulus zurückgeschickt (2,25-30).

Im Blick auf die Gemeinde in Philippi ist Paulus voll Dank und Zuversicht; aber er kennt auch ihre Schwächen. Durch seine und ihre Anfeindung (1,28-30) sind die Christen verunsichert und die Mahnung zur Einigkeit erscheint Paulus so nötig, dass er zu ihrer Begründung auf das Beispiel Christi hinweist, wie es in einem urchristlichen Lied besungen wird (2,1-11). Vor allem aber macht dem Apostel Sorge, dass fremde Lehrer in der Gemeinde aufgetreten sind, die ähnlich wie in Korinth Elemente jüdischen Glaubens mit einem – durch die Geist-Erfahrung vermittelten – erhöhten Selbstbewusstsein verbinden (siehe Einführung zum 2. Korintherbrief, Seite 264 NT). So bekommt Paulus Gelegenheit, in Kürze sein Verständnis der ›Guten Nachricht‹ in Erinnerung zu rufen (Kap 3).
Von wo aus Paulus schreibt, ist nicht mit Sicherheit zu entscheiden. Rom oder Cäsarea (vgl. Apostelgeschichte 28,16 bzw. 23,23-35) wäre von Philippi sehr weit entfernt. Die Mehrheit der Ausleger rechnet heute mit einer Gefangenschaft in Ephesus um 54 oder 55 n. Chr. (vgl. die Andeutungen in 1 Korinther 15,32; 2 Korinther 1,8-10).

Inhaltsübersicht

Eingangsgruß

1 Paulus und Timotheus, die Jesus Christus dienen,
schreiben diesen Brief an alle in Philippi, die Gott
durch Jesus Christus für sich ausgesondert hat,[a] an
die ganze Gemeinde mit ihren leitenden Mitglie-
dern[b] und den Diakonen.[c]
2 Gnade und Frieden* sei mit euch von Gott, unse-
rem Vater, und von Jesus Christus, dem Herrn*.

Paulus, im Gefängnis für die Gute Nachricht, betet für die Gemeinde

3 Ich danke meinem Gott jedes Mal, wenn ich beim
Beten an euch denke. 4 Jedes Gebet für euch – für
euch alle! – wird mir erneut zum Dank und erfüllt
mich mit Freude: Dank und Freude, 5 dass ihr euch so
eifrig für die Gute Nachricht* einsetzt, seit dem Tag,
an dem ihr sie angenommen habt, und bis heute.
6 Ich bin ganz sicher: Gott wird das gute Werk, das
er bei euch angefangen hat, auch vollenden bis zu
dem Tag, an dem Jesus Christus kommt.
7 Ich kann gar nicht anders, als so über euch den-
ken; denn ich trage euch alle in meinem Herzen,
gerade jetzt, da ich für die Gute Nachricht im
Gefängnis bin und sie vor Gericht verteidige und
ihre Wahrheit bezeuge.[d] Ihr alle habt ja teil an
der Gnade, die Gott mir damit erweist. 8 Er weiß
auch, wie sehr ich mich nach euch allen sehne
mit der herzlichen Liebe, die Jesus Christus in mir
geweckt hat.

a *an alle, die Gott …:* wörtlich *an die Heiligen* in Christus Jesus.*
b Wörtlich *mit den Aufsehern.* Von dem entsprechenden griechischen Wort ist das Wort »Bischof« abgeleitet; vgl. Sacherklärung »Gemeindeleiter«.
c Diakoninnen könnten mit eingeschlossen sein; vgl. Röm 16,1 und Sacherklärung »Diakon«.
d Durch das Wirken des Apostels kam es wiederholt zu Konflikten mit römischen Behörden vgl. Apg 18,12-17; 19,23-40.

1,1 1 Kor 4,17S **1,6** 2,13; 1 Thess 5,24S **1,7** 2 Kor 7,3; Eph 3,1S **1,8** 2 Kor 5,14

9 Ich bete zu Gott, dass eure Liebe immer reicher
wird an Einsicht und Verständnis. 10 Dann könnt
ihr in jeder Lage entscheiden, was das Rechte ist,
und werdet an dem Tag, an dem Christus Gericht
hält, rein und ohne Fehler dastehen, 11 reich an guten
Taten, die Jesus Christus zum Ruhm und zur Ehre
Gottes durch euch gewirkt hat.

Die Gefangenschaft des Apostels dient der Verbreitung der Guten Nachricht

12 Ihr sollt wissen, Brüder und Schwestern,[a] dass
meine Gefangenschaft sogar zur Verbreitung der
Guten Nachricht* beigetragen hat. 13 Die Beamten
am Sitz des Statthalters[b] und alle, die meinen Pro-
zess verfolgt haben, wissen jetzt, dass ich angeklagt
bin, weil ich Christus diene.[c] 14 Und gerade weil ich
im Gefängnis sitze, sind die meisten Brüder und
Schwestern[d] hier am Ort durch den Beistand des
Herrn* voller Zuversicht und getrauen sich, die Bot-
schaft Gottes nun erst recht und ohne Furcht weiter-
zusagen.
15 Manche tun es zwar, weil sie neidisch sind und
mich ›ausstechen‹ wollen; aber andere verkünden
Christus in der besten Absicht. 16 Sie tun es aus Liebe
zu mir; denn sie wissen, dass Gott mich dazu
bestimmt hat, vor Gericht die Gute Nachricht zu ver-
teidigen. 17 Die anderen allerdings verbreiten die Bot-
schaft von Christus in unehrlicher und eigennütziger
Absicht. Sie wollen mir in meiner Gefangenschaft
Kummer bereiten.[e]
18a Aber was macht das? Ob es mit Hintergedanken
geschieht oder aufrichtig – die Hauptsache ist, dass
Christus auf jede Weise verkündet wird.

Wie es auch ausgeht: die Zukunft heißt Christus

18b Darüber freue ich mich; aber auch künftig werde
ich Grund haben, mich zu freuen. 19 Denn ich weiß,
dass meine Gefangenschaft – gleichgültig, wie sie
endet – letztlich zu meiner Rettung[f] führen wird.
Das verbürgen mir eure Gebete und Jesus Christus,
der mir durch seinen Geist* beisteht. 20 Ich hoffe
und erwarte voller Zuversicht, dass Gott mich nicht
versagen lässt. Ich vertraue darauf: Auch jetzt, so wie
bisher stets, wird Christus in aller Öffentlichkeit
groß gemacht werden durch das, was mit mir
geschieht, ob ich nun am Leben bleibe oder sterbe.
21 Denn Leben, das ist für mich Christus; darum
bringt Sterben für mich nur Gewinn. 22 Aber wenn
ich am Leben bleibe, kann ich noch weiter für Chris-
tus wirken. Deshalb weiß ich nicht, was ich wählen
soll. 23 Es zieht mich nach beiden Seiten: Ich möchte
am liebsten aus diesem Leben scheiden und bei
Christus sein; das wäre bei weitem das Beste.
24 Aber es ist wichtiger, dass ich noch hier ausharre,
weil ihr mich braucht.
25 Darauf baue ich und bin deshalb ganz sicher,
dass ich euch allen erhalten bleibe. Dann kann ich
euch helfen, dass ihr weiterkommt und die volle
Freude erlebt, die der Glaube schenkt. 26 Und ihr
werdet euch noch viel zuversichtlicher dessen rüh-
men* können, was Jesus Christus durch mich an
euch getan hat, wenn ich wieder bei euch bin und
unter euch wirken kann.

Für Christus kämpfen und leiden

27 Das Wichtigste ist: Lebt als Gemeinde so, dass ihr
der Guten Nachricht* von Christus Ehre macht, ob
ich euch nun besuchen und sehen kann oder ob
ich nur aus der Ferne von euch höre. Steht alle fest
zusammen in derselben Gesinnung! Kämpft einmü-
tig für den Glauben, der in der Guten Nachricht
gründet. 28 Lasst euch von den Gegnern in keiner
Weise einschüchtern! Gott will ihnen durch eure
Standhaftigkeit zeigen, dass sie verloren sind, ihr
aber gerettet werdet.
29 Gott hat euch die Gnade erwiesen, dass ihr
etwas für Christus tun dürft – nicht nur ihm vertrau-
en, sondern auch für ihn leiden. 30 Ihr habt jetzt den-
selben Kampf zu bestehen wie ich. Was für ein
Kampf das ist, habt ihr früher an mir erlebt und hört
es jetzt von mir aus der Ferne.

Der Weg, den Christus ging, als Maßstab für das Leben der Christen

2 Bei euch gibt es doch das ermutigende Wort im
Auftrag von Christus; es gibt den tröstenden
Zuspruch, der aus der Liebe kommt; es gibt Gemein-
schaft durch den Heiligen Geist*; es gibt herzliches
Erbarmen. 2 Dann macht mich vollends glücklich
und habt alle dieselbe Gesinnung, dieselbe Liebe
und Eintracht! Verfolgt alle dasselbe Ziel! 3 Handelt
nicht aus Selbstsucht oder Eitelkeit! Seid bescheiden
und achtet den Bruder oder die Schwester[g] mehr als
euch selbst. 4 Denkt nicht an euren eigenen Vorteil,
sondern[h] an den der anderen, jeder und jede von
euch!
5 Habt im Umgang miteinander stets vor Augen,
was für einen Maßstab Jesus Christus gesetzt hat:[i]

6 Er war in allem Gott gleich,
und doch hielt er nicht gierig daran fest,
so wie Gott zu sein.
7 Er gab alle seine Vorrechte auf
und wurde einem Sklaven gleich.
Er wurde ein Mensch in dieser Welt
und teilte das Leben der Menschen.
8 Im Gehorsam gegen Gott

a *Brüder und Schwestern* steht für ein einziges griechisches Wort, das als Mehrzahlform nicht nur, wie herkömmlich übersetzt, die »Brüder« bezeichnet, sondern auch je nach Zusammenhang die gesamte Gemeinde aus Männern und Frauen (siehe dazu Sacherklärung »Bruder«).
b *Die Beamten ...:* wörtlich *Das ganze Prätorium** (siehe untere Bildlegende Seite 310 NT).
c Und nicht wegen krimineller Handlungen; vgl. 1 Petr 4,15-16.
d Siehe Anmerkung zu Vers 12.
e Es handelt sich, wie Vers 18 zeigt, nicht um Irrlehre, sondern eher um persönliche Rivalität; vgl. 1 Kor 1,11-12.
f D.h. zum Bestehen vor *Gottes* Gericht. Paulus hat nur eine Sorge: dass er als Zeuge der Guten Nachricht versagt.
g Wörtlich *achtet einander.*
h Viele Handschriften haben *sondern auch.*
i Wörtlich *Dies sinnt unter euch, was auch in Christus Jesus.* Das folgende Lied sieht den Weg Christi ähnlich wie 1 Tim 3,16 (vgl. auch Joh 1,1-18; Kol 1,15-20); doch wird nirgends so stark wie hier die freiwillige Erniedrigung des ewigen Gottessohnes betont, mit der Paulus die Mahnung der Verse 2-5 begründet; vgl. 1 Kor 1,17b-25.

1,10 Röm 12,2; (Tag) Phil 1,6; 2,16; 1 Kor 1,8; 2 Kor 5,10S; 1 Thess 3,13; 5,23; (ohne Fehler) Eph 5,27S **1,11** Joh 15,8 **1,12** 2 Tim 2,9; Eph 3,1S **1,15-17** 2 Kor 2,17S **1,19** Röm 15,30S **1,21** Gal 2,20, Kol 3,3-4 **1,23** 2 Kor 5,8-9 **1,27** Kol 1,10; 1 Thess 2,12; 4,1.7 **1,30** Apg 16,19-40 **2,2** Eph 5,2S; 1 Kor 1,10-11S **2,3** Röm 12,10S; Gal 5,26 **2,4** 1 Kor 10,24S **2,5** Joh 13,15; 1 Petr 2,21; Röm 15,5 **2,6** Joh 1,1-2; 17,5; Hebr 1,3 **2,7** 2 Kor 8,9; Joh 1,14S **2,8** Hebr 5,8; 12,2

erniedrigte er sich so tief,
dass er sogar den Tod auf sich nahm,
ja, den Verbrechertod am Kreuz*.

9 Darum hat Gott ihn auch erhöht*
und ihm den Rang und Namen verliehen,
der ihn hoch über alle stellt.[a]
10 Vor Jesus müssen alle auf die Knie fallen –
alle, die im Himmel sind,
auf der Erde und unter der Erde;
11 alle müssen feierlich bekennen:
»Jesus Christus ist der Herr!«

Und so wird Gott, der Vater, geehrt.

Bewährung der Gemeinde auf dem Weg zur Vollendung

12 Meine Lieben! Ihr habt doch immer auf mich
gehört. Tut es nicht nur, wenn ich unter euch anwe-
send bin, sondern jetzt erst recht, da ich fern von
euch bin. Arbeitet an euch selbst mit Furcht und Zit-
tern, damit ihr gerettet werdet! 13 Ihr könnt es, denn
Gott selbst bewirkt in euch nicht nur das Wollen,
sondern auch das Vollbringen, so wie es ihm gefällt.[b]

14 Tut das alles ohne Murren und langes Hin- und
Herreden! 15 Ihr sollt ja rein und fehlerlos sein und
euch als Gottes vollkommene Kinder erweisen mit-
ten unter verirrten und verdorbenen Menschen;
ihr sollt leuchten unter ihnen wie die Sterne am
nächtlichen Himmel. 16 Dazu müsst ihr an der Bot-
schaft festhalten, die euch das ewige Leben ver-
spricht. Dann werdet ihr mein Ruhm* sein an dem
Tag, an dem Christus kommt, weil meine Arbeit
und Mühe nicht vergeblich gewesen sind.

17 Aber auch wenn ich bei meinem Dienst – diesem
Opferdienst, in dem ich Gott euren Glauben darbrin-
ge – mein Blut wie ein dazugehöriges Trankopfer*
vergießen muss: Ich freue mich und freue mich mit
euch allen. 18 Freut ihr euch ebenso und freut euch
mit mir!

Timotheus und Epaphroditus

19 Ich hoffe im Vertrauen auf Jesus, den Herrn*, dass
ich Timotheus* bald zu euch schicken kann. Ich
möchte gern erfahren, wie es um euch steht, damit
auch mir das Herz leichter wird.

20 Ich habe sonst niemand, der so zuverlässig ist
und sich so selbstlos wie er um euch kümmern wird.
21 Die andern kümmern sich alle nur um ihre eigenen
Angelegenheiten und nicht um Jesus Christus und
seine Sache. 22 Ihr wisst, wie bewährt er ist. Ihr habt
selbst erlebt, wie er sich mit mir zusammen für die
Gute Nachricht* eingesetzt hat – so wie ein Sohn
dem Vater zur Hand geht.

23 Ihn also hoffe ich euch schicken zu können,
sobald ich sehe, wie mein Prozess ausgehen wird.
24 Aber im Vertrauen auf den Herrn rechne ich sogar
damit, dass ich euch in Kürze selbst besuchen kann.

25 Es erschien mir notwendig, Epaphroditus zu
euch zurückzuschicken, meinen Bruder, Mitarbeiter
und Mitstreiter.[c] Ihr hattet ihn zu mir geschickt als
Überbringer eurer Gabe, mit der ihr meinem Mangel
abhelfen wolltet. 26 Jetzt aber sehnte er sich so sehr
nach euch allen und war in Sorge, weil ihr von seiner
Krankheit gehört hattet. 27 Es stand tatsächlich
schlimm um ihn; er war dem Tode nah. Aber Gott
hat sich über ihn erbarmt – und nicht nur über
ihn, sondern auch über mich. Habe ich doch schon
Kummer genug!

28 Umso schneller schicke ich jetzt Epaphroditus
zu euch zurück, damit ihr euch freut, ihn wohlbehal-
ten wiederzusehen, und ich selbst eine Sorge weni-
ger habe. 29 Empfangt ihn als Bruder und nehmt
ihn voll Freude auf. Solchen Menschen müsst ihr
Achtung entgegenbringen. 30 Denn beim Einsatz
für Christus wäre er fast zu Tode gekommen. Er
hat sein Leben gewagt, um mir den Dienst zu leisten,
den ihr selbst mir nicht leisten konntet.

Aufruf zur Freude

3 Im Übrigen, meine Brüder und Schwestern,[d]
freut euch mit der Freude, die vom Herrn*
kommt! Ich schreibe euch immer wieder dasselbe;
aber mir ist das keine Last und euch macht es noch
sicherer.

Menschliche Vorzüge und Leistungen zählen nicht

2 Nehmt euch in Acht vor diesen elenden Hunden,
diesen falschen Missionaren, diesen Zerschnitte-
nen! 3 Ich nenne sie so, denn die wirklich Beschnit-
tenen* sind wir, die der Geist* Gottes befähigt, Gott
in der rechten Weise zu dienen. Denn wir bauen
nicht auf Vorzüge, die irdisch und menschlich sind,[e]
sondern rühmen* uns allein damit, dass wir zu Jesus
Christus gehören.

4 Auch ich könnte mich auf solche Vorzüge beru-
fen. Wenn andere meinen, sie könnten mit irdischen
Vorzügen großtun – ich hätte viel mehr Grund dazu.
5 Ich wurde beschnitten, als ich eine Woche alt war.
Ich bin von Geburt ein Israelit aus dem Stamm Benja-
min, ein Hebräer* von reinster Abstammung. Was
die Stellung zum Gesetz* angeht, so gehörte ich
zur strengen Richtung der Pharisäer*. 6 Mein Eifer
ging so weit, dass ich die christliche Gemeinde ver-
folgte. Gemessen an dem, was das Gesetz vor-
schreibt, stand ich vor Gott ohne Tadel da.

a Wörtlich *und ihm den Namen verliehen, der über jeden Namen ist;* gemeint ist der Würdetitel *Herr** (Vers 11). Christus wurde zum Herrn über alle Mächte* im Kosmos (sie sind in Vers 10 gemeint), ja, er erhält den Namen, der im griechischen Alten Testament Gott selbst zukommt.
b Die Gnade Gottes und das eigene Bemühen des Menschen sind unlösbar miteinander verflochten: Alles menschliche Tun ist von der Gnade umfangen, aber die Gnade muss auch im menschlichen Tun zur Auswirkung kommen; vgl. Gal 5,6.
c Paulus gibt ihm diese Ehrentitel, obwohl er offenbar dem Auftrag, den ihm die Philipper zugedacht hatten, nicht gewachsen war.
d Siehe Anmerkung zu 1,12.
e *Vorzüge, die ...:* wörtlich *Fleisch**. Paulus denkt hier an die Vorzüge im religiösen Sinn, die nach Auffassung der Juden (und der judenchristlichen Missionare, die die Beschneidung fordern; Vers 2) eine Vorzugsstellung vor Gott begründen und die er in den Versen 5-6 im Einzelnen aufzählt.

2,9 Apg 2,33S; Eph 1,21; Hebr 1,4 **2,10-11** Jes 45,23; Joh 5,23-24; Offb 5,13 **2,13** 1,6; Joh 15,5; Röm 7,18 **2,15** Dan 12,3; Mt 5,14; Eph 5,8 **2,16** (Ruhm) 2Kor 1,14; 5,12; 1Thess 2,19; 2Thess 1,4; 1Kor 1,31S; (Tag) Phil 1,10S; (nicht vergeblich) 1Kor 15,2S **2,17** (Opferdienst) Röm 15,16; 2Tim 4,6; 1Joh 3,16 **2,18** 3,1; 4,4 **2,19** 1Kor 4,17S **2,25** 4,18 **2,29** 1Kor 16,16.18 **3,1** 2,18S **3,2** 2Kor 11,13; Gal 5,12 **3,3** Röm 2,28-29S **3,4** 2Kor 11,18.21 **3,5** Röm 11,1S; Gen 17,9-14S **3,6** Apg 8,3S

7 Aber dies alles, was mir früher als Vorteil
erschien, habe ich durch Christus als Nachteil
erkannt. 8 Ich betrachte überhaupt alles als Verlust
im Vergleich mit dem überwältigenden Gewinn,
dass ich Jesus Christus als meinen Herrn* kenne.
Durch ihn hat für mich alles andere seinen Wert verloren, ja, ich halte es für bloßen Dreck. Nur noch
Christus besitzt für mich einen Wert.
9 Zu ihm möchte ich um jeden Preis gehören. Deshalb will ich nicht mehr durch mein eigenes Tun vor
Gott als gerecht bestehen. Ich suche nicht meine
eigene Gerechtigkeit*, die aus der Befolgung des
Gesetzes* kommt, sondern die Gerechtigkeit, die
von Gott kommt und denen geschenkt wird, die
glauben. Ich möchte vor Gott als gerecht bestehen,
indem ich mich in vertrauendem Glauben* auf das
verlasse, was er durch Christus für mich getan hat.[a]
10 Ich möchte nichts anderes mehr kennen als
Christus: Ich möchte die Kraft seiner Auferstehung*
erfahren, ich möchte sein Leiden mit ihm teilen. Mit
ihm gleich geworden in seinem Tod, 11 hoffe ich
auch, zur Auferstehung der Toten zu gelangen.

Wir sind noch nicht am Ziel!

12 Ich meine nicht, dass ich schon vollkommen bin
und das Ziel erreicht habe. Ich laufe aber auf das Ziel
zu, um es zu ergreifen, nachdem Jesus Christus von
mir Besitz ergriffen hat. 13 Ich bilde mir nicht ein,
Brüder und Schwestern,[b] dass ich es schon geschafft
habe. Aber die Entscheidung ist gefallen! Ich lasse
alles hinter mir und sehe nur noch, was vor mir liegt.
14 Ich halte geradewegs auf das Ziel zu, um den Siegespreis zu gewinnen. Dieser Preis ist das ewige Leben,
zu dem Gott mich durch Jesus Christus berufen hat.
15 So wollen wir denken – wenn wir uns zu den
›Vollkommenen‹ zählen.[c] Wenn ihr in irgendeiner
Einzelheit anderer Meinung seid, wird euch Gott
auch das noch offenbaren. 16 Aber lasst uns auf jeden
Fall auf dem Weg bleiben, den wir als richtig erkannt
haben.
17 Haltet euch an mein Vorbild, Brüder und
Schwestern, und nehmt euch ein Beispiel an denen,
die so leben, wie ihr es an mir seht. 18 Ich habe euch
schon oft gewarnt und wiederhole es jetzt unter Tränen: Die Botschaft, dass allein im Kreuzestod von
Christus* unsere Rettung liegt, hat viele Feinde.
19 Ihr Ende ist die ewige Vernichtung. Der Bauch ist
ihr Gott.[d] Statt der Herrlichkeit bei Gott warten
auf sie Spott und Schande. Sie haben nichts als Irdisches im Sinn.
20 Wir dagegen haben schon jetzt Bürgerrecht im
Himmel, bei Gott. Von dort her erwarten wir auch
unseren Retter, Jesus Christus, den Herrn*. 21 Er
wird unseren schwachen, vergänglichen Körper verwandeln, sodass er genauso herrlich und unvergänglich wird wie der Körper, den er selber seit seiner

Paulus vergleicht sich als Christ mit einem Läufer, der alle Kraft einsetzt, um den Preis zu gewinnen (3,14). Als die Christen in Philippi diesen Brief lasen, hatten sie das Bild römischer Spiele vor Augen: die Athleten, die ihre Strecke laufen, die Wagenlenker, die ihre Pferde antreiben. Die Szene stammt aus dem Film ›Ben Hur‹.

a *indem ich mich ...:* wörtlich *durch den Glauben, der sich auf Christus richtet;* vgl. Anmerkung zu Röm 3,22.
b Siehe Anmerkung zu 1,12; ebenso für Vers 17.
c Dazu neigten offenbar gewisse Leute in Philippi im Gefolge der falschen Missionare (Vers 2; vgl. dagegen Paulus in Vers 12-13).
d Mit *Bauch* bezeichnet Paulus in überspitzter Polemik das, was er in den Versen 4-6 aufgezählt hat und was mit der *Botschaft vom gekreuzigten Christus* (Vers 18) unvereinbar ist: Vertrauen auf das Gesetz* und auf seine Erfüllung und das Bewusstsein, in dieser Hinsicht »vollkommen« zu sein (Verse 12 und 15).

3,7-8 Mt 13,44.46; Weish 7,8-10 **3,9** Röm 1,17 **3,10-11** Röm 6,5.8-11; 2Kor 4,10S **3,12** (laufe) 1Kor 9,24-25S **3,14** (Siegespreis) 1Kor 9,24-25S **3,17** 1Kor 4,16S **3,18** Gal 6,12-15 **3,19** Röm 16,18 **3,20** Eph 2,6; Hebr 13,14 **3,21** (verwandeln) Röm 8,29; 1Kor 15,43-53; Kol 3,4; (Macht) 1Kor 15,25.28

Auferstehung hat. Denn er hat die Macht, alles seiner Herrschaft zu unterwerfen.

Ermahnung zu Eintracht, Freude und Streben nach dem Guten. Friedenswunsch

4 Also, meine geliebten Brüder und Schwestern,[a] nach denen ich mich sehne, meine Freude und mein Siegeskranz: Steht fest in der Kraft, die der Herr* euch schenkt, meine Lieben!

2 Ich ermahne Evodia und ich ermahne Syntyche, dass sie sich als Schwestern im Glauben vertragen. 3 Dich aber, mein bewährter Syzygus,[b] bitte ich, dass du ihnen dabei hilfst. Die beiden haben sich mit mir für die Verbreitung der Guten Nachricht* eingesetzt, zusammen mit Klemens und meinen anderen Mitarbeitern, deren Namen im Buch des Lebens stehen.

4 Freut euch immerzu, mit der Freude, die vom Herrn kommt! Und noch einmal sage ich: Freut euch! 5 Alle in eurer Umgebung sollen zu spüren bekommen, wie freundlich und gütig ihr seid. Der Herr kommt bald![c] 6 Macht euch keine Sorgen, sondern wendet euch in jeder Lage an Gott und bringt eure Bitten vor ihn. Tut es mit Dank für das, was er euch geschenkt hat. 7 Dann wird der Frieden* Gottes, der alles menschliche Begreifen weit übersteigt, euer Denken und Wollen im Guten bewahren, geborgen in der Gemeinschaft mit Jesus Christus.

8 Im Übrigen, meine Brüder und Schwestern:[d] Richtet eure Gedanken auf das, was schon bei euren Mitmenschen[e] als rechtschaffen, ehrbar und gerecht gilt, was rein, liebenswert und ansprechend ist, auf alles, was Tugend heißt und Lob verdient. 9 Lebt so, wie ich es euch gelehrt und euch als verbindliche Weisung weitergegeben habe und wie ihr es von mir gehört und an mir gesehen habt. Gott, der Frieden* schenkt, wird euch beistehen!

Dank für die Unterstützung

10 Es war mir eine große Freude und ein Geschenk vom Herrn*, dass eure Fürsorge für mich wieder einmal so richtig aufgeblüht ist.[f] Ihr wolltet ja schon die ganze Zeit etwas für mich tun, aber es ergab sich keine Gelegenheit.

11 Ich sage das nicht, weil ich in Not war. Ich habe gelernt, in jeder Lage zurechtzukommen und nicht von äußeren Umständen abhängig zu sein:

12 Ich kann Not leiden,
ich kann im Wohlstand leben;
mit jeder Lage bin ich vertraut.
Ich kenne Sattsein und Hungern,
ich kenne Mangel und Überfluss.
13 Allem bin ich gewachsen
durch den, der mich stark macht.

14 Aber es war freundlich von euch, dass ihr an meiner Notlage Anteil genommen und mir geholfen habt. 15 Ihr wisst ja selbst, ihr in Philippi: Am Anfang meiner Missionstätigkeit, als ich die Gute Nachricht* von Mazedonien aus weitertrug,[g] wart ihr die einzige Gemeinde, von der ich als Gegenleistung

»Richtet eure Gedanken auf das, was schon bei euren Mitmenschen als rechtschaffen, ehrbar und gerecht gilt, was rein, liebenswert und ansprechend ist« (4,8). Was das Licht für die Blüte, das ist das Schöne und Gute für den inneren Menschen. Aber auch an die Freiheit von Sorgen (4,6) erinnern die Blumen, die schon Jesus seinen Jüngern als Vorbild hingestellt hat (Mt 6,28-30).

a Siehe Anmerkung zu 1,12.
b *Syzygus* bedeutet: Gefährte, Kamerad. Wahrscheinlich handelt es sich um den Eigennamen eines vertrauten Mitarbeiters von Paulus in Philippi, den Paulus auf diesen seinen Namen hin anspricht und in Pflicht nimmt.
c Vgl. Anmerkung zu 1 Kor 15,51-52.
d Siehe Anmerkung zu 1,12.
e *schon bei euren Mitmenschen:* verdeutlichender Zusatz. Der Apostel nimmt hier Bezug auf Haltungen und Werte, die in weiten Kreisen der damaligen heidnischen Gesellschaft in hohem Ansehen standen.
f Die Philipper hatten Paulus durch Epaphroditus eine Unterstützung geschickt (Vers 18; vgl. 2,25).
g Vgl. Apg 16–18.

4,1 1 Thess 2,17-20 **4,3** Offb 3,5 S **4,4** 2,18 S **4,5** (kommt bald) Röm 13,11-12; 1 Kor 16,22; Hebr 10,25; Jak 5,8; Offb 22,20 **4,6** Mt 6,25 par; 1 Petr 5,7; Ps 37,5 **4,7** Joh 14,27 S; Kol 3,15 **4,9** 1 Kor 4,16 S **4,11** 1 Tim 6,6-8 **4,12** 2 Kor 6,10 **4,13** 2 Kor 12,9-10 **4,15** 2 Kor 11,8-9

für meinen Dienst etwas annahm. [16] Schon nach Thessalonich habt ihr mir etwas für meinen Unterhalt geschickt und auch später bei der einen oder andern Gelegenheit.

[17] Denkt nicht, dass es mir auf euer Geld ankommt! Mir liegt daran, dass sich euer eigenes Guthaben vermehrt – ich meine: dass euer Glaube einen Ertrag bringt, der euch bei Gott gutgeschrieben wird.[a]

[18] Ich bestätige, dass ich durch Epaphroditus den ganzen Betrag erhalten habe. Es ist mehr als genug; ich habe nun wirklich alles, was ich brauche. Diese Gabe ist wie ein Opfer*, dessen Duft zu Gott aufsteigt und an dem er seine Freude hat.

[19] Gott, dem ich diene, wird euch alles geben, was ihr braucht, so gewiss er euch durch Jesus Christus am Reichtum seiner Herrlichkeit* teilhaben lässt.
[20] Unserem Gott und Vater, gehört die Herrlichkeit* für alle Ewigkeit. Amen.

Grüße und Schlusswunsch

[21] Grüßt alle, die zur Gemeinde gehören – alle, die mit Jesus Christus verbunden sind![b] Die Brüder, die bei mir sind, lassen euch grüßen. [22] Es grüßen euch alle Christen hier am Ort, die ganze hiesige Gemeinde,[c] besonders die, die im kaiserlichen Dienst stehen.

[23] Die Gnade des Herrn* Jesus Christus sei mit euch![d]

a *Mir liegt daran …:* wörtlich *Ich suche die Frucht, die sich mehrt zur Gutschrift auf euer Konto.*
b Wörtlich *Grüßt jeden Heiligen* in Christus Jesus.*
c Wörtlich *Es grüßen euch alle Heiligen*.*
d Wörtlich *mit eurem Geist;* siehe Anmerkung zu Gal 6,18.

4,16 (Thessalonich) Apg 17,1 **4,17** 1 Kor 9,11-12 **4,18** 2,25; (Opfer) Lev 3,5; Hebr 13,16

KOLOSSER

Kolossä (mit den im Brief erwähnten Nachbarstädten Laodizea und Hiërapolis) liegt etwa 180 km östlich von Ephesus am Oberlauf des Lykusflusses. Die Gemeinde wurde nicht von Paulus, sondern von dem eng mit ihm verbundenen Epaphras gegründet (1,7; siehe Philemon 23). Paulus ist ihr nicht persönlich bekannt (2,1); nach 4,3 schreibt er aus dem Gefängnis.

Der gedankliche und stilistische Unterschied zu den älteren Paulusbriefen lässt vermuten, dass der Brief spät, wohl während der Gefangenschaft in Cäsarea oder Rom, abgefasst wurde. Viele Ausleger nehmen an, dass er vielleicht im Auftrag des Apostels von einem seiner Schüler geschrieben worden ist.

Den Anlass des Briefes bildet eine gefährliche Irrlehre, die in Kolossä Anhänger gefunden hat. Ähnlich wie die Gegner des Apostels in Galatien (siehe Einführung zum Galaterbrief) meinen ihre Verkünder, die vertrauende Annahme der Christusbotschaft genüge nicht zu unserer Rettung. Sie sehen diese Welt von kosmischen Mächten beherrscht, die einen unheilvollen Einfluss auf die Menschen ausüben. Um sie günstig zu stimmen, müsse man diesen »Engelmächten« (2,18) eine besondere Verehrung entgegenbringen und bestimmte Vorschriften beachten. Nach 2,16-23 handelt es sich dabei um die Enthaltung von bestimmten Speisen und die Beachtung bestimmter heiliger Tage (vgl. Galater 4,10). Die Behandlung des Themas »Beschneidung« (2,11-15) lässt vermuten, dass die Irrlehrer jüdischer Herkunft waren; offenbar beriefen sie sich auf Visionen und eine »höhere Erkenntnis« (2,18 und 2,8).

Der Apostel stellt demgegenüber klar: Unsere Rettung ist durch Christus verbürgt, der alle kosmischen Mächte seiner Herrschaft unterworfen hat (2,15). Mit ihm sind wir schon jetzt zum Leben durchgedrungen, auch wenn es vorläufig noch verborgen ist (3,1-4). Deshalb darf sich niemand durch die Berufung auf eine höhere Erkenntnis beeindrucken lassen: Über Christus hinaus gibt es nichts zu erkennen; in ihm allein sind »alle Schätze der Weisheit und Erkenntnis verborgen« (2,3).

Inhaltsübersicht

Eingangsgruß

1 Paulus, Apostel* von Jesus Christus nach dem
Willen Gottes, und der Bruder Timotheus schreiben diesen Brief.
2 Er richtet sich an alle in Kolossä, die Gott für sich ausgesondert hat,[a] die Brüder und Schwestern,[b] die durch Christus zum Glauben an Gott gekommen sind.

Gnade und Frieden* sei mit euch von Gott, unserem Vater!

Dank des Apostels für den lebendigen Glauben der Gemeinde

3 Immer, wenn wir für euch beten, danken wir Gott, dem Vater unseres Herrn* Jesus Christus.
4 Wir haben von eurem Glauben gehört, der durch Jesus Christus in euch lebt, und von eurer Liebe zu allen Christen.[c]
5 Sie beide erwachsen aus eurer festen Hoffnung auf das Leben, das Gott im Himmel für euch bereithält. Er hat es euch durch das Wort der Wahrheit*, die Gute Nachricht*, zugesichert.

6 Diese Gute Nachricht ist nicht nur bei euch, sondern in der ganzen Welt bekannt. Überall breitet sie sich aus und bringt Frucht. Sie tut es auch bei euch, seit dem Tag, an dem euch Gottes Gnade verkündet worden ist und ihr von der Wahrheit der euch verkündeten Botschaft überzeugt worden seid.

7 Unser geliebter Epaphras, der zusammen mit uns Christus dient, hat euch mit dieser Botschaft bekannt gemacht. Er ist treu in seinem Dienst für Christus, den er an euch tut.
8 Durch ihn haben wir auch von der Liebe gehört, die der Geist* Gottes in euch geweckt hat.

a *Er richtet sich ...:* wörtlich *an die Heiligen* in Kolossä.*
b Siehe Anmerkung zu Phil 1,12.
c Wörtlich *zu allen Heiligen*.*

1,4 Eph 1,15 **1,5** 1 Petr 1,3-4; Eph 1,13 **1,7** (Epaphras) 4,12; Phlm 23

Das Leben der Christen im Licht

9 Deshalb hören wir auch nicht auf, für euch zu
beten, seit wir von euch gehört haben. Wir bitten
Gott, dass er euch mit all der Weisheit und Einsicht
erfüllt, die sein Geist* euch schenkt, und dass er
euch erkennen lässt, was sein Wille ist. 10 Denn ihr
sollt ja so leben, wie es dem Herrn* Ehre macht,
und stets tun, was ihm gefällt.

Dazu kommt es,
wenn euer Leben als Frucht gute Taten aller Art hervorbringt,
wenn ihr darin ständig fortschreitet durch die immer tiefere Erkenntnis dessen, was Gott für euch getan hat,[a] –
11-12 wenn ihr, gestärkt von Gott mit seiner ganzen Kraft und göttlichen Macht, geduldig und standhaft bleibt in allem, was ihr zu ertragen habt,
wenn ihr voll Freude dem Vater dankt, daß er euch befähigt hat, teilzuhaben am Leben seiner heiligen Engel[b] im Reich des Lichts.

13 Denn er hat uns aus der Gewalt der dunklen Mäch-
te* gerettet und uns unter die Herrschaft seines
geliebten Sohnes* gestellt. 14 Durch den Sohn und
in dessen Machtbereich ist uns die Erlösung zuteil
geworden: Unsere Schuld ist uns vergeben.

Christus, Bild Gottes und Bringer des Friedens

15 Er ist das Bild des unsichtbaren Gottes,
der erstgeborene Sohn* des Vaters,
aller Schöpfung voraus und ihr weit überlegen.
16 Denn in ihm ist alles erschaffen worden,
was im Himmel und auf der Erde lebt,
die sichtbaren Geschöpfe auf der Erde
und die unsichtbaren im Himmel –
die Thronenden, die Herrschenden,
die Mächte, die Gewalten.[c]
Alles hat Gott durch ihn geschaffen,
und alles findet in ihm sein letztes Ziel.
17 Er steht über allem,
und alles besteht durch ihn.
18 Er ist das Haupt des Leibes,
das heißt: der Gemeinde.

Er ist der Anfang der neuen Schöpfung,
der Erstgeborene aller Toten,
der zuerst zum neuen Leben gelangt ist,
damit er in jeder Hinsicht der Erste sei.
19 Denn Gott gefiel es,
in ihm die ganze Fülle des Heils
Wohnung nehmen zu lassen.
20 Durch ihn wollte Gott alles versöhnen
und zu neuer, heilvoller Einheit verbinden.
Alles, was gegeneinander streitet,
wollte er zur Einheit zusammenführen,
nachdem er Frieden* gestiftet hat
durch das Blut*, das Jesus am Kreuz* vergoss;
alles, was auf der Erde und im Himmel lebt,
sollte geeint werden durch ihn
und in ihm als dem letzten Ziel.

Lebenswende durch die Gute Nachricht

21 Das gilt auch für euch. Einst standet ihr Gott fremd
und feindlich gegenüber und habt das durch eure
bösen Taten gezeigt. 22 Aber weil Christus in seinem
menschlichen Leib den Tod auf sich nahm, hat Gott
jetzt mit euch Frieden* gemacht. Als sein heiliges*
Volk steht ihr jetzt rein und fehlerlos vor ihm da.
23 Ihr müsst jedoch im Glauben fest und unerschüt-
terlich bleiben und dürft euch nicht von der Hoff-
nung abbringen lassen, die euch durch die Gute
Nachricht* gegeben ist. Ihr habt sie gehört, und sie
ist in der ganzen Welt verkündet worden. Mich, Pau-
lus, hat Gott in seinen Dienst genommen, damit ich
sie überall bekannt mache.

Der Dienst des Apostels

24 Ich freue mich, dass ich jetzt für euch leiden darf.
An den Leiden von Christus würde noch etwas feh-
len, wenn ich sie nicht durch das, was ich selbst kör-
perlich leide, ergänzen würde – seinem Leib*
zugute, der Gemeinde. 25 Zu ihrem Dienst bin ich
bestellt durch das Amt, das Gott mir zu eurem Besten
übertragen hat.

Kolossä, eine Stadt im Südwesten der heutigen Türkei, lag im schönen Tal des Flusses Lykus. Die Botschaft von Christus erreichte Kolossä wahrscheinlich während der zwei Jahre, in denen Paulus in Ephesus wirkte (Apg 19).

a *Erkenntnis dessen…:* wörtlich *Erkenntnis Gottes.*
b Wörtlich *Heiligen;* nach dem Zusammenhang bezieht sich das Wort hier nicht auf die Christen.
c Die Ausleger sind sich weitgehend einig, dass Paulus in den Versen 15-20 ein altes Christuslied zitiert. Durch einzelne Zwischenbemerkungen (eingerückte Zeilen) setzt er es in Beziehung zu Themen, die ihm im Blick auf die Gemeinde in Kolossä besonders wichtig sind. Zu der Zwischenbemerkung in Vers 16 vgl. 2,10.15.18.23 und Sacherklärung »Mächte«; zu der in Vers 18 vgl. 1,24; 2,19 (ursprünglich ist an den Kosmos als »Leib« gedacht); zu der in Vers 20 vgl. 1,22; 2,13-14 sowie Röm 5,1-10; 2 Kor 5,14-21.

1,9-10 Phil 1,9 **1,10** Phil 1,27 **1,11-12** Eph 1,18 **1,13** Eph 2,2; 1,21 S; Apg 26,18 S **1,14** Eph 1,7 **1,15** (Bild) 2 Kor 4,4; Hebr 1,3; Weish 7,26; (unsichtbar) 1 Tim 6,16 **1,16** Joh 1,3 S **1,18a** (Haupt) Eph 1,22 S; (Leib) Eph 1,23 S **1,18b** (der Erste) Apg 4,2 S; Offb 1,5; 1 Kor 6,14 S **1,19** 2,9; Eph 1,23 **1,20** 2 Kor 5,19; Eph 1,22 S; 1,7 S; (Frieden) Eph 2,14 S **1,21-22** Eph 2,12-13 **1,22** Röm 5,10; Eph 5,27 S **1,23** Gal 1,16 **1,24** (für euch leiden) Eph 3,13; 2 Kor 4,10-12; 2 Tim 2,10

Seine Botschaft soll ich überall verbreiten. 26 Ich soll das Geheimnis enthüllen, das er seit Urzeiten allen Generationen verborgen gehalten hatte, jetzt aber denen offenbart hat, die er in seine Gemeinschaft rief.[a] 27 Ihnen wollte er zeigen, welch herrlichen Reichtum dieses Geheimnis für euch, die nichtjüdischen Völker, in sich birgt: Christus mitten unter euch, gerade euch! Das bedeutet die sichere Hoffnung, dass Gott euch Anteil gibt an seiner Herrlichkeit*!

28 Diesen Christus verkünden wir. Und wir hören nicht auf, jeden Einzelnen in der Gemeinde zu ermahnen und jedem Einzelnen in der Gemeinde den Weg zu zeigen, den uns Christus gewiesen hat.[b] Das tun wir mit der ganzen Weisheit, die uns gegeben ist. Denn wir möchten jeden und jede in der Gemeinde dahin bringen, dass sie vor Gott dastehen in der Vollkommenheit, die aus der Verbindung mit Christus erwächst.

29 Eben dafür kämpfe ich und mühe mich ab, und Christus selbst wirkt durch mich mit seiner Kraft, die sich in mir als mächtig erweist.

Sorge um die Empfänger des Briefs

2 Es liegt mir daran, dass ihr wisst, wie sehr es bei diesem meinem Kampf um euch in Kolossä geht und auch um die Gemeinde in Laodizea[c] und überhaupt um alle, die mich persönlich nicht kennen gelernt haben. 2 Ich möchte, dass sie alle Mut bekommen und in Liebe zusammenhalten und dass sie zur ganzen reichen Fülle des Verstehens gelangen und Gottes Geheimnis begreifen, nämlich Christus. 3 In ihm sind alle Schätze der Weisheit und Erkenntnis* verborgen.

4 Ich sage das, damit euch niemand durch Überredungskünste hinters Licht führt. 5 Obwohl ich fern von euch bin, bin ich im Geist bei euch und freue mich zu sehen, wie fest ihr zusammenhaltet und wie unerschütterlich euer Glaube an Christus ist.

Christus muss die Mitte bleiben

6 Ihr habt Jesus Christus als den Herrn* angenommen; darum lebt nun auch in der Gemeinschaft mit ihm und nach seiner Art! 7 Seid in ihm verwurzelt und baut euer Leben ganz auf ihn. Bleibt im Glauben fest und lasst euch nicht von dem abbringen, was euch gelehrt worden ist. Hört nicht auf zu danken für das, was Gott euch geschenkt hat.

8 Gebt Acht, dass euch niemand mit der leeren Vorspiegelung einfängt, euch die wahre Religion zu bringen.[d] Das beruht doch alles auf Menschenlehren und hat nur mit den kosmischen Mächten* zu tun, aber nicht mit Christus.

9 In Christus wohnt wirklich und wahrhaftig die Heilsmacht Gottes in ihrer ganzen Fülle, 10 und durch ihn wird euch die Fülle des Heils zuteil, nicht durch irgendwelche anderen Mächte. Denn Christus ist das Oberhaupt jeder Macht und Gewalt im ganzen Kosmos.

11 Durch Christus seid ihr auch beschnitten* worden – nicht am Körper, sondern so, dass ihr den ganzen Körper, sofern er unter der Herrschaft der Sünde steht, abgelegt habt. Dies geschah in der Christus-Beschneidung, 12 der Taufe*. Als ihr getauft wurdet, seid ihr mit Christus begraben worden, und durch die Taufe seid ihr auch mit ihm zusammen auferweckt* worden. Denn als ihr euch taufen ließt, habt ihr euch ja im Glauben der Macht Gottes anvertraut, der Christus vom Tod auferweckt hat.

13 Einst wart ihr tot, denn ihr wart unbeschnitten, das heißt in ein Leben voller Schuld verstrickt. Aber Gott hat euch mit Christus zusammen lebendig gemacht. Er hat uns unsere ganze Schuld vergeben. 14 Den Schuldschein, der uns wegen der nicht befolgten Gesetzesvorschriften belastete, hat er für ungültig erklärt. Er hat ihn ans Kreuz* genagelt und damit für immer beseitigt. 15 Die Mächte und Gewalten, die diesen Schuldschein gegen uns geltend machen wollten,[e] hat er entwaffnet und vor aller Welt zur Schau gestellt, er hat sie in seinem Triumphzug mitgeführt – und das alles in und durch Christus.

Über Christus hinaus brauchen wir nichts

16 Darum soll euch niemand verurteilen wegen eurer Ess- und Trinkgewohnheiten oder weil ihr bestimmte Festtage oder den Neumondstag* oder den Sabbat* nicht beachtet.[f] 17 Das alles ist nur ein Schatten der kommenden neuen Welt; doch die Wirklichkeit ist Christus, und die ist schon zugänglich in seinem Leib*, der Gemeinde.[g]

18 Niemand soll euch das Heil absprechen, der sich in Demutsübungen und Engelverehrung* gefällt und das mit irgendwelchen visionären Erlebnissen begründet. Solche Menschen blähen sich grundlos auf in ihrer rein irdischen Gesinnung, 19 statt sich an Christus zu halten, der doch der Herr über alles ist und das Haupt des Leibes*, der Gemeinde.[h] Von ihm her wird der ganze Leib zusammengehalten und versorgt, damit er zur vollen Größe emporwächst, wie es Gott gefällt.

20 Wenn ihr mit Christus gestorben seid, seid ihr den kosmischen Mächten* weggestorben. Warum tut ihr dann so, als ob ihr noch unter ihrer Herrschaft lebtet? Ihr lasst euch vorschreiben: 21 »Dies sollst du nicht anfassen, das sollst du nicht kosten, jenes sollst du nicht berühren!« 22 Alle diese Dinge sind doch zum Gebrauch und Verzehr bestimmt! Warum lasst ihr euch dann von Menschen darüber Vorschriften machen?

a Wörtlich *jetzt aber seinen Heiligen* offenbart hat.*
b *jedem Einzelnen den Weg ...:* wörtlich *jeden Menschen zu lehren.*
c Etwa 20 km westlich von Kolossä (vgl. Offb 3,14 und Karte Seite 372 NT).
d Wörtlich *dass euch niemand mit der Philosophie* und leerem Trug einfängt.*
e *die diesen Schuldschein ...:* verdeutlichender Zusatz. Vorausgesetzt ist hier offenbar die jüdische Anschauung, dass Engel* das himmlische Schuldbuch führen, nach dem Gott im Endgericht urteilt; sie verbindet sich mit der Anschauung, dass überirdische Mächte dem Menschen feindlich gesonnen sind und ihn vom himmlischen Heil ausschließen wollen.
f Vgl. dazu die Einführung.
g *doch die Wirklichkeit ...:* wörtlich *doch der Leib ist des Christus.* »Leib« bedeutet hier zunächst *Wirklichkeit* im Gegensatz zu *Schatten.* So betrachtet *ist* Christus der »Leib«. Da Paulus aber sagt »der Leib ist *des* Christus«, denkt er offenbar gleich weiter und bezieht die Gemeinde als den Leib von Christus mit ein (vgl. Vers 19).
h *statt sich an Christus ...:* wörtlich *und halten sich nicht an das Haupt.* Das Haupt-Sein von Christus gilt für den Kosmos mit seinen Mächten (vgl. Verse 10 und 15) und für die Gemeinde, seinen »Leib« (vgl. 1,18); es ist hier auf beides zu beziehen.

1,26-27 2,2; 4,4; Eph 3,6S **1,28** Eph 4,13 **1,29** Eph 3,20; Phil 4,13 **2,1** 4,13.15-16; Offb 3,14 **2,2** 1,26-27S **2,3** 1 Kor 1,24.30 **2,4** Röm 16,18 **2,5** 1 Kor 5,3 **2,7** Eph 3,17 **2,9** 1,19; Eph 1,21S **2,11** Eph 2,11; Röm 2,28-29S **2,12** 3,1; Eph 2,6; Röm 6,3-4S **2,13** Eph 2,1.5 **2,14** Eph 2,15-16; 1 Petr 2,24 **2,15** Eph 1,21S **2,16** Röm 14,1-6; Gal 4,10; 1 Tim 4,3 **2,17** Hebr 8,5S **2,18** 1,16; Eph 1,21S **2,19** Eph 1,22S; 1,23S **2,20** Gal 4,3-5.9 **2,21-22** Mk 7,7 par; Hebr 13,9S

23 Es sieht nur so aus, als ob diese selbst gewählte Verehrung, die Demutsübungen und die Kasteiung des Körpers Zeichen besonderer Weisheit seien. In Wirklichkeit bringt das alles uns Gott nicht näher, sondern dient nur der Befriedigung menschlicher Selbstsucht und Eitelkeit.

Ein neues Leben durch Christus

3 Wenn ihr nun mit Christus auferweckt seid, dann orientiert euch nach oben, wo Christus ist! Gott hat ihm den Ehrenplatz an seiner rechten Seite gegeben.

2 Richtet also eure Gedanken nach oben und nicht auf die irdischen Dinge! 3 Ihr seid doch gestorben, und euer Leben ist mit Christus bei Gott verborgen. 4 Wenn einmal Christus, euer Leben, allen sichtbar wird, dann werdet auch ihr mit ihm zusammen in der ganzen Herrlichkeit sichtbar werden, die euch jetzt schon geschenkt ist.

5 Darum tötet alles, was an euch noch irdisch ist: Unzucht, Ausschweifung, Leidenschaft, böse Lust und die Habsucht. Habsucht ist so viel wie Götzendienst.[a] 6 Wegen dieser Dinge kommt das Gericht Gottes.° 7 Auch ihr habt früher entsprechend gelebt, als ihr noch ganz dem Irdischen verhaftet wart.

8 Aber jetzt müsst ihr das alles ablegen, auch Zorn und Aufbrausen, Boshaftigkeit, Beleidigung und Verleumdung. 9 Belügt einander nicht mehr! Ihr habt doch den alten Menschen mit seinen Gewohnheiten ausgezogen 10 und habt den neuen Menschen angezogen:[b] den Menschen, der in der Weise erneuert ist, dass er nun Gott erkennt und weiß, was Gott will – der erneuert ist nach dem Bild dessen, der ihn am Anfang nach seinem Bild geschaffen hat!

11 Wo diese Erneuerung geschehen ist, da zählt es nicht mehr, ob jemand zu den Griechen gehört oder zu den Juden, ob jemand beschnitten* ist oder unbeschnitten, ob jemand zu einem unzivilisierten Volk gehört oder gar zu einem Stamm von Wilden,[c] ob jemand im Sklavenstand* ist oder frei. Was einzig noch zählt, ist Christus, der in allen lebt und der alles wirkt.

Anweisungen für alle

12 Ihr seid von Gott erwählt, der euch liebt und zu seinem heiligen Volk[d] gemacht hat. Darum zieht nun wie eine neue Bekleidung alles an, was den neuen Menschen ausmacht: herzliches Erbarmen, Freundlichkeit, Bescheidenheit, Milde, Geduld. 13 Ertragt einander! Seid nicht nachtragend, wenn euch jemand Unrecht getan hat, sondern vergebt einander, so wie der Herr euch vergeben hat. 14 Und *über* das alles zieht die Liebe an, die alles andere in sich umfasst. Sie ist das Band, das euch zu vollkommener Einheit zusammenschließt.

15 Der Frieden*, den Christus schenkt, muss euer ganzes Denken und Tun bestimmen. In diesen Frieden hat Gott euch alle miteinander gerufen; ihr seid ja durch Christus *ein* Leib*.

Werdet dankbar! 16 Gebt dem Wort Raum, in dem Christus bei euch gegenwärtig ist. Lasst es seinen ganzen Reichtum unter euch entfalten. Unterweist und ermahnt einander mit aller Weisheit. Singt Gott von ganzem Herzen Psalmen, Hymnen, Loblieder, wie seine Gnade sie schenkt und sein Geist* sie euch eingibt. 17 Alles, was ihr tut und was ihr sagt, soll zu erkennen geben, dass ihr Jesus, dem Herrn*, gehört. Euer ganzes Leben soll ein einziger Dank sein, den ihr Gott, dem Vater, durch Jesus Christus darbringt.[e]

Anweisungen für einzelne Gruppen[f]

18 Ihr Frauen, ordnet euch euren Männern unter! So gehört es sich[g] – gerade in der Gemeinschaft mit dem Herrn*.

19 Ihr Männer, liebt eure Frauen und seid nicht rücksichtslos gegen sie.

20 Ihr Kinder, gehorcht euren Eltern in allem! So ist es richtig – gerade in der Gemeinschaft mit dem Herrn.

21 Ihr Väter,[h] behandelt eure Kinder nicht zu streng, damit sie nicht entmutigt werden!

a Siehe Anmerkung zu Eph 5,5.
b Siehe Sacherklärung »Gewand«.
c *zu einem unzivilisierten …:* wörtlich *Barbar ist oder Skythe.*
d *zu seinem heiligen Volk:* wörtlich *heilig;* siehe Sacherklärung »Heilige«.
e Zu Vers 16-17 vgl. Eph 5,19-20.
f Zu 3,18–4,1 siehe Anmerkung zu Eph 5,21.
g *gehört es sich:* siehe Anmerkung zu Phil 4,8.
h *Väter:* mögliche, aber weniger wahrscheinliche Übersetzung *Eltern.*

»Wenn ihr nun mit Christus auferweckt seid …« (3,1) Dies ist eine kühne Aussage, die Paulus sonst in dieser Form nicht macht (vgl. Röm 6,4-8; Phil 3,10-14). Sie soll den Kolossern jede Angst nehmen, dass irgendwelche »Mächte« sie noch von Christus und seinem Leben trennen könnten. Im zweiten Teil des Briefes geht es um die zwischenmenschlichen Beziehungen, auch innerhalb der Familie. »Ihr Kinder, gehorcht euren Eltern in allem! So ist es richtig – gerade in der Gemeinschaft mit dem Herrn. Ihr Väter, behandelt eure Kinder nicht zu streng, damit sie nicht entmutigt werden!« (3,20-21)

3,1 2,12S; Apg 2,33S **3,2** Mt 6,33 **3,4** 1,27; Phil 3,21; 1Joh 3,2 **3,5-8** Gal 5,19-21S **3,5** Röm 6,6.11; 8,13; Gal 5,24 **3,6** Eph 5,6S **3,7** Eph 2,3.11-12; 4,22; 5,8; Tit 3,3; 1Kor 6,11 **3,9-10** Eph 4,22-24 **3,11** 2,11; Gal 3,27-28S **3,12-15** Eph 4,2-4 **3,13** Eph 4,32S **3,14** Eph 5,2S **3,15** (Frieden) Phil 4,7.9; Eph 4,3; 1Kor 7,15S; (Leib) Eph 1,23S **3,16-17** Eph 5,19-20; Hebr 13,15 **3,18** Eph 5,22-24S **3,19** Eph 5,25-33S **3,20** Eph 6,1-3 **3,21** Eph 6,4

22 Ihr Sklaven* und Sklavinnen, gehorcht in allem
euren irdischen Herren und Herrinnen![a] Tut es nicht
nur äußerlich, um euch bei ihnen einzuschmeicheln.
Dient ihnen aufrichtig, als Menschen, die Christus
als Herrn* ernst nehmen. 23 Alles, was ihr tut, tut
von Herzen, als etwas, das ihr für den Herrn tut
und nicht für Menschen. 24 Seid euch bewusst, dass
ihr dafür vom Herrn das ewige Leben als Lohn
bekommt. Dient mit eurem Tun Christus, dem
Herrn! 25 Denn wer Unrecht tut, wird dafür die volle
Strafe erhalten. Gott ist ein unparteiischer Richter.

4 Ihr Herren und Herrinnen, behandelt eure Skla-
ven und Sklavinnen, wie es recht und billig ist!
Seid euch bewusst, dass auch ihr einen Herrn im
Himmel habt!

Weitere Ermahnungen

2 Lasst nicht nach im Beten, werdet nicht müde darin
und tut es immer mit Dank! 3 Betet dabei auch für
uns, dass Gott uns eine Tür öffnet für seine Bot-
schaft. Wir sollen ja das Geheimnis bekannt
machen, das in Christus beschlossen ist.[b] Als Ver-
künder dieses Geheimnisses sitze ich hier im
Gefängnis.[c] 4 Bittet Gott darum, dass ich es weiter-
hin offenbar machen kann, wie es mein Auftrag ist.
5 Im Blick auf die, die nicht zur Gemeinde gehö-
ren, und im Unterschied zu ihnen sollt ihr leben
wie Menschen, die wissen, worauf es ankommt,
und sollt die Zeit, die euch noch verbleibt, gut aus-
nutzen. 6 Wenn ihr Außenstehenden über euren
Glauben Auskunft gebt, so tut es immer freundlich
und in ansprechender Weise.[d] Bemüht euch, für
jeden und jede die treffende Antwort zu finden.

Empfehlungen, Grüße und Anweisungen

7 Über mein Ergehen wird euch Tychikus ausführlich
berichten, der geliebte Bruder und treue Sachwalter,
der mit mir zusammen im Dienst für den Herrn*
steht. 8 Ich schicke ihn gerade deshalb zu euch, damit
er euch von uns berichtet und euch Mut macht.
9 Mit ihm zusammen schicke ich den treuen und
geliebten Bruder Onesimus,[e] der ja zu euch gehört.
Die beiden werden euch alles erzählen, was hier
vorgeht.

10 Es grüßt euch Aristarch, der mit mir im Gefäng-
nis ist, ebenso Markus, der Vetter von Barnabas. Sei-
netwegen habe ich euch ja schon Anweisungen gege-
ben. Nehmt ihn freundlich auf, wenn er zu euch
kommt! 11 Auch Jesus mit dem Beinamen Justus lässt
euch grüßen. Diese drei sind die Einzigen aus dem
Judentum,[f] die noch mit mir zusammen für die Auf-
richtung der Herrschaft* Gottes arbeiten.[g] Sie sind
mir ein wirklicher Trost geworden. 12 Es grüßt euch
Epaphras, der zu euch gehört und im Dienst von
Jesus Christus steht. Ständig kämpft er in seinen
Gebeten für euch, dass ihr euch als reife Christen
bewährt und ganz davon erfüllt seid, in allem den
Willen Gottes zu tun. 13 Ich kann bezeugen, wie
viel Mühe und Plage er für euch auf sich nimmt
und ebenso für die Glaubenden in Laodizea und
Hiërapolis.[h]

14 Es grüßen euch unser lieber Lukas, der Arzt, und
Demas.

15 Grüßt die Brüder und Schwestern[i] in Laodizea,
besonders Nympha und die Gemeinde in ihrem
Haus.

16 Wenn dieser Brief bei euch vorgelesen worden
ist, dann schickt ihn nach Laodizea, damit er auch
dort vor der Gemeinde verlesen wird. Und lest auch
ihr den Brief, den ich nach Laodizea geschrieben
habe.[j]

17 Sagt Archippus: Sei treu im Dienst für den
Herrn* und erfülle den Auftrag, den du erhalten
hast!

18 Mit eigener Hand[k] schreibe ich, Paulus, hier
meinen Gruß. Vergesst meine Ketten nicht!

Die Gnade sei mit euch!

a Im Griechischen steht jeweils nur ein Wort (*Sklaven* bzw. *Herren;* ebenso in 4,1), doch schließen die griechischen Mehrzahlformen Frauen mit ein (vgl. Sacherklärung »Sklave«).
b Von diesem *Geheimnis* war in 1,26-27 die Rede.
c Vgl. Eph 3,1; 4,1; Phil 1,12; Phlm 1.
d *in ansprechender Weise:* wörtlich *(euer Wort sei) mit Salz gewürzt.*
e Möglicherweise derselbe, um den es im Philemonbrief (vgl. Phlm 10) geht.
f Wörtlich *aus der Beschneidung**.
g Dass Paulus das Ende des (jüdischen) Gesetzes verkündet (Röm 10,4), stößt gerade bei Christen jüdischer Herkunft auf Widerstand (vgl. die Frontstellung im Galaterbrief).
h Etwa 30 km nördlich von Kolossä; zu Laodizea siehe Anmerkung zu 2,1.
i Siehe Anmerkung zu 1 Thess 1,4.
j Dieser Brief ist uns nicht erhalten.
k Vgl. 1 Kor 16,21; Gal 6,11 und Anmerkung zu Röm 16,22.

3,22-25 Eph 6,5-8S **3,25** Röm 2,11 **4,1** Eph 6,9 **4,2** Lk 18,1S **4,3** Röm 15,30S **4,4** 1,26-27S **4,5** 1 Thess 4,12; Eph 5,16 **4,6** Eph 4,29S; 1 Petr 3,15 **4,7-8** (Tychikus) Eph 6,21S **4,9** Phlm 10 **4,10** (Aristarch) Apg 19,29S; (Markus) Apg 12,12S **4,12** 1,7S **4,13** 2,1S **4,14** (Lukas) 2 Tim 4,11; Phlm 24; (Demas) 2 Tim 4,10; Phlm 24 **4,15** Röm 16,5S **4,16** 1 Thess 5,27; Eph 3,4 **4,17** Phlm 2 **4,18** 1 Kor 16,21S; Eph 3,1S

1 THESSALONICHER

Wohl im Jahr 49 n. Chr. hat Paulus die Gemeinde in Thessalonich, einer damals bedeutenden Stadt, gegründet. Er hat sich wahrscheinlich einige Monate dort aufgehalten, bis ein aufgehetzter Pöbel ihn und seine Begleiter vertrieb (Apostelgeschichte 17,1-10). Später erfuhr Paulus, dass die junge Gemeinde von ihren Mitbürgern verfolgt wurde (2,14; 3,3-4). Weil er verhindert war, sie zu besuchen (2,17-18), schickte er von Athen aus seinen Mitarbeiter Timotheus nach Thessalonich (3,5). Dieser brachte ihm gute Nachrichten, zugleich aber auch eine wichtige Anfrage aus Thessalonich. Paulus antwortet darauf in dem vorliegenden Brief (4,13–5,11). Außerdem spricht er darin der verfolgten Gemeinde Mut zu und sucht ihr klarzumachen, dass die Anfeindung kein Grund ist, an der Verlässlichkeit der Botschaft zu zweifeln. Er warnt sie davor, falschen Predigern Gehör zu schenken, die ihr einen ›billigeren‹ Weg anbieten (Kap 2).
Der Erste Thessalonicherbrief ist der älteste erhaltene Paulusbrief und zugleich die früheste Schrift des Neuen Testaments. Er wurde um 50 n. Chr. geschrieben.

Inhaltsübersicht

Eingangsgruß

1 Paulus, Silvanus[a] und Timotheus schreiben die-
sen Brief an die Gemeinde in Thessalonich, die
Gott, dem Vater, und Jesus Christus, dem Herrn*,
gehört.
Gnade und Frieden* sei mit euch!

Die Gemeinde in Thessalonich als Vorbild

2 Wir danken Gott immerzu für euch alle, wenn wir
in unseren Gebeten an euch denken. 3 Vor unserem
Gott und Vater erinnern wir uns stets voll Dank dar-
an, was als Frucht eurer Gemeinschaft mit Jesus
Christus, unserem Herrn*, bei euch herangereift
ist: wie bewährt euer Glaube ist und wie aufopfernd
eure Liebe und wie unerschütterlich eure Hoffnung.
4 Gott liebt euch, Brüder und Schwestern,[b] und
wir wissen, dass er euch dazu erwählt hat, ihm zu
gehören. 5 Denn als wir euch die Gute Nachricht*
verkündeten, geschah das nicht nur mit Worten,
sondern auch mit Taten, in denen sich die Macht
Gottes zeigte, mit dem Beistand des Heiligen Geis-
tes* und mit voller Überzeugung. Ihr wisst ja, wie
wir unter euch gelebt und gewirkt haben, um euch
die Rettung zu bringen.
6 Ihr aber seid unserem Vorbild gefolgt und damit
dem Vorbild unseres Herrn. Obwohl ihr schwere
Anfeindungen ertragen musstet,[c] habt ihr die Bot-
schaft mit der Freude angenommen, die der Geist
Gottes schenkt. 7 So seid ihr ein Vorbild für alle Glau-
benden in Mazedonien und Achaia* geworden.
8 Und nicht nur dorthin ist die Botschaft des Herrn
von euch aus gelangt;[d] es hat sich auch überall sonst
herumgesprochen, dass ihr euch Gott zugewandt
habt. Wir brauchen niemand etwas davon zu erzäh-
len. 9 Wo wir auch hinkommen, sprechen sie davon,
was für ein segensreiches Wirken wir unter euch ent-
falten konnten. Überall erzählen sie, wie ihr euch
von den Götzen abgewandt habt, um dem wahren
und lebendigen Gott zu dienen – 10 und wie ihr
nun vom Himmel her seinen Sohn* erwartet, den
er vom Tod auferweckt* hat: Jesus, der uns vor
dem bevorstehenden Gericht rettet.

Die Glaubwürdigkeit der Verkündiger

2 Aber auch ihr selbst, Brüder und Schwestern,[e]
erinnert euch ja noch genau an das Wirken,
das wir unter euch entfaltet haben: dass es von Gott
gesegnet und nicht vergeblich war.[f] 2 Wie ihr wisst,
hatten wir zuvor in Philippi viel ausstehen müssen

a Siehe die Vergleichsstellen. In Apg 15,40; 16,25; 17,1 wird er Silas genannt.
b *Brüder und Schwestern* steht für ein einziges griechisches Wort, das als Mehrzahlform nicht nur, wie herkömmlich übersetzt, die »Brüder« bezeichnet, sondern auch je nach Zusammenhang die gesamte Gemeinde aus Männern und Frauen (siehe dazu die Sacherklärung »Bruder«).
c Von Konflikten bei der Gemeindegründung spricht Apg 17,5-9.
d Thessalonich war (nach Philippi; Apg 16) die zweite Gemeinde, die Paulus in Europa gegründet hatte.
e Siehe Anmerkung zu 1,4; ebenso für die Verse 9, 14 und 17.
f *dass es von Gott ...:* wörtlich *dass es nicht leer war.*

1,1 (Silvanus) 2 Thess 1,1; 1 Petr 5,12; 2 Kor 1,19; Apg 15,22 S; (Timotheus) 1 Kor 4,17 S; (Thessalonich) Apg 17,1 **1,5** 2,13; 1 Kor 2,4; 4,20 **1,6** 1 Kor 4,16 S **1,8** Röm 1,8 **1,9** Apg 14,15; Joh 17,3 **2,2** Apg 16,19-24; 17,1-9

und waren misshandelt worden.[a] Trotzdem fassten
wir im Vertrauen auf unseren Gott den Mut, euch
seine Gute Nachricht* zu verkünden, und ließen
uns nicht davon abbringen, als es auch bei euch zu
harten Auseinandersetzungen kam.

3 Ihr könnt daran sehen: Wenn wir zum Glauben
an die Gute Nachricht aufrufen, folgen wir nicht
irgendwelchen Hirngespinsten. Wir tun es auch
nicht in eigennütziger und betrügerischer Absicht.
4 Nein, Gott hat uns geprüft und zum Dienst für
die Gute Nachricht brauchbar gefunden – deshalb
und nur deshalb verkünden wir sie! Wir wollen
nicht Menschen gefallen, sondern ihm, der unsere
geheimsten Gedanken kennt.

5 Ich habe[b] euch nie nach dem Mund geredet – ihr
wisst es. Genauso wenig ging es mir jemals insge-
heim um den eigenen Vorteil – Gott kann es bezeu-
gen! 6 Ich wollte auch nicht von Menschen geehrt
werden, weder von euch noch von irgendjemand
sonst.

7 Als Apostel* von Christus hätte ich meine Autori-
tät hervorkehren können;[c] aber stattdessen war ich
sanft und freundlich zu euch,° wie eine stillende
Mutter zu ihren Kindern. 8 Ich hatte eine solche
Zuneigung zu euch, dass ich bereit war, nicht nur
Gottes Gute Nachricht mit euch zu teilen, sondern
auch mein eigenes Leben. So lieb hatte ich euch
gewonnen.

9 Ihr erinnert euch doch, Brüder und Schwestern,
dass ich keine Mühe gescheut habe. Während ich
euch Gottes Gute Nachricht verkündete, habe ich
Tag und Nacht für meinen Lebensunterhalt gearbei-
tet, um niemand von euch zur Last zu fallen.[d] 10 Ich
rufe euch selbst und Gott als Zeugen an: Mein Ver-
halten gegen euch, die ihr die Gute Nachricht
annahmt, war gottgefällig, redlich und untadelig.
11 Ihr wisst selbst: Ich war zu euch allen, zu jedem
und zu jeder, wie ein Vater zu seinen Kindern.
12 Ich habe euch ermutigt und angespornt und euch
beschworen, ein Leben zu führen, das Gott Ehre
macht. Er hat euch doch dazu berufen, in seiner neu-
en Welt[e] zu leben und seine Herrlichkeit* mit ihm
zu teilen.

Dank an Gott für die Annahme der Verkündigung in Thessalonich

13 Und auch deswegen danken wir Gott unaufhör-
lich, dass ihr die Botschaft, die wir euch brachten,
als Wort Gottes aufgenommen habt – nicht als Men-
schenwort, sondern als Wort Gottes, das sie tatsäch-
lich ist! Und als solches erweist sie sich auch wirk-
sam unter euch, die ihr dieser Botschaft glaubt.

14 Das zeigt sich daran, Brüder und Schwestern,
dass es euch ebenso ergangen ist wie den christli-
chen Gemeinden in Judäa.[f] Ihr habt von euren
Landsleuten dasselbe erduldet, was sie von ihren
jüdischen Landsleuten erdulden mussten. 15 Diese
haben schon Jesus, den Herrn*, getötet und ebenso
die Propheten*, und auch uns haben sie verfolgt. Sie
missfallen Gott und sind allen Menschen feindlich
gesinnt. 16 Denn sie wollen verhindern, dass wir
den anderen Völkern[g] die Gute Nachricht* verkün-
den, die sie retten kann. So machen sie fortgesetzt
das Maß ihrer Sünden voll. Aber das Strafgericht
Gottes hat sie schon in vollem Umfang erreicht.[h]

Paulus in Sorge um die Gemeinde

17 Brüder und Schwestern! Wir sind richtig verwaist,
wenn auch nur vorübergehend, seit wir von euch
getrennt sind. Wir sind es auch nur äußerlich, nicht
in unseren Herzen; aber wir sehnen uns so sehr nach
euch, dass wir nach einer Möglichkeit suchten, euch
wiederzusehen. 18 Wir hatten die feste Absicht, zu
euch zu kommen. Ich, Paulus, versuchte es mehrere
Male; aber der Satan* hinderte uns daran. 19 Ihr seid
doch unsere Hoffnung und unsere Freude und unser
Siegeskranz, auf den wir stolz sein können,[i] wenn
Jesus, unser Herr*, kommt. Ja, gerade auch ihr!
20 Ihr seid doch unsere Ehre und unsere Freude!

3 Schließlich hielt ich es nicht länger aus. Ich
beschloss, mit Silvanus[j] in Athen zu bleiben,
2 und schickte Timotheus zu euch, unseren Bruder
und Gottes Mitarbeiter bei der Verbreitung der
Guten Nachricht* von Christus. Er sollte euch in
eurem Glauben stärken und ermutigen, 3 damit nie-
mand von euch durch die Verfolgungen in seinem
Glauben wankend wird.

Ihr wisst ja selbst, dass wir Verfolgung erleiden
müssen.[k] 4 Schon als ich noch bei euch war, haben
wir euch vorausgesagt, dass sie uns verfolgen
werden. Das ist nun eingetreten und ihr habt es an
euch selbst erlebt.

5 Darum hielt ich es auch nicht mehr aus und
schickte Timotheus zu euch, um zu erfahren, wie
es um euren Glauben steht. Ich war in Sorge, der
Versucher könnte euch zu Fall gebracht haben und
unsere ganze Arbeit könnte vergeblich gewesen
sein.

Beruhigung durch Nachrichten aus Thessalonich

6 Aber soeben ist nun Timotheus von euch zurückge-
kehrt und hat uns gute Nachricht über euren Glau-
ben und eure Liebe gebracht. Er hat uns erzählt, dass
ihr immer an uns denkt, uns in guter Erinnerung
habt und euch ebenso sehr nach uns sehnt, wie
wir uns nach euch sehnen.

a Vgl. den Bericht in Apg 16,19-24.
b Wörtlich *Wir haben* (und entsprechend bis Vers 12). Möglicherweise schließt sich Paulus durch die Wir-Form mit Silvanus und Timotheus als Mitabsendern des Briefs (1,1) zusammen. Der Inhalt der Aussagen (vgl. »Apostel« in Vers 7) weist jedoch eher darauf hin, dass es sich um eine bekannte Stilform handelt.
c Vgl. 1 Kor 9,1-18; 2 Kor 11,7-11.
d Siehe Apg 18,3 und Vergleichsstellen. Paulus betont dies im Blick auf 4,11; vgl. 2 Thess 3,7-9.
e Wörtlich *in seiner Königsherrschaft**.
f Wörtlich *wie den Gemeinden Gottes in Christus Jesus, die in Judäa sind.*
g Herkömmliche Übersetzung *den Heiden**.
h Die Schärfe der Anklage gegen die Juden erklärt sich daraus, dass diese in allen Gemeinden die Missionsarbeit des Apostels zu stören versuchten. In Röm 9–11 spricht Paulus anders über Israel.
i Wörtlich *unser Siegeskranz des Rühmens**.
j Wörtlich *Wir beschlossen, allein in Athen zu bleiben (und schickten);* vgl. 1,1.
k Das Ende dieser Welt, das Paulus in Kürze erwartet (1 Kor 7,29), kündigt sich durch Verfolgungen an (Mk 13,9-13; 1 Kor 10,11-13; 2 Tim 3,12; Apg 14,22).

2,3 2 Kor 2,17 S **2,4** Gal 1,10 **2,5** Apg 18,3 S **2,6** Joh 5,41.44 **2,7** 1 Kor 9,12 **2,8** 2 Kor 12,15 **2,9** Apg 18,3 S **2,10** 2 Kor 1,12 **2,11** Apg 20,31; 1 Kor 4,14-15; Gal 4,19; 1 Tim 1,2; 2 Tim 1,2; Tit 1,4 **2,12** Phil 1,27 S; (Herrlichkeit) Röm 5,2 S **2,13** 1,5; Gal 1,11-12 **2,14** Apg 17,5 **2,15** Apg 2,23; Mt 5,12 S; 2 Kor 11,23-29 S; Apg 14,19 S; Röm 11,28 **2,16** Mt 23,31-32 **2,17** 3,10 **2,19-20** Phil 2,16 S; 4,1 **3,1** Apg 17,14 **3,2** 1 Kor 4,17 S **3,3b** 2 Thess 1,4; Eph 3,13; 2 Tim 3,12 **3,4** Apg 14,22 **3,5** 1 Kor 15,2 S **3,6** Apg 18,5

7 Ihr habt euren Glauben bewahrt, Brüder und Schwestern,[a] und das hat uns mitten in unserer Angst und Sorge neuen Mut gegeben. 8 Jetzt leben wir wieder auf, weil wir wissen, dass ihr feststeht in der Verbundenheit mit dem Herrn*.

9 Wir können unserem Gott nicht genug für euch danken und für die große Freude, die er uns an euch erleben lässt. 10 Tag und Nacht bitten wir ihn von ganzem Herzen, dass wir euch wieder sehen dürfen. Denn wir möchten euch gerne helfen, dass an eurem Glauben nichts mehr fehlt.

11 Wir bitten unseren Gott und Vater und Jesus, unseren Herrn, uns den Weg zu euch zu ebnen. 12 Der Herr lasse eure Liebe zueinander und zu allen Menschen wachsen und überströmen, sodass sie so stark wird wie unsere Liebe zu euch. 13 Er mache euch innerlich stark, damit ihr vor unserem Gott und Vater in untadeliger Heiligkeit* dasteht, wenn Jesus, unser Herr, mit allen seinen Engeln* kommt. Amen.

Ein Leben, das Gott gefällt

4 Brüder, ihr habt von uns gelernt, wie ihr leben sollt, um Gott zu gefallen; und ihr lebt auch schon so. Nun bitten und ermahnen wir euch im Namen von Jesus, dem Herrn*, dass ihr darin auch weiterhin Fortschritte macht.

2 Ihr wisst, welche Anweisungen wir euch in seinem Auftrag gegeben haben. 3 Gott will, dass ihr heilig* seid: dass ihm euer ganzes Leben gehört. Das bedeutet, dass ihr euch von Unzucht fern halten sollt. 4 Jeder von euch Männern soll lernen, mit seiner Frau so zusammenzuleben, wie es Gott und den Menschen gefällt. 5 Ihr sollt nicht blind eurer Leidenschaft folgen, wie die Menschen,[b] die Gott nicht kennen. 6 Es soll sich auch keiner Übergriffe erlauben und seinen Bruder bei Geschäften übervorteilen.[c]

Wir haben euch das schon früher gesagt, und wir haben euch nachdrücklich gewarnt: Wer so etwas tut, den wird der Herr bestrafen. 7 Gott hat uns nicht dazu berufen, dass wir zügellos und eigennützig leben, sondern dass wir sein heiliges Volk sind und ihm Ehre machen. 8 Wer also diese Anweisungen in den Wind schlägt, lehnt sich nicht gegen einen Menschen auf, sondern gegen Gott, der euch ja mit seinem Heiligen Geist* erfüllt, damit ihr so leben könnt, wie es ihm gefällt.[d]

a Siehe Anmerkung zu 1,4.
b Wörtlich *die Menschen der nichtjüdischen Völker* (die sog. *Heiden**).
c Manche Ausleger beziehen den Satz noch auf das Vorhergehende und übersetzen: *und seinen Bruder in der* (= dieser) *Sache betrügen,* d.h. durch Ehebruch.
d *damit ihr …:* verdeutlichender Zusatz.

Wenn Paulus die Thessalonicher ermahnt, ein geregeltes Leben zu führen und ihrer Arbeit nachzugehen (4,11), dann geht er damit nicht nur gegen die natürliche menschliche Trägheit an. Wahrscheinlich hat die Erwartung der Wiederkunft Jesu die Christen in Thessalonich in eine solche Hochspannung versetzt, dass sie in Gefahr waren, ihre täglichen Pflichten zu vernachlässigen.

3,10 2,17 **3,12** Gal 6,10S **3,13** Phil 1,10S **4,1** Kol 1,10 **4,3** 1Kor 6,13 **4,7** Phil 1,27S; 1Petr 1,15-16 **4,8** Ez 36,27; 37,14; 1Kor 6,19-20

9 Über die Liebe zu den Brüdern und Schwestern[a] brauchen wir euch nichts zu schreiben. Gott selbst hat es euch ins Herz gegeben, einander zu lieben. 10 Ihr erweist solche Liebe ja auch allen Glaubensgeschwistern in ganz Mazedonien.[b] Wir bitten euch, dass ihr darin noch vollkommener werdet!

11 Betrachtet es als Ehrensache, ein geregeltes Leben zu führen. Kümmert euch um eure eigenen Angelegenheiten und arbeitet für euren Lebensunterhalt, wie wir euch das gesagt haben. 12 Lebt so, dass ihr denen, die nicht zur Gemeinde gehören, keinen Anstoß gebt und niemand zur Last fallt.

Was ist mit denen in der Gemeinde, die sterben, bevor Jesus wiederkommt?

13 Wir wollen euch nicht im Unklaren lassen, liebe Brüder und Schwestern,[c] wie es mit denen aus eurer Gemeinde steht, die schon gestorben sind.[d] Dann braucht ihr nicht traurig zu sein wie die übrigen Menschen, die keine Hoffnung haben. 14 Wir glauben doch, dass Jesus gestorben und auferstanden* ist. Ebenso gewiss wird Gott auch die Verstorbenen durch Jesus und mit ihm zusammen zum ewigen Leben führen.

15 Mit einem Wort des Herrn[e] sagen wir euch: Die Brüder und Schwestern, die schon gestorben sind,[f] werden gegenüber uns, die beim Kommen des Herrn noch am Leben sind, nicht benachteiligt sein. 16 Wenn Gottes Befehl ergeht, der oberste Engel* ruft und die himmlische Posaune* ertönt, wird Christus, der Herr, selbst vom Himmel kommen. Zuerst werden dann alle, die im Vertrauen auf ihn gestorben sind, aus dem Grab auferstehen. 17 Danach werden wir, die noch am Leben sind, mit ihnen zusammen auf Wolken in die Luft gehoben und dem Herrn entgegengeführt werden, um ihn zu empfangen. Dann werden wir für immer mit ihm zusammen sein. 18 Macht euch also damit gegenseitig Mut!

Thessalonich (heute Thessaloniki) war in neutestamentlicher Zeit die Hauptstadt der römischen Provinz Mazedonien. Es lag an der römischen Verbindungsstraße nach Osten, der Via Egnatia. An der östlichen Stadtmauer von Thessalonich ließ Kaiser Galerius (305–311 n. Chr.) über der Via Egnatia einen Triumphbogen errichten, auf dem seine Kriegszüge dargestellt sind (im Bild ein Ausschnitt).

Jederzeit bereit sein!

5 Über die Frage, wann das geschehen wird, Brüder und Schwestern,[g] zu welchem näheren Zeitpunkt es eintreten wird, brauchen wir euch nichts zu schreiben. 2 Ihr wisst selbst ganz genau, dass der Tag des Herrn* so unvorhergesehen kommt wie ein Dieb in der Nacht. 3 Wenn die Menschen sagen werden: »Alles ist ruhig und sicher«, wird plötzlich Gottes vernichtendes Strafgericht über sie hereinbrechen, so wie die Wehen über eine schwangere Frau. Da gibt es kein Entrinnen.

4 Ihr aber lebt ja nicht in der Dunkelheit, Brüder und Schwestern, sodass euch der Tag des Herrn wie ein Dieb überraschen könnte. 5 Ihr alle seid vielmehr Menschen, die dem Licht und dem Tag gehören. Und weil wir nicht mehr der Nacht und der Dunkelheit gehören, 6 wollen wir auch nicht schlafen wie die anderen, sondern wach und nüchtern sein.

7 Wer schläft, tut es in der Nacht, und wer sich betrinkt, tut es in der Nacht. 8 Wir aber gehören dem Tag und wollen deshalb nüchtern sein. Wir wollen Glauben und Liebe als Panzer anlegen und die Hoffnung auf Rettung als Helm. 9 Denn Gott hat uns nicht dazu bestimmt, dass wir seinem Gericht verfallen, sondern dass wir durch Jesus Christus, unseren Herrn, gerettet werden.

10 Er, unser Herr, ist für uns gestorben, damit wir zusammen mit ihm leben. Das gilt für uns alle, ob wir noch am Leben sind, wenn er kommt, oder ob wir schon vorher gestorben sind.

11 Macht also einander Mut und helft euch gegenseitig weiter, wie ihr es ja schon tut.

Abschließende Anweisungen

12 Brüder und Schwestern, wir bitten euch: Erkennt die an, die sich für euch abmühen und in der Gemeinde des Herrn* Verantwortung übernehmen, um euch den rechten Weg zu zeigen. 13 Liebt sie

a Wörtlich *Über die Bruderliebe* (bzw. *Geschwisterliebe*); siehe Sacherklärung »Bruder«.
b Vielleicht geht es um die Aufnahme durchreisender Christen; vgl. Tit 3,13-14; Hebr 13,2; 3 Joh 5-8.
c Siehe Anmerkung zu 1,4.
d Paulus hatte in Thessalonich die unmittelbar bevorstehende Wiederkunft Christi verkündet; vgl. 1,10; 2,12.19; 3,13. Was ist aber mit denen, die sie nicht mehr erleben, weil sie inzwischen gestorben sind?
e In den Evangelien ist ein entsprechendes Wort Jesu nicht überliefert; vgl. aber Mt 24,30-31; 22,31-32.
f *Die Brüder …:* wörtlich *Die Entschlafenen.* Derselbe Ausdruck steht im Griechischen auch in den beiden vorangehenden Versen.
g Siehe Anmerkung zu 1,4; ebenso für die Verse 4.12.14.25.27.

4,9 Gal 6,10 S; (ins Herz) Jer 31,33-34 **4,11** 2 Thess 3,10.12; Eph 4,28; 1 Thess 2,9 **4,12** Kol 4,5 **4,13** Eph 2,12; 1 Kor 15,19 **4,14** Röm 14,8-9; 1 Kor 15,3-4.12.20 **4,15-16** Mk 13,26 S; 1 Kor 15,51-52 **4,17** (zusammen sein) Joh 12,26 S; Röm 5,17; Phil 1,23 **5,1** Mk 13,32 par **5,2** Mt 24,27 S; (wie ein Dieb) Mt 24,43 S **5,3** Jer 6,14-15; Mt 24,39 par **5,5-8** Röm 13,11-12; Eph 5,8-9 **5,8** 2 Kor 10,4 S **5,9** 1,10 **5,10** 4,14; Röm 14,8-9 **5,12** 1 Kor 16,15-18; 1 Tim 5,17 **5,13** (Frieden) Mk 9,50 S

wegen des Dienstes, den sie an euch tun, und begegnet ihnen mit größter Achtung. Lebt in Frieden und Eintracht miteinander!
14 Wir bitten euch weiter, liebe Brüder und Schwestern: Weist die zurecht, die ein ungeregeltes Leben führen. Ermutigt die Ängstlichen. Helft den Schwachen und habt Geduld mit allen. 15 Achtet darauf, dass niemand von euch Böses mit Bösem heimzahlt. Bemüht euch vielmehr stets, das Gute zu tun, im Umgang miteinander und mit allen Menschen.
16 Freut euch immerzu! 17 Betet unablässig!
18 Dankt Gott in jeder Lebenslage! Das will Gott von euch als Menschen, die mit Jesus Christus verbunden sind.
19 Unterdrückt nicht das Wirken des Heiligen Geistes*. 20 Verachtet nicht die Weisungen*, die er euch gibt. 21 Prüft aber alles,[a] und nehmt nur an, was gut ist. 22 Von jeder Art des Bösen haltet euch fern!

Schlusswort und Grüße

23 Gott aber, der uns seinen Frieden* schenkt, vollende euch als sein heiliges* Volk und bewahre euch völlig unversehrt, fehlerlos an Geist, Seele und Leib, für den Tag, an dem Jesus Christus, unser Herr*, kommt. 24 Gott ist treu, der euch berufen hat; er wird euch auch vollenden.
25 Betet auch ihr für uns, Brüder und Schwestern!
26 Grüßt alle in der Gemeinde mit dem Friedenskuss*. 27 Ich beschwöre euch bei dem Herrn, diesen Brief vor allen Brüdern und Schwestern zu verlesen.
28 Die Gnade unseres Herrn Jesus Christus sei mit euch.

a Die Pflicht zum Prüfen der Eingebungen des Geistes schärft Paulus auch in 1 Kor 14,29 ein; vgl. 1 Joh 4,1.

5,14 2 Thess 3,6.11-12.15 **5,15** Röm 12,17 S **5,16** Phil 2,18 S **5,17** Lk 18,1 S **5,19-20** 1 Kor 14,39 **5,21** 1 Kor 14,29; 1 Joh 4,1; Eph 5,10 **5,23** 2 Kor 13,11 S; Phil 1,10 S **5,24** 1 Kor 1,8-9; Phil 1,6; 2 Thess 1,11; 3,3 **5,25** Röm 15,30 S **5,26** Röm 16,16 S **5,27** Kol 4,16 S

Paulus

Die wichtigsten Ereignisse im Leben des Apostels Paulus

Paulus (sein jüdischer Name ist Saul) wird in Tarsus, einer Stadt an der Südküste der heutigen Türkei, als Sohn jüdischer Eltern geboren und besitzt das römische Bürgerrecht. Er geht nach Jerusalem, um sich bei Rabbi Gamaliël I. ausbilden zu lassen.	Apostelgeschichte 22,3; 16,37
Als überzeugter Anhänger der Pharisäer ist er bei der Steinigung von Stephanus anwesend und mit der Hinrichtung völlig einverstanden.	Apostelgeschichte 7,58; 8,1
Auf dem Weg nach Damaskus, wo er die Christen verhaften will, sieht Paulus den auferstandenen Herrn. In der Stadt empfängt er die Taufe.	Apostelgeschichte 9,1-19
Paulus geht nach Arabien und wirkt danach drei Jahre in der Gemeinde von Damaskus.	Galater 1,17-18 Apostelgeschichte 9,20-22
Die Juden wollen Paulus töten. Paulus flieht nach Jerusalem, wo Barnabas ihn bei den Aposteln einführt. Neue Mordabsichten der Juden bewirken seine Rückkehr nach Tarsus.	Galater 1,18-21 Apostelgeschichte 9,23-30
Rund zehn Jahre später wird Paulus von Barnabas in die Gemeinde von Antiochia geholt.	Apostelgeschichte 11,19-26
Ein Jahr darauf sendet die Gemeinde von Antiochia beide mit einer Spende nach Jerusalem, um dort die Auswirkungen einer Hungersnot zu dämpfen.	Apostelgeschichte 11,27-30
Ausgesandt von der Gemeinde in Antiochia, unternehmen Barnabas und Paulus eine Missionsreise, die über Zypern nach Kleinasien führt. Auf Zypern kommt der römische Statthalter zum Glauben an Jesus.	Apostelgeschichte 13–14
Es entsteht die Frage, ob Nichtjuden, die zum Glauben an Jesus kommen und zur Gemeinde gehören wollen, erst die Beschneidung empfangen und auf das Mose-Gesetz verpflichtet werden müssen. Paulus und Barnabas werden in dieser Sache nach Jerusalem geschickt. Die Frage wird mit Nein entschieden (›Apostelkonzil‹ 48 n. Chr.).	Apostelgeschichte 15,1-34 Galater 2,1-10
Paulus unternimmt eine zweite Missionsreise, erst nur von Silas, dann auch von Timotheus begleitet. Er besucht die Gemeinden Kleinasiens und setzt dann nach Europa über. Über Philippi und Thessalonich kommt er nach Athen. Eineinhalb Jahre hält er sich in Korinth auf und gründet die dortige Gemeinde. Hier entsteht der Erste Brief an die Thessalonicher. Die Rückreise führt über Ephesus nach Cäsarea und von dort über Jerusalem nach Antiochia.	Apostelgeschichte 15,36–18,22
Auf einer dritten Missionsreise besucht Paulus nochmals die alten Gemeinden in Kleinasien. Dann hält er sich mehr als zwei Jahre in Ephesus auf und gründet auch hier eine feste Gemeinde. In Ephesus sind die meisten Briefe des Apostels entstanden. Nach dem Aufstand der Silberschmiede in Ephesus besucht Paulus die Gemeinden in Mazedonien und Griechenland. Auf der Rückreise hält er den Ältesten von Ephesus eine Rede, die die Art eines ›Testaments‹ hat. Paulus sieht voraus, dass man ihn in Jerusalem verhaften wird.	Apostelgeschichte 18,23–21,17
Im Tempel von Jerusalem wird Paulus von aufgehetzten Juden bedroht. Der Kommandant der römischen Garnison bringt ihn in Sicherheit und schickt ihn nach Cäsarea, wo Paulus sich vor dem Prokurator Felix verantworten soll. Felix verschleppt den Prozess.	Apostelgeschichte 21,27–24,27
Nach zwei Jahren wird Felix durch Festus abgelöst. Paulus verteidigt sich vor Festus und vor König Agrippa II. Beide sind von ihm beeindruckt, doch Paulus hat inzwischen Berufung an den Kaiser eingelegt. Er wird mit einem Schiff nach Rom gebracht.	Apostelgeschichte 25–26
Bei Malta sinkt das Schiff, doch die Insassen können sich retten. Mit einem anderen Schiff wird die Reise fortgesetzt.	Apostelgeschichte 27,1–28,15
In Rom wird Paulus von den Christen begrüßt. Er muss unter Hausarrest leben, kann jedoch Besucher empfangen und spricht mit ihnen über die Botschaft von Jesus.	Apostelgeschichte 28,16-31
Paulus starb wahrscheinlich in der Verfolgung unter Kaiser Nero 64 n. Chr.	

Hinter der Ebene, in der Tarsus, der Geburtsort von Paulus, liegt, erhebt sich das Taurus-Gebirge. Tarsus war damals berühmt durch seine Hochschulen.

Auf seiner ersten Reise ging Paulus in Attalia an Land, um die Gute Nachricht ins Innere Kleinasiens zu bringen.

In Athen, dem geistigen Mittelpunkt der damaligen Welt, diskutierte Paulus (nach Apg 17,18) mit stoischen und epikureischen Philosophen. Im Bild der Parthenon-Tempel auf der Akropolis.

Unter mancherlei Gefahren legte Paulus Hunderte von Kilometern zurück, um die Botschaft von Jesus zu verbreiten.

Zwei Jahre lang saß Paulus gefangen in Cäsarea (rechts) und wartete auf seinen Prozess. Dann machte er von seinem Recht Gebrauch, an den Kaiser in Rom zu appellieren.

Paulus ist mehr als einmal im Gefängnis gewesen (2 Kor 11,23). Wenn er in Phil 1,13 schreibt, *das ganze Prätorium* wisse jetzt, dass er wegen der Christusbotschaft verhaftet worden sei, hat man entweder an die Kaserne der Prätorianergarde in Rom zu denken (unser Bild zeigt Soldaten dieser Elitetruppe) oder an den Sitz des römischen Provinzstatthalters in Ephesus und die dort tätigen Beamten (so heute die Mehrheit der Ausleger).

2 THESSALONICHER

Auch der zweite Brief nach Thessalonich nimmt auf die Erwartung des baldigen Weltendes Bezug, die in der dortigen Gemeinde zu bedenklichen Erscheinungen geführt hat. Man hält es nicht mehr für nötig zu arbeiten und verfällt einer – fromm motivierten – Herumtreiberei (3,6-15). Demgegenüber betont der Brief, dass die Wiederkunft des Herrn keineswegs so unmittelbar bevorsteht und die Christen deshalb ihre Pflichten in der Welt ernst zu nehmen haben (Kap 2). Der Brief enthält keine Angaben, aus denen zu ersehen ist, in welchem zeitlichen Verhältnis er zum Ersten Thessalonicherbrief steht.

Inhaltsübersicht

Eingangsgruß

1 Paulus, Silvanus[a] und Timotheus schreiben diesen Brief an die Gemeinde in Thessalonich, die Gott, unserem Vater, und dem Herrn* Jesus Christus gehört.

2 Gnade und Frieden* sei mit euch von Gott, unserem Vater, und von Jesus Christus, dem Herrn.

Christus kommt zum Gericht

3 Wir müssen Gott immerzu für euch danken, Brüder und Schwestern![b] Wir haben allen Grund dazu, denn euer Glaube wächst, und die gegenseitige Liebe nimmt bei euch allen, bei jedem Einzelnen von euch, zu. 4 Mit Stolz erzählen wir in den Gemeinden Gottes von eurer Standhaftigkeit und Treue in all den Verfolgungen und Leiden, die ihr zu ertragen habt. 5 Diese Verfolgungen erinnern euch daran, dass Gott ein gerechtes Gericht halten und euch ehrenvoll in seine neue Welt[c] aufnehmen wird, für die ihr ja leidet. 6 Denn es entspricht der Gerechtigkeit Gottes, dass er die, die euch Leiden bereiten, selbst leiden lässt 7 und dass er euch, die ihr jetzt leiden müsst, mit uns zusammen von allen Leiden befreit.

Das wird geschehen, wenn Jesus, der Herr*, vom Himmel kommt und alle ihn sehen werden. Er kommt mit den Engeln*, die seine Befehle vollstrecken, 8 und in loderndem Feuer, um Vergeltung zu üben an allen, die Gott nicht ehren und die Gute Nachricht* von Jesus, unserem Herrn, nicht gehorsam annehmen. 9 Als Strafe verhängt der Herr in seiner Macht und Herrlichkeit* ewiges Verderben über sie. 10 Das geschieht an dem Tag, an dem er kommt, um von allen, die ihm gehören,[d] von allen, die zum Glauben* an ihn gekommen sind, geehrt und umjubelt zu werden – auch von euch, denn ihr habt ja der Botschaft geglaubt, die wir euch gebracht haben.

11 Im Blick darauf beten wir auch immer für euch. Wir bitten unseren Gott, euch würdig zu machen für das ewige Leben, zu dem er euch berufen hat. Durch seine Macht führe er alle eure guten Vorsätze und euer Wirken aus dem Glauben heraus zur Vollendung. 12 So soll der Name* unseres Herrn Jesus durch euch zu Ehren kommen – und ebenso auch ihr durch ihn. Die Gnade unseres Gottes und Herrn Jesus Christus[e] wird euch dazu verhelfen!

Was zuvor noch geschehen muss: Das Auftreten des Antichrist

2 Ihr wartet darauf, Brüder und Schwestern,[f] dass Jesus Christus, unser Herr*, kommt und wir mit ihm vereinigt werden. Wir bitten euch aber: 2 Lasst euch nicht so rasch verwirren oder erschrecken durch die Behauptung, der Tag, an dem der Herr kommt, stehe unmittelbar bevor. Glaubt es nicht, auch wenn sich jemand auf eine Eingebung des Heiligen Geistes* beruft oder auf irgendeinen Ausspruch oder auf einen Brief von uns.[g] 3 Lasst euch durch nichts und niemand täuschen: Erst muss es dahin kommen, dass viele ihrem Glauben untreu

a Siehe Anmerkung zu 1 Thess 1,1.
b Siehe Anmerkung zu 1 Thess 1,4.
c Wörtlich *in die Königsherrschaft* Gottes.*
d Wörtlich *von seinen Heiligen*.*
e Möglich auch die Deutung *unseres Gottes und des Herrn Jesus Christus.*
f Siehe Anmerkung zu 1 Thess 1,4.
g Oder *selbst wenn sie von uns stammen.* Dass Jesu Wiederkunft unmittelbar bevorstand, konnte man in der Tat aus Briefen des Apostels herauslesen (1 Kor 7,29; Röm 13,11; Phil 4,4-5), sogar aus 1 Thess 4,15–5,3.

1,1 1 Thess 1,1 **1,4** Phil 2,16S; 1 Thess 3,3b **1,5** Phil 1,28 **1,6** Röm 12,19; Offb 18,6 **1,7b** Mt 25,31S; 1 Thess 4,16-17 **1,8** Jes 66,15; Röm 2,8; 1 Petr 4,17 **1,11** 1 Thess 5,25; 5,24S **2,1-2** 1 Thess 4,15–5,3 **2,3** 1 Tim 4,1; 1 Joh 2,18S

werden. Der Feind Gottes muss auftreten, der alles Böse in sich vereint[a] und der zum Untergang bestimmt ist. 4 Er wird sich gegen alles auflehnen und sich über alles erheben, was als göttlich und verehrungswürdig gilt. Ja, er wird seinen Thron im Tempel Gottes aufstellen und wird behaupten, er sei Gott!

5 Erinnert ihr euch nicht, dass ich euch dies angekündigt habe, als ich noch bei euch war? 6 Inzwischen wisst ihr aber auch, wodurch das noch aufgehalten wird. Der Feind Gottes kann erst hervortreten, wenn die Zeit dafür reif ist. 7 Die geheimnisvolle Macht der Auflehnung ist zwar schon am Werk; doch der, der sie bisher noch zurückhält, muss ihr erst den Weg freigeben.[b]

8 Dann wird der Feind Gottes[c] offen hervortreten. Aber Jesus, der Herr*, wird in Herrlichkeit kommen und ihn mit dem Hauch seines Mundes[d] töten; durch sein bloßes Erscheinen wird er ihn vernichten.

Die Gefährdung durch den Antichrist

9 Der Feind Gottes wird bei seinem Auftreten vom Satan* unterstützt, sodass er Aufsehen erregende Wunder vollbringen und die Menschen damit blenden kann. 10 Alle, die verloren gehen, wird er durch seine bösen Künste täuschen. Sie erliegen ihnen, weil sie ihr Herz nicht der Wahrheit* geöffnet haben, die sie retten könnte. 11 Deshalb liefert Gott sie dem Irrtum aus, sodass sie der Lüge Glauben schenken. 12 Alle, die der Wahrheit nicht geglaubt haben, sondern am Bösen Gefallen hatten, werden so ihre Strafe finden.

Paulus hat für seinen eigenen Lebensunterhalt hart gearbeitet, um niemand zur Last zu fallen. Dasselbe erwartet er auch von seinen Gemeinden (3,11-12). Im Bild türkische Frauen bei ihrer Arbeit. Sie sieben frisch gedroschenes Getreide.

Aufruf zur Standhaftigkeit an die Erwählten

13 Doch für euch, Brüder und Schwestern,[e] müssen wir Gott immerzu danken. Ihr seid von Jesus, dem Herrn*, geliebt. Von allem Anfang an hat Gott euch dazu erwählt,[f] dass ihr gerettet werdet. Und das werdet ihr, weil Gottes Geist* euer Leben bestimmt und euch heilig* macht und weil ihr der Wahrheit* Gottes glaubt. 14 Durch die Gute Nachricht*, die wir euch gebracht haben, hat Gott euch dazu berufen, an der Herrlichkeit* unseres Herrn Jesus Christus teilzuhaben.

15 Steht also fest, Brüder und Schwestern, und haltet euch an die Überlieferungen, an alles, was wir euch mündlich oder brieflich gelehrt haben. 16 Gott, unser Vater, hat uns seine Liebe erwiesen und uns in seiner Gnade einen ewig gültigen Trost und eine sichere Hoffnung geschenkt. Wir bitten ihn und unseren Herrn Jesus Christus, 17 euch getrost und mutig zu machen und euch Kraft zu geben zu allem Guten, in Wort und Tat.

Abschließende Bitten und Wünsche

3 Im Übrigen: Betet für uns, Brüder und Schwestern! Bittet darum, dass die Botschaft des Herrn* sich rasch verbreitet und überall so wie bei euch mit Dank gegen Gott angenommen wird. 2 Bittet auch darum, dass Gott uns vor den Anschlägen böser und schlechter Menschen rettet. Denn nicht alle nehmen den Glauben an.

3 Doch der Herr ist treu. Er wird euch stärken und vor dem Bösen beschützen. 4 Er gibt uns auch das Vertrauen zu euch, dass ihr jetzt und in Zukunft meinen Anweisungen folgen werdet. 5 Der Herr richte euer ganzes Denken und Wollen darauf, dass ihr Gott liebt und standhaft zu Christus haltet.

Spezielle Mahnung: Die Pflicht zur Arbeit

6 Brüder und Schwestern! Wir befehlen euch im Namen unseres Herrn* Jesus Christus: Meidet den Umgang mit allen in der Gemeinde, die die Anweisungen missachten, die sie von uns erhalten haben und ihre täglichen Pflichten vernachlässigen.

7 Ihr wisst doch selbst, wie ich[g] bei euch gelebt habe. Das muss euch ein Vorbild sein. Ich habe mich nicht vor der Arbeit gedrückt 8 und bei niemand umsonst mitgegessen. Ich habe keine Mühe gescheut und habe Tag und Nacht für meinen Lebensunterhalt gearbeitet, um keinem von euch zur Last zu fallen. 9 Dabei hätte ich sehr wohl das Recht gehabt, Unterstützung von euch zu verlangen. Aber ich wollte euch ein Beispiel geben, dem ihr nachleben sollt. 10 Wir haben es euch ja auch aus-

a *der Feind ...:* wörtlich *der Mensch der Gesetzlosigkeit;* siehe Sacherklärung »Antichrist«. Vers 4 nimmt Hinweise aus Dan 11,31.36 und Mk 13,14 auf.
b Wer damit gemeint ist, ist in der Auslegung umstritten. Am nahe liegendsten ist die Beziehung auf Gott selbst.
c Hier heißt er *der Gesetzlose.*
d D.h. mit dem bloßen Wort (Jes 11,4; Offb 19,15).
e Siehe Anmerkung zu 1 Thess 1,4; ebenso für Vers 15 und für 3,1.6.13.
f Nach anderer Überlieferung *Gott hat euch als Erstlingsfrucht (seiner neuen Schöpfung) erwählt;* siehe Sacherklärung »Erstling«.
g *ich:* wörtlich *wir* (und entsprechend bis Vers 9); siehe Anmerkung zu 1 Thess 2,5.

2,4 Dan 11,31.36 **2,8** Jes 11,4; Offb 19,15 **2,9** Mt 24,24 S **2,13** Röm 8,30 **2,14** 1 Thess 5,9 **2,16** Röm 8,39 S; 1 Thess 1,4 **3,1** Röm 15,30 S **3,3** Joh 17,15 S; 1 Thess 5,24 S; 1 Kor 10,13 **3,6** 3,12; 1 Thess 5,14 **3,8** Apg 18,3 S **3,9** 1 Kor 9,4.15; 4,16 S **3,10.12** 1 Thess 4,11 S

drücklich gesagt, als wir bei euch waren: Wer nicht
arbeiten will, soll auch nicht essen.
[11] Nun hören wir, dass es einige unter euch gibt,
die ein ungeregeltes Leben führen. Sie arbeiten
nicht, sondern treiben sich unnütz herum.[a] [12] Wir
ermahnen sie im Namen des Herrn Jesus Christus
mit allem Nachdruck, dass sie einer geregelten
Arbeit nachgehen und ihren Lebensunterhalt selbst
verdienen.
[13] Brüder und Schwestern, werdet nicht müde, das
Gute zu tun! [14] Wenn jemand unseren Anweisungen
in diesem Brief nicht folgen will, so merkt ihn euch
und geht ihm aus dem Weg, damit er sich schämt.
[15] Behandelt ihn aber nicht wie einen Feind, sondern
ermahnt ihn als Bruder oder Schwester.[b]
[16] Der Herr selbst aber, von dem aller Frieden*
kommt, schenke euch jederzeit und auf jede Weise
seinen Frieden. Der Herr stehe euch allen bei!

Eigenhändiger Gruß

[17] Zum Schluss mein persönlicher Gruß! Ich, Paulus,
schreibe ihn mit eigener Hand.[c] Dies ist meine Handschrift.
Daran sind alle meine Briefe zu erkennen.
[18] Die Gnade unseres Herrn* Jesus Christus sei mit
euch allen.

a Vgl. im Blick auf den möglichen Zusammenhang mit 2,2 die Bildlegende Seite 305 NT.
b Wörtlich: *als Bruder**.
c Vgl. 1 Kor 16,21; Gal 6,11 und Anmerkung zu Röm 16,22.

3,11 1 Tim 5,13 **3,13** Gal 6,9 **3,15** 1 Thess 5,14; Mt 18,15-17 **3,16** 2 Kor 13,11 S **3,17** 1 Kor 16,21

1TIMOTHEUS

Die beiden Briefe an Timotheus und der Brief an Titus gehören nach Art und Inhalt eng zusammen. Alle drei sind an Einzelpersonen gerichtet, und doch sind sie nicht, wie etwa der Brief an Philemon, private Briefe, sondern amtliche Schreiben, die die Ordnung des kirchlichen Lebens regeln und den Amtsträgern, den ›Hirten‹ (lateinisch: pastores), Anweisungen geben. Man nennt sie deshalb ›Pastoralbriefe‹. Beide Briefempfänger, Timotheus und Titus, sind als Mitarbeiter des Apostels aus seinen Gemeindebriefen bekannt.
Wann und wo Paulus die vorliegenden Briefe abgefasst hat, ist nicht zu entscheiden. Sie blicken deutlich auf ein abgeschlossenes Lebenswerk zurück, was auf die Gefangenschaft in Rom weisen würde; aber bestimmte Angaben über Reisewege (1 Timotheus 1,3; Titus 1,5) lassen sich in dem Zeitraum, den wir aus der Apostelgeschichte und den übrigen Paulusbriefen kennen, nur schwer unterbringen. Manche Ausleger nehmen deshalb an, dass Paulus aus der römischen Gefangenschaft, von der Apostelgeschichte 28,16-31 berichtet, noch einmal freikam und die Briefe erst während einer zweiten römischen Gefangenschaft schrieb, über die sonst nichts bekannt ist.
Da die Briefe sich in Stil und Inhalt von den übrigen Briefen des Apostels stark unterscheiden, wird von anderen Auslegern vermutet, dass sie in dessen Auftrag oder Namen verfasst worden sind, wie dies damals durchaus üblich war.
Inhaltlich geht es in allen drei Briefen um die leitenden Ämter in der Gemeinde, um die rechte Ordnung des Gemeindelebens und die Bewahrung des unverfälschten Glaubens. Gefährdet waren die Gemeinden durch Irrlehrer, die von Haus zu Haus zogen. Über den Inhalt ihrer Lehre kann man nur Vermutungen anstellen; die Verbindung jüdisch-gesetzlicher Vorschriften (1 Timotheus 1,7; Titus 1,14) mit der Berufung auf höhere »Erkenntnis« (1 Timotheus 6,20) stellt sie in die Nähe der im Kolosserbrief bekämpften Irrlehre. Auffallend ist die Aussage in 2 Timotheus 2,18, »unsere Auferstehung sei bereits geschehen«. Das erinnert an ein illusionär überhöhtes Selbstbewusstsein unter dem Einfluss der Geist-Erfahrung, wie es vor allem in Korinth begegnet (siehe Einführung zum 1. Korintherbrief). Die Beachtung gesetzlicher und darüber hinausgehender asketischer Vorschriften wie Ehelosigkeit (1 Timotheus 4,3) könnte darauf hindeuten, dass zur Erreichung dieses höheren Bewusstseins, das als höheres ›Leben‹ erfahren wird, bestimmte Enthaltsamkeitsübungen vorgeschrieben wurden (vgl. 1 Timotheus 4,8), während die Spekulation über die Abstammungsfolge der Urväter (1 Timotheus 1,4; Titus 3,9) vielleicht auf eine Art der »Erkenntnis« hinweist, wie sie später in der sog. Gnosis voll ausgebildet worden ist. (Dort wird die Weltschöpfung durch eine genealogische Reihe immer weiter absteigender Götterpaare erklärt, deren Kenntnis wiederum für den ›Aufstieg der Seele‹ von Bedeutung ist; vgl. Einführung zum Kolosserbrief.)
Den Empfängern der Briefe wird geraten, sich nicht auf eine Auseinandersetzung mit den falschen Lehrern einzulassen, sondern ihnen gegenüber die wahre Lehre, die Botschaft von der rettenden Gnade Gottes in Jesus Christus, mit voller Klarheit und Entschiedenheit zu verkünden. Zur Stärkung der Gemeinden sollen sie überall zuverlässige Gemeindeleiter einsetzen und dem kirchlichen Leben insgesamt eine feste Ordnung geben, als Grundlage für ein Leben der Christen, das von den Maßstäben der Rechtschaffenheit, Frömmigkeit und gegenseitigen Liebe geprägt ist.

Inhaltsübersicht

GEFAHR DURCH FALSCHE LEHREN UND AUFTRAG AN TIMOTHEUS
(Kapitel 1)

Eingangsgruß

1 Diesen Brief schreibt Paulus, Apostel* von Jesus Christus durch einen Auftrag von Gott, der unser Retter ist, und von Jesus Christus, auf den wir hoffen. 2 Ich schreibe an Timotheus, der mir ein richtiger Sohn geworden ist, weil ich ihn zum Glauben geführt habe.

Gnade, Erbarmen und Frieden* sei mit dir von Gott, dem Vater, und von Jesus Christus, unserem Herrn*!

Die Irrlehrer in Ephesus und der Auftrag an Timotheus

3 Es gilt noch, Timotheus, was ich dir aufgetragen habe, als ich nach Mazedonien abreiste! Damals habe ich dich gebeten, in Ephesus zurückzubleiben und dafür zu sorgen, dass bestimmte Leute dort keine falschen Lehren verbreiten. 4 Sie sollten sich nicht mit uferlosen Spekulationen über die Anfänge der Welt und die ersten Geschlechterfolgen[a] befassen; denn das führt nur zu unfruchtbaren Spitzfindigkeiten, anstatt dem Heilsplan Gottes zu dienen, der auf den Glauben* zielt.

5 Jede Unterweisung der Gemeinde muss nämlich zur Liebe hinführen, die aus einem reinen Herzen, einem guten Gewissen und einem aufrichtigen Glauben kommt. 6 Davon haben sich einige abgewandt und haben sich in leeres Gerede verloren. 7 Sie wollen Lehrer des göttlichen Gesetzes* sein; aber sie wissen nicht, was sie sagen, und haben keine Ahnung von dem, worüber sie so selbstsicher ihre Behauptungen aufstellen.

8 Wir dagegen wissen: Das Gesetz, das Gott gegeben hat, ist gut, wenn es in der rechten Weise gebraucht wird. 9 Wir dürfen nämlich eines nicht vergessen: Das Gesetz ist nicht für Menschen da, die tun, was Gott will, sondern für solche, die sich um Recht und Ordnung nicht kümmern. Es ist für Sünder bestimmt, die Gott und seine Gebote verachten,[b] für Leute, die Vater und Mutter töten, Mord 10 und Unzucht begehen und als Männer mit Knaben oder ihresgleichen verkehren, für Menschenhändler und solche, die lügen und falsche Eide schwören oder sonst etwas tun, was im Widerspruch zur gesunden Lehre steht.

11 Diese Lehre entspricht der Guten Nachricht*, die mir anvertraut worden ist – der Botschaft, in der die Herrlichkeit des in sich vollkommenen Gottes aufleuchtet.

Dank für Gottes Erbarmen

12 Ich bin voll Dank gegenüber Jesus Christus, unserem Herrn*, der mir für meinen Auftrag die Kraft gegeben hat. Denn er hat mich für vertrauenswürdig erachtet und in seinen Dienst genommen, 13 obwohl ich ihn doch früher beschimpft, verfolgt und verhöhnt habe. Aber er hat mit mir Erbarmen gehabt, weil ich nicht wusste, was ich tat. Ich kannte ihn ja noch nicht. 14 Er, unser Herr, hat mir seine Gnade im Überfluss geschenkt und mit ihr den Glauben und die Liebe, die aus der Verbindung mit ihm erwachsen.

15 Es ist ein wahres Wort und verdient volles Vertrauen: Jesus Christus ist in die Welt gekommen, um die Sünder zu retten. Unter ihnen bin ich selbst der Schlimmste.[c] 16 Deshalb hatte er gerade mit mir Erbarmen und wollte an mir als Erstem seine ganze Geduld zeigen. Er wollte mit mir ein Beispiel aufstellen, was für Menschen künftig durch den Glauben* – das Vertrauen auf ihn – zum ewigen Leben kommen können. 17 Gott, dem ewigen König, dem unsterblichen, unsichtbaren und einzigen Gott, gehört die Ehre und Herrlichkeit* für alle Ewigkeit! Amen.

18 Mein Sohn Timotheus, ich lege dir erneut den Auftrag ans Herz, mit dem ich dich zurückließ.[d] Er entspricht den prophetischen Worten, die über dich ergangen waren.[e] Erinnere dich an sie und schöpfe aus ihnen Kraft für den guten Kampf, den du zu kämpfen hast.

19 Bewahre den Glauben und ein reines Gewissen! Manche haben in ihrem Glauben Schiffbruch erlitten, weil sie nicht auf die Stimme ihres Gewissens gehört haben. 20 Hymenäus und Alexander gehören zu ihnen. Ich habe sie dem Satan* übergeben, damit er sie bestraft. So sollen sie lernen, Gott nicht mehr mit ihrem Gerede zu beleidigen.[f]

WEISUNGEN FÜR DAS LEBEN DER GEMEINDE
(Kapitel 2–3)

Das Gebet für alle Menschen, besonders die Regierenden

2 Das Erste und Wichtigste, wozu ich die Gemeinde aufrufe, ist das Gebet, und zwar für alle Menschen. Bringt Bitten und Fürbitten und Dank für sie alle vor Gott! 2 Betet für die Regierenden und für alle, die Gewalt haben,[g] damit wir in Ruhe und Frieden

a *mit uferlosen ...:* wörtlich *mit Mythen und endlosen Genealogien.* Wahrscheinlich ist an Ausdeutungen des 1. Mosebuches (Genesis) gedacht, wo die Urgeschichte der Menschheit und Israels am Leitfaden der Abstammungsverhältnisse geschildert wird (vgl. Tit 1,14; 3,9).
b Gegenüber dem Gebrauch, den die Irrlehrer vom Gesetz machen (siehe die Einführung), wird betont, dass es nur der Hüter der äußeren sittlichen Ordnung ist. (Röm 7 spricht unter einem anderen Gesichtspunkt über das Gesetz.)
c Vgl. Vers 13 und Phil 3,6.
d *ich lege dir ...:* wörtlich *diesen Auftrag* (vgl. Vers 3) *übergebe ich dir.*
e Bei der Übergabe seines Auftrags (4,14). Zur Mitwirkung von Propheten siehe Apg 13,1-3.
f Zu den beiden Genannten vgl. 2 Tim 2,17; 4,14. Zum Verfahren vgl. 1 Kor 5,3-5.
g Vgl. Röm 13,1-7 und Bildlegende Seite 239 NT.

1,2 (Timotheus) 1 Kor 4,17 S; (Sohn) 1 Thess 2,11 S; Tit 1,4 **1,3-7** (falsche Lehren) 4,1-10; 6,3-5.20-21; 2 Tim 2,16-18.23-26; Tit 1,10-16; 3,9-11 **1,3** (Ephesus) Apg 20,1 **1,4** (Spekulationen) 4,7; 2 Tim 4,4; Tit 1,14; 3,9 **1,5** Röm 12,9 S; (Gewissen) 1 Tim 1,19; 2 Tim 1,3; 2,22; Tit 1,15 **1,6** 6,4.20; Tit 1,10 **1,8** Röm 7,12.16 **1,9-10** Gal 5,19-21 S **1,10** (gesunde Lehre) 6,3; 2 Tim 1,13; 4,2-3; Tit 1,9; 2,1.7-8 **1,13** Apg 8,3 S **1,15** Röm 5,8; Lk 15,2; 19,10 S **1,16** 1 Kor 15,9-10 S **1,18** 4,14; (Kampf) 6,12; 2 Tim 4,7-8; 1 Kor 9,24-25 **1,19** 1,5 S **1,20** (Hymenäus) 2 Tim 2,17; (Alexander) 2 Tim 4,14; (Satan) 1 Kor 5,5 **2,1** Eph 6,18-19 S **2,2** Esra 6,10 S

leben können, in Ehrfurcht vor Gott und in Recht-
schaffenheit.
3 So ist es gut und gefällt Gott, unserem Retter. 4 Er
will, dass alle Menschen zur Erkenntnis der Wahr-
heit* kommen und gerettet werden. 5 Denn dies ist
ja unser Bekenntnis:[a]

Nur einer ist Gott,
und nur einer ist auch der Vermittler
zwischen Gott und den Menschen:
der Mensch Jesus Christus.
6 Er gab sein Leben,
um die ganze Menschheit
von ihrer Schuld loszukaufen.

Das gilt es zu bezeugen in dieser von Gott vorherbe-
stimmten Zeit. 7 Um es öffentlich zu verkünden, hat
Gott mich zum Apostel* eingesetzt. So ist es; ich sage
die reine Wahrheit. Er hat mich zum Lehrer der
nichtjüdischen Völker[b] gemacht, damit ich sie zum
Glauben und zur Wahrheit führe.

Das Verhalten von Männern und Frauen im Gottesdienst

8 Ich will, dass überall in den Gottesdiensten die
Männer reine Hände zu Gott erheben, im Herzen
frei von Zorn oder Streitsucht.
9 Ebenso will ich, dass die Frauen im Gottesdienst
passend angezogen sind. Sie sollen sich mit Anstand
und Schamgefühl schmücken anstatt mit auffallen-
den Frisuren, goldenem Schmuck, Perlen oder teu-
ren Kleidern. 10 Gute Taten sollen ihre Zierde sein.
So gehört es sich für Frauen, die zeigen wollen, dass
sie Gott ehren.
11 Die Frauen sollen still zuhören und das Gehörte
in sich aufnehmen; sie müssen sich völlig unterord-
nen. 12 Ich lasse nicht zu, dass sie vor der Gemeinde
sprechen[c] oder sich über die Männer erheben. Sie
sollen sich ruhig und still verhalten. 13 Denn zuerst
wurde Adam geschaffen, dann erst Eva. 14 Es war
auch nicht Adam, der vom Verführer getäuscht wur-
de; die Frau ließ sich täuschen und übertrat das
Gebot Gottes.
15 Eine Frau soll Kinder zur Welt bringen; dann
wird sie gerettet.[d] Sie muss aber auch an Glauben
und Liebe festhalten und in aller Besonnenheit ein
Leben führen, wie es Gott gefällt.

Voraussetzungen für das Amt des Gemeindeleiters

3 Es ist ein wahres Wort: »Wenn jemand die Lei-
tung einer Gemeinde erstrebt, dann sucht er
eine große und schöne Aufgabe.«

a Wörtlich *Denn.*
b Herkömmliche Übersetzung *die Heiden**.
c Vgl. 1 Kor 14,34-36 und Anmerkung dort.
d Die Rolle, die hier den Frauen zugewiesen wird, entspricht einerseits (Vers 11-12) einem bestimmten Idealbild der damaligen Gesellschaft sowie den Verhaltensnormen in den jüdischen Synagogengemeinden. Andererseits (Vers 15) ist sie zu erklären aus der Abwehr von Lehren, die im Geborenwerden ein Verhängnis sahen und deshalb jede Mitwirkung dabei untersagten (vgl. 4,3 und Sacherklärung »Gnosis«).

Der 1. Timotheusbrief will verhindern, dass die Frauen sich im Gottesdienst so kleiden, dass sie alle Blicke auf sich ziehen. »Sie sollen sich mit Anstand und Schamgefühl schmücken anstatt mit auffallenden Frisuren, goldenem Schmuck, Perlen oder teuren Kleidern.« (2,9)

2,4 Ez 18,23; 2 Petr 3,9; 2 Tim 2,25b **2,5** 1 Kor 8,6 **2,6** Gal 1,4 S; Hebr 9,28 S **2,7** Röm 1,5 S **2,8-9** 1 Petr 3,7.3-5 **2,10** 5,10 **2,11-12** 1 Kor 14,34-35 S **2,13** Gen 2,7.21-22; 1 Kor 11,8-9 **2,14** Gen 3,1-6.13; 2 Kor 11,3 **2,15** 5,14; Tit 2,4-5

2 Der Gemeindeleiter[a] soll ein Mann sein, an dem es nichts auszusetzen gibt. Er darf nur einmal verheiratet sein.[b] Er muss ein nüchternes Urteil haben, besonnen und charakterfest sein. Er muss gastfreundlich und ein guter Lehrer* sein. 3 Er soll kein Trinker oder gewalttätiger Mensch sein, sondern ein freundlicher und friedliebender Mann. Er darf auch nicht am Geld hängen.

4 Er muss die Pflichten eines Familienoberhaupts vorbildlich erfüllen und Kinder haben, die ihn achten und ihm gehorchen. 5 Denn wenn jemand seine eigene Familie nicht zu leiten versteht, wie kann er dann die Sorge für die Gemeinde Gottes übernehmen?

6 Er darf nicht erst vor kurzem Christ geworden sein; sonst wird er stolz, und der Teufel wird im letzten Gericht gegen ihn auftreten, sodass Gott ihn verurteilen muss.[c] 7 Auch außerhalb der Gemeinde muss er in gutem Ruf stehen; es darf nichts Belastendes gegen ihn vorgebracht werden können. Sonst kann ihm der Teufel daraus einen Strick drehen.

Anforderungen an die Diakone

8 Auch die Diakone* müssen ehrbare Männer sein. Auf ihr Wort muss man sich verlassen können. Sie dürfen nicht übermäßig Wein trinken und nicht darauf aus sein, sich zu bereichern. 9 Sie sollen durch ein untadeliges Leben dem Geheimnis des Glaubens Ehre machen. 10 Zuerst ist zu prüfen, ob sie auch geeignet sind. Nur wenn ihnen niemand etwas nachsagen kann, dürfen sie zum Dienst zugelassen werden.

11 Auch die Diakoninnen[d] müssen ehrbar sein, nicht klatschsüchtig, sondern nüchtern im Urteil und in allem zuverlässig.

12 Ein Diakon darf nur einmal verheiratet sein.[e] Er muss seine Kinder zum Guten anhalten und sein Hauswesen ordentlich führen. 13 Wer seinen Diakonendienst gut versieht, verschafft sich damit Ansehen in der Gemeinde. Er kann im Umgang mit ihr offen und freimütig auftreten als einer, dessen Glaube an Jesus Christus sich in der Ausübung seines Dienstes bewährt hat.

Die Gemeinde als Zeugin für Gottes Geheimnis

14 Dies alles schreibe ich dir, obwohl ich hoffe, dich bald besuchen zu können. 15 Aber für den Fall, dass mein Kommen sich hinauszögert, sagt dir dieser Brief, wie wir uns in Gottes Hausgemeinschaft verhalten sollen. Diese Hausgemeinschaft ist die Gemeinde des lebendigen Gottes, der Pfeiler und das Fundament der Wahrheit*.

16 Niemand kann es bestreiten: Groß und einzigartig ist die geheimnisvolle Wahrheit unseres Glaubens:[f]

In der Welt erschienen als schwacher Mensch,
im Himmel in seiner göttlichen Würde bestätigt –
so wurde Christus den Engeln* gezeigt
und den Völkern der Erde verkündet.
Überall in der Welt fand er Glauben,
und im Himmel erhielt er die höchste Ehre.

WEISUNGEN FÜR DIE AMTSFÜHRUNG VON TIMOTHEUS (4,1–6,10)

Abwehr falscher Lehren

4 Der Geist* Gottes sagt durch den Mund von Propheten[g] klar und deutlich voraus, dass in den letzten Tagen dieser Welt manche den Glauben preisgeben werden. Sie werden sich Leuten anschließen, die sie mit ihren Eingebungen in die Irre führen, und werden den Lehren dämonischer Mächte folgen.

2 Diese Leute sind scheinheilige Lügner; ihre Schande ist ihrem Gewissen eingebrannt. 3 Sie lehren, dass man nicht heiraten darf, und verbieten, bestimmte Speisen zu essen. Dabei hat doch Gott diese Speisen geschaffen, damit sie von denen, die an ihn glauben und die Wahrheit erkannt haben,[h] mit Dank verzehrt werden.

4 Denn alles, was Gott geschaffen hat, ist gut. Wir brauchen nichts davon abzulehnen, sondern dürfen es alles gebrauchen – wenn wir es nur mit Dank aus der Hand Gottes empfangen. 5 Denn durch das Wort Gottes[i] und durch unser Dankgebet wird es rein und heilig*.

6 Wenn du dies den Brüdern und Schwestern[j] klarmachst, bist du ein guter Diener von Jesus Christus. Du bewährst dich dann als einer, der sich vom überlieferten Glauben nährt, von der wahren Lehre, die du dir zur Richtschnur genommen hast.

7 Die gottlosen und kindischen Spekulationen über die Anfänge der Welt[k] dagegen musst du ablehnen. Übe dich vielmehr darin, den Willen Gottes zu tun! 8 Sich in körperlichen Entbehrungen zu üben, bringt nur wenig Nutzen. Aber sich im Gehorsam gegen Gott zu üben ist für alles gut; denn es bringt Gottes Segen für dieses und für das zukünftige Leben.

9 Dies ist ein wahres Wort und verdient volles Vertrauen. 10 Auf dieses Ziel hin mühen wir uns ja und setzen unsere Kräfte ein; denn wir haben unsere

a Griechisch *episkopos,* wovon das deutsche Wort »Bischof« abgeleitet ist; vgl. Sacherklärung »Gemeindeleiter«.
b D.h., dass er sich nach dem Tod seiner Frau nicht wieder verheiraten darf; vgl. 5,9. Das ist die wahrscheinlichste Deutung (wörtlich *Mann einer einzigen Frau*).
c *und der Teufel...:* wörtlich *er wird dem Gericht/Urteil des Teufels verfallen.* Zum Teufel als himmlischem »Staatsanwalt« vgl. Sacherklärung »Satan«.
d Wörtlich *die Frauen.* Formulierung und Aussage sprechen nicht dafür, dass es sich um die Ehefrauen der Diakone handelt; vgl. auch Röm 16,1.
e Vgl. Anmerkung zu Vers 2.
f Das im Folgenden zitierte Bekenntnis beschreibt in knappen Gegenüberstellungen Weg und Werk Christi. Es berührt sich mit ähnlichen Bekenntnisformulierungen (siehe die Vergleichsstellen).
g *durch den Mund ...:* verdeutlichender Zusatz (vgl. Offb 2,7; 19,10; 22,6).
h Die Irrlehrer beanspruchten, die wahre »Erkenntnis« zu haben; vgl. 6,20-21 und Sacherklärung »Gnosis«.
i *Wort Gottes:* Es ist unsicher, ob ein Segenswort im Namen Gottes oder die heilbringende Botschaft der Guten Nachricht* gemeint ist.
j Siehe Anmerkung zu 1 Thess 1,4.
k Siehe Anmerkung zu 1,4.

3,2-7 Tit 1,6-9; 1 Petr 5,1-4 **3,2** Hebr 13,2 S **3,11** Tit 2,3 **3,15** Eph 2,19-22 **3,16** Röm 1,3-4; Phil 2,6-11; (Mensch) Joh 1,14; (bestätigt) Apg 2,33 S; 2,36; Eph 1,20; (gezeigt) Hebr 1,6; (verkündet) 1 Tim 2,7; 2 Tim 4,17; Mt 28,18-19; Mk 16,20; (Glauben) Kol 1,6.23; (Ehre) Lk 24,50-51 S; Eph 1,21; Hebr 1,13; 2,9 **4,1** 2 Tim 3,1 S; Mt 24,10 S **4,3** (heiraten) 1 Kor 7,1; (Speisen) Hebr 13,9 S; (Dank) 1 Kor 10,30 S **4,4** Gen 1,31; Mk 7,15 S **4,7** 1,4 S **4,8** 6,6 **4,10** (Retter) Tit 3,4 S

a Siehe Anmerkung zu 1,18. Zur Amtseinsetzung durch Handauflegung vgl. 5,22; Apg 6,6; 13,3.
b Wörtlich *den Heiligen**. Zu denken ist an durchreisende Christen, vielleicht an solche, die im Predigt- und Missionsdienst unterwegs sind (3Joh 5-8; Phil 2,29; Röm 16,1; vgl. Mt 10,40-42). Zur Fußwaschung vgl. die Sacherklärung.
c Die Aufnahme in den Kreis der »echten« Witwen, die von der Gemeinde unterstützt wurden, war offenbar mit dem Gelübde künftiger Ehelosigkeit verbunden und verpflichtete zu einem Leben, das dem Gebet gewidmet war (Vers 5).

Hoffnung auf den lebendigen Gott gesetzt. Er ist der
Retter aller Menschen, und besonders derer, die zum
Glauben* gekommen sind. 11 Das sollst du allen gut
einschärfen.

Timotheus als Vorbild, Lehrer und Seelsorger

12 Niemand soll dich verachten, weil du noch jung
bist. Sei allen Glaubenden ein Beispiel mit deinem
Reden und Tun, deiner Liebe, deinem Glauben
und deiner Reinheit.
13 Bis ich komme, lies wie bisher aus den Heiligen
Schriften* vor, predige und unterrichte. 14 Vernach-
lässige nicht die Gabe, die Gott dir geschenkt hat,
als die Ältesten* dir aufgrund prophetischer Weisun-
gen* die Hände auflegten.[a]
15 Mühe dich um das, was dir aufgetragen ist,
damit deine Fortschritte allen sichtbar werden.
16 Achte auf dein Leben und auf deine Lehre; überprü-
fe sie beide ständig. Dann wirst du dich selbst retten
und die, die dir zuhören.

5 Fahre einen Älteren nicht hart an. Wenn du ihn
zurechtweisen musst, dann sprich zu ihm, als ob
er dein Vater wäre. Ebenso sollst du die jungen Män-
ner ermahnen wie Brüder, 2 die älteren Frauen wie

Timotheus erhält Ratschläge für den Umgang mit den ihm anvertrauten Menschen: Er soll »die jungen Männer ermahnen wie Brüder, die älteren Frauen wie Mütter und die jungen Frauen wie Schwestern, mit der gebotenen Zurückhaltung« (5,1-2).

Mütter und die jungen Frauen wie Schwestern, mit
der gebotenen Zurückhaltung.

Die Witwen in der Gemeinde – ihre Versorgung und ihr Dienst

3 Sorge dafür, dass Witwen für ihren Dienst in der
Gemeinde entlohnt werden, sofern sie tatsächlich
darauf angewiesen sind. 4 Wenn eine Witwe jedoch
Kinder oder Enkel hat, muss sie von diesen unter-
stützt werden. Die jüngeren Familienmitglieder sol-
len lernen, zuerst einmal ihre Pflichten gegenüber
den eigenen Angehörigen zu erfüllen und ihrer Mut-
ter oder Großmutter zu vergelten, was sie an ihnen
getan hat. So gefällt es Gott.
5 Eine Witwe, die keine Angehörigen hat und ganz
allein steht, setzt ihre Hoffnung einzig auf Gott und
hört nicht auf, Tag und Nacht zu ihm zu beten.
6 Wenn eine dagegen ein ausschweifendes Leben
führt, ist sie schon tot, auch wenn sie noch lebt.
7 Schärfe das allen Witwen ein, damit ihr Lebens-
wandel keinen Anstoß erregt.
8 Kümmert sich aber jemand nicht um die Not lei-
denden Witwen der eigenen Familie, besonders
wenn sie im selben Haus wohnen, dann hat ein sol-
cher Mensch den Glauben verleugnet und steht weit
unter den Ungläubigen.
9 Eine Frau soll erst dann in das Verzeichnis der
Witwen eingetragen werden, wenn sie über sechzig
Jahre alt ist. Außerdem darf sie nur einmal verheira-
tet gewesen sein. 10 Sie muss für ihre guten Taten
bekannt sein: dass sie ihre Kinder ordentlich er-
zogen hat und gastfrei gewesen ist, dass sie den
Mitchristen, die bei ihr zu Gast waren,[b] die Füße
gewaschen und denen geholfen hat, die in Schwie-
rigkeiten waren; kurz, dass sie sich auf jede Weise
bemüht hat, Gutes zu tun.
11 Jüngere Witwen nimm nicht in das Verzeichnis
auf. Wenn ihr sinnliches Verlangen sie dazu treibt,
geben sie die ausschließliche Bindung an Christus
preis und wollen wieder heiraten. 12 Dann verfallen
sie dem göttlichen Gericht, weil sie ihr Treuegelöb-
nis gebrochen haben.[c] 13 Außerdem gewöhnen sie
sich ans Nichtstun und gehen von Haus zu Haus –
und nicht nur das: Sie werden geschwätzig, mischen
sich in fremde Angelegenheiten und verbreiten fal-
sche Lehren. 14 Deshalb möchte ich, dass die jünge-
ren Witwen wieder heiraten, Kinder haben und sich
um ihren Haushalt kümmern. Dann geben sie unse-
ren Gegnern keine Gelegenheit, schlecht über uns
zu reden. 15 Denn schon haben sich einige solche
Witwen von Christus abgewandt und folgen dem
Satan*.
16 Wenn eine vermögende Christin Witwen in ihr
Haus aufgenommen hat, soll sie auch weiterhin für
sie sorgen und die Last nicht der Gemeinde aufbür-

4,12 Tit 2,7 **4,13** 2Tim 3,15 **4,14** 1,18; Apg 6,6S **5,1** Lev 19,32 **5,5** Lk 2,37; 18,7 **5,10** 2,10; (gastfrei) Hebr 13,2S; (Füße waschen) Joh 13,14 **5,13** 2Thess 3,11 **5,14** 1Kor 7,9

den. Die Mittel der Gemeinde sollen den Witwen
zugute kommen, die sonst keine Versorgung haben.

Die Ältesten der Gemeinde

17 Älteste*, die leitend in der Gemeinde tätig sind und
ihren Dienst gut versehen, haben doppelten Lohn
verdient, besonders wenn sie sich mit ganzer Kraft
als Prediger und Lehrer* einsetzen.[a] 18 In den Heili-
gen Schriften* heißt es: »Einem Rind, das zum Dre-
schen* eingespannt wird, darfst du das Maul nicht
zubinden.« Es heißt auch: »Wer arbeitet, hat ein
Anrecht auf seinen Lohn.«

19 Eine Klage gegen einen Ältesten höre nur an,
wenn sie von zwei oder drei Zeugen bestätigt wird.
20 Wenn einer sich wirklich etwas zuschulden kom-
men ließ, dann sollst du ihn vor den anderen Ältes-
ten zurechtweisen, damit auch sie gewarnt sind.
21 Ich beschwöre dich bei Gott, bei Jesus Christus
und bei den höchsten Engeln*, dass du in solch
einem Fall völlig unparteiisch vorgehst. Sei nicht
voreingenommen gegen irgendjemand, aber be-
günstige auch keinen.

22 Lege niemand zu schnell die Hände auf, um ihn
in das Ältestenamt einzusetzen; sonst machst du
dich mitschuldig, wenn er sich verfehlt. Sieh zu, dass
du nicht in so etwas verstrickt wirst.

Warnung vor asketischer Übertreibung

23 Trinke in Zukunft nicht nur Wasser! Nimm ein
wenig Wein dazu, um deinen Magen zu stärken
und weil du so oft krank bist.

Am Ende wird alles offenbar

24 Die Sünden mancher Menschen sind so offenkun-
dig, dass sie ihnen gleichsam zum Gericht Gottes
vorauslaufen; bei anderen sind sie schwerer zu
erkennen – sie laufen ihnen dann eben hinterher.[b]
25 Ebenso offenkundig sind die guten Taten, und
wenn es einmal nicht der Fall ist, können sie doch
nicht auf die Dauer verborgen bleiben.

Die Sklaven und Sklavinnen

6 Sklaven* oder Sklavinnen, die nichtchristlichen
Herren oder Herrinnen[c] dienen müssen, sollen
diesen mit aller schuldigen Achtung begegnen. Sie
sollen niemand Anlass geben, schlecht über Gott
und unsere Lehre zu reden.

2 Wenn ein Sklave einen Christen zum Herrn hat –
und dasselbe gilt für eine Sklavin gegenüber ihrer
Herrin –, darf er ihn deshalb nicht weniger achten,
weil er sein Bruder ist. Er muss ihm sogar noch bes-
ser dienen, gerade *weil* sein Herr Christ ist und von
Christus geliebt wird und sich deshalb Mühe gibt,
anderen Gutes zu tun.

So sollst du lehren, in diesem Sinn sollst du alle
ermahnen.

Gewinnsucht als Beweggrund der Irrlehrer

3 Wenn jemand etwas anderes lehrt und sich nicht an
die gesunden Worte unseres Herrn* Jesus Christus
und die allgemeine christliche Lehre hält, 4 dann ist
er aufgeblasen und versteht nichts. Er hat einen
krankhaften Hang zu spitzfindigen Untersuchungen
und Wortgefechten. Daraus entstehen Neid und
Streit, Beleidigungen, böse Verdächtigungen 5 und
fortwährender Zank. Solche Menschen haben ihren
gesunden Verstand verloren. Sie sind so weit von der
Wahrheit abgeirrt, dass sie meinen, Gott zu dienen
sei ein Mittel, um reich zu werden.

6 Gewiss bringt es großen Gewinn, Gott zu die-
nen – wenn jemand nur sein Herz nicht an irdi-
schen Besitz hängt. 7 Was haben wir denn in die
Welt mitgebracht? Nichts! Was können wir aus
der Welt mitnehmen? Nichts! 8 Wenn wir also Nah-
rung und Kleidung haben, soll uns das genügen.

9 Die, die unbedingt reich werden wollen, geraten
in Versuchung. Sie verfangen sich in unsinnigen und
schädlichen Wünschen, die sie zugrunde richten
und ins ewige Verderben stürzen. 10 Denn Geldgier
ist die Wurzel alles Bösen. Manche sind ihr so verfal-
len, dass sie vom Glauben abgeirrt sind und sich
selbst viele Qualen bereiteten.

ERMAHNUNG ZUR TREUE IM AUFGETRAGENEN DIENST (6,11-21)

Treue zum übernommenen Auftrag

11 Du aber gehörst Gott, deshalb fliehe vor alldem!
Jage dagegen der Gerechtigkeit nach, der Gottes-
furcht, dem Glauben, der Liebe, der Geduld und
der Freundlichkeit! 12 Kämpfe den guten Kampf des
Glaubens, damit du das ewige Leben gewinnst, zu
dem Gott dich berufen hat. Zu diesem Kampf hast
du dich in besonderer Weise verpflichtet,[d] als du
vor vielen Zeugen das gute Bekenntnis abgelegt
hast.

13 Ich befehle dir vor Gott, von dem alles Leben
kommt, und vor Jesus Christus, der vor Pontius Pila-
tus für das gute Bekenntnis eingetreten ist: 14 Erfülle
den Auftrag, der dir gegeben ist, so zuverlässig, dass
dich kein Tadel trifft, und bleibe darin treu, bis Jesus
Christus, unser Herr*, vor aller Welt in Erscheinung
tritt. 15 Zur vorbestimmten Zeit wird Gott das herbei-
führen,

a Leitungsamt und Predigt- bzw. Lehrtätigkeit sind demnach nicht notwendig miteinander verbunden.
b Weil sie erst später, vielleicht erst beim letzten Gericht, an den Tag kommen.
c Vgl. Anmerkung zu Eph 6,5; ebenso für den Einschub im folgenden Vers.
d *Zu diesem Kampf ...:* verdeutlichender Zusatz. Die Fortsetzung will Timotheus offensichtlich an die Einsetzung in sein Amt erinnern (1,18; 4,14), bei der er vor der Gemeinde oder den Ältesten (*vielen Zeugen;* vgl. 2 Tim 2,2) ein besonderes (Glaubens-)*Bekenntnis* ablegte. Vers 13 erinnert daran, dass die Treue zum Bekenntnis auch Mut gegenüber Anfeindungen erfordert; vgl. 2 Tim 1,8.

5,17 1 Thess 5,12 **5,18** *zit* Dtn 25,4; 1 Kor 9,9.12-14; Mt 10,10 par **5,19** Mt 18,16 S **5,20** Gal 2,14 **5,22** Apg 6,6 S **6,1-2a** Eph 6,5-8 S **6,3** 1,10 S **6,4** 2 Tim 2,14 **6,6** 4,8; Hebr 13,5 **6,7** Ijob 1,21 S **6,9** Spr 28,22 **6,11** 2 Tim 3,17 **6,12** 1,18 S; 4,14 **6,13** Mt 27,11-26; Joh 18,28–19,16 **6,14** 1,3.18 **6,15** Apg 1,7

a Siehe Sacherklärung »Gnosis«.

er, der in sich vollkommene und alleinige Herrscher,
der König der Könige und Herr aller Herren,
[16] der allein Unsterblichkeit besitzt,
der in einem unzugänglichen Licht wohnt,
den kein Mensch je gesehen hat
und kein Mensch jemals sehen kann.
Ihm gehören Ehre und ewige Macht. Amen.

Mahnung an die Reichen in der Gemeinde

[17] Ermahne die, die im Sinne dieser Welt* reich sind,
nicht überheblich zu werden. Sie sollen ihr Vertrau-
en nicht auf etwas so Unsicheres wie den Reichtum
setzen; vielmehr sollen sie auf Gott vertrauen, der
uns alles reichlich gibt, was wir zum Leben brau-
chen. [18] Sie sollen Gutes tun, freigebig sein und ihren
Reichtum gerne mit anderen teilen. Wenn sie an
guten Taten reich werden, [19] schaffen sie sich einen
sicheren Grundstock für die Zukunft, damit sie das
wirkliche Leben gewinnen.

Letzte Mahnung an Timotheus

[20] Timotheus, bewahre unverfälscht, was dir anver-
traut worden ist! Hab nichts zu schaffen mit dem
gottlosen Geschwätz dieser Leute und den fragwür-
digen Behauptungen, die sie im Namen einer fälsch-
lich so genannten ›Erkenntnis‹[a] aufstellen. [21] Schon
manche, die sich darauf eingelassen haben, sind
vom Weg des Glaubens abgekommen.

Die Gnade sei mit euch!

6,16 (Licht) Ps 104,2; (sehen) Ex 33,20 S; Joh 1,18 S **6,17** Ps 62,11; Lk 12,15.20; Jak 5,1 **6,19** Mt 6,20 par; Lk 16,9 **6,20** 2 Tim 1,14; 1 Tim 1,4 S; 6,4 **6,21** 1,6; 2 Tim 2,18

2 TIMOTHEUS

Inhaltsübersicht

TREUE ZUR GUTEN NACHRICHT AUCH IN VERFOLGUNG (1,1–2,13)

Eingangsgruß

1 Diesen Brief[a] schreibt Paulus, zum Apostel* von Jesus Christus bestimmt durch den Willen Gottes und dazu beauftragt, das Leben zu verkünden, das uns durch Jesus Christus versprochen ist. 2 Ich schreibe an Timotheus, meinen lieben Sohn.

Gnade, Erbarmen und Frieden* sei mit dir von Gott, dem Vater, und von Jesus Christus, unserem Herrn*!

Dank des Apostels für Timotheus

3 Wenn ich an dich denke, bin ich voll Dank gegen Gott, dem ich mit reinem Gewissen diene, wie es schon meine Vorfahren taten. Tag und Nacht denke ich unablässig an dich in meinen Gebeten. 4 Ich erinnere mich an deine Abschiedstränen und sehne mich danach, dich wiederzusehen, damit ich mich so recht von Herzen freuen kann. 5 Ich habe deinen aufrichtigen Glauben vor Augen, denselben Glauben, der schon in deiner Großmutter Loïs und deiner Mutter Eunike[b] lebte und der nun – da bin ich ganz sicher – auch in dir lebt.

Ermahnung zur Treue

6 Darum ermahne ich dich: Lass die Gabe wieder aufleben, die Gottes Geist* in dich gelegt hat und die dir geschenkt wurde, als ich dir die Hände auflegte![c] 7 Denn Gott hat uns nicht einen Geist der Feigheit gegeben, sondern den Geist der Kraft und der Liebe und der Besonnenheit.

8 Bekenne dich also offen und ohne Scheu zur Botschaft von unserem Herrn*! Schäme dich nicht meinetwegen, weil ich für ihn im Gefängnis sitze, sondern sei bereit, mit mir für die Gute Nachricht* zu leiden. Gott gibt dir die Kraft dazu.

9 Er hat uns gerettet und uns dazu berufen,
ihm ganz als sein Eigentum zu gehören –
nicht wegen unserer guten Taten,
sondern aus seinem eigenen freien Entschluss.
Ihm gehören wir aus reiner Gnade,
wie er sie uns durch Jesus Christus geschenkt hat
schon vor aller Zeit.
10 Jetzt aber ist diese Gnade offenbar geworden,
als Jesus Christus, unser Retter, auf der Erde
erschien.
Er hat dem Tod die Macht genommen
und das unvergängliche Leben ans Licht
gebracht.

Darum geht es in der Guten Nachricht*, 11 die ich als Apostel* und Lehrer* öffentlich bekannt zu machen habe.

12 Darum muss ich auch dies alles erleiden. Aber ich stehe dazu; denn ich weiß, wem ich Glauben geschenkt habe, und bin überzeugt, dass er die Macht hat, bis zum Tag des Gerichts sicher zu bewahren, was er mir anvertraut hat.

13 Halte dich an die gesunden Worte, die du von mir gehört hast. Nimm dir daran ein Beispiel, wie du selber reden sollst. So hast du teil an dem Glauben und der Liebe, wie sie durch Jesus Christus in uns leben. 14 Bewahre die Lehre, die dir anvertraut worden ist! Der Geist Gottes, der uns geschenkt wurde, wird dir die Kraft dazu geben.

Schlechte und gute Erfahrungen mit Mitarbeitern

15 Du weißt ja, dass alle in der Provinz Asien* mich im Stich gelassen haben,[d] auch Phygelus und Hermogenes. 16 Der Herr* schenke den Angehörigen von Onesiphorus sein Erbarmen. Er hat mich oft ermutigt. Dass ich im Gefängnis bin, hat ihn nicht abgeschreckt, er hat sich nicht ängstlich von mir zurückgezogen. 17 Sobald er hier in Rom ankam, hat er nach mir gesucht, bis er mich fand. 18 Und was er in Ephesus alles für die Gemeinde getan hat, weißt du besser als ich. Unser Herr möge ihm helfen, am Tag des Gerichts bei Gott Erbarmen zu finden!

a Siehe die Einführung zu 1 Tim.
b Auch Apg 16,1 weiß davon, dass die Mutter von Timotheus Christin war.
c Vgl. 1 Tim 1,18; 4,14.
d Über die näheren Umstände ist nichts bekannt (vgl. auch 4,16). Der Hauptort der Provinz Asien ist Ephesus (Vers 18).

1,2 1 Kor 4,17 S; 1 Thess 2,11 S **1,3** (Gewissen) 1 Tim 1,5 S; (Vorfahren) Röm 11,1 S **1,5** Apg 16,1 **1,6** Apg 6,6 S **1,7** Röm 8,15 **1,8** Röm 1,16; 2 Tim 2,9; Eph 3,1 S **1,9** Eph 2,9 S **1,10** (Retter) Tit 3,6 S **1,11** Röm 1,5 S **1,13** 3,14 **1,14** 1 Tim 6,20 **1,15** 4,16 **1,16-18** (Onesiphorus) 4,19

a Vgl. Kol 1,24.
b *alle, die …:* verdeutlichender Zusatz im Blick auf die Fortsetzung.
c *die Gute …:* verdeutlichender Zusatz; entsprechend in Vers 18.
d Siehe Sacherklärung »Gnosis«.

Aufforderung zu ganzem Einsatz in der Weitergabe des Glaubens

2 Du aber, mein Sohn, werde stark durch die Gnade, die dir durch Jesus Christus geschenkt ist! 2 Was ich dir vor vielen Zeugen als die Lehre unseres Glaubens übergeben habe, das gib in derselben Weise an zuverlässige Menschen weiter, die imstande sind, es anderen zu vermitteln.

3 Nimm es auf dich, als treuer Soldat im Dienst von Jesus Christus zusammen mit mir für ihn zu leiden. 4 Niemand, der in den Krieg zieht, kümmert sich noch um seine Alltagsgeschäfte, sondern es geht ihm einzig darum, die Anerkennung seines Befehlshabers zu finden. 5 Ein Sportler, der an einem Wettkampf teilnimmt, kann den Preis nur gewinnen, wenn er sich streng den Regeln unterwirft. 6 Der Bauer, der sich müht und plagt, hat auch als Erster das Anrecht, vom Ertrag des Feldes zu essen. 7 Du verstehst, was ich damit sagen will. Der Herr* wird dir in allem das rechte Verständnis geben.

Zusage für treues Aushalten in Kampf und Leiden

8 Halte dir Jesus Christus vor Augen, auferweckt* vom Tod, aus der Nachkommenschaft Davids*, wie es der Guten Nachricht* entspricht, die ich verkünde! 9 Um ihretwillen leide ich; sie haben mich sogar wie einen Verbrecher in Fesseln gelegt – aber das Wort Gottes kann nicht in Fesseln gelegt werden. 10 Ich ertrage das alles für die Menschen, die Gott erwählt hat,[a] damit auch sie durch Jesus Christus gerettet werden und die ewige Herrlichkeit erhalten.

11 Es ist ein wahres Wort:

Wenn wir mit Christus gestorben sind,
werden wir auch mit ihm leben.
12 Wenn wir mit ihm geduldig leiden,
werden wir auch mit ihm herrschen.
Wenn wir aber nicht zu ihm halten,
wird auch er nicht zu uns halten.
13 Und doch bleibt er treu,
auch wenn wir ihm untreu sind;
denn er kann sich selbst nicht untreu werden.

ZUR AUSEINANDERSETZUNG MIT DER IRRLEHRE (2,14–3,9)

Vom Verhalten gegenüber den Irrlehrern

14 Erinnere alle, die in der Gemeinde Verantwortung tragen,[b] an dieses Wort und beschwöre sie bei Gott, dass sie sich vor der Gemeinde nicht in fruchtlose Diskussionen einlassen, die den Zuhörenden nur Schaden bringen. 15 Bemühe dich, dass du vor Gott bestehen kannst – mit deiner Lebensführung und deinem unbeirrbaren Wirken, als einer, der das Wort der Wahrheit*, die Gute Nachricht* von Jesus Christus,[c] klar und unverkürzt verkündet.

16 Auf das gottlose Geschwätz gewisser Leute lass dich nicht ein! Sie werden sich immer noch weiter von Gott entfernen, 17 und ihre Lehre wird wie ein Krebsgeschwür um sich fressen. Ich denke zum Beispiel an Hymenäus und Philetus, 18 die von der Wahrheit der Guten Nachricht abgeirrt sind, wenn sie behaupten, unsere Auferstehung sei bereits geschehen.[d] Damit bringen sie manche vom wahren Glauben ab.

19 Aber das sichere Fundament, das Gott gelegt hat, ist unverrückbar. Es trägt den Abdruck von Gottes Siegel, auf dem zu lesen ist: »Der Herr kennt die, die zu ihm gehören.« Und: »Wer sich zum Namen* des Herrn bekennt, muss aufhören, Unrecht zu tun.«

20 In einem großen Haushalt gibt es eben nicht nur Gefäße aus Gold und Silber, sondern auch solche aus Holz oder Ton. Die einen sind für ehrenvolle Anlässe bestimmt, die andern dienen als Behälter für den Abfall. 21 Wer sich von solchen Lehren fern und rein hält, wird ein Gefäß zu ehrenvollem Gebrauch, ein heiliges* Gefäß, dem Hausherrn von Nutzen und fähig zu jeder guten Tat.

Vom Verhalten gegenüber denen, die der Irrlehre verfallen sind

22 Hüte dich vor den Leidenschaften, die einen jungen Menschen in Gefahr bringen. Bemühe dich um Gerechtigkeit, Glauben, Liebe und Frieden, zusammen mit allen, die sich mit reinem Gewissen zum Herrn* bekennen. 23 Lass dich nicht auf die unsinnigen und fruchtlosen Spitzfindigkeiten dieser Leute ein; du weißt, dass das nur zu Streitigkeiten führt. 24 Ein Mensch, der dem Herrn dient, soll aber nicht streiten, sondern allen freundlich begegnen. Er muss in der Lage sein, ihnen die wahre Lehre zu vermitteln. Er darf sich nicht provozieren lassen, 25 sondern muss die Gegner verständnisvoll auf den rechten Weg weisen.

Vielleicht gibt Gott ihnen die Gelegenheit zur Umkehr und lässt sie zur Besinnung kommen, sodass sie die Wahrheit erkennen. 26 Dann können sie sich aus der Schlinge befreien, in der sie der Teufel gefangen hatte, um sie für seine Absichten zu missbrauchen.

Die Zeit vor dem Ende der Welt und das Treiben der Irrlehrer

3 Du musst wissen: In der letzten Zeit vor dem Ende der Welt stehen uns schlimme Zustände

2,2 1 Tim 1,18; 4,14 **2,3** 1 Tim 1,18S **2,5** 1 Kor 9,24-27S **2,8** Mt 1,1S; 1 Kor 15,4S **2,9** Eph 3,1S; Phil 1,12-14 **2,10** Kol 1,24S **2,11** Röm 6,8 **2,12** Röm 5,17S; Mt 10,32-33par **2,13** Röm 3,3-4S **2,14-18** 1 Tim 1,3-7S **2,14** 1 Tim 6,4.20 **2,16** 1 Tim 1,3-7S **2,17** (Hymenäus) 1 Tim 1,20 **2,19** (der Herr kennt) *nach* Num 16,5; Joh 10,14 **2,20** Röm 9,21S **2,21** 3,17 **2,22** 1 Tim 6,11; 1,5S **2,25b** 1 Tim 2,4S **3,1** 1 Tim 4,1; 2 Petr 3,3; Jud 18; 1 Joh 2,18S

bevor.[a] 2 Die Menschen werden selbstsüchtig, geld-
gierig, prahlerisch und eingebildet sein. Sie werden
Gott lästern, ihren Eltern nicht gehorchen und vor
nichts mehr Ehrfurcht haben. Sie sind undankbar,
3 lieblos und unversöhnlich, verleumderisch, unbe-
herrscht und gewalttätig, sie hassen das Gute, 4 sind
untreu und unzuverlässig und aufgeblasen vor Über-
heblichkeit. Sie kümmern sich nicht um das, was
Gott Freude macht, sondern suchen nur, was ihre
eigene Lust vermehrt. 5 Sie geben sich zwar den
Anschein der Frömmigkeit, aber von der wahren
Lehre, von der Kraft, aus der echte Frömmigkeit
lebt,[b] wollen sie nichts wissen. Halte dich von diesen
Menschen fern!

6 Aus diesen Kreisen kommen nämlich die Leute,
die sich in die Häuser einschleichen. Sie suchen
gewisse Frauen für sich zu gewinnen, die mit Sün-
den beladen sind und von allen möglichen Leiden-
schaften umgetrieben werden, 7 solche, die immer-
fort lernen wollen und doch nie zur Erkenntnis der
Wahrheit durchdringen können.

8 So wie die ägyptischen Zauberer Jannes und Jam-
bres[c] sich Mose widersetzten, so widersetzen sich
diese Verführer der Wahrheit*. 9 Aber sie werden
keinen großen Erfolg haben; es wird noch allen
offenbar werden, dass sie im Unverstand handeln,
genauso wie sich das bei den Ägyptern gezeigt hat.

DAS VORBILD DES APOSTELS (3,10–4,8)

Orientierung am Vorbild des Apostels, an der überlieferten Lehre und an den Heiligen Schriften

10 Du aber hast dich an meiner Lehre, meiner Lebens-
führung und meinem Lebensziel ausgerichtet. Du
hast dich an das Vorbild meines Glaubens, meiner
Geduld und meiner Liebe gehalten. Du kennst
meine Standhaftigkeit 11 in allen Verfolgungen und
Leiden; du hast es in Antiochia, Ikonion und Lystra
miterlebt und weißt, was ich dort alles durchstehen
musste[d] – und aus all diesen Gefahren und Leiden
hat mich der Herr gerettet.

12 Alle, die in der Bindung an Jesus Christus ein
Leben führen wollen, das Gott gefällt, werden Ver-
folgungen erleiden. 13 Die Verführer und Schwindler
dagegen bringen es noch weit – auf dem Weg ins
Verderben! Betrüger sind sie und selbst Betrogene!

14 Du aber bleibe bei dem, was du gelernt und wor-
auf du dein Vertrauen gesetzt hast. Du weißt, wer
deine Lehrer waren, 15 und du kennst auch seit dei-
ner Kindheit die Heiligen Schriften*. Sie können
dich den Weg zur Rettung lehren, die dir zuteil wird
durch den Glauben, der sich auf Jesus Christus grün-
det. 16 Sie dienen dir aber auch bei deiner Aufgabe als
Lehrer der Gemeinde.[e] Denn jede Schrift, die von
Gottes Geist* eingegeben wurde, ist nützlich für
die Unterweisung im Glauben, für die Zurechtwei-
sung und Besserung der Irrenden, für die Erziehung
zu einem Leben, das Gott gefällt. 17 Mit den Heiligen
Schriften in der Hand ist der Mensch, der sich Gott
zur Verfügung gestellt hat, ausgerüstet für alle Aufga-
ben seines Dienstes.

Das Testament des Apostels

4 Ich ermahne dich nachdrücklich vor Gott und
vor Jesus Christus, der alle Menschen richten
wird, die Lebenden und die Toten! Ich beschwöre
dich, so gewiss Christus erscheinen und seine Herr-
schaft* aufrichten wird: 2 Verkünde den Menschen
die Botschaft Gottes, gleichgültig, ob es ihnen passt
oder nicht! Rede ihnen ins Gewissen, weise sie
zurecht und ermutige sie! Werde nicht müde, ihnen
den rechten Weg zu zeigen!

3 Denn es wird eine Zeit kommen, da werden sie
die gesunde Lehre unerträglich finden und sich Leh-
rer nach ihrem Geschmack aussuchen, die sagen,
was ihnen die Ohren kitzelt. 4 Sie werden nicht mehr
auf die Wahrheit hören, sondern sich fruchtlosen
Spekulationen[f] zuwenden. 5 Du aber musst in jeder
Hinsicht ein klares Urteil behalten. Mach dir nichts
daraus, wenn du dafür leiden musst. Erfülle deinen
Auftrag als Verkünder der Guten Nachricht;[g] tu dei-
nen Dienst mit ganzer Hingabe.

6 Für mich ist nun die Zeit gekommen, dass mein
Blut wie ein Trankopfer* ausgegossen wird und
ich aus diesem Leben scheide. 7 Ich habe den guten
Kampf gekämpft. Ich bin am Ziel des Wettlaufs, zu
dem ich angetreten bin. Ich habe den Glauben
bewahrt und unversehrt weitergegeben. 8 Nun war-
tet auf mich der Siegeskranz*, mit dem der Herr*,

»Ich habe den guten Kampf gekämpft ... Nun wartet auf mich der Siegeskranz« – das ewige Leben (4,7). Dieser goldene Siegeskranz wurde in Pergamon gefunden.

a Vgl. zum Folgenden Mt 24,12-13.
b *von der wahren ...:* wörtlich *von ihrer Kraft.*
c Nach der jüdischen Überlieferung heißen so die Ägypter, die Mose vor dem Pharao mit ihren Künsten zu widerlegen suchten (vgl. Ex 7,11.22).
d Siehe Apg 13,50; 14,5.19.
e *Sie dienen ...:* verdeutlichender Zusatz im Blick auf die Fortsetzung, wo es wörtlich heißt *ist auch (!) nützlich.*
f Wörtlich *Mythen;* siehe Anmerkung zu 1 Tim 1,4.
g Wörtlich *als Evangelist*.*

3,2-4 Gal 5,19-21 S **3,8** Ex 7,11.22; 8,3.14 **3,10** 1 Kor 4,16 S **3,11** Ps 34,20; (Antiochia) Apg 13,50; (Ikonion) Apg 14,5; (Lystra) Apg 14,19; (Leiden) 2 Kor 11,23-29 S **3,12** Apg 14,22; 1 Thess 3,3b S **3,15-16** 1 Tim 4,13; 2 Petr 1,21; Röm 15,4 **3,17** 2,21 **4,1** Apg 10,42 S **4,2** Apg 20,20 **4,3** 1 Tim 4,1; Sir 32,17 **4,4** 1 Tim 1,4 S **4,5** 2,3 **4,6** Phil 2,17 S **4,7-8** 1 Kor 9,24-25 S; 1 Tim 1,18 S

der gerechte Richter, mich an seinem Gerichtstag
belohnen wird – und nicht nur mich, sondern alle,
die sehnlich darauf gewartet haben, dass er kommt.[a]

PERSÖNLICHE MITTEILUNGEN (4,9-22)

Anweisungen und Mitteilungen. Der Apostel vor Gericht

9 Komm so bald wie möglich zu mir! 10 Demas hat
mich verlassen und ist nach Thessalonich gegangen,
weil ihm mehr an dieser Welt* gelegen ist als an der
kommenden; Kreszens ging nach Galatien und Titus
nach Dalmatien. 11 Nur Lukas ist noch bei mir. Bring
Markus mit; er kann mir gute Dienste leisten.
12 Tychikus habe ich nach Ephesus geschickt.
13 Bring, wenn du kommst, meinen Mantel mit,
den ich in Troas bei Karpus zurückgelassen habe.
Bring auch die Buchrollen* mit, vor allem die aus
Pergament.[b]
14 Alexander, der Schmied, hat mir viel Böses ange-
tan. Der Herr* wird ihm nach seinen Taten das
Urteil sprechen. 15 Nimm auch du dich vor ihm in
Acht; er hat sich unserer Lehre und Weisung beson-
ders hartnäckig widersetzt.
16 Als ich mich das erste Mal vor Gericht vertei-
digte, hat niemand zu mir gehalten. Alle haben mich
im Stich gelassen – Gott möge es ihnen nicht anrech-
nen! 17 Doch der Herr stand mir bei und gab mir
Kraft. Denn durch mich soll ja die Verkündigung sei-
ner Botschaft zum Ziel kommen: Alle Völker sollen
sie hören.[c] Und so hat er mich noch einmal aus
dem Rachen des Löwen gerettet.
18 Der Herr wird mich auch künftig vor allen bösen
Anschlägen retten und mich sicher in sein himmli-
sches Reich bringen. Ihm gehört die Herrlichkeit*
für alle Ewigkeit! Amen.

Schlussgrüße und Segenswünsche

19 Grüße das Ehepaar Priska und Aquila und die
Angehörigen von Onesiphorus. 20 Erastus blieb in
Korinth, Trophimus habe ich in Milet gelassen, weil
er krank war. 21 Sieh zu, dass du noch vor Anbruch
des Winters hier bist.
Eubulus, Pudens, Linus und Klaudia lassen grü-
ßen, ebenso alle anderen Brüder und Schwestern.[d]
22 Der Herr* sei mit dir![e]
Die Gnade sei mit euch allen!

a *die sehnlich …:* wörtlich *die sein Erscheinen geliebt haben.* Damit kann das zweite, endgültige Kommen von Jesus gemeint sein (vgl. Vers 1; 1 Tim 6,4; Tit 2,13), aber auch sein erstes Kommen mit all seinen Folgen für die Rettung der Menschen (vgl. 1,10; Tit 2,11; 3,4).
b *Pergament* ist gegenüber Papyrus das wertvollere Schreibmaterial. Bei beiden Arten von Rollen handelt es sich wohl um Abschriften von Büchern des Alten Testaments.
c Wahrscheinlich denkt Paulus nicht an eine weitere Missionstätigkeit (vgl. Verse 6-8), sondern sieht das *Ziel* darin, dass sein öffentlicher Prozess vor dem kaiserlichen Gerichtshof in der Welthauptstadt Rom und sein eventueller Zeugentod (Vers 18) alle Völker der Welt mit der Guten Nachricht von Jesus Christus konfrontieren.
d Siehe Anmerkung zu 1 Thess 1,4.
e Wörtlich *mit deinem Geist;* siehe Anmerkung zu Gal 6,18.

4,10 Phil 2,21; (Demas) Kol 4,14 S; (Titus) 2 Kor 2,13 S **4,11** (Lukas) Kol 4,14 S; (Markus) Apg 12,12 S **4,12** (Tychikus) Eph 6,21 S **4,14** (Alexander) 1 Tim 1,20 **4,16** 1,15 **4,17** Apg 23,11; 1,8; (Rachen) Dan 6,21; Ps 22,22 **4,18** Mt 6,13 S; 2 Kor 1,10 **4,19** (Priska und Aquila) Apg 18,2 S; (Onesiphorus) 2 Tim 1,16-18 **4,20** (Erastus) Apg 19,22; Röm 16,23; (Trophimus) Apg 21,29 S

TITUS

Inhaltsübersicht

Paulus im Dienst der Guten Nachricht

1 Diesen Brief[a] schreibt Paulus, ein Diener Gottes
und Apostel* von Jesus Christus.
Ich, Paulus, soll die Menschen, die Gott erwählt
hat, zum Glauben und zur wahren Gottesverehrung
führen. 2 Sie sollen wissen, dass sie auf ein ewiges
Leben hoffen dürfen. Das hat Gott, der nicht lügt,
schon vor unendlich langer Zeit versprochen; 3 jetzt
aber, zum vorherbestimmten Zeitpunkt, hat er seine
Zusage öffentlich bekannt machen lassen. Mit ihrer
Bekanntmachung bin ich durch einen Auftrag von
Gott, unserem Retter, betraut.
4 Ich schreibe an Titus, der im Glauben wie ein
echter Sohn mit mir verbunden ist.
Gnade und Frieden* sei mit dir von Gott, dem
Vater, und von Jesus Christus, unserem Retter!

Die Einsetzung von Ältesten

5 Ich habe dich, Titus, in Kreta zurückgelassen, damit
du tust, was ich selbst nicht mehr ausführen konnte:
In jeder Stadt solltest du Älteste*[b] einsetzen. Denk
dabei an meine Anweisungen! 6 Einem Ältesten darf
niemand etwas nachsagen können. Er darf nur einmal verheiratet sein.[c] Auch seine Kinder sollen sich
zur Gemeinde halten; sie dürfen nicht in dem Ruf
stehen, liederlich oder ungehorsam zu sein.
7 Denn der Gemeindeleiter[d] darf als Hausverwalter Gottes keinerlei Anlass zum Tadel geben. Er soll
nicht anmaßend oder jähzornig sein, auch kein Trinker oder gewalttätiger Mensch. Er darf nicht darauf
aus sein, sich zu bereichern, 8 sondern soll gastfreundlich sein und das Gute lieben. Er soll besonnen sein, gerecht, untadelig und beherrscht. 9 Er
muss sich an die zuverlässige Botschaft halten, wie
sie ihn gelehrt worden ist. Dann wird er in der Lage
sein, die Gemeinde auf dem rechten Weg zu halten
und den Gegnern ihren Irrtum nachzuweisen.

Gegen das Treiben der Irrlehrer

10 Es gibt viele Schwätzer und Verführer, die sich der
Wahrheit nicht unterordnen wollen, besonders
unter den bekehrten Juden.[e] 11 Du musst ihnen das
Wort verbieten; denn durch ihre verwerflichen Lehren bringen sie ganze Familien vom rechten Weg ab,
und das nur in der schändlichen Absicht, sich zu
bereichern.
12 Einer von ihren eigenen Landsleuten[f] hat als
Prophet über sie gesprochen, als er sagte: »Die Kreter
lügen immer. Sie sind Raubtiere, liegen auf der faulen Haut und denken nur ans Fressen.« 13 Er hat die
Wahrheit gesagt. Darum musst du diese Leute hart
anfassen, damit ihr Glaube wieder gesund wird.
14 Sie sollen sich nicht mit jüdischen Spekulationen über die Anfänge der Welt[g] beschäftigen und

Männer und Frauen sollen ein Leben führen, das der Guten Nachricht Ehre macht (2,1-5). Paulus gibt Titus Anweisungen, die dieser weitergeben soll.

a Siehe die Einführung zu 1 Tim (Seite 314 NT).
b Diese *Ältesten* werden in Vers 7 *Gemeindeleiter* genannt (vgl. die Sacherklärungen).
c Siehe Anmerkung b zu 1 Tim 3,2.
d Vgl. Anmerkung a zu 1 Tim 3,2.
e Zu den Irrlehrern siehe Einführung Seite 314 NT. Deren jüdischer Hintergrund wird in 2,14; 3,9 und 1 Tim 1,4-7 greifbar.
f Der kretische Dichter Epimenides (7. Jh. v. Chr.).
g Wörtlich *mit jüdischen Mythen;* vgl. Anmerkung zu 1 Tim 1,4 und die Einführung Seite 314 NT.

1,2 1 Petr 1,3-5; (versprochen) Gal 3,6.17-18 **1,3** 1 Tim 2,6-7 **1,4** (Titus) 2 Kor 2,13 S; (Sohn) 1 Thess 2,11 S **1,5** Apg 14,23 **1,6-9** 1 Tim 3,2-7 S **1,9** 1 Tim 1,10 S **1,10-16** 1 Tim 1,3-7 S **1,14** 1 Tim 1,4 S

a *der Würde ...:* wörtlich *dem Heiligen/Heiligtum.*

sich nicht von Leuten, die der Wahrheit den Rücken gekehrt haben, vorschreiben lassen, was rein* und was unrein ist. [15] Für die, die ein reines Gewissen haben, ist alles rein. Für die dagegen, die durch Schuld befleckt sind und den Glauben aufgegeben haben, ist nichts rein; ihr ganzes Denken und Fühlen ist beschmutzt.

[16] Diese Leute behaupten, Gott zu kennen, aber durch ihre Taten beweisen sie das Gegenteil. Sie sind zu verabscheuen, denn sie wollen nicht hören und sind unfähig, irgendetwas Gutes zu tun.

Die Pflichten von Männern, Frauen und Sklaven

2 Du aber lehre alle in der Gemeinde, so wie es der gesunden Lehre entspricht!

[2] Die älteren Männer fordere auf, nüchtern im Urteil, ehrbar und besonnen zu sein, gesund im Glauben, in der Liebe und in der Standhaftigkeit.

[3] Ebenso sage den älteren Frauen, dass ihre Lebensführung der Würde des Christenstandes[a] entsprechen muss. Sie sollen nicht andere verleumden

Titus war in Kreta zurückgeblieben, um sich um den Aufbau der dortigen Gemeinde zu kümmern. Im Bild der Hafen der heutigen Stadt Heraklion.

1,15 1 Tim 1,5 S; Mk 7,15 S; Röm 14,14.20 **1,16** 1 Tim 6,20; 2 Tim 3,5 **2,1** 1 Tim 1,10 S **2,2** 1 Tim 5,1 **2,3-5** 1 Tim 3,11; Eph 5,22-24 S

oder dem Trunk verfallen sein. Als Lehrmeisterinnen eines guten Lebenswandels 4 müssen sie die jüngeren Frauen dazu anleiten, dass sie ihre Männer und Kinder lieben, 5 besonnen und zuchtvoll leben, ihren Haushalt ordentlich führen und ihren Männern gehorchen, damit Gottes Botschaft nicht in Verruf kommt.

6–7 Entsprechend fordere die jungen Männer auf, in allem besonnen und beherrscht zu sein. Sei du selbst ihnen ein Vorbild im Tun des Guten. Lehre die Wahrheit unverfälscht und mit gebührendem Ernst, 8 in gesunden und unanfechtbaren Worten. Dann können unsere Gegner uns nichts Schlechtes nachsagen und müssen sich beschämt zurückziehen.

9 Die Sklaven* und Sklavinnen sollen ihren Herren oder Herrinnen[a] in allem gehorchen und ihnen zu Willen sein. Sie sollen ihnen nicht widersprechen und nichts unterschlagen, sondern ihnen treu und zuverlässig dienen. Mit allem, was sie tun, sollen sie der Lehre Gottes, unseres Retters, Ehre machen.

Die Rettung gilt allen Menschen und verpflichtet die Gemeinde zu vorbildlichem Leben

11 Denn die rettende Gnade Gottes ist offenbar geworden, und sie gilt allen Menschen. 12 Sie bringt uns dazu, dass wir dem Ungehorsam gegen Gott den Abschied geben, den Begierden, die uns umstricken, und dass wir besonnen, gerecht und fromm in dieser Welt leben, 13 als Menschen, die auf die beseligende Erfüllung ihrer Hoffnung warten und darauf, dass unser großer Gott und Retter Jesus Christus[b] in seiner Herrlichkeit* erscheint. 14 Er hat sein Leben für uns gegeben, um uns von aller Schuld zu befreien und sich so ein reines Volk zu schaffen, das nur ihm gehört und alles daran setzt, das Gute zu tun.

15 In diesem Sinn sollst du lehren, ermahnen und zurechtweisen. Tu es mit allem Nachdruck! Niemand darf deine Autorität anzweifeln.

Das Verhalten zu Staat und Mitmenschen und seine Begründung

3 Erinnere alle in der Gemeinde daran, sich der Regierung und den staatlichen Behörden unterzuordnen.[c] Sie sollen ihnen gehorchen und darüber hinaus bereit sein, bei allem Guten mitzuwirken.

2 Ermahne sie, über niemand schlecht zu reden und nicht zu streiten, sondern friedfertig zu sein und allen Menschen freundlich zu begegnen.

3 Wir wollen nicht vergessen, dass wir selbst früher unverständig und ungehorsam waren. Wir waren vom rechten Weg abgeirrt und wurden von allen möglichen Wünschen und Leidenschaften beherrscht. Wir lebten in Bosheit und Neid, waren hassenswert und hassten uns gegenseitig.

4 Aber dann erschien die Freundlichkeit und Menschenliebe Gottes, unseres Retters. 5 Wir selbst hatten keine guten Taten vorzuweisen, mit denen wir vor ihm hätten bestehen können. Nein, aus reinem Erbarmen hat er uns gerettet durch das Bad der Taufe – das Bad, in dem wir zu einem neuen Leben geboren wurden, erneuert durch den Heiligen Geist*.[d] 6 Ihn hat er in reichem Maß über uns ausgegossen durch Jesus Christus, unseren Retter. 7 Durch dessen Gnade können wir vor Gott als gerecht* bestehen, und darum sind wir auch eingesetzt zu Erben des ewigen Lebens, auf das wir nun hoffen dürfen.

Zusammenfassender Appell an Titus

8 Diese Botschaft ist wahr und vertrauenswürdig. Ich erwarte, dass du mit Nachdruck für sie eintrittst und sie weitergibst. Du musst darauf hinwirken, dass alle, die zum Glauben an Gott gekommen sind, sich ernsthaft darum bemühen, das Gute zu tun. Das ist recht und bringt den Menschen Nutzen.

9 Dagegen beteilige dich nicht an den sinnlosen Untersuchungen über die Geschlechterfolgen der Urväter[e] und an Streitigkeiten über das jüdische Gesetz*. Das ist nutzlos und führt zu nichts.

10 Wer solche Irrlehren verbreitet, den sollst du zurechtweisen, einmal und noch ein zweites Mal. Hört er dann immer noch nicht auf dich, so musst du ihn aus der Gemeinde ausschließen. 11 Du siehst ja, dass ihm nicht mehr zu helfen ist. Wenn er weiter auf dem falschen Weg bleibt, dann tut er es bewusst und spricht sich selbst das Urteil.

Persönliche Aufträge und Briefschluss

12 Sobald ich Artemas oder Tychikus zu dir schicke, komm möglichst schnell zu mir nach Nikopolis. Ich habe beschlossen, den Winter dort zu verbringen. 13 Sorge gut für Zenas, den Rechtskundigen, und für Apollos, damit sie alles bekommen, was sie für ihre Weiterreise brauchen. 14 Auch unsere Gemeinden[f] müssen lernen, Gutes zu tun, wo es nötig ist, sonst bringt ihr Glaube keine Frucht.

15 Alle, die bei mir sind, lassen dich grüßen. Grüße die, die durch den Glauben in Liebe mit uns verbunden sind.

Die Gnade sei mit euch allen!

a Siehe Anmerkung zu Eph 6,5.
b *unser großer Gott ...*: möglich auch die Deutung *der große Gott und unser Retter Jesus Christus.*
c Vgl. Röm 13,1-7 und Bildlegende Seite 239 NT.
d *durch das Bad der Taufe ...*: wörtlich *durch das Bad der Wiedergeburt und Erneuerung durch den Heiligen Geist.* Zur Verbindung von Taufe und Geistempfang siehe Sacherklärung »Taufe«.
e Siehe Anmerkung zu 1 Tim 1,4.
f Die jüdischen Gemeinden, die es im ganzen Osten des Römischen Reiches gab, verfügten über ein gut organisiertes System gegenseitiger Hilfeleistung.

2,6 1 Joh 2,14 **2,7** 1 Kor 4,16 S; 1 Tim 4,12 **2,9-10** Eph 6,5-8 S **2,11** 1 Tim 2,4 **2,13** 1 Kor 1,7 **2,14** (rein) Ez 37,23; Eph 5,26; Hebr 9,14; 1 Joh 1,7.9; (Volk) Gal 1,4 S **3,1** Röm 13,1 S **3,3** Kol 3,7 S **3,4** 1,3; 2,11; 1 Tim 2,3; 4,10 **3,5** Eph 2,9 S; Röm 6,4 S; Eph 5,26 S; Joh 3,5; 1 Petr 1,3 **3,6** (Geist) 1 Kor 6,11; Röm 8,9-16; Gal 5,25; (ausgegossen) Apg 2,33 S; (Retter) Tit 2,13; 2 Tim 2,10; Phil 3,20; 1 Joh 4,14 **3,7** Röm 3,24; 5,1-11 **3,9** 1 Tim 1,4 S **3,10** Mt 18,15-17 **3,12** (Tychikus) Eph 6,21-22 S **3,13** (Apollos) Apg 18,24 S **3,14** (Frucht) Gal 5,22-23; Kol 1,10

PHILEMON

Ein Sklave namens Onesimus war seinem christlichen Herrn Philemon entlaufen und er hatte ihn dabei vermutlich auch noch bestohlen (Vers 18). Auf seiner Flucht traf er mit Paulus zusammen; vielleicht hat er sogar bei ihm Zuflucht und Schutz gesucht.
Sklaven galten als Eigentum ihres Herrn und dieser konnte nach freiem Ermessen über sie verfügen. Kein Wunder, dass Sklaven häufig den Versuch machten, ihrem Los zu entfliehen. Gelang die Flucht, so konnten sie in einer Großstadt untertauchen oder in einem heidnischen Heiligtum Asyl finden. Wurden sie jedoch aufgegriffen, dann mussten sie zu ihrem Herrn zurückgebracht werden und hatten mit einer strengen Bestrafung zu rechnen.
Paulus selbst sitzt im Gefängnis, wahrscheinlich in Ephesus, während wir die Empfänger des Briefes nach Kolosser 4,9.17 wahrscheinlich in Kolossä zu suchen haben.

Der Fall Onesimus ist für den Apostel kein Anlass, grundsätzliche Erwägungen über die Sklavenfrage anzustellen. Da nach seiner Überzeugung diese Welt ihrem baldigen Ende entgegengeht, gibt es für ihn keinen zwingenden Grund zu einer Veränderung der bestehenden Ordnungen (vgl. 1 Korinther 7,17-24.29-31 und Bildlegende Seite 239 NT). Darum schickt der Apostel den Sklaven Onesimus, der inzwischen Christ geworden ist (Vers 10), zu seinem Herrn zurück, gibt ihm aber als ›Begleitschutz‹ den vorliegenden Brief mit. Paulus hätte den entlaufenen Sklaven nicht besser schützen können. Er legt das ganze Gewicht seiner Person für Onesimus in die Waagschale; aber er wirbt zugleich darum, dass Philemon seinen Wunsch nicht aus äußerer oder innerer Nötigung, sondern aus Einsicht und in der Freiheit der Liebe erfüllt.

Eingangsgruß

Paulus, der für Jesus Christus im Gefängnis ist, und
der Bruder Timotheus schreiben diesen Brief. Er
richtet sich an Philemon, der von Gott und von
uns geliebt und unser Mitarbeiter ist, 2 sowie an
unsere Schwester Aphia, unseren Mitstreiter Archip-
pus und die Gemeinde in Philemons Haus.
3 Gnade und Frieden* sei mit euch von Gott, unse-
rem Vater, und von Jesus Christus, dem Herrn*.

Glaube und Liebe Philemons

4 Ich danke meinem Gott immer, Philemon, wenn
ich in meinen Gebeten an dich denke.[a] 5 Denn ich
höre von deiner Liebe und deinem Glauben: dem
Glauben an Jesus, den Herrn*, und der Liebe, die
du allen Christen[b] erweist.
6 Und meine Bitte an Gott ist: Der Glaube, an dem
du Anteil hast, möge sich bei dir dahin auswirken,
dass du all das Gute erkennst, das unter uns im Blick
auf Christus und zu seiner Ehre zu tun ist.
7 Es war mir wirklich eine große Freude und hat
mir Mut gemacht, von der Liebe zu hören, die du
den Brüdern und Schwestern[c] erweist. Du hast ihren
Herzen wohl getan, lieber Bruder!

Paulus verwendet sich für Onesimus

8 Deshalb möchte ich auch nicht von meiner Voll-
macht Gebrauch machen. Ich könnte dir ja unter
Berufung auf Christus einfach befehlen, was du zu
tun hast; 9 aber um der Liebe Raum zu geben, bitte
ich dich nur. Ich, Paulus, als ein Mann von Alter
und Autorität, dazu jetzt auch noch ein Gefangener
für Jesus Christus, 10 ich bitte dich für meinen Sohn,
den ich hier im Gefängnis gezeugt, das heißt zum
Glauben geführt habe: für Onesimus! 11 Früher hat-
test du an ihm nur einen Nichtsnutz, aber jetzt kann
er dir und mir von Nutzen sein.[d]
12 Ich schicke ihn hiermit zu dir zurück – was sage
ich: Ich schicke dir mein eigenes Herz! 13 Ich hätte
ihn gerne bei mir behalten, damit er mir an deiner
Stelle Dienste leistet, jetzt, da ich für die Gute Nach-
richt* im Gefängnis sitze. 14 Aber ohne deine Zustim-
mung wollte ich nichts entscheiden. Du sollst die
gute Tat ja nicht unter Zwang, sondern aus freiem
Willen tun!
15 Vielleicht ist er ja nur deshalb eine Zeit lang von
dir getrennt worden, damit du ihn nun für alle Zeiten
zurück hast, 16 und das nicht als Sklaven, sondern als
viel mehr: als geliebten Bruder. Das ist er jedenfalls
für mich in höchstem Maße; aber wie viel mehr muss

a In den brieflüblichen Dank (siehe Anmerkung zu Röm 1,8) flicht Paulus Hinweise, die das Anliegen seines Schreibens vorbereiten.
b Wörtlich *allen Heiligen**.
c Wörtlich *den Heiligen**.
d Paulus verwendet ein zweifaches Wortspiel, einmal mit dem Namen Onesimus = »der Nützliche«, zum anderen mit dem Doppelsinn »unbrauchbar – gut brauchbar« und »unchristlich – gutchristlich« (das griechische Wort *chrestos* = »brauchbar« wurde damals schon wie *christos* = »Christus/christlich« ausgesprochen).

1 (Timotheus) 1 Kor 4,17 S **2** (Archippus) Kol 4,17; (Hausgemeinde) Röm 16,5 S **7** Röm 12,10 **9** Eph 3,1 S **10** (Onesimus) Kol 4,9; (Sohn) 1 Thess 2,11 S **13** Phil 2,25.30 **14** (nicht unter Zwang) 2 Kor 9,7 **16** 1 Kor 7,22

er es dann für dich sein,[a] im täglichen Leben und in
der Gemeinde des Herrn*!
17 Wenn es stimmt, dass wir beide für Christus
arbeiten und ich also gewissermaßen dein »Ge-
schäftspartner« bin,[b] dann nimm ihn auf, als ob
ich es selber wäre. 18 Wenn er dich geschädigt hat
oder dir etwas schuldet, dann rechne es *mir* an.
19 Ich, Paulus, schreibe hier mit eigener Hand: Ich
werde es dir erstatten. Ich könnte auch sagen:
Rechne es *dir* an; denn du bist mir ja schließlich dich
selber schuldig![c]
20 Ja, lieber Bruder, ich möchte gerne, dass du mir
eine Freude machst, so gewiss wir durch den Herrn
verbunden sind! Tu meinem Herzen wohl durch die
Liebe, die von Christus kommt![d]

21 Ich schreibe dir im Vertrauen darauf, dass du
dich mir nicht widersetzen wirst. Ich bin sicher,
du wirst sogar noch mehr tun, als ich erbitte.[e]
22 Halte auch schon ein Quartier für mich bereit!
Denn ich rechne zuversichtlich damit, dass Gott
eure Gebete erhört und ich euch wiedergeschenkt
werde.

Grüße

23 Epaphras lässt dich grüßen, der hier mit mir für
Jesus Christus im Gefängnis sitzt; 24 ebenso grüßen
meine Mitarbeiter Markus, Aristarch, Demas und
Lukas.
25 Die Gnade unseres Herrn* Jesus Christus sei mit
euch![f]

a Weil Onesimus zu den Hausgenossen Philemons zählt, während er für Paulus bis jetzt ein Fremder war.
b Wörtlich *Wenn du mich nun zum Teilhaber hast.* Paulus verwendet offenbar bewusst einen Ausdruck, der sowohl geistlich als auch geschäftlich verstanden werden kann.
c Weil Philemon dem Apostel seinen Glauben und damit das Heil verdankt.
d *durch die Liebe ...:* wörtlich *in Christus;* vgl. Vers 7.
e Nämlich: Onesimus die Freiheit schenken.
f Wörtlich *mit eurem Geist;* siehe Anmerkung zu Gal 6,18.

Der Sklave Onesimus war seinem Herrn Philemon entlaufen. Darauf stand schwere Strafe. Aber nun war Onesimus Christ geworden und darum für Philemon ein »geliebter Bruder« (16). Auf dieser römischen Sklavenmarke steht: »Nimm mich gefangen, wenn ich versuchen sollte zu fliehen, und sende mich zurück zu meinem Herrn ... in ...«

19 1 Kor 16,21 S **23** (Epaphras) Kol 1,7 S **24** (Markus) Apg 12,12 S; (Aristarch) Apg 19,29 S; (Demas und Lukas) Kol 4,14 S

HEBRÄER

Der »Brief an die Hebräer«, wie er bei der Sammlung der neutestamentlichen Schriften genannt wurde, ist eigentlich kein Brief, sondern eher eine predigtartige Mahnrede. Die von ihm Angesprochenen waren wohl kaum Hebräer, d.h. Juden oder Judenchristen, sondern nichtjüdische Christen. (Sonst brauchte ihnen z.B. nicht so ausführlich aus dem Alten Testament erzählt zu werden.) Wo sie lebten, wissen wir nicht; auch der Verfasser ist unbekannt. Er muss ein hochgebildeter Christ jüdischer Abstammung gewesen sein, der mit dem Alten Testament sehr vertraut war und auch die Gedankenwelt des Apostels Paulus gut kannte.

Der Hebräerbrief richtet sich an Christen, die bereits Verfolgungen überstanden haben (10,32-34), dann aber abgestumpft (5,11-12), mutlos (10,35) und träge (12,12-13) geworden sind. Einige von ihnen kommen nicht mehr zu den Gottesdiensten (10,25) und stehen sogar in der Gefahr, sich von Gott völlig abzuwenden (3,12; vgl. 6,4-6).

Angesichts dieser Lage belehrt der Verfasser die Gemeinde über die Konsequenzen ihres Bekenntnisses zu Jesus als dem Sohn Gottes. In vielfachem Rückgriff auf das Alte Testament, insbesondere auf den alttestamentlichen Gottesdienst, macht er bewusst, von welch verpflichtender Größe das ist, was Gott jetzt in Christus getan hat. Jesus Christus ist der wahre Priester, den Gott eingesetzt hat, damit er durch das Opfer seines Lebens die Schuld der Menschen sühne und ihnen den Weg zu Gott und in Gottes neue Welt öffne. Es kann nicht ohne schwerwiegende Folgen bleiben, wenn man dieses Angebot Gottes leichtfertig gering achtet (10,26-31).

Die christliche Gemeinde ist – ähnlich den Urvätern Israels und dem Gottesvolk der Mose-Zeit – auf der Wanderung durch diese Welt zu dem von Gott versprochenen »Land«, das für sie nicht von dieser Welt sein kann. Der Hebräerbrief warnt davor, auf dieser Wanderung müde und nachlässig zu werden.

Inhaltsübersicht

GOTTES OFFENBARUNG IN SEINEM SOHN (1,1–4,13)

Gott hat durch seinen Sohn gesprochen

1 In der Vergangenheit hat Gott in vielfältigster
Weise durch die Propheten* zu unseren Vorfah-
ren gesprochen. 2 Aber jetzt, am Ende der Zeit, hat er
zu uns gesprochen durch den Sohn*.

Ihn hat Gott dazu bestimmt,
dass ihm am Ende alles als sein Erbbesitz
gehören soll.
Durch ihn hat er auch am Anfang die Welt
geschaffen.
3 Die ganze Herrlichkeit* Gottes leuchtet in ihm auf;
in ihm hat Gott sein innerstes Wesen
sichtbar gemacht.
Durch sein machtvolles Wort sichert er den
Bestand des Weltalls.
Nachdem er sein Leben zum Opfer gebracht hat,
um uns von unseren Sünden zu reinigen,
hat er sich im Himmel an die rechte Seite
der göttlichen Majestät gesetzt.
4 Er steht so hoch über den Engeln*,
wie der Sohnesname, den Gott ihm verliehen hat,
den Engelnamen an Würde übertrifft.

Der Sohn steht über den Engeln (Sieben Belege aus den Heiligen Schriften)

5 Hat Gott etwa je zu einem Engel* gesagt:
»Du bist mein Sohn,
heute habe ich dich dazu gemacht«?

1,2 (Sohn) 3,6S; (geschaffen) Joh 1,3S **1,3** (leuchtet) Kol 1,15S; (Seite) Hebr 8,1S **1,4** Phil 2,9S **1,5** *zit* Ps 2,7; Apg 13,33; Mt 3,17S; Hebr 5,5; *zit* 2Sam 7,14

Oder auch:

»Ich will sein Vater sein,
und er soll mein Sohn sein«?

6 Und er sagt doch auch, wenn er ihn mit allen Rechten des Erstgeborenen[a] in die Welt einführt – in die himmlische und zugleich die künftige irdische:[b]

»Alle Engel Gottes sollen sich vor ihm
niederwerfen.«

7 Von den Engeln heißt es:[c]

»Gott macht seine Engel zu Stürmen
und seine Diener zu flammendem Feuer.«

8 Aber zum Sohn sagt er:

»Gott,[d] dein Thron bleibt bestehen in alle Ewigkeit!
Dein königliches Zepter bürgt für gerechte
Herrschaft.
9 Du hast das Recht geliebt und das Unrecht gehasst;
darum, Gott, hat dein Gott dich erwählt
und dir Ehre und Freude gegeben,[e]
mehr als allen, die zu dir gehören.«

10 Von ihm heißt es auch:

»Am Anfang hast du, Herr, die Erde gegründet
und die Himmel* mit eigenen Händen geformt.
11 Sie werden vergehen, du aber bleibst.
Sie werden alt und zerfallen wie Kleider.
12 Du wirst sie zusammenrollen wie einen Mantel;
sie werden ausgewechselt wie ein Gewand.
Du aber bleibst derselbe,
und deine Jahre enden nicht.«

13 Niemals hat Gott zu einem Engel gesagt:

»Setze dich an meine rechte Seite!
Ich will dir deine Feinde unterwerfen,
sie als Schemel unter deine Füße legen.«

14 Die Engel sind doch alle nur Geister, die Gott geschaffen hat zum Dienst an den Seinen. Er schickt sie denen zu Hilfe, die Anteil an der endgültigen Rettung haben sollen.

Die große Rettungstat nicht missachten!

2 Darum müssen wir uns erst recht nach dem richten, was wir gehört haben, damit wir nicht am Ziel vorbeitreiben.
2 Schon die Botschaft, die einst Mose von Engeln* überbracht wurde,[f] war verbindlich, und wer nicht auf sie hörte und gegen sie verstieß, erhielt die verdiente Strafe.
3 Wie sollten dann *wir* heil davonkommen, wenn wir jetzt das große Rettungswerk Gottes missachten?

Dieses Rettungswerk hat damit angefangen, dass der Herr* es verkündet hat, und es ist uns bestätigt worden von denen, die ihn gehört haben.
4 Gott selbst hat dazu seine Beglaubigung gegeben durch Staunen erregende Wunder und vielerlei machtvolle Taten und durch die Gaben des Heiligen Geistes*, die er nach seinem Willen ausgeteilt hat.

Jesus als Retter der Menschen musste den Menschen gleich werden

5 Die kommende Welt, von der ich spreche, hat Gott nicht der Herrschaft von Engeln* unterstellt.
6 Vielmehr heißt es an einer Stelle in den Heiligen Schriften*:

»Was ist der Mensch, dass du an ihn denkst?
Was der Sohn eines Menschen, dass du dich um ihn
kümmerst?
7 Du hast ihn – den Menschensohn* – für eine kurze
Zeit erniedrigt,
ihn tiefer gestellt als die Engel.
Dann aber hast du ihn gekrönt mit Ruhm und Ehre
8 und hast ihm alles unterworfen.«[g]

Obwohl es heißt, dass Gott ihm alles unterworfen hat und nichts davon ausgenommen ist, sehen wir jetzt noch nicht, dass er über alles herrscht.
9 Aber wir sehen, wie Jesus, der für kurze Zeit tiefer gestellt war als die Engel, wegen seines Sterbens mit Ruhm und Ehre gekrönt worden ist. Denn Gott hat in seiner Gnade gewollt, dass er allen Menschen zugute den Tod erleidet.

10 Weil Gott wollte, dass viele Kinder Gottes in sein herrliches Reich aufgenommen werden, hat er den, der sie zur Rettung führen sollte, durch Leiden zur Vollendung gebracht. Das war der angemessene Weg für Gott, den Ursprung und das Ziel von allem.
11 Denn der Sohn*, der die Menschen Gott weiht, und die Menschen, die von ihm Gott geweiht werden, stammen alle von demselben Vater. Darum schämt der Sohn sich nicht, sie seine Brüder zu nennen.
12 Er sagt zu Gott:

Jesus ist das Ende des alttestamentlichen Priestertums. Durch das Opfer seines Lebens hat er ein für alle Mal die Schuld der Menschen gesühnt (Kap 8–10). Darum dürfen wir »mit Zuversicht vor den Thron unseres gnädigen Gottes treten« (4,16).

a *ihn mit allen ...:* wörtlich *den Erstgeborenen.* Das Wort ist im Licht von Kol 1,15.18 zu sehen (vgl. Röm 8,29; Offb 1,5).
b *in die himmlische ...:* verdeutlichender Zusatz. Bei *Welt* ist zunächst an die himmlische Welt gedacht (vgl. 1 Tim 3,16; Phil 2,10; Offb 5,8-13), doch ist diese als Anfang und Urbild der irdischen Wirklichkeit mit dieser in eins gesehen (vgl. 2,5).
c Der Verfasser zitiert nach der griechischen Übersetzung. Von daher sind manche Abweichungen zu verstehen, die man beim Aufschlagen der entsprechenden alttestamentlichen Worte (siehe die Nachweise bei den Vergleichsstellen) findet.
d Aussagen über Gottes Herrschaft oder sein Wirken als Schöpfer (Vers 10) überträgt der Hebräerbrief ohne weiteres auf Christus, vgl. auch Joh 1,1-18; Kol 1,15-20.
e *erwählt und ...:* wörtlich *dich mit Öl der Freude gesalbt.*
f Nach jüdischem Verständnis hat Mose das Gesetz durch Vermittlung von Engeln empfangen (vgl. Apg 7,38.53; Gal 3,19).
g Der Verfasser bezieht Ps 8,5-7 auf Christus, weil er dort einen Bezug zum »Menschensohn«* Jesus entdeckt.

1,6 Ps 89,28; *nach* Ps 97,7 **1,7** *nach* Ps 104,4 **1,8-9** *nach* Ps 45,7-8 **1,10-12** *zit* Ps 102,26-28 **1,13** *zit* Ps 110,1; Hebr 8,1 S **1,14** Ps 34,8 S **2,2** Apg 7,53 S **2,3** 10,29; 12,25; (angefangen) Mk 1,1 S **2,4** (Wunderzeichen) Joh 2,11 S; (Geistesgaben) 1 Kor 12,4-11 S **2,6-8** *nach* Ps 8,5-7 **2,8** 1 Kor 15,27 **2,9** Phil 2,8-9 **2,10** 12,2; Röm 11,36; 8,29 **2,11** Mt 25,40; Mk 3,35 par; Joh 20,17 **2,12** *zit* Ps 22,23

»Ich will dich meinen Brüdern bekannt machen;
in der Gemeinde will ich dich preisen.«

13 Er sagt auch:

»Ich will mein Vertrauen auf Gott setzen!«,

und fährt fort:

»Hier bin ich mit den Kindern, die Gott mir gegeben
hat.«

14 Weil diese Kinder Menschen von Fleisch und Blut
sind, wurde der Sohn ein Mensch wie sie, um durch
seinen Tod den zu vernichten, der über den Tod ver-
fügt, nämlich den Teufel. 15 So hat er die Menschen
befreit, die durch ihre Angst vor dem Tod das ganze
Leben lang Sklaven gewesen sind.
16 Nicht für die Engel setzt er sich ein, sondern für
die Nachkommen Abrahams*.[a] 17 Deshalb musste er
in jeder Beziehung seinen Brüdern und Schwestern[b]
gleich werden. So konnte er ein barmherziger und
treuer Oberster Priester* für sie werden, um vor
Gott Sühne* zu leisten für die Sünden des Volkes.[c]
18 Weil er selbst gelitten hat und dadurch auf die Pro-
be gestellt worden ist, kann er nun den Menschen
helfen, die ebenfalls auf die Probe gestellt werden.

Jesus steht über Mose

3 Darum, meine Brüder und Schwestern, die ihr
Gott geweiht und zur Teilhabe an der himm-
lischen Welt berufen seid, schaut auf Jesus, den
bevollmächtigten Gesandten[d] Gottes und Obersten
Priester*, zu dem wir uns bekennen.
2 Er war dem, der ihn eingesetzt hat, genauso treu
wie Mose, von dem gesagt wird: »Er war Gott treu in
seinem ganzen Haus« – nämlich dem »Haus« Gottes,
dem Volk Israel.[e] 3 Doch wie der Erbauer eines Hau-
ses mehr geehrt wird als das Haus selbst, so verdient
Jesus viel größere Ehre als Mose. 4 Jedes Haus wird
von jemand erbaut. Der aber, der alles erbaut hat,
ist Gott.
5 Mose war ein Hinweis auf Dinge, die erst in
Zukunft verkündet werden sollten. Er war treu *»in
seinem ganzen Haus«*, als *Diener*. 6 Christus aber
ist der *Sohn**, der *über* Gottes Haus gestellt ist. Sein
»Haus«, Gottes Haus, sind wir, die Gemeinde, wenn
wir mit Zuversicht und freudigem Stolz an dem fest-
halten, worauf wir hoffen.

Die Ruhe Gottes für sein Volk

7 Darum gilt, was Gott durch den Heiligen Geist* sagt:

»Seid heute, wenn ihr *seine* Stimme hört,
8 nicht so verstockt wie damals eure Vorfahren,
die sich gegen mich, Gott, auflehnten
an jenem Tag der Prüfung in der Wüste.
9–10 Sie haben mich herausgefordert
und mich auf die Probe gestellt,
nachdem sie vierzig Jahre lang gesehen hatten,
was ich tat.
Diese Generation hat mich angewidert;
ich sagte: ›Alles, was sie wollen, ist verkehrt;
nie haben sie meine Wege verstanden.‹
11 Schließlich schwor ich in meinem Zorn:
›In meine Ruhe nehme ich sie niemals auf!‹«[f]

12 Achtet darauf, liebe Brüder und Schwestern, dass
niemand von euch ein widerspenstiges, ungehorsa-
mes Herz hat und sich von dem lebendigen Gott
abwendet. 13 Ermahnt euch gegenseitig jeden Tag,
solange jenes »Heute« gilt, damit niemand von euch
dem Betrug der Sünde erliegt und sich dem Ruf dieser
Stimme verschließt. 14 Wir gehören erst wirklich zu
Christus, wenn wir die Zuversicht, die uns am
Anfang geschenkt wurde, bis zum Ende unerschüt-
terlich festhalten!
15 Wenn es heißt:

»Seid heute, wenn ihr seine Stimme hört,
nicht so verstockt wie damals eure Vorfahren,
die sich gegen Gott aufgelehnt haben«,

16 so stellt sich doch die Frage: Wer waren denn die,
die einstmals »die Stimme gehört« und sich dann
»gegen Gott aufgelehnt« haben? Es waren alle, die
Mose aus Ägypten geführt hatte! 17 Wer waren denn
die, die Gott »vierzig Jahre lang angewidert« haben?
Es waren die, die gesündigt hatten und dann tot in
der Wüste lagen! 18 Wer waren denn die, denen Gott
»schwor«: »In meine Ruhe nehme ich sie niemals
auf!«? Es waren die, die sich ihm widersetzt hatten!
19 Wir sehen: Sie konnten nicht in die Ruhe Gottes
gelangen, weil sie Gott das Vertrauen verweigert
hatten.

4 Darum dürfen wir nicht leichtfertig sein, son-
dern müssen darauf achten, dass nicht womög-
lich jemand von uns zurückbleibt. Denn Gottes
Zusage, Menschen in seine Ruhe aufzunehmen, gilt
ja weiter. 2 Genauso wie den Leuten damals in der
Wüste ist auch uns die Gute Nachricht* verkündet
worden, die Botschaft, dass wir in Gottes Ruhe auf-
genommen werden sollen.[g] Aber denen hat diese
Botschaft nichts genützt; sie ist ihnen nicht in
Fleisch und Blut übergegangen – was durch die Kraft
ihres Vertrauens hätte geschehen müssen.[h]
3a So werden auch wir nur in die Ruhe Gottes hin-
einkommen, wenn wir im Vertrauen festbleiben;
sonst gilt, was Gott von den anderen gesagt hat:

»Ich schwor in meinem Zorn:
›In meine Ruhe nehme ich sie niemals auf!‹«

a Damit sind hier nicht nur die Juden gemeint, sondern – im Gegenüber zu den Engeln – alle wahren Abrahamsnachkommen im Sinn von Röm 4,11-12.
b *Brüder und Schwestern* gibt ein einziges griechisches Wort wieder, das als Mehrzahlform nicht nur, wie herkömmlich übersetzt, die »Brüder« bezeichnet, sondern auch je nach Zusammenhang die gesamte Gemeinde aus Männern und Frauen (siehe dazu Sacherklärung »Bruder«); entsprechend in 3,1.12.
c Diese Aussage wird in 4,14–5,10 und 7,1–10,31 entfaltet.
d Wörtlich *Apostel**.
e *nämlich dem »Haus« Gottes …:* verdeutlichender Zusatz; entsprechend *Gottes Haus* in Vers 6 (beim zweiten Vorkommen).
f »Ruhe« ist für den Hebräerbrief der Inbegriff aller Erwartung, so wie »Herrschaft Gottes« in den drei ersten Evangelien und »Leben« bei Johannes. Nach Ps 95,11 sollte das in der Wüste umherziehende Volk Israel im Land Kanaan *Ruhe* finden. Der Verfasser des Briefes verbindet die Psalmstelle mit der Aussage von Gen 2,2-3 über die Ruhe Gottes nach der Schöpfung und versteht diese Ruhe als ein eigenes Schöpfungswerk, nämlich die Erschaffung der »ewigen Ruhe«, der kommenden neuen Welt Gottes (vgl. 4,3b-10).
g *die Botschaft …:* verdeutlichender Zusatz.
h *sie ist ihnen nicht …:* Nach dem besser bezeugten Text müsste übersetzt werden *da sie nicht durch vertrauenden Glauben mit denen verbunden waren, die es gehört hatten.*

2,13 *nach* Jes 8,17-18 **2,14** Joh 1,14 S; Röm 8,3; 1 Joh 3,8 **2,15** Röm 8,21 **2,16** Jes 41,8-9 **2,17** 5,2; Phil 2,7; 1 Joh 2,2 **2,18** 4,15 S **3,1** 4,14 S **3,2** *nach* Num 12,7 **3,6** (Sohn) 1,2; 4,14; 6,4-6; 7,3.28; 10,29; Joh 1,34 S; (Haus) Hebr 10,21; Eph 2,21; 1 Kor 3,16 S **3,7-11** *zit* Ps 95,7-11 **3,8** Ex 17,7; Num 20,2-5 **3,9-10** Num 14,33 S **3,11** Num 14,21-23 **3,17** Num 14,29; 1 Kor 10,5.10

Gottes Ruhe – die Zusage, die weiterhin offen steht

3b Dabei stehen doch Gottes Werke schon seit Vollen-
dung der Weltschöpfung fertig da – auch seine Ruhe!
4 Es heißt vom siebten Schöpfungstag: »Am siebten
Tag ruhte Gott von aller seiner Arbeit aus.«

5 An der vorher genannten Stelle heißt es jedoch:
»In meine Ruhe nehme ich sie niemals auf!« 6 Dann
muss es also noch Leute geben, die aufgenommen
werden, nachdem die anderen, die die Gute Nach-
richt* zuerst gehört haben, durch ihren Ungehorsam
ausgeschlossen blieben.

7 Deshalb setzt Gott aufs Neue einen Tag fest, ein
neues »Heute«! Nach so langer Zeit lässt er – ich
habe es schon angeführt – durch David ausrufen:

»Seid heute, wenn ihr seine Stimme hört,
nicht so verstockt!«

8 Denn hätte schon Josua das Volk in die Ruhe hin-
eingeführt,[a] dann würde Gott nicht noch von einem
anderen Tag *danach* sprechen. 9 Folglich steht die
versprochene Ruhe, der große Sabbat*, dem Volk
Gottes erst noch bevor. 10 Denn wer in die Ruhe Got-
tes gelangt ist, ruht auch selbst aus von seiner Arbeit,
so wie Gott ausruht von der seinen.

11 Wir wollen also alles daransetzen, zu dieser
Ruhe zu gelangen! Niemand soll – nach dem
abschreckenden Beispiel, das damals das Volk in
der Wüste gab – durch Ungehorsam zu Fall kommen
und von ihr ausgeschlossen bleiben.

12 Das Wort Gottes ist lebendig, es ist eine wirken-
de Macht. Es ist schärfer als das schärfste beidseitig
geschliffene Schwert. So wie ein Schwert tief ein-
schneidet, die Gelenke durchtrennt und das Mark
der Knochen freilegt, so dringt das Wort Gottes ins
Innerste von Seele und Geist. Es deckt die geheimen
Wünsche und Gedanken des Menschenherzens auf
und hält über sie Gericht. 13 Es gibt niemand, dessen
Inneres vor Gott verborgen wäre. Alles liegt nackt
und bloß vor den Augen dessen da, dem wir Rechen-
schaft schuldig sind.

JESUS ALS UNSER OBERSTER PRIESTER (4,14–10,18)

Jesus, unser Oberster Priester, tritt bei Gott für uns ein

14 Lasst uns also festhalten an der Hoffnung, zu der
wir uns bekennen.[b] Wir haben doch einen überra-
genden Obersten Priester*, der alle Himmel* durch-
schritten hat[c] und sich schon bei Gott, im himm-
lischen Heiligtum, befindet:[d] Jesus, den Sohn* Got-
tes.

15 Dieser Oberste Priester ist nicht einer, der kein
Mitgefühl für unsere Schwächen haben könnte. Er
wurde ja genau wie wir auf die Probe gestellt – aber
er blieb ohne Sünde.[e] 16 Darum wollen wir mit Zu-
versicht vor den Thron unseres gnädigen Gottes tre-
ten. Dort werden wir, wenn wir Hilfe brauchen,
stets Liebe und Erbarmen finden.

5 Jeder Oberste Priester wird *aus* den Menschen
genommen und *für* die Menschen eingesetzt,
um ihre Angelegenheiten vor Gott zu vertreten: Er
soll Gaben und Opfer* für ihre Sünden darbringen.
2 Weil er selbst ein schwacher Mensch ist, kann er
mitfühlen mit den Unwissenden und Irrenden.
3 Weil er in seiner Schwachheit selber sündigt, muss
er sogar für sich selbst Opfer darbringen, nicht nur
für das Volk.

4 Auch nimmt sich niemand selbst die Würde,
Oberster Priester zu sein. Er erhält sie vielmehr
durch Gottes Berufung, so wie Aaron*. 5 So hat sich
auch Christus nicht selbst die Würde des Obersten
Priesters genommen, sondern Gott hat sie ihm gege-
ben, der zu ihm sagte:

»Du bist mein Sohn,
heute habe ich dich dazu gemacht.«

6 Und an einer anderen Stelle sagt Gott:

»Du bist Priester auf ewig,
nach der Art Melchisedeks*.«

7 Als er noch auf der Erde lebte, hat Jesus sich im
Gebet mit Bitten und Flehen an Gott gewandt, der
ihn vom Tod retten konnte; mit lautem Rufen und
unter Tränen hat er seine Not vor ihn gebracht. Weil
er treu zu Gott hielt, ist er schließlich auch erhört
worden.

8 Und doch: Obwohl er Gottes Sohn war, hat er
zunächst durch das, was er durchmachen musste,
Gehorsam gelernt. 9 Nachdem er nun das Ziel
erreicht hat, ist er für alle, die ihm gehorchen, zum
Begründer ihrer endgültigen Rettung geworden.
10 Denn Gott hat ihn zum Obersten Priester er-
nannt – und zwar zum Obersten Priester »nach
der Art Melchisedeks«.

Der Zustand der Angeschriebenen und die Größe des Themas

11 Hierüber muss ich nun einiges sagen. Das ist nicht
leicht, zumal ihr stumpf geworden seid und Mühe
habt, zuzuhören und mitzudenken. 12 Ihr solltet
inzwischen längst andere unterrichten können;

a Dieser Vers macht deutlich, dass der Einzug ins versprochene Land noch nicht die eigentliche »Ruhe« für das Gottesvolk war, sondern nur ein abbildhafter Hinweis darauf.
b Wörtlich *festhalten an dem Bekenntnis* (vgl. 10,23).
c Vielleicht denkt der Verfasser an verschiedene Himmel (vgl. 2 Kor 12,2), die Jesus durchschritten hat, wie der Oberste Priester durch die Vorhänge des Tempels hindurch bis vor die Bundeslade ging.
d *und sich schon …:* verdeutlichender Zusatz.
e Jesus steht als der wahre Priester zwischen Gott und den Menschen. Seine Erprobung stellte ihn in die Nähe der Menschen, aber seine Nähe zu Gott ging nicht verloren, weil er der Versuchung zur Sünde nicht nachgab.

4,4 *nach* Gen 2,2 **4,8** Dtn 31,7; Jos 22,4 **4,12** 1 Petr 1,23; Jes 55,11 S; (Schwert) Jes 49,2; Eph 6,17; Weish 18,16; Offb 1,16 S **4,14** 2,17-18; 3,1; 5,5-6.10; 7,24-28; 8,3.6; 9,11; (bei Gott) 8,1 S; (Sohn) 3,6 S **4,15** 2,18; 5,2; (ohne Sünde) 7,26; 9,12; 1 Joh 3,5 S **4,16** 10,19 S **5,2** 2,17-18; 4,15; 7,28 **5,3** 7,27; 9,7; Lev 9,7; 16,6 **5,4** Ex 28,1 **5,5** 1,5 **5,6** *zit* Ps 110,4; Hebr 6,20 S **5,7** Mk 14,32-42 par **5,8** 3,6 S; 4,15; Phil 2,8 **5,9** 7,27 S **5,10** 4,14 S; 6,20 S **5,12-13** 1 Kor 3,1-2; 1 Petr 2,2

stattdessen habt ihr wieder jemand nötig, der euch
ganz von vorne das ABC der Botschaft Gottes erklärt.
Ihr braucht wieder Milch statt fester Nahrung.
13 Wer Milch braucht, ist ein kleines Kind, das die
Sprache der Erwachsenen noch nicht versteht.
14 Erwachsene aber brauchen feste Nahrung – solche
Leute nämlich, die durch beharrliche Übung ihr
Wahrnehmungsvermögen geschärft haben, um Gut
und Böse zu unterscheiden.

6 Deshalb wollen wir jetzt die Anfangslektionen
der christlichen Botschaft hinter uns lassen
und uns dem zuwenden, was für die im Glauben
Erwachsenen bestimmt ist. Ich will mich also nicht
noch einmal mit den grundlegenden Themen befas-
sen wie der Abkehr vom Götzendienst und der Hin-
wendung zum wahren, lebendigen Gott, 2 der Taufe[a]
und der Handauflegung, der Auferstehung* der
Toten und dem letzten Gericht. 3 Ich werde jetzt viel-
mehr weitergehen, und wenn Gott will, wird es euch
von Nutzen sein.
4–6 Denn es ist unmöglich, Menschen, die Gott *ein-
mal* mit seinem Licht erfüllt hat und die ihm dann
den Rücken kehren, dahin zu bringen, dass sie sich
Gott wieder zuwenden. Sie haben doch schon die
Gaben des Himmels gekostet und den Heiligen
Geist* empfangen. Sie haben erfahren, wie zuverläs-
sig Gottes Wort ist, und haben schon die Kräfte der
kommenden Welt gespürt. Und dann haben sie
trotzdem Gott den Rücken gekehrt und haben damit
den Sohn Gottes noch einmal ans Kreuz* genagelt,
sich selbst zum Gericht, und ihn öffentlich zum
Gespött gemacht.[b]
7 Gott segnet den Boden, der den reichlich auf ihn
fallenden Regen aufnimmt und Pflanzen wachsen
lässt für die, die den Boden bebauen. 8 Aber der
Boden, der nur Dornen und Disteln trägt, ist nichts
wert. Ihm droht, dass er von Gott verflucht und
zum Schluss verbrannt wird.

Ermutigung zum Durchhalten

9 Aber auch wenn ich so hart rede, meine Lieben, bin
ich doch überzeugt, dass es um euch so schlimm
nicht steht und dass ihr gerettet werdet. 10 Denn Gott
ist nicht ungerecht. Er vergisst nicht, was ihr getan
habt. Ihr habt anderen Christen[c] geholfen und tut
es noch. Damit beweist ihr eure Liebe zu ihm.
11 Ich wünsche nur sehnlichst, dass jeder und jede
von euch genau denselben Eifer auch an den Tag
legt, wenn es darum geht, die Hoffnung auf das,
was Gott uns versprochen hat, mit voller Kraft bis
zum Ende durchzuhalten. 12 Ihr dürft darin nicht
nachlassen! Nehmt euch ein Beispiel an denen, die
Vertrauen und Ausdauer bewahrt und darum emp-
fangen haben, was Gott versprochen hat.

Gott ist zuverlässig und treu

13 Gott machte Abraham* eine Zusage und schwor
bei seinem eigenen Namen, da er bei nichts Höhe-
rem schwören konnte als bei sich selbst. 14 Er sagte:
»Ich gebe dir mein Wort, dass ich dich überaus seg-
nen und dir viele Nachkommen geben werde.«
15 Und so wartete Abraham beharrlich und erhielt,
was Gott ihm versprochen hatte.
16 Menschen schwören beim Namen eines Größe-
ren, und der Eid dient dazu, die Aussage zu bekräfti-
gen und jeden Zweifel zu beseitigen. 17 So bekräftigte
auch Gott seine Zusage mit einem Eid. Damit wollte
er den Menschen, denen die Zusage galt, die feste
Gewissheit geben, dass seine Absicht unumstößlich
ist. 18 Er wollte uns doppelte Sicherheit geben: durch
die Zusage und durch den Eid; und da Gott nicht
lügen kann, ist auf beide unbedingt Verlass.

Das soll uns einen starken Ansporn geben, dass
wir unsere Zuversicht nicht preisgeben und an der
Hoffnung auf die uns zugesagte Erfüllung festhalten.
19 Diese Hoffnung ist für uns wie ein sicherer und
fester Anker, der hineinreicht bis ins innerste Heilig-
tum, in das Allerheiligste* hinter dem Vorhang im
himmlischen Tempel.[d] 20 Dorthin ist Jesus uns vor-
ausgegangen, um uns den Weg zu bereiten; denn
so wurde er zum Obersten Priester* nach der Art
Melchisedeks, und das heißt: auf ewig.

Jesus Christus, Priester auf ewig nach der Art Melchisedeks (7,1–10,18)

Melchisedek*, das Bild des Sohnes Gottes

7 Dieser Melchisedek nämlich war König von
Salem und Priester des höchsten Gottes. Er ging
Abraham* entgegen, als der vom Sieg über die
Könige heimkehrte, und segnete ihn. 2 Ihm gab
Abraham den zehnten* Teil von allem, was er erbeu-
tet hatte. Sein Name bedeutet »König der Gerechtig-
keit«; er heißt aber auch »König von Salem«, und das
bedeutet »König des Friedens*«. 3 Er hat weder Vater
noch Mutter; einen Stammbaum von ihm gibt es
nicht. Seine Lebenszeit hat weder Anfang noch
Ende[e] – darin gleicht er dem Sohn* Gottes.

Dieser Melchisedek also bleibt Priester auf ewig.

Melchisedek* steht über Abraham und den Priestern aus dessen Nachkommenschaft

4 Wie groß dieser Melchisedek ist, seht ihr dar-
an, dass sogar der Stammvater Abraham* ihm den
zehnten Teil von allen wertvollen Stücken seiner
Beute gab.

a Wörtlich *der Lehre von den Taufen.* Die Mehrzahl *Taufen* ist vielleicht daher zu erklären, dass in der *Lehre* nicht zuletzt auch das Verhältnis zwischen Johannestaufe (siehe Sacherklärung »Täufer«) und christlicher Taufe* zu behandeln war (vgl. Joh 3,25-26; Apg 19,1-6). Die Mehrzahl könnte aber auch ein Hinweis auf ein dreimaliges Untergetauchtwerden des Täuflings sein, wie es sich sehr früh in der Kirche herausbildete.
b Die Verse 4-6 entspringen der leidvollen Erfahrung mit abgefallenen Christen und wollen die Gemeinde eindringlich warnen (vgl. Verse 7-8; 10,26-27). Sie dürfen nicht verstanden werden als Aufruf zu selbstquälerischen Zweifeln (siehe Vers 9).
c Wörtlich *den Heiligen**.
d Vgl. 4,14; 8,5; 9,24.
e Nach dem Beispiel rabbinischer Auslegung gründet der Verfasser seine Gedanken auf das, was der Bericht in Gen 14,17-20 auslässt oder verschweigt (die Unsterblichkeit folgert er aus dem Psalmzitat in Vers 17: »Priester *auf ewig*, nach der Art Melchisedeks«). So wird die geheimnisvolle Gestalt Melchisedeks für ihn zu einem Hinweis auf Christus. Das ganze Kapitel 7 dient dem Nachweis, dass Jesus im Gegensatz zu dem unvollkommenen Priestertum des Alten Testaments der wahre, vollkommene Priester ist, der den Menschen wirklich helfen kann.

5,14 13,9; Röm 16,19; 1 Kor 14,20; Eph 4,14 **6,4-6** 10,26-29; 12,25; 2 Petr 2,20 **6,8** Mk 4,7.18-19 **6,10** 10,32-34 **6,12** 11,1–12,1 **6,13-14** *nach* Gen 22,16-17 **6,18** (nicht lügen) Num 23,19 S **6,19** (Allerheiligstes) 9,3 S **6,20** 4,14 S; (Melchisedek) Gen 14,17-20; Ps 110,4; Hebr 5,6.10; 7,1-4 **7,1-4** 6,20 S

5 Nun sammeln ja die unter den Nachkommen von Levi*, denen das Priestertum übertragen wurde, den Zehnten* vom Volk Israel ein. Sie erheben den Zehnten von ihren Brüdern, obwohl diese genau wie sie selbst Nachkommen Abrahams sind; sie haben durch das Gesetz* den Auftrag dazu. 6 Aber Melchisedek, der abstammungsmäßig überhaupt nichts mit Levi zu tun hat, nimmt sogar von Abraham den Zehnten! Und er *segnet* Abraham, dem doch Gott seine Zusagen gegeben hat. 7 Wer segnet, ist ohne Zweifel größer als der, der gesegnet wird.

8 Und hier, im Fall der Nachkommen von Levi, sind es sterbliche Menschen, die den Zehnten entgegennehmen. Dort aber, im Fall von Melchisedek, ist es einer, von dem in den Heiligen Schriften* bezeugt wird, dass er ewig lebt!

9 Um es geradeheraus zu sagen: Als Abraham Melchisedek den Zehnten gab, da gab ihn zugleich auch Levi, dessen Nachkommen in Israel den Zehnten einsammeln. 10 Denn Levi war damals schon im Samen seines Ahnvaters Abraham gegenwärtig, als der mit Melchisedek zusammentraf.

Das Priestertum der Nachkommen Levis abgelöst durch das Priestertum nach der Art Melchisedeks*

11 Dem Volk Israel wurde das Priestertum* der Nachkommen Levis gegeben; es wurde durch das Gesetz* angeordnet, und das Gesetz steht und fällt mit ihm.

Hätte nun durch dieses Priestertum die Vollendung des Volkes vor Gott erreicht werden können, dann wäre es ja nicht nötig gewesen, noch einen anderen Priester aufzustellen, einen »nach der Art Melchisedeks« und nicht nach der Art Aarons*! 12 Wenn aber das Priestertum sich ändert, bedeutet das notwendig, dass auch das Gesetz sich ändert.

13 Und in der Tat: Der, auf den sich dies alles bezieht, gehört einem anderen Stamm an als dem Stamm Levi, einem Stamm, aus dem noch nie jemand als Priester am Altar gestanden hat. 14 Unser Herr* ist bekanntlich aus dem Stamm Juda hervorgegangen, den Mose nie erwähnt hat, wenn er vom Priestertum sprach.

15 Aber noch viel deutlicher zeigt sich die Veränderung an Folgendem: Es wird ein Priester aufgestellt, der wie Melchisedek von ganz anderer Art ist – 16 der nicht Priester ist aufgrund einer menschlich-irdischen Bestimmung des Gesetzes, sondern aufgrund der Macht seines unvergänglichen Lebens. 17 In den Heiligen Schriften* heißt es: »Du bist Priester auf ewig, nach der Art Melchisedeks«!

18 Die frühere Bestimmung wird außer Kraft gesetzt, weil sie schwach und nutzlos war. 19 Denn in keiner Hinsicht hat das Gesetz es geschafft, dass die Menschen vor Gott vollkommen und untadelig dastehen können. An die Stelle des vom Gesetz verordneten Priestertums tritt deshalb eines, das eine bessere Hoffnung begründet: das uns die Möglichkeit eröffnet, *wirklich* Gott nahen und vor ihm bestehen zu können.

Das neue Priestertum – eidlich bestätigt und von ewigem Bestand

20 Das neue Priestertum ist außerdem durch einen Eid eingeführt worden. Als die anderen zu Priestern eingesetzt wurden, hat Gott nicht geschworen. 21 Jesus aber wurde mit einem Schwur zum Priester eingesetzt; ihm gilt das Wort:

»Der Herr hat geschworen,
und er wird es nicht zurücknehmen:
›Du bist Priester auf ewig.‹«

22 Deshalb ist Jesus auch der Garant für einen besseren Bund*.

23 Es gibt noch einen weiteren Unterschied: Von den anderen Priestern gab es viele, weil sie sterben mussten und der Tod sie hinderte, Priester zu bleiben. 24 Jesus aber lebt in alle Ewigkeit, und sein Priestertum ist deshalb unvergänglich. 25 Darum kann er auch vollständig und für immer alle retten, die sich durch ihn an Gott wenden. Er lebt für immer, um bei Gott für sie einzutreten.

Lobpreis auf Jesus als Obersten Priester

26 Jesus ist der Oberste Priester*, den wir brauchen: Er ist heilig, an ihm ist nichts Verwerfliches, er hat keinen Fehler. Er ist ganz anders als wir sündigen Menschen und wurde über alle Himmel* erhoben. 27 Er muss nicht wie die Obersten Priester vor ihm täglich zuerst für die eigenen Sünden und dann für die des Volkes opfern. Er sühnte die Sünden aller ein für alle Mal, als er sich selbst zum Opfer brachte. 28 Das Gesetz* Moses machte Menschen voller Fehler zu Priestern; der göttliche Schwur, der *nach* dem Gesetz ergangen ist, ernannte dazu den Sohn*, der für ewig zur Vollendung gelangt ist.

Alter und neuer Priesterdienst

8 Dies ist der Punkt, auf den alles ankommt: Wir haben einen Obersten Priester*, der Platz genommen hat zur rechten Seite Gottes auf dem Thron der göttlichen Majestät im Himmel.[a] 2 Dort versieht er den priesterlichen Dienst im himmlischen Allerheiligsten*, in dem einzig wahren Heiligen Zelt*, das von Gott und nicht von einem Menschen errichtet worden ist.

3 Jeder Oberste Priester wird dazu eingesetzt, Gott Gaben und Opfer* darzubringen. Auch unser Oberster Priester muss darum etwas zu opfern haben.

a Vgl. Ps 110,1. Die beiden Themen dieses Psalms – Königtum und Priestertum – werden hier aufgegriffen und beide auf Christus bezogen.

7,5 Num 18,21 **7,14** Gen 49,10; Mt 2,6; Apg 13,23; Offb 5,5 S **7,17** *zit* Ps 110,4; Hebr 5,6 **7,19** 9,9; Röm 3,20 S **7,22** 8,6 S **7,25** 10,14; Röm 8,34; 1 Joh 2,1 **7,26** 4,15 S **7,27** 5,3; (ein für alle Mal) 5,9; 7,25; 9,12.26.28; 10,10.12; Röm 6,10; 1 Petr 3,18 **7,28** 3,6 S **8,1** 4,14 S; (rechte Seite) 1,3.13; 10,12; 12,2; Apg 2,33 S; Ps 110,1

4 Wäre er nun auf der Erde, so könnte er nicht einmal Priester sein, denn hier gibt es ja Priester, die nach den Vorschriften des Gesetzes* Opfergaben darbringen. 5 Sie verrichten ihren Dienst allerdings in einem Heiligtum, das nur einen Schatten, nur eine unvollkommene Nachbildung des wahren Heiligtums darstellt, das im Himmel ist. Denn als Mose daranging, das Heilige Zelt zu errichten, erhielt er von Gott die Weisung: »Gib Acht, dass alles genau nach dem Urbild angefertigt wird, das ich dir hier auf dem Berg gezeigt habe.«

6 Nun ist aber Jesus zu einem viel höheren Priesterdienst berufen worden als die Priester auf der Erde. Sein Priesterdienst ist um so viel höher, als der Bund* besser ist, der durch Vermittlung von Jesus zwischen Gott und den Menschen geschlossen wurde. Dieser Bund gründet auf besseren Zusagen als der erste.

Alter und neuer Bund

7 Wäre am ersten Bund* nichts auszusetzen gewesen, so hätte es keinen zweiten gebraucht. 8 Aber Gott musste sein Volk tadeln; er sagte ja zu ihnen:

»Die Zeit kommt, da werde ich mit dem Volk von Israel und dem Volk von Juda einen neuen Bund schließen. 9 Er wird nicht dem Bund gleichen, den ich mit ihren Vorfahren geschlossen habe, als ich sie bei der Hand nahm und aus Ägypten herausführte. Sie haben sich nicht an diesen Bund gehalten; darum habe ich sie sich selbst überlassen.«

Und weiter sagte der Herr: 10 »Der neue Bund, den ich dann mit dem Volk Israel schließen will, wird völlig anders sein: Ich werde ihnen meine Gesetze nicht auf Steintafeln, sondern in Herz und Gewissen schreiben. Ich werde ihr Gott sein und sie werden mein Volk sein. 11 Niemand muss dann noch seinen Mitbürger belehren oder zu seinem Bruder sagen: ›Lerne den Herrn kennen!‹ Denn alle werden dann wissen, wer ich bin, von den Geringsten bis zu den Vornehmsten. 12 Ich will ihnen ihren Ungehorsam vergeben und will nie mehr an ihre Sünden denken.«

13 Wenn Gott von einem »neuen Bund« spricht, dann hat er damit den ersten für veraltet erklärt. Was aber veraltet und verbraucht ist, wird bald verschwinden.

Der Gottesdienst des alten Bundes

9 Nun hatte auch schon der erste Bund* Vorschriften für den Gottesdienst und er hatte das irdische Heiligtum.[a] 2 Da war ein Zelt aufgerichtet mit zwei Räumen: Der vordere Raum hieß »das Heilige«; in ihm befanden sich der Leuchter und der Tisch und auf dem Tisch die geweihten Brote*. 3 Hinter dem zweiten Vorhang lag der andere Raum, genannt »das Allerheiligste*«. 4 Darin standen der goldene Altar, auf dem Weihrauch* verbrannt wurde, und die Bundeslade*, die ganz mit Gold überzogen war. In ihr befanden sich der goldene Krug mit dem Manna*, der Stab Aarons*, an dem Blüten gewachsen waren, und die Steintafeln mit dem Bundesgesetz*. 5 Über der Lade waren die Keruben*, die auf die Gegenwart Gottes hinwiesen.[b] Sie breiteten ihre Flügel aus über der Deckplatte, auf der die Sünden gesühnt wurden. Aber davon soll jetzt nicht im Einzelnen die Rede sein.[c]

6 Das Heiligtum besteht also aus zwei Teilen. In den vorderen Teil des Zeltes gehen die Priester jeden Tag und verrichten dort ihren Dienst. 7 Den hinteren Teil darf nur der Oberste Priester* betreten, und das auch nur einmal im Jahr. Dabei nimmt er Blut* mit und opfert es für sich und für die Menschen, die ohne bösen Willen schuldig geworden sind.

8 Der Heilige Geist* weist mit alldem auf Folgendes hin: Solange noch der vordere Teil des Zeltes besteht und der Zugang zum hinteren Teil den genannten Einschränkungen unterliegt,[d] ist dies ein Zeichen dafür, dass der Zugang zum eigentlichen – himmlischen – Allerheiligsten noch nicht eröffnet worden ist.[e] 9 Der vordere Teil des Zeltes ist ein Sinnbild für die gegenwärtige Zeit und den in ihr herrschenden Zustand: Da werden Opfer* und Gaben dargebracht, die nicht die Kraft haben, die Menschen, die sie darbringen, in ihrem Innern vollkommen zu machen, sodass ihr Gewissen sie nicht mehr anklagt. 10 Da geht es allein um Vorschriften über Essen und Trinken und über religiöse Waschungen, also um äußerliche, irdisch-vergängliche Vorschriften, die nur auferlegt waren bis zu dem Zeitpunkt, an dem Gott die wahre Ordnung aufrichten würde.

Der Gottesdienst des neuen Bundes

11 Jetzt aber ist Christus gekommen als der Oberste Priester*, dessen Opfer* uns in Gottes Augen wirklich vollkommen gemacht hat.[f] Er ist durch den vorderen Teil des Zeltes hindurchgegangen – des Zeltes, das größer und vollkommener ist, weil es nicht von Menschen errichtet wurde, und das heißt: nicht zu dieser Welt* gehört. 12 Und er ist ein für alle Mal hineingegangen in das eigentliche, das himmlische Allerheiligste*. Das tat er nicht mit dem Blut von Böcken und jungen Stieren, sondern mit seinem eigenen Blut.* Und so hat er uns für immer von unserer Schuld befreit.

13 Menschen, die im Sinn der religiösen Vorschriften unrein* geworden sind, werden durch Bespren-

a Zu den Versen 1-10 siehe die Vergleichsstellen aus dem Alten Testament.
b Wörtlich *die Keruben der Herrlichkeit**.
c Der Verfasser zählt die Einrichtung des Heiligtums auf, um den nichtjüdischen Christen eine Vorstellung von dem zu ermöglichen, was er anschließend zu sagen hat.
d *und der Zugang …:* verdeutlichender Zusatz.
e Entsprechend der Gegenüberstellung »irdisches Schatten- oder Nachbild – himmlisches Urbild, himmlische Wirklichkeit« werden die Ordnungen des Alten und des Neuen Bundes miteinander verglichen.
f Wörtlich *der Oberste Priester der (Wirklichkeit) gewordenen Güter.* Zahlreiche Handschriften haben *der zukünftigen Güter.*

8,5 (Schatten) 9,9; 10,1; Kol 2,17; (Zelt) Hebr 9,2; *zit* Ex 25,40 **8,6** (neuer Bund) 7,22; 8,13; 9,15; 12,24; Lk 22,20 S **8,8-12** *zit* Jer 31,31-34; Hebr 10,16-17 **9,2** (Zelt) 8,5; Ex 26,1-3; (Leuchter) Ex 25,31-39; (Tisch) Ex 25,23-30 **9,3** (Allerheiligstes) Ex 26,31-33; Lev 16,1-2; Hebr 6,19; 9,7.12; 10,20 **9,4** (Altar) Ex 30,1-10; (Bundeslade) Ex 25,10-22; (Manna) Ex 16,31-34; (Stab) Num 17,21-26; (Steintafeln) Ex 25,16 **9,5** Ex 25,18-22 **9,6** Num 18,2-4 **9,7** 9,25; 13,11; Lev 16,1-19 **9,9** 8,5 S; 7,19 **9,10** Lev 11,1-47; 15,1-33; Num 19,1-22 **9,11** 4,14 S **9,12** 7,27 S; (eigenes Blut) 9,25; 12,24; 13,12.20; Röm 3,25-26 S; 1 Petr 1,18-19 **9,13** Num 19,1-10.17

gung mit dem Blut von Böcken und Stieren und der
Asche einer Kuh äußerlich von ihrer Befleckung
gereinigt. Wenn das Blut der Tiere diese Kraft hat,
14 um wie viel mehr wird dann das Blut von Christus
uns im Innern reinigen von den Folgen unseres Göt-
zendienstes, sodass wir dem lebendigen Gott dienen
können! Denn in der Kraft des ewigen göttlichen
Geistes hat Christus sich selbst als fehlerloses Opfer
Gott dargebracht.

Der neue Bund – rechtskräftig durch Tod und Blut von Jesus

15 Deshalb kommt auch durch Christus der neue
Bund* zustande, damit alle, die Gott berufen hat,
das zugesagte ewige Erbe empfangen. Christus ist
in den Tod gegangen, um sie von den Folgen ihres
Ungehorsams unter dem ersten Bund zu erlösen.

16 Wenn ein Testament wirksam werden soll, muss
erst der Tod dessen nachgewiesen werden, der es
aufgesetzt hat. 17 Denn erst durch seinen Tod tritt
es in Kraft; solange er lebt, hat es keine Bedeutung.[a]

18 So wurde ja auch schon der erste Bund durch
Blut* in Kraft gesetzt. 19 Mose teilte zunächst dem
ganzen Volk die einzelnen Gebote mit, wie sie im
Gesetz* festgelegt sind. Dann vermischte er das Blut
der Jungstiere und Böcke mit Wasser, tat Ysop* und
rote Wolle hinzu und besprengte damit zuerst das
Gesetzbuch und dann das ganze Volk. 20 Dabei sagte
er: »Durch dieses Blut wird der Bund besiegelt, den
Gott mit euch geschlossen hat.«[b] 21 Ebenso be-
sprengte Mose mit dem Blut auch das Zelt und alle
Geräte, die beim Gottesdienst gebraucht werden.
22 Nach dem, was im Gesetz steht, gibt es fast nichts,
was nicht durch Blut gereinigt* werden muss. Und
es gilt in der Tat: Schuld wird nicht vergeben, wenn
nicht Blut dafür fließt.

Christus das einmalige und endgültige Opfer

23 Alle Nachbildungen der himmlischen Wirklichkeit
müssen auf solche Weise gereinigt werden; aber für
die himmlischen Urbilder selbst sind bessere Opfer
nötig.

24 Christus ging nicht in ein Allerheiligstes*, das
Menschen errichtet haben und das doch nur eine
unvollkommene Nachbildung des wirklichen Aller-
heiligsten ist. Er ging in den Himmel selbst, um
von jetzt an ständig in der Gegenwart Gottes zu ver-
weilen und bei ihm für uns einzutreten.

25 Der Oberste Priester* des jüdischen Volkes
muss Jahr für Jahr aufs Neue in das Allerheiligste*
hineingehen, mit fremdem Blut, dem Blut von Bö-
cken und Jungstieren. Doch Christus ist nicht in
den Himmel gegangen, um sich immer wieder selbst
zu opfern; 26 er hätte dann ja seit Anfang der Welt
schon viele Male den Tod erleiden müssen. Nein,
jetzt, am Ende der Zeiten, ist er erschienen, um ein
für alle Mal die Sünde der Welt dadurch fortzuschaf-
fen, dass er sich selbst zum Opfer brachte.

27 So wie jeder Mensch nur einmal sterben muss,
danach kommt er vor Gottes Gericht, 28 so wurde
auch Christus nur einmal geopfert, um die Sünden
aller Menschen wegzuschaffen. Wenn er zum zwei-
ten Mal erscheint, dann nicht nochmals wegen der
Sünde, sondern nur noch, um alle, die auf ihn war-
ten, endgültig zu retten.

Die endgültige Sündenvergebung

10 Im Gesetz* zeigt sich nur ein Schatten von
dem, was Gott künftig schenken will – ein
Schatten, nicht die eigentliche Gestalt. Deshalb
kann das Gesetz die Menschen, die im irdischen Hei-
ligtum vor Gott treten, auch niemals zur Vollendung
führen – obwohl nach Anordnung des Gesetzes Jahr
für Jahr immer wieder dieselben Opfer* für sie dar-
gebracht werden. 2 Wenn die Menschen durch das
Gesetz und die von ihm vorgeschriebenen Opfer
ein für alle Mal von ihren Sünden gereinigt werden
könnten, dann hätten sie doch einmal mit dem
Opfern aufhören müssen, weil sie sich nicht mehr
schuldig gefühlt hätten. 3 Doch durch diese Opfer
werden sie nur Jahr für Jahr aufs Neue an ihre Sün-
den erinnert! 4 Denn das Blut* von Stieren und Bö-
cken kann niemals die Schuld beseitigen.

5 Darum sagte Christus, als er in die Welt kam, zu
Gott:

»Opfer und Gaben hast du nicht verlangt;
aber du hast mir einen Leib[c] gegeben.
6 Über Brandopfer* und Sühneopfer* freust du
dich nicht.
7 Da habe ich gesagt: ›Hier bin ich, Gott!
Ich will tun, was du von mir verlangst,
wie es in den Heiligen Schriften* über mich
vorausgesagt ist!‹«

8 Zuerst sagte er: »Opfer und Gaben hast du nicht ver-
langt, über Brandopfer und Sühneopfer freust du
dich nicht«, obwohl alle diese Opfer vom Gesetz vor-
geschrieben sind. 9 Dann aber hat er gesagt: »Hier
bin ich, Gott! Ich will tun, was du von mir ver-
langst.«

So hebt Christus die alte Ordnung auf und setzt
die neue in Kraft. 10 Durch das, was Gott »verlangt«
hat, nämlich dadurch, dass Jesus Christus seinen
eigenen »Leib« zum Opfer brachte, sind wir nun
ein für alle Mal von jeder Schuld gereinigt und zu
Gottes Eigentum geworden.

11 Jeder Priester verrichtet Tag für Tag seinen
Dienst und bringt wieder und wieder die gleichen

a Das Wort, das in der griechischen Übersetzung des Alten Testaments zur Wiedergabe von »Bund*« verwendet worden war, wurde in der Griechisch sprechenden Welt zur Zeit der Apostel nur noch in der Bedeutung von »Testament« verwendet. Doch gerade in dieser Bedeutung konnte das Wort für die Menschen von damals Licht werfen auf den unlösbaren Zusammenhang zwischen dem Tod von Jesus und dem Zustandekommen des neuen Bundes.
b Die entsprechende Aussage für den neuen Bund findet sich in Mt 26,28.
c Der Verfasser zitiert nach der griechischen Übersetzung, die ihm das Stichwort »Leib« (hebräisch: Ohren) gibt; für ihn ein Hinweis auf das Opfer Jesu.

9,14 9,28S **9,15** 8,6S **9,19-20** *nach* Ex 24,6-8; (Ysop) Num 19,6 **9,22** Lev 17,11 **9,23** 8,5S **9,26** 7,27S **9,28** 9,14.26; 10,10.12.14; Gal 1,4S; (aller Menschen) Mk 10,45par; Joh 1,29; 1Tim 2,6; 1Joh 2,2 **10,1** 7,19; 8,5S **10,3** 9,7 **10,5-7** *nach* Ps 40,7-9 **10,10** 7,27S **10,11** Ex 29,38

Opfer, die doch niemals die Sünden wegschaffen
können. 12 Christus dagegen hat nur ein einziges
Opfer für die Sünden gebracht und dann für immer
den Platz an Gottes rechter Seite eingenommen.
13 Dort wartet er nur noch darauf, dass Gott ihm seine
Feinde als Schemel unter die Füße legt. 14 Denn mit
einem einzigen Opfer hat er alle, die Gottes Eigen-
tum werden sollen, für immer zur Vollendung
geführt.[a]

15 Auch der Heilige Geist* bezeugt uns das in den
Heiligen Schriften*. Nachdem der Herr zunächst
gesagt hat:

16 »Der Bund, den ich dann mit ihnen schließen
werde, wird völlig anders sein«,

fährt er fort:

»Ich werde ihnen meine Gesetze nicht auf Steinta-
feln, sondern in Herz und Gewissen schreiben,
17 und ich will nie mehr an ihre Sünden und an ihre
bösen Taten denken.«

18 Wenn aber die Sünden vergeben sind, ist ein Opfer
nicht mehr nötig.

DAS GOTTESVOLK AUF DEM WEG DES GLAUBENS (10,19–13,17)

Die Hoffnung nicht aufgeben und Gemeinschaft halten!

19 Liebe Brüder und Schwestern![b] Wir haben also
freien Zutritt zum Allerheiligsten*! Jesus hat sein
Blut* geopfert 20 und uns den Weg durch den Vor-
hang hindurch frei gemacht, diesen neuen Weg,
der zum Leben führt. Der »Vorhang« aber, das ist
er selbst, so wie er in einem irdischen Leib gelebt
hat. 21 Wir haben also einen ganz unvergleichlichen
Obersten Priester*, der über das Haus Gottes ge-
setzt ist.

22 Darum wollen wir vor Gott hintreten mit offe-
nem Herzen und in festem *Glauben;* unser Gewissen
wurde ja von aller Schuld gereinigt und unser Leib in
reinem Wasser gewaschen.

23 Wir wollen an der *Hoffnung* festhalten, zu der
wir uns bekennen, und wollen nicht schwanken;
denn Gott, der die Zusagen gegeben hat, steht zu sei-
nem Wort.

24 Und wir wollen aufeinander Acht geben und
uns gegenseitig zur *Liebe* und zu guten Taten an-
spornen.

25 Einige haben sich angewöhnt, den Gemeinde-
versammlungen fernzubleiben. Das ist nicht gut;
vielmehr sollt ihr einander Mut machen. Und das
umso mehr, als ihr doch merken müsst, dass der
Tag näher rückt, an dem der Herr* kommt!

Warnung vor der Abkehr von der erkannten Wahrheit

26 Wir haben die Wahrheit kennen gelernt. Wenn
wir jetzt wieder vorsätzlich sündigen, gibt es kein
Opfer mehr, um unsere Sünden gutzumachen.[c]
27 Wir müssen dann ein schreckliches Gericht fürch-
ten; denn wie ein Feuer wird Gottes Zorn alle ver-
nichten, die sich gegen ihn auflehnen.

28 Wer gegen das Gesetz* Moses verstößt, wird
ohne Mitleid getötet, wenn seine Schuld durch zwei
oder drei Zeugenaussagen festgestellt ist. 29 Um wie
viel schlimmer wird dann bestraft werden, wer
den Sohn* Gottes mit Füßen tritt und das Blut* des
Bundes, das ihn rein und heilig gemacht hat, wie
eine gewöhnliche Sache abtut und den Geist* belei-
digt, dem er die Gnade verdankt!

30 Wir kennen doch den, der gesagt hat: »Ich wer-
de Vergeltung üben und sie für alle Bosheit hart
bestrafen.« Es heißt an derselben Stelle auch:[d]
»Der Herr wird seinem Volk das Urteil sprechen.«
31 Dem lebendigen Gott in die Hände zu fallen ist
schrecklich![e]

Beispiele tapferen Vertrauens aus der Anfangsgeschichte der eigenen Gemeinde

32 Erinnert euch doch an die Zeiten, als ihr gerade mit
dem göttlichen Licht erleuchtet worden wart und
dann sogleich einen harten, leidvollen Kampf durch-
stehen musstet! 33 Die einen wurden öffentlich belei-
digt und misshandelt, die andern standen denen treu
zur Seite, die dies ertragen mussten. 34 Ihr habt mit
den Gefangenen gelitten, und wenn euch euer
Eigentum weggenommen wurde, habt ihr das mit
Freude ertragen; denn ihr wusstet, dass ihr einen viel
besseren Besitz habt, der euch nicht genommen
werden kann.

35 Werft nur jetzt eure Zuversicht nicht weg, die
doch so reich belohnt werden soll! 36 Ihr braucht
Kraft zum Durchhalten, damit ihr weiterhin tut,
was Gott von euch will, und so auch bekommt,
was er versprochen hat. 37 Es heißt ja in den Heiligen
Schriften*:

»Noch eine kurze, ganz kurze Zeit, dann kommt der,
den Gott angekündigt hat. Er wird sich nicht verspä-
ten. 38 Wer mir im Glauben vertraut und das Rechte
tut, wird durch sein Vertrauen am Leben bleiben.
Wer aber mutlos aufgibt, mit dem will ich nichts
zu tun haben.«

39 Wir gehören doch nicht zu den Menschen, die den
Mut verlieren und deshalb zugrunde gehen! Viel-

a Das Sitzen zur Rechten Gottes (Ps 110,1) ist die Bestätigung dafür, dass das Opfer sein Ziel erreicht hat (vgl. auch Röm 4,24-25, wo Paulus diese Bestätigung in der Auferstehung sieht).
b Siehe Anmerkung zu 2,17. Der folgende Abschnitt greift die Mahnung von 5,11–6,20 wieder auf. Er zieht aus den Ausführungen über Jesus als unseren Priester (7,1–10,18) die Folgerungen für das Leben der christlichen Gemeinde.
c Hier wird an die Mahnung von 6,4-6 angeknüpft.
d *an derselben Stelle:* verdeutlichender Zusatz. Die hier angeführte Aussage von Dtn 32,36 meint im ursprünglichen Zusammenhang: »Der Herr wird sein Volk richten = richtend für es eintreten«; sie wird hier im gegenteiligen Sinn verstanden: »richtend gegen sein Volk auftreten«.
e Der Heilige Gott lässt nicht mit sich spielen (Gal 6,7). Dass die Furcht vor Strafe nicht der wichtigste Antrieb zum Gehorsam ist, zeigt der Hebräerbrief im folgenden Abschnitt.

10,12 8,1S **10,13** Ps 110,1; 1 Kor 15,25 **10,16-17** *nach* Jer 31,33-34; Hebr 8,10-12 **10,19** 4,16; 9,8; Röm 5,2; Eph 3,12 **10,20** (Vorhang) 9,3; Mt 27,51; (Weg zum Leben) Hebr 9,14-15 **10,21** 4,14S; (Haus) 3,6S **10,22** 4,16; Ez 36,25S; Eph 5,26S **10,23** 4,14 **10,24** 13,1S **10,25** Phil 4,5S **10,26-29** 6,4-6 **10,27** Jes 26,11 **10,28** Dtn 19,15S **10,29** (Blut) 9,12; (beleidigen) 2,3; Mk 3,29par **10,30** *zit* Dtn 32,35; *nach* Dtn 32,36 **10,34** 11,26; 13,14 **10,35-36** 3,14; 6,11-12 **10,37-38** *nach* Hab 2,3-4 **10,38** Röm 1,17; Gal 3,11 **10,39** 1 Petr 1,9

mehr gehören wir zu denen, die Gott im Glauben vertrauen und das Leben gewinnen.

Beispiele vorbildlichen Vertrauens aus der Geschichte des Gottesvolkes

11 Glauben* heißt Vertrauen, und im Vertrauen bezeugt sich die Wirklichkeit dessen, worauf wir hoffen. Das, was wir jetzt noch nicht sehen: im Vertrauen beweist es sich selbst.[a] 2 In diesem Vertrauen haben unsere Vorfahren gelebt und dafür bei Gott Anerkennung gefunden.[b]

3 Durch solches Vertrauen gelangen wir zu der Einsicht, dass die ganze Welt durch das Wort Gottes geschaffen wurde und alle sichtbaren Dinge aus Unsichtbarem entstanden sind.

4 Aus solchem Vertrauen brachte *Abel* Gott ein besseres Opfer* als sein Bruder Kain. Denn weil Abel Gott vertraute, nahm Gott sein Opfer an und bestätigte damit, dass Abel vor ihm als gerecht* bestehen konnte. Durch sein Vertrauen spricht er noch heute zu uns, obwohl er doch längst gestorben ist.

5 In solchem Vertrauen lebte *Henoch;* deshalb wurde er zu Gott entrückt und musste nicht sterben. In den Heiligen Schriften* heißt es von ihm: »Niemand konnte ihn finden, weil Gott ihn weggeholt hatte.« Und bevor dies berichtet wird, wird ihm das Zeugnis ausgestellt, dass Gott an ihm Gefallen hatte. 6 Es ist aber unmöglich, dass Gott an jemand Gefallen hat, der ihm nicht vertraut. Wer zu Gott kommen will, muss ja fest damit rechnen, dass es ihn gibt und dass er die Menschen belohnt, die ihn suchen.

7 In solchem Vertrauen befolgte *Noach* die Anweisungen Gottes, obwohl von der angekündigten Katastrophe noch nichts zu sehen war. Er gehorchte Gott und baute die Arche*, in der er mit seiner ganzen Familie gerettet wurde. Durch sein Vertrauen sprach er der Welt* und ihrem Unglauben das Urteil und erhielt dafür von Gott den Lohn, der den Gerechten für ihr Vertrauen zugesagt ist.

8 In solchem Vertrauen gehorchte *Abraham*,* als Gott ihn rief. Er brach auf in das Land, das er als Erbbesitz bekommen sollte, und verließ seine Heimat, ohne zu wissen, wohin er kommen würde. 9 Und in solchem Vertrauen lebte er in dem Land, das Gott ihm zugesagt hatte, als ein Fremder und in Zelten, zusammen mit Isaak und Jakob, die dieselbe Zusage bekommen hatten. 10 Denn er wartete auf die Stadt mit festen Grundmauern, die Gott selbst entworfen und gebaut hat.[c]

11 In solchem Vertrauen bekam Abraham die Kraft, mit *Sara*, seiner unfruchtbaren Frau, einen Nachkommen zu zeugen, obwohl beide schon sehr alt waren. Er hielt Gott, der ihm einen Sohn versprochen hatte, für vertrauenswürdig.[d] 12 So bekam dieser eine Mann, der fast schon tot war, so viele Nachkommen, wie es Sterne am Himmel oder Sandkörner am Meeresstrand gibt.

13 In solchem Vertrauen sind sie alle gestorben – Abraham, Isaak und Jakob.[e] Sie haben zu Lebzeiten nicht bekommen, was Gott ihnen versprochen hatte. Doch sie sahen es aus der Ferne und freuten sich darauf. Sie bekannten sich offen dazu, dass sie Gäste und Fremde auf der Erde waren.

14 Wenn sie so etwas sagen, bringen sie damit zum Ausdruck, dass sie ihre wahre Heimat erst noch suchen. 15 Wenn sie nämlich unter »Heimat« das Land verstanden hätten, aus dem sie weggezogen waren, dann hätten sie Gelegenheit gehabt, dorthin zurückzukehren. 16 Doch sie sehnten sich nach einer besseren Heimat, nach der himmlischen, und deshalb schämt Gott sich auch nicht, ihr Gott – der Gott Abrahams, Isaaks und Jakobs[f] – zu heißen. Er hatte ja auch schon eine Stadt für sie gebaut.

17 In solchem Vertrauen brachte Abraham, als Gott ihn auf die Probe stellte, seinen Sohn Isaak zum Opfer. Er war bereit, Gott seinen einzigen Sohn zu geben, obwohl ihm Gott doch die Zusage gemacht 18 und gesagt hatte: »Durch Isaak wirst du Nachkommen haben.« 19 Denn Abraham rechnete fest damit, dass Gott auch Tote zum Leben erwecken* kann. Darum bekam er auch seinen Sohn lebendig zurück – als bildhaften Hinweis auf die künftige Auferweckung.[g]

20 In solchem Vertrauen segnete *Isaak* seine Söhne Jakob und Esau. Er rechnete fest damit, dass die Segensworte einst in Erfüllung gehen würden.[h]

21 In solchem Vertrauen segnete *Jakob* vor seinem Tod die beiden Söhne Josefs und gab jedem seinen besonderen Segen. Gestützt auf seinen Wanderstab neigte er sich vor Gott und betete ihn an.

22 In solchem Vertrauen erinnerte *Josef* vor seinem Tod an den von Gott angekündigten Auszug der Israeliten aus Ägypten und gab Anweisungen, was dann mit seinen Gebeinen geschehen sollte.

23 In solchem Vertrauen hielten die *Eltern von Mose* ihr Kind nach dessen Geburt drei Monate lang versteckt. Sie sahen seine Schönheit und ahnten, dass Gott Großes mit ihm vorhatte.[i] So hatten sie keine Angst, dem Befehl des Königs zu trotzen.

24 In solchem Vertrauen wehrte sich *Mose* als er erwachsen war, dagegen, dass die Leute ihn »Sohn der Königstochter« nannten. 25 Er zog es vor, mit dem Volk Gottes misshandelt zu werden, anstatt für kurze Zeit gut zu leben und dabei Schuld auf sich zu laden. 26 Er war sicher, dass alle Schätze Ägyptens

a Wörtlich *Der Glaube ist ein Festsein des Erhofften und ein Beweis der unsichtbaren Dinge.* Die verbreitete Deutung *Der Glaube ist eine feste Zuversicht (auf das Erhoffte) und ein Überzeugtsein (von den unsichtbaren Dingen)* scheint zwar vom Zusammenhang her passender, ist jedoch von den griechischen Wortbedeutungen her nicht zu rechtfertigen. Der Verfasser will offenbar den festen Grund benennen, der den Glauben trägt und der sich im unerschütterlichen Vertrauen der Glaubenden *als* dieser tragende Grund bezeugt.
b Am Beispiel einer langen Reihe von Männern und Frauen aus dem alten Gottesvolk (vgl. Sir 44,1–50,21) wird den Christen Mut gemacht zu einem Leben in Vertrauen und Hoffnung.
c Das himmlische Jerusalem (vgl. 11,16; 12,22; Offb 21,2.10-27).
d Weniger wahrscheinliche Deutung von Vers 11: *Weil auch sie solches Vertrauen hatte, bekam Sara trotz ihrer Unfruchtbarkeit die Kraft, einen Nachkommen zur Welt zu bringen, und dies noch in ihrem Alter. Denn sie hielt …*
e *sie alle …:* wörtlich *diese alle.*
f *der Gott Abrahams …:* verdeutlichender Zusatz.
g *als bildhaften Hinweis …:* wörtlich *als Gleichnis.*
h *Er rechnete …:* wörtlich *im Blick auf die kommenden Dinge.*
i *Sie sahen …:* wörtlich *Sie sahen, dass es ein schönes Kind war* (vgl. Ex 2,2). Schönheit ist hier als Kennzeichen des Erwähltseins durch Gott verstanden (vgl. 1 Sam 9,2; 16,12).

11,1 Röm 8,24-25; 2 Kor 4,18; 5,7 **11,3** Gen 1,1S; Ps 33,6.9; 2 Makk 7,28; Röm 4,17 **11,4** Gen 4,3-10 **11,5** Gen 5,21-24; Sir 44,16; Weish 4,10 **11,7** Gen 6,13-27; 1 Petr 3,20 **11,8** Gen 12,1-5 **11,9** Gen 35,27 **11,10** 13,14S **11,11** Gen 17,19; 18,11-14; 21,2; Röm 4,19-20 **11,12** Gen 12,2S; Sir 44,21; 2 Kor 1,9S **11,13** Gen 23,4; 47,9; Ps 39,13 **11,16** 13,14S; (Gott Abrahams) Ex 3,6; Mk 12,26 par **11,17** Gen 22,1-14; Jak 2,21 **11,18** *zit* Gen 21,12 **11,19** 2 Kor 1,9S **11,20** Gen 27,27-29.39-40 **11,21** Gen 47,31–48,20 **11,22** Gen 50,24-25; Ex 13,19 **11,23** Ex 2,2; 1,22 **11,24** Ex 2,10-12 **11,26** 12,2; 13,13

nicht so viel wert waren wie die Schande, die wir
zusammen mit Christus[a] ertragen. Denn er blickte
auf die künftige Belohnung.
27 In solchem Vertrauen verließ Mose Ägypten[b]
und fürchtete sich nicht vor dem Zorn des Königs.
Er hatte den unsichtbaren Gott vor Augen, als ob
er ihn wirklich sehen würde, und das gab ihm Mut
und Ausdauer.
28 In solchem Vertrauen führte Mose das Passa-
fest* ein und befahl, die Türpfosten und Türbalken
mit Blut zu bestreichen, damit der Todesengel die
erstgeborenen Söhne der Israeliten verschone.
29 In solchem Vertrauen konnten *die Israeliten*
das Rote Meer* durchqueren wie trockenes Land.
Als die Ägypter das auch versuchten, ertranken sie.
30 Solches Vertrauen brachte die Mauern von Jeri-
cho zum Einsturz, nachdem die Israeliten sieben
Tage lang um die Stadt gezogen waren.
31 Solches Vertrauen rettete der Hure *Rahab* das
Leben. Sie hatte die israelitischen Kundschafter
freundlich aufgenommen; deshalb wurde sie nicht
zusammen mit den anderen getötet, die sich Gott
widersetzten.
32 Soll ich noch mehr aufzählen? Die Zeit würde
nicht ausreichen, um von *Gideon* und *Barak* und
Simson und *Jiftach,* von *David* und *Samuel* und
den *Propheten** zu erzählen. 33 In solchem Vertrau-
en kämpften sie gegen Königreiche und trugen den
Sieg davon. Sie sorgten für Recht und durften erle-
ben, dass Gott seine Zusagen erfüllt. Sie verschlossen
den Rachen von Löwen 34 und löschten glühendes
Feuer. Sie entrannen dem Tod durch das Schwert.
Sie waren schwach und wurden stark. Im Kampf
wuchsen ihnen Heldenkräfte zu, sie trieben fremde
Heere zurück.
35 In solchem Vertrauen bekamen Frauen ihre
Toten als Auferstandene lebendig zurück. Doch
andere in Israel ließen sich zu Tode foltern, sie wei-
gerten sich, die angebotene Freilassung anzuneh-
men; denn sie wollten zu einer weit besseren Aufer-
stehung* gelangen.
36 Andere wiederum wurden verspottet und ausge-
peitscht*, gefesselt und ins Gefängnis geworfen.
37 Sie wurden gesteinigt*, zersägt und mit dem
Schwert hingerichtet. Sie zogen in Schaf- und Zie-
genfellen umher, Not leidend, bedrängt, misshan-
delt. 38 Wie Flüchtlinge irrten sie durch Wüsten und
Gebirge und lebten in Höhlen und Erdlöchern. Die
Welt war es nicht wert, dass solche Menschen in
ihr lebten.
39 Diese alle fanden durch ihr Vertrauen bei Gott
Anerkennung, und doch haben sie bis heute noch
nicht bekommen, was Gott den Seinen versprochen
hat. 40 Gott hatte für uns noch etwas Besseres vorge-
sehen, deshalb sollten sie erst zusammen mit uns zur
Vollendung gelangen.[c]

a Zum ersten Mal in diesem Kapitel drückt der Verfasser offen die Beziehung zwischen den ›Glaubenshelden‹ und Christus aus, die bei allen Beispielen mitgehört werden muss.
b Dass Mose Ägypten *verließ* (vgl. Ex 2,15), wird von der hier herangezogenen frühjüdischen Tradition positiv gesehen: als erster Schritt zur Gottesbegegnung von Ex 3 und zur Befreiung des Volkes aus Ägypten.
c So sehr der Verfasser den Alten Bund abwertet und in ihm nur die vergängliche Vorabbildung des Neuen Bundes sehen kann, so eng wird doch die Verbindung zwischen dem alten und dem neuen Gottesvolk gesehen: Beide gehen miteinander demselben Ziel entgegen.

Der irdische Berg Sinai, zu dem das Volk Israel kam, ist nur ein schwacher Abglanz des »Berges Zion«, der himmlischen Gottesstadt, zu deren Bürgern die Christen durch ihren Herrn geworden sind. Der Größe der Gabe aber entspricht die Größe der Verantwortung (12,18-29).

Das Vertrauen auch im Leiden nicht aufgeben: Das Beispiel von Jesus

12 Alle diese Zeugen, die uns wie eine Wolke
umgeben, spornen uns an. Darum lasst uns
durchhalten in dem Wettlauf, zu dem wir angetreten
sind, und alles ablegen, was uns dabei hindert, vor
allem die Sünde, die uns so leicht umgarnt! 2 Wir wol-
len den Blick auf Jesus richten, der uns auf dem Weg
vertrauenden Glaubens vorangegangen ist und uns
auch ans Ziel bringt. Er hat das Kreuz* auf sich
genommen und die Schande des Todes für nichts
gehalten, weil eine so große Freude auf ihn wartete.
Jetzt hat er den Platz an der rechten Seite Gottes ein-
genommen.
3 Denkt daran, welche Anfeindung er von den sün-
digen Menschen erdulden musste! Das wird euch
helfen, mutig zu bleiben und nicht aufzugeben.

Das Vertrauen auch im Leiden nicht aufgeben: Gott erzieht uns

4 In eurem Kampf gegen die Sünde ist es bis jetzt
noch nicht auf Leben und Tod gegangen. 5 Und da
habt ihr schon die ermutigenden Worte vergessen,
die Gott an euch, seine Kinder, gerichtet hat:
»Nimm es an, mein Sohn, wenn der Herr dich hart
anfasst! Verlier nicht den Mut, wenn er dich schlägt!
6 Denn wen der Herr liebt, den erzieht er mit
Strenge; und wen er als seinen Sohn annimmt,
dem gibt er auch Schläge.«

11,27 Ex 11,4-8; 12,51; 13,21-22 **11,28** Ex 12,1-14 **11,29** Ex 14,21-29 **11,30** Jos 6,12-21 **11,31** Jos 6,23 S **11,32** Ri 6,11–8,32; 4,4–5,31; 13,2–16,31; 11,1–12,7; 1 Sam 16,1-1 Kön 2,11; 1 Sam 1,1–25,1 **11,33** (Löwen) Ri 14,6-7; 1 Sam 17,34-36; Dan 6,1-27 **11,34** (Feuer) Dan 3,23-25 **11,35** (Frauen) 1 Kön 17,17-24; 2 Kön 4,18-37; (foltern) 2 Makk 6,18–7,42 **11,36** Jer 20,2; 37,15 **11,37** Jer 26,23; 2 Chr 24,21 **11,38** 1 Makk 2,29-31; 2 Makk 6,11 **12,1** 1 Kor 4,16 S; 9,24-25 S **12,2** 2,10; 13,13; 8,1 S **12,5-6** *zit* Spr 3,11-12 **12,6** Offb 3,19

7 Ertragt also die Schläge! Gott behandelt euch als seine Kinder! Gibt es einen Sohn, der von seinem Vater nicht mit Strenge erzogen wird? 8 Alle seine Kinder hat Gott so erzogen. Wenn es euch anders erginge, dann wärt ihr ja sozusagen unehelich geboren und nicht seine rechtmäßigen Kinder.

9 Unsere leiblichen Väter erzogen uns mit Strafen, und wir hatten Respekt vor ihnen. Erst recht sollen wir uns unserem himmlischen Vater[a] unterordnen, damit wir das ewige Leben gewinnen. 10 Unsere leiblichen Väter straften uns eine Zeit lang, wie es ihnen gerade gut schien. Aber Gott handelt an uns zu unserem Besten, damit wir an seiner Heiligkeit* Anteil bekommen.

11 In dem Augenblick, in dem wir gestraft werden, bereitet uns das nicht Freude, sondern Schmerz. Aber später bringt es denen, die durch diese Schule gegangen sind, als Frucht Frieden* und die Annahme bei Gott.

Aufruf zu ernsthaftem Neubeginn

12 Macht also die erschlafften Hände wieder stark, die zitternden Knie wieder fest! 13 Geht auf rechten Wegen, damit die lahm gewordenen Füße nicht auch noch verrenkt, sondern wieder heil werden! 14 Bemüht euch um Frieden mit allen in der Gemeinde[b] und darum, dass ihr heilig* seid und euer ganzes Leben Gott gehört.

15 Gebt aufeinander Acht, dass niemand die Gnade Gottes verscherzt und dass nicht jemand unter euch wie eine giftige Wurzel ausschlägt und viele vergiftet. 16 Keiner von euch soll ein ausschweifendes Leben führen wie Esau. Weil er Gott nicht ehrte, verkaufte er das Vorrecht des Erstgeborenen für eine einzige Mahlzeit. 17 Und ihr wisst, als er später den Segen seines Vaters und damit sein Erbe haben wollte, wurde er abgewiesen. Es war zu spät zur Umkehr*, auch wenn er noch so sehr und unter Tränen nach einer Möglichkeit dazu suchte.[c]

Noch einmal: Die Größe und der Ernst der Berufung

18 Ihr seid nicht zu dem Berg Sinai* gekommen, den man berühren konnte. Ihr seid nicht zum lodernden Feuer gekommen, zur Dunkelheit und schwarzen Nacht, zum Sturm, 19 zum Schall der Posaune* und zu der donnernden Stimme. Als das Volk Israel diese Stimme hörte, bat es darum, kein weiteres Wort hören zu müssen. 20 Denn sie konnten den Befehl nicht ertragen, der lautete: »Auch kein Tier darf den Berg berühren, sonst muss es gesteinigt* werden.« 21 Ja, so furchtbar war der Anblick, dass sogar Mose sagte: »Ich zittere vor Angst!«

22 Ihr seid vielmehr zum Berg Zion* gekommen und zur Stadt des lebendigen Gottes. Diese Stadt ist das himmlische Jerusalem mit seinen vielen tausend Engeln*. 23 Ihr seid zu einer festlichen Versammlung gekommen, zur Gemeinde von Gottes erstgeborenen Söhnen und Töchtern,[d] deren Namen im Himmel aufgeschrieben sind. Ihr seid zu Gott gekommen, der alle Menschen richtet, und zu den seligen Geistern: den Menschen, die den Willen Gottes getan haben und schon vollendet sind.[e] 24 Ihr seid zu Jesus gekommen, der als Mittler den neuen Bund* in Kraft gesetzt hat, und zu dem reinigenden Blut*, das – anders als Abels* Blut – Vergebung zuspricht, nicht nach Vergeltung ruft.[f]

25 Gebt also Acht und verweigert euch dem nicht, der jetzt spricht! Das Volk, das am Berg Sinai den nicht hören wollte, der auf der Erde sprach, ist der Strafe nicht entgangen. Wie viel weniger werden wir ungestraft davonkommen, wenn wir den zurückweisen, der vom Himmel spricht! 26 Damals erschütterte seine Stimme die Erde, aber jetzt hat er angekündigt: »Noch einmal werde ich die Erde zum Beben bringen und den Himmel dazu!«

27 Die Worte »noch einmal« weisen darauf hin, dass bei dieser Erschütterung die ganze Welt, die Gott geschaffen hat, umgewandelt werden soll. Nur das bleibt unverändert, was nicht erschüttert werden kann.

28 Wir wollen dankbar sein, weil wir schon jetzt Anteil an jener neuen Welt[g] bekommen, die durch nichts erschüttert werden kann. Lasst uns Gott in heiliger Scheu und Ehrfurcht danken und ihm dienen, wie es ihm gefällt! 29 Denn auch *unser* Gott ist ein verzehrendes Feuer![h]

Einzelne Ermahnungen

13 Hört nicht auf, einander als Brüder und Schwestern zu lieben.[i] 2 Vergesst nicht, Gastfreundschaft zu üben, denn auf diese Weise haben einige, ohne es zu wissen, Engel* bei sich aufgenommen. 3 Denkt an die Gefangenen, als ob ihr selbst mit ihnen im Gefängnis wärt! Denkt an die Misshandelten, als ob ihr die Misshandlungen am eigenen Leib spüren würdet!

4 Die Ehe soll von allen geachtet werden. Ihr dürft das Ehebett nicht durch Untreue beflecken; denn Gott wird alle verurteilen, die Unzucht treiben und Ehebruch begehen.

5 Seid nicht hinter dem Geld her, sondern seid zufrieden mit dem, was ihr habt. Gott hat doch gesagt: »Niemals werde ich dir meine Hilfe entziehen, nie dich im Stich lassen.« 6 Wir dürfen also getrost sagen:

a Wörtlich *dem Vater der Geister* (vgl. 1,14) im Gegensatz zu den *Vätern unseres Fleisches** (so wörtlich für *Unsere leiblichen Väter*).
b *in der Gemeinde:* verdeutlichender Zusatz; vgl. Röm 14,19; 2 Tim 2,22.
c Esau ist das warnende Beispiel eines Menschen, der sich selbst um den Segen brachte, der ihm zugedacht war (Gen 25,29-34; 27,30-40).
d *Söhnen und Töchtern:* wörtlich *Söhnen**.
e *zu den seligen …:* wörtlich *zu den Geistern der vollendeten Gerechten;* siehe Sacherklärung »Seele«.
f *anders als …:* wörtlich *besser* (oder *Besseres*) *redet als das Blut Abels.*
g *neuen Welt:* wörtlich *Königsherrschaft**.
h Das Feuer ist ein Bild für die Heiligkeit Gottes (vgl. Ex 24,16-17; Dtn 4,24).
i *Hört nicht auf …:* wörtlich *Die Bruderliebe* (bzw. *Geschwisterliebe*) *soll bleiben;* vgl. Sacherklärung »Bruder«.

12,7 Dtn 8,5 S **12,10** (Anteil) Mt 5,48; Jak 3,17; Röm 5,2 S **12,12** Jes 35,3 **12,13** Spr 4,26-27 **12,14** (Frieden) 12,11; 1 Kor 7,15 S; Ps 34,15; Mt 5,9 **12,15** Dtn 29,17; Gal 1,6 **12,16** Gen 25,29-34 **12,17** Gen 27,30-40 **12,18-19** Ex 19,16-22; 20,18-21 **12,20** *nach* Ex 19,12-13 **12,22** 13,14 S; Gal 4,26 **12,23** (Namen) Offb 3,5 S **12,24** 8,6 S; 9,12 S; Gen 4,10 **12,25** 2,2; 3,7-19; 6,4-6 **12,26** Ex 19,18; *nach* Hag 2,6.21 **12,28** 13,14 S **12,29** Dtn 4,24 S **13,1** 6,10; 10,24; 13,16; Gal 6,10 S; 1 Petr 1,22 S **13,2** (Gastfreundschaft) Röm 12,13; 1 Tim 3,2; 5,10; 1 Petr 4,9; 3 Joh 5-8; (Engel) Gen 18,1-8; 19,1-3 **13,3** 10,34; Mt 25,36 **13,4** 1 Kor 7,2-4; 1 Thess 4,3-7 **13,5** Phil 4,11-12; 1 Tim 6,7-10; *nach* Dtn 31,6.8

»Der Herr steht mir bei;
nun fürchte ich nichts mehr.
Was könnte ein Mensch mir schon tun?«

7 Haltet das Andenken der Gemeindeleiter* leben-
dig, die euch in der Anfangszeit die Botschaft Gottes
verkündet haben. Erinnert euch daran, wie sie
gelebt haben und wie sie gestorben sind. Folgt dem
Beispiel, das sie euch mit ihrer Glaubenstreue ge-
geben haben.
8 Jesus Christus ist derselbe gestern und heute und
in alle Ewigkeit!
9 Lasst euch nicht durch alle möglichen fremden
Lehren verführen. Gottes Gnade wird euch innerlich
fest machen. Speisen können das nicht bewirken.
Sie haben denen nichts genützt, die sich mit ihnen
befassten.[a] 10 Wir haben einen Altar, von dem die,
die noch dem alten Heiligtum dienen, nicht essen
dürfen.
11 Die Leiber der Tiere, deren Blut der Oberste
Priester* ins Allerheiligste* bringt, werden außer-
halb des Lagers verbrannt. 12 So ist auch Jesus außer-
halb der Stadt gestorben, um durch sein Blut* das
Volk von aller Schuld zu reinigen. 13 Also lasst uns
zu ihm vor das Lager hinausgehen und die Schande
mit ihm teilen.[b] 14 Denn auf der Erde gibt es keine
Stadt, in der wir bleiben können. Wir sind unter-
wegs zu der Stadt, die kommen wird.
15 Durch Jesus wollen wir Gott jederzeit und in
jeder Lebenslage Dankopfer darbringen; das heißt:
Wir wollen uns mit unserem Beten und Singen zu
ihm bekennen und ihn preisen. 16 Vergesst nicht,
Gutes zu tun und mit anderen zu teilen. Das sind
die Opfer, an denen Gott Gefallen hat.
17 Gehorcht euren Gemeindeleitern und folgt
ihren Anweisungen. Ihre Aufgabe ist es, über euch
zu wachen, und sie werden über ihren Dienst
Rechenschaft geben müssen. Das sollen sie mit Freu-
de tun können anstatt mit Seufzen und Stöhnen;
denn das würde für euch böse Folgen haben.

BRIEFSCHLUSS
(13,18-25)

Abschließende Bitten, Gebetswünsche, Mitteilungen und Grüße

18 Betet für mich! Ich bin sicher, dass ich ein reines
Gewissen habe; denn ich will ja stets in allem das
Rechte tun. 19 Umso mehr bitte ich euch: Betet zu
Gott, dass ich euch möglichst bald wiedergegeben
werde.
20 Gott ist es, der Frieden* bringt. Er hat den gro-
ßen Hirten der Schafe aus dem Reich der Toten her-
aufgeführt, Jesus, unseren Herrn*, durch dessen
Blut* er den ewigen Bund* in Kraft gesetzt hat.
21 Er mache euch fähig, all das Gute zu tun, das er
haben will; er schaffe in uns durch Jesus Christus,
was ihm gefällt. Ihm gehört die Herrlichkeit* für alle
Ewigkeit! Amen.
22 Ich bitte euch, liebe Brüder und Schwestern,[c]
nehmt dieses Wort der Ermahnung und Ermutigung
bereitwillig an; ich habe mich ja so kurz wie möglich
gefasst.
23 Ihr sollt noch wissen, dass unser Bruder Timo-
theus aus dem Gefängnis freigelassen wurde. Wenn
er rechtzeitig hierher kommt, werde ich ihn mitbrin-
gen, wenn ich euch besuche.
24 Grüßt alle eure Gemeindeleiter* und alle, die
zur Gemeinde gehören![d] Die Brüder aus Italien las-
sen euch grüßen.
25 Die Gnade sei mit euch allen!

a Die *fremden Lehren* könnten jüdischen Ursprungs gewesen sein und – in jüdischen Gemeinden außerhalb Palästinas – religiöse Mahlfeiern propagiert haben, die eine innerliche Beziehung stiften sollten zu den Opfern* auf dem Altar in Jerusalem und den dort gehaltenen Opfermählern und wie diese selbst religiöse Stärkung vermitteln sollten. Aber dies alles gehört der Vergangenheit an (vgl. 9,8-12). Der folgende Vers 10 stellt klar: Christen beziehen ihre Kraft von einem anderen *Altar* her: von Christus und seinem Opfer am Kreuz.
b Die Parallele zum Geschick der Opfertiere bringt das Schmachvolle am Sterben des Gekreuzigten *außerhalb der Stadt* in eine positive Verbindung mit seiner heilschaffenden Sühneleistung. Das kann die Christen, selbst Ausgestoßene in ihrer Umwelt, dazu ermutigen, ihr Geschick bewusst mit Jesus zu *teilen,* anstatt sich durch die *Schande* abschrecken zu lassen.
c Siehe Anmerkung zu 2,17.
d Wörtlich *und alle Heiligen*.*

13,6 *zit* Ps 118,6 **13,7** 1 Kor 4,16 S **13,8** Jes 41,4; Sir 42,21 **13,11** 9,7 S **13,12-13** Mk 15,20-22 par **13,14** 11,9-10.13.16; 12,22.28; Phil 3,20; 1 Petr 2,11; Offb 21,2 **13,15** Eph 5,19-20; Ps 50,23 **13,16** 13,1 S; Phil 4,18; Sir 35,4 **13,17** Ez 3,17; 1 Kor 16,16; Apg 20,28-31; 1 Petr 5,1-4 **13,18** Röm 15,30 S; Hebr 10,22; Apg 24,16 S **13,20** (Hirt) Jes 63,11; Joh 10,11 S; (Bund) Hebr 9,12 S; 8,6 S **13,23** (Timotheus) 1 Kor 4,17 S

JAKOBUS

Der Jakobusbrief ist kein eigentlicher Brief, sondern ein Lehrschreiben an die ganze Christenheit. Er behandelt in lockerer Folge Fragen des christlichen Lebens. Wichtigstes Anliegen ist ihm die Verwirklichung des Glaubens in tätiger Liebe. Es hat den Anschein, als wende er sich gegen ein Missverständnis der Lehre des Apostels Paulus. Dieser hatte darauf bestanden, dass Gott die Menschen aus reiner Gnade und nicht aufgrund ihrer Erfüllung des Gesetzes annimmt (vgl. dazu die Einführungen zu Römer und Galater). Schon Paulus selbst hatte die Folgerung zu bekämpfen, dann sei es also ganz gleichgültig, was der Mensch tut (Römer 3,8; 6,1; Galater 5,13).
Der Jakobusbrief zeigt mit kräftigen Argumenten auf, wie unsinnig diese Meinung ist (2,14-26). Dafür nimmt er eine gewisse Vergröberung in Kauf: Dass der Mensch durch Christus eine Umwandlung, ja Neuschöpfung, erlebt, die ihn zum Tun des Guten befähigt, bleibt unausgesprochen. Überhaupt ist in dem ganzen Brief von Christus nur am Rande die Rede, und zwar vor allem im Blick auf seine Wiederkunft (5,7-8). Man gewinnt den Eindruck, dass der Verfasser des Briefes noch stark in alttestamentlich-jüdischem Gedankengut lebt. Andererseits gibt es keine neutestamentliche Schrift, die nach Form und Inhalt so oft an Worte Jesu, speziell aus der Bergpredigt, erinnert wie dieser Brief (vgl. z.B. 2,5; 3,12; 5,12 mit Lukas 6,20; Matthäus 7,16; Matthäus 5,33-37).
Sein Verfasser nennt sich Jakobus; das könnte sich auf den Herrnbruder dieses Namens beziehen (Markus 6,3; 1 Korinther 15,7; Galater 2,9).

Inhaltsübersicht

Briefeingang

1 Jakobus, der Gott und dem Herrn* Jesus Christus
dient, grüßt die zwölf Stämme des Gottesvolks,
die über die ganze Welt zerstreut sind.[a]

Glaube in der Erprobung

2 Meine Brüder und Schwestern,[b] nehmt es als
Grund zur Freude, zur reinsten Freude, wenn ihr
in vielfältiger Weise auf die Probe gestellt werdet.
3 Denn ihr wisst: Wenn euer Glaube erprobt wird,
führt euch das zur Standhaftigkeit; 4 die Standhaftig-
keit aber soll zum Tun des Rechten und Guten füh-
ren, damit ihr in jeder Hinsicht untadelig seid und
euch zur Vollkommenheit nichts mehr fehlt.
5 Wenn es aber unter euch welche gibt, die nicht
wissen, was sie in einem bestimmten Fall tun müs-
sen, sollen sie Gott um Weisheit bitten,[c] und Gott
wird sie ihnen geben. Denn er gibt sie allen gerne,
ohne ihnen Vorwürfe zu machen. 6 Sie müssen Gott
aber in festem Vertrauen bitten und dürfen nicht
zweifeln. Wer zweifelt, gleicht den Meereswogen,
die vom Wind gepeitscht und hin und her getrieben
werden. 7 Solche Menschen können nicht erwarten,
dass sie vom Herrn etwas empfangen; 8 denn sie sind
in sich gespalten und unbeständig in allem, was sie
unternehmen.

Die Armen sollen sich rühmen!

9 Wenn Brüder oder Schwestern[d] arm und verachtet
sind, sollen sie sich damit rühmen*, dass sie bei Gott
hoch angesehen sind. 10 Wenn sie dagegen reich und
mächtig sind, sollen sie sich bewusst sein, dass sie
Gott damit keinen Eindruck machen können; denn
wie eine Blume auf der Wiese werden sie vergehen.
11 Wenn die Sonne mit ihren sengenden Strahlen
emporsteigt, verdorren die Blätter, und die Blüte fällt
ab; ihre ganze Schönheit ist dahin. Genauso werden
die Reichen zugrunde gehen, und mit all ihren
Unternehmungen hat es ein Ende.

Woher die Versuchungen kommen

12 Freuen darf sich, wer auf die Probe gestellt wird
und sie besteht; denn Gott wird ihm den Sieges-
kranz* geben, das ewige Leben, das er allen verspro-
chen hat, die ihn lieben.

a Wie die Juden seit der Verbannung, so sind auch die Christen eine kleine Minderheit inmitten einer fremden Umgebung (1 Petr 1,1). Aber das Ziel ihrer Sehnsucht ist nicht mehr das Land Israel.
b Herkömmliche Übersetzung *Meine Brüder,* doch siehe Anmerkung zu Hebr 2,17. Im Jakobusbrief stehen die *Schwestern* nicht so im Blick wie in den Paulusbriefen; sie sind jedoch über die Männer mitgemeint wie in den jüdischen Gemeinden, denen Jakobus nahe steht. Die Übersetzung erinnert daran von Fall zu Fall.
c Wörtlich *Wenn jemandem Weisheit* fehlt, bitte er Gott.*
d Siehe Anmerkung zu Vers 2.

1,1 Mk 6,3 par; Apg 21,18 S; 1 Kor 15,7; Gal 2,9 **1,2-3** Röm 5,3-5; 1 Petr 1,6-7; 4,13 **1,5** Spr 2,6 **1,6** 5,13; Mt 7,7 S; Eph 4,14 **1,9** 2,5 **1,10-11** Jes 40,6-8; Ijob 14,2; Ps 90,5-6 **1,10** 5,1 **1,12** 5,11; 1 Kor 9,24-25 S; Weish 5,16

»Wer zweifelt, gleicht den Meereswogen, die vom Wind gepeitscht und hin und her getrieben werden.« (1,6)

13 Wenn ein Mensch in Versuchung gerät, soll er
nicht sagen: »Gott hat mich in Versuchung geführt.«
So wie Gott nicht zum Bösen verführt werden kann,
so verführt er auch niemand dazu. 14 Es ist die eigene
Begehrlichkeit, die den Menschen ködert und einfängt.
15 Wenn jemand ihr nachgibt, wird die Begehrlichkeit
gleichsam schwanger und gebiert die Sünde.
Und wenn die Sünde ausgewachsen ist, bringt sie
den Tod hervor.
16 Meine lieben Brüder und Schwestern,[a] lasst
euch nicht irreführen! 17 Lauter gute Gaben, nur vollkommene
Gaben kommen von oben, von dem
Schöpfer[b] der Gestirne. Bei ihm gibt es kein Zu-
und Abnehmen des Lichtes und keine Verfinsterung.
18 Aus seinem freien Willen hat er uns durch das Wort
der Wahrheit*, durch die Gute Nachricht,[c] ein neues
Leben geschenkt. So sind wir gleichsam die Erstgeborenen[d]
seiner neuen Schöpfung.[e]

Hören und Tun

19 Denkt daran, liebe Brüder und Schwestern: Jeder
soll stets bereit sein zu hören, aber sich Zeit lassen,
bevor er redet, und noch mehr, bevor er zornig wird.
20 Denn im Zorn tut niemand, was vor Gott recht
ist. 21 Legt also alles Gemeine und Schlechte ab
und nehmt bereitwillig das Wort an, das Gott euch
ins Herz gepflanzt hat.[f] Es hat die Macht, euch zu
retten.
22 Es genügt aber nicht, dieses Wort nur anzuhören.
Ihr müsst es in die Tat umsetzen, sonst betrügt
ihr euch selbst! 23 Wer die Botschaft Gottes nur hört,
aber nicht danach handelt, ist wie ein Mensch, der in
einen Spiegel blickt: 24 Er sieht sich, wie er ist, und
betrachtet sich kurz. Aber dann geht er weg – und
schon hat er vergessen, wie er aussah. 25 Anders der
Mensch, der tief und anhaltend in das vollkommene
Gesetz* Gottes blickt, das uns frei macht.[g] Er hört
nicht nur hin, um es gleich wieder zu vergessen, sondern
handelt danach. Freuen darf sich, wer das wirklich
tut.

Maßstäbe echter Frömmigkeit

26 Wenn jemand meint, Gott zu ehren, aber seine
Zunge nicht im Zaum halten kann, ist seine ganze
Gottesverehrung wertlos und er betrügt sich selbst.
27 Gott, der Vater, wird auf die rechte Art geehrt,
wenn jemand den Waisen und Witwen in ihrer
Not beisteht und sich nicht an dem ungerechten
Treiben dieser Welt* beteiligt.

Keine Bevorzugung der Reichen!

2 Meine Brüder und Schwestern,[h] ihr glaubt an
Jesus Christus, unseren Herrn*, der Gottes Herrlichkeit*
teilt und dem allein alle Ehre zusteht.[i]
Dann dürft ihr aber auch nicht Unterschiede
machen, je nachdem, ob ein Mensch in der sozialen
Rangordnung hoch oder niedrig steht!
2 Nehmt einmal an, ihr seid zum Gottesdienst versammelt,
und es kommt ein Mann mit goldenen Ringen
und in vornehmer Kleidung herein und ebenso
ein Armer in Lumpen. 3 Und ihr sagt zu dem gut
gekleideten Mann respektvoll: »Bitte, hier ist noch
ein bequemer Platz!« Aber zu dem Armen sagt ihr:
»Du kannst dort hinten stehen«, oder auch: »Setz
dich hier neben meinen Stuhl auf den Boden!«
4 Trefft ihr da nicht höchst fragwürdige Unterscheidungen
und urteilt nach verwerflichen Maßstäben?
5 Hört gut zu, meine lieben Brüder und Schwestern!
Hat Gott nicht gerade die erwählt, die in den
Augen dieser Welt* arm sind, um sie aufgrund ihres
Glaubens reich zu machen? Sie sollen in Gottes neue
Welt kommen,[j] die er denen versprochen hat, die
ihn lieben. 6 Ihr aber verachtet die Armen! Und
wer unterdrückt euch und bringt euch vor Gericht?
Die Reichen! 7 Sind sie es nicht, die den hohen
Namen* lästern, der bei der Taufe[k] über euch ausgerufen
wurde?
8 Handelt nach dem wahrhaft königlichen
Gesetz*, wie es in den Heiligen Schriften* steht:
»Liebe deinen Mitmenschen wie dich selbst!« Dann
tut ihr recht. 9 Wenn ihr aber dabei Unterschiede
macht, begeht ihr eine Sünde und steht vor dem
Gesetz als Übertreter da. 10 Denn wer das gesamte
Gesetz befolgt, aber gegen ein einziges Gebot verstößt,
hat gegen alle verstoßen und ist vor dem ganzen
Gesetz schuldig geworden. 11 Derselbe Gott, der
gesagt hat: »Brich nicht die Ehe!«, hat auch gesagt:
»Morde nicht!« Wenn du also keinen Ehebruch
begehst, aber jemand umbringst, bist du ein Übertreter
des Gesetzes.
12 Redet und handelt als Menschen, die einst vor
Gott nach dem Gesetz beurteilt werden sollen, das
wahrhaft frei macht. 13 Wer selbst kein Erbarmen
gehabt hat, über den wird auch Gott erbarmungslos
Gericht halten. Wenn aber jemand barmherzig war,
dann gilt:[l] Das Erbarmen triumphiert über das
Gericht.

Glaube hat Folgen

14 Meine Brüder und Schwestern,[m] was hat es für
einen Wert, wenn jemand behauptet: »Ich vertraue
auf Gott, ich habe Glauben*!«, aber er hat keine
guten Taten vorzuweisen? Kann der bloße Glaube
ihn retten? 15 Nehmt einmal an, bei euch gibt es
einen Bruder oder eine Schwester, die nichts anzuziehen
haben und hungern müssen. 16 Was nützt es
ihnen, wenn dann jemand von euch zu ihnen sagt:
»Ich wünsche euch das Beste; ich hoffe, dass ihr euch

a Siehe Anmerkung zu Vers 2; ebenso für Vers 19.
b Wörtlich *Vater.*
c *durch die Gute Nachricht*:* verdeutlichender Zusatz.
d Wörtlich *die ersten Früchte;* siehe Sacherklärung »Erstling«.
e Vgl. Röm 8,19-23.
f Es gilt also, vor allem auf das *Wort,* d. h. die Botschaft Gottes, zu hören (Vers 19)! Sie wurde uns *ins Herz gepflanzt* durch das glaubende Annehmen der Verkündigung (wahrscheinlich ist an den Taufunterricht gedacht), und sie kann uns *retten,* wenn wir ihr entsprechend leben (siehe Anmerkung zu Vers 25).
g Anders als Paulus sieht Jakobus keinen Gegensatz zwischen dem *Gesetz* und der Gnadenbotschaft des Evangeliums. Unter Gesetz versteht er das Liebesgebot (2,1-13; bes. Verse 8 u. 12), dessen Befolgung den Menschen *frei macht* von der Sklaverei der »eigenen Wünsche« (Vers 14).
h Siehe Anmerkung zu 1,2; ebenso für Vers 5.
i Wörtlich *an unseren Herrn Jesus Christus (den Herrn) der Herrlichkeit.*
j Wörtlich *Sie sollen die Königsherrschaft* erben.*
k *bei der Taufe*:* verdeutlichender Zusatz. Durch Ausrufen des Namens (in diesem Fall von Jesus) wurde eine Person oder Sache zum Eigentum des Namensträgers erklärt.
l *Wenn aber ...:* verdeutlichender Zusatz.
m Siehe Anmerkung zu 1,2. In Vers 15 wird die *Schwester* auch im griechischen Text genannt.

1,13 Sir 15,11-20; 1 Kor 10,13 **1,14-15** 1 Joh 2,16-17; Röm 7,7-10; 6,19-21 **1,17** Mt 7,11 par; Gen 1,14-18 **1,18** Joh 1,13; 1 Petr 1,23; Röm 8,19-23 **1,19** 3,2; Sir 5,11; Koh 7,8-9 **1,21** Kol 3,8 **1,22** (Tat) Mt 7,24.26 par; Jak 2,17 S **1,25** 2,12 S; 2,24; Joh 13,17 **1,26** 3,2.8-10; Ps 141,3 S **1,27** Jes 1,17 S; Ps 10,14.18; 1 Joh 2,15-17 **2,1** (Unterschiede) 2,9; Dtn 1,17; 16,19; Ps 82,2-3; Spr 17,15 S; Röm 2,11 S **2,5** 1,9; Lk 6,20-21; 1 Kor 1,26-28 **2,8** *zit* Lev 19,18; Mk 12,31 S **2,9** 2,1 S **2,10** Mt 5,19; Gal 3,10; 5,3 **2,11** *zit* Ex 20,14.13 **2,12** 1,25 **2,13** Mt 5,7; 18,32-35 **2,14** Mt 7,21

warm anziehen und satt essen könnt!« –, aber er gibt ihnen nicht, was sie zum Leben brauchen? 17 Genauso ist es auch mit dem Glauben: Wenn er allein bleibt und aus ihm keine Taten hervorgehen, ist er tot.

18 Aber vielleicht wendet jemand ein: »Hast du überhaupt Glauben?« Darauf antworte ich: Ich habe die Taten! Zeig mir doch einmal *deinen* Glauben, wenn du mir nicht die entsprechenden Taten zeigen kannst! Aber ich will dir *meinen* Glauben aus meinen Taten beweisen. 19 Du glaubst, dass nur *einer* Gott ist? Gut! Das glauben die bösen Geister* auch – und zittern vor Angst.

20 Du gedankenloser Mensch! Willst du nicht einsehen, dass ein Glaube, der nicht zu Taten führt, nutzlos ist? 21 Wurde nicht unser Ahnvater Abraham* aufgrund seines Tuns von Gott als gerecht* anerkannt – nämlich weil er seinen Sohn Isaak als Opfer auf den Altar legte? 22 Du siehst also: Sein Glaube und seine Taten wirkten zusammen; sein Glaube wurde durch sein Tun vollkommen.

23 Auf diese Weise bestätigte sich das Wort in den Heiligen Schriften*: »Abraham glaubte Gott, und dies rechnete Gott ihm als Gerechtigkeit* an.«[a] Er wird sogar Freund Gottes genannt. 24 Ihr seht also, dass ein Mensch aufgrund seiner Taten von Gott als gerecht anerkannt wird und nicht schon durch bloßen Glauben.

25 War es nicht ebenso bei der Hure Rahab? Auch sie wurde doch aufgrund ihrer Taten als gerecht anerkannt – weil sie die Kundschafter bei sich aufnahm und auf einem geheimen Fluchtweg aus der Stadt entkommen ließ. 26 Genauso wie der menschliche Leib ohne den Lebensgeist tot ist, so ist auch der Glaube ohne entsprechende Taten tot.

Jakobus beobachtet, wie groß die Macht der Zunge ist: Sie kann Gutes und Böses bewirken; sie ist klein »und bringt doch gewaltige Dinge fertig« (3,5).

Die gefährliche Macht der Zunge

3 Meine Brüder, nicht zu viele von euch sollten Lehrer* der Gemeinde werden wollen. Ihr wisst ja, dass wir Lehrer vor Gottes Gericht strenger beurteilt werden als die anderen.

2 Wir alle sind in vieler Hinsicht fehlerhafte Menschen. Wer nie ein verkehrtes Wort redet, ist ein vollkommener Mensch; er ist fähig, auch seinen ganzen Leib im Zaum zu halten. 3 Wir legen den Pferden das Zaumzeug ins Maul, damit sie uns gehorchen; so lenken wir das ganze Tier. 4 Oder denkt an ein Schiff: Es ist groß und wird von starken Winden getrieben; trotzdem wird es mit einem winzigen Ruder gesteuert, wohin der Steuermann es haben will. 5 Ebenso ist es mit der Zunge: Sie ist nur klein und bringt doch gewaltige Dinge fertig.

Denkt daran, wie klein die Flamme sein kann, die einen großen Wald in Brand setzt! 6 Auch die Zunge ist ein Feuer. Sie ist eine Welt voller Unrecht und beschmutzt den ganzen Menschen. Sie setzt unser Leben von der Geburt bis zum Tod[b] in Brand mit einem Feuer, das aus der Hölle* selbst kommt. 7 Der Mensch hat es fertig gebracht, alle Tiere zu bändigen: Raubtiere, Vögel, Schlangen und Fische. 8 Aber die Zunge hat noch niemand bändigen können, diesen ruhelosen Störenfried, diesen ruhelosen Störenfried, voll von tödlichem Gift.

9 Mit der Zunge loben wir Gott, unseren Herrn und Vater – und mit ihr verfluchen wir unsere Mitmenschen, die nach Gottes Bild geschaffen sind. 10 Aus demselben Mund kommen Segen und Fluch. Meine Brüder und Schwestern,[c] das darf nicht sein! 11 Eine Quelle lässt doch nicht aus der gleichen Öffnung genießbares und ungenießbares Wasser fließen. 12 Meine Brüder und Schwestern, auf einem Feigenbaum wachsen doch keine Oliven, an einem Weinstock hängen keine Feigen, und eine salzige Quelle kann niemals Süßwasser hervorbringen!

Die Weisheit, die von Gott kommt

13 Will jemand unter euch als klug und weise gelten? Dann zeige er das in der ganzen Lebensführung, mit der Bescheidenheit, die den Weisen ansteht! 14 Wenn ihr dagegen bittere Eifersucht und Streit in euren Herzen hegt, dann rühmt euch nicht eurer Weisheit* und verdreht damit die Wahrheit!

a Paulus folgert aus Gen 15,6 in Röm 4,1-5 das genaue Gegenteil. Jakobus wendet sich gegen ein Missverständnis der paulinischen Gnadenbotschaft (siehe die Einführung). Zu Vers 17 vgl. Gal 5,6; 1 Joh 3,18. Auf die Frage von Vers 14 hätte Paulus erwidert: *Retten* kann nur der Glaube; aber ein Glaube, der nicht den ganzen Menschen erneuert, verdient diesen Namen nicht.
b *unser Leben …:* wörtlich *das Rad/den Kreis des Lebens/Werdens.*
c Siehe Anmerkung zu 1,2; ebenso für Vers 12.

2,17 Gal 5,6; 1 Joh 3,18 **2,19** Dtn 6,4; (böse Geister) Mk 1,24 par **2,21** Gen 21,9.12; Hebr 11,17 **2,23** *zit* Gen 15,6; 2 Chr 20,7S **2,24** Röm 3,28; 4,2-5 **2,25** Jos 6,23S **3,2-10** Ps 141,3S; Spr 13,3S **3,2** 1,26; Sir 14,1 **3,3** Ps 32,9 **3,6** Spr 16,27; Mk 7,15.20-23 par **3,8** Ps 140,4 **3,9** (Gottes Bild) Gen 1,26-27 **3,12** Mt 7,16 par **3,14** 1 Kor 3,1-3; Gal 5,20

15 Diese Art von Weisheit kommt nicht von oben, sie ist irdisch, sinnlich und teuflisch. 16 Wo Eifersucht und Streit herrschen, gibt es Unordnung und jede Art von Gemeinheit. 17 Aber die Weisheit von oben ist zuerst einmal rein und klar; sodann ist sie friedliebend, freundlich, nachgiebig. Sie ist voller Erbarmen und bringt viele gute Taten hervor. Sie kennt weder Vorurteil noch Verstellung. 18 Die Saat der Gerechtigkeit, von Gott gesät, geht nur bei denen auf, die auf Frieden* aus sind, und nur bei ihnen bringt sie Frucht.[a]

Vom Unfrieden in der Gemeinde, seinen Ursachen und seiner Überwindung

4 Woher kommen denn die Kämpfe und Streitigkeiten zwischen euch? Doch nur aus den Leidenschaften, die ständig in eurem Innern toben! 2 Ihr verzehrt euch nach etwas, was ihr gerne hättet. Ihr mordet[b] und seid eifersüchtig, aber das bringt euch dem ersehnten Ziel nicht näher. Ihr versucht es mit Kampf und Gewalt; aber ihr bekommt trotzdem nicht, was ihr wollt, weil ihr Gott nicht darum bittet. 3 Und wenn ihr ihn bittet, bekommt ihr es nicht, weil ihr nur in der Absicht bittet, eure unersättliche Genusssucht zu befriedigen.

4 Eure Liebe gehört nicht Gott, ihr handelt an ihm wie Ehebrecher! Wisst ihr denn nicht:[c] Freundschaft mit dieser Welt* bedeutet Feindschaft gegen Gott. Wer sich also mit der Welt befreunden will, verfeindet sich mit Gott. 5 Es heißt nicht umsonst in den Heiligen Schriften:[d] »Mit Leidenschaft erhebt Gott Anspruch auf den Geist, den er, der Schöpfer, in uns wohnen ließ.« 6 Aber in seiner Gnade will er uns noch viel mehr schenken; denn es heißt auch: »Gott widersetzt sich den Überheblichen, aber denen, die gering von sich denken, wendet er seine Liebe zu.«

7 Deshalb ordnet euch Gott unter! Leistet dem Teufel Widerstand, und er wird vor euch fliehen. 8 Nähert euch Gott, und er wird sich euch nähern. Reinigt eure Hände von Schuld, ihr Sünder! Gebt eure Herzen Gott hin, ihr Unentschlossenen! 9 Klagt über euren Zustand, trauert und weint! Nicht mehr lachen sollt ihr, sondern weinen. Euer Jubel soll sich in Jammer verkehren und eure Freude in Trauer. 10 Beugt euch tief vor dem Herrn, dann wird er euch hoch erheben!

Nicht verurteilen

11 Liebe Brüder und Schwestern, verleumdet einander nicht! Wer seinen Bruder oder seine Schwester[e] verleumdet oder verurteilt, verleumdet und verurteilt damit das Gesetz* Gottes, das ein solches Verhalten untersagt.[f] Anstatt das Gesetz zu befolgen, wirft er sich zum Richter auf. 12 Aber nur Gott, der das Gesetz gegeben hat, darf richten. Er allein kann verurteilen oder freisprechen. Für wen hältst du dich, dass du deinen Mitmenschen verurteilst!

Warnung vor Selbstsicherheit und Überheblichkeit

13 Nun zu euch, die ihr sagt: »Heute oder morgen werden wir in die und die Stadt reisen! Dort werden wir ein Jahr lang Geschäfte machen und viel Geld verdienen.«

14 Woher wisst ihr denn, was morgen sein wird? Was ist euer Leben? Es gleicht einem Dampfwölkchen, das aufsteigt und sich sogleich wieder auflöst. 15 Sagt lieber: »*Wenn der Herr es will,* werden wir noch leben und dies oder jenes tun.« 16 Ihr aber seid stolz und überheblich; und ein solcher Stolz ist verwerflich.

17 Im Übrigen gilt: Wer die Zeit und die Mittel hat, Gutes zu tun, und es nicht tut, macht sich schuldig.[g]

Warnung an die Reichen

5 Und nun zu euch, ihr Reichen![h] Weint und jammert über das Elend, das euch erwartet am Tag, an dem Gott Gericht hält! 2 Eure Reichtümer werden dann verfault sein, eure Kleider von den Motten zerfressen, 3 und eure Schätze[i] verrostet. Und dieser Rost wird euch anklagen und euer Fleisch wie Feuer verzehren.

Ihr habt in den letzten Tagen der Welt Reichtümer angehäuft. 4 Ihr habt den Leuten, die auf euren Feldern gearbeitet und eure Ernte eingebracht haben, den verdienten Lohn vorenthalten. Das schreit zum Himmel! Ihre Klage ist bis zu den Ohren des Herrn, des Herrschers der Welt,[j] gedrungen.

5 Euer Leben auf der Erde war mit Luxus und Vergnügen ausgefüllt. Während der Schlachttag schon vor der Tür stand, habt ihr euch noch gemästet.[k] 6 Ihr habt den Schuldlosen verurteilt und umgebracht, der sich nicht gegen euch gewehrt hat!

Geduldig warten

7 Liebe Brüder und Schwestern,[l] haltet geduldig aus, bis der Herr* kommt! Seht, wie der Bauer voller Geduld auf die kostbare Frucht der Erde wartet. Er weiß, dass sie zum Wachsen den Herbstregen und den Frühjahrsregen* braucht.

8 Auch ihr müsst geduldig ausharren! Fasst Mut; denn der Tag, an dem der Herr kommt, ist nahe. 9 Klagt nicht übereinander, sonst muss Gott euch verurteilen. Der Richter steht schon vor der Tür.

10 Liebe Brüder und Schwestern, denkt an die Propheten*, die im Auftrag des Herrn geredet haben. Nehmt euch ein Beispiel daran, wie standhaft sie

a Vers 18 wörtlich *Die Frucht der Gerechtigkeit wird in Frieden gesät für die, die Frieden schaffen.*
b *Ihr mordet:* Was damit gemeint ist, wird in 5,4-6 gesagt; vgl. Sir 34,25-27 sowie 1 Joh 3,15; Mt 5,21-22.
c *Eure Liebe …:* wörtlich *Ehebrecher! Wisst ihr nicht.* Zu dem hier gebrauchten Bild siehe Sacherklärung »Hurerei«.
d Das Zitat stammt aus einer uns unbekannten Schrift. – Gott kann erwarten, dass das Gute, das er als Schöpfer in den Menschen gelegt hat, Frucht bringt. Das folgende Zitat aus Spr 3,34 (vgl. 1 Petr 5,5; Mt 23,12) bringt das ›Mehr‹ der Erlösung gegenüber der Schöpfung zum Ausdruck: In seiner Liebe gibt Gott uns Anteil an der *neuen* Schöpfung (2,5b).
e Wörtlich *Liebe Brüder* und *Wer seinen Bruder;* siehe Anmerkung zu 1,2.
f Vgl. Lev 19,16; Ps 101,5.
g Sünde geschieht auch da, wo man über all seinen Geschäften das Tun des Guten versäumt.
h Noch einmal wird das Thema von 1,9-11 aufgenommen. Es ist nicht deutlich, ob die hier angegriffenen *Reichen* innerhalb der Gemeinde zu suchen sind (vgl. 2,1-4) oder außerhalb (vgl. 2,6-7).
i Wörtlich *euer Silber und Gold;* vgl. Sir 29,10.
j Wörtlich *des Herrn Zebaot*.*
k Wörtlich *Ihr habt eure Herzen gemästet am Schlachttag.* Mit dem *Schlachttag* ist entweder der Tag des göttlichen Gerichts gemeint (vgl. Verse 3 und 8-9) oder ein Unglückstag, an dem die Armen »geschlachtet« werden sollen.
l Siehe Anmerkung zu 1,2; ebenso für Vers 10, 12 und 19.

3,15 1,5.17 **3,17** Mt 5,48; 1 Kor 13,4-7; Gal 5,22-23 **3,18** Mt 5,9 **4,1** Röm 7,5 **4,4** Mt 6,24 par; 1 Joh 2,15 **4,6** *nach* Spr 3,34; 1 Petr 5,5; Mt 23,12 S **4,7** Eph 6,12; 1 Petr 5,8-9 **4,8** Sach 1,3; Mal 3,7; (Hände) Jes 1,16; Ps 18,21.25 **4,10** 1 Petr 5,6 **4,11** Lev 19,16; Weish 1,11; Ps 101,5 **4,12** 1 Kor 4,5; Röm 14,4; Mt 7,1 par **4,13-14** Spr 27,1; Lk 12,18-20 **4,14** Ijob 7,9 **4,15** Apg 18,21; 1 Kor 4,19; 16,7 **4,16** 1 Joh 2,16 **4,17** Lk 12,47 **5,1** 1,10; Lk 6,24 **5,2-3a** Mt 6,19 par **5,4** Lev 19,13 S **5,5** Jer 12,3 **5,7** 2 Petr 3,3 **5,8** Phil 4,5 S; Mt 24,27 S **5,9** Mt 7,1-2 par **5,10** Mt 5,12 S

alles ertrugen, was man ihnen antat.[a] 11 Sie alle, die
durchgehalten haben, preisen wir glücklich. Ihr habt
gehört, wie geduldig Ijob* die Proben ertrug, die ihm
auferlegt wurden, und wisst, wie der Herr ihn am
Ende belohnt hat. Der Herr ist voller Liebe und
Erbarmen.

Nicht schwören

12 Vor allem, meine Brüder und Schwestern, lasst das
Schwören, wenn ihr irgendetwas beteuern wollt.
Schwört weder beim Himmel noch bei der Erde noch
bei sonst etwas. Euer Ja muss ein Ja sein und euer
Nein ein Nein. Sonst verfallt ihr dem Gericht Gottes.

Beten in jeder Lage. Das Gebet für die Kranken

13 Wer von euch Schweres zu ertragen hat, soll beten.
Wer von euch glücklich ist, soll Loblieder singen.

14 Wer von euch krank ist, soll die Ältesten* der
Gemeinde rufen, damit sie für ihn beten und ihn
im Namen des Herrn mit Öl salben. 15 Ihr vertrauens-
volles Gebet wird den Kranken retten. Der Herr wird
die betreffende Person wieder aufrichten und wird
ihr vergeben, wenn sie Schuld auf sich geladen hat.[b]

Gegenseitiges Sündenbekenntnis und Gebet füreinander

16 Überhaupt sollt ihr einander eure Verfehlungen
bekennen und füreinander beten, damit ihr geheilt
werdet. Das inständige Gebet eines Menschen, der
so lebt, wie Gott es verlangt, kann viel bewirken.
17 Elija war auch nur ein Mensch wie wir. Er flehte
zu Gott, es nicht regnen zu lassen,[c] da fiel dreiein-
halb Jahre kein Tropfen auf das Land. 18 Dann betete
er nochmals; da schenkte der Himmel Regen, und
die Erde brachte wieder ihre Früchte hervor.

Sorge um die Irrenden

19 Meine Brüder und Schwestern, wenn jemand
unter euch vom rechten Weg abirrt und ein anderer
bringt ihn zur Umkehr, 20 dann soll der wissen: Wer
einen Menschen, der sündigt, von seinem Irrweg
abbringt, rettet ihn vor dem Tod und macht viele
eigene Sünden gut.

a Von der Verfolgung der alttestamentlichen Propheten, für die das Schicksal Jeremias ein Beispiel liefert (Jer 20,1-2; 26,7-9; 37,11-16), sprechen auch Mt 5,12; 1 Thess 2,15.
b Hier und in Vers 16 klingt der Zusammenhang von Krankheit und Schuld an; siehe Sacherklärung »Krankheit«.
c 1 Kön 17,1 spricht nur von einer Ankündigung des Propheten; zu Vers 18 siehe 1 Kön 18,42-45.

5,11 1,12; (Ijob) 1,21-22; 2,10; 42,10-17; (Erbarmen) Ex 34,6 S **5,12** Mt 5,33-37 S **5,13** 1,5-6; Apg 16,25 **5,14** Mk 6,13 **5,15** Mk 16,18 S **5,16** Ps 32,3-5; Spr 28,13; 1 Joh 1,8-9 **5,17** 1 Kön 17,1 S; Lk 4,25 **5,18** 1 Kön 18,41-45 **5,19** Gal 6,1 **5,20** 1 Petr 4,8

1 PETRUS

Der Erste Petrusbrief wendet sich an Christen, die ihren Glauben in einer feindlichen Umwelt bewähren müssen. Noch ist es nicht so weit, dass sie von der Staatsmacht verfolgt werden; aber sie werden von ihren heidnischen Mitbürgern argwöhnisch beobachtet, verdächtigt und angefeindet. Man verzeiht ihnen nicht die Abweichung von der allgemeinen gesellschaftlichen Norm: die Abkehr von den alten Göttern, vor allem aber den radikalen Bruch mit dem bisherigen Lebensstil (4,4). So bekommen sie das Misstrauen ihrer Mitbürger zu spüren, das sich wohl gelegentlich in Tätlichkeiten einer aufgestachelten Menge (4,12) oder einer Denunziation bei den Behörden (4,15-16) äußern mag.

Der Brief, wahrscheinlich von Rom aus geschrieben (5,13 nennt den Decknamen »Babylon«), richtet sich an Gemeinden, die über ganz Kleinasien zerstreut sind. Er stellt den Christen vor Augen, was für ein herrliches Ziel auf sie wartet (1,3-12), und ermutigt sie, nach dem Beispiel Christi alle Leiden geduldig zu ertragen (2,21-25; 3,18; 4,1.13). Sie sollen auf keinen Fall Böses mit Bösem vergelten (3,9) und stets darauf bedacht sein, die Verdächtigungen durch ein vorbildliches Verhalten zu widerlegen. Ihr ganzes Leben soll ein Zeugnis ihres Glaubens sein (2,15; 3,1-2); aber wo sie herausgefordert werden, sollen sie die Hoffnung, aus der sie leben, auch mit dem Wort bezeugen (3,15-16).

Nach altkirchlicher Überlieferung wurde der Brief von dem Apostel Petrus kurz vor dessen Märtyrertod unter Kaiser Nero geschrieben (64 oder 67 n. Chr.). Offenbar hat Silvanus, der auch als Paulus-Begleiter bekannt ist, bei der Abfassung mitgewirkt (5,12).

Inhaltsübersicht

LEBEN IN DER HOFFNUNG (1,1–2,10)

Eingangsgruß

1 Diesen Brief schreibt Petrus, der Apostel* von
Jesus Christus, nach Pontus, Galatien*, Kappa-
dozien, Asien* und Bithynien.[a]

Ich schreibe an die Erwählten Gottes, die dort als
Fremde in dieser Welt* leben, mitten unter Ungläu-
bigen. 2 Gott, der Vater, hat euch erwählt, wie er es
von Anfang an beschlossen hatte. Er hat euch durch
den Heiligen Geist* ausgesondert und zubereitet,
damit ihr euch Jesus Christus im Gehorsam unter-
stellt und durch sein Blut* rein gemacht werdet.

Gnade und Frieden* sei mit euch in immer reiche-
rem Maß!

Hoffnung auf eine herrliche Zukunft

3 Gepriesen sei der Gott und Vater unseres Herrn*
Jesus Christus! In seinem großen Erbarmen hat er
uns neu geboren[b] und mit einer lebendigen Hoff-
nung erfüllt. Diese Hoffnung gründet sich darauf,
dass Jesus Christus vom Tod auferstanden* ist.[c]
4 Sie richtet sich auf das neue Leben, das Gott schon
jetzt im Himmel für euch bereithält als einen Besitz,
der niemals vergeht oder verdirbt oder aufgezehrt
wird. 5 Wenn ihr Gott fest vertraut, wird er euch
durch seine Macht bewahren, sodass ihr die volle
Rettung erlangt, die am Ende der Zeit offenbar wird.

6 Deshalb seid ihr voll Freude, auch wenn ihr
jetzt – wenn Gott es so will – für kurze Zeit leiden
müsst und auf die verschiedensten Proben gestellt
werdet. 7 Das geschieht nur, damit euer Glaube sich
bewähren kann, als festes Vertrauen auf das, was Gott
euch geschenkt und noch versprochen hat.[d] Wie das
vergängliche Gold im Feuer auf seine Echtheit
geprüft wird, so wird euer Glaube, der viel kostbarer
ist als Gold, im Feuer des Leidens geprüft. Wenn er
sich als echt erweist, wird Gott euch mit Ehre und
Herrlichkeit belohnen an dem Tag, an dem Jesus
Christus sich in seiner Herrlichkeit* offenbart.

8 Ihn liebt ihr, obwohl ihr ihn nie gesehen habt.
Auf ihn setzt ihr euer Vertrauen, obwohl ihr ihn jetzt
noch nicht sehen könnt. Und darum jubelt ihr mit

a Römische Provinzen, die praktisch das gesamte Gebiet Kleinasiens umfassen.
b Damit wird auf die Taufe und die mit ihr verbundene Erneuerung angespielt (vgl. 1,23; Tit 3,5).
c Zur Auferstehung Jesu als Hoffnungsgrund vgl. 1 Kor 15,20; 1 Thess 4,14; Kol 3,1-4.
d *als festes Vertrauen …:* verdeutlichender Zusatz.

1,1 (Fremde) 2,11 S; Jak 1,1 **1,2** (erwählt) 1 Petr 2,9 S; (rein gemacht) Hebr 12,24 **1,3** 2 Kor 1,3 S; 1 Petr 1,23; Tit 3,5 S **1,6-7** 2 Kor 4,17; Jak 1,2-3 **1,7** Jes 48,10 S **1,8** 2 Kor 5,7; Joh 20,29

unaussprechlicher und herrlicher Freude. 9 Denn ihr wisst, dass euer Vertrauen, euer Glaube, euch die endgültige Rettung bringen wird.

10 Nach dieser Rettung schauten schon die Propheten* aus. Sie haben euch angekündigt, welches Gnadengeschenk Gott euch zugedacht hat,[a] 11 und sie haben eifrig gesucht und geforscht, um herauszufinden, wann und wie dies alles eintreffen sollte. Der Geist*, den wir durch Christus empfangen haben, war schon in ihnen wirksam und zeigte ihnen im Voraus die Leiden, die Christus erdulden musste, und die Herrlichkeit, die ihm daraufhin zuteil wurde.

12 Gott ließ sie erkennen, dass sie ihre Offenbarungen nicht für sich selbst empfangen hatten, sondern für euch, denen dies alles jetzt verkündet worden ist. Die Boten der Guten Nachricht* haben es euch bekannt gemacht, ausgerüstet mit dem Heiligen Geist, den Gott ihnen vom Himmel gesandt hat. Sogar die Engel* brennen darauf, etwas davon zu erfahren.[b]

Aufruf zu einem Leben, das Gott gefällt

13 Darum seid wach und haltet euch bereit![c] Bleibt nüchtern und setzt eure ganze Hoffnung auf die Gnade, die Gott euch schenken wird, wenn Jesus Christus in seiner Herrlichkeit* erscheint. 14 Lebt als gehorsame Kinder Gottes und nicht mehr nach euren selbstsüchtigen Wünschen wie damals, als ihr die Wahrheit noch nicht kanntet. 15 Euer ganzes Tun soll ausgerichtet sein an dem heiligen* Gott, der euch berufen hat. 16 In den Heiligen Schriften* heißt es ja: »Ihr sollt heilig sein, denn ich bin heilig.«

17 Ihr ruft Gott im Gebet als »Vater« an – ihn, der jeden Menschen als unbestechlicher Richter für seine Taten zur Rechenschaft ziehen wird. Führt darum, solange ihr noch hier in der Fremde seid, ein Leben, mit dem ihr vor ihm bestehen könnt!

18 Ihr wisst, um welchen Preis ihr freigekauft worden seid, damit ihr nun nicht mehr ein so sinn- und nutzloses Leben führen müsst, wie ihr es von euren Vorfahren übernommen habt. Nicht mit Silber und Gold seid ihr freigekauft worden – sie verlieren ihren Wert –, 19 sondern mit dem kostbaren Blut* eines reinen und fehlerlosen Opferlammes, dem Blut von Christus. 20 Ihn hatte Gott schon zu diesem Opfer bestimmt, bevor er die Welt schuf. Jetzt aber, am Ende der Zeit, hat er ihn euretwegen in die Welt gesandt. 21 Durch ihn habt ihr zum Glauben gefunden an Gott, der ihn von den Toten auferweckt* und ihm göttliche Herrlichkeit gegeben hat. Darum setzt ihr nun euer Vertrauen und eure Hoffnung auf Gott.

22 Ihr habt die rettende Wahrheit* im Gehorsam angenommen und dadurch euer Denken und Fühlen gereinigt, um eure Brüder und Schwestern aufrichtig lieben zu können.[d] Hört also nicht auf, einander aus reinem Herzen zu lieben! 23 Ihr seid doch als neue Menschen wiedergeboren worden,[e] aber diesmal nicht gezeugt durch den Samen von sterblichen Menschen, sondern durch das Wort Gottes, das lebt und für immer bestehen bleibt.

24 Ihr wisst ja: »Alle Menschen sind vergänglich wie das Gras; mit all ihrer Herrlichkeit ergeht es ihnen wie den Blumen auf der Wiese. Das Gras verdorrt, die Blumen verwelken; 25 aber das Wort des Herrn bleibt für ewig in Kraft.«

Und eben dieses Wort ist euch als die Gute Nachricht* verkündet worden.

Der lebendige Stein und das heilige Volk

2 Macht darum Schluss mit allem, was unrecht ist! Hört auf zu lügen und euch zu verstellen, andere zu beneiden oder schlecht über sie zu reden. 2 Wie neugeborene Kinder[f] nach Milch schreien, so sollt ihr nach dem unverfälschten Wort Gottes verlangen, um im Glauben zu wachsen und das Ziel, eure Rettung, zu erreichen. 3 Ihr habt doch schon gekostet, wie gütig Christus, der Herr*, ist.

4 Kommt zu ihm! Er ist der lebendige Stein, den die Menschen als unbrauchbar weggeworfen haben; aber bei Gott ist er ausgesucht und wertvoll. 5 Lasst euch selbst als lebendige Steine zu einem geistigen Haus erbauen, zu einer Priesterschaft, die Gott geweiht ist und die ihm, vermittelt durch Jesus Christus, Opfer* darbringt, Opfer geistiger Art, an denen er Gefallen hat, nämlich den Opferdienst des ganzen Lebens.[g]

6 In den Heiligen Schriften* heißt es: »Auf dem Zionsberg* lege ich einen Stein, einen ausgesuchten, wertvollen Grundstein. Wer auf ihn vertraut, wird nicht zugrunde gehen.«

7 Wertvoll ist dieser Stein für euch, die ihr auf Jesus Christus vertraut. Aber für die, die ihn ablehnen, gilt:

»Der Stein, den die Bauleute als wertlos weggeworfen haben,
ist zum Eckstein* geworden.
8 An ihm stoßen sich die Menschen.
Er ist zum Felsblock geworden,
an dem sie zu Fall kommen.«

An ihm stoßen sich alle, die dem Wort Gottes nicht gehorchen. Doch so hatte es Gott für sie bestimmt.

a Siehe Lk 24,44-46 und dort die Vergleichsstellen zu Vers 44.
b Zu der Aussage, dass die Christen sogar den Engeln gegenüber bevorzugt sind, vgl. Hebr 2,16; 1 Kor 6,3.
c Wörtlich *Darum umgürtet die Hüften eures Sinnes* (= Denkens und Wollens).
d *um eure Brüder ...:* wörtlich *zu ungeheuchelter Bruderliebe* (bzw. *Geschwisterliebe;* vgl. Sacherklärung »Bruder«).
e Siehe Anmerkung zu 1,3.
f Wieder ein Hinweis auf die Taufe (vgl. Anmerkung zu 1,3; außerdem 3,21).
g *nämlich ...:* verdeutlichender Zusatz; vgl. Röm 12,1.

1,10-11 2 Petr 1,19-21 **1,12** Eph 3,10 **1,14** Röm 12,2 **1,16** *zit* Lev 19,2b **1,17** (Vater) Jer 3,4 S; Mt 6,9 par; Röm 8,15 S; (unbestechlicher Richter) Röm 2,11 S; (Rechenschaft) Röm 2,6 S; (Fremde) 1 Petr 2,11 S **1,18** Mk 10,45 S **1,19** (Blut) Hebr 9,12 S; (Opferlamm) Joh 1,29 S; 1 Kor 5,7 **1,20** Eph 1,4-5; Apg 2,23 **1,22** 2,17; 3,8; 4,8; Hebr 13,1 S; 2 Petr 1,7 **1,23** 1,3; Jak 1,18 S; Hebr 4,12 **1,24-25** *zit* Jes 40,6-8 **1,24** Jak 1,10-11 S **2,1** Jak 1,21; 4,11; Eph 4,25 **2,2** 1 Kor 3,2 S **2,3** Ps 34,9 **2,4** Ps 118,22; Jes 28,16 **2,5** 1 Kor 3,16; Eph 2,21-22; (Priesterschaft) 1 Petr 2,9; Jes 61,6; (Opfer) Röm 12,1 **2,6** *nach* Jes 28,16; Röm 9,33 **2,7** *zit* Ps 118,22; Mk 12,10-11 par; Apg 4,11 **2,8** *nach* Jes 8,14; Röm 9,33; Lk 2,34

9 Ihr aber seid das erwählte Volk,[a] das Haus des Königs, die Priesterschaft, das heilige* Volk, das Gott selbst gehört. Er hat euch aus der Dunkelheit in sein wunderbares Licht gerufen, damit ihr seine machtvollen Taten verkündet. 10 Früher wart ihr nicht sein Volk; aber jetzt seid ihr das Volk, das Gott gehört. Früher galt euch nicht sein Erbarmen; aber jetzt habt ihr sein Erbarmen erfahren.

VORBILDLICHES VERHALTEN IN DER WELT (2,11–4,11)

Frei zum Tun des Guten

11 Ihr wisst, meine Lieben, dass ihr Gäste und Fremde[b] in dieser Welt* seid. Darum ermahne ich euch: Gebt den Leidenschaften nicht nach, die aus eurer selbstsüchtigen Natur aufsteigen[c] und die ständig mit eurem guten Willen im Streit liegen. 12 Euer Leben mitten unter den Menschen, die Gott nicht kennen,[d] muss einwandfrei sein. Wenn sie euch alles mögliche Böse nachsagen, sollen sie eure guten Taten sehen und von ihren eigenen Augen eines Besseren belehrt werden. Vielleicht kommen sie dann zur Besinnung und preisen Gott für ihre Rettung am Tag seines Gerichts.

13 Fügt euch um des Herrn willen jeder von Menschen gesetzten Ordnung.[e] Ordnet euch dem Kaiser unter, der an höchster Stelle steht. 14 Ordnet euch seinen Vertretern unter, die er eingesetzt hat, um alle zu bestrafen, die unrecht tun, und alle mit Anerkennung zu belohnen, die das Rechte tun.

15 Denn Gott will, dass ihr durch eure guten Taten alle zum Schweigen bringt, die aus Dummheit und Unwissenheit gegen euch reden. 16 Handelt als freie Menschen; aber missbraucht eure Freiheit nicht, um ein zuchtloses Handeln damit zu entschuldigen. Denkt daran, dass ihr nur frei seid, weil Gott euer Herr geworden ist.[f] 17 Ehrt alle Menschen, liebt die Gemeinschaft der Brüder und Schwestern,[g] fürchtet Gott, ehrt den Kaiser!

Christus als Beispiel

18 Ihr Sklaven* und Sklavinnen, ordnet euch euren Herren und Herrinnen unter, und erweist ihnen den schuldigen Respekt,[h] nicht nur den guten und freundlichen, sondern auch den launischen. 19 Es ist eine Gnade Gottes, wenn jemand ohne Schuld nur deshalb Kränkungen erfährt und leiden muss, weil er im Gewissen an Gott gebunden ist. 20 Habt ihr etwa Grund, euch zu rühmen, wenn ihr ein Unrecht begangen habt und dafür geschlagen werdet? Aber wenn ihr das Rechte getan habt und dafür leiden müsst, ist das eine Gnade von Gott. 21 Und eben dazu hat er euch berufen. Ihr wisst doch:

Christus hat für euch gelitten
und euch ein Beispiel gegeben,
damit ihr seinen Spuren folgt.
22 Ihr wisst: »Er hat kein Unrecht getan;
nie ist ein unwahres Wort aus seinem Mund
gekommen.«
23 Wenn er beleidigt wurde,
gab er es nicht zurück.
Wenn er leiden musste,
drohte er nicht mit Vergeltung,
sondern überließ es Gott,
ihm zum Recht zu verhelfen.
24 Unsere Sünden hat er ans Kreuz* hinaufgetragen,
mit seinem eigenen Leib.
Damit sind wir für die Sünden tot
und können nun für das Gute leben.
Durch seine Wunden seid ihr geheilt worden!
25 Ihr wart wie Schafe, die sich verlaufen haben;
jetzt aber seid ihr auf den rechten Weg
zurückgekehrt
und folgt dem Hirten, der euch leitet und schützt.

Anweisungen für Eheleute

3 Für euch Frauen gilt dieselbe Regel: Ihr müsst euch euren Männern unterordnen, damit die von ihnen, die das Wort der Guten Nachricht* nicht

An Christen, die Verfolgungen und Anfeindungen ausgesetzt sind, schreibt Petrus: »Wie das vergängliche Gold im Feuer auf seine Echtheit geprüft wird, so wird euer Glaube, der viel kostbarer ist als Gold, im Feuer des Leidens geprüft.« (1,7)

a Die Christen – überwiegend nichtjüdischer Herkunft (siehe Vers 10) – werden als das wahre Gottesvolk angesprochen; vgl. Ex 19,5-6. Anders als in Röm 9–11 wird die Frage der bleibenden Erwählung Israels nicht gestellt.
b Vgl. 1,1-2 und Hebr 11,13; 13,14.
c *Gebt den Leidenschaften …:* wörtlich *Gebt den fleischlichen Begierden nicht nach;* vgl. Sacherklärung »Fleisch«.
d *Menschen, die …:* herkömmliche Übersetzung *Heiden**.
e Zum Folgenden vgl. Röm 13,1-7 und Bildlegende auf Seite 239 NT.
f *Denkt daran …:* wörtlich *sondern (verhaltet euch) als Sklaven Gottes.*
g Wörtlich *liebt die Bruderschaft;* vgl. Sacherklärung »Bruder«.
h *und erweist …:* wörtlich *in aller Furcht;* andere mögliche Übersetzung *aus Ehrfurcht vor Gott* (vgl. Vers 17). Zu *Sklavinnen/Herrinnen* siehe Anmerkung zu Eph 6,5.

2,9 2,5; (erwähltes Volk) 1,1-2; Ex 19,5-6S; (Gott als König) 1Tim 1,17; 6,15; (heiliges Volk) Lev 19,2; Dtn 14,2; Tit 2,14; (Licht) Apg 26,18S **2,10** Hos 2,25; Röm 9,25 **2,11** (Fremde) 1,1.17; Ps 39,13S; Hebr 13,14S; (Streit) Röm 7,15.17-23; Gal 5,17 **2,12** Mt 5,16S **2,13-14** Röm 13,1S **2,15** 3,16 **2,16** Gal 5,13S **2,17** 1,22S; Phil 2,12; Mk 12,17par; Spr 24,21 **2,18-21** Eph 6,5-8S **2,19-20** 5,12 **2,20** 4,14S **2,21b** 3,18; Mt 10,38-39S; Phil 2,5S **2,22** *zit* Jes 53,9; Joh 8,46; Hebr 4,15S **2,23** 3,9; Jes 53,7; Mk 14,48-49.65par; 15,5.16-20par **2,24** Röm 6,10-11; Kol 2,4; (geheilt) Jes 53,5 **2,25** Jes 53,6; Ez 34,5-6.16; Joh 10,11S **3,1-6** Eph 5,22-24S **3,1** 1Kor 7,16

hören wollen, durch eure Lebensführung auch ohne Wort für den Glauben gewonnen werden. 2 Das kann geschehen, wenn sie sehen, dass ihr ihnen Respekt erweist und ein vorbildliches Leben führt.[a]

3 Putzt euch nicht äußerlich heraus mit aufwendigen Frisuren, kostbarem Schmuck oder prächtigen Kleidern. 4 Eure Schönheit soll von innen kommen! Freundlichkeit und ein ausgeglichenes Wesen sind der unvergängliche Schmuck, der in Gottes Augen Wert hat.

5 Auf diese Weise haben sich auch früher die frommen Frauen geschmückt, die ihre Hoffnung auf Gott setzten. Sie haben sich ihren Männern untergeordnet, 6 wie zum Beispiel Sara, die Abraham gehorchte und ihn ihren »Herrn« nannte.[b] Ihre Töchter seid ihr, wenn ihr das Rechte tut und euch davon durch keine Drohung abbringen lasst.

7 Ihr Männer müsst euch entsprechend verhalten. Seid rücksichtsvoll zu euren Frauen! Bedenkt, dass sie der schwächere Teil sind. Achtet und ehrt sie; denn sie haben mit euch am ewigen Leben teil, das Gott schenkt. Handelt so, dass nichts euren Gebeten im Weg steht.

Für die Gerechtigkeit leiden ...

8 Euch allen schließlich sage ich: Haltet in derselben Gesinnung zusammen und habt Mitgefühl füreinander! Liebt euch gegenseitig als Brüder und Schwestern![c] Seid gütig und zuvorkommend zueinander!

9 Vergeltet Böses nicht mit Bösem, und gebt Beleidigungen nicht wieder zurück! Im Gegenteil, segnet eure Beleidiger,[d] denn Gott hat euch dazu berufen, seinen Segen zu empfangen. 10 Ihr wisst ja:

»Wer nach dem wahren Leben verlangt
und glückliche Tage sehen will,
der nehme seine Zunge gut in Acht,
dass er nichts Schlechtes und Hinterhältiges sagt.
11 Er kehre sich vom Bösen ab und tue das Gute.
Er mühe sich mit ganzer Kraft darum,
mit allen Menschen in Frieden zu leben.
12 Denn der Herr hat ein offenes Auge für die,
die das Rechte tun,
und ein offenes Ohr für ihre Bitten.
Aber er wendet sich gegen alle, die Böses tun.«

13 Kann euch überhaupt jemand Böses antun, wenn ihr euch mit ganzer Hingabe darum bemüht, das Gute zu tun? 14 Wenn ihr aber trotzdem leiden müsst, weil ihr tut, was Gott will, dann dürft ihr euch glücklich preisen. Habt keine Angst vor Menschen; lasst euch nicht erschrecken! 15 Christus allein ist der Herr; haltet ihn heilig* in euren Herzen und weicht vor niemand zurück![e]

Seid immer bereit, Rede und Antwort zu stehen, wenn jemand fragt, warum ihr so von Hoffnung erfüllt seid. 16 Antwortet taktvoll und bescheiden und mit dem gebotenen Respekt[f] – in dem Bewusstsein, dass ihr ein reines Gewissen habt. Dann werden alle beschämt sein, die euch verleumden, wenn sie sehen, was für ein einwandfreies Leben ihr in Verbindung mit Christus führt. 17 Wenn Gott es aber anders beschlossen hat und es auf sie keinen Eindruck macht,[g] ist es auf jeden Fall besser, für gute Taten zu leiden als für schlechte.

... so wie Christus es getan hat. Die Reichweite seines Heilswirkens

18 Auch Christus hat ja für die Sünden der Menschen gelitten, der Gerechte für die Schuldigen, ein für alle Mal. So sollte er euch – als Mensch getötet, aber durch den Geist* Gottes zum Leben erweckt – den Zugang zu Gott eröffnen.

19 In der Kraft dieses Geistes ging er auch zu den Geistern im Gefängnis und verkündete ihnen seinen Sieg.[h] 20 Sie waren ungehorsam gewesen zur Zeit Noachs, als Gott in seiner Geduld mit der Strafe noch wartete, solange Noach die Arche* baute. Nur wenige Menschen, nämlich acht, wurden damals in die Arche aufgenommen und durch das Wasser gerettet, das die Arche trug.

21 Das ist ein Hinweis auf das Wasser der Taufe*, die euch jetzt rettet. Denn der Sinn der Taufe ist ja nicht, dass der Körper vom Schmutz gereinigt wird. Wer sich taufen lässt, bittet damit Gott, sein Gewissen von aller Schuld zu reinigen. Das ist möglich, weil Jesus Christus von den Toten auferstanden* 22 und zum Himmel aufgestiegen ist. Dort hat er den Ehrenplatz an Gottes rechter Seite eingenommen, und die Engel* und alle überirdischen Mächte und Gewalten sind ihm unterworfen.

Ein neues Leben

4 Christus also hat gelitten, und zwar körperlich. Darum rüstet auch ihr euch mit seiner Gesinnung aus, wenn ihr seinetwegen leiden müsst![i] Denn wer einmal wegen Christus körperlich zu leiden hatte, in dem ist die Sünde abgestorben, 2 und er wird sich für den Rest seines Lebens in dieser Welt* nicht mehr von menschlichen Leidenschaften fortreißen lassen, sondern nur noch tun, was Gott will.

3 Ihr habt euch ja lange genug an dem Treiben der Menschen beteiligt, die Gott nicht kennen;[j] ihr habt euch hemmungsloser Gier und Ausschweifung hingegeben, habt an wüsten Fress- und Saufgelagen teilgenommen und an einem abscheulichen Götzendienst.

4 Jetzt wundern sich die anderen, dass ihr bei ihrem zügellosen Treiben nicht mehr mitmacht,

a Oder *sehen, dass ihr ein vorbildliches Leben in Ehrfurcht vor Gott führt;* wörtlich *wenn sie euer reines Leben in Furcht sehen* (vgl. 2,18).
b In Gen 18,12 heißt es wörtlich *und mein Herr* (= Ehemann) *ist auch schon alt.*
c Wörtlich *Seid bruderliebend* (bzw. *geschwisterliebend*); vgl. Anmerkung zu 1,22.
d Hier klingt das Jesuswort Lk 6,27-28 an (vgl. Röm 12,17 und Vergleichsstellen).
e *Christus allein ...:* wörtlich *Vielmehr den Herrn*, Christus, heiligt in euren Herzen.* Hier und in der zweiten Hälfte von Vers 14 *(Habt keine Angst vor Menschen ...)* wird auf Jes 8,12-13 angespielt und die Stelle auf Christus bezogen.
f Oder *und in der Furcht vor Gott* (vgl. 2,18; 3,2 und Anmerkungen dort). Wer (zu Unrecht) verleumdet oder angegriffen wird, ist leicht in Gefahr, im gleichen Sinne zurückzuschlagen und die Achtung vor dem Mitmenschen zu verletzen.
g *und es auf sie ...:* verdeutlichender Zusatz.
h *zu den Geistern im Gefängnis:* siehe Sacherklärung »Gefängnis«; *seinen Sieg:* verdeutlichender Zusatz.
i *wenn ihr seinetwegen ...:* verdeutlichender Zusatz, ebenso *wegen Christus* im folgenden Satz. Es geht um das Ertragen von Leiden, die aus dem Bekenntnis zu Christus folgen, nicht um Krankheit.
j Vgl. Anmerkung zu 2,12.

3,3 1 Tim 2,9 **3,7** Eph 5,25-33 S; 1 Tim 2,8 **3,8** 1,22 S; Eph 4,2-3; Phil 2,2-3 **3,9** 2,23; Röm 12,17 S **3,10-12** *nach* Ps 34,13-17; Jak 1,26 **3,13** Röm 13,3 **3,14** 4,14 S **3,15b** Kol 4,5-6; (Hoffnung) 1 Petr 1,3-5 **3,16** 2,15 **3,18** 2,21 S; Röm 5,6-8; Hebr 7,27 S; (der Gerechte) Apg 3,14 S **3,19** 4,6 **3,20** Gen 6,5-22; 2 Petr 2,5 **3,21** Röm 6,3-4 S; Eph 5,26 S; Apg 2,33 S **3,22** Apg 1,9 S; Eph 1,21 S **4,1** 2 Kor 4,10 S **4,2** 2,21 S **4,3** Gal 5,19-21 S; Eph 2,3; Tit 3,3

und beschimpfen euch deswegen. 5 Aber sie werden sich vor dem verantworten müssen, der schon bereitsteht, um über die Lebenden und die Toten das Urteil zu sprechen.

6 Deshalb wurde sogar den schon Verstorbenen die Gute Nachricht* verkündet, damit sie wie alle Menschen für ihre Taten zur Rechenschaft gezogen werden können, aber auch die Möglichkeit erhalten, zum Leben bei Gott zu gelangen.[a]

Gute Verwalter der Gaben Gottes

7 Das Ende der Welt ist nahe. Seid besonnen und nüchtern, damit nichts euch am Beten hindert. 8 Vor allem lasst nicht nach in der Liebe zueinander! Denn die Liebe macht viele Sünden wieder gut. 9 Nehmt einander gastfreundlich auf, ohne zu murren.

10 Dient einander mit den Fähigkeiten, die Gott euch geschenkt hat – jeder und jede mit der eigenen, besonderen Gabe! Dann seid ihr gute Verwalter der vielfältigen Gnade Gottes. 11 Wenn jemand die Gabe der Rede hat, soll Gott durch ihn zu Wort kommen. Wenn jemand die Gabe der helfenden Tat hat, soll er aus der Kraft handeln, die Gott ihm verleiht.

Alles, was ihr tut, soll durch Jesus Christus zur Ehre Gottes geschehen. Ihm gehört die Herrlichkeit* und die Macht für alle Ewigkeit! Amen.

BEWÄHRUNG IM LEIDEN (4,12–5,14)

Mit Christus leiden

12 Meine Lieben, wundert euch nicht über die harte Probe, die wie ein Feuersturm über euch gekommen ist.[b] Sie kann euch nicht unerwartet treffen; 13 denn ihr leidet ja nur etwas von dem mit, was Christus gelitten hat. Freut euch vielmehr darüber, denn wenn er in seiner Herrlichkeit erscheint, werdet ihr erst recht von Freude und Jubel erfüllt sein. 14 Ihr könnt euch glücklich preisen, wenn ihr beschimpft werdet, nur weil ihr euch zu Christus bekennt; denn dann ist der Geist* Gottes bei euch, in dem Gottes Herrlichkeit* gegenwärtig ist.

15 Natürlich darf es nicht sein, dass jemand von euch als Verbrecher leidet, als Mörder oder Dieb oder Aufrührer.[c] 16 Aber wer einzig wegen Christus[d] leidet, soll sich nicht schämen, sondern sich ohne Scheu zum Christennamen bekennen und Gott dadurch ehren.[e]

17 Denn jetzt ist die Zeit, in der das Gericht Gottes bei seiner Gemeinde den Anfang nimmt. Wenn es aber bei uns anfängt, wie wird es dann am Ende denen ergehen, die Gottes Gute Nachricht* ablehnen? 18 Ihr wisst doch: »Sogar wer Gott gehorcht, wird nur mit knapper Not gerettet. Was wird dann aus dem Sünder, der Gott verachtet?« 19 Darum sollen alle, die nach dem Willen Gottes zu leiden haben, sich ganz ihrem Schöpfer anvertrauen und nicht davon ablassen, das Rechte zu tun.

Vom Zusammenleben in der Gemeinde

5 Ich wende mich nun an die Ältesten* unter euch. Ich bin selbst Ältester der Gemeinde,[f] und ich habe teil an den Leiden von Christus wie an seiner Herrlichkeit*, die bald offenbar werden wird. Deshalb ermahne ich euch: 2 Leitet die Gemeinde, die Herde Gottes, die euch anvertraut ist, als rechte Hirten! Kümmert euch um sie, nicht weil es eure Pflicht ist, sondern aus innerem Antrieb, so wie es Gott gefällt. Tut es nicht, um euch zu bereichern, sondern aus Hingabe. 3 In eurem Verantwortungsbereich führt euch nicht als Herren auf, sondern gebt euren Gemeinden ein Vorbild. 4 Dann werdet ihr, wenn der oberste Hirt kommt, den Siegeskranz* erhalten, der nie verwelkt.

5 Euch Jüngeren aber sage ich: Ordnet euch den Ältesten unter! Überhaupt müsst ihr – das sage ich allen – im Umgang miteinander jede Überheblichkeit ablegen. Ihr wisst doch: »Gott widersetzt sich den Überheblichen, aber denen, die gering von sich denken, wendet er seine Liebe zu.«

6 Beugt euch also unter Gottes starke Hand, damit er euch erhöhen kann, wenn die Zeit gekommen ist.

7 Alle eure Sorgen werft auf ihn, denn er sorgt für euch.

8 Seid wachsam und nüchtern! Euer Feind, der Teufel, schleicht um die Herde wie ein hungriger Löwe. Er wartet nur darauf, dass er jemand von euch verschlingen kann. 9 Leistet ihm Widerstand und haltet unbeirrt am Glauben fest. Denkt daran, dass die Gemeinschaft eurer Brüder und Schwestern[g] in der ganzen Welt die gleichen Leiden durchzustehen hat.

10 Ihr müsst jetzt für eine kurze Zeit leiden. Aber Gott hat euch in seiner großen Gnade dazu berufen, in Gemeinschaft mit Jesus Christus für immer in seiner Herrlichkeit zu leben. Er wird euch Kraft geben, sodass euer Glaube stark und fest bleibt und ihr nicht zu Fall kommt. 11 Ihm gehört die Macht in Ewigkeit. Amen.

a Vgl. 3,19 und Sacherklärung »Gefängnis«.
b Die bisherigen Aussagen des Briefes lassen nichts davon erkennen, dass die Gemeinden unter einer gezielten, von Staats wegen betriebenen Verfolgung zu leiden hätten (vgl. 2,12.15; 3,9.15-17; 4,4). Demnach ist hier zusammenfassend von der Anfeindung durch die nichtchristliche Umwelt die Rede.
c *(als) Aufrührer:* vielleicht auch *wegen Einmischung in fremde Angelegenheiten.*
d *einzig wegen Christus:* wörtlich *als Christ;* vgl. Anmerkung zu Apg 11,26.
e Wir kennen viele Beispiele dafür, dass man den Christen zu jener Zeit kriminelle Handlungen nachgesagt hat. Wenn solch eine Anschuldigung vor Gericht verhandelt wurde, gab es Gelegenheit zum offenen Bekenntnis zu Christus (vgl. die Anmerkungen zu Phil 1,7 und 1,13).
f Der Verfasser (vgl. 1,1) stellt sich auf eine Stufe mit den Gemeindeleitern, die er nun gesondert anspricht.
g *die Gemeinschaft …:* wörtlich *eure Bruderschaft* bzw. *Geschwisterschaft;* vgl. Anmerkung zu 1,22.

4,5 Apg 10,42S **4,6** 3,19 **4,7** (nahe) 1Kor 7,29.31; 10,11; 1Joh 2,18; Jak 5,8S **4,8** 1,22S; Jak 5,20 **4,9** Hebr 13,2S **4,10** Röm 12,6-8S **4,11** (Rede) 1Kor 12,8; (Tat) Röm 12,7; (zur Ehre Gottes) 1Kor 10,31 **4,12** 1,6-7 **4,13** 5,1; 2Kor 4,10S; (Herrlichkeit) Röm 5,2S **4,14** 2,20; 3,14; Mt 5,10-12 **4,16** 2Tim 1,8 **4,17** Jer 25,29S; 2Thess 1,8 **4,18** *nach* Spr 11,31 **4,19** Ps 31,6 **5,2** Joh 21,15-17S; 1Tim 6,5 **5,3** 2Kor 1,24; 1Kor 4,16S **5,4** 1,4; 1Kor 9,24-25S **5,5** Eph 5,21; *zit* Spr 3,34; Jak 4,6S **5,6** Jak 4,10 **5,7** Ps 55,23; Phil 4,6S **5,8** 1Thess 5,5-8; 2Kor 2,11; Ps 22,14; Sir 27,10 **5,9** Eph 6,11-12; Jak 4,7 **5,10** Röm 5,2S

Abschließende Grüße

[12] Ich habe euch diesen kurzen Brief mit Hilfe von Silvanus geschrieben, den ich als treuen Bruder schätze. Ich wollte euch ermutigen und euch bezeugen, dass ihr gerade in eurem Leiden[a] die wahre Gnade Gottes erlebt. Bleibt fest in dieser Gnade!

[13] Eure Schwestergemeinde hier in Babylon,[b] die so wie ihr von Gott erwählt wurde, grüßt euch; ebenso mein Sohn Markus.[c] [14] Grüßt einander mit dem heiligen Kuss, dem Zeichen eurer Verbundenheit als Brüder und Schwestern![d]

Frieden* sei mit euch allen, die ihr mit Christus verbunden seid!

a *gerade in eurem Leiden:* verdeutlichender Zusatz; vgl. 2,19.
b Wahrscheinlich ein Deckname für Rom (vgl. Offb 17 und Sacherklärung »Babylon«).
c Vgl. Phlm 24 und Vergleichsstellen dort. Er gilt nach altkirchlicher Überlieferung als Dolmetscher von Petrus.
d *dem heiligen Kuss …:* wörtlich *dem Kuss der Liebe.* Die Formulierung findet sich nur hier; gemeint ist dasselbe wie in Röm 16,16 und an den dort angegebenen Vergleichsstellen (siehe Sacherkärung »Friedenskuss«).

5,12 (Silvanus) 1 Thess 1,1 S **5,13** (Markus) Apg 12,12 S

2 PETRUS

Die ersten Christen hatten die Wiederkunft Christi und das Ende dieser Welt noch zu ihren Lebzeiten erwartet. Als nach und nach die erste Generation starb, kamen in den Gemeinden Unruhe und Zweifel auf (vgl. 3,4).
Irrlehrer hatten ein leichtes Spiel. Der Brief ruft seine Empfänger auf, ihre Hoffnung nicht preiszugeben. Dass wir durch Jesus Christus zum Leben in der neuen Welt Gottes bestimmt sind, steht unerschütterlich fest. Die Frage des Zeitpunktes ist demgegenüber von untergeordneter Bedeutung; Gott hat ein anderes Zeitmaß als wir Menschen (3,8).
Die Irrlehrer vertraten wahrscheinlich die Auffassung, durch den Heiligen Geist gehörten die Christen schon jetzt der himmlischen Welt an und es brauche deshalb gar kein äußeres Weltende. Sie werden im Übrigen ähnlich charakterisiert und bekämpft wie im Judasbrief (siehe die Einführung Seite 365 NT).

Inhaltsübersicht

Eingangsgruß

1 Simon Petrus, der als Apostel* Jesus Christus dient, schreibt diesen Brief an alle, die aufgrund der Gerechtigkeit unseres Gottes und Retters Jesus Christus den gleichen kostbaren Glauben empfangen haben wie wir Apostel selbst.

2 Gnade und Frieden* werde euch in reichem Maß zuteil durch die Erkenntnis Gottes und unseres Herrn* Jesus!

Ein Ziel, das jede Mühe wert ist

3 Ja, so ist es: Gott in seiner Macht hat uns alles geschenkt, was wir zu einem Leben in wahrer Frömmigkeit brauchen. Er hat es dadurch getan, dass er uns Jesus Christus erkennen ließ, ihn, der uns in seiner Herrlichkeit und Kraft berufen hat. 4 Durch ihn haben wir wertvolle, unüberbietbare Zusagen erhalten: Wir sollen der Vernichtung entrinnen, der diese Welt* durch ihre Leidenschaften verfallen ist, und an der göttlichen Unsterblichkeit teilhaben.

5 Setzt deshalb alles daran, dass aus eurem Glauben sittliche Bewährung erwächst, aus der sittlichen Bewährung Erkenntnis*, 6 aus der Erkenntnis Selbstbeherrschung, aus der Selbstbeherrschung Standhaftigkeit, aus der Standhaftigkeit echte Frömmigkeit, 7 aus der Frömmigkeit Liebe zu den Glaubensgeschwistern,[a] aus der Liebe zu den Glaubensgeschwistern Liebe zu allen Menschen.

8 Wenn ihr dies alles habt und ständig darin zunehmt, wird sich das auswirken und Frucht bringen in einer vertieften Erkenntnis unseres Herrn* Jesus Christus. 9 Wer dagegen all das nicht hat, ist kurzsichtig und geistlich blind. Ein solcher Mensch hat völlig vergessen, was es bedeutet, dass er von seinen früheren Sünden gereinigt worden ist.[b]

10 Deshalb, meine Brüder und Schwestern,[c] setzt alles daran, so zu leben, dass eure Berufung und Erwählung gefestigt wird. Dann werdet ihr niemals zu Fall kommen, 11 und Gott bereitet euch einen herrlichen Einzug in das ewige Reich unseres Herrn und Retters Jesus Christus.

Der Brief als Testament des Apostels

12 Darum werde ich euch immer wieder an diese Zusammenhänge erinnern. Ihr wisst zwar Bescheid und seid fest in der Wahrheit gegründet, die euch bekannt gemacht worden ist. 13 Aber ich halte es für meine Pflicht, euch zu erinnern und euch wach zu halten, solange ich noch bei euch lebe.

14 Ich weiß allerdings, dass das Zelt meines Körpers bald abgebrochen wird; unser Herr* Jesus Christus hat es mir angekündigt. 15 Darum schreibe ich dies für euch nieder, damit[d] ihr auch nach meinem Tod

a Siehe Anmerkung zu Hebr 13,1.
b Eine Anspielung auf die Taufe und die mit ihr verbundene Sündenvergebung (Apg 2,38; 1 Petr 3,21; Tit 3,5).
c Siehe Anmerkung zu Hebr 2,17.
d Wörtlich *Ich will aber Sorge tragen, dass.*

1,2 Jud 2 **1,3** 1,16-17 **1,4** Jak 1,14-15 S; (teilhaben) Röm 5,2 S **1,7** Gal 6,10 S **1,9** Eph 5,26 S **1,11** 2 Tim 4,18; (Retter) 2 Petr 2,20; 3,18; Tit 3,6 S **1,14** 2 Kor 5,1; Joh 21,18-19

jederzeit die Möglichkeit habt, euch alles in Erinnerung zu rufen.

Unsere Hoffnung auf das Kommen des Herrn ist fest gegründet

16 Wir haben uns keineswegs auf geschickt erfundene Märchen gestützt, als wir euch ankündigten, dass Jesus Christus, unser Herr*, wiederkommen wird, ausgestattet mit Macht. Vielmehr haben wir ihn mit eigenen Augen in der hohen Würde gesehen, in der er künftig offenbar werden soll.[a] 17 Denn er empfing von Gott, seinem Vater, Ehre und Herrlichkeit – damals, als Gott, der die höchste Macht hat, das Wort an ihn ergehen ließ: »Dies ist mein Sohn*, ihm gilt meine Liebe, ihn habe ich erwählt.« 18 Als wir mit ihm auf dem heiligen Berg waren, haben wir diese Stimme vom Himmel gehört.

19 Dadurch wissen wir nun noch sicherer, dass die Voraussagen der Propheten* zuverlässig sind, und ihr tut gut daran, auf sie zu achten. Ihre Botschaft ist für euch wie eine Lampe, die in der Dunkelheit brennt, bis der Tag anbricht und das Licht des Morgensterns* eure Herzen hell macht.

20 Ihr müsst aber vor allem Folgendes bedenken: Keine Voraussage in den Heiligen Schriften* darf eigenwillig gedeutet werden; 21 sie ist ja auch nicht durch menschlichen Willen entstanden. Die Propheten sind vom Geist* Gottes ergriffen worden und haben verkündet, was Gott ihnen aufgetragen hatte.

Falsche Lehrer und ihre Bestrafung

2 Aber genauso wie im Volk Israel falsche Propheten aufgetreten sind, werden auch unter euch falsche Lehrer auftreten, die gefährliche Irrlehren verkünden. Durch ihre Lebensführung werden sie den erhabenen Herrn verleugnen, der sie freigekauft hat. Damit werden sie sehr schnell ihren eigenen Untergang herbeiführen.

2 Viele werden dem Beispiel ihres ausschweifenden Lebens folgen, und so wird ihretwegen die wahre Glaubenslehre in Verruf geraten. 3 In ihrer Habgier werden sie euch mit erfundenen Geschichten einzufangen suchen. Aber ihre Bestrafung ist bei Gott schon seit langem beschlossene Sache; ihr Untergang wird nicht auf sich warten lassen.

4 Gott hat ja auch die Engel*, die sich gegen ihn vergangen hatten,[b] nicht geschont, sondern sie in den tiefsten Abgrund* geworfen. Dort liegen sie gefesselt in der Finsternis und warten auf den Tag des Gerichts.

5 Er hat auch die frühere Welt zurzeit Noachs nicht geschont, sondern hat die große Flut über die Welt der gottlosen Menschen kommen lassen. Nur acht hat er gerettet: Noach*, der die Menschen zum Gehorsam gegen Gott aufgerufen hatte, und sieben andere mit ihm.

6 Auch die Städte Sodom* und Gomorra hat Gott verurteilt und sie in Schutt und Asche sinken lassen. Er hat an diesem Beispiel gezeigt, wie es allen ergehen wird, die Gott nicht ernst nehmen. 7 Nur einen hat er gerettet: den rechtschaffenen Lot*, der unter dem zügellosen Leben der anderen zu leiden hatte. 8 Denn täglich musste er unter seinen Mitbürgern Dinge sehen und hören, die ihm Qualen bereiteten.

9 Der Herr weiß, wie er die, die ihn ehren, aus der Bedrängnis herausreißt. Aber alle, die Unrecht tun, lässt er warten, bis sie am Tag des Gerichts ihre Strafe bekommen. 10a Besonders hart werden die bestraft, die ihren schmutzigen Begierden folgen und den Gedanken frech von sich weisen, dass Gott ihr Herr und Richter ist.[c]

Abrechnung mit den falschen Lehrern

10b Diese falschen Lehrer sind frech und anmaßend. Sie haben keine Hemmungen, überirdische Mächte zu lästern. 11 Sogar hohe Engel*, die noch stärker und mächtiger sind als diese Mächte, bringen vor Gott keine beleidigenden Anklagen gegen sie vor.[d] 12 Aber diese falschen Lehrer handeln unvernünftig wie die wilden Tiere, die nur geboren werden, damit man sie fängt und tötet. Sie beschimpfen das, wovon sie keine Ahnung haben. Sie werden auch wie wilde Tiere vernichtet werden. 13 Für das Unrecht, das sie tun, bekommen sie den verdienten Lohn.

Sie lieben es, schon am hellen Tag zu schlemmen. Als Schmutz- und Schandflecken schwelgen sie in Täuscherei,[e] wenn sie es sich an euren Tischen wohl sein lassen. 14 Ihre Augen halten ständig Ausschau nach einer Frau, die bereit ist, sich mit ihnen einzulassen; ständig sind sie auf der Suche nach Gelegenheiten, zu sündigen. Wohltrainiert in Besitzgier, suchen sie Menschen zu ködern, die im Glauben nicht gefestigt sind – die Strafe ist ihnen sicher![f]

15 Sie haben sich vom geraden Weg abgewendet und die Richtung verloren; sie sind dem Weg gefolgt, den Bileam*, der Sohn Beors, gegangen ist. Er liebte das Geld,[g] das er als Lohn für seine böse Tat erhalten sollte; 16 aber er musste sich sein Unrecht vorhalten lassen: Ein Esel, der doch eigentlich nicht reden kann, sprach mit menschlicher Stimme und hinderte den Propheten daran, sein unsinniges Vorhaben auszuführen.

17 Diese Menschen sind wie Quellen, die kein Wasser geben, wie Nebelschwaden, die der Sturm vor sich hertreibt. Gott hat ihnen einen Platz in der tiefsten Finsternis bestimmt. 18 Sie reden hochtrabende, leere Worte und ziehen durch die Verlockungen eines ausschweifenden Lebens Menschen an sich,

a *in der er ...:* verdeutlichender Zusatz. Gedacht ist hier und im Folgenden an das Erlebnis der drei Jünger auf dem Berg der »Verklärung« nach Mk 9,2-8 par.
b Gedacht ist an die »Gottessöhne« von Gen 6,1-4 (vgl. Jud 6).
c *und den Gedanken ...:* wörtlich *und die Herrschaft verachten.*
d Zu Vers 10b-11 vgl. Jud 8-9 und die Anmerkung dort.
e *in Täuscherei:* Durch einen Anklang im griechischen Wortlaut werden aus den Liebesmählern* (so wörtlich; *agapai*) von Jud 12 »Täuschungsmähler« (*apatai* = Täuschungen), d.h., die Gemeinschaft des Mahls ist nur eine vorgetäuschte.
f *die Strafe:* wörtlich *(sie sind) Kinder des Fluches.*
g Das ist aus Num 22,7.17 erschlossen. Zu Vers 16 vgl. Num 22,28-31.

1,19 Röm 1,2; 13,12; 1 Petr 1,10-11; Ps 119,105 **1,21** 2 Tim 3,15-16 S **2,1-22** Jud 4-13 **2,1** Mt 7,15 **2,3** 1 Tim 6,5 **2,4** 1 Petr 3,19-20 **2,5** 3,6; 1 Petr 3,20 S **2,6** Gen 19,24-25 S **2,7** Gen 19,1-16 **2,9** Mt 6,13; 1 Kor 10,13; Offb 3,10; Ijob 4,7 S **2,14** Mt 5,28; 2 Tim 3,6-7; 1 Tim 6,5 **2,15** Num 22,7.17 **2,16** Num 22,28-33

die eben erst mit knapper Not dem Leben im Irrtum
entkommen sind.
19 Freiheit versprechen sie ihnen – wo sie doch
selbst Sklaven der Vergänglichkeit sind. Denn jeder
ist ein Sklave dessen, der ihn besiegt hat. 20 Sie haben
unseren Herrn* und Retter Jesus Christus kennen
gelernt und waren dadurch schon einmal aus der
Verstrickung in den Schmutz der Welt* freigekommen.
Aber dann sind sie wieder von ihren alten
Gewohnheiten eingefangen und besiegt worden.
Darum sind sie am Ende schlimmer dran als am
Anfang.
21 Es wäre besser gewesen, sie hätten den rechten
Weg nie kennen gelernt, anstatt ihn kennen zu lernen
und sich danach wieder von der verbindlichen
göttlichen Weisung abzuwenden, die ihnen übergeben wurde.
22 Es ist ihnen ergangen, wie das Sprich-
wort sagt: »Der Hund frisst wieder, was er erbrochen
hat.« Oder wie ein anderes Sprichwort sagt: »Die
gebadete Sau wälzt sich wieder im Dreck.«

Christus wird wiederkommen

3 Meine Lieben, dies ist schon der zweite Brief,
den ich euch schreibe.[a] Mit beiden rufe ich euch
längst Bekanntes ins Gedächtnis, aber ich will euch
dadurch wach halten und in eurer unverdorbenen
Gesinnung bestärken. 2 Erinnert euch an das, was
die heiligen Propheten* vorausgesagt haben, und
ebenso an die verbindliche Weisung unseres Herrn*
und Retters, die euch die Apostel* übergeben haben!
3 Ihr müsst euch vor allem darüber im Klaren sein:
In der letzten Zeit werden Menschen auftreten, die
nur ihren eigenen selbstsüchtigen Wünschen folgen.
Sie werden sich über euch lustig machen 4 und sagen:
»Er hat doch versprochen wiederzukommen! Wo
bleibt er denn? Inzwischen ist die Generation unserer
Väter gestorben; aber alles ist noch so, wie es seit
der Erschaffung der Welt war!«[b]
5 Sie wollen nicht wahrhaben, dass es schon einmal
einen Himmel und eine Erde gab. Gott hatte
sie durch sein Wort geschaffen. Die Erde war aus
dem Wasser aufgestiegen, und auf dem Wasser ruhte
sie. 6 Durch das Wort und das Wasser wurde sie auch
zerstört, bei der großen Flut.[c] 7 Ebenso ist es mit dem
jetzigen Himmel und der jetzigen Erde: Sie sind
durch dasselbe Wort Gottes für das Feuer bestimmt
worden. Wenn der Tag des Gerichts da ist, werden
sie untergehen und mit ihnen alle, die Gott nicht
gehorcht haben.
8 Meine Lieben, eines dürft ihr dabei nicht übersehen:
Beim Herrn gilt ein anderes Zeitmaß als bei uns
Menschen. Ein Tag ist für ihn wie tausend Jahre, und
tausend Jahre wie ein einziger Tag. 9 Der Herr erfüllt
seine Zusagen nicht zögernd, wie manche meinen.
Im Gegenteil: Er hat Geduld mit euch, weil er nicht
will, dass einige zugrunde gehen. Er möchte, dass
alle Gelegenheit finden, von ihrem falschen Weg
umzukehren.

Ein neuer Himmel und eine neue Erde

10 Doch der Tag des Herrn* kommt unvorhergesehen
wie ein Dieb. Dann wird der Himmel unter tosendem
Lärm vergehen, die Himmelskörper verglühen
im Feuer, und die Erde und alles, was auf ihr ist, wird
zerschmelzen.[d]
11 Wenn ihr bedenkt, dass alles auf diese Weise vergehen
wird, was für ein Ansporn muss das für euch
sein, ein heiliges Leben zu führen, das Gott gefällt!
12 Lebt in der Erwartung des großen Tages, den Gott
heraufführen wird! Tut das Eure dazu, dass er bald
kommen kann. Der Himmel wird dann in Flammen
vergehen, und die Himmelskörper werden zerschmelzen.
13 Aber Gott hat uns einen neuen Himmel
und eine neue Erde versprochen. Dort wird es kein
Unrecht mehr geben, weil Gottes Wille regiert. Auf
diese neue Welt warten wir.

Ermutigung und Warnung

14 Meine Lieben, weil ihr darauf wartet, darum setzt
auch alles daran, dass eure Gemeinschaft mit dem
Herrn durch nichts beeinträchtigt wird. Bemüht
euch, rein und fehlerlos vor ihm zu stehen, wenn
er kommt. 15 Begreift doch: Unser Herr zögert nur
aus Geduld, damit ihr gerettet werdet!
Genau das hat euch auch unser lieber Bruder Paulus
geschrieben,[e] dem Gott viel Weisheit gegeben
hat. 16 Er sagt das in allen seinen Briefen, wenn er
über dieses Thema schreibt. Es gibt in ihnen allerdings
einige schwierige Stellen. Die werden von
unverständigen Leuten missdeutet, die im Glauben
nicht gefestigt sind. Aber so verfahren diese Leute
ja auch mit den übrigen Heiligen Schriften*. Sie verurteilen
sich damit selbst zum Untergang.
17 Ihr, meine Lieben, wisst das jetzt alles im Voraus.
Seid auf der Hut und lasst euch nicht von denen
in die Irre führen, die jede Ordnung verachten. Sonst
verliert ihr den festen Stand und kommt zu Fall.
18 Lebt immer mehr aus der Gnade unseres Herrn*
und Retters Jesus Christus und lernt ihn immer tiefer
erkennen. Ihm gehört die Ehre, jetzt und in Ewigkeit!
Amen*.

a Ein Hinweis auf den 1. Petrusbrief.
b Hier wird der Anlass des Briefes greifbar (siehe die Einführung).
c Die Flutkatastrophe von Gen 6–8 wird als Weltuntergang gedeutet.
d *zerschmelzen:* Der griechische Text ist in verschiedenen Fassungen überliefert. Die bestbezeugte lautet: *wird gefunden werden,* was ohne willkürliche Ergänzungen unverständlich ist. Den Untergang im Feuer bezeugen die Verse 7 und 12.
e Man kann an Röm 2,4 denken; Paulus hat in der Tat die Wiederkunft Jesu in Kürze erwartet (Röm 13,11; 1 Kor 7,29-31; 15,51-53).

2,19 Joh 8,34S **2,20** (Retter) 1,11S; (schlimmer) Mt 12,45par **2,21** Lk 12,47-48 **2,22** Spr 26,11 **3,2-3** Jud 17-19 **3,3** 2 Tim 3,1S **3,4** Mt 24,27S; 24,48-51; Jer 17,15; Ez 12,22 **3,5** Gen 1,6-9; Hebr 11,3 **3,6** 2,5; Mt 24,37-39par **3,8** Ps 90,4 **3,9** Röm 2,4S; Weish 11,23S; 1 Tim 2,4S **3,10** Mt 24,27S; 24,43S; Jes 24,4S **3,13** (neuer Himmel – neue Erde) Offb 21,1S; (kein Unrecht) Offb 21,27S; Jes 60,21 **3,15** Röm 2,4S **3,17-18** Jud 24-25 **3,17** 1 Kor 10,12; Mk 13,5par **3,18** (Retter) 1,11S

1 JOHANNES

Dieses Schreiben ist nach Stil und Gedankengut mit dem Johannes-Evangelium eng verwandt und wendet sich an einen entsprechenden, örtlich begrenzten Kreis von Gemeinden. In Auseinandersetzung mit einer gefährlichen Fehldeutung (vgl. 2,18-19) sucht der Autor das wahre Wesen des christlichen Glaubens zu entfalten. In Jesus Christus, dem ewigen »Wort« von Johannes 1,1, ist Gott als Liebe offenbar geworden, und diese Liebe kommt zum Ziel in der gegenseitigen Liebe, die sie in uns erweckt (4,7-21). Wer die Liebe Gottes erfahren hat, der liebt auch die »Brüder«. Aber diese Liebe erfährt nur der wirklich, der weiß, wie sehr er ihrer bedarf: wer die Schuld kennt, die ihn von Gott trennt (2,7-11). Ihren tiefsten Ausdruck findet die Liebe Gottes im Opfertod Jesu Christi für unsere Schuld (1,7).

Der Brief warnt vor einer Irrlehre, die auf einer falschen Anschauung vom Menschen beruht und das Gewicht der menschlichen Schuld gering achtet. Darum bemisst sie auch die Größe des Einsatzes falsch, den Gott in Jesus Christus zugunsten der Menschen geleistet hat (4,9-10). Die Anhänger dieser Lehre hielten sich wahrscheinlich für ›erleuchtet‹, d.h. ihrem innersten Wesen nach für einen Teil des göttlichen Lichtes (vgl. 2,9). Sie glaubten deshalb, ohne Schuld zu sein; vielleicht meinten sie sogar, dass das göttliche Licht in ihnen auch durch Sünde nicht verdunkelt werden könne. Dass Gottes Sohn (das ewige »Wort« von Johannes 1,1) wirklich Mensch geworden sei und als Mensch für uns den Tod auf sich genommen habe, empfanden sie als eine überflüssige, ja Gottes unwürdige Vorstellung (vgl. 4,2; 5,6). Mit ihrer Auffassung befinden sie sich auf dem Weg zu der späteren ›gnostischen‹ Lehre, dass der himmlische Christus (»das Wort«) sich zwar bei der Jordantaufe mit dem Menschen Jesus verbunden, ihn jedoch vor dem Kreuzestod wieder verlassen habe. Doch lässt sich die Vorstellung, die die als »Antichristen« bekämpften Irrlehrer von Christus hatten, aus den Andeutungen im Brief nicht mehr mit voller Sicherheit erheben.

Der Schreiber des Briefes nennt sich selbst nicht mit Namen. Seine Sprache wie seine Gedankenwelt verraten jedoch, dass hier der Verfasser des Johannes-Evangeliums redet (vgl. die Einführung dazu) oder jedenfalls einer, der ihm sehr nahe steht.

Inhaltsübersicht

a Zu Vers 1-2 vgl. Joh 1,1-2.14.
b Verdeutlichender Zusatz.

LEBEN IN DER GEMEINSCHAFT MIT GOTT (1,1–2,17)

Das Leben bringende Wort

1 Was von allem Anfang an da war,
was wir gehört haben,
was wir mit eigenen Augen gesehen haben,
was wir angeschaut haben
und betastet haben mit unseren Händen,
nämlich das Wort*, das Leben bringt –
davon reden wir.
2 Denn das Leben ist offenbar geworden,
und wir haben es gesehen;
wir sind Zeugen dafür
und verkünden euch das unvergängliche Leben,
das beim Vater war
und sich uns offenbart hat.[a]
3 Was wir so gesehen und gehört haben,
das verkünden wir euch,
damit ihr in Gemeinschaft mit uns verbunden seid.
Und die Gemeinschaft, die uns miteinander
verbindet,
ist zugleich Gemeinschaft mit dem Vater
und mit Jesus Christus, seinem Sohn*.
4 Das erfüllt uns mit großer Freude.[b]
Und wir schreiben euch diesen Brief,
damit unsere Freude vollkommen wird.

1,1-2 Joh 1,1-2.14; (Leben) Joh 4,14; 6,35; 8,12; 11,25; (Zeugen) Joh 15,27S **1,4** Joh 15,11S

Gott ist Licht

5 Von ihm, Jesus Christus, dem offenbar gewordenen Wort*, haben wir die Botschaft gehört, die wir euch weitersagen: Gott ist Licht, in ihm gibt es keine Spur von Finsternis. 6 Wenn wir behaupten:[a] »Wir haben Gemeinschaft mit Gott«, und gleichzeitig im Dunkeln leben, dann lügen wir und gehorchen nicht der Wahrheit*. 7 Leben wir aber im Licht, so wie Gott im Licht ist, dann haben wir Gemeinschaft untereinander, und das Blut*, das Jesus, sein Sohn*, für uns vergossen hat, reinigt uns von jeder Schuld.

Niemand ist ohne Sünde

8 Wenn wir behaupten: »Wir sind ohne Schuld«, betrügen wir uns selbst und die Wahrheit* lebt nicht in uns. 9 Wenn wir aber unsere Verfehlungen eingestehen, können wir damit rechnen, dass Gott treu und gerecht ist: Er wird uns dann unsere Verfehlungen vergeben und uns von aller Schuld reinigen. 10 Wenn wir behaupten: »Seit wir Christen sind, haben wir nie mehr Unrecht getan«,[b] machen wir Gott zum Lügner und sein Wort lebt nicht in uns.

2 Meine lieben Kinder, ich schreibe euch dies, damit ihr kein Unrecht tut. Sollte aber jemand schuldig werden, so haben wir einen, der beim Vater für uns eintritt: Jesus Christus, den Gerechten, der ohne Schuld ist.[c] 2 Durch seinen Tod hat er Sühne für unsere Schuld geleistet, ja sogar für die Schuld der ganzen Welt.

Wahre Gotteserkenntnis: sein Wort befolgen

3 Ob wir Gott wirklich kennen, erkennen wir daran, dass wir auf seine Befehle hören. 4 Wer behauptet: »Ich kenne Gott«, ihm aber nicht gehorcht, ist ein Lügner und die Wahrheit* lebt nicht in ihm. 5 Wer aber Gottes Wort befolgt, bei dem hat die göttliche Liebe ihr Ziel erreicht. Und daran erkennen wir, dass wir Gemeinschaft mit ihm haben. 6 Wer behauptet, ständig Gemeinschaft mit ihm zu haben, muss so leben, wie Jesus gelebt hat.

Das neue Gebot

7 Ihr Lieben, was ich euch schreibe, ist kein neues Gebot, sondern das alte, das ihr von Anfang an kennt. Es ist die Botschaft, die ihr gehört habt. 8 Und doch ist es ein stets neues Gebot – so wie Christus es verkündet und selbst erfüllt hat und wie er es euch gegeben und euch zu seiner Erfüllung befähigt hat.[d] Denn die Dunkelheit weicht zurück und das wahre Licht leuchtet schon.

9 Wer behauptet, im Licht zu leben, aber seinen Bruder oder seine Schwester[e] nicht liebt, ist immer noch im Dunkeln. 10 Nur wer seine Glaubensgeschwister liebt, lebt wirklich im Licht. Und im Licht gibt es nichts, wodurch jemand zu Fall kommen könnte.[f] 11 Wer aber seinen Bruder oder seine Schwester nicht liebt, lebt in der Dunkelheit. Ein solcher Mensch tappt im Dunkeln und weiß nicht, wo sein Weg endet; denn die Dunkelheit hat ihn blind gemacht.

Absage an die gottfeindliche Welt

12 Ihr Kinder, ich gebe es euch schriftlich:[g] Eure Verfehlungen sind vergeben; das verbürgt der Name Jesus Christus.

13 Ihr Väter und Mütter,[h] ich gebe es euch schriftlich: Ihr habt den erkannt, der von Anfang an da ist.

Ihr jungen Leute,[h] ich gebe es euch schriftlich: Ihr habt den Teufel besiegt.

14 So habt ihr es jetzt schwarz auf weiß,[i] ihr Kinder: Ihr habt den Vater erkannt!

Ihr habt es schwarz auf weiß, ihr Väter und Mütter: Ihr habt den erkannt, der von Anfang an da ist!

Ihr habt es schwarz auf weiß, ihr jungen Leute: Ihr seid stark, denn das Wort Gottes ist in euch lebendig und ihr habt den Teufel besiegt!

15 Liebt nicht die Welt* und das, was zu ihr gehört! Wer die Welt liebt, in dessen Herz gibt es keine Liebe zum Vater. 16 Die Welt ist erfüllt von der Gier der Triebe und Sinne, von der Gier der Augen, vom Prah-

»Gott ist Licht, in ihm gibt es keine Spur von Finsternis.« (1,5)

a Mit dieser Wendung (vgl. auch 1,8.10; 2,4.6.9) werden Äußerungen der Irrlehrer aufgenommen und anschließend abgewiesen.
b Wörtlich *»Wir haben kein Unrecht getan«.* Im Abschnitt 1,8–2,2 geht es um die nüchterne Anerkennung der Tatsache, dass auch Christen sündigen (trotz 3,6.9; 5,18), und die Gewissheit, dass Gott solche Sünden, die es an sich gar nicht mehr geben dürfte, vergibt (vgl. 1,7; 2,1-2; 5,16-17; Joh 20,23).
c Wörtlich *den Gerechten*;* siehe Apg 3,14 und Vergleichsstellen dort.
d Wörtlich *Und doch schreibe ich euch ein neues Gebot, etwas, das wahr ist in ihm und in euch.* Es ist *wahr,* sofern es Wirklichkeit ist (in Christus, seiner Lebenshingabe) und Wirklichkeit schafft (in uns; vgl. Joh 15,5-17); siehe Sacherklärung »Wahrheit«. Stets *neu* bleibt es, weil es durch nichts überholt werden kann.
e Wörtlich *Bruder;* entsprechend im gesamten Brief, der nirgends ausdrücklich die »Schwestern« erwähnt; auch »Glaubensgeschwister« ist durchgehend Wiedergabe von *Bruder* (Einzahl). Zur Übersetzung siehe Sacherklärung »Bruder«.
f Möglich ist auch die Übersetzung *Und an ihm* (der im Licht lebt) *ist nichts, wodurch andere zu Fall kommen könnten.*
g Wörtlich *Ich schreibe euch;* so auch in Vers 13.
h/i Siehe folgende Seite

1,5 1 Tim 6,16 **1,6** 2,4 S **1,7** Jes 2,5; (Blut) Hebr 9,12 S; Offb 1,5; 5,9; 7,14 **1,9** Ps 32,3-5 S **2,1** Röm 8,34; Hebr 7,25; (Gerechte) Apg 3,14 S **2,2** 4,10; Joh 1,29 **2,4** 1,6; 4,6; Joh 8,44 **2,5** (befolgt) 2,17; 5,3; 2 Joh 6; Joh 14,15 S **2,6** Joh 13,15; 15,4-5 S **2,7-8** Joh 13,34 S **2,7** 2,24; 3,11 **2,8** Joh 8,12 S; Röm 13,12 **2,9** 3,10.15; 4,20 **2,12** 3,5 S; Apg 4,12 S **2,15** Jak 4,4 **2,16** Röm 13,14; Eph 2,3

len mit Geld und Macht. Das alles kommt nicht vom Vater, sondern gehört zur Welt. 17 Die Welt vergeht und mit ihr die ganze Lust und Gier. Wer aber tut, was Gott will, wird ewig leben.

DIE STUNDE DER VERFÜHRUNG (2,18–3,24)

Die Boten des Antichrist

18 Meine Kinder, die letzte Stunde ist da! Ihr habt gehört, dass der Antichrist* kommen wird, und er ist schon da: Viele »Antichristen« sind aufgetreten, und daran erkennen wir, dass es die letzte Stunde ist.[a] 19 Sie waren früher mit uns zusammen; aber sie gehörten nicht wirklich zu uns, sonst wären sie bei uns geblieben. Sie haben sich von uns getrennt, damit sie allesamt bloßgestellt würden als solche, die nie zu uns gehört haben.

20 Ihr aber habt von Christus den Heiligen Geist* empfangen,[b] und ihr alle habt die wahre Erkenntnis. 21 Ich schreibe euch also nicht, weil ich meine, dass ihr die Wahrheit noch nicht kennt. Ihr kennt sie sehr wohl und wisst deshalb auch, dass aus der Wahrheit keinerlei Lüge kommen kann.

22 Wer ist der Lügner? Der, der verneint, dass in Jesus der Sohn Gottes erschienen ist.[c] Das ist der Antichrist; er verneint mit dem Sohn* auch den Vater. 23 Wer den Sohn leugnet, hat auch keine Verbindung mit dem Vater. Wer sich aber zum Sohn bekennt, ist auch mit dem Vater verbunden.

24 Bewahrt also in eurem Herzen die Botschaft, die ihr von Anfang an gehört habt. Wenn das, was ihr von Anfang an gehört habt, in eurem Herzen bleibt, dann werdet auch ihr stets mit dem Sohn und dem Vater verbunden bleiben. 25 Und das ist es auch, was Christus uns versprochen hat: ewiges Leben.

26 So viel über die Leute, die euch irreführen wollen. 27 Ihr aber habt von Christus den Heiligen Geist[d] empfangen. Solange dieser Geist in euch bleibt, habt ihr keinen anderen Lehrer nötig. Denn er belehrt euch über alles. Was er sagt, ist wahr und keine Lüge. Tut darum, was der Geist euch lehrt: Bleibt mit Christus vereint!

Mahnung zur Treue

28 Bleibt also mit ihm vereint, meine Kinder! Dann werden wir voll Zuversicht sein, wenn er erscheint, und müssen nicht als Schuldige vor ihm stehen, wenn er kommt. 29 Ihr wisst doch, dass Christus nie etwas Unrechtes getan hat. Dann wisst ihr auch, dass jeder, der das Rechte tut, genau wie Christus Gott zum Vater hat.

Kinder Gottes und Kinder des Teufels

3 Seht doch, wie sehr uns der Vater geliebt hat! Seine Liebe ist so groß, dass er uns seine Kinder nennt. Und wir sind es wirklich: Gottes Kinder! Deshalb kennt uns die Welt* nicht; sie hat ja auch ihn nicht erkannt.

2 Ihr Lieben, wir sind schon Kinder Gottes. Was wir einmal sein werden, ist jetzt noch nicht sichtbar. Aber wir wissen, wenn es offenbar wird, werden wir Gott ähnlich sein; denn wir werden ihn sehen, wie er wirklich ist.

3 Alle, die das voller Zuversicht von ihm erwarten, halten sich von allem Unrecht fern, so wie Christus es getan hat. 4 Wer sündigt, lehnt sich gegen Gott auf, denn Sünde ist nichts anderes als Auflehnung gegen Gott.[e] 5 Ihr wisst doch, dass Christus auf die Erde gekommen ist, um die Sünden der Menschen wegzuschaffen. In ihm gibt es keine Spur von Sünde. 6 Wer mit ihm verbunden bleibt, sündigt nicht mehr. Wer aber sündigt, hat ihn nie gesehen und kennt ihn nicht.

7 Lasst euch von niemand irreführen, meine Kinder! Wer das Rechte tut, kann wie Christus vor dem Urteil Gottes bestehen. 8 Wer sündigt, stammt vom Teufel, denn der Teufel hat von Anfang an gesündigt. Der Sohn Gottes aber ist auf die Erde gekommen, um die Werke des Teufels zu zerstören.

9 Wer Gott zum Vater hat, sündigt nicht, weil das Erbgut seines Vaters in ihm wirkt.[f] Ein solcher Mensch kann gar nicht sündigen, weil er von Gott stammt.[g] 10 Aber wer Unrecht tut oder seinen Bruder und seine Schwester[h] nicht liebt, stammt nicht von Gott. Daran sind die Kinder Gottes und die Kinder des Teufels zu erkennen.

Ihr sollt einander lieben!

11 Die Botschaft, die ihr von Anfang an gehört habt, lautet: Wir sollen einander lieben! 12 Wir sollen nicht sein wie Kain*, der vom Teufel stammte und seinen Bruder ermordete. Warum hat er ihn ermordet? Weil seine eigenen Taten schlecht waren, aber die seines Bruders gut.

13 Wundert euch also nicht, meine Brüder und Schwestern, wenn die Welt* euch hasst. 14 Wir wissen, dass wir den Tod hinter uns gelassen und das unvergängliche Leben erreicht haben. Wir erkennen es daran, dass wir unsere Glaubensgeschwister lieben.

h *Väter und Mütter* und *jungen Leute:* wörtlich *Väter* und *jungen Männer;* so auch in Vers 14. In Vers 12-14 sind wohl nicht Geschlecht und natürliche Altersstufen im Blick, sondern Reifestufen im Glaubensleben der Adressaten.
i Wörtlich *Ich habe euch geschrieben;* so auch in den folgenden Sätzen.

a Vgl. Mt 24,23-24.
b Wörtlich *habt das Salböl von dem Heiligen.* Mit *Salböl* (bzw. der Salbung damit) ist die Ausrüstung der Empfänger für ihren Auftrag gemeint; vgl. Joh 14,26; 16,13. Zu Christus als *dem Heiligen* vgl. Apg 3,14.
c *dass in Jesus ...:* wörtlich *dass Jesus der Christus ist.* Die Aussage ist im Sinn von Joh 11,27; 20,31 zu verstehen; vgl. die anschließenden Sätze.
d Wörtlich *das Salböl,* ebenso für *Geist* in der Fortsetzung; siehe dazu Anmerkung zu Vers 20.
e Die Irrlehrer meinten offenbar, als »Gotteskinder« seien sie der »Welt« schon entnommen und deshalb auch über moralische Maßstäbe erhaben.
f Wörtlich *weil sein Same in ihm bleibt.*
g Doch vgl. 1,8–2,2 und die Anmerkung zu 1,10.
h Wörtlich *Bruder;* entsprechend in den Versen 13-17; siehe Anmerkung zu 2,9.

2,17 1 Kor 7,31; 1 Joh 2,5 S **2,18** 4,3; 2 Joh 7; 2 Thess 2,3-4 **2,19** Apg 20,30 **2,20** 2,27 S **2,22** 4,2-3; 2 Joh 7 **2,23** 4,15; 2 Joh 9 **2,24** 2,7 S **2,25** Joh 5,24 S **2,27** Joh 14,16 S **2,28** Joh 15,4-5 S; 1 Joh 3,21 S **2,29** 3,7.10 **3,1** 3,10; 4,6; Joh 1,12 S; Röm 8,14-17 **3,2** 1 Kor 13,12; 2 Kor 3,18; Phil 3,21; Kol 3,4 **3,5** (Sünden wegschaffen) 1,7.9; 2,2.12; 4,10; Joh 1,29; 1 Petr 2,24 S; (ohne Sünde) 1 Petr 2,22 S; 3,18; 2 Kor 5,21 **3,6** 3,9; 5,18; Joh 15,4-5 **3,8** Joh 8,44 S; Mt 12,26-29 par **3,10** 2,9.29 **3,11** Joh 13,34 S; 1 Joh 4,11 S **3,12** Gen 4,8; Jud 11 S **3,13** Joh 15,18-19 S **3,14** Joh 5,24

Wer dagegen nicht liebt, bleibt im Tod. 15 Wer sei-
nen Bruder oder seine Schwester hasst, ist ein Mör-
der, und ihr wisst, dass in keinem Mörder ewiges
Leben sein und bleiben kann.
16 Christus gab sein Leben für uns hin; daran
haben wir erkannt, was Liebe ist. Auch wir müssen
deshalb unser Leben für unsere Brüder und Schwes-
tern einsetzen. 17 Angenommen, jemand hat alles,
was er in der Welt braucht. Nun sieht er seinen Bru-
der oder seine Schwester Not leiden, verschließt
aber sein Herz vor ihnen. Wie kann da die Liebe Got-
tes in ihm bleiben und er in ihr?

Wer liebt, darf auf Erbarmen hoffen

18 Meine Kinder, unsere Liebe darf nicht nur aus
schönen Worten bestehen. Sie muss sich in Taten
zeigen, die der Wahrheit* entsprechen: der Liebe,
die Gott uns erwiesen hat. 19 Daran werden wir
erkennen, dass die Wahrheit Gottes unser Leben
bestimmt. Damit werden wir auch unser Herz vor
Gott beruhigen können, 20 wenn es uns anklagt, weil
unsere Liebe doch immer Stückwerk bleibt. Denn
wir dürfen wissen: Gott ist größer als unser Herz
und weiß alles, er kennt unser Bemühen wie unsere
Grenzen.[a]
21 Ihr Lieben, wenn unser Herz uns nicht mehr
anklagt, dann können wir mit Zuversicht zu Gott
aufschauen. 22 Wir erhalten von ihm, worum wir bit-
ten, weil wir seine Gebote befolgen und tun, was
ihm gefällt. 23 Sein Gebot ist: Wir sollen uns zu sei-
nem Sohn* Jesus Christus bekennen[b] und einander
so lieben, wie er es uns befohlen hat. 24 Wer Gottes
Gebot befolgt, bleibt mit Gott verbunden und Gott
mit ihm. Durch den Geist*, den er uns gegeben
hat, wissen wir, dass Gott in uns lebt.

GLAUBE UND LIEBE AUF DEM PRÜFSTAND (4,1–5,12)

Unterscheidung der Geister

4 Ihr Lieben, glaubt nicht allen, die vorgeben, Bot-
schaften des Geistes* zu verkünden![c] Prüft sie,
ob der Geist Gottes aus ihnen redet. Denn diese
Welt* ist voll von falschen Propheten*.
2 An folgendem Merkmal könnt ihr erkennen, ob
es sich um den Geist Gottes handelt: Wer bekennt,
dass Jesus Christus ein Mensch von Fleisch und Blut
wurde, hat den Geist Gottes. 3 Wer das leugnet,[d] aus
dem redet nicht der Geist Gottes, sondern der Geist
des Antichrist*. Ihr habt gehört, dass er in die Welt
kommen soll, und er ist schon da.
4 Aber ihr, meine Kinder, stammt von Gott und
habt die falschen Propheten besiegt. Er, der in euch
wirkt, ist mächtiger als der, der diese Welt* regiert.
5 Sie stammen aus der Welt und reden die Sprache
der Welt. Deshalb hört die Welt auf sie. 6 Aber wir
stammen von Gott, und wer Gott kennt, hört auf
uns. Wer nicht von Gott stammt, hört nicht auf
uns. So können wir den Geist der Wahrheit* vom
Geist des Irrtums unterscheiden.

Gottes Liebe zu uns: Quelle der brüderlich-schwesterlichen Liebe

7 Ihr Lieben, wir wollen einander lieben, denn die
Liebe kommt von Gott! Wer liebt, hat Gott zum
Vater und kennt ihn. 8 Wer nicht liebt, hat Gott nicht
erkannt; denn Gott ist Liebe.
9 Dadurch ist Gottes Liebe unter uns offenbar
geworden, dass er seinen einzigen Sohn[e] in die Welt
sandte. Durch ihn wollte er uns das neue Leben
schenken. 10 Das Einzigartige an dieser Liebe ist:
Nicht wir haben Gott geliebt, sondern er hat uns
geliebt. Er hat seinen Sohn gesandt, damit er durch
seinen Tod Sühne leiste für unsere Schuld.
11 Ihr Lieben, wenn Gott uns so sehr geliebt hat,
dann müssen auch wir einander lieben. 12 Niemand
hat Gott je gesehen. Aber wenn wir einander lieben,
lebt Gott in uns. Dann hat seine Liebe bei uns ihr Ziel
erreicht.[f] 13 Dass wir in Gott leben und er in uns,
wissen wir, weil er uns Anteil an seinem Geist* gege-
ben hat.
14 Wir haben es selbst gesehen und sind Zeugen
dafür, dass der Vater seinen Sohn gesandt hat als
den Retter der Welt. 15 Wer sich zu Jesus als dem Sohn
Gottes bekennt, in dem lebt Gott und er lebt in Gott.
16 Wir jedenfalls haben erkannt und halten im Glau-
ben daran fest, dass Gott uns liebt. Gott ist Lie-
be. Wer in der Liebe lebt, lebt in Gott und Gott lebt
in ihm.
17 Auch darin hat die Liebe Gottes bei uns ihr Ziel
erreicht, dass wir dem Tag des Gerichts voller Zuver-
sicht entgegensehen; denn so wie Christus mit dem
Vater verbunden ist, so sind ja auch wir es in dieser
Welt*. 18 Die Liebe kennt keine Angst. Wahre Liebe
vertreibt die Angst.[g] Wer Angst hat und vor der Stra-
fe zittert, bei dem hat die Liebe ihr Ziel noch nicht
erreicht.
19 Wir lieben, weil Gott uns zuerst geliebt hat.
20 Wenn jemand behauptet: »Ich liebe Gott«, und
dabei seinen Bruder oder seine Schwester[h] hasst,
dann lügt er. Wenn er seine Glaubensgeschwister,
die er sieht, nicht liebt, dann kann er Gott, den er
nicht sieht, erst recht nicht lieben. 21 Gott gab uns
dieses Gebot: Wer ihn liebt, muss auch seinen Bru-
der und seine Schwester lieben.

a *er kennt ...:* verdeutlichender Zusatz, ebenso zuvor *weil unsere Liebe immer Stückwerk bleibt. Zu weiß alles* vgl. Joh 21,17.
b *zu seinem Sohn ...:* wörtlich *an den Namen* seines Sohnes ... glauben*.*
c Wörtlich *glaubt nicht jedem Geist;* damit ist hier der Geist der Menschen gemeint, der vom Geist Gottes oder vom Teufel inspiriert sein kann.
d Zu den im 1. Johannesbrief bekämpften Irrlehrern siehe Sacherklärung »Gnosis«.
e Siehe Sacherklärung »eingeboren(er Sohn)«.
f Ausgangspunkt aller Liebe zueinander ist Gottes Liebe zu seinem Sohn und durch ihn zu den Menschen. Sie verwandelt den Glaubenden und befähigt ihn, auf gleiche Weise zu lieben.
g Was hier von der Liebe gesagt wird, sagt Paulus vom Geist Gottes (Röm 8,15).
h Wörtlich *seinen Bruder,* ebenso in den folgenden Sätzen; siehe Anmerkung zu 2,9.

3,15 Mt 5,21-22; Offb 21,8 **3,16** Gal 1,4 S; Joh 15,13 S **3,17** Dtn 15,7 **3,18** Jak 2,15-17 **3,21** 2,28; 4,17 **3,22** Joh 15,16 S **3,23** Joh 6,29; 13,34 S **3,24** Joh 15,4-5 S; 1 Joh 4,13 S **4,1** 1 Thess 5,21 S; 1 Joh 2,18 S; Mt 7,15 S **4,2** 1 Kor 12,3 S; Joh 1,14 **4,3** 2,18 S; 2,22 **4,4** 5,5 **4,6** 3,1 S; 2,4 S **4,9-10** Joh 3,16 S **4,10** 2,2; 3,5 S **4,11** 3,11; 4,21; 2 Joh 5; Joh 13,34 S **4,12** Joh 1,18; 1 Joh 2,5; 4,17 **4,13** Joh 14,16 S; Röm 8,4-6.9.14 **4,14** Joh 15,27 S; Joh 4,25 S **4,15** 2,23 **4,16** Joh 15,4-5 S **4,17** 4,12; 3,21 S; Joh 3,18; 5,24-25 **4,20** 2,9 S **4,21** Mk 12,29-31 par; 1 Joh 4,11 S

Der Sieg des Glaubens über die Welt

5 Wer glaubt, dass in Jesus der Sohn Gottes erschienen ist,[a] hat Gott zum Vater. Und wer den Vater liebt, der ihn gezeugt hat, wird auch alle anderen lieben, die vom selben Vater stammen.

2 Doch ob wir die Kinder Gottes auch wirklich lieben, das erkennen wir daran, dass wir *Gott* lieben, und das heißt: seine Gebote befolgen.[b] 3 Die Liebe zu Gott ist nur echt, wenn wir nach seinen Geboten leben. Und seine Gebote sind nicht schwer zu befolgen; 4 denn alle, die Gott zum Vater haben, siegen über die Welt.

Der Sieg über die Welt ist schon errungen – unser Glaube ist dieser Sieg! 5 Denn wer kann die Welt besiegen? Nur wer im Glauben daran festhält, dass Jesus der Sohn* Gottes ist!

Drei Zeugen für Jesus Christus

6 Jesus Christus kam zu uns mit dem Wasser seiner Taufe und mit dem Blut seines Todes. Er kam nicht allein mit dem Wasser, sondern mit Wasser und mit Blut.[c] Der Geist* bezeugt dies, und der Geist sagt die Wahrheit.

7 Es gibt also drei Zeugen: 8 den Geist, das Wasser und das Blut. Die Aussagen dieser drei Zeugen stimmen überein.

Gott selbst als Zeuge

9 Wenn wir schon die Zeugenaussage von Menschen annehmen, dann hat die Zeugenaussage Gottes noch viel mehr Gewicht. Es ist die Aussage, mit der Gott für seinen Sohn* eingetreten ist.

10 Wer den Sohn Gottes anerkennt,[d] trägt dieses Zeugnis in seinem Herzen. Wer Gott nicht glaubt, macht ihn zum Lügner; denn er verwirft die Aussage, die Gott über seinen Sohn gemacht hat. 11 Diese besagt: Gott hat uns ewiges Leben gegeben, und wir erhalten dieses Leben durch seinen Sohn. 12 Wer den Sohn Gottes hat, hat auch das Leben. Wer aber den Sohn nicht hat, hat auch das Leben nicht.

BRIEFSCHLUSS UND NACHTRAG (5,13-21)

Briefschluss

13 Ich habe euch diesen Brief geschrieben, damit euch aufs Neue bewusst wird: Ihr habt das ewige Leben, so gewiss ihr euch zu seinem Sohn Jesus Christus bekennt.[e]

Nachtrag: Das Gebet um Sündenvergebung

14 Wir sind Gott gegenüber voller Zuversicht, dass er uns hört, wenn wir ihn um etwas bitten, das seinem Willen entspricht. 15 Und wenn wir wissen, dass er uns hört bei allem, was wir bitten, dann wissen wir auch, dass wir schon haben, worum wir ihn bitten.

16 Wenn jemand sieht, dass sein Bruder oder seine Schwester[f] eine Sünde tut, eine solche, die nicht zum Tod führt, dann soll er zu Gott beten, und Gott wird dem Bruder oder der Schwester das Leben geben. Das betrifft die, deren Sünden nicht zum Tod führen.

Es gibt eine Sünde, die den Tod bringt.[g] In einem solchen Fall sage ich nicht, dass ihr beten sollt. 17 Jedes Unrecht ist Sünde. Aber nicht jede Sünde führt zum Tod.

18 Wir wissen: Wer Gott zum Vater hat, sündigt nicht; denn der Sohn des Vaters schützt ihn, und der Teufel kann ihm nicht schaden. 19 Wir wissen, dass wir von Gott stammen; doch die ganze Welt ist in der Gewalt des Teufels.

20 Wir wissen aber: Der Sohn* Gottes ist gekommen und hat uns die Augen geöffnet, damit wir den einzig wahren Gott erkennen. Wir sind mit dem einzig wahren Gott verbunden, so gewiss wir verbunden sind mit seinem Sohn Jesus Christus. Der ist der einzig wahre Gott, der ist das ewige Leben.[h]

21 Meine Kinder, hütet euch vor den falschen Göttern!

a *dass in Jesus ...:* wörtlich *dass Jesus der Christus ist.* Vgl. Anmerkung zu 2,22.
b Vgl. 3,4 und die Anmerkung dort.
c Im ersten Satz wörtlich *kam durch Wasser und Blut.* Die Aussage richtet sich gegen die in dem Brief bekämpften Irrlehrer. Nach ihnen war es für die Rettung der Menschen allein wichtig, dass der Sohn Gottes in die Welt kam und dort als solcher offenbar wurde (durch die Himmelsstimme bei der Jordantaufe: *Wasser*); der schmachvolle Tod am Kreuz *(Blut)* hatte für sie keinerlei Heilsbedeutung (vgl. Sacherklärung »Gnosis«).
d Wörtlich *Wer an den Sohn Gottes glaubt**.
e *zu seinem Sohn ...:* wörtlich *an den Namen* seines Sohnes ... glaubt*.*
f Wörtlich *sein Bruder,* entsprechend in der Fortsetzung; siehe Anmerkung zu 2,9.
g Von solcher Sünde ist auch in Hebr 6,4-8; 10,26-31; 12,15-17; 2 Petr 2,20-22 die Rede. Gemeint ist dort wie wohl auch hier (vgl. Verse 20 und 21) der Rückfall in den Götzendienst bzw. Abfall vom Glauben. Zur Unterlassung der Fürbitte (siehe folgender Satz) vgl. Joh 17,9; ferner Jer 7,16 und Verweisstellen dort.
h Vgl. Joh 1,14.18; 17,3; 20,28.

5,1 Joh 4,25S **5,3** Mt 11,30 **5,4** Joh 16,33 **5,5** 4,4; Röm 8,37-39 **5,6** Joh 19,34; 16,13 **5,10** Röm 8,16; Gal 4,6 **5,11-12** Joh 5,24S **5,13** Joh 20,31 **5,14-15** Joh 15,16S **5,15** Mk 11,24 **5,16** Mk 3,28-29par; Joh 16,9; 17,6-9; 1Joh 3,14-15; Hebr 6,4-6S; Offb 3,1-2 **5,18** 3,6; (Teufel) Joh 17,15S **5,19** Joh 12,31; Gal 1,4 **5,20** Joh 1,14.18; 17,3; (der wahre Gott) Joh 20,28 **5,21** 1Kor 10,14

2 JOHANNES

Diesen Brief schreibt der »Älteste« an eine Gemeinde, um sie vor Betrügern zu warnen – wandernden Missionaren, die behaupten, Christen zu sein, aber die Irrlehre verbreiten, Jesus Christus, das ewige Gotteswort, habe nicht als wirklicher Mensch auf der Erde gelebt (vgl. die Einführung zu 1Johannes). Die Gemeinde soll diesen Irrlehrern das Gastrecht verweigern und jeden Kontakt mit ihnen aufgeben.

Die Bezeichnung »der Älteste« erinnert daran, dass ein großer Teil der christlichen Gemeinden anfangs nach jüdischem Vorbild durch ein Kollegium von Ältesten geleitet wurde (siehe Sacherklärung »Älteste«). Wenn hier diese Bezeichnung ohne Namensnennung gebraucht wird, ist der Verfasser offensichtlich auch für die angeschriebene Gemeinde eine solche Autorität, dass man von ihm als »dem« Ältesten sprach.

Eingangsgruß

1 Vom Ältesten* an die von Gott erwählte Herrin und
ihre Kinder:[a] an die Gemeinde, die ich liebe, weil wir
miteinander verbunden sind durch die Wahrheit*,
die von Gott kommt. Und nicht nur ich allein liebe
sie, sondern alle, die Gottes Wahrheit kennen.
2 Denn diese Wahrheit bleibt in uns und wird bei
uns sein in Ewigkeit.
3 Gnade, Erbarmen und Frieden* werden mit uns
sein von Gott, dem Vater, und von Jesus Christus,
dem Sohn* des Vaters, sodass wir auch untereinander in der Wahrheit und in der Liebe verbunden
bleiben.

Aufruf zur gegenseitigen Liebe

4 Ich habe mich sehr gefreut, unter deinen Kindern
einige zu finden, die in der Wahrheit* leben, nämlich nach dem Gebot, das wir vom Vater empfangen
haben. 5 Deshalb bitte ich dich, liebe Herrin, dieses
Gebot auch weiterhin zu befolgen. Ich schreibe dir
damit nicht ein neues Gebot; es ist ja dasselbe, das
wir von Anfang an gehabt haben, und es lautet:
Wir sollen einander lieben! 6 Darin besteht die Liebe,
dass wir nach den Geboten des Vaters leben,[b] und
sein Gebot ist dasselbe, das ihr von Anfang an gehört
habt; danach sollt ihr nun auch leben.

Kein »Fortschritt« über Christus hinaus!

7 In der Welt sind nämlich neuerdings viele Verführer unterwegs. Sie leugnen, dass Jesus Christus
ein Mensch von Fleisch und Blut wurde.[c] In ihnen
ist der große Verführer, der Antichrist*, schon erschienen.
8 Nehmt euch in Acht, damit ihr nicht verliert, was
ihr erarbeitet habt,[d] sondern den vollen Lohn
bekommt. 9 Wer nicht bei dem bleibt, was Christus
gelehrt hat, sondern darüber hinausgeht, hat keine
Verbindung mit Gott. Wer sich aber an das hält,
was Christus gelehrt hat, hat den Vater und auch
den Sohn*.
10 Wenn also jemand zu euch kommt und euch
etwas anderes lehrt, dann lasst ihn nicht in euer
Haus. Ihr sollt ihn nicht einmal grüßen;[e] 11 denn
wer ihn grüßt, ist an seinen schlechten Taten mitbeteiligt.

Briefschluss

12 Ich hätte euch noch viel zu sagen, aber ich möchte
es nicht schriftlich tun. Ich hoffe, euch zu besuchen
und persönlich mit euch zu sprechen. Dann wird an
unserer gemeinsamen Freude nichts mehr fehlen.
13 Die Kinder eurer von Gott erwählten Schwester[f]
lassen euch grüßen.

a *Herrin* ist eine ehrenvolle Bezeichnung für die Gemeinde, wie sie damals auch für politische Gemeinwesen gebraucht wurde; die *Kinder* sind die Mitglieder der Gemeinde (so auch in den Versen 4, 5 und 13).
b Siehe Anmerkung zu 1Joh 3,4.
c Vgl. 1Joh 4,2-3 und Sacherklärung »Gnosis«.
d Einige Handschriften haben stattdessen *was wir erarbeitet haben.*
e Der Gruß wurde als Segenswunsch verstanden und ausgesprochen: »Frieden sei mit dir!«
f Gemeint ist die Schwestergemeinde; vgl. Vers 1.

1 3Joh 1 **4** 3Joh 3 **5-6** 1Joh 4,11 S; 2,7 **6** 1Joh 2,5; Joh 14,15 S **7** 1Joh 4,1-3; 2,18 S **9** (Christus gelehrt) Joh 7,16-17; 12,49; 14,10; 1Joh 2,23 **10** Röm 16,17 S **12** 3Joh 13-14

3 JOHANNES

In diesem Brief beklagt sich der »Ältester« (siehe Einführung zu 2Johannes) über einen herrischen Gemeindeleiter, der die von dem Ältesten gesandten Missionare nicht anerkennen wollte und den Gemeindegliedern verboten hatte, sie als Gäste bei sich aufzunehmen. Der genaue Hintergrund ist nicht mehr aufzuhellen. Wahrscheinlich ist Diotrephes der – herrschsüchtige – Vertreter eines sich allmählich herausbildenden Bischofsamtes, der sich gegen den übergemeindlichen Einfluss des Ältesten wehrt.

Eingangsgruß

1 Vom Ältesten* an den geliebten Gaius, den ich liebe, weil wir miteinander verbunden sind durch die Wahrheit*, die von Gott kommt.
2 Mein Lieber! Ich wünsche dir, dass es dir in jeder
Hinsicht gut geht und du gesund bist, so wie ich das
von deinem inneren Leben weiß. 3 Als unsere Brüder
zurückkamen,[a] haben sie bezeugt, wie treu du zur
Wahrheit stehst und in ihr lebst. Darüber habe ich
mich sehr gefreut. 4 Nichts macht mich glücklicher,
als zu hören, dass meine Kinder der Wahrheit gemäß
leben.

Aufnahme und Unterstützung wandernder Glaubensboten

5 Mein Lieber, du bist sehr treu in deinen Bemühun-
gen für die Brüder, auch wenn sie aus fremden
Gemeinden kommen. 6 Die Brüder aus der unseren[b]
haben vor versammelter Gemeinde von deiner Liebe
berichtet. Wenn sie nun erneut zu euch kommen,
dann hilf ihnen, dass sie ihre Reise so fortsetzen kön-
nen, wie es Gottes würdig ist, in dessen Dienst sie
stehen. 7 Sie haben sich auf den Weg gemacht, um
die Botschaft von Christus zu verkünden,[c] und neh-
men von den Ungläubigen keine Unterstützung an.
8 Darum sind wir verpflichtet, solche Menschen zu
unterstützen. So helfen wir mit, die Wahrheit* zu
verbreiten, die von Gott kommt.

Harte Kritik an Diotrephes und Empfehlung für Demetrius

9 Ich habe der Gemeinde einen Brief geschrieben.
Aber Diotrephes, der sich für den Wichtigsten hält,
verweigert die Annahme und verhindert, dass er vor-
gelesen wird. 10 Wenn ich komme, werde ich ihm
alles vorhalten, was er getan hat. Er lügt und erzählt
unglaubliche Dinge über uns. Aber das ist noch nicht
alles. Er nimmt die durchreisenden Brüder nicht auf!
Und wenn andere sie aufnehmen wollen, verbietet
er es ihnen und schließt sie aus der Gemeinde aus.
11 Mein Lieber,[d] nimm dir nicht das Schlechte zum
Vorbild, sondern das Gute! Wer Gutes tut, stammt
von Gott. Wer Schlechtes tut, hat ihn nie gesehen.
12 Demetrius[e] stellen alle ein gutes Zeugnis aus; die
Wahrheit selbst empfiehlt ihn. Auch ich kann nur
das Beste über ihn sagen, und du weißt, dass meine
Empfehlungen immer wahrheitsgemäß sind.

Schlussworte

13 Ich hätte dir noch viel zu sagen, aber ich will es
nicht schriftlich tun. 14 Ich hoffe, dich bald zu sehen,
und dann werden wir uns persönlich über alles aus-
sprechen.
15 Ich wünsche dir Frieden*! Die Freunde hier lassen grüßen. Grüße die Freunde dort, jeden persönlich!

a Wörtlich *Als (die) Brüder kamen;* siehe Anmerkung zu Vers 6.
b Wörtlich *Sie.* Im folgenden Satz ist *Wenn sie nun … kommen* verdeutlichender Zusatz, der der wahrscheinlichsten Deutung entspricht. Wandernde Missionare aus der Gemeinde des »Ältesten« waren von Gaius gastlich aufgenommen worden und sollen das auch künftig werden.
c *um die Botschaft …:* wörtlich *um des Namens* willen.*
d Gaius, der wohl zur selben Gemeinde gehörte wie Diotrephes, hatte sich anscheinend dem Verbot widersetzt (Verse 5-6). Dann wäre anzunehmen, dass auch er ausgeschlossen worden war.
e Über ihn ist nichts Genaueres bekannt. Es handelt sich wohl um einen der Missionare, die der Fürsorge von Gaius anempfohlen werden. Vermutlich ist er der Überbringer dieses Briefes.

1 2Joh 1 **3** 2Joh 4 **5-8** Hebr 13,2S **6** Tit 3,13 **11** 1Joh 2,29 **13-14** 2Joh 12

JUDAS

Der Judasbrief kämpft gegen eine falsche Lehre, die in christlichen Gemeinden Anhänger gefunden hat. Charakteristisch für die Irrlehrer ist die Zügellosigkeit ihrer Lebensführung, die offenbar ähnlich wie in Korinth (1Korinther 5,2; 6,12) unter Berufung auf die ›christliche Freiheit‹ gerechtfertigt wird. Im Besitz des Heiligen Geistes (Vers 19) fühlten sich diese Leute schon der göttlichen Welt zugehörig, und sie meinten, ihr Hinausgehobensein über alles Irdische durch eine Missachtung der sittlichen Bindungen zur Schau stellen zu müssen.
Der Verfasser des Briefes stellt sich als »Judas, ein Bruder von Jakobus« vor, also vermutlich als Bruder des bekannten Herrnbruders (siehe die Einführung zum Jakobusbrief). Das weist auf den Judas von Markus 6,3.

Eingangsgruß

1 Judas*, der Jesus Christus dient, ein Bruder von
Jakobus, schreibt diesen Brief an alle, die Gott, der
Vater, berufen hat und liebt und die er bewahrt für
den Tag, an dem Jesus Christus wiederkommt.
2 Erbarmen und Frieden* und Liebe mögen euch
in reichem Maß von Gott zuteil werden!

Falsche Lehrer

3 Meine Lieben, eigentlich drängt es mich, euch
etwas über die Rettung zu schreiben, auf die wir
gemeinsam hoffen. Doch ich sehe, es ist dringlicher,
dass ich euch ermahne und euch aufrufe: Tretet entschieden für den überlieferten Glauben ein, der dem
heiligen Volk Gottes[a] ein für alle Mal anvertraut
worden ist. 4 Denn gewisse Leute haben sich bei
euch eingeschlichen, Menschen, die Gott nicht ernst
nehmen. Sie deuten die Botschaft von der Gnade
unseres Gottes als Freibrief für ein zügelloses Leben[b]
und verraten damit Jesus Christus, der allein unser
Herr* und Herrscher ist. Gott hat schon längst die
Strafe für sie festgesetzt.
5 Obwohl ihr über alles Bescheid wisst, möchte ich
euch daran erinnern, dass der Herr zwar zuerst sein
Volk aus Ägypten gerettet hat, danach aber hat er
alle vernichtet, die ihm nicht glaubten. 6 Denkt auch
an die Engel*, die ihre Herrscherwürde preisgegeben und den Wohnsitz verlassen haben, den Gott
ihnen angewiesen hatte. Gott hält sie mit dauerhaften Fesseln in tiefer Finsternis gefangen bis zum großen Tag des Gerichts. 7 Und vergesst nicht Sodom*
und Gomorra und die umliegenden Städte! Ihre
Bewohner haben sich auf ganz ähnliche Weise vergangen wie jene Engel und wollten mit Wesen anderer Art geschlechtlich verkehren.[c] Als warnendes

a Wörtlich *den Heiligen**.
b Mahnungen wie Gal 5,13; 1Petr 2,16 wurden von Gnostikern z.T. bewusst missachtet; vgl. Sacherklärung »Gnosis«.
c Während die »Gottessöhne« (= Engel) von Gen 6,1-3 Menschenfrauen heirateten, haben in Sodom umgekehrt Menschen den Verkehr mit Engeln gesucht (mit den Boten, die bei Lot eingekehrt waren; Gen 19,5-11).

Judas warnt davor, die Botschaft von der Gnade Gottes als »Freibrief für ein zügelloses Leben« (4) zu verstehen. Wer dies tut, gleicht Bäumen, »die zur Erntezeit ohne Früchte dastehen, Bäume, die abgestorben sind und auch noch umgehauen werden, völlig entwurzelte Bäume« (12).

1 (Judas) Mk 6,3 par **2** 2Petr 1,2 **3** 1Tim 1,18 **4-13** 2Petr 2,1-22 **4** Gal 5,13 **5** Ex 12,51; Num 14,29-30; 1Kor 10,5 **6** Gen 6,1-3; 1Petr 3,19-20

Beispiel für alle sind sie mit ewigem Feuer bestraft
worden.
8 Ebenso schänden auch diese Träumer ihre
eigenen Körper. Sie wollen nichts davon wissen,
dass Gott ihr Herr und Richter ist, und lästern die
überirdischen Mächte. Das tat nicht einmal der
Engelfürst Michael*, als er dem Teufel gegenüber-
stand, der ihm den Leichnam Moses streitig machen
wollte. Er wagte es nicht, ihn mit beleidigenden
Worten zu verurteilen, sondern sagte nur: »Der Herr
soll dich strafen!«[a]
10 Aber diese Menschen lästern über alles, wovon
sie nichts verstehen – und wovon sie allein etwas
verstehen, das bringt ihnen den Untergang: die
naturhaften Triebe und Instinkte, die sie mit den ver-
nunftlosen Tieren teilen!
11 Weh ihnen! Sie haben den Weg Kains* einge-
schlagen. Des Geldes wegen sind sie auf denselben
Abweg geraten wie Bileam*. Wie Korach* haben
sie sich durch ihre Auflehnung zugrunde gerichtet.
12 Sie sind ein Schandfleck[b] für eure Liebesmäh-
ler*, an denen sie unverfroren teilnehmen und es
sich wohl sein lassen. Sie sind wie Hirten, die nur
für sich selber sorgen, wie Wolken, die vom Wind
vorbeigeweht werden und keinen Regen bringen.
Sie sind wie Bäume, die zur Erntezeit ohne Früchte
dastehen, Bäume, die abgestorben sind und auch
noch umgehauen werden, völlig entwurzelte Bäu-
me! 13 Sie gleichen den Wogen auf dem Meer: Ihre
schändlichen Taten treten hervor wie der Schaum
auf der Brandung. Sie sind wie aus der Bahn geratene
Sterne. Gott hält ihnen einen Platz in der tiefsten
Finsternis bereit, wo sie auf ewig bleiben müssen.
14 Henoch, der siebte Nachkomme Adams, hat
auch ihnen die Strafe angekündigt, als er sagte:
»Gebt Acht! Der Herr kommt mit vielen tausend hei-
ligen Engeln, 15 um über alle Menschen Gericht zu
halten. Alle, die nicht nach Gott gefragt haben,
werden dann verurteilt für die Taten, mit denen
sie sich gegen ihn aufgelehnt, und für die frechen
Reden, mit denen sie ihn beleidigt haben.«[c]
16 Diese Menschen haben ständig etwas zu murren
und sind unzufrieden mit ihrem Schicksal. Sie folgen
ihren Begierden, machen große Worte und sagen
den Menschen Schmeicheleien, um sich Vorteile
zu verschaffen.

Ermahnung zur Treue und Verhaltensregeln

17 Ihr aber, meine Lieben, sollt euch daran erinnern,
was euch die Apostel* unseres Herrn* Jesus Christus
im Voraus gesagt haben. 18 Sie haben euch immer
wieder eingeschärft: »In der letzten Zeit werden
Spötter auftreten, denen nichts heilig ist und die
nur ihren eigenen schlimmen Begierden folgen.«
19 Diese Leute sind es, die Spaltungen hervorrufen.
»Sinnesmenschen«[d] sind sie, den Geist* Gottes
haben sie bestimmt nicht!
20 Ihr aber, meine Lieben, gründet euch auf den
hochheiligen Glauben, den ihr angenommen habt.
Baut auf diesem Fundament weiter! Betet in der
Kraft des Heiligen Geistes! 21 Bleibt im Schutz der Lie-
be Gottes und wartet geduldig darauf, dass Jesus
Christus, unser Herr, wiederkommt und euch in sei-
nem Erbarmen das ewige Leben schenkt.
22 Mit denen, die im Glauben unsicher geworden
sind, habt Erbarmen und kümmert euch um sie.[e]
23 Andere könnt ihr vielleicht gerade noch aus dem
Feuer des Gerichts retten. Mit wieder anderen sollt
ihr zwar Erbarmen haben und für sie beten, nehmt
euch aber in Acht und meidet jeden Kontakt mit
ihnen, selbst mit der von ihrer sündigen Natur infi-
zierten Kleidung.

Abschließender Lobpreis

24 Gott hat die Macht, euch vor dem Versagen zu
bewahren und dahin zu bringen, wo ihr fehlerlos
und voll Freude seine Herrlichkeit sehen werdet.
25 Ihm, dem einzigen Gott, der uns rettet durch Jesus
Christus, unseren Herrn*, gehören Herrlichkeit,
Hoheit, Macht und Herrschaft von Ewigkeit her,
jetzt und in alle Ewigkeit! Amen*.

a Judas bezieht sich hier auf eine jüdische Überlieferung (sog. Himmelfahrt Moses), von der in der Bibel sonst nichts erwähnt wird. Danach hätte der Teufel (in der Situation von Dtn 34,6) Anspruch auf den Leichnam Moses erhoben, weil dieser einst einen Menschen getötet hatte (vgl. Ex 2,11-12). Zum ganzen Zusammenhang siehe Sacherklärung »Engel«.
b Oder *sind gefährliche Klippen (für euch bei euren …)*.
c Zitat aus einer dem Patriarchen Henoch (vgl. Gen 5,21-24) zugeschriebenen jüdischen Schrift aus dem 2./1.Jh. v.Chr. (Äthiop. Henoch 1,9).
d Wörtlich *Psychiker*. So nannten die Anhänger der sog. Gnosis* die gewöhnlichen Christen, die nicht über eine höhere Erkenntnis verfügten. Sich selbst betrachteten sie als »Geistmenschen« (Pneumatiker). Für solche Geistmenschen hielten sich vermutlich auch die hier bekämpften Irrlehrer, während sie sich aufgrund ihres Lebenswandels als das genaue Gegenteil erweisen.
e *und kümmert …*: verdeutlichender Zusatz, ebenso *und für sie beten* im folgenden Vers. Das geforderte Erbarmen soll ganz konkret sein, aber die Grenzen einhalten.

8 Eph 1,21 **9** (Michael) Dan 10,13 S; (strafen) Sach 3,2 **11** (Kain) Gen 4,3-8; 1 Joh 3,12; Hebr 11,4; (Bileam) Num 22,7.17; (Korach) Num 16,1-34 **12** (Hirten) Ez 34,8 **13** Jes 57,20 **14** (Henoch) Hebr 11,5 S; (Engel) Mt 25,31 S **15** Röm 2,6 S **17-19** 2 Petr 3,2-3 **18-19** 2 Tim 3,1 S; 3,2-8; (Geist) Gal 5,22-25 **20** Kol 2,7 **23** Sach 3,2 **24** 1 Thess 5,23; Phil 1,10; 2 Petr 3,14

Die Offenbarung an Johannes

Im Buch der Offenbarung an Johannes kündigt eine Abfolge von Visionen den endgültigen Sieg Gottes an.

Apokalyptische Zeit

Johannes lebte als Verbannter auf der Insel Patmos. Hier wurden ihm die Visionen zuteil, die er für die Gemeinden Kleinasiens aufzeichnete.

In einer Zeit, in der Größe und Grenze menschlicher Möglichkeiten so massiv wie nie zuvor ins Bewusstsein traten, hielten fromme jüdische Kreise sich an ›Offenbarungen‹ (griech. *apokalypsis*), die Aufschluss über den weiteren Weltverlauf und das zu erwartende Weltende geben sollten.
Die Zusammenfassung der antiken Welt zu immer mächtigeren Großreichen konnte die Vorstellung nähren, die Menschheit sei am Ziel ihrer Geschichte angelangt. Eine weit verbreitete ›Aufklärung‹ ließ zugleich den Glauben der Völker an ihre alten Götter schwinden und ersetzte ihn durch den Glauben an ein Ordnungsprinzip, das Welt und Menschheit durchwaltet und sich in Menschen manifestiert. Politischen Herrschern als Werkzeugen dieses Prinzips göttliche Ehre zu erweisen lag nahe, und die römischen Kaiser haben es schließlich von allen ihren Untertanen für sich gefordert.
Das jüdische Volk hat – wie viele Völker mit ihm – die Vereinnahmung in immer gewaltigere Großreiche vor allem als Unterdrückung, Ausbeutung und Entmündigung erlebt und die damit verbundenen Reichs- und Herrscherideologien als gotteslästerlich abgelehnt. Je länger, desto mehr sehnten sich Juden danach, dass der verheißene König aus Davids Geschlecht, der Messias, komme, dem Spuk weltweit ein Ende mache und *Gottes* Herrschaft in der Welt aufrichte.
Gegen Ende des 1. Jahrhunderts n. Chr. haben die christlichen Gemeinden die erste weltweite Verfolgung durch den römischen Staat zu bestehen. Kern der Botschaft, die Johannes seinen bedrängten Brüdern in dieser Situation zu vermitteln hat, ist: Der verheißene Herrscher aus Davids Geschlecht ist bereits da und schon inthronisiert (Offenbarung 5). Was immer noch geschehen mag, er wird die widergöttliche Welt trotz ihrer Scheinsiege und vordergründigen Erfolge vernichten und die neue Welt Gottes heraufführen.

OFFENBARUNG

Die Offenbarung an Johannes stammt aus einer Zeit, in der sich die äußere Lage der christlichen Gemeinde zusehends verschlechterte. Immer entschiedener forderten die römischen Kaiser vom Volk göttliche Verehrung. Domitian (81–96 n. Chr.) ließ an vielen Orten im Reich Statuen von sich errichten, vor denen ihm gehuldigt werden musste. Er war auch der erste Kaiser, der sich offiziell als »Herr und Gott« anreden ließ. Eine solche Anweisung aber konnten die Christen nicht befolgen – damit begann für sie der Weg in Verfolgung und Leiden.
Der Verfasser der Offenbarung, der sich Johannes nennt, war von den römischen Behörden nach Patmos, einer kleinen Insel vor der Westküste Kleinasiens, verbannt worden. Um welchen Johannes es sich handelt, wissen wir nicht. Eine altkirchliche Überlieferung aus dem 2. Jahrhundert sieht in ihm den Apostel, eine andere schreibt das Buch einem Presbyter Johannes aus Ephesus zu. Tief greifende sprachliche und inhaltliche Unterschiede sprechen auch dagegen, dass die Offenbarung vom selben Verfasser stammt wie das Johannes-Evangelium und die Johannesbriefe (vgl. die Einführungen dort). Er war ein Mann, der in der alttestamentlich-jüdischen Tradition verwurzelt war und in den kleinasiatischen Gemeinden hohes Ansehen hatte.
Im ersten Teil seines Buches (Kap 2 und 3) mahnt, tröstet und belehrt er sieben kleinasiatische Gemeinden. Im zweiten, weitaus größeren Teil drückt er in immer wieder anders geschauten Bildern aus, dass trotz allem gegenteiligen Anschein Gott das Regiment in seiner Hand hat, dass er den Gang der Ereignisse auf dieser Erde lenkt und die Geschichte dieser Welt beenden wird. Wohl können die teuflischen Mächte jetzt noch ihr Unwesen treiben, doch ihre Macht ist bereits gebrochen. Christus wird wiederkommen, alles Widergöttliche vollends vernichten und eine neue Schöpfung heraufführen, in der Gott als der in Erscheinung tritt, der er ist: der Herr über alles.
Es widerspricht dem visionären Charakter dieser Bilder, aus ihnen eine strenge zeitliche Abfolge der Ereignisse abzuleiten, die vor dem Ende der Welt und der Wiederkunft Christi noch geschehen werden. Sie sind eher kunstvoll ineinander verschränkte Variationen zu ein und demselben Grundthema.

Inhaltsübersicht

Über dieses Buch

1 In diesem Buch ist die Offenbarung aufgeschrieben, die Jesus Christus von Gott empfangen hat, damit er denen, die ihm dienen, zeigt, was sich in Kürze ereignen muss.

Jesus Christus sandte seinen Engel* zu seinem Diener Johannes und machte ihm dies alles bekannt.
2 Johannes bezeugt hier die Botschaft, die von Gott kommt und für die Jesus Christus als Zeuge einsteht: alles, was er gesehen hat.
3 Freuen darf sich, wer die prophetischen Worte in diesem Buch anderen vorliest, und freuen dürfen sich alle, die sie hören und beherzigen; denn die Zeit ist nahe, dass alles hier Angekündigte eintrifft.

BRIEFLICHE ERÖFFNUNG
(1,4-20)

Grüße an die sieben Gemeinden

4 Johannes schreibt an die sieben Gemeinden in der Provinz Asien*.

Gnade und Frieden* sei mit euch von Gott
– von ihm, der *ist* und der *war* und der *kommt*[a] –
und von den sieben Geistern vor seinem Thron[b]
5 und von Jesus Christus, dem treuen Zeugen,
der als erster von allen Toten
zu neuem Leben geboren worden ist
und über die Könige der Erde herrscht.

a Der Gottesname von Ex 3,14 (»Ich bin da«) wird hier nach den drei Zeitdimensionen entfaltet: Gegenwart, Vergangenheit und Zukunft. Statt »der sein wird« heißt es aber »der kommt«. Damit wird das Thema des Buches angedeutet.
b Die Zahl Sieben deutet auf Vollständigkeit (Wochentage; vgl. Gen 2,1-3); die *sieben Geister* sind bildhafter Ausdruck für die Fülle des *einen* Gottesgeistes (siehe Sacherklärung »Geist Gottes«).

1,1 (in Kürze) 22,6 **1,3** 14,13 **1,4** (ist/war/kommt) 1,8; 4,8; 11,17; 16,5; (sieben Geister) 3,1; 4,5; 5,6 **1,5** (erster) Kol 1,18S; (Blut) 1Joh 1,7S

Ihm, der uns liebt,
ihm, der sein Blut* für uns vergossen hat,
um uns von unseren Sünden freizukaufen,
6 der uns zu Königen[a] gemacht hat
und zu Priestern,
die seinem Gott und Vater dienen dürfen:
Ihm gehört die Herrlichkeit* und Macht
für alle Ewigkeit! Amen.

7 Gebt Acht, er kommt mit den Wolken! Alle werden ihn sehen, auch die, die ihn durchbohrt haben. Alle Völker der Erde werden seinetwegen jammern und klagen; das ist gewiss. Amen*!

8 »Ich bin das A und das O[b] – der *ist* und der *war* und der *kommt,* der Herrscher der ganzen Welt«, sagt Gott, der Herr.

Der Auftrag an Johannes

9 Ich, Johannes, euer Bruder, teile mit euch die Bedrängnis und die Hoffnung auf Gottes neue Welt[c] und die Standhaftigkeit, die Jesus uns schenkt. Ich wurde auf die Insel Patmos verbannt, weil ich die Botschaft Gottes verkündet habe, alles, wofür Jesus als Zeuge einsteht.

10 Am Tag des Herrn[d] nahm der Geist* Gottes von mir Besitz. Ich hörte hinter mir eine laute Stimme, die wie eine Posaune* klang. 11 Sie sagte: »Schreib das, was du siehst, in ein Buch, und schicke es an die sieben Gemeinden in Ephesus, Smyrna, Pergamon, Thyatira, Sardes, Philadelphia und Laodizea!«

12 Ich wandte mich um und wollte sehen, wer zu mir sprach. Da erblickte ich sieben goldene Leuchter. 13 In ihrer Mitte stand jemand, der aussah wie der Sohn eines Menschen.[e] Er trug ein langes Gewand und hatte ein breites goldenes Band um die Brust. 14 Sein Kopf und sein Haar strahlten wie weiße Wolle, ja wie Schnee.[f] Seine Augen brannten wie Flammen. 15 Seine Füße glänzten wie gleißendes Gold, das im Schmelzofen glüht, und seine Stimme klang wie das Tosen des Meeres. 16 Er hielt sieben Sterne in seiner rechten Hand,[g] und aus seinem Mund kam ein scharfes, beidseitig geschliffenes Schwert. Sein Gesicht leuchtete wie die Sonne am Mittag.

17 Als ich ihn sah, fiel ich wie tot vor seinen Füßen zu Boden. Er legte seine rechte Hand auf mich und sagte: »Hab keine Angst! Ich bin der Erste und der Letzte. 18 Ich bin der Lebendige! Ich war tot, doch nun lebe ich in alle Ewigkeit. Ich habe Macht über den Tod und die Totenwelt*.[h]

19 Schreib alles auf, was du soeben gesehen hast und was dir noch offenbart wird über die Gegenwart und über das, was in Zukunft geschehen wird.

20 Du siehst die Sterne in meiner rechten Hand und die sieben goldenen Leuchter. Ich sage dir, was sie bedeuten: Die sieben Sterne sind die Engel* der sieben Gemeinden und die sieben Leuchter sind die Gemeinden selbst.«

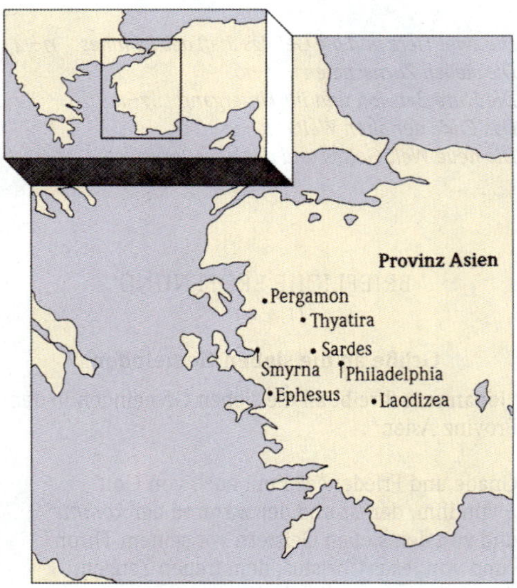

MAHNUNG FÜR DIE GEGENWART: BRIEFE AN DIE SIEBEN GEMEINDEN
(Kapitel 2–3)

An die Gemeinde in Ephesus

2 »Schreibe an den Engel* der Gemeinde in Ephesus:[i]

So spricht Er, der die sieben Sterne in seiner rechten Hand hält und zwischen den sieben goldenen Leuchtern einhergeht:

2 Ich weiß von all dem Guten, das ihr tut: von eurem Einsatz und eurer Ausdauer. Von eurem Einsatz: Ihr duldet niemand unter euch, der Böses tut; und die Leute, die sich als Apostel* ausgeben, aber keine sind, habt ihr geprüft und als Lügner entlarvt. 3 Und von eurer Ausdauer: Um meinetwillen habt ihr gelitten und doch nicht aufgegeben.

4 Aber etwas habe ich an euch auszusetzen: Eure Liebe ist nicht mehr so wie am Anfang. 5 Bedenkt, von welcher Höhe ihr herabgestürzt seid! Kehrt um und handelt wieder so wie zu Beginn! Wenn ihr euch nicht ändert, werde ich zu euch kommen und euren Leuchter von seinem Platz stoßen.

a Wörtlich *zum Königtum.* Dass es um die Berufung zur Herrschaft geht, zeigt sich in 5,10, wo der gleiche Ausdruck steht und erweitert wird. Vgl. auch Ex 19,6; Jes 61,6; 1 Petr 2,9.
b Wörtlich *das Alpha und das Omega.* Alpha ist der erste und Omega der letzte Buchstabe des griechischen Alphabets.
c *die Hoffnung …:* wörtlich *die Königsherrschaft*.*
d *Tag des Herrn:* wörtlich *der dem Herrn* (= Christus) *gehörende/geweihte Tag;* später die allgemein übliche Benennung des christlichen Sonntags.
e Vgl. Dan 7,13 und die Anmerkung dort.
f Mit diesen Worten wird in Dan 7,9 Gott beschrieben.
g Vgl. Sacherklärung »Morgenstern«; ebenso in 2,1 und 3,1.
h *Macht über…:* wörtlich *die Schlüssel des Todes und der …*
i Siehe Bildlegende Seite 374 NT.

»Schreib das, was du siehst, in ein Buch und schicke es an die Gemeinden in Ephesus, Smyrna, Pergamon, Thyatira, Sardes, Philadelphia und Laodizea!« (1,11) Die sieben Gemeinden, denen dieses Buch zugedacht war, lagen alle in der römischen Provinz Asien (Westtürkei).

1,6 20,4.6; 22,5; Röm 5,17; (Priester) Ex 19,6; Jes 61,6; 1 Petr 2,5.9; Offb 5,10; 7,15; 20,6; 22,3b **1,7** Mk 13,26S; (durchbohrt) Sach 12,10; Joh 19,34.37 **1,8** Jes 44,6S; Offb 1,17; 2,8; 21,6; 22,13 **1,10** 4,2; 17,3; 21,10; Ez 8,3 **1,12** Sach 4,2.10b **1,13** Dan 7,13S; Offb 14,14 **1,15** Ez 1,24; 43,2 **1,16** (Schwert) 2,12.16; 19,15.21; Hebr 4,12S **1,17** Dan 8,17S; Offb 1,8S **1,18** Röm 14,9; 1 Kor 15,25-26 **1,19** 4,1 **2,1** 1,16.20; Eph 1,1S **2,2** 2 Kor 11,13; 1 Joh 4,1

6 Doch eins spricht für euch: Ihr hasst das Treiben der
Nikolaïten* genauso wie ich.
7 Wer Ohren hat, soll hören, was der Geist* den
Gemeinden sagt!
Allen, die durchhalten und den Sieg erringen, ge-
be ich vom Baum des Lebens zu essen, der im Garten
Gottes steht.«

An die Gemeinde in Smyrna

8 »Schreibe an den Engel* der Gemeinde in Smyrna:[a]
So spricht Er, der der Erste und der Letzte ist, der
tot war und wieder lebt:
9 Ich weiß, dass ihr unterdrückt werdet und dass
ihr arm seid. Aber in Wirklichkeit seid ihr reich!
Ich kenne auch die üblen Nachreden, die von Leuten
über euch verbreitet werden, die sich als Angehörige
des Gottesvolkes[b] ausgeben. Aber das sind sie nicht,
sondern sie gehören zur Synagoge des Satans*.
10 Habt keine Angst wegen der Dinge, die ihr noch er-
leiden müsst. Der Teufel wird einige von euch ins
Gefängnis werfen, um euch auf die Probe zu stellen.
Zehn Tage lang werden sie euch verfolgen. Haltet in
Treue durch, auch wenn es euch das Leben kostet.
Dann werde ich euch als Siegespreis ewiges Leben
schenken.
11 Wer Ohren hat, soll hören, was der Geist* den
Gemeinden sagt!
Allen, die durchhalten und den Sieg erringen,
wird der zweite und endgültige Tod nichts an-
haben.«

An die Gemeinde in Pergamon

12 »Schreibe an den Engel* der Gemeinde in Perga-
mon:[c]
So spricht Er, der das scharfe, beidseitig geschlif-
fene Schwert hat:
13 Ich weiß, wo ihr wohnt: dort, wo der Thron des
Satans[d] steht. Und doch haltet ihr am Bekenntnis zu
meinem Namen fest und habt euren Glauben an
mich nicht widerrufen, nicht einmal, als mein treuer
Zeuge Antipas bei euch getötet wurde, dort, wo der
Satan wohnt.
14 Trotzdem habe ich einiges an euch auszusetzen:
Bei euch gibt es Anhänger der Lehre Bileams*. Der
stiftete Balak an, die Israeliten zur Sünde zu verfüh-
ren. Da aßen sie Fleisch vom Götzenopfer* und
trieben Unzucht. 15 Solche Leute gibt es auch bei
euch – solche, die der Lehre der Nikolaïten* folgen.
16 Kehrt um! Sonst komme ich in Kürze über euch
und werde gegen diese Leute mit dem Schwert aus
meinem Mund Krieg führen.
17 Wer Ohren hat, soll hören, was der Geist* den
Gemeinden sagt!
Allen, die durchhalten und den Sieg erringen,
werde ich von dem verborgenen Manna* zu essen
geben.[e] Jeder und jede von ihnen wird einen weißen
Stein bekommen; darauf steht ein neuer Name, den
nur die kennen, die ihn empfangen.«[f]

An die Gemeinde in Thyatira

18 »Schreibe an den Engel* der Gemeinde in Thy-
atira:[g]
So spricht der Sohn* Gottes, dessen Augen wie
Feuer glühen und dessen Füße glänzen wie gleißen-
des Gold:
19 Ich weiß von all dem Guten, das ihr tut: von eu-
rer Liebe, eurer Glaubenstreue, eurem Dienst fürein-
ander, eurer Standhaftigkeit. Ich weiß auch, dass ihr
in all dem jetzt noch eifriger seid als früher.
20 Aber eins habe ich an euch auszusetzen: Ihr dul-
det diese Isebel*, die sich als Prophetin* ausgibt. Mit
ihrer Lehre verführt sie meine Diener und Dienerin-
nen,[h] Unzucht zu treiben und Fleisch von Tieren zu
essen, die als Götzenopfer* geschlachtet worden
sind. 21 Ich habe ihr Zeit gelassen, sich zu ändern;
aber sie will ihr zuchtloses Leben nicht aufgeben.[i]
22 Darum werde ich sie aufs Krankenbett werfen.
Alle, die sich mit ihr eingelassen haben, werden

Smyrna (2,8), das heutige Izmir, war eine reiche griechische Handelsstadt an der Westküste Kleinasiens. Teile des römischen Forums sind noch erhalten.

a Siehe das Bild unten.
b Wörtlich *als Juden.* Die christliche Gemeinde wurde von den Juden in der Stadt verfolgt. Nach Johannes hatten sich diese dadurch als »zum Satan gehörend« erwiesen und verdienten den Ehrennamen »Jude« nicht mehr; vgl. Röm 2,17.
c Siehe das Bild Seite 376 NT.
d In Pergamon gab es viele Tempel, die griechischen Göttern geweiht waren. Beim *Thron des Satans** geht es aber vermutlich um Tempel zu Ehren der Stadt Rom und des römischen Kaisers. Durch diesen Kult waren die Christen besonders gefährdet.
e Nach frühjüdischer Anschauung wird Gott wie in der Wüstenzeit so wieder am Ende der Zeiten die Seinen mit Manna speisen, das bis dahin im Himmel *verborgen* ist.
f Amulette mit zauberkräftigen Namen waren in der Antike beliebt. Hier geht es um den Christusnamen als Schlüssel zum ewigen Leben.
g Siehe das Bild Seite 377 NT.
h Wörtlich *Diener;* dabei ist jedoch die ganze christliche Gemeinde im Blick.
i Der Vorwurf ist derselbe wie in Vers 14; vgl. Sacherklärung »Nikolaïten«.

2,7 (Baum des Lebens) 22,2.14.19; Gen 2,8-9; 3,22 **2,8** 1,8 S; 1,18 **2,9** Jak 2,5; 2 Kor 6,10; (Satan) Offb 3,9; 2 Kor 11,14-15 **2,10** Mt 10,28 par; 1 Kor 9,24-25 S **2,11** (zweiter Tod) 20,6.14; 21,8 **2,12** 1,16 S **2,14** 2,20; Num 31,16; 25,1-3 **2,15** 2,6 **2,16** 3,11 S; 1,16 S **2,17** Ps 78,23-25; Joh 6,48-51 **2,18** 1,14-15 **2,20** 1 Kön 16,31; 2 Kön 9,22; (Götzenopfer) Num 25,1-8; Apg 15,20 S

Schlimmes durchmachen müssen, wenn sie nicht
den Verkehr mit dieser Frau abbrechen. 23 Denn
auch sie alle[a] werde ich töten durch die Pest. Dann
werden alle Gemeinden wissen, dass ich die geheim-
sten Gedanken und Wünsche der Menschen kenne.
Ich werde mit jedem von euch nach seinen Taten
verfahren.
24 Den anderen in Thyatira, die dieser falschen
Lehre nicht gefolgt sind und die so genannten ›Tie-
fen des Satans‹[b] nicht kennen gelernt haben, sage
ich: Ich will euch keine weiteren Einschränkungen
auferlegen.[c] 25 Aber haltet fest, was ihr habt, bis ich
komme!
26 Allen, die den Sieg erringen und sich bis zuletzt
an das halten, was ich gelehrt und vorgelebt habe,
werde ich Macht über die Völker geben; 27 sie
werden die Völker mit eisernem Zepter regieren
und zerschlagen wie Tontöpfe. 28 Es ist dieselbe
Macht, die ich von meinem Vater bekommen habe;
und als Zeichen dieser Macht werde ich ihnen den
Morgenstern* geben.
29 Wer Ohren hat, soll hören, was der Geist* den
Gemeinden sagt!«

An die Gemeinde in Sardes

3 »Schreibe an den Engel* der Gemeinde in Sar-
des:[d]
So spricht Er, dem die sieben Geister* Gottes die-
nen und der die sieben Sterne in der Hand hält:
Ich kenne euer Tun. Ich weiß, dass ihr in dem Ruf
steht, eine lebendige Gemeinde zu sein; aber in
Wirklichkeit seid ihr tot. 2 Werdet wach und stärkt
den Rest, der noch Leben hat, bevor er vollends
stirbt. Was ich bei euch an Taten vorgefunden habe,
kann in den Augen meines Gottes nicht bestehen.
3 Erinnert euch daran, wie ihr die Botschaft an-
fangs gehört und aufgenommen habt! Richtet euch
nach ihr und lebt wieder wie damals! Wenn ihr nicht
aufwacht und wach bleibt, werde ich euch wie ein
Dieb überraschen; ihr werdet nicht wissen, in wel-
cher Stunde ich über euch komme.
4 Aber einige von euch in Sardes haben sich[e] nicht
beschmutzt. Sie werden weiße Kleider tragen und
immer bei mir sein; denn sie sind es wert.
5 Alle, die durchhalten und den Sieg erringen,
werden solch ein weißes Kleid tragen. Ich will ihren
Namen nicht aus dem Buch des Lebens streichen.
Vor meinem Vater und seinen Engeln* werde ich
mich offen zu ihnen bekennen.
6 Wer Ohren hat, soll hören, was der Geist* den
Gemeinden sagt!«

An die Gemeinde in Philadelphia

7 »Schreibe an den Engel* der Gemeinde in Philadel-
phia:[f]
So spricht Er, der heilig ist und Treue hält, Er, der
den Schlüssel Davids* hat – wo Er öffnet, kann nie-
mand zuschließen, und wo Er zuschließt, kann nie-
mand öffnen –, Er lässt euch sagen:
8 Ich kenne euer Tun. Ich habe euch eine Tür ge-
öffnet, die niemand zuschließen kann. Eure Kraft
ist nur klein. Trotzdem habt ihr euch nach meinem
Wort gerichtet und das Bekenntnis zu mir nicht wi-
derrufen.
9 Hört zu! Ich werde Menschen zu euch schicken,
die zur Synagoge des Satans* gehören. Sie behaup-

a Wörtlich *ihre Kinder.*
b Die Angegriffenen nahmen vermutlich in Anspruch, die »Tiefen der Gottheit« zu erforschen. Johannes bezeichnet ihre Erkenntnis als Teufelswissen.
c Entgegen dem Treiben der Irrlehrer (Vers 20) sollen die in Apg 15,28-29 genannten *Einschränkungen* verbindlich bleiben.
d Siehe das Bild Seite 379 NT.
e Wörtlich *ihre Gewänder;* das Gewand ist das Sichtbare am Menschen und steht für die ganze Person (vgl. unsere Redewendung »eine reine Weste haben«).
f Siehe das Bild Seite 382 NT.

Ephesus (2,1), die Hauptstadt der Provinz Asien, war weithin berühmt durch seinen Artemis-Tempel (vgl. Apg 19,23-27 und Abbildung 1 und 2 auf Seite 210 NT). Weil der römische Statthalter hier seinen Sitz hatte, wurde die Stadt früh zu einem Zentrum des ›Kaiserkultes‹. Diese Inschrift aus Ephesus nennt Augustus den »Sohn des göttlichen Cäsar«. Die Christen weigerten sich, den Kaiser als »Gott« zu verehren, und mussten deshalb um ihres Glaubens willen leiden.

2,23 22,12S **2,25** 3,11S **2,26-27** 12,5; 19,15; Ps 2,8-9 **2,28** 22,16 **3,1** 1,4S; 1,16 **3,3** Mt 24,43S **3,4-5** 6,11S **3,5** (Buch) 13,8; 17,8; 20,12b.15; 21,27; Ex 32,32S; Phil 4,3; Hebr 12,23 **3,7** Jes 22,22; Mt 16,19 **3,9** 2,9S

ten, dass sie zum Volk Gottes zählen;[a] das stimmt aber nicht, sie lügen. Ich werde dafür sorgen, dass sie sich vor euch niederwerfen und anerkennen, dass ich euch erwählt habe und liebe.

10 Ihr habt mein Wort beherzigt, mit dem ich euch zum Durchhalten aufrief. Darum werde ich euch in der Zeit der Versuchung bewahren, die demnächst über die ganze Erde kommen und alle Menschen auf die Probe stellen wird. 11 Ich komme bald! Haltet fest, was ihr habt, damit euch niemand den Siegeskranz* streitig macht!

12 Alle, die durchhalten und den Sieg erringen, werde ich zu einer Säule[b] im Tempel meines Gottes machen, und sie werden immer darin bleiben. Ich werde den Namen meines Gottes auf sie schreiben und den Namen der Stadt meines Gottes. Diese Stadt ist das neue Jerusalem, das von meinem Gott aus dem Himmel herabkommen wird. Ich werde auch meinen eigenen neuen Namen auf sie schreiben.

13 Wer Ohren hat, soll hören, was der Geist* den Gemeinden sagt!«

An die Gemeinde in Laodizea

14 »Schreibe an den Engel* der Gemeinde in Laodizea:[c]

So spricht Er, der Amen* heißt, der treue und wahrhaftige Zeuge, der vor allem da war, was Gott geschaffen hat:

15 Ich kenne euer Tun: Ihr seid weder warm noch kalt. Wenn ihr wenigstens eins von beiden wärt! 16 Aber ihr seid weder warm noch kalt; ihr seid lauwarm. Darum werde ich euch aus meinem Mund ausspucken. 17 Ihr sagt: ›Wir sind reich und bestens versorgt; uns fehlt nichts.‹ Aber ihr wisst nicht, wie unglücklich und bejammernswert ihr seid, elend, blind und nackt.

18 Ich rate euch:[d] Kauft von mir Gold, das im Feuer gereinigt wurde; dann werdet ihr reich! Kauft euch weiße Kleider, damit ihr nicht nackt dasteht und euch schämen müsst! Kauft euch Salbe für eure Augen, damit ihr sehen könnt! 19 Alle, die ich liebe, weise ich zurecht und erziehe sie streng. Macht also Ernst und kehrt um!

20 Gebt Acht, ich stehe vor der Tür und klopfe an! Wenn jemand meine Stimme hört und die Tür öffnet, werde ich bei ihm einkehren. Ich werde mit ihm das Mahl halten und er mit mir.

21 Alle, die durchhalten und den Sieg erringen, erhalten von mir das Recht, mit mir auf meinem Thron zu sitzen, so wie ich selbst den Sieg errungen habe und nun mit meinem Vater auf seinem Thron sitze.

22 Wer Ohren hat, soll hören, was der Geist* den Gemeinden sagt!«

BLICK IN DIE ZUKUNFT: DAS GERICHT ÜBER DIE ALTE WELT UND DIE ERSCHAFFUNG DER NEUEN (4,1–22,5)

4 Danach blickte ich auf, da sah ich im Himmel eine offene Tür. Die Stimme, die vorher zu mir gesprochen hatte und die wie eine Posaune* klang, sagte: »Komm herauf! Ich werde dir zeigen, was in Zukunft geschehen muss.«

Vorspiel im Himmel (1): Der Schöpfer der Welt steht bereit, seine Herrschaft in der Welt endgültig durchzusetzen

2 Sofort nahm der Geist* von mir Besitz und ich sah: Im Himmel stand ein Thron, und auf dem Thron saß einer. 3 Er strahlte wie die Edelsteine Jaspis und Karneol. Über dem Thron stand ein Regenbogen, der leuchtete wie ein Smaragd. 4 Um den Thron standen im Kreis vierundzwanzig andere Throne, darauf saßen vierundzwanzig Älteste*. Sie trugen weiße Kleider und goldene Kronen*. 5 Von dem Thron gingen Blitze aus und dröhnende Donnerschläge. Vor dem Thron brannten sieben Fackeln, das sind die sieben Geister* Gottes. 6 Im Vordergrund war etwas wie ein gläsernes Meer, so klar wie Kristall.

In der Mitte, in einem inneren Kreis um den Thron, waren vier mächtige Gestalten*, die nach allen Seiten voller Augen waren. 7 Die erste sah aus wie ein Löwe, die zweite wie ein Stier, die dritte hatte ein Gesicht wie ein Mensch, und die vierte glich einem fliegenden Adler. 8 Jede der vier Gestalten hatte sechs Flügel, die innen und außen mit Augen bedeckt waren. Tag und Nacht rufen sie unaufhörlich:

»Heilig, heilig, heilig ist der Herr,
der Gott, der die ganze Welt regiert,
der war und der ist und der kommt!«

9-10 Immer wieder riefen die vier mächtigen Gestalten Preis, Ehre und Dank aus für den, der auf dem Thron sitzt und in alle Ewigkeit lebt. Und jedes Mal, wenn sie das taten, warfen sich die vierundzwanzig Ältesten nieder vor dem, der auf dem Thron sitzt, und beteten den an, der in alle Ewigkeit lebt. Sie legten ihre Kronen vor dem Thron nieder und sagten:

a Wörtlich *dass sie Juden seien;* vgl. Anmerkung zu 2,9.
b Siehe Sacherklärung. Die auf die Säulen geschriebenen Namen bezeichnen die betreffenden Personen als Eigentum Gottes und Christi sowie als rechtmäßige Bürger der neuen Stadt.
c Siehe das Bild Seite 387 NT.
d Die in Wirklichkeit arme Gemeinde soll Gold, Kleider, Salbe »kaufen«, im Sinn von Jes 55,1-3 ohne Geld; in ihrem Zustand kann allein der Herr ihr helfen (vgl. Ez 16,8-14, wo Israel als Braut von Gott die gleichen Geschenke bekommt).

3,10 Lk 21,19; 2 Petr 2,9 S **3,11** (bald) 2,16; 22,7.12.20; (Siegeskranz) 1 Kor 9,24-25 S **3,12** (Name Gottes) 14,1; 22,4; (Stadt) 21,2 S **3,14** 2 Kor 1,20; (Zeuge) Offb 1,5 **3,17** 1 Kor 4,8 **3,18** 6,11 S **3,19** Hebr 12,5-6 S **3,20** Joh 14,23; Mt 8,11 par **3,21** 1,6 S; Hebr 8,1 S **4,1** 19,11; 1,10; (in Zukunft) 1,19 **4,2** 1,10 S; (Thron) 5,7 S; Ps 11,4 S **4,4** (Älteste) Jes 24,23; Offb 5,5.8.10; 7,11.13; 11,16; 14,3; 19,4; (weiß) Offb 6,11 S **4,5** (Blitze) Ex 19,16; Ez 1,13-14; Offb 8,5; 11,19; 16,18; 17,9; (sieben) Offb 15,1 S; Sach 4,2.10b; (Geister) Offb 1,4 S **4,6** 15,2; Ez 1,22 **4,7** Ez 1,5-12; 10,14 **4,8** Jes 6,2-3; Ez 1,18; 10,12-13

11 »Würdig bist du,
unser Herr und Gott,
dass alle dich preisen und ehren
und deine Macht anerkennen.
Denn du hast die ganze Welt geschaffen;
weil du es gewollt hast, ist sie entstanden.«

Vorspiel im Himmel (2): Die Buchrolle mit den sieben Siegeln und die Ermächtigung des Lammes, die Siegel zu lösen

5 In der rechten Hand dessen, der auf dem Thron
saß, sah ich eine Buchrolle*. Sie war innen und
außen beschrieben und mit sieben Siegeln verschlos-
sen. 2 Und ich sah einen mächtigen Engel*, der mit
lauter Stimme fragte: »Wer ist würdig, die Siegel auf-
zubrechen und das Buch zu öffnen?«[a] 3 Aber es gab
niemand, der es öffnen und hineinsehen konnte,
weder im Himmel noch auf der Erde noch unter
der Erde.
4 Ich weinte sehr, weil niemand gefunden wurde,
der würdig war, das Buch zu öffnen und hineinzuse-
hen. 5 Da sagte einer der Ältesten* zu mir: »Hör auf
zu weinen! Der Löwe aus dem Stamm Juda und
Nachkomme[b] Davids* hat den Sieg errungen. Er ist
würdig; er wird die sieben Siegel aufbrechen und
das Buch öffnen.«
6 Da sah ich direkt vor dem Thron, umgeben von
den vier mächtigen Gestalten* und vom Kreis der Äl-
testen, ein Lamm stehen. Es sah aus, als ob es ge-
schlachtet wäre. Es hatte sieben Hörner und sieben
Augen;[c] das sind die sieben Geister* Gottes, die in
die ganze Welt gesandt worden sind.

Pergamon war eine Stadt mit vielen Tempeln. Beim »Thron des Satans« (2,13) geht es vermutlich um Tempel zu Ehren der Stadt Rom und des römischen Kaisers. Bereits 29 v. Chr. hatte man dort einen Tempel für Augustus und einen für die Göttin Roma gebaut. Die Kaiserverehrung galt als Prüfstein der Treue zur römischen Staatsmacht.

7 Das Lamm ging zu dem, der auf dem Thron saß,
und nahm die Buchrolle aus seiner rechten Hand.
8 Und als es sie genommen hatte, warfen sich die vier
mächtigen Gestalten und die vierundzwanzig Ältes-
ten vor dem Lamm nieder. Jeder Älteste hatte eine
Harfe und eine goldene Schale mit Weihrauch*;
das sind die Gebete der Menschen, die zu Gottes hei-
ligem Volk gehören.[d] 9 Sie sangen ein neues Lied:

»Du bist würdig, das Buch zu nehmen
und seine Siegel aufzubrechen!
Denn du wurdest als Opfer* geschlachtet,
und mit deinem vergossenen Blut*
hast du Menschen für Gott erworben,
Menschen aus allen Sprachen und Stämmen,
aus allen Völkern und Nationen.
10 Zu Königen hast du sie gemacht
und zu Priestern für unseren Gott;
und sie werden über die Erde herrschen.«

11 Dann sah und hörte ich Tausende und Abertausen-
de von Engeln, eine unübersehbare Zahl. Sie standen
rund um den Thron und die vier mächtigen Gestal-
ten und die Ältesten 12 und riefen mit lauter Stimme:

»Würdig ist das geopferte Lamm,
Macht zu empfangen, Reichtum und Weisheit,
Kraft und Ehre, Ruhm und Preis!«

13 Und alle Geschöpfe in der Luft, auf der Erde, unter
der Erde und im Meer – alles, was in der Welt lebt –
hörte ich laut mit einstimmen:

»Preis und Ehre, Ruhm und Macht
gehören ihm, der auf dem Thron sitzt,
und dem Lamm, für alle Ewigkeit.«

14 Die vier mächtigen Gestalten antworteten:
»Amen!« Und die Ältesten fielen nieder und bete-
ten an.

DIE ÖFFNUNG DER SIEBEN SIEGEL (6,1–8,5)

Die Öffnung der ersten sechs Siegel

6 Dann sah ich, wie das Lamm das *erste* von den
sieben Siegeln aufbrach. Und ich hörte, wie eine
der vier mächtigen Gestalten* mit Donnerstimme
sagte: »Komm!« 2 Ich schaute hin, da kam ein weißes
Pferd. Sein Reiter hatte einen Bogen und erhielt eine
Krone*. Als Sieger zog er aus, um zu siegen.[e]
3 Dann brach das Lamm das *zweite* Siegel auf. Ich
hörte, wie die zweite der mächtigen Gestalten sagte:
»Komm!« 4 Da kam ein anderes Pferd hervor, ein feu-
errotes. Sein Reiter wurde ermächtigt, den Frieden

a Das Buch enthält den endzeitlichen Geschichtsplan Gottes; es ist von der Art eines Testaments, das nur der Testamentsvollstrecker öffnet.
b Wörtlich *Wurzel(spross)*; vgl. Jes 11,1.10.
c Die Hörner als Zeichen herrscherlicher Würde (Dtn 33,17) und die sieben Augen (Sach 3,9; 4,10b) zeigen, dass das *Lamm*, der durch den Opfertod gegangene Christus (Joh 1,29), an Gottes Herrschaft teilhat.
d Wörtlich *die Gebete der Heiligen**.
e Der erste Reiter ist Symbol für Krieg (der *Bogen* erinnert an die Reiterheere der Parther, die damals vom Osten her das Römische Reich bedrohten), der zweite (Vers 3-4) für Bürgerkrieg, der dritte (Vers 5-6) für Teuerung, der vierte (Vers 7-8) für Tod; vgl. Mk 13,7-8.

5,1 5,7S; Ez 2,9-10; Dan 12,4 **5,5** (Älteste) 4,4S; (Löwe) Gen 49,9; (Nachkomme Davids) Mt 20,30-31S **5,6** (Lamm) 5,9.12; 6,1-17; 7,17; 12,11; 13,8; Joh 1,29S **5,7** (der auf dem Thron) 4,2.9; 5,1.13; 6,16; 7,10.15; 19,4; 20,10; 21,5; 1 Kön 22,19S; Ez 1,26-28 **5,8** 8,3-4; Ps 141,2 **5,9** Ps 96,1S **5,10** 1,6S **5,11** Dan 7,10; Hebr 12,22 **5,13** Phil 2,10; Ps 150,6 **6,2-8** Sach 1,8; 6,1-7; Offb 19,11.14

von der Erde zu nehmen, damit sich die Menschen
gegenseitig töteten. Dazu wurde ihm ein großes
Schwert gegeben.
5 Dann brach das Lamm das *dritte* Siegel auf. Ich
hörte, wie die dritte der mächtigen Gestalten sagte:
»Komm!« Ich schaute hin, da kam ein schwarzes
Pferd. Sein Reiter hielt eine Waage in der Hand.
6 Aus dem Kreis der vier mächtigen Gestalten hörte
ich eine Stimme rufen: »Eine Ration Weizen oder
drei Rationen Gerste für den Lohn eines ganzen Ta-
ges.[a] Nur Öl und Wein[b] zum alten Preis!«
7 Dann brach das Lamm das *vierte* Siegel auf. Ich
hörte, wie die vierte der mächtigen Gestalten sagte:
»Komm!« 8 Ich schaute hin, da kam ein leichenfarbe-
nes Pferd. Sein Reiter hieß Tod, und die Totenwelt*
folgte ihm auf den Fersen. Ein Viertel der Erde wurde
in ihre Macht gegeben. Durch das Schwert, durch
Hunger, Seuchen und wilde Tiere sollten sie die
Menschen töten.
9 Dann brach das Lamm das *fünfte* Siegel auf. Da
sah ich am Fuß des Altars die Seelen* der Menschen,
die man umgebracht hatte, weil sie an Gottes Wort
festgehalten hatten – an all dem, wofür Jesus Chris-
tus als Zeuge einsteht.[c] 10 Sie riefen mit lauter Stim-
me: »Herr, du bist heilig und hältst, was du ver-
sprichst! Wie lange soll es noch dauern, bis du die Be-
wohner der Erde vor Gericht rufst und Vergeltung an
ihnen übst, weil sie unser Blut vergossen haben?«
11 Sie alle erhielten weiße Gewänder, und es wurde
ihnen gesagt: »Gebt noch für kurze Zeit Ruhe, denn
eure Zahl ist noch nicht voll. Von euren Brüdern und
Schwestern,[d] die Gott dienen genau wie ihr, müssen
noch so viele getötet werden, wie Gott bestimmt
hat.«
12 Ich sah, wie das Lamm das *sechste* Siegel auf-
brach.[e] Da gab es ein gewaltiges Erdbeben. Die
Sonne wurde schwarz wie ein Trauerkleid und der
ganze Mond wurde blutrot. 13 Wie unreife Feigen,
die ein starker Wind vom Baum schüttelt, fielen
die Sterne vom Himmel auf die Erde. 14 Der Himmel
verschwand wie eine Buchrolle*, die zusammenge-
rollt wird.[f] Weder Berg noch Insel blieben an ihren
Plätzen. 15 Alle Menschen versteckten sich in Höhlen
und zwischen den Felsen der Berge: die Könige und
Herrscher, die Heerführer, die Reichen und Mächti-
gen und alle Sklaven und Freien. 16 Sie riefen den Ber-
gen und Felsen zu: »Fallt auf uns und verbergt uns
vor dem Blick dessen, der auf dem Thron sitzt, und
vor dem Zorn des Lammes! 17 Der große Tag, an
dem sie Gericht halten, ist gekommen. Wer kann
da bestehen?«

Die 144 000 mit dem Siegel Gottes Gekennzeichneten auf der Erde ...

7 Danach sah ich an den vier Enden der Erde vier
Engel* stehen. Sie hielten die vier Winde zu-
rück, damit kein Wind auf der Erde, auf dem Meer
und in den Bäumen wehte.
2 Von dorther, wo die Sonne aufgeht, sah ich
einen anderen Engel emporsteigen, er hatte das Sie-
gel des lebendigen Gottes in der Hand. Mit lauter
Stimme wandte er sich an die vier Engel, denen Gott
die Macht gegeben hatte, dem Land und dem Meer
Schaden zuzufügen, 3 und sagte: »Verwüstet weder

a *Ration/Rationen:* Das griechische Wort bezeichnet die Tagesration für einen Einzelnen. Verglichen mit den damals üblichen Preisen ergibt sich eine acht- bis zwölffache Verteuerung.
b Dinge, die sich ohnehin nur vermögende Leute leisten konnten.
c Zu Vers 9-11 vgl. Mk 13,9-13.
d *Brüdern und Schwestern* steht für ein einziges griechisches Wort, das als Mehrzahlform nicht nur, wie herkömmlich übersetzt, die »Brüder« bezeichnet, sondern auch je nach Zusammenhang die gesamte Gemeinde aus Männern und Frauen (siehe dazu Sacherklärung »Bruder«).
e Zu Vers 12-17 vgl. Mk 13,24-25.
f Den Himmel stellte man sich als Gewölbe oder Zelt über der Erde vor.

Thyatira (2,18), das heutige Akhisar, war ein wichtiges Handels- und Industriezentrum an der Straße, die nach Osten führte. In der Stadt wurde Purpurfarbe hergestellt. Von hier stammte Lydia, der Paulus in Philippi begegnete (Apg 16,14). Von der alten Stadt ist nichts mehr erhalten.

6,8 Jer 24,10 S **6,9** 12,11; (Zeuge) 1,2.9; 12,17; 19,10; 20,4 **6,10** Ps 13,2-3 S **6,11** (weißes Gewand) 3,4-5.18; 4,4; 7,9.13; 15,6; 19,8.14 **6,12-13** 8,12; Joël 2,10 S; Mt 24,29 S **6,14** Jes 34,4; Hebr 1,12 **6,15** Jes 2,10.19.21; Jer 4,29 **6,16** Lk 23,30 S; Offb 5,7 S **6,17** Joël 2,11; Mal 3,2; Nah 1,6; Zef 1,14-18 **7,1** Jer 49,36; Dan 7,2 **7,2-3** (Siegel) 9,4; 14,1.3; 22,4; Ez 9,4.6

das Land noch das Meer noch die Bäume! Erst müs-
sen wir die Diener und Dienerinnen[a] unseres Gottes
mit dem Siegel auf der Stirn kennzeichnen.«
4 Und ich hörte, wie viele mit dem Siegel gekenn-
zeichnet wurden. Es waren hundertvierundvierzig-
tausend[b] aus allen Stämmen des Volkes Israel:

5 zwölftausend vom Stamm Juda,
zwölftausend vom Stamm Ruben,
zwölftausend vom Stamm Gad,
6 zwölftausend vom Stamm Ascher,
zwölftausend vom Stamm Naftali,
zwölftausend vom Stamm Manasse,
7 zwölftausend vom Stamm Simeon,
zwölftausend vom Stamm Levi,
zwölftausend vom Stamm Issachar,
8 zwölftausend vom Stamm Sebulon,
zwölftausend vom Stamm Josef,
zwölftausend vom Stamm Benjamin.

... und die unzählbar große Schar der schon Vollendeten im Himmel

9 Danach sah ich eine große Menge Menschen, so
viele, dass niemand sie zählen konnte. Es waren
Menschen aus allen Nationen, Stämmen, Völkern
und Sprachen. Sie standen in weißen Kleidern vor
dem Thron und dem Lamm und hielten Palmzweige
in den Händen.
10 Mit lauter Stimme riefen sie: »Der Sieg gehört
unserem Gott, der auf dem Thron sitzt, und dem
Lamm!«
11 Alle Engel* standen im Kreis um den Thron und
um die Ältesten* und um die vier mächtigen Gestal-
ten*. Sie warfen sich vor dem Thron zu Boden, bete-
ten Gott an 12 und sprachen: »Das ist gewiss: Preis
und Herrlichkeit, Weisheit und Dank, Ehre, Macht
und Stärke gehören unserem Gott für alle Ewigkeit!
Amen.«
13 Einer der Ältesten fragte mich: »Wer sind diese
Menschen in weißen Kleidern? Woher kommen
sie?«
14 Ich antwortete: »Ich weiß es nicht, Herr. *Du*
weißt es!«
Da sagte er zu mir: »Diese Menschen haben die
große Verfolgung durchgestanden. Sie haben ihre
Kleider gewaschen und im Blut* des Lammes weiß
gemacht. 15 Darum stehen sie vor dem Thron Gottes
und dienen ihm Tag und Nacht in seinem Tempel.
Er, der auf dem Thron sitzt, wird bei ihnen wohnen.
16 Sie werden keinen Hunger oder Durst mehr haben;
weder die Sonne noch irgendeine Glut wird sie
versengen. 17 Das Lamm, das in der Mitte des Thro-
nes steht, wird ihr Hirt sein und sie an die Quellen
führen, deren Wasser Leben spendet. Und Gott wird
alle ihre Tränen abwischen.«

Die Öffnung des siebten Siegels

8 Als das Lamm das *siebte* Siegel aufbrach, wurde
es im Himmel ganz still, etwa eine halbe Stunde
lang.
2 Dann sah ich, wie die sieben Engel*, die immer
vor Gott stehen, sieben Posaunen* erhielten.
3 Ein anderer Engel kam mit einer goldenen Räu-
cherpfanne* und stellte sich an den Altar. Er erhielt
eine große Menge Weihrauch, um ihn auf dem gol-
denen Altar vor Gottes Thron als Opfer darzubrin-
gen, zusammen mit den Gebeten aller Menschen
in Gottes heiligem Volk.[c] 4 Aus der Hand des Engels,
der vor Gott stand, stieg der Weihrauch in die Höhe,
zusammen mit den Gebeten der Menschen.
5 Dann nahm der Engel die Räucherpfanne, füllte
sie mit Feuer vom Altar und warf es auf die Erde. Da
blitzte und donnerte und dröhnte es heftig, und die
Erde bebte.

DAS BLASEN DER SIEBEN POSAUNEN (8,6–11,19)

6 Darauf machten sich die sieben Engel* bereit, die
sieben Posaunen* zu blasen.

Die ersten vier Posaunen

7 Der *erste* Engel blies seine Posaune. Da entstanden
Hagel[d] und Feuer und wurden mit Blut gemischt auf
die Erde geschleudert. Ein Drittel der Erde und ein
Drittel aller Bäume verbrannten, auch alles Gras ver-
brannte.
8 Dann blies der *zweite* Engel seine Posaune. Et-
was, das wie ein großer brennender Berg aussah,
wurde ins Meer geworfen. Ein Drittel des Meeres
wurde zu Blut. 9 Ein Drittel aller Meerestiere starb
und ein Drittel aller Schiffe wurde vernichtet.
10 Dann blies der *dritte* Engel seine Posaune. Ein
großer Stern, der wie eine Fackel brannte, stürzte
vom Himmel. Er fiel auf ein Drittel der Flüsse und
auf die Quellen. 11 Der Stern heißt »Wermut«.[e] Ein
Drittel des Wassers wurde bitter. Viele Menschen
starben an diesem Wasser, weil es vergiftet war.
12 Dann blies der *vierte* Engel seine Posaune. Ein
Drittel der Sonne, des Mondes und der Sterne wur-
den durch Schläge getroffen. Ihr Licht verlor ein
Drittel seiner Helligkeit, und ein Drittel des Tages
und der Nacht wurden finster.
13 Dann sah ich einen Adler, der hoch am Himmel
daherflog, und hörte ihn mit lauter Stimme rufen:

a Wörtlich *Diener;* siehe Anmerkung zu 2,20.
b Diese Zahl hat sinnbildliche Bedeutung und meint Vollständigkeit (12 × 12 × 1000). Die 12 Stämme bezeichnen das gesamte Gottesvolk. Es wird angeknüpft an die jüdische Hoffnung, dass am Ende der Zeit die verlorenen Stämme des Nordreiches wieder hinzugebracht werden, aber nun im übertragenen Sinn: Die Gemeinde Jesu Christi ist das neue Gottesvolk (Gal 6,16).
c Wörtlich *den Gebeten aller Heiligen*;* entsprechend in Vers 4.
d Die in den Versen 7-12 genannten Katastrophen erinnern an die ›Plagen‹ in Ägypten (Ex 7; 9; 10), betreffen jetzt aber die ganze Erde (siehe auch 9,3-11).
e Der bittere Wermut galt als giftig; vgl. Jer 9,14; 23,15; Klgl 3,19.

7,4 14,1.3 **7,5-8** 21,12-13S **7,9** (Kleider) 6,11S; (Palmzweige) Lev 23,40 **7,14** (Verfolgung) Dan 12,1; Mk 13,19 par; (gewaschen) Offb 1,5; 22,14; Ps 51,9 **7,15** 5,7S; 21,3 **7,16-17** Jes 49,10; Lk 6,21 **7,17** (Hirt) Joh 10,11S; (Wasser) Offb 21,6S; (Tränen) Offb 21,4; Jes 25,8; Ps 126,5-6 **8,2** (Posaunen) Mt 24,31 **8,3** 5,8; Ex 30,1.7-8 **8,5** Ez 10,2 **8,7-12** (Drittel) 9,15.18; Ez 5,2.12 **8,7** Ex 9,23-25 **8,8** 16,3-4S **8,12** 6,12; Jes 13,10S

»Schrecken, Schrecken, Schrecken![a] Wenn erst die
anderen drei Engel ihre Posaunen blasen, wird es de-
nen, die auf der Erde leben, schrecklich ergehen!«

Die fünfte Posaune

9 Dann blies der *fünfte* Engel* seine Posaune*.
Ich sah einen Stern,[b] der vom Himmel auf die Er-
de gestürzt war. Dieser Stern erhielt die Schlüssel zu
dem Schacht, der in den Abgrund* führt. 2 Er öffnete
den Schacht, da quoll Rauch daraus hervor wie aus
einem großen Ofen und verdunkelte die Sonne
und die Luft.
3 Aus dem Rauch kamen Heuschrecken auf die Er-
de, denen die Kraft von Skorpionen gegeben war.
4 Sie durften weder dem Gras noch den Bäumen
noch anderen Pflanzen Schaden zufügen; sie sollten
nur die Menschen quälen, die nicht mit dem Siegel
Gottes auf der Stirn gekennzeichnet waren. 5 Es
war ihnen verboten, diese Menschen zu töten; sie
durften sie nur fünf Monate lang quälen. Die Men-
schen sollten solche Schmerzen leiden, wie wenn
ein Skorpion sie gestochen hätte. 6 Während dieser
fünf Monate werden die Menschen den Tod suchen,
ihn aber nicht finden. Sie möchten dann gerne ster-
ben, aber der Tod wird vor ihnen fliehen.
7 Die Heuschrecken sahen aus wie Pferde, die in
die Schlacht ziehen.[c] Auf ihren Köpfen trugen sie
goldene Kronen*, und sie hatten Gesichter wie Men-
schen. 8 Ihr Haar war wie Frauenhaar und ihre
Zähne wie Löwenzähne. 9 Ihre Brust war wie mit ei-
nem eisernen Panzer bedeckt. Ihre Flügel machten
einen Lärm, als ob viele mit Pferden bespannte Wa-
gen in die Schlacht rollten. 10 Sie hatten Schwänze
und Stacheln wie Skorpione. In ihren Schwänzen
steckte die Kraft, die Menschen fünf Monate lang
zu quälen. 11 Der Engel, der für den Abgrund zustän-
dig ist, herrscht als König über sie. Auf Hebräisch*
heißt sein Name Abaddon, auf Griechisch Apollyon
(Zerstörer).
12 Der erste Schrecken ist damit vorüber; es
werden noch zwei weitere folgen.

Die sechste Posaune

13 Dann blies der *sechste* Engel* seine Posaune*. Ich
hörte eine Stimme, die von den vier Hörnern* des
goldenen Altars kam, der vor Gott steht. 14 Die Stim-
me sagte zu dem sechsten Engel mit der Posaune:
»Lass die vier Engel frei, die am Eufrat, dem großen
Strom, in Fesseln liegen!«
15 Die vier Engel wurden freigelassen.[d] Sie waren
auf das Jahr, den Monat, den Tag und die Stunde ge-
nau für diesen Zeitpunkt dazu bereitgestellt, um ein
Drittel der Menschheit zu töten. 16 Man nannte mir
die Anzahl ihrer berittenen Truppen; es waren Mil-
lionen und Abermillionen.[e]

17 Und so sah ich sie in der Vision, die Reiter mit
ihren Pferden: Ihr Brustpanzer war feuerrot, rauch-
blau und schwefelgelb. Die Pferde hatten Köpfe wie
Löwen und aus ihren Mäulern kamen Feuer, Rauch
und Schwefel. 18 Feuer, Rauch und Schwefel sind die
drei Katastrophen, durch die ein Drittel der Men-
schen vernichtet wurde. 19 Die tödliche Wirkung
der Pferde geht von ihren Mäulern aus und von ihren
Schwänzen. Die Schwänze sind wie Schlangen mit
einem Schlangenkopf am Ende. Mit ihnen fügen
sie den Menschen Schaden zu.
20 Aber die Menschen, die nicht durch diese Kata-
strophen getötet wurden, änderten sich nicht. Sie
hörten nicht auf, die Dämonen und die Götzen aus
Gold, Silber, Bronze, Stein und Holz anzubeten,
diese selbst gemachten Götter, die weder sehen noch
hören noch gehen können. 21 Nein, sie änderten sich
nicht; sie hörten nicht auf zu morden, Zauberei und
Unzucht zu treiben und zu stehlen.

Der Engel mit der Buchrolle und erneuter Auftrag für den Propheten

10 Dann sah ich einen anderen mächtigen En-
gel* vom Himmel auf die Erde herabsteigen.
Er war von einer Wolke umgeben und der Regenbo-
gen stand über seinem Kopf. Sein Gesicht war wie

Sardes (3,1) war einst die Hauptstadt des reichen Lyderfürsten Krösus; zur Zeit des Neuen Testaments hatte es nur noch geringe Bedeutung. Im Bild, inmitten von Weinbergen, Reste eines griechischen Tempels.

a Wörtlich *Wehe, wehe, wehe;* entsprechend in 9,12 und 11,14.
b Auch bei dem *Stern* handelt es sich um einen Engel, der einen Auftrag Gottes ausführt.
c Die Schilderung der Vision nimmt Worte des Propheten Joël auf (Joël 2,4; 1,6). Die Zeit der Qual (fünf Monate; Vers 10) entspricht der normalen Lebenszeit einer Heuschrecke.
d Diese Engel sind Unheilsgeister, die über dämonische Heere verfügen. Die Beschreibung der Reiter und Pferde (Vers 17) sowie ihre Farben kennzeichnen sie als dämonische Wesen.
e Wörtlich *20000-mal 10000.* Zehntausend (= 1 Myriade) ist im Griechischen das höchste Zahlwort; es handelt sich also um eine unermessliche Menge.

9,1 (Abgrund) 20,1; 11,7; Lk 8,31; Ijob 26,6 **9,2** Gen 19,28 **9,3-11** Ex 10,12-20 **9,4** 7,2-3S **9,6** Ijob 3,21S **9,7** Joël 2,4 **9,13** 8,3 **9,14** 7,1 **9,15** 8,7-12S **9,20-21** 16,9 **9,20** (Götzen) Dan 5,4.23; Ps 115,4-8; 135,15-17; Jes 44,9-20S **10,1** 4,3

die Sonne, und seine Beine glichen Säulen aus Feuer. 2 Er hielt eine kleine Buchrolle* geöffnet in der Hand. Seinen rechten Fuß setzte er auf das Meer und seinen linken Fuß auf das Land. 3 Er rief mit einer Stimme, die sich wie Löwengebrüll anhörte, und auf seinen Ruf antworteten die sieben Donner mit Gebrüll. 4 Ich wollte aufschreiben, was sie sagten; aber ich hörte eine Stimme vom Himmel: »Was die sieben Donner gesagt haben, sollst du geheim halten! Schreib es nicht auf!«

5 Dann hob der Engel, den ich auf dem Meer und dem Land stehen sah, seine rechte Hand zum Himmel. 6 Er schwor bei dem, der in alle Ewigkeit lebt, der den Himmel, die Erde, das Meer und alle ihre Bewohner geschaffen hat, und sagte: »Die Frist ist abgelaufen! 7 Wenn der Tag gekommen ist, dass der *siebte* Engel seine Posaune* bläst, wird Gott seinen geheimen Plan ausführen, so wie er es seinen Dienern, den Propheten*, angekündigt hat.«

8 Dann sprach die Stimme aus dem Himmel, die ich zuvor gehört hatte, noch einmal zu mir: »Geh und nimm die offene Buchrolle aus der Hand des Engels, der auf dem Meer und dem Land steht!«

9 Ich ging zu dem Engel und bat ihn, mir die Buchrolle zu geben. Er sagte zu mir: »Nimm sie und iss sie auf! Sie wird dir bitter im Magen liegen, aber in deinem Mund wird sie süß sein wie Honig.«

10 Ich nahm die kleine Buchrolle aus seiner Hand und aß sie auf. Sie schmeckte wie Honig. Aber als ich sie hinuntergeschluckt hatte, lag sie mir bitter im Magen.[a]

11 Dann sagte mir jemand: »Du musst noch ein weiteres Mal als Prophet verkünden, was Gott mit den Völkern, Nationen, Stämmen und Königen vorhat.«[b]

Die tödliche Bedrohung der Gemeinde und das Auftreten der zwei Zeugen

11 Dann erhielt ich ein Rohr, das wie ein Messstab war, und jemand sagte: »Steh auf und miss den Tempel* Gottes aus und den inneren Vorhof, in dem der Altar steht.[c] Zähle, wie viele Menschen dort beten. 2 Den äußeren Vorhof lass weg! Dort brauchst du nicht zu messen, weil er den Fremden preisgegeben wird. Zweiundvierzig Monate lang werden sie die Heilige Stadt* verwüsten. 3 Ich werde meine zwei Zeugen beauftragen. Sie sollen Trauerkleidung tragen und während dieser zwölfhundertsechzig Tage prophetisch reden.«

4 Diese beiden Zeugen sind die zwei Ölbäume und die zwei Leuchter, die vor dem Herrn der Erde stehen. 5 Wenn jemand versucht, gegen sie einzuschreiten, kommt Feuer aus ihrem Mund und verbrennt ihre Feinde. Auf diese Weise werden alle getötet, die ihnen Schaden zufügen wollen. 6 Sie haben die Macht, den Himmel zu verschließen, sodass es nicht regnet, solange sie ihre prophetische Botschaft ausrichten. Sie haben auch die Macht, alle Gewässer in Blut zu verwandeln und die Erde mit allen möglichen Katastrophen zu erschüttern, sooft sie wollen.[d]

7 Wenn sie ihre Botschaft vollständig ausgerichtet haben, wird das Tier aus dem Abgrund* kommen und gegen sie kämpfen. Es wird sie besiegen und sie töten. 8 Ihre Leichen werden auf dem Platz mitten in der großen Stadt liegen, in der auch ihr Herr gekreuzigt wurde. Geistlich gesprochen heißt diese Stadt »Sodom*« und »Ägypten«.[e] 9 Menschen aus aller Welt, aus allen Völkern, Stämmen und Sprachen werden kommen und sich dreieinhalb Tage lang die beiden Toten ansehen; sie werden nicht zulassen, dass sie beerdigt werden. 10 Alle Menschen auf der Erde werden sich über den Tod dieser beiden freuen, sie werden jubeln und sich gegenseitig Geschenke schicken; denn diese Propheten waren ihnen lästig geworden.

11 Doch nach dreieinhalb Tagen kam der Lebensgeist Gottes wieder in die beiden Propheten, und sie standen auf. Alle, die das sahen, erschraken sehr. 12 Dann hörten sie eine mächtige Stimme vom Himmel, die den beiden befahl: »Kommt herauf!« Und vor den Augen ihrer Feinde stiegen sie in einer Wolke zum Himmel hinauf. 13 In diesem Augenblick gab es ein heftiges Erdbeben. Ein Zehntel der Stadt wurde zerstört; siebentausend Menschen kamen bei dem Erdbeben ums Leben. Die Überlebenden waren zu Tode erschrocken und erwiesen Gott im Himmel Ehre.

14 Der zweite Schrecken ist damit vorüber, doch der dritte Schrecken wird bald folgen!

Die siebte Posaune

15 Dann blies der *siebte* Engel* seine Posaune*. Da erhoben sich im Himmel laute Stimmen, die sagten: »Jetzt gehört die Herrschaft über die Erde unserem Gott und seinem gesalbten* König,[f] und Gott wird in alle Ewigkeit regieren!«

16 Die vierundzwanzig Ältesten*, die vor Gott auf ihren Thronen sitzen, warfen sich zu Boden und beteten Gott an. 17 Sie sagten:

»Wir danken dir, Herr, unser Gott,
du Herrscher der ganzen Welt,
der du bist und der du warst!
Du hast deine große Macht gebraucht
und die Herrschaft angetreten!
18 Die Völker lehnten sich gegen dich auf;
darum bist du zornig geworden.
Jetzt ist die Zeit gekommen,
Gericht zu halten über die Toten.
Nun ist die Zeit der Belohnung da
für deine Diener, die Propheten*,

a Alttestamentliches Vorbild für die Verse 8–10 ist Ez 2,8–3,3. Der Inhalt des kleinen Buches ist in 11,1-13 wiedergegeben. Die Ankündigung ist süß: Die Gemeinde wird von Gott bewahrt; und sie tut weh: Der Weg zum herrlichen Ziel geht durch schwere Prüfungen hindurch.
b Die Ankündigung bezieht sich auf Kap 12–20 (besonders Kap 13; 17; 18)
c *den inneren ...:* wörtlich *den Altar.*
d Die beiden endzeitlichen Prediger werden nach dem Bild Moses und Elijas vorgestellt (siehe Verweisstellen zu Vers 5.6); zugleich erscheinen sie als die endzeitliche Erfüllung der zwei messianischen Gestalten von Sach 4,1-3.11-14.
e Jerusalem gilt als die Stadt der Prophetenmorde (Lk 13,33-34). Der Vergleich mit Sodom zielt auf die Lasterhaftigkeit (Gen 18,20; Jes 1,10), der mit Ägypten auf Starrsinn und Götzendienst (Ex 7,3-5; Jes 19,1-3).
f *unserem Gott ...:* wörtlich *unserem Herrn und seinem Christus*.*

10,3 Jer 25,30-31 **10,6** Dan 12,7; Offb 6,11 **10,7** (Propheten) 22,6; Am 3,7-8 **10,9-10** Ez 2,8–3,3 **11,1** 21,15 S; 1 Kor 3,16 S **11,2** (42 Monate) 12,6.14; 13,5; Dan 8,14 S **11,4** Sach 4,1-3.11-14 **11,5** Jer 5,14; 2 Kön 1,10 **11,6** 1 Kön 17,1; Ex 7,17-19 **11,7** 13,1-2 S; 9,1 S **11,8** Lk 13,33-34; (Sodom) Gen 18,20 S **11,12** 2 Kön 2,11; Apg 1,9 **11,15** Dan 2,44 S **11,16** 4,4 S **11,18** Ps 2,1-5

und für dein ganzes heiliges Volk,[a]
alle, die deinen Namen* ehren,
Hohe und Niedrige.
Nun ist die Zeit der Bestrafung gekommen
für alle, die die Erde zugrunde richten:
Jetzt werden sie selbst zugrunde gerichtet.«

19 Die Türen am Tempel Gottes im Himmel wurden
geöffnet, sodass die Lade* mit den Zeichen des Bun-
des zu sehen war.[b] Zugleich blitzte es und donnerte
und dröhnte; die Erde bebte und schwerer Hagel fiel
nieder.

DER DRACHE UND DAS LAMM: DER KAMPF DER WELTMACHT GEGEN DIE GOTTESGEMEINDE (Kapitel 12–14)

Was vorausgeht: Die Erhöhung des versprochenen Retters, der Sturz des Drachen und seine Wut

12 Darauf zeigte sich am Himmel eine gewaltige
Erscheinung: Es war eine Frau, die war mit
der Sonne bekleidet und hatte den Mond unter ihren
Füßen und trug auf dem Kopf eine Krone* von zwölf
Sternen.[c] 2 Sie stand kurz vor der Geburt und die We-
hen ließen sie vor Schmerz aufschreien.
3 Dann zeigte sich am Himmel eine andere Er-
scheinung: ein großer, feuerroter Drache* mit sie-
ben Köpfen und zehn Hörnern. Jeder Kopf trug eine
Krone. 4 Mit seinem Schwanz fegte der Drache ein
Drittel der Sterne vom Himmel und schleuderte sie
auf die Erde. Er stand vor der Frau, die ihr Kind ge-
bären sollte, und wollte es verschlingen, sobald es
geboren wäre.
5 Die Frau brachte einen Sohn zur Welt, der alle
Völker der Erde mit eisernem Zepter regieren wird.
Das Kind wurde sofort nach der Geburt weggenom-
men und zu Gott, zum Thron Gottes, gebracht. 6 Die
Frau aber flüchtete in die Wüste; dort hatte Gott ihr
einen Zufluchtsort geschaffen, an dem sie zwölfhun-
dertsechzig Tage lang mit Nahrung versorgt werden
sollte.
7 Dann brach im Himmel ein Krieg aus. Michael*
mit seinen Engeln* kämpfte gegen den Drachen. Der
Drache mit seinen Engeln wehrte sich; 8 aber er
konnte nicht standhalten. Samt seinen Engeln muss-
te er seinen Platz im Himmel räumen. 9 Der große
Drache wurde hinuntergestürzt! Er ist die alte
Schlange, die auch Teufel oder Satan* genannt wird
und die ganze Welt verführt. Er wurde auf die Erde
hinuntergestürzt mit allen seinen Engeln.

10 Dann hörte ich eine mächtige Stimme im Him-
mel sagen:

»Jetzt ist es geschehen: Unser Gott hat gesiegt!
Jetzt hat er seine Gewalt gezeigt
und seine Herrschaft angetreten!
Jetzt liegt die Macht in den Händen des Königs,
den er gesalbt und eingesetzt hat![d]
Der Ankläger unserer Brüder und Schwestern[e]
ist gestürzt;
er, der sie Tag und Nacht vor Gott beschuldigte,
ist nun aus dem Himmel hinausgeworfen.
11 Unsere Brüder und Schwestern haben ihn besiegt
durch das Blut* des Lammes
und durch ihr standhaftes Bekenntnis.
Sie waren bereit, dafür ihr Leben zu opfern
und den Tod auf sich zu nehmen.
12 Darum freue dich, Himmel,
mit allen, die in dir wohnen!
Ihr aber, Land und Meer, müsst zittern,
seit der Teufel dort unten bei euch ist!
Seine Wut ist ungeheuer groß;
denn er weiß, er hat nur noch wenig Zeit!«

13 Als der Drache sah, dass er auf die Erde geworfen
war, begann er, die Frau zu verfolgen, die den Sohn
geboren hatte. 14 Aber die Frau erhielt die beiden Flü-
gel des großen Adlers, um an ihren Zufluchtsort in
der Wüste zu fliehen. Dort sollte sie dreieinhalb
Jahre mit Nahrung versorgt werden und vor der
Schlange sicher sein.
15 Die Schlange schickte aus ihrem Rachen einen
Wasserstrom hinter der Frau her, um sie fortzu-
schwemmen. 16 Aber die Erde kam der Frau zu Hilfe:
Sie öffnete sich und schluckte den Strom auf, den der
Drache aus seinem Rachen ausstieß.
17 Da wurde der Drache wütend über die Frau und
ging fort, um ihre übrigen Nachkommen zu bekämp-
fen. Das sind die Menschen, die Gottes Gebote befol-
gen und festhalten an dem, wofür Jesus als Zeuge
einsteht.

Das Tier aus dem Meer: Die religiös überhöhte Weltmacht

18 Der Drache* trat ans Ufer des Meeres.
13 Und ich sah ein Tier aus dem Meer heraufstei-
gen, das hatte zehn Hörner und sieben Köpfe.
Auf jedem Horn trug es eine Krone, und auf seine
Köpfe waren Herrschertitel geschrieben, die Gott be-
leidigten.[f]
2 Das Tier, das ich sah, war wie ein Leopard, hatte
Füße wie Bärentatzen und einen Rachen wie ein
Löwe. Der Drache verlieh dem Tier seine eigene
Kraft, seinen Thron und seine große Macht. 3 Einer
der Köpfe des Tieres sah aus, als hätte er eine töd-

a Wörtlich *für die Heiligen**.
b Nach Ex 25,9 sind das Heiligtum und die Bundeslade Nachbildungen eines himmlischen Urbildes; vgl. Hebr 8,5.
c In der Alten Kirche hat man dieses Bild auf Maria, die Himmelskönigin, gedeutet, weil das Kind, das geboren werden soll, offenkundig der Messias ist (Vers 5). Aufgrund von Vers 17 wird aber deutlich, dass die Frau das gesamte Gottesvolk des Alten und Neuen Bundes darstellt.
d *Jetzt liegt …:* wörtlich *und die Macht gehört seinem Christus**.
e *und Schwestern:* siehe Anmerkung zu 6,11; ebenso bei Vers 11.
f Dieses Tier vereinigt in sich alle schrecklichen Züge, die in Dan 7 auf mehrere Tiere verteilt werden (Vers 2). Es ist die letzte Zusammenfassung aller widergöttlichen Weltmacht, als welche das römische Weltreich damals erlebt wurde.

11,19 15,5; (Lade) Ex 25,9-20 **12,2** Jes 7,14 **12,3** 12,9S **12,4** Dan 8,10 **12,5** 2,26-27S **12,6** Mt 2,13; (1260) Offb 11,2S **12,7** Dan 10,13S **12,9** (Drache) 13,2; 16,13; 20,2; Lk 10,18S; Gen 3,1 **12,10** 11,15; Sach 3,1S **12,11** 1Joh 2,14; 5,4; 1,7S; Offb 5,6S **12,14** (dreieinhalb Jahre) 11,2S **12,17** 11,7; 13,7; (Zeuge) 6,9S **13,1-2** (Tier) 11,7; 13,11-17; 16,10; 17,3.7-13; 19,20; Dan 7,3 **13,2** 12,3; 2Thess 2,9

liche Wunde erhalten; aber die Wunde wurde geheilt.

Die ganze Erde lief dem Tier staunend nach. 4 Alle Menschen beteten den Drachen an, weil er seine Macht dem Tier verliehen hatte. Sie beteten auch das Tier an und sagten: »Wer kommt diesem Tier gleich? Wer kann es mit ihm aufnehmen?«

5 Das Tier durfte unerhörte Reden halten, mit denen es Gott beleidigte, und es konnte zweiundvierzig Monate lang seinen Einfluss ausüben. 6 Es öffnete sein Maul und lästerte Gott und seinen Namen, ebenso seine himmlische Wohnung und alle, die dort im Himmel bei Gott wohnen. 7 Gott ließ zu, dass es mit seinem heiligen Volk[a] Krieg führte und es besiegte; es bekam Macht über alle Völker und Nationen, über die Menschen aller Sprachen. 8 Alle auf der Erde werden es anbeten, alle, deren Namen nicht seit der Erschaffung der Welt im Lebensbuch des geopferten Lammes stehen.

9 Wer Ohren hat, soll gut zuhören: 10 Wer dazu bestimmt ist, gefangen zu werden, kommt in Gefangenschaft. Wer dazu bestimmt ist, mit dem Schwert getötet zu werden, wird mit dem Schwert getötet. Dann braucht Gottes heiliges Volk Standhaftigkeit und Treue!

Ihre Propaganda: Das Tier aus der Erde

11 Dann sah ich ein anderes Tier aus der Erde heraufsteigen. Es hatte zwei Hörner wie ein Lamm, aber es redete wie ein Drache.[b] 12 Unter den Augen des ersten Tieres übte es dessen ganze Macht aus. Es brachte die Erde und alle ihre Bewohner dazu, das erste Tier mit der verheilten Todeswunde anzubeten.

Philadelphia (3,7; heute Alasehir) lag in einer fruchtbaren Talebene an der großen Verkehrsstraße von Sardes nach Kolossä. Die dortige Christengemeinde wird gelobt, weil sie sich in einer Verfolgung tapfer gehalten hat.

13 Das zweite Tier tat große Wunder: Vor allen Menschen ließ es sogar Feuer vom Himmel auf die Erde herabfallen. 14 Durch die Wunder, die es im Dienst des ersten Tieres tun konnte, täuschte es alle Menschen, die auf der Erde lebten. Es überredete sie, ein Standbild zu errichten zu Ehren des ersten Tieres, das mit dem Schwert tödlich verwundet worden und wieder ins Leben zurückgekehrt war. 15 Das zweite Tier bekam sogar die Macht, das Standbild des ersten Tieres zu beleben, sodass dieses Bild sprechen konnte und dafür sorgte, dass alle getötet wurden, die es nicht anbeteten.

16 Dieses Tier hatte alle Menschen in seiner Gewalt: Hohe und Niedrige, Reiche und Arme, Sklaven und Freie. Sie mussten sich ein Zeichen auf ihre rechte Hand oder ihre Stirn machen. 17 Nur wer dieses Zeichen hatte, konnte kaufen oder verkaufen. Das Zeichen bestand aus dem Namen des ersten Tieres oder der Zahl für diesen Namen.

18 Hier braucht es Weisheit! Wer Verstand hat, kann herausfinden, was die Zahl des Tieres bedeutet, denn sie steht für den Namen eines Menschen. Es ist die Zahl sechshundertsechsundsechzig.[c]

Das Lamm und seine Gefolgschaft

14 Dann schaute ich das Gegenbild:[d] Das Lamm stand auf dem Zionsberg*. Bei ihm waren hundertvierundvierzigtausend Menschen. Sie trugen seinen Namen und den Namen seines Vaters auf ihrer Stirn.

2 Und ich hörte einen Schall aus dem Himmel. Es klang wie das Tosen des Meeres und wie lautes Donnerrollen, aber zugleich hörte es sich an wie Musik von Harfenspielern. 3 Vor dem Thron und vor den vier mächtigen Gestalten* und den Ältesten* sangen die Engel[e] ein neues Lied. Dieses Lied konnten nur die hundertvierundvierzigtausend Menschen lernen, die von der Erde losgekauft worden sind. 4 Es sind die, die sich rein gehalten haben vom Verkehr mit Frauen[f]; sie folgen dem Lamm überallhin. Sie sind aus der übrigen Menschheit losgekauft worden als Eigentum[g] für Gott und das Lamm. 5 Nie hat jemand aus ihrem Mund ein unwahres Wort gehört, es ist kein Fehler an ihnen.

Androhung des Gerichts für die Anbeter des Tieres

6 Dann sah ich einen anderen Engel* hoch am Himmel fliegen. Er hatte eine Botschaft, die niemals ihre Gültigkeit verlieren wird.[h] Die sollte er allen Bewohnern der Erde verkünden, allen Völkern und Nationen, den Menschen aller Sprachen. 7 Er rief mit lauter Stimme: »Fürchtet euch vor Gott und gebt ihm die Ehre! Die Zeit ist gekommen: Jetzt hält er Ge-

a Wörtlich *mit den Heiligen*;* entsprechend in Vers 10.
b Die Verbindung von Lamm und Drachen soll wohl die unheimliche Verführungsmacht andeuten. Das Tier verkörpert den Propaganda-Apparat der widergöttlichen Weltmacht.
c Die Buchstaben des Alphabets haben im Hebräischen und Griechischen einen Zahlenwert. Die Zahl 666 wurde schon früh auf den Kaiser Nero bezogen.
d *das Gegenbild:* verdeutlichender Zusatz.
e Wörtlich *sangen sie;* vgl. 5,11.
f Die Deutung dieser Aussage ist unsicher. Vielleicht handelt es sich bei *Verkehr mit Frauen* um die bekannte bildliche Umschreibung des Götzendienstes (siehe Sacherklärung »Hurerei«).
g Wörtlich *als Erstlinge*.*
h *eine Botschaft ...:* wörtlich *ein ewiges Evangelium*.*

13,5-6 Dan 7,25; 11,36; Offb 11,2S **13,8** 3,5S; 5,6S **13,10** Jer 15,2; Offb 14,12S **13,11** Mt 7,15 **13,13** 16,14S **13,14-15** (Standbild) 14,9.11; 15,2; 16,2; 19,20; 20,4; Dan 3,5 **13,16-17** 14,9; 19,20; 20,4 **14,1** (Zionsberg) Jes 4,5; Joël 3,5; (144000) Offb 7,3-14 **14,3** 4,4.6; 5,9S **14,4** 2 Kor 11,2; Mt 10,38; Joh 10,4 **14,5** Jes 53,9; Zef 3,13; (kein Fehler) Ex 12,5; Hebr 9,14; 1 Petr 1,19

richt! Betet ihn an, der den Himmel, die Erde, das
Meer und die Quellen geschaffen hat!«
8 Dem ersten Engel folgte ein zweiter und sagte:
»Gefallen! Gefallen ist das mächtige Babylon*, das
alle Völker gezwungen hatte, den todbringenden
Wein seiner Unzucht* zu trinken!«
9 Ein dritter Engel folgte ihnen. Er rief mit lauter
Stimme: »Wer das Tier und sein Standbild verehrt
und das Zeichen des Tieres auf seiner Stirn oder sei-
ner Hand anbringen lässt, 10 wird den Wein Gottes
trinken müssen. Es ist der Wein seiner Entrüstung,
den er unverdünnt in den Becher seines Zornes ge-
gossen hat. Wer das Tier verehrt, wird vor den Au-
gen des Lammes und der heiligen Engel mit Feuer
und Schwefel gequält. 11 Der Rauch von diesem quä-
lenden Feuer steigt in alle Ewigkeit zum Himmel.
Alle, die das Tier und sein Standbild verehren und
das Kennzeichen seines Namens tragen, werden
Tag und Nacht keine Ruhe finden. 12 Hier muss Got-
tes heiliges Volk[a] Standhaftigkeit beweisen, alle, die
Gottes Gebote befolgen und den Glauben an Jesus
bewahren.«
13 Dann hörte ich eine Stimme vom Himmel, die
sagte: »Schreib auf: Freuen dürfen sich alle, die für
ihr Bekenntnis zum Herrn* sterben müssen – von
jetzt an!«
»So ist es«, antwortet der Geist*, »sie werden sich
von ihrer Mühe ausruhen; denn ihre Taten gehen
mit ihnen und sprechen für sie.«

Vorblick auf das letzte, allgemeine Gericht

14 Dann blickte ich auf, und ich sah eine weiße Wolke;
darauf saß einer, der aussah wie der Sohn eines Men-
schen.[b] Er hatte eine goldene Krone* auf dem Kopf
und eine scharfe Sichel in der Hand. 15 Dann kam wie-
der ein Engel* aus dem Tempel. Er rief dem, der auf
der Wolke saß, mit lauter Stimme zu: »Lass deine Si-
chel schneiden und bring die Ernte ein! Die Stunde
für die Ernte ist gekommen, die Erde ist reif!« 16 Da
warf der, der auf der Wolke saß, seine Sichel über
die Erde, und die Ernte wurde eingebracht.
17 Dann sah ich einen anderen Engel aus dem Tem-
pel im Himmel kommen; auch er hatte eine scharfe
Sichel. 18 Ein weiterer Engel kam vom Altar. Es war
der Engel, der für das Feuer zuständig ist. Er rief
dem mit der scharfen Sichel mit lauter Stimme zu:
»Lass deine scharfe Sichel schneiden und schneide
die Trauben am Weinstock der Erde ab! Sie sind
reif!« 19 Der Engel warf seine Sichel über die Erde,
die schnitt die Trauben vom Weinstock. Er warf
die Trauben in die große Weinpresse, die den Zorn
Gottes bedeutet. 20 Außerhalb der Stadt wurden sie
in der Presse ausgedrückt. Da kam ein Blutstrom
aus der Weinpresse, der stieg so hoch, dass er den
Pferden bis an die Zügel reichte, und floss sechzehn-
hundert Wegmaße[c] weit.

DIE AUSGIESSUNG DER SIEBEN SCHALEN (Kapitel 15–16)

15 Dann sah ich eine weitere große und Staunen
erregende Erscheinung am Himmel: sieben
Engel*, die sieben Katastrophen bringen. Dies sind
die letzten Katastrophen, denn mit ihnen geht Got-
tes Zorn zu Ende.

Vorspiel im Himmel

2 Ich sah etwas wie ein gläsernes Meer, das mit Feuer
vermischt war. Auf diesem Meer sah ich alle die ste-
hen, die den Sieg über das Tier erlangt hatten und
über sein Standbild und die Zahl seines Namens.
Sie hielten himmlische Harfen in den Händen. 3 Sie
sangen ein Lied, das das Siegeslied Moses, des Be-
vollmächtigten* Gottes, noch weit überbietet, das
Siegeslied des Lammes:[d]

»Herr, unser Gott, du Herrscher der ganzen Welt,
wie groß und wunderbar sind deine Taten!
In allem, was du planst und ausführst,
bist du vollkommen und gerecht,
du König über alle Völker!

4 Wer wollte dich, Herr, nicht fürchten
und deinem Namen keine Ehre erweisen?
Du allein bist heilig.
Alle Völker werden kommen
und sich vor dir niederwerfen;
denn deine gerechten Taten
sind nun für alle offenbar geworden.«

5 Danach sah ich, wie im Himmel der Tempel, das
Heilige Zelt*, geöffnet wurde.[e] 6 Die sieben Engel
mit den sieben Katastrophen kamen aus dem Tem-
pel. Sie waren in reines, weißes Leinen gekleidet
und trugen ein breites goldenes Band um die Brust.
7 Eine von den vier mächtigen Gestalten[f] gab den sie-
ben Engeln sieben goldene Schalen. Sie waren bis an
den Rand gefüllt mit dem Zorn des Gottes, der in alle
Ewigkeit lebt.
8 Der Tempel füllte sich mit Rauch, der von der
Herrlichkeit und Macht Gottes ausging. Keiner

a Wörtlich *müssen die Heiligen**.
b Vgl. Dan 7,13 und die Anmerkung dort.
c *Wegmaße:* griechische Maßangabe *Stadien**. Die Strecke ist hier nicht umgerechnet; denn die Zahl ist symbolisch zu verstehen (40 × 40) und soll das furchtbare Ausmaß des Strafgerichts ausdrücken.
d *Sie sangen …:* wörtlich *Sie sangen das Lied Moses, des Dieners Gottes, und das Lied des Lammes.*
e Siehe Anmerkung zu 11,19.
f Vgl. 4,6 und die Sacherklärung.

14,8 18,2S; 17,2S **14,9** 13,14-15S **14,10** 15,7; 16,1.19; Jer 25,15S **14,11** 19,3S **14,12** 13,10; Lk 8,15; Röm 15,4 **14,13** Jes 57,1-2; (freuen) Offb 1,3; 16,15; 19,9; 20,6; 22,7.14; (ausruhen) Hebr 4,9-10 **14,14-20** (Ernte) Joël 4,13S **14,14** 1,7.13 **14,19** 19,15; Jes 63,1-6 **15,1** (sieben) 1,4S; 8,2.6; 15,7; 17,1; 21,9 **15,2** 4,6; 13,14-15S; 13,18 **15,3** (Lied Moses) Ex 15,1-18; (Taten) Ps 111,2 **15,4** Jes 2,2-3S **15,5** 11,19 **15,6** 6,11S; Dan 10,5 **15,7** 14,10S **15,8** Jes 6,4S; Ex 40,34-35

konnte den Tempel betreten, solange nicht die sie-
ben Katastrophen zu Ende waren, die von den sie-
ben Engeln gebracht wurden.

Das Ausgießen der sieben Schalen

16 Dann hörte ich eine mächtige Stimme aus
dem Tempel, die sagte zu den sieben Engeln*:
»Geht und gießt die sieben Schalen mit dem Zorn
Gottes über die Erde aus!«
2 Der *erste* Engel ging und goss seine Schale auf die
Erde. Da bekamen alle, die das Kennzeichen des Tie-
res trugen und sein Standbild anbeteten,[a] ein
schmerzhaftes und schlimmes Geschwür.
3 Der *zweite* Engel goss seine Schale ins Meer. Da
wurde das Wasser zu Blut wie von Toten, und alle
Lebewesen im Meer gingen zugrunde.
4 Der *dritte* Engel goss seine Schale in die Flüsse
und Quellen, da wurden sie zu Blut.
5 Ich hörte, wie der Engel, der für das Wasser zu-
ständig ist, sagte: »Du Heiliger, der du bist und warst,
in diesen Urteilen hast du dich als gerechter Richter
erwiesen. 6 Allen, die das Blut des heiligen Gottesvol-
kes[b] und seiner Propheten* vergossen haben, hast
du Blut zu trinken gegeben. Sie haben es verdient!«
7 Und ich hörte vom Fuß des Altars her Stimmen, die
riefen: »So ist es, Herr, unser Gott, du Herrscher der
ganzen Welt; deine Urteile sind wahr und gerecht!«
8 Der *vierte* Engel goss seine Schale auf die Sonne.
Da wurde der Sonne erlaubt, die Menschen mit glü-
henden Feuerstrahlen zu quälen. 9 Und die Men-
schen wurden von glühender Hitze versengt. Sie ver-
fluchten den Namen Gottes, der Verfügungsgewalt
hat über solche Katastrophen; aber sie änderten sich
nicht und wollten Gott nicht die Ehre geben.
10 Der *fünfte* Engel goss seine Schale auf den Thron
des Tieres. Da wurde es im ganzen Herrschaftsbe-
reich des Tieres dunkel. Die Menschen zerbissen
sich vor Schmerzen die Zunge. 11 Sie verfluchten
den Gott des Himmels wegen ihrer Qualen und ihrer
Geschwüre; aber sie hörten nicht auf mit ihren
schändlichen Taten.
12 Der *sechste* Engel goss seine Schale in den Eu-
frat, den großen Strom; da trocknete er aus. So wur-
de den Königen, die von Osten her einbrechen, der
Weg gebahnt. 13 Dann sah ich, wie aus den Mäulern
des Drachen*, des Tieres und des falschen Prophe-
ten drei unreine Geister hervorkamen, die aussahen
wie Frösche. 14 Es sind dämonische Geister, die Wun-
der tun. Sie suchen alle Könige der Erde auf, um sie
zum Kampf zu sammeln für den großen Tag Gottes,
des Herrschers der ganzen Welt.
15 »Gebt Acht, ich werde kommen wie ein Dieb!
Freuen dürfen sich alle, die ihre Kleider anbehalten.
Sie müssen dann nicht nackt umherlaufen, sodass ih-
re Schande allen offenbar wird.«
16 Die drei Geister versammelten die Könige an ei-
nem Ort, der auf Hebräisch* Harmagedon* heißt.
17 Der *siebte* Engel goss seine Schale in die Luft. Da
kam eine mächtige Stimme aus dem Tempel, vom
Thron Gottes her, die sagte: »Es ist alles ausgeführt!«
18 Es blitzte und donnerte und dröhnte, und die Erde
bebte heftig. Seit Menschengedenken hat es auf der
Erde noch nie ein so schweres Erdbeben gegeben.
19 Die große Stadt wurde in drei Teile gespalten,
und die Städte aller Völker wurden zerstört. Gott
rechnete ab mit dem großen Babylon*: Es musste
den Wein aus dem Becher trinken, der mit seinem
glühenden Zorn gefüllt war. 20 Alle Inseln entflohen,
und von den Bergen war keine Spur mehr zu sehen.
21 Es hagelte zentnerschwere Eisbrocken vom Him-
mel auf die Menschen. Sie verfluchten Gott wegen
dieses Hagels, denn er war schrecklich.

GOTTES GERICHT ÜBER DIE WELTSTADT BABYLON (17,1–19,10)

Die Hure Babylon und das Tier

17 Einer der sieben Engel*, die die sieben Scha-
len trugen, kam zu mir und sagte: »Komm!
Ich werde dir zeigen, wie die große Hure bestraft
wird, die Stadt, die an vielen Wasserarmen erbaut
ist! 2 Die Könige der Erde haben sich mit ihr eingelas-
sen. Alle Menschen sind betrunken geworden, weil
sie sich am Wein ihrer Unzucht* berauscht haben.«
3 Der Geist* Gottes nahm Besitz von mir, und der
Engel trug mich in die Wüste. Dort sah ich eine Frau.
Sie saß auf einem scharlachroten Tier, das über und
über mit Namen beschrieben war, die Gott beleidig-
ten. Das Tier hatte sieben Köpfe und zehn Hörner.[c]
4 Die Frau trug ein purpur- und scharlachrotes Ge-
wand und war mit Gold, kostbaren Steinen und Per-
len geschmückt. In ihrer Hand hielt sie einen golde-
nen Becher. Er war gefüllt mit den abscheulichen
Gräueln ihrer Unzucht. 5 Auf ihrer Stirn stand ein ge-
heimnisvoller Name: »Babylon*, die Große, die
Mutter aller Hurerei und allen Götzendienstes auf
der Erde.« 6 Ich sah, dass die Frau betrunken war
vom Blut der Menschen aus Gottes heiligem Volk.[d]
Sie hatte das Blut aller getrunken, die als Zeugen
für Jesus getötet worden waren. Ich war starr vor
Entsetzen, als ich sie sah.
7 »Warum bist du so entsetzt?«, fragte mich der En-
gel. »Ich verrate dir das Geheimnis dieser Frau und
das Geheimnis des Tieres mit den sieben Köpfen

a Vgl. Kap 13, bes. Vers 16. Das Geschwür erinnert an Ex 9,10.
b Wörtlich *der Heiligen**.
c Die Frau ist das Gegenbild zu der in Kap 12. Zum Tier vgl 13,1.
d Wörtlich *vom Blut der Heiligen**.

16,1 15,1 **16,2** 13,14-15 S; Ex 9,10 **16,3-4** 8,8; Ex 7,17-21 **16,6** 17,6; 18,24; 19,2; Ps 79,10 **16,7** 6,9-11 **16,9** 9,20-21 **16,10** (Tier) 13,1-2 S; (dunkel) Ex 10,21-22 **16,12** Jes 11,15; Jer 51,36 **16,13-14** Ex 8,2; (Drache) Offb 12,9 S **16,14** (Wunder) 13,13-14; 19,20; Mk 13,22 par; 2 Thess 2,9; (Kampf) Offb 14,11-21 **16,15** Mt 24,43 S **16,17-21** 16,1 **16,18** 4,5 S; 6,12-13 **16,19** 18,2 S; 14,10 S **16,21** 11,19; 16,9 **17,1** Jer 51,13 **17,2** 14,8; 18,3; Jer 51,7 **17,3** 1,10 S; (Tier) 13,1-2 S **17,4** 18,3.16 **17,5** Jer 2,20 S **17,6** 16,6 S **17,7-8** 13,1-2 S

und den zehn Hörnern, auf dem sie sitzt. 8 Das Tier, das du gesehen hast, es war einmal und ist nicht mehr. Und es wird wieder aus dem Abgrund* auftauchen – um in seinen Untergang zu rennen. Die Menschen auf der Erde – alle, deren Namen nicht seit Erschaffung der Welt im Buch des Lebens stehen – werden staunen, wenn sie das sehen: Das Tier, das da war und dann nicht mehr da war, das ist wiedergekommen!

9 Hier ist Weisheit gefragt und ein Verstand, der zu deuten versteht! Die sieben Köpfe bedeuten ebenso viele Hügel: die sieben Hügel, auf denen die Frau sitzt. Sie stehen aber auch für sieben Könige. 10 Davon sind fünf gefallen, einer herrscht noch, und der letzte ist noch nicht erschienen. Wenn er kommt, darf er nur kurze Zeit bleiben. 11 Das Tier, das war und nicht mehr ist, ist ein achter König. Es ist aber auch einer von den sieben Königen und rennt in seinen Untergang.[a]

12 Die zehn Hörner, die du gesehen hast, sind zehn Könige, deren Herrschaft noch nicht begonnen hat. Eine Stunde lang werden sie zusammen mit dem Tier königliche Macht bekommen. 13 Diese zehn verfolgen dasselbe Ziel und übergeben ihre Macht und ihren Einfluss dem Tier. 14 Sie werden gegen das Lamm kämpfen. Aber das Lamm wird sie besiegen. Denn es ist der Herr über alle Herren und der König über alle Könige, und bei ihm sind seine treuen Anhänger, die es erwählt und berufen hat.«

15 Der Engel sagte weiter zu mir: »Du hast das Wasser gesehen, an dem die Hure sitzt. Das sind Völker und Menschenmassen aller Sprachen. 16 Die zehn Hörner, die du gesehen hast, und das Tier werden die Hure hassen. Sie werden ihr alles wegnehmen, sogar die Kleider vom Leib. Sie werden ihr Fleisch fressen und sie verbrennen. 17 Denn Gott hat ihr Herz so gelenkt, dass sie seine Absichten ausführen. Sie handeln gemeinsam und überlassen dem Tier ihre Herrschaftsgewalt, bis sich Gottes Voraussagen erfüllen.

18 Die Frau, die du gesehen hast, ist die große Stadt, die die Könige der Erde in ihrer Gewalt hat.«

Der Untergang Babylons

18 Danach sah ich einen anderen Engel* aus dem Himmel herabkommen. Er hatte große Macht und sein Glanz erhellte die ganze Erde. 2 Er rief mit mächtiger Stimme: »Gefallen! Gefallen ist Babylon*, die große Stadt![b] Von jetzt an wird sie nur noch von Dämonen und unreinen Geistern* bewohnt werden. Alle Arten von unreinen* und abscheulichen Vögeln werden in ihren Mauern hausen. 3 Denn alle Völker haben von ihrem Wein getrunken, dem schweren Wein ausschweifender Unzucht*. Die Könige der Erde haben es mit ihr getrieben. Die Kaufleute der Erde sind durch ihren ungeheuren Wohlstand reich geworden.«

4 Dann hörte ich aus dem Himmel eine andere Stimme, die sagte: »Auf, mein Volk! Verlasst diese Stadt! Sonst werdet ihr mitschuldig an ihren Sünden und bekommt Anteil an ihren Strafen. 5 Denn Gott hat ihr schändliches Tun nicht vergessen. Ihre Sünden häufen sich bis an den Himmel! 6 Behandelt sie so, wie sie es mit euch getan hat; zahlt ihr alles zweifach heim. Gießt ein Getränk in ihren Becher, das doppelt so stark ist wie das, was sie für euch bereithielt. 7 Gebt ihr so viel Schmerzen und Trauer, wie sie sich Glanz und Luxus geleistet hat. Sie sagt zu sich selbst: ›Als Königin sitze ich hier! Ich bin keine Witwe, und Trauer werde ich niemals kennen lernen!‹ 8 Deshalb werden an einem einzigen Tag alle Katastrophen über sie hereinbrechen, Pest, Unglück und Hunger, und sie wird im Feuer umkommen. Denn Gott, der Herr, der sie verurteilt hat, ist mächtig.«

9 Wenn die Könige der Erde, die mit ihr Unzucht getrieben und im Luxus gelebt haben, den Rauch der brennenden Stadt sehen, werden sie ihretwegen jammern und klagen. 10 Sie werden sich in weiter Entfernung halten, weil sie Angst vor den Qualen der Stadt haben. Sie werden klagen: »Wie schrecklich! Wie furchtbar! Du große Stadt! Babylon, du mächtige Stadt! Innerhalb einer Stunde ist das Gericht über dich hereingebrochen!«

11 Auch die Kaufleute auf der Erde werden um sie weinen und trauern; denn niemand kauft jetzt mehr ihre Waren: 12 Gold und Silber, kostbare Steine und Perlen, feinstes Leinen, Seide, purpur- und scharlachrote Stoffe; seltene Hölzer, Gegenstände aus Elfenbein, Edelholz, Bronze, Eisen und Marmor; 13 Zimt, Salbe, Räucherwerk, Myrrhe und Weihrauch; Wein, Öl, feines Mehl und Weizen, Rinder und Schafe, Pferde und Wagen und Sklaven, ja: lebende Menschen.

14 »Das Obst, das du über alles liebtest, bekommst du nicht mehr. All dein Glanz und dein Reichtum, sie kommen nie mehr zurück.«

15 Die Kaufleute, die durch ihre Geschäfte in dieser Stadt reich geworden sind, werden sich in weiter Entfernung aufhalten, weil sie Angst haben vor den Qualen der Stadt. Sie werden trauern und klagen 16 und sagen: »Wie schrecklich! Wie furchtbar für diese mächtige Stadt! Sie war es gewohnt, sich in feinstes Leinen, in Purpur- und Scharlachstoffe zu kleiden. Sie schmückte sich mit Gold, kostbaren Steinen und Perlen. 17 Und innerhalb einer einzigen Stunde hat sie den ganzen Reichtum verloren!«

Die Kapitäne und die Reisenden, die Matrosen und alle, die ihren Unterhalt auf See verdienen, hielten sich in weiter Entfernung. 18 Als sie den Rauch der brennenden Stadt sahen, riefen sie: »An diese groß-

a In den Versen 8-17 wird auf Erwartungen Bezug genommen, die sich am Schicksal des Kaisers Nero entzündeten; siehe Sacherklärung »Nero«.
b Kap 18 schildert den Untergang »Babylons« nach dem Vorbild von Jes 13; 47; Ez 27.

17,8 13,14; (war/ist nicht/wird) 1,4S; (Buch) 3,5S **17,9** 13,18 **17,12** Dan 7,7.24 **17,14** 19,19; (Herr) 19,16; 1Tim 6,15 **17,15** 17,1 **17,16** Ez 23,29; Hos 2,5 **17,17** 17,13 **18,2** (gefallen) 14,8; 16,19; Jes 21,9S; (Dämonen) Zef 2,14S **18,3** 17,2S **18,4** Jer 51,45S; 2Kor 6,17 **18,5** Gen 18,20 **18,6** Jer 25,14S **18,7-8** Jes 47,8-9S **18,8** 17,16 **18,9-10** Ez 26,16-17; 27,30-36 **18,12-13** Ez 27,12-24 **18,15** Jes 47,15S **18,16** 17,4 **18,18-19** Ez 27,29-34

artige Stadt kam keine heran!« 19 Sie streuten Staub
auf ihre Köpfe, weinten und jammerten laut: »Wie
schrecklich! Wie furchtbar für diese große Stadt!
Durch ihre Schätze sind alle reich geworden, die
Schiffe auf dem Meer haben. Und innerhalb einer
einzigen Stunde ist sie vernichtet worden!«
20 »Himmel, freu dich über ihren Untergang! Freu
dich, heiliges Gottesvolk;[a] freut euch, ihr Apostel*
und Propheten*! Gott hat sie verurteilt für alles,
was sie euch angetan hat.«
21 Dann hob ein starker Engel einen Stein auf, der
war so groß wie ein Mühlstein*. Der Engel warf ihn
ins Meer und sagte: »Babylon, du mächtige Stadt!
Genauso wirst du mit aller Kraft hinuntergeworfen,
nichts wird von dir übrig bleiben! 22 Die Harfenspie-
ler und Sänger, die Flötenspieler und Trompetenblä-
ser werden nie mehr in dir zu hören sein. Kein Hand-
werker, der irgendein Handwerk betreibt, wird je-
mals wieder in dir leben. Das Geräusch der Mühle
wird verstummen. 23 Niemals mehr wird in dir eine
Lampe brennen. Der Jubel von Braut und Bräutigam
wird in dir nicht mehr zu hören sein. Deine Kaufleu-
te führten sich auf als Herren der Erde, und mit dei-
ner Zauberei hast du alle Völker verführt! 24 Das Blut
der Propheten* und der Menschen aus Gottes heili-
gem Volk ist in dieser Stadt geflossen. Sie ist für das
Blut aller Menschen verantwortlich, die auf der Erde
ermordet worden sind.«

Siegeslieder im Himmel ...

19 Danach hörte ich im Himmel das laute Rufen
einer großen Menge:

»Halleluja – Preist den Herrn!
Der Sieg und die Herrlichkeit* und die Macht
gehören unserem Gott!
2 Seine Urteile sind wahr und gerecht.
Er hat die große Hure verurteilt,
die mit ihrer Unzucht* die Erde zugrunde
gerichtet hat.
Er hat das Blut seiner Diener und Dienerinnen[b]
gerächt,
das an ihren Händen klebte.«

3 Und wieder riefen sie:

»Halleluja – Preist den Herrn!
Der Rauch der brennenden Stadt steigt in alle
Ewigkeit zum Himmel!«

4 Die vierundzwanzig Ältesten* und die vier mächti-
gen Gestalten* warfen sich nieder und beteten Gott
an, der auf dem Thron saß. Sie riefen: »Amen!
Halleluja!«

... und auf der Erde

5 Dann sprach eine Stimme vom Thron her:

»Preist unseren Gott,
ihr seine Diener und Dienerinnen,
ihr alle, die ihr ihn verehrt,
Hohe und Niedrige miteinander!«

6 Dann hörte ich das Rufen einer großen Menge. Es
klang wie das Tosen des Meeres und wie lautes Don-
nerrollen. Sie riefen:

»Halleluja – Preist den Herrn!
Der Herr hat nun die Herrschaft angetreten,
er, unser Gott, der Herrscher der ganzen Welt!
7 Wir wollen uns freuen und jubeln
und ihm die Ehre geben!
Der Hochzeitstag des Lammes ist gekommen;
seine Braut hat sich bereitgemacht.
8 Ihr wurde ein herrliches Kleid gegeben
aus reinem, leuchtendem Leinen!«

Das Leinen steht für die gerechten Taten der Men-
schen in Gottes heiligem Volk.[c]
9 Dann sagte der Engel zu mir: »Schreib auf: Freu-
en dürfen sich alle, die zum Hochzeitsmahl des Lam-
mes eingeladen sind.« Und er fügte hinzu: »Dies al-
les sind Worte, die von Gott kommmen; auf sie ist
Verlass.«
10 Ich warf mich vor ihm nieder, um ihn anzube-
ten. Aber er sagte zu mir: »Tu das nicht! Ich bin
nur ein Diener wie du und wie deine Brüder und
Schwestern[d], die festhalten an dem, wofür Jesus
als Zeuge einsteht. Bete Gott an!«
Wofür Jesus als Zeuge einsteht: das ist es, was
die Propheten* in der Kraft des Geistes* verkün-
den.[e]

DAS ENDE DER ALTEN WELT
(19,11–20,15)

Das machtvolle Erscheinen des Retters. Sein Sieg über das Tier und dessen Verbündete

11 Dann sah ich den Himmel weit geöffnet. Und ich
sah ein weißes Pferd, auf dem saß einer, der heißt
der Treue und Wahrhaftige. Er urteilt und kämpft ge-
recht. 12 Seine Augen waren wie Flammen und auf
dem Kopf trug er viele Kronen. Ein Name stand
auf ihm geschrieben, den nur er selbst kennt. 13 Sein
Mantel war blutgetränkt, und sein Name ist »Das
Wort Gottes«. 14 Die Heere des Himmels folgten

a Wörtlich *(Freut euch) ihr Heiligen**; entsprechend in Vers 24 *(Blut der) Heiligen.* Dieser Aufforderung wird in 19,1-8 entsprochen.
b Wörtlich *Diener;* siehe Anmerkung zu 2,20; ebenso in Vers 5.
c Wörtlich *der Heiligen**.
d Siehe Anmerkung zu 6,11.
e Wörtlich *Das Zeugnis von Jesus ist der Geist der Prophetie.*

18,20 Jer 51,48 **18,21** Jer 51,63-64 **18,22** Jes 24,8; Ez 26,13 **18,23** Jer 7,34 S; (Kaufleute) Jes 23,8; (verführt) Jes 47,12 **18,24** 16,6 S; Mt 23,35.37; Jer 51,49; Jes 26,21; Ez 24,7-8 **19,2** 16,6 S; Dtn 32,43 **19,3** (Rauch) 14,11; 18,9.18; Jes 34,10 **19,4** 4,4 S; 4,6; 5,7 S **19,7** (Braut) 21,2 S **19,8** 6,11 S **19,9** Mt 22,2; Lk 14,15-16; Jes 25,6 **19,10** 22,8-9; (Zeuge) 6,9 S **19,11** Mt 3,16 S **19,12** 1,14-15 **19,13** Jes 63,1-6; Joh 1,1 **19,14** 6,11 S

ihm. Alle ritten auf weißen Pferden und waren in
reines weißes Leinen gekleidet.
[15] Aus seinem Mund kam ein scharfes Schwert, mit
dem er die Völker besiegen sollte. Er wird sie mit ei-
sernem Zepter regieren und sie zertreten, wie man
die Trauben in der Weinpresse zertritt. So vollstreckt
er den glühenden Zorn Gottes, des Herrschers der
ganzen Welt. [16] Auf seinem Mantel und auf seinem
Schenkel stand sein Name: »König der Könige und
Herr der Herren«.
[17] Dann sah ich einen Engel*, der stand in der
Sonne. Er rief allen Vögeln, die hoch am Himmel flo-
gen, mit lauter Stimme zu: »Kommt, versammelt
euch für Gottes großes Festmahl! [18] Kommt und fresst
das Fleisch von Königen, Heerführern und Kriegern!
Fresst das Fleisch der Pferde und ihrer Reiter, das
Fleisch von allen Menschen, von Sklaven und Frei-
en, von Hohen und Niedrigen!«
[19] Dann sah ich das Tier zusammen mit den Köni-
gen der Erde.[a] Ihre Heere waren angetreten, um ge-
gen den Reiter und sein Heer zu kämpfen. [20] Das
Tier wurde gefangen genommen und auch der fal-
sche Prophet, der unter den Augen des Tieres die
Wunder getan hatte. Durch diese Wunder hatte er
alle verführt, die das Zeichen des Tieres angenom-
men und das Standbild des Tieres angebetet hatten.
Das Tier und der falsche Prophet wurden bei leben-
digem Leib in einen See von brennendem Schwe-
fel geworfen. [21] Alle Übrigen wurden durch das
Schwert vernichtet, das aus dem Mund dessen
kommt, der auf dem Pferd reitet. Alle Vögel wurden
satt von ihrem Fleisch.

Die vorläufige Fesselung des Satans und die tausendjährige Herrschaft des Retters und der Menschen, die für ihn ihr Leben ließen

20 Danach sah ich einen Engel* aus dem Him-
mel herabkommen, der hatte den Schlüssel
zum Abgrund* und eine starke Kette in der Hand.
[2] Er packte den Drachen*, die alte Schlange, die
auch Teufel und Satan* genannt wird, und fesselte
ihn für tausend Jahre. [3] Der Engel warf ihn in den
Abgrund, schloss den Eingang ab und versiegelte
ihn. So konnte der Drache die Völker tausend
Jahre lang nicht mehr verführen. Wenn sie um
sind, muss er für eine kurze Zeit freigelassen
werden.
[4] Dann sah ich Thronsessel. Denen, die darauf
Platz nahmen, wurde die Vollmacht erteilt, Gericht
zu halten. Weiter sah ich die Seelen* der Men-
schen, die enthauptet worden waren, weil sie an
der Botschaft Gottes festhielten, an all dem, wofür

a Siehe Kap 13 und 17,12-14.

Laodizea (3,14), eine wohlhabende Stadt in der Nähe von Kolossä, war berühmt für sein Bankwesen, seine Wolle und seine Ärzteschule. In Anspielung darauf wird der Tadel für die dortige Gemeinde formuliert: Ihr seid »elend, blind und nackt« (3,17). Ihr wird vorgeworfen, dass sie »weder warm noch kalt« (3,15) ist, sondern lauwarm – wie das Wasser von den nahe gelegenen heißen Quellen, wenn es in der Stadt ankommt.

19,15 (Schwert) 1,16 S; (Zepter) 2,26-27 S; (Trauben) Jes 63,1-6 **19,16** 17,14 S **19,17-18** Ez 39,4.17-19 **19,19** 17,12-14; Ps 2,2; Sach 14,2; Ez 38,2-9.14-16 **19,20** 13,1-2 S; 13,14-15 S; (Schwefel) 20,10 S **19,21** 1,16 S **20,1** 10,1; 18,1; (Abgrund) 9,1 S **20,2** 12,9 S **20,4** Dan 7,9.22; Röm 5,17 S; (Zeuge) 6,9 S

Jesus als Zeuge einsteht. Ich sah auch die Seelen der
Menschen, die weder das Tier noch sein Standbild
angebetet hatten und auch nicht das Kennzeichen
des Tieres auf ihrer Stirn oder ihrer Hand trugen.
Sie alle wurden wieder lebendig und herrschten zu-
sammen mit Christus tausend Jahre lang. 5 Die übri-
gen Toten wurden noch nicht wieder lebendig; das
wird erst geschehen, wenn die tausend Jahre um
sind.

Dies ist die erste Auferstehung. 6 Freuen dürfen
sich die Auserwählten, die an der ersten Auferste-
hung teilhaben. Der zweite Tod, der endgültige,
kann ihnen nichts anhaben. Sie werden Gott und
Christus als Priester dienen und tausend Jahre lang
mit Christus herrschen.

Die endgültige Überwindung des Satans

7 Wenn die tausend Jahre um sind, wird der Satan*
aus seinem Gefängnis freigelassen. 8 Er wird auszie-
hen, um die Völker an allen vier Enden der Erde zu
überreden – das sind Gog und Magog.[a] Sie sind so
zahlreich wie der Sand am Meer, und der Satan wird
sie alle zum Kampf sammeln. 9 Sie zogen herauf von
den Enden der Erde und umstellten das Lager des

a Ezechiël (Kap 38–39) spricht von dem Fürsten Gog aus dem Land Magog, der als Feind des Gottesvolkes aus dem Norden heranzieht. Hier stehen *Gog und Magog* als symbolische Namen für die Völker, die aus allen vier Himmelsrichtungen die Heilige Stadt angreifen.

Die Offenbarung endet mit der Vision von einem neuen Himmel und einer neuen Erde. Tod, Tränen und Traurigkeit sind für immer vorbei. Die verheißene neue Schöpfung ist Wirklichkeit geworden: »Gott selbst wird als ihr Gott bei ihnen sein.« (21,3)

20,6 2,11 S; (Priester) 1,6 S **20,8** Ez 38,2.10-15 **20,9** Ez 38,22 **20,9** Ez 38,22

heiligen Gottesvolkes[a] und die von Gott geliebte Stadt. Aber es fiel Feuer vom Himmel und verbrannte sie alle.

10 Dann wurde der Teufel, der sie verführt hatte, in den See von brennendem Schwefel geworfen, in dem schon das Tier und der falsche Prophet waren. Dort werden sie in alle Ewigkeit Tag und Nacht gequält.

Das Ende der alten Welt und das Gericht über alle Toten. Der Tod des Todes

11 Dann sah ich einen großen weißen Thron und den, der darauf sitzt. Die Erde und der Himmel flohen bei seinem Anblick und verschwanden für immer.

12 Ich sah alle Toten, Hohe und Niedrige, vor dem Thron stehen. Die Bücher wurden geöffnet, in denen alle Taten aufgeschrieben sind.[b] Dann wurde noch ein Buch aufgeschlagen: das Buch des Lebens. Den Toten wurde das Urteil gesprochen; es richtete sich nach ihren Taten, die in den Büchern aufgeschrieben waren. 13 Auch das Meer gab seine Toten heraus, und der Tod und die Totenwelt* gaben ihre Toten heraus. Alle empfingen das Urteil, das ihren Taten entsprach.

14 Der Tod und die Totenwelt wurden in den See von Feuer geworfen. Dieser See von Feuer ist der zweite, der endgültige Tod. 15 Alle, deren Namen nicht im Buch des Lebens standen, wurden in den See von Feuer geworfen.

DIE NEUE WELT GOTTES (21,1–22,5)

Der neue Himmel und die neue Erde

21 Dann sah ich einen neuen Himmel und eine neue Erde. Der erste Himmel und die erste Erde waren verschwunden und das Meer war nicht mehr da.

2 Ich sah, wie die Heilige Stadt, das neue Jerusalem, von Gott aus dem Himmel herabkam. Sie war festlich geschmückt wie eine Braut für ihren Bräutigam. 3 Und vom Thron her hörte ich eine starke Stimme rufen: »Dies ist die Wohnstätte Gottes bei den Menschen! Er wird bei ihnen wohnen, und sie werden seine Völker sein. Gott selbst wird als ihr Gott bei ihnen sein. 4 Er wird alle ihre Tränen abwischen. Es wird keinen Tod mehr geben und keine Traurigkeit, keine Klage und keine Quälerei mehr. Was einmal war, ist für immer vorbei.«

5 Dann sagte der, der auf dem Thron saß: »Gebt Acht, jetzt mache ich alles neu!« Zu mir sagte er: »Schreib dieses Wort auf, denn es ist wahr und zuverlässig.« 6 Und er fuhr fort: »Es ist bereits in Erfüllung gegangen!

Ich bin das A und das O,[c] der Anfang und das Ende. Wer durstig ist, dem gebe ich umsonst zu trinken. Ich gebe ihm Wasser aus der Quelle des Lebens. 7 Alle, die durchhalten und den Sieg erringen, werden dies als Anteil von mir erhalten: Ich werde ihr Gott sein und sie werden meine Söhne und Töchter sein.[d] 8 Aber die Feiglinge und Treulosen, die Abgefallenen, Mörder und Ehebrecher, die Zauberer, die Götzenanbeter und alle, die sich nicht an die Wahrheit hielten, finden ihren Platz in dem See von brennendem Schwefel. Das ist der zweite, der endgültige Tod.«

Die neue Stadt Jerusalem, ihre Mauern und Tore

9 Einer von den sieben Engeln*, die die sieben Schalen mit den sieben letzten Katastrophen getragen hatten, trat zu mir und sagte: »Komm! Ich werde dir die Braut zeigen, die Frau des Lammes!«

10 Der Geist* nahm von mir Besitz, und in der Vision trug mich der Engel auf die Spitze eines sehr hohen Berges. Er zeigte mir die Heilige Stadt Jerusalem, die von Gott aus dem Himmel herabkam. 11 Sie strahlte die Herrlichkeit Gottes aus und glänzte wie ein kostbarer Stein, wie ein kristallklarer Jaspis.

12 Sie war von einer mächtigen, hohen Mauer mit zwölf Toren umgeben. Die Tore wurden von zwölf Engeln bewacht, und die Namen der zwölf Stämme Israels waren an die Tore geschrieben. 13 Nach jeder Himmelsrichtung befanden sich drei Tore, nach Osten, nach Norden, nach Süden und nach Westen. 14 Die Stadtmauer war auf zwölf Grundsteinen errichtet, auf denen die Namen der zwölf Apostel* des Lammes standen.

Ihre Ausmaße und Baustoffe

15 Der Engel, der zu mir sprach, hatte einen goldenen Messstab, um die Stadt, ihre Tore und ihre Mauern auszumessen. 16 Die Stadt war viereckig angelegt, ebenso lang wie breit. Der Engel maß die Stadt mit seinem Messstab. Sie war zwölftausend Wegmaße[e] lang und ebenso breit und hoch. 17 Er maß auch die Stadtmauer. Nach dem Menschenmaß, das der Engel gebrauchte, war sie hundertvierundvierzig Ellen dick.

18 Die Mauer bestand aus Jaspis. Die Stadt selbst

a Wörtlich *der Heiligen**.
b *in denen …:* verdeutlichender Zusatz, der den Schluss des Verses aufnimmt.
c Wörtlich *Ich bin das Alpha und das Omega;* vgl. Anmerkung zu 1,8.
d Wörtlich *meine Söhne* (im Griechischen in der Einzahl formuliert: *mein Sohn*); vgl. dazu Sacherklärung »Söhne«.
e Vgl. Anmerkung zu 14,20. Die Maßangabe enthält die Symbolzahl 12 für das Volk Gottes (12 Stämme Israels, 12 Apostel), dasselbe gilt für die 144 Ellen* in Vers 17.

20,10 (Schwefel) 19,20; 20,14; 21,8; 14,10; Mt 25,41; Jud 7 **20,11** 5,7 S; (verschwanden) 6,14; 21,1; Mk 13,31 par; 2 Petr 3,10 **20,12b** 3,5 S **20,13** 2,23; Röm 2,6 S **20,14** 2,11 S **20,15** 3,5 S **21,1** Jes 65,17 S; 2 Petr 3,13 **21,2** 21,9–22,5; 3,12; Jes 52,1; Gal 4,26; Hebr 11,16; 12,22; (Braut) Offb 21,9 S **21,3** Sach 2,9; 2 Kor 6,16; Lev 26,12 S **21,4** (Tränen) 7,17 S; (Tod) Jes 26,19 S **21,5** 5,7 S; (neu) 21,1; Jes 65,17 S; 2 Kor 5,17 S **21,6** 1,8 S; (Wasser) 22,1; 7,17; Sach 14,8 S; Joh 7,37 **21,7** 2 Sam 7,14 S; Ez 11,20 S **21,8** 21,27 S; 20,10 S; 2,11 S **21,9–22,5** Jes 54,1-17 S; Tob 13,9-18 **21,9** 15,1; (Braut) 19,7; 21,2; 22,17 **21,10** 1,10 S; Ez 40,2 **21,11** Jes 60,1-3.19; Ez 43,2 **21,12** 7,5-8; Gen 35,22b-26; Ex 28,21; Ez 48,30-35 **21,14** Hebr 11,10; Eph 2,20 **21,15** 11,1; Ez 40,3 **21,16** Ez 48,16-17 **21,18-21** Jes 54,11-12 S; Ez 28,13

war aus reinem Gold erbaut, das so durchsichtig war
wie Glas. 19 Die Fundamente der Stadtmauer waren
mit allen Arten von kostbaren Steinen geschmückt.
Der erste Grundstein ist ein Jaspis, der zweite ein Sa-
phir, der dritte ein Chalzedon, der vierte ein Sma-
ragd, 20 der fünfte ein Sardonyx, der sechste ein Kar-
neol, der siebte ein Chrysolith, der achte ein Beryll,
der neunte ein Topas, der zehnte ein Chrysopras, der
elfte ein Hyazinth und der zwölfte ein Amethyst.
21 Die zwölf Tore waren zwölf Perlen. Jedes Tor be-
stand aus einer einzigen Perle. Die Hauptstraße der
Stadt war aus reinem Gold, so durchsichtig wie Glas.

Ihr Licht, ihr Reichtum, ihre Reinheit

22 Einen Tempel sah ich nicht in der Stadt. Gott, der
Herrscher der ganzen Welt, ist selbst ihr Tempel,
und das Lamm mit ihm. 23 Die Stadt braucht weder
Sonne noch Mond, damit es hell in ihr wird. Die
Herrlichkeit* Gottes strahlt in ihr und das Lamm
ist ihre Leuchte.

24 In dem Licht, das von der Stadt ausgeht, werden
die Völker leben. Die Könige der Erde werden ihren
Reichtum in die Stadt tragen. 25 Ihre Tore werden
den ganzen Tag offen stehen, mehr noch: Sie
werden nie geschlossen, weil es dort keine Nacht
gibt. 26 Pracht und Reichtum der Völker werden in
diese Stadt gebracht. 27 Aber nichts Unreines* wird
Einlass finden. Wer Götzen anbetet und sich nicht
an die Wahrheit hält, kann die Stadt nicht betreten.
Nur wer im Lebensbuch des Lammes aufgeschrieben
ist, wird in die Stadt eingelassen.

Die Stadt als das wiederhergestellte Paradies

22 Der Engel zeigte mir auch den Strom mit dem
Wasser des Lebens, der wie Kristall funkelt.
Der Strom entspringt am Thron Gottes und des
Lammes 2 und fließt entlang der Hauptstraße mitten
durch die Stadt. An beiden Seiten des Flusses wach-
sen Bäume: der Baum des Lebens aus dem Paradies.[a]
Sie bringen zwölfmal im Jahr Frucht, jeden Monat
einmal. Ihre Blätter dienen den Menschen aller Völ-
ker als Heilmittel. 3 In der Stadt wird es nichts mehr
geben, was unter dem Fluch Gottes steht.

Der Thron Gottes und des Lammes wird in der Stadt
stehen. Alle, die dort sind, werden Gott als Priester
dienen, 4 sie werden ihn sehen, und sein Name wird
auf ihrer Stirn stehen. 5 Es wird keine Nacht mehr ge-
ben und sie brauchen weder Lampen- noch Sonnen-
licht. Gott, der Herr, wird über ihnen leuchten, und
sie werden in alle Ewigkeit als Könige herrschen.

ABSCHLIESSENDE ZUSICHERUNGEN UND MAHNUNGEN (22,6-21)

Der Engel, der Seher Johannes und Jesus selbst verbürgen die Wahrheit dieses Buches

6 Der Engel[b] sagte zu mir: »Diese Worte sind wahr
und zuverlässig. Gott, der Herr, der den Propheten
seinen Geist* gibt, hat seinen Engel* gesandt, um
denen, die ihm dienen, zu zeigen, was sich in Kürze
ereignen muss.«

7 »Gebt Acht! Ich komme bald!« – sagt Jesus Chris-
tus[c] – »Freuen darf sich, wer die prophetischen Wor-
te dieses Buches beherzigt.«

8 Ich, Johannes, bin es, der das alles gehört und ge-
sehen hat. Als es vorüber war, warf ich mich vor dem
Engel, der mir diese Dinge gezeigt hatte, nieder, um
ihn anzubeten. 9 Er aber sagte: »Tu das nicht! Ich bin
ein Diener Gottes wie du und deine Brüder, die Pro-
pheten*, und wie alle, die sich nach den Worten die-
ses Buches richten. Bete Gott an!«

10 Dann sagte Jesus zu mir: »Du darfst das Buch, in
dem diese prophetischen Worte stehen, nicht für
später versiegeln; denn die Zeit ihrer Erfüllung ist na-
he. 11 Wer Unrecht tut, mag es weiterhin tun. Wer
den Schmutz liebt, mag sich weiter beschmutzen.
Wer aber recht handelt, soll auch weiterhin recht
handeln. Und wer heilig ist, soll weiter nach Heilig-
keit streben.

12 Gebt Acht, ich komme bald, und euren Lohn
bringe ich mit. Jeder empfängt das, was seinen Taten
entspricht. 13 Ich bin das A und das O,[d] der Erste und
der Letzte, der Anfang und das Ende.

14 Freuen dürfen sich alle, die ihre Kleider reinwa-
schen.[e] Sie empfangen das Recht, die Frucht vom
Baum des Lebens zu essen und durch die Tore in
die Stadt hineinzugehen. 15 Aber die Verworfenen,
die Zauberer, die Ehebrecher und die Mörder müs-
sen draußen vor der Stadt bleiben, und die Götzen-
anbeter und alle, die die Lüge lieben und entspre-
chend handeln.

16 Ich, Jesus, habe meinen Engel gesandt, um euch,
den Propheten,[f] zuverlässig mitzuteilen, was auf die
Gemeinden zukommt. Ich bin der Wurzelspross[g]
und Nachkomme Davids*. Ich bin der leuchtende
Morgenstern*.«

17 Der Geist und die Braut antworten: »Komm!«
Wer dies hört, soll sagen: »Komm!« Wer durstig
ist, soll kommen, und wer von dem Wasser des Le-
bens trinken will, wird es geschenkt bekommen.

a *und fließt...:* wörtlich *zwischen ihrer Hauptstraße (ihrem Hauptplatz) und dem Fluss, diesseits und jenseits (von ihm): Holz des Lebens.* Die beiden Bilder aus Gen 2,9 und Ez 47,7.12 gehen ineinander über. Zu »Holz des Lebens« vgl. 2,7 und die Vergleichsstellen dort.
b Wörtlich *Er.* Gemeint ist der Engel von 21,9. Im weiteren Verlauf des Verses und in den Versen 8 und 16 ist von dem Engel aus 1,1 die Rede.
c Erläuternde Einfügung.
d Wörtlich *Ich bin das Alpha und das Omega;* vgl. Anmerkung zu 1,8.
e Vgl. 7,14 und Anmerkung zu 3,4.
f *den Propheten:* verdeutlichender Zusatz; vgl. 22,6.9.
g Vgl. Anmerkung zu 5,5.

21,23 22,5; Jes 60,1-2.19-20S **21,24-26** Jes 60,3.11 **21,27** 21,8; 22,15; 1Kor 6,9-10; 2Petr 3,13; Jes 35,8; 52,1; Ez 44,9; (Lebensbuch) Offb 3,5S **22,1-2** Ez 47,1-12S **22,3b** (Priester) 1,6S **22,4** Ps 17,15S; Mt 5,8; (Stirn) Offb 14,1 **22,5** 21,23S; (herrschen) 1,6; Dan 7,18.27 **22,6** (zuverlässig) 19,9; 21,5; (Propheten) 10,7; Apg 11,27S; 1Kor 14,1; (in Kürze) Offb 1,1.3 **22,7** (bald) 3,11S; (freuen) 1,3 **22,8-9** 19,10 **22,10** Dan 12,4 **22,11** Dan 12,10; Jes 56,1 **22,12** (Taten) 2,23; 6,10; 16,6; 19,2; 20,12-13; Mt 16,27S **22,13** 1,8S **22,14** 7,14S; (Baum) 2,7S; (hineingehen) Ps 118,19-20 **22,15** 21,27S; Eph 5,5 **22,16** 5,5S; (Morgenstern) 2,28; Num 24,17 **22,17** (Braut) 21,9S; (Wasser) 21,6S

Warnung und Zusage. Brieflicher Abschluss

[18] Ich, Johannes, warne alle, die die prophetischen
Worte aus diesem Buch hören: Wer diesen Worten
etwas hinzufügt, dem wird Gott die Qualen zufügen,
die in diesem Buch beschrieben sind. [19] Wenn aber
jemand von diesen Worten etwas wegnimmt, wird
Gott ihm seinen Anteil an der Frucht vom Baum
des Lebens und an der Heiligen Stadt* wegnehmen,
die in diesem Buch beschrieben sind.
[20] Der aber, der dies alles bezeugt, sagt: »Ganz gewiss, ich komme bald!«
Amen*, komm, Herr* Jesus![a]
[21] Die Gnade unseres Herrn Jesus sei mit allen!

a Die letzten Worte entsprechen dem alten Gebetsruf *Maranata*; siehe Sacherklärung.

22,18-19 Dtn 4,2S **22,18** Dtn 29,19-20 **22,19** 2,7S **22,20** 3,11S; 1Kor 16,22

Anhang

Sacherklärungen

Erklärt werden die Wörter, die im Bibeltext einen Stern (*) tragen. Zu den Abkürzungen der biblischen Bücher siehe vorn Seite 8* sowie die »Gebrauchsanweisung« Seite 5*. Ein Pfeil (→) vor einem Wort verweist auf die entsprechende Sacherklärung. Ein farbiger Landkartenanhang mit Ortsregister ist separat erhältlich (Deutsche Bibelgesellschaft, Best.-Nr. 6004-3).

A

Aaron Der Bruder von → Mose (Ex 4,14; 6,20). Er steht beim Auszug aus Ägypten als Helfer und während der Wüstenwanderung als Priester neben der prophetischen Führergestalt Mose und ist in späterer Sicht der erste → Oberste Priester und Ahnherr der legitimen Jerusalemer Priesterschaft. Im Neuen Testament wird er zum Vor- und Gegenbild des wahren Obersten Priesters Christus (Hebr 5,4; 7,11).

Abba Aramäisch »(lieber) Vater«, als Anrede im Familienkreis gebraucht. Jesus verwendete das Wort in der Gebetsanrede an Gott (Mk 14,36) und brachte damit die innige Verbundenheit mit seinem himmlischen Vater zum Ausdruck. Der → Geist, den Jesus den Seinen schenkt, gibt ihnen Anteil an dieser vertrauten Gottesnähe, wenn er sie ermächtigt und ermutigt, im geistgetragenen Gebet Gott genau wie Jesus als »Abba« anzurufen (Röm 8,15; Gal 4,6). Auch im damaligen Judentum ist die vertraute Anrede gelegentlich bezeugt, gebräuchlich war jedoch das feierliche »Ab«.

Abel → Kain.

Abendmahl → Mahl des Herrn.

Abendopfer Im → Tempel in Jerusalem wurde täglich am Morgen und am Abend ein → Brandopfer dargebracht (Ex 29,38-42; Num 28,3-8), wobei laut jüdischer Überlieferung der Abend um 15 Uhr begann.

Abgrund Der unterirdisch gedachte Aufenthaltsort dämonischer Mächte (Lk 8,31; Offb 9,1.11) und des → Antichrist vor seinem Auftreten (Offb 11,7; 17,8), aber auch das Verlies, in dem der → Satan gefangen gehalten wird (Offb 20,1-3).

Abib (»Ährenmonat«) Althebräischer Monat, später → Nisan; etwa Mitte März bis Mitte April.

Abraham Stammvater Israels (zum Namen vgl. Gen 17,4-5). Wer zum erwählten Volk Israel gehört, ist »Sohn« oder »Tochter« Abrahams (Lk 13,16; 19,9; Mt 3,9par). Erwartet wurde, dass die Nachkommen Abrahams bzw. die unter ihnen, die im letzten Gericht als → gerecht anerkannt werden, mit ihm am Festmahl in Gottes neuer Welt teilnehmen dürfen (Mt 8,11 par; Lk 16,22). Im Neuen Testament ist Abraham Vorbild des Glaubens (Röm 4; Hebr 11,8-19; vgl. Gen 15,6) und Vater des neuen Gottesvolkes, der Glaubenden aus allen Völkern (Röm 4,11-12).

Achaia Römische Provinz im südlichen Teil des heutigen Griechenland mit der Hauptstadt Korinth. An sie und die Hafenstadt Kenchreä (Röm 16,1) ist gedacht, wenn Paulus von den Christen »in Achaia« spricht.

Achortal Der Name bedeutet Unglückstal. Die Lage ist umstritten, entweder am Nordwestende des Toten Meeres (Karte Seite 16) oder im Nordwesten von Jericho in der Nähe der Stadt Ai (Karte Seite 443). Das Tal spielt im Zusammenhang der Inbesitznahme des Landes → Kanaan eine Rolle: Hier wurde Achan, der sich an gebanntem Gut (→ Bann) vergriffen hatte, mit seiner gesamten Familie gesteinigt und damit vom Besitz des Landes ausgeschlossen (Jos 7,24-26). Bei Hosea (Hos 2,17) wandelt sich das »Unglückstal« zum Hoffnungszeichen, wenn Israel durch eben dieses Tal zum zweiten Mal von Gott in sein Land geführt wird.

Adam Nach Gen 2–3 der erste von Gott geschaffene Mensch (ursprünglich kein Eigenname, sondern einfach das hebräische Wort für »Mensch«; vgl. die Anmerkungen zu Gen 2,7 und 3,17). Er übertrat Gottes Verbot, aß von der Frucht, die ihm ein Gott vorbehaltenes Wissen vermitteln würde, und wurde zur Strafe aus dem → Paradies vertrieben. Nach Paulus hat Adam mit seinem Ungehorsam das Schicksal der ganzen Menschheit geprägt. Seither ist das menschliche Leben durch Sünde und Tod bestimmt, ein Verhängnis, in das jeder Mensch hineingeboren wird; doch trägt er zugleich die volle Verantwortung, denn jeder Mensch will sein eigener Herr sein, sich selbst behaupten – auch und gerade Gott gegenüber. Christus hat dieser Verstrickung von Verhängnis und Schuld ein Ende gesetzt. Er ist der »zweite Adam«, der eine neue Menschheit eingeleitet hat. Er holt die Menschen aus ihrer Gottferne in die Gemeinschaft mit Gott zurück, sodass sie Gott gehorsam sein und das wahre Leben gewinnen können (Röm 5,12-21; 1 Kor 15,21-22).

Adar Der 12. Monat nach dem babylonischen → Kalender, etwa Mitte Februar bis Mitte März.

Agrippa → Herodes (5, 6).

Ägypter In Apg 21,38 ein aus Ägypten stammender Jude, der eine Gruppe messianischer Freiheitskämpfer (→ Zeloten) um sich gesammelt hatte. Nach Zersprengung seines Anhangs durch die Soldaten des Prokurators Felix war er selbst spurlos verschwunden. (Zur Bedeutung der »Wüste« s. die Sacherklärung.)

Alarmhorn → Widderhorn.

Alexandria Von Alexander d. Gr. gegründete Stadt im Nildelta. Zweitgrößte Stadt des römischen Weltreichs, Zentrum der Begegnung zwischen jüdischem Glauben und griechischer Philosophie. Apollos dürfte von der Geistesart der jüdischen Synagogengemeinde dieser Stadt geprägt gewesen sein (Apg 18,24.27-28).

Allerheiligstes Der innerste Raum des → Heiligen Zeltes und des Jerusalemer → Tempels, der als Gottes »Wohnung«, der Ort seiner unsichtbaren Gegenwart, ihm allein vorbehalten war. Der dunkle, fensterlose Raum – im Jerusalemer Tempel ein Kubus von 5 m Seitenlänge – enthielt die → Bundeslade mit den Gesetzestafeln und der Deckplatte, an der einmal im Jahr am → Versöhnungstag vom → Obersten Priester die Sühnehandlung vollzogen wurde (Lev 16,11-17); sonst durfte dieser Raum nicht betreten werden.

Aloë (1) Kostbares Parfüm, das aus dem indischen Adlerholzbaum gewonnen wurde (Ps 45,9; Hld 4,14; Spr 7,17).

(2) Wohlriechendes Öl, das aus den fleischigen Blättern der Aloe-Pflanze gewonnen und unter anderem beim Einbalsamieren von Toten verwendet wurde (Joh 19,39).

Alraunfrucht Die Frucht der Alraune ist klein, scharf riechend und ähnelt einem Apfel. Sie galt als Mittel zur Förderung der Fruchtbarkeit.

Altar Opfertisch im Freien aus Erde oder Stein (Ex 20,22-26), auf dem Opfertiere verbrannt wurden (→ Opfer). Kleinere Altäre dienten der Verbrennung von Weihrauch (→Räucheraltar → Räucheropfer, → Räuchersäule). Wenn im Zusammenhang mit dem → Heiligen Zelt oder dem Jerusalemer → Tempel vom Altar ohne nähere Kennzeichnung gesprochen wird, ist der → Brandopferaltar gemeint. – Am Altar eines Heiligtums konnten Verfolgte Schutz finden (»Asyl«; Ex 21,13-14; 1 Kön 1,50-51; 2,28-30).

Älteste Die Stellung der Ältesten gründete ursprünglich in der Würde des Alters: In Familie und Sippe gilt die Autorität der Alten. Obwohl im Grundsatz alle Familienoberhäupter den gleichen Rang hatten, übten im größeren Verband des Stammes die Häupter der mächtigsten Familien die Autorität aus, im Krieg als Anführer und im Frieden durch Rechtsprechung. Sie bildeten eine Art Adel.

Aus Vertretern dieser Stammesältesten bildete sich vermutlich das gesamtisraelitische Gremium der »Ältesten Israels« (2 Sam 5,3; 1 Kön 8,1). In den Städten entwickelte sich aus der Ältestenverfassung eine Art Stadtaristokratie, die als lokale Behörde die Ortschaft verwaltete und Recht sprach. Unter dem Königtum verloren die Ältesten an Einfluss, gewannen ihn aber neu im babylonischen → Exil (Jer 29,1) und nach der Rückkehr (→ Ältestenrat). In den jüdischen Gemeinden außerhalb Palästinas war die Verwaltung zumindest der → Synagoge einem Ältestenrat unterstellt.

Nach jüdischem Vorbild wurde auch ein Teil der christlichen Gemeinden ursprünglich von einer Gruppe von Ältesten geleitet (Apg 14,23; 20,17; 1 Tim 5,17-22; Tit 1,5). Diese Leitungsform scheint in der Jerusalemer Urgemeinde ihre Wurzeln zu haben (Apg 11,30; 15,4.6; 21,18). Zur weiteren Entwicklung → Gemeindeleiter.

In der Offenbarung (Offb 4–5) sind die 24 Ältesten eine Art himmlischer Thronrat mit zugleich königlichen und priesterlichen Funktionen.

Ältestenrat Das leitende Gremium der jüdischen Gemeinde nach der Rückkehr aus dem babylonischen → Exil (vgl. Esra 5,9; 10,8). In der Makkabäerzeit wird der Ältestenrat mehrfach neben den führenden Männern aus der Makkabäerfamilie erwähnt. In der römischen Zeit ist er als Synedrium (in dieser Übersetzung »Jüdischer → Rat«) bekannt.

Amalek(iter) Nomadenstamm auf der nördlichen Sinaihalbinsel, in der Frühzeit gefährlicher Feind Israels (Ex 17,8-16; Ri 3,13; 6,3.33; 1 Sam 15; 27,8; 30,1-20; 1 Chr 4,43).

Amen Das (hebräische) Wort hat den Sinn von »So ist es/So sei es!«, wenn es von der Gemeinde zur Bestätigung von Segen oder Fluch ausgerufen wird (Dtn 27,15-26) oder die Gemeinde sich mit diesem Wort hinter das Gebet eines Einzelnen stellt (1 Kor 14,16). Im Neuen Testament gewinnt das Gebet wie auch das abschließende Amen seine besondere Zuversicht und Festigkeit aus der in Christus erfahrbar gewordenen Treue Gottes und aus der Tatsache, dass Christus selbst das Gebet seiner Gemeinde mitträgt (2 Kor 1,20; an dieser Stelle wird darauf angespielt, dass das Gemeindegebet schließt mit den Worten »durch Jesus Christus, unseren Herrn, Amen«).

Die Einleitung von Jesusworten mit »Amen« drückt aus, dass Jesus selbst die Wahrheit seines Wortes verbürgt. In dieser Übersetzung wird das Wort nur beibehalten, wo es im Grundtext verdoppelt steht (*Amen, Amen* = »Amen, ich versichere euch«), sonst wird es durch die Formel »Ich versichere euch« wiedergegeben.

Ammon(iter) Nachbarvolk Israels im südlichen Ostjordanland mit der Hauptstadt Rabba bzw. Rabbat-Ammon (Karte Seite 443). Von David unterworfen, später wieder selbstständig, dann unter der Herrschaft der → Babylonier und ihrer Nachfolgereiche.

Amoriter »Amoriterland« (Amurru) ist die frühbabylonische Bezeichnung für Palästina und Syrien. In der Bibel Bezeichnung für die vorisraelitische Bevölkerung Gesamtpalästinas, aber auch für einen Einzelstamm in Mittelpalästina (neben anderen kleinen Volksgruppen wie u.a. den Girgaschitern, Hiwitern, Perisitern und den in Jerusalem ansässigen Jebusitern; vgl. Dtn 7,1).

Amtsschurz Wichtiges Stück der Amtskleidung des → Obersten Priesters: ein schurzähnliches Kleidungsstück mit breiten Schulterbändern, das vermutlich über dem Priesterhemd und dem Obergewand getragen wurde (Ex 28,6-14; vgl. 28,31.39).

Anakiter, Anakssöhne Als riesenhaft geltende Sippen in Hebron und Umgebung, die den israelitischen Kundschaftern Angst einjagten (Num 13,33) und von Josua und Kaleb vernichtet wurden (Jos 11,21-22; 15,13-14).

ändern → Umkehr.

Angriffsrampe → Rammbock.

Antichrist Eine Gestalt, in der die Macht des Bösen und der Gottfeindlichkeit in der Endzeit, vor dem endgültigen Sieg Gottes und seines gesalbten Königs (→ Christus), persönlich auftritt und die Menschen zu verführen sucht (2 Thess 2,3; das »Tier aus dem Abgrund« von Offb 11,7; 13,1). Der Begriff »Antichrist« kommt nur in 1 Joh 2,18; 4,3 und 2 Joh 7 vor, wo gesagt wird, dass in den Irrlehrern bereits viele kleine »Antichristen« erschienen sind.

Apostel Der Titel »Apostel« (= Ausgesandter) ist von der jüdischen Einrichtung des »Gesandten« herzuleiten, der für bestimmte Aufträge mit der Vollmacht des Sendenden ausgestattet wurde (vgl. Mt 10,40; Joh 13,20).

(1) Im Urchristentum ist der Titel zunächst auf die Männer angewandt worden, die vom auferstandenen Herrn dazu berufen wurden, die → Gute Nachricht zu verkünden. Hierzu zählen Petrus und die → Zwölf (1 Kor 15,5) sowie ein weiterer Personenkreis (1 Kor 15,7; vgl. Röm 16,7), zu dem – als Letzter und doch die anderen weit überragend – auch Paulus gehört (1 Kor 15,8-10; 9,1).

(2) Im Lukas-Evangelium und in der Apostelgeschichte wird der Titel auf den Kreis der Zwölf eingegrenzt (Lk 6,13). Die Zeugen der Auferstehung sollen zugleich Zeugen des Erdenlebens von Jesus sein und die Verlässlichkeit der Jesus-Überlieferung von ihrem ersten Anfang an garantieren können (Apg 1,21-26).

(3) In Apg 14,4.14 folgt Lukas einem weiter gefassten Sprachgebrauch, der offenbar in der Gemeinde von Antiochia ausgebildet worden war und nach dem der Aposteltitel die vom → Geist Gottes Berufenen und von der Gemeinde ausgesandten Missionare bezeichnet (vgl. Apg 13,1-3; hierher gehören auch 1 Kor 12,28; Eph 4,11).

(4) Der Titel des »Apostels«, vor allem in der unter (3) skizzierten Form, konnte leicht missbraucht werden von Leuten, deren geistliche Qualifikation und gemeindliche Herkunft und Legitimation fragwürdig waren. Mit solchen falschen »Aposteln« hatte Paulus sich in Korinth auseinander zu setzen (2 Kor 11–12; siehe v.a. 11,5.13; 12,11; vgl. auch Offb 2,2).

In der Alten Kirche hat sich recht bald der Apostelbegriff von Lukas (2) durchgesetzt (siehe schon Offb 21,14). Doch wurde auch Paulus stets als Apostel anerkannt und wegen seiner überragenden Bedeutung an die Seite von Petrus gestellt.

Aram (Aramäer, -land) (1) Bezeichnung für das Aramäerreich von Damaskus (→ Syrer).

(2) Aram-Naharajim (Aramäerland; eigentlich »Aram zwischen den beiden Strömen«). Im Hebräischen Bezeichnung für das obere Mesopotamien (so die Übersetzung) als Heimat der Aramäer, semitischer Volksgruppen, zu denen auch Abraham und seine Nachkommen zählten (vgl. Gen 25,20; Dtn 26,5).

Aramäisch Diplomaten- und Schriftsprache im Babylonischen und Persischen Reich, dialektverwandt mit dem → Hebräischen, das als Volkssprache im Land Israels nach dem → Exil zunehmend vom Aramäischen abgelöst wurde.

Arche Lehnwort vom lateinischen *arca,* das wie das entsprechende hebräische Wort (Gen 6,14 usw.) »Kasten« bedeutet. Bezeichnung für das kastenartige Schiff, in dem die Familie Noachs und die Tiere vor der → Sintflut gerettet wurden.

Archelaus Sohn von Herodes dem Großen; → Herodes (2).

Areopag Das Wort bedeutet »Areshügel«. Dort tagte in alten Zeiten der Oberste athenische Gerichtshof. In der römischen Zeit hatte er seine Sitzungen in der Königshalle am Markt (Forum), seine Befugnisse erstreckten sich nur noch auf Religion und Erziehung. Ob Paulus vor dieser Behörde oder nur am altehrwürdigen einstigen Ort ihrer Zusammenkünfte sprach, lässt sich aus Apg 17,19.22 nicht entnehmen.

Aretas Aretas IV., 9 v. bis 38 n. Chr., König über das östlich-südöstlich von Palästina gelegene Reich der → Nabatäer, das seinen Einfluss zeitweise bis nach Damaskus ausdehnte (2 Kor 11,32).

Artemis Griechische Göttin (lateinisch Diana). Anders als die genuin griechische Artemis, die Göttin der Wälder und der Jagd, gehört die kleinasiatische Artemis von Ephesus zum Göttertyp der sog. Großen Mutter, der Spenderin der Fruchtbarkeit in der Natur. Ihr Kultbild mit vielen Brüsten stand in einem prunkvollen Tempel in Ephesus, der als eines der sieben Weltwunder galt.

Asasel Name eines Wüstendämons, von dem über Lev 16,10 hinaus nichts bekannt ist. Nach Lev 16,21-22 geht es darum, dass die Sünden des Volkes an einen Ort gebracht werden, wo sie für das Volk keine schädlichen Folgen mehr haben können.

Aschera Eine im phönizisch-kanaanitischen Bereich beheimatete Fruchtbarkeits- und Muttergöttin. Sie galt ursprünglich als Partnerin des Hauptgottes El und damit als Mutter der anderen kanaanitischen Götter. Nach späterer Vorstellung stand sie jedoch neben → Baal als dessen Schwester oder Partnerin. Aufgerichtete hölzerne Gegenstände, möglicherweise auch bestimmte heilige Bäume, symbolisierten die Gegenwart der Göttin und wurden anbetend verehrt. Diese Verehrung wird an verschiedenen Stellen des Alten Testaments als »Hurerei/Prostitution« bezeichnet. Vermutlich handelte es sich jedoch nicht um sexuelle Rituale, sondern um bestimmte Bräuche (z.B. 2Kön 23,7: Weben von Decken), die als Untreue gegenüber dem alleinigen Gott Israels bewertet und deshalb bildlich als → Hurerei verurteilt wurden (→ geweiht 2).

Asien Die römische Provinz Asia umfasste den westlichen Teil von Kleinasien mit der Hauptstadt Ephesus (Karte NT Seite 52/53). Hier lagen die sieben Gemeinden, an die die Briefe von Offb 2–3 gerichtet sind.

Asphalt, Asphaltgruben Asphalt als festes oder zähflüssiges Gemisch aus Bitumen und Mineralstoffen entsteht auf natürliche Weise aus Erdöl durch Verdunstung und Oxidation (Erdharz). Ein wichtiger Fundort war im Altertum der Südteil des Toten Meeres (Gen 14,10). Es wurde u.a. als Mörtel benutzt (Gen 11,3) sowie zum Abdichten von Schiffen (Gen 6,14) und Gefäßen (Ex 2,3).

Assur, Assyrien Land am Oberlauf des Tigris, in der Gegend des heutigen Mossul. Größte Städte: Assur (daher der Name; Karte Seite 14/15), Kalah, Ninive. Sie waren zu verschiedenen Zeiten auch Hauptstädte. Geschichtlich bedeutsam wurde Assyrien schon Anfang des 2. Jahrtausends v.Chr. Vom 10. bis 6. Jahrhundert war es eine Großmacht, die sich vor allem durch rücksichtslose Machtpolitik verhasst machte. Das Reich endete völlig um 600 v.Chr.

Der Name bezeichnet gelegentlich auch spätere Reiche: das Babylonische (Klgl 5,6), das Persische (Esra 6,22; Sach 10,10 und vielleicht Jes 23,13) und wahrscheinlich das Reich der → Seleuziden (Jes 19,23-25; 27,13).

Astarte Westsemitische Fruchtbarkeits- und Liebesgöttin, deren Kult möglicherweise mit sexuellen Riten verbunden war. Salomo ließ ihr aus politischen Gründen – als Göttin der → Phönizier, von denen er wirtschaftlich abhängig war – ein Opferheiligtum errichten (2Kön 23,13).

Asylstädte Zufluchtsorte, an denen im alten Israel jemand Asyl finden konnte, der unabsichtlich einen Menschen getötet hatte (Num 35,9-28; Jos 20). Wenn er seine Unschuld glaubhaft machen konnte, war er damit vor der → Blutrache geschützt.

Äthiopien Mit der alten griechischen Übersetzung Wiedergabe des hebräischen Ländernamens → Kusch. In neutestamentlicher Zeit das Reich von Meroë im nördlichen Sudan, das jeweils von der → Königsmutter regiert wurde (Apg 8,27).

auferstehen, Auferstehung Nach dem Alten Testament besitzt Gott Macht auch über Tod und → Totenreich (Dtn 32,39; 1Sam 2,6). Doch herrscht im Allgemeinen die Auffassung, dass der Aufenthalt im Totenreich für immer von Gott und vom Leben trennt (siehe Ps 6,6 und Vergleichstellen dazu). Auch Ijob rechnet nicht mit einer Auferstehung; das macht seinen Appell an Gottes Gerechtigkeit ja gerade so dringlich (Ijob 19,25-27). Nur selten kommt die Hoffnung auf, dass Gott den einzelnen Frommen auch jenseits des Todes Leben – sogar noch ein erfüllteres Leben – zu schenken vermag (Ps 16,8-11; 49,16; 73,23-26; vgl. Weish 2,21–5,16).

Der Glaube an die Auferstehung der Toten findet sich zum ersten Mal in der Zukunftsschau des Daniel-Buches (Dan 12,2-3.13; vgl. 2Makk 7,9.11.14; 12,43-44; dagegen ist in Jes 26,19 und Ez 37,1-14 noch bildhaft von der Wiederherstellung des Volkes Israel die Rede). Die Erwartung blieb noch lange Zeit uneinheitlich (Auferstehung nur der Gerechten Lk 14,14; der Gerechten und der Ungerechten Apg 24,15). In jedem Fall aber ist an einen Vorgang im Rahmen der Endereignisse gedacht. Das Leben, zu dem die Gerechten erweckt werden, ist als ewiges Leben in der Gemeinschaft mit Gott in einer neuen Welt vorgestellt, nicht als Rückkehr in das alte Leben unter den Bedingungen der alten, vergangenen Welt.

Die Auferstehung von Jesus wird im Neuen Testament vor dem Hintergrund dieser Erwartung als endzeitliches Ereignis, als Beginn der allgemeinen Totenauferweckung und damit als Gewähr unserer eigenen Auferweckung verstanden und verkündet (1Kor 15,1-28; Kol 1,18b; 1Thess 4,13-14; Apg 4,2; Joh 11,25-26). Mit der Auferweckung von Jesus hat sich Gott zu dem Gekreuzigten bekannt und ihn als den bestätigt, an dem sich das Heil der Menschen entscheidet (Mt 28,18-20; Apg 2,36; Röm 1,4; 4,25).

auferwecken → auferstehen

Aufseher, Aufsichtsbeamte Amtsträger mit bestimmten polizeilichen Vollmachten, die u.a. bei der Rechtsprechung, beim Aufgebot des Volksheeres und bei der Beaufsichtigung öffentlicher Arbeiten mitwirkten. Ihre Befugnisse sind Teil der vorstaatlichen Stammesorganisation Israels.

Augustus Nach einer langen Zeit blutiger Kriege und Bürgerkriege gelang es Gaius Octavius Caesar (63 v. bis 14 n. Chr.), im römischen Weltreich eine neue, dauerhafte Friedensordnung aufzurichten. Octavius nannte sich »Sohn des göttlichen Cäsars« und legte sich die Bezeichnung Augustus (»der Erhabene«) zu, die bis dahin Göttern vorbehalten war. Von vielen wurde er mit z. T. religiöser Inbrunst als der große Friedensbringer, als Heiland und Retter der Welt, gefeiert. Für den Evangelisten Lukas (vgl. 2,1) steht Jesu Geburt nicht nur äußerlich in Beziehung zu den Ereignissen und den Sehnsüchten jener Zeit; für ihn ist *Jesus* derjenige, der der Welt wirklich Rettung, Heil und Frieden bringt.

auspeitschen Die örtlichen Synagogengerichte (→ Synagoge) konnten bei Verstößen gegen die vom → Gesetz vorgegebene Ordnung die Strafe der Auspeitschung verhängen (Mk 13,9; Apg 5,40; 22,19). Das Höchstmaß war auf vierzig Hiebe begrenzt (Dtn 25,3); um die Grenze nicht aus Unachtsamkeit zu überschreiten, wurden im Höchstfall neununddreißig verabreicht (2 Kor 11,24). – Römische Behörden gebrauchten gegenüber Nichtrömern die Auspeitschung als abschreckende Maßnahme (Lk 23,16; Joh 19,1) und um Geständnisse zu erpressen (Apg 22,24-25).

Aussatz Eine Sammelbezeichnung für verschiedene Hautkrankheiten, zu denen nicht nur die Lepra zählt, die erst in der Alexanderzeit aus Indien eingeschleppt wurde, sondern z. B. auch die Psoriasis, die Schuppenflechte. Aussatz galt als etwas Unheimliches und wurde dämonischer Einwirkung zugeschrieben, deshalb machte er kultisch unrein (→ rein). Der Unreine wurde aus der Gemeinschaft der Gesunden, der Reinen, ausgesondert (Lev 13,45-46). Wenn eine Heilung stattfand, galt der Priester als Sachverständiger, der sie bestätigen musste (Lev 13,2-44; 14,1-3). – Als »Aussatz« bezeichnet und entsprechend behandelt wurde auch Pilz- und Schimmelbefall an Häusern und Gebrauchsgegenständen (Lev 13,47-59; 14,33-53).

B

Baal Ein palästinisch-syrischer Fruchtbarkeitsgott, gegen dessen Verehrung im alten Israel der Prophet Elija kämpfte (1 Kön 18–19; Röm 11,4). Der Wortsinn ist eigentlich »Herr« oder »Besitzer«. Im Lauf der Zeit wurde das Wort zu einem Göttertitel und schließlich zum Namen des kanaanitischen Wettergottes. Im Wettergott Baal sahen die → Kanaaniter den Herrn über Donner und Blitz, Wolken, Regen und Schnee. Er wurde oft als Krieger mit gehörntem Helm dargestellt, in der einen Hand eine Keule, in der andern ein Bündel Blitze. Das Absterben der Pflanzendecke während der sommerlichen Trockenperiode erklärte man mit Baals Abstieg in die → Totenwelt, das Wiederaufleben der Natur am Beginn der Regenzeit mit seiner Rückkehr von dort. Als Herr über den lebenswichtigen → Regen (ein entscheidender Faktor für die Fruchtbarkeit des Landes) stand Baal in enger Verbindung mit der Muttergottheit → Aschera und der Fruchtbarkeits- und Liebesgöttin → Astarte. Im Nordreich → Israel, das sich aufgrund seiner geographischen Lage mehr als Juda mit den kanaanitischen Kulten auseinander setzen musste, spielte der Baalskult zeitweise eine wichtige Rolle. Er wurde von manchen Königen sogar gefördert (1 Kön 16,31-32), von andern wie auch von den → Propheten heftig bekämpft (1 Kön 18; 2 Kön 10,18-28).
Die Verehrung Baals als Macht der Fruchtbarkeit war völlig unvereinbar mit Israels Glauben an Gott, den alleinigen Schöpfer und Herrn der Welt. Die Teilnahme am kanaanitischen Fruchtbarkeitskult, den man sich jedoch kaum als ein sexuelles Ritual vorzustellen hat (→ Aschera), war Israel untersagt, weil dieser Kult ein Geschenk Gottes – die Fruchtbarkeit von Land, Menschen und Vieh – an die Stelle Gottes, die Gabe an die Stelle des Gebers setzt. Im Sprachgebrauch Israels bekam deshalb der Göttername »Baal« immer mehr den Sinn von »Götze«. Wenn in der Mehrzahl von »den Baalen« die Rede ist, sind entweder allgemein die fremden Götter gemeint, oder es ist an die zahlreichen Baalsheiligtümer im Land gedacht.

Baal-Sebub → Beelzebul.

Babylon (Babel) Stadt am Eufrat (Karte Seite 14/15), seit dem 2. Jahrtausend v. Chr. Herrschaftszentrum des Vorderen Orients (→ Babylonien; als Name für die Provinz Babylonien innerhalb des Babylonischen und Persischen Reiches wird in der Übersetzung ebenfalls »Babylon« verwendet; Dan 2,49; 3,1). Im Neuen Testament wird der Name der alten mesopotamischen Hauptstadt als Deckbezeichnung für die römische Weltmacht und ihre Hauptstadt Rom gebraucht (1 Petr 5,13; Offb 18). Vergleichspunkt ist die Feindschaft gegen das Gottesvolk: Der römische Kaiser lässt die Christen verfolgen; die Babylonier haben Jerusalem und seinen Tempel zerstört und die Oberschicht des Landes in die Verbannung geführt.

Babylonien, Babylonier Das Schwemmland um Eufrat und Tigris südöstlich des heutigen Bagdad (Karte Seite 14/15) mit dem Hauptort → Babylon bzw. dessen Bewohner. Zuerst ist diese Gegend vermutlich im 5. Jahrtausend v. Chr. besiedelt worden. In der Bibel zugleich Bezeichnung für das Neubabylonische Reich, dessen Herrscher Nebukadnezzar (604–562 v. Chr.) Juda besiegte, Jerusalem zerstören und die Oberschicht des Landes nach Babylonien deportieren ließ (→ Exil).

Bann Der Begriff gehört in den Zusammenhang des sog. »Heiligen Krieges« und bedeutet, dass die gesamte Kriegsbeute menschlichem Gebrauch und menschlicher Verfügung entnommen ist und Gott als dem eigentlichen Kriegsherrn gehört. Im strengsten Fall wurden die Siedlungen mit Feuer zerstört und alles Lebendige mit dem Schwert vernichtet. Aus den biblischen Berichten lässt sich erkennen, dass diese Form des Krieges nur aus besonderen Anlässen und mit eng begrenzten Zielen (z.B. als Strafaktion) geübt wurde. Die generelle Forderung des 5. Mose-Buches (Deuteronomium) nach Ausrottung aller vorisraelitischen Bewohner → Kanaans ist in der Praxis nicht durchgeführt worden (vgl. Ri 1; 2,1-3; 3,1-6). In ihr spiegelt sich das Bestreben, Israel vor fremden Einflüssen zu schützen, die seinem Glauben gefährlich werden konnten und, wie der Kampf der Propheten (Hosea, Jeremia, Ezechiël) zeigt, auch tatsächlich wurden.

Barjesus Der Mann wird als → Magier bezeichnet (Apg 13,6). Er selbst nennt sich auch Elymas (Vers 8). Das bedeutet insofern dasselbe wie Magier, als es wahrscheinlich vom aramäischen *chelma* (= Traumdeuter, Magier) abzuleiten ist. Wenn Paulus ihn in Vers 10 als »Sohn des Teufels« bezeichnet, liegt darin wohl eine Anspielung auf den Namen Barjesus (= Sohn von Jesus).

Barnabas In Apg 4,36 wird der aramäische Name *barnebua* (Sohn der Prophetie = prophetisch begabter Mann) mit (wörtlich) »Sohn der Ermahnung/Ermunterung, des Zuspruchs/Trostes« übersetzt (griech. *paraklesis*). Ein Hinweis auf Aufgabe und Auswirkung frühchristlicher Prophetie (→ Prophetie 3).

Baschan Hochebene von sprichwörtlicher Fruchtbarkeit im nördlichen Ostjordanland (Karte Seite 443). Wenn bei Amos (Am 4,1) die Frauen von Samaria mit Baschanskühen verglichen werden, dann karikiert das den üppigen Wohlstand der Oberschicht.

Baum, heiliger Mächtige Bäume wurden von den Kanaanitern z.T. als Wohnsitze von Göttern verehrt. Auch in Israel drang diese Sitte ein (→ Aschera).

Bdelliumharz (Num 11,7) Das in Form durchscheinender Kügelchen ausgeschwitzte Gummiharz des in Südarabien heimischen Balsambaums.

Beelzebul Ursprünglich Baal-Sebul (vermutlich »Herr der hohen Wohnung«; → Baal), ein Gott der → Philister. Der Name wird von den Israeliten in »Herr der Fliegen« umgedeutet (= Baal-Sebub in 2Kön 1,2). Im Judentum Bezeichnung für den Obersten der bösen → Geister (Mt 10,25; 12,24).

Befreier → Löser.

Bel Anderer Name für den babylonischen Hauptgott Marduk.

Belagerungsturm Fahrbarer Holzturm, der auf einer Rampe an die Mauer einer belagerten Stadt herangefahren wurde. Er war mit Truppen bemannt, die von oben auf die Belagerten schießen und über Fallbrücken die Mauern erstürmen konnten.

Berg Berge spielen in den Religionen vieler Völker eine herausragende Rolle – als Sitz der Götter, als Orte der Gottesnähe und der Gottesoffenbarung (→ Götterberg). In den Überlieferungen Israels sind es maßgeblich der → Sinai und der → Zion.
Wenn in den Evangelien wiederholt von »dem« Berg gesprochen wird, auf den Jesus geht (ohne dass er identifiziert wird oder für uns identifizierbar wäre; vgl. Mt 5,1; 15,29; 28,16; Mk 3,13; Lk 9,28; Joh 6,3), dann ist dies nicht ein Hinweis auf einen bestimmten Berg, sondern auf Jesus und seine Bedeutung: Er betet und handelt auf dem Berg, d.h., er lebt und wirkt aus einer besonderen Gottesnähe heraus und verkörpert Gottes letzte, entscheidende Offenbarung.

Bergpredigt Die Bergpredigt ist uns in zweifacher Gestalt überliefert: bei Matthäus (Kap 5–7) und bei Lukas (Lk 6,20-49). Nach Mt 5,1 fand sie *auf* dem → Berg statt, nach Lk 6,17 *am Fuß* des Berges (daher auch »Feldrede« genannt).
Die Fassung der Rede bei *Lukas* ist wesentlich kürzer als die bei Matthäus, doch tritt in ihr gerade deshalb das Gebot der Feindesliebe als Hauptthema stark hervor (Lk 6,27-36). Die Angeredeten sind mehr als bei Matthäus als materiell Notleidende gesehen (6,20-26).
Die Fassung der Rede bei *Matthäus* ist maßgeblich bestimmt durch die Frage nach der Geltung und rechten Auslegung des Mose-Gesetzes (Mt 5,17-20; 7,12): Jesus deckt den eigentlichen Willen Gottes auf, der hinter den Gebotsformulierungen steht, und fordert – in Auseinandersetzung mit damaligen Fehlformen der Frömmigkeit, die sich stets wiederholen können – dazu auf, diesen Gotteswillen radikal zu erfüllen (5,21-48; 7,15-23).
Feindesliebe und Verzicht auf Wiedervergeltung sind das Herzstück der Bergpredigt bei Matthäus (5,43-48) wie bei Lukas. Die Jünger und Jüngerinnen von Jesus haben im Umgang mit anderen die selbstlose, verzeihende Liebe Gottes zu bezeugen, die ihnen selbst in Jesus begegnet ist und die die Erfüllung einer solchen Forderung erst möglich macht.
(1) Mt 5,3-4: → Seligpreisungen.
(2) Mt 5,43: »hasse deinen Feind«: Dies wird im Alten Testament nicht gefordert. Jesus nimmt hier Bezug auf die Art, in der zu seiner Zeit die Geltung des angeführten Gebots aus Lev 19,18 von religiös engagierten Kreisen gerne eingegrenzt wurde

(→ Mitmensch). Die Gemeinschaft von → Qumran sah es als religiöse Pflicht ihrer Mitglieder an, »alle Söhne des Lichtes (= die Mitglieder der Qumrangemeinde) zu lieben ... und alle Söhne der Finsternis (= das abtrünnige Israel und die nichtjüdischen Völker) zu hassen«. Eine solche Haltung kann sich allerdings auf das Alte Testament berufen; vgl. etwa Ps 139,19-22; 149,6-9.

Auch das Gebot, die Feinde zu lieben, hat seine alttestamentliche Vorgeschichte; vgl. Ex 23,4-5; Lev 19,33-34; Ijob 31,29-30; Spr 24,17; 25,21-22. Doch hat Jesus angesichts des bevorstehenden Anbrechens der → Königsherrschaft Gottes das Liebesgebot in dieser uneingeschränkten Form ganz betont in die Mitte gerückt und seine Erfüllung zum Kennzeichen der Zugehörigkeit zum Kreis seiner Jünger und Jüngerinnen erhoben.

(3) Mt 5,48: Das Wort »vollkommen« meint von seinem hebräischen Ursprung her nicht sittliche Vollkommenheit, sondern Ungeteiltsein: dass jemand etwas ganz und ungeteilt tut oder ist. Vers 48 will im Licht von Vers 20 gelesen werden und erhält seine inhaltliche Füllung vom unmittelbar Vorausgehenden her (Verse 43-47, besonders Vers 45).

(4) Mt 6,23: Das »böse Auge« ist ein in der Bibel öfter verwendetes Bild für Missgunst, Neid, Habgier. In Lk 11,34-36 erscheint die in Mt 6,22-23 vorliegende Folge von Bildworten in einem anderen Zusammenhang und einer anderen Deutung.

Beschneidung, beschneiden, beschnitten Die Beschneidung ist für Israel Zeichen des → Bundes zwischen Gott und seinem Volk. Vollzogen wird sie durch das Abtrennen der Vorhaut am männlichen Glied, nach Gen 17,9-14 am 8. Tag nach der Geburt.

Dass Gott mehr erwartet als nur die äußere Beschneidung, lehrt der Aufruf zu einer »Beschneidung des Herzens« (Jer 4,4; Kol 2,11). In den frühen judenchristlichen Gemeinden entstand die Frage, ob Nichtjuden, die Christen werden wollten, beschnitten und damit zuerst in das Judentum aufgenommen werden müssten (vgl. Apg 15,1-33; Gal 2,1-10; 5,2-6).

Besessener → Geist, böser.

Bet-El Der Name bedeutet »Haus Gottes«. Der Ort im äußersten Süden des Stammgebietes von Efraïm, etwa 8 km nördlich von Jerusalem, war bereits in der Bronzezeit besiedelt und hatte ein Heiligtum, das sich unweit des Ortes befand. Es wurde von Joschija bei seiner Kultreform zerstört. In der Bibel ist bei Erwähnung des Namens in der Regel an das Heiligtum und erst in nachexilischer Zeit an den Ort gedacht.

Betrüger → Zolleinnehmer.

Bevollmächtigter Das Wort steht in dieser Übersetzung für »Knecht (Gottes)«, v.a. in den sog. »Gottesknechts-Liedern« Jes 42,1-4; 49,1-6; 50,4-11; 52,13–53,12.

»Knecht« bezeichnet im Alten Testament nicht nur den → Sklaven; es ist zugleich ehrende Bezeichnung für höchste Würden- und Vollmachtsträger. Hohe Beamte, Minister, Feldherrn sind die bevorzugten »Knechte« des Königs; Abraham, Mose, David sind die bevorzugten »Knechte« Gottes (in dieser Übersetzung zumeist »Diener«).

Der »Knecht« in den genannten Abschnitten des Jesaja-Buches ist eine einzigartige Gestalt. Seine vertraute Nähe zu Gott (Jes 42,1; 49,1-3; 50,4), die Größe seines Auftrags an Israel und darüber hinaus an den nichtjüdischen Völkern (49,6), sein Leiden und Sterben und die Weise, wie Gott durch ihn seine Pläne verwirklicht (52,13–53,12), das alles hat im Alten Testament nicht seinesgleichen. Ob die Aussagen über den Knecht = Bevollmächtigten Gottes ursprünglich auf eine Gestalt aus der Zeit des Propheten oder auf diesen selbst gingen, lässt sich nicht entscheiden. Offenkundig ist jedoch, dass sie »gezielt« auf Jesus, seine Sendung und sein Geschick, passen. Schon früh sahen deshalb die christlichen Gemeinden in der Gestalt des »Bevollmächtigten« einen prophetischen Hinweis auf Jesus Christus und fanden darin insbesondere den Schlüssel für das Verständnis seines Leidens und Sterbens (vgl. Mt 12,17-21; Apg 8,30-35). Wenn Jesus ohne nähere Erläuterung als »Knecht/Bevollmächtigter Gottes« bezeichnet wird (Apg 3,13.26; 4,27.30), ist jeweils an diese prophetischen Zusammenhänge zu denken.

Bileam Der Magier, der Israel verfluchen soll (Num 22–24), gilt im Neuen Testament als Vorbild geldgieriger Irrlehrer (vgl. Num 22,7.37) und wegen Num 31,16 als Beispiel eines Verführers (Offb 2,14).

Block (1) Foltergerät: ein Balkengerüst, in das Gefangene unter Verdrehung des Körpers eingespannt wurden (Jer 20,2-3; 29,26).

(2) Gerät zur Fluchtverhinderung: ein hölzerner Block, in den die Füße der Gefangenen eingeschlossen wurden (Ijob 13,27 [Anmerkung]; Apg 16,24).

Blut Das Blut gilt als Quelle und Sitz des Lebens. Da Gott der Lebensspender ist, gehört es ihm und darf von Menschen nicht gegessen oder getrunken werden. Das führt in Israel zu der Forderung, nur solches Fleisch zu essen, in dem keinerlei Blut zurückgeblieben ist (Gen 9,4), und damit zu einer Form des Schlachtens, bei der das gesamte Blut des Tieres ausfließt (Schächtung). Bei der rituellen Schlachtung (Opferung) wird das Blut der Opfertiere aufgefangen und an den Altar gegossen. Außerdem wird bei bestimmten Opferarten (→ Opfer) das Opferblut als Sühnemittel verwendet, um die verunreinigende Wirkung menschlicher Verfehlungen aufzuheben. Von daher wird im Neuen Testament der Opfertod von Jesus als → Sühne für die Sünden der Menschen verstanden (Hebr 9–10). In anderem Zusammenhang dient das Blut von Opfertieren zur Besiegelung des → Bundes zwischen Gott und seinem Volk (Ex 24,6-8). Auf diesem Hintergrund deutet Jesus seinen Tod als Inkraftsetzung des neuen Bundes (Lk 22,20).

Im Alten Testament wird das Blut (= Leben) des Menschen unter Gottes besonderen Schutz gestellt (Gen 9,5). Vergossenes Menschenblut schreit zum Himmel um Rache (Gen 4,10) und fordert den Tod des Mörders (→ Blutrache); wenn keine Sühne dafür geleistet wird, bringt es Unheil über das Land (Dtn 21,1-9).

Blutbräutigam Der Ausdruck ist – wie der ganze Bericht in Ex 4,24-26 – schwer zu deuten; doch scheint er auf einen urtümlichen Zusammenhang zwischen Beschneidungsakt und Hochzeit hinzuweisen.

Blutrache, Bluträcher Nach uraltem Rechtsempfinden fordert jeder Mord Sühne (vgl. Gen 9,5; → Blut). Bevor es eine öffentliche Gerichtsbarkeit gab, oblag diese Sühne dem Sippenverband. Der nächste männliche Verwandte des Ermordeten (der »Bluträcher«) hatte die Pflicht, den Mörder oder an seiner Stelle ein Mitglied von dessen Sippe zu töten.

Schon im Alten Testament findet sich das Bestreben, dem Missbrauch der Sippenrache entgegenzuwirken (vgl. Num 35,9-28; Jos 20; → Asylstädte und Ex 21,23-25). Das Neue Testament führt darüber hinaus zum grundsätzlichen Verzicht auf Rache (Mt 5,38-39; Röm 12,19-21).

Blutschande Das Alte Testament nennt in Lev 18,6-18 eine Reihe von Verwandtschaftsgraden, die eine eheliche Verbindung ausschließen. Im gleichen Zusammenhang findet sich das Verbot des Götzenopfers (17,7), das Verbot des Blutgenusses (17,10-12) und des Genusses von ungeschächteten Tieren (17,13-16). Alle diese Vorschriften gelten nicht nur für die Israeliten, sondern ebenso für die Fremden, die unter ihnen leben (17,8-10.13.15; 18,26). Nach Apg 15,20 wurden sie auch den Christen aus nichtjüdischen Völkern auferlegt – offensichtlich aus Rücksicht auf die gesetzestreuen Judenchristen, die sich sonst durch den Umgang mit ihnen verunreinigt hätten (→ rein).

Bocksgeister Dämonische Wesen in Bocksgestalt, wie sie der Volksglaube auch anderenorts kennt (vgl. den griechischen Gott Pan).

Brandopfer Opferart, bei der das Opfertier mit Ausnahme der Haut bzw. des Fells vollständig auf dem → Altar verbrannt wurde (→ Opfer).

Brandopferaltar Altar im Freien, auf dem → Brandopfer dargebracht wurden. Im Jerusalemer → Tempel befand er sich im innersten Vorhof vor dem Eingang des Tempelhauses.

Brautführer Vertrauensperson des Bräutigams bei Werbung und Hochzeit und wichtigster Hochzeitsgast; auch Freund des Bräutigams genannt (Joh 3,29).

Brautgeld, Brautpreis Der Betrag, den der Vater des Bräutigams oder dieser selbst dem Vater der Braut zu bezahlen hatte. Er konnte auch in Form von Naturalien und Dienstleistungen (Arbeit oder Kriegsdienst) erbracht werden.

Brot, ungesäuertes Brot ohne → Sauerteig in Form von Fladen (→ Fladenbrot). Brot, das mit Sauerteig gebacken wurde, durfte im Opferdienst nicht verwendet werden. Einen hervorragenden Platz hat das ungesäuerte Brot im → Passafest.

Brotbrechen Brot war nicht nur Grundnahrungsmittel, sondern auch Grundbestandteil einer jeden Mahlzeit in Palästina. So kann »das Brot essen« (so wörtlich in Lk 14,1.15) als Bezeichnung für eine ganze Mahlzeit stehen. Jedes gemeinsame Mahl wurde außerdem vom Hausvater oder Tischältesten mit einem Segensgebet über einem Stück Brot eröffnet, das dann zerbrochen und als Erstes an die Mahlteilnehmer ausgeteilt wurde. Nach diesem Mahleröffnungsritus, der in den Speisungsberichten besonders hervorgehoben wird (Mk 6,41 par; 8,6 par) und beim letzten Abendmahl eine herausragende Rolle spielte (Mk 14,22 par; → Passamahl), wird das → Mahl des Herrn in ältester Zeit auch »Brotbrechen« genannt (Apg 2,42.46; 20,7.11; vgl. Lk 24,30.35).

Brote, Fest der Ungesäuerten Festwoche im Anschluss an das → Passafest, während der Brot nur ungesäuert gegessen werden darf (Mazzenfest von hebräisch Mazzot; → Brot, ungesäuertes). Das Korn der neuen Ernte soll nicht mit dem alten → Sauerteig in Berührung kommen, der deshalb vorher beseitigt werden muss (darauf spielt Paulus in 1 Kor 5,6-8 an).

Brote, geweihte Das Brot, das nach der Vorschrift von Ex 25,30 ständig in zwölf Laiben auf einem Opfertisch im zentralen Heiligtum der Israeliten ausgelegt sein musste.

Bruder »Bruder« bezeichnet in der Sprache des Alten Testaments nicht nur den leiblichen Bruder oder den Stiefbruder, sondern auch allgemeiner den Blutsverwandten (z.B. Neffen: Gen 13,8) und des Weiteren den Angehörigen desselben Stammes oder Volkes (Ex 2,11; Dtn 15,3.7; → Mitmensch).

Im 5. Mose-Buch (Deuteronomium) findet sich das Wort gehäuft, um die geschwisterliche Zusammengehörigkeit der Glieder des Gottesvolkes zum Ausdruck zu bringen bzw. an sie zu appellieren. Im Neuen Testament bezeichnet »Bruder« den Mitchristen. Die durch den → Heiligen Geist bestätigte gemeinsame Zugehörigkeit der Gemeindemitglieder zu Christus und dem gemeinsamen Vater

im Himmel kommt in dieser Bezeichnung zum Ausdruck (Mt 23,8; vgl. Röm 8,12-17).
Weil dabei im Neuen Testament die weiblichen Gemeindemitglieder nicht ausgeschlossen, sondern in aller Regel eingeschlossen zu denken sind, spricht die Übersetzung dort, wo dies eindeutig der Fall ist, von »Brüdern und Schwestern«. Wenn Paulus in seinen Briefen das Wort als Anrede gebraucht, ist zu beachten, dass das griechische Wort in der Mehrzahl sowohl »Brüder« als auch »Brüder und Schwestern« bedeuten kann (Mehrzahl *adelphoi;* die Formen für Bruder und Schwester haben im Griechischen ohnehin denselben Stamm: *adelph-os/adelph-e*). Der Zusammenhang entscheidet jeweils darüber, welche Bedeutung zutrifft. Dass Paulus in der Regel die Frauen mit im Blick hat, ergibt sich deutlich aus Phil 4,1-2 oder Röm 16,17 nach 16,3-15. Dasselbe gilt natürlich für das Wort »Bruderliebe« *(phil-adelphia),* das korrekterweise mit »Geschwisterliebe« übersetzt werden müsste. So wie die Einzahl »Bruder« für den Mitchristen, findet sich auch öfter die Einzahl »Schwester« für die Mitchristin (z.B. Röm 16,1; Phlm 2).
Wenn die Übersetzung die Reihenfolge »Brüder und Schwestern« wählt, hält sie sich damit an die Abfolge, die immer dort anzutreffen ist, wo im Neuen Testament neben den »Brüdern« ausdrücklich auch die »Schwestern« genannt werden (u.a. Mk 3,35; 10,29-30; Lk 14,26; Jak 2,15).

Brüder von Jesus »Bruder« und »Schwester« können nach damaligem Sprachgebrauch auch Kurzbezeichnungen für Verwandte im weiteren Sinn sein (→ Bruder). Ob Jesus tatsächlich leibliche Brüder gehabt hat, lässt sich dem Wort selbst nicht entnehmen.

Buchrolle (Schriftrolle) Bücher wurden im Altertum auf Papyrus oder präparierte Tierhäute (Pergament) in nebeneinander stehenden Spalten geschrieben, die »Blätter« seitlich aneinander geheftet und die so entstehende lange Bahn zu einer Rolle eingerollt. Die uns heute geläufige Form des »Buches« mit gehefteten Blättern kommt erst im 1.Jh. n.Chr. auf.

Bul Althebräischer Monat, etwa Mitte Oktober bis Mitte November.

Bund Das Wort bezeichnet ursprünglich ein Rechtsverhältnis auf Vertragsbasis unter Gleichberechtigten oder einen Vasallenvertrag zwischen einem stärkeren und einem schwächeren Partner. Der Bund zwischen Gott und seinem Volk ist nicht ein Vertrag zwischen gleichgestellten Partnern. Immer geht die Initiative von Gott aus, der mit einem Einzelnen oder dem ganzen Volk Israel in ein besonderes Verhältnis tritt. Dieses Verhältnis umfasst von Gott her die Zusicherung von Heil und Segen (z.B. Land- und Nachkommenschaftszusage), vom Menschen her die Verpflichtung zur Treue gegenüber Gott und seinen Geboten.
Auf die Erfahrung, dass Israel durch Götzendienst und soziale Ungerechtigkeit den Bund mit Gott immer wieder gebrochen hat und zu einer dauerhaften Umkehr von sich aus nicht fähig ist, antwortet die prophetische Zusage des »neuen Bundes«, bei dem Gott selbst die Voraussetzungen schafft, dass die Menschen die Bundesverpflichtungen erfüllen (Jer 31,31-34). Diese Zusage sieht das Neue Testament in Jesus Christus erfüllt: Er ist durch seinen Tod am Kreuz der Begründer des neuen Bundes geworden, der nicht nur dem Volk Israel, sondern Menschen aus allen Völkern gilt (1Kor 11,25; Hebr 8,6-13; 9,15).

Bundesgesetz Der → Bund zwischen Gott und seinem Volk fordert vom menschlichen Bundespartner die Einhaltung von Verpflichtungen, die im Bundesgesetz niedergelegt sind. Die Mose-Bücher enthalten eine Fülle von Gesetzesbestimmungen, die in diesem Zusammenhang zu sehen sind (→ Gesetz). Als geschlossenes Bundesgesetz stellt sich uns das 5.Mose-Buch (Deuteronomium) dar, das unter König Joschija zu einer Erneuerung des Bundes führte (2Kön 22–23). Speziell sind als »Bundesgesetz« zu betrachten die → Zehn Gebote, die auf Tafeln geschrieben in die → Bundeslade gelegt wurden.

Bundeslade Die »Lade« war ein an Stangen tragbarer hölzerner »Kasten« mit goldener Deckplatte, die als Thronsitz des unsichtbaren Gottes gedeutet werden kann und von zwei → Keruben als Thronwächtern flankiert wird (Ex 25,10-22). Dieses tragbare hochheilige Gerät (vgl. 1Sam 6,19; 2Sam 6,6-9) wurde von den Israeliten bei ihren Wanderungen und Kriegszügen (Num 10,35-36; 1Sam 4,3; 2Sam 11,11) mitgeführt und im → Allerheiligsten ihres Heiligtums aufgestellt (1Kön 8,1-9). Sie ist seit der Zerstörung des Jerusalemer → Tempels 587 v.Chr. verschwunden.
Der Name der »Deckplatte« erinnert an die hebräische Wendung vom »Bedecken (= Unschädlichmachen) der Schuld«. Tatsächlich wurde an der Deckplatte am → Versöhnungstag die jährliche Sühnehandlung vollzogen (Lev 16,11-16). Sie galt als der Ort, an dem der heilige, unnahbare Gott für sein Volk gnädig gegenwärtig ist (Ex 25,22; Lev 16,13).

Bürger, Bürgerrecht Das römische Bürgerrecht hatten ursprünglich nur die Stadtrömer und die Bewohner einiger weniger römischer Provinzen sowie der als → Kolonien gegründeten Städte. Später konnte es als Belohnung oder gegen Bezahlung von jedermann erworben werden. Ein römischer Bürger hatte Anrecht auf ein besonderes Rechtsverfahren, er war gegen die Willkür der Provinzbehörden in mancher Hinsicht geschützt und konnte an den Kaiser als obersten Richter appellieren (Apg 25,11).

Bußfeier, Bußtag Bußtage, d.h. Volksfasttage und Volkstrauertage, wurden angesetzt, um eine drohende Not abzuwenden oder eine Beleidigung Gottes zu sühnen. Fand man einen Schuldigen heraus, sei es mit Hilfe eines Gottesurteils oder durch Zeugenaussagen, dann musste er hingerichtet werden; sein Besitz verfiel dem König. In 1 Kön 21,9 missbraucht die Königin Isebel einen solchen Bußtag zu einem offenbaren Justizmord.

Nach der Zerstörung Jerusalems 587 v. Chr. wurden regelmäßige Fasttage eingeführt, an denen das Volk in gottesdienstlichen Feiern sein Schicksal beklagte, seine Schuld bekannte und die Hilfe Gottes anrief (Sach 7,1-6; 8,18-19).

Bußübungen Um Trauer über die eigene Schuld oder die Schuld des Volkes zu bekunden und Gott gnädig zu stimmen, wurden → Bußtage ausgerufen und durch strenges → Fasten und stundenlange Gebete in hingestreckter Gebetshaltung (vgl. Neh 8,6) begangen. Solche »Bußübungen« gehören vor allem zum → Versöhnungstag.

Byblos Bedeutende Hafenstadt Phöniziens, 40 km nördlich von Beirut; das biblische Gebal (1 Kön 5,32). Erste Besiedlung schon im 5. Jahrtausend v. Chr. Der Name Byblos weist auf die Bedeutung hin, die die Stadt als Umschlagplatz für den Papyrushandel hatte. Von ihm abgeleitet wurde die Bezeichnung für das Papyrusmark, das Endprodukt des Papyrus, die dann später auf das beschriftete Papyrus, sei es Rolle oder Buch, überging (griechisch *biblion*). Davon stammt auch der Name für das Buch der Bücher, die »Bibel«.

C

Chaldäa, Chaldäer Name für ein Gebiet und dessen Bewohner im südlichen Babylonien (Karte Seite 14/15). Seit Nebukadnezzar II., dessen Dynastie chaldäischer Herkunft ist, wird der Name für das ganze Babylonien gebraucht.

Christus Das Wort bedeutet »der Gesalbte« (von griechisch *christos,* hebräisch *maschiach*) und bezeichnet ursprünglich den durch → Salbung im Auftrag Gottes eingesetzten König Israels (1 Sam 12,3; 16,6; 24,7 usw). Als der vorbildliche König in jeder Hinsicht galt → David. Ihm sind durch Prophetenmund große Zusagen gemacht worden: Seine Dynastie soll für immer Bestand haben; seine Nachkommen, die Könige von Juda, sollen den Status von »Söhnen Gottes« haben (2 Sam 7,11b-16). In der Herrschaft dieser »Gesalbten« realisiert sich Gottes heilbringende Herrschaft über Israel. Und weil der Gott Israels der Herr der ganzen Welt ist, dürfen sich die Könige aus dem Haus Davids zugleich berufen wissen, die Herrschaft Gottes weltweit durchzusetzen (vgl. die z. T. mit der Thronbesteigung des Königs verbundenen Psalmen 2; 45; 72; 110; 132).

Die Könige aus dem Haus Davids sind selten auch nur annähernd dieser unerhört großen Berufung gerecht geworden. Doch hat Israel nie aufgehört zu glauben und zu hoffen, dass Gott zu seinen Zusagen steht und eines Tages den eigentlichen »Sohn Davids« senden wird, *den* Gesalbten (Messias), in dem alle diese Zusagen ihre Erfüllung finden werden, voll und für immer.

Die Hoffnungen, die sich zur Zeit von Jesus mit dem Titel des »Gesalbten« verbanden, waren überwiegend machtpolitischer Art: der Messias werde vor allem einmal das Joch der heidnischen Weltmacht Rom zerbrechen. Jesus ist deshalb nicht als Messias/Christus aufgetreten, und wo er den Titel aus dem Mund anderer akzeptiert, stellt er immer zugleich die Bedeutung klar, die er für ihn hat (Mt 11,2-6; Mk 8,29-33; 14,61-62; Joh 18,36-37). Die kurzschlüssigen politischen Hoffnungen werden von ihm abgewiesen (Mk 12,13-17; Lk 13,1-3). Dennoch gelang es der jüdischen Führung, Jesus beim römischen Statthalter als Messias im politisch-revolutionären Sinn zu verklagen und seine Hinrichtung als angeblichen »König der Juden« durchzusetzen (Mk 15,26 par).

Von seinem Kreuzestod her hat der Christus-Titel für die frühe christliche Gemeinde seine entscheidende inhaltliche Füllung erhalten. Im Licht der Ostererfahrung bekennt sie: Gerade als der Gekreuzigte ist Jesus der Messias/Christus (1 Kor 1,18-25; Gal 6,12-16). Durch sein Sterben am Kreuz hat er sein eigentliches messianisches Werk vollbracht: die Schuld aller Menschen gesühnt (→ Sühne) und den Weg geebnet für ihrer aller Begnadigung im letzten Gericht.

Nach diesem urchristlichen Denken geschah die Inthronisation von Jesus als Messias/Christus und »Sohn Gottes« in seiner Auferweckung und → Erhöhung zu Gott (Apg 2,36; Röm 1,3-4); die entsprechenden Verse der alten Thronbesteigungspsalmen waren sozusagen die ersten Osterlieder der Christenheit (Apg 2,34-36; 13,32-33). Die Herrschaft dieses Messias/Christus setzt sich durch in der weltweiten christlichen Mission (Apg 1,6-8) und wird vollendet bei seiner Wiederkunft am Ende der Geschichte (Apg 3,20-21; 1 Kor 15,24-28).

Der königliche Titel »Christus« wurde schon sehr bald (gefüllt mit dem beschriebenen neuen Inhalt) wie eine Art Beiname für Jesus gebraucht: »Jesus Christus«.

D

Dämonen Für biblisches Denken in frühjüdischer und neutestamentlicher Zeit ist es ausgemacht, dass die Götter, denen die nichtjüdischen Völker ihre Opfer bringen, gar nicht existieren. Dennoch ist es nicht ungefährlich, sich solchen »Phantomen« zuzuwenden. Ihr Platz nämlich ist besetzt von widergöttlichen, dämonischen Mächten, die darauf aus sind, die Phantomverehrer an sich zu binden und aus der Gemeinschaft mit dem wahren und einzig wirklichen Gott zu lösen (Bar 4,7; 1 Kor 10,20).

Dan Sohn Jakobs und israelitischer Stamm, der nach einer ersten Siedlungszeit westlich von Juda dem Druck der → Philister weichen musste und seinen endgültigen Wohnsitz am oberen Jordanlauf fand (Ri 18).

Daniel Neben dem Empfänger der Visionen des Daniel-Buches gibt es einen anderen Träger dieses Namens (eigentlich in der leicht abweichenden Form *Danel*), der in Ez 14,14-20 neben Noach und Ijob als vorbildlich Gerechter genannt wird. Eine Danielgestalt mit dieser Eigenschaft ist aus → kanaanitischer Tradition bekannt. Ezechiël nennt offenbar bewusst drei vorbildliche Gestalten, die nicht zu Israel gehörten.

Dankopfer Tieropfer zum Dank für Gottes Hilfe, dargebracht in der mit einem Opfermahl verbundenen Form des → Mahlopfers (vgl. Ps 22,26-27). Zum Dankopfer gehört das Ausgießen eines → Trankopfers (der in Ps 116,13 erwähnte »Becher«; vgl. Num 15,8-10).

Darius (der Meder) Der persische König Darius I. (521–486 v. Chr.) war der zweite Nachfolger von Kyrus, dem Begründer des persischen Weltreiches, der 539 v. Chr. Babylon eingenommen und den letzten Babylonierkönig Nabonid entmachtet hatte. An diesen Darius ist wohl in Dan 6,1; 9,1; 11,1 zu denken. Dass er dort als König von Medien erscheint und zugleich in der Rolle von Kyrus, ist wahrscheinlich auf den Einfluss der Prophetie sowie auf eine Verwechslung zurückzuführen. Nach Jes 13,17-22; 21,1-10; Jer 51,11.28 sollten es die *Meder* sein, die der babylonischen Weltherrschaft ein Ende machen; auch in Dan 2 und 7 wird nach der babylonischen zunächst mit einer medischen und danach erst mit einer persischen Herrschaft gerechnet. In der geschichtlichen Abfolge hat aber der Perserkönig Kyrus zunächst die Meder unterworfen (553 v. Chr.) und dann gemeinsam mit ihnen die Babylonier überwunden. Die Verwechslung zwischen Kyrus und Darius könnte sich daraus erklären, dass Letzterer im Zusammenhang mit Thronstreitigkeiten 520 v. Chr. Babylon noch einmal erobern musste. – Dem Verfasser des Daniel-Buches scheint in Kap. 6 an einer genauen Unterscheidung zwischen Medern und Persern wie auch zwischen Kyrus und Darius nicht viel gelegen zu sein (vgl. Dan 6,9.16.29). Auf Darius folgte als König von Persien sein Sohn Xerxes (= Ahasveros), der in Dan 9,1 irrtümlich als Vater von Darius erscheint.

David, Sohn Davids David war der bedeutendste altisraelitische König (um 1000 v. Chr.). Im Judentum zur Jesuszeit war man weitgehend der Auffassung, dass der erwartete Retter und Heilbringer ein Nachkomme (»Sohn«) Davids sein und dessen Reich wiederherstellen werde (vgl. Mt 21,9; Mk 11,10). So wird »Sohn Davids« zu einem Christustitel (→ Christus).
Wer den Schlüssel Davids hat (Offb 3,7), verfügt über den Zugang zur neuen Welt Gottes, dem himmlischen Jerusalem (Jerusalem = Stadt Davids). Das Neue Testament zitiert David außerdem als Verfasser der ihm zugeschriebenen Psalmen.

Davidsstadt Name der von David eroberten Jebusiterstadt (alter Kern Jerusalems; → Zion).

Dedan Arabischer Wüsten- und Händlerstamm an der Gold- und Weihrauchstraße (Karte Seite 14/15).

Diakon, Diakonin Von Männern (1 Tim 3,8.12) wie auch von Frauen (Röm 16,1; 1 Tim 3,11) ausgeübtes Amt, dem der »Dienst an den Tischen« (so am Ende von Apg 6,2 wörtlich) anvertraut war, d. h. die Sorge für die Bedürftigen der Gemeinde und damit letztlich die Verwaltung ihrer materiellen Güter. Ob die Diakone und Diakoninnen darüber hinaus am Dienst der Verkündigung und Lehre beteiligt waren, ist unter den Auslegern umstritten (→ Gemeindeleiter).

Drache Bild für die gottfeindliche Macht. Aus dem alten → Babylon kennen wir die Vorstellung, dass die zentrale Schöpfungstat Gottes in der Besiegung des Chaosdrachens bestand. Auch in Gen 1,2 wird Schöpfung als Überwindung des Chaos verstanden, das mit dem → Meer in Verbindung gesehen wird (vgl. den Meeresdrachen Leviatan in Ps 74,13-14; → Leviatan). In der Endzeit wird die widergöttliche Macht endgültig besiegt (Jes 27,1; Offb 12,3-9).

Dreißig Helden Die alten Kampfgefährten Davids (2 Sam 23,18-39 par), die später offenbar eine in Jerusalem kasernierte Elitetruppe bildeten (Neh 3,16).

Dreschen (Dreschplatz, Dreschschlitten) Gedroschen wurde im alten Israel, indem man einen »Schlitten« (d. h. ein auf der Unterseite mit scharfen Steinen gespicktes Brett) von Zugtieren über die Ähren ziehen ließ, die auf dem festgestampften Boden ausgebreitet waren. Anschließend warf man das gedroschene Getreide mit der → Worfschaufel in die Luft, damit der Wind die Spreu davontragen konnte. Wegen des Windes wurden Dreschplätze bevorzugt auf Berghöhen angelegt (vgl. 1 Chr 21,18-20; 22,1). Hos 9,1 scheint darauf hinzudeuten, dass damit auch eine räumliche Nähe zu Opferstätten → Baals mit den entsprechenden Fruchtbarkeitsriten gegeben war.

E

Eckstein Ein Stein, der durch seine besondere Beschaffenheit für das Bauwerk unverzichtbar ist, entweder als besonders großer Grundstein, der das Gebäude trägt, oder als Stein, der zwei aneinander stoßende Mauern verbindet, oder auch als besonders behauener krönender Schlussstein, der das Gewölbe trägt oder die Mauerkrone ziert. Beim bildhaften Gebrauch des Wortes klingen alle diese Eigenschaften an.

Eden Obwohl der Garten Eden als Ursprung tatsächlich existierender Flüsse, wie des Eufrat, beschrieben wird (Gen 2,10-14), ist es nicht möglich, seine Lage geographisch festzulegen. Der Name klingt an das hebräische Wort für »Wonne« an. In der alten griechischen Übersetzung steht dafür *paradeisos,* wovon unser → »Paradies« abgeleitet ist.

Edom(iter) Nachbarvolk Israels, das auf Jakobs Bruder Esau zurückgeführt wird (Gen 36,1-9). Es wohnte südlich des Toten Meeres in dem Seïr genannten Bergland östlich des Jordangrabens (Karte Seite 14/15). Unterwerfung durch Israel (zuerst unter David; 2Sam 8,13-14) und Selbstständigkeit wechselten mehrfach ab. Nach der Zerstörung Jerusalems 587 v.Chr. machten sich die Edomiter die Schwäche Judas zunutze (vgl. Obd 10-14; Ps 137,7) und drangen in Südjuda ein. Um 300 v.Chr. entrissen ihnen die aus der Wüste kommenden → Nabatäer das alte Stammland östlich des Jordans und drängten sie ganz in das nun nach ihnen Idumäa genannte südjudäische Gebiet (Karte NT Seite 61).

Efa Hohlmaß für Getreide (dies wurde in Israel nicht gewogen, sondern abgemessen), wahrscheinlich ca. 22 Liter. 10 Efa ergeben 1 Kor (oder Homer = Eselsladung). Bei der Umrechnung der Gewichte in der Übersetzung werden folgende Werte zugrunde gelegt: für Getreidekörner 1 Efa = 16–17 kg (1 l = 750 g); für Mehl 1 Efa = 10–12 kg (1 l = 500–600 g).

Efraïm Jüngster Sohn Josefs. Als wichtigster Stamm des Nordreichs → Israel (Karte Seite 443) kann Efraïm auch für das ganze Nordreich stehen (z.B. Jes 7,8-9; Hos 11,8-9).

Ehebruch Ehebruch, wie er in den Zehn Geboten untersagt wird (Ex 20,13; Dtn 5,18), ist nach dem Alten Testament nicht jeder Seitensprung eines oder einer Verheirateten, im strengen Sinn kann er nur von einer verheirateten Frau oder von einem verheirateten oder unverheirateten Mann mit einer Verheirateten begangen werden. In diesen Fällen wird das »Besitzrecht« des betreffenden Ehemannes angetastet und die Reinheit der Nachkommenschaft gefährdet. Auf Ehebruch stand für beide Beteiligten die Strafe der Steinigung (Lev 20,10; Dtn 22,22-27).
Jesus verharmlost den Ehebruch nicht; auch seine Stellungnahme zum Fall der Ehebrecherin von Joh 8,1-11 darf nicht dahin missverstanden werden (vgl. vielmehr Mt 5,27-30). Im Licht der anbrechenden → Königsherrschaft Gottes sind eheliche Liebe und Treue so ernst zu nehmen, wie Gott sie von Anfang an gedacht und gewollt hat; in diesem Sinn spricht er sich gegen die jüdische Lizenz zur Ehescheidung aus (→ Scheidungsurkunde).
Seit den Propheten des Alten Testaments ist Ehebruch ein Bild, unter dem die Untreue des Gottesvolks gegenüber seinem Gott angeprangert wird (Hos 2,4f.; 3,1; Jer 2,2f.; 3,8f.; 13,27; Ez 16; 23; vgl. im Neuen Testament Mt 12,39; 16,4; Mk 8,38; Jak 4,4; → Hurerei). Nachdem Gott die menschliche Untreue durch sein Liebeshandeln in Jesus Christus überwunden und gesühnt hat, können und sollen nun Liebe und Treue das Verhältnis der Menschen zu Gott wie das der Menschen untereinander bestimmen.

Eiche Das Hebräische hat vier ähnlich klingende Bezeichnungen für einen »großen, hohen Baum« *(ela, elon, alla, allon).* Im Land der Bibel kommen dafür verschiedene Eichenarten und die Terebinthe *Pistazia atlantica* in Frage (im Wuchs der Eiche ähnlich, nur mit gekerbten Blättern). Eine sichere Zuordnung der Bezeichnungen ist nicht möglich. Nur bei *allon* besteht eine gewisse Wahrscheinlichkeit, dass es sich um die Eiche handelt. An den entsprechenden Stellen (z.B. Jes 2,13) wird deshalb das Wort ohne ein hochgestelltes Sternchen gedruckt, das sonst auf die Sacherklärung und damit zugleich auf die alternative Übersetzungsmöglichkeit »Terebinthe« hinweist.

Eichental → Eiche.

eingeboren(er Sohn) Herkömmliche Übersetzung des griechischen Wortes *monogenes* (in dieser Übersetzung »einzig«). Es bedeutet »der Art bzw. Abstammung nach einzig und einzigartig«. Häufig dient das Wort in der griechischen Übersetzung des Alten Testaments als Wiedergabe des hebräischen *jachid* und gewinnt dadurch die zusätzliche Bedeutung »einzig geliebt«. Im Johannes-Evangelium wird das Wort verwendet, um das einzigartige Verhältnis auszudrücken, in dem Jesus Christus zu Gott, dem Vater, steht (»eingeborener Sohn«; Joh 3,16.18; vgl. 1Joh 4,9), auch dort, wo dieses Verhältnis nicht ausdrücklich angesprochen ist (Joh 1,14.18).

Eingebungen, prophetische → Prophet (3).

Elam(iter) Land und Volk östlich von → Babylonien mit der Hauptstadt Susa (Karte Seite 14/15), nacheinander unter assyrischer, medischer und schließlich persischer Oberherrschaft.
In kriegerischen Zusammenhängen werden die Elamiter als Bogenschützen erwähnt (Jes 22,6; Jer 49,35).

Elija Prophet der israelitischen Frühzeit (1 Kön 17–21; 2 Kön 1,1–2,18), der in einer Zeit des Abfalls von Gott den wahren Gottesdienst wiederherstellte. Entsprechend der Prophetie von Mal 3,23-24 erwartet das Judentum, dass Elija vor dem Endgericht und dem Anbruch der → Königsherrschaft Gottes noch einmal auftritt. Für Jesus ist diese Erwartung mit dem Erscheinen des → Täufers Johannes erfüllt (Mt 11,13-14; 17,10-13). Von seiner endzeitlichen Rolle abgesehen wurde Elija auch als der große Nothelfer seines Volkes angerufen (Mk 15,35-36 par).

Elischa (1) Als Prophet der Nachfolger von → Elija. Er heilte einen höheren Offizier des syrischen Nachbarreiches vom Aussatz (2 Kön 5).
(2) Name der Insel Zypern.

Elle Hebräisches Längenmaß, das wie unsere Elle am menschlichen Unterarm abgemessen wurde; ca. 46 cm, die Großelle ca. 52 cm (vgl. Anmerkung zu Ez 40,5). Sie wird unterteilt in die Spanne ($^1/_2$ Elle) und die Handbreite ($^1/_3$ Spanne).

Elul Der 6. Monat des Jahres nach dem babylonischen → Kalender, etwa Mitte August bis Mitte September.

Emmaus In Lk 24,13 wahrscheinlich Ammaus (heute Kulonje) 6,5 km westlich von Jerusalem. Das im 1. Makkabäer-Buch mehrfach genannte Emmaus (= heute Amwas; Karte NT Seite 61) liegt mit 33 km zu weit entfernt.

Engel Das entsprechende hebräische Wort bedeutet »Bote/Gesandter«. In den älteren Schriften des Alten Testaments ist wiederholt vom »Engel des → Herrn« oder vom »Engel Gottes« die Rede. Dabei handelt es sich um einen Boten mit einem ganz bestimmten Auftrag, der hinter dem Auftrag völlig zurücktritt. Manchmal identifiziert sich dieser Engel so sehr mit Gott, dass der Eindruck entsteht, Gott selbst zeige sich hier in sichtbarer Gestalt (Gen 16,7-13; 22,11; 31,11.13; Ex 3,2; 23,20-23; Ri 2,1; 6,11-24; 13,3-23).
Die Bezeichnung »Engel« wird auch für die himmlischen Wesen verwendet, die zur Umgebung Gottes gehören. Gott wird dabei als König gedacht; die Engel bilden seinen »Hofstaat«, der die Herrlichkeit Gottes preist und seinen Willen ausführt (→ Gottessöhne). Sie können unterschiedlichen Gruppen oder »Klassen« zugewiesen (Eph 3,15) und in unterschiedlichen Gestalten vorgestellt werden (→ Kerub, → Seraf).
Nach jüdischer Auffassung wurde Mose am Berg Sinai das → Gesetz durch Engel übergeben (Apg 7,38.53; Gal 3,19; Hebr 2,2).
Den verschiedenen Bereichen der Schöpfung sind Engel als göttliche Beauftragte und Sachwalter zugeordnet (Offb 7,1-2; 14,18; 16,5), ebenso den Völkern (Dan 10,13.20-21; 12,1) und auch jedem einzelnen Menschen (Mt 18,10; Apg 12,15); dasselbe ist in Offb 2–3 auch für jede christliche Gemeinde vorausgesetzt.
Engel können sich auch gegen Gott stellen und als Mächte des Bösen die Menschen unterjochen (Röm 8,38; 2 Kor 12,7; Offb 12,7.9; → Mächte, → Satan). Am Ende der Welt wird über sie Gericht gehalten werden (1 Kor 6,3; 15,24).
Der Engelglaube kann zu einer Überbewertung der Macht und Bedeutung der – guten wie gottfeindlichen – Engel führen und entsprechend zu einer Minderbewertung der Macht und Bedeutung von Jesus Christus. Das Neue Testament verkündet, dass Christus allen Engeln weit überlegen ist (Phil 2,10; Hebr 1,4-14; 2,5-18; 1 Petr 3,22) und dass insbesondere die gottfeindlichen Engelmächte durch ihn besiegt und entmachtet wurden (Röm 8,37-39; 1 Kor 15,24-25; Eph 1,20-22; Kol 2,8-10.15).

Engelfürst Nach dem Daniel-Buch (Dan 10,20-21) haben ganze Völker und Reiche ihren → Engel, der entsprechend seiner erweiterten Verantwortung einen höheren Rang einnimmt (als Fürst unter den Engeln bzw. »Erzengel«). Darin spiegelt sich die Überzeugung, dass sich in der Menschengeschichte nicht nur ein irdisches Geschehen abspielt, sondern zugleich eine Auseinandersetzung zwischen überirdischen Mächten.

Engelverehrung → Philosophie.

Epilepsie, Epileptiker Das in Mt 4,24; 17,15 verwendete griechische Wort ist von »Mond« abgeleitet (»mondsüchtig«). Die antike Medizin brachte epileptische Anfälle mit dem Mondwechsel in Verbindung.

Erbbesitz Der dem einzelnen Israeliten gehörende Anteil am Gesamtbesitztum seiner Sippe. Er kann nicht einfach veräußert werden, da er sonst dem Gesamteigentum der Sippe verloren ginge. Wenn er aus Not verkauft werden muss, soll er vom Nächstverwandten erworben werden (→ Löser). Der von den Vorfahren ererbte Besitz ist geradezu geheiligt, sodass der Erwerb durch einen Fremden, gleichgültig wen, schlimmstes Unrecht wäre (vgl. 1 Kön 21,3).

erhöhen, Erhöhung Die Auferstehung und die Erhöhung von Jesus in die himmlische Herrlichkeit werden an vielen Stellen des Neuen Testaments als ein einheitlicher Vorgang gesehen (z.B. Röm 8,34; Eph 1,20f.; 1 Petr 1,21); nur Lukas berichtet von einer gesonderten »Himmelfahrt« am Ende des Ostertages (Lk 24,50-53) bzw. vierzig Tage nach Ostern (Apg 1,9). »Erhöhung« bedeutet die Einsetzung in die messianische Würde (→ Christus) als himmlische Machtstellung; der nach bildhafter Vorstellung auf den Platz an der rechten Seite Gottes »Erhöhte« ist der → Herr über alle irdischen und himmlischen Mächte (Phil 2,9-11) und der Weltrichter, an dem sich das ewige Schicksal der Menschen entscheidet (Mt 28,18; Phil 2,9; → Menschensohn);

für die Glaubenden ist er der himmlische Fürsprecher, der ihnen Gottes Liebe verbürgt (Röm 8,34.38f.).
Die Gute Nachricht nach Johannes geht noch einen Schritt weiter und sieht nicht erst in der Auferstehung, sondern schon in der im Doppelsinn als »Erhöhung« bezeichneten Kreuzigung den Antritt der himmlischen Würdestellung (Joh 3,13f.; 8,28; 12,32).

Erkenntnis Das hebräische Wort für Erkenntnis meint nicht durch Nachdenken – mit dem Verstand – gewonnene Erkenntnis, sondern durch Umgang und Erfahrung gewonnene Einsicht. Erkenntnis dieser Art setzt ein inneres Angerührtsein von der Sache oder eine gewisse Selbsterschließung der Person voraus, um deren »Erkenntnis« es geht. Daher gilt Erkenntnis in Dingen des christlichen Glaubens als eine der wichtigsten Gaben des → Geistes Gottes (1Kor 1,5; 12,8; 14,6; 2Kor 8,7) – die freilich auch Gefahren und Probleme mit sich bringen kann: Eine »Erkenntnis«, die dazu verführt, dass man gegen die Liebe verstößt (1Kor 8; 13,2) oder sich über zentrale Inhalte apostolischer Verkündigung hinwegsetzt (1Kor 1,17-25; 2Tim 2,14-18; 1Joh 2,20-25), hat mit dem Geist Gottes nichts mehr zu tun. Solche fehlgeleitete »Erkenntnis« wird schon an einzelnen Stellen des 1. Korintherbriefes, vor allem aber im Johannes-Evangelium, dem 1. Johannesbrief, dem Judasbrief und in den Pastoralbriefen (1Tim 6,20) bekämpft (es handelt sich hier um Frühformen der → Gnosis).

Erlassjahr In jedem 49. Jahr sollte im alten Israel die ursprüngliche Besitzordnung wiederhergestellt werden. Denn im Ideal galt Grundbesitz als unveräußerlich (→ Erbbesitz). Ebenso sollten → Sklaven israelitischer Volkszugehörigkeit in diesem Jahr die Freiheit wiedererlangen (Lev 25; nach Ex 21,2 schon im 7. Jahr).

Erstgeburt Zum Zeichen, dass alles Leben eigentlich Gott gehört, wurden in Israel die männlichen Erstgeburten des (→ reinen) Viehs Gott als → Opfer dargebracht. Beim Menschen wurde die Erstgeburt durch ein Ersatzopfer ausgelöst. Das konnte bei jedem Priester im Land geschehen; wenn Jesus nach Lk 2,22 dazu in den → Tempel gebracht wurde, so deutet dies an, wo er hingehört (vgl. Lk 2,49).

Erstgeerntetes → Früchte, erste; → Erstling.

Erstling, Erstlingsgabe Erster Teil der Ernte (→ Früchte, erste) oder → Erstgeburt beim Vieh, die Gott als Gabe oder → Opfer dargebracht wurden (Ex 23,19; 13,11-12), zum Zeichen dafür, dass ihm die gesamte Ernte bzw. der ganze Nachwuchs der Tiere gehört. Im übertragenen Sinn werden die Erstbekehrten christlicher Gemeinden (Röm 16,5; 1Kor 16,15 wörtlich) so bezeichnet, auch die Christen insgesamt als »Erstlinge« der Völker (Offb 14,4 wörtlich) und als »Erstlinge« von Gottes neuer Schöpfung (Jak 1,18 wörtlich; 2Thess 2,13 [Anmerkung]). Wenn Christus »Erstling der Toten« genannt wird (1Kor 15,20.23 wörtlich), wird damit die Gewissheit zum Ausdruck gebracht, dass alle Verstorbenen, die im → Glauben mit Christus verbunden waren, so wie er Gott gehören und zum neuen Leben auferweckt werden.

erwecken → auferstehen

Esau Zwillingsbruder von → Jakob, der sein Erstgeburtsrecht um ein Linsengericht an seinen Bruder abtrat. Die Umkehrung der natürlichen Rangordnung wird der Mutter Rebekka schon vor der Geburt ihrer Söhne von Gott vorausgesagt (Gen 25,23; Röm 9,11-12). Die Rivalität der Brüder setzt sich fort in der zwischen Israel und → Edom, als dessen Stammvater Esau gilt (Gen 36,1.9.15.19).

Essig Bei dem Getränk, das Jesus am → Kreuz gereicht wurde (Mk 15,36 par), handelt es sich um sauren Wein oder Weinessig, der zum nachhaltigen Stillen starken Durstes besonders geeignet ist und deshalb das normale Getränk der Soldaten war. Davon zu unterscheiden ist das Getränk, das die Soldaten Jesus unmittelbar vor der Kreuzigung reichen wollten (Mt 27,34; Mk 15,23). Hier handelt es sich um Wein mit einem betäubenden Zusatz (→ Myrrhe oder Weihrauch), der die Schmerzen lindern sollte. Einen solchen Betäubungstrank vor der Hinrichtung zu reichen entsprach jüdischer Sitte. Jesus hat diesen Trunk abgelehnt.

Etanim Der 1. Monat des althebräischen Jahres (→ Kalender), etwa Mitte September bis Mitte Oktober.

Eunuch Vor allem die Haremswächter, aber auch andere Hofbeamte waren in vielen Teilen der Alten Welt Eunuchen, d.h. künstlich zeugungsunfähig gemacht. Ein solcher Eingriff war für das Empfinden des antiken Menschen deshalb schwerwiegend, weil er das Fortleben in den Nachkommen unmöglich machte. In Israel war die Kastration bei Mensch und Tier verboten; zudem war der Eunuch vom Tempelgottesdienst ausgeschlossen (Lev 22,24; Dtn 23,2), allenfalls durfte er den äußeren Vorhof des → Tempels betreten. Ein sich anbahnender Wandel zeigt sich in Jer 39,16-18 (vgl. 38,7-13); Jes 56,3-5; Weish 3,14. Wenn Gott sich in Jesus Christus der gesamten Menschheit zuwendet, werden auch die Verschnittenen einbezogen. Dies gibt dem Einzelfall der Taufe des Eunuchen aus Äthiopien (Apg 8,27-39) seine grundsätzliche Bedeutung.

Evangelist Neben den → Aposteln, → Propheten (3) und → Lehrern gab es in der ersten Christenheit auch Männer, die eine besondere Gabe zur Verkündigung des Evangeliums, der → Guten Nachricht, besaßen (Apg 21,8; Eph 4,11).

Evangelium In dieser Bibelausgabe gewöhnlich mit → »Gute Nachricht« übersetzt. In Offb 14,6 handelt es sich dem Zusammenhang nach jedoch nicht um die Botschaft von Gottes Liebe in Jesus Christus, sondern eher um einen allerletzten Bußruf an die Menschheit.

Exil (Verbannung, Wegführung) Zur »Befriedungspolitik« der altorientalischen Herrscher gehörte es seit dem 2. Jahrtausend v. Chr., die Oberschichten (Priester, Kaufleute, Handwerker) eroberter Provinzen untereinander auszutauschen. In der Bibel wird von zwei Deportationen berichtet:
(1) Die assyrische: Im 8. Jh. v. Chr. eroberte der Assyrerkönig Sargon II. Samaria und deportierte die Oberschicht des Nordreiches nach Gosan im oberen Mesopotamien (Karte Seite 14/15). Im Gegenzug ließ er Leute aus → Babylonien und → Elam ansiedeln (→ Samariter).
(2) Die babylonische Verbannung: Im 6. Jh. v. Chr. eroberte der Babylonierkönig Nebukadnezzar II. Juda und deportierte 597 und 587 v. Chr. die Oberschicht nach Babylonien, ohne eine neue Oberschicht in Juda anzusiedeln. Die Verbannten konnten in geschlossenen Siedlungen am Kanal Kebar nördlich von → Babylon wohnen (vgl. Ez 2,15), sodass der nationale Zusammenhalt gewahrt blieb und sich die Hoffnung auf Rückkehr erhalten konnte, die sich dann nach dem Sieg des Perserkönigs Kyrus erfüllte (Esra 1).

F

Familie, königliche In den Diadochenreichen, die aus dem Kriegszug Alexanders d. Gr. entstanden waren, wurde die Zugehörigkeit zur königlichen Familie als ein Ehrentitel an hohe Würdenträger verliehen, die in einem besonderen Vertrauensverhältnis zum König standen (→ Freund des Königs).

Fasten Verzicht auf Essen und Trinken wurde in Israel als → Sühne für eigene oder fremde Sünden geübt, aber auch aus Trauer und zur Unterstützung eines Gebetes. Üblicherweise dauerte ein Fasten einen Tag (24 Stunden), bei besonderen Anlässen auch länger. Zur Zeit von Jesus war es bei manchen Frommen Sitte geworden, zweimal wöchentlich zu fasten (Lk 18,12; Mk 2,18). Der einzige offizielle und das ganze Volk verpflichtende Fasttag war jedoch der → Versöhnungstag.
Jesus nimmt in Mt 6,16-18 Stellung zur Fastenpraxis. Für seine Jünger lehnt er das Fasten ab, solange er bei ihnen ist (Mk 2,18-20 par). Die Leiter der Gemeinde fasten vor der Aussendung von Missionaren (Apg 13,1-3) und der Einsetzung von → Ältesten (Apg 14,23).

Fasttag → Bußtag.

Felix Antonius Felix, römischer → Statthalter in Palästina 52–60 n. Chr.

Festus Porzius Festus, römischer → Statthalter in Palästina 60–62 n. Chr.

Fladenbrot Brot wurde in Form von → Ringbroten und Rundbroten (Rundlaiben) gebacken. Am verbreitetsten war jedoch die Fladenform. Fladenbrot wurde auf Backplatten oder in der heißen Aschenglut gebacken. Die Fladen waren im Durchmesser etwa 20–50 cm groß und 0,2–1 cm dick. Das Mehl wurde mit Wasser angerührt und ungesäuert (ohne Treibmittel) gebacken. Fladenbrot wurde nicht geschnitten, sondern gebrochen (Mk 14,22).

Fleisch »Fleisch« ist im Hebräischen ein grundlegender Begriff zur Bezeichnung der Seinsart des Menschen. Er wird in dieser Übersetzung je nach Zusammenhang unterschiedlich wiedergegeben.
Zunächst bezeichnet »Fleisch« den ganzen Menschen als leiblich-seelische Einheit. So sind Mann und Frau in ihrer Verbindung »*ein* Fleisch« (und nicht nur *ein* Leib; Gen 2,24); »alles Fleisch« bedeutet: alle Menschen.
Im übertragenen Sinn bezeichnet »Fleisch«:
(1) den Bereich des Irdischen, Menschlichen und Leiblichen, der der Vergänglichkeit unterworfen ist (Jes 40,6 wörtlich: »Alles Fleisch ist Gras«). In diesen Bereich trat der → Sohn Gottes ein, als er Mensch wurde (Joh 1,14; Röm 8,3).
(2) Im negativen Sinn ist dagegen der Begriff »Fleisch« gebraucht, wenn Paulus mit ihm beschreibt, dass Denken, Wollen und Handeln des Menschen nicht von Gott und seinem Willen bestimmt werden, sondern nur vom Irdischen, vom Menschlich-Allzumenschlichen, ja von der menschlichen Selbstsucht, der Sünde (Röm 8,1-17; Gal 5,13-26; Eph 2,3; Phil 3,3-4). Fleisch beschreibt hier den Tatbestand, dass die Sünde sich des Menschen und seiner Glieder so bemächtigt, dass sein »Fleisch« wie eine fremde Macht sein ganzes Wesen bestimmt und ihn in den Tod führt (Röm 7,5-25). Im Gegensatz dazu steht der → Geist, durch den Gott in Christus rettend den Menschen ergreift, ihn zum Handeln in Rechtschaffenheit und selbstloser Liebe bewegt und zum ewigen Leben führt.

Fluch Für hebräisches Denken ist das gesprochene Wort eine wirkende Macht. Es gibt den bedingungslosen Fluch, der den Adressaten unter allen Umständen trifft, und den bedingten, der über ihm vorerst nur schwebt, ihn aber trifft, wenn er sich zuschulden kommen lässt, wovor in der Verfluchung gewarnt wurde (Lev 5,1; Dtn 27,14-26). Der Fluch dringt in den Menschen ein (Ps 109,18-19), zerstört dessen Familie und wirkt sich über Generationen aus (Gen 9,25; Num 22,6.12), wie entsprechend der → Segen Einzelnen und ihren Familien über Generationen Glück und Gedeihen schenkt.
Fluchandrohung und Verfluchung waren ein wirksames Mittel gerade armer Leute, um sich gegen das Unrecht der Mächtigen und Reichen zu weh-

ren (Spr 11,26). Der Fluch diente als Behelf gegen Rechtsbrecher, die man nicht fassen oder nicht überführen konnte (Lev 5,1; Ri 17,2; Spr 29,24). Bei der Gesetzesverkündigung und deren gottesdienstlicher Wiederholung wurden Flüche ausgesprochen, um die Gemeinde im Tun des Gotteswillens zu erhalten (Dtn 27). Für das Neue Testament vgl. 1 Kor 16,22; Gal 1,8; Lk 6,28; Röm 12,14.

Fluchwort Was es heißt, dass jemand oder etwas »zum Fluchwort wird«, geht aus Jer 29,22 hervor: Sein Schicksal wird anderen durch einen Fluch angedroht (als positives Gegenstück vgl. Gen 26,4; 48,20).

Fluss Eine Synagoge im üblichen Sinn hat es in der römischen → Kolonie Philippi möglicherweise nicht gegeben. Die »Gebetsstätte« wird am Fluss vermutet, weil die Nähe von Wasser die gesetzlich vorgesehenen Waschungen (→ rein) erleichterte (vgl. Judit 12,5-9; auch Synagogen wurden aus diesem Grund gern in der Nähe von Gewässern errichtet).

Fremdarbeiter Wenn Ausländer oder Menschen aus einem anderen Stamm irgendwo in Israel – für kürzer oder länger – Aufnahme fanden, waren sie auf ihre Arbeitskraft angewiesen. Sie befanden sich in einer halbabhängigen Stellung, die für uns von der des → Lohnarbeiters schwer zu unterscheiden ist. Im Unterschied zu den Schutzbürgern (→ Fremder) hatten sie so gut wie keine Rechte.

Fremder Mit »Fremder/Fremde« (zu unterscheiden von den → Fremdarbeitern) wird in dieser Übersetzung das hebräische *ger* wiedergegeben, das im Alten Testament Menschen bezeichnet, die als Volksfremde dauerhaft im Gebiet eines der Stämme Israels Aufnahme fanden. Sie hatten als »Schutzbürger« bestimmte Rechte, waren jedoch den israelitischen Vollbürgern nicht gleichgestellt, konnten z.B. nicht an der Rats- und Gerichtsversammlung im Tor teilnehmen.

Freund des Kaisers Möglicherweise handelt es sich in Joh 19,12 um den Titel, der römischen Senatoren von Amts wegen zustand, aber auch anderen hervorragenden Männern vom Kaiser persönlich verliehen wurde.

Freund des Königs Ehrentitel für königliche Würdenträger (→ Familie, königliche).

Frieden Anders als im abendländischen Denken ist Frieden im orientalisch-biblischen nicht einfach die Abwesenheit von Krieg, sondern ein viel weiterer und vornehmlich positiv gefüllter Begriff. »Frieden« (hebräisch *schalom*) meint: umfassendes Glück, Wohlergehen des Einzelnen und der Gemeinschaft, gelungenes Leben in gelungenen Beziehungen – zueinander, zu sich selbst, zur Umwelt, zu Gott.
Ein Idealbild dessen, was »Frieden« in diesem Sinne heißt, zeichnet Ps 72, wo das Wort an zentralen Stellen, in Vers 3 und in Vers 7 (dort mit »Wohlstand« übersetzt), vorkommt.
Für biblisches Denken hat die gelungene Beziehung zu Gott grundlegende Bedeutung für alle anderen Beziehungen. Heilvolles Leben in allen Dimensionen, die das Leben ausmachen, ist nur möglich, wo Gott geehrt wird und seine Rechts- und Lebensordnungen bewahrt werden (Ps 85,9-14; 119,165; 147,10-14; Jes 32,15-18; 48,18; 54,13; 57,21).
Im Neuen Testament ist »Frieden« vor allem die Wiederherstellung des durch die Sünde gestörten Verhältnisses zu Gott und das daraus erwachsende umfassende Heil (Lk 1,79; 2,14; Apg 10,36). Jesus Christus »ist unser Frieden« (Eph 2,14; vgl. Mi 5,4), weil aufgrund seines Opfertodes das gestörte Verhältnis der Menschen zu Gott wieder in Ordnung gebracht ist.
Die Menschen des Alten wie auch des Neuen Testaments begrüßen und verabschieden sich, indem sie einander »Frieden« wünschen. Wenn dies die von Jesus ausgesandten Boten tun sollen (Lk 10,5), so geht es um den Frieden, den Gott durch die Aufrichtung seiner → Königsherrschaft in Jesus Christus ermöglicht und schafft. Wenn der vom Tod auferstandene Jesus seinen Jüngern den Frieden wünscht (Lk 24,36; Joh 20,19.21.26), wenn Paulus dies zu Beginn seiner Briefe den Gemeinden gegenüber tut (z.B. Röm 1,7; 1 Kor 1,3), so geht es um den Frieden, den Gott der Welt erschlossen hat im Leben, Sterben und Auferstehen von Jesus.
Der Friedenswunsch, der im Friedensgruß ausgesprochen wird, ist nach biblischem Denken nicht nur ein – ohnmächtiger – Wunsch, sondern bringt von Gott bzw. von Christus her diesen Frieden mit für alle, die ihr Herz dafür öffnen (Mt 10,12-13; Lk 10,5-6).

Friedenskuss Wörtlich »heiliger Kuss«. Zeichenhafter Ausdruck der Gemeinschaft zwischen Menschen, die den von Gott durch Christus geschenkten → Frieden zur Grundlage ihres Lebens gemacht haben. Der Friedenskuss scheint fester Bestandteil jeder gottesdienstlichen Versammlung der frühen christlichen Gemeinden gewesen zu sein. Dass jeweils am Ende eines Briefes dazu aufgefordert wird, dieses Zeichen zu setzen, lässt vermuten, dass es seinen Platz am Ende des ersten Teils der Versammlung hatte (dem »Wortgottesdienst«, in dessen Verlauf der Brief vorgelesen wurde) bzw. zu Beginn des zweiten Teils, der Mahlfeier (→ Mahl des Herrn).

Fronarbeit, Frondienst Unentgeltliche zwangsweise Dienstleistung für den Grund- oder Landesherrn. Öffentliche Arbeiten wurden im Altertum (wie noch im Mittelalter) vielfach in Fronarbeit ausgeführt.

Früchte, erste (erstgeerntete) Als Dank an Gott, den Geber der Ernte, und als Zeichen dafür, dass ihm eigentlich die ganze Ernte gehört, wurden die zuerst geernteten Früchte (z.B. die erste Garbe eines Feldes) ans Heiligtum abgeliefert (→ Erstgeburt).

Frühjahrsregen → Regen.

Fuchs »Fuchs« ist im damaligen Judentum Bild für einen listig-hinterhältigen wie auch für einen unbedeutenden oder schwächlichen Menschen. Herodes Antipas (→ Herodes 3), von dem ein Schriftsteller jener Zeit sagt, dass er »die Ruhe liebte«, wollte mit seiner Drohung (Lk 13,31) wahrscheinlich nur erreichen, dass Jesus sein Gebiet verlässt. Jesus untersteht aber einem anderen Befehl und kann ihm den Gefallen nicht tun; auch das »Umbringen« muss Antipas anderen überlassen (13,32-33).

Fußwaschung Das Gehen in Sandalen auf heißen, staubigen Straßen machte das Waschen der Füße beim Betreten eines Hauses zu einer Notwendigkeit oder doch einer großen Wohltat. Der Gastgeber ließ dies in der Regel durch einen Sklaven erledigen. Nach Joh 13 leistete Jesus vor dem letzten Mahl seinen Jüngern diesen Dienst, um ihnen deutlich zu machen, dass in seiner Gemeinde die Liebe über jeder Rangordnung steht. Auch im wörtlichen Sinn wurde offenbar sein Beispiel in den frühen Gemeinden befolgt (1Tim 5,10; vgl. Joh 13,14-17).

Zum Verständnis von Joh 13,9-10: Wer zu einem Festmahl eingeladen war, pflegte vorher zu Hause ein Bad zu nehmen; im Haus des Gastgebers brauchten nur noch die vom Weg staubig gewordenen Füße gewaschen zu werden. Unter Hinweis auf diesen Brauch weist Jesus die Bitte von Petrus zurück. Es geht im jetzigen Augenblick allein um den Sklavendienst der Fußwaschung, den Jesus den Jüngern leistet – zeichenhafter Ausdruck für die bevorstehende äußerste Erniedrigung im Kreuzestod und für die Zueignung der Rettung, die aus dieser Erniedrigung erwächst. Das vorhergehende »Bad«, durch das die Jünger »rein« sind, ist als Bild für die reinigende Wirkung des Umgangs mit Jesus in der nun zurückliegenden Zeit zu verstehen (vgl. Joh 15,3). In der altkirchlichen Auslegung wurde dieses Bad gern mit der → Taufe gleichgesetzt, und die Fußwaschung lebte (in manchen Kirchen bis heute) fort im Fußwaschungsritus der Gründonnerstagsliturgie.

G

Gabriel In der jüdischen Engellehre wird Gabriel zu den so genannten → Engelfürsten, den »Erzengeln«, gezählt, die zur engsten Umgebung Gottes gehören.

Galatien Kleinasiatische Landschaft (Karte NT Seite 52/53), die seit dem 3. Jh. v.Chr. von keltischen Stämmen bewohnt wurde (sprachlich mit dem Landschaftsnamen verwandt ist Gallien und gälisch). Die Römer schufen nach der Eroberung dieses Gebietes eine Provinz mit dem gleichen Namen, die aber außer dieser Landschaft auch noch Teile von Phrygien, Pisidien, Pamphylien, Lykaonien und Isaurien umfasste. Wer die Adressaten des Galaterbriefs sind, ist in der Auslegung umstritten. Größere Wahrscheinlichkeit spricht für die Bewohner der Landschaft Galatien (Apg 16,6; 18,23).

Galbanum Ein in Syrien heimisches wohlriechendes Arzneikraut, dessen Saft für die im Gottesdienst gebrauchte → Weihrauchmischung verwendet wurde.

Galiläa Das Gebiet zwischen dem See → Gennesaret und der Küstenebene, ursprünglich Siedlungsgebiet der Stämme Ascher, Sebulon und Naftali (Karten Seite 443 und NT Seite 61). Es wurde 733 v.Chr. Provinz des → Assyrerreichs und stand von da an unter der Oberherrschaft der verschiedenen Nachfolgereiche. Seit 104 v.Chr. wieder unter jüdischer Herrschaft; Einwanderer aus → Judäa stärkten das jüdische Element, neben dem es jedoch geschlossene heidnische Bevölkerungsgruppen gab. Zur Zeit von Jesus ist Galiläa Basis militanter nationalistischer jüdischer Gruppen (Apg 5,37; → Zeloten).

Gallio Römischer Statthalter (Prokonsul) der Provinz → Achaia 51–52 n.Chr.

Gamaliël Gamaliel I., berühmter → Gesetzeslehrer, zu dessen Schülern auch Paulus zählte.

Gebetsriemen Aufgrund von Dtn 6,8 und ähnlichen Stellen befestigen die Juden während des Gebets Kapseln mit bestimmten Schriftstellen durch Riemen an Stirn und linkem Oberarm. Zur Zeit von Jesus trugen viele Fromme die Gebetsriemen den ganzen Tag.

Geburtsgeschichten In den Geburtsgeschichten des Täufers Johannes und Jesu, wie sie bei Matthäus (Kap 1–2) und Lukas (Kap 1–2) erzählt werden, wiederholen sich z.T. Erfahrungen, die schon im Alten Testament immer wieder gemacht wurden, wo es um die Geburt von Menschen ging, die Gott zu einem besonderen Dienst gerufen hatte. Den Evangelien liegt daran, diese besondere, vom Alten Testament her bekannte »Handschrift Gottes« hervortreten zu lassen. Die betreffenden Abschnitte erschließen sich erst, wenn man die zugehörigen Vergleichsstellen liest.

Gefängnis (Geister im Gefängnis) Nach jüdischer Überlieferung werden die → Engel, die sich nach Gen 6,2 durch den Verkehr mit Menschenfrauen vergangen hatten, zur Strafe an einem finsteren Ort auf oder unter der Erde gefangen gehalten. Diese Anschauung wird offensichtlich in 1Petr 3,19-20 (infolge des engen Zusammenhangs von Gen 6,1-4 mit 6,5-8) auf die Menschen übertragen, die – durch das Tun dieser Engel verführt und verdorben – in der → Sintflut untergingen. Nach 1 Petr 3,19-20 hat Jesus nach seiner Auferstehung sogar dieser exemplarisch bösen Generation – nach 1 Petr 4,6 dann auch *allen* Toten – seinen Sieg über Sünde und Tod verkündet und ihnen damit die Chance gegeben, im letzten Gericht doch noch die Rettung zu erlangen.

Geißel Die bei den Römern übliche Geißel, bestehend aus Lederriemen, die mit Knochen- und Metallstücken versehen waren, wurde im Rahmen der Geißelung angewandt, die der Kreuzigung eines Verbrechers vorauszugehen pflegte und so auch an Jesus vollzogen wurde (Mk 15,15 par; → Kreuz). Eine solche Geißelung konnte schon für sich allein genommen den Tod zur Folge haben.

Geist, böser Dämonische Macht, die von einem Menschen Besitz ergreift und ihn völlig beherrscht. Die Tatsache solcher »Besessenheit«, wie sie das Neue Testament bezeugt, zeigt an, in welcher Lage sich die Menschheit befindet: Sie ist oft nicht ihr eigener Herr, sondern zerstörerischen Mächten ausgeliefert. Wenn Jesus die Dämonen »austreibt«, bekundet sich darin, dass Gott seine → Königsherrschaft aufzurichten beginnt (Mt 12,28; Lk 11,20). Auch bestimmte Krankheiten, vor allem psychisch krankhaftes Verhalten, wurden auf den Einfluss böser Geister zurückgeführt. Diese Geister werden gelegentlich als »unrein« bezeichnet (so wörtlich z.B. Mt 10,1; Mk 1,23; Lk 4,33), und zwar deshalb, weil sie unrein machen, d.h. die von ihnen Besessenen von der Teilnahme am Gottesdienst ausgeschlossen sind (→ rein).

Geist Gottes → Heiliger Geist.

geistlich »Geistlich« ist im biblischen Sinn, was vom → Geist Gottes kommt (Röm 15,27; 1 Kor 9,11). Es kann letztlich nur von Menschen erfasst und angeeignet werden, die ihrerseits vom Geist Gottes bestimmt sind (1 Kor 2,10–3,4; vgl. Joh 3,3-7; 6,52-65).

»Geistlich« werden in 1 Kor 10,1-4 auch Dinge und Vorgänge des Alten Testaments genannt, die auf ihre Weise bereits damals etwas von der geistlichen Wirklichkeit vermittelten, die jetzt, im Neuen Testament, unter ganz ähnlichen zeichenhaften Dingen und Vorgängen vermittelt wird. So weisen Wolke und Meer (Ex 14,19-22) auf die → Taufe, das → Manna (Ex 16,13-18.35-36) auf das → Mahl des Herrn voraus. Dass der Fels, aus dem Mose mit seinem Stab Wasser schlug (Num 20,7-11), dem Volk auf der Wüstenwanderung folgte, wurde aus Num 21,16 gefolgert.

Geld → Mammon.

Geldwechsler Wechsler brauchte man im → Tempel, da die → Tempelsteuer in tyrischen Schekeln, der damals wertvollsten Währung, bezahlt werden musste. Ebenso brauchte man Händler, die Opfertiere zum Kauf anboten. Das war vor allem um der vielen auswärtigen Pilger willen notwendig. Das Treiben spielte sich in umgrenzten Bezirken des äußeren Vorhofs ab und war von der Tempelbehörde genehmigt. Jesu Vorgehen (Mk 11,15) stellt daher einen Angriff auf Tempel und Tempelgottesdienst dar. Weil Israel die geforderte Umkehr verweigert (so scheint der Zusammenhang mit 11,27-33 anzudeuten), ist der ganze Tempelbetrieb in Gottes Augen sinnlos geworden. Gott wird ihn beenden und Jesus hat dieses Ende in einer zeichenhaften Handlung schon vorweggenommen.

Gelübde Versprechen an Gott in einer Notlage. Zu Apg 21,23: Es handelt sich hier offenbar um ein »Nasiräergelübde«, durch das jemand u.a. auf den Genuss von Alkohol verzichtete (Num 6,13-20). Wer auf Zeit ein solches Gelübde ablegte, musste als Abschluss ein ziemlich kostspieliges Opfer darbringen. In diesem Zusammenhang steht die Aufforderung an Paulus, die Opferkosten für arme Nasiräer zu übernehmen und dadurch zugleich seine eigene Gesetzestreue zu beweisen. Damit er aber auch selbst an den Opferhandlungen im → Tempel teilnehmen kann, muss er, da er durch seinen Auslandsaufenthalt → unrein geworden ist, sich zuvor den sieben Tage dauernden Reinigungszeremonien unterziehen. Auch hierzu wird Paulus in Apg 21,24 aufgefordert. (Die verkürzte und unklare Darstellung wird daher rühren, dass Lukas bzw. schon sein Gewährsmann als Heidenchristen mit den jüdischen Gebräuchen nicht genügend vertraut waren.) → Nasiräer.

Gelübdeopfer Ein aufgrund eines → Gelübdes Gott versprochenes Opfer (→ Dankopfer).

Gemeinde → Heilige.

Gemeindeältester → Gemeindeleiter.

Gemeindeleiter Die frühchristlichen Gemeinden wurden zu Beginn teils nach jüdischem Vorbild von einer Gruppe von → Ältesten geleitet, teils – wohl in Anlehnung an bestimmte Ämter im griechischen Vereinswesen – von Gemeindeleitern (griechisch *episkopoi*) und → Diakonen/Diakoninnen (Phil 1,1; 1 Tim 3,8.11). Wo beide Formen der Gemeindeleitung aufeinander trafen, wurde zwischen der Aufgabe der Ältesten und der der Gemeindeleiter nicht unterschieden (vgl. Apg 20,17 mit 20,28, wo »Aufsicht und Leitung« *episkopoi* wiedergibt, oder Tit 1,5 mit 1,7). Auch die Gemeindeleiter nahmen zunächst ihre Aufgabe als Kollegium wahr (Phil 1,1). Erst in nachneutestamentlicher Zeit finden wir die verschiedenen Formen der Gemeindeleitung ganz miteinander verschmolzen und die altkirchliche Ämterordnung voll ausgeprägt: *ein* Gemeindeleiter (*episkopos/*Bischof), unter ihm das Kollegium der Gemeindeältesten (*presbyteroi/* Priester), dazu die Diakone/Diakoninnen *(diakonoi)*. – Im Hebräerbrief (Hebr

13,7.17.24) ist von »Führern« oder »Leitern« der christlichen Gemeinde die Rede *(hegumenoi)*; sie werden in dieser Übersetzung wie die *episkopoi* mit »Gemeindeleiter« wiedergegeben.

Gennesaret Ort südwestlich von Kafarnaum und nach ihm benannter See in → Galiläa (Karte NT Seite 61), im Alten Testament Kinneret genannt (Karte Seite 443; in dieser Übersetzung jedoch ebenfalls »Gennesaret«).

gerecht, Gerechter Als »gerecht« wird im Deutschen ein Mensch bezeichnet, der sich so verhält, wie es dem allgemeinen Rechtsempfinden entspricht. »Gerecht« im Sinn des Alten Testaments ist der Mensch, der sich nach dem → Gesetz richtet, in dem Gott seinem Volk seinen Willen kundgetan hat. Verschiedentlich meldet sich jedoch schon im Alten Testament das Bewusstsein, dass letztlich kein Mensch vor Gott als »gerecht« bestehen kann (z.B. Ijob 4,17; 15,14; Ps 143,2). Im Frühjudentum wird der »gerechte« Mensch zum Gegenstand endzeitlicher Hoffnung; der Messias (→ Christus) wird als der »Gerechte« erwartet und ersehnt. Vom Erscheinen dieses Gerechten hängt die Rettung Israels ab (Jes 53,11). Diese Schriftstellen und Traditionen stehen im Hintergrund, wenn Jesus im Neuen Testament als »gerecht« (so wörtlich in Lk 23,47; 1Joh 2,29; 3,7) oder als »der Gerechte« bezeichnet wird (Apg 3,14; 7,52; 22,14; 1Petr 3,18; 1Joh 2,1).
Durch sein Sterben und Auferstehen hat Gott den Menschen einen Weg eröffnet, auf dem auch sie vor ihm »als gerecht bestehen« können: den Weg des vertrauenden → Glaubens (siehe dazu v.a. → Gerechtigkeit).
In der altisraelitischen Weisheitsliteratur (→ Weisheit) findet sich ein Verständnis von »gerecht sein«, das dem nahe kommt, was wir heute »Solidarität« nennen: ein Verhalten auf Gegenseitigkeit, das sich an lebensdienlichen Ordnungen orientiert (siehe die Einführung zum Buch der Sprichwörter Seite 686).

Gerechtigkeit (→ gerecht) Im Gegensatz zum deutschen Begriff »Gerechtigkeit«, der auf die Erfüllung einer formalen Rechtsnorm zielt, geht es beim biblischen Verständnis von »Gerechtigkeit« immer um die Beziehung zwischen Personen, die in dem »rechten«, beiden Seiten gerecht werdenden Verhältnis zueinander stehen sollen. Gerecht ist, wer sich der idealen Form einer solchen Beziehung – sei es zwischen Menschen oder zwischen Gott und Mensch – »entsprechend« verhält.
Im Verhältnis zwischen Gott und seinem Volk ist die Grundlage der gegenseitigen Beziehung der → Bund, in dem Gott den Menschen Heil zusagt und dafür von ihnen Dank und Gehorsam erwartet (Ps 50,5-6). Gottes »Gerechtigkeit« ist demnach seine Treue und Verlässlichkeit, die Einlösung seiner Zusagen, sein rettendes, heilschaffendes Handeln (Ps 36,6-8). Die Übersetzung verwendet dafür im Allgemeinen nicht das missverständliche Wort »Gerechtigkeit«, sondern drückt das Gemeinte direkt und eindeutig aus, z.B. Treue (Ps 7,18; 40,11; 71,16.19), Einlösung von Versprechen (Ps 11,7; 103,6), rettendes Eingreifen (Jes 45,8; 59,16).
Vom Menschen her ist »Gerechtigkeit« zentral die Erfüllung der Gebote Gottes. In diesem Sinn – als Gehorsam gegenüber Gott und seinem → Gesetz – versteht auch Jesus bei Matthäus das Wort. Vor allem in der → Bergpredigt geht es ihm darum, dass der Wille Gottes im Gesetz radikal erfasst und erfüllt wird (Mt 5,6.17-20; vgl. 3,15).
Bei Paulus liegt alles Gewicht darauf, dass der allein auf sich selbst gestellte Mensch mit seinem Bemühen um die »Gerechtigkeit« letztlich scheitern muss (Röm 7,7-25; Gal 3,10-12). Paulus hat erkannt, dass Gott durch Tod und Auferstehung von Jesus einen neuen Weg zur »Gerechtigkeit« geschaffen hat: den Weg des vertrauenden → Glaubens. Weil der Mensch trotz allen Strebens nach dem Guten von sich aus nicht fähig ist, Gottes Willen zu erfüllen, ist Gott bereit, ihm den Gehorsam des Menschen Jesus Christus anzurechnen (Röm 4,25; 1Kor 1,30). Wer für sich Gottes Urteil über die Sünde anerkennt und den stellvertretenden Tod von Jesus für sich gelten lässt, gilt vor Gott als »gerecht« (Röm 3,19-28). Auf der Grundlage dieser geschenkten Gerechtigkeit, von ihr im Innersten angerührt und verwandelt, ist der Mensch dann auch fähig, den Willen Gottes zu tun (Röm 6,1-23).

Gerichtspolizisten Wörtlich »Diener/Gehilfen«. In entsprechenden Zusammenhängen höchstwahrscheinlich die Vollzugsgehilfen des jüdischen → Rats.

Gerstenfladen Aus Gerstenmehl hergestelltes → Fladenbrot.

gesalbter (König) → salben.

Geschwister → Bruder.

Gesetz Das Judentum bezeichnete die fünf Mose-Bücher als »Gesetz« (Tora = Weisung) und umschrieb das Alte Testament mit »das Gesetz und die Propheten« (Mt 5,17; 7,12; 22,40). Der Begriff »Gesetz« konnte aber auch auf das ganze Alte Testament ausgedehnt werden. Seit der Zeit Esras (vgl. Neh 8–10) bestimmte das Mosegesetz das gesamte Leben des jüdischen Volkes und grenzte es streng gegen die übrigen Völker ab. Von besonderer Bedeutung wurden dafür die Gesetze über die → Beschneidung und den → Sabbat sowie die Reinheitsvorschriften (→ rein). Die Frage nach der bleibenden Geltung des Mosegesetzes führte in der Urchristenheit zu ernsten Auseinandersetzungen (Apg 15; Gal 2).

Gesetzbuch → Bundesgesetz, → Gesetz. Als »Gesetzbuch Moses« wird gelegentlich speziell das

5. Mosebuch (Deuteronomium) angesprochen (Jos 8,31; 2 Kön 22,8.11; 23,2.21.24).

Gesetzeslehrer (in anderen Übersetzungen »Schriftgelehrte«) Ausgebildete und ordinierte jüdische Theologen, deren Aufgabe das Studium und die Auslegung des → Gesetzes war. Da die fünf Mosebücher auch als Gesetzessammlung für das bürgerliche Leben galten, waren diese Theologen zugleich Juristen. Sie traten erst in der Zeit nach dem babylonischen → Exil auf, als das religiöse Gesetz für das Leben der Juden eine immer größere Bedeutung gewann. Ihr großes Vorbild war Esra (vgl. Esra 7,6.10.25; → Lehrer 1); erste schriftliche Erwähnung finden sie in den Makkabäerbüchern (1 Makk 7,12; 2 Makk 6,18).

Die meisten Gesetzeslehrer der neutestamentlichen Zeit gehörten der religiösen Gemeinschaft der → Pharisäer an. Sie hatten ein engmaschiges Netz von Bestimmungen ausgearbeitet, die sicherstellen sollten, dass die göttlichen Gebote (etwa das Ruhegebot am → Sabbat) auf keinen Fall übertreten wurden (vgl. Mk 2,23–3,6). In den Schulen der Gesetzeslehrer hatten sich im Lauf der Zeit feste Auslegungstraditionen herausgebildet, die zum Teil für nicht weniger verbindlich gehalten wurden als das geschriebene Gotteswort selbst (Mk 7,3; Gal 1,14).

Nach Mt 13,52; 23,34 gab es auch in der christlichen Gemeinde Gesetzeslehrer, die wohl die Aufgabe hatten, die Auslegung des Gesetzes durch Jesus, wie sie u. a. in der → Bergpredigt (Mt 5–7) vorliegt, auf die aktuelle Situation der Gemeinden anzuwenden.

Gestalten, mächtige Bei den vier »lebenden Wesen« (so wörtlich) vor Gottes Thron in Offb 4 und 5 handelt es sich offenbar um Engelwesen, die den Thron bewachen. Sie erinnern an die → Serafen in Jes 6,2 und die entsprechenden Gestalten in Ez 1.

Gestirngötter Die Gestirne wurden in fast allen Teilen der Erde als Gottheiten oder Träger von Gottheiten verehrt. Das wichtigste Land der Gestirnverehrung war Babylonien und mit dem babylonischen Einfluss hatte sich auch Israel in der späteren Königszeit und im Exil auseinander zu setzen. Für den biblischen Schöpfungsbericht sind die Himmelsgötter Sonne und Mond bezeichnenderweise nur »Lampen« (Gen 1,14-18).

gesund → rein.

Getsemani Der Name bedeutet »Ölkelter« und bezeichnet einen Garten mit Olivenbäumen am Fuß des westlichen Ölbergabhangs mit einer (vielleicht verfallenen?) Ölpresse.

Gewaltiger Wiedergabe der hebräischen Gottesbezeichnung *Schaddai* (oder *El Schaddai*), deren genaue Bedeutung nicht mehr bekannt ist. Die Wiedergabe mit »der Gewaltige« folgt dem Vorbild der alten griechischen Übersetzung, die *Schaddai* vermutlich mit einem hebräischen Wort für »überwältigen« in Zusammenhang gebracht und meist mit »der Allherrscher« wiedergegeben hat. Nach neuerer Auffassung bedeutet *Schaddai* möglicherweise »Bergbewohner«; in diesem Sinne würde es den Gott bezeichnen, der auf dem → Götterberg wohnt und von dort aus über die Welt herrscht.

Gewand Nach antikem Verständnis stehen das Gewand und die Person seines Trägers in enger wechselseitiger Beziehung zueinander. Der Mensch *ist,* was er trägt (vgl. die Bedeutung der Einkleidung bei Königskrönung und Priesterweihe). Mit einem neuen Gewand wird unter bestimmten Umständen ein neues Sein verliehen (dem dann im Leben entsprochen werden muss), ein neues Selbst, eine neue »Identität« (die es dann im persönlichen Leben einzuholen und zu bewahren gilt). Im Neuen Testament wird das Bild vom Kleid auf die verschiedenste Weise herangezogen, um den neuen Stand anzuzeigen, in den der Christ erhoben wurde (Offb 3,4; 7,14; 22,14), um die Umwandlung auszudrücken, die mit dem Glaubenden vor sich gegangen ist (Gal 3,27; Kol 3,10; Eph 4,24), um halbherzige Christen an ihre Berufung zu erinnern und sie zu warnen (Offb 3,17-18; 16,15; Mt 22,12).

geweiht, Geweihte(r) (1) → Nasiräer.

(2) Als »Geweihte« wurden in Israel Männer und Frauen bezeichnet, die sich in besonderer Weise dem Dienst einer fremden Gottheit geweiht hatten; nach Dtn 23,18 war dies in Israel verboten. In der Sprache des Alten Testaments wird die Beteiligung der Geweihten an fremden Kulten → Hurerei genannt. Früher wurde daraus häufig der Schluss gezogen, die Geweihten seien eine Art Tempelprostituierte, die sich an sexuellen Ritualen und Ausschweifungen beteiligten. Dies ist jedoch sehr zweifelhaft. In Hos 4,14 werden Prostituierte und Geweihte zwar miteinander verglichen, gleichzeitig ist aber klar, dass man mit der Prostituierten »beiseite geht«, mit der Geweihten dagegen »Opferfleisch isst«. Die Bezeichnung der Geweihten als »Prostituierte« ist wahrscheinlich bildhaft gemeint, als abwertendes Urteil über Leute, die sich fremden Gottheiten hingeben und damit dem Gott Israels untreu werden.

(3) Personen oder Gegenstände können Gott unwiderruflich »geweiht« werden und gehören dann ihm bzw. seinem Heiligtum (vgl. → Bann).

Gihon-Quelle → Schiloach.

Gilead Bezeichnung für eine bergige Landschaft im mittleren Ostjordanland mit der gleichnamigen Stadt (Karte Seite 443), gelegentlich für das gesamte Ostjordanland.

Glaube (Vertrauen) »Glaube(n)« ist ein vieldeutig schillerndes Wort. Im Sprachgebrauch der Bibel bezeichnet es nicht ein Wissen mit geringerem Si-

cherheitsgrad, sondern das unerschütterliche Vertrauen auf Gott und seine Heilszusagen. Von solchem Vertrauen kündet schon das Alte Testament (Gen 15,6; Ex 14,31; Ps 27,13-14; 116,10; Jes 7,9; 28,16), im Neuen wird es zum beherrschenden Thema. Es wird dort in verschiedener Weise entfaltet:
(1) Jesus weckt in den Menschen, die ihm begegnen, das Vertrauen, dass er helfen, d.h. von den Mächten der Krankheit, der → Besessenheit und Sünde befreien kann (Mk 2,5; 5,34; 9,23-24; 10,52; Mt 8,10; Lk 7,50). In Jesus spüren die Menschen Gottes Nähe, seine rettende Zuwendung; deshalb »glauben« sie ihm.
(2) Bei Johannes begegnet Jesus den Menschen darüber hinaus mit dem direkten Anspruch, in ihm den von Gott gesandten Heilbringer zu erkennen und anzuerkennen: den Einen, in dem sich für die Menschen ewiges Leben oder ewiger Tod entscheiden (Joh 3,15-16; 6,47-51; 11,25-26). Es geht jedoch nicht darum, einen Glaubenssatz über Jesus für wahr zu halten (etwa, dass er der → »Sohn Gottes« sei), sondern das Heil in entschiedenem Vertrauen anzunehmen, das er in Person ist (→ Ich-bin-Worte).
(3) Bei Paulus steht nicht die Person von Jesus, sondern das Handeln Gottes durch und an Jesus im Mittelpunkt: Durch seinen Tod und seine Auferweckung hat Gott eine Heilswirklichkeit geschaffen, die allen Menschen zuteil wird, die sie in vertrauendem Glauben für sich gelten lassen. Seine Zuspitzung erhält der Glaube bei Paulus durch den strikten Gegensatz gegen die »Werke des → Gesetzes«, durch die Absage an jeden Versuch, auf der Grundlage eigener Leistungen, und seien sie noch so »gottgefällig« (Röm 10,1-4; Phil 3,6-11), vor Gott bestehen zu wollen (Röm 3,21-30; → Gerechtigkeit). Glaube bedeutet den rückhaltlosen Verzicht, vor Gott noch mit irgendetwas auftrumpfen zu wollen (→ rühmen), und ein Vertrauen, das schlechthin alles von Gottes Gnade erwartet (1 Kor 4,7; 2 Kor 12,9).
(4) Beginnend schon zu Lebzeiten von Jesus (Mk 8,27-29), sich entfaltend in der Situation nach Ostern (Apg 2,36; Röm 10,9; 1 Kor 15,1-5.11; 1 Thess 4,14), nimmt Glaube auch die Gestalt des »Glaubens, *dass* ...« an, verstärkt durch die Auseinandersetzung mit Irrlehrern (1 Joh 2,22-24; 4,2-3.15; 2 Joh 7; → Gnosis). Doch bleibt die Grundbedeutung von Glaube als Vertrauen auch hier immer erhalten. Es geht nicht in erster Linie um das Fürwahr-Halten bestimmter Tatsachen, sondern um das Sichgründen auf das Handeln Gottes, von dem die betreffenden Bekenntnissätze sprechen (vgl. für den Glauben an Gott als Schöpfer Röm 4,17 und Hebr 11,3).

Gleichnis Das Wort bezeichnet die verschiedensten Formen bildlicher Rede. Ein *Gleichnis im engeren Sinn* ist ein als Erzählung ausgeführter Vergleich, wobei regelmäßig wiederkehrende Vorgänge des alltäglichen Lebens als Bild benutzt werden (z.B. Saat und Ernte in Mk 4,26-32, Suchen und Finden in Lk 15,4-10). Eine *Parabel* dagegen nimmt als Vergleichsgröße einen einmaligen, außergewöhnlichen Fall (z.B. Mt 20,1-15; Lk 15,11-32; 16,1-8). Bei Gleichnis und Parabel kommt es darauf an, jeweils den Vergleichspunkt oder »springenden Punkt« zu finden; es sollen nicht alle Einzelzüge des Bildes ausgedeutet werden (z.B. das Auskehren des Hauses in Lk 15,8!).
Bei der *Allegorie* dagegen besitzt die Erzählung Einzelzüge, die jeweils als Einzelne eine bestimmte Bedeutung tragen. Für das Verständnis der Gesamtaussage ist es hier wichtig, den Sinn dieser Einzelzüge zu kennen (z.B. Mk 12,1-12 die Bedeutung des Weinbergs, des Besitzers, der Pächter usw.). Manche Gleichnisse von Jesus sind schon früh als Allegorien verstanden und allegorisch ausgedeutet worden (vgl. Mk 4,3-9 mit Mk 4,13-20 oder Lk 14,16-24 mit Mt 22,1-14).
Eine eigene Gruppe bilden die *Beispielerzählungen:* Erzählungen, die die gemeinte Sache an einem praktischen Fall vorführen, der je nachdem als einladendes oder abschreckendes Beispiel dient (z.B. Lk 10,29-37; 12,16-21; 16,19-31; 18,9-14).
Die Gleichnisse von Jesus sind ganz geprägt vom drängenden Ernst seiner Verkündigung vom nahen Anbruch der → Königsherrschaft Gottes und stehen in ihrem Dienst. Sie sind ein Appell, der die Hörer zum Mitdenken, Weiterdenken und Umdenken auffordert.

Gnosis Bezeichnung für eine spätantike Geistesströmung, die sich seit dem Ende des 1. Jh. auch auf christliche Gemeinden auszuwirken beginnt und im 2. Jh. der am bittersten bekämpfte Feind der Alten Kirche wurde (vgl. 1 Tim 6,20-21). Sie ist bestimmt von einer tief pessimistischen Einstellung gegenüber der Materie und der Leiblichkeit. Diese gelten als die minderwertige Schöpfung eines niederen, bösen Geistes (z.T. mit dem Gott des Alten Testaments gleichgesetzt). Das Innerste und Eigentliche des Menschen gehört nicht dieser schlechten Welt an, ist vielmehr ein Lichtfunke, der aufgrund eines urzeitlichen Sündenfalls – oder eigentlich eines kosmischen Unglücksfalls – in die Materie verbannt wurde. Der Mensch kennt von sich aus nicht den Grund seines Elends, er empfindet es oft nicht einmal und hat kein Bewusstsein seiner wahren Herkunft und Seinsart. Ein Bote aus dem Lichtreich muss kommen, ihn aus dem Schlaf der Selbstvergessenheit aufwecken und ihm die Erkenntnis darüber bringen, wer er dem Wesen nach ist, woher er gekommen ist und wohin er eigentlich gehört. In solcher Erkenntnis (griechisch »Gnosis«) liegt schon die »Erlösung«;

sie realisiert sich in der Rückbesinnung auf die eigene göttliche Seinsart und vollendet sich in der Rückkehr in das Reich des Lichtes, in das der göttliche Bote den Weg bahnt.
»Erlösung« hat für den Gnostiker also nichts zu tun mit Einsicht in persönliche Schuld und mit Lossprechung von dieser Schuld aufgrund des Kreuzestodes von Jesus; es geht vielmehr um das Durchschauen und Rückgängigmachen des »kosmischen Betriebsunfalls«. Sofern Erlösung in diesem Sinne die radikale Herauslösung des Seelenfunkens aus der materiellen Welt ist, verliert der Gedanke einer leiblichen → Auferstehung seinen Sinn, und die Gnostiker können behaupten, die als zukünftig erwartete Auferstehung sei an ihnen schon geschehen, indem sie zur »Erkenntnis« ihres wahren Wesens gelangt sind (vgl. 2 Tim 2,18).
Die zu dieser Art »Erkenntnis« Erwachten verachten die Materie und lehnen es ab, sich für die Ordnungen der gegenwärtigen Welt zu interessieren und sich für ihren Fortbestand zu engagieren; sie entziehen sich jeder innerweltlichen Verantwortung. In diesem Sinn fühlen sich »christliche« Gnostiker den Weisungen des alttestamentlichen → Gesetzes gegenüber frei und überlegen; stammt dieses doch von dem niederen Geist, der mit dessen Hilfe sein mangelhaftes Schöpfungswerk funktionsfähig halten will.
Die Welt- und Leibverachtung des Gnostikers äußert sich teils – nach außerbiblischen Zeugnissen überwiegend – in rigoroser Askese, besonders auch in Ehe- und Geschlechtsfeindlichkeit (vgl. 1 Tim 4,1-5), teils in deren Gegenteil, d.h. in einem Libertinismus, der bewusst die sittlichen, dem Leben dienenden Ordnungen ignoriert und zu zerstören sucht (vgl. Jud 7-8.18).
Für gnostisch infizierte Christen ist es ausgemacht, dass der Erlöser Jesus, aus der Sphäre Gottes herabsteigend, sich unmöglich mit der Materie verbunden haben und wirklich Mensch geworden sein kann. Vielmehr hat er sich – in der Taufe am Jordan – nur äußerlich und zum Schein mit einem Menschenleib verbunden, den er vor der Passion wieder verließ. Die »Erlösung« hat er vollbracht, indem er den Menschen die »Erkenntnis« (Gnosis) brachte; das Sterben am → Kreuz trägt dazu nichts bei. Diese Verbiegung und Entleerung der christlichen Botschaft wird bekämpft in Joh 1,14; 1 Joh 4,2-3; 2 Joh 7; vgl. auch 1 Tim 2,5-6; 3,16.

Goldstück Ein Goldstück (Mine) entspricht 100 Silberstücken (Denar, Drachme). Das Silberstück ist zur Zeit des Neuen Testaments der durchschnittliche Tageslohn eines Arbeiters (Mt 20,2).

Götterberg Wie die Griechen sich ihre Götter auf dem Olymp wohnend vorstellten, so gibt es im Alten Orient die Anschauung von einem Götterberg im Norden. Israel brachte den Glauben an die Überlegenheit des eigenen Gottes dadurch zum Ausdruck, dass gesagt wurde, der → Zionsberg in Jerusalem sei der wahre Götterberg (Ps 48,3).
In Ezechiël 28,12b-14 ist das *Paradies* mit dem Götterberg im Norden in Verbindung gebracht. Der Mensch (hier der König von Tyrus) erscheint in diesem Zusammenhang als ein göttergleiches Wesen, dessen Aufgabe es ist, dieses Paradies zu beschützen (vgl. Gen 2,15). Die »feurigen Steine«, von denen in 28,14 die Rede ist, sind vielleicht andere Lichtwesen, die dieses Paradies bewohnen.

Götterfiguren → Hausgötter.

Gottesberg Der Berg → Sinai (oder Horeb) als Ort der Gegenwart Gottes (→ Götterberg).

Gottesfürchtiger → Proselyt.

Gotteslästerung Als Gotteslästerung erscheint den Juden nach 1 Kor 1,23 die Botschaft vom Gekreuzigten als dem Retter der Welt, weil sie im Kreuzestod Jesu nur eine Niederlage sehen können, in die der allmächtige Gott unmöglich verwickelt sein darf. Juden wie Griechen verlangen nach Vers 22 einen Wahrheitsbeweis aufgrund der von ihnen selbst aufgestellten Maßstäbe. Zur jüdischen Wunderforderung vgl. Mk 8,11 und die Erklärung zu Joh 6,30.

Gottessöhne »Sohn« bezeichnet im Hebräischen nicht nur die leibliche Abstammung, sondern auch allgemeiner ein Verhältnis der persönlichen Nähe und zugleich Unterordnung (vgl. Spr 2,1; 3,1; Mk 2,5). »Gottessöhne« nannte man Himmelswesen, die zur Umgebung Gottes gehören wie der Hofstaat zu einem König (Ijob 1,6). Auch die Gottessöhne von Gen 6,1-2 sind solche Zwischenwesen, vielleicht Götter zweiter Ordnung des alten → kanaanitischen Götterhimmels, die wie die griechischen Götter geschlechtliche Verbindungen mit Menschen eingehen.

Gottesurteil Entscheidung Gottes über Schuld oder Unschuld durch das → Los oder ein anderes Zeichen. In Ps 17 scheinen die Verse 3 und 15 vorauszusetzen, dass der Beter wegen einer schweren Anklage die Nacht im Heiligtum verbringt und Gott um den Erweis seiner Unschuld bittet. Er erwartet, dass Gott nach eingehender Prüfung ihm am Morgen durch den Priester die Entscheidung mitteilt. Weil er sich schuldlos weiß, rechnet er mit seinem Freispruch und der Bestrafung seiner lügnerischen Ankläger (vgl. auch Dtn 17,8-11).

Gottgeweihte → Nasiräer.

Götzenopfer → Opferfleisch.

Gräber Durch die Berührung mit Toten und Gräbern wurde man nach jüdischer Auffassung unrein (→ rein).

Grenze, ägyptische Als Grenze Ägyptens galt ursprünglich vermutlich das Wadi (= Tal mit nur zeitweiser Wasserführung) Besor, das südlich von Gaza ins Mittelmeer mündet (Karte Seite 443; vgl. 1Sam 30,9-10), in nachexilischer Zeit das etwa 75 km weiter südlich gelegene Wadi el-Arisch.

Gute Nachricht (Evangelium, griechisch *euangelion*) Das Wort hat innerhalb der Bibel seine Vorgeschichte in der Heilsverkündigung im zweiten Teil des Jesaja-Buches (Jes 52,7-10; 40,9-11). Im Neuen Testament wird es zuerst und vor allem auf die Botschaft von der Auferweckung und Erhöhung des gekreuzigten Jesus angewandt (1Kor 15,1-5; Röm 1,1-4) bzw. auf die Botschaft von dem dadurch erschlossenen Heil (Röm 1,16-17; 1Thess 1,10; Apg 5,42; 17,18; 20,24). In Jesus Christus, vornehmlich in seinem Tod und in seiner Auferweckung, hat Gott seine endzeitliche → Königsherrschaft aufgerichtet (vgl. Jes 52,7) und lässt dies in der »Guten Nachricht« verkünden.

Der Verfasser des Markus-Evangeliums bezieht den Begriff »Gute Nachricht/Evangelium« dann auch auf das vorösterliche öffentliche Auftreten von Jesus, auf seine Worte und Taten und seine Verkündigung der anbrechenden Gottesherrschaft (Mk 1,1.14-15). Von Mk 1,1 her wurden später auch die Schrift des Markus selbst sowie die anderen gleich gearteten Schriften (von Matthäus, Lukas und Johannes) »Gute Nachricht/Evangelium« genannt.

Das Wort »Gute Nachricht/Evangelium« hatte in der damaligen Öffentlichkeit zugleich einen hochaktuellen politischen Klang. Die römischen Kaiser zogen je länger, desto mehr göttliche Verehrung auf sich; ihre Taten wurden als Heilstaten, sie selber als göttliche Heilbringer gefeiert (→ Augustus). Der Begriff Evangelium (griechisch *euangelion*) war eine feststehende Bezeichnung für Nachrichten, die die Welt mit – dem Anspruch nach – heilbringenden Geschehnissen aus diesem Bereich, z.B. mit der Geburt oder Thronbesteigung oder einem militärischen Sieg des Gottkaisers, bekannt machten. Mit ihrer Verwendung des Wortes Gute Nachricht/Evangelium weisen die Christen den Heilbringeranspruch des Kaisers und des römischen Staates zurück – um Gottes willen und um des Heils willen, das er in seinem Messias Jesus schenkt.

H

Handmühle → Mühlstein.

Harmagedon Wörtlich »Berg von Megiddo«. Die geheimnisvolle Bezeichnung für den Ort des endzeitlichen Entscheidungskampfes (Offb 16,16) ist wohl durch eine Verbindung verschiedener alttestamentlicher Ortsangaben entstanden, die in Erinnerung oder Verheißung mit dem Sieg Gottes über seine Feinde verknüpft waren (vgl. neben Ri 5,19 und Sach 12,11 den geheimnisvollen Berg von Jes 14,13, dessen hebräischer Name *harmo(g)ed* = »Berg der Versammlung« lautet.

Hasidäer Hebräisch *hasidim* = die Frommen. Eine Sammlungsbewegung gesetzestreuer Juden, die zu Beginn des 2. Jh. v. Chr. aufkam und sich gegen die schleichende Hellenisierung (→ Hellenismus) wandte. Die Hasidäer kämpften an der Seite der → Makkabäer (1Makk 2,42) für die Wiederherstellung der Religionsfreiheit, waren aber an dem weiteren Kampf zur Erlangung der politischen Freiheit nicht interessiert (7,13). Aus ihnen gingen später die → Pharisäer hervor.

Hauptmann, Hauptleute In den folgenden Fällen handelt es sich um die Wiedergabe von Rangbezeichnungen, die dem lateinischen Centurio (= »Hundertschaftserster«) entsprechen:
(1) Hauptmann von Kafarnaum (Mt 8,5 par).
(2) Hauptmann unter dem Kreuz (Mk 15,39.44 par).
(3) Hauptmann Kornelius von Cäsarea (Apg 10,1.22).
(4) Hauptleute der römischen Garnison in Jerusalem (Apg 21,32 usw.).
(5) Hauptmann am Amtssitz des → Statthalters in Cäsarea (Apg 24,23).
(6) Hauptmann, der Paulus nach Rom begleitet (Apg 27,1 usw.).
Zu den Hauptleuten der Tempelwache → Tempelwache.
Jerusalem hatte in neutestamentlicher Zeit eine ständige römische Garnison, bestehend aus einer Kohorte (ca. 1000 Mann) unter dem Befehl eines *Chiliarchen* = »Tausendschaftsersten«, in dieser Übersetzung »der Kommandant (der römischen Garnison)«; vgl. Joh 18,12; Apg 21,31-33; 22,26-29 usw. Die Kohorte war untergebracht in der Burg Antonia an der Nordwestecke des äußeren Tempelvorhofs (die »Kaserne« in Apg 21,34 usw.).

Hausgemeinschaft Das Wort »Haus« bezeichnet in der Bibel nicht nur ein Gebäude, sondern auch und vor allem die Menschen, die darin leben: die Familie, das gesamte Hausgesinde eingeschlossen (vgl. Ex 20,17). Das Wort kann auch das Herrscherhaus, die Dynastie, bezeichnen (»Haus Davids«: 2Sam 7,11-16; Am 9,11).

Hausgott Hausgötter, d.h. kleine Götterfiguren, die als gute Geister das Haus beschützen sollen, sind aus vielen Kulturen bekannt und in älterer Zeit auch in Israel verbreitet (2Kön 23,24).

Hebräer Der Name wird als Bezeichnung für die Israeliten zunächst überwiegend von Außenstehenden und gegenüber Außenstehenden gebraucht (Gen 14,13; 40,15; Ex 3,18; 1Sam 4,6; 13,3; 29,3). Seine Bedeutung ist nicht gesichert. Man bringt ihn in Verbindung mit den Apiru, die in ägyptischen und assyrischen Quellen des 2. Jahrtausends v. Chr. erwähnt werden und die u.a. vom 15. bis 12. Jh. als Fremdarbeiter in Ägypten be-

zeugt sind. In den Samuel-Büchern ist damit vermutlich ein bestimmter Teil der Bevölkerung gemeint, der mit wenig Macht und geringen Rechten ausgestattet war und außerhalb der kanaanitischen Städte, im Bergland und an den Rändern des Kulturlandes, lebte. Das frühe Israel gehörte zu diesen Hebräern, aber nicht alle Hebräer gehörten zu Israel.
In der Zeit nach dem babylonischen → Exil wird das Wort zum Ehrennamen und zur jüdischen Selbstbezeichnung (Jona 1,9). Speziell und im Unterschied zu »Israeliten« (als dem erwählten Gottesvolk allgemein) bezeichnet dann »Hebräer« den Diasporajuden palästinischer Herkunft oder den Juden reiner Abstammung, der die Traditionen der Vorfahren streng bewahrt (2 Kor 11,22; Phil 3,5; vgl. 2 Makk 7,31).

hebräisch (→ Hebräer) Als Name für die Sprache kann »hebräisch« sowohl das Althebräische als auch die spätere Umgangssprache → Aramäisch bezeichnen. In der Offenbarung (Offb 9,11; 16,16) ist jeweils Hebräisch, im Johannes-Evangelium (Joh 5,2; 19,13.17.20; 20,16) jeweils Aramäisch gemeint.

Heiden Unter »Heiden« verstehen wir heute Menschen oder Völker, die nicht den christlichen Glauben teilen. Im Ansatz gibt es diesen Sprachgebrauch schon im Neuen Testament (1 Petr 2,12; 3 Joh 7 [Übersetzung: »Ungläubige«]). Vorherrschend ist dagegen vom Alten Testament her die Vorstellung einer Zweiteilung der Menschheit in das Gottesvolk Israel und die übrigen »Völker« (so die wörtliche und genaue Übersetzung; doch wird für diese Völker ein anderes Wort gebraucht als für das »Volk« Israel, nämlich *gojim*). Was das Gottesvolk von all diesen Völkern trennt, ist, dass es den einen Gott kennt und verehrt und sein → Gesetz besitzt und befolgt (vgl. Röm 9,1-5), kurz: dass es das von Gott »erwählte Volk« ist. Durch Jesus Christus ist diese Zweiteilung der Menschheit an ihr Ende gekommen: Das Heil wird allen Völkern angeboten (Röm 1,16), und auch dem Gottesvolk Israel wird es nur durch das neue Gnadenangebot Gottes zuteil (Röm 3,19-20; 11,32; Gal 2,16-17). Deshalb werden durch Christus »Juden und Heiden« zu dem einen neuen Gottesvolk (Eph 2,11-18).

heilig, heiligen, Heiligkeit »Heilig« ist im Alten Testament alles, was Gott und der göttlichen Sphäre zugehört. Das ist aus priesterlicher Sicht der → Tempel und dort wieder in besonderem Maße die heiligen Geräte, die Altäre, die → Bundeslade und der innerste Raum des Tempels, der das »Allerheiligste« heißt. Nur wer selbst geheiligt (geweiht) ist, kann sich dieser Sphäre nahen, ohne Schaden zu nehmen (Num 4,15; Ex 30,29). Die → Opfer, die Gott dargebracht werden, sind in abgestuftem Maße heilig, und entsprechend dürfen unterschiedliche Personenkreise einen Anteil davon verzehren: beim Mahlopfer die ganze Gemeinde (Lev 7,15-21), bei den Erntegaben ans Heiligtum und bei bestimmten Opferanteilen alle Angehörigen der Priesterfamilien (Num 18,11-19), bei den Sühneopfern die Priester allein (Lev 6,19-22).
Es gehört zum Dienst der Priester, genau zu unterscheiden – und das Volk unterscheiden zu lehren – zwischen »heilig« und »unheilig« (profan), also die Grenze zu wahren zwischen der Sphäre des heiligen Gottes und des unheiligen Menschen (Lev 10,10). Zugleich aber haben die Priester zwischen beiden Sphären zu vermitteln, damit die Menschen imstande sind, Gott heilige Gaben darzubringen, und damit von dem heiligen Gott dafür Heil in das Leben der Menschen einströmen kann.
Was von den übrigen Menschen als Voraussetzung für die Teilnahme am Tempelgottesdienst erwartet wird, ist, dass sie in kultischem Sinn → rein sind. Ein wichtiger Schritt wird mit der Erkenntnis vollzogen, dass die äußerliche Reinheit nicht genügt, sondern dass Gottes Heiligkeit von dem Menschen, der ihr begegnen will, die Reinheit des Herzens und das Tun des Rechten verlangt (vgl. Ps 15). »Ihr sollt heilig sein; denn ich, der HERR, euer Gott, bin heilig« (Lev 19,2) – so steht es über dem Kapitel, in dem sich der berühmte Satz findet: »Liebe deinen Mitmenschen wie dich selbst.«
Eine letzte Vertiefung und Radikalisierung findet der Begriff der Heiligkeit im Neuen Testament. Es geht jetzt um die Heiligkeit, die es ermöglicht, in der neuen Welt Gottes (→ Königsherrschaft Gottes) und der darin gewährten unmittelbaren Gottesnähe zu leben. In Betracht kommt hier nur noch die Reinheit und Heiligkeit des Herzens (Mt 5,8; Mk 7,1-23), und zwar in einer Qualität, wie sie durch menschliches sittliches Streben letztlich nicht zu erreichen und erst recht nicht durch die Opfer und Riten des alttestamentlichen Opferdienstes herzustellen ist. Nach christlichem Bekenntnis kommt die hierzu erforderliche Reinheit und Heiligkeit einzig aus dem Opfertod, den Jesus allen zugute auf sich genommen hat (Röm 3,25; Hebr 9,13-14; 10,10.14.29; 13,12), und sie wird denen geschenkt, die in → Glauben und → Taufe das heiligende Handeln Gottes in Jesus Christus an sich geschehen lassen und den Heiligen (und heilig machenden) → Geist empfangen (1 Kor 6,11; Eph 5,25-26; Tit 3,5-7). Die den Christen in der Taufe geschenkte Heiligkeit und Reinheit will jedoch in der verbleibenden Zeitspanne dieses Lebens mit der Hilfe Gottes und seines Geistes bewahrt und bewährt werden (Röm 6,19-22; 1 Thess 3,13; 4,3-7).

Heilige(r) Im Alten Testament wird die Bezeichnung »der Heilige« am häufigsten für Gott selbst gebraucht (z. B. Jes 1,4; 30,11; Hos 11,9), sodann

auch für Wesen, die Gott besonders nahe stehen und sozusagen zu seiner Sphäre gehören: die Engel (wie die Übersetzung in diesem Fall direkt sagt) und die Glieder des Volkes, das er für sich ausgesondert hat (Dan 7,18).
Im Neuen Testament wird Jesus als »der Heilige« bezeichnet (Apg 3,14; vgl. Lk 1,35) oder als »der Heilige Gottes« (Mk 1,24; Joh 6,69), vor allem aber werden die Christen »Heilige« genannt (z.B. Röm 1,7; 1Kor 1,2; Kol 3,12). »Die Heiligen« heißen sie – in Anlehnung an Aussagen über das Volk Israel (Ex 19,6) – als das endzeitliche Gottesvolk (vgl. Dan 7,18.22.25.27). Demgemäß spricht die Übersetzung häufig von »Gottes heiligem Volk«. Damit nicht das Missverständnis entsteht, die Christen seien »heilig« aufgrund eigenen Strebens und eigener Vollkommenheit, spricht Paulus in den Briefeingängen (wörtlich) von »berufenen Heiligen«: zu Gottes Volk gehörend aufgrund von Gottes Ruf; und er stellt klar, dass ihre »Heiligkeit« in der Verbindung mit Jesus Christus gründet (1Kor 1,2.30; Phil 1,1 wörtlich: »Heilige/Geheiligte in Christus Jesus«; → heilig).

Heiliger Geist Das hebräische Wort für Geist bedeutet ursprünglich »Wind, Hauch«. Gemeint ist damit das Lebensprinzip, das der Schöpfung zugrunde liegt (Gen 1,2), das Gott seinen Geschöpfen verliehen hat und über das er jederzeit verfügt (vgl. Ps 104,29-30). Vom Geist Gottes gehen aber auch spezielle Wirkungen auf bestimmte Menschen aus: Der Geist kommt über einen Menschen und treibt ihn zu einer bestimmten Tat (Ri 3,10; 13,25). Er beseelt die ekstatischen Prophetengemeinschaften (1Sam 10,10-12) und kann einen → Propheten ganz real an einen anderen Ort versetzen (1Kön 18,12; vgl. Ez 8,3). Wenn der Geist Gottes für dauernd von einem Menschen Besitz ergreift wie von David (1Sam 16,13) oder einer prophetischen Gestalt (Jes 42,1; 61,1), ist dies das Zeichen einer besonderen Verbundenheit mit Gott und Beauftragung durch ihn (vgl. Joh 1,32-34).
Propheten des Alten Testaments haben für die Zukunft eine Ausgießung des Gottesgeistes über das ganze Volk verkündet (Ez 36,27; Joël 3,1-2). Sie ist nach dem Zeugnis des Neuen Testaments durch Jesus Wirklichkeit geworden. Jesus war nicht nur selbst seit seiner Taufe vom Geist Gottes erfüllt (Mk 1,10; Lk 4,1.18), ja ganz und gar ein Geschöpf dieses Geistes (Mt 1,18-23; Lk 1,30-35), sondern hat diesen Geist auch den Seinen vermittelt (Lk 24,49; Apg 2,32-33; Joh 14,16; 15,26). Mit der → Taufe (z.T. auch Handauflegung; Apg 8,17; 19,6) wird allen Glaubenden der Geist verliehen. Seine Einwohnung ist Zeichen und Gewähr dafür, dass sie an der neuen Welt Gottes teilhaben (Eph 1,13-14). Der Geist äußert sich in zahlreichen Geistesgaben und gibt durch sie der Gemeinde Wachstum, Form und Halt (Röm 12,3-8; 1Kor 12,1-11; Eph 4,7-13). Aber schon dass jemand Christus als den → Herrn erkennen und an ihn glauben kann, ist das Werk des Geistes (1Kor 12,3).

Heilige Schriften Die Bücher, die heute in unserem Alten Testament zusammengefasst sind, waren für das Judentum zur Zeit von Jesus und ebenso für die frühe Christenheit die »Heilige Schrift«. Jedoch wurden zu ihr auch noch eine Reihe von sehr spät entstandenen Büchern gerechnet, die von den Juden des 1. Jh. n.Chr. aus dem »Kanon« ihrer Heiligen Schriften ausgeschieden worden sind. Diese Spätschriften des Alten Testaments – wie die Deuterokanonischen Schriften bzw. Apokryphen in dieser Bibelausgabe heißen – blieben in der christlichen Kirche bis zur Reformationszeit allgemein als Heilige Schrift anerkannt. (In der katholischen Kirche und den orthodoxen Kirchen sind sie es weiterhin; in den evangelischen Kirchen werden sie unterschiedlich beurteilt.) Im Neuen Testament werden darüber hinaus sogar noch weitere frühjüdische Schriften als »heilige« zitiert (vgl. Jak 4,5; Jud 14-15).
Die neutestamentlichen Schreiber sprechen von »der (heiligen) Schrift« als einem einheitlichen Gotteswort in der Einzahl. Die Übersetzung verwendet trotzdem die Mehrzahl »Schriften«, da »die Heilige Schrift« für heutige Christen die Bibel aus Altem und Neuem Testament bezeichnet.

Heilige Stadt Jerusalem als die Stadt, in der für Israel Gott durch seinen → Tempel in besonderer Weise gegenwärtig war.

Heiliges Zelt Transportables Zeltheiligtum der Israeliten während der Wanderzeit (Ex 26; 40,16-35; vgl. Skizze Seite 145). Die hebräische Bezeichnung lautet wörtlich »Zelt der Begegnung« (Gottes mit seinem Volk; vgl. Ex 29,42-43). Nach der Sesshaftwerdung des Volkes im Land → Kanaan verlor das Heilige Zelt seine Bedeutung. Nach Jos 18,1; 19,51 stand es in Schilo. Von weiteren Stationen wissen 2Chr 1,3 und 1Kön 8,4. Das Zelt, in dem David die → Bundeslade aufgestellt hat (2Sam 6,17par), lässt keinen Zusammenhang mit dem Heiligen Zelt der Wüstenzeit erkennen. – Die Vorschriften für den Priester- und Opferdienst am Heiligen Zelt im 2.–4. Mosebuch gelten sinngemäß für den → Tempel in Jerusalem.

Heiligkeit → heilig.

Helden, die Dreißig → Dreißig Helden.

Heldenlieder Das »Buch der Heldenlieder« (Jos 10,13; 2Sam 1,18) stellte wahrscheinlich eine Sammlung von Geschichtsdokumenten in poetischer Form dar, die uns nicht erhalten ist.

Helfer (Joh 14,16.26; 15,26; 16,7.13) Das griechische Wort *parákletos* hat die Bedeutung »Helfer, Fürsprecher, Beistand, Anwalt vor Gericht«. Dies alles ist zunächst Jesus selbst für seine Jünger, wie aus

Joh 14,16 hervorgeht. Doch verspricht Jesus an eben dieser Stelle, der Vater werde ihnen einen »anderen Helfer« geben, den → Heiligen Geist. Seine Aufgabe wird es sein, die Stelle von Jesus einzunehmen (sein »Stellvertreter« zu sein) und sein Werk weiter und zu Ende zu führen.

Hellenismus, hellenistische Zeit Durch die Eroberungszüge Alexanders d.Gr. (357–323 v.Chr.) und die Staatengründungen seiner Nachfolger (in Vorderasien die → Seleuziden; in Ägypten die Ptolemäer) gerieten die Völker des Alten Orients massiv in den Einflussbereich griechischer Kultur und Zivilisation. Im Zuge fortschreitender Einschmelzung alter Kulturen in die neue, griechische entstand eine Art Welteinheitskultur und -zivilisation. Die griechische Sprache wurde die Einheitssprache des Mittelmeerraumes. Griechische Bildungsideale (vermittelt durch die Institution des »Gymnasiums«), griechische Kunst (Architektur, Städtebau, Tempelbau) und Wissenschaft (Mathematik, Geographie, Astronomie, Medizin) wurden weithin begeistert übernommen und eifrig gepflegt. Griechische Religiosität in ihrer Aufgeklärtheit sorgte für die gegenseitige Angleichung und Verschmelzung der nach Volk und Gegend unterschiedlichen Götterwelten, rückte jedoch letztlich den Menschen mit seiner Fähigkeit, für das Gemeinwohl Überragendes zu leisten, als die entscheidende Erscheinung des Göttlichen in den Mittelpunkt auch und gerade religiöser Verehrung.

Der Hellenismus fand nicht nur begeisterte Anhänger, sondern löste auch tiefe Krisen aus bei Völkern oder Volksteilen, die sich ihrer kulturellen oder religiösen Identität beraubt sahen oder sich einfach durch die neu etablierten, griechisch organisierten Staatengebilde wirtschaftlich ausgebeutet und politisch vergewaltigt fühlten. In Israel führten die Hellenisierungsbestrebungen – die unter dem Seleuziden Antiochus IV. Epiphanes (175–164 v.Chr.) besonders rücksichtslos vorangetrieben wurden – zum Aufstand der → Makkabäer (→ Hasidäer, Pharisäer, Qumran).

Hellenisten (Apg 6,1) Zur Zeit des Neuen Testaments gab es in Jerusalem viele Juden, die irgendwo in der weltweiten jüdischen Diaspora geboren und aufgewachsen waren oder lange Zeit dort gelebt hatten, dann aber – meist aus religiösen Gründen – wieder nach Jerusalem gezogen waren (vgl. Apg 2,5-11). Die Weltsprache Griechisch war inzwischen für sie zur Muttersprache geworden. Sie bildeten in Jerusalem auf landsmannschaftlicher Basis eigene → Synagogengemeinden (Apg 6,9).

Juden, die aus diesen Kreisen zur christlichen Gemeinde stießen, werden auch in dieser eine relativ eigenständige Gruppe gebildet haben. Als Menschen, die in Jerusalem immer noch neu und fremd waren und auch keinen Rückhalt mehr fanden in ihrer speziellen Synagogengemeinde, waren sie mehr als ortsansässige Judenchristen auf Hilfe und Unterstützung durch die Gemeinde angewiesen.

Nach Meinung vieler Ausleger erhält diese Griechisch sprechende Gruppe in den sieben Männern, die dann gewählt werden (Apg 6,2-6), nicht so sehr Garanten für die gerechte Berücksichtigung bei der Lebensmittelverteilung, sondern so etwas wie ein eigenes Leitungsgremium. Es fällt auf, dass von keinem aus dem Kreis dieser Sieben berichtet wird, er habe sich im diakonischen Dienst betätigt. Stattdessen treten zwei von ihnen – Stephanus und Philippus – als überragende Verkünder der Christusbotschaft hervor (vgl. Apg 6,8–7,60; 8,5.26.40).

Hemd Ein wadenlanges Untergewand aus Leinen oder Wolle, das direkt auf dem Leib getragen und bei der Arbeit und beim Gehen hochgeschürzt wurde. Wohlhabende Leute trugen zwei solcher Gewänder übereinander; ein Luxus, der den Jüngern Jesu verwehrt ist (Mk 6,9par).

Hermes Bei den alten Griechen der Bote, der die Aufträge des Götterkönigs → Zeus überbringt.

Herodes (1) Herodes der Große war von 37–4 v.Chr. römischer Vasallenkönig in Palästina. In seine Regierungszeit fällt die Geburt von Jesus (Mt 2,1; Lk 1,5).

(2) Herodes Archelaus, Sohn von Herodes (1), herrschte 4 v.–6 n.Chr. als Ethnarch (= Volksfürst) über Judäa, Samarien und Idumäa und war an Grausamkeit seinem Vater ähnlich (Mt 2,22). Sein Versuch, in Rom die Königswürde für sich zu erlangen, scheiterte am Einspruch einer Jerusalemer Gesandtschaft, die sich gleichfalls in Rom einfand. Archelaus wurde auf Betreiben der Juden schließlich überhaupt abgesetzt und nach Gallien verbannt (6 n.Chr.). Nach seiner Rückkehr von dort hat er an seinen Gegnern blutige Rache genommen. Diese Ereignisse bilden wahrscheinlich den Hintergrund für Lk 19,12.14. Das Gebiet von Archelaus wurde einem römischen → Statthalter unterstellt.

(3) Herodes Antipas, Sohn von Herodes (1), herrschte 4 v.–39 n. Chr. als Tetrarch (= Viertelsfürst) über Galiläa und Peräa, wurde jedoch volkstümlich als »König« bezeichnet (Mk 6,14; Joh 4,46). Er ließ den → Täufer Johannes hinrichten (Mk 6,14-29). Wird auch erwähnt in Mt 14,1; Lk 3,19; 8,3; 9,7; 23,6; Apg 13,1.

(4) Philippus, Sohn von Herodes (1), herrschte 4 v. bis 34 n.Chr. als Tetrarch über Gaulanitis und Trachonitis (Lk 3,1). Er gründete die Stadt Cäsarea Philippi (Mk 8,27).

(5) Agrippa I., Enkel von Herodes (1), wird volkstümlich »Herodes« genannt, da er kurze Zeit (41 bis 44 n.Chr.) das Reich seines Großvaters unter seiner Herrschaft vereinigte. Er war auf die Freundschaft der Pharisäer bedacht, weil diese beim Volk

großen Einfluss hatten. Hier liegt wahrscheinlich der Grund dafür, dass er gegen führende Männer der christlichen Gemeinde vorging (Apg 12,1). Offensichtlich hatte er auch das Recht, Todesurteile auszusprechen und zu vollstrecken. Warum er gerade Jakobus, den Bruder von Johannes, hinrichten ließ (Apg 12,1-23), ist nicht zu klären.
(6) Agrippa II., Sohn von Agrippa I., Bruder von Berenike (die 48–69 n. Chr. bei ihm lebte) und von Drusilla, hatte eine kleine Herrschaft nördlich von Palästina (50–94 n. Chr.). Als römischem Vertrauensmann für Angelegenheiten des Jerusalemer → Tempels und Schwager des Statthalters → Felix lässt → Festus ihm den Gefangenen Paulus vorführen (Apg 25,13–26,32).

Herodes, Parteigänger von Zur Zeit Jesu regierte in Galiläa und Peräa Herodes Antipas (→ Herodes 3; → Fuchs). Seine Parteigänger (vgl. Mk 3,6; 12,13; Mt 22,16) werden wie er selbst vor allem ein Interesse daran gehabt haben, alle Unruhen im Land zu unterdrücken, um den Römern keinen Grund zum Eingreifen zu liefern.

Herodias Frau von Herodes Antipas (→ Herodes 3). Aus politischem Ehrgeiz hatte sie sich von dessen Halbbruder Herodes Philippus (nicht identisch mit Herodes 4) getrennt und Antipas zur Verstoßung seiner ersten Frau veranlasst.

Herr »Herr« in der Schriftart Herr ist in dieser Übersetzung (im Anschluss an eine alte Tradition) Wiedergabe des hebräischen Gottesnamens, der mit großer Wahrscheinlichkeit *Jahwe* gelautet hat. Gesichert sind lediglich die Konsonanten JHWH (das auslautende *H* ist stumm). Da die jüdischen Gelehrten, die den hebräischen Text mit Vokalen versahen, den Gottesnamen aus Scheu nicht mehr aussprachen, haben sie statt der ursprünglichen Vokale die Vokale des hebräischen Wortes für »Herr« eingesetzt, das beim Vorlesen an dieser Stelle gesprochen werden sollte (*adonaj*; das anlautende *a* in der Schreibung verkürzt zu *e*). Durch ein Missverständnis ist später daraus das Kunstwort JeHoVaH geworden. Die ursprüngliche Form des Gottesnamens lässt sich erschließen aus der Kurzform *Jah,* die z. B. in Hallelu-Jah (Preist Jahwe) enthalten ist, sowie aus alten griechischen Texten.
Nach den Grundsätzen dieser Übersetzung wird die Schreibweise Herr nicht mechanisch für ein JHWH im hebräischen Text eingesetzt, sondern sinngemäß angewandt. Sie steht also auch dort, wo aus übersetzungstechnischen Gründen ein hebräisches *er* im Deutschen durch den vollen Namen wiedergegeben wird oder wo die Übersetzung bei Prophetenworten zur Verdeutlichung die Einleitungsformel »Der Herr sagt(e)« hinzufügt. Umgekehrt kann der hebräische Gottesname im Deutschen auch durch bloßes *er* wiedergegeben werden. Wenn »Herr« in normaler Schreibweise erscheint, steht es (wörtlich oder sinngemäß) für hebräisches *adonaj* = »Herr«.
Mit dem Gottesnamen verbundene erweiterte Gottesbezeichnungen werden folgendermaßen wiedergegeben: *adonaj JHWH* = »der Herr, der mächtige Gott«; *JHWH zebaot* = »der Herr, der Herrscher der Welt«; *JHWH elohe (= Gott) zebaot* und ähnliche Erweiterungen = »der Herr, der Herrscher der ganzen Welt«. Die fast nur in Gen 1–3 vorkommende Zusammenstellung *JHWH elohim (= Gott)* wird durch »Gott, der Herr« wiedergegeben.
Jahwe ist ein Eigenname, der den Gott Israels von anderen Göttern unterscheidet. Erst im Lauf der Zeit setzt sich die Erkenntnis durch, dass er der einzige Gott ist und alle anderen Götter »tote Götzen« sind (Ps 96,5; vgl. 1 Kor 8,4-6). Die Bedeutung des Namens Jahwe ist umstritten. In Ex 3,13-15 wird eine Deutung aus dem Zeitwort *sein* gegeben, die das Wesen des Gottes Israels als *Dasein für sein Volk* sehr gut zum Ausdruck bringt.

Herr (Jesus Christus) Die Bezeichnung »Herr« für Jesus Christus hat verschiedene Wurzeln. (1) In seinem Erdenleben dürfte Jesus wiederholt mit *mari* (aramäisch = mein Herr) angeredet oder als *maré* (= Herr) bezeichnet worden sein. Diese Anrede bzw. Bezeichnung wurde höher gestellten Personen gegenüber gebraucht, deren Autorität man damit anerkannte (vgl. Mt 8,8; Lk 9,61-62; 6,46). Nach Ostern erscheint dieses »Herr« als Anrede in dem Gebetsruf → Maranata. (2) In nichtjüdischer Umwelt standen die Christen bald einer Fülle religiöser Genossenschaften gegenüber, die die unterschiedlichsten Götter als ihre »Herren« (Herr = griechisch *kyrios*) anriefen und sich ihrer heilvollen Gegenwart im Gottesdienst rühmten. Durch die Auseinandersetzung mit ihnen gewann die Bezeichnung »Herr«, bezogen auf Jesus Christus, zusätzliche Bedeutung (vgl. 1 Kor 8,5-6). (3) Die entscheidende inhaltliche Füllung erfuhr die Bezeichnung aber dadurch, dass Worte der griechischen Übersetzung des Alten Testaments (Septuaginta), die mit »Herr« *(kyrios)* ursprünglich Gott meinten (→ Herr), nun auf den von Gott erhöhten und zum Weltrichter bestimmten »Herrn« Jesus bezogen wurden (vgl. Joël 3,5 mit Apg 2,21 und Röm 10,9-13; ferner Joël 3,4 und Am 5,18 mit 1 Thess 5,2 und 1 Kor 1,8; Jes 45,22-25 mit Phil 2,9-11). Indem die Christen diesen Schritt wagten, meinten sie nicht, der Ehre Gottes Abbruch zu tun, sondern ihm gerade die Ehre zu erweisen, die er selbst sich in Jesus Christus verschafft hatte und an der ihm seither alles gelegen ist (Phil 2,11).
Da das Wort »Herr« sich im Neuen Testament sowohl auf Gott als auch auf Christus beziehen kann, lässt sich manchmal schwer entscheiden, welche Möglichkeit gemeint ist. Bei eindeutigem Bezug

auf Christus wird das Wort in der Übersetzung beim ersten Vorkommen innerhalb eines Abschnitts mit einem Stern versehen. (Die Schreibung HERR bei Bezug auf Gott, den Vater, kann nur im Alten Testament angewendet werden, da sie den hebräischen Gottesnamen vertritt, für den im Neuen Testament bei Zitierung aus dem Alten eben das griechische Wort für »Herr« steht.)

Herrlichkeit Das zugrunde liegende hebräische Wort bezeichnet im Alten Testament das, was einer Person oder Sache Gewicht und Ansehen verleiht und damit auch Macht und Autorität. Wo von der »Herrlichkeit des → HERRN« die Rede ist, geht es zusätzlich um die sichtbare Erscheinung der göttlichen Majestät (Ex 16,10; Lev 9,6.23; Ez 1,27-28a), die als strahlender Lichtglanz zu denken ist. Nach Ex 33,18-23 und anderen Stellen ist der Anblick dieser Lichterscheinung für sterbliche Menschen tödlich. Aber in prophetischen Visionen wird sie von Jesaja (Kap 6) und Ezechiël (Kap 1–3) geschaut und beschrieben.
Nach 2 Kor 4,6 ist Gottes Herrlichkeit im auferstandenen Christus aufgestrahlt. Gottes Herrlichkeit bedeutet nun im Neuen Testament sein unvergängliches Leben, an dem nicht nur Christus, sondern durch ihn auch die Gemeinde teilhat. Für die Gemeinde gilt dies schon jetzt anfangsweise (2 Kor 3,18), einst aber im Vollsinn (siehe Röm 5,2 und die Vergleichsstellen dort). Für die Jünger war die Herrlichkeit des Auferstandenen bereits während des Erdenlebens Jesu an ihm wahrnehmbar (Joh 1,14; 2,11); bei seiner Wiederkunft wird sie keinem mehr verborgen sein (Mk 8,38).

Herrschaft (Gottes) → Königsherrschaft (Gottes).

Herrscher dieser Welt Der → Satan (siehe auch → Welt).

Het, Hetiter Von ihrem Stammland im Inneren Kleinasiens aus gründeten die Hetiter im 2. Jahrtausend v. Chr. ein bedeutendes Reich. Als es um 1200 v. Chr. zerbrach, bildeten sich aus seinen Resten in Nordsyrien neue Königreiche. Deren Bewohner und mit ihnen auch die Bewohner Palästinas wurden in der assyrischen Geschichtsschreibung »Hetiter« genannt. Daher erklärt sich wohl das Vorkommen der Bezeichnung für einen Teil der vorisraelitischen Bevölkerung des Landes → Kanaan. In diesem Sinn erscheint in der Völkertafel in Gen 10,15 *Het*, der Stammvater der Hetiter, als Sohn → Kanaans.

Himmel Das entsprechende hebräische Wort steht grammatisch in der Mehrzahl, bezeichnet aber ursprünglich nicht eine Vielzahl von »Himmeln«. Es steht für das, was über der Erde und dem Meer ist, auch den Luftraum, für den das Hebräische kein eigenes Wort hat (→ Himmelsgewölbe). Der so verstandene »Himmel« ist – wie die Erde – Schöpfung Gottes (Gen 1,1). Gott ist über ihn wie über die ganze Schöpfung hoch erhaben (1 Kön 8,27). Wenn dennoch vom Himmel als dem Wohnbereich Gottes gesprochen wird (Ps 2,4; 11,4; 14,2; Mt 6,9), so ist dies der menschlich-bildhafte Versuch, Gottes absolute Weltüberlegenheit auszudrücken.
Dass auch der Himmel Gott nicht »fassen« kann, wird in 1 Kön 8,27 dahin zugespitzt, dass selbst »der Himmel des Himmels« (so wörtlich; ebenso in Dtn 10,14) es nicht vermag. Als man später im Judentum die Mehrzahlform beim Wort zu nehmen begann, wurde aus solchen Ansätzen die Vorstellung von verschiedenen »Stockwerken« des Himmels, wobei man sich im obersten – man rechnete mit drei, sieben, zehn Himmeln – den gegenwärtigen Ort des → Paradieses dachte (2 Kor 12,2-4). Die unteren Zonen des »Himmels« stellte man sich in bestimmten Kreisen als von dämonischen Mächten beherrscht vor (→ Mächte).

Himmelsgewölbe, -kuppel Der Himmel wurde im Alten Orient als eine riesige Kuppel oder Schale vorgestellt. Darüber befand sich nach dieser Anschauung der Himmelsozean, von dessen Wasser der Regen gespeist wird, und über diesem die Wohnung Gottes (Gen 1,6-8; Ps 29,3.10; 104,1-3; → Himmel).

Himmelskönigin Gottheit, die wahrscheinlich der babylonischen Ischtar ähnlich war und vor allem von Frauen verehrt wurde, auch im Juda der späteren Königszeit (Jer 44,17). Ihre Symbole waren Mondsichel und Venusstern.

Himmelsozean → Himmelsgewölbe.

Himmelswelten → Himmel.

Hin Flüssigkeitsmaß, etwas mehr als 3,5 l. Die nächsthöhere Einheit, das Bat, fasste die sechsfache Menge (ca. 22 l).

Hinnom-Tal Tal westlich und südlich von Jerusalem, das in das Kidrontal mündet. Bis zur Reform des Königs Joschija (639–609 v. Chr.; 2 Kön 23,10) war dort eine Opferstätte, an der Kinder geopfert wurden (→ Moloch). Nach der Zerstörung und Entweihung durch Joschija wurde das Tal als Ausländerfriedhof und Schuttabladeplatz benutzt. In der Form Gehinnom oder Gehenna (Ge = Tal) ist der Name des Tals zum Inbegriff der → Hölle geworden.

Hochzeit, heilige *Im Alten Orient:* verbreitete rituelle Verbindung eines hoch gestellten Menschen mit einer Gottheit durch deren menschlichen Repräsentanten (z. B. die Priesterin). Der ursprüngliche religiöse Sinn (Hochzeit von Himmel und Erde zur Weckung und Steigerung der Lebenskräfte eines Volkes und Landes) ist mit der Zeit verblasst und hat die Tür geöffnet zu Missbräuchen, von denen 2 Makk 1,14 ein Beispiel gibt.
Im Judentum ist Hochzeit ein beliebtes Bild für die Heilszeit (vgl. Jes 62,4-5). »Bräutigam« ist in solchem Zusammenhang aber fast ausschließlich Gott. In dem Wort Jesu in Mk 2,19 par steckt ein un-

geheurer Anspruch: Die Heilszeit hat begonnen; der Bräutigam ist – in Jesu Person – schon da (vgl. Mt 22,2).

Hofstaat, himmlischer → Gottessöhne, → Engel.

Hölle, Höllenstrafe Im Neuen Testament wie im frühen Judentum Strafort für die Verdammten nach dem letzten Gericht. »Hölle« ist Wiedergabe des griechischen Wortes *ge'enna* (Gehenna), hinter dem das hebräische *gehinnom* steht (→ Hinnom-Tal; vgl. Jes 66,24).

Honig Mit dem Wort kann sowohl der Honig wilder Bienen (Bienenzucht ist in Palästina wohl erst in hellenistischer Zeit aufgekommen) als auch Fruchthonig (Sirup aus Traubensaft, Datteln, Feigen oder Johannisbrot gemeint sein. Er war ein geschätztes Nahrungs- und Genussmittel, wurde aber vor allem zum Süßen von Speisen und als Treibmittel beim Backen gebraucht. Bei der Zubereitung von Speiseopfern durfte er nicht verwendet werden (vgl. Lev 2,11; → Sauerteig). Kanaan gilt als Land, in dem »Milch (wegen der guten Viehweiden) und Honig fließen« (Ex 3,8 und öfter).

Horeb In einem Teil der alttestamentlichen Schriften Name für den Berg der Gottesoffenbarung, der sonst → Sinai genannt wird.

Horn → Widderhorn.

Hörner Das Horn (des Stiers) ist Sinnbild der Kraft und Macht (1 Kön 22,11), auch der politischen Macht (Sach 2,2). Die Hörner an den vier Ecken des → Brandopferaltars sind Sinnbild der göttlichen Macht und Gegenwart, darum Gegenstand von Sühnehandlungen (Ex 29,12; 30,10; Lev 16,18; → Blut) sowie Zufluchtsstätte (→ Altar).

Horoniter Sanballat, der Statthalter der persischen Provinz → Samarien, wird vermutlich nach seinem Heimatort Horoniter genannt. Zu denken ist an den Doppelort Bet-Horon (Karte Seite 443), der demnach nicht nur von Juden besiedelt war.

Hurerei So wie die Ehe im Alten Testament als Bild der intakten Beziehung zwischen Gott und seinem Volk dient (Hos 2,16-22), wird die Prostitution zum Bild für den Treubruch Israels gegenüber seinem Gott (Hos 2,4-15; Jer 3,6-10; Ez 16; 23). Zur Frage religiös motivierter Prostitution → Aschera; → geweiht (2).

I

Ich-bin-da Deutung des hebräischen Gottesnamens Jahwe aus dem Anklang an das Zeitwort »sein« (Ex 3,14), das zugleich ein Wirken, ein »Sein-für« aussagt. Der Gott Israels trägt einen Eigennamen, den diese Übersetzung nach altem Brauch durch → HERR wiedergibt.

Ich-bin-Worte Worte im Johannes-Evangelium, in denen Jesus in besonders hoheitsvoller und anspruchsvoller Weise von sich selbst spricht. Sie bestehen im Allgemeinen aus drei Elementen: 1. einer Selbstvorstellung (»Ich bin«), in der Jesus die Formel verwendet, mit der im Alten Testament Gott von sich spricht und sich seinem Volk gegenüber als den alleinigen Retter und Herrn der Welt bezeichnet (vgl. Jes 41,4.10.13; 48,12; 51,12 usw.); 2. einem Bildwort (z. B. »das Licht für die Welt«); 3. einer Zusage, die an eine Bedingung geknüpft wird (z. B. »Wer mir folgt, tappt nicht mehr im Dunkeln, sondern ...«; Joh 8,12).
Die verwendeten Bilder sind solche, in denen seit je und überall die Sehnsucht der Menschen nach erfülltem Leben ihren Ausdruck gefunden hat: Brot (für Lebenserhaltung), Licht (für Orientierung), Weinstock (für Freude) usw. Alles, was unter diesen Sinnbildern von der Menschheit ersehnt und erstrebt wird, ist in Jesus – und nur in ihm – zu finden und will sich den Menschen schenken, die dieses Angebot im → Glauben annehmen.

Ijob (Hiob, Job) Er gilt als Beispiel geduldigen Leidens, auf das am Ende eine große Belohnung folgt (Jak 5,11; vgl. Ijob 1–2 und 42).

Immanuel Das »Zeichen«, das Jesaja in 7,14 ankündigt, wird in Mt 1,23 (aufgrund der griechischen Übersetzung, die von einer »Jungfrau« spricht) als Verheißung der jungfräulichen Geburt des Erlösers gedeutet. Doch hat es im ursprünglichen Zusammenhang einen eingeschränkteren Sinn: Ein Kind wird in Kürze geboren (vielleicht von der Frau des Königs), und schon dann wird sich die bedrängte Lage in Juda so verändert haben, dass die Erfahrung »Gott steht uns bei« in dessen Namen eingehen kann. (Vers 16 spricht dies noch einmal direkt aus, während der Sinn von Vers 15 nicht sicher zu bestimmen ist.)

Instrument, gatitisches Die Vortragsanweisung der Psalmen 81, 84 usw. ist nicht sicher zu deuten. Entweder ist von einem Musikinstrument aus der Philisterstadt Gat (Karte Seite 443) die Rede, oder es handelt sich um eine Melodieangabe: »Zu singen nach der Weise der Keltertreter« (hebräisch *gat* = Kelter).

Isaak Sohn Abrahams und Saras und Vater → Jakobs.

Isai Vater des Königs → David.

Isebel Königstochter aus der phönizischen Stadt Tyrus, Frau des Königs Ahab von Israel (1 Kön 16,31), förderte die Verehrung des Gottes → Baal. In Offb 2,20 Schimpfname für eine Frau, die sich in der Gemeinde von Thyatira als → Prophetin ausgab und die Christen dort durch eine falsche Ausdeutung der christlichen Freiheit auf Abwege führte.

Israel Beiname des israelitischen Stammvaters → Jakob, den er nach dem nächtlichen Kampf mit Gott bzw. seinem → Engel am Jabbok erhielt (Gen 32,29; vgl. 35,10). Der Name bedeutet »Gott kämpft (für sein Volk)« oder noch wahrscheinlicher »Gott herrscht«. Als Volksname bezeichnet er einerseits das gesamte Zwölf-Stämme-Volk, andererseits seit der Trennung von Juda (1 Kön 12,1-24) das Nordreich Israel, das nach seinem Hauptstamm auch Efraïm genannt wird. In dem Maß, in dem der Name seine politische Bedeutung verliert, wird er zum Ehrennamen des Gottesvolkes (Jes 48,1; Röm 9,4; 2 Kor 11,22; Gal 6,16).

J

Jakob Enkel von → Abraham und neben diesem der eigentliche Stammvater des Volkes → Israel. Er trägt auch selbst den Namen Israel (vgl. Gen 32,29; 35,10); zur Deutung des Namens Jakob siehe Anmerkung zu Gen 25,26.

Jakobus Der »Bruder des Herrn« (Gal 1,19; vgl. Mk 6,3) wird nach dem Weggang von Petrus aus Jerusalem (Apg 12,17) zur maßgeblichen Persönlichkeit der Jerusalemer Urgemeinde (vgl. Apg 15,13; 21,18; Gal 2,9.12). Die Formulierung von Apg 12,17 scheint – im Licht von Vers 11 gesehen – anzudeuten, dass das Tätigkeitsfeld von Petrus künftig außerhalb des jüdischen Mutterlandes liegen wird. Nur zum Apostelkonzil (Apg 15) wird er noch einmal in Jerusalem sein.

Jeremia Im 7./6. Jh. v. Chr. → Prophet in Jerusalem.

Jerusalem »Stadt des Friedens« oder »Stadt des Salimu«, einer ammonitischen Gottheit. Der Ort ist seit dem 4. Jahrtausend v. Chr. besiedelt. Als die Israeliten ins Land Kanaan eindrangen, war er von Jebusitern bewohnt (Jos 15,63; 18,28). Er konnte erst von David erobert werden, der ihn zur Hauptstadt seines Doppelreiches machte (2 Sam 5,6-9).

Jesaja Im 8. Jh. v. Chr. → Prophet in Jerusalem.

Jeschurun Ehrenname für das Volk → Israel (Dtn 32,15; 33,5.26; Jes 44,2), dessen Bedeutung nicht sicher ist, vielleicht »der Redliche« als Gegenbildung zu »Jakob«, der als »Betrüger« verstanden werden kann (siehe Anmerkung zu Gen 25,26).

Jesreël (hebräisch »Gott sät«) Große Ebene, die zwischen dem galiläischen Bergland und dem Tabor im Nordosten und dem Bergland von Samarien im Südwesten liegt. Sie wurde erst zu Beginn der Königszeit dem Gebiet Israels hinzugefügt (vgl. Jos 17,16). Der gleichnamige Ort liegt am Ostrand der Ebene. Er war vom Königshaus der Omriden (→ Omri) zur zweiten Residenz neben Samaria ausgebaut worden.

Jesus Griechische Namensform des hebräischen Namens Jeschua, dessen Langform Jehoschua im Griechischen mit Josua wiedergegeben wird. Beide Namensformen bedeuten »der HERR rettet«. In Mt 1,21 wird die »Rettung« mit Bezug auf Ps 130,8 auf die Errettung aus den Sünden und ihren Folgen gedeutet.

Joch Das Querholz, das den paarweise vor Pflug oder Wagen gespannten Zugtieren über den Nacken gelegt und mit Stricken am Hals befestigt wurde. In der Mitte war es mit der Wagendeichsel oder dem Pflug verbunden. »Unter dem Joch sein« wird von daher zum Bild für Sklaverei, Unterdrückung und Fremdherrschaft; »das Joch auf sich nehmen« bezeichnet aber auch die Übernahme von Verpflichtungen, den Gehorsam gegenüber dem → Gesetz oder einem Lehrer (vgl. Anmerkung zu Mt 11,29).

Jona, Zeichen Jonas Im Jona-Buch des Alten Testaments wird erzählt, dass der flüchtige Prophet drei Tage im Bauch des Fisches verbrachte, bis dieser ihn an Land spie. Jesus vergleicht sich in Mt 16,4; Lk 11,30 in doppelter Hinsicht mit Jona: als wunderbar vom Tod Erretteter und als einer, der das Gericht bringt. Wie Jona aus dem Fischbauch als Verkünder des Gerichts nach Ninive kam, so wird Jesus als der vom Tod Auferstandene wiederkommen zum Gericht über die, die ihm nicht geglaubt haben. Auch in Mt 12,39-40 werden die Grabesruhe von Jesus und seine Auferweckung am dritten Tag den Gegnern nicht als ein »Beweis« in dem von ihnen erwünschten Sinn in Aussicht gestellt, sondern als Auftakt der Ereignisse, die für sie das Gericht bedeuten.

Joschija König von Juda. Seine Regierungszeit (639–609 v. Chr.) fällt in die Periode des Niedergangs des Assyrischen Reiches, der von einem Wiedererstarken Babyloniens begleitet wird (Neubabylonisches Reich). In dieser Übergangszeit kann Joschija Teile des Nordreiches Israel von den Assyrern zurückgewinnen (dies ist die Voraussetzung für die Maßnahmen in 2 Kön 23,15-20). Aber auch Ägypten sucht die Schwäche der Assyrer auszunutzen und seine Macht nach Palästina und Syrien auszudehnen, wobei ihm jedoch die Assyrer als »Puffer« gegen die erstarkenden Babylonier nützlich sind. Deshalb eilt der Pharao Necho den bedrängten Assyrern zu Hilfe (2 Chr 35,21). Joschija möchte ihn offenbar aufhalten, bis die Hilfe für Assyrien zu spät kommt. Dies gelingt ihm auch – aber um einen hohen Preis: Im Kampf mit dem Heer des Pharaos findet er den Tod (2 Kön 23,29).

Josua Nachfolger von → Mose, unter dessen Führung das Volk Israel das Land → Kanaan in Besitz nahm.

Juda (1) Sohn Jakobs mit Lea und Stammvater des gleichnamigen Stammes.
(2) Gebiet des Stammes Juda (Karte Seite 443).
(3) Königreich Juda (2 Sam 2,1-4; 1 Kön 12,19-20; 14,21 usw.).
(4) Persische Provinz Juda, seit der Übernahme der Herrschaft in → Babylon durch Kyrus 539 v. Chr. (Kartenskizze unten Seite 500).
(5) Zur weiteren Entwicklung → Judäa.

Judäa Griechische Form von → Juda (4). Auch unter griechischer Herrschaft (→ Seleuziden) Name der Provinz bzw. Unterprovinz, wurde Judäa unter den → Makkabäern zur Bezeichnung für das ganze jetzt unter jüdischem Einfluss stehende Gebiet (ab 104 v.Chr. Königreich), ebenso ab 37 v.Chr. für das Königreich von → Herodes d.G.; beide Königreiche erreichten annähernd den Umfang von Davids Großreich. Nach dem Tod von Herodes 4 v.Chr. wurde sein Reich aufgeteilt; über die Schicksale des Kernlandes Judäa (Karte NT Seite 61) informiert die Zeittafel unten Seite 476/77. Zu den politischen Verhältnissen in römischer Zeit → Statthalter.

Judas (1) Einer aus dem Jüngerkreis von Jesus, der durch seinen Verrat die heimliche Gefangennahme von Jesus ermöglichte (Iskariot).
(2) Ein anderer Jünger von Jesus (Lk 6,16; Joh 14,22; Apg 1,13).
(3) Angesehenes Mitglied der Urgemeinde (Barsabbas; Apg 15,22).
(4) Ein Bruder von Jesus (Mk 6,3; wahrscheinlich auch in Jud 1 gemeint).
(5) Der Galiläer, der zur Zeit der in Lk 2,1 erwähnten Volkszählung eine Widerstandsbewegung gegen die römische Fremdherrschaft anführte (Apg 5,37), aus der dann die Partei der → Zeloten erwuchs.

Juden (bei Johannes) Im Johannes-Evangelium ist immer wieder von »den« Juden die Rede. Die Redeweise ist auffallend, auch wenn sich dem Zusammenhang in der Regel entnehmen lässt, wer des Näheren gemeint ist. Es sind die führenden Kreise, die verantwortlich sind für die Hinrichtung von Jesus, oder das Volk, das ihm nach der Darstellung von Johannes großenteils kritisch, ja feindlich gegenübersteht, in dem es aber auch solche gibt, die sich positiv zu Jesus stellen (Joh 10,19-21; 11,45; 12,11).
Wenn hier ganz pauschal von »den« Juden gesprochen wird und der negative Ton dabei spürbar überwiegt, so spiegelt sich darin die Tatsache, dass die christlichen Gemeinden, aus denen das Johannes-Evangelium stammt und für die es geschrieben ist, inzwischen ihren formellen Ausschluss aus der → Synagoge erfahren mussten (vgl. schon Joh 9,22; 12,42; 16,2-3). Ihre Erfahrungen mit dem Judentum sind inzwischen nur noch negative. »Die Juden« repräsentieren für sie eine Welt – genauer »die« Welt, die sich dem Angebot Gottes in Jesus Christus und der Herausforderung durch ihn entzieht und widersetzt. Die unheilvollen Auswirkungen, die das nicht mehr differenzierende und negativ besetzte Reden von »den« Juden später und bis in unsere Tage gehabt hat, liegen auf der Hand und müssen den Christen eine bleibende Warnung sein.

Jünger Ähnlich wie die → Gesetzeslehrer (vgl. Mt 22,16; Mk 2,18) und der → Täufer Johannes (Mt 11,2; Mk 2,18; Lk 11,1; Joh 1,35) hatte auch Jesus »Schüler« (so wörtlich), die ihm auf seinen Wanderungen folgten und sich seiner Autorität unterstellten. Jünger von Jesus sind im Neuen Testament nicht nur die zwölf → Apostel, sondern darüber hinaus noch ein weiterer Kreis von Männern (Mk 2,15). Auch viele Frauen befanden sich im Gefolge von Jesus; der geprägte und für die Jüngerschaft typische Ausdruck »Nachfolge/nachfolgen« wird auf sie ebenso angewandt wie auf die Männer (Mk 15,41 par). Wo Lukas von der »großen Menge der Jünger« spricht (Lk 6,17; 19,37), sind sie zweifellos mitgemeint (siehe Anmerkung zu Lk 6,17), und in der Apostelgeschichte von Lukas wird »die Jünger« vollends zur Bezeichnung für die Gemeinde als ganze, Männer und Frauen, weshalb diese Übersetzung die Frauen einschließende Mehrzahlform hier auch mit »Jünger und Jüngerinnen« wiedergibt (vgl. Apg 6,1 und Anmerkung dort; siehe ferner Mt 28,19 und Anmerkung).
Beim jüdischen → Rabbi gehörten die Schüler/Jünger für die Zeit ihrer Ausbildung zum Haushalt ihres Lehrers und bildeten mit ihm eine Lern- und Lebensgemeinschaft. Bei öffentlichen Auftritten ging der Meister voran, seine Schüler »folgten ihm« in angemessenem Abstand. Wenn Jesus durch das Land zog, muss sein Erscheinungsbild in vielem dem eines solchen Rabbis mit dem Kreis seiner Jünger geglichen haben. Doch hatte Jesus keinen festen »Haushalt«, und seine Jünger waren angewiesen, seine Heimatlosigkeit und Ungeborgenheit zu teilen (Mt 8,19-20 par). Sie mussten für ihre Ausbildung auch nichts bezahlen, und wie ihr Meister und zusammen mit ihm lebten sie in äußerster materieller Anspruchslosigkeit, ganz vertrauend auf die Fürsorge Gottes (Mt 6,11.25-34), der für sie in besonderer Weise zum »Vater« wurde, wie er es für Jesus war (→ Abba; Mt 6,9).
Während die Jünger eines Rabbis sich um Aufnahme in dessen Schülerkreis bewerben, ergreift Jesus die Initiative und »beruft« seine Jünger (Mk 1,16-20 par), und zwar ausdrücklich, »wen er will« (Mk 3,13; vgl. Joh 15,16). Der Ruf löst aus allen weltlichen Sicherungen und aus tiefsten menschlichen Bindungen und kann geltende, ja »heilige« menschliche Rechte, Ansprüche, Pflichten souverän außer Kraft setzen (Mk 2,13-14; 10,21 par; Lk 9,59-62). Wer den Ruf annimmt, muss mit seinem Leben abgeschlossen haben (Mk 8,35 par; Lk 14,26); er muss »sich und seine Wünsche aufgegeben« haben und damit rechnen, in dieser Welt verkannt, verachtet und möglicherweise wie ein Verbrecher hingerichtet zu werden (Mk 8,34 par).
Wie die Wunder, die Jesus vollbringt (Mt 12,28 par), ist der Jüngerkreis von Jesus ein Zeichen der anbre-

chenden → Königsherrschaft Gottes, und in diesem Sinn ist er »Salz für die Erde« und »Licht für die Welt« (Mt 5,13-16). Die Jünger werden darüber hinaus von Jesus auch ausgesandt, um durch Wort und Tat das Kommen der Herrschaft Gottes zu verkünden und zu bezeugen; sie werden an Auftrag und Werk von Jesus beteiligt (Mk 3,13-15; Lk 9,1-6; 10,1-12.16).
Im Sinn des erweiterten Jüngerbegriffs, wie er sich bei Lukas findet, weist der Auferstandene in Mt 28,19 die Apostel an, Menschen aller Völker »zu Jüngern« zu machen. Mit solcher Jüngerschaft ist nicht unbedingt die buchstäbliche Nachahmung der Existenz der ersten Jesusjünger – mit Besitzverzicht, Heimatlosigkeit, eventuell Ehelosigkeit und Zeugentod – verbunden, wohl aber eine Neuorientierung des ganzen Lebens nach den Maßstäben und aus den Kräften der kommenden Welt Gottes, wie sie in der → Taufe begründet ist und sich auslebt in der Befolgung dessen, was Jesus seine Jünger und Jüngerinnen »gelehrt« hat (Mt 28,19-20; dabei ist vornehmlich an die Weisungen der Bergpredigt Mt 5–7 zu denken). Jüngerschaft ist nicht die Sonderexistenz besonders Erwählter und Geforderter, sondern – wie der Sprachgebrauch der Apostelgeschichte deutlich macht – die Lebensform der Christen überhaupt, die »sich und ihre Wünsche aufgeben« (Mk 8,34) und in den Spuren von Jesus gehen.

Jüngerinnen → Jünger.

Junia Der griechische Text in Röm 16,7 ist sprachlich nicht eindeutig: Der Name steht im Akkusativ (Wenfall), der je nach Betonung eine Frau *(Junían)* oder einen Mann *(Juniân)* bezeichnen kann. Betonungszeichen fehlen in den frühen Bibelhandschriften, doch die kirchlichen Schriftsteller der ersten Jahrhunderte haben stets einen Frauennamen angenommen. Entsprechend wurde in den Bibelhandschriften vom 7./8. Jh. ab *Junían* geschrieben. Für eine Frau spricht auch, dass der Frauenname Junia in der außerbiblischen antiken Literatur vielfach belegt ist, ein Männername Junias aber bis heute nicht nachgewiesen werden konnte.
Die Ansicht, dass es sich bei der betreffenden Person um einen Mann namens Junias handle, wird zum ersten Mal im 13. Jh. in der lateinisch sprechenden Kirche des Westens vertreten. Sie wird hier sehr schnell Allgemeingut der Ausleger und ist es bis heute geblieben, während die orthodoxen Kirchen des Ostens immer noch an der althergebrachten Auffassung festhalten. Wenn es sich um eine Frau handelt, ist sie möglicherweise die Ehefrau von Andronikus (vgl. das Ehepaar Aquila und Priska/Priszilla in Apg 18,2 und an den dort angegebenen Vergleichsstellen). Beide sind sie »Apostel«, offenbar in demselben Sinn wie Paulus (→ Apostel 1).

K

Kain Erster Sohn von Adam und Eva, der seinen Bruder Abel erschlug (Gen 4,1-16; 1 Joh 3,12; Jud 11).

Kalender Das altisraelitische Jahr begann im Herbst. Im 8. Jh. v. Chr. wurde für Handel und Verkehr der assyrische Kalender übernommen, bei dem das Jahr im Frühjahr beginnt, doch wurde das Neujahrsfest nach wie vor – und wird von den Juden bis heute – im Herbst begangen (Num 29,1). Seit dem babylonischen → Exil wurden die babylonischen Monatsnamen gebraucht; von den älteren Bezeichnungen haben sich nur vier erhalten (sie haben jeweils eigene Sacherklärungen, ebenso die babylonischen Monatsnamen). Der Monatsbeginn fällt nicht mit dem heutigen zusammen, außerdem gab es Schaltmonate, um den Mondkalender (Monat = Mondperiode) mit dem Sonnenjahr in Übereinstimmung zu bringen. Die Bedeutung des Mondes für die Zeitrechnung kommt in der wichtigen Rolle des → Neumondstages zum Ausdruck.

Kalmus Wohlriechendes Rohr oder Gras aus dem Jemen oder aus Vorderindien, das zur Herstellung des heiligen Salböls (Ex 30,23-25) benutzt wurde.

Kanaan(iter) (griechisch Kanaanäer) Die Kanaaniter waren die Bewohner des Landes Kanaan (Palästina), bevor es von den Israeliten in Besitz genommen wurde, und bildeten auch unter deren Herrschaft noch einen bestimmten Anteil der Landesbewohner (Ri 1,27-33). Der Name bezeichnet jedoch gelegentlich auch nur einen Teil der vorisraelitischen Bevölkerung neben anderen Volksgruppen (→ Amoriter). Abstammungsmäßig und kulturell zählen zu den Kanaanitern auch die Bewohner → Phöniziens bis zum Orontes (vgl. Gen 10,15-18). Die Ostgrenze Kanaans bildete der Jordan (Jos 22,9-10). Gegenüber dem Hirten- und Bauernvolk der Israeliten werden die Kanaaniter gelegentlich als Händlervolk angesprochen (Hos 12,8).

Kassia Wohlriechende Blüten und Blätter des ostasiatischen Baumes, dessen innere Rinde das Zimtgewürz (Ps 45,9) liefert.

Kaufvertrag Ein Kaufvertrag, wie er in Jer 32,10-14 erwähnt wird, war auf ein Stück Pergament geschrieben, das eingerollt und versiegelt wurde. Die Abschrift blieb unversiegelt und konnte jederzeit eingesehen werden, war aber zugleich durch die versiegelte Fassung vor Änderungen geschützt.

Kebar Wahrscheinlich der große Kanal, der bei Babylon vom Eufrat nach Osten abzweigte und sich später wieder mit ihm vereinigte.

Kedar Nomadisierende Händler in der arabischen Wüste, als Kämpfer gefürchtet (Karte Seite 14/15).

Kelter (-treter) Die Weintrauben wurden im alten Israel durch Stampfen mit den bloßen Füßen ausgepresst. Von daher erklärt sich das Bild vom Keltertreter in Jes 63,1-6.

Kemosch Hauptgott der → Moabiter. Bis zur Zeit des Königs Joschija gab es östlich von Jerusalem einen Altar dieses Gottes (2Kön 23,13; vgl. 1Kön 11,7). Der moabitische König Mescha erwähnt um 840 v.Chr. den Gott in einer Inschrift, in der er beschreibt, wie viele israelitische Ortschaften er für ihn mit dem → Bann belegt, d.h. ausgerottet hat.

Keniter Mit den Israeliten verwandter → midianitischer Stamm, der halbnomadisch im Bereich des judäischen Stammesgebietes umherzog (Ri 1,16) und später sogar zu Juda gerechnet wurde (1Sam 15,6; 27,10; 30,29).

Kephas Beiname des Apostels Simon, griechische Form des → aramäischen *kefa,* was »Stein« bedeutet (→ Petrus).

Kerub(en), Kerubenfiguren Geflügelte Wesen, aus Tier- und Menschengestalt gemischt. Solche Wesen sind als Wächterfiguren in bildlichen Darstellungen aus dem Alten Orient bekannt. In der Bibel finden sie sich als Wächter vor dem Paradies, die die Rückkehr der Menschen in den Garten → Eden verhindern sollen (Gen 3,24). Zwei Keruben standen als Wächter bei der → Bundeslade im → Allerheiligsten des Tempels (1Kön 6,23-27) bzw. waren auf der Deckplatte der Bundeslade angebracht (Ex 25,18-22). Wenn von dem Gott Israels gesagt wird, dass er »über den Keruben thront« (1Sam 4,4; Ps 80,2), dann erinnert dies an ihre Funktion als Trägerfiguren von Herrscherthronen in bildlichen Darstellungen. Auch die Vision des Propheten Ezechiël von Gott auf seinem »Thronwagen« entspricht diesem Bild (Ez 1,5-12; die »geflügelten Gestalten« von dort werden in 10,1 Keruben genannt).

Kewan (und Sakkut) Assyrisch-babylonische Sterngötter, Erscheinungsformen des Saturn. Die Überlieferer des hebräischen Textes (Masoreten) gaben den beiden Namen, damit sie beim Vorlesen nicht ausgesprochen wurden, die Vokale des hebräischen Wortes für Scheusal *(schikkuz);* so entstanden die Formen Kiwun bzw. Kijun und Sikkut.

Kislew Der 9. Monat des babylonischen Jahres (→ Kalender), etwa Mitte November bis Mitte Dezember.

Kittäer Die Bewohner der Insel Zypern (nach der Stadt Kition).

Klagelied → Totenklagelied.

Klaudius Römischer Kaiser 41–54 n.Chr.

Kolonie, römische Eine Ansiedlung römischer Bürger (ausgediente Soldaten oder Verbannte) außerhalb Italiens. Die Bewohner einer »Kolonie« besaßen das römische → »Bürgerrecht«.

Königsherrschaft (Gottes) Wörtliche Übersetzung des herkömmlich mit »Reich Gottes« wiedergegebenen Begriffs und zentraler Gegenstand der Verkündigung Jesu. Wenn Jesus den baldigen Anbruch der »(Königs-)Herrschaft Gottes« ansagt, dann antwortet er damit auf Erwartungen, die zu seiner Zeit im Judentum lebendig waren. Israel hatte die staatliche Selbstständigkeit verloren und stand seit dem babylonischen → Exil unter der Herrschaft fremder Reiche; nach dem Intermezzo der makkabäischen Erhebung und der kurzen Blüte eines neuen Königtums wurde die Herrschaft der Römer nur umso drückender empfunden. Die Hoffnungen richteten sich auf einen Heilskönig (→ Christus), der das Reich → Davids wiederherstellen und Israel zum politischen Mittelpunkt der Welt machen sollte. Noch weiter gehende Hoffnungen richteten sich auf ein Eingreifen Gottes, das diese ganze von Unrecht, Leiden und Tod beherrschte Welt verwandeln und anstelle der Weltreiche ein »Reich Gottes« heraufführen würde (Dan 7–11); diese Erwartungen waren mit der Gestalt des → Menschensohns verbunden. In der gegenwärtigen Welt – so das Empfinden der Frommen – war von einer »Herrschaft Gottes«, vom Erweis seines Herrseins und von dem Heil und → Frieden, die er durch seinen → Bund seinem Volk versprochen hatte, nicht das mindeste zu spüren.

Jesus knüpft mit seiner Botschaft vom bevorstehenden Anbrechen der »Herrschaft Gottes« an diese weiter gehende Erwartung an; von einer politischen Zukunftsvision ist bei ihm nirgends etwas zu finden (→ Christus). Gottes »Reich« ist der Weltzustand, in dem die Menschen Gott die Ehre erweisen und einander nach seinem Willen lieben (vgl. die drei ersten Bitten des Vaterunsers; Mt 6,9-10), in dem aber auch Leiden und Tod ein Ende haben (vgl. die Seligpreisungen Mt 5,3-9). Im Blick darauf gibt Jesus dem Willen Gottes im → Gesetz die radikale Zuspitzung auf das Liebesgebot (Mt 5,21-48); im Blick darauf nimmt er die »verlorenen Schafe« des Volkes Israel in seine Gemeinschaft auf (Lk 15) und gibt in seinen Heilungen und Dämonenaustreibungen einen Vorgeschmack von Gottes kommender neuer Welt (Mt 11,2-6; 12,28 par).

Mit Jesus und seinem Wirken ist das Gottesreich schon mitten in der gegenwärtigen Welt im Anbrechen (Lk 17,20-21) und zieht die Menschen, die sich Jesus anschließen, in radikaler Weise in diesen Prozess hinein (Mt 13,44-46; Mk 8,34-38; Lk 14,25-33). Der Frage, ob und wie sich Gottes Herrschaft durchsetzen werde, begegnet Jesus mit den sog. »Kontrastgleichnissen« (z.B. Mk 4,2-8.26-29.30-32; Mt 13,33). Sie besagen: Der entscheidende Anfang ist gemacht. Auch wenn er geringfügig und ohnmächtig erscheinen mag in dieser Welt: Gott wird sein Werk vollenden! Dies ist nicht das Ergebnis eines kontinuierlichen, positiv fortschreitenden innerweltlichen Prozesses; vgl. vielmehr Mk 13,7-20 par; Mt 24,37-44.

Die Übersetzung sucht der Bedeutungsfülle des Begriffs der »(Königs-)Herrschaft Gottes« gerecht zu werden, indem sie jeweils verdeutlicht, welcher Gesichtspunkt bzw. welche »Phase« im Blickpunkt steht: der maßgebliche Anfang in der Verkündigung und den Taten von Jesus (= »Gott richtet seine Herrschaft auf«), die endgültige Durchsetzung im Gericht und der Neuschaffung der Welt (= »Gott vollendet sein Werk«) oder das Vollendungsziel (= »Gottes neue Welt«).

Statt von der »Herrschaft Gottes« spricht das Matthäus-Evangelium, um nach jüdischer Sitte das Wort »Gott« möglichst nicht auszusprechen, vorwiegend von der »Herrschaft des Himmels«, was in dieser Übersetzung, da es für uns missverständlich ist, nicht nachgeahmt wird.

Königsmutter Die Mutter des regierenden Königs hatte im Königshaus Davids (also im Südreich → Juda) wegen der erblichen Thronfolge eine bedeutende Stellung. Die Bezeichnung meint also nicht einfach einen Verwandtschaftsgrad, sondern einen Würdetitel (1 Kön 15,13; Jer 13,18; 22,26).

Korach In Jud 11 ein Beispiel für Auflehnung gegen Gottes Ordnungen (vgl. Num 16,1-11).

Korban Das Wort, das im Alten Testament das Gott dargebrachte → Opfer bezeichnet, leitet im frühen Judentum die in Mk 7,11 zitierte Gelöbnisformel für Weihegeschenke ein. Mit dieser Formel konnte man den Jerusalemer → Tempel zum alleinigen Erben seines Besitzes einsetzen. Der auf solche Weise Gott »geweihte« Besitz durfte von seinen Besitzern nicht mehr veräußert werden; auch die Nutznießung blieb auf den Besitzer selbst beschränkt, bis mit dessen Tod alles dem Tempel verfiel. Auf solche Weise konnte sich ein Sohn unter dem Vorwand der Frömmigkeit der Sorgepflicht gegenüber seinen Eltern entziehen.

Krankheit Nach biblischem Verständnis besteht zwischen Leiden durch Krankheit einerseits und Sünde andererseits eine Verbindung, auch wenn diese nicht immer offensichtlich und direkt zu Tage liegt. Im Zusammenhang mit dem Sündenfall ist zum ersten Mal von Schmerz die Rede (Gen 3,16f). Den Israeliten wird versprochen, dass sie von Krankheit verschont bleiben sollen, wenn sie Gott ohne Einschränkung gehorchen (Ex 15,26; Lev 26,14-16). Für den Ungehorsam werden ihnen alle möglichen Krankheiten angedroht (Dtn 28,15.22.27.58-61). In der neuen Schöpfung wird es keinen Schmerz und keine Krankheit mehr geben (Jes 35,10; Offb 21,4; 22,2). Zum Zeichen dafür heilte Jesus viele Kranke und ermächtigte seine Jünger, das Gleiche zu tun (Mt 10,1; Lk 9,2). Gelegentlich wird der innere Zusammenhang von Krankenheilung und Sündenvergebung direkt angesprochen (Ps 38,4-6.22-23; 103,3; Jes 33,24; Mk 2,1-12 par; Jak 5,14-16).

Kreuz, Kreuzigung Aus Persien stammende Hinrichtungsart, die von den Römern an Sklaven, Räubern und Aufrührern vollstreckt wurde. Das griechische *stauros* (mit »Kreuz« übersetzt) bezeichnet zunächst nur den senkrecht in der Erde befestigten »Pfahl«. An diesem wurde zur Hinrichtung ein Querholz aufgehängt, an dem die ausgestreckten Arme zuvor festgebunden bzw. (wie im Fall von Jesus: Joh 20,25) an der Handwurzel angenagelt worden waren; die Füße wurden danach am Pfahl angebunden oder festgenagelt. Das Querholz – und nur dies – hatte der Hinzurichtende selbst zum Richtplatz zu tragen (Mk 15,21 par; 8,34 par). Der Tod trat bei Gekreuzigten durch Durst, Erschöpfung und Kreislaufkollaps ein, oft erst nach Tagen (vgl. Mk 15,44-45). Um ihn schneller herbeizuführen, konnten die Unterschenkel zertrümmert werden (Joh 19,31-32). Wenn die Fußstützung wegfiel und das ganze Gewicht des Körpers an den Armen hing, trat sehr bald der Erstickungstod ein.

Krieg, heiliger Völkische und religiöse Selbstbehauptung waren im alten Israel fast untrennbar vermischt. Ein Krieg wurde dadurch rasch zu einem Glaubenskrieg, bei dem es um den Erweis der Macht des eigenen Gottes ging. Die Teilnehmer an den »Kriegen des HERRN« hatten sich strengen Regeln zu unterwerfen (Reinheit wie für einen Gottesdienst; vgl. → rein und 1 Sam 21,5-6). Auch das private Beutemachen war untersagt (→ Bann).

Kriegshorn → Widderhorn.

Krone Als herrscherliche Kopfzier in der Offenbarung (Offb 4,4; 9,7; 12,1 usw.) der goldene Stirnreif, wie ihn antike Könige trugen.

Kusch Das Land südlich von Ägypten; nach der griechischen Übersetzung des Alten Testaments mit »Äthiopien« wiedergegeben. In der Völkertafel in Gen 10,6-7 steht Kusch einerseits in enger Beziehung zu Ägypten (Mizraim), andererseits über das Rote Meer hinweg mit Arabien (Seba usw.). Mit Kusch in Gen 10,8 sind dagegen wahrscheinlich die Kassiter (babylonisch *kasch*) gemeint, ein kaukasisches Reitervolk, das im 2. Jahrtausend v. Chr. nach Mesopotamien einwanderte.

Im 8. und 7. Jh. v. Chr. konnten sich die Kuschiter zeitweilig der Herrschaft über Ägypten bemächtigen und aus dieser Machtposition heraus sogar gegen → Assyrien antreten (2 Kön 19,9; Jes 20; 37,9). Man findet Kuschiter als Söldner in den ägyptischen Armeen, aber auch im Dienst der Könige von Juda (2 Sam 18,21-23; Jer 38,7-13). Für die römische Zeit siehe → Äthiopien.

Kusch galt im Altertum als das fernste Land, als das Ende der Welt. Doch auch bis dahin reicht die Macht des Gottes Israels (Am 9,7; Jes 11,11), und auch die Kuschiter werden sich einst dem Gott Israels zuwenden und ihn anbeten (Jes 18,7; Zef 3,9-10; Ps 68,32; 87,4; vgl. Apg 8,26-39).

L

Lachisch Die Stadt – 25 km westlich von Hebron gelegen (siehe Karte Seite 443) – wurde unter König Rehabeam zur Festung ausgebaut (2 Chr 11,9). Hierauf und auf die Stationierung einer Streitwagentruppe in Lachisch wird wahrscheinlich in Mi 1,13 angespielt. Nach Auffassung des Propheten ist mit diesen Vorkehrungen eine verhängnisvolle Politik eingeleitet worden (siehe die Vergleichsstellen zu Mi 1,13). Lachisch wurde 701 v. Chr. von Sanherib (2 Kön 18,14) und 588 v. Chr. von Nebukadnezzar (Jer 34,7) erobert.

Ladanum Genannt neben Mastix und Tragakant. Alle drei sind Gewürzstoffe aus dem Harz gewisser Bäume oder Sträucher, auch zum Räuchern gebraucht.

Lade → Bundeslade.

Lampe Im Normalfall zunächst eine kleine flache Tonschale (»Lichtschale«), mit Öl gefüllt, am Rand an einer Stelle ausgebuchtet oder zusammengekniffen, damit der Docht eingelegt werden kann. In späterer Zeit und zur Zeit des Neuen Testaments ist das Tongefäß geschlossen und hat nur zwei Öffnungen: eine größere zum Nachfüllen des Öls (vgl. Mt 25,3-4.8) und eine kleinere für den Docht.

Lapislazuli Ein leuchtend blauer Halbedelstein, der im Altertum sehr begehrt war.

Laubhüttenfest Wichtigstes, abschließendes Erntefest, eines der drei israelitischen Hauptfeste. Es wurde mit einer Wallfahrt nach Jerusalem im Herbst (Anfang Oktober) gefeiert und dauerte etwa eine Woche (Ex 23,16; Num 29,12-38; Dtn 16,13-15). Neben dem Wohnen in »Laubhütten« (Lev 23,42-43; Neh 8,14.17) bestand der Brauch, dass von Priestern täglich Wasser aus dem Teich → Schiloach geschöpft und zum Morgenbrandopfer auf den → Altar gegossen wurde (vgl. Joh 7,37-38). Jede Nacht wurde der Tempel festlich beleuchtet, wobei im Frauenvorhof vier große Leuchter aufgestellt wurden, die die Umfassungsmauern des Tempels überragten und so ihr Licht über ganz Jerusalem breiteten (vgl. Joh 8,12 im Zusammenhang mit 7,37).

lebendiges Wasser Bezeichnung für Quellwasser im Gegensatz zu abgestandenem Zisternenwasser.

legen (sich zu Tisch legen) Bei festlichen Anlässen folgten die Juden zur Zeit von Jesus der griechisch-römischen Sitte und tafelten im Liegen. Man lag auf Polstern schräg zu dem niedrigen Tisch in der Mitte, die Füße nach hinten gestreckt (vgl. Lk 7,36-38), stützte sich auf den linken Ellenbogen und langte mit der rechten Hand zu. Der rechte Tischnachbar befand sich mit seinem Kopf jeweils etwa auf der Höhe der Brust oder des Schoßes seines linken Tischnachbarn. Der Platz rechts vom Gastgeber oder Tischherrn galt als Ehrenplatz (vgl. Joh 13,23.25; Lk 16,23). Die Übersetzung spricht nur dort von »liegen«, wo es wie in Lk 7,36 zum Verständnis der Situation nötig ist (also auch nicht beim letzten Mahl von Jesus; Joh 13,23.25).

Legion Größte Abteilung des römischen Heeres, 4000–6000 Mann. Ausdruck für eine hohe Zahl.

Lehrer (1) Der Titel, der Esra beigelegt wird, lautet wörtlich »Schreiber«, ergänzt durch den Zusatz »kundig im Gesetz Moses« (Esra 7,6; vgl. 7,11-12). Der Zusatz stellt klar, dass Esra dieses → Gesetz nicht geschrieben, sondern studiert hat, um auf seiner Grundlage das Leben der Juden in der persischen Provinz Juda zu ordnen (Esra 7,25-26; 9–10; Neh 8). Esra wurde auf diese Weise zum Urbild der späteren → Gesetzeslehrer.
(2) Schüler (→ Jünger) um sich zu versammeln ist Sache des »Lehrers«. Jesus gleicht darin den → Gesetzeslehrern seiner Zeit, und wie sie wird er oft mit → »Rabbi« angeredet (z. B. Mk 9,5; 11,21; Joh 1,38.49; 3,2) bzw. mit dem entsprechenden »Lehrer« (z. B. Mt 8,19; Mk 4,38). Für die Jünger – und für seine Gemeinde – ist er »der« Lehrer (Mt 23,8; vgl. 28,19; Mk 14,14).
(3) In den frühchristlichen Gemeinden gab es neben → Aposteln und → Propheten auch Lehrer (1 Kor 12,28-29; Eph 4,11; vgl. Apg 13,1). Von Gottes → Geist berufen, war es wohl ihre Aufgabe, die den Glauben an Christus begründende Überlieferung (z. B. 1 Kor 15,3-5; Röm 1,3-4; 1 Kor 11,23-25) wie auch die Weisungen, die das sittliche Leben der Christen betreffen (→ Bergpredigt), zu bewahren und in der Gemeinde lebendig zu erhalten. Grundlegend geschah diese Art von Unterweisung bei der Vorbereitung der Täuflinge auf die → Taufe (vgl. Röm 6,17). Die Lehrer hatten auch die Aufgabe, die Schriften des Alten Testaments im Licht des Christusglaubens auszulegen (vgl. 2 Tim 3,14-17).

Lehrer, ehrwürdiger → Rabbi.

Lehrmeister Im Unterschied zu dem aramäischen Wort → »Rabbi«, das einen Lehrer jüdischer Prägung bezeichnet, meint das in Mt 23,7-8 verwendete griechische Wort *kathegetes* einen Lehrer, der von griechischer Geistigkeit geprägt ist. Dieser Typ von Lehrern galt damals wahrscheinlich in manchen Kreisen als besonders »modern«.

Leib (von Christus) Paulus nennt die Gemeinde den »Leib von Christus«. In 1 Kor 12,12-31 ist »Leib« ein Bild für die Einheit eines aus verschiedenen Teilen bestehenden Ganzen (Organismus). Es handelt sich jedoch um mehr als ein Bild. Die Kirche ist nicht nur *wie* der Leib, sie ist *der* Leib von Christus (1 Kor 12,27). Im Epheser- und Kolosser-Brief wird dagegen zwischen Christus als Haupt und der Gemeinde als Leib unterschieden (Eph 1,10; 4,15-16; Kol 1,18; 2,19). Wahrscheinlich ist diese für uns heute schwierige Vorstellung so zu verstehen:

Beim Abendmahl (Eucharistie) hat die Gemeinde Anteil am Leib von Christus, der für sie in den Tod gegeben wurde (1 Kor 10,16). Durch diese Anteilhabe wird die Gemeinde aber selbst »Leib von Christus« (1 Kor 10,17), d.h. der Bereich, in dem Christus herrscht. Bei der → Taufe wird der Christ in den Leib von Christus »eingegliedert« (1 Kor 12,13). Er wird in die ihm voraus bestehende, in Christus gegründete Gemeinde aufgenommen. In der Gemeinde, dem Leib von Christus, sind schon heute die natürlichen und sozialen Unterschiede unter den Menschen, die in der Welt noch gelten, aufgehoben (1 Kor 12,13; Gal 3,28).

Leibgarde Eine Söldnertruppe von König David, die aus Nichtisraeliten bestand. Der Name »Kereter und Peleter« (davon unser »Krethi und Plethi«!) lässt an Leute aus Kreta und dem → Philisterland denken.

Lendenschurz Ein leinenes Kleidungsstück, das von den Männern direkt auf dem Leib getragen und praktisch nie abgelegt wurde. Wer nur mit dem Lendenschurz bekleidet ist, wird als »nackt« bezeichnet.

Levi Sohn von → Jakob und israelitischer Stamm. Die Nachkommen von Levi stellten die → Priester und die → Leviten.

Leviatan Bildliche Verkörperung der Mächte, die sich Gottes Schöpfermacht entgegenstellen und von ihm besiegt werden. Der Leviatan wird vorgestellt als Seeungeheuer (→ Drache) mit mehreren Köpfen, das sich zusammen mit der Urflut gegen Gott auflehnt (Ps 74,13-14; → Meer). Die Schilderung in Ijob 40,25–41,26 zeichnet deutlich das Krokodil, doch mit den Farben eines Urdrachen.

Leviten Sie gelten ebenso wie die → Priester als Nachkommen des Stammvaters Levi (Gen 29,34; Ex 6,16-25). Im System der zwölf Stämme erhalten sie keinen Landanteil, sondern werden für den Dienst am Heiligtum ausgesondert (Num 18,20-24). Ursprünglich hatten sie offenbar auch den Priesterdienst an den → Opferstätten im Land ausgeübt (vgl. Ri 17,7-13; Ez 44,9-14). Mit der Zentralisierung des Opferdienstes nach dem unter König Joschija aufgefundenen → Gesetzbuch (1 Kön 22; vgl. 2 Kön 23,8b-9 mit Dtn 12,4-7) wurden die Leviten zu Helfern der Jerusalemer Priesterschaft ohne priesterliche Rechte. Nach 1 Chr 25–26 sind ihnen spezielle Dienste im → Tempel anvertraut: als Sänger, Torhüter, Schatzmeister; dazu tritt die Aufgabe der religiösen Unterweisung (Neh 8,7-8).

Lichtschale → Lampe.

Liebesmahl (Agape) Bezeichnung für die Mahlfeiern der urchristlichen Gemeinden, die anfangs fest mit dem Abendmahl/eucharistischen Mahl verbunden waren (→ Mahl des Herrn). Durch das gemeinsame Essen kam die Verbundenheit der Gemeindemitglieder, die sich wie eine große Familie fühlten, zum Ausdruck. Doch zeigten sich auch schon früh böse Missstände (1 Kor 11,17-34; Jud 12), die später zur Trennung von Sättigungsmahl und sakramentalem Mahl führten.

liegen (zu Tisch) → legen.

Lohnarbeiter (Tagelöhner) Wer weder Grundbesitz noch andere Einkünfte besaß, musste seine Arbeitskraft verdingen. Neben den unfreien »leibeigenen« → Sklaven steht der freie Arbeiter, der – als Nichtgrundbesitzer – nur eingeschränkte bürgerliche Rechte besaß. Er wurde für kürzere oder längere Zeit angeheuert und nach einem Tagessatz (nach Mt 20,2 = ein → Silberstück) entlohnt.

Los; Lose, heilige In der Brusttasche des → Obersten Priesters befanden sich die »Urim und Tummim«, die wahrscheinlich als Lose zur Klärung wichtiger und schwieriger Fragen verwendet wurden. Auch sonst wurden Entscheidungen durch das Los herbeigeführt; es wurde als Mittel gebraucht, um den Willen Gottes zu erkennen oder Verborgenes zu enthüllen. Die Wendung vom »Werfen« oder »Fallen« des Loses deutet an, wie der Vorgang des Auslosens zu denken ist: Das Ja- und das Nein-Los (1 Sam 14,41-42) oder auch die Losstäbchen für mehrere Gruppen (Jos 7,14-18; 1 Sam 10,20-21; Jona 1,7) oder Personen (Apg 1,26) werden in einem Behälter geschüttelt, bis eines herausfällt; das Los wird also nicht »gezogen«.

Löser Der »Löser« ist der nächststehende männliche Verwandte, der einem in Not geratenen Sippenangehörigen beizustehen hat. Dies kann geschehen durch »Auslösung« verpfändeten oder verkauften Grundbesitzes (Lev 25,25) oder durch Freikauf aus Schuldsklaverei (Lev 25,48-49). In Rut 3,12; 4,1-6 kommt zur Auslösung von Grundbesitz die Pflicht zur Heirat der Witwe eines kinderlos verstorbenen Verwandten hinzu (vgl. Dtn 25,5-10).
In übertragenem Sinn hofft Ijob darauf, dass Gott für ihn als »Löser« eintritt (Ijob 19,25), und den Verbannten im babylonischen → Exil sagt Gott zu, dass er als ihr »Löser«, ihr Befreier und Erlöser, handeln wird, indem er sie aus der Gewalt der Babylonier befreit (Jes 41,14; 43,3.14; 49,7.26; 54,5.8; »erlösen« bedeutet hier grundlegend »freikaufen«, vgl. jedoch Jes 45,13).

Lot Neffe von → Abraham. Er wurde mit seiner Familie aus dem zum Untergang bestimmten → Sodom gerettet (Gen 19,12-22). Seine Frau blickte gegen das Verbot zurück und erstarrte zur Salzsäule (19,26).

Lud In der Völkertafel in Gen 10,22 den Nachkommen von Sem zugerechnet und wohl identisch mit den kleinasiatischen Lydern; sonst Hilfsvolk der Ägypter und deshalb eher in Nordafrika zu suchen (Jes 66,19; Jer 46,9; Ez 30,5).

M

Mächte Nach jüdischer Auffassung sind den verschiedenen Bereichen der Schöpfung → Engel als göttliche Beauftrage und Sachwalter zugeordnet. Solche Engel können sich gegen Gott stellen, ihren Auftrag verraten und nur noch darauf aus sein, in dem ihnen anvertrauten Bereich eine Gegen-Herrschaft gegen Gott aufzurichten. Ihr Bestreben ist es dann, die Menschen von Gott fern zu halten und unter der eigenen angemaßten Herrschaft, im eigenen usurpierten Machtbereich festzuhalten. Nach verbreiteter Anschauung haben diese gottfeindlichen Engelmächte in den unteren Himmelsschichten (→ Himmel) und dem Luftraum zwischen Himmel und Erde ihren Ort; von dorther üben sie ihre Herrschaft aus (Eph 6,12). Doch ist ihre Herrschaft im tiefsten schon überwunden, seit der auferstandene Christus bei seiner → Erhöhung alle diese Räume sieghaft durchschritten und hoch über ihnen den Platz an der rechten Seite Gottes eingenommen hat (Eph 1,20-22; 4,8-10; Phil 2,9-11; Kol 2,15; 1 Petr 3,22).
Für Paulus ist das → Gesetz in der Hand solcher Engelmächte zu einem Instrument geworden, um Menschen zu versklaven und sie von Gott und der Rettung, die er ihnen in Jesus Christus zugedacht hat, fern zu halten (Gal 4,1-5.8-11).

Mächtiger → Gewaltiger.

Magier In Apg 13,6-11 steht im Griechischen dasselbe Wort wie für die → Sterndeuter in Mt 2,1. Hier handelt es sich um eine jener schillernden Gestalten, die damals die religiös haltlos gewordenen Massen mit ihrem »übernatürlichen« Wissen und Können beeindruckten und ihr Brot oft als »Hofastrologen« verdienten (vgl. auch Apg 8,9-24).

Mahl des Herrn Die Mahlfeier der christlichen Gemeinde geht zurück auf das letzte Mahl von Jesus mit seinen Jüngern (Mk 14,22-24 par), ist aber auch zu sehen auf dem Hintergrund der Tischgemeinschaft, die Jesus mit den »Zolleinnehmern und Sündern« (so wörtlich in Mk 2,16; Lk 15,2) gepflegt hat. In Fortführung dieser Mahlgemeinschaft wurde das Abendmahl/eucharistische Mahl in den ersten Christengemeinden noch zusammenhängend mit einer gemeinsamen Mahlzeit aller Gläubigen gefeiert (→ Liebesmahl). Missstände, die dabei auftraten (1 Kor 11,17-34), führten später zu einer Trennung.

Mahlopfer Das Mahlopfer wird als Dankopfer oder → Gelübdeopfer gefeiert. Mit ihm stattet das Volk oder ein Einzelner mit seinen Angehörigen und Freunden Gott seinen Dank für Rettung aus schwerer Not ab. Nachdem die Fettstücke, die als wertvollster Teil des Opfertieres gelten, auf dem → Brandopferaltar für Gott verbrannt worden sind (Lev 3) und der Opferpriester den ihm zustehenden Anteil erhalten hat (Lev 7,28-34), wird der Rest des Opfertieres von der feiernden Gemeinde im Tempelbereich verzehrt (Lev 7,15-21). Wie die Tischgemeinschaft Menschen in besonderer Weise verbindet, so stiftet das Opfermahl an der Stätte der Gegenwart Gottes Gemeinschaft zwischen Gott und den Menschen, die hier sozusagen Gäste an Gottes Tisch sind.

Makkabäer Der Beiname des jüdischen Befreiungskämpfers Judas in 1 Makk 2,4; 3,1 bedeutet »der Hammer« (aramäisch *makkaba*). Er ging später auf die ganze Nachkommenschaft seines Vaters Mattatias (1 Makk 2) über, die als Familie und dann Dynastie der »Makkabäer« bezeichnet wird.

Mam(m)on Das aramäische Wort *mamon* ist Bezeichnung für den Besitz (in Geld und in Sachwerten). Besitz kann den Menschen so an sich binden, dass er all sein Sinnen und Trachten auf ihn richtet, sein Herz an ihn hängt und sein ganzes Vertrauen darauf setzt. So wird der »Mammon« zu einem Herrn, neben dem für Gott im Herzen und im Handeln eines Menschen kein Platz mehr ist. Die versklavende Macht dieses »Herrn« wird illustriert durch die in Mk 10,17-27 par überlieferte Begebenheit.

Manna Wunderbare Speise der Israeliten auf ihrem Wüstenzug (»Brot vom Himmel«; Ps 78,24-25; Joh 6,31). Nach der Beschreibung in Ex 16,31 handelt es sich möglicherweise um die Absonderungen einer Schildlaus, die sich vom Saft der Manna-Tamariske ernährt. Die Beduinen benutzen sie heute noch als Honigersatz.

Männer, führende → Juden.

Mantel → Obergewand.

Maranata (1 Kor 16,22) Wohl als Gebetsruf aus der → Aramäisch sprechenden Urgemeinde übernommen. Es bedeutet »Unser Herr, komm!« oder »Unser Herr kommt!« (vgl. Offb 22,20). Der Gebetsruf wie die vorangehende Fluchformel haben nach späteren Zeugnissen ihren Platz in der Liturgie des Herrnmahls (Abendmahl/Eucharistie), das wohl im Anschluss an Briefverlesung und → Friedenskuss (1 Kor 16,20) gefeiert wurde. Der Ruf lässt erkennen, wie sehr das → Mahl des Herrn ausgerichtet ist auf das endgültige Erscheinen des Herrn (vgl. Mk 14,25 par; 1 Kor 11,26-32).

Marduk Stadtgott von → Babylon.

Massa und Meriba Ort, an dem sich die Israeliten auf der Wüstenwanderung wegen Wassermangels gegen Mose auflehnten (Ex 17,1-7).

Maulbeerbaum Baum, der dafür bekannt ist, dass er sich nur schwer entwurzeln lässt (Lk 17,6).

Maulbeerfeigenbaum Baum, der hauptsächlich als Bauholz verwendet wurde. Seine Früchte sind, wenn sie unbehandelt bleiben, klein und ungenießbar. Werden sie kurz vor der Ernte mit dem Messer eingeritzt, setzen sie Äthylengas frei, das

das Wachstum stimuliert: Innerhalb von drei Tagen vergrößert sich die Frucht um das Zehnfache.

Mazedonien Nordteil des heutigen Griechenlands. Herkunftsland von Alexander d.Gr. Seit 148 v.Chr. römische Provinz mit der Hauptstadt Thessalonich.

Meder, Medien Iranischer Stamm, der das medisch-persische Hochland bewohnte. Er war zuerst den → Assyrern tributpflichtig, unterstützte 612 v.Chr. die → Babylonier bei der Eroberung von → Ninive und wurde unter Kyrus ein Teil des großen Persischen Reiches.

Meer Das Meer ist nach alter gemeinsemitischer Vorstellung Sinnbild der gottfeindlichen, die Schöpfung und ihre Ordnung bedrohenden Macht. Der Schöpfungsvorgang selbst kann darum als Kampf gegen das »Urmeer« beschrieben werden, das im Meerdrachen (→ dem Leviatan) persönliche Gestalt annimmt (Ijob 26,12-13; 38,8-11). Wenn Jesus den Sturm auf dem (wörtlich) »Meer« stillt, bekundet sich in seinem herrscherlichen Wort die Macht, der alle Urgewalten gehorchen (Mk 4,39; vgl. Jes 44,27; Ps 89,10-11; 93,3-4).

Meer, Rotes In den Spätschriften des Alten Testaments und im Neuen Testament Bezeichnung für das → Schilfmeer.

Megiddo Kanaanitischer Stadtstaat. Erste Besiedlungen um 4000 v.Chr. Wahrscheinlich hat erst David die Stadt dem israelitischen Staatsgebiet einverleiben können. Im Jahr 609 v.Chr. zwang Joschija den Pharao Necho bei Megiddo zur Schlacht. In nachexilischer Zeit wurde der Ort nicht mehr besiedelt.

Meile In Mt 5,41 steht das lateinische Lehnwort *milion* (von *mille* = »tausend«, nämlich Schritte), eine Strecke von knapp 1,5 km (= 8 → Stadien). Die Aussage von Mt 5,41 bezieht sich auf Dienstleistungen wie wegkundige Begleitung oder Lastentragen, zu denen römische Soldaten die Bevölkerung jederzeit zwingen konnten (vgl. Mk 15,21 par).

Melchisedek Der alttestamentliche Priesterkönig (Gen 14,17-20), dem sich Abraham – und mit ihm die Priesterschaft aus seinen Nachkommen (Hebr 7,6-10) – unterordnete, dient dem Verfasser des Hebräerbriefs dazu, die unvergleichliche Priesterwürde von Jesus Christus zu veranschaulichen (Hebr 7). Schlüsselstelle ist dabei das in Hebr 7,17.21 angeführte Wort aus Ps 110,4.

Meni (und Gad) Es handelt sich wahrscheinlich um → Gestirngötter, also schicksalbestimmende Mächte; Gad ist als syrische, Meni als arabische Gottheit bezeugt.

Menschen des Wohlgefallens Die Ausleger sind sich einig, dass in Lk 2,14 das Wohlgefallen *Gottes* gemeint ist, d.h. seine erwählende Liebe. Die lateinische Bibel (Vulgata) bietet die sklavisch-genaue, jedoch missverständliche und oft missverstandene Übersetzung *den Menschen des guten Willens.* – Luther übersetzte nach anderer griechischer Überlieferung *(und) den Menschen ein Wohlgefallen.* Mit »(göttlichem) Wohlgefallen« ist also nicht die Reaktion Gottes auf besonders hohe religiöse oder sittliche Qualitäten bestimmter Menschen gemeint, sondern (entsprechend dem biblischen Gebrauch des Wortes) ein souveränes, erwählendes Handeln Gottes, mit dem er unter Umständen neue Maßstäbe – in diesem Fall die endzeitlich endgültigen Maßstäbe – aufrichtet. In den Worten kündigt sich an, was dann im weiteren Verlauf des Lukas-Evangeliums und in der Apostelgeschichte deutlich hervortreten wird: Das Heil gehört nicht ohne weiteres oder gar ausschließlich dem Volk Israel, sondern ist Menschen in aller Welt, gerade auch solchen nichtjüdischer Herkunft, zugedacht (vgl. Lk 4,16-30; 24,47; Apg 10,34-36; 13,44-47; 28,23-28). Vor allem gehört es den Armen und Verachteten, denen, die in dieser Welt nichts bedeuten (Lk 1,51-53; 6,20-26; 10,21; 1Kor 1,26-31).

Menschensohn Bei dem »Menschensohn«, dessen Kommen von frommen jüdischen Kreisen zur Zeit des Neuen Testaments erwartet wurde, handelt es sich nach dem Daniel-Buch – anders als das Wort vermuten lässt – um eine übermenschlich-himmlische Gestalt, der nach dem letzten Gericht von Gott die Weltherrschaft übertragen werden soll (Dan 7,13-14). Nach einer außerbiblischen Schrift – und ebenso dem Zeugnis des Neuen Testaments – wird der Menschensohn selbst in Gottes Auftrag das letzte Gericht abhalten.

Jesus hat schon in seinem Erdenleben die Vollmacht des Menschensohnes in Anspruch genommen, als er entschied, was vor Gott zu tun erlaubt ist und was nicht (Mk 2,28), und als er Menschen die Vergebung ihrer Schuld zusprach (Mk 2,10). Die himmlische Machtstellung des Menschensohnes wurde Jesus zuteil, als Gott ihn vom Tod auferweckte (vgl. Mt 28,18-20 mit Dan 7,14). Der kommende Menschensohn, von dem Jesus zunächst wie von einem Dritten sprechen konnte (Lk 12,8-9; Mk 8,38), wird also niemand anderes sein als der auferstandene Herr selbst (Mk 13,26; 14,62). Im äußersten Kontrast zu seiner künftigen Machtstellung hat Jesus als dieser »Menschensohn« auf der Erde ein Leben in Niedrigkeit und Verachtung geführt (Mt 8,20; 11,19). Mit Gottes Vorauswissen und nach Gottes Willen ist es geschehen, dass der »Menschensohn« zunächst »den Menschen ausgeliefert«, dass der von Gott bestellte Weltrichter vor ein menschliches Gericht gestellt und zum Tod verurteilt wurde (Mk 8,31; 9,31; 10,33-34). Nach Mk 10,45 ist Jesus ein Menschensohn, der sein Leben als Lösegeld für die Menschen hingab – der Richter gibt sein Leben für diejenigen, die einst vor seinem Gericht stehen werden!

Meriba → Massa.

Meschech, Meschech-Tubal Meschech und Tubal waren zwei kleinasiatische Völker, die ihren Wohnsitz zunächst in Zilizien und Phrygien hatten und dann von den Kimmeriern (biblisch = Gomer; Ez 38,5-6) zum Schwarzen Meer hin abgedrängt wurden.

Mesopotamien Das Wort kommt aus dem Griechischen und bedeutet »das Land zwischen den Strömen«, nämlich Eufrat und Tigris, also das Zweistromland. Im Alten Testament wird der Name nur für das obere Zweistromland verwendet.

Messias Griechische Form des hebräischen *maschiach* = »der Gesalbte« (→ salben). Ursprünglich Bezeichnung des israelitischen Königs (1Sam 12,3; 16,6; 24,7 usw.), verbindet sich mit dem Begriff nach dem Ende des Königtums die Erwartung eines neuen, Israel von der Fremdherrschaft befreienden endzeitlichen Königs, des »Messias« (→ Christus).

Michael Einer der → Engelfürsten oder »Erzengel«; Schutzengel des Gottesvolkes (Dan 10,20-21). Als Anführer der Engelheere kämpft er gegen den → Satan (Offb 12,7).

Midian(iter) Das Stammesgebiet der Midianiter lag im Nordwesten der arabischen Halbinsel. Sie waren Kamelnomaden und durch ihre Beweglichkeit, die sie zu weitausgreifenden Raubzügen befähigte (Ri 6,1-5), ihren Gegnern überlegen.

Milkom Nationalgott der Ammoniter, dem Salomo wegen seiner ammonitischen Frauen eine Opferstätte errichtete.

Millo Wahrscheinlich eine Aufschüttung zur Befestigung Jerusalems, vielleicht im Nordosten der alten → Davidsstadt, beim Übergang zum Tempelbezirk (siehe Kartenskizze Jerusalem I).

Mitmensch Als »Nächster« – so die verbreitete deutsche Übersetzung – wird im Alten Testament jeder Angehörige des eigenen Volkes bezeichnet (Lev 19,13.16-18). Aber auch die → Fremden, die in den Dörfern oder Städten mit den Israeliten zusammenleben, werden einbezogen, wenn geboten wird, sie – genau wie den »Nächsten« – zu lieben »wie dich selbst« (Lev 19,33-34). Im Verlauf schwerer Kämpfe um die Bewahrung des Glaubens Israels und um die rechte Auslegung des → Gesetzes hatte sich der Begriff des »Nächsten« in den beiden Jahrhunderten v. Chr. jedoch so verengt, dass er zur Zeit von Jesus in der Praxis so viel bedeutet wie »Glaubensgenosse« oder politisch-religiöser »Gesinnungsgenosse« (Parteifreund). Das hatte für die vom Gesetz ursprünglich gemeinte und geforderte Mitmenschlichkeit Folgen, die Jesus in Mt 5,43-48 und Lk 10,30-37 kritisiert.

Moab(iter) Mit Israel verwandtes Volk (Gen 19,36-37). Von guten Beziehungen zeugen Rut 1,1; 1Sam 22,3-4; von Spannungen Num 22–24; Ri 3,12-30. Ursprüngliches Siedlungsgebiet war das fruchtbare Hochland südlich des Arnons (Karte Seite 443). David unterwarf die Moabiter (2Sam 8,2); in der Mitte des 9. Jh. v. Chr. gewann König Mescha die Selbstständigkeit zurück und dehnte seine Herrschaft auf das Gebiet nördlich des Arnons aus, wobei nach einer Inschrift Meschas der Stamm Gad aufgerieben wurde. Seit Mitte des 8. Jh. assyrischer und dann babylonischer Vasallenstaat; Ende des 5. Jh. ins Reich der → Nabatäer eingegliedert.

Bei der in Jesaja 15 geschilderten Katastrophe handelt es sich wahrscheinlich um einen Überfall von Nomaden aus der Wüste. Die zerstörten Städte (Vers 1) liegen im Zentrum Moabs (Kir-Moab ist vielleicht = Kir-Heres; vgl. Jes 16,7.11 und Karte Seite 443). Die Verse 2-4 beschreiben die Reaktion im Landesteil nördlich des Arnons, während in Vers 5-9 das Verhalten im stärker betroffenen Süden geschildert wird.

Moloch Ein Gott Moloch, dem Kinder geopfert wurden, ist außerhalb der Bibel nicht bezeugt; jedoch ist aus Phönizien ein Begriff für eine Opferart *(mlk)* bekannt, der damit in Zusammenhang stehen könnte. In Apg 7,43 wird Amos 5,25-27 nach der griechischen Übersetzung zitiert, in der »Moloch« für die assyrische Sterngottheit Sakkut eingesetzt ist. Die Namensform »Moloch« stammt aus der alten griechischen Übersetzung; die jüdischen Überlieferer haben zu den Konsonanten *mlk* die Vokale des Wortes Schande *(boschet)* hinzugefügt, sodass die Form »Molech« entstanden ist (vgl. Anmerkung zu 1Chr 8,33). Dass Gott eigentlich jeder erstgeborene Sohn »gehört«, ist auch in Israel anerkannt, doch wird dafür ein Ersatztier geopfert (Ex 13,1.11-13; vgl. Gen 22,13).

Monate Zu den althebräischen und den später üblich gewordenen babylonisch-assyrischen Monatsnamen siehe die Tafel auf den Seiten 148/149 AT. In der späteren Königs- und in der Verbannungszeit wurden die Monate 1 bis 12 durchnummeriert. Schaltmonate waren nötig, weil mit Mondjahren von 354 Tagen gerechnet wurde.

In vorexilischer Zeit begann in Israel das Jahr im Herbst (bevor die Regenzeit einsetzte und der Ackerboden sich erneuerte), woran bis heute das jüdische Neujahrsfest *(rosch-haschana)* im Monat Tischri (September/Oktober) erinnert. Als im 6. Jh. v. Chr. unter babylonischem Druck der babylonische Kalender in Juda eingeführt wurde, kam – entsprechend diesem Kalender – der Jahresbeginn auf den 1. Tag des Frühlingsmonats Nisan (März/April) zu liegen (→ Kalender).

Morgenopfer → Abendopfer.

Morgenstern Sterne in der Hand eines Gottes oder eines menschlichen Herrschers sind auf antiken bildlichen Darstellungen Sinnbild für Macht und Herrschaft. Das gilt auch für die »sieben Sterne«

(wahrscheinlich das Sternbild des Kleinen Bären) von Offb 1,16; 2,1; 3,1 und ebenso für den »Morgenstern« (= Planet Venus) von Offb 2,28.
In Offb 22,16, wo Jesus selbst als »der leuchtende Morgenstern« bezeichnet wird, ist wahrscheinlich auf die Prophetie von Num 24,17 Bezug genommen. In 2 Petr 1,19 bezieht sich das Bild auf die Wiederkunft von Christus.

Mose (hebräisch Mosche, griechisch-lateinisch Moses) Von Gott aus dem »brennenden Dornbusch« heraus berufen (Ex 3), führt er das Volk Israel aus Ägypten (Ex 5–14) und empfängt am Berg → Sinai von Gott die Zehn Gebote und weitere Gesetze für sein Volk. Sein Name ist für immer mit dem Gesetz (hebräisch *Tora*) verbunden, dem das Judentum seine religiöse Identität verdankt (→ Bund, → Gesetz).

Mühlstein Das Korn für den täglichen Bedarf wurde auf einem muldenförmig vertieften Stein (Unterstein) mit einem dazu passenden Reibstein (Oberstein) zerquetscht und zerrieben. Die Handmühle gehörte zu jedem Haushalt und durfte als lebenswichtig nicht gepfändet werden (Dtn 24,6). Der Oberstein (»Mühlstein«) eignete sich als Wurfgeschoss (Ri 9,53; 2 Sam 11,21). Die von Eseln getriebene Mühle (seit römischer Zeit) hat einen entsprechend größeren Oberstein (Mk 9,42 par wörtlich »Eselsmühlstein«; Offb 18,21 »großer Mühlstein«).

Myrrhe Duftendes Harz eines immergrünen Baumes, das sehr begehrt war und zur Herstellung von Parfüm, Salböl, Gewürz sowie als Wohlgeruch bei der Bestattung verwendet wurde (Joh 19,39), außerdem als betäubender Zusatz zum Wein (Mk 15,23).

N

Nabatäer Aus der arabischen Wüste kommend, wurden die Nabatäer im 5./4. Jh. v. Chr. im früheren → edomitischen Gebiet um Petra sesshaft. Sie gründeten ein Reich, das das ganze Ostjordanland umfasste und zeitweise bis nach Damaskus reichte (2 Kor 11,32).

Nabel der Erde Als Mittelpunkt der Erde (oder des Landes?) gilt der seit alters heilige Berg Garizim (Karten AT Seite 443 und NT Seite 61). Auch andere berühmte Heiligtümer tragen diesen Namen. In Ez 38,12 wird die Bezeichnung auf Jerusalem oder auf das ganze Land Israel übertragen.

Nachricht, Gute → Gute Nachricht.

Nadelöhr Wiederholt hat man versucht, das Wort in Mk 10,25 par verständlicher und annehmbarer zu machen, indem man entweder griech. *kamelos* (= Kamel) als Verschreibung von griech. *kamilos* (= Schiffstau) erklärte oder unter dem »Nadelöhr« ein besonders enges und niedriges Stadttor verstand. Alle Versuche dieser Art sind heute aufgegeben. Man erkennt an, dass hier bewusst das Nadelöhr als kleinste Öffnung dem Kamel als dem größten Tier (im damaligen jüdischen Land) gegenübergestellt ist und dass es gerade Jesu Art ist, solche zugespitzten Bildworte zu verwenden (vgl. Mt 7,3-5 par; 23,24).

Nahrungsvorschriften Da es Juden verboten ist, das Fleisch bestimmter Tiere (vgl. Lev 11 par) oder → Blut von irgendeinem Tier zu genießen, darüber hinaus bei der Zubereitung und beim Verzehr aller Speisen auf Reinheit (→ rein) der Töpfe und Schalen (vgl. Mk 7,4; Mt 23,25) geachtet werden muss, ist es ihnen kaum möglich, am Tisch eines Nichtjuden – der diese Vorschriften nicht kennt und nicht befolgt – mitzuessen (vgl. Dan 1,8; Tobit 1,10-11; Jdt 10,5; 12,1-4.17-19; Apg 10,9-15; 11,3). Auf jeden Fall ist es in solcher Lage erforderlich, auf das Essen von Fleisch zu verzichten.
Wenn in der Bibel stellenweise Fleischkost abgelehnt wird, geschieht es demnach nicht aus einem grundsätzlichen Vegetarismus. Das gilt auch für das Verhalten der Christen in den frühen Gemeinden, die damit rechnen mussten, dass das Fleisch, das ihnen bei Einladungen angeboten und auf dem Markt verkauft wurde, von einem Götzenopfer stammte (→ Opferfleisch).

Name (von Gott, von Jesus) Für biblisches Denken ist der Name nicht eine austauschbare Äußerlichkeit (Faust: »Schall und Rauch«), sondern aufs engste mit der Person des Namensträgers, dessen Wesen und Wirken verbunden. Es hat deshalb eine entscheidende Bedeutung, dass Gott im Alten Testament, wie alle Götter des Altertums, einen Eigennamen trägt (Jahwe; → HERR). Durch das betende Anrufen und feierliche Aussprechen des Gottesnamens wird Gott selbst gegenwärtig, z. B. im Segenszuspruch der Priester (Num 6,22-27) oder wenn der Name als Akt der Besitzergreifung über etwas ausgerufen wird (Jes 43,7; Jer 14,9; Am 9,12). In älterer Zeit wurde der Name Gottes zur Beteuerung der Wahrheit einer Aussage im Schwur angerufen, später aus Scheu vor Missbrauch (Ex 20,7) überhaupt nicht mehr ausgesprochen, nur noch vom → Obersten Priester bei der Erteilung des in Num 6,22-26 überlieferten Segens (Sir 50,20). Wenn der → Tempel in Jerusalem als Wohnsitz für Gottes »Namen« bezeichnet wird (Dtn 12,5), so bedeutet dies, dass Gott dort für sein Volk zu finden ist und ihm seine ganze Heils- und Segensfülle zuwenden will (1 Kön 8,27-53).
Das Entsprechende gilt im Neuen Testament vom Namen Jesus: Der Name steht für die Person. Was »in seinem Namen« getan wird, geschieht also nicht etwa nur im Auftrag oder in der Vollmacht von Jesus, sondern wirklich durch ihn, den auferstandenen, erhöhten Herrn, der in und durch seinen Namen seiner Gemeinde zugewandt und ge-

genwärtig ist, um in ihrer Verkündigung und durch ihr Handeln zur Wirkung zu kommen. »Im Namen von Jesus« ist daher oft gleichbedeutend mit »durch Jesus«; für »Name von Jesus« könnte oft einfach »Jesus« gesagt werden. Zur Taufe »auf den/im Namen von Jesus« → Taufe.

Namengebung Es ist das Recht der Eltern, besonders des Vaters, den Namen eines Kindes zu bestimmen. Wiederholt wird erzählt, dass Gott der Ausübung dieses Rechts zuvorgekommen sei und bei der Ankündigung der Geburt eines Kindes auch gleich dessen Namen festgelegt habe. Damit wird zum Ausdruck gebracht, dass Gott seine Hand auf dieses Kind gelegt hat; es ist *sein* Kind, dem er eine besondere Aufgabe zugedacht hat (Gen 16,11; 17,19; Jes 7,14; Mt 1,21.25; Lk 1,13.31.59-63; 2,21; → Geburtsgeschichten).

Narde, Nardenöl Ein schnell verdunstendes Fett, das mit dem Wurzelextrakt einer im Himalaja wachsenden Pflanze parfümiert wurde. Durch ihre Einfuhr aus einem so fernen Land war die Narde sehr teuer (Mk 14,3-5; Joh 12,2-5).

Nasiräer (von hebräisch *nasir* = Geweihter) Gottgeweihte heißen im Alten Testament Menschen, die sich als für Gott ausgesondert verstehen und dies durch eine bestimmte Lebensweise kundtun. Es kam vor, dass solche Gottgeweihten ihr ganzes Leben in dieser Ausnahmesituation verbrachten, wie z.B. Simson (Ri 13,5). Häufiger scheint es jedoch gewesen zu sein, dass sich jemand für eine begrenzte Zeitspanne dem ausschließlichen Dienst Gottes weihte. Bestandteil des Gelübdes war die Enthaltung von bestimmten Nahrungsmitteln, vor allem aber alkoholischen Getränken. Zum Zeichen ihrer »Weihe« ließen die Nasiräer in der Regel ihr Haupthaar nicht schneiden (Num 6,1-8).
Wenn jemand auf Zeit ein solches Gelübde ablegte, musste er als Abschluss ein ziemlich kostspieliges Opfer darbringen (Num 6,13-20). In diesem Zusammenhang steht die Aufforderung an Paulus (Apg 21,23-26), die Opferkosten für arme Nasiräer zu übernehmen und dadurch zugleich seine eigene Gesetzestreue zu beweisen. Damit er aber auch selbst an den Opferhandlungen im → Tempel teilnehmen kann, muss er, da er durch seinen Auslandsaufenthalt → unrein geworden ist, sich zuvor den sieben Tage dauernden Reinigungszeremonien unterziehen. Auch hierzu wird Paulus in Apg 21,24 aufgefordert. (Die verkürzte und unklare Darstellung wird daher rühren, dass Lukas bzw. schon sein Gewährsmann als Heidenchristen mit den jüdischen Gebräuchen nicht genügend vertraut waren.)

Natur (menschliche, selbstsüchtige) → Fleisch.

Nazoräer Häufiger noch als »Nazarener« – d.h. »der aus Nazaret« – wird Jesus im Neuen Testament als »Nazoräer« bezeichnet (z.B. Mt 26,71; Joh 18,5.7; Apg 2,22). Beides könnte zumindest später als gleichbedeutend gebraucht worden sein; doch verbirgt sich hinter dem Ausdruck »Nazoräer« möglicherweise eine alte Bezeichnung für Jesus als Messias (→ Christus), deren Anklang an Nazaret einen erwünschten Doppelsinn ergab. Nach Mt 2,23 geht die Bezeichnung »Nazoräer« auf die alttestamentlichen Propheten zurück. Vielleicht ist sie von Jes 11,1 herzuleiten, wo von dem »Spross« (hebräisch *nezär*) die Rede ist, der aus dem Baumstumpf Isai hervorwächst. Vielleicht spielen auch die »Gottgeweihten« (hebräisch *nesir;* → Nasiräer) des Alten Testaments als prophetische Hinweise auf den Messias/Christus eine Rolle (vgl. Ri 13,5.7; 16,17).

Nebo (1) Ortsangabe: Berg, von dem aus Mose in das Land Kanaan schauen durfte (Dtn 32,49; 34,1); Stadt in Moab (Jes 15,2) und in Juda (Esr 2,29).
(2) Babylonischer Gott, der als Sohn des babylonischen Hauptgottes Marduk galt (Jes 46,1; der Name ist z.B. in Nebukadnezzar enthalten: Nebo, behüte meinen Sohn!).

Nehuschtan Ein Schlangenbild im Jerusalemer Tempel, dem Heilkraft zugeschrieben und das deshalb verehrt wurde (vgl. Äskulapstab). Vielleicht war es ein Gottesbild kanaanitischer Herkunft, doch wurde es in der Überlieferung mit der Bronzeschlange gleichgesetzt, die Mose in der Wüste errichtet hatte (Num 21). Hiskija ließ dieses Bild entfernen (2 Kön 18,4).

Nero Als Kaiser Nero 68 n. Chr. im Alter von 32 Jahren Selbstmord begangen hatte, konnten und wollten viele im Römischen Reich dies nicht glauben. Es bildete sich die Vorstellung, der Kaiser sei nicht tot, vielmehr habe er sich zu den Parthern jenseits der Ostgrenze des Reiches begeben und werde an der Spitze der Partherheere zurückkehren, um an seinen Feinden und der ganzen Stadt Rom grausam Rache zu nehmen. Später wandelte sich die Erwartung dahin, dass Nero aus der Totenwelt wiederkehren und mit dämonischer Macht die Stadt Rom heimsuchen werde. Für bestimmte *jüdische Kreise* war es ausgemacht, dass es der Teufel sei, der in der Gestalt Neros erscheinen und Rom vernichten werde – um dann selbst vom Messias Israels besiegt und vernichtet zu werden.
Unter *Christen* hatte Nero bereits Züge des → Antichrist angenommen, seitdem er 64 n. Chr. im Stadtgebiet von Rom die erste systematische Christenverfolgung durchgeführt hatte. Für den Seher von Offb 17 (vgl. auch schon 13,3.12.14.18: der Kopf bzw. das Tier mit der verheilten tödlichen Wunde) verbindet sich dieses negative Nerobild mit der Erwartung vom wiederkehrenden Nero. Mit den fünf bereits »gefallenen Königen« in 17,10 dürften die römischen Kaiser Caligula (37–41 n. Chr.), Claudius (41–54), Nero (54–68), Vespasian (69–79) und

Titus (79–81), mit dem, der »noch herrscht«, Domitian (81–96) gemeint sein. Der Seher, der zur Zeit Domitians schreibt, erwartet – damit die Siebenzahl voll wird – noch einen weiteren »König« (= Kaiser), und danach erscheint als achter jener, der, mit dem Tier zur Einheit verschmolzen, zugleich einer der verflossenen sieben ist: der aus dem »Abgrund« wiederkehrende Nero (17,11; vgl. 17,8). Er, die Verkörperung des Antichrist, wird »in den Untergang rennen« (17,11; vgl. 17,8), denn Christus wird ihn bei seiner endgültigen Ankunft besiegen (17,14; vgl. 19,11-21). Vorher jedoch wird Nero – den Absichten Gottes entsprechend – zusammen mit seinem Verbündeten aus dem Osten das Gericht an der Stadt Rom vollstrecken (17,12f.16f; 18).

Neumondfest, Neumondstag Der Tag, an dessen Vorabend der zunehmende Mond wieder sichtbar wurde, galt als Monatsbeginn (→ Kalender). Der Mond war in der altorientalischen Welt jedoch nicht nur für den Kalender bedeutsam, sondern zog auch vielfach göttliche Verehrung auf sich. In Israel war der Gestirnkult zwar untersagt, doch wurde der Neumondstag besonders feierlich begangen (vgl. Ps 81,4; 1Sam 20,5.24-27). Dass solche Feste häufig entarteten, geht aus Hos 2,13; 5,7 hervor.

Nikolaïten Ihr Name wird mit Nikolaus von Antiochia (Apg 6,5) in Verbindung gebracht; über ihre Lehre ist nicht viel bekannt. Wahrscheinlich fühlten sie sich als Christen hoch erhaben über alles Irdische und meinten, auch Unzucht und Teilnahme an den Götzenopfern (→ Opferfleisch) könne ihnen nicht mehr schaden (Offb 2,6.14-15).

Ninive Eine Stadt von sprichwörtlicher Größe und Sündhaftigkeit (Jona 1,2; Mt 12,41 par), Hauptstadt des Assyrischen Reiches (Karte Seite 14/15; → Assyrien).

Nisan Frühlingsmonat, etwa Mitte März bis Mitte April; der Jahresbeginn nach dem babylonischen Kalender, den die Juden nach dem → Exil übernahmen.

Noach (Noah) Als vorbildlich → Gerechter mitten in der verdorbenen Menschheit wurde er mit seiner Familie vor der → Sintflut (und durch sie hindurch; 1Petr 3,20) in der → Arche gerettet (Gen 6,5–8,22).

Nod Ein Land Nod ist geographisch nicht bekannt. Der Name bedeutet »Ziellosigkeit/Heimatlosigkeit«.

Norden Die geheimnisvoll-unbestimmte Ankündigung eines Feindes »aus dem Norden« spielt in der biblischen Prophetie vor allem bei Jeremia eine Rolle (siehe Jer 1,14 und Vergleichsstellen dazu). Feindliche Heere konnten Israel/Juda aufgrund der geographischen Gegebenheiten nur von Süden (Ägypter) oder Norden (Assyrer, Babylonier) erreichen; im Osten bildete die syrisch-arabische Wüste eine unüberwindliche Barriere.

O

Obed Der Name bedeutet »Knecht, Diener, Verehrer«.

Obergewand (Oberkleid) Das Obergewand bestand in der Regel aus einem großen rechteckigen Stück Woll- oder Leinenstoff. Beim Tragen wurde das eine Ende so über die linke Schulter gelegt, dass ein Teil des Tuches die linke Vorderseite des Körpers bedeckte; der andere, größere Teil des Tuches wurde um den Rücken und unter der rechten Achsel hindurch nach vorne geführt, wo sein Ende entweder mit der linken Hand festgehalten oder über die linke Schulter nach hinten geworfen wurde. Eine andere Form des Obergewands bestand aus zwei knapp körperlangen rechteckigen Stoffbahnen, die oben und an der Seite zusammengenäht waren, mit Öffnungen für Kopf und Arme. Die Seitennähte und der untere Saum waren gelegentlich mit Borten oder → Quasten verziert.
Das Obergewand diente auch zum Transport trockener Güter wie z. B. Getreide (Rut 3,15) und als Unterlage (Dtn 22,17) bzw. Decke (Ex 22,25-26). Zum Zeichen der Trauer und des Entsetzens wurde in Israel das Obergewand »zerrissen«, worunter ein mehr oder weniger tief gehender Einriss zu verstehen ist.

Oberster Priester (in anderen Bibelübersetzungen »Hoherpriester«) Schon vor dem babylonischen → Exil gab es in Jerusalem und an anderen Heiligtümern im Land »Oberpriester«, von denen einzelne – in nachexilischer Berichterstattung – auch schon als »Oberster Priester« bezeichnet werden (2Kön 12,11; 22,4.8; 23,4). Doch wird das Amt des Obersten Priesters in seiner alles andere Priestertum überragenden Bedeutung erst nach dem Exil, d. h. dem Ende des Königtums greifbar. Der erste namentlich bekannte nachexilische Oberste Priester ist Jeschua (Hag 1,1; 2,2; Sach 3; 6,9-15). In persischer und frühhellenistischer Zeit wurde der Oberste Priester mehr und mehr auch das politische Haupt der jüdischen Gemeinde; die Priester aus dem Geschlecht der → Makkabäer legten sich die Königswürde bei. Von den Römern wurden die Befugnisse des Amtes zurückgeschnitten; doch blieb auch zu dieser Zeit der Oberste Priester der Vorsitzende des jüdischen → Rates und oberster Repräsentant der jüdischen Gemeinde.

Oberteufel → Beelzebul.

Ochsenstachel Zum Antreiben der Rinder verwendete man einen Stab mit einer scharfen Spitze.

Ofel Teil des Südosthügels von Jerusalem, zwischen dem Tempelberg und der alten → Davidsstadt gelegen.

offenbaren, Offenbarung Das hebräische Wort, das früher oft mit »schauen/Vision« übersetzt wurde, ist ein spezifischer Ausdruck für den prophetischen Offenbarungsempfang, und zwar gerade auch für die Wortoffenbarung. Er kennzeichnet diesen Vorgang als Erfahrung in einem besonderen Bewusstseinszustand, der dem tiefen Schlaf verwandt – deshalb gelegentlich mit Nacht und Traum verbunden – und doch zugleich hellwach ist. Visionen sind bei den biblischen → Propheten die Ausnahme (Jes 6,1-7; Jer 1,9-13; Ez 1; Am 7,1-9; 8,1-3; Sach 1,7–6,8).

Ofir Goldland, wahrscheinlich in Südwest-Arabien. Zur Zeit Salomos fuhren die Goldschiffe vom Golf von Akaba (Elat; Karte Seite 14/15) nach Ofir.

Öl Im Alten Testament ist in der Regel an Olivenöl gedacht. Die Oliven wurden gepresst und zerquetscht, das Öl gesammelt und nach Qualität geschieden. Es wurde für den Haushalt, zur Medizin und zur Kosmetik verwendet. Auch zur → Salbung benutzte man Olivenöl, nachdem es mit aromatischen Stoffen vermischt worden war. Das Öl ist Symbol für Freude und Festlichkeit.

Ölberg Seit alter Zeit für heilig gehaltener Berg etwa 1 km östlich von Jerusalem. Er gehört zu einem Höhenzug, der Jerusalem von Norden und Osten umgibt.

Omri Er muss als König des Nordreichs Israel (882–871 v. Chr.) von überragender Bedeutung gewesen sein, da sein Name für die Nachbarvölker noch lange als Bezeichnung für Israel galt (»Haus Omris«).

Onyx (1) Edelstein (Ex 28,20 u. ö.)
(2) → Räucherklaue.

Opfer, Opfergaben Das Opfer ist eine bei allen Völkern des Altertums verbreitete, besonders wichtige und feierliche Form des Gottesdienstes, mit dem Sinn, der Gottheit Verehrung darzubringen, ihre Gunst zu gewinnen oder ihre Strafe abzuwenden. Es gibt blutige und unblutige Opfer. Zu den unblutigen zählen Früchte, Getreide, Brot, Wein, Öl, Weihrauch, für die blutigen sind geeignet Rinder, Kälber, Schafe, Ziegen, Tauben.

Wichtigstes Opfer ist das → *Brandopfer* (Lev 1), das in Israel in der Regel zweimal täglich, als Morgen- und → Abendopfer, dargebracht und bei dem das Opfertier ganz und gar auf dem Altar verbrannt wurde.

Die gewöhnlichste Opferart ist das *Mahlopfer* (Lev 3); jede Schlachtung war ursprünglich ein solches Opfer. Die Innereien und die Fettstücke wurden zusammen mit einem Brandopfer dargebracht, während das Fleisch des geschlachteten Tieres beim *Opfermahl* im Bereich des Heiligtums von der Familie oder Gemeinde verzehrt wurde. Der hebräische Ausdruck könnte am besten als »Gemeinschaftsopfer« übersetzt werden, weil durch das Mahl Gemeinschaft zwischen den Essenden und Gott gestiftet wurde, dessen Anteil man auf dem Altar verbrannte (Lev 7,28-31). Mahlopfer sind meist *Dankopfer* eines Einzelnen oder einer Gruppe, die aus besonderem Anlass (Rettung aus Krankheit und Not) dargebracht werden.

Zur → Sühne von schwerwiegenden Verstößen gegen das göttliche → Gesetz dient das → *Sühneopfer,* bei dem der Priester mit dem Blut des Opfertieres bestimmte Sühnehandlungen vornimmt und die Fettstücke auf dem Altar verbrennt (Lev 4). Das Fleisch wurde von den Priestern verzehrt (Lev 6,17-23). Die Sühnewirkung dieses Opfers betraf Verfehlungen, die unbeabsichtigt und unwissend begangen wurden.

Mit dem Sühneopfer verwandt ist das *Wiedergutmachungsopfer,* mit dem eine über das Opfer hinausgehende Wiedergutmachung verbunden ist und durch das auch bestimmte wissentlich und willentlich begangene Verfehlungen gesühnt werden konnten (Lev 5,14-26).

Das *Speiseopfer* (Lev 2) bestand in einer Naturalabgabe: Mehl oder Backwaren mit Öl oder auch Getreide von → Erstlingsabgaben. Es konnte als selbstständiges Opfer (Lev 6,13-16; Num 5,15) oder in Verbindung mit anderen Opfern (Num 28–29) dargebracht werden. Eine Hand voll wurde mit Weihrauch auf dem Altar verbrannt; der Rest fiel dem Priester zu (Lev 6,7-11).

Das *Trankopfer,* bei dem roter Wein am Altar ausgegossen wurde, steht immer in Verbindung mit anderen Opfern, vor allem dem Brandopfer (Num 28–29).

Für das *Räucheropfer* wurde eine besondere Mischung von → Weihrauch und verschiedenen anderen Bestandteilen hergestellt (Ex 30,34-38). Die Weihrauchmischung wurde auf Räucherpfannen (Lev 10,1) oder auf dem Räucheraltar im Innern des Heiligtums (Lk 1,9) verbrannt.

Seit der Zerstörung des zweiten Jerusalemer → Tempels im Jahr 70 n. Chr. wird der Opferdienst nicht mehr ausgeübt. Die christliche Gemeinde sieht ihn in seinem eigentlichen Sinn erfüllt und abgelöst durch das Opfer, das Jesus mit seinem Sterben gebracht hat (Röm 3,25-26; Eph 5,2; Hebr 8,1–10,18). Als Antwort darauf ist sie gehalten, ihr ganzes Leben Gott zum Opfer zu weihen (Röm 12,1). Der → Apostel Paulus versteht seine Missionsarbeit unter den nichtjüdischen Völkern als einen Opferdienst für Gott (Röm 15,16; Phil 2,17).

Opferfleisch Ursprünglich war jede Schlachtung eines Tieres ein → Opfer. Opferschlachtungen in heidnischen Tempeln und anschließende Mahlzeiten spielten zur Zeit des Neuen Testaments bei Nichtjuden eine große Rolle. Das den Götzen geweihte Fleisch wurde auch auf dem Markt verkauft. Dies stürzte manche Christen in Gewissensnöte (1Kor 8–10).

Opferlamm In dem Bild von Jesus als (wörtlich) »Lamm Gottes« mischt sich das Bild von dem geduldig (und stellvertretend) leidenden Lamm aus Jes 53,4-7 mit dem Bild von Jesus als dem neutestamentlichen → Passalamm (1Kor 5,7; 1Petr 1,19).

Opfermahl → Mahlopfer, → Opfer.

Opferstätte Wiedergabe eines hebräischen Begriffs, der wörtlich »Höhe« bedeutet und einen umgrenzten heiligen Bezirk mit Opferaltar oder auch eine größere Opferstätte mit einem Tempelbau bezeichnet (1Kön 3,4; 2Kön 23,15). Das Wort wird für die im Land verstreuten Opferplätze gebraucht (1Kön 3,27; 2Kön 12,4; 14,4 usw.).

Im 5. Mosebuch (Dtn 12) wird vorgeschrieben, dass Israel nur an einer einzigen Stätte im Land seinem Gott → Opfer darbringen darf. Aus dem Alten Testament lässt sich erkennen, dass diese Vorschrift erst in späterer Zeit befolgt wurde, und zwar nach der Auffindung eines »Gesetzbuches« unter König Joschija (2Kön 22), das eben diese Vorschrift enthielt. Vieles spricht dafür, dass dieses Gesetzbuch kein anderes als das 5. Mosebuch (Dtn) selbst war oder doch maßgebliche Teile daraus enthielt. Von dieser Zeit an ist die Darbringung von Opfern außerhalb Jerusalems verboten, während das Schlachten von Tieren von der Opferhandlung getrennt an jedem beliebigen Ort freigegeben wird. In älterer Zeit war jedes Schlachten zugleich ein Opfer für Gott. Dieser alte Opferbrauch erscheint von da an im Rückblick (wie ihn die Königs- und Chronikbücher bieten) als reiner Götzendienst, was er der Absicht nach nicht war: Die Opfer auf den Altären des Landes wurden nicht → Baal, sondern dem → HERRN dargebracht. Allerdings war mit dem alten Brauch die Gefahr einer Vermengung mit kanaanitischen Bräuchen stets gegeben. Die Landpriester verloren mit der Reform Joschijas ihre Funktion und wurden zu einem Priesterstand »zweiter Klasse« (→ Leviten).

Orakel Versuch, in Entscheidungssituationen den Willen Gottes oder die Zukunft zu erfahren. Göttliche Willensäußerungen konnten entweder durch den Mund von Priestern und Propheten kundgetan werden oder durch das Werfen von Losstäben, deren Fall die Entscheidung Gottes aufzeigte (1Sam 23,2.11) → Lose, heilige.

Orakeltasche → Lose, heilige.

P

Palast → Prätorium.

Paradies Lehnwort aus dem Persischen, wo es einen herrschaftlichen Park bezeichnet. In der griechischen Übersetzung des Alten Testaments steht es für den Garten → Eden. Jüdische Kreise erwarteten, dass das Paradies mit dem Lebensbaum (Gen 2,8-9; 3,24) in der Endzeit wiederkehren werde (vgl. Offb 22,2.14.19). In der Gegenwart dagegen ist es verborgen, und zwar im dritten → Himmel (2Kor 12,2-4). Es galt nach jüdischem Glauben als Aufenthaltsort der verstorbenen Frommen in der Zeit zwischen ihrem Tod und der allgemeinen → Auferstehung am Ende der Welt (vgl. Lk 23,43).

Paradiesströme Von den vier Strömen, die vom Paradies ausgehen – Gihon, Pischon, Hiddekel (= Tigris) und Eufrat –, sind nur die beiden letzten bekannt. Der biblische Bericht will zum Ausdruck bringen, dass von dem ursprünglichen Gottesgarten die Fruchtbarkeit der Welt ihren Ursprung hat und die ganze Erde von den Armen des Paradieswassers umspannt wird.

Passafest, Passamahl Frühjahrsfest zur Erinnerung an den Auszug Israels aus Ägypten (Ex 12,1-28). Der Name »Passa« (hebräisch *pesach,* aramäisch *pas'cha;* so auch die griechisch-lateinische Wiedergabe), über dessen ursprünglichen Sinn sich nichts Sicheres sagen lässt, wird in Ex 12,27 als gnädiger, die Israeliten verschonender »Vorübergang« des Herrn gedeutet.

Nach der Gottesdienstreform von König Joschija mit ihrer Zentralisation des Opfergottesdienstes im Sinne von Dtn 12 wurde das Passa nicht mehr an den Wohnsitzen, sondern nur noch als Wallfahrtsfest in Jerusalem gefeiert (2Kön 23,21-23). Das Passalamm – nunmehr als → Opfer verstanden – durfte nur im Tempel geschlachtet, sein Fleisch nur innerhalb der Mauern Jerusalems verzehrt werden; sein Blut wurde am Fuß des → Brandopferaltars ausgegossen.

Für das Passamahl mussten die Hausbesitzer Jerusalems den Pilgern Räume zur Verfügung stellen. Hauptbestandteil der Mahlzeit war das Schaf- oder Ziegenböckchen. Als Beigaben wurden eine Art bitterer Salat und Fruchtmus genossen, dazu Brot, wie es zu jeder Mahlzeit gehört (in diesem Fall jedoch ungesäuert, d.h. ohne → Sauerteig gebacken). Dem eigentlichen Hauptmahl ging eine Art Vormahl voraus, bei dem die Geschichte vom Auszug aus Ägypten erzählt wurde. Hierzu wurde ein Becher mit Wein gereicht (vgl. Lk 22,17). Die Hauptmahlzeit wurde wie jedes jüdische Mahl dadurch eröffnet, dass der Hausvater ein kurzes Lobgebet über einem Stück Brot sprach, dieses dann zerbrach und an alle austeilte. Ebenso wurde das Passamahl wie jedes jüdische Festmahl dadurch beschlossen, dass der Hausvater über einem Becher mit Wein das Dankgebet sprach und dieser Becher dann die Runde machte. An diese Formen konnte Jesus bei der Stiftung des Abendmahls/der Eucharistie anknüpfen (Mk 14,22-24par; → Brotbrechen). Bis heute wird das Passa im Judentum in dieser Form gefeiert, jedoch seit der Zerstörung des Jerusalemer → Tempels 70 n. Chr. ohne das Passalamm, an das nur noch ein Knöchelchen erinnert. Wie schon zur Zeit von Jesus wendet sich der Blick von der einst geschehenen zur künftig zu erwartenden endgültigen Befreiung (vgl. Mk 14,25 par; 1 Kor 11,26; → Maranata). Zum Abschluss werden die Psalmen 114–118 gesungen.

Das Passafest geht unmittelbar in das siebentägige Fest der → Ungesäuerten Brote über, das nicht nur in Jerusalem, sondern überall an den Wohnsitzen gefeiert wurde.

Der Vortag des Passafestes, an dem bereits morgens aller Sauerteig aus den Häusern entfernt werden musste, an dessen Nachmittag im Tempel die Passalämmer geschlachtet wurden und an dessen Abend das Passamahl stattfand, wird in Mt 26,17 und Mk 14,12 – nicht ganz zutreffend – bezeichnet als »erster Tag der Festwoche, während der ungesäuertes Brot gegessen wird«.

Passalamm → Passafest.

Passaopfer Das Schlachten der Passalämmer geschah am Nachmittag vor dem Passafest im → Tempel in Jerusalem, wobei das Blut als Opfer an den → Altar geschüttet wurde.

Paulus → Saulus.

Perser, Persien Die Perser sind ein iranischer Volksstamm, der zu weltgeschichtlicher Bedeutung aufgestiegen ist. Die achämenidischen Könige schufen seit etwa 640 v. Chr. das Persische Weltreich, das nach Siegen über die → Elamiter, die → Assyrer und die → Babylonier den gesamten Vorderen Orient umspannte. Erst Alexander d. Gr. konnte das Perserreich im Jahr 330 v. Chr. besiegen.

Petrus Beiname des → Apostels Simon (Mt 4,18). Die latinisierte Form des griechischen *Petros* ist die Übersetzung des aramäischen *kefa(s);* beides bedeutet »Stein« (vielleicht ursprünglich gemeint im Sinn von »Edelstein«). Maßgeblich wurde die Deutung, die dieser Beiname in Mt 16,18, in dem dort vorliegenden Wortspiel, gefunden hat: »Du bist *Petros* (griechisch = Stein); und auf diese *petra* (griechisch = Fels) werde ich meine Gemeinde bauen!« Der Beiname in dieser Deutung hebt nicht eine besondere Charakterstärke seines Trägers hervor, die Petrus im Gegenteil öfter vermissen lässt (vgl. insbesondere Mk 14,66-72 par), vielmehr bezeichnet er die Funktion, die dem Namensträger von Jesus zugedacht ist (Mt 16,18).

Pfahl, geweihter → Aschera.

Pfeilschlange Sie hat ihren Namen von der Fähigkeit, aus eingerollter Stellung wie ein Pfeil auf ihr Opfer loszuschießen. Auch die Tatsache, dass sie sich nicht um ihre Jungen kümmert, mag dazu beigetragen haben, dass sie als unheimlich galt und in Jes 34,15 zusammen mit dämonischen Wesen genannt wird (→ Bocksgeister).

Pfingstfest Im alten Israel das mittlere der drei großen Jahres- und Wallfahrtsfeste, das dem Abschluss der Weizenernte folgte (»Erntefest«; Ex 23,16). Weil es sieben Wochen nach dem → Passafest gefeiert wurde, erhielt es nach dem griechischen Wort für fünfzig den Namen Pfingsten (*pentekoste* = 50. Tag). Wurde am Passafest der Auszug aus Ägypten gefeiert, so gedachte das Judentum seit dem 1. Jh. n. Chr. am Pfingstfest besonders der Gabe des → Gesetzes am → Sinai. Der Bericht von Ex 19,16-19 wurde im Lauf der Zeit in dem Sinne ausgeschmückt, dass Gott in einer Sprache wie aus Feuer dem Volk die Gebote mitgeteilt habe. Auch sollen die Gebote damals in allen siebzig Sprachen der Welt ergangen sein. Vor diesem Hintergrund verkünden die Ereignisse des ersten christlichen Pfingstfestes (Apg 2,1-13) die endzeitliche Vollendung dessen, was einst am Sinai geschah: Jetzt wird, wie von den Propheten angekündigt, Gottes Volk von Gottes → Geist ergriffen und in der Kraft dieses Geistes neu geschaffen (Joël 3,1-5; Ez 36,26-27).

Pflanzenkost Wenn in der Bibel stellenweise Fleischkost abgelehnt wird, geschieht es nicht aus einem grundsätzlichen Vegetarismus, sondern jeweils mit Rücksicht auf besondere Umstände. Besonders bei Fleisch (vgl. Dan 1) bestand in nichtjüdischer Umgebung immer die Gefahr, dass es entweder von Tieren stammte, die nach dem Gesetz Moses nicht gegessen werden durften (Lev 11), oder von Tieren, deren → Blut bei der Schlachtung nicht vollständig ausgeflossen war. Judas, der Makkabäer, und seine Freunde wollten wahrscheinlich auch der Gefahr vorbeugen, womöglich Fleisch von Tieren zu essen, die im Gesetz verboten sind (2 Makk 5,27).

Die Christen der frühen Gemeinden mussten damit rechnen, dass das Fleisch, das ihnen bei Einladungen angeboten oder auf dem Markt verkauft wurde, von einem Götzenopfer stammte (→ Opferfleisch). Ein (judenchristlicher?) Teil der römischen Gemeinde fürchtete offenbar, durch Fleischgenuss → unrein zu werden (Röm 14,2.14.20). Überdies glaubten diese Christen wohl, grundsätzlich zu einem strengen Leben unter Verzicht auf Fleisch- und Weingenuss verpflichtet zu sein (Vers 21, vgl. Dan 10,3).

Pharao Titel der altägyptischen Könige. In Röm 9,17 ist der Pharao gemeint, der Mose und die Israeliten nicht aus Ägypten ziehen lassen wollte.

Pharisäer Das Wort bedeutet »Abgesonderte«. Seit den Makkabäerkriegen die stärkste religiöse Partei, die das Erbe Israels in Ehren hielt und mit leidenschaftlichem Eifer für die pünktliche Beobachtung des → Gesetzes bis in die Kleinigkeiten des alltäglichen Lebens hinein kämpfte. Ihr Ziel war es, durch Gesetzestreue die Vorbedingung für die

Erfüllung der messianischen Verheißungen zu schaffen. (Überlieferter Ausspruch eines jüdischen Rabbis: »Wenn die Israeliten nur zwei Sabbate vorschriftsmäßig halten würden, so würden sie sofort erlöst werden.«)

Die Pharisäer suchten die Reinheitsvorschriften, wie sie für die Dienst tuenden Priester im Jerusalemer → Tempel galten, für das ganze Volk in seinem alltäglichen Leben verbindlich zu machen. Ganz Israel sollte als ein priesterlich → reines, auch und gerade in diesem Sinn → heiliges Volk dem Kommen des → Messias und der → Königsherrschaft Gottes entgegenleben. Dabei galt es, nicht nur das im Gesetz Moses Niedergeschriebene, sondern auch die mündlich überlieferten genauen und strengen Anwendungsregeln zu beachten, die von den früheren Gesetzeslehrern aufgestellt worden waren (vgl. Mk 7,5 par; Gal 1,14).

Den Zusagen Gottes vertrauend, glaubten die Pharisäer im Unterschied zu den → Sadduzäern an die → Auferstehung der Toten und an die Existenz von → Engeln (vgl. Apg 23,8).

Zunächst eine Laienbewegung, waren die Pharisäer doch bald eng verbunden mit dem Stand der ordinierten → Gesetzeslehrer. Nach der Eroberung Jerusalems durch die Römer 70 n.Chr. wurden sie die für die Neugestaltung des Judentums entscheidende Kraft.

Vor allem im Matthäus-Evangelium wird den Pharisäern formalistische Gesetzeserfüllung, Blindheit für den eigentlichen Willen Gottes, Scheinheiligkeit und Hochmut vorgeworfen (Mt 23). Ihre minutiöse Behandlung aller nur denkbaren Einzel- und Grenzfälle führe nur dazu, den elementaren Gotteswillen, der in den Geboten laut wird, zu verdunkeln und das von Gott her Gemeinte – besten Gewissens – gerade *nicht* zu tun (Mt 23,23-24). Damit wird eine Gefahr angesprochen, in der gerade Fromme stehen, die es mit dem Willen Gottes sehr ernst nehmen, und in der auch Christen oftmals stehen.

Das Pharisäertum zur Zeit von Jesus darf jedoch nicht allein von solchen Auswüchsen her beurteilt werden. Der ehemalige Pharisäer Paulus gibt den Blick auf ein Pharisäertum anderer Art frei (Phil 3,5-6; Röm 10,2).

Die harte Verurteilung der Pharisäer ist wohl mitbedingt durch die leidvoll-leidenschaftliche Auseinandersetzung, in der sich die junge Kirche mit dem damaligen von den Pharisäern maßgeblich geprägten Judentum befand. Sie ist auch bedingt durch die Sorge, in den eigenen Reihen könnte es zu vergleichbaren Fehlformen der Frömmigkeit kommen (vgl. Mt 5,20; 23,1-12).

Philister Etwa gleichzeitig mit Israel aus dem ägäischen Raum über Kreta und Zypern in den Vorderen Orient eingewandert (vgl. Jer 47,4; Am 9,7). Lange Zeit hatte Israel unter ihrer Übermacht zu leiden. Sie bildeten einen Städtebund, die später so genannte Pentapolis (= Fünf-Städte), zu dem Gaza, Gat, Aschdod, Aschkelon und Ekron gehörten, die jeweils von einem »Fürsten« regiert wurden.

Von den Philistern (hebräisch *pelischtim*) hat die gesamte Landschaft ihren Namen »Palästina« erhalten. Zum ersten Mal finden wir die Bezeichnung in diesem Sinn bei dem griechischen Geschichtsschreiber Herodot (5. Jh. v.Chr.); die Römer gebrauchten sie nach der Niederschlagung des zweiten jüdischen Aufstands 132–135 n.Chr. als Provinznamen, um die bisherige Bezeichnung → Judäa durch einen neutralen Begriff zu ersetzen, an dem sich keine nationalistischen Leidenschaften entzünden konnten.

Philosophie In der Spätantike wird der Begriff so umfassend gebraucht, dass er religiöse Weltbilder und Heilslehren einschließt. In diesem Sinn handelt es sich bei der »Philosophie«, vor der im Kolosserbrief (Kol 2,8) gewarnt wird, um eine Anleitung, sich aus der Bindung an die Materie zu befreien, um nach dem Tod – verstanden als Ablegen des Körpers – in die himmlische Welt aufsteigen zu können. Als Vorbedingung dazu gelten vor allem → Fasten und Verehrung der → Engel als der Mächte, die der entkörperten Seele den Weg freigeben sollen (Kol 2,16.18.20-23). Paulus setzt dem entgegen, dass die Glaubenden mit Christus schon jetzt an der himmlischen Welt teilhaben und dafür keine besonderen Leistungen erbringen müssen (Kol 1,11-13; 2,9-12; 3,1-4).

Phönizien, Phönizier Die Phönizier waren die Bevölkerung der bedeutenden Handelsstädte Tyrus und Sidon und ihres Hinterlands (Karte Seite 443). Zu Israel bestanden Handelsbeziehungen und vor allem in der älteren Zeit eine gute Nachbarschaft (1 Kön 5,15; Esra 3,7; vgl. jedoch Am 1,9-10; Ez 26,2; Joël 4,4-8).

Pilatus Römischer Präfekt (→ Statthalter) in Judäa, Idumäa und Samarien, 26–36 n.Chr.

Pischon → Paradiesströme.

Posaune → Widderhorn.

Prätorium Der Begriff begegnet im Neuen Testament in verschiedenen Zusammenhängen:

(1) Im Prozess gegen Jesus (Mk 15,16 par) bezeichnet er den Amtssitz des römischen → Statthalters Pontius Pilatus in Jerusalem (wahrscheinlich nicht die Burg Antonia im Nordwesten des Tempelplatzes, sondern der Herodianische Königspalast am Westrand der Stadt).

(2) In Apg 23,35 bezeichnet Prätorium den Palast von → Herodes d.Gr. in Cäsarea am Mittelmeer, der als offizieller Sitz des römischen Statthalters diente.

(3) In Phil 1,13 hängt die Deutung vom Abfassungsort des Briefes ab. In Ephesus wäre Prätorium die Residenz des Statthalters für die Provinz → Asien, in Rom vermutlich die Kaserne der Prätorianergarde, in Cäsarea am Mittelmeer der Palast von Herodes.

Priester, Priesterdienst, Priestertum Im Alten Testament Personen, die aufgrund ihrer Familienzugehörigkeit und ihrer besonderen Weihe dazu bestimmt waren, die Gottesdienste zu leiten, → Opfer darzubringen und den Willen Gottes zu deuten. Nach dem → Gesetz durften nur Nachkommen Aarons den Priesterdienst verrichten (Ex 40,12-15; Num 18,1-7), während die → Leviten für die übrigen Dienste im Heiligtum zuständig waren.

Die Priester wurden in 24 Dienstgruppen eingeteilt (1 Chr 24,1-19), die sich in festgelegter Reihenfolge im Tempeldienst ablösten. An der Spitze der Priesterschaft stand in der Zeit nach dem → Exil der → Oberste Priester (herkömmlich »Hoherpriester«).

Das alttestamentliche Priestertum hat in Jesus Christus sein Ende und seine Vollendung gefunden (Hebr 6,19–10,23). Christus lässt alle an seiner priesterlichen Würde und Aufgabe teilhaben, die durch Glauben und Taufe mit ihm verbunden sind (1 Petr 2,4-5.9; Offb 5,9-10). Worin die »Opfer« bestehen, mit denen diese »Priesterschaft« Gott ehren soll, wird in Römer 12,1-2 und Hebräer 13,15-16 ausgeführt. Gelegentlich kann Paulus sein Wirken als Apostel mit Bildern der Opferdarbringung beschreiben (Röm 15,16; Phil 2,17). Die Tätigkeit der → Gemeindeleiter wird im Neuen Testament noch nicht als eine speziell »priesterliche« aufgefasst und bezeichnet.

Priester, führende Die führende Gruppe des jüdischen → Rates, die zugleich dessen Exekutivkomitee bildete, bestehend aus Mitgliedern der vornehmsten priesterlichen Familien (→ Sadduzäer), aus denen auch der → Oberste Priester gewählt wurde. Diese Gruppe stellte außerdem den Befehlshaber der → Tempelwache, der zugleich Stellvertreter des amtierenden Obersten Priesters war (Apg 4,1).

Priester, Oberster → Oberster Priester.

Priesterschurz (hebräisch Efod)

(1) Leinenes Kleidungsstück als Bestandteil der Amtskleidung der → Priester; zu unterscheiden vom → Amtsschurz des Obersten Priesters. Über das Aussehen lässt sich nichts Sicheres sagen.

(2) Prächtig verzierter Schurz ähnlich dem → Amtsschurz des Obersten Priesters, zu dem eine Tasche mit → Losen zur Orakelerteilung gehört. Wenn er nicht vom Priester zu diesem Zweck getragen wurde, wurde er im Heiligtum »aufgestellt« (Ri 17,5; 1 Sam 21,10 [Anmerkung]).

Prophet (→ Prophetin)

(1) *Prophetie in Israel:* Nach unserem Sprachgebrauch ist ein Prophet jemand, der die Zukunft kennt. Das Wesentliche beim biblischen Prophetentum liegt jedoch nicht in der Zukunftsschau. Der Prophet ist ein Mensch, den Gott (oder der → Geist Gottes) zu seinem Sprecher gemacht hat. Die Propheten verkünden dem Volk Gottes oder Einzelnen aus diesem Volk, besonders den führenden Kreisen, was Gott ihnen in einer bestimmten Situation zu sagen hat. Das kann Mahnung, Gerichtsdrohung, aber auch Trost und Ermutigung sein.

In der Frühzeit Israels war das Prophetentum mit ekstatischen Erscheinungen verbunden. Der Geist ergriff vom Propheten Besitz wie eine fremde Macht, die über ihn kam (1 Sam 10,5-6.10-12). Bezeichnend für diese Stufe ist auch, dass die Propheten in der Regel kollektiv auftraten (→ Prophetengemeinschaft).

In der Königszeit Israels traten neben dem fortbestehenden Prophetentum der älteren Art Propheten auf, die über diesen Rahmen weit hinauswuchsen. Als Einzelne, die Gott berufen hatte, prangerten sie die herrschenden Zustände an. Sie maßen die Verhältnisse der Gegenwart und das Verhalten der Verantwortlichen am Rechtswillen Gottes, wie er im → Gesetz gegeben war. Ebenso unerbittlich prangerten sie die Entartung des Glaubens (→ Baal) und des Gottesdienstes an. Und sie sahen die nationale Katastrophe kommen, die durch das Verhalten des Volkes und seiner Führer unweigerlich herbeigerufen werden musste (→ Exil). Aber auch die neue Zukunft, die dem Volk danach noch einmal geschenkt werden soll, wird von den Propheten angekündigt. Sie wird geschaut im Bild eines umfassenden Friedens, der auch die anderen Völker umgreift und teilweise mit der Gestalt eines Friedensbringers verknüpft ist (→ Messias).

Die Propheten richteten ihre Botschaft in der Regel mündlich aus; erst später wurden ihre Worte (zum Teil von ihnen selbst) aufgeschrieben.

Die großen Propheten des 8. bis 6. Jahrhunderts v. Chr. standen oft in heftiger Auseinandersetzung mit dem Berufsprophetentum, das sich sowohl am Jerusalemer → Tempel als auch in Bet-El, dem Reichsheiligtum Nordisraels, herausgebildet hatte. Propheten dieser Art verkündeten in der Regel eher das, was dem Volk, insbesondere dem König, gefiel und was ihnen selbst Gewinn brachte (vgl. 1 Kön 20,10-13; Am 7,14). Mit solchen Propheten müssen sich die »echten« Propheten des Öfteren auseinander setzen (Jes 28,7; Jer 6,13-15; 23,9-32; 28,1-17; Ez 13,1-16).

(2) *Jesus als Prophet:* Die Frage, wer Jesus ist, hat nicht nur seine Jünger beschäftigt. Jesus steht beim

Volk im Ansehen eines Propheten (vgl. Mt 21,11.46; Lk 7,16; 24,19; Joh 4,19). Die Leute meinen, in ihm sei einer der großen alttestamentlichen Propheten wiedererstanden (Mk 8,28) oder sogar »der Prophet« erschienen, den Mose in Dtn 18,15.18 – nach dem frühjüdischen Verständnis dieser Stelle – angekündigt hatte (Joh 6,14; 7,40). Die letztere Auffassung wird von der nachösterlichen Gemeinde ausdrücklich geteilt (Apg 3,22-23; 7,37).

(3) *Prophetie im frühen Christentum:* In den ersten christlichen Gemeinden ist »Prophetie« eine Gabe des → Heiligen Geistes neben anderen Geistesgaben. Der Prophet verkündet, was Gott ihm offenbart hat (1 Kor 14,26-32). Zur prophetischen Rede können Weissagungen für die Zukunft gehören (Apg 11,27-28; Offb 1,1-2); die neutestamentlichen Propheten haben aber vor allem die Aufgabe, die gegenwärtige Lage im Licht des Willens Gottes zu beleuchten, der Gemeinde Weisungen ihres Herrn zu übermitteln und sie zu ermutigen und zu trösten. Paulus gibt der prophetischen Rede den Vorrang vor der Rede in unbekannten → Sprachen, weil der Prophet mit verständlichen Worten redet und dem Aufbau der Gemeinde dient (1 Kor 12–14). Gleichwohl soll auch die prophetische Rede von der Gemeinde geprüft werden (1 Thess 5,20-21). Dies gilt insbesondere im Blick auf die Gefahr, die von falschen Propheten ausgeht (Mt 7,15; 24,11.24; 1 Joh 4,1; Offb 2,20).

In der frühen Kirche waren → Apostel, Propheten und → Lehrer die wichtigsten Träger der Verkündigung der Guten Nachricht von Jesus Christus (1 Kor 12,28; Eph 4,11-12; 2,20; vgl. auch Mt 23,34).

Prophetengemeinschaft In der Frühzeit des Alten Testaments traten die → Propheten in der Regel in Gruppen auf, die in ordensähnlichen Gemeinschaften zusammenlebten (1 Sam 10,10-12; 19,18-21; 2 Kön 2,3-7; 4,1.38-44; 6,1).

Prophetenjünger Mitglied einer → Prophetengemeinschaft.

Prophetin (→ Prophet 1, 3) Im Alten wie im Neuen Testament haben auch Frauen teil am prophetischen Dienst. Im Alten Testament werden als Prophetinnen genannt: Mirjam (Ex 15,20), Debora (Ri 4,4), Hulda (2 Kön 22,14), Noadja (Neh 6,14), die Frau des Propheten Jesaja (Jes 8,3); auch Hanna in Lk 2,36 gehört noch hierher. Für das Neue Testament vgl. Apg 2,17-18; 21,9; 1 Kor 11,5.

Proselyt (griechisch: der Hinzugekommene) Ein Nichtjude, der durch Beschneidung rechtsgültig zum Judentum übergetreten und zur Einhaltung des ganzen → Gesetzes verpflichtet ist.

Vom Proselyten ist zu unterscheiden der *Gottesfürchtige,* ein Nichtjude, der am jüdischen Synagogengottesdienst teilnimmt und das Mose-Gesetz teilweise einhält.

Provinz Asien → Asien.

Purim-Fest Ein im Diasporajudentum entstandenes jüdisches Fest, von dessen Ursprung das Ester-Buch erzählt (Est 9). In seiner heutigen Form enthält es Elemente, die bestimmten Zügen unseres Faschings/Karnevals entsprechen (Verkleidung, Verspottung von Strohpuppen).

Put Volk, das für Ägypten Hilfstruppen stellte und im Zusammenhang mit Libyen genannt wird (Jes 66,19; Jer 46,9; Ez 30,5; Nah 3,9).

Q

Quasten Nach Num 15,38-40 sollten die Israeliten an den vier Zipfeln des aus einem rechteckigen Stück Tuch bestehenden → Obergewands Quasten anbringen, um sich an die Gebote Gottes zu erinnern. Durch besonders lange Quasten brachten die → Pharisäer offenbar zum Ausdruck, dass sie es mit der Befolgung des → Gesetzes sehr ernst nahmen (vgl. Mt 23,5).

Quirinius Publius Sulpicius Q. war kaiserlicher Beauftragter (Legat) für den Orient. Als im Jahr 6/7 n. Chr. → Judäa (mit Idumäa und Samarien) römische Präfektur wurde, wurden unter Quirinius die Bewohner des Landes und ihr Besitz für die Erhebung von Steuern registriert. Vielleicht bezieht sich Lk 2,1-3 darauf; vielleicht ist aber auch eine um 8/7 v. Chr. beginnende erste Erfassung gemeint.

Qumran Klosterähnliche Niederlassung nordwestlich des Toten Meeres, die um 150 v. Chr. gegründet und 68 n. Chr. von den Römern zerstört wurde. Die Wurzeln der Qumran-Gemeinde liegen, wie die der → Pharisäer, in den Kreisen der → Hasidäer, die dem Einfluss (und der zwangsweisen Einführung) griechischer Sitte und Religion um 170 v. Chr. Widerstand leisteten (in ihrem Namen »Essener« oder »Essäer« lebt die Bezeichnung »Hasidäer« fort). Die Emigration in die Wüste erfolgte als Protest dagegen, dass der Makkabäer Jonatan (aus dem niederen Landpriestergeschlecht der Hasmonäer) 153 v. Chr. das Amt des → Obersten Priesters und 151/150 auch königliche Würden übernahm (1 Makk 10,15-21.65).

Streng endzeitlich ausgerichtet, erwartete die Qumran-Gemeinde einen messianischen Obersten Priester aus dem Geschlecht Aarons und den messianischen König aus dem Geschlecht Davids. Die Gemeinde betrachtete sich als das einzig wahre Israel und als zwischenzeitlichen Ersatz für den → Tempel, der ihnen als entweiht galt. Unter strengster Beobachtung des → Gesetzes, insbesondere auch seiner → Reinheitsvorschriften (beides wurde in Qumran noch weit strenger ausgelegt als bei den Pharisäern), lebte die Gemeinde dem als nahe erwarteten Anbruch der → Königsherrschaft Gottes entgegen, vor dem aber noch der Endkampf

der »Söhne des Lichts« (= Qumran-Gemeinde) mit den »Söhnen der Finsternis« (= das abtrünnige Israel und die Heidenvölker) auszufechten war.
Jesus unterscheidet sich durch seine Verkündigung von der anbrechenden → Königsherrschaft Gottes, seine grundsätzliche Offenheit für ganz Israel und auch für die Heiden sowie durch seine Einstellung zum → Gesetz, speziell zu den Reinheitsvorschriften, radikal von Qumran und der dort herrschenden Geistigkeit. Auch Ehe- und Besitzverzicht sind bei Jesus von der Wurzel her anders begründet als in Qumran, wo Fragen der Reinheit für den priesterlichen Dienst und den zu erwartenden »heiligen Krieg« für beides den Ausschlag gaben.

R

Rabbi Aramäisch »mein Herr/mein Meister«; wörtlich »mein Großer«. Ehrende Anrede für die → Gesetzeslehrer, die auch Jesus gegenüber gebraucht wird (→ Lehrer).

Rabbuni Eine Steigerung der schlichten Anrede → »Rabbi«. In Mk 10,51 gilt sie Jesus als dem Sohn → Davids, in Joh 20,16 dem Auferstandenen.

Rächer → Bluträcher.

Rahab (1) Name der Prostituierten, die die israelitischen Kundschafter aufnahm (Jos 2).
(2) Name für das mythische Seeungeheuer als Inbegriff der widergöttlichen Macht (gleichbedeutend mit → Leviatan). Er wird auch auf Ägypten als den Feind des Gottesvolkes übertragen (Jes 30,7 wörtlich).

Rahelgrab Rahel, die Mutter Josefs und Ahnfrau der Hauptstämme des Nordreichs (vgl. Dtn 33,13-17) sowie des Stammes Benjamin, war nach 1 Sam 10,2 in der Nähe von Rama im Gebiet von Benjamin bestattet worden (Karte Seite 443). Eine andere Überlieferung (Gen 35,19; 48,7) sucht Rahels Grab bei Betlehem in Juda. Unter Voraussetzung dieser zweiten Lokalisierung findet Matthäus in der Klage von Jer 31,15 einen prophetischen Hinweis auf das Schicksal von Müttern in Betlehem nach der Geburt von Jesus (Mt 2,16-18).

Rammbock Gepanzerter Wagen mit einer Rammspitze, mit der die Mauer einer belagerten Stadt berannt wurde, um sie zum Einsturz zu bringen. Er konnte auch mit dem → Belagerungsturm zu einer Art Mehrzweckwaffe verbunden werden. An die Mauer herangeführt wurden beide auf einer aufgeschütteten Rampe.

Rat, jüdischer (Rat der Juden) Zur Zeit von Jesus die oberste Behörde des Judentums unter dem Vorsitz des → Obersten Priesters. Sie wurde gebildet durch 71 Männer aus den Kreisen der vornehmsten Priester, der führenden → Gesetzeslehrer und der → Ratsältesten, angesehener Männer aus dem Laienstand. Die Römer hatten die weltliche Vollmacht des Rates eingeschränkt, erkannten jedoch seine Autorität in religiösen Entscheidungen an.

Ratsältester, Ratsmitglied Nichtpriesterliche und nichttheologische Mitglieder des jüdischen → Rates (vgl. → Älteste).

Räucheraltar → Räucheropfer.

Räucherklaue (griechisch *Onyx;* Sir 24,15) Eine Meeresschnecken-Art, deren Gehäuse beim Verbrennen einen stark riechenden, beißenden Rauch entwickelt.

Räucheropfer, -pfanne Als Duftopfer für die Gottheit wurde im Altertum → Weihrauch oder eine Weihrauchmischung verbrannt (→ Opfer). Für den Gott Israels geschah dies im → Heiligen Zelt und im → Tempel in Jerusalem auf dem speziell dafür bestimmten Räucheraltar im Innern des Heiligtums oder auf bronzenen Räucherpfannen vor dem → Brandopferaltar.

Räuchersäule Säulenförmiger Aufsatz auf dem Altar, auf dem Weihrauch verbrannt wurde.

Regen Im Vorderen Orient regnet es nur im Winterhalbjahr. Hauptregenzeit ist Oktober bis Februar; gewitterartige »Frühregen« gibt es ab Mitte September. Die letzten leichten Niederschläge erfolgen im März/April (Frühjahrsregen, wörtlich »Spätregen«); sie sind wichtig für die Entwicklung der Getreidekörner in den Ähren des Wintergetreides.

Reichsfürst Das Persische Weltreich war in mehr als 20 Reichsländer und rund 120 Provinzen eingeteilt. An der Spitze der Reichsländer (Satrapien) standen als Stellvertreter des Großkönigs die Reichsfürsten (Satrapen).

rein (unrein) Wegen der → Heiligkeit Gottes muss der Mensch, der sich ihm naht – sei es in der anbetenden Gemeinde, sei es beim Privatopfer –, rein sein. Dabei ist »rein« zunächst kein moralischer Begriff, sondern bezieht sich auf körperliche Vorgänge, die von der Nähe Gottes fern zu halten sind – vermutlich weil sie zur Einflusssphäre dämonischer Naturmächte gehören, denen sich die Menschen der Frühzeit ausgesetzt sahen. Dazu zählt alles, was mit den Bereichen von Tod und Sexualität zu tun hat, aber auch Hautkrankheiten (→ Aussatz). Auch jede Berührung mit Menschen, die die Reinheitsvorschriften des → Gesetzes nicht beachteten, machte »unrein«. Ein wichtiges Gebiet waren die Bestimmungen über reine und unreine Speisen (→ Nahrungsvorschriften).
Die Gesetzestreuen zur Zeit des Neuen Testaments dehnten diese Bestimmungen, die für → Priester und jeden, der den → Tempel betreten wollte, verbindlich waren, auf den ganzen Alltag aus und verschärften sie. Wenn die → Pharisäer also nichts mit ungewaschenen Händen aßen und streng die Reinheitsgesetze einhielten (Mk 7,1-4; vgl. Joh 2,6), dann nicht aus hygienischen, sondern aus religiö-

sen Gründen: Sie wollten sich als Gottes erwähltes Volk rein bewahren.
Umso befremdlicher und bedenklicher erschien die Haltung und das Verhalten von Jesus in dieser Sache, wenn er alle äußeren Reinheitsvorschriften der Reinheit des Herzens unterordnete (Mk 7,1-23). Noch bei den jungen christlichen Gemeinden drohte zeitweilig die Einheit zu zerbrechen über der Frage, ob Christen nichtjüdischer Herkunft, die sich nicht an die Reinheitsvorschriften des Mose-Gesetzes hielten, mit Christen jüdischer Herkunft, die dies weiterhin taten, zusammenleben und z.B. das → Mahl des Herrn gemeinsam feiern könnten (Gal 2,11-16; vgl. Apg 15,20-21; → Blutschande).

Reinheitsvorschriften, reinigen, Reinigung → rein.

Reinigungseid Bei einem Gerichtsverfahren wurde solch ein Eid als Beweismittel angenommen, wenn keine Zeugen die Unschuld des Angeklagten beweisen konnten (vgl. Ex 22,10; Lev 5,21-22).

Reinigungsopfer (Lk 2,24) Wenn eine Frau durch die Geburt eines Kindes für eine bestimmte Zeit unrein wurde (→ rein), musste nach Ablauf dieser Frist ein → Opfer zur Wiederherstellung der Reinheit dargebracht werden (Lev 12).

Reinigungswasser Mischung aus Wasser und einer auf bestimmte Weise hergestellten Asche, mit der Menschen und Gegenstände besprengt wurden, die unrein geworden waren (→ rein). Die Zubereitung und Anwendung ist in Num 19 beschrieben.

Retter, der versprochene So wird in dieser Übersetzung »Christus« wiedergegeben, wenn es als Titel zu verstehen ist (→ Christus).

richten → Richter.

Richter Die großen Richter des Richter-Buches sind gottbegnadete Volksführer, während die kleinen Richter (Ri 10,1-5; 12,8-14), die Könige und auch Männer wie Josua und Samuel den Richtertitel im allgemein üblichen Wortsinn tragen.

Ringbrot Eigentlich »Lochbrot«: runder Brotlaib, der in der Mitte durchstochen ist und so auf einer Stange aufgehängt werden kann, zum Schutz gegen Schimmel und Tierfraß.

Rogel-Quelle Grundwasserbrunnen südöstlich von Jerusalem an der Grenze zwischen den Stämmen Juda und Benjamin (Jos 15,7; 18,16; siehe Kartenskizze Jerusalem I). Der Name bedeutet »Walker-Quelle«, was darauf hinweist, dass dort die Walker (Tuchmacher) von Jerusalem ihrer Arbeit nachgingen (→ Schiloach). Nach 1 Kön 1,9 könnte es sich um eine alte Kultstätte handeln.

Rotes Meer → Meer, Rotes.

rühmen, Ruhm Es ist natürlich, dass ein Mensch sich seiner Vorzüge und Leistungen »rühmt«. Vor Gottes Urteil wird solcher Ruhm relativiert oder zunichte, sofern nicht anerkannt wird, dass alles, was Menschen von sich rühmen, Geschenk der Gnade ist (1 Kor 4,7; Röm 3,27-28). Deshalb ist das rechte Rühmen ein solches, das die Taten Gottes rühmt (1 Kor 1,31 nach Jer 9,22-23; Gal 6,14). Weil Paulus von einer Tat Gottes weiß – und von einer in ihr begründeten Hoffnung –, die alles, was Menschen leisten und erreichen können, verblassen lässt, »rühmt« er sich paradoxerweise seiner Leiden und Schwächen, weil die Kraft Gottes über sie, ja gerade in ihnen triumphiert (Röm 5,3-5; 2 Kor 12,9-10). Er kann aber auch voller Stolz auf sein Missionswerk blicken und in den Gemeinden, die er Christus als ein heiliges Volk zuführt, seinen »Ruhm« vor dem Richterstuhl Gottes sehen (Phil 2,16; 1 Thess 2,19) – einen Ruhm, den er letztlich nicht sich selbst zuschreibt, sondern der Gnade Gottes, die durch ihn gewirkt hat (Röm 15,17-19; 2 Kor 10,13-18).

S

Saba Land und Volk in Südarabien im Gebiet des heutigen Jemen. Intensive Landwirtschaft mit Hilfe von Bewässerungsanlagen; großer Wohlstand durch Handel mit Indien und Afrika (Weihrauch, Gold, Edelsteine, Elfenbein). Anfangs Priesterstaat, später Königtum.

Sabbat Der Sabbat ist der Schlusstag der siebentägigen Woche, die erstmals bei den Israeliten nachweisbar ist. Zunächst ist für diesen Tag lediglich Arbeitsruhe vorgeschrieben (Ex 20,9-11 par). Doch wurde der Tag, vielleicht mitbestimmt durch die an diesem Tag gehaltenen Gottesdienste, im Bewusstsein der Israeliten mehr und mehr zu einem ausschließlich Gott geweihten Tag und in der Zeit nach dem babylonischen → Exil neben der → Beschneidung zu einem Unterscheidungsmerkmal Israels von anderen Völkern und zu einem Zeichen des → Bundes zwischen Israel und seinem Gott (Neh 10,32; 13,15-22; Jes 56,1-8).
Zur Zeit des Neuen Testaments hatten die → Gesetzeslehrer bis ins Einzelne festgelegt, welche Tätigkeiten am Sabbat verboten und welche allenfalls erlaubt waren. So durfte man z.B. nur einen »Sabbatweg«, d.h. etwa 900 Meter weit, gehen. Bereits das Abreißen von Ähren galt als verbotene Erntearbeit (Mk 2,23-24). Nur wenn ein Leben auf dem Spiel stand, war es erlaubt, am Sabbat zu heilen. Indem Jesus gegen solche Festlegungen verstößt (Mk 2,28), bringt er den ursprünglichen Sinn des Sabbats wieder zur Geltung: Er ist ein Tag, an dem der Mensch vor Gott aufatmen darf und Gottes Güte für ihn erfahrbar wird (Mk 2,27; 3,4). Während die → Pharisäer durch rigorose Handhabung des Sabbatgebots bemüht sind, dem Kommen der → Königsherrschaft Gottes vorzuarbeiten, bricht

in den Heilungen, die Jesus oft gerade an einem Sabbat vollbringt, Gottes Herrschaft schon zeichenhaft herein.

Sabbatjahr Wie der Mensch an jedem siebten Tag seine Arbeit ruhen lassen muss, so soll im alten Israel das Land in jedem siebten Jahr einen → Sabbat halten, d.h. unbebaut bleiben und brachliegen (Lev 25,1-7). Israelitische Sklaven sollen in diesem Jahr die Freiheit erhalten (Ex 21,2-6; nach Lev 25,39-43 in jedem 49. Jahr), und es sollen alle Schulden erlassen werden (Dtn 15,1-3). Die Vorschriften über das Sabbatjahr wurden offenbar vielfach nicht beachtet (Lev 26,34-35; 2Chr 36,21; Jer 34,8-22), von der nachexilischen Gemeinde jedoch neu übernommen (Neh 10,32b).

Sack Zur Bekundung der Trauer über den Verlust nahe stehender Menschen, aber auch als Zeichen der Trauer vor Gott über eigene Verfehlungen oder solche des ganzen Volkes (→ Bußfeier) trugen Männer und Frauen im alten Israel den Sack, d.h. ein einfaches Kleidungsstück, das aus dunklem Ziegen- oder Kamelhaar gewoben war und vielleicht die Form eines Lendenschurzes hatte. Es konnte auch unter dem – zum Zeichen der Trauer zerrissenen – Obergewand getragen werden (vgl. 2Kön 6,30; Jdt 8,5).

Sadduzäer Eine jüdische Religionspartei, der die vornehmen Priestergeschlechter und Vertreter der weltlichen Aristokratie angehörten. Der Name leitet sich wahrscheinlich von dem Priester Zadok her, den Salomo zum Oberpriester am Jerusalemer → Tempel machte (1Kön 2,35; 1Chr 29,22; Ez 44,15-16). Die Sadduzäer lehnten alle Lehren ab, die über das wörtlich im → Gesetz (den fünf Mosebüchern) Enthaltene hinausgingen, so z.B. den Glauben an die → Auferstehung der Toten und die Existenz von → Engeln (vgl. Apg 23,8). In Mk 12,24-27par geht Jesus insofern auf sie ein, als er den Schriftbeweis dem Gesetz entnimmt (Mk 12,26; vgl. Ex 3,6). Im Übrigen aber bedeutet seine Antwort gleich eine zweifache Korrektur sadduzäischer Vorstellungen (Auferstehung; Engel).
Weil die Auferstehungsbotschaft zum entscheidenden Inhalt urchristlicher Verkündigung gehört, waren es nach Apg 4,1-3; 5,17-18 gerade die Sadduzäer, die alsbald gegen die Verkündiger vorgingen. Als führende Fraktion im jüdischen → Rat trugen sie außerdem politisch die Hauptverantwortung und glaubten, auch von daher Grund zu haben, gegen die Jünger Jesu einzuschreiten: Messianische Bewegungen pflegten sich gegen die römische Oberherrschaft zu richten und konnten den Römern eine Handhabe geben, dem jüdischen Volk die letzten Reste politischer Freiheit zu nehmen (vgl. Joh 11,48; Apg 5,33-39).

salben, Salbung Die Salbung wurde durch Einreiben oder Begießen des Kopfes und Leibes mit Öl (Olivenöl) vorgenommen. Sie war ein Zeichen der Lebensfreude und des Wohlstandes; deswegen unterließen Trauernde die Salbung. Außerdem hatte sie ihren besonderen Platz im religiösen Leben. Bestimmte Gegenstände und Personen wurden von Propheten oder Priestern gesalbt und damit für den Dienst Gottes geweiht: heilige Steine (Gen 28,18), das → Heilige Zelt, der → Altar (Ex 30,26-29), Propheten (1Kön 19,15-16), Priester (Ex 30,30) und Könige (1Sam 10,1; 16,1.13; → Christus).

Salem Alte Bezeichnung für → Jerusalem (Gen 14,18).

Salomohalle Eine Säulenhalle an der Ostseite des äußeren Vorhofs in dem von Herodes d. Gr. (→ Herodes 1) errichteten Neubau des Jerusalemer → Tempels. Sie war auch Nichtjuden zugänglich und wurde für die religiöse Unterweisung benutzt.

Samarien, Samariter Nach der Eroberung des Nordreiches → Israel durch die → Assyrer errichteten diese auf dem alten Reichsgebiet eine Provinz, die nach Samaria, der bisherigen Hauptstadt des Landes, den Namen Samarien erhielt (2Kön 17,24). Sie bestand in allen Nachfolgereichen der Assyrer bis hin zu den → Seleuziden als Provinz bzw. Verwaltungseinheit weiter und ging dann im Königreich der → Makkabäer und später von → Herodes d. Gr. auf. Zur Zeit von Jesus ist das Gebiet zusammen mit → Judäa und Idumäa Teil einer römischen Präfektur (→ Statthalter sowie die Zeittafel am Ende dieser Ausgabe).
Als Samariter bezeichnet man die Mischbevölkerung, die seit der Assyrerzeit dieses Gebiet bewohnte. Sie entstand durch Ansiedlung unterworfener Völkerschaften aus dem syrisch-mesopotamischen Raum, die sich offenbar mit Resten der israelitischen Bevölkerung vermischten und deren Religion, die Verehrung des »Landesgottes«, übernahmen (2Kön 17,24-41).
Von den aus dem babylonischen → Exil zurückgekehrten Judäern wurden sie nicht als Israeliten anerkannt, und ihre Mithilfe beim Wiederaufbau des → Tempels wurde zurückgewiesen (Esra 4,2-3; Hag 2,10-14). Zur Zeit von Jesus galten sie bei den Juden als Ketzer, weil sie nur die fünf Mose-Bücher (das → Gesetz) als → Heilige Schriften anerkannten und ihnen der Berg Garizim und nicht der → Zion als der in Dtn 12,5-12 vorgeschriebene *eine* Ort für den Gottesdienst galt. Sie und ihr Land wurden von den Frommen verachtet und gemieden.
Nach Lukas ist Jesus auf seinem Weg von Galiläa nach Jerusalem mitten durch das Gebiet von Samarien gezogen und der Begegnung mit den Samaritern nicht ausgewichen (vgl. Lk 9,51-52 mit Mt 19,1 und Mk 10,1; siehe ferner Lk 10,29-36; 17,11-19; 10,1 und die Erklärungen dort sowie Joh 4,1-42).

Saphir Da der echte, durchsichtige Saphir vor der römischen Kaiserzeit fast unbekannt war, muss man damit rechnen, dass es sich bei den biblischen Erwähnungen um Lapislazuli handelt, einen undurchsichtigen blauen, mit Silber- und Goldpünktchen besäten Lasurstein, der im Altertum hoch geschätzt war und vielfach künstlerisch verarbeitet wurde.

Sara Frau von → Abraham und Ahnfrau des Volkes Israel (Gen 17,15-19; Jes 51,2), die noch im Alter den von Gott versprochenen Sohn gebar (Gen 18,9-14; 21,1; Röm 4,19; Hebr 11,11).

Satan In der israelitischen Rechtspraxis der Ankläger (»Staatsanwalt«), der die Vergehen des Beschuldigten aufzählt (Ps 109,6; vgl. Sach 3,1-2). In der Zeit nach dem babylonischen → Exil kennt man auch einen Ankläger beim himmlischen Gericht, der vor Gottes Thron die Sünden der Menschen vorbringt. Im Buch Ijob (1,6; 2,1) wird er zu den → »Gottessöhnen«, d.h. zum himmlischen Hofstaat, gezählt. Doch wird hier schon deutlich, dass er Welt und Menschen vor Gott zu verleumden und schlecht zu machen und sie in die Rebellion gegen Gott zu treiben sucht. In neutestamentlicher Zeit ist der Satan schließlich zum Gegenspieler Gottes geworden, dem Teufel, der als Herr dieser → Welt gilt, aber endlich von Gott überwunden und vernichtet wird.
Der Zeitpunkt, zu dem er aus seiner himmlischen Machtstellung entfernt wurde, wird im Neuen Testament verschieden angegeben, doch wird das Ereignis immer im Zusammenhang mit dem Auftreten Jesu bzw. mit Jesu Tod und Auferstehung gesehen (Lk 10,18; Joh 12,31; Offb 12).

Sauerteig Als Treibmittel wurde beim Brotbacken ein Stück gegorener Teig verwendet, der vom letzten Backen aufgehoben worden war. So war stets Sauerteig im Haus; nur aufs → Passafest musste aller Sauerteig entfernt werden (vgl. 1Kor 5,6-8). Auch für → Speiseopfer und bei → Mahlopfern durfte kein Sauerteig verwendet werden, wahrscheinlich weil die Gärung als eine Art Fäulnisprozess die unversehrte Ursprünglichkeit und Reinheit der Gabe verletzt (→ rein).
Sauerteig hat die Eigenschaft, »ansteckend« zu sein; darauf beruht das Gleichnis vom Sauerteig (Mt 13,33) und auch die Warnung in Mk 8,15par, sich nicht von der Lehre der → Pharisäer beeindrucken zu lassen.

Säulen Im Judentum wurden Abraham und die Treuen in Israel als »Säulen« bezeichnet. In der frühen Christenheit ist diese Bezeichnung Ehrenname für Jakobus, Petrus und Johannes als Führer der Jerusalemer Urgemeinde (Gal 2,9). Er erinnert an das Bild von der Gemeinde als → Tempel Gottes (1Kor 3,16; Offb 3,12) und bezeichnet die drei als tragende Glieder der Gemeinschaft (vgl. das Bild vom Fundament in Eph 2,20). Mit Jakobus ist der Bruder von Jesus gemeint (Mk 6,3par).

Saulus Der jüdische Name des Apostels Paulus (Apg 7,58; 8,1.3; 9,1; 11,25; 13,1); = Saul mit griechisch-lateinischer Endung; vgl 1Sam 13,1. Paulus ist sein zweiter Name, den er als römischer → Bürger trug. In der Apostelgeschichte wird von 13,9 an nur noch der Name Paulus verwendet, d.h. von dem Augenblick an, wo Paulus erstmals als der große geisterfüllte und vollmächtige Verkünder der → Guten Nachricht in der nichtjüdischen Welt hervortritt.

Schear-Jaschub Prophetischer Name, den Jesaja offenbar auf Gottes Befehl seinem Sohn gegeben hat (Jes 7,3). Der Sinn ist nicht eindeutig: »Nur (oder: Wenigstens) ein Rest kehrt um (oder: kehrt zurück)«. Der Gedanke eines Restes findet sich auch in Jes 10,21-22; 8,16-18.

Schebat Der 11. Monat des babylonischen Jahres (→ Kalender); etwa Mitte Januar bis Mitte Februar.

Scheidungsurkunde Die Vorschrift von Dtn 24,1 wurde gegeben, um die Willkür des Mannes zu begrenzen und der geschiedenen Frau ein erträgliches Weiterleben zu ermöglichen. Ihr Sinn wird verkehrt, wenn Männer sie als »Erlaubnis« (vgl. Mk 10,2.4par) ansehen, ihre Frauen zu entlassen. Nach dem Zusammenhang von Mk 10,2-9/Mt 19,3-8 ist diese Vorschrift sozusagen im Zorn gegeben worden für ein Volk, das nicht bereit und kaum noch fähig ist, zu erkennen und zu tun, was Gott eigentlich will. Sie ist gegeben »mit Rücksicht auf« die Hartherzigkeit des Volkes – nicht in erster Linie seine Fühllosigkeit gegen Mitmenschen, sondern die fehlende Bereitschaft, Gott und seinem heilsamen Willen zu folgen. Dass es die Vorschrift gibt und dass sie praktiziert werden muss, stellt demnach ein ständiges Belastungszeugnis gegen dieses Volk dar und beweist, dass es ein abtrünniges Volk ist. Der letzte Beweis dieser »Verstocktheit« ist es, wenn die Vorschrift zur Schadensbegrenzung als Freibrief für die menschliche (männliche) Willkür verstanden wird (siehe dazu auch → Unzuchtsklausel).

Schekel Gewicht, mit dem Metalle, aber auch Gold und Silber als Zahlungsmittel gewogen wurden (→ Silberstück). Wert nach gefundenen Gewichten ca. 11,5 g, der königliche Schekel (2Sam 14,26) ca. 13 g. Der Schekel wird unterteilt in 20 Gera (ca. 0,5 g); 50 Schekel = 1 Mine (ca. 575 g), 3000 Schekel oder 60 Minen = 1 »Zentner« von ca. 34,5 kg.

Scheusal, entsetzliches Der Ausdruck geht in Mt 24,15 und Mk 13,14 auf das Daniel-Buch zurück (Dan 9,27; 11,31; 12,11). Wörtlich lautet er »Gräuel der Verwüstung«, wobei »Gräuel« alles bezeichnet, was unrein ist und unrein macht (→ rein). Er bezieht sich bei Daniel auf die Entweihung des Jerusalemer → Tempels durch Antiochus IV. Epiphanes. Dieser ließ 168 v.Chr. auf dem großen

→ Brandopferaltar vor dem Tempelhaus einen kleinen Altar aufstellen, auf dem Opfer für den Griechengott → Zeus dargebracht wurden. Dadurch wurde das ganze Heiligtum »verwüstet«, d.h. kultisch unrein, sodass der jüdische Opfergottesdienst unmöglich gemacht und Priester und Gemeinde vertrieben wurden; das Tempelgebiet verödete (1 Makk 1,54.59). Diese religionspolitische Maßnahme war Teil der Bemühungen, die Einheit des → Seleuzidenreiches zu festigen (1 Makk 1,41-53).
In Mt 24,15/Mk 13,14 muss der Ausdruck nicht auf eine genaue Wiederholung dieses Vorgangs deuten, bezeichnet aber auf jeden Fall Maßnahmen, die ihm entsprechen. Der Höhepunkt endzeitlicher Verfolgungen wird dadurch erreicht, dass der Staat die Religion völlig sich und seinen Zwecken dienstbar macht – zuletzt so sehr, dass er und seine Vertreter praktisch die Stelle Gottes selbst einnehmen und keinen Gottesdienst mehr dulden, der nicht ihnen gilt (vgl. 2 Thess 2,3-4; Offb 13).

Schilfmeer Hebräische Bezeichnung für das Rote Meer, eingeschlossen den Golf von Akaba (Elat; Karte Seite 14/15) und den Golf von Suez mit dessen nördlicher Fortsetzung in den Bitterseen entlang des heutigen Suezkanals. Die Beschreibung der Marschroute der ausziehenden Israeliten in Ex 13,17–14,9 legt nahe, dass der »Durchzug durchs Meer« im Bitterseengebiet stattfand und mit dem »Meer« einer der flachen Schilfseen jener Gegend gemeint ist. Wenn trotzdem vom »Meer« gesprochen wird, lässt sich daran ablesen, dass Israel seine Rettung vor der Streitmacht des Pharaos als Entsprechung zum Vorgang der Weltschöpfung verstand, die in sinnbildlicher Sprache als Besiegung des → Meeres gefeiert wurde (vgl. Jes 51,9-10).

Schilo (Silo) In der Vorkönigszeit ein wichtiges Heiligtum im Bergland Efraïm (Karte Seite 443), an dem die → Bundeslade aufbewahrt wurde (1 Sam 4,3). Es wurde etwa um 1050 v. Chr. zerstört (Jer 7,12), vermutlich von den → Philistern.

Schiloach (-kanal, -teich) (Siloah) Das hebräische Wort bedeutet »Sender« (von Wasser) und kann einen Kanal oder eine Art Wasserleitung bezeichnen. In Jes 8,6 ist von dem Kanal die Rede, der das Wasser der außerhalb Jerusalems am Abhang zum Kidron-Tal entspringenden → Gihon-Quelle am Fuß der Stadtmauer entlang nach Süden zu einem Teich führte, der vermutlich der Bewässerung der königlichen Gärten diente (der »alte Teich« von Jes 22,11, der später zwischen alter und neuer Mauer zu liegen kam). Das »ruhig fließende Wasser« dieses Kanals wird in Jes 8,6 zum Sinnbild der in 7,4 zugesagten Hilfe Gottes, die gerade dann wirksam werden wird, wenn Jerusalem »ruhig bleibt« (Vers 4) und »auf den HERRN vertraut« (Vers 9). Mit jeglicher Kurzschlusslösung aufgrund mangelnden Vertrauens liefert Jerusalem sich an die Assyrer aus, deren verheerende Macht im Bild des Eufratstroms dargestellt wird (8,7-8).
Der im Neuen Testament erwähnte und bis heute so genannte Teich Schiloach wird von derselben Quelle gespeist, jedoch durch den unter König Hiskija (725–697 v. Chr.) durch den Fels geschlagenen 533 m langen Tunnel, der im 19. Jh. wieder entdeckt wurde (2 Kön 20,20; vgl. Kartenskizze Jerusalem II; Jerusalem in neutestamentlicher Zeit). Zu diesem Teich wird der Blinde in Joh 9,7 geschickt. Dabei wird auf die hintergründige Beziehung hingewiesen zwischen »Schiloach« (= »Sender«; das Wort lässt sich auch im Sinn von »ausgesandt« lesen und verstehen) und Jesus, dem »Gesandten« Gottes, dem allein Heilung und Heil zu verdanken sind.
Bei dem »oberen Teich« von 2 Kön 18,17; Jes 7,3 handelt es sich entweder um ein Sammelbecken für Regenwasser im Nordwesten der → Davidsstadt oder um den »alten« oder einen anderen Teich im Süden bei den königlichen Gärten. (Das erwähnte Tuchmacherfeld könnte wegen des Wasserbedarfs für das Walken und Bleichen des Leinens bei der → Rogel-Quelle = »Walker-Quelle« gelegen haben.)

Schinar Bezeichnung für die Landschaft Babylonien, die eng mit der Geschichte vom Turmbau in Babel (Gen 11,1-9) verknüpft ist und deshalb Babylonien als ein Land charakterisieren kann, von dem alle Auflehnung gegen Gott ihren Ausgang nahm (Sach 5,11).

Schlacken Die Gewinnung und Läuterung von Edelmetallen wird in der Bibel zum Bild für die Prüfung des Glaubenslebens auf seine Echtheit und die Läuterung des Gottesvolkes und einzelner Frommer durch Strafgerichte und Leiden. Insbesondere geht es dabei um die Ausscheidung von Verunreinigungen, wie sie durch das Erhitzen von Gold und Silber geschieht (Spr 17,3; 27,21; Sach 13,9; 1 Petr 1,7).
In spezieller Weise dienen die Vorgänge bei der Silbergewinnung zum Vergleich. Als Ausgangsstoff wurde hier in alter Zeit silberhaltiger Bleiglanz verwendet. Ihm wurden in einem ersten Schmelzvorgang durch Beigabe anderer Metalle die Schwefelbestandteile entzogen; anschließend wurde das Blei (durch Oxidation zu Bleiglätte) vom Silber getrennt. In beiden Phasen fielen »Schlacken« an. Der zweite Vorgang war jedoch besonders schwierig und konnte leicht misslingen, sodass nur silberhaltige Bleiglätte (»silbrig glänzende Schlacke«; Jes 1,22) oder minderwertiges Silber (Jer 6,29-30) dabei herauskam. So musste dieser zweite Arbeitsgang unter Umständen wiederholt werden (Jes 1,25).
In Ez 22,18 werden die beiden Phasen des Schmelzvorgangs nicht streng auseinander gehalten, da der

Prophet nur am Abfallprodukt interessiert ist; außerdem nimmt er offenbar einen total misslungenen Schmelzprozess an, der anschließend wiederholt werden muss (Verse 19-21): Das Abfallprodukt »Schlacke« muss nochmals in den Schmelzofen!

Schlange Die Schlange im Paradies ist nicht eine Verkörperung des Teufels, sondern – wie der Text Gen 3,1 eindeutig sagt – ein Geschöpf Gottes. Die biblische Erzählung kann so verstanden werden, dass sich im Gespräch Evas mit der Schlange ein innerer Vorgang (Dialog) im Menschen selbst spiegelt (vgl. Jak 1,13-14). An der Frage nach dem Ursprung des Bösen ist der biblische Erzähler nicht interessiert.

Schmelzofen Rundofen aus Ton zur Metallgewinnung aus Erzen (→ Schlacken).

Schriften, Heilige → Heilige Schriften.

Schutzengel Der Schutzengel, den jeder Mensch nach jüdischem Glauben hat (→ Engel), wird in Apg 12,15 als sein Doppelgänger verstanden, der ihm täuschend ähnlich sieht.

Schwagerehe Pflichtehe. Der Bruder eines kinderlos verstorbenen Mannes muss dessen Witwe heiraten, damit die Familie des Bruders nicht ausstirbt; denn der erste in der Schwagerehe geborene Sohn gilt als Nachkomme des Verstorbenen (Dtn 25,5-10; Rut 3–4; Mk 12,18-27par).

Schweinefleisch → rein.

Schwester → Bruder.

Seba Ein Volk, wahrscheinlich in Nordostafrika, etwa Äthiopien/Eritrea (Gen 10,7; Ps 72,10).

Sebulon, Naftali Die Stämme Sebulon und Naftali waren um 722 v.Chr. von den Assyrern verschleppt worden (Jes 8,23b–9,1). Seitdem wurde das Gebiet am See Gennesaret und ganz Galiläa auch von vielen Nicht-Israeliten bewohnt. Den Israeliten in dieser »dunklen« Randzone gilt nach Mt 4,12-17 Jesu Wirken. Mit der Wahl gerade dieses Gebiets kündigt sich zugleich an, dass die Gute Nachricht zuletzt ihren Weg zu den nichtjüdischen Völkern nehmen wird (Mt 28,19).

Seele Nach biblischer Vorstellung besteht der Mensch nicht aus Körper und Seele, sondern ist als ganzer, je nach Blickpunkt, entweder → Fleisch oder »Seele«, d.h. Träger von Leben (der *nefesch* als dem Lebensprinzip / Lebenshauch / Lebensatem; Gen 2,7). Doch konnte im Frühjudentum, als das ewige Schicksal des Menschen in den Blick trat, der Begriff *nefesch* den Menschen bezeichnen, sofern Gott ihm die Vollendung in einem »ewigen Leben« zugedacht hat (Mt 10,28 wörtlich: »Fürchtet euch nicht vor denen, die nur den Leib, aber nicht die Seele töten können. Fürchtet euch vor Gott, der Leib und Seele ins ewige Verderben schicken kann«). In derselben Bedeutung kann das Wort → Geist gebraucht werden (z.B. Hebr 12,23). Nicht von einer unsterblichen Seele ist dabei die Rede, sondern von dem »Lebenshauch«, den Gott in den Menschen gelegt hat, dem innersten Wesen, dem »Selbst« des Menschen, das jedoch ohne Körper nicht leben kann, weshalb eine leibliche, leibhaftige Auferstehung erwartet wird (vgl. 1Kor 15,35-49; 2Kor 5,1-5).
In der Zwischenzeit zwischen Tod und Auferweckung wird dieser für sich allein nicht lebensfähige Kern des Menschen bei Gott »aufbewahrt« (Weish 3,1-9). Der Aufbewahrungsort konnte verschieden angegeben werden (vgl. Offb 6,9; Hebr 12,23). Es konnte auch auf jede bestimmte Vorstellung verzichtet werden im Gedanken an das einzig Wichtige, dass die Seelen bei Gott bzw. bei Christus sind (Röm 14,8-9). Ebenso konnte die ausdrückliche Feststellung, dass es sich »nur« um die Seelen/Geister der Verstorbenen handle und ihr Zustand ein ganz vorläufiger sei, unterbleiben (z.B. Lk 23,43).
Über den Grad der Bewusstheit und »Seligkeit«, in dem sich die Verstorbenen in diesem Zwischenzustand befinden, wurde unterschiedlich gedacht. Die Vorstellungen reichen von einem unbewussten, schlafähnlichen Zustand (so vielleicht 1Thess 4,13-18; wörtlich »die Schlafenden/Entschlafenen«) bis zu einem vorwegnehmenden Kosten der endgültigen Seligkeit (Lk 23,43; Hebr 12,23). Wichtiger als solche Vorstellungen ist für das Neue Testament die Gewissheit, ja Erfahrung, dass die Gemeinschaft mit dem auferstandenen Christus schon jetzt eine Seligkeit gewährt, die der Tod nicht unterbrechen kann (Röm 8,38; 14,8-9; 2Kor 5,6-8; Phil 1,21-23; Joh 11,25-26).

Seeschlange → Leviatan.

Segen Er wird als Übertragung von lebenwirkender und lebenerhaltender Kraft verstanden, ebenso wie der → Fluch zerstörende Wirkung hat. Die Wirkung des Segens hängt aber auch von Art und Bedeutung der sprechenden Persönlichkeit ab. Bestimmte Menschen sind mit besonderer Segensmacht begabt. Das kann bei Sterbenden mit der Todesnähe zusammenhängen (Jakob in Gen 48), es kann Folge einer besonderen Begabung sein (wie bei Bileam in Num 22–24), aber auch in einer Amtsstellung und Weihe gründen wie bei den → Priestern, die zum Abschluss des Gottesdienstes die Gemeinde segnen (Num 6,22-27). In Israel ist letztlich Gott der Geber des Segens, auch wenn er ihn durch Worte und Hände von Menschen weitergibt.

Seher Altertümliche Bezeichnung der → Propheten, die auf die Fähigkeit der Hellsichtigkeit, des »zweiten Gesichts«, anspielt.

Seïr (hebräisch »behaart/bewaldet«) Ein Bergland im Gebiet von → Edom. Als die Edomiter sich nach der Zerstörung Jerusalems 587 v.Chr. im Bergland westlich der Senke zwischen Totem und Rotem Meer festsetzten, erhielt auch dieses Gebiet den

Namen Seïr (vgl. Jos 11,17; 12,7, wo dieser spätere Sprachgebrauch vorliegt).

Seleuziden Griechisches Geschlecht, das nach dem Tod Alexanders d. Gr. eines seiner Nachfolgereiche beherrschte, die Nachkommen von Seleukus I. (312–280 v. Chr.). Das Reich der Seleuziden reichte zur Zeit seiner größten Ausdehnung vom Bosporus bis an die indische Grenze. Mit dem ägyptischen Reich der Ptolemäer kämpften die Seleuziden verschiedentlich um Syrien/Palästina. Durch die Politik des Seleuziden Antiochus IV. (175–164 v. Chr.), der die griechische Kultur und Religion als einigendes Band seines Reiches überall durchzusetzen versuchte, wurden die Makkabäerkämpfe ausgelöst (1 Makk 1–2).

Seligpreisungen Was für die → Bergpredigt als ganze gilt, gilt speziell auch für die Seligpreisungen: Lukas bietet eine wesentlich kürzere Fassung als Matthäus (vgl. Lk 6,20-23 mit Mt 5,3-12); bei Lukas stehen materiell Notleidende im Blickpunkt, während bei Matthäus mehr bestimmte Frömmigkeitshaltungen angesprochen werden.

(1) Mt 5,3: »die nur noch von Gott etwas erwarten«: wörtlich »die Armen in Bezug auf den Geist«. Entsprechend der Bedeutungsbreite von »arm« und »Geist« im Hebräischen überlagern und durchdringen sich zwei Bedeutungen: »arm/arm an Lebenskraft« aufgrund wirtschaftlicher Not und gesellschaftlicher Ausgrenzung (= mutlos, verzweifelt) und: »gebeugt/gottergeben in der Gesinnung« (= demütig, alles von Gott erhoffend). Der Ausdruck »arm in Bezug auf den Geist« spielte damals in der Gemeinschaft von → Qumran eine wichtige Rolle.

(2) Mt 5,4: »die unter dieser heillosen Welt leiden«: wörtlich »die Trauernden«. Im Blickpunkt stehen nicht so sehr Menschen, die durch persönliche Not oder persönliche Schicksalsschläge niedergebeugt sind, sondern solche, die unter der Gottlosigkeit, der Verborgenheit Gottes in der Welt, insbesondere unter der notvollen Situation des Gottesvolkes, der Gemeinde, leiden (im Hintergrund stehen Stellen wie Jes 61,2-3; 66,10-13). Wenn es in der zweiten Vershälfte heißt (wörtlich): »denn sie werden getröstet werden«, so ist damit das rettende, heilschaffende Eingreifen Gottes am Ende der Geschichte gemeint.

Seraf Die → Engel, die in Jes 6,2 den Thron Gottes umgeben, werden im Hebräischen *serafim* (Einzahl *saraf*) genannt. Das Wort hängt mit »brennen« zusammen und kann Schlangen bezeichnen (wegen ihres brennenden = giftigen Bisses; Num 21,6.9), speziell unheimliche Wüstentiere (»Drachen«; Jes 14,29; 30,6). Schlangenartig könnten auch die Serafen von Jes 6,2 vorzustellen sein, als geflügelte Schlangen oder als Mischwesen mit menschlichem Gesicht, Schlangenkörper und Vogelflügeln, wie wir sie von altorientalischen Bildwerken kennen.

Siebzig Nach den → Zwölf in Lk 9,1-6 sendet Jesus in Lk 10,1-12 noch weitere *siebzig* Boten aus (Verse 1 und 17). Viele Handschriften sagen *zweiundsiebzig*. Letztere Zahl würde der Anzahl aller Völker der Erde nach der griechischen Übersetzung von Gen 10 (H *siebzig*) entsprechen. Aber wenn an eine Sendung an die Völker gedacht wäre, kämen immer zwei Völker auf ein Botenpaar. Die Zahl *siebzig* entspricht dagegen der Anzahl der Ältesten Israels in Ex 24,1.9; Num 11,16.24. Dies passt dazu, dass die Boten von Jesus hier nur zum Volk Israel gesandt werden.

Siegeskranz Die Sieger in den olympischen und anderen Wettkämpfen wurden durch einen auf dem Kopf getragenen Kranz aus Ölbaum- oder Lorbeerzweigen geehrt.

Signalhorn → Widderhorn.

Silbermünze, Silberstück Der hebräische Schekel, der römische Denar oder die griechische Drachme. Bevor es geprägte Münzen gab, wurden die Silberstücke gewogen (→ Schekel). Zur Zeit des Neuen Testaments ist ein Silberstück der übliche Tageslohn eines → Lohnarbeiters (Mt 20,2).

Simon Der große Magier aus Samaria gilt der alten Kirche als Vater aller Gaukler und Irrlehrer auf der Grenze zwischen Heidentum, Judentum und Christentum. Wenn es heißt, die »Große Kraft« sei in ihm leibhaftig erschienen (Apg 8,10), so wird damit eine im damaligen Judentum gebräuchliche Umschreibung des Gottesnamens auf ihn bezogen. Aufgrund von Apg 8,18-19 wird der Erwerb geistlicher Ämter gegen Bezahlung »Simonie« genannt.

Sinai Der Berg, an dem Gott sich seinem Volk Israel geoffenbart und seinen → Bund mit ihm geschlossen hat (Ex 19–24; anderer Name Horeb). Seine genaue Lage ist aus der Bibel nicht zu entnehmen.

Sintflut Bezeichnung für die Verderben bringende Flut, aus der Noach und die Seinen in der → Arche gerettet wurden (Gen 6,5–8,22). Das deutsche Wort bezeichnet eine »große Flut« und hat sprachlich nichts mit »Sünde« zu tun, so richtig es der Sache nach wäre, die Flut als Strafe für die Sünden der Menschheit zu bezeichnen.

Siw Der 8. Monat des althebräischen Jahres (→ Kalender), etwa Mitte April bis Mitte Mai.

Siwan Der 3. Monat des babylonischen Jahres (→ Kalender), etwa Mitte Mai bis Mitte Juni.

Skevas Statt »eines führenden jüdischen Priesters« lässt sich in Apg 19,14 auch übersetzen »eines jüdischen Obersten Priesters«. Einen Obersten Priester Skevas hat es zwar nie gegeben, doch ist es gut denkbar, dass die sieben Brüder einen solchen erfunden haben. Die Wunderheiler jener Zeit liebten es, sich ihrer Verbindung vor allem mit geheimnisvollen jüdischen Autoritäten zu rühmen.

Sklave, Sklavin Sklaverei gab es in der ganzen Alten Welt in mannigfachen Formen und unter den verschiedensten Bedingungen. In Israel wurde unterschieden zwischen volksfremden Sklaven und solchen aus dem eigenen Volk. Ein Israelit konnte zum Sklaven eines anderen werden, wenn er stark verschuldet war oder sich ihm in einer Notlage freiwillig verkaufte; auch Eltern verkauften ihre Kinder in solchen Fällen. Ein israelitischer Sklave durfte jedoch nicht für entwürdigende Dienste gebraucht werden; er musste wie ein → Lohnarbeiter behandelt und im → Sabbatjahr freigelassen werden. Für als Sklaven verkaufte Mädchen erlässt das Gesetz besondere Schutzbestimmungen (Ex 21,7-11).
Ausländische Sklaven wurden im Krieg erbeutet oder auf dem Sklavenmarkt (z.B. in Tyrus) gekauft. Sie zählten praktisch zur Familie, mussten jedoch die niederen Dienste verrichten und konnten auch weiterverkauft werden, was bei den israelitischen Sklaven untersagt war, die im 7. Jahr freigelassen werden mussten (Ex 21,2; siehe jedoch 21,5-6).
In der griechisch-römischen Welt konnten Sklaven zu bedeutenden Stellungen aufsteigen; aber es gab daneben ein Heer von namenlosen Haus- und Arbeitssklaven. In den frühen christlichen Gemeinden war der Anteil dieser Sklaven und Sklavinnen offenbar hoch. Sie waren innerhalb der Gemeinde den Freien völlig gleichgestellt (Gal 3,28); doch bestehen die Schreiber der neutestamentlichen Briefe darauf, dass die Sklaven und Sklavinnen im Alltagsleben ihre Pflichten erfüllen und an der bestehenden Sozialordnung nicht rütteln (Eph 6,5-9; Kol 3,22; 1 Tim 6,1-2). Der Brief des Apostels Paulus an Philemon zeigt jedoch, dass die Brüderlichkeit in der Gemeinde ansatzweise auch zu einer gesellschaftlichen Neuorientierung führen kann.

Sodom (und Gomorra) Kanaanitische Städte, die nach Gen 19,12-29 wegen ihrer Sünden vernichtet wurden. Vielleicht am Südwestufer des Toten Meeres gelegen, sind sie wahrscheinlich schon in der mittleren Bronzezeit durch eine Naturkatastrophe untergegangen. Beide Städte gelten als Symbol der Verruchtheit; die Art ihrer Schuld wird unterschiedlich angegeben (siehe Vergleichsstellen zu Gen 18,20).

Sohn Davids → David.

Sohn Gottes (→ Söhne) Im Alten Testament konnte ganz Israel, im Frühjudentum auch der einzelne exemplarisch → Gerechte in Israel »Sohn Gottes« genannt werden (Ex 4,22-23; Hos 11,1; Weish 2,17-20). Das Neue Testament sieht in beidem einen prophetischen Hinweis auf Jesus Christus, in dem dieser Titel seine wahre Erfüllung finden sollte (vgl. Mt 2,15; 27,43).
Vor allem aber galt im Alten Testament der König Israels als Gottessohn (vgl. 2 Sam 7,14). Bei seiner Thronbesteigung wurde er zum »Sohn Gottes« eingesetzt (Ps 2,7), d.h., er sollte an Gottes Stelle über das Volk regieren. Es ist daher möglich, dass schon das Judentum den erhofften König der Endzeit, den Messias, als Gottessohn bezeichnet hat. Nach frühen urchristlichen Bekenntnissen ist Jesus zum »Sohn Gottes« im Sinn von Ps 2,7 mit seiner Auferstehung geworden (Röm 1,3-4; Apg 13,33; → Christus).
Tiefer und umfassender ist die Sohn-Gottes-Bezeichnung, wie sie z.B. in Gal 4,4; Kol 1,13-18; Joh 1,14; Hebr 1,2-3 vorliegt. Sie ist vor dem Hintergrund der Aussagen über die »Weisheit« Gottes zu verstehen, führt aber zugleich weit darüber hinaus (→ Weisheit).
Neben der Bezeichnung »Sohn Gottes« gibt es für Jesus auch die Bezeichnung »der Sohn« bzw. »der → eingeborene Sohn« (v.a. bei Johannes). Während sich die erste Bezeichnung aus der Messias-Vorstellung (→ Christus) herleitet und an 2 Sam 7,14; Ps 2,7 anknüpft, bringt die zweite die Würde von Jesus als → Menschensohn und auf Erden erschienene → Weisheit Gottes zum Ausdruck. An vielen Stellen durchdringen sich die Vorstellungen gegenseitig und sind ihre Inhalte miteinander verschmolzen.
Jesus selbst hat seine einzigartige Nähe zum Vater in der Gebetsanrede »Abba« zum Ausdruck gebracht (→ Abba).

Söhne (Gottes) Nach frühjüdischem Denken bewährt sich der einzelne Israelit als → »Sohn Gottes«, je mehr er in der Nachahmung Gottes, seines Vaters, Fortschritte macht und die Art seines Vaters annimmt, z.B. etwa wie dieser → Frieden schafft (Mt 5,9, wo die Zusage der Sohnschaft zweifellos nicht allein den »Söhnen« = Männern gilt). Grundsätzlich ist Sohnschaft/Kindschaft nicht etwas, was sich der Mensch verdienen kann, sondern sie ist Gottes Geschenk (Gal 3,26-27; 1 Joh 3,1-2).
Im israelitischen Erbrecht spielen die Söhne als die zuerst und eigentlich Erbberechtigten (Ausnahme Num 27,1-11; 36,1-13) eine maßgebliche Rolle. Von daher ist es zu verstehen, wenn im Neuen Testament, sobald vom Geschenk des ewigen Heils unter dem Bild des »Erbes« und des »Erbens« gesprochen wird, öfter von »Söhnen« die Rede ist (Röm 8,14-17; Gal 3,26–4,7), obwohl Frauen mit Sicherheit eingeschlossen sind, was die Übersetzung in solchen Fällen zum Ausdruck bringt.

Sonntag Die Übersetzung gebraucht unsere Wochentagsbezeichnung, wo es nach jüdischem Brauch wörtlich heißt »der Tag nach dem → Sabbat« bzw. »der erste Tag der Woche« (Mt 28,1; Mk 16,2; Lk 24,1; Joh 20,1.19; Apg 20,7). Dieser

Tag ist der Tag der Entdeckung des leeren Grabes und – nach Lukas und Johannes – auch des ersten Erscheinens des Auferstandenen. Die Christen nannten ihn den »Tag des Herrn«, d.h. des auferstandenen → Herrn Jesus Christus (Offb 1,10), und feierten an ihm das → Mahl des Herrn (Apg 20,7).

Speiseopfer Naturalien (Getreide, Backwerk, Feldfrüchte) als selbstständiges Opfer oder Beigabe zu anderen Opfergaben (→ Opfer).

Speisevorschriften → Nahrungsvorschriften.

Sprachen, unbekannte (Sprachen des Geistes) Die Wirkung des → Heiligen Geistes zeigte sich in der frühen Kirche unter anderem im sog. Zungenreden (1 Kor 12,10), das noch heute bzw. heute wieder in christlichen Kreisen anzutreffen ist. Nach den gegenwärtigen Erfahrungen geschieht dieses Sprechen bei vollem Bewusstsein, jedoch so, dass der Sprechende sich dem Wirken des Geistes öffnet. Es kann sich dabei um eine dem Sprechenden unbekannte verständliche Sprache handeln (wie in Apg 2,4) oder um eine völlig unbekannte Ausdrucksweise. Paulus geht in 1 Kor 14 auf diese Gabe ausführlich ein, weil sie in der dortigen Gemeinde anscheinend überbewertet wurde.

Spross Bezeichnung für den → Messias, der aus der Wurzel der Familie Davids »entsprießt« (Jes 11,1). Er scheint zuerst in Jer 23,5 so genannt worden zu sein (wörtlich: »Tag, an dem ich David einen gerechten Spross erwecken werde«). Sacharja nimmt diese Bezeichnung in seiner Prophetie auf (Sach 3,8; 6,12; → Nazoräer).

Stadie Griechisches Wegmaß, je nach Maßstab zwischen 175 und 200 m.

Stakte Unbekannter Bestandteil der Weihrauchmischung des Heiligtums. Stakte ist die griechische Wiedergabe des betreffenden hebräischen Wortes und bedeutet »Tropfen«.

Stammbaum von Jesus (1) *Bei Matthäus (Mt 1,1-17):* Dem Aufbau des Stammbaums liegt eine Zahlensymbolik zugrunde: Im Hebräischen hat jeder Buchstabe einen Zahlenwert. Zählt man die Zahlenwerte der Buchstaben zusammen, die den Namen »David« ausmachen, so erhält man die Zahl 14. Abmessung und Gliederung des Stammbaums (3-mal 14 vgl. 1,17) sollen verkünden: In Jesus ist der verheißene Nachkomme Davids, der versprochene Retter Israels, erschienen. Vielleicht fehlen dieser Symbolik zuliebe in Vers 8 zwischen Joram und Usija (= Asarja) die drei Könige Ahasja, Joasch und Amazja (vgl. 1 Chr 3,11-12).

Auffällig ist die Nennung von vier Frauen (Verse 3.5.6), die keine Israelitinnen waren (Rahab, Rut) oder als Sünderinnen galten (Tamar, die Frau Urijas). Der versprochene Retter Israels, in dessen Stammbaum sich auch Nicht-Israeliten und Sünder befinden, lässt von vornherein auch Nicht-Israeliten und Sünder hoffen (vgl. 28,19; 9,1-13).

Statt Asa (Vers 7) und Amon (Vers 10) steht in den wichtigsten Handschriften Asaf und Amos. Diese Namen stehen jedoch im Widerspruch zu 1 Chr 3,10 und 3,14 (vgl. auch 1 Kön 15,8 u.ö.; 2 Kön 21,18 u.ö.). Vielleicht sollte durch ihre Aufnahme in den Stammbaum Jesu angedeutet werden, dass sich die Ankündigungen der Psalmen (Asaf; vgl. die Psalmen 50 und 73–83) und Propheten (Amos) in Jesus erfüllt haben.

(2) *Bei Lukas (Lk 3,23-38):* Nachdem in Lk 3,21-22 das göttliche Geheimnis der Person Jesu aufgeleuchtet ist, wird durch den eingeschobenen Stammbaum in 3,23-38 die Stellung angezeigt, die Jesus als Mensch in der Geschichte der Menschheit einnimmt. Dem Stammbaum liegt eine Zahlensymbolik zugrunde, die auf der Bedeutung der Zahlen 7 und 12 beruht: Die Geschichte Israels und der Menschheit wird in 11-mal 7 Generationsfolgen bis auf ihren Ursprung in Gott zurückverfolgt. So erscheint Jesus als Anfang einer neuen, der 12. »Generationsfolge« – in ihm erfüllt sich die Menschheitsgeschichte.

Statthalter Im Römischen Reich gab es senatorische Provinzen, die einem vom römischen Senat eingesetzten Prokonsul unterstanden (Apg 13,7; 18,12), und imperatorische Provinzen, die einem vom Kaiser (Imperator) eingesetzten Legaten unterstellt waren (Lk 2,2).

Im Unterschied dazu standen → Judäa, → Samarien und Idumäa (→ Edom) und 44–66 n. Chr. vorübergehend ganz Palästina unter einem Präfekten (nach 41 n. Chr. trägt er den Titel Prokurator), der in Cäsarea residierte. Die Präfektur in Judäa, Samarien und Idumäa war eingerichtet worden, nachdem es unter der Regierung des Herodessohnes Archelaus (→ Herodes 2) zu ständigen Konflikten zwischen ihm und den Juden gekommen war. Der Präfekt bzw. Prokurator hatte vor allem das Steuerwesen zu überwachen und in wichtigen Fällen als Richter zu wirken; ihm war es vorbehalten, Todesurteile auszusprechen und vollstrecken zu lassen. Er verfügte über eine Truppenmacht. Zu besonderen Anlässen – vor allem an den hohen jüdischen Festen, wo wegen der in Jerusalem zusammenströmenden Volksmassen besondere Vorsichtsmaßregeln nötig waren – kam er von Cäsarea nach Jerusalem hinauf und brachte Verstärkung für die dortige römische Garnison mit.

Erwähnt werden im Neuen Testament der Präfekt → Pilatus (26–36 n. Chr.) und die Prokuratoren → Felix (52–60) und → Festus (60–62).

Schon im Neuen Testament selbst werden die Titel größtenteils nicht unterschieden: Präfekt und Prokuratoren ebenso wie der Legat in Lk 2,2 werden »Statthalter« (griechisch *hegemon*) genannt; nur in Apg 13,7-8.12; 18,12; 19,38 erscheint die Bezeichnung »Prokonsul« (griechisch *anthypatos*). Die Übersetzung gebraucht ohne Unterschied den Begriff »Statthalter« (in Apg 19,38 »Behörden«).

Staub (von den Füßen schütteln) Wenn Juden aus nichtjüdischem Gebiet nach Israel zurückkehrten, pflegten sie den Staub von den Füßen zu schütteln, um nichts »Verunreinigendes« (→ rein) in das Heilige Land mitzuschleppen. Im Zusammenhang der Aussendung der → Jünger (Mk 6,11 par) und der urchristlichen Mission (Apg 13,51; ähnlich 18,6) bedeutet es Abbruch der Beziehungen und Überantwortung an Gottes Gericht.

Steige Steiler Weg, der einen Gebirgsanstieg hinauf- bzw. hinabführt.

Stein, heiliger → Steinmal.

steinigen, Steinigung Die Steinigung war eine Form der Todesstrafe, die bei besonders schweren Vergehen als feierliche Form des Ausschlusses aus dem Gottesvolk angewandt (Lev 24,10-14; Dtn 17,2-7; 21,18-21), aber auch als Lynchjustiz geübt wurde. In neutestamentlicher Zeit wurde eine offizielle Steinigung in folgender Form vollzogen: Der zu Steinigende wurde durch einen »Zeugen« (Apg 7,58) von einem Felsen oder einer Mauer rückwärts hinabgestürzt; wenn er noch lebte, ließ der zweite »Zeuge« einen schweren Stein auf seine Brust fallen.

Steinmal Ein aufrecht hingestellter heiliger Stein: (a) als Denkstein für einen Vertragsschluss und Grenzstein (Gen 31,45); (b) als Grabstein (Gen 35,20); (c) als Gedenkstein an heiliger Stätte (Gen 28,18); (d) anstelle eines Götterbildes oder in Verbindung mit Götterbildern, darum in Israel streng verboten (Ex 34,13; Lev 26,1; Dtn 7,5; 12,3) und trotzdem immer wieder errichtet (1 Kön 14,23; 2 Kön 3,2).

Sterndeuter Das so übersetzte griechische Wort (*magoi* = unser »Magier«) bezeichnete zunächst die Mitglieder einer persischen Priesterkaste (vgl. Dan 1,20), die sich mit Sternkunde und Astrologie befassten, sodann allgemein babylonische und sonstige Astrologen.

Stierbild Die im Alten Testament erwähnten Stierbilder (»goldenes Kalb«) waren keine Götterbilder. Sie wurden nicht angebetet, sondern galten als Träger des unsichtbar auf ihnen thronenden Gottes (1 Kön 12,28-30; Hos 8,5-6). Trotzdem lag die Verwechslung zwischen Bild und Gott nahe (Ex 32,4).

Strauß In Vorderasien gab es eine spezielle Straußenart – *Struthio camelus syriacus* –, die seit 1941 ausgerottet ist. Beobachtungen am afrikanischen Strauß lassen auf ein Verhalten der Tiere schließen, das zu Fehldeutungen Anlass geben konnte: Mehrere Hennen können einem Hahn bis zu 40 Eier ins Nest legen, die dieser nicht alle auszubrüten vermag, sodass sie schließlich unbeachtet herumliegen (Ijob 39,14f). Bei herannahender Gefahr verharren die Straußenküken reglos in Deckung, während die Eltern durch auffälliges Zickzacklaufen und Flügelschlagen die Aufmerksamkeit des Feindes auf sich und von den Küken abzulenken suchen (Ijob 39,16; Klgl 4,3).

Streitwagen Eine zugleich bewegliche und »schwere« Waffengattung. Der Streitwagen war in der Regel mit zwei Mann besetzt, dem Wagenlenker und dem Bogenschützen; gelegentlich kam noch ein Schildhalter dazu.

Sühne Gott muss nach biblischem Verständnis nicht von Menschen durch → Opfer oder Leistungen »versöhnt« werden, vielmehr ist er es, der die schuldig gewordenen Menschen mit sich versöhnt (2 Kor 5,18-20). Er tut dies nicht durch eine einfache Absichtserklärung, sondern im Alten Testament ursprünglich dadurch, dass er den Opferdienst stiftet, durch den diese Versöhnung wirksam werden kann (→ Versöhnungstag, → Sühneopfer). Dies entspricht der alttestamentlichen Vorstellung von einem Unheilszusammenhang, der durch die Sünde hervorgerufen wird (vgl. Ps 7,15-17; Jes 5,18; 9,17-20) und der nur aufgehoben werden kann, wenn er sich an einem Ersatzopfer ausgewirkt hat (→ Tun-Ergehen-Zusammenhang). Entscheidend für die Wirkung des Opfers ist jedoch, dass Gott es annimmt (vgl. Gen 4,4-5).
Nach dem Vorbild alttestamentlicher Sühnehandlungen versteht das Neue Testament den Tod von Jesus als ein Opfer, das ein für alle Mal die Schuld der Menschen gesühnt hat (Röm 3,25; Hebr 9,28).

Sühneopfer → Opfer zur → Sühne für unbeabsichtigt und unwissend begangene Verfehlungen.

Synagoge (griechisch »Versammlung«) Versammlungsstätte jüdischer Gemeinden, wo am Sabbat ein Wortgottesdienst mit Gebet, Schriftlesung, Predigt und abschließendem Segen abgehalten wird. Jeder in den → Heiligen Schriften kundige jüdische Mann kann aufgefordert werden, die Schriftlesung vorzunehmen und eine Auslegung zu geben (vgl. Lk 4,16-21; Apg 13,15).
Die Verwaltung der äußeren und inneren Angelegenheiten einer Synagogengemeinde lag in den Händen eines Kollegiums von → Ältesten. An Synagogenbeamten gab es den Synagogenvorsteher, der für die ordnungsgemäße Abwicklung des Synagogengottesdienstes zu sorgen hatte, und den Synagogendiener, der ihm dabei zur Hand ging (Lk 4,20).
In der Synagoge tagte in neutestamentlicher Zeit – und noch lange darüber hinaus – das örtliche Synagogengericht. Auf den Spruch von drei Richtern hin konnte es gegenüber Juden, die gegen Vorschriften des → Gesetzes verstoßen hatten, die Strafe der Auspeitschung verhängen (Dtn 25,2-3), die vom Synagogendiener auszuführen war (Mk 13,9; Apg 22,19; 2 Kor 11,24; → auspeitschen).

Synagogengemeinde Gemeinde, die sich um eine bestimmte lokale → Synagoge scharte (→ Hellenisten), aber auch das in der Form von Synagogengemeinden religiös-rechtlich verfasste Judentum seit dem 1. Jh. n. Chr.
Mit dem »Ausschluss aus der Synagogengemeinde« (Joh 9,22.35; 12,42; 16,2; Lk 6,22) ist nicht der sog. »Synagogenbann« gemeint, eine Besserungsstrafe, die, auf Zeit verhängt, mancherlei Einschränkungen im Verkehr mit den jüdischen Volks- und Glaubensgenossen auferlegte. Vielmehr geht es um die völlige, unwiderrufliche Verstoßung aus der jüdischen Volks- und Religionsgemeinschaft. Die so Verstoßenen wurden in jeder Hinsicht gemieden und boykottiert, eine Maßnahme, die oftmals an den Lebensnerv der Betroffenen rührte.

Synagogengericht → Synagoge.

Synagogenvorsteher → Synagoge.

Syrer, Syrien Der Name »Syrien« ist aus einer Verkürzung des Namens → Assyrien durch griechische Schriftsteller entstanden und bezeichnet das Gebiet um Damaskus vom Eufrat bis zur Nordgrenze Palästinas. In dieser Übersetzung ist er zumeist Wiedergabe von »Aram«, was im Alten Testament für das Reich der → Aramäer von Damaskus steht. Die Aramäer/Syrer waren die unmittelbaren Nachbarn des Nordreichs → Israel; zwischen beiden gab es andauernd kriegerische Konflikte, dann aber auch Bündnisse gegen den gemeinsamen Feind Assyrien (→ Syrisch-Efraïmitischer Krieg). Die politische Selbstständigkeit endete etwa gleichzeitig mit der des Nordreichs Israel.

Syrisch-Efraïmitischer Krieg Mit dem Regierungsantritt von Tiglat-Pileser III. (745 v. Chr.) setzte eine neue Phase assyrischer Expansionspolitik ein. In den eroberten Gebieten musste der assyrische Staatsgott als Erster der Götter verehrt werden; die staats- und kulturtragende Oberschicht wurde verpflanzt und durch eine fremde ersetzt. Angesichts dieser Bedrohung machte eine Reihe von syrisch-palästinischen Kleinstaaten den Versuch, sich gemeinsam gegen die → Assyrer zu behaupten. Führend in dem antiassyrischen Bündnis waren → Syrien und das Nordreich Israel (Efraïm). Da König Ahas von Juda sich weigerte, dem Bündnis beizutreten, zogen die verbündeten Könige Rezin von Damaskus und Pekach von Samaria im Jahr 733 v. Chr. gegen Jerusalem, um ihn abzusetzen und einen Mann ihres Vertrauens als neuen König einzusetzen. Anstatt nach der Botschaft des Propheten Jesaja (Jes 7,1-9) auf Gottes Eingreifen zu vertrauen, rief Ahas den Assyrerkönig zu Hilfe und unterwarf sich ihm durch eine Tributzahlung. Diese Politik führte zwar zu dem von Ahas gewünschten Erfolg; die Verbündeten zogen von Jerusalem ab. Doch aufs Ganze gesehen war sie verhängnisvoll: Tiglat-Pileser trennte noch im selben Jahr → Galiläa und das Ostjordanland von Nordisrael ab und machte 732 Syrien zur assyrischen Provinz. Juda wurde zum assyrischen Vasallenstaat, in dem der assyrische Staatskult eingeführt werden musste (2 Kön 16,10-18).

T

Tammus (Ez 8,14; Dan 11,37) Sumerischer Hirtengott, der mehr und mehr zum Gott der jährlich sterbenden und wieder erstehenden Vegetation wurde. Der Tammuskult drang im 8./7. Jh. v. Chr. bis nach Palästina vor. Beweint wird Tammus während des Wartens auf den → Regen im Herbst, und zwar von den Frauen, die sinnbildlich an der Stelle der auf Befruchtung durch den »Himmelstau« wartenden Erde stehen. Die sog. »Adonisgärtchen« (Jes 17,10-11) gehören zur Verehrung eines ähnlichen Gottes, des phönizischen Adon (griechisch *Adonis*): Rasch aufgehende Samen sollen seine Auferstehung sinnbildlich darstellen und in magischer Weise die Lebenskraft derer steigern, die sie ausgesät haben.

Tarschisch Wahrscheinlich die phönizische Kolonie Tartessus an der spanischen Mittelmeerküste mit bedeutenden Silberminen (Jer 10,9). Die großen Handelsschiffe der → Phönizier, die u. a. bis dorthin fuhren, trugen den Namen Tarschisch-Schiffe.

Taufe (1) *Ursprung, Bedeutung, Vollzug:* Von Anfang an wurden Menschen – und zwar ausschließlich – durch die Taufe in die christliche Gemeinde aufgenommen. In der christlichen Taufe lebt die Taufe fort, die der → Täufer Johannes geübt hat, und demgemäß ist auch mit ihr die Forderung radikaler → Umkehr verbunden. Doch im Übrigen hat sich die Bedeutung der Taufe tief greifend gewandelt aufgrund des Sterbens und Auferstehens von Jesus und nicht zuletzt, weil er selbst sich hat taufen lassen und diese seine Taufe »gelebt« hat (→ Taufe 2). Die christliche Taufe stellt deshalb die Vergebung der Sünden nicht nur für den Tag des Gerichts in Aussicht, vielmehr spricht sie dem Täufling hier und jetzt diese Vergebung wirksam zu – um des Todes willen, den Jesus auf sich genommen hat. Auch die Rettung im Gericht und die Teilhabe am Leben in Gottes neuer Welt (→ Königsherrschaft Gottes) verspricht sie nicht nur für die Zukunft, sondern gibt schon jetzt ersten, entscheidenden Anteil daran durch das Geschenk des → Heiligen Geistes. Sie stellt in die Lebensgemeinschaft mit dem auferstandenen Jesus und stiftet Gemeinschaft mit allen, die gleichfalls durch die Taufe zu Christus gehören (1 Kor 12,13). In der Taufe schafft Gott durch Jesus Christus in der Kraft des Heiligen Geistes die neutestamentliche Gemeinde, den Anfang der neuen Welt und Menschheit (→ Erstling).

Diese Taufe wird gespendet (wörtlich) *im Namen* oder *auf den Namen von Jesus Christus* (Apg 2,38; 10,48; 19,5; nach Mt 28,19 *auf den Namen des Vaters und des Sohnes und des Heiligen Geistes*). Entsprechend der damaligen Bedeutung dieser Ausdrucksweise heißt das: Sie wird vollzogen *im Auftrag von Jesus Christus und zur Übereignung an ihn.*

In neutestamentlicher Zeit und in der Alten Kirche – in manchen Kirchen und christlichen Gemeinden bis heute – wird die Taufe in der Regel durch Untertauchen des ganzen Menschen im Wasser gespendet. Diese Praxis vor Augen, kann Paulus in Röm 6,3-11 von einem »Eingetauchtwerden in Christus« sprechen, einem »Mitsterben (des alten Menschen) mit ihm«.

Die Taufe setzt beim Täufling → Glauben (Mk 16,16; Apg 2,41; 18,8) und → Umkehr (Apg 2,38; 3,19; 17,30; 26,20) voraus und ist nicht »übertragbar«. Die in 1 Kor 15,29 erwähnte Praxis einer stellvertretenden Taufe wird von Paulus nicht gutgeheißen, sie dient ihm nur als Argument dafür, dass die Angesprochenen die Hoffnung auf die endzeitliche → Auferstehung der Toten doch offenbar sehr ernst nehmen. Dass bei der Taufe ganzer → Hausgemeinschaften (Apg 16,15.33; 18,8; 1 Kor 1,16) gelegentlich auch Kleinkinder mitgetauft wurden, lässt sich nicht ausschließen, aber auch nicht beweisen.

(2) *Taufe von Jesus:* Wenn Jesus sich der Taufe durch Johannes unterzieht, gewinnt sie für ihn eine ganz eigene Bedeutung. Nicht Umkehrwille und Sündenvergebung stehen im Blick (vgl. 2 Kor 5,21; Hebr 4,15; 1 Joh 3,5); die Berichte über dieses Ereignis (Mk 1,9-11 par) stellen vielmehr klar, dass Jesus mit der Übernahme dieser Taufe öffentlich seinen Dienst als Messias (→ Christus) angetreten hat – einen Dienst, der zuletzt darauf hinausläuft, für die Sünden der Menschen zu sterben und ihnen so den Zugang zum Leben bei Gott zu öffnen (Joh 1,29-31.35-36; Lk 12,50; Mk 10,38). Weil Jesus diesen Weg im Gehorsam (vgl. Hebr 5,8) beschritten hat, wird er von der Himmelsstimme zum → Sohn Gottes erklärt, als den ihn die Gemeinde nach seinem Tod und seiner Auferstehung erkennen und bekennen wird.

Nach Mt 3,15 hat Jesus seine Taufe verstanden als Auftakt zu einem Leben, in dem er – angesichts der nahen Gottesherrschaft und entsprechend der Umkehrforderung des → Täufers – den Willen Gottes ohne Abstriche erfüllen wollte.

Täufer (Johannes) Im Vorfeld des Auftretens von Jesus kündigte Johannes das Kommen der → Königsherrschaft Gottes an und rief zu radikaler → Umkehr auf. Die Taufe, die er spendete (das griechische Wort bedeutet »Eintauchen/Untertauchen«), unterscheidet sich von allen rituellen Waschungen und Tauchbädern jener Zeit, z.B. auch in → Qumran. Während diese »Taufen« von den Menschen an sich selbst und wiederholt vollzogen wurden und auf kultische Reinheit (→ rein) abzielten, handelt hier der Täufer in prophetischer Vollmacht an den Täuflingen, und die Taufe ist ein einmaliger Akt, mit dem die zu Taufenden sich angesichts des bevorstehenden Gottesgerichts als Sünder bekennen, zur Umkehr bereit erklären und durch das Untertauchen im Wasser schon vorweg zeichenhaft dem Gericht unterwerfen, damit ihnen, wenn es dann wirklich kommt, Vergebung ihrer Sünden und Rettung zuteil werden.

Der Täufer weist – ursprünglich wohl drohend – auf den »Mächtigeren« hin, der nach ihm kommt (Mk 1,7 par). Damit meint er offenbar den zum Gericht kommenden → Menschensohn, der die Menschen »mit Geist und Feuer taufen« werde (Mt 3,11; Lk 3,16). Im Mund des Täufers ist »taufen« hierbei ein Bild für den Vollzug des Gerichts, und »Geist« meint wahrscheinlich »Sturm« (das griechische wie das entsprechende hebräische Wort kann beides bedeuten). Sturm und Feuer sind Bilder für die Wucht, mit der das Endgericht alles Gottwidrige treffen und vernichten wird. (Die Christen hätten, wenn diese Annahmen zutreffen, aufgrund ihrer Erfahrung mit Jesus und dem von ihm gesandten Geist in dem Täuferwort einen Hinweis auf die Ausgießung des → Heiligen Geistes entdeckt; vgl. Apg 2,2-4.)

Das Auftreten von Jesus, in dem die Gnade Gottes das Gericht sozusagen überholte und Gottes Herrschaft ganz anders aufleuchtete, konnte der Täufer offenbar nicht verstehen, ohne durch eine schwere innere Krise zu gehen (vgl. Mt 11,2-6 par). In den Augen von Jesus ist er dennoch von allen Menschen, die bis dahin gelebt hatten, der bedeutendste (Mt 11,2-6 par).

Täuferjünger Die von Johannes dem Täufer ausgehende Bewegung hatte offenbar weite Kreise gezogen, sich zum Teil verselbstständigt und war hier und da in Konkurrenz zur christlichen Gemeinde getreten. Die Bewegung und ihre Auswirkungen werden greifbar in Apg 18,25; 19,1-7. In Joh 1,6-8.15.20.30f; 3,25-30 dürfte etwas von der Auseinandersetzung mit diesen Kreisen und der dort gepflegten Hochschätzung Johannes' des Täufers und seiner Taufe spürbar werden (vgl. auch Hebr 6,2).

Tebet Der 10. Monat des babylonischen Jahres (→ Kalender), etwa Mitte Dezember bis Mitte Januar.

Teich, oberer → Schiloach.

Tempel Der Tempel in Jerusalem war – wie schon das → Heilige Zelt – nicht Versammlungshaus der Gemeinde, sondern Wohnung Gottes (Ex 40,34; 1 Kön 8,13). Der Tempel Salomos war ein Langhausbau, der aus drei Teilen bestand: Vorhalle, Heiliges und → Allerheiligstes, und der mit 30 m Gesamtlänge etwa die Größe einer Dorfkirche hatte (ausführliche Beschreibung in 1Kön 6; die Einrichtung entspricht der des Heiligen Zeltes in Ex 40). Der Tempel war von zwei Vorhöfen umgeben: einem inneren, in dem der große → Brandopferaltar stand, und einem äußeren, dessen Umfassungsmauer den südlich des Tempels gelegenen Königspalast mit einschloss. Nebukadnezzar zerstörte den ersten Tempel 587 v. Chr. Nach der Rückkehr der Judäer aus der Verbannung wurde er an der alten Stelle in bescheidenerer Ausstattung wieder aufgebaut (Tempelweihe 515 v. Chr.).

Herodes d. Gr. (→ Herodes 1) ersetzte diesen Tempel durch einen großartigen Neubau, wobei jedoch die Grundmaße des Heiligen und des Allerheiligsten unverändert blieben. Dabei wurde der innere Vorhof neu gegliedert (Vorhof der Priester, der Männer, der Frauen; siehe Skizze am Ende dieser Ausgabe) und der äußere erheblich erweitert und mit großartigen Säulenhallen umgeben. Der äußere Vorhof war für jedermann, auch für Nichtjuden, zugänglich. In einem begrenzten Bereich dieses riesigen Platzes hat man sich auch die Stände der Geldwechsler vorzustellen und der Händler, die Opfertiere zum Kauf anboten (Mk 11,15 par).

Der Jerusalemer Tempel wurde 70 n. Chr. bei der Eroberung Jerusalems durch Titus zerstört und nie wieder aufgebaut.

Tempeldiener Wörtlich »die (dem Heiligtum) Geschenkten«. Sklaven, die die niederen Dienste am → Tempel zu verrichten hatten (vgl. Jos 9,26-27). Den Aufgaben nach sind sie kaum von den »Sklaven Salomos« im selben Textzusammenhang (Esra 2,43-58 par) zu unterscheiden.

Tempelsteuer Jeder erwachsene Jude hatte jährlich einmal eine Steuer für den → Tempel in Jerusalem zu zahlen; nur → Priester und z.T. auch → Gesetzeslehrer waren davon befreit. Die Steuer wurde auf Ex 30,11-16 zurückgeführt und war in tyrischen Schekeln, der damals wertvollsten Währung, zu entrichten. Einem halben tyrischen Schekel (vgl. Ex 30,13) entspricht in griechischer Währung eine Doppeldrachme (= 2 Drachmen; römisch 2 Denare; 1 Drachme/1 Denar ist der Tageslohn eines Arbeiters). Die Münze, die in Mt 17,24-27 erwähnt wird (1 Stater = 4 Drachmen), entspricht dem Steuersatz für zwei Personen.

Tempelwache In Lk 22,4.52 werden neben den »führenden« → Priestern die Hauptleute der Tempelwache genannt. Es handelt sich um Offiziere der Tempelpolizei, einer unter jüdischem Befehl stehenden Polizeitruppe, die für die äußere Ordnung im Tempelbereich zuständig war. Ihr »Befehlshaber« (Apg 4,1), der oberste Verantwortliche für diese Truppe, stammte aus den führenden Priesterkreisen und folgte rangmäßig unmittelbar auf den → Obersten Priester.

Teufel In der griechischen Übersetzung des Alten Testaments (Septuaginta) steht für das hebräische → Satan das Wort *diabolos.* Aus ihm entstand das deutsche Wort »Teufel«. Das griechische Wort hat die Bedeutung von »Ausplauderer, Ankläger, Verleumder, Widersacher«, das zugrunde liegende Tätigkeitswort die Bedeutung von »durcheinander/auseinander bringen, entzweien, verfeinden«.

Theudas (Apg 5,36) Ein jüdischer Widerstandskämpfer dieses Namens ist 44–46 n. Chr. aufgetreten. Er versprach seinen Anhängern, sie trockenen Fußes durch den Jordan zu führen, d.h., das Wunder von Jos 3 zu wiederholen. Der Prokurator Cuspius Fadus nahm ihn gefangen und ließ ihn enthaupten.

Tiberius Römischer Kaiser 14–37 n. Chr. Adoptivsohn und Nachfolger des → Augustus. In seine Herrschaftszeit fällt das Wirken von Jesus.

Timotheus Der vertrauteste aller Mitarbeiter des Apostels Paulus (Phil 2,19-22) stammte aus einer – nach jüdischer Anschauung unerlaubten – jüdisch-heidnischen Mischehe (Apg 16,1). Wegen der jüdischen Mutter galt der Sohn dennoch als Jude und musste → beschnitten werden. Paulus tut es (Apg 16,3) entsprechend den Grundsätzen von 1Kor 9,20 und Gal 6,15. Im Fall von Timotheus liegen die Dinge anders als im Fall von Titus, der nicht jüdischer Herkunft war und dessen Beschneidung für Paulus – gerade im Blick auf entsprechende Forderungen bestimmter judenchristlicher Kreise – nicht in Frage kam (Gal 2,3).

Töchter (Gottes) → Söhne (Gottes).

Tod → Totenwelt, Totenreich.

Tofet Opferstätte im → Hinnom-Tal, an der Kinder geopfert wurden (→ Moloch).

Torhüter Wörtlich »Hüter der Schwelle«. Drei hoch gestellte → Priester, die unmittelbar auf die beiden höchsten Priester folgten. Vermutlich mussten sie am Tempeleingang die kultische Reinheit der Besucher prüfen, bevor diese in das Heiligtum gehen durften (→ rein); außerdem hatten sie die Abgabe der → Tempelsteuer zu überwachen.

Totenklage Die Trauer um einen Verstorbenen wurde im Altertum durch laut ausgestoßene Klagerufe zum Ausdruck gebracht (Mk 5,38-39). Die persönliche Klage wurde verstärkt und unter Umständen stellvertretend übernommen von eigens dafür bestellten Personen (Jer 9,16). Die normale Dauer der Totenklage betrug sieben Tage, für besonders angesehene Verstorbene dreißig Tage (Dtn 34,8). Ein Beispiel für eine ganz knapp formulierte Klage bietet Jer 22,18, für ein ausführliches → Totenklagelied 2Sam 1,17-27.

Totenklagelied Beim Tod wohlhabender oder bedeutender Persönlichkeiten trat neben die einfache → Totenklage ein von Musik begleitetes Lied, das die Verdienste des Verstorbenen rühmte und sein Los und das seiner Hinterbliebenen beklagte. Die → Propheten (besonders Ezechiël) bedienen sich dieser Form als eines prophetischen Stilmittels: Sie stimmen die Klage nicht über einen Verstorbenen, sondern über einen noch Lebenden an.

Totenwelt, Totenreich Unterirdischer Aufenthaltsort der Verstorbenen, die dort in schattenhafter Weise weiterleben. In der Offenbarung (Offb 1,18; 20,13) ist die Totenwelt das Reich, in dem der Tod herrscht, und der Aufenthaltsort der Toten bis zur → Auferstehung (siehe auch → Hölle).

Tragakant → Ladanum.

Trankopfer Als Trankopfer wurde roter Wein am Altar ausgegossen, stets in Verbindung mit anderen → Opfern.

Trauerbräuche (-brot) Die Trauer um einen Verstorbenen wird im alten Israel außer durch die → Totenklage durch eine Anzahl auffallender Trauerbräuche zum Ausdruck gebracht. Die Menschen zerrissen die Kleidung, banden den → Sack um, nahmen den Turban ab und ließen Haar und Bart ungepflegt. Auf den Kopf streuten sie sich Staub und Asche, schlugen sich auf Brust oder Hüften (Frauen auf die entblößten Brüste), rauften sich das Haar oder schnitten es ab und fügten sich Schnittwunden zu. Ähnlich ist das Verhalten bei einem persönlichen oder öffentlichen Unglücksfall. Das »Trauerbrot« wurde als Gabe der Nachbarn und Freunde in das Trauerhaus gebracht, um nach einer Zeit des Fastens die Trauernden in die Welt der Lebenden zurückzuholen (Jer 16,7; Ez 24,17).

Tubal → Meschech.

Tun-Ergehen-Zusammenhang Viele Aussagen über Gottes Walten als Richter erwecken den falschen Eindruck eines ständig strafenden, rachsüchtigen Gottes. Nach biblischem Denken jedoch zerstört jede Sünde die Lebensgemeinschaft der Menschen und wirkt sich deshalb auch auf den Täter aus; sie »rächt sich« (!) an ihm. Mit dem Unrecht erzeugt der Sünder eine Art »Unheilssphäre«, die unweigerlich auf ihn selbst zurückschlägt. So setzt er mit dem Tun des Unrechts zugleich auch schon die Strafe für das Unrecht in Gang; er wird so von seinem eigenen Unrecht eingeholt. Unser Sprichwort: »Wer andern eine Grube gräbt, fällt selbst hinein«, drückt denselben Gedanken aus (vgl. Spr 26,27).

Damit wird jedoch nicht ein Automatismus beschrieben, der unabhängig von Gottes Wirken und Willen funktioniert; vielmehr ist der Tun-Ergehen-Zusammenhang die Weise, in der sich Gottes Rechtswille in den irdischen Verhältnissen zur Geltung bringt. Wenn Gott diesen Zusammenhang aufheben und Gnade walten lassen will, braucht es dazu eines Mittels, durch das die Unheilssphäre außer Kraft gesetzt wird. Diesen Sinn hat die – von Gott her angeordnete, nicht von Menschen willkürlich ausgedachte – Stiftung des Opferdienstes, durch den (im Sühneopfer; → Opfer) ein Ersatz für das verwirkte Leben des Schuldigen eintritt und damit der Unheilszusammenhang aufgehoben wird (→ Sühne).

Tyrus → Phönizien.

U

Überapostel Missionare mit einem besonderen Anspruch, die sich Paulus überlegen dünkten (→ Apostel 4).

übereignen, symbolisch Opferteile, die den Priestern zustanden, wurden vorher durch einen Darbietungsritus Gott als dem eigentlichen Empfänger des → Opfers sinnbildlich zugeeignet (Emporheben oder Schwingen in Richtung auf den Altar).

Umkehr Das deutsche Wort »umkehren« entspricht genau der Grundbedeutung des hebräischen Wortes *schub*. Gemeint ist die Umkehr auf einem Weg, der in die Irre oder ins Verderben führt, und der Neubeginn auf dem rechten, heilvollen Weg. In der Bibel wird mit diesem Wort dazu aufgefordert, Gott erneut ganz ernst zu nehmen, sich aus gottwidrigen Bindungen zu lösen und künftig nur seinen Willen zu tun. Es geht um ein radikales Umdenken, das ein neues Handeln einschließt und zur Folge hat.

»Umdenken« *(metanoia)* ist das griechische Wort, das im Neuen Testament an die Stelle des genannten hebräischen tritt und dessen Gehalt auf typisch griechische Weise vermittelt. Seine herkömmliche Wiedergabe mit »Buße« lässt an Bußleistungen und »Trauerarbeit« denken; dagegen ist Umkehr nach biblischem Verständnis zuerst und vor allem Aufbruch in ein neues, erfülltes Leben.

umkehren → Umkehr.

unbeschnitten, Unbeschnittene Die → Beschneidung gilt in Israel als Zeichen des → Bundes mit Gott (Gen 17,9-14). »Unbeschnitten« kann deshalb zu einem Schimpfwort für Angehörige von Völkern werden, die nicht wie Israel in einem besonderen Verhältnis zu Gott stehen. Es kann sogar auf Völker angewandt werden, die selbst die Beschneidung geübt haben (Ägypter und Phönizier; so in Ez 32,21.30 wörtlich). Entstanden ist das Schimpfwort wahrscheinlich in der Auseinandersetzung mit den → Philistern, die Israel als dessen nächste Nachbarn lange Zeit schwer zu schaffen machten (vgl. 1 Sam 17,26).

ungesäuert → Brot, ungesäuertes.

Ungesäuerte Brote → Brote, Fest der Ungesäuerten.

Ungläubige → Heiden.

unrein, Unreinheit → rein.

Unzucht Das Wort bezeichnet vor allem den Verkehr mit Prostituierten, aber darüber hinaus in einem umfassenden Sinn Vergehen im Bereich der Sexualität. Im übertragenen Sinn bezeichnet es Götzendienst (Jer 3,6; Offb 14,8; → Hurerei).

Unzuchtsklausel Während in Lk 16,18 und Mk 10,11 die Ehescheidung, d.h. die Entlassung der Frau durch den Mann (→ Scheidungsurkunde), uneingeschränkt untersagt wird, findet sich in Mt 5,32; 19,9 dieselbe Aussage mit der Einschränkung: »abgesehen vom Fall einer Unzuchtssache«. Wie ist sie zu verstehen? Manche Ausleger denken bei »Unzucht« an die verbotenen Verwandtschaftsgrade von Lev 18,6-18, die auch in der Regelung von Apg 15,19-21 eine Rolle spielen (→ Blutschande); es wäre dann zu übersetzen: »Wer sich von seiner Frau trennt, außer er hat mit ihr in einer vom Gesetz verbotenen Verbindung gelebt ...«
Näher liegend ist es, an den Fall des Ehebruchs der Frau zu denken. Die Einschränkung steht dann im Zusammenhang mit der Diskussion, die die → Gesetzeslehrer zur Zeit von Jesus über diese Frage führten, wobei es um die Deutung der Scheidungsbedingung in Dtn 24,1 ging. Die Formulierung dort, nach der der Mann die Frau entlassen kann, wenn er (wörtlich) »eine schandbare/widerwärtige Sache an ihr findet«, wurde von der Schule des Rabbi Hillel in einem weiten, von der Schule des Rabbi Schammai in einem engen Sinn ausgelegt. Nach der weiten Deutung konnte die anstößige »Sache« in einer Kleinigkeit bestehen, nach der engen kam ausschließlich »Ehebruch« in Frage; in diesem Fall bestand allerdings sogar die gesetzliche Pflicht, die Frau zu entlassen (wie dies Josef in Mt 1,19 erwägt). Versteht man die »Unzuchtssache« in diesem Sinn, so haben wir in der »Unzuchtsklausel« bei Matthäus genau die Formulierung von Dtn 24,1, wie die Schule von Schammai sie verstand: »abgesehen er findet eine schandbare Sache = Unzuchtssache = Ehebruch an ihr«.

Ur Stadt in → Mesopotamien, Heimat Abrahams. In Ur wurde der Mondgott verehrt. Die früheste überlieferte Königsliste reicht ins 3. Jahrtausend v. Chr. zurück.

Uz Name einer Landschaft, deren Lage umstritten ist. Nach Klgl 4,21 wäre Uz im Bereich von Edom, südöstlich des Toten Meeres, nach arabischer Überlieferung im nördlichen Ostjordanland zu suchen.

V

Vaterunser Das Gebet des Herrn, dichtester Ausdruck des Wollens und der Verkündigung Jesu, Gebets- und Lebensregel seiner Jünger, erschließt sich am besten im Beachten der Vergleichsstellen. Es wird in einer kürzeren (Lk 11,2-4) und in einer längeren (Mt 6,9-13) Fassung überliefert. Die längere Fassung, die in den allgemeinen kirchlichen Gebrauch übernommen wurde, lässt erkennen, dass sie ursprünglich in judenchristlichen Kreisen verwendet worden ist (vgl. z. B. die feierliche Anrede *Unser Vater im Himmel* und das Interesse an der Erfüllung des Gotteswillens in Vers 10). Spätere Handschriften fügen dieser längeren Fassung noch einen abschließenden Lobspruch hinzu, der in Anlehnung an 1 Chr 29,10-11 gestaltet ist: *Dir gehört die Herrschaft und Macht und Ehre in Ewigkeit. Amen.*
Im Gottesdienst ist heute für das Gebet des Herrn folgende ökumenische Fassung gebräuchlich: *Vater unser im Himmel, geheiligt werde dein Name. Dein Reich komme. Dein Wille geschehe, wie im Himmel, so auf Erden. Unser tägliches Brot gib uns heute. Und vergib uns unsere Schuld, wie auch wir vergeben unsern Schuldigern. Und führe uns nicht in Versuchung, sondern erlöse uns von dem Bösen. (Denn dein ist das Reich und die Kraft und die Herrlichkeit in Ewigkeit. Amen.)*

Verbannung → Exil.

verlobt, Verlobung Die jüdische Verlobung stellt ein rechtsverbindliches Eheversprechen dar. Die eheliche Gemeinschaft wird erst nach der Heimholung der Braut durch den Bräutigam (also nach der Hochzeit) aufgenommen. Die Mutter von Jesus musste demnach aufgrund ihrer Schwangerschaft als Ehebrecherin angesehen werden (Mt 1,18-25). Josef hätte das Recht gehabt, sie anzuklagen, was möglicherweise zum Todesurteil über sie geführt hätte (vgl. Dtn 22,20-21).

Versöhnungstag (hebräisch *Jom kippur*) Der große Feiertag, der am 10. Tag des 7. Monats, fünf Tage vor dem → Laubhüttenfest, im alten Israel begangen wurde und im Judentum noch heute als jährlicher Bußtag begangen wird. In umfassenden Sühneriten wurden, solange der → Tempel in Jerusalem bestand, Priester, Volk und Heiligtum von der Befleckung durch Sünden gereinigt. Der → Oberste Priester brachte dabei das Opferblut in das → Allerheiligste des Tempels, das er nur an diesem Tag betrat, und der »Sündenbock« wurde, beladen mit den Sünden der ganzen Gemeinde, in die Wüste getrieben (Lev 16). Der Hebräerbrief sieht in der jährlichen Darbringung des Opferbluts einen prophetischen Hinweis auf das einmalige Opfer, das Jesus am Kreuz für die Sünden der Menschen vollbracht hat (Hebr 9,1–10,18; → Sühne).

vertrauen → glauben.

verunreinigen → rein.

Völker, nichtjüdische → Heiden.

Vorderasien (wörtlich »Asien«) Das Gebiet des → Seleuzidenreiches, das sich zur Zeit seiner größten Ausdehnung von Kleinasien bis zum Indus erstreckte.

Vorhang Mit dem Tempelvorhang, der beim Sterben von Jesus zerriss (Mk 15,38par), dürfte der Vorhang vor dem → Allerheiligsten gemeint sein. Das Zeichen ist wahrscheinlich im Licht von Mk 15,29; 14,58; 13,2 zu verstehen; es bedeutet den Untergang des → Tempels. Dieser Tempel kann und soll – nach allem, was Jesus und damit Gott angetan worden ist – nicht mehr der Ort sein, an dem Gott seinem Volk nahe ist, das Volk seine Gottesdienste feiert und Versöhnung erfährt (→ Versöhnungstag); dieser »Ort« wird in Zukunft allein noch Jesus sein, der Gekreuzigte und Auferstandene (vgl. Mk 14,58; Joh 2,19-22).

Vorhof Das → Heilige Zelt und der Jerusalemer Tempel waren von »Vorhöfen« umgeben, die zusammen den heiligen Bezirk bildeten (→ Tempel).

W

Wahrheit Mit den Wörtern »wahr/Wahrheit« bezeichnen wir in der Regel die Übereinstimmung zwischen einer Aussage und dem entsprechenden Sachverhalt, denken also an ein Verhältnis zwischen der Wirklichkeit und unserem Denken und Sprechen über sie. Nach hebräischer Auffassung ist Wahrheit jedoch eine Eigenschaft, die eine Sache oder Person oder ein Wort selbst hat oder nicht hat. »Wahr« ist etwas, wenn es hält, was es verspricht. Wahrheit meint Zuverlässigkeit, eine vor allem im Verlauf der Geschichte immer neu erfahrene Zuverlässigkeit, also: Beständigkeit, Treue, haltgebende Wirklichkeit (so wie wir von einem »wahren Freund« oder einem »wahren Wort« sprechen).

Diese Art von Wahrheit kommt vor allem Gott zu. Gelegentlich muss das Wort in diesem Zusammenhang geradezu mit »Zuverlässigkeit« und »Treue« übersetzt werden (Röm 3,7; 15,8). Sie kommt auch dem Wort der Verkündigung zu, sofern darin die rettende und haltgebende Liebe Gottes bekannt gemacht wird (Eph 1,13; Kol 1,5; 2Thess 2,10.12).

Vor allem im Johannes-Evangelium und in den Johannes-Briefen spielt das Wort »Wahrheit« eine Rolle. Es bezeichnet die in Jesus zugänglich gewordene Wirklichkeit Gottes, die für den Menschen »Freiheit« (Joh 8,31-32), »Licht« (3,21) und »Leben« (14,6) bedeutet, aber nicht jedermann ohne weiteres bewiesen werden kann (18,37-38). Nach Tod und Auferstehung von Jesus bleibt die »Wahrheit« zugänglich durch den → Geist Gottes, ja, sie wird jetzt erst recht erschlossen (16,12-15). Deshalb wird der Geist auch »Geist der Wahrheit« genannt (14,16-17; 15,26). Durch Jesus vermittelt und durch den Geist voll erschlossen, muss diese »Wahrheit« das Leben der Glaubenden bestimmen (4,23-24; 1Joh 1,6.8; 2,4).

waschen, die Füße → Fußwaschung.

Wasserschacht Eine Schachtanlage, durch die man von Jerusalem zur außerhalb gelegenen → Gihon-Quelle hinabsteigen konnte (nicht zu verwechseln mit dem später durch den Fels gehauenen → Schiloachkanal). Vermutlich drangen die Männer Davids durch diesen Schacht in die Stadt ein (2Sam 5,8).

Weberbaum (1Sam 17,7; 2Sam 21,19) So heißen die Querstangen an den beiden Enden des Webstuhls, an denen die Kettfäden befestigt wurden. Sie mussten eine beträchtliche Dicke haben.

weihen (Lk 2,22) → Erstgeburt.

Weihrauch Ein weißes Baumharz, dessen Verbrennung einen kräftigen, würzigen Duft verbreitet. Zum »Räuchern« im Jerusalemer Tempel wurde eine besondere Weihrauchmischung verwendet (Ex 30,34-38). Gold, Weihrauch und → Myrrhe (Mt 2,11) sind Gaben, die eines Königs würdig sind.

Weiser, Weisheit Als weise gilt im alten Israel, wer geübt und fähig ist, etwas richtig, meisterhaft zu tun. So zeigt sich Weisheit schon in der Beherrschung irgendeiner geistigen und handwerklichen Fähigkeit (Ex 31,1-11; Jer 9,16 wörtlich). Vor allem aber zeigt sie sich in der Fähigkeit, den Zusammenhang von Ursachen und Wirkungen im eigenen Leben und im Zusammenleben der Menschen zu erkennen und das eigene Leben und das der Gemeinschaft diesen Erkenntnissen entsprechend zu gestalten. Letztlich geht es der Weisheit darum, zu erkennen, wie Welt und Leben eigentlich geordnet sind und wie der Mensch sich diesen Ordnungen am besten einzufügen hat – zum eigenen Wohl und zum Wohl aller.

Israel wetteiferte mit den großen Kulturvölkern seiner Zeit in der Formulierung und Sammlung entsprechender Einsichten (siehe v.a. die biblischen Bücher »Sprichwörter« und »Sirach«). Wie David als urbildlicher Psalmsänger, so galt Salomo als »Vater« dieser Weisheitsdichtung. (Was über seine sprichwörtlich gewordene Weisheit in 1Kön 5,12-13 gesagt wird, bezieht sich allerdings auf eine Art von Sprüchen, die in der Bibel nicht überliefert sind und die naturkundliches Wissen zum Inhalt haben.) Ungeachtet der internationalen Verflechtung stand für Israel immer fest: Alle Weisheit kommt letztlich von Gott; und Gott ernst zu nehmen ist aller Weisheit Anfang (Ijob 28,28; Spr 1,7; Sir 1,14.16). Zu vergleichen ist hier auch die Einführung zum Buch der Sprichwörter auf Seite 686.

Das Verhältnis der Weisheit zu Gott wird im Lauf der Zeit immer mehr durchdacht und gedanklich entfaltet. Gott ist der Ursprung aller Weisheit (Spr 2,6; Weish 8,21; Sir 1,1). In Weisheit hat er die Welt geschaffen (Spr 3,19-20), und seine Weisheit trägt sie und hält sie im Innersten zusammen (Sir 1,9-10; Weish 8,1). Gottes Weisheit ist in den großen Königen, → Propheten und Weisen seines

Volkes am Werk (1 Kön 3,11-12.28; Esra 7,25; Dan 1,17; Weish 7,27; 9,9-19). Ihre vollkommenste Offenbarung aber ist das → Gesetz Moses (Sir 24,23-29; Bar 4,1-4).
Die Weisheit kann als Person gedacht werden. Vor aller Schöpfung war sie bei Gott, und durch sie wurde alles geschaffen (Spr 8,22-31; Weish 8,3-4; Sir 24,1-6). Durch sie offenbart sich Gott den Menschen und ruft sie zu einem vollkommenen, erfüllten Leben (Spr 1,20-33; 8,32-36; 9,1-6). Die Weisheit sucht Wohnung auf Erden und findet sie in Israel (Sir 24,7-13; vgl. Bar 3,15-38). »Sie ist ein Hauch, der von dem allmächtigen Gott ausgeht, ein reiner Ausfluss seiner Herrlichkeit ... Sie ist der Abglanz des ewigen Lichtes, der ungetrübte Spiegel von Gottes Macht, das Abbild seiner Vollkommenheit« (Weish 7,25-26). Der jüdische Philosoph Philo von Alexandria bezeichnet die Weisheit als den »Erstgeborenen Sohn Gottes«, als »Bild Gottes«, als »Anfang der Schöpfung«.
So wurden in der Beschäftigung mit der göttlichen Weisheit im Judentum die Bilder und Begriffe bereitgestellt, mit deren Hilfe die ersten Christen die einzigartige Würde von Jesus Christus erfassen und angemessen ausdrücken konnten (Joh 1,1-18; Kol 1,15-18; Hebr 1,1-3; → Sohn Gottes, → Wort); denn in Jesus Christus ist Gottes Weisheit in Person auf der Erde erschienen (vgl. Mt 11,19.28-30; Lk 7,35; 11,49; 1 Kor 1,18-25.30).

Weisungen, prophetische → Prophet (3).

Welt, diese Die neutestamentliche Redeweise von »dieser Welt« bezeichnet die Menschenwelt als eine, die sich von Gott abgewandt hat und seinen → Sohn, in dem er der Welt seine Liebe zugewandt hat (Joh 3,16), abweist. Dadurch wird der Bereich, in dem die Menschen leben, zu einer Welt, die unter Gottes Gericht steht (Joh 3,19) und vom Bösen beherrscht ist (Gal 1,4; Eph 6,12; → Herrscher dieser Welt). Menschen, die durch Christus von ihren Sünden befreit und neu gemacht worden sind, sind schon jetzt der Macht des Bösen entrissen und zählen nicht mehr zu »dieser Welt«, auch wenn sie noch in ihr leben. Sie zeigen das durch ein gewandeltes Verhalten (Röm 12,2; 1 Kor 5,9-11), warten aber zugleich auf die neue Welt, in der das Gute die einzige Macht ist (2 Petr 3,13).

Welt, Gottes neue → Königsherrschaft (Gottes).

Widderhorn (hebräisch *Schofar*) Die gewundenen Hörner des männlichen Fettschwanzschafs *(Ovis ammon aries)* wurden nach Entfernung des Marks als Blashörner gebraucht. Sie geben einen dumpfen, durchdringenden Ton und dienten als Signal-, Alarm- und Kriegshörner. Auch festliche Anlässe wurden durch Hörnerblasen gefeiert und bekannt gemacht (Lev 25,8-9; 1 Kön 1,34.39; 1 Chr 15,28; Ps 81,4). Wenn die Übersetzung von der »Posaune« spricht, die Gottes Kommen – am Berg → Sinai und zum letzten Gericht – ankündigt, ist wörtlich ebenfalls von diesem »Widderhorn« die Rede (Ex 19,16-19; 1 Thess 4,16; 1 Kor 15,52; Offb 1,10; 4,1; 8,2 usw.).

Wiedergutmachungsopfer Eine Art des Sühneopfers, die mit einer zusätzlichen Wiedergutmachungsleistung gekoppelt ist (→ Opfer).

worfeln, Worfschaufel Mit einer Worfschaufel wurde bei Wind das gedroschene Getreide in die Luft geworfen, um es von der Spreu zu trennen (→ Dreschen).

Wort »Am Anfang war das Wort«: Das Lied, mit dem das Johannes-Evangelium eröffnet wird, bedient sich bestimmter Vorstellungen damaliger jüdischer Religion und außerjüdischer Philosophie, um Würde und Bedeutung von Jesus angemessen zu verkünden. Es ist zunächst im Licht von Gen 1 zu lesen: Gottes Wort hat die Welt ins Dasein gerufen (»Gott sprach«). Eben diese Macht, der die Welt Dasein, Licht und Leben verdankt, ist als ein Mensch von Fleisch und Blut inmitten der Welt erschienen (Joh 1,1-4.14).
Noch mehr erschließt sich das Lied im Zusammenhang der Vorstellungen, die im Judentum über die göttliche → Weisheit ausgebildet worden waren. Diese Weisheit, die vor aller Schöpfung da war, durch die alles geschaffen wurde (Weish 9,1-2), die schon lange zu dieser Welt, speziell aber zu Israel in spannungsreicher, wechselvoller Beziehung stand (Joh 1,5.10-12), ist in Jesus persönlich auf den Plan getreten (Joh 1,14). Indem jedoch nicht von der »Weisheit«, sondern vom »Wort« gesprochen wird, ist bewusst jener Begriff (griechisch *logos*) gewählt, der in der damaligen Philosophie die alles durchwaltende göttliche Weltvernunft bezeichnet. Diese steht in der Person von Jesus vor aller Welt da. Auf diese Weise wird sein Rang und Anspruch auch der nichtjüdischen Welt gegenüber deutlich gemacht.
Im Unterschied zu den Vorstellungen, auf die das Lied Bezug nimmt und denen es seine Bilder und Begriffe entleiht, wird in ihm jedoch betont, dass das »Wort«, das in Jesus ein Mensch wurde, nicht ein Geschöpf – und sei es auch das erste und vornehmste –, sondern selbst *Gott* ist (Joh 1,1-2; vgl. 1,18; 20,28; 1 Joh 5,20) und dass es in Jesus wirklich und wahrhaftig *Mensch,* ein Mensch von Fleisch und Blut, wurde (1,14; vgl. 1 Joh 4,2-3; → Gnosis).

Wunderzeichen Alle Wunder, die Jesus wirkt, haben den Charakter von »Zeichen«: Sie weisen voraus auf das Heil der im Kommen begriffenen → Königsherrschaft Gottes und lassen von ihr schon etwas erfahrbar werden in der gegenwärtigen Welt. Sie können → Glauben wecken (Joh 2,11) oder den Glauben stärken, sie sind aber auch immer so oder so »erklärbar« (vgl. Mk 3,22; Apg 2,12-13). Sie taugen also nicht als zwingender

Beweis und sind auch niemals so gemeint. Jesus lehnt es ab, sich und seine Botschaft den Gegnern gegenüber durch Wunder zu legitimieren (Mk 8,11-13). Andererseits sind seine Taten insgesamt eindeutig genug, sodass denen, die Jesus ablehnen und nur immer neue Beglaubigungswunder verlangen, das Gericht droht (Lk 11,16.29-30).
Im Johannes-Evangelium sind sieben Wunder von besonders anspruchsvoller Art und großer zeichenhafter Aussagekraft ausgewählt (2,1-10; 4,46-54; 5,1-9; 6,1-15; 6,16-21; 9,1-7; 11,17-33), um gerade im Anschluss an sie den hohen Anspruch von Jesus und das Problem Glaube-Unglaube zu thematisieren (vgl. insbesondere 2,11; 5,9b-47; 6,22-71; 9,8-41; 11,45-53).

Wüste Mit »Wüste« ist in Mt 3,1 und Mk 1,4 das Jordantal auf der Höhe von Jericho gemeint. Pflanzenwuchs gibt es dort nur in unmittelbarer Nähe des Flusses. Die »Wüste« als Ort des Geschehens erinnert an die Gottestat der Herausführung aus Ägypten (Ex 15,22 usw.) und weckt die Hoffnung auf den Anbruch des endgültigen Heils (vgl. Hos 2,16f).
In den Aufstandsbewegungen der → Zeloten zur Zeit Jesu spielt die Wüste wiederholt eine Rolle als der Ort, wo der Messias sich offenbaren soll und die Wunder der Anfangszeit Israels sich wiederholen sollen (→ Theudas; Apg 21,38; Mt 24,26).

X

Xanthikus Griechisch-mazedonischer Monat, etwa Mitte Februar bis Mitte März.

Y

Ysop Ein Strauch, dessen Büschel bei der kultischen Reinigung zur Besprengung gebraucht wurden. Wahrscheinlich handelt es sich bei dem Ysopkraut, das bei kultischen Handlungen verwendet wurde (Ex 12,22; Lev 14,4; Num 19,6), nicht um den echten Ysop, der in Palästina nicht vorkommt, sondern um eine Origano-Art (den Zwergstrauch *Origanum syriacum* bzw. *Majorana syriaca*).

Z

Zebaot Das hebräische Wort *zebaot* bedeutet »Heerscharen/Heeresmacht«. Es ist in Genitivverbindung mit »Gott« oder dem Gottesnamen (»Gott/HERR der Heerscharen«) im Alten Testament der am häufigsten gebrauchte »Titel« für Gott. Er bringt Gottes königliche Würde zum Ausdruck, die er als Herrscher über die »Heere«, d.h. über alle Mächte im Himmel und auf der Erde, hat. »JHWH Zebaot« ist der Name, unter dem Gott am Jerusalemer Tempel verehrt wurde (zu seiner Übersetzung → HERR).

Zebojim (Adma und Zebojim) Die Städte Adma und Zebojim werden zusammen mit → Sodom und Gomorra genannt, deren Schicksal sie teilten und in deren Nachbarschaft sie vermutlich lagen (Dtn 29,21-22; vgl. Hos 11,8).

Zehn Gebote Israel hat die »Zehn Gebote« als Urkunde des → Bundes verstanden, den Gott mit seinem Volk schloss (Dtn 4,12-13). Diese Gebote gelten deshalb als eine Art Verfassung oder Grundgesetz. Sie sind in Ex 20 und in Dtn 5 überliefert. Beide Fassungen stimmen im Grundbestand überein. Bemerkenswerte Abweichungen sind die unterschiedliche Begründung für den Ruhetag (→ Sabbat) und die in Dtn 5,21 gegenüber Ex 20,17 veränderte Reihenfolge von »Frau« und »Haus«.
In den einzelnen Religionsgemeinschaften kam es zu unterschiedlichen Zählungen der Gebote: In der römisch-katholischen Kirche und in den evangelisch-lutherischen Kirchen werden die beiden ersten Gebote (Verbot der Verehrung fremder Götter und Verbot von Gottesbildern) zu einem einzigen zusammengefasst; zum Ausgleich wird am Ende das Verbot des Begehrens in zwei Gebote aufgeteilt. Die griechisch-orthodoxe Kirche und die reformierten Kirchen zählen Fremdgötter- und Bilderverbot als 1. und 2. Gebot und belassen das Verbot des Begehrens ungeteilt als 10. Gebot. Das Judentum fasst einerseits Fremdgötter- und Bilderverbot zu einem Gebot zusammen, lässt andererseits aber auch das Verbot des Begehrens ungeteilt und zählt dafür die Einleitung »Ich bin der Herr, dein Gott« als 1. Gebot. Der hebräische Text enthält keine Zählung der Gebote; die Übersetzung fügt in Klammern die beiden kirchlichen Zählungen hinzu, an erster Stelle die katholisch-lutherische, an zweiter die orthodox-reformierte.

Zehn Städte (griechisch *Dekapolis*) Zur Zeit des Neuen Testaments ein Verbund von ursprünglich zehn überwiegend ostjordanischen Städten mit hauptsächlich nichtjüdischer Bevölkerung und hellenistischer Kultur (Karte NT Seite 61; im Neuen Testament werden erwähnt Gadara und Gerasa). Das Gebiet galt als heidnischer Fremdkörper im Heiligen Land.

Zehnter, zehnter Teil Der zehnte Teil vom Ernteertrag (Korn, Wein, Öl) musste als Gabe an Gott und zum Unterhalt der → Priester und → Leviten ans Heiligtum abgeliefert oder zum Geldwert zuzüglich 20% abgelöst werden (Num 18,20-32; Dtn 14,22-29). Auch vom Vieh sollte der Zehnte entrichtet werden (Lev 27,32-33; 2Chr 31,6). Dahinter steht wie bei der Abgabe der Erstgeburt und der ersten Früchte der Gedanke, dass aller Ernte- und Viehsegen Gott zu verdanken ist.
Weil die Zehntgesetze im 4.Mosebuch (Num 18,20-32) und noch einmal im 5.Mosebuch (Dtn 14,22-29) überliefert sind, wurde im Judentum die Erhebung

eines zweiten und sogar dritten Zehnten eingeführt (Tob 1,6-8). Die → Pharisäer gaben den Zehnten selbst vom Ertrag der kleinsten Gartenkräuter (Mt 23,23) und auch von dem, was sie einkauften (Lk 18,12) – für den Fall, dass der Erzeuger landwirtschaftlicher Produkte es versäumt hatte, den Zehnten abzuführen.

Zeichenhandlung In Ergänzung zu ihrer Verkündigung vollziehen die → Propheten gelegentlich Handlungen, die ein künftiges Geschehen bildhaft vorwegnehmen. Jeremia trägt ein → Joch (Jer 27,1-11) zum Zeichen, dass Jerusalem unter das »Joch« der Babylonier kommt; Ezechiel (4,9-11) wog sich Hungerrationen auf der Waage ab zum Zeichen, dass in Jerusalem während der von ihm vorausgesagten Belagerung Hungersnot herrschen wird. Solche Handlungen sind in den Augen des antiken Menschen nicht nur drastische Veranschaulichungen des zu erwartenden Geschehens, sondern sie führen dessen Unausweichlichkeit vor Augen, ja, sie beschwören es geradezu herauf und setzen es in Gang. Sie haben also eine »magische« Wirkung, auch wenn diese nicht aus ihnen selbst kommt, da es ja Gott ist, der den Propheten solche Handlungen befiehlt.

Zeloten Diese jüdische Partei der »Eiferer« verweigerte aus religiösen Gründen die Unterwerfung unter das heidnische Römerreich und lehnte es ab, den Römern Steuern zu bezahlen (vgl. Mk 12,13-17par). Sie erwarteten ein nationales Reich unter einem neuen → David. Den Anbruch dieses messianischen Reiches versuchten sie durch gewalttätige Aktionen herbeizuzwingen. Sie standen hinter den Aufständen gegen Rom, die 70 n.Chr. zur Zerstörung Jerusalems durch die Römer führten.

Unter den Jüngern von Jesus gab es zumindest einen, der wahrscheinlich früher dieser Bewegung angehört oder nahe gestanden hatte: Simon mit dem Beinamen »der Zelot« (Lk 6,15) bzw. »der Kananäer« (von aramäisch *kananaja* = Eiferer/Zelot; Mt 10,4). – Der Beiname »Iskariot« für den Verräter Judas kann auf dreierlei Weise erklärt werden: Mann aus Kariot (= Kerijot; Jos 15,25), Heuchler/Verräter (von aramäisch *iskarja*) und »Sikarier«. Die Sikarier (Dolchmänner; von lateinisch *sica* = Dolch) bildeten eine besonders radikale Gruppe innerhalb der zelotischen Bewegung. – Der Beiname »Barjona« für Simon Petrus in Mt 16,17 ist wahrscheinlich als »Sohn von Johannes« zu verstehen (vgl. Joh 1,42); doch ist auch die Deutung »Aufrührer« (aramäisch *barjon*) nicht auszuschließen.

Zelt, Heiliges → Heiliges Zelt.

Zeltmacher Die Tätigkeit des »Zeltmachers« war sicher nicht auf Zelte beschränkt. Da diese in der Regel aus Leder (Tierhäuten) angefertigt wurden, ist außerdem nicht an einen textil-, sondern eher an einen Leder verarbeitenden Beruf zu denken: Lederarbeiter, Sattler. – Paulus legt Wert darauf, dass er sich seinen Unterhalt mit eigener Hand verdient (siehe Vergleichsstellen zu Apg 18,3).

Zentner Das in der Übersetzung mit »Zentner« wiedergegebene hebräische Maß (*kikkar*, griechisch *Talent*) hat nur etwa 34,5 kg. Damit in der deutschen Übersetzung runde und gelegentlich symbolische Zahlen nicht in völlig andere Zahlenwerte umgesetzt werden müssen, wird in vielen Fällen das hebräische Maß nicht in moderne Werte umgerechnet. In solchen Fällen wird in den entsprechenden Zusammenhängen das Wort »Zentner« beim ersten Vorkommen mit einem Stern versehen, in den übrigen Fällen gilt: 1 Zentner = 50 kg. In dem Gleichnis in Mt 25,14-30 handelt es sich um eine Geldsumme, die 10000 → Silberstücken entspricht.

Zeus In der griechisch-römischen Religion oberster Gott, Beherrscher von Himmel und Erde und Göttervater.

Zilizien Landschaft im südöstlichen Kleinasien. Wichtiges Gebiet auf dem Weg nach Syrien. Seit 66 v.Chr. römische Provinz mit der Hauptstadt Tarsus.

Zimbel Lärminstrument in Tellerform. Bestandteil der Tempelmusik.

Zimmermann Das griechische Wort meint einen Handwerker, der Holz und Steine bearbeitet, also etwa »Bauhandwerker«.

Zion (Zionsberg, -stadt) Ursprünglicher Name der von David eroberten Jebusiterfestung, die dann »Davidsstadt« genannt wurde (2Sam 5,6-9; siehe Kartenskizze Jerusalem I). Später ging der Name auf den Tempelberg über und wurde schließlich zur Bezeichnung für ganz Jerusalem und seine Bewohner (Beispiele für die verschiedenen Bedeutungen im folgenden Verzeichnis »Namen und Themen« unter »Zion«). In der Kreuzfahrerzeit wurde der Name irrtümlich auf den Westhügel der Stadt übertragen.

Nach hebräischem Brauch werden Städte und Länder als Frauengestalten personifiziert; entsprechend wird von Jerusalem als der »Tochter/Jungfrau Zion« gesprochen. Die Übersetzung setzt dafür teils den Namen Jerusalem ein, teils die Umschreibung »Zionsstadt« (so z.B. in Jes 12,6; Mt 21,5; Joh 12,15).

Zoba Königreich nördlich von Damaskus, verbündet mit den → Syrern, von David besiegt (2Sam 8,3-12; 10,6-19).

Zölesyrien (wörtlich »das niedrig gelegene Syrien«) Der nordwestliche Teil des Reiches der → Seleuziden, zwischen oberem Eufrat und Mittelmeer.

Zolleinnehmer Zur Zeit des Neuen Testaments wurden in Palästina Zölle eines Bezirks, wie

Marktzölle, Grenzzölle usw., verpachtet, wahrscheinlich an den Meistbietenden. Die Pächter ihrerseits hatten wieder Unterpächter angestellt. Auch sie mussten einen festgelegten Betrag abliefern, kassierten jedoch den Zoll in die eigene Tasche. Es gab zwar feste Tarife, doch verleitete dieses System zum Betrug. Kein Wunder, dass die Zolleinnehmer Dieben und Räubern gleichgestellt wurden. Da sie überdies im Dienst der heidnischen (römischen) Besatzungsmacht standen und durch ihren Beruf häufig mit Nichtjuden in Berührung kamen, galten sie als »unrein« (→ rein). Von den Frommen wurden sie verachtet und gehasst; der Umgang mit ihnen wurde gemieden.

Zwölf Die Einsetzung eines speziellen Kreises von zwölf → Jüngern, die Jesus in besonderer Weise an seiner Sendung und Vollmacht teilhaben lässt (Mk 3,13-19), hat den Charakter einer prophetischen Zeichenhandlung: mit ihr macht Jesus seinen Anspruch auf das Zwölfstämmevolk Israel geltend (vgl. Mt 10,5-15). Sofern von den ursprünglich zwölf Stämmen nach dem → Exil nur noch zwei übrig geblieben waren, Juda und Benjamin, schließt die Zwölfzahl zugleich die Ankündigung der endzeitlichen Wiederherstellung und Vollendung Israels ein (vgl. Offb 7,4-8).
Die Zwölf gehören zu den ersten Zeugen des Auferstandenen (1 Kor 15,5) und sind damit auch die ersten »Apostel«. Nach Lk 6,13 hat Jesus sie sogleich bei ihrer Berufung als solche bezeichnet (Lukas möchte überhaupt nur sie als Apostel gelten lassen; → Apostel 1, 2).

Anmerkungen zum Bibeltext

Die Anmerkungen zum Text geben Rechenschaft über die Textgrundlage der Übersetzung und vermerken gelegentlich andere Übersetzungsmöglichkeiten. Im Alten Testament verzeichnen sie alle Abweichungen vom offiziellen hebräischen Text (=H), im Neuen Testament an wichtigeren Stellen eine abweichende Textüberlieferung (doch sind hier die meisten Fälle unter den Erklärungen neben dem Bibeltext aufgeführt). Im Bibeltext wird auf diese Anmerkungen im Unterschied zu den Sacherklärungen (*) durch einen kleinen hochgestellten Kreis ° verwiesen. G = griechische Übersetzung des Alten Testaments.

Genesis

1,26 *und alle Tiere ...:* mit einer alten Übersetzung; H *und die ganze Erde.*

1,27 Wörtlich *männlich und weiblich schuf er sie.*

4,1 *Mit Hilfe des* HERRN: Deutung unsicher.

4,4 Oder *er nahm die fetten Stücke von den erstgeborenen ...*

4,8 *»Komm und sieh ...«:* mit alten Übersetzungen; in H fehlt der Satz.

4,23 *wie Lamech ...:* verdeutlichender Zusatz; H *(Passt auf) auf meine Rede.*

6,15 Hebräische Maßangaben *300, 50, 30 Ellen*.*

6,16 Möglich auch *ein Fenster.* Es folgt, nicht sicher zu deuten: *eine Elle* hoch sollst du es machen von oben her.*

6,18 Ich verspreche ...: verdeutlichender Zusatz.

7,20 Hebräische Maßangabe *15 Ellen*.*

7,22 Wörtlich *was den Atem des Lebensgeistes in der Nase hatte.*

9,6 *von Menschenhand:* Zu erwägen ist die Übersetzung *(als Ausgleich) für den (getöteten) Menschen.*

10,4 *Rodaniter* (= Bewohner von Rhodos) mit den alten Übersetzungen und 1 Chr 1,7; H *Dodaniter;* zu *Elischa* usw. siehe Sacherklärungen.

10,10 *die alle:* vermutlicher Text; H *und Kalne.*

10,14 *von denen ...:* steht in H hinter *Kasluhiter;* vgl. jedoch Am 9,7; Jer 47,4.

12,5 *die Menschen ...:* wörtlich *die Seelen (= Lebendigen), die sie in Haran erworben hatten;* vgl. Sacherklärung »Sklave«.

13,5 *in denen ...:* verdeutlichender Zusatz.

15,2 *und meinen Besitz ...:* H enthält ein nicht deutbares Wort: *und der MESCHEK-Sohn meines Hauses, das ist Damaskus Eliëser.*

18,6 Hebräische Maßangabe *3 Sea* (= 1 Efa* = ca. 12 kg).

18,22 Ursprünglicher Text: *während der vor Abraham stehen blieb.* H hat: *während Abraham vor dem* HERRN *stehen blieb* – eine bewusste Änderung der Abschreiber, die den ursprünglichen Wortlaut als anstößig empfanden.

22,13 *einzelnen:* mit zahlreichen Handschriften und alten Übersetzungen; H *hinter sich.*

24,62 *in der Nähe ...:* vermutlicher Sinn; H *er kam vom Kommen vom Brunnen Lahai-Roi;* G *er ging durch die Wüste zum Brunnen Lahai-Roi.*

24,63 Es folgt noch die Angabe *um zu ...* Die Bedeutung des ausgelassenen Wortes ist unbekannt; alte Übersetzungen: *um nachzudenken/zu beten.*

25,21 *Zwillinge:* verdeutlichender Zusatz.

25,22 Wörtlich *»Wenn so, warum ich?«*

29,34 *sie* mit alten Übersetzungen; H *er.*.

31,5 *ich bin nur deshalb ...:* verdeutlichender Zusatz.

31,42 *der Gott, vor dem ...:* wörtlich *der Schrecken Isaaks.* Es handelt sich um einen alten Gottesnamen; möglich ist auch die Deutung *vor dem die Feinde Isaaks zittern.*

31,53(a) So mit zwei Handschriften und G; H hat zusätzlich *der Gott ihres Vaters,* was wohl nicht zum ursprünglichen Text gehört.

31,53(b) Wörtlich *bei dem Schrecken;* siehe Textanmerkung zu Vers 42.

35,22a So mit G; H hat nur *Israel* (= Jakob) *erfuhr davon.*

36,16 So mit einigen Handschriften und 1 Chr 1,36. H nennt vor *Gatam* noch *Korach;* vgl. aber Vers 18.

36,22 *Timna* wird hier wörtlich als »Schwester Lotans« bezeichnet, so wie *Hori* und *Hemam* als dessen »Söhne« (die wörtliche Übersetzung des an beiden Stellen gleich lautenden Textes findet sich in 1 Chr 1,39; dasselbe gilt für die Verse 23-28 und 1 Chr 1,40-42). Volkszusammenhänge werden im ganzen Kapitel als Verwandtschaftsbeziehungen dargestellt.

36,24 *eine Quelle:* Das hebräische Wort ist nicht sicher zu deuten.

36,31 *nacheinander:* verdeutlichender Zusatz im Blick auf die Verse 32-39, die wörtlich jeweils die Form haben *X wurde König ... X starb, und Y wurde König ...*

39,2 *Gott:* In den Versen 2-5 steht in H der Gottesname (nicht in Vers 9). Seine Wiedergabe durch *der* HERR (siehe Sacherklärung) wird hier vermieden, damit der Titel nicht irrigerweise auf Potifar als Josefs »Herrn« bezogen wird.

43,11 Wörtlich *Ihr Vater Israel*.*

44,15 Wörtlich *dass ein Mann wie ich wahrsagen kann.*

45,8 *Er hat es so gefügt ...:* wörtlich *Er hat mich zum Vater des Pharaos gemacht.*

46,27 G hat in den Versen 19-22 fünf zusätzliche Namen und kommt so zur Gesamtzahl 75; vgl. Apg 7,14. Bei den 33 Nachkommen von Lea ist entweder Jakob mitgezählt oder statt Dina sind es die beiden verstorbenen Söhne von Juda.

47,21 *machte er ...:* mit G; H *ließ er in die Städte ziehen.*

48,15 *die Söhne Josefs:* wörtlich *Josef.*

48,16 Wörtlich *Engel*.*

49,21 *und schöne ...:* oder *du verstehst es, gut zu reden.*

49,26 *du siehst die Berge ...:* nach G; wörtlich *Die Segnungen deines Vaters überragen die Segnungen der ewigen Berge;* H *... überragen die Segnungen meiner Erzeuger bis zur Grenze der ewigen Berge.*

Exodus

2,25 Wörtlich *und erkannte (sie).*

7,20 Wörtlich *er.*

14,25 hemmte mit alten Übersetzungen; H *entfernte.*

16,16 einen Krug voll: wörtlich *ein Gomer* (= 1/10 Efa* = ca. 2 l).

16,35 Vers 36 lautet: *Ein Gomer ist der zehnte Teil eines Efa* (vgl. Textanmerkung zu Vers 16). Der Vers nimmt Bezug auf Vers 33, wo für *Tagesration* wörtlich die Maßangabe *1 Gomer* steht.

17,16 *Schwört ...:* wörtlich *Die Hand am Thron des* HERRN.

19,9 Hier folgt noch einmal *Mose teilte dem* HERRN *die Antwort des Volkes mit.*

20,24 *den ich zum Heiligtum ...:* wörtlich *an dem ich meines Namens**

(durch Anrufung und Opfer) *gedenken lasse.*

22,4 G und die samaritanische Überlieferung fügen hier ein: *muss er von seinem eigenen Feld Ersatz leisten, je nach dem Umfang des Schadens. Hat sein Vieh jedoch das ganze Feld abgefressen, so muss er das Beste ...*

22,20 Verdeutlichender Zusatz.

23,28 Andere Deutung mit den alten Übersetzungen *Ich werde Hornissen vor euch hersenden.*

24,11 *Gott erlaubte ...:* wörtlich *Er streckte seine Hand nicht aus gegen die Vornehmen der Israeliten.*

25,10 Hebräische Maßangabe *2 1/2* bzw. *1 1/2 Ellen** (1 Elle = ca. 50 cm); entsprechend bei den übrigen Längenmaßen in Kap 25-27.

28,16 Hebräische Maßangabe je *1 Spanne* (= 1/2 Elle*).

29,9 Es folgt noch *Aaron und seinen Söhnen,* was in G (vermutlich zu Recht) fehlt.

30,6 Es folgt noch *vor der Deckplatte auf der Lade;* wohl eine Randnotiz oder versehentliche Doppelschreibung die in zahlreichen Handschriften sowie G fehlt.

30,13-14 Hebräische Maßangabe *20 Gera* (1 Gera = 1/20 Schekel*). Das Gewichtsmaß des Heiligtums unterscheidet sich offenbar von dem (oder den) im Alltag üblichen.

30,23-24 Hebräische Maßangabe *500* bzw. *250 Schekel** und *1 Hin**.

36,9 Hebräische Maßangabe in *Ellen** (vgl. Textanmerkung zu 25,10), so auch weiterhin in Kap 36–38.

38,24 1 Zentner = 34,5 kg. Hebräische Maßangaben *29 Zentner* und 730 Schekel** (= 1000,5 + 8,4 kg), in den Versen 25-26 *100 Zentner und 1170 Schekel* (= 34500 + 13,5 kg), in Vers 29 *70 Zentner und 2400 Schekel* (= 2415 + 27,6 kg).

39,9 Vgl. Textanmerkung zu 28,16.

40,34-35 *kam die Wolke ...:* verdeutlichender Zusatz; vgl. 24,15-18.

Levitikus

1,5 Im hebräischen Text steht hier und ebenso in den Versen 7, 8 und 11 die Mehrzahl, was jedoch nicht bedeutet, dass mehrere Priester (siehe Sacherklärung) an der Handlung beteiligt waren. Es soll vielmehr der ausschließliche Anspruch der Nachkommen Aarons* auf das Priesteramt unterstrichen werden.

3,2 Siehe Textanmerkung zu 1,5.

3,4 Die hier noch folgenden Angaben sind nicht sicher zu deuten: *an* (oder *samt*) *den Nieren soll man es abtrennen.*

3,7-16 Die Opferanweisungen für das Schaf (Verse 7-11) und die Ziege (Verse 12-16a) sind im hebräischen Text getrennt, aber wörtlich gleich lautend formuliert; nur die Angabe über den Fettschwanz findet sich nur beim Schaf (in Vers 9).

5,1 Der Satz ist verdeutlichender Zusatz.

12,7-8 *andere Tauben:* wörtlich *Kinder der Taube,* d.h. Tiere von der Gattung Taube. In G wurde dies als *junge Tauben* verstanden (so auch in Lk 2,24).

19,25 *Wenn ihr so verfahrt ...:* oder *Von da an gehört der Ertrag euch.*

19,35-36 *Hohlmaße:* Erwähnt werden *Efa und Hin* als die Grundmaße für Getreide und Flüssigkeiten wie Wein und Olivenöl (siehe für beides die Sacherklärungen).

21,4 Vermutlicher Sinn; H *Als Ehemann unter seiner Verwandtschaft darf er sich nicht verunreinigen.*

25,33 Deutung unsicher.

26,1 Verdeutlichender Zusatz.

27,16 Hebräische Maßangabe: *1 Homer* (= 10 Efa* = ca. 165 kg).

27,25 Es folgt noch die Präzisierung *der Schekel* zu 20 Gera.*

27,32-33 Oder: *Sonst fallen beide dem* HERRN *zu. Tiere, die auf diese Weise für den* HERRN *ausgesondert sind, dürfen grundsätzlich nicht zurückgekauft werden.*

Numeri

3,1-2 Es folgt noch *und Moses,* doch werden keine Nachkommen von ihm genannt.

3,28 *8300:* nach einigen griechischen Handschriften (vgl. die Summe in Vers 39); H *8600.*

5,20 *dann wird ...:* verdeutlichender Zusatz; der Satz bricht ab.

7,12-83 Die hebräischen Gewichtswerte sind 130, 70 und 10 Schekel*. Das Gesamtgewicht (Verse 84-88) an Silber beträgt 2400, an Gold 120 Schekel.

8,12 *Aaron opfert:* mit G; H *du opferst.*

11,32 *Eselsladung* (Homer) = 10 Efa* = ca. 4 Zentner Fleisch.

14,14 Deutung unsicher.

14,34 *Dann merkt ihr ...:* wörtlich *Dann erkennt ihr meine Abwendung* (= die Abwendung von mir). Möglich auch ... *wenn ich mich von jemand abwende.*

15,15-16 *in dieser Sache:* wörtlich *in Bezug auf die Versammlung.*

15,22-23 Verdeutlichender Zusatz; vgl. Verse 17-18.

19,12 *muss sich am dritten ...:* mit alten Übersetzungen; H *muss sich am dritten Tag mit dem Reinigungswasser besprengen lassen und ist am siebten Tag wieder rein.*

21,30 *nichts blieb ...:* vermutlicher Text; H *wir haben verwüstet bis Nofach, das ist Medeba.*

21,32 *sie samt dem ...:* mit G; H *das umliegende Gebiet.*

24,17 *Er wird ...:* wörtlich *Er zerschlägt die Seiten der Moabiter und den Kopf der Söhne des Getümmels (und den Kopf der* mit der samaritanischen Überlieferung, vgl. Jer 48,45; H *und zerschmettert die).*

24,23-24 So mit einer Handschrift; H *Wehe, wer bleibt leben, wenn Gott niederlegt.*
Scharen: vermutlicher Text; H *und Schiffe.*

31,52 Hebräischer Gewichtswert *16750 Schekel**.

32,38 Hier folgt noch: *zu verändernde Namen.* Wahrscheinlich sollte der Vorleser vor dem Aussprechen von Namen gewarnt werden, die an Götzen erinnern (*Baal,* vielleicht auch *Nebo*).

Deuteronomium

1,28 *zahlreicher:* mit einigen Handschriften; H *größer* (von der Körpergröße).

2,8 Diese überraschende Wendung entspricht Num 20,21; alte Übersetzungen haben dagegen *durch das Land ... und auf der Straße,* wie es nach den Versen 4-5 zu erwarten wäre. Eine zweite alte Handelsstraße führte von Elat auf das edomitische Bergland und dann auf der Hochebene nordwärts Richtung Moab.

13,10 So mit G; H *bringe ihn um.*

18,8 Deutung unsicher.

20,19 *Menschen* (wörtlich *ein Mensch*): mit einem veränderten Vokal; H *Der Baum des Feldes ist der Mensch.*

24,17 So mit einigen Handschriften und alten Übersetzungen; H *fremden Waisen.*

25,13 Verdeutlichender Zusatz.

25,14 *nicht zwei verschiedene Kornmaße:* wörtlich *nicht zweierlei Efa** (als Getreidemaß).

27,4 Nach der samaritischen Textüberlieferung: *auf dem Berg Garizim (vgl. Joh 4,20).*

28,21-22 *Dürre:* mit veränderten Vokalen; H *Schwert.*

30,16 *Wenn ihr ...:* nur in G überliefert.

32,8 *für jedes Volk ...:* H *er grenzte die Völker voneinander ab nach der Zahl der Söhne Israels,* d.h. Jakobs (vgl. Gen 46,3-27). G hat den wahrscheinlich ursprünglichen Text bewahrt: *nach der Zahl der Söhne Gottes,* d.h. der himmlischen Wesen, die als Götter oder Schutzengel den einzelnen Völkern zugeordnet sind (siehe Sacherklärung »Engel«). Auch der Anfang von Vers 9 ist nach G wiedergegeben; H *Denn sein Volk ist sein Eigentum.*

32,35 H wörtlich *Mir* (steht zu) *die Rache* (vgl. Röm 12,19). Wahrscheinlich haben G und die samaritische Überlieferung den ursprünglichen

Text bewahrt: *(bleibt mir im Gedächtnis) für die Zeit der Rache (und Vergeltung, für die Zeit, da sie fallen werden ...).*
32,43 *Du, Himmel ...:* mit einer Handschrift und G; H *Ihr Völker, jubelt über sein Volk* (vgl. Röm 15,10).
33,2(a) *Scharen ...:* nach der syrischen Übersetzung; H *und er ist gekommen von heiligen Zehntausenden.*
33,2(b) *starke Helden ...:* mit veränderten Vokalen; H *aus seiner Rechten Gesetzesfeuer für sie.*
33,8 So mit einer Handschrift und G; H *deine heiligen Lose für deinen Treuen.*
33,12 Vermutlicher Text; in H steht ein zweites Mal *über ihn/ihm* (alaw), was wahrscheinlich aus *der Höchste* (eljon) verschrieben ist.
33,21 Die Übersetzung beruht auf einer versuchsweisen Wiederherstellung des unverständlich gewordenen Textes; H *denn dort war der Anteil eines Fürsten verborgen, und er kam (zu den/mit den) Häuptern des Volkes.*
34,6 Oder: *Man begrub ihn;* doch wäre dann die Unbekanntheit der Grabstätte schwerer zu erklären.

Josua

7,1 In G lautet der Name wie in 1 Chr 2,6 *Simri.*
8,3 G *3000.*
8,17 *Ai* mit G; H *Ai und Bet-El.*
9,21 *Aber wir versprechen ...:* mit G; H *Und sie übernahmen ... den Dienst ...*
11,3 H *Mizpa;* vgl. jedoch Vers 8.
12,2 *und der Stadt ...:* vermutlicher Text (vgl. 13,9.16); H *und inmitten des Flusses.*
13,3 *im Süden* wird mit alten Übersetzungen zu Vers 3 gezogen; H verbindet es mit den in Vers 4 folgenden Angaben, die jedoch nach Norden weisen.
13,4 *von (der Stadt) Ara:* vermutlicher Text; H *Meara.*
13,7 *vom Jordan ...:* ergänzt nach G.
13,8 *Der halbe ...:* ergänzt nach G.
13,26-27 *Lo-Dabar:* vermutliche Schreibung; H *Lidebir.*
15,1 Die Fortsetzung ist kaum verständlich: *vom Rand des äußersten Südens* oder *vom Rand Temans.*
15,9 *zur Spitze:* mit einer alten Übersetzung; H *zu den Städten.*
15,18 *veranlasste Otniël ...:* H *veranlasste sie ihn* (vgl. Ri 1,14).
15,32 Die Überlieferung der Ortsnamen ist stellenweise unsicher. H liest in Vers 21 für Arad *Eder,* in 22 für Arara *Adada,* in 23 *Hazor und Jitnan,* in 28 für »die dazugehörigen Dörfer« *Bisiotia,* in 32 für Scharuhen *Schilhim* (vgl. 19,6) und für En-Rimmon *Ajin und Rimmon* (vgl. Neh 11,19). Die Anzahl der genannten Orte ist höher als 29; vielleicht ist die Liste später erweitert worden.
15,36 Vgl. den Schluss der vorigen Anmerkung.
15,49 *Kirjat-Sefer* mit alten Übersetzungen; H *Kirjat-Sanna.*
15,56 *Jorkoam:* mit G und nach 1 Chr 2,44; H *Jokdeam.*
15,59 Die Liste der elf Städte wird nur von G überliefert.
17,7 *nach Jaschub ...:* im Anschluss an G; H *zu den Bewohnern von En-Tappuach* (*En* = Quelle).
17,11 Wörtlich *der dritte (Name) meint den Bezirk.* So nach G; H *drei der Bezirk.*
19,2 *Schema:* mit G (vgl. Jos 15,26); H *Scheba.*
19,7 H zählt den Doppelnamen En-Rimmon als zwei Orte: *Ajin und Rimmon* (vgl. Anmerkung zu 15,32).
19,20 *Daberat* nach G wie 19,12 und 21,28; H *Harabbit.*
19,27 *Mischal* nach 21,30; H *von links.*
19,28 *Abdon* nach 21,30 und 1 Chr 6,59; H *Ebron.*
19,30 *Akko* nach griechischen Handschriften und Ri 1,31; H *Umma.*
19,34 H unverständlich: *im Osten an Juda am Jordan.*
19,46 In H folgt noch der Name *Rak(k)on;* vermutlich eine Doppelschreibung zu *Jarkon.*
21,13-16 *Aschan:* mit alten Übersetzungen und 1 Chr 6,44; H *Ajin.*
21,25 *Jibleam:* nach einer griechischen Handschrift (vgl. 1 Chr 6,55); H wiederholt *Gat-Rimmon.*
21,34-35 *Rimmon:* nach 19,13 und 1 Chr 6,62; H *Dimna.*
22,19 *und zieht uns ...:* mit veränderten Vokalen; H *und lehnt euch gegen uns auf.*

Richter

1,14 *veranlasste Otniël ...:* mit G; H *veranlasste sie ihn.*
1,16 *Auch die Amalekiter* ...:* nach einer griechischen Handschrift und der altlateinischen Übersetzung; H *Sie gingen hin und wohnten bei dem Volk.*
1,18 *nicht:* mit G; in H fehlt das Wort.
1,36 So mit G; H *Die Grenze der Amoriter.*
5,13 ihm: mit einer griechischen Handschrift; H *mir.*
8,29 In Vers 29 steht der Name *Jerubbaal* (vgl. 6,32), in Vers 30 wieder *Gideon.*
14,15 So mit alten Übersetzungen; H *Am siebten Tag.*
16,19 So mit G; H *rief den Mann und schnitt ... ab.*
17,10 H hat noch: *Und der Levit ging;* nach der altlateinischen Übersetzung: *Und er redete dem Leviten zu.*
18,29 Hebräischer Text *Israels*.*
18,30 *Moses:* mit einigen Handschriften (vgl. Ex 2,22); H *Manasses,* wobei der Buchstabe *n* durch Hochstellung als korrigierender Zusatz erkennbar ist.
19,18 Vermutlicher Text; H *Ich bin auf dem Weg zum Haus des* HERRN.
20,31 Vermutlicher Text; H *Gibea.*
20,42 *von der Stadt her:* vermutlicher Text; H *aus den Städten.*
20,43 *von Noha:* vermutlich Ortsname (vgl. 1 Chr 8,1-2); H *Ruheplatz.*
20,45 *und bei der weiteren Verfolgung ...:* mit einer geringen Änderung der Vokale; H *sie setzten ihnen nach bis Gidom.*

1 Samuel

1,9 *und ging...:* nur in G überliefert; wörtlich *und trat vor den* HERRN.
1,24 *einen dreijährigen Stier:* mit alten Übersetzungen; H *drei Stiere.*
2,22 *und dass ...:* Dieser Satzteil fehlt in den meisten griechischen Handschriften und auch in einer wichtigen hebräischen. Wahrscheinlich handelt es sich um einen späteren Zusatz.
2,29 Es folgt hier noch ein unverständliches Wort, das vielleicht *in der Wohnung* (= im Heiligtum) bedeutet.
2,32 Es folgt dasselbe unverständliche Wort wie in Vers 29.
5,6 G fügt hinzu *und das Land wurde von einer Mäuseplage heimgesucht;* vgl. 6,4-5.
6,18 *Felsblock* mit einigen Handschriften und G; H *Abel* bzw. *Wiese.*
6,19 Darauf folgt unverbunden die befremdliche Angabe *50 000 Männer* (= »70 von 50 000«?).
9,24 Es folgen noch die nicht sicher zu deutenden Worte *und was darauf ist.*
13,5 *3000:* mit alten Übersetzungen; H *30 000.*
13,15 *seiner Wege. Der Rest ...:* nur in G überliefert.
13,20 *Sichel* mit G; H wiederholt *Pflugschar.*
13,21 H ist nicht sicher zu deuten; *zwei Drittel eines Silberstücks* ist vermuteter Text anstelle eines Ausdrucks, den manche als *dreizinkige Gabel* deuten. Die beiden letzten (hebräischen) Wörter des Verses sind in der Übersetzung nicht berücksichtigt; vielleicht: *(und ebenso viel) für das Einsetzen eines Ochsenstachels*.*
14,41 Vers 41 ergänzt nach G; H *Dann rief Saul:* HERR, *du Gott Israels, gib Tummim* (oder *gib vollständige Klarheit*).
14,47 *Gegen sie ...:* mit G; H *Ihnen allen tat er Böses.*
17,52 *Gat* mit einer griechischen Handschrift; H *Gai* (= Tal).
20,25 *ihm gegenüber:* vermutlicher Text; H *stand auf.*
20,41 *hinter dem Steinhaufen:* mit G; H *von Süden her.*

21,10 *hinten:* wörtlich *hinter dem Efod* (siehe Sacherklärung »Priesterschurz (2)«.
26,8 *mit seinem eigenen ...:* vermutlicher Text; H *mit dem Speer und an den Boden.*
27,8 *die das Gebiet ...:* vermutlicher Text (vgl. Jos 15,24); H *die seit alters das Gebiet bis (zur Wüste) Schur ...*
30,27 *Betuël:* vermutliche Schreibung; vgl. 1 Chr 4,30. Der Ort ist identisch mit *Betul* in Jos 19,4. H *Bet-El,* das aber nicht in Juda liegt.

2 Samuel

2,16 Der Name bedeutet »Feld der Felsen«, was keinen erkennbaren Bezug zu dem Vorfall ergibt. Vielleicht verschrieben aus *Helkat-Hazzodim* = »Feld der Jagenden« (so G) oder *Helkat-Hazziddim* = »Feld der Seiten«.
4,6 *Die Türhüterin ...:* mit G; H *Sie drangen ins Innere des Hauses ein, Weizen holend, und durchbohrten ihn und sie entkamen.*
6,3-4 Durch das Versehen eines Abschreibers wird hier wiederholt: *der neu war* (die Worte *und noch völlig unbenutzt* sind verdeutlichender Zusatz!); (Vers 4) *so brachten sie sie aus dem Haus Abinadabs fort, das auf der Anhöhe steht.*
7,19 Es folgt noch der schwer deutbare Satz: *und dies ist eine Weisung für Menschen,* HERR, *du mächtiger Gott.*
7,23 *hast vertrieben:* mit alten Übersetzungen; H *für dein Land.*
8,10 *Hadoram:* mit 1 Chr 18,9 und G; H *Joram .*
8,12 *Edomiter:* mit einigen Handschriften und alten Übersetzungen (vgl. 1 Chr 18,11-12); H *Aramäer* (= Syrer*); ebenso für *Edomiter* in Vers 13. *Aram* und *Edom* sind in der hebräischen Schrift leicht zu verwechseln.
8,17 Wahrscheinlich lautete der ursprüngliche Text: *Abjatar, der Sohn Ahimelechs und Enkel Ahitubs, und Zadok waren Priester* (vgl. 20,25 und 1 Sam 22,20). Er könnte verändert worden sein, um Zadok an die erste Stelle zu rücken, die er später einnahm (1 Kön 2,26-27.35).
8,18 *befehligte:* mit alten Übersetzungen (vgl. 20,23); H *und.*
10,18 *Fußvolk:* mit 1 Chr 19,18; H *Wagenkämpfer.*
12,14 Vermutlicher Text; H *weil du durch diese Sache die Feinde des* HERRN *beleidigt hast.*
12,30 *Dem (ammonitischen Gott) Milkom:* mit veränderten Vokalen (vgl. 1 Kön 11,5); H *Ihrem König.*
13,21 *Aber er bestrafte ...:* mit einer hebräischen Handschrift und G; fehlt in H.
13,27 Der Satz ist nur in G überliefert.
13,39 *und sein Zorn ...:* mit einigen griechischen Handschriften; H *König David hörte auf, gegen Abschalom vorzugehen.*
15,7 *vier:* mit alten Übersetzungen; H *vierzig.*
15,20 *Der* HERR *wird ...:* mit G; H *Güte und Treue mit dir.*
16,1 *einem Korb ...:* vermutlicher Text; H *100 Früchten.*
17,25 *des Ismaëliten und Isai:* mit einigen griechischen Handschriften und in Übereinstimmung mit 1 Chr 2,13-17; H *des Israeliten* und *Nahasch.*
19,12 Hier werden versehentlich die Worte *»in seinen Palast«* wiederholt; sie fehlen in den alten Übersetzungen.
19,26 Es folgt noch *(nach) Jerusalem,* was vermutlich zum vorangehenden Vers gehört (Rückkehr nach Jerusalem).
20,6 *und wir ...:* Deutung unsicher; wörtlich *und uns unser Auge/unsere Quelle ausreißt.*
20,14 *seine Verbündeten:* vermutlicher Text; H unverständlich.
21,8 *Merab:* mit einigen hebräischen und griechischen Handschriften; H *Michal* (vgl. jedoch 1 Sam 18,19).
21,19 *Jaïr* in Angleichung an 1 Chr 20,5; H *Jaare-Orgim.*
23,8 *Jischbaal* statt *Joscheb-Baschebet* mit einem Teil der griechischen Überlieferung; *Hachmoni* statt *Tachemoni* nach 1 Chr 11,11.
23,8 *Er kämpfte ...:* vermutlicher Text nach 1 Chr 11,11; H *Er war der Ezniter Adino.*
23,11 *Lehi:* mit veränderten Vokalen (vgl. Ri 15,9.14.19); H *in einer Schar.*
23,19 *Dreißig* : mit einer Handschrift; H *drei.*
23,27 *Sabeni:* mit einigen griechischen Handschriften (vgl. 21,18 und 1 Chr 11,29); H *Mebunnai.*
23,32 *Jaschen ...:* mit einem Teil der griechischen Überlieferung; H *die Söhne Jaschens.*
23,33 *der Sohn ...:* mit einigen griechischen Handschriften; H *Schamma.*
24,5 *und begannen ...:* mit einem Teil der griechischen Überlieferung; H *und lagerten bei Aroër, südlich der Stadt.*
24,6 *zum Gebiet der Hetiter* ...:* mit einem Teil der griechischen Überlieferung; H *zum Land Tachtim-Hodschi.*
24,23 H lautet, vermutlich infolge Doppelschreibung eines Wortes *Das alles schenkt Arauna, der König, dem König.*

1 Könige

2,29 Von »schickte er einen Boten« ab ist der Text nur in G überliefert.
4,8-19(a) *Ajalon und Bet-Hanan:* mit hebräischen und griechischen Handschriften; H *Elon Bet-Hanan.*
4,8-19(b) *Gad* mit G; H *Gilead* (vgl. aber Provinz 6 und 7).
4,8-19(c) So im Anschluss an G; H *Nur ein Verwalter war über dieses Gebiet gesetzt.*
5,6 H *40 000;* vgl. jedoch 2 Chr 9,25.
5,25 *4000 hl* mit G; H *400 l.* Hebräische Maßangaben *20 000 Kor* (1 Kor = 10 Efa*; genauer 3300 t) und *20* bzw. *20 000 Bat* (1 Bat = 6 Hin*).
7,5 *Türen* mit G; H *Fenster.* Die Deutung des Verses ist ganz unsicher.
8,12 Ein Teil der alten Übersetzungen überliefert eine längere Fassung des Wortes: *Die Sonne hast du,* HERR, *an den Himmel gesetzt; aber du hast gesagt: ...*
8,65 So mit G; H hat noch: *und sieben Tage, vierzehn Tage lang* (vermutlich Angleichung an 2 Chr 7,9).
9,8 So mit den alten Übersetzungen; H *Dieser Tempel wird erhaben sein.*
10,8 *Frauen* mit alten Übersetzungen; H *Männer.* (Der ursprüngliche Text wurde vermutlich im Blick auf den schlechten Ruf der Frauen Salomos verändert; vgl. 11,1-8.)
10,26 Nach einem Teil der griechischen Überlieferung *4000;* vgl. 5,6.
10,28 *Koa* mit 2 Chr 1,16; H unverständlich. Andere Deutung *und aus Kuë* (= Zilizien).
11,7 H *Molech* (= Moloch*); vgl. jedoch Verse 5 und 33.
15,5 Der übergangene Vers 6 findet sich nur in H, aber nicht in G: *Solange sie lebten, herrschte Krieg zwischen Rehabeam und Jerobeam* (vgl. 14,30).
16,7 *auch deshalb, weil:* sprachlich weniger wahrscheinlich *obwohl.*
17,1 *der Prophet ...:* mit G; H *der Tischbiter aus den Bewohnern Gileads*.*
18,5 *wir suchen:* mit G; H *suche!*
19,3 So mit G; H *Da sah Elija.* aus den Bewohnern Gileads*.
20,6 *ihnen:* mit G; H *dir.*
22,37 So mit G; H *Der König starb.*

2 Könige

6,2 So mit alten Übersetzungen; H hat noch *dort.*
6,33 *König:* vermutlicher Text; H *Bote.*
8,11 *vor Entsetzen:* wörtlich *und er entsetzte sich bis zum Schämen* (d.h. maßlos). So mit veränderten Vokalen; H *und er richtete (den Blick) bis zum Schämen.*
13,21 *rannten davon:* vermutlicher Text; H *er kam (hinein?).*
14,26 So mit alten Übersetzungen; H *Der* HERR *sah das Elend von Israel, das sehr widerspenstig war.*
15,10 *in Jibleam:* mit einem Teil der griechischen Überlieferung; H *vor dem Volk.*
19,17 So mit einer Handschrift und G; H hat noch *und ihre Länder.*
20,7 *dann wird ...:* mit alten Übersetzungen und nach Jes 38,21: H *und er wurde gesund.*

23,9 *um ... zu leisten:* vermutlicher Text; H *gegen den König von Assyrien* (vgl. 2 Chr 35, 20-21). Der Pharao wollte den bedrängten Assyrern zu Hilfe kommen, um den Aufstieg der Babylonier zur Großmacht zu verhindern.
23,16 Das Ende des Verses von »als Jerobeam bei der Einweihung« an ist nur in G überliefert.
23,29 *um ... zu leisten:* vermutlicher Text; H *gegen den König von Assyrien* (vgl. 2 Chr 35,20-21). Der Pharao wollte den bedrängten Assyrern zu Hilfe kommen, um den Aufstieg der Babylonier zur Großmacht zu verhindern.
23,33 *einen Zentner:* wörtlich *Zentner.* Es fehlt die Zahlenangabe; sie ist möglicherweise ausgefallen.

1 Chronik

1,6 So nach Gen 10,3; H *Difat.*
1,42 *und Akan:* mit zahlreichen hebräischen und einer griechischen Handschrift und Gen 36,27; H *Jaakan.*
2,6 *Darda* mit zahlreichen Handschriften und alten Übersetzungen (vgl. 1 Kön 5,11); H *Dara.*
2,18 So nach zwei alten Übersetzungen; H *Kaleb ... zeugte Asuba, eine Frau, und Jeriot* oder *zeugte mit Asuba, (s)einer Frau, und mit Jeriot.*
2,24 *dessen Frau ...:* mit zwei alten Übersetzungen; H *in Kaleb-Efrata, und Hezrons Frau war Abija.*
2,42 *und als zweiter ...:* vermutlicher Text; H *und die Söhne Mareschas, des Vaters von Hebron.*
2,47 Vermutlicher Text; H *Haran zeugte Gases.* (Vers 47) *Die Söhne Jahdais.*
2,52 *(die Sippe) Reaja:* vermutlicher Text nach 4,2; H *den Seher.*
2,52 *Manahat:* vermutlicher Text nach Vers 54; H *Ruheplätze.*
3,5 So nach 14,4; 2Sam 5,14; H *Schima.*
3,21 *Refaja ...:* mit einigen Handschriften und alten Übersetzungen; H hat vor jedem der Namen *die Söhne* (Refajas usw.).
4,22 *und dann ...:* nach alten Übersetzungen; H *und Jaschubi-Lechem.*
6,13 *Joël und der zweite:* mit alten Übersetzungen (vgl. Vers 18; 1 Sam 8,2); H *Waschni und.*
6,51-55 *Kibzajim:* nach Jos 21,22; H *Jokmeam.*
7,35 *Hotam:* vermutlicher Text; H *Helem.*
8,3 *Ard:* mit einigen Handschriften und Gen 46,21; Num 26,40; H *Addar.*
8,14 *Ihre übrigen ...:* vermutlicher Text; H *und Achjo, Schaschak und Jeremot.*
8,29 *Jëiël:* nach 9,35 ergänzt.
8,30 *Ner:* nach 9,36 ergänzt.
8,33 *Abner:* vermutlicher Text; H *Kisch* (vgl. 1 Sam 9,1; 14,50-51).
9,39 H *Kisch;* vgl. Anmerkung zu 8,33.
11,11 *Jischbaal:* mit griechischen Handschriften (vgl. 2 Sam 23,8); H *Jaschobam.*
11,34 Vermutlicher Text; H *die Söhne Haschems.*
16,5 *Jaasiël:* mit 15,18.20; H *Jëiël.*
20,2 *dem ... Milkom:* mit veränderten Vokalen (vgl. 1 Kön 11,5); H *ihrem König.*
24,23 So in Angleichung an 23,19; H *und seine Söhne Jerija.*
24,29 *und Kisch:* vermutlicher Text; H *über Kisch.*
25,3 *Schimi* ist nur in einer Handschrift und G überliefert (vgl. Verse 9-31, Nr. 10).
26,1 *von Abiasaf* mit einer griechischen Handschrift (vgl. 9,19); H *von Asaf.*
26,20 So mit G; H *Die Leviten*, Achija.*

2 Chronik

3,2 So mit einigen Handschriften und alten Übersetzungen; H hat noch am *zweiten (Tag).*
19,8 *der Einwohner ...:* mit alten Übersetzungen; H *und kehrten nach Jerusalem zurück.*
20,1 *Mëunitern:* mit G; H *Ammonitern.*
20,2 *Edom*:* mit einer Handschrift und der altlateinischen Übersetzung; H *Aram* (= Syrien); vgl. Anmerkung zu 2 Sam 8,12.
20,25 *Lasttiere:* mit veränderten Vokalen und G; H *unter ihnen.*
20,25 *Kleider:* mit einigen Handschriften und alten Übersetzungen; H *Leichen.*
22,2 *zwanzig:* mit G; H 42; vgl. 2 Kön 8,26, wo das Alter mit 22 Jahren angegeben wird.
22,6 *Ahasja:* mit einigen Handschriften und alten Übersetzungen; H *Asarja.*
24,25 *am Sohn:* mit zwei alten Übersetzungen; H *an den Söhnen.*
26,5 *der ihn dazu anhielt:* mit G; H *der sich auf das Sehen Gottes verstand.*
26,8 *Mëuniter:* mit G; H *Ammoniter.*
32,22 So mit G; H *Er führte sie von ringsum.*
36,9 *achtzehn* mit einer Handschrift und alten Übersetzungen; H *acht.*

Esra

2,40 *Binnui:* vermutlicher Text; H *den Söhnen Hodawjas.*
3,9 *Hodawja:* nach 2,40; H *Juda.*
6,4 *Balken* mit G; H *neue Balken.*
8,2-3 So nach 1 Chr 3,21-22; H *von den Söhnen Davids: Hattusch; von den Söhnen Schechanjas.*
8,5 So mit einem Teil der griechischen Überlieferung; H *von der Sippe Schechanja: der Sohn Jahasiëls.*
8,10 So mit einem Teil der griechischen Überlieferung; H *von der Sippe Schelomit: der Sohn von Josifja.*
8,16 *Jonatan:* mit einigen Handschriften; H *Elnatan.*
8,17 *seinen Brüdern:* mit alten Übersetzungen; H *seinem Bruder.* – *die dort ansässig waren:* vermutlicher Sinn des hebräischen Konsonantentextes; H *den Tempeldienern.*
8,26-27 *einige:* Im Text scheint eine Zahl ausgefallen zu sein; manche lesen mit veränderten Vokalen: *zwei Zentner.*
8,35 *72:* mit alten Übersetzungen; H *77.*
10,6 So mit alten Übersetzungen; H *Er ging dorthin.*
10,16 So mit alten Übersetzungen; H *Es wurden ausgewählt Esra, der Priester, und Männer, Oberhäupter der Sippen, alle mit Namen.*

Nehemia

4,6 *hielten uns ...:* vermutlicher Text; H *kamen aus allen Orten und sagten uns zehnmal: Kommt zu uns zurück.*
7,43 *Binnui und Hodawja:* vermutlicher Text; H *(und) von den Söhnen Hodawjas.*
9,17 *nach Ägypten:* mit G; H *in ihrer Widerspenstigkeit.*
11,17 *Lobgesang:* mit G; H *Anfang.*
12,3 So nach 10,6; 12,15; H *Rehum.*
12,9 *(Sie) und:* mit einigen Handschriften und alten Übersetzungen; H *(Bakbukja und Unni,) ihre Verwandten,* (weiter wörtlich:) *ihnen gegenüber nach Dienstgruppen.*
12,12-21 H *Merajot;* doch vgl. Vers 3. Entsprechend sind *Maadja* in Vers 17 und *Sallu* in Vers 20 an die Namen in den Versen 5 und 7 angepasst; H *Moadja* und *Sallai.*
12,46 *war Asaf der Vorsteher:* mit einer Handschrift und alten Übersetzungen; H *und Asafs gab es Vorsteher.*

Ijob

5,7 So mit veränderten Vokalen; H *Der Mensch ist zum Unglück geboren.*
7,20 *dir* mit G; H *mir.*
9,33 *Gäb es doch einen ...:* mit einigen Handschriften und alten Übersetzungen; H *Es gibt keinen ...*
11,8 *noch höher als:* mit der lateinischen Übersetzung; H *so hoch wie.*
15,23 *schon sieht er ...:* vermutlicher Text; H *Er irrt umher nach Brot, wo?*
15,23 *der Untergang:* mit G; H *in seiner Hand (ein Tag der Finsternis).*
15,32 *verwelkt er (wie ein Zweig):* mit alten Übersetzungen; H *er wird angefüllt/ausgezahlt.*

17,16 *mit mir …:* mit veränderten Vokalen; H unklar.
20,22 *dann schlägt …:* mit alten Übersetzungen; H *die Hand jedes Unglücklichen wird über ihn kommen.*
21,3 *mögt ihr (wenn ihr wollt):* mit alten Übersetzungen; H *magst du.*
23,12 *in meinem Herzen:* mit G; H *von meiner Verpflichtung.*
30,18 So mit G; H *Mit aller Kraft verändert sich mein Gewand.*
34,6 So mit veränderten Vokalen; H *Ich lüge gegen mein Recht.*
34,18 *Nur Gott kann …:* mit einer Handschrift und den alten Übersetzungen; H *Ist es recht (… zu nennen)?*
34,30 Deutung des hebräischen Textes unter Änderung der Vokale.
39,13 Der Vers ist nicht sicher zu deuten.
41,5 *Doppelpanzer* mit G; H *Doppelgebiss.*
41,7 *Rücken* mit alten Übersetzungen; H *Stolz.*

Psalmen

4,4 *tut Wunder für:* mit zahlreichen Handschriften; H *sondert aus.*
16,2 *Ich sage (zu dir):* mit zahlreichen Handschriften und mit alten Übersetzungen; H *Du sagst (zum Herrn).*
17,11 So mit einer Handschrift; H *Unsere Schritte jetzt.*
20,10 So Vers 10 mit G; H *Herr, hilf! Der König erhöre uns am Tag unseres Rufens.*
22,16 Vermutlicher Text; H *Meine Kraft.*
22,30 Vermutlicher Text; H *Alle Großen der Erde werden essen und sich beugen.*
30,8 *stand ich fester …:* H *hattest du meinem Berg Stärke aufgerichtet.*
31,11 So mit alten Übersetzungen; H *Meine Schuld.*
32,6 Vermutlicher Text; H *zu dir beten zur Zeit des Findens, nur.*
32,9 *sonst folgen …:* Deutung unsicher.
36,2 Wörtlich *Die Auflehnung des Bösen spricht im Innern seines Herzens* (*seines* mit einigen Handschriften; H *meines*).
37,36 *ich:* mit alten Übersetzungen; H *er* bzw. *man.*
42,3 *ihn sehen:* mit einigen Handschriften und der syrischen Übersetzung; H *vor ihm erscheinen* (so von den jüdischen Überlieferern geändert, da als anstößig empfunden; vgl. Ex 33,20).
42,6 *ihn, meinen Gott …* (wörtlich *die Hilfe meines Angesichts und meinen Gott*): mit einigen Handschriften und alten Übersetzungen; entsprechend in Vers 12; 43,5. H *die Hilfe seines Angesichts,* (Vers 7) *mein Gott.*
44,5 *du gibst:* mit G; H *gib.*
48,15 *immer:* mit mehreren Handschriften und G. Nach H müsste dieses im Hebräischen letzte Wort des Psalms übersetzt werden: *Nach (der Melodie): Stirb.* Da solche Angaben für gewöhnlich am Anfang eines Psalms stehen, fragt es sich, ob ursprünglich der folgende Psalm so begonnen hat. Andere Ausleger lesen (mit veränderten Vokalen): *über den Tod hinaus.*
49,12 *Grab:* mit alten Übersetzungen; H *Ihr Inneres (ist) ihre Wohnung für immer.*
49,15 Es folgt noch, im Zusammenhang unverständlich: *Am Morgen werden sie von den Gerechten zertreten.*
49,15 Die Deutung der beiden letzten Zeilen von Vers 15 ist äußerst unsicher.
58,2 *Ihr Mächtigen:* mit veränderten Vokalen (wörtlich *Ihr Götter;* vgl. 82,1 und Anmerkung). Wahrscheinlich wurde dieser Wortlaut als anstößig empfunden und deshalb in H gedeutet als *Verstummen* (H kann zur Not übersetzt werden: *Sprecht ihr wirklich Verstummen des Rechts*).
59,10 *denn du machst mich stark* (wörtlich *du meine Stärke*): mit einigen Handschriften und G; H *seine Stärke.*
59,16 *knurren:* mit G; H *übernachten.*
60,6 *damit wir …:* mit alten Übersetzungen; H *damit es sich erhebe vor der Wahrheit.*
63,2 So mit einigen Handschriften; H *im ausgedörrten … Land.*
65,2 *dir steht es zu …:* mit G; H *dir Stille Lobpreis.*
65,4 *uns:* mit einigen Handschriften; H *mir.*
68,18 Wörtlich *hat Gott, der Herr unter ihnen, der Sinai in Heiligkeit* (der *im Heiligtum*).
72,5 So mit G; H *Man soll ihn fürchten.*
72,7 *das Recht:* mit einigen Handschriften und alten Übersetzungen; H *der Gerechte.*
73,7 So mit G; H *Ihr Auge tritt aus dem Fett hervor.*
74,8 So mit G; H *Sie haben verbrannt.*
75,2 *Wir bekennen …* (wörtlich *Wir rufen dich/deinen Namen an, wir erzählen …*): mit G; H *dein Name ist nahe, sie erzählen …*
75,7 *auch nicht …:* wörtlich *auch nicht aus der Wüste der Berge* (oder *… aus der Wüste Erhöhung*).
75,11 Vermutlicher Text; H *Ich werde.*
76,3 H verbindet *dort* mit dem folgenden Satz: *Dort hat er zerbrochen …*
76,5 *die uralten Berge:* mit G; H *die Berge der Beute.*
90,1 *Schutz:* wörtlich *Wohnung;* einige Handschriften haben *Burg, Zuflucht.*
90,5 *sie verschwinden …:* wörtlich *ein Schlaf.*
91,3 So mit alten Übersetzungen; H *vor der Pest.*
100,3 *ihm gehören wir:* nach anderer hebräischer Überlieferung *nicht wir.*
104,17 So mit G; H *in den Zypressen.*
107,3 *Süd:* vermutlicher Text; H *vom Meer.*
110,6 So mit G; H *er vernichtet das Haupt über weites Land.*
118,27 Die Deutung der letzten drei Verszeilen ist unsicher.
120,5 *dass ich unter Fremden …:* wörtlich *dass ich in Meschech weile, wohne in den Zelten von Kedar.* Diese beiden Völker waren gleichbedeutend mit »Barbaren und Heiden«.
122,3 Deutung unsicher.
144,2 *(fremde) Völker:* mit zahlreichen Handschriften und mit alten Übersetzungen; H *mein Volk.*
145,5 *sollen alle rühmen:* mit einer Handschrift; H *und die Worte.*
145,13 *Der Herr …:* ergänzt nach einer Handschrift und alten Übersetzungen.

Sprichwörter

3,3 Es folgt noch *Schreibe sie auf die Tafel deines Herzens.* In den wichtigsten Handschriften von G fehlt dieser Satz, der wahrscheinlich aus 7,3 übernommen worden ist.
13,16 So mit alten Übersetzungen; H *Jeder Kluge.*
14,24 *unverbesserliche Narren …* (wörtlich *der Kranz der Toren ist Narrheit*): vermutlicher Text; H *die Narrheit der Toren ist Narrheit.*
14,32 *durch seine Redlichkeit:* mit G; H *auch im Tod.*
18,3 So mit einem veränderten Vokal; H *Mit einem Bösen.*
19,7 *er hält sich an Versprechungen …:* Die zweite Vershälfte kann nur versuchsweise wiedergegeben werden; wörtlich *nachjagend Worten, nicht sie* oder *nachjagend Worten, ihm gehören sie.*
22,17 *ihre* mit G; H *meine.*
25,20 in eine Wunde mit G; H *auf Natron.*
30,1 *Dieser Mann sagte …* mit veränderten Vokalen; H: *Wort des Mannes zu Itiël und Ukal.*
30,31 *wenn er …:* nach G; H vielleicht *gegen den sich niemand erhebt.*

Kohelet

2,25 *ohne ihn* mit einigen Handschriften und G; H *ohne mich.*

Hoheslied

5,13 *die herrlichsten …:* mit G; H *Türme der herrlichsten Würzkräuter.*

Jesaja

1,19 Andere, weniger wahrscheinliche Übersetzungsmöglichkeit: *Eure Verbrechen sind rot wie Blut, und doch sollen sie weiß werden wie Schnee. Sie sind rot wie Purpur, und doch sollen sie weiß werden wie weiße Wolle. Wenn ihr mir gehorcht, dann könnt ihr ...*

3,12 *Wucherer:* mit alten Übersetzungen; H *Frauen.*

3,13 *seinem Volk:* mit G; H *den Völkern.*

5,26 *ein Volk:* vermutlicher Text; H *Völker.*

9,10 *ihre Gegner:* vermutlicher Text; H *die Gegner Rezins.*

9,16 *kein Erbarmen:* mit einer wichtigen Handschrift; H *keine Freude.*

10,13 *und ihre Könige ...:* Deutung unsicher.

10,27 Es folgt noch die im Zusammenhang unverständliche Aussage *ein Joch angesichts von Öl/Fett.*

10,30 *Antworte:* mit einer alten Übersetzung; H *unglückliches.*

11,1 *schießt hervor:* mit alten Übersetzungen; H *wird fruchtbar sein.*

11,6 *gemeinsam ...:* mit alten Übersetzungen; H *gemeinsam Kalb und Löwenjunges und Mastvieh.*

14,4 *Schreckensherrschaft:* mit einer wichtigen Handschrift und alten Übersetzungen; H *Haufen von Gold.*

14,23 *Reiher:* unsicher; wörtlich *der sich einrollt.*

14,31 *ein geschlossenes Heer ...:* Deutung unsicher.

16,10 *sind verstummt:* mit G; H *habe ich zu Ende gebracht.*

18,1 *der schnellen Boote:* Deutung unsicher; andere verstehen: *des Geschwirrs von (Insekten-)Flügeln.*

19,9 *sind bleich vor Sorge:* mit einer wichtigen Handschrift; H *von weißen Stoffen.*

19,10 Wörtlich *Die ihn verweben.* So mit veränderten Vokalen; H *Ihre Fundamente.*

21,5 *man breitet die Polster aus:* Deutung unsicher; andere mögliche Übersetzung: *die Wächter wachen.*

21,7 *Karawane:* mit einer wichtigen Handschrift und alten Übersetzungen; H *Streitwagen (mit ...).*

21,8 *rief der Wächter:* mit einer wichtigen Handschrift; H *schrie der Löwe.*

23,2 *ihr Händler aus ...:* mit einer wichtigen Handschrift; H *Händler aus Sidon, das Meer überquerend, füllten dich.*

24,4 *mit der Erde ...:* mit Veränderung eines Vokals; H *die Höhen des Volkes der Erde vergehen.*

33,7 *Bewohner Jerusalems* (wörtlich *Ariëliter;* vgl. Anmerkung zu 29,1): mit einigen Handschriften; H ist unverständlich.

33,8 *Urkunden* (wörtlich *Zeugen*): mit einer wichtigen Handschrift; H *Städte.*

33,23 *Dann liegt die Zionsstadt an einem Strom ...:* Der Abschnitt ist nicht sicher zu deuten. *Blinde und:* vermutlicher Text.

34,16 So mit einigen Handschriften *(der* HERR: wörtlich *sein Mund);* H *Mein Mund, er hat befohlen.*

37,16 Wörtlich HERR *Zebaot*.*

37,18 So mit einer wichtigen Handschrift und G; H hat noch: *und ihre Länder verwüstet.*

38,20 Hier folgt noch: (Vers 21) *Jesaja sagte, man solle einen Verband aus gepressten Feigen auf die entzündete Stelle legen, damit der König wieder gesund werde.* (Vers 22) *Hiskija fragte: »Woran kann ich erkennen, dass ich in den Tempel des* HERRN *gehen werde?«* Dem Zusammenhang nach müsste diese Aussage nach Vers 6 stehen (an der entsprechenden Stelle findet sie sich im Parallelbericht in 2 Kön 20,6-11). Eine wichtige hebräische Handschrift lässt die beiden Verse aus.

40,15 *wiegt:* vermutlicher Text; H ist nicht sicher zu deuten.

40,20 Das hebräische Wort ist nicht sicher zu deuten.

41,25 *Osten:* wörtlich *Norden*,* dafür in der Fortsetzung *rief ... aus dem Osten* (vgl. Vers 2); *ich rief ihn beim Namen:* mit einer wichtigen Handschrift; H *den, der meinen Namen anruft.*

41,29 *nichts:* mit einer wichtigen Handschrift und alten Übersetzungen; H *Unheil/Unrecht.*

49,7 *und von allen ...:* mit alten Übersetzungen; H *und das alle (Völker) verabscheut.*

49,12 *aus dem südlichsten Ägypten:* wörtlich *aus dem Gebiet von Syene* = Assuan (*Syene* mit einer wichtigen Handschrift; H *Sinim*).

49,17 So mit einer wichtigen Handschrift und alten Übersetzungen (wörtlich *Deine Erbauer*); H *Deine Söhne.*

49,24 *eines Tyrannen:* mit einer wichtigen Handschrift und alten Übersetzungen; H *eines Gerechten.*

51,6 *wie Fliegen:* mit einer wichtigen Handschrift (wörtlich *wie Heuschrecken*); H *wie dies.*

51,19 *niemand tröstet dich:* mit einer wichtigen Handschrift und alten Übersetzungen; H *Wer bin ich, dich zu trösten?*

52,15 *werden viele ...:* mit G; H *wird er viele Völker besprengen.*

53,11 *das Licht:* mit einer wichtigen Handschrift und G; fehlt in H.

57,8 Oder mit einer kleinen Textänderung: *und bezahlst noch dafür* (vgl. Ez 16,30-34).

61,8 *gemeinen Raub:* mit einigen Handschriften und alten Übersetzungen; H *Raub mit einem Brandopfer.*

63,11 *der einst ...:* mit einer wichtigen Handschrift und alten Übersetzungen; H *der sie aus dem Meer gerettet hat samt den Hirten seiner Herde.*

65,1 *Ich war für dieses Volk ...:* wörtlich *Ich ließ mich finden von denen, die mich nicht suchten.* Paulus sieht nach Röm 10,20 in dieser paradoxen Aussage über das Verhalten Israels einen Hinweis auf die Bekehrung der übrigen Völker. Das ist möglich, weil er *Ich ließ mich finden* nicht als »Ich wäre zu finden gewesen«, sondern als »Ich wurde gefunden« deutet. Dieselbe Auffassung spricht aus dem folgenden Satz, so wie H ihn versteht (siehe die nächste Anmerkung).

65,1 So mit der Deutung des hebräischen Konsonantentextes durch die alten Übersetzungen; H *Zu einem Volk, das nicht nach meinem Namen genannt war.*

65,4 *in Höhlen:* vermutlicher Text; H *an geheimen Plätzen.* Der Rest des Satzes ist in der Übersetzung zur Verdeutlichung hinzugefügt.

66,19 *Put und Meschech* nach G; H *Pul und die den Bogen spannen.*

Jeremia

3,8 *sie sah:* vermutlicher Text; H *ich sah.*

4,10 *Sie werden:* mit einer wichtigen Handschrift und alten Übersetzungen; H *Ich werde.*

4,29 *in Höhlen verkrochen:* mit G; in H offenbar ausgefallen.

5,7 *eure Zeit zugebracht:* mit einigen Handschriften; H *euch Schnittwunden beigebracht.*

5,31 Andere Übersetzung: *herrschen nach ihrer* (der Propheten oder ihrer eigenen) *Weisung.*

6,18 *und gebt gut Acht:* vermutlicher Text; H *und erkenne, Gemeinde.*

9,5 *und so ins Böse verstrickt ...:* mit alten Übersetzungen; H *und verkehrt zu handeln sind sie müde.* (Vers 5) *Dein Wohnen ist inmitten von Betrug.*

10,18 *aus der es keinen ...:* mit alten Übersetzungen; H *damit sie finden.*

11,2 *Sprich* mit alten Übersetzungen; H *Sprecht.*

11,15 Vers 15 mit G; H unklar.

12,9 Hyänenhöhle mit G; H *bunt gefärbter Raubvogel.*

15,13 *Das ist der Lohn:* mit alten Übersetzungen (vgl. 17,3); H *ohne Lohn/Gegenleistung.*

15,14 So mit einigen Handschriften und alten Übersetzungen (vgl. 17,4); H *Ich lasse deine Feinde kommen.*

22,24 Der Satz ist ein verdeutlichender Zusatz der Übersetzung.

23,39 So mit einigen Handschriften und alten Übersetzungen; H *Ich vergesse euch ganz und werfe euch ...*

27,1 *Zidkija:* mit einigen Handschriften und alten Übersetzungen; H *Jojakim.*
29,19 *sie haben:* mit alten Übersetzungen; H *ihr habt.*
31,7 So mit G; H *HERR, rette dein Volk!*
36,17 So mit G; H *aus seinem (Jeremias) Mund aufgeschrieben hast.*
38,23 So mit G; H *Du wirst diese Stadt niederbrennen.*
41,9 *war dieselbe große:* mit G; H *durch die Hand Gedaljas, war dieselbe.*
46,17 *Gebt dem Pharao ...:* mit alten Übersetzungen; H *Sie riefen dort: Pharao.*
47,5 So mit G (vgl. Sacherklärung); H *Der Rest ihrer Talebene.*
48,6 *wie der Wacholderstrauch:* vermutlicher Text; H *wie Aroër.*
48,9 So mit G. Der Sinn von H ist unsicher; vielleicht: *Gebt Moab Flügel, denn fliegend wird es wegziehen.*
48,32 *nach Jaser:* mit zwei Handschriften (vgl. Jes 16,8); H *zum Meer von Jaser.*
49,1 *Milkom* mit alten Übersetzungen; H *ihr König* (vgl. 2Sam 12,30); ebenso in Vers 3.
51,49 *aber wegen der Gefallenen ...:* vermutlicher Text; H *ihr Gefallenen aus Israel.*
52,15 Es folgt noch: *eine Anzahl aus der ärmsten Schicht der Bevölkerung und,* was wohl versehentlich aus Vers 16 hierher geraten ist (vgl. 2Kön 25,11).
52,20 *Rinder, auf denen ...:* mit alten Übersetzungen; H *Rinder unter den Kesselwagen.*

Klagelieder

2,18 *Jerusalem, lass ...:* vermutlicher Text; H *Ihre Herzen schrien zum Herrn, Mauer Jerusalems.*

Ezechiël

5,16-17 Es folgt noch *des Hungers,* doch sind die Pfeile offensichtlich Bild für die Pest.
6,14 *Ribla:* vermutlicher Text; H *Dibla.*
7,9 *dass ich es bin ...:* mit G; H *dass ich, der HERR, zuschlage.*
7,23 *und ein Blutbad ...:* mit G; H ist nicht sicher zu deuten, vielleicht *Fertige eine Kette an.*
8,2 *wie ein Mann:* mit G; H *wie Feuer.*
8,3 So mit G; H *zum Eingang des Tores des Innern.*
11,19 So mit G; H *ein einziges Herz.*
13,15 *werden sie:* vermutlicher Text; H *werde ich.*
16,7 *und gedeihen:* mit G; H *eine große Menge.*
16,57 *Edomiterinnen*:* mit einigen Handschriften und der syrischen Übersetzung (vgl. 35,1-15), H *Syrerinnen;* vgl. Anmerkung zu 2Sam 8,12.
16,61 *Das ist noch mehr ...:* Deutung unsicher.
19,7 *drang ein in:* nach G (wörtlich *zerstörte*); H *erkannte.*
22,16 So mit G (wörtlich *Ich lasse mich durch dich entweihen vor den Völkern*); H *Du wirst durch dich entweiht ...*
22,25 So mit G; H *Die Rotte deiner Propheten.*
24,5 *das Holz:* vermutlicher Text; H *die Knochen.*
25,8 *Moabiter*:* mit alten Übersetzungen; H hat noch *und Seïr* (d.h. die Edomiter); vgl. Vers 12.
26,20 *nie mehr wieder erstehen:* mit G; H *ich gebe Schmuck.*
27,15 *Rhodos* (hebräisch *Rodan*): mit G; H *Dedan;* vgl. Gen 10,4.
27,16 *Edomiter*:* mit G; H *Syrer* (siehe Anmerkung zu 2Sam 8,12).
27,23-24 H wiederholt noch *die Händler von Saba* (vgl. Vers 22), wofür G *deine Händler* liest.
28,14 *Ich gab dich ...:* mit veränderten Vokalen; H *Du schützender Kerub mit den ausgebreiteten Flügeln und ich hatte dich gemacht.*
29,7 *hinfällt* mit alten Übersetzungen; H *feststeht.*
32,2 Vermutlicher Text; H *Du sprudeltest mit deinen Strömen.*
32,27 *der Vorzeit:* mit G; H *der Unbeschnittenen.*
32,27 *vom Schild bedeckt:* vermutlicher Text; H *ihre Verfehlungen liegen auf ihren Gebeinen.*
34,3 *Die Milch ...:* mit alten Übersetzungen; H *Ihr aßt das Fett.*
34,16 *in Schranken halten:* mit alten Übersetzungen; H *ausrotten.*
37,23 *ich bringe sie ...:* mit zahlreichen Handschriften und mit alten Übersetzungen; H *ich rette sie aus ihren Wohnsitzen.*
38,14 *dich aufmachen:* mit alten Übersetzungen; H *erkennen.*
38,21 *alle Schrecken herbei:* mit G; H *zugunsten meiner Berge das Schwert.*
40,28-30 So mit G; H hat als Vers 30 den oben nicht berücksichtigten Text, der vermutlich durch fehlerhafte Doppelschreibung entstanden ist: *Ringsum lagen Vorhallen, 25 Ellen lang und 5 Ellen breit.*
40,44 *je ein Raum* (wörtlich *zwei Räume*): mit G; H *die Räume der Sänger.*
40,48 Dabei ist die Dicke der Seitenmauern (siehe 41,5) nicht mitgerechnet. Der vollständige Text dieses Satzes wird nur von G überliefert; H *Die Breite des Tores betrug auf beiden Seiten 3 Ellen.*
40,49 *12 Ellen* und *zehn Stufen* mit G; H *10 Ellen, und zwar an den Stufen, die zu ihr hinaufführten.*
41,22 So mit G; in H fehlt eine Angabe über die Breite.
41,22 *Sockel* mit G; H *seine Länge.*
41,26 Der Rest des Verses ist nicht zu deuten.
45,1 *20 000* mit G; H *10 000.*
45,5 *Darauf können sie ...:* mit G; H *zwanzig Gemächer.*
47,15 So mit G; H *Hetlon, Lebo, Zedad, Hamat.*
47,16 So mit G; H *Hazar-Tikon;* vgl. Vers 17.
47,18 *und endet ...:* mit alten Übersetzungen; H *ihr sollt messen.*

Daniel

2,4 Es folgt noch *auf Aramäisch* – möglicherweise ein Hinweis darauf, dass von hier ab (bis zum Ende von Kapitel 7) das Danielbuch nicht in hebräischer, sondern in aramäischer Sprache abgefasst ist.
2,9 Es folgt noch die schwer verständliche Aussage *bis die Zeit sich ändert.*
11,41 So mit einer alten Übersetzung; H *viele.*

Hosea

4,5 *ich lasse euch ...:* mit veränderten Vokalen; H *ich werde deine Mutter vernichten.*
5,2 *Fanggrube in Schittim* ist vermutlicher Text; H ergibt keinen Sinn.
5,2 Vermutlicher Text; H *Sie alle werden.*
6,5 *Was ich ...:* mit G; H *Deine Gerichte ein Licht (das) hervorgeht.*
6,7 Vermutlicher Text; H *Wie Adam.*
7,14 *machen sich Einschnitte:* mit einigen Handschriften und G; H *treiben sich herum.*
7,14 *sie sind ...:* mit geänderten Vokalen; *sie weichen ab.*
8,6 So mit veränderten Vokalen; H *Denn aus Israel (ist) auch es.*
12,2 *Betrügen* mit G; H *Gewalttat.*
13,5 *am Leben erhalten* mit G; H *erkannt.*
14,9 So mit G; H *Efraïm, was habe ich mit den Götzen zu schaffen?*

Amos

4,3 Vermutlicher Text; H *Harmon.*
5,1 Die Verse 1-17 bestehen aus einer kunstvoll verschränkten Folge von Prophetenworten, die um das zentrale Stück Vers 8-9 symmetrisch (ABCDCBA) angeordnet sind – ohne Rücksicht darauf, dass der logische Zusammenhang dadurch mehrfach unterbrochen wird (vgl. die Anmerkung zu Vers 13). Die inhaltlich aufeinander bezogenen Abschnitte werden oben durch gleiche Buchstaben (A, B, C usw.) gekennzeichnet.
5,13 Der Vers wird zur Verdeutlichung des Zusammenhangs umgestellt. Auch hier besteht eine symmetrische Beziehung: Vers 13 gehört über Vers 11-12 hinweg zu Vers 10, wie im

Großen Vers 10-13 zu Vers 7 und Vers 14-15 zu Vers 4-6 usw.
6,12 So mit veränderten Vokalen; H *oder pflügt sie mit Rindern um.*

Micha

2,12 *Schafe im (schützenden) Pferch:* mit alten Übersetzungen; H *Schafe von Bozra.*
2,12 *Weide:* mit alten Übersetzungen; H unverständlich.
4,1 Was in Micha 3,12 gesagt wird, ist nicht Gottes einziges oder gar letztes Wort über den Zion. Die Kapitel 4 und 5 bilden ein kunstvoll symmetrisch angelegtes Textgefüge, mit dem solcher Annahme widersprochen und die überragende endzeitliche Bedeutung Jerusalems und des Zionsberges mit Hilfe alter und neuer Prophetenworte dargestellt wird. Zusammengestellt und dem Micha-Buch an dieser Stelle eingefügt wurden die beiden Kapitel wahrscheinlich erst in exilischer oder nachexilischer Zeit. Die Buchstaben ABCCBA im Text zeigen an, welche Abschnitte aufeinander bezogen sind und sich inhaltlich entsprechen und ergänzen (vgl. eine ähnliche Struktur in Am 5).
6,11 So mit veränderten Vokalen; H *Kann ich rein sein?*
6,13 *gehe ich daran:* mit alten Übersetzungen; H *habe ich krank gemacht* (ohne stimmige Fortsetzung).
7,15 Vermutlicher Text; H *Ich werde vollbringen.*

Nahum

2,14 *mit all deiner Pracht:* mit G; H *mit deiner Menge.*

Habakuk

1,17 *Schwert:* mit einer Handschrift; H *Netz.*
2,5 *Deshalb ...:* vermutlicher Text; H *Umso mehr ist der Wein trügerisch.*

Zefanja

1,5 *Milkom:* mit alten Übersetzungen; siehe Anmerkung zu 2 Sam 12,30.
1,17 Das hebräische Wort ist nicht sicher zu deuten. Wörtlich *Ihr Blut wird ausgeschüttet wie Staub und ihr ... wie Kot.*

Sacharja

6,14 So mit einer alten Übersetzung; H *Helem.*
9,15 *auffangen:* wörtlich *fressen.* Deutung unsicher.
11,7 So mit G; H *die Schafe, die zum Schlachten bestimmt waren, deshalb die ärmsten der Herde.*
11,11 So mit G; H *die Ärmsten der Herde* (vgl. Vers 7 und Anmerkung).

Maleachi

1,13 *Damit reizt ...:* mit dem mutmaßlich ursprünglichen Text; H *Und ihr entfacht ihn* (den Altar?) oder *missachtet ihn* (meinen Namen).

Matthäus

16,2 Die Verse 2b *(Wenn der Abendhimmel ...)* und 3 fehlen in vielen wichtigen Handschriften; vgl. jedoch Lk 12,54-56.

Markus

1,1 Vers 1 wörtlich: *Anfang der Guten Nachricht* von Jesus Christus, dem Sohn Gottes* (*dem Sohn Gottes* fehlt in einigen alten Handschriften).
3,14 *Zwölf:* siehe Sacherklärung. Viele Handschriften fügen hinzu: *die er auch Apostel* nannte* (vgl. Lk 6,13; Mt 10,2).
3,32 Einige Handschriften fügen hinzu: *und deine Schwestern.*
16,9 In einigen Handschriften findet sich vor oder an Stelle der Verse 9-20 folgender Text, der den Bericht Mk 16,1-8 zu Ende führt: *Alles, was ihnen aufgetragen worden war, verkündeten die Frauen unverzüglich Petrus und den anderen Jüngern um ihn. Danach sandte Jesus selbst durch Petrus und die anderen die heilige und für immer gültige Botschaft von der ewigen Rettung in die ganze Welt hinaus, von dort, wo die Sonne aufgeht, bis dorthin, wo sie versinkt. Amen.*

Lukas

17,35 Einige Handschriften fügen hinzu (Vers 36): *Von zwei Männern, die auf dem Feld arbeiten, wird der eine angenommen, der andere zurückgelassen.*
23,34 *Jesus sagte ...:* Dieser Versteil fehlt in einigen wichtigen Handschriften.

Johannes

7,52 *der erwartete Prophet*:* wörtlich *der Prophet.* Viele Handschriften haben *ein Prophet;* doch dagegen spricht die Herkunft des Propheten Jona aus Galiläa (2 Kön 14,25). Vgl. außerdem Joh 1,21; 6,14; 7,40.
10,29 *Er schützt ...:* wörtlich *Mein Vater ist, was die betrifft, die er mir gab, größer als alle.* Die Textüberlieferung ist unsicher; nach anderen Handschriften wäre (wörtlich) zu übersetzen: *Mein Vater – was er mir gab, ist größer als alles;* nach wieder anderen: *Mein Vater, der sie mir gegeben hat, ist größer als alle.*
16,13 Wörtlich *wird er euch (an)leiten in der ganzen Wahrheit.* Viele Handschriften haben *wird er euch (hineinge)leiten in die ganze Wahrheit.*

Apostelgeschichte

13,18 Nach anderen Handschriften *ernährte er sie.*
24,6a Einige Handschriften fügen hinzu: 6b *Wir wollten ihn nach unserem eigenen Gesetz* aburteilen,* 7 *aber der Kommandant Lysias hat ihn uns mit Gewalt entrissen* 8a *und hat befohlen, wer eine Anklage gegen den Mann vorzubringen habe, solle damit zu dir gehen.*

Römer

3,9 Wörtlich *Schützen wir etwas vor?* Die verbreitete Übersetzung »Haben wir (Juden) einen Vorzug?« ist vom griechischen Sprachgebrauch her nicht zu begründen.
16,23 Vers 24 lautet: *Die Gnade von Jesus Christus, unserem Herrn, sei mit euch allen! Amen.* Der Vers fehlt in den ältesten und besten Handschriften, in anderen steht er hinter Vers 27. Viele Ausleger vermuten, dass die Verse 25-27, die in einigen Handschriften fehlen, erst später als volltönender Abschluss des Briefes hinzugefügt worden sind.

1 Korinther

11,3 Wörtlich *Christus ist das Haupt des Mannes, der Mann das Haupt der Frau und Gott das Haupt von Christus.*
13,3 *und den Tod ...:* Wichtige alte Textzeugen lesen (mit nur einem Buchstaben Unterschied) *und meinen Leib hingebe, um mich zu rühmen.*

Epheser

1,1 Wörtlich *an die Heiligen* in Ephesus.* Die Angabe *in Ephesus* fehlt in einigen wichtigen Handschriften. Möglicherweise handelt es sich bei dem Brief ursprünglich um ein Rundschreiben an mehrere Gemeinden.
3,9 Zahlreiche Handschriften haben *Ich sollte allen darüber Licht bringen.*

Kolosser

3,6 In vielen Handschriften wird hinzugefügt: *über die Menschen, die Gott nicht gehorchen* (vgl. Eph 5,6).

1 Thessalonicher

2,7 In der Mehrzahl der Handschriften heißt es: *waren wir* (d.h. ich) *unter euch wie Unmündige* (nur ein Buchstabe Unterschied).

Zeittafel

Israels Frühzeit

Israel	*Assyrien/Tyrus*	*Ägypten*
um 1230 Sesshaftwerden israelitischer Stämme im Land Kanaan	1274–1244 Salmanassar I.	1290–1224 Ramses II.
		1285 Schlacht bei Kadesch
		1270 Friedensschluss mit den Hetitern
		1224–1204 Merenptah
etwa 1200–1012 Richterzeit bis auf Samuel; Philisterkämpfe	1115–1077 Tiglat-Pileser I.	
1012–1004 Saul		
1004 Schlacht am Gebirge Gilboa		
1004–998 David König in Hebron		
997–965 David König in Jerusalem	973–942 Hiram v. Tyrus	
	966–935 Tiglat-Pileser II.	
965–926 Salomo		946–925 Schoschenk I. (Schischak)
962–955 Tempelbau		
926 Teilung des Reiches	932–910 Assurdan II.	

Das geteilte Reich

Juda	*Israel*	*Umwelt*
926–910 Rehabeam	926–907 Jerobeam I.	922 Palästinischer Feldzug Schischaks von Ägypten
910–908 Abija	907–906 Nadab	
908–868 Asa	906–883 Bascha	
	883–882 Ela	
	882–878 Kampf zwischen Tibni und Omri	
	882–871 Omri	
	876 Gründung Samarias	
868–847 Joschafat	871–852 Ahab	873–842 Ittobaal von Tyrus
	Prophet Elija	858–824 Salmanassar III. von Assyrien
	853 Ahab kämpft bei Karkar gemeinsam mit Damaskus gegen Salmanassar III.	
852 Joram Mitregent	852–851 Ahasja	
847–845 Joram	851–845 Joram	
845 Ahasja	845 Revolution Jehus	
845–840 Atalja	845–818 Jehu	
840–801 Joasch	841 Tribut Jehus an Salmanassar III.	845–801 Hasaël von Damaskus
	818–802 Joahas	
801–787 (773) Amazja	802–787 Joasch	nach 801 Benhadad von Damaskus
um 788 Kampf zwischen Amazja und Joasch		

Juda	*Israel*	*Umwelt*
787–736 Asarja (Usija)	787–747 Jerobeam II.	
756–741 Jotam Mitregent und König	Prophet Amos	
	Prophet Hosea	
	747 Secharja (6 Monate)	
	747 Schallum (1 Monat)	
	747–738 Menahem	745–727 Tiglat-Pileser III. (Pul) von Assyrien
741–725 Ahas Mitregent und König	738 Tribut an Tiglat-Pileser III.	
736 Tod Usijas, Berufung des Propheten Jesaja	737–736 Pekachja	
	735–732 Pekach	734 Züge gegen die Philister, Damaskus und Israel
	732 Revolution Hoscheas	
725–697 Hiskija	731–723 Hoschea	
	722 Eroberung Samarias, Ende des Reiches Israel	726–722 Salmanassar V. von Assyrien

Juda bis zur Zerstörung Jerusalems

Juda	*Umwelt*
725–697 Hiskija	721–705 Sargon von Assyrien
	711 Feldzug gegen die Philister (Jesaja 20,1)
701 Belagerung Jerusalems durch Sanherib	704–681 Sanherib von Assyrien
Prophet Micha	
696–642 Manasse	690–663 Tirhaka von Ägypten
	680–669 Asarhaddon von Assyrien; erobert 671 Ägypten (Memfis)
641–640 Amon	
639–609 Joschija	
Prophet Zefanja	
628 Beginn der Reform Joschijas	
627 Berufung des Propheten Jeremia	
622 Auffindung des Gesetzbuches; Zentralisation des Opferkultes in Jerusalem	612 Eroberung Ninives durch Babylonier und Meder
609 Joschija fällt im Kampf gegen Necho bei Megiddo; Joahas König	609–594 Necho von Ägypten
608–598 Jojakim	
605 Niederschrift der Reden des Propheten Jeremia	605 Sieg des Kronprinzen Nebukadnezzar über die Ägypter bei Karkemisch
604 Jojakim unterwirft sich Nebukadnezzar	604–562 Nebukadnezzar von Babylonien
	604 Zug gegen Syrien; Einnahme Aschkelons (Jeremia 36,9)
601 Abfall Jojakims	601 Unentschiedener Kampf Nebukadnezzars gegen Ägypten
etwa 6.11.598 bis 16.3.597 Jojachin	
16.3.597 Einnahme Jerusalems, Gefangennahme Jojachins; 1. Exil	597 Zug Nebukadnezzars gegen Jerusalem
597–587 Zidkija	
594 Koalition gegen Babylonien (Jeremia 27)	594–588 Psammetich II. von Ägypten
593 Berufung des Propheten Ezechiël	
589 Erneuter Abfall von Babylonien	
Mitte Jan. 588 Beginn der Belagerung Jerusalems durch Nebukadnezzar	
588 Die Ägypter unter Hofra von den Babyloniern zurückgeschlagen	588–569 Hofra von Ägypten
etwa Aug. 587 Jerusalem erobert; 2. Exil	
März 560 Freilassung Jojachins	561–560 Amelmarduk (Ewil-Merodach)

Juda in persischer Zeit

Juda

Prophet Deuterojesaja

538 Edikt von Kyrus, erste Rückkehr der Weggeführten nach Jerusalem, Beginn des Tempelbaus

520 Statthalter Serubbabel, Oberster Priester Jeschua, Propheten Haggai und Sacharja

1.4.515 Tempelweihe

Prophet Maleachi

458 Esra

445–433 Nehemia; Mauerbau

Persien

558 Kyrus König von Persien; seit 553 König von Medien

29.10.539 Einzug in Babylon

24.3.538–Aug. 530 Kyrus König in Babylon

12.4.529–522 Kambyses; erobert 525 Ägypten

521–486 Darius I.

485–465 Xerxes (Ahasveros)

464–424 Artaxerxes (Artahsasta)

Die Zwischenzeit zwischen Altem und Neuem Testament

Palästina

332 Alexander in Jerusalem

332–323 Palästina unter mazedonischer Herrschaft

323–312 Palästina unter der Herrschaft verschiedener Nachfolger Alexanders

Das Reich Alexanders

336 Alexander d.Gr. wird König von Mazedonien

332 Alexander erobert Tyrus und besetzt Syrien und Ägypten

331 Gründung von Alexandria. Einnahme Babylons durch Alexander

330 Tod Darius' III. Kodomanus. Ende des Perserreiches

323 Tod Alexanders

323–301 Verwaltung und nachfolgende Aufteilung des Alexanderreiches durch seine Nachfolger, die sog. Diadochen

Palästina

312–198 Palästina unter ägyptischer Herrschaft

218–217 Palästina unter syrischer Herrschaft

217 Ptolemäus IV. besiegt Antiochus III. bei Rafia und zwingt ihn zur Aufgabe Palästinas

Ägypten

323–283 Ptolemäus I. Lagi, Begründer der Dynastie der Ptolemäer (bis 30 v.Chr.)

305 Ptolemäus I. König von Ägypten

285–246 Ptolemäus II. Philadelphos

274–271 Erster Syrischer Krieg um den Besitz von Palästina

260–253 Zweiter Syrischer Krieg

246–221 Ptolemäus III. Euergetes

246–241 Dritter Syrischer Krieg

221–205 Ptolemäus IV. Philopator

205–181 Ptolemäus V. Epiphanes

Syrien/Mesopotamien

312–280 Seleukus I. Nikator, Begründer der Dynastie der Seleuziden (bis 64 v.Chr.)

309/8 Seleukus I. König von Babylon

280–261 Antiochus I. Soter

261–246 Antiochus II. Theos

246–226 Seleukus II.

226–223 Seleukus III.

223–187 Antiochus III. der Große

Palästina	*Ägypten*	*Syrien/Mesopotamien*
198 Schlacht bei Paneas. Palästina endgültig unter syrischer Herrschaft		190 Antiochus III. unterliegt den Römern in der Schlacht bei Magnesia
175 Einsetzung Jasons als Oberster Priester	181–145 Ptolemäus VI. Philometor	187–175 Seleukus IV. Philopator

Palästina	*Syrien/Mesopotamien*
171 Menelaus wird Oberster Priester	175–164 Antiochus IV. Epiphanes
169 Antiochus IV. beraubt den Jerusalemer Tempel	169 Erster Feldzug gegen Ägypten
168 Apollonius plündert und zerstört Jerusalem. Bau der sog. Akra (Festung). Verbot des jüdischen Gottesdienstes und Darbringung heidnischer Opfer im Tempel	168 Zweiter Feldzug gegen Ägypten
166 Beginn des jüdischen Widerstandes gegen die syrische Religionspolitik	
166–161 Judas Makkabäus Führer des jüdischen Kampfes gegen die Syrer	
166/65 Antiochus IV. beauftragt den Reichsverweser Lysias mit der Leitung des Kampfes gegen die Juden	
165 Lysias schließt Frieden mit Judas. Übergabe Jerusalems außer der Festung an die Juden. Reinigung und Wiederweihe des Tempels	164–162 Antiochus V. Eupator
163/62 Judas und seine Brüder kämpfen gegen syrische Truppen in verschiedenen Gegenden des Landes. Antiochus V. und Lysias ziehen gegen Jerusalem. Alkimus wird Oberster Priester	162–151/50 Demetrius I.
161 Judas besiegt Nikanor, fällt jedoch bald danach gegen Bakchides. Jonatan, Bruder von Judas, übernimmt die Leitung des Kampfes	
153 Jonatan übernimmt das Amt des Obersten Priesters	153 Alexander Balas erhebt sich gegen Demetrius
151/50 Jonatan wird als abhängiger Teilherrscher anerkannt	151/50–146/45 Alexander II. Balas
	148/47 Demetrius, Sohn Demetrius' I., tritt gegen Alexander auf
	146/45–139 Demetrius II. Nikator
143 Ermordung Jonatans durch Tryphon	145–140 Machtkämpfe zwischen Demetrius und Tryphon, dem Vormund Antiochus' VI.
143/42 Simeon, Bruder von Jonatan und Judas, Oberster Priester und Fürst der Juden. Anerkennung der Unabhängigkeit durch Demetrius II.	
141 Simeon durch Volksbeschluss erblicher Oberster Priester, Feldherr und Fürst. Dynastie der Makkabäer bzw. Hasmonäer	140 Demetrius gerät in parthische Gefangenschaft
	139–128 Antiochus VII. Sidetes
135 Ermordung Simeons	
135–104 Johannes I. Hyrkan, Sohn Simeons, unterwirft die Idumäer und Samariter	133 Pergamon fällt an Rom
	129 Die Parther besetzen Babylon
104–103 Aristobul I., Sohn Hyrkans, nimmt den Königstitel an	
103–76 Alexander Jannäus, Bruder Aristobuls, kämpft gegen die Nabatäer und Pharisäer	86 Eroberung Athens durch die Römer

Palästina	*Syrien/Mesopotamien*
76–67 Salome Alexandra, Witwe von Aristobul und Jannäus, Königin. Ihr Sohn Hyrkan II. Oberster Priester. Die Pharisäer werden zur herrschenden Partei	
67–63 Aristobul II., Bruder Hyrkans II., Oberster Priester und König	64 Pompejus macht den syrischen Reststaat zur römischen Provinz Syria
63 Hyrkan und der Idumäer Antipater (Vater von Herodes d.Gr.) verbünden sich mit den Nabatäern. Pompejus nimmt Aristobul gefangen und erstürmt den Tempel. Hyrkan II. erneut Oberster Priester unter römischer Oberaufsicht. Ende des makkabäischen Königtums, Palästina unter römischer Herrschaft	

Zeit des Neuen Testaments

Römische Kaiser	*Palästina*	*Jesus. Urgemeinde*
30 v.–14 n. Augustus	4 v. Tod Herodes d. Gr. Archelaus wird Herrscher in Judäa, Samarien und Idumäa, Herodes Antipas in Galiläa und Peräa, Philippus im nördlichen Ostjordanland und Lysanias im Antilibanosgebiet (s. Beischrift zur Karte NT Seite 61) 6 n. Verbannung von Archelaus. Sein Gebiet wird römische Präfektur	etwa 7 v. Geburt Jesu
14–37 Tiberius	26–36 Pontius Pilatus Präfekt in Judäa, Samarien und Idumäa 34 Philippus stirbt kinderlos. Sein Gebiet wird der römischen Provinz Syrien einverleibt	28 Auftreten Johannes des Täufers um 30 Tod Jesu 35 (32) Bekehrung von Paulus
37–41 Kaligula	37 Herodes Agrippa I. erhält als Günstling Kaligulas die ehemaligen Herrschaftsbereiche von Philippus und Lysanias 39 Absetzung von Herodes Antipas. Galiläa und Peräa fallen an Herodes Agrippa I.	37/38 (34/35) 1. Aufenthalt von Paulus in Jerusalem (Galater 1,18–19), anschließend Wirksamkeit in Syrien und Zilizien
41–54 Klaudius	41 Herodes Agrippa I. erhält auch das bisher von römischen Präfekten verwaltete Gebiet von Judäa, Idumäa, Samarien 44 Tod von Herodes Agrippa I. Sein Gebiet wird römische Prokuratur	43/44 Verfolgung der Gemeinde in Jerusalem. Tod des Apostels Jakobus um 47 sog. 1. Missionsreise (Apg 13–14)

Römische Kaiser	*Palästina*	*Jesus. Urgemeinde*
49 Vertreibung von Juden aus Rom	50 Herodes Agrippa II., Sohn von Herodes Agrippa I., erhält vom Kaiser das kleine Königreich Chalkis, dazu das Recht der Aufsicht über den Jerusalemer Tempel, wenig später auch die ehemaligen Territorien von Philippus und Lysanias. Judäa, Idumäa, Samarien, Galiläa und Peräa bleiben römische Prokuratur	48 (50) Zusammenkunft der Apostel in Jerusalem (Apg 15)
		48/49–51/52 (50–52) 1. Reise von Paulus nach Kleinasien und Griechenland (2. Missionsreise; Apg 15,36–18,22)
		51 (52) In Korinth Zusammentreffen von Paulus mit dem Statthalter der Provinz Achaja, L. Iunius Gallio (Apg 18,12–17)
	52–60 (53–55) Antonius Felix, Prokurator von Judäa, Idumäa, Samarien, Galiläa und Peräa	51/52–55/56 (52–54) 2. Reise von Paulus nach Kleinasien und Griechenland (3. Missionsreise; Apg 18,23–21,17)
54–68 Nero	um 55 Kaiser Nero schenkt Agrippa I. Teile von Galiläa und Peräa	
		57 Paulus zu Pfingsten in Jerusalem
		57–60 Gefangenschaft von Paulus in Jerusalem und Cäsarea (Apg 21,33–26,33)
	60 (55) Porzius Festus, Nachfolger von Antonius Felix	60/61 (55/56) Überführung von Paulus nach Rom (Apg 27,1–28,16)
		62 (58) Ende des lukanischen Berichts (Apg 28,30)
64 Brand Roms. Christenverfolgungen	66 Beginn des Jüdischen Aufstandes	
	70 Belagerung und Zerstörung Jerusalems	

Die Zeittafel wurde von Alfred Jepsen (†) zur Verfügung gestellt. Manche Daten sind umstritten, andere können nur vermutungs- oder annäherungsweise angegeben werden.

Namen und Themen

Das Verzeichnis enthält wichtige Namen und Orte sowie Hinweise auf zentrale Themen. Bestimmte Sach- und Personengruppen sind zur besseren Übersicht unter umfassenderen Stichwörtern zusammengefasst (z.B. Könige, Priester, Propheten, Gleichnisse, Wunder); bei bedeutenden Personen findet sich eine Übersicht über die Lebensdaten.

Die angeführten Stellen bilden in der Regel eine Auswahl. Wenn ein Wort oder eine Geschichte mehrfach überliefert ist, wird nur eine Stelle angegeben und durch ein zugesetztes p (=parallele Überlieferung) auf die übrigen hingewiesen. Zur Zitierweise und zu den Abkürzungen der biblischen Bücher siehe die Einführung am Anfang dieser Bibel.

Aquila
Apg 18,2-3.18-20.26
Röm 16,3
1Kor 16,19
2Tim 4,19
Aram(äer) → Syrer
Arbeit
Arbeitspflicht
Gen 3,17-19
Ex 20,8-10
Apg 20,33-35
Eph 4,28
1Thess 4,11
2Thess 3,6-12
Arbeitsruhe → Sabbat
gerechte Entlohnung
Lev 19,13
Mt 20,8-15
1Tim 5,18
Arbeit ist nicht alles
Ps 127,1-2
Koh 3,22; 4,4-6; 5,17-19
Missionsarbeit
Mt 9,37par; 10,10par
1Kor 15,10
2Kor 11,23
1Tim 5,17-18
ehrenamtliche Arbeit
1Kor 16,16
1Thess 5,12
Arche → Noach
Arme, Armut → **Recht;** → Geld und Besitz; → Wohltätigkeit
Artaxerxes → Perserkönige
Asarhaddon → Assyrische Könige
Asarja → Juda, Könige
Ascher
Stammvater
Gen 30,13
Stamm
Gen 49,20
Num 26,44-47
Dtn 33,24
Jos 19,24-31
Ri 1,31-32; 5,17; 6,35; 7,23
Lk 2,36
Aschera → Pfahl
1Kön 15,13p; 16,33; 18,19
2Kön 13,6; 17,16; 18,4; 23,4.7
Assur, Assyrien
Gen 10,11.22
als Feind Israels
2Kön 17,4-6; 18,9–19,37p
Jes 7,18; 10,5.12.24
als Verbündeter
Ez 16,28; 23,7-10
Hos 5,13; 7,11; 8,9; 12,2; 14,4
Tribut an A.
2Kön 15,19-21; 16,7-9; 17,3
Strafgericht über A.
Jes 10,5-19.24-27; 14,24-27; 30,27-33; 37,22-35
Nah 1–3
Zef 2,13-15

Assyrische Könige
Asarhaddon (681–668 v.Chr.)
2Kön 19,37
Esra 4,2
Tob 2,1
Salmanassar V. (726–722 v.Chr.)
2Kön 17,3
Tob 1,2.14-15
Sanherib (704–681 v.Chr.)
2Kön 18,13–19,37p
Tob 1,15-22
Sargon II. (722–705 v.Chr.)
Jes 20,1
Tiglat-Pileser III. (Pul; 745–726 v.Chr.)
2Kön 15,19p; 15,29; 16,7.10p
1Chr 5,6
Astarte
Ri 2,13-14; 10,6
1Sam 12,10; 31,10
1Kön 11,5.33
2Kön 23,13
Auferstehung
Altes Testament
Ps 73,23-26
Jes 26,19; 66,22-24
Ez 37,1-13
2Makk 7,9.14.36; 12,43-45
Weish 2,23–3,8
Jesu (→ Jesus, Auferweckung)
Apg 2,24-32; 5,30; 13,30-37; 17,18.31; 26,8.23
Röm 1,4; 6,4.9.10
1Kor 15,4.12.20.23
Phil 3,10.21
der Christen
Joh 5,21.29; 6,40.47-58; 11,23-26.44
1Kor 15,12-57
Phil 3,10-11
Offb 20,4-6
allgemein
Mk 12,18-27p
Joh 5,25-29
Apg 17,31-32; 23,6-8; 24,15
1Kor 15,12-32
Fälle von Wiederbelebung (→ Wunder)
Hebr 11,35
Jesus gibt wahres Leben
Mk 8,35p
Joh 3,16.36; 4,21; 5,21-29; 6,39-40.47-58; 10,10; 11,25; 14,6; 17,2-3
Augustus
Lk 2,1
Aussatz
Behandlung Aussätziger
Lev 13,1-46; 14,1-32
Num 5,2
Mirjam
Num 12,10-15
Naaman
2Kön 5,1-14
Jesus heilt A.
Mt 11,5p
Mk 1,40-45p
Lk 17,11-19
Ausbeutung
Ex 21,20-26; 23,9
Koh 4,7
Jes 3,12-15
Am 5,11-12; 8,4-6
Mi 2,1-5.8-9; 3,1-4.9-11; 6,10-16

Baal (Baalsdienst)
Ri 2,13-14; 6,25-32
1Kön 16,31; 18,16-46
2Kön 11,18p; 17,16; 21,3p; 23,4
Jer 2,8; 7,9; 19,5
Hos 2,10; 11,2
Babel, Babylon
Gen 10,10; 11,9
Strafgericht über B.
Jes 13–14; 21,1-9
Jer 50–51
Offb 17–18
Babylonische Gefangenschaft → Verbannung
Babylonische Könige
Merodach-Baladan (722–695 v.Chr.)
2Kön 20,12
Nebukadnezzar II. (604–562 v.Chr.)
2Kön 24–25p
Esra 1,7; 4,14
Jer 27,1-18; 28,1-17; 29,1-15.21-32
Dan 1,1-21; 3,1-30; 5,17-28
Ewil-Merodach (562–560 v.Chr.)
2Kön 25,27
Bann
Dtn 13,13-19; 20,10-18
Jos 6,17-19; 7,11-26; 8,26; 9,24; 10,1.28.30.32.35.37.39-40; 11,12.20
1Sam 15,1-26
Barabbas
Mk 15,6-15p
Barnabas
Apg 4,36; 9,27; 11,22.30; 12,25–13,3.7.43.46.50; 14,12.20-28; 15,1-39
1Kor 9,6
Gal 2,1.9.13
Kol 4,10
Barsabbas
Josef
Apg 1,23
Judas
Apg 15,22
Bartholomäus
Mk 3,18p
Apg 1,13
Bartimäus
Mk 10,46
Batseba
2Sam 11,3; 12,24-25
1Kön 1,11-28
1Chr 3,5
Mt 1,6 (›Frau Urijas‹)

Beispielerzählungen → Gleichnisse
Belsazar → Belschazzar
Belschazzar
Dan 5,1-30
Benedictus → Gebete
Benjamin
Stammvater
Gen 35,18; 42,4; 45,22
Stamm
Gen 49,27
Num 26,38-41
Dtn 33,12
Jos 18,11-28
Ri 1,21; 5,14; 20–21
1Sam 9,16.21; 10,20–21
2Sam 2,9
1Kön 12,21
Esra 1,5; 10,9
Jer 1,1
Röm 11,1
Bergpredigt
Mt 5–7
Beschneidung
körperlich
Gen 17,10-27; 34,14-17.24
Ex 4,24-26; 12,43-48
Jos 5,2-9
1Makk 1,61
Lk 1,59; 2,21
Joh 7,22-23
Apg 7,8; 15,1-11; 16,3; 21,20-22
Röm 2,25-29; 4,9-12
1Kor 7,17-19
Gal 2,3; 5,2-12; 6,12-15
Eph 2,11-13
Phil 3,5
übertragen
Dtn 10,16
Jer 9,24-25
Röm 2,28-29
Kol 2,11-13
Besitz → Geld und Besitz
Betanien
bei Jerusalem
Mt 21,17
Mk 11,1.11p; 14,3p
Lk 24,50
Joh 11,1
jenseits des Jordans
Joh 1,28
Bet-El
Gen 28,19; 35,1
Ri 1,22-23; 20,18
1Sam 7,16; 10,3
1Kön 12,28-29
2Kön 23,15
Am 3,14; 4,4; 5,5-6; 7,10
Betlehem
Gen 35,19
Rut 1,1.19; 2,4; 4,11
1Sam 16,1
Mi 5,1
Mt 2,1.8.16
Lk 2,4
Joh 7,42
Bileam
Num 22–24
2Petr 2,15

Nachwort

Zum Charakter dieser Übersetzung

Von einer Übersetzung wird erwartet, dass sie die Aussagen ihrer Vorlage unverfälscht, genau und verständlich wiedergibt. Bei der Verschiedenheit der Sprachen ist dieses Ziel nicht einfach dadurch zu erreichen, dass die fremdsprachige Vorlage Wort für Wort in die eigene Sprache umgesetzt wird. Auch die Forderung, einen Begriff der fremden Sprache jeweils mit ein und demselben Begriff der eigenen Sprache wiederzugeben, geht an der Sprachwirklichkeit vorbei. Sowenig der Satzbau in den verschiedenen Sprachen übereinstimmt, sowenig decken sich die oftmals breit gefächerten Bedeutungen eines Begriffs in der einen Sprache völlig mit denen eines entsprechenden Begriffs in der anderen. Wie beim Satzbau, so muss der Übersetzer daher auch bei der Wortwahl den Gesetzen der eigenen Sprache Rechnung tragen und aus den möglichen Bedeutungen eines fremdsprachigen Begriffs diejenige zum Ausdruck bringen, die im jeweiligen Zusammenhang des Originals beabsichtigt ist.

Das gilt in besonderem Maß für eine Übersetzung, die – soweit irgend möglich – für Leserinnen und Leser ohne besondere Vorkenntnisse und zusätzliche Erklärungen verständlich sein möchte. Ihr oberster Grundsatz heißt: Der *Sinngehalt* des fremdsprachigen Textes muss einen der eigenen Sprache *angemessenen Ausdruck* finden. Eine sklavische Bindung an formale Eigentümlichkeiten des fremdsprachigen Textes ist hier nicht am Platz (z.B. die Voranstellung der Negation »Nicht sollst du stehlen« in 2Mose/Exodus 20,15 oder Genitivkonstruktionen wie »Straßen der Rechtheit« statt »sichere Wege« in Psalm 23,3).

Die sprachliche *Form* des Originaltextes muss notfalls preisgegeben werden, damit sein *Inhalt* in unserer Sprache angemessen und unmittelbar verständlich wiedergegeben werden kann. Ein solcher Übersetzungstyp wird »kommunikativ« genannt, weil er auf Kommunikation angelegt ist, d.h. sich an den Verstehensmöglichkeiten einer breitgestreuten Zielgruppe orientiert. (Über die verschiedenen Übersetzungstypen informiert die Broschüre »Deutsche Bibelübersetzungen. Information und Bewertung«, Heft 10 der Reihe »Wissenswertes zur Bibel«, zu beziehen durch die Deutsche Bibelgesellschaft.)

Eine Übersetzung, die nach diesem Grundsatz verfährt, vereint die selbstverständliche Treue zum Original mit dem Bemühen um größtmögliche Verständlichkeit. Sie kann genauer als eine »wörtliche« Übersetzung angeben, was die Aussage des Textes an einer bestimmten Stelle ist. Sie *entfaltet* den originalen Sinn einer Aussage und schöpft ihn aus, so gut das beim heutigen Stand unserer Erkenntnis möglich ist; aber sie fügt ihm keine willkürlichen, textfremden Deutungen hinzu. Wo die Wiedergabe sich, um den Text verständlich zu machen, sehr weit von einer wörtlichen Übersetzung entfernen muss, wird diese in einer Fußnote angeführt, so dass die Lesenden den Umsetzungsvorgang nachvollziehen können.

Ein Beispiel für die Entfaltung eines Begriffs bietet die Wiedergabe von »Himmelreich« oder »Reich Gottes«. Die wörtliche Übersetzung wird heute von den meisten missverstanden – als ginge es um ein Reich, das im Himmel ist; gemeint ist aber in der Bibel: das Herrsein Gottes, der Bereich, in dem dieses Herrsein sich verwirklicht, und alles, was der Mensch aufgrund dieses Herrseins erwarten darf. Je nach dem Textzusammenhang sind deshalb in der vorliegenden Bibelübersetzung verschiedene Entsprechungen gewählt worden:
im Blick auf die Gegenwärtigkeit des Gottesreiches »Gott richtet seine Herrschaft auf«; im Blick auf seine Zukunftsdynamik »Wenn Gott sein Werk vollendet ...«; im Blick auf das Vollendungsziel: »Gottes neue Welt« (vgl. die Sacherklärung »Königsherrschaft Gottes«).

Es gibt allerdings Fälle, in denen die Form des Textes ein wesentliches Moment der Aussage, des Inhalts, darstellt. Das gilt vor allem für die biblische Bildersprache und die dichterisch geformten Stücke des Alten Testaments. Hier gilt es, nicht nur den Inhalt wiederzugeben, sondern zugleich ein *passendes Gegenstück für die Form* zu finden: das entsprechende Bild, den angemessenen Rhythmus. Wo die Übersetzung Texte in Versform wiedergibt, ahmt sie nicht einfach die metrische Form des Originals nach, sondern bedient sich entsprechender Formen aus unserem eigenen Kulturkreis, weil unsere Reaktion auf sprachliche Formen durch eben diese Kultur bedingt ist. Aus diesem Grund wurde bei der Übersetzung der Prophetenbücher auf die Versform sogar weitgehend verzichtet, obwohl im Original die meisten Prophetensprüche metrisch geformt sind. Im altisraelitischen Kulturkreis verlieh die poetische Form einer Aussage erhöhten Nachdruck, während sie ihr für unser Sprachgefühl den Charakter des Subjektiven oder gar Erdichteten aufprägt. Und das würde dem Anspruch der prophetischen Botschaft genau widersprechen.

Die gründliche Überarbeitung der »Guten Nachricht« 1997 war von der Absicht geleitet, den Textsinn noch genauer und treffender wiederzugeben, aber auch die in Bildwahl und Sprachform der Originaltexte beschlossene Information noch besser zu berücksichtigen. Um nur ein Beispiel zu nennen: Es macht eben auch einen Unterschied im Informationsgehalt, ob ich in den Prophetenbüchern einfach formuliere »Der Herr sagt« oder dem Original entsprechend »Das Wort des Herrn erging« und »So spricht der Herr«.

Durchgängig wurde die straffende Wiedergabe breit und wiederholungsreich formulierter Texte auf ihre Angemessenheit geprüft und in vielen Fällen eine ausführlichere Fassung gewählt. Auch auf zahlreiche Umstellungen in der Informationsabfolge konnte verzichtet werden. Als Nebenergebnis dieser veränderten Übersetzungsstrategie hat sich die Anzahl der in der Zählung zusammengefassten Verse um mehr als ein Drittel verringert.

Ganz bewusst wurde bei der Überarbeitung auch wieder die Brücke zu vertrauten Begriffen geschlagen. So werden die Grundwörter der Theologie des Apostels Paulus, Glaube und Gerechtigkeit, jetzt beibehalten und zugleich in entfaltender Wiedergabe verdeutlicht (vgl. Römer 1,16-17; 3,21-31; siehe die Seiten 226 und 229 im Neuen Testament).

Nicht zuletzt ist es ein Anliegen der neubearbeiteten »Guten Nachricht«, eine Sprachform zu finden, die Frauen nicht diskriminiert oder ausgrenzt. Dabei geht es nicht um die kurzsichtige Anpassung an einen Modetrend, sondern um einen Akt der Gerechtigkeit. Dass die Bibel aus einer patriarchalisch bestimmten Welt kommt, ist eine Tatsache, die sich in Sprache und Inhalt vielfältig niederschlägt. Die Übersetzung darf und will dies in keiner Weise vertuschen. Aber daneben gibt es den oft verkannten Anteil von Frauen an Werden und Geschichte des Volkes Israel, und es gibt unübersehbare Impulse zu einer Neuorientierung im Sinne der Gleichwertigkeit von Mann und Frau im Kreis der Menschen, die sich Jesus anschlossen, sowie in den frühen christlichen Gemeinden. Diese Impulse sind durch männerzentrierte Auslegungs- und Übersetzungstraditionen verschüttet worden, wie sich beispielhaft an der Anrede »Brüder« in den Paulusbriefen erkennen lässt (siehe dazu die Sacherklärung »Bruder«).

In Anknüpfung an diese Impulse sucht die Übersetzung eine Sprache zu finden, die Männer und Frauen in gleicher Weise anspricht. Es werden Anstöße aus dem Weg geräumt wie das gedankenlos viel zu häufig gebrauchte Wörtlein »man«; es wird aber zugleich darauf bestanden, dass der nach der grammatischen Form »männliche« Plural für Personengruppen (Griechen, Juden usw.) nach allgemeinem deutschem Sprachgebrauch Frauen prinzipiell einschließt und nicht der disjunktiven Ausfaltung (in »Griechen und Griechinnen« usw.) bedarf.

Die Textgrundlage der Übersetzung

Übersetzt wurde aus den hebräischen, aramäischen und griechischen Grundtexten nach den jeweils neuesten wissenschaftlichen Ausgaben. Für das Alte Testament liegt zugrunde die älteste vollständig erhaltene hebräisch-aramäische Handschrift, der Codex Leningradensis aus dem Jahr 1008 n.Chr., der in der *Biblia Hebraica Stuttgartensia* abgedruckt ist. Er bietet die Textform, die von den jüdischen Überlieferern, den sog. Masoreten, zwischen 750 und 1000 n.Chr. einheitlich festgelegt worden ist.

Da der Zeitpunkt dieser Festlegung von der Abfassungszeit der betreffenden Schriften viele Jahrhunderte entfernt ist, können Übermittlungsfehler nicht ausgeschlossen werden. Tatsächlich ist es immer wieder möglich, unverständliche oder schwer verständliche Stellen mit Hilfe älterer Handschriften (z.B. aus Qumran) sowie der alten Übersetzungen zu erhellen.

Die alten Übersetzungen (vor allem die griechische, syrische und altlateinische) können als Zeugen für einen ursprünglicheren Text herangezogen werden, weil sie zum Teil lange vor der Festlegung des Textes durch die Masoreten angefertigt worden sind, auf der Grundlage von älteren hebräischen Handschriften, die uns nicht erhalten blieben. Die Übersetzung geht jedoch nur in gut begründeten Fällen vom Text der Masoreten ab und verzeichnet solche Abweichungen regelmäßig in einer Fußnote.

In der Beurteilung der Textüberlieferung schließen sich die Übersetzer weitgehend dem Urteil einer Gruppe von Fachleuten der alttestamentlichen Wissenschaft an, die im Auftrag des Weltbundes der Bibelgesellschaften Entscheidungshilfen für Bibelübersetzer erarbeitet haben (*Preliminary and Interim Report on the Hebrew Old Testament Text Project,* Band 1 bis 5, United Bible Societies, Stuttgart 1976-1980 und *Dominique Barthélemy, Critique textuelle de l' Ancien Testament,* Band 1 bis 3 [Orbis Biblicus et Orientalis 50/1 bis 50/3], Fribourg/Schweiz und Göttingen 1982, 1986, 1992).

Für das Neue Testament wurde der griechische Text zugrunde gelegt, wie er in der 27. Auflage des *Novum Testamentum Graece* von Nestle-Aland und der 4. Auflage des *Greek New Testament* der United Bible Societies gleichlautend vorliegt. Diese Textfassung wurde von einem internationalen und interkonfessionellen Team von Fachleuten im Auftrag der Bibelgesellschaften erarbeitet. Wenn die Übersetzung gelegentlich einmal eine andere überlieferte Lesart bevorzugt, geben auch hier die Fußnoten darüber Rechenschaft.

Für die »Spätschriften des Alten Testaments«, die nicht in allen Ausgaben dieser Bibelübersetzung enthalten sind, wurde die Septuaginta-Ausgabe von Alfred Rahlfs und, soweit sie vorliegt, die große Göttinger Septuaginta-Ausgabe zugrunde gelegt. Diese Spätschriften, die vollständig nur in griechischer Sprache überliefert sind, zählten zur Zeit der Entstehung des Neuen Testaments zu den Heiligen Schriften des Judentums in der griechisch sprechenden Welt und wurden von der Urchristenheit zusammen mit allen Schriften des Alten Testaments als ihre Heilige Schrift übernommen

Am Ende des ersten Jahrhunderts n.Chr. haben die jüdischen Schriftgelehrten – auch in Abgrenzung gegen die Christen – den »Kanon« ihrer Heiligen Schriften auf die Bücher beschränkt, die seither als »Hebräische Bücher« (Biblia Hebraica, hebräisches Altes Testament) überliefert werden.

Die Kirche hat jedoch die vom Judentum ausgeschiedenen Schriften bis zur Reformationszeit weiterhin ihrer Heiligen Schrift zugezählt. Erst Martin Luther, der als Erster das Alte Testament aus dem hebräischen Grundtext ins Deutsche übersetzte, hat die nur griechisch überlieferten Schriften des Alten Testaments herausgezogen und ihnen einen Platz direkt vor dem Neuen Testament gegeben als Schriften, die nach seiner Auffassung »der Heiligen Schrift nicht gleich gehalten und doch nützlich und gut zu lesen sind«.

In der katholischen und den orthodoxen Kirchen sind sie bis heute vollwertiger Bestandteil des Alten Testaments. Sie werden auch in evangelischen Kreisen zunehmend beachtet als wichtiges Bindeglied zwischen Altem und Neuem Testament und als Voraussetzung für ein besseres Verständnis der neutestamentlichen Schriften.

Aufgrund einer Vereinbarung zwischen dem Weltbund der Bibelgesellschaften und dem vatikanischen Sekretariat für die Einheit der Christen über die Erarbeitung und Herausgabe interkonfessioneller Bibelübersetzungen (1968) werden sie in dieser Bibelübersetzung nach Luthers Vorbild vor dem Neuen Testament eingeordnet.

In der katholischen Kirche werden diese Schriften als »Deuterokanonische Schriften«, in den evangelischen Kirchen als »Apokryphen« bezeichnet. Für diese Bibelausgabe wurde aufgrund einer Vereinbarung zwischen den evangelischen und katholischen Bibelgesellschaften bzw. Bibelwerken des deutschsprachigen Raums die leichter verständliche Bezeichnung »Spätschriften des Alten Testaments« eingeführt, auch wenn es darunter Schriften gibt, die in etwa gleichzeitig mit den spätesten Teilen des hebräischen Schriftenkanons entstanden sind.

Mit der besonderen Geschichte dieser Spätschriften hängt es auch zusammen, dass sie in den verschiedenen Bibelausgaben nach unterschiedlichen Textgrundlagen und mit gelegentlich abweichender Kapitel- und Verszählung wiedergegeben werden. Insbesondere geht die Fassung Luthers aufgrund einer unzulänglichen Textvorlage eigene Wege. Die Kapitel- und Verszählung richtet sich in der Gute-Nachricht-Bibel nach den erwähnten griechischen Textausgaben, bei Abweichungen nach der Göttinger Ausgabe. Die Reihenfolge der betreffenden Schriften orientiert sich in dieser Bibel an der Abfolge der Schriftengruppen im Alten Testament: geschichtliche Bücher – Bücher in dichterischer Form (speziell Weisheitsschriften) – prophetische Bücher. Innerhalb der geschichtlichen Bücher wird die historische Abfolge (der dargestellten Ereignisse, nicht der Abfassung) gewählt. Eine tabellarische Übersicht der Abfolge und Zählung in den verschiedenen deutschen Bibelausgaben findet sich in dem Taschenbuch »Bibelkunde im Überblick«, das 1997 bei der Deutschen Bibelgesellschaft erschienen ist.

Von manchen Spätschriften gibt es in der griechischen Überlieferung verschiedene Textfassungen. Das Buch Tobit wird in dieser Bibelübersetzung (anders als in den meisten deutschen Bibelübersetzungen bisher) nach der ausführlicheren Fassung des Codex Sinaiticus wiedergegeben, die Zusätze zum Buch Daniel nach der Fassung von Theodotion. Vom Buch Sirach sind außer der griechischen Fassung auch hebräische Fragmente bekannt, die jedoch nur in den Fußnoten berücksichtigt werden. Dieses Verfahren wurde gewählt, da das griechische Buch Sirach, das allein vollständig vorliegt, nicht eine einfache Übersetzung, sondern eine bewusste Bearbeitung darstellt und in dieser Form in die Heilige Schrift der Alten Kirche aufgenommen wurde.

Entstehung der Übersetzung und an der Übersetzung Beteiligte

Die Übersetzung ist ein Gemeinschaftswerk von Theologen aus der evangelischen und aus der katholischen Kirche sowie aus dem Raum der evangelischen Freikirchen. Sie wurde erarbeitet im Auftrag der Bibelgesellschaften und Bibelwerke aller deutschsprachigen Länder Europas.

Nach einer Vorstufe unter dem Titel *Gute Nachricht für Sie – NT 68,* die sich stark an der amerikanischen Übersetzung *Good News for Modern Man* (Today's English Version) orientierte, erschien 1971 das Neue Testament *Die Gute Nachricht* in einer stark überarbeiteten, selbstständigen Fassung, dann 1977 eine umfangreiche Auswahl aus dem Alten Testament. Die vollständige Bibel mit abermals verbessertem Neuem Testament erschien 1982 unter dem Titel *Die Bibel in heutigem Deutsch – Die*

Gute Nachricht des Alten und Neuen Testaments.

An diesen Textfassungen waren zahlreiche Übersetzer, auch aus der damaligen DDR, beteiligt. Die Endfassung des Textes von 1982 wurde durch einen Redaktionskreis verantwortet, dem als Übersetzer Hellmut Haug, Rudolf Kassühlke und Joachim Lange angehörten, dazu als Vorsitzender Siegfried Meurer (Deutsche Bibelgesellschaft, Stuttgart), als Übersetzungsberater des Weltbundes der Bibelgesellschaften Jan de Waard, als Vertreter des Bibelwerks in der DDR für das Alte Testament Jürgen Reich und für das Neue Testament Ekkehard Runge. Die Übersetzer wurden beraten durch Fachleute der alttestamentlichen Wissenschaft, deren Namen im Nachwort der Ausgabe von 1982 aufgeführt sind.

Die Revision von 1997 lag in den Händen der drei Hauptübersetzer von 1982, dazu trat für das Alte Testament Rolf Schäfer. Beraten wurden die Übersetzer durch Vertreter der Bibelgesellschaften und Bibelwerke sowie durch namhafte Fachleute der Bibelwissenschaft, die kritische Gutachten zu einzelnen Büchern beisteuerten: Alfons Deissler (Freiburg), Hubert Frankemölle (Paderborn), Heinz Giesen (Hennef), Walter Groß (Tübingen), Klaus Haacker (Wuppertal), Wilhelm Hemecker (Graz), Hans-Joachim Kittel (Erfurt), Hans-Josef Klauck (Würzburg), Friedrich Lang (Tübingen), Jürgen Roloff (Erlangen), Rudolf Schnackenburg (Würzburg), Heinz Schwantes (Gera), Harald Schweizer (Tübingen), Michael Theobald (Tübingen), Erich Zenger (Münster). Die biblischen Vergleichsstellen wurden von Klaus D. Fricke neu durchgeprüft und ergänzt.

Neu ins Blickfeld trat bei der Revision von 1997 der Gesichtspunkt einer frauengerechten Wiedergabe. Es ging dabei nicht um ein Zugeständnis an den »Zeitgeist«, sondern um das berechtigte Anliegen heutiger Frauen, sich durch die Sprachform der Übersetzung nicht ausgegrenzt zu sehen; außerdem waren traditionelle Fehlübersetzungen aufgrund der früher vorherrschenden männerzentrierten Sichtweise auf den Prüfstand zu stellen (herausragende Beispiele dafür werden in den Sacherklärungen zu »Bruder«, »geweiht (2)« und »Junia« erläutert).

Um die Übersetzer in dieser Frage zu sensibilisieren, wurden im Rahmen der Evangelischen Frauenarbeit in Deutschland sieben Frauengruppen gebildet, die 1988/89 fast den gesamten Text der Bibelausgabe von 1982 durcharbeiteten, Anstöße notierten und Verbesserungsvorschläge machten. Kritik und Vorschläge wurden zusammengefasst von der Initiatorin dieser Aktion, Hildburg Wegener, in Band 1 der Reihe »Bibel im Gespräch«: *Die vergessenen Schwestern. Frauengerechte Sprache in der Bibelübersetzung,* Stuttgart 1993; dort sind auch die Namen der beteiligten Frauen verzeichnet. Während der Revisionsarbeit wurden die Übersetzer beraten durch Susanne Gillmayr-Bucher, Monika Fander, Hannelore Jahr, Renate Jost und Beate Stemmer. (Der Niederschlag im Text von 1997 wird erörtert in Band 5 der erwähnten Reihe: *Die neue Gute Nachricht Bibel*, Stuttgart 1998, S. 41ff., 62ff.)

Die Gedichtfassung des »Weinbergliedes« in Jesaja 5 wurde im Rahmen einer Ausschreibung in der Zeitschrift *Bibelreport* (1974, Heft 4, Seite 13) von Almuth Mayer geschaffen.

An der Erfassung und wiederholten Korrektur der Texte haben mitgewirkt Christine Hertel, Thea Hertlein und Brigitte Reichel; um die Korrektur der Fassung 2000 in neuer Rechtschreibung hat sich insbesondere Claus Keller verdient gemacht.

Kartenskizzen

Die persische Provinz Juda (um 440 – 332 v. Chr.)
Bibeltexte: Esra, Nehemia

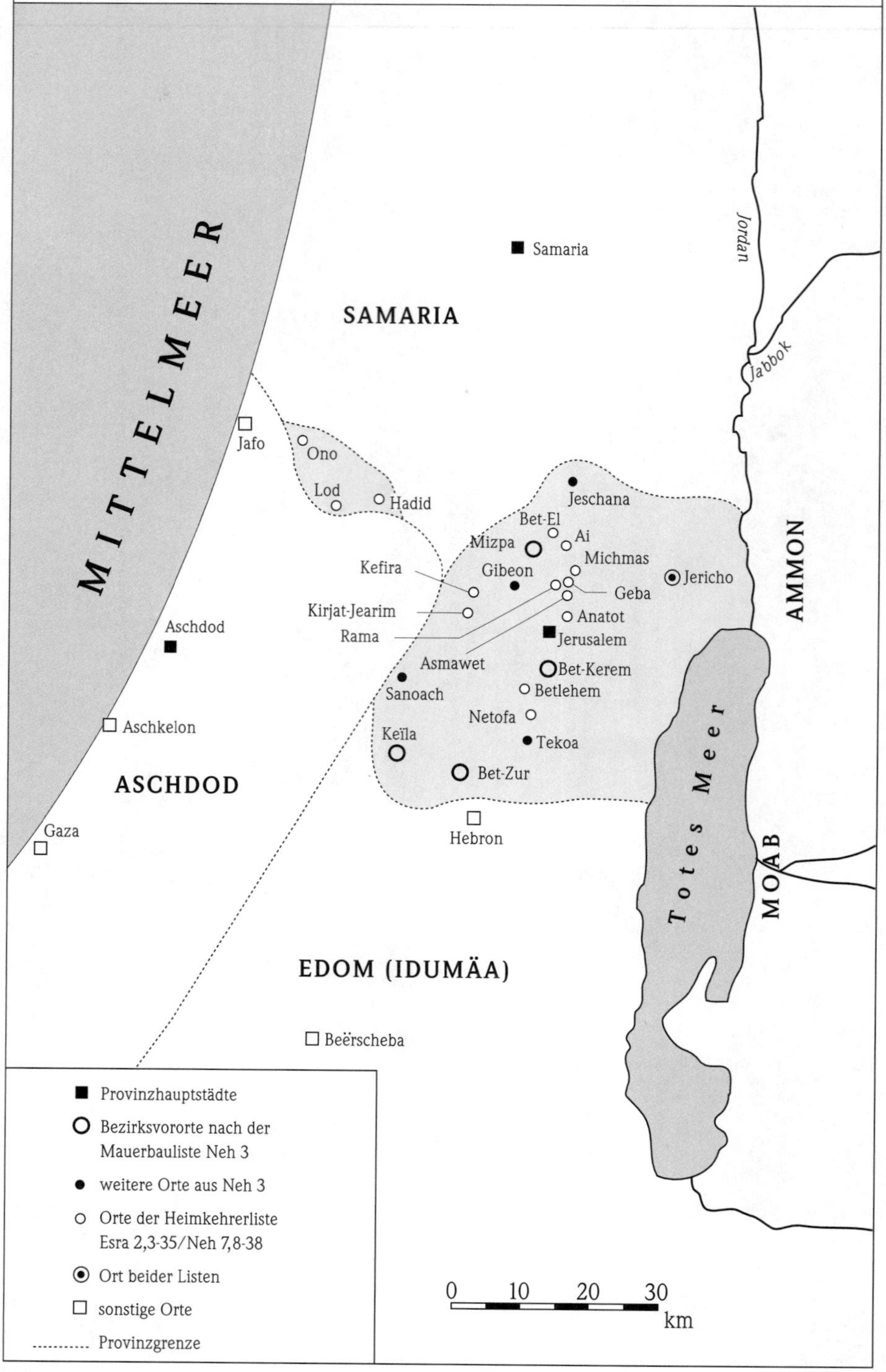

Plan des herodianischen Tempels in Jerusalem (Rekonstruktion)

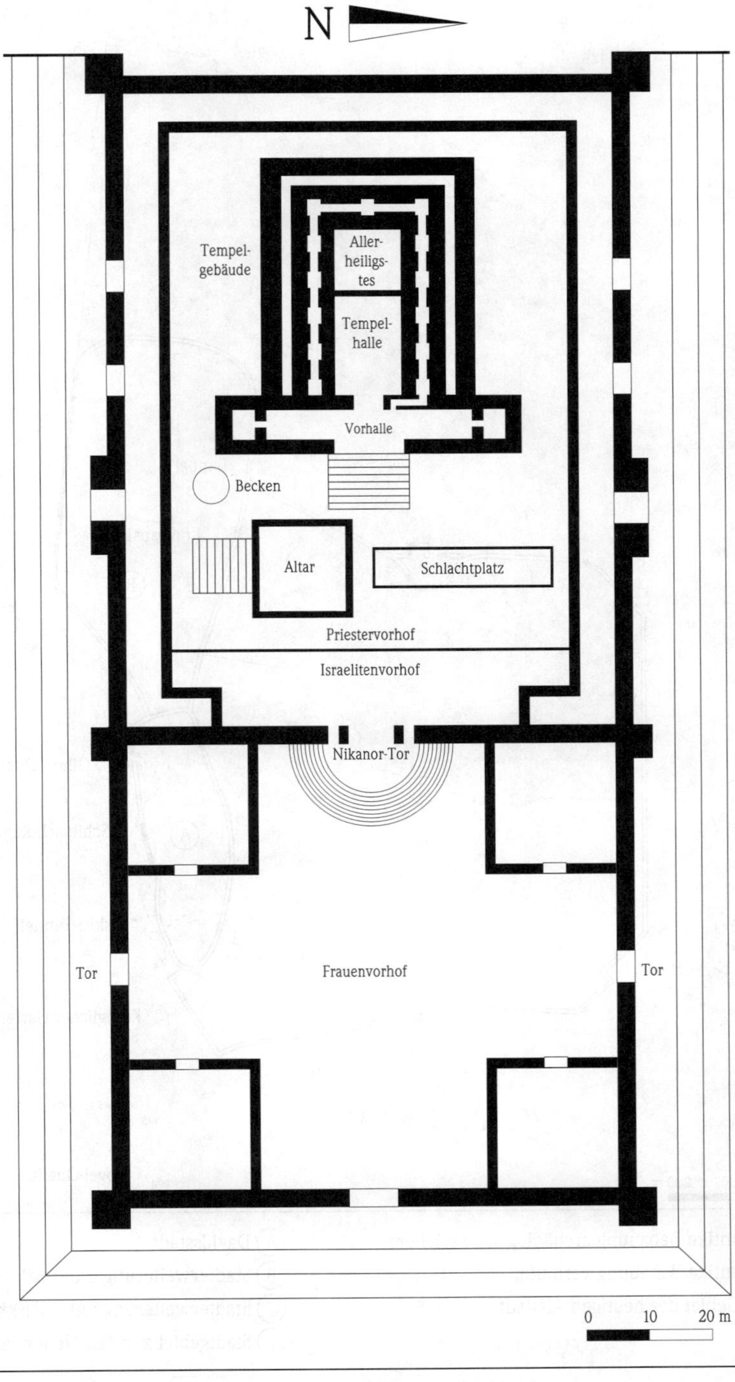

Jerusalem I: alttestamentliche Zeit

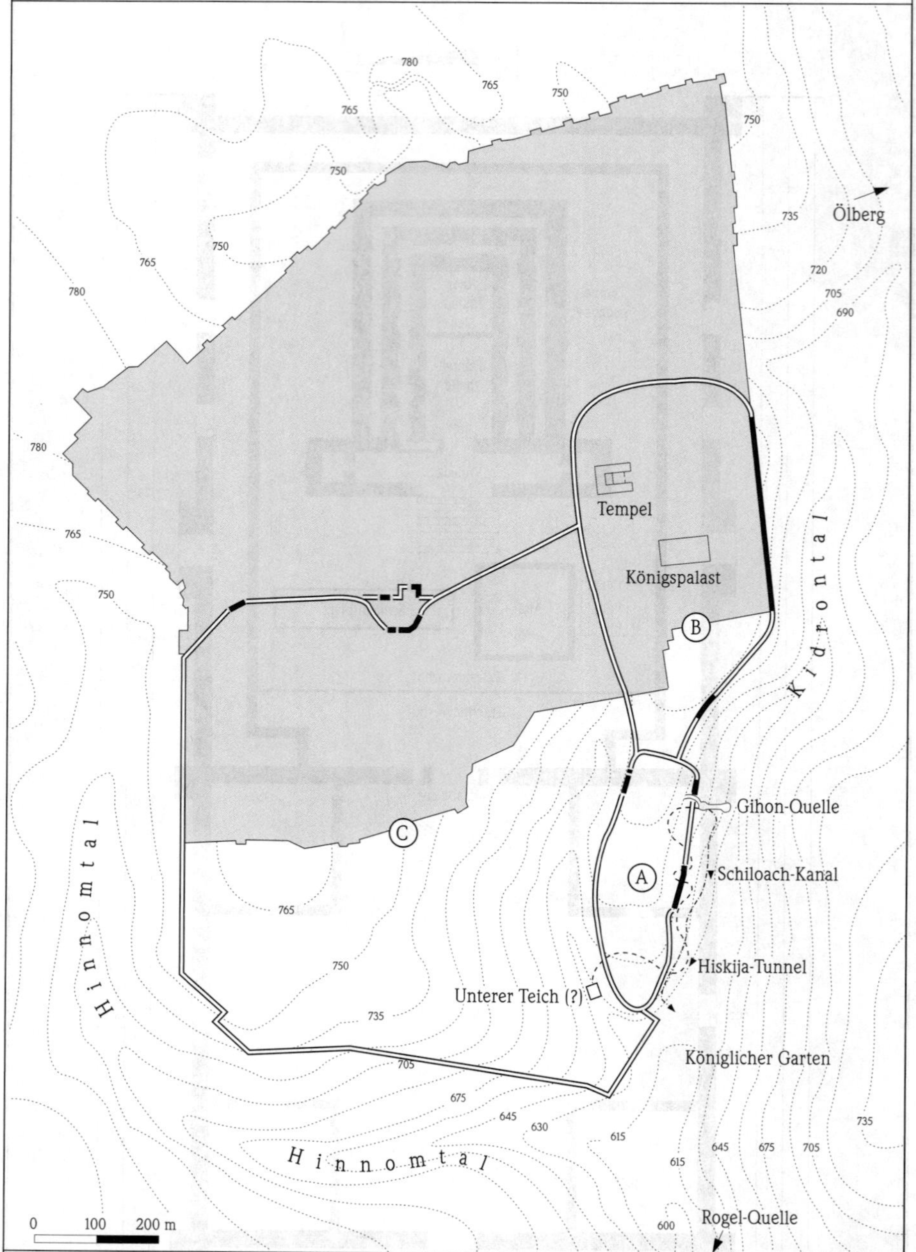

antike Bebauung archäologisch gesichert

antike Bebauung vermutet

Gebiet der heutigen Altstadt

Ⓐ Davidsstadt

Ⓑ Stadterweiterung unter Salomo

Ⓒ Stadterweiterung unter Hiskija

Ⓐ Ⓑ Stadtgebiet zur Zeit Nehemias

Jerusalem II: neutestamentliche Zeit

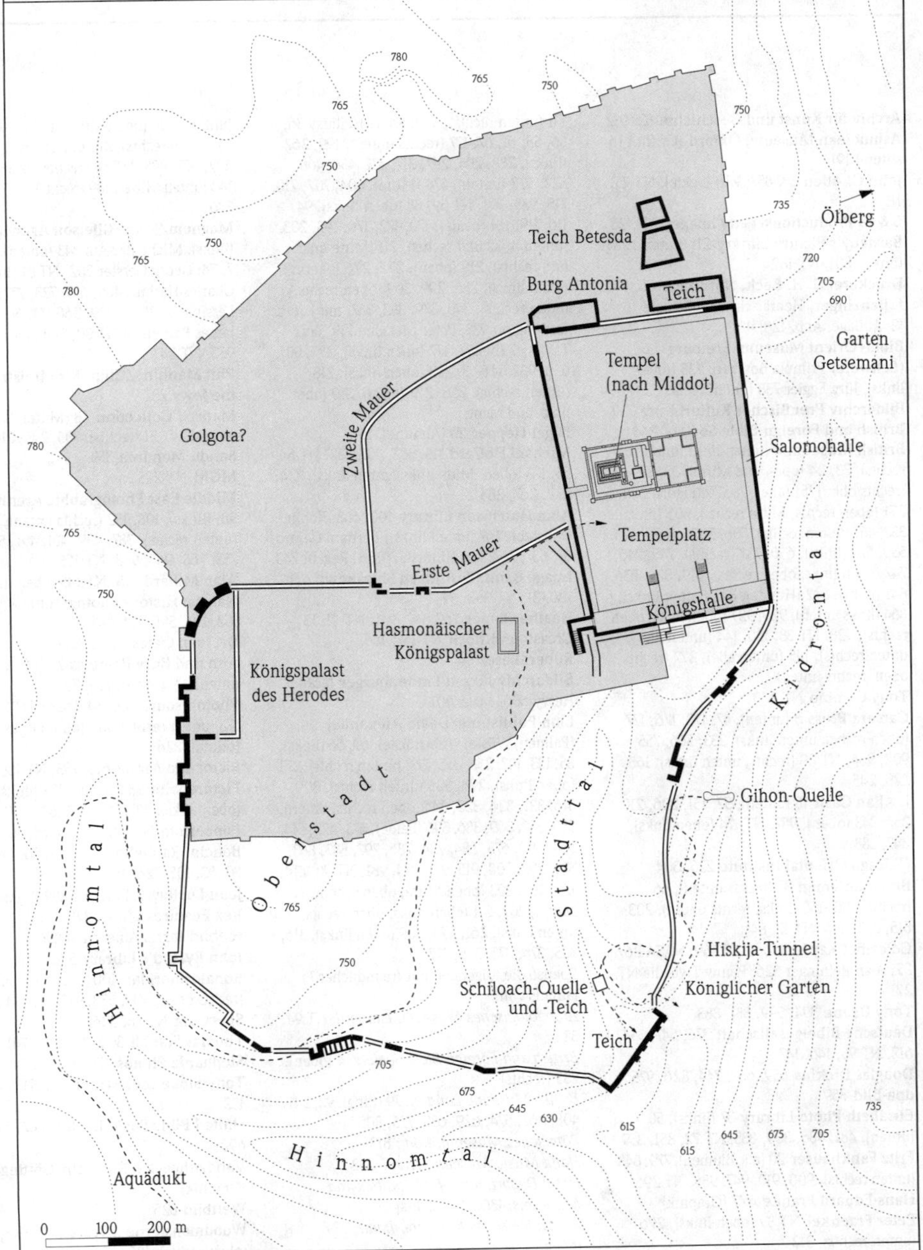

antike Bebauung archäologisch gesichert

antike Bebauung vermutet

Gebiet der heutigen Altstadt

Bildnachweis

Archiv für Kunst und Geschichte 82, 932
Ashmolean Museum, Oxford (Griffith Institute) 191
John C. Allen 33, 857, 926 (beide), NT 75, 111
B & M Productions/getty images 222/23
Barnaby's Picture Library 211 (unten), 235 (links), 801, NT 189
Druckerei C. H. Beck, Nördlingen 8, 9
I. Benzinger, Hebräische Archäologie (2. Auflage, Abb. 128) 401
Bibel+Orient Museum, Freiburg (Schweiz) Primula Bosshard 738 (unten links), Jürg Eggler 738 (unten rechts)
Bildarchiv Preußischer Kulturbesitz 739
British and Foreign Bible Society 244
British Museum 4 (unten links, unten rechts), 23, 24 (oben und Mitte), 32, 37 (rechts oben), 51 (alle), 76, 79 (Figur), 270, 271 (oben rechts, Mitte rechts), 305 (links), 333, 467 (unten rechts), 506, 507 (oben), 535, 550, 574 (links), 650, 732 (rechts), 745, 746, 747 (oben links, oben rechts), 819, 829, 836, 841 (links), 842 (Hunde), 843 (unten links), 864 (links unten), 920, 927 (oben links, oben rechts), 928, NT 38, 130, 144 (unten links, unten rechts), 145 (unten alle), 277 (rechts oben, rechts unten)
Tony Cambio NT 2/3
Camera Press 5 (unten), 47, 173, 176, 177 (oben rechts, unten links), 233, 566, 755, 902, 964, NT 89 (rechts, unten links), 168, 228, 245
J. Allan Cash 18 (unten), 52, 151, 206, 210, 257, 343 (oben), 957, NT 174 (oben links), 247, 388
Chicago Oriental Institute 225, 304
Bruce Coleman 37 (rechts unten), 66 (rechts), 115, 158 (links, rechts unten), 203, 815, 852, 866, NT 17, 84
Colorific! Kay Muldoon NT 169; NASA 26/27; Alan Reininger 326; Penny Tweedie NT 271
Tony Deane 394, 599, 881, 883
Deutsche Bibelgesellschaft 376, 547, 554, 612, NT 95, 146, 147
Douglas Dickins 659, 662, 744, 826, 975
dpa-Bild 859
Elisabeth Photo Library 37 (links), 50 (unten), 481, 486, 809, 833, NT 72, 351, 359
Fritz Fankhauser 20 (alle Blumen), 779, 843 (unten rechts), 900, 910, 947, 985, NT 296
Hans-Eduard Franke 6/7 (Graphik)
Peter Fraenkel NT 89 (oben links), 276 (unten rechts), 312
Garo, Jerusalem NT 119
Harry Gruyaert 572/73, 659
Herbert Haag, Bibellexikon (Benziger Köln) NT 103
Haaretz Museum, Tel Aviv NT 43
Sonia Halliday Photographs F. H. C. Birch 171, NT 4 (links), 98, 174 (oben rechts), 193, 211 (unten rechts), 306; Sonia Halliday 36, 56, 58, 61, 67, 177 (rechts unten), 199, 262 (links), 288, 294, 297, 317, 371, 458, 468, 522, 527 (unten), 574 (Mitte), 604, 707, 710, 715, 935, 991, NT 59, 88 (oben links), 94, 116, 119, 161 (beide), 170, 172, 176, 198, 203 (unten links und rechts), 211 (Mitte links und rechts), 219 (oben), 272, 276 (oben, unten links), 286, 299, 309 (oben rechts, unten rechts), 340, 379, 382, 387; mit Laura Lushington 935; Peter Marsden 719, Jane Taylor 17 (beide), 177 (oben links), 277, 501, 628, 982, NT 63, 203 (oben links), 218 (unten rechts), 256, 277 (links), 310 (oben links und rechts)
Nigel Hepper 20 (Alraune), 161
Michael Holford 113, 382, 451, 532, NT 54, 55, 173 (oben, Mitte links, unten links), 224, 239, 267, 283
Alan Hutchison Library 100, 688, Robin Constable 167 (unten links); Bernard Gerard 87, 637, 767; Kes Hillman 701; B. Regent 743
Image Bank/Yoshikazu Shirakawa 671, 730/31, NT 368/69
Heather James 762,849, 941, NT 12, 13
Christoph Knoch NT 157, 186
Rupert Leser 64
Bildarchiv Jürgen Lindenburger Jacane/Hervy 600, Maas 601
Lion Publishing/David Alexander 18 (Palmen, Wüste, Weinstöcke), 69, 66 (links), 85, 133, 142, 232, 255, 262 (unten rechts), 271 (oben links), 278, 305 (unten rechts), 309, 316, 321, 324, 329, 344 (oben rechts, unten), 350, 357, 360, 386, 396 (beide), 413, 423, 514, 584, 590, 673, 684, 734, 786, 797, 847, 863, 873, 892, 908, 915, 971, 974, 981, NT 98, 124, 125, 163, 203 (oben Mitte, oben rechts, Mitte), 207, 211 (oben links, oben rechts, unten links), 261, 274, 309 (oben links), 316, 365, 374, 373, 376, 377
Ebenso die folgenden mit freundlicher Erlaubnis von:
Archäologisches Museum, Istanbul: NT 94, 323
British and Foreign Bible Society: 4 (oben), 235 (rechts)
British Museum, London: 79 (Ring), 92, 241, 408, 463, 574, 629, 635, 775, 805
Römisches Museum, Köln: 813
Haifa Music Museum, Israel: 338
Israel Department of Antiquities and Museums: 136, 421 (rechts)
Archäologisches Museum, Izmir: 527 (oben)
Megiddo Museum, Israel: 403
Bibelmuseum, Amsterdam: 129, 153, 467 (oben, rechts, links), 475, NT 243 (rechts), 331
Rockefeller-Museum, Israel: 303
MacQuitty International Collection 24 (Mitte rechts), 79 (oben), 98 (rechts), 99 (unten), 100 (oben Mitte, unten rechts), 101, 132 (oben rechts), 211 (oben rechts), 251, 502, 607, 677, 895, NT 88 (rechts, unten links), 144 (unten Mitte), 189 (rechts), 305, 318, 325, 346
Magnum/John Hillelson Agency 28 (links), Micha Bar-Am 343 (unten), 875, NT 7, 74; Georg Gerster 202, NT 31 (links); Charles Harbutt 466, 615, 723, 773; Erich Lessing 19, 31, 118/19, 260/61, NT 49, 70; James Robertson NT 30; Ted Spiegel 943, 952, NT 24
Phil Manning/Church's Ministry among the Jews 237
Mansell Collection 28 (Mitte), 843 (unten rechts), NT 31 (rechts), 705, 249, 310 (unten)
Sandu Mendrea 353
MGM NT 295
Middle East Photographic Archive 96, 98, (links), 108, 132 (rechts unten), 265, 271 (unten rechts), 387, 429, 431, 491, 519, 586, 737, 768, 960, 968, NT 155
Alan Millard 415, NT 145 (oben links)
Natural History Photographic Agency 152, 194, 598, 705, 946
Dr. Joan Oates 21, 22 (alle)
Ann und Bury Peerless 79 (Mitte links, unten), 99 (oben), 759, 781
Photoresources C. M. Dixon NT 75 (oben), 173 (unten rechts), 218 (unten links), 219 (unten), 226
Pictor Leo Aarons 618, 793, NT 138, 344
Picturepoint 28 (rechts), 132 (links), 211 (oben links), 437, 931, NT 160
Popperfoto NT 82, 243 (links), 301
Bencini Raffaello NT 9, 29, 36, 47, 66, 77, 80, 83, 105, 126, 152, 205
Jean-LucRay (CEPA) NT 189 (links), 232
Rex Features NT 91, 279
roebild Ingrid Autenrieth 896
John Ryland's Library 5 (oben)
Ronald Sheridan 100 (oben rechts), 140, 158 (rechts oben), 417, 538, 977, NT 174 (Mitte)
Spectrum NT 56, 326, 370
Thomas Staubli 300, 361, 375, 741
Stephanie Photos NT 142
Tony Stone 656, 843 (oben), NT 4 (rechts), 122
United Bible Societies 163, 247, 349, 480, 690
Vandenhoeck & Ruprecht, Göttingen 907 (Graphik)
Weltbild 825
Woodmansterne 217, 267, 476, 645, NT 145 (oben rechts), 180
Jörg Zink 73, 90, 110, 127, 190, 197, 206, 391, 484, 562, 800, 821, 868, 878, 923, 937